Verbände Behörden Organisationen der Wirtschaft

Deutschland + Europa

2000

Verlag Hoppenstedt
Darmstadt · Wien · Zürich

Impressum

Herausgeber und Verlag

Verlag Hoppenstedt GmbH
Postfach 10 01 39, 64201 Darmstadt
Havelstraße 9, 64295 Darmstadt
Telefon (0 61 51) 3 80 - 0, Telefax (0 61 51) 3 80 - 3 60
E-Mail: info@hopp.de
Internet: www.hoppenstedt.com

Redaktion

Bernd Schneider, Telefon (0 61 51) 3 80 - 2 86

Vertrieb

Detlef Tunnat, Telefon (0 61 51) 3 80 - 4 58

Anzeigen

Gerlinde Kuhn, Telefon (0 61 51) 3 80 - 2 84

Satz

Bonnier Informatik GmbH, Havelstraße 9, 64295 Darmstadt

Druck

Graphische Betriebe F. Willmy GmbH, Vershofenstr. 10
90431 Nürnberg

50. Ausgabe

Redaktionsschluß: Mai 2000

Printed in Germany

ISBN 3-8203-0557-2
ISBN 3-8203-0556-4 (CD)
ISSN 0171-4325

DAS TAGUNGS- UND KONGRESSZENTRUM SIEGERLANDHALLE HAT GENÜGEND PLATZ FÜR GROSSE TIERE, DIE SCHWERGEWICHTIGES ZU BESPRECHEN HABEN.
FÜR GROSSE TIERE, DIE SICH WAS ZU SAGEN HABEN!
ELEFANTENRUNDE
UNSER PROFESSIONELLES TEAM MACHT ES IHNEN LEICHT.
KONGRESSE-KONFERENZEN-TAGUNGEN
TAGUNGS- UND KONGRESSZENTRUM
Siegerlandhalle
KOBLENZER STR. 151
57072 SIEGEN
TEL. 02 71/33 70-0
FAX: 02 71/33 92 33

Auf nach BAYERN
GARMISCH PARTENKIRCHEN
..tagen - wo man Urlaub macht
* Nützliches mit dem Angenehmen verbinden
* Fachleuten vertrauen
* Tagen in einem Haus nach Maß
* Säle für 1000, 600, 300, 200 und 50 Teilnehmer
* Ausgefeilte Technik nutzen
* Oberbayerische Gastlichkeit genießen
Coupon für:
Kongreß - Prospekt
Kongreß - Datenmappe
Gastgeberverzeichnis
Erlebniskatalog
Video „Wir in Garmisch-Partenkirchen“
Kurverwaltung • Postfach 1562 • 82455 Garmisch-Partenkirchen
Telefon (0 88 21) 180 416/417/437 • Fax (0 88 21) 180 450

Informationen über andere Bereiche?

Wie ein Puzzle ergänzen sich die einzelnen Hoppenstedt-Handbücher sowie die elektronischen Medien von Hoppenstedt zu einem umfassenden und fundierten Informationspool. Wenn Sie in diesem Handbuch trotz seiner Informationsvielfalt nicht alles finden, was Sie gerne wissen möchten, nutzen Sie die ergänzenden Angebote aus unserem Verlagsprogramm. Ein Beispiel stellen wir Ihnen hier kurz vor.

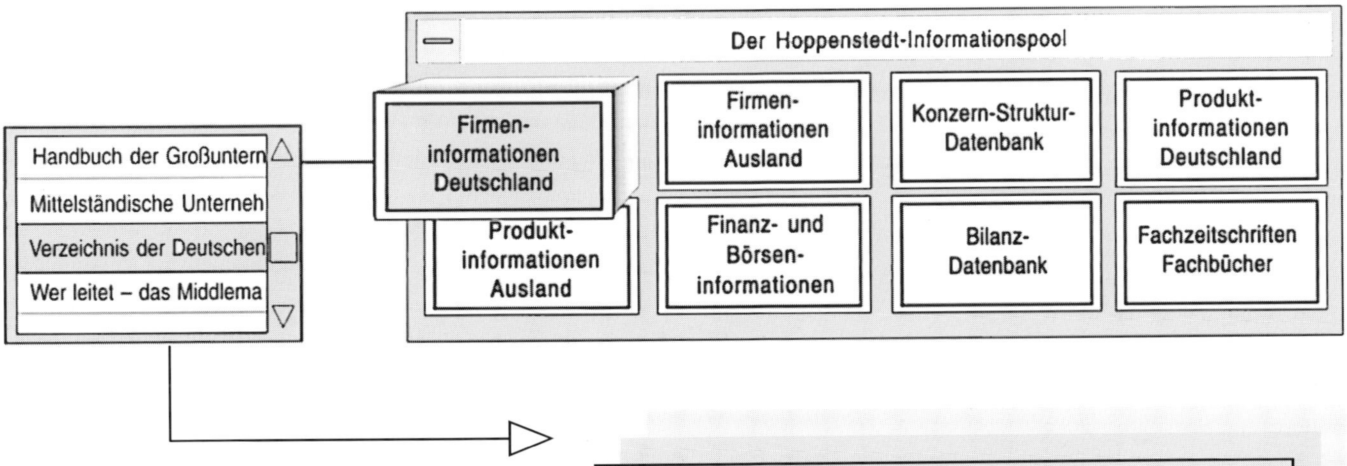

Firmeninformationen Deutschland

Das Verzeichnis der Deutschen Stiftungen:

- ❑ Gesamtübersicht über das deutsche Stiftungswesen
- ❑ rund 6.500 Einzelportraits der Stiftungen
- ❑ enthalten sind auch die neu- oder wiedererrichteten Stiftungen in den neuen Bundesländern
- ❑ statistische Angaben über die Zwecksetzungen und Entwicklungstendenzen der Stiftungserrichtungen
- ❑ herausgegeben vom Bundesverband Deutscher Stiftungen e. V.
- ❑ erscheint alle 3 Jahre als Buch und CD
- ❑ Format 17 x 24 cm, fester Einband

Fordern Sie unter Fax 06151/380-360 oder telefonisch unter 06151/380-0 weitere Informationen oder ein Angebot an.

Allgemeine Abkürzungen

Abg. – Abgeordneter
Abt. – Abteilung (s)
AbtPräs. – Abteilungspräsident
a. D. – außer Dienst
amt. – amtierend
App. – Apparat
AR – Amtsrat
AR – Aufsichtsrat
Arb. – Arbeit (s)
Ass. – Assessor

BauR – Baurat
BD – Baudirektor
BDir – Baudirektor
Bds. – Bundes
Bergw. – Bergwerk (s)
Bevollm. – Bevollmächtigter
BM – Bundesminister, -ministerium
BP – Boite Postale (Postfach)
BR – Baurat

Chem. – Chemiker, chemisch

Dipl. – Diplom
Dir. – Direktor
Dirig. – Dirigent
Doz. – Dozent
Dr. – Doktor
Dt. – Deutsch

e. h. – ehrenhalber
Evgl. – evangelisch
Ezhdl. – Einzelhandel

Fa. – Firma
Fin. – Finanz-
Frhr. – Freiherr

Gen. – General
GenLt – Generalleutnant
Gen-Maj – Generalmajor
GenOStArzt – Generaloberstabsarzt
Ger. – Gericht (s)
Ges. – Gesellschaft
GeschF – Geschäftsführer
Gew. – Gewerkschaft
GewDir – Gewerbedirektor
gewerbl. – gewerblich
Großhdl. – Großhandel
Gütez. – Gütezeichen

habil. – habilitatis (Vorlesungsberechtigt)
h.c. – honoris causa
Hdl. – Handel (s)
Hdw. – Handwerk (s)
HGeschF – Hauptgeschäftsführer
HK – Handelskammer

IHK – Industrie- und Handelskammer
Ind. – Industrie, industriell
Ing. – Ingenieur
Inh. – Inhaber
Insp. – Inspektor
Inst. – Institut
i. R. – im Ruhestand
i. V. – in Vertretung
IZ – Internationaler Zusammenschluß

JAR – Justizamtsrat
JOAR – Justizoberamtsrat
jr., jun. – junior
Jur. – Jurist, juristisch
Just. – Justiz, Justitiar

Kath. – katholisch
Kfm. – Kaufmann, kaufmännisch
komm. – kommissarisch
Kpt. – Kapitän

Ld. – Land
Lds. – Landes-
Ldw. – Landwirtschaft, Landwirt, landwirtschaftlich (e, er, es)
Leg.-Rat – Legationsrat
Lic. – Licentiat, -in
LMedD – Leitender Medizinaldirektor
LR – Legationsrat
LR I – Legationsrat Erster Klasse
LRD – Leitender Regierungsdirektor
Ltd. – Leitender

M.A. – Magister
MD – Ministerialdirektor
MdB – Mitglied des Bundestages
MdEP – Mitglied des Europäischen Parlaments
m.d.F.d.G.b. – mit der Führung der Geschäfte beauftragt
MDg – Ministerialdirigent
MDgt – Ministerialdirigent
MDir – Ministerialdirektor
MDirig – Ministerialdirigent
MdL – Mitglied des Landtages
m.d.L.b. – mit der Leitung beauftragt
MDS – Mitglied des Senats

Allgemeine Abkürzungen

m.d.W.d.G.b. – mit der Wahrnehmung der Geschäfte beauftragt
Med. – Medizin (isch)
MedDir – Medizinaldirektor
Min. – Minister (ial, ium)
MinDir – Ministerialdirektor
MinDirig – Ministerialdirigent
MinR – Ministerialrat
MinRat – Ministerialrat
MR – Ministerialrat
Mstr. – Meister

N – Notar
N.N. – Nicht Nominiert

OAR – Oberamtsrat
Ob. – Ober-
OBauR – Oberbaurat
OBM – Oberbürgermeister
O-Med.Rat – Obermedizinalrat
ORegR – Oberregierungsrat
ORR – Oberregierungsrat
Ökol. – Ökolog (e, in, ie), ökologisch
Ökon. – Ökonom (in, ie), ökonomisch

PD – Polizeidirektor
PDir – Postdirektor
Pers. – Persönlich (e, er)
Phys. – Physik (er, erin), physikalisch, physisch
P.O.B. – Post Office Box (Postfach)
POR – Postoberrat
PostDir – Postdirektor
Postf. – Postfach
PR – Postrat
Präs. – Präsident
Priv. – Privat
Prof. – Professor
Prov. – Provinz (ial)
Psych. – Psycholog (e, in, ie), psychologisch

RA – Rechtsanwalt
RAuN – Rechtsanwalt und Notar
RD – Regierungsdirektor
RDir – Regierungsdirektor
Ref. – Referent
Reg. – Regierungs-
RegAss. – Regierungsassessor
RegDir – Regierungsdirektor
RegGewDir – Regierungsgewerbedirektor
RegOR – Regierungsoberrat
RegPräs – Regierungspräsident
RegR – Regierungsrat
RiLG – Richter am Landgericht
RiOLG – Richter am Oberlandesgericht
RiSG – Richter am Sozialgericht
RLD – Regierungslandwirtschaftsdirektor
ROAR – Regierungsoberamtsrat
ROR – Regierungsoberrat
RP – Regierungspräsident
RR – Regierungsrat

S. – Seite
s. – siehe
SDgt – Senatsdirigent
Sekr. – Sekretär
Sen. – Senat (s), Senator
SenDir – Senatsdirektor
SenDirig – Senatsdirigent
SenRat – Senatsrat
SR – Senatsrat
StA – Staatsanwalt
StB – Steuerberater
Stellv. – Stellvertreter
StR – Studienrat
Synd. – Syndikus

T – Telefon
techn. – technisch
TGR – Telegramm
TWV – Technisch-Wissenschaftlicher-Verein
TX – Telex

VA – Verwaltungsangestellter
VAdm – Vizeadmiral
VDir – Verwaltungsdirektor
Verb. – Verband (s)
Verm. – Vermessung
Vers. – Versicherung (s)
Vertr. – Vertreter
Verw. – Verwaltung (s)
VerwDir – Verwaltungsdirektor
VerwObRat – Verwaltungsoberrat
Vet. – Veterinär
VLR – Vortragender Legationsrat
VLR I – Vortragender Legationsrat Erster Klasse
Vors. – Vorsitzender
Vorst. – Vorstand
Vortr. – Vortragender

W.Dir. – Wissenschaftlicher Direktor
Wirtsch. – Wirtschaft (s)
WOR – Wissenschaftlicher Oberrat
WP – Wirtschaftsprüfer

Abkürzungen deutscher Verbandsnamen

Dieses Verzeichnis enthält die Abkürzungen und die Namen deutscher Verbände. Ein Abkürzungsverzeichnis der internationalen Verbände steht vor den Internationalen Zusammenschlüssen.

Die nach den Verbandsnamen stehenden Buchstaben und Kennziffern verweisen auf die jeweiligen Verbände, die im Hauptteil nach Gruppen und aufsteigenden Zahlen veröffentlicht sind.

A

AA
Auswärtiges Amt → A 8

AAB
Afrika-Süd Aktions-Bündnis e.V. → U 934

AÄGP
Allgemeine Ärztliche Gesellschaft für Psychotherapie e.V. → T 3 309

AAI
Arbeitgeberverband freier Architekten und Ingenieure e.V. → R 31

AAT
Arbeitsgruppe Artenschutz Thüringen e.V. → Q 405

abekra
Verband arbeits- und berufsbedingt Erkrankter e.V. → T 2 653

ABG
Abwasserbiologische Gesellschaft e.V. → L 62

ABI
Aktion Bildungsinformation e.V. → T 3 714, u 1 120

AbL
Arbeitsgemeinschaft bäuerliche Landwirtschaft e.V. → Q 63

abp
Arbeitskreis Baufachpresse e.V. → O 468

A.B.U.
Aktionsgemeinschaft Bessere Umwelt e.V. Köln -A.B.U.- Brunhilde Hoch Stiftung → Q 388

ABV
Arbeitsgemeinschaft Baufachverlage → O 451

ABV
Arbeitsgemeinschaft berufsständischer Versorgungseinrichtungen e.V. → K 393, S 18

ABVP
Arbeitgeber- und BerufsVerband Privater Pflege e.V. → R 288

ACA
Arbeitsgemeinschaft christl. Arbeitnehmer-Organisationen in der Bundesrepublik Deutschland → R 536

ACD
Air Cargo Club Deutschland → M 281

ACI
ACI Deutschland e.V. The Financial Markets Association → S 1 616

ACV
Accessoires Central Verband e.V. → O 628

ACV
Allgemeiner Cäcilien-Verband für Deutschland → O 86, o 102

ADA
Arbeitsgemeinschaft deutschsprachiger Autoren → S 1 286

ADAC
Allgemeiner Deutscher Automobil-Club e.V. → U 1 069, u 2 414, U 2 564

AdB
Arbeitskreis deutscher Bildungsstätten e.V. → T 3 719

ADB
VDI-Gesellschaft Produktionstechnik → T 1 337

ADC
Arbeitsgemeinschaft Deutscher Chorverbände e.V. → O 101, u 2 641

ADFC
Allgemeiner Deutscher Fahrrad-Club (Bundesverband) e.V. → q 663, U 1 102

ADI
Arbeitskreis Dresdner Informationsvermittler e.V. → U 21

AdJ
Arbeitsgemeinschaft deutscher Junggärtner e.V. → Q 131

ADK
Arbeitsgemeinschaft der deutschen Kachelofenwirtschaft e.V. → F 924

ADKA
Bundesverband Deutscher Krankenhausapotheker e.V. → S 384

ADKV
Arbeitsgemeinschaft Deutscher Kosmetik-Verbände → O 705

AdKV
Arbeitsgemeinschaft deutscher Kunstvereine e.V. → U 2 940

ADL
Arbeitskreis der Landschaftsanwälte → S 616

ADLAF
Arbeitsgemeinschaft Deutsche Lateinamerika-Forschung → E 738

ADM
ADM Arbeitskreis Deutscher Markt- und Sozialforschungsinstitute e.V. → T 2 360

ADM
Arbeitnehmerverband Deutscher Milchkontroll- und Tierzuchtbediensteter → r 508

AdP
Arbeitskreis der Pankreatektomierten e.V. → T 2 756, t 3 062

AdR
Arbeitsgemeinschaft der Restauratoren e.V. → S 1 536

ADS
Arbeitsgemeinschaft Deutscher Schwesternverbände und Pflegeorganisationen e.V. → R 626

ADTV
Allgemeiner Deutscher Tanzlehrerverband e.V. → S 1 595

ADV
Akademie für Datenverarbeitung → T 1 362

AdV
Arbeitsgemeinschaft der Vermessungsverwaltungen der Länder der Bundesrepublik Deutschland → T 2 016

ADV
Arbeitsgemeinschaft Deutscher Verkehrsflughäfen e.V. → M 248

ADV
Arbeitsgemeinschaft Deutscher Viehzentralen → H 185

AdZ
Anzeigenblätter der Zeitungen → O 467

AEI
Arbeitskreis Europäische Integration e.V. → T 2 244

AEK
Aktionsgemeinschaft für Energiesicherung und Kerntechnik e.V. → L 22

AEL
Arbeitsgemeinschaft für Elektrizitätsanwendung in der Landwirtschaft e.V. → L 18

ÄMM
Ärztevereinigung für Manuelle Medizin - Ärzteseminar Berlin e.V. → T 2 711

AEU
Arbeitskreis Evangelischer Unternehmer in Deutschland e.V. → R 250

AFB
Arbeitgeberverband Freier Berufe e.V. → S 20

AFB
Arbeitsstelle Friedensforschung Bonn → u 2 602

AfC
Arbeitsgemeinschaft freikirchlicher Chorwerke in Europa → O 109

AFES-PRESS e.V.
Arbeitsgemeinschaft Friedensforschung und Europäische Sicherheitspolitik e.V. → U 2 027

AFI
Arbeitskreis Finanzinformation → U 3

AFK
Arbeitsgemeinschaft Frankfurter Konferenzdolmetscher → S 1 433

afo
Akademie Führung + Organisation (afo) → T 3 893

AFS
Arbeitsgemeinschaft Freier Stillgruppen → U 1 418

AfW
Arbeitgeberverband der finanzdienstleistenden Wirtschaft e.V. → R 270

ag dok
Arbeitsgemeinschaft Dokumentarfilm e.V. → o 154, O 225

AG Song
Arbeitsgemeinschaft der Liedermacher aus der Bundesrepublik Deutschland → S 1 337

AGA
Arbeitsgemeinschaft Abonnentenwerbung e.V. → O 591

AGAF
Arbeitsgemeinschaft Amateurfunkfernsehen e.V. → O 408

AGAFE
Arbeitsgemeinschaft für angewandte Forschung und Entwicklung von Mitgliedern der Fachhochschule Wiesbaden e.V. → T 2 085

AGAH
Arbeitsgemeinschaft für Angewandte Humanpharmakologie e.V. → T 3 207

AGAV
Arbeitsgemeinschaft Deutscher Abstinenzverbände → U 1 887

AGB
Neue Arbeitsgemeinschaft Bewährungshilfe Baden-Württemberg → t 3 454

agbn
Arbeitsgemeinschaft der in Bayern tätigen Notärzte e.V. → s 194

AGBrN
Arbeitsgemeinschaft in Brandenburg tätiger Notärzte e.V. → s 196

AGD
Allianz deutscher Designer e.V. → S 1 233

AGD
Unternehmens- und Arbeitgeberverband für Großhandel und Dienstleistungen e.V. → H 8, R 78

AGDF
Aktionsgemeinschaft Dienst für den Frieden e.V. → U 2 603

AGEG
Arbeitsgemeinschaft Europäischer Grenzregionen → D 200

AGEH
Arbeitsgemeinschaft für Entwicklungshilfe e.V. → U 1 997

AGF
Akademische Gesellschaft für Finanzwirtschaft e.V. → T 2 090

AGFÖ
Arbeitsgemeinschaft Flughafen und Ökologie Essen/Mülheim e.V. → Q 476

AGFW
Arbeitsgemeinschaft Fernwärme e.V. → L 33

AGH
Augsburger Gewerbehof GmbH → U 83

AGH
Verband Großhandel Außenhandel Verlage und Dienstleistungen Hessen e.V. → H 12, h 44

AG-HFSt
Arbeitsgemeinschaft der Deutschen Hauptfürsorgestellen → U 1 613

AGHN
Arbeitsgemeinschaft in Hessen tätiger Notärzte e.V. → s 197

AGJ
Arbeitsgemeinschaft für Jugendhilfe → U 1 543

AGL
Arbeitsgemeinschaft Luftwaffe (AGL) e.V. → M 282

AG.MA
Arbeitsgemeinschaft Media-Analyse e.V. → T 2 407

AGMM
Arbeitsgemeinschaft Mühlen- und Müllereimaschinenbau im VDMA → f 678

AGMN
Arbeitsgemeinschaft der in Mecklenburg-Vorpommern tätigen Notärzte → s 198

AGNB
Arbeitsgemeinschaft Notarzt Berlin e.V. → s 195

AGN-NW
Arbeitsgemeinschaft der in Nordrhein-Westfalen tätigen Notärzte e.V. → s 200

AGÖF
Arbeitsgemeinschaft ökologischer Forschungsinstitute e.V. → T 1 750

AGÖL
Arbeitsgemeinschaft Ökologischer Landbau e.V. → Q 173

AGP
Arbeitsgemeinschaft Partnerschaft in der Wirtschaft e.V. → T 749, U 2 975

AGPF
AGPF-Aktion für Geistige und Psychische Freiheit e.V. → U 1 575

AGQS
AGQS Qualitäts- und Umweltmanagement GmbH → T 2 023

AGS
AGNES-GWIZDALSKI-STIFTUNG → T 792

AGS
Arbeitsgemeinschaft der Sonderabfall-Entsorgungs-Gesellschaften der Länder → O 730

AGSB
Arbeitsgemeinschaft Solartechnik Bergstrasse e.V. → T 1 383

AGSN
Arbeitsgemeinschaft der in Sachsen tätigen Notärzte e.V. → s 201

AGSVBL
Arbeitsgemeinschaft der Schwerbehindertenvertretungen des Bundes und der Länder → U 1 968

AGSWN
Arbeitsgemeinschaft Südwestdeutscher Notärzte e.V. → s 203

AGTN
Arbeitsgemeinschaft der in Thüringen tätigen Notärzte e.V. → s 204

AGU
Arbeitsgemeinschaft für Umweltfragen e.V. → Q 474

AGuM
Arbeitsgemeinschaft unabhängiger Mitgliedergemeinschaften der Angestellten-Krankenkassen e.V. → K 184

AGuV
Arbeitsgemeinschaft unabhängiger Versorgungseinrichtungen e.V. → K 396

AGV
Allgemeiner Arbeitgeberverband Harz e.V. → R 21

AgV
Arbeitsgemeinschaft der Verbraucherverbände e.V. → U 1 119

AGVH
Arbeitgeberverband des Saarländischen Handwerks → G 117, R 286

AGVU
Arbeitsgemeinschaft Verpackung und Umwelt e.V. → Q 354

AGWE
Arbeitgeberverband von Gas-, Wasser- und Elektrizitätsunternehmungen e.V. → r 89

AHH
Akademie des Handwerks Hamburg → g 62

AHO
Ausschuß der Ingenieurverbände und Ingenieurkammern für die Honorarordnung e.V. → S 974

AHS
Arbeitsgemeinschaft Home Service - Unternehmensverband für Direktservice e.V. → U 1 870

ahs
Arbeitsgemeinschaft Humane Sexualität e.V. → T 3 164

AHV
Außenhandelsverband Nordrhein-Westfalen e.V. → H 22, h 45

aid
Auswertungs- und Informationsdienst für Ernährung, Landwirtschaft und Forsten e.V. → T 2 600

AIESEC
Die Internationale Studentenorganisation Dt. Komitee der AIESEC e.V. → T 2 148

AiF
Arbeitsgemeinschaft industrieller Forschungsvereinigungen "Otto von Guericke" e.V. → t 90, T 258

AIP
Astrophysikalisches Institut Potsdam → T 1 269

AIST
Arbeitsgemeinschaft zur Förderung und Entwicklung des internationalen Straßenverkehrs e.V. → T 3 587

AIW
Arbeitskreis Industrie-Werbeagenturen → O 548

AjBD
Arbeitsgemeinschaft für juristisches Bibliotheks- und Dokumentationswesen → T 973

AJuM
Arbeitsgemeinschaft Jugendliteratur und Medien in der Gewerkschaft Erziehung und Wissenschaft → S 1 419

AKA
Arbeitsgemeinschaft kommunale und kirchliche Altersversorgung (AKA) e.V. → K 398

AKB
Arbeitskreis Baubeschlag im ZHH e.V. → H 91

AKE
Arbeitskreis Ernährungswirtschaft in Baden-Württemberg → T 2 602

AKIK
Aktionskomitee KIND IM KRANKENHAUS e.V. → U 1 568

AKM
Arbeitsgruppe Kommunikationsforschung München → T 3 596

AKN
Aktionskonferenz Nordsee e.V. → Q 450

AKSB
Arbeitsgemeinschaft kath.-sozialer Bildungswerke in der Bundesrepublik Deutschland → T 3 717

B

BAGSO
Bundesarbeitsgemeinschaft der Senioren-Organisationen (BAGSO) e.V. → U 1 334
BAG/WfB
Bundesarbeitsgemeinschaft der Werkstätten für Behinderte e.V. → T 2 810
BAH
Biologische Anstalt Helgoland → A 132
BAH
Bundesfachverband der Arzneimittel-Hersteller e.V. → F 218
BAI
Berufsverband der Architekten und Ingenieure e.V. → s 898
BAI
Bundesverband der Agraringenieure e.V. → s 895, S 919
BAJ
Bundesarbeitsgemeinschaft Kinder- und Jugendschutz → U 1 546
BAK
Arbeitsgemeinschaft Deutscher Apothekerkammern - Bundesapothekerkammer - → S 342
BAK
Bund alkoholfrei lebender Kraftfahrer e.V. → u 1 889
BAKA
Bundesarbeitskreis Altbauerneuerung e.V. → T 2 015
BAKJ
Bundesarbeitskreis kritischer Juragruppen → T 4 090
BAkWVT
Bundesakademie für Wehrverwaltung und Wehrtechnik → T 1 753
BALK
Bundesarbeitsgemeinschaft Leitender Krankenpflegepersonen e.V. → R 618
BAM
Bundesanstalt für Materialforschung und -prüfung → A 341, t 1 907
BAND
Bundesvereinigung der Arbeitsgemeinschaften Notärzte Deutschlands → S 193
BAnst PT
Bundesanstalt für Post und Telekommunikation Deutsche Bundespost → A 1 91.40
BAO
Berufsakademie Ost-Friesland e.V. → t 3 983
BAPK
Bundesverband der Angehörigen psychisch Kranker e.V. → T 2 826
BApÖD
Bundesverband der Apotheker im Öffentlichen Dienst e.V. → S 386
BAR
Bergamt Rüdersdorf → b 307
BAS
Bergamt Senftenberg → b 306
BAuA
Bundesanstalt für Arbeitsschutz und Arbeitsmedizin → A 119
B.A.U.CH.
Beratung und Analyse Verein für Umweltchemie e.V. → T 2 578
B.A.U.M.
Bundesdeutscher Arbeitskreis für umweltbewußtes Management e.V. → Q 641
BAV
Bundesverband der Altholzaufbereiter und -verwerter e.V. → F 574
BAV
Bundesverband der Autovermieter Deutschlands e.V. → M 130
BAVF
Bundesarbeitsgemeinschaft Vieh und Fleisch → H 184
BAW
BAW Institut für Wirtschaftsforschung GmbH → t 2 168
BAW
Bayerische Akademie für Werbung und Marketing e.V. → o 556, O 578
BAW
Bundesamt für Wirtschaft → A 337
BAZ
Bundesanstalt für Züchtungsforschung an Kulturpflanzen → A 152
BBA
Biologische Bundesanstalt für Land- und Forstwirtschaft → A 142
BBAL
Bundesverband der Betriebe der Allgemeinen Luftfahrt e.V. → M 277
BBauSV
Bundesverband Deutscher Bausachverständiger e.V. → S 1 105
BBD
Berufsverband Bayerischer Detektive e.V. → O 700
BBD
Biochemischer Bund Deutschlands e.V. → T 2 507
BBE
Berufs- und Betriebsförderungsstelle für den saarländischen Einzelhandel GmbH → T 3 823
BBG
Bayerische Botanische Gesellschaft e.V. → T 922
BBGes
Berliner Betrieb für Zentrale Gesundheitliche Aufgaben → B 551, t 1 936
BBI
Bundesverband Bekleidungsindustrie e.V. → f 20, F 96
BBI
Bundesverband der Baumaschinen-, Baugeräte- und Industriemaschinen-Firmen e.V. → H 225
BBK
Bund bildender Künstlerinnen Württembergs e.V. → S 1 187
BBN
Bundesverband beruflicher Naturschutz e.V. → Q 364
BBR
Bundesamt für Bauwesen und Raumordnung → A 2 89.10
BBS
Bundesverband Behälterschutz e.V. → U 674
BBU
BBU Verband Berlin-Brandenburgischer Wohnungsunternehmen e.V. → u 441
BBU
Bundesverband Bürgerinitiativen Umweltschutz e.V. → Q 333
BBV
Bayreuther Börsenverein e.V. → I 140
BBW
Bundesausschuß Betriebswirtschaft → T 2 086
BBW
Bundesverband Bürowirtschaft e.V. → H 343
BBW
Bundesverband der Brand- und Wasserschadenbeseitiger e.V. → U 536
BCPD
Bund Christlicher Posaunenchöre Deutschlands e.V. → O 85
bcs
Bundesverband CarSharing e.V. → M 1 37.10
BCV
Brandenburgischer Chorverband e.V. → u 2 762
BD Holz-VDH
Gesamtverband Holzhandel (BD Holz-VDH) e.V. → H 81
Bd KEP
Bundesverband der Kurier-Express-Paket-Dienste e.V. → M 127
BDA
Berufsverband der Allgemeinärzte Deutschlands - Hausärzteverband - e.V. → S 207
BdA
Berufsverband der Arzt-, Zahnarzt- und Tierarzthelferinnen e.V. → S 476
BDA
Bundesvereinigung der Deutschen Arbeitgeberverbände → R 1
BDÄ
Bundesvereinigung Deutscher Ärzteverbände e.V. → S 40
bdao
Bundesverband Deutscher Augenoptiker → G 122
BDAT
Bund Deutscher Amateurtheater e.V. → O 35
BDB
Bund Deutscher Baumeister, Architekten und Ingenieure e.V. → S 843, s 888
BdB
Bund Deutscher Baumschulen → Q 102
BDB
Bund Deutscher Buchkünstler e.V. → S 1 186
BDB
Bundesverband Deutsche Beton- und Fertigteilindustrie e.V. → F 890
BDB
Bundesverband Deutscher Baustoff-Fachhandel e.V. → H 25
BDB
Bundesvereinigung Deutscher Betriebswirte e.V. → S 756
BDBA
Bundesverband Deutscher Berufsausbilder e.V. → R 930
BDBI
Bund deutscher Buchbinder-Innungen → G 242
BdBV
Bundesvereinigung der Berufskraftfahrer-Verbände e.V. → R 565
BDD
Bundesverband Deutscher Detektive e.V. → O 692
BDDP
Berufsverband Deutscher Diplom-Pädagogen und Diplom-Pädagoginnen e.V. → R 950
BdE
Bund für drogenfreie Erziehung e.V. → U 1 581, u 1 890
BDE
Bundesverband der Deutschen Entsorgungswirtschaft e.V. → f 27, R 198
BDE
Bundesverband der Deutschen Erfrischungsgetränke-Industrie e.V. → F 371, r 138
BDEx
Bundesverband des Deutschen Exporthandels e.V. → H 40
BDF
Bund Deutscher Forstleute → R 747
BdF
Bund deutscher Friedhofsgärtner → Q 132
BDF
Bundesverband Deutscher Fertigbau e.V. → F 91, f 560
BDF
Bundesverband Deutscher Fleischrinderzüchter und -halter e.V. → Q 238
BDFA
Bund Deutscher Film- und Video-Amateure e.V. → O 226
BDFR
Bund Deutscher Finanzrichter → R 891
BDFWT
Bund Deutscher Feuerwerker und Wehrtechniker e.V. → S 1 471
BDG
Berufsverband Deutscher Geowissenschaftler e.V. → T 1 126
BDG
Bund Deutscher Grafik-Designer e.V. → s 1 228, S 1 235
BDG
Bundesverband Deutscher Gartenfreunde e.V. → Q 162, u 2 645
BDGL
Bundesverband der Diplom-Ingenieure Gartenbau und Landespflege e.V. → S 1 567
BDGS
Bundesverband Deutscher Grundstückssachverständiger e.V. → S 1 106
BDGW
Bundesvereinigung Deutscher Geld- und Werttransportunternehmen e. V. → R 185
BDH
BUND DEUTSCHER HEBAMMEN e.V. → S 85
BDH
Bund Deutscher Heilpraktiker e.V. → S 390
BDH
Bundesverband der Deutschen Heizungsindustrie e.V. → f 1 050
BDH
Bundesvereinigung Deutscher Handelsverbände → H 1
BDI
Berufsverband Deutscher Internisten e.V. → S 136
BDI
Bundesverband der Deutschen Industrie e.V. → F 1
BDIA
Bund Deutscher Innenarchitekten e.V. → S 874
BDIH
Bundesverband Deutscher Industrie- und Handelsunternehmen für Arzneimittel, Reformwaren, Nahrungsergänzungsmittel und Körperpflegemittel e.V. → F 217
BDIU
Bundesverband Deutscher Inkasso-Unternehmen e.V. → O 632
BDIVWA
Bund der Diplom-Inhaber der Verwaltungs- und Wirtschafts-Akademien-Bundesverband e.V. → S 780
BDK
Bund Deutscher Klavierbauer e.V. → G 489
BDK
Bund Deutscher Kriminalbeamter → R 893
BDK
Bund Deutscher Kriminalbeamter Büro Bonn → r 894
BDK
Bund Deutscher Kunsterzieher e.V. → U 2 707
BDK
Bundesverband Deutscher Kornbrenner e.V. → F 449, Q 163
BDK
Bundesverband Deutscher Kosmetikerinnen e.V. → G 457, o 707
BDK
Bundesverband Deutscher Kunstversteigerer e.V. → H 782
BDK
Bundesvereinigung der Deutschen Kartoffelwirtschaft e.V. → T 2 477
BDKA
Bundesverband des Deutschen Kunst- & Antiquitätenhandels e.V. → H 646
BdkF
Bund der kinderreichen Familien e.V. → U 1 257
BDKJ
Bund der Deutschen Katholischen Jugend → U 1 451
BdKJ
Bund diabetischer Kinder und Jugendlicher e.V. → T 2 661
BDKK
Bund Deutscher Kriegsopfer, Körperbehinderter u. Sozialrentner e.V. → U 1 028
BDL
Bund der Deutschen Landjugend im Deutschen Bauernverband e.V. → Q 165
BDL
Bundesverband der Lohnsteuerhilfevereine e.V. → S 682
BDL
Bundesverband des Lohngewerbes e.V. → F 1 035
BDL
Bundesverband Deutscher Leasing-Gesellschaften e.V. → O 716
BDLA
Bund Deutscher LandschaftsArchitekten e.V. → S 860, u 2 642
BDLI
Bundesverband der Deutschen Luft- und Raumfahrtindustrie e.V. → f 40, F 622
BDLV
Bund Deutscher Lohnsteuerzahlerverbände e.V. → U 906
BdN
Bund deutscher Nordschleswiger → U 986
BDNC
Berufsverband Deutscher Neurochirurgen e.V. → S 174
BDO
Bund Deutscher Oenologen e.V. → S 1 057
BDO
Bundesverband der Organtransplantierten e.V. → T 2 858
BdP
Berufsverband Deutscher Psychologen Sektion Markt- und Kommunikationspsychologie → S 1 528
BDP
Berufsverband Deutscher Psychologinnen und Psychologen e.V., Bonn → S 1 527
BDP
Bund Deutscher Pfadfinder/innen e.V. → U 1 452
BdP
Bundesverband der Pneumologen (Ärzte für Lungen- und Bronchialheilkunde) Dachverband der Landesverbände der Pneumologen Deutschlands → S 170
BDP
Bundesverband Deutscher Pflanzenzüchter e.V. → Q 203
BDR
Berufsverband der Deutschen Radiologen e.V. → S 228
BDR
Bund Deutscher Rechtspfleger e.V. → R 884, S 599
BDR
Bundesverband Deutscher Rechtsbeistände e.V. → S 579
BDRG
Bund Deutscher Rassegeflügelzüchter e.V. → Q 236

BDS
Berufsverband Deutscher Soziologen e.V. → S 1 131
BDS
Bund Deutscher Schauwerbegestalter e.V. Zentralverband → O 589
BDS
Bund Deutscher Schiedsmänner und Schiedsfrauen e.V. → U 751
BDS
Bundesarbeitsgemeinschaft Deutscher Spielotheken e.V. → U 2 677
BDS
BUNDESVERBAND DEUTSCHER STAHLHANDEL → H 151
BDS/DGV
Bundesverband der Selbständigen Deutscher Gewerbeverband e.V. → U 795
BDSF
Bundesverband Deutscher Sachverständiger und Fachgutachter e.V. → S 1 104
BdSI
Bundesverband unabhängiger deutscher Sicherheitsberater und -Ingenieure e.V. → S 996
BDSP
Bundesverband Deutscher Samenkaufleute und Pflanzenzüchter e.V. → Q 209
BdSt
Bund der Steuerzahler → U 889
BDSU
Bundesverband Deutscher Studentischer Unternehmensberatungen e.V. → S 710
BDTA
Bundesverband Deutscher Tabakwaren-Großhändler und Automatenaufsteller e.V. → H 100
BDÜ
Bundesverband der Dolmetscher und Übersetzer e.V. → S 1 420
BdV
Bund der Vertriebenen - Vereinigte Landsmannschaften und Landesverbände e.V. → U 965
BDV
Bundesverband der Versandschlachtereien e.V. → H 251
BDV
Bundesverband Deutscher Verpflegungs- und Vending-Unternehmen e.V. → F 498
bdvb
Bundesverband Deutscher Volks- und Betriebswirte e.V. → S 757
BDVI
Bund der Öffentlich bestellten Vermessungsingenieure e.V. → S 1 017
BDVI
Bund Deutscher Verpackungsingenieure e.V. → S 969
BDVR
Bund Deutscher Verwaltungsrichter und Verwaltungsrichterinnen → S 571
BDVT
Bund Deutscher Verkaufsförderer und Trainer e.V. → S 748
BdWi
Bund demokratischer Wissenschaftlerinnen und Wissenschaftler → T 2 109
BDWS
Bundesverband Deutscher Wach- und Sicherheitsunternehmen Wirtschafts- und Arbeitgeberverband e. V. → R 171
BDWV
Bundesfachvereinigung Deutscher Werbemittelverteiler e.V. → O 550
BDZ
Bund der Deutschen Zollbeamten - Gewerkschaft Zoll und Finanzen -im Deutschen Beamtenbund → R 702
BDZ
Bund Deutscher Zupfmusiker e.V. → O 113
BDZ
Bundesverband der Deutschen Zementindustrie e.V. → F 969
BdZ
Bundesverband der Zigarrenindustrie e.V. → F 1 088
BDZV
Bundesverband Deutscher Zeitungsverleger e.V. → O 455, R 190
BEE
Bundesverband Erneuerbare Energie → L 17
BEEV
Bundesverband der Elektronik- und Elektroschrottverwerter e.V. → H 306
BEJ
Bundesarbeitsgemeinschaft Evangelischer Jugendferiendienste e.V. → N 59
BER
Bundeselternrat → U 1 172
bespo
Fachverband Berufs-, Sport- und Freizeitbekleidungsindustrie e.V. → f 108
BESSY
Berliner Elektronenspeicherring-Gesellschaft für Synchrotronstrahlung mbH → t 169
BF
Bundesverband Flachglas Großhandel, Isolierglasherstellung, Veredlung e.V. → H 133
bfai
Bundesstelle für Außenhandelsinformation → A 338
BfArM
Bundesinstitut für Arzneimittel und Medizinprodukte → A 194
BFB
Bundesverband der Freien Berufe → S 1
B.F.B.M.
Bundesverband der Frau im freien Beruf und Management e.V. → S 21
BfD
Bundesberufsverband der Fachkosmetiker(-innen) in Deutschland e.V. → S 80
BFE
Bundesforschungsanstalt für Ernährung → A 139
BFF
Bund der Freunde und Förderer junger Architekten e.V. → S 841
BFF
Bundesfachverband Fleisch e.V. → H 186
BFGD
Bund Freireligiöser Gemeinden Deutschlands K.d.ö.R. → u 2 371, U 2 381
BFH
Bundesvereinigung der Fachverbände des Deutschen Handwerks → G 4
BFHD
Bund freiberuflicher Hebammen Deutschlands e.V. → S 102
BFI
Bundesverband der Finanzintermediäre an den deutschen Wertpapierbörsen → H 766
BfN
Bundesamt für Naturschutz → A 289
BFP
Bundesverband Finanz-Planer e.V. → S 730
BfS
Bürgerbund faires Scheidungsrecht e.V. → U 1 579
BFS
Bund zur Förderung Sehbehinderter e.V. → T 2 911
BFS
Bundesverband der Filialbetriebe und Selbstbedienungs-Warenhäuser e.V. → H 582
B.F.S.
Bundesverband Filmschnitt Cutter e.V. → O 198
BFSI
Bundesverband freiberuflicher Sicherheitsingenieure und überbetrieblicher Dienste e.V. → S 994
BFST
Bundes-Fachverband Schwimmbad-Technik e.V. → H 503
bft
Bundesverband Freier Tankstellen und Unabhängiger Deutscher Mineralölhändler e.V. → H 684
bfub
Bundesverband für Umweltberatung e.V. → S 1 109
BfV
Bundesverband firmenverbundener Versicherungsvermittler- und gesellschaften e.V. → K 48
BFW
Bundesverband Freier Wohnungsunternehmen e.V. → u 414, U 427
bga
bga Beratungsstelle für Gußasphaltanwendung e.V. → U 6
BGA
Bundesverband des Deutschen Groß- und Außenhandels → H 2
BGDP
Bundesverband des Großhandels mit Dünge- und Pflanzenbehandlungsmitteln e.V. → H 37, h 73, h 660, h 664
BGI
Verband des Deutschen Blumen-Groß- und Importhandels e.V. → H 33
BGL
Bundesverband Garten-, Landschafts- und Sportplatzbau e.V. → Q 137
BGR
Bundesanstalt für Geowissenschaften und Rohstoffe → A 340, t 1 953
BGR
Bundesarbeitsgemeinschaft Gentechnologie und Recht → T 2 455
BGR
DGMK-Bezirksgruppe Hannover Bundesanstalt für Geowissenschaften und Rohstoffe → t 1 304
BGV
Bund Deutscher Geschäftsführer und Vorstandsmitglieder e.V. → S 1 549
bgv
Bundesgrenzschutz-Verband -Gewerkschaft der Polizei des Bundes- → R 722
BgVV
Bundesinstitut für gesundheitlichen Verbraucherschutz und Veterinärmedizin → A 193
BGW
Bundesverband der deutschen Gas- und Wasserwirtschaft e.V. → L 39
BGZ
Berufsgenossenschaftliche Zentrale für Sicherheit und Gesundheit → K 248
BgZ
Bund gegen das Zwangsmitrauchen e.V. → U 696
BHB
Bundesverband Deutscher Heimwerker-, Bau- und Gartenfachmärkte e.V. → H 413
BHE
Bundesverband der Hersteller- und Errichterfirmen v. Sicherheitssystemen e.V. → F 694
bhf
Berufsverband hauswirtschaftlicher Fach- und Führungskräfte e.V. → S 1 522
BHKS
Bundesindustrieverband Heizungs-, Klima-, Sanitärtechnik/Technische Gebäudesysteme e.V. → f 1 051, F 1 066
BHP
Berufsverband der Heilpädagogen e.V. → S 427
BHSA
Bundesarbeitsgemeinschaft Hörbehinderter Studenten und Absolventen e.V. → T 2 815, t 2 954
BHU
Bund Heimat und Umwelt in Deutschland → U 942
b.i.b.
Bildungszentrum für informationsverarbeitende Berufe e.V. → T 3 601
BiBB
Bundesinstitut für Berufsbildung → A 125, t 2 256
BID
Bund Internationaler Detektive e.V.® → O 691
BIEK
Bundesverband internationaler Express- und Kurierdienste e.V. → M 125
bifego
Betriebswirtschaftliches Institut für empirische Gründungs- und Organisationsforschung e.V. → T 2 403
BIG
Bund der Ingenieure des Gartenbaues und der Landespflege e.V. → Q 127, s 893, S 967
B.I.K.
Bundesverband der Internationalen KONTAKT-Gruppen e.V. → U 1 533
B.I.L.D.
Gesellschaft für übernationale Zusammenarbeit e.V.Bureau International de Liaison et de Documentation → E 457
BIngK
Bundesingenieurkammer → S 940
BIP
Bildungswerk Papier → T 4 079
BISD
Bundesarbeitsgemeinschaft Internationale Soziale Dienste e.V. → U 1 393
BIT
Beratungszentrum Informations-Technik → U 31
BITKOM
Bundesverband Informationswirtschaft, Telekommunikation und neue Medien e.V. → f 36, F 352
BITÖK
Bayreuther Institut für Terrestrische Ökosystemforschung → T 2 555
BITZ
Bremer Gesellschaft für Innovation und Technologietransfer mbH (BREGIT) → U 112
BIV
Bundesinnungsverband des Deutschen Kälteanlagenbauerhandwerks → G 532
BIV
Bundesinnungsverband des Gebäudereiniger-Handwerks → G 336
BIV
Bundesinnungsverband für Orthopädie-Technik → G 602
BIV
Bundesverband Bürotechnik → G 533
BIV
Zentralverband der Augenoptiker → G 128
BIVA
Bundesinteressenvertretung der Altenheimbewohner e.V. → U 887
BIZ
Deutsches Buchinformationszentrum Bukarest → O 442
BJP
Bremer Jugendpresse → o 505
BJU
Bundesverband Junger Unternehmer der Arbeitsgemeinschaft Selbständiger Unternehmer e.V. → R 199
BK
Bundeskanzleramt → A 4
BKB
Baukammer Berlin Körperschaft des öffentlichen Rechts → S 944
bke
Bundeskonferenz für Erziehungsberatung e.V. → U 1 417
BKG
Bundesamt für Kartographie und Geodäsie → A 229
BKG
Bundesverband Kunstgewerbe Geschenkartikel und Wohndesign e.V. → G 475
BKJ
Bundesvereinigung Kulturelle Jugendbildung e.V. → U 1 531, u 2 646
BKK
Berufsverband für Kinderkrankenschwestern und Kinderkrankenpfleger e.V. → S 439
BKK®
Bundesverband der Betriebskrankenkassen (Bundesgebiet) → K 140
BKMF
Bundesverband Kleinwüchsige Menschen und ihre Familien e.V. → T 2 875
BKR
Bundesverband Keramische Rohstoffe e.V. → f 140, F 914
BKTex
Bundesverband Konfektion Technischer Textilien e.V. → F 1 014
BKU
Bund Katholischer Unternehmer e.V. → R 249
BLAC
Bund/Länder-Ausschuß Chemikaliensicherheit → T 983
BLBS
Bundesverband der Lehrerinnen und Lehrer an beruflichen Schulen Landesverband Baden-Württemberg e.V. → r 867
BLC
Bundesverband der Lebensmittelchemiker/-innen im öffentlichen Dienst e.V. → S 1 067
BLE
Bundesanstalt für Landwirtschaft und Ernährung → A 154
BLG
Bundesverband der gemeinnützigen Landgesellschaften → T 2 499
BLHV
Badischer Landwirtschaftlicher Hauptverband e.V. → q 16
BLK
Bundesverband der Hersteller von löslichem Kaffee e.V. → F 413
BLK
Bund-Länder-Kommission für Bildungsplanung und Forschungsförderung → A 87
BLM
Bayerische Landeszentrale für neue Medien → O 369
BLN
Berliner Landesarbeitsgemeinschaft Naturschutz e.V. → Q 344
BLU
Bundesverband Lohnunternehmen (BLU) e.V. → Q 87
BLZ
Bundesverband Leichtbetonzuschlag-Industrie e.V. → F 912

BMA
Bundesministerium für Arbeit und Sozialordnung → A 20
bmb+f
Bundesministerium für Bildung und Forschung → A 30
BME
Bundesverband Materialwirtschaft, Einkauf und Logistik e.V. → H 694
BMF
Bundesministerium der Finanzen → A 14
BMFD
Bundesverband der Militärischen Flugsicherung Deutschlands → U 850
BMFSFJ
Bundesministerium für Familie, Senioren, Frauen und Jugend → A 24
BMG
Bundesministerium für Gesundheit → A 26
BMI
Bundesministerium des Innern → A 10
BMJ
Bundesministerium der Justiz → A 12
BML
Bundesministerium für Ernährung, Landwirtschaft und Forsten → A 18
BMM
Bundesverband Material-Management e.V. → T 3 918
BMPT
Bundesverband der Mehrwertdienste-, Post- und Telekommunikationsnutzer Deutschland e.V. → U 762
BMR
Bundesverband der Maschinenringe e.V. → Q 36
BMU
Bundesministerium für Umwelt, Naturschutz und Reaktorsicherheit → A 34
BMVBW
Bundesministerium für Verkehr, Bau- und Wohnungswesen → A 28
BMVg
Bundesministerium der Verteidigung → A 22
BMZ
Bundesministerium für wirtschaftliche Zusammenarbeit und Entwicklung → A 32
BNA
Bundesverband für fachgerechten Natur- und Artenschutz e.V. → Q 398
BND
Bundesnachrichtendienst → A 88
BNE
Bundesverband Neue Erziehung e.V. → U 1 419
BNZ
Bundesverband der naturheilkundlich tätigen Zahnärzte in Deutschland e.V. → S 317
BÖB
Bundesverband öffentlicher Binnenhäfen e.V. → M 237
BÖLA
Bundesverband für ökologisch-biologische Landprodukte e.V. → Q 655
BOK
Bundesverband Offene Kanäle e.V. → T 1 345
BOVB
Bundesverband der Obstverschlußbrenner e.V. → F 474
BOW
Bildungswerk der ostwestfälisch-lippischen Wirtschaft e.V. → T 4 064
BOW
Bundesverband ostdeutsche Wirtschaftsförderung e.V. → U 394
BPA
Bundesverband privater Alten- u. Pflegeheime und ambulanter Dienste e.V. → O 630
BPA
Presse- und Informationsamt der Bundesregierung → A 6
BPE
Bundesverband Psychiatrie-Erfahrener e.V. → T 2 917
BPI
Bundesverband der Pharmazeutischen Industrie e.V. → F 202
BPS
Bau-Prüfverband Südwest e.V. → U 436
BPV
Bundesverband Personalvermittlung e.V. → S 784
BPvL
Berufsverband Prüfer von Luftfahrtgerät e.V. → T 2 018
BRE
Bundesverband Rhythmische Erziehung e.V. → U 1 420
BRE
Fachverband Bauabfallverwertung, Recyclingbaustoffe und Entsorgung Nord e.V. → f 938
BRH
Bund der Ruhestandsbeamten, Rentner und Hinterbliebenen im Deutschen Beamtenbund → R 746
BRIG
Bremerhavener Innovations- und Gründerzentrum (BRIG) GmbH → U 113
bSb
Bundesverband schlüsselfertiges Bauen e.V. → F 93
bSb
Bundesverband Sekretariat und Büromanagement e.V. → R 645
BSBD
Bund der Strafvollzugsbediensteten Deutschlands e.V. im Deutschen Beamtenbund → R 795
BSD
Bundesverband Sicherungstechnik Deutschland e.V. → G 788
BSDE
Bundesverband für Satelliten-Direktempfang e.V. → O 420
BSF
Bundesverband Souvenir Festival e.V. → F 789
BSHL Hamburg
Bundesverband der See- und Hafenlotsen e.V. → S 1 127
BSI
Bundesamt für Sicherheit in der Informationstechnik → A 209
BSI
Bundesverband der Deutschen Spirituosen-Industrie und -Importeure e.V. → F 468
BSI
Bundesverband der Deutschen Sportartikelindustrie e.V. → F 837
BSK
Bundesverband Selbsthilfe Körperbehinderter e.V. → T 2 891
BSK
Bundesverband Studentische Kulturarbeit e.V. → U 2 700
BSKZ
Bundesvereinigung sozio-kultureller Zentren e.V. → U 2 935
BSL
Bundesverband Spedition und Logistik e.V. → M 105
BSM
Bundesverband Deutscher Schausteller und Marktkaufleute e.V. → H 783
BSÖ
Bundes-Koordination Studentischer Ökologiearbeit e.V. → Q 466
BSR
Berliner Stadtreinigungsbetriebe Anstalt des öffentlichen Rechts → D 191
BSR
Bundesverband der vereidigten Sachverständigen für Raum und Ausstattung e.V. → S 711
BSSW
Bundesverband Schwimmbad-, Sauna- und Wassertechnik e.V. → F 840
BSV
Bund der Stalinistisch Verfolgten e.V. → U 1 026
BSVI
Bundesvereinigung der Straßenbau- und Verkehrsingenieure e.V. → S 999
BTB
Bundesverband der Deutschen Transportbetonindustrie e.V. → F 980
BTB
Bundesverband der Tierzucht- und Besamungstechniker e.V. → R 670
BTB
Gewerkschaft Technik und Naturwissenschaft im öffentlichen Dienst im Deutschen Beamtenbund Bund der Technischen Beamten, Angestellten und Arbeiter → R 852
BTE
BTE Gewerkschaft Meß- und Eichwesen im Deutschen Beamtenbund Bund der Technischen Eichbeamten, Angestellten und Arbeiter → R 816
BTE
Bund Technischer Experten e.V. → S 1 078
BTE
Bundesverband des Deutschen Textileinzelhandels e.V. → H 558
BTK
Bundestierärztekammer e.V. → S 319
BTS
Bundesverband Türkischer Studierendenvereine e.V. → E 707
BTWE
Bundesverband des Tabakwaren-Einzelhandels e.V. → H 520
BTZ
Bremer Touristik Zentrale GmbH → n 67
BÜV
Bau-Überwachungsverein e.V. → T 1 969
BÜV KSS
Bundesüberwachungsverband Kies, Sand und Splitt e.V. → T 1 971
BÜV M
Bundesüberwachungsverband Mörtel e.V. → T 1 993
BÜV N
Baustoffüberwachungs- und Zertifizierungsverein Nord e.V. (Hamburg/Schleswig-Holstein) → t 1 977, t 1 998, t 2 007
BÜV NO
Baustoffüberwachungs- und Zertifizierungsverband Nord-Ost e.V. → t 1 975, t 1 997, t 2 006
BÜV NW
Baustoffüberwachungsverein NW e.V. → t 1 979, t 2 000, t 2 009
BÜV RB
Bundesüberwachungsverband Recycling-Baustoffe e.V. → T 1 984
BÜV S
Baustoffüberwachungs- und Zertifizierungsverein Sachsen e.V. → t 1 981, t 2 001, t 2 010
BÜV TB
Bundesüberwachungsverband Transportbeton e.V. → T 2 003
BÜV TSA
Baustoffüberwachungs- und Zertifizierungsverein Thüringen und Sachsen-Anhalt e.V. → t 1 982, t 2 002, t 2 011
BÜVZERT BaWü
Baustoffüberwachungs- u. Zertifizierungsverband Baden-Württemberg e.V. Abt. Kies und Sand → t 1 972
BÜVZERT BaWü
Baustoffüberwachungs- und Zertifizierungsverband Baden-Württemberg e.V. → t 1 994, t 2 004
BuFi
Bundesvereinigung des Deutschen Films e.V. → O 152
BUND
Bund für Umwelt und Naturschutz Deutschland e.V. → Q 406
Bundes-SGK
Sozialdemokratische Gemeinschaft für Kommunalpolitik in der Bundesrepublik Deutschland e.V. → D 218
BuPräA
Bundespräsidialamt → A 2
BUS
Betreuungsverbund für Unternehmer und Selbständige e.V. → R 197
buss
Bundesverband für stationäre Suchtkrankenhilfe e.V. ("buss") → T 3 415
BVA
Berufsverband der Augenärzte Deutschlands e.V. → S 77
BVA
Bundesverband Altöl e.V. → H 304
BVA
Bundesverband der Agrargewerblichen Wirtschaft e.V. → H 66, h 657, h 662
BVAB
Bundesverband Altlasten-Betroffener e.V. → Q 463
BVBC
Bundesverband der Bilanzbuchhalter und Controller e.V. → R 572
BVBK
Bundesverband Brandschutzfachbetriebe und -Kundendienste e.V. → F 273
BVD
Europaverband der Selbständigen Bundesverband Deutschland e.V. → U 763
BVDA
Bundesverband Deutscher Anzeigenblätter e.V. → O 450
BVDA
Bundesverband Deutscher Apotheker e.V. → S 382
BVDA
Bundesvereinigung Deutscher Autotelefonbesitzer e.V. → U 2 565
BVDG
Bundesverband Deutscher Galerien e.V. → H 653
BVDI
BundesVerband Deutscher Investmentberater e.V. → S 695
BVdM
Bundesverband der Mischfutterhersteller e.V. → F 407
BVDM
Bundesverband der Motorradfahrer e.V. → U 2 523
bvdm
Bundesverband Druck und Medien e.V. → f 24, F 224
BVDN
Berufsverband Deutscher Nervenärzte e.V. → T 2 740
(BVdV)
Bauernverband der Vertriebenen e.V. → U 963
BVE
Bundesvereinigung der Deutschen Ernährungsindustrie e.V. → f 29, F 365
BVEA
Bundesverband Evangelischer Arbeitnehmerorganisationen e.V. → R 534
BVF
Bundesverband Deutscher Fruchthandelsunternehmen e.V. → H 158
BVF
Bundesverband Flächenheizungen e.V. → F 514
BVF
Bundesvereinigung gegen Fluglärm e.V. → T 1 253
bvfa
Bundesverband Feuerlöschgeräte und -anlagen e.V. → F 272, f 881
BVFS
Bundesverband Freier Sachverständiger e.V. → S 1 098
BVG
Beratungs- und Verlagsgesellschaft des BDS mbH → h 152
BVGD
Bundesverband der Gästeführer in Deutschland e.V. → N 36
BVH
Bundesverband des Deutschen Versandhandels e.V. → H 689
BVHK
Bundesverband der Hersteller und Importeure von Krafträdern mit Beiwagen e.V. → F 501
BVI
Bundesverband Schnellgastronomie und Imbißbetriebe e.V. → N 34
BVJ
Bundesverband Jugendpresse e.V. → S 1 389
BVK
Bundesverband deutscher Kapitalbeteiligungsgesellschaften e.V. German Venture Capital Association e.V. → I 91
BVK
Bundesverband Deutscher Versicherungskaufleute e.V. → K 37, u 412
BVK
Bundesverband Kamera → R 599
BVK
Bundesverband Kraftwerksnebenprodukte e.V. → O 729
BVK
Bundesverband öffentlich bestellter und vereidigter Kfz-Sachverständiger e.V. → S 1 100
BVKA
Bundesverband krankenhausversorgender Apotheker e.V. → S 385
BVL
Bundesverband des Deutschen Lebensmittelhandels e.V. → H 419
BVL
Bundesverband Legasthenie e.V. → T 2 887
B'VM AG
B'VM Berater- und Service-Gruppe für Verbände und Nonprofit-Organisationen → S 737
BVM
Berufsverband Deutscher Markt- und Sozialforscher e.V. → S 736
BVMB
Bundesvereinigung Mittelständischer Bauunternehmen e.V. → F 89

BVMed
BVMed Bundesfachverband Medizinprodukteindustrie e.V. → F 1 024
BVMI
Berufsverband Medizinischer Informatiker e.V. → S 380
BVMKW
Bundesverband Motorkraftwerke e.V. → T 1 149
BVMW
Bundesverband mittelständische Wirtschaft Unternehmerverband Deutschlands e.V. → R 282
BVO
Berufsverband der Ärzte für Orthopädie e.V. → S 206
BVÖ
Bundesverband Ökologie e.V. → Q 456
BVOG
Bundesverband Energie Umwelt Feuerungen e.V. → F 696, f 1 057
BVPA
Bundesverband der Pressebild-Agenturen und Bildarchive e.V. → O 537
BVPPT
Berufsverband für Beratung, Pädagogik & Psychotherapie → S 442
BVPTA
Bundesverband Pharmazeutisch-technischer Assistenten e.V. → R 669
BVR
Bundesverband der Deutschen Volksbanken und Raiffeisenbanken e.V. → I 74, P 5, u 411
BVR
Bundesverband der Fernseh- und Filmregisseure in Deutschland e.V. → R 598
BvS
Bundesanstalt für vereinigungsbedingte Sonderaufgaben → A 185
BVS
Bundesverband der Stärkekartoffelerzeuger e.V. → F 448
BVS
Bundesverband des Sanitätsfachhandels e.V. → H 486
BVS
Bundesverband des Spielwaren-Einzelhandels e.V. → H 504
BVS
Bundesverband öffentlich bestellter und vereidigter sowie qualifizierter Sachverständiger e.V. → S 696
BVSI
Bundesverband Sargindustrie e.V. → f 569
BVSK
Bundesverband der freiberuflichen und unabhängigen Sachverständigen für das Kraftfahrzeugwesen e.V. → S 1 101
BVSW
Bayerischer Verband für Sicherheit in der Wirtschaft e.V. → u 926
BVT
Bundesverband staatlich geprüfter Techniker e.V. → R 664
BVT
Bundesverband Technik des Einzelhandels e.V. → H 538
BVTA
Bundesverband Telearbeit e.V. → T 1 157
BVU
Bund versicherter Unternehmer e.V. → U 911
BVVN
Bundesverband der Versicherungsnehmer e.V. → K 20
BWA
Bundesverband der Warenautomatenaufsteller e.V. → H 223
BWB
Bundesamt für Wehrtechnik und Beschaffung → A 335
BWE
Bundesverband WindEnergie e.V. → L 37
bwg
Bundesverband der Werbemittel-Berater und Großhändler → O 549
BWI-Bau
Betriebswirtschaftliches Institut der Bauindustrie GmbH → T 894
BWK
Bund der Ingenieure für Wasserwirtschaft, Abfallwirtschaft und Kulturbau e.V. → s 889, S 1 042
BWP
Baden-Württembergische Papierverbände → f 731
BwSW
Bundeswehr-Sozialwerk e.V. → U 1 874
BWV
Berufsbildungswerk der Deutschen Versicherungswirtschaft e.V. → T 3 671
BWV
Berufsbildungswerk der Versicherungswirtschaft Wiesbaden/Mainz e.V. → T 3 676
BWV
Bundesverband Werkverkehr und Verlader e.V. → M 83
BWVS
Bundesverband Wassersportwirtschaft e.V. → U 2 501
BZA
Bundesverband Zeitarbeit Personal-Dienstleistungen e.V. → S 783
BZgA
Bundeszentrale für gesundheitliche Aufklärung → A 195
BZP
Deutscher Taxi- und Mietwagenverband (BZP) e.V. → M 38
BZS
Bundesamt für Zivilschutz → A 208

C

CAMEXA
Deutsch-Mexikanische Industrie- und Handelskammer → E 305
CAVENAL
Deutsch-Venezolanische Industrie- und Handelskammer → E 348
CC
Coburger Convent der Landsmannschaften und Turnerschaften an deutschen Hochschulen → U 2 697
C.C.F.A.
Französische Industrie- und Handelskammer in Deutschland Chambre de Commerce et d'Industrie Française en Allemagne → E 267
CC-N
Claims Conference Nachfolgeorganisation → U 1 013
CDG
Carl Duisberg Gesellschaft e.V. → T 3 710, U 2 005
CDH
Centralvereinigung Deutscher Wirtschaftsverbände für Handelsvermittlung und Vertrieb → H 696
CDU
Christlich Demokratische Union - CDU - → U 2 045
CFD
Christlicher Friedensdienst e.V. → u 2 612
CFI
Christliche Fachkräfte International e.V. → U 1 378
CGB
Christlicher Gewerkschaftsbund Deutschlands → R 484
CGBCE
Christliche Gewerkschaft Bergbau-Chemie-Energie → R 500
CGDE
Christliche Gewerkschaft Deutscher Eisenbahner → R 511
CGM
Christliche Gewerkschaft Metall → R 499
CG-Medien
Christliche Gewerkschaft Medien → R 502
CGPT
Christliche Gewerkschaft Postservice und Telekommunikation → R 512
CIC
Deutsche Delegation des Internationalen Jagdrates zur Erhaltung des Wildes → Q 579
CIM
Centrum für internationale Migration und Entwicklung → U 1 995
CIS
Christliches Initiativ- und Studienzentrum Dortmund e.V. → u 2 613
CJD
Christliches Jugenddorfwerk Deutschlands e.V. → U 1 372, u 1 387, u 2 648
CT
Corps Touristique Vereinigung ausländischer Vertreter für Fremdenverkehr und Eisenbahnen in Deutschland → N 194
CTJ
Vereinigung der Caravan- und Touristik-Journalisten e.V. → S 1 392
CTOUR
Club der Tourismus-Journalisten Berlin-Brandenburg → S 1 390
CV
Cartellverband der katholischen deutschen Studentenverbindungen → U 1 376

D

DAA
Deutsche Angestellten-Akademie e.V. → T 4 073
DAAB
Deutscher Allergie- und Asthmabund e.V. → T 3 016
DAAD
Deutscher Akademischer Austauschdienst → T 3 692
DAB
Dachverband der Ausländerkulturvereine e.V. → U 2 732
DAB
Deutscher Akademikerinnenbund e.V. → R 561
DABEI
Deutsche Aktionsgemeinschaft Bildung-Erfindung-Innovation e.V. → T 1 782
DAeC
Deutscher Aero Club e.V. → u 2 418
DÄVT
Deutsche Ärztliche Gesellschaft für Verhaltenstherapie e.V. → T 3 351
DÄZ
Deutsche Ärztegemeinschaft für medizinische Zusammenarbeit e.V. Anerkannte zentrale Beschaffungsstelle für Arzneimittel → S 254
DAF
Deutsch-Arabisches Friedenswerk e.V. → U 2 639
DAfA
Deutsche Akademie für Algesiologie - Institut für schmerztherapeutische Fort- und Weiterbildung → T 3 359
DAFG
Deutsch-Albanische Freundschaftsgesellschaft e.V. → E 378
DAG
Deutsche Angestellten-Gewerkschaft → R 470
DAGG
Deutscher Arbeitskreis für Gruppenpsychotherapie und Gruppendynamik → T 2 783
DAG-J
Jugend der Deutschen Angestellten-Gewerkschaft → U 1 472
DAGV
Deutsche Arbeitsgemeinschaft genealogischer Verbände → U 1 170
DAGV
Deutscher Automaten-Großhandels-Verband e.V. → H 23
DAH
Deutsche Medizinische Arbeitsgemeinschaft für Herd- und Regulationsforschung e.V. → T 2 673
DAHW
Deutsches Aussätzigen-Hilfswerk e.V. → T 2 793
DAI
Deutsches Aktieninstitut e.V. → I 142
DAJV
Deutsch-Amerikanische Juristen-Vereinigung e.V. → S 618
DAL
Deutscher Arbeitsring für Lärmbekämpfung e.V. → T 1 254
DALV
Deutscher Akkordeonlehrer-Verband e.V. → S 1 338
DARC
Deutscher Amateur-Radio-Club e.V. → u 2 649, U 3 020
DAS
Deutscher Allgemeiner Sängerbund e.V. → o 104, U 2 763
DASL
Deutsche Akademie für Städtebau und Landesplanung → T 3 678
DASP
Deutsche Gesellschaft für die afrikanischen Staaten portugiesischer Sprache → E 377
DASt
Deutscher Ausschuß für Stahlbau → t 342, T 1 392
DAtF
Deutsches Atomforum e.V. → T 890
DAV
Deutsche Außenhandels- und Verkehrs-Akademie → T 3 806
DAV
Deutscher Alpenverein e.V. → Q 588, u 2 419
DAV
Deutscher Altphilologen-Verband → R 929
DAV
Deutscher Apothekerverband e.V. → S 361
DAV
Deutscher Arbeitgeber-Verband e.V. → R 17
DAV
Deutscher Arbeitnehmer-Verband → R 539
DAV
Deutscher Asphaltverband e.V. → F 88
DAV
Deutscher Automaten-Verband e.V. → o 643
DAV
DeutscherAnwaltVerein e.V. → S 508
DAVVL
Deutscher Ausschuß zur Verhütung von Vogelschlägen im Luftverkehr e.V. → U 857
DAW
Deutsch-Albanische Wirtschaftsgesellschaft e.V. → E 379
DBB
DBB-Beamtenbund und Tarifunion → R 683
DBBF
Deutscher Beamtenbund - Bundesfrauenvertretung - → R 886
DBBJ
Deutsche Beamtenbund-Jugend - Bundesjugendleitung- → R 885, U 1 465
DBfK
Deutscher Berufsverband für Pflegeberufe e.V. → R 627
DBG
Deutsche Bodenkundliche Gesellschaft → t 2 546, T 2 594
DBH
DBH - Fachverband für Soziale Arbeit, Strafrecht und Kriminalpolitik → T 3 449, U 1 765
DBH
Deutsche Bewährungshilfe e.V. → S 568
DBJR
Deutscher Bundesjugendring → U 1 427
dbl
Deutscher Bundesverband für Logopädie e.V. → R 1 042
DBM
Deutsches Bergbau-Museum → U 2 962
DBMB
Deutscher Braumeister- und Malzmeister-Bund (Techn.-wissenschaftl. Vereinigung) e.V. → T 924
DBSFS
Deutscher Bundesverband für Steuer-, Finanz- und Sozialpolitik e.V. → T 2 115
DBSH
Deutscher Berufsverband für Sozialarbeit, Sozialpädagogik, Heilpädagogik e.V. → r 516, R 646
DBSV
Deutscher Boots- und Schiffbauer-Verband → G 241
DBT
Deutscher Bundesverband Tanz e.V. → O 67
DBV
Deutscher Bauernverband e.V. → Q 15, q 305, u 2 650
DBV
Deutscher Beton- und Bautechnik-Verein E.V. → t 264, T 900
DBV
Deutscher Bibliotheksverband e.V. → T 946
DBVA
Deutscher Berufsverband für Altenpflege e.V. → S 103
DBVW
Deutscher Bund der verbandlichen Wasserwirtschaft → L 67
DBwV
Deutscher Bundeswehr-Verband e.V. → R 586
DCB
Deutsch-Chilenischer Bund → E 399
DCCV
Deutsche Morbus Crohn/Colitis ulcerosa Vereinigung Bundesverband für chronisch entzündliche Erkrankungen des Verdauungstraktes e.V. → T 2 975
DCHV
Deutscher Caravan Handels-Verband e.V. → H 645

DCTC
Steinbeis-Transferzentrum Dental Products-Clinical Testing/Certification → t 1 665

DCV
Deutscher Caritasverband e.V. → U 1 692

DCW
Deutsch-Chinesische Wirtschaftsvereinigung e.V. → E 402

DD
Dialysepatienten Deutschlands e.V. → T 3 102

DDA
Dachverband Deutscher Avifaunisten e.V. → Q 506

DDB
Deutscher Diabetiker-Bund e.V. → T 3 045

DDG
Deutsch-Dänische Gesellschaft e.V. → E 412

DDG
Deutsche Dermatologische Gesellschaft e.V. Vereinigung deutschsprachiger Dermatologen → T 3 215

DDG
Deutsche Diabetes-Gesellschaft → T 3 216

DDGI
Deutscher Dachverband für Geoinformation → T 372

DDI
Deutsches Diamant Institut, Stiftung → T 836

DDIV
Dachverband Deutscher Immobilienverwalter e.V. → S 1 509

DDO
Deutsche Disc-Jockey Organisation → S 1 449

DDU
Deutsche Diabetes Union e.V. → T 2 659

DDU
Deutsche Discotheken Unternehmer → S 1 448

DDV
Deutscher Dachgärtner Verband e.V. → Q 603

DDV
Deutscher Detektiv-Verband e.V. → O 693

ddv
Deutscher Didacta Verband e.V. → f 558, T 3 681

DDV
Deutscher Direktmarketing Verband e.V. → S 741

DEAE
Deutsche Evangelische Arbeitsgemeinschaft für Erwachsenenbildung e.V. → T 3 863

DEB
Deutscher Esperanto-Bund e.V. → R 943

DEBRIV
Deutscher Braunkohlen-Industrie-Verein e.V. → f 128, R 64

DEFIMA
Deutscher Finanzdienstleistungsverband für Finanz- und Vermögensberater, Makler und Mehrfachagenten e.V → S 728

DEG
DEG-Deutsche Investitions- und Entwicklungsgesellschaft mbH → U 1 990

DEG
Deutsche Energie-Gesellschaft e.V. → T 1 045

DEGA
Deutsche Gesellschaft für Akustik e.V. → T 1 040

DEGAM
Deutsche Gesellschaft für Allgemeinmedizin und Familienmedizin e.V. → T 3 203

DeGefest
Deutsche Gesellschaft zur Förderung und Entwicklung des Seminar- und Tagungswesens e.V. → S 1 546

DegeM
Deutsche Gesellschaft für Elektroakustische Musik e.V. → O 71

DEGRO
Deutsche Gesellschaft für Radioonkologie → T 3 310

DEHOGA
Deutscher Hotel- und Gaststättenverband e.V. → N 1

DELAV
Deutscher Laienspielverband → S 1 309

DER
Deutscher Erfinderring e.V., Nürnberg → U 742

DESY
Deutsches Elektronen-Synchrotron → t 72, T 999

DEUVET
Bundesverband Deutscher Motorveteranen-Clubs e.V. → U 2 569

DEV
Deutscher Eisenbahn-Verein e.V. → U 3 003

DEV
Deutscher Email Verband e.V. → t 280, T 1 050

DEV
Deutscher Erfinderverband e.V. → U 741

DEVFP
DEVFP Deutscher Verband Financial Planners e.V. → S 731

d-extrakt
Informationsdienst für neuzeitliches Bauen e.V. → F 94

DF
Deutscher Frauenrat - Lobby der Frauen - Bundesvereinigung von Frauenverbänden und Frauengruppen gemischter Verbände in Deutschland e.V. → U 1 258

DFA
Allgemeines CB-Funker-Forum/Deutsche Funk Allianz e.V. → U 3 019

DFAM
Deutsche Forschungsgesellschaft für die Anwendung der Mikroelektronik e.V. → t 324, T 1 162

DFG
Deutsche FilmversicherungsGemeinschaft → K 28

DFGS
Deutscher Fachverband für Gehörlosen- und Schwerhörigenpädagogik → t 2 961

DFG-VK
Deutsche Friedensgesellschaft - Vereinigte KriegsdienstgegnerInnen e.V. → U 1 818

DFGWT
Deutsch-Französische Gesellschaft für Wissenschaft und Technologie e.V. → T 1 229

DFH
Deutscher Fachverband High School e.V. → O 723

DFJW
Deutsch-Französisches Jugendwerk → U 1 538

DFK
Deutscher Verband für Freikörperkultur e.V. → u 2 480, u 2 660

DFMRS
Deutsche Forschungsvereinigung für Meß-, Regelungs- und Systemtechnik e.V. → t 321

DFMS
Deutscher Fachverband für Meister im Schwimmbad e.V. → S 1 525

DFNV
Deutscher Franchise-Nehmer-Verband e.V. → U 812

DFN-Verein
Deutsches Forschungsnetz Verein zur Förderung eines Deutschen Forschungsnetzes → T 367

DFO
Deutsche Forschungsgesellschaft für Oberflächenbehandlung e.V. → t 327, T 919

DFS
Deutscher Fachverband Solarenergie e.V. → F 844

DFÜ
Deutscher Freiwilligendienst in Übersee e.V. → U 2 011

DFV
Deutsche Flugdienstberater Vereinigung e.V. → M 254

D.F.V.
Deutscher Duty Free Verband e.V. → H 257

DFV
Deutscher Fleischer-Verband → G 301

DFW
Dachverband Freier Weltanschauungsgemeinschaften e.V. → U 2 370

DfwG
Deutsche farbwissenschaftliche Gesellschaft → T 1 250

DFWR
Deutscher Forstwirtschaftsrat e.V. → Q 538

DGAH
Deutsche Gesellschaft für Arbeitshygiene e.V. → T 876

DGAR
Deutsche Gesellschaft für Agrarrecht Vereinigung für Agrar- und Umweltrecht e.V. → T 3 437

D.G.A.U.
Deutsche Gesellschaft für Agrar- und Umweltpolitik e.V. → T 2 077

DGB
Deutscher Gewerkschaftsbund → R 309

DGE
Deutsche Gesellschaft für Endokrinologie → T 3 230

DGE
Deutsche Gesellschaft für Ernährung e.V. → T 2 450

DGEE
OUTWARD BOUND-Deutsche Gesellschaft für Europäische Erziehung e.V. → T 4 082

DGEG
Deutsche Gesellschaft für Eisenbahngeschichte e.V. → U 3 002

DGES
Deutsche Gesellschaft für Elektrische Straßenfahrzeuge e.V. → M 82

DGF
Deutsche Gesellschaft für Fachkrankenpflege e.V. → R 636

DGF
Deutsche Gesellschaft für Freizeit e.V. → U 2 640

DGfA
Deutsche Gesellschaft für Algesiologie - Deutsche Gesellschaft für Schmerzforschung und Schmerztherapie e.V. → T 3 358

DGfA
Deutsche Gesellschaft für Amerikastudien e.V. → E 719

DGFCH
Deutsche Gesellschaft für Chirurgie → T 3 214

DGfG
Deutsche Gesellschaft für Geographie → T 1 112

DGfH
Deutsche Gesellschaft für Holzforschung e.V. → t 300, T 2 626

DGfK
Deutsche Gesellschaft für Kartographie → T 1 090

DGfL
Deutsche Gesellschaft für Logistik e.V. → t 317, U 2 943

DGfM
Deutsche Gesellschaft für Mauerwerksbau e.V. → F 90

DGfM
Deutsche Gesellschaft für Mykologie e.V. → T 2 521

DGFP
Deutsche Gesellschaft für Personalführung e.V. → T 2 102, T 3 822

DGfR
Deutsche Gesellschaft für Reiserecht e.V. → T 3 508

DGFWI
Deutsche Gesellschaft der Freunde des Weizmann-Instituts e.V. → E 487

D.G.G.
Deutsche Geologische Gesellschaft → T 1 128

DGG
Deutsche Geophysikalische Gesellschaft e.V. → T 1 132

DGG
Deutsche Gesellschaft für Gesundheitsvorsorge e.V. → T 2 667

DGG
Deutsche Glastechnische Gesellschaft e.V. → T 1 143

DGG
Deutsche Gruppenpsychotherapeutische Gesellschaft e.V. → T 2 671

DGGL
Deutsche Gesellschaft für Gartenkunst und Landschaftspflege e.V. → Q 134

DGGT
Deutsche Gesellschaft für Geotechnik e.V. → T 1 052

DGH
Deutsche Gesellschaft für Hauswirtschaft e.V. → T 2 603

DGH
Deutsche Gesellschaft für Holografie e.V. → U 2 973

DGHM
Deutsche Gesellschaft für Hygiene und Mikrobiologie e.V. → T 3 244

DGHT
Deutsche Gesellschaft für Herpetologie u. Terrarienkunde -Landesverband Berlin e.V.- → Q 487

DGHT
Deutsche Gesellschaft für Herpetologie und Terrarienkunde e.V. → Q 486

DGI
Deutsche Gesellschaft für Immungenetik → T 3 247

DGI
Deutsche Gesellschaft für Informationswissenschaft und Informationspraxis → T 1 799

DGIM
Deutsche Gesellschaft für Innere Medizin → T 3 249

DGK
Deutsche Geodätische Kommission → T 1 111

DGK
Deutsche Gesellschaft für wissenschaftliche und angewandte Kosmetik e.V. → O 715

DGKK
Deutsche Gesellschaft für Kristallwachstum und Kristallzüchtung e.V. → T 253

DGLR
Deutsche Gesellschaft für Luft- und Raumfahrt - Lilienthal-Oberth e.V. → T 1 270

DGLRM
Deutsche Gesellschaft für Luft- und Raumfahrtmedizin e.V. → T 2 709

DGMK
Deutsche Wissenschaftliche Gesellschaft für Erdöl, Erdgas und Kohle e.V. → t 281, T 1 300

DGMP
Deutsche Gesellschaft für Medizinische Physik e.V. → T 3 270

DGMP
Deutsche Gesellschaft für Medizinische Psychologie → T 3 271

DGN
Deutsche Gesellschaft für Nuklearmedizin → T 3 286

DGNR
Deutsche Gesellschaft für Neuroradiologie DGNR → T 3 285

DGO
Deutsche Gesellschaft für Galvano- und Oberflächentechnik e.V. → t 287, T 1 073

DGOT
Deutsche Gesellschaft für Orthopädie und Traumatologie → T 3 289

DGP
Deutsche Gesellschaft für Personalwesen e.V. → T 2 103

DGP
Deutsche Gesellschaft für Pflanzenernährung e.V. → T 2 537

DGPF
Deutsche Gesellschaft für Photogrammetrie und Fernerkundung e.V. → T 1 330

DGPharMed
Deutsche Gesellschaft für Pharmazeutische Medizin e.V. → T 3 295

DGPM
Deutsche Gesellschaft für Psychosomatische Medizin e.V. → T 2 784

DGPM
Deutsche Gesellschaft für Psychotherapeutische Medizin (DGPM) e.V. → T 3 308

DGPPN
Deutsche Gesellschaft für Psychiatrie, Psychotherapie und Nervenheilkunde → T 3 304

DGPs
Deutsche Gesellschaft für Psychologie e.V. → T 2 782

DGPuK
Deutsche Gesellschaft für Publizistik- und Kommunikationswissenschaft → T 3 602

DGQ
Deutsche Gesellschaft für Qualität e.V. → T 1 339, T 2 042

DGQ
Deutsche Gesellschaft für Qualitätsforschung (Pflanzl. Nahrungsmittel) e.V. → T 2 461

DGQML
Deutsche Gesellschaft für Qualitätssicherung im Medizinischen Laboratorium → T 3 197

DGRI
Deutsche Gesellschaft für Recht und Informatik e.V. → T 879

DGRV
Deutscher Genossenschafts- und Raiffeisenverband e.V. → P 1, P 4

DGS
Deutsche Gesellschaft für Sonnenenergie e.V. → T 1 380

DGS
Deutsche Gesellschaft für Soziologie → T 2 123

dgs
Deutsche Gesellschaft für Sprachheilpädagogik e.V. → R 1 041

DSB
Deutscher Sängerbund e.V. → o 105, U 2 737

DSB
Deutscher Schaustellerbund e.V. → H 802, u 2 654

DSB
Deutscher Schwerhörigenbund e.V. Bundesverband der Schwerhörigen und Ertaubten → T 3 085

DSB
Deutscher Siedlerbund e.V. Gesamtverband für Haus- und Wohneigentum → u 415, U 456

DSB
Deutscher Sportbund → U 2 393, u 2 655

DSE
Deutsche Stiftung für internationale Entwicklung → U 1 989

DSEF
Deutsche Stiftung Edelsteinforschung Zentrales Laboratorium für Edelsteinprüfungen → T 1 060

DSF
Deutsches Seminar für Fremdenverkehr Berlin e.V. → N 106

DSGV
Deutscher Sparkassen- und Giroverband e.V. → h 658, I 60

DSH
Aktion DAS SICHERE HAUS - Deutsches Kuratorium für Sicherheit in Heim und Freizeit e.V. → U 1 364

DSK
Deutsche Seniorenförderung und Krankenhilfe e.V. → U 1 324

DSK
Deutscher Sportfahrer Kreis e.V. → U 2 521

DSLG
Deutsche Sri Lanka Gesellschaft e.V. → E 678

DSLV
Deutscher Sportlehrerverband e.V. → R 986, u 2 488

DSM
Deutsches Schiffahrtsmuseum → U 2 959

DStB
Deutscher Stenografenbund E. V. → S 1 576

DSTG
Deutsche Steuer-Gewerkschaft → R 727

DStGB
Deutscher Städte- und Gemeindebund → D 33, u 2 658

DStI
Deutsches Steuerberaterinstitut e.V. → s 657

DSTV
Deutscher Stahlbau-Verband DSTV → F 874

DStV
Deutscher Steuerberaterverband e.V. → S 656

DSV
Deutscher Schädlingsbekämpfer-Verband e.V. → Q 554

DSW
Deutscher Schutzverband gegen Wirtschaftskriminalität e.V. Frankfurt/Main → U 756

DtA
Deutsche Ausgleichsbank → I 31

DTB
Dialog Textil-Bekleidung → F 1 023

DTHG
Deutsche Theatertechnische Gesellschaft e.V. → O 56

DTK
Deutsches TalsperrenKomitee → L 84

DTKV
Deutscher Tonkünstlerverband e.V. → S 1 153

DTL
Deutsche Tinnitus-Liga e.V. → T 3 013

DTschB
Deutscher Tierschutzbund e.V. → Q 571

DTSG
Deutsch-Tschechische und -Slowakische Gesellschaft e.V. → E 692

DTSW e.V.
Deutsch-Tschechische und Deutsch-Slowakische Wirtschaftsvereinigung → E 698

DTV
Bundesfachverband Chemischreinigung - Färberei e.V. → G 252

DTV
Deutscher Tarifeur-Verein e.V. → S 1 615

DTV
Deutscher Terminhandel Verband e.V. → S 1 591

DTV
Deutscher Textilreinigungs-Verband → G 738

DTV
Deutscher Tourismusverband e.V. → N 62

DTV
Deutscher Wäscherei-Verband e.V. → G 782

DUA
Deutsche Umwelt-Aktion e.V. → Q 351

DUD
Deutscher Umweltdienst e.V. → Q 642

DÜI
Deutsches Übersee-Institut → T 2 193

DULV
Deutscher Ultraleichtflugverband e.V. → M 276

DUV
Deutscher Unternehmensverband Vermögensberatung e.V. → R 201

DVAG
Deutscher Verband für Angewandte Geographie e.V. → S 1 474

DVB
Deutsche Volksgesundheitsbewegung e.V. → u 1 129

dvb
Deutscher Verband für Berufsberatung e.V. → S 1 436

DVBS
Deutscher Verein der Blinden und Sehbehinderten in Studium und Beruf e.V. → T 3 101

DVCK
Deutsche Vereinigung für eine Christliche Kultur (DVCK) e.V. → U 2 703

DVD
Deutsche Vereinigung für Datenschutz e.V. → U 677

DVFB
Deutscher Vieh- und Fleischhandelsbund e.V. → H 173

DVFG
Deutscher Verband Flüssiggas e.V. → H 52

DVfR
Deutsche Vereinigung für die Rehabilitation Behinderter e.V. → T 2 792

DVFR
Deutscher Verband freiberuflicher Restauratoren e.V. → S 1 533

DVG
Deutsche Vereinigung für Gestalttherapie e.V. → S 440

DVG
Deutsche Verwaltungs-Gewerkschaft → R 797

DVG
Deutscher Verein für Gesundheitspflege e.V. → T 3 391, u 1 892

DVG
DVG Deutsche Verbundgesellschaft e.V. → f 51, L 19

DVI
Deutsches Verpackungsinstitut e.V. → T 1 137

DVJJ
Deutsche Vereinigung für Jugendgerichte und Jugendgerichtshilfen e.V. → S 580

DVK
Deutscher Verband Neutraler Klassifizierungs- und Kontrollunternehmen (DVK) e.V. → T 2 459

DVL
Deutscher Verband für Landschaftspflege e.V. → Q 135

DVLB
Deutscher Verband der Lehrer für Bürokommunikation e.V. → R 1 043

DVM
Deutscher Verband für Materialforschung und -prüfung e.V. → T 1 288

DVMB
Deutsche Vereinigung Morbus Bechterew e.V. → T 3 014

DVMD
Deutscher Verband Medizinischer Dokumentare e.V. → T 3 196

DVMT
Dachverband für Medizinische Technik → T 1 171

DVO
Deutscher Verband für Oberflächenvergütung e.V. → T 1 074

DVOST
Deutsche Vereinigung für Orthopädische Sporttraumatologie → T 2 743

DVPB
Deutsche Vereinigung für politische Bildung e.V. → T 3 720

DVPT
Deutscher Verband für Post und Telekommunikation e.V. → U 761

DVPW
Deutsche Vereinigung für Politische Wissenschaft → T 2 110

DVR
Deutsche Vereinigung für Raumenergie e.V. → T 1 049

DVR
Deutsche Vereinigung für Religionsfreiheit e.V. → T 3 447

DVR
Deutscher Verkehrssicherheitsrat e.V. → T 3 578

DVS
Deutsche Stiftung für Verbrechensverhütung und Straffälligenhilfe → T 796

DVS
Forschungsvereinigung Schweißen und verwandte Verfahren e.V. → t 339

DVSI
Deutscher Verband der Spielwaren-Industrie e.V. → F 836

DVT
Deutscher Verband technisch-wissenschaftlicher Vereine → t 91, T 855

dvta
Deutscher Verband Technischer Assistenten in der Medizin e.V. → R 668

DVÜ
Deutscher Verband unabhängiger Überwachungsgesellschaften für Umweltschutz e.V. → T 2 017

DVV
Deutsche Vereinigung für Vermögensberatung e.V. → K 47

DVV
Deutsche Vereinigung zur Bekämpfung der Viruskrankheiten e.V. → T 2 690

DVV
Deutscher Volkshochschul-Verband e.V. → T 4 016

DVW
Deutsche Verkehrswacht e.V. Gemeinnütziger Verein → T 3 533

DVW
Deutscher Verein für Vermessungswesen e.V. → T 1 724

DVWG
Deutsche Verkehrswissenschaftliche Gesellschaft e.V. → T 3 550

DW
DEUTSCHE WELLE (DW) → O 284

DWG
Deutsche Weltwirtschaftliche Gesellschaft e.V. → T 2 136

DWG
Deutsche Werbewissenschaftliche Gesellschaft e.V. → T 2 137

DWIF
Deutsches Wirtschaftswissenschaftliches Institut für Fremdenverkehr e.V. an der Universität München → T 2 216

DWJ
Deutsche Waldjugend Bundesverband e.V. → Q 526

DWJ
Deutsche Wanderjugend → U 1 470

DWT
Deutsche Gesellschaft für Wehrtechnik e.V. → T 1 752

DWV
Deutscher Wasserstoff-Verband e.V. → T 1 382

dwv
Deutscher Weinbauverband e.V. → Q 277

DWV
Deutscher Wissenschafter-Verband → T 849

DZG
Deutsche ZILGREI-Gesellschaft e.V. → T 3 433

DZG
Deutsche Zoologische Gesellschaft → T 2 620

DZI
Deutsches Zigarren-Institut e.V. → F 1 089

DZM
Design Zentrum München → S 1 069

DZT
Deutsche Zentrale für Tourismus e.V. → N 56

DZV
Deutscher Zahntechniker Verband e.V. → R 601

DZVhÄ
Deutscher Zentralverein Homöopathischer Ärzte e.V. → T 2 674

DZzM
Dresdner Zentrum für zeitgenössische Musik → O 127

E

EAiD
Evangelische Akademikerschaft in Deutschland e.V. → U 1 239

EAK
Evangelische Arbeitsgemeinschaft zur Betreuung der Kriegsdienstverweigerer → U 1 810

EBB/AEDE
Europäischer Bund für Bildung und Wissenschaft → T 2 245

EBZ
Europäisches Beratungs-Zentrum der Deutschen Wirtschaft → T 2 074

ECCP
Europäische Industrie- und Handelskammer der Philippinen European Chamber of Commerce of the Philippines → E 317

EDBI
Ehemaliges Deutsches Bibliotheksinstitut → T 964

EdDE
EdDE-Entsorgergemeinschaft der Deutschen Entsorgungswirtschaft e.V. → T 2 044

EFAV
Eltern für aktive Vaterschaft e.V. → U 1 173

EFD
Evangelische Frauenarbeit in Deutschland e.V. → U 1 283

EHI
EHI - EuroHandelsinstitut e.V. → T 2 234

E.I.S.
Eis Info Service → U 12

EKD
Diakonisches Werk der Evangelischen Kirche in Deutschland e.V. → u 1 130, U 1 768, u 2 275

EKD
Evangelische Kirche in Deutschland → U 2 230

ELSA
Wirtschaftsfördergesellschaft "ELBE-SAALE" e.V. → U 400

EMPA
Eidgenössische Materialprüfungs- und Forschungsanstalt → t 1 930

EMPAS
Institut für Empirische und Angewandte Soziologie → t 2 265

EMW
Evangelisches Missionswerk in Deutschland e.V. → U 1 280, u 2 277

epd
Evangelischer Pressedienst - im Gemeinschaftswerk der Evangelischen Publizistik e.V. - Zentralredaktion - → O 480

EPiD
Evangelischer Posaunendienst in Deutschland e.V. → O 64

ERF
Evangeliums-Rundfunk Deutschland e.V. → O 385

ESB
Evangelischer Sängerbund e.V. → U 2 766

ETG
Energietechnische Gesellschaft im VDE → t 1 003

ETV
Elektrotechnische Vereinigung der Fachhochschule Köln E.V. → s 903

EWB
Euro-Wirtschaftsberatung → U 1 167

EZW
Evangelische Zentralstelle für Weltanschauungsfragen → u 2 280

F

FAH
Forschungsvereinigung der Arzneimittel-Hersteller e.V. → t 260, T 387

FAL
Bundesforschungsanstalt für Landwirtschaft → A 133

G

gdbm
Gesamtverband des Deutschen Brennstoff- und Mineralölhandels e.V. Berlin → H 621

GDCF
Gesellschaft für Deutsch-Chinesische Freundschaft e.V. → E 407, E 408

GdCh
Gesellschaft Deutscher Chemiker e.V. → T 978

GDD
Gesellschaft für Datenschutz und Datensicherung e.V. → U 676

GDE
Gesamtverband der Ehe- und Partnervermittlungen e.V. → U 1 174

GdE
Gesamtverband des Einzelhandels, Land Berlin e.V. → H 320

GDE
Gesellschaft für dezentralisierte Energiewirtschaft e.V. → L 24

GdED
Transnet Gewerkschaft GdED → R 354

GDI
Gesamtverband Dämmstoffindustrie → F 610

GDL
Gesellschaft Deutscher Lebensmitteltechnologen e.V. → S 1 539

GDL
Gewerkschaft Deutscher Lokomotivführer im Deutschen Beamtenbund → R 703

GDM
Gesamtverband Deutscher Metallgießereien e.V. → F 716

GDM
Gesamtverband Deutscher Musikfachgeschäfte e.V. → H 470

GDS
Gemeinschaft Deutsche Stromerzeugungsaggregate → f 683

GDV
G D V Gütegemeinschaft Diät und Vollkost e.V. → U 661

GDV
Gesamtverband der Deutschen Versicherungswirtschaft e.V. → K 1

GdV
Gewerkschaft der Sozialverwaltung im DBB → R 783

GDZ
Gründer- und Dienstleistungszentrum Ahlen → U 132

GEDAG
Gesamtverband Deutscher Angestellten-Gewerkschaften → R 505

GEE
Gesellschaft für Energiewissenschaft und Energiepolitik e.V. → T 1 055

GEFIU
Gesellschaft für Finanzwirtschaft in der Unternehmensführung e.V. → T 2 091

GeK
Gesellschaft für elektronische Kunst e.V. → T 1 350

GeN
Gen-ethisches Netzwerk e.V. → T 2 456

GEOMAR
Forschungszentrum für marine Geowissenschaften der Christian-Albrechts-Universität Kiel → T 373

GESIS
Gesellschaft Sozialwissenschaftlicher Infrastruktureinrichtungen e.V. → T 2 331

GESOMED
Gesellschaft für sozialwissenschaftliche Forschung in der Medizin mbH → t 2 274

GEV
Gemeinschaft Emissionskontrollierte Verlegewerkstoffe e.V. → F 192

GEW
Gewerkschaft Erziehung und Wissenschaft → R 361

GEWISOLA
Gesellschaft für Wirtschafts- und Sozialwissenschaften des Landbaues e.V. → T 2 502

GEZ
Gebühreneinzugszentrale der öffentlich-rechtlichen Rundfunkanstalten in der Bundesrepublik Deutschland → O 418

GfA
Gesellschaft für Arbeitsmethodik e.V. → T 3 680

GFA
Gewerbeförderungsakademie → g 64

GFAV
Gesellschaft zur Förderung Angewandter Verbindungstechnik e.V. → T 1 810

GFB
Gemeinschaft Fachärztlicher Berufsverbände → S 83

GfC
Gesellschaft für Controlling e.V. → T 2 353

GFE
Gesellschaft für Fertigungstechnik und Entwicklung e.V. → T 1 293, T 2 027

- GFE -
Gesellschaft zur Förderung der Entbürokratisierung e.V. → T 2 100

GfG
Gesellschaft für Geburtsvorbereitung, Familienbildung und Frauengesundheit Bundesverband e.V. → U 1 183

GFG
Großhandelsverband für Floristen- und Gärtnerbedarf e.V. → H 51

GfH
Deutsche Gesellschaft für Humangenetik e.V. → T 3 243

GfIN
Gesellschaft für Instandhaltung e.V. → T 1 322

GFP
Gemeinschaft zur Förderung der privaten deutschen Pflanzenzüchtung e.V. → t 329

GFPF
Gesellschaft zur Förderung pädagogischer Forschung e.V. → T 385

GfS
Gesellschaft für Sicherheitswissenschaft → T 1 378

GFTN
Gesellschaft zur Förderung technischen Nachwuchses Darmstadt e.V. → T 3 834

GftW
Gesellschaft für technische Weiterbildung e.V. → T 3 835

GfürO
Gesellschaft für Organisation e.V. → T 1 321

GFW
Gesellschaft für Wertpapierinteressen e.V. → U 709

GfW
Gesellschaft für Wirtschaftsförderung Iserlohn mbH → U 366

GG
Gesundheitstechnische Gesellschaft e.V. Techn.-wissenschaftl. Vereinigung → T 864

GGA
Institut für Geowissenschaftliche Gemeinschaftsaufgaben → T 2 595

GGB
Gesellschaft für die Geschichte und Bibliographie des Brauwesens e.V. → T 2 483

GGB
Gesellschaft für Gesundheitsberatung → T 2 670

GG+F
Gesellschaft Gesundheit und Forschung e.V. → T 3 388

ggf
Gütegemeinschaft Flächenheizungen und Flächenkühlungen e.V. → U 646

GGMM
Gesamtdeutsche Gesellschaft für manuelle Medizin e.V. → T 2 710

GI
Gesellschaft für Informatik e.V. → T 1 361

GIB
Gesellschaft Information Bildung e.V. → T 389

GIL
Gesellschaft für Informatik in der Land-, Forst- u. Ernährungswirtschaft → T 2 460

GIZ
Betriebsgesellschaft Gründer- und Innovationszentrum Köln mbH → U 152

GKL
Gesellschaft für Kunststoffe im Landbau e.V. → T 1 248

GKV
Gesamtverband kunststoffverarbeitende Industrie e.V. → f 39, F 593

GL
Germanischer Lloyd Aktiengesellschaft → t 1 944

GLB
Gesamtverband der Lehrerinnen und Lehrer an beruflichen Schulen in Hessen → r 842, r 873

GMA
VDI/VDE-Gesellschaft Mess- und Automatisierungstechnik → t 1 005, T 1 291

GMDS
Deutsche Gesellschaft für Medizinische Informatik, Biometrie und Epidemiologie e.V. (GMDS) → T 3 269

GMK
Gesellschaft für Medienpädagogik und Kommunikationskultur in der Bundesrepublik e.V. → O 263

GML
Gemeinschaft der Milchwirtschaftlichen Landesvereinigungen e.V. → q 307, Q 327

GMM
VDE/VDI-Gesellschaft Mikroelektronik, Mikro- und Feinwerktechnik → t 1 004

GMP/VMP
Gesellschaft für Musikpädagogik Verband der Musikpädagogen e.V. → O 128

GMW
Gesellschaft für Medien in der Wissenschaft e.V. → T 3 657

GNM
Germanisches Nationalmuseum → U 2 958

GÖD
Gewerkschaft Öffentlicher Dienst und Dienstleistungen → r 518

GÖT
Gesellschaft für Ökologische Tierhaltung e.V. → Q 568

GÖW
Gesellschaft für öffentliche Wirtschaft e.V. → T 2 131

gpi
Gesellschaft für Pädagogik und Information e.V. → R 946

GPRA
Gesellschaft Public Relations Agenturen e.V. → S 745

GRE
Güteschutzgemeinschaft Reifenerneuerung → U 560

GRIBS
GRIBS, Gründer-, Innovations- und Beratungszentrum Schweinfurt Betriebs GmbH → U 91

GRM
Gütegemeinschaft für die Reinigung von Metallfassaden e.V. → U 629

GROFOR
Deutscher Verband des Großhandels mit Ölen, Fetten und Ölrohstoffen e.V. → H 231

GRV
Gesellschaft für rationale Verkehrspolitik e.V. → T 3 591

GSFP
Gesellschaft für Sozialwissenschaftliche Forschung und Publizistik mbH → t 2 257

GSG
Gesamtverband des Deutschen Spielwaren Groß- und Außenhandels e.V. → H 99

GSI
Gesellschaft für Schwerionenforschung mbH → t 75

GSI
Gustav-Stresemann-Institut e.V. → T 3 862

GSK
Gütegemeinschaft Schwerer Korrosionsschutz von Armaturen und Formstücken durch Pulverbeschichtung e.V. → U 634

GSM
Gesellschaft zum Schutz der Meeressäugetiere e.V. → Q 586

GSP
Gesellschaft für Strategische Planung e.V. → T 2 125

GSV
Gesellschaft zur Förderung umweltgerechter Straßen- u. Verkehrsplanung e.V. → T 3 582

GT
Gütegemeinschaft Tankschutz e.V. → U 647

GTB
Gewerbe- und Technologiezentrum Bonn → U 135

GTCC
Deutsch-Thailändische Handelskammer German-Thai Chamber of Commerce → E 340

GTF
Gesellschaft für Tanzforschung e.V. → O 60

GTF
Gesellschaft für Technologiefolgenforschung e.V. → U 96

GTFCh
Gesellschaft für Toxikologische und Forensische Chemie → t 1 955

GTT
Gesellschaft für Technologieförderung und Technologieberatung Duisburg mbH -GTT- → U 139

Gübet
Güteüberwachungsverein von Betonzuschlagstoffen e.V. → T 2 013

GÜBII
Güteüberwachung Beton BII-Baustellen E.V. → T 2 014

(GüBK)
Gütegemeinschaft Baustoffe aus Kraftwerken e.V. → U 574

GUG
Gesellschaft für Unternehmensgeschichte e.V. → T 4 063

Guide
Bundesverband Ferienfahrschulen e.V. → S 1 470

GUS
Gesellschaft für Umweltsimulation e.V. → T 249

GUVU
Gesellschaft für Ursachenforschung bei Verkehrsunfällen e.V. → T 3 583

GVA
Gesamtverband Autoteile-Handel e.V. → H 24

GVC
Gießener Verein für Wirtschaftsstudien zu China e.V. → E 410

GVD
Greenkeeper Verband Deutschland e.V. → R 624

GVG
Gesellschaft für Versicherungswissenschaft und -gestaltung e.V. → T 2 429

GVN
Fachvereinigung Güterkraftverkehr und Entsorgung im Gesamtverband Verkehrsgewerbe Niedersachsen e.V. → m 23, m 172

GVN
Fachvereinigung Möbelspedition im Gesamtverband Verkehrsgewerbe Niedersachsen e.V. → m 174

GVN
Fachvereinigung Omnibus und Touristik im Gesamtverband Verkehrsgewerbe Niedersachsen e.V. → m 175

GVN
Fachvereinigung Spedition und Logistik im Gesamtverband Verkehrsgewerbe Niedersachsen e.V. → m 113, m 173

GVN
Fachvereinigung Taxi und Mietwagen im Gesamtverband Verkehrsgewerbe Niedersachsen e.V. → m 176

GVN
Gesamtverband Verkehrsgewerbe Niedersachsen e.V. → m 51, m 67, m 93, M 171

GVN
Groß- und Außenhandelsverband Niedersachsen e.V. → H 13

GVS
Gesamtverband für Suchtkrankenhilfe im Diakonischen Werk der EKD e.V. → T 3 414, u 1 803

GVS
Großhandelsverband Schreib-, Papierwaren- und Bürobedarf e.V. → H 98

GVT
Forschungs-Gesellschaft Verfahrens-Technik e.V. → t 354

GVT
Gesamtverband des Deutschen Textilgroßhandels e.V. → H 109

GVU
Gesellschaft zur Verfolgung von Urheberrechtsverletzungen e.V. → O 200

GVW
Gesellschaft für Verantwortung in der Wissenschaft → T 857

GWA
Gesamtverband Werbeagenturen → O 547

GWFF
GWFF Gesellschaft zur Wahrnehmung von Film- und Fernsehrechten mbH → O 199

GwG
Gesellschaft für wissenschaftliche Gesprächspsychotherapie e.V. → T 2 665

GWI
Gaswärme-Institut Essen e.V. → t 289

GZM
Internationale Gesellschaft für Ganzheitliche Zahn-Medizin → T 3 192

H

HAB
Hessische Akademie für Bürowirtschaft e.V. → T 3 857
HAG
Hauptarbeitsgemeinschaft des Landmaschinen-Handels und -Handwerks → G 491
HAM
Hamburgische Anstalt für neue Medien → O 373
HBV
Gewerkschaft Handel, Banken und Versicherungen → R 378
HDE
Hauptverband des Deutschen Einzelhandels e.V. → H 315, R 79
HDF
Föderation der Volksvereine türkischer Sozialdemokraten → R 623
HDF
Hauptverband Deutscher Filmtheater e.V. → O 175
HDH
Hauptverband der Deutschen Holz und Kunststoffe verarbeitenden Industrie und verwandter Industriezweige e.V. → f 33, F 545, R 97
HDI
HDI Haftpflichtverband der Deutschen Industrie V.a.G. → K 376
HDV
Hoteldirektorenvereinigung Deutschland e.V. → S 1 521
HFF
Hannoversches Forschungsinstitut für Fertigungsfragen e.V. → T 1 807
HGF
Hermann von Helmholtz - Gemeinschaft Deutscher Forschungszentren → T 251
HHL
Handelshochschule Leipzig → T 573
HLB
Hochschullehrerbund e.V., Bundesvereinigung → R 968, s 899
HLBS
Hauptverband der landwirtschaftlichen Buchstellen und Sachverständigen e.V. → Q 69
HLBS
Hauptverband der landwirtschaftlichen Buchstellen und Sachverständigen e.V. → S 686
HLV
Hauptschul-Lehrer Verband e.V. → R 920
HPE
Bundesverband Holzpackmittel, Paletten, Exportverpackung e.V. → f 562
HPI
Heinrich-Pette-Institut für Experimentelle Virologie und Immunologie an der Universität Hamburg → T 1 790
hr
Hessischer Rundfunk → O 291
HRI
Ludwig-Fröhler-Institut für Handwerkswissenschaften → t 2 233
HRK
Hochschulrektorenkonferenz → T 390
HSFK
Hessische Stiftung Friedens- und Konfliktforschung → U 2 601
HSL
Hessisches Statistisches Landesamt → B 318
HSMA
HSMA Deutschland e.V. Hospitality Sales & Marketing Association → O 580
HTV
Hessischer Textilreinigungs-Verband e.V. → g 743
HV des KDFB
Hausfrauenvereinigung des Katholischen Deutschen Frauenbundes e.V. → u 1 133
HVBG
Hauptverband der gewerblichen Berufsgenossenschaften → K 205
HVG
Hüttentechnische Vereinigung der Deutschen Glasindustrie e.V. → t 293, T 1 144
HvL
Heimatverdrängtes Landvolk e.V. → U 964
HVS
Handelsverband Sachsen e.V. → H 330, h 358, h 430, h 533

I

IAB
Institut für Arbeitsmarkt- und Berufsforschung der Bundesanstalt für Arbeit → K 373, t 2 187, t 2 317
I.A.C.A.
Vereinigung der unabhängigen freiberuflichen Aktuare e.V. → S 1 602
IADM
Internationale Assoziation deutschsprachiger Medien e.V. → O 718
IAKS
Internationale Vereinigung Sport- und Freizeiteinrichtungen e.V. → U 2 500
IAR
Deutsch-Französisches Institut für Automation und Robotik → T 369
IAW
Institut für Angewandte Wirtschaftsforschung → t 2 188
iaw
Institut für angewandte Wirtschaftswissenschaften e.V. → T 2 248
IB
Internationaler Bund - IB Freier Träger der Jugend-, Sozial- und Bildungsarbeit e.V. → U 1 879
IBB
Immobilienbörse Berlin e.V. → I 130
IBF
Institut für Baustoffprüfung und Fußbodenforschung → T 1 778
IBK Darmstadt
Institut für das Bauen mit Kunststoffen e.V. → T 1 776
IBU
Industrieverband Blechumformung e.V. → f 849, F 866
ibw
Informationszentrale der Bayerischen Wirtschaft → T 3 740
ICOM
Deutsches Nationalkomitee des Internationalen Museumsrates → U 3 012
IDAFLIEG
Interessengemeinschaft Deutscher Akademischer Fliegergruppen e.V. → M 255
IDB
Industrial Development Board for Northern Ireland → E 475
IDFA
Interessengemeinschaft Deutscher Fachmessen und Ausstellungsstädte → o 601
(idje)
Internationaler Diakonischer Jugendeinsatz der Evangelisch-methodistischen Kirche → u 2 627
IDL
Interessenverband Deutscher Leasing-Unternehmen e.V. → O 717
IDS
Industrieverband Deutscher Schmieden e.V. → f 859
IDS
Informationsstelle Schmiedestück-Verwendung im Industrieverband Deutscher Schmieden e.V. → U 33
IDS
Interessenverband Deutscher Schauspieler e.V. → O 220
IDUR
Informationsdienst Umweltrecht e.V. → T 3 441
IDV
Ingenieure der Versorgungstechnik e.V. → S 1 033
IDW
Institut der Wirtschaftsprüfer in Deutschland e.V. → S 633
IDZ Berlin
Internationales Design Zentrum Berlin e.V. → S 1 068
IDZ
Institut der Deutschen Zahnärzte → S 314
IER
Institut für Energiewirtschaft und Rationelle Energieanwendung → L 28
IES
Institut für Entwicklungsplanung und Strukturforschung GmbH → t 2 283
IFA
Internationale-Flug-Ambulanz e.V. Flight-Ambulance-International (Germany) → U 854
IfaA
Institut für angewandte Arbeitswissenschaft e.V. → T 2 082
IFAM
Fraunhofer-Institut für Fertigungstechnik und Angewandte Materialforschung → t 213
IFAV
Institut für angewandte Verbraucherforschung e.V. → t 2 295, T 2 420, u 1 134
IFBS
Industrieverband zur Förderung des Bauens mit Stahlblech e.V. → F 262
IFC
Institut für Chemie-Information, Pharma, Umwelt, Patente → T 979
IfD
Institut für Demoskopie Allensbach Gesellschaft zum Studium der öffentlichen Meinung mbH → t 2 381
IFF
Institut für Finanzdienstleistungen e.V. → U 757
IfK
Institut für Kybernetik gemeinnützige Forschungs- und Entwicklungsgesellschaft mbH → R 944
IFKA
Institut für Freizeitwissenschaft und Kulturarbeit e.V. → U 2 702
IfKom
Ingenieure für Kommunikation e.V. → S 971
IfLS
Institut für ländliche Strukturforschung an der Johann-Wolfgang Goethe-Universität → T 2 498
IfM
Institut für Meereskunde an der Universität Kiel → T 3 384
IFM
Institut zur Förderung von Wissenschaft und Ausbildung im Bereich der Neuen Medien e.V. → T 1 351
IFS
Institut für Schadenverhütung und Schadenforschung der öffentlichen Versicherer e.V. → U 913
IFS
Internationales Fachinstitut für Steuer- und Wirtschaftsrecht e.V. → T 2 236
IFSU
Internationaler Fachverband Show- und Unterhaltungskunst e.V. → O 61
IFUA
Institut für Umwelt-Analyse e.V. → T 2 577
IFW
Institut für Werkzeugforschung und Werkstoffe → T 1 766
IfZ
Institut für Zeitgeschichte → T 3 634
IG BAU
Industriegewerkschaft Bauen-Agrar-Umwelt → R 322, u 419
IG Medien
Industriegewerkschaft Medien Druck und Papier, Publizistik und Kunst → R 344
IG WKA
Interessengemeinschaft Windkraftanlagen → f 675
IGA
Industrie-Gemeinschaft Aerosole e.V. → T 992
IGB
Fraunhofer-Institut für Grenzflächen- und Bioverfahrenstechnik → t 234
IGBK
Internationale Gesellschaft der Bildenden Künste - Sektion der Bundesrepublik Deutschland - → S 1 149
IGdA
Interessengemeinschaft deutschsprachiger Autoren e.V. → S 1 287
IG-DDR
Interessengemeinschaft der DDR-Grundbesitzer e.V. → U 1 016
IGFM
Internationale Gesellschaft für Menschenrechte e.V. → U 937
IGH
Interessengemeinschaft Handweberei-Bundesfachverband e.V. → F 1 032
IGN
Interessengemeinschaft Normung → U 528
IGPC
Interessengemeinschaft Parfümerie-Cosmetik-Unternehmer e.V. → H 484
IGR
Interessengemeinschaft für Rundfunkschutzrechte e.V. → U 740
IGR-NRW
Interessenverein Gemeinnütziger Rundfunk in Nordrhein-Westfalen, Landesverband Gemeinnütziger Rundfunkfördervereine e.V. → O 361
IGUMED
Interdisziplinäre Gesellschaft für Umweltmedizin e.V. → T 2 752
IGZ
Innovations- und Gründerzentrum Magdeburg GmbH → U 188
IHD
Kreditschutzverein für Industrie, Handel und Dienstleistung e.V. → U 723
IHG
Interessengemeinschaft der Holzschutzmittelgeschädigten e.V. → U 1 168
IHI
Internationales Hochschulinstitut Zittau → T 715
IHTK
Internationaler Herstellerverband gegen Tierversuche in der Kosmetik e.V. → Q 583
IIR
Deutsches Institut für Interne Revision e.V. → T 2 203
IK
Informationsring Kreditwirtschaft → T 2 425
IKB
Interdisziplinäre ArbeitsgruppeKabelkommunikation Berlin → T 1 360
IKE
Institut für Kernenergetik und Energiesysteme der Universität Stuttgart → T 1 245
IKF
Institut für Kredit- und Finanzwirtschaft e.V. → T 2 426
IKÖ
Institut für Informations- und Kommunikationsökologie e.V. → Q 464
IKU
Institut für kommunale Wirtschaft und Umweltplanung → D 181
IKW
Industrieverband Körperpflege- und Waschmittel e.V. → F 193
ILCO
Deutsche Ileostomie-Colostomie-Urostomie-Vereinigung e.V. → T 2 971
ILO
Internationale Arbeitsorganisation → E 750
IMA
IMA - Institut für Marktpsychologie und Absatzforschung → T 2 418
IMA
Information· Medien· Agrar e.V. → Q 122
IMA
Interessengemeinschaft des Münz-Automatengewerbes im Gebiet der Bundesrepublik Deutschland e.V. → O 647
IME
Institut für Management-Entwicklung → T 3 844
IMU
Institut für Marktorientierte Unternehmensführung → T 2 409
INFRANEU
Hauptverband für den Ausbau der Infrastrukturen in den Neuen Bundesländern (INFRANEU) e.V. → T 2 332
IngKH
Ingenieurkammer des Landes Hessen → S 998
INIFES
Internationales Institut für Empirische Sozialökonomie → t 2 321
inkom
inkom. Bundesvereinigung für innerbetriebliche Kommunikation e.V. → T 3 644
INRIVER
Institut für Betriebswirtschaftliche Risikoforschung und Versicherungswirtschaft → T 2 449
INSTAND
Institut für Standardisierung und Dokumentation im Medizinischen Laboratorium e.V. → t 1 954, T 3 338
IN-UNNA
Innovations- und Technologiezentrum Unna → U 167
INZ
Interessengemeinschaft Nordbayerischer Zeitarbeitunternehmen e.V. → R 290
IOB
Interessengemeinschaft der in der Zone enteigneten Betriebe e.V. → U 941
I.O.G.T.
Deutscher Guttempler-Orden e.V. → U 1 585, u 1 893

IOM
International Organization for Migration → E 749
IPA
Fraunhofer-Institut für Produktionstechnik und Automatisierung → t 208
IPB
Leibniz-Institut für Pflanzenbiochemie → T 2 453
IPTS
Landesinstitut Schleswig-Holstein für Praxis und Theorie der Schule Landesmedienzentrum → A 102
IPV
Industrie-Pensions-Verein E.V. Köln - Varel → K 58
IPV
Industrieverband Papier- und Plastikverpakkung e.V. → f 768
IQS NRW
Initiative Qualitätssicherung Nordrhein-Westfalen e.V. → D 190
IRAM
Institut de Radio Astronomie Millimétrique → t 174
IRD
Institut für rationale Unternehmensführung in der Druckindustrie IRD e.V. → T 2 066
IRF
Interessengemeinschaft Rundfunk-Fernempfang e.V. Förderverein für blinde Radiohörer → O 389
ISAS
Institut für Spektrochemie und Angewandte Spektroskopie → T 1 390
ISET
Institut für Solare Energieversorgungstechnik e.V. → T 1 386
ISF
Institut für Sozialwissenschaftliche Forschung e.V. → t 2 313
ISI
Fraunhofer-Institut für Systemtechnik und Innovationsforschung → t 244, t 2 288
ISIS
Institut für Sozialökologie und interdisziplinäre Studien e.V. → T 2 582
ISL
Deutsch-Französisches Forschungsinstitut Saint-Louis → T 1 234
ISL
Institut für Seeverkehrswirtschaft und Logistik → T 3 592
ISL
Interessenvertretung Selbstbestimmt Leben in Deutschland e.V. → U 1 966
ISO
Institut für Sozialforschung und Sozialwirtschaft e.V. → t 2 319
ISO
Institut zur Erforschung sozialer Chancen (Berufsforschungsinstitut) e.V. → t 2 296
ISS
Institut für Sozialarbeit und Sozialpädagogik e.V. → T 2 773
isw
Institut für Strukturpolitik und Wirtschaftsförderung Halle-Leipzig e.V. → T 2 226
ISWA
Institut für Sozial- und Wirtschaftspolitische Ausbildung e.V. Berlin → T 3 916
ISZ
Industrieverband Schreiben, Zeichnen, Kreatives Gestalten e.V. → F 511
ITA
Fraunhofer-Institut für Toxikologie und Aerosolforschung, Pharmaforschung und klinische Inhalation → t 240
itff
Informationsstelle für Theater-, Film- und Fernsehwissenschaft → T 3 609
ITG
Informationstechnische Gesellschaft im VDE → t 1 002, T 1 042
ITUT e.V.
Verein zur Förderung des Internationalen Transfers von Umwelttechnologie → T 2 078
ITVA
Ingenieurtechnischer Verband Altlasten e.V. → S 1 056
ITVA
ITVA Deutschland e.V. Forum für Medien & Kommunikation → T 1 744
ITZ
Initiative Tageszeitung e.V. → T 3 829
itz
Verein regionaler Informationstechnik-Zentren e.V. → T 882
IUCT
Fraunhofer-Institut für Umweltchemie und Ökotoxikologie → t 242
IUTA
Institut für Energie- und Umwelttechnik e.V. → T 981
IUZ
Institut für Umwelt- und Zukunftsforschung e.V. → T 2 241
IVD
Interessenverband des Video- und Medien-Fachhandels in Deutschland e.V. → T 1 742
IVF
Industrieverband Friseurbedarf e.V. → F 1 048
IVG
Industrievereinigung Gartenbedarf e.V. → F 515
IVH
INDUSTRIEVERBAND HAMBURG E.V. → F 504
IVH
Industrieverband Hartschaum e.V. → F 222
IVK
Industrieverband Kunststoffbahnen → F 604
IVM
Industrie-Verband Motorrad Deutschland e.V. → F 499
IVPU
Industrieverband Polyurethan-Hartschaum e.V. → F 605
IVS
Informatik-Verbund-Stuttgart → T 1 364
IVS
Institut der Versicherungsmathematischen Sachverständigen der Altersversorgung e.V. → K 385
IVW
Informationsgemeinschaft zur Feststellung der Verbreitung von Werbeträgern e.V. → O 543
IW
Institut der deutschen Wirtschaft Köln → T 2 072, t 2 177, t 2 293
IWG-BONN
Institut für Wirtschaft und Gesellschaft Bonn e.V. → t 2 165, t 2 264
IWH
Institut für Wirtschaftsforschung Halle → t 2 172, T 2 190
IWO
Institut für wirtschaftliche Oelheizung e.V. → T 1 316
IWR
Internationales Wirtschaftsforum Regenerative Energien → T 1 058
IWSV
Ingenieurverband Wasser- und Schiffahrtsverwaltung e.V. → s 892
IWU
INSTITUT WOHNEN UND UMWELT GmbH → Q 604
IZA
Forschungsinstitut zur Zukunft der Arbeit → t 2 164, T 2 242
IZB
Informationszentrum Benchmarking → T 248
IZBM
Innovations-Zentrum Berlin Management GmbH → U 93
IZE
Informationszentrale der Elektrizitätswirtschaft e.V. → L 14, U 16
IZF
Institut für Ziegelforschung Essen e.V. → T 1 865
IZT
Institut für Zukunftsstudien und Technologiebewertung Gemeinnützige GmbH → T 2 240
IZW
Informations-Zentrum Weißblech e.V. → U 23

J

JAR
Journalistischer Arbeitsring e.V. → S 1 363
JCT
Junior Consulting Team e.V. → T 3 848
JDAV
Jugend des Deutschen Alpenvereins → U 1 474
JD-JL
Bundesverband der Jungdemokraten Junge Linke e.V. → U 1 517
JEF
Junge Europäische Föderalisten Deutschland e.V. → U 1 447
JETRO
Japan External Trade Organization → E 541
JFB
Jüdischer Frauenbund in Deutschland → U 1 367
JFF
Institut für Medienpädagogik in Forschung und Praxis → O 260
JGHF
Johann-Gottfried-Herder-Forschungsrat → T 371
JPC
Jugendpresseclub e.V., Berufsvereinigung der jugendorientierten Fachjournalisten in Presse, Hörfunk und Fernsehen → O 502
JPN
Junge Presse Niedersachsen → o 507
JUH
Johanniter-Unfall-Hilfe e.V. → U 1 977
JW-AWO
Bundesjugendwerk der Arbeiterwohlfahrt → U 1 475

K

KAB
Bundesverband der Katholischen Arbeitnehmer-Bewegung Deutschlands → R 531, u 1 138
KAB/F
Katholische Arbeitnehmer-Bewegung / Frauen Westdeutschlands Verbandszentrale → R 532
KAD
Katholische Akademikerarbeit Deutschlands e.V. → U 2 319
KAST
Katholische Arbeitsgemeinschaft Spiel und Theater e.V. → O 65
KAT
Verein für kontrollierte alternative Tierhaltungsformen e.V. → Q 569
KATE
KATE Kontaktstelle für Umwelt und Entwicklung e.V. → Q 366
KAV NW
Kommunaler Arbeitgeberverband Nordrhein-Westfalen → r 302
KBA
Kraftfahrt-Bundesamt → A 290
KBE
Katholische Bundesarbeitsgemeinschaft für Erwachsenenbildung → T 3 864
KBfR
Koordinierungsbüro freier Rundfunk → O 390
KBI-RP
Kammer der Beratenden Ingenieure des Landes Rheinland-Pfalz → S 951
KBI-S
Kammer der Beratenden Ingenieure des Saarlandes → S 952
KDS
Komitee Deutscher Seehafenspediteure (KDS) im BSL e.V. → M 222
KDV
Gütegemeinschaft Kunststoff-Dach- und Dichtungsbahnen-Verleger e.V. → U 612
KEF
Kommission zur Ermittlung des Finanzbedarfs der Rundfunkanstalten → O 362
KEP
Christlicher Medienverbund KEP (Konferenz Evangelikaler Publizisten e.V.) → O 479
kfd
Gemeinschaft Hausfrauen Berufsgemeinschaft in der Katholischen Frauengemeinschaft Deutschlands → U 1 362
kfd
Katholische Frauengemeinschaft Deutschlands Bundesverband e.V. → U 1 223
KFG
Kraftfahrergewerkschaft → R 510
KFN
Kriminologisches Forschungsinstitut Niedersachsen e.V. → t 2 284
KfW
Kreditanstalt für Wiederaufbau → I 37
KGSt
Kommunale Gemeinschaftsstelle → D 183
K.I.B.
Arbeitskreis selbständiger Kunststoff-Ingenieure und -Berater e.V. → f 600, S 968
KIN
Lebensmittelinstitut-KIN e.V. → T 386
KIPSI
Klinisches Institut für Physiologie und Sportmedizin an der Med. Klinik St. Irmingard e.V. → T 3 362
KIT
Kontaktstelle für Information und Technologie → U 30
KJF
Kinder- und Jugendfilmzentrum in Deutschland → O 192
KKV
KKV-Bundesverband der Katholiken in Wirtschaft und Verwaltung e.V. → T 2 355
K-K-V
Kunstwissenschaftler und Kunstkritiker Verband e.V. → S 1 326
KMK
Ständige Konferenz der Kultusminister der Länder in der Bundesrepublik Deutschland → B 287
KPV
Kommunalpolitische Vereinigung der CDU und CSU Deutschlands → D 201
KRdL
Kommission Reinhaltung der Luft (KRdL) im VDI und DIN - Normenausschuss → T 1 346
KrimZ
Kriminologische Zentralstelle e.V. → T 2 341
KRV
Kunststoffrohrverband e.V. → F 609
KS
Kraftfahrer-Schutz e.V. → U 1 082
KSA
Katholische Sozialethische Arbeitsstelle e.V. → U 2 322
KSW
Künstlerhilfe-Sozialwerk e.V. → S 1 192
KTA
Kerntechnischer Ausschuß → T 1 243
KTBL
Kuratorium für Technik und Bauwesen in der Landwirtschaft e.V. → T 1 261, T 2 566
KTG
Kerntechnische Gesellschaft e.V. → T 889
KUD
Koordinierungs- und Beratungsstelle für Umweltschäden an Denkmälern → Q 615
KÜS
Kraftfahrzeug-Überwachungsorganisation freiberuflicher Kfz.-Sachverständiger e.V. → S 1 102
KuPoGe
Kulturpolitische Gesellschaft e.V. → U 2 728
KVD
Kundendienst-Verband Deutschland e.V. → S 1 450
KVPM
Kommission für Verstöße der Psychiatrie gegen Menschenrechte e.V. → U 938
KWB
Koordinierungsstelle Weiterbildung und Beschäftigung e.V. → T 4 088
KWF
Kuratorium für Waldarbeit und Forsttechnik e.V. → T 2 618
KWS
KRAFTWERKSSCHULE E. V. → T 3 837

L

LAGetSi
Landesamt für Arbeitsschutz, Gesundheitsschutz und technische Sicherheit Berlin → B 366
LAI
Länderausschuß für Immissionsschutz → Q 482
LANA
Länderarbeitsgemeinschaft für Naturschutz, Landschaftspflege und Erholung → Q 653
LAV
Apothekerverband Rheinland-Pfalz e.V. → s 372
LAVES-CHEMIE
LAVES-CHEMIE Gesellschaft für Chemie-Marktforschung, Planung und Beratung mbH → T 2 405
LBA
Luftfahrt-Bundesamt → A 317

LBBV
Landesverband des Berliner und Brandenburger Verkehrsgewerbes e.V. → m 16

LBBV
Landesverband des Berliner und Brandenburger Verkehrsgewerbes e.V. → m 88, m 109

LBE
Landesverband des Bayerischen Einzelhandels e.V. → H 319

LBS
Bundesgeschäftsstelle der Landesbausparkassen → I 80, u 410

LBT
Landesverband Bayerischer Transportunternehmen e.V. → m 27, M 146

LBV
Landesbund für Vogelschutz in Bayern e.V. - Verband für Arten- und Biotopschutz → Q 504

LBW
Landesverband Bürowirtschaft Saar e.V. → h 357

LDS NRW
Landesamt für Datenverarbeitung und Statistik Nordrhein-Westfalen → B 321

LfK
Landesanstalt für Kommunikation Baden-Württemberg → O 368

LfR
Landesanstalt für Rundfunk Nordrhein-Westfalen → O 377

LG
LAZARUS Gesellschaft e.V. → U 1 842

LGAD
Landesverband Groß-, Außenhandel und Dienstleistungen Thüringen e.V. → H 21, h 49

LGAD
Landesverband Groß- und Außenhandel, Vertrieb und Dienstleistungen Bayern (Unternehmer- und Arbeitgeberverband der intermediären Wirtschaft) e.V. → H 7, h 46

LHE
Landesverband des Hessischen Einzelhandels e.V. → H 323

LHG
Bundesverband Liberaler Hochschulgruppen → O 724

LHMV
Landesverband Hafenwirtschaft Mecklenburg-Vorpommern e.V. → m 221

LHO
Landesverband Hessischer Omnibusunternehmer e.V. → m 65

LHO
Landesverband Hessischer Omnibusunternehmer e.V. → M 170

LHW
Lazarus-Hilfswerk in Deutschland e.V. → U 1 841

LIC
Liga für Internationalen Creditschutz e.V. → U 722

LINEG
Linksniederrheinische Entwässerungs-Genossenschaft → L 66

LiTG
Deutsche Lichttechnische Gesellschaft e.V. → T 1 265

LKD
Landesarbeitsgemeinschaft Kulturpädagogische Dienste/Jugendkunstschulen NRW e.V. (LKD) → u 2 718

LMS
Landesmedienanstalt Saarland → O 379

LNU
Landesgemeinschaft Naturschutz und Umwelt Nordrhein-Westfalen e.V. → q 379, Q 382

LNV
Landesnaturschutzverband Schleswig-Holstein e.V. → Q 346

LPC
Luftfahrt-Presse-Club e.V. → S 1 381

LPR Hessen
Hessische Landesanstalt für privaten Rundfunk → O 374

LPR
Landeszentrale für private Rundfunkveranstalter Rheinland-Pfalz → O 378

LSH
Landesverband Straßenverkehrsgewerbe Hamburg e.V. → M 155

LSM Nordrhein
Landesverband Schausteller und Marktkaufleute Nordrhein e.V. → h 790

LStU
Der Landesbeauftragte für die Stasi-Unterlagen → A 224

LSV
Landesverband des Sächsischen Verkehrsgewerbes (LSV) e.V. → M 192

LSVD
Lesben- und Schwulenverband in Deutschland e.V. → U 1 576

LTO
Landesverband Thüringer Omnibusunternehmer e.V. → m 76

Lutherisches Kirchenamt
Lutherisches Kirchenamt der VELKD → u 2 266

LVB
Landesverband Verkehrsgewerbe Bremen (LVB) e.V. → m 18, M 151

LVGA
Landesverband Großhandel - Außenhandel - Dienstleistungen Sachsen-Anhalt e.V. → H 19, h 48

LVR
Landschaftsverband Rheinland → D 188

LVSA
Landesverband des Verkehrsgewerbes Sachsen-Anhalt e.V. → M 199

LWL
Landschaftsverband Westfalen-Lippe → D 164

LWTW
Landesverband Nordrhein-Westfalen für Weiterbildung in Technik und Wirtschaft e.V. → T 3 936

LWV
Landeswohlfahrtsverband Hessen → D 198

LZV
Verband Deutscher Lesezirkel e.V. → H 612

M

MAF
Mission Aviation Fellowship Germany e.V. → M 279

MAGL
Münchener Arbeitsgemeinschaft für Luftschadstoffe → T 1 748

mbw
Mediengesellschaft der Bayerischen Wirtschaft mbH → T 3 741

MDR
Mitteldeutscher Rundfunk Anstalt des öffentlichen Rechts → O 302

MDZ
Mediendidaktisches Zentrum der Universität Dortmund → T 3 940

MFPA
Materialforschungs- und Prüfungsanstalt für das Bauwesen Leipzig e.V. → T 1 289, t 1 934

MFT
Medizinischer Fakultätentag der Bundesrepublik Deutschland → T 3 195

MGCC
Deutsch-Malaysische Industrie- und Handelskammer Malaysian-German Chamber of Commerce and Industry → E 303

mic
management information center → T 3 847

MIT
MIT: Mescheder Innovations- und Technologiezentrum GmbH → U 157

MIT
Mittelstands- und Wirtschaftsvereinigung der CDU/CSU → R 252

MIV
Milchindustrie-Verband e.V. → q 309, Q 322, r 140

MMA
Microcomputer Managers Association Germany e.V. → S 1 545

MMG
Messe München GmbH → o 617

MNU
Deutscher Verein zur Förderung des Mathematischen und Naturwissenschaftlichen Unterrichts e.V. → T 1 820

MPA
Materialprüfanstalt Eckernförde → t 1 932

MPA NRW
Materialprüfungsamt Nordrhein-Westfalen → t 1 916, T 2 032

MPC
Motor-Presse-Club e.V. → S 1 386

MPfK
Mehr Platz für Kinder e.V. → U 1 178

MTB
Fachverband Medien und Technik im Bildungsbereich e.V. → T 3 938

MTT
Musik- und Tanztherapie e.V. Forschungsstelle für Musik- und Tanztherapie → U 2 769

MTZ
MAFINEX Technologiezentrum GmbH → U 155

MWE
Deutsche Gesellschaft für Manuelle Medizin Dr. Karl-Sell-Ärzteseminar Neutrauchburg (MWE) e.V. → T 2 713

MWV
Mineralölwirtschaftsverband e.V. → f 43, F 695, H 227

MZS
Münchner Zentralstelle für Strafentlassenenhilfe → U 1 872

N

NAA
Nürnberger Akademie für Absatzwirtschaft e.V. → T 3 677

NAJU
Naturschutzjugend → U 1 497

NAKOS
Nationale Kontakt- und Informationsstelle zur Anregung und Unterstützung von Selbsthilfegruppen → U 1 884

NAV
Norddeutscher Asbestsanierungsverband e.V. → F 1 029

NBRZ
Arbeitskreis Nielsen-BallungsRaum-Zeitungen → O 544

NFE
Norddeutscher Fachverband Elektrotechnik e.V. → g 275

NFJD
Naturfreundejugend Deutschlands → U 1 476

NGL
Neue Gesellschaft für Literatur e.V. → S 1 418

NHV
Naturhistorischer Verein der Rheinlande und Westfalens e.V. → T 1 371

NID
Nichtraucher-Initiative Deutschland e.V. → T 3 419

NIMM
Nordwestdeutsches Institut für Möbel- und Materialprüfung → T 1 967

NKGG
Nationales Komitee für Geodäsie und Geophysik → T 1 134

NLI
Niedersächsisches Landesinstitut für Fortbildung und Weiterbildung im Schulwesen und Medienpädagogik → A 96

NLZSA
Niedersächsisches Landesamt für zentrale soziale Aufgaben - Hauptfürsorgestelle → u 1 630

NOK
Nationales Olympisches Komitee für Deutschland e.V. → U 2 495

NUA
Natur- und Umweltschutz-Akademie des Landes Nordrhein-Westfalen → Q 384

NUT
Frauen in Naturwissenschaft und Technik e.V. → T 1 130

NVL
Neuer Verband der Lohnsteuerhilfevereine e.V. → S 683

NVN
Naturschutzverband Niedersachsen e.V. → Q 345

NWHT
Nordrhein-Westfälischer Handwerkstag → G 16

NWO
Verband Nordrhein-Westfälischer Omnibusunternehmen e.V. → m 72, M 181

O

OAV
Ostasiatischer Verein e.V. → E 387

OeD
Oekumenischer Dienst im Konziliaren Prozeß e.V. → u 2 632

ÖIZ
Ökumenisches Informationszentrum für Frieden, Gerechtigkeit, Bewahrung der Schöpfung, In- und AusländerInnenarbeit e.V. → u 2 633

OEK
Verband Griechischer Gemeinden in der BRD → E 464

ÖTV
Gewerkschaft öffentliche Dienste, Transport und Verkehr → R 409

OIK
Organisation für Internationale Kontakte → U 2 976

OLB
Oberbergamt des Landes Brandenburg → B 305

ORB
Ostdeutscher Rundfunk Brandenburg Antenne Brandenburg → O 320

OSEC
Schweizerische Zentrale für Handelsförderung OSEC → E 671

OTP
Arbeitskreis für Organisationskultur, Teamarbeit und Persönlichkeitsbildung e.V. → T 2 083

OTTI
OTTI - Ostbayerisches Technologie-Transfer-Institut e.V. → U 88

OWM
Organisation Werbungtreibende im Markenverband → O 546

P

PAN Germany
Pestizid Aktions-Netzwerk e.V. → H 281

PBS Industrie
PBS Industrie - Industrieverband Papier, Bürobedarf, Schreibwaren im FMI e.V. → F 835

PC
Presse-Club Osnabrück e.V. → O 501

PDS
Partei des Demokratischen Sozialismus → U 2 166

PdZ
Psychodiagnostisches Zentrum e.V. → T 2 749

PEI
Paul-Ehrlich-Institut → A 196

PFAD
PFAD - Bundesverband der Pflege- und Adoptivfamilien e.V. → U 1 214

PFI
Prüf- und Forschungsinstitut für die Schuhherstellung e.V. → t 338, T 2 034

PHCG
Paint Horse Club Germany e.V. → U 2 547

PiC
Bundesverband Psychiatrie in der Caritas → U 1 970

PIER
Praxiswissenschaftliches Institut für erneuerbare Energie und Rohstoffe e.V. → T 2 644

PKV
Verband der privaten Krankenversicherung e.V. → K 3

PLM
Pommersche Landsmannschaft - Zentralverband e.V. → U 1 011

PSD
Verband der PSD Banken e.V. → P 50

PTB
Physikalisch-Technische Bundesanstalt → A 342, t 81

PTS
PTS München → t 328, T 1 325

R

RB
Radio Bremen (RB) → O 321

RCDS
Ring Christlich-Demokratischer Studenten → U 1 398

RDB
Ring Deutscher Bergingenieure e.V. → S 963

RDM
Ring Deutscher Makler Landesverband Nordrhein-Westfalen e.V. → h 737
RDM
Ring Deutscher Makler - RDM - Verband der Immobilienberufe und Hausverwalter Bundesverband e.V. → H 728
RDP
Ring Deutscher Pfadfinderinnenverbände → U 1 513
RdP
Ring deutscher Pfadfinderverbände → U 1 512
RDS
Ring Deutscher Siedler e.V. Bundesverband für Siedlung und Familienheim → U 474
RDS
Ring Deutscher Soldatenverbände e.V. → U 1 023
RdT
Ring der Tonband- und Videofreunde e.V. → O 227
refo
Bundesfachverband Deutscher Reformhäuser e.V. → H 485
Reg TP
Regulierungsbehörde für Telekommunikation und Post → A 3 44.10
REMID
Religionswissenschaftlicher Medien- und Informationsdienst e.V. → U 18
RENO
Deutsche Vereinigung der Rechtsanwalts- und Notariatsangestellten e.V. → S 551
RFV
Restauratoren Fachverband e.V. → S 1 534
RGV
R G VERPACKUNG (RGV) im Rationalisierungs- und Innovationszentrum der Deutschen Wirtschaft e.V. → T 2 062
RGZM
Römisch-Germanisches Zentralmuseum, Forschungsinstitut für Vor- und Frühgeschichte → T 3 629
RKI
Robert Koch-Institut → A 192
RRV
Rheinischer Rübenbauer-Verband e.V. → q 219, q 226
RTA
Runder Tisch Amateurfunk → U 3 018
RTS
Rat der türkischen Staatsbürger in Deutschland → E 706
Rufis
Ruhr-Forschungsinstitut für Innovations- und Strukturpolitik e.V. → D 165
RV
Ruhrverband → L 59
RVDL
Rheinischer Verein für Denkmalpflege und Landschaftsschutz e.V. → Q 618, u 953
RWB
Forschungsvereinigung Recycling und Wertstoffverwertung im Bauwesen e.V. → t 362
RWI
Rheinisch-Westfälisches Institut für Wirtschaftsforschung → t 2 170
RWTÜV
Rheinisch-Westfälischer Technischer Überwachungsverein e.V. → T 1 886

S

SADK
Südafrikanisch-Deutsche Kulturvereinigung → E 680
SAJM
Süddeutscher Arbeitskreis für Jugendmusik e.V. → O 82
SAT
Deutsch-Togolesische Gesellschaft e.V. → E 691
SATOUR
South African Tourism → E 681, n 259
SdJ
Sudetendeutsche Jugend - Bundesverband → u 1 005
SdK
Schutzgemeinschaft der Kleinaktionäre e.V. → U 711
SDN
Schutzgemeinschaft Deutsche Nordseeküste e.V. → Q 448
SDSt
Selbständige Design-Studios e.V. → S 1 073, s 1 230
SDW
Schutzgemeinschaft Deutscher Wald e.V. Bund zur Förderung der Landespflege → Q 510
SEPAWA
Vereinigung der Seifen-, Parfüm- und Waschmittelfachleute e.V. → F 194
SERVATEX
Servicegesellschaft für den Außenhandel von Textilien e.V. → H 314
SET
Wirtschaftsverband Stahlbau und Energietechnik SET e.V. → f 48, F 877
SFB
Sender Freies Berlin (SFB) → O 323
(SFDzV)
Förderkreis Sozialer Friedensdienst zur Völkerverständigung mit Osteuropa e.V. → u 2 619
SFK
Verband der Szenenbildner, Filmarchitekten und Kostümbildner in Europa e.V. → O 218
SFV
Solarenergie-Förderverein e.V. → F 845
SGD
Struktur- und Genehmigungsdirektion (SGD) Nord → B 246
SGFO
Sächsische Gesellschaft zur Förderung des Osthandels e.V. → E 576
SGKV
Studiengesellschaft für den kombinierten Verkehr e.V. → T 1 722, T 3 556
SGVHT
Sparkassen- und Giroverband Hessen-Thüringen → I 65
SHW
Soziales Hilfswerk e.V. → U 1 358
SIB
Süddeutsche Immobilienbörse e.V. → I 138
SID
Gesellschaft für internationale Entwicklung e.V. → U 1 991
SIGU
Staatliches Institut für Gesundheit und Umwelt → B 582, B 613
SJD
Sozialistische Jugend Deutschlands Die Falken → U 1 515
SKZ
Süddeutsches Kunststoff-Zentrum → T 1 814, t 1 940
SLG
Fachvereinigung Betonprodukte für Straßen-, Landschafts- und Gartenbau e.V. (SLG) → f 904
SLM
Sächsische Landesanstalt für privaten Rundfunk und neue Medien → O 380
SLS
Bundesfachverband Sonnenlicht-Systeme e.V. → F 872
SLV
Schweisstechnische Lehr- und Versuchsanstalt Fellbach gemeinn. GmbH → T 1 370
SMM
Sicheres Material in der Medizin e.V. → H 691
SMW
Martin Ambulanz - St. Martins Werk e.V. → U 1 809
SNAZIR
Slowakische Nationalagentur für ausländische Investitionen und Entwicklung → E 674
SNB
Stiftung Naturschutz Berlin → T 820
SNG
Forschungsinstitut u. Naturmuseum Senckenberg der Senckenbergischen Naturforschenden Gesellschaft → T 1 856
SÖSTRA
Institut für Sozialökonomische Strukturanalysen e.V. → T 1 787
SOFI
Soziologisches Forschungsinstitut Göttingen an der Georg-August-Universität Göttingen e.V. -Gemeinnütziger Verein- → t 2 276
SoliJ
Solidaritätsjugend Deutschlands → U 1 514
SOWI
Sozialwissenschaftliches Institut der Bundeswehr → t 2 322
SPIO
Spitzenorganisation der Filmwirtschaft e.V. → O 150
SR
Saarländischer Rundfunk → O 322
SRL
Vereinigung für Stadt-, Regional- und Landesplanung e.V. → S 1 121
SSK
Strahlenschutzkommission beim Bundesminister für Umwelt, Naturschutz und Reaktorsicherheit → T 1 833
Stiftung ISG gem.
Stiftung zur Förderung der innovativen Systemergonomie und Gesundheit im Büro → T 802
STK
SCHMERZtherapeutisches Kolloquium e.V. → T 3 357
STU
Strategie Team Unternehmenssteuerung e.V. → S 709
STUVA
Studiengesellschaft für unterirdische Verkehrsanlagen e.V. → T 1 723, T 3 569
STV
Steinbeis-Transferzentrum Gasreinigungsprozesse und Thermische Verfahrenstechnik → t 1 562
SVD
Schiefer-Fachverband in Deutschland e.V. → f 141, F 965
SVSW
Sächsischer Verband für Sicherheit in der Wirtschaft e.V. → u 928
SWR
Südwestrundfunk → o 276, O 324

T

TAD
Technische Vereinigung für Mineralöl-Additive in Deutschland e.V. → T 1 806
TAW
Technische Akademie Wuppertal e.V. Akademie für Fort- und Weiterbildung → T 3 942
TBB
Thüringer Beamtenbund → r 699
tbg
tbg Technologie-Beteiligungs-Gesellschaft mbH der Deutschen Ausgleichsbank → i 32
TCV
Technischer Cartell Verband e.V. → s 900
TEGEWA
Verband der Textilhilfsmittel-, Lederhilfsmittel-, Gerbstoff- und Waschrohstoff-Industrie e.V. → F 213
tekom
Gesellschaft für technische Kommunikation e.V. → T 3 615
telak
Telecommunication Akademie e.V. → T 1 358
TFH
Technische Fachhochschule Berlin → T 416
TFR
Technologie-Fabrik Remscheid Gesellschaft für Innovationsförderung und Technologieberatung mbH → U 162
THW
Bundesanstalt Technisches Hilfswerk → A 210
TIB
Technische Informationsbibliothek → T 942
T.I.D.
Tibet-Initiative Deutschland e.V. → U 936
TIF
Technologie- und Innovationszentrum Fürstenwalde GmbH → U 102
titan
titan e.V. Neubrandenburg Technologie- und Innovations-Transfer-Agentur → U 122
TLM
Thüringer Landesmedienanstalt → O 383
TMLVUA
Thüringer Medizinal-, Lebensmittel- und Veterinäruntersuchungsamt → B 618
TPG
TechnologieParkPaderborn GmbH → U 161
tpm
Team für Psychologisches Management Beratungsgesellschaft mbH → T 3 849
TPR
Tarifverband Privater Rundfunk e.V. → O 411
TransFair
Verein zur Förderung des fairen Handels mit der Dritten Welt e.V. → U 2 022
TÜV CERT
TÜV-Zertifizierungsgemeinschaft e.V. → T 2 038
TuTech
TUHH-Technologie-GmbH → U 115
TVSW
Thüringer Verband für Sicherheit in der Wirtschaft e.V. → u 929
TVT
Tierärztliche Vereinigung für Tierschutz e.V. → Q 575
TZD
Technologiezentrum Delmenhorst → U 126
TZK
Technologiezentrum Konstanz e.V. → U 78

U

UBA
Umweltbundesamt → A 287
UBV
Verband der Umweltbetriebsprüfer und -gutachter e.V. → S 1 600
UDBio
Union Deutscher Biologischer Gesellschaften e.V. → T 918
UDU
Union Deutscher Unternehmensberater e.V. → S 690
U.D.W.V.
Union Deutscher Widerstandskämpfer- und Verfolgtenverbände e.V. → U 1 019
ÜGPU
Überwachungsgemeinschaft Polyurethan-Hartschaum e.V. → T 1 964
ÜHKS-TGA
Überwachungsgemeinschaft Heizung - Klima - Sanitär - Technische Gebäudeausrüstung e.V. → T 1 966
ÜWG
ÜWG - Überwachungsgemeinschaft Kälte- und Klimatechnik e.V. → T 1 965
UFB
Union Freier Berufe e.V. → S 19
UFO
Unabhängige Flugbegleiter Organisation e.V. → S 1 472
UFOP
Union zur Förderung von Oel- und Proteinpflanzen e.V. → Q 671
UFS
Union Freier Sachverständiger e.V. → S 1 099
UfU
Unabhängiges Institut für Umweltfragen e.V. → Q 613
UGB
Verband für Unabhängige Gesundheitsberatung Deutschland e.V. → T 2 668
UHA
Union der Hörgeräte-Akustiker e.V. → G 391, T 1 153
UIL
Umweltinstitut Leipzig e.V. → T 1 715
ULA
Union der Leitenden Angestellten → R 554
ULR
Unabhängige Landesanstalt für das Rundfunkwesen → O 382
UMU
Union mittelständischer Unternehmen e.V. → R 280
UMW
Unternehmerverband mittelständische Wirtschaft e.V. → R 277
UOKG
Union der Opferverbände kommunistischer Gewaltherrschaft e.V. → U 1 025
USW
Verein zur Förderung des Universitätsseminars der Wirtschaft → T 4 068
UVE
Unternehmerverband Einzelhandel e.V. → H 325, h 352
UVI
Unternehmensverband Informationssysteme e.V. (UVI) im BITKOM → f 357, R 202
UVR
Unternehmensverband Ratingen e.V. → R 223

V

VDR
Verband Deutsches Reisemanagement e.V. → U 2 945

VdRBw
Verband der Reservisten der Deutschen Bundeswehr e.V. → R 587

VDRH
Vereinigung Deutscher Riechstoff-Hersteller e.V. → F 221

VDRJ
Vereinigung Deutscher Reisejournalisten → S 1 391

VDRS
Verband Deutscher Rettungsassistenten und -sanitäter e.V. → S 475

VdS
Verband der deutschen Sauerkonserven-Industrie e.V. → F 438

VDS
Verband Deutscher Schirmfachgeschäfte e.V. → h 577, H 578

VDS
Verband Deutscher Schulmusiker e.V. → R 1 023

VDS
Verband Deutscher Seilbahnen und Schlepplifte e.V. → U 3 024

VdS
Verband deutscher Soldaten e.V. → R 588

VDS
Verband Deutscher Sonderschulen e.V.-Fachverband für Behinderten-pädagogik- → T 3 147

VDS
Verband Deutscher Sportfachhandel e.V. → H 519

VDS
Verband Deutscher Sportjournalisten e.V. → S 1 394

VDS
Verein der Deutschen Estlands → E 420

VDS
Vereinigung Deutsche Sanitärwirtschaft e.V. → U 70

VDS
Vereinigung Deutscher Sägewerksverbände e.V. → f 34, F 790

VDS
Vereinigung Deutscher Schmelzhütten Bundesverband Deutscher Aluminium-Schmelzhütten → F 839

VDSÄ
Vereinigung Deutscher Strahlenschutzärzte e.V. → S 229

VDSF
Verband Deutscher Sportfischer e.V. → u 2 465

VDSI
Verband Deutscher Sicherheitsingenieure e.V. → S 995

V.D.S.S.
Verband Deutscher Schiffahrts-Sachverständiger e.V. → S 1 124

VDStra
Verband Deutscher Straßenwärter → r 515, R 663

VdS-Zert
VdS Schadenverhütung GmbH → T 2 040

VDT
Verband der Deutschen Tapetenindustrie e.V. → f 777, r 163

VDT
Verband Deutscher Techniker → r 509

VDT
Verband Deutscher Tonmeister e.V. → S 1 334

VDT
Vereinigung Deutscher Tanzlehrer und Tanzschulen e.V. → S 1 339

VDTT
Verband Deutscher Tierarztfrauen und Tierärztinnen e.V. → S 339

VdTÜV
Verband der Technischen Überwachungs-Vereine e.V. → T 1 866, t 1 939

VdU
Verband deutscher Unternehmerinnen e.V. → R 227

VDV
Verband Deutscher Verkehrsunternehmen → M 1

VDV
Verband Deutscher Vermessungsingenieure e.V. → s 891, S 1 016

VdV
Vereinigung der Vertragsfußballspieler e.V. → S 1 611

VdV
Vereinigung des Verkehrsgewerbes in Hessen e.V. → M 164

VDW
Verband der Wellpappen-Industrie e.V. → f 781

VDW
Verband Deutscher Werkbibliotheken e.V. → T 965

VDW
Verein Deutscher Werkzeugmaschinenfabriken e.V. → F 688, t 361

VDW
Vereinigung Deutscher Wissenschaftler → S 1 130

VDWF
Verband Deutscher Werkzeug- und Formenbauer → F 873

VDWH
Verband Deutscher Wohnwagen- und Wohnmobil-Hersteller e.V. → F 727, u 2 668

VDZ
Verband Deutscher Zeitschriftenverleger e.V. → O 517

VDZ
Verein Deutscher Zuckertechniker → T 1 769

VdZ
Vereinigung der deutschen Zentralheizungswirtschaft e.V. → F 1 049

VDZI
Verband Deutscher Zahntechniker-Innungen - Bundesinnungsverband - → G 784

VEA
Bundesverband der Energie-Abnehmer e.V. → L 29

VEDA
Vereinigung Deutscher Autohöfe e.V. → U 2 567

VEG
Bundesverband des Elektro-Großhandels e.V. → H 119

VELKD
Vereinigte Evangelisch-Lutherische Kirche Deutschlands → u 2 265

VENRO
Verband Entwicklungspolitik deutscher Nichtregierungsorganisationen e.V. → U 1 993

VFA
Verband Forschender Arzneimittelhersteller e.V. → F 219

VfB
Verband freiberuflicher Betreuer/innen e.V. → S 477

VFD
Vereinigung der Freizeitreiter und Fahrer in Deutschland e.V. → U 2 546

VFDB
Verband der Funkamateure in Telekommunikation und Post (VFDB) e.V. → U 3 016

vfdb
Vereinigung zur Förderung des Deutschen Brandschutzes e.V. → U 845

VFDM
Verband Freier Deutscher Markenimporteure e.V. → S 1 540

VFED
Verein zur Förderungen der gesunden Ernährung und Diätetik e.V. → T 2 451

VFF
Verband der Fenster- und Fassadenhersteller e.V. → F 513, f 559

VFF
Verwertungsgesellschaft der Film- und Fernsehproduzenten mbH → O 273

VFFV
Verband der Fernseh-, Film- und Videowirtschaft Nordrhein-Westfalen e.V. → O 274

VFI
Verband der Fertigwarenimporteure e.V. → H 313

VfK
Verein für Kommunalwissenschaften e.V. → T 988

VFM
Verband der Fahrrad- und Motorrad-Industrie e.V. → F 500

VFN
Verein zur Förderung des Naturschutzes e.V. → t 808

VFSS
Verband der Fachgroßhändler der Schweiß- und Schneidtechnik e.V. → H 274

VfV
Verein für Verbraucher und Umweltschutz e.V. → U 1 158

VFW
Verband des Deutschen Faß- und Weinküfer-Handwerks e.V. (Bundesfachverband) → G 292

VfW
Verband für Wärmelieferung e.V. → L 34

VGA
Bundesverband der Assekuranzführungskräfte e.V. → K 53, r 560

VGCT
Verein für Gerberei-Chemie und -Technik e.V. → T 1 136

VGD
Verband der Grafik-Designer e.V. → s 1 231, s 1 333

VGG
Arbeitsgemeinschaft Gewerbliches Geschirrspülen → F 297

VGG
Verband der Hersteller von gewerblichen Geschirrspülmaschinen e.V. → F 296

VGKL
Verband des Deutschen Groß- und Außenhandels für Krankenpflege- und Laborbedarf e.V. → H 87

VGöD
Verband für Geoökologie in Deutschland e.V. → T 1 127

VGP
Vereinigung von Grossisten für Photo und Imaging e.V. → H 283

VGR
Verein gegen Rechtsmißbrauch e.V. → U 735

VgtM
Verein gegen tierquälerische Massentierhaltung e.V. → Q 570

VHB
Vereinigung der höheren Führungskräfte der deutschen Bahnen → r 559

VHH
Verein Hamburger Hausmakler von 1897 e.V. → H 761

VHI
Verband der Deutschen Holzwerkstoffindustrie e.V. → f 564

VHM
Verein Hamburger Makler und Agenten für Schlachthaus- und Molkerei-Erzeugnisse → H 762

VHP
Vereinigung der höheren Führungskräfte der Deutschen Bundespost → R 892

VhU
Vereinigung der hessischen Unternehmerverbände e.V. → r 7

vhw
Deutsches Volksheimstättenwerk e.V. Bundesverband für Wohneigentum, Wohnungsbau und Stadtentwicklung → U 477

VHW
Verband Hochschule und Wissenschaft im Deutschen Beamtenbund → R 834

VIF
Vereinigung Integrationsförderung e.V. → U 1 657

ViJ
Verein für Internationale Jugendarbeit Arbeitsgemeinschaft Christlicher Frauen Bundesverein e.V. → U 1 406

VIK
VIK Verband der Industriellen Energie- und Kraftwirtschaft e.V. → L 32

VIP
Verband für internationale Politik und Völkerrecht e.V. → T 3 530

VIU
VERBAND INNOVATIVER UNTERNEHMEN E.V. → T 2 191

VIWA
Verband unabhängiger bayerischer Ingenieurbüros für Wasserwirtschaft e.V. → S 1 055

VjFM
Verband junger Film- und Medienschaffender e.V. → O 258

VJM
Verband junger Medienmacher Baden-Württemberg e.V. → O 257, o 509

VK
Völklinger Kreis e.V. - Bundesverband Gay Manager → T 3 846

VKA
Vereinigung der kommunalen Arbeitgeberverbände → R 292

VKD
Verband der Köche Deutschlands e.V. → N 35

VKD
Verband der Krankenhausdirektoren Deutschlands e.V. → S 76

VkdL
Verein katholischer deutscher Lehrerinnen e.V. → R 513

VKE
Verband der Vertriebsfirmen kosmetischer Erzeugnisse e.V. → H 86

VKE
Verband Kunststofferzeugende Industrie e.V. → F 196

VKS
Verband Kommunale Abfallwirtschaft und Stadtreinigung e.V. → D 136

VKU
Verband kommunaler Unternehmen e.V. → D 167

vlf
Bundesverband Landwirtschaftlicher Fachschulabsolventen e.V. → q 34, Q 70

VLK
Bundesvereinigung Liberaler Kommunalpolitiker e.V. → S 1 526

VLSF
Versuchs- und Lehranstalt für Spiritusfabrikation und Fermentationstechnologie in Berlin → t 340, T 2 540

VLW
Bundesverband der Lehrer an Wirtschaftsschulen e.V. → R 835, r 926

VMEG
Verein der Märkischen Eigenheim- und Grundstücksbesitzer e.V. → U 841

VMI
Verband der Motoren-Instandsetzungsbetriebe e.V. → F 726

VMLP
Verband unabhängiger Medizin- und Labortechnik-Planer e.V. → S 915

VMPA
Verband der Materialprüfungsämter e.V. → T 1 906

VMU
Vereinigung Mittelständischer Unternehmer e.V. → R 276

VMV
Verband Metallverpackungen e.V. VMV → f 240, F 299

VMV
Versicherungs-Makler-Verband e.V. → S 1 599

VNE
Vereinigung der Niedersächsischen Zulieferer- und Dienstleistungsbetriebe für die Erdöl- und Erdgasindustrie e.V. → F 361

VNP
Verein Naturschutzpark e.V. → Q 397

VOA
Verband für die Oberflächenveredelung von Aluminium e.V. → F 714

VOD
Verband der Osteopathen Deutschland e.V. → T 2 672

VÖB
Bundesverband Öffentlicher Banken Deutschlands e.V. → I 78

VÖW
Vereinigung für ökologische Wirtschaftsforschung e.V. → T 2 202

VOI
Verband Optische Informationssysteme e.V. → T 1 318

V.O.M.
Verbundzentrum für Oberflächen- und Mikrobereichsanalyse → T 982

VOP
Verband Ostdeutscher Papierfabriken e.V. → f 737

V.P.B.
Verband privater Bauherren e.V. → U 755

VPBF
Verband Privater Bayerischer Fernsehanbieter → O 358

VPD
Verband Papierverarbeitung und Druck Südbaden e.V. → f 226

VPHdS
Verband Politischer Häftlinge des Stalinismus → U 1 027

vpi
Bundesvereinigung der Prüfingenieure für Bautechnik e.V. → S 976

VPI
Verband der pyrotechnischen Industrie → F 270

VPI
Vereinigung der Privatgüterwagen-Interessenten → M 14

VPLT
Verband für Professionelle Licht- und Tontechnik e.V. → S 1 335
VPP
Deutscher Verband der Patentingenieure und Patentassessoren e.V. → S 973
VPRT
Verband Privater Rundfunk und Telekommunikation e.V. → O 412
VPU
Verband der Papier, Pappe und Kunststoffe verarbeitenden Unternehmen Sachsen, Thüringen und Sachsen-Anhalt e.V. → f 765
VPU
Verband Portugiesischer Unternehmen in Deutschland e.V. → E 649
VRB
Verein der Rechtspfleger im Bundesdienst e.V. → R 724, s 615
VRFF
Vereinigung der Rundfunk-, Film- und Fernsehschaffenden → R 546
VRH
Verband der Reformwaren-Hersteller e.V. → F 220
VRKD
Verband Reisender Kaufleute Deutschlands e.V. → H 767
VRM
Vereinigung Rheinischer Molkereien GmbH & Co. KG → p 32
VRSp
Verein Rostocker Spediteure e.V. → m 116
VSA
Industrieverband Schornsteinbau und Abgastechnik e.V. → F 268
VSBI
Verband Scheidungsgeschädigter Bürgerinitiative gegen Kindesentzug und Unterhaltsmißbrauch e.V. → U 1 578
VSF
Verbund selbstverwalteter Fahrradbetriebe e.V. → U 2 570
VSG
Verband Selbständiger und Gewerbetreibender → U 811
VSH
Verband Straßengüterverkehr Hamburg e.V. → m 22, m 156
VSI
Verband der mitteldeutschen Spirituosen-Industrie e.V. → f 471
VSI
Verband der Softwareindustrie Deutschlands e.V. → F 359
VSI
Verband Selbständiger Ingenieure e.V. → S 905
VSIA
Verband Selbständiger Ingenieure und Architekten e.V. → S 914
VskE
Verband der Hersteller selbstklebender Etiketten e.V. → f 785
VSL
Verband Spedition und Logistik Baden-Württemberg (Landesteil Württemberg) e.V. → m 124
VSM
Verband für Schiffbau und Meerestechnik e.V. → f 46, F 806
VSOP
Verein für Sozialplanung e.V. → O 631
VSR
Verein Selbständiger Revisionsingenieure e.V. → S 993
VSR
Verein zum Schutze des Rheins und seiner Nebenflüsse e.V. → Q 638
VSV
Verband der Schaumstoff-Verarbeiter e.V. → F 611
VSVI
Vereinigung der Straßenbau- und Verkehrsingenieure in Berlin e.V. → s 897, s 1 002
VSW NW
Verband für Sicherheit in der Wirtschaft Nordrhein-Westfalen e.V. → u 923
VSW
Vereinigung der Sächsischen Wirtschaft → r 13
VSW
Vereinigung für die Sicherheit der Wirtschaft Hessen, Rheinland-Pfalz, Saarland e.V. → u 924
VSW-BW
Verband für Sicherheit in der Wirtschaft Baden-Württemberg e.V. → U 675, u 925
VSWN
Verband für Sicherheit in der Wirtschaft Norddeutschland e.V. → u 921
VSWNds
Verband für Sicherheit in der Wirtschaft Niedersachsen e.V. → u 922
VTCC
Verein der Textilchemiker und Coloristen e.V. → S 1 063
VTDI
Verein Textildokumentation und -information e.V. → T 1 844
VTFF
Verband Technischer Betriebe für Film- und Fernsehen e.V. → O 176
VTH
VTH Verband der Technischen Händler e.V. → H 108
VTL
Vereinigung für Technologietransfer und Lizenzwesen e.V. → T 1 784
VTU
Vereinigung Trierer Unternehmer im Regierungsbezirk Trier e.V. → R 219
VUA
Verein für Umwelt- und Arbeitsschutz e.V. → Q 350
VUBD
Vereinigung umweltwissenschaftlicher Berufsverbände Deutschlands e.V. → S 1 574
VUBI
Verband Unabhängig Beratender Ingenieurfirmen e.V. → S 956
VUD
Verband der Unterhaltungssoftware Deutschland e.V. → F 360
VUdAK
Verband Ungarndeutscher Autoren und Künstler e.V. → s 1 279
V.U.E.
Verband unabhängiger Energie- und Umweltberater e.V. → S 920
VUP
Verein Unions-Presse e.V. → O 540
VVK
Verband Vollpappe-Kartonagen e.V. → f 779
VVL
Verein zur Förderung innovativer Verfahren in der Logistik e.V. → U 2 944
VVMD
Verband der Vertriebe von Musikinstrumenten und Musikelektronik in Deutschland e.V. → H 471
VV-Medien e.V.
Verbrauchervereinigung Medien e.V. → O 403, u 1 137
VVN-BdA
Vereinigung der Verfolgten des Naziregimes Bund der Antifaschisten → U 1 012
VVV
Verband Verbraucherorientierter Versicherungs- und Finanzmakler e.V. → S 1 603
VWA
Bundesverband Deutscher Verwaltungs- und Wirtschafts-Akademien → T 3 957
VWA
Verband der weiblichen Arbeitnehmer e.V. → R 541
VWA
Württembergische Verwaltungs- und Wirtschafts-Akademie → t 3 963
VWF
Verband der Wissenschaftler an Forschungsinstituten e.V. → T 383
VWI
Verband Deutscher Wirtschaftsingenieure e.V. → S 1 058
VWLZ
Verband Wohnraumleuchten-, Lampenschirm- und Zubehör-Industrie e.V. → f 775, r 164
VZBB
Verein der Zeitungsverleger in Berlin und Brandenburg e.V. → o 458, R 226
VZI
Verband der Zigarettenpapier verarbeitenden Industrie e.V. → f 782

W

WAFG
Wirtschaftsansiedlungsförderungsgesellschaft Hainleite/Wipper → U 357
WAK
Wirtschaftsakademie Schleswig-Holstein → T 4 038
wbz
Bundesverband des werbenden Buch- und Zeitschriftenhandels e.V. → H 601
W.d.K.
Wirtschaftsverband der deutschen Kautschukindustrie e.V. → f 37, F 580
WDR
Westdeutscher Rundfunk → O 325
WEG
Wirtschaftsverband Erdöl- und Erdgasgewinnung e.V. → f 28, F 362, R 93
WFD
Weltfriedensdienst e.V. → U 2 026, u 2 637
WFG
Wirtschaftsförderungsgesellschaft am Mittelrhein mbH → U 373
WFG
Wirtschaftsförderungsgesellschaft für den Kreis Coesfeld mbH → U 340
WFGW
Wirtschaftsförderungsgesellschaft für den Kreis Wesel mbH → U 407
WFPM
Wirtschaftsforum Partner des Mittelstandes e.V. → R 283
WFV
Wirtschaftsförderverein „Märkisch-Oderland“ e.V. → U 404
WGA
Wirtschaftsvereinigung Groß- und Außenhandel Hamburg e.V. → H 11
WGGT
Wissenschaftliche Gesellschaft für Gefahrguttransport e.V. → T 1 135
WGL
Wissenschaftsgemeinschaft Gottfried Wilhelm Leibniz e.V. → T 257
WGP
Wissenschaftliche Gesellschaft für Produktionstechnik e.V., Berlin → T 1 070
WHL
Wirtschaftsverband Häute/Leder e.V. → H 79
WIdO
Wissenschaftliches Institut der AOK → T 863
WIFIS
Wissenschaftliches Forum für Internationale Sicherheit e.V. → T 1 379
WiGFaP
Wissenschaftliche Gesellschaft zur Förderung der Psychologie e.V. → T 2 338
WIK
Wissenschaftliches Institut für Kommunikationsdienste GmbH → T 3 599
WiSA
Wirtschaftsförderungsgesellschaft für das Land Sachsen-Anhalt mbH → U 382
WISEG
Wirtschaftsförderungs- und Strukturentwicklungsgesellschaft mbH → U 334
WKF
Wirtschaftsvereinigung Kräuter- und Früchtetee e.V. → F 435
WLAV
Arbeitgeberverband der Westfälisch-Lippischen Land- und Forstwirtschaft e.V. → q 46
WPC
Wirtschaftspolitischer Club Berlin/Bonn e.V. → T 2 139
WPK
Wissenschafts-Pressekonferenz → O 438
WPV
Wirtschaftspublizistische Vereinigung e.V. → T 3 610
WSL-D
Weltbund zum Schutze des Lebens - Bundesverband Deutschland e.V. → T 4 077
WSMP
Wissenschaftliche Sozietät Musikpädagogik e.V. → O 143
WSU
WSU Wirtschaftsverband Stahlumformung e.V. → f 49, F 847
WUS
World University Service Deutsches Komitee e.V. → T 4 086
WVAO
Wissenschaftliche Vereinigung für Augenoptik und Optometrie e.V. → T 891
WVIB
Wirtschaftsverband Industrieller Unternehmen Baden e.V. → F 301
WZB
Wissenschaftszentrum Berlin für Sozialforschung gGmbH → t 2 260
WZG
Wirtschaftszentrum Gronau → U 145

Z

ZAD
Zentralstelle für die Ausbildung im Detektivgewerbe → t 3 686
ZAI
Zentrum für angewandte Informatik e.V. → T 881
ZAM
ZAM Zentrum für angewandten Wissenstransfer und Innovationen der Bayerischen Fachhochschulen e.V. → T 1 163
ZAV
Zentralstelle für Arbeitsvermittlung → k 372, U 4
zbb
Zentralstelle für Berufsbildung im Einzelhandel e.V. → h 317, T 3 808
ZBF
Zentrale Bühnen-, Fernseh- und Filmvermittlung der Bundesanstalt für Arbeit → O 423
ZBI
Zentralverband der Ingenieurvereine e.V. → S 887
ZDAW
Zentralausschuß der Agrargewerblichen Wirtschaft → H 656
ZDB
Zentralverband des Deutschen Baugewerbe → G 159, u 426
ZDF
Zweites Deutsches Fernsehen → O 339
ZDG
Zentralverband der Deutschen Geflügelwirtschaft e.V. → q 233
ZDH
Zentralverband des Deutschen Handwerks → G 1
ZDI
Zentralverband Deutscher Ingenieure e.V. → S 912
ZdK
Zentralkomitee der deutschen Katholiken → U 2 323, u 2 670
ZDK
Zentralverband Deutsches Kraftfahrzeuggewerbe → H 628, R 103
zdm
Zentralverband Deutscher Milchwirtschaftler e.V. → q 311, Q 323
ZDS
Zentralverband der Deutschen Schweineproduktion e.V. → q 231
ZDS
Zentralverband der deutschen Seehafenbetriebe e.V. → M 215
ZdS.
Zentralverband der Sozialversicherten - der Rentner und deren Hinterbliebenen Deutschlands e.V. → U 915
ZDS
Zentralverband Deutscher Schornsteinfeger e.V. Gewerkschaftlicher Fachverband → R 616
ZELLCHEMING
Verein der Zellstoff- und Papier-Chemiker und -Ingenieure e.V. → T 1 767
ZENAF
Zentrum für Nordamerikaforschung → E 718
ZEUT
Zentrum für Energie- und Umwelttechnik Wismar e.V. → T 1 048
ZEWU
Zentrum für Energie-, Wasser- und Umwelttechnik → g 63, T 1 047
ZeWW
Zentrum für Wissenschaftliche Weiterbildung → T 4 081
ZFD
Zentralverband der Medizinischen Fußpfleger / Podologen Deutschlands e.V. → S 460
ZFMK
Zoologisches Forschungsinstitut und Museum Alexander Koenig → T 2 622
ZFU
Staatliche Zentralstelle für Fernunterricht → T 2 134
ZGDV
Zentrum für Graphische Datenverarbeitung e.V. → T 3 803
ZGV
Zentralverband Gewerblicher Verbundgruppen e.V. → P 8

Suchwörter

Hinweise zur Benutzung des Suchwort-Verzeichnisses

1. Das Suchwort-Verzeichnis enthält **Sachbegriffe** und **Abkürzungen.**

   Beispiel: Der „Bundesverband Telekommunikation" ist unter dem Suchwort „Telekommunikation" zu finden.

2. Enthält die Bezeichnung einer Behörde oder Organisation mehrere Sachbegriffe, so wird an mehreren Stellen auf die Institutionen hingewiesen.

   Beispiel: Der Verband der Fahrrad- und Motorradindustrie e.V. (VFM), ist sowohl unter dem Suchwort „Fahrrad", als auch unter dem Begriff „Motorrad" und der Abkürzung „VFM" zu finden.

3. Die Bundes-Ministerien und -Behörden sind unter dem Suchwort „Bundes-" aufgeführt. Soweit erforderlich wird außerdem unter dem Sachbegriff auf sie hingewiesen.

   Beispiel: Hinweise auf das „Bundesministerium für Wirtschaft und Technologie" finden sich sowohl unter „Bundes-Ministerien" als auch unter „Technologie" und „Wirtschaft".

   Das „Bundeskartellamt" ist unter den Suchwörtern „Bundes-" und „Kartellamt" zu finden.

4. Die nach den Suchwörtern stehenden Buchstaben bzw. Kennziffern, verweisen auf die jeweiligen Verbände, die im Hauptteil nach Gruppen (A Bundes-Behörden bis IZ Internationale und europäische Zusammenschlüsse) und aufsteigenden Nummern veröffentlicht sind.

5. Vor den Kennziffern sind häufig Abkürzungen eingefügt (z. B. Hdw., Ind.). Diese Abkürzungen lassen erkennen, ob es sich bei der auf der angegebenen Seite aufgeführten Organisation um einen Industrie-, Handwerks-, Groß- oder Einzelhandelsverband oder um eine technisch-wissenschaftliche Vereinigung handelt.

6. Die Abkürzung IZ bedeutet, dass dort ein internationaler Zusammenschluß des betreffenden Wirtschafts- oder Berufszweiges aufgeführt ist.

Abkürzungen:

Ezhdl.	=	Einzelhandel	Ind.	=	Industrie
Großhdl.	=	Großhandel	Inst.	=	Institut
Hdl.	=	Handel	IZ	=	Internationaler Zusammenschluß
Hdw.	=	Handwerk	TWV	=	Technisch-Wissenschaftliche Vereinigung

A

Fortsetzung nächste Spalte

Fortsetzung nächste Seite

Fortsetzung nächste Seite

Fortsetzung nächste Spalte

Fortsetzung nächste Seite

Fortsetzung nächste Spalte

Fortsetzung nächste Spalte

Fortsetzung nächste Spalte

Fortsetzung nächste Spalte

B

Fortsetzung nächste Seite

Fortsetzung nächste Spalte

Fortsetzung nächste Spalte

Fortsetzung nächste Spalte

Fortsetzung nächste Spalte

Fortsetzung nächste Spalte

Fortsetzung nächste Spalte

Fortsetzung nächste Seite

Fortsetzung nächste Spalte

D

Fortsetzung nächste Spalte

Fortsetzung nächste Seite

Fortsetzung nächste Spalte

Fortsetzung nächste Spalte

Fortsetzung nächste Spalte

Fortsetzung nächste Seite

Fortsetzung nächste Spalte

Fortsetzung nächste Spalte

E

Fortsetzung nächste Seite

EG (Fortsetzung)
— Distributeure → F 1 090
— Gruppe d. Wein- u. Spirituosenimporteure → IZ H 46
EGB → IZ R 122
EGGA → IZ F 578
EGI → IZ R 199
EGM → IZ F 277
EGS → IZ S 685
EGTA → IZ O 152
Ehe
— - u. Partnervermittlungen, Gesamtverb. → U 1 174
Ehemalige
— Kriegsgefangene, Intern. Verband → IZ U 109
— Mitgl. d. Dt. Bundestages u.d. Europ. Parlaments, Vereinig. → A 38
— Politische Häftlinge → Stiftung T 774
— Reifensteiner, Verein → T 3 866
EHG → IZ T 699
EHI → IZ T 951
EHIMA → IZ F 1 695
EHPM → IZ F 935
Ehrengerichtshöfe → B 8 09 ff
Ei (siehe auch Eier)
— Produkte → Ind. F 381
— Weiß, tierisches → IZ H 37
EIAJ → IZ F 2 281
EIASM → IZ T 953
EIB → IZ A 231
EIC → IZ F 339
Eich
— Ämter → B 4 62 ff
— Aufsichtsbehörden → B 4 62 ff
— Beamte, techn. → R 816
— Wesen → B 4 89 ff, Gewerkschaft R 816
Eichenkreuzsport i. CVJM-Gesamtverb. i. Deutschland → u 2 478
Eidgenössische Materialprüfungs- u. Forschungsanstalt → t 1 930
Eier
— Großhandel → H 153, H 165, IZ H 62
EIF → IZ I 4
EIGA → IZ F 1 064
Eigenbau von Luftfahrtgerät → Dt. Verein T 3 554
Eigenheim- u. Grundstücksbesitzer → U 841
Eigenheimer, Bds.-Verb. → U 475
Eigenständige Rettungsdienste → U 1 868
Eigentum, geistiges → IZ V 46
Einbruch, Alarmanlagen → IZ F 2 581
Einfuhr
— Großhandel v. Harz, Terpentinöl u. Lackrohstoffen → H 135
— Handel, Nadelschnittholz → IZ H 350
Eingliederung u. Unterbringung, Europäische Organ. → IZ U 167
Einheitsgemeinden, Geschäftsstellenleiter → S 1 610
Einkauf(s)
— Bundesverband → H 694
— Verbände, Internat. Vereinig. → IZ P 42
Einkommen(s)
— Forschungsgemeinschaft → IZ T 517
Einrichtungen z. Förd. d. wirtschaftsnahen Forsch. i.d. neuen Bundesländern → T 2 191
Einrichtungsfachhandel, Bds.-Verb. d. Dt. → H 453
Einweggeschirr, Europ. Verband → IZ F 1 268
Einzelhändler Europas, Union der Verbundgruppen → IZ P 43
Einzelhandel → H 3 15 ff, IZ H 529
— Außenhandelsvereinigung → H 39
— Berufs- u. Betriebsförderungsstelle → T 3 823
— Berufsakademie, Niedersachsen → T 3 815
— Berufsbildung → T 3 808
— Berufsgenossenschaft → k 226
— Buch → H 601
— Filialbetriebe → H 582
— Geflügel → IZ H 520
— Großunternehmen → H 583, IZ H 372
— Hauptverband → H 315
— Landesverbände → H 3 18 ff, H 332
— Mittelunternehmen → H 583, IZ H 372
— Nordsee → H 327
— Parfümerie, Bundesfachschule → T 3 818
— Parfümerie, Europ. → IZ H 376
— Schuhe → H 502
— Spielwaren, Bds.-Verb. → H 504
— Technik, Bundesverband → H 538
— Verbände, Verbindungsausschuß → IZ H 521
— Werbung → O 541
— Wild → IZ H 520
— Zeitschriften → H 601

EIPA → IZ T 868
EIPOS → IZ T 954
Eirene → u 2 616
EIRMA → IZ T 257
E.I.S.
— Eis Info Service → U 12
Eis Info Service → U 12
EISCAT Scientific Association → t 171
Eisen
— Arb. Geber → R 1 06 ff, R 80
— Bahn (s. unten)
— Erzaufbereitung, Studienges. → T 995
— Erzbergbau → f 129
— Europäischer Recycling-Verband → IZ F 1 126
— Forschung, Inst. → t 108, t 277
— Guß → Ind. f 526
— Hüttenleute → TWV T 994
— Hüttenschlacken → F 916, U 582
— Industrie → F 303, IZ F 955, Angestellte (Leitende) r 556
— u. Metallind. → Arbeitgeberverband R 122, R 225
— u. Stahl → Internat. Inst. IZ T 304
— Verarbeitende Ind. → EBM F 238, F 300, BDI f 25
— Waren (s. unten)
Eisenbahn
— Anschlußgleisebenutzer → IZ M 52
— Arb. Geber → R 81
— Arb.-Nehmer → R 354, R 703
— Berufsgenossenschaft → k 244
— DGB → R 354
— Geschichte → Dt. Ges. U 3 002
— Güterwagen → IZ M 55
— Industrie → IZ F 2 153
— Ingenieure → S 966, s 890
— Ingenieur-Verbände → IZ S 602
— Kongreß → IZ M 36
— Material, Finanzierung → IZ M 1
— Reklame → O 541
— Transport → IZ M 54
— Unfallkasse → K 309
— Verein → U 3 003
— Verkehr → IZ M 53, IZ M 54
— Verkehr, Intern. → IZ W 42
— Vertreter, ausländische → N 194
Eisenbahner-Sportvereine, Verb. Dt. → u 2 479
Eisenwaren
— Bedarf → H 696
— Großhandel → H 275
— Händler → H 275
— Handels-Vertr. → H 696
— Industrie → f 246
Eishockey Verb., int. → IZ U 452
Eiskrem
— Informations-Centrale → U 12
Eislauf-Verband, Int. → IZ U 453
Eissport-Verband → u 2 429
Eiszeitalter u. Steinzeit, Ges. z. Erforschung → T 3 643
EKD → U 2 230 ff
EKRPV → IZ U 309
ELA → IZ M 212
Elbstromgebiet, Verein z. Förderung → M 232
ELCA → IZ S 410
ELDR → IZ U 369
Electronic Commerce Forum e.V. → T 3 595
Electronic Mail, Europ. Verb. → IZ T 881
Elektrisch geschmolz. Minerale, europ. Produzenten → IZ F 479
Elektrische
— Anlagen, Intern. Vereinig. → IZ F 1 884
— Antriebe, Fachverb. → f 328
— Heizelemente → Ind. f 339
— Lampen → f 336
— Schaltgeräte → IZ F 238
— Straßenfahrzeuge, Dt. Ges. → M 82
Elektrizitäts
— Erzeuger → IZ L 31, L 1
— Informationszentr. → L 14, U 16
— Versorgung → IZ L 31, L 1 ff, Arb.-Geber R 85
— Werke → L 1
— Wirtschaft → Union d. IZ L 30, Informationszentrale L 14
Elektro
— Akustische Musik → Dt. Ges. O 71
— Bahnen → Ind. f 323
— Chemie → TWV T 978
— Fahrzeuge → Ind. f 323
— Geräte → Ind. f 338
— Großhandel → H 119
— Handels-Vertr. → H 696
— Handwerk, Berufs- u. Nachwuchsförderung → T 3 786
— Handwerke, Zentralverband → G 271

Fortsetzung nächste Spalte

Elektro (Fortsetzung)
— Hausgeräte, Hersteller → IZ F 1 310
— Haushalt-Großgeräte → Ind. f 338
— Haushalt-Kleingeräte → Ind. f 337
— Hauswärmetechnik → F 1 049, Ind. f 339
— Heiz- u. Kochgeräte → IZ F 972, Ind. f 339
— Herde → Ind. f 338
— Kleingeräte → f 338
— Korund → Ind. F 185
— Leuchten → Ind. f 335
— Medizinische Industrie → IZ F 1 066
— Medizinische Technik → f 324
— Schrottverwerter → H 306
— Schweißgeräte → Ind. f 321
— Technik → Zentralverb. F 313, IZ F 1 710, IZ T 266, T 1 001, Berufsgenossenschaft k 230
— Technische Kommission i. DIN u. VDE → T 1 312
— Technische Vereinigung d. Fachhochschule Köln → s 903
— technischer Revisions-Verein → S 1 120
— Technisches Prüfamt → T 1 962
— Unternehmen → IZ F 1 884
— Verschlußeinrichtungen → Ind. F 694
— Wärmeanlagen → Ind. f 322
— Werkzeuge → Großhdl. H 88, Ind. f 327
— Werkzeug-Hersteller → IZ F 2 154
Elektronen
— Mikroskopie, Inst. → TWV T 997
— Optik → T 998
— Speichering Ges. → t 169
— Strahltechnik → t 217
— Synchrotron → TWV T 999
Elektronik
— Bauelemente → f 314
— Ind. → F 313, europ. IZ F 2 193, Japanische IZ F 2 281
— industrielle → IZ F 1 710
— Institut, TÜV Rheinl. → T 1 158
— Schrottverwerter → H 306
— Techn.-wissenschaftl. Verband → T 1 001
Elektronische
— Bauelemente, Hersteller → IZ F 1 325
— Datenverarbeitung, Kirchliche Gemeinschaftsstelle → U 3 026
— Kunst → T 1 350
Elektronischer Datenaustausch im Güterverkehr → T 1 722
Elektronisches Publizieren → O 441
ELF → IZ G 12
Elfenbeinverband → U 2 970
Elly-Heuss-Knapp-Stiftung → U 1 252
ELMA → IZ T 425
ELMO → IZ F 1 641
ELRA-D → IZ U 378
Eltern
— f. aktive Vaterschaft → U 1 173
— u. Freunde hörgeschädigter Kinder → Bds.-Gem. U 1 571
— Initiativen → Arb.-Gem. U 1 575
— f. Kinder → U 1 572
— Kreise drogengefährdeter u. drogenabhängiger Jugendliche → U 1 582
— f. unbelastete Nahrung → T 2 479
— Verein, Dt. → U 1 573
— Vereinigung, Europ. → IZ U 162
Email
— Farben → IZ R 258
— Techniker → IZ R 258
— Verband, Dt. → T 1 050, t 280
EMBALPACK → IZ F 1 368
EMBL → IZ T 102
EMBO → IZ T 239
EMCY → IZ O 5
EMI → t 219
Emissionskontrollierte Verlegewerkstoffe → F 192
Emmentaler Käse Verb. → H 240
EMNID → t 2 370
EMPA → t 1 930
EMPAS → t 2 265
Empfangsamateure, Berliner Rundfunk → U 3 025
Empfangsanlagen, Rundfunk → O 388
Empfangsantennen → Ind. f 315
Empirische
— Gründungs- u. Organisationsforsch. → T 2 403
— Sozialökonomie → t 2 321
— Sozialökonomik → t 2 292
— Soziologie, Inst. → T 2 335, t 2 265
— Soziologische Forschung → T 2 334
EMR → IZ T 820
EMS Schiffsmaklerverb. → H 768
Emscher Lippe Agentur → U 364
Emschergenossenschaft → L 60
EMSU → IZ R 1
EMW → U 1 280

EN → IZ U 508
Endokrinologie → Dt. Ges. T 3 230, Forsch. t 109
Endoskopie u. bildgebende Verfahren → Dt. Ges. T 3 231
Energetik → TWV T 1 267 ff
Energie
— Abnehmer → L 29
— Agentur → Internat. IZ L 135, T 1 721
— Anwendung, Rationelle → L 28
— Arb.-Gewerkschaften → IZ R 216
— Arten, zwei, Europ. Verb. z. Förd. d. gleichzeitigen Nutzung → IZ L 126
— Bilanzen, Arb.-Gem. → T 1 315
— Erneuerbare → Bds.-Verb. L 17, T 2 644
— Feuerungen → F 696
— Fusions-Forum → T 1 044
— Gas-Ind. → IZ F 2 058
— Gesellschaft → L 31, Dt. T 1 045
— Großabnehmer → L 30
— Industriegewerkschaft → R 335
— Institut, Bremer → D 147
— Kostenabrechnung, Europ. Vereinigung → IZ L 28
— Kunde, praktische → T 1 054
— Manager, Verb. Dt. → T 1 056
— Nachwachsende → L 26
— Politik → T 1 055
— Recht an der Universität Köln, Inst. → L 20
— Schulinformation, Arbeitskreis → L 21
— Sicherung u. Kerntechnik, Arbeitsgemein. → L 22
— Solar → L 35
— Sonnen-, Dt. Ges. → T 1 380
— Systeme, Solare → t 237
— u. Umweltberater → S 920
— Verbrauch, Inst. → T 1 046
— Verbraucher → Europ. Verband IZ F 1 765, L 31
— Verfahrenstechn. Inst. → T 1 720
— Versorgung → IZ L 31, L 1 ff, Arb.-Gem. L 16, L 25, Arb.-Geber R 85
— Versorgungstechnik, Solare → T 1 386
— Verwendung, rationelle, sparsame u. umweltschonende → D 182
— Verwendungs-Ges. → U 19
— Weltkonferenz → IZ U 507
— Wissenschaft → T 1 055
— Zeitalter, solares → IZ S 381
Engler-Bunte-Inst. → T 1 804
ENPA → IZ O 60
ENS → IZ L 1
Ensemble Akademie → O 125
Entbürokratisierung, Ges. z. Förderung → T 2 100
Entfaltung d. Umweltschutzgedankens, Initiative → Q 480
Entkoffeinierer, europ. → IZ F 1 195
Entomologisches
— Institut → T 1 051
Entsorger
— Gemeinschaft → T 2 044
Entsorgung
— asbest- u. faserhaltiger Baustoffe, Güteschutzgem. → U 583
— Bdsvb. Güterkraftverkehr, Logistik u. → M 15
Entsorgungs
— Technik → Forschungsverbund t 356
— Unternehmen, Bundesvereinigung → H 305
Entwässerungs
— Genossenschaften → L 66
— Kanäle u. -leitungen, Gütegemeinsch. Herstellung u. Instandhaltung → U 608
Entwicklung(s)
— Agenturen, Europ. Verb. → IZ U 302
— Bezogene Filmarbeit, Evangel. Zentrum → O 266
— Biologie, Inst. → t 110
— Centrum, Cottbuser → U 104
— auf dem PKW-Sektor, europ. Rat → IZ T 259
— Europäische Bank → IZ I 3
— Forschung → T 2 141
— Ges. f. internationale → U 1 991
— Gesellschaft → T 1 293, T 2 027
— Gesellschaften → U 1 990, U 3 37 ff
— Gruppe Technologie → Fraunhofer t 212
— Hilfe (s. unten)
— Internat. → Arb. Gem. IZ U 304, Bank IZ V 21, Straßenverkehr T 3 587
— Internat. Inst. → IZ Q 230
— Kautschuk → IZ T 300
— Konferenz UNO → IZ V 28
— Länder (s. unten)
— Landschaft → T 2 567
— Landwirtschaftl. → T 2 490

Fortsetzung nächste Seite

Fortsetzung nächste Seite

Fortsetzung nächste Seite

Fortsetzung nächste Spalte

Fortsetzung nächste Spalte

Fortsetzung nächste Spalte

Fortsetzung nächste Spalte

Fortsetzung nächste Seite

Fortsetzung nächste Seite

G

Fortsetzung nächste Spalte

Fortsetzung nächste Seite

Fortsetzung nächste Spalte

Fortsetzung nächste Spalte

Fortsetzung nächste Spalte

Fortsetzung nächste Seite

Fortsetzung nächste Spalte

Fortsetzung nächste Spalte

Fortsetzung nächste Spalte

Fortsetzung nächste Spalte

Fortsetzung nächste Spalte

Fortsetzung nächste Spalte

Fortsetzung nächste Seite

Fortsetzung nächste Spalte

Fortsetzung nächste Spalte

Fortsetzung nächste Seite

Fortsetzung nächste Spalte

Fortsetzung nächste Spalte

Fortsetzung nächste Spalte

Fortsetzung nächste Seite

Fortsetzung nächste Spalte

J

Fortsetzung nächste Spalte

Fortsetzung nächste Spalte

Fortsetzung nächste Spalte

Fortsetzung nächste Seite

Kohlen (Fortsetzung)
— Petrologie, Internat. Kommission → IZ T 293
— Wasserstoffgase, Internat. Info-Zentrum → IZ L 91
— Wirtschaft, Statistik → F 144
Kohlhaas & Partner Wirtschafts-Informationen → T 2 359
Kolbenmaschinen, Inst. → T 3 937
Kolloidforschung → t 125
Kolloquium, Schmerztherapeut. → T 3 357
Kolpingwerk, Deutscher Zentralverb. → U 1 816
KOMBA → R 728
Kombinierter Verkehr → T 3 556
Komitee
— Deutscher Seehafenspediteure → M 222
— f.d. Entwicklung des Sportes → IZ U 492
— gegen den Vogelmord → Q 507
— f. kulturelle Zusammenarbeit i. Europa → U 2 932
— d. Reeder-Verbände d. Europ. Gemeinsch. → IZ M 162
— Sicherheit f.d. Kind → U 1 563
— d. westeuropäischen metrologischen Staatsinstitute → IZ T 232
Kommerzielles Fernsehen
— Vereinigung d. europ. → IZ O 58
Kommission
— z. Ermittlung d. Finanzbedarfs d. Rundfunkanstalten → O 362
— Europäische → IZ A 1
— f. Kirche u. Ges., Europ. Ökumenische → IZ U 307
Kommunal
— Kassenverwalter → S 1 552
— Politik, Sozialdem. Gem. → D 218
— Politiker → i.d.EG IZ U 371, Liberale S 1 526
— Politische Vereinig. d. CDU u. CSU Deutschl. → D 201
— Politische Vereinig., europ. → IZ U 309
— Verbände → D 1 ff
— Verband → Ruhrgebiet D 145, Großraum Hannover U 361
— Versicherer, Bundesarb. Dt. → T 2 431
— Wissenschaften, Verein → T 988
Kommunale
— Abfallwirtschaft → D 136, L 50
— Arbeitgeber → R 2 92 ff
— Energiewirtschaft → L 50
— Gemeinschaftsstelle → D 183
— Spitzenverbände, Bds.-Vereinigung → D 1 ff
— u. kirchl. Altersversorgung → K 398, K 401
— Umwelt-Aktion → D 184
— Versorgungsunternehmen z. Förd. rationeller, sparsamer u. umweltschonender Energieverwendung → D 182
— Wasserwirtschaft → L 50
— Wirtschaft u. Umweltplanung → D 181
— Wissenschaft, Inst. → TWV T 2 132, T 760
— Zwecke, Aufbau- u. Geräte f. → Ind. F 66
Kommunikation
— Forum für Medien, ITVA → T 1 744
Kommunikation(s)
— Akademie, Baden-Württ. → O 571
— Dienste d. Dt. Bundespost, Wissensch. Inst. → T 3 599
— Forsch. → IZ T 890, Inst. T 3 593, T 3 596, Münchner Kreis T 3 666, T 794, t 2 361, t 2 385
— Forum → T 2 408
— Gehörloser → T 3 163
— Ingenieure → S 971
— Internationale → O 586
— Kabel, Münchner Ges. → O 404
— Konferenz d. Akademien → O 553
— Kultur u. Medienpädagogik, Ges. → O 263
— Landesanstalt → O 368
— Marketing → O 568, Akademie O 570
— Massen, Kölner-Inst. → T 3 597
— u. neue Medien → T 3 611
— Ökologie → Q 464
— Organisation d. Vereinten Nationen → IZ V 40
— Psychologie → S 1 528
— Systeme, Bundesverb. → F 512
— Technik → T 3 612, Ind. f 316, t 183
— Technische, Ges. → T 3 615
— Westdeutsche Akademie → O 576
— Wissenschaftliche Forschungsvereinigung → T 3 604
— Zentrum f. Frauen zur Arbeits- u. Lebenssituation → U 1 278
Kompensatoren-Hersteller, Verein → F 725
Komplexe
— Systeme, Max-Planck-Inst. f. Physik → t 146

Komponisten
— Bühne, Film, Funk, Fernsehen → S 1 308
— Interessenverband → S 1 311
— Verein → S 1 323
Kompost, Bundesgütegemeinschaft → U 667
Kompostierung
— organischer Materialien → IZ Q 71
Kompressoren → IZ F 1 630, f 652
Kondensatoren → Ind. f 333
Konditionenkartell
— Brauereien → U 743
Konditionsausschuß Handel → H 558
Konditoren
— Genossenschaften → P 4, Prüf. Verb. P 52
— Handwerk → G 437, Bundesfachschule G 66
— Prüfungsverband → P 52
— Verband, Internat. → IZ G 185
Kondome → Gütez. U 547
Konfektion Techn. Textilien → F 1 014
Konfektions- u. Textilindustrie, Europ. Org. → IZ F 411
Konferenz → IZ O 7
— d. Akademien f. Kommunikation, Marketing u. Medien → O 553
— Dolmetscher → Arb.-Gem. S 1 433
— Evangelikaler Publizisten → O 479
— f. Familien- u. Lebensberatung → U 1 226
— Gemeinschaft d. Vinzenz-Konferenzen Deutschland → U 1 696
— d. Landwirtschaftskammern → Internat. IZ Q 73
— d. Leiter d. kirchl. u. staatl. Ausbildungsstätten f. Kirchenmusik → U 2 285
— Übersetzer → Europ. IZ S 676
Konfliktforschung, Hess. Stiftung → U 2 601
Konformitätsbewertung
— Ges. f. → t 1 949
Kongreß
— f. ärztliche Fortbildung → S 253
— Büro, Dt. → N 57
— Messe u. → o 613
— Städte → Europ. Vereinig. IZ O 236
— Weltbergbau → IZ T 316
Kongresse u. Tagungen → IZ O 240
Konjunktur
— Forschungsinstitute → IZ T 530
— Umfragen → IZ T 230
Konrad-Adenauer-Stiftung → T 760, t 2 320
Konservatorien, Arb.-Gem. → O 126
Konserven
— Gurken- → Ind. F 438
— Handel → IZ H 102
— Lebensmittel → IZ F 2 056
— Sauer- → Ind. F 438
— Tomaten- → IZ F 455
Konstruktion u. Entwicklung, Ingenieure → T 1 172 ff, VDI-Ges. T 1 246
Konstruktions
— Forschung u. Bauweisen (Luft- u. Raumfahrt), Inst. → T 1 267 ff
— Technik, Inst. → t 206
Konsum
— Forschung → T 2 070, t 2 363
— Genossensch., co op Frauengilde → u 1 123
— Güter-Vermittlung für Bund Dt. Kriminalbeamter → r 912
— Waren, Kunststoff → f 595
Kontakte
— Internationale → U 2 976
— politische u. gesellschaftl. → T 2 116
Kontakt-Gruppen, Internationale → U 1 533
Kontaktstelle
— Anregung u. Unterstützung v. Selbsthilfegruppen → U 1 884
— Information u. Technologie → U 30
Kontaktstudium, Inst. → T 3 932
Kontroll
— Gerätehersteller, europ. → IZ F 2 214
— Verband → Mittelweser Q 331, Rheinland T 3 421, Rheinland-Pfalz T 3 422, Brandenburg T 3 423, T 3 424, T 3 425
Kontrolleure, Lebensmittel, Bds.-Verb. → S 970
Konversionskasse, Bds.-Beauftragter von Zahlungen → A 190
Konzert
— Chöre, Verb. Dt. → O 93
— Direktionen → O 66
Kooperation
— Deutscher Heilpraktiker → S 388
— in Entwicklungsländern, Inst. → T 2 223
Koordinierungs
— Ausschuß d. röntgen- u. elektromedizinischen Ind. → IZ F 1 066
— Büro freier Rundfunk → O 390

Koordinierungsstelle
— Forschungsland Nordrh.-Westf. → O 629
— f. Umweltschäden an Denkmälern → Q 615
Kopf
— Bekleidung (s. Hut)
— Chirurgie → Dt. Ges. T 3 241
— Schmerzgesellschaft → Dt. T 3 275
Kopie & Medientechnik, Wirtschaftsverband → O 720
Korb
— Möbel → Ind. F 591
— Waren → Ind. F 591
Korbballbund, int. → IZ U 459
Korea
— Trade Center → Frankfurt E 551, Hamburg E 552
Kork
— Großhandel → H 236
— Industrie → H 236
— Verband → H 237
Korn
— Branntwein → Gütez. U 668
— Brenner → F 449
"Kornkette" → Gütez. U 668
Korrosions
— Europ. Föderation → IZ T 235
— Schutz → Kathodischer F 1 064, T 989, Gütez. U 634
Korsettwaren
— Ezhdl. → H 558
Kosmetik
— Fachschulen → O 704
— Handels-Vertr. → H 696
— Industrie → IZ F 192
— Unternehmer, Interessengem. → H 484
— Verbände, Arb.-Gem. → O 705
— wissenschaftl. u. angewandte → O 715
Kosmetika (s. Körperpflegemittel)
Kosmetikerinnen → Hdw. G 457, IZ S 146
Kosmetikerinnen, Intern. Komitee → IZ S 65
Kosmetische
— Erzeugnisse, Vertriebsfirmen → H 86
— Industrie → Forschungsgem. t 310
Kostümbildner, Verb. → O 218
KPV → D 201
Kräuter- u. Früchtetee, Wirtschaftsvereinigung → F 435
Kräutertee, Europ. Verband → IZ F 1 260
Kraft
— Fahrer, selbständige → Bds.-Verein. R 565
— fahrerbund → u 2 486
— Fahrergewerkschaft → R 510
— Fahrerschutz, Automobilclub → U 1 082
— Fahrschulen → S 1 451
— Fahrt-Bds. Amt → A 290
— Fahrzeug (s. unten)
— Maschinen → f 653
— Stoffe → Ind. F 362
— Stoffe, sauerstoffangereicherte, europ. → IZ F 1 271
— Verkehr → Bds.-Verb. M 1
— Wagen-Spediteure → M 104
— wirtschaft → IZ U 507, L 3 2 ff, Führungskräfte r 557
Kraftfahrzeug
— Brandschutz → IZ F 1 580
— Ezhdl. → H 628, IZ H 519
— Großhandel → IZ H 519
— Haltung, Berufsgenossenschaft → k 229
— Handel → H 628
— Handwerk → G 458, IZ H 519
— Importeure → H 277
— Industrie → F 67
— Lehrer → S 1 451
— Sachverständige → S 1 100, S 1 101, S 1 103
— Überwachungsorganisation freiberufl. Kfz-Sachverständiger → S 1 102
— Vermieter → IZ M 56, M 38
— Versicherung → Fragen K 21
— Zubehör → Fachhandel H 226
Kraftfahrzeugteile
— Fachhandel → H 226
Kraftheber-Bund, int. → IZ U 460
Kraftradteile-Industrie, Fachverb. → F 500
Krafträder
— Import → F 501
— Ind. → F 501
Kraftwerks
— Betreiber → TWV T 1 148
— Nebenprodukte, Bds.-Verb. → O 729
— Schule → T 3 837
Kranarbeiten, Bds.-Fachgruppe → M 37
Kranken
— Anstalten, private → IZ T 785, K 63
— Gymnasten → T 2 757
— Gymnastik → IZ T 813, S 394

Fortsetzung nächste Spalte

Kranken (Fortsetzung)
— Gymnastiker d. EG → IZ S 153
— Haus (s. unten)
— Hilfe → U 1 324
— Kassen → Betriebs- K 140, Mediz. Dienst d. Spitzenverbände K 62, K 78, Landwirtschaftl. K 96, Bundesausschuß T 2 649
— Pflegebedarf → Großhdl. H 87
— Pflegekräfte i. d. Psychiatrie, leitende → R 620
— Pflegepersonal → R 618
— Pfleger der EG → IZ R 240
— Schwestern → EG IZ R 240
— Transport → International. Verein U 1 865
— Versicherung, private → K 3
Krankenhäuser, Europ. Rat → IZ T 733
Krankenhaus
— Ärzte, leitende → S 168
— Apotheker → Europ. Vereinig. IZ S 109, S 384
— Ausschuß der EG → IZ T 672
— Direktoren Deutschl. → S 76
— Einrichtungen, Industrieverb. → f 251
— Geschichte, Dt. Ges. → T 3 405
— Gesellsch., Dt. → T 3 403
— Hygiene → Dt. Ges. T 3 261
— Institut → T 3 370
— Sozialdienst → U 1 763
— Technik, Fachvereinig. → F 274
— Verband Deutschlands, Kath. → U 1 756
— Versorgende Apotheker → S 385
Krankheiten, nichtübertragbare → A 192
Krawatten → Inst., Dt. F 1 018, Ind. f 112
KRdL → T 1 346
Kreative Medien, Therapie → Dt. Ges. S 441
Kreativitäts
— Gesellschaft → IZ U 716
Kreativkreis Strumpfmode → F 1 010
Krebs
— Abwehr, biologische → T 2 695
— Bekämpfung → IZ U 272
— Forschung → Stiftung, Dr. Mildred Scheel T 752
— Forschungszentrum → T 3 371
— Gesellschaft, Dt. → T 3 262
— Hilfe, Dt. → T 2 693
— Therapie, Ges. z. Förd. → T 2 694
Kredit
— Anstalt f. Wiederaufbau → I 37
— Banken → I 40
— Genossenschaftsbanken → P 5
— Hypothekenverbd. → IZ I 87
— Institute → I 1, öffentlich-rechtliche I 3 3 ff, I 92, I 93
— Makler → H 763
— Teilzahlungsinst. → IZ I 148
— Versicherung → IZ I 151
— Wesen → Bds. Aufsichtsamt A 187
— Wirtschaft, Inst. → Informationsring T 2 425, T 2 426
Kreishandwerkerschaft
— Steinfurt → G 119
Kreislaufforschung → Dt. Ges. T 3 252
Kreuz, Grünes → U 1 819
Kreuzbund → U 1 698
Kriegs
— Blinde → U 1 021
— Dienstgegnerinnen → U 1 818
— Dienstopfer → U 1 037
— Dienstverweigerer, Evgl. Arb.-Gem. z. Betreuung → U 1 810
— Dienstverweigerer aus Gewissensgründen, Zentralstelle → U 1 817
— Gefangene → IZ U 109, U 1 024
— Gräberfürsorge → U 1 052
— Teilnehmer, Ehem. → IZ U 110
— Teilnehmerverbände, Arb.-Gem. → U 1 035
Kriminal
— Ämter der Länder → B 2 89 ff
— Amt, Bundes- → A 214
— Beamte → R 893
— politik, DBH-Fachverb. → T 3 449
Kriminalitätsopfer Unterstützung → U 1 907
Kriminalpolizeiämter → Saarland B 300, Schleswig-Holstein B 303
Kriminologische Zentralstelle → T 2 341
Kriminologisches Forschungsinst. → t 2 284
KrimZ → T 2 341
Kristallglas
— Hersteller → f 535
Kristallographie → Internat. Union IZ T 161
Kristallwachstum u. Kristallzüchtung → Dt. Ges. T 253
Kritiker, Verb. Dt. → S 1 325
Kritische Juragruppen → T 4 090
Krupp von Bohlen und Halbach-Stiftung → T 739
KRV → F 609

L

Fortsetzung nächste Seite

Fortsetzung nächste Spalte

Fortsetzung nächste Spalte

Fortsetzung nächste Seite

Fortsetzung nächste Spalte

Fortsetzung nächste Spalte

Fortsetzung nächste Spalte

Fortsetzung nächste Spalte

Fortsetzung nächste Spalte

Fortsetzung nächste Spalte

Fortsetzung nächste Spalte

Fortsetzung nächste Spalte

Fortsetzung nächste Seite

Fortsetzung nächste Spalte

Fortsetzung nächste Spalte

Fortsetzung nächste Spalte

S

Fortsetzung nächste Seite

Fortsetzung nächste Spalte

Fortsetzung nächste Seite

Fortsetzung nächste Spalte

T

Fortsetzung nächste Seite

Fortsetzung nächste Spalte

Fortsetzung nächste Spalte

Fortsetzung nächste Seite

Fortsetzung nächste Spalte

Fortsetzung nächste Seite

Fortsetzung nächste Spalte

V

VSI → F 359, S 905
VSIA → S 914
VskE → f 785
VSL → m 124
VSM → F 806
VSOP → O 631
VSR → S 993
VSV → F 611, f 599
VSVI → s 897
VSW → r 13
VSW-BW → U 675
VTCC → S 1 063
VTDI → T 1 844
VTFF → O 176
VTH → H 108
VTI → T 1 720
VTL → T 1 784
VTU → R 219
VUBD → S 1 574
VUBI → S 956
V.U.E. → S 920
Vulkaniseure → H 668
VUP → O 540
V.V. Württemberg → M 142
VVK → f 779
VVL → U 2 944
VVMD → H 471
VvU → R 227
VWA → T 3 957
VWF → T 383
VWG → f 247
VWI → F 606, S 1 058
VWLZ → f 775
VZBB → R 226
VZI → f 782

W

Waagen
— Hersteller Ausschuß → IZ F 985
WACA → IZ Q 73
Wach- u. Sicherheitsunternehmen → R 171
Wach u. Sicherheitsdienste, Gütegem. → U 565
Wachs
— Papier → Ind. f 780
— Vereinigung, europ. → IZ F 954
— Zieher → Hdw. G 781
Wählergemeinschaften, Freie → U 2 576
Währungs
— Fonds → Internat. IZ I 46
— Union, Assoziation f.d. europ. → IZ I 126
Wälzlager → Föderation (europ.) IZ F 1 749
Wärme
— Abzugsanlagen, Gütegem. → U 622
— Anlagen → IZ F 1 601, f 322
— Behandlung → IZ F 1 934, T 1 150, TWV t 358
— Dämmputz-Industrie → F 1 079
— Dämmung von Fassaden, Gütegem. → U 655
— Erzeugung → L 33
— Industrie → F 1 066
— Kleingeräte (elektr.) → Ind. f 337
— Kopplung, Int.Verb. → IZ L 125
— Lieferung → L 34
— Pumpen, Anwendung → TWV T 1 235
— Schutz → TWV T 1 860, Forsch. t 359
— Technik → T 380
— Verrechnung → L 33
— Verteilung → L 33
— Wirtsch. → L 33
Wäsche
— Einzelhandel → H 558
— Modekreis → F 1 020
— Pflege → Gütez. U 561
Wäscherei
— Forschung → T 1 841
— Maschinen → IZ F 1 641, f 666
— Verbände → G 738
Waffen
— Fachhändler → H 342
— Geschichte → U 3 001
— Handwerk → G 243
— Technik → U 3 001
Wagenbau (s. Karosseriebau)
Wagner- u. Karosseriebauer → Hdw. G 421
Wagner, Richard, Internat. Verband → IZ U 715
Wagner, Richard, Verband → U 2 736
Wahlanalysen, Inst. → t 2 304
WAI → IZ F 1 933
WAITRO → IZ T 317
WAK → O 576, T 4 038
Wald
— Arbeit → TWV T 2 618

Fortsetzung nächste Spalte

Wald (Fortsetzung)
— Besitzer → Q 262
— Forschung, Hess. Landesanstalt → T 2 617
— Jugend, Dt. → Q 526
— Not, Stiftung → T 811
— Samen-Klenganstalten → Q 97
— Schutzgemeinschaft, Dt. → Q 510
— Wachstumskunde → T 2 606
Waldemar-Bonsels-Stiftung → T 766
Waldstadt Wünsdorf
— Entwicklungsgesellschaft → U 505
Walfang → IZ W 19
Walter-Eucken-Institut → T 2 209
Walter-Scheel-Stiftung → T 789
Walther-Meissner-Institut f. Tieftemperaturforschung → T 1 859
Walther-Schücking-Inst. f. Int. Recht → T 3 517
Walzstahl → Ind. f 307
Walzwerke
— Berufsgenossenschaft → k 236
Walzwerkeinrichtung → f 650
Wand
— Abdichtungen → Hdw. G 253
— Bekleidungshersteller → IZ F 1 946
— u. Bödenbeläge, Europ. Konföderation des Handels → IZ H 59
— Fliesen → Ind. f 584
Wanderjugend, Dt. → U 1 470
Wandern, Förderung → Q 395
Wander-Vereine → Q 394
WANO → IZ L 47
Waren
— Automatenaufsteller, Bds.-Verb. → H 223
— Börsen → I 1 18 ff
— Börsen Türkische Union → IZ I 203
— Häuser → H 582, IZ H 518
— Kunde, Dt. Ges. → T 1 745
— Raiffeisen-Zentrale → P 17
— Terminbörsen → I 111
— Test, Stiftung → U 1 166
— Zeichenverbände → U 5 08 ff
Warm
— Lufterzeuger, Hersteller, Europ. Vereinigung → IZ F 732
— Wassergeräte → f 337, f 339
Wasch
— Center-Betreiber → G 783
— Geräte u. Maschinen → IZ F 1 641, f 338
— Mittelindustrie, Internat. Vereinigung → IZ F 1 873
— Mittelzeolith, Produzenten → IZ F 2 303
— Rohstoffe → Ind. F 213
Wasser
— u. Abfallwirtschaft → Ingenieurverband S 1 034
— Bau (s. unten)
— Berlin Kongress u. Ausstellung → O 624
— Chemie → T 1 863
— Dt. Vereinigung d. Gas- u. Wasserfaches → T 1 075, t 288
— Fach → T 1 086
— Forschung → TWV T 1 862
— Hygiene, Inst. → TWV T 1 746
— Kostenverteilung → F 1 065
— Landesämter → L 7 8 ff
— Lebensrettung, Intern. Federation → IZ U 406
— Leitungsbedarf → Großhdl. H 78
— Mengenwirtschaft, Inst. → T 1 862
— Rohrkessel → Ind. f 878
— Schall, Forschungsanstalt d. Bundeswehr → T 1 133
— Ski-Verband → u 2 475
— Ski-Vereinigung, Intern. → IZ U 413
— Stoff-Forschung → T 1 381
— Straßen- u. Schiffahrtsverein Rhein-Main-Donau → M 230
— Talsperren, Arb.-Gem. → L 77
— Technik → Ind. F 840, Zentrum T 1 047
— Techniker → Hdw. G 84
— u. Schiffahrtsdirektionen → A 3 08 ff
— u. Schiffahrtsverwaltung, Ingenieurverband → s 892
— Verband, Westdeutsche Kanäle → L 81
— Verbandstag → L 67
— Versorger, Europ. Union → IZ L 95
— Versorgung → IZ L 124, L 39, L 50, Arb. Geber R 85
— Verwendung, rationelle → D 182
— Vogelreservat → Q 488
— u. Windmühlen, Erhaltung → U 888
— Wirtschaft, Inst. → T 2 592
— Zähler → Ind. F 507
Wasserbau
— Bds.-Anst. → A 307
— Inst. → T 2 587, T 2 588
— Landwirtschaftl. → T 2 590

Fortsetzung nächste Spalte

Wasserbau (Fortsetzung)
— Lehrstuhl → T 2 585
— Versuchsanstalt → T 1 862
Wasserschaden
— Beseitiger, Bundesverb. d. Brand- u. → U 536
WATA → IZ N 62
WBCA → IZ R 259, R 531
WBE Methodologie
— J.-W.-Goethe-Univ. → t 2 272
WBO → M 144
wbz → H 601
WCL → IZ R 261
WCO → IZ G 153
WCO/OMD → IZ A 226
WCPT → IZ T 813
W.d.K. → F 580, f 37
WDR → O 325
WDW → O 541
WEB → IZ L 136
Weberhandwerk, Bundesinnungsverb. → G 751
WEC → IZ L 136
Wechselseitige Versicherungen → IZ K 50
Wechselseitiger Versicherungsverband → IZ K 37
WEG → F 362
Wegener-Stiftung, Alfred → T 848
Wehr
— Beauftragter d. Bundestages → A 37
— Bereichkommandos u. -verwaltungen → A 3 23 ff
— Dienstsenat im Bundesverwaltungsgericht → A 351
— Medizin → Dt. Ges. T 3 353
— Pflichtigen-Org., europ. Rat → IZ S 691
— Pharmazie → Dt. Ges. T 3 353
— Technik → Bds.-Amt A 335, Dt. Ges. T 1 752, T 1 753
— Techniker u. Feuerwerker → S 1 471
— technisches Gerät → f 247
— Verwaltung u. Wehrtechnik → T 1 753
Weibliche
— Arbeitnehmer → R 541
Weichschaum-Industrie, Polyurethan → F 606
Weichstoff-Kompensatoren, Gütegem. → U 656
Wein
— Amt → Intern. IZ W 35
— Analytiker → S 712
— aromatisiert → IZ H 4
— Bau (s. unten)
— Behandlung, Versuchs- u. Forschungsanst. → T 2 532
— Chemie → Inst. T 2 536
— Exporteure → H 221
— Fachhändler → H 211
— Fachleute - Die Sommelier-Union Deutschlands → S 1 538
— Fonds, Dt. → Q 299
— Forschung → TWV T 2 536
— Großhandel → H 211, IZ H 4
— Handelsunternehmen, Europ. Ausschuß → IZ H 127
— Hdls.-Vertr. → H 696
— Import → H 220
— Importeure, EG-Gruppe → IZ H 46
— Industrie → IZ H 4
— Ingenieure → S 1 057
— Kellereien → H 211, H 655, H 661, P 2 1 ff
— Kommissionäre → H 723
— Küfer → Hdw. G 292
— u. Recht, Verein f. faires Weinrecht → T 3 442
— Siegel, Dt. Ges. → U 671
Weinbau
— Bayer. Landesanstalt → Q 295
— Diplom-Ingenieure → S 1 057
— Forschung, Inst. → T 2 536
— Gütezeichen → Badischer U 670, U 672
— Inst. → T 2 532
— Lohnunternehmer → Q 87
— Ökologischer → Q 201
— Pflanzenschutz, Inst. → A 142
— Verbände → Q 2 77 ff
— Versuchs- u. Forschungsanst. → T 2 532, T 2 539
Weißer Ring → U 1 907
Weiterbildung
— Akademie → T 3 942, T 4 073, a.d. Univ. Heidelberg u. Mannheim T 4 087
— Nieders. Landesinst. → A 96
— technische → T 3 835
— Touristische → R 625
— u. Wissenstransfer, Zentrum → T 3 935
Weiterbildungszentrum Ingelheim → T 3 737
Weizen
— Rat → IZ W 32
Wellkisten → IZ F 1 935

Wellpappe(n)
— Gütegemeinschaft → U 566
— Ind. → f 781
— Papiere → Ind. f 746
— Papierhersteller → Europ. Verb. IZ F 1 369
WELMEC → IZ T 237
Welt
— Anschauungsgemeinschaften, freie → Dachverband U 2 370, U 2 381
— Bank → IZ V 21
— Bergbau-Kongress → IZ T 316
— Bund (s. unten)
— Erdöl-Kongresse → IZ L 93, Dt. National-Komitee T 378
— Esperanto-Bund → IZ U 507, IZ W 39
— Föderation d. Agrar- u. Lebensmittelarbeiter → IZ R 260
— Forstwirtschaft, Inst. → A 134
— Friedensdienst → U 2 026
— Gemeinschaft orthodoxer Jugendlicher → IZ U 246
— Gesundheits-Org. → IZ V 44
— Herzbund → IZ T 775
— Hungerhilfe → E 748
— Kongreß, Islamischer → U 2 387
— Landfrauen-Verband → IZ Q 160
— Naturschutzbund → IZ Q 256
— Netzwerk Hamburg → U 2 019
— Ökologie, Förderungsgemeinsch. → T 2 583
— Organisation f. geistiges Eigentum → IZ V 46
— Organisation f. Meteorologie → IZ W 40
— Organisation d. Mütter aller Nationen → IZ U 247
— Organisation d. Pfadfinderbewegung → IZ U 248
— Organisation, Straßen → IZ M 125
— Organisation d. Zahnärzte → IZ S 183
— Organisation d. Zeitschriftenpresse → IZ O 108
— Politik, Vereinig. → t 2 161
— Post-Verein → IZ W 41
— Raum (s. unten)
— Schutzbund-Bundesverband → Q 574
— Spiele, Int. Vereinig. → IZ U 579
— Squash-Verb. → IZ U 499
— Straßenverband, Nat. Komitee der BRD → T 3 576
— Tierschutz-Ges. → IZ Q 261
— Tourismus Organisation → IZ N 61
— Verband (s. unten)
— Wirtschaft → TWV T 2 136, Vereinig. t 2 161, Inst. t 2 175
Weltbund
— f. Hämophilie → IZ U 278
— f. religiöse Freiheit → IZ U 372
— z. Schutze d. Lebens → T 4 077
Weltrat
— d. Optometrie → IZ G 153
Weltraum
— Kuratorium → TWV T 1 272
— Rechtsfragen, Inst. → T 3 518
Weltverband
— f. Ehem. Kriegsteilnehmer → IZ U 110
— f. int. Musikwettbewerbe → IZ U 483
— d. Heilmittelindustrie → IZ F 2 693
— d. Kernkraftwerksbetreiber → IZ L 47
— d. Pfadfinderinnen → Region Europa IZ U 250
— d. Werbungstreibenden → IZ O 191
WEM → IZ R 61
WEMA im VDMA → f 686
Werbe
— Agenturen → Europ. Verb. IZ O 186, O 541, O 547, O 548
— Akademie Marquardt → O 565
— Artikel, Kunststoff → f 774
— Artikel-Wirtschaft, Gesamtverb. → H 116
— Berater → O 541
— Berufe → O 541
— Durchführende → O 541
— Fachschule Niedersachsen → O 574
— Fachverbände → O 541
— Festival, Internat. → IZ O 190
— Film → O 239
— Filmproduzenten → O 239, O 541
— Forschung → Förderung T 2 410, psychologische t 2 368, t 2 384
— Gemeinschaft Friseurhandwerk → o 616
— Gemeinschaften & Gewerbevereine → S 755
— Gesellschaften, Arb.-Gem. d. ARD → O 594
— Leiter → O 541
— Mittel (s. unten)
— Museum, Dt. → T 2 408
— Selbstdisziplin, Europ. Allianz → IZ O 109

Fortsetzung nächste Seite

Fortsetzung nächste Spalte

Fortsetzung nächste Spalte

Fortsetzung nächste Seite

Fortsetzung nächste Spalte

Fortsetzung nächste Spalte

A Bundes-Behörden

Zum Auffinden einer bestimmten Dienststelle oder Organisation dient das Suchwortverzeichnis, eines Personennamens das Personenverzeichnis.

Bundespräsident und Bundesregierung
Bundestag und Bundesrat
Fraktionen des Deutschen Bundestages
Weitere Bundesbehörden und der Bundesregierung unterstehende Einrichtungen
Bundesgerichte
Oberfinanzdirektionen

Bundespräsident und Bundesregierung

• **A 1**

Der Bundespräsident
Postanschrift: 11010 Berlin
Spreeweg 1, 10557 Berlin
T: (030) 20 00-0 **Fax:** 20 00-1926 (Pressestelle)
Internet: http://www.bundespraesident.de
Internationaler Zusammenschluß: siehe unter IZB 57
Bundespräsident:
Johannes Rau
Staatssekretär(in): Rüdiger Frohn
Pressesprecher: Dr. Kerstin Kießler
Mitarbeiter: ca. 150

• **A 2**

Bundespräsidialamt (BuPräA)
Spreeweg 1, 10557 Berlin
T: (030) 20 00-0, 20 00-2021 (Pressestelle) **Fax:** 20 00-1926 (Pressestelle)
E-Mail: poststelle@bpra.bund.de
Bundespräsident: Johannes Rau
Verbindungsoffizier: Kapitän zur See Schmitz
Persönliches Büro: MinR von Mettenheim
VA Dr. Bischoff
VA'e Höbig
VA Adler
Olt. z.S. Hillmer
Chef des Bundespräsidialamtes: Sts Rüdiger Frohn
Stellv. Chef des Bundespräsidialamtes: MinDir Christoph Habermann
Pressesprecherin/Öffentlichkeitsarbeit: MinR'in Dr. Kerstin Kießler
Abteilungsleiter(in): MinDir Karschies (Abteilung Z)

MinDir Habermann (Abteilung 1; Inland)

MinDir Schmiegelow (Abteilung 2; Ausland)

• **A 3**

Der Bundeskanzler
Schloßplatz 1, 10178 Berlin
T: (030) 40 00-0 **Fax:** 40 00-1818, 40 00-1819
Internet: http://www.bundeskanzler.de
E-Mail: bundeskanzler@bundeskanzler.de
Bundeskanzler:
Gerhard Schröder
Leiterin Kanzlerbüro: VAe Sigrid Krampitz

• **A 4**

Bundeskanzleramt (BK)
Schloßplatz 1, 10178 Berlin
T: (030) 40 00-0 **Fax:** 40 00-1818, 40 00-1819
Internet: http://www.bundeskanzler.de
E-Mail: bundeskanzler@bundeskanzler.de

Bundeskanzler:
Gerhard Schröder
Leiterin Kanzlerbüro: VAe Sigrid Krampitz
Pers. Referent: VA Guido Schmitz

Chef des Bundeskanzleramtes:
Dr. Frank-Walter Steinmeier
Büroleiter: VA Dr. Ewald Seeba
Pers. Referent: VA Andreas Dahm-Griess
Staatsminister:
Rolf Schwanitz (Beauftragter der Bundesregierung für Angelegenheiten der neuen Länder)
Büroleiterin: MR'in Pia Ritter
Pers. Referent: RD Andreas Wessel-Terharn
Staatsminister:
Dr. Michael Naumann (Beauftragter der Bundesregierung für Angelegenheiten der Kultur und der Medien)
Büroleiterin: VAe Sabine Haack
Pers. Referentin: VAe Signe Rossbach
Staatsminister:
Hans Martin Bury
Pers. Referent: RD Dr. Gabriel Kühne

Arbeitsstab Beraterin des Bundeskanzlers für deutsch-französische Beziehungen:
VAe Brigitte Sauzay

Arbeitsstab Angelegenheiten der neuen Länder:
MDgt Detlev Biedermann
Abteilungsleiter(in):
MinDir Ernst Hüper (Abt. 1)
(Zentralabteilung; Innen und Recht, Bund-Länder-Verhältnis)

MinDir Michael Steiner (Abt. 2)
(Auswärtige Beziehungen; Entwicklungspolitik, äußere Sicherheit)

MinDir Heinrich Tiemann (Abt. 3)
(Soziales, Bildung, Umwelt, Verkehr, Agrar)

MinDir Prof. Dr. Klaus Gretschmann (Abt. 4)
(Wirtschafts- und Finanzpolitik)

MinDir Ernst Uhrlau (Abt. 5)
(Bundesnachrichtendienst, Koordinierung der Nachrichtendienste des Bundes)

a 5

Bundeskanzleramt
Dienststelle Bonn
Adenauerallee 139-141, 53113 Bonn
T: (0228) 56-0 **Fax:** 56-2357

• **A 6**

Presse- und Informationsamt der Bundesregierung (BPA)
11044 Berlin
Neustädtische Kirchstr. 15, 10117 Berlin
T: (01888) 2 72-0 **Fax:** 2 72-2555
E-Mail: posteingang@bpa.bund.de

Chef des Presse- und Informationsamtes der Bundesregierung:
Staatssekretär Uwe-Karsten Heye
Büroleiter: RD Christian Schmittlein (Büro Staatssekretär)
Stellv. Chef des Presse- und Informationsamtes der Bundesregierung: MinDir Peter Ruhenstroth-Bauer
Stellv. Sprecherin der Bundesregierung: Charima Reinhardt
Stellv. Sprecher d. Bundesregierung: Bela Anda

Abteilungsleiter(in):
MinDirig Joachim Zietzschmann (Verbindungsstelle für Umzugsfragen, Baumaßnahmen des Dienstsitzes Berlin)
Planung und Realisierung: MR Thilo von Siegfried
Abteilungsleiter(in):
MinDir Dr. Gerd Pflaumer (Abteilung 1)
(Verwaltung/Agentur)
Gruppenleitung:
MR Joachim Goeres (Gruppe 10, zugl. Vertreter L 1)
Dr. Ingeborg Ludewigs (Gruppe 11)
MR Dieter Witte (Gruppe 12)
Abteilungsleiter(in):
Dr. Werner Bruns (Abteilung 2, Nachrichten/Informationstechnik)
Gruppenleitung:
MR Bernhard Vogt (Gruppe 20)
N.N. (Gruppe 21)
Abteilungsleiter(in):
Ingeborg Kaiser-Bauer (M.A) (Abteilung 3, Inland)
Gruppenleitung: MR Hans Wallow (Gruppe 30)
(zugl. Vertreter L 3, zugl. Koordinator für die ÖA Neue Länder)
Gruppenleitung: MR Dr. Frank (Gruppe 31)
(zugl. Koordinator für die ÖA zum Bündnis für Arbeit)
Gruppenleitung: Peter Röhrig (Gruppe 32)
(zugl. Koordinator für die ÖA in den Angelegenheiten der Kultur und der Medien)
Abteilungsleiter(in):
MinDir Hans-Henning Horstmann (Abteilung 4, Ausland)
Gruppenleitung:
N.N. (Gruppe 40)
Dr. Reinhard Schwarzer (Gruppe 41, zugl. Vertreter L 4)
MR Dr. Gerhard Kutzner (Gruppe 42)

a 7

Presse- und Informationsamt der Bundesregierung
Dienststelle Bonn
Welckerstr. 11, 53113 Bonn
T: (01888) 2 72-0 **Fax:** 2 72-2555

• **A 8**

Auswärtiges Amt (AA)
11013 Berlin
Werderscher Markt 1, 10117 Berlin
T: (01888) 17-0 **Fax:** 17-3402
E-Mail: poststelle@auswaertiges-amt.de

Bundesminister(in): Joschka Fischer
Persönlicher Referent: VLR Dr. von Goetze
Leitungsstab:
VA Schmillen (Leiter Ministerbüro)
VLR Kobler (Stellvertretender Leiter Ministerbüro)
VLR I Dr. Zeisler (Öffentlichkeitsarbeit, Politische Kontakte)
VLR Dr. Heidorn (Stellvertretender Leiter Öffentlichkeitsarbeit, Politische Kontakte)
VLR Michaelis (Leiter Pressereferat)
VLRin Sparwasser (Stellvertretende Leiterin Pressereferat)
Planungsstab:
MinDir Dick (Leiter Planungsstab)
VLR I Elfenkämper (Stellvertretender Leiter Planungsstab)
Krisenbeauftragter: Botschafter Dr. von Morr
Beauftragter für Menschenrechte und Humanitäre Hilfe:
Gerd Poppe
Persönlicher Referent: LR I Duppel
Koordinator: Prof. Dr. Dr. h.c. mult. Rudolf von Thadden (Koordinator für die deutsch-französische Zusammenarbeit)
Persönlicher Referent: LR I Klinger
Koordinator: Karsten D. Voigt (Koordiniator für die deutsch amerikanische zwischengesellschaftliche, kultur- und informationspol. Zusammenarbeit)
Persönlicher Referent: VLR Dr. Schmitt
Staatsminister: Dr. Christoph Zöpel (Vorsitzender des Staatssekretärausschusses für Europafragen der Bundesregierung)
Persönlicher Referent: VLR Klöckner

Staatsminister: Dr. Ludger Volmer
Persönliche Referentin: VLRin Nibbeling-Wrießnig
Staatssekretär(in): Wolfgang Ischinger (Geschäftsbereich: Abteilungen 1, 2, VN, 2A, 3 und Arbeitseinheit 7)
Persönlicher Referent: OAR Koch
Staatssekretär(in): Dr. Gunter Pleuger (Geschäftsbereich: Abteilungen E, 4, 5 und 6)
Persönlicher Referent: VLR Clauß
Abteilungsleiter(in):
MinDir H. Richter (Abteilung 1, Zentralabteilung)
Chefinspekteur: Botschafter Dr. Kruse (Abteilung 1-I, Inspekteure)
Sonderinspekteur: Botschafter Paschke (Abteilung 1-EU, Sonderinspekteur für die deutschen Vertretungen in der EU)
VLR I Dr. Weishaupt (Abteilung 1-S, Ansprechpartner für Korruptionsvorsorge)
Leiter(in):
Botschafter Dr. Kliesow (Abteilung 1-AF, Ausbildung und Fortbildung)
VLR Dr. Gutmann (Abteilung 1-DA, Ausbildung von Diplomaten aus MOE-Staaten)
VLR Peitz (Abteilung 1-DSB, Datenschutzbeauftragter)
Unterabteilungsleiter:
MinDirig'in Peters (Unterabteilung 10)
MinDirig von Kunow (Unterabteilung 11)
MinDirig Ziefer (Unterabteilung 12)

Politischer Direktor: MinDirig Dr. Scharioth (Abteilung 2, Politische Abteilung)
Stellvertr. Politischer Direktor: Botschafter Neubert (Abteilung 2, Politische Abteilung)
Europäischer Korrespondent: VLR I Adam (Abteilung 2 EU-KOR, Gemeinsame Außen- und Sicherheitspolitik der EU (GASP))
Stellvertr. Europäischer Korrespondent: VLR Mafael
Unterabteilungsleiter:
VLR I Dr. Schumacher (Unterabteilung 20)
MinDirig Pauls (Unterabteilung 21)

Abteilungsleiter(in):
MinDirig Dr. Schweppe (Abteilung E, Europaabteilung)
Unterabteilungsleiter:
MinDirig Dr. Cuntz (Unterabteilung E 1)
VLR I Dr. Jessen (Unterabteilung E 2)

Abteilungsleiter(in):
MinDir Dr. Altenburg (Abteilung VN)
(Abteilung für Vereinte Nationen, Menschenrechte, humanitäre Hilfe und globale Fragen, Beauftragter für globale Fragen)
Stellvertretender Abteilungsleiter: MinDirig Gerdts (Abteilung VN)

Abteilungsleiter(in):
Botschafter Neubert (Abteilung 2 A)
(Beauftragter der Bundesregierung für Fragen der Abrüstung und Rüstungskontrolle)
Stellvertretender Abteilungsleiter: Botschafter Dr. Reyels (Abteilung 2 A)

Abteilungsleiter(in):
MinDir Matussek (Abteilung 3, Politische Abteilung)
Beauftragte(r):
MinDirig von Hoessle (Beauftragter für Nah- und Mittelostpolitik)
MinDirigin Dr. Gräfin Strachwitz (Beauftragte für Afrikapolitik)
MinDirig Boomgarden (Beauftragter für Lateinameriakpolitik)
MinDirig Dr. Sommer (Beauftragter für Asienpolitik)

Abteilungsleiter(in):
MinDir Broudré-Gröger (Abteilung 4, Wirtschaftsabteilung)
Unterabteilungsleiter:
MinDirig von Stechow (Unterabteilung 40, Beauftragter für Nord-Süd-Angelegenheiten)
MinDirig Dr. Fulda (Unterabteilung 41)

Abteilungsleiter(in): MinDir Dr. Westdickenberg (Abteilung 5, Rechtsabteilung)
Unterabteilungsleiter:
MinDirig Dr. Hilger (Unterabteilung 50)
MinDirig Lohkamp (Unterabteilung 51)

Abteilungsleiter(in):
MinDirig Dr. Spiegel (Abteilung 6)
(Kulturabteilung; Beauftragter für intern. Medienpolitik)

Stellvertretende Abteilungsleiterin: MinDirigin Dr. von Malsen-Tilborch (Abteilung 6)

Abteilungsleiter(in):
Botschafter von der Planitz (Abteilung 7, Protokoll)
Stellvertretender Abteilungsleiter: Gesandter von Alvensleben (Abteilung 7)

a 9

Auswärtiges Amt Dienststelle Bonn

Postf. 11 48, 53001 Bonn
Adenauerallee 99-103, 53113 Bonn
T: (0228) 17-0 **Fax:** 17-3402

• A 10

Bundesministerium des Innern (BMI)

Alt-Moabit 101d, 10559 Berlin
T: (01888) 6 81-0 **Fax:** 6 81-2926
E-Mail: posteingang@bmi.bund400.de

Bundesminister(in):
Otto Schily

Parlamentarische(r) Staatssekretär(in):
Fritz Rudolf Körper
Pers. Referent: VA Andreas Ziegler
Parlamentarische(r) Staatssekretär(in):
Cornelie Sonntag-Wolgast
Pers. Referent: VA Georgios Tsapanos
Staatssekretär(in):
Claus Henning Schapper
Pers. Referent: RD Dr. Helmut Teichmann
Staatssekretär(in):
Brigitte Zypries
Pers. Referent: VA Martin Schallbruch
Ltg. Pressereferat: MR'n Dr. Kerstin Kießler

Abteilungsleiter(in): MinDirig Joachim Steig (Abteilung Z, Zentralabteilung)
Abteilungsleiter(in): MinDir. Dr. Joachim Henkel (Abteilung LG; Leitungsbereich, Grundsatzfragen der Innenpolitik)
Abteilungsleiter(in): MinDir Dr. Hans-Bernhard Beus (Abteilung D, Öffentlicher Dienst)
Abteilungsleiter(in): MinDirig Klaus-Henning Rosen (Abteilung O; Verwaltungsorganisation, KBSt, Protokoll, Kommunalwesen, Statistik, Zivile Verteidigung)
Abteilungsleiter(in): MinDir Dr. Klaus-Dieter Schnapauff (Abteilung V; Verfassung, Staatsrecht und Verwaltung)
Abteilungsleiter(in): MinDirig Günter Krause (Abteilung P, Polizeiangelegenheiten)
Abteilungsleiter(in): MinDir. Dr. Rüdiger Kass (Abteilung BGS, Bundesgrenzschutz)
Abteilungsleiter(in): MinDir. Reiunhard Rupprecht (Abteilung IS, Innere Sicherheit)
Abteilungsleiter(in): MinDirig Dr. Gerold Lehnguth (Abteilung A, Ausländer- und Asylangelegenheiten)
Abteilungsleiter(in): N.N. (Abteilung SH; Sport, Spätaussiedler, Hilfen für deutsche Minderheiten)
Beauftragter der Bundesregierung für Aussiedlerfragen:
Jochen Welt

a 11

Bundesministerium des Innern Dienststelle Bonn

Graurheindorfer Str. 198, 53117 Bonn
T: (01888) 5 81-0 **Fax:** 5 81-4665

• A 12

Bundesministerium der Justiz (BMJ)

Jerusalemer Str. 24-28, 10117 Berlin
T: (030) 20 25-70 **Fax:** 20 25-9525
Internet: http://www.bmj.bund.de
E-Mail: poststelle@bmj.bund400.de

Minister(in):
Prof. Dr. jur. Herta Däubler-Gmelin (MdB)
Persönlicher Referent: RiLG Maur

Parlamentarische(r) Staatssekretär(in):
Prof. Dr. Eckhart Pick (MdB)
Persönliche Referentin: RDn Dr. Kemper
Staatssekretär(in):
Dr. Hansjörg Geiger
Persönlicher Referent: RD Dr. Bartodziej
Ministerbüro: RD Blöink (m.d.W.d.G.b.)
Presse- und Öffentlichkeitsarbeit, Politische Kontakte:
RAng Dr. Weber

Abteilungsleiter(in):
MD Stein (Abteilung Z, Justizverwaltung)
Unterabteilungsleiter:
MDgt Viehmann (Unterabteilung Z A)
MDgt Dr. Bernhardt (Unterabteilung Z B)

Abteilungsleiter(in):
MD Dr. Hilger (Abteilung R, Rechtspflege)
Unterabteilungsleiter:
MDgt Schubert (Unterabteilung R A)
MDgt Siegismund (Unterabteilung R B)

Abteilungsleiter(in):
N.N. (Abteilung I, Bürgerliches Recht)
Unterabteilungsleiter:
MDgtn Adlerstein (Unterabteilung I A)
MDgt Dr. Weis (Unterabteilung I B)
MR Dr. Weingärtner (Unterabteilung II A)
MDgt C. Lehmann (Unterabteilung II B)

Abteilungsleiter(in):
MD Dr. Hucko (Abteilung III, Handels- und Wirtschaftsrecht)
Unterabteilungsleiter:
MDgt Schmid-Dwertmann (Unterabteilung III A)
MR Lutz (Unterabteilung III B)

Abteilungsleiter(in):
MD Dr. Gusseck (Abteilung IV; Verfassung, Verwaltungsrecht, Rechtsprüfung)
Unterabteilungsleiter:
MDgtn Dr. Lange-Klein (Unterabteilung IV A)
MDgt Güther (Unterabteilung IV B), (Dienststellenleiter Bonn)

Abteilungsleiter(in):
MD Dr. Jekewitz (Abteilung E; Europarecht, Völkerrecht)
Ständiger Vertreter: MDgt Nettersheim

a 13

Bundesministerium der Justiz Dienststelle Bonn

Heinemannstr. 6, 53175 Bonn
T: (0228) 58-0 **Fax:** 45 25

• A 14

Bundesministerium der Finanzen (BMF)

10107 Berlin
Wilhelmstr. 97, 10117 Berlin
T: (030) 22 42-0 **Fax:** 22 42-3260

Bundesminister(in):
Hans Eichel
Persönlicher Referent: ORegR Asmussen (Ministerbüro)
Leitungsstab: VA Halsch
RegDir Albig (Presse- und Information)

Parlamentarische(r) Staatssekretär(in):
Karl Diller (Unterstützung des Ministers bei der Erfüllung seiner Regierungsaufgaben, insbesondere in Angelegenheiten des Bundeshaushaltes)
Persönlicher Referent: MinR A. Schneider
Parlamentarische(r) Staatssekretär(in):
Dr. Barbara Hendricks (Unterstützung des Ministers bei der Erfüllung seiner Regierungsaufgaben, insbesondere auf dem Gebiet der Steuerpolitik)
Persönlicher Referent: RegDir Dr. Eckhardt
Staatssekretär(in):
Dr. Manfred Overhaus (Geschäftsbereich: Abteilungen II, III, VI und VIII)
Persönlicher Referent: RegDir Köhler
Staatssekretär(in):
Prof. Dr. Heribert Zitzelsberger (Geschäftsbereich: Abteilungen Z, I, IV und V)
Persönlicher Referent: RegDir Czakert
Staatssekretär(in):
Caio Koch-Weser (Geschäftsbereich: Abteilungen VII, IX und E)
Persönliche Referentin: BBkR'in Kallenbach

Abteilungsleiter(in):
MinDir Kühn (Abteilung Z)
(Zentralabteilung (Organisation und Personalien, Allgemeine Verwaltung))
Unterabteilungsleiter: MinDirig Meny (Unterabteilung Z A; Organisation und Personalien des Ministeriums, Neue Steuerungsinstrumente, Haushalt der Bundesfinanzverwaltung, Berufl. Bildungswesen in der Finanzverwaltung, Sprachendienst, einschl. Sprachausbildung, Innerer Dienst, Umzugsbeauftragter des BMF)
Unterabteilungsleiter: VAe Aschenbrenner (Unterabteilung Z B; Angelegenheiten des öffentlichen Dienstes und der Arbeitnehmer bei den ausländischen Streitkräften)
Unterabteilungsleiter: MinDirig Dr. Fiedler (Unterabteilung Z C; Organisation der Bundesfinanzverwaltung (außer Ministerium, Zoll und BV); Bundesfinanzakademie; Elektronische Datenverarbeitung; Fürsorge und soziale Betreuung; Fachaufsicht Personalkostenabrechnungsverfahren; Datenschutz; Geheimschutz)

Abteilungsleiter(in):
MinDir Engelmann (Abteilung I)
(Grundsatzfragen der Finanz- und Wirtschaftspolitik)
Unterabteilungsleiter: MinDirig Dr. Otremba (Unterabteilung I A; Grundsatzfragen der Finanzpolitik)
Unterabteilungsleiter: MinDirig Dr. Koll (Unterabteilung I B; Grundsatzfragen der Wirtschaftspolitik und Wirtschaftsentwicklung)
Unterabteilungsleiter: MinDirig Krüger (Unterabteilung I C; Finanzpolitische Fragen einzelner Bereiche, Wirtschaftsförderung)

Abteilungsleiter(in):
MinDir Schwarzer (Abteilung II, Bundeshaushalt)
Unterabteilungsleiter: MinDirig Ehlers (Unterabteilung II A; Allgemeines Haushaltswesen, Teile des Bundeshaushalts, insbesondere Epl. 20, 32, 33 und 60; Finanzplanung des Bundes)
Unterabteilungsleiter: MinDirig Tschentke (Unterabteilung II B; Teile des Bundeshaushalts, insbesondere Epl. 09, 10, 12 und 30)
Unterabteilungsleiter: MinDirig Sievers (Unterabteilung II C; Teile des Bundeshaushalts, insbesondere Epl. 06-08, 11, 15, 17 und 19)
Unterabteilungsleiter: N.N. (Unterabteilung II D; Teile des Bundeshaushalts, insbesondere Epl. 01-05, 14, 16 und 23)

Abteilungsleiter(in):
MinDir Kunas (Abteilung III)
(Zölle, Verbrauchsteuern, Branntweinmonopol, Organisation und Personalien der Zollverwaltung, des ZKA und der Bundesmonopolverwaltung für Branntwein)
Unterabteilungsleiter: MinDirig Drees (Unterabteilung III A; Verbrauchsteuern, Organisation und Personalien der Zollverwaltung, des ZKA und der Bundesmonopolverwaltung für Branntwein)
Unterabteilungsleiter: MinDirig Sohn (Unterabteilung III B; Zölle, Durchführung des Außenwirtschaftsrechts (Warenverkehr), Durchführung der Agrarmarktordnungen, Verbote und Beschränkungen, internationale Zollbeziehungen, Zollfahndung, IT-Fachverfahren in der Zollverwaltung)

Abteilungsleiter(in):
MinDir Juchum (Abteilung IV)
(Besitz- und Verkehrsteuern, Verbrauchsteuern im Zusammenhang mit ökolog. Steuerreform)
Unterabteilungsleiter: MinR Dr. Peters (Unterabteilung IV A; Steuerpolitik, Steuerreform, Grundsatzfragen des Steuerrechts, Koordinierung Steuergesetzgebung, Schwerpunktangelegenheiten des Steuerverfahrensrechts und der Steuern vom Einkommen, Zuschlagsteuern, Steuerberatung, Steuervereinfachung, Verbrauchsteuern im Zusammenhang mit ökolog. Steuerreform)
Unterabteilungsleiter: MinDirig Dr. Stuhrmann (Unterabteilung IV B; Internationales Steuerrecht, EU-Steuerharmonisierung, Verkehrsteuern, Umsatzsteuer-Kontrolle, Grundsatzfragen der Umsatzsteuer)
Unterabteilungsleiter: MinDirig Sarrazin (Unterabteilung IV C; Einzelne Steuern vom Einkommen und Ertrag, Erbschaftsteuer, Grundsteuer, Bewertung)
Unterabteilungsleiter: MinDirig Christmann (Unterabteilung IV D; Umsatzsteuer (soweit nicht UA IV B), Doppelbesteuerungsabkommen (soweit nicht UA IV B), Organisation und Automation, Steuerverfahrensrecht (soweit nicht UA IV A), Steuerstrafrecht, KAS)

Abteilungsleiter(in):
MinDir Türmer (Abteilung V)
(Finanzbeziehungen zu den Ländern und Gemeinden, Rechtsangelegenheiten, Abwicklung der finanziellen Auswirkungen des Krieges, offene Vermögensfragen)
Unterabteilungsleiter: MinDirig Meyer-Sebastian (Unterabteilung V A; Finanzbeziehungen zu den Ländern und Gemeinden, Staatsrecht)
Unterabteilungsleiter: MinDirig Dr. Bley (Unterabteilung V B; Rechtsangelegenheiten (ohne Staatsrecht), Abwicklung der finanziellen Auswirkungen des Krieges (einschl. Wiedergutmachung) und der vermögensrechtlichen Folgen der Vereinigung Deutschlands)

Abteilungsleiter(in):
MinDir Kühnau (Abteilung VI)
(Bundesliegenschaften, bewegl. Bundesvermögen; Liegenschaftsangelegenheiten der ausländischen Streitkräfte; Organisation und Personalien der Bundesvermögensverwaltung)
Unterabteilungsleiter: MinDirig'in Roschig (Unterabteilung VI A; Allgemeines Grundvermögen sowie Liegenschaften des Finanzvermögens (Grundsatzfragen), Organisation und Personalien der Bundesvermögensverwaltung, IT-Projektorganisation Vermögenszuordnung; Forstverwaltung)
Unterabteilungsleiter: MinDirig'in Braunöhler (Unterabteilung VI B; Liegenschaftsangelegenheiten in den neuen Bundesländern und Berlin; Abgeltung von Truppen- und Belegungsschäden)
Unterabteilungsleiter: MinDirig Kampmann (Unterabteilung VI C; Liegenschaftsangelegenheiten in den alten Bundesländern; Liegenschaftsangelegenheiten der ausländischen Streitkräfte)

Abteilungsleiter(in): MinDir Dr. Henke (Abteilung VII, Geld und Kredit)
Unterabteilungsleiter: MinDirig Dr. Jabcke (Unterabteilung VII A; Geld- und Währungspolitik, Kapitalmarktpolitik, Finanzplatz Deutschland, Kreditaufnahme, Münzwesen, Altlasten, Wiedervereinigung)
Unterabteilungsleiter: MinDirig Caspari (Unterabteilung VII

B; Banken-, Versicherungs-, Investment-, Börsen- und Wertpapierwesen)

Abteilungsleiter(in):
MinDir Dr. Rolle (Abteilung VIII)
(Privatisierung- und Beteiligungspolitik, Bundesanstalt für Post und Telekommunikation, Treuhand-Nachfolgeorganisationen)
Unterabteilungsleiter: MinDirig Dr. Ehrig (Unterabteilung VIII A; Bundesanstalt für vereinigunsbedingte Sonderaufgaben (Vertragsmanagement, Abwicklung), Bundesanstalt für Post und Telekommunikation, Privatisierungen)
Unterabteilungsleiter: MinDirig Bierwirth (Unterabteilung VIII B; Rechtsangelegenheiten, Finanzen, Sondervermögen, Reprivatisierung, Liegenschafts- und Umweltpolitik, der Treuhand-Nachfolgeorganisationen)
Unterabteilungsleiter: MinDirig Dr. Siewert (Unterabteilung VIII C; Privatisierungs- und Beteiligungspolitik; Privatisierungsaufgaben und Beteiligungsführung in den Bereichen Post und Telekommunikation, Verkehrsbeteiligungen)

Abteilungsleiter(in):
MinDir Dr. Nawrath (Abteilung IX)
(Internationale Finanz- und Währungspolitik)
Unterabteilungsleiter: MinDirig Röskau (Unterabteilung IX A; Internationale Finanz- und Währungspolitik)
Stabsleiter: MinDirig Röskau (Arbeitsstab «Europäische Wirtschafts- und Währungsunion (AS WWU)», St K unmittelbar unterstellt)

Abteilungsleiter(in):
MinDir'in Selz (Abteilung E, Europapolitik)
Unterabteilungsleiter: MinDirig Dr. Saupe (Unterabteilung E A; Finanzbeziehungen zu der EU; Finanzielle Grundsatzfragen der europäischen Politiken)
Unterabteilungsleiter: VA Dr. Collignon (Unterabteilung E B; Grundsatzfragen der Europapolitik; Ost-Erweiterung der EU; Außenbeziehungen, Wirtschafts- und Währungsunion)
Unterabteilungsleiter: MinR Dr. Kruse (Unterabteilung E C; Europarecht, Beihilfekontrolle, Europäische Kohäsionspolitik, Beziehungen Bund-Länder bei Vorhaben der EU)

a 15
Bundesministerium der Finanzen
Dienstsitz Bonn
Postf. 13 08, 53003 Bonn
Graurheindorfer Str. 108, 53117 Bonn
T: (0228) 6 82-0 **Fax:** 6 82-4420

● **A 16**
Bundesministerium für Wirtschaft und Technologie
10109 Berlin
Scharnhorststr. 34, 10115 Berlin
T: (01888) 6 15-0 **Fax:** (030) 20 14-7010
Internet: http://www.bmwi.de

Bundesminister(in):
Dr. Werner Müller
Leitungsstab: MinDirig Dr. Schuseil (Ministerbüro M)
Pressesprecherin: MinR'in Wierig (Referat LP) (Pressereferat)
Leitungsstab: RegDir'in Dr. Kern (Referat LI) (Öffentlichkeitsarbeit)

Staatssekretär(in):
Dr. Axel Gerlach (Geschäftsbereich: Abteilungen Z, IV, und V)
Pers. Referent: ORR Dr. Vonessen
Parlamentarische(r) Staatssekretär(in):
Siegmar Mosdorf (Unterstützung des Ministers bei der Erfüllung seiner politischen und fachlichen Aufgaben Koordinator für die Deutsche Luft- Raumfahrt)
Pers. Referent: Schaal
Staatssekretär(in):
Dr. Alfred Tacke (Abteilungen I, II, VI und VII)
Pers. Referentin: RR'in z.A. A. Nikolay

Abteilungsleiter(in):
MinDir M. Müller (Abteilung Z, Zentralabteilung)
Unterabteilungsleiter: MinR Dr. Brauner (Unterabteilung Z A; Personal, Organisation, Informationstechnik (IT); Umzugsbeauftragter)

Abteilungsleiter(in):
MinDir Dr. Schürgers (Abteilung I, Wirtschaftspolitik)
Unterabteilungsleiter: MinDirig Claßen (Unterabteilung I A; Grundsatzfragen der Wirtschaftspolitik)
Unterabteilungsleiter: MinR Dr. Marx (Unterabteilung I B; Wettbewerbs- und Preispolitik)
Unterabteilungsleiter: MinDirig Dr. Funkschmidt (Unterabteilung I C; Regionale Wirtschaftspolitik, Sozialpolitik)

Abteilungsleiter(in):
MinDir Dr. Homann (Abteilung II)
(Mittelstandspolitik, Handwerk, Dienstleistungen, Freie Berufe, Bildungspolitik)
Unterabteilungsleiter: MinDirig'in Hammers-Strizek (Unterabteilung II A; Mittelstandspolitik, Dienstleistungswirtschaft, Freie Berufe)
Unterabteilungsleiter: MinDirig Dr. Ter-Nedden (Unterabteilung II B; Handwerk, Gewerberecht, Bildungspolitik)

Abteilungsleiterin:
Dr. Möller (Abteilung III)
(Energie - unmittelbar dem Minster unterstellt -)
Unterabteilungsleiterin: MinDirig Dr. Brandes (Unterabteilung III A; Energie und Umwelt, Energieforschung)
Unterabteilungsleiter: MinR'in Dr. Mühl (Unterabteilung III B; Elektrizitäts- und Gaswirtschaft)
Unterabteilungsleiter: MinR Schneider

Abteilungsleiter(in):
MinDir Dr. Ollig (Abteilung IV)
(Gewerbliche Wirtschaft, Industrie; Umweltschutz)
Unterabteilungsleiter: MinDirig Dr. Günther (Unterabteilungsleiter IV A; Außenwirtschaftsfragen d. Industrie, Luft- und Raumfahrt, Textil- u. Stahlindustrie, Maschinen und Anlagenbau, NE-Metalle)
Unterabteilungsleiter: MinDirig Dr. Heitzer (Unterabteilung IV B; Industriepolitik, Bauwirtschaft, Chemie-, Elektro-, Möbel-, Druckindustrie, Fahrzeug- u. Schiffbau)
Unterabteilungsleiter: MinDirig Dr. Pieper (Unterabteilung IV C; Ökologische Wirtschaftspolitik)

Abteilungsleiter(in):
MinDir von Dewitz (Abteilung V)
(Außenwirtschafts- und Europapolitik)
Unterabteilungsleiter: MinR Dr. Berghaus (Unterabteilung V A; Außenwirtschaftspolitik, Handelspolitik)
Unterabteilungsleiter: MinDirig Hahn (Unterabteilung V B; Außenwirtschaftskontrollen und Außenwirtschaftsrecht, wirtschaftliche Zusammenarbeit, entwicklungspolitische Fragen)
Unterabteilungsleiter: MinDirig Dr. Burkhardt (Unterabteilung V C; Wirtschaftliche Zusammenarbeit, Finanzierungen)
Unterabteilungsleiter: MinDirig Dr. Witt (Unterabteilung V D; Europapolitik)

Abteilungsleiter(in):
MinDir Dr. Röhling (Abteilung VI)
(Technologie- und Innovationspolitik; Neue Bundesländer)
Unterabteilungsleiter: Min. Dirig. Dr. Lorenzen (Unterabteilung VI A; Technologie und Innovationspolitik, Projektmanagement/Strategische Planung)
Unterabteilungsleiter: MinDirig Cronenberg (Unterabteilung VI B; Informationsgesellschaft, Medienrecht)

Abteilungsleiter(in):
MinDir Ehrnsperger (Abteilung VII)
(Telekommunikation und Post - Leiter des Dienstbereiches Bonn -)
Unterabteilungsleiter: MinDirig Mannherz (Unterabteilung VII A; Telekommunikations- und Postpolitik, Regulierung)
Unterabteilungsleiter: MinDirig Dr. Berger (Unterabteilung VII B; Telekommunikation und Post - Recht/Frequenzen/Standardisierung -)

a 17
Bundesministerium für Wirtschaft und Technologie
Dienstbereich Bonn
Villemombler Str. 76, 53123 Bonn
T: (0228) 6 15-0 **Fax:** 6 15-4436

● **A 18**
Bundesministerium für Ernährung, Landwirtschaft und Forsten (BML)
53107 Bonn
Rochusstr. 1, 53123 Bonn
T: (0228) 5 29-0 **Fax:** 5 29-4262
Teletex: 886 844
E-Mail: internet@bml.bund.de

Bundesminister(in): Karl-Heinz Funke
Pers. Referent: OAR Rausche
Leitungsstab:
MinR Dr. Seegers (L, Ministerbüro)
RegDir Dr. Ohlhoff (L 1, Kommunikation und Meinungsforschung)
MinR Dr. Bieler (L 2; Kabinett-, Parlament- und Protokollangelegenheiten)
VA'e Neuwerth (L 3, Pressestelle)
RegDir Dr. Schneider (L 4, Öffentlichkeitsarbeit und Besucherdienst)

Parlamentarische(r) Staatssekretär(in):
Dr. Gerald Thalheim
Pers. Referent: RegDir Dr. Neubauer
Staatssekretär(in):
Dr. Martin Wille
Pers. Referent: RRin Dr. Böttcher

Abteilungsleiter(in):
MinDir Dr. Lohmann (Abteilung 1, Zentralabteilung)
Unterabteilung 11: MinDirig Johannes (Unterabteilung 11, Verwaltung I)
Unterabteilungsleiter: MinDirig Dr. Pruns (Unterabteilung 12, Verwaltung II)

Abteilungsleiter(in):
MinDir Dr. Breloh (Abteilung 2)
(Allgemeine Angelegenheiten der Agrarpolitik)
Unterabteilungsleiter: MinDirig Dr. Lückemeyer (Unterabteilung 21; Planungskoordination und -grundlagen, Umweltangelegenheiten)
Unterabteilungsleiter: MinDirig'n Dopatka (Unterabteilung 22; Ernährungs- und Verbraucherpolitik, Forschung, Nachwachsende Rohstoffe)

Abteilungsleiter(in):
MinDir Dr. Scherer (Abteilung 3; Agrarische Erzeugung, Veterinärwesen)
Unterabteilungsleiter: MinDirig Schulze-Weslarn (Unterabteilung 31; Pflanzliche Erzeugung, Ökologischer Landbau, Agrartechnik, Biotechnologie)
Unterabteilungsleiter: MinDirig Dr. Zwingmann (Unterabteilung 32; Veterinärwesen, Tierschutz, Nationales Krisenzentrum, Institut für Epidemiologie/Wusterhausen)

Abteilungsleiter(in):
MinDir Dr. Schwinne (Abteilung 4, Marktpolitik)
Unterabteilungsleiter: MinDirig Dr. Willer (Unterabteilung 41; Grundsätzliche Marktangelegenheiten, Märkte für pflanzliche Erzeugnisse)
Unterabteilungsleiter: MinR Dr. R. Kloos (Unterabteilung 42; Marktstruktur, Integriertes Verwaltungs- u. Kontrollsystem (InVeKos), Märkte für tierische Erzeugnisse)

Abteilungsleiter(in):
MinDir Prof. Dr. Schlagheck (Abteilung 5)
(Ländlicher Raum, Forstpolitik, Jagd)
Unterabteilungsleiter:
MinR Dr. Jikeli (Unterabteilung 51; Gesellschaftspolitik im ländlichen Raum)
MinDirig Dr. Hermelingmeier (Unterabteilung 51; Sozialpolitik im ländlichen Raum)
MinDirig Dr. Schopen (Unterabteilung 52; Agrarstrukturpolitik)
MinDirig Wermann (Unterabteilung 53; Forstwirtschaft, Holzwirtschaft, Jagd)

Abteilungsleiter(in):
MinDir Detken (Abteilung 6)
(Allgemeine EU-Agrarpolitik, Internationale Agrarpolitik, Fischereipolitik)
Unterabteilungsleiter:
MinR Dr. Heynen (Unterabteilung 61; Allgemeine EU-Agrarpolitik, Internationale Agrarpolitik)
MinDirig Dr. Wendisch (Unterabteilung 62; Fischereipolitik, Außenwirtschaftspolitik)

a 19
Bundesministerium für Ernährung, Landwirtschaft und Forsten
Dienststelle Berlin
Postf. 42, 10121 Berlin
Wilhelmstr. 54, 10117 Berlin
T: (030) 20 06-0 **Fax:** 20 06-3271

● **A 20**
Bundesministerium für Arbeit und Sozialordnung (BMA)
Postf. 08 01 62, 10001 Berlin
Wilhelmstr. 49, 10117 Berlin
T: (01888) 5 27-0 **Fax:** 5 27-1830
Internet: http://www.bma.bund.de
E-Mail: info@bma.bund.de

Abteilungen II, IV, V und VI: Bonn-Lengsdorf, Lengsdorfer Hauptstr. 78-82 (Eingang Provinzialstraße)
Abteilung III: Bonn-Duisdorf, Am Burgweiher 56
Abteilung VI: 10117 Berlin, Jägerstr. 9, 10117 Berlin, T: (030) 20 14-0, Telefax: (030) 20 14-1830, TX: 302 379

Minister(in):
Walter Riester (T: (01888) 5 27-2192)
Persönlicher Referent:
OAR Hartmut Baltrusch (T: (01888) 5 27-2140)
Leitungsstab:
MinDirig Rudolf Anzinger (LS, T: (01888) 5 27-2191)
Leitungsstab:
MinDirig Rudolf Anzinger (LS 1, Ministerbüro; T: (01888) 5 27-2191)
Ulrich Tilly (LS 2, Parlaments- und Kabinettsangelegenheiten; T: (01888) 5 27-2378)
Klaus Vater (LS 3; Pressesprecher; Presse, Reden; T: (01888) 5 27-2224)
N. N. (LS 4, Öffentlichkeitsarbeit und Kommunikation; T: (01888) 5 27-2312)

Parlamentarische(r) Staatssekretär(in):
Gerd Andres (T: (01888) 5 27-2185)
(Unterstützung des Ministers im Bereich der Abteilungen I, II, III und Unterabteilung VIIa)
Persönliche Referentin: RegDir'in Bettina Godschalk (L 2, T: (01888) 5 27-2238)

Parlamentarische(r) Staatssekretär(in):
Ulrike Mascher (T: (01888) 5 27-2939)
(Unterstützung des Ministers im Bereich der Abteilungen IV, V, VI und Unterabteilung VIIb)
Persönliche Referentin: RegDir'in Maria Britta Loskamp (L 3, T: (01888) 5 27-2941)
Staatssekretär(in):
Dr. Werner Tegtmeier (T: (01888) 5 27-2195)
(Geschäftsbereich: Abteilungen I, II, III und VII)
Persönlicher Referent: Reimund Overhage (L 4, T: (01888) 5 27-2228)
Staatssekretär(in):
Dr. Klaus Achenbach (T: (01888) 5 27-1160)
(Geschäftsbereich: Abteilungen Z, IV, V und VI)
Persönlicher Referent: RegDir Peter Görgen (L 5, T: (01888) 5 27-1162)
Bundeswahlbeauftragter für die Sozialversicherungswahlen:
Otto Zink (T: (01888) 5 27-2551)
Beauftragter der Bundesregierung für die Belange der Behinderten:
Karl Hermann Haack (T: (01888) 5 27-2944)
AS 1 Interministerieller Arbeitsstab:
MinR Bernhard Schneider (T: (01888) 5 27-2682)
Beauftragte der Bundesregierung für Ausländerfragen:
Marieluise Beck (T: (01888) 5 27-2937)
AS 2 Interministerieller Arbeitsstab:
MinR Bernd Geiß (T: (01888) 5 27-2257)
AS 2 Interministerieller Arbeitsstab:
MinR Dr. Volker Klepp (T: (01888) 5 27-1781)

Abteilungsleiter(in):
MinDir Dr. Peter Rosenberg (T: (01888) 5 27-2501)
(Abt. I, Grundsatz- und Planungsarbeiten)
Unterabteilungsleiter: MinR Dr. Gerhard Gröbner (T: (01888) 5 27-2540; Unterabteilung Ia; Gesellschafts-, Wirtschafts- und finanzpolitische Fragen der Sozialpolitik)
Unterabteilungsleiter: MinDirig Bernhard Knoblich (T: (01888) 5 27-2109; Unterabteilung Ib; Mathematische und finanzielle Fragen der Sozialpolitik, Sozialbudget)

Abteilungsleiter(in):
MinDir Bernd Buchheit (T: (01888) 5 27-2152)
(Abt. II; Arbeitsmarktpolitik, Arbeitslosenversicherung)
Unterabteilung IIa:
MinRin Christiane Voß-Gundlach (T: (01888) 5 27-2317; Unterabteilung IIa; Arbeitsmarktpolitik)
MinDirig Rainer Irlenkaeuser (T: (01888) 5 27-2720; Unterabteilung IIb; Arbeitsförderung, Arbeitslosenversicherung)

Abteilungsleiter(in):
MinDir'in Dr. Cornelia Fischer (T: (01888) 5 27-2629)
(Abt. III; Arbeitsrecht, Arbeitsschutz)
Unterabteilungsleiter:
MinR Wolfgang Koberski (T: (01888) 5 27-2669; Unterabteilung IIIa, Arbeitsrecht)
MinDirig Wolfgang Heller (T: (01888) 5 27-2324; Unterabteilung IIIb, Grundsatzfragen des Arbeitsschutzes, Arbeitsmedizin)
MinR Ulrich Becker (T: (01888) 5 27-2645; Unterabteilung IIIc, Technischer Arbeitsschutz)

Abteilungsleiter(in):
Dr. Thomas Ebert (T: (01888) 5 27-2506)
(Abt. IV; Sozialversicherung, Sozialgesetzbuch)
Unterabteilungsleiter: MinDirig Thomas Vielhaber (T: (01888) 5 27-2595; Unterabteilung IVa; Grundsatzfragen der Sozialversicherung, Unfallversicherung)
Unterabteilungsleiter: MinDirig Georg Recht (T: (01888) 5 27-2597; Unterabteilung IVb; Rentenversicherung)

Abteilungsleiter(in):
MinDir Rainer Wilmerstadt (T: (01888) 5 27-1000)
(Abt. V; Prävention, Rehabilitation, Behindertenpolitik)
Unterabteilungsleiter: MinDirig Dr. Ludwig Volz (T: (01888) 5 27-1004; Unterabteilung Va; Prävention, Rehabilitation und Behindertenpolitik)
Unterabteilungsleiter: MinDirig Hans Joachim Maaßen (T: (01888) 5 27-1050; Unterabteilung Vb; Institutionelle Förderung von Rehabilitationseinrichtungen, Ausgleichsfonds, Medizinische Fragen)

Abteilungsleiter(in):
MinDir Dr. Helmut Heyden (T: (01888) 5 27-1776)
(Abt. VI; Kriegsopferversorgung und sonstiges soziales Entschädigungsrecht, Versorgungsmedizin, Sozialhilfe)
Unterabteilungsleiter: MinDirig Jürgen Becker (T: (01888) 5 27-2685; Unterabteilung VIa; Kriegsopferversorgung und sonstiges soziales Entschädigungsrecht, Versorgungsmedizin)
Unterabteilungsleiter: MinDirig Dieter Hanz (T: (01888) 5 27-1002; Unterabteilung VIb; Sozialhilfe)

Abteilungsleiter(in):
MinR Dr. Wolfgang Ohndorf (T: (01888) 5 27-2800)
(Abt. VII, Europäische und internationale Sozialpolitik)
Unterabteilung VIIa: N. N. (T: (01888) 5 27-1133; Unterabteilung VIIa; Europäische Union, Europäische Sozialpolitik)
Unterabteilung VIIb: MinDirig Dr. Peter Fendrich (T: (01888) 5 27-1135; Unterabteilung VIIb; Internationale Sozialpolitik)

Abteilungsleiter(in):
MinDir Dr. Rüdiger Wirth (T: (01888) 5 27-1600)
(Zentralabteilung; Personal, Verwaltung, Haushalt; Informationsverarbeitung)
Unterabteilungsleiter: MinDirig Dieter Eickhoff (T: (01888) 5 27-2335; Unterabteilung Za; Personal, Innerer Dienst, Recht)
Unterabteilungsleiter: MinR Achim Wittrock (T: (01888) 5 27-1602; Unterabteilung Zb; Haushalt, Organisation)
Gruppe Koordinierung der Dienstsitze Bonn und Berlin: MinDirig Norbert Paland (T: (01888) 5 27-2120; Umzugsbeauftragter)

a 21

Bundesministerium für Arbeit und Sozialordnung Dienstbereich Bonn

Rochusstr. 1, 53123 Bonn
T: (01888) 5 27-0 **Fax:** 5 27-2965

● A 22

Bundesministerium der Verteidigung (BMVg)

Hardthöhe, 53125 Bonn
T: (01888) 24-00 **Fax:** 24-5357

Bundesminister(in):
Rudolf Scharping
Ministerbüro: Dr. Wilmers
Adjutantur: Oberst i.G. Mertens
Planungsstab: GenLt Kujat
Presse- und Informationsstab; Sprecher des Bundesministeriums der Verteidigung: Dr. Puhl
Organisationsstab, Innerer Dienst, KS: MinDirig Quiske

Parlamentarische(r) Staatssekretär(in):
Kolbow
Büro des Parl. Staatssekretärs: Oberst i.G. Thomaschewski
Parlamentarische(r) Staatssekretär(in):
Schulte
Büro der Parl. Staatssekretärin: Oberst i.G. Schneider
Parlament- und Kabinettreferat: Lindner
Staatssekretär(in):
Dr. Stützle
Büro des Staatssekretärs: MinR Dipl.-Ing Stein
Protokoll: Oberst Leymann
Sonderbeauftragter für Rationalisierung (SIE): Oberst i.G. Bieling
Staatssekretär(in):
Klaus-Günther Biederbick
Büro des Staatssekretärs: Oberst i.G. Heeg
Ermittlung in Sonderfällen: MinR Frischholz

Abteilungsleiter(in):
N.N. (Abteilung Personal-, Sozial- und Zentralangelegenheiten)
Stellvertretende(r) Abteilungsleiter(in): GenMaj Rasimowitz
Ziviles Personal: MinDirig Dr. Hartenstein
Grundsatzangelegenheiten des militärischen Personals: FltlAdm Eberle
Personalangelegenheiten der Offiziere; Zentrale Aufgaben der Abteilung PSZ: BrigGen Lahl
Sozialangelegenheiten: MinDirig Birkenheier

Abteilungsleiter(in):
MinDir Oelmeier (Abteilung Haushalt)
Haushalts-, Kassen- und Rechnungswesen sowie Finanzplanung Epl 14, Personalhaushalt: MinDirig Volk
Materialhaushalt, Internationale Haushaltsangelegenheiten: MinDirig Wolf
H/BVWiBw Beauftragter für die Wirtschaftlichkeit beim Einsatz von Haushaltsmitteln in der Bundeswehr; BRH-Angelegenheiten: MinDirig Lohmann

Abteilungsleiter(in):
MinDirig Streffer (Abteilung Recht)
(besondere Rechtsangelegenheiten, Rechtspflege, Militärseelsorge)
Allgemeine Rechtsangelegenheiten: MinDirig Dr. Schwirkus

Abteilungsleiter(in):
MinDir Dr. Johanny (Abteilung Wehrverwaltung, Infrastruktur und Umweltschutz)
Wehrverwaltung, Wehrersatzwesen: MinDirig Leckel
Zentrale und Grundsatzangelegenheiten der Infrastruktur: MinDirig Styra
Einrichtung und Betrieb der Infrastruktur: MinDirig Büscher
Umweltschutz der Bundeswehr: MinDirig Lepper

Inspekteur des Heeres:
GenLt Willmann (in truppendienstlichen Angelegenheiten unmittelbar dem Minister, im ministeriellen Aufgabenbereich dem Generalinspekteur unterstellt)
Stellvertreter: GenLt Trost
Chef des Stabes des Führungsstabes des Heeres: GenMaj van Heyst
Personal, Ausbildung, Organisation: BrigGen Schneider
Planung; Rüstung/Nutzung; Logistik; Sanitätsdienst: BrigGen Münzer
Führung, Konzeption, Einsatzgrundsätze: BrigGen Oerding

Inspekteur der Luftwaffe:
GenLt Portz (in truppendienstlichen Angelegenheiten unmittelbar dem Minister, im ministeriellen Aufgabenbereich dem Generalinspekteur unterstellt)
Stellvertreter: GenLt Ertmann
Chef des Stabes des Führungsstabes der Luftwaffe: GenMaj Schröfel
Personal, Ausbildung, Organisation: BrigGen Blaas
Logistik, Rüstung, Planung: BrigGen Gericke
Führung, Konzeption, Einsatzgrundsätze: BrigGen Krüger

Zentrale Militärische Dienststellen der Bundeswehr
Generalinspekteur der Bundeswehr:
General vom Kirchbach
Stellvertreter:
Inspekteur der Zentralen Militärischen Dienststellen der Bundeswehr:
GenLt Moede (in truppendienstlichen Angelegenheiten unmittelbar dem Minister, im ministeriellen Aufgabenbereich dem Generalinspekteur unterstellt)
Chef des Stabes Fü S: KAdm Auer
Innere Führung, Personal, Ausbildung: BrigGen Sohst
Militärisches Nachrichtenwesen: BrigGen Röhrs
Militärpolitik und Rüstungskontrolle: GenMaj Schneiderhan
Organisation, Führungsdienste: FAdm Hirtz
Logistik und Infrastruktur: BrigGen Ramms
Planung: BrigGen Lutz
Führungszentrum der Bundeswehr: BrigGen Hogrefe

Inspekteur der Marine:
VAdm Lüssow (in truppendienstlichen Angelegenheiten unmittelbar dem Minister, im ministeriellen Aufgabenbereich dem Generalinspekteur unterstellt)
Stellvertreter:
Chef des Stabes des Führungsstabes der Marine: KAdm Heise
Personal, Ausbildung, Organisation: FltlAdm Fritz
Logistik, Material, Rüstung: FltlAdm Rosberg
Konzeption; Planung; Führung: FltlAdm Kempf

Zentrale Sanitätsdienststellen der Bundeswehr
Inspekteur des Sanitätsdienstes der Bundeswehr:
GenOStArzt Dr. Demmer (in truppendienstlichen Angelegenheiten unmittelbar dem Minister, im ministeriellen Aufgabenbereich dem Generalinspekteur unterstellt)
Stellvertreter:
Chef des Stabes der Inspektion des Sanitätsdienstes: GenStArzt Dr. Häfner
Gesundheitswesen: GenArzt Dr. Bick
Sanitätswesen: GenArzt Dr. Nakath

Hauptabteilungsleiter:
MinDir Dipl.-Volksw. Dr. Kaempf (Rüstung)
Abteilungsleiter(in): MinDir Dipl.-Phys. Dr. Weise (Rüstung)
Geschäftsführender Beamter: MinDirig Dipl.-Ing. Kühnapfel
Rüstungsplanung und Zentralaufgaben: MinDirig Stolp
Wirtschaftliche und rechtliche Angelegenheiten der Rüstung, Verwertung: MinDirig Achterberg
Internationale Rüstungsangelegenheiten: MinDirig Dipl.-Ing. Bosse
Forschung und Technologie; Allgemeine Wehrtechnik: MinDirig Dipl.-Phys. Ellinger
Ausrüstung und Technologie Land: BrigGen Kuhn
Ausrüstung und Technologie Luft: MinDirig Dipl.-Ing. Schreiber
Ausrüstung und Technologie See: FltlAdm Liche
Ausrüstung und Technologie Aufklärung, Führung, Kommunikation, Informationstechn.: MinDirig Dipl.-Ing. Dipl.-Wirtsch.-Ing. Univ. Hahnefeld

a 23

Bundesministerium der Verteidigung zweiter Dienstsitz

Stauffenbergstr. 18, 10785 Berlin
T: (030) 20 04 00 **Fax:** 20 04-8333
Internet: http://www.bundeswehr.de, http://www.bundeswehr.de/kontakt/gaestebuch.htm

● A 24

Bundesministerium für Familie, Senioren, Frauen und Jugend (BMFSFJ)

11018 Berlin
Taubenstr. 43/43, 10117 Berlin
T: (030) 2 06 55-0 **Fax:** 2 06 55-1145
Internet: http://www.bmfsfj.de
E-Mail: poststelle@bmfsfj.bund.de

Bundesminister(in):
Dr. Christine Bergmann
Persönliche Referentin: Miriam Saati

Leiter Ministerbüro: Johannes-Wilhelm Rörig
Pressesprecherin: Beate Moser

Parlamentarische(r) Staatssekretär(in):
Dr. Edith Niehuis
Persönliche Referentin: Ilse Petry
Staatssekretär(in):
Peter Haupt
Persönliche Referentin: Nicole Rauhut
Beauftragter für Sekten: MinR Peter Streichan
Personalrat: Achim Schmidt
Hauptpersonalrat: Bernhard Schmidt
Vertrauensmann der Schwerbehinderten: Paul Weiland

Abteilungsleiter(in):
MinDirig Walter Meyer (Zentrale Verwaltung)
Stellvertretende(r) Abteilungsleiter(in): MinR Otto Kringe (Zentrale Verwaltung)
Frauenbeauftragte: MinR'n Helga Kraft
Personal: RegDirn Gudrun Scheithauer
Haushalt: MinR Markus Rohwer
Organisation, Bibliothek: MinR Peter Mohns
Innerer Dienst: RegDir Peter Eiden
Informationstechnik:
MinR Hans-Joachim Neese
ORR Dr. Hansjörg Neeb
Justitiariat:
MinR Dr. Hans Peter Reichel
MinR Dieter Gerull
Aufgabenkritik: MinR Dr. Joachim Golla (dem Abteilungsleitung unmittelbar unterstellt)

Abteilungsleiter(in):
Dr. Gabriele Conen (Abteilung Familie)
Stellvertretende(r) Abteilungsleiter(in):
MinR'n Elisabeth Haines (Abteilung Familie)
MinDirig Heinrich Sudmann (Abteilung Familie)
Allgemeine und Grundsatzangelegenheiten der Familienpolitik, Rechtsfragen, internationale Angelegenheiten: Dr. Thomas Metker
Familienberatung, Familien in besonderen Belastungssituationen, Familienbildung und -erholung:
MinR Wolfgang Meincke
Karin-Renate Quessel
Wirtschaftliche Lebensverhältnisse der Familien, Einkommen und Vermögensentwicklung: MinR Frank Bertsch
Bundeserziehungsgeldgesetz, Mutterschutzgesetz: MinR Dr. Martin Lenz
Kindergeldgesetz, Unterhaltsvorschußgesetz: MinR Hans Joachim Heimke
Ressortforschung und Forschungskoordinierung, Familienforschung, demographischer Wandel, Statistik: Jürgen Fuchs
Sekten und Psychogruppen:
MinR Peter Streichan
RegDir Thomas Thoner

Abteilungsleiter(in):
MinDirig Eduard Tack (Abteilung Ältere Menschen, Wohlfahrtspflege)
Stellvertretende(r) Abteilungsleiter(in):
Dr. Beate Fachinger (Abteilung Ältere Menschen, Wohlfahrtspflege)
MinR Rudolf Herweck (Abteilung Ältere Menschen, Wohlfahrtspflege)
Allgemeine und Grundsatzangelegenheiten der Altenpolitik, internationale Angelegenheiten: Norbert Feith
Heimgesetz, Rechtsfragen der Altenhilfe: RegDir Volker Berger
Rahmenbedingungen für Selbständigkeit und Aktivität im Alter, Altenplan des Bundes: RegDir'n Dr. Gertrud Zimmermann
Strukturfragen der Altenhilfe und -pflege, Gesetzgebung: RegDir'n Ulrike von Keyserling
Gesundheit im Alter, Hilfe bei Demenz, Altenpflegeausbildung, Recht der Sozialen Berufe:
MinDir'n Petra Weritz-Hanf
RegDir'n Christiane Viere
Soziale Sicherung, Steuerrecht:
MinR Joachim Grönert
MinR Dr. Hans-Werner Kammann
Armut: MinDirig Christian Steiniger (der Abteilungsleitung unmittelbar unterstellt)

Abteilungsleiter(in):
Brigitte Unger-Soyka (Abteilung Gleichstellung)
Stellvertretende(r) Abteilungsleiter(in): Dr. Marion Thielenhaus (Abteilung Gleichstellung)
Allgemeine und Grundsatzangelegenheiten der Gleichstellungspolitik: Gertraude Schmidt
Gleichberechtigungsgesetz, Rechtsfragen, Internationale Angelegenheiten:
MinR'n Dr. Heide Gölz
Ulrike Fremerey
Gleichstellung von Frauen und Männern im Beruf, Vereinbarkeit von Familie und Erwerbsarbeit, berufliche Wiedereingliederung von Frauen, Arbeitsmarktpolitik:
MinR'n Beate Hesse
Annette Niewöhner

Frauen und Mädchen in besonderen Lebenslagen:
MinR'n Ruth Siebler
Angela Icken
Schutz von Frauen vor Gewalt, sexuellen Übergriffen, Menschenrechtsverletzungen: MinR'n Renate Augstein
Bekämpfung von Gewalt: Hartwig Möber
Schwangerschaftsberatung, Sexualaufklärung: Dr. Doris Jansen-Tang

Abteilungsleiter(in):
MinR Dr. Peter Fricke (Abteilung Kinder und Jugend)
Stellvertretende(r) Abteilungsleiter(in):
Ingrid Barbara Simon (Abteilung Kinder und Jugend)
MinDirig Jochen Weitzel (Abteilung Kinder und Jugend)
Allgemeine und Grundsatzangelegenheiten der Kinder- und Jugendpolitik: Dr. Sven-Olaf Obst
Kinder- und Jugendhilfe, Kinder- und Jugendhilfegesetz, Tageseinrichtungen:
MinR Dr. Reinhard Wiessner
MinR'n Dorothee Engelhard
Außerschulische Jugendbildung, Kinder- u. Jugendförderung, Kinder- u. Jugendplan des Bundes:
Hans Peter Bergner
MinR Wilhelm Teuber
Kinder und Jugendliche in besonderen Lebenslagen, Jugendsozialarbeit, Freiwilligenprogramme:
Peter Kupferschmid
MinR'n Susanne Engeland
Integration: RegDir Dr. Martin Neubauer
Kinder- und Jugendschutz, Stärkung der Kompetenz im Umgang mit Medien: RegDir'n Susanne Schuster
Internationale Jugendpolitik und Jugendarbeit: Alwin Proost
Jugendpolitische Sonderaufträge, allgemeine Rechtsfragen der Kinder- und Jugendpolitik: MinR Dr. Rainer Scholz

Leitungsgruppe:
Johannes-Wilhelm Rörig
Allgemeine und grundsätzliche Internationale Angelegenheiten, Europabeauftragter: Christoph Linzbach
Planung, Controlling, Qualitätsmanagement, Öffentlichkeitsarbeit, Besucherbetreuung: RegDir'n Dr. Annette Niederfranke
Presse: Beate Moser
Kabinett-, Parlaments- und Protokollangelegenheiten:
Angelika Engstler
Beauftragter für den Zivildienst: Dieter Hackler

Gruppe Zivildienst:
MinR Dr. Hans-Theo Brecht
Gesetzgebung, soziale Belange des Zivildienstes:
MinR Wolfgang Kehm

MinR Rudolf Thiel
Heranziehung zum Zivildienst, Beschäftigungsbereiche, Einführung, Einweisung, Kostenplanung:
MinR Dr. Bernd Kemper
RegDir'n Kristin Rose-Mökring
Wohlfahrtspflege, Bürgerschaftliches Engagement: MinR Dr. Wolfgang Linckelmann
Vertretung und Sonderaufgaben: Udo Kollenberg
Wohlfahrtspflege, soziale Infrastruktur: MinR Wolfgang Hesse
Gesellschaftliche Teilhabe, freiwilliges Engagement, Ehrenamt:
Gertrud Casel
MinR Manfred Weimann
Freiwilligenprogramme, Freiwilligengesetz: N.N.

a 25
Bundesministerium für Familie, Senioren, Frauen und Jugend Dienstbereich Bonn
Rochusstr. 8-10, 53123 Bonn
T: (0228) 9 30-0 **Fax:** 9 30-2221
TX: 885437

• A 26
Bundesministerium für Gesundheit (BMG)
53108 Bonn
Am Propsthof 78a, 53121 Bonn
T: (0228) 9 41-0 **Fax:** 9 41-49 00
Internet: http://www.bmgesundheit.de

Bundesminister:
Andrea Fischer
Persönlicher Referent: Dr. Christian Behles
Leiter des Büros der Ministerin: Andreas Brandhorst
Presse: Sabine Lauxen
Öffentlichkeitsarbeit: Annelies-Ilona Klug

Parlamentarische(r) Staatssekretär(in):
Christa Nickels (Drogenbeauftragte der Bundesregierung)
Persönlicher Referent: Michael Meier
Staatssekretär(in):
Erwin Jordan
Persönliche Referentin: Dr. Roswitha Voigt

Abteilungsleiter(in):
Eberhard Luithlen (Abteilung Z)
(Zentrale Verwaltung, internationale Beziehungen)
Unterabteilungsleiter:
Arnold Schreiber (Unterabteilung Z 1, Verwaltung)
Helmut Voigtländer (Unterabteilung Z 2; Angelegenheiten der EU, internationale Zusammenarbeit)

Abteilungsleiter(in):
Dr. Erhard Schmidt (Abteilung 1)
(Arzneimittel, Pflegesicherung)
Unterabteilungsleiter:
Dr. Hermann Pabel (Unterabteilung 11; Arzneimittel, Apothekenwesen, Medizinprodukte)
N.N. (Unterabteilung 12, Pflegesicherung)

Abteilungsleiter(in):
Dr. Hermann Schulte-Sasse (Abteilung 2)
(Gesundheitsversorgung, Krankenversicherung)
Unterabteilungsleiter:
Georg Baum (Unterabteilung 21, Gesundheitsversorgung)
Dr. Ulrich Orlowski (Unterabteilung 22, Krankenversicherung)

Abteilungsleiter(in):
Ulrike Riedel (Abteilung 3)
(Gesundheitsvorsorge, Krankheitsbekämpfung)
Unterabteilungsleiter: Dr. Volker Grigutsch (Unterabteilung 31; Allgemeine Gesundheitsvorsorge, Berufe)
Unterabteilungsleiter: Franz-Josef Bindert (Unterabteilung 32, Übertragbare Krankheiten, AIDS, Gentechnik)

Abteilungsleiter(in):
Werner Siebenpfeiffer (Abteilung 4)
(Verbraucherschutz, Veterinärmedizin)
Unterabteilungsleiter: Dr. Wolf-Rüdiger Hölzel (Unterabteilung 41; Lebensmittel und Bedarfsgegenstände)
Unterabteilungsleiter: Dr. Gerhard Kothmann (Unterabteilung 42, Veterinärmedizin)

a 27
Bundesministerium für Gesundheit Dienstsitz Berlin
Postf. 08 01 63, 10001 Berlin
Mohrenstr. 62, 10117 Berlin
T: (030) 2 06 40-0 **Fax:** 2 06 40-4974
Internet: http://www.bmgesundheit.de
E-Mail: pichler@bmg.bund.de

• A 28
Bundesministerium für Verkehr, Bau- und Wohnungswesen (BMVBW)
10107 Berlin
Krausenstr. 17-20, 10117 Berlin
Invalidenstr. 44, 10115 Berlin
T: (030) 20 08-0 **Fax:** 20 08-1920
TX: 305567
Internet: http://www.bmvbw.de
E-Mail: buergerinfo@bmvbw.bund.de, poststelle@bmvbw.bund.de
11030 Berlin
Invalidenstr. 44, 10115 Berlin

Bundesminister(in):
Reinhard Klimmt
Leitungsstab:
von Randow (Ministerbüro)
Persönlicher Referent des Ministers: Löw (Protokoll, Int. Konferenzen)
Presse: Knauber
Öffentlichkeitsarbeit: RDir Dr. Eyink

Parlamentarische(r) Staatssekretär(in):
Kurt Bodewig
Persönliche Referentin: Schäfer-Olejnik
Parlamentarische(r) Staatssekretär(in):
Siegfried Scheffler
Persönlicher Referent: RDir Strick
Parlamentarische(r) Staatssekretär(in):
Achim Großmann
Persönliche Referentin: ORR'in Dr. Redder
Staatssekretär(in):
Wittling
Persönlicher Referent: ORR Vogel
Staatssekretär(in):
Elke Ferner
Persönlicher Referent: Ang'e Parker

Abteilungsleiter(in):
MDir Keidel (Zentralabteilung)
Unterabteilungsleiter: MDirig Dr. Zumpe (Unterabteilung Z 1; Personal/Haushalt BMVBW, Beteiligungen, Rechtsangelegenheiten)
Unterabteilungsleiter: MDirig Eckhardt (Unterabteilung Z 2; Organisation, IT u. Innere Dienste, BMVBW, KLR)
Unterabteilungsleiter: MDirig Scholl (Unterabteilung Z 3; Dienstsitz Bonn, Angelegenheiten BVBW)

Abteilungsleiter(in):

MDir Schüller (Grundsatzabteilung)
Unterabteilungsleiter: MDirig Gröger (Unterabteilung A 1; Verkehrpol., Ordnungspol. im Verkehr, Internat. Bezieh.)
Unterabteilungsleiter: MDirig Lohrberg (Unterabteilung A 2; Invest.pol., Infrastrukturpol., Telematik, Verkehrstechnol.)
Unterabteilungsleiter: MR Sinz (Unterabteilung A 3; Raumentwicklung und Strukturpolitik)
Unterabteilungsleiter: MR Schröder (m.d.W.d.G.b); (Unterabteilung A 4; Strukturdaten, Umweltschutz, Forschung, Raumordnungsr.)

Abteilungsleiter(in):
MDir Dr. Lüers (Wohnungswesen)
Unterabteilungsleiter: MDirig Dr. Söfker (Unterabteilung W 1; Recht des Wohnungswesens)
Unterabteilungsleiter: MDirig Berkefeld (Unterabteilung W 2; Wohnungsbauförderung)
Unterabteilungsleiter: MDirig Janicki (Unterabteilung W 3; Wohnungswirtschaft, Steuerpolitik)

Abteilungsleiter(in):
MDir Kohl (Eisenbahn, Wasserstraßen)
Unterabteilungsleiter:
MDirig Harting (Unterabteilung EW 1, Eisenbahnen)
MDirig Krause (Unterabteilung EW 2, Wasserstraßen)

Abteilungsleiter(in):
MDir Dr. Froböse (Luft- und Raumfahrt, Schiffahrt)
Unterabteilungsleiter:
MDirig Schmidt (Unterabteilung LS 1, Luft- und Raumfahrt)
MDirig Stamm (Unterabteilung LS 2, Schiffahrt)

Abteilungsleiter(in):
MDir Dr.-Ing., Dr.-Ing. E.h. Huber (Straßenbau, Straßenverkehr)
Unterabteilungsleiter: MDirig Stolle (Unterabteilung S 1; Straßenbauhaushalt, -planung, Straßenbaurecht)
Unterabteilungsleiter: MDirig Will (Unterabteilung S 2; Gebietsaufgaben, Technik des Straßenwesens)
Unterabteilungsleiter: MDirig Dr. Borkenstein (Unterabteilung S 3; Straßenverkehr)

Abteilungsleiter(in):
MDir Prof. Dr. Krautzberger (Bauwesen und Städtebau)
Unterabteilungsleiter:
MDirig Dr. Runkel (Unterabteilung BS 1, Baurecht)
MDirig Klimke (Unterabteilung BS 2, Städtebau)
MDirig Rettig (Unterabteilung BS 3, Bauwesen)
MDirig Dr. Neusüß (Unterabteilung BS 4, Bundesbauten)

a 29

Bundesministerium für Verkehr, Bau- und Wohnungswesen (BMVBW)
Dienstsitz Bonn
53170 Bonn
Robert-Schuman-Platz 1, 53175 Bonn
T: (0228) 3 00-0 **Fax:** 3 00-3428, 3 00-3429
TX: 885700

• A 30

Bundesministerium für Bildung und Forschung (bmb+f)
53170 Bonn
Heinemannstr. 2, 53175 Bonn
T: (01888) 57-0 **Fax:** 57-83601
Internet: http://www.bmbf.de/

Bundesminister(in):
Edelgard Bulmahn
Persönliche Referentin: RD'in Rebekka Kötting
Leitungsstab:
MinR Peter Ketsch (Ministerbüro Berlin)
ORR'in Dr. Irina Ehrhardt (Öffentlichkeitsarbeit)

Parlamentarische(r) Staatssekretär(in):
Wolf-Michael Catenhusen
Persönliche Referentin: Antje Fahning
Staatssekretär(in):
Dr.-Ing. E.h. Uwe Thomas
Persönlicher Referent: ORR Jürgen Mennemeier

Abteilungsleiter(in):
MinDir Dr. Wolf-Dieter Dudenhausen (Abteilung Z) (Zentralabteilung Grundsatzfragen)
Unterabteilungsleiter: MinDirig Dr. Uwe Bake (Unterabteilung Z 1, Zentrale Aufgaben)
Unterabteilungsleiter: MinDirig Dr. Christian D. Uhlhorn (Unterabteilung Z 2, Strategie)
Unterabteilungsleiter: MinDirig Reinhart Botterbusch (Unterabteilung Z 3; Forschungseinrichtungen, Wissenschaftsrat)

Abteilungsleiter(in):
MinDirig Karsten Brenner (Abteilung 1) (Europäische und internationale Zusammenarbeit)
Unterabteilungsleiter: MinR Reinhard Junker (Unterabteilung 11, Europäische Zusammenarbeit)
Unterabteilungsleiter: MinDirig Christoph Eitner (Unterabteilung 12; Internationales, Vergleichende Analysen)

Abteilungsleiter(in):
Veronika Pahl (Abteilung 2)
(Allgemeine Bildung; Berufliche Bildung)
Unterabteilungsleiter:
MinDirig Dr. Werner Boppel (Unterabteilung 21; Allgemeine Bildung, Lebenslanges Lernen)
MinDirig Dr. Ulrich Haase (Unterabteilung 21; Allgemeine Bildung, Lebenslanges Lernen)
MinDirig Dr.-Ing. Peter Braun (Unterabteilung 22, Berufliche Bildung)

Abteilungsleiter(in):
MinDir Prof. Hans Rainer Friedrich (Abteilung 3, Hochschulen)
Unterabteilungsleiter:
MinDirig Dr. Reimund Scheuermann (Unterabteilung 31; Hochschulpolitik, Ausbildungsförderung)
MinDirig Wedig von Heyden (Unterabteilung 32, Hochschulförderung)

Abteilungsleiter(in): MinDirig Dr. Hermann Schunck (Abteilung 4)
(Forschung, Umwelt)
Unterabteilungsleiter: MinR Dr. Werner Raeder
MinDirig Hansvolker Ziegler (Unterabteilung 42; Umweltforschung, Sozialwissenschaften)

Abteilungsleiter(in):
MinDir Dr. Knut Bauer (Abteilung 5)
(Neue Technologien, Informationstechnologie)
Unterabteilungsleiter: MinDirig Dr. Hans C. Eschelbacher (Unterabteilung 51; Neue Technologien, Elektronik)
Unterabteilungsleiter: MinDirig Dr. Klaus Rupf (Unterabteilung 52; Informationstechnologie, innovative Dienstleistungen)

Abteilungsleiter(in):
MinDir Dr. Ludwig Baumgarten (Abteilung 6)
(Gesundheit, Biowissenschaften; Verkehr, Raumfahrt)
Unterabteilungsleiter: MinDirig Dr. Walter Döllinger (Unterabteilung 61; Gesundheit, Biowissenschaften)
Unterabteilungsleiter: MinDirig Dr. Herbert Diehl (Unterabteilung 62; Verkehr, Raumfahrt)

a 31

Bundesministerium für Bildung und Forschung
Dienstsitz Berlin
10106 Berlin
Glinkastr. 18-24, 10117 Berlin
T: (030) 2 85 40-0 **Fax:** 2 85 40-5270

• A 32

Bundesministerium für wirtschaftliche Zusammenarbeit und Entwicklung (BMZ)
Postf. 12 03 22, 53045 Bonn
Friedrich-Ebert-Allee 40, 53113 Bonn
T: (0228) 5 35-0, (01888) 5 35-0 **Fax:** (0228) 5 35-3500, (01888) 5 35-3500
Internet: http://www.bmz.de
E-Mail: poststelle@bmz.bund.de

Bundesminister(in):
Heidemarie Wieczorek-Zeul
Leiterin des Ministerinbüros: MinR'in Dr. Schäfer-Preuss
Pers. Referent: VA Gehlen

Parlamentarische(r) Staatssekretär(in):
Dr. Uschi Eid
Pers. Referent: VA Steffen Heizmann
Staatssekretär(in):
Erich Stather
Pers. Referentin: RR'in Dorasil

Presse- und Öffentlichkeitsarbeit: Dunnzlaff
Parlaments- u. Kabinettsangelegenheiten: MinR Dr. Weiter
Grundsätze, Konzeption und politische Planung der Entwicklungspolitik: RegDir Beimdiek
Protokoll, Sprachendienst: RegDirin Groth

Abteilungsleiter(in):
MinDir H.-D. Lehmann (Abteilung 1)
(Dienstsitz Berlin; Verwaltung; Qualitätssicherung)
Unterabteilungsleiter: MinDirig von Leuckart (Unterabteilung 11 (Z); Allgemeine Verwaltung)

Abteilungsleiter(in):
MinDir Prof. Dr. Bohnet (Abteilung 2)
(Entwicklungspolitik mit Ländern und Regionen)
Unterabteilungsleiter: MinDirig Dr. Goerdeler (Unterabteilung 20; Beauftragter für Asien, Mittel- und Osteuropa, zugleich Sonderbeauftragter für Südosteuropa)
Unterabteilungsleiterin: MinR'in D'Hondt (Unterabteilung 21; Beauftragte für Afrika südlich der Sahara)
Unterabteilungsleiter: MinDirig Dr. Ducklau (Unterabteilung 22; Beauftragter für den Mittelmeerraum, den Nahen Osten und Lateinamerika)

Abteilungsleiter(in):
MinDirig Dr. Boehmer (Abteilung 3)
(Instrumente der bilateralen Entwicklungszusammenarbeit)
Unterabteilungsleiter: MinDirig Dr. Popp (Unterabteilung 30-1; Instrumente der staatlichen Zusammenarbeit)
Unterabteilungsleiter: MinDirig Oehler (Unterabteilung 30-2; Zusammenarbeit mit gesellschaftlichen Kräften)

Abteilungsleiter(in):
Dr. Hofmann (Abteilung 4)
(Globale und sektorale Aufgaben; Europäische und multilaterale Entwicklungszusammenarbeit)
Unterabteilungsleiter: MinR Hinrichs (Unterabteilung 40; Multilaterale und europäische Entwicklungszusammenarbeit; Governance-Fragen)
Unterabteilungsleiter: MinR Dr. Schipulle (Unterabteilung 41; Globale und sektorale Aufgaben)

a 33

Bundesministerium für wirtschaftliche Zusammenarbeit und Entwicklung
Dienstsitz Berlin
Hausanschrift:
11055 Berlin
Stresemannstr. 92 Europahaus, 10963 Berlin
T: (01888) 5 35-0 **Fax:** 5 35-2501

• A 34

Bundesministerium für Umwelt, Naturschutz und Reaktorsicherheit (BMU)
Postf. 12 06 29, 53048 Bonn
Heinrich-von-Stephan-Str. 1, 53175 Bonn
T: (0228) 3 05-0 **Fax:** 3 05-3225
Internet: http://www.bmu.de/

Bundesminister(in):
Jürgen Trittin
Leiterin Ministerbüro: Ang'e Müller
Pers. Referentin: ORR'in Dr. Lottermoser
Presse: Ang. Schroeren (Referat P)

Parlamentarische(r) Staatssekretär(in):
Gila Altmann
Persönliche Referentin: Ang'e Meyer
Staatssekretär(in):
Rainer Baake
Pers. Referent: RDir Steffens
Parlamentarische(r) Staatssekretär(in):
Simone Probst
Persönliche Referentin: Ang'e Hoth

Abteilungsleiter(in):
Ang. Hinrichs-Rahlwes (Abteilung Z, Zentralabteilung)
Unterabteilungsleiter: MinDirig Dr. Müller (Unterabteilung Z I, Verwaltung)
Unterabteilungsleiter: MinDirig Rauch-Spinczyk (Unterabteilung Z II; Planung und Koordinierung, Umwelt und Energie)

Abteilungsleiter(in):
MinDir Dr. Gallas (Abteilung G; Grundsätzliche und wirtschaftliche Fragen der Umweltpolitik, fachübergreifendes Umweltrecht, internationale Zusammenarbeit)
Unterabteilungsleiter: MinDirig'in Quennet-Thielen (Unterabteilung G I; Grundsätzliche und wirtschaftliche Fragen der Umweltpolitik fachübergreifendes Umweltrecht)
Unterabteilungsleiter: MinDirig Dr. Vygen (Unterabteilung G II; Internationale Zusammenarbeit)

Abteilungsleiter(in):
MinDir Dr.-Ing. E.h. Ruchay (Abteilung WA; Wasserwirtschaft, Abfallwirtschaft, Bodenschutz, Altlasten)
Unterabteilungsleiter: MinDirig Dr. Holzwarth (Unterabteilung WA I; Wasserwirtschaft, Bodenschutz, Altlasten)
Unterabteilungsleiter: MinDirig Dr. Schnurer (Unterabteilung WA II; Abfallwirtschaft)

Abteilungsleiter(in):
MinDir Dr. Westheide (Abteilung IG; Umwelt und Gesundheit, Immissionsschutz, Anlagensicherheit und Verkehr, Chemikaliensicherheit)
Unterabteilungsleiter: MinDirig Steinkemper (Unterabteilung IG I; Immissionsschutz, Anlagensicherheit und Verkehr)
Unterabteilungsleiter: MinDirig Dr. Mahlmann (Unterabteilung IG II; Umwelt und Gesundheit, Chemikaliensicherheit)

Abteilungsleiter(in):
MinDir'in Dr. Schuster (Abteilung N; Naturschutz und nachhaltige Naturnutzung)
Unterabteilungsleiter:
MinDirig Dr. von Websky (Unterabteilung N I; Naturschutz)
MinDirig'in N.N. (Unterabteilung N II; Nachhaltige Naturnutzung)

Abteilungsleiter(in):
MinDir Renneberg (Abteilung RS; Sicherheit kerntechnischer

Einrichtungen, Strahlenschutz, nukleare Ver- und Entsorgung)
Unterabteilungsleiter: MinDirig Dr. Matting (Unterabteilung RS I; Sicherheit kerntechnischer Einrichtungen)
Unterabteilungsleiter: MinDirig Dr. Huthmacher (Unterabteilung RS II; Strahlenschutz)
Unterabteilungsleiter: Ang. Dr. Biedermann (Unterabteilung RS III; Nukleare Ver- und Entsorgung)

a 35

Bundesministerium für Umwelt, Naturschutz und Reaktorsicherheit zweiter Dienstsitz
Alexanderplatz 6, 10178 Berlin
T: (01888) 3 05-0 **Fax:** (0188) 3 05-4375
Internet: http://www.bmu.de
E-Mail: oea-1000@bmu.de

Bundestag und Bundesrat

• **A 36**

Deutscher Bundestag

Platz der Republik, 11011 Berlin
T: (030) 2 27-0
Internet: http://www.bundestag.de/
Internationaler Zusammenschluß: siehe unter IZB 4

Präsident des Deutschen Bundestages: Wolfgang Thierse
Präsidialbüro: MR Dr. Ulrich Schöler
Leitung Pressezentrum: VA Wolfgang Wiemer
Referenten des Bundestagspräsidenten:
VA Sven Vollrath
VAe Sabine Loeper

Vizepräsident(in):
Rudolf Seiters (CDU)
Anke Fuchs (Köln) (SPD)
Dr. Antje Vollmer (Bündnis 90/DIE GRÜNEN)
Dr. Hermann Otto Solms (F.D.P.)
Petra Bläss (PDS)

Dem Ältenrat gehören an:
Der Präsident und die fünf Vizepräsidenten des Deutschen Bundestages sowie weitere Abgeordnete
Verwaltung: Der Direktor beim Deutschen Bundestag:
Dr. Peter Eickenboom

Abteilungsleiter(in):
Min.-Dir. Prof. Dr. Wolfgang Zeh (Abteilung P, Parlamentarische Dienste)
Unterabteilungsleiter: Min.-Dirig. Hermann-Josef Schreiner (Unterabteilung PD, Parlamentsdienste)
Unterabteilungsleiter: Min.-Dirig. Everhard A. Voß (Unterabteilung PB, Parlamentarische Beziehungen)
Unterabteilungsleiter: Min.-Dirig. Dr. Volker Geginat (Unterabteilung PI, Parlamentarische Information)

Abteilungsleiter(in):
Min.-Dir. Friedhelm Maier (Abteilung W, Wissenschaftliche Dienste)
Unterabteilungsleiter: VAe Dr. Erika Lieser (Unterabteilung 1. WF, Wissenschaftlicher Fachdienst)
Unterabteilungsleiter: Min.-Dirig'n Gerburg Trommsdorff-Gerlich (Unterabteilung 2. WF, Wissenschaftlicher Fachdienst)
Unterabteilungsleiter: Min.-Dirig'n Dr. Frauke von Welck (Unterabteilung Pet, Petitionen und Eingaben)
Unterabteilungsleiter: VA Hans Leptien (Unterabteilung WD, Wissenschaftliche Dokumentation)

Abteilungsleiter(in):
Min.-Dir. Dr. Hans-Joachim Stelzl (Abteilung Z, Zentrale Dienste)
Unterabteilungsleiter: Min.-Dirig'n Beatrix Kühl-Meyer (Unterabteilung ZV, Zentrale Verwaltung)
Unterabteilungsleiter: Min.-Dirig. Harro Semmler (Unterabteilung ZA, Zentrale Dienste für Abgeordnete)
Unterabteilungsleiter: MR Klaus Dams (Unterabteilung ZT, Zentrale Technische Dienste, Allgemeine Verwaltung)
Unterabteilungsleiter: Min.-Dirig'n Erdmute Rebhan (Unterabteilung ZI, Zentrale Informationstechnik)
Wehrbeauftragter: Leitender Beamter, Min.-Dirig. Dr. Harald Seidel

Ausschüsse

Ausschuss für Wahlprüfung, Immunität und Geschäftsordnung
Ausschussvorsitzende(r): Erika Simm (SPD; Wahlprüfung, Immunität und Geschäftsordnung)
Stellv. Ausschussvorsitzende(r): Dr. Wolfgang Freiherr von Stetten (CDU/CSU; Wahlprüfung, Immunität und Geschäftsordnung)

Petitionsausschuss
Ausschussvorsitzende(r): Heidemarie Lüth (PDS; Petitionsausschuss)
Stellv. Ausschussvorsitzende(r): Jutta Müller (SPD; Petitionsausschuss), Völklingen

Auswärtiger Ausschuss
Ausschussvorsitzende(r): Hans-Ulrich Klose (SPD; Auswärtiger Ausschuss)
Stellv. Ausschussvorsitzende(r): Carl-Dieter Spranger (CDU/CSU; Auswärtiger Ausschuss)

Innenausschuss
Ausschussvorsitzende(r): Ute Vogt (SPD; Innenausschuss), Pforzheim
Stellv. Ausschussvorsitzende(r): Hartmut Büttner (CDU/CSU; Innenausschuss), Schönebeck

Sportausschuss
Ausschussvorsitzende(r): Friedhelm Julius Beucher (SPD; Sportausschuss)
Stellv. Ausschussvorsitzende(r): Dr. Klaus Rose (CDU/CSU; Sportausschuss)

Rechtsausschuss
Ausschussvorsitzende(r): Dr. Rupert Scholz (CDU/CSU; Rechtsausschuss)
Stellv. Ausschussvorsitzende(r): Hermann Bachmaier (SPD; Rechtsausschuss)

Finanzausschuss
Ausschussvorsitzende(r): Christine Scheel (Bündnis 90/DIE GRÜNEN; Finanzausschuss)
Stellv. Ausschussvorsitzende(r): Carl-Ludwig Thiele (F.D.P.; Finanzausschuss)

Haushaltsausschuss
Ausschussvorsitzende(r): Adolf Roth (CDU/CSU; Haushaltsausschuss), Gießen
Stellv. Ausschussvorsitzende(r): Manfred Hampel (SPD; Haushaltsausschuss)

Ausschuss für Wirtschaft und Technologie
Ausschussvorsitzende(r): Matthias Wissmann (CDU/CSU; Wirtschaft und Technologie)
Stellv. Ausschussvorsitzende(r): Christian Müller (SPD; Wirtschaft und Technologie), Zittau

Ausschuss für Ernährung, Landwirtschaft und Forsten
Ausschussvorsitzende(r): Peter Harry Carstensen (CDU/CSU; Ernährung, Landwirtschaft und Forsten), Nordstrand
Stellv. Ausschussvorsitzende(r): Ulrike Höfken (Bündnis 90/DIE GRÜNEN; Ernährung, Landwirtschaft und Forsten)

Ausschuss für Arbeit und Sozialordnung
Ausschussvorsitzende(r): Doris Barnett (SPD; Arbeit und Sozialordnung)
Stellv. Ausschussvorsitzende(r): Dr. Heidi Knake-Werner (PDS; Arbeit und Sozialordnung)

Verteidigungsausschuss
Ausschussvorsitzende(r): Helmut Wieczorek (SPD; Verteidigungsausschuss), Duisburg
Stellv. Ausschussvorsitzende(r): Thomas Kossendey (CDU/CSU; Verteidigungsausschuss)

Ausschuss für Familie, Senioren, Frauen und Jugend
Ausschussvorsitzende(r): Christel Hanewinckel (SPD; Familie, Senioren, Frauen und Jugend)
Stellv. Ausschussvorsitzende(r): Anke Eymer (CDU/CSU; Familie, Senioren, Frauen und Jugend), Lübeck

Ausschuss für Gesundheit
Ausschussvorsitzende(r): Klaus Kirschner (SPD; Gesundheit)
Stellv. Ausschussvorsitzende(r): Wolfgang Zöller (CDU/CSU; Gesundheit)

Ausschuss für Verkehr, Bau- und Wohnungswesen
Ausschussvorsitzende(r): Eduard Oswald (CDU/CSU; Verkehr, Bau- und Wohnungswesen)
Stellv. Ausschussvorsitzende(r): Klaus Hasenfratz (SPD; Verkehr, Bau- und Wohnungswesen)

Ausschuss für Umwelt, Naturschutz und Reaktorsicherheit
Ausschussvorsitzende(r): Christoph Matschie (SPD; Umwelt, Naturschutz und Reaktorsicherheit)
Stellv. Ausschussvorsitzende(r): Winfried Hermann (Bündnis 90/DIE GRÜNEN; Umwelt, Naturschutz und Reaktorsicherheit)

Ausschuss für die Angelegenheiten der neuen Länder
Ausschussvorsitzende(r): Dr. Paul Krüger (CDU/CSU; Angelegenheiten der neuen Länder)
Stellv. Ausschussvorsitzende(r): Dr. Peter Eckardt (SPD; Angelegenheiten der neuen Länder)

Ausschuss für Menschenrechte und humanitäre Hilfe
Ausschussvorsitzende(r): Claudia Roth (Bündnis 90/DIE GRÜNEN; Menschenrechte und humanitäre Hilfe), Augsburg
Stellv. Ausschussvorsitzende(r): Dr. Christian Schwarz-Schilling (CDU/CSU; Menschenrechte und humanitäre Hilfe)

Ausschuss für Bildung, Forschung und Technikfolgenabschätzung
Ausschussvorsitzende(r): Jürgen W. Möllemann (F.D.P.; Bildung, Forschung und Technikfolgenabschätzung)
Stellv. Ausschussvorsitzende(r): Ursula Burchardt (SPD; Bildung, Forschung und Technikfolgenabschätzung)

Ausschuss für wirtschaftliche Zusammenarbeit und Entwicklung
Ausschussvorsitzende(r): Rudolf Kraus (CDU/CSU; wirtschaftliche Zusammenarbeit und Entwicklung)
Stellv. Ausschussvorsitzende(r): Brigitte Adler (SPD; wirtschaftliche Zusammenarbeit und Entwicklung)

Ausschuss für Tourismus
Ausschussvorsitzende(r): Ernst Hinsken (CDU/CSU; Tourismus)
Stellv. Ausschussvorsitzende(r): Jann-Peter Janssen (SPD; Tourismus)

Ausschuss für die Angelegenheiten der Europäischen Union
Ausschussvorsitzende(r): Dr. Friedbert Pflüger (CDU/CSU; Angelegenheiten der Europäischen Union)
Stellv. Ausschussvorsitzende(r): Dr. Jürgen Meyer (SPD; Angelegenheiten der Europäischen Union), Ulm

Ausschuss für Kultur und Medien
Ausschussvorsitzende(r): Dr. Elke Leonhard (SPD; Kultur und Medien)
Stellv. Ausschussvorsitzende(r): Margarete Späte (CDU/CSU; Kultur und Medien)

• **A 37**

Die Wehrbeauftragte des Deutschen Bundestages

Basteistr. 70, 53173 Bonn
T: (0228) 8 24-1 **Fax:** 8 24-2 83
Wehrbeauftragte: Dr. Willfried Penner
Pers. Referent: ORR Behnel
Leitender Beamter: MinDirig Dr. Seidel
Referatsleiter: MR Maahs (Referat WB 1; Grundsatzangelegenheiten/ Grundsätze der Inneren Führung/ Innerer Dienst)
Referatsleiter: MR Schmitz-Elvenich (Referat WB 2; Menschenführung in der Bundeswehr/ Soldaten im Ausland)
Referatsleiterinnen:
RDn Konrad (Referat WB 3)
RDn Schornack (Referat WB 3; Personalangelegenheiten der Wehrpflichtigen und Angelegenheiten der Reservisten)
Referatsleiter: MR Wilke (Referat WB 4; Personalangelegenheiten der Berufssoldaten und Soldaten auf Zeit)
Referatsleiter: MR Mühlen (Referat WB 5; Fürsorgeangelegenheiten/ Soldat und Familie)

• **A 38**

Vereinigung ehemaliger Mitglieder des Deutschen Bundestages und des Europäischen Parlaments e.V.

Ebertstr. 30, 10117 Berlin
Gründung: 1977 (3. Mai)
Präsident(in): Dr. Dorothee Wilms (Bundesministerin a.D.)
Vizepräsident(in): Dr. h.c. Helmuth Becker (Bundestagsvizepräsident a.D.)
Dr. Wolf-Dieter Zumpfort
Mitglieder: 620

• **A 39**

Deutsche Parlamentarische Gesellschaft e.V.

Ebertstr. 30, 10117 Berlin
Gründung: 1951 (1. April)
Präsident(in): Dr. Elke Leonhard (MdB)
1.Stellv. Vors.: Reinhard Freiherr von Schorlemer (MdB)
2. Stellv. Vors.: Ulrich Irmer (MdB)
Geschäftsführer(in): Ingrid von Hagen
Mitglieder: ca. 850

• **A 40**

Bundesrat

53106 Bonn
Görresstr. 15, 53113 Bonn
Bundeshaus (Nordflügel)
T: (0228) 91 00-0 **Fax:** 91 00-400, 91 00-198 (Pressestelle)
Internet: http://www.bundesrat.de
Ab 1. August 2000: Leipziger Str. 3-4, 10117 Berlin
T: (01888) 91 00-0, **Fax:** (01888) 91 00-400
Präsident(in): Prof. Dr. Kurt Biedenkopf (Ministerpräsident

des Freistaates Sachsen)
Erster Vizepräsident: Roland Koch (Ministerpräsident des Landes Hessen)
Zweiter Vizepräsident: Sigmar Gabriel (Ministerpräsident des Landes Niedersachsen)
Dritter Vizepräsident: Erwin Teufel (Ministerpräsident des Landes Baden-Württemberg)
Vors. der Europakammer: Staatsminister Stanislaw Tillich (Sachsen)
1. Stellv. Vors.: Minister Dr. Franz Josef Jung (Hessen)
2. Stellv. Vors.: Minister Wolfgang Senff (Niedersachsen)
3. Stellv. Vors.: Staatssekretär Willi Stächele (Baden-Württemberg)
Schriftführer(in): Staatsminister Dr. Manfred Weiß (Bayern) Ministerin Karin Schubert (Sachsen-Anhalt)
Direktor(in): Prof. Georg-Berndt Oschatz
Leitung Presseabteilung: RegDir Dr. Michael Wisser

Ausschüsse

Agrarausschuss
Ausschussvorsitzende(r): Staatsminister Hans-Artur Bauckhage (Rheinland-Pfalz; Agrarausschuss)
Stellv. Ausschussvorsitzende(r): Ministerin Bärbel Höhn (Nordrhein-Westfalen; Agrarausschuss)
Sekretär des Ausschusses: MinR Dr. Horst Risse (Agrarausschuss)

Ausschuss für Arbeit und Sozialpolitik
Ausschussvorsitzende(r): Staatsministerin Marlies Mosiek-Urbahn (Hessen; Arbeit und Sozialpolitik)
Stellv. Ausschussvorsitzende(r): Staatsministerin Barbara Stamm (Bayern; Arbeit und Sozialpolitik)
Sekretär des Ausschusses: MinR Dr. Wilhelm Opfermann (Arbeit und Sozialpolitik)

Ausschuss für Auswärtige Angelegenheiten
Ausschussvorsitzende(r): Ministerpräsident Prof. Dr. Kurt H. Biedenkopf (Sachsen; Auswärtige Angelegenheiten)
Sekretär des Ausschusses: MinDirig Wolfgang Fischer (Auswärtige Angelegenheiten)

Ausschuss für Fragen der Europäischen Union
Ausschussvorsitzende(r): Staatssekretär Willi Stächele (Baden-Württemberg; Fragen der Europäischen Union)
1. Stellv. Ausschussvors.: Minister Wolfgang Senff (Niedersachsen; Fragen der Europäischen Union)
2. Stellv. Ausschussvors.: Staatsrat Erik Bettermann (Bremen; Fragen der Europäischen Union)
Sekretär des Ausschusses: MinDirig Wolfgang Fischer (Fragen der Europäischen Union)

Ausschuss für Familie und Senioren
Ausschussvorsitzende(r): Senator und Bürgermeister Klaus Böger (Berlin; Familie und Senioren)
Stellv. Ausschussvorsitzende(r): Staatsminister Dr. Hans Geisler (Sachsen; Familie und Senioren)
Sekretär des Ausschusses: MinDirig Dr. Wilhelm Opfermann (Familie und Senioren)

Finanzausschuss
Ausschussvorsitzende(r): Finanzminister Peer Steinbrück (Nordrhein-Westfalen; Finanzausschuss)
Stellv. Ausschussvorsitzende(r): Staatsminister Prof. Dr. Georg Milbradt (Sachsen; Finanzausschuss)
Sekretär des Ausschusses: MinR Gerhard Sennlaub (Finanzausschuss)

Ausschuss für Frauen und Jugend
Ausschussvorsitzende(r): Ministerin Dr.rer.nat.habil. Gerlinde Kuppe (Sachsen-Anhalt; Frauen und Jugend)
Stellv. Ausschussvorsitzende(r): Ministerin Angelika Birk (Schleswig-Holstein; Frauen und Jugend)
Sekretärin des Ausschusses: MinR'in Beate Schmidt (Frauen und Jugend)

Gesundheitsausschuss
Ausschussvorsitzende(r): Ministerin Dr. Regina Görner (Saarland; Gesundheitsausschuss)
Stellv. Ausschussvorsitzende(r): Senatorin Hilde Adolf (Bremen; Gesundheitsausschuss)
Sekretärin des Ausschusses: MinR'in Beate Schmidt (Gesundheitsausschuss)

Ausschuss für Innere Angelegenheiten
Ausschussvorsitzende(r): Minister Dr. Ekkehard Wienholtz (Schleswig-Holstein; Innere Angelegenheiten)
Stellv. Ausschussvorsitzende(r): Minister Dr. Fritz Behrens (Nordrhein-Westfalen; Innere Angelegenheiten)
Sekretär des Ausschusses: MinR Ulrich Raderschall (Innere Angelegenheiten)

Ausschuss für Kulturfragen
Ausschussvorsitzende(r): Ministerin Prof. Dr. Dagmar Schipanski (Thüringen; Kulturfragen)
1. Stellv. Ausschussvors.: Senator Wilfried Lemke (Bremen; Kulturfragen)
2. Stellv. Ausschussvors.: Ministerin Dr. Annette Schavan (Baden-Württemberg; Kulturfragen)
Sekretär des Ausschusses: MinR Ulrich Raderschall (Kulturfragen)

Rechtsausschuss
Ausschussvorsitzende(r): Senatorin Dr. Lore Maria Peschel-Gutzeit (Hamburg; Rechtsausschuss)
Stellv. Ausschussvorsitzende(r): Ministerin Inge Spoerhase-Eisel (Saarland; Rechtsausschuss)
Sekretär des Ausschusses: MinDir Dr. Christian Dästner (Rechtsausschuss)

Ausschuss für Städtebau, Wohnungswesen und Raumordnung
Ausschussvorsitzende(r): Minister Hartmut Meyer (Brandenburg; Städtebau, Wohnungswesen und Raumordnung)
Stellv. Ausschussvorsitzende(r): Senator Eugen Wagner (Hamburg; Städtebau, Wohnungswesen und Raumordnung)
Sekretär des Ausschusses: MinR Dr. Horst Risse (Städtebau, Wohnungswesen und Raumordnung)

Ausschuss für Umwelt, Naturschutz und Reaktorsicherheit
Ausschussvorsitzende(r): Minister Wolfgang Jüttner (Niedersachsen; Umwelt, Naturschutz und Reaktorsicherheit)
Stellv. Ausschussvorsitzende(r): Staatsminister Steffen Flath (Sachsen; Umwelt, Naturschutz und Reaktorsicherheit)
Sekretär des Ausschusses: MinR Dr. Konrad Reuter (Umwelt, Naturschutz und Reaktorsicherheit)

Verkehrsausschuss
Ausschussvorsitzende(r): Senator Josef Hattig (Bremen; Verkehrsausschuss)
Stellv. Ausschussvorsitzende(r): Staatsminister Dr. Otto Wiesheu (Bayern; Verkehrsausschuss)
Sekretär des Ausschusses: MinDirig Dr. Karlheinz Oberthür (Verkehrsausschuss)

Ausschuss für Verteidigung
Ausschussvorsitzende(r): Minister Prof. Dr. Rolf Eggert (Mecklenburg-Vorpommern; Verteidigung)
Stellv. Ausschussvorsitzende(r): Staatsminister Florian Gerster (Rheinland-Pfalz; Verteidigung)
Sekretär des Ausschusses: MinDirig Wolfgang Fischer (Verteidigung)

Wirtschaftsausschuss
Ausschussvorsitzende(r): Staatsminister Dr. Otto Wiesheu (Bayern; Wirtschaftsausschuss)
Stellv. Ausschussvorsitzende(r): N. N. (Wirtschaftsausschuss)
Sekretär des Ausschusses: MinDirig Dr. Karlheinz Oberthür (Wirtschaftsausschuss)

Gemeinsamer Ausschuss (Art. 53a GG)
Ausschussvorsitzende(r): Wolfgang Thierse (Präsident des Deutschen Bundestages; Gemeinsamer Ausschuss)
Weitere Vors.: N. N. (Gemeinsamer Ausschuss)

Vermittlungsausschuss des Deutschen Bundestages und des Bundesrates
Ausschussvorsitzende(r): Präsident des Senats, Erster Bgm. Ortwin Runde (Hamburg, Vermittlungsausschuss) Bundestagsabgeordneter Dr. Heribert Blens (Vermittlungsausschuss) im vierteljährlichen Wechsel
Geschäftsführer(in): MinDir Dr. Christian Dästner (Vermittlungsausschuss; T: 91 00-250, Telefax: 91 00-268)

Mitglieder des Vermittlungsausschusses

Bundestag
Ordentliches Mitglied d. Vermittlungsausschusses (VA): Abg. Dr. Heribert Blens (entsandt v. Bundestag)
Stellv. Mitglied d. VA: Abg. Erwin Marschewski (entsandt v. Bundestag)
Ordentliches Mitglied d. VA: Abg. Rudolf Dreßler (entsandt v. Bundestag)
Stellv. Mitglied d. VA: Abg. Gudrun Schaich-Walch (entsandt v. Bundestag)
Ordentliches Mitglied d. VA: Abg. Jörg van Essen (entsandt v. Bundestag)
Stellv. Mitglied d. VA: Abg. Carl-Ludwig Thiele (entsandt v. Bundestag)
Ordentliches Mitglied d. VA: Abg. Joachim Hörster (entsandt v. Bundestag)
Stellv. Mitglied d. VA: Abg. Dr. Wolfgang Schäuble (entsandt v. Bundestag)
Ordentliches Mitglied d. VA: Abg. Sabine Kaspereit (entsandt v. Bundestag)
Stellv. Mitglied d. VA: Abg. Iris Gleicke (entsandt v. Bundestag)
Ordentliches Mitglied d. VA: Abg. Dr. Michael Luther (entsandt v. Bundestag)
Stellv. Mitglied d. VA: Abg. Dr. Hermann Kues (entsandt v. Bundestag)
Ordentliches Mitglied d. VA: Abg. Joachim Poß (entsandt v. Bundestag)
Stellv. Mitglied d. VA: Abg. Jörg-Otto Spiller (entsandt v. Bundestag)
Ordentliches Mitglied d. VA: Abg. Kerstin Müller (entsandt v. Bundestag), Köln
Stellv. Mitglied d. VA: Abg. Kristin Heyne (entsandt v. Bundestag)
Ordentliches Mitglied d. VA: Abg. Michael Müller (entsandt v. Bundestag), Düsseldorf
Stellv. Mitglied d. VA: Abg. Ulrike Mehl (entsandt v. Bundestag)
Ordentliches Mitglied d. VA: Abg. Hans-Peter Repnik (entsandt v. Bundestag)
Stellv. Mitglied d. VA: Abg. Dr.-Ing. Joachim Schmidt (entsandt v. Bundestag), Halsbrücke
Ordentliches Mitglied d. VA: Abg. Michael Glos (entsandt v. Bundestag)
Stellv. Mitglied d. VA: Abg. Gerhard Scheu (entsandt v. Bundestag)
Ordentliches Mitglied d. VA: Abg. Ulla Schmidt (entsandt v. Bundestag), Aachen
Stellv. Mitglied d. VA: Abg. Franz Thönnes (entsandt v. Bundestag)
Ordentliches Mitglied d. VA: Abg. Wilhelm Schmidt (entsandt v. Bundestag), Salzgitter
Stellv. Mitglied d. VA: Abg. Dr. Uwe Küster (entsandt v. Bundestag)
Ordentliches Mitglied d. VA: Abg. Hans Peter Schmitz (entsandt v. Bundestag), Baesweiler
Stellv. Mitglied d. VA: Abg. Friedrich Merz (entsandt v. Bundestag)
Ordentliches Mitglied d. VA: Abg. Dr. Norbert Wieczorek (entsandt v. Bundestag)
Stellv. Mitglied d. VA: Abg. Anke Fuchs (entsandt v. Bundestag), Köln
Ordentliches Mitglied d. VA: Abg. Ludwig Stiegler (entsandt v. Bundestag)
Stellv. Mitglied d. VA: Abg. Dieter Wiefelspütz (entsandt v. Bundestag)

Mitglieder des Vermittlungsausschusses

Bundesrat
Ordentliches Mitglied d. VA: Staatssekretär Willi Stächele (Baden-Württemberg)
Stellv. Mitglied d. VA: Minister Dr. Walter Döring (Baden-Württemberg)
Ordentliches Mitglied d. VA: Staatsminister Reinhold Bocklet (Bayern)
Stellv. Mitglied d. VA: Staatsminister Erwin Huber (Bayern)
Ordentliches Mitglied d. VA: Senator Dr. Eckart Werthebach (Berlin)
Stellv. Mitglied d. VA: Bürgermeister Klaus Böger (Berlin)
Ordentliches Mitglied d. VA: Ministerin Dr. Wilma Simon (Brandenburg)
Stellv. Mitglied d. VA: Minister Prof. Dr. Kurt Schelter (Brandenburg)
Ordentliches Mitglied d. VA: Staatsrat Erik Bettermann (Bremen)
Stellv. Mitglied d. VA: Staatsrat Reinhard Metz (Bremen)
Ordentliches Mitglied d. VA: Präsident des Senats, Erster Bürgermeister Ortwin Runde (Hamburg)
Stellv. Mitglied d. VA: Senator Dr. Willfried Maier (Hamburg)
Ordentliches Mitglied d. VA: Ministerpräsident Roland Koch (Hessen)
Stellv. Mitglied d. VA: Staatsminister Dr. Christean Wagner (Hessen)
Ordentliches Mitglied d. VA: Minister Dr. Gottfried Timm (Mecklenburg-Vorpommern)
Stellv. Mitglied d. VA: Ministerin Dr. Martina Bunge (Mecklenburg-Vorpommern)
Ordentliches Mitglied d. VA: Ministerpräsident Sigmar Gabriel (Niedersachsen)
Stellv. Mitglied d. VA: Minister Heinrich Aller (Niedersachsen)
Ordentliches Mitglied d. VA: Finanzminister Peer Steinbrück (Nordrhein-Westfalen)
Stellv. Mitglied d. VA: Minister Dr. Michael Vesper (Nordrhein-Westfalen)
Ordentliches Mitglied d. VA: Ministerpräsident Kurt Beck (Rheinland-Pfalz)
Stellv. Mitglied d. VA: Staatsminister Hans-Artur Bauckhage (Rheinland-Pfalz)
Ordentliches Mitglied d. VA: Ministerpräsident Peter Müller (Saarland)
Stellv. Mitglied d. VA: Minister Peter Jacoby (Saarland)
Ordentliches Mitglied d. VA: Staatsminister Prof. Dr. Georg Milbradt (Sachsen)
Stellv. Mitglied d. VA: Staatsminister Stanislaw Tillich (Sachsen)
Ordentliches Mitglied d. VA: Ministerpräsident Dr. Reinhard Höppner (Sachsen-Anhalt)
Stellv. Mitglied d. VA: Ministerin Karin Schubert (Sachsen-Anhalt)
Ordentliches Mitglied d. VA: Minister Claus Möller (Schleswig-Holstein)
Stellv. Mitglied d. VA: Minister Klaus Müller (Schleswig-Holstein)
Ordentliches Mitglied d. VA: Ministerpräsident Dr. Bernhard Vogel (Thüringen)
Stellv. Mitglied d. VA: Minister Dr. Andreas Birkmann (Thüringen)

Fraktionen des Deutschen Bundestages

• A 41

Bundestagsfraktion Bündnis 90/Die Grünen
Luisenstr. 32-34, 10117 Berlin
T: (030) 2 27-55518 **Fax:** 2 27-56552
Internet: http://www.gruene-fraktion.de
E-Mail: info@gruene-fraktion.de

Geschäftsführender Fraktionsvorstand:
Vorsitzende(r): Kerstin Müller
Vorsitzende(r): Rezzo Schlauch
1. Parl. Geschäftsführerin: Kristin Heyne
Parl. GeschäftsführerInnen: Katrin Göring-Eckardt
Steffi Lemke

Fraktionsvorstand:
Vizepräsident(in): Dr. Antje Vollmer
Arbeitskreis-KoordinatorInnen: Margareta Wolf (AK I)
Franziska Eichstädt-Bohlig (AK II)
Volker Beck (AK III)
Christian Sterzing (AK IV)
Fraktionsgeschäftsführer: Lukas Beckmann
Justitiarin: Birgit Laubach
Pressesprecherin: Anne Nilges
Pressesprecher: Dietmar Huber

Arbeitskreis I
(Wirtschaft, Arbeit, Soziales, Finanzen)
Politische Koordination: Margareta Wolf (AK I)
Stellvertretung: Klaus Müller (AK I)
Wissenschaftliche Koordination: Karin Robinet (AK I)

Arbeitskreis II
(Umwelt, Infrastruktur, Ernährung, Bildung, Fremdenverkehr und Sport)
Politische Koordination: Franziska Eichstädt-Bohlig (AK II)
Stellvertretung: Ali Schmidt (AK II)
Wissenschaftliche Koordination: Markus Kurdziel (AK II)

Arbeitskreis III
(Innen, Recht, Frauen, Jugend, Familie, Petitionen und Geschäftsordnung)
Politische Koordination: Volker Beck (AK III)
Stellvertretung: Cem Özdemir (AK III)
Wissenschaftliche Koordination: Günter Saathoff (AK III)

Arbeitskreis IV
(Außenpolitik, Menschenrechte, Abrüstung)
Politische Koordination: Christian Sterzing (AK IV)
Stellvertretung: Helmut Lippelt (AK IV)
Wissenschaftliche Koordination: Jörn Böhme (AK IV)

Landtagsfraktionen

a 42

BÜNDNIS 90/DIE GRÜNEN im Landtag von Baden-Württemberg
Konrad-Adenauer-Str. 12, 70173 Stuttgart
T: (0711) 20 63-683 **Fax:** 20 63-660
Internet: http://www.gruene.landtag-bw.de
E-Mail: post@gruene.landtag-bw.de
Vorsitzende(r): Dieter Salomon

a 43

BÜNDNIS 90/DIE GRÜNEN im Bayerischen Landtag
Maximilianeum, 81627 München
Max-Planck-Str. 1, 81675 München
T: (089) 41 26-2493 **Fax:** 41 26-1494
Internet: http://www.gruene.landtag-bayern.de/home.htm
E-Mail: gruene@bayern-landtag.de

a 44

Bündnis 90/Die Grünen im Abgeordnetenhaus von Berlin
Niederkirchnerstr. 5, 10117 Berlin
T: (030) 23 25 24 00 **Fax:** 23 25 24 09
Internet: http://www.parlament-berlin.de/gruene.nsf
E-Mail: gruene@gruene.parlament-berlin.de

a 45

Bündnis 90/DIE GRÜNEN in der Bremischen Bürgerschaft
Schlachte 19-20, 28195 Bremen
T: (0421) 30 11-0 **Fax:** 30 11-250
Internet: http://www.gruene-bremen.de
E-Mail: fraktion.gruene@brainlift.de

a 46

GAL Bürgerschaftsfraktion
Rathausmarkt 1, 20095 Hamburg
T: (040) 4 28 31-1397 **Fax:** 4 28 31-2556
Internet: http://www.hamburg.de/StadtPol/BrgSchft/GAL-Fr/gal_home.htm
E-Mail: info@gal-fraktion.de, galinfo@gal-fraktion.hamburg.de
Fraktionsvorsitzende: Antje Möller

a 47

BÜNDNIS 90/DIE GRÜNEN im Landtag Hessen
Schloßplatz 1-3, 65183 Wiesbaden
T: (0611) 35 05 82/4 **Fax:** 3 50-6 00
Internet: http://www.gruene-hessen.de
E-Mail: gruene@ltg.hessen.de
Vorsitzende(r): Tarek Al-Wazir

a 48

BÜNDNIS 90/DIE GRÜNEN im Landtag Niedersachsen
Hinrich-Wilhelm-Kopf-Platz 1, 30159 Hannover
T: (0511) 30 30-4201, 30 30-4202 **Fax:** 32 98 29
Internet: http://www.nds.gruene.de/ltf/
E-Mail: landtag.nds@gruene.de
Vorsitzende(r): Harms (MdL)

a 49

Bündnis 90/Die Grünen im Landtag Nordrhein-Westfalen
Platz des Landtags 1, 40221 Düsseldorf
T: (0211) 8 84-2861 **Fax:** 8 84-2870
Internet: http://www.gruene.landtag.nrw.de
E-Mail: gruene-fgf@Landtag.nrw.de
Roland Appel

a 50

Bündnis 90/Die Grünen im Landtag Rheinland-Pfalz
Postf. 30 06, 55020 Mainz
Kaiser-Friedrich-Str. 3, 55116 Mainz
T: (06131) 2 08-3124, 2 08-3125 **Fax:** 2 08-4129
Internet: http://www.gruene-rlp.de/ltf/
E-Mail: gruene@landtag.rlp.de

a 51

Bündnis 90/DIE GRÜNEN im Saarländischen Landtag
Franz-Josef-Röder-Str. 7, 66119 Saarbrücken
T: (0681) 50 02-203, 50 02-272 **Fax:** 50 02-350
Internet: http://www.gruene-saar.de/fraktion.htm
E-Mail: gruenelv@saarlink.de

a 52

BÜNDNIS 90/DIE GRÜNEN im Landtag Schleswig-Holstein
Landeshaus
Düsternbrooker Weg 70, 24105 Kiel
T: (0431) 98 81-500 **Fax:** 98 81-501
Internet: http://www.landtag-sh.gruene.de
E-Mail: B90-GRUENE-LANDTAG-SH@t-online.de

• A 53

CDU/CSU-Fraktion im Deutschen Bundestag
11011 Berlin
T: (030) 2 27-52682 **Fax:** 2 27-56864
Internet: http://www.cducsu.bundestag.de/
E-Mail: fraktion@cducsu.bundestag.de

Geschäftsführender Fraktionsvorstand
Vorsitzende(r): Friedrich Merz (MdB)

1. Stellv. Vors.: Michael Glos (Vorsitzender der CSU-Landesgruppe, MdB)

Stellvertretende(r) Vorsitzende(r):
Volker Rühe (Außen-, Verteidigungs- und Sicherheitspolitik; MdB)
Wolfgang Bosbach (Rechts- und Innenpolitik; MdB)
Peter Rauen (Finanz- und Wirtschaftspolitik; MdB)
Günter Nooke (Ostdeutschland; MdB)
Dr. Klaus Lippold (Infrastrukturpolitik (Bauwesen, Verkehr, Umwelt, Landwirtschaft); MdB)
Horst Seehofer (Sozialpolitik; MdB)
Dr. Maria Böhmer (Familien-, Bildungs- und Gesellschaftspolitik; MdB)

1. Parlamentarischer Geschäftsführer: Hans-Peter Repnik (MdB)
Stellvertreter: Dr. Peter Ramsauer (MdB)
Parlamentarische(r) Geschäftsführer:
Birgit Schnieber-Jastram (MdB)
Eckart von Klaeden (MdB)
Manfred Grund (MdB)

Justitiare:
Andreas Schmidt
Dr. Wolfgang Bötsch (MdB)

• A 54

CSU-Landesgruppe der CDU/CSU-Bundestagsfraktion
11011 Berlin
Platz der Republik 1, 10557 Berlin
T: (030) 2 27-72239 Büro Dr. Ramsauer, 2 27-72240 Büro Dr. Ramsauer, 2 27-73049 Büro Glos, 2 27-73089 Büro Glos **Fax:** 2 27-76350 Büro Dr. Ramsauer, 2 27-76911 Büro Glos
Internet: http://www.cducsu.bundestag.de/csu
E-Mail: csu.landesgruppe@cducsu.bundestag.de

Vorstand
Vorsitzende(r): Michael Glos (MdB)
Stellvertretende(r) Vorsitzende(r): Hansgeorg Hauser (MdB)
Dr. Bernd Protzner (MdB)

Parl.GF: Dr. Peter Ramsauer (MdB)
Justitiar: Dr. Wolfgang Bötsch (MdB)
Stellv. Vorsitzender d. CDU/CSU Bundestagsfraktion: Horst Seehofer (MdB)

Arbeitskreis I
Recht (einschl. Wahlprüfung, Immunität und Geschäftsordnung); Innen und Sport; Umwelt
Vorsitzende(r): Wolfgang Zeitlmann (MdB)

Arbeitskreis II
Wirtschaft und Technologie; Tourismus; Ernährung, Landwirtschaft und Forsten, Verkehr, Bau- und Wohnungswesen
Vorsitzende(r): Dagmar Wöhrl (MdB)

Arbeitskreis III
Finanzen und Haushalt
Vorsitzende(r): Bartholomäus Kalb (MdB)

Arbeitskreis IV
Arbeit u. Soziales; Gesundheit; Familie und Senioren, Frauen und Jugend
Vorsitzende(r): Johannes Singhammer (MdB)

Arbeitskreis V
Außen-, Verteidigungs- und Entwicklungspolitik; Europäische Union
Vorsitzende(r): Christian Schmidt (MdB)

Arbeitskreis VI
Bildung, Wissenschaft, Forschung; Kultur, Medien und Telekommunikation; Medien und Kommunikation
Vorsitzende(r): Dr. Martin Mayer (MdB)

• A 55

F.D.P.-Fraktion im Deutschen Bundestag
11011 Berlin
Dorotheenstr. 93, 10117 Berlin
T: (030) 22 75 23 78 **Fax:** 22 75 67 78
Internet: http://www.liberale.de/fdp-fraktion/
E-Mail: pressestelle@fdp-bundestag.de

Fraktionsvorstand
Vorsitzende(r): Dr. Wolfgang Gerhardt (MdB)

Stellvertretende(r) Vorsitzende(r): Dr. Klaus Kinkel (MdB)
Rainer Brüderle (MdB)
Cornelia Pieper (MdB)
Walter Hirche (MdB)

Parl. Geschäftsführer: Jörg van Essen (MdB)
Ulrich Heinrich (MdB)
Jürgen Koppelin (MdB)
Leiter des Fraktionsbüros: Manfred R. Eisenbach
Pressesprecher: Martin Kothé

Arbeitskreis I
Außen-, Sicherheits-, Europa- und Entwicklungspolitik
Vorsitzende(r): Dr. Helmut Haussmann (MdB)

Arbeitskreis II
Wirtschafts-, Finanz- und Agrarpolitik
Vorsitzende(r): Rainer Brüderle (MdB)

Arbeitskreis III
Arbeits- und Sozialpolitik, Gesundheitspolitik und Familien-, Senioren-, Frauen- und Jugendpolitik
Vorsitzende(r): Dr. Irmgard Schwaetzer (MdB)

Arbeitskreis IV
Innen- und Rechtspolitik
Vorsitzende(r): Prof. Dr. Edzard Schmidt-Jortzig (MdB)

Arbeitskreis V
Umwelt-, Verkehrs-, Wohnungsbau-, Bildungs- und Forschungspolitik
Vorsitzende(r): Horst Friedrich (MdB)

Landtagsfraktionen

a 56

F.D.P. Landtagsfraktion Baden-Württemberg
Konrad-Adenauer-Str. 12, 70173 Stuttgart
T: (0711) 20 63-625, 20 63-627 **Fax:** 20 63-610
Vorsitzende(r): Ernst Pfister

a 57

F.D.P. Landtagsfraktion Hessen
Schloßplatz 2, 65183 Wiesbaden
T: (0611) 3 50-563, 3 50-564 **Fax:** 3 50-570
Vorsitzende(r): Jörg-Uwe Hahn

a 58

F.D.P. Landtagsfraktion Rheinland-Pfalz
Deutschhausplatz 12, 55116 Mainz
T: (06131) 2 08-425, 2 08-438 **Fax:** 22 68 48
Vorsitzende(r): Werner Kuhn

a 59

F.D.P. Landtagsfraktion Schleswig-Holstein
Düsternbrooker Weg 70, 24105 Kiel
T: (0431) 9 88-1480 **Fax:** 9 88-1495
Vorsitzende(r): Wolfgang Kubicki

• **A 60**

PDS-Fraktion im Deutschen Bundestag
11011 Berlin
Platz der Republik, 10557 Berlin
T: (030) 2 27-57002 **Fax:** 2 27-56543
Internet: http://www.pds-online.de/bt
E-Mail: nowak@bt.pds-online.de

Vorsitzende(r): Dr. Gregor Gysi

Stellvertretende(r) Vorsitzende(r): Prof. Dr. Christa Luft
Dr. Heidi Knake-Werner
Wolfgang Gehrcke

Frauenpolitische Sprecherin: Petra Bläss
Parlamentarischer Geschäftsführer: Roland Claus
Geschäftsführer(in): André Nowak
Pressesprecher: Reiner Oschmann

Landtagsfraktionen

a 61

Fraktion der PDS im Abgeordnetenhaus von Berlin
10111 Berlin
Niederkirchnerstr. 5, 10117 Berlin
T: (030) 23 25-2500, 23 25-2510 **Fax:** 23 25-2505, 23 25-2515
Internet: http://www.parlament-berlin.de/pds-fraktion
E-Mail: pds-fraktion.kontakt@pds.parlament-berlin.de
Gleichberechtigte Vorsitzende: Carola Freundl
Harald Wolf
Parlamentarischer Geschäftsführer: Uwe Doering
Pressesprecher: Günter Kolodziej

a 62

PDS-Fraktion im Landtag Brandenburg
Am Havelblick 8, 14473 Potsdam
T: (0331) 9 66 15 37 **Fax:** 9 66 15 40
Vorsitzende(r): Prof. Dr. Lothar Bisky
Parlamentarischer Geschäftsführer: Heinz Vietze

a 63

PDS-Landtagsfraktion Mecklenburg-Vorpommern
Lennestr. 1a, 19053 Schwerin
T: (0385) 5 25 25 00 **Fax:** 5 25 25 09
Fraktionsvorsitzende: Angelika Gramkow
Parlamentarischer Geschäftsführer: Dr. Arnold Schoenenburg

a 64

PDS-Fraktion im Sächsischen Landtag
Bernhard-von-Lindenau-Platz 1, 01067 Dresden
T: (0351) 4 93-5800 (Sekretariat) **Fax:** 4 93-5460
Internet: http://www.pds-sachsen.de/lfs
Fraktionsvorsitzende: Prof. Dr. Peter Porsch
Stellvertretende Fraktionsvorsitzende: Andrea Roth
Regina Schulz
Steffen Tippach
Parlamentarischer Geschäftsführer: Dr. André Hahn
Schatzmeisterin: Maria Gangloff
Fraktionsgeschäftsführer: Andreas Graff
Pressesprecher: Marcel Braumann

a 65

Landtag von Sachsen-Anhalt Fraktion der PDS
Domplatz 6-9, 39104 Magdeburg
T: (0391) 5 60 50 03 **Fax:** 5 60 50 08
Internet: http://home.t-online.de/home/pdslsa-lt/
E-Mail: pdslsa-lt@t-online.de
Fraktionsvorsitzende: Dr. Petra Sitte
Parlamentarischer Geschäftsführer: Wulf Gallert
Stellvertretende Fraktionsvorsitzende: Birke Bull
Matthias Gärtner
Fraktionsgeschäftsführer: Rüdiger Ettingshausen
Pressesprecher: Dr. Thomas Drziska

a 66

Fraktion der PDS im Thüringer Landtag
Arnstädter Str. 51, 99096 Erfurt
T: (0361) 3 77 22 95 **Fax:** 3 77 24 16
Internet: http://www.pds-fraktion-thueringen.de
Fraktionsvorsitzende: Gabriele Zimmer
Stellvertretende Fraktionsvorsitzende: Christiane Neudert
Bodo Ramelow
Parlamentarischer Geschäftsführer: Werner Buse

• **A 67**

SPD-Bundestagsfraktion
11011 Berlin
Platz der Republik, 10557 Berlin
T: (030) 2 27-55066, 2 27-52103 **Fax:** 2 27-56085
Internet: http://www.spdfraktion.de
E-Mail: frabuero@spdfraktion.de

Geschäftsführender Fraktionsvorstand
Fraktionsvorsitzender: Dr. Peter Struck (MdB)

Stellvertretende Fraktionsvorsitzende: Rudolf Dreßler (MdB; Zuständigkeit: Gesundheit, Pflege)
Gernot Erler (MdB; Außen, Sicherheit, Entwicklung, Menschenrechte, Verteidigung)
Iris Gleicke (MdB; Infrastruktur, Bau, Verkehr)
Sabine Kaspereit (MdB; Aufbau Ost)
Michael Müller (MdB; Umwelt, Bildung, Forschung)
Joachim Poß (MdB; Haushalt, Steuern)
Ulla Schmidt (MdB; Soziales, Arbeit, Frauen, Jugend)
Dr. Norbert Wieczorek (MdB; Wirtschaft, Technologie, Landwirtschaft)
Ludwig Stiegler (MdB; Innen, Kultur, Sport)

Parlamentarische Geschäftsführer(innen): Wilhelm Schmidt (MdB; Erster parlamentarischer Geschäftsführer)
Ilse Janz (MdB)
Susanne Kastner (MdB)
Dr. Uwe Küster (MdB)
Dr. Angelica Schwall-Düren (MdB)
Pressesprecher: Norbert Bicher

Landtagsfraktionen

a 68

SPD-Landtagsfraktion Baden-Württemberg
Konrad-Adenauer-Str. 12 Haus der Abgeordneten, 70173 Stuttgart
T: (0711) 20 63-0 **Fax:** 20 63-710
Vorsitzende(r): Ulrich Maurer (MdL, T: (0711) 20 63-731/729)
Parl. Geschäftsführer: Rainer Brechtken (MdL, T: (0711) 20 63-715/719)
Fraktionsgeschäftsführer: Dr. Horst Glück

a 69

Bayern SPD Landtagsfraktion
Maximilianeum, 81627 München
Max-Planck-Str. 1, 81675 München
T: (089) 41 26-0 **Fax:** 41 26-1182, 41 26-1168 Pressestelle
Vorsitzende: Renate Schmidt (MdL, T: (089) 41 26-2269/2266, Fax: (089) 41 26-1266)
Parl. Geschäftsführer: Herbert Müller (MdL, T: (089) 41 26-2260)

a 70

SPD-Fraktion des Abgeordnetenhauses von Berlin
10111 Berlin
T: (030) 23 25-0 **Fax:** 23 25-2209, 23 25-2249 Pressestelle
Vorsitzende(r): Klaus Wowereit (MdA, T: (030) 23 25-22 00, -22 01)
Parl. Geschäftsführerin: Petra Merkel (MdA, T: (030) 23 25-22 21)
Parl. Geschäftsführer: Dr. Hans-Peter Seitz (MdA, T: (030) 23 25-22 11)

a 71

SPD-Landtagsfraktion Brandenburg
Postf. 60 10 64, 14410 Potsdam
Am Havelblick 8, 14473 Potsdam
T: (0331) 9 66-0 **Fax:** 9 66-1307, 9 66-1363
Vorsitzende(r): Gunter Fritsch (MdL, T: (0331) 966-1300/1301, Fax: (0331) 9 66-1307)
Parl. Geschäftsführer: Wolfgang Klein (MdL, T: (0331) 966-1302/1331)

a 72

SPD-Bürgerschaftsfraktion Bremen
Postf. 10 13 66, 28013 Bremen
Altenwall 15-16, 28195 Bremen
T: (0421) 3 36 77-0 **Fax:** 32 11 20
Vorsitzende(r): Jens Böhrnsen (MdBB, T: (0421) 3 36 77-33/26)
Fraktionsgeschäftsführerin: Karin Röpke (T: (0421) 3 36 77-32/28)

a 73

SPD-Bürgerschaftsfraktion Hamburg
Rathausmarkt 1, 20095 Hamburg
T: (040) 4 28 31-0 **Fax:** 4 28 31-2435
Vorsitzende(r): Dr. Holger Christier (MdBü, T: (040) 4 28 31-1555)
Parl. Geschäftsführer: Dorothee Stapelfeldt (MdBü, PGF, T: (040) 4 28 31-1326/1335)

a 74

SPD-Landtagsfraktion Hessen
Postf. 32 40, 65022 Wiesbaden
Schloßplatz 1, 65183 Wiesbaden
T: (0611) 3 50-0 **Fax:** 3 50-511
Vorsitzende(r): Armin Clauss (MdL, T: (0611) 3 50-500/501)
Parl. Geschäftsführer: Manfred Schaub (MdL, PGF, T: (0611) 3 50-503)

a 75

SPD-Landtagsfraktion Mecklenburg-Vorpommern
Lennestr. 1a, 19053 Schwerin
T: (0385) 5 25-0 **Fax:** 5 25-2601
Vorsitzende(r): Dr. Volker Schlotmann (MdL, T: (0385) 525-2306)
Parl. Geschäftsführer: Reinhard Dankert (MdL, PGF, T: (0385) 5 25-2355)

a 76

SPD-Landtagsfraktion Niedersachsen
Hinrich-Wilhelm-Kopf-Platz 1, 30159 Hannover
T: (0511) 30 30-4017 **Fax:** 30 30-4809
Vorsitzende(r): Axel Plaue (MdL, T: (0511) 30 30-4035, Fax: (0511) 30 30-4811)
Parl. Geschäftsführer: Dieter Möhrmann (MdL, PGF, T: (0511) 30 30-4036, Fax: (0511) 30 30-4811)
Fraktionsgeschäftsführer: Dirk-Ulrich Mende

a 77

SPD-Landtagsfraktion Nordrhein-Westfalen
Postf. 10 11 43, 40002 Düsseldorf
Platz des Landtags, 40221 Düsseldorf
T: (0211) 8 84-0 **Fax:** 8 84-2290, 8 84-2232 Pressestelle
Vorsitzende(r): Manfred Dammeyer (MdL, T: (0211) 8 84-2220/2225, Fax: (0211) 8 84-2056)
Parl. Geschäftsführer: Moron

a 78

SPD-Landtagsfraktion Rheinland-Pfalz
Postf. 30 06, 55020 Mainz
Kaiser-Friedrich-Str. 3, 55116 Mainz
T: (06131) 2 08-1 **Fax:** 2 08-4225
Vorsitzende(r): Joachim Mertes (MdL, T: (06131) 2 08-3223/3224, Fax: 2 08/4224)
Parl. Geschäftsführer: Karl-Peter Bruch (MdL, T: (06131) 2 08-311)

a 79

SPD-Fraktion im Landtag des Saarlandes
Postf. 11 88, 66018 Saarbrücken
Postf. 10 18 33, 66018 Saarbrücken
Franz-Josef-Röder-Str. 7, 66119 Saarbrücken
T: (0681) 50 02-0 **Fax:** 50 02-383, 50 02-436
Vorsitzende(r): Heiko Maass (MdL, T: (0681) 50 02-248/282, Fax: (0681) 50 02-387)
Parl. Geschäftsführer: Rainer Tabillions (MdL, T: (0681) 50 02-280/282/299)
Fraktionsgeschäftsführer: Thomas Kühn-Sehn

a 80

SPD-Landtagsfraktion Sachsen
Bernhard-von-Lindenau-Platz 2, 01067 Dresden
T: (0351) 49 35-0 **Fax:** 49 35-451
Vorsitzende(r): Thomas Jurk (MdL, T: (0351) 49 35-703/702, Fax: (0351) 49 35-450)
Parl. Geschäftsführer: Barbara Ludwig (MdL, T: (0351) 49 35-700)

a 81

SPD-Landtagsfraktion Sachsen-Anhalt
39094 Magdeburg
Postf. 19 69, 39009 Magdeburg
Domplatz 6-9, 39104 Magdeburg
T: (0391) 5 60-0 **Fax:** 5 60-3020
Vorsitzende(r): Dr. Rüdiger Fikentscher (MdL, T: (0391) 5 60-3000)
Parl. Geschäftsführer: Jens Bullerjahn (MdL, T: (0391) 5 60-3004)

a 82

SPD-Landtagsfraktion Schleswig-Holstein
Düsternbrooker Weg 70 Landeshaus, 24105 Kiel
T: (0431) 9 88-0 **Fax:** 9 88-1313
Vorsitzende(r): Hay (MdL, T: (0431) 9 88-1300/1301, Fax: (0431) 9 88-1333)
Parl. Geschäftsführer: Holger Astrup (MdL, T: (0431) 9 88-1303/1304)
Parl. Geschäftsführer: Hartwig Bratek (T: (0431) 9 88-1312)

a 83

SPD-Landtagsfraktion Thüringen
Arnstädter Str. 51 Landtag, 99096 Erfurt
T: (0361) 3 77-2331/32 **Fax:** 3 77-2417
Vorsitzende(r): Heiko Gentzel
Parlamentarischer Geschäftsführer: Pidde
Fraktionsgeschäftsführerin: Eveline Heider

Weitere Bundesbehörden und der Bundesregierung unterstehende Einrichtungen

• **A 84**

Der Bundesrechnungshof
60284 Frankfurt
Berliner Str. 51, 60311 Frankfurt
T: (069) 21 76-0 **Fax:** 21 76-24 68
Internet: http://www.bundesrechnungshof.de
Präsidentin: Dr. Hedda von Wedel
Vizepräsident: Dr. Dieter Engels
Ltg. Pressereferat: RD Friedrich Rienhardt
Präsidialabteilung:
Organisation, Personal, Haushalt, Innerer Dienst, Informationstechnik, Öffentlichkeitsarbeit, Internationale Angelegenheiten, Rechtsangelegenheiten

Abteilung I:
Grundsatzaufgaben, Teile des Bundeshaushalts

Abteilung II:
Teile des Bundeshaushalts, Angelegenheiten der EU

Abteilung III:
Bundesvermögen, Bahn, Post, Beteiligungen Nachfolgeorganisationen der Treuhand

Abteilung IV:
Verteidigung, Verteidigungslasten, Sicherheit, Dienste

Abteilung V:
Verkehr, Bauangelegenheiten Informationstechnik und -verarbeitung

Abteilung VI:
Bundesanstalt für Arbeit, Teile des Bundeshaushalts Sozialleistungen (Querschnittsfragen)

Abteilung VII:
Organisation, Personalwesen, Teile des Bundeshaushalts

Abteilung VIII:
Finanzen, Wirtschaft, Banken

Abteilung IX:
Rentenversicherung, Soziales Teile des Bundeshaushalts Lastenausgleich

a 85

Bundesrechnungshof Außenstelle Potsdam
Dortustr. 30-34, 14467 Potsdam
T: (0331) 23 01-300 **Fax:** 23 01-599

a 86

Bundesrechnungshof - Außenstelle Bonn -
Godesberger Allee 140, 53175 Bonn
T: (0228) 3 07-0 **Fax:** 3 07-2400

• **A 87**

Bund-Länder-Kommission für Bildungsplanung und Forschungsförderung (BLK)
Hermann-Ehlers-Str. 10, 53113 Bonn
T: (0228) 54 02-0 **Fax:** 54 02-150
Internet: http://www.blk-bonn.de
E-Mail: blk@blk-bonn.de
Gründung: 1970 (25. Juni)
Die Vorsitzenden der BLK werden jeweils für ein Jahr abwechselnd aus dem Kreis der Vertreter der Bundesregierung und der Landesregierungen bestellt.
Generalsekretär(in): MinDirig Schlegel (T: (0228) 54 02-1 12)
Stellv. Generalsekretär: MR Bock (T: (0228) 54 02-1 22)
Allgem. Angelegenheiten der Kommission: MR Brand (T: (0228) 54 02-1 16)
Innerer Dienst, Personal, Haushaltsangel.: OAR Klaassen (T: (0228) 54 02-1 20)
Presse- und Öffentlichkeitsarbeit: MR Bock (T: (0228) 54 02-1 22)
Forum Bildung: (Besteht aus Vertretern der staatlichen Seite - Bund und Länder, der Wissenschaft, der Tarifpartner, der Studierenden, der Auszubildenden und der Kirchen) Von Bund und Ländern Mitte 1999 bei der BLK auf die Dauer von 2 1/2 Jahren eingerichtet. Leitung des Arbeitsstabes: MR Koch T: (0228) 54 02-1 27, I-Net: www.forumbildung.de
Mitglieder: 8 Vertreter der Bundesregierung und je 1, bei Angelegenheiten der Forschungsförderung, je 2 Vertreter der Landesregierungen
Mitarbeiter: 26 Planstellen/Stellen

Bundeskanzleramt

• **A 88**

Bundesnachrichtendienst (BND)
Heilmannstr. 30, 82049 Pullach
T: (089) 7 93 15 67
Internet: http://www.bundesnachrichtendienst.de
Präsident(in): Dr. August Hanning

• **A 89**

Bundesbildstelle im Presse- und Informationsamt der Bundesregierung
11044 Berlin
Neustädtische Kirchstr. 15, 10117 Berlin
T: (01888) 2 72-2330 **Fax:** 2 72-2305
Internet: http://www.bundesregierung.de
Leitung Bundesbildstelle: Dr. Ingeborg Ludewigs

Landesbildstellen

• **A 90**

Landesbildstelle Baden Zentrum für audiovisuelle Medien
Anstalt des öffentl. Rechts
Rastatter Str. 25, 76199 Karlsruhe
T: (0721) 88 08-0 **Fax:** 88 08-68, -69
Internet: http://www.lbb.bw.schule.de
E-Mail: pia.hegewald@lbb.bw.schule.de

• **A 91**

Landesbildstelle Württemberg
Rotenbergstr. 111, 70190 Stuttgart
T: (0711) 28 50-6 **Fax:** 28 50-780
Internet: http://www.lbw.bwue.de
E-Mail: lbw@lbw.bwue.de

• **A 92**

Landesbildstelle Berlin
Wikingerufer 7, 10555 Berlin
T: (030) 9 01 93-0 **Fax:** 9 01 93-349
Internet: http://www.labi.be.schule.de
E-Mail: post@labi.be.schule.de
Leitung: Direktor H.-J. Schulze

• **A 93**

Landesinstitut für Schule
Medien/Landesbildstelle
Uhlandstr. 53, 28211 Bremen
T: (0421) 3 61 31 78 **Fax:** 3 61 31 15
E-Mail: lbstd@zfn.uni-bremen.de

• **A 94**

Landesmedienzentrum Hamburg
Kieler Str. 171, 22525 Hamburg
T: (040) 4 28 01-5290 **Fax:** 4 28 01-5505
Internet: http://www.hh.schule.de/lmz
E-Mail: lmz@lmz.hh.schule.de
Leitung: Dr. Joachim Paschen

• **A 95**

Zentralstelle Medien, Daten und Informationen (ZMDI)
Gutleutstr. 8-14, 60329 Frankfurt
T: (069) 25 68-0 **Fax:** 25 68-237
Internet: http://www.bildung.hessen.de
E-Mail: zmdi@mdi.f.he.schule.de

• **A 96**

Niedersächsisches Landesinstitut für Fortbildung und Weiterbildung im Schulwesen und Medienpädagogik (NLI)
Dezernat 4 -Medienpädagogik
Keßlerstr. 52, 31134 Hildesheim
T: (05121) 16 95-0 **Fax:** 16 95-339
Internet: http://www.nibis.ni.schule.de

• **A 97**

Staatliche Landesbildstelle Nordbayern
Medienzentrum
Postf. 10 10 32, 95410 Bayreuth
Carl-Burger-Str. 26, 95445 Bayreuth
T: (0921) 74 63-0 **Fax:** 74 63-280
Internet: http://did.mat.uni-bayreuth.de/TILDEZEICHENlbn
E-Mail: Lbn@did.mat.uni-bayreuth.de
Direktor(in): Rudolf Kühn
Verbandszeitschrift: MEDIENZEIT aktuell
Redaktion: Staatl. Landesbildstelle Nordbayern

• **A 98**

Staatliche Landesbildstelle Südbayern
Am Stadtpark 20, 81243 München
T: (089) 12 65-25 00 **Fax:** 12 65-25 05
E-Mail: vilgertshofer@labi01.rz.fh-muenchen.de
Direktor(in): Dr. Rainer Vilgertshofer

• **A 99**

Landesmedienzentrum Rheinland-Pfalz
Hofstr. 257c, 56077 Koblenz
T: (0261) 97 02-0 **Fax:** 97 02-2 00
Leitung: Dr. Dieter Kerber

• **A 100**

Medienzentrum Rheinland Landes- und Stadtbildstelle
Bertha-von-Suttner-Platz 3, 40227 Düsseldorf
T: (0211) 8 99 81 01 **Fax:** 8 92 92 64
Internet: http://www.lvr.de/dez9/amt91/mzr/mzr-welcome.htm

• **A 101**

Landschaftsverband Westfalen-Lippe Landesbildstelle Westfalen
Warendorfer Str. 24, 48133 Münster
48133 Münster
Freiherr-v.-Stein-Platz 1, 48147 Münster
T: (0251) 5 91-3902 **Fax:** 5 91-3982
Internet: http://www.lwl.org/labi/INDEX.HTM
E-Mail: lwl-labi@lwl.org
Leitung: Lt. LVD Dr. Wolfgang Linke

• **A 102**

Landesinstitut Schleswig-Holstein für Praxis und Theorie der Schule Landesmedienzentrum (IPTS)
Landesmedienzentrum
Schreberweg 5, 24119 Kronshagen
T: (0431) 54 03-176 **Fax:** 54 03-177
Internet: http://www.lmz.org/
E-Mail: lmz.sh@schule.comcity.de
Leitung: OStudDir. Dipl.-Ing. Roderich Felsberg

• **A 103**

Landesbildstelle Saarland
Beethovenstr. 26, 66125 Saarbrücken
T: (06897) 79 08 20 **Fax:** 79 08 22
E-Mail: Labi@Pegasus.Lpm.uni-SB.DE

Auswärtiges Amt

● **A 104**

Deutsches Archäologisches Institut
Podbielskiallee 69-71, 14195 Berlin
T: (01888) 77 11-0 **Fax:** 77 11-168
Internet: http://www.dainst.de
E-Mail: info@dainst.de
Präsident(in): Prof. Dr. phil. Dr.h.c. Helmut Kyrieleis
Vertr. d. Präs: Dr. phil. Walter Trillmich
Ltg. Architekturreferat: Dr.-Ing. Ernst-Ludwig Schwandner

Forschungsinstitut des Bundes im Geschäftsbereich des Auswärtigen Amtes. Forschungen und Veröffentlichungen auf dem Gebiet der Archäologie und ihrer Nachbarwissenschaften, vorwiegend im Bereich der antiken Kulturen. Außer der Zentrale, der Orient- und der Eurasien-Abteilung in Berlin und drei Kommissionen (Frankfurt, München und Bonn) fünf Auslandsabteilungen (Rom, Athen, Kairo, Istanbul, Madrid) sowie vier Außenstellen (Damaskus, Bagdad, Teheran und Sanaa).

a 105

Deutsches Archäologisches Institut
Eurasien-Abteilung
Im Dol 2-6 Haus II, 14195 Berlin
T: (01888) 77 11-0 **Fax:** 77 11-313
E-Mail: eurasien@dainst.de
1. Dir.: Prof. Dr. phil. Hermann Parzinger
2. Dir.: Dr. phil. Mayke Wagner

a 106

Deutsches Archäologisches Institut
Orient-Abteilung
Podbielskiallee 69-71, 14195 Berlin
T: (01888) 77 11-0 **Fax:** 77 11-189
E-Mail: orient@dainst.de
1. Dir.: Prof. Dr. phil. Ricardo Eichmann
2. Dir.: Dr. phil. Margarete van Ess

a 107

Deutsches Archäologisches Institut
Römisch-Germanische Kommission
Palmengartenstr. 10-12, 60325 Frankfurt
T: (069) 97 58 18-0 **Fax:** 97 58 18 38
E-Mail: info@rgk.dainst.de
1. Dir.: Prof. Dr.phil. Siegmar Freiherr von Schnurbein
2. Dir.: Dr.phil. Susanne Sievers

a 108

Deutsches Archäologisches Institut
Forschungsstelle der RGK
Jesuitenstr. 3, 85049 Ingolstadt
T: (0841) 93 11-404 **Fax:** 93 11-428

a 109

Deutsches Archäologisches Institut
Kommission für Alte Geschichte und Epigraphik
Amalienstr. 73b, 80799 München
T: (089) 28 67 67 60 **Fax:** 28 67 67 80
E-Mail: Info@aek.dainst.de
1. Dir.: Dr. phil. Michael Wörrle
2. Dir.: Prof. Dr.phil. Dieter Hennig

a 110

Deutsches Archäologisches Institut
Kommission für Allgemeine und Vergleichende Archäologie
Endenicher Str. 41, 53115 Bonn
T: (0228) 98 20 70 **Fax:** 9 82 07 49
E-Mail: info@kava.dainst.de
1. Dir.: Dr.-Ing. Wolfgang Wurster
2. Dir.: Dr.phil. Josef Eiwanger

a 111

Deutsches Archäologisches Institut
Abteilung Rom
Via Sardegna 79, I-00187 Rom
T: (003906) 48 88 14-1 **Fax:** 4 88 49 73
E-Mail: dairsekr@librs6k.vatlib.it
1. Dir.: Prof. Dr.phil. Paul Zanker
2. Dir.: Dr.-Ing. Dieter Mertens

a 112

Deutsches Archäologisches Institut
Abteilung Athen
Fidiou 1, GR-10678 Athen
T: (00301) 3 82 02 70, 3 82 00 92 **Fax:** 3 81 47 62
E-Mail: daiath@otenet.gr
1. Dir.: Prof. Dr.phil. Klaus Fittschen
2. Dir.: Dr.-Ing. Hermann Kienast

a 113

Deutsches Archäologisches Institut
Abteilung Kairo
31, Abu El Feda, ET-Kairo-Zamalek
T: (00202) 3 40 14 60, 3 40 23 21 **Fax:** 3 42 07 70
E-Mail: daik@soficom.com.eg
1. Dir.: Dr. phil. Günter Dreyer
2. Dir.: Dr. phil. Daniel Polz

a 114

Deutsches Archäologisches Institut
Abteilung Istanbul
Gümüşsuyu
Ayazpaşa Camii Sk. 48, TR-80090 Istanbul
T: (0090212) 2 44 07 14, 2 52 34 90 **Fax:** 2 52 34 91
E-Mail: daiist@attglobal.net
1. Dir.: Prof. Dr.phil. Harald Hauptmann
2. Dir.: Dr.phil. Wolfgang Radt

a 115

Deutsches Archäologisches Institut
Abteilung Madrid
Serrano 159, E-28002 Madrid
T: (003491) 5 61 09 04, 4 11 02 59 **Fax:** 5 64 00 54
E-Mail: sekretariat@dainst-madrid.es
1. Dir.: Prof. Dr.phil. Tilo Ulbert
2. Dir.: Dr. phil. Thomas Schattner

Außenstelle Sanaa
c/o Deutsche Botschaft Sanaa/Jemen
Postf. 11 48, 53001 Bonn
T: (009671) 21 84 74 **Fax:** 20 32 26
E-Mail: dai.sanaa@y.net.ye
Leitung: Dr. phil. Burkhard Vogt
POB 2562, Sana'a Republik Yemen

Außenstelle Damaskus
Postf. 1 18 70, SYR-Damaskus
8, Malki Street, SYR-Damaskus
T: (0096311) 3 31 76 84-0 **Fax:** 3 31 76 84-9
E-Mail: daidam@net.sy
Leitung: Prof. Dr. phil. Klaus St. Freyberger

BM für Arbeit und Sozialordnung

● **A 116**

Bundesversicherungsamt
Villemombler Str. 76, 53123 Bonn
T: (0228) 6 19-0 **Fax:** 6 19-1876
Gründung: 1956
Präsident(in): Dr. Rainer Daubenbüchel
Vizepräsident(in): Eckhart Eitner
Leitung Presseabteilung: Theo Eberenz
Mitarbeiter: ca. 440

Obere Bundesbehörde, Aufsichtsbehörde über die bundesunmittelbaren Sozialversicherungsträger.

● **A 117**

Bundesversicherungsanstalt für Angestellte
Ruhrstr. 2, 10709 Berlin
T: (030) 8 65-1 **Fax:** 86 52 72 40
TX: 183 366 BfA
T-Online ∗4 5065∗
Internet: http://www.bfa-berlin.de/
Gründung: 1913 (RfA); 1953 (BfA)
Vorsitzende(r) des Vorstandes: Lutz Freitag
Stellv. Vors. d. Vorst.: Hans Dieter Richardt
(im jährlichen Wechsel)
Geschäftsführer(in): Präs. Dr. Herbert Rische
Dir. Dr. Anne Meurer
Dir. Klaus Michaelis
Ltg. Pressedez.: Helbing
Verbandszeitschrift: Die Angestelltenversicherung

Träger der gesetzlichen Rentenversicherung der Angestellten.

● **A 118**

Bundesausführungsbehörde für Unfallversicherung
siehe K 308

● **A 119**

Bundesanstalt für Arbeitsschutz und Arbeitsmedizin (BAuA)
Hauptsitz Dortmund
Postf. 17 02 02, 44061 Dortmund
Friedrich-Henkel-Weg 1-25, 44149 Dortmund
T: (0231) 90 71-0 **Fax:** 90 71-4 54
Internet: http://www.baua.de
Gründung: 1996 (1. Juli)
Präsident(in): Präs. u. Prof. Dipl.-Ing. Hans-Jürgen Bieneck
Ständiger Vertreter: Dir. und Prof.: Dr.rer.nat. Fritz Kochan, Berlin
Leiter Öffentlichkeitsarbeit und Presse: RD Friedrich Sonderkötter
Mitarbeiter: 578 (1. Januar 2000)

a 120

Bundesanstalt für Arbeitschutz und Arbeitsmedizin Sitz Berlin
Nöldnerstr. 40-42, 10317 Berlin
T: (030) 5 15 48-0 **Fax:** 5 15 48-170
Leiter Öffentlichkeitsarbeit und Presse: RD Dr.sc.nat. Dieter Wolff

a 121

Bundesanstalt für Arbeitsschutz und Arbeitsmedizin
Außenstelle Dresden
Postf. 10 02 43, 01072 Dresden
Proschhübelstr. 8, 01099 Dresden
T: (0351) 80 62-0 **Fax:** 80 62-2 10
Abteilungsleiter(in): Dr.-Ing. Dieter Uhlig (Abteilung AS 4)

a 122

Bundesanstalt für Arbeitsschutz und Arbeitsmedizin
Außenstelle Chemnitz
Jagdschänkenstr. 33, 09117 Chemnitz
T: (0371) 81 47-0 **Fax:** 81 47-222

a 123

Bundesanstalt für Arbeitsschutz und Arbeitsmedizin
Außenstelle Bremen
Parkstr. 58, 28209 Bremen
T: (0421) 3 47 96 34 **Fax:** 3 49 81 60

● **A 124**

Beauftragter der Bundesregierung für die Belange der Behinderten
T: (01888) 5 27-2944 **Fax:** 5 27-1871
Internet: http://www.behindertenbeauftragter.de
E-Mail: info@behindertenbeauftragter.de
Gründung: 1981
Beauftragter der Bundesregierung für die Belange der Behinderten: Karl Hermann Haack
Mitarbeiter: 14, davon 6 Mitarb. im Büro Bonn

BM für Bildung und Forschung

● **A 125**

Bundesinstitut für Berufsbildung (BiBB)
Hermann-Ehlers-Str. 10, 53113 Bonn
T: (0228) 1 07-0
Internet: http://www.bibb.de
E-Mail: zentrale@bibb.de
Gründung: 1970
Generalsekretär(in): Prof. Dr. Helmut Pütz
Stellv. Gen.s., Ltr. d. Forschungsbereichs: Walter Brosi
Leitung Presseabteilung: Dr. Ilona Zeuch-Wiese
Mitarbeiter: ca. 400
Zeitschrift: BWP (Berufsbildung in Wissenschaft und Praxis)
Redaktion: Dr. Ursula Werner
Verlag: W. Bertelsmann Verlag GmbH & Co. KG, Auf dem Esch 4, 33619 Bielefeld, T: (0521) 9 11 01-0, Telefax: (0521) 9 11 01-79

● **A 126**

Deutsches Historisches Institut London
German Historical Institute London
17, Bloomsbury Square, GB-London WC1A 2LP
T: (0044207) 404-5486 **Fax:** 404-5573
Internet: http://www.ghil.co.uk
E-Mail: ghil@ghil.co.uk

Gründung: 1976
Leitung: Prof. Dr. Peter Wende
Wiss. Mitarbeiter: 7

• A 127

Deutsches Historisches Institut Paris
8, Rue du Parc-Royal, F-75003 Paris
T: (00331) 42 71 56 16 **Fax:** 42 71 56 43
Internet: http://www.dhi-paris.fr
E-Mail: direktor@dhi-paris.fr
Gründung: 1958 / 1964
Direktor(in): Prof. Dr. Werner Paravicini
Mitglieder: ca. 30 (mit ca. 25 Stipendiaten)

• A 128

Deutsches Historisches Institut Rom
Via Aurelia Antica, 391, I-00165 Rom
T: (003906) 66 04 92-1 **Fax:** 6 62 38 38
Internet: http://www.dhi-roma.it
E-Mail: post@dhi-roma.it
Gründung: 1888
Direktor(in): Prof. Dr. Arnold Esch

• A 129

Deutsches Historisches Institut German Historical Institute
1607 New Hampshire Ave. NW, USA-Washington, DC 20009
T: (001202) 387-3355 **Fax:** 483-3430
Internet: http://www.ghi-dc.org
E-Mail: dhiusa@ghi-dc.org
Gründung: 1987
Direktor(in): PD Dr. Christof Mauch
Mitarbeiter: 22

• A 130

EUREKA (Europäische Forschungsinitiative zur technologischen Zusammenarbeit)
Informationsstelle: EUREKA/COST-Büro, DLR
Postf. 30 03 64, 53183 Bonn
T: (0228) 4 49 22 50 **Fax:** 4 49 22 33
Gründung: 1985
Hoher Repräsentant für Deutschland: Reinhard Junker (BMBF)
Mitglieder: 26 Mitgliedsstaaten u. Europäische Kommission

a 131

EUREKA Koordinierungsstelle Bonn
c/o BMBF, Ref. 115 A
Heinemannstr. 2, 53175 Bonn
T: (0228) 57-3164 **Fax:** 57-3603

• A 132

Biologische Anstalt Helgoland (BAH)
in der Stiftung Alfred-Wegener-Institut für Polar- und Meeresforschung
Postf. 12 01 61, 27515 Bremerhaven
T: (0471) 48 31-0 **Fax:** 48 31-149
Internet: http://www.awi.bremerhaven.de
Gründung: 1892
Leiter(in): Prof. Dr. Friedrich Buchholz (Meeresstation Helgoland)
Dr. Karsten Reise (Wattenmeerstation Sylt)
Verbandszeitschrift: Helgoland Marine Research
Redaktion: Dr. Heinz-Dieter Franke
Verlag: Biologische Anstalt Helgoland in der Stiftung Alfred-Wegener-Institut für Polar- und Meeresforschung
Mitarbeiter: ca. 170
Jahresetat: ca. DM 20 Mio, € 10,23 Mio (s. Stiftung Alfred-Wegener-Institut für Polar- und Meeresforschung)

BM für Ernährung, Landwirtschaft und Forsten

• A 133

Bundesforschungsanstalt für Landwirtschaft (FAL)
Bundesallee 50, 38116 Braunschweig
T: (0531) 5 96-1 **Fax:** 5 96-814
Internet: http://www.fal.de
E-Mail: info@fal.de
Gründung: 1947
Präsident: Prof. PD Dr.-Ing Claus Sommer (Direktor, T: (0531) 5 96-800, Fax: 5 96-814)
Vizepräsident(in): Prof. Dr. Folkhard Isermeyer (Direktor, T:(0531) 5 96-313, Fax: 5 96-357)
Verwaltungsleiter: Ltd. RD Horst Gottfried (Tel. (0531) 5 96-302, Fax: 5 96-368)
Ltr. Präsidialbüro u. Öffentlichkeitsarbeit: WOR Dipl.-Biol. Chr. Otto (T: (0531) 59 6-803, Telefax: (0531) 59 6-814)
Besucher- und Pressedienst: Ing. agr. F. Frhr. von Elverfeldt (T: (0531) 59 6-802, Telefax: (0531) 59 6-814)
Mitarbeiter: rd. 900 davon rd. 250 Wissenschaftler

• A 134

Bundesforschungsanstalt für Forst- und Holzwirtschaft
Leuschnerstr. 91, 21031 Hamburg
T: (040) 7 39 62-0 **Fax:** 7 39 62-4 80
Internet: http://www.dainet.de/bfh
E-Mail: bfafh@holz.uni-hamburg.de
Leitung: Univ. Prof. Dr. D. Eckstein
Verwaltungsleitung: RAR Rainer Mucha

• A 135

Bundesanstalt für Getreide-, Kartoffel- und Fettforschung in Detmold und Münster
Standort Detmold (Hauptsitz)
Postf. 13 54, 32703 Detmold
Schützenberg 12, 32756 Detmold
T: (05231) 7 41-0 **Fax:** 74 11 00
Internet: http://www.dainet.de/bagkf/bagkf.htm
E-Mail: BAGKF@t-online.de
Gründung: 1907
Leiter der Bundesanstalt: Dir. u. Prof. Dr. Siegfried Warwel
Vertreter des Anstaltsleiters: Dir. u. Prof. Dr. Meinolf G. Lindhauer
Verwaltungsleiterin: RA Kerstin Burmeister
Mitarbeiter: 150 Detmold u. Münster
Wissenschaftler auf Planstellen: 27

a 136

Bundesanstalt für Getreide-, Kartoffel- und Fettforschung Standort Münster
Piusallee 68/76, 48147 Münster
T: (0251) 4 35 10 **Fax:** 51 92 75

• A 137

Bundesforschungsanstalt für Fischerei
Palmaille 9, 22767 Hamburg
T: (040) 3 89 05-0 **Fax:** 3 89 05-200
Internet: http://www.dainet.de/bfafi
E-Mail: 100565.1223@compuserve.com
Leitung: Dir. u. Prof. Dr. Hans-Stephan Jenke
Stellvertretender Leiter: Dir. u. Prof. Dr. Otto Gabriel
Verwaltungsleiter: ORR Dipl.-Verww. Lothar Kraft

• A 138

Bundesanstalt für Fleischforschung
E.-C.-Baumann-Str. 20, 95326 Kulmbach
T: (09221) 80 31 **Fax:** 8 03-2 44
E-Mail: BAFF@compuserve.com
Gründung: 1938
Leitung: Dir. u. Prof. Dr. Karl Otto Honikel
Presseabteilung: Dir. u. Prof. Dr. Wolfgang Branscheid
Verbandszeitschrift: Mitteilungsblatt der Bundesanstalt für Fleischforschung
Redaktion: Dr. L. Kröckel
Verlag: Bundesanstalt für Fleischforschung, E.-C.-Baumannstr. 20, 95326 Kulmbach
Mitarbeiter: 135
Jahresetat: DM 14 Mio, € 7,16 Mio

• A 139

Bundesforschungsanstalt für Ernährung (BFE)
Haid-und-Neu-Str. 9, 76131 Karlsruhe
T: (0721) 66 25-0 **Fax:** 66 25-1 11
Internet: http://www.dainet.de/bfe
E-Mail: al.bfe@bfe.uni-karlsruhe.de
Anstaltsleiter: Prof. Dr. rer. nat. habil. B. Tauscher

• A 140

Deutsche Wissenschaftliche Kommission für Meeresforschung
Palmaille 9, 22767 Hamburg
T: (040) 38 90 50, App. 168 **Fax:** 3 89 05-2 63
Gründung: 1901
Wiss. Vors: Prof. Dr. Dietrich Schnack (Institut für Meereskunde an der Universität Kiel, Düsternbrooker Weg 20, 24105 Kiel, Tel: (0431) 5 97-39 10)
Geschäftsf.Sekr.: Dir. u. Prof. Dr. Alfred Post
Verbandszeitschrift: Archiv für Meeresforschung
Redaktion: BFA Fischerei
Verlag: Gustav Fischer, Stuttgart
Mitglieder: 50

• A 141

Bundesanstalt für Milchforschung
Postf. 60 69, 24121 Kiel
Hermann-Weigmann-Str. 1, 24103 Kiel
T: (0431) 60 91 **Fax:** 6 09-22 22
Internet: http://www.bafm.de
E-Mail: bafm@bafm.de
Leitung: Dir. u. Prof., Prof. Dr. K. Heller

• A 142

Biologische Bundesanstalt für Land- und Forstwirtschaft (BBA)
Berlin und Braunschweig
Messeweg 11-12, 38104 Braunschweig
T: (0531) 2 99-5 **Fax:** 2 99-3000
Internet: http://www.bba.de
E-Mail: Pressestelle@bba.de
Gründung: 1898 (28. Januar)
Präsident(in): Prof. Dr. Fred Klingauf
Vizepräsident(in): Dr. Gerhard Gündermann
Leitung Presseabteilung: Dr. Wohlert Wohlers
Verwaltungsleiter: Klaus Kasprzyk
Mitarbeiter: ca. 850

a 143

Biologische Bundesanstalt für Land- und Forstwirtschaft Institute in Berlin
14191 Berlin
Königin-Luise-Str. 19, 14195 Berlin
T: (030) 83 04-1 **Fax:** 83 04-2103
E-Mail: W.Laux@bba.de
Leitung: Prof. Dr. Fred Klingauf
Ständ.Vertr.d.Präs.in Berlin: Dr. Christoph Reichmuth

a 144

Biologische Bundesanstalt für Land- und Forstwirtschaft Außenstelle Kleinmachnow
Stahnsdorfer Damm 81, 14532 Kleinmachnow
T: (033203) 4 80 **Fax:** 4 84 25
Leiter(in): Prof. Dr. Ulrich Burth (033203-48204)
Institute in Kleinmachnow

Institut für Folgenabschätzung im Pflanzenschutz Dr. Vokmar Gutsche (033203-48265)

Institut für integrierten Pflanzenschutz Prof. Dr. Ulrich Burth (033203-48204)
Institut für Ökotoxikologie im Pflanzenschutz Dr. Hans Becker (033203-48350)

Außeninstitute:

a 145

Biologische Bundesanstalt für Land- und Forstwirtschaft Außeninstitute: Institut für biologischen Pflanzenschutz
Heinrichstr. 243, 64287 Darmstadt
T: (06151) 40 70 **Fax:** 40 72 90
E-Mail: biocontrol.bba@t-online.de
Leitung: Dr. Jürg Huber

a 146

Biologische Bundesanstalt für Land- und Forstwirtschaft Institut für Nematologie und Wirbeltierkunde
Toppheideweg 88, 48161 Münster
T: (0251) 8 71 06-0 **Fax:** 8 71 06-33
T-Online *0251 871060*
E-Mail: bba.muenster@t-online.de
Leitung: Dr. Joachim Müller
mit Außenstelle Elsdorf:
Dürener Str. 71, 50189 Elsdorf/Rhld., T: (02274) 64 46, Fax: (02274) 8 26 05

a 147

Biologische Bundesanstalt für Land- und Forstwirtschaft Institut für Pflanzenschutz im Obstbau
Schwabenheimer Str. 101, 69221 Dossenheim
T: (06221) 8 68 05-00 **Fax:** 8 68 05-15
E-Mail: bba.dossenheim@t-online.de
Leitung: Dr. Erich Dickler

a 148

Biologische Bundesanstalt für Land- und Forstwirtschaft Institut für Pflanzenschutz im Weinbau
Brueningstr. 84, 54470 Bernkastel-Kues
T: (06531) 23 64 **Fax:** 49 36
T-Online *06531/2704*
E-Mail: BBA-BKS@t-online.de
Leitung: Dr. Wolf Dieter Englert

• A 149

Bundesforschungsanstalt für Viruskrankheiten der Tiere
(Friedrich-Loeffler-Institute)
Hauptstandort Insel Riems
Boddenblick 5a, 17498 Insel Riems
T: (038351) 7-0 **Fax:** 7-219
Internet: http://www.bfav.de
Leitung: Präs. u. Prof. Dr. Thomas C. Mettenleiter
Stellv. Leiter: Dir. Prof. Dr. F. Conraths
Verwaltungsleiter: Dietrich Herpel (Oberregierungsrat)

a 150

Bundesforschungsanstalt für Viruskrankheiten der Tiere
Standort Tübingen
Postf. 11 49, 72001 Tübingen
Paul-Ehrlich-Str. 28, 72076 Tübingen
T: (07071) 9 67-0 **Fax:** 9 67-105, 9 67-303, 9 67-305

a 151

Bundesforschungsanstalt für Viruskrankheiten der Tiere
Standort Wusterhausen
Seestr. 55, 16868 Wusterhausen
T: (033979) 8 00 **Fax:** 8 02 00
Koordinator: Dir. u. Prof. Dr. F. J. Conraths

• A 152

Bundesanstalt für Züchtungsforschung an Kulturpflanzen (BAZ)
Neuer Weg 22-23, 06484 Quedlinburg
T: (03946) 47-201 **Fax:** 4 72-202
Internet: http://www.bafz.de
E-Mail: bafz-al@bafz.de
Gründung: 1992 (01. Januar)
Leitung: Dir. u. Prof. Dr. Manfred Neumann
Pressereferent: Wiss. Dir. Dr. Klaus Peter
Verbandszeitschrift: Beiträge zur Züchtungsforschung
Redaktion: BAZ
Verlag: BAZ, Neuer Weg 22/23, 06484 Quedlinburg
Mitarbeiter: 457
Jahresetat: DM 42 Mio, € 21,47 Mio

• A 153

Bundessortenamt
Postf. 61 04 40, 30604 Hannover
Osterfelddamm 80, 30627 Hannover
T: (0511) 95 66-604 **Fax:** 56 33 62
Internet: http://www.bundessortenamt.de
Präsident(in): Dr. Rolf Jördens

• A 154

Bundesanstalt für Landwirtschaft und Ernährung (BLE)
Postf. 18 02 03, 60083 Frankfurt
Adickesallee 40, 60322 Frankfurt
T: (069) 15 64-0 **Fax:** 15 64-444
Gründung: 1995 (1. Januar)
Präsident(in): Dr. G. Drexelius
Vizepräsident(in): Barbara Heymann

BM für Familie, Senioren, Frauen und Jugend

• A 155

Bundesprüfstelle für jugendgefährdende Schriften
Postf. 26 01 21, 53153 Bonn
Kennedyallee 105-107, 53175 Bonn
T: (0228) 37 66 31 **Fax:** 37 90 14
Internet: http://www.bpjs.bmfsfj.de
E-Mail: bpjs.bonn@t-online.de
Vorsitzende(r): Ltd.Reg.Dir.'in Elke Monssen-Engberding

• A 156

Bundesamt für den Zivildienst
Sibille-Hartmann-Str. 2-8, 50969 Köln
T: (0221) 36 73-0 **Fax:** 36 73-6 61/6 62
Leitung: Präs. Wolfgang Kehm
Mitarbeiter: 1152

• A 157

Bundesbeauftragter für den Zivildienst im Bundesministerium für Familie, Senioren, Frauen und Jugend
11018 Berlin
T: (030) 2 06 55-2722 (Berlin), (0228) 9 30-2722 (Bonn)
Fax: (0228) 9 30-4905
Internet: http://www.bmfsfj.de
E-Mail: poststelle@bmfsfj.bund.de
Bundesbeauftragter für den Zivildienst: Dieter Hackler

BM der Finanzen

• A 158

Bundesschuldenverwaltung
Postf. 12 45, 61282 Bad Homburg
Bahnhofstr. 16-18, 61352 Bad Homburg
T: (06172) 1 08-0 **Fax:** 1 08-4 50
Internet: http://www.bsv.de
Telefon-Computer: 1 08-930
Service-Center: 1 08-222
Präsident(in): Dr. Gudrun Schlitzberger
Vizepräsident(in): Frank Mergenthaler

a 159

Bundesschuldenverwaltung
Dienststelle Berlin
Postf. 42 08 07, 12068 Berlin
Platz der Luftbrücke 2, 12101 Berlin
T: (030) 69 03 40 **Fax:** 6 90 34-1 05

• A 160

Bundesamt zur Regelung offener Vermögensfragen
Mauerstr. 39-40, 10117 Berlin
T: (030) 2 23 10-0 **Fax:** 2 23 10-260
Präsident(in): Dr. Hansjürgen Schäfer (LL.M)
Vizepräsident(in): Dr. Horst-Dieter Kittke
Leitung Presseabteilung: Katharina Hedtstück

Oberste Fachaufsichtsbehörden der Länder für den Bereich offene Vermögensfragen

Berlin

a 161

Senatsverwaltung für Finanzen
-StS-B2
Rungestr. 22-24, 10179 Berlin
T: (030) 90 20 65 14 **Fax:** 90 20 61 54

Brandenburg

a 162

Ministerium der Finanzen des Landes Brandenburg
Steinstr. 104-106, 14480 Potsdam
T: (0331) 8 66-0 **Fax:** 8 66-68 88 od. 8 66-68 89

Mecklenburg-Vorpommern

a 163

Finanzministerium Mecklenburg-Vorpommern
19048 Schwerin
Schloßstr. 9-11, 19053 Schwerin
T: (0385) 5 88-0 **Fax:** 5 88-4585
Internet: http://www.mv-regierung.de/fm/

Sachsen

a 164

Staatsministerium für Wirtschaft und Arbeit
Postf. 10 03 29, 01073 Dresden
Wilhelm-Buck-Str. 2, 01097 Dresden
T: (0351) 5 64-0 **Fax:** 5 64-8189
Internet: http://www.sachsen.de
E-Mail: poststelle@smwa.sachsen.de

a 165

Ministerium des Innern
Halberstädter Str. 2, 39112 Magdeburg
T: (0391) 5 67-01, 5 67-5504 **Fax:** 5 67-5519, 5 67-5290
Internet: http://www.mi.sachsen-anhalt.de
E-Mail: poststelle@min.mi.lsa-net.de

Landesämter zur Regelung offener Vermögensfragen

Berlin

a 166

Landesamt zur Regelung offener Vermögensfragen/Landesausgleichsamt
Rungestr. 22-24, 10179 Berlin
T: (030) 90 20-0 **Fax:** 90 20-6154

Brandenburg

a 167

Landesamt zur Regelung offener Vermögensfragen des Landes Brandenburg
Magdeburger Str. 51, 14770 Brandenburg
T: (03381) 39 82-00 **Fax:** 39 82-66

Außenstelle Frankfurt/Oder

a 168

Landesamt zur Regelung offener Vermögensfragen des Landes Brandenburg
Außenstelle Frankfurt/O.
Karl-Ritter-Platz 10, 15230 Frankfurt
T: (0335) 68 38-0 **Fax:** 68 38-150

Außenstelle Potsdam

a 169

Landesamt zur Regelung offener Vermögensfragen des Landes Brandenburg - Außenstelle Potsdam
c/o im Verwaltungszentrum Wünsdorf/Teilbereich 3
Hauptallee 116, 15838 Waldstadt
T: (033702) 70 **Fax:** 7 25 72

Mecklenburg-Vorpommern

a 170

Landesamt zur Regelung offener Vermögensfragen des Landes Mecklenburg-Vorpommern
Markt 20/21, 17489 Greifswald
T: (03834) 57 11-0 **Fax:** 39 22

Außenstelle Schwerin

a 171

Landesamt zur Regelung offener Vermögensfragen des Landes Mecklenburg-Vorpommern
Außenstelle Schwerin
Hopfenbruchweg 4, 19059 Schwerin
T: (0385) 74 30-0 **Fax:** 74 30-1 75

Sachsen

a 172

Sächsisches Landesamt zur Regelung offener Vermögensfragen
Olbrichtplatz 1, 01099 Dresden
T: (0351) 81 35-01 **Fax:** 81 35-102

Sachsen-Anhalt

a 173

Landesamt zur Regelung offener Vermögensfragen des Landes Sachsen-Anhalt
An der Fliederwegkaserne 13, 06130 Halle
T: (0345) 5 14-0 **Fax:** 5 14-3988

Thüringen

a 174

Thüringer Landesamt zur Regelung offener Vermögensfragen
Ernst-Toller-Str. 14, 07545 Gera
T: (0365) 8 23 70 **Fax:** 8 23 71 11

• **A 175**

BfB

Bundesmonopolverwaltung für Branntwein
Postf. 10 03 62, 63003 Offenbach
Friedrichsring 35, 63069 Offenbach
T: (069) 83 02-1 **Fax:** 83 02-2 41
Internet: http://www.bfb-bund.de
Leiter bzw. Vertreter:
Behörde:
Präsident: Kurt Teichner
Vertreter: Dir. Manfred Müller
Bundesmonopolamt: Dir. Gerhard Groß
Verwertungsstelle: Dir. Manfred Müller
Presse- und Öffentlichkeitsarbeit: Dipl.-Volksw. Willi Arnold
Bundesoberbehörde im Bereich des Bundesministeriums der Finanzen. Verwaltung des Branntweinmonopols.

• **A 176**

Bundesfinanzakademie
Willy-Brandt-Str. 10, 50321 Brühl
T: (0228) 6 82-5186 **Fax:** 6 82-5185
Gründung: 1951
Präsident(in): Horst Vogelgesang
Präsident(in): N.N. (ab 1.4.2000)
Mitarbeiter: 40

• **A 177**

Zollkriminalamt (ZKA)
Postf. 85 05 62, 51030 Köln
Bergisch Gladbacher Str. 837, 51069 Köln
T: (0221) 6 72-0 **Fax:** 6 72-4500
Internet: http://www.zollkriminalamt.de
E-Mail: Redaktion@zollkriminalamt.de
Gründung: 1992 (15. Juli)
Leitung Presseabteilung: Leonhard Bierl
Mitarbeiter: ca. 580

• **A 178**

Beschaffungsamt der Bundeszollverwaltung
Frankfurter Str. 91, 63067 Offenbach
T: (069) 80 07 23-0 **Fax:** 80 07 23-80

• **A 179**

Fachhochschule des Bundes für öffentliche Verwaltung
Fachbereich Finanzen
Postf. 15 49, 48004 Münster
Gescherweg 100, 48161 Münster
T: (0251) 86 70-0 **Fax:** 86 70-6 66

• **A 180**

Bildungszentrum der Bundesfinanzverwaltung Münster
Postf. 15 49, 48004 Münster
Gescherweg 100, 48161 Münster
T: (0251) 86 70-0 **Fax:** 86 70-6 66

• **A 181**

Bildungszentrum der Bundesfinanzverwaltung Plessow
Hauptstr. 17, 14542 Plessow
T: (03327) 4 67-0 **Fax:** 4 67-2 88, 4 67-2 99

• **A 182**

Bundesamt für Finanzen
Friedhofstr. 1, 53225 Bonn
T: (0228) 4 06-0 **Fax:** 4 06-2661
Internet: http://www.bff-online.de
E-Mail: poststelle@bff-online.de
Präsident(in): Jochen Wendelstorf

a 183

Bundesamt für Finanzen
Außenstelle Berlin
Bundesbesoldungsstelle (Gruppe III)
Gruppe Währungsumstellung
Krausenstr. 17, 10117 Berlin
T: (030) 20 08-0 **Fax:** 20 08-8807

a 184

Bundesamt für Finanzen
Außenstelle Saarlouis:
Industriestr. 6, 66740 Saarlouis
T: (06831) 4 56-0 **Fax:** 4 56-120

• **A 185**

Bundesanstalt für vereinigungsbedingte Sonderaufgaben (BvS)
10100 Berlin
Alexanderplatz 6, 10178 Berlin
T: (030) 24 51 76 00 **Fax:** 24 51 29 22
Präsident(in): Günter Himstedt
Verwaltungsrat:
Dr. Manfred Schüler (Vorsitzender des Verwaltungsrates der BvS)
Prof. Dr. Otto Gellert (Wirtschaftsprüfer + Steuerberater)
Dr. Manfred Balz (Syndikus der Deutschen Telekom AG - Zentrale -)
Detlev Biedermann (Ministerialdirigent im Bundeskanzleramt, Leiter Arbeitsstab neue Bundesländer)
Senator Wolfgang Branoner (Senatsverwaltung für Wirtschaft und Betriebe des Landes Berlin)
Dr. Wolfgang Fürniß (Minister für Wirtschaft, Mittelstand und Technologie des Landes Brandenburg)
Prof. Dr. Rolf Eggert (Minister für Wirtschaft und Angelegenheiten der EU des Landes Mecklenburg-Vorpommern)
Matthias Gabriel (Minister für Wirtschaft und Technologie des Landes Sachsen-Anhalt)
Roland Issen (Vorsitzender der Deutschen Angestellten Gewerkschaft)
Wolfgang Krug (Mitglied des Vorstandes der Deutschen Kreditbank AG)
Prof. Dr. Hannes Rehm (Stellv. Vorsitzender des Vorstandes der Norddeutschen Landesbank)
MD Dr. Eike Röhling (Leiter der Abteilung VI, Bundesministerium für Wirtschaft und Technologie)
Dr. Eberhardt Rolle (Ministerialdirektor im Bundesministerium der Finanzen)
Jörg Rommerskirchen (Mitglied des Vorstandes der Berliner Gaswerke AG)
Hubertus Schmoldt (Vorsitzender der Industriegewerkschaft Bergbau, Chemie, Energie)
Dieter Schulte (Vorsitzender des Deutschen Gewerkschaftsbundes)
Franz Schuster (Minister für Wirtschaft und Infrastruktur des Freistaates Thüringen)
Joachim Töppel (Beauftragter der Industriegewerkschaft Metall für die neuen Bundesländer und Osteuropa)
Dr. Wolfgang Vehse (Staatssekretär im Ministerium für Wirtschaft und Arbeit des Freistaates Sachsen)
Reinhold Wagner (Vorsitzender des Aufsichtsrates der Alcan Deutschland GmbH)
Hans-Joachim Wunderlich (Leitender Geschäftsführer der IHK Südwestsachsen RK Plauen)
Leitung Pressestelle: Eva Hertzfeldt
Mitarbeiter: ca. 190

• **A 186**

Bundesamt für äußere Restitutionen
Adickesallee 32, 60322 Frankfurt
T: (069) 1 56 00 (Vermittlung), Durchwahl: 15 60-6 49
Leitung: LRD Fehling

• **A 187**

Bundesaufsichtsamt für das Kreditwesen
Gardeschützenweg 71-101, 12203 Berlin
T: (030) 84 36-0 **Fax:** 84 36 15 50
Internet: http://www.bakred.de
Gründung: 1962 (1. Januar)
Präsident(in): Wolfgang Artopoeus
Pressereferentin: RR'in Sabine Lautenschläger-Peiter

• **A 188**

Bundesaufsichtsamt für das Versicherungswesen
Postf. 15 02 80, 10664 Berlin
Ludwigkirchplatz 3-4, 10719 Berlin
T: (030) 88 93-0 **Fax:** 88 93-494
Internet: http://www.bav-bund.de
E-Mail: info@bav-bund.de
Gründung: 1901 (1. Juli)
Präsident(in): Dr. Helmut Müller
Vizepräsident(in): Detlef Kaulbach
Pressesprecherin: Elke Washausen-Richter
Verbandszeitschrift: Veröffentlichungen d. Bundesaufsichtsamtes f. d. Versicherungswesen (VerBAV); Jahres-Geschäftsbericht (GB BAV - Teile A + B)
Mitarbeiter: 310
Jahresetat: ca. DM 27 Mio, € 13,8 Mio

• **A 189**

Verwaltungsamt für innere Restitutionen in Hannover
Postf. 11 09 02, 30103 Hannover
Möckernstr. 30, 30163 Hannover
T: (0511) 67 44-277 Herr Becker, 67 44-257 Frau Galler
Fax: 67 44-250
Leiter(in): Oberregierungsrat Becker

• **A 190**

Bundesbeauftragter für die Behandlung von Zahlungen an die Konversionskasse
Fasanenstr. 87, 10623 Berlin
T: (030) 31 81-0 **Fax:** 31 81-1460

• **A 1 91.10**

Bundesdruckerei GmbH
10958 Berlin
Oranienstr. 91, 10969 Berlin
T: (030) 25 98-0 **Fax:** 25 98-2205
Internet: http://www.bundesdruckerei.de
E-Mail: information@bdr.de
Gründung: 1879
Geschäftsführer(in): Ernst-Theodor Menke
Harald Wendel
Leitung Presseabteilung: Anja Oberhardt

a 1 91.20

Bundesdruckerei GmbH
Zweigniederlassung Bonn
Südstr. 119, 53175 Bonn
T: (0228) 3 82 02-0 **Fax:** 3 82 02-22

a 1 91.30

Bundesdruckerei GmbH
Zweigniederlassung Neu-Isenburg
Rathenaustr. 53, 63263 Neu-Isenburg
T: (06102) 2 42-0 **Fax:** 2 42-207

• **A 1 91.40**

Bundesanstalt für Post und Telekommunikation Deutsche Bundespost (BAnst PT)
Anstalt des öffentlichen Rechts
53222 Bonn
Heinrich-Konen-Str. 1, 53227 Bonn
T: (0228) 97 44-0 **Fax:** 97 44-8 70
Internet: http://www.banst-pt.de
E-Mail: dietmar.kuppe@banst-pt.de
Gründung: 1995 (1. Januar)
Vorstand: Helmut Rötzel (Vors.)
Leitung Presseabteilung: Peter Kohlhaase
Mitarbeiter: ca. 2200

• **A 191**

Bundesaufsichtsamt für den Wertpapierhandel
Postf. 50 01 54, 60391 Frankfurt
Lurgiallee 12, 60439 Frankfurt
T: (069) 9 59 52-0 **Fax:** 9 59 52-123
Internet: http://www.bawe.de
E-Mail: mail@bawe.de
Gründung: 1995 (1. Januar)
Präsident(in): Georg Wittich
Vizepräsident(in): Georg Dreyling
Leitung Pressereferat: Regina Nößner

BM für Gesundheit

• **A 192**

Robert Koch-Institut (RKI)
Nordufer 20, 13353 Berlin
T: (030) 45 47-4 **Fax:** 45 47-23 28
Direktor(in): Prof. Dr.med. Reinhard Kurth
Zentralabteilung: Dr. Wolfgang Kurz

• **A 193**

Bundesinstitut für gesundheitlichen Verbraucherschutz und Veterinärmedizin (BgVV)
Thielallee 88-92, 14195 Berlin
T: (01888) 4 12-0 **Fax:** 4 12-4741
Pressestelle des BgW:
Leitung: i. V. Jürgen Kundke (T: (01888) 4 12-4300/4301, Telefax: (01888) 4 12-4970)

• **A 194**

Bundesinstitut für Arzneimittel und Medizinprodukte (BfArM)
Friedrich-Ebert-Allee 38, 53113 Bonn
T: (0228) 2 07-30 **Fax:** 2 07-5207
Internet: http://www.bfarm.de
E-Mail: poststelle@bfarm.de
Institutsleiter: Prof. Dr. Alfred G. Hildebrandt
Öffentlichkeitsarbeit, Pressestelle: Ulrich Heier

• **A 195**

Bundeszentrale für gesundheitliche Aufklärung (BZgA)
Postf. 91 01 52, 51071 Köln
Ostmerheimer Str. 220, 51109 Köln
T: (0221) 89 92-0 **Fax:** 89 92-300

Internet: http://www.bzga.de
E-Mail: pott@bzga.de
Gründung: 1967 (20. Juli)
Direktorin: Dr.med. Elisabeth Pott

• A 196

Paul-Ehrlich-Institut (PEI)
- Bundesamt für Sera und Impfstoffe
Paul-Ehrlich-Str. 51-59, 63225 Langen
T: (06103) 77-0 **Fax:** 77-1234
Internet: http://www.pei.de
Gründung: 1896 Institut
Mit dem Errichtungsgesetz vom 01.11.1972 wird das PEI - als Bundesamt für Sera und Impfstoffe - eine selbständige Bundesoberbehörde
Kommissarischer Leiter: Prof. Dr. Johannes Löwer
Öffentlichkeitsarbeit: Dr. Susanne Stöcker
Mitarbeiter: ca. 600
Jahresetat: ca. DM 85 Mio, € 43,46 Mio

BM des Innern

• A 197

Bundesarchiv
Hauptdienststelle:
56064 Koblenz
Potsdamer Str. 1, 56075 Koblenz
T: (0261) 5 05-0 **Fax:** 5 05-226
Internet: http://www.bundesarchiv.de
E-Mail: benutz@barch.ko.uunet.de
Gründung: 1952 (3. Juni)
Pressereferentin: Gisela Müller
Mitarbeiter: 819
Jahresetat: ca. DM 86 Mio, € 43,97 Mio

Abteilungen und Außenstellen:

a 198

Bundesarchiv Abteilungen Reich und DDR
sowie Stiftung Archiv der Parteien und Massenorganisationen der DDR
Postf. 45 05 69, 12175 Berlin
Finckensteinallee 63, 12205 Berlin
T: (030) 84 35 00 **Fax:** 84 35 02 46

a 199

Bundesarchiv
Abt. Militärarchiv
Postfach, 79024 Freiburg
Wiesentalstr. 10, 79115 Freiburg
T: (0761) 4 78 17-0 **Fax:** 4 78 17-900

a 200

Bundesarchiv Abt. Filmarchiv
Postf. 31 06 67, 10636 Berlin
Fehrbelliner Platz 3, 10707 Berlin
T: (030) 86 81-1 **Fax:** 8 68 13 10
E-Mail: barch@barch-fa.b.uunet.de

a 201

Bundesarchiv
Zentralnachweisstelle
Abteigarten 6, 52076 Aachen
T: (02408) 1 47-0 **Fax:** 1 47 37

a 202

Bundesarchiv Lastenausgleichsarchiv
Postf. 50 25, 95424 Bayreuth
Dr.-Franz-Str. 1, 95445 Bayreuth
T: (0921) 46 01-0 **Fax:** 46 01-111
E-Mail: lastenausgleichsarchiv@barch.bt.uunet.de

a 203

Bundesarchiv
Außenstelle Frankfurt
Seckbächer Gasse 4, 60311 Frankfurt
T: (069) 2 12-3 52 20 **Fax:** 2 12-31049

a 204

Bundesarchiv
Zwischenarchiv St. Augustin-Hangelar
Bundesgrenzschutzstr. 100, 53757 Sankt Augustin
T: (02241) 92 83-0 **Fax:** 92 83 33

a 205

Bundesarchiv
Zwischenarchiv Dahlwitz-Hoppegarten
Lindenallee 55-57, 15366 Dahlwitz-Hoppegarten
T: (03342) 2 36 80 **Fax:** 30 06 28

a 206

Bundesarchiv
Erinnerungsstätte für die Freiheitsbewegungen in der deutschen Geschichte
Postf. 12 35, 76402 Rastatt
Herrenstr. 18 Schloß, 76437 Rastatt
T: (07222) 77 13 90 **Fax:** 77 13 97

• A 207

Bundesausgleichsamt (BAA)
Norsk-Data-Str. 1, 61352 Bad Homburg
T: (06172) 1 05-0 **Fax:** 1 05-347
Präsident(in): Dr. Jürgen Hensen
Vizepräsident(in): Andreas Kretschmar

• A 208

Bundesamt für Zivilschutz (BZS)
Postf. 20 03 51, 53133 Bonn
Deutschherrenstr. 93, 53177 Bonn
T: (0228) 9 40-0 **Fax:** 9 40-14 24
Internet: http://www.bzs.bund.de
E-Mail: poststelle@bzs.bund400.de
Präsident(in): Helmut Schuch
Errichtung: 1958 (durch Gesetz)

• A 209

Bundesamt für Sicherheit in der Informationstechnik (BSI)
Postf. 20 03 63, 53133 Bonn
Godesberger Allee 183, 53175 Bonn
T: (0228) 95 82-0 **Fax:** 9 58 24 00
Internet: http://www.bsi.bund.de
E-Mail: Dickopf@bsi.de
Präsident(in): Dr. Dirk Henze
Leitung Presseabteilung: Michael Dickopf

• A 210

Bundesanstalt Technisches Hilfswerk (THW)
Postf. 20 03 51, 53133 Bonn
Deutschherrenstr. 93-95, 53177 Bonn
T: (0228) 9 40-0, 9 40-1801 **Fax:** 9 40-1144
Internet: http://www.thw.de
E-Mail: referat.fi@thw.de
Gründung: 1950 (22. August) als Technisches Hilfswerk, seit dem 25.08.1953 Bundesanstalt Technisches Hilfswerk
Direktor(in): Gerd Jürgen Henkel
Leitung Pressereferat: Wolfgang Weber
Bundeszeitschrift: Technisches Hilfswerk
Mitglieder: ca. 44000 aktive Helfer, 17000 Reserve und 10000 Junghelfer
Mitarbeiter: 850 hauptamtliche bundesweit
Jahresetat: DM 190 Mio, € 97,15 Mio
8 Landes-/Länderverbände, 66 Geschäftsführerbereiche, 665 Ortsverbände

Technische Hilfe im Zivilschutz und im Rahmen der humanitären Auslandshilfe sowie in der allg. Gefahrenabwehr auf Anforderung der zuständigen Stellen

• A 211

Bundesvereinigung der Helfer und Förderer des THW e.V.
Bundesgeschäftsstelle:
Geschäftsführer: Bernhard Groß
Deutschherrenstr. 93-95, 53177 Bonn
T: (0228) 9 40-2715 **Fax:** 9 40-2765
Internet: http://www.thw-bv-bonn.de
E-Mail: thw-bhv.bonn@t-online.de
Präsident(in): Hans-Joachim Fuchtel (MdB, Abgeordnetenbüro Berlin: Platz der Republik 1, 11011 Berlin, T: (030) 22 77 90 77 oder 22 77 56 48, Fax: 22 77 61 78, E-Mail: hans-joachim.fuchtel@bundestag.de; Wahlkreisbüro Altensteig: Ginsterweg 7, 72213 Altensteig, T: (07453) 9 13 23, Fax: 9 13 56, E-Mail: hans-joachim.fuchtel@wk.bundestag.de)
Vizepräsident(in): Uta Titze-Stecher (MdB, Abgeordnetenbüro Berlin: Platz der Republik 1, 11011 Berlin, T: (030) 22 77 32 43, Fax: 22 77 61 64, E-Mail: uta.titze-stecher@bundestag.de; Wahlkreisbüro Fürstenfeldbruck: Dachauer Straße 9/I, 82256 Fürstenfeldbruck, T: (08141) 51 70 63, Fax: 61 39 04, E-Mail: uta.titze-stecher@wk.bundestag.de)
Geschäftsf. Vizepräsident: Frank Schulze (Barbarossastr. 23, 53489 Sinzig a. Rhein, T: (02642) 4 10 14, Fax: 4 36 11, privat T: (06242) 4 11 05, E-Mail: frschulze@aol.com)
Bundesschatzmeister: Peter Weiler (Ophoffstr. 19, 45768 Marl, T: (030) 20 20 83 05, Fax: 20 20 82 57, privat T: (02365) 5 62 46, Fax: 51 81 39, E-Mail: peterf-a.weiler@t-online.de)
Beauftragte für Öffentlichkeitsarbeit: Siglinde Schneider-Fuchs (Schönbornsstraße 19, 91330 Bammersdorf-Eggolsheim, T: privat: T: (09191) 58 00, Fax: 1 57 39, E-Mail: thwfuchs@t-online.de)
Mitglieder: ca. 65000
Anzahl der mittelbar angeschlossenen Organisationen: 14

Der Zweck des Vereins ist die Förderung des Zivil- und Katastrophenschutzes sowie die Förderung der Jugendpflege. Beschaffung von Geld- und Sachmitteln zur Förderung der oben genannten Aufgaben. Ausbildung und Bereitstellung von Personen für die techn. Hilfeleistung. Nationaler und internationaler Erfahrungsaustausch über techn. Hilfeleistung.

• A 212

Bundesamt für die Anerkennung ausländischer Flüchtlinge
Frankenstr. 210, 90461 Nürnberg
T: (0911) 9 43-0 **Fax:** 9 43-4000
Internet: http://www.bafl.de
E-Mail: info@bafl.de
Leitung: N.N.
Leitung Presseabteilung: Dr. Manfred Michl

• A 213

Bundesbeauftragter für Asylangelegenheiten beim Bundesamt für die Anerkennung ausländischer Flüchtlinge
Rothenburger Str. 29, 90513 Zirndorf
T: (0911) 9 43-1061 **Fax:** 9 43-1062

• A 214

Bundeskriminalamt
65173 Wiesbaden
Thaerstr. 11, 65193 Wiesbaden
T: (0611) 55-0 **Fax:** 55-12141
Internet: http://www.bka.de
E-Mail: poststelle@bka.bund400.de, info@bka.de
Präsident(in): Dr. Klaus Ulrich Kersten
Vizepräsident(in): Bernhard Falk
Leitung Presseabteilung: Norbert Unger
Mitarbeiter: 4800

a 215

Bundeskriminalamt
53338 Meckenheim
Paul-Dickopf-Str. 2, 53340 Meckenheim
T: (02225) 89-0 **Fax:** 89-22095

a 216

Bundeskriminalamt
Postf. 44 06 60, 12006 Berlin
T: (030) 53 61-0 **Fax:** 53 61-29053

• A 217

Der Bundesbeauftragte für den Datenschutz
Postf. 20 01 12, 53131 Bonn
Friedrich-Ebert-Str. 1, 53173 Bonn
T: (0228) 8 19 95-0 **Fax:** 81 99 55 50
Internet: http://www.bfd.bund.de
E-Mail: poststelle@bfd.bund400.de
Leitung: Dr. Joachim-W. Jacob

• A 218

Statistisches Bundesamt
65180 Wiesbaden
Gustav-Stresemann-Ring 11, 65189 Wiesbaden
T: (0611) 75-1 (Zentrale), 75-2405 (Info Allgemein), 75-3444 (Info Presse) **Fax:** 72-4000
Internet: http://www.statistik-bund.de

E-Mail: pressestelle@statistik-bund.de
Präsident(in): Johann Hahlen
Pressestelle: Angela Schaff
Mitarbeiter: 3008

a 219

Statistisches Bundesamt Zweigstelle Bonn

Graurheindorfer Str. 198, 53117 Bonn
T: (01888) 6 43-0 **Fax:** 6 43-8990

a 220

Statistisches Bundesamt Dienstort Berlin

Postf. 2 76, 10124 Berlin
Otto-Braun-Str. 70-72, 10178 Berlin
T: (030) 23 24-5 **Fax:** 23 24-6400

a 221

Statistisches Bundesamt i-Punkt Berlin

Otto-Braun-Str. 70-72, 10178 Berlin
T: (030) 23 24-6434 **Fax:** 23 24-6440
E-Mail: i-punkt@statistik-bund.de

a 222

Statistisches Bundesamt Eurostat Data Shop

Otto-Braun-Str. 70-72, 10178 Berlin
T: (030) 23 24-6427, 23 24-6428 **Fax:** 23 24-6430
Internet: http://www.europa.eu.int/eurostat.html, http://www.statistik-bund.de
E-Mail: stba-berlin.datashop@t-online.de

• **A 223**

Der Bundesbeauftragte für die Unterlagen des Staatssicherheitsdienstes der ehemaligen Deutschen Demokratischen Republik

Glinkastr. 35, 10117 Berlin
T: (01888) 6 64-0 **Fax:** 6 64-7762
Internet: http://www.bstu.de
E-Mail: post@bstu.de
Bundesbeauftragter: Joachim Gauck
Ltg. Pressestelle: Johannes Legner
Mitarbeiter: 2700

• **A 224**

Der Landesbeauftragte für die Stasi-Unterlagen (LStU)

Scharrenstr. 17, 10178 Berlin
T: (030) 24 07 92-0 **Fax:** 24 07 92-99
Gründung: 1993 (6. Januar)
Landesbeauftragter: Martin Gutzeit
Stellv. Landesbeauftragter: Dr. Falco Werkentin
Beratung der Verwaltung: Dr. Gebhard Klenz
Bürgerberatung: Wolfgang Kitzig
Beratung zu Renten und Nomenklatur: Peter Eisenfeld
Pressereferent: Dr. Falco Werkentin
Politische Bildung: Elena Demke
Mitarbeiter: 10

Beratung im Zusammenhang von Personalüberprüfungen im öffentlichen Dienst, Beratung/Betreuung für Opfer der SED-Diktatur, politsche Bildungsarbeit, politisch-historische Aufarbeitung DDR/MfS, Förderung und Unterstützung von Opferverbänden und Aufarbeitungsinitiativen, Publikation, Dokumentation.

• **A 225**

BiB

Bundesinstitut für Bevölkerungsforschung beim Statistischen Bundesamt

65180 Wiesbaden
Friedrich-Ebert-Allee 4, 65185 Wiesbaden
T: (0611) 75 22 35 **Fax:** 75 39 60
Teletex: 612 186=StBA
Internet: http://www.bib-demographie.de
E-Mail: bib@statistik-bund.de
Gründung: 1973 (12. Februar)
Geschäftsführende Direktorin: Prof. Dr. Charlotte Höhn
Verbandszeitschrift: Zeitschrift für Bevölkerungswissenschaft
Redaktion: Dr. Charlotte Höhn
Verlag: Leske + Budrich, Postf. 30 05 51, 51334 Leverkusen, Gerhart-Hauptmann-Str. 27, 51379 Leverkusen
Verbandszeitschrift:BIB-Mitteilungen
Redaktion: Rolf M. Moenikes
Verlag: Eigenverlag
Mitarbeiter: 20
Jahresetat: DM 2,6 Mio, € 1,33 Mio

Das Bundesinstitut für Bevölkerungsforschung hat die Aufgabe
- wissenschaftliche Forschungen über Bevölkerungs- und damit zusammenhängende Familienfragen als Grundlage für die Arbeit der Bundesregierung zu betreiben
-wissenschaftliche Erkenntnisse in diesem Bereich zu sammeln, nutzbar zu machen und zu veröffentlichen
- die Bundesregierung über wichtige Vorgänge und Untersuchungsergebnisse in diesem Bereich zu unterrichten und sie in Einzelfragen zu beraten
- das Bundesministerium des Innern bei der internationalen Zusammenarbeit in Bevölkerungsfragen, insbesondere im Rahmen der Vereinten Nationen und des Europarates, zu unterstützen.

• **A 226**

Bundesamt für Verfassungsschutz

Merianstr. 100, 50765 Köln
T: (0221) 7 92-0 **Fax:** 79 83 65
Internet: http://www.verfassungsschutz.de
E-Mail: bfvinfo@verfassungsschutz.de
Präsident(in): Heinz Fromm
Vizepräsident(in): Klaus-Dieter Fritsche
Pressesprecher: Dr. Hans-Gert Lange

• **A 227**

Bundesverwaltungsamt

50728 Köln
Barbarastr. 1, 50735 Köln
T: (01888) 3 58-0 **Fax:** 3 58-2823
E-Mail: bva-poststelle@bva.bund.de
Gründung: 1960 (14. Januar)
Präsident(in): Dr. Jürgen Hensen
Vizepräsident(in): Giso Schütz
Pressesprecher: Günter Kretschmer
Mitarbeiter: ca. 2200

• **A 228**

Monopolkommission

Adenauerallee 133, 53113 Bonn
T: (0228) 94 99-262, 94 99-263 **Fax:** 94 99-179
Internet: http://www.monopolkommission.de
E-Mail: sekretariat@monopolkommission.de
Vorsitzende(r): Prof. Dr. Wernhard Möschel
Generalsekretär(in): Dr. Horst Greiffenberg

• **A 229**

Bundesamt für Kartographie und Geodäsie (BKG)

Bundesbehörde im Geschäftsbereich des Bundesministeriums des Innern
Richard-Strauß-Allee 11, 60598 Frankfurt
T: (069) 63 33-1 **Fax:** 63 33-235
Internet: http://www.ifag.de
E-Mail: kart@ifag.de
Gründung: 1952
Leitung: Prof. Dr.-Ing. Dietmar Grünreich
Verbandszeitschrift: Mitteilungen des Bundesamtes für Kartographie und Geodäsie, Offizielle und Spezielle Veröffentlichungen der OEEPE
Mitarbeiter: ca. 340

Aufbau und Aktualisierung der amtlichen digitalen topographisch-kartographischen Informationssysteme einschließlich der zugehörigen digitalen kartographischen Modelle und Kartenwerke; Fortentwicklung der dafür erforderlichen Verfahren und Methoden.
Bereitstellung und Laufendhaltung der Geodätischen Referenzsysteme (für Lage, Höhe und Schwere) der Bundesrepublik Deutschland unter Einschluß der dafür erforderlichen vermessungstechnischen und theoretischen Leistungen zur Gewinnung und Aufbereitung der Meßdaten, der Mitwirkung an bi- und multilateralen Arbeiten zur Bestimmung globaler Referenzsysteme; Fortentwicklung der verwendeten Meß- und Beobachtungstechnologien.

• **A 230**

Beschaffungsamt des Bundesministeriums des Innern

53107 Bonn
T: (0228) 6 10-0, (01888) 61 00-0 **Fax:** (0228) 6 10-610
Leitung: LRD Roderich Egeler

• **A 231**

Bundesministerium des Innern Abteilung Bundesgrenzschutz

Alt-Moabit 101d, 10559 Berlin
T: (01888) 6 81-0 **Fax:** 6 81-2926
Inspekteur: Walter Sperner

Unterbehörden des BGS

• **A 232**

Grenzschutzpräsidium Nord

Postf. 11 24, 24569 Bad Bramstedt
Raaberg 6, 24576 Bad Bramstedt
T: (04192) 5 02-0 **Fax:** 89 96 98

• **A 233**

Bundesgrenzschutzamt Flensburg

Postf. 16 53, 24906 Flensburg
Schleswiger Str. 42, 24941 Flensburg
T: (0461) 1 46 06-0 **Fax:** 2 35 43

• **A 234**

Bundesgrenzschutzamt Hamburg

Postf. 70 02 63, 22002 Hamburg
Jenfelder Allee 70a, 22043 Hamburg
T: (040) 6 69 95 05-0 **Fax:** 66 99 60 23

• **A 235**

Bundesgrenzschutzamt Hannover

Möckernstr. 30, 30163 Hannover
T: (0511) 6 76 75-0 **Fax:** 6 76 75-119

• **A 236**

Bundesgrenzschutzamt Rostock

Postf. 10 20 69, 18004 Rostock
Gewettstr. 10, 18057 Rostock
T: (0381) 20 83-0 **Fax:** 2 00 20 55

• **A 237**

Bundesgrenzschutzamt See

Wieksbergstr. 54.0, 23730 Neustadt
T: (04561) 40 71-0 **Fax:** 1 64 47

• **A 238**

Grenzschutzpräsidium Ost

Schnellerstr. 139a, 12439 Berlin
T: (030) 6 39 81-0 **Fax:** 6 39 81-4 46, -4 47

• **A 239**

Bundesgrenzschutzamt Berlin

Schnellerstr. 139a, 12439 Berlin
T: (030) 6 39 81-0 **Fax:** 6 39 81-633, 6 39 81-566

• **A 240**

Bundesgrenzschutzamt Frankfurt/Oder

Postf. 2 63, 15202 Frankfurt
Kopernikusstr. 71, 15236 Frankfurt
T: (0335) 5 62 45-0 **Fax:** 54 22 87

• **A 241**

Bundesgrenzschutzamt Pirna

Rottwerndorfer Str. 22, 01796 Pirna
T: (03501) 79 56-0 **Fax:** 78 29 15

• **A 242**

Bundesgrenzschutzamt Chemnitz

Bornaer Str. 205, 09114 Chemnitz
T: (0371) 46 15-0 **Fax:** 4 74-2782

• **A 243**

Grenzschutzpräsidium Mitte

Postf. 12 22, 34227 Fuldatal
Niedervellmarsche Str. 50, 34233 Fuldatal
T: (0561) 93 67-0 **Fax:** 93 67-163

• **A 244**

Bundesgrenzschutzamt Flughafen Frankfurt/Main

Postf. 75 02 64, 60532 Frankfurt
Flughafen Frankfurt am Main, 60549 Frankfurt
T: (069) 69 50 9-0 **Fax:** 69 30 75

• **A 245**

Bundesgrenzschutzamt Frankfurt/Main

Postf. 51 07, 65726 Eschborn
Mergenthalerallee 14-24, 65760 Eschborn
T: (06196) 50 90-0 **Fax:** 4 55 60

• **A 246**

Bundesgrenzschutzamt Halle

Merseburger Str. 196 (Haus 11), 06116 Halle
T: (0345) 13 02-0 **Fax:** 1 20 65 00

• **A 247**

Grenzschutzpräsidium Süd

Postf. 40 07 12, 80707 München

Infanteriestr. 6, 80797 München
T: (089) 1 21 49-0 **Fax:** 1 21 49-1 63

• **A 248**

Bundesgrenzschutzamt München
Postf. 40 03 29, 80703 München
Domagkstr. 33, 80807 München
T: (089) 32 46 30 **Fax:** 3 23 48 05

• **A 249**

Bundesgrenzschutzamt Schwandorf
92419 Schwandorf
Weinbergstr. 47, 92421 Schwandorf
T: (09431) 8 81-0 **Fax:** 8 81-117

• **A 250**

Bundesgrenzschutzamt Stuttgart
Sindelfinger Allee 52, 71034 Böblingen
T: (07031) 21 28-0 **Fax:** 21 28-117

• **A 251**

Bundesgrenzschutzamt Weil am Rhein
Postf. 14 68, 79549 Weil am Rhein
Basler Str. 5, 79576 Weil am Rhein
T: (07621) 9 56 59-0 **Fax:** 7 79 83

• **A 252**

Grenzschutzpräsidium West
Postf. 14 01 09, 53056 Bonn
Villemombler Str. 80, 53123 Bonn
T: (0228) 97 88-0 **Fax:** 9 78 82 68

• **A 253**

Bundesgrenzschutzamt Kleve
Dorfstr. 37, 47533 Kleve
T: (02821) 74 51-0 **Fax:** 74 51-0

• **A 254**

Bundesgrenzschutzamt Köln
Morslede-Kaserne
Postf. 85 01 54, 51026 Köln
Bergisch Gladbacher Str. 837, 51069 Köln
T: (0221) 9 68 56-0 **Fax:** 68 11 10

• **A 255**

Bundesgrenzschutzamt Saarbrücken
Postf. 10 12 41, 66012 Saarbrücken
Hindenburgstr. 59, 66119 Saarbrücken
T: (0681) 5 50 92 **Fax:** 5 50 75

• **A 256**

Grenzschutzdirektion
Postf. 20 06 38, 56006 Koblenz
Roonstr. 13, 56068 Koblenz
T: (0261) 3 99-0 **Fax:** 39 92 18

• **A 257**

Grenzschutzschule
Postf. 16 81, 23505 Lübeck
Ratzeburger Landstr. 4, 23562 Lübeck
T: (0451) 50 67-0 **Fax:** 50 67-504

• **A 258**

Bundesinstitut für ostwissenschaftliche und internationale Studien
Lindenbornstr. 22, 50823 Köln
T: (0221) 57 47-0 **Fax:** 57 47-110
Internet: http://www.biost.de
E-Mail: administration@biost.de
Direktor(in): Prof. Dr. Heinrich Vogel

• **A 259**

Bundeszentrale für politische Bildung

Bundeszentrale für politische Bildung
Postf. 23 25, 53013 Bonn
Berliner Freiheit 7, 53111 Bonn
T: (0228) 5 15-0, 5 15-115 (Servicetelefon) **Fax:** 5 15-113
Teletex: 8 86 392 bzfpb **T-Online** 5 1511
Internet: http://www.bpb.de/
E-Mail: info@bpb.de
Gründung: 1952
Präsident(in): Dr. Günter Reichert
Vizepräsident(in): Wolfgang Arnold
Dirk Hansen
Ltg. Planungsgruppe: Holger Ehmke
Verbandszeitschrift: Verzeichnis der Publikationen
Mitarbeiter: 200
Jahresetat: DM 77 Mio, € 39,37 Mio

Die Bundeszentrale hat die Aufgabe, durch Maßnahmen der politischen Bildung in der Bevölkerung der Bundesrepublik Deutschland Verständnis für politische Sachverhalte zu fördern, das demokratische Bewußtsein zu festigen und die Bereitschaft zur politischen Mitarbeit zu stärken. Ein besonderes Anliegen ist ihr dabei die Werbung für die Grundwerte der parlamentarischen Demokratie.

Außenstelle

Ost-West-Kolleg der Bundeszentrale für politische Bildung
Willy-Brandt-Str. 1, 50321 Brühl
T: (02232) 9 29 82-40, 9 29 82-50 **Fax:** 9 29 90 20
Leitung: Dr. Horst Müller

Außenstelle Berlin der Bundeszentrale für politische Bildung
Stresemannstr. 90, 10963 Berlin
T: (030) 25 45 04-0 **Fax:** 25 45 04-22
Leitung: Arved Kendler

Landeszentralen

• **A 260**

Landeszentrale für politische Bildung Baden-Württemberg
Stafflenbergstr. 38, 70184 Stuttgart
T: (0711) 16 40 99-0 **Fax:** 16 40 99-77
Internet: http://www.lpb.bwue.de
E-Mail: lpb@lpb.bwue.de
Gründung: 1972
Stabsstelle Marketing: Werner Fichter
Öffentlichkeitsarbeit: Joachim Lauk
Verbandszeitschrift: zwei Buchreihen, drei Abo-Zeitschriften, Arbeitshilfen u. Spiele zur politischen Allgemeinbildung, für Lehrende zur Unterrichtsgestaltung
Mitarbeiter: 80

Seminare, Studienreisen, Tagungen, Symposien, Aktionen. Publikationsausgaben in Stuttgart u. in den Außenstellen Freiburg, Heidelberg, Tübingen; Tagungsstätte in Bad Urach.

• **A 261**

Bayerische Landeszentrale für politische Bildungsarbeit
Brienner Str. 41, 80333 München
T: (089) 21 86-0 **Fax:** 5 50 39 26

• **A 262**

Landeszentrale für politische Bildungsarbeit Berlin
An der Urania 4-10, 10787 Berlin
T: (030) 90 16 25 52
Leitung: Gert-Jörg Frankowski

• **A 263**

Landeszentrale für politische Bildung Brandenburg
Postf. 60 10 51, 14410 Potsdam
Heinrich-Mann-Allee 107, 14473 Potsdam
T: (0331) 8 66 12 56 **Fax:** 8 66 13 64
Internet: http://www.brandenburg.de/netpol
E-Mail: blzpb@mbjs.brandenburg.de

• **A 264**

Landeszentrale für politische Bildung Bremen
Osterdeich 6, 28203 Bremen
T: (0421) 3 61 29 22 **Fax:** 3 61 44 53

• **A 265**

Landeszentrale für politische Bildung Hamburg
Große Bleichen 23, 20354 Hamburg
T: (040) 4 28 31-2142 **Fax:** 4 28 31-20 50
Leiterin: Dr. Helga Kutz-Bauer

• **A 266**

Hessische Landeszentrale für politische Bildung
Postf. 32 20, 65022 Wiesbaden
Rheinbahnstr. 2, 65185 Wiesbaden
T: (0611) 99 19 70 **Fax:** 9 91 97 44
Direktor(in): Klaus Böhme

• **A 267**

Landeszentrale für politische Bildung Mecklenburg-Vorpommern
Jägerweg 2, 19053 Schwerin
T: (0385) 30 20 90 **Fax:** 3 02 09 22
E-Mail: lpbmv@t-online.de

• **A 268**

Niedersächsische Landeszentrale für politische Bildung
Hohenzollernstr. 46, 30161 Hannover
T: (0511) 39 01-0 **Fax:** 39 01-290
Internet: http://www.politische-bildung.de/niedersachsen
E-Mail: nlpb@politische-bildung.de

• **A 269**

Landeszentrale für politische Bildung Nordrhein-Westfalen
Neanderstr. 6, 40233 Düsseldorf
T: (0211) 6 79 77 10 **Fax:** 6 79 77 33
Leitung: Dr. Günter Wichert

• **A 270**

Landeszentrale für politische Bildung Rheinland-Pfalz
Am Kronberger Hof 6, 55116 Mainz
T: (06131) 16 29 70 **Fax:** 16 29 80
E-Mail: lpb.zentrale@politische-bildung-rlp.de
Leitung Presseabteilung: Peter Malzkorn

• **A 271**

Landeszentrale für politische Bildung Saarland
Beethovenstr. 26, 66125 Saarbrücken
T: (06897) 79 08-44 **Fax:** 79 08-77
Leitung: Dr. Burkhard Jellonnek

• **A 272**

Sächsische Landeszentrale für politische Bildung
Schützenhofstr. 36, 01129 Dresden
T: (0351) 8 53 18-0 **Fax:** 8 53 18 55
Internet: http://www.slpb.de
E-Mail: slpb@slpb.de
Direktor(in): Dr. Wolf-Dieter Legall

• **A 273**

Landeszentrale für politische Bildung Sachsen-Anhalt
Schleinufer 12, 39104 Magdeburg
T: (0391) 5 65 34-0 **Fax:** 5 65 34-13
Internet: http://www.lpb.sachsen-anhalt.de
E-Mail: lpblsa.sekretariat@stk.sachsen-anhalt.de
Direktor(in): Bernd Lüdkemeier

• **A 274**

Landeszentrale für Politische Bildung Schleswig-Holstein
Hohenbergstr. 4, 24105 Kiel
T: (0431) 9 88-5937 **Fax:** 9 88-5942
E-Mail: info@lzpolbil.landsh.de
Direktor(in): Dr. Karl-Heinz Harbeck

• **A 275**

Landeszentrale für politische Bildung Thüringen
Bergstr. 4, 99092 Erfurt
T: (0361) 3 79 27 01 **Fax:** 3 79 27 02
Internet: http://www.thueringen.de/lzt

• **A 276**

Bundesstelle für Büroorganisation und Bürotechnik (BBB)
siehe Bundesverwaltungsamt A 227

• **A 277**

Bundesinstitut für Sportwissenschaft
Postf. 45 02 49, 50877 Köln

Carl-Diem-Weg 4, 50933 Köln
T: (0221) 49 79-0 **Fax:** 49 51 64
Internet: http://www.bisp.de
E-Mail: info@bisp.de
Gründung: 1970 (10. Oktober)
Direktor(in): Dr. Martin-Peter Büch
Leitung Presseabteilung: Wolfgang Schulze
Verbandszeitschrift: Informationen des Bundesinstituts für Sportwissenschaft
Redaktion: Wolfgang Hartmann
Verlag: Eigenverlag
Mitarbeiter: 65
Jahresetat: DM 12,185 Mio, € 6,23 Mio (1999)

• A 278

Deutsches Patent- und Markenamt
siehe U 41

• A 279

Patentschriften-Auslegestellen
siehe Deutsches Patentamt U 41

• A 280

Bundespatentgericht
Cincinnatistr. 64, 81549 München
T: (089) 6 99 37-0 **Fax:** 6 99 37-100
Präsident(in): Antje Sedemund-Treiber

BM für Umwelt, Naturschutz und Reaktorsicherheit

• A 287

Umweltbundesamt (UBA)
14191 Berlin
Bismarckplatz 1, 14193 Berlin
T: (030) 89 03-0 **Fax:** 89 03-2285

Weitere Dienstgebäude:
Seecktstr. 6-10, Berlin-Spandau
Telefax: (030) 89 03-3232
Corrensplatz 1, 14195 Berlin (Dahlem), T: (030) 89 03-0,
Telefax: (030) 89 03-1830

Gründung: 1974
Internationaler Zusammenschluß: siehe unter iza 205
Präsident(in): Prof. Dr. Andreas Troge
Vizepräsident(in): Dr. Kurt Schmidt
Pressestelle: Karsten Klenner
Umweltinformation: Volkhard Möcker
Geschäftsstelle SRU: Dir. u. Prof. Dr. Wiggering

• A 288

Bundesamt für Strahlenschutz
Postf. 10 01 49, 38201 Salzgitter
Willy-Brandt-Str. 5, 38226 Salzgitter
T: (05341) 8 85-0 **Fax:** 8 85-885
Internet: http://www.bfs.de/
Gründung: 1989 (1. November)
Präsident(in): Wolfram König
Vizepräsident(in): Henning Rösel
Pressesprecher: Dr. Eckart Viehl
Mitarbeiter: 668

BM für Verkehr, Bau- und Wohnungswesen

• A 2 89.10

Bundesamt für Bauwesen und Raumordnung (BBR)
Zentrale
Deichmanns Aue 31-37, 53179 Bonn
T: (01888) 4 01-0 **Fax:** 4 01-1380
Internet: http://www.bbr.bund.de
Gründung: 1998
Präsident(in): Dipl.-Ing. Florian Mausbach
Vizepräsident(in): Prof. Dr. Wendelin Strubelt
Koordinierungsbüro: RD Manfred Becker
Presse- und Öffentlichkeitsarbeit: Dipl.-Ing. Harry Hirsch
Abteilungsleiter(in): LRD Harald Herrmann (Abt. Z; Zentralabteilung)
Abteilungsleiter(in): LWD Dr. Hans-Peter Gatzweiler (Abt. I; Raumordnung und Städtebau)
Abteilungsleiter(in): LBD Gerhard Löffler (Abt. II; Bauen, Wohnen und Architektur)
Abteilungsleiter(in): LBD Hans-Joachim Runkel (Abt. III; Bundesbauten in Bonn)
Abteilungsleiter(in): Gerd Löffler (Abt. IV; Bundesbauten Ausland)
Abteilungsleiter(in): LBD Gerhard Zodtner (Abt. V; Bundesbauten Berlin)
Mitarbeiter: 675 (Stand Januar 1999)

• A 289

Bundesamt für Naturschutz (BfN)
Konstantinstr. 110, 53179 Bonn
T: (0228) 84 91-0 **Fax:** 84 91-200
Internet: http://www.BFN.DE
E-Mail: PBOX-PRESSE@BFN.DE
Gründung: 1993 (15. August)
Präsident(in): Prof. Dr. Hartmut Vogtmann
Leitung Presseabteilung: Franz Emde (Sprecher)
Verbandszeitschrift: Natur und Landschaft
Verlag: Kohlhammer, Postf. 40 02 63, 50832 Köln
Mitarbeiter: 250

• A 290

Kraftfahrt-Bundesamt (KBA)
24932 Flensburg
Fördestr. 16, 24944 Flensburg
T: (0461) 3 16-0 **Fax:** 3 16-16 50, 3 16-14 95
Teletex: 461 301
Internet: http://www.kba.de
Präsident(in): Dipl.-Ing. Wolfgang Barth
Pressesprecher: Angela Bartholmae

• A 291

Bundesamt für Güterverkehr
Werderstr. 34, 50672 Köln
T: (0221) 57 76-0 **Fax:** 57 76-444
Internet: http://www.bag.bund.de
E-Mail: bagpress@compuserve.com
Präsident(in): Ernst Vorrath
Vizepräsident(in): Rolf Kreienhop
Pressestelle: RDir Joachim Drab

Außenstellen

a 292

Bundesamt für Güterverkehr Außenstelle Stuttgart
Postf. 10 07 43, 70006 Stuttgart
Rotebühlstr. 59, 70178 Stuttgart
T: (0711) 61 55 57-0 **Fax:** 61 55 57-88
Leitung: RDir Klaus Mugler

a 293

Bundesamt für Güterverkehr Außenstelle München
Postf. 43 02 62, 80732 München
Winzererstr. 52, 80797 München
T: (089) 1 26 03-0 **Fax:** 1 26 03-321
Leitung: LRDir Dr. Dieter Windisch

a 294

Bundesamt für Güterverkehr Außenstelle Schwerin
Bleicherufer 11, 19053 Schwerin
T: (0385) 5 91 41-0 **Fax:** 5 91 41-290
Leitung: RDir Heinrich Baumann

a 295

Bundesamt für Güterverkehr Nebenstelle Berlin/Brandenburg
Schiffbauerdamm 13, 10117 Berlin
T: (030) 2 80 89 00-05 **Fax:** 2 82 92 62
Leitung: RDir Heinrich Baumann

a 296

Bundesamt für Güterverkehr Außenstelle Hannover
Postf. 11 46, 30011 Hannover
Goseriede 6, 30159 Hannover
T: (0511) 12 60 74 **Fax:** 12 60 74 66
Leitung: RDir Berndt Houben

a 297

Bundesamt für Güterverkehr Außenstelle Mainz
Postf. 15 48, 55005 Mainz
Rheinstr. 4b, 55116 Mainz
T: (06131) 1 46 72-0 **Fax:** 1 46 72 75
Leitung: RDir Eckhard Eschenbach

a 298

Bundesamt für Güterverkehr Außenstelle Dresden
Postf. 12 01 54, 01002 Dresden
Bernhardstr. 62, 01187 Dresden
T: (0351) 8 79 96-0 **Fax:** 8 79 96-90
Leitung: Hans-Joachim Sichler

a 299

Bundesamt für Güterverkehr Außenstelle Erfurt
Bahnhofstr. 37, 99084 Erfurt
T: (0361) 6 64 89-0 **Fax:** 6 64 89-66
Leitung: Bernd Rupert Hübner

a 300

Bundesamt für Güterverkehr Außenstelle Münster
Postf. 19 20, 48007 Münster
Mauritzstr. 4-6, 48143 Münster
T: (0251) 4 04 24 **Fax:** 4 71 83
Leiter(in): RDir Friedhelm Klappert

Außenstellen mit Schwerpunktaufgaben

a 301

Bundesamt für Güterverkehr Außenstelle Bremen
Postf. 10 68 49, 28068 Bremen
Bürgermeister-Smidt-Str. 55-61, 28195 Bremen
T: (0421) 1 60 82-0 **Fax:** 1 60 82 55
Leiter(in): ORR Klaus-Albert Pingel

a 302

Bundesamt für Güterverkehr Außenstelle Saarbrücken
Postf. 10 03 41, 66003 Saarbrücken
Mainzer Str. 32-34, 66111 Saarbrücken
T: (0681) 9 67 02-0 **Fax:** 9 67 02-90
Leitung: RDir Johannes von der Lieck

a 303

Bundesamt für Güterverkehr Außenstelle Kiel
Postf. 16 40, 24015 Kiel
Willestr. 5-7, 24103 Kiel
T: (0431) 9 20 80 **Fax:** 97 89 28
Leitung: RDir Helmut Struwe

• A 304

Bundesanstalt für Straßenwesen
Postf. 10 01 50, 51401 Bergisch Gladbach
Brüderstr. 53, 51427 Bergisch Gladbach
T: (02204) 4 30 **Fax:** 4 36 73
Internet: http://www.bast.de
E-Mail: info@bast.de
Gründung: 1951
Präs. u. Prof.: Dr.-Ing. Karl-Heinz Lenz
Dir. u. Prof.: Dr. Reichelt (Vertreter des Präsidenten)
Leitung Presseabteilung: BDir Axel Kuchenbecker
Verbandszeitschrift: Reihe "Berichte der Bundesanstalt für Straßenwesen"
Redaktion: Referat Öffentlichkeitsarbeit
Verlag: Wirtschaftsverlag NW GmbH, Postf. 10 11 10, 27511 Bremerhaven
Mitarbeiter: 395
Jahresetat: DM 62 Mio, € 31,7 Mio

• A 305

Bundesanstalt für Gewässerkunde
Postf. 20 02 53, 56002 Koblenz
Kaiserin-Augusta-Anlagen 15-17, 56068 Koblenz
T: (0261) 13 06-0 **Fax:** 13 06-5302
E-Mail: posteingang@bafg.de
Gründung: 1948 (1. Januar)
Leitung: Dir. u. Prof. Dipl.-Ing. V. Wetzel
Sekretariat für das IHP der UNESCO und das OHP der WMO: Prof. Dr. Hofius
Verbandszeitschrift: Hydrologie und Wasserbewirtschaftung
Redaktion: Ref. C
Mitarbeiter: 380
Jahresetat: DM 45,8 Mio, € 23,42 Mio

a 306

Bundesanstalt für Gewässerkunde Außenstelle Berlin
Schnellerstr. 140, 12439 Berlin
T: (030) 6 39 86-0 **Fax:** 6 39 86-226
Leitung: LBDir Rödiger

• A 307

Bundesanstalt für Wasserbau
Kußmaulstr. 17, 76187 Karlsruhe
T: (0721) 97 26-0 **Fax:** 97 26-4 540
Internet: http://www.baw.de
E-Mail: info.karlsruhe@baw.de
Leitung: Dir. u. Prof. Dr.-Ing. Hans-Heinrich Witte

Wasser- und Schiffahrtsdirektionen

• A 308

Wasser- und Schiffahrtsdirektion Nord
Hindenburgufer 247, 24106 Kiel
T: (0431) 33 94-0 **Fax:** 33 94-3 48
Präsident: Dr.-Ing. Hans Gerhard Knieß
Öffentlichkeitsarbeit: Weber (Leitender Baudirektor)

• A 309

Wasser- und Schiffahrtsdirektion Nordwest
Schloßplatz 9, 26603 Aurich
T: (04941) 6 02-0 **Fax:** 6 02-3 78
E-Mail: wsd-nordwest@aur.wsdnw.de
Präsident(in): Klaus Frerichs

• A 310

Wasser- und Schiffahrtsdirektion Mitte
Postf. 63 07, 30063 Hannover
Am Waterlooplatz 5, 30169 Hannover
T: (0511) 91 15-0 **Fax:** 91 15-4 00
Präsident(in): Prof. Dipl.-Ing. Dierk Schröder

• A 311

Wasser- und Schiffahrtsdirekton Ost
Stresemannstr. 92, 10963 Berlin
T: (030) 2 69 90-20 **Fax:** 26 99 02 70

• A 312

Wasser- und Schiffahrtsdirektion West
Cheruskerring 11, 48147 Münster
T: (0251) 27 08-0 **Fax:** 27 08-115
Präsident(in): Ulrich Machens

• A 313

Wasser- und Schiffahrtsdirektion Südwest
Postf. 31 01 60, 55062 Mainz
Brucknerstr. 2, 55127 Mainz
T: (06131) 9 79-0 **Fax:** 9 79-1 55
E-Mail: poststelle@wsd-sw.wsv.de
Präsident(in): Fritz Guercke

• A 314

Wasser- und Schifffahrtsamt Freiburg
Stefan-Meier-Str. 4-6, 79104 Freiburg
T: (0761) 27 18-0 **Fax:** 27 18-1 55
Leitung: BDir. Klose

• A 315

Wasser- und Schiffahrtsdirektion Süd
Postf. 68 09, 97018 Würzburg
Wörthstr. 19, 97082 Würzburg
T: (0931) 41 05-0 **Fax:** 41 05-3 80
E-Mail: wsd_sued.a1@t-online.de
Leitung: Dipl.-Ing. Wolfgang Paul (Präsident)
Vertreter: Wolfgang Hülsen (Abt. Präsident)
Pressesprecher: BDir. Dirk Eujen

• A 316

Bundesoberseeamt
Bernhard-Nocht-Str. 78, 20359 Hamburg
T: (040) 31 90-83 21 **Fax:** 31 90 50 00
Vorsitzende(r): Ass. Bodo Schwarzenberg
Stellvertretende(r) Vorsitzende(r): Dr. Fritz Frantzioch (Richter am Hanseatischen Oberlandesgericht Hamburg) Prof. Dr. Werner von Unruh (Dozent am Fachbereich Seefahrt der Fachhochschule Oldenburg)
Ständiger Beisitzer: ORR Kpt. Horst Nowak

• A 317

Luftfahrt-Bundesamt (LBA)
Postf. 30 54, 38020 Braunschweig
Hermann-Blenk-Str. 26, 38108 Braunschweig
T: (0531) 23 55-0 **Fax:** 23 55-710
Internet: http://www.lba.de/
Gründung: 1955
Leitung: Dipl.-Ing. Ulrich Schwierczinski
Pressesprecherin: Cornelia Eichhorn
Mitarbeiter: ca. 400

• A 318

Deutscher Wetterdienst

Deutscher Wetterdienst -Zentrale-
Postf. 10 04 65, 63004 Offenbach
Frankfurter Str. 135, 63067 Offenbach
T: (069) 80 62-0 **Fax:** 80 62-4193
T-Online *44440*
Internet: http://www.dwd.de
E-Mail: info@dwd.de
Präsident(in): Dipl.-Met. Udo Gärtner
Leitung Presseabteilung: Dipl.-Met. Uwe Wesp
Mitarbeiter: rd. 2700

Alle Fragen rund um Wetter, Klima sowie met. Forschung.

• A 319

Deutscher Wetterdienst Geschäftsfeld Seeschiffahrt
Postf. 70 04 21, 22004 Hamburg
Jenfelder Allee 70a, 22043 Hamburg
T: (040) 66 90-0 **Fax:** 66 90-1851, 66 90-1952
Internet: http://www.dwd.de
E-Mail: gf.see@dwd.de
Leitung: Dipl.-Phys. Andreas Kresling
Marketing u. Vertrieb: Dipl.-Met. Heinz Hill

WELTWEITE Wettervorhersage, Beratung und Gutachten für die Seeschiffahrt sowie die überseeorientierten Wirtschaft.

• A 320

Deutscher Wetterdienst Geschäftsfeld Medizin-Meteorologie
Stefan-Meier-Str. 4, 79104 Freiburg
T: (0761) 2 82 02-0 **Fax:** 2 82 02-90
E-Mail: gerd.jendritzky@dwd.de
Leiter(in): Prof. Dr. Gerd Jendritzky

• A 321

Bundesamt für Seeschiffahrt und Hydrographie
Postf. 30 12 20, 20305 Hamburg
Bernhard-Nocht-Str. 78, 20359 Hamburg
T: (040) 31 90-0 **Fax:** 31 90-50 00
TGR: Hydrodienst Hamburg
Internet: http://www.bsh.de
E-Mail: posteingang-HH@bsh.d400.de
Dierkower Damm 45, 18146 Rostock, T: (0381) 45 63-5 (Vermittlung), TX: 398 352 bsh ro d, Fax: 45 63-948, E-Mail: posteingang-HRO@bsh.d400.de
Gründung: 1990
PräsProf: Dr. Peter Ehlers
Leitung Öffentlichkeitsarbeit: Günter Heise
Mitarbeiter: 925
Jahresetat: DM 126 Mio, € 64,42 Mio

• A 322

Oberprüfungsamt für die höheren technischen Verwaltungsbeamten
Bockenheimer Anlage 13, 60322 Frankfurt
T: (069) 55 04 27 **Fax:** 5 96 21 80
Gründung: 1946 (8.Oktober), Vorläufer 1770 in Preußen
Präsident(in): Dipl.-Ing. Klaus Neven

• A 3 23.10

Wehrbereichskommando II - 1. Panzerdivision
Hans-Böckler-Allee 18, 30173 Hannover
T: (0511) 2 84-20 00 **Fax:** 2 84-20 88
Befehlshaber u. Kommandeur: GenMaj: Christian Hellwig

BM der Verteidigung

• A 323

Wehrbereichskommando I - Küste
Niemannsweg 220, 24106 Kiel
T: (0431) 3 84-0 **Fax:** 3 84-6149
Gründung: 1956
Befehlshaber: Konteradmiral Rainer Feist
Presseoffizier: Oberstleutnant Wolf v. der Osten

• A 324

Wehrbereichskommando III / 7. Panzerdivision
Lenaustr. 29, 40470 Düsseldorf
T: (0211) 6 19-21 11 **Fax:** 6 19-29 06
Befehlshaber u. Kommandeur: GenMaj. Gerd Gudera
Leitung Presseabteilung: Oberstleutnant Harald Pape

• A 325

Wehrbereichskommando IV / 5. Panzerdivision
Freiligrathstr. 6 GFZ-Kaserne, 55131 Mainz
T: (06131) 56 22 30 **Fax:** 56 21 29
Befehlshaber u. Kommandeur: Generalmajor Holger O. L. Kammerhoft

• A 326

Wehrbereichskommando V / 10. Panzerdivision
Binder Str. 28, 72483 Sigmaringen
T: (07571) 76-0 **Fax:** 76-1658
Gründung: 1994 (15. März)
Befehlshaber u. Kommandeur: Generalmajor Karl-Heinz Lather
Leitung Presseabteilung: Oberstleutnant Peter Wozniak
Mitarbeiter: 22000 (gesamte Division)

• A 327

Wehrbereichskommando VI 1. Gebirgsdivision
Postf. 45 06 61, 80906 München
Heidemannstr. 50, 80939 München
T: (089) 31 68-1 **Fax:** 31 68-6144
E-Mail: pressesprecher.wbkVI-1.gebdiv@t-online.de
Befehlshaber: GenMaj Dieter Henninger
Leitung Presseabteilung: OTL Heinz-Dieter Wiengarten

Bundeswehrverwaltung

• A 328

Wehrbereichsverwaltung I
Feldstr. 234, 24106 Kiel
T: (0431) 3 84-0 **Fax:** 3 84-5440
Präsident(in): Dierk Schröder
Pressesprecher: Eckart Meyer-Höper

• A 329

Wehrbereichsverwaltung II
Hans-Böckler-Allee 16, 30173 Hannover
T: (0511) 2 84-30 00 **Fax:** 2 84-40 73
Präsident(in): Hartwig Kuhnert

• A 330

Wehrbereichsverwaltung III
Postf. 30 10 54, 40410 Düsseldorf
Wilhelm-Raabe-Str. 46, 40470 Düsseldorf
T: (0211) 9 59-0 **Fax:** 9 59-2544
Präsident(in): Rainer-Georg Großkraumbach
Ltg. Presse- und Öffentlichkeitsarbeit: Claudia Bragard-Klaus

• A 331

Wehrbereichsverwaltung IV
Postf. 59 02, 65049 Wiesbaden
Moltkering 9, 65189 Wiesbaden
T: (0611) 7 99-0 **Fax:** 7 99-20 59

• A 332

Wehrbereichsverwaltung V
Löwentorzentrum
Postf. 10 52 61, 70045 Stuttgart
Heilbronner Str. 186, 70191 Stuttgart
T: (0711) 25 40-0 **Fax:** 25 40-2188
Pressesprecherin: RR'n z.A. Dietlind Hennemann

• A 333

Wehrbereichsverwaltung VI
I2 - Pressesprecher
Dachauer Str. 128, 80637 München
T: (089) 12 49-1 **Fax:** 12 49-2628
Präsident(in): Lothar Bregenzer
Leitung Presseabteilung: Martin Kammler (T: 12 49-21 00)

• A 334

Bundessprachenamt
Horbeller Str. 52, 50354 Hürth
T: (02233) 55-309 **Fax:** 55-616
Präsident(in): Dr. Rudolf Weidinger
Vertreter: Jeweils anwesender dienstältester Abteilungsleiter
Presserefer.: Dipl.-Verw.Wirt Wolfgang Bonzek
Mitarbeiter: 1100 (einschl. Lehrgangsteilnehmern)

• A 335

Bundesamt für Wehrtechnik und Beschaffung (BWB)
Ferdinand-Sauerbruch-Str. 1, 56073 Koblenz
T: (0261) 4 00-0 **Fax:** 4 00-7630
Teletex: 261 842 BWB
Internet: http://www.bwb.org
E-Mail: BWB@BWB.org
Präsident: Detlev Petry
Vizepräs. f. Wirtschaft: Dr. Knut Schloenbach
Vizepräs. f. Technik: Dr. Manfred Schober
Pressesprecher: Dr. Hans Liesenhoff

BM für Wirtschaft und Technologie

• A 336

Bundeskartellamt
Kaiser-Friedrich-Str. 16, 53113 Bonn
T: (0228) 94 99-0 **Fax:** 94 99-400
E-Mail: info@bundeskartellamt.de
Präsident(in): Dr. Ulf Böge
Vizepräsident(in): Dr. Kurt Stockmann
Presse: ORR Eike Sacksofsky

• A 337

Bundesamt für Wirtschaft (BAW)
Postf. 51 71, 65726 Eschborn
Frankfurter Str. 29-35, 65760 Eschborn
T: (06196) 40 40 **Fax:** 9 42 26, 40 42 12
Internet: http://www.bawi.de
E-Mail: bundesamt@bawi.de
Gründung: 1954 als Bundesamt für gewerbliche Wirtschaft
Präsident(in): Dr. Wolfgang Danner (mit d. Wahrnehmung d. Geschäfte beauftr.)
Vors. d. Personalrates: Kunze (auch Vertrauensmann d. Schwerbehinderten)
Frauenbeauftragte: Klee
Mitarbeiter: ca. 330

• A 338

bfai
Bundesstelle für Außenhandelsinformation

Bundesstelle für Außenhandelsinformation (bfai)
Postf. 10 05 22, 50445 Köln
Agrippastr. 87-93, 50676 Köln
T: (0221) 20 57-0 **Fax:** 20 57-212, -262 u. -275
Internet: http://www.bfai.com
E-Mail: bfai@geod.geonet.de
Gründung: 1951
Leitung: Dir. Hanns Diether Dammann
Abteilung I:
LtdRegDir Friedbert Schönfeld (Grundsatzfragen der Außenwirtschaftsinformation, GfAI-Geschäftsführung, Redaktion)
Abteilungsleiter(in): Abteilung II:
RegDir'in Angela Bley (Auslandsmärkte, Wirtschaftsdaten, Außenhandelsvorschriften)
Abteilungsleiter(in): Abteilung III:
LtdRegDir Dr. Gerhard Prasch (Geschäftskontakte, Projekte, Recht und Zoll, GfAI-Geschäftsführung)
Abteilungsleiter(in): Abteilung Z:
RegDir Hans Walter Goergen (Zentrale Dienste, GfAI-Geschäftsführung)
Leitung Presseabteilung: ORRin Stephanie Kage
Mitarbeiter: ca. 240

Die Bundesstelle für Außenhandelsinformation (bfai) - eine Servicestelle des Bundesministeriums für Wirtschaft und Technologie - informiert aktuell über Wirtschaftsentwicklung, Branchentrends, Rechts- und Zollregelungen in über 150 Ländern der Welt. Sie veröffentlicht Geschäftswünsche ausländischer Unternehmen, Investitions- und Finanzierungsprojekte großer internationaler Organisationen (z.B. Weltbank), Ausschreibungen öffentlicher Stellen v.a. außerhalb Europas, bis zu Auskunfts- und Kontaktstellen in aller Welt. Neben einem Auskunftsservice bietet sie rd. 1.000 neue Publikationen pro Jahr und Zeitschriften zu einzelnen Regionen (z.B. bfai-Info Osteuropa), zu Projekten oder zu Geschäftswünschen ausländischer Unternehmen. Das gesamte bfai-Angebot, über 100.000 Einzelinformationen, findet sich außerdem auf CD-ROM und im Internet (http://www.bfai.com).

• A 339

Bundesausfuhramt (BAFA)
Postf. 51 60, 65726 Eschborn
Frankfurter Str. 29-35, 65760 Eschborn
T: (06196) 9 08-0 **Fax:** 9 08-8 00
Internet: http://www.bundesausfuhramt.de
E-Mail: poststelle@bundesausfuhramt.de
Gründung: 1992 (1. April)
Präsident(in): Dr. Wolfgang Danner
Vizepräsident(in): Hans-Dieter Corvinus
Leitung Presseabteilung: RDir Dr. Norbert Goworr
Mitarbeiter: 320

• A 340

Bundesanstalt für Geowissenschaften und Rohstoffe (BGR)
Postf. 51 01 53, 30631 Hannover
Stilleweg 2, 30655 Hannover
T: (0511) 6 43-0 **Fax:** 6 43-2304
Internet: http://www.bgr.de
E-Mail: public.relations.bgr-nlfb@bgr.de
Gründung: 1958
Präsident(in): Prof. Dr.-Ing. Dr.h.c. Friedrich-Wilhelm Wellmer
Vizepräsident(in): Prof. Dr. J. D. Becker-Platen
Zentrale Angelegenheiten: Abt.-Dir. J. Hammann
Leitung Öffentlichkeitsarbeit: Geol. Dir. Dr. A. Müller
Mitarbeiter: 709

Bundesanstalt für Geowissenschaften und Rohstoffe (BGR)
Dienstbereich Berlin
Wilhelmstr. 25-30, 13593 Berlin
T: (030) 3 69 93-0 **Fax:** 3 69 93-100

• A 341

Bundesanstalt für Materialforschung und -prüfung (BAM)
Unter den Eichen 87, 12205 Berlin
T: (030) 81 04-0 **Fax:** 8 11 20 29
Internet: http://www.bam.de/
E-Mail: info@bam.de
Ursprung im Jahre 1870
Gründung: 1870
Präsident(in): Prof. Dr.-Ing. Dr.h.c. Horst Czichos
Vizepräsident(in): Prof. Dr.rer.nat. Manfred Hennecke
Mitglied des Präsidiums: Prof. Dr.-Ing. Karl-Heinz Habig
Präsidialreferat: Reg.Dir Dr.-Ing. Wilfried Metasch
Strategische Planung; Controlling: N.N.
Öffentlichkeitsarbeit u. Marketing: Reg. Dir. Dr.-Ing. Jürgen Lexow
Verbandszeitschrift: BAM-Zulassungen Amts- und Mitteilungsblatt; Zeitschrift Materialprüfung
Mitarbeiter: ca. 1700
Jahresetat: ca. DM 190 Mio, € 97,15 Mio

• A 342

Physikalisch-Technische Bundesanstalt (PTB)
Braunschweig
Postf. 33 45, 38023 Braunschweig
Bundesallee 100, 38116 Braunschweig
T: (0531) 5 92-1 **Fax:** 5 92-4006
Internet: http://www.ptb.de
E-Mail: presse@ptb.de
Gründung: 1887
Präsident(in): Prof. Dr. Ernst O. Göbel
Leitung Presseabteilung: Dr. Dr. Jens Simon
Verbandszeitschrift: PTB-Mitteilungen
Redaktion: PTB Braunschweig
Verlag: Wirtschaftsverlage WV Verlag für neue Wissenschaft GmbH, Bgm.-Schmidt-Str. 74-76, 27568 Bremerhaven
Mitarbeiter: ca. 1600
Jahresetat: DM 234,7 Mio, € 120 Mio

Anschriften in Berlin:

a 343

Physikalisch-Technische Bundesanstalt
Berlin
Abbestr. 2-12, 10587 Berlin
T: (030) 34 81-1 **Fax:** 34 81-4 90

a 344

Physikalisch-Technische Bundesanstalt
Fürstenwalder Damm 388, 12587 Berlin
T: (030) 64 41-0 **Fax:** 64 41-348
Vertreter des Präsidenten in Berlin: Dir. und Prof. Prof. Dr. Burkhard Wende

• A 3 44.10

Regulierungsbehörde für Telekommunikation und Post (Reg TP)
Heussallee 2-10 Haus IV, 53113 Bonn
Postf. 80 01, 53105 Bonn
T: (0228) 14-0 **Fax:** 14-8872
Internet: http://www.regtp.de
E-Mail: poststelle@regtp.de
Präsident(in): Klaus-Dieter Scheurle
Vizepräsident(in): Matthias Kurth
Gerhard Harms

Bundesgerichte

• A 345

Bundesverfassungsgericht
Postf. 17 71, 76006 Karlsruhe
Schloßbezirk 3, 76131 Karlsruhe
T: (0721) 91 01-0 **Fax:** 91 01-3 82
E-Mail: bverfg@bundesverfassungsgericht.de
Präs. u. Vors. d. Zweiten Senats: Prof. Dr. Jutta Limbach
Vizepräs. u. Vors. d. Ersten Senats: Prof. Dr. Hans-Jürgen Papier
Verwaltung:
Direktorin b. Bundesverfassungsgericht: Dr. Elke Luise Barustedt

• A 346

Bundesgerichtshof
Herrenstr. 45a, 76133 Karlsruhe
T: (0721) 1 59-0 **Fax:** 1 59-830, 1 59-831, 1 59-606
Internet: http://www.rz.uni-karlsruhe.de/_4BGH/bghhome.htm
Präsident(in): Karlmann Geiß
Vizepräsident(in): Dr. Burkhard Jähnke
Vorsitzende Richter am Bundesgerichtshof:
Prof. Dr. Erdmann (1. Zivilsenat)
Dr. h.c. Röhricht (2. Zivilsenat)
Dr. Rinne (3. Zivilsenat)
Dr. Schmitz (4. Zivilsenat)
Dr. Joachim Wenzel (5. Zivilsenats und Landwirtschaftssenats)
Groß (6. Zivilsenat)
Prof. Dr. Ullmann (7. Zivilsenat)
Dr. Deppert (8. Zivilsenat)
Dr. Paulusch (9. Zivilsenat)
Rogge (10. Zivilsenat)
Gerd Nobbe (11. Zivilsenat)
Dr. Blumenröhr (12. Zivilsenat)

a 347

Dienststellen des Bundesgerichtshofes und der Bundesanwaltschaft in Leipzig
Karl-Heine-Str. 12, 04229 Leipzig
T: (0341) 48 73 70 **Fax:** 4 87 37 98 BGH, 4 87 37 97 Bundesanwaltschaft

• A 348

Der Generalbundesanwalt beim Bundesgerichtshof
Postf. 27 20, 76014 Karlsruhe
Brauerstr. 30, 76135 Karlsruhe
T: (0721) 81 91-0 **Fax:** 81 91-590
Generalbundesanwalt: Kay Nehm
Leiter der Verwaltung: Regierungsdirektor Heinrich Hopf

a 349

Der Generalbundesanwalt beim Bundesgerichtshof Dienststelle Leipzig
Karl-Heine-Str. 12, 04229 Leipzig
T: (0341) 4 87 37-0 **Fax:** 4 87 37-97

a 350

Der Generalbundesanwalt beim Bundesgerichtshof - Dienststelle Bundeszentralregister -
Heinemannstr. 6, 53175 Bonn
T: (01888) 5 83-0 (Inland), (0228) 58-0 (Ausland)
Fax: (01888) 5 83-4810 (Inland), (0228) 58-4810 (Ausland)
Leiter des Bundeszentralregisters: Ministerialrat Peter Christensen

• A 351

Bundesverwaltungsgericht
Hardenbergstr. 31, 10623 Berlin
T: (030) 31 97-1 **Fax:** 3 12 30 21
Internet: http://www.bverwg.de/
Präsident(in): Dr. Everhardt Franßen

a 352

Wehrdienstsenate des Bundesverwaltungsgerichts
Schwere-Reiter-Str. 37, 80797 München
T: (089) 30 79 35-0 **Fax:** 30 79 35-15

• A 353

Der Bundesdisziplinaranwalt beim Bundesverwaltungsgericht
Gervinusstr. 5-7, 60322 Frankfurt
T: (069) 15 30 00 02 **Fax:** 15 30 00 82
Bundesdisziplinaranwalt: Wolfgang Zeisig
Vertr.: LRD Ernst-Albrecht Schwandt

a 354

Außenstelle Berlin des Bundesdisziplinaranwalts
Bundesallee 216-218, 10719 Berlin
Leitung: N. N.

• **A 355**

Der Oberbundesanwalt beim Bundesverwaltungsgericht
Bundesallee 216-218, 10719 Berlin
T: (030) 22 41-60
Oberbundesanwalt: Dr. Hansjörg Dellmann

• **A 356**

Bundesfinanzhof
Postf. 86 02 40, 81629 München
Ismaninger Str. 109, 81675 München
T: (089) 9 23 10 **Fax:** 9 23 12 01
Präsident(in): Dr. Iris Ebling
Präsidialrichter: Reinhart Rüsken
Pressereferent: Ulrich Hutter

• **A 357**

Bundesarbeitsgericht
Hugo-Preuß-Platz 1, 99084 Erfurt
T: (0361) 26 36-0 **Fax:** 26 36-2000
Internet: http://www.bundesarbeitsgericht.de
E-Mail: pressestelle@bundesarbeitsgericht.de
Präsident(in): Dr. Hellmut Wißmann
Leitung Presseabteilung: Friedrich Hauck
Mitarbeiter: 168

• **A 358**

Bundessozialgericht
34114 Kassel
Graf-Bernadotte-Platz 5, 34119 Kassel
T: (0561) 31 07-1 **Fax:** 3 10 74 75
Internet: http://www.bundessozialgericht.de
E-Mail: presse@bundessozialgericht.de
Präsident(in): Matthias von Wulffen
Leitung Presseabteilung: Richter am BSG Dr. Steinwedel

• **A 359**

Bundesdisziplinargericht
Postf. 18 01 26, 60082 Frankfurt
Gervinusstr. 5-7, 60322 Frankfurt
T: (069) 15 30 00-01 **Fax:** 15 30 00-99
Präsident(in): Dr. Hans-Dieter Schmachtenberg

Oberfinanzdirektionen

• **A 360**

Oberfinanzdirektion Berlin
Kurfürstendamm 193-194, 10707 Berlin
T: (030) 88 07-0 **Fax:** 8 82 48 65, 88 07 22 57
OFPräs.: Ingo Trendelenburg

• **A 361**

Oberfinanzdirektion Bremen
Rudolf-Hilferding-Platz 1, 28195 Bremen
T: (0421) 3 22-1 **Fax:** 3 22-20 78 (Land), 3 22-24 35 (Bund)
OFPräs.: Horst Kallenbach

• **A 362**

Oberfinanzdirektion Chemnitz
Postf. 2 34, 09002 Chemnitz
Brückenstr. 10, 09111 Chemnitz
T: (0371) 4 57-0 **Fax:** 4 57-22 34
E-Mail: poststelle@ofd.smf.sachsen.de

• **A 363**

Oberfinanzdirektion Cottbus
Postf. 10 09 61, 03009 Cottbus
Am Nordrand 45, 03044 Cottbus
T: (0355) 865-0 **Fax:** 865-23 50, -23 51

• **A 364**

Oberfinanzdirektion Düsseldorf
Postf. 10 11 14, 40002 Düsseldorf
Jürgensplatz 1, 40219 Düsseldorf
T: (0211) 82 22-0 **Fax:** 82 22-818 (Steuer), 82 22-896 (Bauabt.)
Besitz- und Verkehrsteuerabteilung Köln, Riehler Platz 2, 50668 Köln, T: (0221) 97 78-0, Fax: 97 78-39 83 (Steuer), -39 84 (Bauabt.-Außenstelle Köln)
OFPräs.: Dr. Peter Meyer
Leitung Presseabteilung: ORRin Gall

• **A 365**

Oberfinanzdirektion Erfurt
Jenaer Str. 37, 99099 Erfurt
T: (0361) 3 78 71 10 **Fax:** 3 78 71 11

• **A 366**

Oberfinanzdirektion Frankfurt am Main
Postf. 11 14 31, 60049 Frankfurt
Adickesallee 32, 60322 Frankfurt
T: (069) 15 60-0 **Fax:** 15 60-1 52
Gründung: 1950 (1. Oktober)
OFPräs.: Hans Peter Engelhardt
Landesbauabt.: Adamski
Steuerabteilungsleitung: Clemm
Leitung Presseabteilung: RD Rainer Thessinga
Mitarbeiter: ca. 400

• **A 367**

Oberfinanzdirektion Hamburg
Postf. 11 32 44, 20432 Hamburg
Rödingsmarkt 2, 20459 Hamburg
T: (040) 4 28 20-0 **Fax:** 4 28 20-25 47
OFPräs.: Dr. Hans de la Motte

• **A 368**

Oberfinanzdirektion Hannover
Waterloostr. 5, 30169 Hannover
T: (0511) 1 01-0 **Fax:** 1 01-21 11
OFP: Dr. Gerhard Zeller
Pers. Referent: RD Pohlmann
Pressereferent: ORR'in Ute Stamm

• **A 369**

Oberfinanzdirektion Karlsruhe
Postf. 10 02 65, 76232 Karlsruhe
Moltkestr. 50, 76133 Karlsruhe
T: (0721) 9 26-0 **Fax:** 9 26-27 25
Teletex: 721 357=OFDKA
OFPräs.: Hans Dieter Grub
Leitung Presseabteilung: RR Merz

• **A 370**

Oberfinanzdirektion Kiel
Adolfstr. 14-28, 24105 Kiel
T: (0431) 5 95-1 **Fax:** 5 95 25 51
OFPin: Inge Carlsen
Leitung Presseabteilung: N.N.

• **A 371**

Oberfinanzdirektion Koblenz
Ferdinand-Sauerbruch-Str. 17, 56073 Koblenz
T: (0261) 4 93-0 **Fax:** 4 93-11 99
E-Mail: poststelle@ofd-ko.fin-rep.de
OFPräs.: Alfred Basenau

• **A 372**

Oberfinanzdirektion Köln
Riehler Platz 2, 50668 Köln
T: (0221) 97 78-0 **Fax:** 97 78-3989
Oberfinanzpräsident: Dr. Klaus Manke
Präsidialbüro: ORR Karl-Josef Werner
Pressereferat: ZOAR Erich Schlautmann

• **A 373**

Oberfinanzdirektion Magdeburg
Postf. 38 20, 39013 Magdeburg
Otto-von-Guericke-Str. 4, 39104 Magdeburg
T: (0391) 5 45-0 **Fax:** 5 45-1500
Leitung: OFP Dr. Jürgen Nolte

• **A 374**

Oberfinanzdirektion München
Sophienstr. 6, 80333 München
T: (089) 59 95-00 **Fax:** 59 95-18 88 (alle Abt.), -55 22 (Bauabt.)
-12 77 (Bundeskasse der OFD Nürnberg)
OFPräs.: Robert Seizinger
Leitung Presseabteilung: Johann Schüller

• **A 375**

Oberfinanzdirektion Münster
Andreas-Hofer-Str. 50, 48145 Münster
T: (0251) 9 34-0 **Fax:** 9 34-25 81
OFPräs.: Rudolf Stadermann
Pressereferat: StOAR'in Gudrun Wiegmann

• **A 376**

Oberfinanzdirektion Nürnberg
Krelingstr. 50, 90408 Nürnberg
T: (0911) 3 76-0 **Fax:** 3 76-2270 (Zoll), 3 76-2449 (BV), 3 76-2993 (Steuerberatungsrecht)
3 76-27 88 (Bundeskasse), 3 76-22 34 (Land-Steuer), 3 76-27 76 (Land-Bau), 3 76-25 26 (Land-Verteidigungslasten)
E-Mail für Bundesabteilung: ofdnzoll@odn.de
E-Mail für Steuerabteilung: poststelle@ofd-n.bayern.de
E-Mail für Landesbauabteilung: poststelle@shbon.bayern.de
OFPräs.: Dr. Horst Seelig
Pressebeauftragte: AD Walter Lengert (Tel.: -3300)
ZOI Heinz-Joachim Dahlenburg (Tel.: (089) 59 95-1102)
LAD Dr. Erik Sayler (Tel.: (089) 59 95-3120)
RR Heinz-Gerd Horlemann (Tel.: -3003)
Klaus Gerstendorf (Tel.: -4810)
FOR Lothar Schmid (Tel.: -3940)

• **A 377**

Oberfinanzdirektion Rostock
Wallstr. 2, 18055 Rostock
T: (0381) 46 9-0 **Fax:** 4 69-4900

• **A 378**

Oberfinanzdirektion Saarbrücken
Präsident-Baltz-Str. 5, 66119 Saarbrücken
T: (0681) 5 01-00 **Fax:** 5 01-6644
OFPräs: Dr. Michaelis

• **A 379**

Oberfinanzdirektion Stuttgart
Postf. 10 36 41, 70031 Stuttgart
Rotebühlplatz 30, 70173 Stuttgart
T: (0711) 66 08-0 **Fax:** 66 08-3355
OFPräs.: Dieter Riempp

B Landes-Behörden

Zum Auffinden einer bestimmten Dienststelle oder Organisation dient das Suchwortverzeichnis, eines Personennamens das Personenverzeichnis.

Landesregierungen
Landesvertretungen beim Bund
Regierungsbezirke
Landesauftragsstellen
Landesrechnungshöfe
Sonstige Dienststellen der Länder
Landeskriminalämter
Oberbergämter
Statistische Landesämter
Landtage und Bürgerschaften
Datenschutzbeauftragte der Länder
Gewerbeaufsichtsämter
Eichaufsichtsbehörden
Chemische Untersuchungsämter
Medizinaluntersuchungsämter
Finanzgerichte
Landesarbeitsgerichte
Landessozialgerichte und Sozialgerichte
Oberlandesgerichte
Generalstaatsanwaltschaften
Oberverwaltungsgerichte
Anwaltsgerichtshöfe und Anwaltsgerichte
Ländergerichte und Staatsgerichtshöfe

Landesregierungen

Baden-Württemberg

• B 1

Ministerpräsident des Landes Baden-Württemberg
Richard-Wagner-Str. 15, 70184 Stuttgart
T: (0711) 21 53-0 **Fax:** 21 53-3 40
Internet: http://www.baden-wuerttemberg.de
E-Mail: posteingang.poststelle@stm.bwl.de
Ministerpräsident: Erwin Teufel (MdL)
Sprecher d. Landesregierung: Hans Georg Koch

b 2

Staatsministerium des Landes Baden-Württemberg
Richard-Wagner-Str. 15, 70184 Stuttgart
T: (0711) 21 53-0 **Fax:** 21 53-340
E-Mail: poststelle@stm.bwl.de
Minister(in): Dr. Christoph-E. Palmer
Staatssekretär: Dr. Lorenz Menz

Landesbeauftragter für Vertriebene, Flüchtlinge, Aussiedler und Kriegsgeschädigte im Staatsministerium Baden-Württemberg: Staatssekretär Willi Stächele (MdL, Hauptstätterstr. 67, 70178 Stuttgart, Tel: (0711) 21 53-0)

b 3

Vertretung des Landes Baden-Württemberg beim Bund und in europäischen Angelegenheiten
Tiergartenstr. 15, 10785 Berlin
T: (030) 2 54 56-0 **Fax:** 2 54 56-100
Staatssekretär u. Bevollmächtigter beim Bund: Willi Stächele (MdL)
Dienststellenleiter: Dr. Freudenberg

b 4

Informationsbüro des Landes Baden-Württemberg bei der Europäischen Union
Square Vergote 9, B-1200 Brüssel
T: (00322) 7 41 77 11 **Fax:** 7 41 77 99
E-Mail: bruessel@lvtbn:stm:bwl:de
Gründung: 1987
Leiter: MR N.N.

b 5

Innenministerium des Landes Baden-Württemberg
Postf. 10 24 43, 70020 Stuttgart
Dorotheenstr. 6, 70173 Stuttgart
T: (0711) 2 31-4 **Fax:** 2 31-33 99
E-Mail: poststelle@im.bwl.de
Minister(in): Dr. Thomas Schäuble (MdL)
Min.-Dir.: Roland Eckert

b 6

Ministerium für Kultus, Jugend und Sport des Landes Baden-Württemberg
Postf. 10 34 42, 70029 Stuttgart
Schloßplatz 4, 70173 Stuttgart
T: (0711) 2 79-0 **Fax:** 2 79-28 10
Minister(in): Dr. Annette Schavan
Staatssekretär: Rudolf Köberle (MdL)
Min.-Dir.: Walter Mäck
Leitung Presseabteilung: Barthle (RegSchuldir.)
Verbandszeitschrift: Schulintern, Schulzeit

b 7

Ministerium für Wissenschaft, Forschung und Kunst des Landes Baden-Württemberg
(Mittnachtbau)
Königstr. 46, 70173 Stuttgart
T: (0711) 2 79-0 **Fax:** 2 79-3080
E-Mail: wissenschaftsministerium@mwk-bw.de
Minister(in): Klaus von Trotha (MdL)
Staatssekretär: Michael Sieber (MdL)
Min.-Dir.: Rudolf Böhmler

b 8

Justizministerium Baden-Württemberg
Schillerplatz 4, 70173 Stuttgart
T: (0711) 2 79-0 **Fax:** 29 20 26
E-Mail: poststelle@jum.bwl.de
Minister(in): Dr. Ulrich Goll
Min.-Dir.: Michael Steindorfner

b 9

Finanzministerium des Landes Baden-Württemberg
Neues Schloß
Schloßplatz 4, 70173 Stuttgart
T: (0711) 2 79-0 **Fax:** 2 79-38 93
E-Mail: poststelle@fmstu.bwlfv.bwl.de
Minister(in): Gerhard Stratthaus (MdL)
Staatssekretär: Wolfgang Rückert (MdL)
Min.-Dir.: Klaus Fischer

b 10

Wirtschaftministerium des Landes Baden-Württemberg
Postf. 10 34 51, 70029 Stuttgart
Theodor-Heuss-Str. 4, 70174 Stuttgart
T: (0711) 1 23-0 **Fax:** 1 23-21 26
Internet: http://www.wm.baden-wuerttemberg.de
E-Mail: poststelle@wm.bwl.de
Minister(in): Dr. Walter Döring (MdL)
Staatssekretär: Dr. Horst Mehrländer
Min.-Dir: Dr. Karl Epple

b 11

Ministerium Ländlicher Raum Baden-Württemberg
Kernerplatz 10, 70182 Stuttgart
T: (0711) 1 26-0 **Fax:** 1 26 22 55
E-Mail: posteingangsstelle@bwlmlr.bwl.de
Ministerin: Gerdi Staiblin
Min.-Dir.: Rainer Arnold

b 12

Sozialministerium Baden-Württemberg
Postf. 10 34 43, 70029 Stuttgart
Schellingstr. 15, 70174 Stuttgart
T: (0711) 1 23-0 **Fax:** 1 23-3999
E-Mail: poststelle@smbw.bwl.de
Minister(in): Friedhelm Repnik (MdL)
Staatssekretärin: Johanna Lichy (MdL)
Min.-Dir: Dr. Manfred König

b 13

Ministerium für Umwelt und Verkehr des Landes Baden-Württemberg
Hauptstätter Str. 67, 70178 Stuttgart
T: (0711) 6 44-0 **Fax:** 6 44-21 99
E-Mail: poststelle@uvm.bwl.de
Minister(in): Ulrich Müller (MdL)
Staatssekretär: Stefan Mappus (MdL)
Min.-Dir.: Otto Finkenbeiner

Bayern

• B 14

Ministerpräsident des Freistaates Bayern
Bayerische Staatskanzlei
Franz-Josef-Strauß-Ring 1, 80539 München
T: (089) 21 65-0 **Fax:** 29 40 44
Internet: http://www.bayern.de
E-Mail: staatskanzlei@stk.bayern.de
Ministerpräsident: Dr. Edmund Stoiber (CSU)
Staatsminister u. Leiter d. Staatskanzlei: Erwin Huber (CSU)
Amtschef: MD Dr. Walter Schön
Pressesprecher d. Bayerischen Staatsregierung und des Ministerpräsidenten: LMR Ulrich Wilhelm
Pressesprecher der StK: MR Martin Neumeyer
Vertreter: MR Karl Michael Scheufele

b 15

Bayerischer Staatsminister für Bundes- und Europaangelegenheiten in der Staatskanzlei
Franz-Josef-Strauß-Ring 1, 80539 München
T: (089) 21 65-0 **Fax:** 29 40 44
E-Mail: poststelle@stk.bayern.de
Dienststelle Berlin:
Behrendstr. 21/22, 10117 Berlin
T: (030) 2 02 65-500, Fax: 2 02 65-980
Staatsminister: Reinhold Bocklet (CSU)
Amtschef: MD Klaus Weigert

b 16

Vertretung des Freistaates Bayern in Brüssel
Bd. Clovis 18, B-1000 Brüssel
T: (00322) 743 04 40 **Fax:** 732 32 25

b 17

Bayerisches Staatsministerium des Innern
Odeonsplatz 3, 80539 München
T: (089) 21 92-01 **Fax:** 28 20 90
Internet: http://www.innenministerium.bayern.de
E-Mail: poststelle@stmi.bayern.de
Staatsminister: Dr. Günther Beckstein (CSU)
Staatssekretär(in): Hermann Regensburger (CSU)
Amtschef: MD Dr. Georg Waltner
MDirig. Hans Hermann Schneider
Pressereferent: MR Christoph Hillenbrand
Vertreter: RD Michael Ziegler

b 18

Bayerisches Staatsministerium der Justiz
Prielmayerstr. 7 Justizpalast, 80335 München
T: (089) 55 97-01 **Fax:** 55 97-23 22
Internet: http://www.justiz.bayern.de
E-Mail: presse@stmj.bayern.de
Staatsminister: Dr. Manfred Weiß (CSU)
Amtschef: MD Wolfgang Held
Pressereferent: MR Gerhard Zierl
Vertreter: ORR Michael Grauel

b 19

Bayerisches Staatsministerium für Unterricht und Kultus
80327 München
Salvatorstr. 2, 80333 München
T: (089) 21 86-0 **Fax:** 21 86-28 00
Internet: http://www.stmukwk.bayern.de
E-Mail: poststelle@stmukwk.bayern.de
Staatsministerin: Monika Hohlmeier (CSU)
Staatssekretär(in): Karl Freller (CSU)
Amtschef: MD Josef Erhard
Pressereferent: ORR'in Dorothee Erpenstein
Vertreter: OStR'in Brigitte Waltenberger-Klimesch

b 20

Bayerisches Staatsministerium für Wissenschaft, Forschung und Kunst
Salvatorplatz 2, 80333 München
T: (089) 21 86-0 **Fax:** 21 86-2800
Internet: http://www.stmukwk.bayern.de
E-Mail: pressestelle@stmukwk.bayern.de
Staatsminister: Hans Zehetmair (CSU)
Amtschef: MD Dr. Wolfgang Quint
Pressereferent: LMR Toni Schmid
Vertreterin: ORRin Dr. Angelika Kaus

b 21

Bayerisches Staatsministerium der Finanzen
Odeonsplatz 4, 80539 München
T: (089) 23 06-0 **Fax:** 23 06-2808
Internet: http://www.bayern.de/stmf
E-Mail: presse@stmf.bayern.de
Staatsminister: Prof. Dr. Kurt Faltlhauser (CDU)
Amtschef: MD Gerhard Flaig
MD Helmut Gropper
Pressereferent: RD Bernd Schreiber
Vertreter: RR z.A. Jochen Holdmann

b 22

Bayerisches Staatsministerium für Wirtschaft, Verkehr und Technologie
Prinzregentenstr. 28, 80538 München
T: (089) 21 62-01 **Fax:** 21 62-2760
Internet: http://www.stmwvt.bayern.de
E-Mail: poststelle@stmwvt.bayern.de
Staatsminister: Dr. Otto Wiesheu (CSU)
Staatssekretär(in): Hans Spitzner (CSU)
Amtschef: MD Dr. Joachim Kormann
Pressereferent: ORR Dr. Bernhard Schwab
Vertreterin: RRin Carolin Veith

b 23

Bayerisches Staatsministerium für Ernährung, Landwirtschaft und Forsten
Ludwigstr. 2, 80539 München
T: (089) 21 82-0 **Fax:** 21 82-2677
Internet: http://www.stmelf.bayern.de
E-Mail: info@stmelf.bayern.de
Staatsminister: Josef Miller (CSU)
Staatssekretärin: Marianne Deml (CSU)
Amtschef: MD Anton Adelhardt
MD Dr. Gerhard Schreyer
Pressereferent: RD Alfons Kraus
Vertreter: N.N.

b 24

Bayerisches Staatsministerium für Arbeit und Sozialordnung, Familie, Frauen und Gesundheit
Winzererstr. 9, 80797 München
T: (089) 12 61-01 **Fax:** 12 61 11 22
Internet: http://www.stmas.bayern.de
E-Mail: poststelle@stmas.bayern.de
Staatsministerin u. Stellv. des Ministerpräsidenten: Barbara Stamm (CSU)
Staatssekretär(in): Georg Schmid (CSU)
Amtschef: MD Alfred Müller
Pressereferent: RD Anton Haußmann
Vertreter: RDin Elisabeth Häusler
Vertreter: ORRin Carolin Harbers
Vertreter: VetOR Dr. Hans Werner Merk

b 25

Bayerisches Staatsministerium für Landesentwicklung und Umweltfragen
Postf. 81 01 40, 81901 München
Rosenkavalierplatz 2, 81925 München
T: (089) 92 14-0 **Fax:** 92 14 22 66
Internet: http://www.bayern.de/stmlu
E-Mail: presse@stmlu.bayern.de
Staatsminister: Dr. Werner Schnappauf (CSU)
Staatssekretär(in): Christa Stewens (CSU)
Amtschef: MD Dr. Heinz Fischer-Heidlberger
Pressereferent: ORR Peter Frei
Vertreter: ORR Stefan Graf

Berlin

• **B 26**

Der Senat von Berlin
Berliner Rathaus
10173 Berlin
T: (030) 90 26-0 **Fax:** 90 26-3003
Regierender Bürgermeister: Eberhard Diepgen (CDU)
Chef der Senatskanzlei: Volker Kähne
Presse- und Informationsamt des Landes Berlin und Sprecher des Senats: Dr. Michael-Andreas Butz
Stellvertretender Sprecher des Senats: Eduard Heußen
Bürgermeister: Klaus Böger

b 27

Bevollmächtigter des Landes Berlin beim Bund
StS Gerd Wartenberg
Landesvertretung:
Wilhelmstr. 67, 10117 Berlin
T: (030) 92 73-100 **Fax:** 92 73-103

b 28

Europabeauftragte des Landes Berlin
StS Dr. Hildegard Boucsein
Dienststelle Berlin
Berliner Rathaus
10173 Berlin
T: (030) 90 26-2571 **Fax:** 90 26-2574

b 29

Senatsverwaltung für Finanzen
Klosterstr. 59, 10179 Berlin
T: (030) 90 20-0 **Fax:** 90 20-2624
Senator: Peter Kurth (CDU)
Staatssekretär(in): Dr. Robert Heller
Hugo Holzinger
Pressesprecher: Klaus Dittler (T: (030) 90 20-4172)

b 30

Senatsverwaltung für Arbeit, Soziales und Frauen
Oranienstr. 106, 10969 Berlin
T: (030) 90 28-2700 **Fax:** 90 28-2050
Senatorin: Gabriele Schöttler (SPD)
Staatssekretär(in): Ingeborg Junge-Reyer (Frauen und Soziales)
Dr. Klaus-Theo Schröder (Arbeit, Berufliche Bildung und Gesundheit)
Pressesprecher: Dr. Klaus-Peter Florian (T: (030) 90 28-2743)

b 31

Senatsverwaltung für Inneres
Klosterstr. 47, 10179 Berlin
T: (030) 90 27-1 **Fax:** 90 27-2715
Senator: Dr. Eckart Werthebach
Staatssekretär(in): Mathilde Koller
Stefan Paris
Pressesprecherin: Isabelle Kalbitzer (T: (030) 90 27-2730)

b 32

Senatsverwaltung für Justiz
Salzburger Str. 21-25, 10825 Berlin
T: (030) 90 13-0 **Fax:** 90 13-2000
Senator: Eberhard Diepgen (CDU); (Die Aufgaben werden in Personalunion durch den Regierenden Bürgermeister von Berlin wahrgenommen)
Staatssekretär(in): Diethard Rauskolb
Pressesprecher: Karsten Ziegler
Pressesprecherin (Moabit): Michaela Blume (T: (030) 90 14-2280, Fax: 90 14-2477)

b 33

Senatsverwaltung für Schule, Jugend und Sport
Beuthstr. 6-8, 10117 Berlin
T: (030) 90 26-7 **Fax:** 90 26-5001
Senator: Klaus Böger
Staatssekretär(in): Thomas Härtel
Pressesprecherin: Rita Hermanns (T: (030) 90 26-5843)

b 34

Senatsverwaltung für Stadtentwicklung
10173 Berlin
Am Köllnischen Park 3, 10179 Berlin
T: (030) 90 25-0 **Fax:** 90 25-1004
Senator: Peter Strieder (SPD)
Staatssekretär(in): Dr. Hans Stimmann
Pressesprecher: Joachim Günther (T: (030) 90 25-1077/74, Fax: (030) 90 25-1076)

b 35

Senatsverwaltung für Wirtschaft und Technologie
10820 Berlin
Martin-Luther-Str. 105, 10825 Berlin
T: (030) 90 13-0 **Fax:** 90 13-8455
Internet: http://www.berlin.de/wirtschaftssenat
Senator: Wolfgang Branoner (T: (030) 90 13-8100/01, Fax: 90 13-7541, e-mail: branoner@senwitech.verwalt-berlin.de)
Staatssekretär(in): Dr. Gisela Meister-Scheufelen (T: (030) 90 13-8104/05, Fax: 90 13-7566, e-mail: meister-scheufelen@senwitech.verwalt-berlin.de)
Volker Liepelt (T: (030) 90 13-7431/34, Fax: 90 13-8170, e-mail: liepelt@senwitech.verwalt-berlin.de)
Pressereferent: Michael Wehran (T: (030) 90 13-7418, Fax: 90 13-8281, e-mail: wehran@senwitech.verwalt-berlin.de)

b 36

Senatsverwaltung für Wissenschaft, Forschung und Kultur
Brunnenstr. 188-190, 10119 Berlin
T: (030) 9 02 28-0 **Fax:** 9 02 28-459, 9 02 28-451
Senator: Prof. Dr. Christoph Stölzl
Staatssekretär(in): Dr. Josef Lange (Wissenschaft)
Dr. Alard von Rohr (Kultur)
Pressesprecherin: Kerstin Schneider (Wissenschaft, T: (030) 9 02 28-208)

Brandenburg

• **B 37**

Ministerpräsident des Landes Brandenburg
Postf. 60 10 51, 14410 Potsdam
Heinrich-Mann-Allee 107, 14473 Potsdam
T: (0331) 8 66-0 **Fax:** 8 66-14 18
Ministerpräsident: Dr. Manfred Stolpe (T: (0331) 8 66-1201, Fax: 8 66-1400, E-mail:manfred.stolpe@stk.brandenburg.de)
Chef der Staatskanzlei: Rainer Speer (T: (0331) 8 66-1204, Fax: 8 66-1302, E-mail: rainer.speer@stk.brandenburg.de)
Regierungssprecher: Staatssekretär Erhard Thomas (T: (0331) 8 66-1208, Fax: 8 66-1415)
Stellv. Regierungssprecher: Manfred Füger (T: (0331) 8 66-1227, Fax: (0331) 8 66-1415)
Manfred Krohe (T: (0331) 8 66-1356)
Michael Ellsäßer (T: (0331) 8 66-1251)
Frank Gorges (T: (0331) 8 66-1359, Fax: 8 66-1416)
Presse- und Information: RL Dr. Winfried Muder (T: (0331) 8 66-1250)
Leiter Presse- und Informationsamt: Manfred Krohe (T: (0331) 8 66-1356)
Vertretung des Landes beim Bund
Bevollmächtigter: Staatssekretär Dirk Brouër (Schedestr. 1-3, 53113 Bonn, T: (0228) 9 15 00-0, Fax: (0228) 9 15 00-35)
Pressesprecherin/Öffentlichkeitsarbeit: Roswitha Bourguignon (T: (0228) 9 15 00-24/23, Fax: (0228) 9 15 00-35/36)
Pressearchiv: Dietrich Bohm (T: (0331) 8 66-1322)
Öffentlichkeitsarbeit: Marita Goga (T: (0331) 8 66-1223, Fax: 8 66-1414)

b 38

Chef der Staatskanzlei
Vertretung des Landes Brandenburg beim Bund
Landesvertretung
Schedestr. 1-3, 53113 Bonn
T: (0228) 9 15 00-0 **Fax:** 9 15 00-35, 9 15 00-36
E-Mail: poststelle@lv_bb.brandenburg.de
Staatssekretär(in): Dirk Brouër
Presseangelegenheiten: Roswitha Bourguignon (T: (0228) 9 15 00 24/43, Fax: 9 15 00 35/36)

b 39

Ministerium des Innern
Henning-von-Tresckow-Str. 9-13, 14467 Potsdam
T: (0331) 8 66-20 00 **Fax:** 8 66-2626
Minister(in): Jörg Schönbohm (Stellv. Ministerpräsident)
Staatssekretär(in): Eike Lancelle (T: (0331) 8 66-2010)
Pressesprecher: Heiko Homburg (T: (0331) 8 66-2060, Fax: (0331) 8 66-2666)

b 40

Ministerium der Justiz und für Bundes- und Europaangelegenheiten
Heinrich-Mann-Allee 107, 14473 Potsdam
T: (0331) 8 66-30 00 **Fax:** 8 66-30 83
Minister(in): Prof. Dr. Kurt Schelter
Staatssekretär: Gustav-Adolf Stange (T: (0331) 8 66-3010)
Pressesprecher: Rolf Hellmert (T: (0331) 8 66-3006, Fax: (0331) 8 66-3083)
Öffentlichkeitsarbeit: Sylvia Zeising (T: (0331) 8 66-3007)
Europapolitische Öffentlichkeitsarbeit: Detlev Groß (T: (0331) 8 66-3386, Fax: (0331) 33 99)

b 41

Ministerium der Finanzen
Steinstr. 104-106, 14480 Potsdam
T: (0331) 8 66-60 00 **Fax:** 8 66-6888
Ministerin: Dr. Wilma Simon
Staatssekretär(in): Dr. Horst Mentrup (T: (0331) 8 66-6050)
Pressesprecher: Martin Braun (T: (0331) 8 66-6004, Fax: (0331) 8 66-6880)
Öffentlichkeitsarbeit: Monika Birkner (T: (0331) 8 66-6005, Fax: 8 66-6888)

b 42

Ministerium für Wirtschaft
Heinrich-Mann-Allee 107, 14473 Potsdam
T: (0331) 8 66-15 00 **Fax:** 8 66-17 24
E-Mail: poststelle@mwmt.brandenburg.de
Minister(in): Dr. Wolfgang Fürniß
Staatssekretär(in): Dr. C. Wolfgang Vogel (T: (0331) 8 66-1510)
Pressesprecher: Dirk Reitemeier (T: (0331) 8 66-1509, Fax: (0331) 8 66-1726)
Öffentlichkeitsarbeit: Katrin Schlegelberger (T: (0331) 8 66-1802)

b 43

Ministerium für Arbeit, Soziales, Gesundheit und Frauen
Heinrich-Mann-Allee 103, 14473 Potsdam
T: (0331) 8 66-5000/50 12 **Fax:** 8 66-51 99
Minister(in): Alwin Ziel
Staatssekretär(in): Herwig F. Schirmer (T: (0331) 8 66-5001)
Margret Schlüter (T: (0331) 8 66-5002)
Pressesprecher: Rupert Schröter (T: (0331) 8 66-5040/5044, Fax: 8 66-5198)
Öffentlichkeitsarbeit: Carola Mahncke (T: (0331) 8 66-5025)

b 44

Ministerium für Landwirtschaft, Umweltschutz und Raumordnung
Postf. 60 11 50, 14411 Potsdam
Heinrich-Mann-Allee 103, 14473 Potsdam
T: (0331) 8 66-0 (Vermittlung) **Fax:** 8 66 40 69-71
Minister(in): Wolfgang Birthler (T: (0331) 8 66-40 00)
Staatssekretär(in): Dr. Hans-Hermann Bentrup (T: (0331) 8 66-4004)
Friedhelm Schmitz-Jersch (T: (0331) 8 66-7205)
Pressesprecher: Florian Engels (T: (0331) 8 66-4009, Fax: (0331) 8 66-4018/4003)

b 45

Ministerium für Bildung, Jugend und Sport
Steinstr. 104-106, 14480 Potsdam
T: (0331) 8 66-35 00 **Fax:** 8 66-35 07
E-Mail: poststelle@mbjs.brandenburg.de
Minister(in): Steffen Reiche
Staatssekretär(in): Frank Szymanski
Pressesprecher: Martin Gorholt (T: (0331) 8 66-3504, Fax: (0331) 8 66-3507)
Öffentlichkeitsarbeit: Stefan Woll (T: (0331) 8 66-3510/3509, Fax: (0331) 8 66-3512/3513)

b 46

Ministerium für Wissenschaft, Forschung und Kultur
Dortustr. 36, 14467 Potsdam
T: (0331) 8 66-4503 **Fax:** 8 66-4565
Minister(in): Wolfgang Hackel
Staatssekretär(in): Prof. Dr. Friedrich Buttler (T: (0331) 8 66-

4555)
Pressesprecher/Öffentlichkeitsarbeit: Holger Drews (T: (0331) 8 66-4566, Fax: (0331) 8 66-4545)

b 47

Ministerium für Stadtentwicklung, Wohnen und Verkehr
Henning-von-Tresckow-Str. 2-8, 14467 Potsdam
T: (0331) 8 66-0 **Fax:** 8 66-8368
Minister(in): Hartmut Meyer (T: (0331) 8 66-8000)
Staatssekretär(in): Clemens Appel (T: (0331) 8 66-8100)
Pressesprecherin: Ruth Singer (T: (0331) 8 66-8006, Fax: (0331) 8 66-8358)
Öffentlichkeitsarbeit: Jan Drews (T: (0331) 8 66-8020)

Freie Hansestadt Bremen

• B 48

Senat der Freien Hansestadt Bremen
Der Präsident des Senats
Der Senator für kirchliche Angelegenheiten
Postf. 10 25 20, 28025 Bremen
Am Markt 1 Rathaus, 28195 Bremen
T: (0421) 3 61-0 **Fax:** 3 61-6363
Internet: http://www.bremen.de/
E-Mail: office@sk.bremen.de
Präs. d. Senats: Bürgermeister Dr. Henning Scherf (SPD)
Senatskanzlei
Chef: StR Prof. Dr. Reinhard Hoffmann
Pressestelle des Senats
Leitung: Klaus Schloesser (Sprecher des Senats)

b 49

Der Senator für Finanzen
Postf. 10 15 40, 28015 Bremen
Rudolf-Hilferding-Platz 1, 28195 Bremen
T: (0421) 3 61-0 **Fax:** 3 61-2965
Senator: Bürgermeister Hartmut Perschau (CDU, stellv. Senatspräsident)
Staatsrat: Dr. Günter Dannemann
Reinhard Metz
Pressereferent: N.N.

b 50

Der Senator für Justiz und Verfassung
Richtweg 16-22, 28195 Bremen
T: (0421) 3 61-0 **Fax:** 3 61-25 84, 1 74 77
Senator: Bürgermeister Dr. Henning Scherf (SPD)
Staatsrat: Ulrich Mäurer
Pressereferentin: Lisa Lutzebäck

b 51

Der Senator für Inneres, Kultur und Sport
Postf. 10 15 05, 28015 Bremen
Contrescarpe 22-24, 28203 Bremen
T: (0421) 3 61-0 **Fax:** 3 61-9009
Senator: Dr. Bernt Schulte (CDU)
Staatsrat: Wolfgang Goehler
Staatsrätin: Elisabeth Motschmann
Pressereferent: Dr. Hartmut Spiesecke

b 52

Der Senator für Bildung und Wissenschaft
Rembertiring 8-12, 28195 Bremen
T: (0421) 36 1-0 **Fax:** 3 61-4176
Senator: Willi Lemke (SPD)
Staatsrat: Rainer Köttgen
Pressereferent: N.N.

b 53

Der Senator für Arbeit, Frauen, Gesundheit, Jugend und Soziales
Postf. 10 78 67, 28078 Bremen
Contrescarpe 73, 28195 Bremen
T: (0421) 3 61-0 **Fax:** 3 61-6687
Senatorin: Hilde Adolf (SPD)
Staatsrat: Dr. Hans-Christoph Hoppensack (für Gesundheit, Jugend und Soziales)
Dr. Arnold Knigge (Arbeit)
Pressereferent(in): Heidrun Ide

b 54

Der Senator für Bau und Umwelt
Ansgaritorstr. 2, 28195 Bremen
T: (0421) 3 61-2050, -4565
Senatorin: Christine Wischer (SPD)
Staatsrat: Fritz Logemann
Pressereferent: Holger Bruns

b 55

Der Senator für Wirtschaft und Häfen
Postf. 10 15 29, 28015 Bremen
Zweite Schlachtpforte 3, 28195 Bremen
T: (0421) 3 61-8808 **Fax:** 3 61-8586
E-Mail: office@wirtschaft.bremen.de
Senator: Josef Hattig (CDU)
Staatsrat: Dr. Uwe Färber
Staatsrätin: Sibylle Winther
Pressereferent: Thorsten Groth (T: (0421) 3 61-8748, Fax: (0421) 3 61-96669)

b 56

Der Bevollmächtigte der Freien Hansestadt Bremen beim Bund, für Europa und Entwicklungszusammenarbeit
Hiroshimastr. 24, 10785 Berlin
T: (030) 2 69 30-0 (Zentrale) **Fax:** 2 69 30-100
Staatsrat: Erik Bettermann (SPD)
Pressereferent: Jutta Wagner

b 57

Verbindungsbüro der Freien Hansestadt Bremen bei der Europäischen Union
Avenue Palmerston 22, B-1000 Brüssel
T: (00322) 2 30 27 65 **Fax:** 2 30 36 58
Leitung: Christian Bruns

Freie und Hansestadt Hamburg

• B 58

Präsident des Senats der Freien und Hansestadt Hamburg
Rathausmarkt 1, 20095 Hamburg
T: (040) 4 28 31-0 **Fax:** 4 28 31-2596, -13 79
Internet: http://www.hamburg.de/
Erster Bürgermeister: Ortwin Runde
Zweite Bürgermeisterin: Krista Sager

b 59

Senatskanzlei/Staatliche Pressestelle der Freien und Hansestadt Hamburg
Rathausmarkt 1, 20095 Hamburg
T: (040) 4 28 31-0 **Fax:** 4 28 31-21 80
Leitung Presseabteilung: Ludwig Rademacher (T: (040) 36 81-22 43/44, E-mail: pressestelle@sk.hamburg.de)
Stellv.: Rainer Scheppelmann (T: (040) 4 28 31-22 41/42)

b 60

Hamburgisches Verfassungsgericht
Sievekingplatz 2, 20355 Hamburg
T: (040) 4 28 43-0 **Fax:** 4 28 43-4097
Präsident(in): Wilhelm Rapp
Geschäftsleiterin: Bärbel Kneile

b 61

Rechnungshof der Freien und Hansestadt Hamburg
Gänsemarkt 36, 20354 Hamburg
T: (040) 4 28 23-0 **Fax:** 4 28 23-1538
Präsident(in): Dr. Rudolf Dieckmann

b 62

Hamburgischer Datenschutzbeauftragter
Baumwall 7, 20459 Hamburg
T: (040) 4 28 41-2044, 4 28 41-2045 **Fax:** 4 28 41-2372
Internet: http://www.hamburg.datenschutz.de
E-Mail: mailbox@datenschutz.hamburg.de
Datenschutzbeauftragter: Dr. Hans-Hermann Schrader

Senatsämter

b 63

Senatskanzlei
Rathaus
Rathausmarkt 1, 20095 Hamburg
T: (040) 4 28 31-0 **Fax:** 4 28 31-2180, 4 28 31-2555
Senator: Erster Bürgermeister Ortwin Runde
Chefin der Senatskanzlei: Staatsrätin Dr. Gitta Trauernicht

b 64

Vertretung der Freien und Hansestadt Hamburg beim Bund
Kurt-Schumacher-Str. 12, 53113 Bonn
T: (0228) 22 87-0 **Fax:** 22 87-1 28
Bevollmächtigter: Senator Dr. Willfried Maier

b 65

Senatsamt für die Gleichstellung
Alter Steinweg 4, 20459 Hamburg
T: (040) 4 28 41-0 **Fax:** 4 28 41-33 41
Senatorin: Krista Sager
Staatsrätin: Prof. Dr. Marlis Dürkop

b 66

Personalamt
Steckelhörn 12, 20457 Hamburg
T: (040) 4 28 31-0 **Fax:** 4 28 31-22 26
Senator: Hartmut Wrocklage
Staatsrat: Wolfgang Prill

b 67

Senatsamt für Bezirksangelegenheiten
Klosterwall 6, 20095 Hamburg
T: (040) 4 28 54-0 **Fax:** 4 28 54-2797, 4 28 54-4848
Senatorin: Dr. Lore Maria Peschel-Gutzeit
Staatsrat: Hans-Peter Strenge

b 68

Staatsarchiv
Kattunbleiche 19, 22041 Hamburg
T: (040) 4 28 31-3200 **Fax:** 4 28 31-3201
Senator: Dr. Willfried Maier
Staatsrätin: Dr. Gitta Trauernicht

Fachbehörden

b 69

Behörde für Arbeit, Gesundheit und Soziales
Postf. 76 01 06, 22051 Hamburg
Hamburger Str. 47, 22083 Hamburg
T: (040) 4 28 63-0 **Fax:** 4 28 63-2286
Senatorin: Karin Roth
Staatsrat: Dr. Peter Lippert

b 70

Baubehörde
Postf. 30 05 80, 20302 Hamburg
Stadthausbrücke 8, 20355 Hamburg
T: (040) 4 28 40-0 **Fax:** 4 28 40-31 96
Senator: Eugen Wagner
Staatsrat: Dr. Knut Gustafsson

b 71

Finanzbehörde
Gänsemarkt 36, 20354 Hamburg
T: (040) 4 28 23-0 **Fax:** 4 28 23-1402
Senatorin: Dr. Ingrid Nümann-Seidewinkel
Staatsrat: Dirk Reimers

b 72

Behörde für Inneres
Johanniswall 4, 20095 Hamburg
T: (040) 4 28 39-0 **Fax:** 4 28 39-1908
Senator: Hartmut Wrocklage
Staatsrat: Wolfgang Prill

b 73

Justizbehörde
Drehbahn 36, 20354 Hamburg
T: (040) 4 28 43-0 **Fax:** 4 28 43-42 90
Senatorin: Dr. Lore Maria Peschel-Gutzeit
Staatsrat: Hans-Peter Strenge

b 74

Kulturbehörde
Hohe Bleichen 22, 20354 Hamburg
T: (040) 4 28 24-0 **Fax:** 4 28 24-244, 4 28 24-209
Senatorin: Dr. Christina Weiss
Staatsrat: Gert Hinnerk Behlmer

b 75

Behörde für Schule, Jugend und Berufsbildung
Hamburger Str. 31, 22083 Hamburg
T: (040) 4 28 63-0 **Fax:** 4 28 63-4132
Senatorin: Ute Pape
Staatsrat: Hermann Lange

b 76

Stadtentwicklungsbehörde
Alter Steinweg 4, 20459 Hamburg
T: (040) 4 28 41-0 **Fax:** 4 28 41-30 10
Senator: Dr. Willfried Maier
Staatsrätin: Barbara Maier-Reimer

b 77

Umweltbehörde
Billstr. 84, 20539 Hamburg
T: (040) 4 28 45-0 **Fax:** 4 28 45-3293
Senator: Alexander Porschke
Staatsrat: Michael Pollmann
Umwelttelefon: (040) 34 35 36

b 78

Wirtschaftsbehörde
Alter Steinweg 4, 20459 Hamburg
T: (040) 4 28 41-0 **Fax:** 4 28 41-16 20
Internet: http://www.hamburg.de
Senator: Dr. Thomas Mirow
Staatsrat: Prof. Dr. Heinz Giszas

b 79

Behörde für Wissenschaft und Forschung
Hamburger Str. 37, 22083 Hamburg
T: (040) 4 28 63-0 **Fax:** 4 28 63-2411
Senatorin: Krista Sager
Staatsrätin: Prof. Dr. Marlis Dürkop

b 80

HANSE-OFFICE
20, Avenue Palmerston, B-1000 Brüssel
T: (00322) 2854640 **Fax:** 2854657

Hessen

● **B 81**

Hessische Staatskanzlei
Postf. 31 47, 65021 Wiesbaden
Bierstadter Str. 2, 65189 Wiesbaden
T: (0611) 32-0 **Fax:** 32-3800, 32-3801
Internet: http://www.hessen.de/Staatskanzlei/homepage.htm
E-Mail: poststelle@stk.hessen.de
Ministerpräsident: Roland Koch
Minister für Bundes- und Europaangelegenheiten und Chef der Staatskanzlei: Dr. Franz Josef Jung
Staatssekretär(in): Dirk Metz (Sprecher der Landesregierung)
Staatssekretär(in): Dr. Karl Johannes Beermann (Bevollm.d.Landes Hessen beim Bund)

b 82

Hessische Landesvertretung
Dienststelle in Bonn:
Kurt-Schumacher-Str. 4, 53113 Bonn
T: (0228) 2 60 06-0 **Fax:** 2 60 06-69

b 83

Hessische Landesvertretung Büro Berlin
Voßstr. 10, 10117 Berlin
T: (030) 22 65 82-0 **Fax:** 22 65 82-29

b 84

Bevollmächtigter des Landes Hessen beim Bund
Bierstadter Str. 2, 65189 Wiesbaden
T: (0611) 32-0
Staatssekretär(in): Dr. Karl Johannes Beermann

b 85

Vertretung des Landes Hessen bei der Europäischen Union
19, Avenue de l'Yser, B-1040 Brüssel
T: (00322) 7 32 42 20 **Fax:** 7 32 48 13
Leitung: MinR Dr. Hanns-Martin Bachmann

b 86

Hessisches Ministerium des Innern und für Sport
Postf. 31 67, 65021 Wiesbaden
Friedrich-Ebert-Allee 12, 65185 Wiesbaden
T: (0611) 3 53-0 **Fax:** 3 53-1766
E-Mail: poststelle@hmdi.hessen.de
Staatsminister: Volker Bouffier
Staatssekretär(in): Udo Corts
Pressereferent: Michael Bußer

b 87

Hessisches Ministerium der Finanzen
Postf. 31 80, 65021 Wiesbaden
Friedrich-Ebert-Allee 8, 65185 Wiesbaden
T: (0611) 32-0 **Fax:** 32 24 71
Staatsminister: Karlheinz Weimar
Staatssekretär: Jochen Riebel
Pressereferentin: Dela Strumpf

b 88

Hessisches Ministerium der Justiz
Postf. 31 69, 65021 Wiesbaden
Luisenstr. 13, 65185 Wiesbaden
T: (0611) 32-0 **Fax:** 32 27 63
E-Mail: poststelle@hmdj.hessen.de
Staatsminister: Dr. Christean Wagner
Staatssekretär(in): Herbert Landau
Pressereferent: Martin W. Huff

b 89

Hessisches Kultusministerium
Postf. 31 60, 65021 Wiesbaden
Luisenplatz 10, 65185 Wiesbaden
T: (0611) 3 68-0 **Fax:** 3 68-20 99
Staatsministerin: Karin Wolff
Staatssekretär(in): Dr. Hartmut Müller-Kinet
Pressereferentin: Ute Primavesi

b 90

Hessisches Ministerium für Wissenschaft und Kunst
Postf. 32 60, 65022 Wiesbaden
Rheinstr. 23-25, 65185 Wiesbaden
T: (0611) 32-0 **Fax:** 32-3550
T-Online *0611165221*
Staatsministerin: Ruth Wagner
Staatssekretär(in): Frank Edgar Portz
Pressereferentin: Birgit Maske-Dernand

b 91

Hessisches Ministerium für Wirtschaft, Verkehr und Landesentwicklung
Postf. 31 29, 65021 Wiesbaden
Kaiser-Friedrich-Ring 75 Landeshaus, 65185 Wiesbaden
T: (0611) 8 15-0 **Fax:** 8 15-2225, 8 15-2226, 8 15-2227
Teletex: 126 119 850 370 ISDN
Staatsminister: Dieter Posch
Staatssekretär(in): Dr. Herbert Hirschler
Pressereferent: Thomas Uber

b 92

Hessisches Ministerium für Umwelt, Landwirtschaft und Forsten
Postf. 31 09, 65021 Wiesbaden
Mainzer Str. 80 u. 98-102, 65189 Wiesbaden
T: (0611) 8 15-0 **Fax:** 8 15 19 40, 8 15 19 41
Staatsminister: Wilhelm Dietzel
Staatssekretärin: Dr. Herlind Gundelach
Staatssekretär(in): Ulrich Thurmann
Pressereferentin: Birgitt Wagner

b 93

Hessisches Sozialministerium
Postf. 31 40, 65021 Wiesbaden
Dostojewskistr. 4, 65187 Wiesbaden
T: (0611) 8 17-0 **Fax:** 80 93 99
E-Mail: poststelle@hsm.hessen.de
Staatsministerin: Marlies Mosiek-Urbahn
Staatssekretär(in): Karl-Winfried Seif
Pressereferent: Petra Müller-Klepper

Mecklenburg-Vorpommern

● **B 94**

Ministerpräsident des Landes Mecklenburg-Vorpommern
19048 Schwerin
Schloßstr. 2-4, 19053 Schwerin
T: (0385) 5 88-0 **Fax:** 56 51 44
Internet: http://www.mv-regierung.de/stk/
Ministerpräsident: Dr. Harald Ringstorff (MdL)
Chef der Staatskanzlei: Staatssekretär Dr. Otto Ebnet
Regierungssprecher: Dr. Thomas Freund
Stellv. Regierungssprecherin: Dr. Barbara Syrbe
Leiter der Pressestelle der Landesregierung: Dr. Barbara Syrbe
Frauen- und Gleichstellungsbeauftragte: Parl. Staatssekretärin Karla Staszak (MdL)
Leiter(in): Landeszentrale für Politische Bildung: Regine Marquart

b 95

Justizministerium Mecklenburg-Vorpommern
19048 Schwerin
Demmlerplatz 14, 19053 Schwerin
T: (0385) 5 88-0 **Fax:** 5 88-3550
Internet: http://www.mv-regierung.de/jm/
Minister(in): Dr. Harald Ringstorff
Staatssekretär(in): Joachim Babendreyer
Pressesprecherin: Babette Bohlen

b 96

Ministerium für Arbeit und Bau Mecklenburg-Vorpommern
19048 Schwerin
Schloßstr. 6-8, 19053 Schwerin
T: (0385) 5 88-0 **Fax:** 5 88-3982
Internet: http://www.mv-regierung.de/am/
Minister(in): Helmut Holter
Staatssekretär(in): Dr. Joachim Wegrad
Pressesprecherin: Helfried Liebsch

b 97

Innenministerium Mecklenburg-Vorpommern
Arsenal am Pfaffenteich
19048 Schwerin
Karl-Marx-Str. 1, 19055 Schwerin
T: (0385) 5 88-0 **Fax:** 5 88-2974, 5 88-2972
Internet: http://www.mv-regierung.de/im/
Minister(in): Dr. Gottfried Timm
Staatssekretär(in): Hartmut Bosch
Pressesprecher: Christian Lorenz

b 98

Finanzministerium Mecklenburg-Vorpommern
19048 Schwerin
Schloßstr. 9-11, 19053 Schwerin
T: (0385) 5 88-0 **Fax:** 5 88-4585
Internet: http://www.mv-regierung.de/fm/
Minister(in): Sigrid Keler
Staatssekretär(in): Dr. Jost Mediger
Pressesprecher: Julius Geise

b 99

Wirtschaftsministerium Mecklenburg-Vorpommern
19048 Schwerin
Johannes-Stelling-Str. 14, 19053 Schwerin
T: (0385) 5 88-0 **Fax:** 5 88-5861, 5 88-5862
Internet: http://www.mv-regierung.de/wm/
Minister(in): Prof. Dr. Rolf Eggert
Staatssekretär(in): Wilhelm Burke
Pressesprecher: Gerhard Reichert

b 100

Ministerium für Ernährung, Landwirtschaft, Forsten und Fischerei Mecklenburg-Vorpommern
19048 Schwerin
Paulshöher Weg 1, 19061 Schwerin
T: (0385) 5 88-0 **Fax:** 5 88-6024
Internet: http://www.mv-regierung.de/lm/
Minister(in): Till Backhaus
Staatssekretär(in): Dr. Frank Tidick
Pressesprecherin: Marion Zinke

b 101

Ministerium für Bildung, Wissenschaft und Kultur Mecklenburg-Vorpommern
19048 Schwerin
Werderstr. 124, 19055 Schwerin
T: (0385) 5 88-0 **Fax:** 5 88-7082
Internet: http://www.kultus-mv.de/
Minister(in): Prof. Dr. Peter Kauffold
Staatssekretär(in): Dr. Manfred Hiltner
Pressereferent: Georg Fürböck

b 102

Umweltministerium Mecklenburg-Vorpommern
19048 Schwerin
Schloßstr. 6-8, 19053 Schwerin
T: (0385) 5 88-0 **Fax:** 5 88-8717
Internet: http://www.mv-regierung.de/um
Minister(in): Prof. Dr. Glitz Methling
Staatssekretär(in): Dietmar Glitz
Pressesprecher(in): Ilona Stadler

b 103

Sozialministerium Mecklenburg-Vorpommern
19048 Schwerin
Werderstr. 124, 19055 Schwerin
T: (0385) 5 88-0 **Fax:** 5 88-9009
Internet: http://www.mv-regierung.de/sm/
Minister(in): Dr. Martina Bunge
Staatssekretär(in): Prof. Dr. Axel Azzola
Pressesprecher: Claudia Schreyer

Niedersachsen

● **B 104**

Niedersächsische Staatskanzlei
Planckstr. 2, 30169 Hannover
T: (0511) 1 20-0 **Fax:** 1 20-6830
Teletex: 51 189 962 =NdsLReg

Internet: http://www.niedersachsen.de/
Ministerpräsident: Sigmar Gabriel
Leiter der Staatskanzlei: Staatssekretär Peter-Jürgen Schneider
Leiter der Presse und Informationsstelle und Sprecher der Landesregierung: Michael Limkersdörfer
Minister für Bundes- und Europaangelegenheiten und Chef der Staatskanzlei: Wolfgang Senff

b 105

Vertretung des Landes Niedersachsen beim Bund
Postf. 12 03 60, 53045 Bonn
Kurt-Schumacher-Str. 19, 53113 Bonn
T: (0228) 22 83-0 **Fax:** 22 83-237, 22 83-4 50 (Presse)
Bevollmächtigter: Staatssekretär Dr. Helmut Holl
Dienststellenleiterin: MinDirigentin Gabriele Witt

b 106

Vertretung des Landes Niedersachsen beim Bund Büro Berlin
Leipziger Str. 5-7, 10117 Berlin
T: (030) 22 42-5503 **Fax:** 22 42-5539

b 107

Vertretung des Landes Niedersachsen bei der Europäischen Union in Brüssel
Av. Palmerston 24, B-1000 Brüssel
T: (00322) 2 30 00 17 **Fax:** 2 30 13 20
Leitung: Michael Bertram

b 108

Niedersächsisches Innenministerium
Lavesallee 6, 30169 Hannover
T: (0511) 12 01 **Fax:** 1 20-6550
Teletex: 51189975 =NdsLReg
Innenminister: Heiner Bartling
Staatssekretär(in): Werner Lichtenberg

b 109

Niedersächsisches Finanzministerium
Schiffgraben 10, 30159 Hannover
T: (0511) 1 20-0 **Fax:** 1 20-8068
Internet: http://www.niedersachsen.de/
Finanzminister: Heinrich Aller
Staatssekretär(in): Frank Ebisch

b 110

Niedersächsisches Ministerium für Frauen, Arbeit und Soziales
Postf. 1 41, 30001 Hannover
Hinrich-Wilhelm-Kopf-Platz 2, 30159 Hannover
T: (0511) 1 20-0 **Fax:** 1 20-4297
E-Mail: poststelle@niedersachsen.de
Ministerin: Heidrun Merk (Stellvertretende Ministerpräsidentin)
Staatssekretärin: Friederike Witte

b 111

Niedersächsisches Kultusministerium
Schiffgraben 12, 30159 Hannover
T: (0511) 1 20-0 **Fax:** 1 20-7450
Kultusministerin: Renate Jürgens-Pieper
Staatssekretär(in): Dr. Klaus-Henning Lemme

b 112

Niedersächsisches Ministerium für Wirtschaft, Technologie und Verkehr
Postf. 1 01, 30001 Hannover
Friedrichswall 1, 30159 Hannover
T: (0511) 1 20-0 **Fax:** 1 20-5770
Minister für Wirtschaft, Technologie und Verkehr: Dr. Peter Fischer
Staatssekretär(in): Dr. Birgit Grote

b 113

Niedersächsisches Ministerium für Ernährung, Landwirtschaft und Forsten
Calenberger Str. 2, 30169 Hannover
T: (0511) 12 00 **Fax:** 1 20-2385
Minister für Ernährung, Landwirtschaft und Forsten: Uwe Bartels
Staatssekretär(in): Dr. Werner Greifelt

b 114

Niedersächsisches Justizministerium
Postf. 2 01, 30002 Hannover
Am Waterlooplatz 1, 30169 Hannover
T: (0511) 1 20-0 **Fax:** 1 20-5170
Justizminister: Dr. Wolf Weber
Staatssekretär: Dr. Rainer Litten

b 115

Niedersächsisches Ministerium für Wissenschaft und Kultur
Leibnizufer 9, 30169 Hannover
T: (0511) 12 01 **Fax:** 1 20-23 93 (Allgemein), 1 20-26 01 (Presse)
Teletex: 51 189 956=NdsLReg
Minister(in): Thomas Oppermann
Staatssekretär: Dr. Uwe Reinhardt

b 116

Niedersächsisches Umweltministerium
Postf. 41 07, 30041 Hannover
Archivstr. 2, 30169 Hannover
T: (0511) 1 20-0 (Durchwahl 120-)
E-Mail: poststelle@mu.land-ni.dbp.de
Umweltminister: Wolfgang Jüttner
Staatssekretär: Dietmar Schulz

Nordrhein-Westfalen

• B 117

Ministerpräsident des Landes Nordrhein-Westfalen
40190 Düsseldorf
Postf. 10 11 03, 40002 Düsseldorf
Stadttor 1, 40219 Düsseldorf
T: (0211) 8 37-01 **Fax:** 8 37-1150
Internet: http://www.nrw.de
E-Mail: poststelle@stk.nrw.de
Ministerpräsident: Wolfgang Clement
Regierungssprecher: Staatssekretär Dr. Klaus Klenke

b 118

Staatskanzlei des Landes Nordrhein-Westfalen
40190 Düsseldorf
Postf. 10 11 03, 40002 Düsseldorf
Stadttor 1, 40219 Düsseldorf
T: (0211) 8 37-01 **Fax:** 8 37-1150
E-Mail: poststelle@stk.nrw.de
Staatssekretär(in): Georg Wilhelm Adamowitsch
Landespresse- und Informationsamt
Regierungssprecher: Staatssekretär Dr. Wolfgang Buchow

b 119

Finanzministerium des Landes Nordrhein-Westfalen
40190 Düsseldorf
Jägerhofstr. 6, 40479 Düsseldorf
T: (0211) 49 72-0 **Fax:** 49 72-2750
Internet: http://www.fm.nrw.de
E-Mail: poststelle@fm.nrw.de
Minister(in): Peer Steinbrück
Staatssekretär(in): Ernst Gerlach

b 120

Innenministerium des Landes Nordrhein-Westfalen
40190 Düsseldorf
Postf. 10 11 03, 40002 Düsseldorf
Haroldstr. 5, 40213 Düsseldorf
T: (0211) 8 71-01 **Fax:** 8 71-3355
Internet: http://www.im.nrw.de
E-Mail: poststelle@im.nrw.de
Minister(in): Dr. Fritz Behrens
Staatssekretär(in): Wolfgang Riotte

b 121

Justizministerium des Landes Nordrhein-Westfalen
40190 Düsseldorf
Postf. 10 11 03, 40002 Düsseldorf
Martin-Luther-Platz 40, 40212 Düsseldorf
T: (0211) 87 92-0 **Fax:** 87 92-456
E-Mail: poststelle@jm.nrw.de
Minister(in): Jochen Dieckmann
Staatssekretär(in): Dr. Ernst Hasso Ritter

b 122

Ministerium für Wirtschaft und Mittelstand, Technologie und Verkehr des Landes Nordrhein-Westfalen
40190 Düsseldorf
Postf. 10 11 03, 40002 Düsseldorf
Haroldstr. 4, 40213 Düsseldorf
T: (0211) 8 37-02 **Fax:** 8 37-2200
E-Mail: poststelle@mwmtv.nrw.de
Minister(in): Ernst Schwanhold
Staatssekretär(in): Jörg Bickenbach
Joachim Westermann

b 123

Ministerium für Arbeit, Soziales und Stadtentwicklung, Kultur und Sport
40190 Düsseldorf
Postf. 10 11 03, 40002 Düsseldorf
Breite Str. 31, 40213 Düsseldorf
T: (0211) 86 18-50 **Fax:** 8 61 85-4444
Internet: http://www.massks.nrw.de
Dienststelle: Fürstenwall 25, 40219 Düsseldorf, T: (0211) 8 55-5, Fax: 8 55-36 83
Ministerin: Ilse Brusis
Staatssekretär(in): Dr. Hans Jürgen Baedeker

b 124

Ministerium für Schule und Weiterbildung, Wissenschaft und Forschung des Landes Nordrhein-Westfalen
40190 Düsseldorf
Postf. 10 11 03, 40002 Düsseldorf
Völklinger Str. 49, 40221 Düsseldorf
T: (0211) 8 96-03, 8 96-04 **Fax:** 8 96-4555, 8 96-3220
Internet: http://www.mswwf.nrw.de
E-Mail: poststelle@mswwf.nrw.de
Minister(in): Gabriele Behler
Staatssekretär(in): Dr. Wolfgang Lieb
Dr. Wolfgang Meyer-Hesemann

b 125

Ministerium für Bauen und Wohnen des Landes Nordrhein-Westfalen
40190 Düsseldorf
Postf. 10 11 03, 40002 Düsseldorf
Elisabethstr. 5-11, 40217 Düsseldorf
T: (0211) 38 43-0 **Fax:** 90 88-601
Minister(in): Dr. Michael Vesper
Staatssekretär(in): Manfred Morgenstern

b 126

Ministerium für Umwelt, Raumordnung und Landwirtschaft des Landes Nordrhein-Westfalen
40190 Düsseldorf
Postf. 10 11 03, 40002 Düsseldorf
Schwannstr. 3, 40476 Düsseldorf
T: (0211) 45 66-0 **Fax:** 45 66-388
Ministerin: Bärbel Höhn
Staatssekretär(in): Christiane Friedrich
Dr. Thomas Griese

b 127

Ministerium für Frauen, Jugend, Familie und Gesundheit des Landes Nordrhein-Westfalen
40190 Düsseldorf
Postf. 10 11 03, 40002 Düsseldorf
Fürstenwall 25, 40219 Düsseldorf
T: (0211) 8 55-5 **Fax:** 8 55-3683
Internet: http://www.mfjfg.nrw.de
Ministerin: Birgit Fischer
Staatssekretär(in): Dr. Karl Pröbsting

b 128

Vertretung des Landes Nordrhein-Westfalen bei der Europäischen Union
Ave. Michel-Ange 10, B-1000 Brüssel
T: (00322) 7 39 17-75 **Fax:** 7 39 17 07

b 130

Bevollmächtigte des Landes Nordrhein-Westfalen beim Bund
Postf. 12 03 40, 53045 Bonn
Görresstr. 13, 53113 Bonn
T: (0228) 26 99-0 **Fax:** 26 99-221
E-Mail: poststelle@lv-bund.nrw.de
Bevollmächtigte: Staatssekretärin Heide Dörrhöfer-Tucholski

b 131

Vertretung des Landes Nordrhein-Westfalen in Berlin
Berliner Concress-Center
Märkisches Ufer 54, 10179 Berlin

Rheinland-Pfalz

• B 129

Ministerpräsident des Landes Rheinland-Pfalz - Staatskanzlei -
Peter-Altmeier-Allee 1, 55116 Mainz
T: (06131) 16-0 **Fax:** 16 47 71
Internet: http://www.stk.rlp.de/

E-Mail: Poststelle@stk.rlp.de
Ministerpräsident: Kurt Beck
Chef der Staatskanzlei: Staatssekretär Klaus Rüter

Landespressestelle Rheinland-Pfalz
Peter-Altmeier-Allee 1, 55116 Mainz
Sprecher d. Landesregierung u. Ständiger Vertreter des Chefs der Staatskanzlei: Ministerialdirektor Walter Schumacher (T: (06131) 16 47 20, Fax: (06131) 16 40 91)
Stellv. Regierungssprecher: Ltd. Min.-Rat. Wolfgang K. Lembach (T: (06131) 16 46 77, Fax: (06131) 16 46 66)

b 132
Vertretung des Landes Rheinland-Pfalz beim Bund
Heussallee 18-24, 53113 Bonn
T: (0228) 91 20-0 **Fax:** 91 20-222
Internet: http://www.landesvertretung.rlp.de
E-Mail: poststelle@lv.rlp.de
Staatssekretär: Dr. Karl-Heinz Klär
Pressesprecherin: Andrea Weingart (T: (030) 22 42-5503, Fax: (030) 22 42-5539)

b 133
Vertretung des Landes Rheinland-Pfalz
60, avenue de Tervuren, B-1040 Brüssel
T: (02) 7 36 97 29 **Fax:** 7 37 13 33

b 134
Ministerium des Innern und für Sport des Landes Rheinland-Pfalz
Postf. 32 80, 55022 Mainz
Schillerplatz 3-5, 55116 Mainz
T: (06131) 16-0 **Fax:** 16-35 95 und 16-36 00
Teletex: 6131 287 4801 (ISDN)
E-Mail: poststelle@ism.rlp.de
Minister(in): Walter Zuber
Amtschef: Staatssekretär Dr. Ernst Theilen
Pressesprecher: Michael Hartmann (T: (06131) 16 32 20, Fax: 16 37 20)

b 135
Ministerium der Finanzen des Landes Rheinland-Pfalz
Kaiser-Friedrich-Str. 5, 55116 Mainz
T: (06131) 16-0 **Fax:** 16-4331
E-Mail: poststelle@fm.rp.dbp.de
Minister(in): Gernot Mittler
Amtschef: Staatssekretär Dr. Ingolf Deubel
Pressesprecherin: Dorothea Rimbach (T: (06131) 16 43 79, Fax: (06131) 16 41 41)

b 136
Ministerium der Justiz des Landes Rheinland-Pfalz
Ernst-Ludwig-Str. 3, 55116 Mainz
T: (06131) 16-0 **Fax:** 16 48 87
Teletex: 6 13 19 63 stmzd
Minister(in): Herbert Mertin
Amtschefin: Staatssekretärin Erika Reischauer-Kirchner
Pressesprecher: Stefan Schnorr (T: (06131) 16 48 32, Fax: (06131) 16 49 44, Privat: T: (06131) 61 26 26)

b 137
Ministerium für Arbeit, Soziales und Gesundheit des Landes Rheinland-Pfalz
Postf. 31 80, 55021 Mainz
Bauhofstr. 9, 55116 Mainz
T: (06131) 16-0 **Fax:** 16 23 73
E-Mail: poststelle@masg.rlp.de
Minister(in): Florian Gerster
Amtschef: Staatssekretär Dr. Richard Auernheimer
Pressesprecherin: Dr. Beate Fasbender-Döring (T: (06131) 16 23 77, Fax: 16 23 73)

b 138
Ministerium für Wirtschaft, Verkehr, Landwirtschaft und Weinbau des Landes Rheinland-Pfalz
Postf. 32 69, 55022 Mainz
Stiftsstr. 9, 55116 Mainz
T: (06131) 16-0 **Fax:** 16-2100
Teletex: 6 131 626 MWVRP
E-Mail: poststelle@mwvlw.rlp.de
Minister(in): Hans-Artur Bauckhage
Amtschef: Staatssekretär Ernst Eggers
Staatssekretär(in): Günter Eymael
Pressesprecher: Jörg Wagner (T: (06131) 16 25 49, Fax: (06131) 16 26 48)
Frank Ißleib (T: (06131) 16 22 58, Fax: (06131) 16 26 48)

b 139
Ministerium für Kultur, Jugend, Familie und Frauen des Landes Rheinland-Pfalz
Mittlere Bleiche 61, 55116 Mainz
T: (06131) 16-0 **Fax:** 16-28 78
Ministerin: Dr. Rose Götte
Amtschef: Staatssekretär Dr. Joachim Hofmann-Göttig
Pressesprecher: N.N.

b 140
Ministerium für Bildung, Wissenschaft und Weiterbildung des Landes Rheinland-Pfalz
Mittlere Bleiche 61, 55116 Mainz
T: (06131) 16-0 **Fax:** 16 29 94
E-Mail: poststelle@mbww.rp.dbp.de
Minister(in): Prof. Dr. E. Jürgen Zöllner
Amtschefin: Staatssekretärin Doris Ahnen
Staatssekretär(in): Harald Glahn
Pressesprecherin: Vera Reiß-Jung (T: (06131) 16 27 26, Fax: (06131) 16 29 94)

b 141
Ministerium für Umwelt und Forsten des Landes Rheinland-Pfalz
Postf. 31 60, 55021 Mainz
Kaiser-Friedrich-Str. 1, 55116 Mainz
T: (06131) 16-0 **Fax:** 16 46 46
Teletex: 61 31 972
E-Mail: poststelle@muf.rlp.de
Ministerin: Klaudia Martini
Amtschef: Staatssekretär Roland Härtel
Pressesprecher: Torsten Kram (T: (06131) 16 46 45, Fax: (06131) 16 46 49, Privat: T: (06133) 30 57)

b 142
Landtag Rheinland-Pfalz
Postf. 30 40, 55020 Mainz
Deutschhausplatz 12, 55116 Mainz
T: (06131) 2 08-0 **Fax:** 2 08-2447
Teletex: 6 131 962
Internet: http://www.landtag.rheinland-pfalz.de
E-Mail: presse@landtag.rlp.de
Landtagspräsident: Christoph Grimm
Pressereferent: Dieter Lang
Öffentlichkeitsarbeit: Hans-Peter Hexemer

Saarland

● **B 143**
Ministerpräsident des Saarlandes
Am Ludwigsplatz 14, 66117 Saarbrücken
T: (0681) 5 01-00 **Fax:** 5 01-11 59
Internet: http://www.saarland.de
Ministerpräsident: Peter Müller (E-Mail: p.mueller@staatskanzlei.saarland.de)
Chef der Staatskanzlei: Staatssekretär Karl Rauber (Europabeauftragter, E-Mail: k.rauber@staatskanzlei.saarland.de)
Regierungssprecher: Udo Recktenwald (T: (0681) 5 01-1126/1127, Presse-Fax: (0681) 5 01-1222, E-Mail: presse@staatskanzlei.saarland.de)
Stellv. Regierungssprecher: Peter Meyer (T: (0681) 5 01-2102, 2103)
Marlene Mühe-Martin (T: (0681) 5 01-1138)
Bevollmächtigte beim Bund: Staatssekretärin Monika Beck (Friedrichsstr. 231, 10969 Berlin, T: (030) 25 37 12 41, Fax: (030) 25 37 12 99, E-Mail: lv.saarland@t-online.de)

b 144
Ministerium für Finanzen und Bundesangelegenheiten
Am Stadtgraben 6-8, 66111 Saarbrücken
T: (0681) 5 01-00 **Fax:** 5 01-1590, 5 01-4293
E-Mail: presse@finanzen.saarland.de
Minister(in): Peter Jacoby (Stellv. Ministerpräsident, E-Mail: p.jacoby@finanzen.saarland.de)
Staatssekretär(in): Gerhard Wack (E-Mail: g.wack@finanzen.saarland.de)
Pressesprecher u. Persönlicher Referent: Hanno Thewes

b 145
Ministerium für Inneres und Sport
Franz-Josef-Röder-Str. 21, 66119 Saarbrücken
T: (0681) 5 01-00 **Fax:** 5 01-2234
E-Mail: presse@innen.saarland.de
Minister(in): Klaus Meiser (E-Mail: k.meiser@innen.saarland.de)
Staatssekretär(in): Gerd Müllenbach (E-Mail: g.muellenbach@innen.saarland.de)
Persönlicher Referent: Jörg Kohl
Pressesprecher: Peter Meyer (T: (0681) 5 01-21-02, E-Mail: p.meyer@innen.saarland.de)

b 146
Ministerium für Wirtschaft
Am Stadtgraben 6-8, 66111 Saarbrücken
T: (0681) 5 01-00 **Fax:** 5 01-1620
Internet: http://www.saarland.de
E-Mail: presse@wirtschaft.saarland.de
Minister(in): Dr. Hanspeter Georgi (E-Mail: h.georgi@wirtschaft.saarland.de)
Staatssekretär(in): Albert Hettrich (E-Mail: a.hettrich@wirtschaft.saarland.de)
Daniela Schlegel-Friedrich (E-Mail: d.schlegel-friedrich@wirtschaft.saarland.de)
Pressesprecher: Armin Gehl
Persönlicher Referent: Christoph Schröder

b 147
Ministerium der Justiz
Zähringerstr. 12, 66119 Saarbrücken
T: (0681) 5 01-00 **Fax:** 5 01-5868
E-Mail: presse@justiz.saarland.de
Ministerin: Ingeborg Spoerhase-Eisel (E-Mail: i.spoerhase-eisel@justiz.saarland.de)
Staatssekretär(in): Wolfgang Schild (E-Mail: w.schild@justiz.saarland.de)
Pressesprecher u. Persönlicher Referent: Christian Seel

b 148
Ministerium für Bildung, Kultur und Wissenschaft
Hohenzollernstr. 60, 66117 Saarbrücken
T: (0681) 5 03-0 **Fax:** 5 03-550
E-Mail: presse@bildung.saarland.de
Minister(in): Jürgen Schreier (E-Mail: j.schreier@bildung.saarland.de)
Staatssekretär(in): Hansgünter Lang (E-Mail: h.lang@bildung.saarland.de)
Pressesprecher: Ludwig Geiser
Persönlicher Referent: Cecile Thurner

b 149
Ministerium für Frauen, Arbeit, Gesundheit und Soziales
Franz-Josef-Röder-Str. 23, 66119 Saarbrücken
T: (0681) 5 01-00 **Fax:** 5 01-3335
E-Mail: presse@soziales.saarland.de
Ministerin: Dr. Regina Görner (E-Mail: r.goerner@soziales.saarland.de)
Staatssekretär(in): Josef Hecken (E-Mail: j.hecken@soziales.saarland.de)
Pressesprecherin: Martina Stabel-Franz

b 150
Ministerium für Umwelt
Postf. 10 24 61, 66024 Saarbrücken
Keplerstr. 18, 66117 Saarbrücken
T: (0681) 5 01-00 **Fax:** 5 01-4521
E-Mail: presse@umwelt.saarland.de
Minister(in): Stefan Mörsdorf (E-Mail: s.moersdorf@umwelt.saarland.de)
Staatssekretär(in): Rainer Grün (E-Mail: r.gruen@umwelt-saarland.de)
Pressesprecher: Martin von Hohnhorst
Persönlicher Referent: Klaus Dieter Uhrhan

b 151
Die Bevollmächtigte des Saarlandes beim Bund
Friedrichstr. 231, 10969 Berlin
T: (030) 25 37 12-0 **Fax:** 25 37 12-99
Bevollmächtigte: Staatssekretärin Monika Beck
Dienststellenleiter: Henry Bren d'Amour

b 152
Der Landesbeauftragte für Datenschutz des Saarlandes
Fritz-Dobisch-Str. 12, 66111 Saarbrücken
T: (0681) 9 47 81-0 **Fax:** 9 47 81-29
Internet: http://www.lfd.saarland.de
E-Mail: lfd-saar@t-online.de
Landesbeauftragter: Bernd Dannemann

b 153
Verbindungsbüro des Saarlandes bei der Europäischen Union
Av. de la Renaissance 46, B-1000 Brüssel
T: (00322) 7 43 07 90 **Fax:** 7 32 73 70
E-Mail: bxl@euronet.be
Leiterin: Herta Adam

Sachsen

● **B 154**
Sächsische Staatskanzlei
01095 Dresden
Archivstr. 1, 01097 Dresden
T: (0351) 5 64-0 **Fax:** 5 64-1199
Internet: http://www.sachsen.de
E-Mail: poststelle@dd.sk.sachsen.de
Ministerpräsident: Prof. Dr. Kurt H. Biedenkopf (CDU)
Chef der Staatskanzlei: Staatsminister Dr. Thomas de Mai-

zière (CDU)
Staatsminister für Bundes- und Europaangelegenheiten: Stanislaw Tillich
Staatsministerin für Gleichstellung von Frau und Mann: Christine Weber (CDU)
Regierungssprecher: Staatssekretär Michael Sagurna

b 155

Vertretung des Freistaates Sachsen beim Bund
Brüderstr. 11, 10178 Berlin
T: (030) 2 06 06-0 **Fax:** 2 06 06-419
Staatsminister für Bundes- und Europaangelegenheiten: Stanislaw Tillich

b 156

Staatsministerium des Innern
01095 Dresden
Wilhelm-Buck-Str. 2, 01097 Dresden
T: (0351) 5 64-0 **Fax:** 5 64-3199
Internet: http://www.sachsen.de
E-Mail: poststelle@smi.sachsen.de
Staatsminister: Klaus Hardraht (CDU)
Staatssekretär(in): Hartmut Ulbricht
Dr. Albrecht Buttolo
Pressesprecherin: Anita Lausecker

b 157

Staatsministerium der Finanzen
Postf. 10 09 48, 01079 Dresden
Carolaplatz 1, 01097 Dresden
T: (0351) 5 64-0 **Fax:** 5 64-4029
Internet: http://www.sachsen.de
E-Mail: post@smf.sachsen.de
Staatsminister: Prof. Dr. Georg Milbradt (CDU)
Staatssekretär(in): Dr. Wolfgang Voß
Pressesprecherin: Dr. Vera Kretschmer

b 158

Staatsministerium der Justiz
01095 Dresden
Hospitalstr. 7, 01097 Dresden
T: (0351) 5 64-0 **Fax:** 5 64-1599
Internet: http://www.sachsen.de
E-Mail: presse@smj.sachsen.de
Staatsminister: Steffen Heitmann (CDU)
Staatssekretär(in): Dr. Stefan Franke
Pressesprecher: Wolfram Jena

b 159

Staatsministerium für Kultus
Postf. 10 09 10, 01079 Dresden
Carolaplatz 1 Westflügel, 01097 Dresden
T: (0351) 5 64-0 **Fax:** 5 64-2887
Internet: http://www.sachsen.de
E-Mail: poststelle@smk.sachsen.de
Staatsminister: Dr. Matthias Rößler (CDU)
Staatssekretär(in): Günther Portune
Pressesprecher: Steffen Große

b 160

Staatsministerium für Wissenschaft und Kunst
Postf. 10 09 20, 01079 Dresden
Wigardstr. 17, 01097 Dresden
T: (0351) 5 64-0 **Fax:** 5 64-6406000
Internet: http://www.sachsen.de
E-Mail: presse@smwk.sachsen.de
Staatsminister: Prof. Dr. Hans Joachim Meyer (CDU)
Staatssekretär(in): Eckhard Noack
Pressesprecher: Hartmut Häckel

b 161

Staatsministerium für Wirtschaft und Arbeit
Postf. 10 03 29, 01073 Dresden
Wilhelm-Buck-Str. 2, 01097 Dresden
T: (0351) 5 64-0 **Fax:** 5 64-8189
Internet: http://www.sachsen.de
E-Mail: poststelle@smwa.sachsen.de
Staatsminister: Dr. Kajo Schommer (CDU)
Staatssekretär(in): Dr. Wolfgang Vehse
Staatssekretär(in): Dr. Wolfgang Zeller
Pressesprecher: Armin Reck

b 162

Staatsministerium für Soziales, Gesundheit, Jugend und Familie
Postf. 10 09 41, 01079 Dresden
Albertstr. 10, 01097 Dresden
T: (0351) 5 64-0 **Fax:** 5 64-5850
Internet: http://www.sachsen.de
E-Mail: poststelle@sms..sachsen.de
Staatsminister: Dr. Hans Geisler (Stellv. des Ministerpräsidenten, (CDU))
Staatssekretär(in): Dr. Albin Nees
Pressesprecher: Karltheodor Huttner

b 163

Staatsministerium für Umwelt und Landwirtschaft
Archivstr. 1, 01097 Dresden
T: (0351) 5 64-0 **Fax:** 5 64-6947
Internet: http://www.sachsen.de
E-Mail: poststelle@smul.sachsen.de
Staatsminister: Steffen Flath (CDU)
Amtschef: MinDirig Wolf-Eberhard Kuhl
Pressesprecher: Dirk Reelfs

Sachsen-Anhalt

• B 164

Staatskanzlei des Landes Sachsen-Anhalt
Postf. 41 60, 39016 Magdeburg
Domplatz 4, 39104 Magdeburg
T: (0391) 5 67-01 **Fax:** 5 67-6506
Ministerpräsident: Dr. Reinhard Höppner
Chef der Staatskanzlei, Staatssekretär: Niels Jonas (T: (0391) 5 67-01, Fax: (0391) 5 67-65 28)

b 165

Presse- und Informationsamt der Landesregierung Sachsen-Anhalt
Domplatz 4, 39104 Magdeburg
T: (0391) 5 67-01, -6660 **Fax:** 5 67-6677, -6667
Regierungssprecher: Franz Stänner
Stellv. Regierungssprecher: Theo Struhkamp (T: (0391) 5 67-66 65, Fax: (0391) 5 67- 66 77, -66 67)

b 166

Ministerium für Arbeit, Frauen, Gesundheit und Soziales
Seepark 5-7, 39116 Magdeburg
T: (0391) 5 67-01, -4607, -4608 **Fax:** 5 67-4622
Minister(in): Dr.rer.nat.habil. Gerlinde Kuppe
Staatssekretär(in): Prof. Dr. Dieter Schimanke
Pressesprecher: Holger Paech

b 167

Kultusministerium
Turmschanzenstr. 32, 39114 Magdeburg
T: (0391) 5 67-01, 5 67-3638 **Fax:** 5 67-3775
E-Mail: Brigitte.Deckstein@MK.Uni-Magdeburg.de
Minister(in): Dr. Gerd Harms
Staatssekretär(in): Dr. Wolfgang Eichler
Dr. Bodo Richter
Pressesprecherin: Dr. Brigitte Deckstein

b 168

Ministerium der Finanzen
Olvenstedter Str. 1-2, 39108 Magdeburg
T: (0391) 5 67-01, -1105 **Fax:** 5 67-1390
Minister(in): Wolfgang Gerhards
Staatssekretär(in): Dr. Karl-Peter Schackmann-Fallis
Pressesprecher: Stefan Marotzke

b 169

Ministerium des Innern
Halberstädter Str. 2, 39112 Magdeburg
T: (0391) 5 67-01, 5 67-5504 **Fax:** 5 67-5519, 5 67-5290
Internet: http://www.mi.sachsen-anhalt.de
E-Mail: poststelle@min.mi.lsa-net.de
Minister(in): Dr. Manfred Püchel
Staatssekretär(in): Dr. Rainer Holtschneider
Pressesprecher: Dr. Matthias Schuppe

b 170

Ministerium des Justiz
Wilhelm-Höpfner-Ring 6, 39116 Magdeburg
T: (0391) 5 67-01 **Fax:** 5 67-4226
Minister(in): Karin Schubert
Staatssekretär(in): Mathilde Diederich
Pressesprecher: Marion van der Kraatz

b 171

Ministerium für Wirtschaft und Technologie
Wilhelm-Höpfner-Ring 4, 39116 Magdeburg
T: (0391) 5 67-01 **Fax:** 44 43
Minister(in): Matthias Gabriel
Staatssekretär(in): Ralf Nagel
Pressesprecher: N.N.

b 172

Ministerium für Raumordnung und Umwelt
Olvenstedter Str. 4, 39108 Magdeburg
T: (0391) 5 67-01, 5 67-1951, 5 67-1950 **Fax:** 5 67-1964
Ministerin: Ingrid Häußler
Staatssekretär(in): Dr. Jens Holger Göttner
Pressesprecher: Marc Rath

b 173

Ministerium für Ernährung, Landwirtschaft und Forsten
Olvenstedter Str. 4, 39108 Magdeburg
T: (0391) 5 67-01, 5 67-1951, 5 67-1950 **Fax:** 5 67-1964
Minister(in): Johann Konrad Keller
Staatssekretär(in): Dr. Aloys Altmann
Pressesprecher: Andreas Clausing

b 174

Ministerium für Wohnungswesen, Städtebau und Verkehr
Postf. 36 25, 39011 Magdeburg
Turmschanzenstr. 30, 39114 Magdeburg
T: (0391) 5 67-01, -7504 **Fax:** 5 67-7509
Minister(in): Dr. Jürgen Heyer
Staatssekretär(in): Ines Fröhlich
Pressesprecher: Martin Krems

b 175

Vertretung des Landes Sachsen-Anhalt beim Bund
Postf. 12 04 44, 53046 Bonn
Dahlmannstr. 18, 53113 Bonn
T: (0228) 9 11 68-0, 9 11 68-80 **Fax:** 9 11 68-37
Internet: http://www.lv.sachsen-anhalt.de
E-Mail: LV.Sachsen-Anhalt@t-online.de
Staatssekretär(in): Werner Ballhausen
Pressesprecher: Dr. Christian Sundermann

Schleswig-Holstein

• B 176

Die Ministerpräsidentin des Landes Schleswig-Holstein
24100 Kiel
Düsternbrooker Weg 70, 24105 Kiel
T: (0431) 9 88-0 **Fax:** 9 88-1960
Internet: http://www.schleswig-holstein.de/landsh
E-Mail: presse.landesregierung@landsh.de
Ministerpräsidentin: Heide Simonis (SPD)

b 177

Der Chef der Staatskanzlei des Landes Schleswig-Holstein
24100 Kiel
Düsternbrooker Weg 70, 24105 Kiel
T: (0431) 9 88-0 **Fax:** 9 88-1969
E-Mail: klaus.gaertner@stk.landsh.de
Staatssekretär(in): Klaus Gärtner

b 178

Regierungspressestelle des Landes Schleswig-Holstein
24100 Kiel
Düsternbrooker Weg 70, 24105 Kiel
T: (0431) 9 88-1704 **Fax:** 9 88-1964
Internet: http://www.schleswig-holstein.de/landsh
E-Mail: presse.landesregierung@landsh.de
Regierungssprecher: Gerhard Hildenbrand
Stellvertreterin: Susanne Bieler-Seelhoff

b 179

Ministerium für Justiz, Frauen, Jugend und Familie des Landes Schleswig-Holstein
Lorentzendamm 25, 24103 Kiel
T: (0431) 9 88-0 **Fax:** 9 88-3704
E-Mail: pressestelle.mjbe@landsh.de
Minister(in): Anne Lütkes (B90/Die Grünen)
Staatssekretär(in): Wulf Jöhnk (T.: (0431) 9 88-3801)
Pressereferent: Christian Koch (T.: (0431) 9 88-3706)

b 180

Ministerium für Bildung, Wissenschaft, Forschung und Kultur des Landes Schleswig-Holstein
Brunswiker Str. 16-22, 24105 Kiel
T: (0431) 9 88-0 **Fax:** 9 88-5815
E-Mail: pressestelle.mfjws@landsh.de
Ministerin: Ute Erdsiek-Rave (SPD)
Staatssekretär(in): Dr. Ralf Stegner

b 181

Innenministerium des Landes Schleswig-Holstein
24100 Kiel
Düsternbrooker Weg 92, 24105 Kiel
T: (0431) 9 88-0 **Fax:** 9 88-2833
E-Mail: poststelle@im.landsh.de
Minister(in): Klaus Buß (SPD)
Staatssekretär(in): Hartmut Wegener

b 182

Ministerium für Finanzen und Energie des Landes Schleswig-Holstein
Postf. 20 09, 24019 Kiel
Düsternbrooker Weg 64, 24105 Kiel
T: (0431) 9 88-0 **Fax:** 9 88-4176
E-Mail: pressestelle.mfe@landsh.de
Minister(in): Claus Möller (SPD)
Staatssekretär(in): Uwe Döring (Finanzen)
Wilfried Voigt (Energie)

b 183

Ministerium für Wirtschaft, Technologie und Verkehr des Landes Schleswig-Holstein
24100 Kiel
Düsternbrooker Weg 94, 24105 Kiel
T: (0431) 9 88-0 **Fax:** 9 88-4705
E-Mail: pressestelle.mwtv@landsh.de
Minister(in): Dr. Bernd Rohwer (SPD)
Staatssekretär(in): N.N.

b 184

Ministerium für ländliche Räume, Landwirtschaft, Ernährung und Tourismus des Landes Schleswig-Holstein
24100 Kiel
Düsternbrooker Weg 104, 24105 Kiel
T: (0431) 9 88-0 **Fax:** 9 88-5101
E-Mail: pressestelle.mlr@landsh.de
Minister(in): Ingrid Franzen (SPD)
Staatssekretär(in): Rüdiger von Plüskow

b 185

Ministerium für Arbeit, Gesundheit und Soziales des Landes Schleswig-Holstein
24100 Kiel
Adolf-Westphal-Str. 4, 24143 Kiel
T: (0431) 9 88-0 **Fax:** 9 88-5474
E-Mail: baerbel.krauskopf@landsh.de
Ministerin: Heide Moser (SPD)
Staatssekretär(in): Heinrich Alt

b 186

Ministerium für Umwelt, Natur und Forsten des Landes Schleswig-Holstein
Postf. 50 09, 24062 Kiel
Mercatorstr. 3, 24106 Kiel
T: (0431) 9 88-0 **Fax:** 9 88-7209
E-Mail: pressestelle.munf@landsh.de
Minister(in): Klaus Müller (Bündnis 90/Die Grünen)
Staatssekretärin: Henriette Berg

b 187

Unabhängiges Landeszentrum für Datenschutz
Postf. 71 21, 24171 Kiel
Düsternbrooker Weg 82, 24105 Kiel
T: (0431) 9 88-1200 **Fax:** 9 88-1223
Internet: http://www.schleswig-holstein.datenschutz.de
E-Mail: LDSH@netzservice.de
Dr. Helmut Bäumler

Thüringen

• **B 188**

Thüringer Staatskanzlei
Postf. 9 97, 99021 Erfurt
Regierungsstr. 73, 99084 Erfurt
T: (0361) 3 79 00 **Fax:** 3 79 21 07
Internet: http://www.thueringen.de
E-Mail: tsk@thueringen.de
Ministerpräsident: Dr. Bernhard Vogel (Regierungsstr. 73, 99084 Erfurt, Postf. 9 97, 99021 Erfurt, T: (0361) 3 79 28 01, Fax: 3 79 28 05)
Minister für Bundes- und Europaangelegenheiten und Chef der Staatskanzlei: Jürgen Gnauck (Regierungsstr. 73, 99084 Erfurt, T: (0361) 3 79 28 31, Fax: 3 79 28 32)
Bevollmächtigter des Freistaats Thüringen beim Bund, Staatssekretär: Hans Kaiser (Regierungsstr. 73, 99084 Erfurt, T: (0361) 3 79 28 22, Fax: (0361) 3 79 28 22, Berlin, T: (030) 2 03 45-120, Fax: (030) 2 03 45-129)
Frauenbeauftragte, Staatssekretärin: Dr. Birgit Bauer (Bergstr. 4, 99092 Erfurt, T: (0361) 3 79 25 00, Fax: 3 79 25 02)
Regierungssprecher: Uwe Spindeldreier (Regierungsstr. 73, 99084 Erfurt, T: (0361) 3 79 24 00, Fax: 3 79 24 02)

b 189

Vertretung des Freistaats Thüringen beim Bund
Mohrenstr. 64, 10117 Berlin
T: (030) 2 03 45-0 **Fax:** 2 03 45-279

b 190

Thüringen-Büro Brüssel
111, Rue Pelletier, B-1030 Brüssel
T: (00322) 7 36 20 60 **Fax:** 7 36 53 79

b 191

Finanzministerium
Postf. 4 70, 99009 Erfurt
Jenaer Str. 37, 99099 Erfurt
T: (0361) 3 79 00 **Fax:** 3 79 66 50
Finanzminister, Stellvertretender Ministerpräsident: Andreas Trautvetter (T: (0361) 3 79 66 01, Fax: 3 79 66 50)
Staatssekretär(in): Birgit Dietzel (T: (0361) 3 79 66 03, Fax: 3 79 66 50)

b 192

Innenministerium
Postf. 2 61, 99006 Erfurt
Steigerstr. 24, 99096 Erfurt
T: (0361) 3 79 00 **Fax:** 3 79 31 11
Innenminister: Christian Köckert (T: (0361) 3 79 31 00, Fax: 3 79 31 08)
Staatssekretär(in): N.N. (T: (0361) 3 79 32 00, Fax: 3 79 32 08)

b 193

Ministerium für Wirtschaft, Arbeit und Infrastruktur
Postf. 2 42, 99005 Erfurt
Max-Reger-Str. 4-8, 99096 Erfurt
T: (0361) 3 79 70 00 **Fax:** 3 79 79 90
E-Mail: mailbox@th-online.de/wirtschaft
Minister(in): Franz Schuster (T: (0361) 3 79 73 91, Fax: 3 79 70 09)
Staatssekretär(in): Roland Richwien (T: (0361) 3 79 70 10, Fax: 3 79 70 19)

b 194

Ministerium für Wissenschaft, Forschung und Kunst
Postf. 6 72, 99013 Erfurt
Juri-Gagarin-Ring 158, 99084 Erfurt
T: (0361) 3 79 00 **Fax:** 3 79 11 99
E-Mail: tmwfk@thueringen.de
Ministerin für Wissenschaft, Forschung und Kunst: Prof. Dr. Dagmar Schipanski (Tel: (0361) 3 79 11 00, Fax: 3 79 11 09)
Staatssekretär(in): Dr. Jürgen Aretz (T: (0361) 3 79 11 10, Fax: 3 79 11 19)

b 195

Ministerium für Soziales, Familie und Gesundheit
Postf. 6 12, 99012 Erfurt
Werner-Seelenbinder-Str. 6, 99096 Erfurt
T: (0361) 3 79 00 **Fax:** 3 79 88 00
E-Mail: poststelle@tmsg-thueringen.ef.eunet.de
Minister für Soziales, Familie und Gesundheit: Dr. Frank-Michael Pietzsch (Tel: (0361) 3 79 87 01, Fax: 3 79 88 70)
Staatssekretär(in): Heinz-Günther Maaßen (T: (0361) 3 79 87 03, Fax: 3 79 88 71)

b 196

Kultusministerium
Postf. 1 90, 99004 Erfurt
Werner-Seelenbinder-Str. 1, 99096 Erfurt
T: (0361) 3 79 00 **Fax:** 3 79 46 90
E-Mail: tkm@thueringen.de
Kultusminister: Dr. Michael Krapp (T: (0361) 3 79 46 00, Fax: 3 79 46 90)
Staatssekretär(in): Hermann Ströbel (T: (0361) 3 79 46 50, Fax: 3 79 46 90)

b 197

Ministerium für Landwirtschaft, Naturschutz und Umwelt
Postf. 10 03, 99021 Erfurt
Beethovenplatz 3, 99096 Erfurt
T: (0361) 3 79 00 **Fax:** 3 79 99 50
Minister f. Landwirtschaft, Naturschutz u. Umwelt: Dr. Volker Sklenar (T: (0361) 3 79 99 01, Fax: 3 79 99 50)
Staatssekretär(in): Stephan Illert (T: (0361) 3 79 99 11, Fax: 3 79 99 50)

b 198

Justizministerium
Postf. 11, 99001 Erfurt
Alfred-Hess-Str. 8, 99094 Erfurt
T: (0361) 3 79 52 00 **Fax:** 3 79 51 55
Justizminister: Dr. Andreas Birkmann (Tel: (0361) 3 79 53 01, Fax: 3 79 51 55)
Staatssekretär(in): Manfred Scherer (T: (0361) 3 79 53 04, Fax: 3 79 51 55)

Landesvertretungen beim Bund

• **B 199**

Vertretung des Landes Baden-Württemberg beim Bund und in europäischen Angelegenheiten
Tiergartenstr. 15, 10785 Berlin
T: (030) 2 54 56-0 **Fax:** 2 54 56-100
Staatssekretär und Bevollmächtigter beim Bund: Willi Stächele (MdL)

b 200

Vertretung des Landes Baden-Württemberg beim Bund und in europäischen Angelegenheiten - Büro Stuttgart -
Hauptstätter Str. 67, 70178 Stuttgart
T: (0711) 21 53-0 **Fax:** 21 53-508
E-Mail: brunhilde.steinmetz@stm.bwl.de

b 201

Informationsbüro des Landes Baden-Württemberg bei der Europäischen Union
Square Vergote 9, B-1200 Brüssel
T: (00322) 7 41 77 11 **Fax:** 7 41 77 99
E-Mail: bruessel@lvtbn:stm:bwl:de
Leitung: MR Wolfgang Dietz

• **B 202**

Bayerischer Staatsminister für Bundes- und Europaangelegenheiten in der Staatskanzlei
Bevollmächtigter des Freistaates Bayern beim Bund
Franz-Josef-Strauß-Ring 1, 80539 München
T: (089) 21 65-0 **Fax:** 29 40 44
E-Mail: poststelle@stk.bayern.de
Staatsminister: Reinhold Bocklet
Amtschef: MinDir. Klaus Weigert

• **B 203**

Der Regierende Bürgermeister von Berlin - Senatskanzlei
Vertretung des Landes Berlin beim Bund
Bevollmächtigte des Landes Berlin beim Bund
Joachimstr. 7, 53113 Bonn
T: (0228) 22 82-0 **Fax:** 22 82-1 00
Bevollmächtigter: Staatssekretär Gerd Wartenberg
Europabeauftragte des Landes: Staatssekretärin Dr. Hildegard Boucsein
Leiterin des Büros Brüssel: SRin Marie-Luise Löper (EU-Büro Brüssel, 71, Av. Michel-Ange, B-1000 Brüssel, T:(00322) 7 38 00 70, Fax: (00322) 7 32 47 46)

• **B 204**

Chef der Staatskanzlei
Vertretung des Landes Brandenburg beim Bund
bis 31.07.2000:
Schedestr. 1-3, 53113 Bonn
ab 01.08.2000 gesamte Landesvertretung: Albrechtstr. 9-10, 10117 Berlin
T: (0228) 9 15 00-0 **Fax:** 9 15 00-35, 9 15 00-36
E-Mail: poststelle@lv_bb.brandenburg.de
Bevollmächtigter: Staatssekretär Dirk Brouër
Leiter der Dienststelle: Hans-Joachim Pfaff (MDgt)

b 205

Chef der Staatskanzlei
Vertretung des Landes Brandenburg beim Bund Außenstelle Berlin
bis 19.06.2000: Leipziger Str. 5-7, 10117 Berlin
ab 20.06.2000:
Albrechtstr. 9-10 I. OG, 10117 Berlin
T: (030) 22 42 55 92, 22 42 55 98

• **B 206**

Der Bevollmächtigte der Freien Hansestadt Bremen beim Bund, für Europa und Entwicklungszusammenarbeit
Hiroshimastr. 24, 10785 Berlin
T: (030) 2 69 30-0 (Zentrale) **Fax:** 2 69 30-100
Bevollm.: Staatsrat Erik Bettermann
Dienststellenleiter: Senatsrat Wolfhart Chevalier

• **B 207**

Vertretung der Freien und Hansestadt Hamburg beim Bund
Kurt-Schumacher-Str. 12, 53113 Bonn
T: (0228) 22 87-0 **Fax:** 22 87-1 28
Bevollmächtigter: Senator Dr. Willfried Maier
Leitung Presseabteilung: Dr. Burkhard Muschner

• B 208

Hessische Landesvertretung
Dienststelle in Bonn:
Kurt-Schumacher-Str. 4, 53113 Bonn
T: (0228) 2 60 06-0 **Fax:** 2 60 06-69
Staatssekretär(in): Dr. Johannes Beermann

• B 209

Vertretung des Landes Mecklenburg-Vorpommern beim Bund
Mohrenstr. 66, 10117 Berlin
T: (030) 22 07 95-0
Bevollmächtigter: Staatssekretär Tilo Braune
Dienststellenleiter: MinDir Dr. Guido Dannenberg
Mitarbeiter: 29

• B 210

Vertretung des Landes Niedersachsen beim Bund
Postf. 12 03 60, 53045 Bonn
Kurt-Schumacher-Str. 19, 53113 Bonn
T: (0228) 22 83-0 **Fax:** 22 83-237, 22 83-4 50 (Presse)
Bevollmächtigter: Staatssekretär Dr. Helmut Holl
Dienststellenleiterin: MinDirigentin Gabriele Witt

b 211

Vertretung des Landes Niedersachsen beim Bund Büro Berlin
Leipziger Str. 5-7, 10117 Berlin
T: (030) 22 42-5503 **Fax:** 22 42-5539

• B 212

Bevollmächtigte des Landes Nordrhein-Westfalen beim Bund
Postf. 12 03 40, 53045 Bonn
Görresstr. 13, 53113 Bonn
T: (0228) 26 99-0 **Fax:** 26 99-221
E-Mail: poststelle@lv-bund.nrw.de
Bevollmächtigte: Staatssekretärin Heide Dörrhöfer-Tucholski
Leitung Presseabteilung: Alois Bläser
Mitarbeiter: 50

b 213

Vertretung des Landes Nordrhein-Westfalen beim Bund
11056 Berlin
Hiroshimastr. 22-24, 10785 Berlin
T: (030) 2 69 30-167 **Fax:** 2 69 30-162

• B 214

Bevollmächtigter des Landes Rheinland-Pfalz beim Bund und für Europa
Heussallee 18-24, 53113 Bonn
T: (0228) 91 20-0 **Fax:** 91 20-222
Internet: http://www.landesvertretung.rlp.de
E-Mail: poststelle@lv.rlp.de
Staatssekretär(in): Dr. Karl-Heinz Klär
Ständiger Vertreter: Reg.Angest. Martin Stadelmaier

• B 215

Die Bevollmächtigte des Saarlandes beim Bund
Friedrichstr. 231, 10969 Berlin
T: (030) 25 37 12-0 **Fax:** 25 37 12-99
Bevollmächtigte: Staatssekretärin Monika Beck
Dienststellenleiter: Henry Brend'Amour

• B 216

Vertretung des Freistaates Sachsen beim Bund
Brüderstr. 11, 10178 Berlin
T: (030) 2 06 06-0 **Fax:** 2 06 06-419
Staatsminister für Bundes- und Europaangelegenheiten: Günter Meyer

• B 217

Landesvertretung Sachsen-Anhalt beim Bund
Postf. 12 04 44, 53046 Bonn
Dahlmannstr. 18, 53113 Bonn
T: (0228) 9 11 68-0, 9 11 68-80 **Fax:** 9 11 68-37
Internet: http://www.lv.sachsen-anhalt.de
E-Mail: LV.Sachsen-Anhalt@t-online.de
Bevollmächtigter beim Bund: Staatssekretär Werner Ballhausen
Dienststellenleiter: Ministerialdirigent Norbert Schuhmacher
Pressesprecher: Dr. Christian Sundermann

b 218

Landesvertretung Sachsen-Anhalt beim Bund Dienststelle Berlin
Leipziger Str. 5-7, 10117 Berlin
T: (030) 22 42-5525 **Fax:** 22 42-5529

• B 219

Ministerium für Justiz, Bundes- und Europaangelegenheiten des Landes Schleswig-Holstein -Vertretung des Landes beim Bund-
Büro Bonn:
Kurt-Schumacher-Str. 17-18, 53113 Bonn
T: (0228) 9 15 18-0 **Fax:** 9 15 18-200
E-Mail: pressestelle.mjbe@landsh.de
Minister(in): Gerd Walter (SPD, T: (0228) 9 15 18-125)
Ltr. d. Landesvertretung Schleswig-Holstein: MDgt. Werner Schönborn (T: (0228) 9 15 18-125)

b 220

Ministerium für Justiz, Bundes- und Europaangelegenheiten des Landes Schleswig-Holstein -Vertretung des Landes beim Bund-
Büro Berlin: (ab 01.02.2000)
Marienstr. 19-20, 10117 Berlin
T: (030) 2 84 82-133 **Fax:** 2 84 82-130
Minister(in): Gerd Walter (SPD, T.: (030) 2 84 82-128)
Ltr. d. Landesvertretung Schleswig-Holstein: MDgt. Werner Schönborn (T.: (030) 2 84 82-128)
Pressereferentin: Beate Krüger (T.: (030) 2 84 82-129)

• B 221

Vertretung des Freistaats Thüringen beim Bund
Mohrenstr. 64, 10117 Berlin
T: (030) 2 03 45-0 **Fax:** 2 03 45-279
Ministerin für Bundesangelegenheiten in der Staatskanzlei: Christine Lieberknecht
Pressesprecher: Jo Dietzen

Thüringer Staatskanzlei Büro der Ministerin für Bundesangelegenheiten
Steigerstr. 10, 99096 Erfurt
T: (0361) 3 79 28 60

Regierungsbezirke

Baden-Württemberg

• B 222

Regierungspräsidium Stuttgart, Baden-Württemberg
Postf. 80 07 09, 70507 Stuttgart
T: (0711) 9 04-0 **Fax:** 9 04-2408
Internet: http://www.rpbaden-wuerttemberg.de
E-Mail: poststelle@rps.bwl.de
Besucheranschrift: Ruppmannstr. 21, 70565 Stuttgart
RegPräs: Dr. Udo Andriof
Mitarbeiter: 838

• B 223

Regierungspräsidium Karlsruhe
Schloßplatz 1-3, 76131 Karlsruhe
T: (0721) 9 26-0 **Fax:** 9 26-62 11
RegPräs.: Gerlinde Hämmerle
Presse- und Bürgerreferentin: ORR Althoff

• B 224

Regierungspräsidium Freiburg
Kaiser-Joseph-Str. 167, 79098 Freiburg
T: (0761) 2 08-0 (Zentrale) **Fax:** 3 89 96 20
E-Mail: poststelle@rpf.bwl.de
RegPräs.: Dr. Sven von Ungern-Sternberg

• B 225

Regierungspräsidium Tübingen
Konrad-Adenauer-Str. 20, 72072 Tübingen
T: (07071) 7 57-0 **Fax:** 7 57-31 90
E-Mail: poststelle@rpt.bwl.de
Regierungspräsident: Hubert Wicker
Pressesprecher und Koordinierungsreferent: RD Georg Walter
Mitarbeiter: 383 ohne angegliederte Dienststellen

Bayern

• B 226

Regierung von Oberbayern
Maximilianstr. 39, 80538 München
T: (089) 21 76-0 **Fax:** 21 76-29 14
Internet: http://www.regierung.oberbayern.bayern.de
E-Mail: poststelle@reg-ob.bayern.de
RegPräs.: Werner-Hans Böhm

• B 227

Regierung von Niederbayern
84023 Landshut
Regierungsplatz 540, 84028 Landshut
T: (0871) 8 08-01 **Fax:** 8 08-1002
Internet: http://www.regierung.niederbayern.bayern.de
E-Mail: poststelle@reg-nb.bayern.de
RegPräs: Dr. Walter Zitzelsberger

• B 228

Regierung von Oberfranken
Ludwigstr. 20, 95444 Bayreuth
T: (0921) 6 04-0 **Fax:** 6 04-1258
Internet: http://www.regierung.oberfranken.bayern.de/
E-Mail: poststelle@reg-ofr.bayern.de
RegPräs.: Hans Angerer

• B 229

Regierung von Mittelfranken
Promenade 27, 91522 Ansbach
T: (0981) 5 31, Luftamt: (0911) 5 27 00-0 **Fax:** 5 32 06, Luftamt: (0911) 36 44 46
Teletex: 981 821=regmfr und 981 844=regmfr, Luftamt Nordbayern: 9 11 83 51=BYLAN **T-Online** 5 3724
RegPräs.: Karl Inhofer
Pressereferent: ORR Dr. Thomas Bauer

b 230

Regierung von Mittelfranken Luftamt Nordbayern
Flughafenstr. 100, 90411 Nürnberg
T: (0911) 5 27 00-0 **Fax:** 36 44 46

• B 231

Regierung von Unterfranken
97064 Würzburg
Peterplatz 9, 97070 Würzburg
T: (0931) 3 80-00 **Fax:** 3 80-2222
Internet: http://www.regierung.unterfranken.bayern.de
E-Mail: poststelle@reg-ufr.bayern.de
RegPräs.: Dr. Paul Beinhofer
Leitung Presseabteilung: RRin Birgit Rappelt
Leiter der Hauptfürsorgestelle: Ltd. RD Fischer (Tel.: (0931) 3 80-1063)
Stellv. Leiter: LRD Fley (Tel.: (0931) 3 80-1187)
Mitarbeiter: ca. 650

• B 232

Regierung von Schwaben
86145 Augsburg
Fronhof 10, 86152 Augsburg
T: (0821) 3 27-01 **Fax:** 3 27-2289
Internet: http://www.regierung.schwaben.bayern.de
E-Mail: poststelle@reg-schw.bayern.de
RegPräs.: Ludwig Schmid

• B 233

Regierung der Oberpfalz
93039 Regensburg
Emmeramsplatz 8, 93047 Regensburg
T: (0941) 56 80-0 **Fax:** 56 80-188
T-Online *5680-299*
E-Mail: poststelle@reg-opf.bayern.de
RegPräs.: Dr. Wilhelm Weidinger
Leitung Presseabteilung: RAR Joseph Karl

Hessen

• B 234

Regierungspräsidium Kassel
Steinweg 6, 34117 Kassel
T: (0561) 1 06-0 **Fax:** 1 06-1611
E-Mail: mail@rpks.hessen.de
RegPräs: Oda Scheibelhuber
Ltg. Pressestelle: Manfred Merz

• B 235

Regierungspräsidium Darmstadt
Luisenplatz 2, 64283 Darmstadt
T: (06151) 12-0 **Fax:** 12 60 05 (Gruppe 3/A)
RegPräs: Gerold Dieke

• B 236

Regierungspräsidium Gießen
Postf. 10 08 51, 35338 Gießen
Landgraf-Philipp-Platz 3-7, 35390 Gießen
T: (0641) 3 03-0 **Fax:** 3 03-2197
E-Mail: rp-giessen@rpgi.hessen.de
RegPräs: Wilfried Schmied
RegVizePräs.: Jürgen Berg

Niedersachsen

● **B 237**

Bezirksregierung Hannover
Am Waterlooplatz 11, 30169 Hannover
T: (0511) 10 60 **Fax:** 1 06-24 84
Internet: http://www.BezReg-Hannover.Niedersachsen.de
E-Mail: poststelle@br-hannover.niedersachsen.de
RegPräs: Gertraude Kruse

● **B 238**

Bezirksregierung Lüneburg
21332 Lüneburg
Auf der Hude 2, 21339 Lüneburg
T: (04131) 15-0 **Fax:** 15 29 02
Internet: http://www.bezirksregierung-lueneburg.de
E-Mail: Bezirksregierung.Lueneburg@Luenecom.de
Leitung Presseabteilung: Anja Penk

● **B 239**

Bezirksregierung Braunschweig
Postf. 32 47, 38022 Braunschweig
Bohlweg 38, 38100 Braunschweig
T: (0531) 4 84-0 **Fax:** 4 84-3216
Internet: http://www.bezirksregierung-braunschweig.de
E-Mail: poststelle@br-bs.niedersachsen.de
RegPräs: Dr. Axel Saipa
Leitung Presseabteilung: Jens-Thilo Schulze

● **B 240**

Bezirksregierung Weser-Ems
26106 Oldenburg
Theodor-Tantzen-Platz 8, 26122 Oldenburg
T: (0441) 7 99-0 **Fax:** 7 99-20 04
Teletex: 441 286=BRWEOL
RegPräs.: Bernd Theilen

Nordrhein-Westfalen

● **B 241**

Bezirksregierung Köln
50606 Köln
Zeughausstr. 2-10, 50667 Köln
T: (0221) 1 47-0
Internet: http://www.bezreg-koeln.nrw.de
E-Mail: poststelle@bezreg-koeln.nrw.de
RegPräs.: Jürgen Roters

● **B 242**

Bezirksregierung Düsseldorf
Postf. 30 08 65, 40408 Düsseldorf
Cecilienallee 2, 40474 Düsseldorf
T: (0211) 4 75-0 **Fax:** 4 75-2671 (Ce), 4 75-4975 (Fi), 4 75-3914 (Bo), 45 65-333 (Ta)
Internet: http://www.bezreg-duesseldorf.nrw.de
E-Mail: pressestelle@bezreg-duesseldorf.nrw.de
RegPräs.: Jürgen Büssow

● **B 243**

Bezirksregierung Münster
Domplatz 1-3, 48143 Münster
T: (0251) 4 11-0 **Fax:** 4 11-25 25
Internet: http://www.bezreg-muenster.nrw.de
E-Mail: poststelle@bezreg-muenster.nrw.de
RegPräs.: Dr. Jörg Twenhöven
Leitung Presseabteilung: RAng. Witkowski

● **B 244**

Bezirksregierung Arnsberg
Seibertzstr. 1, 59821 Arnsberg
T: (02931) 8 20 **Fax:** 82 25 20
T-Online *82*
Regierungspräsident: Wolfram Kuschke
Leitung Presseabteilung: Christoph Söbbeler (T: (02931) 82 21 20)

● **B 245**

Bezirksregierung Detmold
Leopoldstr. 15, 32756 Detmold
T: (05231) 71-0 **Fax:** 71 12 95/97
Internet: http://www.bezreg-detmold.nrw.de
E-Mail: poststelle@bezreg-detmold.nrw.de
RegPräs'in: Christa Vennegerts

Rheinland-Pfalz

● **B 246**

Struktur- und Genehmigungsdirektion (SGD) Nord
Stresemannstr. 3-5, 56068 Koblenz
T: (0261) 1 20-0 **Fax:** 1 20-22 00
Internet: http://www.sgdnord.rlp.de
E-Mail: poststelle@sgdnord.rlp.de
RegPräs.: Hans-Dieter Gassen

● **B 247**

Aufsichts- und Dienstleistungsdirektion
Willy-Brandt-Platz 3, 54290 Trier
T: (0651) 94 94-0 **Fax:** 94 94-170
Präsident(in): Heinrich Studentkowski

● **B 248**

Struktur- und Genehmigungsdirektion Süd
Friedrich-Ebert-Str. 14, 67433 Neustadt
T: (06321) 99-0 **Fax:** 99-29 00
E-Mail: poststelle@sgdsued.rln.de
Präsident(in): Dr. Klaus Weichel

Sachsen

● **B 249**

Regierungspräsidium Chemnitz
09105 Chemnitz
Altchemnitzer Str. 41, 09120 Chemnitz
T: (0371) 5 32-0 **Fax:** 5 32-19 29

● **B 250**

Regierungspräsidium Dresden
Postf. 10 06 53, 01076 Dresden
Stauffenbergallee 2, 01099 Dresden
T: (0351) 8 25-0 **Fax:** 8 25-9999
Internet: http://www.rp-dresden.de
E-Mail: info@rpdd.sachsen.de

● **B 251**

Regierungspräsidium Leipzig
Braustr. 2, 04107 Leipzig
T: (0341) 9 77-0 **Fax:** 9 77-1199
E-Mail: poststelle@rpl.sachsen.de

Sachsen-Anhalt

● **B 252**

Regierungspräsidium Dessau
Kühnauer Str. 161, 06846 Dessau
T: (0340) 65 06-0 **Fax:** 65 06-4 50
Internet: http://www.mi.sachsen-anhalt.de/rpd/index.htm
E-Mail: rpd.iuk@t-online.de
Präsident(in): Friedrich Kolbitz (T: (0340) 65 06-421)

● **B 253**

Regierungspräsidium Halle
Willy-Lohmann-Str. 7, 06114 Halle
T: (0345) 5 14-0 **Fax:** 5 14 14 44
Internet: http://www.mi.sachsen-anhalt.de/rph/rph.htm
Regierungspräsident: Wolfgang Böhm
Regierungsvizepräsident: Burkhard Fieber
Pressesprecherin: Jane Unger

● **B 254**

Regierungspräsidium Magdeburg
Postf. 19 60, 39009 Magdeburg
Olvenstedter Str. 1-2, 39108 Magdeburg
T: (0391) 5 67-2000 **Fax:** 5 67-26 95
E-Mail: pressestelle@rpm.mi.lsa-gw.lsa-net.de
RP: Gerhard Miesterfeldt
Pressesprecherin: Ankristin Wegener

Landesauftragsstellen

● **B 255**

Ständige Konferenz der Auftragsberatungsstellen
Sekretariat
c/o Auftragsberatungsstelle Mecklenburg-Vorpommern
Hagenower Str. 73, 19061 Schwerin
T: (0385) 3 99 32 50 **Fax:** 3 99 32 52
E-Mail: ulf.boettcher@abst-mv.de
Sprecher: Dipl.-Ing. (FH) Ulf Böttcher

● **B 256**

IHK - Tag Baden-Württemberg Federführung Industrie "Öffentliche Aufträge"
Jägerstr. 30, 70174 Stuttgart
T: (0711) 20 05-240 **Fax:** 20 05-528
E-Mail: elke.voelkel@stuttgart.ihk.de
Ansprechpartnerin: Dipl.-Vw. Elke Voelkel

● **B 257**

Landesauftragsstelle Bayern e.V. -Beratungsstelle für das öffentliche Auftragswesen-
Joseph-Dollinger-Bogen 26, 80807 München
T: (089) 3 23 16 73/74/75 **Fax:** 3 24 13 40
Internet: http://www.landesauftragsstelle-bayern.de
E-Mail: LAST.Bayern@t-online.de, info@landesauftragsstelle-bayern.de
Geschäftsführer(in): Dr. Hans Bauer
Mitglieder: 17

Aufgabe: Beratung der an öffentlichen Aufträgen über Lieferungen und Leistungen -nicht Bauleistungen nach VOB- interessierten bayerischen Unternehmen der gewerblichen Wirtschaft über in diesem Zusammenhang auftretende Fragen einschl. Hinweise auf nationale und internationale öffentliche Ausschreibungen sowie Beratung und Information der öffentliche Aufträge vergebenden Stellen und Benennung geeigneter Unternehmen.

● **B 258**

BAO BERLIN
MARKETING SERVICE GMBH

Fasanenstr. 85, 10623 Berlin
T: (030) 3 15 10-669 **Fax:** 3 15 10-316
TGR: ihaka
T-Online *4 0750*
Internet: http://www.baoberlin.de
E-Mail: bao@berlin.ihk.de
Geschäftsführer(in): Dipl.-Volksw. Jörg Schlegel (Sprecher)
Monika Schulz-Strelow
Leiter Bereich: Dipl.-Ing. Burkhard Kühn

Beratung zu Fragen des öffentlichen Auftragswesens für öffentliche Auftraggeber und Unternehmen, Durchführung von Seminaren und Inhouseschulungen zum öffentlichen Auftragswesen

● **B 259**

Auftragsberatungsstelle Brandenburg e.V.
Burgstr. 10, 03046 Cottbus
T: (0355) 3 81 32 11-14 **Fax:** 3 81 32 21
Gründung: 1991 (Oktober)
Geschäftsführerin: Christine Loeben
Mitglieder: 7 (3 IHK, 3 HWK)
Mitarbeiter: 3

● **B 260**

Handelskammer Bremen Auftragsberatungsstelle im Lande Bremen
Haus Schütting
Postf. 10 51 07, 28051 Bremen
T: (0421) 36 37-236 **Fax:** 36 37-326
E-Mail: neubauer@bremen.handelskammer.de
Geschäftsführer(in): Dr. Jens Schröder
Referent: Gerd Neubauer
Verbandszeitschrift: Wirtschaft in Bremen WiB
Mitglieder: 28500
Mitarbeiter: 90

● **B 261**

Auftragsberatungsstelle der Handelskammer Hamburg
Adolphsplatz 1, 20457 Hamburg
T: (040) 3 61 38-2 65 **Fax:** 3 61 38-2 69
Leitung: Peter Cordes
Maren Semisch

● **B 262**

Auftragsberatungsstelle Hessen e.V. (Beratungsstelle für das öffentliche Auftragswesen)
Wilhelmstr. 24, 65183 Wiesbaden
T: (0611) 37 20 88/89 **Fax:** 9 10 03 91
Internet: http://www.absthessen.de
E-Mail: absthessen@t-online.de
Geschäftsführer(in): Dipl.-Volksw. Siegfried Stockhorst

● **B 263**

Auftragsberatungsstelle Mecklenburg-Vorpommern e.V.
Hagenower Str. 73, 19061 Schwerin
T: (0385) 39 93-250 **Fax:** 39 93-252
Internet: http://www.abst-mv.de
E-Mail: ulf.boettcher@abst-mv.de
Gründung: 1991 (1. Februar)
1. Vorsitzende(r): Ass. Klaus-Uwe Scheifler
Geschäftsführer(in): Dipl.-Ing. (FH) Ulf Böttcher

Mitglieder: 3 IHK'n, 2 HWK'n, 1 Ingenieurkammer, 1 Architektenkammer aus M-V
Mitarbeiter: 3

• **B 264**

Beratungsstelle für öffentliches Auftragswesen (Auftragstelle) Niedersachsen e.V.
Postf. 4 25, 30004 Hannover
Schiffgraben 49, 30175 Hannover
T: (0511) 3 10 73 95 **Fax:** 3 10 73 69
Gründung: 1955
Mitglieder: 14

• **B 265**

IBP IHK-Beratungs- und Projektgesellschaft mbH
Beratungsstelle für das öffentliche Auftragswesen
Postf. 24 01 28, 40090 Düsseldorf
Goltsteinstr. 31, 40211 Düsseldorf
T: (0211) 3 67 02-18 **Fax:** 3 67 02-22
Geschäftsführer(in): Ass. Hans Georg Crone-Erdmann
Handlungsbevollmächtigte: Silke Schwörbel

• **B 266**

Auftragsberatungsstelle Rheinland-Pfalz
Schloßstr. 2 (IHK), 56068 Koblenz
T: (0261) 1 06-2 16 **Fax:** 1 60-292
Geschäftsführer(in): Dipl.-Betriebsw. (FH) Peter Holl

• **B 267**

Auftrags-Beratungsstelle des Saarlandes -Beratungsstelle für das öffentliche Auftragswesen-
Franz-Josef-Röder-Str. 9, 66119 Saarbrücken
T: (0681) 95 20-400 **Fax:** 95 20-488
Geschäftsführer(in): Dipl.-Volksw.. Volker Giersch (T: (0681) 95 20-4 00)

• **B 268**

Auftragsberatungsstelle Sachsen e.V. Beratungsstelle für das öffentliche Auftragswesen
Niedersedlitzer Str. 63, 01257 Dresden
T: (0351) 28 02-4 02 **Fax:** 28 02-4 04
E-Mail: abstsachsen@t-online.de
Geschäftsführer(in): Dipl.-Ing. Peter Gerlach

• **B 269**

Auftragsberatungsstelle Sachsen-Anhalt
Ulrichplatz 2, 39104 Magdeburg
T: (0391) 6 23 04 46 **Fax:** 6 23 04 47
Internet: http://www.sachsen-anhalt.abst.de
E-Mail: info@abst.sachsen-anhalt.de
Geschäftsführer(in): Dipl.-Ing. Dieter Dutschke

• **B 270**

Auftragsberatungsstelle Schleswig-Holstein e.V.
Lorentzendamm 22, 24103 Kiel
T: (0431) 5 18 54 **Fax:** 55 22 22
E-Mail: abst24103@aol.com
Geschäftsführer(in): Betr.-Wirt Jürgen Radischewski

• **B 271**

Auftragsberatungsstelle Thüringen e.V.
Sitz:
Postf. 2 25, 99005 Erfurt
Weimarische Str. 45, 99099 Erfurt
T: (0361) 34 84-112, 34 84-114, 34 84-116 **Fax:** 34 84-188
Internet: http://www.ihk.de/erfurt/abst.htm
E-Mail: absthuer@erfurt.ihk.de
Geschäftsführer(in): Dipl.-Ing. Jürgen Peinelt

Landesrechnungshöfe

• **B 272**

Rechnungshof Baden-Württemberg
Stabelstr. 12, 76133 Karlsruhe
T: (0721) 9 26-3104 **Fax:** 9 26-21 73
Präsident(in): Martin Frank

• **B 273**

Bayerischer Oberster Rechnungshof
Kaulbachstr. 9, 80539 München
T: (089) 2 86 26-0 **Fax:** 2 86 26-2 77
E-Mail: poststelle@orh.bayern.de
Präsident(in): Alfons Metzger

• **B 274**

Rechnungshof von Berlin
Knesebeckstr. 59-60, 10719 Berlin
T: (030) 8 86 13-0 **Fax:** 8 82 46 41
E-Mail: rhvb@rhvb.verwalt-berlin.de
Präsident(in): Horst Grysczyk

• **B 275**

Landesrechnungshof Brandenburg
Dortustr. 30-34, 14467 Potsdam
T: (0331) 8 66-85 00 **Fax:** 8 66-85 18
Internet: http://www.brandenburg.de/landesrechnungshof
E-Mail: poststelle@lrh.brandenburg.de
Präsident(in): Gisela von der Aue

• **B 276**

Rechnungshof der Freien Hansestadt Bremen
Kohlhökerstr. 29, 28203 Bremen
T: (0421) 3 61 34 34 **Fax:** 3 61 39 10
Präsident(in): Lothar Spielhoff

• **B 277**

Rechnungshof der Freien und Hansestadt Hamburg
Gänsemarkt 36, 20354 Hamburg
T: (040) 4 28 23-0 **Fax:** 4 28 23-1538
Präsident(in): Dr. Rudolf Dieckmann

• **B 278**

Hessischer Rechnungshof
Postf. 10 11 08, 64211 Darmstadt
Eschollbrücker Str. 27, 64295 Darmstadt
T: (06151) 3 81-0 **Fax:** 3 81-200, 3 81-201
E-Mail: poststelle@rechnungshof.hessen.de
Präsident(in): Prof. Udo Müller

• **B 279**

Landesrechnungshof Mecklenburg-Vorpommern
Beseritzer Str. 11, 17034 Neubrandenburg
T: (0395) 45 24-0 **Fax:** 4 22 54 85
E-Mail: lrh-mv.poststelle@gmx.net
Präsident(in): Uwe Tanneberg

• **B 280**

Niedersächsischer Landesrechnungshof
Laubaner Str. 1, 31139 Hildesheim
T: (05121) 9 38-5 **Fax:** 9 38-6 00

• **B 281**

Landesrechnungshof Nordrhein-Westfalen
Konrad-Adenauer-Platz 13, 40210 Düsseldorf
T: (0211) 38 96-0 **Fax:** 38 96-3 67
Präsidentin: Ute Scholle

• **B 282**

Rechnungshof Rheinland-Pfalz
Gerhart-Hauptmann-Str. 4, 67346 Speyer
T: (06232) 6 17-0 **Fax:** 61 71 00
Präsident(in): Dr. Paul Georg Schneider

• **B 283**

Rechnungshof des Saarlandes
Bismarckstr. 39-41, 66121 Saarbrücken
T: (0681) 5 01 57 94 **Fax:** 5 01 57 99
E-Mail: registratur@rhds.x400.saarland.de
Präsident(in): Roman Schmit

• **B 284**

Rechnungshof des Freistaates Sachsen
Postf. 10 10 50, 04010 Leipzig
Schongauerstr. 3, 04329 Leipzig
T: (0341) 2 55-6000 **Fax:** 2 55-6120
Internet: http://www.sachsen.de
E-Mail: poststelle@srh.sachsen.de
Präsident(in): Dr. Hans-Günther Koehn
Vizepräsident(in): Udo Theobald

• **B 285**

Landesrechnungshof Schleswig-Holstein
Postf. 31 80, 24030 Kiel
Hopfenstr. 30, 24103 Kiel
T: (0431) 66 41-3 **Fax:** 66 41-4 38
E-Mail: poststelle@lrh.landsh.de
Präsident(in): Dr. Gernot Korthals

• **B 286**

Thüringer Rechnungshof
Postf. 10 01 37, 07391 Rudolstadt
Burgstr. 1, 07407 Rudolstadt
T: (03672) 4 46-0 **Fax:** 4 46-998
E-Mail: poststelle@trh.thueringen.de
Präsident(in): Dr. Dr. Heinrich Dietz

Sonstige Dienststellen der Länder

• **B 287**

Ständige Konferenz der Kultusminister der Länder in der Bundesrepublik Deutschland (KMK)
Postf. 22 40, 53012 Bonn
Lennestr. 6, 53113 Bonn
T: (0228) 5 01-0 **Fax:** 5 01-777
Gründung: 1948
Präsident(in): Willi Lemke (Senator für Bildung und Wissenschaft der Freien Hansestadt Bremen)
1. Vizepräsidentin: Dr. Annette Schavan (Ministerin für Kultus, Jugend und Sport (Baden-Württemberg))
2. Vizepräsidentin: Prof. Dr. Dagmar Schipanski (Ministerin für Wissenschaft, Forschung und Kunst des Freistaates Thüringen)
3. Vizepräsident: Prof. Dr. Hans-Joachim Meyer (Staatsminister für Wissenschaft und Kunst (Sachsen))
Kooptierte Präsidiumsmitglieder:
Prof. Dr. Jürgen Zöllner (Staatsminister für Bildung, Wissenschaft und Weiterbildung (Rheinland-Pfalz))
Hans Zehetmair (Staatsminister für Unterricht, Kultur, Wissenschaft und Kunst (Bayern))
Generalsekretär(in): Min.-Dir. Prof. Dr. Erich Thies
Ständiger Vertreter des Generalsekretärs: Senatsdirigent Dr. Christian Thieme
Presseabteilung: Dr. Anne Rother
Dr. Martin Pott

• **B 288**

Grundbucharchiv Barby
Zentrale Grundbuchdatenstelle des Landes Sachsen-Anhalt
Schloßstr. 31, 39249 Barby
T: (039298) 62-0 **Fax:** 62-184
Leitung: Manfred Kottke

Landeskriminalämter

• **B 289**

Landeskriminalamt Baden-Württemberg
Taubenheimstr. 85, 70372 Stuttgart
T: (0711) 50 60-1 **Fax:** 50 60-25 58
E-Mail: FLZ@LKA.polizei.bw.de
Präsident(in): Franz-Hellmut Schürholz
Leitung Pressestelle: N. N.

• **B 290**

Bayerisches Landeskriminalamt
Postf. 19 02 62, 80602 München
Maillingerstr. 15, 80636 München
T: (089) 12 12-0 **Fax:** 12 12-23 56
Internet: http://www.polizei.bayern.de
E-Mail: blka@polizei.bayern.de
Präsident(in): Hermann Ziegenaus

• **B 291**

Landeskriminalamt Brandenburg
Prenzlauer Str. 66-70, 16352 Basdorf
T: (033397) 4-02 **Fax:** 4 25 09

• **B 292**

Der Polizeipräsident in Berlin Landeskriminalamt
12096 Berlin
Platz der Luftbrücke 6, 12101 Berlin
T: (030) 6 99-5 **Fax:** 6 99-37858
Internet: http://www.polizei.berlin.de
E-Mail: ppr.berlin-lka1@snafu.de
Leitung: Landeskriminalpolizeidirektor Hans-Ulrich Voß
Vertreter: N. N.

• **B 293**

Senator für Inneres Landeskriminalamt
c/o Polizei Bremen
Landeskriminalamt
In der Vahr 76, 28329 Bremen
T: (0421) 3 62-3800 **Fax:** 3 62-3809
Leitung: LKD Eckhard Mordkorst

• **B 294**

Landespolizeidirektion Hamburg
Postf. 60 02 80, 22202 Hamburg
T: (040) 4 28 65-1 **Fax:** 4 28 65-70 98

• B 295

Hessisches Landeskriminalamt
Hölderlinstr. 5, 65187 Wiesbaden
T: (0611) 8 30
Direktor(in): Klaus Timm

• B 296

Landeskriminalamt (LKA) Mecklenburg-Vorpommern
obere Landesbehörde der Polizei
Retgendorfer Str. 2, 19067 Rampe
T: (03866) 64-0 **Fax:** 64-2 24, -2 25
E-Mail: LKA@MVnet.de
Gründung: 1992 (1. Januar)
Amtsleiter: Ingmar Weitemeier
Stellv. Amtsleiter: Ralph-Detlef Schubert
Leitung Presseabteilung: Bernd Fritsch

• B 297

Landeskriminalamt Niedersachsen
Schützenstr. 25, 30161 Hannover
T: (0511) 3 30-0 **Fax:** 3 30-1250
Direktor(in): Wilfried Kusber

• B 298

Landeskriminalamt Nordrhein-Westfalen
Postf. 10 34 52, 40025 Düsseldorf
Völklinger Str. 49, 40221 Düsseldorf
T: (0211) 9 39-0 **Fax:** 9 39-69 41
Teletex: 8 582 819
Internet: http://www.lka.nrw.de
Leitung Presseabteilung: Fredrick Holtkamp

• B 299

Landeskriminalamt Rheinland-Pfalz
Postf. 29 40, 55019 Mainz
Valenciaplatz 1-7, 55118 Mainz
T: (06131) 65-0 **Fax:** 65-24 80
Präsident(in): Hans-Heinrich Preußinger

• B 300

Landeskriminalamt Saarland
Hellwigstr. 14, 66121 Saarbrücken
T: (0681) 9 62-0 **Fax:** 9 62-3008
Leitender Kriminaldirektor: Harald Weiland

• B 301

Landeskriminalamt Sachsen
Postf. 23 01 22, 01111 Dresden
Neuländer Str. 60, 01129 Dresden
T: (0351) 8 55-2020 **Fax:** 8 48 35 55
Internet: http://www.LKA.Sachsen.de
Leitung Presseabteilung: Lothar Hofner

• B 302

Landeskriminalamt Sachsen-Anhalt
Postf. 88, 39028 Magdeburg
Lübecker Str. 53-63, 39124 Magdeburg
T: (0391) 2 50-0 **Fax:** 2 50-26 35, 2 50-26 50

• B 303

Innenministerium des Landes Schleswig-Holstein -Landeskriminalamt-
Mühlenweg 166, 24116 Kiel
T: (0431) 1 60-33 **Fax:** 1 60-50 29

• B 304

Landeskriminalamt Thüringen
Am Schwemmbach 69, 99099 Erfurt
T: (0361) 3 41-09 **Fax:** 3 41-14 50
Internet: http://www.polizei.thueringen.de
E-Mail: lka@polizei.thueringen.de

Oberbergämter

• B 305

Oberbergamt des Landes Brandenburg (OLB)
gleichzeitig:
Oberbergamt für das Land Berlin
Postf. 10 09 33, 03009 Cottbus
Vom-Stein-Str. 30, 03050 Cottbus
T: (0355) 49 91-7100 **Fax:** 49 91-7253
Gründung: 1991 (17. August)
Präsident(in): Dr.-Ing. Wolfgang Liersch (m. d. W. d. G. b.)
Vizepräsident(in): N. N.
Mitarbeiter: 35

b 306

Bergamt Senftenberg (BAS)
Postf. 10 15 29, 01958 Senftenberg
Puschkinstr. 2, 01968 Senftenberg
T: (03573) 37 20-0 **Fax:** 37 20-26
Gründung: 1991 (12. November)
Leiter(in): Dipl.-Ing. (FH) Peter Kendziora
Mitarbeiter: 14

b 307

Bergamt Rüdersdorf (BAR)
gleichzeitig:
Bergamt für das Land Berlin
Postf. 5, 15558 Rüdersdorf
Heinitzstr. 41, 15562 Rüdersdorf
T: (033638) 7 50-0 **Fax:** 7 50-250
Gründung: 1991 (12. November)
Leiter(in): Dipl.-Geophys. Dipl.-jur. Ralf-Rainer Bischof
Mitarbeiter: 11

• B 308

Oberbergamt für die Länder Niedersachsen, Schleswig-Holstein, Hamburg, Bremen
Hindenburgplatz 9, 38678 Clausthal-Zellerfeld
T: (05323) 72 32 00, 72 20 50 **Fax:** 72 32 58
E-Mail: poststelle@oba.niedersachsen.de

• B 309

Landesoberbergamt Nordrhein-Westfalen
Goebenstr. 25, 44135 Dortmund
T: (0231) 54 10-0 **Fax:** 54 10-137
Leitung: Präsident Hans-Jürgen von Bardeleben

• B 310

Oberbergamt für das Saarland und das Land Rheinland-Pfalz
Am Staden 17, 66121 Saarbrücken
T: (0681) 5 01-00 **Fax:** 5 01-4876
Gründung: 1942 (01. Januar)
Leitung: Leitender Bergdir. Dipl.-Ing. Roland Boettcher
Verbandszeitschrift: Jahresbericht
Verlag: Eigenverlag
Mitarbeiter: ca. 30

• B 311

Sächsisches Oberbergamt
Postf. 13 64, 09583 Freiberg
Kirchgasse 11, 09599 Freiberg
T: (03731) 3 72-225 **Fax:** 3 72-228, 3 72-153
E-Mail: saechsisches.oberbergamt@t-online.de
Präsident(in): Dipl.-Ing. Reinhard Schmidt

Statistische Landesämter

• B 312

Statistisches Landesamt Baden-Württemberg
Postf. 10 60 33, 70049 Stuttgart
Böblinger Str. 68, 70199 Stuttgart
T: (0711) 6 41-0 **Fax:** 6 41-24 40
Internet: http://www.statistik.baden-wuerttemberg.de
E-Mail: poststelle@stala.bwl.de
Präsident(in): Dr. Eberhard Leibing
Ständiger Vertreter: AD Dr. Hans Loreth

Statistische Daten und Analysen zu allen Bereichen des Lebens in Baden-Württemberg

• B 313

Bayerisches Landesamt für Statistik und Datenverarbeitung
80288 München
Neuhauser Str. 8, 80331 München
T: (089) 2 11 90 **Fax:** 2 11 94 10
Internet: http://www.bayern.de/lfstad
E-Mail: pressestelle@lfstad.bayern.de
Gründung: 1833
Präsident(in): Wolfgang Kupfahl
Leitung Presseabteilung: Peter Englitz
Zeitschrift: Bayern in Zahlen
Redaktion: s.o.
Verlag: s.o.
Mitarbeiter: ca. 1000

• B 314

Statistisches Landesamt Berlin
Alt-Friedrichsfelde 60, 10315 Berlin
T: (030) 90 21-3434 **Fax:** 90 21-3655
Internet: http://www.statistik-berlin.de
E-Mail: info@statistik-berlin.de
Direktor(in): Prof. Günther Appel
Presse: Dr. Gisela Kröger

• B 315

Landesamt für Datenverarbeitung und Statistik Brandenburg
Postf. 60 10 52, 14410 Potsdam
Dortustr. 46, 14467 Potsdam
T: (0331) 3 94 05 **Fax:** 3 94 18
Internet: http://www.brandenburg.de/lds/
E-Mail: Antje.Leutholf@LDS.Brandenburg.de, info@LDS.Brandenburg.de
Gründung: 1991 (13. März)
Direktor(in): Arend Steenken
Leitung Pressestelle: Antje Leutholf

• B 316

Statistisches Landesamt Bremen
Postf. 10 13 09, 28013 Bremen
An der Weide 14-16, 28195 Bremen
T: (0421) 3 61 60 70
Leitung: Ltd. Reg.-Dir. Jürgen Dinse

• B 317

Statistisches Landesamt der Freien und Hansestadt Hamburg
Steckelhörn 12, 20457 Hamburg
T: (040) 4 28 31-1766 **Fax:** 4 28 31-1700
Internet: http://www.statistik-hamburg.de
E-Mail: Statistik-Hamburg@t-online.de
Leitung: Senatsdirektor Dr. Wolfgang Bick

• B 318

HESSISCHES STATISTISCHES LANDESAMT

Hessisches Statistisches Landesamt (HSL)
65175 Wiesbaden
Rheinstr. 35-37, 65185 Wiesbaden
T: (0611) 38 02-0 **Fax:** 38 02-990
Internet: http://www.hsl.de
E-Mail: poststelle@hsl.de
Präsident: Eckart Hohmann
Zentraler Auskunftsdienst u. Öffentlichkeitsarbeit: Carsten Beck
Mitarbeiter: ca. 520
Monatszeitschrift: „Staat und Wirtschaft in Hessen"
Redaktion: Siegfried Bayer
Verlag: Eigenverlag

• B 319

Statistisches Landesamt Mecklenburg-Vorpommern
Lübecker Str. 287, 19059 Schwerin
T: (0385) 48 01-0 **Fax:** 4 80 11 23
Internet: http://www.statistik-mv.de
E-Mail: poststelle@statistik-mv.de
Gründung: 1991 (01. Januar)
Leitung Presseabteilung: Loretta Siegmann

• B 320

Niedersächsisches Landesamt für Statistik
Postf. 44 60, 30044 Hannover
Geibelstr. 65, 30173 Hannover
T: (0511) 98 98-0, 98 98-3 24 **Fax:** 98 98-2 10, 98 98-4 00
Internet: http://www.nls.niedersachsen.de
E-Mail: lothar.eichhorn@nls.niedersachsen.de
Leitung Presseabteilung: Lothar Eichhorn
Zeitschrift: Statistische Monatshefte Niedersachsen

• B 321

Landesamt für Datenverarbeitung und Statistik Nordrhein-Westfalen (LDS NRW)
Postf. 10 11 05, 40002 Düsseldorf
Mauerstr. 51, 40476 Düsseldorf
T: (0211) 94 49-01 **Fax:** 44 20 06
Internet: http://www.lds.nrw.de
E-Mail: poststelle@lds.nrw.de
Präsident(in): Jochen Kehlenbach
Leitung Presseabteilung: Hans Lohmann
Dr. Diemar Kühn

• B 322

Statistisches Landesamt Rheinland-Pfalz
56128 Bad Ems
Mainzer Str. 14-16, 56130 Bad Ems
T: (02603) 71-0 **Fax:** 71-3 15
Internet: http://www.statistik-rp.de
E-Mail: poststelle@statistik-rp.de

Gründung: 1948 (16. Februar)
Präsident(in): Klaus Maxeiner
Leitung Presseabteilung: Hans Libowitzky
Mitarbeiter: 439

• **B 323**
Statistisches Landesamt Saarland
Postf. 10 30 44, 66030 Saarbrücken
Virchowstr. 7, 66119 Saarbrücken
T: (0681) 5 01-00 **Fax:** 5 01-59 21
TGR: STALA Saar, Saarbrücken
Internet: http://www.statistik.saarland.de
E-Mail: statistik@stala.saarland.de
Leitung: Ltd. Reg. Dir. Michael Sossong
Presse- und Informationsdienst: W.Dir. Dieter Schütz

• **B 324**
Statistisches Landesamt des Freistaates Sachsen
Macherstr. 63, 01917 Kamenz
T: (03578) 33 19 13 **Fax:** 33 19 21
Internet: http://www.statistik.sachsen.de
E-Mail: presse@statistik.sachsen.de
Gründung: 1992
Präsident: Dr. habil. Henry Hasenpflug
Leitung Presseabteilung: Manfred Jakoby
Quartalzeitschrift „Statistik in Sachsen"
Informationsbüro Dresden: „i-Punkt Statistik", Rampische Straße 4, 01067 Dresden, T: (0351) 4 83 31 80, Fax: (0351) 4 83 31 84, E-Mail: iPunkt@Statistik.Sachsen.de

• **B 325**
Statistisches Landesamt Sachsen-Anhalt
Postf. 20 11 56, 06012 Halle
T: (0345) 23 18-702 **Fax:** 23 18-913
Internet: http://www.statistik.sachsen-anhalt.de
E-Mail: pressestelle@stala.mi.lsa-net.de
Direktor(in): Manfred Scherschinski
Ltg. Öffentlichkeitsarbeit: Renate Tewes (Pressesprecherin)

• **B 326**
Statistisches Landesamt Schleswig-Holstein
Fröbelstr. 15-17, 24113 Kiel
T: (0431) 6 89 50 **Fax:** 68 95 498
Internet: http://www.statistik-sh.de
E-Mail: statistik-sh@t-online.de
Direktor(in): Dr. Hans-Peter Kirschner
Leitung Presseabteilung: Dr. Anke Saebetzki

• **B 327**
Thüringer Landesamt für Statistik
Postf. 90 01 63, 99104 Erfurt
Europaplatz 3, 99091 Erfurt
T: (0361) 37-900 **Fax:** 37 84-6 99
Internet: http://www.tls.thueringen.de
E-Mail: statistik@tls.thueringen.de
Gründung: 1992 (1. Januar)
Präsident(in): Gerhard Scheuerer
Mitarbeiter: 300

Landtage und Bürgerschaften

• **B 328**
Landtag von Baden-Württemberg
Konrad-Adenauer-Str. 3, 70173 Stuttgart
T: (0711) 20 63-0 **Fax:** 20 63-2 99
Internet: http://www.landtag-bw.de
E-Mail: post@landtag-bw.de
Präsident(in): Peter Straub
Direktor(in): Dr. Winfried Grupp

• **B 329**
Der Bayerische Landtag
Max-Planck-Str. 1 Maximilianeum, 81675 München
T: (089) 41 26-0 **Fax:** 41 26-13 92
Internet: http://www.bayern.landtag.de
E-Mail: landtag@bayern.landtag.de
Präsident(in): Johann Böhm
Direktor(in): MD Peter Maicher
Pressestelle: Ltd. MR Kurt Müller

• **B 330**
Abgeordnetenhaus von Berlin
10111 Berlin
T: (030) 23 25-0 **Fax:** 23 25-1058
Internet: http://www.parlament-berlin.de
Präsident(in): Reinhard Führer (CDU)
Vizepräsident(in): Walter Momper (SPD)
Vizepräsident(in): Dr. Peter Luther (CDU)
Direktor: Werner Gohmert
Leiter des Präsidialbüros: Ulrike Steinmetz (M.A.)

Pressereferat: Lutz-Rainer Düsing
Öffentlichkeitsarbeit: René Rögner-Francke
Protokoll: N.N.

• **B 331**
Landtag Brandenburg
Am Havelblick 8, 14473 Potsdam
T: (0331) 9 66-0 **Fax:** 9 66-1210
Internet: http://www.landtag.brandenburg.de
E-Mail: poststelle@landtag.brandenburg.de
Präsident(in): Dr. Herbert Knoblich
Vizepräsident(in): Martin Habermann
Direktor: Malte Kupas

• **B 332**
Bremische Bürgerschaft (Landtag)
Haus der Bürgerschaft
Postf. 10 69 09, 28069 Bremen
T: (0421) 3 61-4555 **Fax:** 3 61-12432
Internet: http://www.bremen.de
E-Mail: geschaeftsstelle@buergerschaft.bremen.de
Präsident(in): Christian Weber
Vizepräsident(in): Hermann Kuhn
Bernd Ravens
Direktor(in): Rainer Oellerich
Leitung Presseabteilung: Dr. Anja Eckhardt

• **B 333**
Bürgerschaft der Freien und Hansestadt Hamburg
Bürgerschaftskanzlei
Rathaus
Postf. 10 09 02, 20006 Hamburg
Rathausmarkt 1, 20095 Hamburg
T: (040) 4 28 31-0 **Fax:** 4 28 31-2467
Internet: http://www.hamburg.de/buergerschaft
E-Mail: info@buergerschaft-hh.de
Präsidentin: Ute Pape
Direktor(in): Ulrike Hoffmann-Riem
Leitung Presseabteilung: Frank Fechner

• **B 334**
Hessischer Landtag
Postf. 32 40, 65022 Wiesbaden
Schloßplatz 1-3, 65183 Wiesbaden
T: (0611) 3 50-0 **Fax:** 35 04 34
Präsident(in): Klaus Peter Möller ((Gießen), CDU)
Vizepräsidentin: Veronika Winterstein (SPD)
Direktor(in): Dr. Dietrich Schnellbach

• **B 335**
Landtag Mecklenburg-Vorpommern
Schloß Schwerin
Lennestr. 1, 19053 Schwerin
T: (0385) 5 25-0 **Fax:** 5 25-2121
Internet: http://www.landtag-mv.de
E-Mail: landtag@mvnet.de
Präsident: Hinrich Kuessner (SPD)
Vizepräsidentin: Renate Holznagel (CDU)
Vizepräsident(in): Kerstin Kassner (PDS)
Pressesprecher: Hendrik de Boer

• **B 336**
Niedersächsischer Landtag
Hinrich-Wilhelm-Kopf-Platz 1, 30159 Hannover
T: (0511) 30 30-0 **Fax:** 30 30-2806
Internet: http://www.landtag-niedersachsen.de
E-Mail: pressestelle@landtag-niedersachsen.de
Präsident(in): Prof. Rolf Wernstedt
Direktor(in): Prof. Dr. Albert Janssen

• **B 337**
Landtag Nordrhein-Westfalen
Platz des Landtags 1, 40221 Düsseldorf
T: (0211) 8 84-0 **Fax:** 8 84 22 58
Teletex: 210581 =LTNW D
Internet: http://www.landtag.nrw.de
Präsident(in): Ulrich Schmidt
Vizepräsident(in): Dr. Hans-Ulrich Klose
Dr. Katrin Grüber
Direktor(in): N.N.

• **B 338**
Landtag Rheinland-Pfalz
Landtagsgebäude
Postf. 30 40, 55020 Mainz
Deutschhausplatz 12, 55116 Mainz
T: (06131) 2 08-0 **Fax:** 2 08-2447
Teletex: 6 131 962
Internet: http://www.landtag.rheinland-pfalz.de
E-Mail: presse@landtag.rlp.de
Präsident(in): Christoph Grimm
Vizepräsident(in): Peter Schuler

Hans-Günther Heinz
Direktor(in): Günter Diehl
Pressestelle: Dieter Lang

• **B 339**
Landtag des Saarlandes
Franz-Josef-Röder-Str. 7, 66119 Saarbrücken
T: (0681) 50 02-0 **Fax:** 50 02-3 92
Präsident(in): Hans Ley
Vizepräsident(in): Roswitha Hollinger
Vizepräsident(in): Kurt Schoenen
Direktor(in): Bernhard Stollhof

• **B 340**
Sächsischer Landtag
Bernhard-von-Lindenau-Platz 1, 01067 Dresden
T: (0351) 4 93 50 **Fax:** 4 93 59 00
Internet: http://www.landtag.sachsen.de
E-Mail: post@slt.sachsen.de
Präsident: Erich Iltgen

• **B 341**
Landtag von Sachsen-Anhalt
Domplatz 6-9, 39104 Magdeburg
T: (0391) 5 60-0 **Fax:** 5 60-1123
Internet: http://www.landtag.sachsen-anhalt.de
E-Mail: landtag@lt.lsa-gw.lsa-net.de
Präsident(in): Wolfgang Schaefer (SPD)
Vizepräsident(in): Prof. Dr. Wolfgang Böhmer (CDU)
Roswitha Stolfa (PDS)
Direktor(in): Lutz Gieseler
Pressesprecher: Peter Kirschbaum

• **B 342**
Schleswig-Holsteinischer Landtag
Landeshaus
Postf. 71 21, 24171 Kiel
Düsternbrooker Weg 70, 24105 Kiel
T: (0431) 9 88-0 **Fax:** 9 88-1119
Internet: http://www.sh-landtag.de
E-Mail: Joachim.Koehler@ltsh.landsh.de
Präsident(in): Heinz-Werner Arens
Direktor(in): Dr. Jürgen Schöning
Leitung Presseabteilung: Dr. Joachim Köhler

• **B 343**
Thüringer Landtag
Arnstädter Str. 51, 99096 Erfurt
T: (0361) 3 77 00 **Fax:** 3 77 20 16
Gründung: 1990 (25. Oktober) Konstituierung
Präsident(in): Christine Lieberknecht
Vizepräsident(in): Birgit Klaubert
Vizepräsident(in): Irene Ellenberger
Direktor(in): Dr. Joachim Linck
Pressesprecher: Thomas Schulz
Mitglieder: 88 Abgeordnete

Datenschutzbeauftragte der Länder

Baden-Württemberg

• **B 344**
Der Landesbeauftragte für den Datenschutz Baden-Württemberg
Marienstr. 12, 70178 Stuttgart
T: (0711) 61 55 41-0 **Fax:** 61 55 41-15
Internet: http://www.baden-wuerttemberg.datenschutz.de
E-Mail: lfd-bawue@t-online.de
Datenschutzbeauftragter: Werner Schneider

Bayern

• **B 345**
Der Bayerische Landesbeauftragte für den Datenschutz
Postf. 22 12 19, 80502 München
Wagmüllerstr. 18, 80538 München
T: (089) 21 26 72-0 **Fax:** 21 26 72-50
Internet: http://www.datenschutz-bayern.de
E-Mail: poststelle@datenschutz-bayern.de
Datenschutzbeauftragter: Reinhard Vetter

Berlin

• B 346

Berliner Beauftragter für Datenschutz und das Recht auf Akteneinsicht
Pallasstr. 25, 10781 Berlin
T: (030) 78 76-8844 **Fax:** 2 16 99 27
Internet: http://www.datenschutz-berlin.de
E-Mail: mail@datenschutz-berlin.de
Gründung: 1979 (01. November)
Beauftragter:
Prof. Dr. Hansjürgen Garstka
Leitung Presseabteilung: Claudia Schmid

Brandenburg

• B 347

Der Landesbeauftragte für den Datenschutz und für das Recht auf Akteneinsicht
Stahnsdorfer Damm 77 Haus 2, 14532 Kleinmachnow
T: (033203) 3 56-0 **Fax:** 3 56-49
Internet: http://www.lda.brandenburg.de
E-Mail: Poststelle@LDA.Brandenburg.de
Landesbeauftragter: Dr. Alexander Dix
Mitarbeiter: 16

Bremen

• B 348

Landesbeauftragter für den Datenschutz Bremen
Arndtstr. 1, 27570 Bremerhaven
T: (0471) 9 24 61-0 **Fax:** 9 24 61-31
T-Online ✻9 2461-29✻
E-Mail: office@datenschutz.bremen.de
Datenschutzbeauftragter: N. N.

Hamburg

• B 349

Hamburgischer Datenschutzbeauftragter
Baumwall 7, 20459 Hamburg
T: (040) 4 28 41-2044, 4 28 41-2045 **Fax:** 4 28 41-2372
Internet: http://www.hamburg.datenschutz.de
E-Mail: mailbox@datenschutz.hamburg.de
Datenschutzbeauftragter: Dr. Hans-Hermann Schrader

Hessen

• B 350

Der Hessische Datenschutzbeauftragte
Postf. 31 63, 65021 Wiesbaden
Uhlandstr. 4, 65189 Wiesbaden
T: (0611) 14 08-0 **Fax:** 37 85 79
Internet: http://www.datenschutz.hessen.de
E-Mail: dsb-hessen@t-online.de
Datenschutzbeauftragter: Prof. Dr. Friedrich von Zezschwitz

Mecklenburg-Vorpommern

• B 351

Der Landesbeauftragte für den Datenschutz Mecklenburg-Vorpommern
Lennestr. 1a Schloß Schwerin, 19053 Schwerin
T: (0385) 5 94 94-0 **Fax:** 5 94 94 58
Internet: http://www.lfd.m-v.de
E-Mail: datenschutz@mvnet.de
Datenschutzbeauftragter: Dr. Werner Kessel

Niedersachsen

• B 352

Der Landesbeauftragte für den Datenschutz Niedersachsen
Postf. 2 21, 30002 Hannover
Brühlstr. 9, 30169 Hannover
T: (0511) 1 20-4552 **Fax:** 1 20-4591
Internet: http://www.lfd.niedersachsen.de
E-Mail: poststelle@lfd.niedersachsen.de
Datenschutzbeauftragter: Burckhard Nedden

Nordrhein-Westfalen

• B 353

Die Landesbeauftragte für den Datenschutz Nordrhein-Westfalen
Postf. 20 04 44, 40102 Düsseldorf
Reichsstr. 43, 40217 Düsseldorf
T: (0211) 38 42 40 **Fax:** 3 84 24 10
Internet: http://www.lfd.nrw.de
E-Mail: datenschutz@mail.lfd.nrw.de
Landesbeauftragte: Bettina Sokol

Rheinland-Pfalz

• B 354

Der Landesbeauftragte für den Datenschutz Rheinland-Pfalz
Postf. 30 40, 55020 Mainz
Deutschhausplatz 12, 55116 Mainz
T: (06131) 2 08-2449 **Fax:** 2 08-2497
Internet: http://www.datenschutz.rlp.de
E-Mail: poststelle@datenschutz.rlp.de
Datenschutzbeauftragter: Prof. Dr. Walter Rudolf

Saarland

• B 355

Der Landesbeauftragte für Datenschutz des Saarlandes
Postf. 10 26 31, 66026 Saarbrücken
Fritz-Dobisch-Str. 12, 66111 Saarbrücken
T: (0681) 9 47 81-0 **Fax:** 9 47 81-29
Internet: http://www.lfd.saarland.de
E-Mail: lfd-saar@t-online.de
Landesbeauftragter: Bernd Dannemann

Sachsen

• B 356

Der Sächsische Datenschutzbeauftragte
Postf. 12 09 05, 01010 Dresden
Bernhard-von-Lindenau-Platz 1, 01067 Dresden
T: (0351) 4 93 54 01 **Fax:** 4 93 54 90
Datenschutzbeauftragter: Dr. Thomas Giesen

Sachsen-Anhalt

• B 357

Landesbeauftragter für den Datenschutz Sachsen-Anhalt
Postf. 19 47, 39009 Magdeburg
Berliner Chaussee 9, 39114 Magdeburg
T: (0391) 8 18 03-0 **Fax:** 8 18 03-33
Datenschutzbeauftragter: Klaus-Rainer Kalk

Schleswig-Holstein

• B 358

Unabhängiges Landeszentrum für Datenschutz
Postf. 71 21, 24171 Kiel
Düsternbrooker Weg 82, 24105 Kiel
T: (0431) 9 88-1200 **Fax:** 9 88-1223
Internet: http://www.schleswig-holstein.datenschutz.de
E-Mail: LDSH@netzservice.de
Min.-Dirig. Dr. Helmut Bäumler

Thüringen

• B 359

Der Thüringer Landesbeauftragte für den Datenschutz
Postf. 9 41, 99019 Erfurt
Johann-Sebastian-Bach-Str. 1, 99096 Erfurt
T: (0361) 3 77 19 00 **Fax:** 3 77 19 04
Internet: http://www.datenschutz.thueringen.de
E-Mail: poststelle@datenschutz.thueringen.de
Landesbeauftragte: Silvia Liebaug

Gewerbeaufsichtsämter

• B 360

Staatliches Amt für Arbeitsschutz Aachen
Borchersstr. 20, 52072 Aachen
T: (0241) 88 73-0 Anrufb. **Fax:** 88 73-555
E-Mail: poststelle@stafa-ac.nrw.de
für die kreisfreie Stadt Aachen und die Kreise Aachen, Düren, Euskirchen, Heinsberg
Leitung: Ltd. Regierungsgewerbedir. Dipl.-Ing. Karl Smeetz

• B 361

Staatliches Umweltamt Aachen
Franzstr. 49, 52064 Aachen
T: (0241) 4 57-0 **Fax:** 45 72 91
für die kreisfreie Stadt Aachen und die Kreise Aachen, Düren, Euskirchen, Heinsberg
Leitung: Ltd. RBD Wilfried Soddemann

• B 362

Staatl. Amt für Arbeitsschutz Arnsberg
Königstr. 22, 59821 Arnsberg
T: (02931) 5 55-00 **Fax:** 5 55-2 99
für den Hochsauerlandkreis: Kreis Soest, Kreis Unna und Stadt Hamm
Leitung: LRGD Dipl.-Ing. Dietmar Scheidler

• B 363

Gewerbeaufsichtsamt Augsburg
86136 Augsburg
Morellstr. 30d, 86159 Augsburg
T: (0821) 57 09-02 **Fax:** 57 09-501
für den Regierungsbezirk Schwaben
Leitung: LtD. GD Dipl.-Ing. Peter Biebach

• B 364

Staatliches Gewerbeaufsichtsamt Bautzen
Postf. 11 30, 02601 Bautzen
Käthe-Kollwitz-Str. 17, Haus 41, 02625 Bautzen
T: (03591) 67 53-0 **Fax:** 67 53-60
Leiterin: Dr. Ilka Fritzsche

• B 365

Gewerbeaufsichtsamt Coburg
Außenstelle Bayreuth
Hegelstr. 2, 95447 Bayreuth
T: (0921) 6 05-02 **Fax:** 6 05-4900
für die kreisfreien Städte Bayreuth und Hof sowie die Landkreise Bayreuth, Hof, Kulmbach, Wunsiedel
Leitung: Ltd. GewDir. Dipl.-Ing. Klaus Eckenberger

• B 366

Landesamt für Arbeitsschutz, Gesundheitsschutz und technische Sicherheit Berlin (LAGetSi)
Alt-Friedrichsfelde 60, 10315 Berlin
T: (030) 90 21-5000 **Fax:** 90 21-5301
Internet: http://www.lagetsi.Berlin.de
Gründung: 1998 (1.Jan.)
Direktorin: Dr. Zuschneid-Bertram
Leitung Presseabteilung: Dr. Robert Rath
Mitarbeiter: 350

• B 367

Staatliches Umweltamt Bielefeld
Postf. 10 03 29, 33503 Bielefeld
Kammerratsheide 66, 33609 Bielefeld
T: (0521) 97 15-0 **Fax:** 97 15-450
E-Mail: poststelle@stua-bi.nrw.de
für die kreisfreie Stadt Bielefeld und die Kreise Gütersloh, Paderborn und Höxter
Leitung: Ltd. RegGewDir. Dipl.-Ing. Klaus Runte

• B 368

Staatliches Gewerbeaufsichtsamt Braunschweig
Petzvalstr. 18, 38104 Braunschweig
T: (0531) 3 70 06-0 **Fax:** 3 70 06-80
Ltd. GewD: Dipl.-Phys. Jürgen Reif
für die Städte Braunschweig, Salzgitter, Wolfsburg und die Landkreise Goslar, Wolfenbüttel, Helmstedt, Gifhorn, Peine

• B 369

Gewerbeaufsichtsamt Bremen
Parkstr. 58-60, 28209 Bremen
T: (0421) 3 61 62 60 **Fax:** 3 61 65 22
für die Stadtgemeinde Bremen
Leitung: Detlef Klingemann

• B 370

Gewerbeaufsichtsamt Bremerhaven
Lange Str. 119, 27580 Bremerhaven
T: (0471) 9 52 56-0 **Fax:** 9 52 56-38
für die Stadtgemeinde Bremerhaven und das stadtbremische Überseehafengebiet Bremerhaven
Leitung: OGewR Rudolf Jagsch

• B 371

Staatliches Gewerbeaufsichtsamt Celle
Im Werder 9, 29221 Celle
T: (05141) 75 50 **Fax:** 7 55 88
Leiterin: GD'in Birgit Lensch
für die Landkreise Celle, Soltau-Fallingbostel und Verden

• B 372

Sächsisches Landesinstitut für Arbeitsschutz und Arbeitsmedizin
Reichsstr. 39, 09112 Chemnitz
T: (0371) 36 85-0 **Fax:** 3 68 51 00
E-Mail: post.liaache@t-online.de
Direktor(in): Prof. Dr.-Ing. habil. Jörg Tannenhauer

• B 373

Staatliches Gewerbeaufsichtsamt Chemnitz
Reichsstr. 39, 09112 Chemnitz
T: (0371) 36 85-0 **Fax:** 36 85-1 00
E-Mail: post.gaache@t-online.de
Gründung: 1991 (November)
Leitung: Dr.-Ing. Wolfgang Werner
Mitarbeiter: 58

• B 374

Gewerbeaufsichtsamt Coburg
Oberer Bürglaß 32-36, 96450 Coburg
T: (09561) 74 19-0 **Fax:** 74 19 99
Regierungsbezirk Oberfranken
Leitung: LGD Dipl.-Ing. Eckenberger
Mitarbeiter: 43

• B 375

Staatliches Amt für Arbeitsschutz Coesfeld
Leisweg 12, 48653 Coesfeld
T: (02541) 9 11-0 **Fax:** 9 11-6 44
für die Kreise Coesfeld, Steinfurt, Warendorf und für die Stadt Münster, Heimarbeitsschutz im Regierungsbezirk Münster
Leitung: LRGD Tentrop

• B 376

Amt für Arbeitsschutz und Sicherheitstechnik Staatliche Gewerbeaufsicht des Landes Brandenburg
Thiemstr. 105a, 03050 Cottbus
T: (0355) 49 93-0 **Fax:** 4 99 32 20
Gründung: 1991 (1. Januar)
Amtsleiter: Berthold Langer
Mitarbeiter: 63

• B 377

Staatliches Gewerbeaufsichtsamt Cuxhaven
Behördenhaus
Elfenweg 15, 27474 Cuxhaven
T: (04721) 5 06-200 **Fax:** 5 06-2 60
für die Landkreise Cuxhaven, Osterholz, Rotenburg und Stade
Leitung: N. N.

• B 378

Staatliches Amt für Arbeitsschutz und Sicherheitstechnik
Holzhofallee 17a, 64295 Darmstadt
T: (06151) 38 96-0 **Fax:** 38 96-1 00
für Stadt Darmstadt und die Landkreise Darmstadt-Dieburg, Bergstraße, Groß-Gerau, Offenbach und Odenwaldkreis
Leitung: Ltd. GewDir. Dr. Axel Walter
Mitarbeiter: 44

• B 379

Landesamt für Arbeitsschutz des Landes Sachsen-Anhalt
Postf. 18 02, 06815 Dessau
Kühnauer Str. 70, 06846 Dessau
T: (0340) 65 01-0 **Fax:** 65 01-2 94
Gründung: 1991 (11. Juni)
Dienst- und Fachaufsicht über die Staatlichen Gewerbeaufsichtsämter des Landes Sachsen-Anhalt, Beratung, Genehmigungen, Erlaubnisse zum Arbeitsschutz und zur technischen Sicherheit
Direktor(in): Dr.-Ing. Jost Melchior
Abteilung 1 (Zentrale Aufgaben)
Leitung: Dr. rer. nat. habil. Jürgen Neubert
Abteilung 2 (Arbeitsschutz)
Leitung: Dipl.-Ing. Ltd. GD Günter Laux
Abteilung 3 (Technische Sicherheit)
Leitung: Prof. Dr.-Ing. habil. Heinz Schuster
Abteilung 4 (Gefahrstoffe, Physikalische Schadfaktoren)
Leitung: Dr.rer.nat. GD Georg Hamm
Abteilung 5 (Arbeitsförderung)
Leitung: Dr.-Ing. Ltd. GD Bernd Ginzkey
Abteilung 6 (Medizinischer Arbeitsschutz)
Leitung: Dr.med. Ltd. MD Jürgen Otto (Landesgewerbearzt)

• B 380

Staatliches Gewerbeaufsichtsamt Dessau
Johann-Meier-Str. 12, 06844 Dessau
T: (0340) 7 91 04 03 **Fax:** 7 91 04 04
E-Mail: gaa.dessau@gaade.las.ms.lsa-net.de
Amtsleiter: Gilke

• B 381

Staatliches Amt für Arbeitsschutz Detmold
Postf. 27 62, 32717 Detmold
Willi-Hofmann-Str. 33A, 32756 Detmold
T: (05231) 7 03-0 **Fax:** 7 03-299
für die Kreise Herford, Lippe und Minden-Lübbecke
Leitung: Reg.GewDir Hans-Jürgen Klein
Leitung Presseabteilung: ORegGewR Helmut Schimmelpfennig
Mitarbeiter: 61

• B 382

Staatliches Amt für Arbeitsschutz Dortmund
Ruhrallee 1-3, 44139 Dortmund
T: (0231) 5 41 51 **Fax:** 5 41 53 84
E-Mail: poststelle@stafa-do.nrw.de
Leiter: Ltd. RGD Dipl.-Ing. Friedrich Lorenz
Vertreter: RGD Dipl.-Ing. Borringo
zuständig für die kreisfreien Städte Bochum, Dortmund, Hagen und Herne, den Ennepe-Ruhr-Kreis und den Märkischen Kreis sowie für den Bereich und für den Bereich Heimarbeitsschutz im Regierungsbezirk Arnsberg

• B 383

Staatliches Gewerbeaufsichtsamt Dresden
Postf. 20 09 22, 01194 Dresden
Reicker Str. 51a, 01219 Dresden
T: (0351) 81 90-0 **Fax:** 81 90-229
Leitung: Dr. Winfried Böcker

• B 384

Staatliches Umweltamt Düsseldorf
Postf. 11 11 20, 40511 Düsseldorf
Schanzenstr. 90, 40549 Düsseldorf
T: (0211) 57 78-0 **Fax:** 57 78-1 34
E-Mail: Poststelle@StUA-d.nrw.de
für die kreisfreien Städte Düsseldorf, Wuppertal, Solingen, Remscheid und den Kreis Mettmann
Leiterin: Ltd. Regierungsdir. Dr. Diana Hein

• B 385

Staatliches Umweltamt Duisburg
Am Freischütz 10-12, 47058 Duisburg
T: (0203) 30 52-0 **Fax:** 30 52-2 00, -4 00
für die kreisfreien Städte Duisburg, Oberhausen, Essen, Mühlheim a.d.R. und den Kreis Wesel
Leitung: Ltd. RegGewDir. Burckhard Ziegler

• B 386

Amt für Arbeitsschutz und Sicherheitstechnik Eberswalde (Staatliches Gewerbeaufsichtsamt)
Postf. 10 01 33, 16201 Eberswalde
Schleusenstr. 31, 16225 Eberswalde
T: (03334) 25 46 00 **Fax:** 25 46 02
Amtsleiter: Lutz Marquart

• B 387

Staatliches Gewerbeaufsichtsamt Emden
Postf. 23 62, 26703 Emden
Brückstr. 38, 26725 Emden
T: (04921) 92 17-0 **Fax:** 92 17-58/59
E-Mail: poststelle@gaa-emd.niedersachsen.de
vom Regierungsbezirk Weser-Ems die kreisfreie Stadt Emden und die Landkreise Aurich, Leer, Wittmund sowie aus dem Landkreis Emsland die Gemeinden der Altkreise Aschendorf-Hümmling und Meppen

• B 388

Amt für Arbeitsschutz Erfurt
Behördenhaus
Linderbacher Weg 30, 99099 Erfurt
T: (0361) 37-88300 **Fax:** 37-88380
Leitung: Dipl.-Ing. Volker Schenk

• B 389

Staatliches Amt für Arbeitsschutz Essen
Ruhrallee 55, 45138 Essen
T: (0201) 27 67-0 **Fax:** 27 67-323, 27 67-166 (Faxabruf aktuelle Info)
E-Mail: poststelle@stafa-e.nrw.de
Leitung: Ltd. RegGewDir. Peter Leding
Amtsbezirk: Duisburg, Essen, Mülheim a.d. Ruhr, Oberhausen und Kreis Wesel

• B 390

Staatliches Amt für Arbeitsschutz und Sicherheitstechnik Frankfurt
Rudolfstr. 22-24, 60327 Frankfurt
T: (069) 27 21 10 **Fax:** 2 72 11-1 11
Aufsichtsbezirke:
Stadt Frankfurt a.M., Stadt Offenbach a.M. und Main-Kinzig-Kreis

• B 391

Amt für Arbeitsschutz und Sicherheitstechnik (Staatliche Gewerbeaufsicht)
Postf. 13 45, 15203 Frankfurt
Robert-Havemann-Str. 4, 15236 Frankfurt
T: (0335) 55 82-601 **Fax:** 55 82-602
Gründung: Wiedergründung 1991 (1. Januar)
Amtsleiter: Jürgen Briest
Mitarbeiter: 38

• B 392

Staatliches Gewerbeaufsichtsamt Freiburg - Amt für Arbeits- und Umweltschutz -
Schwendistr. 12, 79102 Freiburg
T: (0761) 38 72-0 **Fax:** 38 72-100
E-Mail: poststelle@gaafr.gaa.bwl.de
für den Stadtkreis Freiburg und die Landkreise Breisgau-Hochschwarzwald, Emmendingen, Ortenaukreis, Lörrach, Waldshut
Leitung: Ltd.Gew.Dir. Wolfgang Goebel
Stellvertr. Leiter: Gew.Dir. Dr. Claus Degel

• B 393

Amt für Arbeitsschutz Gera
Otto-Dix-Str. 9, 07548 Gera
T: (0365) 82 11-0 **Fax:** 82 11-1 04
Gründung: 1991 (1. April)
Leitung: GwOR Dr.-Ing. Wolfgang Weinrich
Mitarbeiter: 50

• B 394

Staatliches Amt für Arbeitsschutz und Sicherheitstechnik Gießen
Postf. 11 11 46, 35356 Gießen
Südanlage 17, 35390 Gießen
T: (0641) 79 53-0 **Fax:** 79 53 79
E-Mail: afas-giessen@t-online.de
zuständig für: Landkreise Gießen und Universitätsstadt Gießen, Marburg-Biedenkopf und Vogelsberg

b 395

Staatliches Amt für Arbeitsschutz und Sicherheitstechnik Gießen Außenstelle Limburg in Hadamar
Postf. 12 40, 65584 Hadamar
Gymnasiumstr. 4, 65589 Hadamar
T: (06433) 86-0 **Fax:** 86 11
zuständig für: Landkreise-Limburg-Weilburg und Lahn-Dill
Leitung: N.N.
Stellv. Leiterin: Dr. GDin Hilde Weigand
Außenstellenleiter: GD Volker Walter

• B 396

Staatliches Gewerbeaufsichtsamt Göttingen
Alva-Myrdal-Weg 1, 37085 Göttingen
T: (0551) 50 70-01 **Fax:** 50 70-2 50
für die Landkreise Göttingen, Northeim, Osterode

• B 397

Staatliches Umweltamt Hagen
Dienstgebäude:
Heinitzstr. 44, 58097 Hagen
T: (02331) 9 85-0 **Fax:** 88 15 16
Hoheleye 3, 58093 Hagen, T: (02331) 9 87-80, Telefax: (02331) 88 11 87

Feithstr. 150b, 58093 Hagen, T: (02331) 80 05-0, Telefax: (02331) 80 05 33 für die kreisfreien Städte Dortmund, Bochum, Hagen, Herne, Ennepe-Ruhr-Kreis, Märkischer Kreis

• **B 398**

Staatliches Gewerbeaufsichtsamt Halberstadt
Postf. 11 41, 38801 Halberstadt
Klusstr. 18, 38820 Halberstadt
T: (03941) 5 86-402 **Fax:** 5 86-454
E-Mail: gaa.halberstadt@gaahbs.las.ms.lsa-net.de
Amtsleiter: GewD Dr. Heuck

• **B 399**

Staatliches Gewerbeaufsichtsamt Halle
Postf. 11 04 34, 06018 Halle
Dessauer Str. 104, 06118 Halle
T: (0345) 52 43-0 **Fax:** 52 43-214
Amtsleiter: Dr. Räbel

• **B 400**

Amt für Arbeitsschutz Hamburg
Behörde für Arbeit, Gesundheit und Soziales
Postf. 76 01 06, 22051 Hamburg
Adolph-Schönfelder-Str. 5, 22083 Hamburg
T: (040) 4 28 63-0 **Fax:** 4 28 63-3370
E-Mail: wolfgang.nickel@bags.hamburg.de
für die Freie und Hansestadt Hamburg
Leitung: d. Abt. Arbeitnehmerschutz: Ltd. GewDir. Wolfgang Nickel

• **B 401**

Staatliches Gewerbeaufsichtsamt Hannover
Behörde für Arbeits- und Umweltschutz
Am Listholze 74, 30177 Hannover
T: (0511) 90 96-0 **Fax:** 90 96-199
für die Stadt Hannover und die Landkreise Hannover, Diepholz, Nienburg
Leitung: Leitender Gewerbedirektor Dipl.-Ing. Bernhard Klockow

• **B 402**

Staatliches Gewerbeaufsichtsamt Heilbronn
- Amt für Arbeits- und Umweltschutz
Postf. 18 63, 74008 Heilbronn
Rollwagstr. 16, 74072 Heilbronn
T: (07131) 64-1 **Fax:** 64-3840
für die Region Franken (Stadtkreis Heilbronn und die Landkreise Heilbronn, Hohenlohekreis, Schwäbisch Hall, Main-Tauberkreis)
Leitung: Ltd GD Dietrich Eberle

• **B 403**

Staatliches Umweltamt Herten
Gartenstr. 27, 45699 Herten
T: (02366) 80 70 **Fax:** 80 74 99
E-Mail: poststelle@stua-he.nrw.de

• **B 404**

Staatliches Gewerbeaufsichtsamt Hildesheim
Hindenburgplatz 20, 31134 Hildesheim
T: (05121) 16 00-0 **Fax:** 16 00-10, 16 00-92
E-Mail: Poststelle@gaa-hi.land-ni.dbp.de
Leitung: Dr.rer.nat. Bernd Wiener
für die Kreise Hameln-Pyrmont, Hildesheim, Holzminden und Schaumburg

• **B 405**

Struktur- und Genehmigungsdirektion Nord Regionalstelle Gewerbeaufsicht
Hauptstr. 238, 55743 Idar-Oberstein
T: (06781) 5 65-0 **Fax:** 5 65-150
für die Landkreise Birkenfeld, Bad Kreuznach und Kusel sowie die Verbandsgemeinde Zell vom Landkreis Cochem-Zell und die Verbandsgemeinden Kastellaun, Kirchberg, Rheinböllen und Simmern vom Rhein-Hunsrück-Kreis sowie die Verbandsgemeinden Alsenz-Obermoschel und Rockenhausen vom Donnersbergkreis
Referatsleiter: Gewerbedirektor Dipl.-Ing. Norbert Faber

• **B 406**

Staatliches Umweltamt Itzehoe
Immissionsschutz und Luftüberwachung SH
Oelixdorfer Str. 2, 25524 Itzehoe
T: (04821) 66-0 **Fax:** 66 28 98
E-Mail: barbarastrietzel@stua-iz.landsh.de
Gründung: 1998 (1. Januar)
Leiter: Ltd. RGD Heinz-Dieter Hartwig (zuständig für Wasserwirtschaft, Immissions- und Naturschutz in den Kreisen Steinburg, Pinneberg, Segeberg, Stormarn, Lauenburg und Stadt Lübeck; landesweite Zuständigkeit der Lufthygienischen Überwachung Schleswig-Holstein)
Leitung Presseabteilung: Susanne Ziegler
Mitarbeiter: 153

• **B 407**

Staatliches Gewerbeaufsichtsamt Karlsruhe
- Amt für Arbeits- und Umweltschutz
Postf. 28 20, 76015 Karlsruhe
Hebelstr. 1-3, 76133 Karlsruhe
T: (0721) 9 26-41 22 **Fax:** 9 26-46 82
E-Mail: poststelle@gaaka.gaa.bwl.de
Leitung: Ltd. Gew.Dir. Dipl.-Ing. Eckhart Ibach
Mitarbeiter: 117
zuständig für die Regionen Mittlerer Oberrhein, Nordschwarzwald (Stadtkreise Baden-Baden, Karlsruhe, Pforzheim und die Landkreise Calw, Enzkreis, Freudenstadt, Karlsruhe, Rastatt)

• **B 408**

Staatliches Amt für Arbeitsschutz und Sicherheitstechnik
Knorrstr. 34, 34121 Kassel
T: (0561) 20 04-0 **Fax:** 20 04-145
für den Regierungsbezirk Kassel
Leitung: Gewerbedirektor Anton Kny

b 409

Staatliches Amt für Arbeitsschutz und Sicherheitstechnik Kassel Außenstelle Fulda
Am Rosengarten 26, 36037 Fulda
T: (0661) 9 28 64 10 **Fax:** 9 28 64 11
Außenstellenleiter: N.N.

• **B 410**

Landesamt für Gesundheit und Arbeitssicherheit des Landes Schleswig-Holstein
Adolf-Westphal-Str. 4, 24143 Kiel
T: (0431) 9 88-5381 **Fax:** 9 88-5416
Gründung: 1998 (1.Jan.)
Direktor(in): Ltd. RGD Wolfgang Funk
Leitung Presseabteilung: Gudrun Nolte-Wacker
Mitarbeiter: ca. 140

• **B 411**

Struktur- und Genehmigungsdirektion Nord Regionalstelle Gewerbeaufsicht
Postf. 20 03 61, 56003 Koblenz
Schloßstr. 43-47, 56068 Koblenz
T: (0261) 30 17-0 **Fax:** 1 83 95
Leitung: Ltd. Gew.-Direktor Dipl.-Ing. Bernhard Brabner
ab 01.07.2000 ist die Abt. 2, Gewerbeaufsicht, in der Stresemannstraße in Koblenz zu erreichen

• **B 412**

Staatliches Umweltamt Köln
Blumenthalstr. 33, 50670 Köln
Postf. 13 02 44, 50496 Köln
T: (0221) 77 40-0
Gründung: 1994 (1. April)
Leiterin: LRBD'in Dorothea Delpino
Leitung Presseabteilung: Werner Crommen
Mitarbeiter: 270
für die kreisfreien Städte Köln, Bonn und Leverkusen und die Kreise Erftkreis, Oberbergischer Kreis, Rheinisch-Bergischer Kreis, Rhein-Sieg-Kreis

• **B 413**

Staatliches Amt für Arbeitsschutz Köln
Schanzenstr. 38, 51063 Köln
T: (0221) 9 62 77-0 **Fax:** 9 62 77-444
E-Mail: poststelle@x400gate.stafa-k.nrw.de
für die kreisfreien Städte Bonn, Köln und Leverkusen und die Kreise Erftkreis, Oberbergischer Kreis, Rheinisch-Bergischer Kreis und Rhein-Sieg-Kreis
Leitung: LRGD Dieter Hanke

• **B 414**

Staatliches Umweltamt Krefeld
St.-Töniser Str. 60, 47803 Krefeld
T: (02151) 8 44-0 **Fax:** 8 44-444
für die kreisfreien Städte Krefeld und Mönchengladbach sowie die Kreise Kleve, Viersen und Neuss
Leiterin: LRGD'in Stulgies
Stellvertretender Leiter: RGD Heiden

• **B 415**

Gewerbeaufsichtsamt Landshut
Postf. 24 40, 84008 Landshut
Neustadt 480, 84028 Landshut
T: (0871) 8 04-0 **Fax:** 8 04-2 19
E-Mail: gaa.landshut@t-online.de
Leitung: Ltd. GewDir. Dipl.-Ing. Siegfried Petz
Leitung Presseabteilung: Georg Mayerhofer
Mitarbeiter: 66
für den Regierungsbezirk Niederbayern

• **B 416**

Staatliches Gewerbeaufsichtsamt Leipzig
Oststr. 13, 04317 Leipzig
T: (0341) 69 73-1 00 **Fax:** 69 73-1 10
Leitung: Dipl.-Phys. Karlheinz Fischer

• **B 417**

Staatliches Umweltamt Lippstadt
Postf. 25 80, 59535 Lippstadt
Lipperoder Str. 8, 59555 Lippstadt
T: (02941) 9 86-0 **Fax:** 9 86-3 50
für die kreisfreie Stadt Hamm, den Hochsauerlandkreis und die Kreise Soest und Unna
Leitung: LRBD Ehrlich

• **B 418**

Landesamt für Gesundheit und Arbeitssicherheit des Landes Schleswig-Holstein
Außenstelle Lübeck
Schwartauer Landstr. 11, 23554 Lübeck
T: (0451) 47 06 02 **Fax:** 4 70 62 10
für die Hansestadt Lübeck sowie die Kreise Lauenburg, Ostholstein, Segeberg, Stormarn

• **B 419**

Staatliches Gewerbeaufsichtsamt Lüneburg
Lise-Meitner-Str. 1, 21337 Lüneburg
T: (04131) 8 95-0 **Fax:** 8 95-200
für die Landkreise Harburg, Lüchow-Dannenberg, Lüneburg, Uelzen

• **B 420**

Staatliches Gewerbeaufsichtsamt Magdeburg
Postf. 39 80, 39014 Magdeburg
Saalestr. 32, 39126 Magdeburg
T: (0391) 25 64-0 **Fax:** 25 64-2 02
für die kreisfreie Stadt Magdeburg und die Landkreise Bördekreis, Ohre-Kreis und Schönebeck
Gründung: 1991 (1. Januar)
Amtsleiter: Orschmann
Mitarbeiter: 64

Aufsicht über die Einhaltung der geltenden Rechtsvorschriften zum Arbeits- und Gesundheitsschutz.

• **B 421**

Struktur- und Genehmigungsdirektion Süd - Regionalstelle Gewerbeaufsicht -
Kaiserstr. 31, 55116 Mainz
T: (06131) 9 60 30-0 **Fax:** 9 60 30 99
für die Städte Mainz und Worms und die Landkreise Mainz-Bingen, Alzey-Worms
Leitung: Ltd.GewDir. Dipl.-Ing. Fritz Bachmann

• **B 422**

Staatliches Gewerbeaufsichtsamt Mannheim
Amt für Arbeits- und Umweltschutz
Postf. 10 12 38, 68012 Mannheim
Augustaanlage 22-24, 68165 Mannheim
T: (0621) 2 92 43 01 **Fax:** 2 92-46 17
für die Region Unterer Neckar (Stadtkreise Heidelberg, Mannheim und die Landkreise Neckar-Odenwaldkreis, Rhein-Neckar-Kreis)
Leitung: Leitender Bau-Dir. Dr. Fred Dietzel
Mitarbeiter: 90

• **B 423**

Regierungspräsidium Gießen Abteilung Staatliches Umweltamt Marburg
Postf. 23 25, 35011 Marburg
Robert-Koch-Str. 17, 35037 Marburg
T: (06421) 6 16-600 **Fax:** 6 16-161
E-Mail: dez41-mr@rpu-mr.hessen.de
Leitung: Abteilungsdir. Erwin Spöhrer

• **B 424**

Staatliches Umweltamt Minden
Postf. 31 07, 32388 Minden
Büntestr. 1, 32427 Minden
T: (0571) 8 08-0 **Fax:** 80 84 47 u. 80 82 39
E-Mail: poststelle@Stua-mi.nrw.de
Leitung: Ltd. Regierungsbaudir. Frank Tiedtke
Zuständig für den Immissionsschutz, die Wasser- und Abfallwirtschaft in den Kreisen Herford, Lippe und Minden-Lübbecke

• B 425

Staatliches Amt für Arbeitsschutz Mönchengladbach

Viktoriastr. 52, 41061 Mönchengladbach
T: (02161) 8 15-0 **Fax:** 8 15-199
Fernsprecher außerhalb der Dienstzeit:
(02161) 8 15-0 (Anrufbeantworter)
Zuständig für die kreisfreien Städte Krefeld und Mönchengladbach, die Kreise Kleve, Neuss und Viersen
Leitung: Ltd. RegGew. Dir. Dipl.-Phys. Wolfgang Dierschke

• B 426

Gewerbeaufsichtsamt München-Stadt

Amt für Arbeitsschutz, Arbeitsmedizin und sichere Technik
Postf. 40 07 44, 80707 München
Winzererstr. 9, 80797 München
T: (089) 12 61-03 **Fax:** 12 61-24 00
für die kreisfreie Stadt München und den Landkreis München
Leitung: Leit.Gew.-Dir. Dipl.-Ing. Günther Janisch
Leitung Presseabteilung: Dipl.-Ing. (FH) Horst Schneider

• B 427

Gewerbeaufsichtsamt München-Land

Tegernseer Landstr. 222, 81549 München
T: (089) 6 99 38-0 **Fax:** 6 99 38-3 00
Internet: http://www.gaamuenchen-land.de
E-Mail: root@gaamuenchen-land.de
für den Regierungsbezirk Oberbayern ohne Stadt und Landkreis München
Leitung: Ltd. Gewerbedirektor Dipl.-Ing. Peter Biebach

• B 428

Bayerisches Landesamt für Arbeitsschutz, Arbeitsmedizin und Sicherheitstechnik

Pfarrstr. 3, 80538 München
T: (089) 21 84-0 **Fax:** 21 84-2 97
Internet: http://www.lfas.bayern.de
E-Mail: bay-lfas@t-online.de

• B 429

Staatliches Gewerbeaufsichtsamt Naumburg

Jenaer Str. 29, 06618 Naumburg
T: (03445) 71 42-0
Amtsleiter: von Ledebur

• B 430

Amt für Arbeitsschutz und technische Sicherheit Neubrandenburg - Gewerbeaufsicht -

Neustrelitzer Str. 120, 17033 Neubrandenburg
T: (0395) 4 52 70 **Fax:** 4 52 71 50

• B 431

Amt für Arbeitsschutz und Sicherheitstechnik Neuruppin

Postf. 12 61, 16801 Neuruppin
Fehrbelliner Str. 4a, 16816 Neuruppin
T: (03391) 8 38-401 **Fax:** 8 38-409
E-Mail: aas-nrp@t-online.de
Gründung: 1991 (Januar)
Amtsleiter: Helmut Lankau
Mitarbeiter: 40

• B 432

Struktur- und Genehmigungsdirektion Süd - Regionalstelle Gewerbeaufsicht -

Karl-Helfferich-Str. 2, 67433 Neustadt
T: (06321) 9 31-0 **Fax:** 3 33 98
für den Regierungsbezirk Rheinhessen-Pfalz mit Ausnahme der zum Aufsichtsbezirk Mainz und Idar-Oberstein gehörenden Gebietsteile
Referatsleiter: Ltd. Gew. Dir. Dipl.-Chem. Rüdiger Sehr

• B 433

Amt für Arbeitsschutz Nordhausen

Gerhart-Hauptmann-Str. 3, 99734 Nordhausen
T: (03631) 61 33-0 **Fax:** 61 33-61
Leitung: Dipl.-Phys. Horst Schröter

• B 434

Gewerbeaufsichtsamt Nürnberg

Roonstr. 20, 90429 Nürnberg
T: (0911) 9 28-0 **Fax:** 9 28-29 99
für den Regierungsbezirk Mittelfranken
Leitung: Ltd. GewDir. Dipl.-Ing. Ludwig Thomas

• B 435

Staatliches Gewerbeaufsichtsamt Oldenburg

Postf. 45 49, 26035 Oldenburg
Rosenstr. 13b, 26122 Oldenburg
T: (0441) 92 22-0 **Fax:** 92 22-1 52
Aufsichtsbezirk: Vom Regierungsbezirk Weser-Ems die kreisfreien Städte Delmenhorst, Oldenburg (Oldbg.), Wilhelmshaven und die Landkreise Ammerland, Cloppenburg, Friesland, Oldenburg (Oldbg.), Vechta, Wesermarsch
Leitung: Dipl.-Ing. Uwe Rottmann

• B 436

Staatliches Gewerbeaufsichtsamt Osnabrück

Postf. 20 03, 49010 Osnabrück
T: (0541) 50 35 00 **Fax:** 50 35 01
für die kreisfreie Stadt Osnabrück und die Landkreise Osnabrück, Grafschaft Bentheim, Emsland mit Ausnahme der Gemeinden der Altkreise Aschendorf-Hümmling und Meppen
Behördenleiterin: Gewerbedirektorin Dipl.-Ing. Gesche Saathoff-Schiche

• B 437

Staatliches Amt für Arbeitsschutz

Postf. 24 40, 33054 Paderborn
Am Turnplatz 31, 33098 Paderborn
T: (05251) 2 87-0 **Fax:** 2 87-1 99
E-Mail: Poststelle@dbserver.stafa-pb.nrw.de
für die Kreise Paderborn, Höxter, Gütersloh und die kreisfreie Stadt Bielefeld
Leitung: LRGD Dipl.-Ing. Michael Quenzel

• B 438

Struktur- und Genehmigungsdirektion Süd Entgeltüberwachungsstelle Gewerbeaufsichtsamt

Bahnhofstr. 24, 66953 Pirmasens
T: (06331) 87 12 70

• B 439

Landesinstitut für Arbeitsschutz und Arbeitsmedizin

Horstweg 57, 14478 Potsdam
Postf. 90 02 36, 14438 Potsdam
T: (0331) 86 83-0 **Fax:** 86 43 35
Internet: http://www.brandenburg.de/liaa
E-Mail: liaa.office@liaa.brandenburg.de
Direktor(in): Dr. Detlev Mohr

• B 440

Amt für Arbeitsschutz und Sicherheitstechnik Potsdam

Max-Eyth-Allee 22, 14469 Potsdam
T: (0331) 2 88 91-0 **Fax:** 2 88 91 99
Amtsleiter: Dipl.-Ing. Karl-Heinz Mandla

• B 441

Staatliches Amt für Arbeitschutz Recklinghausen

Hubertusstr. 13, 45657 Recklinghausen
T: (02361) 5 81-0 **Fax:** 1 61 59
Leitung: Ltd. RegGewDir Heiner Vollmar
zuständig für die kreisfreien Städte Bottrop und Gelsenkirchen und für die Kreise Recklinghausen und Borken

• B 442

Gewerbeaufsichtsamt Regensburg

Bertoldstr. 2, 93047 Regensburg
T: (0941) 50 25-0 **Fax:** 5 02 51 14
E-Mail: gaa.regensburg@t-online.de
Leitung: Ltd. GewDir. Dipl.-Ing. Joseph Waas
für den Regierungsbezirk Oberpfalz

• B 443

Amt für Arbeitsschutz und technische Sicherheit Rostock - Gewerbeaufsicht -

Postf. 16 12 63, 18025 Rostock
Erich-Schlesinger-Str. 35, 18059 Rostock
T: (0381) 1 22-1000 **Fax:** 1 22-1001

• B 444

Landesamt für Arbeitssicherheit, Immissionsschutz und Gesundheit

Don-Bosco-Str. 1, 66119 Saarbrücken
T: (0681) 85 00-0 **Fax:** 85 00-284
Internet: http://www.miFags.saarland.de/arbeitsschutz
E-Mail: poststelle@laig.x400.saarland.de
für das Saarland
Regierungsdirektor: Thiemo Burgard

• B 445

Staatliches Umweltamt - Schleswig -

Flensburger Str. 134, 24837 Schleswig
T: (04621) 3 84-0 **Fax:** 3 84-440
für die Stadt Flensburg sowie die Kreise Nordfriesland, Schleswig-Flensburg und Dithmarschen
Leitung: Dr.rer.nat. Gisela Holzgraefe
Büroleitung: Dieter Ribitzki
Mitarbeiter: 85

• B 446

Amt für Arbeitsschutz und technische Sicherheit Schwerin

- Gewerbeaufsicht
Lankower Str. 11-15, 19057 Schwerin
T: (0385) 74 14-0 **Fax:** 4 84 40 39
E-Mail: AfAts-Schwerin@t-online.de

• B 447

Staatliches Amt für Arbeitsschutz Siegen

Leimbachstr. 230, 57074 Siegen
T: (0271) 33 87-6 **Fax:** 33 87-777
für die Kreise Olpe und Siegen-Wittgenstein
Leitung: RGD Dipl.-Ing. Dreisbach
Mitarbeiter: 33

• B 448

Staatliches Umweltamt Siegen

Unteres Schloß, 57072 Siegen
T: (0271) 5 85-0 **Fax:** 5 73 31
E-Mail: poststelle@stua-si.nrw.de
Leitung: LRGD Dipl.-Ing. Ernst Kottmann
für die Kreise Olpe und Siegen-Wittgenstein

• B 449

Staatliches Gewerbeaufsichtsamt Sigmaringen

- Amt für Arbeits- und Umweltschutz
Postf. 12 64, 72481 Sigmaringen
Fidelis-Graf-Str. 2, 72488 Sigmaringen
T: (07571) 7 32-5 00 **Fax:** 7 32-5 05
E-Mail: poststelle@gaasig.gaa.bwl.de
für die Landkreise Biberach, Bodenseekreis, Ravensburg, Sigmaringen
Leitung: Ltd.Gew.Direktor Dr. Volker Langlotz

• B 450

Staatliches Gewerbeaufsichtsamt Stendal

Stadtseeallee 1, 39576 Stendal
T: (03931) 4 94-0 **Fax:** 21 20 18
Gründung: 1991 (1. Januar)
Amtsleiter: Gerhard Wilcke (GAA Stendal)
Stellv. Amtsleiter: Jens Döhler (GAA Stendal)
Mitarbeiter: 38

• B 451

Amt für Arbeitsschutz und technische Sicherheit Stralsund

- Gewerbeaufsicht
Heinrich-Mann-Str. 62, 18435 Stralsund
T: (03831) 37 98-0 **Fax:** 37 98-50
Gründung: 1991 (1. Januar)
Amtsleiter: Dipl.-Ing. Volker Zaremba
Stellv. Amtsleiter: Dipl.phys. Hans-Gerd Buchholz
Mitarbeiter: 49

Aufsicht über den Vollzug der Rechtsvorschriften hinsichtlich des sozialen, technischen und medizinischen Arbeitsschutzes sowie der überwachungsbedürftigen Anlagen in den gewerblichen Unternehmen, im öffentlichen Dienst und in der Landwirtschaft.

• B 452

Staatliches Gewerbeaufsichtsamt Stuttgart

- Amt für Arbeits- und Umweltschutz
Jägerstr. 22, 70174 Stuttgart
T: (0711) 18 69-0 **Fax:** 2 26 34 34
E-Mail: poststelle@gaas.gaa.bwl.de
Stadtkreis Stuttgart, Landkreise Böblingen, Esslingen und Ludwigsburg
Leitung: Ltd. Gew.Dir. Herbert F. Rading
Mitarbeiter: 160

• B 453

Thüringer Landesamt für Soziales und Familie

Abt. 2: Landesamt für Arbeitsschutz und Arbeitsmedizin (LAfAS)
Postf. 10 01 41, 98490 Suhl
Schleusinger Str. 30, 98527 Suhl
T: (03681) 73 54 00 **Fax:** 73 52 09
E-Mail: lafas-lasf-thueringen@-online.de
Leitung: Dipl.-Ing. Gerald Riehm

• B 454

Amt für Arbeitsschutz Suhl

Postf. 51 51, 98511 Suhl
Neuer Friedberg 9, 98527 Suhl

T: (03681) 8 80-0 **Fax:** 8 80-1 00
E-Mail: afas-suhl@t-online.de
Leitung: GwOR Dr.-Ing. Dietrich Weiß

• B 455

Staatliches Gewerbeaufsichtsamt Trier
Postf. 34 30, 54224 Trier
Ostallee 31, 54290 Trier
T: (0651) 9 48 10 **Fax:** 9 48 12 00
für den Regierungsbezirk Trier

• B 456

Staatliches Gewerbeaufsichtsamt Tübingen
- Amt für Arbeits- und Umweltschutz
Bismarckstr. 96, 72072 Tübingen
T: (07071) 9 12-0 **Fax:** 9 12-1 88
Leiter(in): LBD Hans Neifer
für den Stadtkreis Ulm und die Landkreise Alb-Donau-Kreis, Reutlingen, Tübingen, Zollernalbkreis

• B 457

Staatliches Gewerbeaufsichtsamt Villingen-Schwenningen
- Amt für Arbeits- und Umweltschutz -
Am Hoptbühl 5, 78048 Villingen-Schwenningen
T: (07721) 9 14-0 **Fax:** 9 14-100
für die Landkreise Schwarzwald-Baar-Kreis, Rottweil, Tuttlingen, Konstanz

• B 458

Staatliches Amt für Arbeitsschutz und Sicherheitstechnik Wiesbaden
Simone-Veil-Str. 5, 65197 Wiesbaden
T: (0611) 41 19-0 **Fax:** 41 19-37
Gründung: 1892 (1. April)
Leitung: Ltd. Gewerbedir. Dipl.-Ing. Wolf-Jürgen Hader
Mitarbeiter: 50
für Hochtaunuskreis, Maintaunuskreis, Rheingautaunuskreis, Wetteraukreis und Wiesbaden

• B 459

Gewerbeaufsichtsamt Würzburg
Postf. 56 09, 97006 Würzburg
Georg-Eydel-Str. 13, 97082 Würzburg
T: (0931) 41 07-02 **Fax:** 41 07-503
Leitung: Ltd.Gew.Dir. Dipl.-Ing. Günter Hentschel
für den Regierungsbezirk Unterfranken

• B 460

Staatliches Amt für Arbeitsschutz Wuppertal
Postf. 20 18 62, 42218 Wuppertal
Alter Markt 9-13, 42275 Wuppertal
T: (0202) 57 44-0 **Fax:** 57 44-1 50
Amtsbezirk: Kreisfreie Städte Düsseldorf, Remscheid, Solingen, Wuppertal, Kreis Mettmann
Amtsleiter: LRGD Dipl.-Ing. Günter Leßwing

• B 461

Staatliches Gewerbeaufsichtsamt Zwickau
Lothar-Streit-Str. 24, 08056 Zwickau
T: (0375) 39 03 20 **Fax:** 3 90 32 20
E-Mail: post.gaazwi@t-online.de
Leitung: Dipl.-Phys. Klaus Neumerkel

Eichaufsichtsbehörden

Baden-Württemberg

• B 462

Landesgewerbeamt Baden-Württemberg -Eichdirektion-
Ulmer Str. 227B, 70327 Stuttgart
T: (0711) 40 71-242, 40 71-248
Internet: http://www.lgabw.de/edbw
Leiter d. Eichdirektion: LtdBauDir Volk

nachgeordnete Eichämter

b 463

Eichamt Albstadt
Schillerstr. 83, 72458 Albstadt
T: (07431) 9 22-0
Leitung: OBauR Haag
Landkreise Reutlingen, Rottweil, Tuttlingen, Schwarzwald-Baar-Kreis, Tübingen, Zollernalbkreis

b 464

Eichamt Fellbach
Stuttgarter Str. 86, 70736 Fellbach
T: (0711) 95 79 61-0
Leitung: OBauR Lösch
Stadtkreis Stuttgart, Landkreise Böblingen, Esslingen, Göppingen, Ludwigsburg, Rems-Murr-Kreis

b 465

Eichamt Freiburg
Elsässer Str. 2, 79110 Freiburg
T: (0761) 89 46 21
Leiter(in): AR Conzelmann
Stadtkreis Freiburg, Landkreise Breisgau-Hochschwarzwald, Emmendingen, Konstanz, Lörrach, Ortenaukreis, Waldshut

b 466

Eichamt Heilbronn
Brüggemannstr. 45, 74076 Heilbronn
T: (07131) 9 82 32-0
Leitung: OAR Reichle
Stadtkreis Heilbronn, Landkreise Heilbronn, Hohenlohekreis, Schwäbisch Hall, Main-Tauber-Kreis

b 467

Eichamt Karlsruhe
Stephanienstr. 51, 76133 Karlsruhe
T: (0721) 9 12 06-0
Leitung: BauR Götz
Stadtkreise Baden-Baden, Karlsruhe, Pforzheim, Landkreise Calw, Enzkreis, Freudenstadt, Karlsruhe, Rastatt

b 468

Eichamt Mannheim
Fahrlachstr. 46-48, 68165 Mannheim
T: (0621) 44 00 60
Leitung: OBauR Schlegel
Stadtkreise Heidelberg, Mannheim, Landkreise Neckar-Odenwald-Kreis, Rhein-Neckar-Kreis

b 469

Eichamt Ravensburg
Kanalstr. 45, 88214 Ravensburg
T: (0751) 36 36 21-0
Leitung: AR Ott
Landkreise Bodenseekreis, Ravensburg, Sigmaringen

b 470

Eichamt Ulm
Elisabethenstr. 18, 89077 Ulm
T: (0731) 9 35 43-0
Leitung: OAR Tonnier
Stadtkreis Ulm, Landkreise Alb-Donau-Kreis, Biberach, Heidenheim, Ostalbkreis

b 471

Eichamt für Glasmeßgeräte
Am Eichamt Nr. 2, 97877 Wertheim
T: (09342) 96 12-0
Leitung: OAR Schwind
zuständig für die Eichung von Meßgeräten aus Glas

Bayern

• B 472

Bayerisches Landesamt für Maß und Gewicht
Postf. 19 02 51, 80602 München
Franz-Schrank-Str. 9, 80638 München
T: (089) 1 79 01-0 **Fax:** 1 79 01-3 36
Leitung: Dietmar Breuer (Direktor des Landesamtes für Maß und Gewicht)

nachgeordnete Eichämter

b 473

Eichamt Augsburg - Kempten
Dienststelle Augsburg
Weddigenstr. 30, 86179 Augsburg
T: (0821) 8 08 79-0 **Fax:** 8 08 79-13
Leitung: TOAR Rainer Giesler

b 474

Eichamt Augsburg - Kempten
Dienststelle Kempten
Dieselstr. 10, 87437 Kempten
T: (0831) 7 11 24 **Fax:** 7 91 46
Leitung: TAR Dipl.-Ing. (FH) Uwe Schmid

b 475

Eichamt Bayreuth - Bamberg - Hof
Dienststelle Bayreuth
Leuschnerstr. 51, 95447 Bayreuth
T: (0921) 6 55 44 **Fax:** 51 12 09
Leitung: TOAR Herbert Egelkraut

b 476

Eichamt Bayreuth - Bamberg - Hof
Dienststelle Bamberg
Gutenbergstr. 7, 96050 Bamberg
T: (0951) 1 60 60 **Fax:** 1 66 75
Leitung: TAR Günther Jeschke

b 477

Eichamt Bayreuth - Bamberg - Hof
Dienststelle Hof
An der Hohensaas 2, 95030 Hof
T: (09281) 68 35 **Fax:** 6 13 58
Leitung: TAR Karl Hug

b 478

Eichamt Landshut - Passau
Dienststelle Landshut
Röntgenstr. 1, 84030 Landshut
T: (0871) 7 72 36 **Fax:** 7 49 70
Leitung: TOAR Georg Meßner

b 479

Eichamt Landshut - Passau
Dienststelle Passau
Bischof-Wolfger-Str. 13, 94032 Passau
T: (0851) 76 05 **Fax:** 7 28 62
Leitung: TAR Richard Huber

b 480

Eichamt München - Traunstein
Dienststelle München
Franz-Schrank-Str. 11, 80638 München
T: (089) 1 79 01-0 **Fax:** 1 79 01-2 33
Leitung: EOR Wolfgang Märkl

b 481

Eichamt München - Traunstein
Dienststelle Traunstein
Kotzingerstr. 20, 83278 Traunstein
T: (0861) 80 14 **Fax:** 1 52 01
Leitung: TOAR Robert Simmerlein

b 482

Eichamt Nürnberg
Elbinger Str. 21, 90491 Nürnberg
T: (0911) 5 19 79-0 **Fax:** 5 19 79-44
Leitung: EOR Gerhard Scheuerer

b 483

Eichamt Regensburg - Ingolstadt
Dienststelle Regensburg
Hornstr. 2, 93053 Regensburg
T: (0941) 70 06 47, 7 27 12 **Fax:** 70 19 87
Leitung: TAR Ingo Halbig

b 484

Eichamt Regensburg - Ingolstadt
Dienststelle Ingolstadt
Postf. 10 03 40, 85003 Ingolstadt
Gerhart-Hauptmann-Str. 69, 85055 Ingolstadt
T: (0841) 9 54 76-0 **Fax:** 9 54 76-34
Leitung: TOAR, Dipl.-Ing. (FH) Horst Krumpholz

b 485

Eichamt Würzburg
Rottendorfer Str. 7, 97072 Würzburg
T: (0931) 5 36 02 **Fax:** 1 60 28
Leitung: EOR Max Schwägerl

b 486

Beschußamt München
Franz-Schrank-Str. 9, 80638 München
T: (089) 1 79 01-339 **Fax:** 1 79 01-260
Leitung: TAR Josef Seidl

b 487

Beschußamt Mellrichstadt
Lohstr. 5, 97638 Mellrichstadt
T: (09776) 98 89 **Fax:** 54 57
Leitung: TOAR Joachim Baumart

Berlin

• **B 488**

Landesamt für das Mess- und Eichwesen
Kohlrauschstr. 16, 10587 Berlin
T: (030) 34 05-0 **Fax:** 34 05-2 19
Leitung: Ltd. EichDir. Prof. Dr. Dieter Baumgarten

Brandenburg

• **B 489**

Landesamt für Meß- und Eichwesen Brandenburg
Stahnsdorfer Damm 81, 14532 Kleinmachnow
T: (033203) 30 79-10 **Fax:** 30 79-90
Direktor(in): Rainer Hahnewald

Bremen

• **B 490**

Der Senator für Arbeit, Frauen, Gesundheit, Jugend und Soziales
- Landeseichdirektion -
Faulenstr. 69, 28195 Bremen
T: (0421) 3 61-2437 **Fax:** 3 61-16638
E-Mail: office@arbeit-gwa.bremen.de
Leitung: EichDir. Dipl.-Ing. Dieter Buer

nachgeordnete Eichämter

b 491

Eichamt Bremen
Häschenstr. 14, 28199 Bremen
T: (0421) 3 61 82 44 **Fax:** 3 61 82 48
E-Mail: office@eichamt.bremen.de
Leitung: Eichrat Dipl.-Ing. Ewald Schmidt

b 492

Eichamt Bremerhaven
Lange Str. 119, 27580 Bremerhaven
T: (0471) 9 52 56-0 **Fax:** 9 52 56-38
E-Mail: office@eichamtbrhv.bremen.de
Leitung: Amtsrat Dipl.-Ing. Hans-Joachim Miehe

Hamburg

• **B 493**

Eichdirektion Hamburg
Nordkanalstr. 50, 20097 Hamburg
T: (040) 4 28 54-2794 **Fax:** 4 28 54-2684
E-Mail: Eichdirektion@wb.hamburg.de
Leitung: Johann Remlein

Hessen

• **B 494**

Hessische Eichdirektion
Holzhofallee 3, 64283 Darmstadt
T: (06151) 12 55 53 **Fax:** 12 59 23
Leitung: Ltd. Eichdirektor Dr. Reiner Balhorn
Aufsichtsbehörde über die Eichämter in Hessen, Eichung von Meßgeräten in Industrie u. Handel, in der Heilkunde, im Straßenverkehr, für wissenschaftliche und technische Untersuchungen, für die Abgabe von Energie. Überwachung von Fertigpackungen. Anerkennung und Überwachung von Prüfstellen; Bestellung und Vereidigung der Wäger und des leitenden Prüfstellenpersonals Qualitätssicherung, Zertifizierung, Anerkennung und EG-Überwachung von Qualitätssicherungssystemen im Meßwesen, Qualitätssicherung in medizinischen Laboratorien.

nachgeordnete Eichämter

b 495

Eichamt Kassel
Karthäuserstr. 21, 34117 Kassel
T: (0561) 1 30 11 **Fax:** 10 32 19
Leitung: Techn. Oberamtsrat Gerlach
Amtsbezirk: Stadt Kassel, Landkreis Kassel, Schwalm-Eder-Kreis, Werra-Meißner-Kreis, Landkreis Waldeck-Frankenberg

b 496

Eichamt Fulda
Buttlarstr. 51, 36039 Fulda
T: (0661) 7 29 87 **Fax:** 24 07 06
Leitung: Techn. Amtsrat Bernhard
Amtsbezirk: Landkreis Fulda, Landkreis Hersfeld-Rotenburg, Vogelsbergkreis

b 497

Eichamt Hanau
Am Freiheitsplatz 2, 63450 Hanau
T: (06181) 10 12 77 **Fax:** 10 13 84
Leitung: Techn. Oberamtsrat Roßkopf
Amtsbezirk: Stadt Offenbach, Landkreis Offenbach, Main-Kinzig-Kreis, Wetteraukreis

b 498

Eichamt Darmstadt
Holzhofallee 3, 64283 Darmstadt
T: (06151) 12 55 58 **Fax:** 12 50 69
Leitung: Techn. Oberamtsrat Steuernagel
Amtsbezirk: Stadt Darmstadt, Landkreis Darmstadt-Dieburg, Landkreis Bergstraße, Landkreis Groß-Gerau, Odenwaldkreis

b 499

Eichamt für Glasmeßgeräte Darmstadt
Holzhofallee 3, 64283 Darmstadt
T: (06151) 12 58 82 **Fax:** 12 59 23
Leitung: Techn. Oberamtsrat Uihlein
- Land Hessen

b 500

Eichamt Frankfurt
Battonnstr. 26-28, 60311 Frankfurt
T: (069) 28 37 74 **Fax:** 29 17 15
Leitung: Techn. Oberamtsrat Herter
Amtsbezirk: Stadt Frankfurt, Hochtaunuskreis, Main-Taunus-Kreis

b 501

Eichamt Gießen
Dammstr. 47, 35390 Gießen
T: (0641) 9 30 31 23 **Fax:** 9 30 31 24
Leitung: Techn. Oberamtsrat Schloßbauer
Amtsbezirk: Landkreis Gießen, Lahn-Dill-Kreis, Landkreis Marburg-Biedenkopf, Landkreis Limburg-Weilburg

b 502

Eichamt Wiesbaden
Hasengartenstr. 26, 65189 Wiesbaden
T: (0611) 76 13 96 **Fax:** 9 74 04 50
Leitung: Techn. Amtsrat Hardt
Amtsbezirk: Stadt Wiesbaden, Rheingau-Taunus-Kreis

Mecklenburg-Vorpommern

• **B 503**

Wirtschaftsministerium Mecklenburg-Vorpommern
- Landeseichbehörde -
Johannes-Stelling-Str. 14, 19053 Schwerin
T: (0385) 5 88 53 46 **Fax:** 5 88 58 75
Leitung: Rainer Rades

nachgeordnete Eichämter

b 504

Eichamt Rostock
Am Güterbahnhof 23, 18055 Rostock
T: (0381) 4 93 44 19 **Fax:** 4 93 44 18
Leitung: Harald Mahnke

b 505

Eichamt Schwerin
Johannes-Stelling-Str. 14, 19053 Schwerin
T: (0385) 5 88 58 82 **Fax:** 5 88 58 72
Leitung: René Assmann

b 506

Eichamt Neubrandenburg
Sponholzer Str. 10a, 17034 Neubrandenburg
T: (0395) 4 22 64 77 **Fax:** 4 22 64 79
Heinz Milhahn

b 507

Eichamt Stralsund
Greifswalder Chaussee 63a, 18439 Stralsund
T: (03831) 27 23 10 **Fax:** 27 23 15
Manfred Aben

Niedersachsen

• **B 508**

Mess- und Eichwesen Niedersachsen
Goethestr. 44, 30169 Hannover
T: (0511) 12 66-233 **Fax:** 12 66-300
Leitung: Ltd. EichDir. Dr. Dieter Ullrich

nachgeordnete Eichämter

b 509

Eichamt Hannover
Goethestr. 44, 30169 Hannover
T: (0511) 12 66-413 **Fax:** 12 66-422
Leitung: EichAR Weber

b 510

Eichamt Nienburg
Bismarckstr. 26, 31582 Nienburg
T: (05021) 97 15-0 **Fax:** 97 15-20
Leitung: N. N.

b 511

Eichamt Braunschweig
Betriebsstelle im MEN Mess- und Eichwesen Niedersachsen
Haeckelstr. 12a, 38114 Braunschweig
T: (0531) 5 80 02-0 **Fax:** 5 80 02-49
Leitung: EichOAR Köhler

b 512

Eichamt Lüneburg
Betriebsstelle im MEN
Mess- und Eichwesen Niedersachsen
Fährsteg 13, 21337 Lüneburg
T: (04131) 88 01-0 **Fax:** 88 01-12
Leitung: EichOAR Lohmar

b 513

Eichamt Stade
Betriebsstelle im MEN Mess- und Eichwesen Niedersachsen
Am Tennisplatz 6, 21684 Stade
T: (04141) 98 96-0 **Fax:** 98 96-49
Leitung: EichOAR Muche

b 514

Eichamt Osnabrück
Betriebsstelle im MEN
Frankenstr. 11, 49082 Osnabrück
T: (0541) 9 57 36-0 **Fax:** 9 57 36 14
Leitung: EichOAR Torlage

b 515

Eichamt Emden
Große Str. 93, 26721 Emden
T: (04921) 93 35-0 **Fax:** 93 35 15
Leitung: EichAR Natelberg

b 516

Eichamt Oldenburg
Betriebsstelle im MEN Mess- und Eichwesen Niedersachsen
Artillerieweg 55, 26129 Oldenburg
T: (0441) 9 71 78-0 **Fax:** 9 71 78-15
Leitung: EichOAR Meier

Nordrhein-Westfalen

• **B 517**

Landeseichdirektion Nordrhein-Westfalen
Postf. 30 08 33, 50778 Köln
Hugo-Eckener-Str. 14, 50829 Köln
T: (0221) 5 97 78-0 **Fax:** 5 97 78-1 44
Leitung: Dr.-Ing. E. Petit

nachgeordnete Eichämter

b 518

Eichamt Aachen
Am Gut Wolf 7a, 52070 Aachen
T: (0241) 9 18 18-0 **Fax:** 9 18 18-44
Leitung: ER Piechullek
Verwaltungsbezirk:
Stadt: Aachen
Kreise: Aachen, Düren, Euskirchen, Heinsberg

b 519

Eichamt Arnsberg
Bahnhofstr. 173, 59759 Arnsberg

T: (02932) 3 13 90 **Fax:** 3 13 90
Leitung: N. N.
Verwaltungsbezirk:
Kreisfreie Stadt: Hamm
Kreise: Hochsauerlandkreis, Unna

b 520

Eichamt Bielefeld
Detmolder Str. 513, 33605 Bielefeld
T: (0521) 20 50 64 **Fax:** 20 50 65
Leitung: OER Pahde
Verwaltungsbezirk:
Kreisfreie Stadt: Bielefeld
Kreise: Gütersloh, Herford, Lippe, Minden-Lübbecke

b 521

Eichamt Dortmund
Kronprinzenstr. 51, 44135 Dortmund
T: (0231) 95 20 41-0 **Fax:** 95 20 41 44
Leitung: ED Dipl.-Ing. Behrendt
Verwaltungsbezirk:
Kreisfreie Stadt: Dortmund
- Eichlabor für Strahlenschutzmeßgeräte
- Zulassungsstelle für Ausnahmen nach Paragraph 5 Gefahrengutverordnung Straße (GGVS), von Baumustern von Gefahrguttankfahrzeugen, von Containern (CSC-Gesetz)
- Meßstelle für Umweltradioaktivität für den Regierungsbezirk Arnsberg

b 522

Eichamt Düsseldorf
Werftstr. 33, 40549 Düsseldorf
T: (0211) 95 68-0 **Fax:** 95 68-1 44
Leitung: OER Krüger
Verwaltungsbezirk:
Kreisfreie Städte: Düsseldorf, Krefeld, Mönchengladbach, Remscheid, Solingen, Wuppertal
Kreise: Mettmann, Neuss, Viersen

b 523

Eichamt Duisburg
Konrad-Adenauer-Ring 19, 47167 Duisburg
T: (0203) 58 15 14 **Fax:** 58 21 88
Leitung: OER Schubert
Verwaltungsbezirk:
Kreisfreie Städte: Duisburg, Essen, Kleve, Mülheim a. d. Ruhr, Oberhausen
Kreis: Wesel
- Eichstelle für Meßgeräte aus Glas beim EA Duisburg

b 524

Eichamt Hagen
Pappelstr. 3, 58099 Hagen
T: (02331) 96 91-0 **Fax:** 96 91-44
Leitung: OER Dipl.-Ing. Kollmann
Verwaltungsbezirk:
Kreisfreie Stadt: Hagen
Kreise: Ennepe-Ruhr-Kreis, Märkischer Kreis, Olpe, Siegen/Wittgenstein

b 525

Eichamt Köln
Hugo-Eckener-Str. 14, 50829 Köln
T: (0221) 5 97 78-0 **Fax:** 5 97 78-2 05
Leitung: ED Dipl.-Ing. Matschke
Verwaltungsbezirk:
Kreisfreie Städte: Bonn, Köln, Leverkusen
Kreise: Erftkreis, Oberbergischer Kreis, Rheinisch-Bergischer Kreis, Rhein-Sieg-Kreis
- Beschußstelle beim EA Köln

b 526

Eichamt Münster
Nieberdingstr. 14-16, 48155 Münster
T: (0251) 6 09 52-00 **Fax:** 6 09 52-14
Leitung: OER Dipl.-Ing. Broja
Verwaltungsbezirk:
Kreisfreie Stadt: Münster
Kreise: Borken, Coesfeld, Steinfurt, Warendorf

b 527

Eichamt Paderborn
Steubenstr. 25, 33100 Paderborn
T: (05251) 89 86-00 **Fax:** 89 86-14
Obereichrat: OER Klein
Verwaltungsbezirk:
Kreise: Höxter, Paderborn, Soest

b 528

Eichamt Recklinghausen
Kölner Str. 17, 45661 Recklinghausen
T: (02361) 37 87-0 **Fax:** 37 87-14
Leitung: N. N.
Verwaltungsbezirk:
Kreisfreie Städte: Bochum, Bottrop, Gelsenkirchen, Herne
Kreis: Recklinghausen

Rheinland-Pfalz

• B 529

Eichdirektion Rheinland-Pfalz
Steinkaut 3, 55543 Bad Kreuznach
T: (0671) 6 63 01 **Fax:** 7 34 75
Leitung: Ltd. EichDir. Dipl.-Ing. Wolfhard Gögge
Eichaufsichtsbehörde für das Land Rheinland-Pfalz

nachgeordnete Eichämter

b 530

Eichamt Bad Kreuznach
Steinkaut 3, 55543 Bad Kreuznach
und Rudolf-Diesel-Str. 16-18
T: (0671) 6 63 01 **Fax:** 7 34 75
Leitung: Eichamtsrat Bernhard Bredel
Verwaltungsbezirk: Kreisfreie Stadt Mainz und die Landkreise Alzey-Worms und Mainz-Bingen, Bad Kreuznach, Birkenfeld und Rhein-Hunsrück-Kreis

b 531

Eichamt Kaiserslautern
Pariser Str. 289, 67663 Kaiserslautern
T: (0631) 9 10 21/22 **Fax:** 9 81 03
Leitung: Eichamtsrat Karl Burger
Verwaltungsbezirk:
Kreisfreie Städte: Kaiserslautern, Landau i.d. Pfalz, Neustadt a.d.Weinstr., Pirmasens und Zweibrücken.
Landkreise: Bad Dürkheim, Donnersbergkreis, Kaiserslautern, Kusel, Pirmasens und Südliche Weinstraße

b 532

Eichamt Koblenz
Diesterwegstr. 2-4, 56073 Koblenz
T: (0261) 9 47-150 **Fax:** 9 47-1555
Leitung: Eichamtsrat Ernst Redelbach
Verwaltungsbezirk: Kreisfreie Stadt Koblenz
Landkreise: Ahrweiler, Altenkirchen (Westerwald), Cochem-Zell, Mayen-Koblenz, Neuwied, Rhein-Lahn-Kreis und Westerwaldkreis

b 533

Eichamt Ludwigshafen
Schanzstr. 27, 67063 Ludwigshafen
T: (0621) 5 95 02-0 **Fax:** 5 95 02-26
Leitung: Eichoberamtsrat Erich Brendel
Verwaltungsbezirk:
Kreisfreie Städte: Frankenthal (Pfalz), Ludwigshafen a. Rhein, Speyer und Worms.
Landkreise: Germersheim und Ludwigshafen

b 534

Eichamt Trier
Irminenfreihof 5, 54290 Trier
T: (0651) 9 75-920 **Fax:** 9 75-9218
Leitung: Eichoberamtsrat Edwin Schmitt
Verwaltungsbezirk: Kreisfreie Stadt Trier
Landkreis: Bernkastel-Wittlich, Bitburg-Prüm, Daun und Trier-Saarburg

Saarland

• B 535

Ministerium für Wirtschaft
- Eichaufsichtsbehörde -
Postf. 10 09 41, 66009 Saarbrücken
Am Stadtgraben 6-8, 66111 Saarbrücken
T: (0681) 5 01-41 46, 41 26 **Fax:** 5 01-42 93
Leitung: Dipl.-Ing. Robert Schwindling

nachgeordnetes Eichamt

b 536

Eichamt Saarbrücken
Am Tummelplatz 5, 66117 Saarbrücken
T: (0681) 5 01-3640 **Fax:** 5 01-3637
Leitung: Eichoberamtsrat Hartmut Piltz

Sachsen

• B 537

Sächsisches Landesamt für Meß- und Eichwesen
Hohe Str. 11, 01069 Dresden
T: (0351) 47 80-30 **Fax:** 47 80-499
E-Mail: Eichbehoerde.Sachsen@T-Online.de
Manfred Mielke

Sachsen-Anhalt

• B 538

Landeseichamt Sachsen-Anhalt
Postf. 20 08 36, 06009 Halle
Merseburger Str. 1-3, 06112 Halle
T: (0345) 21 11-3 **Fax:** 21 11-499
Gründung: 1990 (19. Dezember)
Leitung: N. N.
Mitarbeiter: 55

Schleswig-Holstein

• B 539

Ministerium für Wirtschaft, Technologie und Verkehr des Landes Schleswig-Holstein
- Amt für das Eichwesen -
Düppelstr. 63, 24105 Kiel
T: (0431) 9 88-4450 **Fax:** 9 88-4459
Leitung: Ltd. RegEichDir. Dipl.-Ing. Sigurd Reinhard (E-Mail: reinhard@ae.landsh.de)

nachgeordnete Eichämter

b 540

Eichamt Kiel
Düppelstr. 63, 24105 Kiel
T: (0431) 9 88-4470 **Fax:** 9 88-4486
Leitung: Oberamtsrat Klaus Dreise
Eichamtsbezirk: Kiel, Neumünster, sowie Kreise Rendsburg-Eckernförde und Plön

b 541

Eichamt Lübeck
Glashüttenweg 44-48, 23568 Lübeck
T: (0451) 37 07-1 11 **Fax:** 37 07-1 23
Leitung: Amtsrat Achim Holz
Eichamtsbezirk: Hansestadt Lübeck, Kreise Ostholstein, Segeberg, Stormarn, Herzogtum Lauenburg

b 542

Eichamt Flensburg
Karlstr. 6, 24937 Flensburg
T: (0461) 2 45 98 **Fax:** 1 74 60
Leitung: Oberamtsrat Rolf Günzel
Eichamtsbezirk: Flensburg, Kreise Nordfriesland und Schleswig-Flensburg

b 543

Eichamt Elmshorn
Kaltenweide 76, 25335 Elmshorn
T: (04121) 4 86 50 **Fax:** 48 65 30
Leitung: Amtsrat Gerald Hempel
Eichamtsbezirk: Kreise Dithmarschen, Steinburg und Pinneberg

Thüringen

• B 544

Landesamt für Mess- und Eichwesen Thüringen
Unterpörlitzer Str. 2, 98693 Ilmenau
T: (03677) 8 50-0 **Fax:** 8 50-400, 8 50-410
Gründung: 1991 (1. Januar)
Direktor(in): Dr.-Ing. Klaus-Dieter Sommer

Chemische Untersuchungsämter

Baden-Württemberg

• B 545

Chemisches und Veterinäruntersuchungsamt
Weißenburger Str. 3, 76187 Karlsruhe
T: (0721) 9 26-3611 **Fax:** 9 26-3549
Leitung: Ltd. VetD Dr. Geßler (kommiss. Leitung)

• B 546

Chemisches und Veterinäruntersuchungsamt Freiburg
Postf. 10 04 62, 79123 Freiburg
Bissierstr. 5, 79114 Freiburg
T: (0761) 88 55-0 **Fax:** 88 55-100
E-Mail: poststelle@clua.cvuafr.bwl.de
Am Moosweiher 2, 79108 Freiburg, T: (0761) 15 02-0, Fax: 15 02-299
Leiter(in): Lt.Chem.Dir. Dr. W. Hörtig
Mitarbeiter: 130

• B 547

Chemisches Untersuchungsamt
Schulberg 17, 75175 Pforzheim
T: (07231) 39 24 44 **Fax:** 39 21 08
E-Mail: cua@stadt-pforzheim.de

• B 548

Chemisches und Veterinäruntersuchungsamt
Hedingerstr. 2/1, 72488 Sigmaringen
T: (07571) 7 32-601 **Fax:** 7 32-602
Leitung: Ltd. ChemDir. Dr. Christoph Reinhard

• B 549

Chemisches und Veterinäruntersuchungsamt Stuttgart, Sitz Fellbach
Postf. 12 06, 70702 Fellbach
Schaflandstr. 3/2, 70736 Fellbach
T: (0711) 9 57-12 34 **Fax:** 58 81 76
Leitung: Ltd. Chemiedirektor Dr. Rüdt
Mitarbeiter: 180

Bayern

• B 550

Chemisches Untersuchungsamt der Stadt Nürnberg
90317 Nürnberg
Adolf-Braun-Str. 55, 90429 Nürnberg
T: (0911) 2 31-2152 **Fax:** 2 31-2989
Teletex: 9 118 692 hvan
E-Mail: ua@stadt.nuernberg.de
Gründung: 1884
Leitung: Dir. Dr. Peter Pluschke
Stellv. Leiter: Dr. Werner Balzer
Verbandszeitschrift: Daten zur Nürnberger Umwelt
Redaktion: Dr. Werner Balzer, Chemisches Untersuchungsamt
Verlag: Eigenverlag
Mitarbeiter: 80

Berlin

• B 551

Berliner Betrieb für Zentrale Gesundheitliche Aufgaben (BBGes)
Invalidenstr. 60, 10557 Berlin
T: (030) 3 97 84-30 **Fax:** 3 97 84-380
Kaufmännischer Leiter: Leitender Direktor Dieter Lullies
Wissenschaftlicher Leiter: Dr.rer.nat. Gerhard Kunz

Brandenburg

• B 552

Staatliches Veterinär- und Lebensmitteluntersuchungsamt Frankfurt (Oder) - Markendorf
Postf. 14 69, 15204 Frankfurt
Ringstr. 1030, 15236 Frankfurt
T: (0335) 5 21 71 00 **Fax:** 5 21 71 20
Direktor(in): Dr. Hans-Joachim Kowalewski

• B 553

Staatliches Veterinär- und Lebensmitteluntersuchungsamt
Pappelallee 20, 14469 Potsdam
T: (0331) 5 68 80, 5 68 82 49 **Fax:** 5 68 83 46, 5 68 82 26
E-Mail: bert.schlatterer@svia.brandenburg.de
Gründung: 1921
Direktor(in): Prof. Dr. Dr. Bert Schlatterer
Mitarbeiter: 160

Bremen

• B 554

Landesuntersuchungsamt für Chemie, Hygiene und Veterinärmedizin
St.-Jürgen-Str. 1, 28205 Bremen
T: (0421) 3 61-6129 **Fax:** 3 61-15238
Leitung: Dr. Franz-Christian Lenz

Hessen

• B 555

Staatliches Medizinal-, Lebensmittel- und Veterinäruntersuchungsamt Nordhessen
siehe B 597

• B 556

Staatliches Medizinal-, Lebensmittel- und Veterinäruntersuchungsamt Mittelhessen
siehe B 599

Mecklenburg-Vorpommern

• B 557

Landesveterinär- und Lebensmitteluntersuchungsamt Rostock
Thierfelderstr. 18, 18059 Rostock
T: (0381) 40 35-0 **Fax:** 4 00 15 10
E-Mail: LVLMU@t-online.de
Direktor(in): Dr. Hartmut Kiupel

Niedersachsen

• B 558

Staatliches Lebensmitteluntersuchungsamt Braunschweig
Postf. 45 18, 38035 Braunschweig
Dresdenstr. 2 u. 6, 38124 Braunschweig
T: (0531) 68 04-0 **Fax:** 68 04-101
Leitung: Ltd. ChemDir. Dr. Hans-Joachim Kleinau (LmCh.)

• B 559

Staatliches Bedarfsgegenständeuntersuchungsamt Lüneburg
Am Alten Eisenwerk 2A, 21339 Lüneburg
T: (04131) 15 10 00 **Fax:** 15 10 03
Leitung: Dr. Hans-Jürgen Prehn (auch Ltg. Presseabt.)
Mitarbeiter: 65

• B 560

Staatliches Lebensmitteluntersuchungsamt Oldenburg
Kranbergstr. 55, 26123 Oldenburg
T: (0441) 98 03-0 **Fax:** 9 80 31 21
Leitung: Dr. Manfred Ende

Nordrhein-Westfalen

• B 561

Chemisches- und Lebensmitteluntersuchungsamt der Stadt Aachen
52058 Aachen
Blücherplatz 43, 52068 Aachen
T: (0241) 5 10 21 00 **Fax:** 50 52 96
Leitung: Ltd.Chem.Dir. Eckart Goldschmidt
Mitarbeiter: ca. 41

• B 562

Chemisches Untersuchungsamt der Stadt Bielefeld
Oststr. 55, 33604 Bielefeld
T: (0521) 51-26 56 **Fax:** 51-33 86
Leitung: Dr. Wilfried Hackmann

• B 563

Chemisches Untersuchungsamt der Stadt Bochum
Carolinenglückstr. 27, 44793 Bochum
T: (0234) 9 10-87 12, 9 10-87 23 **Fax:** 9 10-87 35
Teletex: 234 332
Leitung: Ltd. StChemDir. Dr. Ralf Turley

• B 564

Stadt Bonn
Amt für Umweltschutz und Lebensmitteluntersuchung
53103 Bonn
Engeltalstr. 4, 53111 Bonn
T: (0228) 77 24 38 **Fax:** 77 39 56
Leitung: Ltd. ChemDir. Prof. Dr. Ulrich Bauer

• B 565

Chemisches und Lebensmitteluntersuchungsamt der Stadt Dortmund
Hövelstr. 8, 44137 Dortmund
T: (0231) 50-23646 **Fax:** 50-23651
Institutsleiter: Hennig

• B 566

Chemisches Untersuchungsinstitut der Stadt Duisburg
-im Amt für kommunalen Umweltschutz
47049 Duisburg
Wörthstr. 120, 47053 Duisburg
T: (0203) 2 83 59 09 **Fax:** 2 83 79 99
Fachgebietsltr: Norbert Vreden

• B 567

Chemisches und Geowissenschaftliches Institut der Städte Essen und Oberhausen
Lichtstr. 3, 45127 Essen
T: (0201) 88-59300, 23 55 67 **Fax:** 88-59320
Leitung: LtdStChemDir. Dr. Joachim Schwermann

• B 568

Chemisches Untersuchungsamt der Stadt Hagen
Postf. 42 49, 58042 Hagen
Pappelstr. 1, 58099 Hagen
T: (02331) 2 07 47 15-16 **Fax:** 2 07-24 54
Leitung: Ltd. ChemDir. Dr. Jürgen Hild

• B 569

Chemisches Untersuchungsamt der Stadt Hamm
Sachsenweg 6, 59073 Hamm
T: (02381) 17-85 00 **Fax:** 17-22 53
T-Online-Teilnehmer: (02381) 17
E-Mail: brockmann@stadt.hamm.de
Zuständigkeitsbereich: Stadt Hamm, Hochsauerlandkreis und die Kreise Soest und Unna
Leiterin: Ltd. städt. Chemiedirektorin Anneliese Brockmann

• B 570

Chemisches Untersuchungsamt der Stadt Krefeld
Bismarckstr. 51, 47799 Krefeld
T: (02151) 86-2440 **Fax:** 86-2450
Leitung: Dr. Friedrich Reinhold

• B 571

Chemisches Untersuchungsinstitut
Düsseldorfer Str. 153, 51379 Leverkusen
T: (0214) 4 06-32 61 **Fax:** 4 06-32 62
Leitung: Dagmar Pauly-Mundegar

• B 572

Lebensmittelüberwachungs- und chemisches Untersuchungsamt des Kreises Mettmann
Düsseldorfer Str. 26, 40822 Mettmann
T: (02104) 99-0
Leitung: Franke Zipf

• B 573

Chemisches Landes- und Staatliches Veterinäruntersuchungsamt
Postf. 19 80, 48007 Münster
Sperlichstr. 19, 48151 Münster
T: (0251) 98 21-0 **Fax:** 98 21-2 50
E-Mail: poststelle@cvua.nrw.de
Leitung: Ltd.Reg.Chem.Dir. Dr. Axel Preuß

• B 574

Chemisches Untersuchungsamt des Kreises Viersen
Postf. 20 44, 41307 Nettetal
Königspfad 7, 41334 Nettetal
T: (02157) 60 13 **Fax:** 13 22 51
Leitung: KrChemDir. Klaus Fanslau

• **B 575**

Chemisches und Lebensmittel-Untersuchungsamt für die Stadt Mönchengladbach und den Kreis Neuss
Königstr. 32-34, 41460 Neuss
T: (02131) 9 28-0 **Fax:** 92 86 70
Leitung: Ltd. ChemDir. Nikolaus Henrichs

• **B 576**

Chem.- u. Lebensmittel-Untersuchungsamt des Kreises Paderborn
Postf. 19 40, 33049 Paderborn
Aldegreverstr. 10-14, 33102 Paderborn
T: (05251) 30 83 59 **Fax:** 3 08-3 88
Gründung: 1970
Leitung: Dr. Ditmar Stauff
Mitarbeiter: 25 + 6 Auszub.

• **B 577**

Staatliches Amt für Arbeitsschutz Recklinghausen
Hubertusstr. 13, 45657 Recklinghausen
T: (02361) 5 81-0 **Fax:** 1 61 59

Rheinland-Pfalz

• **B 578**

Landesuntersuchungsamt Rheinland-Pfalz Institut für Lebensmittelchemie
Neversstr. 4-6, 56068 Koblenz
T: (0261) 3 91-1 **Fax:** 3 91-2 65
Leitung: N.N.

• **B 579**

Landesuntersuchungsamt Rheinland-Pfalz Institut für Lebensmittelchemie und Arzneiprüfung
Emy-Roeder-Str. 1, 55129 Mainz
T: (06131) 55 78-0 **Fax:** 55 78-950
Leitung: Ltd. Chemiedirektor Klaus Dunkel

• **B 580**

Landesuntersuchungsamt Institut für Lebensmittelchemie
Postf. 12 06, 67322 Speyer
Nikolaus-von-Weis-Str. 1, 67346 Speyer
T: (06232) 65 21-0 **Fax:** 65 21-95
Leitung: Ltd. ChemDir. Dr. Reinhard Ristow

• **B 581**

Chemisches Untersuchungsamt
Maximineracht 11a, 54295 Trier
T: (0651) 14 46-0 **Fax:** 2 10 28
Leitung: Ltd.ChemDir. Dr. Herbert Otteneder
Mitarbeiter: 64

Saarland

• **B 582**

Staatliches Institut für Gesundheit und Umwelt (SIGU)
Abt. G. Lebensmittelchemie, Arzneimittel
Postf. 10 24 21, 66024 Saarbrücken
Charlottenstr. 7, 66119 Saarbrücken
T: (0681) 58 65-7 01 **Fax:** 58 65-7 27
Abt.Leiter: Chemiedir. Dr. Peter Collet

Sachsen-Anhalt

• **B 583**

Landesveterinär- und Lebensmitteluntersuchungsamt Halle
Postf. 20 08 57, 06009 Halle
Freiimfelder Str. 66-68, 06112 Halle
T: (0345) 56 43-0 **Fax:** 56 43-439
E-Mail: Poststelle@lvluahal.mllsa-net.de
Leiter: Dr. habil. Roland Körber

• **B 584**

Landesveterinär- und Lebensmitteluntersuchungsamt Sachsen-Anhalt
Außenstelle Stendal
Postf. 10 14 61, 39554 Stendal
Haferbreiter Weg 132-135, 39576 Stendal
T: (03931) 6 31-0 **Fax:** 6 31-153
E-Mail: poststelle@lvluasdl.ml.lsa-net.de
Leitung: Dr. habil. Roland Körber

Schleswig-Holstein

• **B 585**

Lebensmittel- und Veterinäruntersuchungsamt des Landes Schleswig-Holstein
Max-Eyth-Str. 5, 24537 Neumünster
T: (04321) 9 04-5 **Fax:** 9 04-619

b 586

Lebensmittel- und Veterinäruntersuchungsamt des Landes Schleswig-Holstein Außenstelle Lübeck
Katharinenstr. 35, 23554 Lübeck
T: (0451) 4 84 70-0 **Fax:** 4 84 70-34

b 587

Lebensmittel- und Veterinäruntersuchungsamt des Landes Schleswig-Holstein Außenstelle Kiel
Eckernförder Str. 421, 24107 Kiel
T: (0431) 31 93 70 **Fax:** 3 19 37 21

Medizinaluntersuchungsämter

Baden-Württemberg

• **B 588**

Landesgesundheitsamt Baden-Württemberg
Wiederholdstr. 15, 70174 Stuttgart
T: (0711) 18 49-247 **Fax:** 18 49-2 42
Internet: http://www.landesgesundheitsamt.de
E-Mail: poststelle@lga.bwl.de
Gründung: 1898
Leitung: Prof. Dr.med.habil. Volker Hingst (Präsident)
Mitarbeiter: ca. 200

Bayern

• **B 589**

Landesuntersuchungsamt für das Gesundheitswesen Nordbayern
Postf. 25 09, 91013 Erlangen
Eggenreuther Weg 43, 91058 Erlangen
T: (09131) 7 64-0 **Fax:** 7 64-102
E-Mail: poststelle@lua-nordbayern.de
Präsident(in): Dr. Helge Burow

• **B 590**

Landesuntersuchungsamt für das Gesundheitswesen Südbayern
85762 Oberschleißheim
T: (089) 3 15 60-1 **Fax:** 3 15 60-4 25
Präsident(in): Dr. Dr. Peter Moritz

• **B 591**

Landesuntersuchungsamt für das Gesundheitswesen Nordbayern
Keplerstr. 16, 93047 Regensburg
T: (0941) 5 85 10 30 **Fax:** 58 51 03 20
Leitung: ChemDir. Böttger

Berlin

• **B 592**

Berliner Betrieb für Zentrale Gesundheitliche Aufgaben (BBGes)
IMH Institut für Mikrobiologie und Hygiene
Rubensstr. 111, 12157 Berlin
T: (030) 79 00 01-0 **Fax:** 79 00 01 11
Gründung: 1960
Leitung: Dir. Dr.med. Manfred Wundschock
Mitarbeiter: 100
Jahresetat: DM 13,0 Mio, € 6,65 Mio

Brandenburg

• **B 593**

Landesamt für Soziales und Versorgung -Landesgesundheitsamt Brandenburg-
Wünsdorfer Platz, 15838 Wünsdorf
T: (033702) 7-1100
Leitung: Dr. Gabriele Ellsäßer

• **B 594**

Hygieneinstitut Cottbus GmbH
Thiemstr. 104, 03050 Cottbus
T: (0355) 5 85 07-0 **Fax:** 5 85 07-52
Gründung: 1999 (06. Dezember)

Bremen

• **B 595**

Landesuntersuchungsamt für Chemie, Hygiene und Veterinärmedizin
siehe B 554

Hamburg

• **B 596**

Hygiene Institut Hamburg
Marckmannstr. 129a, 20539 Hamburg
T: (040) 4 28 37-0 **Fax:** 4 28 37-274
Internet: http://www.hygiene-institut-hamburg.de
E-Mail: hyginsthh@vossnet.de
Gründung: 1892
Geschäftsführer(in): Hans-Joachim Breetz
Wissenschaftl. Sprecher: Dr. Thomas Kühn
Leitung Presseabteilung: Regina Link
Mitarbeiter: 230 + 12 Lebensmittelchemiker-Praktikanten

Hessen

• **B 597**

Staatliches Medizinal-, Lebensmittel- und Veterinäruntersuchungsamt Nordhessen
Abt. Humanmedizin, Seuchen- und Umwelthygiene
34114 Kassel
Druseltalstr. 67, 34131 Kassel
T: (0561) 31 01-0 **Fax:** 31 01-242
Leitung: Med.Direktor Thomas Böhm

• **B 598**

Staatliches Medizinal-, Lebensmittel- und Veterinäruntersuchungsamt Mittelhessen
Abt. I (Humanmedizin)
Wolframstr. 33, 35683 Dillenburg
T: (02771) 3 40 16-19 **Fax:** 3 66 71
Leitung: Prof. Dr. E. Rauterberg

• **B 599**

Staatliches Medizinal-, Lebensmittel- und Veterinäruntersuchungsamt Mittelhessen
Postf. 10 08 55, 35338 Gießen
Marburger Str. 54, 35396 Gießen
T: (0641) 30 06-0 **Fax:** 30 06-18
E-Mail: mittel.hess@uamt.gi.shuttle.de
Leitung: Chem.-Dir. Prof. Dr. Hubertus Brunn

• **B 600**

Staatliches Medizinal-, Lebensmittel- und Veterinäruntersuchungsamt Südhessen
Postf. 55 45, 65045 Wiesbaden
Hasengartenstr. 24, 65189 Wiesbaden
T: (0611) 76 08-0 **Fax:** 71 35 15
Leitung: Ltd.VetDir. Dr. Friedrich Bert
Stellv. Leiter: MedDir. Dr. Peter Scheiber

Außenstellen:

b 601

Staatliches Medizinal-, Lebensmittel- und Veterinäruntersuchungsamt Südhessen Außenstelle Darmstadt
Wilhelminenstr. 2, 64283 Darmstadt
T: (06151) 12-56 25 **Fax:** 12-62 44
Leitung: MedDir. Dr. Peter Scheiber

b 602

Staatliches Medizinal-, Lebensmittel- und Veterinäruntersuchungsamt Südhessen Außenstelle Frankfurt
Deutschordenstr. 48, 60528 Frankfurt
T: (069) 67 80 20 **Fax:** 6 78 02 11
Leitung: VetDir. Dr. J. Frost

• **B 603**

Landeshygieneinstitut Rostock
Postf. 10 11 85, 18002 Rostock

Gertrudenstr. 11, 18057 Rostock
T: (0381) 4 95 53 00 **Fax:** 4 95 53 14
Direktor(in): Prof. Dr.med. Christel Hülße

• **B 604**

Landeshygieneinstitut Mecklenburg-Vorpommern - Außenstelle Schwerin -
Bornhövedstr. 78, 19055 Schwerin
T: (0385) 50 01-0 **Fax:** 50 01-118
Außenstellenleiter: Dr.rer.nat. Wilfried Puchert

Niedersachsen

• **B 605**

Niedersächsisches Landesgesundheitsamt Außenstelle Aurich
Postf. 17 40, 26587 Aurich
Lüchtenburger Weg 24, 26603 Aurich
T: (04941) 91 71-0 **Fax:** 91 71-10
Internet: http://homepages.emsnet.de/nlga-aur
E-Mail: nlga-aur@emsnet.de
Leitung: Dr.rer.nat. Ernst-August Heinemeyer

• **B 606**

Niedersächsisches Landesgesundheitsamt
Postf. 91 07 61, 30427 Hannover
Roesebeckstr. 4-6, 30449 Hannover
T: (0511) 45 05-0 **Fax:** 45 05-1 40
Leitung: Präsident Prof. Dr.med. Adolf Windorfer

• **B 607**

Landesinstitut für den Öffentlichen Gesundheitsdienst des Landes Nordrhein-Westfalen
Postf. 20 10 12, 33548 Bielefeld
Westerfeldstr. 35-37, 33611 Bielefeld
T: (0521) 80 07-0 **Fax:** 80 07-2 00
Internet: http://www.loegd.nrw.de
Institutsdirektor: Dr. Helmut Brand
Mitarbeiter: 170

b 608

Landesinstitut für den Öffentlichen Gesundheitsdienst des Landes Nordrhein-Westfalen Standort Münster
Postf. 38 09, 48021 Münster
Von-Stauffenberg-Str. 36, 48151 Münster
T: (0251) 77 93-0 **Fax:** 77 93-220

• **B 609**

Hygiene-Institut des Ruhrgebiets
Postf. 10 12 45, 45812 Gelsenkirchen
Rotthauser Str. 19, 45879 Gelsenkirchen
T: (0209) 15 86-0 **Fax:** 1 58 61 06

Rheinland-Pfalz

• **B 610**

Medizinaluntersuchungsamt Koblenz
Postf. 20 14 60, 56014 Koblenz
Neversstr. 4-6, 56068 Koblenz
T: (0261) 39 12 80 **Fax:** 39 13 20
Leitung: Ltd.Medizinaldirektorin Dr.med. Ursula Massenkeil

• **B 611**

Landesuntersuchungsamt Institut für Hygiene und Infektionsschutz Landau
Bodelschwinghstr. 19, 76829 Landau
T: (06341) 8 63 80, 4 33 10-0 **Fax:** 8 53 99
Leitung: Ltd. MedDir. Dr. med. Wolf Rottmann

• **B 612**

Landesuntersuchungsamt Rheinland-Pfalz Institut für Hygiene und Infektionsschutz
Maximineracht 11b, 54295 Trier
T: (0651) 14 46-0
E-Mail: Mua.Trier@t-online.de
Leiterin: Dr. Maria M. Schmitt (Ärztin f. Mikrobiologie u. Infektionsepidemiologie)

Saarland

• **B 613**

Staatliches Institut für Gesundheit und Umwelt (SIGU)
Malstatter Str. 17, 66117 Saarbrücken
T: (0681) 58 65-0 **Fax:** 5 84 84 52
Internet: http://www.umwelt.saarland.de
E-Mail: poststelle@sigu.x400.saarland.de
Leitung: Dr.rer.nat. Gerhard Luther

Sachsen

• **B 614**

Landesuntersuchungsanstalt für das Gesundheits- und Veterinärwesen Sachsen
Postf. 20 02 74, 01192 Dresden
Reichenbachstr. 71-73, 01217 Dresden
T: (0351) 81 44-0 **Fax:** 81 44-4 97
Gründung: 1992 (1. Januar)
Präsident(in): Dr.rer.nat. Bernd Schlegel (Standorte: Chemnitz, Dresden, Leipzig)
Mitarbeiter: 642

Sachsen-Anhalt

• **B 615**

Hygieneinstitut Sachsen-Anhalt
Postf. 17 48, 39007 Magdeburg
Wallonerberg 2-3, 39104 Magdeburg
T: (0391) 53 77-0 **Fax:** 53 77-103
Gründung: 1906
Direktor(in): Doz. Dr.med.habil. Bernd Thriene
Mitarbeiter: 150

Schleswig-Holstein

• **B 616**

Medizinaluntersuchungsamt Kiel
Brunswiker Str. 4, 24105 Kiel
T: (0431) 5 97-3270, 5 97-3300 **Fax:** 5 97-3328, 5 97-2216
Leitung: Prof. Dr. Knut-Olaf Gundermann
Prof. Dr. Uwe Ullmann

• **B 617**

Medizinaluntersuchungsamt bei der Med. Universität zu Lübeck
Ratzeburger Allee 160, 23562 Lübeck
T: (0451) 5 00-2800 **Fax:** 5 00-2749
Internet: http://www.hygiene.mu-luebeck.de
E-Mail: solbach@hygiene.mu-luebeck.de
Prof. Dr.med. Werner Solbach (Institut f. Med. Mikrobiologie und Hygiene, Med. Universität zu Lübeck, Ratzeburger Allee 160, 23538 Lübeck, T: (0451) 5 00-28 00, Fax: (0451) 5 00-27 49)

Thüringen

• **B 618**

Thüringer Medizinal-, Lebensmittel- und Veterinäruntersuchungsamt (TMLVUA)
Postf. 10 16, 99021 Erfurt
Juri-Gagarin-Ring 124, 99084 Erfurt
T: (0361) 3 78-00 (Behördenzentrale), 3 78-8800 (Zentrale)
Fax: 3 78-8801
E-Mail: tmlvua.erfurt@t-online.de
Direktor(in): Dr.med. habil. Wolfgang Hühn

Finanzgerichte

Baden-Württemberg

• **B 619**

Finanzgericht Baden-Württemberg
Postf. 10 01 08, 76231 Karlsruhe
Moltkestr. 80, 76133 Karlsruhe
T: (0721) 9 26-0 **Fax:** 9 26 35 59
Präsident(in): Dr. Kopei

b 620

Finanzgericht Baden-Württemberg Außensenate Freiburg
Postf. 52 80, 79019 Freiburg
Gresserstr. 21, 79102 Freiburg
T: (0761) 2 07 24-0 **Fax:** 2 07 24-200

b 621

Finanzgericht Baden-Württemberg Außensenate Stuttgart
Postf. 10 14 16, 70013 Stuttgart
Gutenbergstr. 109, 70197 Stuttgart
T: (0711) 66 85-0 **Fax:** 66 85-166

Bayern

• **B 622**

Finanzgericht München
Postf. 86 03 60, 81630 München
Ismaninger Str. 95, 81675 München
T: (089) 9 29 89-0 **Fax:** 45 50 46 00
TGR: Finanzgericht München
Präsident(in): Dr. Michael Wolf

• **B 623**

Finanzgericht Nürnberg
Deutschherrnstr. 8, 90429 Nürnberg
T: (0911) 2 70 76-0 **Fax:** 2 70 76-24
Präsident(in): Dr. Peter Glanegger

Berlin

• **B 624**

Finanzgericht Berlin
Schönstedtstr. 5, 13357 Berlin
T: (030) 90 15 60 **Fax:** 90 15 63 46
Präsident(in): Dr. Herbert Bültmann

Brandenburg

• **B 625**

Finanzgericht des Landes Brandenburg
Postf. 10 04 65, 03004 Cottbus
Von-Schön-Str. 10, 03050 Cottbus
T: (0355) 49 91-6100 **Fax:** 49 91-6199
Präsident(in): Wolfram Hartig

Bremen

• **B 626**

Finanzgericht Bremen
Schillerstr. 10, 28195 Bremen
T: (0421) 3 61 22 97 **Fax:** 36 11 00 29
Präsident(in): Hans-Jürgen Ziemann
Mitglieder: 7

Hamburg

• **B 627**

Finanzgericht Hamburg
Oberstr. 18D 1. Stock (Hochhaus), 20144 Hamburg
T: (040) 4 28 01-0 **Fax:** 4 28 01-2750
TGR: Finanzgericht Hamburg, Oberstr. 18 d
Präsident(in): Dr. Jan Grotheer

Hessen

• **B 628**

Hessisches Finanzgericht
Postf. 10 17 40, 34017 Kassel
Königstor 35, 34117 Kassel
T: (0561) 72 06-0 **Fax:** 72 06-1 11
Präsident(in): Manfred Stremplat

Mecklenburg-Vorpommern

• **B 629**

Finanzgericht Mecklenburg-Vorpommern
Lange Str. 2a, 17489 Greifswald
T: (03834) 7 95-0 **Fax:** 7 95-228
Präsident(in): Gerhard Völker

Niedersachsen

• **B 630**

Niedersächsisches Finanzgericht
Hermann-Guthe-Str. 3, 30519 Hannover
T: (0511) 84 08-0 **Fax:** 84 08-4 99
Präsident(in): Prof. Dr. Siegbert F. Seeger

Nordrhein-Westfalen

• B 631

Finanzgericht Düsseldorf
Postf. 10 23 53, 40014 Düsseldorf
Ludwig-Erhard-Allee 21, 40227 Düsseldorf
T: (0211) 77 70-1549 **Fax:** 77 70-2600
Präsident(in): Helmut Plücker
Pressesprecher: Dr. von Beckerath (Vorsitzender Richter am Finanzgericht)
Mitarbeiter: ca. 150

• B 632

Finanzgericht Köln
Appellhofplatz, 50667 Köln
T: (0221) 20 66-0 **Fax:** 20 66-420
Präsident(in): Dr. Jürgen Schmidt-Troje
Leitung Presseabteilung: Vizepräsidentin des FG Dr. Schaumburg

• B 633

Finanzgericht Münster
Postf. 27 69, 48014 Münster
Warendorfer Str. 70, 48145 Münster
T: (0251) 3 78 40 **Fax:** 3 78 41 00
Präsident(in): Hartmut Reim
Leitung Presseabteilung: VorsRaFG Prof. Dr. Torsten Ehmcke

Rheinland-Pfalz

• B 634

Finanzgericht Rheinland-Pfalz
Robert-Stolz-Str. 20, 67433 Neustadt
T: (06321) 40 10 **Fax:** 40 13 55
Präsident(in): Dr. Horst Kröger
Geschäftsleiter: Oberregierungsrat Becker
Presseabteilung: Richter am Finanzgericht Lind

Saarland

• B 635

Finanzgericht des Saarlandes
Hardenbergstr. 3, 66119 Saarbrücken
T: (0681) 5 01-55 42 **Fax:** 5 01-55 95
Präsident(in): Hansjürgen Schwarz
Vizepräsident(in): Dr. Axel Schmidt-Liebig
Geschäftsstellenleiter: Walter Jost

Sachsen

• B 636

Sächsisches Finanzgericht
Käthe-Kollwitz-Str. 1, 04109 Leipzig
T: (0341) 7 02 30-0 **Fax:** 7 02 30-99
Präsident(in): Dr. Thomas Pfeiffer

Sachsen-Anhalt

• B 637

Finanzgericht des Landes Sachsen-Anhalt
Postf. 18 07, 06815 Dessau
Antoinettenstr. 37, 06844 Dessau
T: (0340) 2 02-0 **Fax:** 2 02-23 04
Präsident(in): Detlef Schröder

Schleswig-Holstein

• B 638

Schleswig-Holsteinisches Finanzgericht
Beselerallee 39-41, 24105 Kiel
T: (0431) 9 88-0 **Fax:** 9 88-3846
Präsident(in): Christian Schulze-Anné

Thüringen

• B 639

Thüringer Finanzgericht
Postf. 10 05 64, 99855 Gotha
Bahnhofstr. 3a, 99867 Gotha
T: (03621) 43 20 **Fax:** 4 32-299
Präsident(in): Elmar Schuler

Landesarbeitsgerichte

Baden-Württemberg

• B 640

Landesarbeitsgericht Baden-Württemberg
Rosenbergstr. 16, 70174 Stuttgart
T: (0711) 66 73-0 **Fax:** 29 43 49
Internet: http://www.s-line.de/homepages/lagbw
E-Mail: lagbw@z.zgs.de
Präsident(in): Manfred Baur
Geschäftsleiter: Oberregierungsrat Roland Schiffner

Bayern

• B 641

Landesarbeitsgericht München
Postf. 40 01 80, 80701 München
Winzererstr. 104, 80797 München
T: (089) 3 06 19-0 **Fax:** 3 06 19-2 11
Präsident(in): Peter Mayer

• B 642

Landesarbeitsgericht Nürnberg
Postf. 81 04 80, 90249 Nürnberg
Roonstr. 20, 90429 Nürnberg
T: (0911) 9 28-0 **Fax:** 9 28 27 50
Internet: http://www.stmas.bayern.de/arbge/lagn
Präsident(in): Engelbert Heider

Berlin

• B 643

Landesarbeitsgericht Berlin
Magdeburger Platz 1, 10785 Berlin
T: (030) 9 01 71-0 **Fax:** 9 01 71-2 22/-3 33
Präsident(in): Karin Aust-Dodenhoff

Brandenburg

• B 644

Landesarbeitsgericht Brandenburg
Zeppelinstr. 136, 14471 Potsdam
T: (0331) 98 17-0 **Fax:** 98 17-2 50

Bremen

• B 645

Landesarbeitsgericht Bremen
Parkallee 79, 28209 Bremen
T: (0421) 3 61 63 71 **Fax:** 3 61 65 79
Präsident(in): Martin Bertzbach

Hamburg

• B 646

Landesarbeitsgericht Hamburg
Postf. 76 07 20, 22057 Hamburg
Osterbekstr. 96, 22083 Hamburg
T: (040) 4 28 63-5704 **Fax:** 4 28 63-5812
Präsident(in): Henning Kirsch

Hessen

• B 647

Hessisches Landesarbeitsgericht
Postf. 18 03 20, 60084 Frankfurt
Adickesallee 36, 60322 Frankfurt
T: (069) 15 35-0 **Fax:** 15 35-5 38
Präsident(in): Hilger Keil

Mecklenburg-Vorpommern

• B 648

Landesarbeitsgericht Mecklenburg-Vorpommern
August-Bebel-Str. 15, 18055 Rostock
T: (0381) 24 12 12 **Fax:** 24 13 54

Niedersachsen

• B 649

Landesarbeitsgericht Niedersachsen
Siemensstr. 10, 30173 Hannover
T: (0511) 80 70 80 **Fax:** 8 07 08 25
Präsident(in): Prof. Dr. Gert-Albert Lipke

Nordrhein-Westfalen

• B 650

Landesarbeitsgericht Düsseldorf
Postf. 10 34 44, 40025 Düsseldorf
Ludwig-Erhard-Allee 21, 40227 Düsseldorf
T: (0211) 77 70-0 **Fax:** 77 70-1 99
Präsidentin: Angela Lemppenau-Krüger
Geschäftsleiterin: ORR'in Johanna Pascha

• B 651

Landesarbeitsgericht Hamm
Marker Allee 94, 59071 Hamm
T: (02381) 8 91-1 **Fax:** 8 91-2 83
Präsident(in): Alfons Pieper
Geschäftsleiter: ROAR Leckelt
Pressesprecher: VRLAG Schulte (Tel.-Durchwahl: 89 1-382)

• B 652

Landesarbeitsgericht Köln
Blumenthalstr. 33, 50670 Köln
T: (0221) 77 40-0 **Fax:** 77 40-3 56
Präsident(in): Dr. Udo Isenhardt

Rheinland-Pfalz

• B 653

Landesarbeitsgericht Rheinland-Pfalz
Postf. 30 30, 55020 Mainz
Ernst-Ludwig-Str. 1, 55116 Mainz
T: (06131) 1 41-0 **Fax:** 1 41-9506
Präsident(in): Prof. Dr. Klaus Schmidt
Leitung Presseabteilung: Vors. Richter a. LAG Schäfer
Vors. Richter a. LAG Carlé

Saarland

• B 654

Landesarbeitsgericht Saarland
Obere Lauerfahrt 10, 66121 Saarbrücken
T: (0681) 5 01-36 03, 5 01-36 04 **Fax:** 50 1-36 07
Präsident(in): Volker Degel

Sachsen

• B 655

Sächsisches Landesarbeitsgericht
Zwickauer Str. 54, 09112 Chemnitz
T: (0371) 91 12-0 **Fax:** 91 12-222

Sachsen-Anhalt

• B 656

Landesarbeitsgericht Sachsen-Anhalt
Justizzentrum Halle:
Hausanschrift
Thüringer Str. 16, 06112 Halle
T: (0345) 2 22-0 **Fax:** 2 20-2239, 2 20-2240

Schleswig-Holstein

• B 657

Landesarbeitsgericht Schleswig-Holstein
Deliusstr. 22, 24114 Kiel
T: (0431) 6 04-0 **Fax:** 6 04-41 00
Präsident(in): Prof. Dr. Ninon Colneric

Thüringen

• B 658

Thüringer Landesarbeitsgericht
Walkmühlstr. 1a, 99084 Erfurt
T: (0361) 37 75-300 **Fax:** 37 75-208

Landessozialgerichte und Sozialgerichte

Landessozialgerichte

• **B 659**

Landessozialgericht Baden-Württemberg
Postf. 10 29 44, 70025 Stuttgart
Hauffstr. 5, 70190 Stuttgart
T: (0711) 9 21-0 **Fax:** 9 21-20 00
Präsident: Rank
Geschäftsleiter: Scholl

• **B 660**

Bayerisches Landessozialgericht
Ludwigstr. 15, 80539 München
T: (089) 23 67-1 **Fax:** 23 67-290
Internet: http://www.baylsg.de
Präsident(in): Klaus Brödl
Vizepräsident(in): Dr. Helmut Göppel
Geschäftsltd. Beamtin: Monika Bäuerlein
Leitung Presseabteilung: VRiBayLSG Rainer Rühling

Bayerisches Landessozialgericht Zweigstelle Schweinfurt
Luitpoldstr. 66, 97421 Schweinfurt
T: (09721) 91-4949 **Fax:** 91-4991

• **B 661**

Landessozialgericht Berlin
Invalidenstr. 52, 10557 Berlin
T: (030) 9 01 65-0 **Fax:** 9 01 65-248
Präsident(in): Adelheid Harthun-Kindl
Geschäftsleiter: Peter Klinke

• **B 662**

Landessozialgericht für das Land Brandenburg
Zeppelinstr. 136, 14471 Potsdam
T: (0331) 9 81 85 **Fax:** 9 81 84 50
Internet: http://www.sozialgerichtsbarkeit.de
E-Mail: lsgbb@brandenburg.de

• **B 663**

Landessozialgericht Bremen
Contrescarpe 32, 28203 Bremen
T: (0421) 3 61 43 05 **Fax:** 3 61 43 07
Präsident(in): N.N.
Geschäftsleiter: Manfred Hindenburg

• **B 664**

Landessozialgericht Hamburg
Kapstadtring 1, 22297 Hamburg
T: (040) 4 28 40-0 **Fax:** 4 28 40-5770
Präsident(in): Dr. Anke Schafft-Stegemann (Ltg. Presseabt.)
Geschäftsleiterin: Simone Rentner

• **B 665**

Hessisches Landessozialgericht
Steubenplatz 14, 64293 Darmstadt
T: (06151) 8 04-01 **Fax:** 8 04-3 50
Präsident(in): Bernd Wiegand
Verw.-Dezernent: ROR Körting

• **B 666**

Landessozialgericht Mecklenburg-Vorpommern
Postf. 19 23, 17009 Neubrandenburg
Hauerweg 4, 17036 Neubrandenburg
T: (0395) 7 69 77-0 **Fax:** 7 69 77-88
Präsident(in): Dr. Siegfried Wiesner
Leitung Presseabteilung: Axel Wagner

• **B 667**

Landessozialgericht Niedersachsen
Georg-Wilhelm-Str. 1, 29223 Celle
T: (05141) 96 20 **Fax:** 96 22 00
Präsident(in): Monika Paulat
Geschäftsl. Beamter: Justizoberamtsrat Horst Heyer
Pressedezernent: Richter am LSG Dieter Schreck

• **B 668**

Landessozialgericht Nordrhein-Westfalen
Postf. 10 24 43, 45024 Essen
Zweigertstr. 54, 45130 Essen
T: (0201) 79 92-1 **Fax:** 79 92-354, 79 92-302
Internet: http://www.lsg.nrw.de
Präsident(in): Dr. Jürgen Brand
Geschäftsleiter: ROA Rätin Imberg

• **B 669**

Landessozialgericht Rheinland-Pfalz
Postf. 30 30, 55020 Mainz
Ernst-Ludwig-Str. 1, 55116 Mainz
T: (06131) 1 41-0 **Fax:** 1 41-5000
Präsident(in): Ralf Bartz
Leitung Presseabteilung: Gudrun Büchel

• **B 670**

Landessozialgericht für das Saarland
Egon-Reinert-Str. 4-6, 66111 Saarbrücken
T: (0681) 90 63-0 **Fax:** 90 63-2 00
Präsident(in): Gert Wernet
Geschäftsleiter: Koch

• **B 671**

Sächsisches Landessozialgericht
Parkstr. 28, 09120 Chemnitz
T: (0371) 23 95-0 **Fax:** 23 95-2 66
Präsident(in): Karl Ludwig Hierl

• **B 672**

Landessozialgericht Sachsen-Anhalt
Justizzentrum Halle
Thüringer Str. 16, 06112 Halle
T: (0345) 2 20-0 **Fax:** 2 20 21 03, 2 20 21 04
Präsidentin: Winkler

• **B 673**

Schleswig-Holsteinisches Landessozialgericht
Gottorfstr. 2, 24837 Schleswig
T: (04621) 86-0 **Fax:** 86 10 25
Präsident(in): Dr. Wolfgang Noftz
Geschäftsleiter: Justizoberamtsrat Jürgensen

• **B 674**

Thüringer Landessozialgericht
Karl-Marx-Platz 3, 99084 Erfurt
T: (0361) 3 77 54-00 **Fax:** 3 77 54-01
Präsident(in): Gunter Becker

Sozialgerichte

• **B 675**

Sozialgericht Aachen
Franzstr. 49, 52064 Aachen
T: (0241) 45 70 **Fax:** 45 72 01
Präsidentin: Irene Kornelia Kriebel

• **B 676**

Sozialgericht Altenburg
Postf. 16 62, 04590 Altenburg
T: (03447) 55 36 20 **Fax:** 55 36 11
Direktor(in): Fredy Drozd

• **B 677**

Sozialgericht Augsburg
Postf. 10 23 52, 86013 Augsburg
Holbeinstr. 12, 86150 Augsburg
T: (0821) 34 44-0 **Fax:** 34 44-200
Präsident(in): Georg Kießl

• **B 678**

Sozialgericht Aurich
Kirchstr. 15, 26603 Aurich
T: (04941) 95 38-0 **Fax:** 95 38 95
Dir. d. Sozialgerichts: Kiritz
Geschäftsleiter: Justizamtmann Jordan

• **B 679**

Sozialgericht Bayreuth
Ludwig-Thoma-Str. 7, 95447 Bayreuth
T: (0921) 5 93-0 **Fax:** 59 33 33
Präsident(in): Bernd Linstädt
Geschäftsleiter: Reg.-Amtsrat Thurn

• **B 680**

Sozialgericht Berlin
Invalidenstr. 52, 10557 Berlin
T: (030) 9 01 65-0 **Fax:** 9 01 65-248
Präsident(in): Klaus-Peter Wagner
Geschäftsleiter: Peter Klinke

• **B 681**

Sozialgericht Braunschweig
Postf. 42 65, 38032 Braunschweig
Wolfenbütteler Str. 2, 38102 Braunschweig
T: (0531) 4 88 15 00 **Fax:** 4 88 15 40
Teletex: 5 318 200
Direktor(in): DSG Hasenpusch
Geschäftsleiterin: Justizamtsrätin Fricke

• **B 682**

Sozialgericht Bremen
Contrescarpe 33, 28203 Bremen
T: (0421) 3 61 46 85 **Fax:** 3 61 69 11
Direktor(in): Barbara Buhl
Geschäftsleiter: Manfred Hindenburg

• **B 683**

Sozialgericht Chemnitz
Parkstr. 28, 09120 Chemnitz
T: (0371) 23 95-0 **Fax:** 23 95-143, 23 95-150,Verwaltung
Präsident(in): Richard Eichmayr

• **B 684**

Sozialgericht Cottbus
im Landesbehörden- und Gerichtszentrum
Postf. 10 12 42, 03012 Cottbus
Vom-Stein-Str. 28, 03050 Cottbus
T: (0355) 49 91-3120 **Fax:** 49 91-3113
Mitarbeiter: 21

• **B 685**

Sozialgericht Darmstadt
Steubenplatz 14, 64293 Darmstadt
T: (06151) 8 04-02 **Fax:** 8 04-1 99
Direktor(in): Wolfgang Endres

• **B 686**

Sozialgericht Dessau
Postf. 17 72, 06815 Dessau
Mariannenstr. 35, 06844 Dessau
T: (0340) 20 20 **Fax:** 2 02 17 20

• **B 687**

Sozialgericht Detmold
Postf. 25 65, 32715 Detmold
Richthofenstr. 3, 32756 Detmold
T: (05231) 70 40 **Fax:** 70 42 04
Präsident(in): Hardy Störmann

• **B 688**

Sozialgericht Dortmund
Ruhrallee 1-3, 44139 Dortmund
T: (0231) 5 41 51 **Fax:** 54 15-5 09
Gründung: 1954
Präsidentin: Dr. Brandts
Mitarbeiter: 187

• **B 689**

Sozialgericht Dresden
Löbtauer Str. 4, 01067 Dresden
T: (0351) 4 46-50 **Fax:** 4 46-5399
Präsident(in): Stefan Gasser

• **B 690**

Sozialgericht Düsseldorf
Ludwig-Erhard-Allee 21, 40227 Düsseldorf
T: (0211) 77 70-0 **Fax:** 77 70-2373
Präsident: Dr. Schäfer

• **B 691**

Sozialgericht Duisburg
Postf. 10 11 62, 47011 Duisburg
Mülheimer Str. 54, 47057 Duisburg
T: (0203) 30 05-0 **Fax:** 30 05-2 54
Präsident(in): Albert Stürmer

• **B 692**

Sozialgericht Frankfurt
- Gebäude C
Adickesallee 36, 60322 Frankfurt
T: (069) 15 35-0 **Fax:** 15 35-6 66
Präsident(in): Dr. Klaus Brückner

• **B 693**

Sozialgericht Frankfurt (Oder)
Eisenhüttenstädter Chaussee 48, 15236 Frankfurt
T: (0335) 5 53 82 50 **Fax:** 5 53 82 54

• **B 694**

Sozialgericht Freiburg
Postf. 51 49, 79018 Freiburg
Habsburgerstr. 127 (Zähringer Tor), 79104 Freiburg
T: (0761) 2 07 13-0
Präsident(in): Siegfried Köble
Vizepräsident(in): Peter Fleiner
Geschäftsleiter: Oberamtsrat Schwan

• **B 695**

Sozialgericht Fulda
Heinrich-von-Bibra-Platz 3, 36037 Fulda
T: (0661) 2 92-100 **Fax:** 2 92-111
Direktorin: Hedwig Vogel

• **B 696**

Sozialgericht Gelsenkirchen
Ahstr. 22, 45879 Gelsenkirchen
T: (0209) 17 88-0 **Fax:** 1 78 81 77
Präsident(in): Dr. Peter Lange

• **B 697**

Sozialgericht Gießen
Ostanlage 19, 35390 Gießen
T: (0641) 39 91-0 **Fax:** 39 91-50
Direktor(in): Peter Becker

• **B 698**

Sozialgericht Gotha
Bahnhofstr. 3a, 99867 Gotha
T: (03621) 43 20 **Fax:** 43 21 55
Direktor(in): Rudolf Bals-Rust

• **B 699**

Sozialgericht Halle
im Justizzentrum Halle
Postf. 10 02 55, 06141 Halle
Thüringer Str. 16, 06112 Halle
T: (0345) 2 20-0 **Fax:** 2 20-4000
Direktor(in): Ulrich

• **B 700**

Sozialgericht Hamburg
Kapstadtring 1, 22297 Hamburg
T: (040) 4 28 40-0 **Fax:** 4 28 40-5770
Präsident(in): Ipsen
Geschäftsleiterin: AR Simone Rentner
Leitung Presseabteilung: Präsident Ipsen

• **B 701**

Sozialgericht Hannover
Calenberger Esplanade 8, 30169 Hannover
T: (0511) 12 16-6 **Fax:** 1 21 67 01

• **B 702**

Sozialgericht Heilbronn
Postf. 31 62, 74021 Heilbronn
Erhardgasse 1, 74072 Heilbronn
T: (07131) 78 17-0 **Fax:** 78 17-11
Präsident(in): Dieterich
Geschäftsleiterin: Bauer

• **B 703**

Sozialgericht Hildesheim
Postf. 10 11 53, 31111 Hildesheim
Kreuzstr. 8, 31134 Hildesheim
T: (05121) 3 04-1 **Fax:** 3 04-5 12
Direktor(in): Reinhard Gottschalk
Geschäftsleiter: Justizamtsrat Frerichs

• **B 704**

Sozialgericht Itzehoe
Bergstr. 3, 25524 Itzehoe
T: (04821) 66-0 **Fax:** 66-2352
Direktor(in): Hengelhaupt

• **B 705**

Sozialgericht Karlsruhe
Postf. 56 29, 76038 Karlsruhe
Karl-Friedrich-Str. 13, 76133 Karlsruhe
T: (0721) 9 26 41 67 **Fax:** 9 26 41 68
Präsident(in): Heike Haseloff-Grupp

• **B 706**

Sozialgericht Kassel
Postf. 10 32 26, 34032 Kassel
Ständeplatz 23, 34117 Kassel
T: (0561) 7 09 36-0 **Fax:** 7 09 36-10
Direktor(in): Dieter Schäfer

• **B 707**

Sozialgericht Koblenz
Gerichtsstr. 5, 56068 Koblenz
T: (0261) 91 30-0 **Fax:** 91 30-45
Präsident(in): Ernst Merz

• **B 708**

Sozialgericht Köln
An den Dominikanern 2, 50668 Köln
T: (0221) 16 17-0 **Fax:** 16 17-1 60
Internet: http://www.lsg.nrw.de
Präsident(in): Martin Löns

• **B 709**

Sozialgericht Kiel
Deliusstr. 22, 24114 Kiel
T: (0431) 60 40 **Fax:** 6 04-42 16
Direktorin: R. Boockhoff
Geschäftsleiter: R. Neumann

• **B 710**

Sozialgericht Konstanz
Webersteig 5, 78462 Konstanz
T: (07531) 2 07-0 **Fax:** 20 71 99
Direktor(in): Dr. Walter Bauer
Geschäftsleiter: AR Norbert Menkhaus

• **B 711**

Sozialgericht Landshut
Seligenthaler Str. 10, 84034 Landshut
T: (0871) 85 28-02 **Fax:** 85 28-172
Präsident(in): Walter Zieglmeier

• **B 712**

Sozialgericht Leipzig
Berliner Str. 11, 04105 Leipzig
T: (0341) 5 95-70 **Fax:** 5 95-7111
Präsident(in): Franz-Josef Heigl

• **B 713**

Sozialgericht Lübeck
Eschenburgstr. 2, 23568 Lübeck
T: (0451) 3 71-0 **Fax:** 3 71-13 50/1359
Gerichtsleiter: Direktor Horst-Dieter Heye
Geschäftsleiter: Justizamtsrat Günter Dünow

• **B 714**

Sozialgericht Lüneburg
Postf. 26 60, 21316 Lüneburg
Lessingstr. 1, 21335 Lüneburg
T: (04131) 7 89 66-3 **Fax:** 7 89 66-40
E-Mail: poststelle@sg-lg.land-ni.dbp.de
Direktorin: Brinkmann
Geschäftsleiterin: Schütte

• **B 715**

Sozialgericht Magdeburg
Postf. 39 11 35, 39135 Magdeburg
Liebknechtstr. 65-91, 39110 Magdeburg
T: (0391) 6 06-5602 **Fax:** 6 06-5606
Präsident(in): Eckhard Krüger

• **B 716**

Sozialgericht Mainz
Postf. 30 30, 55020 Mainz
Ernst-Ludwig-Str. 1, 55116 Mainz
T: (06131) 14 10
Präsident: Clever
Geschäftsleiter: Justizamtsrat Steinmetz
Leitung Presseabteilung: Richterin a. Sozialgericht Heike Best

• **B 717**

Sozialgericht Mannheim
P 6 20-21, 68161 Mannheim
T: (0621) 2 92-0 **Fax:** 2 92-29 33
Präsidentin: Gabriele Wolpert-Kilian
Geschäftsleiter: Amtsrat Masen

• **B 718**

Sozialgericht Marburg
Gutenbergstr. 29, 35037 Marburg
T: (06421) 17 08-0 **Fax:** 17 08 50
Direktor(in): N. N.
Geschäftsleiter: Amtmann Opper

• **B 719**

Sozialgericht München
Richelstr. 11, 80634 München
T: (089) 1 30 62-0 **Fax:** 1 30 62-223
Präsident(in): Orgler
Leitung Presseabteilung: RiSG Lejeune

• **B 720**

Sozialgericht Münster
Postf. 71 20, 48038 Münster
Alter Steinweg 45, 48143 Münster
T: (0251) 5 10 23-0 **Fax:** 5 10 23-74
Internet: http://www.lsg.nrw.de
Präsident(in): Heinrich Stratmann

• **B 721**

Sozialgericht Neubrandenburg
Postf. 19 23, 17009 Neubrandenburg
Hauerweg 4, 17036 Neubrandenburg
T: (0395) 7 69 77-0 **Fax:** 7 69 77-88
Direktor(in): Birgit Freund

• **B 722**

Sozialgericht Neuruppin
Postf. 1, 16827 Alt Ruppin
Friedrichs-Engels-Str. 50, 16827 Alt Ruppin
T: (03391) 7 81 80 **Fax:** 78 18 41
Direktor(in): Uwe-Jens Krah

• **B 723**

Sozialgericht Nordhausen
Am alten Tor 8, 99734 Nordhausen
T: (03631) 6 12 20 **Fax:** 61 22 99
Direktor(in): Jürgen Fuchs

• **B 724**

Sozialgericht Nürnberg
Weintraubengasse 1, 90403 Nürnberg
T: (0911) 2 05 83-0 **Fax:** 2 41 93 03
Präsident(in): Artur Emmert
Vizepräsident(in): Rüdiger Hehl

• **B 725**

Sozialgericht Oldenburg
Schloßwall 16, 26122 Oldenburg
T: (0441) 2 20-6701 **Fax:** 2 20-6702

• **B 726**

Sozialgericht Osnabrück
Postf. 37 07, 49027 Osnabrück
An der Petersburg 6, 49082 Osnabrück
T: (0541) 95 72 50 **Fax:** 9 57 25 55
Direktor(in): Ruff
Geschäftsleiter: Justizamtsrat Pröhl

• **B 727**

Sozialgericht Potsdam
Rubensstr. 8, 14467 Potsdam
T: (0331) 2 71 88-0 **Fax:** 29 11 68
Direktor(in): R. Schmitt-Wenkebach

• **B 728**

Sozialgericht Regensburg
Safferlingstr. 23, 93053 Regensburg
T: (0941) 78 09-01 **Fax:** 78 09-5 35
Präsident(in): Kobler

• **B 729**

Sozialgericht Reutlingen
Postf. 25 42, 72715 Reutlingen
Schulstr. 11, 72764 Reutlingen
T: (07121) 9 40-0 **Fax:** 9 40-3300
Präsident(in): Dr. Schäfer
Vizepräsident(in): Dettweiler
Geschäftsleiter: Wachholz

• **B 730**

Sozialgericht Rostock
August-Bebel-Str. 15-20, 18055 Rostock
T: (0381) 2 41-0 **Fax:** 2 41-343
Direktor(in): Carla Gosch

• **B 731**

Sozialgericht für das Saarland
Postf. 10 18 63, 66018 Saarbrücken
Egon-Reinert-Str. 4-6, 66111 Saarbrücken
T: (0681) 90 63-0 **Fax:** 90 63-2 00
E-Mail: poststelle@sgfds.x400saarland.de

• **B 732**

Sozialgericht Schleswig
Gottorfstr. 2, 24837 Schleswig
T: (04621) 86-0 **Fax:** 86-1022
Direktor(in): Dr. Michael Neumann
Geschäftsleiterin: W. Dockhorn

• **B 733**

Sozialgericht Schwerin
Postf. 01 10 35, 19010 Schwerin
Wismarsche Str. 323, 19055 Schwerin
T: (0385) 54 04-0 **Fax:** 5 40 41 15

• B 734

Sozialgericht Speyer
Schubertstr. 2, 67346 Speyer
T: (06232) 6 60-0 **Fax:** 6 60-222
Präsident(in): Helmut Peter Koch

• B 735

Sozialgericht Stade
Postf. 19 40, 21659 Stade
Am Sande 4a, 21682 Stade
T: (04141) 4 06-04 **Fax:** 4 06-2 92
Direktor(in): Rudolf Overlach

• B 736

Sozialgericht Stendal
Postf. 10 12 41, 39552 Stendal
Am Dom 19, 39576 Stendal
T: (03931) 58-0 **Fax:** 58-1318
Direktor(in): Jürgen Jansen

• B 737

Sozialgericht Stralsund
Frankendamm 17, 18439 Stralsund
T: (03831) 2 05-0 **Fax:** 20 57 99

• B 738

Sozialgericht Stuttgart
Senefelderstr. 48, 70176 Stuttgart
T: (0711) 66 73-0 **Fax:** 66 73 78 61
Präsident(in): Denzinger
Geschäftsleiter: OAR Knaus

• B 739

Sozialgericht Suhl
Postf. 20 01 04, 98506 Suhl
Rimbachstr. 30, 98527 Suhl
T: (03681) 37 50 **Fax:** 37 51 18
Direktor(in): Lutz Wehrhahn

• B 740

Sozialgericht Trier
Dietrichstr. 13, 54290 Trier
T: (0651) 4 66-00 **Fax:** 4 66-853
Präsident(in): J. Rautert
Leitung Presseabteilung: Dr. Jürgen Olk
Mitarbeiter: 20

• B 741

Sozialgericht Ulm
Zeughausgasse 12, 89073 Ulm
T: (0731) 18 90 **Fax:** 1 89 24 19
Präsident(in): Gabriele Wurst

• B 742

Sozialgericht Wiesbaden
Frankfurter Str. 12, 65189 Wiesbaden
T: (0611) 3 90 25-28 **Fax:** 37 72 68
Direktor(in): Rolf Urbahn

• B 743

Sozialgericht Würzburg
Ludwigstr. 33, 97070 Würzburg
T: (0931) 30 87-0 **Fax:** 30 87-300
Präsident(in): G. Mathein
Vizepräsident(in): P. Arnold
Geschäftsführer(in): Reg. Amtsrat Mathiasch

Oberlandesgerichte

Baden-Württemberg

• B 744

Oberlandesgericht Karlsruhe
Hoffstr. 10, 76133 Karlsruhe
T: (0721) 9 26-0 **Fax:** 9 26-5003
Internet: http://www.olg-karlsruhe.de
Präsident(in): Dr. Werner Münchbach

• B 745

Oberlandesgericht Stuttgart
Postf. 10 36 53, 70031 Stuttgart
Ulrichstr. 10, 70182 Stuttgart
T: (0711) 2 12-0 **Fax:** 2 12-30 24
Präsident(in): Eberhard Stilz

Bayern

• B 746

Bayerisches Oberstes Landesgericht
Justizgebäude
Schleißheimer Str. 139, 80797 München
T: (089) 55 97-01 **Fax:** 55 97-1480
Präsident(in): Dr. Horst Tilch
Vizepräsident(in): Peter Gummer
Geschäftsleiter: ORR Günter Kramer

• B 747

Oberlandesgericht Bamberg
Wilhelmsplatz 1, 96047 Bamberg
T: (0951) 8 33-0 **Fax:** 8 33-1230
Präsident(in): Prof. Dr. Reinhard Böttcher

• B 748

Oberlandesgericht München
Prielmayerstr. 5, 80335 München
T: (089) 55 97 02 **Fax:** 55 97 35 70 + 55 97 35 75
Präsident(in): Hildegund Holzheid

• B 749

Oberlandesgericht Nürnberg
Fürther Str. 110, 90429 Nürnberg
T: (0911) 3 21-01 **Fax:** 3 21-25 60
Teletex: 9 118 255 stanbg
Internet: http://www.justiz.bayern.de/olgn
E-Mail: NVE@t-online.de
Präsident(in): Heinz Neusinger

Berlin

• B 750

Kammergericht
Elßholzstr. 30-33, 10781 Berlin
T: (030) 90 15-0 **Fax:** 90 15-2200
Präsidentin: Gisela Knobloch

Brandenburg

• B 751

Brandenburgisches Oberlandesgericht
Gertrud-Piter-Platz 11, 14770 Brandenburg
Präsident(in): Dr. Peter Macke

Bremen

• B 752

Hanseatisches Oberlandesgericht in Bremen
Sögestr. 62-64, 28195 Bremen
T: (0421) 3 61-0 **Fax:** 3 61-44 51
Präsident(in): Dr. Jörg Bewersdorf

Hamburg

• B 753

Hanseatisches Oberlandesgericht, Hamburg
Präsidialabteilung
Sievekingplatz 2, 20355 Hamburg
T: (040) 4 28 43-2007 **Fax:** 4 28 43-4097
Präsident(in): Wilhelm Rapp
Geschäftsleiterin: JOAR'in Bärbel Kneile

Hessen

• B 754

Oberlandesgericht Frankfurt
Friedrich-Ebert-Anlage 35, 60327 Frankfurt
T: (069) 13 67-01 **Fax:** 13 67-2340
Präsident(in): Brigitte Tilmann
Leitung Presseabteilung: Wolfgang Frank

Mecklenburg-Vorpommern

• B 755

Oberlandesgericht Rostock
- Ständehaus
Wallstr. 3, 18055 Rostock
T: (0381) 3 31-0 **Fax:** 4 59 09 91, 4 59 09 92

Niedersachsen

• B 756

Oberlandesgericht Braunschweig
Postf. 36 27, 38026 Braunschweig
Bankplatz 6, 38100 Braunschweig
T: (0531) 48 80 **Fax:** 4 88-26 64
Präsident(in): Manfred Flotho

• B 757

Oberlandesgericht Celle
Schloßplatz 2, 29221 Celle
T: (05141) 20 60 **Fax:** 20 62 08

• B 758

Oberlandesgericht Oldenburg
Postf. 24 51, 26014 Oldenburg
Richard-Wagner-Platz 1, 26135 Oldenburg
T: (0441) 2 20-0 **Fax:** 2 20-11 55
Internet: http://www.olg-oldenburg.de

Nordrhein-Westfalen

• B 759

Oberlandesgericht Düsseldorf
Cecilienallee 3, 40474 Düsseldorf
T: (0211) 49 71-0 **Fax:** 49 71-5 48
Präsident: Dr. Klaus Bilda

• B 760

Oberlandesgericht Hamm
59061 Hamm
Postf. 21 03, 59011 Hamm
Heßlerstr. 53, 59065 Hamm
T: (02381) 27 20 **Fax:** 27 25 18
Präsident(in): Gero Debusmann
Geschäftsleiter: Regierungsdirektor Rudolf Brilla

• B 761

Oberlandesgericht Köln
Reichenspergerplatz 1, 50670 Köln
T: (0221) 77 11-0 **Fax:** 77 11-7 00
Präsident(in): Dr. Armin Lünterbusch

Rheinland-Pfalz

• B 762

Oberlandesgericht Koblenz
Bibliothek
Stresemannstr. 1, 56068 Koblenz
T: (0261) 1 02-0 **Fax:** 1 02-673
Präsident(in): Dr. Heinz Georg Bamberger

Saarland

• B 763

Saarländisches Oberlandesgericht
Franz-Josef-Röder-Str. 15, 66119 Saarbrücken
T: (0681) 5 01-05 **Fax:** 5 01 52 56
Präsident(in): Prof. Dr. Roland Rixecker

• B 764

Pfälzisches Oberlandesgericht Zweibrücken
Schloßplatz 7, 66482 Zweibrücken
T: (06332) 8 05-0 **Fax:** 8 05-302
Präsident(in): Walter Dury

Sachsen

• B 765

Oberlandesgericht Dresden
Postf. 12 07 32, 01008 Dresden
Lothringer Str. 1, 01069 Dresden
Hausanschrift: Lothringer Str. 1, 01069 Dresden
T: (0351) 4 46-0 **Fax:** 4 46-3070

Sachsen-Anhalt

• B 766

Oberlandesgericht Naumburg
Domplatz 10, 06618 Naumburg
T: (03445) 2 80 **Fax:** 28 20 00
Präsident(in): Gertrud Neuwirth

Vizepräsident(in): Werner Zink
Leitung Presseabteilung: Dr. Günther Zettel

Schleswig-Holstein

• **B 767**

Schleswig-Holsteinisches Oberlandesgericht
Gottorfstr. 2, 24837 Schleswig
T: (04621) 8 60 **Fax:** 86 13 72
Präsident(in): Dietrich Mett

Thüringen

• **B 768**

Thüringer Oberlandesgericht
Postf. 10 01 38, 07701 Jena
Leutragraben 2-4, 07743 Jena
T: (03641) 3 07-0 **Fax:** 3 07-2 00, -5 00
Präsident(in): Dr. h.c. Hans-Joachim Bauer

Generalstaatsanwaltschaften

Baden-Württemberg

• **B 769**

Generalstaatsanwaltschaft Karlsruhe
Hoffstr. 10, 76133 Karlsruhe
T: (0721) 9 26-0 **Fax:** 9 26-5004
Generalstaatsanwalt: Günter Hertweck

• **B 770**

Generalstaatsanwaltschaft Stuttgart
Ulrichstr. 10, 70182 Stuttgart
T: (0711) 2 12-33 77 **Fax:** 2 12-33 83
Generalstaatsanwalt: Prof. Dr. Rolf Keller

Bayern

• **B 771**

Staatsanwaltschaft bei dem Oberlandesgericht Bamberg
Wilhelmsplatz 1, 96047 Bamberg
T: (0951) 8 33-0 **Fax:** 8 33-1440
Internet: http://home.t-online.de/home/gensta.bamberg
Generalstaatsanwalt: Dr. Roland Helgerth

• **B 772**

Staatsanwaltschaft bei dem Oberlandesgericht München
Nymphenburger Str. 16, 80335 München
T: (089) 55 97-08 **Fax:** 55 97-4125
Generalstaatsanwalt: Hermann Froschauer

• **B 773**

Staatsanwaltschaft bei dem Oberlandesgericht Nürnberg
Fürther Str. 110, 90429 Nürnberg
T: (0911) 3 21-0 **Fax:** 3 21-28 73
Generalstaatsanwalt: Dr. Heinz Stöckel
Vertreter: Ltd. Oberstaatsanwalt Konrad Beirle

Berlin

• **B 774**

Staatsanwaltschaft bei dem Kammergericht
Elßholzstr. 30-33, 10781 Berlin
T: (030) 90 15-0 **Fax:** 90 15-27 27
Generalstaatsanwalt: Dieter Neumann

Brandenburg

• **B 775**

Generalstaatsanwaltschaft des Landes Brandenburg
Kirchhofstr. 1-2, 14776 Brandenburg
T: (03381) 2 95-2 00 **Fax:** 2 95-2 10
Generalstaatsanwalt: Dr. Erardo Cristoforo Rautenberg
Leitung Presseabteilung: Dr. Rolf Grünebaum
Mitarbeiter: 42

Bremen

• **B 776**

Generalstaatsanwaltschaft Bremen
Richtweg 16-22, 28195 Bremen
T: (0421) 3 61-0 **Fax:** 3 61-40 81
Generalstaatsanwalt: Dr. Hans Janknecht

Hamburg

• **B 777**

Staatsanwaltschaft bei dem Hanseatischen Oberlandesgericht Hamburg
Gorch-Fock-Wall 15, 20355 Hamburg
T: (040) 4 28 43-0 **Fax:** 4 28 43-8 63
Generalstaatsanwalt: Dr. Arno Weinert

Hessen

• **B 778**

Staatsanwaltschaft bei dem Oberlandesgericht Frankfurt
60256 Frankfurt
Friedrich-Ebert-Anlage 35, 60327 Frankfurt
T: (069) 13 67-01 **Fax:** 13 67-84 68
Generalstaatsanwalt: Dr. Hans-Christoph Schaefer
Ständiger Vertreter d. Generalstaatsanwalts: Ltd. Oberstaatsanwalt Schroers
Leitung Presseabteilung: Hildegard Becker-Toussaint (Leitende Oberstaatsanwältin)

Mecklenburg-Vorpommern

• **B 779**

Der Generalstaatsanwalt
Postf. 10 62 40, 18010 Rostock
Patriotischer Weg 120a, 18057 Rostock
T: (0381) 4 56 05-0 **Fax:** 4 56 05-13
GenStaAnw: Uwe Martensen

Niedersachsen

• **B 780**

Generalstaatsanwaltschaft Braunschweig
Postf. 21 20, 38011 Braunschweig
Domplatz 1, 38100 Braunschweig
T: (0531) 4 88-0 **Fax:** 4 88-14 14
Generalstaatsanwalt: Jürgen Dehn

• **B 781**

Generalstaatsanwaltschaft Celle
Postf. 12 67, 29202 Celle
Schloßplatz 2, 29221 Celle
T: (05141) 2 06-0 **Fax:** 2 06-328

• **B 782**

Generalstaatsanwaltschaft Oldenburg
Mozartstr. 5, 26135 Oldenburg
T: (0441) 2 20-0 **Fax:** 2 20-4886
Generalstaatsanwalt: Horst Rudolf Finger

Nordrhein-Westfalen

• **B 783**

Generalstaatsanwaltschaft Düsseldorf
Sternwartstr. 31, 40223 Düsseldorf
T: (0211) 90 16-0 **Fax:** 90 16-200
Generalstaatsanwalt: Walter Selter

• **B 784**

Generalstaatsanwaltschaft Hamm
Postf. 15 71, 59005 Hamm
Heßlerstr. 53, 59065 Hamm
T: (02381) 27 20 **Fax:** 27 24 03
Generalstaatsanwalt: Lothar Sent

• **B 785**

Generalstaatsanwaltschaft Köln
Postf. 10 28 45, 50468 Köln
Reichenspergerplatz 1, 50670 Köln
T: (0221) 7 71 10 **Fax:** 77 11-4 18
Generalstaatsanwalt: Dr. Siegfried Coenen

Rheinland-Pfalz

• **B 786**

Generalstaatsanwaltschaft Koblenz
Josef-Görres-Platz 5-7, 56068 Koblenz
T: (0261) 3 04 48-0 **Fax:** 3 04 48-10
E-Mail: gstko@justiz.rlp.de
Generalstaatsanwalt: Norbert Weise

• **B 787**

Generalstaatsanwaltschaft Zweibrücken
Schloßplatz 7, 66482 Zweibrücken
T: (06332) 8 05-0 **Fax:** 8 05-3 52
Generalstaatsanwältin: Ursula Reichling

Saarland

• **B 788**

Generalstaatsanwaltschaft Saarbrücken
Zähringerstr. 8, 66119 Saarbrücken
T: (0681) 5 01-55 08 **Fax:** 5 01-55 37
Generalstaatsanwalt: Wolfgang Stephan
Leitender Oberstaatsanwalt: Peter Hirschmann
Geschäftsleiter: Justizamtsrat Fritz Kluge
Mitarbeiter: 8

Sachsen

• **B 789**

Staatsanwaltschaft bei dem Oberlandesgericht Dresden
Der Generalstaatsanwalt des Freistaates Sachsen
Albertstr. 4, 01097 Dresden
T: (0351) 4 46-29 00 **Fax:** 4 46-29 70
Generalstaatsanwalt: Dr. Jörg Schwalm
Geschäftsleiterin: M. Baum

Sachsen-Anhalt

• **B 790**

Generalstaatsanwaltschaft Naumburg
Theaterplatz 6, 06618 Naumburg
T: (03445) 2 80 **Fax:** 28 17 00
Generalstaatsanwalt: Jürgen Hoßfeld

Schleswig-Holstein

• **B 791**

Staatsanwaltschaft bei dem Schleswig-Holsteinischen Oberlandesgericht
Gottorfstr. 2, 24837 Schleswig
T: (04621) 86-0 **Fax:** 86-13 41
Generalstaatsanwalt: Erhard Rex

Thüringen

• **B 792**

Generalstaatsanwaltschaft Jena
Postf. 10 01 38, 07701 Jena
Leutragraben 2-4, 07743 Jena
T: (03641) 3 07-0 **Fax:** 3 07-4 44
Internet: http://www.thueringen.de/thgsta
E-Mail: thgsta@t-online.de
GStA: Winfried Schubert

Oberverwaltungsgerichte

• **B 793**

Verwaltungsgerichtshof Baden-Württemberg
Postf. 10 32 64, 68032 Mannheim
Schubertstr. 11, 68165 Mannheim
T: (0621) 2 92-0 **Fax:** 41 61 95
Präsident(in): Prof. Dr. Claus Meissner
Geschäftsleiter: Regierungsrat Peter Herzog
Leitung Presseabteilung: Dr. Günter Schnebelt
Stellvertreterin: Gudrun Schraft-Huber

• **B 794**

Bayerischer Verwaltungsgerichtshof
Postf. 34 01 48, 80098 München

Ludwigstr. 23, 80539 München
T: (089) 21 30-0 **Fax:** 21 30-320
Präsident(in): Prof. Dr. Johann Wittmann

• **B 795**
Oberverwaltungsgericht Berlin
Kirchstr. 7, 10557 Berlin
T: (030) 90 14-0 **Fax:** 90 14-88 08

• **B 796**
Oberverwaltungsgericht für das Land Brandenburg
Logenstr. 6, 15230 Frankfurt
T: (0335) 55 68-6 **Fax:** 55 68-888, 54 98 40
Präsident(in): Dieter Liebert

• **B 797**
Oberverwaltungsgericht der Freien Hansestadt Bremen
Osterdeich 17, 28203 Bremen
T: (0421) 3 61 21 90 **Fax:** 3 61-41 72
Präsident(in): Prof. Günter Pottschmidt

• **B 798**
Hamburgisches Oberverwaltungsgericht
Nagelsweg 37, 20097 Hamburg
T: (040) 4 28 54-0 **Fax:** 4 28 54-4086

• **B 799**
Hessischer Verwaltungsgerichtshof
Brüder-Grimm-Platz 1, 34117 Kassel
T: (0561) 1 00 70 **Fax:** 10 07-2 64
Präsident(in): Dr. Bernhard Heitsch
Verwaltungsleitung: Regierungsoberrat Horst Dingler

• **B 800**
Oberverwaltungsgericht Mecklenburg-Vorpommern
Postf. 31 61, 17461 Greifswald
Domstr. 7, 17489 Greifswald
T: (03834) 89 05-0 **Fax:** 89 05-39
Präsidentin: Hannelore Kohl
Vizepräsident(in): Helmut Wolf
Geschäftsleiter: ORegRat Niels D. Müller
Pressereferent: RiVG Eckart Corsmeyer

• **B 801**
Niedersächsisches Oberverwaltungsgericht
Postf. 23 71, 21313 Lüneburg
Uelzener Str. 40, 21335 Lüneburg
T: (04131) 7 18-0 **Fax:** 7 18-2 08
Präsident(in): Dr. Herwig van Nieuwland

• **B 802**
Oberverwaltungsgericht für das Land Nordrhein-Westfalen
Postf. 63 09, 48033 Münster
Aegidiikirchplatz 5, 48143 Münster
T: (0251) 5 05-0 **Fax:** 5 05-3 52
Präsident(in): Dr. Michael Bertrams

• **B 803**
Oberverwaltungsgericht Rheinland-Pfalz
Deinhardplatz 4, 56068 Koblenz
T: (0261) 13 07-0 **Fax:** 1 30 73 50
Präsident(in): Prof. Dr. Karl-Friedrich Meyer
Geschäftsleiter: Justizoberamtsrat Dany
Leitung Presseabteilung: ROVG Dr. Bier

• **B 804**
Oberverwaltungsgericht des Saarlandes
Postf. 20 06, 66720 Saarlouis
Prälat-Subtil-Ring 22, 66740 Saarlouis
T: (06831) 94 23-0 **Fax:** 94 23-144
Präsident(in): Karl-Heinz Friese

• **B 805**
Sächsisches Oberverwaltungsgericht
Postf. 17 28, 02607 Bautzen
Dr.-Peter-Jordan-Str. 19, 02625 Bautzen
T: (03591) 21 75-0 **Fax:** 21 75-50
Gründung: 1992 (30. Juni)
Präsident(in): Georg Häring
Leitung Presseabteilung: Michael Raden
Verbandszeitschrift: Jahrbücher des Sächsischen Oberverw.-G.
Redaktion: Georg Häring, Susanne Dahlke-Piel
Verlag: R. Boorberg
Mitarbeiter: 33

• **B 806**
Oberverwaltungsgericht des Landes Sachsen-Anhalt
Postf. 39 11 31, 39135 Magdeburg
Schönebecker Str. 67a, 39104 Magdeburg
T: (0391) 6 06-0 **Fax:** 6 06-70 32
Präsident(in): Dr. Gerd-Heinrich Kemper

• **B 807**
Schleswig-Holsteinisches Oberverwaltungsgericht
Brockdorff-Rantzau-Str. 13, 24837 Schleswig
T: (04621) 86 10 **Fax:** 86 12 77
Präsident(in): Hans-Joachim Schmalz
Udo
Pressestelle: Manfred Voswinkel

• **B 808**
Thüringer Oberverwaltungsgericht
Postf. 23 62, 99404 Weimar
Kaufstr. 2-4, 99423 Weimar
T: (03643) 2 06-0 **Fax:** 2 06-1 00
Präsident(in): Dr. Hans-Joachim Strauch
Vizepräsident(in): Harald Graef

Anwaltsgerichtshöfe und Anwaltsgerichte

• **B 809**
Anwaltsgerichtshof Baden-Württemberg
Ulrichstr. 10 (OLG), 70182 Stuttgart
T: (0711) 2 12-0
Präsident(in): RA Dr. Dieter Selb

b 810
Anwaltsgericht für den Bezirk der Rechtsanwaltskammer Freiburg
Gartenstr. 21, 79098 Freiburg
Geschäftsl. Vors: RA Dr. Klaus Graner

b 811
Anwaltsgericht für den Bezirk der Rechtsanwaltskammer Karlsruhe
Reinhold-Frank-Str. 72, 76133 Karlsruhe
Geschäftsl. Vors.: RA Dr. Roland Schibel

b 812
Anwaltsgericht für den Bezirk der Rechtsanwaltskammer Stuttgart
Gaisburgstr. 27, 70182 Stuttgart
Geschäftsl. Vors.: RA Dr. Roland Schmid

b 813
Anwaltsgericht für den Bezirk der Rechtsanwaltskammer Tübingen
Kirchplatz 12, 72379 Hechingen
Geschäftsl. Vors.: Dr. Kofler

• **B 814**
Bayerischer Anwaltsgerichtshof
Prielmayerstr. 5, 80335 München
T: (089) 55 97 24 64 **Fax:** 55 97 35 70
Präsident(in): RA Dr. Herbert Sernetz

b 815
Anwaltsgericht für den Bezirk der Rechtsanwaltskammer München
Justizpalast
Karlsplatz, 80335 München
T: (089) 59 83 80
Vorsitzende(r): RA Wolfgang Radmann (Geschäftsleitender Vorsitzender)

b 816
Anwaltsgericht für den Bezirk der Rechtsanwaltskammer Nürnberg
Fürther Str. 115 III, 90429 Nürnberg
T: (0911) 9 26 33-16 **Fax:** 9 26 33-46
Geschäftsl. Vors.: RA Dr. Hans Grohmann

b 817
Anwaltsgericht für den Bezirk der Rechtsanwaltskammer Bamberg
Friedrichstr. 7, 96047 Bamberg
T: (0951) 98 62 00
Vorsitzende(r): RA Hanno Stock

• **B 818**
Anwaltsgericht Berlin
Tegeler Weg 17-21, 10589 Berlin
T: (030) 3 44 20 37
Geschäftsl. Vors.: RA und Notar Wolfgang Trautmann

1. Kammer
Geschäftsleitung: RAinN Renate Elze (Vors.)
RA Dr. Thomas Baumeyer
RAin Margret Diwell
RA Dr. Axel Görg
RA, Notar Norbert Sixtus

2. Kammer
Geschäftsleitung: RA, Notar Nikolaus Ley (Vors.)
RAu.N Claus-Dieter Conrad
RA Georg Miggel
RAin Marion Ruhl
RA Notar Thomas Schmidt

3. Kammer
Geschäftsleitung: RA Notar Wolfgang Trautmann (Vors.)
RAu.N Jens Bock
RA Dr. Carl-Friedrich Wendt
RA Notar Wolf-Dieter Lewerenz
RAin Jutta Wagner

• **B 819**
Anwaltsgerichtshof der Freien Hansestadt Bremen
Sögestr. 62-64, 28195 Bremen
T: (0421) 3 61 45 22 **Fax:** 3 61-44 51
Präsident(in): RAuN Dr. Herbert Müffelmann

b 820
Anwaltsgericht für den Bezirk der Hanseatischen Rechtsanwaltskammer Bremen
Knochenhauerstr. 36-37, 28195 Bremen
T: (0421) 1 51 30
Geschäftsl. Vors.: RAuN Dr. Dieter Schröder
RAuN Dr. Manfred Ernst

• **B 821**
Anwaltsgerichtshof in der Freien und Hansestadt Hamburg
Sievekingplatz 2, 20355 Hamburg
T: (040) 4 28 43-2007 **Fax:** 4 28 43-4097
Präsident(in): RA Dr. Jost Neubauer

b 822
Hamburgisches Anwaltsgericht
Sievekingplatz 1, 20355 Hamburg
T: (040) 34 67 54
Geschäftsl. Vors.: RA Dr. Dirk Harten

• **B 823**
Hessischer Anwaltsgerichtshof
Zeil 42 (Gebäude D), 60313 Frankfurt
T: (069) 13 67-2598
Präsident(in): RA u. Notar Dr. Wolfgang Matschke (Mainzer Landstr. 16, 60325 Frankfurt)
Vizepräsident(in): RA u. Notar Lothar Unger (Fürstenbergerstr. 227, 60323 Frankfurt)

b 824
Anwaltsgericht für den Bezirk der Rechtsanwaltskammer Frankfurt
Bockenheimer Anlage 36, 60322 Frankfurt
T: (069) 17 00 98-01
Gesch.-Ltd. Vors: RA u. Notar Heinrich Lohmann

b 825
Anwaltsgericht für den Bezirk der Rechtsanwaltskammer Kassel
Karthäuserstr. 5a, 34117 Kassel
Gesch.-Ltd. Vors: RA u. Notar Peter Lipphardt

• **B 826**
Niedersächsischer Anwaltsgerichtshof in Celle
Schloßplatz 2, 29221 Celle
T: (05141) 20 65 99 **Fax:** 20 62 08

b 827
Anwaltsgericht für den Bezirk der Rechtsanwaltskammer Braunschweig
Jasperallee 86-87, 38102 Braunschweig
Vorsitzende(r): RA u. Notar Klaus-Achim Gerhard (Jasperallee 86-87, 38102 Braunschweig, T: (0531) 2 38 37-0, Fax: (0531) 2 38 37-36)

b 828

Anwaltsgericht für den Bezirk der Rechtsanwaltskammer Celle
Postf. 12 11, 29202 Celle
Bahnhofstr. 6, 29221 Celle
T: (05141) 92 82 12 **Fax:** 92 82 42
Vorsitzende(r): RA u. Notar Bertram Börner (I. Kammer)
RA und Notar Hans Goeldel (II. Kammer)

b 829

Anwaltsgericht für den Bezirk der Rechtsanwaltskammer Oldenburg
Staugraben 5, 26122 Oldenburg
Vorsitzende(r): RA und Notar Dirk Wilken (1. Kammer)
RA und Notar Frank Schuhr (2. Kammer)

• **B 830**

Anwaltsgerichtshof des Landes Nordrhein-Westfalen
Postf. 21 03, 59011 Hamm
Heßlerstr. 53, 59065 Hamm
T: (02381) 27 20 **Fax:** 27 25 18
Präsident(in): Dr. Gert Cornelius (Bismarckstr. 11-13, 50672 Köln (Praxisanschrift))

b 831

Anwaltsgericht für den Bezirk der Rechtsanwaltskammer Düsseldorf
Cecilienallee 3, 40474 Düsseldorf
Vorsitzende(r): RA Klaus Steffens (1. Kammer)
RA Dr. Gerd Niehoff (2. Kammer)

b 832

Anwaltsgericht für den Bezirk der Rechtsanwaltskammer Hamm
Postf. 21 89, 59011 Hamm
Ostenallee 18, 59063 Hamm
Vorsitzende(r): RA Dr. Heinrich Brückmann (1. Kammer)
Vorsitzende(r): RA Klaus Bödding (2. Kammer)

b 833

Anwaltsgericht für den Bezirk der Rechtsanwaltskammer Köln
Reichenspergerplatz 1, 50670 Köln
Vorsitzende(r): RA Dr. Adolf Andörfer

• **B 834**

Anwaltsgerichtshof Rheinland-Pfalz
Stresemannstr. 1, 56068 Koblenz
T: (0261) 1 02-2831 **Fax:** 1 02-2900
Präsident(in): RA Justizrat Dr. Dieter Hess

• **B 835**

Saarländischer Anwaltsgerichtshof
Franz-Josef-Röder-Str. 15, 66119 Saarbrücken
T: (0681) 5 01-53 50 **Fax:** 5 01-53 51
Präsident(in): RA Dr. Gerd Sonntag

b 836

Anwaltsgericht im Bezirk der Rechtsanwaltskammer des Saarlandes
Am Schloßberg 5, 66119 Saarbrücken
T: (0681) 58 82 80
Vorsitzende(r): RA JR Rudolf Eckstein

• **B 837**

Schleswig-Holsteinischer Anwaltsgerichtshof
Gottorfstr. 2, 24837 Schleswig
Präsident(in): RA u. Notar Michael Kohlhaas, Kiel

b 838

Schleswig-Holsteinisches Anwaltsgericht
Gottorfstr. 13, 24837 Schleswig
Vorsitzende(r): RA u. Notar Dr. Gerhard Lund

Ländergerichte und Staatsgerichtshöfe

• **B 839**

Staatsgerichtshof für das Land Baden-Württemberg
Postf. 10 36 53, 70031 Stuttgart
Ulrichstr. 10, 70182 Stuttgart
T: (0711) 2 12-0 **Fax:** 2 12-30 24

• **B 840**

Bayerischer Verfassungsgerichtshof
Prielmayerstr. 5, 80335 München
T: (089) 55 97 31 78 **Fax:** 55 97 39 86
Präsidentin: Hildegund Holzheid

• **B 841**

Verfassungsgerichtshof des Landes Berlin
Elßholzstr. 30-33, 10781 Berlin
T: (030) 90 15-26 52 **Fax:** 90 15-26 66
Gründung: 1992
Präsident(in): Prof. Dr. Helge Sodan

• **B 842**

Verfassungsgericht des Landes Brandenburg
Postf. 60 15 52, 14415 Potsdam
Allee nach Sanssouci 6, 14471 Potsdam
T: (0331) 9 83 81 02 **Fax:** 9 83 81 10
Präsident(in): Dr. Peter Macke
Vizepräsident(in): Dr. Wolfgang Knippel

• **B 843**

Staatsgerichtshof der Freien Hansestadt Bremen
Osterdeich 17, 28203 Bremen
T: (0421) 3 61 21 91 **Fax:** 3 61 41 72
Präsident(in): Prof. Günter Pottschmidt

• **B 844**

Hamburgisches Verfassungsgericht
Sievekingplatz 2, 20355 Hamburg
T: (040) 4 28 43-0 **Fax:** 4 28 43-4097
Präsident(in): Wilhelm Rapp
Geschäftsleiterin: JOAR'in Bärbel Kneile

• **B 845**

Staatsgerichtshof des Landes Hessen
Postf. 31 69, 65021 Wiesbaden
Mühlgasse 2, 65183 Wiesbaden
T: (0611) 32 27 38 **Fax:** 32 26 17
Gründung: 1948 (10. Januar)
Präsident(in): Prof. Dr. Klaus Lange
Vizepräsident(in): Dr. Helmut Wilhelm
Geschäftsleiter: Berthold Riehl
Wiss. Mitarbeiter: Dirk Schönstädt
Wiss. Mitarbeiter: Andrea Wilke

• **B 846**

Niedersächsischer Staatsgerichtshof
Herminenstr. 31, 31675 Bückeburg
T: (05722) 2 90-218 **Fax:** 2 90-2 17
Präsident(in): Prof. Dr. Manfred-Carl Schinkel

• **B 847**

Verfassungsgerichtshof für das Land Nordrhein-Westfalen
Postf. 63 09, 48033 Münster
Aegidiikirchplatz 5, 48143 Münster
T: (0251) 5 05-0 **Fax:** 5 05-3 52
Präsident(in): Dr. Michael Bertrams

• **B 848**

Verfassungsgerichtshof Rheinland-Pfalz
Deinhardplatz 4, 56068 Koblenz
T: (0261) 13 07-0 **Fax:** 13 07-3 50
Präsident(in): Prof. Dr. Karl-Friedrich Meyer

• **B 849**

Verfassungsgerichtshof des Saarlandes
Postf. 10 15 52, 66015 Saarbrücken
Franz-Josef-Röder-Str. 15, 66119 Saarbrücken
T: (0681) 5 01-05 **Fax:** 5 01-53 51
Präsident(in): Prof. Dr. Roland Rixecker
Vizepräsident(in): Prof. Dr. Elmar Wadle

• **B 850**

Verfassungsgerichtshof des Freistaates Sachsen
Harkortstr. 9, 04107 Leipzig
T: (0341) 21 41-236, 21 41-233 **Fax:** 21 41-250
Präsident(in): Dr. Thomas Pfeiffer

• **B 851**

Landesverfassungsgericht Sachsen-Anhalt
Willy-Lohmann-Str. 29, 06844 Dessau
T: (0340) 2 02 14 52 **Fax:** 2 02 15 60
Gründung: 1993 (28. Oktober)
Präsident(in): Prof. Jürgen Goydke
Vizepräsident(in): Burkhard Guntau
Geschäftsleiter: Karl-Heinz Leitis
Leitung Presseabteilung: Dr. Tiemann
Mitarbeiter: 18

• **B 852**

Thüringer Verfassungsgerichtshof
Kaufstr. 2-4, 99423 Weimar
T: (03643) 2 06-206 **Fax:** 2 06-224
Präsident(in): Gunter Becker

C Botschaften und Konsulate

Zum Auffinden einer bestimmten Dienststelle oder Organisation dient das Suchwortverzeichnis, eines Personennamens das Personenverzeichnis.

Deutsche Vertretungen im Ausland
Vertretungen bei zwischen- und überstaatlichen Organisationen
Ausländische diplomatische und konsularische Vertretungen in der Bundesrepublik

Deutsche Vertretungen im Ausland

Ägypten

• C 1

Botschaft der Bundesrepublik Deutschland Kairo

Embassy of the Federal Republic of Germany
8 B, Sharia Hassan Sabri, ET-Cairo-Zamalek
T: (00202) 3 39-9600 (Sammelruf) **Fax:** 3 41-0530,
VISA: 3 40 10 76
Botschafter: Peter Dingens
Amtsbezirk: Ägypten
Konsularischer Amtsbezirk: Ägypten mit Ausnahme des dem Generalkonsulat Alexandria zugewiesenen Amtsbezirks

c 2

Generalkonsulat der Bundesrepublik Deutschland in Alexandria

Consulate General of the Federal Republic of Germany
5, Rue Minah, ET-Alexandria-Roushdy
T: (00203) 5 45 70 50, 5 45 70 25 **Fax:** 5 45 59 99
Generalkonsul: Dr. Klaus Osterloh
Amtsbezirk: Gouvernorate Alexandria, Beheira, Dakahliya, Damiette, Gharbiya, Kafr El Sheikh

• C 3

Äquatorialguinea

siehe Botschaft Jaunde (Kamerun) C 252

Äthiopien

• C 4

Botschaft der Bundesrepublik Deutschland Addis Abeba

Embassy of the Federal Republic of Germany Addis Abeba
Postf. 660, ETH-Addis Abeba
T: (002511) 55 04 33 **Fax:** 55 13 11
Botschafterin: Wiltrud Holik
Amtsbezirk: Äthiopien

Afghanistan

• C 5

Botschaft der Bundesrepublik Deutschland Kabul

Embassy of the Federal Republic of Germany
Postf. 83, AF-Kabul
Wazir Akbar Khan Mena, AF-Kabul
T: 2 24 32, 2 24 33
Botschafter: N. N.
Amtsbezirk: Afghanistan

Albanien

• C 6

Botschaft der Bundesrepublik Deutschland Albanien

Rruga Skënderbeu Nr 8, AL-Tirana
T: (0035542) 3 20 48, 3 20 50, 3 34 99 **Fax:** 3 34 97
Botschafter: Peter Kiewitt
Amtsbezirk: Albanien

Algerien

• C 7

Botschaft der Bundesrepublik Deutschland Algier

Ambassade de la République fédérale d'Allemagne
Postf. 664, DZ-Algier
165, Chemin Sfindja (ex Laperlier), DZ-Algier
T: (002132) 74 19 41, 74 19 56, 74 20 47 **Fax:** 74 05 21
Botschafter: Joachim Broudré-Gröger
Amtsbezirk: Algerien

• C 8

Andorra

siehe Botschaft Madrid und Generalkonsulat Barcelona (Spanien) C 444

Angola

• C 9

Botschaft der Bundesrepublik Deutschland Luanda

Embaixada da República Federal de Alemanha
Postf. 1295, AO-Luanda
Avenida 4 de Fevereiro 120, AO-Luanda
T: (002442) 33 47 73, 33 45 16 **Fax:** 33 45 16
Botschafter: Helmut van Edig
Amtsbezirk: Angola

Antigua und Barbuda

• C 10

Honorarkonsulat der Bundesrepublik Deutschland in St. John's

Honorary Consul of the Federal Republic of Germany
Postf. 1259, AG-St. Johns W.I.
Ocean View, Hodges Bay, AG-St. Johns W.I.
T: (00126846) 2 31 74 **Fax:** 2 34 96
Honorarkonsul: Carsten Biel
Amtsbezirk: Antigua und Barbuda
Übergeordnete Auslandsvertretung: Botschaft Port-of-Spain

Argentinien

• C 11

Botschaft der Bundesrepublik Deutschland Buenos Aires

Embajada de la República Federal de Alemania
Villanueva 1055, RA-C1426BMC Buenos Aires
T: (005411) 47 78-2500 **Fax:** 47 78-2550
Botschafter: Dr. Adolf Ritter von Wagner
Konsul: Kai Boeckmann
Amtsbezirk: Argentinien

c 12

Honorarkonsul der Bundesrepublik Deutschland in Córdoba
Cónsul Honorario de la República Federal de Alemania

Eliseo Canton 1870 Barrio Villa Paez, RA-X5003AHB Córdoba
T: (0054351) 489-0809, 489-4692, 489-3357, 489-3084, 489-0826 **Fax:** 489-0826
E-Mail: oechsle@satlink.com
Honorarkonsul: Carlos Oechsle
Amtsbezirk: Provinz Córdoba
Übergeordnete Auslandsvertretung: Botschaft Buenos Aires

c 13

Honorarkonsulin der Bundesrepublik Deutschland in Eldorado/Provinz Misiones
Cónsul Honoraria de la República Federal de Alemania

Calle San Juan 1595, AR-3380 Eldorado
Casilla de Correo 301, RA-3380 Eldorado
T: (00543751) 4 23-214
E-Mail: wachnitz@dataco22.com.ar
Honorarkonsul: Renate Elisabeth Wachnitz
Amtsbezirk: In der Provinz Misiones die Departamentos Eldorado, Guaraní, Iguazú, General Manuel Belgrano, Montecarlo, San Pedro

c 14

Honorarkonsul der Bundesrepublik Deutschland in Mar del Plata/Provinz Buenos Aires
Cónsul Honorario de la República Federal de Alemania

Formosa 550, AR-7602 Mar del Plata
Casilla de Correo 1375, RA-B7600WAO Mar del Plata
T: (0054223) 4 51-3053, 4 51-5037 **Fax:** 4 51-5037
Honorarkonsul: Dr. Joachim Werner
Amtsbezirk: Von der Provinz Buenos Aires: Partidos Ayacucho, Azul, Bahia Blanca, Balcarce, Coronel de Marina Leonardo Rosales, Coronel Dorrego, Coronel Pringles, Dolores, General Alvarado, General Guido, General Juan Madariaga, General Lavalle, General Pueyrredón, Gonzales Chaves, Juárez, Laprida, Lobería, Maipú, Mar Chiquita, Necochea, Patagones, Rauch, San Cayetano, Tandil, Tordillo, Tornquist, Tres Arroyos, Villarino
Übergeordnete Auslandsvertretung: Botschaft Buenos Aires

c 15

Honorarkonsul der Bundesrepublik Deutschland in Mendoza/Provinz Mendoza
Cónsul Honorario de la República Federal de Alemania

Motevideo 127 piso 1°, Dep. 6, RA-M5500GGC Mendoza
T: (0054261) 4 29-6539 **Fax:** 4 29-6609
Honorarkonsul: Federico Werner Hilbing
Amtsbezirk: Provinzen Mendoza, San Juan, San Luis
Übergeordnete Auslandsvertretung: Botschaft Buenos Aires

c 16

Honorarkonsul der Bundesrepublik Deutschland in Posadas/Provinz Misiones
Cónsul Honorario de la República Federal de Alemania

Córdoba 2251 piso 1° Of. „D", RA-N3300MRN Posadas
T: (00543752) 4 35-508, 4 30-570 (Büro) **Fax:** 4 30-570 (Büro)
Honorarkonsul: Dr. Rolando Kegler
Amtsbezirk: Von der Provinz Misiones: Departamentos Apóstoles, Cainguás, Candelaria, Capital, Concepción, Leandro N. Alem, Libertador General San Martin, Oberá, San Ignacio, San Javier, 25 de Mayo; von der Provinz Corrientes: Departamentos General Alvear, Ituzaingó, Paso de los Libres, San Martin, Santo Tomé
Übergeordnete Auslandsvertretung: Botschaft Buenos Aires

c 17

Honorarkonsulin der Bundesrepublik Deutschland in Resistencia/Provinz Chaco
Cónsul Honoraria de la República Federal de Alemania

Puyerredón 270, RA-H3500BNF Resistencia /Prov.Chaco
T: (00543722) 4 23-406
Honorarkonsulin: Haydée Hüwel
Amtsbezirk: Provinz Chaco, Provinz Formosa, Provinz Corrientes: Departamentos Bella Vista, Berón de Astrada, Capital, Concepción, Empedrado, General Paz, Itatí, Lavalle, Mercedes, Mburucuyá, Saladas, San Cosmé, San Luis de Palmar, San Miguel, San Roque
Übergeordnete Auslandsvertretung: Botschaft Buenos Aires

c 18

Honorarkonsul der Bundesrepublik Deutschland in Salta
Cónsul Honorario de la República Federal de Alemania

Cordoba 202, RA-A4402AYI Salta
T: (0054387) 4 21-6525 **Fax:** 4 21-6525
Honorarkonsul: Juan Cristobal Kühl
Amtsbezirk: Provinzen Jujuy und Salta
Übergeordnete Auslandsvertretung: Botschaft Buenos Aires

c 19

Honorarkonsul der Bundesrepublik Deutschland in San Carlos de Bariloche/Provinz Río Negro
Cónsul Honorario de la República Federal de Alemania

Ruiz Moreno 65, RA-R8400HVA San Carlos de Bariloche
T: (00542944) 4 25-695 **Fax:** 4 48-007 (Büro)
E-Mail: jorlin@cybersnet.com.ar
Honorarkonsul: Jürgen Linder
Amtsbezirk: Provinz Chubut: Departamentos Cushamen, Futaleufú, Gastres, Languiñeo, Paso de Indios, Tehuelches, Provinz Neuquén, Provinz Rio Negro: Departamentos Bariloche, El Cuy, General Roca, 9 de Julio, Ñorquinco, Pilcaniyeu, 25 de Mayo
Übergeordnete Auslandsvertretung: Botschaft Buenos Aires

c 20

Honorarkonsul der Bundesrepublik Deutschland in Santa Fé/Provinz Santa Fé
Cónsul Honorario de la República Federal de Alemania

Tucumán 3828, RA-S3000CBM Santa Fé
T: (0054342) 4 55-1476 **Fax:** 4 55-1476
Honorarkonsul: Carlos Enrique Meissner
Amtsbezirk: Provinz Corrientes: Departamentos Curuzú Cuatiá, Esquina, Goya, Monte Caseros, Sauce; Provinz Entre Ríos, Provinz Santa Fé: Departamentos Castellanos, Garay, General Obligado, La Capital, Las Colonias, San Cristóbal, San Javier, San Justo, Vera, 9 de Julio
Übergeordnete Auslandsvertretung: Botschaft Buenos Aires

c 21

Honorarkonsul der Bundesrepublik Deutschland in Tucumán/Provinz Tucumán
Cónsul Honorario de la República Federal de Alemania

9 de Julio 1051, AR-4002 Tucumán
Casilla de Correo 44, RA-T4000WAE Tucumán
T: (0054381) 4 24-2000, 4 24-2730, 4 24-2819, 4 24-2658
Fax: 4 24-6620

E-Mail: salem@arnet.com.ar
Honorarkonsul: José Krautmann
Amtsbezirk: Provinz Tucumán, Provinz Catamarca

c 22

Honorarkonsul der Bundesrepublik Deutschland in Ushuaia/Provinz Tierra del Fuego
Cónsul Honorario de la República Federal de Alemania
Alem 966, RA-V9410ACT Ushuaia
T: (00542901) 4 30-763 **Fax:** 4 30-763
Honorarkonsul: Rodolfo Luciano Wantz
Amtsbezirk: Provinz Tierra del Fuego, Provinz Santa Cruz: Departamentos Güer Aike, Lago Argentino, Carpen Aike, Magallanes
Übergeordnete Auslandsvertretung: Botschaft Buenos Aires

Armenien

• C 23

Botschaft der Bundesrepublik Deutschland Eriwan
Charens Street 29, AM-375015 Yerewan
T: (003742) 151 709, 523 279 **Fax:** 151 112
E-Mail: germemb@arminco.com
Botschafter: Volker Seitz
Amtsbezirk: Armenien

Aserbaidschan

• C 24

Botschaft der Bundesrepublik Deutschland Baku
Postf. 28, AZ-370000 Baku
T: (0099412) 98 78 19, 98 82 38, 98 79 18 **Fax:** 98 54 19
Botschafter: Michael Schmunk
Amtsbezirk: Aserbaidschan

Australien

• C 25

Botschaft der Bundesrepublik Deutschland Canberra
Embassy of the Federal Republic of Germany
119 Empire Circuit, Yarralumla, AUS-Canberra A.C.T. 2600
T: (00612) 62 70 19 11 **Fax:** 62 70 19 51
Botschafter: Dr. Horst Bächmann
Amtsbezirk: Australischer Bund einschließlich der australischen Außengebiete, Salomonen und Vanuatu
Konsularischer Amtsbezirk: Das Gebiet der australischen Bundeshauptstadt (Australian Capital Territory - A.C.T.) sowie das Northern Territory und die australischen Außengebiete, Nauru
Der Leiter der Vertretung ist zugleich als Botschafter in Nauru, Papua-Neuguinea, Salomonen und Vanuatu mit Sitz in Canberra akkreditiert

c 26

Generalkonsulat der Bundesrepublik Deutschland in Melbourne
Consulate General of the Federal Republic of Germany
Postf. 76, AUS-South Yarra, Vic. 31 41
480 Punt Road, AUS-South Yarra, Vic. 31 41
T: (00613) 98 64-6888 **Fax:** 98 20-2414
Generalkonsul: Hans-Michael Schwandt
Amtsbezirk: Bundesstaaten Südaustralien, Tasmanien, Victoria, Westaustralien

c 27

Generalkonsulat der Bundesrepublik Deutschland in Sydney
Consulate General of the Federal Republic of Germany
13, Trelawney Street, AUS-Woollahra NSW 2025
T: (00612) 93 28-7733 **Fax:** 93 27 96 49
Generalkonsul: Dr. Otto Roever
Amtsbezirk: Bundesstaaten New South Wales und Queensland

c 28

Honorarkonsul der Bundesrepublik Deutschland in Adelaide
Honorary Consul of the Federal Republic of Germany
Postf. 81 31 Station Arcade, AUS-Adelaide SA 5000
23 Peel Street 1.fl, Peel Chambers, AUS-Adelaide SA 5000
T: (00618) 82 31 63 20 **Fax:** 82 31 63 20
Honorarkonsul: James R. Porter
Amtsbezirk: Bundesstaat Südaustralien
Übergeordnete Auslandsvertretung: Generalkonsulat Melbourne

c 29

Honorarkonsul der Bundesrepublik Deutschland in Brisbane
Honorary Consul of the Federal Republic of Germany
32nd Floor, AMP Place, 10 Eagle St., AUS-Brisbane QLD 4000
T: (00617) 32 21-7819 **Fax:** 32 21-7335
Honorarkonsul: Eric Finger (AO)
Amtsbezirk: Bundesstaat Queensland
Übergeordnete Auslandsvertretung: Generalkonsulat Sydney

c 30

Honorarkonsul der Bundesrepublik Deutschland in Darwin
Honorary Consul of the Federal Republic of Germany
Postf. 38995, AUS-Winnellie 0821
T: (00618) 89 84-3770, 89 84 37 69 **Fax:** 89 47-0037
Honorarkonsul: Harry Maschke
Amtsbezirk: Gebiet des Northern Territory nördlich des 15. Grades südlicher Breite
Übergeordnete Auslandsvertretung: Botschaft Canberra

c 31

Honorarkonsulat der Bundesrepublik Deutschland in Hobart
Honorary Consul of the Federal Republic of Germany
Sandy Bay Road 348, AUS-Hobart/Sandy Bay Tas 7005
T: (00613) 62 23 18 14 **Fax:** 62 25 07 52
Honorarkonsul: Barry Darrell Hedley Fisher
Amtsbezirk: Bundesstaat Tasmanien
Übergeordnete Auslandsvertretung: Generalkonsulat Melbourne

c 32

Honorarkonsul der Bundesrepublik Deutschland in Perth
Honorary Consul of the Federal Republic of Germany
16 St. George's Terrace, AUS-Perth WA 6000
T: (00618) 93 25-8851 **Fax:** 92 21-3200
Honorarkonsul: William R. B. Hassell
Amtsbezirk: Bundesstaat Westaustralien
Übergeordnete Auslandsvertretung: Generalkonsulat Melbourne

• C 33

Australische Außengebiete in Australien/Südpazifik
Australisches Antarktis-Territorium, Heard- u. McDonaldinseln, Kokosinseln, Norfolkinsel, Weihnachtsinsel: siehe Botschaft Canberra (Australien) C 25

Bahamas

• C 34

Honorarkonsulat der Bundesrepublik Deutschland in Nassau
Honorary Consul of the Federal Republic of Germany
Postf. 3035, BS-Nassau
T: (001242) 3 22 80 32-34 **Fax:** 3 25 57 31
Honorarkonsul: Ernst Brokmeier
Amtsbezirk: Bahamas
Übergeordnete Auslandsvertretung: Botschaft Kingston

Bahrain

• C 35

Botschaft der Bundesrepublik Deutschland Manama
Embassy of the Federal Republic of Germany
Postf. 10306, BRN-Manama
Alhasan Building, Sh. Hamad Causeway, Building, No. 668, Diplomatic Area 317, Manama
T: (00973) 53 02 10 **Fax:** 53 62 82
Botschafter: Norbert Heinze
Amtsbezirk: Staat Bahrain

Bangladesch

• C 36

Botschaft der Bundesrepublik Deutschland Dhaka
Embassy of the Federal Republic of Germany
Postf. 108, BD-Dhaka-1000
Gulshan Avenue 178, BD-Dhaka 1212
T: (008802) 88 47 34/35 /36, 88 47 35-37 **Fax:** 88 31 41
TX: 642 331 AADC BJ
Botschafter: Uwe Schramm
Amtsbezirk: Bangladesch

Barbados

• C 37

Honorarkonsulat der Bundesrepublik Deutschland in Bridgetown
Honorary Consul of the Federal Republic of Germany
Postf. 17 B, Brittons Hill, BDS-St. Michael Barbados W.I.
T: (001246) 4 27 18 76 **Fax:** 4 27 81 27
E-Mail: uweharrs@caribsurf.com
Honorarkonsul: Uwe Harrs
Amtsbezirk: Barbados, West Indies
Übergeordnete Auslandsvertretung: Botschaft Port-of-Spain

Belgien

• C 38

Botschaft der Bundesrepublik Deutschland Brüssel
190, Avenue de Tervueren, B-1150 Brüssel
T: (00322) 7 74 19 11 **Fax:** 7 72 36 92
E-Mail: germanembassy@skynet.be
Botschafter: Dr. Rolf Hofstetter
Amtsbezirk: Belgien

c 39

Honorarkonsul der Bundesrepublik Deutschland in Lüttich
Rue de Chênée 53, B-4031 Angleut
T: (00324) 3 61 24 84 **Fax:** 3 61 24 85
Honorarkonsul: Michel Hahn
Amtsbezirk: Provinz Lüttich
Übergeordnete Auslandsvertretung: Botschaft Brüssel

c 40

Honorarkonsul der Bundesrepublik Deutschland in Hasselt
Gouverneur Verwilghensingel 100, B-3500 Hasselt
T: (003211) 24 05 10 **Fax:** 24 15 59
Honorarkonsul: Vincent Kun
Amtsbezirk: Provinz Limburg
Übergeordnete Auslandsvertretung: Botschaft Brüssel

c 41

Honorarkonsul der Bundesrepublik Deutschland in Ostende
Henri Baelskaai 12, B-8400 Oostende
T: (003259) 32 28 65 **Fax:** 32 11 97
Honorarkonsul: N.N.
Amtsbezirk: Provinz Westflandern
Übergeordnete Auslandsvertretung: Botschaft Brüssel

Belize

• C 42

Honorarkonsulat der Bundesrepublik Deutschland in Belize-Stadt
Honorary Consul of the Federal Republic of Germany
Southern Foreshore 57, BH-Belize City
T: (005012) 7 72 82 **Fax:** 2 43 75
Honorarkonsul: Arsenio Burgos
Amtsbezirk: Belize
Übergeordnete Auslandsvertretung: Botschaft Kingston

Benin, Republik

• C 43

Botschaft der Bundesrepublik Deutschland Cotonou
Ambassade de la République Fédérale d'Allemagne
Postf. 5 04, DY-Cotonou
Av. Jean Paul II 7, DY-Cotonou
T: (00229) 31 29 67-68 **Fax:** 31 29 62
TX: (0972) 5 224 aactnou ben
Honorarkonsul: Volker Seitz
Amtsbezirk: Benin

• C 44

Bhutan

T: (009111) 6 87 18 31-37, 6 87 18 89-91 (Konsularreferat und Visastelle) **Fax:** 6 87 31 17, 6 87 77 06 (Wirtschaftsabt.), 6 87 28 49 (Presse-Referat), 6 87 76 23 (Konsularreferat und Visastelle)
TX: 3 172 101 aasv in
Internet: http://www.germanembassy-india.org
E-Mail: german@del3.vsnl.net.in
siehe Botschaft Neu Delhi (Indien) C 201

Bolivien

• C 45

Botschaft der Bundesrepublik Deutschland La Paz
Embajada de la Republica Federal de Alemania
Postf. 5265, BOL-La Paz
Avenida Arce 2395, BOL-La Paz
T: (005912) 44 00 66, 44 11 66 **Fax:** 44 14 41
E-Mail: germany@ceibo.entelnet.bo
Botschafter: Joachim Merten Kausch
Amtsbezirk: Bolivien

c 46

Honorarkonsulat der Bundesrepublik Deutschland in Cochabamba
Cónsul Honorario de la República Federal de Alemania
Postf. 708, BOL-Cochabamba
Calle España, BOL-Cochabamba
T: (0059142) 5 40 23, 5 40 24 **Fax:** 5 40 23
TGR: Berodt Cochabamba
Honorarkonsul: Jürgen Berodt
Amtsbezirk: Departamento Cochabamba
Übergeordnete Auslandsvertretung: Botschaft La Paz

c 47

Honorarkonsulat der Bundesrepublik Deutschland in Santa Cruz
Cónsul Honorario de la República Federal de Alemania
Postf. 2101, BOL-Santa Cruz de la Sierra
Av. de las Américas 241, BOL-Santa Cruz de la Sierra
T: (005913) 32 48 25 **Fax:** 36 75 85
Honorarkonsul: Peter Klatt
Amtsbezirk: Departamento Santa Cruz
Übergeordnete Auslandsvertretung: Botschaft La Paz

c 48

Honorarkonsulat der Bundesrepublik Deutschland in Sucre
Cónsul Honorario de la República Federal de Alemania
Postf. 191, BOL-Sucre
Calle Rosendo Villa 54, BOL-Sucre
T: (0059164) 5 13 69
Honorarkonsulin: Eva Marianne Vilar
Amtsbezirk: Departamento Chuquisaca, Potosi
Übergeordnete Auslandsvertretung: Botschaft La Paz

c 49

Honorarkonsulat der Bundesrepublik Deutschland in Tarija
Cónsul Honorario de la República Federal de Alemania
Postf. 139, BOL-Tarija
Sucre No. 665, BOL-Tarija
T: (0059166) 4 20 62, 4 31 26 **Fax:** 3 08 26
TGR: „Methfessel"-Tarija
Honorarkonsul: Karl-Heinz Methfessel
Amtsbezirk: Departamento Tarija
Übergeordnete Auslandsvertretung: Botschaft La Paz

Bosnien-Herzegowina

• C 50

Botschaft der Bundesrepublik Deutschland Sarajewo
c/o UNIS-Holding Company
Trscanska 7, BA-71000 Sarajevo
T: (0038771) 44 58 75 **Fax:** 65 29 78
TX: 41 204 aasara bh
Botschafter: Dr. Johannes Preisinger
Amtsbezirk: Bosnien und Herzegowina

Botsuana

• C 51

Botschaft der Bundesrepublik Deutschland Gaborone
Embassy of the Federal Republic of Germany
Postf. 315, RB-Gaborone
Professional House, Broadhurst, RB-Gaborone
T: (00267) 35 31 43, 35 38 06 **Fax:** 35 30 38
Botschafter: Dr. Irene Hinrichsen
Amtsbezirk: Botsuana

Brasilien

• C 52

Botschaft der Bundesrepublik Deutschland Brasilia-DF
Embaixada da República Federal da Alemanha
Postf. 030, BR-70359-970 Brasilia-DF
Avenida das Nações, Quadra 807, BR-70415-900 Brasilia-DF
T: (005561) 443-7330 **Fax:** 443-7508
Leitung: Dr. Hans-Bodo Bertram
Amtsbezirk: Brasilien
Konsularischer Amtsbezirk: Bundesdistrikt, Staaten Goiás, Tocantins, Mato Grosso, Acre, Amapá, Amazonas, Pará, Rondonia, Roraima

c 53

Generalkonsulat der Bundesrepublik Deutschland in Recife
Consulado Geral da República Federal da Alemanha
Postf. 1604, BR-50001-970 Recife-PE
Av. Dantas Barreto, 191, Edf. Sto. Ant.-4° andar, BR-50010-360 Recife-PE
T: (005581) 4 25-3288 **Fax:** 4 24-26 66
TGR: Consugerma Recife
Generalkonsul: Thomas Meister
Amtsbezirk: Staaten Alagoas, Bahia, Ceará, Maranhão, Paraiba, Piaui, Rio Grande de Norte, Sergipe, Pernambuco

c 54

Generalkonsulat der Bundesrepublik Deutschland in Rio de Janeiro
Consulado Geral da República Federal da Alemanha
Postf. 64, BR-20.001-970 Rio de Janeiro-RJ
Rua Presidente Carlos de Campos 417, BR-22.231-080 Rio de Janeiro-RJ
T: (005521) 553-6777 **Fax:** 553-0184
TGR: Consgerm Rio de Janeiro
Generalkonsul: Dr. Klaus Platz
Amtsbezirk: Staaten Espírito Santo, Mineas Gerais, Rio de Janeiro

c 55

Generalkonsulat der Bundesrepublik Deutschland in São Paulo
Consulado Geral da República Federal da Alemanha
Postf. 41662, BR-05422-970 São Paulo-SP
Av. Brig. Faria Lima, 2092, 12° andar Jardin Paulistano, BR-01451-000 São Paulo-SP
T: (005511) 814-6644 **Fax:** 815-7538
Generalkonsul: Dr. Ulrich Spohn
Amtsbezirk: Staaten São Paulo, Mato Grosso do Sul, Paraná

c 56

Generalkonsulat der Bundesrepublik Deutschland in Porto Alegre
Consulado Geral da República Federal da Alemanha
Postf. 25 52, BR-90001-970 Porto Alegre
Rue Professor Annes Dias 112-11° andar, BR-90001-970 Porto Alegre
T: (005551) 2 24-9255, 2 24-9592 **Fax:** 2 26-4909
Generalkonsul: N. N.
Amtsbezirk: Staat Rio Grande do Sul, Santa Catarina

c 57

Honorarkonsul der Bundesrepublik Deutschland in Belem
Cónsul Honorário da República Federal da Alemanha
Postf. 2, BR-66017-970 Belém PA
Rua Tiradeutes 67, Sala 204, Bairro do Reduto, BR-66053-330 Belém PA
T: (005591) 2 12 83 66 **Fax:** 2 12 83 66
Honorarkonsul: Helena Steffen
Amtsbezirk: Staaten Pará und Amapá
Übergeordnete Auslandsvertretung: Botschaft Brasilia

c 58

Honorarkonsul der Bundesrepublik Deutschland in Belo Horizonte
Cónsul Honorário da República Federal da Alemanha
Rua Tiradentes 67, scala 204, BR-66053-330 Belem PA
T: (005191) 212-5634 **Fax:** 212-8366
Honorarkonsul: Georg Johannes Kampik
Amtsbezirk: Minas Gerais
Übergeordnete Auslandsvertretung: Generalkonsulat Rio de Janeiro

c 59

Honorarkonsul der Bundesrepublik Deutschland in Blumenau
Consul Honorário da República Federal da Alemanha
Cónsul Honorário da República Federal da Alemanha
Postf. 1002, BR-89010-971 Blumenau-sc
Rua Caetano Deeke 20, Edif. Hering, 11° andar, salas 1005/1006, BR-89010-040 Blumenau-sc
T: (005547) 3 21-3302 **Fax:** 3 21-3450
Honorarkonsul: Hans Prayon
Amtsbezirk: Munizipien, Blumenau, Pomerode, Luiz Alves, Picarras, Penha, Navegantes, Itajai, Camboriú, Itapema, Brusque, Gaspar, Ilhota, Guabiruba, Botuverá, Indaial, Vidal Ramos, Presidente Nereu, Ascurra, Florianópolis, Massaranduba, Rodeio, Benedito Novo, Rio dos Cedros und Timbó
Übergeordnete Auslandsvertretung: Generalkonsulat, Porto Alegre

c 60

Honorarkonsul der Bundesrepublik Deutschland in Fortaleza
Consul Honorario da Republica Federal da Alemanha
Cónsul Honorário da República Federal da Alemanha
Postf. 1115, BR-60001-970 Fortaleza-CE
Rua Pedro Borges, 33, Ed. Palácio Progresso, cj 1135, BR-60055-110 Fortaleza-CE
T: (005585) 2 31-43 66 **Fax:** 2 26 19 23
Honorarkonsul: Gerhard Wichmann
Amtsbezirk: Staat Ceará
Übergeordnete Auslandsvertretung: Generalkonsulat Recife

c 61

Honorarkonsul der Bundesrepublik Deutschland in Joinville
Consul Honorário da República Federal da Alemanha
Cónsul Honorário da República Federal da Alemanha
Postf. 1197, BR-89201-972 Joinville-SC
Rua Alexandre Döhler 78, BR-89201-260 Joinville-SC
T: (005547) 4 33-8679 **Fax:** 4 22-3552
Honorarkonsul: Udo Döhler
Amtsbezirk: Munizipien Joinville, São Francisco do Sul, Garuva, Campo Alegre, Jaragúa do Sul, Corupá, São Bento do Sul, Schroeder, Guaramirin, Araquarí, Barra Velha, Itaiópolis, Rio Negrinho und Mafra
Übergeordnete Auslandsvertretung: Generalkonsulat Porto Alegre

c 62

Honorarkonsul der Bundesrepublik Deutschland in Manaus
Cónsul Honorário da República Federal da Alemanha
Rua 24 de Maio 220 Ed. Rio Negro Center, Sala 812, BR-69010-080 Manaus-AM
T: (005592) 6 22-8800 **Fax:** 6 22-8700
Honorarkonsul: Martin Klenke
Amtsbezirk: Staaten Amazonas, Acre, Rondônia, Roraima
Übergeordnete Auslandsvertretung: Botschaft Brasilia

c 63

Honorarkonsul der Bundesrepublik Deutschland in Paranaguá
Cónsul Honorário da República Federal da Alemanha
Avenida Presidente Vargas 1745, Edificio Bremen Center, BR-86600-000 Rolândia PR
T: (005541) 4231121 **Fax:** 4 23-6846
Honorarkonsul: Werner Bohling
Amtsbezirk: Hafenstadt Paranaguá
Übergeordnete Auslandsvertretung: Generalkonsulat São Paulo

c 64

Honorarkonsul der Bundesrepublik Deutschland in Riberão Preto
Cónsul Honorário da República Federal da Alemanha
Rua Campas Salles 658, BR-14015-110 Riberão Preto -SP
T: (005516) 6 35 27 25 **Fax:** 6 23 13 38
Honorarkonsul: Rudolf Schallenmüller
Amtsbezirk: Barretos, São Joaquim da Barra, Franca, Ribe-

rão Preto, Araquara, São Carlos
Übergeordnete Auslandsvertretung: Generalkonsulat São Paulo

c 65

Honorarkonsul der Bundesrepublik Deutschland in Rio Grande

Cónsul Honorário da República Federal da Alemanha
Postf. 16, BR-96201-250 Rio Grande-RS
Rua Marechal Andréa, 269, BR-96201-250 Rio Grande-RS
T: (0055532) 31 16 77 **Fax:** 31 13 81
Honorarkonsul: Hermann Werner Hädrich
Amtsbezirk: Munizipien Pedro Osório, Pelotas, São José do Norte, Arroio Grande, Santa Vitória do Palmar, Jaguarão, Erval
Übergeordnete Auslandsvertretung: Generalkonsulat Porto Alegre

c 66

Honorarkonsul der Bundesrepublik Deutschland in Rolandia

Cónsul Honorário da República Federal da Alemanha
Postf. 70, BR-86.600-000 Rolândia PR
Av. Presidente Vavgas 1745, BR-86.600-000 Rolândia PR
T: (005543) 2 56-1931 **Fax:** 2 56-3374
Honorarkonsul: Vera Tkotz
Amtsbezirk: Munizipien Andirá, Apucarana, Bandeirantes, Barbosa Ferraz, Cambará, Cambira, Campina da Lagoa, Câncido Rondon, Cornélio Procopio, Fenix, Formosa, Goio Erê, Ibiporã, Iretama, Jataizinho, Kaloré, Londrina, Nova Cantú, Roncador, S. Pedro do Ivai, Santa Amélia, Toledo, Ubiratá, Urai und alle Munizipien nördlich von den obengenannten, und zwar bis zu den Grenzen von Paraguay und den brasilianischen Staaten Mato Grosso und São Paulo
Übergeordnete Auslandsvertretung: Generalkonsulat Curitiba, São Paulo

c 67

Honorarkonsul der Bundesrepublik Deutschland in Salvador
Consul Honorario da Republica Federal da Alemanha

Cónsul Honorário da República Federal da Alemanha
Rua Lucaia, 281, Ed. "WM", 2° andar, BR-41940-660 Salvador-BA
T: (005571) 3 34-7106, 3 34-29 29 **Fax:** 2 46-85 42
Honorarkonsul: Wolfgang Roddewig
Amtsbezirk: Staaten Bahia und Sergipe
Übergeordnete Auslandsvertretung: Generalkonsulat Recife

c 68

Honorarkonsul der Bundesrepublik Deutschland in Santos

Cónsul Honorário da República Federal da Alemanha
Postf. 9 78, BR-11001-909 Santos-SP
Rua Frei Gaspar 22, 10 andar, Sala 104, BR-11010-907 Santos-SP
T: (005513) 2 19-5902 **Fax:** 2 19-5092
Honorarkonsul: Joachim Robert August Stuth-Timm
Amtsbezirk: Munizipien Cananea, Santos, Iguape, Xiririca
Übergeordnete Auslandsvertretung: Generalkonsulat São Paulo

c 69

Honorarkonsul der Bundesrepublik Deutschland in Sao Luis

Cónsul Honorário da República Federal da Alemanha
Postf. 234, BR-65020-240 São Luis-MA
Praça Gonçalves Dias 301, BR-65020-240 São Luis-MA
T: (005598) 2 32-7766 **Fax:** 2 21-2233
Honorarkonsul: Ernst Otto Pflüger
Amtsbezirk: Staat Maranhão
Übergeordnete Auslandsvertretung: Generalkonsulat Recife

c 70

Honorarkonsul der Bundesrepublik Deutschland in Vitória

Cónsul Honorário da República Federal da Alemanha
Postf. 127, BR-29001-970 Vitória-ES
Praça Meyerfreund 1, BR-29122-900 Vila Velha-ES
T: (005527) 3 20-1102 **Fax:** 3 20-1149
Honorarkonsul: Helmut Meyerfreund
Amtsbezirk: Staat Espirito Santo
Übergeordnete Auslandsvertretung: Generalkonsulat Rio de Janeiro

Brunei

• C 71

Botschaft der Bundesrepublik Deutschland

Embassy of the Federal Republic of Germany
Embassy of the Federal Republic of Germany
Postf. 30 50, BRU-1930 Bandar Seri Begawan BS8711
Jalan Pretty, BRU-Bandar Seri Begawan BS8711
Unit 2.01, Block A, Second Floor, Yayasan Sultan Haji Hassanal Bolkiah Complex
T: (006732) 22 55 47, 22 55 74 **Fax:** 22 55 83
E-Mail: prgerman@brunet.bn
Botschafter: Klaus-Peter Brandes

Bulgarien

• C 72

Botschaft der Bundesrepublik Deutschland Sofia

Postf. 869, BG-Sofia
Ulica Joliot Curie 25, BG-Sofia
T: (003592) 91 83 80, 9 63 41 01 **Fax:** 9 63 16 58, 9 63 08 92
E-Mail: gemb@vilmat.com
Botschafter: Ursula Seiler-Albring
Amtsbezirk: Bulgarien

Burkina Faso

• C 73

Botschaft der Bundesrepublik Deutschland Burkina Faso

Ambassade de la République fédérale d'Allemagne
Postf. 6 00, HV-Ouagadougou
T: (00226) 30 67 31-2 **Fax:** 31 39 91
E-Mail: amb.allemagne@fasonet.bf
Botschafter: Dr. Helmut Rau
Amtsbezirk: Burkina Faso

Burundi

• C 74

Botschaft der Bundesrepublik Deutschland Bujumbura

Ambassade de la République Fédérale d'Allemagne
Postf. 480, BU-Bujumbura
22, rue du 18 septembre, BU-Bujumbura
T: (00257) 22 64 12, 22 64 16 **Fax:** 22 10 04
TX: 5068 aabuj bdi
Botschafter: Dr. Bernd Morast
Amtsbezirk: Burundi

Chile

• C 75

Botschaft der Bundesrepublik Deutschland Santiago de Chile

Embajada de la República Federal de Alemania
Postf. 9949, RCH-Santiago de Chile
Calle Agustinas 785, RCH-Santiago de Chile
T: (00562) 633 50 31, 633 50 35 **Fax:** 633 61 19
TX: 240 583 aa sgo cl
Botschafter: Horst Palenberg
Amtsbezirk: Chile

c 76

Honorarkonsulat der Budesrepublik Deutschland in Antofagasta

Cónsul Honorario de la República Federal de Alemania
Postf. 454, RCH-Antofagasta
Av. Edmundo Peréz Zújovic 4940, RCH-Antofagasta
T: (005655) 25 16 91 **Fax:** 26 67 91
Honorarkonsul: Hans Schaefer
Amtsbezirk: Regionen Antofagasta und Atacama
Übergeordnete Auslandsvertretung: Santiago de Chile

c 77

Honorarkonsul der Bundesrepublik Deutschland in Arica

Cónsul Honorario de la República Federal de Alemania
Postf. Casilia 16, RCH-Arica
Arturo Prat 391, Piso 10, Of. 101, RCH-Arica
T: (005658) 23 16 57 **Fax:** 22 72 66
Honorarkonsul: Ulrich Pribnow
Amtsbezirk: Region Tarapacá
Übergeordnete Auslandsvertretung: Santiago de Chile

c 78

Honorarkonsulat der Bundesrepublik Deutschland in Concepción

Cónsul Honorario de la República Federal de Alemania
Chacabuco 556, RCH-Concepción
T: (005641) 24 25 91 **Fax:** 23 06 21
Honorarkonsul: Herbert Siller
Amtsbezirk: Region Bio-Bio
Übergeordnete Auslandsvertretung: Santiago de Chile

c 79

Honorarkonsulat der Bundesrepublik Deutschland in Osorno

Cónsul Honorario de la República Federal de Alemania
Postf. 419, RCH-Osorno
Calle Mackenna 987, RCH-Osorno
T: (005664) 23 21 51 **Fax:** 23 21 51
Honorarkonsul: Hans Joachim Schmitz
Amtsbezirk: Provinz Osorno der Region Los Lagos
Übergeordnete Auslandsvertretung: Santiago de Chile

c 80

Honorarkonsulat der Bundesrepublik Deutschland in Puerto Montt

Cónsul Honorario de la República Federal de Alemania
Postf. 2, RCH-Puerto Montt
Benavente 342, RCH-Puerto Montt
T: (005665) 25 28 28 **Fax:** 25 28 28
Honorarkonsul: René Ernesto Schmidt-Gebauer
Amtsbezirk: Provinzen Llanquíhue, Chiloé und Palena der Region Los Lagos, Region Aisén del General Carlos Ibañez del Campo
Übergeordnete Auslandsvertretung: Santiago de Chile

c 81

Honorarkonsulat der Bundesrepublik Deutschland in Temuco

Cónsul Honorario de la República Federal de Alemania
Caupolicán 648, RCH-Temuco
T: (005645) 21 23 87 **Fax:** 21 33 96
Honorarkonsul: Oswald Frindt
Amtsbezirk: Region La Araucania
Übergeordnete Auslandsvertretung: Santiago de Chile

c 82

Honorarkonsulat der Bundesrepblik Deutschland in Valdivia

Cónsul Honorario de la República Federal de Alemania
Arauco 159, of. 201, RCH-Valdivia
T: (005663) 21 88 21, 20 37 91 **Fax:** 21 30 46
Honorarkonsul: Eduardo Schild
Amtsbezirk: Provinz Valdivia der Region Los Lagos
Übergeordnete Auslandsvertretung: Santiago de Chile

c 83

Honorarkonsulat der Bundesrepublik Deutschland in Valparaiso

Cónsul Honorario de la República Federal de Alemania
Postf. 167, RCH-Valparaiso
Blanco 1215 piso 11, RCH-Valparaiso
T: (005632) 25 67 49
Honorarkonsul: Günther Körver
Amtsbezirk: Region Valparaiso
Übergeordnete Auslandsvertretung: Santiago de Chile

China

• C 84

Botschaft der Bundesrepublik Deutschland Peking

Embassy of the Federal Republic of Germany
5, Dong Zhi Men Wai Da Jie, CN-Peking 100 600
T: (008610) 65 32 21 61-5 **Fax:** 65 32 53 36
TX: 22 259 AAPEK CN
Botschafter: Dr. Konrad Seitz
Amtsbezirk: Volksrepublik China
Konsularischer Amtsbezirk: Volksrepublik China mit Ausnahme der den Generalkonsulaten Kouton und Shanghai zugewiesenen Amtsbezirke.

c 85

Botschaft der Bundesrepublik Deutschland Peking

Embassy of the Federal Republic of Germany
- Haus II
No 3, Dong Si Jie, San Li Tun, Chaoyang District, CN-Peking 100600
T: (008610) 65 32 11 81, 5 32 33 08, 5 32 55 56-61
Fax: 65 32 53 35

c 86

Generalkonsulat der Bundesrepublik Deutschland in Schanghai
Consulate General of the Federal Republic of Germany
Yong Fu Lu 181, CN-200031 Shanghai
T: (008621) 64 33 69 53 **Fax:** 64 71 44 48
TX: 33 140 aasgh cn
Generalkonsul: Dr. Rolf-Rüdiger Zirpel
Amtsbezirk: Die regierungsunmittelbare Stadt Schanghai sowie die Provinzen Jiangsu, Zhejiang und Anhui

Cookinseln

• **C 87**

Cookinseln
siehe Botschaft Wellington (Neuseeland) C 338

• **C 88**

Honorarkonsul der Bundesrepublik Deutschland in Rarotonga
Honorary Consul of the Federal Republic of Germany
Banana Court, CK-Avarua /Rarotonga
T: (00682) 233 06 **Fax:** 233 05
Honorarkonsul: Dr. Wolfgang Losacker
Amtsbezirk: Cookinseln
Übergeordnete Auslandsvertretung: Botschaft Wellington

Costa Rica

• **C 89**

Botschaft der Bundesrepublik Deutschland San José
Embajada de la República Federal de Alemania
Postf. 4017, CR-San José
T: (00506) 232 55 33 **Fax:** 231 64 03
TGR: Diplogerma San José de Costa Rica
E-Mail: cacoral@sol.racsa.co.cr
Botschafter: Dr. Wilfried Rupprecht
Amtsbezirk: Costa Rica
Der Leiter der Vertretung ist zugleich Beobachter bei dem Interamerikanischen Institut für Agrarwissenschaften (IICA) mit Sitz in San José

Côte d'Ivoire (Elfenbeinküste)

• **C 90**

Botschaft der Bundesrepublik Deutschland Abidjan
Ambassade de la République fédérale d'Allemagne
Postf. 1900, CI-Abidjan
Boulevard Botreau Roussel, Avenue Nogues, Imm. "Le Mans"
T: (00225) 21 47 27 **Fax:** 32 47 29
TX: 23 642 aabid ci
Botschafter: Hans-Albrecht Schraepler
Amtsbezirk: Côte d'Ivoire, Liberia

Dänemark

• **C 91**

Botschaft der Bundesrepublik Deutschland Kopenhagen
Postf. 2712, DK-2100 Kopenhagen
Stockholmsgade 57, DK-2100 Kopenhagen
T: (0045) 35 45 99 00, 35 45 99 11 **Fax:** 35 55 70 52
Internet: http://www.tyske-ambassade.dk
E-Mail: tyskeamb@email.dk
Botschafter: Johann Dreher
Amtsbezirk: Dänemark
Konsularischer Amtsbezirk: In Paß- und Visaangelegenheiten: Dänemark mit Ausnahme von Jütland und der Insel Fünen mit Nebeninseln. In allen anderen Angelegenheiten: Dänemark mit Ausnahme der Sønderjyllands Amtskommune

c 92

Honorarkonsul der Bundesrepublik Deutschland
Rings Møbler
Danmarksgade 58-64, DK-9000 Aalborg
T: (0045) 98 12 56 33 **Fax:** 98 12 41 03
Honorarkonsul: Jørn Astrup Bertelsen
Amtsbezirk: Nordjyllands Amtskommune
Übergeordnete Auslandsvertretung: Botschaft Kopenhagen

c 93

Honorarkonsul der Bundesrepublik Deutschland
Havnegade 4, DK-8000 Århus C
T: (0045) 86 18 25 88 **Fax:** 86 18 25 22
Honorarkonsul: Finn Prang-Andersen
Amtsbezirk: Århus Amtskommune, Viborg Amtskommune
Übergeordnete Auslandsvertretung: Botschaft Kopenhagen

c 94

Honorarkonsul der Bundesrepublik Deutschland
A/S J. Lauritzen's Eftf.
Strandbygade 88, DK-6700 Esbjerg
T: (0045) 75 45 27 97 **Fax:** 75 13 58 06
Honorarkonsul: Lars Lindinger
Amtsbezirk: Amtskommune Ribe und Ringkøbing
Übergeordnete Auslandsvertretung: Botschaft Kopenhagen

c 95

Honorarkonsulin der Bundesrepublik Deutschland
Greenland Tours
P.O.B. 160, DK-3952 Ilulissat /Grønland
T: (00299) 94 44 11 **Fax:** 94 45 11
Honorarkonsulin: Elke Meissner
Amtsbezirk: Grønland
Übergeordnete Auslandsvertretung: Botschaft Kopenhagen

c 96

Honorarkonsul der Bundesrepublik Deutschland
A/S Dan-Bunkering Ltd.
Postf. 71, DK-5500 Middelfart
Strandvejen 5, DK-5500 Middelfart
T: (0045) 64 41 54 01 **Fax:** 64 41 53 01
Honorarkonsul: Torben Østergaard Nielsen
Amtsbezirk: Gemeinden Middelfart, Ejby, Noerre Aaby und Assens
Übergeordnete Auslandsvertretung: Botschaft Kopenhagen

c 97

Honorarkonsul der Bundesrepublik Deutschland
Københavnsvej 1, DK-4800 Nykøbing/Falster
T: (0045) 54 86 02 00 **Fax:** 54 86 03 89
Honorarkonsul: Ole Lund-Hermansen
Amtsbezirk: Inseln Lolland und Falster mit Nebeninseln
Übergeordnete Auslandsvertretung: Botschaft Kopenhagen

c 98

Honorarkonsul der Bundesrepublik Deutschland
Mønsted Gruppen
Vestre Kaj 6, DK-4700 Naestved
T: (0045) 55 72 20 00 **Fax:** 55 77 17 05
Honorarkonsul: Peter Mønsted
Amtsbezirk: Kommunen Stevns, Fakse, Rønnede, Holmegård, Suså Naestved, Fladså, Praestø, Vordingborg, Langebaek, Møn
Übergeordnete Auslandsvertretung: Botschaft Kopenhagen

c 99

Honorarkonsul der Bundesrepublik Deutschland
Svendborgvej 90, DK-5260 Odense 5
T: (0045) 66 14 14 14 **Fax:** 66 14 80 14
Honorarkonsul: Knud Thybo
Amtsbezirk: Nordteil der Insel Fünen bis einschließlich der Kommunen Assens, Glamsbjerg, Broby, Ringe, Ryslinge, Ørbaek, Nyborg
Übergeordnete Auslandsvertretung: Botschaft Kopenhagen

c 100

Honorarkonsul der Bundesrepublik Deutschland
Store Torv 12, DK-3700 Rønne/Bornholm
T: (0045) 56 94 50 50 **Fax:** 56 94 50 55
Honorarkonsul: Erik Ipsen
Amtsbezirk: Insel Bornholm
Übergeordnete Auslandsvertretung: Botschaft Kopenhagen

c 101

Honorarkonsulin der Bundesrepublik Deutschland
Postf. 1, FR-100 Torshavn
P/F Jákup á Dul, FR-100 Torshavn
T: (00298) 31 49 49 **Fax:** 31 13 30
Honorarkonsul: Asa áDul Jacobson
Amtsbezirk: Färöer
Übergeordnete Auslandsvertretung: Botschaft Kopenhagen

• **C 102**

Dominica
siehe Botschaft Port-of-Spain (Trinidad und Tobago) C 487

Dominikanische Republik

• **C 103**

Botschaft der Bundesrepublik Deutschland Santo Domingo
Postf. 1235, DOM-Santo Domingo
Calle Rafael Augusto Sánchez No. 33, DOM-Santo Domingo
T: (001809) 5 65-88 11/12, 5 66-52 89 **Fax:** 5 67-50 14
Botschafterin: Eva Alexandra Gräfin Kendeffy
Amtsbezirk: Dominikanische Republik

c 104

Honorarkonsul der Bundesrepublik Deutschland in Puerto Plata
Postf. Aptdo. 535, DOM-Puerto Plata
Calle Beller 51, DOM-Puerto Plata
T: (001809) 5 86-6995 **Fax:** 5 86-4249
Honorarkonsul: Heinz Meder
Amtsbezirk: Provinzen Monte Cristi, Puerto Plata, Espaillat, Maria Trinidad Sanchez und Samana

• **C 106**

Dschibuti
siehe Botschaft Sanaa (Jemen) C 246

Ecuador

• **C 107**

Botschaft der Bundesrepublik Deutschland Quito
Embajada de la República Federal de Alemania
Postf. 1 70 15 37, EC-Quito
Av. Patria y 9 de Octubre (esquina), EC-Quito
Edificio "Banco GNB"
T: (005932) 22 56 60, 56 72 31, 56 72 33, 52 29 07
Fax: 56 36 97
Botschafter: Walter Nocker
Amtsbezirk: Ecuador

c 108

Honorargeneralkonsul der Bundesrepublik Deutschland in Guayaquil
Cónsul General Honorario de la República Federal de Alemania
Edificio Berlín, 1er piso
Postf. 09-06-2003, EC-Guayaquil
Av. Las Monjas No. 10 y Av. Carlos Julio Arosemena, km 2,5, EC-Guayaquil
T: (005934) 20 68 67, 20 68 68 **Fax:** 20 68 69
Honorargeneralkonsul: Burchard von Campe
Amtsbezirk: Provinzen El Oro, Guayas und Los Rios
Übergeordnete Auslandsvertretung: Botschaft Quito

c 109

Honorarkonsulin der Bundesrepublik Deutschland in Cuenca
Cónsul Honorario de la República Federal de Alemania
Postf. 01 01 00 2, EC-Cuenca
Bolivar 9-18, EC-Cuenca
T: (005937) 82 27 83 **Fax:** 83 14 79
E-Mail: evak@etapa.com.ec
Honorarkonsulin: Eva Klinkicht de Tamariz
Amtsbezirk: Provinz Azuay, Cañar und Loja
Übergeordnete Auslandsvertretung: Botschaft Quito

c 110

Honorarkonsul der Bundesrepublik Deutschland in Manta
Cónsul Honorario de la República Federal de Alemania
c/o Seafman C.A.
Postf. 13-05-4872, EC-Manta
T: (005935) 62 01 76, 62 08 16 **Fax:** 62 03 64
Honorarkonsul: Wolf-Rüdiger Harten
Amtsbezirk: Provinz Manabi
Übergeordnete Auslandsvertretung: Botschaft Quito

El Salvador

• **C 111**

Botschaft der Bundesrepublik Deutschland San Salvador
Embajada de la República Federal de Alemania
Postf. 693, SV-San Salvador
7a, Calle Poniente 3972 Colonia Escalón, SV-San Salvador
T: (00503) 2 23-6140, 2 98-2770 **Fax:** 2 98-3368
Botschafter: Dr. Richard Giesen

Amtsbezirk: El Salvador
Der Leiter der Vertretung ist zugleich Beobachter bei der Organisation der Zentralamerikanischen Staaten (ODECA) mit Sitz in San Salvador

Eritrea

• C 112

Botschaft der Bundesrepublik Deutschland Asmara
Embassy of the Federal Republic of Germany Asmara
Postf. 49 74, ER-Asmara
Andinet Street, ER-Asmara
T: (002911) 18 26 70 **Fax:** 18 29 00
Botschafter: Elmar Timpe
Amtsbezirk: Eritrea

Estland

• C 113

Botschaft der Bundesrepublik Deutschland Tallinn
Toom-Kuninga 11, EW-15048 Tallinn
T: (00372) 6275 300, 6275 303 (Visastelle) **Fax:** 6275 304, 6275 305 (Visastelle)
E-Mail: saksasaa@online.ee
Botschafter: Dr. Gerhard-Enver Schrömbgens
Amtsbezirk: Estland

Fidschi

• C 114

Honorarkonsulat der Bundesrepublik Deutschland in Suva/Fidschi
Honorary Consul of the Federal Republic of Germany
Dominion House, 4th Floor
Postf. 12007, FJI-Suva
Thomson Street, FJI-Suva
T: (00679) 30 22 60 **Fax:** 30 38 20
Honorarkonsul: Daryl Valentine Tarte
Amtsbezirk: Fidschi
Übergeordnete Auslandsvertretung: Botschaft Wellington

Finnland

• C 115

Botschaft der Bundesrepublik Deutschland Helsinki
Postf. 5, FIN-00331 Helsinki
Krogiuksentie 4b, FIN-00340 Helsinki
T: (003589) 45 85 80 **Fax:** 458 5 82 58
E-Mail: saksa@germanembassy.fi
Botschafter: Henning von Wistinghausen
Amtsbezirk: Finnland

c 116

Honorarkonsul der Bundesrepublik Deutschland
Postf. 44, FIN-48100 Kotka
Steveco Oy, FIN-48100 Kotka
T: (003585) 2 32 31, 2 32 32 98 (direkt) **Fax:** 2 32 33 60
E-Mail: hartmut.zimmermann@steveco.fi
Honorarkonsul: Hartmut Zimmermann
Amtsbezirk: Regionen Kymenlaakso und Etelä-Karjala
Übergeordnete Auslandsvertretung: Botschaft Helsinki

c 117

Honorarkonsul der Bundesrepublik Deutschland
Rederiaktiebolaget Gustav Erikson
Postf. 49, FIN-22101 Mariehamn
Norra Esplanadgatan 4B, FIN-22100 Mariehamn
T: (0035818) 2 70 70, 2 71 10 (direkt) **Fax:** 1 26 70
TX: 63 112 geson fi
E-Mail: gustaf.erikson@co.inet.fi
Honorarkonsulin: Gunvor Margareta Erikson-Hjerling (T: (0035818) 2 23 78 (privat), GSM-Nr. 040-5056301, T: (0035818) 1 92 80 (Sommerhaus))
Amtsbezirk: Åland-Inseln
Übergeordnete Auslandsvertretung: Botschaft Helsinki

c 118

Honorarkonsul der Bundesrepublik Deutschland
Vaasa Oy
Postf. 37, FIN-65100 Vasa
Sanomalehti Pohjalainen, FIN-65100 Vasa
T: (003586) 3 24 91 11 **Fax:** 3 24 93 56
E-Mail: martti.koski@pohjalainen.fi
Honorarkonsul: Martti Koski (T: (0035806) 3 20 10 79 (privat), Handy: (050) 0 66 83 24)
Amtsbezirk: Regionen Etelä-Pohjanmaa, Ponjanmaa und Keski-Ponjanmaa
Übergeordnete Auslandsvertretung: Botschaft Helsinki

c 119

Honorarkonsul der Bundesrepublik Deutschland
Asianajotoimisto
Markku Lehtola KY
Näsilinnankatu 24 C 15, FIN-33210 Tampere
T: (003583) 2 60 28 00, (049) 62 73 17
Fax: (003583) 2 60 28 80
E-Mail: lehtola@sci.fi
Honorarkonsul: Markku Lehtola
Amtsbezirk: Regionen Häme und Pirkanmaa
Übergeordnete Auslandsvertretung: Botschaft Helsinki

c 120

Honorarkonsul der Bundesrepublik Deutschland
Pörhön Autoliike Oy
Nuottasaarentie 6, FIN-90400 Oulu
T: (003588) 8 86 61 00 **Fax:** 8 86 61 98
E-Mail: matti.porho@porhonautoliike.fi
Honorarkonsul: Matti Johannes Pörhö
Amtsbezirk: Regionen Pohjois-Pohjanmaa und Kainuu
Übergeordnete Auslandsvertretung: Botschaft Helsinki

c 121

Honorarkonsul der Bundesrepublik Deutschland
Kuntoutusyhtymä-Rehab Group Oy
Eerikinkatu 7b B, FIN-20100 Turku
T: (003582) 44 54 55 01-03 **Fax:** 4 45 45 20
E-Mail: pekka.niemi@pp.kolumbus.fi
Honorarkonsul: Pekka Juhani Niemi
Amtsbezirk: Regionen Varsinars-Suomi und Satakunta
Übergeordnete Auslandsvertretung: Botschaft Helsinki

c 122

Honorarkonsul der Bundesrepublik Deutschland in Rovaniemi
Asionajotoimisto
Postf. 22 13, FIN-96201 Rovaniemi
Pekankatu 4 B 16, FIN-96200 Rovaniemi
T: (0035816) 34 79 09 **Fax:** 34 43 06
E-Mail: fraunberg@aatsto2.pp.fi
Honorarkonsul: Seppo von und zu Fraunberg (T: (0035816) 34 42 91 (privat), GSM-Nr. 0400 694 345)
Amtsbezirk: Region Lappi
Übergeordnete Auslandsvertretung: Botschaft Helsinki

c 123

Honorarkonsul der Bundesrepublik Deutschland in Kuopio
Suomen Ovi Oy
Postf. 10 16, FIN-70501 Kuopio
Sammonkatu 4, FIN-70500 Kuopio
T: (0035817) 24 81 11 **Fax:** 2 61 67 56
E-Mail: paavo.lampinen@suomenovi.inet.fi
Honorarkonsul: Paavo Lampinen
Amtsbezirk: Region Savo
Übergeordnete Auslandsvertretung: Botschaft Helsinki

c 124

Honorarkonsul der Bundesrepublik Deutschland Mikkeli
Vilhankatu 8 A22, FIN-50100 Mikkeli
Honorarkonsul: Kari Mennander (T: (0035815) 16 12 17, Handy: 0400682821)
Amtsbezirk: Regionen Päijät-Häme und Etelä-Savo
Übergeordnete Auslandsvertretung: Botschaft Helsinki

c 125

Honorarkonsul der Bundesrepublik Deutschland in Joensuu
Broman Group Oy
Postf. 1 69, FIN-80101 Joensuu
Tulliportinkatu 50, FIN-80130 Joensuu
T: (0035813) 2 54 41 21 **Fax:** 2 54 41 99
E-Mail: väinö.broman@bromangroup.fi
Honorarkonsul: Väinö H. Broman (T: (0035813) 2 24 99 24 (privat), Handy: 0500374473)
Amtsbezirk: Region Pohjob-Karjala
Übergeordnete Auslandsvertretung: Botschaft Helsinki

Frankreich

• C 126

Botschaft der Bundesrepublik Deutschland Paris
Ambassade de la République Fédérale d'Allemagne
13/15 Ave. F. D. Roosevelt, F-75008 Paris
T: (00331) 53 83 45 00 **Fax:** 43 59 74 18
Botschafter: Dr. Peter Hartmann

c 127

Generalkonsulat der Bundesrepublik Deutschland in Bordeaux
Consulat Général de la République fédérale d'Allemagne
Postf. 226, F-33021 Bordeaux Cedex
377, Boulevard du Président Wilson, F-33200 Bordeaux-Caudéran
T: (00335) 56 17 12 22 **Fax:** 56 42 32 65
E-Mail: 106004.3215@compuserve.com
Generalkonsul: Erwin Starnitzky
Amtsbezirk: Départements Ariège, Aveyron, Charente, Charente-Maritime, Corrèze, Creuse, Deux-Sèvres, Dordogne, Gers, Gironde, Haute-Garonne, Hautes-Pyrénées, Haute-Vienne, Landes, Lot, Lot-et-Garonne, Pyrénées-Atlantiques, Tarn, Tarn-et-Garonne, Vienne

c 128

Generalkonsulat der Bundesrepublik Deutschland in Lyon
Consulat Général de la République fédérale d'Allemagne
33, Boulevard des Belges, F-69458 Lyon Cedex 06
T: (00334) 72 69 98 98 **Fax:** 72 43 06 94
E-Mail: consualyon@aol.com
Generalkonsul: Günter Blaurock
Amtsbezirk: Départements Ain, Allier, Ardèche, Territoire de Belfort, Cantal, Côte-d'Or, Doubs, Drôme, Haute-Loire, Haute-Saône, Haute-Savoie, Isère, Jura, Loire, Nièvre, Puyde-Dôme, Rhône, Saône-et-Loire, Savoie, Yonne

c 129

Generalkonsulat der Bundesrepublik Deutschland in Marseille
Consulat Général de la République fédérale d'Allemagne
338, Avenue du Prado, F-13295 Marseille Cédex 8
T: (00334) 91 16 75 20 **Fax:** 91 16 75 28
Generalkonsul: Dr. Johst Wilmanns
Amtsbezirk: Départements Alpes-de-Haute-Provence, Alpes-Maritimes, Aude, Bouches-du-Rhône, Corse-du-Sud, Gard, Hautes-Alpes, Haute-Corse, Hérault, Lozère, Pyrénées-Orientales, Var, Vaucluse
Der Leiter der Vertretung ist zugleich Generalkonsul für das Fürstentum Monaco mit Sitz in Marseille

c 130

Generalkonsulat der Bundesrepublik Deutschland in Straßburg
Consulat Général de la République fédérale d'Allemagne
Rue des Francs Bougeois 15, F-67081 Strasbourg Cedex
T: (0033388) 15 03 40 **Fax:** 75 79 82
Generalkonsul: Dr. Klaus Aurisch
Amtsbezirk: Départements Ardennes, Aube, Bas-Rhin, Haute-Marne, Haut-Rhin, Marne, Meurthe-et-Moselle, Meuse, Moselle, Vosges

c 131

Honorarkonsulat der Bundesrepublik Deutschland in Avignon
Consul Honoraire de la République Fédérale d'Allemagne
Postf. 1000, F-84095 Avignon
184, Route des Rémouleurs, Z.I. La Courtine Quest, F-84095 Avignon
T: (00334) 90 86 28 71 **Fax:** 90 27 14 29
Honorarkonsul: Heinz Honisch
Amtsbezirk: Départements Vaucluse und Gard
Übergeordnete Auslandsvertretung: Generalkonsulat Marseille

c 132

Honorarkonsulat der Bundesrepublik Deutschland in Bastia
Consul Honoraire de la République fédérale d'Allemagne
Konsulat der BRD
c/o Socodipha
Zone Industrielle RN 193, F-20200 Bastia
T: (00334) 95 33 03 56 **Fax:** 95 33 88 89
Honorarkonsul: Jean-Jacques Bozzano
Amtsbezirk: Insel Korsika (Départments Corse-du-Sud und Haute-Corse)
Übergeordnete Auslandsvertretung: Generalkonsulat Marseille

c 133

Honorarkonsulat der Bundesrepublik Deutschland in Boulogne-sur-Mer
Consul Honoraire de la République Fédérale d'Allemagne
Grande Rue 127, F-62200 Boulogne-sur-Mer
T: (00333) 21 31 52 41 **Fax:** 21 30 48 06

Honorarkonsul: Philippe Delpierre
Amtsbezirk: Stadt und Arrondissement Boulogne-sur-Mer
Übergeordnete Auslandsvertretung: Botschaft Paris

c 134

Honorarkonsul der Bundesrepublik Deutschland in Brest
Consul Honoraire de la République Fédérale d'Allemagne
9, Square Commandant l'Herminier, F-29200 Brest
T: (00332) 98 44 35 59
Honorarkonsul: Wolfgang Barfuss
Amtsbezirk: Département Finistère
Übergeordnete Auslandsvertretung: Botschaft Paris

c 135

Honorarkonsulat der Bundesrepublik Deutschland in Dijon
Consul Honoraire de la République Fédérale d'Allemagne
Postf. 32415, F-21024 Dijon Cedex
29, rue Buffon, F-21000 Dijon
T: (00333) 80 68 06 98 **Fax:** 80 68 07 04
Honorarkonsul: Till Meyer
Amtsbezirk: Départements Côte-d'Or, Nièvre, Saône-et-Loire und Yonne
Übergeordnete Auslandsvertretung: Generalkonsulat Lyon

c 136

Honorarkonsulat der Bundesrepublik Deutschland in Le Havre
Consul Honoraire de la République Fédérale d'Allemagne
7, rue Pierre-Brossolette, F-76600 Le Havre Cédex
T: (00332) 35 21 11 22 **Fax:** 35 21 13 54
Honorarkonsul: Alexis Lobadowsky
Amtsbezirk: Départements Calvados, Manche, Seine-Maritime mit Ausnahme des Arrondissement Rouen
Übergeordnete Auslandsvertretung: Botschaft Paris

c 137

Honorarkonsulin der Bundesrepublik Deutschland in Lorient
Consul Honoraire de la République Fédérale d'Allemagne
c/o Maison d'Allemagne
rue Marie Dorval 6 bis, F-56100 Lorient
T: (00332) 97 64 28 64 **Fax:** 97 97 64 28 64
Honorarkonsulin: Geneviève Mazé
Amtsbezirk: Département Morbihan
Übergeordnete Auslandsvertretung: Botschaft Paris

c 138

Honorarkonsulat der Bundesrepublik Deutschland in Montpellier
Consul Honoraire de la République Fédérale d'Allemagne
Boulevard Rabelais 35, F-34000 Montpellier
T: (00334) 67 64 28 87 **Fax:** 67 64 29 77
Honorarkonsul: Martin Andersch
Amtsbezirk: Département Hérault
Übergeordnete Auslandsvertretung: Generalkonsulat Marseille

c 139

Honorarkonsulat der Bundesrepublik Deutschland in Nantes
Consul Honoraire de la République Fédérale d'Allemagne
rue du Marché Commun 24, F-44332 Nantes Cedex 3
T: (00332) 40 499797 **Fax:** 40 521890
Honorarkonsul: Dominique de la Chesnais
Amtsbezirk: Départements Loire-Atlantique, Maine-et-Loire und Vendée
Übergeordnete Auslandsvertretung: Botschaft Paris

c 140

Honorarkonsulat der Bundesrepublik Deutschland in Nizza
Consul Honoraire de la République Fédérale d'Allemagne
34, Avenue Henri Matisse, F-06200 Nice
T: (00334) 93 83 55 25 **Fax:** 93 83 05 50
Honorarkonsul: Gerd Ziegenfeuter
Amtsbezirk: Département Alpes-Maritimes
Übergeordnete Auslandsvertretung: Generalkonsulat Marseille

c 141

Honorarkonsulat der Bundesrepublik Deutschland in Perpignan
Consule Honoraire de la République Fédérale d'Allemagne
Postf. 123, F-66001 Perpignan Cedex
48, rue Claude Bernard, F-66000 Perpignan
T: (00334) 68 35 60 84 **Fax:** 68 356084
Honorarkonsulin: Brigitte Planès
Amtbezirk: Département Pyrénées-Orientales
Übergeordnete Auslandsvertretung: Generalkonsulat Marseille

c 142

Honorarkonsulat der Bundesrepublik Deutschland in Reims
Consul Honoraire de la République Fédérale d'Allemagne
42ter rue des Capucins, F-51100 Reims
T: (00333) 26 47 12 34 **Fax:** 26 88 42 56
Honorarkonsul: Christian Lefebvre
Amtsbezirk: Départements Marne und Aube
Übergeordnete Auslandsvertretung: Generalkonsulat Straßburg

c 143

Honorarkonsulat der Bundesrepublik Deutschland in Rouen
Consul Honoraire de la République Fédérale d'Allemagne
43, Rue Jean Lecanuet, F-76000 Rouen
T: (00332) 35 88 16 52 **Fax:** 35 88 79 78
E-Mail: renaud.delubac@wanadoo.fr
Honorarkonsul: Dr. Renaud Delubac
Amtsbezirk: Arrondissement Rouen sowie Département Eure
Übergeordnete Auslandsvertretung: Botschaft Paris

Französisches Übersee-Département in Afrika

• C 144

Honorarkonsulat der Bundesrepublik Deutschland in St. Denis
Consul Honoraire de la République Fédérale d'Allemagne
rue de Lorraine 9c, RE-97400 St. Denis
T: (00262) 216206 **Fax:** 21 74 55
E-Mail: jf.mellano@wanadoo.fr
Honorarkonsulin: Hannelore Mellano
Amtsbezirk: Übersee-Département Réunion
Übergeordnete Auslandsvertretung: Botschaft Paris

Gebietskörperschaft der Französischen Republik

• C 145

Mayotte
siehe Botschaft Paris (Frankreich) C 126

Französische Übersee-Departments und Übersee-Territorien in Amerika

• C 146

Französisch-Guayana
siehe Botschaft Paris (Frankreich) C 126

• C 147

Guadeloupe
siehe Botschaft Paris (Frankreich) C 126, Honorarkonsul in Fort-de-France (Martinique) C 149

• C 148

Martinique
siehe:
Botschaft Paris (Frankreich) C 126, Honorarkonsul in Fort-de-France (Martinique) C 149

Fort-de-France/Martinique

• C 149

Honorarkonsul der Bundesrepublik Deutschland Fort-de-France
Consul Honoraire de la République fédérale d'Allemagne
Postf. 423, MQ-97292 Fort de France
Acajou Lamentin, MQ-Fort-de-France
T: (00596) 50 38 39 **Fax:** 50 38 75
TX: 912 697 BAMEX MR
Honorarkonsul: Bernard Hayot
Amtsbezirk: Martinique und Guadeloupe
Übergeordnete Auslandsvertretung: Botschaft Paris

Pointe-à-Pitre (Guadeloupe)

• C 150

Zweigstelle Pointe-à-Pitre des Konsuls der Bundesrepublik Deutschland
Postf. 637, GP-97168 Pointe-à-Pitre
Petit Pérou, GP-97139 Les Abymes
T: (00590) 82 37 37 **Fax:** 83 04 29
TX: 919 864 GL

• C 151

Gebietskörperschaft der Französischen Republik St. Pierre und Miquelon
Zuständige Visabehörde: Generalkonsulat Montreal (Kanada) C 253

Französische Übersee-Territorien in Australien/Südpazifik

• C 152

Französisch-Polynesien
siehe Botschaft Paris (Frankreich) C 126, Honorarkonsul in Papeete
Zuständige Visabehörde: Botschaft Wellington (Neuseeland) C 338

Papeete/Tahiti

• C 153

Honorarkonsulat der Bundesrepublik Deutschland in Papeete/Tahiti
Consul Honoraire de la République fédérale d'Allemagne
Postf. 452, PF-Papeete
T: (00689) 42 99 94, priv. 48 80 84 **Fax:** 42 96 89
Honorarkonsulin: Claude-Eliane Weinmann
Amtsbezirk: Französisch-Polynesien
Übergeordnete Auslandsvertretung: Botschaft Paris
Zuständige Visabehörde: Botschaft Wellington

• C 154

Neukaledonien
siehe Botschaft Paris (Frankreich) C 126

• C 155

Wallis und Futuna
siehe:
Botschaft Paris (Frankreich) C 126
Zuständige Visabehörde: Botschaft Wellington (Neuseeland) C 338

Gabun

• C 156

Botschaft der Bundesrepublik Deutschland Libreville
Ambassade de la République Fédérale d'Allemagne
Postf. 299, GA-Libreville
Immeuble "Les Frangipaniers", Bd. de l'Indépendance
T: (00241) 76 01 88, 74 27 90 **Fax:** 72 40 12
Botschafter: Adalbert Rittmüller
Amtsbezirk: Gabun, São Tomé und Principe
Der Leiter der Vertretung ist zugleich als Botschafter in São Tomé und Principe mit Sitz in Libreville akkreditiert

• C 157

Gambia
siehe Botschaft Dakar (Senegal) C 436

Georgien

• C 158

Botschaft der Bundesrepublik Deutschland Tiflis
11013 Berlin
Agmaschenebeli Prospekt 166, GEO-380012 Tbilissi
T: (0099532) 00 11 30 (Sat-Tel.), 95 33 26, 94 14 62
Fax: 00 11 31 (Sat-Faxnr.), 95 89 10
Botschafter: Wolfdietrich Vogel
Amtsbezirk: Georgien

Ghana

• C 159

Botschaft der Bundesrepublik Deutschland Accra
Embassy of the Federal Republic of Germany
Postf. 1757, GH-Accra
No. 6, Ridge Road, North Ridge, GH-Accra
T: (00233) 21) 22 13 11, 22 13 26 **Fax:** 21) 22 13 47
TGR: diplogerma accra
E-Mail: geremb@ghana.com
Botschafter: Christian Nakonz
Amtsbezirk: Ghana

• C 160

Grenada

siehe Botschaft Port-of-Spain (Trinidad und Tobago) C 487

Griechenland

• C 161

Botschaft der Bundesrepublik Deutschland Athen

Postf. 1175, GR-10110 Athen
Karaoli & Dimitriou 3, GR-10675 Athen
T: (00301) 7 28 51 11 **Fax:** 7 25 12 05
E-Mail: boathens@compulink.gr
Botschafter: Dr. Karl Heinz Kuhna
Amtsbezirk: Griechenland
Konsularischer Amtsbezirk: Griechenland außer Mazedonien und Thrazien

c 162

Honorarkonsulin der Bundesrepublik Deutschland in Iraklion/Kreta

Postf. 1083, GR-71110 Iraklion
T: (003081) 22 62 88 **Fax:** 22 21 41
E-Mail: honkons@her.forthnet.gr
Honorarkonsul: Marianna Zouridaki
Amtsbezirk: Präfekturen Iraklion und Lassithi
Übergeordnete Auslandsvertretung: Botschaft Athen

c 163

Honorarkonsul der Bundesrepublik Deutschland in Korfu

Odos Guilford 57, GR-49100 Korfu
T: (0030661) 3 14 53 **Fax:** 3 14 50
Honorarkonsul: Dimitrios Zervos
Amtsbezirk: Insel Korfu
Übergeordnete Auslandsvertretung: Botschaft Athen

c 164

Honorarkonsul der Bundesrepublik Deutschland in Patras

Odos Mesonos 98, GR-26221 Patras
T: (003061) 22 19 43 **Fax:** 62 10 76
Honorarkonsul: Georgios Abatzis
Amtsbezirk: Peloponnes und die Ionischen Inseln, ausschließlich Korfu
Übergeordnete Auslandsvertretung: Botschaft Athen

c 165

Honorarkonsul der Bundesrepublik Deutschland in Rhodos

Artemidos 12, GR-85100 Rhodos
T: (0030241) 6 37 30 **Fax:** 6 37 30
Honorarkonsul: Athanasios Dilanas
Amtsbezirk: Insel Rhodos
Übergeordnete Auslandsvertretung: Botschaft Athen

c 166

Honorarkonsul der Bundesrepbulik Deutschland in Samos

Odos Themistoklis Sofoulis 73, GR-83100 Samos
T: (0030273) 2 72 60 **Fax:** 2 72 60
Honorarkonsul: Christos Capnoulas
Amtsbezirk: Präfektur Samos
Übergeordnete Auslandsvertretung: Botschaft Athen

c 167

Honorarkonsul der Bundesrepublik Deutschland in Volos

Postf. 1030, GR-38110 Volos
Leoforos Dimitriados 253, GR-38221 Volos
T: (0030421) 2 84 41, 2 84 42, 2 41 16 **Fax:** 3 50 12
TGR: Scheffel Volos
Honorarkonsul: Günter Scheffel
Amtsbezirk: Präfekturen Karditsa, Larissa, Magnesia, Phthiotis und Trikala
Übergeordnete Auslandsvertretung: Botschaft Athen

c 168

Generalkonsul der Bundesrepublik Deutschland in Thessaloniki

Postf. 10515, GR-54110 Thessaloniki
Odos Karolou Diehl 4 a, GR-54623 Thessaloniki
T: (003031) 251120, 251130 **Fax:** 240393
Generalkonsul: Dr. Bernd Morast
Amtsbezirk: Mazedonien und Thrazien

Grossbritannien und Nordirland

• C 169

Botschaft der Bundesrepublik Deutschland London

23, Belgrave Square, GB-London, SW1 X8PZ
T: (0044207) 824-300 **Fax:** 824-435
TGR: Diplogerma London
Internet: http://www.german-embassy.org.uk
E-Mail: mail@german-embassy.org.uk
Botschafter: Dr. Hans-Friedrich von Ploetz
Amtsbezirk: Vereinigtes Königreich von Großbritannien und Nordirland. Konsularischer Amtsbezirk: Avon, Bedfordshire, Berkshire, Buckinghamshire, Cambridgeshire, Cornwall, Devon, Dyfed, Dorset, Essex, South Glamorgan, Mid Glamorgan, West Glamorgan, Gloucestershire, Gwent, Hampshire, Hereford and Worcester, Hertfordshire, Kent, Leicestershire, Greater London, Norfolk, Northamptonshire Oxfordshire, Powys, Somerset, Staffordshire, Suffolk, Surrey, East Sussex, West Sussex, Warwickshire, West Midlands, Isle of Wight, Wiltshire, Britische Kanalinseln, Gibraltar

c 170

Generalkonsulat der Bundesrepublik Deutschland in Edinburgh
Consulate General of the Federal Republic of Germany

16 Eglinton Crescent, GB-Edinburgh EH12 5DG
T: (0044131) 3 37 23 23 **Fax:** 3 46 15 78
Generalkonsul: Hanno von Graevenitz
Amtsbezirk: Schottland

c 171

Honorarkonsul der Bundesrepublik Deutschland in Aberdeen
Honorary Consul of the Federal Republic of Germany

12, Albert Street, GB-Aberdeen AB25 1XQ
T: (00441330) 84 44 14 **Fax:** 84 44 86
Honorarkonsul: Andrew D.F. Lewis
Amtsbezirk: Stadt und Hafen Aberdeen
Übergeordnete Auslandsvertretung: Generalkonsulat Edinburgh

c 172

Honorarkonsul der Bundesrepublik Deutschland in Birmingham
Honorary Consul of the Federal Republic of Germany

c/o W.H. Doherty & Co. Ltd.
Vulcan Road, Lode Lane Industrial Estate, GB-Solihull B91 2JY, West Midlands
T: (0044121) 7 05 99 44 **Fax:** 7 05 48 01
Honorarkonsul: Patrick J. M. Doherty
Amtsbezirk: West Midlands
Übergeordnete Auslandsvertretung: Botschaft London

c 173

Honorarkonsul der Bundesrepublik Deutschland in Bristol
Honorary Consul of the Federal Republic of Germany

Postf. BSL012, GB-DX 7895 Bristol LIX
Lewins Mead, GB-Bristol BS1
T: (0044117) 9 29 16 26 **Fax:** 9 29 33 69
E-Mail: laytons@laytons.com
Honorarkonsulin: Ann Newby (Rechtsanwältin und Partnerin bei der Rechtsanwaltsfirma Laytons)
Amtsbezirk: Avon, Gloucestershire, Somerset
Übergeordnete Auslandsvertretung: Botschaft London

c 174

Honorarkonsul der Bundesrepublik Deutschland in Cardiff
Honorary Consul of the Federal Republic of Germany

c/o Berry Smith, Solicitors
Haywood House, Dumfries Place, GB-Cardiff CFIO 3 GA
T: (0044129) 20345-511 **Fax:** 20345-945
Honorarkonsulin: Helga Rother-Simmonds
Amtsbezirk: South-Mid- and Westwaces
Übergeordnete Auslandsvertretung: Botschaft London

c 175

Honorarkonsul der Bundesrepublik Deutschland in Dover
Honorary Consul of the Federal Republic of Germany

Hammond House
Limekiln Street, GB-Dover, Kent CT17 9EE
T: (00441304) 20 12 01 **Fax:** 24 03 74
Honorarkonsul: David C. Ryeland
Amtsbezirk: Essex, Kent, East- und West Sussex
Übergeordnete Auslandsvertretung: Botschaft London

c 176

Honorarkonsul der Bundesrepublik Deutschland in Falmouth
Honorary Consul of the Federal Republic of Germany

c/o G.C. Fox & Co.
48 Arwenack Street, GB-Falmouth, TR11 3SA Cornwall
T: (00441326) 31 13 00 **Fax:** 31 79 13
Honorarkonsul: Charles L. Fox
Amtsbezirk: Cornwall westlich der Linie Padstow - St. Austell unter Einschluß beider Städte
übergeordnete Auslandsvertretung: Botschaft London

c 177

Honorarkonsul der Bundesrepublik Deutschland in Glasgow
Honorary Consul of the Federal Republic of Germany

c/o GLS Languages Services, The Pentagon Centre, Suite 215
36 Washington Street, GB-Glasgow G3 8AZ
T: (0044141) 2 26 84 43 **Fax:** 2 26 84 41
Honorarkonsul: Dagmar Förtsch
Übergeordnete Auslandsvertretung: Generalkonsulat Edinburgh

c 178

Honorarkonsulat der Bundesrepublik Deutschland in Harwich
Honorary Consul of the Federal Republic of Germany

Euroatlantic Shipping Services Ltd.
Haven House, Albemarle Street, GB-Harwich, Essex CO12 3HL
T: (00441255) 50 66 66 **Fax:** (00441394) 67 58 76
Honorarkonsul: Richard Antony Coolen
Amtsbezirk: Grafschaft Suffolk, von der Grafschaft Essex der nördlich der (gedachten) Linie Malden-Saffron-Walden gelegene Teil, jedoch ohne Einschluß dieser beiden Städte
Übergeordnete Auslandsvertretung: Botschaft London

c 179

Honorarkonsulat der Bundesrepublik Deutschland in Hull (Humberside)
Honorary Consul of the Federal Republic of Germany

Premier House, Ferensway, GB-Hull HU1 3UF
T: (00441482) 58 87 88 **Fax:** 21 19 20
Honorarkonsul: Andrew Good
Amtsbezirk: Humberside, Lincolnshire und Nottinghamshire
Übergeordnete Auslandsvertretung: Generalkonsulat Manchester

c 180

Honorarkonsul der Bundesrepublik Deutschland in King's Lynn (Norfolk)
Honorary Consul of the Federal Republic of Germany

11 New Conduit Street, GB-King's Lynn, Norfolk PE30 1DG
T: (00441553) 69 22 33 **Fax:** 76 73 18
Honorarkonsul: David Hume
Amtsbezirk: Norfolk
Übergeordnete Auslandsvertretung: Botschaft London

c 181

Honorarkonsul der Bundesrepublik Deutschland in Kirkwall
Honorary Consul of the Federal Republic of Germany

Shore Street, GB-Kirkwall KW15 1LQ, Orkney
T: (00441856) 872961 **Fax:** 87 50 43
Honorarkonsul: John D.M. Robertson
Amtsbezirk: Orkney-Inseln
Übergeordnete Auslandsvertretung: Generalkonsulat Edinburgh

c 182

Honorarkonsul der Bundesrepublik Deutschland in Larne
Honorary Consul of the Federal Republic of Germany

c/o AVX Ltd.
1 Ballyhampton Road, GB-Larne, BT40 2ST Northern Ireland
T: (004428704) 41 88 **Fax:** 26 26
Honorarkonsul: Douglas Getty
Amtsbezirk: Nordirland
Übergeordnete Auslandsvertretung: Generalkonsulat Manchester

c 183

Honorarkonsul der Bundesrepublik Deutschland in Leeds
Honorary Consul of the Federal Republic of Germany
18 Blind Lane Shadwell, GB-Leeds LS17 8HE
T: (0044113) 2 73 70 90 **Fax:** 2 73 70 90
Honorarkonsul: Hubert Eichinger
Amtsbezirk: West Yorkshire und South Yorkshire
Übergeordnete Auslandsvertretung: Generalkonsulat Manchester

c 184

Honorarkonsul der Bundesrepublik Deutschland in Liverpool
Honorary Consul of the Federal Republic of Germany
c/o Alsop Wilkinson
7th fl, India Building, Water Street, GB-Liverpool L2 0NH
T: (0044151) 2 27 30 60 **Fax:** 2 36 92 08
Honorarkonsul: Stuart Christie
Amtsbezirk: Grafschaft Merseyside
Übergeordnete Auslandsvertretung: Generalkonsulat Manchester

c 185

Honorarkonsul der Bundesrepublik Deutschland in Middlesbrough
Honorary Consul of the Federal Republic of Germany
15, Bridge Street East, GB-Middlesbrough, Cleveland TS2 1NA
T: (00441642) 23 01 11 **Fax:** 23 16 51
Honorarkonsul: John Michael Knight
Amtsbezirk: Cleveland (Teesside)
Übergeordnete Auslandsvertretung: Generalkonsulat Manchester

c 186

Honorarkonsul der Bundesrepublik Deutschland in Gateshead/ Newcastle upon Tyne
Honorary Consul of the Federal Republic of Germany
Broad Medows Sandy Bank Riding Mill, GB-Northumberland NE44 6HT
T: (00441434) 6 82 33 **Fax:** 6 82 33
Honorarkonsulin: Jopsephine von Chexal
Amtsbezirk: Durham, Northumberland und Tyne and Wear (Tyneside)
Übergeordnete Auslandsvertretung: Generalkonsulat Edinburgh

c 187

Honorarkonsul der Bundesrepublik Deutschland in Plymouth
Honorary Consul of the Federal Republic of Germany
c/o Escombe Lambert Ltd.
Victoria Wharves, GB-Plymouth PL4 ORF
T: (00441752) 66 31 75 **Fax:** 2 23 20 29
Honorarkonsul: Michael G. East
Amtsbezirk: Devon und Cornwall östlich der Linie Padstow-St. Austell ohne diese beiden Städte
Übergeordnete Auslandsvertretung: Botschaft London

c 188

Honorarkonsul der Bundesrepublik Deutschland in Southampton
Honorary Consul of the Federal Republic of Germany
Bowling Green House, 1 Orchard Place, GB-Southampton, Hants., SO14 3BR
T: (004423) 80 22 36 71 **Fax:** 80 33 08 80
Honorarkonsul: Roger V. Thornton
Amtsbezirk: Dorset, Hampshire, Isle of Wight und Wiltshire
Übergeordnete Auslandsvertretung: Botschaft London

c 189

Honorarkonsul der Bundesrepublik Deutschland in Lerwick (Shetland)
c/o Shearer Shipping Services Ltd.
Garthspool, GB-Lerwick, Shetland ZE1 0NP
T: (00441595) 69 25 56 **Fax:** 69 59 49
Honorarkonsul: Laurence John Smith
Übergeordnete Auslandsvertretung: Generalkonsulat Edinburgh

c 190

Honorarkonsul der Bundesrepublik Deutschland in St. Helier, Jersey
Honorary Consul of the Federal Republic of Germany
c/o Commodore Express
Route du Port Jersey, C.I.JE2 3NW, GB-St.Helier
T: (00441534) 87 12 63 **Fax:** 5 81 94
Honorarkonsul: Robert A. Norman
Amtsbezirk: Insel Jersey (Bailiwick of Jersey)
Übergeordnete Auslandsvertretung: Botschaft London

c 191

Honorarkonsul der Bundesrepublik Deutschland in St. Peter Port/Guernsey
Honorary Consul of the Federal Republic of Germany
c/o Isle of Sark Shipping Company Ltd.
White Rock, GB-St. Peter Port Guernsey C.I. GY1 2LN
T: (0041481) 72 40 59 **Fax:** 71 39 99
Honorarkonsul: Peter S.F. Drake
Amtsbezirk: Autonomes Gebiet Guernsey (Bailiwick of Guernsey)
Übergeordnete Auslandsvertretung: Botschaft London

Guatemala

• C 192

Botschaft der Bundesrepublik Deutschland Guatemala
Embajada de la República Federal de Alemania
Postf. 87, GCA-Ciudad de Guatemala
20 Calle 6-20, Edificio Plaza Marítima Zona 10, GCA-Ciudad de Guatemala
T: (00502) 3 37 00 28, 3 37 00 29, 3 37 28 59
Fax: (005022) 3 37 00 31
TX: 5209 aaguat gu
Botschafter: Dr. Joachim Neukirch
Amtsbezirk: Guatemala

Republik Guinea

• C 193

Botschaft der Bundesrepublik Deutschland Conakry
Ambassade de la République fédérale d'Allemagne
Postf. 540, GN-Conakry
T: (00224) 41 15 06, 44 15 08 **Fax:** 41 22 18
TX: 22 479 aacy gui
Botschafter: Pius Fischer
Amtsbezirk: Guinea

• C 194

Guinea-Bissau
siehe Botschaft Dakar (Senegal) C 436

Guyana

• C 195

Honorarkonsulat der Bundesrepublik Deutschland Georgetown
Honorary Consul of the Federal Republic of Germany
Postf. 1 06 47, GY-Georgetown
Quamina & Mn Sts 70, GY-Georgetown
T: (005922) 6 10 89 **Fax:** 6 10 89
Honorarkonsul: Winfried Fries
Amtsbezirk: Guyana
Übergeordnete Auslandsvertretung: Botschaft Port-of-Spain

Haiti

• C 196

Botschaft der Bundesrepublik Deutschland Cap Haitien
Ambassade de la République Fédérale d'Allemagne
Postf. 1147, RH-Port-au-Prince
2, Impasse Claudinette Bois Moquette, RH-Pétionville
T: (00509) 2 57 72 80, 2 57 61 31, 2 56 41 31
Fax: 2 57 41 31
E-Mail: germanem@haitiworld.com
Botschafter: Julius-Georg Luy
Amtsbezirk: Haiti

c 197

Honorarkonsulat der Bundesrepublik Deutschland in Cap Haitien
Consul Honoraire de la République fédérale d'Allemagne
Postf. 10, RH-Cap Haitien
11, Rue A, RH-Cap Haitien
T: (00509) 62 03 81 **Fax:** 62 07 99 (nur nach telefonischer Vorankündigung)
Honorarkonsul: Broder Schütt
Amtsbezirk: Département Nord
Übergeordnete Auslandsvertretung: Botschaft Port-au-Prince

Heiliger Stuhl

• C 198

Botschaft der Bundesrepublik Deutschland beim Heiligen Stuhl Rom
Via di Villa Sacchetti 6, I-00198 Roma
T: (00396) 80 95 11 **Fax:** 80 95 12 27
Botschafter: Dr. Jürgen Oesterhelt
Amtsbezirk: Vatikanstadt-Rom

Honduras

• C 199

Botschaft der Bundesrepublik Deutschland Tegucigalpa
Embajada de la República Federal de Alemania
Postf. 3145, HN-Tegucigalpa
Boulevard Morazán, Edificio Paysen, HN-Tegucigalpa
T: (00504) 32-31 61, 32-31 62 **Fax:** 32 95 18
TX: 1118 aatguc ho
Botschafter: Dr. Christian Hausmann
Amtsbezirk: Honduras

c 200

Honorarkonsulat der Bundesrepublik Deutschland in San Pedro Sula
Cónsul Honorario de la República Federal de Alemania
Postf. 588, HN-San Pedro Sula
6 y 7 Avenida No, Circunvalación Local N_Ho 10, HN-San Pedro Sula
T: (00504) 53-12 44 **Fax:** 53-18 68
Honorarkonsulin: Ruth Berkling
Amtsbezirk: Departamentos Altlántida, Colón, Copán, Cortés, Gracias a Diós, Santa Bárbara und Yoro.
Übergeordnete Auslandsvertretung: Botschaft Tegucigalpa

Indien

• C 201

Botschaft der Bundesrepublik Deutschland New Delhi
Embassy of the Federal Republic of Germany
Postf. 6 13, IND-110001 New Delhi
No. 6/50G, Shanti Path, Chanakyapuri, IND-New Delhi 110021
T: (009111) 6 87 18 31-37, 6 87 18 89-91 (Konsularreferat und Visastelle) **Fax:** 6 87 31 17, 6 87 77 06 (Wirtschaftsabt.), 6 87 28 49 (Presse-Referat), 6 87 76 23 (Konsularreferat und Visastelle)
TX: 3 172 101 aasv in
Internet: http://www.germanembassy-india.org
E-Mail: german@del3.vsnl.net.in
Botschafter: Dr. Heinrich-Dietrich Dieckmann
Amtsbezirk: Indien
Konsularischer Amtsbezirk: Staaten Haryana, Himachal Pradesh, Jammu und Kashmir, Punjab, Rajasthan, Sikkim, Uttar Pradesh sowie die Unionsterritorien Chandigarh, Delhi, Andamanen und Nikobaren, Lakkadiven, Minikoi und Amindiven, Bhutan

c 202

Generalkonsulat der Bundesrepublik Deutschland in Mumbai
Consulate General of the Federal Republic of Germany, "Hoechst House", 10th Floor,
Nariman Point
193 Backbay Reclamation, IND-Mumbai 400 021
T: (009122) 2 83 24 22, 2 83 15 17, 2 83 26 61, 2 83 98 34 (Visastelle), 2 83 98 35 (Visastelle)
Fax: 2 02 54 93, 2 84 21 84 (Visastelle)
E-Mail: germanconsulmumbai@vsnl.com
Generalkonsul: N. N.
Amtsbezirk: Staaten Goa, Gujarat, Madhya Pradesh, Maharashtra sowie das Unionsterritorium Daman und Diu

c 203

Generalkonsulat der Bundesrepublik Deutschland in Kalkutta
Consulate General of the Federal Republic of Germany
Postf. 1 67 11, IND-700027 Kalkutta
Hastings Park Road Alipore, IND-Kalkutta
T: (009133) 4 79 11 41, 4 79 11 42, 4 79 21 50
Fax: 4 79 30 28
Generalkonsul: Dr. Wolfgang Seiwert

Amtsbezirk: Staaten Arunalchal Pradesh, Assam, Bihar, Manipur, Meghalaya, Mizoram, Nagaland, Orissa, Tripura, West Bengal

c 204

Generalkonsulat der Bundesrepublik Deutschland in Chennai

Consulate General of the Federal Republic of Germany
Postf. 6801, IND-600008 Chennai
22, Ethiraj Road, IND-600008 Chennai
T: (009144) 8 27 17 47, 8 27 35 93, 8 27 76 37
Fax: 8 27 35 42
TX: 418 214 aams in
Generalkonsul: Klaus Schröder
Amtsbezirk: Staaten Andhra Pradesh, Karnataka, Kerala, Tamil Nadu und Unionsterritorium Pondicherry

c 205

Honorarkonsul der Bundesrepublik Deutschland in Goa

Honorary Consul of the Federal Republic of Germany
c/o Cosme Matias Menezes Ltd.
Rua de Ourem, IND-403001 Panjim-Goa
T: (0091832) 23 55 26, 22 32 61, 22 32 63, 22 32 64
Fax: 22 34 41
E-Mail: menezes@goa1.dot.net.in
Honorarkonsul: Cecilia Menezes
Amtsbezirk: Goa
Übergeordnete Auslandsvertretung: Generalkonsulat Mumbai

Indonesien

• C 206

Botschaft der Bundesrepublik Deutschland Jakarta

Embassy of the Federal Republic of Germany
Jl. M.H. Thamrin 1, RI-Jakarta 10310
T: (006221) 3 90 17 50 **Fax:** 3 90 17 57
Internet: http://www.germanembjak.or.id
E-Mail: germany@rad.net.id
Botschafter: Dr. Heinrich Seemann
Amtsbezirk: Indonesien

c 207

Honorarkonsul der Bundesrepublik Deutschland Medan

Jl. Karim MS 4, RI-Medan 20152
T: (006261) 4 53 71 08 **Fax:** 4 53 71 08
Honorarkonsul: Karl Schneider
Amtsbezirk: Aceh und Nordsumatra einschl. der Mentawai-Inseln
Übergeordnete Auslandsvertretung: Botschaft Jakarta

c 208

Honorarkonsul der Bundesrepublik Deutschland Sanur

Postf. 3100, RI-Denpasar 80228 Sanur
Jl. Pantai Karang 17, RI-Batujimbar-Sanur/Bali
T: (0062361) 28 85 35 **Fax:** 28 88 26
E-Mail: dtkonsbali@denpasar.wasantara.net.id
Honorarkonsul: Reinhold Jantzen
Amtsbezirk: Inseln Bali und Lombok
Übergeordnete Auslandsvertretung: Botschaft Jakarta

c 209

Honorarkonsul der Bundesrepublik Deutschland Surabaya

JL Dr. Wahidin Nr. 29, RI-Surabaya 60264
T: (006231) 563 18 71 **Fax:** 563 18 72
E-Mail: germany@sby.dnet.net.id
Honorarkonsul: Dipl.-Ing. Harjanto Tjokrosetio
Amtsbezirk: Ost-Java
Übergeordnete Auslandsvertretung: Botschaft Jakarta

Irak

• C 210

Botschaft der Bundesrepublik Deutschland Bagdad

Embassy of the Federal Republic of Germany
Postf. 2036, IRQ-Bagdad
Mahala 929, Zuqaq 2, Hay Babil, House No. 40, IRQ-Bagdad
T: (009641) 7 19 20 37/39 **Fax:** 7 18 03 40
TGR: Diplogerma Bagdad
Geschäftsträger a.i.: Dr. Claude Robert Ellner
Amtsbezirk: Irak

Iran

• C 211

Botschaft der Bundesrepublik Deutschland Teheran

Embassy of the Federal Republic of Germany
Postf. 11365-179, IR-Teheran
Avenue Ferdowsi, IR-Teheran
T: (009821) 3 11 41 11-14 **Fax:** 3 90 84 74
Botschafter: Dr. Klaus Zeller
Amtsbezirk: Iran

Irland

• C 212

Botschaft der Bundesrepublik Deutschland Dublin

Embassy of the Federal Republic of Germany
31, Trimleston Ave. Booterstown, IRL-Co. Dublin
T: (003531) 2 69 30 11 **Fax:** 2 69 39 46
E-Mail: germany@indigo.ie
Botschafter: Dr. Hartmut Hillgenberg
Amtsbezirk: Irland (Republik)

c 213

Honorarkonsulat der Bundesrepublik Deutschland in Cork
Honorary Consul of the Federal Republic of Germany

Camden House, Camden Quay, IRL-Cork
T: (0035321) 50 93 67 **Fax:** 50 59 78
Honorarkonsul: Michael Corkery
Amtsbezirk: Grafschaften Cork, Kilkenny, Waterford, Wexford und Tipperary
Übergeordnete Auslandsvertretung: Botschaft Dublin

c 214

Honorarkonsulat der Bundesrepublik Deutschland in Galway
Honorary Consul of the Federal Republic of Germany

Kilroe West, Inverin, IRL-Co. Galway
T: (0035391) 59 52 01 **Fax:** 59 53 76
Honorarkonsul: Philipp Hergett
Amtsbezirk Grafschaften Galway, Roscommon und Clare
Übergeordnete Auslandsvertretung: Botschaft Dublin

c 215

Honorarkonsulat der Bundesrepublik Deutschland in Killarney
Honorary Consul of the Federal Republic of Germany

Crohane, Fossa, Killarney, Co. Kerry, IRL-Killarney
T: (0035364) 3 15 11 **Fax:** 3 40 41
Honorarkonsul: Klaus Nölke
Amtsbezirk: County Kerry
Auslandvertretung: Botschaft Dublin übergeordnete

Island

• C 216

Botschaft der Bundesrepublik Deutschland Reykjavik

Embassy of the Federal Republic of Germany
Postf. 400, IS-121 Reykjavik
Laufásvegur 31, IS-101 Reykjavik
T: (00354) 5 30 11 00 **Fax:** 5 30 11 01
E-Mail: germanembassy@islandia.is
Botschafter: Dr. Reinhard W. Ehni Amtsbezirk: Island

c 217

Honorarkonsul der Bundesrepublik Deutschland Akureyri

Honorary Consul of the Federal Republic of Germany
Hofsbót 4, 3rd floor, IS-600 Akureyri
T: (00354) 4 62 45 10 (Büro), 8 96 22 39 (Mobiltel), 4 62 53 38 (privat) **Fax:** 4 62 45 10 (Büro)
Honorarkonsul: Svanur Eiriksson
Amtsbezirk: Akureyri, Eyjafjardarsýsla, Sudur-Thingeyrarsýsla
Übergeordnete Auslandsvertretung: Botschaft Reykjavik

c 218

Honorarkonsul der Bundesrepublik Deutschland Isafjördur

Honorary Consul of the Federal Republic of Germany
Seljalandsvegur 73, IS-400 Isafjördur
T: (00354) 8 97 67 49 (Büro) **Fax:** 4 56 45 22 (Büro)
Honorarkonsul: Dr. Thorsteinn Jóhannesson
Amtsbezirk: Nordur- und Vestur-Ísafjardarsýsla, Vestur- und Austur-Bardastrandarsýsla
Übergeordnete Auslandsvertretung: Botschaft Reykjavik

c 219

Honorarkonsul der Bundesrepublik Deutschland Seydisfjördur

Honorary Consul of the Federal Republic of Germany
Langitangi 5, IS-710 Seydisfjördur
T: (00354) 4 72 14 02 (Büro), 4 72 13 39 (privat)
Fax: 4 72 12 41
Honorarkonsul: Adolf Gudmundsson
Amtsbezirk: Austur-Skaftlafellssýsla, Nordur- und Sudur-Múlasýsla
Übergeordnete Auslandsvertretung: Botschaft Reykjavik

Israel

• C 220

Botschaft der Bundesrepublik Deutschland Tel Aviv

Embassy of the Federal Republic of Germany
Postf. 16038, IL-Tel Aviv 61160
3, Daniel Frisch St., IL-Tel Aviv 64731
T: (009723) 6 93 13 13, 6 93 13 12 **Fax:** 6 96 92 17, 6 95 06 08 (Presse), 6 96 24 62 (Wirtschaft), 6 93 13 08 (Rechts- u. Konsularreferat)
Internet: http://www.germanemb.org.il
E-Mail: ger_emb@netvision.net.il
Leitung: Theodor Wallau
Amtsbezirk: Israel

c 221

Honorargeneralkonsulat der Bundesrepublik Deutschland in Haifa

Honorary Consul General of the Federal Republic of Germany
Postf. 6240, IL-Haifa 34455
105, Ha'Tishbi St., IL-Haifa 34455
T: (009724) 8 38 14 08 **Fax:** 8 37 13 53
Honorargeneralkonsul: Michael Pappe
Amtsbezirk: Stadt und Hafen Haifa
Übergeordnete Auslandsvertretung: Botschaft Tel Aviv

c 222

Honorarkonsulat der Bundesrepublik Deutschland in Eilat

Honorary Consul of the Federal Republic of Germany
Postf. 590, IL-88100 Eilat
1153, Los Angeles Str., Desert House, Flat 14, IL-88100 Eilat
T: (009727) 6 33 42 77 **Fax:** 6 33 04 91
TGR: Svensk Eilat
Honorarkonsul: Ya'acov Pri-Gal
Amtsbezirk: Gemeinde Eilat und Kreis (Regional Council) Eilat
Übergeordnete Auslandsvertretung: Botschaft Tel Aviv

Italien

• C 223

Botschaft der Bundesrepublik Deutschland Rom

Ambasciata della Repubblica Federale di Germania
Via San Martino della Battaglia 4, I-00185 Roma
T: (00396) 4 92 13-1 **Fax:** 44 52-672, 4 92 13-320 (Rechts- und Konsularreferat)
TGR: Diplogerma Rom
Internet: http://www.ambgermania.it
E-Mail: germanembassy.rom@pronet.it
Botschafter: Fritjof von Nordenskjöld
Amtsbezirk: Italien
Konsularischer Amtsbezirk: Provinzen: Ancona (AN), Arezzo (AR), Ascoli Piceno (AP), Cagliari (CA), Chieti (CH), Florenz (FI), Frosinone (FR), Grosseto (GR) (mit dazugehörigen Inseln des Toskanischen Archipels), L'Aquila (AQ), Latina (LT), Livorno (LI) (mit dazugehörigen Inseln des Toskanischen Archipels, u.a. Elba), Lucca (LU), Macerata (MC), Massa-Carrara (MS), Nuoro (NU), Oristano (OR), Perugia (PG), Pesaro e Urbino (PS), Pescara (PE), Pisa (PI), Pistoia (PT), Prato (PO), Rieti (RI), Sassari (SS), Siena (SI), Teramo (TE), Terni (TR), Viterbo (VT)

c 224

Generalkonsulat der Bundesrepublik Deutschland in Mailand
Consolato Generale della Repubblica Federale di Germania

Via Solferino, 40, I-20121 Milano
T: (00392) 6 23 11 01 **Fax:** 6 55 42 13
Generalkonsulin: Uta-Maria Mayer-Schalburg

Amtsbezirk: San Marino, und die Provinzen Alessandria (AL), Asti (AT), Belluno (BL), Bergamo (BG), Biella (BI), Bologna (BO), Bozen (BZ), Brescia (BS), Como (CO), Cremona (CR), Cuneo (CN), Ferrara (FE), Forli (FO), Genova (GE), Görz/Gorizia (GO), Imperia (IM), La Spezia (SP), Lecco (LC), Lodi (LO), Mantova (MN), Modena (MO), Novara (NO), Padova (PD), Parma (PR), Pavia (PV), Piacenza (PC), Pordenone (PN), Ravenna (RA), Reggio-Emilia (RE), Rimini (RN), Rovigo (RO), Savona (SV), Sondrio (SO), Trento (TN), Treviso (TV), Trieste (TS), Turin (TO), Udine (UD), Varese (VA), Venedig (VE), Verbano-Cusio-Ossola (VCO), Vercelli (VC), Verona (VR), Vicenza (VI)

c 225

Generalkonsulat der Bundesrepublik Deutschland in Neapel
Consolato Generale della Repubblica Federale di Germania

Via Crispi 69, I-80121 Napoli
T: (003981) 7 61 33 93, 66 46 47 **Fax:** 7 61 46 87
Generalkonsul: Hans-Georg Fein
Amtsbezirk: Provinzen Agrigento (AG), Avellino (AV), Bari (BA), Benevento (BN), Brindisi (BR), Caltanissetta (CL), Campobasso (GB), Caserta (CE), Catania (CT), Catanzaro (CZ), Cosenza (CS), Crotone (KR), Enna (EN), Foggia (FG), Isernia (IS), Lecce (LE), Matera (MT), Messina (ME), Palermo (PA), Ragusa (RG), Reggio-Calabria (RC), Salerno (SA), Siracusa (SR), Taranto (TA), Trapani (TP), Vibo Valentia (VV)

c 226

Honorarkonsul der Bundesrepublik Deutschland in Arezzo
Console Onorario della Repubblica Federale di Germania

Case Nuove di Ceciliano 59, I-52100 Arezzo
T: (0039575) 32 10 00 **Fax:** 32 29 26
TGR: Duranti, Corso Italia 205, Arezzo
Honorarkonsul: Gianfranco Duranti
Amtsbezirk: Provinz Arezzo
Übergeordnete Auslandsvertretung: Botschaft Rom

c 227

Honorarkonsul der Bundesrepublik Deutschland in Bari
Console Onorario della Repubblica Federale di Germania

Piazza Umberto I, 40 (V. Stock), I-70121 Bari
T: (003980) 5 24 40 59 **Fax:** 5 24 40 59
Honorarkonsul: Dr. Francesco Pignataro
Amtsbezirk: Provinzen Bari, Brindisi, Foggia, Lecce und Taranto
Übergeordnete Auslandsvertretung: Generalkonsulat Neapel

c 228

Honorarkonsul der Bundesrepublik Deutschland in Bologna
Console Onorario della Repubblica Federale di Germania

Piazza Calderini 2-2, I-40124 Bologna
T: (003951) 27 37 90 **Fax:** 656 57 54
Honorarkonsulin: Dr. Beate Westrick
Amtsbezirk: Bologna
Übergeordnete Auslandsvertretung: Generalkonsulat Mailand

c 229

Honorarkonsul der Bundesrepublik Deutschland in Bolzano

Dr.-Streiter-Gasse, I-39100 Bozen
Honorarkonsul: Dr. Gerhard Brandstätter
Amtsbezirk: Bozen, Trient
Übergeordnete Auslandsvertretung: Generalkonsulat Mailand

c 230

Honorarkonsul der Bundesrepublik Deutschland in Cagliari
Console Onorario della Repubblica Federale di Germania

Via R. Garzia 9, I-09126 Cagliari
T: (003970) 30 72 29 **Fax:** 30 72 29
Honorarkonsul: Dr. Leopold Bruder
Amtsbezirk: Insel Sardinien, die Provinzen Cagliari (CA), Nuoro (NU), Oristano (OR), Sassari (SS)
Übergeordnete Auslandsvertretung: Botschaft Rom

c 231

Honorarkonsul der Bundesrepublik Deutschland in Catania

Via Milano 10/A, I-95127 Catania
T: (003995) 38 69 28 **Fax:** 38 69 28
Honorarkonsul: Ronald Seifert
Amtsbezirk: Provinz Catania, Siracusa, Ragusa
Übergeordnete Auslandsvertretung: Generalkonsulat Neapel

c 232

Honorarkonsul der Bundesrepublik Deutschland in Florenz

Lungarno Vespucci 30, I-50123 Firenze
T: (003955) 29 47 22 **Fax:** 28 17 89
Honorarkonsul: Horst Dedecke
Amtsbezirk: Firenze, Pistoia, Siena
Übergeordnete Auslandsvertretung: Botschaft Rom

c 233

Honorarkonsul der Bundesrepublik Deutschland in Messina

Via S. Sebastiano 13, I-98122 Messina
T: (003990) 67 17 80 **Fax:** 67 17 80
Honorarkonsul: Prof. Dr. Paolo Turiaco
Amtsbezirk: Provinz Messina, Enna, Caltanissetta
Übergeordnete Auslandsvertretung: Generalkonsulat Neapel

c 234

Honorarkonsul der Bundesrepublik Deutschland in Palermo

Viale Francesco Scaduto 2D, I-90144 Palermo
T: (003991) 6 25 46 60 **Fax:** 34 70 34
Honorarkonsul: Prof. Dr. Filippo Tortorici
Amtsbezirk: Palermo, Trapani, Agrigento
Übergeordnete Auslandsvertretung: Generalkonsulat Neapel

c 235

Honorarkonsul der Bundesrepublik Deutschland in Rimini

Viale Trieste 3 EI, I-47037 Rimini /Provinz Forli
T: (0039541) 2 77 84 **Fax:** 5 44 44
Honorarkonsul: Mario Imola
Amtsbezirk: Forli, Ravenna (GK Mailand), Pesaro e Urbino (Bot. Rom)
Übergeordnete Auslandsvertretung: Generalkonsulat Mailand

c 236

Honorarkonsul der Bundesrepublik Deutschland in Triest

Via Beccaria, 8-III. Stock, I-34133 Trieste
T: (0039940) 36 43 96 **Fax:** 36 90 71
Honorarkonsul: Dr. Roberto Hausbrandt jun.
Amtsbezirk: Gorizia, Pordenone, Triest, Udine
Übergeordnete Auslandsvertretung: Generalkonsulat Mailand

c 237

Honorarkonsulin der Bundesrepublik Deutschland in Turin

Corso Vittorio Emanuele II n. 98, I-10121 Torino
T: (003911) 53 10 88 **Fax:** 53 10 88
Honorarkonsulin: Uta Ponte
Amtsbezirk: Provinzen Alessandria, Asti, Biella, Cuneo, Novara, Torino, Verbano-Cusio-Ossola, Vercelli, autonomes Gebiet des Aosta-Tales
Übergeordnete Auslandsvertretung: Generalkonsulat Mailand

c 238

Honorarkonsul der Bundesrepublik Deutschland in Venedig

Campo S. Sofia, Canareggio 4201, I-30131 Venezia
T: (003941) 5 23 76 75 **Fax:** 5 22 76 55
Honorarkonsul: Dr. Bruno Permutti
Amtsbezirk: Belluno, Treviso, Venedig, Padova
Übergeordnete Auslandsvertretung: Generalkonsulat Mailand

Jamaika

• **C 239**

Botschaft der Bundesrepublik Deutschland Kingston/Jamaika

Embassy of the Federal Republic of Germany
Postf. 4 44, JA-Kingston
10 Waterloo RD, JA-Kingston 10
T: (001876) 9 26 67 28, 9 26 56 65, 9 26 67 29
Fax: 9 29 82 82
E-Mail: germanemb@cwjamaica.com
Botschafter: Adolf Ederer
Amtsbezirk: Jamaika sowie die Bahamas, Belize, die Kaimaninseln, die Turks- u. Caicosinseln.
Der Leiter der Vertretung ist zugleich als Botschafter in den Bahamas und in Belize mit Sitz in Kingston akkreditiert.
Der Leiter der Vertretung ist zugleich Generalkonsul für die britischen Überseegebiete
Kaimaninseln, Turks- und Caicosinseln mit Sitz in Kingston.

Japan

• **C 240**

Botschaft der Bundesrepublik Deutschland Tokyo

Embassy of the Federal Republic of Germany
4-5-10, Minami-Azabu, Minato-Ku, J-Tokyo 106-0047
T: (00813) 57 91-7700 **Fax:** 34 73 42-44
Internet: http://www.germanembassy-japan.org
E-Mail: germtoky@ma.rosenet.ne.jp
Botschafter: Dr. Kurt Uwe Kaestner
Amtsbezirk: Japan
Konsularischer Amtsbezirk: Präfekturen Akita, Aomori, Chiba, Fukushima, Hokkaido, Ibaraki, Iwate, Gumma, Kanagawa, Miyagi, Nagano, Niigata, Saitama, Shizuoka, Tochigi, Tokyo mit Ogasawara-Inseln, Yamagata, Yamanashi

c 241

Generalkonsulat der Bundesrepublik Deutschland in Osaka-Kobe

Consulate General of the Federal Republic of Germany
Umeda Sky Building, Tower East, 35F 1-1-88-3501 Oyodonaka Kita-ku, J-Osaka 531- 6035
T: (00816) 64 40 50 70 **Fax:** 64 40 50 80
E-Mail: germangk@gol.com
Generalkonsul: Dr. Johannes Preisinger
Amtsbezirk: Präfekturen Aichi, Ehime, Fukuoka, Fukui, Gifu, Hiroshima, Hyogo, Ishikawa, Kagawa, Kagoshima, Kochi, Kumamoto, Kyoto, Mie, Miyazaki, Nagasaki, Nara, Oita, Okayama, Okinawa, Osaka, Saga, Shiga, Shimane, Tokushima, Tottori, Toyama, Yamaguchi, Wakayama

c 242

Honorarkonsul der Bundesrepublik Deutschland in Fukuoka

Honorary Consul of the Federal Republic of Germany
c/o Saibu Gas Kabushiki Kaisha 812-91
Postf. 41, J-Fukuoka-Shi 812-0044
T: (008192) 6 33-22 11 **Fax:** 6 33-22 91
Honorarkonsul: Goro Wachi
Amtsbezirk: Präfekturen Fukuoka, Saga, Nagasaki, Kumamoto, Oita, Miyazaki, Kagoshima
Übergeordnete Auslandsvertretung: Generalkonsulat Osaka-Kobe

c 243

Honorarkonsul der Bundesrepublik Deutschland in Nagoya

Honorary Consul of the Federal Republik of Germany
c/o Chubu Denryoku K.K.
Postf. 158, J-Nagoya 461-8680
Higashi-Ku, Toshin-Cho 1, J-Nagoya 461-8680
T: (008152) 9 51-82 11 **Fax:** 9 73 31 83
Honorarkonsul: Kohei Abe
Amtsbezirk: Präfektur Aichi
Übergeordnete Auslandsvertretung: Generalkonsulat Osaka-Kobe

c 244

Honorarkonsul der Bundesrepublik Deutschland in Sapporo

Honorary Consul of the Federal Republic of Germany
c/o Hokkaido Electric Power Co.
(Hokkaido Denryoku Kabushiki Gaisha)
2-banchi, Odori Higashi 1-chome Chuo-ku, J-Sapporo 060-8677
T: (008111) 2 51-11 11 **Fax:** 2 51-26 03
E-Mail: germany-hk@epmail.hepco.co.jp
Honorarkonsul: Tomoo Nakano
Amtsbezirk: Präfektur Hokkaido
Übergeordnete Auslandsvertretung: Botschaft Tokyo

c 245

Honorarkonsul der Bundesrepublik Deutschland in Kobe

Honorary Consul of the Federal Republic of Germany
Chou-ku, Goko-dori 8-1-6, Kobe Kokusai, Kaikan 17 F, J-651-0087 Kobe
T: (008178) 2 30 81 50 **Fax:** 2 30 81 50
Honorarkonsul: Isamu Kurosaki
Amtsbezirk: Präfektur Hyogo
Übergeordnete Auslandsvertretung: Generalkonsulat Osaka-Kobe

Jemen (Republik Jemen)

• C 246

Botschaft der Bundesrepublik Deutschland Sanaa
Embassy of the Federal Republic of Germany
Postf. 25 62, Y-Sana'a
Near Hadda Road, Outer Ring Road, Y-Sana'a
T: (009671) 41 31 74, 41 31 77, 41 31 78 **Fax:** 41 31 79
Botschafter: Dr. Werner Zimprich
Amtsbezirk: Republik Jemen und Republik Dschibuti
Die Leiterin der Vertretung ist zugleich als Botschafterin in der Republik Dschibuti mit Sitz in Sanaa akkreditiert

Jordanien

• C 248

Botschaft der Bundesrepublik Deutschland Amman
Embassy of the Federal Republic of Germany
Postf. 183, JOR-Amman
Jabal Amman, 31 Bengazi Street, JOR-11118 Amman
T: (009626) 5930-351, 3 67, 5931-379 **Fax:** 593-2887, Fax Konsulat 5 93 04 81
Botschafter: Dr. Martin Schneller
Amtsbezirk: Jordanien

c 249

Honorarkonsulat der Bundesrepublik Deutschland Aquaba
Honorary Consul of the Federal Republic of Germany
c/o Coral Beach Hotel
Postf. 71, JOR-Aqaba
T: (009623) 31 35 21 **Fax:** 31 36 14
Honorarkonsul: Abdulaziz Kabariti
Amtsbezirk: Gouvernorate Aqaba und Ma'an
Übergeordnete Auslandsvertretung: Botschaft Amman

Jugoslawien (Serbien und Montenegro)

• C 250

Botschaft der Bundesrepublik Deutschland Belgrad
Postf. 304, YU-11001 Belgrad
Ulica Kneza Milosa 74-76, YU-11001 Belgrad
T: (0038111) 64 57 55 **Fax:** 65 69 89
TX: 11 107 yu aabeog
Botschafter: Wilfried Gruber
Amtsbezirk: Bundesrepublik Jugoslawien

Kambodscha

• C 251

Botschaft der Bundesrepublik Deutschland Phnom Penh
Ambassade de la République fédérale d'Allemagne
Postf. 60, K-Phnom Penh
Sangkat „Boeung Pralit", Khan „7 Janvier", K-Phnom Penh
T: (0085523) 42 63 81, 42 61 93 **Fax:** 42 77 46
Botschafter: Dr. Wiprecht von Treskow
Amtsbezirk: Königreich Kambodscha

Kamerun

• C 252

Botschaft der Bundesrepublik Deutschland Jaunde
Ambassade de la République Fédérale d'Allemagne
Postf. 11 60, RFC-Yaoundé
Rue Charles de Gaulles, RFC-Yaoundé
T: (00237) 21 00 56, 20 05 66 **Fax:** 20 73 13
TX: 8238 aayde kn
Botschafter: Jürgen Dröge
Amtsbezirk: Kamerun sowie Äquatorialguinea, ZAR
Der Leiter der Vertretung ist zugleich als Botschafter in Äquatorialguinea und in der ZAR mit Sitz in Yaoundé akkreditiert

Kanada

• C 253

Botschaft der Bundesrepublik Deutschland Ottawa
Embassy of the Federal Republic of Germany
1 Waverley Street, CDN-Ottawa, Ont. K2P OT8
T: (001613) 2 32-1101 **Fax:** 594-9330
Internet: http://www.germanembassyottawa.org
E-Mail: 100566.2620@compuserve.com
Botschafter: Dr. Ernst Jürgen Pöhlmann
Amtsbezirk: Kanada
Konsularischer Amtsbezirk: Region "Communauté Urbaine de l'Outaouais" der Provinz Quebec sowie 6 Grafschaften der Provinz Ontario: Grafschaft Carleton, Grafschaft Prescott and Russell, Grafschaft Stormont, Dundas and Glengary, Grafschaft Renfrew, Grafschaft Lanark sowie Grafschaft Leeds and Grenville, Territorium Nunavut

c 254

Generalkonsulat der Bundesrepublik Deutschland in Montreal
Consulat Générale de la République Fédérale d'Allemagne
Marathon Bldg., 43e_H étage
René Lévesque West 1250 Suite 4315, CDN-Montreal, QC H3B 4X1
T: (001514) 931-2277 **Fax:** 931-7239
Generalkonsul: Dr. Helmut Göckel
Amtsbezirk: Provinzen New Brunswick, Newfoundland, Nova Scotia, Prinz-Eduard-Insel, Quebec (mit Ausnahme der Region "Communauté Urbaine de l'Outaouais")

c 255

Generalkonsulat der Bundesrepublik Deutschland in Toronto
Consulate General of the Federal Republic of Germany
Postf. 523, CDN-Toronto/Ont. M5S 2T1
77 Admiral Road, Toronto, Ont. M5R 2L4
T: (001416) 925-2813/5 **Fax:** 9 25-28 18
E-Mail: 106167.430@compuserve.com
Leitung: Dr. Wiprecht von Treskow
Amtsbezirk: Provinzen Manitoba, Ontario (mit Ausnahme der Grafschaft Carleton, der Grafschaft Prescott and Russell, der Grafschaft Stormont, Dundas and Glengary, der Grafschaft Renfrew, der Grafschaft Lanark und der Grafschaft Leeds and Grenville)

c 256

Generalkonsulat der Bundesrepublik Deutschland in Vancouver
Consulate General of the Federal Republic of Germany
Suite 704-World Trade Centre, 999 Canada Place, CDN-Vancouver B.C., Canada V6C 3E1
T: (001604) 6 84-83 77 **Fax:** 6 84-83 34
E-Mail: germanconsulatevancouver@netcom.ca
Generalkonsul: Klaus Kröger
Amtsbezirk: Provinzen Alberta, British Columbia, Saskatchewan sowie die North-West Territories (NWT) und das Yukon Territory

c 257

Honorarkonsul der Bundesrepublik Deutschland in Calgary
Honorary Consul of the Federal Republic of Germany
3127 Bowwood Drive N.W., CDN-Calgary, Alberta T3B 2E7
T: (001403) 247-3357 **Fax:** 247-8662
Honorarkonsul: George H. Cook
Amtsbezirk: Provinz Alberta, südlich des 52. Breitengrades
Übergeordnete Auslandsvertretung: Generalkonsulat Vancouver

c 258

Honorarkonsulat der Bundesrepublik Deutschland in Edmonton
Honorary Consul of the Federal Republic of Germany
8003-102 Street 201, CDN-Edmonton T6E 4A2
T: (001780) 4 34-0430 **Fax:** 4 36-1485
E-Mail: fwkoenig@primus.ca
Honorarkonsul: Friedrich Wilhelm König
Amtsbezirk: Provinz Alberta nördlich des 52. Breitengrades

c 259

Honorarkonsul der Bundesrepublik Deutschland in Halifax
Honorary Consul of the Federal Republic of Germany Suite 1100
Postf. 23 80, CDN-Halifax NS B3J 3E5
1959 Upper Water Street, CDN-Halifax NS B3J 3E5
T: (001902) 4 20-1599 **Fax:** 4 21-3130
E-Mail: lcavanagh@coxhanson.ca
Honorarkonsul: Anthony L. Chapman Q.C.
Amtsbezirk: Provinzen Nova Scotia, New Brunswick und Prince Edward Island
Übergeordnete Auslandsvertretung: Generalkonsulat Montreal

c 260

Honorarkonsul der Bundesrepublik Deutschland in Kitchener
Honorary Consul of the Federal Republic of Germany
385 Frederick Street, CDN-Kitchener Ontario N2H 2P2
T: (001519) 7 45-6149 **Fax:** 5 76-0591
Honorarkonsul: Peter D. Kruse
Amtsbezirk: Grafschaften Brant, Norfolk, Oxford, Perth, Waterloo und Wellington
Übergeordnete Auslandsvertretung: Generalkonsulat Toronto

c 261

Honorarkonsul der Bundesrepublik Deutschland in London, Ontario
Honorary Consul of the Federal Republic of Germany
71 Wharncliffe Road South, CDN-London Ontario N6J 2J8
T: (001519) 4 32-4133 **Fax:** 6 67-5187
Honorarkonsul: Barbara Weis
Amtsbezirk: Grafschaften Elgin, Essex, Kent, Lambton und Middlesex
Übergeordnete Auslandsvertretung: Generalkonsulat Toronto

c 262

Honorarkonsul der Bundesrepublik Deutschland in Prince George
Honorary Consul of the Federal Republic of Germany
11665 West Beaverly Road N., CDN-Prince George B.C. V2N 5A7
T: (001250) 9 64-4675 **Fax:** 9 64-4673
E-Mail: eschlick@mag-net.com
Honorarkonsul: Egon Schlick (German-Canadian Club, 1177-3rd. Avenue, Prince George, B.C., V2L-3E4, T: (250) 5 64-9575)
Amtsbezirk: Provinz British Columbia nördlich des 53. Breitengrades
Übergeordnete Auslandsvertretung: Generalkonsulat Vancouver

c 263

Honoralkonsul der Bundesrepublik Deutschland in Regina
Honorary Consul of the Federal Republic of Germany
3534 Argyle Road, CDN-Regina Saskatchewan S4S 2B8
T: (001306) 5 86-8762 **Fax:** 5 86-8762
Honorarkonsul: Prof. Dr. Günter Kocks
Amtsbezirk: Provinz Saskatchewan
Übergeordnete Auslandsvertretung: Generalkonsulat Vancouver

c 264

Honorarkonsul der Bundesrepublik Deutschland in St. John's Newfoundland
Honorary Consul of the Federal Republic of Germany
22 Poplar Ave., CDN-St. John's Newfoundland A1B 1C8
T: (001709) 7 53-7777 **Fax:** 7 39-6666
Honorarkonsul: Guenter K. Sann
Amtsbezirk: Provinz Neufundland
Übergeordnete Auslandsvertretung: Generalkonsulat Montreal

c 265

Honorarkonsul der Bundesrepublik Deutschland in Winnipeg
Honorary Consul of the Federal Republic of Germany
101 - 1200 Pembina Highway, CDN-Winnipeg Manitoba R3T 2 A7
T: (001204) 4 75-3088 **Fax:** 4 75-3089
Honorarkonsul: Gerhard Spindler
Amtsbezirk: Provinz Manitoba
Übergeordnete Auslandsvertretung: Generalkonsulat Toronto

Kap Verde

• C 266

Botschaft der Bundesrepublik Deutschland Praia
Postf. 6 49, CV-Praia
T: (00238) 61 20 76 **Fax:** 61 12 85
Botschafter: Dr. Eleonore Linsmayer (a.o. und bev. Botschafterin, mit Sitz in Dakar)
Geschäftsträger: Lothar Freischlader (Botschaftsrat)
Amtsbezirk: Kap Verde

Kasachstan

• C 267

Botschaft der Bundesrepublik Deutschland Almaty
Ulitza Furmanova 173, KZ-480064 Almaty
T: (0073272) 50 61 55-57, 50 61-60 **Fax:** 50 62 76
TX: 251 409 aakas su
Botschafter: Henning von Wistinghausen
Amtsbezirk: Kasachstan

Katar

• C 268

Botschaft der Bundesrepublik Deutschland Doha
Embassy of the Federal Republic of Germany
Postf. 3064, Q-Doha
No. 6, Al Jazira al Arabiya Street Kulaib, Q-Doha
T: (00974) 87 69 59 **Fax:** 87 69 49
E-Mail: germany@qatar.net.qa
Botschafter: Walter Weinberger
Leitung Presseabteilung: Martin Lötzer
Mitarbeiter: 14
Amtsbezirk: Katar

Kenia

• C 269

Botschaft der Bundesrepublik Deutschland Nairobi
Embassy of the Federal Republic of Germany
Williamson House
Postf. 30180, EAK-Nairobi
4th Ngong Avenue, EAK-Nairobi
T: (002542) 71 25 27 **Fax:** 71 48 86
E-Mail: ger-emb@form-net.com
Botschafter: Jürgen Weerth
Consular/Visa Section (1st floor)
T: (002542) 71 93 86, Telefax: (002542) 71 54 99
Der Leiter der Vertretung ist zugleich als Botschafter in den Seychellen und als ständiger Vertreter beim Umweltprogramm der Vereinten Nationen (UNEP) sowie dem Zentrum der Vereinten Nationen für menschliche Siedlungen (UNCHS/HABITAT) mit Sitz in Nairobi akkredidiert

c 271

Honorarkonsul der Bundesrepublik Deutschland Victoria
Honorary Consul of the Federal Republic of Germany
-, SY- Mahé
T: (00248) 26 12 22 **Fax:** 26 12 23
Honorarkonsulin: Maryse Eichler-Jorre de Saint Jorre
Amtsbezirk: Seychellen
Übergeordnete Auslandsvertretung: Botschaft Nairobi

Kirgistan

• C 272

Botschaft der Bundesrepublik Deutschland Bischkek
Ul. Razzakowa 28, KG-Bischkek
T: (0073312) 22 48 11, 22 48 03, 22 88 76 **Fax:** 62 02 07, 22 85 23
Botschafter: Dr. Peter Wienand
Amtsbezirk: Kirgistan

• C 273

Kiribati
siehe Botschaft Wellington (Neuseeland) C 338

Kolumbien

• C 274

Botschaft der Bundesrepublik Deutschland Santafé de Bogotá
Embajada de la República Federal de Alemania
Carrera 4 No. 72-35 Piso 6°, CO-Santafé de Bogotá
T: (00571) 3 48 40 40 **Fax:** 3 26 10 50
Botschafter: Peter von Jagow (a.o. u. bev. Botschafter)
Amtsbezirk: Kolumbien

c 275

Honorarkonsul der Bundesrepublik Deutschland Barranquilla
Cónsul Honorario de la República Federal de Alemania
Calle 80. No. 78B-251 Edificio Tealco, CO-Barranquilla
T: (00575) 3532078 **Fax:** 3532078
Honorarkonsul: Dierk Schnabel
Amtsbezirk: Departamentos Atlántico, Guajira y Magdalena

c 276

Honorarkonsul der Bundesrepublik Deutschland Cali
Cońsul Honorario de la República Federal de Alemania
Avenidas Américas No. 19-08, CO-Cali
T: (00572) 6611135 **Fax:** 8 83 16 39
Honorarkonsul: Peter Niessen
Amtsbezirk: Departamentos Valle del Cauca, Cauca, Nariño y Comisaria del Putumayo

c 277

Honorarkonsul der Bundesrepublik Deutschland Cartagena
Cońsul Honorario de la República Federal de Alemania
Carrera 2, No. 67-143, CO-Cartagena
T: (00575) 6566080, 6 56 10 27 **Fax:** 6 56 60 73
Honorarkonsul: Frank Bolle
Amtsbezirk: Departamentos Bolivar, Sucre und Córdoba, así como San Andrés y Providencia

c 278

Honorarkonsul der Bundesrepublik Deutschland Cúcuta
Cońsul Honorario de la República Federal de Alemania
Avenida 4 No. 7N-117, Zona Industrial, CO-Cúcuta
T: (005775) 780496, 78 04 97 **Fax:** 780894
Honorarkonsul: Peter Zahn
Amtsbezirk: Departamento Norte de Santander

c 279

Honorarkonsul der Bundesrepublik Deutschland Manizales
Cońsul Honorario de la República Federal de Alemania
Edificio ANDI, Via al Magdalena No. 74-71, Piso 10, CO-Manizales
T: (005768) 87 29 28 **Fax:** 87 30 63
Honorarkonsul: Guillermo Sanint Botero
Amtsbezirk: Departamentos Caldas, Risaralda y Quindio

c 280

Honorarkonsul der Bundesrepublik Deutschland Medellín
Cońsul Honorario de la República Federal de Alemania
Carrera 43 F Nr. 17-419, CO-Medellín
T: (00574) 2 62 17 56, 2 32 22 72, 2 32 30 92
Fax: 2 32 82 74
Honorarkonsul: Hellmuth E. Lücker
Amtsbezirk: Departamentos Antioquia und Chocó

• C 281

Komoren
siehe Botschaft Antananarivo (Madagaskar) C 301

Kongo, Demokratische Republik

• C 282

Botschaft der Bundesrepublik Deutschland Kinshasa
Ambassade de la République Fédérale d'Allemagne
Postf. 84 00, CGO-Kinshasa
82, avenue de Lemera, CGO-Kinshasa
T: (0024312) 3 33 99 **Fax:** (00871) 682623781 (Satelliten-Fax)
Botschafter: Dr. Helmut Ohlraun
Amtsbezirk: Demokratische Republik Kongo

c 283

Honorarkonsulat der Bundesrepublik Deutschland in Lubumbashi
Consulat Honoraire de la République fédérale d'Allemagne
Avenue Mpale, CGO-Lubumbashi
T: (002432) 22 42 63, 22 23 92, 22 40 66
Fax: (00377) 97990252
Honorarkonsul: N.N.
Amtsbezirk: Region Katanga
Übergeordnete Auslandsvertretung: Botschaft Kinshasa

c 284

Honorarkonsulat der Bundesrepublik Deutschland in Bukavu
Consulat Honoraire de la République fédérale dAllemagne
Postf. 2338, RCB-Bukavu , Dem. Rep. Kongo
N°35, Avenue de Kabare, RCB-Bukavu , Dem. Rep. Kongo
T: (0024388) 8 70 10 **Fax:** (00871) 1 12 22 37-2240 (Inmarsat)
Honorarkonsul: Achim Meisenberg
Amtsbezirk: Region Kivu
Übergeordnete Auslandsvertretung: Botschaft Kinshasa

Kongo, Republik

• C 285

Botschaft der Bundesrepublik Deutschland Brazzaville
Ambassade de la République fédérale d'Allemagne
c/o Ambassade de France
Postf. 20 22, RCB-Brazzaville
T: (00242) 81 33 34, 81 33 35 **Fax:** 761 61 28 35 salcom
Botschafter: N. N.
Amtsbezirk: Kongo
Die konsularische Zuständigkeit liegt bei der Botschaft Libreville.

Korea

• C 286

Botschaft der Bundesrepublik Deutschland Seoul
Postf. 1289, KP-Seoul
4th Floor, Daehan Fire & Marine Insurance Building, 51-1 Namchang-Dong, Seoul 100
T: (00822) 7 26 71 14 **Fax:** 7 57 71 41
TX: 23 620 aaseoul k
Botschafter: Dr. Claus Vollers
Amtsbezirk: Republik Korea

c 287

Honorarkonsulat der Bundesrepublik Deutschland Pusan
Honorary Consul of the Federal Republic of Germany
Postf. 44, KP-612-600 Pusan-Haeundae
U-I-Dong 956-45 Haeundae-Ku, KP-612-021 Pusan Haeundae
T: (008251) 7 42 59 29 **Fax:** 7 41-59 20
Honorarkonsul: Kurt-Karl Schmidtke
Amtsbezirk: Special City Pusan und Provinz Kyongsangnam-Do, Stadtbezirke Taegu und Pohang
Übergeordnete Auslandsvertretung: Botschaft Seoul

Korea, Demokratische Volksrepublik

• C 288

Botschaft der Bundesrepublik Deutschland Pjöngjang
Embassy of the Kingdom of Sweden
- Interest Section of the Federal Republic of Germany
Munsudong District, KP-Pyongyang
T: (008502) 3 81 73 85, 3 81 74 89 **Fax:** 3 81 76 21
TX: 35 045 aapjoe kp
Leitung: N. N.
Amtsbezirk: Demokratische Volksrepublik Korea

Kroatien

• C 289

Botschaft der Bundesrepublik Deutschland Zagreb
Postf. 207, HR-11001 Zagreb 2
Ulica grada Vukovara 64, HR-10000 Zagreb
T: (003851) 6 15 81 05, 6 15 81 00, 6 15 81 01, 6 15 81 02, 6 11 45 00 **Fax:** 6 15 81 03
Botschafter: Dr. Volker Haak
Amtsbezirk: Republik Kroatien

Kuba

• C 290

Botschaft der Bundesrepublik Deutschland Havanna
Embajada de la República Federal de Alemania
Postf. 6610, C-La Habana
Calle B No. 652 esq. a 13, C-La Habana
T: (00537) 33 25 39, 33 24 60, 33 25 69 **Fax:** 33 15 86
E-Mail: alemania@ip.etecsa.cu
Botschafter: Dr. Reinhold Huber
Amtsbezirk: Kuba

Kuwait

• C 291

Botschaft der Bundesrepublik Deutschland Kuwait
Embassy of the Federal Republic of Germany
Postf. 805, KT-13009 Safat
Abdullah Salem Area, Plot 1, Street 14, Villa 13, KT-13009

Safat
T: (00965) 2 52 08 57, 2 52 08 32, 2 52 08 27, 2 52 07 56
Fax: 2 52 07 63, Wirtschaftsreferat: 2 57 43 91
Botschafter: Werner Krebs
Leitung Presseabteilung: Roland Herrmann
Amtsbezirk: Kuwait

Laos

• C 292

Botschaft der Bundesrepublik Deutschland Vientiane
Ambassade de la République Fédérale d'Allemagne
Postf. 3 14, LAO-Vientiane
Rue Sokpalouang 26, LAO-Vientiane
T: (0085621) 31 21 10, 31 21 11 **Fax:** 31 43 22
Botschafter: Ulrich Dreesen
Amtsbezirk: Laos

• C 293

Lesotho
siehe Botschaft Pretoria C 470
Amtsbezirk: Lesotho
Übergeordnete Auslandsvertretung: Generalkonsulat Johannesburg (Rechts- und Konsularangelegenheiten) und Botschaft Pretoria (übrige Aufgaben)

Lettland

• C 294

Botschaft der Bundesrepublik Deutschland Riga
Postf. 11 83, LV-1050 Riga
T: (00371) 7 22 90 96, 7 22 48 56 **Fax:** 7 82 02 23
Botschafter: Reinhart Kraus
Amtsbezirk: Lettland

Libanon

• C 295

Botschaft der Bundesrepublik Deutschland Beirut
Ambassade de la République Fédérale d'Allemagne
Postf. 2820, LIB-Beirut (Rabiyé/Mtaileb)
T: (009614) 91 44 44 **Fax:** 9 14-450
Botschafterin: Gisela Kaempffe-Sikora
Amtsbezirk: Libanon

Liberia

• C 296

Botschaft der Bundesrepublik Deutschland Monrovia
Embassy of the Federal Republic of Germany
Postf. 10-0034, RL-1000 Monrovia 10
Oldest Congotown, RL-1000 Monrovia 10
T: (00231) 26 14 60, 26 15 16 **Fax:** 22 62 19
Botschafter: N. N.
Amtsbezirk: Liberia
z.Zt. operativ nicht tätig (die Wahrnehmung der konsularischen Aufgaben für den Amtsbezirk erfolgt durch die Botschaft in Abidjan/Côte d'Ivoire)

Libyen

• C 297

Botschaft der Bundesrepublik Deutschland Tripolis
Embassy of the Federal Republic of Germany
Postf. 302, LAR-Tripolis
Sharia Hasan el Mashai, LAR-Tripolis
T: (0021821) 3 33 05 54, 3 33 38 27, 4 44 85 52
Fax: 4 44 89 68
Botschafter: Dietmar Greineder
Amtsbezirk: Libyen

• C 298

Liechtenstein
siehe Botschaft Bern C 431 und Generalkonsulat Zürich (Schweiz) c 433 (konsularische Zuständigkeit)

Litauen

• C 299

Botschaft der Bundesrepublik Deutschland Wilna
Sierakausko Gatve 24/8, LT-2600 Wilna
T: (003702) 26 36 27, 65 02 72, 23 18 15, 65 01 82
Fax: 23 18 12
Botschafter: Dr. Detlof von Berg
Amtsbezirk: Litauen

Luxemburg

• C 300

Botschaft der Bundesrepublik Deutschland Luxemburg
Postf. 95, L-2010 Luxemburg
20-22, Avenue Emile Reuter, L-2420 Luxemburg
T: (00352) 45 34 45-1 **Fax:** 45 56 04
Botschafter: Horst Pakowski
Amtsbezirk: Großherzogtum Luxemburg

Madagaskar

• C 301

Botschaft der Bundesrepublik Deutschland Antananarivo
Ambassade de la République Fédérale d'Allemagne
Postf. 516, MAD-Antananarivo
101, Rue du Pasteur Rabeony Hans (Ambodirotra), MAD-Antananarivo
T: (002612022) 238-02, 238-03 **Fax:** 2 66 27
E-Mail: amballem@dts.mg
Botschafter: Klaus D. Sommer
Amtsbezirk: Madagaskar sowie die Komoren und Mauritius
Der Leiter der Vertretung ist zugleich als Botschafter in den Komoren und in Mauritius mit Sitz in Antananarivo akkreditiert.

Malawi

• C 302

Botschaft der Bundesrepublik Deutschland Lilongwe
Embassy of the Federal Republic of Germany
Postf. 3 00 46, MW-Lilongwe 3
T: (00265) 78 25 55 **Fax:** 78 02 50
Botschafter: Dr. Jürgen Hellner
Amtsbezirk: Malawi

Malaysia

• C 303

Botschaft der Bundesrepublik Deutschland Kuala Lumpur
Embassy of the Federal Republic of Germany
Postf. 10023, MAL-50700 Kuala Lumpur
No. 3, Jalan U. Thant, MAL-55000 Kuala Lumpur
T: (00603) 242 96 66, 242 98 25 **Fax:** 241 39 43
Leitung: Botschafter Dr. Norbert-Heinrich Holl
Amtsbezirk: Malaysia

c 304

Honorarkonsul der Bundesrepublik Deutschland in Penang
Bayan Lepas Free Industrial Zone 3, MAL-11900 Penang
T: (00604) 641-57 07, 641 57 10, 641 57 11, 641 57 12
Fax: 641 57 16
Honorarkonsul: Herbert Anton Weiler
Amtsbezirk: Bundesstaaten Penang, Kedah und Perlis
Übergeordnete Auslandsvertretung: Botschaft Kuala Lumpur

• C 305

Malediven
siehe Botschaft Colombo (Sri Lanka) C 465

Mali

• C 306

Botschaft der Bundesrepublik Deutschland Bamako
Ambassade de la République Fédérale d'Allemagne
Postf. B.P. 100, RM-Bamako
Badalabougou Est Rue 14 Av. OuA poste 334, RM-Bamako
T: (00223) 22 37 15 **Fax:** 22 96 50
Botschafter: Karl Prinz
Amtsbezirk: Mali

Malta

• C 307

Botschaft der Bundesrepublik Deutschland Valletta
Embassy of the Federal Republic of Germany
Postf. 48, GBY-Valletta CMR 01
"IL-PIAZZETTA", Tower Road, GBY-Sliema SLM 16
T: (00356) 33 65 20, 33 65 31 **Fax:** 33 39 76
Botschafter: Gerhard Kunz
Amtsbezirk: Malta

Marokko

• C 308

Botschaft der Bundesrepublik Deutschland Rabat
Ambassade de la République Fédérale d'Allemagne
Postf. 235, MA-Rabat
7, Zankat Madnine, MA-Rabat
T: (002127) 70 96 62/85 **Fax:** 70 68 51
Visastelle: T: (002127) 65 36 05/65 23 84, TX: 32 747 aasvrab m
Botschafter: N.N. Amtsbezirk: Marokko
Konsularischer Amtsbezirk: Präfektur Rabat-Salé, Provinzen Boulemane, Errachidia, Fés, Figuig, Ifrane, Kénitra, Khémisset, Khénifra, Meknès, Nador, Oujda, Taza, Taounate

c 309

Generalkonsulat der Bundesrepublik Deutschland in Casablanca
Consulat Général de la République Fédérale d'Allemagne
Postf. 13165, MA-Casablanca
42, Av. de l'Armée Royale, MA-Casablanca
T: (002122) 31 48 72, 31 48 74, 31 34 27 **Fax:** 31 20 47
Generalkonsul: Andreas Siegel
Amtsbezirk: Präfekturen Casablanca-Anfa, Ain Chok-Hay Hassani, Ben M'Sik-Sidi Othmane, Mohammedia-Zenata, Hay Mohammadi-Ain Sebaa, Mers Sultan El Fida
Provinzen Agadir, Azilal, Ben Slimane, Beni Mellal, El Jadida, El Kelâades Sraghna, Essaouira, Goulimime, Khouribga, , Marrakesch, Ouarzazate, Safi, Settat, Tan-Tan, Taroudant, Tata, Tiznit

c 310

Vizekonsulat der Bundesrepublik Deutschland in Tanger
Postf. 195, MA-Tanger
5, Rue Cavendish (California), MA-Tanger
T: (002129) 93 87 00 **Fax:** 33 08 16
Leitung: Horst Triller
Amtsbezirk: Provinzen Al Hoceima, Chefchaouen, Larache, Tanger und Tetouan

• C 311

Marshallinseln
siehe Botschaft Manila (Philippinen) C 390

Mauretanien

• C 312

Botschaft der Bundesrepublik Deutschland Nouakchott
Ambassade de la République Fédérale d'Allemagne
Postf. 372, RIM-Nouakchott
T: (00222) 25 10 32, 25 17 29 **Fax:** 25 17 22
E-Mail: 113167.2050@compuserve.com
Botschafter: Dr. Stephan Krier
Amtsbezirk: Mauretanien

Mauritius

• C 313

Honorargeneralkonsul der Bundesrepublik Deutschland
Honorary Consul General of the Federal Republic of Germany
32bis Rue Saint Georges, MS-Port Louis
T: (00230) 2 12 41 00 **Fax:** 2 11 41 11
Honorargeneralkonsul: Wilhelm Wolfgang Rieth
Amtsbezirk: Mauritius
Übergeordnete Auslandsvertretung: Botschaft Antananarivo

Mazedonien

• C 314

Botschaft der Bundesrepublik Deutschland Skopje
Veljko Vlahovic 26, MK-91000 Skopje
T: (0038991) 11 77 79, 11 05 07 **Fax:** 11 77 13
TX: (0597) 51 516 aaskop ma
Botschafter: Dr. Klaus Schrameyer
Amtsbezirk: ehemalige jugoslawische Republik Mazedonien

Mexiko

• C 315

Botschaft der Bundesrepublik Deutschland Mexiko
Embajada de la República Federal de Alemania
Postf. 10792, MEX-0600 México, D.F.
Calle Lord Byron 737, Col. Polanco Chapultepec, MEX-11560 México, D.F.
T: (00525) 2 83 22 00 **Fax:** 2 81-25 88, 2 83 22 75
E-Mail: embal@mail.internet.com.mx
Botschafter: Dr. Werner Reichenbaum
Amtsbezirk: Mexiko

C 316

Botschaft der Bundesrepublik Deutschland Mexiko
Embajada de la República Federal de Alemania
Pressereferat u. Kultur
Calle Molière No. 118, Col. Polanco, MEX-11560 México, D.F.
T: (00525) 2 80-73 26, 2 80-74 19, 2 80-75 44, 2 80-76 37
Fax: 2 80 78 50
Amtsbezirk: Mexiko

C 317

Honorarkonsul der Bundesrepublik Deutschland in Acapulco
Cónsul Honorario de la República Federal de Alemania
Postf. C-46, MEX-39850 Acapulco, Gro.
Anton de Alaminos No. 26 Casa Tres Fuen.,Col.Costa Azul, MEX-39850 Acapulco, Gro.
T: (005274) 84 18 60, 84 74 37, 84 38 01 **Fax:** 84 38 10
Honorarkonsul: Mario Wichtendahl
Amtsbezirk: Bundesstaat Guerrero
Übergeordnete Auslandsvertretung: Botschaft Mexiko-Stadt

C 318

Honorarkonsul der Bundesrepublik Deutschland in Cancún/Quintana Roo
Cónsul Honorario de la República Federal de Alemania
Agencio Maya de Viajes Turisticos S.A. de C.V.
Postf. 100, MEX-77500 Cancún, Quintana Roo
Punta Conoco No. 36, SM24, MEX-77500 Cancún, Quintana Roo
T: (005298) 84 15 98, 84 18 98 **Fax:** 84 53 74, 87 12 83
Honorarkonsul: Rudolf Bittorf
Amtsbezirk: Bundesstaat Quintana Roo
Übergeordnete Auslandsvertretung: Botschaft Mexiko-Stadt

C 319

Honorarkonsul der Bundesrepublik Deutschland in Chihuahua
Cónsul Honorario de la República Federal de Alemania
Postf. 4-40, MEX-31040 Chihuahua, Chih.
Boulevard Fuentes Mares 8804, MEX-31040 Chihuahua, Chih.
T: (005214) 20 20 30, 20 03 57, 20 06 57 **Fax:** 20 09 45
Honorarkonsul: Klaus Herbert Kientzle
Amtsbezirk: Bundesstaat Chihuahua
Übergeordnete Auslandsvertretung: Botschaft Mexiko-Stadt

C 320

Honorarkonsulin der Bundesrepublik Deutschland in Guadalajara
Cónsul Honorario de la República Federal de Alemania
Casa Wagner de Guadalajara, S.A.
Postf. 1-107, MEX-44100 Guadalajara, Jal.
Ave. Ramón Corona 202, MEX-44100 Guadalajara, Jal.
T: (00523) 6 13 14 14, 6 13 96 23 **Fax:** 6 13 26 09
Honorarkonsulin: Gisela Tiessen
Amtsbezirk: Bundesstaaten Aguascalientes, Guanajuato, Jalisco, Michoacán, Nayarit, San Luis Potosí, Zacatecas
Übergeordnete Auslandsvertretung: Botschaft Mexiko-Stadt

C 321

Honorarkonsul der Bundesrepublik Deutschland in Mazatlán
Cónsul Honorario de la República Federal de Alemania
Jacaranda 10, Loma Linda, MEX-82000 Mazatlán/Sinaloa
T: (005269) 82 28 09, 13 51 00, 82 38 78, 82 28 65
Fax: 14 34 22
Honorarkonsul: Wilhelm Kurt Heimpel
Amtsbezirk: Bundesstaat Sinaloa
Übergeordnete Auslandsvertretung: Botschaft Mexiko-Stadt

C 322

Honorarkonsulin der Bundesrepublik Deutschland in Mérida
Cónsul Honorario de la República Federal de Alemania
Calle 7 No 217,Entre 20 y 20a,Juan B.Sosa-Chuburna, MEX-97200 Mérida, Yuc.
T: (005299) 81 29 76 **Fax:** 81 29 76
Honorarkonsulin: Karin Tautorat de Chnaid
Amtsbezirk: Bundessstaaten Yucatán, Campeche
Übergeordnete Auslandsvertretung: Botschaft Mexiko-Stadt

C 323

Honorarkonsul der Bundesrepublik Deutschland in Monterrey
Cónsul Honorario de la República Federal de Alemania
Postf. 436, MEX-66250 Col. del Valle, N.L.
Calzada del Valle 400-Local 77, MEX-66220 Col. del Valle, N.L.
T: (00528) 3 35 17 84 **Fax:** 3 35 54 38
Honorarkonsul: Ing. Carlos Ross Scheede
Amtsbezirk: Bundesstaaten Coahuila (ausschließlich Lagungebiet), Nuevo León und nördlicher Teil von Tamaulipas
Übergeordnete Auslandsvertretung: Botschaft Mexiko-Stadt

C 324

Honorarkonsul der Bundesrepublik Deutschland in Puebla
Cónsul Honorario de la República Federal de Alemania
Club de Golf Las Fuentes
Distribuidura O'Farril Puebla S.A. de C.U.
Av. Hermanos Serdan No. 231, Col. Aquilos Serdan, MEX-72140 Puebla, Pue.
T: (005222) 48 16 33, 48 18 80 **Fax:** 30 34 58
Honorarkonsul: Michael Hermann Korényi
Amtsbezirk: Bundesstaaten Puebla und Tlaxcala
Übergeordnete Auslandsvertretung: Botschaft Mexiko-Stadt

C 325

Honorarkonsul der Bundesrepublik Deutschland in Tampico
Cónsul Honorario de la República Federal de Alemania
c/o Agencia Naviera de México, S.A. de C.V.
2 de enero 102-A Sur, MEX-89000 Tampico/Tamps
T: (005212) 12 97 84, 12 98 17 **Fax:** 14 11 47
Honorarkonsul: Dieter Schulze
Amtsbezirk: Gebiet des Bundesstaates Tamaulipas südlich des Wendekreis des Krebses
Übergeordnete Auslandsvertretung: Botschaft Mexiko-Stadt

C 326

Honorarkonsul der Bundesrepublik Deutschland in Tijuana
Cónsul Honorario de la República Federal de Alemania
Cantera 400/304, Edificio Ole Secc. Terrazas de Mendoza, MEX-22209 Playas de Tijuana, B.C.
T: (005266) 80 18 30, 80 25 12 **Fax:** 80 18 30
Honorarkonsul: Dr. Fernando Barona Sobrino
Amtsbezirk: Bundesstaaten Baja California Norte, Baja California Sur, Sonora
Übergeordnete Auslandsvertretung: Botschaft Mexiko-Stadt

C 327

Honorarkonsul der Bundesrepublik Deutschland in Veracruz
Distribuidora Volkswagen de Veracruz, S.A. de C.V.
Postf. 185, MEX-91910 Veracruz
Av. Salvador Díaz Mirón No. 1500, Cal. Zaragoza, MEX-91910 Veracruz
T: (005229) 37 34 90, 37 55 54 **Fax:** 37 53 21
Honorarkonsul: Edgar Wenzel
Amtsbezirk: Mittlere Zone des Bundesstaates Veracruz mit der Munizipalgrenze nördlich Nautia als nördliche und den Munizipalgrenzen südlich des Papaloapan-Flusses als südliche Begrenzung
Übergeordnete Auslandsvertretung: Botschaft Mexiko Stadt

C 328

Honorarkonsulin der Bundesrepublik Deutschland in Villahermosa
Cósul Honoraria de la República Federal de Alemania
Mango 17 Residencial Framboyanes, MEX-86020 Villahermosa, Tab.
T: (0052931) 12 53 40 **Fax:** 14 15 87
Honorarkonsulin: Elke Mallitz de Garcia
Amtsbezirk: Bundesstaaten Tabasco und Chiapas
Übergeordnete Auslandsvertretung: Botschaft Mexiko-Stadt

• C 329

Mikronesien
siehe Botschaft Manila (Philippinen) C 390

Moldau

• C 330

Botschaft der Bundesrepublik Deutschland Chisinau
Hotel Seabeco
Strada M. Chibotaru 37, MD-Chisinau 277012
T: (003732) 23 28 72, 23 46 07, 23 73 63 **Fax:** 23 46 80
TX: 163 269 aachi md
Botschafterin: Irene Kohlhaas
Geschäftsträger a.i.: Johannes Giffels
Amtsbezirk: Moldau

Monaco

• C 331

Honorarkonsulat der Bundesrepublik Deutschland Monte Carlo
Consul Honoraire de la République fédérale d'Allemagne
Villa "Les Flots" 2, Rue des Giroflées, MC-98000 Monte Carlo
T: (003377) 93 30 19 49 **Fax:** 93 50 39 58
Honorarkonsulin: Christine Esswein
Amtsbezirk: Fürstentum Monaco
Übergeordnete Auslandsvertretung: Generalkonsulat Marseille

Mongolei

• C 332

Botschaft der Bundesrepublik Deutschland Ulan Bator
Postf. 708, MN-210613 Ulan Bator
Straße der Vereinten Nationen, MN-210613 Ulan Bator
T: (009761) 32 33 25, 32 39 15, 32 09 08 **Fax:** 32 39 05
Botschafter: Jürgen Elias
Amtsbezirk: Mongolei

Mosambik, Republik

• C 333

Botschaft der Bundesrepublik Deutschland Maputo
Embaixada da República Federal da Alemanha
Postf. 1595, MZ-Maputo
Rua Damião de Góis 506, MZ-Maputo
T: (002581) 49 27 14, 49 29 96 **Fax:** 49 28 88
E-Mail: germanemb@isl.co.mz
Botschafter: Dr. Rolf-Rüdiger Zirpel
Amtsbezirk: Mosambik und Swasiland
Der Leiter der Vertretung ist zugleich als Botschafter in Swasiland mit Sitz in Maputo akkreditiert.

Myanmar

• C 334

Botschaft der Bundesrepublik Deutschland Rangun Myanmar
Embassy of the Federal Republic of Germany
Postf. 12, BUR-Yangon, Myanmar
32, Nat Mauk Street, BUR-Yangon
T: (00951) 54 89 51, 54 89 52, 54 89 53 **Fax:** 54 88 99

Botschafter: Dr. Marius Haas
Amtsbezirk: Myanmar

Namibia

• C 335

Botschaft der Bundesrepublik Deutschland Windhuk
Sanlam Centre, 6th Floor
Postf. 231, NA-9000 Windhoek
Independence Avenue 154, NA-9000 Windhoek
T: (0026461) 27 31 00, 27 31 33 **Fax:** 22 29 81, 27 31 18 (Pressereferat)
Internet: http://www.german-embassy.org
E-Mail: info@german-embassy.org
Botschafter: H.-N. Nestroy
Amtsbezirk: Namibia

• C 336

Nauru
siehe Botschaft Canberra (Australien) C 25

Nepal

• C 337

Botschaft der Bundesrepublik Deutschland Kathmandu
Embassy of the Federal Republic of Germany
Postf. 226, NP-Kathmandu
Gyaneshwar, NP-Kathmandu
T: (009771) 41 65 27, 41 27 86, 41 68 32, 41 66 55
Fax: 41 68 99
Botschafter: Dr. Klaus Barth
Amtsbezirk: Nepal

Neuseeland

• C 338

Botschaft der Bundesrepublik Deutschland Wellington
Embassy of the Federal Republic of Germany
Postf. 1687, NZ-Wellington
90-92 Hobson Street, NZ-Wellington
T: (00644) 4 73 60 63 **Fax:** 4 73 60 69
E-Mail: germanembassywellington@xtra.co.nz
Botschafter: Guido Heymer
Amtsbezirk: Neuseeland, Neuseeländische Überseegebiete, Cookinseln, Niue, Fidschi, Kiribati, Samoa, Tonga, Tuvalu, das amerikanische Außengebiet Amerikanisch-Samoa und das britische Überseegebiet Pitcairn
Der Leiter der Vertretung ist zugleich Botschafter in Tonga, Samoa, Fidschi, Kiribati und Tuvalu sowie Konsul für Amerikanisch Samoa

c 339

Honorarkonsul der Bundesrepublik Deutschland in Auckland
Honorary Consul of the Federal Republic of Germany
Postf. 3551, NZ-Auckland
Columbus House, 5th Floor, 52 Symonds Street, NZ-Auckland
T: (00649) 913 36 74 **Fax:** 309 30 03
TGR: Colmar
Honorarkonsul: David Rex Brown
Amtsbezirk: Nord- und Süd-Auckland
Übergeordnete Auslandsvertretung: Botschaft Wellington

c 340

Honorarkonsul der Bundesrepublik Deutschland in Christchurch
Honorary Consul of the Federal Republic of Germany
Postf. 1915, NZ-Christchurch
Floor 2, Harley Chambers, 137 Cambridge Terrace, NZ-Christchurch
T: (00643) 3 79 31 93 **Fax:** 3 79 31 93
TGR: TNL Christchurch
Honorarkonsul: Allan G. Williams
Amtsbezirk: Nelson-Marlborough, Canterbury, West Coast, Otago, Southland
Übergeordnete Auslandsvertretung: Botschaft Wellington

Neuseeländisches Überseegebiet in Australien/Südpazifik

• C 341

Tokelauinseln
siehe Botschaft Wellington (Neuseeland) C 338

Nicaragua

• C 342

Botschaft der Bundesrepublik Deutschland Managua
Embajada de la República Federal de Alemania
Postf. 29, NIC-Managua
Bolonia, de la Plaza España 2 cuadras al Norte, contiguo a la Optica Nicaragüense
T: (00505) 2 66 39 17-18, 2 66 75 00, 2 66 79 44
Fax: (005052) 2 66 76 67
Botschafter: Dr. Hans Petersmann
Amtsbezirk: Nicaragua

Niederlande

• C 343

Botschaft der Bundesrepublik Deutschland Den Haag
Groot Hertoginnelaan 18-20, NL-2517 EG Den Haag
T: (003170) 3 42 06 00 **Fax:** 3 65 19 57
E-Mail: ambduits@euronet.nl
Botschafter: Eberhard von Puttkamer
Amtsbezirk: Niederlande, Aruba, Niederländische Antillen
Zum konsularischen Amtsbezirk s. Angaben bei Generalkonsulat Amsterdam

c 344

Generalkonsulat der Bundesrepublik Deutschland in Amsterdam
Postf. 7 55 00, NL-1070 AM Amsterdam
de Lairessestraat 172, NL-1075 HM Amsterdam
T: (003120) 6 73 62 45 **Fax:** 6 76 69 51
Generalkonsul: Werner Schmitz
Amtsbezirk: Das Generalkonsulat (in seiner Aufgabenstellung als Konsularreferat der Botschaft Den Haag) ist in konsularischen Angelegenheiten für die gesamten Niederlande sowie für Aruba und die Niederländischen Antillen zuständig

c 345

Honorarkonsul der Bundesrepublik Deutschland Maastricht
c/o MCIntosh-Retail-Groupe
Postf. 57 70, NL-6202 MH Maastricht
T: (003143) 3 26 33 03, 3 28 07 21, 3 21 82 02
Fax: 3 25 69 89
Honorarkonsul: G. J. Beijer
Amtsbezirk: Provinz Limburg
Übergeordnete Auslandsvertretung: Botschaft Den Haag

c 346

Honorargeneralkonsul der Bundesrepublik Deutschland Rotterdam
Postf. 2 77, NL-3000 AG Rotterdam
Boompjes 55, NL-3011 XB Rotterdam
T: (003110) 2 40 32 60 **Fax:** 2 14 33 36
Honorargeneralkonsul: G. J. Doeksen
Amtsbezirk: Provinz Südholland (südlich der Bahnlinie Katwijk-Leiden-Alphen-Woerden)
Übergeordnete Auslandsvertretung: Botschaft Den Haag

c 347

Honorarkonsul der Bundesrepublik Deutschland Leeuwarden
Postf. 407, NL-8901 BE Leeuwarden
de Merodestraat 3, NL-8937 AA Leeuwarden
T: (003158) 2 13 83 04 **Fax:** 2 12 51 96
Honorarkonsul: Gerardus Herman Willem Benes
Amtsbezirk: Provinz Friesland
Übergeordnete Auslandsvertretung: Botschaft Den Haag

c 348

Honorarkonsulat der Bundesrepublik Deutschland Eindhoven
c/o Banning, van Kemenade & Holland, Rechtsanwälte u. Notare
Postf. 3, NL-5600 AA Eindhoven
Begijnenhof 35, NL-5611 EK Eindhoven
T: (003140) 2 44 43 60 **Fax:** 2 44 62 84
Honorarkonsul: Aloysius Antonius Maria Deterink
Amtsbezirk: Provinz Nordbrabant
Übergeordnete Auslandsvertretung: Botschaft Den Haag

c 349

Honorarkonsul der Bundesrepublik Deutschland Groningen
Postf. 134, NL-9700 AC Groningen
Leonard Springerlaan 15, NL-9727 KG Groningen
T: (003150) 5 20 58 63 **Fax:** 5 26 48 52
Honorarkonsul: Pieter Eeltje van der Zee
Amtsbezirk: Provinzen Groningen und Drenthe
Übergeordnete Auslandsvertretung: Botschaft Den Haag

c 350

Honorarkonsul der Bundesrepublik Deutschland Enschede
Hengelosestraat 585, NL-7521 AG Enschede
T: (003153) 4 84 98 49 **Fax:** 4 84 98 99
Honorarkonsul: Antonie G. van Leersum
Amtsbezirk: Provinz Overijssel
Übergeordnete Auslandsvertretung: Botschaft Den Haag

c 351

Honorarkonsul der Bundesrepublik Deutschland Arnhem
c/o Dirkzwager Advocaten - Notarissen
Postf. 3045, NL-6802 Arnheim
Velperweg 2, NL-6824 Arnheim
T: (003126) 3 53 83 00 **Fax:** 3 51 07 93
Honorarkonsul: C. Venemans

c 352

Honrarkonsul der Bundesrepublik Deutschland Aruba
Honorary Consul of the Federal Republic of Germany
Postf. 1020, NA-Oranjestad-Aruba
Lloyd G. Smith Boulevard 58, NA-Oranjestad-Aruba
T: (00297) 83 29 29, 83 26 22 **Fax:** 83 55 00
Honorarkonsul: Evelina Cohen Henriquez
Amtsbezirk: Aruba
Übergeordnete Auslandsvertretung: Botschaft Den Haag

c 353

Honorarkonsul der Bundesrepublik Deutschland Curaçao
Honorary Consul of the Federal Republic of Germany
Postf. 3062, NA-Willemstad-Curaçao
Kaya Kooyman 48, NA-Willemstad-Curaçao
T: (005999) 4 61 33 33 **Fax:** 4 61 50 86
Honorarkonsul: Bastiaan Kooijman
Amtsbezirk: Niederländische Antillen
Übergeordnete Auslandsvertretung: Botschaft Den Haag

Niger

• C 354

Botschaft der Bundesrepublik Deutschland Niamey
Ambassade de la République Fédérale d'Allemagne
Postf. 629, NIG-Niamey
Avenue du Général de Gaulle 71, NIG-Niamey
T: (00227) 72 25 34, 72 35 10 **Fax:** 72 39 85
Botschafterin: Angelika Völkel
Amtsbezirk: Niger

Nigeria

• C 355

Botschaft der Bundesrepublik Deutschland Lagos
Embassy of the Federal Republic of Germany
Postf. 728, WAN-Lagos
15, Walter Carrington Crescent, Victoria Island, WAN-Lagos
T: (002341) 2 61 10 11, 261 10 82, 61 11 70, 2 61 33 46
Fax: 2 61 11 73
TGR: Diplogerma Lagos
E-Mail: gembassylagos@micro.com.ng
Botschafter: Dr. Armin Hiller
Amtsbezirk: Nigeria

Botschaft der Bundesrepublik Deutschland in Lagos - Außenstelle Abuja
Embassy of the Federal Republic of Germany in Lagos - Embassy Office in Abuja
Postf. 280, WAN-Abuja
Plot 433, Yakubu Gowon Crescent 1st floor, WAN-Abuja F.C.T.
T: (002349) 3 14 73 23 **Fax:** 3 14 80 06
Botschafter: Dr. Armin Hiller
Amtsbezirk: Bundesstaat Federal Capital Territory
Übergeordnete Auslandsvertretung: Botschaft Lagos

• C 356

Niue
siehe Botschaft Wellington (Neuseeland) C 338

Norwegen

• C 357

Botschaft der Bundesrepublik Deutschland Oslo
Oscarsgate 45, N-0258 Oslo
T: (0047) 22 55 20 10 **Fax:** 22 44 76 72
Internet: http://home.c2i.net/germanembassy/start.htm
E-Mail: tyske.ambassade@c2i.net
Botschafter: Peter Metzger
Amtsbezirk: Norwegen

c 358

Honorarkonsul der Bundesrepublik Deutschland in Haugesund
Postf. 263, N-5501 Haugesund
Haraldsgate 140, N-5501 Haugesund
T: (0047) 52 71 20 89 **Fax:** 52 73 67 52
Honorarkonsul: Sigurd Haavik jun. (T: (0047) 52 71 76 52 priv.)
Amtsbezirk: Nördlicher Teil des Rogaland Fylke zuzüglich eines unmittelbar daran anschließenden Teiles des Hordaland Fylke einschließlich der Südküste des Boømlafjords und des Aakra-Fjords
Übergeordnete Auslandsvertretung: Botschaft Oslo

c 359

Honorarkonsul der Bundesrepublik Deutschland in Kristiansund
Strandgatan 78, N-6500 Kristiansund N.
T: (0047) 71 58 41 00 **Fax:** 71 58 41 01
Honorarkonsul: Halfdan Loennechen Backer (T: (0047) 71 67 47 85 priv.)
Amtsbezirk: Der nördlich des Romsdalfjordes gelegene Teil des Møre und Romsdal Fylke
Übergeordnete Auslandsvertretung: Botschaft Oslo

c 360

Honorarkonsul der Bundesrepublik Deutschland in Stavanger
Postf. 80, N-4001 Stavanger
Bedre Strandgt. 27, N-4005 Stavanger
T: (0047) 51 52 20 00 **Fax:** 51 52 27 36
E-Mail: th@hemico.com
Honorarkonsul: Tore Helliesen (T: (0047) 51 52 61 86 priv.)
Amtsbezirk: Südlicher und mittlerer Teil des Rogaland Fylke, insbesondere die Hafenstädte Engersund und Stavanger
Übergeordnete Auslandsvertretung: Botschaft Oslo

c 361

Honorarkonsul der Bundesrepublik Deutschland in Kirkenes
Postf. 13, N-9901 Kirkenes
Dr. Wesselsgate 8, N-9915 Kirkenes
T: (0047) 78 99 12 44 **Fax:** 78 99 16 44
Honorarkonsul: Eva M. Saue (T: (0047) 78 99 12 44 priv.)
Amtsbezirk: Fylke Finnmark
Übergeordnete Auslandsvertretung: Botschaft Oslo

c 362

Honorarkonsul der Bundesrepublik Deutschland in Tromsø
c/o H.R. Sea Products
Stakkevollveien 7, N-9005 Tromsø
T: (0047) 77 66 23 30 **Fax:** 77 68 79 69
Honorarkonsul: Helge Gørrissen (T: (0047) 77 65 72 95 priv.)
Amtsbezirk: Fylke Troms mit Ausnahme des zu Troms gehörenden Teiles der Insel Hinnøy

c 363

Honorarkonsul der Bundesrepublik Deutschland in Ålesund
Postf. 438, N-6001 Ålesund
Tollbugaten 6, N-6001 Ålesund
T: (0047) 70 12 40 78 **Fax:** 70 12 86 10
Honorarkonsul: Helge Musaeus Hagenœs (T: (0047) 70 15 49 04 priv.)
Amtsbezirk: Der südlich des Romsdalfjordes gelegene Teil des Moøre und Romsdal Fylke
Übergeordnete Auslandsvertretung: Botschaft Oslo

c 364

Honorarkonsul der Bundesrepublik Deutschland in Svolvaer
Postf. 140, N-8301 Svolvaer
Storgate 73, N-8300 Svolvaer
T: (0047) 76 07 09 63 **Fax:** 76 07 28 50, Mobil: 94 89 16 89
Honorarkonsul: Karl M. Johansen
Amtsbezirk: Insel Hinnøya und die Inselgruppe Vesteralen
Übergeordnete Auslandsvertretung: Botschaft Oslo

c 365

Honorarkonsul der Bundesrepublik Deutschland in Bergen
Vetrlidsalm. 11, N-5014 Bergen
T: (0047) 55 31 67 67 **Fax:** 55 31 89 48
Honorarkonsul: Tor Teige
Amtsbezirk: Fylke Hordaland mit Ausnahme des südlich des Boømlafjords und des Åkrafjords gelegenen Teils sowie Fylke Sogn und Fjoroane
Übergeordnete Auslandsvertretung: Botschaft Oslo

c 366

Honorarkonsul der Bundesrepublik Deutschland in Bodø
Postf. 394, N-8000 Bodø
Sjøgaten 19, N-8000 Bodø
T: (0047) 75 52 00 31 **Fax:** 75 52 57 17
Honorarkonsul: Carl Johan Jakhelln (T: (0047) 75 56 05 00 priv.)
Amtsbezirk: Der südlich des Sørfolda-Fjords gelegene Teil des Nordland Fylke
Übergeordnete Auslandsvertretung: Botschaft Oslo

Österreich

• C 367

Botschaft der Bundesrepublik Deutschland Wien
Postf. 160, A-1037 Wien
Metternichgasse 3, A-1030, Wien III
T: (00431) 7 11 54 **Fax:** 7 13 83 66
E-Mail: deubowien@magnet.at
Botschafter: Ursula Seiler-Albring
Amtsbezirk: Österreich
Konsularischer Amtsbezirk: Bundesländer Wien, Burgenland, Niederösterreich, Oberösterreich

c 368

Generalkonsulat der Bundesrepublik Deutschland in Innsbruck
Postf. 644, A-6021 Innsbruck
Adamgasse 5/V (Raiffeisenhaus), A-6020 Innsbruck
T: (0043512) 5 96 65 **Fax:** 5 96 65 85
Generalkonsul: Dr. Peter Truhart
Amtsbezirk: Bundesländer Salzburg, Tirol und Vorarlberg

c 369

Honorarkonsul der Bundesrepublik Deutschland in Eisenstadt
Rusterstr. 149, A-7000 Eisenstadt
T: (00432682) 6 31 80 **Fax:** 7 33 77
Honorarkonsul: Eduard Ehrenhöfler
Amtsbezirk: Bundesland Burgenland
Übergeordnete Auslandsvertretung: Botschaft Wien

c 370

Honorarkonsul der Bundesrepublik Deutschland in Linz
Hauptplatz 11, A-4010 Linz
T: (0043732) 79 77 01 **Fax:** 79 52 72
Honorarkonsul: Kommerzialrat Generaldirektor Dr. Hermann Bell
Amtsbezirk: Bundesland Oberösterreich
Übergeordnete Auslandsvertretung: Botschaft Wien

c 371

Honorarkonsul der Bundesrepublik Deutschland in Bregenz
Postf. 77, A-6901 Bregenz
Belruptstr. 59, A-6900 Bregenz
T: (00435574) 4 31 80 **Fax:** 4 70 83
Honorarkonsul: Walter Heinz Rhomberg
Amtsbezirk: Bundesland Vorarlberg
Übergeordnete Auslandsvertretung: Deutsche Botschaft in Wien

c 372

Honorarkonsul der Bundesrepublik Deutschland in Klagenfurt
Mießtaler Str. 14, A-9020 Klagenfurt
T: (0043463) 56 1 60 **Fax:** 50 32 38
Honorarkonsul: Dieter Kern
Amtsbezirk: Bundesland Kärnten
Übergeordnete Auslandsvertretung: Deutsche Botschaft Wien

c 373

Honorarkonsul der Bundesrepublik Deutschland in Salzburg
Bürgerspitalplatz 1, A-5020 Salzburg
T: (0043662) 8 41 59 10 **Fax:** 84 15 91 85
Honorarkonsul: Alfons Schneider
Amtsbezirk: Bundesland Salzburg
Übergeordnete Auslandsvertretung: Botschaft Wien

Oman (Sultanat Oman)

• C 374

Botschaft der Bundesrepublik Deutschland Maskat/Oman
Embassy of the Federal Republic of Germany
Postf. 1 12, OM-Ruwi
T: (0968) 773 24 82, (00968) 773 21 64
Fax: (0968) 773 56 90
E-Mail: diplofrg@omantel.net.om
Botschafter: Dr. Peter Dassel
Amtsbezirk: Sultanat Oman

Pakistan

• C 375

Botschaft der Bundesrepublik Deutschland Islamabad
Embassy of the Federal Republic of Germany
Postf. 1027, PAK-Islamabad
Diplomatic Enclave Ramna 5, PAK-Islamabad
T: (009251) 279430 bis 33 **Fax:** 27 94 36
Botschafter: Hans-Joachim Daerr
Amtsbezirk: Pakistan
Konsularischer Amtsbezirk: Provinz Punjab und North-West Frontier Province

c 376

Generalkonsulat der Bundesrepublik Deutschland in Karachi
Consulate General of the Federal Republic of Germany
Postf. 3701, PAK-Karachi - 75600
92-A/7, Block 5, Clifton, PAK-Karachi - 75600
T: (009221) 5 87 37 82-83, 5 87 02 34 **Fax:** 5 87 40 09
Generalkonsul: Ingmar Brentle
Amtsbezirke: Provinz Sind und Baluchistan

c 377

Honorarkonsulat der Bundesrepublik Deutschland in Lahore
Honorary Consul of the Federal Republic of Germany
Postf. 3151 Gulberg Post Office, PAK-Lahore
36-C/3, Gulberg III, PAK-Lahore
T: (009242) 571 0976 **Fax:** 576 0695
Honorarkonsul: Waldemar Kroders
Amtsbezirk: Verwaltungsbezirke Lahore und Sargodha
Übergeordnete Auslandsvertretung: Botschaft Islamabad

• C 378

Palau
siehe Botschaft Manila (Philippinen) C 390

Panama

• C 379

Botschaft der Bundesrepublik Deutschland Panama
Embajada de la República Federal de Alemania
Postf. 4228, PA-Panamá 5
Calle 50 y 53 esquina, Edificio Bancomer, Piso 6_Ho El Obarrio, Panama
T: (00507) 2 63 77 33 **Fax:** 2 23 66 64
Botschafter: Erich Riedler
Amtsbezirk: Republik Panama

c 380

Honorarkonsulat der Bundesrepublik Deutschland in Colón
Cónsul Honorario de la República Federal de Alemania
c/o Boyd Steamship Corporation
Postf. 5077, PA-Cristobal, R.P.
T: (00507) 4 45 33 44, 2 63-63 11 **Fax:** 2 69-6638
TGR: Boydbros, Cristobal
Honorarkonsul: Jürgen Dorfmeier
Amtsbezirk: Provinz und Stadt Colón
Übergeordnete Auslandsvertretung: Botschaft Panama

Papua-Neuguinea

• C 381

Botschaft der Bundesrepublik Deutschland Port Moresby
Embassy of the Federal Republic of Germany
Postf. 3631, PG-Boroko
Pruth Street 3 Mile Hill, PG-Port Moresby
2nd Floor Pacific View Apartments
T: (00675) 3 25 29 71, 3 25 29 88 **Fax:** 3 25 10 29
TX: 23 037 aapmby ne
Botschafter: Dr. Klaus Zeller (mit Sitz in Canberra)
Geschäftsträger: OAR Klaus Söring
Amtsbezirk: Papua-Neuguinea, Salomonen, Vanuatu

Paraguay

• C 382

Botschaft der Bundesrepublik Deutschland Asunción
Postf. 471, PY-Asunción
Avda. Venezuela Nr. 241, PY-Asunción
T: (0059521) 21 40 09/10/11 **Fax:** 2 12-863
Internet: http://www.pla.net.py/embalem
Botschafter: Dr. Josef Rusnak

c 383

Honorarkonsulat der Bundesrepublik Deutschland in Encarnación
Cónsul Honorario de la República Federal de Alemania
Calle Jorge Memmel 631, PY-Encarnación
T: (0059571) 20 40 41
Honorarkonsul: Carlos Memmel
Amtsbezirk: Departamento de Itapúa
Übergeordnete Auslandsvertretung: Botschaft Asunción

c 384

Honorarkonsulat der Bundesrepublik Deutschland in Neu-Halbstadt
Consul Honorario de la República Federal de Alemania
Postf. 11 53, PY-Colonia Neuland/Chaco
T: (00595951) 319
Honorarkonsul: Heinrich Braun
Amtsbezirk: Departamento de Boquerón
Übergeordnete Auslandsvertretung: Botschaft Asunción

Peru

• C 385

Botschaft der Bundesrepublik Deutschland Lima
Embajada de la República Federal de Alemania
Postf. 18-0504, PE-Lima 18
Avenida Arequipa 4202-4210, PE-Lima 18
T: (00511) 4 22 49 19, 4 22 46 87 **Fax:** 4 22 64 75
Botschafter: Herbert Beyer
Amtsbezirk: Peru

Visastelle der Botschaft der Bundesrepublik Deutschland in Peru
Edificio Pacifico Washington, 4. Stock
Calle Natalio Sánchez 125, PE-Lima
T: (00511) 4 24-0161 **Fax:** 4 24-0782

c 386

Honorarkonsulat der Bundesrepublik Deutschland in Arequipa
Cónsul Honorario de la Républica Federal de Alemania
Büro: Colegio Peruano-Alemán Max Uhle Sachaca, PE-Arequipa
Casilla 743, PE-Arequipa
T: (005154) 23 29 21, 23 41 36 **Fax:** 23 18 60
Honorarkonsul: Ulrich Gocht
Amtsbezirk: Departamentos Arequipa, Moquegua, Puno und Tacna einschließlich Städte und Häfen Matarani und Mollendo
Übergeordnete Auslandsvertretung: Botschaft Lima

c 387

Honorarkonsulat der Bundesrepublik Deutschland in Cusco
Cónsul Honorario de la República Federal de Alemania
San Agustin 307, Apartado 1128, PE-Cusco
T: (005184) 23 54 59 **Fax:** 23 54 59
Honorarkonsulin: Maria-Sophia Jürgens de Hermoza
Amtsbezirk: Departamentos Apurimac, Ayacucho, Cusco, Madre de Dios
Übergeordnete Auslandsvertretung: Botschaft Lima

c 388

Honorarkonsulat der Bundesrepublik Deutschland in Iquitos
Cónsul Honorario de la Républica Federal de Alemania
Postf. 475, PE-Iquitos
Yavari 660, PE- Iquitos
T: (005194) 23 26 41 **Fax:** 23 63 64
Honorarkonsul: Max Axel Georg Druschke
Amtsbezirk: Departamento Loreto
Übergeordnete Auslandsvertretung: Botschaft Lima

c 389

Honorarkonsulat der Bundesrepublik Deutschland in Piura
Cónsul Honorario de la Républica Federal de Alemania
Las Amapolas K-6, Urb. Miraflores, casilla 44, PE-Piura
T: (005174) 33 29 20 **Fax:** 34 29 79
Honorarkonsulin: Jutta Moritz de Irazola
Amtsbezirk: Departamentos Piura und Tumbes

Philippinen

• C 390

Botschaft der Bundesrepublik Deutschland Manila
Embassy of the Federal Republic of Germany
Postf. 2190, PI-1261 Makati M. M.
6/F Solid Bank Building, 777 Paseo de Roxas, PI-1226 Makati CPO, Metro-Manila
T: (00632) 8 92 49 06-10 **Fax:** 8 10 47 03, 8 92 93 65 Visa-Stelle
Botschafter: Dr. Wolfgang Göttelmann
Amtsbezirk: Philippinen, Marshallinseln, Föderierte Staaten von Mikronesien, Republik Palau
Der Leiter der Vertretung ist zugleich als Botschafter in der Republik Marshallinseln in den Föderierten Staaten von Mikronesien und der Republik Palau mit Sitz in Manila akkreditiert. Die Botschaft ist konsularisch zuständig für die amerikanischen Außengebiete Guam und Wake, für die mit einem Commonwealth-Pakt mit den USA verbundenen Nördlichen Marianen mit Sitz Manila

Polen

• C 391

Botschaft der Bundesrepublik Deutschland Warschau
Ambasada Republiki Federalnej Niemiec
ul. Dabrowiecka 30, PL-03-932 Warszawa
T: (004822) 6 17 30 11 **Fax:** 6 17 35 82
E-Mail: germ.emb.@zigzag.pl
Botschafter: Frank Elbe
Stellvertretender Botschafter: Gesandter Dr. Thomas Läufer
Konsularischer Amtsbezirk: Woiwodschaften Masowien (Mazowieckie), Podlachien (Podlaskie), Lodsch (Lódzkie), Lublin (Lubelskie)

Wirtschafts-, Rechts- und Konsularabteilung
ul. Jazdów 12b, PL-00-467 Warszawa
T: (004822) 6 21 92 31-36 **Fax:** 6 29 05 20

c 392

Generalkonsulat der Bundesrepublik Deutschland in Krakau
ul. Stolarska 7, PL-31-043 Kraków
T: (004812) 421 84 73 **Fax:** 421 76 28
Generalkonsul: Dr. Gottfried Zeitz
Amtsbezirk: Woiwodschaften: Świętokrzyskie, Vorkarpaten (Podkarpackie), Kleinpolen (Malopolskie)

c 393

Generalkonsulat der Bundesrepublik Deutschland in Breslau
ul. Podwale 76, PL-50-449 Wrocław
T: (004871) 342 52 52, 342 41 22 **Fax:** 342 41 14
Generalkonsul: Dr. Peter Ohr
Amtsbezirk: Woiwodschaften Niederschlesien (Dolnośląskie), Oppeln (Opolskie), Schlesien (Sląskie) und von der Woiwodschaft Großpolen (Wielkopolskie) die Landkreise: Gustau (Gostyń), Jarotschin (Jarocin), Kalisch (Kalisz), Kempen (Kępno), Krotoschin (Krotoszyn), Lissa (Leszno), Ostrowo (Ostrów Wielkopolski), Pleschen (Pleszew), Rawitsch (Rawicz), Schildberg (Ostrzeszów), Wollstein (Wolsztyn) sowie von der Woiwodschaft Lebuser Land (Lubuskie) die Landkreise: Fraustadt (Wschowa), Neusalz (Nowa Sól), Sagan (Żagań), Sorau (Żary), Stadt- und Landkreis Grünberg (Zielona Góra)

Visastelle des Generalkonsulates Breslau
ul. Dworcowa 16, PL-50-456 Wrocław
T: (004871) 3 72 46 10, 3 72 46 12 **Fax:** 3 72 46 16

c 394

Vizekonsulat der Bundesrepublik Deutschland in Oppeln
ul. Strzelców Bytomskich 11, PL-45-084 Opole
T: (004877) 4 54 21 84 **Fax:** 4 53 19 63
Konsul: Rolf Papenberg
Amtsbezirk: Woiwodschaften Oppeln (Opolskie), Schlesien (Śląskie)

c 395

Generalkonsulat der Bundesrepublik Deutschland in Danzig
Aleja Zwyciestwa 23, PL-80-219 Gdańsk
T: (004858) 3 41 43 66 **Fax:** 3 41 22 45
Generalkonsul: Roland Fournes
Amtsbezirk: Woiwodschaften: Pommern (Pomorskie), Ermland-Masuren (Warmińsko-Mazurskie), Kujawien-Pommern (Kujawsko-Pomorskie), Westpommern (Zachodnio-Pomorskie), Großpolen (Wielkopolskie), die Landkreise (Złotów), Schneidemühl (Pita), Chodziez, Czarnków, Wągrowiec

Portugal

• C 396

Botschaft der Bundesrepublik Deutschland Lissabon
Embaixada da República Federal da Alemanha
Postf. 10 46, P-1001 Lisboa Codex
Campo dos Mártires da Pátria 38, P-1169-043 Lisboa
T: (003511) 8 81 02 10 **Fax:** 8 85 38 46
TX: 0404 61799 aaliss p
Botschafter: Wilfried Richter
Amtsbezirk: Portugal
Konsularischer Amtsbezirk: Distritos (Bezirke) Beja, Castelo Branco, Évora, Faro, Leiria, Lissabon, Portalegre, Santarém, Setúbal sowie die autonomen Regionen Azoren und Madeira

c 397

Konsulat der Bundesrepublik Deutschland in Porto
Avenida da Boavista, 5004, P-4100-125 Porto
T: (003512) 6 10 23 36/-7/-8, 6 10 28 71 **Fax:** 6 10 28 70
Kanzler I.Kl. Jürgen Kurzhals
Amtsbezirk: Distritos (Bezirke) Aveiro, Braga, Bragança, Coimbra, Guarda, Porto, Viana do Castelo, Vila Real, Viseu

c 398

Honorarkonsulat der Bundesrepublik Deutschland in Faro
Cónsul Honorário da República Federal da Alemanha
Av. da República, 166, 4°, P-8000-080 Faro
T: (0035189) 80 31 48, 80 31 81 **Fax:** 80 13 46
Honorarkonsul: Enzio Frhr. Baselli von Süssenberg
Amtsbezirk: Distritos (Bezirke) Beja, Faro, Évora Portalegre, Setúbal
Übergeordnete Auslandsvertretung: Botschaft Lissabon

c 399

Honorarkonsulat der Bundesrepublik Deutschland in Funchal (Madeira)
Cónsul Honorário da República Federal da Alemanha
Postf. 290, P-9000 Funchal (Madeira)
Largo do Phelps, 6, 1°, P-9050-025 Funchal (Madeira)
T: (0035191) 22 03 38 **Fax:** 23 01 08
TGR: Gesche Funchal
Honorarkonsul: Ricardo Dumont dos Santos
Amtsbezirk: Madeira
Übergeordnete Auslandsvertretung: Botschaft Lissabon

c 400

Honorarkonsulat der Bundesrepublik Deutschland in Ponta Delgada (Azoren)
Cónsul Honorário da República Federal da Alemanha
9500-187 Ponta Delgada, São Miguel
T: (0035196) 28 74 16 **Fax:** 28 74 16
Honorarkonsul: Alexander Luitpold Acker
Amtsbezirk: Azoren
Übergeordnete Auslandsvertretung: Botschaft Lissabon

• C 401

Portugiesisches Hoheitsgebiet in Asien
Hoheitsgebiet unter portugiesischer Verwaltung Macau: Generalkonsulat Hongkong C 520

Ruanda

• C 402

Botschaft der Bundesrepublik Deutschland Kigali
Ambassade de la République Fédérale d'Allemagne
Postf. 355, RWA-Kigali
8, Rue de Bugarama, RWA-Kigali
T: (00250) 7 52 22, 7 51 41 **Fax:** 7 72 67
Botschafter: August Hummel
Amtsbezirk: Ruanda

Rumänien

• C 403

Botschaft der Bundesrepublik Deutschland Bukarest
Strada Rabat 21, R-71272 Bukarest
T: (00401) 230 25 80, 230 26 80, 230 27 80, 230 26 45, 230 27 45 **Fax:** 230 98 45
E-Mail: germanembassy-bucharest@ines.ro
Botschafter: Dr. Wolf-Dietrich Schilling

Konsularischer Amtsbezirk: Rumänien mit Ausnahme der den Generalkonsulaten Hermannstadt und Temesvar zugewiesenen Amtsbezirke

c 404

Generalkonsulat der Bundesrepublik Deutschland in Hermannstadt
Consulatul General al Republicii Federale Germania
Postf. 117, R-2400 Sibiu (Hermannstadt)
Lucian Blaya 15-17, R-2400 Sibiu (Hermannstadt)
T: (004069) 21 11 33, 22 22 41 **Fax:** 21 41 80
TX: (065) 6 93 57 6 93 57 aaher r
Internet: http://www.consulatgerman.sibiu.ro
E-Mail: consulatgerman.sibiu@verena.ro
Generalkonsul: Harald Gehrig
Amtsbezirk: Kreise Alba, Bistritz (Bistrita-Năsăud), Covasna, Harghita, Hermannstadt (Sibiu), Klausenburg (Cluj), Kronstadt (Braşov), Maramureş, Mureş, Sălaj

c 405

Generalkonsulat der Bundesrepublik Deutschland in Temesvar
Postf. 402, R-1900 Timisoara
B'dul Revolutiei din 1989 nr. 3, R-1900 Timisoara
T: (004056) 22 07 96 **Fax:** 22 07 98
Generalkonsul: Jörn Rosenberg
Amtsbezirk: Kreise Caras Severin, Temesch, Arad, Bihor, Sathmar und Mehedinti

Russland

• C 406

Botschaft der Bundesrepublik Deutschland Moskau
Mosfilmowskaja 56, RUS-119 285 Moskau
T: (007095) 9 56 10 80 **Fax:** 9 38 23 54
TX: 413 411 aamsk ru
Botschafter: Dr. Ernst-Jörg von Studnitz
Amtsbezirk: Rußland
Konsularischer Amtsbezirk: Rußland mit Ausnahme der den Generalkonsulaten Nowosibirsk, Saratow und St. Petersburg zugewiesenen Amtsbezirke.

c 407

Generalkonsulat der Bundesrepublik Deutschland in St. Petersburg
ul. Furschtadtskaja Nr. 39, RUS-191123 St. Petersburg
T: (007812) 3 27 31 11 **Fax:** 3 27 31 17
TX: 121 529 aastp ru
Generalkonsul: Dr. Dieter Boden
Amtsbezirk: Stadt St. Petersburg, Verwaltungsgebiete Archangelsk, Leningrad, Murmansk, Nowgorod, Pskow, Republik Karelien

Salomonen

• C 408

Honorarkonsulat der Bundesrepublik Deutschland Honiara
Honorary Consul of the Federal Republic of Germany
Postf. 114, SB-Honiara
T: (00677) 2 14 02
TX: 66 313 TRADCO HQ
TGR: TRADCO
Honorarkonsul: Gerald Stenzel
Amtsbezirk: Provinzen Guadalcanal, Central und Malaita.
Übergeordnete Auslandsvertretung: Botschaft Port Moresby

Sambia

• C 409

Botschaft der Bundesrepublik Deutschland Lusaka
Embassy of the Federal Republic of Germany
Postf. 50120, Z-Lusaka
United Nations Ave., Stand 5209, Z-Lusaka
T: (002601) 25 06 44, 25 12 59, 25 12 62 **Fax:** 25 40 14
E-Mail: germany@zamnet.zm
Botschafter: Helmuth Schröder
Amtsbezirk: Sambia

• C 410

Samoa
siehe Botschaft Wellington (Neuseeland) C 338

• C 411

Honorarkonsul der Bundesrepublik Deutschland in Apia
Honorary Consul of the Federal Republic of Germany
Postf. 27 07, WS-Apia Motootuo
Hospital Rd., WS-Apia Motootuo
T: (00685) 2 49 81 **Fax:** 2 41 39
Honorarkonsul: Werner Schreckenberg
Amtsbezirk: Samoa
Übergeordnete Auslandsvertretung: Botschaft Wellington

• C 412

San Marino
siehe Botschaft Rom (Italien) C 223 und Generalkonsulat Mailand (konsularische Zuständigkeit) c 224

• C 413

Sao Tomé und Principe
siehe Botschaft Libreville (Gabun) C 156

Saudi-Arabien

• C 414

Botschaft der Bundesrepublik Deutschland (Riyadh) Riad
Embassy of the Federal Republic of Germany
Postf. 94001, SA-Riyadh 11693
Diplomatic Quarter, SA-Riyadh 11693
T: (009661) 4 88 07 00 **Fax:** 4 88 06 60, 4 88 02 79 Visa-Stelle
Botschafter: Dr. Harald Kindermann
Amtsbezirk: Saudi Arabien
Konsularischer Amtsbezirk: Provinzen Qurayyat, Jawf, Northern Frontier, Eastern Province, Hail, Qasim, Piyadh

c 415

Außenstelle der Botschaft der Bundesrepublik Deutschland in Djidda
Al Hamra'a Dist/6 N
Postf. 126, SA-Jeddah 21411
17W5 Sector, Al Ibtehal Street (49)2, SA-Jeddah 21411
T: (009662) 6 65 33 44, 6 65 35 45, 6 65 72 25, 6 65 72 26
Fax: 6 67 59 64
Amtsbezirk: Provinzen Tabuk, Medina, Mecca, Baha, Asir, Najran und Jaizan

Schweden

• C 416

Botschaft der Bundesrepublik Deutschland Stockholm
Tyska Ambassaden
Skarpögatan 9, S-11527 Stockholm
T: (00468) 6 70 15 00 **Fax:** 6 61 52 94
Internet: http://www.german-embassy.se
E-Mail: german.embassy@ebox.tninet.se, info@german-embassy.se
Botschafter: Klaus-Hellmuth Ackermann
Amtsbezirk: Schweden

c 418

Honorarkonsulat der Bundesrepublik Deutschland in Göteborg
Nils Ericssonsgatan 17, S-41103 Göteborg
T: (004631) 7 22 36 00 **Fax:** 77 22 37 00
Honorarkonsul: Frederik Vinge
Amtsbezirk: Kommunen Göteborg, Orust, Tjörn, Stenungsund, Lilla Edet, Ale, Kungälv, Öckerö, Lerum, Partille, Härryda, Mölndal, Gullspång, Mariestad, Töre Boda, Karlsborg, Lidköping, Götene, Skövde, Tibro, Grästorp, Vara, Skora, Hjo, Essunge, Falköping, Tidaholm, Alinssås, Vår Gårda, Herr Ljunga, Bollebygd, Borås, Ulricehamn, Mark, SvenLjunga und Tranemo in Västra Götalands Län
Übergeordnete Auslandsvertretung: Botschaft Stockholm

c 417

Honorarkonsulat der Bundesrepublik Deutschland in Halmstad
Stationsgatan 74, S-30104 Halmstad
T: (004635) 18 07 00 **Fax:** 18 07 40
Honorarkonsul: Erik Brolén
Amtsbezirk: Hallands Län
Übergeordnete Auslandsvertretung: Botschaft Stockholm

c 419

Honorarkonsulat der Bundesrepublik Deutschland in Jönköping
c/o Handelskammaren i Jönköpinngs Län
Elmiavägen, S-55454 Jönköping
T: (004636) 30 14 39 **Fax:** 12 95 79
Honorarkonsul: Göran Kinnander
Amtsbezirk: Jönköpings Län.
Übergeordnete Auslandsvertretung: Botschaft Stockholm

c 420

Honorarkonsulat der Bundesrepublik Deutschland in Kalmar
Violvägen 4F, S-39353 Kalmar
T: (0046480) 15350 **Fax:** 17453
Honorarkonsul: Wiola Hägglöf
Amtsbezirk: Kalmar län.
Übergeordnete Auslandsvertretung: Botschaft Stockholm

c 421

Honorarkonsulat der Bundesrepublik Deutschland in Karlstad
c/o Advokaterna Carlström & Linderberg
Postf. 95, S-65103 Karlstad
Östra Torggatan 16, S-65224 Karlstad
T: (004654) 18 90 50 **Fax:** 15 38 47
Honorarkonsul: Mats Carlström
Amtsbezirk: Värmlands Län.
Übergeordnete Auslandsvertretung: Botschaft Stockholm

c 422

Honorarkonsulat der Bundesrepublik Deutschland in Kristianstad
UULAS Architektkontor AB
Östra Storgatan 32, S-29132 Kristianstad
T: (004644) 20 46 00 **Fax:** 20 46 19
Honorarkonsul: Gräfin Märta Wachtmeister
Amtsbezirk: Kommunen Östra Göinge, Ökelljunga, Bromölla, Osby, Perstorp, Klippan, Åstorp, Båstad, Kristianstad, Tommelilla, Simrishamn, Ängelholm und Hässleholm in Skåne län.
Übergeordnete Auslandsvertretung: Botschaft Stockholm

c 424

Honorarkonsulat der Bundesrepublik Deutschland in Linköping
Låsblecksgatan 3 (Hackefors), S-58110 Linköping Rystadt, Vreta Norrgård
T: (004613) 28 85 00 **Fax:** 16 16 15
Honorarkonsul: Per Folke Lindberg
Amtsbezirk: Östergötlands län mit Ausnahme der Kommunen Finspång, Norrköping, Soderköping und Valdemarsvik
Übergeordnete Auslandsvertretung: Botschaft Stockholm

c 423

Honorarkonsulat der Bundesrepublik Deutschland in Luleå
Timotejstigen 7, S-95435 Luleå
T: (0046920) 5 38 52, 25 38 52
Honorarkonsul: Werner Jansen
Amtsbezirk: Norrbottens Län.
Übergeordnete Auslandsvertretung: Botschaft Stockholm

c 425

Honorarkonsulat der Bundesrepublik Deutschland in Malmö
c/o G L Beijer AB
Postf. 3 25, S-20123 Malmö
Norra Vallgatan 70, S-20123 Malmö
T: (004640) 6 11 85 95 **Fax:** 23 51 65
Honorarkonsul: Joen Magnusson
Amtsbezirk: Kommunen Svalöv, Steffanstorp, Burlöv, Vellinge, Bjuv, Kävlinge, Lomma, Svedala, Skurup, Sjöbö, Hörby, Malmö, Lund, Landskrona, Helsingborg, Höganäs, Höör,

Eslov, Ystad, Trelleborg (ausser Stadt und Hafen Trelleborg) in Skåne län.
Übergeordnete Auslandsvertretung: Botschaft Stockholm

c 426

Honorarkonsulat der Bundesrepublik Deutschland in Norrköping
Persgatan, S-60186 Norrköping
T: (004611) 26 40 74, 26 41 22 **Fax:** 264073
Honorarkonsul: Jan Jaldeland
Amtsbezirk: Kommunen Finspång, Norrköping, Söderköping und Valdemarsvik in Österötlands Län., Nyköping und Oxelösund in Södermanlands Län.
Übergeordnete Auslandsvertretung: Botschaft Stockholm

c 427

Honorarkonsulat der Bundesrepublik Deutschland Sundsvall
Büro Margareta Lindström
c/o SCA Forest and Timber
Skepparplatsen, S-85188 Sundsvall
T: (004660) 19 30 00, 19 34 21 **Fax:** 19 38 95
Honorarkonsul: Börje Nordenö Amtsbezirk: Västernorrlands Län.
Übergeordnete Auslandsvertretung: Botschaft Stockholm

c 428

Honorarkonsulat der Bundesrepublik Deutschland Trelleborg
Johan Kocksgatan 42, S-23153 Trelleborg
T: (0046410) 5 48 95 **Fax:** 4 31 76
Honorarkonsul: Rolf Skog
Amtsbezirk: Stadt und Hafen Trelleborg in Skåne län
Übergeordnete Auslandsvertretung: Botschaft Stockholm

c 429

Honorarkonsul der Bundesrepublik Deutschland in Uddevalla
Mattssonföretagen i Udevalla AB Långhagsgatan, S-451 24 Uddevalla
T: (0046522) 9 80 10, 9 80 81 **Fax:** 3 74 20
Honorarkonsul: Stefan Mattsson
Amtsbezirk: Kommunen Uddevalla, Lysekil, Vänersborg, Trollhättan, Strömstadt, Dals-Ed, Bengtfors, Åmal, Tanum, Sotenäs, Munkedal, Färgelanda, Mellerud in Västra Götalands län
Übergeordnete Auslandsvertretung: Botschaft Stockholm

c 430

Honorarkonsulat der Bundesrepublik Deutschland Visby
Strandgatan 18, S-82156 Visby (Gotland)
T: (0046498) 21 77 98
Honorarkonsul: Åke Sjöberg
Amtsbezirk: Gotlands Län.
Übergeordnete Auslandsvertretung: Botschaft Stockholm

Schweiz

• **C 431**

Botschaft der Bundesrepublik Deutschland Bern
Postf. 250, CH-3000 Bern 16
Willadingweg 83, CH-3000 Bern 16
T: (004131) 3 59 41 11 **Fax:** 3 59 44 44, 3 52 11 94 (Paß/Visastelle)
Botschafter: Klaus Bald
Amtsbezirk: Schweiz und Liechtenstein

c 432

Generalkonsulat der Bundesrepublik Deutschland Genf
Consulat Général de la République fédérale d'Allemagne
Postf. 191, CH-1211 Genf 19
28 C, chemin du Petit-Saconnex, CH-1211 Genf 19
T: (004122) 7 30 11 11 **Fax:** 7 34 30 43
Generalkonsul: Karl Flittner
Amtsbezirk: Kantone Genf, Waadt und Wallis

c 433

Generalkonsulat der Bundesrepublik Deutschland Zürich
Kirchgasse 38, CH-8001 Zürich
T: (00411) 2 65 65 65 **Fax:** 2 65 65 00
Generalkonsul: Jürgen Steinkrüger
Amtsbezirk: Kantone Aargau, Appenzell A.Rh., Appenzell I.Rh., Basel-Stadt, Basel-Land, Bern, Freiburg, Glarus, Graubünden, Jura, Luzern, Neuenburg, Nidwalden, Obwalden, Solothurn, Schaffhausen, Schwyz, St. Gallen, Tessin, Thurgau, Uri, Zürich, Zug, Fürstentum Liechtenstein

c 434

Honorargeneralkonsulat der Bundesrepublik Deutschland Basel
c/o UBS AG
Gebäude Malzgasse 30, CH-4002 Basel
T: (004161) 288 43 22 **Fax:** 288 63 22
Generalkonsul: Max Kühne
Amtsbezirk: Kantone Basel Stadt und Basel-Land
Übergeordnete Auslandsvertretung: Botschaft Bern

c 435

Honorarkonsulat der Bundesrepublik Deutschland in Lugano
Via Soave 9, CH-6900 Lugano
T: (004191) 9 22 78 82
Honorarkonsulin: Bianca Brenni-Wicki
Amtsbezirk: Kanton Tessin
Übergeordnete Auslandsvertretung: Generalkonsulat Zürich

Senegal

• **C 436**

Botschaft der Bundesrepublik Deutschland Dakar
Ambassade de la République Fédérale d'Allemagne
Postf. 21 00, SN-21722 Dakar
Avenue Pasteur 20 Angle Rue Mermoz, SN-Dakar
T: (00221) 8 23 48 84, 8 23 25 19 **Fax:** 8 22 52 99
TX: (0906) 21 686 Kennung: 21 686 aadaka sg
Botschafter: Dr. Reinald Steck
Amtsbezirk: Senegal, Gambia und Guinea-Bissau
Die Leiterin der Vertretung ist zugleich als Botschafterin in Gambia, Guinea-Bissau und Kap Verde mit Sitz in Dakar akkreditiert

Seychellen

• **C 437**

Honorarkonsul der Bundesrepublik Deutschland Victoria
Honorary Consul of the Federal Republic of Germany
-, SY- Mahé
T: (00248) 26 12 22 **Fax:** 26 12 23
Honorarkonsulin: Maryse Eichler-Jorre de Saint Jorre
Amtsbezirk: Seychellen
Übergeordnete Auslandsvertretung: Botschaft Nairobi

Sierra Leone

• **C 438**

Botschaft der Bundesrepublik Deutschland Freetown
Embassy of the Federal Republic of Germany
Santanno House
Postf. 728, WAL-Freetown
10, Howe Street, WAL-Freetown
T: (0023222) 22 25 11, 22 25 12 **Fax:** 22 62 13
TGR: dipger sl
Botschafter: Pius Fischer
Amtsbezirk: Sierra Leone

Simbabwe

• **C 439**

Botschaft der Bundesrepublik Deutschland Harare
Embassy of the Federal Republic of Germany
Postf. 2168, RSR-Harare
14, Samora Machel Avenue, RSR-Harare
T: (002634) 70 52 31 **Fax:** 70 86 13
E-Mail: pr-germanemb@zimsurf.co.zw
Botschafter: Fritz Hermann Flimm
Amtsbezirk: Simbabwe

Singapur

• **C 440**

Botschaft der Bundesrepublik Deutschland Singapore
Embassy of the Federal Republic of Germany
Postf. 94, SGP-Singapore 912404
545 Orchard Road, 14-01 Far East Shopping Centre, Singapore 238882
T: (0065) 7 37 13 55 **Fax:** 7 37 26 53
Internet: http://www.germany.org.sg
E-Mail: germany@singnet.com.sg
Botschafter: Volker Schlegel
Amtsbezirk: Singapur

Slowakische Republik

• **C 441**

Botschaft der Bundesrepublik Deutschland Preßburg
Hviezdoslavovo nám. 10, SK-813 03 Bratislava
T: (004217) 54 41 96 40 **Fax:** 54 41 96 34
Botschafter: Dr. Frank Lambach
Amtsbezirk: Slowakische Republik

Slowenien

• **C 442**

Botschaft der Bundesrepublik Deutschland Laibach
Postf. 85, SLO-61101 Ljubljana
Presernova 27, SLO-61000 Ljubljana
T: (0038661) 21 61 66 **Fax:** 1 25 42 10
TX: 39 180 aaliab si
Botschafter: Dr. Günther Seibert
Amtsbezirk: Republik Slowenien

• **C 443**

Somalia
siehe Botschaft Nairobi (Kenia) C 269

Spanien

• **C 444**

Botschaft der Bundesrepublik Deutschland Madrid
Embajada de la República Federal de Alemania
Calle Fortuny 8, E-28010 Madrid
T: (003491) 5 57 90 00 **Fax:** 3 10 21 04
Internet: http://www.embajada-alemania.es
Botschafter: Joachim Bitterlich
Amtsbezirk: Spanien und Andorra

c 445

Außenstelle der Botschaft der Bundesrepublik Deutschland in Las Palmas
Consulado de la República Federal de Alemania
Calle Franchy y Roca, 5-2°, E-35007 Las Palmas
T: (0034928) 49 18 80, 49 18 71, 49 18 70 **Fax:** 26 27 31
Leitung: Franz Xaver Kramlinger
Amtsbezirk: Provinz Las Palmas de Gran Canaria (Inseln Alegranza, Fuerteventura, Graciosa, Gran Canaria, Lanzarote, Lobos, Montaña Clara)

c 446

Außenstelle der Botschaft der Bundesrepublik Deutschland in Santa Cruz de Tenerife
Consulado de la República Federal de Alemania
Avenida Francisco la Roche, 45, E-38001 Santa Cruz de Tenerife
T: (0034922) 28 48 12, 28 48 16 **Fax:** 24 70 49
Leitung: Martin Duczynski
Amtsbezirk: Provinz Santa Cruz de Tenerife (Inseln Gomera, Hierro, La Palma, Tenerife)

c 447

Generalkonsulat der Bundesrepublik Deutschland in Barcelona
Consulado General de la República Federal de Alemania
Postf. 389, E-08008 Barcelona
Paseig de Gracia, 111, E-08008 Barcelona
T: (003493) 2 92 10 00 **Fax:** 2 92 10 02
Generalkonsul: Irmela Gonzalez-Schmitz
Amtsbezirk: Provinzen Albacete, Alicante, Barcelona, Baleares, Castellón, Gerona, Huesca, Lérida, Murcia, Tarragona, Teruel, Valencia, Zaragoza, Fürstentum Andorra

c 448

Konsulat der Bundesrepublik Deutschland in Palma de Mallorca
Consulado de la República Federal de Alemania
Postf. 183, E-07080 Palma de Mallorca
Passeig des Born, 15, 6°, E-07006 Palma de Mallorca
T: (0034971) 72 29 97, 72 23 71 **Fax:** 72 80 89
Leitung: Peter-Christian Haucke
Amtsbezirk: Balearen

c 449

Honorarkonsul der Bundesrepublik Deutschland in Bilbao
Cónsul Honorario de la República Federal de Alemania
Edif. Albia, planta 13, num. 3 San Vicente, 8, E-48001 Bilbao
T: (003494) 4 23 85 85 **Fax:** 4 24 39 76
Honorarkonsul: Horst José Boogen-Heudorf

c 450

Generalkonsulat der Bundesrepublik Deutschland in Sevilla
Consulado General de la República Federal de Alemania
Postf. 855, E-41080 Sevilla
Avda. de la Palmera 19-2 Edificio Winterthur, E-41013 Sevilla
T: (003495) 4 23 02 04, 4 23 04 90, 4 23 02 62
Fax: 4 23 95 52
Generalkonsul: Klaus Ringwald
Amtsbezirk: Die autonome Region Andalusien mit den Provinzen Almeria, Cádiz, Granada, Cordoba, Huelva, Jaén, Malaga, Sevilla, Provinz Badajoz, Ceuta und Melilla

c 451

Konsulat der Bundesrepublik Deutschland in Málaga
Consulado de la República Federal de Alemania
Paseo del Limonar 26, Villa Ibis, E-29016 Málaga
T: (003495) 2 22 78 66, 2 21 24 42 **Fax:** 2 30 97 00
Leitung: Klaus Meixner
Amtsbezirk: Provinzen Granada, Jaén, Málaga
Übergeordnete Auslandsvertretung: Generalkonsulat Sevilla

c 452

Honorargeneralkonsul der Bundesrepublik Deutschland in Santander/Muriedas
Cónsul Honorario de la República Federal de Alemania
Postf. 27, E-39600 Muriedas
Avenida de Bilbao, 39, E-Muriedas
T: (0034942) 25 05 43 **Fax:** 25 05 43
Honorarkonsul: Hans Roever jr.
Amtsbezirk: Autonome Region Kantabrien (Cantabria), Asturien
Übergeordnete Auslandsvertretung: Botschaft Madrid

c 453

Honorarkonsul der Bundesrepublik Deutschland in Alicante
Cónsul Honorario de la Repúblicia Federal de Alemania
Plaza Calvo Sotelo 1-2, 5. Stock, E-03001 Alicante
T: (003496) 5 21 70 60 **Fax:** 5 21 52 34
Honorarkonsul: Dieter Fahnebrock
Amtsbezirk: Provinzen Alicante, Murcia, Albacete
Übergeordnete Auslandsvertretung: Generalkonsulat Barcelona

c 454

Honorarkonsul der Bundesrepublik Deutschland in Almeria
Cónsul Honorario de la República Federal de Alemania
Centro Comercial NEPTUNO
Avda-Carlos III 401, E-04720 Aguadulce
T: (0034950) 34 05 55 **Fax:** 34 18 13
Honorarkonsul: Joachim Prinzen
Amtsbezirk: Provinz Almeria
Übergeordnete Auslandsvertretung: Generalkonsulat Sevilla

c 455

Honorarkonsul der Bundesrepublik Deutschland in Ibiza
Cónsul Honorario de la República Federal de Alemania
Postf. 437, E-07800 Ibiza
Carrer d'Antoni Jaume 2-2°-9 a, E-07800 Ibiza
T: (0034971) 31 57 63 **Fax:** 31 57 63
Honorarkonsul: Ekkehardt Boxberger
Amtsbezirk: Ibiza und Formentera
Übergeordnete Auslandsvertretung: Generalkonsulat Barcelona

c 456

Honorarkonsul der Bundesrepublik Deutschland in Jerez de la Frontera
Cónsul Honorario de la República Federal de Alemania
Hnos. Sandemann & Cia.
c/Pizarro, 10, E-11402 Jerez de la Frontera/Cádiz
T: (0034956) 30 69 17 **Fax:** 31 40 54
Honorarkonsul: Jürgen Mundt
Amtsbezirk: Provinz Cádiz
Übergeordnete Auslandsvertretung: Generalkonsulat Sevilla

c 457

Honorarkonsul der Bundesrepublik Deutschland in Mahón/Menorca
Cónsul Honorario de la República Federal de Alemania
Carrer d'es Negres, 32, E-07703 Mahón/Menorca
T: (0034971) 36 16 68 **Fax:** 36 90 12
Honorarkonsul: Matthias Roters
Amtsbezirk: Insel Menorca
Übergeordnete Auslandsvertretung: Generalkonsulat Barcelona

c 458

Honorarkonsul der Bundesrepublik Deutschland in San Sebastian
Cónsul Honorario de la República Federal de Alemania
c/Fuenterrabia 15, 3. Stock, E-20003 San Sebastián (Guipuzcoa)
T: (0034943) 42 10 10 **Fax:** 33 55 11
Honorarkonsul: Dr. Pablo Schröder
Amtsbezirk: Guipúzcoa und Navarra
Übergeordnete Auslandsvertretung: Botschaft Madrid

c 459

Honorarkonsul der Bundesrepublik Deutschland in Santa Cruz de la Palma
Cónsul Honorario de la República Federal de Alemania
Oficina Inmb. PALMASOL
Calle O'Daly 39, E-38700 Santa Cruz de la Palma
T: (0034922) 42 06 89 **Fax:** 41 32 78
Honorarkonsul: José Francisco Pérez Bravo
Amtsbezirk: Insel La Palma
Übergeordnete Auslandsvertretung: Botschaft Madrid

c 460

Honorarkonsul der Bundesrepublik Deutschland in Tarragona
Cónsul Honorario de la República Federal de Alemania
Avda. President Lluis Companys, 14-1°-3a, E-43005 Tarragona
T: (0034977) 25 23 85 **Fax:** 25 06 59
Honorarkonsul: Erich Büchen
Amtsbezirk: Provinzen Castellón und Tarragona
Übergeordnete Auslandsvertretung: Generalkonsulat Barcelona

c 461

Honorarkonsul der Bundesrepublik Deutschland in Valencia
Cónsul Honorario de la República Federal de Alemania
Avenida Primado Reig 70-10°-40a, E-46010 Valencia
T: (003496) 3 61 43 54 **Fax:** 3 60 92 59
Honorarkonsul: Wolfgang Buch
Amtsbezirk: Provinz Valencia
Übergeordnete Auslandsvertretung: Generalkonsulat Barcelona

c 462

Honorarkonsul der Bundesrepublik Deutschland in Vigo
Cónsul Honorario de la República Federal de Alemania
Postf. 95, E-36001 Vigo
Avenida Garcia Barbón 1, E-36201 Vigo
T: (0034986) 43 78 79 **Fax:** 43 49 43
Honorarkonsul: Martin Esser
Amtsbezirk: Provinzen La Coruña, Lugo, Orense, Pontevedra
Übergeordnete Auslandsvertretung: Botschaft Madrid

c 463

Honorarkonsul der Bundesrepublik Deutschland Zaragoza
Cónsul Honorario de la República Federal de Alemania
Rothe Erde Ibérica, S.A.
Carretera Castillon, Km 7, E-50720 La Cartuja Baja-Zaragoza
T: (0034976) 50 00 34 **Fax:** 50 08 30
Honorarkonsul: Hans Joachim Helmrich
Amtsbezirk: Provinzen Zaragoza, Huesca und Teruel
Übergeordnete Auslandsvertretung: Generalkonsulat Barcelona

c 464

Honorarkonsul der Bundesrepublik Deutschland in Andorra
Cónsul Honorario de la República Federal de Alemania
Avda. Princep Benlloch 8-3 r-1°, AND-Andorra la Vella
T: (00376) 82 50 34 **Fax:** 86 14 76
Honorarkonsul: Dietram von Schilcher
Amtsbezirk: Andorra
Übergeordnete Auslandsvertretung: Generalkonsulat Barcelona

Sri Lanka

• C 465

Botschaft der Bundesrepublik Deutschland Colombo
Embassy of the Federal Republic of Germany
Postf. 658, CL-Colombo 3
40, Alfred House Avenue, CL-Colombo 3
T: (00941) 58 04 31-34 **Fax:** 58 04 40, 50 41 04 (Visastelle)
Botschafter: Jürgen Elias
Der Leiter der Vertretung ist zugleich als Botschafter in den Malediven mit Sitz in Colombo akkreditiert Amtsbezirk: Sri Lanka sowie die Malediven

St. Kitts und Nevis

• C 466

Honorarkonsulat der Bundesrepublik Deutschland in Charlestown
Honorary Consul of the Federal Republic of Germany
Court Yard Bank of Nevis Building, KN-Charlestown Nevis, W.I.
T: (001869) 4 69 18 19 **Fax:** 4 69 54 46
Honorarkonsul: Reginald L. Kawaja
Amtsbezirk: St. Kitts und Nevis
Übergeordnete Auslandsvertretung: Botschaft Port of Spain

St. Lucia

• C 467

Honorarkonsulat der Bundesrepublik Deutschland in Gros Islet
Care Service Building
Postf. 2025, WL-Gros Islet
Massade Industrial Estate, WL-Gros Islet
T: (001758) 450 80 50 **Fax:** 450 02 55
Honorarkonsulin: Karen Cave
Amtsbezirk: St. Lucia
Übergeordnete Auslandsvertretung: Botschaft Port-of-Spain

St. Vincent und die Grenadinen

• C 468

Honorarkonsulat der Bundesrepublik Deutschland in Indian Bay/St. Vincent und die Grenadinen
Honorary Consul of the Federal Republic of Germany
Postf. 848, WV-Indian Bay
T: (001809) 4 58 40 92 **Fax:** 4 57 48 87
Honorarkonsulin: Gisela Balcombe
Amtsbezirk: St. Vincent und die Grenadinen
Übergeordnete Auslandsvertretung: Botschaft Port-of-Spain

Sudan

• C 469

Botschaft der Bundesrepublik Deutschland Khartum
Embassy of the Federal Republic of Germany
Postf. 970, SD-Khartoum
Baladia Street 53 Block No. 8 D.Plot No. 2, SD-Khartoum
T: (0024911) 77 79 90, 77 79 95, 77 79 79, 77 79 75
Fax: 77 76 22
Botschafter: Dr. Werner Daum
Amtsbezirk: Sudan

Südafrika

• C 470

Botschaft der Bundesrepublik Deutschland Pretoria
Embassy of the Federal Republic of Germany
Postf. 2023, ZA-Pretoria, 0001 R.S.A.
180 Blackwood Street, Arcadia, ZA-Pretoria, 0083 R.S.A.

T: (002712) 4 27 89 00 **Fax:** 3 43 94 01
Botschafter: Harald Ganns
Amtsbezirk: Südafrika, Lesotho
Der Leiter der Vertretung ist zugleich als Botschafter in Lesotho mit Sitz in Pretoria bzw. Kapstadt akkreditiert

c 471

Dienststelle Kapstadt der Botschaft der Bundesrepublik Deutschland
Branch Office Cape Town of the Embassy of the Federal Republic of Germany
Postf. 4273, ZA-Cape Town 8000 R.S.A.
825, St. Martini Gardens, 74 Queen Victoria Street, ZA-Cape Town 8001 R.S.A.
T: (002721) 4 64 30 00 **Fax:** 4 64 30 45

c 472

Rechts- und Konsularreferat
Postf. 20 23, ZA-0001 Pretoria 0001-RSA
Hadefields Building, 1st F., 1267 Pretorius Street, ZA-Hatfield
T: (002712) 4 27 89 00 **Fax:** 4 27 89 82

c 473

Honorarkonsulat der Bundesrepublik Deutschland in Durban
Honorary Consul of the Federal Republic of Germany
Postf. 80, ZA-4000 Durban
Devonshire Place 2 4th Floor, ZA-4001 Durban
T: (002731) 3 05 56 77 **Fax:** 3 05 56 79
Honorarkonsul: Hermann Hans-Heinrich Beier
Amtsbezirk: KwaZulu-Natal
Übergeordnete Auslandsvertretung: Botschaft Pretoria

c 474

Generalkonsulat der Bundesrepublik Deutschland in Kapstadt
Consulate General of the Federal Republic of Germany
Postf. 4273, ZA-Cape Town 8000 R.S.A.
825, St. Martini Gardens, 74, Queen Victoria Road, ZA-Cape Town 8001 R.S.A.
T: (002721) 4 64 30 00 **Fax:** 4 24 94 03
Generalkonsul: Dr. Elke Schmitz
Amtsbezirk: Provinzen Eastern Cape, Northern Cape und Western Cape sowie St. Helena und Nebengebiete. Der Leiter der Vertretung ist zugleich Konsul für die brit. Kronkolonie St. Helena

c 475

Honorarkonsulat der Bundesrepublik Deutschland in Port Elizabeth
Honorary Consul of the Federal Republic of Germany
Postf. 2159, ZA-Port Elizabeth, 6000
Maritime House, Uitenhage Road, ZA-Port Elizabeth, 6001
T: (002741) 4 87 28 40 **Fax:** 4 84 79 08
Honorarkonsul: Philip Stucken
Amtsbezirk: Magistratsbezirke Aberdeen, Albany, Alexandria, Bathurst, Bedford, Colesberg, Cradock, Graaff-Reinet, Hankey, Humansdorp, Jansenville, Joubertina, Kirkwood, Knysna, Maraisburg, Middelburg, Noupoort, Pearston, Port Elizabeth, Reinet, Sommerset East, Steynsburg, Steytlertville, Uitenhage, Uniondale, Venterstad, Willowmore
Übergeordnete Auslandsvertretung: Generalkonsulat Kapstadt

Suriname

• C 476

Honorarkonsulat der Bundesrepublik Deutschland in Paramaribo (Suriname)
Honorary Consul of the Federal Republic of Germany c/o N.V. Katwijk, Kantoor & Direktie
Postf. 466, SME-Paramaribo, S.A.
Maagdenstraat 46 bov, SME-Paramaribo, S.A.
T: (00597) 47 43 80 **Fax:** 47 15 07
Honorarkonsul: Nagib Nouh-Chaia
Amtsbezirk: Suriname
Übergeordnete Auslandsvertretung: Botschaft Port-of-Spain

• C 477

Swasiland
siehe Botschaft Maputo (Mosambik) C 333

Syrien

• C 478

Botschaft der Bundesrepublik Deutschland Damaskus
Ambassade de la République Fédérale d'Allemagne
Postf. 2237, SYR-Damaskus
Rue Ibrahim Hanano 53, SYR-Damaskus
T: (0096311) 33 23 800, 33 23 801, 33 23 802
Fax: 33 23 812
Botschafter: Dr. Heinrich Reiners
Amtsbezirk: Syrien

c 479

Honorarkonsulat der Bundesrepublik Deutschland in Aleppo
Consul Honoraire de la République fédérale d'Allemagne
Postf. 495, SYR-Aleppo
Rue de la Banque Centrale, SYR-Aleppo
T: (0096321) 22 15 64 **Fax:** 21 32 43
Honorarkonsul: Robert Toutounji
Amtsbezirk: Mouhafazet (Regierungsbezirk) Aleppo
Übergeordnete Auslandsvertretung: Botschaft Damaskus

Tadschikistan

• C 480

Botschaft der Bundesrepublik Deutschland Duschanbe
2. Projesd Asisbekowa 21, TJ-Duschanbe
T: (0073772) 21 21 89, 21 21 98 **Fax:** 21 22 45
TX: 201 118 aadus
Botschafter: Matthias Meyer
Amtsbezirk: Tadschikistan

Tansania

• C 481

Botschaft der Bundesrepublik Deutschland Dar es Salaam
Embassy of the Federal Republic of Germany
NIC Investment House
Postf. 9541, EAT-Dar es Salaam
Samora Avenue, EAT-Dar es Salaam
T: (00255) 51117409-15 **Fax:** 51112944
E-Mail: german.emb.dar@raha.com
Botschafter: Dr. Enno Barker
Amtsbezirk: Tansania

c 482

Honorarkonsul der Bundesrepublik Deutschland in Sansibar
Kenyatta Road, Hs. Nr. 71, EAT-Sansibar
T: (0025554) 3 26 72 **Fax:** 3 26 72
Honorarkonsul: Dr. Erich Meffert
Amtsbezirk: Sansibar
Übergeordnete Auslandsvertretung: Botschaft Daressalam

Thailand

• C 483

Botschaft der Bundesrepublik Deutschland Bangkok
Embassy of the Federal Republic of Germany
Postf. 2595, T-Bangkok 10500/Thailand
9, South Sathorn Road, T-Bangkok 10120/Thailand
T: (00662) 2 87 90 00 **Fax:** 2 87 17 76
Botschafter: Hermann Erath
Amtsbezirk: Thailand

Togo

• C 484

Botschaft der Bundesrepublik Deutschland Lomé
Ambassade de la République fédérale d'Allemagne
Postf. 1175, TG-Lomé
Boulevard de la République, TG-Lomé
T: (00228) 21 23 70, 21 23 38 **Fax:** 22 18 88
Botschafter: Dr. Dieter Simon
Amtsbezirk: Togo

Tonga

• C 485

Botschaft der Bundesrepublik Deutschland Wellington
siehe Botschaft Wellington (Neuseeland) C 338

• C 486

Honorarkonsulat der Bundesrepublik Deutschland in Nuku'alofa
Honorary Consul of the Federal Republic of Germany
Postf. 32, TO-Nukualofa
T: (00676) 2 34 77 **Fax:** 2 31 54
E-Mail: sanft@candw.to
Honorarkonsul: Ralph W. Sanft
Amtsbezirk: Tonga
Übergeordnete Auslandsvertretung: Botschaft Wellington

Trinidad und Tobago

• C 487

Botschaft der Bundesrepublik Deutschland Port-of-Spain
Embassy of the Federal Republic of Germany
Postf. 828, TT-Port of Spain
7-9 Marli Street, Newtown, TT-Port of Spain
T: (001868) 6 28-1630-2 **Fax:** 6 28-5278
E-Mail: germanemb@carib-link.net
Botschafter: Ulrich Nitzschke
Amtsbezirk: Trinidad und Tobago sowie Antigua und Barbuda, Barbados, Dominica, Grenada, Guyana, Suriname, St. Kitts und Nevis, St. Lucia, St. Vincent und die Grenadinen, Anguilla, Britische Jungferninseln, Montserrat
Der Leiter der Botschaft ist zugleich als Botschafter in Antigua und Barbuda, Barbados, Dominica, Grenada, Guyana, St. Lucia, St. Vincent und die Grenadinen, St. Christopher-Nevis und Suriname mit Sitz in Port-of-Spain akkreditiert. Er ist ferner der Generalkonsul für die britischen Kronkolonien Anguilla, Britische Jungferninseln und Montserrat.

Tschad

• C 488

Botschaft der Bundesrepublik Deutschland N'Djamena
Ambassade de la République Fédérale d'Allemagne
Postf. 893, TD-N'Djamena
Avénue Félix Eboué, TD-N'Djamena
T: (00235) 51 56 47, 51 62 02 **Fax:** 51 48 00
TX: 5246 aandja cd
Botschafter: Klaus Holderbaum (mit Sitz in Jaunde)
Geschäftsträger a.i.: Dieter Freund (OAR)
Amtsbezirk: Tschad

Tschechische Republik

• C 489

Botschaft der Bundesrepublik Deutschland Prag
Velvyslanectvi Spolkové republiky Némecko
Postf. 88, CZ-11801 Prag 1
Vlašská 19, CZ-11801 Prag 1
T: (004202) 57 32 01 90 **Fax:** 57 32 00 43
Maximilian Hurnaus (BR, Leiter der Wirtschaftsabteilung)
Amtsbezirk: Tschechische Republik

Türkei

• C 490

Botschaft der Bundesrepublik Deutschland Ankara
Postf. 54, TR-06552 Cankaya-Ankara
Atatürk Bulvari 114, TR-06540 Cankaya-Ankara
T: (0090312) 4 26 54 65, 4 26 54 51-53 **Fax:** 4 26 69 59, 4 27 89 27
Botschafter: Dr. Schmidt
Amtsbezirk: Türkei, Konsularischer Amtsbezirk: Vilayets (Provinzen): Adana, Adiyaman, Ağri, Aksaray, Amasya, Ankara, Ardahan, Artvin, Batman, Bartin Bayburt, Bingöl, Bitlis, Çankiri, Çorum, Diyarbakir, Elaziğ, Erzincan, Erzurum Gaziantep, Giresun, Gümüşhane, Hakkari, Hatay (Antakya), Içel (Mersin), Iğdir, Kahramanmaraş, Karaman, Kars, Kastamonu, Kayseri, Kirikkale, Kirşehir, Konya, Malatya, Mardin, Muş,

Nevşehir, Niğde, Ordu, Rize, Samsun, Şanliurfa, Siirt, Sinop, Sirnak, Sivas, Tokat, Trabzon, Tunceli, Van, Yozgat, Zonguldak

c 491

Generalkonsulat der Bundesrepublik Deutschland in Istanbul
Inönü Caddesi 16-18, P.K. 355, TR-80073 Istanbul, Beyoglu
T: (0090212) 2 51 54 04-08 **Fax:** 2 49 99 20, 2 45 26 24 Visastelle
General-Konsulin: Christiane Geißler-Kuß
Amtsbezirk: Vilayets (Provinzen) Balikesir, Bilecek, Bolu, Bursa, Çanakkale, Edirne, Eskişehir, Kirklareli, Kocaeli (Izmit), Istanbul, Sakarya (Adapazari), Tekirdağ

c 492

Generalkonsulat der Bundesrepublik Deutschland in Izmir
Postf. 156, TR-35212 Izmir
Atatürk Caddesi 260, TR-35220 Izmir
T: (0090232) 4 21 69 95, 4 21 69 96 **Fax:** 4 63 79 90
Generalkonsul: Manfred Unger
Amtsbezirk: Vilayets (Provinzen) Afyonkarahisar, Antalya, Aydin, Burdur, Denizli, Isparta, Izmir, Kütahya, Manisa, Mugla, Usak

c 493

Vizekonsulat der Bundesrepublik Deutschland in Antalya
Yesilbahce Mahallesi
Pasakavaklari Cad., 1447. Sokak, TR-07050 Antalya
T: (0090242) 3 22 94 66 **Fax:** 3 21 69 14
Leitung: Wolfgang Einsiedler (Oberamtsrat)
Amtsbezirk: Vilayets Antalya, Burdur, Isparta
Übergeordnete Auslandsvertretung: Generalkonsulat Izmir

c 494

Honorarkonsul der Bundesrepublik Deutschland in Adana
Gazipasa Bulvari, Kisacik Apt. Kat. 1 D-3, TR-01120 Adana
T: (0090322) 4 53 67 43, 4 54 56 67 **Fax:** 4 54 07 76
Honorarkonsul: Dr. Teyfik Kisacik
Amtsbezirk: Adana, Hatay, Icel
Übergeordnete Auslandsvertretung: Botschaft Ankara

c 495

Honorarkonsul der Bundesrepublik Deutschland in Bursa
Cemal Nadir Cad. 8/2, TR-16371 Bursa
T: (0090224) 2 22 20 97 bzw. 2 21 00 99 **Fax:** 2 21 89 48
Honorarkonsul: Halit Davut Cura
Amtsbezirk: Vilayets (Regierungsbezirke) Bursa, Balikesir, Bilecik, Canakkale und Eskisehir
Übergeordnete Auslandsvertretung: Generalkonsulat Istanbul

c 496

Honorarkonsulat der Bundesrepublik Deutschland in Edirne
Cavus Bey Mahallesi, Arif Pasa Cad. 3/3, TR-Edirne
T: (0090284) 2 25 31 58 **Fax:** 2 12 48 97
Honorarkonsul: Rifat Culha
Amtsbezirk: Vilayets Edirne, Kirklareli und Tekirdag
Übergeordnete Auslandsvertretung: Generalkonsulat Istanbul

c 497

Honorarkonsul der Bundesrepublik Deutschland in Sivas
Sirer cad.Sağlik Sitesi Kat 1 No 5, TR-58030 Sivas
T: (0090346) 2 21 14 04, 2 21 61 41 **Fax:** 2 24 37 95
TGR: Consugerma oder Akça-Sivas
Honorarkonsul: Turhan Akça (RA)
Amtsbezirk: (Vilayets): Sivas, Tokat, Yozgat, Erzincan, Kayseri, Malatya
Übergeordnete Auslandsvertretung: Botschaft Ankara

Tunesien

• C 498

Botschaft der Bundesrepublik Deutschland Tunis
Ambassade de la République Fédérale d'Allemagne
Postf. 35, TN-Tunis-Belvédère
1, Rue el Hamra, Mutuelleville, TN-1002 Tunis-Belvedere
T: (002161) 78 64 55 **Fax:** 78 82 42
TX: 15 463 aatuns tn
Botschafter: Klaus Werndl
Amtsbezirk: Tunesien

Turkmenistan

• C 499

Botschaft der Bundesrepublik Deutschland in Aschgabad
Posolstwo Federativnoi Respubliki Germanija
Magtumguli Avenue, Pobedy Park, Dzerjinsky Str., TM-744000 Ashgabat
T: (0073632) 51 21 44 bis 48 **Fax:** 51 09 23
TX: 86 110 aaash tm
Botschafter: Hans-Jürgen Keilholz
Amtsbezirk: Turkmenistan

• C 500

Tuvalu
siehe Botschaft Wellington (Neuseeland) C 338

Uganda

• C 501

Botschaft der Bundesrepublik Deutschland Kampala
Embassy of the Federal Republic of Germany
Postf. 7016, EAU-Kampala
15, Philip Road, EAU-Kampala
T: (0025641) 25 67 67/8, 23 64 21/2 **Fax:** 34 31 36
TGR: Diplogerma Kampala
Botschafter: Hans-Joachim Heldt
Amtsbezirk: Uganda

Ukraine

• C 502

Botschaft der Bundesrepublik Deutschland in Kiew
Uliza Tschkalowa 84, UA-252054 Kiev
T: (0038044) 2 16 67 94, 2 16 14 77, 2 16 95 83, 2 16 36 09, 2 16 71 56, 2 16 74 98 **Fax:** 2 16 92 33
TX: 131 122 aakie uks
Botschafter: Dr. Eberhard Heyken
Amtsbezirk: Ukraine

Ungarn

• C 503

Botschaft der Bundesrepublik Deutschland Budapest
Stefánia út 101-103, H-1143 Budapest XIV
T: (00361) 4 67-3500 **Fax:** 4 67-3505
Leitung: Botschafter Hasso Buchrucker
Amtsbezirk: Ungarn

Uruguay

• C 504

Botschaft der Bundesrepublik Deutschland Montevideo
Embajada de la República Federal de Alemania
Postf. 20014, U-11200 Montevideo
La Cumparsita 1417/1435, U-Montevideo
T: (005982) 902 52 22 **Fax:** 902 34 22
E-Mail: deubot@montevideo.com.uy
Botschafter: Dr. Horst Heubaum
Amtsbezirk: Uruguay

Usbekistan

• C 505

Botschaft der Bundesrepublik Deutschland Taschkent
Postf. 4337, UZ-Taschkent
Scharaf-Raschidow-Kutschasi 15, UZ-Taschkent
T: (0073712) 34 66 96, 34 47 25, 34 47 63 **Fax:** 89 16 93
TX: 116 421 aatkt su
Botschafter: Reinhart Bindseil
Amtsbezirk: Usbekistan

• C 506

Vanuatu
siehe Botschaft Canberra C 24

• C 507

Vatikanstadt
siehe Heiliger Stuhl C 198

Venezuela

• C 508

Botschaft der Bundesrepublik Deutschland Carácas
Embajada de la República Federal de Alemania
Postf. 2078, YV-Caracas 1010 A
Edificio Panaven, 2.Stock, Avenida San Juan Bosco, Esquina 3 a Transversal, Altamira, Caracas
T: (00582) 261.01.81, 261.12.05, 261.22.29 **Fax:** 2610641
Botschafter: Dr. Edmund Duckwitz
Amtsbezirk: Venezuela

c 509

Honorarkonsul der Bundesrepublik Deutschland in Ciudad Guayana
Cónsul Honorario de la República Federal de Alemania
Edificio Amazonás
Mezzanina, Local 4, Av. Las Americás, YV-Puerto Ordaz
T: (005886) 23 13 61 **Fax:** 22 77 74
Honorarkonsul: Wilfried Eisenfeller
Amtsbezirk: Staat Bolivar
Übergeordnete Auslandsvertretung: Botschaft Caracas

Vereinigte Arabische Emirate

• C 510

Botschaft der Bundesrepublik Deutschland Abu Dhabi
Embassy of the Federal Republic of Germany
Postf. 2591, AE-Abu Dhabi
Al Nahyan-Street, AE-Abu Dhabi
T: (009712) 43 56 30 **Fax:** 43 56 25
TX: 22 202 AAA BUD EM
Botschafter: Dr. Helmut Arndt
Amtsbezirk: Vereinigte Arabische Emirate

c 511

Generalkonsulat der Bundesrepublik Deutschland in Dubai
Consulate General of the Federal Republic of Germany
Postf. 2247, AE-Dubai
Al Mankhool Road Sharaf Building, AE-Dubai
T: (009714) 52 33 52 **Fax:** 52 81 38
Generalkonsul: Franz Ring
Amtsbezirk: Dubai, Schardscha, Adschman, Umm al Kaiwan, Ras al Chaima, Fudschaira

Britische Überseegebiete in Afrika

• C 512

St. Helena und Nebengebiete:
siehe Generalkonsulat Kapstadt (Südafrika) c 474

Britische Überseegebiete in Amerika

• C 513

Bermuda
siehe: Generalkonsulat New York (Vereinigte Staaten von Amerika) c 531
Honorarkonsul in Hamilton (Bermuda) c 546

• C 514

Honorarkonsulat der Bundesrepublik Deutschland Hamilton
Honorary Consul of the Federal Republic of Germany
c/o Appleby, Spurling & Kempe, Cedar House
Postf. 11 79, BM-Hamilton HM 12
41 Cedar Avenue, BM-Hamilton HM 12
T: (001441) 2 95 22 44 **Fax:** 2 92 86 66
Honorarkonsul: Peter Bubenzer (Esq.)
Amtsbezirk: Bermuda
Übergeordnete Auslandesvertretung: Generalkonsulat New York

• C 515

Anguilla
siehe Botschaft Port-of-Spain (Trinidad und Tobago) C 487

• C 516

Britische Jungferninseln
siehe Botschaft Port-of-Spain (Trinidad und Tobago) C 487

• C 517

Kaimaninseln
siehe Botschaft Kingston (Jamaika) C 239

• C 518

Montserrat

siehe Botschaft Port-of-Spain (Trinidad und Tobago) C 487

• C 519

Turks- und Calcoinseln

siehe Botschaft Kingston (Jamaika) C 239

Britische Überseegebiete

• C 520

Generalkonsulat der Bundesrepublik Deutschland Hongkong

Consulate General of the Federal Republic of Germany
United Centre, 21st Floor
Postf. 250, HK-Hongkong
95 Queensway, Central, HK-Hongkong
T: (00852) 210 58788, 210 58777 **Fax:** 286 52033
E-Mail: germancg@netvigator.com
Generalkonsul: Wolfgang Gerz
Amtsbezirk: SVR Hongkong (Sonderverwaltungsregion der VR China) sowie Macau
Der Leiter der Vertretung ist zugleich Generalkonsul für SVR Macau mit Sitz in Hongkong

Britische Überseegebiete in Australien (Südafrika)

• C 521

Pitcairn

siehe Botschaft Wellington (Neuseeland) C 338

Vereinigte Staaten von Amerika

• C 522

Botschaft der Bundesrepublik Deutschland Washington

Embassy of the Federal Republic of Germany
4645 Reservoir Road, N.W., USA-Washington D.C.20007-1998
T: (001202) 2 98-8140 **Fax:** 2 98-4249
Internet: http://www.germany-info.org
E-Mail: ge-embus@ix.netcom.com
Botschafter: Jürgen Chrobog
Amtsbezirk: District of Columbia,Delaware, Maryland, Virginia, West Virginia

c 523

German Information Center

871 United Nations Plaza, USA-New York N.Y. 10017
T: (001212) 610-9800 **Fax:** (0011212) 610-9802
Generalkonsul: Dr. Günter Gruber

c 524

Permanent Mission of the Federal Republic of Germany to the United Nations

871 United Nations Plaza, USA-New York, N.Y. 10017
T: (001212) 940-0400 **Fax:** 940-0402
Botschafter: Dr. Dieter Kastrup

c 525

Generalkonsulat der Bundesrepublik Deutschland in Atlanta

Consulate General of the Federal Republic of Germany
Marquis Two Tower, Suite 901
285 Peachtree Center Avenue, N.E., USA-Atlanta GA 30303-1221
T: (001404) 6 59-4760, 6 59-4761, 6 59-4762 **Fax:** 6 59-1280
Generalkonsul: Heinrich Peter Rothmann
Amtsbezirk: Alabama, Georgia, Mississippi, North Carolina, South Carolina, Tennessee

c 526

Generalkonsulat der Bundesrepublik Deutschland in Boston

Consulate General of the Federal Republic of Germany
3 Copley Place, Suite 500, USA-Boston MA 02116
T: (001617) 5 36-4414 **Fax:** 5 36-8573
Generalkonsul: Dr. Peter Hauswedell
Amtsbezirk: Connecticut (except New York jurisdiction), Maine, Massachusetts, New Hampshire, Rhode Island, Vermont

c 527

Generalkonsulat der Bundesrepublik Deutschland in Chicago

Consulate General of the Federal Republic of Germany
676 N. Michigan Av., Suite 3200, USA-Chicago IL 60611
T: (001312) 5 80-1199 **Fax:** 5 80-0099
Generalkonsul: Michel Engelhard
Amtsbezirk: Illinois, Indiana, Iowa, Kansas, Kentucky, Michigan, Minnesota, Missouri, Nebraska, North Dakota, Ohio, South Dakota, Wisconsin

c 528

Generalkonsulat der Bundesrepublik Deutschland in Houston

Consulate General of the Federal Republic of Germany
1330 Post Oak Blvd., Suite 1850, USA-Houston TX 77056
T: (001713) 6 27-7770 **Fax:** 6 27-0506
Generalkonsul: Dr. Wolfgang Moser
Amtsbezirk: Arkansas, Louisiana, New Mexico, Oklahoma, Texas

c 529

Generalkonsulat der Bundesrepublik Deutschland in Los Angeles

Consulate General of the Federal Republic of Germany
6222 Wilshire Blvd., Suite 500, USA-Los Angeles CA 90048
T: (001323) 9 30-2703, 9 30-2709 **Fax:** 9 30-2805
E-Mail: germaconla@aol.com
Generalkonsul: Wolfgang Rudolph
Amtsbezirk: Arizona, California counties: Imperial, Kern, Los Angeles, Orange, Riverside, San Bernardino, San Diego, San Luis Obispo, Santa Barbara, and Ventura; Colorado, Nevada, Utah

c 530

Generalkonsulat der Bundesrepublik Deutschland in Miami

Consulate General of the Federal Republic of Germany
100 N. Biscayne Blvd., Suite 2200, USA-Miami FL 33132
T: (001305) 3 58-0290, 3 58-0291 **Fax:** 3 58-0307
Generalkonsul: Fritz von Rottenburg
Amtsbezirk: Florida, Puerto Rico, U.S. Virgin Islands

c 531

Generalkonsulat der Bundesrepublik Deutschland in New York

Consulate General of the Federal Republic of Germany
871 United Nations Plaza, USA-New York NY 10017
T: (001212) 610-9700 **Fax:** 610-9702
Generalkonsul: Bernhard Edler von der Planitz
Amtsbezirk: New York, New Jersey, Pennsylvania, and Fairfield County of the State of Connecticut

c 532

Generalkonsulat der Bundesrepublik Deutschland in San Francisco

Consulate General of the Federal Republic of Germany
1960 Jackson Street, USA-San Francisco CA 94109
T: (001415) 7 75-1061 **Fax:** 7 75-0187
Generalkonsul: Ruprecht Henatsch
Alaska, California (with the exeption of Imperial, Kern, Los Angeles, Orange, Riverside, San Bernardino, San Diego, San Luis Obispo, Santa Barbara and Ventura) Hawai, Idaho, Montana, Oregon, Washington, Wyoming, US territories of Baker, Howland, Jarvis, Johnston Islands, Midway and Palmyra Island

c 533

Honorarkonsul der Bundesrepublik Deutschland in Albuquerque

Honorary Consul of the Federal Republic of Germany
Suite B-380, 4300 San Mateo Blvd., NE, USA-Albuquerque N.M. 87110
T: (001505) 8 72-0800 **Fax:** 8 72-0900
Honorarkonsul: Lanny D. Messersmith
Amtsbezirk: New Mexico

c 534

Honorarkonsul der Bundesrepublik Deutschland in Anchorage

Honorary Consul of the Federal Republic of Germany
Suite 650, 425 G Street, USA-Anchorage AL 99501
T: (001907) 2 74-6537 **Fax:** 2 74-8798
Honorarkonsul: Bernd C. Guetschow
Amtsbezirk: Alaska

c 535

Honorarkonsul der Bundesrepublik Deutschland in Buffalo

Honorary Consul of the Federal Republic of Germany
11 Summer Street, USA-Buffalo NY 14209
T: (001716) 881-5778 **Fax:** 883-4954
Honorarkonsul: Michael Alexander Barrell
Amtsbezirk: New York counties Allegany, Cattaraugus, Chautauqua, Erie, Genesee, Niagara, Orleans, Wyoming

c 536

Honorarkonsul der Bundesrepublik Deutschland in Cape Coral

Honorary Consul of the Federal Republic of Germany
5081 Sorrento Court, USA-Cape Coral FL33904-94
T: (001941) 9 45-1174 **Fax:** 9 45-1174
Honorarkonsul: Gerd E. Schroeder
Amtsbezirk: Florida counties of Citrus, De Soto, Hardee, Hernando, Hillsborough, Lake, Manatee, Marion, Orange, Osceola, Pasco, Pinellas, Polk, Sarasota, Seminole, Sumter

c 537

Honorarkonsul der Bundesrepublik Deutschland in Charlotte

Honorary Consul of the Federal Republic of Germany
330 Eastover Road, USA-Charlotte N.C. 28207
T: (001704) 3 73-0774, 3 76-7225 **Fax:** 3 33-6446
Honorarkonsul: Dr. Eckart E. Goette
Amtsbezirk: North Carolina counties Alexander Anson, Cabarrus, Catawba, Davidson, Davie, Forsyth, Gaston, Guilford, Iredell, Lincoln, Mecklenburg, Montgomery, Randolph, Richmond, Rowan, Stanly, Union, Yadkin

c 538

Honorarkonsul der Bundesrepublik Deutschland in Charleston

Honorary Consul of the Federal Republic of Germany
20 Burns Lane, USA-Charleston, SC 29401
T: (001803) 722-3969 (Ex 205)
Botschafter: Mary Dean Turner Richards
Amtsbezirk: South Carolina, counties of Beaufort, Berkeley, Charleston, Colleton, Dorchester, Hampton, Jasper and counties Anderson, Cherokee, Chester, Greenville, Laurens, Oconee, Pickens, Spartanburg, Union, York

c 539

Honorarkonsul der Bundesrepublik Deutschland in Cincinnati

Honorary Consul of the Federal Republic of Germany
University of Cincinnati Germanic Languages and Literature
733 Old Chemistry Building (ML 0372), USA-Cincinnati OH 45221
T: (001513) 5 56-2752
Honorarkonsul: Richard Erich Schade
Amtsbezirk: Ohio counties Adams, Brown, Butler, Clermont, Clinton, Fayette, Greene, Hamilton, Highland, Montgomery, Preble, Warren, Kentucky counties Boone, Campbell, Kenton, Indiana county Dearbon Ohio

c 540

Honorarkonsul der Bundesrepublik Deutschland in Cleveland

Honorary Consul of the Federal Republic of Germany
1100 Huntington Building, 925 Euclid Ave., USA-Cleveland OH 44115-1475
T: (001216) 6 96-1100 **Fax:** 6 96-2645
Honorarkonsulin: Diana Marie Thimmig
Amtsbezirk: Ohio counties Ashland, Ashtabula, Belmont, Carroll, Columbiana, Cuyahoga, Erie, Geauga, Herrison, Holmes, Huron, Jefferson, Lake, Lorain, Mahoning, Medina, Portage, Sandusky, Seneca, Summit, Stark, Tuscarawas, Trumbull, Wayne

c 541

Honorarkonsul der Bundesrepublik Deutschland in Columbus

Honorary Consul of the Federal Republic of Germany
c/o Huntington Bank
41 S. High Street, USA-Columbus OH 43287
T: (001614) 4 63-3623 **Fax:** 4 80-5485
Honorarkonsul: Frank G. Wobst
Amtsbezirk: Ohio counties Athens, Champaign, Clark, Delaware, Fairfield, Franklin, Hocking, Knox, Licking, Logan, Madison, Marion, Morrow, Perry, Pickaway, Ross, Union

c 542

Honorarkonsul der Bundesrepublik Deutschland in Coraopolis

Honorary Consul of the Federal Republic of Germany
c/o Mannesmann Demag Corporation Airport Office Park, Bldg. No. 5
345 Rouser Road, USA-Coraopolis PA 15108-4744
T: (001412) 604-0135 **Fax:** 269-5478
Honorarkonsul: Michael E. Gerlach
Amtsbezirk: Pennsylvania county Allegheny, city Pittsburgh

c 543

Honorarkonsul der Bundesrepublik Deutschland in Corpus Christi

Honorary Consul of the Federal Republic of Germany
5440 Old Brownsville Rd., USA-Corpus Christi TX 78469
T: (001512) 2 89-2416 **Fax:** 2 89-7824
Honorarkonsul: Erich Wendl
Amtsbezirk: Texas counties Victoria, Calhoun, Goliad, Bee, Duval, Webb, Jim Wells, San Patricio, Nueces, Kleberg, Kenedy, Wallacy, Cameron, Hidalgo, Starr, Brooks, Jim Hogg, Zapata, Refugio, Aransas Pass

c 544

Honorarkonsul der Bundesrepublik Deutschland in Dallas

Honorary Consul of the Federal Republic of Germany
5580 Peterson Lane, Suite 160, USA-Dallas TX 75240
T: (001214) 2 39-0707 **Fax:** 7 88-4247
Honorarkonsul: Daniel O. Tomlin
Amtsbezirk: Texas counties Collin, Dallas, Denton, Ellis, Hood, Hunt, Johnson, Kaufmann, Parker, Rockwell, Tarant, Wise

c 545

Honorarkonsul der Bundesrepublik Deutschland in Denver

Honorary Consul of the Federal Republic of Germany
6th Avenue West Office Building
350 Indiana Street, Suite 400, USA-Denver-Golden CO 80401
T: (001303) 2 79-1551 **Fax:** 2 78-4302
Honorarkonsul: Hans Wiprecht von Barby
Amtsbezirk: Colorado, Wyoming

c 546

Honorarkonsul der Bundesrepublik Deutschland in Hamilton

Honorary Consul of the Federal Republic of Germany
c/o Appleby, Spurling & Kempe
Postf. 11 79, BM-Hamilton HM 12
41 Cedar Avenue, BM-Hamilton HM 12
T: (00441) 295-2244 **Fax:** 295-8666
E-Mail: pbubenzer@ask.bm
Honorarkonsul: Peter Bubenzer
Amtsbezirk: Bermuda

c 547

Honorarkonsul der Bundesrepublik Deutschland in Honolulu

Honorary Consul of the Federal Republic of Germany
252 Paoa Place, Suite 4-1, USA-96815-1999 Honolulu Hawai
T: (001808) 9 46-3819
Honorarkonsul: Peter Heinrich Schall
Amtsbezirk: Hawaii

c 548

Honorarkonsul der Bundesrepublik Deutschland in Indianapolis

Honorary Consul of the Federal Republic of Germany
3900 East 96th Street, USA-Indianapolis Indiana 46240
T: (001317) 5 80-6800 **Fax:** 5 80-6808
Honorarkonsul: Horst F. Winkler
Amtsbezirk: Indiana counties Boon, Brown, Clinton, Hamilton, Hancock, Hendricks, Johnson, Marion, Monroe, Montgomery, Morgan, Putnam, Shelby, Tippecanoe

c 549

Honorarkonsul der Bundesrepublik Deutschland in Indianola

Honorary Consul of the Federal Republic of Germany
115 S. Howard Street, USA-50125 Indianola
T: (001515) 9 61-2509 **Fax:** 9 61-5970
Honorarkonsul: Mark Frederick Schlenker
Amtsbezirk: Iowa

c 550

Honorarkonsul der Bundesrepublik Deutschland in Jackson

Honorary Consul of the Federal Republic of Germany
c/o Deposit Guaranty National Bank
210 East Capitol, USA-Jackson, MI 39205
T: (001601) 3 54-8281 **Fax:** 3 54-8192
Honorarkonsul: Emerson Barney Robinson (Jr.)
Amtsbezirk: Mississippi

c 551

Honorarkonsul der Bundesrepublik Deutschland in Kansas City

Honorary Consul of the Federal Republic of Germany
8014 State Line, USA-Kansas City Leawood, Kansas 66208
T: (001913) 6 42-5134 **Fax:** 6 42-5348
Honorarkonsul: Willard B. Snyder
Amtsbezirk: Kansas, Missouri counties Buchanan, Cass, Clay, Jackson, Platte

c 552

Honorarkonsul der Bundesrepublik Deutschland in Las Vegas

Honorary Consul of the Federal Republic of Germany
900 E. Desert Inn Road, Suite 103, USA-Las Vegas Nevada 89109
T: (001702) 7 34-9700 **Fax:** 7 37-6900
Honorarkonsulin: Sigrid Sommer
Amtsbezirk: Nevada counties Clark, Nye, Lincoln, White Pine, Esmeralda

c 553

Honorarkonsul der Bundesrepublik Deutschland in Louisville

Honorary Consul of the Federal Republic of Germany
455 South Fourth Avenue The Starks Building, Suite 546, USA-Louisville, KY 40202-2509
T: (001502) 5 61-7911 **Fax:** 5 61-7912
Honorarkonsul: E. Frederick Zopp
Amtsbezirk: Kentucky counties Anderson, Bullitt, Fayette, Franklin, Hardin, Jefferson, Nelson, Oldham, Scott, Shelby, Spencer, Woodford

c 554

Honorarkonsul der Bundesrepublik Deutschland in Minneapolis

Honorary Consul of the Federal Republic of Germany
University of St.Thomas
244-246 Dunwoody Hall, 1000 LaSalle Avenue, USA-Minneapolis MN 55403-2205
T: (001651) 9 62-4081 **Fax:** 9 62-4810
Honorarkonsul: Dr. Heino A.P. Beckmann
Amtsbezirk: Minnesota, North Dakota, South Dakota, Wisconsin counties Pierce, St. Croix, Polk

c 555

Honorarkonsul der Bundesrepublik Deutschland in Nashville

Honorary Consul of the Federal Republic of Germany
2700 First American Center, USA-Nashville TN 37238
T: (001615) 2 44-5370 **Fax:** 7 42-6293
Honorarkonsul: Edwin Warner Bass
Amtsbezirk: Tennessee counties Carroll, Chester, Crockett, Dyer, Fayette, Gibson, Hardeman, Hardin, Haywood, Henderson, Henry, Lake, Lauderdal, McNairy, Madison, Obion, Shelby, Tipton, Weakley

c 556

Honorarkonsul der Bundesrepublik Deutschland in New Orleans

Honorary Consul of the Federal Republic of Germany
c/o Leake, Andersson + Mann, L.L.P.
1100 Poydras Street, Suite 1700, USA-New Orleans LA 70163-1701
T: (001504) 5 85-7588, 5 85-7500 **Fax:** 5 85-7775
E-Mail: pandersson@leakeandersson.com
Honorarkonsul: W. Paul Andersson
Amtsbezirk: Louisiana

c 557

Honorarkonsul der Bundesrepublik Deutschland in Oklahoma City

Honorary Consul of the Federal Republic of Germany
5801 North Broadway Suite 120, USA-Oklahoma City, OK 73118
T: (001405) 8 42-0100
Honorarkonsul: Charles E. Wiggin
Amtsbezirk: Oklahoma

c 558

Honorarkonsul der Bundesrepublik Deutschland in Philadelphia

Honorary Consulate General of the Federal Republic of Germany
c/o 1900 One Penn Center
1617 John-F.-Kennedy-Blvd., USA-Philadelphia PA 19103-1895
T: (001215) 6 65-3263 **Fax:** 6 65-3165
Honorarkonsul: Charles M. Taylor (Esq.)
Amtsbezirk: Pennsylvania county Philadelphia, New Jersey county Camden

c 559

Honorarkonsul der Bundesrepublik Deutschland in Phoenix

Honorary Consul of the Federal Republic of Germany
Apt. 200, 1130 E. Missouri, USA-Phoenix AZ 85014
T: (001602) 2 64-2545 **Fax:** 2 85-0296
Honorarkonsul: William F. Behrens
Amtsbezirk: Arizona

c 560

Honorarkonsul der Bundesrepublik Deutschland in Portland

Honorary Consul of the Federal Republic of Germany
200 SW Market Street, Suite 1695, USA-Portland OR 97201
T: (001503) 2 22-0490 **Fax:** 2 48-0138
Honorarkonsul: Günther H. Hoffmann
Amtsbezirk: Oregon

c 561

Honorarkonsul der Bundesrepublik Deutschland in Rio Piedras

Honorary Consul of the Federal Republic of Germany
1674 Calle Geranio, USA-Rio Piedras Puerto Rico 00927
T: (001787) 754-8661 **Fax:** 282-8511
E-Mail: gmcarreras@hotmail.com
Honorarkonsul: Gisela Carreras
Amtsbezirk: Puerto Rico

c 562

Honorarkonsul der Bundesrepublik Deutschland in Salt Lake City

Honorary Consul of the Federal Republic of Germany
c/o Kirton & Mc Conkie
60 East South Temple, 1800, USA-Salt Lake City UT 84111
T: (001801) 321-4807 **Fax:** 321-4893
Honorarkonsul: Charles W. Dahlquist (II)
Amtsbezirk: Utah

c 563

Honorarkonsul der Bundesrepublik Deutschland in San Antonio

Honorary Consul of the Federal Republic of Germany
1500 Alamo Building
105 South St. Mary's Street, USA-San Antonio TX 78205
T: (001210) 2 24-4455 **Fax:** 2 24-6430
Honorarkonsul: Thomas E. Pawel
Amtsbezirk: Texas counties Atacosa, Bandera, Bastrop, Bexar, Blanco, Caldwell, Comal, Dewitt, Dimmit, Edwards, Frio, Gillespie, Gonzales, Guadalupe, Hays, Karnes, Kendall, Kerr, Kinney, LaSalle, Live Oak, Maverick, McMullen, Medina, Real, Travis, Uvalde, Val Verd, Wilson, Zavala

c 564

Honorarkonsul der Bundesrepublik Deutschland in La Jolla (San Diego)

Honorary Consul of the Federal Republic of Germany
2223 Avenida da la Playa, Suite 2 K, USA-La Jolla (San Diego) California 92037
T: (001858) 5 51-5162 **Fax:** 5 51-5163
Honorarkonsul: Hermann Zillgens
Amtsbezirk: California counties of San Diego, Imperial

c 565

Honorarkonsul der Bundesrepublik Deutschland in St. Louis-Chesterfield

Honorary Consul of the Federal Republic of Germany
49 Orange Hills Drive, USA-St. Louis-Chesterfield Missouri 63017
T: (001314) 5 76-4786 **Fax:** 5 76-9683
Honorarkonsul: Anne Mayer Beck
Amtsbezirk: Missouri (with exemption of counties Buchanan, Cass, Clay, Jackson, Platte), Illinois county of St. Clair and East St. Louis

c 566

Honorarkonsul der Bundesrepublik Deutschland in Savannah

Honorary Consul of the Federal Republic of Germany
3rd Floor, Orleans Bld., 6001 Chatham Ctr., USA-Savannah GA 31401
T: (001912) 2 32-5581 **Fax:** 2 38-5524
Honorarkonsul: Frank Kohler Peeples
Amtsbezirk: Georgia counties of Bryan, Chatnam, Effingham, Liberty

c 567

Honorarkonsul der Bundesrepublik Deutschland in Spokane

Honorary Consul of the Federal Republic of Germany
S 123rd. Post, USA-Spokane WA 99204
T: (001509) 6 24-5242
Honorarkonsul: Hubertus P. E. Guenther
Amtsbezirk: Washington counties Adams, Asotin, Columbia, Franklin, Garfield, Lincoln, Pend/Oreille, Spokane, Stevens, Walla Walla, Whitman; Idaho; Montana counties Missoula, Sanders

c 568

Honorarkonsul der Bundesrepublik Deutschland in Theodore

Honorary Consul of the Federal Republic of Germany c/o Degussa Corporation
Postf. 606, USA-Theodore AL 36590
4201 Degussa Road, USA-Theodore AL 36590
T: (001334) 4 43-1608 **Fax:** 4 43-1609
Honorarkonsul: Dr. Sven-Peter Mannsfeld
Amtsbezirk: Alabama

c 569

Honorarkonsul der Bundesrepublik Deutschland in Virginia Beach

Honorary Consul of the Federal Republic of Germany
536 Viking Drive, USA-23452 Virginia Beach
T: (001757) 4 86-8444
Honorarkonsul: Manfred Schwarz
Amtsbezirk: Virginia counties or cities of Accomack, Cheasapeake (Norfolk), Gloucester, Isle of Wight, James, Lancaster, Mathews, Middlesex, Newport News, Northampton, Northumberland, Southampton, Suffolk, Surry, Sussex, Virginia Beach York

Amerikanische Außengebiete

• C 570

Amerikanische Jungferninseln

siehe Generalkonsulat Miami (Vereinigte Staaten von Amerika) c 530

• C 571

Puerto Rico

siehe
Generalkonsulat Miami (Vereinigte Staaten von Amerika) c 530,
Honorarkonsul in San Juan (Puerto Rico) c 561

San Juan

• C 572

Honorarkonsulat der Bundesrepublik Deutschland
San Juan

Cónsul Honorario de la República Federal de Alemania
Postf. 363746, PR-San Juan, 00936-3746
Sta. Bibiana St. 1618, Sagrado Corazon, Cupey, Puerto Rico 00926
T: (001787) 7 55-82 28, 7 61-22 68 **Fax:** 7 55-82 28
Honorarkonsul: Otto Egon Schulz
Amtsbezirk: Generalkonsulat Miami

Amerikanische Außengebiete in Australien/Südpazifik

• C 573

Amerikanisch-Ozeanien

Amerikanisch-Samoa:
siehe Botschaft Wellington (Neuseeland) C 338

• C 574

Guam

siehe Botschaft Manila (Philippinen) C 390

• C 575

Baker-, Howland-, Jarvis-, Johnstoninsel, Midway und Palmyrainsel

siehe Generalkonsulat San Francisco (Vereinigte Staaten von Amerika) c 532

• C 576

Wake

siehe Botschaft Manila (Philippinen) C 390

• C 577

Marianen

siehe Botschaft Manila (Philippinen) C 390
(durch einen Commonwealth-Pakt mit den USA verbunden)

Vietnam

• C 578

Botschaft der Bundesrepublik Deutschland Hanoi

Ambassade de la République fédérale d'Allemagne
Postf. 39, VN-Hanoi
29, Tran Phu, VN-Hanoi
T: (00844) 845-3836, 843-0245 **Fax:** 845-3838, 843-9969
E-Mail: germanemb.hanoi@fdt.vn
Botschafter: Wolfgang Erck
Amtsbezirk: Vietnam außer den dem Generalkonsulat Ho-Chi-Minh-Stadt zugewiesenen Provinzen und Ho-Chi-Minh-Stadt

c 579

Generalkonsulat der Bundesrepublik Deutschland in Ho-Chi-Minh-Stadt

126 Nguyen Dinh Chieu - Q.3, VN-Ho-Chi-Minh-Stadt
T: (00848) 8 29 24 55, 8 22 43 85 **Fax:** 8 23 19 19
E-Mail: gk-hochiminh@hcm.fpt.vn
Generalkonsul: Günter Overfeld
Amtsbezirk: Innenstadt und ländliche Umgebung von Ho-Chi-Minh-Stadt

Weissrussland

• C 580

Botschaft der Bundesrepublik Deutschland Minsk

Uliza Sacharowa 26, BY-Minsk
T: (00375172) 33 07 52, 33 03 57, 33 42 17, 33 24 09, 33 36 96 **Fax:** (0070172) 36 85 52
TX: (0681) 252 273 aamin by
Botschafter: Gottfried Albrecht
Amtsbezirk: Weißrußland

Zentralafrikanische Republik

• C 581

Botschaft der Bundesrepublik Deutschland Bangui

Ambassade de la République fédérale d'Allemagne
Postf. 901, RCA-Bangui
Av. du Président Gamai Abdel Nasser, RCA-Bangui
T: (00236) 61 47 65, 61 07 46 **Fax:** 61 19 89
Botschafter: Reinhard Buchholz
Amtsbezirk: Zentralafrikanische Republik

Zypern

• C 582

Botschaft der Bundesrepublik Deutschland Nikosia

Embassy of the Federal Republic of Germany
Postf. 21795, CY-1513 Nicosia
10, Nikitaras Street, CY-1080 Nicosia
T: (003572) 66 43 62 **Fax:** 66 56 94
E-Mail: germanembassy@cytanet.com.cy
Botschafter: Dr. Peter Wittig
Amtsbezirk: Zypern

Vertretungen bei zwischen- und überstaatlichen Organisationen

• C 583

Ständige Vertretung Deutschlands bei den Vereinten Nationen (New York)

Permanent Mission of Germany to the United Nations
871 United Nations Plaza, USA-New York, N.Y. 10017
T: (001212) 940 0400 **Fax:** 940 0402
TGR: Unogerma New York
Internet: http://www.germany-info.org
E-Mail: germany@un.int
Botschafter: Dr. Dieter Kastrup

• C 584

Ständige Vertretung der Bundesrepublik Deutschland bei dem Büro der Vereinten Nationen und bei den anderen internationalen Organisationen in Genf

Mission permanente de la République fédérale d'Allemagne auprès de l'Office des Nations Unies et des autres organisations internationales
Postf. 171, CH-1211 Genf 19
28 C chemin du Petit Saconnex, CH-1209 Genf
T: (004122) 7 30 11 11 **Fax:** 7 34 30 43
Internet: http://missions.itu.int/_4germany/Willkommen/
Leiter: Botschafter Lewalter

• C 585

Ständige Vertretung der Bundesrepublik Deutschland bei dem Büro der Vereinten Nationen und bei den anderen internationalen Organisationen, Wien

Wagramer Str. 14, A-1220 Wien
T: (00431) 2 63 33 75 **Fax:** 2 63 33 75-6
E-Mail: inter@deubowien.at
Leitung: Botschafter Dr. Karl Borchard

• C 586

Ständige Vertretung der Bundesrepublik Deutschland bei der Organisation für Sicherheit und Zusammenarbeit in Europa (OSZE), Wien

Postf. 1 60, A-1037 Wien
Metternichgasse 3, A-1030 Wien
T: (00431) 7 11 54-0 **Fax:** 7 12 17 00
E-Mail: osze@deubowien.at
Leitung: Botschafter Dr. Rudolf Schmidt

• C 587

Ständige Vertretung der Bundesrepublik Deutschland bei der Organisation der Vereinten Nationen für Erziehung, Wissenschaft und Kultur (UNESCO), Paris

Délégation permanente de la République fédérale d'Allemagne auprès de l'Organisation des Nations Unies pour l'éducation, la science et la culture
13/15 av. Franklin Roosevelt, F-75008 Paris
T: (00331) 53 83 46 63 **Fax:** 53 83 46 67
TGR: UNESCOVERTRETER DIPLOGERMA
Botschafter: Dr. Norbert Klingler

• C 588

Ständige Vertretung der Bundesrepublik Deutschland beim Europarat (Straßburg)

Anschrift der Kanzlei:
12. Blvd. du Prés. Edwards, F-67000 Strasbourg
Postf. 11 70, 77671 Kehl
T: (0033) 03 88.37.85.50 **Fax:** 03 88.25.50.41
Leitung: Johannes Dohmes

• C 589

Ständige Vertretung der Bundesrepublik Deutschland bei der Organisation für wirtschaftliche Zusammenarbeit u. Entwicklung (OECD) Paris

Mission permanente de la République fédérale d'Allemagne auprès de l'Organisation de coopération et de développement économiques (OCDE)
9, rue Maspéro, F-75116 Paris
T: (0033155) 74 57 00 **Fax:** 74 57 40
Gründung: 1949 (1. November)
Leitung: Dr. Werner Kaufmann-Bühler
Leitung Presseabteilung: Peter Kreutzberger

• C 590

Ständige Vertretung der Bundesrepublik Deutschland bei der Nordatlantikpakt-Organisation in Brüssel

Délégation permanente de la République fédérale d'Allemagne auprès de l'Organisation du Traité de l'Atlantique Nord
39, Boulevard Léopold III, B-1110 Bruxelles
T: (00322) 7 27 76 11 **Fax:** 7 26 49 48
TGR: NATOGERMA BRUXELLES
Botschafter: Gebhardt von Moltke

• C 591

Ständige Vertretung der Bundesrepublik Deutschland bei der Europäischen Union

Représentation permanente de la République fédérale d'Allemagne auprès de l'Union européenne
19-21, rue Jacques de Lalaing, B-1040 Brüssel
T: (00322) 238 18 11 **Fax:** 238 19 78
TGR: Eurogerma Brüssel
Botschafter: Dr. Dietrich von Kyaw

Ausländische diplomatische und konsularische Vertretungen in der Bundesrepublik Deutschland

Ägypten
Arabische Republik Ägypten

• C 592

Botschaft der Arabischen Republik Ägypten
Waldstr. 15, 13156 Berlin
T: (030) 4 77 54 70 **Fax:** 4 77 10 49
Botschafter: S.E. Mahmoud Mubarak
Leitung Presseabteilung: Dr. Ahmed Reda Mohamed Sheta
Konsulat Berlin:
Waldstr. 16, 13156 Berlin,
Tel.: (030) 47 90 18 80, Fax: (030) 4 77 40 00
Konsulat Bonn:
Südstr. 139, 53175 Bonn
Tel: (0228) 95 12 70, Telefax: (0228) 9 51 27 20
Handelsabteilung:
Friedrichstr. 60, 10117 Berlin
Tel: (030) 59 00 20 32/-33, Fax: (030) 59 00 20 34
Kulturabteilung:
Dircksenstr. 40, 10178 Berlin, Tel.: (030) 2 81 71 18, Fax: (030) 2 38 62 70
Presseabteilung:
Kurfürstendamm 151, 10709 Berlin,
Tel: (030) 89 54 19 03, Fax: (030) 89 54 19 11
Fremdenverkehrsamt:
Kaiserstr. 64, 60329 Frankfurt
Tel.: (069) 25 23 19, 25 21 33, Fax: (069) 23 98 76
Kultur- und Studienmission:
Am Hofgarten 3, 53113 Bonn
Tel: (0228) 20 17 60-0, Fax: (0228) 22 45 77
Militärabteilung:
Kennedyallee 43, 53175 Bonn
Tel: (0228) 37 88 11, 37 95 35, Fax: (0228) 37 60 37

c 593

Generalkonsulat der Arabischen Republik Ägypten in Frankfurt
Eysseneckstr. 34, 60322 Frankfurt
T: (069) 95 51 34 11 **Fax:** 5 97 21 31
Generalkonsul: Zainab Choukry
Konsularbezirk: Länder Hessen, Bayern, Baden-Württemberg, Rheinland-Pfalz und Saarland

c 594

Generalkonsulat der Arabischen Republik Ägypten in Hamburg
Harvestehuder Weg 47, 20149 Hamburg
T: (040) 4 10 10-31, 4 10 10-32 **Fax:** 4 10 61 15
Generalkonsul: Samir Mohamad Shuman
Konsularbezirk: Länder Hamburg, Bremen, Niedersachsen und Schleswig-Holstein

Äquatorialguinea

• C 595

Honorarkonsulat der Republik Äquatorialguinea
Flinger Richtweg 60, 40235 Düsseldorf
T: (0211) 2 30 51 99, (02104) 80 52 42 **Fax:** (02104) 5 37 48
Botschafter: Klaus Jürgen Maraldo
Konsularbezirk: Bundesgebiet

Äthiopien

• C 596

Botschaft der Demokratischen Bundesrepublik Äthiopien
Boothstr. 20a, 12207 Berlin
T: (030) 7 72 06-0
Botschafter: S.E. Dr. Berhane Tensay Woldesenbet
Konsularbezirk: Bundesgebiet

c 597

Honorarkonsulat der Demokratischen Bundesrepublik Äthiopien
Kasernenstr. 1b, 40213 Düsseldorf
T: (0211) 8 48 00 **Fax:** 32 90 00
Honorarkonsul: Michael Renka
Konsularbezirk: Länder Nordrhein-Westfalen, Hessen, Rheinland-Pfalz und Saarland

Afghanistan

• C 598

Botschaft des Islamischen Staates Afghanistan
Liebfrauenweg 1a, 53125 Bonn
T: (0228) 25 19 27 **Fax:** 25 53 10
Botschafter: N. N.
Geschäftsträger: Botschaftsrat Amanullah Jayhonn
Konsularbezirk: Bundesgebiet

c 599

Generalkonsulat des Islamischen Staates Afghanistan in Berlin
Wilhelmstr. 65, 10117 Berlin
T: (030) 2 29 15 10, 2 29 26 12
Generalkonsul: Dr. Jamrad Jamshed
Konsularbezirk: Länder Berlin, Brandenburg, Mecklenburg-Vorpommern, Sachsen, Sachsen-Anhalt und Thüringen

Albanien

• C 600

Botschaft der Republik Albanien
Friedrichstr. 231, 10969 Berlin
T: (030) 25 93 05-0
Botschafter: S.E. Bashkim Zeneli

Algerien

• C 601

Botschaft der Demokratischen Volksrepublik Algerien
Rheinallee 32-34, 53173 Bonn
T: (0228) 8 20 70 **Fax:** 82 07 44
Botschafter: Mohammed Haneche

c 602

Generalkonsulat der Demokratischen Volksrepublik Algerien in Berlin
Görschstr. 45-46, 13187 Berlin
T: (030) 4 81 61 70 **Fax:** 48 63 87 91
Generalkonsul: Mohamed-Ziane Hasseni

Amerika, Vereinigte Staaten von

• C 603

Botschaft der Vereinigten Staaten von Amerika
Neustädtische Kirchstr. 4-5, 10117 Berlin
T: (030) 83 05-0 **Fax:** 2 38-6290
Botschafter: S.E. John C. Kornblum

c 604

Generalkonsulat der Vereinigten Staaten von Amerika in Düsseldorf
Kennedydamm 15-17, 40476 Düsseldorf
T: (0211) 47 06 10 **Fax:** 43 14 48
Generalkonsul: Thomas L. Boam
Konsularbezirk: Land Nordrhein-Westfalen

c 605

Generalkonsulat der Vereinigten Staaten von Amerika in Frankfurt
Siesmayerstr. 21, 60323 Frankfurt
T: (069) 75 35-0 **Fax:** 75 35-23 00
Generalkonsul: Edward O'Donnell
Konsularbezirk: Länder Hessen, Baden-Württemberg, Rheinland-Pfalz und Saarland

c 606

Generalkonsulat der Vereinigten Staaten von Amerika in Hamburg
Alsterufer 27-28, 20354 Hamburg
T: (040) 41 17 10 **Fax:** 41 76 65, 44 25 27
Generalkonsul: Christopher F. Lynch
Konsularbezirk: Länder Hamburg, Bremen, Schleswig-Holstein und Niedersachsen

c 607

Generalkonsulat der Vereinigten Staaten von Amerika in Leipzig
Wilhelm-Seyfferth-Str. 4, 04107 Leipzig
T: (0341) 2 13 84-10 **Fax:** 2 13 84-17
Generalkonsulin: Patrick Truhn
Konsularbezirk: Länder Sachsen und Thüringen

c 608

Generalkonsulat der Vereinigten Staaten von Amerika in München
Königinstr. 5, 80539 München
T: (089) 28 88-0 **Fax:** 2 80 99 88
Generalkonsul: George Glass
Konsularbezirk: Land Bayern

Angola

• C 609

Botschaft der Republik Angola
Kaiser-Karl-Ring 20c, 53111 Bonn
T: (0228) 5 55 70-8 **Fax:** 69 06 61
Botschafter: N.N.
Geschäftsträger a.i.: Botschaftsrat Mario Feliz
Konsularbezirk: Bundesgebiet ohne Länder Berlin, Brandenburg, Mecklenburg-Vorpommern, Sachsen, Sachsen-Anhalt und Thüringen

c 610

Konsulat der Republik Angola in Berlin
Ehrlichstr. 54, 10318 Berlin
T: (030) 5 09 01 10 **Fax:** 5 09 90 64
Konsul: Elias Augusto
Konsularbezirk: Länder Berlin, Brandenburg, Mecklenburg-Vorpommern, Sachsen, Sachsen-Anhalt und Thüringen

Antigua und Barbuda

• C 611

Honorarkonsulat von Antigua und Barbuda
Van-der-Smissen-Str. 2, 22767 Hamburg
T: (040) 38 99 89 11 **Fax:** (0441) 3 04 62 09
Honorargeneralkonsul: Captain Eike F. Malling (Commissioner of Maritime Affairs for Antigua & Barbuda, Hopfenweg 14, 26125 Oldenburg, T: (0441) 30 22 92, Telefax: 3 04 62 09)
Konsularbezirk: Länder Hamburg, Berlin, Brandenburg, Bremen, Mecklenburg-Vorpommern, Niedersachsen, Sachsen-Anhalt und Schleswig-Holstein

c 612

Honorarkonsulat von Antigua und Barbuda
Postf. 16 36, 61286 Bad Homburg
Mayrhofener Weg 22, 61352 Bad Homburg
T: (06172) 48 85 00 **Fax:** 2 15 13
Honorarkonsul: Dr. Werner Giersch
Konsularbezirk: Baden-Württemberg, Bayern, Hessen, Nordrhein-Westfalen, Rheinland-Pfalz, Saarland, Sachsen, Thüringen

Argentinien

• C 613

Botschaft der Argentinischen Republik
Adenauerallee 50-52, 53113 Bonn
T: (0228) 22 80 10 **Fax:** 2 28 01-30
Internet: http://www.argentinische-botschaft.de
E-Mail: lln@ealem.mrec.ar
Botschafter: S.E. Andrés G. Pesci-Bourel

c 614

Außenstelle der Botschaft der Argentinischen Republik
Dorotheenstr. 89, 10117 Berlin
T: (030) 2 26 68 90 **Fax:** 2 29 14 00
Konsularbezirk: Berlin, Brandenburg, Sachsen, Sachsen-Anhalt und Thüringen

c 615

Argentinisches Generalkonsulat in Frankfurt
Mainzer Landstr. 46 XIX, 60325 Frankfurt
T: (069) 9 72 00 30 **Fax:** 71 03 23
Generalkonsul: Alberto Moschini
Konsularbezirk: Länder Baden-Württemberg, Bayern, Hessen, Rheinland-Pfalz und Saarland

c 616

Argentinisches Generalkonsulat in Hamburg
Mittelweg 141 II, 20148 Hamburg
T: (040) 44 18 46-0 **Fax:** 4 10 51 03
TGR: CONSARGENTINA HAMBURG
Generalkonsul: Sergio Rafael Bocanegra
Konsularbezirk: Länder Hamburg, Bremen, Mecklenburg-Vorpommern, Schleswig-Holstein, Niedersachsen

Aserbaidschan

• C 617

Botschaft der Aserbaidschanischen Republik
Schloßallee 12, 53179 Bonn
T: (0228) 94 38 90 **Fax:** 85 86 44
E-Mail: 100526.1670@compuserve.com
Botschafter: S.E. Hüssein-aga Sadigov

Australien

• C 618

Australische Botschaft
Friedrichstr. 200, 10117 Berlin
T: (030) 8 80 88-0 **Fax:** 88 00 88-310
Internet: http://www.australian-embassy.de
Botschafter: S. E. Paul O'Sulliran
Konsularbezirk: Länder Nordrhein-Westfalen, Baden-Württemberg, Bayern, Bremen, Hamburg, Niedersachsen und Schleswig-Holstein

c 619

Australisches Generalkonsulat in Frankfurt
Grüneburgweg 58-62, 60322 Frankfurt
T: (069) 9 05 58-0 **Fax:** 9 05 58-109
Generalkonsul: Peter Frank
Konsularbezirk: Länder Hessen, Rheinland-Pfalz und Saarland

Bahamas

• C 620

Botschaft des Commonwealth der Bahamas
10 Chesterfield Street, GB-London W1X 8AH
T: (0044207) 14 08 44 88 **Fax:** 14 99 99 37
E-Mail: bahamas.hicom.lon@cableinet.co.uk
Botschafter: S.E. Basil G. O'Brien

Bahrain

• C 621

Botschaft des Staates Bahrain
Plittersdorfer Str. 91, 53173 Bonn
T: (0228) 95 76 10 **Fax:** 9 57 61 99
Konsularbezirk: Bundesgebiet

Bangladesh

• C 622

Botschaft der Volksrepublik von Bangladesh
Dovestr. 1, 10587 Berlin
T: (030) 3 98 97 50
Botschafter: S.E. Kazi Anwarul Masud
Konsularbezirk: Bundesrepublik

c 623

Honorarkonsulat der Volksrepublik von Bangladesh in Berlin
Postf. 15 07 08, 10669 Berlin
Kurfürstendamm 44, 10719 Berlin
T: (030) 8 82 72 88 **Fax:** 88 00 08 68
Honorarkonsul: Dr. Karlheinz Knauthe

c 624

Honorargeneralkonsulat der Volksrepublik von Bangladesh in Bremen
Martinistr. 58, 28195 Bremen
T: (0421) 1 76 02 44 **Fax:** 1 45 06
Honorargeneralkonsul: Karl-Hillard Geuther
Konsularbezirk: Länder Bremen und Niedersachsen

c 625

Honorargeneralkonsulat der Volksrepublik von Bangladesh in Frankfurt
Friedrich-Ebert-Anlage 49 Messeturm, 19. Etage, 60327 Frankfurt
T: (069) 97 54 80 **Fax:** 97 54 82 99
Honorargeneralkonsul: Dr. Horstmar Stauber
Konsularbezirk: Länder Hessen und Nordrhein-Westfalen

c 626

Honorargeneralkonsulat der Volksrepublik von Bangladesh in München
Wittelsbacherplatz 1, 80333 München
T: (089) 28 64 00 **Fax:** 2 80 94 32
Honorargeneralkonsul: Prof. Dr. Wolf Schwarz
Konsularbezirk: Länder Bayern und Baden-Württemberg

Belarus

• C 627

Botschaft der Republik Belarus
Am Treptower Park, 12435 Berlin
T: (030) 53 63 59-0, 53 63 59-33 (Konsularabteilung)
Fax: 53 63 59-23, 53 63 59-24 (Konsularabteilung)
Botschafter: Wladimir Skworzow
Abteilungsleiter(in): Anatolij Konoplanikov (Konsularabteilung)

c 628

Botschaft der Republik Belarus Außenstelle Bonn
Fritz-Schäffer-Str. 20, 53113 Bonn
T: (0228) 2 01 13 10, 2 01 13 31 (Konsularabteilung)
Fax: 2 01 13 19, 2 01 13 39 (Konsularabteilung)
Gesandter: Pavel Golowenko
Konsul: Oleg Syalasniov (Konsularabteilung)

Belgien

• C 629

Königlich Belgische Botschaft
Friedrichstr. 95, 10117 Berlin
T: (030) 20 35 20 **Fax:** 20 35 22 00
Botschafter: S.E. Dominicus Struye de Swielande

c 630

Königlich Belgische Botschaft Außenstelle Bonn
Rheinweg 31, 53113 Bonn
T: (0228) 21 39 03 **Fax:** 21 47 57
Botschaftsrat: Jean Lekeu (Landwirtschaftsabteilung)

c 631

Belgisches Honorarkonsulat in Aachen
Eupener Str. 386, 52076 Aachen
T: (0241) 2 31 72 **Fax:** 6 11 66
Honorarkonsulin: Carlita Grass-Talbot
Konsularbezirk: Stadt und Kreis Aachen, Kreise Düren und Heinsberg im Land Nordrhein-Westfalen

c 632

Belgisches Honorarkonsulat in Bremen
Herrlichkeit 5, 28199 Bremen
T: (0421) 5 90 71 34
Honorarkonsul: Michael Grobien
Konsularbezirk: Land Bremen

c 633

Belgisches Honorarkonsulat in Duisburg
Schifferstr. 26, 47059 Duisburg
T: (0203) 31 43 99
Honorarkonsul: Dipl.-Volksw. Heribert Becker
Konsularbezirk: Städte Duisburg, Mülheim, Oberhausen sowie die Kreise Kleve und Wesel im Land Nordrhein-Westfalen

c 634

Belgisches Honorarkonsulat in Hannover
c/o Solvay Deutschland GmbH
Hans-Böckler-Allee 20, 30173 Hannover
T: (0511) 8 57 25 54 **Fax:** 85 52 79
Honorarkonsul: Dipl.-Ing. Jacques Thoelen
Konsularbezirk: Land Niedersachsen

c 635

Belgisches Honorarkonsulat in Kiel
Alter Markt 11, 24103 Kiel
T: (0431) 9 10 77, 9 51 52 **Fax:** 9 74 57 45
Honorarkonsul: Dr. Hans-Jochen Rüdel
Konsularbezirk: Land Schleswig-Holstein

c 636

Belgisches Generalkonsulat in München
Brienner Str. 14, 80333 München
T: (089) 28 66 09-0 **Fax:** 28 20 18
E-Mail: BGK.ogmunich@t-online.de
Generalkonsul: Hervé Goyens
Konsularbezirk: Länder Bayern u. Baden-Württemberg

c 637

Belgisches Honorarkonsulat in Nürnberg
Lina-Ammon-Str. 10, 90471 Nürnberg
T: (0911) 81 21-428 **Fax:** 81 21-405
Honorarkonsul: Gerhard Wöhrl
Konsularbezirk: Reg.-Bez. Mittel-, Ober-, Unterfranken u. die Oberpfalz im Land Bayern

c 638

Belgisches Honorarkonsulat in Stuttgart
Büchsenstr. 28, 70174 Stuttgart
T: (0711) 29 62 88 **Fax:** 2 09 63 04
Honorarkonsul: Dr. Jürgen Blumer
Konsularbezirk: Land Baden-Württemberg

Belize

• C 639

Honorarkonsulat von Belize
und Belize Tourist Board
Bopserwaldstr. 40G, 70184 Stuttgart
T: (0711) 23 39 47 **Fax:** 23 39 47
E-Mail: BTB-GERMANY@t-online.de
Honorarkonsul: Wolfgang Kahles
Konsularbezirk: Bundesgebiet

Benin

• C 640

Botschaft der Republik Benin
Postf. 20 02 54, 53132 Bonn
Rüdigerstr. 10, 53179 Bonn
T: (0228) 9 43 87-0 **Fax:** 85 71 92
TGR: Benin Bonn
Botschafter: S.E. Corneille Mehissou
Konsularbezirk: Bundesgebiet

c 641

Honorarkonsulat der Republik Benin in Berlin
Richardplatz 24, 12055 Berlin
T: (030) 6 87 07 09 **Fax:** 6 86 75 24
Honorarkonsul: Dr. Eckhard Stegenwallner
Konsularbezirk: Länder Berlin, Brandenburg, Sachsen und Thüringen

c 642

Honorarkonsulat der Republik Benin in München
Tengstr. 27, 80798 München
T: (089) 27 29 31-0, 27 29 31 25 **Fax:** 27 29 31 20
Honorarkonsul: Dr. Wilhelm Bezold
Konsularbezirk: Land Bayern

c 643

Honorarkonsulat der Republik Benin in Saarbrücken
Puccinistr. 2, 66119 Saarbrücken
T: (0681) 5 86 06 06-11 **Fax:** 5 86 06 06-67
Honorarkonsul: Klaus-Dieter Hartmann
Konsularbezirk: Saarland, Rheinland-Pfalz

• C 644

Birma
siehe Myanmar C 1032

Bolivien

• C 645

Botschaft der Republik Bolivien
Konstantinstr. 16, 53179 Bonn
T: (0228) 36 20 38/39 **Fax:** 35 59 52
E-Mail: boliviabonn@t-online.de
Geschäftsträger: Ariel Benavides G.

c 646

Außenstelle der Botschaft von Bolivien in Berlin
Bismarckstr. 91, 10625 Berlin
T: (030) 31 50 38 97 **Fax:** 31 50 38 98
Ingrid Guardia Haensel

c 647

Honorarkonsulat der Republik Bolivien in Hamburg
Hortensia Rocabado de Viets
Poststr. 36, 20354 Hamburg
T: (040) 3 58 97 53 **Fax:** 34 28 56, Mo.-Fr. 10.00h-13.00h
Honorargeneralkonsulin: Hortensia Rocabado de Viets
Konsularbezirk: Hamburg, Mecklenburg-Vorpommern, Schleswig-Holstein

Bosnien und Herzegowina

• C 648

Botschaft von Bosnien und Herzegowina
St.-Augustinus-Str. 21, 53173 Bonn
T: (0228) 36 59 11, 36 59 12 **Fax:** 36 58 36, 36 61 02
Botschafter: S.E. MAG.SCI. Anton Balkovic'
Konsularbezirk: Bundesgebiet ohne Länder Baden-Württemberg, Bayern, Hessen, Rheinland-Pfalz, Saarland, Sachsen und Thüringen

c 649

Außenstelle Berlin der Botschaft Bosnien und Herzegowina
Albertinenstr. 7, 14165 Berlin
T: (030) 8 01 30 26 **Fax:** 8 02 15 01

c 650

Generalkonsulat von Bosnien und Herzegowina in München
Redwitzstr. 4, 81925 München
T: (089) 9 82 87 04 **Fax:** 9 82 80 09
Konsul: Boriša Arnaut
Konsularbezirk: Länder Bayern, Sachsen und Thüringen

c 651

Generalkonsulat von Bosnien und Herzegowina in Stuttgart
Olgastr. 97b, 70180 Stuttgart
T: (0711) 6 07 50 32 **Fax:** 6 07 54 33, 6 07 54 34
Generalkonsul: Sidik Spahic'
Konsularbezirk: Länder Hessen, Rheinland-Pfalz, Saarland, Baden-Württemberg

Botsuana

• C 652

Honorarkonsulat der Republik Botsuana
Berzeliusstr. 45, 22113 Hamburg
T: (040) 7 32 61 91 **Fax:** 7 32 85 06
Honorarkonsul: Paul Eckler
Konsularbezirk: Länder Hamburg, Bremen, Mecklenburg-Vorpommern, Niedersachsen und Schleswig-Holstein

c 653

Honorarkonsulat von Botsuana in Ratingen
Kieselei 42, 40883 Ratingen
T: (02102) 89 64 34 **Fax:** 96 46 26
Honorarkonsul: Wolf von Bila
Konsularbezirk: Länder Nordrhein-Westfalen, Baden-Württemberg, Bayern, Berlin, Brandenburg, Hessen, Rheinland-Pfalz, Saarland, Sachsen, Sachsen-Anhalt und Thüringen

Brasilien

• C 654

Brasilianische Botschaft
Kennedyallee 74, 53175 Bonn
T: (0228) 9 59 23-0 **Fax:** 37 36 96, 37 14 90
Internet: http://www.brasilianische-botschaft.de
E-Mail: brasemb-bonn@online.de
Botschafter: S.E. Roberto Abdenur
Konsularbezirk: Land Nordrhein-Westfalen

c 655

Handels- und Konsularabteilung der Botschaft von Brasilien
Quatermarkt 5, 50667 Köln
T: (0221) 92 07 50 **Fax:** 92 07 56
Internet: http://www.brasilianische-botschaft.de
E-Mail: secomcolonia@online.de (Handelsabteilung), consularcolonia@online.de (Konsularabteilung)
Leiter(in): José Eduardo Bernardo dos Santos (Handelsabteilung)
Leiter(in): André Ricardo Heráclio do Rêgo (Konsularabteilung) Konsularbezirk: Nordrhein-Westfalen

c 656

Außenstelle der Brasilianischen Botschaft
Esplanade 11, 13187 Berlin
T: (030) 4 45 91 86, 4 46 90 34 **Fax:** 4 45 91 84
E-Mail: brasilien@brasilien.beehive.de
Leiter(in): Christovam de Oliveira Araujo Filho
Konsularbezirk: Hamburg, Niedersachsen, Schleswig-Holstein, Bremen, Berlin und die neuen Bundesländer

c 657

Brasilianisches Generalkonsulat in Frankfurt
Stephanstr. 3. Stock, 60313 Frankfurt
T: (069) 9 20 74 20 **Fax:** 92 07 42 30
E-Mail: consbrasfrankfurt@t-online.de
Generalkonsul: Ney Do Prado Dieguez
Konsularbezirk: Länder Hessen, Rheinland-Pfalz und Saarland

c 658

Brasilianisches Generalkonsulat in München
Widenmayerstr. 47, 80538 München
T: (089) 2 10 37 60 **Fax:** 29 16 07 68
E-Mail: 101465.3454@compuserve.com
Generalkonsul: Eduardo Monteiro de Barros Roxo
Konsularbezirk: Länder Bayern und Baden-Württemberg

c 659

Brasilianisches Honorarkonsulat in Aachen
Reichsweg 19-42, 52068 Aachen
T: (0241) 5 10 91 78 **Fax:** 5 10 91 01
Honorarkonsul: Klaus Peter Pavel
Konsularbezirk: Regierungsbezirk Köln im Land Nordrhein-Westfalen

c 660

Brasilianisches Honorarkonsulat in Bremen
Außer der Schleifmühle 39-43, 28203 Bremen
T: (0421) 3 66 44 00 **Fax:** 3 66 44 10
Honorarkonsul: Detlef Hegemann
Konsularbezirk: Land Bremen

c 661

Brasilianisches Honorarkonsulat in Hannover
c/o Deutsche Messe AG
Messegelände, 30521 Hannover
T: (0511) 8 93 20 00 **Fax:** 8 93 20 04
E-Mail: sepp.heckmann@x.400.messe.de
Honorarkonsul: Dr. Sepp Dieter Heckmann
Konsularbezirk: Land Niedersachsen

c 662

Brasilianisches Honorarkonsulat in Mainz
Kapellenstr. 30, 55124 Mainz
T: (06131) 4 12 34 **Fax:** 4 24 93
Honorarkonsul: Reinhard L. Jagdt
Konsularbezirk: Land Rheinland-Pfalz

c 663

Brasilianisches Honorakonsulat in Potsdam
c/o Investitionsbank des Landes Brandenburg
Frau Evelyn Fritz
Steinstr. 104-106, 14480 Potsdam
T: (0331) 6 60 17 66 **Fax:** 6 60 12 31
Honorarkonsul: Rolf Eckrodt

c 664

Brasilianisches Honorarkonsulat in Nürnberg
90546 Stein
Nürnberger Str. 2, 90547 Stein
T: (0911) 9 96 50 **Fax:** 99 65 30
Honorarkonsul: Anton Wolfgang Graf von Faber-Castell
Konsularbezirk: Regierungsbezirk Oberfranken im Land Bayern

c 665

Brasilianisches Honorarkonsulat in Stuttgart
Postf. 10 07 33, 70006 Stuttgart
Königstr. 5, 70173 Stuttgart
T: (0711) 1 24-3323 **Fax:** 1 24-7985
Honorarkonsul: Reinhold Schreiner
Konsularbezirk: Land Baden-Württemberg

Brunei Darussalam

• C 666

Botschaft des Staates Brunei Darussalam
Kronenstr. 55-58, 10117 Berlin
T: (030) 20 60 76 00 **Fax:** 20 60 76 66
E-Mail: bcbbjd@t-online.de
Botschafter: S.E. Mahadi bin Haji Wasli

Bulgarien

• C 667

Botschaft der Republik Bulgarien
Mauerstr. 11, 10117 Berlin
T: (030) 20 10 92 25 **Fax:** 2 08 68 38
Botschafter: S.E. Nikolay Apostolov
Konsularbezirk: Bundesgebiet

c 668

Botschaft der Republik Bulgarien Außenstelle Berlin
Mauerstr. 11, 10117 Berlin
T: (030) 2 01 09 22 bis 26 **Fax:** 2 08 68 38
Leiterin: Veneta Momtcheva
für die Länder Berlin, Brandenburg, Mecklenburg-Vorpommern, Sachsen, Sachsen-Anhalt und Thüringen)

c 669

Generalhonorarkonsulat der Botschaft der Republik Bulgarien in Hamburg
Neue Rabenstr. 28, 20354 Hamburg
T: (040) 4 10 44 62 **Fax:** 41 19 37 64
Honorargeneralkonsul: Dr. Gerd-Winand Imeyer
Konsularbezirk: Länder Hamburg, Schleswig-Holstein und Niedersachsen

c 670

Generalkonsulat der Botschaft der Republik Bulgarien in München
Walhallastr., 80639 München
T: (089) 15 50 26-29 **Fax:** 15 50 06
Generalkonsulin: Tanja Grandinarova
Konsularbezirk: Länder Bayern und Baden-Württemberg

Burkina Faso

• C 671

Botschaft von Burkina Faso
Wendelstadtallee 18, 53179 Bonn
T: (0511) 9 52 97-0 **Fax:** 9 52 97-20
Botschafter: S.E. Jean-Baptiste Ilboudo
Konsularbezirk: Bundesgebiet

c 672

Honorarkonsulat von Burkina Faso in Berlin
Goethestr. 24c, 14163 Berlin
T: (030) 8 01 81 87 **Fax:** 8 02 10 92
Honorarkonsulin: Helga Exner
Konsularbezirk: Länder Berlin, Brandenburg, Mecklenburg-Vorpommern

c 673

Honorarkonsulat von Burkina Faso in Hannover
Hildesheimer Str. 9, 30169 Hannover
T: (0511) 2 84 55 10 **Fax:** 2 84 55 11
Honorarkonsul: Klaus Dieter Wolf
Konsularbezirk: Land Niedersachsen

c 674

Honorarkonsulat von Burkina Faso in Mainz
Kaiserstr. 76-78, 55116 Mainz
T: (06131) 22 95 36
TX: 0451 209
Honorarkonsul: Dr. Dieter Spiess
Konsularbezirk: Land Rheinland-Pfalz

c 675

Honorarkonsulat von Burkina Faso in Düsseldorf
Kohlenkamp 14, 45468 Mülheim
T: (0208) 44 51 51 **Fax:** 44 51 53
TX: 856 522
Honorarkonsul: Helmut Troitzsch
Konsularbezirk: Land Nordrhein-Westfalen

c 676

Honorargeneralkonsulat von Burkina Faso in München
St.-Anna-Str. 15, 80538 München
T: (089) 2 90 45 20 **Fax:** 29 31 69
Honorargeneralkonsul: Walter Heubl
Konsularbezirk: Länder Bayern, Hessen und Saarland

c 677

Honorarkonsulat von Burkina Faso in Stuttgart
Vaihinger Landstr. 48, 70195 Stuttgart
T: (0711) 69 69 10
TX: 07 255 656
Honorarkonsul: Hellmut Niethammer
Konsularbezirk: Land Baden-Württemberg

Burundi

• C 678

Botschaft der Republik Burundi
Mainzer Str. 174, 53179 Bonn
T: (0228) 34 50 32 **Fax:** 4 92 28, 34 01 48
Botschafter: N. N.
Konsularbezirk: Bundesgebiet

c 679

Honorarkonsulat der Republik Burundi in Stuttgart
Gaisburgstr. 7-9, 70182 Stuttgart
T: (0711) 24 34 06 **Fax:** 2 36 12 38
Honorarkonsul: Dietrich von Berg
Konsularbezirk: Länder Baden-Württemberg und Bayern

• C 680

Ceylon
siehe Sri Lanka C 1230

Chile

• C 681

Botschaft der Republik Chile
Kronprinzenstr. 20, 53173 Bonn
T: (0228) 9 55 84-0 **Fax:** 9 55 84-40
Botschafter: S.E. Ricardo Hormazabal
Konsularbezirk: Länder Nordrhein-Westfalen, Hessen, Rheinland-Pfalz, Saarland und Thüringen

c 6 81.10

Botschaft der Republik Chile Außenstelle Berlin
Leipziger Str. 63 Whg. 04-02, 10117 Berlin
T: (030) 2 04 49 90 **Fax:** 2 01 18 45
E-Mail: cgberlde@berlin.snaf

c 682

Honorarkonsulat der Republik Chile in Bremen
Wilhelm-Kaisen-Brücke 1, 28195 Bremen
T: (0421) 32 37 31
Honorarkonsul: Klaus E. Momm
Konsularbezirk: Land Bremen

c 683

Generalkonsulat der Republik Chile in Hamburg
Harvestehuder Weg 7-11, 20148 Hamburg
T: (040) 45 75 85 **Fax:** 45 46 05
Generalkonsul: Edmundo Harbin Rojas
Konsularbezirk: Länder Hamburg, Bremen, Mecklenburg-Vorpommern, Niedersachsen und Schleswig-Holstein

c 684

Honorargeneralkonsulat der Republik Chile in Frankfurt
Humboldtstr. 94, 60318 Frankfurt
T: (069) 55 01-94/-95 **Fax:** 5 96 45 16
Honorargeneralkonsul: Bruno H. Schubert
Konsularbezirk: Länder Hessen, Rheinland-Pfalz, Saarland und Thüringen

c 685

Generalkonsulat der Republik Chile in München
Mariannenstr. 5, 80538 München
T: (089) 22 20 11 **Fax:** 22 20 12
Generalkonsul: Marcelo Aguirre Dumay
Konsularbezirk: Länder Bayern und Baden-Württemberg

c 686

Honorarkonsulat der Republik Chile in Stuttgart
Etzelstr. 9, 70180 Stuttgart
T: (0711) 60 47 22 **Fax:** 60 55 79
Honorarkonsul: Georg Kieferle
Konsularbezirk: Land Baden-Württemberg

c 687

Honorarkonsulat der Republik Chile in Kiel
Postf. 6 74, 24752 Rendsburg
T: (04331) 78 90 31
Honorarkonsul: Peter Frank
Konsularbezirk: Länder Schleswig Holstein und Mecklenburg-Vorpommern

China

• C 688

Botschaft der Volksrepublik China
Kanzlei:
Kurfürstenallee 12, 53177 Bonn
T: (0228) 9 55 97-0 **Fax:** 36 16 35
Botschafter: S.E. Qiutian Lu
Konsularbezirk: Bundesgebiet

c 689

Botschaft der Volksrepublik China Außenstelle Berlin
Heinrich-Mann-Str. 9, 13156 Berlin
T: (030) 48 83 97 14-28 **Fax:** 48 83 97 31
Leitung: Botschaftsrat Liu Qibao

c 690

Generalkonsulat der Volksrepublik China in Hamburg
Elbchaussee 268, 22605 Hamburg
T: (040) 82 27 60-0, 82 27 60 11-18, 82 27 60-18 (Visaabt.)
Fax: 8 22 62 31
Generalkonsul: Xiangzhen Tao
Konsularbezirk: Länder Hamburg, Bremen, Niedersachsen und Schleswig-Holstein

c 691

Generalkonsulat der Volksrepublik China in München
Romanstr. 107, 80639 München
T: (089) 17 30 16 12 **Fax:** 17 30 16 19
Generalkonsul: Liu Guangyao
Konsularbezirk: Bundesland Bayern

Costa Rica

• C 692

Botschaft von Costa Rica
Langenbachstr. 19, 53113 Bonn
T: (0228) 54 00 40 **Fax:** 54 90 53
E-Mail: 100730.1020@compuserve.com
Botschafter: Prof.Dr. Rafael Ángel Herra Rodriguez

c 693

Honorarkonsulat von Costa Rica in Frankfurt am Main
Nordendstr. 30b, 60318 Frankfurt
T: (069) 5 97 81 25 **Fax:** 5 97 87 07
Honorarkonsul: Edmund Weber
Konsularbezirk: Länder Hessen und Rheinland Pfalz

c 694

Honorargeneralkonsulat von Costa Rica in Hamburg
Meyerhofstr. 8, 22609 Hamburg
T: (040) 80 13 95 **Fax:** 80 99 59 43, 66 96 19 10
Honorargeneralkonsul: Joachim Ulrich
Konsularbezirk: Länder Hamburg und Schleswig-Holstein

c 695

Honorarkonsulat von Costa Rica in Hannover
Marienstr. 8, 30171 Hannover
T: (0511) 28 11 27 **Fax:** 2 83 41 11
Honorarkonsul: Prof.Dr. Hans-Wolf Sievert
Konsularbezirk: Land Niedersachsen

c 696

Honorarvizekonsulat von Costa Rica in Heidelberg
Albert-Ueberle-Str. 24, 69120 Heidelberg
T: (06221) 48 42 21
Honorarvizekonsulin: Maria Krebs
Konsularbezirk: Karlsruhe im Land Baden-Württemberg

c 697

Honorargeneralkonsulat von Costa Rica in München
Neuhauser Str. 27, 80331 München
T: (089) 2 31 18 40 **Fax:** 23 11 84 29
Honorargeneralkonsul: Dr. Hans Inselkammer
Konsularbezirk: Land Bayern und Sachsen

Côte d'Ivoire

• C 698

Botschaft der Republik Côte d'Ivoire
Königstr. 93, 53115 Bonn
T: (0228) 24 19 09 **Fax:** 2 42 72 24
Botschafter: S.E. Jean Vincent Zinsou
Konsularbezirk: Bundesgebiet

c 699

Honorarkonsulat der Republik Côte d'Ivoire in Berlin
Kurfürstendamm 43, 10719 Berlin
T: (030) 20 26 67 61 **Fax:** 20 26 67 77
Honorarkonsul: Dr. Winfried Anton Elm
Konsularbezirk: Länder Berlin, Brandenburg, Sachsen, Sachsen-Anhalt und Thüringen

c 700

Honorarkonsulat der Republik Cote d'Ivoire in Frankfurt
Schumannstr. 65, 60325 Frankfurt
T: (069) 74 50 01 **Fax:** 75 19 79
Honorarkonsul: N.N.
Konsularbezirk: Land Hessen

c 701

Honorarkonsulat der Republik Cote d'Ivoire in München
Fürstenrieder Str. 276, 81377 München
T: (089) 7 14 10 63 **Fax:** 71 64 02
Honorarkonsul: Ludwig Bauer
Konsularbezirk: Land Bayern

• C 702

Cypern
siehe Zypern C 1344

Dänemark

• C 703

Königlich Dänische Botschaft
Postf. 30 12 45, 10722 Berlin
Rauchstr. 1, 10787 Berlin
T: (030) 50 50-2000 **Fax:** 50 50-2050
Internet: http://www.daenemark.org
E-Mail: berlin@daenemark.org
Botschafter: S.E. Bent Haakonsen
Konsularbezirk: Bundesgebiet

c 704

Königlich Dänisches Honorarkonsulat in Bremen
Postf. 10 75 09, 28075 Bremen
Schlachte 15-18, 28195 Bremen
T: (0421) 1 69 01 42 **Fax:** 1 69 01 36
Honorarkonsulin: Rita Dubbers-Albrecht
Konsularbezirk: Land Bremen

c 705

Königlich Dänisches Honorarvizekonsulat in Cuxhaven
c/o Cuxhavener Schiffahrtskontor Uwe Trulsen
Baudirektor-Hahn-Str. 20, 27472 Cuxhaven
T: (04721) 5 60 00 **Fax:** 56 00 40
Honorarvizekonsulin: Yvonne Trulsen
Konsularbezirk: Landkreise Cuxhaven und Stade im Reg.-Bezirk Lüneburg

c 706

Königlich Dänisches Honorarkonsulat in Dresden
Königstr. 1, 01097 Dresden
T: (0351) 8 02 42 04 **Fax:** 8 02 02 79
Honorarkonsul: Dr. Axel Bauer
Konsularbezirk: Land Sachsen

c 707

Königlich Dänisches Generalkonsulat
Postf. 20 02 20, 40100 Düsseldorf
Benrather Str. 8, 40213 Düsseldorf
T: (0211) 82 89 30-0 **Fax:** 82 89 30-10
Internet: http://www.dan-konsulat-dus.dk
E-Mail: info@dan-konsulat-dus.dk
Generalkonsul: Poul Laursen
Konsularbezirk: Land Nordrhein-Westfalen

c 708

Königlich Dänisches Generalkonsulat in Flensburg
Postf. 20 28, 24910 Flensburg
Nordergraben 19, 24937 Flensburg
T: (0461) 1 44 00-0 **Fax:** 1 79 28
Generalkonsul: Dr. Henrik Becker-Christensen
Konsularbezirk: Stadt Flensburg, die Kreise Nordfriesland und Schleswig-Flensburg sowie der nördlich des Nord-Ostseekanals gelegene Teil des Kreises Rendsburg-Eckernförde im Land Schleswig-Holstein

c 709

Königlich Dänisches Generalkonsulat in Frankfurt

Am Leonhardsbrunn 20, 60487 Frankfurt
T: (069) 97 09 00-0 **Fax:** 7 07 18 76
E-Mail: info@gkl-frankfurt.org
Generalkonsul: Poul Essemann
Konsularbezirk: Länder Hessen, Rheinland-Pfalz, Saarland und Thüringen

c 710

Königlich Dänisches Generalkonsulat in Hamburg

Postf. 13 06 13, 20106 Hamburg
Heimhuder Str. 77, 20148 Hamburg
T: (040) 4 14 00 50 **Fax:** 4 10 40 57
E-Mail: dkconshamb@aol.com
Generalkonsul: Niels Julius Lassen
Konsularbezirk: Länder Bremen, Hamburg, Mecklenburg-Vorpommern, Niedersachsen und Schleswig-Holstein mit Ausnahme der Stadt Flensburg, der Kreise Nordfriesland und Schleswig-Flensburg sowie des nördlich des Nord-Ostseekanals gelegenen Teils des Kreises Rendsburg-Eckernförde im Land Schleswig-Holstein

c 711

Königlich Dänisches Honorarkonsulat in Hannover

c/o Norddeutsche Landesbank
Georgsplatz 1, 30159 Hannover
T: (0511) 3 61-22 20 **Fax:** 3 61-22 61
Honorarkonsul: Dr. h.c. Manfred Bodin
Konsularbezirk: Land Niedersachsen mit Ausnahme der Landkreise Cuxhaven und Stade

c 712

Königlich Dänisches Honorarkonsulat in Kiel

c/o Provinzial Brandkasse Versicherungsanstalt Schleswig-Holstein
24097 Kiel
Sophienblatt 33, 24114 Kiel
T: (0431) 6 03-20 11 **Fax:** 6 03-13 71
Honorarkonsul: Klaus R. Uschkoreit
Konsularbezirk: Stadt Kiel, Kreis Plön, Stadtkreis Neumünster sowie die südlich des Nord-Ostsee-Kanals gelegenen Teile des Kreises Rendsburg-Eckernförde im Land Schleswig-Holstein

c 713

Königlich Dänisches Honorarkonsulat in Lübeck

Im Gleisdreieck 17, 23566 Lübeck
T: (0451) 6 10 53 13 **Fax:** 6 43 74
Honorarkonsul: Carsten Bliddal
Konsularbezirk: Hansestadt Lübeck sowie die Kreise Lauenburg, Ostholstein, Bad Segeberg und Stormarn im Land Schleswig-Holstein

c 714

Königlich Dänisches Generalkonsulat in München

Postf. 33 05 68, 80065 München
Sendlinger-Tor-Platz 10 IV, 80336 München
T: (089) 54 58 54-0 **Fax:** 59 78 15
Internet: http://www.daenemark.org/muenchen
E-Mail: dk-muenchen@t-online.de
Generalkonsul: Dan Larsen
Konsularbezirk: Länder Bayern und Baden-Württemberg

c 715

Königlich Dänisches Honorarkonsulat in Nürnberg

Bischof-Meiser-Str. 2, 90403 Nürnberg
T: (0911) 20 15-500 **Fax:** 20 15-600
Honorarkonsul: Dr.jur. Klaus Walter
Konsularbezirk: Regierungsbezirke Ober-, Unter- und Mittelfranken im Land Bayern

c 716

Königlich Dänisches Honorarkonsulat in Stuttgart

Postf. 10 27 22, 70023 Stuttgart
Bolzstr. 6, 70173 Stuttgart
T: (0711) 29 01 37 **Fax:** 1 85 40 19
Honorarkonsul: Dipl.-Kfm. Dietrich Weller
Konsularbezirk: Land Baden-Württemberg

Dominikanische Republik

• C 717

Botschaft der Dominikanischen Republik

Kanzlei, Konsularabteilung
Burgstr. 87, 53177 Bonn
T: (0228) 36 49 56 **Fax:** 35 25 76
Botschafter: Dr. Octavio R. Cáceres Michel

c 718

Generalkonsulat der Dominikanischen Republik in Hamburg

Heilwigstr. 125, 20249 Hamburg
T: (040) 47 40 84 **Fax:** 4 60 51 97
TGR: CONSUDOM Hamburg
Generalkonsul: Dr. Juan José Dominguez Quezada
Konsularbezirk: Bundesgebiet

c 719

Honorargeneralkonsulat der Dominikanischen Republik in München

Maximiliansplatz 5, 80333 München
T: (089) 54 58 77 70 **Fax:** 54 58 78 11
Honorargeneralkonsul: Hans Schubert
Konsularbezirk: Land Bayern

c 720

Honorarkonsulat der Dominikanischen Republik in Stuttgart

Waiblinger Str. 11, 70372 Stuttgart
T: (0711) 55 20 04 **Fax:** 5 09 42 59
Honorarkonsul: RA Alexander Gläser
Konsularbezirk: Land Baden-Württemberg

Ecuador

• C 721

Botschaft von Ecuador

Koblenzer Str. 37, 53173 Bonn
T: (0228) 35 25 44-45 **Fax:** 36 17 65
Botschafter: Juan Carrillo (Geschäftsträger a.i.)
Konsularbezirk: Land Nordrhein-Westfalen

c 722

Generalkonsulat von Ecuador in Berlin

Budapester Str. 41 3. Stock, EDEN-Haus, 10787 Berlin
T: (030) 2 38-6217 **Fax:** 2 38-6295
Generalkonsul: N. N.
Konsularbezirk: Länder Berlin, Brandenburg, Mecklenburg-Vorpommern, Sachsen, Sachsen-Anhalt und Thüringen

c 723

Honorarkonsulat von Ecuador in Bremen

Breitenweg 29, 28195 Bremen
T: (0421) 3 09 23 20 **Fax:** 1 81 76
Honorarkonsul: Bernd-Artin Wessels
Konsularbezirk: Land Bremen

c 724

Honorargeneralkonsulat von Ecuador in Frankfurt

Berliner Str. 56-58, 60311 Frankfurt
T: (069) 1 33 22 95 **Fax:** 1 33 25 65
Honorargeneralkonsul: Dr. jur. Wolfgang Kuhn
Konsularbezirk: Länder Hessen, Rheinland-Pfalz, Saarland

c 725

Generalkonsulat von Ecuador in Hamburg

Rothenbaumchaussee 221, 20149 Hamburg
T: (040) 44 31 35 **Fax:** 4 10 31 35
Generalkonsul: N. N.
Konsularbezirk: Länder Hamburg, Niedersachsen und Schleswig-Holstein

c 726

Honorarkonsulat von Ecuador in München

Fraunhoferstr. 2, 80469 München
T: (089) 26 56 58 **Fax:** 23 70 12 88
Honorarkonsul: Thomas Schlereth
Konsularbezirk: Länder Baden-Württemberg und Bayern

El Salvador

• C 727

Botschaft von El Salvador

Kanzlei der Botschaft
Adenauerallee 238, 53113 Bonn
T: (0228) 54 99 13, 54 99 14 **Fax:** 54 98 14
E-Mail: embasalva.rfa@t-online.de
Botschafter: S.E. Dr. José Saguer-Saprissa
Leiterin d. Konsularabt.: Olga Vásquez Saade de Horn
Konsularbezirk: Bundesgebiet

c 728

Honorarkonsulat von El Salvador in Berlin

Wilmersdorfer Str. 39, 10627 Berlin
T: (030) 3 12 99 67, 3 13 04 41 **Fax:** 3 12 67 06
TGR: CONSALVA Berlin
Honorarkonsul: Ernst Schilling
Konsularbezirk: Länder Berlin und Brandenburg

c 729

Honorarkonsulat von El Salvador in Düsseldorf

Elisenstr. 17, 41460 Neuss
T: (02131) 27 89 71 **Fax:** 27 42 67
Honorarkonsul: Karlheinz Wolfgang
Konsularbezirk: Länder Nordrhein-Westfalen, Rheinland-Pfalz und Saarland

c 730

Honorarkonsulat von El Salvador in München

Reichenbachstr. 2, 80469 München
T: (089) 2 35 00 70 **Fax:** 23 50 07 31
Honorarkonsul: Dr. Peter Gassner
Konsularbezirk: Bayern

c 731

Honorarkonsulat von El Salvador in Hamburg

Pickhuben 6, 20457 Hamburg
T: (040) 3 78 51 40 **Fax:** 37 50 08 80
Honorarkonsul: Bernhard J. Benecke

Eritrea

• C 732

Botschaft von Eritrea

Marktstr. 8, 50968 Köln
T: (0221) 37 64 50 **Fax:** 3 76 45 21
Botschafter: S.E. Woldemichael Abraha

c 733

Konsulat von Eritrea in Frankfurt

Dahlmannstr. 36, 60385 Frankfurt
T: (069) 43 64 96 **Fax:** 43 87 48
Konsul: Bisrat Yemane Amine
Konsularbezirk: Länder Hessen, Baden-Württemberg, Bayern, Rheinland-Pfalz, Saarland und Thüringen

Estland

• C 734

Botschaft der Republik Estland

Kurfürstendamm 56, 10707 Berlin
T: (030) 32 70-5355 **Fax:** 32 70-7263
Botschafter: S.E. Margus Laidre

c 735

Honorarkonsulat der Republik Estland in Hamburg

Badestr. 38, 20148 Hamburg
T: (040) 4 50 40-26 **Fax:** 4 50 40-515
Honorarkonsul: Dr.jur. Ulf Lange
Konsularbezirk: Land Hamburg

c 736

Honorarkonsulat der Republik Estland in Nordrhein-Westfalen

Uerdinger Str. 58, 40474 Düsseldorf
T: (0211) 43 22 37 **Fax:** 43 23 11 (Konsulatsbüro)
Honorarkonsul: Dr.-Ing. Jochen Kirchhoff
Konsularbezirk: Nordrhein-Westfalen

c 737

Honorarkonsulat der Republik Estland in Schleswig-Holstein

Dänische Str. 3-5, 24103 Kiel
T: (0431) 5 13 23 **Fax:** 5 13 27
Honorarkonsul: Hans Wilhelm Berger
Konsularbezirk: Land Schleswig-Holstein

Fidschi

• C 738

Botschaft der Republik Fidschi Islands

34, Hyde Park Gate, GB-London SW7 5DN
T: (0044207) 5 84 36 61 **Fax:** 5 84 28 38
Botschafter: S.E. Filimone Jitoko

Finnland

• C 739

Botschaft der Republik Finnland

Rauchstr. 1, 10787 Berlin
T: (030) 50 50 30 **Fax:** 50 50 33 33

Internet: http://www.finlandemb.de
Botschafter: Arto Mansala
Konsularbezirk: Bundesgebiet

c 741
Finnisches Honorarkonsulat
Hafenhochhaus, Überseehafen
Hafenstr. 55, 28217 Bremen
T: (0421) 3 98-33 30 **Fax:** 3 98-3318
TGR: Finlandia Bremen
E-Mail: finn_konsulat@compuserve.com
Honorarkonsul: Hans-Heinrich Pöhl
Konsularbezirk: Land Bremen

c 742
Honorargeneralkonsulat von Finnland
Immermannstr. 13, 40210 Düsseldorf
T: (0211) 9 35 01 18 **Fax:** 9 35 01 50
Honorargeneralkonsul: Detmar Grolman
Konsularbezirk: Land Nordrhein-Westfalen

c 743
Finnisches Honorarkonsulat in Emden
Schweckendieckplatz 1, 26721 Emden
T: (04921) 2 88 00 **Fax:** 82 91 20
TGR: FINLANDIA Emden
Honorarkonsul: Fokko Walter Geerds
Konsularbezirk: Stadt Emden, Kreise Aurich, Leer, Emsland und Grafschaft Bentheim

c 744
Finnisches Generalkonsulat in Frankfurt
Lessingstr. 5, 60325 Frankfurt
T: (069) 7 19 11 50 **Fax:** 72 11 50
TGR: FINLANDIA Frankfurtmain
E-Mail: Sanomat.Fra@formin.fi
Generalkonsul: Timo Repo
Konsularbezirk: Länder Hessen, Rheinland-Pfalz, Saarland, Baden-Württemberg, Thüringen

c 745
Generalkonsulat von Finnland in Hamburg
Postf. 30 17 26, 20306 Hamburg
Esplanade 41, 20354 Hamburg
T: (040) 3 50 80 70 **Fax:** 3 48 01 16
TGR: FINLANDIA Hamburg
Generalkonsul: Pekka Säilä
Konsularbezirk: Länder Hamburg, Bremen, Niedersachsen, Schleswig-Holstein, Mecklenburg-Vorpommern

c 746
Honorarkonsulat der Republik Finnland in Niedersachsen
Mühlenfeld 18, 30853 Langenhagen
T: (0511) 72 23 32 **Fax:** 77 18 41 85
Honorarkonsul: Klaus-Jürgen Batsch
Konsularbezirk: Im Land Niedersachsen die Reg.-Bez. Braunschweig, Hannover und Lüneburg sowie im Reg.-Bez. Weser-Ems die Landkreise Osnabrück und Vechta, und die kreisfreie Stadt Osnabrück

c 747
Finnisches Honorarkonsulat in Kiel
Wall 49-51, 24103 Kiel
T: (0431) 98 10 **Fax:** 9 61 08
TGR: FINLANDIA Kiel
Honorarkonsul: Volkert Knudsen
Konsularbezirk: Land Schleswig-Holstein, ausgenommen Stadt Lübeck und Kreise Herzogtum Lauenburg, Ostholstein, Bad Segeberg und Stormarn

c 748
Finnisches Honorarkonsulat in Lübeck
Große Altefähre 20-22, 23552 Lübeck
T: (0451) 15 07-0 **Fax:** 15 07-129
Honorarkonsul: Claus-Achim Eschke
Konsularbezirk: Stadt Lübeck und die Kreise Herzogtum Lauenburg, Ostholstein, Segeberg und Stormarn im Land Schleswig-Holstein

c 749
Finnisches Honorarkonsulat in Stuttgart
Postf. 10 04 63, 70003 Stuttgart
Torstr. 15, 70173 Stuttgart
T: (0711) 21 48-2 18 **Fax:** 21 48-2 20
Honorarkonsul: Dr. Friedrich-Wilhelm Hofmann
Konsularbezirk: Land Baden-Württemberg

c 750
Finnisches Honorarkonsulat in Wilhelmshaven
Friedrich-Paffrath-Str. 116, 26389 Wilhelmshaven
T: (04421) 8 77 09 **Fax:** 8 77 70
Honorarkonsul: Friedrich August Meyer
Konsularbezirk: Verwaltungsbezirk Oldenburg im Land Niedersachsen

Frankreich

● **C 751**
Botschaft der Französischen Republik
Kochstr. 6-7, 10969 Berlin
T: (030) 20 63 90 00 **Fax:** 20 63 90 10
Internet: http://www.botschaft-frankreich.de
Botschafter: S.E. Claude Martin
Konsularbezirk:

c 752
Botschaft der Französischen Republik Außenstelle Bonn
Am Glückshaus 3, 53179 Bonn
T: (0228) 95 46 40 **Fax:** 34 81 54
Leitung: N.N.
Konsularbezirk:

c 753
Französisches Honorarkonsulat in Aachen
Aachener-und-Münchener-Allee 1, 52074 Aachen
T: (0241) 87 89 66 **Fax:** 87 89 66
Honorarkonsul: Dr. Cornelius Renfert
Konsularbezirk: Kreisfreie Stadt Aachen sowie die Landkreise Aachen und Heinsberg im Land Nordrhein-Westfalen

c 754
Französisches Honorarkonsulat in Bremen
Töferbohmstr. 8, 28195 Bremen
T: (0421) 3 05 30 **Fax:** 3 05 31 10
Honorarkonsul: Wilhelm Meier
Konsularbezirk: Land Bremen

c 755
Französisches Generalkonsulat in Düsseldorf
Cecilienallee 10, 40474 Düsseldorf
T: (0211) 49 77 30 **Fax:** 4 91 22 40
Generalkonsulin: Nicole Thevenin
Konsularbezirk: Land Nordrhein-Westfalen mit Ausnahme der Stadt Bonn, des Rhein-Sieg-Kreises und des Kreises Euskirchen

c 756
Französisches Generalkonsulat in Frankfurt a. M.
Ludolfusstr. 13, 60487 Frankfurt
T: (069) 7 95 09 60 **Fax:** 79 50 96 46
Generalkonsul: Pierre-Antoine Berniard
Konsularbezirk: Land Hessen und Rheinland-Pfalz

Handelsabteilung
Walter-Kolb-Str. 9-11, 60594 Frankfurt
T: (069) 60 91 92-0 **Fax:** 60 91 92 43

c 757
Französisches Honorarkonsulat in Frankfurt/Oder
Nuhnenstr. 23, 15234 Frankfurt
T: (0335) 4 55 43 35, 4 55 43 21 **Fax:** 4 33 34 26
Honorarkonsul: Hans-Henning Fahrenkamp
Konsularbezirk: Kreisfreie Stadt Frankfurt/Oder sowie die Landkreise Märkisch Oderland und Oder-Spree im Land Brandenburg

c 758
Französisches Honorarkonsulat in Freiburg
Wallstr. 15, 79098 Freiburg
T: (0761) 3 13 23, 28 28 50 **Fax:** 2 34 00
Honorarkonsul: Dr. Hartmut Lübbert
Konsularbezirk: Reg.-Bez. Freiburg und Tübingen im Land Baden-Württemberg

c 759
Französisches Generalkonsulat in Hamburg
Pöseldorfer Weg 32, 20148 Hamburg
T: (040) 41 41 06-0 **Fax:** 41 41 06-60
Internet: http://www.consulfrance-hambourg.de
E-Mail: cgf-hambourg@attglobal.net
Generalkonsul: Samy Hofmann
Konsularbezirk: Länder Hamburg, Bremen, Mecklenburg-Vorpommern, Niedersachsen und Schleswig-Holstein

Handelsabteilung
Domstr. 19, 20095 Hamburg
T: (040) 30 96 12-0 **Fax:** 30 96 12-30

c 760
Französisches Generalkonsulat in Leipzig
Springerstr. 6, 04105 Leipzig
T: (0341) 5 85 15 16 **Fax:** 5 85 13 26
Generalkonsul: Jacques Sturm
Konsularbezirk: Länder Sachsen, Sachsen-Anhalt und Thüringen

c 761
Französisches Honorarkonsulat in Mannheim
c/o Dresdner Bank AG
P 2 12, 68161 Mannheim
T: (0621) 1 79-2485 **Fax:** 1 79-2599
Honorarkonsul: Michael Fritzsche
Konsularbezirk: Reg.-Bez. Karlsruhe und Stuttgart im Land Baden-Württemberg
geöffnet: mo-fr 10.00-12.00 h

c 762
Französisches Generalkonsulat in München
Möhlstr. 5, 81675 München
T: (089) 4 19 41 10 **Fax:** 41 94 11 23
Generalkonsul: Christian Rouyer
Konsularbezirk: Land Bayern

c 763
Französisches Honorarkonsulat in Nürnberg
90334 Nürnberg
Ostendstr. 100, 90482 Nürnberg
T: (0911) 5 31-2180 **Fax:** 5 31 39 90
Honorarkonsul: Dr. Georg Bayer
Konsularbezirk: Reg.-Bez. Ober-, Unter- und Mittelfranken des Landes Bayern

c 764
Französisches Generalkonsulat in Saarbrücken
Johannisstr. 2, 66111 Saarbrücken
T: (0681) 93 67 50 **Fax:** 3 10 28
Generalkonsulin: Jacqueline Sejean-Carabelli
Konsularbezirk: Saarland

c 765
Französische Honorarkonsulat in Saarlouis
Rathaus, Pavillon Str., 66740 Saarlouis
T: (06831) 29 36
Honorarkonsulin: Odile Villeroy de Galhau
Konsularbezirk: Kreis Saarlouis und Merzig-Wadern im Land Saarland

c 766
Französisches Generalkonsulat in Stuttgart
Richard-Wagner-Str. 53, 70184 Stuttgart
T: (0711) 23 74 70 **Fax:** 2 36 05 37
Generalkonsul: Francis Etienne
Konsularbezirk: Land Baden-Württemberg

Gabun

● **C 767**
Botschaft der Gabunischen Republik
Kronprinzenstr. 52, 53173 Bonn
T: (0228) 35 92 86, 36 58 44 **Fax:** 35 91 95, 36 56 22
Botschafter: S.E. Sylvestre Ratanga
Konsularbezirk: Bundesgebiet

c 768
Honorarkonsulat der Gabunischen Republik in Berlin
Scabellstr. 12, 14109 Berlin
T: (030) 8 03 70 82 **Fax:** 8 03 72 96
Honorarkonsul: Wolfgang Brosch
Konsularbezirk: Länder Berlin und Brandenburg

c 769
Honorarkonsulat der Gabunischen Republik in Düsseldorf
Roseggerstr. 5, 40470 Düsseldorf
T: (0211) 61 12 88-89
Honorarkonsul: Dr. Hans Zahn
Konsularbezirk: Länder Nordrhein-Westfalen, Hessen, Rheinland-Pfalz und Saarland

c 770
Honorarkonsulat der Gabunischen Republik in Hamburg
Sellhopsweg 1, 22459 Hamburg
T: (040) 55 90 51 16 **Fax:** 55 90 51 00
Honorarkonsul: Dr. Detlef Strathmann
Konsularbezirk: Länder Hamburg, Bremen, Mecklenburg-Vorpommern, Niedersachsen und Schleswig-Holstein

Gambia

• C 771

Honorarkonsulat der Republik Gambia in Berlin
Kurfürstendamm 103, 10711 Berlin
T: (030) 8 92 31 21/22 **Fax:** 8 91 14 01
Honorarkonsul: Gerhard Bartels
Konsularbezirk: Land Berlin

c 772

Honorarkonsulat der Republik Gambia in Köln
Hohenzollernring 49, 50672 Köln
T: (0221) 92 58 61 13 **Fax:** 92 58 61 16
Honorarkonsul: Rolf Becker
Konsularbezirk: Land Nordrhein-Westfalen

c 773

Honorarkonsulat von Gambia in Frankfurt
Guiollettstr. 19, 60325 Frankfurt
T: (069) 97 12 00 30 **Fax:** 97 12 00 12
Honorarkonsul: Jan Klimitz
Konsularbezirk: Länder Hessen, Rheinland-Pfalz und Saarland

Georgien

• C 774

Botschaft von Georgien
Am Kurpark 6, 53177 Bonn
T: (0228) 9 57 51-0 **Fax:** 9 57 51 20
Botschafter: S.E. Dr. Konstantin Gabaschwill

Ghana

• C 775

Botschaft der Republik Ghana
Rheinallee 58, 53173 Bonn
T: (0228) 3 67 96-0 **Fax:** 36 34 98
Botschafter: S.E. George Robert Nipah
Konsularbezirk: Bundesgebiet

c 776

Botschaft der Republik Ghana Außenstelle Berlin
Stavanger Str. 19, 10439 Berlin
T: (030) 4 47 90 52, 4 47 90 46
Gesandter-Botschaftsrat: John Buckner

c 777

Honorargeneralkonsulat der Republik Ghana in Düsseldorf
Ziethenstr. 15, 44141 Dortmund
T: (0231) 43 60 78
Honorargeneralkonsul: Manfred O. Schröder
Konsularbezirk: Länder Nordrhein-Westfalen und Rheinland-Pfalz mit Ausnahme des Reg.-Bez. Rheinhessen-Pfalz

c 778

Honorargeneralkonsulat der Republik Ghana in Frankfurt
Große Eschenheimer Str. 13a, 60313 Frankfurt
T: (069) 28 40 18, 28 40 19 **Fax:** 28 40 33
Honorargeneralkonsul: Dr. Joachim Bromkamp
Konsularbezirk: Länder Hessen, Rheinland-Pfalz (Reg. Bez. Rheinhessen-Pfalz) und Saarland

c 779

Honorargeneralkonsulat der Republik Ghana in Hamburg
Rote Brücke 6-15, 22113 Hamburg
T: (040) 71 48 77-0 **Fax:** 71 48 77-66
Honorarkonsul: Stephan Buhrich

c 780

Honorargeneralkonsulat der Republik Ghana in Hannover
Schwarzer Bär 2, 30449 Hannover
T: (0511) 44 50 51 **Fax:** 44 17 32
Honorarkonsul: Bernd Hager

Grenada

• C 781

Honorarkonsulat von Grenada
Konsulat:
Stierstr. 10, 12159 Berlin
Postanschrift und Residenz:
Schloß Schwante, 16727 Schwante
T: (033055) 7 03 45 **Fax:** 7 03 45
Honorarkonsul: Konsul Ronald Bauermeister
Konsularbezirk: Länder Berlin, Brandenburg, Bremen, Hamburg, Mecklenburg-Vorpommern, Niedersachsen, Sachsen, Sachsen-Anhalt, Schleswig-Holstein, Thüringen

Griechenland

• C 782

Griechische Botschaft
(Kanzlei)
Jägerstr. 54-55, 10117 Berlin
T: (030) 2 06 26-0 **Fax:** 2 06 26-444
Botschafter: Dr. Constantin Ailianos

c 783

Griechisches Generalkonsulat in Berlin
U-Bhf Wittenbergplatz 3a, 10789 Berlin
T: (030) 2 13 70 33/34 **Fax:** 2 18 26 63
TGR: GREEKINFO BERLIN
Generalkonsulin: Mara Marinaki
Konsularbezirk: Länder Berlin, Brandenburg, Mecklenburg-Vorpommern

c 784

Griechisches Generalkonsulat in Düsseldorf
Grafenberger Allee 128a, 40237 Düsseldorf
T: (0211) 4 98 34-15 **Fax:** 4 98 34-16
TGR: CONSULAT GRECE DUESSELDORF
Generalkonsul: Karl Gadis
Konsularbezirk: Reg.-Bez. Düsseldorf im Land Nordrhein-Westfalen, Arnsberg, Kreis Olpe und Kreis Siegen-Wittgenstein

c 785

Griechisches Generalkonsulat in Frankfurt
Zeppelinallee 43, 60325 Frankfurt
T: (069) 9 79 91 20 **Fax:** 97 99 12 33
TGR: CONSULAT GRECE FRANKFURTMAIN
Generalkonsul: Dimitrios Letsios
Konsularbezirk: Länder Hessen, Rheinland-Pfalz, Saarland u. Reg.-Bez. Unterfranken des Landes Bayern

c 786

Griechisches Generalkonsulat in Hamburg
Abteistr. 33, 20149 Hamburg
T: (040) 44 07 72-74 **Fax:** 44 96 48
TGR: CONSULAT GRECE HAMBURG
Generalkonsulin: Helene Yerocostopoulou-Theodoracopoulos
Konsularbezirk: Länder Bremen, Hamburg und Schleswig-Holstein sowie im Reg.-Bez. Lüneburg des Landes Niedersachsen die Landkreise Cuxhaven, Osterholz, Rotenburg (Wümme), Stade, Harburg und Lüneburg

c 787

Griechisches Generalkonsulat in Hannover
Gellertstr. 43, 30175 Hannover
T: (0511) 28 19 11 **Fax:** 2 82 97 07
Generalkonsul: Ilias Fotopoulos
Konsularbezirk: Land Niedersachsen, ausgenommen im Reg.-Bez. Lüneburg und Detmold, Landkreise Cuxhaven, Osterholz, Rotenburg (Wümme), Stade, Harburg und Lüneburg, Städte Cuxhaven und Lüneburg, selbständige Gemeinden Stadt Buxtehude, Stadt Stade und Gemeinde Seevetal, Landkreis Minden-Lübbecke des Reg.-Bez. Detmold im Land Nordrhein-Westfalen

c 788

Griechisches Generalkonsulat in Köln
Universitätsstr. 45, 50931 Köln
T: (0221) 13 20 08-09 **Fax:** 12 28 72
Generalkonsul: Nicolas Tsamados
Konsularbezirk: Reg.-Bez. Köln im Land Nordrhein-Westfalen, Kreis Olpe und Kreis Siegen-Wittgenstein des Regierungsbezirks Arnsberg, Märkischer Kreis, Hochsauerlandkreis

c 789

Griechisches Generalkonsulat in Leipzig
Kommandant-Trufanow-Str. 29, 04105 Leipzig
Generalkonsul: Michael Koukakis
Konsularbezirk: Länder Sachsen, Sachsen-Anhalt und Thüringen

c 790

Griechisches Generalkonsulat in München
Dingolfinger Str. 6, 81673 München
T: (089) 49 20 61-64 **Fax:** 40 96 26
TGR: CONSULAT GRECE MUENCHEN
Generalkonsul: Dr. Anastassios Petrowas
Konsularbezirk: Land Bayern mit Ausnahme der Reg.-Bez. Unterfranken

c 791

Griechisches Honorarkonsulat in Nürnberg
Königstr. 34, 90402 Nürnberg
T: (0911) 22 12 32, 20 46 55
TGR: CONSULAT GRECE NUERNBERG
Honorarkonsulin: Madeleine Schickedanz
Konsularbezirk: Reg.-Bez. Mittelfranken, Oberfranken und Oberpfalz im Land Bayern

c 792

Griechisches Generalkonsulat in Stuttgart
Firnhaberstr. 5 a+b, 70174 Stuttgart
T: (0711) 22 10 56-58 **Fax:** 2 26 28 14
Generalkonsulin: Cleopatre Liouni
Konsularbezirk: Land Baden-Württemberg

Großbritannien

• C 793

Botschaft des Vereinigten Königreichs Großbritannien und Nordirland
Unter den Linden 32-34, 10117 Berlin
T: (030) 2 01 84-0 **Fax:** 20 18 41 58
Botschafter: Sir Paul Lever (KCMG)

c 794

Britisches Honorarkonsulat in Bremen
Postf. 10 38 60, 28038 Bremen
Herrlichkeit 6, 28199 Bremen
T: (0421) 59 09-0 **Fax:** 5 90 91 60
Honorarkonsul: Dr. Hans-Joachim Enge
Konsularbezirk: Land Bremen und Bremerhaven

c 795

Britisches Generalkonsulat in Düsseldorf
Yorckstr. 19, 40476 Düsseldorf
T: (0211) 94 48-0 **Fax:** 48 81 90
TGR: BRITAIN Duesseldorf
Generalkonsul: Philip Thomas
Konsularbezirk: Land Nordrhein-Westfalen

c 796

Britisches Generalkonsulat in Frankfurt
Bockenheimer Landstr. 42, 60323 Frankfurt
T: (069) 17 00 02-0 **Fax:** 72 95 53
TGR: BRITAIN Frankfurt
Generalkonsul: Eric Callway
Konsularbezirk: Länder Hessen, Rheinland-Pfalz, Saarland

c 797

Britisches Generalkonsulat in Hamburg
Harvestehuder Weg 8a, 20148 Hamburg
T: (040) 44 80 32-0 **Fax:** 4 10 72 59
TGR: BRITAIN Hamburg
Generalkonsul: Michael Sullivan (MBE)
Konsularbezirk: Länder Hamburg, Bremen, Schleswig-Holstein und Niedersachsen

c 798

Britisches Honorarkonsulat in Hannover
c/o DG Bank
Karl-Wiechert-Allee 50, 30625 Hannover
T: (0511) 3 88 38 08 **Fax:** 5 60 46 90
Honorarkonsul: Wilhelm Zeller
Konsularbezirk: Land Niedersachsen

c 799

Britisches Honorarkonsulat in Kiel
c/o United Canal Agency GmbH
Schleuse
Maklerstr. 1, 24159 Kiel
T: (0431) 33 19 71 **Fax:** 3 53 95
Honorarkonsul: Jan Petersen
Konsularbezirk: Land Schleswig-Holstein

c 800

Britisches Generalkonsulat in München
Bürkleinstr. 10, 80538 München
T: (089) 2 11 09-0 **Fax:** 2 11 09-1 66
Generalkonsul: Burner Edward Alan
Konsularbezirk: Land Bayern

c 801

Britisches Honorarkonsulat in Nürnberg
c/o M. Schmitt & Sohn GmbH & Co.
Hadermühle 9-15, 90402 Nürnberg
T: (0911) 24 04-303 **Fax:** 24 04-111
Honorarkonsul: Dr. Johannes Schmitt
Konsularbezirk: Ober-, Mittel- und Unterfranken im Land Bayern

c 802

Britisches Generalkonsulat in Stuttgart
Breite Str. 2, 70173 Stuttgart
T: (0711) 16 26 90 **Fax:** 1 62 69 30
Generalkonsul: Neil Paterson
Konsularbezirk: Land Baden-Württemberg

Guatemala

• C 803

Botschaft der Republik Guatemala
Zietenstr. 16, 53173 Bonn
T: (0228) 35 15 79, 35 86 09 **Fax:** 35 49 40
Botschafter: Anamaria Dieguez
Konsularbezirk: Reg.-Bez. Köln im Land Nordrhein-Westfalen, Thüringen, Sachsen, Hessen, Saarland, Rheinland-Pfalz und Baden-Württemberg

c 804

Honorarkonsulat Guatemala in Düsseldorf
Korschenbroicher Str. 81, 41065 Mönchengladbach
T: (02161) 49 49 10 **Fax:** 48 18 85
Honorarkonsul: Dr. Erwin Müller
Konsularbezirk: Land Nordrhein-Westfalen

c 805

Generalkonsulat von Guatemala in Hamburg
Fruchtallee 17, 20259 Hamburg
T: (040) 4 30 60 51 **Fax:** 4 30 42 74
Generalkonsul: Herbert Bech
Konsularbezirk: Länder Hamburg, Berlin, Brandenburg, Bremen, Hessen, Niedersachsen, Mecklenburg-Vorpommern, Sachsen-Anhalt und Schleswig-Holstein

Außenhandelsbüro von Guatemala in Hamburg
Fruchtallee 17, 20259 Hamburg
T: (040) 4 30 80 43, 4 30 80 44 **Fax:** 4 30 80 42

c 806

Honorarkonsulat Guatemala in München
Postf. 86 03 49, 81630 München
Grafinger Str. 2, 81671 München
T: (089) 40 62 14 **Fax:** 4 13 23 38
Honorarkonsul: Otto Eckart
Konsularbezirk: Land Bayern

Guinea

• C 807

Botschaft der Republik Guinea
Rochusweg 50, 53129 Bonn
T: (0228) 23 10 98 **Fax:** 23 10 97
TGR: AMBAGUINEE Bonn
Botschafter: S.E. Lamine Bolivogui
Konsularbezirk: Bundesgebiet

c 808

Honorargeneralkonsulat der Republik Guinea in Duisburg
Krausstr. 1a, 47119 Duisburg
T: (0203) 80 42 09
Honorargeneralkonsul: Heinrich Stomberg
Konsularbezirk: Bundesgebiet ohne Länder Bayern, Baden-Württemberg, Hamburg, Niedersachsen und Schleswig-Holstein

c 809

Honorargeneralkonsulat Republik Guinea in Hamburg
Alsterufer 38, 20354 Hamburg
T: (040) 41 87 80 **Fax:** 44 83 56
Honorargeneralkonsul: Lothar Golgert
Konsularbezirk: Länder Hamburg, Niedersachsen und Schleswig-Holstein

c 810

Honorargeneralkonsulat Republik Guinea in München
Amalienstr. 87, 80799 München
T: (089) 28 61 13 **Fax:** 28 61 13
Honorargeneralkonsul: Paul Böhringer
Konsularbezirk: Länder Bayern und Baden-Württemberg

Guinea-Bissau

• C 811

Honorarkonsulat von Guinea-Bissau in Bremen
Sögestr. 18-20, 28195 Bremen
T: (0421) 1 60 96 26 **Fax:** 1 60 96 11
Honorarkonsul: Karsten-Uwe Koepke
Konsularbezirk: Bundesgebiet

Guyana

• C 812

Botschaft der Kooperativen Republik Guyana
Avenue du Bresil, 12, B-1050 Brüssel
T: (00322) 6 75 62 16 **Fax:** 6 72 55 98
Botschafter: N. N.

Haiti

• C 813

Botschaft der Republik Haiti
Meinekestr. 5, 10719 Berlin
T: (030) 88 55 41 34 **Fax:** 88 55 41 35
Botschafter: Dr. Alrich Nicolas

c 814

Honorarkonsulat von Haiti in Aidlingen/Stuttgart
Keplerstr. 31, 71134 Aidlingen
T: (07056) 9 20 21 **Fax:** 47 51
Honorarkonsul: Dr. Edgar Scherer
Konsularbezirk: Land Baden-Württemberg

c 815

Honorarkonsulat von Haiti in Bremen
Retbergweg 8, 28355 Bremen
T: (0421) 25 95 88 **Fax:** 25 05 27
Honorarkonsul: Dipl.-Kfm. Günther Brinkmann
Konsularbezirk: Land Bremen

c 816

Honorarkonsulat von Haiti in Frankfurt
Hynspergstr. 4, 60322 Frankfurt
T: (069) 55 15 86 **Fax:** 5 96 42 95
Honorarkonsul: Karl Heinz Arnold
Konsularbezirk: Land Hessen

c 817

Honorarkonsulat von Haiti in Mainz
Mandelring 35, 67433 Neustadt
T: (06321) 21 68, 3 00 54 **Fax:** 21 68, 3 00 54
Honorarkonsul: Horst Sobirey
Konsularbezirk: Länder Rheinland-Pfalz und Saarland

Heiliger Stuhl

• C 818

Apostolische Nuntiatur
Postf. 20 01 52, 53131 Bonn
Turmstr. 29, 53175 Bonn
T: (0228) 95 90 10 **Fax:** 37 91 80
Apostolischer Nuntius: S.E. Erzbischof Dr. Giovanni Lajolo

Honduras

• C 819

Botschaft von Honduras
Cuxhavener Str. 14, 10555 Berlin
T: (030) 39 74 97 10 **Fax:** 39 74 97 10
E-Mail: embahonduras@ngi.de
Botschafter: S.E. Max Velásquez Diaz

c 820

Honorarkonsulat von Honduras in Düsseldorf
Nordstr. 80, 40477 Düsseldorf
T: (0211) 4 92 01 71 **Fax:** 4 92 01 73
Honorarkonsul: Erich Kreusch

c 821

Generalkonsulat der Republik Honduras in Hamburg
An der Alster 21, 20099 Hamburg
T: (040) 2 80 22 05 **Fax:** 24 64 70
Konsularbezirk: Bundesgebiet

c 822

Honorarkonsulat der Republik Honduras in München
Blütenstr. 9, 80799 München
T: (089) 2 78 26 30
Honorarkonsul: Carl-Peter Söhnges
Konsularbezirk: Land Bayern

Indien

• C 823

Botschaft der Republik Indien
Adenauerallee 262-264, 53113 Bonn
T: (0228) 5 40 50 **Fax:** 5 40 51 54
TGR: INDEMBASSY
Botschafter: S.E. Satinder Kumar Lambah

Außenstelle Berlin
Majakowskiring 55 OT Niederschön, 13156 Berlin
T: (030) 4 85 30 00 **Fax:** 4 85 30 02
Leitung: Sadasiva Sivaswami
Konsularbezirk: Berlin, Brandenburg, Mecklenburg-Vorpommern, Sachsen, Sachsen-Anhalt und Thüringen

c 824

Indisches Generalkonsulat in Frankfurt
Mittelweg 49, 60318 Frankfurt
T: (069) 1 53 00 50 **Fax:** 55 41 25
TGR: CONGENDIA Frankfurt (Main)
Generalkonsul: P. S. Ray
Konsularbezirk: Länder Hessen, Rheinland-Pfalz, Saarland und Baden-Württemberg

c 825

Indisches Generalkonsulat in Hamburg
Raboisen 6, 20095 Hamburg
T: (040) 33 80 36, 33 05 57, 32 47 44 **Fax:** 32 37 57
TGR: CONGENDIA HAMBURG
Generalkonsul: A. Ramesh
Konsularbezirk: Länder Hamburg, Bremen, Niedersachsen und Schleswig-Holstein

c 826

Indisches Honorargeneralkonsulat in Stuttgart
Lenzhalde 65, 70192 Stuttgart
T: (0711) 2 26 37 77 **Fax:** 29 51 80
Honorargeneralkonsul: Dipl.-Kfm. Helmut Nanz
Konsularbezirk: Land Baden-Württemberg

c 827

Indisches Honorargeneralkonsulat in München
Petuelring 130, 80809 München
T: (089) 3 59 36 27 **Fax:** 3 59 98 04
Honorargeneralkonsul: Dr. H.C. Horst Teltschik

Indonesien

• C 828

Botschaft der Republik Indonesien
Lehrter Str. 16-17, 10557 Berlin
T: (030) 47 80 70 **Fax:** 44 73 71 42
Botschafter: S.E. Izhar Ibrahim
Konsularbezirk: Länder Nordrhein-Westfalen, Baden-Württemberg, Bayern, Hessen, Rheinland-Pfalz und Saarland

c 829

Honorarkonsulat der Republik Indonesien in Bremen
Friedrich-Klippert-Str. 1, 28759 Bremen
T: (0421) 6 60 44 00 **Fax:** 6 60 43 95
Honorarkonsul: Friedrich Lürssen
Konsularbezirk: Land Bremen

c 830

Generalkonsulat der Republik Indonesien in Hamburg
Bebelallee 15, 22299 Hamburg
T: (040) 5 14 40 60 **Fax:** 5 11 35 11
Generalkonsul: Khalil Khalili Amiri
Konsularbezirk: Länder Hamburg, Bremen, Schleswig-Holstein und Niedersachsen

c 831

Honorarkonsulat der Republik Indonesien in Hannover
Georgsplatz 1, 30159 Hannover
T: (0511) 3 61 21 50 **Fax:** 3 61 86 68
Honorarkonsul: Günter Karl Willi Nerlich
Konsularbezirk: Land Niedersachsen

c 832

Honorarkonsulat der Republik Indonesien in Kiel
Brauner Berg 15, 24159 Kiel
T: (0431) 39 40 20 **Fax:** 39 40 25
Honorarkonsul: Dr.-Ing. Dieter Murmann
Konsularbezirk: Land Schleswig-Holstein

c 833

Honorarkonsulat der Republik Indonesien in München
Widenmayerstr. 24, 80538 München
T: (089) 29 46 09 **Fax:** 29 46 09
Honorarkonsul: Wolfgang Schoeller
Konsularbezirk: Land Bayern

c 834

Honorargeneralkonsulat der Republik Indonesien in Baden-Baden und Stuttgart
Flughafen Gebäude E 5, Raum 5.045, 70629 Stuttgart
T: (0711) 7 97 07 88 **Fax:** 7 97 07 69
medien centrum, Augustaplatz 8, 76530 Baden-Baden, T: (07221) 36 65 11, Fax: (36 65 19)
Honorargeneralkonsul: Karlheinz Kögel Konsularbezirk: Länder Baden-Württemberg und Saarland

Irak

• **C 835**

Botschaft der Republik Irak
Annaberger Str. 289, 53175 Bonn
T: (0228) 95 02 40 **Fax:** 9 50 24 30
Botschafter: S.E. Abdul Jabbar Omar Ghani Al-Doori
Konsularbezirk: Bundesgebiet

Iran

• **C 836**

Botschaft der Islamischen Republik Iran
Godesberger Allee 133-137, 53175 Bonn
T: (0228) 81 61-0 **Fax:** 37 61 54
Botschafter: S.E. Ahman Azizi
Konsularbezirk: Land Nordrhein-Westfalen

c 837

Generalkonsulat der Islamischen Republik Iran in Berlin
Podbielskiallee 67, 14195 Berlin
T: (030) 84 19 18-0 **Fax:** 8 32 98 74
Generalkonsul: Hossein Yazdanmo-Ghaddam
Konsularbezirk: Länder Berlin, Brandenburg, Mecklenburg-Vorpommern, Sachsen, Sachsen-Anhalt und Thüringen

c 838

Generalkonsulat der Islamischen Republik Iran in Frankfurt
Eichendorffstr. 54, 60320 Frankfurt
T: (069) 5 60 07-0 **Fax:** 56 00 07 13/28
Generalkonsul: Mohsen Mortezaifar
Konsularbezirk: Länder Hessen, Rheinland-Pfalz und Saarland

c 839

Generalkonsulat der Islamischen Republik Iran in Hamburg
Bebelallee 18, 22299 Hamburg
T: (040) 5 14 40 60 **Fax:** 5 11 35 11
Generalkonsul: Khalil Khalili Amiri
Konsularbezirk: Länder Hamburg, Bremen, Niedersachsen und Schleswig-Holstein

c 840

Generalkonsulat der Islamischen Republik Iran in München
Mauerkircherstr. 59, 81679 München
T: (089) 92 79 06-0 **Fax:** 9 81 01 05
Generalkonsul: Mohammad Khoshnoud
Konsularbezirk: Länder Bayern und Baden-Württemberg

Irland

• **C 841**

Botschaft von Irland
Friedrichstr. 200, 10117 Berlin
T: (030) 2 20 72-0 **Fax:** 2 20 72-299
Botschafter: S.E. Noel Fahey
Konsularbezirk: Bundesgebiet

c 842

Honorargeneralkonsulat von Irland in Berlin
Ernst-Reuter-Platz 10, 10587 Berlin
T: (030) 34 80 08 22 **Fax:** 34 80 08 63
Honorarkonsul: Karl H. Pepper
Konsularbezirk: Länder Berlin, Brandenburg und Mecklenburg-Vorpommern

c 843

Honorarkonsulat von Irland in Hamburg
Feldbrunnenstr. 43, 20148 Hamburg
T: (040) 44 18 62 13 **Fax:** 44 18 62 11
Honorarkonsul: Dr. Michael Fisser
Konsularbezirk: Hamburg und Schleswig-Holstein

c 844

Honorargeneralkonsulat von Irland in München
Mauerkircherstr. 1a, 81679 München
T: (089) 98 57 23 **Fax:** 98 42 19
Honorargeneralkonsulin: Liselotte Linnebach
Konsularbezirk: Länder Bayern und Baden-Württemberg

Island

• **C 845**

Botschaft von Island
Rauchstr. 1, 10787 Berlin
T: (030) 50 50-4000 **Fax:** 50 50-4300
Internet: http://www.botschaft-island.de
Botschafter: S.E. Ingimundur Sigfússon

Außenstelle Berlin
Wichmannstr. 5, 10787 Berlin
T: (030) 26 55 45 25 **Fax:** 26 55 45 26

c 846

Konsulat von Island in Bremerhaven
Postf. 29 01 62, 27531 Bremerhaven
Lengstr. 5, 27572 Bremerhaven
T: (0471) 97 32-1 00 **Fax:** 97 32-2 15
Konsul: Reinhard Meiners
Konsularbezirk: Land Bremen

c 847

Honorarkonsulat von Island in Cuxhaven
Leuchtturmweg 5, 27472 Cuxhaven
T: (04721) 5 71 30 **Fax:** 3 77 65
Honorarkonsul: Wolf-Rüdiger Dick
Konsularbezirk: Stadt und Landkreis Cuxhaven im Land Niedersachsen

c 848

Honorarkonsulat von Island in Düsseldorf
Otto-Hahn-Str. 2, 40699 Erkrath
T: (0211) 2 50 94 40-41 **Fax:** 2 50 94 97
Honorarkonsul: Peter J. Hesse
Konsularbezirk: Reg.-Bez. Düsseldorf, Detmold und Münster im Land Nordrhein-Westfalen

c 849

Honorarkonsulat von Island in Frankfurt
Roßmarkt 10, 60311 Frankfurt
T: (069) 2 99 97 24 **Fax:** 28 38 72, 29 05 57
Honorarkonsul: Helmut K. Holz
Konsularbezirk: Länder Hessen, Rheinland-Pfalz und Saarland

c 850

Honorarkonsulat von Island in Hamburg
Raboisen 5, 1. Eimbcke-Haus, 20095 Hamburg
T: (040) 33 66 96 **Fax:** 33 13 47
Honorarkonsul: Oswald Dreyer-Eimbcke
Konsularbezirk: Land Hamburg

c 851

Honorarkonsulat der Republik Island in Hannover
c/o Druckerei Grütter GmbH & Co. KG
Lägenfeldstr. 8, 30952 Ronnenberg
T: (0511) 46 09-0 **Fax:** 46 09-120
Honorarkonsul: Wolf Grütter
Konsularbezirk: Land Niedersachsen mit Ausn. d. Krs. Cuxhaven

c 852

Honorarkonsulat von Island in Köln
Spitzwegstr. 16, 50933 Köln
T: (0221) 48 78 78
Honorarkonsul: Oberstadtdir. a.D. Dr. Max Adenauer
Konsularbezirk: Reg.-Bez. Arnsberg und Köln

c 853

Honorarkonsulat von Island in Lübeck
Postf. 19 38, 23507 Lübeck
Körnerstr. 18, 23564 Lübeck
T: (0451) 5 40 75 **Fax:** 5 13 37
Honorarkonsul: Jörg Hübner
Konsularbezirk: Land Schleswig-Holstein

c 854

Honorarkonsulat von Island in München
Mühldorfstr. 15, 81671 München
T: (089) 41 29-22 14 **Fax:** 41 29-22 13
Honorarkonsul: Friedrich Nikolaus Schwarz
Konsularbezirk: Land Bayern

c 855

Honorarkonsulat von Island in Stuttgart
Uhlandstr. 30, 71665 Vaihingen
T: (07042) 9 72 60 **Fax:** 97 26 99
Honorarkonsul: Emilia Hartmann
Konsularbezirk: Land Baden-Württemberg

c 856

Konsulat von Island in Warnemünde
Am Strom 12 (Warnemünde), 18119 Rostock
T: (0381) 54 81 50 **Fax:** 5 48 15 30
Konsul: Detlef Thomaneck
Konsularbezirk: Mecklenburg-Vorpommern

Israel

• **C 857**

BOTSCHAFT des Staates Israel
Schinkelstr. 10, 14193 Berlin
T: (030) 8 90 45-500 **Fax:** 8 90 45-222
Internet: http://www.israel.de
E-Mail: botschaft@israel.de
Botschafter: N.N.
Konsularbezirk: Bundesgebiet ohne Länder Berlin, Brandenburg, Mecklenburg-Vorpommern, Sachsen, Sachsen-Anhalt und Thüringen

c 858

BOTSCHAFT des Staates Israel Außenstelle Bonn
Simrockallee 2, 53173 Bonn
T: (0228) 93 46-500 **Fax:** 93 46-555
Konsul: Giora Shimron
Konsularbezirk: Länder Berlin, Brandenburg, Mecklenburg-Vorpommern, Sachsen, Sachsen-Anhalt und Thüringen

Italien

• **C 859**

Italienische Botschaft
Dessauer Str. 28-29, 10963 Berlin
T: (030) 2 54 40-0 **Fax:** 2 54 40-100
Botschafter: S.E. Dr. Enzo Perlot

c 860

Italienische Botschaft Außenstelle Bonn
Karl-Finkelnburg-Str. 51, 53173 Bonn
T: (0228) 8 22-0 **Fax:** 8 22-169

c 861

Italienisches Generalkonsulat in Berlin
Hiroshimastr. 1-7, 10785 Berlin
T: (030) 25 44 00 **Fax:** 25 44 01 00

TGR: ITALKONSUL Berlin
E-Mail: italcons.berlin@t-online.de
Generalkonsul: Eugenio Spro
Konsularbezirk: Länder Berlin, Brandenburg, Mecklenburg-Vorpommern

c 862

Italienisches Konsulat in Dortmund
Goebenstr. 14, 44135 Dortmund
T: (0231) 57 79 60 **Fax:** 55 13 79
TGR: ITALCONSUL Dortmund
E-Mail: italia.consolato.dortmund@t-online.de
Konsul: Enrico De Agostini
Konsularbezirk: Reg.-Bez. Detmold und Münster sowie Reg.-Bez. Arnsberg mit Ausnahme des Hochsauerlandkreises (ohne das Gebiet des früheren Kreises Arnsberg), des Märkischen Kreises (ohne das Gebiet des früheren Kreises Iserlohn), der Kreise Olpe und Siegen-Wittgenstein im Land Nordrhein-Westfalen

c 863

Italienisches Generalkonsulat in Frankfurt
Beethovenstr. 17, 60325 Frankfurt
T: (069) 7 53 10 **Fax:** 7 53 11 43
E-Mail: italia.consolato.francoforte@t-online.de
Konsul: N. N.
Konsularbezirk: Länder Hessen und Rheinland-Pfalz

c 864

Italienisches Konsulat in Freiburg
Schreiberstr. 4, 79098 Freiburg
T: (0761) 38 66 10 **Fax:** 3 86 61 61
E-Mail: italia.consolato.friburgo@t-online.de
Konsul: N. N.
Konsularbezirk: Reg.-Bez. Freiburg im Land Baden-Württemberg

c 865

Italienisches Generalkonsulat in Hamburg
Feldbrunnenstr. 54, 20148 Hamburg
T: (040) 4 14 00 70 **Fax:** 41 40 07 39
TGR: ITALCONSUL Hamburg
E-Mail: italconsul_hamburg@compuserve.com
Generalkonsul: Massimo Bernardinelli
Konsularbezirk: Länder Hamburg, Bremen, Schleswig-Holstein

c 866

Italienisches Generalkonsulat in Hannover
Freundallee 27, 30173 Hannover
T: (0511) 28 37 90 /9 **Fax:** 2 83 79 30
E-Mail: italia.consolato.hannover@t-online.de
Generalkonsul: Renzo Pennacchioni
Konsularbezirk: Land Niedersachsen

c 867

Italienisches Generalkonsulat in Köln
Universitätsstr. 81, 50931 Köln
T: (0221) 4 00 87-0 **Fax:** 4 06 03 50
TGR: ITALCONSUL Köln
E-Mail: italcons.colonia@t-online.de
Generalkonsul: N. N.
Konsul: Fabrizio Marcelli
Konsularbezirk: Reg.-Bez. Köln mit Ausnahme der Stadt Bonn, Reg.-Bez. Düsseldorf sowie Hochsauerland (ohne das Gebiet des früheren Kreises Arnsberg), Märkischer Kreis (ohne das Gebiet des früheren Kreises Iserlohn), Kreise Olpe und Siegen des Reg.-Bez. Arnsberg

c 868

Italienisches Generalkonsulat in Leipzig
Löhrstr. 17, 04105 Leipzig
T: (0341) 2 11 57 19 **Fax:** 2 11 58 23
E-Mail: italia.consolato.lipsia@t-online.de
Generalkonsul: Manlio Giuffrida
Konsularbezirk: Länder Sachsen, Sachsen-Anhalt und Thüringen

c 869

Italienische Konsularagentur in Mannheim
M 1 5, 68161 Mannheim
T: (0621) 15 50 05 **Fax:** 2 29 45
E-Mail: italconsul.mannheim@t-online.de
Leitung: Carlo Alabastro (Konsularagent)
Konsularbezirk: Kreise Mannheim, Heidelberg und Rhein-Neckar im Land Baden-Württemberg

c 870

Italienisches Generalkonsulat in München
Möhlstr. 3, 81675 München
T: (089) 4 18 00 30 **Fax:** 47 79 99
E-Mail: italcons.monaco@t-online.de
Adjunkt-Konsul: Sergio Pagano
Konsularbezirk: Land Bayern (mit Ausnahme der Reg.-Bez. Unter-, Mittel- und Oberfranken)

c 871

Italienisches Konsulat in Nürnberg
Gleißbühlstr. 10, 90402 Nürnberg
T: (0911) 20 53 60 **Fax:** 24 38 33
TGR: ITALCONSUL Nürnberg
E-Mail: ital.konsulat.nbg@t-online.de
Konsul: Antimo Campanile
Konsularbezirk: Reg.-Bez. Unter-, Mittel- und Oberfranken im Land Bayern

c 872

Italienisches Konsulat in Saarbrücken
Preußenstr. 19, 66111 Saarbrücken
T: (0681) 66 83 30 **Fax:** 6 68 33 35
E-Mail: italia.consolato.saarbruecken@t-online.de
Konsul: Salvatore Sciuto
Konsularbezirk: Saarland

c 873

Italienisches Generalkonsulat in Stuttgart
Lenzhalde 46, 70192 Stuttgart
T: (0711) 2 56 30 **Fax:** 2 56 31 36
E-Mail: italia.consolato.stoccarda@t-online.de
Generalkonsul: Bernardo Carloni
Konsul: N. N.
Konsularbezirk: Land Baden-Württemberg (mit Ausnahme des Reg.-Bez. Freiburg)

c 874

Italienische Konsularagentur in Wolfsburg
Porschestr. 74, 38440 Wolfsburg
T: (05361) 23 07 78 **Fax:** 2 13 58
Leitung: Felice Zagaglia (Konsularagent)
Konsularbezirk: Städte Wolfsburg, Gifhorn und Helmstedt im Reg.-Bez. Braunschweig des Landes Niedersachsen
Die Konsularagentur ist dem Generalkonsulat in Hannover unterstellt

Jamaica

• C 875

Botschaft von Jamaika
Am Kreuter 1, 53177 Bonn
T: (0228) 93 45 90 **Fax:** 36 18 90
Botschafter: S.E. Peter C. Black
Konsularbezirk: Bundesgebiet

c 876

Honorarkonsulat von Jamaica in Berlin
Wittenbergplatz 3a, 10789 Berlin
T: (030) 2 11 40 41 **Fax:** 2 13 32 77
Honorarkonsul: Hermann Gerbaulet
Konsularbezirk: Länder Berlin, Brandenburg, Sachsen, Sachsen-Anhalt und Thüringen

c 877

Honorarkonsulat von Jamaica in Hamburg
Ballindamm 1, 20095 Hamburg
T: (040) 30 29 90 **Fax:** 30 29 92 80
TGR: CLEOPATRA Hamburg
Honorarkonsul: Jens Kellinghusen
Konsularbezirk: Länder Hamburg, Bremen, Niedersachsen, Schleswig-Holstein und Mecklenburg-Vorpommern

c 878

Honorarkonsulat von Jamaika in München
Münchner Str. 16, 85774 Unterföhring
T: (089) 9 29 59 09
E-Mail: fje@compuserve.com
Honorarkonsulin: Gloria Elmendorff
Konsularbezirk: Länder Bayern und Baden-Württemberg

Japan

• C 879

Japanische Botschaft
Kleiststr. 23-26, 10787 Berlin
T: (030) 2 10 94-0 **Fax:** 2 10 94-222
Botschafter: Kunisada Kume
Konsularbezirke: Berlin, Brandenburg, Mecklenburg-Vorpommern, Sachsen, Sachsen-Anhalt, Thüringen

c 880

Japanische Botschaft
Außenstelle Bonn
Godesberger Allee 102-104, 53175 Bonn
T: (0228) 81 91-0 **Fax:** 81 91-207
Leiter(in): Gesandter Toshio Kunikata
Konsularbezirk: Köln

c 881

Japanisches Generalkonsulat in Düsseldorf
Immermannstr. 45, 40210 Düsseldorf
T: (0211) 1 64 82-0 **Fax:** 35 76 50
TGR: RYOJI Duesseldorf
Generalkonsul: Kenji Tanaka
Konsularbezirk: Land Nordrhein-Westfalen mit Ausnahme des Reg.-Bez. Köln

c 882

Japanisches Generalkonsulat in Frankfurt
Taunustor 2 23. OG, 60311 Frankfurt
T: (069) 2 38 57 30 **Fax:** 23 05 31
Generalkonsul: Akio Tanaka
Konsularbezirk: Hessen

c 883

Japanisches Generalkonsulat in Hamburg
Rathausmarkt 5, 20095 Hamburg
T: (040) 3 33 01 70 **Fax:** 30 39 99 15
Generalkonsul: Akira Wakabayashi
Konsularbezirk: Länder Bremen, Hamburg, Niedersachsen und Schleswig-Holstein

c 884

Japanisches Generalkonsulat in München
Prinzregentenplatz 10, 81675 München
T: (089) 47 10 43-45 **Fax:** 4 70 57 10
TGR: RYOJI MUENCHEN
Generalkonsul: Yoshinori Katori
Konsularbezirk: Länder Bayern und Baden-Württemberg

c 885

Japanisches Honorarkonsulat in Stuttgart
Am Hauptbahnhof 2, 70173 Stuttgart
T: (0711) 1 27-7799 **Fax:** 1 27-7800
Honorarkonsul: Werner Schmidt
Konsularbezirk: Land Baden-Württemberg

Jemen

• C 886

Botschaft der Republik Jemen
Adenauerallee 77, 53113 Bonn
T: (0228) 22 02 90, 22 04 73, 26 14 51 **Fax:** 26 14 99
TGR: GHAMDAN BONN
E-Mail: botjemen@aol-com
Botschafter: S.E. Mohy A. Al-Dhabbi
Konsularbezirk: Bundesgebiet
T: (0228) 21 25 63, Fax: 21 25 84

Jordanien

• C 887

Königlich Jordanische Botschaft
Beethovenallee 21, 53173 Bonn
T: (0228) 35 40 51-52, 35 70 46 **Fax:** 35 39 51
TGR: URDUNIAH BONN 2
Botschafter: S.E. Hussein A. Hammami
Konsularbezirk: Bundesgebiet

c 888

Jordanisches Honorarkonsulat in Berlin
Pfalzburger Str. 74, 10719 Berlin
T: (030) 8 85 23 11 **Fax:** 8 83 46 76
Honorarkonsul: Horst Sandner
Konsularbezirk: Land Berlin

c 889

Jordanisches Honorarkonsulat in Düsseldorf
Postf. 20 03 20, 40101 Düsseldorf
Poststr. 7, 40213 Düsseldorf
T: (0211) 1 38 06 02 **Fax:** 3 23 68 30
Honorarkonsul: Claus Gielisch Konsularbezirk: Land Nordrhein-Westfalen

c 890

Jordanisches Honorarkonsulat in Hannover
Andreaestr. 1, 30159 Hannover
T: (0511) 32 38 34 **Fax:** 32 15 38
Honorarkonsul: Kurt Uihlein
Konsularbezirk: Land Niedersachsen

c 891

Jordanisches Honorarkonsulat in München
Barer Str. 37, 80799 München
T: (089) 28 29 53 **Fax:** 23 17 10 55
Honorarkonsul: Rudolf Neumeister
Konsularbezirk: Land Bayern

c 892

Honorarkonsulat Jordanien in Wiesbaden
An der Ringkirche 6, 65197 Wiesbaden
T: (0611) 45 07 79 00 **Fax:** 45 07 77 50
Honorarkonsul: Helmut Hildebrand
Konsularbezirk: Land Hessen

Kambodscha

• C 893

Botschaft des Königreichs Kambodscha
Benjamin-Vogelsdorff-Str. 2, 13187 Berlin
T: (030) 48 63 79 01 **Fax:** 48 63 79 73
Geschäftsträger a.i.: Gesandter-Botschaftsrat Bunse Hav

Kamerun

• C 894

Botschaft der Republik Kamerun
Rheinallee 76, 53173 Bonn
T: (0228) 35 60 38 **Fax:** 35 90 58
Botschafter: S.E. Jean Melaga
Konsularbezirk: Bundesgebiet

c 895

Honorarkonsulat der Republik Kamerun in Düsseldorf
Heierbusch 28, 45133 Essen
Honorarkonsul: Dr.-Ing. Hans Walter
Konsularbezirk: Land Nordrhein-Westfalen

Kanada

• C 896

Kanadische Botschaft
Friedrichstr. 95, 10117 Berlin
T: (030) 20 31 20 **Fax:** 2 03 12-590
Internet: http://www.kanada-info.de
Botschafter: S.E. Gaëtan Lavertu
Konsularbezirk: Berlin, Brandenburg, Mecklenburg-Vorpommern, Sachsen, Sachsen-Anhalt und Thüringen
Visa und Einwanderungsabteilung:
Telefonisch täglich zwischen 14.00 - 15.00 Uhr T: (030) 2 03 12-4 47, Fax: (030) 2 03 12-1 34, E-Mail: brlin-im@dfait-maeci.gc.ca

c 897

Kanadisches Konsulat in Düsseldorf
Benrather Str. 8, 40213 Düsseldorf
T: (0211) 1 72 17-0 **Fax:** 35 91 65
TGR: CANADIAN DUESSELDORF
Konsul: John Schofield
Konsularbezirk: Land Nordrhein-Westfalen

c 898

Kanadisches Konsulat in Hamburg
ABC-Str. 45, 20354 Hamburg
T: (040) 3 55 56-293 **Fax:** 3 55 56-294
Konsul: Harold McNairnay
Konsularbezirk: Hamburg, Schleswig-Holstein

c 899

Kanadisches Konsulat in München
Tal 29, 80331 München
T: (089) 21 99 57-0 **Fax:** 21 99 57-57
Konsul: Jon Scott
Konsularbezirk: Länder Bayern, Baden-Württemberg

Kap Verde

• C 900

Botschaft der Republik Kap Verde
Dorotheenstr. 43, 10117 Berlin
T: (030) 20 45 09 55 **Fax:** 20 45 09 66
Internet: http://www.capverde.com
E-Mail: embassy.capverde@knuut.de
Botschafter: S.E. Victor A.G. Fidalgo

c 901

Honorarkonsulat der Republik Kap Verde in Saarbrücken
Saargemünder Str. 136, 66119 Saarbrücken
T: (0681) 39 80 98 **Fax:** 3 90 50 60
Honorarkonsul: Dipl.-Ing. Rollf Dieter Müller
Konsularbezirk: Saarland

c 902

Honorarkonsulat der Republik Kap Verde in Stuttgart
Marienstr. 43, 70178 Stuttgart
T: (0711) 6 07 15 58 **Fax:** 60 66 10-50
Honorarkonsul: Helmut W. Schweimler
Konsularbezirk: Länder Baden-Württemberg und Bayern

Kasachstan

• C 903

Botschaft der Republik Kasachstan
Nordendstr. 14, 13156 Berlin
T: (030) 47 00 70 **Fax:** 47 00 71 25
Botschafter: Erik Magsumovitsch Asanbajev

c 904

Generalkonsulat von Kasachstan in Frankfurt a.M.
Niedenau 45, 60325 Frankfurt
T: (069) 9 71 46 70 **Fax:** 97 14 68 18
Generalkonsul: Bakhytzhan Issengaliev
Konsularbezirk: Länder Hessen, Baden-Württemberg, Bayern und Thüringen

c 905

Generalkonsulat von Kasachstan in Hannover
Sallstr. 64a, 30171 Hannover
T: (0511) 88 20 50 **Fax:** 8 82 05 28
Generalkonsul: Sergey Derzhiyev
Konsularbezirk: Länder Niedersachsen, Bremen, Hamburg und Sachsen-Anhalt

c 906

Honorarkonsulat von Kasachstan in Düsseldorf
Moerser Str. 85, 40667 Meerbusch
T: (02132) 93 16 40 **Fax:** 93 16 42
Honorarkonsul: Eugen Warkentin
Konsularbezirk: Land Nordrhein-Westfalen mit Ausnahme der Städte Bonn und Köln, Länder Rheinland-Pfalz und Saarland

Katar

• C 907

Botschaft des Staates Katar
Brunnenallee 6, 53177 Bonn
T: (0228) 95 75 20 **Fax:** 9 57 52-55
Botschafter: S.E. Mohamed Hassan Al-Jaber
Konsularbezirk: Bundesgebiet

Kenia

• C 908

Botschaft der Republik Kenia
Villichgasse 17, 53177 Bonn
T: (0228) 9 35 80-0 **Fax:** 9 35 80-50
Botschafter: S.E. John Lepi Lanyasunya
Konsularbezirk: Bundesrepublik Deutschland mit Ausnahme der Länder Hessen, Rheinland-Pfalz, Saarland und Baden-Württemberg

c 909

Honorarkonsulat der Republik Kenia in Hamburg
Mönckebergstr. 10, 20095 Hamburg
T: (040) 33 48-229 **Fax:** 33 48-333
Honorarkonsul: Dr. Jens Peter Breitengross
Konsularbezirk: Länder Hamburg, Bremen, Mecklenburg-Vorpommern, Niedersachsen und Schleswig-Holstein

Kiribati

• C 910

Honorarkonsulat der Republik Kiribati
Rödingsmarkt 16, 20459 Hamburg
T: (040) 3 61 46-0 **Fax:** 3 61 46-1 23
TGR: LEONA Hamburg
Honorarkonsul: Frank Leonhardt (T: (040) 3 61 46-112)
Konsularbezirk: Bundesgebiet

Kirgisistan

• C 911

Botschaft der Kirgisischen Republik
Ubierstr. 19, 53173 Bonn
T: (0228) 35 20 71 **Fax:** 36 51 91
E-Mail: 101477.1160@compuserve.com
Botschafter: S.E. Apas Dschumagulow

Kolumbien

• C 912

Botschaft der Republik Kolumbien
Kurfürstenstr. 84, 10787 Berlin
T: (030) 26 39 61-0 **Fax:** 26 39 61-25
Botschafter: S.E. Hernán Beltz Peralta
Konsularbezirk: Land Nordrhein-Westfalen

c 913

Honorarkonsulat der Republik Kolumbien in Bremen
Parkallee 32, 28209 Bremen
T: (0421) 34 95 31, 3 49 80 95 **Fax:** 3 49 80 51
Honorarkonsul: Klaus Müller-Leiendecker
Konsularbezirk: Bremen

c 914

Generalkonsulat der Republik Kolumbien in Frankfurt
Fürstenbergerstr. 223, 60323 Frankfurt
T: (069) 5 96 30 50 **Fax:** 5 96 20 80
TGR: CONSULBIA Frankfurtmain
Generalkonsulin: Teresita Garcia Romero
Konsularbezirk: Länder Hessen, Rheinland-Pfalz und Saarland

c 915

Generalkonsulat der Republik Kolumbien in Hamburg
Hochallee 89, 20149 Hamburg
T: (040) 45 72 31, 45 28 12 **Fax:** 4 10 84 62
TGR: CONSULBIA Hamburg
Generalkonsul: Benjamin Ardila Duarte
Konsularbezirk: Länder Hamburg, Bremen, Niedersachsen und Schleswig-Holstein

c 916

Generalkonsulat der Republik Kolumbien in München
Tal 14, 80331 München
T: (089) 29 16 00 20 **Fax:** 29 16 06 24
Generalkonsulin: Melba Martinez Lopez
Konsularbezirk: Land Bayern

c 917

Honorarkonsulat der Republik Kolumbien in Stuttgart
Eberhardstr. 12, 70173 Stuttgart
T: (0711) 23 22 02 **Fax:** 23 22 03
Honorarkonsul: Herbert Hillebrand
Konsularbezirk: Land Baden-Württemberg

Komoren

• C 918

Honorarkonsulat der Islamischen Bundesrepublik der Komoren
Löwenburgstr. 10, 50939 Köln
T: (0221) 46 21 61 **Fax:** 46 21 61
Honorarkonsul: Dr. Karl Hans Körbel
Konsularbezirk: Land Nordrhein-Westfalen

Demokratische Republik Kongo

• C 919

Botschaft der Demokratischen Republik Kongo
Im Meisengarten 133, 53179 Bonn
T: (0228) 85 81 60 **Fax:** 34 99 89
Botschafter: N. N.
Konsularbezirk: Bundesgebiet

c 920

Honorargeneralkonsulat der Demokratischen Republik Kongo in Bremen
Bornstr. 16-17, 28195 Bremen
T: (0421) 1 58 20 **Fax:** 3 04 22 09
Honorargeneralkonsul: Ansgar Werner

Konsularbezirk: Länder Bremen, Hamburg, Niedersachsen und Schleswig-Holstein

Kongo

• C 921

Botschaft der Republik Kongo
Postf. 20 02 52, 53132 Bonn
Rheinallee 45, 53173 Bonn
T: (0228) 35 83 55 **Fax:** 35 22 17
Geschäftsträger a.i.: Serge-Michel Odzocki

Korea

• C 922

Botschaft der Republik Korea
Kurfürstenstr. 72-74, 10787 Berlin
T: (030) 2 60 65-432/433/434 **Fax:** 2 60 65-57
Botschafter: S.E. Ki Choo Lee
Konsularbezirk: Länder Nordrhein-Westfalen, Rheinland-Pfalz, Saarland

c 923

Generalkonsulat der Republik Korea in Berlin
Schöneberger Ufer 89-91, 10785 Berlin
T: (030) 2 60-650 **Fax:** 2 60-6551
Botschafter: Ki-choo Lee
Konsularbezirk: Länder Berlin, Brandenburg, Sachsen, Sachsen-Anhalt, Thüringen, Hamburg, Bremen, Mecklenburg-Vorpommern, Niedersachsen, Schleswig-Holstein

c 924

Honorarkonsulat der Republik Korea in Düsseldorf
Grunerstr. 74, 40239 Düsseldorf
T: (0211) 63 46 36 **Fax:** 62 24 45
Honorarkonsul: Michael Storm
Konsularbezirk: Länder Nordrhein-Westfalen und Rheinland-Pfalz

c 925

Generalkonsulat der Republik Korea in Frankfurt
Eschersheimer Landstr. 327, 60320 Frankfurt
T: (069) 95 67 52-0 **Fax:** 56 98 14
Generalkonsul: Young-Chul Choi
Konsularbezirk: Länder Hessen, Baden-Württemberg und Bayern

c 926

Generalkonsulat der Republik Korea
Hagedornstr. 53, 20149 Hamburg
T: (040) 4 10 20 31-32 **Fax:** 44 61 51
Generalkonsul: Sang Woan Lee
Konsularbezirk: Länder Hamburg, Bremen, Schleswig-Holstein, Niedersachsen und Mecklenburg-Vorpommern

c 927

Honorarkonsulat der Republik Korea in Stuttgart
Sigmaringer Str. 107, 70567 Stuttgart
T: (0711) 7 18 91 55 **Fax:** 16 14-464
Honorarkonsul: Wolfram Göhring
Konsularbezirk: Baden-Württemberg

Kroatien

• C 928

Botschaft der Republik Kroatien
Ahornstr. 4, 10787 Berlin
T: (030) 23 62 89 51 **Fax:** 23 62 89 65
Botschafter: Prof. Dr. Zoran Jašić

c 929

Außenstelle der Botschaft von Kroatien in Bonn
Rolandstr. 52, 53179 Bonn
T: (0228) 95 29 20 **Fax:** 33 21 54
Leiter(in): Hrvoje Sagrak
Konsularbezirk: Land Nordrhein-Westfalen

c 930

Generalkonsulat der Republik Kroatien in Frankfurt
Am Weingarten 25, 60487 Frankfurt
T: (069) 7 07 10 55 **Fax:** 7 07 10 11
Generalkonsul: Mladen Juričić
Konsularbezirk: Länder Hessen, Rheinland-Pfalz und Saarland

c 931

Generalkonsulat der Republik Kroatien in Hamburg
Ludwig-Erhard-Str. 37, 20459 Hamburg
T: (040) 3 17 41 39 **Fax:** 3 17 50 38
Generalkonsul: Mirjana Vidović
Konsularbezirk: Länder Hamburg, Bremen, Schleswig-Holstein und Mecklenburg-Vorpommern

c 932

Generalkonsulat der Republik Kroatien in München
Oberföhringer Str. 6, 81679 München
T: (089) 98 25 21 **Fax:** 2 60 87 51
Generalkonsul: Dr. Ivan Šimek
Konsularbezirk: Land Bayern

c 933

Generalkonsulat der Republik Kroatien in Stuttgart
Liebenzeller Str. 5, 70372 Stuttgart
T: (0711) 95 57 10 **Fax:** 55 60 49
Generalkonsul: Ilija Lukanović
Konsularbezirk: Land Baden-Württemberg

Kuba

• C 934

Botschaft der Republik Kuba
Kennedyallee 22-24, 53175 Bonn
T: (0228) 3 09-0 **Fax:** 30 92 44
Botschafter: S.E. Oscar Martínez Cordovés
Konsularbezirk: Bundesgebiet ohne Länder Brandenburg, Mecklenburg-Vorpommern, Sachsen, Sachsen-Anhalt und Tübingen

Außenstelle Berlin
Kuckhoffstr. 69, 13156 Berlin
T: (030) 9 16 45 51 **Fax:** 9 16 45 53
Leitung: Gesandter Julio Alvarez Dorta
(für die Länder Brandenburg, Mecklenburg-Vorpommern, Sachsen, Sachsen-Anhalt und Tübingen)

Kuwait

• C 935

Botschaft des Staates Kuwait
Godesberger Allee 77-79, 53175 Bonn
T: (0228) 37 80 81/3 **Fax:** 37 89 36
Botschafter: S.E. Abdulazeez Abdullateef Al-Sharikh
Konsularbezirk: Bundesgebiet

Laos

• C 936

Botschaft der Demokratischen Volksrepublik Laos
Am Lessing 6, 53639 Königswinter
T: (02223) 2 15 01 **Fax:** 30 65
Konsularbezirk: Bundesgebiet

Lesotho

• C 937

Botschaft des Königreichs Lesotho
Godesberger Allee 50, 53175 Bonn
T: (0228) 30 84 30 **Fax:** 3 08 43 22
Botschafterin: S.E. Lebohang Nts'Inyi
Konsularbezirk: Bundesgebiet

c 938

Honorarkonsulat des Königreichs Lesotho in Flörsheim
Schieferstein 6, 65439 Flörsheim
T: (06145) 70 75 **Fax:** 78 95
Honorarkonsul: Jürgen Lorenz
Konsularbezirk: Land Hessen

c 939

Honorarkonsulat des Königreichs Lesotho in Hannover
Leinstr. 8, 30159 Hannover
T: (0511) 32 66 74 **Fax:** 32 66 76
Honorarkonsul: Abraham David Grojnowski
Konsularbezirk: Land Niedersachsen, Berlin, Brandenburg, Bremen und Sachsen-Anhalt

c 940

Honorarkonsulat des Königreichs Lesotho in München
Ottostr. 5, 80333 München
Honorarkonsul: Dr. Jochen Conradi
Konsularbezirk: Land Bayern

Lettland

• C 941

Botschaft der Republik Lettland
Reinerzstr. 40, 14193 Berlin
T: (030) 82 60 02-0 **Fax:** 82 60 02-33
Botschafter: S. E. Andris Teikmanis

c 942

Honorarkonsulat der Republik Lettland in Düsseldorf
Vogelsanger Weg 6, 40470 Düsseldorf
T: (0211) 6 35 42 71 **Fax:** 6 35 42 77
Honorarkonsul: Prof. Dr.-Ing. habil. Bruno Braun
Konsularbezirk: Länder Nordrhein-Westfalen und Rheinland-Pfalz

c 943

Honorarkonsulat der Republik Lettland in Rostock
Lise-Meitner-Ring 2, 18059 Rostock
T: (0381) 4 05 58 55 **Fax:** 4 05 58 55
Honorarkonsul: Dr. Fritz Schulze
Konsularbezirk: Länder Mecklenburg-Vorpommern und Schleswig-Holstein

c 944

Honorarkonsulat der Republik Lettland in Frankfurt
Guiollettstr. 50, 60325 Frankfurt
T: (069) 97 10 10-0 **Fax:** 97 10 10-30
Honorarkonsul: Prof. Dr. Manfred Meier-Preschany
Konsularbezirk: Hessen

c 945

Honorarkonsulat der Republik Lettland in Hamburg
Neuer Wall 72, 20354 Hamburg
T: (040) 36 55 33 **Fax:** 36 96 56 56, 6 07 27 89
Honorarkonsulin: Dr. Sabine Sommerkamp-Homann
Konsularbezirk: Hamburg

c 946

Honorarkonsulat der Republik Lettland in München
Brienner Str. 20, 80333 München
T: (089) 21 71 55 00 **Fax:** 21 71 56 00
Honorarkonsul: Dr. Dietrich Wolf
Konsularbezirk: Bayern

Libanon

• C 947

Botschaft der Libanesischen Republik
Rheinallee 27, 53173 Bonn
T: (0228) 95 68 00 **Fax:** 35 75 60
E-Mail: embassy@ambaliban.uunet.bn.de
Botschafter: S.E.Melhem Mistou
Konsularbezirk: Bundesgebiet

Außenstelle Berlin
Esplanade 8, 13187 Berlin
T: (030) 4 72 41 93, 4 72 20 93 **Fax:** 4 78 75 11

c 948

Honorarkonsulat der Libanesischen Republik in Frankfurt
Mainzer Landstr. 268, 60326 Frankfurt
T: (069) 7 39 22 44 **Fax:** 7 30 61 65
Honorarkonsul: Marwan Kallab
Konsularbezirk: Land Hessen

Liberia

• C 949

Botschaft der Republik Liberia
Mainzer Str. 259, 53179 Bonn
T: (0228) 34 08 22 **Fax:** 34 08 22
Botschafter: S.E. Rufus Webster Simpson
Konsularbezirk: Bundesgebiet

c 950

Honorarkonsulat der Republik Liberia in Berlin
Pücklerstr. 8, 14195 Berlin
T: (030) 8 41 09-007 **Fax:** 8 41 09-008
E-Mail: JFMBERLIN@aol.com
Honorarkonsul: Joachim F. Meier
Konsularbezirk: Länder Berlin und Brandenburg

c 951

Honorarkonsulat der Republik Liberia in Bremen
Martinistr. 29, 28195 Bremen

T: (0421) 3 39 46-0 **Fax:** 3 37 82 88
Honorarkonsul: Bernd Hansing
Konsularbezirk: Land Bremen

c 952

Honorargeneralkonsulat der Republik Liberia in Frankfurt
Bernusstr. 7, 60487 Frankfurt
T: (069) 7 07 24 09 **Fax:** 77 80 87
Honorargeneralkonsul: Dr. Gerhard Holland
Konsularbezirk: Länder Hessen, Rheinland-Pfalz und Saarland

c 953

Honorarkonsulat der Republik Liberia in Freiburg/ Stegen
Am Schloßpark 21, 79252 Stegen
T: (07661) 70 10 **Fax:** 16 25
Honorarkonsul: Dr.h.c. Hellmuth Dettinger
Konsularbezirk: Land Baden-Württemberg

Libyen

• C 954

Volksbüro der Sozialistischen Libysch-Arabischen Volks-Dschamahirija
(Diplomatische Mission)
Beethovenallee 12A, 53173 Bonn
T: (0228) 8 20 09-0 **Fax:** 36 42 60
Botschafter: N. N.
Konsularbezirk: Bundesgebiet

• C 955

Liechtenstein
Wird im Ausland durch die schweizerischen Missionen vertreten, siehe C 1189

Litauen

• C 956

Botschaft der Republik Litauen
Katharinenstr. 9, 10711 Berlin
T: (030) 89 06 81-0, 89 06 81-19 (Konsularabteilung)
Fax: 89 06 81-15, 89 06 81-26 (Konsularabteilung)
E-Mail: botschaftlitauen@t-online.de
Botschafter: Dr. Zenonas Namavicius

c 957

Botschaft der Republik Litauen Außenstelle Bonn
Konstantinstr. 25a, 53179 Bonn
T: (0228) 9 14 91-0 **Fax:** 9 14 91-15
Leiter: Nerijus Žukas

c 958

Honorarkonsulat der Republik Litauen in Frankfurt
Gutleutstr. 163-167, 60327 Frankfurt
T: (069) 23 23 33 **Fax:** 23 91 63
Honorarkonsul: Karl Rothenberger
Konsularbezirk: Länder Hessen, Rheinland-Pfalz und Saarland

c 959

Honorarkonsulat der Republik Litauen in Köln
Kaiser-Wilhelm-Ring 20, 50672 Köln
T: (0221) 9 12 34 94 **Fax:** 9 12 34 96
Honorarkonsul: Prof. Dr. Jürgen Gramke

c 960

Honorarkonsulat der Republik Litauen in Hamburg
Brodschrangen 4, 20457 Hamburg
T: (040) 37 65 52 09 **Fax:** 37 65 53 07
Honorarkonsul: Hans-Friedrich Saure
Konsularbezirk: Länder Hamburg, Schleswig-Holstein u. Mecklenburg-Vorpommern

Luxemburg

• C 961

Botschaft des Großherzogtums Luxemburg
Klingelhöferstr. 7, 10785 Berlin
T: (030) 20 25 31 33, 20 25 31 35 **Fax:** 20 25 33 04
Botschafter: S.E. Dr. Julien Alex
Konsularbezirk: Bundesgebiet

c 962

Honorarkonsulat des Großherzogtums Luxemburg in Aachen
Borngasse 34, 52064 Aachen
T: (0241) 40 36 56 **Fax:** 17 56 04
Honorarkonsul: Ottomar Braun
Konsularbezirk: Stadt und Kreis Aachen sowie die Kreise Düren und Heinsberg im Land Nordrhein-Westfalen

c 963

Honorarkonsulat des Großherzogtums Luxemburg in Berlin
Charlottenstr. 57, 10117 Berlin
T: (030) 20 94-5295 **Fax:** 20 94-5492
Honorarkonsul: Werner Gegenbauer
Konsularbezirk: Länder Berlin und Brandenburg

c 964

Honorarkonsulat des Großherzogtums Luxemburg in Bremen
Börsenhof C
Marktstr. 3, 28195 Bremen
T: (0421) 36 60 01 33 **Fax:** 36 60 03 33
Honorarkonsul: Dr. Joachim Theye
Konsularbezirk: Land Bremen

c 965

Honorarkonsulat des Großherzogtums Luxemburg in Dresden
Hohe Str. 12, 01069 Dresden
T: (0351) 4 70 09 16 **Fax:** 4 70 09 17
Honorarkonsul: Dr. Heribert Heckschen
Konsularbezirk: Land Sachsen

c 966

Honorarkonsulat des Großherzogtums Luxemburg in Düsseldorf
Jägerhofstr. 10, 40479 Düsseldorf
T: (0211) 4 98 13 36 **Fax:** 4 97 64 76
Honorarkonsul: Christian von Bassewitz
Konsularbezirk: Land Nordrhein-Westfalen mit Ausnahme der Stadt Aachen, sowie der Kreise Aachen, Düren und Heinsberg

c 967

Honorarkonsulat des Großherzogtums Luxemburg in Frankfurt
Bockenheimer Landstr. 2-8, 60323 Frankfurt
T: (069) 97 20 47 47 **Fax:** 97 20 47 48
Honorarkonsul: Dr. Heinrich Focke
Konsularbezirk: Länder Hessen und Rheinland-Pfalz mit Ausnahme der Regierungsbezirke Trier und Koblenz

c 968

Honorarkonsulat des Großherzogtums Luxemburg in Hamburg
Elbchaussee 249, 22605 Hamburg
T: (040) 82 30 32 **Fax:** 82 89 87
Honorarkonsul: Dr. Volker Neumann-Schniedewind
Konsularbezirk: Länder Hamburg, Mecklenburg-Vorpommern und Schleswig-Holstein

c 969

Honorarkonsulat des Großherzogtums Luxemburg in Hannover
Riethorst 2, 30659 Hannover
T: (0511) 64 91 75 **Fax:** 6 45 44 95
Honorarkonsul: Dr. Erwin Möller
Konsularbezirk: Länder Niedersachsen und Sachsen-Anhalt

c 970

Honorargeneralkonsulat des Großherzogtums Luxemburg in München
Klenzestr. 101, 80469 München
T: (089) 20 24 22 02 **Fax:** 20 24 22 27
Honorargeneralkonsul: Dr. Hanns Maier
Konsularbezirk: Länder Bayern und Thüringen

c 971

Honorarkonsulat des Großherzogtums Luxemburg in Saarbrücken
Bismarckstr. 57, 66333 Völklingen
T: (06898) 10-34 98 **Fax:** 10-40 01
Honorarkonsul: Michel Obertin
Konsularbezirk: Land Saarland

c 972

Honorarkonsulat des Großherzogtums Luxemburg in Stuttgart
Uhlandstr. 2, 70182 Stuttgart
T: (0711) 24 55 91 **Fax:** 2 36 14 34
Honorarkonsul: Dr.jur. Peter Adolff
Konsularbezirk: Land Baden-Württemberg

c 973

Honorarkonsulat des Grossherzogtums Luxemburg in Trier
Herzogenbuscher Str. 12, 54292 Trier
T: (0651) 9 77 79 00 **Fax:** 9 77 79 05
Honorarkonsul: Horst Langes
Konsularbezirk: Reg-Bez. Trier und Koblenz im Land Rheinland-Pfalz

Madagaskar

• C 974

Botschaft der Republik Madagaskar
Postf. 20 02 51, 53132 Bonn
Rolandstr. 48, 53179 Bonn
T: (0228) 95 35 90 **Fax:** 33 46 28
Botschafter: Zafera A. Rabesa

c 975

Honorarkonsul der Republik Madagaskar in Berlin
Preußenallee 14, 14052 Berlin
T: (030) 3 05 82 11 **Fax:** 3 05 74 21
Honorarkonsul: Harry Wollenschläger
Konsularbezirk: Länder Berlin, Brandenburg, Sachsen, Sachsen-Anhalt

c 976

Honorargeneralkonsulat der Republik Madagaskar in Düsseldorf
Wilhelm-Busch-Str. 5, 40474 Düsseldorf
T: (0211) 43 26 43
Honorargeneralkonsul: Dr. Hans B. Heil
Konsularbezirk: Nordrhein-Westfalen und Rheinland-Pfalz

c 977

Honorarkonsulat der Republik Madagaskar in Freiburg
Alte Str. 83, 79249 Merzhausen
T: (0761) 40 94 26
Honorarkonsul: Dipl.rer.pol. Helmut W. Dyllick-Brenzinger
Konsularbezirk: Land Baden-Württemberg

c 978

Honorarkonsulat der Republik Madagaskar in Hamburg
c/o Holsten-Brauerei AG
Holstenstr. 224, 22765 Hamburg
T: (040) 3 81 01-9 89 **Fax:** 3 81 01-6 77
Honorarkonsul: Eckhard Koll
Konsularbezirk: Länder Hamburg, Bremen, Schleswig-Holstein, Niedersachsen, Mecklenburg-Vorpommern

c 979

Honorarkonsulat der Republik Madagaskar in München
c/o Bayerische Elektrizitätswerke GmbH
Akademiestr. 7, 80799 München
T: (089) 38 19 20
Teletex: (089) 897 399
Leitung: Ingo Wallner
Konsularbezirk: Land Bayern

c 980

Honorarkonsulat der Republik Madagaskar in Völklingen
Straße des 13. Januar 273, 66333 Völklingen
T: (06898) 8 11 00, 4 20 75
Honorarkonsul: Dr. Eric Ruffing
Konsularbezirk: Saarland

Malawi

• C 981

Botschaft der Republik Malawi
Mainzer Str. 124, 53179 Bonn
T: (0228) 94 33 50 **Fax:** 9 43 35 37
TGR: MALAWI BONN 2
Botschafter: S.E. Geoffrey Gachuku Chipungu
Konsularbezirk: Bundesgebiet

c 982

Honorarkonsulat der Republik Malawi in Hamburg
Elbchaussee 211, 22605 Hamburg
T: (040) 8 81 01 00 **Fax:** 88 91 32 23

Honorarkonsul: Manfred Mehr
Konsularbezirk: Länder Hamburg, Bremen, Schleswig-Holstein und Niedersachsen

c 983

Honorarkonsulat der Republik Malawi in Icking bei München
Ulrichstr. 68, 82057 Icking
T: (08178) 74 92 **Fax:** 83 98
Honorarkonsul: Dipl.-Ing. Hanns Reich
Konsularbezirk: Land Bayern

Malaysia

• C 984

Botschaft von Malaysia
Kurfürstendamm 50, 10707 Berlin
T: (030) 88 57 49-0 **Fax:** 88 57 49-34
Botschafter: Dató Kadir Deen
Konsularbezirk: Bundesgebiet

c 985

Honorarkonsulat von Malaysia in Berlin
Genthiner Str. 41, 10785 Berlin
T: (030) 25 40 52 17 **Fax:** 2 61 91 98
Honorarkonsul: Achim Emil Türklitz
Konsularbezirk: Land Berlin

c 986

Honorar Generalkonsulat von Malaysia in Hamburg
Kajen 2, 20459 Hamburg
T: (040) 37 21 72 **Fax:** 3 68 72 49
Honorargeneralkonsul: Edgar E. Nordmann
Konsularbezirk: Land Hamburg

c 987

Honorarkonsulat von Malaysia in München
Leopoldstr. 236, 80807 München
T: (089) 3 50-6 51 37 **Fax:** 3 50-65374
Honorarkonsul: Dr. Jürgen Heidemann
Konsularbezirk: Land Bayern

c 988

Honorar-Generalkonsulat von Malaysia in Stuttgart
Karlstr. 23, 71034 Böblingen
Honorargeneralkonsul: Dr. Helmut Baur
Konsularbezirk: Baden-Württemberg, Rheinland-Pfalz, Saarland

Malediven

• C 989

Honorargeneralkonsulat der Republik Malediven
Immanuel-Kant-Str. 16, 61350 Bad Homburg
T: (06172) 8 58 33, (069) 69 06 67 89 **Fax:** (06172) 8 58 33, (069) 69 21 02
E-Mail: ccmaldives@aol.com
Honorargeneralkonsul: Dipl.-Ing. Gottfried Mücke
Konsularbezirk: Bundesgebiet

Mali

• C 990

Botschaft der Republik Mali
Basteistr. 86, 53173 Bonn
T: (0228) 35 70 48 **Fax:** 36 19 22
Botschafter: N. N.
Konsularbezirk: Bundesgebiet

c 991

Honorargeneralkonsulat der Republik Mali in Hamburg
Hamburger Str. 11, 22083 Hamburg
T: (040) 2 27 80 39 **Fax:** 2 27 98 69
Honorargeneralkonsul: Dr. Hans-Georg Graichen
Konsularbezirk: Länder Hamburg, Bremen, Mecklenburg-Vorpommern, Niedersachsen und Schleswig-Holstein

c 992

Honorargeneralkonsulat der Republik Mali in München
Blumenstr. 1, 85598 Baldham
T: (08106) 67 70 **Fax:** 85 53
Honorargeneralkonsul: Heinz Wirth
Konsularbezirk: Länder Bayern und Baden-Württemberg

Malta

• C 993

Botschaft von Malta
Viktoriastr. 1, 53173 Bonn
T: (0228) 36 30 17-18 **Fax:** 36 30 19
Botschafter: H.E. W. C. Spiteri

c 994

Honorarkonsulat der Republik Malta in Berlin
Kurfürstendamm 50, 10707 Berlin
T: (030) 8 81 38 13 **Fax:** 8 81 38 13
Honorarkonsul: Ingrid Christine Möbus
Konsularbezirk: Berlin und Brandenburg

c 995

Honorarkonsulat der Republik Malta in Bremen
Westerstr. 17, 28199 Bremen
T: (0421) 50 52 50 **Fax:** 5 98 03 68
Honorarkonsul: Dr. Thomas Stöcker
Konsularbezirk: Land Bremen

c 996

Honorargeneralkonsulat der Republik Malta in Köln
Postf. 25 02 60, 50518 Köln
Friedrichstr. 5, 50676 Köln
T: (0221) 2 08 09 48 **Fax:** 2 08 09 48
Honorargeneralkonsul: Paul R. Kraemer
Konsularbezirk: Länder Nordrhein-Westfalen und Hessen

c 997

Honorargeneralkonsulat der Republik Malta in Hamburg
Wandsbeker Marktstr. 75, 22041 Hamburg
T: (040) 68 10 10 **Fax:** 6 89 08 09
Honorargeneralkonsul: Otto Techau
Konsularbezirk: Länder Hamburg, Schleswig-Holstein und Niedersachsen

c 998

Honorargeneralkonsulat der Republik Malta in Mainz
Orchideenweg 3, 55126 Mainz
T: (06131) 47 82 82 **Fax:** 47 03 67
Honorargeneralkonsul: Senatorin Hannetraud Schultheiß
Konsularbezirk: Länder Rheinland-Pfalz und Saarland

c 999

Honorargeneralkonsulat der Republik Malta in München
Adamstr. 4, 80636 München
T: (089) 18 45 22 **Fax:** 18 42 71
Honorargeneralkonsul: Dr.-Ing. Joachim Hietzig
Konsularbezirk: Länder Bayern und Sachsen

c 1 000

Honorargeneralkonsulat der Republik Malta in Stuttgart
Am Hauptbahnhof 7, 70173 Stuttgart
T: (0711) 2 26 25 70 **Fax:** 2 26 25 79
Honorargeneralkonsul: Prof.Dr.h.c. Viktor Dulger
Konsularbezirk: Land Baden-Württemberg

Marokko

• C 1 001

Botschaft des Königreiches Marokko
Niederwallstr. 39, 10117 Berlin
T: (030) 20 61 24-0 **Fax:** 20 61 24-20
E-Mail: botschaft@marokko.com
Botschafter: Abdeladim Lhafi
Konsularbezirk: Bundesgebiet

c 1 002

Honorarkonsulat des Königreichs Marokko in Bremen
Wegesende 3, 28195 Bremen
T: (0421) 1 65 47 00 **Fax:** 1 39 78
Honorarkonsul: Prof. Dr. Walter Franke
Konsularbezirk: Land Bremen

c 1 003

Generalkonsulat des Königreiches Marokko in Düsseldorf
Cecilienallee 14, 40474 Düsseldorf
T: (0211) 45 10 41 **Fax:** 43 98 29
Generalkonsul: Abderrahim Sassi
Konsularbezirk: Land Nordrhein-Westfalen

c 1 004

Generalkonsulat des Königreiches Marokko in Frankfurt
Adickesallee 65, 60322 Frankfurt
T: (069) 55 98 87 **Fax:** 5 97 55 35
Generalkonsul: Driss Chabi
Konsularbezirk: Länder Hessen, Bayern, Baden-Württemberg, Rheinland-Pfalz und Saarland

c 1 005

Honorarkonsulat des Königreiches Marokko in München
Elektrastr. 6, 81925 München
T: (089) 92 82-1360
Honorarkonsul: Hans Bäumler
Konsularbezirk: Land Bayern

Mauretanien

• C 1 006

Botschaft der Islamischen Republik Mauretanien
Bonner Str. 48, 53173 Bonn
T: (0228) 36 40 25, 36 40 24 **Fax:** 36 17 88
Botschafter: S.E. Hamoud Ould Ely
Geschäftsträger a.i.: Badra Aly Touré
Konsularbezirk: Bundesgebiet

c 1 007

Honorarkonsulat der Islamischen Republik Mauretanien in Berlin
c/o Anwalts-Kanzlei Dr. Stephan & Coll.
Kurfürstendamm 216 (Ecke Fasanenstr.), 10719 Berlin
T: (030) 88 67 26-0 **Fax:** 88 55 47 13
Internet: http://www.consulconsultdrsstephan.com
E-Mail: lawoffices@consulconsultdrstephan.com
Honorarkonsul: RA Dr. Bodo Stephan
Honorarbezirk: Berlin, und Neue Bundesländer

Republik Mauritius

• C 1 008

Honorargeneralkonsulat Republik Mauritius
Jacobistr. 7, 40211 Düsseldorf
T: (0211) 35 67 54 **Fax:** 36 56 39
Honorargeneralkonsul: Herbert Gottlieb
Konsularbezirk: Länder Nordrhein-Westfalen, Bremen, Hamburg, Niedersachsen und Schleswig-Holstein

c 1 009

Honorarkonsulat der Republik Mauritius
Mockauer Str. 123, 04357 Leipzig
T: (0341) 6 02-2260 **Fax:** 6 02-1355
Honorarkonsul: Bernd Schumacher
Konsularbezirk: Länder Sachsen, Sachsen-Anhalt, Berlin, Brandenburg, Mecklenburg-Vorpommern, Thüringen

c 1 010

Honorargeneralkonsulat der Republik Mauritius in München
Landwehrstr. 10, 80336 München
T: (089) 55 55 15 **Fax:** 55 35 04
Honorargeneralkonsul: Dr. Johannes Kneifel
Konsularbezirk: Länder Bayern, Baden-Württemberg, Hessen, Rheinland-Pfalz und Saarland

Mazedonien

• C 1 011

Botschaft der ehemaligen Jugoslawischen Republik Mazedonien
Hubertusallee 5, 14193 Berlin
T: (030) 8 93 87 30, 8 90 69 50 **Fax:** 8 90 09 41 41, 89 54 11 94
Botschafter: S.E. Dr. Srgjan Kerim
Konsularbezirk: Bundesgebiet

Mexiko

• C 1 012

Mexikanische Botschaft
Kurfürstendamm 72, 10709 Berlin
T: (030) 32 77 11-0, 32 76 51-04, -05 Konsularabt.
Fax: 32 77 11-21
Internet: http://www.inf.fu-berlin.de/_4mexico
E-Mail: rfaemb@edina.xnc.com

Botschafter: S.E. Roberto Friedrich
Konsularbezirk: Länder Berlin, Brandenburg, Nordrhein-Westfalen, Sachsen, Sachsen-Anhalt, Thüringen

c 1 013

Mexikanisches Honorarkonsulat in Bremen
Präsident-Kennedy-Platz 1, 28203 Bremen
T: (0421) 32 49 46 **Fax:** 3 67 82 32
Honorarkonsul: Peter Lampke
Konsularbezirk: Länder Bremen, Bremerhaven

c 1 014

Mexikanisches Generalkonsulat in Frankfurt
Taunusanlage 21, 60325 Frankfurt
T: (069) 29 98 75-0 **Fax:** 29 98 75-75
Generalkonsul: Rolf Schlettwein
Konsularbezirk: Länder Hessen, Rheinland-Pfalz, Saarland, Baden-Württemberg und Bayern

c 1 015

Mexikanische Handelsmission
ab 01.05.2000
Rüsterstr. 1, 60325 Frankfurt
T: (069) 97 26 98-0 **Fax:** 97 26 98-11
Leiter(in): Handelsrätin Gabriela Gándara

c 1 016

Mexikanisches Generalkonsulat in Hamburg
Hallerstr. 76 I., 20146 Hamburg
T: (040) 4 50 15 80 **Fax:** 45 01 58 20
TGR: Consulmex Hamburgo
Generalkonsulin: Tamara Kitain
Konsularbezirk: Länder Hamburg, Bremen, Mecklenburg-Vorpommern, Niedersachsen und Schleswig-Holstein

c 1 017

Mexikanisches Honorarkonsulat in Hannover
Landschaftstr. 6, 30159 Hannover
T: (0511) 32 81 88 **Fax:** 32 81 89
Honorarkonsul: Dr. Ulrich von Jeinsen
Konsularbezirk: Land Niedersachsen

c 1 018

Mexikanisches Honorarkonsulat in München
Max-Joseph-Str. 5, 80333 München
T: (089) 54 88 38-77, 54 88 38-78 **Fax:** 54 88 38-79
Honorarkonsul: Dr. Manfred Scholz
Konsularbezirk: Land Bayern

c 1 019

Mexikanisches Honorarkonsulat in Stuttgart
Am Hauptbahnhof 2, 70173 Stuttgart
T: (0711) 1 27 47 30 **Fax:** 1 27 47 32
Honorarkonsul: Dr. Siegfried Jaschinski
Konsularbezirk: Baden-Württemberg

Moldau

• **C 1 020**

Botschaft der Republik Moldau
Gotlandstr. 16, 10439 Berlin
T: (030) 44 65 29 70 **Fax:** 44 65 29 72
Botschafter: Dr. Aurelian Danila
I. Sekretär: Radu Plamadeala (Wirtschaftsfragen)

c 1 021

Botschaft der Republik Moldau Außenstelle Bonn
Adenauerallee 13b, 53111 Bonn
T: (0228) 2 42 35 30 **Fax:** 2 42 35 30
I. Sekretär: Igor Corman (Politik)

Monaco

• **C 1 022**

Botschaft des Fürstentums Monaco
Zitelmannstr. 16, 53113 Bonn
T: (0228) 23 20 07/08 **Fax:** 23 62 82

c 1 023

Honorarkonsul des Fürstentums Monaco in Berlin
Kurfürstenstr. 72-74, 10787 Berlin
T: (030) 26 47 11 10 **Fax:** 26 47 11 00
Honorarkonsul: Dr. Wolf Wegener
Konsularbezirk: Länder Berlin, Brandenburg, Mecklenburg-Vorpommern, Sachsen-Anhalt, Thüringen

c 1 024

Honorarkonsulat des Fürstentums Monaco in Düsseldorf
Freiligrathstr. 1, 40479 Düsseldorf
T: (0211) 4 98 05 22 **Fax:** 4 97 91 77
TGR: CONSULAT MONACO DUESSELDORF
Honorarkonsul: Dr. Bernd Kunth
Konsularbezirk: Land Nordrhein-Westfalen

c 1 025

Honorarkonsulat des Fürstentums von Monaco in Frankfurt
Frauenlobstr. 86, 60487 Frankfurt
T: (069) 7 07 46 63 **Fax:** 70 47 90
Honorarkonsul: Prof. Dr. Gerhard Eisenbach
Konsularbezirk: Länder Hessen, Rheinland-Pfalz und Saarland

c 1 026

Honorarkonsulat des Fürstentums Monaco in München
Brienner Str. 28, 80333 München
T: (089) 28 62 81 09 **Fax:** 28 27 18
Honorarkonsul: Dr. Alexander Liegl
Konsularbezirk: Länder Bayern und Sachsen

c 1 027

Honorarkonsulat des Fürstentums Monaco in Stuttgart
Uhlandstr. 13, 70182 Stuttgart
T: (0711) 2 36 45 91 **Fax:** 2 36 45 91
Honorarkonsul: Simon van Kempen
Konsularbezirk: Land Baden-Württemberg

Mongolei

• **C 1 028**

Botschaft der Mongolei
Siebengebirgsblick 4-6, 53844 Troisdorf
T: (02241) 40 27 27 **Fax:** 4 77 81
E-Mail: mongolbot@aol.com
Konsularbezirk: Bundesgebiet

c 1 029

Botschaft der Mongolei Außenstelle Berlin
Gotlandstr. 12, 10439 Berlin
T: (030) 4 46 93 20 **Fax:** 4 46 93 21

Mosambik

• **C 1 030**

Botschaft der Republik Mosambik
Stromstr. 47, 10551 Berlin
T: (0170) 2 00 51 94 (Mobil)
Botschafter: S.E. Manuel Tomás Lubisse
Konsularbezirk: Bundesgebiet

c 1 031

Honorarkonsulat der Republik Mosambik in München
Bayerstr. 33, 80335 München
T: (089) 55 15 05 25 **Fax:** 55 15 05 28
Honorarkonsul: Siegfried Anton Lingel
Konsularbezirk: Länder Bayern, Sachsen, Sachsen-Anhalt und Thüringen

Myanmar

• **C 1 032**

Botschaft der Union Myanmar
Zimmerstr. 56 6. Etage, 10117 Berlin
T: (030) 2 06 15 70 **Fax:** 20 64 97 57
Botschafter: S.E. U Tun Ngwe
Konsularbezirk: Bundesgebiet

Namibia

• **C 1 033**

Botschaft der Republik Namibia
Wichmannstr. 5, 10787 Berlin
T: (030) 2 63 90 00 **Fax:** 25 40 95 55
E-Mail: namibia.commerce.germany@t-online.de
Botschafter: Hinyangerwa P. Asheeke
Wirtschaftsdienst: BR Dagmar Honsbein

Nepal

• **C 1 034**

Botschaft des Königreiches Nepal
Im Hag 15, 53179 Bonn
T: (0228) 34 30 97, 34 30 98, 38 30 99 **Fax:** 85 67 47
TGR: NEPEMBASSY Bonn
Botschafter: Dr. Novel Kishore Rai

c 1 035

Honorarkonsulat des Königreiches Nepal in Hamburg
Große Theaterstr. 7, 20354 Hamburg
T: (040) 35 71 33 40 **Fax:** 35 71 33 41
Honorarkonsul: Dr. Peter Breiholdt
Konsularbezirk: Hamburg, Bremen, Niedersachsen, Schleswig-Holstein

c 1 036

Honorarkonsulat des Königreiches Nepal in Berlin
Mohrenstr. 42, 10117 Berlin
T: (030) 2 03 90 70 **Fax:** 20 39 07 44
Honorarkonsul: Dr. Ulrich Schmidt (Notar)
Konsularbezirk: Land Berlin

c 1 037

Honorarkonsulat des Königreiches Nepal in München
Ehrenbreitsteiner Str. 44, 80993 München
T: (089) 14 36 52 60
Honorarkonsul: Ludwig-Alexander Greissl
Konsularbezirk: Land Bayern

c 1 038

Honorarkonsulat des Königreiches Nepal in Stuttgart
c/o Stuttgarter Bank
Schloßstr. 21, 70174 Stuttgart
T: (0711) 18 12 68 34 **Fax:** 1 81 26 85
Honorarkonsulin: Ann-Katrin Bauknecht
Konsularbezirk: Land Baden-Württemberg

Neuseeland

• **C 1 039**

Neuseeländische Botschaft
New Zealand Embassy
Friedrichstr. 60, 10117 Berlin
T: (030) 20 62 10 **Fax:** 20 62 11 14
E-Mail: nzemb@t-online.de
Botschafter: S.E. Winston Alexander Cochrane
Konsularbezirk: Bundesgebiet ohne Länder Bremen, Hamburg, Schleswig-Holstein und Niedersachsen

c 1 040

Neuseeländisches Generalkonsulat in Hamburg
New Zealand Consulate General
Zürich Haus
Domstr. 17-21, 20095 Hamburg
T: (040) 44 25 55-0 **Fax:** 44 25 55-49
Generalkonsul: Phillip Klap
Konsularbezirk: Länder Hamburg, Bremen, Schleswig-Holstein, Niedersachsen

Nicaragua

• **C 1 041**

Botschaft der Republik Nicaragua
Konstantinstr. 41, 53179 Bonn
T: (0228) 36 25 05, 35 59 38 **Fax:** 35 40 01
Botschafter: lic. Suyapa Indiana Padilla Tercero (Konsulat, T: (0228) 35 27 87)
Konsularbezirk: Bundesgebiet, Schweiz

Niederlande

• **C 1 042**

Königlich Niederländische Botschaft
Friedrichstr. 95, 10117 Berlin
T: (030) 2 09 56-0 **Fax:** 2 09 56-441
Internet: http://www.dutchembassy.de
E-Mail: nlgovbln@bln.nlamb.de
Botschafter: S.E. Dr. N. van Dam

c 1 043

Außenstelle der Königlich Niederländischen Botschaft
Gotenstr. 7-9, 53175 Bonn
T: (0228) 53 05-0 **Fax:** 23 86 21
E-Mail: nlgovbon@okay.net
Leiter(in): E. Hofland

c 1 044

Honorarkonsulat der Niederlande in Aachen
c/o Industrie und Handelskammer
Theaterstr. 6-8, 52062 Aachen
T: (0241) 3 32 53, 4 46 01 55 **Fax:** 4 46 02 59, 4 46 02 01
E-Mail: oeschwei@aachen.ihk.de
Honorarkonsul: Prof. Dr. Otto Eschweiler
Konsularbezirk: Stadt Aachen, Kreise Aachen, Düren und Heinsberg im Land Nordrhein-Westfalen

c 1 045

Honorarkonsulat der Niederlande in Bremen
Domshof 17, 28195 Bremen
T: (0421) 32 37 26 **Fax:** 3 60 92 65
E-Mail: konsulat@schiffsbank.com
Honorarkonsul: H. H. Boerstra
Konsularbezirk: Land Bremen sowie im Reg.-Bez. Weser-Ems des Landes Niedersachsen Landkreis Wesermarsch, kreisfreie Stadt Delmenhorst, selbständige Gemeinde Stadt Nordenham und im Reg.-Bez. Lüneburg des Landes Niedersachsen Landkreise Osterholz und Cuxhaven, Stadt Cuxhaven

c 1 046

Honorarkonsulat der Niederlande in Dresden
Palaisplatz 3, 01097 Dresden
T: (0351) 8 04 05 20 **Fax:** 4 71 84 19
Honorarkonsul: Dr. G. Prinz zur Lippe-Weissenfeld
Konsularbezirk: Sachsen

c 1 047

Generalkonsulat der Niederlande in Düsseldorf
Postf. 10 39 43, 40030 Düsseldorf
Oststr. 10 (Wehrhahn-Center), 40211 Düsseldorf
T: (0211) 17 93 01-0 **Fax:** 35 90 40
E-Mail: nlgovdus@aol.com
Generalkonsul: J.A.F.M. Revis
Konsularbezirk: Land Nordrhein-Westfalen mit Ausnahme der Stadt Bonn und des Rhein-Sieg-Kreises

c 1 048

Honorarkonsulat der Niederlande in Duisburg
Mülheimer Str. 100, 47057 Duisburg
T: (0203) 35 10 91 **Fax:** 36 28 18
Honorarkonsul: Prof.Dr. Gerd W. Hulsman
Konsularbezirk: Städte Duisburg und Oberhausen sowie aus dem Kreis Wesel die Städte Dinslaken, Kamp-Lintfort, Moers, Rheinberg, Neukirchen-Vluyn und Voerde

c 1 049

Konsulat der Niederlande in Emden
Zu den Hafenbecken 14, 26723 Emden
T: (04921) 2 14 04 **Fax:** 3 44 92, 91 47 29
Honorarkonsul: Johannes Riepma
Konsularbezirk: Im Regierungsbezirk Weser-Ems des Landes Niedersachsen die Landkreise Aurich, Wittmund, Friesland, Ammerland, Leer, Vechta, Cloppenburg und Oldenburg, die Städte Oldenburg, Wilhelmshaven und Emden sowie die selbständigen Gemeinden Stadt Leer, Stadt Aurich und Stadt Norden

c 1 050

Generalkonsulat der Niederlande in Frankfurt
Bockenheimer Landstr. 39, 60325 Frankfurt
T: (069) 97 12 01-0 **Fax:** 97 12 01-55
Internet: http://www.dutchconsulate-fra.de
E-Mail: nlgovfra@t-online.de
Generalkonsul: J. M. Coryn
Konsularbezirk: Länder Hessen, Rheinland-Pfalz, Saarland

c 1 051

Generalkonsulat der Niederlande in Hamburg
Postf. 30 20 66, 20307 Hamburg
Alsterufer 10, 20354 Hamburg
T: (040) 4 50 33 80 **Fax:** 4 50 35 07
E-Mail: nlgovham@t-online.de
Generalkonsul: R. G. J. Sterneberg
Konsularbezirk: Länder Hamburg, Bremen, Schleswig-Holstein und Niedersachsen

c 1 052

Honorarkonsulat der Niederlande in Hannover
Vahrenwalder Str. 9, 30165 Hannover
T: (0511) 93 81 40 26 **Fax:** 93 81 40 11
Honorarkonsul: Dr. Peter Haverbeck
Konsularbezirk: Land Niedersachsen mit Ausnahme des Regierungsbezirks Weser-Ems und der Landkreise Osterholz und Cuxhaven sowie der Stadt Cuxhaven im Regierungsbezirk Lüneburg

c 1 053

Honorarkonsulat der Niederlande in Kleve
Große Str. 47, 47533 Kleve
T: (02821) 2 40 06 **Fax:** 5 07 58
Honorarkonsul: Hermann von Ameln
Konsularbezirk: Kreis Kleve sowie aus dem Kreis Wesel die Städte Wesel, Xanten und Hamminkeln und die Gemeinden Alpen, Hünxe, Schermbeck und Sonsbeck

c 1 054

Honorarkonsulat der Niederlande in Koblenz
Carl-Spaeter-Str. 10, 56070 Koblenz
T: (0261) 89 18 80 **Fax:** 80 06 88
Honorarkonsul: G. R. Buddenbaum

c 1 055

Honorarkonsulat der Niederlande in Köln
Richard-Strauss-Str. 2, 50931 Köln
T: (0221) 40 08 43 00 **Fax:** 40 08 41 48
Honorarkonsul: Paul Bauwens-Adenauer
Konsularbezirk: Reg.-Bez. Köln mit Ausnahme der Städte Aachen und Bonn sowie der Kreise Aachen, Düren, Heinsberg und des Rhein-Sieg-Kreises

c 1 056

Generalkonsulat der Niederlande in München
Nymphenburger Str. 1, 80335 München
T: (089) 54 59 67-0 **Fax:** 54 59 67-67
Internet: http://www.nlgovmun.de
E-Mail: nlgovmun@onlinehome.de
Generalkonsul: J. Zaadhof
Konsularbezirk: Bayern

c 1 057

Honorarkonsulat der Niederlande in Münster
Prinzipalmarkt 13-14, 48143 Münster
T: (0251) 4 52 60 **Fax:** 4 36 99
Honorarkonsul: Dr. Paul Hüffer
Konsularbezirk: Reg.-Bez. Münster

c 1 058

Honorarkonsulat der Niederlande in Nürnberg
Gustav-Adolf-Str. 18, 90513 Zirndorf
T: (0911) 99 60 01 91 20 **Fax:** 9 96 00 21
Honorarkonsul: Dr. Wolfgang Bühler
Konsularbezirk: Reg.-Bez. Mittel-, Ober- und Unterfranken sowie Oberpfalz im Land Bayern

c 1 059

Honorarkonsulat der Niederlande in Osnabrück
Neuer Graben 38, 49074 Osnabrück
T: (0541) 2 43 63 **Fax:** 35 31 31
Honorarkonsul: Dipl.-Kfm. Gerd-Christian Titgemeyer
Konsularbezirk: Landkreise Grafschaft Bentheim, Emsland und Osnabrück, kreisfreie Stadt Osnabrück, Städte Lingen, Georgsmarienhütte, Melle und Nordhorn des Regierungsbezirkes Weser-Ems des Landes Niedersachsen

c 1 060

Honorarkonsulat der Niederlande in Rendsburg
Kieler Str. 10, 24790 Schacht-Audorf
T: (04331) 9 22 05 **Fax:** 9 11 47
Honorarkonsul: Dr. E. J. Fürsen
Konsularbezirk: Landkreise Dithmarschen und Rendsburg-Eckernförde sowie die Stadt Kiel im Land Schleswig-Holstein

c 1 061

Honorarkonsulat der Niederlande in Saarbrücken
Landwehrplatz 6-7, 66111 Saarbrücken
T: (0681) 9 33 02 70 **Fax:** 9 33 81 80
Honorarkonsul: Hans Joachim Jacobi
Konsularbezirk: Saarland

c 1 062

Honorargeneralkonsulat der Niederlande in Stuttgart
Herdweg 60, 70174 Stuttgart
T: (0711) 29 70 80 **Fax:** 2 26 48 20
Honorargeneralkonsul: Dr. Manfred Prechtl
Konsularbezirk: Land Baden-Württemberg

Niger

• C 1 063

Botschaft der Republik Niger
Dürenstr. 9, 53173 Bonn
T: (0228) 35 39 59 **Fax:** 36 32 46
Botschafter: S.E. Abdou Garba
Konsularbezirk: Bundesgebiet

c 1 064

Honorarkonsulat der Republik Niger in Berlin
Badenallee 12-13, 14052 Berlin
T: (030) 3 04 63 09 **Fax:** 3 04 15 32
Honorarkonsul: Prof. Dr.med. Heinz-Günther Schmidt
Konsularbezirk: Länder Berlin, Brandenburg, Mecklenburg-Vorpommern, Sachsen, Sachsen-Anhalt u. Thüringen

c 1 065

Honorarkonsulat der Republik Niger in München
Ludwig-Thoma-Str. 13, 82031 Grünwald
T: (089) 6 49 20 82 **Fax:** 6 49 23 46
Honorarkonsul: Carl Wiedmeier
Konsularbezirk: Länder Bayern und Hessen

c 1 066

Honorarkonsulat der Republik Niger in Kiel
Bertha-von-Suttner-Weg 8, 24340 Eckernförde
T: (04351) 61 81 **Fax:** 61 81
Honorarkonsul: Dr. Joachim Krumhoff
Konsularbezirk: Länder Schleswig-Holstein, Bremen, Hamburg, Niedersachsen und Nordrhein-Westfalen

c 1 067

Honorarkonsulat der Republik Niger in Mannheim
Gottlieb-Daimler-Str. 12a, 68165 Mannheim
T: (0621) 40 39 74 **Fax:** 4 00 62 03
Honorarkonsul: Dr.-Ing. Heinz B. Braun
Konsularbezirk: Länder Baden-Württemberg, Rheinland-Pfalz und Saarland

Nigeria

• C 1 068

Botschaft der Bundesrepublik Nigeria
Goldbergweg 13, 53177 Bonn
T: (0228) 32 20 71-75 **Fax:** 32 80 88
TGR: NIGERIAN BONN 2
Botschafter: S.E. Senator Emeka Patrick Echeruo
Konsularbezirk: Bundesgebiet ohne Länder Berlin, Brandenburg, Hamburg, Mecklenburg-Vorpommern, Sachsen, Sachsen-Anhalt und Thüringen

c 1 069

Außenstelle der Bundesrepublik Nigeria in Berlin
Platanenstr. 98a, 13156 Berlin
T: (030) 4 77-2300/01 **Fax:** 47 25 55
Konsularbezirk: Länder Berlin, Brandenburg, Hamburg, Mecklenburg-Vorpommern, Sachsen, Sachsen-Anhalt und Thüringen

Norwegen

• C 1 070

Königlich Norwegische Botschaft
Rauchstr. 1, 10787 Berlin
T: (030) 50 50 50 **Fax:** 50 50 55
Internet: http://www.norwegen.org
E-Mail: botschaft@norwegen.org
Botschafter: Morten Wetland
Konsularbezirk: Bundesgebiet

c 1 071

Königlich Norwegisches Konsulat in Bremen
Faulenstr. 2-12, 28195 Bremen
T: (0421) 3 03 42 93 **Fax:** 3 03 42 90
TGR: NORKONS BREMEN

Honorarkonsul: Hans Specht
Konsularbezirk: Land Bremen sowie im Reg.-Bez. Weser-Ems des Landes Niedersachsen die Städte Delmenhorst, Emden, Oldenburg, Osnabrück und Wilhelmshaven sowie die Landkreise Ammerland, Aurich, Emsland, Friesland, Grafschaft Bentheim, Leer, Oldenburg, Osnabrück, Wesermarsch und Wittmund

c 1 072

Königlich Norwegisches Konsulat in Leipzig
Braunstr. 7, 04347 Leipzig
T: (0341) 4 43 20 60 **Fax:** 4 43 20 09
Honorarkonsul: Dr. Klaus Ewald Holst
Konsularbezirk: Freistaat Sachsen

c 1 073

Königlich Norwegisches Generalkonsulat in Düsseldorf
Bennigsen-Platz 1, 40474 Düsseldorf
T: (0211) 4 57 94 49, 4 58 90 Handelsabt. **Fax:** 4 57 95 01, 4 58 91 10 Handelsabt.
TGR: VEBA
Honorargeneralkonsul: Ulrich Hartmann
Konsularbezirk: Länder Nordrhein-Westfalen, Rheinland-Pfalz und Saarland

c 1 074

Königlich Norwegisches Honorarkonsulat in Frankfurt
Bethmannstr. 56, 60311 Frankfurt
T: (069) 1 31 08 15 **Fax:** 69 29 90 82 59, 29 90 82 59
TGR: MG ZENTRAL FRANKFURTMAIN
Honorarkonsul: Dr. Karl Ludwig Koenen
Konsularbezirk: Land Hessen

c 1 075

Königlich Norwegisches Generalkonsulat in Hamburg
Neuer Jungfernstieg 7-8, 20354 Hamburg
T: (040) 34 34 55-57 **Fax:** 34 29 98
TGR: NORKONS
Generalkonsul: Nils Olav Stava
Konsularbezirk: Länder Hamburg, Bremen, Schleswig-Holstein, Niedersachsen und Mecklenburg-Vorpommern

c 1 076

Königlich Norwegisches Konsulat in Hannover
Herrenhäuser Str. 83, 30419 Hannover
T: (0511) 7 90 70 **Fax:** 2 79 57 21
Honorarkonsul: Jürgen Middendorff
Konsularbezirk: Im Land Niedersachsen die Regierungsbezirke Hannover, Braunschweig und Lüneburg sowie im Regierungsbezirk Weser-Ems die Landkreise Cloppenburg und Vechta

c 1 077

Königlich Norwegisches Generalkonsulat in Jena
c/o Jenoptik GmbH
Carl-Zeiss-Str. 1, 07743 Jena
T: (03641) 65 22 02 **Fax:** 6 52-4 83
Honorargeneralkonsul: Dr.h.c. Lothar Späth
Konsularbezirk: Länder Thüringen und Sachsen-Anhalt

c 1 078

Königlich Norwegisches Konsulat in Kiel
Lorentzendamm 28, 24103 Kiel
T: (0431) 5 92 10 50 **Fax:** 5 92 10 51
Honorarkonsul: Thieß Beiderwieden
Konsularbezirk: Land Schleswig-Holstein mit Ausnahme der Hansestadt Lübeck und der Kreise Lauenburg, Stormarn, Segeberg und Ostholstein

c 1 079

Königlich Norwegisches Konsulat in Lübeck
Geniner Str. 249, 23560 Lübeck
T: (0451) 5 30 22 11 **Fax:** 5 30 24 90
Honorarkonsul: Petra Baader
Konsularbezirk: Hansestadt Lübeck und die Kreise Lauenburg, Stormarn, Segeberg und Eutin

c 1 080

Königlich Norwegisches Konsulat in München
Promenadeplatz 7, 80333 München
T: (089) 22 41 70 **Fax:** 21 39 28 91
Honorarkonsul: Prof. Dr. Christian Seidel
Konsularbezirk: Land Bayern

c 1 081

Königlich Norwegisches Konsulat in Rostock
Alter Markt 15, 18055 Rostock
T: (0381) 4 54 86 11 **Fax:** 4 54 86 14
Honorarkonsul: Peter Schulz
Konsularbezirk: Land Mecklenburg-Vorpommern

c 1 082

Königlich Norwegisches Generalkonsulat in Stuttgart
Nordbahnhofstr. 41, 70191 Stuttgart
T: (0711) 2 56 89 49 **Fax:** 2 57 86 61
Generalkonsul: Hans Joachim Schmidtgen
Konsularbezirk: Land Baden-Württemberg

Technologie- und Wissenschaftsabteilung
Lange Str. 9, 70173 Stuttgart
T: (0711) 2 99 19 46 **Fax:** 29 56 39

Österreich

• C 1 083

Österreichische Botschaft
Atrium-Gebäude
Friedrichstr. 60, 10117 Berlin
T: (030) 2 02 87-0 **Fax:** 2 29 05 69
Internet: http://www.oesterreichische-botschaft.de
E-Mail: austria.berlin@t-online.de
Botschafter: S.E. Dr. Markus Lutterotti
Konsularbezirk: Berlin, Brandenburg, Mecklenburg-Vorpommern, Sachsen, Sachsen-Anhalt und Thüringen

c 1 084

Österreichische Botschaft Außenstelle Bonn
Johanniterstr. 2, 53113 Bonn
T: (0228) 5 30 06-0, (0170) 9 30 42 47 (Autotelefon), 2 14 25 39 (Mobiltelefon/ Rufbereitschaft
Fax: (0228) 54 90 40
Internet: http://www.oesterreichische-botschaft.de
E-Mail: austria.bonn@t-online.de
Leitung: BRin Dr. Waltraud Dennhardt-Herzog
Konsularbezirk: Länder Nordrhein-Westfalen, Hessen, Rheinland-Pfalz, Saarland

c 1 085

Österreichisches Honorarkonsulat in Bremen
Postf. 10 10 44, 28010 Bremen
Auf dem Dreieck 5, 28197 Bremen
T: (0421) 5 36 86 79 **Fax:** 5 36 86 78
E-Mail: oesterr.konsulat@thb-bremen.de
Honorarkonsul: Robert O. Drewes (Tel.: (0421) 53 68 68 (THB), (04795) 2 38 (privat))
Konsularbezirk: Land Bremen

c 1 086

Österreichisches Honorarkonsulat in Dortmund
Königswall 21, 44137 Dortmund
T: (0231) 90 56-101 **Fax:** 90 56-112
Honorarkonsul: Bodo Harenberg
Konsularbezirk: Regierungsbezirk Arnsberg im Land Nordrhein-Westfalen

c 1 087

Österreichisches Konsulat in Düsseldorf
Cecilienallee 43a, 40474 Düsseldorf
T: (0211) 51 60 40-0 (Konsulin: -30), (0171) 3 72 22 67 (Rufbereitschaft/ Mobil)
Fax: (0211) 45 36 51
E-Mail: rp40924@online-club.de
Konsulin: Gertrude Betzner
Konsularbezirk: Länder Nordrhein-Westfalen, Hessen, Rheinland-Pfalz, Saarland

c 1 088

Österreichisches Honorarkonsulat in Frankfurt
Lyoner Str. 16, 60528 Frankfurt
T: (069) 66 06-196 **Fax:** 66 06-197
E-Mail: email@austroko.ffm.de
Honorarkonsul: Adalbert Lhota
Konsularbezirk: Hessen

c 1 089

Österreichisches Generalkonsulat in Hamburg
Alsterufer 37, 20354 Hamburg
T: (040) 41 32 95-0 (Sekretariat: -15), (0171) 1 21 09 31 (Mobil) **Fax:** (040) 45 29 07
E-Mail: austgkhh@cntmail.de
Generalkonsul: Peter Wukitsevits (Tel.: (040) 44 76 36, privat: (040) 45 58 43)
Konsulin: Eveline von Bülow (privat Tel. : (040) 6 52 01 49)
Konsularbezirk: Länder Bremen, Hamburg, Niedersachsen und Schleswig-Holstein

c 1 090

Österreichisches Honorarkonsulat in Hannover
Constantinstr. 40, 30177 Hannover
T: (0511) 9 07-4870 **Fax:** 9 07-4812
Honorarkonsul: Dr. Heinrich Dickmann (Tel.:/ Fax: (05139) 41 14 (privat))
Konsularbezirk: Land Niedersachsen

c 1 091

Österreichisches Honorarkonsulat in Kiel
Lorentzendamm 22, 24103 Kiel
T: (0431) 55 25 05 **Fax:** 5 19 42 34
Honorarkonsul: Dr. Fritz Süverkrüp (Tel.: (0431) 1 69 09 37 (privat))
Konsularbezirk: Schleswig-Holstein mit Ausnahme der Stadt Lübeck und der Landkreise Herzogtum Lauenburg, Stormarn u. Ostholstein

c 1 092

Österreichisches Honorarkonsulat in Lübeck
Gertrudenstr. 15, 23568 Lübeck
T: (0451) 3 10 01 50 **Fax:** 3 10 01 42
Honorarkonsul: Joachim Brüggen (Tel.: (0451) 3 10 01 51 (privat))
Konsularbezirk: Stadt Lübeck sowie Kreise Herzogtum Lauenburg, Stormarn und Ostholstein im Land Schleswig-Holstein

c 1 093

Österreichisches Honorarkonsulat in Mainz
Südring 347, 55128 Mainz
T: (06131) 33 10 10 **Fax:** 33 10 10
Honorarkonsul: Dr. Hans-Herbert Gartner (Tel.: (06131) 33 11 00 (privat))
Konsularbezirk: Land Rheinland-Pfalz

c 1 094

Österreichisches Generalkonsulat in München
Ismaninger Str. 136, 81675 München
T: (089) 9 98 15-0 (Generalkonsul: -21) **Fax:** 9 81 02 25
E-Mail: oegkmuenchen@compuserve.com
Generalkonsul: Ges. Dr. Christian Lassmann (privat Tel.: (089) 99 83 79-0)
Konsul: Richard Schwarz (privat Tel.: (089) 9 61 38 29)
Konsularbezirk: Länder Bayern und Baden-Württemberg

c 105

Österreichisches Honorarkonsulat in Rostock
Am Campus 1-11, 18182 Bentwisch
T: (0381) 64 91 19, 64 91 45 **Fax:** 64 91 49
Honorarkonsul: Wolfgang Grieger

c 1 095

Österreichisches Honorarkonsulat in Saarbrücken
Im Rotfeld 1, 66115 Saarbrücken
T: (0681) 9 48 37-11 **Fax:** 4 95 83
TGR: AUSTROKO Saarbrücken
Honorarkonsul: Alexander Rugge (Tel.: (0681) 5 71 47 (privat))
Konsularbezirk: Saarland

c 1 096

Österreichisches Honorargeneralkonsulat in Stuttgart
Augustenstr. 4, 70178 Stuttgart
T: (0711) 62 62 60 **Fax:** 62 82 64
Honorargeneralkonsul: Dr. Alexander Grupp (Tel.: (07162) 22 44 (privat, (07162) 90 00-13/11 (Büro); Fax: (07162) 90 00-50 (Büro))
Konsularbezirk: Land Baden-Württemberg

Außenhandelsstellen der Wirtschaftskammer Österreich

• C 1 097

Österreichische Botschaft Handelsabteilung
Wilhelmstr. 65, 10117 Berlin
T: (030) 2 38 62 00 **Fax:** 3 91 36 01
Internet: http://www.oesterreich.org
E-Mail: ahst-berlin@t-online.de
Leiter(in): Botschaftsrat für Handelsangelegenheiten Dr. Alfred Schragl

c 1 098

Österreichisches Konsulat Handelsabteilung
Bahnstr. 9, 40212 Düsseldorf

T: (0211) 32 40 36 **Fax:** 32 64 01
Internet: http://www.oesterreich.org
E-Mail: duesseldorf@oesterreich.org
Leitung: Konsul Dipl.-Kfm. Klaus H. Janschek
(zuständig für Nordrhein-Westfalen)

c 1 099

Österreichisches Konsulat Handelsabteilung
Zürich Haus, 18.Stock
Bockenheimer Landstr. 2, 60323 Frankfurt
T: (069) 97 10 12-0 **Fax:** 97 10 12-29
Internet: http://www.oesterreich.org.
E-Mail: frankfurt@oesterreich.org
Leitung: Dipl.-Kfm. Friedrich Kuen

c 1 100

Österreichisches Generalkonsulat Handelsabteilung
(Hanse-Viertel)
Poststr. 23, 20354 Hamburg
T: (040) 34 06 39 **Fax:** 35 44 28
Internet: http://www.oesterreich.org
E-Mail: oesterr.ahst.hamburg@t-online.de
Leiter: Konsul Dr. Walter Larcher
(zuständig für Hamburg, Bremen, Niedersachsen, Schleswig-Holstein)

c 1 101

Österreichisches Generalkonsulat Handelsabteilung
Promenadeplatz 12, 80333 München
T: (089) 22 52 88 **Fax:** 22 58 87
Internet: http://www.oesterreich.org
E-Mail: muenchen@oesterreich.org
Leitung: Konsul Ing. Mag. Gerhard Meschke
(zuständig für Bayern)

Oman

• C 1 102

Botschaft des Sultanats Oman
Lindenallee 11, 53173 Bonn
T: (0228) 35 70 31-34/44 **Fax:** 35 70 45
Botschafter: N. N.
Konsularbezirk: Bundesgebiet

c 1 103

Honorargeneralkonsulat des Sultanat Oman in Frankfurt
Neue Mainzer Str. 57, 60311 Frankfurt
T: (069) 17 00 79-0 **Fax:** 17 00 79-125
Honorargeneralkonsul: Friedhelm Jost
Konsularbezirk: Länder Hessen, Baden-Württemberg, Bayern, Rheinland-Pfalz und Saarland

Pakistan

• C 1 104

Botschaft der Islamischen Republik von Pakistan
Schaperstr. 29, 10719 Berlin
T: (030) 2 12 44-0 **Fax:** 2 12 44-210
Botschafter: S.E. Gul Haneef
Konsularbezirk: Berlin, Brandenburg, Bremen, Hamburg, Mecklenburg-Vorp., Niedersachsen, Sachsen, Sachsen-Anhalt, Schleswig-Holstein

c 1 105

Generalkonsulat von Pakistan
Lerchesbergring 23, 60598 Frankfurt
T: (069) 42 10 12 **Fax:** 42 10 17
Generalkonsul: Rab Nawaz Khan
Konsularbezirk: Hessen, Rheinland-Pfalz, Saarland, Nordrhein Westfalen, Bayern, Baden-Württemberg, Thüringen

c 1 106

Honorarkonsulat der Islamischen Republik von Pakistan in Bremen
Präsident-Kennedy-Platz 1, 28203 Bremen
T: (0421) 32 36 10 **Fax:** 3 67 82 32
Honorarkonsul: Peter Koopmann
Konsularbezirk: Land Bremen

c 1 107

Honorargeneralkonsulat der Islamischen Republik Pakistan in Hamburg
Honorary Consulate General of Pakistan
Warburgstr. 50, 20354 Hamburg
T: (040) 44 11 13-15
Honorargeneralkonsul: Prof. Dr.h.c. Hermann Schnabel
Konsularbezirk: Länder Hamburg und Schleswig-Holstein

c 1 108

Honorargeneralkonsulat der Islamischen Republik von Pakistan in München
Lindenschmitstr. 37, 81371 München
T: (089) 53 48 80 **Fax:** 53 48 80
Honorargeneralkonsulin: Sieglinde Heckelmann
Konsularbezirk: Länder Bayern und Baden-Württemberg

Panama

• C 1 109

Botschaft der Republik Panama
Lützowstr. 1, 53173 Bonn
T: (0228) 36 10 36-37 **Fax:** 36 35 58
Botschafter: S.E. Enrique Alberto Thayer Galindo
Konsularbezirk: Bundesgebiet

c 1 110

Honorargeneralkonsulat der Republik Panama in Frankfurt
Hochstädter Landstr. 21, 63454 Hanau
T: (06181) 8 20 91 **Fax:** 68 50
Honorargeneralkonsul: Peter Michael Stoll
Konsularbezirk: Länder Hessen und Niedersachsen, Thüringen

c 1 111

Generalkonsulat der Republik Panama in Hamburg
Gänsemarkt 44V, 20354 Hamburg
T: (040) 3 43 63 16, 34 02 18 **Fax:** 35 37 71
Generalkonsul: Alberto M. Castillero
Konsularbezirk: Länder Hamburg, Bremen, Schleswig-Holstein, Niedersachsen und Mecklenburg-Vorpommern

c 1 112

Honorargeneralkonsulat der Republik Panama in Mainz
Viermorgenweg 4, 55124 Mainz
T: (06131) 47 68 72 **Fax:** 47 75 80
Honorargeneralkonsul: Hans-Dieter Klenk
Konsularbezirk: Länder Rheinland-Pfalz und Saarland

c 1 113

Honorarkonsulat der Republik Panama in Kiel
Schloßgarten 7, 24103 Kiel
T: (0431) 5 57 94 62 **Fax:** 5 93 65 22
Honorarkonsul: Hermann Rothert

c 1 114

Honorarkonsulat der Republik Panama in München
Nördliche Münchener Str. 31-33, 82031 Grünwald
T: (089) 6 49 32 05-06 **Fax:** 6 49 27 89
Honorarkonsul: Michael Häckel

Papua-Neuguinea

• C 1 115

Botschaft des Unabhängigen Staates Papua-Neuguinea
Moltkestr. 44-46, 53173 Bonn
T: (0228) 93 56 10 **Fax:** 37 51 03
Botschaftsrat: Peter Raka
Konsularbezirk: Bundesgebiet

c 1 116

Honorarkonsulat von Papua-Neuguinea in Hamburg
Brandstwiete 4, 20457 Hamburg
T: (040) 30 38 02 43 **Fax:** 30 38 02 45
Honorarkonsul: Horst J. Hörtelmann
Konsularbezirk: Land Hamburg

c 1 117

Honorarkonsulat von Papua-Neuguinea in München
Kondorstr. 12, 85630 Grasbrunn
T: (089) 46 08 92 16 **Fax:** 4 60 67 91
Honorarkonsul: Dr.h.c. Walter Schöll
Konsularbezirk: Land Bayern

Paraguay

• C 1 118

Botschaft der Republik Paraguay
Uhlandstr. 32, 53173 Bonn
T: (0228) 35 67 27 **Fax:** 36 66 63
Botschafter: S.E. Lic. José Martinez Lezcano

c 1 119

Generalkonsulat der Republik Paraguay in Hamburg
Heilwigstr. 123, 20249 Hamburg
T: (040) 47 47 41 **Fax:** 4 80 23 37
Konsularbezirk: Bundesgebiet

c 1 120

Honorarkonsulat der Republik Paraguay in Berlin
Hardenbergstr. 12, 10623 Berlin
T: (030) 3 13 55 20 00 **Fax:** 3 13 67 48
Honorarkonsulin: Sylva Franke
Konsularbezirk: Berlin und Brandenburg

c 1 121

Honorargeneralkonsulat der Republik Paraguay in München
Linprunstr. 2 Ecke Sandstraße, 80335 München
T: (089) 5 23 11 12
Honorargeneralkonsul: Rechtsanwalt Alexander Grunder-Culemann
Konsularbezirk: Länder Bayern und Baden-Württemberg mit Ausnahme des Reg.-Bez. Stuttgart

c 1 122

Honorarvizekonsulat der Republik Paraguay in Stuttgart
c/o Anwaltskanzlei Caesmann und Seidel
Rotebühlplatz 20a, 70173 Stuttgart
T: (0711) 22 11 33 **Fax:** 22 51 37
Honorarvizekonsul: Herrmann Walter Sieger
Konsularbezirk: Reg.-Bez. Stuttgart

c 1 123

Honorargeneralkonsulat der Republik Paraguay in Wiesbaden
Wandersmannstr. 68, 65205 Wiesbaden
T: (0611) 71 13 61, 71 90 47 **Fax:** 71 24 90
Honorargeneralkonsul: Rudolf Justus Hambach
Konsularbezirk: Länder Hessen und Rheinland-Pfalz

Peru

• C 1 124

Botschaft von Peru
Godesberger Allee 125, 53175 Bonn
T: (0228) 37 30 45, 3 08 45 70 **Fax:** 37 94 75, 37 19 97
Internet: http://members.aol.com/perusipan
E-Mail: EPRFA@aol.com
Botschafter: S.E. Dr. Luis Silva Santisteban García Seminario

c 1 125

Generalkonsulat der Republik Peru in Berlin
Schadowstr. 6, 10117 Berlin
T: (030) 2 29 14 55, 2 29 15 87 **Fax:** 2 29 28 57
Generalkonsul: Dr. Félix Calderón Urtecho
Konsularbezirk: Länder Berlin, Brandenburg, Mecklenburg-Vorpommern, Sachsen, Sachsen-Anhalt und Thüringen

c 1 126

Honorarkonsulat der Republik Peru in Bremen
Martinistr. 58, 28195 Bremen
T: (0421) 1 56 29 **Fax:** 1 45 06
Honorarkonsul: Artur Schnitger
Konsularbezirk: Land Bremen

c 1 127

Peruanisches Generalkonsulat
Roßmarkt 14/V, 60311 Frankfurt
T: (069) 1 33 09 26 **Fax:** 29 57 40
Generalkonsul: Elmer Schialer Salcedo
Konsularbezirk: Länder Hessen, Baden-Württemberg, Bayern, Rheinland-Pfalz und Saarland

c 1 128

Generalkonsulat der Republik Peru in Hamburg
Blumenstr. 28, 22301 Hamburg
T: (040) 47 67 45, 4 60 12 23 **Fax:** 48 18 54

Generalkonsul: Mario Lovón Ruiz-Caro
Konsularbezirk: Länder Hamburg, Bremen, Niedersachsen, Nordrhein-Westfalen und Schleswig-Holstein

c 1 129

Honorarkonsulat der Republik Peru in Hannover
c/o Dt. Messe AG
Messegelände D 3000, 30521 Hannover
T: (0511) 8 93 10 00, 8 93 10 04 **Fax:** 8 93 26 47
Honorarkonsul: Prof. Dr. Dr.h.c. Klaus E. Goehrmann
Konsularbezirk: Land Niedersachsen

c 1 130

Honorarkonsulat der Republik Peru in München
Chiemgaustr. 116, 81549 München
T: (089) 68 95 11 17 **Fax:** 68 95 11 17
Honorarkonsul: Walter Rudolf Carl Hünermann
Konsularbezirk: Bayern

c 1 131

Honorarkonsulat der Republik Peru in Stuttgart
Leuschnerstr. 41-47, 70176 Stuttgart
T: (0711) 6 66 51 03, 6 66 51 00 **Fax:** 6 66 52 77
Honorarkonsul: Dipl.-Ing. Hans Wolfgang Fein
Konsularbezirk: Land Baden-Württemberg

Philippinen

• C 1 132

Botschaft der Republik der Philippinen
Argelanderstr. 1, 53115 Bonn
T: (0228) 26 79 90 **Fax:** 22 19 68
Botschafter: Romeo A. Arguelles
Konsularbezirk: Bundesgebiet ohne Länder Bremen, Hamburg, Mecklenburg-Vorpommern, Niedersachsen, Sachsen-Anhalt und Schleswig-Holstein

Außenstelle Berlin
Hohenzollerndamm 196, 10717 Berlin
T: (030) 8 61 35 30, 8 61 92 18 **Fax:** 8 73 25 51
Leitung: Vize-Konsul Armando L. Comia
(Für die Länder Berlin, Brandenburg, Sachsen-Anhalt und Thüringen)

c 1 133

Honorargeneralkonsulat der Republik der Philippinen in Düsseldorf
Elisabethstr. 52a, 40217 Düsseldorf
T: (0211) 37 03 66 **Fax:** 38 32 01
Honorargeneralkonsul: Karl-Heinz Stockheim (Jr.)
Konsularbezirk: Länder Nordrhein-Westfalen, Rheinland-Pfalz und Saarland

c 1 134

Honorarkonsulat der Republik der Philippinen in Frankfurt
Dreieichstr. 59 4. Stock, 60594 Frankfurt
T: (069) 62 75 38 **Fax:** 6 03 17 95
Honorarkonsul: Peter Merck
Konsularbezirk: Land Hessen

c 1 135

Generalkonsulat der Republik der Philippinen in Hamburg
Jungfrauenthal 13, 20149 Hamburg
T: (040) 44 29 52-53 **Fax:** 45 99 87
Generalkonsulin: Ophelia A. Gonzales
Konsularbezirk: Länder Bremen, Hamburg, Niedersachsen, Schleswig-Holstein, Mecklenburg-Vorpommern und Sachsen-Anhalt

c 1 136

Honorarkonsulat der Republik der Philippinen in München
Pienzenauerstr. 88, 81925 München
T: (089) 9 82-2 69 **Fax:** 98 17 48
Honorarkonsul: Friedrich Karl Eugen Haberl
Konsularbezirk: Land Bayern

c 1 137

Honorarkonsulat der Republik der Philippinen in Potsdam
Hans-Thoma-Str. 9, 14467 Potsdam
T: (0331) 2 80 57 28 **Fax:** (033708) 3 18 43
Honorarkonsul: Manfred Hans Schnell
Konsularbezirk: Land Brandenburg

c 1 138

Honorarkonsulat der Republik der Philippinen in Leipzig
Naunhofer Str. 46, 04299 Leipzig
T: (0341) 8 68 27-15 **Fax:** 8 61 65 84
Honorarkonsul: Dr. Wolfgang Krüpfer

c 1 139

Honorarkonsulat der Republik der Philippinen in Thüringen
Am Nützleber Feld 2, 99867 Gotha
T: (03621) 89 22 11 **Fax:** 89 22 12
Honorarkonsul: Josef Wiedeler

Polen

• C 1 140

Botschaft der Republik Polen in der Bundesrepublik Deutschland
Unter den Linden 72-74, 10117 Berlin
T: (030) 2 29 17 29, 2 29 27 39 (Wirtschafts- und Handelsabteilung) **Fax:** 2 29 03 58, 2 29 24 51 (Wirtschafts- und Handelsabteilung)
Internet: http://www.brh-koeln.com
E-Mail: 106741.3171@compuserve.com
Botschafter: S.E. Dr. Andrzej Byrt
Handelsrat:
Wirtschafts- und Handelsabteilung Zenon Kosiniak-Kamysz

c 1 141

Botschaft der Republik Polen Konsularabteilung
Richard-Strauss-Str. 11, 14193 Berlin
T: (030) 2 23 13-0 **Fax:** 2 23 13-212
Gesandter: Jan Turski

c 1 142

Botschaft der Republik Polen Außenstelle Köln
Lindenallee 7, 50968 Köln
T: (0221) 9 37 30-0 **Fax:** 34 30 89
Gesandter: Dr. Krzysztof Miszczak

c 1 143

Botschaft der Republik Polen Außenstelle Köln Konsularabteilung
Leyboldstr. 74, 50968 Köln
T: (0221) 9 37 30-0 **Fax:** 34 30 89
Gesandter: Andrzej Szynka
Konsularbezirk: Länder Hessen, Nordrhein-Westfalen, Rheinland-Pfalz, Saarland und Baden-Württemberg

c 1 144

Botschaft der Republik Polen Außenstelle Köln Wirtschafts- und Handelsabteilung
An der Alteburger Mühle 6, 50968 Köln
T: (0221) 34 99-0 **Fax:** 34 99-10
Gesandter: Dr. hab. Józef Olszyński

c 1 145

Generalkonsulat der Republik Polen in Hamburg
Gründgensstr. 20, 22309 Hamburg
T: (040) 6 31 11 81, 6 31 20 91, 6 32 50 29 (Handelsabteilung) **Fax:** 6 32 50 30
Generalkonsul: Mieczyslaw Sokolowski
Konsul: Jerzy Jędrzejewski (Leiter der Handelsabteilung)
Konsularbezirk: Länder Bremen, Hamburg, Niedersachsen, Schleswig-Holstein

c 1 146

Generalkonsulat der Republik Polen in Leipzig
Kommandant-Trufanow-Str. 25, 04105 Leipzig
T: (0341) 56 23 30-0 **Fax:** 5 62 33 33
Generalkonsul: Jan Granat
Konsularbezirk: Freistaat Sachsen und Freistaat Thüringen

c 1 147

Generalkonsulat der Republik Polen in Leipzig Handelsabteilung
Gerberstr. 14, 04105 Leipzig
T: (0341) 9 80 02 81 **Fax:** 9 80 20 43 41
Konsulin: Wanda Galicz-Ostrowska

c 1 148

Generalkonsulat der Republik Polen in München
Ismaninger Str. 62a, 81675 München
T: (089) 41 86 08-0, 41 86 08-46 (Handelsabteilung)
Fax: 47 13 18
Generalkonsulin: Jolanta Róza Kozlowska
Konsul: Bronislaw Sypniewski (Leiter der Handelsabteilung)
Konsularbezirk: Länder Baden-Württemberg, Bayern
Handelsabteilung: T: (089) 41 86 08 42

Portugal

• C 1 149

Portugiesische Botschaft
Zimmerstr. 56, 10117 Berlin
T: (030) 5 90 06 35 00 **Fax:** 5 90 06 36 00
Botschafter: S.E. Dr. Luís Martinez Pazos Alonso

c 1 150

Portugiesisches Generalkonsulat in Düsseldorf
Graf-Adolf-Str. 16 IV, 40212 Düsseldorf
T: (0211) 13 87 80 **Fax:** 32 33 57
TGR: PORTCONSUL DUESSELDORF
Generalkonsul: Dr. Manuel Grainhado Vale
Konsularbezirk: Land Nordrhein-Westfalen mit Ausnahme der Reg.-Bez. Detmold und Münster

c 1 151

Portugiesisches Generalkonsulat in Frankfurt
Zeppelinallee 15, 60325 Frankfurt
T: (069) 79 88 00 **Fax:** 97 98 80 33
Generalkonsul: Dr. Silvino Moreira Ribeiro
Konsularbezirk: Länder Hessen, Rheinland-Pfalz und Saarland

c 1 152

Portugiesisches Generalkonsulat in Hamburg
Gänsemarkt 21-23, 20354 Hamburg
T: (040) 34 34 78-34 00 47 **Fax:** 34 57 30
TGR: PORTCONSUL HAMBURG
Generalkonsul: Dr. José Manuel Bulhão Martins
Konsularbezirk: Länder Hamburg und Schleswig-Holstein sowie Reg.-Bez. Lüneburg im Land Niedersachsen

c 1 153

Portugiesisches Generalkonsulat in Osnabrück
Schloßwall 2, 49080 Osnabrück
T: (0541) 4 80 46, 4 80 47 **Fax:** 43 17 12
Generalkonsul: Dr. Filipa Cordeiro
Vize-Konsul: Paulo Poças
Konsularbezirk: Land Bremen sowie die Reg.-Bez. Braunschweig, Hannover und Weser-Ems im Land Niedersachsen und die Reg.-Bez. Detmold und Münster im Land Nordrhein-Westfalen

c 1 154

Portugiesisches Generalkonsulat in Stuttgart
Königstr. 20, 70173 Stuttgart
T: (0711) 22 73 96 **Fax:** 2 27 39 89
TGR: PORTCONSUL STUTTGART
Generalkonsul: Dr. Rogério Lopes
Konsularbezirk: Länder Baden-Württemberg und Bayern

c 1 155

Portugiesisches Honorarkonsulat in München
Maximiliansplatz 15, 80333 München
T: (089) 29 16 31-25 **Fax:** 29 16 31-26
Honorarkonsul: Dr. Jürgen Adolff
Konsularbezirk: Land Bayern
Übergeordnet ist das Generalkonsulat Stuttgart

Ruanda

• C 1 156

Botschaft der Republik Ruanda
Beethovenallee 72, 53173 Bonn
T: (0228) 3 67 02 36 **Fax:** 35 19 22
Botschafter: S.E. Bernard Makuza (T: (0228) 3 67 02 38, Telefax: (0228) 35 19 22)
Erster Botschaftsrat: Eugene-Richard Gasana (T: (0228) 3 67 02 39, Telefax: (0228) 35 19 22)

c 1 157

Honorarkonsulat der Republik Ruanda in Stuttgart
Lenzhalde 38, 70192 Stuttgart
T: (0711) 2 50 60 **Fax:** 2 50 63 00
Honorarkonsul: Dr. Hans-Peter Andrä
Konsularbezirk: Land Baden-Württemberg

c 1 158

Honorarkonsulat der Republik Ruanda im Freistaat Bayern
Pienzenauerstr. 48, 81679 München
T: (089) 99 89 42 99 **Fax:** 9 82 73 30
Honorarkonsul: Franz-Maximilian Schmid-Preissler

c 1 159

Honorarkonsulat der Republik Ruanda in Hamburg
Am Sandtorkai 4, 20457 Hamburg
T: (040) 36 11 56, 37 33 67-9 **Fax:** 37 31 23
Honorarkonsul: Michael Thimo Drews

Rumänien

• C 1 160

Botschaft von Rumänien
Matterhornstr. 79, 14129 Berlin
T: (030) 8 03 30 18 (Kanzlei) **Fax:** 8 03 30 19 (Konsularabteilung)
Botschafter: S.E. Tudor Gavril Dunca (außerordentlicher und bevollmächtigter Botschafter)
Konsularbezirk: Berlin, Brandenburg, Mecklenburg-Vorpommern, Sachsen, Sachsen-Anhalt, Thüringen

c 1 161

Botschaft von Rumänien
Außenstelle Bonn
Legionsweg 14, 53117 Bonn
T: (0228) 68 38-0 **Fax:** 68 02 47
Leiter(in): Botschaftsrat Niculae Kleininger
Konsularbezirk: Nordrhein-Westfalen, Bremen, Hamburg, Hessen, Niedersachsen, Rheinland-Pfalz, Saarland und Schleswig-Holstein

c 1 162

Generalkonsulat von Rumänien
Dachauer Str. 17, 80335 München
T: (089) 55 33 07, 55 33 08 **Fax:** 55 33 48
Generalkonsul: Dr. Vlad Vasiliu
Konsularbezirk: Bayern, Baden-Württemberg

c 1 163

Honorargeneralkonsulat von Rumänien in Hamburg
Schopenstehl 23, 20095 Hamburg
T: (040) 30 96 80-0 **Fax:** 30 96 80 30
Honorargeneralkonsul: Hasso Kornemann
Konsularbezirk: Bremen, Hamburg, Niedersachsen, Mecklenburg-Vorpommern, Schleswig-Holstein

c 1 164

Honorarkonsulat von Rumänien in Alpen
Weseler Str. 7, 46519 Alpen
T: (02802) 8 12 01 **Fax:** 8 12 20
Honorarkonsul: Dr. Franz Georg von Busse
Konsularbezirk: Nordrhein-Westfalen

c 1 165

Honorarkonsulat von Rumänien in Stuttgart
Schellingstr. 9, 70174 Stuttgart
T: (0711) 1 22 27 91 **Fax:** 1 22 27 99
Honorarkonsul: Dr. Dietmar Sauer
Konsularbezirk: Land Baden-Württemberg

c 1 166

Honorarkonsulat von Rumänien in Bad Kreuznach
Mannheimer Str. 230, 55543 Bad Kreuznach
T: (0671) 8 96 01 07 **Fax:** 8 96 01 07
Honorarkonsul: Alex Jacob
Konsularbezirk: Land Rheinland-Pfalz

Russische Föderation

• C 1 167

Botschaft der Russischen Föderation
Postf. 20 02 08, 53132 Bonn
Waldstr. 42, 53177 Bonn
T: (0228) 31 20 74/86/87/92 **Fax:** 31 15 63
Botschafter: S.E. Sergej B. Krylow
Konsularbezirk: Bundesländer Nordrhein-Westfalen, Baden-Württemberg, Saarland, Rheinland-Pfalz, Hessen

Botschaft der Russischen Föderation
Außenstelle Berlin
Unter den Linden 63-65, 10117 Berlin
T: (030) 2 29 11 10 **Fax:** 2 29 93 97
Leitung: Gesandter Jewgenij A. Schmagin
Konsularbezirk: Bundesländer Berlin, Brandenburg, Sachsen-Anhalt, Mecklenburg-Vorpommern

Botschaft der Russischen Föderation
Visastelle Berlin
Reichensteiner Weg 34-36, 14195 Berlin
T: (030) 8 32 70 04 **Fax:** 8 32 50 49
Konsularbezirk: Länder Berlin, Brandenburg, Sachsen-Anhalt

c 1 168

Generalkonsulat der Russischen Föderation in Hamburg
Am Feenteich 20, 22085 Hamburg
T: (040) 2 29 53 01 **Fax:** 2 29 77 27
Generalkonsul: Stanislaw W. Osadtschij
Konsularbezirk: Bundesländer Hamburg, Bremen, Niedersachsen und Schleswig-Holstein

c 1 169

Generalkonsulat der Russischen Föderation in Leipzig
Kickerlingsberg 18, 04105 Leipzig
T: (0341) 5 85 18 76 **Fax:** 5 64 95 89
Generalkonsul: Wassilij Nikolajewitsch Smirnow
Konsularbezirk: Bundesländer Sachsen und Thüringen

c 1 170

Generalkonsulat der Russischen Föderation in München
Seidlstr. 28, 80335 München
T: (089) 59 25 28 **Fax:** 5 50 38 28
Generalkonsul: Michail Arkadjewitsch Logwinow
Konsularbezirk: Land Bayern

Salomonen

• C 1 171

Botschaft der Salomonen
Bld. Saint Michel 28, B-1040 Brüssel
T: (00322) 7 32 70 85 **Fax:** 7 32-68 85
Botschafter: S.E. Robert Sisilo

Sambia

• C 1 172

Botschaft der Republik Sambia
Mittelstr. 39, 53175 Bonn
T: (0228) 37 68 13, 37 90 34 **Fax:** 37 95 36
TGR: ZAMBIANS BONN 2
Botschafter: S.E. Elias Marko Chisha Chipimo
Konsularbezirk: Bundesgebiet

Samoa

• C 1 173

Honorarkonsulat von Samoa
Koetschaustr. 4, 40474 Düsseldorf
T: (0211) 43 45 85 **Fax:** 4 70 71 85
Internet: http://www.samoa-offshore.de/samoa-konsulat.htm
E-Mail: consulate@wescotrade.com
Honorarkonsul: Claus Wessing
Konsularbezirk: Länder Nordrhein-Westfalen, Baden-Württemberg, Bayern, Berlin, Brandenburg, Hessen, Rheinland-Pfalz, Saarland, Sachsen, Sachsen-Anhalt und Thüringen

San Marino

• C 1 174

Honorarkonsulat von San Marino
Arndtstr. 12, 60325 Frankfurt
T: (069) 7 41 04 40 **Fax:** 7 41 04 40
Honorarkonsul: Dietrich Herbst
Konsularbezirk: Länder Hessen, Baden-Württemberg, Bayern, Bremen, Hamburg, Niedersachsen, Nordrhein-Westfalen, Rheinland-Pfalz, Saarland und Schleswig-Holstein

São Tomé und Principe

• C 1 175

Botschaft der Demokratischen Republik São Tomé und Principe
Square Montgomery 175 Av. de Tervuren, B-1150 Brüssel
T: (00322) 7 34 89 66 **Fax:** 7 34 88 15
Botschafter: N. N.
Geschäftsträger: Armindo Fernandes

Saudi-Arabien

• C 1 176

Botschaft des Königreichs Saudi-Arabien
Godesberger Allee 40-42, 53175 Bonn
T: (0228) 81 09-0, Konsularabt.: (0228) 81 09-200
Fax: 37 21 68
TGR: NAJDIAH BONN 2
Botschafter: S.E. Sheikh Abbas Faig Ghazzawi
Konsularbezirk: Bundesgebiet

Schweden

• C 1 177

Schwedische Botschaft
Rauchstr. 1, 10787 Berlin
T: (030) 50 50 60 **Fax:** 50 50 67 89
Internet: http://www.schweden.org
E-Mail: ambassaden.berlin@foreign.ministry.se
Botschafter: S.E. Mats Hellström

c 1 178

Schwedisches Honorarkonsulat in Bremen
Fahrenheitstr. 6, 28359 Bremen
T: (0421) 2 02 91 15, 2 23 93 54 **Fax:** 2 23 99 58
Honorarkonsul: Klaus Hollweg
Konsularbezirk: Land Bremen, Reg.-Bez. Weser-Ems des Landes Niedersachsen mit Ausnahme der Landkreise Osnabrück (einschl. der selbständigen Gemeinden Städte Georgsmarienhütte und Melle) und Vechta sowie der kreisfreien Stadt Osnabrück

c 1 179

Schwedisches Honorarkonsulat in Düsseldorf
Berliner Allee 32, 40212 Düsseldorf
T: (0211) 3 23 84 57, 3 23 84 58 **Fax:** 3 23 97 52
Honorarkonsul: Dr. Roland Schulz
Konsularbezirk: Land Nordrhein-Westfalen mit Ausnahme der Städte Köln und Bonn

c 1 180

Schwedisches Honorarkonsulat in Frankfurt
Wildunger Str. 9, 60487 Frankfurt
T: (069) 79 40 26 15 **Fax:** 79 40 26 16
Honorarkonsul: N.N.
Konsularbezirk: Länder Hessen, Rheinland-Pfalz und Saarland

c 1 181

Schwedisches Generalkonsulat in Hamburg
Postf. 30 49 50, 20316 Hamburg
Alsterufer 15, 20354 Hamburg
T: (040) 45 01 45-0 **Fax:** 45 01 45-14
Generalkonsul: Leit H. Sjöström
Konsularbezirk: Das gesamte Bundesgebiet mit Ausnahme der Städte Köln, Bonn und des Landes Berlin

c 1 182

Schwedisches Honorarkonsulat in Hannover
Postf. 71 04 30, 30544 Hannover
Lohweg 39, 30559 Hannover
T: (0511) 5 10 05-25 **Fax:** 5 10 05-24
Honorarkonsul: Dr. Carl Ludwig Wilkening
Konsularbezirk: Im Land Niedersachsen: Reg.-Bez. Braunschweig, Hannover und Lüneburg sowie im Reg.-Bez. Weser-Ems die Landkreise Osnabrück (einschl. der selbständigen Gemeinden Städte Georgsmarienhütte und Melle) und Vechta sowie die kreisfreie Stadt Osnabrück

c 1 183

Schwedisches Honorarkonsulat in Kiel
Hopfenstr. 29, 24103 Kiel
T: (0431) 66 07-875 **Fax:** 66 07-777
Honorarkonsul: Ernst Johansson
Konsularbezirk: Die kreisfreien Städte Flensburg, Kiel und Neumünster sowie die Landkreise Dithmarschen, Nordfriesland, Pinneberg, Plön, Rendsburg-Eckernförde, Schleswig-Flensburg und Steinburg im Land Schleswig-Holstein

c 1 184

Schwedisches Honorarkonsulat in Leipzig
Messe-Allee 2, 04356 Leipzig
T: (0341) 6 09 66 20, 6 09 66 11 **Fax:** 60 96 61
Honorarkonsul: Rudolf von Sandersleben
Konsularbezirk: Land Sachsen

c 1 185

Schwedisches Honorarkonsulat in Lübeck
Beckergrube 38-52, 23552 Lübeck

T: (0451) 7 80 99 **Fax:** 14 82 55
Honorarkonsul: Dr. Dietrich Schulz
Konsularbezirk: Im Land Schleswig-Holstein die Stadt Lübeck sowie die Kreise Lauenburg, Ostholstein, Segeberg und Stormarn

c 1 186

Schwedisches Honorarkonsulat in München
Brienner Str. 9, 80333 München
T: (089) 54 52 12 15 **Fax:** 54 52 11 09
Honorarkonsul: Dr. Klaus Werner
Konsularbezirk: Land Bayern

c 1 187

Schwedisches Honorarkonsulat in Rostock
Altkarlshof 6, 18146 Rostock
T: (0381) 65 86-600 **Fax:** 65 86-610
Honorarkonsul: Axel Erdmann
Konsularbezirk: Land Mecklenburg-Vorpommern

c 1 188

Schwedisches Honorarkonsulat in Stuttgart
Rotebühlstr. 77, 70178 Stuttgart
T: (0711) 66 72 19 99 **Fax:** 66 72 20 14
Honorarkonsul: Michael Klett
Konsularbezirk: Land Baden-Württemberg

Schweiz

• C 1 189

Schweizerische Botschaft
Kirchstr. 13, 10557 Berlin
T: (030) 3 90 40 00 **Fax:** 3 91 10 30
E-Mail: vertretung@ber.rep.admin.ch
Botschafter: S.E. Dr. Thomas Borer-Fielding

c 1 190

Konsularisches Dienstleistungszentrum der Schweiz
Außenstelle Bonn
Peter-Hensen-Str. 1, 53175 Bonn
T: (0228) 8 16 62 70 (Auskunft und Verwaltung), 8 16 62 00 (Konsularisches), 8 16 62 50 (Soziales), 8 16 61 00 (Visa/Einreise) **Fax:** 8 16 62 71, 8 16 62 01 (Konsularisches), 8 16 62 51 (Soziales), 8 16 61 01 (Visa/Einreise)
Generalkonsul: Hans-Jürg Dové
Zentrale Stelle für sämtliche konsularisch-administrative Aufgaben in Deutschland

c 1 191

Schweizerisches Generalkonsulat in Dresden
Leipziger Str. 116, 01127 Dresden
T: (0351) 8 94 44-0 **Fax:** 8 94 44-20
Generalkonsul: Walter Kägi
Konsularbezirk: Freistaaten Sachsen und Thüringen und das Land Sachsen-Anhalt

c 1 192

Schweizerisches Generalkonsulat in Düsseldorf
Ernst-Gnoß-Str. 25, 40219 Düsseldorf
T: (0211) 45 88 70-0 **Fax:** 4 38 09 51
E-Mail: 14513.1374@compuserve
Generalkonsul: Beat Heuss
Konsularbezirk: Land Nordrhein-Westfalen

c 1 193

Schweizerisches Generalkonsulat in Frankfurt
Zürich-Hochhaus am Opernplatz
Bockenheimer Landstr. 2, 60323 Frankfurt
T: (069) 17 00 28-0 **Fax:** 17 33 89
Generalkonsul: Christian Schmed
Konsularbezirk: Länder Hessen, Rheinland-Pfalz und Saarland

c 1 194

Schweizerisches Generalkonsulat in Hamburg
Rathausmarkt 5, 20095 Hamburg
T: (040) 30 97 82-0 **Fax:** 32 36 16
Generalkonsul: Robert Wenger
Konsularbezirk: Länder Hamburg, Bremen, Schleswig-Holstein und Niedersachsen

c 1 195

Schweizerisches Generalkonsulat in München
Postf. 34 02 56, 80099 München
Brienner Str. 14, 80333 München
T: (089) 28 66 20-0 **Fax:** 28 05 79 61
Generalkonsul: Friedrich Vogel
Konsularbezirk: Freistaat Bayern

c 1 196

Schweizerisches Generalkonsulat in Stuttgart
Hirschstr. 22, 70173 Stuttgart
T: (0711) 22 29 43-0 **Fax:** 22 29 43-22
E-Mail: swisscgst@z.zgs.de
Generalkonsul: Pius Bucher
Konsularbezirk: Land Baden-Württemberg

Senegal

• C 1 197

Botschaft der Republik Senegal
Argelanderstr. 3, 53115 Bonn
T: (0228) 21 80 08 **Fax:** 21 78 15
Botschafter: Mouhamadou Keita
Konsularbezirk: Bundesgebiet

c 1 198

Generalhonorarkonsulat der Republik Senegal in Berlin
Sächsische Str. 39, 10713 Berlin
T: (030) 8 61 01 24 **Fax:** 8 83 76 84, 8 61 02 31
Teletex: 17-308 268 NovaTEL
Generalhonorarkonsul: Otto Meissner
Konsularbezirk: Länder Berlin, Brandenburg, Mecklenburg-Vorpommern und Sachsen-Anhalt

c 1 199

Generalhonorarkonsulat der Republik Senegal in Düsseldorf
Postf. 10 30 54, 40021 Düsseldorf
Grafenberger Allee 87, 40237 Düsseldorf
T: (0211) 61 43 61, 61 10 00 **Fax:** 61 44 00
Honorarkonsulin: Ute Henriette Ohoven
Konsularbezirk: Land Nordrhein-Westfalen, Niedersachsen

c 1 200

Honorarkonsulat der Republik Senegal in Frankfurt
Oeder Weg 1, 60318 Frankfurt
T: (069) 55 65 04 **Fax:** 55 65 96
Honorarkonsul: Gunther A. Luedecke
Konsularbezirk: Land Hessen

c 1 201

Honorarkonsulat der Republik Senegal in Hamburg
Waitzstr. 52, 22607 Hamburg
T: (040) 82 11 99 **Fax:** 82 10 50
Honorarkonsul: Dieter Härthe
Konsularbezirk: Land Hamburg

c 1 202

Honorarkonsulat der Republik Senegal in München
Franz-Joseph-Str. 15/Rckg., 80801 München
T: (089) 34 51 02 **Fax:** 34 51 14
Honorarkonsul: Max Gierke
Konsularbezirk: Land Bayern, Thüringen, Sachsen

c 1 203

Generalhonorarkonsulat der Republik Senegal in Stuttgart
Ehrenhalde 11, 70192 Stuttgart
T: (0711) 2 56 92 15 **Fax:** 2 56 79 09
Generalhonorarkonsulin: Margarethe Ulmer
Konsularbezirk: Länder Baden-Württemberg und Rheinland-Pfalz

Seychellen

• C 1 204

Honorargeneralkonsulat der Republik Seychellen
Esplanade 6 II, 20354 Hamburg
T: (040) 34 66 06 **Fax:** 35 08 94 50
Honorargeneralkonsul: Hans-Joachim Worms
Konsularbezirk: Länder Hamburg, Berlin, Brandenburg, Bremen, Mecklenburg-Vorpommern, Niedersachsen und Schleswig-Holstein

c 1 205

Honorarkonsulat der Republik Seychellen
Frankfurter Str. 63-69, 65760 Eschborn
T: (06169) 96 03 90 **Fax:** 96 03 99
E-Mail: hunzinger@m-i-t.de
Honorarkonsul: Maximilian Hunzinger
Konsularbezirk: Länder Nordrhein-Westfalen, Rheinland Pfalz, Saarland, Hessen, Sachsen-Anhalt, Thüringen

c 1 206

Honorarkonsulat der Seychellen in Herrsching
Summerstr. 8, 82211 Herrsching
T: (08152) 56 94 **Fax:** 53 67
E-Mail: INFO@TRAUMINSELREISEN.DE
Honorarkonsul: Wolfgang Därr
Konsularbezirk: Länder Bayern, Baden-Württemberg und Sachsen

Sierra Leone

• C 1 207

Botschaft der Republik Sierra Leone
Rheinallee 20, 53173 Bonn
T: (0228) 35 20 01 **Fax:** 36 42 69
Botschafter: S.E. Dr. Umaru Bundu Wurie

c 1 208

Honorarkonsulat der Republik Sierra Leone in Düsseldorf
Mendelssohnstr. 36, 40670 Meerbusch
T: (02159) 17 07 **Fax:** 5 11 49
Honorarkonsul: Ralf Lienenkämper
Konsularbezirk: Länder Nordrhein-Westfalen, Rheinland-Pfalz und Saarland

c 1 209

Honorargeneralkonsulat der Republik Sierra Leone in Frankfurt
Am Bächelchen 35, 60388 Frankfurt
T: (06109) 3 32 77 **Fax:** 3 40 55
Honorargeneralkonsul: Walther M. Bessler
Konsularbezirk: Länder Hessen, Thüringen und Sachsen-Anhalt

Simbabwe

• C 1 210

Botschaft der Republik Simbabwe
Arkadia Centrum
Villichgasse 7, 53177 Bonn
T: (0228) 35 60 71-72 **Fax:** 35 63 09
Botschafter: S.E. Gift Punungwe (außerordentlicher und bevollmächtigter Botschafter)
Konsularbezirk: Bundesgebiet

Singapur

• C 1 211

Botschaft der Republik Singapur
Friedrichstr. 200, 10117 Berlin
T: (030) 22 63 43 18 **Fax:** 22 63 43 55
Botschafter: S.E. Prof. Walter Woon
Konsularbezirk: Bundesgebiet

c 1 212

Honorargeneralkonsulat der Republik Singapur
Postf. 10 44 20, 20030 Hamburg
Ballindamm 1, 20095 Hamburg
T: (040) 30 29 90, 30 29 92 92 **Fax:** 30 29 92 29
Honorargeneralkonsul: Dr. Dieter Lorenz-Meyer
Konsularbezirk: Länder Hamburg, Bremen, Mecklenburg-Vorpommern, Niedersachsen und Schleswig-Holstein

Slowakische Republik

• C 1 213

Botschaft der Slowakischen Republik
August-Bier-Str. 31, 53129 Bonn
T: (0228) 91 45 50 **Fax:** 91 45-5 38
Botschafter: S.E. Ján Foltin

c 1 214

Botschaft der Slowakischen Republik
Außenstelle Berlin
Leipziger Str. 36, 10117 Berlin
T: (030) 2 04 45 38, 2 04 49 49 **Fax:** 2 08 24 59
Leitung Presseabteilung: Peter Dubcek
Amtsbezirk: Länder Berlin, Brandenburg, Mecklenburg-Vorpommern, Sachsen, Sachsen-Anhalt und Thüringen

c 1 215

Generalkonsulat der Slowakischen Republik
Vollmannstr. 25d, 81925 München
T: (089) 9 10 20 60 **Fax:** 9 10 20 54
Generalkonsul: Dr. Augustin Lang
Konsularbezirk: Länder Bayern und Baden-Württemberg

Slowenien

• C 1 216

Botschaft der Republik Slowenien
Hausvogteiplatz 3-4, 10117 Berlin
T: (030) 20 61 45-0 **Fax:** 20 61 45-70
Botschafter: S.E. Alfonz Naberžnik

c 1 217

Generalkonsulat der Republik Slowenien
Lindwurmstr. 14,
80337 München
Postfach, 80045 München
T: (089) 5 43 98 19 **Fax:** 5 43 94 83
Generalkonsul: Fedor Gregorič
Konsularbezirk: Länder Bayern und Baden-Württemberg

c 1 218

Honorarkonsulat der Republik Slowenien
Rothenbaumchaussee 3, 20148 Hamburg
T: (040) 38 03-1226 **Fax:** 38 03-1341
Honorarkonsul: Kai Wünsche

c 1 219

Honorarkonsulat der Republik Slowenien
Hafenstr. 167-169, 27568 Bremerhaven
T: (0471) 9 54-9020 **Fax:** 9 54-9089
Honorarkonsul: Friedrich Dieckell

c 1 220

Honorarkonsulat der Republik Slowenien
Stengelstr. 12, 66117 Saarbrücken
T: (0681) 9 26 75 64 **Fax:** 9 26 75 65
Honorarkonsul: Dr. Leon Brumen

Somalia

• C 1 221

Botschaft der Demokratischen Republik Somalia
Hohenzollernstr. 12, 53173 Bonn
T: (0228) 35 16 43
Botschafter: N. N.
Konsularbezirk: Bundesgebiet

Spanien

• C 1 222

Königlich Spanische Botschaft
Kanzlei:
Schöneberger Ufer 89 6. Stock, 10785 Berlin
T: (030) 2 54 00 70 **Fax:** 25 79 95 57
Botschafter: S.E. José-Pedro Sebastián de Erice

Verteidigungsabteilung
Kennedyallee 142, 53175 Bonn
Fax: (0228) 37 58 20
T: (0228) 37 49 14 (Verteidigungs- und Heeresattaché), (0228) 37 49 32 (Marineattaché), (0228) 37 49 66 (Luftwaffenattaché)

Kulturabteilung
Weberstr. 118, 53113 Bonn
T: (0228) 91 42 70 **Fax:** 9 14 27 16

Wirtschaftsabteilung
Koblenzer Str. 99, 53177 Bonn
T: (0228) 36 20 99 **Fax:** 36 17 13

Finanzabteilung
Schloßstr. 4, 53115 Bonn
T: (0228) 26 35 68 **Fax:** 26 55 25

Landwirtschaftsabteilung
Deutschherrenstr. 15, 53177 Bonn
T: (0228) 33 03 87 **Fax:** 33 28 91

Erziehungsabteilung
Plittersdorfer Str. 111, 53173 Bonn
T: (0228) 95 70 30 **Fax:** 9 57 03 10

Presseabteilung
Schloßstr. 4, 53115 Bonn
T: (0228) 21 75 11 **Fax:** 22 27 98

Sozialabteilung
Rheinallee 19, 53173 Bonn
T: (0228) 9 35 47 60 **Fax:** 93 54 76-31

c 1 223

Spanisches Generalkonsulat in Berlin
Steinplatz 1, 10623 Berlin
T: (030) 3 15 09-251, 3 15 09-252, 3 15 09-253
Fax: 3 15 09-962
Generalkonsul: Alvaro Ozores Salaverría
Konsularbezirk: Länder Berlin, Brandenburg, Sachsen, Sachsen-Anhalt und Thüringen

c 1 224

Spanisches Generalkonsulat in Düsseldorf
Homberger Str. 16, 40474 Düsseldorf
T: (0211) 43 90 80 **Fax:** 45 37 68
Generalkonsul: Francisco Javier Collar Zabaleta
Konsularbezirk: Land Nordrhein-Westfalen

c 1 225

Spanisches Generalkonsulat in Frankfurt
Nibelungenplatz 3, 60318 Frankfurt
T: (069) 9 59 16 60 **Fax:** 95 91 66-12
Generalkonsul: Julio Fernández Torrejón
Konsularbezirk: Länder Hessen, Rheinland-Pfalz und Saarland

c 1 226

Spanisches Generalkonsulat in Hamburg
Mittelweg 37, 20148 Hamburg
T: (040) 44 36 20, 45 24 16, 4 14 64 60 **Fax:** 41 74 49
Generalkonsul: Juan Luis Flores Arroyuelo
Konsularbezirk: Länder Hamburg, Bremen, Mecklenburg-Vorpommern, im Reg.-Bez. Hannover des Landes Niedersachsen den Landkreis Diepholz, im Reg.-Bez. Lüneburg die Landkreise Cuxhaven, Harburg, Lüneburg, Osterholz, Rotenburg (Wümme), Stade und Verden sowie den Reg.-Bez. Weser-Ems und das Land Schleswig-Holstein

c 1 227

Spanisches Generalkonsulat in Hannover
Bödekerstr. 22, 30161 Hannover
T: (0511) 31 10 85-86 **Fax:** 31 62 30
Generalkonsul: Alvaro de Salas Giménez de Azcárate
Konsularbezirk: Im Land Niedersachsen der Reg.-Bez. Braunschweig, der Reg.-Bez. Hannover mit Ausnahme des Landkreises Diepholz, im Reg.-Bez. Lüneburg die Landkreise Celle, Soltau-Fallingbostel und Lüchow-Dannenberg und Uelzen.

c 1 228

Spanisches Generalkonsulat in München
Oberföhringer Str. 45, 81925 München
T: (089) 9 98 47 90 **Fax:** 9 81 02 06
Generalkonsul: Enrique Iranzo Arques
Konsularbezirk: Land Bayern

c 1 229

Spanisches Generalkonsulat in Stuttgart
Lenzhalde 61, 70192 Stuttgart
T: (0711) 2 26 20-01, -03, -04 **Fax:** 2 26 59 27
Generalkonsul: Francisco Ochoa de Olza Vidal
Konsularbezirk: Land Baden-Württemberg

Sri Lanka

• C 1 230

Botschaft der Demokratischen Sozialistischen Republik Sri Lanka
Niklasstr. 19, 14163 Berlin
T: (030) 80 90 97 43
Botschafter: S.E. Satharatilaka Banda Atugoda
Konsularbezirk: Bundesgebiet

c 1 231

Honorarkonsulat von Sri Lanka in Berlin
Nunsdorfer Ring 15, 12277 Berlin
T: (030) 72 08 62 41 **Fax:** 72 08 62 12
Honorarkonsul: Uwe Foitzik
Konsularbezirk: Länder Berlin, Brandenburg und Mecklenburg-Vorpommern

c 1 232

Honorarkonsulat der Republik Sri Lanka in Bremen
Birkenstr. 15, 28195 Bremen
T: (0421) 17 10 50 **Fax:** 17 13 18
Honorarkonsul: Klaus Dames-Willers
Konsularbezirk: Länder Bremen und Niedersachsen

c 1 233

Honorargeneralkonsulat von Sri Lanka in Hamburg
Pickhuben 9, 20457 Hamburg
T: (040) 36 14 32 30 **Fax:** 36 14 31 15
Honorargeneralkonsul: Carl Olav Ellerbrock
Konsularbezirk: Länder Hamburg und Schleswig-Holstein

c 1 234

Honorargeneralkonsulat der Republik Sri Lanka in München
Sylvensteinstr. 2, 81369 München
T: (089) 7 20 12 70 **Fax:** 7 20 12 90
Stellv. Leiter des Honorargeneralkonsulats: Dipl.-Ing. Hans Hammer (MBA Insead)
Konsularbezirk: Länder Bayern und Hessen

c 1 235

Honorarkonsulat der Republik Sri Lanka in Stuttgart
Willy-Brandt-Str. 50-54, 70173 Stuttgart
T: (0711) 2 23 87 40 **Fax:** 2 23 79 54
Honorarkonsul: Norbert Quack
Konsularbezirk: Länder Baden-Württemberg, Rheinland-Pfalz und Saarland

St. Kitts und Nevis

• C 1 236

Botschaft der Föderation St. Kitts und Nevis
(High Commission for S. Christopher and Nevis)
10 Kensington Court, GB-London W8 SDL
T: (0044207) 9 37-9522 **Fax:** 9 37-5514
Botschafter: N. N.
Amtbezirk: St. Kitts und Nevis
Übergeordnete Auslandsvertretung: Botschaft Port-of-Spain

St. Lucia

• C 1 237

Honorarkonsulat von Saint Lucia
Postf. 23 04, 61293 Bad Homburg
T: (06172) 30 23 24 **Fax:** 30 53 14
Honorarkonsul: Bernd O. Ludwig
Konsularbezirk: Bundesgebiet

St. Vincent und die Grenadinen

• C 1 238

Botschaft von St. Vincent und die Grenadinen
(High Commission for Saint Vincent and the Grenadines)
10 Kensington Court, GB-London W8 5DL
T: (04420) 5 65 28 74 **Fax:** 9 37 60 40
E-Mail: highcommission.svg.uk@cwcom.net
Hoher Kommissar: H.E. Carlyle Dougan (QC)

• C 1 239

Honorarkonsulat von St. Vincent und die Grenadinen in München
Flüggenstr. 5, 80639 München
T: (089) 17 80 35-20 **Fax:** 17 64 81
Honorarkonsul: Johann Ulrich Schlamp
Konsularbezirk: Bundesgebiet

Südafrika

• C 1 240

Botschaft der Republik Südafrika
Friedrichstr. 60, 10117 Berlin
T: (030) 22 07 30 **Fax:** 20 16 52 83
Botschafterin: I.E. Lindiwe Mabuza
Konsularbezirk: Bundesgebiet

c 1 241

Honorarkonsulat der Republik Südafrika in Bremen
Sonneberger Str. 18, 28329 Bremen
T: (0421) 4 67 70 81 **Fax:** 4 67 70 87
Honorarkonsul: August Jaekel
Konsularbezirk: Land Bremen

c 1 241.10

Honorarkonsul der Republik Südafrika in Dortmund
Klönnestr. 99, 44143 Dortmund
T: (0231) 51 63 13 **Fax:** 51 63 13
Honorarkonsul: Hans-Jörg Hübner
Konsularbezirk: Land Nordrhein-Westfalen

c 1 242

Honorarkonsulat der Republik Südafrika in Hannover

Heisterholzwinkel 10, 30559 Hannover
T: (0511) 5 17 95 24 **Fax:** 5 17 95 24
Honorarkonsul: Dr. Gerhard Syrbius
Konsularbezirk: Land Niedersachsen

c 1 243

Honorargeneralkonsulat der Republik Südafrika in Stuttgart

Plieninger Str. 148b, 70567 Stuttgart
T: (0711) 7 22 21 75 **Fax:** 7 22 21 80
Honorargeneralkonsul: Dipl.-Ing. Jürgen E. Schrempp
Konsularbezirk: Länder Baden-Württemberg, Rheinland-Pfalz und Saarland

c 1 244

Generalkonsulat der Republik Südafrika in München

Sendlinger-Tor-Platz 5, 80336 München
T: (089) 2 31 16 30 **Fax:** 23 11 63 63
Generalkonsul: N.N.
Konsularbezirk: Länder Bayern und Baden-Württemberg

Sudan

• **C 1 245**

Botschaft der Republik Sudan

Koblenzer Str. 107, 53177 Bonn
T: (0228) 93 37 00 **Fax:** 33 51 15, 33 51 40
Internet: http://home.t-online.de/home/sudan-embassy.bonn
E-Mail: Sudan-Embassy.Bonn@t-online.de
Botschafter: S.E. Achol Deng
Konsularbezirk: Bundesgebiet

Suriname

• **C 1 246**

Honorargeneralkonsulat von Suriname

Adolf-Kolping-Str. 16, 80336 München
T: (089) 55 33 63 **Fax:** 59 70 64
E-Mail: matte@t-online.de
Honorargeneralkonsul: Edwin Matt
Konsularbezirk: Bundesgebiet

Swasiland (Königreich)

• **C 1 247**

Honorargeneralkonsulat des Königreichs Swasiland

Postf. 10 29 01, 40020 Düsseldorf
Worringer Str. 59, 40211 Düsseldorf
T: (0211) 35 08 66 **Fax:** (02133) 77 01-78
Honorargeneralkonsul: Hermann Josef Raths
Konsularbezirk: Bundesgebiet, außer Bayern, Berlin, Baden-Württemberg, Hessen, Rheinland-Pfalz, Brandenburg und Sachsen

Syrien

• **C 1 248**

Botschaft der Arabischen Republik Syrien

Andreas-Hermes-Str. 5, 53175 Bonn
T: (0228) 8 19 92 20 **Fax:** 8 19 92 99
Geschäftsträger a.i.: Mohamed Walid Hezbor
Konsularbezirk: Bundesgebiet

c 1 249

Honorarkonsulat der Arabischen Republik Syrien

Brooktor 11, 20457 Hamburg
T: (040) 32 18 61 **Fax:** 32 70 86
Honorarkonsul: Hani Nasri
Konsularbezirk: Länder Hamburg, Bremen, Niedersachsen und Schleswig-Holstein

Tadschikistan

• **C 1 250**

Botschaft der Republik Tadschikistan

Otto-Suhr-Allee 84, 10585 Berlin
Botschafter: S.E. Akbar Mirzoev
Konsularbezirk: Bundesgebiet

Tansania

• **C 1 251**

Botschaft der Vereinigten Republik von Tansania

Theaterplatz 26, 53177 Bonn
T: (0228) 35 80 51-4 **Fax:** 35 82 26
Botschafter: S.E. Andrew Mhando Daraja
Konsularbezirk: Bundesgebiet

c 1 252

Honorarkonsulat der Vereinigten Republik von Tansania in Frankfurt

Bettinaplatz 2, 60325 Frankfurt
T: (069) 74 59 89
Honorarkonsul: Dr. Ludwig C. Fritz
Konsularbezirk: Länder Baden-Württemberg und Hessen

c 1 253

Honorarkonsulat der Vereinigten Republik von Tansania in Hamburg

Normannenweg 17-21, 20537 Hamburg
T: (040) 25 45 60 **Fax:** 25 45 62 89
Honorarkonsul: Jürgen Gotthardt
Konsularbezirk: Land Hamburg

Thailand

• **C 1 254**

Königlich-Thailändische Botschaft

Ubierstr. 65, 53173 Bonn
T: (0228) 95 68 60 **Fax:** 36 37 02
Botschafter: S.E. Kasit Piromya
Konsularbezirk: Bundesgebiet ohne Länder Berlin, Brandenburg, Mecklenburg-Vorpommern, Sachsen-Anhalt und Thüringen

c 1 255

Generalkonsulat Thailand in Berlin

Lepsiusstr. 64-66, 12163 Berlin
T: (030) 7 91 22 66 **Fax:** 7 91 22 29
Generalkonsul: Chatchawed Chartsuwan
Konsularbezirk: Länder Berlin, Brandenburg, Mecklenburg-Vorpommern, Sachsen-Anhalt und Thüringen

c 1 256

Honorargeneralkonsulat von Thailand in Frankfurt

Roßmarkt 14, 60311 Frankfurt
T: (069) 2 01 10
Honorargeneralkonsul: Dr. Günter Langer
Konsularbezirk: Länder Hessen, Rheinland-Pfalz und Saarland

c 1 257

Königlich Thailändisches Honorargeneralkonsulat in Hamburg

An der Alster 85, 20099 Hamburg
T: (040) 24 83 91 18
Honorargeneralkonsul: Wolfgang Krohn
Konsularbezirk: Länder Hamburg, Bremen und Schleswig-Holstein

c 1 258

Honorargeneralkonsulat von Thailand in München

Prinzenstr. 13, 80639 München
T: (089) 1 68 97 88 **Fax:** 13 07 11 80
Honorargeneralkonsulin: Barbara Steinle
Konsularbezirk: Länder Bayern und Sachsen

Togo

• **C 1 259**

Botschaft der Republik Togo

Beethovenallee 13, 53173 Bonn
T: (0228) 35 50 91 **Fax:** 35 24 03
Botschafter: S.E. Sogoyou K. Keguewe
Konsularbezirk: Bundesgebiet

c 1 260

Honorarkonsulat der Republik Togo in Düsseldorf

Stollwerckstr. 27-31, 51149 Köln
Honorarkonsul: Hans Imhoff
Konsularbezirk: Land Nordrhein-Westfalen

c 1 261

Honorarkonsulat der Republik Togo in Hamburg

Hans-Henny-Jahnn-Weg 51, 22085 Hamburg
T: (040) 2 27 35 59
Honorarkonsul: Joachim Haase
Konsularbezirk: Länder Hamburg und Schleswig-Holstein

c 1 262

Honorargeneralkonsulat der Republik Togo in Burgwedel

Raiffeisenstr. 2, 30938 Burgwedel
T: (05139) 80 88 29 **Fax:** 80 88 88
Honorargeneralkonsul: Gerd Nelke
Konsularbezirke: Länder Niedersachsen, Thüringen und Sachsen-Anhalt

Tonga

• **C 1 263**

Honorarkonsulat des Königreichs Tonga

Angermunder Str. 64, 40489 Düsseldorf
T: (0203) 74 12 11 **Fax:** 74 28 52
Honorarkonsul: Dr. h.c. Alexander Müller
Konsularbezirk: Länder Baden-Württemberg, Hessen, Nordrhein-Westfalen, Saarland, Rheinland-Pfalz und Bayern

c 1 264

Honorarkonsulat des Königreichs Tonga in Hamburg

Osterbekstr. 90a, 22083 Hamburg
T: (040) 27 83 93 50 **Fax:** 2 79 00 77
Honorarkonsul: Erwin M. Ludewig
Konsularbezirk: Länder Hamburg, Bremen, Niedersachsen und Schleswig-Holstein

Trinidad und Tobago

• **C 1 265**

Botschaft der Republik Trinidad und Tobago

High Commission of the Republic Trinidad and Tobago
42 Belgrave Square, GB-London SW1X 8NT
T: (0044207) 2 45 93 51 **Fax:** 8 23 10 65
Internet: http://www.tidco.co.tt
E-Mail: trintogov@tthc.demon.co.uk
Botschafter: S.E. Sheelagh de Osuna
Honorarkonsul: Howard Kroch, Hamburg
Bernd Listner, Koeln
Konsularbezirk: Bundesgebiet

• **C 1 266**

Honorarkonsulat der Republik Trinidad und Tobago in Hamburg

Raboisen 3, 20095 Hamburg
T: (040) 2 20 03 96 **Fax:** 2 20 67 56
Honorarkonsul: Howard M.S. Kroch
Konsularbezirk: Länder Hamburg, Berlin, Brandenburg, Mecklenburg-Vorpommern, Sachsen, Sachsen-Anhalt, Schleswig-Holstein, Bremen und Niedersachsen

Tschad

• **C 1 267**

Botschaft der Republik Tschad

Basteistr. 80, 53173 Bonn
T: (0228) 35 60 26 **Fax:** 35 58 87
Botschafterin: Bintou Malloum
Konsularbezirk: Bundesgebiet

c 1 268

Honorarkonsulat der Republik Tschad

Bachstr. 45, 53498 Bad Breisig
T: (02633) 9 76 63, 9 56 56
Honorarkonsul: Walter Tauffenbach
Konsularbezirk: Land Rheinland-Pfalz

Tschechische Republik

• **C 1 269**

Botschaft der Tschechischen Republik

Wilhelmstr. 44, 10117 Berlin
T: (030) 22 63 80 **Fax:** 2 29 40 33
Internet: http://www.czech.cz
E-Mail: berlin@embassy.mzv.cz
Botschafter: František Černý
Konsularbezirk: Berlin, Brandenburg, Mecklenburg-Vorpommern

c 1 270

Botschaft der Tschechischen Republik Außenstelle Bonn

Ferdinandstr. 27, 53127 Bonn
T: (0228) 91 97-0 **Fax:** 28 40 27
E-Mail: bonn@embassy.mzv.cz
Leiter(in): Botschaftsrat Dr. Vladimír Krn_7àvek
Konsularbezirk: Bundesgebiet ohne Länder Baden-Württemberg und Bayern und ohne die neuen Bundesländer

c 1 271

Generalkonsulat der Tschechischen Republik in Unterföhring

Siedlerstr. 2, 85774 Unterföhring
T: (089) 95 01 24-6 **Fax:** 9 50 36 88
E-Mail: munich@embassy.mzv.cz
Generalkonsul: Dr. Milan Berànek
Konsularbezirk: Länder Bayern und Baden-Württemberg

c 1 272

Generalkonsulat der Tschechischen Republik in Dresden

Erna-Berger-Str. 1, 01097 Dresden
T: (0351) 8 03 25 01-03 **Fax:** 8 03 25 00
E-Mail: dresden@embassy.mzv.cz
Generalkonsulin: Dipl.-Ing. Jana Sebkova
Konsularbezirk: Länder Sachsen, Sachsen-Anhalt, Thüringen

c 1 273

Honorargeneralkonsulat der Tschechischen Republik in Hamburg

Alsterufer 38, 20354 Hamburg
T: (040) 45 05 26 23 **Fax:** 4 50 52 64
E-Mail: czvogel@aol.com
Honorargeneralkonsul: Robert Vogel
Konsularbezirk: Länder Hamburg, Bremen, Niedersachsen, Schleswig-Holstein

c 1 274

Honorarkonsulat der Tschechischen Republik in Nürnberg

Karlstr. 9, 90403 Nürnberg
T: (0911) 2 05 95 19 **Fax:** 22 14 93
Honorarkonsul: Günther Hertel
Konsularbezirk: Reg.-Bezirke Mittelfranken, Oberfranken und Oberpfalz im Land Bayern, Unterfranken

c 1 275

Honorarkonsulat der Tschechischen Republik in Stuttgart

Königstr. 1A, 70173 Stuttgart
T: (0711) 22 41 70 **Fax:** 2 24 17 10
Honorarkonsul: Rüdiger Mocker
Konsularbezirk: die Länder Baden-Württemberg, Rheinland-Pflaz, Saarland

c 1 277

Honorarkonsulat der Tschechischen Republik in Frankfurt

Jürgen-Ponto-Platz 2, 60329 Frankfurt
T: (069) 2 42 67 00 **Fax:** 24 26 70 70
Honorarkonsul: Joachim von Harbou
Konsularbezirk: Hessen

Türkei

• C 1 276

Türkische Botschaft

Rungestr. 9, 10179 Berlin
T: (030) 2 75 85-0 **Fax:** 27 59 09 15
Botschafter: S.E. Tugay Uluçevik

c 1 278

Türkisches Honorarkonsulat

Friedrich-Wilhelm-Platz 5-6, 52062 Aachen
T: (0241) 70 30-193 **Fax:** 4 78 14 00
Honorarkonsul: Hans-Josef Thouet
Konsularbezirk: Stadt Aachen, Kreise Aachen, Düren und Heinsberg

c 1 279

Generalkonsulat der Republik Türkei in Berlin

Johann-Georg-Str. 12, 10709 Berlin
T: (030) 8 92 50 33-34 **Fax:** 8 93 18 98
Generalkonsul: Alphan Sölen
Konsularbezirk: Länder Berlin, Brandenburg und Mecklenburg-Vorpommern

c 1 280

Honorargeneralkonsulat der Republik Türkei in Bremen

Postf. 61 02 24, 28262 Bremen
Ahlker Dorfstr. 9, 28279 Bremen
T: (0421) 84 11 28 **Fax:** 84 11 15
Honorargeneralkonsul: Karl H. Grabbe
Konsularbezirk: Land Bremen und Reg.-Bez. Weser-Ems im Land Niedersachsen

c 1 281

Türkisches Generalkonsulat in Düsseldorf

Cecilienallee 41, 40474 Düsseldorf
T: (0211) 45 47 80 **Fax:** 4 54 78 22
Generalkonsul: Fatih Ceylan
Konsularbezirk: Reg.-Bez. Düsseldorf mit Ausnahme der Städte Essen und Mülheim

c 1 282

Türkisches Generalkonsulat in Essen

Alfredstr. 307, 45133 Essen
T: (0201) 84 21 60 **Fax:** 42 38 67
Generalkonsul: Osman Ulukan
Konsularbezirk: Reg.-Bez. Arnsberg sowie die Städte Essen und Mülheim des Reg.-Bez. Düsseldorf im Lande Nordrhein-Westfalen

c 1 283

Türkisches Generalkonsulat in Frankfurt

Zeppelinallee 17, 60325 Frankfurt
T: (069) 70 79 09 59 **Fax:** 70 90 32
Generalkonsul: Safak Göktürk
Konsularbezirk: Land Hessen

c 1 284

Türkisches Generalkonsulat in Hamburg

Tesdorpfstr. 18, 20148 Hamburg
T: (040) 44 80 33-0 **Fax:** 44 52 58
TGR: TÜRKISCHES GENERALKONSULAT HAMBURG
Generalkonsul: Kasif Eryalcin
Konsularbezirk: Länder Hamburg und Schleswig-Holstein

c 1 285

Türkisches Generalkonsulat in Hannover

An der Christuskirche 3, 30167 Hannover
T: (0511) 76 86 50 **Fax:** 1 77 00
Generalkonsul: Ahmet Akses
Konsularbezirk: Länder Niedersachsen und Bremen

c 1 286

Türkisches Generalkonsulat in Hürth

Luxemburger Str. 285, 50354 Hürth
T: (02233) 97 41 80 **Fax:** 7 55 72
Generalkonsul: Mehmet Dönmez
Konsularbezirk: Reg.-Bez. Köln im Land Nordrhein-Westfalen

c 1 287

Türkisches Generalkonsulat in Karlsruhe

Kriegsstr. 123, 76135 Karlsruhe
T: (0721) 98 44 00 **Fax:** 85 60 13
E-Mail: karlsruheturkgenkon@t-online.de
Büro des Arbeits- und Sozialattachés: Kriegstr. 216, 76135 Karlsruhe, T: (0721) 85 77 87, Fax: 8 47 19
Generalkonsul: Hazim Gürsu Okurer
Konsularattaché: Fuat Boztepe Konsularbezirk: Reg.-Bez. Karlsruhe und Freiburg im Land Baden-Württemberg

c 1 288

Türkisches Generalkonsulat in Leipzig

Rosmarinweg 16a, 04318 Leipzig
T: (0341) 2 31 29 26 **Fax:** 2 32 75 16
Generalkonsul: Izettin Güçyener
Konsularbezirk: Länder Sachsen, Sachsen-Anhalt und Thüringen

c 1 289

Türkisches Generalkonsulat in Mainz

An der Karlsschanze 7, 55131 Mainz
T: (06131) 98 26 00 **Fax:** 83 51 19
E-Mail: tgk@tap.de
Generalkonsul: Ali Naci Koru
Konsularbezirk: Länder Rheinland-Pfalz und Saarland

c 1 290

Türkisches Generalkonsulat in München

Menzinger Str. 3, 80638 München
T: (089) 17 80-31-0 **Fax:** 1 78 56 60
E-Mail: TRKONMUNC@AOL.COM
Generalkonsul: Ali Yakital
Konsularbezirk: Ober- und Niederbayern und Schwaben

c 1 291

Türkisches Generalkonsulat in Münster

Lotharingerstr. 25-27, 48147 Münster
T: (0251) 4 70 07 **Fax:** 4 33 27
Generalkonsul: Ergül Bakây
Konsularbezirk: Reg.-Bez. Detmold und Münster im Land Nordrhein-Westfalen

c 1 292

Türkisches Generalkonsulat in Nürnberg

Regensburger Str. 69, 90478 Nürnberg
T: (0911) 94 67 60 **Fax:** 46 89 62
TGR: TUERKKON NUERNBERG
Generalkonsul: Sakir Fakili
Konsularbezirk: Reg.-Bez. Unter-, Mittel-, Oberfranken und Oberpfalz im Land Bayern

c 1 293

Türkisches Generalkonsulat in Stuttgart

Kernerstr. 19B, 70182 Stuttgart
T: (0711) 16 66 70 **Fax:** 2 62 21 02
TGR: TÜRKKON STUTTGART
Generalkonsul: Duray Polat
Konsularbezirk: Reg.-Bez. Stuttgart und Tübingen im Land Baden-Württemberg

Tunesien

• C 1 294

Tunesische Botschaft

Godesberger Allee 103, 53175 Bonn
T: (0228) 37 69 81-83, 37 43 62 **Fax:** 37 42 23
Botschafter: S.E. Slaheddine Ben M'Barek

c 1 295

Tunesisches Generalkonsulat in Berlin

Lindenallee 16, 14050 Berlin
T: (030) 30 82 06 73, 30 82 06 74 **Fax:** 30 82 20 83
Generalkonsul: Zouhaier Dhaouadi
Konsularbezirk: Länder Berlin, Brandenburg, Sachsen, Sachsen-Anhalt und Thüringen

c 1 296

Tunesisches Generalkonsulat in Düsseldorf

Jürgensplatz 36-38, 40219 Düsseldorf
T: (0211) 3 00 68 74, 3 00 68 76 **Fax:** 39 21 06
Generalkonsul: Tahar Messaoudi
Konsularbezirk: Länder Nordrhein-Westfalen, Hessen, Saarland und Rheinland-Pfalz

c 1 297

Tunesisches Konsulat in Hamburg

Overbeckstr. 19, 22085 Hamburg
T: (040) 2 20 17 56 **Fax:** 2 27 97 86
Konsul: Abderrazak Ben Fradj
Konsularbezirk: Länder Hamburg, Bremen, Niedersachsen, Schleswig-Holstein und Mecklenburg-Vorpommern

c 1 298

Tunesisches Konsulat in München

Seidlstr. 28, 80335 München
T: (089) 55 46 35 **Fax:** 5 50 25 17
Konsul: Abdallah Labidi
Konsularbezirk: Länder Bayern und Baden-Württemberg

Tuvalu

• C 1 299

Honorargeneralkonsulat von Tuvalu

Klövensteenweg 115A, 22559 Hamburg
T: (040) 81 05 80 **Fax:** 81 10 16
Honorargeneralkonsul: Peter Feist
Konsularbezirk: Bundesgebiet

Uganda

• C 1 300

Botschaft der Republik Uganda

Dürenstr. 44, 53173 Bonn
T: (0228) 35 50 27 **Fax:** 35 16 92
E-Mail: 106231.3406@compuserve.com
Botschafter: S.E. Dr. Tibamanya Mwene Mushanga
Konsularbezirk: Bundesgebiet

c 1 301

Honorarkonsulat der Republik Uganda in Hamburg
Pickhuben 6, 20457 Hamburg
T: (040) 36 98 87 87 **Fax:** 36 98 87 90
Honorarkonsul: Heinz W. Bonacker
Konsularbezirk: Länder Hamburg, Bremen, Niedersachsen und Schleswig-Holstein

c 1 302

Honorarkonsulat der Republik Uganda in Mainz
Verbindungsbüro:
Rheinstr. 21, 56368 Katzenelnbogen
T: (06486) 75 35 **Fax:** 14 07
Am Fort Josef 7, 55131 Mainz
Honorarkonsul: Alfred L. Weiss Konsularbezirk: Länder Rheinland-Pfalz, Hessen und Saarland

c 1 303

Honorarkonsulat der Republik Uganda in München
Franz-Joseph-Str. 38, 80801 München
T: (089) 33 15 44 **Fax:** 34 68 66
Honorarkonsul: Dr. Wolfgang Wiedmann
Konsularbezirk: Länder Bayern und Baden-Württemberg

Ukraine

• C 1 304

Botschaft der Ukraine
Albrechtstr. 26, 10117 Berlin
T: (030) 2 88 87-0 **Fax:** 2 88 87-163
Internet: http://www.botschaft-ukraine.de
E-Mail: ukremb@t-online.de
Botschafter: S.E. Dr. Anatolij Ponomarenko
Konsularbezirk: Bundesrepublik Deutschland (für Visaangelegenheiten)

c 1 305

Botschaft der Ukraine Außenstelle Bonn
Rheinhöhenweg 101, 53424 Remagen
T: (0228) 94 18 12 **Fax:** 94 18 63
Konsularbezirk: Nordrhein-Westfalen, Rheinland-Pfalz, Hessen, Saarland

c 1 306

Generalkonsulat der Ukraine in München
Oskar-von-Miller-Ring 33, 80333 München
T: (089) 28 20 64, 28 20 65, 28 20 66 **Fax:** 28 13 17
Generalkonsul: Georgii Kosykh
Konsularbezirk: Land Bayern + Baden Württemberg

Ungarn

• C 1 307

Botschaft der Republik Ungarn
Markgrafenstr. 36, 10117 Berlin
T: (030) 20 31 01 00 **Fax:** 2 29 13 11
Konsularabteilung:
Taubenstr. 20, T: (030) 2 29 16 66, Fax: (030) 2 94 13 85
Botschafter: Dr. Peter Balázs Konsularbezirk: Schleswig-Holstein, Hamburg, Niedersachsen, Bremen, Nordrhein-Westfalen, Hessen, Rheinland-Pfalz, Saarland

c 1 308

Botschaft der Republik Ungarn Außenstelle Bonn
Turmstr. 30, 53175 Bonn
T: (0228) 37 11 12 **Fax:** 37 20 25

c 1 309

Honorarkonsulat der Republik Ungarn in Düsseldorf
Goltsteinstr. 31, 40211 Düsseldorf
T: (0211) 16 15 51
außerh. der Sprechzeit zu erreichen:
Theaterstr. 31, 52062 Aachen, T: (0241) 4 77 00 10, Telefax: (0241) 4 77 00 50
Honorarkonsul: Hugo Cadenbach Konsularbezirk: Land Nordrhein-Westfalen

c 1 310

Honorargeneralkonsulat der Republik Ungarn in Hamburg
Alsterufer 45, 20354 Hamburg
T: (040) 45 29 56
Honorargeneralkonsul: Dr. Helmut Paul Greve
Konsularbezirk: Länder Hamburg und Schleswig-Holstein

c 1 311

Generalkonsulat der Republik Ungarn in München
Vollmannstr. 2, 81927 München
T: (089) 91 10 32 **Fax:** 9 10 18 53
Generalkonsul: László Püspök
Konsularbezirk: Land Bayern

c 1 312

Honorarkonsulat der Republik Ungarn in Nürnberg
Matthiasstr. 10-12, 90431 Nürnberg
T: (0911) 3 26 46 68 **Fax:** 3 26 46 69
Honorarkonsul: Günter Späth
Konsularbezirk: Im Land Bayern die Reg. Bez. Oberpfalz, Mittel- und Oberfranken

c 1 313

Honorarkonsulat der Republik Ungarn in Schwerin
Heinrich-Mann-Str. 19, 19053 Schwerin
T: (0385) 5 55 71 10 **Fax:** 5 55 71 74
Honorarkonsul: Günter Marten
Konsularbezirk: Land Mecklenburg-Vorpommern

c 1 314

Generalkonsulat der Republik Ungarn in Stuttgart
Haußmannstr. 22, 70188 Stuttgart
T: (0711) 23 89-3 11, -3 12, -3 16 **Fax:** 23 89-3 22
Generalkonsul: Dr. Tamás Freund
Konsularbezirk: Land Baden-Württemberg

c 1 315

Honorarkonsulat der Republik Ungarn in Erfurt
Neuwerkstr. 42a, 99084 Erfurt
T: (0361) 3 45 55 90 **Fax:** 3 45 55 95
Honorarkonsul: Dr. Jürgen Bohn
Konsularbezirk: Thüringen

Uruguay

• C 1 316

Botschaft von Uruguay
Gotenstr. 1-3, 53175 Bonn
T: (0228) 36 60 36, 36 60 37 **Fax:** 36 14 10
E-Mail: urubrande@t-online.de
Botschafter: S.E. Dr. Juan José Real Perrera
Konsularbezirk: Stadt Bonn im Land Nordrhein-Westfalen

Außenstelle Berlin
Dorotheenstr. 97, 14109 Berlin
T: (030) 2 29 14 24 **Fax:** 2 29 28 39
Leitung: Hector Omar Tortorella
(für das Land Berlin)

c 1 317

Honorarkonsulat der Republik Uruguay in Düsseldorf
Königsallee 92a, 40212 Düsseldorf
T: (0211) 32 06 83 **Fax:** 32 36 16
Honorarkonsul: Wolfgang Ch. von Meibom
Konsularbezirk: Land Nordrhein-Westfalen mit Ausnahme der Stadt Bonn

c 1 318

Honorarkonsulat von Uruguay in Frankfurt a.M.
Eschersheimer Landstr. 563, 60431 Frankfurt
T: (069) 51 85 10 **Fax:** 53 86 43
Honorarkonsul: Hans Brummermann
Konsularbezirk: Länder Hessen, Rheinland-Pfalz, Saarland und Thüringen

c 1 319

Generalkonsulat der Republik Uruguay in Hamburg
Hochallee 76, 20149 Hamburg
T: (040) 4 10 65 42 **Fax:** 4 10 84 01
Generalkonsul: Carlos Domingo Cartolano
Konsularbezirk: Bundesgebiet mit Ausnahme der Stadt Bonn im Land Nordrhein-Westfalen und des Landes Berlin

c 1 320

Honorarkonsulat von Uruguay in München
Sendlinger-Tor-Platz 8, 80336 München
T: (089) 59 13 61 **Fax:** 59 13 62
Honorarkonsul: Dr. Peter Schmalisch
Konsularbezirk: Land Bayern

c 1 321

Honorarkonsulat der Republik Uruguay in Potsdam
Drewitzer Str. 50, 14478 Potsdam
T: (0331) 50 24 96, (030) 8 24 66 28 (Berlin)
Fax: (030) 8 23 12 71 (Berlin)
Honorarkonsul: Kurt Rabau
Konsularbezirk: Land Brandenburg

c 1 323

Honorarkonsulat von Uruguay in Stuttgart
Böblinger Str. 104, 70199 Stuttgart
T: (0711) 64 88-4 91 **Fax:** 64 88-4 89
Honorarkonsul: Peter May
Konsularbezirk: Land Baden-Württemberg

Usbekistan

• C 1 324

Botschaft der Republik Usbekistan
Deutschherrenstr. 7, 53177 Bonn
T: (0228) 9 53 57 15, 9 53 57 30 **Fax:** 9 53 57 99
Botschafter: S.E. Vladimir Imanowitsch Norov
Konsularbezirk: Bundesgebiet außer Länder Hessen, Rheinland-Pfalz und Saarland

c 1 325

Außenstelle der Botschaft der Republik Usbekistan in Berlin
Mauerstr. 83-84, 10117 Berlin
T: (030) 22 67 99 64, 22 67 99 65 **Fax:** 22 67 99 63
(für die Länder Berlin, Brandenburg, Mecklenburg-Vorpommern, Sachsen, Sachsen-Anhalt und Schleswig-Holstein)

c 1 326

Generalkonsulat der Republik Usbekistan in Frankfurt a.M.
Beethovenstr. 3, 60325 Frankfurt
T: (069) 74 05 69 **Fax:** 74 05 41
Generalkonsul: Alischer Rafikov
Konsularbezirk: Länder Hessen, Rheinland-Pfalz und Saarland

• C 1 327

Vatikan
siehe Heiliger Stuhl C 818

Venezuela

• C 1 328

Botschaft von Venezuela
Kanzlei:
Postf. 30 02 54, 53182 Bonn
Im Rheingarten 7, 53225 Bonn
T: (0228) 40 09 20 **Fax:** 4 00 92 28
TGR: EMBAVENE BONN 3
E-Mail: 100635.154@compuserve.com
Botschafter: S.E. Dr. Erik Becker-Becker

Außenstelle Berlin
Postf. 61 04 70, 10928 Berlin
Wilhelmstr. 64, 10117 Berlin
T: (030) 2 29 21 11, 2 29 27 42 **Fax:** 3 93 33 53
Leiter: Redescal López Massó
(für die Länder Berlin, Brandenburg, Mecklenburg-Vorpommern, Sachsen, Sachsen-Anhalt und Thüringen)

c 1 329

Honorarkonsulat von Venezuela in Endingen
Kenzinger Str. 28, 79346 Endingen
T: (07642) 92 21 30 **Fax:** 92 21 32
Honorarkonsul: Helmut Eitenbenz
Konsularbezirk: Regierungsbezirke Freiburg i.Br. und Karlsruhe, Baden

c 1 330

Generalkonsulat von Venezuela in Frankfurt
Brönnerstr. 17, 60313 Frankfurt
T: (069) 28 72 84-85 **Fax:** 29 23 70
Generalkonsulin: Guillermina Da Silva
Konsularbezirk: Länder Hessen, Bayern, Baden-Württemberg, Rheinland-Pfalz und Saarland

c 1 331

Generalkonsulat von Venezuela in Hamburg
Rothenbaumchaussee 30, 20148 Hamburg

T: (040) 4 10 12 41, 4 10 12 71 **Fax:** 4 10 81 03
TGR: consulvene Hamburg
Generalkonsul: Generalkonsulin II. Klasse Ilba Cisnceros
Konsularbezirk: Länder Hamburg, Bremen, Niedersachsen und Schleswig-Holstein

c 1 332

Honorarkonsulat von Venezuela in Kiel
Martensdamm 2, 24103 Kiel
T: (0431) 97 83 75 **Fax:** 97 83 95
Honorarkonsul: Prof. Dr. Hans-Heinrich Driftmann
Konsularbezirk: Land Schleswig-Holstein

c 1 333

Honorarkonsulat von Venezuela in München
Prinzregentenstr. 54 (Eingang Reitmorstrasse), 80538 München
T: (089) 22 14 49 **Fax:** 29 16 24 80
TGR: CONSULVENE Muenchen
Honorarkonsulin: Marianna Schulz
Konsularbezirk: Land Bayern

c 1 334

Honorarkonsulat von Venezuela in Gelsenkirchen
Alexander-von-Humboldt-Str., 45896 Gelsenkirchen
Honorarkonsul: Dipl.-Ing. Wilhelm Bonse-Geuking
Konsularbezirk: Nordrhein-Westfalen

Vereinigte Arabische Emirate

• C 1 335

Botschaft der Vereinigten Arabischen Emirate
Erste Fährgasse 6, 53113 Bonn
T: (0228) 26 70 70 **Fax:** 2 67 07 14
Botschafter: N. N.
Konsularbezirk: Bundesgebiet

c 1 336

Generalkonsulat der Vereinigten Arabischen Emirate in München
Ismaninger Str. 21, 81675 München
T: (089) 41 97 70 **Fax:** 41 97 71 77
Konsularbezirk: Länder Bayern und Baden-Württemberg

• C 1 337

Vereinigte Staaten von Amerika
siehe Amerika, Vereinigte Staaten von C 603

Vietnam

• C 1 338

Botschaft der Sozialistischen Republik Vietnam
Elsenstr. 3, 12435 Berlin
T: (030) 5 36 30-0 **Fax:** 5 36 30-100
Botschafter: S.E. Le Kinh Tai
Konsularbezirk: Bayern, Berlin, Brandenburg, Bremen, Hamburg, Mecklenburg-Vorpommern, Niedersachsen, Sachsen, Sachsen-Anhalt, Schleswig-Holstein, Thüringen

c 1 339

Außenstelle Bonn der Botschaft der S. R. Vietnam
Konstantinstr. 37, 53179 Bonn
T: (0228) 95 75 40, 35 70 21 **Fax:** 35 18 66
Leitung: N.N.
Konsularbezirk: Baden-Württemberg, Hessen, Nordrhein-Westfalen, Rheinland-Pfalz, Saarland

c 1 340

Handelsvertretung der Botschaft der S. R. Vietnam
Storkower Str. 158/109, 10407 Berlin
T: (030) 2 29 81 98, 2 29 23 74 **Fax:** 2 29 18 12, 2 29 23 74

Zentralafrikanische Republik

• C 1 341

Botschaft der Zentralafrikanischen Republik
Postf. 30 02 45, 53182 Bonn
Rheinaustr. 120, 53225 Bonn
T: (0228) 47 05 63 **Fax:** 23 35 64
Botschafter: S.E. Martin-Gérard Tebiro
Konsularbezirk: Bundesgebiet

c 1 342

Honorarkonsulat der Zentralafrikanischen Republik in Hamburg
Kleiner Pulverteich 17-21, 20099 Hamburg
T: (040) 24 14 31, 24 82 16
Honorarkonsul: Walter Harms
Konsularbezirk: Land Hamburg

c 1 343

Honorarkonsulat der Zentralafrikanischen Republik in Karlsruhe
Hangstr. 2, 76228 Karlsruhe
T: (0721) 47 54 47 **Fax:** 47 54 54
Honorarkonsul: Dr. Hans Gottfried Ernst Graf von Rothenburg-Kellermann
Konsularbezirk: Länder Baden-Württemberg, Hessen, Rheinland-Pfalz und Saarland

Zypern

• C 1 344

Botschaft der Republik Zypern
Wallstr. 27, 10179 Berlin
T: (030) 3 08 68 30, 27 59 12 70 **Fax:** 27 59 14 54
Botschafter: S.E. Theophilos Theophilou
Konsularbezirk: Bundesgebiet mit Ausnahme der Länder Bremen, Hamburg, Niedersachsen und Schleswig-Holstein

c 1 345

Honorargeneralkonsulat der Republik Zypern in Berlin
Wallstr. 27, 10179 Berlin
T: (030) 3 08 68 30 **Fax:** 25 00 08-46, 2 61 50 47
Honorarkonsul: Andrè Dujardin
Konsularbezirk: Länder Berlin und Brandenburg

c 1 346

Honorargeneralkonsulat der Republik Zypern in Frankfurt
Wiesenstr. 17, 65843 Sulzbach
T: (06196) 7 27 10 **Fax:** 70 14 85
Honorargeneralkonsul: Gotthard Häcker
Konsularbezirk: Länder Hessen, Saarland, Rheinland-Pfalz, Thüringen, Sachsen

c 1 347

Generalkonsulat der Republik Zypern in Hamburg
Rothenbaumchaussee 3, 20148 Hamburg
T: (040) 4 10 74 97, 4 10 74 98 **Fax:** 4 10 72 46
Generalkonsul: Nearchos Palas
Konsularbezirk: Länder Hamburg, Bremen, Niedersachsen und Schleswig-Holstein

c 1 348

Honorarkonsulat der Republik Zypern in München
Orleansplatz 3, 81667 München
T: (089) 48 57 64 **Fax:** 4 48 98 90
Honorarkonsul: Karlheinz Horn
Konsularbezirk: Land Bayern

D Kommunale Verbände

Zum Auffinden einer bestimmten Dienststelle oder Organisation dient das Suchwortverzeichnis, eines Personennamens das Personenverzeichnis.

Kommunale Spitzenverbände Städte- und Landkreistag Städte- und Gemeindebund

● D 1

Bundesvereinigung der kommunalen Spitzenverbände
Postf. 51 06 20, 50942 Köln
Lindenallee 13-17, 50968 Köln
T: (0221) 37 71-0 **Fax:** 37 71-1 28
Ernst-Reuter-Haus,
Straße des 17. Juni 112, 10623 Berlin
Postf. 12 03 15, 10593 Berlin
T: (030) 3 77 11-0, Fax: 3 77 11-999
Internet: http://www.staedtetag.de
E-Mail: post@staedtetag.de

Federführung: Deutscher Städtetag
Lindenallee 13-17, 50968 Köln
Postf. 51 06 20, 50942 Köln
T: (0221) 37 71-0, **Fax:** 37 71-128
Ernst-Reuter-Haus,
Straße des 17. Juni 112, 10623 Berlin
Postf. 12 03 15, 10593 Berlin
T:(030) 3 77 11-0, **Fax:** 3 77 11-999

Angeschlossene Verbände

● D 2

Deutscher Städtetag
Postf. 51 06 20, 50942 Köln
Lindenallee 13-17, 50968 Köln
T: (0221) 37 71-0 **Fax:** 37 71-1 28
Postf. 12 03 15, 10593 Berlin
Ernst-Reuter-Haus, Straße des 17. Juni 112, 10623 Berlin
T: (030) 3 77 11-0, Fax: (030) 3 77 11-999
Internet: http://www.staedtetag.de
E-Mail: staedtetag@t-online.de
Gründung: 1905
Präsident(in): OBM Hajo Hoffmann, Saarbrücken
Stellv. d. Präs.: OBM Josef Deimer (MdS), Landshut
OBM Herbert Schmalstieg, Hannover
OBM Dr. habil. Peter Röhlinger, Jena
OBM Dr. Herbert Wagner, Dresden
BM Dr. Rosemarie Wilcken, Wismar
Geschäftsf. Präsidialmitgl.: Dr. Stephan Articus
Leitung Presseabteilung: Volker Bästlein
Mitglieder: 256 unmittelbare Mitgliedsstädte; 15 Landesverbände mit über 5.400 mittelbaren Mitgliedsstädten

Landesverbände

d 3

Städtetag Baden-Württemberg
Relenbergstr. 12, 70174 Stuttgart
T: (0711) 2 29 21-0 **Fax:** 2 29 21 27
Vorsitzende(r): OBM Bernd Doll, Bruchsal
Geschäftsf. Vorst.-Mitgl.: OBM a.D. Dr. Erhard Klotz

d 4

Bayerischer Städtetag
Postf. 10 02 54, 80076 München
Prannerstr. 7, 80333 München
T: (089) 29 00 87-0 **Fax:** 29 00 87-70
Internet: http://www.bay-staedtetag.de
E-Mail: post@bay-staedtetag.de
Vorsitzende(r): OBM Josef Deimer, Landshut
Geschf. Vorst.-Mitgl.: Dr. Helmut Schwinghammer

d 5

Deutscher Städtetag Landesgeschäftsstelle Berlin
Berliner Rathaus
10173 Berlin
T: (030) 90 26-0 **Fax:** 90 26-2328
Landes-GeschF: Senatsdirig. Norbert Kaczmarek

d 6

Städte- und Gemeindebund Brandenburg
Postf. 90 03 09, 14439 Potsdam
Stephensonstr. 4, 14482 Potsdam
T: (0331) 74 35 10 **Fax:** 7 43 51 33
Internet: http://www.stgb-brandenburg.de
E-Mail: mail@stgb-brandenburg.de
Präsident(in): OBM Waldemar Kleinschmidt, Cottbus
Geschäftsführer(in): BM a.D. Karl-Ludwig Böttcher

d 7

Deutscher Städtetag Landesverband Bremen
Senatskanzlei
Rathaus
Postf. 10 25 20, 28025 Bremen
T: (0421) 3 61 23 71 **Fax:** 3 61-63 63
E-Mail: evmeurich@sk-bremen.de
Landes-GeschF: RegDir Erich von Maurich

d 8

Deutscher Städtetag Landesgeschäftsstelle Hamburg
Senatskanzlei
Postf. 10 55 20, 20038 Hamburg
Rathausmarkt 1, 20095 Hamburg
T: (040) 4 28 31-13/14 **Fax:** 4 28 31-2596
Landes-GeschF: Ltd. RegDir. Hartmut Lubomierski

d 9

Hessischer Städtetag
Frankfurter Str. 10, 65189 Wiesbaden
T: (0611) 17 02-0 **Fax:** 17 02-17
Internet: http://www.hess-staedtetag.de
E-Mail: hessischer-staedtetag@t-online.de
Präsident(in): Oberbürgermeister Peter Benz, Darmstadt
Geschäftsführender Direktor: Dieter Schlempp

d 10

Städte- und Gemeindetag Mecklenburg-Vorpommern (StGT MV)
Bertha-von-Suttner-Str. 5, 19061 Schwerin
T: (0385) 3 03 12 10 **Fax:** 3 03 12 44
Internet: http://www.mvnet.de/inmv/stgt
E-Mail: sgt@mvnet.de
Vorsitzende(r): OBM Johannes Kwaschik, Schwerin
Geschäftsführer(in): Michael Thomalla
Mitglieder: 950 Städte und Gemeinden, 6 kreisfreie Städte
Mitarbeiter: 11

d 11

Niedersächsischer Städtetag
Prinzenstr. 23, 30159 Hannover
T: (0511) 3 68 94-0 **Fax:** 3 68 94-30
Internet: http://www.nst.de
E-Mail: post@nst.de
Präsident(in): OBM Ulrich Mädge, Lüneburg
Hauptgeschäftsführer(in): Dr. Wolfgang Schrödter

d 12

Städtetag Nordrhein-Westfalen
Postf. 51 06 20, 50942 Köln
Lindenallee 13-17, 50968 Köln
T: (0221) 37 71-0 **Fax:** 37 71-1 28
Vorsitzende(r): OBM, MdB Dieter Pützhofen, Krefeld
Geschäftsf. Vorst.-Mitgl.: Dr. Stephan Articus

d 13

Städtetag Rheinland-Pfalz
Deutschhausplatz 1, 55116 Mainz
T: (06131) 2 86 44-0 **Fax:** 2 86 44 80
Internet: http://www.staedtetag-rlp.de
E-Mail: info@staedtetag-rlp.de
Vorsitzende(r): OBM Dr. Christof Wolff, Landau
Geschäftsführer(in): Dr. Gunnar Schwarting

d 14

Saarländischer Städte- und Gemeindetag
Talstr. 9, 66119 Saarbrücken
T: (0681) 9 26 43-0 **Fax:** 9 26 43-15
E-Mail: geschaeftsfuehrung@ssgt.saarland.de
Präsident(in): Oberbürgermeister Friedrich Decker, Neunkirchen
Geschäftsführer(in): Prof. Dr. Wolfgang Knapp

d 15

Sächsischer Städte- und Gemeindetag (SSG)
Glacisstr. 3, 01099 Dresden
T: (0351) 81 92-0 **Fax:** 81 92-222
E-Mail: post.ssg@kin-sachsen.de
Präsident(in): OBM Dr. Herbert Wagner, Dresden
Geschäftsführerin: Maritha Dittmer

d 16

Städte- und Gemeindebund Sachsen-Anhalt
Sternstr. 3, 39104 Magdeburg
T: (0391) 5 92 43 00 **Fax:** 5 92 44 44
Internet: http://www.komsanet.de
E-Mail: post@sgsa.komsanet.de
Vorsitzende(r): OBM Dr. Willi Polte, Magdeburg
Landes-GeschF: Dr. Bernd Kregel

d 17

Städtetag Schleswig-Holstein
Reventlouallee 6, 24105 Kiel
T: (0431) 57 00 50-70 **Fax:** 57 00 50-79
Vorsitzende(r): OBM Olaf Cord Dielewicz, Flensburg
Geschäftsführer(in): Harald Rentsch

d 18

Gemeinde- u. Städtebund Thüringen e.V.
Richard-Breslau-Str. 14, 99094 Erfurt
T: (0361) 2 20 50-0 **Fax:** 2 20 50-50
Internet: http://www.gstb-thueringen.de
E-Mail: gstb-thueringen@t-online.de
Vorsitzende(r): OBM Johannes Ungvari, Altenburg
Geschäftsführende(s) Vorstands-Mitglied(er): Thomas Lenz

● D 19

Deutscher Landkreistag
Lennestr. 17, 10785 Berlin
T: (030) 59 00 97-0 **Fax:** 59 00 97-450
Internet: http://www.landkreistag.de
E-Mail: presse@landkreistag.de, info@landkreistag.de
Präsident(in): Landrat Axel Endlein (MdL), Northeim
Geschäftsf. Präsidialmitgl.: Dr. Hans-Henning Becker-Birck
Leitung Presseabteilung: Referent Arnim Franke (Fax: (0228) 2 28 03 80)
Verbandszeitschrift: "DER LANDKREIS"
Verlag: W. Kohlhammer GmbH, 70549 Stuttgart
Mitarbeiter: 21

Landesverbände

d 20

Landkreistag Baden-Württemberg
Panoramastr. 37, 70174 Stuttgart
T: (0711) 22 46 20 **Fax:** 2 24 62 23
E-Mail: posteingang@landkreistag-bw.bwl.de
Präsident(in): Landrat Dr. Edgar Wais, Reutlingen
Hauptgeschäftsführer(in): Eberhard Trumpp
Leitung Presseabteilung: Jan-Ole Langemack
Verbandszeitschrift: Landkreisnachrichten Baden-Württemberg
Redaktion: selbst

d 21

Bayerischer Landkreistag
Kardinal-Döpfner-Str. 8, 80333 München
T: (089) 28 66 15-0 **Fax:** 28 28 21
Internet: http://www.bay-landkreistag.de
E-Mail: info@bay-landkreistag.de
Präsident(in): Landrat Dr. Siegfried Naser, Kitzingen
Geschf. Präsidial.Mitgl.: Wolfgang Magg

d 22

Landkreistag Brandenburg
Jägerallee 25, 14469 Potsdam
T: (0331) 2 98 74-0 **Fax:** 2 98 74-50
E-Mail: Landkreistag_Brandenburg@t-online.de
Vorsitzende(r): Landrat Karl-Heinz Schröter, Oranienburg
Geschf. Vorstandsmitglied: Dr. Paul-Peter Humpert

d 23

Hessischer Landkreistag
Gertrud-Bäumer-Str. 28, 65189 Wiesbaden
T: (0611) 1 70 60 **Fax:** 17 06 27
E-Mail: Geschaeftsstelle@HessischerLandkreistag.de
Präsident(in): Landrat Jürgen Hasheider, Schwalm-Eder-Kreis
Geschäftsf. Dir.: Dr. Hans-Peter Röther

d 24

Landkreistag Mecklenburg-Vorpommern
Bertha-von-Suttner-Str. 5, 19061 Schwerin
T: (0385) 30 31-300 **Fax:** 30 31-303
E-Mail: landkreistag@mvnet.de
Vorsitzende(r): Landrat Dr. Udo Drefahl, Nordwestmecklenburg
Geschf. Vorstandsmitglied: Dr. Hubert Meyer

d 25

Niedersächsischer Landkreistag
Am Mittelfelde 169, 30519 Hannover
T: (0511) 87 95 30 **Fax:** 8 79 53 50
Internet: http://www.nlt.de
E-Mail: gschaeftsstelle@nlt.de
Vorsitzende(r): Landrat Axel Endlein (MdL), Northeim
Geschäftsf. Vorstandsmitgl.: Dr. Gernot Schlebusch

d 26

Landkreistag Nordrhein-Westfalen
Liliencronstr. 14, 40472 Düsseldorf
T: (0211) 9 65 08-0 **Fax:** 9 65 08 55
E-Mail: lkt-nw@t-online.de
Gründung: 1947
Vorsitzende(r): Landrat Franz-Josef Leikop (Hochsauer Landkreis)
Geschäftsf. Vorstandsmitgl: Dr. Alexander Schink (Leitung Presseabteilung)
Verbandszeitschrift: Eildienst des Landkreistages
Mitglieder: 31 Kreise
Mitarbeiter: 23
Jahresetat: DM 4 Mio, € 2,05 Mio
Kommunaler Spitzenverband, der die Interessen der Kreise gegenüber dem Landtag der Landesregierung und anderen Institutionen und Organisationen vertritt. Erfahrungsaustausch im Bereich der Kommunalverwaltung. Beratung der Kreise und Koordinierung gemeinsamer Aktionen.

d 27

Landkreistag Rheinland-Pfalz
Postf. 29 45, 55019 Mainz
Deutschhausplatz 1, 55116 Mainz
T: (06131) 2 86 55-0 **Fax:** 2 86 55-28
Vorsitzende(r): Landrat Dr. Winfried Hirschberger, Kusel
Geschf. Dir.: Heinz Dreibus

d 28

Landkreistag Saarland
Obertorstr. 1, 66111 Saarbrücken
T: (0681) 37 46 52 **Fax:** 3 92 64
E-Mail: Landkreistag_Saarland@t-online.de
Vorsitzende(r): Landrat Franz-Josef Schumann, St. Wendel
Geschäftsführer(in): Martin Luckas

d 29

Sächsischer Landkreistag
Käthe-Kollwitz-Ufer 88, 01309 Dresden
T: (0351) 3 18 01 20 **Fax:** 3 18 01 88
Präsident(in): Landrat Dr. Andreas Schramm, Mittweida
Geschäftsf. Präsidialmitgl: Landrat a.D. Georg Hamburger

d 30

Landkreistag Sachsen-Anhalt
Postf. 36 63, 39011 Magdeburg
Albrechtstr. 7, 39104 Magdeburg
T: (0391) 5 65 31-0 **Fax:** 5 65 31 90
E-Mail: landkreistag.sachsen-anhalt@lkt.komsanet.de
Geschäftf. Präsidialmitglied: Karl Gertler
Präsident(in): Landrat Dr. Michael Ermrich, Wernigerode

d 31

Schleswig-Holsteinischer Landkreistag
Reventlouallee 6, 24105 Kiel
T: (0431) 57 00 50 10 **Fax:** 57 00 50 20
Internet: http://www.sh-landkreistag.de
E-Mail: info@sh-landkreistag.de
Vorsitzende(r): Landrat Berend Harms, Pinneberg
Geschäftsf. Vorstandsmitgl.: Jan-Christian Erps

d 32

Thüringischer Landkreistag
Richard-Breslau-Str. 13, 99094 Erfurt
T: (0361) 22 06 40 **Fax:** 2 20 64 30
Präsident(in): Landrat Dr. Dieter Reinholz, Gotha
Geschäftsführer(in): Klaus Vetzberger

• D 33

Deutscher Städte- und Gemeindebund (DStGB)
Hauptgeschäftsstelle
Postf. 45 01 40, 12171 Berlin
Marienstr. 6, 12207 Berlin
T: (030) 7 73 07-0 **Fax:** 7 73 07-200
Internet: http://www.dstgb.de
E-Mail: dstgb@dstgb.de
Gründung: 1973 (Vereinigung des Deutschen Städtebundes von 1910 und des Deutschen Gemeindetages von 1922)
Präsident(in): 1. Bürgermeister Heribert Thallmair, Starnberg
1. Vizepräsident: OBm. Johannes Kwaschik, Schwerin
Geschäftsf. Präsidialmitgl.: Dr. Gerd Landsberg
Pressesprecher: Franz-Reinhard Habbel
Verbandszeitschrift: Stadt und Gemeinde
Verlag: Winkler & Stenzel, Burgwedel
Mitglieder: 16 Mitgliedsverbände mit rd. 40 Mio. Einwohnern
Mitarbeiter: 27

Mitgliedsverbände

d 34

Gemeindetag Baden-Württemberg
Panoramastr. 33, 70174 Stuttgart
T: (0711) 2 25 72-0 **Fax:** 2 25 72 47
Internet: http://www.gemeindetag-bw.de
E-Mail: zentrale@gemeindetag-bw.de
Präsident(in): Bürgermeister Otwin Brucker, Pliezhausen
Hauptgeschäftsführer(in): Dr. Christian O. Steger
Leitung Presseabteilung: Silke Gerboth-Sahm
Verbandszeitschrift: Die Gemeinde (BWGZ)
Redaktion: Silke Gerboth-Sahm, Ruth Rehbock
Verlag: Panoramastr. 33, 70174 Stuttgart
Mitglieder: 1056 Städte u. Gemeinden

d 35

Bayerischer Gemeindetag
Dreschstr. 8, 80805 München
T: (089) 3 60 00 90 **Fax:** 36 56 03
Internet: http://www.bay-gemeindetag.de
E-Mail: baygt@bay-gemeindetag.de
Präsident(in): 1. Bürgermeister Heribert Thallmair, Starnberg
Geschäftsf. Präsidialmitgl.: Dr. Jürgen Busse

d 36

Städte- und Gemeindebund Brandenburg
Stephensonstr. 4, 14482 Potsdam
T: (0331) 74 35 10 **Fax:** 7 43 51 33
Internet: http://www.stgb-brandenburg.de
E-Mail: mail@stgb-brandenburg.de
Präsident(in): Oberbürgermeister Waldemar Kleinschmidt, Cottbus
Geschäftsführer(in): Karl-Ludwig Böttcher

d 37

Hessischer Städte- und Gemeindebund
Postf. 13 51, 63153 Mühlheim
Henri-Dunant-Str. 13, 63165 Mühlheim
T: (06108) 60 01-0 **Fax:** 60 01 57
Internet: http://www.hsgb.de
E-Mail: hsgb@hessennet.de
Präsident(in): Bürgermeister Bernhard Brehl, Mörfelden-Walldorf
Geschäftsführender Direktor: Karl-Christian Schelzke

d 38

Hessischer Städtetag
Frankfurter Str. 10, 65189 Wiesbaden
T: (0611) 17 02-0 **Fax:** 17 02-17
Internet: http://www.hess-staedtetag.de
E-Mail: hessischer-staedtetag@t-online.de
Präsident(in): Oberbürgermeister Georg Lewandowski, Kassel
Geschäftsführender Direktor: Dieter Schlempp
Verbandszeitschrift: Informationen
Redaktion: Hessischer Städtetag, Frankfurter Str. 10, 65189 Wiesbaden

d 39

Städte- und Gemeindetag Mecklenburg-Vorpommern (StGT MV)
Bertha-von-Suttner-Str. 5, 19061 Schwerin
T: (0385) 3 03 12 10 **Fax:** 3 03 12 44
Internet: http://www.mvnet.de/inmv/stgt
E-Mail: sgt@mvnet.de
Präsident(in): Oberbürgermeister Johannes Kwaschik, Schwerin
Geschäftsführer(in): Michael Thomalla
Verbandszeitschrift: Der Überblick
Redaktion: Geschäftsstelle d. Städte- und Gemeindetages Mecklenburg-Vorpommern, Schwerin
Mitglieder: 950 Städte und Gemeinden, 6 kreisfreie Städte
Mitarbeiter: 11

d 40

Niedersächsischer Städte- und Gemeindebund
Arnswaldtstr. 28, 30159 Hannover
T: (0511) 3 02 85-0 **Fax:** 3 02 85-30
Internet: http://www.nsgb.de
E-Mail: nsgb@nsgb.de
Präsident(in): Ratsherr Hans Eveslage (MdL), Barßel
LandesGeschF: Dr. Wulf Haack

d 41

Nordrhein-Westfälischer Städte- und Gemeindebund
Postf. 10 39 52, 40030 Düsseldorf
Kaiserswerther Str. 199-201, 40474 Düsseldorf
T: (0211) 45 87-0 **Fax:** 45 87-211
Internet: http://www.nwstgb.de
E-Mail: info@nwstgb.de
Präsident(in): Ratsmitglied Albert Leifert (MdL), Drensteinfurt
Geschäftsf. Präsidialmitgl.: Friedrich Wilhelm Heinrichs
Verbandszeitschrift: Städte- und Gemeinderat
Redaktion: Geschäftsstelle

d 42

Gemeinde- und Städtebund Rheinland-Pfalz
Deutschhausplatz 1, 55116 Mainz
T: (06131) 2 39 80 **Fax:** 23 98 39
Internet: http://www.gstbrp.de
E-Mail: info@gstbrp.de
1. Vorsitzende(r): Bürgermeister Ernst Walter Görisch, Alzey
VerbandsDir: Reimer Steenbock
Leitung Presseabteilung: Dr. Stefan Schaefer
Mitarbeiter: z. Zt. 21
Veröffentlichungen: Gemeinde und Stadt, GStB-Nachrichten, GStB-Umwelt-Nachrichten, Kommunalbrevier, Schriftenreihe des GStB Rheinland-Pfalz, Arbeitshilfen für die Praxis

d 43

Städtetag Rheinland-Pfalz
Deutschhausplatz 1, 55116 Mainz
T: (06131) 2 86 44-0 **Fax:** 2 86 44 80
Internet: http://www.staedtetag-rlp.de
E-Mail: info@staedtetag-rlp.de
Vorsitzende(r): Oberbürgermeister Gernot Fischer, Worms
Geschäftsführer(in): Dr. Gunnar Schwarting

d 44

Saarländischer Städte- und Gemeindetag
Talstr. 9, 66119 Saarbrücken
T: (0681) 9 26 43-0 **Fax:** 9 26 43-15
E-Mail: geschaeftsfuehrung@ssgt.saarland.de
Präsident(in): Bürgermeister Rudolf Müller, Puttlingen
Geschäftsführende(s) Vorstands-Mitglied(er): Prof. Dr. Wolfgang Knapp

d 45

Sächsischer Städte- und Gemeindetag (SSG)
Glacisstr. 3, 01099 Dresden
T: (0351) 81 92-0 **Fax:** 81 92-222
E-Mail: post.ssg@kin-sachsen.de
Präsident(in): Oberbürgermeister Dr. Herbert Wagner, Dresden
Geschäftsführer(in): Maritha Dittmer

d 46

Städte- und Gemeindebund Sachsen-Anhalt
Sternstr. 3, 39104 Magdeburg
T: (0391) 5 92 43 00 **Fax:** 5 92 44 44
Internet: http://www.komsanet.de
E-Mail: post@sgsa.komsanet.de
Präsident(in): Oberbürgermeister Dr. Willi Polte, Magdeburg
LandesGeschF: Dr. Bernd Kregel

d 47

Schleswig-Holsteinischer Gemeindetag
Reventlouallee 6, 24105 Kiel
T: (0431) 57 00 50 50 **Fax:** 57 00 50 54
Internet: http://www.shgt.de
E-Mail: sh_gemeindetag@t-online.de
1. Vorsitzende(r): Bürgermeister Volker Dornquast, Henstedt-Ulzburg
Geschäftsführende(s) Vorstands-Mitglied(er): Dr. Hartmut Borchert
Verbandszeitschrift: Die Gemeinde
Verlag: Deutscher Gemeindeverlag, Stuttgart
Mitglieder: 1073 Gemeinden, 119 Ämter

d 48

Städtebund Schleswig-Holstein
Reventlouallee 6, 24105 Kiel
T: (0431) 57 00 50 30 **Fax:** 57 00 50 53
Internet: http://www.staedteverband-sh.de
E-Mail: info@staedteverband-sh.de
Vorsitzende(r): Bürgermeister Klaus Nielsky, Schleswig
Geschäftsführende(s) Vorstands-Mitglied(er): Harald Rentsch

d 49

Gemeinde- u. Städtebund Thüringen e.V.
Richard-Breslau-Str. 14, 99094 Erfurt
T: (0361) 2 20 50-0 **Fax:** 2 20 50-50
Internet: http://www.gstb-thueringen.de
E-Mail: gstb-thueringen@t-online.de
Präsident(in): Oberbürgermeister Johannes Ungvári, Altenburg
Geschäftsführer(in): Thomas Lenz

• D 50

Bundesarbeitsgemeinschaft der Höheren Kommunalverbände (BAG/HKV)
c/o Landschaftsverband Rheinland
50663 Köln
T: (0221) 8 09-2606 **Fax:** 8 09-2009
Amt. Vors.: Landesdirektor Ferdinand Esser

Großstädte

• D 51

Stadt Aachen
52058 Aachen
Markt, 52062 Aachen
T: (0241) 4 32-0 **Fax:** 2 81 21
Internet: http://www.aachen.de
E-Mail: info@presseamt.aachen.de
Oberbürgermeister: Dr. Jürgen Linden
Presseamtsleiter: Hans Poth

• D 52

Stadt Augsburg
Postf. 11 19 60, 86044 Augsburg
Maximilianstr. 4, 86150 Augsburg
T: (0821) 3 24-0 **Fax:** 3 24-2224
Internet: http://www.augsburg.de
Oberbürgermeister: Dr. Peter Menacher
Pressesprecher: Ulrich Müllegger

• D 53

Stadt Bergisch Gladbach
Konrad-Adenauer-Platz 1, 51465 Bergisch Gladbach
T: (02202) 14-0 **Fax:** 14-2810
Internet: http://www.bergischgladbach.de
E-Mail: info@bergischgladbach.de
Bürgermeisterin: Maria Theresia Opladen
Ltg. Pressebüro: Peter Schlösser

• D 54

Hauptstadt Berlin
10173 Berlin
Jüdenstr., 10178 Berlin
T: (030) 90 26-0 **Fax:** 90 26-2013
Internet: http://www.berlin.de
E-Mail: Der-Regierende-Bürgermeister-@skzl-verwalt-berlin-de
Regierender Bürgermeister: Eberhard Diepgen (MdA)
Sprecher des Senats: StaSekr. Dr. Michael-Andreas Butz

• D 55

Stadt Bielefeld
33597 Bielefeld
Niederwall 23, 33602 Bielefeld
T: (0521) 51-0 **Fax:** 51-6599
Internet: http://www.bielefeld.de
Oberbürgermeister: Eberhard David
Pressereferentin: Gisela Bockermann

• D 56

Stadt Bochum
44777 Bochum
Willy-Brandt-Platz 2-6, 44787 Bochum
T: (0234) 9 10-0 **Fax:** 1 61 11
Oberbürgermeister: Ernst-Otto Stüber
Pressereferent: Manfred Gutzmer

• D 57

Bundesstadt Bonn
53103 Bonn
Berliner Platz 2, 53111 Bonn
T: (0228) 77-0 **Fax:** 77-4646
Internet: http://www.bonn.de
E-Mail: stadtverwaltung@bonn.de
Oberbürgermeisterin: Bärbel Dieckmann
Pressereferent: Friedel Frechen

• D 58

Stadt Bottrop
Postf. 10 15 54, 46215 Bottrop
Ernst-Wilczok-Platz 1, 46236 Bottrop
T: (02041) 70-30 **Fax:** 70-3280
Internet: http://www.bottrop.de
E-Mail: referat@bottrop.de
Oberbürgermeister: Ernst Löchelt
Pressereferent: Andreas Pläsken

• D 59

Stadt Braunschweig
Langer Hof 1, 38100 Braunschweig
T: (0531) 4 70-1 **Fax:** 1 51 12
Oberbürgermeister: Werner Steffens
Pressereferent: Jürgen Sperber

• D 60

Stadt Bremen
Postf. 10 25 20, 28025 Bremen
Am Markt 21, 28195 Bremen
T: (0421) 3 61-0 **Fax:** 3 61-6363, 3 61-4301, 3 61-6867
Bürgermeister: Dr. Henning Scherf
Leitung Presseabteilung: Klaus Schloesser

• D 61

Stadt Bremerhaven
Postf. 21 03 60, 27524 Bremerhaven
Hinrich-Schmalfeldt-Str. 15, 27576 Bremerhaven
T: (0471) 5 90-0 **Fax:** 5 90-2400
Internet: http://www.bremerhaven.de
E-Mail: stadtverwaltung@bremerhaven.de
Oberbürgermeister: Jörg Schulz
Pressesprecher: Wilfried Moritz

• D 62

Stadt Chemnitz
09106 Chemnitz
Postf. 8 47, 09008 Chemnitz
Markt 1, 09111 Chemnitz
T: (0371) 4 88-0 **Fax:** 4 88-2222
E-Mail: A15@post.Stadt-Chemnitz.de
Oberbürgermeister: Dr. Peter Seifert
Pressesprecher: Andreas Bochmann

• D 63

Stadt Cottbus
Postf. 10 12 35, 03012 Cottbus
Neumarkt 5, 03046 Cottbus
T: (0355) 6 12-0 **Fax:** 6 12-2504, 2 35 64
Oberbürgermeister: Waldemar Kleinschmidt
Pressereferent: Dr. Peter Lewandrowski

• D 64

Wissenschaftsstadt Darmstadt
Luisenplatz 5a, 64283 Darmstadt
T: (06151) 13-1, 13-2020 **Fax:** 13-2024
Internet: http://www.darmstadt.de
E-Mail: presseamt@stadt.darmstadt.de
Oberbürgermeister: Peter Benz
Pressesprecherin: Lisette Nichtweiss

• D 65

Stadt Dortmund
44122 Dortmund
Friedensplatz 3, 44135 Dortmund
T: (0231) 50-22130 **Fax:** 50-22167, 50-26597
Internet: http://www.dortmund.de
Oberbürgermeister: Günter Samtlebe
Leitung Presseamt: Oliver Berten (Pressesprecher)

• D 66

Landeshauptstadt Dresden
Postf. 12 00 20, 01001 Dresden
Dr.-Külz-Ring 19, 01067 Dresden
T: (0351) 4 88-0 **Fax:** 4 88-2231
Leitung Presseabteilung: Dr. Höver Ulrich

• D 67

Landeshauptstadt Düsseldorf
40200 Düsseldorf
Marktplatz 1, 40213 Düsseldorf
T: (0211) 89-93151 **Fax:** 89-29110
Oberbürgermeister: Joachim Erwin
Presseamt: Joachim Neisser (T: (0211) 89-9 31 31, Fax: 89-9 41 79)

• D 68

Stadt Duisburg
Burgplatz 19, 47051 Duisburg
T: (0203) 2 83-0 **Fax:** 2 83-4395
Internet: http://www.duisburg.de
E-Mail: presseamt@duisburg.de
Oberbürgermeisterin: Bärbel Zieling
Presseamtsleiter: Frank Kopatschek

• D 69

Landeshauptstadt Erfurt
Postf. 2 43, 99005 Erfurt
Fischmarkt 1, 99084 Erfurt
T: (0361) 6 55-0 **Fax:** 6 55-2129, 5 62 63 29
Internet: http://www.erfurt.de
E-Mail: stadtverwaltung@erfurt.de
Oberbürgermeister: Manfred Ruge
Pressesprecher: Andreas Jahn

• D 70

Stadt Erlangen
91051 Erlangen
Rathausplatz 1, 91052 Erlangen
T: (09131) 86-0 **Fax:** 86-2692
Internet: http://www.erlangen.de
E-Mail: stadt@stadt.erlangen.de
Oberbürgermeister: Dr. Siegfried Balleis (E-mail:siegfried.balleis@stadt.erlangen.de)
Pressesprecher: Peter Gertenbach (E-mail:peter.gertenbach@stadt.erlangen.de)

• D 71

Stadt Essen
45121 Essen
Porscheplatz 1, 45127 Essen
T: (0201) 88-0, 88-88011 **Fax:** 88-88160, 88-88010, 88-88019 (Pressebüro)
Oberbürgermeister: Dr. Wolfgang Reiniger
Pressesprecher: Detlef Feige

• D 72

Stadt Frankfurt am Main
60275 Frankfurt
Römerberg 23, 60311 Frankfurt
T: (069) 2 12-01 **Fax:** 2 12-38766
Oberbürgermeisterin: Petra Roth
Pressereferent: Nikolaus Münster

• D 73

Stadt Freiburg im Breisgau
79095 Freiburg
Rathausplatz 2-4, 79098 Freiburg
T: (0761) 2 01-0 **Fax:** 2 01-1199
Internet: http://www.freiburg.de
E-Mail: info@freiburg.de
Oberbürgermeister: Dr. Rolf Böhme
Erster Bürgermeister: Hansjörg Seeh
Pressereferent: Walter Preker

• D 74

Stadt Fürth
90744 Fürth
Königstr. 88, 90762 Fürth
T: (0911) 9 74-1201 **Fax:** 9 74-1205
Internet: http://www.fuerth.de
E-Mail: bmpa@fuerth.de
Oberbürgermeister: Wilhelm Wenning
Pressesprecherin: Susanne Kramer

• D 75

Stadt Gelsenkirchen
Referat für Presse- und Öffentlichkeitsarbeit
45875 Gelsenkirchen
Ebertstr. 15, 45879 Gelsenkirchen
T: (0209) 1 69-2388 **Fax:** 1 69-2381
Oberbürgermeister: Oliver Wittke
Pressesprecher: Hermann Henkel (Referatsleiter)

• D 76

Stadt Gera
Postf. 11 64, 07501 Gera
Kornmarkt 12, 07545 Gera
T: (0365) 8 38-0 **Fax:** 8 38-1107
Internet: http://www.gera.de
E-Mail: ha@gera.de
Oberbürgermeister: Ralf Rauch
Pressesprecher: Dr. Frank Rühling

• D 77

Stadt Göttingen
37070 Göttingen
Hiroshimaplatz 1-4, 37083 Göttingen
T: (0551) 4 00-0 **Fax:** 4 00-7000
Internet: http://www.goettingen.de
E-Mail: oeffentlichkeitsarbeit@goettingen.de
Oberbürgermeister: Jürgen Danielowski
Pressereferent: Detlef Johannson

• D 78

Stadt Hagen
Postf. 42 49, 58042 Hagen
Friedrich-Ebert-Platz, 58095 Hagen
T: (02331) 2 07-0 **Fax:** 2 07-2400
Internet: http://www.stadt-hagen.de
E-Mail: info@stadt-hagen.de
Oberbürgermeister: Wilfried Horn
Ltr. Presse- u. Informationsamt: Hubertus Kramer

• D 79

Stadt Halle (Saale)
06100 Halle

Marktplatz 1, 06108 Halle
T: (0345) 2 21-0 **Fax:** 2 21-4250, 2 21-4251
Internet: http://www.halle.de
E-Mail: presseamt@halle.de
Oberbürgermeisterin: Ingrid Häußler
Ltg. Presse- u. Werbeamt: Dirk Furchert (T: (0345) 2 21-41 2o, Fax: (0345) 2 21-41 22)

• **D 80**

Freie und Hansestadt Hamburg
Postf. 10 55 20, 20038 Hamburg
Rathausmarkt 1, 20095 Hamburg
T: (040) 4 28 31-0 **Fax:** 4 28 31-2180
Erster Bürgermeister: Ortwin Runde
Leiter Staatl. Pressestelle: Ludwig Rademacher

• **D 81**

Stadt Hamm
59061 Hamm
Theodor-Heuss-Platz 16, 59065 Hamm
T: (02381) 17-0 **Fax:** 17-2971
T-Online *0238117*
Internet: http://www.hamm.de
E-Mail: info@stadt.hamm.de
Oberbürgermeister: Thomas Hansteger-Petermann
Pressesprecher: Christian Strasen

• **D 82**

Landeshauptstadt Hannover
Postf. 1 25, 30001 Hannover
Trammplatz 2, 30159 Hannover
T: (0511) 1 68-0 **Fax:** 1 68-5351
Oberbürgermeister: Herbert Schmalstieg
Pressereferent: Dieter Sagolla

• **D 83**

Stadt Heidelberg
Postf. 10 55 20, 69045 Heidelberg
Marktplatz 10, 69117 Heidelberg
T: (06221) 58-1200 **Fax:** 58-1290
Oberbürgermeisterin: Beate Weber
Kommissarischer Amtsleiter: Herbert Braun

• **D 84**

Stadt Heilbronn
Postf. 34 40, 74024 Heilbronn
Marktplatz 7, 74072 Heilbronn
T: (07131) 56-1 **Fax:** 56-2999
Oberbürgermeister: Helmut Himmelsbach
Pressereferent: N.N.

• **D 85**

Stadt Herne
Friedrich-Ebert-Platz 2, 44623 Herne
T: (02323) 16-0 **Fax:** 16-2100
Oberbürgermeister: Wolfgang Becker
Pressereferent: Jutta Daniel

• **D 86**

Stadt Hildesheim
Markt 1, 31134 Hildesheim
T: (05121) 3 01-0 **Fax:** 3 01-100
Oberbürgermeister: Kurt Machens
Oberstadtdirektor: Dr. Konrad Deufel
Pressereferent. Horst Richter

• **D 87**

Stadt Ingolstadt
Rathausplatz 4, 85049 Ingolstadt
T: (0841) 3 05-1090 **Fax:** 3 05-1089
Internet: http://www.ingolstadt.de
E-Mail: pressestelle@ingolstadt.de
Oberbürgermeister: Peter Schnell
Pressereferent: Dr. Gerd Treffer

• **D 88**

Stadt Iserlohn
Schillerplatz 7, 58636 Iserlohn
T: (02371) 2 17-0 **Fax:** 2 17-2990
Internet: http://www.iserlohn.de
E-Mail: iserlohn@iserlohn.de
Bürgermeister: Klaus Müller

• **D 89**

Stadt Jena
Postf. 10 03 38, 07703 Jena
Am Anger 15, 07743 Jena
T: (03641) 49-0 **Fax:** 44 30 94
E-Mail: buero-ob@jena.de
Oberbürgermeister: Dr. habil. Peter Röhlinger
Leitung Büro OB: Olaf Schroth

• **D 90**

Stadt Kaiserslautern
67653 Kaiserslautern
Willy-Brandt-Platz 1, 67657 Kaiserslautern
T: (0631) 3 65-0 **Fax:** 3 65-2553
Oberbürgermeister: Bernhard J. Deubig
Pressereferentin: Susanne Kraus

• **D 91**

Stadt Karlsruhe
76124 Karlsruhe
Marktplatz, 76133 Karlsruhe
T: (0721) 1 33-0 **Fax:** 1 33-1509
Internet: http://www.karlsruhe.de
E-Mail: stadt@karlsruhe.de
Oberbürgermeister: Heinz Fenrich
Pressereferent: Bernd Wnuck

• **D 92**

Stadt Kassel
34112 Kassel
Obere Königsstr. 8, 34117 Kassel
T: (0561) 7 87-0 **Fax:** 7 87-2258
Internet: http://www.kassel.de/rathaus
E-Mail: info@rathaus.kassel.de
Oberbürgermeister: Georg Lewandowski
Pressesprecher: Hans-Jürgen Schweinsberg
Pressesprecherin: Petra Bohnenkamp

• **D 93**

Landeshauptstadt Kiel
24099 Kiel
Fleethörn 9-17, 24103 Kiel
T: (0431) 9 01-0 **Fax:** 9 01-62422
Internet: http://www.kiel.de, http://www.kieler-woche.de
E-Mail: presseamt1@LHstadt.kiel.de
Oberbürgermeister: Norbert Gansel
Bürgermeisterin: Annegret Bommelmann
Pressereferent: Gerd Müller

• **D 94**

Stadt Koblenz
Postf. 20 80, 56020 Koblenz
Gymnasialstr. 2, 56068 Koblenz
T: (0261) 1 29-0 **Fax:** 1 29-1004
Oberbürgermeister: Dr. Eberhard Schulte-Wissermann
Pressereferent: Wolfgang Lucke

• **D 95**

Stadt Köln
Rathausplatz, 50667 Köln
T: (0221) 2 21-0 **Fax:** 2 21-22211
Oberbürgermeister: N.N.
Pressesprecher: Henning von Borstell

• **D 96**

Stadt Krefeld
Postf. 27 40, 47727 Krefeld
Von-der-Leyen-Platz 1, 47798 Krefeld
T: (02151) 86 14 00 **Fax:** 86 14 10, 86-2034
Oberbürgermeister: Dieter Pützhofen (MdB)
Pressereferent: Hans-Joachim Mathias

• **D 97**

Stadt Leipzig
Neues Rathaus
04092 Leipzig
Martin-Luther-Ring 4-6, 04109 Leipzig
T: (0341) 1 23-0 **Fax:** 9 60 05 90
Internet: http://www.leipzig.de
E-Mail: info@leipzig.de
Oberbürgermeister: Wolfgang Tiefensee
Bürgermeister: Peter Kaminski
Holger Tschense
Pressesprecher: Kerstin Kirmes (Referat Presse, T: (0341) 1 23-20 40, Fax: 1 23-20 45, e-mail: presereferat@leipzig.de)
Referatsleiter: Christoph Hansel (Referat Kommunikation und Stadtbüro, T: (0341) 1 23-20 30, Fax: 1 23-20 35, e-mail: stadtbuero@t-online.de)

• **D 98**

Stadt Leverkusen
Postf. 10 11 40, 51311 Leverkusen
Friedrich-Ebert-Platz 1, 51373 Leverkusen
T: (0214) 4 06-1 **Fax:** 4 06-8812
Oberbürgermeister: Paul Hebbel
Pressereferent: Michael Wilde

• **D 99**

Stadt Ludwigshafen am Rhein
Postf. 21 12 25, 67012 Ludwigshafen
Rathausplatz 20, 67059 Ludwigshafen
T: (0621) 5 04-1 **Fax:** 5 04-3781
Internet: http://www.ludwigshafen.de
E-Mail: info@ludwigshafen.de
Oberbürgermeister: Dr. Wolfgang Schulte
Pressereferentin: Sigrid Karck

• **D 100**

Hansestadt Lübeck
23539 Lübeck
Kohlmarkt Rathaus, 23552 Lübeck
T: (0451) 1 22-0 **Fax:** 1 22-1331
Internet: http://www.luebeck.de
Bürgermeister: Bernd Saxe
Leitung Presseabteilung: Matthias Erz

• **D 101**

Landeshauptstadt Magdeburg
39090 Magdeburg
Alter Markt, 39104 Magdeburg
T: (0391) 5 40-2769, 5 40-2717 **Fax:** 5 40-2127
Internet: http://www.magdeburg.de
E-Mail: info@magdeburg.de
Oberbürgermeister: Dr. Wilhelm Polte
Bürgermeister: Bernhard Czogalla
Pressesprecherin: Kathrin Naumann

• **D 102**

Stadt Mainz
Am Rathaus 1, 55116 Mainz
T: (06131) 12-1 **Fax:** 12-3567
Internet: http://www.mainz.de, http://www.gutenberg.de
E-Mail: mainz-online@stadt.mainz.de
Oberbürgermeister: Jens Beutel
Pressesprecherin: Andrea Zimmermann

• **D 103**

Stadt Mannheim
E 5, 68159 Mannheim
T: (0621) 2 93-0 **Fax:** 10 58 82
Internet: http://www.mannheim.de
Oberbürgermeister: Gerhard Widder
Leitung Öffentlichkeitsarbeit: Jörg Blumenthal

• **D 104**

Stadt Mönchengladbach
41050 Mönchengladbach
Rathausstr. 22, 41061 Mönchengladbach
T: (02161) 25-0 **Fax:** 25-2509
Oberbürgermeisterin: Monika Bartsch
Pressereferent: Ernst-Dieter Kunert

• **D 105**

Stadt Moers
Postf. 10 21 20, 47411 Moers
Meerstr. 2, 47441 Moers
T: (02841) 2 01-0 **Fax:** 2 01-888
Bürgermeister: Rafael Hofmann
Pressereferentinnen: Constanze C. Rauert
Heidi Kreutzer

• **D 106**

Stadt Mülheim an der Ruhr
45466 Mülheim
Ruhrstr. 32, 45468 Mülheim
T: (0208) 4 55-0 **Fax:** 4 55-9999
Oberbürgermeister: Hans-Georg Specht
Pressesprecher: Karl-Wilhelm Tempelhoff

• **D 107**

Landeshauptstadt München
80313 München
Marienplatz 8, 80331 München
T: (089) 2 33-00 **Fax:** 2 33-26458
Internet: http://www.muenchen.de
Oberbürgermeister: Christian Ude
Pressereferent: Florian Sattler

• **D 108**

Stadt Münster
48127 Münster
Klemensstr. 10, 48143 Münster
T: (0251) 4 92-0 **Fax:** 4 92 77 00
Oberbürgermeister: Dr. Berthold Tillmann
Leiter des Presse- und Informationsamtes: Joachim Schik

• **D 109**

Stadt Neuss
41456 Neuss
Postf. 10 14 52, 41414 Neuss
Markt 6, 41460 Neuss
T: (02131) 90-01 **Fax:** 90-2488
Internet: http://www.neuss.de

E-Mail: presseamt@neuss.de
Bürgermeister: Herbert Napp (hauptamtl.)
Leitung Presseabteilung: Hans Mietzen

• **D 110**

Stadt Nürnberg
90317 Nürnberg
T: (0911) 2 31-0 **Fax:** 2 31-4144
Oberbürgermeister: Ludwig Scholz
Pressereferent: Dr. Wolfgang Stöckel

• **D 111**

Stadt Oberhausen
46042 Oberhausen
Schwartzstr. 72, 46045 Oberhausen
T: (0208) 8 25-2116 **Fax:** 8 25-5130
Internet: http://www.oberhausen.de
E-Mail: pr@oberhausen.de
Oberbürgermeister: Burkhard Drescher
Leitung Öffentlichkeitsarbeit: Dietmar Wolf

• **D 112**

Stadt Offenbach am Main
Berliner Str. 100, 63065 Offenbach
T: (069) 80 65-1 **Fax:** 80 65-3197
Internet: http://www.offenbach.de
E-Mail: info@offenbach.de
Oberbürgermeister: Gerhard Grandke
Pressereferent: Matthias Müller

• **D 113**

Stadt Oldenburg (Oldb.)
26105 Oldenburg
Markt 1, 26122 Oldenburg
T: (0441) 2 35-0 **Fax:** 2 35-2880
Internet: http://www.oldenburg.de
E-Mail: info@oldenburg.de
Gründung: 1108
Oberbürgermeister: Dr. Jürgen Poeschel
Pressereferentin: Anja-Maria Gieselmann
Mitglieder: 154000 Bürgerinnen und Bürger
Mitarbeiter: ca. 2000 (Stadtverwaltung) ca. 8 (Presseamt)
Jahresetat: DM 625 Mio, € 319,56 Mio (städt. Haushalt)

• **D 114**

Stadt Osnabrück
Postf. 44 60, 49034 Osnabrück
Bierstr. 28, 49074 Osnabrück
T: (0541) 3 23-0 **Fax:** 3 23-4201
Oberbürgermeister: Hans-Jürgen Fip
Pressereferentin: Karin Augustin

• **D 115**

Stadt Paderborn
33095 Paderborn
Am Abdinghof 11, 33098 Paderborn
T: (05251) 88-0 **Fax:** 88-2000
Internet: http://www.paderborn.de
E-Mail: info@paderborn.de
Bürgermeister: Heinz Paus
Pressereferent: Willi Lünz

• **D 116**

Stadt Pforzheim
Marktplatz 1, 75175 Pforzheim
T: (07231) 39-0 **Fax:** 39-2303
Internet: http://www.stadt-pforzheim.de
E-Mail: presse@stadt-pforzheim.de
Oberbürgermeister: Dr. Joachim Becker
Pressereferent: Michael Strohmayer

• **D 117**

Landeshauptstadt Potsdam
14461 Potsdam
Friedrich-Ebert-Str. 79-81, 14469 Potsdam
T: (0331) 2 89-0 **Fax:** 2 89-1155
Internet: http://www.potsdam.de
E-Mail: stadtverwaltung@potsdam.de
Oberbürgermeister: Matthias Platzeck
Bürgermeister: Jann Jakobs
Vorsitzende der Stadtverordnetenversammlung: Birgit Müller
Pressesprecherin: Regina Thielemann

• **D 118**

Stadt Recklinghausen
45655 Recklinghausen
Rathausplatz 3, 45657 Recklinghausen
T: (02361) 50-0 **Fax:** 50-1234
Internet: http://www.recklinghausen.de
Bürgermeister: Wolfgang Pantförder
Pressereferent: Reinhold Hegemann

• **D 119**

Stadt Regensburg
Postf. 11 06 43, 93019 Regensburg
Rathausplatz 1, 93047 Regensburg
T: (0941) 5 07-0 **Fax:** 5 07-4109
Internet: http://www.regensburg.de
E-Mail: oberbuergermeister@regensburg.de, pr_buero@regensburg.de
Oberbürgermeister: Hans Schaidinger (E-Mail: schaidinger.hans@regensburg.de)
Pressereferentin: Margit Adamek

• **D 120**

Stadt Remscheid
42849 Remscheid
Theodor-Heuss-Platz 1, 42853 Remscheid
T: (02191) 16-00 **Fax:** 16-2748
Internet: http://www.remscheid.de
Oberbürgermeister: Fred Schulz
Pressereferent: Thomas Grieger

• **D 121**

Stadt Reutlingen
Marktplatz 22, 72764 Reutlingen
T: (07121) 3 03-1 **Fax:** 3 03-2821
Oberbürgermeister: Dr. Stefan Schultes
Pressereferentin: Gisela Schäfer

• **D 122**

Hansestadt Rostock
18050 Rostock
Neuer Markt 1, 18055 Rostock
T: (0381) 3 81-0 **Fax:** 3 81-1902
Internet: http://www.rostock.de
E-Mail: info@rostock.de
Oberbürgermeister: Arno Pöker
Leitung Presseamt: Renate Heusch-Lahl

• **D 123**

Landeshauptstadt Saarbrücken
66104 Saarbrücken
Rathausplatz, 66111 Saarbrücken
T: (0681) 9 05-0 **Fax:** 9 05-1604
Internet: http://www.saarbruecken.de
E-Mail: Pressestelle@saarbruecken.de
Oberbürgermeister: Hajo Hoffmann (Rathaus St. Johann, 66104 Saarbrücken)
Pressereferent: Mark Diening

• **D 124**

Stadt Salzgitter
Postf. 10 06 80, 38206 Salzgitter
Joachim-Campe-Str. 6-8, 38226 Salzgitter
T: (05341) 8 39-0 **Fax:** 8 39-4900
Internet: http://www.salzgitter.de
E-Mail: pressestelle@stadt.salzgitter.de
Oberbürgermeister: Rudolf Rückert
Oberstadtdirektor: Detlef Engster
Referat f. Öffentlichkeitsarbeit: Norbert Uhde

• **D 125**

Landeshauptstadt Schwerin
Postf. 11 10 42, 19010 Schwerin
Am Packhof 2-6, 19053 Schwerin
T: (0385) 5 45-0 **Fax:** 5 45-1009
E-Mail: pressestelle@schwerin.de
Oberbürgermeister: Johannes Kwaschik
Pressestelle: Brigitte Schlöter-Voigt
Kathrin Hoffmann

• **D 126**

Stadt Siegen
Postf. 10 03 52, 57003 Siegen
Markt 2, 57072 Siegen
T: (0271) 4 04-0 **Fax:** 2 16 84
Bürgermeister: Ulf Stötzel
Pressereferentin: Astrid Schneider

• **D 127**

Stadt Solingen
42648 Solingen
Cronenberger Str. 59-61, 42651 Solingen
T: (0212) 2 90-0 **Fax:** 2 90-2209
Oberbürgermeister: Ulrich Uibel
Pressereferent: Hansjörg Laute

• **D 128**

Landeshauptstadt Stuttgart
70161 Stuttgart
Marktplatz 1, 70173 Stuttgart
T: (0711) 2 16-0 **Fax:** 2 16-7705
Oberbürgermeister: Dr. Wolfgang Schuster
Pressereferentin: Susanne Wetterich

• **D 129**

Stadt Ulm
89070 Ulm
Marktplatz 1, 89073 Ulm
T: (0731) 1 61-0, 1 61-1000 **Fax:** 1 61-1620
Oberbürgermeister: Ivo Gönner
Pressereferentin: Marlies Gildehaus

• **D 130**

Landeshauptstadt Wiesbaden
Postf. 39 20, 65029 Wiesbaden
Schloßplatz 6, 65183 Wiesbaden
T: (0611) 31-3200 **Fax:** 31-3903
Internet: http://www.wiesbaden.de
E-Mail: pressereferat@wiesbaden.de
Oberbürgermeister: Hildebrand Diehl
Pressereferentin: Ilka Gilbert-Rolke

• **D 131**

Stadt Witten
58449 Witten
Marktstr. 16, 58452 Witten
T: (02302) 5 81-0 **Fax:** 5 55 54
Bürgermeister: Klaus Lohmann
Pressesprecher: Jochen Kompernaß

• **D 132**

Stadt Wolfsburg
Postf. 10 09 44, 38409 Wolfsburg
Porschestr. 49, 38440 Wolfsburg
T: (05361) 28-0 **Fax:** 28-2500
Internet: http://www.wolfsburg.de
E-Mail: stadt@stadt.wolfsburg.de
Oberbürgermeisterin: Ingrid Eckel
Oberstadtdirektor: Rolf Schnellecke
Pressereferentin: Helga Müller-Bertram

• **D 133**

Stadt Würzburg
97067 Würzburg
Rückermainstr. 2, 97070 Würzburg
T: (0931) 37-0 **Fax:** 37-3373
Internet: http://www.wuerzburg.de
E-Mail: info@wuerzburg.de
Oberbürgermeister: Jürgen Weber

• **D 134**

Stadt Wuppertal
42269 Wuppertal
Wegnerstr. 7, 42275 Wuppertal
T: (0202) 5 63-1 **Fax:** 5 63-8066
Oberbürgermeister: Dr. Hans Kremendahl
Pressereferent: Ernst-Andreas Ziegler

• **D 135**

Stadt Zwickau
Postf. 20 09 33, 08009 Zwickau
Hauptmarkt 1, 08056 Zwickau
T: (0375) 83-0 **Fax:** 83-8383
Internet: http://www.zwickau.de
E-Mail: zwickau@zwickau.de
Oberbürgermeister: Rainer Eichhorn
Pressesprecherin: Angelika Michaelis

Verschiedene kommunale Verbände

• **D 136**

Verband Kommunale Abfallwirtschaft und Stadtreinigung e.V. (VKS)
Brohler Str. 13, 50968 Köln
T: (0221) 37 70-385, 37 70-395 **Fax:** 37 70-371
E-Mail: vks-verband@vks-koeln.de
Gründung: 1912
Präsident(in): HGeschF Karl-Joachim Neuhaus (Entsorgung Dortmund GmbH (EDG) - Präsident des VKS -, Sunderweg 98, 44147 Dortmund, T: (0231) 9 11 12 01, Telefax: (0231) 9 11 12 00)
Geschäftsführer(in): Dipl.-Geogr. Gert Krüger
Verbandszeitschrift: VKS-NEWS

Mitglieder: 405 ordentl. Mitglieder, 161 fördernde Mitglieder, 18 kooperierende Mitglieder, 11 Ehrenmitglieder

Landesgruppen

d 137

Verband Kommunale Abfallwirtschaft u. Stadtreinigung
Landesgruppe Baden-Württemberg
c/o Amt für Abfallwirtschaft und Stadtreinigung
Ottostr. 21, 76227 Karlsruhe
T: (0721) 1 33 70 00 **Fax:** 1 33 70 09
Vors. u. Vizepräs. des VKS: Ltd. Stadtbaudirektor Dipl.-Ing. Blank

d 138

Verband Kommunale Abfallwirtschaft u. Stadtreinigung e.V. (VKS)
Landesgruppe Bayern
c/o Amt für Abfallwirtschaft
Sachsenstr. 25, 81543 München
T: (089) 23 33 13 00 **Fax:** 23 33 10 10
Vorsitzende(r): Stadtdirektor Techn. Amtsleiter Dipl.-Ing. Heinz Hartmann (Amt für Abfallwirtschaft, Sachsenstr. 25, 81543 München)

d 139

Verband Kommunale Abfallwirtschaft und Stadtreinigung e.V.
Landesgruppe Berlin
Ringbahnstr. 96, 12103 Berlin
T: (030) 75 92-2731 **Fax:** 75 92-2715
Vors. u. Vizepräs. des VKS: Dr. Peter von Dierkes

d 140

Verband Kommunale Abfallwirtschaft u. Stadtreinigung e.V.
VKS Landesgruppe Küstenländer
Bullerdeich 19, 20537 Hamburg
T: (040) 25 77-2499 **Fax:** 25 77-1622
Leitung: Dr. Siechau (Stadtreinigung Hamburg, Bullerdeich 19, 20537 Hamburg, T: (040) 25 77-2499, Fax: 25 77-1622)

d 141

Verband Kommunale Abfallwirtschaft und Stadtreinigung e.V.
Landesgruppe Hessen/Rheinland-Pfalz/Saarland
c/o ZKE Zweckverband Kommunale Entsorgung
Schillstr. 65, 66113 Saarbrücken
T: (0681) 9 71 30-100 **Fax:** 9 71 30-109
Vorsitzende(r): Ltd. Direktor Gerhard Blumenröther (ZKE Zweckverband Kommunale Entsorgung, Schillerstr. 65, 66113 Saarbrücken)

d 142

Verband Kommunale Abfallwirtschaft und Stadtreinigung
Landesgruppe Nordrhein-Westfalen
c/o Umweltservice Bochum (USB) GmbH
Hanielstr. 1, 44801 Bochum
T: (0234) 33 36-200 **Fax:** 33 36-109
Vorsitzende(r): Ltd. Baudirektor Alfons Enseling (Umweltservice Bochum (USB) GmbH, Hanielstr. 1, 44801 Bochum, T: (0234) 3 33 62 00 od. -2 01, Telefax: (0234) 3 33 61 09)

d 143

Verband Kommunale Abfallwirtschaft und Stadtreinigung
Landesgruppe Mecklenburg-Vorpommern/Brandenburg
Petridamm 26-27, 18146 Rostock
T: (0381) 45 93-0 **Fax:** 45 93-115
Vorsitzende(r): Dipl.-Ing. Hans Bolzmann

d 144

Verband Kommunale Abfallwirtschaft und Stadtreinigung
Landesgruppe "Süd-Ost" Sachsen/Sachsen-Anhalt/Thüringen
Apoldaer Str. 1-2, 99091 Erfurt
T: (0361) 7 48 02 02 **Fax:** 7 48 02 40
Vorsitzende(r): Dipl.-Ing. Wolfgang Reisen

• D 145

DAS RUHRGEBIET.
Kommunalverband Ruhrgebiet

Kommunalverband Ruhrgebiet
Postf. 10 32 64, 45032 Essen
Kronprinzenstr. 35, 45128 Essen
T: (0201) 2 06 90 **Fax:** 2 06 95 00
Gründung: 1920 (5. Mai)
Vorsitzende(r): Hanslothar Kranz
1. Stellv. Vors.: Prof. Theo Uhlmann
2. Stellv. Vors.: Heinz Niemczyk
Verbandsdir.: Dr. Gerd Willamowski
Leitung Presseabteilung: Frank Levermann
Verbandszeitschrift: "idr", "R-aktuell"
Mitglieder: 74 (46 Vertreter aus den Stadtparlamenten und Kreistagen mit vollem Stimmrecht und 28 beratende Mitglieder, davon je 5 Vertreter der Arbeitgeber- und Arbeitnehmer-Organisationen im Ruhrgebiet; 3 Vertreter der Bezirksplanungsräte und 15 Hauptverwaltungsbeamte)
Mitarbeiter: 370
Der Verband ist zugleich Gemeindeverband u. Körperschaft des öffentlichen Rechts. Er hat 15 Mitgliedskörperschaften - 11 kreisfreie Städte u. 4 Kreise.

Gesetzliche Aufgaben und Tätigkeiten: Sicherung von Grün-, Wasser-, Wald und sonstigen von der Bebauung freizuhaltenden Flächen mit überörtlicher Bedeutung für die Erholung und zur Erhaltung eines ausgewogenen Naturhaushalts (Verbandsgrünflächen) nebst Führung eines Verbandsverzeichnisses; Beteiligung an der Errichtung und dem Betrieb von öffentlichen Freizeitanlagen mit überörtlicher Bedeutung; Öffentlichkeitsarbeit für das Verbandsgebiet; Durchführung von vermessungstechnischen und kartographischen Arbeiten für das Verbandsgebiet; Planerische Dienstleistungen; Behandeln, Lagern und Ablagern von Abfällen und Sonderabfallstoffen nebst Errichtung entsprechender Anlagen; Ausarbeitung von Landschaftsplänen; Durchführung von Maßnahmen zur Entwicklung, Pflege und Erschließung der Landschaft; Betreuung von Naturschutz- und Landschaftsschutzflächen sowie weitere Tätigkeiten auf Antrag.

• D 146

Bundesarbeitsgemeinschaft der überörtlichen Träger der Sozialhilfe
c/o Landschaftsverband Westfalen-Lippe
48133 Münster
Warendorfer Str. 26-28, 48145 Münster
T: (0251) 5 91-6530, 5 91-6531 **Fax:** 5 91-6539
E-Mail: bag@lwl.org
Gründung: 1953
Vorsitzende(r): Dr. Fritz Baur, Münster
1. Stellv. Vors.: Peter Schwenkglenks, Hildesheim
2. Stellv. Vors.: Franz Schmeller, Stuttgart
3. Stellv. Vors: Werner Lettenthaler, München
4. Stellv. Vors: Uwe Lorenzen, Schwerin
5. Stellv. Vors.: Dr. Gerhard Vigener, Karlsruhe
Geschäftsführer(in): Bernd Finke
Mitglieder: 24 überörtliche Träger der Sozialhilfe

• D 147

Bremer Energie-Institut
Fahrenheitstr. 8, 28359 Bremen
T: (0421) 2 01 43-0 **Fax:** 21 99 86
Internet: http://www.uni-bremen.de/_mbei/
E-Mail: bei@bei.uni-bremen.de
Gründung: 1990
Leitung: Prof. Dr. Wolfgang Pfaffenberger

• D 148

Umlandverband Frankfurt
Am Hauptbahnhof 18, 60329 Frankfurt
T: (069) 25 77-0 **Fax:** 25 77 12 04
Internet: http://www.uvf.de
E-Mail: info@uvf.de
Gründung: 1975 (1. Januar)
Vors.d.VbdTages: Heinz Daum
Verb.Dir.: Alfons Faust

d 149

Wirtschaftsförderung Region Frankfurt RheinMain e.V.
Geschäftsstelle: c/o Umlandverband Frankfurt
Am Hauptbahnhof 18, 60329 Frankfurt
T: (069) 25 77-1330 **Fax:** 25 77-1339
Internet: http://www.region-frankfurt-rheinmain.de
E-Mail: info@region-frankfurt-rheinmain.de

• D 150

Hessische Zentrale für Datenverarbeitung
Postf. 31 64, 65021 Wiesbaden
Mainzer Str. 29, 65185 Wiesbaden
T: (0611) 3 40-0 **Fax:** 3 40-150
E-Mail: info@hzd.hessen.de
Direktor: Leonhard Ermer
Leitung Presseabteilung: Gabriele Walther
Verbandszeitschrift: inform
Redaktion: Gabriele Walther
Mitarbeiter: 500

• D 151

Datenzentrale Schleswig-Holstein
Postf. 17 80, 24016 Kiel
Altenholzer Str. 10-14, 24161 Altenholz
T: (0431) 32 95-0 **Fax:** 32 95-410
Internet: http://www.landsh.de/dzsh/
E-Mail: info@dzsh.landsh.de
Gründung: 1968
Leitung Presseabteilung: Holger Förster
Mitarbeiter: 520

Die Datenzentrale Schleswig-Holstein (DZ-SH) wurde 1968 als Anstalt des Öffentlichen Rechts gegründet. Sie bietet der staatlichen und kommunalen Verwaltung umfassende IT-Dienstleistungen an. Dazu gehören Standardverfahren für alle Verwaltungsaufgaben, Büroprodukte, Netzbereitstellung sowie Beratungs- und Schulungsangebote. Den Kunden steht ein hoch gesichertes Rechenzentrum (oder: Sicherheitstrakt) zur Verfügung. Hier werden neben Großrechnern auch die Server dezentraler Anwendungen betreut. Die DZ-SH ist direkt und über Partner im gesamten Bundesgebiet im freien Wettbewerb aktiv. Mit 540 Mitarbeitern wurde 1998 ein Jahresumsatz von 120 Mio. DM erzielt.

• D 152

Verband der Bayerischen Bezirke KdöR
Knöbelstr. 10, 80538 München
T: (089) 21 23 89-0 **Fax:** 29 67 06
Internet: http://www.bay-bezirke.de
E-Mail: info@bay-bezirke.de
Gründung: 1979
Präsident(in): Dr. Georg Simnacher
1. Vizepräs: Edgar Sitzmann
2. Vizepräs., Schatzmeister: Fritz Körber
Geschf.Präsidiumsmitgl: Dieter Draf
Mitglieder: 7 Bayer. Bezirke
Mitarbeiter: 15

Bayerische Bezirke

d 153

Bezirk Oberbayern
Prinzregentenstr. 14, 80538 München
T: (089) 21 98-01 **Fax:** 21 98-1190
Bezirkstagspräs: Erwin Filser

d 154

Bezirk Niederbayern
84023 Landshut
Maximilianstr. 15, 84028 Landshut
T: (0871) 80 80-1 **Fax:** (089) 8 08 19 06
Bezirkstagspräs: Manfred Hölzlein

d 155

Bezirk Oberpfalz
93039 Regensburg
Emmeramsplatz 8, 93047 Regensburg
T: (0941) 56 80-0 **Fax:** 56 80-5 45
Bezirkstagspräs: Rupert Schmid

d 156

Bezirk Oberfranken
Postf. 11 01 65, 95420 Bayreuth
Ludwigstr. 20, 95444 Bayreuth
T: (0921) 6 04-1 **Fax:** 6 04-6 67
Bezirkstagspräs: Edgar Sitzmann

d 157

Bezirk Mittelfranken
Bischof-Meiser-Str. 2, 91522 Ansbach
T: (0981) 53-0 **Fax:** 5 35 85
Bezirkstagspräs: Gerd Lohwasser

d 158

Bezirk Unterfranken
Postf. 51 20, 97001 Würzburg
Silcherstr. 5, 97074 Würzburg
T: (0931) 79 59-0 **Fax:** 79 59-6 99
Bezirkstagspräs: Raymund Schmitt

d 159

Bezirk Schwaben
Postf. 11 02 40, 86027 Augsburg
Hafnerberg 10, 86152 Augsburg
T: (0821) 31 01-0 **Fax:** 31 01-2 00
Bezirkstagspräs: Dr. Georg Simnacher

• D 160

Bezirksverband Pfalz
Bismarckstr. 17, 67655 Kaiserslautern
T: (0631) 36 47-0 **Fax:** 36 47-153
Internet: http://www.bv-pfalz.de
E-Mail: info@bv-pfalz.de
Vorstand: Joachim Stöckle (Vorsitzender des Bezirkstags Pfalz)
Mitarbeiter: rd. 2000

• D 161

Hamburg-Gesellschaft e.V.
-gemeinnützig
Erikastr. 155, 20251 Hamburg
T: (040) 48 48 49
Gründung: 1935 (als Vereinigung Niederdeutsches Hamburg)
Vorsitzende(r): Rita Gramm-Wauschkuhn
Stellvertretende(r) Vorsitzende(r): Gerlach Fiedler
Mitglieder: 100 plus Sponsoren
Mitarbeiter: 5

• D 162

Initiativkreis Ruhrgebiet
Geschäftsstelle
Postf. 10 17 41, 45017 Essen
Schinkelstr. 30-32, 45138 Essen
T: (0201) 89 66-61 **Fax:** 89 66-670
Internet: http://www.i-r.de
E-Mail: info@i-r.de
Gründung: 1988 (Herbst)
Moderator: Dr. Jochen Melchior (Vorsitzender des Vorstandes des STEAG AG)
Stellvertretender Moderator: Dr. Henner Puppel (Sprecher des Vorstandes der National Bank AG)
Geschäftsführer(in): Dr. Eckhard Albrecht

• D 163

Verein "pro Ruhrgebiet e.V."
Semperstr. 51, 45138 Essen
T: (0201) 89 41 50 **Fax:** 8 94 15 10
Internet: http://www.proruhrgebiet.de
E-Mail: info@proruhrgebiet.de
Gründung: 1981 (Februar)
Vorsitzende(r): Dr. Herbert Krämer
Stellvertretende(r) Vorsitzende(r): Ralf E. Wechtenbruch
Dr. Andreas Altmeyer
Geschäftsführer(in): Dr. Roland Kirchhof
Pressesprecher: 1000 Volt Gesellschaft für innovative Medienkommunikation GmbH
Verbandszeitschrift: pro Ruhrgebiet

• D 164

Landschaftsverband Westfalen-Lippe (LWL)
48133 Münster
Freiherr-v.-Stein-Platz 1, 48147 Münster
T: (0251) 5 91-01 **Fax:** 5 91-3300
Internet: http://www.lwl.org
E-Mail: lwl@lwl.org
LdsDir.: Wolfgang Schäfer
Presseref.: Frank Tafertshofer

• D 165

Ruhr-Forschungsinstitut für Innovations- und Strukturpolitik e.V. (Rufis)
Postf. 10 21 48, 44721 Bochum
T: (0234) 70 77 16 **Fax:** 70 77 16
Internet: http://www.ruhr-uni-bochum.de/www-public/rademtbu/rufis/ruf_hp.htm
E-Mail: rufis@ruhr-uni-bochum.de
Gründung: 1979
Vorsitzende(r): Prof. Dr. Paul Klemmer
Stellvertretende(r) Vorsitzende(r): Prof. Dr. Helmut Karl

• D 166

Bundesarbeitsgemeinschaft für das Schlacht- und Viehhofwesen (BAG)
Schlachthof Nordhorn
Schlachthofstr. 12, 48527 Nordhorn
T: (05921) 82 26 18 **Fax:** 82 26 57
E-Mail: schlachthof@eure.de
Vorsitzende(r): Dr. Hermann Kramer
Stellvertretende(r) Vorsitzende(r): Dr. Meiler, Hof

• D 167

Verband kommunaler Unternehmen e.V. (VKU)
Brohler Str. 13, 50968 Köln
T: (0221) 37 70-0 **Fax:** 37 70-255, 37 70-265, 37 70-266
Internet: http://www.dbsh.de
E-Mail: geschaeftsstelle@dbsh.de
Gründung: 1949 (11. März)
Präsident(in): Oberbürgermeister Gerhard Widder, Mannheim
Geschäftsf. Präsidialmitgl. u. HGeschF: Michael Schöneich
Stellv. d. HGeschF: Volker Jung
Leitung Presseabteilung: Hauptreferent Wolfgang Prangenberg
Verbandszeitschrift: ZfK - Zeitung für kommunale Wirtschaft
Redaktion: Neumarkter Str. 87, 81673 München
Verlag: Sigillum-Verlag GmbH, Brohler Str. 13, 50968 Köln
Mitglieder: 950
Mitarbeiter: 62
Jahresetat: DM 10 Mio, € 5,11 Mio

Landesgruppen

d 168

Verband kommunaler Unternehmen e.V. Landesgruppe Baden-Württemberg
Hauptstr. 163, 70563 Stuttgart

d 169

Verband kommunaler Unternehmen e.V. Landesgruppe Bayern
Blumenstr. 19, 80331 München

d 170

Verband kommunaler Unternehmen e.V. Landesgruppe Berlin
Hausvogteiplatz 3-4, 10117 Berlin

d 171

Verband kommunaler Unternehmen e.V. Landesgruppe Brandenburg
Karl-Liebknecht-Str. 130, 03046 Cottbus

d 172

Verband kommunaler Unternehmen e.V. Landesgruppe Hessen
Solmsstr. 38, 60486 Frankfurt

d 173

Verband kommunaler Unternehmen e.V. Landesgruppe Niedersachsen/Bremen
Ihmeplatz 2, 30449 Hannover

d 174

Verband kommunaler Unternehmen e.V. Landesgruppe Nordrhein-Westfalen
Brohler Str. 13, 50968 Köln

d 175

Verband kommunaler Unternehmen e.V. Landesgruppe Rheinland-Pfalz
Georg-Peter-Süß-Str. 2, 67346 Speyer

d 176

Verband kommunaler Unternehmen e.V. Landesgruppe Saarland
Hohenzollernstr. 104-106, 66117 Saarbrücken

d 177

Verband kommunaler Unternehmen e.V. Landesgruppe Sachsen
Eutritzscher Str. 17-19, 04105 Leipzig

d 178

Verband kommunaler Unternehmen e.V. Landesgruppe Sachsen-Anhalt
Leipziger Chaussee 191f, 06112 Halle

d 179

Verband kommunaler Unternehmen e.V. Landesgruppe Schleswig-Holstein / Hamburg / Mecklenburg-Vorpommern
Knooper Weg 75, 24116 Kiel

d 180

Verband kommunaler Unternehmen e.V. Landesgruppe Thüringen
Pfullendorfer Str. 83, 99867 Gotha

• D 181

IKU

Institut für kommunale Wirtschaft und Umweltplanung (IKU)
Unter den Eichen 7, 65195 Wiesbaden
T: (0611) 18 08 70
Internet: http://www.iku.fh-darmstadt.de
E-Mail: info@iku.fh-darmstadt.de
Gründung: 1987
Geschäftsführer(in): Dr. Dieter Wittmann
Stellvertretende(r) Geschäftsführer(in): Dipl.-Sow. Helmut C. Büscher (Ltg. Presseabt.)
Mitarbeiter: 5
Jahresetat: ca. DM 0,7 Mio, € 0,36 Mio

• D 182

A S E W

Arbeitsgemeinschaft für sparsame Energie- und Wasserverwendung im VKU (ASEW)
Volksgartenstr. 22, 50677 Köln
T: (0221) 93 18 19-0 **Fax:** 93 18 19-9
Internet: http://www.asew.de
E-Mail: info@asew.de
Gründung: 1989 (14. September)
Vors. des Leitausschusses: Dipl.-Ing. Alfons Bröker (Stadtwerke Soest GmbH)
Geschäftsführer(in): Dipl.-Ing. Peter Jörg Heinzelmann
Stellvertretende(r) Geschäftsführer(in): Dipl.-Geogr. Rosa Hemmers (Presse- und Öffentlichkeitsarbeit)
Verbandszeitschrift: ASEW-Aktuell
Verlag: ASEW, Volksgartenstr. 22, 50677 Köln
Mitglieder: 230 Kommunale Unternehmen
Mitarbeiter: 10
Jahresetat: DM 2,5 Mio, € 1,28 Mio

Förderung und Unterstützung aller Maßnahmen zur rationellen, sparsamen und umweltschonenden Energieverwendung und rationellen Wasserverwendung im Rahmen der versorgungswirtschaftlichen Aufgaben der Mitgliedsunternehmen; Weiterbildung; Marketingkonzepte für Dienstleistungen

• D 183

Kommunale Gemeinschaftsstelle (KGSt)
Postf. 51 07 20, 50943 Köln
Lindenallee 13-17, 50968 Köln
T: (0221) 37 68 90 **Fax:** 3 76 89 59
Internet: http://www.kgst.de
E-Mail: Peter.Klander@kgst.de
Gründung: 1949
Geschäfts-Leitung: Karl-Ludwig Schmiing
Verbandszeitschrift: KGSt-Info
Redaktion: Dipl.-Kfm. Peter Klander
Verlag: KGSt, Köln
Herausgeber: Dr. Peter Blönnigen, Dr. Hans Hack, Karl-Ludwig Schmiing
Mitglieder: 1500 Gemeinden/Städte/Kreise in Deutschland
Mitarbeiter: 80

Zentralinstitut der deutschen Kommunalverwaltung in Fragen der Wirtschaftlichkeit, Rationalisierung, inneren Organisation, Verwaltungssteuerung, des Personalmanagements, der Informations- und Bürotechnologie.

• D 184

Kommunale Umwelt-AktioN U.A.N.
mit Kommunaler Energie Beratung KEB
Arnswaldtstr. 28, 30159 Hannover
T: (0511) 3 02 85-0 **Fax:** 3 02 85-56
Gründung: 1985 (25. September)
Sprecher: Dr. Wulf Haack

Geschäftsführer(in): Carsten Menking
Verbandszeitschrift: Informationsdienst "Rathaus & Umwelt"
Redaktion: Kommunale Umwelt-AktioN U.A.N., Arnswaldtstr. 28, 30159 Hannover
Mitglieder: 315 Kommunen
Mitarbeiter: 10

• D 185

Raumordnungsverband Rhein-Neckar
Postf. 10 26 36, 68026 Mannheim
P 7 20-21, 68161 Mannheim
T: (0621) 1 07 08-0 **Fax:** 1 07 08 34
Gründung: 1970 (22. Mai)
Vorsitzende(r): Wolfgang Pföhler
Dr. Klaus Fischer
Leitung Presseabteilung: Klaus Mandel
Verbandszeitschrift: Rhein-Neckar-Info
Redaktion: P 7, 20-21, Mannheim
Verlag: P 7, 20-21, Mannheim
Mitglieder: 3
Mitarbeiter: 25
Jahresetat: DM 4,15 Mio, € 2,12 Mio

d 186

Raumordnungsverband Rhein-Neckar Regionalverband Unterer Neckar
P 7 20-21, 68161 Mannheim
T: (0621) 1 07 08-0 **Fax:** 1 07 08 34
Vorsitzende(r): OB Dr. Horst Sieber
Dr. Klaus Fischer

d 187

Raumordnungsverband Rhein-Neckar Planungsgemeinschaft Rheinpfalz
P 7 20-21, 68161 Mannheim
T: (0621) 1 07 08-0 **Fax:** 1 07 08 34
Leitender Planer: Klaus Fischer
Vorsitzende(r): Landrat Dr. Ernst Bartholomé

• D 188

Landschaftsverband Rheinland (LVR)
50663 Köln
Kennedy-Ufer 2, 50679 Köln
T: (0221) 8 09-0 **Fax:** 8 09-2200
Internet: http://www.lvr.de
Gründung: 1953
Vorsitzende(r): Winfried Schittges
LdsDir.: Ferdinand Esser
Pressespr.: Renate Kerstin
Verbandszeitschrift: LVR-Report
Redaktion: Klaus Jacobi
Verlag: Eigenverlag
Mitarbeiter: 16000

Jugendhilfe, Behinderten-Schulwesen, Behinderten-Fürsorge, Sozialhilfe, Gesundheitswesen (Psychiatrie), Straßenbau, Kulturpflege.

• D 189

STADT UND LAND e.V. in Nordrhein-Westfalen
Liebigstr. 20, 40479 Düsseldorf
T: (0211) 48 70 21 **Fax:** 48 74 28
E-Mail: stadtundland.nrw@t-online.de
Gründung: 1959 (1. Oktober)
Vorsitzende(r): Dr. Reinhold Meisterjahn (Direktor der Deutschen Landjugendakademie Fredeburg/Bonn Röttgen)
Stellvertretende(r) Vorsitzende(r): Gisela Kokemoor
Geschäftsführer(in): Ingrid Gertz-Rotermund (Ltg. Presseabt.)
Mitglieder: 23
Mitarbeiter: 3
Jahresetat: DM 0,27 Mio, € 0,14 Mio (Landesmittel NRW)

• D 190

Initiative Qualitätssicherung Nordrhein-Westfalen e.V. (IQS NRW)
Joseph-von-Fraunhofer-Str. 20, 44227 Dortmund
T: (0231) 97 00-111 **Fax:** 97 00-463
Internet: http://www.iqsnrw.de
E-Mail: info@iqsnrw.de
Gründung: 1994 (Februar)
Vorstand: Dr. Greif (Vors.; GF der Dr. Reinhold Hagen Stiftung, Bonn)
Stausberg (Unternehmensberatung für integrierte Managementsysteme, Haan)
Dipl.-Kfm. Karlheinz Kemminer (Geschäftsführer des Fachverbandes Schloß- und Beschlagindustrie e.V., Velbert)
Geschäftsführer(in): Dr. Bischoff
Leitung Presseabteilung: Dipl.-Ing. Ralf Seiffert
Verbandszeitschrift: IQS-Aktiv
Redaktion: Dipl.-Ing. Ralf Seiffert
Mitglieder: 70
Mitarbeiter: 8

• D 191

Berliner Stadtreinigungsbetriebe Anstalt des öffentlichen Rechts (BSR)
Ringbahnstr. 96, 12103 Berlin
T: (030) 75 92-0 **Fax:** 75 92-2262
Vorsitzende(r) des Vorstandes: Dr. Peter v. Dierkes
Dr. Christoph Landerer
Dr. Arnold W. Guski

• D 192

Bergisch-Märkischer Verkehrsverband e.V.
Postf. 13 19 37, 42046 Wuppertal
Heinrich-Kamp-Platz 2, 42103 Wuppertal
T: (0202) 24 90 6 01 **Fax:** 24 90-6 99
Vorsitzende(r): Bernhard Coblenz
Geschäftsführer(in): Dipl.-Volksw. Theo Beer

• D 193

Industrie- und Handelsclub Südwestfalen e.V.
57069 Siegen
Koblenzer Str. 121, 57072 Siegen
T: (0271) 3 30 23 12 **Fax:** 3 30 24 00
Gründung: 1989 (20. April)
Präsident(in): Jörg Dienenthal (Dango & Dienenthal, Siegen)
Vizepräsident(in): Kurt-Jürgen Reitz (Reitz + Partner GmbH, Siegen)
Betreuer: Dipl.-Kfm. Franz J. Mockenhaupt (IHK, Siegen)
Mitglieder: 59

• D 194

Aktion Münsterland e.V.
Verein zur Förderung des Münsterlandes
Postf. 11 27, 48001 Münster
An den Loddenbüschen 81a, 48155 Münster
T: (0251) 6 09 32-0 **Fax:** 6 09 32-10
Internet: http://www.muensterland.com
E-Mail: aktion@muensterland.com, kultur@muensterland.com
Gründung: 1990 (15. Juni)
Vorsitzende(r): Dr. Dieter Offergeld
Geschäftsführer(in): Dipl.-Geogr. Heinz Schmitz
Mitglieder: 547
Mitarbeiter: 6

Aufwertung des Regionalimages und Verbesserung der Standortattraktivität des Münsterlandes; Profilierung der Region auf nationaler, europäischer und internationaler Ebene als leistungsfähigem Wirtschafts- und Lebensraum.

• D 195

Euregio Rhein-Waal
Emmericher Str. 24, 47533 Kleve
T: (02821) 7 93 00 **Fax:** 79 30 30
Internet: http://www.euregio.org
E-Mail: info@euregio.org
Gründung: 1963
Vors.d.Rates: Rudolf Lange
Geschäftsführer(in): Erwin Schmitz
Mitglieder: 51 deutsche und niederländische Städte, Gemeinden, Kreise, IHK's
Mitarbeiter: 12 hauptamtliche
Jahresetat: DM 7 Mio, € 3,58 Mio

Förderung der grenzüberschreitenden Zusammenarbeit in den Bereichen: Wirtschaft, Ausbildung, Verkehr, Raumordnung, Kultur, Sport, Tourismus, Soziales, Natur, Umwelt, Gesundheit, Katastrophenschutz, Öffentliche Sicherheit, Kommunikation

• D 196

EUREGIO Grenzüberschreitende kommunale Zusammenarbeit im deutsch-niederländischen Grenzraum
Postf. 11 64, 48572 Gronau
Enscheder Str. 362, 48599 Gronau
T: (02562) 70 20 **Fax:** 7 02 59
Internet: http://www.euregio.net, http://www.euregionet.de
E-Mail: info@euregio.nl, info@euregionet.de
Präsident(in): R. Cyprian
Geschäftsführer(in): H. Krebs

• D 197

Landeswohlfahrtsverband Baden
Postf. 41 09, 76026 Karlsruhe
Ernst-Frey-Str. 9, 76135 Karlsruhe
T: (0721) 81 07-0 **Fax:** 81 07-4 35
Vors.d.Verbandsversammlung: Dr. Bernhard Wütz
VbdDir.: Hans-Otto Walter

• D 198

Landeswohlfahrtsverband Hessen (LWV)
Ständeplatz 6-10, 34117 Kassel
T: (0561) 10 04-0 **Fax:** 10 04-2595
Internet: http://www.lwv-hessen.de
Gründung: 1953 (7. Mai)
Präs. d. Verbandsversammlung: Kurt-Wilhelm Sauerwein
Vors. d. Verwaltungsausschusses: Landesdirektor Lutz Bauer
Stellv. Vors. d. Verwaltungsausschusses: Lutz Klein (Erster Beigeordneter)
Leitung Presseabteilung: Dr. Gisela Heimbach
Verbandszeitschrift: LWV-Info
Redaktion: LWV-Pressestelle
Verlag: Ständeplatz 6-10, 34117 Kassel
Mitglieder: alle 21 Landkreise und 5 kreisfreien Städte Hessens
Mitarbeiter: ca. 10000
Jahresetat: rd. DM 2146 Mio, € 1097,23 Mio

• D 199

Landeswohlfahrtsverband Württemberg-Hohenzollern
Postf. 10 60 22, 70049 Stuttgart
Lindenspürstr. 39, 70176 Stuttgart
T: (0711) 63 75-0 **Fax:** 63 75-1 25
Internet: http://www.lwv.de
E-Mail: info@lwv-wh.de
Gründung: 1964
Vors.d.VbdVers.: LdR Dr. Albrecht Kroymann
Verbandsdirektor: Werner Frank
Leiter Referat Öffentlichkeitsarbeit: Stefan Wiegandt
Mitarbeiter: 2200

• D 200

Arbeitsgemeinschaft Europäischer Grenzregionen (AGEG)
Association of European Border Regions (AEBR)
Association des régions frontalières européennes (ARFE)
c/o EUREGIO
Enscheder Str. 362, 48599 Gronau
T: (02562) 7 02 22, 7 02 32 **Fax:** 7 02 59
E-Mail: b.zander@aebr-ageg.de
Gründung: 1971
Internationaler Zusammenschluß: siehe unter IZU 506
Präsident(in): Joan Vallvé i Ribera
Generalsekretär(in): Dipl.-Volksw. Jens Gabbe
Mitglieder: 75 Regionen

• D 201

Kommunalpolitische Vereinigung der CDU und CSU Deutschlands (KPV)
Friedrich-Ebert-Allee 73-75, 53113 Bonn
T: (0228) 5 44-2 46/7 **Fax:** 5 44-296
E-Mail: kpv@cdu.de
Bundesvorsitzende(r): Peter Götz (MdB)
Hauptgeschäftsführer(in): Tim-Rainer Bornholt
Verbandszeitschrift: Kommunalpolitische Blätter - Fachorgan der KPV

Landesverbände

Baden-Württemberg

d 202

Kommunalpolitische Vereinigung der CDU und CSU Deutschlands Landesverband Baden-Württemberg
Hasenbergstr. 49b, 70176 Stuttgart
T: (0711) 6 69 04-0
Vorsitzende(r): Andreas Renner (Oberbürgermeister), Singen
Geschäftsführer(in): Josef Müller, Stuttgart

Bayern

d 203

Kommunalpolitische Vereinigung der CDU und CSU Deutschlands Landesverband Bayern
Nymphenburger Str. 64, 80335 München
T: (089) 12 43-203 **Fax:** 12 43-307
E-Mail: schuster@csu-bayern.de
Vorsitzende(r): Landrat Luitpold Braun, Schongau
Geschäftsführer(in): Hildegard Schuster
Verbandszeitschrift: Bayerische Gemeindezeitung

Berlin

d 204

Kommunalpolitische Vereinigung der CDU und CSU Deutschlands Landesverband Berlin
Steifensandstr. 8, 14057 Berlin
T: (030) 26 48 44 60
Vorsitzende(r): Joachim Zeller (Beuirks Bgm), Berlin-Mitte
Geschäftsführer(in): Dr. Peter Gerull, Berlin

Brandenburg

d 205

Kommunalpolitische Vereinigung der CDU und CSU Deutschlands Landesverband Brandenburg
Hoher Weg 144, 14542 Werder
T: (03327) 66 93-16
Vorsitzende(r): Werner Große (Bürgermeister)
Geschäftsführer(in): Helmut Gahsche, Potsdam

Bremen

d 206

Kommunalpolitische Vereinigung der CDU und CSU Deutschlands Landesverband Bremen
Am Wall 135, 28195 Bremen
T: (0421) 30 89 41
Vorsitzende(r): Günter Niederbremer, Bremen
Geschäftsführer(in): Karl Uwe Oppermann (MdBB), Bremen

Hamburg

d 207

Kommunalpolitische Vereinigung der CDU und CSU Deutschlands Landesverband Hamburg
Leinpfad 74, 22299 Hamburg
T: (040) 5 50 22 20 **Fax:** 5 59 58 95
Vorsitzende(r): Heinrich Otto Leopold (Bez.Abg Hamburg-Eimsbüttel)
Geschäftsführer(in): Michael Hahn, Hamburg

Hessen

d 208

Kommunalpolitische Vereinigung der CDU und CSU Deutschlands Landesverband Hessen
Frankfurter Str. 6, 65189 Wiesbaden
T: (0611) 8 60 61
Vorsitzende(r): Dr. Christean Wagner (MdL)
Geschäftsführer(in): Walter Siebert, Wiesbaden

Mecklenburg-Vorpommern

d 209

Kommunalpolitische Vereinigung der CDU und CSU Deutschlands Landesverband Mecklenburg-Vorpommern
Wismarsche Str. 173, 19053 Schwerin
T: (0385) 5 90 04 17
Vorsitzende(r): Harry Glawe (MdL), Grimmen
Geschäftsführer(in): Joachim Naumann

Niedersachsen

d 210

Kommunalpolitische Vereinigung der CDU und CSU Deutschlands Landesverband Niedersachsen
Böttcherstr. 7, 30419 Hannover
T: (0511) 77 62 14
Vorsitzende(r): Jochen-Konrad Fromme, Haverlah
Geschäftsführer(in): Hans Leveling, Hannover

Nordrhein-Westfalen

d 211

Kommunalpolitische Vereinigung der CDU und CSU Deutschlands Landesverband Nordrhein-Westfalen
Limperstr. 40, 45657 Recklinghausen
T: (02361) 58 99-0
Vorsitzende(r): Heinrich Niehaves, Wermelskirchen
Geschäftsführer(in): Ulrich Weller, Recklinghausen

Rheinland-Pfalz

d 212

Kommunalpolitische Vereinigung der CDU und CSU Deutschlands Landesverband Rheinland-Pfalz
Rheinallee 1, 55116 Mainz
T: (06131) 28 47 17
Vorsitzende(r): Heinz-Hermann Schnabel (MdL), Erbes-Büdesheim
Geschäftsführer(in): Hans-Erich Au, Mainz

Saarland

d 213

Kommunalpolitische Vereinigung der CDU und CSU Deutschlands Landesverband Saarland
Stengelstr. 5, 66117 Saarbrücken
T: (0681) 5 40 41
Vorsitzende(r): Dr. Heribert Gisch, Nohfelden
Geschäftsführer(in): Franz-Josef Berg, Saarbrücken

Sachsen

d 214

Kommunalpolitische Vereinigung der CDU und CSU Deutschlands Landesverband Sachsen
Schöpsdorfer Str. 33, 02977 Hoyerswerda
T: (03571) 40 72 17
Vorsitzende(r): Peter Schowtka (MdL), Wittichenau
Geschäftsführer(in): Martin Schmidt

Sachsen-Anhalt

d 215

Kommunalpolitische Vereinigung der CDU und CSU Deutschlands Landesverband Sachsen-Anhalt
KDV Bildungswerk
Clara-Zetkin-Platz 6, 06406 Bernburg
T: (03471) 31 63-24 **Fax:** 31 63-41
Vorsitzende(r): Roland Halang, Bernburg
Geschäftsführer(in): N.N.

Schleswig-Holstein

d 216

Kommunalpolitische Vereinigung der CDU und CSU Deutschlands Landesverband Schleswig-Holstein
Sophienblatt 44-46, 24114 Kiel
T: (0431) 6 60 99-22
Vorsitzende(r): Reimer Struve, Bordesholm
Geschäftsführer(in): Jörg Hollmann

Thüringen

d 217

Kommunalpolitische Vereinigung der CDU und CSU Deutschlands Landesverband Thüringen
Heinrich-Mann-Str. 22, 99096 Erfurt
T: (0361) 34 49-230
Vorsitzende(r): Willibald Böck (MdL), Bernterode
Geschäftsführer(in): Rolf Bärwolf, Erfurt

• D 218

Sozialdemokratische Gemeinschaft für Kommunalpolitik in der Bundesrepublik Deutschland e.V. (Bundes-SGK)
Geschäftsstelle
Stresemannstr. 30, 10963 Berlin
T: (030) 25 99 39 60 **Fax:** 25 99 39 70
Vorsitzende(r): Oberbürgermeister Hajo Hoffmann
Geschäftsführende(s) Vorstands-Mitglied(er): Detlef Raphael

Sozialdemokratische Gemeinschaften für Kommunalpolitik in den Bundesländern (Landes-SGKs)

d 219

SGK Baden-Württemberg e.V.
c/o SPD-Landesverband Baden-Württemberg
Postf. 10 42 63, 70037 Stuttgart
Wilhelmsplatz 10, 70182 Stuttgart
T: (0711) 6 19 36 31 **Fax:** 6 19 36 48
Vorsitzende(r): Oberbürgermeisterin Beate Weber (Postf. 10 55 20, 69045 Heidelberg, T: (06221) 58-20 10)
Geschäftsführer(in): Werner Sixt (c/o SPD-Landesverband Baden-Württemberg, Wilhelmsplatz 10, 70182 Stuttgart, T: (0711) 6 19 36 23, Fax: 6 19 36 48)

d 220

SGK Bayern e.V.
c/o SPD-Landesverband Bayern
Oberanger 38 II, 80331 München
T: (089) 23 17 11 25 **Fax:** 23 17 11 38
Vorsitzende(r): Dr. Ivo Holzinger (Oberbürgermeister, Rathaus, Marktplatz, 87700 Memmingen, T: (08331) 8 50-1 00)
Geschäftsführer(in): Helmut Bertig

d 221

SGK Berlin e.V.
Müllerstr. 163, 13353 Berlin
T: (030) 46 92-134 **Fax:** 46 92-124
Vorsitzende(r): Michael Barthel (Hauptstr. 71, 12159 Berlin, T: (030) 85 96 39 44)
Geschäftsführer(in): Karin Seidel-Kalmutzki

d 222

SGK Brandenburg e.V.
Friedrich-Ebert-Str. 61, 14469 Potsdam
T: (0331) 2 70 02 53 **Fax:** 2 70 96 05
Vorsitzende(r): Hans-Joachim Laesicke (Bürgermeister, Schloß, 16501 Oranienburg, T: (03301) 60 06 01)
Geschäftsführer(in): Dietrich Hohmann

d 223

SGK Bremen e.V.
c/o SPD-Bürgerschaftsfraktion
Altenwall 15-16, 28195 Bremen
T: (0421) 3 36 77-28 **Fax:** 32 11 20
E-Mail: spd-fraktion@spd-bremen.de
Vorsitzende(r): Jens Böhrnsen (MdBB, c/o SPD-Bürgerschaftsfraktion, Altenwall 15-16, 28195 Bremen, T: (0421) 3 36 77-26)
Geschäftsführer(in): Karin Röpke

d 224

SGK Hamburg
Raawisch 29, 22043 Hamburg
T: (040) 68 63 32
Barbara Duden (MdBü)

d 225

SGK Hessen
Rößlerstr. 7, 65193 Wiesbaden
T: (0611) 52 30 44 **Fax:** 52 07 40
Internet: http://www.sgk-hessen.de
E-Mail: info@sgk-hessen.de
Vorsitzende(r): Peter Benz (Oberbürgermeister der Stadt Darmstadt)
Geschäftsführer(in): Dipl.-Sozialw. Achim Moeller

d 226

SGK Mecklenburg-Vorpommern e.V.
Wismarsche Str. 152, 19053 Schwerin
T: (0385) 55 57 28 50 **Fax:** 55 57 28 52
Vorsitzende(r): Jürgen Kanehl (Bürgermeister der Stadt Wolgast, Burgstr. 6, 17438 Wolgast, T: (03836) 25 11 31, Fax: (03836) 25 11 29)
Geschäftsführer(in): Heinz Müller (MdL)

d 227

SGK Niedersachsen e.V.
c/o SPD-Landesverband
Odeonstr. 15/16, 30159 Hannover
T: (0511) 1 67 42 19 **Fax:** 1 67 42 11
Vorsitzende(r): Ulrich Mädge (Oberbürgermeister, Rathaus, Am Ochsenmarkt, 21335 Lüneburg)
Geschäftsführer(in): Harry Dißner (Odeonstr. 15/16, 30159 Hannover, T: (0511) 16 74-231, Fax: 16 74-211)

d 228

SGK Nordrhein-Westfalen e.V.
Postf. 20 07 04, 40104 Düsseldorf
Elisabethstr. 16, 40217 Düsseldorf
T: (0211) 87 67 47-0 **Fax:** 87 67 47-27
Internet: http://www.SGK-NW.de
E-Mail: SGK@SGK-NW.de
Vorsitzende: Marlies Smeets (Bürgermeisterin, Rathaus, 40213 Düsseldorf, T: (0211) 8 99 37 07, Fax: (0211) 8 92 91 10)
Geschäftsführer(in): Friedrich Pritzkoleit

d 229

SGK Rheinland-Pfalz
Postf. 30 08, 55020 Mainz
T: (06131) 22 64 60 **Fax:** 22 64 78
Vorsitzende(r): Michael Reitzel (Tränkgasse 8, 55278 Selzen)
Geschäftsführer(in): Harald Schweitzer (MdL)

d 230

Saar-SGK e.V.
Fasanenweg 4, 66793 Saarwellingen
T: (0171) 4 38 76 72 **Fax:** (06838) 9 90 16
Vorsitzende(r): Richard Nospers (Oberbürgermeister a.D., Wiesenstr. 4, 66740 Saarlouis)
Geschäftsführer(in): Jörg Aumann

d 231

SGK Sachsen e.V.
Strehlener Str. 14, 01069 Dresden
T: (0351) 4 65 73 16 **Fax:** 4 65 73 17
E-Mail: SGK-SACHSEN@t-online.de
Gründung: 1991 (1.Februar)
Vorsitzende(r): Renate Schwarze (Clara-Zetkin-Str. 15, 02977 Hoyerswerda, T: (03571) 45 64 01 d., Telefax: (03571) 45 64 05 d.)
Geschäftsführer(in): Karin Thiele
Mitglieder: 420
Mitarbeiter: 1

d 232

SGK Sachsen-Anhalt e.V.
Bürgelstr. 1, 39104 Magdeburg
T: (0391) 5 61 16 09 **Fax:** 5 61 16 09
Vorsitzende(r): Dr. Eckbert Flämig
Geschäftsführer(in): Dr.sc.oec. Margot Wucherpfennig

d 233

SGK Schleswig-Holstein e.V.
Kleiner Kuhberg 28-30, 24103 Kiel
T: (0431) 90 60-6 28 **Fax:** 90 60-6 41 (SPD-LV SH)
Vorsitzende(r): Klaus Plöger (Landrat des Kreises Stormarn, Blöcken 10C, 22885 Barsbüttel)
Geschäftsführer(in): Dirk Albat

d 234

SGK Thüringen e.V.
Dalbergsweg 8, 99084 Erfurt
T: (0361) 2 28 44 20 **Fax:** 2 28 44 21
Vorsitzende(r): Günter Pohl (MdL)
Geschäftsführer(in): Peter Schnotale

• D 235

Verein für Grüne Solararchitektur e.V. zur Förderung der Wohn- und Umweltqualität
Sindelfingerstr. 85, 72070 Tübingen
T: (07071) 4 29 18 **Fax:** 94 83 50
Gründung: 1982
Vorsitzende(r): Prof. Dieter Schempp (Ltg. Presseabt.)
Stellvertretende(r) Vorsitzende(r): Prof. Dr. Martin Krampen
Thomas Seidel
Mitglieder: 60

• D 236

Grüne und Alternative in den Räten von Baden-Württemberg
Forststr. 93, 70176 Stuttgart
T: (0711) 9 93 59 90 **Fax:** 9 93 59 99
Internet: http://www.ba-wue.gruene.de/gar
E-Mail: gar@ba-wue.gruene.de

• D 237

GRÜNE/Alternative in den Räten NRW e.V. (GAR)
Jahnstr. 52, 40215 Düsseldorf
T: (0211) 3 84 76-0 **Fax:** 3 84 76-19
Internet: http://www.gar-nrw.de
E-Mail: info@gar-nrw.de
Gründung: 1985 (13. Januar)
Geschäftsführer(in): Hermann Mertens
Leitung Presseabteilung: Sabine Drewes
Verbandszeitschrift: Forum Kommunalpolitik
Redaktion: Sabine Drewes
Mitglieder: ca. 260 Fraktionen in NRW-Kommunen
Mitarbeiter: 5

E Handelskammern und Ländervereine

Zum Auffinden einer bestimmten Dienststelle oder Organisation dient das Suchwortverzeichnis, eines Personennamens das Personenverzeichnis.

Gemeinschaftsausschuß
Industrie- und Handelskammern
Auslandshandelskammern
Ländervereine
Internationale und europäische Beziehungen

Gemeinschaftsausschuß

• E 1

Gemeinschaftsausschuß der Deutschen Gewerblichen Wirtschaft

Geschäftsführung: Bundesverband der Deutschen Industrie (BDI)
Breite Str. 29, 10178 Berlin
T: (030) 20 28-1422 **Fax:** 20 28-2422
Vorsitzende(r): Dr.-Ing. E.h. Hans-Olaf Henkel
Geschäftsführer(in): Dr. Ludolf v. Wartenberg
Mitglieder:
Deutscher Industrie- und Handelstag,
Bundesverband deutscher Banken e.V.,
Bundesverband des Deutschen Groß- und Außenhandels e.V. (BGA),
Bundesvereinigung der Deutschen Arbeitgeberverbände e.V. (BDA),
Bundesverband der Deutschen Volksbanken und Raiffeisenbanken e.V.,
Bundesverband Deutscher Zeitungsverleger e.V.
Centralvereinigung Deutscher Handelsvertreter- und Handelsmaklerverbände (CDH),
Deutscher Hotel- und Gaststättenverband e.V.,
Deutscher Sparkassen- und Giroverband e.V.,
Gesamtverband der Deutschen Versicherungswirtschaft e.V. (GDV),
Hauptverband des Deutschen Einzelhandels e.V. (HDE) Zentralverband Gewerblicher Verbundgruppen e.V. (ZGV),
Verband Deutscher Reeder e.V.,
Zentralverband des Deutschen Handwerks (ZDH),
Gastmitglied:
Deutscher Bauernverband, Bundesverband der Freien Berufe

Industrie- und Handelskammern

• E 2

Deutscher Industrie- und Handelstag (DIHT)

11052 Berlin
Breite Str. 29, 10178 Berlin
T: (030) 2 03 08-0 **Fax:** 2 03 08-1000
T-Online *69010 /Anwahl KIT*
Internet: http://www.diht.de
E-Mail: diht@berlin.diht.de
Internationaler Zusammenschluß: siehe unter ize 6
Präsident(in): Dipl.-Ing. Hans Peter Stihl (Präs. der IHK Region Stuttgart (Vors. des Vorstandes der STIHL AG & Co.), Badstr. 115, 71336 Waiblingen, T: (07151) 2 60)
Vizepräsident(in): Niels Lund Chrestensen (Präs. der IHK Erfurt (Geschäftsführer der Erfurter Samen- und Pflanzenzucht GmbH), Marktstr. 38, Postf. 8 54, 99016 Erfurt, T: (0361) 2 24 52 21)
Vizepräsident(in): Dr. jur. Jörg Mittelsten Scheid ((Pers. haft. Gesellschafter der Fa. Vorwerk & Co.), Mühlenweg 17-37, 42275 Wuppertal, T: (0202) 5 64-1)
Vizepräsident(in): Nikolaus W. Schües (Präses der HK Hamburg (Geschäftsführer der Reederei F. Laeisz Schifffahrtsgesellschaft m.b.H.), Trostbrücke 1, 20457 Hamburg, T: (040) 36 88-1)
Vizepräsident(in): Dr. Frank Niethammer (Präs. der IHK Frankfurt am Main (Mitgesellschafter und Geschäftsführer Niethammer Unternehmensbeteiligungs-GmbH), 60284 Frankfurt am Main, T: (069) 21 97-0)
Ehrenpräs.: Prof. Dr.h.c. Otto Wolff von Amerongen (Marienburger Str. 19, 50968 Köln, T: (0221) 37 10 26)
Vorstand:
Hans-Georg Carstens (Präs. der IHK zu Flensburg, (Carstens Einrichtungshaus GmbH & Co. KG), Postf. 19 42, 24909 Flensburg, T: (0461) 8 06-0)
Hans-Georg Dreyer (Vizepräses der HK Hamburg (Vorstandsmitglied der Hamburger Sparkasse), Postf. 11 14 49, 20414 Hamburg, T: (040) 3 61 38-0)
Dipl.-Ing. Hubert Eirich (Präs. der IHK Rhein-Neckar in Mannheim (Pers. haft. Gesellschafter der Maschinenfabrik Gustav Eirich), Postf. 10 16 61, 68016 Mannheim, T: (0621) 17 09-0)
Wolfgang Fell (Präs. der IHK Halle-Dessau (Inhaber der Brennstoffhandlung Wolfgang Fell), Postf. 20 07 54, 06008 Hamburg, T: (0345) 21 26-0)
Werner Gegenbauer (Präs. der IHK Berlin (Geschäftsführer der Ge-We Gegenbauer GmbH & Co. KG), Fasanenstr. 85, 10623 Berlin, T: (030) 3 15 10-0)
Prof. Dr. Dr. Konsul Klaus E. Goehrmann (Präs. der IHK Hannover-Hildesheim), (Vorsitzender des Vorstandes Deutsche Messe AG, Postfach 30 29, 30030 Hannover, T: (0511) 3 10 70)
Dipl.-Ing. Dieter Henrici (Präs. der IHK für das Südöstliche Westfalen zu Arnsberg (Geschäftsführender Gesellschafter der Fa. Brökelmann, Jaeger & Busse GmbH & Co.), Postf. 53 45, 59818 Arnsberg, T: (02931) 8 78-0)
Dr. Claus Hipp (Präs. der IHK für München und Oberbayern (Persönlich haftender Gesellschafter, Hipp KG), 80323 München, T: (089) 51 16-0)
Dipl.-Kfm. Bernd Hockemeyer (Präs. der HK Bremen (Geschäftsführender Gesellschafter der Firma Gebrüder Thiele GmbH & Co. KG), Postf. 10 51 07, 28051 Bremen, T: (0421) 36 37-0)
Peter Kürn (Präs. der IHK Lindau-Bodensee (Geschäftsführender Gesellschafter der Vermögensberatung Peter Kürn GmbH und Vorstandsvorsitzender der Internationales Bankhaus Bodensee AG), Postf. 13 65, 88103 Lindau/Bodensee, T: (08382) 93 83-0)
Wolfgang Natus (Präs. der IHK Trier), (Geschäftsführender Gesellschafter der Natus GmbH & Co. KG, Postfach 22 40, 54212 Trier, T: (0651) 97 77-0)
Alfred Frhr. von Oppenheim (Präsident der Deutsch-Französischen IHK, 18, rue Balard, F-75015 Paris/Frankreich, T: (00331) 40 58 35 35)
Rolf Paarmann (Präs. der IHK Rostock (Geschäftsführender Gesellschafter der Contrade GmbH), Postf. 10 52 40, 18010 Rostock, T: (0381) 3 38-0)
Dipl.-Kfm. Gerd Pieper (Präs. der IHK zu Bochum (Geschäftsführender Gesellschafter der Stadtparfümerie Gerhard Pieper GmbH Parfümerie Int.), 44782 Bochum, T: (0234) 91 13-0)
Dieter Schlecht (Präs. der Oldenburgischen IHK), (Sprecher der Geschäftsführung der Nordwestdeutschen Kapitalbeteiligungs-Gesellschaft mit beschränkter Haftung, Postfach 25 45, 26015 Oldenburg, T: (0441) 22 20-0)
Dr. Klaus Schuberth (Präs. der IHK Braunschweig (Vorstandsmitglied Feldschlößchen AG), Postf. 32 69, 38022 Braunschweig, T: (0531) 47 15-0)
Dr.-Ing. Victor Stimming (Präs. der IHK Potsdam (Geschäftsführender Gesellschafter der Hoch- und Ingenieurbau GmbH Brandenburg), Postf. 60 08 55, 14408 Potsdam, T: (0331) 27 86-0)
Dipl.-Kfm. Fritz Hartmut Ulrich (Präs. der IHK Friedberg/Hessen (Pers. haft. Gesellschafter der Schwarz & Ulrich KG), Postf. 10 04 55, 61144 Friedberg/Hessen, T: (06031) 6 09-0)
Dr. Wolfgang Wagner (Präs. der IHK für Oberfranken Bayreuth (Fa. Frenzelit-Werke GmbH & Co. KG), 95440 Bayreuth, T: (0921) 8 86-0)
Dr. Richard Weber (Präs. der IHK des Saarlandes (Geschäftsführender Gesellschafter der Karlsberg Brauerei KG Weber), 66104 Saarbrücken, T: (0681) 95 20-0)
Dipl.-Ing. Siegfried Weishaupt (Präs. der IHK Ulm (Geschäftsführer der Fa. Max Weishaupt GmbH, Schwendi), Postf. 24 60, 89014 Ulm, T: (0731) 1 73-0)
Dr. Axel Wiesenhütter (Präs. der IHK für die Pfalz in Ludwigshafen am Rhein (Geschäftsführender Gesellschafter der Schuster & Sohn Handelsges. mbH), Postf. 21 07 44, 67007 Ludwigshafen, T: (0621) 59 04-0)
Vorsitzender der Etatkommission: Dr. Jost Prüm ((Mitgl. d. Aufsichtsrates der Deutschen Bank Saar AG), Habichtsweg 33, 66123 Saarbrücken)
AHK-Weltsprecher: Florian Schuffner (Geschäftsführer der Korean-German Chamber of Commerce and Industry, C.P.O.Box 49 63, Seoul 100-6497 Korea, T: (00822) 37 80 46 00)
WJD-Vorsitzender: Franz-Jürgen Preis (Geschäftsführer der GPS Netzwerk Service GmbH, Mombacher Str. 93, 55122 Mainz)
Hauptgeschäftsführer(in): Dr. Franz Schoser (T: dienstl. Durchwahl (030) 2 03 08-1102)
Pers. Referentin der HGF: Maike Bielfeldt (T: dienstl. Durchwahl (030) 2 03 08-1104)
Referat Präsidialangelegenheiten, Politische Grundsatzfragen, Koordination: Dr. Stefan Caspari (T: dienstl. Durchwahl (030) 2 03 08-1108)
Referat Intern. Kontakte, Politik, Protokoll: RA Philipp Graf von Walderdorff (T: dienstl. Durchwahl: (030) 2 03 08-1106)
Referat Datenverarbeitung: Dieter Schimmel (T: dienstl. Durchwahl: (0228) 104-1255)
Leiter Zentrale Aufgaben: RA Reiner Odenthal (T: dienstl. Durchwahl (030) 2 03 08-1200)
Referat Personal DIHT und AHK: Karl-Heinz Franzen (T: dienstl. Durchwahl (030) 2 03 08-1170)
Abteilungsleiter: Dr. Günter Albrecht (Übergreifender Bereich 4: Volkswirtschaft; T: dienstl. Durchwahl (030) 2 03 08-1500)
Abteilungsleiter: Dr. Kurt Fleckenstein (Fachbereich 2: Industrie, Strukturpolitik, Umweltschutz; T: dienstl. Durchwahl (0228) 1 04-2200)
Abteilungsleiter: Dr. Johannes von Thadden (Fachbereich 4: Auslandshandelskammern; T: dienstl. Durchwahl (030) 2 03 08-2400)
Abteilungsleiter: RA Dr. Jürgen Möllering (Fachbereich 7: Recht; T: dienstl. Durchwahl (030) 2 03 08-2700)
Abteilungsleiter: Dr. Walter Kaiser (Übergreifender Bereich 3: Information; T: dienstl. Durchwahl (030) 2 03 08-1600)
Abteilungsleiter: RA Alfons Kühn (Fachbereich 6: Finanzen und Steuern; T: dienstl. Durchwahl (030) 2 03 08-2600)
Abteilungsleiter: Dr. August Ortmeyer (Fachbereich 1: Handel, Verkehr, Telekommunikation, Dienstleistungen; T: dienstl. Durchwahl (030) 2 03 08-2100)
Abteilungsleiter: Dipl.-Volksw. Michael Pfeiffer (Fachbereich 3: Außenwirtschaft; T: dienstl. Durchwahl (030) 2 03 08-2300)
Abteilungsleiter: Dipl.-Volksw. Geerd Woortmann (Fachbereich 5: Berufliche Bildung, Bildungspolitik; T: dienstl. Durchwahl (0228) 1 04-2500)

e 3

DIHT - Euro-Info-Centre

Adenauerallee 148, 53113 Bonn
T: (0228) 1 04-621 **Fax:** 1 04-556
Dipl.-Vw. Ellen Oesterreich

e 4

DIHT Gesellschaft für berufliche Bildung

- Organisation zur Förderung der IHK-Weiterbildung mbH
Postf. 14 46, 53004 Bonn
Adenauerallee 148, 53113 Bonn
T: (0228) 1 04-602, -603 **Fax:** 1 04-699
Geschäftsführer(in): Dr. Franz Schoser (T: (0228) 10 41 02)
Dipl.-Volksw. Geerd Woortmann (T: (0228) 10 44 30)

e 5

Wirtschaftsjunioren Deutschland

Breite Str. 21-29, 10178 Berlin
T: (030) 2 03 08-0
Bundesvorsitzender: Stefan Heitkamp (PRO-MAC Immobilien Management GmbH, Berlin)
Bundesgeschäftsführerin: Ass. jur. Maren Schellschmidt
PR-Ltr: Barbara D. Massury

e 6

IHK Gesellschaft für Informationsverarbeitung mbH

Kasernenstr. 14, 53111 Bonn
T: (0228) 96 94 01-0 **Fax:** 63 94 12
Internet: http://www.ihk.de/ihk-gfi
Geschäftsführer(in): Dipl.-Verwaltungsw. René Scheer

Geschäftsstelle in Dortmund

Emil-Figge-Str. 86, 44227 Dortmund
T: (0231) 9 74 61 00

Geschäftsstelle in Göppingen

Nördliche Ringstr. 3, 73033 Göppingen
T: (07161) 6 71 30

e 7

Deutscher Industrie- und Handelstag Vertretung des DIHT bei den Europäischen Gemeinschaften

49 A Boulevard Clovis, B-1000 Bruxelles
T: (00322) 2 86 16 11 **Fax:** 2 86 16 05
E-Mail: diht@bruessel.diht.de
Internationaler Zusammenschluß: siehe unter ize 7
Kontakt: Dipl.-Volksw. Peter Korn

e 8

DIHT - Treuhandstelle

(gemäß Paragraph 61 G 131)
Adenauerallee 148, 53113 Bonn
T: (0228) 10 43 40 dienstl. Durchwahl

e 9

Rechnungsprüfungsstelle für die Industrie- und Handelskammern

Alfred-Bozi-Str. 18, 33602 Bielefeld
T: (0521) 6 40 90
komm. Leiter: Ass. Manfred Geißler

Baden-Württemberg

• E 10

Baden-Württembergischer Industrie- und Handelskammertag

Jägerstr. 40, 70174 Stuttgart
T: (0711) 22 55 00-60 **Fax:** 22 55 00-77
Internet: http://www.baden-wuerttemberg.ihk.de
E-Mail: ihktag@baden-wuerttemberg.ihk.de
Kammern: Industrie- und Handelskammer
-Bodensee-Oberschwaben Sitz Weingarten,
-Heilbronn-Franken,
-Hochrhein-Bodensee Sitz Konstanz (mit einer Hauptgeschäftsstelle in Schopfheim),
-Region Stuttgart (mit Bezirkskammern in Böblingen, Esslingen, Göppingen, Ludwigsburg, Nürtingen und im Rems-Murr-Kreis),
-Karlsruhe (mit einer Hauptgeschäftsstelle in Baden-Baden),
-Nordschwarzwald Sitz Pforzheim,
-Ostwürttemberg Sitz Heidenheim
-Reutlingen,

-Rhein-Neckar Sitz Mannheim (mit einer Hauptgeschäftsstelle in Heidelberg),
-Schwarzwald-Baar-Heuberg Sitz Villingen-Schwenningen,
-Südlicher Oberrhein Sitz und Hauptstelle Freiburg (mit einer Hauptgeschäftsstelle in Lahr),
-Ulm
Präsident(in): Dipl.-Ing. Hans Peter Stihl (IHK Region Stuttgart)
Vizepräsident(in): Dietrich H. Boesken (IHK Hochrhein-Bodensee)
Dr.-Ing. Hansjörg Rieger (IHK Ostwürttemberg)
Hauptgeschäftsführer(in): Dipl.-Volksw. Eva Dude
Geschäftsführer(in): Dipl.-Volksw. Andreas Kempff

Repräsentation der baden-württembergischen Industrie- und Handelskammern auf Landesebene. Durch diese Koordinierungsfunktion wird die örtliche Zuständigkeit der Kammern nicht berührt.

• E 11

Interessengemeinschaft der Anzeigenverwaltungen für IHK-Zeitschriften in Baden-Württemberg e.V. (AZV)
Lichtentaler Str. 33, 76530 Baden-Baden
T: (07221) 21 19 21 **Fax:** 21 19 15
Vors. u. HGeschF: Wolfrüdiger W. Endriß
Stellvertretende(r) Vorsitzende(r): Fritz Hettenbach
Hansjörg Blank

Kammern

• E 12

Industrie- und Handelskammer Südlicher Oberrhein
Sitz und Hauptstelle:
Postf. 8 60, 79008 Freiburg
Schnewlinstr. 11-13, 79098 Freiburg
T: (0761) 38 58-0 **Fax:** 38 58-2 22
Internet: http://www.suedlicher-oberrhein.ihk.de
E-Mail: ihk@freiburg.ihk.de (Freiburg), ihk@lr.freiburg.ihk.de (Lahr)
Bezirk: Stadtkreis Freiburg i. Br., Landkreis Breisgau-Hochschwarzwald, Emmendingen, Ortenaukreis
Ehrenpräs.: Heinz Quester (Privatanschrift: Riedbergstr. 11, 79100 Freiburg, T: (0761) 29 05 10)
Ehrenpräs.: Peter Fuchs (Privatanschrift: Max-Reger-Str. 7, 79104 Freiburg, T: (0761) 55 44 40, Fax: (0761) 55 40 00)
Ehrenpräs.: Georg Dietrich (Georg Dietrich G.b.R., Bühler Str. 40, 77652 Offenburg-Bühl, T: (0781) 2 36 13, Fax: (0781) 2 36 90)
Ehrenpräs.: Günther Junk (Albert Köhler GmbH & Co KG, Grünstr. 4, 77723 Gengenbach, Postf. 11 88, 77717 Gengenbach, T: (07803) 80 90, Fax: (07803) 8 09 60)
Ehrenpräs.: Eugen Martin (Marco Chemie Eugen Martin KG, Liebigstr. 2-4, 79108 Freiburg, T: (0761) 55 94 40, Fax: (0761) 50 62 35)
Ehrenpräs.: Dipl.-Volksw. Hermann Frese (PSSST Franchise System Frese & Hasslinger OHG, Rathausgasse 10, 79098 Freiburg, T: (0761) 3 86 72-23, Fax: (0761) 3 86 72-20, Privatanschrift: Adelhauser Str. 12, 79098 Freiburg, T: (0761) 3 86 72-0)
Präsident(in): Georg Fröhner (Pfeiffer & May Offenburg KG, Carl-Zeiss-Str. 11, 77656 Offenburg-Elgersweier, T: (0781) 5 01-1 10, Fax: (0781) 5 01-1 09
Privatanschrift: Brandeckstr. 25, 77749 Hohberg, T: (07808) 23 02)
Vizepräsident(in): Oskar J. Braun (Allianz-Versicherungs AG, Bertoldstr. 65, 79098 Freiburg, T: (0761) 36 84-2 01, Fax: (0761) 36 84-1 19, Privatanschrift: Öleweg 7, 79279 Vörstetten)
Vizepräsident(in): Karlhubert Dischinger (Fachspedition Karl Dischinger GmbH, Gewerbepark Niedermatten, 79238 Ehrenkirchen, T: (07633) 80 08-11, Fax: (07633) 80 08-20, Privatanschrift: Offnadinger Str. 2, 79238 Ehrenkirchen, T: (07633) 95 25 25)
Vizepräsident(in): Dr. Karlheinz Hillenbrand (Hafenverwaltung Kehl, Hafenstr. 19, 77694 Kehl, T: (07851) 8 97-20, Fax: (07851) 8 97-66, Privatanschrift: Gerenotstr. 4, 77694 Kehl, T: (07851) 7 29 75)
Vizepräsident(in): Dr. Karl-Heinz Schiefer (Carl Leipold Metallwarenfabrik, Postf. 12 09, 77709 Wolfach, T: (07834) 83 95-22, Fax: (07834) 83 95-55, Privatanschrift: Vorstadtstr. 69, 77709 Wolfach, T: (07834) 83 95-0)
Stellv. Präs: Volker Steinberg (Wehrle-Werk AG, Bismarckstr. 1-11, 79312 Emmendingen, T: (07641) 5 85-1 04, Fax: (07641) 5 85-1 06)
Hauptgeschäftsführer(in): Dr. Norbert Euba (Hauptstelle Freiburg, T: (0761) 38 58-1 10, Fax: (0761) 38 58-1 15)

e 13

IHK Südlicher Oberrhein Hauptgeschäftsstelle
Postf. 15 47, 77905 Lahr
Lotzbeckstr. 31, 77933 Lahr
T: (07821) 27 03-0 **Fax:** 27 03-777
TGR: handelskammer lahrschwarzwald

• E 14

Industrie- und Handelskammer Ostwürttemberg
Postf. 14 60, 89504 Heidenheim
Ludwig-Erhard-Str. 1, 89520 Heidenheim
T: (07321) 3 24-0 **Fax:** 3 24-1 69
TGR: Handelskammer-Heidenheimbrenz
E-Mail: zentrale@heidenheim.ihk.de
Bezirk: Ostalbkreis und Kreis Heidenheim
Ehrenmitgl. d. Präsidiums: Dr. Waldemar Ernst (69126 Heidelberg)
Präsident(in): Dr.-Ing. Hansjörg Rieger (geschäftsf. Gesellschafter der Fa. RUD-Kettenfabrik Rieger & Dietz GmbH & Co., Postf. 16 50, 73406 Aalen, T: (07361) 50 40)
Vizepräsident(in): Dipl.-Kfm. Helmut Althammer (geschäftsführender Gesellschafter der Firma Althammer GmbH & Co. KG, In den Seewiesen 50, 89520 Heidenheim, T: (07321) 35 03-0)
Vizepräsident(in): Dipl.-Volksw. Dr. Reinhard Bauer (Vorstandsvors. der Fa. Paul Hartmann AG, Paul-Hartmann-Str., 89522 Heidenheim, T: (07321) 36-0)
Vizepräsident(in): Dieter Braun (geschäftsf. Gesellschafter d. Triumph International Gruppe, Hauptstr. 80, 73540 Heubach, T: (07173) 6 66-0)
Vizepräsident(in): Dr. Dieter Brucklacher (Vorsitzender der Geschäftsführung der Gebr. Leitz GmbH & Co., Leitzstr. 2, 73447 Oberkochen, T: (07364) 9 50-0)
Vizepräsident(in): Dipl.-Kfm. Jürgen Marquardt (geschäftsf. Gesellschafter des Kaufhauses Woha Kißling + Marquardt GmbH, Marktplatz 6, 73525 Schwäbisch Gmünd, T: (07171) 91 06-0)
Hauptgeschäftsführer(in): Dipl.-Volksw. Klaus Moser (Postf. 14 60, 89504 Heidenheim, T: (07321) 3 24-1 11, Privatanschrift: Brenzstr. 26, 89518 Heidenheim, T: (07321) 2 41 86)
Verbandszeitschrift: Wirtschaft in Ostwürttemberg

e 15

IHK-Bildungszentrum
Blezingerstr. 15, 73430 Aalen
T: (07361) 56 92-0 **Fax:** 56 92-29

• E 16

Industrie- und Handelskammer Heilbronn-Franken
Postf. 22 09, 74012 Heilbronn
Rosenbergstr. 8, 74072 Heilbronn
T: (07131) 96 77-0 **Fax:** 96 77-1 99
Internet: http://www.heilbronn.ihk.de
E-Mail: info@heilbronn.ihk.de
Bezirk: Stadtkreis Heilbronn, Landkreis Heilbronn und die Landkreise Hohenlohe, Main-Tauber, Schwäbisch Hall
Präsident(in): Günter Steffen (Vorstandsvorsitzender, TDS Informationstechnologie AG, Konrad-Zuse-Str. 16, 74172 Neckarsulm, T: (07132) 3 66-01)
Vizepräsident(in): Hans Firnkorn (Geschäftsführer, Löwenbrauerei Hall Fr. Erhard GmbH & Co., Ackeranlagen 7, 74523 Schwäbisch Hall)
Vizepräsident(in): Hans-Dieter Küpper (Geschäftsführer der Horten Galeria GmbH, Filiale Heilbronn der KAUFHOF Warenhaus AG, Fleiner Str. 15, 74072 Heilbronn)
Vizepräsident(in): Adolf Oppermann (Vorstandssprecher, Volksbank Heilbronn eG, Allee 20, 74072 Heilbronn)
Vizepräsident(in): Manfred Wittenstein (Geschäftsführender Gesellschafter der Wittenstein GmbH & Co. KG, Herrenwiesenstr. 4, 97999 Igersheim)
Vizepräsident(in): Bettina Würth (Prokuristin, Adolf Würth GmbH & Co. KG, Reinhold-Würth-Str. 12-16, 74653 Künzelsau)
Ehrenpräsidenten: Ehrensenator Otto Christ, Heilbronn
Ehrensenator Heinz Ziehl, Künzelsau
Hauptgeschäftsführer(in): Heinrich Metzger (Rosenbergstr. 8, 74072 Heilbronn, T: (07131) 96 77-100, E-Mail: metzger@heilbronn.ihk.de)
Stellv. HGeschF: Harald Augenstein (Bildung und Innovation; Rosenbergstr. 8, 74072 Heilbronn, T: (07131) 96 77-51, E-Mail: augenstein@heilbronn.ihk.de)
Geschäftsführer(in): Dipl.-Volksw. Dr. Helmut Kessler (Wirtschaft und Politik; Rosenbergstr. 8, 74072 Heilbronn, T: (07131) 96 77-1 11, E-Mail: kessler@heilbronn.ihk.de)
Geschäftsführer(in): N.N. (Public Relations; Wirtschaftsjunioren, Standortmarketing; Rosenbergstr. 8, 74072 Heilbronn, T: (07131) 96 77-1 07)
Geschäftsführer(in): Ass. Armin Behringer (Recht und Steuern; Rosenbergstr. 8, 74072 Heilbronn, T: (07131) 96 77-41, E-Mail: behringer@heilbronn.ihk.de)
Geschäftsführer(in): Dipl.-Ing. (FH) Peter Schweiker (Industrie; Rosenbergstr. 8, 74072 Heilbronn, T: (07131) 96 77-31, E-Mail: schweiker@heilbronn.ihk.de)
Geschäftsführer(in): Dipl.-Betrw. (FH) Paul Zsebedits (Interne Dienste; Rosenbergstr. 8, 74072 Heilbronn, T: (07131) 96 77-1 14, E-Mail: zsebedits@heilbronn.ihk.de)
Geschäftsführer(in): Dipl.-Betriebsw. Bernadette Brasch (Außenwirtschaft; Rosenbergstr. 8, 74072 Heilbronn, T: (07131) 96 77-1 50)
Geschäftsführer(in): Dipl.-Ing. Thomas Krüger (Service und Information; Rosenbergstr. 8, 74072 Heilbronn, T: (07131) 96 77-1 50) **Kammerzeitschrift:** IHK-Wirtschaftsdienst (Auflage 32.320 Exemplare)

e 17

Industrie- und Handelskammer Heilbronn-Franken Geschäftsstelle Bad Mergentheim
Johann-Hammer-Str. 24, 97980 Bad Mergentheim
T: (07931) 60 05 **Fax:** 60 07
E-Mail: schaffert@heilbronn.ihk.de
Leitung: Dipl.-Volksw. Peter Schaffert (E-Mail: schaffert@heilbronn.ihk.de)

e 18

Industrie- und Handelskammer Heilbronn-Franken Geschäftsstelle Schwäbisch Hall
Stauffenbergstr. 35-37, 74523 Schwäbisch Hall
T: (0791) 9 50 52-40 **Fax:** 9 50 52-10
E-Mail: henschel@heilbronn.ihk.de
Leitung: Franz Henschel (E-Mail: henschel@heilbronn.ihk.de)

• E 19

Industrie- und Handelskammer Karlsruhe
Postf. 34 40, 76020 Karlsruhe
Lammstr. 13-17, 76133 Karlsruhe
T: (0721) 1 74-0 **Fax:** 17 42 90
Bezirk: Stadtkreise Karlsruhe und Baden-Baden, Landkreise Karlsruhe und Rastatt
Präsident(in): Norbert Keller (Vorsitzender der Geschäftsführung der Fa. Willmar Schwabe GmbH & Co., Willmar-Schwabe-Str. 4, 76227 Karlsruhe, T: (0721) 40 05-0)
1. Vizepräs.: Richard Schmitz (Geschäftsf. Direktor des Brenner's Park-Hotel & Spa, Schillerstr. 4-6, 76530 Baden-Baden, T: (07221) 90 00)
Vizepräsident(in): Bernd Bechtold (Geschäftsf. Gesellschafter der b.i.g. bechtold Ingenieurgesellschaft mbH, Ehrmannstraße, 76135 Karlsruhe, T: (0721) 82 06 120)
Vizepräsident(in): Rolf Heitlinger (Vorstandsmitgl. der Ettlin Gesellschaft für Spinnerei und Weberei AG, Pforzheimer Str. 134, 76275 Ettlingen, T: (07243) 10 71 18)
Vizepräsident(in): Gerhard Kammerer (Geschäftsf. Gesellschafter der Kammerer Fachgroßhandel GmbH & Co. KG, John-Deere-Str. 13, 76646 Bruchsal, T: (07251) 782 131)
Vizepräsident(in): Edgar Kipper (Vorstandsvors. der Volksbank Karlsruhe e.G., Am Marktplatz, 76133 Karlsruhe, T: (0721) 9 35 00)
Vizepräsident(in): Rainer Peter (Geschäftsführer der Tensid-Chemie G. Maier GmbH, Heinkelstraße 32, 76461 Muggensturm, T: (07222) 9 59 50)
Vizepräsident(in): Willi Quasten (Geschäftsf. der KALAG Lagerhaus- und Speditionsgesellschaft mbH, Werftstr. 1a, 76189 Karlsruhe, T: (0721) 59 63-0)
Vizepräsident(in): Detlef Wilser (Pers.haft. Gesellschafter der Fa. Hammer & Helbling KG, Kaiserstr. 187, 76133 Karlsruhe, T: (0721) 2 35 25)
Ehrenmitglied d. Präsidiums: Kurt Beuscher (Rathausstr. 20, 76287 Rheinstetten)
Ehrenmitgl. d. Präsidiums: Prof. Dr. Ralf Winnes (Lachenäcker Weg 4, 76593 Gernsbach-Scheuern)
Hauptgeschäftsführer(in): Hans-Peter Mengele
Stellv. Hauptgeschäftsführer: Dr. Gerhard Schmidt (Abt. IV, Einzelhandel, Großhandel, Außenwirtschaft; Abt. V, Recht und Steuern, Banken, Versicherungen)
Stellv. Hauptgeschäftsführer: Dr. Peter Weber (Abt. I. TechnologieRegion, Öffentlichkeitsarbeit, Kammergremien)
Geschäftsführer(in): Dipl.-Wirt.-Ing. Gert Adler (Abt. VII Verwaltung)
Geschäftsführer(in): Dipl.-Volkswirt Christian Kniep (Abt. VI, Berufsbildung)
Geschäftsführer(in): Dipl.-Ing. Jörg Orlemann (Abt. III, Technologie, Medien- und Informationswirtschaft)
Geschäftsführer(in): Dr. Michael Pförtner (Abt. II, Industrie, Verkehr, Volkswirtschaft)

e 20

IHK Karlsruhe Hauptgeschäftsstelle Baden-Baden
Lichtentaler Str. 92, 76530 Baden-Baden
T: (07221) 97 79-0 **Fax:** 97 79-23
Leitung: Dr. Gerhard Schmidt

e 21

IHK Karlsruhe Geschäftsstelle Bruchsal
Bahnhofstr. 2a, 76646 Bruchsal
T: (07251) 8 99 41 **Fax:** 8 99 41

• E 22

Industrie- und Handelskammer Hochrhein-Bodensee
Sitz Konstanz - Hauptgeschäftsstelle Schopfheim
Postf. 10 09 43, 78409 Konstanz
Schützenstr. 8, 78462 Konstanz
T: (07531) 28 60-0 **Fax:** 28 60-165

Internet: http://www.Konstanz.ihk.de
E-Mail: info@Konstanz.ihk.de
Bezirk: Landkreise Konstanz, Lörrach, Waldshut
Gründung: 1828
Präsident(in): Dietrich H. Boesken (i. Fa. Boesken GmbH, 78224 Singen, T: (07731) 83 90 34)
Stellv. Präs.: Kurt Grieshaber (i. Fa. Grieshaber AG, Trottäker 51, 79713 Bad Säckingen)
Vizepräsident(in): Ingrid Hempel (i. Fa. Okle GmbH, 78224 Singen, T: (07731) 8 29-2 16)
Vizepräsident(in): Ass. Henry Rauter (i. Fa. Vita Zahnfabrik H. Rauter GmbH & Co. KG, 79713 Bad Säckingen, T: (07761) 5 62-0)
Vizepräsident(in): Hans-Peter Schmidt (i. Fa. Allweiler AG, 78315 Radolfzell, T: (07732) 86-4 39)
Vizepräsident(in): Horst Seipp (i. Fa. Seipp Wohnen GmbH, 79761 Waldshut-Tiengen, T: (07751) 8 36-0)
Hauptgeschäftsführer(in): Dr. Haro Eden
Geschäftsführer: Ass. Manfred Goossens (Ref. Verkehr, Finanzen, Steuern)
Leitung Öffentlichkeitsarbeit: Betriebswirt (VWA) Wolfgang Franz
Verbandszeitschrift: Wirtschaft im Südwesten
Redaktion: Pressestelle der IHK'n im Regierungsbezirk Freiburg e.V., Schnewlinstr. 11-13, 79098 Freiburg
Mitglieder: ca. 25000
Mitarbeiter: 52

e 23

IHK Hochrhein-Bodensee
Hauptgeschäftsstelle Schopfheim
Postf. 12 24, 79642 Schopfheim
Gottschalkweg 1, 79650 Schopfheim
T: (07622) 39 07-0 **Fax:** 39 07-250
Internet: http://www.konstanz.ihk.de
E-Mail: info@konstanz.ihk.de
Geschäftsführer(in): Dipl.-Volksw. Immo Leisinger (Ref. Industrie, Wirtschaftsförderung, Volkswirtschaft, Technologie und Innovation, EDV)
Geschäftsführer(in): Dr. Winfried Lausberg (Ref. Außenwirtschaft, EU-Markt, Messen)

• E 24

IHK Industrie- und Handelskammer Rhein-Neckar

Industrie- und Handelskammer Rhein-Neckar in Mannheim
Sitz Mannheim
Postf. 10 16 61, 68016 Mannheim
L 1,2, 68161 Mannheim
T: (0621) 17 09-0 **Fax:** 17 09-1 00
TGR: IHK Rhein-Neckar Mannheim
E-Mail: ihk@mannheim.ihk.de
Gründung: 1728
Ehrenpräs.: Dr. Hans K. Göhringer (Titiseestr. 14, 68163 Mannheim, T: (0621) 81 22 58)
Ehrenpräs.: Dr.jur. Hans J. Reuther (Mollstr. 41 a, 68165 Mannheim, T: (0621) 41 48 03)
Präsident(in): Dipl.-Ing. Hubert Eirich (Geschäftsf. Gesellschafter der Fa. Maschinenfabrik Gustav Eirich GmbH & Co. KG, Postf. 11 60, 74732 Hardheim, T: (06283) 51-2 20)
Erster Vizepräsident: Prof. Dr. Friedrich Reutner (Philosophenweg 20, 69120 Heidelberg, T: (06221) 41 38 96)
Vizepräsident(in): Dipl.-Betriebsw. Alfred Dosch (Geschäftsführer der Fa. G. Bernhardt GmbH, Hebelstr. 7, 69115 Heidelberg, T: (06221) 5 35-1 02)
Vizepräsident(in): Dr. Manfred Fuchs (Vorsitzender des Vorstands der Fa. Fuchs Petrolub AG, Postf. 10 11 62, 68145 Mannheim, T: (0621) 38 02-1 00)
Vizepräsident(in): Bankdirektor Dr. Karl Heidenreich (Stv. Vorstandsvorsitzender der Südwestdeutsche Landesbank, Postf. 10 03 52, 68003 Mannheim, T: (0621) 4 28-22 10)
Vizepräsident(in): Hans-Werner Lindgens (Geschäftsf. Gesellschafter der ACADEMIA-PRESS/STUDENTEN-PRESSE, Internationale Presseauslieferung GmbH, Postf. 10 55 66, 69045 Heidelberg, T: (06221) 90 40-1 10)
Vizepräsident(in): Jörg Müller (Geschäftsführer der Fa. KM Zündholz International Karl Müller GmbH, Postf. 70, 74907 Meckesheim, T: (06226) 9 20-22)
Vizepräsident(in): Normann Stassen (Geschäftsf. Gesellschafter der Fa. Rixius GmbH, Otto-Hahn-Str. 19, 68169 Mannheim, T: (0621) 3 22 73-10)
Vizepräsident(in): Günter Stoll (Pers. haft. Gesellschafter der Marta Stoll KG, Postf. 19 65, 68709 Schwetzingen, T: (06202) 47 62)
Hauptgeschäftsführer(in): Prof. Dr. Franz J. Luzius (T: dienstl. Durchwahl (0621) (17 09...) 2 01)
Geschäftsführer(in): Dr. Hans Peter Fischer (Handel, T: dienstl. Durchwahl (17 09...) 1 60)
Geschäftsführer(in): Dr. Hubert Klein (Recht, Zentrale Dienste, T: dienstl. Durchwahl (17 09...) 2 70)
Geschäftsführer(in): Dipl.-Hdl. Bernhard Kraft (Leiter der Geschäftsstelle Mosbach, T: dienstl. (06261) 92 49-22)
Geschäftsführer(in): Dr. Wolfgang Niopek (Leiter der Hauptgeschäftsstelle Heidelberg, T: dienstl. (06221) 90 17-10)
Geschäftsführer(in): Dipl.-Volksw. Michael Neuerburg (Außenwirtschaft, EG-Markt, Messen, T: dienstl. Durchwahl (17 09...) 2 20)
Geschäftsführer(in): Dipl.-Verw.-Wiss. Carl Thiel (Handel, Verkehr, Dienstleistungsgewerbe, T: dienstl. Durchwahl (17 09...) 2 30)
Geschäftsführer(in): Dr. Gerd Georg Waldecker (Berufsbildung, T : dienstl. Durchwahl (17 09...) 1 80)
Wiss. Mitarbeiter: Ass. Artin Adjemian (Dienstleistungsgewerbe, T: dienstl. Durchwahl (17 09...) 2 12)
Dipl.-Vw. Dagmar Bross (Verkehr, T: dienstl. Durchwahl (17 09...) 2 32)
Dipl.-Biol. Hans-Peter Engel (Umweltberatung, T: dienstl. Durchwahl (06221) 90 17-93)
Dr. Ernst-Jürgen Giersberg (Technologie-, Umweltberatung, T: dienstl. Durchwahl (06221) 90 17-90)
Dr. Gerhard Gumbel (Technologie-, Umweltberatung, T: dienstl. Durchwahl (06221) 90 17-92)
Ass. Achim Kampf (Recht, T: dienstl. Durchwahl (17 09...) 2 43)
Ass. Joachim Kampf (Justitiar, T: dienstl. Durchwahl (17 09...) 2 40)
Andrea Kiefer (M.A., Öffentlichkeitsarbeit, T: dienstl. Durchwahl (17 09...) 2 10)
Dr. Gunther Quidde (Referent der Hauptgeschäftsführung, Wirtschaftsjunioren Mannheim/Ludwigshafen, T: dienstl. Durchwahl (17 09...) 2 05)
Dipl.-Verw.-Wiss. Thomas Schmitz-Mertens (Abschluß- und Zwischenprüfungen, T: dienstl. Durchwahl (17 09...) 2 52)
Dr. Christoffer Schneider (Industrie, T: dienstl. Durchwahl (06221) 90 17-80)
Dipl.-Volksw. Heinz Schorr (Raumordnung, Statistik, T: dienstl. Durchwahl (06221) 90 17-47)
Dipl.-Volksw. Wolfgang Striehl (Außenwirtschaftsrecht, Zoll, Bescheinigungsdienst T: dienstl. Durchwahl (17 09...) 2 22)
Dr. Jelena Möbus (Außenwirtschaft, GUS, T: dienstl. Durchwahl (1709...) 142)
M.A. Petra Schulze Schwicking (Euro Info Center, T. dienstl. Durchwahl (1709...) 227)
Leitung Presseabteilung: Andrea Kiefer (M.A.)
Verbandszeitschrift: Wirtschaftsmagazin Rhein-Neckar
Mitglieder: 46000
Bezirk: Stadtkreise Mannheim und Heidelberg, Landkreise Rhein-Neckar und Neckar-Odenwald

• E 25

Industrie- und Handelskammer
Nordschwarzwald
Postf. 9 20, 75109 Pforzheim
Dr.-Brandenburg-Str. 6, 75173 Pforzheim
T: (07231) 20 10 **Fax:** 20 11 58
Internet: http://www.nordschwarzwald.ihk.de
E-Mail: ihk@pforzheim.ihk.de
Bezirk: Stadtkreis Pforzheim, Landkreise Calw, Enzkreis, Freudenstadt
Präsident(in): Dipl.-Ing. Till Casper (Fa. Karl Casper KG, Tullastr. 14-22, 75196 Remchingen-Nöttingen, T: (07232) 36 69-0)
Vizepräsident(in): Hans Digel (Fa. Gustav Digel Kleiderfabriken GmbH & Co., Calwer Str. 81, 72202 Nagold, T: (07452) 6 04-0)
Vizepräsident(in): Dr. Norbert Händle (IHK Nordschwarzwald, Pforzheim)
Vizepräsident(in): Kurt Klumpp (IHK Nordschwarzwald, Pforzheim)
Vizepräsident(in): Axel Kohlhammer (Fa. Eugen Schofer GmbH & Co. KG, Freiburger Str. 3. 75179 Pforzheim, T:(07231) 91 03-0)
Vizepräsident(in): Dipl.-Kfm. Andreas Kohm (Fa. Robert Klingel GmbH + Co., Verwaltung, Blücherstr. 32, 75177 Pforzheim, T: (07231) 9 58 94-0)
Vizepräsident(in): Horst Lenk (Fa. Horst Lenk, Lammstr. 4, 75172 Pforzheim, T: (07231) 3 37 45)
Hauptgeschäftsführer(in): Dipl.-oec. Achim Rummel
Verbandszeitschrift: Informationen für die Wirtschaft

e 26

IHK Nordschwarzwald
Geschäftsstelle Nagold
Postf. 13 61, 72193 Nagold
Bahnhofstr. 19, 72202 Nagold
T: (07452) 93 01-0 **Fax:** 93 01-99

e 27

IHK Nordschwarzwald
Geschäftsstelle Freudenstadt
Umwelt-Akademie der Industrie- und Handelskammer Nordschwarzwald in Freudenstadt
Marie-Curie-Str. 2, 72250 Freudenstadt
T: (07441) 8 60 52-0 **Fax:** 8 60 52-10

• E 28

IHK Industrie- und Handelskammer Reutlingen

Industrie- und Handelskammer Reutlingen
Postf. 19 44, 72709 Reutlingen
Hindenburgstr. 54, 72762 Reutlingen
T: (07121) 2 01-0 **Fax:** 20 11 81
TGR: haka
Internet: http://www.reutlingen.ihk.de
E-Mail: ihk@reutlingen.ihk.de
Bezirk: Region Neckar-Alb: Landkreise Reutlingen, Tübingen, Zollernalbkreis
Ehrenpräs.: Dr. Eberhard Benz
Präsident(in): Dr. jur. Uwe Jens Jasper
Vizepräsident(in): Dr. Günther Hartner (HPT Hartner-Präzisionstechnik GmbH, Postf. 4 27, 72425 Albstadt)
Vizepräsident(in): Friedrich R. Herrmann (Fa. Gaenslen & Völter, Tuchfabrik, Friedrich-Herrmann-Str. 2, 72555 Metzingen)
Vizepräsident(in): Dr. Thomas Lindner (Fa. Groz & Beckert Verwaltungs- und Beteiligungs GmbH, Parkweg 2, 72458 Albstadt)
Vizepräsident(in): Eberhard Reiff (Fa. Reiff Reifen- u. Autotechnik GmbH, Tübinger Str. 2-6, 72762 Reutlingen)
Vizepräsident(in): Albrecht Wandel (Fa. Wavetek Wandel Goltermann GmbH, Postf. 12 62, 72795 Eningen u.A.)
Hauptgeschäftsführer(in): Prof. Dieter Barth
Leitung Presseabteilung: Ulrike Fleischle (M.A.)
Verbandszeitschrift: "Wirtschaft-Neckar-Alb" Magazin der Industrie- und Handelskammer Reutlingen
Redaktion: Ulrike Fleischle M.A.

• E 29

Industrie- und Handelskammer
Region Stuttgart
Bezirkskammern in: Böblingen, Esslingen, Göppingen, Ludwigsburg, Nürtingen sowie im Rems-Murr-Kreis
Postf. 10 24 44, 70020 Stuttgart
Jägerstr. 30, 70174 Stuttgart
T: (0711) 20 05-0 **Fax:** 20 05-354
T-Online *6 9091*
Internet: http://www.stuttgart.ihk.de
E-Mail: info@stuttgart.ihk.de
Gründung: 1855
Präsidium:
Ehrenpräs.: Senator E.h. Roland Klett (Ernst Klett Aktiengesellschaft, Postf. 10 60 16, 70049 Stuttgart, T: (0711) 6 67 20)
Senator Prof. Dr.-Ing. E.h. Berthold Leibinger (Geschäftsführender Gesellschafter der Trumpf GmbH & Co., Postf. 14 50, 71243 Ditzingen, T: (07156) 3 03-1)
Präsident(in): Dipl.-Ing. Hans Peter Stihl (Persönl. haftender Gesellschafter und Vorsitzender des Vorstands der Andreas Stihl AG & Co., Badstr. 115, 71336 Waiblingen, T: (07151) 26-0)
Stellv. Präsidenten: Hansjörg Braun (Geschäftsführender Gesellschafter der Schuh-Braun GmbH & Co.KG, 70713 Stuttgart, Schulstr. 7, T.(0711) 22 15 08)
Dr. Klaus-Georg Hengstberger (Präsident der IHK Reg. Stgt., Bezirkskammer Böblingen, Consult Invest GmbH, 71034 Böblingen, Hanns-Klemm-Str. 5, T:(07031) 22 34 77)
Weitere Mitglieder des Präsidiums:
Dr.-Ing. Günter Baumann (Präs. d. IHK Reg. Stgt., Bezirkskammer Esslingen, J. Eberspächer GmbH & Co., Eberspächerstr. 24, 73730 Esslingen, T: (0711) 939-0)
Prof. Dr. Marcus Bierich (Geschäftsführender Persönl. haftender Gesellschafter der Robert Bosch Industrietreuhand KG, Postf. 10 60 50, 70049 Stuttgart, T: (0711) 8 11-0)
Dipl.-Volksw. Günter W. Bosch (Präsident der IHK Reg. Stgt., Bezirkskammer Nürtingen, Schrott-Bosch GmbH, Kirchheimer Str. 202-206, 73265 Dettingen, T: (07021) 9 50 45-0)
Eberhard Dannenmann (Geschäftsführender Gesellschafter Omnibus-Dannenmann, Siemensstr. 1, 71384 Weinstadt, T: (07151) 9 69 22-0)
Dipl.-Kfm. Dietrich Dörner (Sprecher des Vorstands Schitag Ernst & Young, Mittlerer Pfad 15, 70499 Stuttgart, T: (0711) 9 88)
Christoph Grossmann (Persönl. haftender Gesellschafter der Grossmann-Kirchhofer, Mahdentalstr. 114, 71065 Sindelfingen, T: (07031) 86 81 20)
Dr. Gert Haller (Sprecher des Vorstands der Wüstenrot und Württembergische AG, 71630 Ludwigsburg, T: (07141) 1 64-0)
Dipl.-Kfm. Friedrich Kögel (Geschäftsführender Gesellschafter der Firma Friedrich Kögel, Zehentgasse 1, 73728 Esslingen, T: (0711) 3 90 08-0)
Karl Horst Krämer (Geschäftsführender Gesellschafter Karl Krämer GmbH & Co. Fachbuchhandlung und Verlag, Rotebühlstr. 40, 70178 Stuttgart, T: (0711) 7 84 96-0)

Dr.-Ing. Dieter Meyer-Keller (Geschäftsführender Gesellschafter Keller-Bau Beteiligungs-GmbH, Kuntzestr. 72, 73079 Süßen, T: (07162) 12-0)
Hermann Nagel (Mitglied des Vorstands der Volksbank Nürtingen eG, Schillerplatz 7, 72622 Nürtingen, T: (07022) 707-0)
Dr.-Ing. Ulrich Ruetz (Präsident der IHK Reg. Stgt. Bezirkskammer Ludwigsburg, Vorsitzender des Vorstands der BERU AG, Mörikestr. 155, 71636 Ludwigsburg, T: (07141) 132-0)
Dipl.-Ing.(FH) Walter Scholz (Präs. d. IHK Reg. Stgt. Bezirkskammer Rems-Murr, Geschäftsführender Gesellschafter der SAB Schloz Anlagenverw. mbH, Stuttgarter Str. 60, 73614 Schorndorf, T: (07181) 40 08-0)
Werner Schmidt (Vorsitzender des Vorstands der Landesbank Baden-Württemberg, Am Hauptbahnhof 2, 70173 Stuttgart, T: (0711) 127-0)
Christian Schmidt (Auenweg 10, 71701 Schwieberdingen, T: (07150) 3 90-0)
Dipl.-Ing. Jürgen E. Schrempp (Vorsitzender des Vorstands DaimlerChrysler AG, Epplestr. 225, 70567 Stuttgart, T: (0711) 17-0)
Günter Schwarz (Präsident der IHK Reg. Stgt. Bezirkskammer Göppingen, Geschäftsführender Gesellschafter der L. Wackler Wwe. Nachf. GmbH, Schlater Str. 101, 73037 Göppingen, T: (07161) 8 06-0)
Jürgen Voerster (Geschäftsführender Gesellschafter Koch, Neff & Oetinger & Co., Schockenriedstr. 39, 70565 Stuttgart, T: (0711) 78 60-0)
Geschäftsführung:
Hauptgeschäftsführer(in): Dipl.-Volksw. Andreas Richter (T: (0711) 20 05-2 84)
Stellv. HGeschF: Bernd Engelhardt
Ass. Walter Vaas (Bezirkskammer Böblingen, T: (07031) 62 01-0)
Geschäftsführer(in): Dipl.-Volksw. Hilde Cost (Abt. Volkswirtschaft und Datenverarbeitung, T: (0711) 20 05-2 52)
Dr. Martin Frädrich (Berufsbildungsabteilung, T: (0711) 20 05-2 46)
Ass. Walter Kübler (Abt. Handel und Dienstleistungen, T:(0711) 20 05-2 71)
Dipl.-oec. Sabine Novak (Abt. Verwaltung und Personal, T: (0711) 20 05-3 03)
Dr. Hans-Jürgen Reichardt (Abt. Industrie und Verkehr, T: (0711) 20 05-2 80)
Ass. Dieter Zwernemann (Abt. Recht und Steuern, T: (0711) 20 05-2 88)
Dipl.-Betriebswirt (FH) Tassilo Zywietz (Abt. Außenwirtschaft)
Verbandszeitschrift: Magazin Wirtschaft
Mitglieder: ca. 100000 kammerzugehörige Unternehmen
Bezirk: Stadtkreis Stuttgart sowie die Landkreise Böblingen, Esslingen, Göppingen, Ludwigsburg und Rems-Murr-Kreis

Bezirkskammern

Böblingen

e 30

Industrie- und Handelskammer Region Stuttgart Bezirkskammer Böblingen
Steinbeisstr. 11, 71034 Böblingen
T: (07031) 62 01-0 **Fax:** 62 01-60
E-Mail: info.bb@stuttgart.ihk.de
Präsident: Dr. Klaus-Georg Hengstberger (Consult Invest GmbH, Hanns-Klemm-Str. 5, 71034 Böblingen, T: (07031) 2 23-4 77)
Ltd. Geschäftsführer: Ass. Walter Vaas (T: (07031) 62 01-0)

Esslingen

e 31

Industrie- und Handelskammer Region Stuttgart Bezirkskammer Esslingen
Postf. 10 03 47, 73703 Esslingen
Fabrikstr. 1, 73728 Esslingen
T: (0711) 3 90 07-0 **Fax:** 3 90 07-30, 3 90 07-48
Präsident(in): Dr.-Ing. Günter Baumann (Geschäftsführender Gesellschafter der J. Eberspächer GmbH & Co., Eberspächerstraße 24, 73730 Esslingen, T: (0711) 93 90-0)
Ltd. GeschF: Wolfgang Oettle (T: (0711) 3 90 07-20)

Göppingen

e 32

Industrie- und Handelskammer Region Stuttgart Bezirkskammer Göppingen
Postf. 6 23, 73006 Göppingen
Franklinstr. 4, 73033 Göppingen
T: (07161) 67 15-0 **Fax:** 6 95 85
Präsident(in): Günter Schwarz (Geschäftsführender Gesellschafter L. Wackler Wwe. Nachf. GmbH, Schlater Str. 101, 73037 Göppingen, T: (07161) 8 06-0)
Ltd. GeschF: Dr. Peter Saile (T: (07161) 67 15-11, Telefax: (07161) 67 15-12)

Ludwigsburg

e 33

Industrie- und Handelskammer Region Stuttgart Bezirkskammer Ludwigsburg
Postf. 6 09, 71606 Ludwigsburg
Kurfürstenstr. 4, 71636 Ludwigsburg
T: (07141) 1 22-0 **Fax:** 12 22 35
E-Mail: info.lb@stuttgart.ihk.de
Präsident(in): Dipl.-Ing. Ulrich Ruetz (Vorsitzender des Vorstandes BERU AG, Mörikestr. 155, 71636 Ludwigsburg, T: (07141) 1 32-0)
Ltd. GeschF: Jochen Haller (T: (07141) 1 22-2 01)

Nürtingen

e 34

Industrie- und Handelskammer Region Stuttgart Bezirkskammer Nürtingen
Postf. 14 20, 72604 Nürtingen
Bismarckstr. 8-12, 72622 Nürtingen
T: (07022) 30 08-0 **Fax:** 30 08-30
E-Mail: info@nt.stuttgart.ihk.de
Präsident(in): Dipl.-Volksw. Günter Bosch (Geschäftsführender Gesellschafter der Schrott Bosch GmbH, 73265 Dettingen/Teck, Kircheimer Str. 202-206, T: (07021) 9 50 45-0)
Ltd. GeschF: Ass. Friedrich Kettner

Rems-Murr-Kreis

e 35

Industrie- und Handelskammer Region Stuttgart Bezirkskammer Rems-Murr
Kappelbergstr. 1, 71332 Waiblingen
T: (07151) 9 59 69-0 **Fax:** 9 59 69-26
Präsident: Dipl.-Ing. (FH) Walter Schloz (Geschäftsführender Gesellschafter der SAB Schloz Anlagenverw. mbH, Stuttgarter Str. 60, 73614 Schorndorf, T: (07181) 4 00 80)
Ltd. GeschF: Ass. Hans-Martin Gayer (T: (07151) 9 59 69-23)

• E 36

IHK Ulm

Industrie- und Handelskammer Ulm
Postf. 24 60, 89014 Ulm
Olgastr. 101, 89073 Ulm
T: (0731) 1 73-0 **Fax:** 1 73-1 73
TGR: Handelskammer
Internet: http://www.ulm.ihk.de
Bezirk: Stadtkreis Ulm, Landkreis Biberach, Alb-Donau-Kreis
Gründung: 1855
Ehrenpräs.: Hermann Glässel (Biberach, T: (07351) 54 23 01)
Präsident(in): Dipl.-Ing. Siegfried Weishaupt (Geschf.d. Fa. Max Weishaupt GmbH, Schwendi, T: (07353) 83-0)
Vizepräsident(in): Dr. Jörg Hanisch (Mitglied d. Vorstandes d. Wieland-Werke AG, Ulm, T: (0731) 9 44-0)
Vizepräsident(in): Dipl.-Kfm. Johanna Kienzerle (Geschäftsführerin d. Fa. Kienzerle & Haustein GmbH & Co., Ulm, T: (0731) 14 21-0)
Vizepräsident(in): Dipl.-Kfm. Friedrich Kolesch (Geschäftsführer der Fa. Kolesch Textilhandels GmbH, Biberach, T: (07531) 1 24 30)
Vizepräsident(in): Dr. Julius Rohm (Pers. haft. Gesellschafter d. Fa. Seeberger KG, Ulm, T: (0731) 40 93-0)
Vizepräsident(in): Harald Seifert (Geschäftsführer Seifert Spedition-Logistik GmbH, Ulm, T: (0731) 4000-0)
Hauptgeschäftsführer(in): Otto Sälzle
Stellv. HGeschf: Ass. jur. Jörg Palmer
Geschäftsführer(in): Dipl.-Ing. Dietrich Engmann
Geschäftsführer(in): Ass. jur. Andreas Dzionara
Leitung Presseabteilung: Dipl.-Volksw. Falk von Kriegsheim
Mitglieder: 16000 Kammerzugehörige
Regionales Wirtschaftsmagazin: Wirtschaft zwischen Alb und Bodensee

• E 37

Industrie- und Handelskammer Schwarzwald-Baar-Heuberg Villingen-Schwenningen
Postf. 15 60, 78005 Villingen-Schwenningen
Romäusring 4, 78050 Villingen-Schwenningen
T: (07721) 9 22-0 **Fax:** 9 22-1 66
Internet: http://www.schwarzwald-baar-heuberg.ihk.de
E-Mail: info@villingen-schwenningen.ihk.de
Bezirk: Landkreise Rottweil, Schwarzwald-Baar, Tuttlingen
Ehrenpräs.: Alfred Liebetrau (Am Doniswald 4, 78126 Königsfeld, T: (07725) 71 98)
Ehrenpräs.: Dr. Rüdiger Stursberg (Schauinslandstr. 2, 78532 Tuttlingen, T + Fax: (07462) 12 91)
Präsident(in): Dieter Teufel (Geschäftsführer der Teufel Steuerberatungsgesellschaft mbH, Moltkestr. 41, 78532 Tuttlingen, T: (07461) 9 66 12-0, Fax: (07461) 9 66 12-25; Privatanschrift: Hohentwielstr. 6, 78532 Tuttlingen, T: (07461) 9 66 12-12)
Vizepräsident(in): Dr. Roland Ballier (Büro: Daimler Str. 17, T: (07461) 9 65 79-14, Fax: 9 65 79-16; Privatanschrift: Am Solberg 14, 78583 Böttingen, T: (07429) 5 67)
Vizepräsident(in): Joachim Dohms (Geschäftsführer der Multimatic Vertriebs GmbH, Raiffeisenstr. 8, 78658 Zimmern o.R., T: (0741) 92 92-0, Fax: (0741) 92 92-22; Privatanschrift: Forchenweg 8, 78658 Horgen, T: (0741) 3 24 84)
Vizepräsident(in): Karl-Heinz Glowalla (Geschäftsführer der Werner Biemer Werkzeuge-Maschinen GmbH, Mönchweiler Str. 18, 78048 Villingen-Schwenningen, T: (07721) 84 62-0, Fax: (07721) 84 62-11; Privatanschrift: Wiesenstr. 5, 78652 Deißlingen, T: (07420) 12 12)
Vizepräsident(in): Karl Müller (Geschäftsführer der Holz-Müller GmbH, Kirchstr. 23, 78199 Bräunlingen, T: (0771) 6 10 67, Fax: (0771) 6 41 42; Privatanschrift: Kirchstr. 23, 78199 Bräunlinen, T: (0771) 6 10 67)
Vizepräsident(in): Lothar Reinhardt (Geschäftsführer der Vollmer Dornhan GmbH & Co. KG Maschinenbau, Balmerstr. 1, 72175 Dornhan, T: (07455) 94 65-0, Fax: (07455) 10 15; Privatanschrift: Mörickestr. 20, 72175 Dornhan, T: (07455) 81 77)
Vizepräsident(in): Peter Staller (Geschäftsführer der Julius Mayer GmbH Internationale Spedition, In Stetten 4, 78199 Bräunlingen, T: (0771) 6 44 44, Fax: (0771) 6 42 92; Privatanschrift: Goethestr. 7, 78199 Bräunlingen, T: (0771) 6 19 74)
Hauptgeschäftsführer(in): Dr.iur. Rudolf Kubach (T: (07721) 9 22-1 51, Fax: (07721) 9 22-1 98, privat: Schanzenweg 16, 78050 Villingen-Schwenningen, T: (07721) 5 12 06)
Geschäftsführer(in): Ass. jur. Stephen Gutberlet (Handel/Recht/Dienstleistungen, T: (07721) 9 22-1 41, Fax: (07721) 9 22-300, privat: Karlstr. 51, 78073 Bad Dürrheim, T: (07726) 78 51)
Geschäftsführer(in): Mag.rer.publ. Franz Nienhaus (M.A., Industrie/Außenwirtschaft/Verkehr/Umwelt, T: (07721) 9 22-1 37, Fax: (07721) 9 22-193, privat: Am Wald 5, 78089 Unterkirnach, T: (07721) 5 93 96)
Geschäftsführer(in): Dipl.-Ing. Albert Stelzle (M.A., Berufsbildung, T: (07721) 9 22-1 55, Fax: (07721) 9 22-197, privat: Tallardstr. 18, 78050 Villingen-Schwenningen, T: (07721) 5 30 70)
Verwaltungsleitung: Kurt Schmidt (Staatl. gepr. Betriebswirt, Finanzen/Organisation, T: (07721) 9 22-1 47, Fax: (07721) 9 22-333, privat: Friedrich-Ebert-Str. 13, 78166 Donaueschingen, T: (0771) 55 15)
Stabstelle Presse, Öffentlichkeitsarbeit, Volkswirtschaft: Dipl.-Volkswirt Christian Beck (T: (07721) 9 22-1 74, Fax: (07721) 9 22-198, privat: Bogengasse 4, 78050 Villingen-Schwenningen, T: (07721) 2 70 21)

• E 38

Industrie- und Handelskammer Bodensee-Oberschwaben
Postf. 40 64, 88219 Weingarten
Lindenstr. 2, 88250 Weingarten
T: (0751) 4 09-0 **Fax:** 4 09-1 59
TGR: Handelskammer Ravensburg
T-Online *0751409*
Internet: http://www.weingarten.ihk.de
E-Mail: ihk@weingarten.ihk.de
Bezirk: Bodenseekreis, Landkreis Ravensburg, Landkreis Sigmaringen
Präsident(in): Jürgen Winterhalter (Fa. Winterhalter Gastronom GmbH, Postf. 11 52, 88070 Meckenbeuren, T: (07542) 40 20)
Vizepräsident(in): Gerhard Drescher (Fa. Carl Platz GmbH + Co., Postf. 14 53, 88343 Saulgau, T: (07581) 20 11 19)
Vizepräsident(in): Dr. Franz-Georg Grenz (Fa. Moosmann GmbH & Co. Ravensburg Papiere-Verpackungen-Verarbeitung, Postf. 18 49, 88188 Ravensburg, T: (0751) 37 06-0)
Vizepräsident(in): Peter Hüni (Fa. Hüni & Co., Eckenerstr. 65, 88046 Friedrichshafen, T: (07541) 3 81 20)
Vizepräsident(in): Joachim Rohwedder (Fa. Rohwedder GmbH & Co. KG, Präzisionswerkzeuge und Maschinenbau, Postf. 13 40, 88671 Markdorf, T: (07544) 5 02-33)
Vizepräsident(in): Dir Jürgen Schmidt (Fa. Dresdner Bank AG, Fil. Ravensburg, Postf. 13 20, 88183 Ravensburg, T: (0751) 37 02-21)
Vizepräsident(in): Egon Zimmermann (Fa. Autohaus Josef Zimmermann GmbH + Co. KG, Postf. 4 27, 72482 Sigmaringen, T: (07571) 7 20 00)
Ehrenpräsident: Otto Julius Maier (Fa. Ravensburger AG, Postf. 18 05, 88188 Ravensburg, T: (0751) 86-1)
Ehrenmitgl. d. Präsidiums: Dir. i.R. Wolf von Pannwitz (Säntisweg 62, 88289 Waldburg, T: (07529) 17 37)
Hauptgeschäftsführer(in): Ass. Helmut Schnell (Mühlbachweg 35, 88250 Weingarten, T: (0751) 5 19 06)

Geschäftsführer(in): Ass. Wolfgang Bohnert (Haydnweg 14, 88339 Bad Waldsee, T: (07524) 79 59)

Bayern

• E 39

Bayerischer Industrie- und Handelskammertag

80323 München
Max-Joseph-Str. 2, 80333 München
T: (089) 51 16-0 **Fax:** 51 16-2 40, 51 16-3 06
TGR: über „Handelskammer München"
Kammern: Aschaffenburg, Augsburg, Bayreuth, Coburg, Lindau/B., München, Nürnberg, Passau, Regensburg, Würzburg
Geschäftsführung: Industrie- und Handelskammer für München und Oberbayern
Präsident(in): Dr. Claus Hipp (Pers.haft.Gesellschafter HIPP KG)
Hauptgeschäftsführer(in): Dr. Reinhard Dörfler (Hauptgeschäftsführer der IHK für München und Oberbayern)

Kammern

• E 40

Industrie- und Handelskammer Aschaffenburg

Postf. 10 01 17, 63701 Aschaffenburg
Kerschensteinerstr. 9, 63741 Aschaffenburg
T: (06021) 8 80-0 **Fax:** 8 80-110
Internet: http://www.aschaffenburg.ihk.de
E-Mail: ihk@aschaffenburg.ihk.de
Bezirk: Stadt Aschaffenburg und Landkreise Aschaffenburg und Miltenberg
Ehrenpräs.: Fritz Eder (Ludwigsallee 34, 63739 Aschaffenburg, T: (06021) 9 12 00)
Präsident(in): Dipl.-Kfm. Horst Michaels (Vorstandsvorsitzender der Fa. Heinrich Kopp AG, Alzenauer Str. 66-72, 63796 Kahl, Postf. 60, 63793 Kahl, T: (06188) 40-223, Privat: Tulpenweg 13, 63755 Alzenau, T: (06023) 24 54)
Vizepräsident(in): Dipl.-Betriebsw. Heijo Desch (Geschäftsführer der DESCH .for men. GmbH, Aschaffenburger Str. 10, 63773 Goldbach, T: (06021) 59 79-21, Privat: Yorckstr. 38, 63739 Aschaffenburg, T: (06021) 59 79-99)
Vizepräsident(in): Helmut Haun (Vorstandsvorsitzender der Raiffeisenbank Aschaffenburg e.G., Glattbacher Überfahrt 18, 63741 Aschaffenburg, Postf. 2 75, 63704 Aschaffenburg, T: (06021) 4 97-228, Privat: Ymosstr. 7, 63857 Waldaschaff, T: (06095) 22 94)
Vizepräsident(in): Theo Kahl (Geschäftsführer der Fa. Ernst Kahl GmbH, Herstallstr. 16, 63739 Aschaffenburg, T: (06021) 3 04 70, Privat: Herstallstr. 16, 63739 Aschaffenburg, T: (06021) 30 47 13)
Vizepräsident(in): Dipl.-Volksw. Friedbert Eder (Geschäftsführer der Eder's Familien-Brauerei GmbH & Co.KG, Aschaffenburger Str. 3-5, 63762 Großostheim, Postfach 1220, 63757 Großostheim, T:(06026) 5 09-124, Privat: Bessenbacher Weg 66, 63739 Aschaffenburg, T: (06021) 9 83 48)
Vizepräsident(in): Dipl.-Ing. Jürgen Funk (Inhaber Fa. Wilhelm Zeier, Großheubacher Str. 18, 63897 Miltenberg, Postfach 1849, 63888 Miltenberg, T: (09371) 60 38, Privat: Großheubacher Str. 18, 63897 Miltenberg, T: (09371) 60 238)
Vizepräsident(in): Dipl.-Betriebsw. Martin Suffel (Geschäftsf. Gesellschafter der Suffel Fördertechnik GmbH & Co. KG, Wailandtstr. 11, 63741 Aschaffenburg, T: (06021) 8 61-2 11; Privat: Schneebergstr. 22, 63743 Aschaffenburg, T: (06021) 97 01 30)
Hauptgeschäftsführer(in): Dipl.-Volksw. Horst Dommermuth (Gesamtleitung der Dienstgeschäfte u. Dienstaufsicht, Grundsatzfragen der Kammerarbeit u. der Wirtschaftspolitik, T: (06021) 8 80-1 11, Privat: Enzlinger Berg 29, 63864 Glattbach, T: (06021) 42 58 45)
Stellv. HGeschF: Ass. Armin Eisert (Handel, Steuern und Tourismus, Tel. (06021) 8 80-1 14, Privat: Grubenweg 19, 63743 Aschaffenburg, T: (06021) 98 04 44)
Geschäftsführer(in): Dipl.-Volksw. Reinhard Engelmann (Industrie und Verkehr, Tel.: (06021) 8 80-1 12, Privat: Birkenweg 11, 63741 Aschaffenburg, T: (06021) 8 89 90)
Geschäftsführer(in): Dipl.-Ing. Dieter Schwager (Berufsbildung, Tel.: (06021) 8 80-1 16, Privat: Prälat-Heckelmann-Str. 7, 63741 Aschaffenburg, T: (06021) 8 77 59)
Verwaltungsdirektor: Günter Staudt (Tel.: (06021) 8 80-1 18, Privat: Oberschurer Str. 3, 63829 Krombach, T: (06024) 33 23)
Abteilungsleiter: Heinz Babilon (Außenwirtschaft, Tel.: (06021) 8 80-1 13, Privat: Hasenhägweg 20, 63741 Aschaffenburg, T: (06021) 41 10 41)
Stellvertretende(r) Geschäftsführer(in): Ass. Silke Heinbücher (Allgemeines Recht und Wirtschaftsrecht, Tel.: (06021) 8 80-115)
Referentin: Dipl.-oec. Ulrike Leut (Information, Öffentlichkeitsarbeit, Wirtschaftsbeobachtung, T: (06021) 8 80-1 17)
Referent: Udo Gries (Berufsbildung, Tel.: (06021) 8 80-1 43)
Referent: Fridolin Stadler (Berufsbildung, Tel.: (06021) 8 80-1 42) **Kammerzeitschrift:** Wirtschaft am bayerischen Untermain

• E 41

Industrie- und Handelskammer für Augsburg und Schwaben

Postanschrift:
86136 Augsburg
Stettenstr. 1 u. 3, 86150 Augsburg
T: (0821) 31 62-0 **Fax:** 31 62-3 23
Internet: http://www.augsburg.ihk.de
E-Mail: info@augsburg.ihk.de
Bezirk: Regierungsbezirk Schwaben (ohne Landkreis Lindau)
Ehrenpräs.: Hans Haibel (Jahnstr. 11, 86316 Friedberg, T: (0821) 60 26 22)
Präsident(in): Hannelore Leimer (Geschäftsf. d. Fa. Erhardt + Leimer GmbH, Albert-Leimer-Platz 1, 86391 Stadtbergen, T: (0821) 24 35-0)
Vizepräsident(in): Bernd Nill (Geschäftsführer der Kröll + Nill GmbH & Co., Annastr. 19, 86150 Augsburg, T: (0821) 32 50-0)
Vizepräsident(in): Gottfried Selmair (Vorstandsvors. der Stadtsparkasse Augsburg, Halderstr. 3, 86150 Augsburg, T: (0821) 32 55-0)
Vizepräsident(in): Dipl.-Ing. Wolfgang E. Schulz (Geschäftsführer der Magnet-Schultz GmbH & Co., Fabrikations- und Vertrieb KG, Allgäuer Str. 30, 87700 Memmingen, T: (08331) 1 04-)
Vizepräsident(in): Dipl.-Kfm. Dipl.-Ing. Karl Johann Zimmermann (Geschäftsführer der Märker Holding GmbH, Oskar-Märker-Str. 24, 86655 Harburg, T: (09080) 8-0)
Vizepräsident(in): Dr. Sebastian Priller (Pers. haft. Ges. d. Brauerei Riegele S., Frölichstr. 26, 86150 Augsburg, T: (0821) 3 20 90)
Vizepräsident(in): Dipl.-Ing. Siegfried Scheeff (Geschäftsführer d. Aluminiumschmelzwerk Oetinger GmbH, Robert-Bosch-Str. 24, 89264 Weißenhorn, T: (07309) 8 30)
Vizepräsident(in): Anton Wachter (Geschäftsf. d. BAYOSAN Wachter GmbH & Co. KG, Reckenberg 12, 87541 Hindelang, T: (08324) 92 10)
Hauptgeschäftsführer(in): Dr. Dieter Münker (T: dienstl. Durchwahl (0821) 31 62-2 00)
Dr. Josef Amann (Berufsbildung, T: dienstl. Durchwahl (0821) 31 62-3 16)
Dr. Wolfgang Epp (Bereich Außenwirtschaft und Messen, T: dienstl. Durchwahl (0821) 31 62-2 05)
Dipl.-Volksw. Helmut Grohmann (Bereich Handel, Gastgewerbe, Dienstleistungen, T: dienstl. Durchwahl (0821) 31 62-2 02)
Dr. Rudolf Hägele (Bereich Verkehr und Tourismus, T: dienstl. Durchwahl (0821) 31 62-2 06)
Dr. Peter Lintner (Bereich Volkswirtschaft, Bauleitplanung, kommunale Finanzen, T: dienstl. Durchwahl (0821) 31 62-2 79)
Dipl.-Betriebsw. (FH) Klaus Meder (Bereich Personal, Finanzen, Organisation, T: dienstl. Durchwahl (0821) 31 62-2 11)
Dr. Hans-Ulrich Rohde (Bereich Öffentlichkeitsarbeit, Medienpolitik, IHK-Zeitschrift, T: dienstl. Durchwahl (0821) 31 62-2 01)
Ass. Peter Saalfrank (Bereich Industrie, Finanzwirtschaft, Umwelt und Technologie, T: dienstl. Durchwahl (0821) 31 62-2 03)
Ass. Klaus Thilo (Bereich Recht, T: dienstl. Durchwahl (0821) 31 62-2 04)

Gremien

Industrie- und Handelsgremium Aichach-Friedberg
Vorsitzende(r): Herbert Scheel (Geschäftsführer des Ingenieurbüros Dipl.-Ing. Herbert Scheel VDI Planungsges. f. Haustechnik mbH, Bauernbräustr. 4, 86316 Friedberg, T: (0821) 26 28 98-0, Fax: 26 28 98-20)

Industrie- und Handelsgremium Augsburg - Stadt
Vorsitzende(r): Dieter R. Kirchmair (Direktor d. Deutsche Bank AG, Filiale Augsburg, Fuggerstr. 1, 86150 Augsburg, T: (0821) 31 57-0)

Industrie- und Handelsgremium Augsburg-Land
Vorsitzende(r): Dipl.-Ing. Ernst Holme (Geschäftsführer der FANIBI Handelsgesellschaft und Systemzentrale mbH, Hunnenstr. 9, 86343 Königsbrunn, T: (08231) 96 01-0)

Industrie- und Handelsgremium Dillingen
Vorsitzende(r): Winfried Seitz (Prokurist d. BSH Bosch und Siemens Hausgeräte GmbH, Robert-Bosch-Str. 16, 89407 Dillingen, T: (09071) 52-3 60)
Regionalgeschäftsstelle Nordschwaben:
Große Allee 24, 89407 Dillingen, T: (09071) 58 71-0
RegionalGeschF: Dieter Birnmann

Industrie- und Handelsgremium Donau-Ries
Vorsitzende(r): Dipl.-Wirtsch.-Ing. Dieter von Hummel (Prokurist der Eurocopter Deutschland GmbH, Industriestr. 4, 86609 Donauwörth, T: (0906) 71 25 01)
Regionalgeschäftsstelle Nordschwaben:
Berger Vorstadt 33, 86609 Donauwörth, T: (0906) 7 06 41-0
RegionalGeschF: Dieter Birnmann

Industrie- und Handelsgremium Günzburg
Vorsitzende(r): Harald Schmidt (Pers.haft. Ges. d. Fa. Josef Schmidt, Tonwerk-Ichenhausen, Wettenhauser Weg 10, 89335 Ichenhausen, T: (08223) 96 69 10)
Regionalgeschäftsstelle Westschwaben:
Ichenhauser Str. 42 b, 89312 Günzburg, T: (08221) 90 12-0
RegionalGeschF: Horst Helbich

Industrie- und Handelsgremium Kaufbeuren und Ostallgäu
Vorsitzende(r): Dipl.-Braumeister, Dipl.-Kfm. Erwin Weiß (Vorstandsmitglied d. Aktienbrauerei Kaufbeuren AG, Hohe Buchleuthe 3, 87600 Kaufbeuren, T: (08341) 43 04-0)
Regionalgeschäftsstelle Allgäu:
Sudetenstr. 5, 87600 Kaufbeuren, T: (08341) 91 50 20
RegionalGeschF: Alexander Gundling

Industrie- und Handelsgremium Kempten und Oberallgäu
Vorsitzende(r): Mario Trunzer (Geschäftsführer der Liebherr Verzahntechnik GbmH, Kaufbeurer Str. 141, 87437 Kempten, T: (0831) 78 62 51)
Regionalgeschäftsstelle Allgäu:
Heisinger Str. 12, 87435 Kempten
T: (0831) 5 75 86-0
RegionalGeschF: Alexander Gundling

Industrie- und Handelsgremium Memmingen und Unterallgäu
Vorsitzende(r): Dipl.-Ing. (FH) Bruno Fritz (Inhaber der Fa. Komplettbau Fritz, Arlesrieder Str. 21, 87746 Erkheim, T: (08336) 8 04 80)
Regionalgeschäftsstelle Memmingen u. Unterallgäu:
Am Galgenberg 1, 87700 Memmingen
T: (08331) 83 61-0
RegionalGeschF: Manfred Schilder

Industrie- und Handelsgremium Neu-Ulm
Vorsitzende(r): Hans-Heiner Honold (Geschäftsführer der Honold GmbH & Co. KG, Ernst-Abbe-Str. 7, 89231 Neu-Ulm, T: (07319 9 75 42 09)
Regionalgeschäftsstelle Wertschwaben:
Ludwigstr. 18, 89231 Neu-Ulm
T: (0731) 7 70 35
RegionalGeschF: Horst Helbich
Verbandszeitschrift: Bayerisch-Schwäbische Wirtschaft

• E 42

Industrie- und Handelskammer für Oberfranken Bayreuth

95440 Bayreuth
Bahnhofstr. 25-27, 95444 Bayreuth
T: (0921) 8 86-0 **Fax:** 1 27 78
Internet: http://www.bayreuth.ihk.de
E-Mail: ihk.bt@bayreuth.ihk.de
Bezirk: Bayerischer Regierungsbezirk Oberfranken mit Ausnahme der kreisfreien Stadt Coburg und des Landkreises Coburg
Präsident(in): Dr. Wolfgang Wagner (Firma Frenzelit-Werke GmbH & Co. KG, Frankenhammer 7, 95460 Bad Berneck)
Vizepräsident(in): Dipl.-Wirtsch.-Ing. (FH) Walter Bach (Firma Technische Federn Sigmund Scherdel GmbH, Scherdelstr. 2, 95615 Marktredwitz)
Vizepräsident(in): Dipl.-Kfm. Peter Eberl (Firma Eberl OHG, Lichtenfelser Str. 3, 96231 Staffelstein (Haushalts- und Schuheinzelhandel))
Vizepräsident(in): Dipl.-Ing. Werner Rupp (Firma Rupp + Hubrach Optik GmbH, v.-Ketteler-Str. 1, 96050 Bamberg)
Vizepräsident(in): Dipl.-Brau-Ing. Peter Scherdel (Firma Privatbrauerei Scherdel Hof, Unterkotzauer Weg 14, 95028 Hof)
Hauptgeschäftsführer(in): Dipl.-Ing. Joachim Hunger
Stellv. HGeschF: Dr. Hans F. Trunzer (Abt. Industrie, Technologie, Umwelt)
Geschäftsführer(in): Dipl.-Volksw. Diethard Dulleck (Abt. Außenwirtschaft und Verkehr)
Geschäftsführer(in): Dipl.-Wirtsch.-Ing. (FH) Udo Raps (Abt. Berufsausbildung)
Verwaltungsleitung: Dipl.-Kfm. Walter Steck

Gremien:

Industrie- und Handelsgremium Bamberg
Vorsitzende(r): Dipl.-Ing. Werner Rupp (Fa. Rupp + Hubrach Optik GmbH, Von-Ketteler-Str. 86, 96050 Bamberg, T:(0951) 1 86-0)
Geschäftsführer(in): Dipl.-Soz. Konrad Bastian (Ohmstr. 15, 96050 Bamberg, T: (0951) 9 18 20 50)

Industrie- und Handelsgremium Bayreuth
Vorsitzende(r): Dipl.-Ing. (FH), Dipl.-Bw. (FH) Rudolf Meyer (Fa. Erste Bayreuther Porzellanfabrik „Walküre" Siegmund Paul Meyer GmbH, Gravenreuther Str. 5, 95445 Bayreuth, T: (0921) 7 89 30-0)

Geschäftsführer(in): Dipl.-Volksw. Diethard Dulleck (Bahnhofstr. 25/27, 95444 Bayreuth, T:(0921) 8 86-1 50)

Industrie- und Handelsgremium Forchheim
Vorsitzende(r): Dipl.-Wirtsch.-Ing. (FH) Christian Waasner (Fa. Gebr. Waasner Elektrotechnische Fabrik GmbH, Bamberger Str. 85, 91301 Forchheim, T: (09191) 61 20)

Industrie- und Handelsgremium Hof/Saale
Vorsitzende(r): Dipl.-Brau-Ing. Peter Scherdel (Fa. Privatbrauerei Scherdel Hof, Unterkotzauer Weg 14, 95028 Hof, T: (09281) 8 96-0)
Geschäftsführer(in): Dipl.-Kfm. Reinhard Brendel (Moritz-Steinhäuser-Weg 2, 95030 Hof, T: (09281) 70 83 30)

Industrie- und Handelsgremium Kronach
Vorsitzende(r): Dipl.-Wirtsch.-Ing. Dr. Rainer Hecker (Fa. Loewe Opta GmbH, Industriestr. 11, 96317 Kronach (Elektroindustrie - Unterhaltungselektronik))

Industrie- und Handelsgremium Kulmbach
Vorsitzende(r): Dipl.-Ing. Agr. Dr. Philipp Saffer (Fa. Dr. Saffer Qualitätsfutter GmbH, Postf. 19 46, 95311 Kulmbach)

Industrie- und Handelsgremium Lichtenfels
Vorsitzende(r): Wilhelm Wasikowski (Wasikowski GmbH & Co. KG, Thiersteinstr. 35, 96215 Lichtenfels)

Industrie- und Handelsgremium Marktredwitz/Selb
Vorsitzende(r): Dipl.-Wirtsch.-Ing. (FH) Walter Bach (Fa. Technische Federn Sigmund Scherdel GmbH, Scherdel-Str. 2, 95615 Marktredwitz)
Leitung Presseabteilung: Dipl.-Vw. Tanja Nüssel
Verbandszeitschrift: Oberfränkische Wirtschaft
Redaktion: Dipl. Geogr. Michael Zeisel

• E 43

IHK

Industrie- und Handelskammer zu Coburg

Postf. 20 43, 96409 Coburg
Schloßplatz 5, 96450 Coburg
T: (09561) 74 26-0 **Fax:** 74 26 50
TGR: Handelskammer Coburg
E-Mail: ihk@coburg.ihk.de
Bezirk: Stadt und Landkreis Coburg
Ehrenpräs.: Heinrich G. Bender (Rosenauer Str. 113, 96450 Coburg, T: (09561) 86 50)
Ehrenpräs.: Dipl.-Ing. Peter Jühling (Obere Klinge 9a, 96450 Coburg, T: (09561) 9 46 10)
Ehrenpräs.: Dr. Günter Kammerscheid (Lange Gasse 40, 96450 Coburg, T: (09561) 1 01 76)
Ehrenmitgl. d. Präsidiums: Dir. Ludwig Satzger (Veit-Stoß-Weg 16a, 96450 Coburg)
Präsident(in): Dipl.-Kfm. (FH) Gerd Dahle (Geschäftsführer der Firma Wilhelm Dahle Büro-Technik GmbH & Co.KG, Karchestr. 3-7, 96450 Coburg, T: (09561) 2 78-0)
Vizepräsident(in): Fritz Carl (Inh. der Kunstmühle Scherneck Fritz Carl, Uferstr. 4, 96253 Untersiemau, T: (09565) 8 88)
Rolf-Peter Hoenen (Vorstandssprecher der HUK Versicherungsgruppe, Bahnhofsplatz, 96450 Coburg, T: (09561) 96-0)
Theo Kiesewetter (Inh. der Firma Kiesewetter Import GmbH, Liebigstr. 7, 96465 Neustadt, T: (09568) 80 90)
Hauptgeschäftsführer(in): Dr. Wolf-Ingo Seidelmann
Geschäftsführer(in): Dipl.-Kfm. Hubert Westhäuser (Abtlg. Wirtschaft, Pyramidenweg 18, 96253 Untersiemau, T: (09565) 74 88)
Ass. Christopher Kessler (Vorderer Floßanger 1 a, 96450 Coburg, T: (09561) 9 98 53)
Verbandszeitschrift: Unsere Wirtschaft

• E 44

Industrie- und Handelskammer Lindau-Bodensee

Postf. 13 65, 88103 Lindau
Maximilianstr. 1, 88131 Lindau
T: (08382) 93 83-0 **Fax:** 93 83-73
TGR: Handelskammer Lindau (B)
Bezirk: Landkreis Lindau (B)
Ehrenpräs.: Dr. Anton Bambula
Präsident(in): Peter Kürn (Vermögensberatung Peter Kürn GmbH)
Vizepräsident(in): Hansjörg Holderried (Bevollmächtigter der Fa. Demmel GmbH & Co., Grüntenweg 14, 88175 Scheidegg)
Vizepräsident(in): Peter Rösler (Geschäftsführer rose-plastic GmbH, Rupolzer Str. 54, 88138 Hergensweiler)
Vizepräsident(in): Sighard Thomann (Geschäftsführer Eisen-Thomann GmbH, Heuriedweg 36, 88131 Lindau)
Hauptgeschäftsführer(in): Dr.-Ing. Rainer Heitmeier
Geschäftsführer(in): Jürgen Hero
Ass. Markus Anselment
Verbandszeitschrift: Wirtschaft und Verkehr
Mitglieder: ca. 4000

• E 45

Industrie- und Handelskammer für München und Oberbayern

80323 München
Max-Joseph-Str. 2, 80333 München
T: (089) 51 16-0 **Fax:** 51 16-3 06
TGR: Handelskammer München
Internet: http://www.muenchen.ihk.de
E-Mail: IHK Mail@Muenchen.IHK.de
Bezirk: Reg.-Bezirk Oberbayern
Ehrenpräsident: Dr.-Ing. Dieter Soltmann (Pers. haft. Gesellschafter Gabriel Sedlmayr Spaten-Franziskaner-Bräu KGaA, Marsstr. 46-48, 80335 München, T: (089) 51 22-2 16)
Präsident(in): Dr. Claus Hipp (Pers. haft. Gesellschafter, Hipp KG, Münchener Str. 58, 85276 Pfaffenhofen a.d. Ilm, T: (08441) 7 57-0, Fax: (08441) 7 57-640)
Vizepräsidentin: Heidrun Brugger (Inhaberin, Apotheke St. Pölten, Pöltner Str. 32, 82362 Weilheim, T: (0881) 43 37, Fax: (0881) 6 91 55)
Vizepräsident(in): Prof. Dr. Erich Greipl (Mitglied der Geschäftsleitung der Metro-Vermögensverwaltungsgesellschaft mbH, Helene-Wessel-Bogen 39, 80939 München, T: (089) 3 16 91-3 15, Fax: (089) 3 16 91-3 17)
Vizepräsidentin: Dipl.-Hdl. Renate Herrmann (Geschäftsführerin, Ludwig Hunger Werkzeug- und Maschinenfabrik GmbH, Gräfelfinger Str. 146, 81375 München, T: (089) 70 91-18, Fax: (089) 70 91 26)
Vizepräsident(in): Dr. Volker Jung (Mitglied des Vorstandes, Siemens AG, Wittelsbacherplatz 2, 80333 München, T: (089) 2 34-33900, Fax: 2 34-33908)
Vizepräsident(in): Prof. Dr. Anton Kathrein (Pers. haft. Gesellschafter, Kathrein-Werke KG, Anton-Kathrein-Str. 1-3, 83022 Rosenheim, T: (08031) 1 84-2 90, Fax: (08031) 1 84-6 61)
Vizepräsident(in): Christian Klotz (Inhaber, Fa. Haus Klotz (vormals Geschäftshaus Alois Klotz, Ludwigstr. 14, 83435 Bad Reichenhall, T: (08651) 21 63, Fax: (08651) 6 48 73)
Vizepräsident(in): Alfred H. Lehner (Vorsitzender des Vorstands, Bayerische Landesbank Girozentrale, Brienner Str. 22-24, 80333 München, T: (089) 21 71-1040, Fax: (089) 21 71-1227)
Vizepräsident(in): Günter Neumann (Gesellschafter, Fa. Franz Neumann, Elektro-Apparatebau, Ettinger Str. 62, 85057 Ingolstadt, T: (0841) 8 16 20, Fax: (0841) 4 65 01)
Vizepräsident(in): Dieter M. Putz (Inhaber, Fa. Dieter M. Putz Textil-Agentur, Brecherspitzstr. 7, 81541 München, T: (089) 6 91 56 78, Fax: (089) 6 91 56 40)
Vizepräsident(in): Dipl.-Ing. Gerhard Winklhofer (Geschführender Gesellschafter, Fa. Joh. Winklhofer & Söhne GmbH & Co. KG, Albert-Roßhaupter-Str. 53, 81369 München, T: (089) 7 69 09-1 10, Fax: (089) 7 69 09-1 03)
Hauptgeschäftsführer(in): Dr. Reinhard Dörfler (T: (089) 51 16-2 33)
Stellv. HGeschF: Dipl.-Volksw. Helgo Alberts (zugleich Leiter der Abteilung Außenwirtschaft, T: (089) 51 16-3 68)
Stellv. HGeschF: Dipl.-Volksw. Peter Driessen (zugleich Leiter der Abteilung Technologie, Neue Medien, Umweltschutz, T: (089) 51 16-3 21)
Geschäftsführer(in): Ass. Bernhard Sperr (Abteilung Recht, Steuern, T: (089) 51 16-2 56)
Dipl.-Volksw. Karl Kürzinger (Abteilung Volkswirtschaft, Handel, Industrie, Dienstleistungen, T: (089) 51 16-2 44)
Dr. Manfred Rothkopf (Abteilung Verkehr, T: (089) 51 16-2 37)
Dipl.-Ing. (FH) Franz Schropp (Abteilung Berufsbildung, T: (089) 51 16-3 29)
Dipl.-Kfm. Helmut Paulik (Abteilung Weiterbildung, T: (089) 51 16-2 82)
Dr. Anton Ganslmayer (Abteilung Zentrale Aufgaben, Personal, T: (089) 51 16-267)
Dipl.-Kfm. Reinhard Geppert (Abteilung Haushalt, Beitrag, T: (089) 51 16-3 32)
Presse: Sibylle Bauer (T: (089) 51 16-226) **Zeitschrift:** Wirtschaft · Das IHK-Magazin für München und Oberbayern

IHK. Weiterbildung: IHK-Akademie München-Westerham
Orleansstr. 10-12, 81669 München, T: (089) 51 16-570
Von-Adrian-Str. 5, 83620 Feldkirchen-Westerham, T: (08063) 9 12 74

Gremien:

e 46

IHK-Gremium Altötting-Mühldorf
Kaiser-Ludwig-Str. 14, 84453 Mühldorf
T: (08631) 74 00 u. 62 35
Vorsitzende(r): Franz Obermeier (Geschäftsführer, Franz Obermeier GmbH, Mühldorfer Str. 59, 84419 Schwindegg, T: (08082) 12 36, 12 37)

e 47

IHK-Gremium Bad Tölz-Wolfratshausen-Miesbach
Rathausplatz 5, 83684 Tegernsee
T: (08022) 1 84 19
Vorsitzende(r): Michael Kühne (Geschäftsführer, Karl Kühne GmbH; Betonwerk Kühne GmbH & Co. KG, Sudetenstr. 70, 82538 Geretsried, T: (08171) 9 39 66)

e 48

IHK-Gremium Berchtesgadener Land
Postf. 16 73, 83383 Freilassing
Münchener Str. 1, 83395 Freilassing
T: (08654) 60 10 50
Vorsitzende(r): Dr. Manfred Brosche (Geschäftsführer, Siebro Beteiligungs-GmbH; Heinrich Sieber & Co.-GmbH & Co. KG, Am Kraftwerk 5, 83435 Bad Reichenhall, T: (08651) 60 00-11)

e 49

IHK-Gremium Dachau-Fürstenfeldbruck
Friedrich-Ebert-Str. 10, 85221 Dachau
T: (08131) 1 23 16
Vorsitzende(r): Max Walch (Geschäftsführer, Flugplatz Jesenwang GmbH,
Kirchstr. 8, 82287 Jesenwang, T: (08146) 9 50 03)

e 50

IHK-Gremium Ebersberg
Postf. 26, 85568 Markt Schwaben
Marktplatz 2, 85570 Markt Schwaben
T: (08121) 47 71 12
Vorsitzende(r): Helmut Schulz (Vorsitzender des Vorstands, Kreissparkasse Ebersberg, Sparkassenplatz, 85560 Ebersberg, T: (08092) 2 31-2 10)

e 51

IHK-Gremium Eichstätt
Postf. 12 07, 85066 Eichstätt
Richard-Strauß-Str. 23, 85072 Eichstätt
T: (08421) 43 95
Vorsitzende(r): Karl Jägle (Geschäftsführer, Jägle GmbH, Industriestr. 32, 85072 Eichstätt, T: (08421) 97 21-0)

e 52

IHK-Gremium Erding-Freising
Postf. 15 17, 85315 Freising
Holzgartenstr. 6 d, 85354 Freising
T: (08161) 6 10 31
Vorsitzende(r): Peter Reisch (Vorsitzender des Vorstands, Sparkasse Freising, Untere Hauptstr. 29, 85354 Freising, T: (08161) 5 61 04)

e 53

IHK-Gremium Garmisch-Partenkirchen
Postf. 12 61, 82452 Garmisch-Partenkirchen
Am Kurpark 13, 82467 Garmisch-Partenkirchen
T: (08821) 7 08-1 68
Vorsitzende(r): Dr.-Ing. Peter Hirt (Vorsitzender des Vorstands, Bayerische Zugspitzbahn AG, Olympiastr. 27, 82467 Garmisch-Partenkirchen, T: (08821) 7 97-9 10)

e 54

IHK-Gremium Ingolstadt-Pfaffenhofen
Jesuitenstr. 1, 85049 Ingolstadt
T: (0841) 9 38 71-0
Vorsitzende(r): Vizepräsident Günter Neumann (Gesellschafter, Fa. Franz Neumann Elektro-Apparatebau, Ettinger Str. 62, 85057 Ingolstadt, T: (0841) 8 16 20)

e 55

IHK-Gremium Landsberg-Weilheim-Schongau
Marienplatz 6, 82362 Weilheim
T: (0881) 6 41-6 66
Vorsitzende: Vizepräsidentin Heidrun Brugger (Inhaberin Apotheke St. Pölten, Pöltner Str. 32, 82362 Weilheim, T: (0881) 43 37)

e 56

IHK-Gremium Neuburg-Schrobenhausen
Pettenkoferring 12, 86633 Neuburg
T: (08431) 67 45 11
Vorsitzende(r): Dipl.-Kfm. Hans-Joachim Frankenberger (Industrieberatung, Birkenweg 2, 86633 Neuburg a.d. Donau, T: (08431) 85 03)

e 57

IHK-Gremium Rosenheim
Münchener Str. 22-24, 83022 Rosenheim
T: (08031) 38 00-79
Vorsitzende(r): Alfred Fischbacher (Geschäftsführender Gesellschafter, MEFRO Metallwarenfabrik Fischbacher GmbH, Ludwig-Thoma-Str. 29, 83101 Rohrdorf, T: (08032) 1 81-0)

e 58

IHK-Gremium Starnberg
82317 Starnberg
Wittelsbacherstr. 9, 82319 Starnberg
T: (08151) 14 72 02
Vorsitzende(r): Dipl.-Ing., Dipl.-Wirtsch.-Ing. Walter Essler (Geschäftsführer, Frei & Essler Wohnbau GmbH, Maximilianstr. 17, 82319 Starnberg, T: (08151) 9 05 10)

e 59

IHK-Gremium Traunstein
Rosenheimer Str. 1, 83278 Traunstein
T: (0861) 6 62 21
Vorsitzende(r): Werner Linhardt (Vorsitzender des Vorstands, Kreissparkasse Traunstein-Trostberg, Rosenheimer Str. 1, 83278 Traunstein, T: (0861) 6 62 12)

• E 60

Industrie- und Handelskammer Nürnberg für Mittelfranken
Postfach, 90271 Nürnberg
Hauptmarkt 25-27, 90403 Nürnberg
T: (0911) 13 35-0 **Fax:** 13 35-200
TGR: IHK Nürnberg
Bezirk: Bayer. Reg.-Bez. Mittelfranken
Präsident(in): Hans-Peter Schmidt (NÜRNBERGER Versicherungsgruppe, Ostendstr. 100, 90482 Nürnberg, T: (0911) 5 31-24 71, Fax: (0911) 5 31-33 60)
Vizepräsident(in): Dipl.-Ing. Günter Baumüller (Baumüller Nürnberg GmbH, Ostendstr. 80, 90482 Nürnberg, T: (0911) 54 32-104, Fax: (0911) 54 32-461)
Vizepräsident(in): Georg Bernet (Franz Bernet, Fische, Wild, Geflügel, Inh. Georg Bernet KG, Vordere Ledergasse 2, 90403 Nürnberg, T: (0911) 20 35 36, Fax: (0911) 22 14 64)
Vizepräsident(in): Dr. Ingo Riedel (Schickedanz-Holding AG & Co. KG, Nürnberger Str. 91-95, 90762 Fürth, T: (0911) 1 42 89-89, Fax: (0911) 1 42 89-91)
Vizepräsident(in): RA, WP, StB Dr. Bernd Rödl (Rödl & Partner Consulting GmbH, Äußere Sulzbacher Str. 100, 90491 Nürnberg, T: (0911) 91 93-100/101, Fax: (0911) 91 93-906)
Vizepräsident(in): Maria-Elisabeth Schaeffler (INA-Wälzlager Schaeffler oHG, Industriestr. 1-3, 91074 Herzogenaurach, T: (09132) 8 22-302, -400, Fax: (09132) 8 22-4942)
Vizepräsident(in): Harald R. Schmauser (Drei-S-Werk Präzisionswerkzeuge GmbH & Co. Fertigungs KG, Nördliche Ringstr. 14, 91126 Schwabach, T: (09122) 15 05-22, Fax: (09122) 15 05-54)
Vizepräsident(in): Dipl.-Kfm. Dieter Streng (Baustoff Union GmbH & Co. KG, Leyher Str. 123, 90431 Nürnberg, T: (0911) 32 01-710, Fax: (0911) 32 01-714)
Vizepräsident(in): Dirk von Vopelius (Schuster & Walther GmbH & Co. KG, Schwabacher Str. 3, 90439 Nürnberg, T: (0911) 92 64-110, Fax: (0911) 92 64-204)
Vizepräsident(in): Dr. Klaus L. Wübbenhorst (GfK Aktiengesellschaft, Nordwestring 101, 90419 Nürnberg, T: (0911) 3 95-2572, Fax: (0911) 3 95-4031)
Hauptgeschäftsführer(in): Dr. Dieter Riesterer (dienstl. Durchwahl 13 35-3 72/3 73)
Stellv. HGeschF: Dipl.-Kfm. Albrecht Buchwald (Abt. Außenwirtschaft, T: dienstl. Durchwahl 1 33 53 94)
Abteilungsleiter: RA Dieter Gößner (Abteilung Recht, T: dienstl. Durchwahl 1 33 53 88)
Abteilungsleiter: Dr. Hans-Joachim Lindstadt (Abteilung Volkswirtschaft und Verkehr, T: dienstl. Durchwahl 1 33 53 83)
Abteilungsleiter: Dr. Norbert Müller (Geschäftsführer der AkA-Aufgabenstelle für kaufmännische Abschluß- und Zwischenprüfungen, T: dienstl. Durchwahl 1 33 54 72)
Abteilungsleiter: Dr. Kurt Hesse (Abteilung Kommunikation, T: dienstl. Durchwahl 1 33 53 79)
Abteilungsleiter: Dr. Robert Schmidt (Abteilung Innovation und Umweltschutz, T: dienstl. Durchwahl 13 35-2 99)
Abteilungsleiter: Dipl.-Vw. Otto Dietrich Knapp (Abteilung Berufsbildung, T: dienstl. Durchwahl 13 35-2 54)
Abteilungsleiterin: Dipl.-Vw. Brigitte Lipinski (Verwaltungsdirektorin, Abteilung Zentrale Aufgaben, T: dienstl. Durchwahl 1 33 54 08)

Gremien:

Industrie- und Handelsgremium Altdorf
Vorsitzende(r): Horst Ellenberger (E-T-A Elektrotechnische Apparate GmbH, Industriestr. 2-8, 90518 Altdorf, T: (09187) 10-215, Fax: (09187) 10-217)

Industrie- und Handelsgremium Ansbach
Geschäftsstelle: Kanalstr. 2-12, 91522 Ansbach
T: (0981) 97 11 16, Fax: 9 71 11 79
Vorsitzende(r): Dr. Wolf-Christian Wilisch (Wilisch & Sohn GmbH, Stahlstr. 43, 91522 Ansbach, T: (0981) 46 54-0, Fax: (0981) 46 54-163)
Geschäftsführer(in): Gerhard Fuchs

Industrie- und Handelsgremium Bad Windsheim
Vorsitzende(r): Alois Zimmermann (Im Grünen Winkel 12, 91438 Bad Windsheim, T: (09843) 98 08 06, Fax: (09843) 98 08 10)

Industrie- und Handelsgremium Dinkelsbühl
Vorsitzende(r): Dr. Christoph Glenk (Volksbank Dinkelsbühl eG, Weinmarkt 14, 91550 Dinkelsbühl, T: (09851) 5 80-420 od. 421, Fax: (09851) 5 80-425)

Industrie- und Handelsgremium Erlangen
Geschäftsstelle: Äußere Brucker Str. 51, 91052 Erlangen, T: (09131) 2 60 96, Fax: (09131) 2 60 95
Vorsitzende(r): Reiner Reinhardt (Stadt- und Kreissparkasse, Hugenottenplatz 5, 91054 Erlangen, T: (09131) 8 24-205, Fax: (09131) 8 24-228)
Geschäftsführer(in): RA Wolfgang Minet

Industrie- und Handelsgremium Fürth (Bay.)
Geschäftsstelle: Alexanderstr. 15, 90762 Fürth, T: (0911) 77 07 75, Fax: (0911) 77 07 78
Vorsitzende(r): Gert Rohrseitz (Eckart-Werke Standard Bronzepulver-Werke Carl Eckart GmbH & Co., Kaiserstr. 30, 90763 Fürth, T: (0911) 9 97 82 09, Fax: (0911) 9 97 83 65)
Geschäftsführer(in): RA Christian Nowak

Industrie- und Handelsgremium Gunzenhausen
Vorsitzende(r): Matthias Böhlein (Vereinigte Sparkassen Gunzenhausen, Marktplatz 43, 91710 Gunzenhausen, T: (09831) 57-103, Fax: (09831) 57-119)

Industrie- und Handelsgremium Hersbruck
Vorsitzende(r): Norbert Fackelmann (Fackelmann GmbH & Co., Werner-von-Siemens-Str. 6, 91217 Hersbruck, T: (09151) 8 11-113, Fax: (09151) 8 11-294)

Industrie- und Handelsgremium Herzogenaurach
Vorsitzende(r): Hermann F. Weiler (G.D.W. Werkzeugmaschinen Herzogenaurach GmbH, Würzburger Str. 17 c, 91074 Herzogenaurach, T: (09132) 78 29-0, Fax: (09132) 78 29-30)

Industrie- und Handelsgremium Hilpoltstein
Vorsitzende(r): Hans Jürgen Rohmer (Sparkasse Roth-Schwabach, Christoph-Sturm-Str. 25-29, 91161 Hilpoltstein, T: (09174) 98-0, (09171) 82 19 93, Fax: (09171) 82 19 99)

Industrie- und Handelsgremium Lauf (Pegnitz)
Vorsitzende(r): Siegfried Zottmann (Raiffeisen Spar + Kreditbank e.G., Bahnhofstr. 8, 91207 Lauf, T: (09123) 1 89-12, Fax: (09123) 1 89-53)

Industrie- und Handelsgremium Neustadt/Aisch
Vorsitzende(r): Erich Asche (Sparkasse im Landkreis Neustadt/Aisch-Bad Windsheim, Sparkassenplatz 1, 91413 Neustadt, T: (09161) 91-105, Fax: (09161) 91-333)

Industrie- und Handelsgremium Roth
Vorsitzende(r): Georg Bär (Georg Bär Alu-Stahlbau GmbH, Flugplatzstr. 8, 91186 Büchenbach-Gauchsdorf, T: (09178) 9 83 00, Fax: (09178) 98 30 30)

Industrie- und Handelsgremium Rothenburg o.d.T.
Vorsitzende(r): Hannes Reingruber (Fa. Wilhelm Reingruber, Georgengasse 5-7, 91541 Rothenburg o.d.T., T: (09861) 9 49 30, Fax: (09861) 20 74)

Industrie- und Handelsgremium Schwabach
Vorsitzende(r): Harald R. Schmauser (DREI-S-WERK Präzisionswerkzeuge GmbH & Co. Fertigungs-KG, Nördliche Ringstr. 14, 91126 Schwabach, T: (09122) 15 05 22, Fax: (09122) 15 05 54)

Industrie- und Handelsgremium Weißenburg
Vorsitzende(r): Dr. Karl-Friedrich Ossberger (Ossberger-Turbinenfabrik GmbH + Co, Otto-Rieder-Str. 7, 91781 Weißenburg, T: (09141) 9 77-0, Fax: (09141) 9 77-20)
Verbandszeitschrift: Wirtschaft in Mittelfranken
Redaktion: Dr. Kurt Hesse (verantw.), Hartmut Beck, Ursula Gruber
Verlag: Hofmann Druck Nürnberg GmbH & Co. KG, Postf. 12 02 60, 90109 Nürnberg, Emmericher Str. 10, 90411 Nürnberg, T: (0911) 52 03-0, Fax: 52 03-148

• E 61

Industrie- und Handelskammer für Niederbayern in Passau
94030 Passau
Nibelungenstr. 15, 94032 Passau
T: (0851) 5 07-0 **Fax:** 5 07-2 80
TGR: Handelskammer Passau
Internet: http://www.passau.ihk.de
E-Mail: ihk@passau.ihk.de
Fax-Abruf: (0851) 5 07-41 00
Bezirk: Regierungsbezirk Niederbayern (mit Ausnahme des Landkreises Kelheim)
Ehrenpräs.: Dr. Eberhard Zizlsperger (Hochstr. 9 d, 94032 Passau, T: (0851) 69 06)
Ehrenpräs.: Dipl.-Kfm. Wolfram Hatz (Römerstr. 12, 94099 Ruhstorf, T: (08531) 3 19-2 03)
Präsident(in): Gerhard Thiele (Fa. Bayer.Wald Granitwerke K.A. Thiele & Co., Am Bahnhof 12, 94538 Fürstenstein, T: (08504) 91 19-0, Privat: Drosselweg 4, 94538 Fürstenstein, T: (08504) 91 19 23)
Vizepräsident(in): Renate Braun (Sparkasse Passau, Nikolastr. 1, 94032 Passau, T: (0851) 39 8-1259, Privatanschrift: Schärdinger Str. 93, 94032 Passau, T: (0851) 93 11 85)
Vizepräsident(in): Gerhard Hennig (Fa. Ludwig Hafner GmbH, Ludwigsplatz 42, 94315 Straubing, T: (09421) 8 00 30, Privatanschrift: Ringstr. 9, 94315 Straubing, T: (09421) 8 00 30)
Vizepräsident(in): Helmut Weber (Papierwerk Landshut Mittler GmbH & Co, Siemensstr. 4, 84109 Wörth, T: (08702) 92 21 21, Privat: Brühfeldweg 16, 84036 Landshut, T: (0871) 4 41 95)
Hauptgeschäftsführer(in): Ass. Walter Keilbart (Bergstr. 19, 94081 Fürstenzell, T: (08502) 92 28 53)
Stellv. HGeschF: Dipl.-Volksw. Jürgen Karl (Schillerstr. 5, 94032 Passau, T: (0851) 5 56 10)
Abteilungsdirektor: Ass. Martin Frank (Kringeller Str. 19, 94116 Hutthurm, T: (08505) 9 00 90)
Abteilungsdirektor: Dipl.-Kfm. Josef Hochleitner (Mozartstr. 11, 94575 Windorf, T: (08541) 66 74)
Abteilungsdirektor: Anton Hüttenberger (Haibach 32, 94032 Passau, T: (0851) 3 43 46)
Abteilungsdirektor: Ass. Peter Möller (Hans-Carossa-Str. 11, 94081 Fürstenzell, T: (08502) 86 45)
Abteilungsdirektor: Ass. Manfred Schoppe (Anton-Sickenberger-Str. 16, 94036 Passau, T: (0851) 8 87 09)

Gremien:

Industrie- und Handelsgremium Deggendorf
Vorsitzende(r): Dr. Lothar Hauck (Fa. Deggendorfer Werft und Eisenbau GmbH, Werftstr. 17, 90469 Deggendorf, T: (0991) 38 11 10)

Industrie- und Handelsgremium Dingolfing-Landau
Vorsitzende(r): Siegfried Moßandl (Fa. Karl Mossandl GmbH & Co., Schwaiger Str. 64, 84130 Dingolfing, T: (08731) 7 09-22)

Industrie- und Handelsgremium Freyung-Grafenau
Vorsitzende(r): Hans Hilz (Fa. Johann Hilz, Neuhütte 6, 94151 Mauth, T: (08557) 2 51)

Industrie- und Handelsgremium Landshut
Vorsitzende(r): Helmut Weber (Fa. Papierwerk Landshut Mittler GmbH & Co, Siemensstr. 4, 84109 Wörth, T: (08702) 92 21 21)

Industrie- und Handelsgremium Regen
Vorsitzende(r): Stephan Freiherr Poschinger von Frauenau (Fa. Freiherr von Poschinger Glashütte, Inhaber Stephan Freiherr Poschinger von Frauenau, Postf. 80, 94258 Frauenau, T: (09926) 9 40 10)

Industrie- und Handelsgremium Rottal-Inn
Vorsitzende(r): Hermann Miller (Fa. Forster & Miller, Stadtplatz 7, 84307 Eggenfelden, T: (08721) 13 23)

Industrie- und Handelsgremium Straubing
Vorsitzende(r): Gerhard Hennig (Fa. Ludwig Hafner GmbH, Ludwigsplatz 42, 94315 Straubing, T: (09421) 8 00-30)
Verbandszeitschrift: Niederbayerische Wirtschaft

• E 62

Industrie- und Handelskammer Regensburg
Postf. 11 03 55, 93016 Regensburg
D.-Martin-Luther-Str. 12, 93047 Regensburg

T: (0941) 56 94-0 **Fax:** 56 94-2 79
TGR: IHK Regensburg
Internet: http://www.ihk-regensburg.de
E-Mail: info@regensburg.ihk.de
Bezirk: Reg.-Bezirk Oberpfalz und vom Reg.-Bez. Niederbayern der Landkreis Kelheim
Gründung: 1843
Ehrenpräsident: Willy Lersch (Am Petersberg 10, 92521 Schwarzenfeld)
Präsident(in): Dipl.-Kaufmann Helmut Heene (Mitinhaber der Fa. Streit & Co. Internationale Spedition GmbH & Co., Wiener Str. 20, 93055 Regensburg, T: (0941) 79 88 40)
Vizepräsident(in): Dipl.-Ingenieur (TU) Bernd Arbogast (Mitinhaber der Fa. Alfred Arbogast Bauunternehmung GmbH & Co. KG, Katharinenfriedhofstr. 48, 92224 Amberg, T: (09621) 30 20)
Vizepräsident(in): Dr. Lothar Bäumler (Vorstand der Fa. Erste Bayerische Basaltstein AG, Steinmühle 20, 95666 Mitterteich, T: (09633) 92 16-0)
Vizepräsident(in): Dr. Franz Ehrnsperger (Inhaber der Fa. Neumarkter Lammsbräu Gebr. Ehrnsperger e.K., Amberger Str. 1, 92318 Neumarkt, T: (09181) 40 40)
Vizepräsident(in): Dipl.-Kaufmann Volker Jakobitz (Mitinhaber der Fa. Textilhaus Wolfrum KG, Friedrich-Ebert-Str. 12, 92421 Schwandorf, T: (09431) 13 05)
Vizepräsident(in): Dipl.-Ingenieur Werner Josef Riepl (Geschäftsführender Gesellschafter der Fa. Josef Riepl Unternehmen für Hoch- und Tiefbau GmbH, Hallergasse 6, 93047 Regensburg, T: (0941) 5 68 20)
Hauptgeschäftsführer(in): Dipl.-Volkswirt Georg Raum (D.-Martin-Luther-Str. 12, 93047 Regensburg, T: (0941) 56 94-2 12)
Stellv. HGeschF: Ass.jur. Werner Schlosser (Recht und Berufsbildung)
Geschäftsführer(in): Dipl.-Volkswirt Josef Beimler (Industrie, Regionalpolitik, Kammerverwaltung)
Geschäftsführer(in): Dr. Alfred Brunnbauer (Außenwirtschaft, Verkehr)
Geschäftsführer(in): Dipl.-Pädagoge Winfried Mellar (Weiterbildung)
Geschäftsführer(in): Dr. Reinhard Rieger (Handel, Dienstleistungen, Steuern)

Gremien:

Industrie- und Handelsgremium Amberg-Sulzbach
Vorsitzende(r): Dipl.-Ingenieur (TU) Bernd Arbogast (Mitinhaber der Fa. Alfred Arbogast Bauunternehmung GmbH & Co. KG, Katharinenfriedhofstr. 48, 92224 Amberg, T: (09621) 30 20)
Geschäftsführer(in): Dipl.-Betriebswirt (FH) Johann Schmalzl (St.-Anna-Str. 4, 92237 Sulzbach-Rosenberg, T: (09661) 96 71)

Industrie- und Handelsgremium Cham
Vorsitzende(r): Dr. Alois Plößl (Geschäftsführender Gesellschafter der Fa. Rhanerbräu Vertriebs Verwaltungs-GmbH, Rhan 9, 93488 Schönthal, T: (09978) 2 12)
Geschäftsführer(in): RA Josef Böhm (D.-Martin-Luther-Str. 12, 93047 Regensburg, T: (0941) 56 94-2 15)

Industrie- und Handelsgremium Kelheim
Vorsitzende(r): Dietmar Slonek (Inhaber der Fa. Mylon Slonek GmbH & Co. KG, Ringweg 20, 93342 Saal, T: (09441) 8 10 30)
Geschäftsführer(in): Dr. Alfred Brunnbauer (D.-Martin-Luther-Str. 12, 93047 Regensburg, T: (0941) 56 94-2 31)

Industrie- und Handelsgremium Neumarkt
Vorsitzende(r): Dr. Franz Ehrnsperger (Inhaber der Fa. Neumarkter Lammsbräu Gebr. Ehrnsperger e.K., Amberger Str. 1, 92318 Neumarkt, T: (09181) 40 40)
Geschäftsführer(in): Dipl.-Betriebswirt (FH) Johann Schmalzl (St.-Anna-Str. 4, 92237 Sulzbach-Rosenberg, T: (09661) 96 71)

Industrie- und Handelsgremium Schwandorf
Vorsitzende(r): Dipl.-Ingenieur Klaus Peter Donhauser (Mitinhaber der Fa. Gebr. Donhauser, Schwandorf i. B., Hoch- & Tiefbau-Unternehmung GmbH & Co Betriebs-KG, Ettmannsdorfer Str. 47, 92421 Schwandorf, T: (09431) 72 20)
Geschäftsführer(in): Dipl.-Volksw. Josef Beimler (D.-Martin-Luther-Str. 12, 93047 Regensburg, T: (0941) 56 94-2 41)

Industrie- und Handelsgremium Weiden
Vorsitzende(r): Dipl.-Kfm. Harald Märtin (Geschäftsführer der Fa. Langner Maschinenbau GmbH, Turnhalle-Siedlung 7, 92708 Mantel, T: (09605) 92 13-0)
Geschäftsführer(in): Wolfgang Eck (Brenner-Schäffer-Str. 26, 92637 Weiden, T: (0961) 48 19 51-0)

Industrie- und Handelskammer-Ausschuß Raum Regensburg
Vorsitzende(r): Dipl.-Ingenieur Werner Josef Riepl (Geschäftsführer der Fa. Josef Riepl Unternehmen für Hoch- und Tiefbau GmbH, Hallergasse 6, 93047 Regensburg, T: (0941) 5 68 20)
Geschäftsführer(in): Dr. Reinhard Rieger (D.-Martin-Luther-Str. 12, 93047 Regensburg, T: (0941) 56 94-2 17)
Verbandszeitschrift: Wirtschaftsmagazin-Mitteilungen der IHK Regensburg
Redaktion: Dipl.-Betriebswirtin (FH) Herta Schröder, D.-Martin-Luther-Str. 12, 93047 Regensburg, T: (0941) 56 94-2 24
Verlag: Rotaplan Offset Kammann Druck GmbH, Hofer Str. 1, 93057 Regensburg, T: (0941) 6 96 95-0
Mitarbeiter: 98

• E 63

Industrie- und Handelskammer Würzburg-Schweinfurt

97064 Würzburg
Mainaustr. 33, 97082 Würzburg
T: (0931) 41 94-0 **Fax:** 41 94-1 00
Internet: http://www.wuerzburg.ihk.de
E-Mail: info@wuerzburg.ihk.de
Gründung: 1843
Ehrenpräs.: Dr. h.c. Otto Schäfer (Deutschfeldstr. 2, 97422 Schweinfurt)
Präsident(in): Dipl.-Ing. Gert Riedel (geschäftsf. Gesellschafter der Fa. Riedel Bau GmbH Holding, Silbersteinstr. 4, 97424 Schweinfurt)
Präsidialmitgl.: Dipl.-Kfm. Edgar Duttenhofer (geschäftsf. Gesellschafter der Fa. Duttenhofer GmbH & Co., Domstr. 5, 97070 Würzburg)
Dr. Kurt Eckernkamp (geschäftsf. Gesellschafter der Fa. Vogel Medien GmbH & Co. KG, Max-Planck-Str. 7-9, 97082 Würzburg)
Wilfried Grampp (geschäftsf. Gesellschafter der Fa. Autohaus Grampp GmbH, Rechtenbacher Str. 17, 97816 Lohr)
Erika Heimrich (Inhaberin Erika Heimrich Damenmoden, Zehntstr. 11, 97421 Schweinfurt)
Dipl.-Ing. Otto Kirchner (geschäftsf. Gesellschafter der Fa. Fränkische Rohrwerke Gebr. Kirchner GmbH & Co., Hellinger Str. 1, 97486 Königsberg)
Dipl.-Kfm. Baldwin Knauf (geschäftsf. Gesellschafter der Fa. Gebr. Knauf Westdeutsche Gipswerke, Am Bahnhof 7, 97346 Iphofen)
Dr. Erwin Kohorst (Vorsitzender des Vorstandes Städtische Sparkasse Würzburg, Hofstr. 9, 97070 Würzburg)
Dipl.-Kfm. Bernhard Kupsch (Geschäftsführer der Fa. Bernhard Kupsch GmbH, Nürnberger Str. 63, 97076 Würzburg)
Dr.-Ing. Uwe Loos (Vorsitzender des Vorstandes der Fa. FAG Kugelfischer Georg Schäfer AG, Georg-Schäfer-Str. 30, 97421 Schweinfurt)
Eugen Münch (Vorsitzender des Vorstandes der Fa. Rhön - Klinikum AG, Salzburger Leite 1, 97616 Bad Neustadt)
Karl-Heinz Schäflein (geschäftsf. Gesellschafter der Fa. Alfons Schäflein GmbH Internationale Spedition, Silbersteinstr. 16, 97424 Schweinfurt)
Dipl.-Kfm. Dr. Rainer Schum (geschäftsf. Gesellschafter der Fa. J. E. Schum GmbH & Co., Am Stein 2, 97080 Würzburg)
Dipl.-Ing. Winfried Witte (Vorsitzender des Vorstandes der Fa. Mannesmann Rexroth AG, Jahnstr. 3-5, 97816 Lohr)
Hauptgeschäftsführer(in): Dr. Lando Lotter (Würzburg, T: (0931) 41 94-3 20)
Stellv HGeschF: Dr. Ralf Jahn (T: (0931) 41 94-3 18)
Ass. Ulrich Schwädt (Geschäftsstelle Schweinfurt, Karl-Götz-Str. 7, 97424 Schweinfurt, T: (09721) 78 48-21)
Geschäftsführer(in): Dipl.-Bw. (FH) Werner Pfeiffer
Dipl.-Kfm. Rudolf Trunk
Dipl.-Bw. Jürgen Bode
Renate Bieger
Dipl.-Ing. Siegfried Werter (IHK-Zentrum für Weiterbildung, Mainaustr. 35, 97082 Würzburg, T: (0931) 41 94-2 52)
Leitung Presseabteilung: Radu Ferendino
Verbandszeitschrift: Wirtschaft in Mainfranken
Redaktion: Radu Ferendino
Verlag: IHK Würzburg-Schweinfurt, Mainaustr. 33, 97082 Würzburg
Mitglieder: ca. 38000
Mitarbeiter: 75
Bezirk: Im Regierungsbezirk Unterfranken die Stadt- und Landkreise Würzburg und Schweinfurt sowie die Landkreise Bad Kissingen, Haßberge, Kitzingen, Main-Spessart und Rhön-Grabfeld

e 64

IHK Würzburg-Schweinfurt Geschäftsstelle Schweinfurt

Karl-Götz-Str. 7, 97424 Schweinfurt
T: (09721) 78 48-0 **Fax:** 78 48-50
Stellv.HGeschF: Ass. Ulrich Schwädt (Geschäftsstelle Schweinfurt)

Gremien:

Industrie- und Handelsgremium Bad Kissingen
Vorsitzende(r): Herbert Schmidt (Geschäftsführer der Fa. Autohaus Schmidt, Münnerstädter Str. 22, 97688 Bad Kissingen, T: (0971) 20 12)

Industrie- und Handelsgremium Hassberge
Vorsitzende(r): Manfred Döbereiner (Vors. d. Vorstandes der Sparkasse Ostunterfranken, Marktplatz 14, 97437 Haßfurt, T: (09521) 58-1 01)

Industrie- und Handelsgremium Kitzingen
Vorsitzende(r): Dipl.-Kfm. Hans-Christian Meuschel (geschäftsf. Gesellschafter der Fa. Wilh. Meuschel jr. OHG, Innere Sulzfelder Str. 17, 97318 Kitzingen, T: (09321) 43 78)

Industrie- und Handelsgremium Main-Spessart
Vorsitzende(r): Wilfried Grampp (geschäftsf. Gesellschafter der Fa. Autohaus Grampp GmbH, Rechtenbacher Str. 17, 97816 Lohr, T: (09352) 50 03-31)

Industrie- und Handelsgremium Rhön-Grabfeld
Vorsitzende(r): Dipl.-Ing. Karl-Jürgen Bittorf (pers. haftender Gesellschafter der Fa. Bittorf & Co., Industriestr. 17, 97638 Mellrichstadt, T: (09771) 41-0)

Berlin

• E 65

IHK

Industrie- und Handelskammer zu Berlin

Fasanenstr. 85, 10623 Berlin
T: (030) 3 15 10-0 **Fax:** 3 15 10-278
TX: 1 83 663
TGR: IHAKA
T-Online *969006*
E-Mail: st@berlin.ihk.de
Gründung: 1950 (1. Juli)
Ehrenpräsident: Horst Elfe (OBE)
Präsident(in): Werner Gegenbauer
Vizepräsidenten: Dr. Manfred Gentz (Vorstandsmitglied Daimler Chrysler AG)
Udo Pape (Geschäftsführer Spreeblick Beteiligungs GmbH & Co. Gastro KG)
Bernd Rückert (Inhaber Firma Blumen B.Rückert)
Dr. Wolfgang Rupf (Vorstandsvors. Bankgesellschaft Berlin AG)
Präsidialmitglieder: Dieter E. Beuermann (Pers. Haft. Gesellschafter Otto Meißners Verl. & Co.)
Dr. Hubertus Erlen (Vorstandsmitgl. Schering AG)
Dr. Micharl Wegner (Inh.Central-Hotels Walter Wegner)
Dipl.-Kfm. Arnd Krogmann (Geschäftsführer R & W Immobilienanlagen GmbH)
Rainer Welz (Geschäftsführer Rainer Welz GmbH)
Jürgen Krüger (Vorstandsmitgl. Karstadt AG)
Hauptgeschäftsführer(in): Dr. Thomas Hertz
Stellvertretende Hauptgeschäftsführer: Dipl.-Volksw. Jörg Schlegel (GF der BAO Berlin Marketing-Service GmbH)
Dr. Manfred Kern-Nelle (Stabsbereich Volkswirtschaft)
Gerhard Buchholz (Stabsbereich Öffentlichkeitsarbeit)
Sybille von Obernitz (Stabsstelle Kammergremien, Organisationen)
Geschäftsbereiche
Dipl.-Volksw. Jörg (Außenwirtschaft und Absatzförderung)
Roland (Zentrale Funktionen)
Dipl.-Volksw. Rita (Industrie, Dienstleistungen)
Dipl.-Volksw. Christian (Handel, Verkehr, Tourismus, Gastgewerbe)
Ass. Volkmar (Planung, Umwelt, Recht, Finanzen)
Jan (Bildung und Berufsausbildung)
Dipl.-Kfm. Hartmut (Wirtschaftsförderung und -beratung)
Bereiche
Thomas (Zentrale Verwaltung)
Frank (Industrie, Produktionsnahe Dienstleistungen)
Jochen (Einzelhandel, Großhandel, Handelsvermittlung)
(Stadtentwicklung, Bau- und Grundstückswirtschaft, Öffentliche Finanzen)
Heike (Zentrales Beratungs- und Servicezentrum)
Dr. (Datenverarbeitung)
Dr. (Informationstechnologie, Medienwirtschaft)
Sabine (Verkehr, Verkehrsplanung)
Rainer (Berufsausbildung)
Klaus (Steuern, Gewerberecht, Sachverständigenwesen)
Erich (Firmendatenverwaltung und Beitrag)
Dr. Marion (Banken, Versicherungen, Dienstleistungen)
Claus (Tourismus, Gastgewerbe)
Eleonore (Rechtspolitik, Justitiariat)
Bernhard (Weiterbildung, Recht der Berufsbildung)
Gerd (Handelsregister und Unternehmerrecht)
Madeleine (Haushalt und Personal)
Johann (Umwelt und Energie)
Susanne (Gewerbeförderung, Existenzgründungsberatung)
Verbandszeitschrift: Berliner Wirtschaft
Mitglieder: 125000
Geschäftsstelle Berlin des Deutschen Industrie- und Handelstages, Hardenbergstr. 16-18, 10623 Berlin, T: (030) 31 80-1

Brandenburg

• E 66

Landesarbeitsgemeinschaft der Industrie- und Handelskammern (IHK) Land Brandenburg
Große Weinmeisterstr. 59, 14469 Potsdam
T: (0331) 27 86-207 **Fax:** 27 86-231
Internet: http://www.ihk.de/potsdam
E-Mail: name@potsdam.ihk.de
Gründung: 1990 (15. Februar)
Präsident(in): Dr.-Ing. Victor Stimming
Sprecher: Peter Egenter (Hauptgeschäftsführer der IHK Potsdam)
Leitung Presseabteilung: Bernd Schenke
Verbandszeitschrift: FORUM
Mitglieder: rund 120000

Kammern

• E 67

Industrie- und Handelskammer Cottbus
Goethestr. 1, 03046 Cottbus
T: (0355) 36 50 **Fax:** 36 52 66
Region: Cottbus-Stadt und die Großkreise Spree-Neiße, Oberspreewald-Lausitz, Elbe-Elster und Dahme-Spreewald
Gründung: 1990 (26. Januar)
Präsident(in): Jürgen Kothe (Geschäftsführender Gesellschafter der BZ Bau Generalunternehmen Cottbus, Gesellschaft für schlüsselfertiges Bauen mbH, Görlitzer Str. 2, 03046 Cottbus, T: (0355) 47 00 94)
Vizepräsident(in): Helmut Hoffmann (Geschäftsführer Uebigauer Elektro- und Schaltanlagenbau - UESA GmbH, Doberluger Str. 52, 04938 Uebigau, T: (035365) 4 90)
Vizepräsident(in): Peter Schiemann (Geschäftsführer ABB Automatisierungsanlagen Cottbus GmbH, Gaglower Str. 17/18, 03048 Gaglow, T: (0355) 59 60)
Vizepräsident(in): Dipl.-Kfm. Hubert Marbach (Lausitzer Braunkohle AG, Knappenstr. 1, 01968 Senftenberg, T: (03573) 78 31 00)
Vizepräsident(in): Ute Heiden (Geschäftsführerin, Dahme Bau Prieros GmbH, Am langen See 1, 15752 Prieros, T: (033768) 5 02 67, Fax: 5 02 68)
Vizepräsident(in): Karl Pommée (Geschäftsführer, Galeria Kaufhof Cottbus, Kaufhof Warenhaus AG, A.-Bebel-Str. 2, 03046 Cottbus, T: (0355) 61 11 01, Fax: 61 12 00)
Hauptgeschäftsführer(in): Dr. Joachim Linstedt (T: (0355) 36 51 00)
Stellv. HGeschF: Dr. Andreas Kotzorek (T: (0355) 36 51 10)
Anke Schuldt (T: (0355) 36 51 20)
Dezernenten/Leiter:
Dezernat Wirtschaftsförderung: Dr. Andreas Kotzorek (T: (0355) 36 51 10)
Betriebswirtschaft/Mittelstandsförderung: Bernd Hahn, T: (0355) 36 51 80
Regionale Wirtschaftsentwicklung: Klaus Junghanns, T: (0355) 36 51 86
Verkehr/Raumplanung/Handelspolitik: Hans-Dieter Harnath (T: (0355) 36 51 90)
Stabsbereich Recht/Steuern: Barbara Fichte (T: (0355) 36 52 20)
Dezernat Berufsbildung: Anke Schuldt (T: (0355) 36 51 20)
Stabsbereich Organisation/EDV: Peter Prokop (T: (0355) 36 51 40)
Stabsbereich Finanzen: Gudrun Knothe (T: (0355) 36 51 42)
Stabsbereich Öffentlichkeitsarbeit/Ausländerbeauftragter: Dr. Boris Trelle (T: (0355) 36 51 70)
Verbandszeitschrift: FORUM
Redaktion: IHK Cottbus
Verlag: vmm Wirtschaftsverlag GmbH, Ulmer Str. 249, 86391 Stadtbergen
Mitglieder: 34000 (Stand Oktober 1999)

e 68

IHK Bildungszentrum Cottbus GmbH
Goethestr. 1a, 03046 Cottbus
T: (0355) 36 54 00 **Fax:** 36 54 99
Geschäftsführer(in): Dr. Joachim Linstedt
Jörg Fabiunke

• E 69

Industrie- und Handelskammer Frankfurt (Oder)
Puschkinstr. 12b, 15236 Frankfurt
T: (0335) 56 21-0 **Fax:** 5 62 12 54
Internet: http://www.ihk-ffo.de
E-Mail: info@ihk-ffo.de
Kammerbezirk:
Stadt: Frankfurt (Oder)
Landkreise: Uckermark, Märkisch-Oderland, Barnim, Oder-Spree
Gründung: 1990 (14. Februar)
Präsident(in): Gerhard Thien
Vizepräsident(in): Werner Schilli
Peter Kehl
Hauptgeschäftsführer(in): Gundolf Schülke
Stellv. HGeschF: Andreas Zintzsch
Öffentlichkeitsarbeit: Elvira Minack (Durchwahl: (0335) 5 62 12 36)
Verbandszeitschrift: FORUM
Redaktion: Elvira Minack, IHK Frankfurt (Oder)
Mitglieder: 29000
Mitarbeiter: 78

Geschäftsstellen

e 70

IHK Frankfurt (Oder)
Geschäftsstelle Eberswalde
(Gelände Kranbau GmbH, Haus 36)
Heegermühler Str. 64, 16225 Eberswalde
T: (03334) 25 37-0
Leitung: Heiner Fellmer

e 71

IHK Frankfurt (Oder)
Geschäftsstelle Fürstenwalde
Mühlenstr. 26, 15517 Fürstenwalde
T: (03361) 24 42
Leitung: Brigitte Butze

• E 72

Industrie- und Handelskammer Potsdam
Große Weinmeisterstr. 59, 14469 Potsdam
T: (0331) 2 78 60 **Fax:** 2 78 61 11
Gründung: 1990 (15. Februar)
Präsident(in): Dr.-Ing. Victor Stimming (Hoch- u. Ingenieurbau GmbH Brandenburg (HIB), Carl-Reichstein-Str. 20, 14770 Brandenburg a.d. Havel, T: (03381) 3 37 00, Fax: (03381) 33 70 33)
Vizepräsident(in): Holger Appel (Deutsche Bank AG, Filiale Potsdam, Charlottenstr. 40, 14467 Potsdam, T: (0331) 2 84 81 01)
Vizepräsident(in): Bernd Belger (Geschäftsführer, Biochemie Kleinmachnow, Heinrich-Mann-Str. 11, 14532 Kleinmachnow, T: (033203) 2 26 31)
Vizepräsident(in): Bert Krsynowski (Hotel "Märkischer Hof", Karl-Marx-Str. 51-52, 16816 Neuruppin, T: (03391) 28 01, Fax: (03391) 25 66)
Vizepräsident(in): Uwe Hacker (Uwe Hacker Antennen- TV-Hifi-Video, Rostocker Str. 5, 16928 Pritzwalk)
Vizepräsident(in): Jürgen Jacob (Jacob Möbelwerk GmbH & Co.KG, Am Bohldamm 2, 14959 Trebbin)
Hauptgeschäftsführer(in): Peter Egenter (Große Weinmeisterstr. 59, 14469 Potsdam, T: (0331) 2 78 62 07, Fax: (0331) 27 86-2 31)
Abt. Leiter: Abteilung Aus- und Weiterbildung: Jörg Teich (T: (0331) 2 78 66 08)
Abt. Leiter: Presse/Öffentlichkeitsarbeit: Bernd Schenke (T: (0331) 2 78 61 51, Fax: (0331) 2 78 61 11)
Abt. Leiter: Abteilung Recht und Steuern: Peter Klein (T: (0331) 2 78 62 14)
Abt. Leiter: Abteilung Wirtschaftsförderung Wolfgang Schütt (T: (0331) 2 78 62 09)
Abt.-Leiter: Abteilung Außenwirtschaft Jens Ullmann (T: (0331) 2 78 62 51)
Existenzgründung und Firmenberatung: Wolfgang Zeuschner (T: (0331) 2 78 62 05)
Technologie und Innovation: Dr. Dietrich Gertenbach (T: (0331) 2 78 61 61)
Umwelt und Energie: Marianne Oppermann (T: (0331) 2 78 61 62)
Verkehr: Sabine Bettin (T: (0331) 2 78 62 60)
Handel/Dienstleistungen/Gastgewerbe Henri Weiss (T: (0331) 2 78 66 07)
Existenzberatung u. Kredite: Marion Ahrendt (T: (0331) 2 78 63 06 Geschäftsführung Wirtschaftsjuniorenkreis Potsdam)
Tourismus, Existenzberatung u. Kredite: Beate Hohmann (T: (0331) 2 78 63 17)
Ortsplanung u. Regionalentwicklung: Bettina Kuberka (T: (0331) 27 86-3 07)
Leiter Informations- und Service-Zentrum: Dieter Weinert (T: (0331) 27 86-2 12, Fax: (0331) 27 86-1 11)
Verwaltungsleiterin: Abteilung Verwaltung/Datenverarbeitung Gundula Stelzner (T: (0331) 2 78 61 02)
Außenwirtschaft: Anette Eisentraut (T: (0331) 2 78 62 53)
Dokumentenbearbeitung: Brigitte Enders (T: (0331) 2 78 62 54)
Ausbildungsberatung und Prüfungswesen: Udo Sobota (T: (0331) 2 78 64 03)
Weiterbildung/Fortbildung: Dagmar Hübner (T: (0331) 7 43 23 30)
Verzeichnis: Karin Göricke (T: (0331) 2 78 64 04)
Bildungszentrum: Wolfgang Spieß (Wichgrafstr. 2, 14482 Potsdam, T: (0331) 7 43 23 11)
Ausbildungsverbund Teltow e.V.: Karl-Heinz Ganzleben (Oderstr. 73, 14513 Teltow, T: (03328) 47 51 20)
Ausbildungsring e.V.: Dr. Fritz Wegner (T: (0331) 29 86 50)
Datenverarbeitung: Bernd Seidel (T: (0331) 2 78 61 07)
Haushalt und Finanzen: Dagmar Haseloff (T: (0331) 2 78 61 04)
Beitragswesen: Karola Knäsel (T: (0331) 2 78 61 08)
Veranstaltungen: Helmut Puchert (T: (0331) 2 78 62 34)
Bibliothek: Kerstin Neujahr (T: (0331) 2 78 65 10)
Verbandszeitschrift: FORUM-Ein Brandenburger Wirtschaftsmagazin
Verlag: Vmm Wirtschaftsverlag GmbH, Ulmer Straße 249, 86391 Stadtbergen, T: (0821) 44 05-0, Fax: 44 05-409
Mitglieder: rund 49000

Geschäftsstellen

e 73

IHK Potsdam
Geschäftsstelle Brandenburg a.d.H.
Jacobstr. 7, 14776 Brandenburg
T: (03381) 52 91 13 **Fax:** 52 91 18
Leitung: Wilfried Meier

e 74

IHK Potsdam
Geschäftsstelle Luckenwalde
Poststr. 8, 14943 Luckenwalde
T: (03371) 62 92 12 **Fax:** 62 92 22
Leitung: Dr. Manfred Wäsche

e 75

IHK Potsdam
Geschäftsstelle Neuruppin
Karl-Gustav-Str. 1, 16816 Neuruppin
T: (03391) 84 00 20 **Fax:** 50 56 60
Leitung: Dr. Hansjochen Scheffter

e 76

IHK Potsdam
Geschäftsstelle Oranienburg
Lehnitzstr. 21b, 16515 Oranienburg
T: (03301) 59 69 21 **Fax:** 59 69 11
Leiterin: Christa Giese

e 77

IHK Potsdam
Geschäftsstelle Pritzwalk
Hagenstr. 16, 16928 Pritzwalk
T: (03395) 31 17 80 **Fax:** 30 21 93
Leiterin: Marion Talkowski

Bremen

• E 78

Handelskammer Bremen
Haus Schütting
Postf. 10 51 07, 28051 Bremen
Am Markt 13, 28195 Bremen
T: (0421) 36 37-0 **Fax:** 36 37-299
Internet: http://www.handelskammer-bremen.de
E-Mail: service@bremen.handelskammer.de
Bezirk: Gebiet der Stadtgemeinde Bremen sowie das Gebiet der stadtbremischen Häfen in Bremerhaven
Präses: Bernd Hockemeyer (Geschäftsführender Gesellschafter der Firma Gebrüder Thiele GmbH & Co. Kommanditgesellschaft, Bremen, Postfach 77 01 70, 28701 Bremen, Schönebecker Kirchweg 45, 28757 Bremen, T: (0421) 69 36 90)
Vizepräses: Dr. Walter Krawitz (Norddeutsche Steingut Aktiengesellschaft, Postfach 75 01 51, 28721 Bremen, Steingutstr. 2, 28759 Bremen, T: (0421) 6 26 20)
Walter Messerknecht (Diedrich Messerknecht (GmbH & Co.), Postfach 33 05 23, 28335 Bremen, Linzer Str. 3-5, 28359 Bremen, T: (0421) 2 02 00)
Dr. Dirk Plump (W. Tiemann GmbH & Co., Postfach 10 10 67, 28010 Bremen, Neuenlander Str. 41/43, 28199 Bremen, T: (0421) 59 00 30)
Jürgen Roggemann (Enno Roggemann GmbH & Co. KG, Postfach 10 21 66, 28021 Bremen, Ahrensstr. 4, 28197 Bremen, T: (0421) 5 18 50)
Dr. Patrick Wendisch (Lampe & Schwartze KG, Postfach 10 68 47, 28068 Bremen, Herrlichkeit 5-6, 28199 Bremen, T: (0421) 5 90 90)
Bernd-Artin Wessels (Scipio GmbH & Co., Postfach 10 75 47, 28075 Bremen, Breitenweg 29-33, 28195 Bremen, T: (0421) 3 09 21)
Claus Wülfers (Union Kühl-Schiffahrt GmbH, Postfach 10 50 69, 28050 Bremen, Breitenweg 29-33, 28195 Bremen, T:

(0421) 2 03 03 06)
Hauptgeschäftsführer und I. Syndicus: Dr. Matthias Fonger (Grundsatzfragen der Wirtschafts- und Finanzpolitik, T: (0421) 36 37-210, Fax: (0421) 36 37-258 (dienstl.), Albersstr. 9, 28209 Bremen, T: (0421) 44 50 93 (privat))
Abteilungsleiter(in): Uwe A. Nullmeyer (Geschäftsführer (Mittelstand, Stadtentwicklung), T: (0421) 36 37-204, Fax: (0421) 36 37-226 (dienstl.), Bulthauptstr. 39, 28209 Bremen, T: (0421) 3 49 85 08 (privat))
Dr. Jens Schröder (Geschäftsführer (Industrie, Umwelt, Volkswirtschaft), T: (0421) 36 37-321, Fax: (0421) 36 37-326 (dienstl.), Bürgerwohlsweg 118, 28215 Bremen, T: (0421) 3 78 08 56 (privat))
Wolfram Klein (Geschäftsführer (Außenwirtschaft, Messen und Europa-Angelegenheiten), T: (0421) 36 37-240, Fax: (0421) 36 37-246 (dienstl.), Fittger Str. 11, 28209 Bremen, T: (0421) 3 47 82 04 (privat))
N.N. (Handel, Recht, Dienstleistungen, T: (0421) 36 37-410, Fax: (0421) 36 37-400)
Dr. Andreas Otto (Syndicus (Häfen, Regionalplanung, Verkehr), T: (0421) 36 37-270, Fax: (0421) 36 37-274 (dienstl.), Kleiner Fährhof 21, 27367 Sottrum, T: (04264) 20 43 (privat))
Dr. Horst Meyer (Geschäftsführer (Aus- und Weiterbildung), T: (0421) 36 37-280, Fax: (0421) 36 37-324 (dienstl.), Warfer Landstr. 11a, 28357 Bremen, T: (0421) 27 22 95 (privat))
Leiter des Geschäftsbereichs Zentrale Dienste: Günther Lübbe (T: (0421) 36 37-220, Fax: (0421) 36 37-303 (dienstl.), Dechant-Hackmann-Str. 5, 49661 Cloppenburg, T: (04471) 8 21 02 (privat))

• E 79

Industrie- und Handelskammer Bremerhaven
Postf. 10 05 40, 27505 Bremerhaven
Friedrich-Ebert-Str. 6, 27570 Bremerhaven
T: (0471) 9 24 60-0 **Fax:** 9 24 60-90
TGR: Handelskammer
E-Mail: ihk@Bremerhaven.ihk.de
Gründung: 1867
Präsident(in): Dipl.-Wirtsch.-Ing. Ingo Kramer
Vizepräsident(in): N. N.
Hauptgeschäftsführer(in): Michael Stark (T: dienstl. Durchw. 9 24 60-22)
Geschäftsführer(in): Assessor Martin Johannsen (T: dienstl. Durchwahl 9 24 60-33)
Verbandszeitschrift: Wirtschaft an Strom und Meer
Mitglieder: 4000
Bezirk: Stadt Bremerhaven

Hamburg

• E 80

Handelskammer Hamburg
Postf. 11 14 49, 20414 Hamburg
Adolphsplatz 1, 20457 Hamburg
T: (040) 36 13 80 **Fax:** 36 13 84 01
Internet: http://www.handelskammer.de/hamburg
E-Mail: service@hamburg.handelskammer.de
Bezirk: Staatsgebiet Hamburg
Präses: Nikolaus W. Schües (Geschäftsführer der Reederei F. Laeisz Schiffahrtsgesellschaft m.b.H.)
Vizepräses: Volker Bremkamp (Vorsitzender des Vorstandes der ALBINGIA Lebensversicherungs-Aktiengesellschaft)
Vizepräses: Dr.jur. Karl-Joachim Dreyer (Vorstandsmitglied der Hamburger Sparkasse)
Vizepräses: Dr. Peter von Foerster (Vorsitzender des Vorstandes der Alsen Aktiengesellschaft)
Vizepräses: Anette Gehrke (Geschäftsführerin der Fahrzeug-Marcks GmbH & Co.)
Vizepräses: Dr. Michael Otto (Geschäftsführer der Verwaltungsgesellschaft Otto Versand mbH)
Vizepräses: Dr. Martin Willich (Geschäftsführer der STUDIO HAMBURG Atelier GmbH)
Hauptgeschäftsführer(in): Dr. Hans-Jörg Schmidt-Trenz (T: dienstl. Durchwahl 2 11)
Pers. Ref. d. HGeschF: Dr. Hariolf Wenzler (stellv. Geschäftsführer, T: dienstliche Durchwahl 2 14)
Bereichsleiter: Dr. Roland Rückel (Syndikus, Stabsbereich S-I-Öffentlichkeitsarbeit: Informationen für Medien, Kammerpublikationen, T: dienstl. Durchwahl 3 01)
Bereichsleiter: Dr. Günther Klemm (Syndikus, Stabsbereich S-II-Volkswirtschaft: Grundsatzfragen der Wirtschaftspolitik, Standort- und Regionalentwicklung, Steuern und Finanzen, Commerzbibliothek, T: dienstl. Durchwahl 3 61)
Bereichsleiter: Dr. Hanspeter Vogel (Syndikus, Stabsbereich S-III-Recht: Rechtspolitik/Schiedsgerichtsbarkeit, Sachverständigen- und Firmenrecht, Rechtsanwendung Wirtschaftsrecht, T: dienstl. Durchwahl 3 44)
Bereichsleiter: Dipl.-Volksw. Peter Cordes (Syndikus, Geschäftsbereich G-I-Industrie: Industrie/Forschung und Entwicklung, Umweltschutz/Energie, IPC Innovations- und Patentcentrum, Stadtentwicklung/Wirtschaftsschutz , T: dienstl. Durchwahl 3 81)
Bereichsleiter: Ass. Bernd Reichhardt (Geschäftsführer, Geschäftsbereich G-II-Handel u. Dienstleistungen: Handel, Medienwirtschaft, Dienstleistungen u. Finanzwirtschaft, Mittelstandspolitik und Gewerbeförderung, T: dienstl. Durchwahl2 71)
Bereichsleiter: Dr. Herbert Flohr (stellv. Hauptgeschäftsführer, Geschäftsbereich G-III-Außenwirtschaft: Außenhandel, Außenwirtschaftsrecht, Auswärtige Vertretungen, T: dienstl. Durchwahl 2 91)
Bereichsleiter: Reinhard Wolf (Syndikus, Geschäftsbereich G-IV-Verkehr- und Tourismus: Europäische Verkehrsfragen,Stadtverkehr/Schiffahrt und Hafen, Tourismus und Verkehrsgewerbe, T: dienstl. Durchwahl 3 11)
Bereichsleiter: Dipl.-Ing. Hubert Grimm (Geschäftsführer, Geschäftsbereich G-V-Berufsbildung: Kaufmännische Berufsbildung, Technische Berufsbildung, Besondere Fortbildungsprüfung, T: dienstl. Durchwahl 3 21)
Bereichsleiterin: Dipl.-Geographin Margret Sitzler (Geschäftsführerin, Geschäftsbereich G-VI-Bildungs-Service: Weiterbildung, Wirtschaftsakademie, Bildungspolitik, T: dienstl. Durchwahl 5 38)
Bereichsleiter: Dipl.-Volksw. Andreas Westermeier (Geschäftsführer, Geschäftsbereich Z-Zentrale Aufgaben: Personal, Rechnungswesen/Interne Dienste, Organisation/ EDV, Service-Center, T: dienstl. Durchwahl 2 21)
AbtLeiter: Dipl.-Betriebsw. Günter Dorigoni (Geschäftsführer, Abteilung Tourismus und Verkehrsgewerbe, T. dienstl. Durchwahl 3 10)
AbtLeiter: Bernd Glodek (stellv. Geschäftsführer, Abteilung Wirtschaftsakademie, T: dienstl. Durchwahl 3 56)
AbtLeiter: Dr. Andreas Fuhrhop (Geschäftsführer, Abteilung Sachverständigen- und Firmenrecht, T: dienstl. Durchwahl 3 07)
AbtLeiter: Assessor Christian Graf (stellv. Geschäftsführer, Abteilung Rechtsanwendung Wirtschaftsrecht, T: dienstl. Durchwahl 365)
AbtLeiter: Dr. Klaus Harbs (Geschäftsführer, Abteilung Stadtentwicklung/Wirtschaftsschutz, T: dienstl. Durchwahl 4 31)
AbtLeiter: Dipl.-Volksw. Rolf Jenkel (Geschäftsführer, Abteilung Standort- und Regionalentwicklung, T: dienstl. Durchwahl 3 53)
AbtLeiterin: Dipl.-Ing. Andrea Koch (Geschäftsführerin, Abteilung Medienwirtschaft, T: dienstl. Durchwahl 4 44)
AbtLeiter: Dr. Christina Beine (stellv. Geschäftsführerin, Schiffahrt und Hafen, T: dienstl. Durchwahl 314)
AbtLeiter: Dr. Michael Kuckartz (stellv. Geschäftsführer, Abteilung IPC Innvovations- und Patentcentrum, T: dienstl. Durchwahl 2 49)
AbtLeiterin: Dipl.-Pol. Corinna Nienstedt (stellv. Geschäftsführerin, Abteilung Außenhandel, T: dienstl. Durchwahl 2 53)
AbtLeiter: Werner Pahl (stellv. Geschäftsführer, Abteilung Personal, T: dienstl. Durchwahl 4 14)
AbtLeiter: Dipl.-Volksw. Hartwig Plath (Geschäftsführer, Abteilung Kammerpublikationen, T: dienstl. Durchwahl 3 05)
AbtLeiter: Dipl.-Volksw. Arne Rössel (stellv. Geschäftsführer, Abteilung Industrie/Forschung und Entwicklung, T: dienstl. Durchwahl 2 61)
AbtLeiter: Dipl.-Ing. Klaus Rohwedder (stellv. Geschäftsführer, Abteilung Organisation/EDV, T: dienstl. Durchwahl 2 39)
AbtLeiter: Dr. Uwe Samuels (Abteilung Technische Berufsbildung, T: dienstl. Durchwahl 455)
AbtLeiter: Dipl.-Volksw. Thomas Schierbecker (stellv. Geschäftsführer, Abteilung Kaufmännische Berufsbildung, T: dienstl. Durchwahl 4 63)
AbtLeiter: Dipl.-Volksw. Jörn Schüßler (stellv. Geschäftsführer, Abteilung Mittelstandspolitik und Gewerbeförderung, T: dienstl. Durchwahl 275)
AbtLeiter: Manfred Schütze (stellv. Geschäftsführer, Abteilung Außenwirtschaftsrecht, T.dienstl. Durchwahl 293)
AbtLeiter: Dipl.-Kfm. Jutta Thormann (Geschäftsführerin, Abteilung Steuern und Finanzen und Commerzbibliothek, T: dienstl. Durchwahl 3 51)
AbtLeiter: Holger Weber (stellv. Geschäftsführer, Abteilung Service-Center, T: dienstl. Durchwahl 3 23)
AbtLeiter: Dr. Gerald Wogatzki (Abteilung Dienstleistungen und Finanzwirtschaft, T: dienstl. Durchwahl 286)
Verbandszeitschrift: Hamburger Wirtschaft

e 81

Handelskammer Hamburg
Vertretung in Berlin:
Breite Str. 29, 10178 Berlin
T: (030) 22 67 95 13 **Fax:** 22 67 95 14
Leitung: Dipl.-Volksw. Birgit Edener (stellv. GeschF)

e 82

Handelskammer Hamburg
Vertretung in Brüssel:
Boulevard Clovis 49 A, B-1000 Bruxelles
T: (00322) 2 86 16 84
Leitung: Ass. Volkmar Herr (stellv. GeschF)

e 83

Handelskammer Hamburg
Vertretung in St. Petersburg:
Haus der Deutschen Wirtschaft
W. O. Bolschoj-Prospekt 10, RUS-199034 St. Petersburg
T: (007812) 3 23 04 45 **Fax:** 3 25 60 54
TX: 064-121510 hddtw
Leitung: Stephan Stein

e 84

Handelskammer Hamburg
Vertretung in Kaliningrad:
Pl.Pobeby 4, RUS-236000 Kaliningrad
T: (0070112) 21 15 38 **Fax:** 55 42 36
Leitung: Stephan Stein

Hessen

• E 85

Arbeitsgemeinschaft Hessischer Industrie- und Handelskammern
60284 Frankfurt
Börsenplatz 4, 60313 Frankfurt
T: (069) 2 19 70 **Fax:** 21 97-14 24
Internet: http://www.frankfurt-main.ihk.de
E-Mail: info@ frankfurt-main.ihk.de
Kammern: Darmstadt, Dillenburg, Frankfurt a.M., Fulda, Giessen-Friedberg, Hanau, Kassel, Limburg, Offenbach, Wetzlar, Wiesbaden
Vorsitzende(r): Dr. Frank Niethammer (Präsident der IHK Frankfurt, T: (069) 2 19 70)
Geschäftsführer(in): Dr. Wolfgang Lindstaedt (Hauptgeschäftsführer der IHK Frankfurt a.M., 60284 Frankfurt, T: (069) 21 97-0)
Stellv. Geschäftsführerin: Barbara Ulreich (M.A., Büro der Arbeitsgemeinschaft, T: (069) 21 97-1384)
Aufgabenstellen für Zwischen- und Abschlußprüfungen:
Geschäftsführer(in): Dipl.-Betriebsw. Rudolf Mäusle (T: (069) 21 97-1223/1226, Fax: 21 97-1542)
Robert Röder (Industriell-technische Berufe, T: (069) 21 97-1235)
Referent: Frank M. Ziemer (Kaufmännische Berufe, T: (069) 21 97-12 27)

e 86

IHK Technologieberatung Hessen
Börsenplatz 4, 60313 Frankfurt
Leitung: Dr.-Ing. Hermann Bertram (T: (069) 21 97-14 28)

e 87

Auftragsberatungsstelle Hessen e.V. (Beratungsstelle für das öffentliche Auftragswesen)
Wilhelmstr. 24, 65183 Wiesbaden
T: (0611) 37 20 88/89 **Fax:** 9 10 03 91
Internet: http://www.absthessen.de
E-Mail: absthessen@t-online.de
Vorstandsvorsitzender: Ernst Renninger
Geschäftsführer(in): Dipl.-Volksw. Siegfried Stockhorst

e 88

Hessisches Wirtschaftsarchiv e.V.
Karolinenplatz 3, 64289 Darmstadt
T: (06151) 16 50 00 **Fax:** 16 50 03
Vorstandsvorsitzender: Dipl.-Kfm. Walter Behning (IHK Hanau - Gelnhausen - Schlüchtern)
1. stellv. Vorstandsvorsitzender: Dr. Volker Merx (IHK Darmstadt)
2. stellv. Vorstandsvorsitzender: Dr. Wolfgang Lindstaedt (IHK Frankfurt am Main)
Geschäftsführer(in): Dr. Ulrich Eisenbach

Kammern

• E 89

Industrie- und Handelskammer Darmstadt
Postf. 10 07 05, 64207 Darmstadt
Rheinstr. 89, 64295 Darmstadt
T: (06151) 87 10 **Fax:** 87 12 81
Internet: http://ihk.darmstadt.de
Gründung: 1862 (30. April)
Präsident(in): Dr. Jochen Klein (Geschäftsführender Gesellschafter Döhler-Gruppe, Riedstr. 7-9, 64295 Darmstadt, T: (06151) 30 61 12)
Vizepräsident(in): Dr. Gerd Friedrich (Geschäftsführer Fagro Preß- und Stanzwerk GmbH, Wasserweg 2, 64521 Groß-Gerau, T: (06152) 7 17-2 16)
Dipl.-Ing. Rainer Müller-Donges (Geschäftsführer der Donges Stahlbau GmbH, Mainzer Str. 55, 64293 Darmstadt, T: (06151) 88 92 01)
Roland Repp (Sprecher der Geschäftsführung, Verlag Hoppenstedt GmbH, Havelstr. 9, 64295 Darmstadt, T: (06151) 3 80-215)
Dr. Hans-Rolf Ropertz (Geschäftsführer der Henschel & Ropertz Darmstadt GmbH, Marktplatz 1-2, 64283 Darmstadt, T: (06151) 99 81-0)
Dipl.-Ing. Wolfgang Strinz (Mitglied des Vorstandes der Adam Opel AG, Bahnhofsplatz 1, 65423 Rüsselsheim, T: (06142) 66 44 43)
Hauptgeschäftsführer(in): Dr. Volker Merx (dienstl. Durchwahl: (06151) 87 12 02)
Geschäftsführer(in): Ass. Susanne Jung (Abt. Stadtpla-

nung, Verkehr, Umwelt, dienstl. Durchwahl (06151) 87 12 82)
Geschäftsführer(in): Ass. Rolf Beckers (Abt. Recht, Handel, Wirtschaftsförderung, dienstl. Durchwahl (06151) 87 12 16)
Geschäftsführer(in): Dipl.-Volksw. Claus Gilke (Abt. Information, Volkswirtschaft, Außenhandel, dienstl. Durchwahl (06151) 87 12 08)
Geschäftsführer(in): Dipl.-Hdl. Ferdinand Rosenbauer (Abt. Aus- und Weiterbildung, dienstl. Durchwahl (06151) 87 12 41)
Geschäftsführer(in): Dipl.-Kfm. Martin Proba (Abt. Dienstleistungen, Öffentliche Finanzen und Steuern, Vorträge, dienstl. Druchwahl (06151) 87 12 34)
Leitung Presse- und Öffentlichkeitsarbeit: M.A. Barbara Becker
Verbandszeitschrift: IHK-Report Südhessen, Nachrichten der IHK Darmstadt
Redaktion: Barbara Becker
Verlag: Druck- und Verlagshaus Zarbock GmbH & Co. KG, Sontraer Str. 6, 60386 Frankfurt, T: (069) 42 09 030
Mitglieder: rd. 45000 gewerbliche Unternehmen
Mitarbeiter: 85
Jahresetat: DM 20,2 Mio, € 10,33 Mio
Bezirk: Stadt Darmstadt und Landkreise Bergstraße, Darmstadt-Dieburg, Groß-Gerau und Odenwaldkreis

• E 90

Industrie- und Handelskammer zu Dillenburg

Postf. 14 63, 35664 Dillenburg
Am Nebelsberg 1, 35685 Dillenburg
T: (02771) 8 42-0 **Fax:** 8 42-199
Internet: http://www.ihk-dillenburg.de
E-Mail: Info@ihk-dillenburg.de
Bezirk: Dill/obere Lahn
Ehrenpräs.: Karl-Heinz Bräunche (Gierlichstr. 22, 35683 Dillenburg)
Präsident(in): Dipl.-Vw. Manfred Roth (Geschäftsführer der Roth-Werke GmbH, Postf. 21 66, 35230 Dautphetal)
Vizepräsident(in): Dipl.-Wi. Fritz Weg (Geschäftsführer der Firma Fritz Weg GmbH & Co.KG Werkzeuge + Maschinen, Ahornweg 41, 35713 Eschenburg)
Vizepräsident(in): Dipl.-Wirtschafts-Ing. Hans-Joachim Selzer (Geschäftsführer der Selzer Fertigungstechnik GmbH & Co. KG, Am Bahnhof Roth, 35759 Driedorf)
Vizepräsident(in): Uwe Hainbach (Geschäftsführer der Fa. Christmann u. Pfeifer u. Co.KG, Postfach, 35233 Breidenbach)
Hauptgeschäftsführer(in): Dipl.-Wirtsch.-Ing. Andreas Tielmann (Hegebachweg 28, 35619 Braunfels)
Geschäftsführer(in): Martin Kreck (Beilsteinstr. 36, 35683 Dillenburg, T: (02771) 4 13 33)
Geschäftsführer(in): Dipl.-Betriebsw. Burghard Loewe (Im Welzebach 2, 35043 Marburg, T: (06421) 70 63)
Verbandszeitschrift: Wirtschaft Dill und Lahn

• E 91

Industrie- und Handelskammer Frankfurt am Main

60284 Frankfurt
Börsenplatz 4, 60313 Frankfurt
T: (069) 21 97-0 **Fax:** 21 97-1424
TGR: Handelskammer Frankfurtmain
Internet: http://www.frankfurt-main.ihk.de
E-Mail: info@frankfurt-main.ihk.de
Bezirk: Frankfurt am Main und die Landkreise Hochtaunus und Main-Taunus (ausgenommen Hochheim)
Präsident(in): Dr. Frank Niethammer (Niethammer Unternehmensbeteiligungs-GmbH, Altkönigstr. 7, 61462 Königstein, T: (06174) 70 50)
Vizepräsident(in): Frank Albrecht (Geschäftsf. Gesellschafter Drogerie-Parfümerie Albrecht GmbH, Goethestr. 27, 60313 Frankfurt, T: (069) 28 74 72)
Vizepräsident(in): Dipl.-Ing. Dagmar Bollin-Flade (Geschäftsf. Gesellschafterin Christian Bollin Armaturenfabrik GmbH, Westerbachstr. 290-294, 65936 Frankfurt, T: (069) 34 10 21)
Vizepräsident(in): Hans-Jürgen Breidenstein (Geschäftsführer Umschau Zeitschriftenverlag Breidenstein GmbH, Stuttgarter Str. 18-24, 60329 Frankfurt, T: (069) 26 00-2 01, Fax: (069) 26 00-2 09)
Vizepräsident(in): Dr. Harald Dombrowski (Geschäftsführer, EKF Einkaufskontor Frankfurt GmbH, Johannes-Gutenberg-Str. 12-14, 65719 Hofheim-Wallau, T: (06122) 9 98-114)
Vizepräsident(in): Dietrich-Kurt Frowein (Vors. d. Aufsichtsrats, Commerzbank AG, Kaiserplatz, 60261 Frankfurt, T: (069) 13 62-1)
Vizepräsident(in): Norbert Hopf (Geschäftsführer d. Komplementärin Werner Hopf GmbH & Co., Frankfurter Str. 7-11, 65760 Eschborn, T: (06196) 4 93-2 01)
Vizepräsident(in): Michael G. König (Geschäftsf. Gesellschafter August L. König GmbH Spedition und Logistik, Westhafen - Zollhof, 60327 Frankfurt, T: (069) 27 40 12-10)
Vizepräsident(in): Horst Platz (Inhaber Firma Horst Platz, Elektro-Industrievertretungen, Ludwigstr. 10, 61348 Bad Homburg, T: (06172) 92 71-0)
Vizepräsident(in): Dr. Carl Voigt (Mitglied des Vorstands Degussa Aktiengesellschaft, Weißfrauenstr. 9, 60311 Frankfurt, T: (069) 2 18-31 00, Fax: (069) 2 18-20 68)
Hauptgeschäftsführer(in): Dr. Wolfgang Lindstaedt (T: dienstl. Durchwahl 21 97-1283)
Stellv. HGeschF: Dr. Wolfgang Weber (T: dienstl. Durchwahl 21 97-1288)
Geschäftsführer(in): Dr.-Ing. Hermann Bertram (Industrie, Energie und Umweltschutz, T: dienstl. Durchwahl 21 97-1218)
Geschäftsführer(in): Dr. Hans-Peter Debling (Handel, Verkehr und Raumordnung, T: dienstl. Durchwahl 21 97-1332)
Geschäftsführer(in): Dr. Karin Zeni (Außenwirtschaft und Großhandel, T: dienstl. Durchwahl 21 97-1211)
Geschäftsführer(in): Dipl.-Volksw. Eberhard Minuth (Finanzdienstleistungen und Haushalt, T: dienstl. Durchwahl 21 97-1258)
Geschäftsführer(in): Dipl.-Betriebsw. Rudolf Mäusle (Berufsbildung, T: dienstl. Durchwahl 21 97-1223)
Geschäftsführer(in): Dr. Hans-Joachim Otto (Information, Organisation und Wirtschaftsberatung, T: dienstl. Durchwahl 21 97-1370)
Geschäftsführer(in): Ass. Hans Petermann (Recht und Immobilienwirtschaft, T: dienstl. Durchwahl 21 97-13 37)
Geschäftsführer(in): Dipl.-Kfm. Dieter Schwab (Banken, Versicherungen und Steuern, T: dienstl. Durchwahl 21 97-13 27)
Stellvertretende(r) Geschäftsführer(in): Dipl.-Volksw. Walter Engelmann (Außenwirtschaft und Großhandel, T: dienstl. Durchwahl 21 97-1216)
Stellvertretende(r) Geschäftsführer(in): Dorothea Gutsch (Präsidialbüro, T: dienstl. Durchwahl 21 97-1285)
Stellvertretende(r) Geschäftsführer(in): Dipl.-Kfm. Peter Niere (Handel, Verkehr und Raumordnung, T: dienstl. Durchwahl 21 97-1336)
Stellvertretende(r) Geschäftsführer(in): Ass. Detlef Osterloh (Recht und Immobilienwirtschaft, T: dienstl. Durchwahl 21 97-13 11)
Stellvertretende(r) Geschäftsführer(in): Dipl.-Betriebsw. H.-J. Reinhardt (Information, Organisation und Wirtschaftsberatung, T: dienstl. Durchwahl 21 97-1372)
Stellvertretende(r) Geschäftsführer(in): Ass. Till Röpke (Recht und Immobilienwirtschaft, T: dienstl. Durchwahl 21 97-1313)
Stellvertretende(r) Geschäftsführer(in): Dipl.-Volksw. Michael Höppner (Handel, Verkehr und Raumordnung, T: dienstl. Durchwahl 21 97-1277)
Stellvertretende(r) Geschäftsführer(in): Ingrid Sebald-Ganzmann (Berufsbildung, T: dienstl. Durchwahl 21 97-1223)
Stellvertretende(r) Geschäftsführer(in): Dipl.-Volksw. Alfred Siegl (Banken, Versicherungen und Steuern, T: dienstl. Durchwahl 21 97-13 27)
Stellvertretende(r) Geschäftsführer(in): Dipl.-Kfm. Günter Staab (Finanzdienstleistungen und Haushalt, T: dienstl. Durchwahl 21 97-1262)
Stellvertretende(r) Geschäftsführer(in): Dipl.-Volksw. Dipl.-Ing. Johannes Wagner (Industrie, Energie und Umweltschutz, T: dienstl. Durchwahl 21 97-1293)
Verbandszeitschrift: IHK Wirtschafts Forum

e 92

IHK-Service-Center

Schillerstr. 11, 60313 Frankfurt
T: (069) 21 97-0 **Fax:** 21 97-1424
Geschäftsführer(in): Brigitte Scheuerle-Wagner

e 93

IHK Frankfurt am Main Geschäftsstelle Bad Homburg v.d.H.

(für den Landkreis Hochtaunus)
Louisenstr. 80-82, 61348 Bad Homburg
T: (06172) 12 10-0 **Fax:** 2 26 12
E-Mail: homburg@frankfurt-main.ihk.de
Geschäftsführer(in): Dr. Brigitte Scheuerle-Wagner
Stellvertretende(r) Geschäftsführer(in): Dipl.-Volksw. Michael Höppner

e 94

IHK Frankfurt am Main Geschäftsstelle Hofheim

(für den Landkreis Main-Taunus, ausgenommen Hochheim)
Kirschgartenstr. 6, 65719 Hofheim
T: (06192) 96 47-0 **Fax:** 2 88 94
E-Mail: hofheim@frankfurt-main.ihk.de
Geschäftsführer(in): Dr. Brigitte Scheuerle-Wagner
Stellvertretende(r) Geschäftsführer(in): Dipl.-Vw. Ernst Ries

• E 95

Industrie- und Handelskammer Fulda

Postf. 6 29, 36006 Fulda
Heinrichstr. 8, 36037 Fulda
T: (0661) 28 40 **Fax:** 2 84 44
Internet: http://www.ihk.fulda.net
E-Mail: info@fulda.ihk.de
Bezirk: Landkreis Fulda
Ehrenpräsident: Erich Deinhardt (Vorsitzender des Aufsichtsrates der Gummiwerke Fulda GmbH, Künzeller Str. 59/61, 36043 Fulda, T: (0661) 1 40, Privatanschrift: Kohlgrunder Str. 31, 36093 Künzell, T: (0661) 3 38 56)
Präsident(in): Dipl.-Kfm. Helmut Sorg (Geschf. Ges. der Fa. Edmund Sorg GmbH, Kreuzbergstr. 44, 36043 Fulda, T: (0661) 4 95 00, Privatanschrift: Am Berg 34, 36041 Fulda, T: (0661) 5 28 22)
Vizepräsident(in): Dr. Walter Arnold (Geschf. der Fa. Zement- und Kalkwerke Otterbein GmbH & Co. KG, Hauptstr. 50, 36137 Großenlüder, T: (06648) 68-0)
Vizepräsident(in): Dr. Christian Gebhardt (geschf. Gesellschafter der Fa. Dr. Gebhardt & Moritz Steuerberatungsgesellschaft mbH, Heinrichstr. 79, 36037 Fulda, T: (0661) 9 77 90)
Vizepräsident(in): Wolfgang Gutberlet (Vorsitzender des Stifungsvorstandes der Fa. tegut... Theo Gutberlet Stiftung & Co., Gerloser Weg 72, 36039 Fulda, T: (0661) 1 04-7 00)
Vizepräsident(in): Wolfgang Wehner (geschf. Gesellschafter der Fa. Wehner Lebensmittel GmbH & Co. KG, Kreuzbergstr. 37, 36043 Fulda, T: (0661) 4 95 80, Privatanschrift: Hainzeller Str. 14, 36041 Fulda, T: (0661) 7 66 72)
Hauptgeschäftsführer(in): Dipl.-Volksw. Stefan Schunck (Fremdenverkehr, T: dienstl. Durchwahl (0661) 2 84 16, Privatanschrift: Marienstr. 49, 36039 Fulda, T: (0661) 7 59 15)
Geschäftsführer(in): Assessor Hermann Vogt (Recht, Handel, Dienstleistungen, Steuern, T: dienstl. Durchwahl (0661) 2 84-20, Privatanschrift: Eichendorffstr. 47, 36100 Petersberg, T: (0661) 6 13 61)
Abteilungsleiter: Dipl.-Betriebsw. Martin Räth (Außenwirtschaft, Verkehr, Wirtschaftsförderung, Raumordnung, T: dienstl. Durchwahl (0661) 2 84-14, Privatanschrift: Munkenstr. 9, 36124 Eichenzell, T: (06659) 35 11)
Abteilungsleiter: Dipl.-Ing. Armin Gerbeth (Berufsbildung, Weiterbildung, T: dienstl. Durchwahl (0661) 2 84-32)
Abteilungsleiter: Dipl.-Volksw. Kerstin Désor (Industrie, Umwelt, Volkswirtschaft, Statistik, Öffentlichkeitsarbeit, Leitung des Informationszentrums, Kammerzeitung, T: dienstl. Durchwahl (0661) 2 84-30)
Verwaltungsleiterin: Magdalena Zyzik (T: dienstl. Durchwahl (0661) 2 84-10)
Verbandszeitschrift: Wirtschaft Region Fulda

• E 96

Industrie- und Handelskammer Giessen-Friedberg

Sitz und Hauptgeschäftsstelle Giessen
Postf. 11 12 20, 35357 Gießen
T: (0641) 7 95 40 **Fax:** 7 59 14
Internet: http://www.giessen-friedberg.ihk.de
E-Mail: thome@giessen-friedberg.ihk.de
Bezirk: Kreis Gießen, Vogelsbergkreis und Wetteraukreis
Gründung: 1999 (Vorgängerinstitutionen IHK Friedberg 1898, IHK Gießen 1872
Ehrenpräsidenten: Senator E.h. Franz Vogt (Vorstandsvors. u. Gesellschafter der VOKO-Gruppe; Am Pfahlgraben 4-10, 35415 Pohlheim, T: (06404) 92 92 15)
Dr.jur. Wilhelm Lindner (Fa. Kohlensäurewerk C.W. Lindner GmbH & Co. KG, Franz-Groedel-Str. 3, 61231 Bad Nauheim, T: (06032) 44 00)
Präsident(in): Dipl.-Kfm. Fritz Hartmut Ulrich (Fa. Schwarz & Ulrich KG, Fauerbacher Str. 5-27, 61169 Friedberg, T: (06031) 4 80)
1. Vizepräsident: Dr. Wolfgang Maaß (Fa. Brühlsche Universitätsdruckerei Verlag des Gießener Anzeigers GmbH & Co. KG, Am Urnenfeld 12, 35396 Gießen-Wieseck, T: (0641) 95 04-1 11)
Vizepräsident(in): Kaufm. Gert Ebert (Fa. Schuhhaus Edmund Darré, Seltersweg 67, 35390 Gießen, T: (0641) 7 10 41)
Vizepräsident(in): Dipl.-Kfm. Hagen Kirchner (Industrievertretungen, Sudetenring 9, 61200 Wölfersheim, T: (06036) 20 41)
Vizepräsident(in): Ernst-Walter Krause (Fa. CEKA-Büromöbelwerke C. Krause & Sohn GmbH & Co. KG, Beethovenstr. 9, 36304 Alsfeld, T: (06631) 18 60)
Vizepräsident(in): Thomas Lupp (Adolf Lupp GmbH & Co. KG, Alois-Thums-Str. 1-3, 63667 Nidda, T: (06043) 8 07-1 44)
Vizepräsident(in): Rudolf Röser (Volksbank Gießen eG, Goethestr. 7, 35390 Gießen, T: (06403) 51 81)
Vizepräsident(in): Rainer Schmidt (i. Fa. K.L. Schmidt Baugesellschaft für Hoch- und Industriebau mbH, Rodheimer Str. 15, 61118 Bad Vilbel, T: (06101) 4 09 20)
Hauptgeschäftsführer(in): Dr. Uwe Schubert (Königsberger Str. 15, 35444 Biebertal, T: (06409) 90 09)
1. Stellv. Hauptgeschf.: Dr. Heinrich Wassermann (Steinkopfweg 20, 61197 Florstadt, T: (06035) 51 99)
Stellv. HGeschF: Karl-Heinz Troppenz (Technologie, Industrie, Existenzgründung, Frohnhäuser Str. 1, 35683 Dillenburg, T: (02771) 3 13 13)
Geschäftsführer(in): Dipl.-Volksw. Hans Jürgen Pohl (Außenwirtschaft, Messen, EU, Fröbelstr. 59, 35394 Gießen, T: (0641) 49 11 91)
Geschäftsführer(in): Michael Wenge (Öffentlichkeitsarbeit, Verkehr, Multimedia, Finkenweg 23, 35440 Linden, T: (06403) 16 80)
Leitung Presseabteilung: Michael Wenge
VerwLtr.: Horst Schwarz (Finanzen und Haushalt, Erfurter Str. 9, 35239 Steffenberg, T: (06464) 81 37)
Verbandszeitschrift: Wirtschaft - Magazin der Industrie- und Handelskammer Giessen-Friedberg
Mitglieder: 31700

e 97

Hauptgeschäftsstelle Friedberg

Goetheplatz 3, 61169 Friedberg
T: (06031) 6 09-0 **Fax:** 6 09-180
1. Stellv. HGeschF: Dr. Heinrich Wassermann (Regional- und Strukturpolitik, Steinkopfweg 20, 61197 Florstadt, T: (06035) 51 99)
Stellv. HGeschF: Dipl.-Kfm. Elke Ehlen (Berufsausbildung, Berufliche Weiterbildung, Wirtschaftsjunioren, Brunnenstr. 31 a, 61191 Rosbach, T: (06003) 9 21 36)
Geschäftsführer(in): Gisela Gabriele Stadler (Personal, Verwaltung, Blücherstr. 32, 61231 Bad Nauheim, T: (06032) 3 25 27)
Dezernatsleiter: Dipl.-Volksw. Robert Malzacher (Raumordnung, Wirtschaftsförderung, Infrastruktur, Breslauer Str. 23, 35789 Weilmünster, T: (06472) 73 62)
Dezernatsleiter: Dr. Peter Schlichting (Recht, Handel, Dienstleistungen, Taunusstr. 10, 63619 Bad Orb, T: (06052) 52 35)
Dezernatsleiter: Dipl.-Volksw. Kurt Schmitt (Information, Volkswirtschaft, Qualitätsmanagement, Frankenweg 4, 64579 Gernsheim, T: (06258) 5 19 64)

• E 98

Industrie- und Handelskammer Hanau-Gelnhausen-Schlüchtern

Postf. 16 51, 63406 Hanau
Am Pedro-Jung-Park 14, 63450 Hanau
T: (06181) 92 90-0 **Fax:** 92 90-77
TGR: Handelskammer Hanau
Internet: http://www.ihk-hanau.main-kinzig.net
E-Mail: info@hanau.ihk.de
Bezirk: Main-Kinzig-Kreis im Regierungsbezirk Darmstadt
Präsident(in): Dipl.-Kfm. Walter Behning (Geschf. AGOMET KLEBSTOFFE GMBH, Rodenbacher Chaussee 4, 63457 Hanau, Privatanschrift: Mittl. Schafhofweg 83, 60598 Frankfurt, T: (069) 63 51 53)
Vizepräsident(in): Klaus Traxel (Fa. G.D. Bracker Söhne Maschinenbau-GmbH, Fischerstr. 5, 63450 Hanau, T: (06181) 92 54-21; privat: Hinter dem Hain 13, 63454 Hanau, T: (06181) 78 06 69)
Vizepräsident(in): Dipl.-Volksw. Jürgen Krebaum (Vorstandsvorsitzender der Veritas Gummiwerke AG, Stettiner Str. 1-9, 63571 Gelnhausen, T: (06051) 8 21-0, privat: Deutschordenstr. 26, 63571 Gelnhausen, T: (06051) 39 43)
Vizepräsident(in): Dr. Georg Roth (Ulrich v. Hutten Apotheke, Krämerstr. 7-9, 36381 Schlüchtern, T: (06661) 96 17-0, privat: Brückenauer Str. 31, 36381 Schlüchtern, T: (06661) 50 69)
Vizepräsident(in): Volker Viel (Direktor der Raiffeisenbank Bruchköbel e.G., Bahnhofstr. 4, 63486 Bruchköbel, T: (06181) 97 31 10, privat: Büdinger Str. 41, 63546 Hammersbach, T: (06185) 25 10)
Vizepräsident(in): Reinhard Franz (Geschäftsführer W. Franz GmbH Bauunternehmen, Kinzigheimer Weg 4, 63450 Hanau, T: (06181) 3 10 67-0, Privatanschrift: Dammstr. 10, 63450 Hanau, T: (06181) 3 10 69)
Hauptgeschäftsführer(in): Hartwig Rohde (Kreisstr. 65, 61118 Bad Vilbel, T: (06101) 52 33 52)
Geschäftsführer(in): Franz Josef Clüsserath (Abt. Verwaltung, Steuer, Leipziger Str. 12, 63500 Seligenstadt, T: (06182) 2 45 39)
Referent: Karl-Heinz Amrhein (Abt. Verkehr, Brentanostr. 5, 63579 Freigericht, T: (06055) 33 47)
Referent: Dipl.-Ing. Andreas Kunz (Abt. Berufsbildung, Birkenhainer Str. 19a, 63450 Hanau, T: (06181) 3 23 44)
Referent: Ass. Matthias Eckes (Abt. Recht, Handel, Gustav-Hoch-Str. 58, 63452 Hanau, T: (06181) 98 94 36)
Referent: Dipl.-VW Arne Olbrisch (Abt. Außenhandel, Existenzgründung, Breitscheidstr. 11, 63452 Hanau, T: (06181) 18 41 40)
Referent: Dr. Achim Knips (Abt. Öffentlichkeitsarbeit, Volkswirtschaft, Statistik, Jahnstr. 28, 63450 Hanau, T: (06181) 39 91 50)
Referentin: Dr. Ute Lemke ((Abt. Industrie, Umwelt), Donnersbergring 24 D, 64295 Darmstadt, T: (06151) 31 94 17)
Referentin: Ass. Martina Winkelmann (Sonderaufgaben IHK-Rhein-Main-Forum, Riemenschneiderstr. 5a, 63322 Rödermark, T: (06074) 96 06 99)
Verbandszeitschrift: "Wirtschaftraum Hanau - Kinzigtal"

• E 99

Industrie- und Handelskammer Kassel

Kurfürstenstr. 9, 34117 Kassel
T: (0561) 78 91-0 **Fax:** 7 89 12 90
TGR: Handelskammer Kassel
Internet: http://www.ihk-kassel.de
Bezirk: Stadt Kassel, Landkreise Hersfeld-Rotenburg, Kassel, Schwalm-Eder-Kreis, Waldeck-Frankenberg, Werra-Meißner-Kreis und Landkreis Marburg-Biedenkopf mit Ausnahme der Städte Biedenkopf und Gladenbach sowie der Gemeinden Angelburg, Breidenbach, Dautphetal, Bad Endbach und Steffenberg
Präsident(in): Ludwig Georg Braun (Vorstandsvors. der Fa. B. Braun Melsungen AG, Carl-Braun-Str. 1, 34212 Melsungen, T: (05661) 71-12 66, Telefax: (05661) 71-15 51)
Vizepräsident(in): Jörg L. Jordan (W. & L. Jordan Großhandelsgesellschaft mbH, Töpfenhofweg 41-44, 34134 Kassel, T: (0561) 9 41 77-0, Fax: (0561) 9 41 77-40)
Vizepräsident(in): Dr. Martin Viessmann (Viessmann Werke, Industriestraße, 35107 Allendorf/Eder, T: (06452) 7 02-3 99, Telefax: (06452) 7 02-1 30)
Hauptgeschäftsführer(in): Dr. Walter Lohmeier (T: 78 91-2 13)
Technik: Dipl.-Ing. Hans-Dieter Schwabe (T: 78 91-2 84)
Strukturpolitik, Kommunikation: Dipl.-Geogr. Ulrich Spengler (T: 78 91-2 72)
Industrie, Außenwirtschaft: stv. Hauptgeschäftsf. Dr. Ruprecht Bardt (T: (06421) 96 54-20)
Handel, Verkehr, Dienstleistungen: Dipl.-Kfm. Uwe Schön (T: 78 91-2 87)
Berufsbildung: Dr. Herbert Marschelke (T: 78 91-2 14)
Justitiar: RA Peter Heyde (T: 78 91-2 45)
Personal, Organisation: Dipl.-Kfm. Jürgen Peters (T: 78 91-2 19)
Kammerzeitschrift: Wirtschaft Nordhessen

e 100

IHK Kassel Service-Zentrum Hersfeld-Rotenburg

Leinenweberstr. 1, 36251 Bad Hersfeld
T: (06621) 9 44-130 **Fax:** 9 44-210
Leitung: Dieter Mertelmeyer

e 101

IHK Kassel Service-Zentrum Werra-Meissner

Niederhoner Str. 54, 37269 Eschwege
T: (05651) 74 49-50 **Fax:** 74 49-51
Leiter(in): Dr. Peter Sacher

e 102

IHK Kassel Service-Zentrum Marburg/L.

Software Center 3, 35037 Marburg
T: (06421) 9 65 40 **Fax:** 96 54-55
Leitung: Dipl.-Volksw. Henner Geil

e 103

IHK Kassel Service-Zentrum Waldeck-Frankenberg

Bahnhofstr. 15, 34497 Korbach
T: (05631) 9 50 30 **Fax:** 95 03 90
Leitung: Dipl.-oec. Werner Grötecke

• E 104

Industrie- und Handelskammer Limburg

Postf. 12 63, 65532 Limburg
Walderdorffstr. 7, 65549 Limburg
T: (06431) 2 10-0 **Fax:** 2 10-205
TGR: Handelskammer
E-Mail: info@limburg.ihk.de
Gründung: 1864
Präsident(in): Paul-Friedhelm Scheu (i. Fa. SCHEU Fahrzeugeinrichtungen GmbH, 35781 Weilburg, T: (06471) 3 10 20, Telefax: (06471) 31 02 10)
Vizepräsident(in): Dipl.-oec. Petra Häuser (i. Fa. Eisen-Fischer G.m.b.H. & Co. KG, Postf. 13 52, 65533 Limburg, T: (06431) 50 20)
Vizepräsident(in): Dr. Bernhard Sammel (i.Fa. IDAS Informations- Daten- und Automationssysteme GmbH, Holzheimer Str. 96, 65549 Limburg, Tel: (06431) 40 40, Fax 4 04 10)
Vizepräsident(in): Günther Schmidt (i. Fa. Stephan Schmidt KG, Langendernbach, 65599 Dornburg, T: (06436) 60 90, Telefax: (06436) 6 09-49)
Hauptgeschäftsführer(in): Dipl.-Päd. Norbert Oestreicher (Hauptgeschäftsführung, Grundsatzfragen, Öffentlichkeitsarbeit, Wirtschaftspolitik)
Ständiger Vertreter: Dipl.-Volksw. Norbert Neßlang (Abt. Industrie und Wirtschaftsförderung, Handel/Dienstleistungen, Im Bangert 7, 55411 Bingen, T: (06721) 99 22 15)
Dezernent: Dipl.-Volksw. Eckhard Gella (Abt. Berufsbildung, Marienbader Ring 9, 65549 Limburg, T: (06431) 46 77)
Dezernent: Dipl.-Betriebswirt Michael Müller (Abt. Verwaltung und EDV, Sonnenhang 12, 46414 Berod, T: (06435) 53 51)
Dezernent: Dipl.-oec. Alfred Jung (Abt. Verkehr, Außenwirtschaft, Regional- und Bauleitplanung, Sudetenstr. 4, 65555 Limburg, T: (06431) 5 37 37)
Leitung Presseabteilung: Dipl.-Päd. Norbert Oestreicher
Verbandszeitschrift: Wirtschaft in Mittelnassau
Redaktion: Industrie- und Handelskammer Limburg (auch Verlag), Walderdorffstr. 7, 65549 Limburg
Mitglieder: ca. 8600
Mitarbeiter: 22
Bezirk: Kreis Limburg-Weilburg

• E 105

Industrie- und Handelskammer Offenbach am Main

Postf. 10 08 53, 63008 Offenbach
Frankfurter Str. 90, 63067 Offenbach
T: (069) 82 07- 0 **Fax:** 8 20 71 99
TGR: Handelskammer
Internet: http://www.offenbach.ihk.de
E-Mail: service@offenbach.ihk.de
Bezirk: Stadt Offenbach am Main, Kreis Offenbach
Präsident(in): Dipl.-Kfm. Dipl.-Volksw. Dr. Wolfgang Kappus (Kappus GmbH & Co., Luisenstr. 42-52, 63067 Offenbach, T: (069) 8 29 70 10)
1. Vizepräs: Senator E.h. Carlo Giersch (Geschäftsführer der p. h. GmbH der Spoerle Electronic Handelsgesellschaft mbH & Co., Max-Planck-Str. 1-3, 63303 Dreieich, T: (06103) 3 04-2 42)
Vizepräsident(in): Walther Berdux (Inhaber der Walther und Birgit Berdux Weinhandel und -Zubehör GbR sowie Liegenschaften Walther und Birgit Berdux, Berliner Str. 137, 63067 Offenbach, T: (069) 82 37 56 16)
Vizepräsident(in): Lutz Bettermann (Geschäftsführer der Fa. Modehaus C. Hassert GmbH & Co. KG, Frankfurter Str. 32, 63065 Offenbach, T: (069) 81 17 19)
Vizepräsident(in): Ulrich Dapp (Geschäftsführer der Jahns-Regulatoren GmbH, Sprendlinger Landstr. 150, 63069 Offenbach, T: (069) 83 10 86)
Vizepräsident(in): Winfried Kralle (Winfried Kralle GmbH & Co., -Lederwaren-, Friedensstr. 26, 63179 Obertshausen, T: (06104) 7 50 71, Telefax: (06104) 7 49 99)
Vizepräsident(in): Ingo Mayer (Karl Mayer Textil-Maschinen-Fabrik GmbH, Brühlstr. 25, 63179 Obertshausen, T: (06104) 40 22 41)
Hauptgeschäftsführer(in): Dr. Erik von Knorre
Geschäftsführer(in): Dr. Bernhard Mohr (Industrie, Umweltschutz, Raumordnung, Wirtschaftsschutz, Statistik, Verkehr)
Geschäftsführer(in): Friedrich Rixecker (Berufsausbildung, Weiterbildung)
Geschäftsführer(in): Markus Weinbrenner (Außenwirtschaft, Messen, Existenzgründung)
Syndikus: Dr. Martin Gegenwart (Rechts-, Finanz- und Steuerabteilung, Handelsregister, Multimedia)
Verbandszeitschrift: Offenbacher Wirtschaft

• E 106

Industrie- und Handelskammer Wetzlar

Postf. 18 40, 35528 Wetzlar
Friedenstr. 2, 35578 Wetzlar
T: (06441) 94 48-0 **Fax:** 94 48-33
Internet: http://www.ihk-wetzlar.de
E-Mail: info@wetzlar.ihk.de
Bezirk: Stadt und ehemaliger Kreis Wetzlar
Gründung: 1900
Ehrenpräs.: Dr.jur. Friedemann Pitzer (Inselstr. 1, 35576 Wetzlar, T: (06441) 40 04-0)
Präsident(in): Dipl.-Phys. Karl-Heinz Lust (Geschäftsf. der Fa. Lust Antriebstechnik GmbH, Gewerbestr. 2, 35633 Lahnau, T: (06441) 9 66-0)
Vizepräsident(in): Dipl.-Kfm. Friedhelm Asbach (Vorstandsmitglied der Edelstahlwerke Buderus AG, Buderusstr. 29, 35576 Wetzlar, T: (06441) 3 74-0)
Vizepräsident(in): Karl-Günther Cloos (Geschäftsf. Gesellschafter der Fa. Baubedarf Wetzlar GmbH, Gabelsbergerstr. 33, 35576 Wetzlar, T: (06441) 37 77-0)
Vizepräsident(in): Dipl.-Ing. Helmut Hund (Geschäftsf. Gesellschafter der Firma Helmut Hund GmbH, Stadtgrenze, Wetzlar, T: (06441) 20 04-0)
Hauptgeschäftsführer(in): Dipl.-Wirtsch.-Ing. Andreas Tielmann
Geschäftsführer(in): Assessor Josef Durnwalder (Recht, Handel)
Referent: Detlef Haaske (Berufsbildung)
Referent: Dipl.-Volksw. Wolfgang Moser (Volkswirtschaft, Verkehr, Wirtschaftsjunioren)
Referent N: Gerd Kaulich (Verwaltung)
Leitung Presseabteilung: Dipl.-Wirtsch.-Ing. Andreas Tielmann
Verbandszeitschrift: Wirtschaft an Lahn & Dill
Redaktion: IHK Wetzlar
Verlag: IHK Wetzlar
Mitglieder: 8500
Mitarbeiter: 17

• E 107

Industrie- und Handelskammer Wiesbaden

Postf. 34 60, 65024 Wiesbaden
Wilhelmstr. 24-26, 65183 Wiesbaden
T: (0611) 15 00-0 **Fax:** 15 00-222
Internet: http://www.ihk-wiesbaden.de
E-Mail: jnfo@wiesbaden.ihk.de
Bezirk: Stadt Wiesbaden, Rheingau-Taunus-Kreis und vom Main-Taunus-Kreis die Stadt Hochheim
Präsident(in): Dr.-Ing. Gerd Eckelmann (Geschäftsführender Gesellschafter d. Fa. Eckelmann Automatisierungstechnik GmbH, Berliner Str. 161, 65205 Wiesbaden, T: (0611) 71 03-0)
Vizepräsident(in): Rolf Hildner (Vorstandsvorsitzender d. Wiesbadener Volksbank e.G., Friedrichstr. 20, 65185 Wiesbaden, T: (0611) 36 71-2 28)
Vizepräsident(in): Dr. Hans Meinhardt (Aufsichtsratsvorsitzender der Linde AG, Abraham-Lincoln-Str. 21, 65189 Wiesbaden, T: (0611) 77 03 06)
Vizepräsident(in): Karl Nüser (Geschäftsf. Direktor Hotel

Nassauer Hof GmbH, Kaiser-Friedr.-Platz 3-4, 65183 Wiesbaden, T: (0611) 1 33-6 00)
Vizepräsident(in): Stefan Ress (Pers. haft. Gesellschafter d. Fa. Stefan B. Ress KG Weinkellerei, Rheinallee 7, 65347 Eltville, T: (06723) 9 19 50)
Vizepräsident(in): Gerhard Schaefer (Geschäftsf. Ges. d. Fa. Schuh-Schaefer GmbH, Neugasse 11, 65183 Wiesbaden, T: (0611) 30 44 74)
Hauptgeschäftsführer(in): Assessor Zsolt Gheczy (T: dienstl. Durchwahl 15 00-138)
Stellv. HGeschF: Assessor Joachim Nolde (Abteilung Handel, Tourismus, Recht, T: dienstl. Durchwahl 15 00-156)
Geschäftsführer(in): Dipl.-Volksw. Peter Jost (Abteilung Finanzen und Steuern, Verwaltung, T: dienstl. Durchwahl 15 00-153)
Geschäftsführer(in): Dipl.-Volksw. Dr. Klaus Schröter (Abteilung Industrie, Dienstleistung, Volkswirtschaft, T: dienstl. Durchwahl 15 00-133)
Abteilungsleiter: Dipl.-Ing., Dipl.-Jur. Wolfgang Sonnek (Abteilung Aus- und Weiterbildung, T: dienstl. Durchwahl 15 00-164)
Abteilungsleiter: Ass. Olaf Flietner (Abteilung Beitrag, EDV, Unternehmensdaten, T: dienstl. Durchwahl 15 00-141) Kammerzeitschrift: Hessische Wirtschaft

Mecklenburg-Vorpommern

• E 108

Arbeitsgemeinschaft der Industrie- und Handelskammern in Mecklenburg-Vorpommern
Postf. 11 10 41, 19010 Schwerin
Schloßstr. 17, 19053 Schwerin
T: (0385) 5 10 30 **Fax:** 51 03-1 36

Kammern

• E 109

Industrie- und Handelskammer zu Neubrandenburg
Postf. 11 02 53, 17042 Neubrandenburg
Katharinenstr. 48, 17033 Neubrandenburg
T: (0395) 55 97-0 **Fax:** 5 66 50 46
Gründung: 1990 (7. März)
Präsident(in): Manfred Ruprecht (Haff-Trans-GmbH, Am Gewerbegebiet, 17373 Ueckermünde, T: (039771) 2 92 12, Fax: 2 92 17)
Vizepräsident(in): Manfred Rode (Rode Hotel GmbH, Hotel Am Markt Nr. 1, 17087 Altentreptow, T: (03961) 2 58 20, Telefax: (03961) 25 82 99)
Martin Fromholz (Brennstoff- und Mineralölvertrieb, Dorfstraßem 17420 Labömitz, T: (038379) 2 02 18, Telefax: (038379) 2 02 18)
Karl Reschke (Zoologie-Fachgeschäft, Bahnhofstr. 21, 17192 Waren, T: (03991) 12 54 97, Telefax: (03991) 16 50 44)
Reinhard Thiessen (Sparkasse Uecker-Randow, Stettiner Str. 13, 17309 Pasewalk, T: (03973) 43 41 04, Telefax: (03973) 21 06 40)
Jürgen Kürschner (TV HIFI Video Wickleder, Mühlenstr. 27/28, 17489 Greifswald, T: (03834) 89 91 20, Telefax:(03834) 29 52)
Ingo Kuchenbrandt (Danisco Sugar GmbH, Bluthsluster Str. 24, 17389 Anklam, T: (03971) 25 41 05, Telefax: (03971) 25 41 09)
Hauptgeschäftsführer(in): Petra Hintze (T: dienstl: (0395) 5 82 27 92)
GeschF Unternehmensservice: Torsten Haasch (T: dienstl: (0395) 55 97-3 01)
GeschF Grundsatzangelegenheiten: Ralf Pfoth (T: dienstl: (0395) 55 97-2 01)
GeschF Aus- und Weiterbildung: Dr. Ulrich Hoffmeister (T: dienstl. (0395) 55 97-4 01)
Pressereferent: Eckhard Behr
Verbandszeitschrift: faktor wirtschaft
Redaktion: IHK zu Neubrandenburg, Katharinenstr. 48, 17033 Neubrandenburg, T: (0395) 55 97-1 03
Verlag: Verlag Aschendorff, Soester Str. 13, 48155 Münster
Mitglieder: 18000
Mitarbeiter: 60

• E 110

Industrie- und Handelskammer Rostock
Postf. 10 52 40, 18010 Rostock
Ernst-Barlach-Str. 1-3, 18055 Rostock
T: (0381) 3 38-0 **Fax:** 3 38-617
Internet: http://www.rostock.ihk.de
E-Mail: info@rostock.ihk.de
Kammerbezirk: Landkreise Bad Doberan, Güstrow, Nordvorpommern, Rügen, kreisfreie Hansestädte Rostock und Stralsund
Gründung: 1990
Präsident: Rolf Paarmann (T: (0381) 33 89 01)
Hauptgeschäftsführer: Claus Weitendorf
Industrie, Innovation, Verkehr: Dr. Dieter Pfliegensdörfer (EU-Außenwirtschaft, Euro-Info-Center, T: (0381) 3 38-1 00)
Recht, Personal, Management-Service: Jens Rademacher (T: (0381) 33 84 00)
Berufsaus- u. Weiterbildung: Helga Rusin (T: (0381) 33 85 00)
Handel, Dienstleistungen, Tourismus, Volkswirtschaft: Peter Volkmann (T: (0381) 3 38-2 00)
Verbandszeitschrift: Wirtschaft im IHK-Bezirk Rostock (WIR)
Mitglieder: 29085 (März 1999)

e 111

IHK Rostock
Geschäftsstelle Nordvorpommern/Rügen
Fährstr. 6a, 18439 Stralsund
T: (03831) 26 04-0 **Fax:** 29 72 77
Leiter: Klaus Hübschmann

• E 112

Industrie- und Handelskammer zu Schwerin
Postf. 11 10 40, 19010 Schwerin
Schloßstr. 17, 19053 Schwerin
T: (0385) 51 03-0 **Fax:** 51 03-136
Internet: http://www.ihk.de/schwerin
E-Mail: info@schwerin.ihk.de
Gründung: 1990 (20. Februar)
Präsident(in): Hansheinrich Liesberg (Inhaber Schweriner Kunstgewerbehaus Liesberg, Schmiedestr.13, 19053 Schwerin, T: (0385) 51 21 88)
Vizepräsident(in): Ralf Biege (Geschäftsführer der Mecklenburgischen Sero-Recycling GmbH, Ziegeleiweg 12, 19057 Schwerin, T: (0385) 74 32-0)
Vizepräsident(in): Gottfried Jacob (Vertriebsdirektor der Concordia Versicherungsgruppe Vertriebsdirektion Schwerin, Mühlenwiete 3/Lübecker Str., 19059 Schwerin, T: (0385) 59 21 50)
Vizepräsident(in): Karl-Friedrich Kruse (Geschäftsf. Ges. d. Friedrich Kruse Möbelspedition GmbH, Friedensstr. 28, 19053 Schwerin, T: (0385) 71 30 18)
Vizepräsident(in): Jürgen Schoewe (Vorstandsvorsitzender KAPPEL-BAU-UNION Schwerin AG, Pampower Str. 54, 19061 Schwerin, T: (0385) 6 41 04 01)
Hauptgeschäftsführer(in): Ass. Klaus-Michael Rothe (T: dienstl. Durchwahl 51 03-112)
Abteilungsleiter:
Industrie: Klaus Uwe Scheifler (T: dienstl. Durchwahl 51 03-131)
Berufsbildung: Jürgen Mundt (T: dienstl. Durchwahl 51 03-161)
Handel, Außenwirtschaft, Fremdenverkehr: Angela Preuß (T: dienstl. Durchwahl 51 03-121)
Raumordnung/Verkehr: Ulrich Unger (T: dienstl. Durchwahl 51 03-141)
Recht: Ass. Siegbert Eisenach (T: dienstl. Durchwahl 51 03-151)
Verwaltung: Ass. Dietmar Henning (T: dienstl. Durchwahl 51 03-181)
Verbandszeitschrift: Wirtschafts-Kompaß - Wirtschaftsmagazin der IHK zu Schwerin
Redaktion: Andreas Kraus, T: (0385) 51 03-114, Telefax: 51 03-148
Verlag: IHK zu Schwerin

Niedersachsen

• E 113

Vereinigung der Niedersächsischen Industrie- und Handelskammern
Postf. 30 29, 30030 Hannover
Schiffgraben 49, 30175 Hannover
T: (0511) 31 07-2 89 **Fax:** 31 07-3 83
Kammern: Braunschweig, Emden, Hannover-Hildesheim, Lüneburg-Wolfsburg, Oldenburg, Osnabrück-Emsland, Stade
Vorsitzende(r): Dieter Schlecht (Präsident der Oldenburgischen IHK, Sprecher der Geschäftsführung der Nordwestdeutschen Kapitalbeteiligungsgesellschaft mit beschränkter Haftung), (T: (0441) 2 30-627)
Hauptgeschäftsführer(in): Dr. Wilfried Prewo (I. Syndikus der IHK Hannover-Hildesheim), T: (0511) 31 07-2 38 (dienstl.), An der Trift 2, 30559 Hannover (privat)
Geschäftsführer(in): Dipl.-Volkswirt Martin Wrede (T: (0511) 31 07-290, E-Mail: wrede@hannover.ihk.de)

Kammern

• E 114

Industrie- und Handelskammer Braunschweig
Postf. 32 69, 38022 Braunschweig
Brabandtstr. 11, 38100 Braunschweig
T: (0531) 47 15-0 **Fax:** 47 15-299
Internet: http://www.braunschweig.ihk.de
E-Mail: postmaster@braunschweig.ihk.de
Bezirk: Kreisfreie Städte Braunschweig und Salzgitter sowie die Landkreise Goslar, Helmstedt, Peine und Wolfenbüttel
Ehrenpräs.: Heinrich Besserer (Auf dem Stein 22, 88662 Überlingen)
Prof. Dr.-Ing. e.h. Horst Münzner (Ebne 38, A-6632 Ehrwald, T: (0043) 56 73-22 18)
Präsidium:
Präsident(in): Dr. Klaus Schuberth (Vorstand Feldschlößchen AG, Postf. 16 24, 38006 Braunschweig, T: (0531) 7 00 32 32)
1. Stellv.: Dr. Wolf-Michael Schmid (Geschäftsführer Dr. W.-M. Schmid GmbH, Postf. 12 45, 38332 Helmstedt, T: (05351) 4 23 25)
2. Stellv.: Dr.jur. Hans Armin Curdt (Vorstandsmitglied Norddeutsche Landesbank - Girozentrale, Postf. 33 41, 38023 Braunschweig, T: (0531) 4 87 32 12)
Vizepräsident(in): Assessorin Ulrike Brandes-Peitmann (Geschäftsführerin Heinrich Brandes GmbH & Co. Brenn- und Baustoffhandlung Peine, Dieselstr. 1, 31228 Peine, T: (05171) 70 09 42)
Vizepräsident(in): Dipl.-Kfm. Wolfgang Hirschbold (Kaufm. Geschäftsführer Fels-Werke GmbH, Geheimrat-Ebert-Str. 12, 38640 Goslar, T: (05321) 70 32 15)
Vizepräsident(in): Dipl.-Volksw. Paul-Werner Huppert (Geschäftsführender Gesellschafter Maschinenfabrik Kurt Neubauer GmbH & Co., Halberstädter Str. 2 A, 38300 Wolfenbüttel, T: (05331) 8 92 16)
Vizepräsident(in): Hans-Jürgen Jabs (Vorsitzender der Geschäftsführung ALSTOM LHB GmbH, Linke-Hofmann-Busch-Straße 1, 38239 Salzgitter, T: (05341) 21 40 10)
Vizepräsident(in): Assessor Carl Peter Langerfeldt (Inhaber der Firma Carl Langerfeldt und der Firma C.L. Gustav Langerfeldt, Großhandel mit Textilien und Bekleidung, Postf. 36 04, 38023 Braunschweig, T: (0531) 48 00 80)
Vizepräsident(in): Dipl.-Ing. Helmut Streiff (Geschäftsführender Gesellschafter Streiff & Helmold GmbH, Pippelweg 44, 38120 Braunschweig, T: (0531) 8 01 01 26)
Vizepräsident(in): Harald Tenzer (Geschäftsführender Gesellschafter Tenzer GmbH & Co. KG, Büchnerstr. 3, 38118 Braunschweig, T: (0531) 89 51 51)
Vizepräsident(in): Adalbert Wandt (Geschäftsführender Gesellschafter Wandt Spedition Transportberatung GmbH, Hansestr. 23, 38112 Braunschweig, T: (0531) 3 10 13 33)
Hauptgeschäftsführer(in): Dr.rer.pol. Rüdiger Sors (T: dienstl. Durchwahl 47 15-2 15)
Stellv. HGeschF: Dr.rer.pol. Bernd Meier (Industrie, Verkehr, Raumplanung, Innovationsförderung, T: dienstl. Durchwahl 47 15-2 16)
Abteilungsleiter: Dipl.-Geograph Roland Neugebauer (Berufsbildung, Berufliche Weiterbildung, T: dienstl. Durchwahl 47 15-2 31)
Abteilungsleiter: Dr. rer. pol. Klaus Hüttinger (Handel, Dienstleistungen, Außenwirtschaft, Öffentliche Finanzierungshilfen, T: dienstl. Durchwahl 47 15-2 47)
Abteilungsleiter: Dipl.-Betriebsw. Georg Druwe (Organisation, T: dienstl. Durchwahl 47 15-2 17)
Abteilungsleiter: Assessor Ernst-Arno Schmutzler (Recht, T: dienstl. Durchwahl 47 15-2 26)
Ltr. Öffentlichkeitsarbeit: Ass. Dipl.-Kfm. Jochen Hotop (T: dienstl. Durchwahl 47 15-2 09)
Ltr. Innovationsberatungsstelle: Dipl.-Ing. Wolfgang Schröder (T: dienstl. Durchwahl 47 15-2 53)
Verbandszeitschrift: wirtschaft IHK Braunschweig
Redaktion: Jochen Hotop, IHK Braunschweig
Verlag: Limbach Druck und Verlag GmbH & Co. KG, 38112 Braunschweig

e 115

IHK Braunschweig
Geschäftsstelle Goslar
Marktstr. 45, 38640 Goslar
T: (05321) 2 32 31, 2 37 43 **Fax:** 2 43 41
Geschäftsführer(in): RA Andreas Zimmermann

e 116

IHK Braunschweig
Geschäftsstelle Peine
Postf. 14 29, 31204 Peine
Kantstr. 33, 31224 Peine
T: (05171) 77 71-0 **Fax:** 77 71-35
Geschäftsführer(in): Assessor Erwin Günter

• E 117

Industrie- und Handelskammer für Ostfriesland und Papenburg
Postf. 17 52, 26697 Emden
Ringstr. 4, 26721 Emden
T: (04921) 89 01-0 **Fax:** 89 01-33
Internet: http://www.ihk-emden.de
E-Mail: ihk@emden.ihk.de
Gründung: 1866
Präsident(in): Dr.jur. Carl Ulfert Stegmann (Vorstand der AG Reederei Norden-Frisia, Postf. 11 60, 26501 Norden, T: (04931) 9 87-1 11, Fax: (04931) 9 87-1 12, Privatanschrift: Am Markt 27, 26506 Norden, T: (04931) 21 87, E-Mail: dr.stegmann@reederei-frisia.de)
Vizepräsident(in): Dipl.-Ing. Peter Feustell (i. Fa. Phillips Petroleum Norsk A/S Zweigniederlassung Emden, Postf. 21 64, 26701 Emden, T: (04927) 9 17-1 10, Fax: (04927) 9 17-2 22, Privatanschrift: Graf-Edzard-Str. 14, 26603 Aurich, T: (04941) 6 47 57, E-Mail: ppn.emden@t-online.de)

Vizepräsident(in): Klaus Wulf (i. Fa. ADO Gardinenwerke GmbH & Co., Postf. 20 00, 26884 Aschendorf, T: (04962) 50 50, Fax: (04962) 63 92, Privatanschrift: Hüntestr. 68, 26871 Aschendorf, T: (04962) 14 56 o. 5 05-149, E-Mail: info@ado-international.de)
Vizepräsident(in): Wolfgang Mönkemeier (i. Fa. Gerhard Silomon GmbH, Postf. 17 26, 26587 Aurich, T: (04941) 99 00-0, Fax: (04941) 99 00-66, Privatanschrift: Grüner Weg 24, 26605 Aurich, T: (04941) 99 00-0, E-Mail: silomon.aurich@t-online.de)
Vizepräsident(in): Günter Gerhard Prahm (i. Fa. Backring Nordwest Gerhard Prahm GmbH, Postf. 18 80, 26768 Leer, T: (0491) 9 78 81-0, Fax: (0491) 9 78 81-29, Privatanschrift: Kobusweg 12, 26789 Leer, T: (0491) 6 46 54)
Mitgl. d. Präsidiums: Dipl.-Kfm. Wilhelm Behrends (Kaufhaus Behrends OHG, Postf. 12 24, 26634 Wiesmoor, T: (04944) 91 09-0, Fax: (04944) 91 09-91, Privatanschrift: Schulstr. 36, 26639 Wiesmoor, T: (04944) 39 48, E-Mail: khbds@emsnet.de)
Mitgl. d. Präsidiums: Dr. Bernhard Brons (Alleinvorstand d. Aktiengesellschaft „EMS", Postf. 11 54, 26691 Emden, T: (04921) 89 07-23, Fax: (04921) 89 07-46, Privatanschrift: Bollwerkstr. 31, 26725 Emden, T: (04921) 2 35 18, E-Mail: info@ag-ems.de)
Mitgl. d. Präsidiums: Hermann Kröger (Krögers Hotel Inh. Hermann Kröger, Bahnhofstr. 18, 26427 Esens, T: (04971) 30 65, Fax: (04971) 42 65, Privatanschrift: Jahnstr. 9, 26427 Esens, T: (04971) 30 65)
Mitgl. d. Präsidiums: Herbert Meinberg (Hotel Deutsches Haus Inhaber Herbert Meinberg, Postf. 2 74, 26492 Norden, T: (04931) 18 91-0, Fax: (04931) 18 91-30, Privatanschrift: Neuer Weg 26, 26506 Norden, T: (04931) 18 91-0)
Mitgl. d. Präsidiums: Dipl.-Ing. Dipl.-Wirtsch.-Ing. Folkmar Ukena (Leda-Werk GmbH & Co. KG Boekhoff & Co., Postf. 11 60, 26761 Leer, T: (0491) 60 99-1 01, Fax: (0491) 60 99-10 01, Privatanschrift: Lindenweg 16, 26789 Leer, T: (0491) 7 10 87, E-Mail: fukena@www.leda.de)
Mitgl. d. Präsidiums: Dipl.-Kfm. Josef Wittrock (i. Fa. Jos. Wittrock Stahl GmbH & Co. KG, Postf. 18 64, 26858 Papenburg, T: (04961) 9 40-105, Fax: (04961) 9 49-100)
Hauptgeschäftsführer(in): Dipl.-Volksw. Dr.rer.pol. Reinhold Kolck (Auricher Str. 3a, 26721 Emden, T: (04921) 4 22 57, E-Mail: kolck@emden.ihk.de)
Stellv. HGeschF: Dipl.-Volksw. Erhard Hövelbernd (Abt. Berufsaus- und Weiterbildung, Frankfurter Str. 9, 26721 Emden, T: (04921) 4 39 21, E-Mail: hoevelbe@emden.ihk.de)
AbtLeiter: Dr.jur. Jan Amelsbarg (Abt. Industrie, Umweltschutz, Recht, Sachverständigenwesen, Wirtschaftsjunioren, Schmackweg 8, 26723 Emden, T: (04921) 2 04 01, E-Mail: amelsbarg@emden.ihk.de)
AbtLeiter: Dipl.-Volksw. Helmut Klug (Abt. Verkehr, Fremdenverkehr, Gaststättengewerbe, Raumordnung und Gewerbeförderung, Uphuser Str. 153, 26725 Emden, T: (04921) 3 14 24, E-Mail: klug@emden.ihk.de)
AbtLeiter: Dipl.-Volksw. Peter Kriszun (Abt. Außenhandel, Messen und Ausstellungen, Wirtschaftsschutz und Verteidigungswirtschaft, öffentliches Auftragswesen, Uphuser Str. 143, 26725 Emden, T: (04921) 2 03 92, E-Mail: kriszun@emden.ihk.de)
AbtLeiter: Dipl.-Kfm. Reinhard Hegewald (Abt. Handel, Dienstleistungen, Wirtschaftsbeobachtung, Statistik, Steuern und Finanzen, Korvettenweg 8, 26723 Emden, T: (04921) 6 18 87, E-Mail: hegewald@emden.ihk.de)
AbtLeiter: Dipl.-Ing., Dipl.-Wirtsch.-Ing. Heinrich Behrens (Abt. Verwaltung, Weener Weg 7, 26632 Ihlow, T: (04941) 6 49 97, E-Mail: behrens@emden.ihk.de)
Leitung Presseabteilung: Dipl.-Volksw. Dr.rer.pol. Reinhold Kolck
Verbandszeitschrift: Wirtschaft in Ostfriesland und Papenburg
Redaktion: Dipl.-Volksw. Stephan Janssen, T: (04921) 89 01-32, E-Mail: janssens@emden.ihk.de
Verlag: Wirtschafts-Medien-Verlags GmbH, Postf. 51 07, 26041 Oldenburg, E-Mail: ihk@emden.ihk.de
Mitglieder: rd. 5500 HR-Firmen, rund 12500 Kleingewerbebetreibende
Mitarbeiter: 48
Jahresetat: DM 8,372 Mio, € 4,28 Mio
Bezirk: Die Landkreise Aurich, Leer und Wittmund, die kreisfreie Stadt Emden und aus dem Gebiet des Landkreises Emsland die Stadt Papenburg

• E 118

Industrie- und Handelskammer Hannover-Hildesheim

Sitz Hannover
Postf. 30 29, 30030 Hannover
Schiffgraben 49, 30175 Hannover
T: (0511) 31 07-0 **Fax:** 31 07-3 33
Internet: http://www.hannover.ihk.de
E-Mail: Name des Mitarbeiters@hannover.ihk.de
Bezirk: Landeshauptstadt Hannover und Landkreise Diepholz, Göttingen, Hameln-Pyrmont, Hannover-Land, Hildesheim, Holzminden, Nienburg, Northeim, Osterode am Harz, Schaumburg
Ehrenpräs: Dr. Gerhard Barner (Winzigerodeweg 9, 30559 Hannover, T: (0511) 51 48 00)
Ehrenpräs: Dr. Steffen Lorenz (Forbacher Str. 19, 30559 Hannover, T: (0511) 52 36 26)
Präsident(in): Konsul Prof. Dr.Dr.h.c. Klaus E. Goehrmann (Vorsitzender des Vorstandes Deutsche Messe AG, Messegelände, 30521 Hannover, T: (0511) 8 93 10 00)
Vizepräsident(in): Dipl.-Kfm. Dirk Bettels (Mitglied der Geschäftsleitung Hermann Bettels GmbH & Co. KG, Lavesstr. 8-12, 31137 Hildesheim, T: (05121) 5 04-1 22)
Vizepräsident(in): Konsul Dr. h.c. Manfred Bodin (Vorsitzender des Vorstandes Norddeutsche Landesbank, Girozentrale, Georgsplatz 1, 30159 Hannover, T: (0511) 3 61-0)
Vizepräsident(in): Dipl.-Kfm. Rainer Feuerhake (Mitglied des Vorstandes PREUSSAG AG, Karl-Wiechert-Allee 4, 30625 Hannover, T: (0511) 5 66-12 33)
Vizepräsident(in): Robert Hesse (Geschäftsführer Möbel Hesse GmbH, Robert-Hesse-Str. 3, 30827 Garbsen, T: (0511) 2 79 78-21)
Vizepräsident(in): Dipl.-Betriebsw. Reinhold Sauer (Vorstandssprecher EINBECKER BRAUHAUS AG, Papenstr. 4-7, 37574 Einbeck, T: (05561) 7 97-2 01)
Vizepräsident(in): Dipl.-Bw. Klaus Schattner (Geschäftsführer era Beschichtung GmbH & Co. KG, Große Brinkstr. 12, 31592 Stolzenau, T: (05761) 9 30-1 01)
Vizepräsident(in): Dr. Günter Schmidt (Vorsitzender des Vorstandes VGH Versicherungsgruppe Hannover, Schiffgraben 4, 30159 Hannover, T: (0511) 3 62-21 00)
Vizepräsident(in): Dr. Winfried Seeringer (Sigmar Laborzentrifugen GmbH, Osterode, An der Unteren Söse 50, 37520 Osterode, T: (05522) 50 07-19)
Vizepräsident(in): Dipl.-Kfm. Hermann Stoevesandt (Mitglied des Vorstandes Gebr. Stoevesandt AG, Stoevesandtstr. 17, 31737 Rinteln, T: (05751) 7 03-0)
Vizepräsident(in): Ullrich Thiemann (Geschäftsführer Schmelz GmbH & Co. KG, Zeißstr. 63, 30519 Hannover, T: (0511) 9 84 79 70)
Hauptgeschäftsführer(in): I. Syndikus Dr. Wilfried Prewo (T: dienstl. Durchwahl (0511) 31 07-2 38)
Stellv. HGeschF: Ass. Werner Reusch (Abteilungsleiter Recht, Hannover, T: dienstl. Durchwahl (0511) 31 07-2 34)
Stellv. HGeschF: Dr. Manfred Bahlburg (Abteilungsleiter Industrie/Verkehr, Hannover, T: dienstl. Durchwahl (0511) 31 07-2 80)
Stellv. HGeschF: Dipl.-Kfm. Matthias Ritter (Abteilungsleiter Personal, Organisation und Finanzen, Hannover, T. dienstl. Durchwahl (0511) 31 07-2 25)
Stellv. HGeschF: Dr. Horst Schrage (Abteilungsleiter Außenwirtschaft, EXPO 2000, Hannover, T: dienstl. Durchwahl (0511) 31 07-2 01)
Stellv. HGeschF: Heinz Orlob (Berufsbildung, T: dienstl. Durchwahl (0511) 31 07-2 46)
Abteilungsleiter: Dr. Günter Hirth (Abt. Handel und Dienstleistungen, T: dienstl. Durchwahl (0511) 31 07-3 16)
Abteilungsleiter: Dr. Martin Rudolph (Abt. Volkswirtschaft und Öffentlichkeitsarbeit, T: dienstl. Durchwahl (0511) 31 07-2 31) Kammerzeitschrift: Niedersächsische Wirtschaft

Geschäftsstellen

Göttingen

e 119

IHK Hannover-Hildesheim Geschäftsstelle Göttingen

Bürgerstr. 21, 37073 Göttingen
T: (0551) 7 07 10-0 **Fax:** 7 07 10-22
Geschäftsstellen-Ltr: Dipl.-Ök. Christian Bebek

Hameln

e 120

IHK Hannover-Hildesheim Geschäftsstelle Hameln

Bürenstr. 15, 31785 Hameln
T: (05151) 9 36 96 **Fax:** 93 69 78
Geschäftsstellen-Ltr.: Dipl.-Kfm. Hagen Koch

Hildesheim

e 121

IHK Hannover-Hildesheim Geschäftsstelle Hildesheim

Hindenburgplatz 20, 31134 Hildesheim
T: (05121) 1 05-0 **Fax:** 1 05-18
Geschäftsstellen-Ltr: Gerald Frank

Nienburg

e 122

IHK Hannover-Hildesheim Geschäftsstelle Nienburg

Hafenstr. 6, 31582 Nienburg
T: (05021) 6 02 30 **Fax:** 60 23 10
Geschäftsstellen-Ltr: Dipl.-Volksw. Bernd Roddewig

Osterode

e 123

IHK Hannover-Hildesheim Geschäftsstelle Osterode

Postf. 13 70, 37503 Osterode
Königsplatz 5, 37520 Osterode
T: (05522) 90 30-0 **Fax:** 90 30-10
Geschäftsstellen-Ltr: Dieter Ehrhardt

Stadthagen

e 124

IHK Hannover-Hildesheim Geschäftsstelle Stadthagen

Bahnhofstr. 31, 31655 Stadthagen
T: (05721) 97 20-0 **Fax:** 7 29 67
Geschäftsstellen-Ltr: Reinhard Winter

Syke

e 125

IHK Hannover-Hildesheim Geschäftsstelle Syke

Hauptstr. 47, 28857 Syke
T: (04242) 6 03 73 **Fax:** 6 05 21
Geschäftsstellen-Ltr: Bernd Elberskirchen

• E 126

Industrie- und Handelskammer Lüneburg-Wolfsburg

Hauptgeschäftsstelle
21332 Lüneburg
Am Sande 1, 21335 Lüneburg
T: (04131) 7 42-0 **Fax:** 74 21 80
E-Mail: zentrale@lueneburg.ihk.de
Bezirk: Kreisfreie Stadt Wolfsburg und die Landkreise Lüneburg, Celle, Gifhorn, Harburg, Lüchow-Dannenberg, Soltau-Fallingbostel und Uelzen
Präsident(in): Dipl.-Kfm. Bernd Hansmann (Heinrich Hansmann Spedition Transporte GmbH & Co. KG, Mörser Str. 67, 38442 Wolfsburg, T: (05362) 1 51 33, Fax: 1 51 38)
Vizepräsident(in): Dipl.-Kfm. Ernst Theophil Bettendorf (i. Fa. Düsenberg u. Harms, Rathausstr. 6, 21423 Winsen/Luhe, T: (04171) 26 25, Fax: 6 42 26)
Vizepräsident(in): Hermann Bull (Vorstandsvors. d. Kreissparkasse Soltau, Rühlberg 9-11, 29614 Soltau, T: (05191) 8 62 00, Fax: 8 63 16)
Vizepräsident(in): Paul Drews (Geschäftsführer der Werner Achilles GmbH, Burgstr. 4-10, 29221 Celle, T: (05141) 75 30, Fax: 75 31 86)
Vizepräsident(in): Dipl.-Ing. Peter H. Holm (Geschäftsführer der Fa. Drewsen Spezialpapiere GmbH & Co. KG, Mühlenstr. 2, 29331 Lachendorf, T: (05145) 8 81 12, Fax: 89 91)
Vizepräsident(in): Dr. Jens Neumann (Vorstandsmitglied der Volkswagen Aktiengesellschaft, Berliner Ring 2, 38446 Wolfsburg, T: (05361) 97 50 27, Fax: 97 50 25)
Vizepräsident(in): Helmut Thürsam (Fa. Louis Boye, Uelzen OHG, Bahnhofstr. 49, 29525 Uelzen, T: (0581) 27 05, Fax: 62 66)
Vizepräsident(in): Dipl.-Volksw. Eberhard Manzke (Manzke GmbH & Co.KG., Gewerbegebiet 1, 21397 Vastorf, T: (04137) 81 43 25, Fax: 81 43 01)
Vizepräsident(in): Heinz-Joachim Wilkens (Fa. Heinrich Wilkens, Unter den Linden 14, 21255 Tostedt, T: (04137) 13 97, Fax: 2 23 14)
Hauptgeschäftsführer(in): Dipl.-Volksw. Jens Petersen (An der Ratsforst 15, 21335 Lüneburg, T: (04131) 4 66 31)
Stellv HGeschF: Betriebsw. Hartmut Schöberl (Abt. Handel, Verkehr, Tourismus, Dienstleistungen, Ahlbergstr. 7, 21442 Toppenstedt, T: (04172) 76 68)
Stellv HGeschF: Dipl.-Volksw. Roland Schulz (Abt. Industrie, Außenwirtschaft, Umweltschutz, Posener Str. 39, 21391 Reppenstedt, T: (04131) 6 16 13)
Geschäftsführer(in): RA Martin Exner (Abt. Kommunikation u. Öffentlichkeitsarbeit, Gerstenkamp 4, 21335 Lüneburg)
Geschäftsführerin: Dipl.-Volksw. Renate von Rockenthien (Verwaltungsleiterin, Wandrahmstr. 15, 21335 Lüneburg)
Geschäftsführer(in): Dipl.-Volksw. Volker Linde (Abt. Berufsbildung, Drosselweg 5, 21376 Salzhausen)
Verbandszeitschrift: Unsere Wirtschaft

Celle

e 127

IHK Lüneburg-Wolfsburg Geschäftsstelle Celle

Südwall 26, 29221 Celle

T: (05141) 91 96-0 **Fax:** 91 96-54
E-Mail: jaeschke@lueneburg.ihk.de
Geschäftsführer(in): Dipl.-Kfm. Gunnar Jungclaus (August-Sagebiel-Str. 17, 29221 Celle)

Wolfsburg

e 128

IHK Lüneburg-Wolfsburg Geschäftsstelle Wolfsburg

Am Mühlengraben 22-24, 38440 Wolfsburg
T: (05361) 29 54-0 **Fax:** 29 54-54
E-Mail: voellner@lueneburg.ihk.de
Geschäftsführer(in): Dipl.-Volksw. Siegfried Kayser (Köhlerbergstr. 27, 38440 Wolfsburg, T: (05361) 6 21 69)

● **E 129**

Oldenburgische Industrie- und Handelskammer

Postf. 25 45, 26015 Oldenburg
Moslestr. 6, 26122 Oldenburg
T: (0441) 22 20-0 **Fax:** 22 20-1 11
Internet: http://www.ihk-oldenburg.de
E-Mail: info@oldenburg.ihk.de
Geschäftsstelle Wilhelmshaven, Virchowstr. 21, 26382 Wilhelmshaven, T: (04421) 91 77 80, Telefax: (04421) 4 14 11
Gründung: 1900 (1. Mai)
Ehrenpräsident: Peter Waskönig (Sudhoff, Ummehof 1, 26683 Saterland, T: (04498) 27 27)
Präsident(in): Dieter Schlecht (Nordwestdeutsche Kapitalbeteiligungsgesellschaft mit beschränkter Haftung, Markt 13, 26122 Oldenburg, T: (0441) 2 30-0)
Vizepräsident(in): Rita Broweleit (studio am wall inneneinrichtungen rita broweleit, Wallstraße 8, 26122 Oldenburg, T: (0441) 2 66 23)
Vizepräsident(in): Claus Haferkamp (Druckerei Haferkamp GmbH + Co. KG, Schlagbaumweg 25, 26131 Oldenburg, T: (0441) 95 55-0)
Vizepräsident(in): Dr. Karl Friedrich Harms (Karl Harms Handels GmbH & Co. Kommanditgesellschaft, St.-Annenstr. 17-21, 26441 Jever, T: (04461) 30 77)
Vizepräsident(in): Hans-Peter Kramer (ICI Wilhelmshaven GmbH, Kutterstr. 3, 26386 Wilhelmshaven, T: (04421) 91 32-311)
Vizepräsident(in): Clemens-August Krapp (Krapp Eisen GmbH & Co. Kommanditgesellschaft, Lindenstr. 106, 49393 Lohne, T: (04442) 9 40-0)
Vizepräsident(in): Christian Rauffus (Carl Müller GmbH & Co. KG Rügenwalder Wurstfabrik, Industriestr. 5, 26160 Bad Zwischenahn, T: (04403) 66-0)
Vizepräsident(in): Dieter Schnitger (VS Steuerberatungsgesellschaft mit beschränkter Haftung, Ammerländer Heerstr. 231, 26129 Oldenburg, T: (0441) 97 16-259)
Hauptgeschäftsführer(in): Dr. jur. Christian-Albert Fricke (Grundsatzfragen, Öffentlichkeitsarbeit, Bussardweg 6, 26203 Wardenburg-Hundsmühlen, T: (0441) 50 53 65)
Stellv. HGeschF: Dr. rer. pol. Joachim Peters (Industrie, Statistik, Wirtschaftsförderung, Finanzen und Steuern, Insolvenzen, Weiterbildung, Umweltschutz, Wirtschaftsjunioren, Hermann-Allmers-Weg 23, 26160 Bad Zwischenahn)
Geschäftsführer(in): Dr.-Ing. Michael Ahrens (Verkehr, Nieders. Hafenvertretung, Innovationsförderung, Post und Telekommunikation, EU-Binnenmarkt, Geschäftsstelle Wilhelmshaven, Margarete-Gramberg-Str. 16, 26131 Oldenburg, T: (0441) 50 42 30)
Geschäftsführer(in): Techn. Dipl.-Volksw. Udo Fiebig (Berufsbildung, Fortbildungsprüfungen, Hochhauser Str. 10, 26121 Oldenburg, T: (0441) 8 73 43)
Geschäftsführer(in): Dipl.-Volksw. Uwe Horstmann (Handel, Dienstleistungen, Tourismus, Verteidigungswirtschaft, Außenwirtschaft, Brummerforth 40 e, 26160 Bad Zwischenahn, T: (04403) 31 40)
Geschäftsführer(in): Ass. Theo Hünnekens (Wirtschaftsrecht, Sachverständigenwesen, Handelsregister, Raumordnung, Bauleitplanung, Am Sportplatz 7, 26209 Hatten-Sandkrug, T: (04481) 9 82 87)
Verwaltungsltr.: Betriebsw. (VWA) Ralf Kohfeldt (Innere Verwaltung, Personalwesen, Haushalt, Mitgliederverwaltung, Bürokommunikation, Luise-Uhlhorn-Str. 7, 26188 Edewecht-Friedrichsfehn, T: (04486) 23 55)
Leitung Presseabteilung: Michael Bruns
Verbandszeitschrift: Oldenburgische Wirtschaft
Redaktion: Michael Bruns
Verlag: WM Wirtschafts-Medien-Verlags-GmbH, Wilhelmshavener Heerstr. 244, 26125 Oldenburg
Mitglieder: 36000
Mitarbeiter: 80

Bezirk: Kreisfreie Städte Delmenhorst, Oldenburg, Wilhelmshaven, Landkreise Ammerland, Cloppenburg, Friesland, Oldenburg, Vechta, Wesermarsch

e 130

Oldenburgische IHK Geschäftsstelle Wilhelmshaven

Virchowstr. 21, 26382 Wilhelmshaven
T: (04421) 91 77 80 **Fax:** 4 14 11
Geschäftsführer(in): Dr.-Ing. Michael Ahrens
Ltg. Geschäftsstelle: Dipl.-Kffr. (FH) Susanne B. Becker

● **E 131**

Industrie- und Handelskammer Osnabrück-Emsland

Postf. 30 80, 49020 Osnabrück

Neuer Graben 38, 49074 Osnabrück

T: (0541) 35 30 **Fax:** 3 53-122

TGR: Handelskammer Osnabrück

Internet: http://www.osnabrueck.ihk.de

E-Mail: ihk@osnabrueck.ihk.de

Bezirk: Stadt Osnabrück und Landkreise Emsland (mit Ausnahme der Stadt Papenburg), Grafschaft Bentheim und Osnabrück
Ehrenpräs.: Hans-Georg Gallenkamp (Osnabrücker Str. 7, 49545 Tecklenburg-Ledde)
Ehrenpräs.: Dr. Hans Berentzen (Im Fehn 11, 49740 Haselünne, T: (05961) 4 46)
Präsident(in): Hermann Elstermann (Meinders & Elstermann GmbH & Co. KG, Große Str. 17/19, 49074 Osnabrück, T: (0541) 3 25-0)
Vizepräsident(in): Georg Boll (Georg Boll GmbH & Co. KG, Schützenhof 40 - 56, 49716 Meppen, T: (05931) 4 02-0)
Vizepräsident(in): Dr. Hans-Ulrich Günther (Deilmann Montan GmbH, Osterberg 8, 48455 Bad Bentheim, T: (05922) 7 78-0, privat: Hilgenstiege 70, 48455 Bad Bentheim, T: (05922) 7 78-62)
Vizepräsident(in): Thomas Nülle (Leffers GmbH. & Co., Johannisstr. 41 - 44, 49074 Osnabrück, T: (0541) 35 80-1 54, privat: Gut Uhlenbrook, 49179 Ostercappeln, T: (05473) 19 85)
Vizepräsident(in): Konsul Dipl.-Kfm. Gerd-Christian Titgemeyer (Gebr. Titgemeyer GmbH & Co. KG, Hannoversche Str. 97, 49084 Osnabrück, T: (0541) 58 22-0, Privatanschrift: Schledehauser Weg 55, 49086 Osnabrück, T: (0541) 57 28 92)

Mitglieder des Präsidiums

Uwe Beckmann (F. Wilhelm Beckmann GmbH & Co. KG, Rheinstr. 82, 49090 Osnabrück, T: (0541) 60 21 12, privat: Otto-von-Guericke-Str. 5, 49076 Osnabrück, T: (0541) 4 50 05)

Hans-Michael Gallenkamp (Felix Schoeller jr Foto- und Spezialpapiere GmbH & Co. KG., Burg Gretesch, 49086 Osnabrück, T: (0541) 38 00-2 07, privat: Waldstr. 22, 49086 Osnabrück, T: (0541) 38 49 45)

Ferdinand Hilbers (Schuhhaus Franz Hilbers, Hauptstr. 30, 48529 Nordhorn, T: (05921) 63 36, privat: Hauptstr. 30, 48529 Nordhorn, T: (05921) 63 36)

Hans Klute (Hans Klute KG, Lotter Str. 30, 49078 Osnabrück, T: (0541) 4 50 01, privat: Lotter Str. 30, 49078 Osnabrück, T: (0541) 4 50 01)

Harald Müller (Erwin Müller GmbH & Co., Breslauer Str. 34 - 38, 49808 Lingen, T: (0591) 91 40-1 01, privat: Birghuhnstr. 2, 49809 Lingen, T: (0591) 6 21 17)
Hauptgeschäftsführer(in): Dipl.-Volksw. Hubert Dinger (Hofbreede 118, 49078 Osnabrück, T: (0541) 44 35 44)
Stellv. HGeschF: Dipl.-Volksw. Hans-Jürgen Falkenstein (Abteilungsleiter für Information, Volkswirtschaft, Außenwirtschaft, Hubertushöhe 1 A, 49082 Osnabrück)
Geschäftsführer(in): Dipl.-Kfm. Heiko Glaeseker (Abteilungsleiter für Verwaltung, Recht, Steuern, Richard-Wagner-Str. 77, 49078 Osnabrück, T: (0541) 43 34 03)
Geschäftsführer(in): Dipl.-Volksw. Eckhard Lammers (Abteilungsleiter für Dienstleistungen und Infrastruktur, Handel, Verkehr, Tourismus, Raumordnung, Bückelsberg 1 a, 46286 Dorsten, T: (02369) 56 99)
Geschäftsführer(in): Dr. Jürgen Helmes (Abteilungsleiter für Berufliche Bildung, Aus- und Weiterbildung, Haydnstr. 6, 49124 Georgsmarienhütte, T: (05401) 83 48 01)
Geschäftsführer(in): Dr. Markus Pieper (Abteilungsleiter für Industrie und Umwelt, Technologie, Wirtschaftsförderung, Wirtschaftsschutz, Im Heselen 31, 49504 Lotte, T: (05404) 16 25)

Verbandszeitschrift: Wirtschaft Osnabrück-Emsland

● **E 132**

Industrie- und Handelskammer Stade für den Elbe-Weser-Raum

Postf. 14 29, 21654 Stade

Am Schäferstieg 2, 21680 Stade

T: (04141) 5 24-0 **Fax:** 5 24-111

TGR: Handelskammer Stade

Internet: http://www.stade.ihk.de

E-Mail: info@stade.ihk.de

Bezirk: Landkreise Cuxhaven, Osterholz, Rotenburg (Wümme), Stade und Verden

Gründung: 1866 (7. April)
Ehrenpräsident: Gustav G. Hebold (Catharinenstr. 42, 27474 Cuxhaven)
Hinrich Heineke (Fa. Borco-Höhns Fahrzeugwerk GmbH, Industriestr. 1-3, 27356 Rotenburg)
Präsident(in): Rolf Stöver (Fa. bautex Adolf Stöver Söhne GmbH & CoKG, Grasweg 18-22, 27607 Langen, T: (04743) 8 94-0, Telefax: (04743) 8 94-2 30)
Vizepräsident(in): Henry Breuer (Reeder, Henry Breuer KG MS "Catharina", Flethweg 6, 21683 Stade, T: (04146) 54 48, Telefax: (04146) 10 92)
Vizepräsident(in): Gerd Hillebrandt (Immobilienmakler, An der Burg 4, 27624 Bad Bederkesa, T: (04745) 9 30 40, Fax: 9 30 42)
Vizepräsident(in): Heinrich-Friedrich Melloh (Geschäftsf. Gesellschafter Melloh GmbH & Co. Grundstücksverwaltungs & Handels KG, Viehlander Str. 4, 27726 Worpswede, T: (04792) 37 52, Telefax: (04792) 9 60 66)
Vizepräsident(in): Gerhard Mohr (Geschäftsführer, Mohr GmbH & Co. KG, Am Buschteich 26, 21739 Dollern, T: (04163) 80 60, Telefax: (04163) 80 61 90)
Vizepräsident(in): Gerd Stäcker (Geschäftsf. Gesellschafter, Norka Nordd. Kunststoff- u. Elektro-Ges. Stäcker & Co. mbH, Lange Str. 1, 27313 Dörverden-Hülsen, T: (04239) 93 00 99, Telefax: (04239) 93 00 99)
Vizepräsident(in): Dipl.-Kfm. Dr. Manfred W. Tag (geschäftsf. Vorstandsmitglied, Nordmilch eG, Industriestr. 1, 27404 Zeven, T: (04281) 7 21, Telefax: (04281) 7 22 97)
Ehrenmitgl. d. Vollvers.: Dipl.-Volksw. Heinz Vossmann (Im Horn 65, 21710 Neuland/Engelschoff, T: (04775) 3 44)
Ehrenmitgl. d. Vollvers.: Fritz Stelzer (geschf. Gesellschafter, Hansa-Druckerei Stelzer GmbH, Hansestr. 24, 21682 Stade, T: (04141) 24 65, Telefax: (04141) 4 51 50)
Ehrenmitgl. d. Vollvers.: Ferdinand Lühmann (geschf. Gesellschafter, Spedition Lühmann GmbH & Co. KG, Grodener Chaussee 61, 27472 Cuxhaven, T: (04721) 2 30 93)
Ehrenmitgl. d. Vollvers.: Dipl.-Ökon., Dipl.-Ing. Conrad Naber (geschf. Gesellschafter, Nabertherm GmbH + Co. Industrieofenbau KG, Bahnhofstr. 20, 28865 Lilienthal, T: (04298) 27 09-0)
Hauptgeschäftsführer(in): Dipl.-Volksw. Gerd Jochim (Abt-Albert-Str. 31, 21680 Stade, T: (04141) 52 41 25)
Stellv. HGeschf.: Dipl.-Volksw. Christian Freiherr von Bredow (Industrie, Innovation, Verkehr u. Außenwirtschaft, Wöhrden 8 b, 21723 Hollern-Twielenfleth, T: (04141) 7 01 00)
Geschäftsführer(in): Dipl.-Volksw. Jürgen Lutz (Handel und Dienstleistungen, Raumordnung, Tourismus, Karlshamnweg 13, 21682 Stade, T: (04141) 8 69 48)
Geschäftsführer(in): Dr. phil. Bodo Stange (Berufsbildung, Greifswalder Str. 7, 21680 Stade, T: (04141) 60 09 41)
Geschäftsführer(in): Dipl.-Volksw. Ulfried Weißer (Volkswirtschaft, Finanzierungen und Steuern, Verteidigungswirtschaft, Wirtschaftsschutz, Kirchenpauerstr. 16, 27472 Cuxhaven, T: (04721) 5 11 52)
Verwaltungsleitung: Dipl.-Volksw. Rolf Lühmann (Verwaltung, Personalwesen, Steinweg 14, 21635 Jork, T: (04162) 16 24)
Justitiar: Assessor Holger Bartsch (Recht, Sachverständigenwesen, Handelsregister, Poststr. 8, 21684 Agathenburg, T: (04141) 6 61 15)
Pressereferentin: Berit Heintz (Redaktion der Kammerpublikationen, Presse, Matthias Claudius Weg 13, 21684 Stade, T: (04141) 98 24 10)

Verbandszeitschrift: Wirtschaft Elbe-Weser

Redaktion: Berit Heintz

Verlag: Maxsell Werbeagentur & Partner GmbH, Soltauer Str. 160, 27356 Rotenburg

Mitglieder: 31000

Mitarbeiter: 65

Jahresetat: DM 12,8 Mio, € 6,54 Mio

Verden

e 133

IHK Stade für den Elbe-Weser-Raum Geschäftsstelle Verden

Johanniswall 17, 27283 Verden
T: (04231) 9 24 60 **Fax:** 92 46 11
Geschäftsführer(in): Ass. Gebhard Rosenthal (Goethestr. 33, 27283 Verden, T: (04231) 28 24)

Cuxhaven

e 134

IHK Stade für den Elbe-Weser-Raum Geschäftsstelle Cuxhaven

Altenwalder Chaussee 7, 27474 Cuxhaven
T: (04721) 7 21 60 **Fax:** 72 16 11
Geschäftsführer(in): Dipl.-Wirt.-Ing. Jochen Werwath (Thuner Mühle 11 d, 21680 Stade, T: (04141) 6 56 71)

Norddeutschland

• E 135

Arbeitsgemeinschaft der norddeutschen Industrie- und Handelskammern in den Ländern Bremen, Hamburg, Mecklenburg-Vorpommern, Niedersachsen, Schleswig-Holstein

- Arbeitsgemeinschaft Öffentlichkeitsarbeit
- Kammergemeinschaft Ausbildung und Bildung

Börse
Adolphsplatz 1, 20457 Hamburg
T: (040) 36 63 82 **Fax:** 36 13 84 01
Gründung: 1956
Vorsitzende(r): Vizepräs. Dr. Martin Willich (Vors. d. Geschäftsführung der STUDIO HAMBURG Atelier GmbH, Jenfelder Allee 80, 22045 Hamburg)
Geschäftsführer(in): Dr. Uwe Christiansen
Mitarbeiter: 5

Nordrhein-Westfalen

• E 136

IHK

Vereinigung der Industrie- und Handelskammern in Nordrhein-Westfalen

Postf. 24 01 20, 40090 Düsseldorf
Goltsteinstr. 31, 40211 Düsseldorf
T: (0211) 36 70 20 **Fax:** 3 67 02 21
Kammern: Aachen, Arnsberg, Bielefeld, Bochum, Bonn, Detmold, Dortmund, Düsseldorf, Duisburg, Essen, Hagen, Köln, Krefeld, Münster, Siegen, Wuppertal
Präsident(in): Dr. jur. Jörg Mittelsten Scheid (Ehrenpräsident der Industrie- und Handelskammer Wuppertal-Solingen-Remscheid)
Hauptgeschäftsführer(in): Ass. Hans Georg Crone-Erdmann

Kammern

• E 137

Industrie- und Handelskammer zu Aachen

Postf. 6 50, 52007 Aachen
Theaterstr. 6-10, 52062 Aachen
T: (0241) 4 46 00 **Fax:** 4 46 02 59
Internet: http://www.aachen.ihk.de
E-Mail: info@aachen.ihk.de
Bezirk: Die Kammer hat ihren Sitz in Aachen und umfaßt die Stadt Aachen sowie die Kreise Aachen, Düren, Euskirchen, Heinsberg
Präsident(in): Dipl.-Kfm. Michael Wirtz (Geschäftsführender Gesellschafter der Grünenthal GmbH, Steinfeldstr. 2, 52222 Stolberg, T: (02402) 10 33 29)
Vizepräsident(in): Harald Breme (Dechamps Textil Aktiengesellschaft, Eilendorfer Str. 215, 52078 Aachen, T: (0241) 51 80 10)
Vizepräsident(in): Rolf-Rainer Brinkmann (Hub. Krementz Wwe. GmbH. & Co. KG., Neustr. 18-22, 53879 Euskirchen, T: (02251) 7 00 70)
Vizepräsident(in): Dr. Stephan A. Kufferath-Kaßner (GKD Gebr. Kufferath GmbH & Co., KG., Metallweberstr. 46, 52353 Düren, T: (02421) 80 30)
Vizepräsident(in): Petra Neudenberger (Hotel-Restaurant Friedrichs, Alte Bahnhofstr. 16, 53937 Schleiden, T: (02444) 95 09 50)
Vizepräsident(in): Prof. Dr. Dr. e.h. Franz Pischinger (FEV Motorentechnik GmbH, Neuenhofstr. 181, 52078 Aachen, T: (0241) 5 68 90)
Vizepräsident(in): Dipl.-Ing. Heinz August Schüssler (Bauunternehmung Hans Lamers G.m.b.H. & Co. Kommanditgesellschaft, Mühlenstr. 14, 52428 Jülich, T: (02461) 68 80)
Hauptgeschäftsführer(in): Ass. Jürgen Drewes
Geschäftsführer(in): M.A. Fritz Rötting (Dienstleistungsunternehmen, Wirtschaftsförderung und Öffentlichkeitsarbeit)
Geschäftsführer(in): Dipl.-Ing. Dipl.-Wirtsch.-Ing. Volker Hepple (Industrie, Technologie und Umweltschutz)
Geschäftsführer(in): Ass. Heinz Gehlen (Abteilung Berufsbildung)
Geschäftsführer(in): Dipl.-Volksw. Frank Malis (Außenwirtschaft und Verkehr, Euro Info Centre)
Geschäftsführer(in): Ass. Christoph Schönberger (Handel, Recht, Finanzen und Steuern)
Geschäftsführer(in): Dipl.-Volksw. Hendrik Pauge (Organisation und Personal)
Geschäftsführer(in): Wilhelm Siemons (Weiterbildung und Informationstechnologien)
Verbandszeitschrift: Wirtschaftliche Nachrichten

• E 138

Industrie- und Handelskammer für das südöstliche Westfalen zu Arnsberg

59818 Arnsberg
Königstr. 18-20, 59821 Arnsberg
T: (02931) 8 78-0 **Fax:** 8 78-100
TGR: Handelskammer Arnsberg
Internet: http://www.ihk-arnsberg.de
E-Mail: ihk@arnsberg.ihk.de
Bezirk: Hochsauerlandkreis, Kreis Soest
Gründung: 1851
Ehrenpräs.: Walter Kaiser (Werler Str. 91, 59755 Arnsberg, T: (02932) 2 88 82)
Präsident(in): Dipl.-Ing. Dieter Henrici (Geschäftsf. Gesellschafter der Fa. BJB GmbH & Co. KG, Werler Str. 1, 59755 Arnsberg, T: (02932) 9 82-0)
Vizepräsident(in): Hans Albrecht (Geschäftsf. der Fa. Hella KG Hueck & Co., Rixbecker Str. 75, 59552 Lippstadt, T: (02941) 3 86 10)
Vizepräsident(in): Paul Habbel (Geschäftsf. der Fa. Padberg GmbH, An der Helle 4, 59889 Eslohe, T: (02973) 97 010)
Vizepräsident(in): Dipl.-Ing. Edward Kersting (Geschäftsf. Gesellschafter der Fa. Olsberg Hermann Everken GmbH, Hüttenstr. 38, 59939 Olsberg, T: (02962) 8 05-0)
Vizepräsident(in): Hans-Edgar Hans (Geschäftsf. Ges. der Fa. Hans und Lenze Bauunternehmung GmbH & Co. KG, Bönninghauser Str. 13-15, 59590 Geseke, T: (02942) 5 06-0)
Vizepräsident(in): Egbert Neuhaus (Geschäftsführer der Fa. M. Westermann & Co. GmbH, Bahnhofstr. 205, 59759 Arnsberg, T: (02932) 4 76-0)
Vizepräsident(in): Dr. jur. Carl Heinz Torley (Geschäftsf. Ges. der Fa. CARL TORLEY GmbH & Co. KG, Seidenstükkerweg 6, 59494 Soest, T: (02921) 9 65 00)

Hauptgeschäftsführung
Hauptgeschäftsführer(in): Dipl.-Ökonom Dr. Jürgen Huppert (T: (02931) 8 78-1 57)

Abteilung: Volkswirtschaft, Information, Außenwirtschaft, Finanzwirtschaft
Stellv. HGeschF: Dipl.-Volksw. Dr. Ralf A. Hueß (T: (02931) 8 78-1 54)

Abteilung: Berufsbildung, Prüfungswesen, Wirtschaftsschutz, UK-Stellungen
Geschäftsführer(in): Hans-Jürgen Ramm (T: (02931) 8 78-1 21)

Abteilung: Industrie, Handel, Raumordnung, Verkehr, Fremdenverkehr, Technologie- u. Umweltberatung
Geschäftsführer(in): Dipl.-Ökonom Werner von Buchwald (T: (02931) 8 78-1 61)

Abteilung: Wirtschaftsrecht, Sachverständigenwesen, Zentrale Dienste
Verwaltungsdir. Dipl.-Betriebsw. Johannes Glose (T: (02931) 8 78-1 29)

Abteilung: Berufliche Weiterbildung
Bildungsinstitut Arnsberg-Lippstadt GmbH
Geschäftsführer(in): Stud.-Ass. Franz-Josef Hinkelmann (T: (02931) 8 78-1 71)
Leitung Presseabteilung: Dipl.-Volksw. Dr. Ralf A. Hueß
Verbandszeitschrift: Wirtschaft im Südöstlichen Westfalen
Verlag: Werbestudio K. GmbH, Brückenstr. 6, 59519 Möhnesee-Körbecke
Mitglieder: 22000
Mitarbeiter: 63
Jahresetat: DM 11 Mio, € 5,62 Mio

e 139

IHK für das südöstliche Westfalen zu Arnsberg Geschäftsstelle Lippstadt

Lippertor 1, 59555 Lippstadt
T: (02941) 97 47-0 **Fax:** 97 47-99

• E 140

IHK

Industrie- und Handelskammer Ostwestfalen zu Bielefeld

Postf. 10 03 63, 33503 Bielefeld
Elsa-Brändström-Str. 1-3, 33602 Bielefeld
T: (0521) 5 54-0 **Fax:** 5 54-2 19
Internet: http://www.bielefeld.ihk.de
E-Mail: info@bielefeld.ihk.de
Bezirk: Stadt Bielefeld und die Kreise Gütersloh, Herford, Höxter, Minden-Lübbecke, Paderborn
Ehrenpräs.: Dr. Peter von Möller (i. Fa. Möller Werke GmbH, Kupferhammer 26, 33649 Bielefeld, T: (0521) 44 77-5 01)
Präsident(in): Dipl.-Ing. Fritz-Wilhelm Pahl (i. Fa. Bette GmbH & Co. KG, Heinrich-Bette-Str. 1, 33129 Delbrück, T: (05250) 5 11-1 00)
Vizepräsident(in): Dr. Wolfgang Böllhoff (i. Fa. Wilhelm Böllhoff Beteiligungsgesellschaft mbH & Co.KG, Archimedesstr. 1-4, 33649 Bielefeld, T: (0521) 44 82-2 00)
Vizepräsident(in): Karl-Wilhelm Deerberg (i. Fa. Kaufhaus DEERBERG GmbH & Co. KG, Lange Str. 10, 32312 Lübbecke, T: (05741) 33 33)
Vizepräsident(in): Dipl.-Wirtsch.-Ing. Dirk-Walter Frommholz (i. Fa. Frommholz Polstermöbel GmbH & Co.KG, Industriezentrum 14-20, 32139 Spenge, T: (05225) 87 75-0)
Vizepräsident(in): Ferdinand Klingenthal (i. Fa. Textilhäuser F. Klingenthal Gesellschaft mit beschränkter Haftung, Westernstr. 22-24, 33098 Paderborn, T: (05251) 2 86-0)
Vizepräsident(in): Dr. Rudolf Lödige (i.Fa. Lödige Fördertechnik GmbH, Friedrich-Böhlen-Str. 30, 34414 Warburg, T: (05642) 70 22 16)
Vizepräsident(in): Konsul Rudolf Miele (i. Fa. Miele & Cie. GmbH & Co., Carl-Miele-Str. 29, 33332 Gütersloh, T: (05241) 89 11 41)
Vizepräsident(in): August Oetker (i. Fa. Oetker International GmbH, Lutterstr. 14, 33617 Bielefeld, T: (0521) 1 55 27 33)
Vizepräsident(in): Dipl.-Volksw. Ernst Peter Rauch (i. Fa. Tonindustrie Heisterholz Ernst Rauch GmbH & Co. KG, Heisterholzstr. 1, 32469 Petershagen, T: (05707) 8 11-1 14)
Vizepräsident(in): Herbert Sommer (i. Fa. Sommer Fahrzeugbau GmbH & Co., Rembrandtstr. 1-3, 33649 Bielefeld, T: (0521) 45 98-0)
Hauptgeschäftsführer(in): Dipl.-Volksw. Karl-Peter Abt (T: (0521) 5 54-2 00)
Stellv. HGeschF: Dipl.-Soz. Thomas F. Niehoff (Abt. Industrie, Öffentlichkeitsarbeit, Volkswirtschaft, T: 5 54-2 20)
Stellv. HGeschF: Dipl.-Volksw. Thomas Herold (Leiter der Zweigstelle Paderborn, T: (05251) 15 59-11)
Geschäftsführer(in): Dipl.-Kfm. Thomas Albiez (Abt. Recht, Verwaltung, Finanzwirtschaft, T: (0521) 55 42 70)
Geschäftsführer(in): Dipl.-Volksw. Harald Grefe (Abt. Außenwirtschaft, Handel, Verkehr, T: (0521) 5 54-2 30)
Geschäftsführer(in): Dipl.-Kfm. Swen Binner (Abt. Berufliche Ausbildung, T: (0521) 5 54-2 40)
Verbandszeitschrift: Ostwestfälische Wirtschaft

e 141

IHK Ostwestfalen zu Bielefeld Zweigstelle Paderborn

Postf. 18 07, 33048 Paderborn
Gierswall 4, 33102 Paderborn
T: (05251) 15 59-0
Leiter, Stellv. HGeschF: Dipl.-Volksw. Thomas Herold

e 142

IHK Ostwestfalen zu Bielefeld Zweigstelle Minden-Lübbecke

Portastr. 32, 32423 Minden
T: (0571) 50 83 52
Leiter, Stellv. Geschäftsführer: Dipl.-Volksw. Thorsten Wilke

• **E 143**

Industrie- und Handelskammer im mittleren Ruhrgebiet zu Bochum

44782 Bochum
Ostring 30-32, 44787 Bochum
T: (0234) 91 13-0 **Fax:** 91 13-1 10
TGR: Handelskammer Bochum
Internet: http://www.bochum.ihk.de
E-Mail: ihk@bochum.ihk.de
Bezirk: Kreisfreie Städte Bochum und Herne, sowie aus dem Ennepe-Ruhr-Kreis die Städte Hattingen und Witten
Ehrenpräs.: Dr.-Ing. Franz Schulenberg (Charlottenstr. 73, 44799 Bochum, T: (0234) 77 19 95)
Präsident(in): Dipl.-Kfm. Gerd Pieper (Geschäftsführender Gesellschafter der Stadtparfümerie Pieper GmbH, Hauptstr. 249, 44649 Herne, T: (02325) 98 11 00)
Vizepräsident(in): Dipl.-Kfm. Jürgen Fiege (Geschäftsführender Gesellschafter der Privatbrauerei Moritz Fiege GmbH & Co. KG, Scharnhorststr. 21-25, 44787 Bochum, T: (0234) 6 89 81 01)
Vizepräsident(in): Kfm. Rolf Flasche (Inhaber der Fa. Flasche, Inh. Rolf Flasche, Steinring 45, 44789 Bochum, T: (0234) 3 71 41)
Vizepräsident(in): Dr.-Ing. Jürgen Harnisch (Stellvertretender Vorsitzender des Vorstandes der Thyssen Krupp Automotive GmbH, Alleestr. 165, 44793 Bochum, T: (0234) 9 13-51 00)
Vizepräsident(in): Prof. Dr.rer.pol. Dr.-Ing. Engelbert Heitkamp (Vorsitzender des Aufsichtsrates der Bauunternehmung Heitkamp, Langekampstr. 36, 44652 Herne, T: (02325) 57 00)
Vizepräsident(in): Dipl.-Ing. Reinald Hoben (Direktor der Adam Opel Aktiengesellschaft Werk Bochum, Opelring 1, 44803 Bochum, T: (0234) 9 89 21 00)
Vizepräsident(in): Kaufmann Rolf Ostermann (Geschäftsführender Gesellschafter der Einrichtungshaus Ostermann GmbH & Co. KG, Annenstr. 118-122, 58453 Witten, T: (02302) 96 80 12 02)
Vizepräsident(in): Dipl.-Kfm. Gerhard Schwing (Geschäftsführender Gesellschafter der Schwing GmbH, Heerstr. 9-29, 44653 Herne, T: (02325) 9 87-0)
Hauptgeschäftsführer(in): Dipl.-Kfm. Tillmann Neinhaus (T: dienstl. Durchwahl 91 13-1 16)
Stellv. HGeschF: Dipl.-Volksw. Christoph Burghaus (Geschäftsbereich 4, Volkswirtschaft, Öffentlichkeitsarbeit, T: dienstl. Durchwahl 91 13-1 60)
Geschäftsführer(in): Ass. Ulrich Ernst (Geschäftsbereich 1, Berufliche Bildung, T: dienstl. Durchwahl 91 13-1 39)
Geschäftsführer(in): Dipl.-Betriebsw. Werner-Georg Kölling (Geschäftsbereich 3, Handel, Verkehr (Stellv. Leiter), T: dienstl. Durchwahl 91 13-1 41)
Geschäftsführer(in): Dr. Hans-Peter Merz (Geschäftsbereich 2, Industrie, Außenwirtschaft (Stellv. Leiter), T: dienstl. Durchwahl 91 13-1 33)
Geschäftsführer(in): Ass. Hans-Joachim Panne (Geschäftsbereich 3, Handel, Verkehr (Leiter), T: dienstl. Durchwahl 91 13-1 35)
Geschäftsführer(in): Verwaltungsdir. Dipl.-Komm. Dieter Wieczorek (Stabsbereich Interne Dienste, T: dienstl. Durchwahl 91 13-1 11)
Geschäftsführer(in): Dipl.-Ökonom Klaus Wüllner (Geschäftsbereich 2, Industrie, Außenwirtschaft (Leiter), T: dienstl. Durchwahl 91 13-1 62)
Verbandszeitschrift: Wirtschaft im Revier

• **E 144**

IHK

Industrie- und Handelskammer Bonn/Rhein-Sieg

Postf. 18 20, 53008 Bonn
Bonner Talweg 17, 53113 Bonn
T: (0228) 22 84-0 **Fax:** 22 84-1 70
Internet: http://www.ihk-bonn.de
E-Mail: ihkbonn@bonn.ihk.de
Bezirk: Kreisfreie Stadt Bonn und Rhein-Sieg-Kreis
Präsident(in): Dr. Klaus Stammen (SIEGWERK DRUCKFARBEN GmbH + Co. KG, 53719 Siegburg)
Vizepräsident(in): Dr. Heinz Kröber (Wilhelm Kröber GmbH + Co. KG, Sternstr. 73, 53111 Bonn, T: (0228) 63 60 09)
Vizepräsident(in): Hans Brunemund (Kaufhausbetriebe Hohage GmbH & Co. KG, Bahnhofstr. 16, 53721 Siegburg, T: (02241) 9 68 90)
Vizepräsident(in): Fritz Georg Dreesen (Rheinhotel Dreesen GmbH, Rheinstr. 45-49, 53179 Bonn, T: (0228) 8 20 20)
Vizepräsident(in): Dr. Ernst Franceschini (Grafschafter Krautfabrik KG, Wormersdorfer Str. 22-24, 53340 Meckenheim, T: (02225) 91 90 10)
Vizepräsident(in): Michael Kranz (Sparkasse Bonn, Friedensplatz 1, 53111 Bonn, T: (0228) 6 06 10 01)
Vizepräsident(in): Ulrich Wilhelm Pago (BDO Deutsche Warentreuhand AG, Potsdamer Platz 5, 53119 Bonn, T: (0228) 9 84 93 01)
Vizepräsident(in): Heinz Stephan (Spedition Stephan GmbH, Hohe Str. 97, 53119 Bonn, T: (0228) 98 85 90)
Hauptgeschäftsführer(in): Michael Swoboda (T: dienstl. Durchwahl 22 84-102)
Stellv. Hauptgeschäftsführer: Dipl.-Volksw. Wolfgang Brunswig (Berufsbildung, T: dienstl. Durchwahl 22 84-1 46)
Geschäftsführer(in): Ass. Kurt Schmitz-Temming (Handel, Verkehr, T: dienstl. Durchwahl 22 84-1 42)
Geschäftsführer(in): Dr. Ingrid König (Öffentlichkeitsarbeit, T: dienstl. Durchwahl 22 84-1 40)
Geschäftsführer(in): Ass. Lutz von Pape (Recht und Steuern, T: dienstl. Durchwahl 22 84-1 34)
Geschäftsführer(in): Dipl.-Volksw. Karsten Wietbrock (Industrie, Planung, Umweltschutz, T: dienstl. Durchwahl 22 84-1 30)
Geschäftsführer(in): Gert H. Ulrich (Außenwirtschaft, T: dienstl. Durchwahl 22 84-1 66)
Verwaltungsltr.: Dipl.-Betriebsw. Manfred Heimann (T: dienstl. Durchwahl 22 84-1 10)
Verbandszeitschrift: Die Wirtschaft

• **E 145**

Industrie- und Handelskammer Lippe zu Detmold

Postf. 19 61, 32709 Detmold
Leonardo-da-Vinci-Weg 2, 32760 Detmold
T: (05231) 76 01-0 **Fax:** 76 01-57
Internet: http://www.detmold.ihk.de
E-Mail: ihk@detmold.ihk.de
Bezirk: Kreis Lippe
Ehrenpräsident: Dipl.-Holzw. Bernhard Hausmann (Mitinh. d. Fa. Blomberger Holzindustrie B. Hausmann GmbH & Co. KG, Königswinkel 2, 32825 Blomberg, T: (0535) 9 66-0, Privatanschrift: Ulmenallee 30, 32825 Blomberg, T: (05235) 9 66-1 66)
Präsident(in): Dr. Hannes Frank (i. Fa. JOWAT Lobers u. Frank GmbH & Co. KG, Postf. 19 53, 32709 Detmold, T: (05231) 74 91 10, Privatanschrift: Am Waldsaum 9, 32760 Detmold, T: (05231) 8 86 60)
Vizepräsident(in): Horst Mengedoht (i. Fa. Schuhhaus Mengedoht GmbH & Co. KG, Mittelst. 82, 32657 Lemgo, T: (05261) 45 58 Privat: Puckewese 10, 32657 Lemgo, T: (05261) 45 58)
Vizepräsident(in): Busso Freise (i. Fa. Textilhaus Wiese GmbH & Co. KG, Lange Str. 20, 32756 Detmold, T: (05231) 2 53 81, Privatanschrift: Alter Postweg 24, 32756 Detmold, T: (05231) 2 52 83)
Vizepräsident(in): Ernst-Michael Hasse (i. Fa. Schwering & Hasse Elektrodraht GmbH & Co. KG, Postf. 12 42, 32670 Lügde, T: (05281) 78 80, Privatanschrift: Bahnhofstr. 9, 32812 Bad Pyrmont, T: (05281) 64 04)
Vizepräsident(in): Helmut Kruse (Sparkasse Detmold, Paulinenstr. 34, 32756 Detmold, T: (05231) 7 42-2 00, Privatanschrift: Ehrenbergweg 11, 62760 Detmold, T: (05231) 8 80 65)
Vizepräsident(in): Siegfried Haverkamp (i. Fa. Gebr. Brasseler GmbH & Co. KG, Postfach 1 60, 32631 Lemgo, T: (05261) 7 01-0, Privat: Berliner Allee 24, 32756 Detmold, T: (05231) 2 84 85)
Hauptgeschäftsführer(in): Dipl.-Vw. Axel Martens (Mittelstr. 55, 32758 Detmold)
Verwaltungsltr.: Manfred Landowski (Parkstr. 4, 32816 Schieder-Schwalenberg)
Verbandszeitschrift: IHK-LIPPE INFO
Redaktion: Andreas Henkel

• **E 146**

IHK Industrie- und Handelskammer zu Dortmund

Postf. 10 50 35, 44047 Dortmund
Märkische Str. 120, 44141 Dortmund
T: (0231) 54 17-0 **Fax:** 5 41 71 09
TGR: Handelskammer Dortmund
T-Online ✻969017✻
Internet: http://www.ihk.de/dortmund
E-Mail: info@dortmund.ihk.de
Bezirk: Städte Dortmund, Hamm sowie der Kreis Unna
Gründung: 1863
Ehrenpräsidenten: Rudolf Brickenstein (Geschäftsf. Gesellschafter der W. Brügmann GmbH, Dortmund)
Dr. Dr.h.c. Alfred Voßschulte (Inhaber der Firmengruppe Huchtemeier/Transpapier, Dortmund)
Präsident(in): Dr. Winfried Materna (Geschäftsf. Gesellschafter der Dr. Materna GmbH Systeme Software Beratungen, Dortmund)
Vizepräsident(in): Versicherungskaufmann Rolf-Dieter Beyersdorf, Unna
Dipl.-Kfm. Udo Dolezych (Geschäftsf. Gesellschafter der Westdeutsche Drahtseil-Verkauf Dolezych GmbH & Co., Dortmund)
Dr. Horst Hoffmann (Vorstandsvors. der Continentale Krankenversicherung a.G., Dortmund)
Wilhelm Holtmann (Vorstandssprecher der Dachdecker-Einkauf West eG, Hamm)
Dipl.-Kfm. Fritz Jaeger (Geschäftsführer der MBG Mittelstand Beteiligung Verwaltung GmbH, Dortmund)
Dr.-Ing. Albrecht Knauf (Geschäftsf. Gesellschafter der Deutsche Perlite GmbH, Dortmund)
Dr.-Ing. Jochen Kühner (Geschäftsf. Gesellschafter der Heinrich Klostermann GmbH & Co. KG, Hamm)
Dr. Gerhard Kummer (Geschäftsf. Gesellschafter der Zahnradfabrik Unna GmbH, Unna)
Ass. Jürgen Rossberg (Vorstandsmitgl. der Thyssen Krupp AG, Düsseldorf)
Gerhard Rüschenbeck (Juwelier Rüschenbeck KG, Dortmund)
Hauptgeschäftsführer(in): Dipl.-Kfm. Klaus Günzel
Stellv. Hauptgeschäftsführer: Dipl.-Volksw. Reinhard Schulz (Wirtschafts- und Strukturförderung-Dienstleistung/Handel/Industrie, T: dienstl. Durchwahl 5 41 74 10, privat: Schorlemmerskamp 1, 44319 Dortmund, T: (0231) 27 14 04)
Geschäftsführer(in): Gerhard Eifler (Wirtschafts- und Technologiepolitik, T: dienstl. Durchwahl 54 17-273, privat: Am Knappenberg 109, 44139 Dortmund, T: (0231) 73 40 63)
Ass. Gerd-Rüdiger Opitz (Abt. Recht/Steuern/Zentrale Dienste, T: dienstl. 54 17-2 76; privat: Volmehang 16, 44287 Dortmund, T: (0231) 48 60 87)
Dipl.-Volksw. Hans-Dieter Steppat (Abt. Information, Marketing, Wirtschaftsbeobachtung, T: dienstl. Durchwahl 5 41 72 57, privat: Gurlittstr. 8a, 44287 Dortmund, T: (0231) 48 69 57)
Dipl.-Volksw. Claus-Dieter Weibert (Abt. Berufliche Bildung, T: dienstl. Durchwahl 5 41 72 60, privat: Egerstr. 106, 44225 Dortmund, T: (0231) 71 33 91)
Dipl.-Ing. Ulf Wollrath (Wirtschafts- und Strukturförderung, Dienstleistung/Handel/Industrie, T: dienst. (0231) 54 17-280, privat: Bodieckstraße 107, 44289 Dortmund, T: (0231) 40 29 17)
Zeitschrift: Ruhrwirtschaft
Verlag: Märkische Str. 120, 44141 Dortmund
Mitglieder: 40000
Mitarbeiter: 117

Körperschaft des öffentlichen Rechts; Organ der wirtschaftlichen Selbstverwaltung; Wahrnehmung des Gesamtinteresses der gewerblichen Wirtschaft im östlichen Ruhrgebiet; Beratung und Betreuung der Industrie-, Handels- und Dienstleistungsbetriebe; hoheitliche Aufgaben; Gutachten für Gerichte und Behörden; Erarbeitung von Vorschlägen zur Verbesserung der wirtschaftlichen Situation; Existenzgründung; Schulungsangebote; Weiterbildungsangebote; Fortbildungsmaßnahmen; Qualitätssicherung

e 147

IHK zu Dortmund Zweigstelle Hamm

Postf. 17 07, 59007 Hamm
Südstr. 29, 59065 Hamm
T: (02381) 92 14 10 **Fax:** 9 21 41 23
Leitung: Dipl.-Ing. Ulf Wollrath (Geschäftsführer; Bodieckstr. 107, 44289 Dortmund, T:(0231) 40 29 17)

e 148

Stiftung Westfälisches Wirtschaftsarchiv (WWA)

Märkische Str. 120, 44141 Dortmund
T: (0231) 54 17-2 96-7 **Fax:** 54 17-117
Internet: http://www.archive.nrw.de
E-Mail: wwado@dortmund.ihk.de, ellerbro@dortmund.ihk.de
Leitung: Archivdirektor Dr. Karl-Peter Ellerbrock (Frohenort 58, 44267 Dortmund, T: (0231) 47 97 09)

• **E 149**

Niederrheinische Industrie- und Handelskammer Duisburg-Wesel-Kleve zu Duisburg

Hauptgeschäftsstelle:
Postf. 10 15 08, 47015 Duisburg
Mercatorstr. 22-24, 47051 Duisburg
T: (0203) 28 21-0 **Fax:** 2 65 33
Internet: http://www.ihkduisburg.de
E-Mail: ihk@duisburg.de
Das Gebiet der Kammer umfaßt: Kreisfreie Stadt Duisburg, Kreis Kleve, Kreis Wesel
Ehrenpräsidenten: Dr.-Ing. Wolf Aengeneyndt (Fa. J. H. Schmitz Söhne GmbH & Co., Königstr. 47, 47198 Duisburg, Postf. 17 04 55, 47184 Duisburg, T: (02066) 20 10, TX: 855 800, Fax: (02066) 2 01-1 63)
Prof. Dr. Hans Georg Willers (Freytagstr. 28, 40237 Düsseldorf, T: (0211) 66 61 75, Fax: (0211) 66 61 76)
Präsident(in): Dipl.-Volksw. Heribert Becker (Konsul des Königreichs Belgien, Mitglied des Aufsichtsrats, Fa. VTG-Lehnkering AG, Schifferstr. 26, 47059 Duisburg, Postf. 10 09 51, 47009 Duisburg, T: (0203) 31 88-2 44, Fax: (0203) 31 36 06)
Vizepräsident(in): Dr. rer. oec. Paul Bösken-Diebels (Fa. Privatbrauerei Diebels GmbH & Co. KG, Brauerei-Diebels-Str. 1, 47661 Issum, Postf. 11 61, 47653 Issum, T: (02835) 3 01 01,

Fax: (02835) 3 03 05, E-Mail: boeskenp@diebels.de, Internet: www.diebels.de)
Vizepräsident(in): Physiking. Paul K. Friedhoff (MdB, Tiergartenstr. 38, 47533 Kleve, T: (02821) 2 39 61, Fax: (02821) 1 45 72, E-Mail: paul.friedhoff@mdb.bundestag.dbn.de)
Vizepräsident(in): Dipl.-Kfm. Karl-Eduard Hitzbleck (Fa. Karl Hitzbleck GmbH & Co. KG, Hedwigstr. 1, 47058 Duisburg, Postf. 10 06 64, 47006 Duisburg, T: (0203) 3 05 17-13, TX: 8 551 485, Fax: (0203) 3 05 17-99)
Vizepräsident(in): Dr. Karl Friedrich Jakob (Stellv. Vorstandsvorsitzender, Fa. RAG Coal International AG, Postanschrift: Rellinghauser Str. 1-11, 45128 Essen, T: (0201) 1 77-31 30, Fax: (0201) 1 77-31 33, E-Mail: kf.jakob@rag-coalinter.de)
Vizepräsident(in): Dipl.-Kfm., Dr. Doris König (Fa. König-Brauerei GmbH & Co. KG, Friedrich-Ebert-Str. 259-263, 47139 Duisburg, Postf. 66 01 40, 47130 Duisburg, T: (0203) 4 55-23 45, Fax: (0203) 4 55-24 46, E-Mail: gf@koenig.de, Internet: www.koenig.de)
Vizepräsident(in): Kurt Küppers (Geschf.Ges., Fa. Hülskens GmbH & Co.KG, Hülskensstr. 4-6, 46483 Wesel, Postf. 10 02 02, 46462 Wesel, T: (0281) 20 40, TX: 812 871, Fax: (0281) 2 04-2 04)
Vizepräsident(in): Heinz Pelzer (Geschäftsführer der Fa. Pelzer GmbH, Sonnenwall 14-20, 47051 Duisburg, Postf. 10 10 26, 47010 Duisburg, T: (0203) 29 59 40, TX: 855 309, Fax: (0203) 2 95 94 40)
Vizepräsident(in): Dr. Dieter Schadt (Vorsitzender des Vorstands, Fa. Franz Haniel & Cie. GmbH, Franz-Haniel-Platz 1, 47119 Duisburg, 47118 Duisburg, T: (0203) 8 06-2 51, -3 79, -4 79, Fax: (0203) 8 06-6 60, E-Mail: dieter-schadt.fhc@haniel.de, Internet: www.haniel.de)
Vizepräsident(in): Michael Schenkel (Geschäftsführer Fa. Sittardsberg Hotel- und Reisebetriebs GmbH, Sittardsberger Allee 10, 47249 Duisburg, T: (0203) 70 00 01 und (0211) 4 08 90 17, Fax: (0203) 70 11 25, E-Mail: hotel@sittardsberg.de, Internet: www.sittardsberg.de)
Vizepräsident(in): Prof. Dr.-Ing. Ekkehard Schulz (Vorsitzender des Vorstands, Fa. Thyssen Krupp AG, Kaiser-Wilhelm-Str. 100, 47166 Duisburg, 47161 Duisburg, T: (0203) 52-2 66 80, Fax: (0203) 55 80 93)
Vizepräsident(in): Dr.-Ing. Ernst J. Trapp (Vorstandsvorsitzender Fa. F.C. Trapp AG Bauunternehmung, Trappstr. 6-8, 46483 Wesel, Postf. 10 06 59, 46466 Wesel, T: (0281) 20 92 17, TX: 812 850, Fax: (0281) 20 92 22, E-Mail: ejt.trapp@cityweb.de, Internet: www.trapp.de)
Vollversammlung: Matthias Bannemer (Kastellstr. 12-16, 47564 Kalkar, T: (02824) 20 31, Fax: (02824) 47 31)
Dipl.-Volksw. Heribert Becker (Konsul des Königsreichs Belgien, Präsident der Kammer, Mitgl. d. Aufsichtsrats Fa. VTG-Lehnkering AG, Schifferstr. 26, 47059 Duisburg, Postf. 10 09 51, 47009 Duisburg, T: (0203) 31 88-2 44, Fax: (0203) 31 36 06)
Dr. Jochen Beckord (Geschäftsführer der Fa. Dr. Beckord GmbH, Holtener Str. 24, 46539 Dinslaken, T: (02064) 9 07 40, Fax: (02064) 9 04 00, E-Mail: beckord.gmbh@t-online.de)
Dr. Edmund Bercker (Geschäftsführer der Fa. Butzon und Bercker GmbH, Hoogeweg 71, 47623 Kevelaer, Postf. 2 15, 47613 Kevelaer, T: (02832) 92 90, Fax: (02832) 4 03 21, edmund.bercker@butzonbercker.de, Internet: www.butzenbercker.de)
Manfred Berns (Tankstellenpächter Reeser Landstr. 20, 46483 Wesel, T: (0281) 33 14 02, Fax: (0281) 33 14 01)
Rainer Bies (- Marketingberatung -, Ackerstr. 57, 47533 Kleve, T: (02821) 2 41 93)
Dr. Uwe Bilstein (Geschäftsführer der Fa. NBV+UGA Handels-GmbH, Hans-Tenhaeff-Str. 44, 47638 Straelen, Postf. 13 62, 47630 Straelen, T: (02834) 9 10-1 13, Fax: (02834) 9 10-1 70)
Dr. Paul Bösken-Diebels (Vizepräsident der Kammer, Sprecher der Geschäftsführung, Fa. Privatbrauerei Diebels GmbH & Co. KG, Brauerei-Diebels-Str. 1, 47661 Issum, Postf. 11 61, 47653 Issum, T: (02835) 3 01 01, Fax: (02835) 3 03 05, E-mail: boeskenp@diebels.de, Internet: www. diebels.de)
Dipl.-Ing. Jobst Brehe (Mitglied des Vorstands Fa. "KERAMAG" Keramische Werke AG, Abelstr. 12, 46483 Wesel, Postf. 10 02 25, 46462 Wesel, T: (0281) 2 02 11, Fax: (0281) 2 02 30)
Theo Convent (Geschäftsführender Gesellschafter d. Fa. CONVENT SPEDITION + TRANSPORT GMBH, Duisburger Str. 80, 46446 Emmerich, Postf. 10 02 47, 46422 Emmerich, T: (02822) 6 08-30, Fax: (02822) 6 08-38, info@conventgmbh.de, Internet: conventgmbh.de)
Apotheker Jürgen Dorenburg (Schwanenapotheke Jürgen Dorenburg, Brückstr. 14, 46483 Wesel, T: (0281) 2 13 50, Fax: (0281) 2 70 88)
Rudolf Eck (Fa. Rudi Eck - Immobilien -, Markt 40, 47608 Geldern, T: (02831) 13 01 30, E-Mail: info@eck.de, Internet: www.eck.de)
Dr. Klaus Eckert (Vorsitzender der Geschäftsführung Fa. Carl Spaeter GmbH, Am Buchenbaum 4-6, 47051 Duisburg, Postf. 10 11 63, 47011 Duisburg, T: (0203) 28 18-4 34, Fax: (0203) 2 78 04)
Ludger Erfurt (Geschäftsführer Fa. Kaufhof Warenhaus AG, Düsseldorfer Str. 32-36, 47051 Duisburg, Postf. 10 07 51, 47007 Duisburg, T: (0203) 28 66-2 11, Fax: (0203) 2 79 56)
Physiking. Paul K. Friedhoff (MdB, Vizepräsident der Kammer, Tiergartenstr. 38, 47533 Kleve, T: (02821) 2 39 61, Fax: (02821) 1 45 72, E-Mail: paul.friedhoff@mdb.bundestag.dbn.de)
Günther Gallrein (Fa. Günther Gallrein, Oderstr. 58, 47445 Moers, T: (02841) 4 29 79)
Ernst Hermann Gehnen (Sparkassendirektor, Vorsitzender des Vorstands Sparkasse Rheinberg, 47493 Rheinberg, T: (02843) 1 77-1 01, Fax: (02843) 1 77-1 96)
Jürgen Gembler (- Datenverarbeitung -, Rheinstr. 5, 47533 Kleve, T: (02821) 7 87 22, Fax: (02821) 7 87 33)
Hubert Gerwinn (Bankdirektor, COMMERZBANK AG, Filiale Duisburg, Königstr. 15-19, 47051 Duisburg, Postf. 10 02 61, 47002 Duisburg, T: (0203) 28 23-3 62, Fax: (0203) 28 23-3 92)
Andreas Goedecke (Fa. Andreas Goedecke -Immobilien-, Neustr. 50, 46483 Wesel, T: (0281) 3 38 52-0, Fax: (0281) 3 38 52-15, E-Mail: goedecke-wesel@t-online.de)
Rainer Gossmann (Fa. ISS-NWG Holding GmbH Mülheimer Str. 100, 47057 Duisburg, T: (0203) 3 06-27 70, Fax: (0203) 3 06 27 77, jseroka.d@iss.euro.com)
Dr. Wolf-Dieter Griebler (Vorsitzender der Geschäftsführung, Fa. Sachtleben Chemie GmbH, Dr.-Rudolf-Sachtleben-Str. 4, 47198 Duisburg, Postf. 17 04 54, 47184 Duisburg, T: (02066) 22 22-01, Fax: (02066) 22 22-14, E-Mail: wgrieble@sachtleben.de)
Gabriela Grillo (Mitglied des Vorstands, Fa. Grillo-Werke AG, Weseler Str. 1, 47169 Duisburg, Postf. 11 02 65, 47142 Duisburg, T: (0203) 55 57-2 13, Fax: (0203) 40 66-1 45, grillo-g.schmitt@t-online.de, Internet: www.grillo.de)
Dipl.-Ing. Christian Heinrich (Geschäftsführer Fa. Thyssengas GmbH, Duisburger Str. 277, 47166 Duisburg, T: (0203) 55 55-28 93, Fax: (0203) 55 55-27 88, E-Mail: christian.heinrich@thyssengas.de)
Helmut Hell jun. (Geschäftsführer Fa. H. Hell jun. Schiffahrts GmbH, Mittelstr. 13, 46446 Emmerich, T: (02822) 66 16, Fax: (02822) 62 52, schiffahrt-hell@t-online.de, Internet: www.schiffahrt-hell.com)
Dipl.-Ing. Udo-Jürgen Hennig (Vorsitzender der Geschäftsführer Fa. Unichema Chemie GmbH, Steintor 9, 46446 Emmerich, Postf. 10 09 63, 46429 Emmerich, T: (02822) 72-2 47, Fax: (02822) 72-2 04, E-Mail: udo-juergen.hennig@unichema.com)
Alfred Herbers (- Schuheinzelhandel -, Bruchweg 85, 46485 Wesel, T: (0281) 5 31 13, Fax: (0281) 8 33 75)
Dipl.-Kfm. Karl-Eduard Hitzbleck (Vizepräsident der Kammer, Fa. Karl Hitzbleck GmbH & Co. KG, Hedwigstr. 1, 47058 Duisburg, Postf. 10 06 64, 47006 Duisburg, T: (0203) 3 05 17-13, Tx: 8 551 485, Fax: (0203) 3 05 17-99)
Dipl.-Ök. Alexander Höfkens (Geschäftsführender Gesellschafter Fa. KDT Datentechnik GmbH, Tiergartenstr. 27, 47533 Kleve, T: (02821) 72 42-0, Fax: (02821) 72 42-42, E-Mail: ach@worldwide-analytical.com, Internet: www.worldwide-analytical.com)
RA Thomas Hüttemann (Geschäftsführer Fa. Frachtenkontor GmbH, Zweigniederlassung Rheinhausen, Friedrich-Ebert-Str. 22, 47226 Duisburg, Postf. 14 13 40, 47203 Duisburg, T: (02065) 9 09-1 15, Fax: (02065) 9 09-2 61, E-Mail: th.huettemann@frachtenkontor.de, Internet: www.frachtenkontor.de)
Gisela Hunck (Geschäftsführerin Fa. Mensing GmbH & Co. KG, Hohe Str. 1 a, 46483 Wesel, T: (0281) 2 30 64, 2 30 65, Fax: (0281) 2 98 01)
Gerd-Hermann Hussmann (Geschäftsführer Fa. Hussmann Baustoffzentrum Verwaltungs GmbH, Bönninger Str. 102, 46519 Alpen, T: (02802) 8 30, Fax: (02802) 83 39, E-Mail: bauzentrum@t-online.de, Internet: www.hussmann.de)
Dr. Karl Friedrich Jakob (Vizepräsident der Kammer, Stellv. Vorstandsvorsitzender Fa. RAG Coal International AG, Postanschrift: Rellinghauser Str. 1 - 11, 45128 Essen, T: (0201) 1 77-31 30, Fax: (0201) 1 77 -31 33, E-Mail: kf.jakob@rag-coal-inter.de)
Dipl.-Betriebsw. Heinz Jammers (Geschäftsführer Fa. PROBAT-WERKE von Gimborn Maschinenfabrik GmbH, Reeser Str. 94, 46446 Emmerich, Postf. 10 07 52, 46427 Emmerich, T: (02822) 9 12-0, Fax: (02822) 9 12-4 44, E-Mail: info@probat.com, Internet: www.probat.com)
Dr. Wolf-Dieter Jurgeleit (Bankdirektor, Sprecher des Vorstands, Fa. Vereinsbank eG, Düsseldorfer Str. 11-13, 47051 Duisburg, Postf. 10 13 65, 47013 Duisburg, T: (0203) 28 67-2 32, Fax: (0203) 28 47 26, dr.jurgeleit@vbk-du.de, Internet: www.vbk-du.de)
Tilo Karrer (Geschäftsführer Fa. Promochem GmbH Handelsgesellschaft für chemische Produkte, Mercatorstr. 51, 46485 Wesel, Postf. 10 09 55, 46469 Wesel, T: (0281) 9 88 70, TX: 812 741, Fax: (0281) 8 99 94, E-Mail: de@promochem.com, Internet: www.promochem.com)
Dipl.-Betriebsw. Kurt Kemper (Fa. Friedrich Kemper GmbH & Co. KG Kupfer- und Drahtwerk, Düsseldorfer Str. 387, 47055 Duisburg, Postf. 10 07 46, 47007 Duisburg, T: (0203) 7 78 58-0, Fax: (0203) 7 78 58 58)
Hermann Kilders (Geschäftsführer Fa. Schönmackers Umweltdienste GmbH & Co. KG, Siemensstr. 75, 47574 Goch, T: (02823) 1 00 20)
Dipl.-Kfm. Henner Kipphardt (Fa. Kipphardt GmbH - Bau- u. Industriemaschinen -, Koloniestr. 52-56, 47057 Duisburg, Postf. 10 07 62, 47007 Duisburg, T: (0203) 3 78 08-11, TX: 855 678, Fax: (0203) 3 78 08 88)
Dr. RA Ulrich F. Kleier (Geschäftsführer Fa. Möbelhaus Friedrich Kleier GmbH & Co. KG, Repelener Str. 2, 47441 Moers, T: (02841) 2 52 23, Fax: (02841) 2 66 52)
Dipl.-Kfm., Dr. Doris König (Vizepräsidentin der Kammer, Fa. König-Brauerei GmbH & Co. KG, Friedrich-Ebert-Str. 259-263, 47139 Duisburg, Postf. 66 01 40, 47130 Duisburg, T: (0203) 4 55-23 45, Fax: (0203) 4 55-24 46, E-Mail: gf@koenig.de, Internet: www.koenig.de)
Georg Küppers (Geschäftsführender Gesellschafter Fa. Küppers Tiefkühlkost GmbH, An het Hagelkruys 65, 47608 Geldern, Postf. 21 51, 47598 Geldern, T: (02838) 91 55-0, Fax: (02838) 91 55-34, E-Mail: info@kueppers.de, Internet: www.kueppers.de)
Kurt Küppers (Vizepräsident der Kammer, Geschäftsführender Gesellschafter Fa. Hülskens GmbH & Co. KG, Hülskensstr. 4-6, 46483 Wesel, Postf. 10 02 02, 46462 Wesel, T: (0281) 20 40, TX: 812 871, Fax: (0281) 2 04-2 04)
Erika Lamers (Kauffrau, Ziegelstr. 90, 47533 Kleve, T: (02821) 73 23-0)
Dr.h.c. Siegfried Landers (Geschäftsführender Gesellschafter Fa. Landers GmbH, Am Lippeglacis 20, 46468 Wesel, Postf. 10 12 49, 46472 Wesel, T: (0281) 1 09 50, Ttx: 281 310, Fax: (0281) 1 09 78, Internet: www.landers.de)
Dr. Peter Langenbach (Geschäftsführer Fa. Reederei- und Assekuranz-Kontor J. M. Wesselman & Co. GmbH, Wanheimer Str. 211, 47053 Duisburg, T: (0281) 2 04-4 50, Fax: (0281) 2 04-4 46)
Ullrich Langhoff (Geschäftsführer Fa. Lippeschlößchen Langhoff GmbH - Restaurant Lippeschlößchen - , Hindenburgstr. 2, 46485 Wesel, T: (0281) 44 88, Fax: (0281) 47 33, E-Mail: lippeschloesschen@t-online.de, Internet: lippeschloesschen.de)
Dr. Wolf Lanzer (Mitgl. d. Geschäftsführung Fa. Hüttenwerke Krupp Mannesmann GmbH, Ehinger Str. 200, 47259 Duisburg, Postf. 25 11 24, 47251 Duisburg, T: (0203) 9 99-26 87, Fax: (0203) 9 99-44 23)
Norbert Lechtenböhmer (Geschäftsführer Fa. Legi GmbH, Im Meerfeld 83-89, 47445 Moers, T: (02841) 7 89-0, Fax: (02841) 7 89 23)
Viktor Lemken (Persönl. haftender Gesellschafter Fa. LEMKEN GmbH & Co. KG, Weseler Str. 5, 46519 Alpen, Postf. 11 60, 46515 Alpen, T: (02802) 8 10, Fax: (02802) 8 12 20)
Benno Lensdorf (Geschäftsführer Fa. benno Vertriebsgesellschaft für technischen Bedarf mbH, Kasteelstr. 6-8, 47119 Duisburg, Postf. 13 05 15, 47105 Duisburg, T: (0203) 8 00 07-20 und (0172) 2 61 41 30, Fax: (0203) 8 00 07-45, E-Mail: benno-duisburg@t-online.de, Internet: www.benno.de)
Bernd Linssen (Fa. Heinrich Linssen GmbH & Co. KG, Mühlenweg 12, 47608 Geldern, Postf. 13 53, 47593 Geldern, T: (02831) 12 40, TX: 812 218)
Alois Lünendonk (Geschäftsführer Fa. Elektrohaus Lünendonk, Großer Markt 25, 47533 Kleve, T: (02821) 2 50 21, Fax: (02821) 1 43 77)
Klaus-Dieter Maaß (Geschäftsführer Fa. Maaß Anlagen- und Schornsteintechnologie GmbH, Industriestr. 18a, 46499 Hamminkeln, T: (02852) 92 22-0, Fax: (02852) 92 22-22, E-Mail: maass@maass.de, Internet: www.maass.de)
Werner Maaß (Bankdirektor, Mitglied des Vorstands Volksbank Dinslaken eG, Am Neutor 23, 46535 Dinslaken, Postf. 10 05 30, 46525 Dinslaken, T: (02064) 6 26-5 03, Fax: (02064) 6 26-29)
Dr. Uwe Martens (Geschäftsführer Fa. Krohne Meßtechnik GmbH & Co. KG, Ludwig-Krohne-Str. 5, 47058 Duisburg, Postf. 10 08 62, 47008 Duisburg, T: (0203) 3 01-2 01, -4 04, Fax: (0203) 3 01-3 80)
Apotheker Karl-Rudolf Mattenklotz (Apotheke Mattenklotz Inh. Apotheker Karl-Rudolf Mattenklotz, Friedrich-Ebert-Str. 16, 47179 Duisburg, T: (0203) 40 06 55, Fax: (0203) 40 08 22)
Dipl.-Ing. Nicolas-Paul Neu (Geschäftsführer Fa. Solvin GmbH & Co. KG, Ludwigstr. 12, 47495 Rheinberg, Postf. 10 13 61, 47493 Rheinberg, T: (02843) 73 21 29, Fax: (02843) 73 21 46, E-Mail: nicolas.neu@solvay.com, Internet: www.solvay.com/de)
Dr. Günter Okon (Sprecher des Vorstands Fa. B. U S. Berzelius Umwelt-Service AG, Stresemannstr. 80, 47051 Duisburg, Postf. 13 01 61, 47101 Duisburg, T: (0203) 80 93-2 00, Fax: (0203) 80 93-2 99, E-Mail: ialthaus@bus-ag.de, Internet: www.bus-ag.de)
Heinz Pelzer (Vizepräsident der Kammer, Geschäftsführer der Fa. Pelzer GmbH, Sonnenwall 14-20, 47051 Duisburg, Postf. 10 10 26, 47010 Duisburg, T: (0203) 29 59 40, TX: 855 309, Fax: (0203) 2 95 94 40)
Alfred Reifenberg (Sparkassendirektor, Vorsitzender des Vorstands Stadtsparkasse Duisburg, Königstr. 23-25, 47051 Duisburg, Postf. 10 15 11, 47015 Duisburg, T: (0203) 28 15-2 13, TX: 855 785, Fax: (0203) 2 81 58 88)
Hans Saager (Geschäftsführer Fa. Röchling & Eicker GmbH, Auf der Höhe 57, 47059 Duisburg, Postf. 10 11 53, 47011 Duisburg, T: (0203) 31 80-2 52, Fax: (0203) 31 80-2 10, E-Mail: hauptbetrieb@auto-röchling.de, Internet: auto-roechling.de)
Theo Sausen (Geschäftsf. Gesellschafter Fa. WOMA Apparatebau GmbH, Werthauser Str. 77-79, 47226 Duisburg, Postf. 14 18 20, 47208 Duisburg, T: (02065) 3 04-2 12, Fax: (02065) 3 04-2 13, E-Mail: theo.sausen@woma.de, Internet: www.woma.de)
Dr. Dieter Schadt (Vizepräsident der Kammer, Vorsitzender des Vorstands Fa. Franz Haniel & Cie. GmbH, Franz-Haniel-Platz 1, 47119 Duisburg, 47118 Duisburg, T: (0203) 8 06-2 51, -3 79, -4 79, Fax: (0203) 8 06-6 60, E-Mail: dieter-schadt.fhc@haniel.de, Internet: www.haniel.de)
Michael Schenkel (Vizepräsident Kammer, Geschäftsführer der Fa. Sittardsberg Hotel- und Reisebetriebs GmbH, Sit-

tartsberger Allee 10, 47249 Duisburg, T: (0203) 70 00 01 und (0211) 4 08 90 17 Fax: (0203) 70 11 25, E-Mail: hotel@sittardsberg.de, Internet: sittardsberg.de)
Reiner-Herbert Schippers (Fa. KREFA Immobilien GmbH & Co Vertriebs KG, Gärtnerstr. 22, 47199 Duisburg, T: (02841) 8 73 80, Fax: (02841) 8 04 22, E-Mail: krefa.immobilien@t-online.de)
Michael Schnetzke (Textileinzelhändler, Friedrich-Alfred-Str. 77, 47226 Duisburg, T: (02065) 5 83 54 und 5 66 89, Fax: (02065) 8 12 76)
Dr. Gerhard Schuh (Vorsitzender des Vorstands Fa. Rhenus PartnerShip AG & Co. KG, August-Hirsch-Str. 3, 47119 Duisburg, 47118 Duisburg, T: (0203) 80 09-3 38, Fax: (0203) 80 09-2 23, E-Mail: gschuh@rhenus.de, Internet: www.rs-partnership.de)
Prof. Dr.-Ing. Ekkehard Schulz (Vizepräsident der Kammer, Vorsitzender des Vorstands Fa. Thyssen Krupp AG, Kaiser-Wilhelm-Str. 100, 47166 Duisburg, 47161 Duisburg, T: (0203) 52-2 66 80, Fax: (0203) 55 80 93)
Hans-Egon Schwarz (Mitglied des Vorstands Fa. DEUTSCHE TRANSPORT-GENOSSENSCHAFT BINNENSCHIFFAHRT EG, Rheinallee 3, 47119 Duisburg, Postf. 13 07 54, 47107 Duisburg, T: (0203) 8 00 04-41, Fax: (0203) 8 00 04-43)
Ewald Schwing (Vorsitzender des Vorstands Fa. Schwing Fluid Technik AG, Oderstr. 7, 47506 Neukirchen-Vluyn, Postf. 10 12 52, 47497 Neukirchen-Vluyn, T: (02845) 9 30-1 11, Fax: (02845) 9 30-1 00, E-Mail: schwing-neuka@t-online.de, Internet: www.schwing-ag.de)
Dipl.-Volksw. Dieter Stahmann (Geschäftsführer Fa. Hoogovens Aluminium Hüttenwerk GmbH, Schleusenstraße, 46562 Voerde, Postf. 10 11 54, 46549 Voerde, T: (0281) 9 42 10, E-Mail: dieter.stahmann@hoogovens.com)
Wilhelm Stoelk (Geschäftsführer Fa. Bekleidungshaus Indefrey GmbH, Voßstr. 40, 47574 Goch, Postf. 10 03 42, 47563 Goch, T: (02823) 73 71, Fax: (02823) 82 91)
Willy Thünnesen (Geschäftsführer Fa. Thünnesen GmbH Bäckereimaschinen, Industriestr. 30, 47652 Weeze, T: (02837) 10 97, Fax: (02837) 10 90, E-Mail: thuennesen.baekkereimaschinen@t-online.de)
Friedrich Tonscheidt (Fa. Friedrich Tonscheidt KG, Masurenallee 253, 47279 Duisburg, T: (0203) 9 97 55-20, Fax: (0203) 9 97 55 50)
Dr.-Ing. Ernst J. Trapp (Vizepräsident der Kammer, Vorstandsvorsitzender Fa. F. C. Trapp AG Bauunternehmung, Trappstr. 6-8, 46483 Wesel, Postf. 10 06 59, 46466 Wesel, T: (0281) 20 92 17, TX: 812 850, Fax: (0281) 20 92 22, E-Mail: ejt.trapp@cityweb.de, Internet: www.trapp.de)
Dipl.-Ing., Dipl.-Wirtsch.-Ing. Heinz Trox (Vorsitzender Geschäftsführung der Fa. Gebrüder Trox GmbH, Heinrich-Trox-Platz, 47506 Neukirchen-Vluyn, Postf. 12 63, 47504 Neukirchen-Vluyn, T: (02845) 20 22 14, Fax: (02845) 20 24 44, E-Mail: heinz.trox@troxtechnik.de, Internet: www.troxtechnik.com)
Bernhard Vogel (Fa. Gebr. Vogel Meßwerkzeugfabrik, Ossenpaß 4, 47623 Kevelaer, Postf. 1 76, 47613 Kevelaer, T: (02832) 92 39-12, Fax: 02832) 36 21, E-Mail: vogel-germany@t-online.de, Internet: www.vogel-germany.de)
Dipl.-Ing. Hans-Jürgen Walzer (Geschäftsführer Fa. Meidericher Schiffswerft GmbH & Co. KG, Schlickstr. 21, 47138 Duisburg, Postf. 12 04 54, 47124 Duisburg, T: (0203) 4 49 06-20, Fax: (0203) 4 49 06-50)
Helmut Wanner (Geschäftsführender Gesellschafter Fa. SPIEKERMANN GmbH & Co. - Beratende Ingenieure - , Ruhrorter Str. 187, 47119 Duisburg, T: (0203) 8 00 28-1 00, Fax: (0203) 8 00 28-1 90, E-Mail: h.wanner@spiekermann.de, Internet: www.spiekermann.de)
Elmar Welling (Geschäftsführer Fa. Welling GmbH, An der Linde 2, 47445 Moers, T: (02841) 97 60, Fax: (02841) 9 76 66, E-Mail: info@hotel-zur-linde.de, Internet: www.hotel-zurlinde.de)
RA Stefan Michael Werner (Fa. Fritz Tesch GmbH & Co. KG, Rheinberger Str. 2, 47441 Moers, Postf. 23 60, 47413 Moers, T: (02841) 2 52 25, TX: 8 121 191)
Dipl.-Kfm. Frank Wohlfarth (Geschäftsführer Fa. Gert Wohlfarth GmbH, Verlag Fachtechnik + Mercator Verlag, Stresemannstr. 20-22, 47051 Duisburg, Postf. 10 14 61, 47014 Duisburg, T: (0203) 3 05 27-12, Fax: (0203) 33 77 65, E-Mail: g.wohlfarth@t-online.de, g.wohlfarth@wohlfarth.de, Internet: www.wohlfarth.de)
Dipl.-Kfm. Hans Wolters (Pers. haftender Gesellschafter Fa. Creditreform Emmerich Wolters KG, 's-Heerenberger Str. 172, 46446 Emmerich, Postf. 10 02 48, 46422 Emmerich, T: (02822) 50 06, 50 07, Fax: (02822) 65 03, E-Mail: creditreform-emmerich@t-online.de)
Ehrenmitglieder: Carl Hans von Gimborn (Vorsitzender des Beirats Fa. Probat-Werke von Gimborn GmbH & Co. KG, Reeser Str. 94, 46446 Emmerich, Postf. 10 07 52, 46427 Emmerich, T: (02822) 7 00 61, Fax: (02822) 1 82 90)
Klaus Schaffrath (Am Mühlenturm 9, 47608 Geldern, T: (02831) 8 62 84)
Hauptgeschäftsführer(in): Dipl.-Volksw. Hans-Jürgen Reitzig
Stellv. Hauptgeschäftsführer: Dipl.-Ök. Theodor Friedhoff
Leiter der Geschäftsbereiche: Hans Ehrenboger (Verw.Dir)
Dipl.-Ök. Theodor Friedhoff (Stv. Hgf.)
Ass. Michael Pieper (GF)
Dr.-Ing. Eberhard Reiff (GF)
Dipl.-Volksw. Heiner Rogge (GF)
Dipl.-Ök. Astrid Schulte (GF)
Dipl.-Volksw. Friedrich Tettinger (GF)
Leiter der Abteilungen / Stabsabteilungen: Winfried Ballmann
Dr. Thomas Hanicke (GF)
Alfred Kilian (M.A.)

Zweigstellen der Kammer:

e 150

Niederrheinische IHK Duisburg-Wesel-Kleve zu Duisburg
Zweigstelle Kleve

Boschstr. 16, 47533 Kleve
T: (02821) 2 22 33 **Fax:** 1 25 71
Leitung: Mario Peter Goedhart

e 151

Niederrheinische IHK Duisburg-Wesel-Kleve zu Duisburg
Zweigstelle Wesel

Postf. 10 11 48, 46471 Wesel
Großer Markt 7, 46483 Wesel
T: (0281) 2 20 48 **Fax:** 1 57 37
Leitung: Assessor Michael Pieper (GF)

• E 152

Industrie- und Handelskammer zu Düsseldorf

Postf. 10 10 17, 40001 Düsseldorf
Ernst-Schneider-Platz 1, 40212 Düsseldorf
T: (0211) 35 57-0 **Fax:** 3 55 74 00
TGR: Düsselkammer
T-Online *935571*
Internet: http://www.duesseldorf.ihk.de
E-Mail: IHKDUS@duesseldorf.ihk.de
Bezirk: Kreisfreie Stadt Düsseldorf und Kreis Mettmann
Ehrenpräs.: Dr.h.c. Friedrich G. Conzen (Fa. F. G. Conzen, Bilker Str. 5, 40213 Düsseldorf, T: (0211) 86 68 10)
Ehrenpräs.: Dr. h.c. Rolf Schwarz-Schütte (Schwarz Pharma AG, Alfred-Nobel-Str. 10, 40789 Monheim, T: (02173) 4 80)
Ehrenpräs.: Dipl.-Ing. Albrecht Woeste (Henkel KGaA, Henkelstr. 67, 40589 Düsseldorf, T: (0211) 7 97-89 68)
Präsident(in): Hermann Franzen (Hermann Franzen KG, Königsallee 42, 40212 Düsseldorf, T: (0211) 13 07 80)
Vizepräsident(in): Dr. Klaus Esser (Mannesmann AG, Mannesmannufer 2, 40213 Düsseldorf, T: (0211) 8 20 20 80)
Vizepräsident(in): Hartmut Haubrich (ElectronicPartner Handel GmbH, Mündelheimer Weg 40, 40472 Düsseldorf, T: (0211) 4 15 63 06)
Vizepräsident(in): Christine Jülicher (Jülicher Marketing & Werbung, Schumannstr. 1, 42549 Velbert, T: (02051) 96 70 08)
Vizepräsident(in): Manfred Kronen (Igedo International Company, Stockumer Kirchstr. 61, 40474 Düsseldorf, T: (0211) 4 39 63 00)
Vizepräsident(in): Dr. Ulrich Lehner (Henkel KGaA, Henkelstr. 67, 40191 Düsseldorf, T: (0211) 7 97 47 28)
Vizepräsident(in): Horst Markgraf (Spranger & Braukmann GmbH, Ubierstr. 20, 40223 Düsseldorf, T: (0211) 90 20 20)
Vizepräsident(in): Dr. Horst Werner Sterzenbach (Kiekert AG, Kettwiger Str. 12-24, 42579 Heiligenhaus, T: (02056) 1 50)
Vizepräsident(in): Dr. Alexander von Tippelskirch (IKB Deutsche Industriebank AG, Karl-Theodor-Str. 6, 40213 Düsseldorf, T: (0211) 82 21 43 84)
Hauptgeschäftsführer(in): Dr. Udo Siepmann (T: Durchwahl 3 55 72 00)
Stellv. Hauptgeschäftsführer: Ass. Gerhard Meyer (Abt. Handel und Dienstleistungen, Regionalwirtschaft und Verkehr, T: Durchwahl 3 55 72 30)
Stellv. Hauptgeschäftsführer: Dr. Wulfhard Hischebeth (Leiter der Zweigstelle Velbert, T: Durchwahl 02051/92 00 10)
Geschäftsführer(in): Jens Hüper (Abt. Recht und Steuern, T: Durchwahl 3 55 72 40)
Geschäftsführer(in): Verw. Dir. Dipl.-Kfm. Hans Werner Knecht (Abt. Verwaltung, Datenverarbeitung, T: Durchwahl 3 55 73 10)
Geschäftsführer(in): Ass. Rudolf Tillmann (Abt. Berufsbildung, Prüfungen, T: Durchwahl 3 55 72 80)
Geschäftsführer(in): Dipl.-Pädagogin Mechthild Teupen (Abt. Berufliche Weiterbildung, T: Durchwahl 1 72 43 33)
Geschäftsführer(in): Dr. Gerhard Eschenbaum (Abt. Außenwirtschaft, T: Durchwahl 3 55 72 20)
Geschäftsführer(in): Klaus Zimmermann (Abt. Industrie und Umweltschutz, T: Durchwahl 3 55 72 65)
Leitung Presseabteilung: Antje Mahn (T: Durchwahl 3 55 72 05)
Verbandszeitschrift: IHK-Zeitung

e 153

IHK zu Düsseldorf
Zweigstelle Velbert

Nedderstr. 6, 42551 Velbert
T: (02051) 9 20 00 **Fax:** 92 00 30
Stellv. Hauptgeschäftsführer: Dr. Wulfhard Hischebeth

• E 154

Industrie- und Handelskammer für Essen, Mülheim an der Ruhr, Oberhausen zu Essen

45117 Essen
Am Waldthausenpark 2, 45127 Essen
T: (0201) 18 92-0 **Fax:** 18 92-172, 20 78 66
Internet: http://www.ihk.de/essen
E-Mail: ihkessen@essen.ihk.de
Bezirk: Essen, Mülheim an der Ruhr und Oberhausen
Ehrenpräsident: Dr. Hans Singer (Bevollmächtigter der Ferrostaal AG, 45116 Essen, Hohenzollernstr. 24, 45128 Essen, T: (0201) 8 18-26 33 und (0201) 18 92-2 58 (IHK), Fax: (0201) 20 78 66 und (0201) 18 92-1 72 (IHK))
Präsident(in): Dirk Grünewald (geschäftsf. Gesellschafter der Heinrich Grünewald GmbH & Co. KG, Bauunternehmung, Postf. 12 02 54, 46102 Oberhausen, Bottroper Str. 208, 46117 Oberhausen, T: (0208) 89 40-1 27, Fax: (0208) 89 40-1 26)
1. Stellv. Präs.: Dipl.-Kfm. Rolf Colsman (geschäftsf. Gesellschafter der Gebrüder Colsman GmbH & Co., Postf. 15 01 52, 45241 Essen, Hinsbecker Löh 10-12, 45257 Essen, T: (0201) 48 65-2 12, Fax: (0201) 48 65-2 11)
2. Stellv. Präs.: Dipl.-Betriebsw. Heinz Lison (geschäftsf. Gesellschafter der Neumann Elektronik GmbH, Mainstr. 1, 45478 Mülheim an der Ruhr, T: (0208) 59 95-2 40, Fax: (0208) 59 95-1 05)
3. Stellv. Präs.: Franz-Josef Nüsse (Inhaber der Fa. Lederwaren Peter Sonntag, Inh. Franz-Josef Nüsse, Frohnhauser Str. 228, 45144 Essen, T: (0201) 76 36 18, Fax: (0201) 76 28 39)
Vizepräsident(in): Dr. Gerhard Cromme (Vorsitzender des Vorstandes der Fried. Krupp AG Hoesch-Krupp, 45117 Essen, Altendorfer Str. 103, 45143 Essen, T: (0201) 1 88-21 00, Fax: (0201) 1 88-22 55)
Vizepräsidentin: Dr. Dagmar Gaßdorf (geschäftsf. Gesellschafterin der Commedia Gesellschaft für Werbung und Öffentlichkeitsarbeit mbH, Rüttenscheider Str. 108, 45130 Essen, T: (0201) 8 79 57-0, Fax: (0201) 8 79 57-77)
Vizepräsident(in): Dr.-Ing. Werner Hackenberg (geschäftsf. Gesellschafter der Schauenburg GmbH, Postf. 10 18 32, 45418 Mülheim an der Ruhr, Weseler Str. 35, 45478 Mülheim an der Ruhr, T: (0208) 99 91-2 02, Fax: (0208) 5 41 10)
Vizepräsidentin: Marianne Kaimer (geschäftsf. Gesellschafterin der SANHA Kaimer GmbH & Co. KG, Postf. 18 53 69, 45203 Essen, Im Teelbruch 80, 45219 Essen, T: (02054) 9 25-1 11, Fax: (02054) 9 25-1 15)
Vizepräsident(in): Dr. jur. Dietmar Kuhnt (Vorsitzender des Vorstandes der RWE AG, 45117 Essen, Opernplatz 1, 45128 Essen, T: (0201) 12-1 50 01, Fax: (0201) 12-1 50 05)
Vizepräsident(in): Kurt Löwenthal (Generalbevollmächtigter der Bürometropole Löwenthal GmbH Oberhausen, Seilerstr. 23-29, 46047 Oberhausen, T: (0208) 8 80 85-14, Fax: (0208) 8 80 85-35)
Vizepräsident(in): Dr. Henning Osthues-Albrecht (Vorsitzender des Vorstandes der Sparkasse Essen, 45117 Essen, III. Hagen 43, 45127 Essen, T: (0201) 1 03-20 00, Fax: (0201) 1 03-29 01)
Vizepräsident(in): Friedrich Späth (Vorsitzender des Vorstandes der Ruhrgas AG, 45117 Essen, Huttropstr. 60, 45138 Essen, T: (0201) 1 84-35 88, Fax: (0201) 1 84-33 05)
Hauptgeschäftsführer(in): Ass. Dipl.-Kfm. Rolf H. Nienaber (T: dienstl. Durchwahl 18 92-2 11)
Stellv. HGeschF: Ass. Klaus Beckmann (Geschäftsbereich III Handel, Dienstleistungen, T: dienstl. Durchwahl 18 92-2 20)
Geschäftsführer(in): Dr.rer.pol. Hans-Günter Gehring (Geschäftsbereich IV Außenwirtschaft, T: dienstl. Durchwahl 18 92-2 43)
Geschäftsführer(in): Betriebsw. (VWA) Heinz-Jürgen Hacks (Geschäftsbereich II Industrie-Technologie-Umweltschutz, T: dienstl. Durchwahl 18 92-2 24)
Geschäftsführer(in): Ass. Hans Michaelsen (Geschäftsbereich VI Bildung, T: dienstl. Durchwahl 18 92-2 50)
Geschäftsführer(in): Dipl.-Volksw. Hans Pawellek (Geschäftsbereich V Raumordnung, Verkehr, T: dienstl. Durchwahl 18 92-2 67)
Stellvertretende(r) Geschäftsführer(in): Ass. Kurt-Ernst Böshagen (Referat Recht-Handelsregister, T: dienstl. Durchwahl 18 92-2 17)
Stellvertretende(r) Geschäftsführer(in): Dipl.-Volksw. Heinz-Jürgen Guß (Geschäftsbereich VI Bildung, T: dienstl. Durchwahl 18 92-2 51)
Stellvertretende(r) Geschäftsführer(in): Betriebswirt (VWA) Gerhard Hammer (Geschäftsbereich V Raumordnung, Verkehr, T: dienstl. Durchwahl 18 92-2 72)
Stellvertretende(r) Geschäftsführer(in): Dipl.-Kfm. Veronika Lühl (Referat Marketing-Vollversammlungsangelegenheiten, T: dienstl. Durchwahl 18 92-2 70)
Verwaltungsdir.: Dipl.-Verw. Paul Thiele (Geschäftsbereich I

Verwaltung, Büroleitung, T: dienstl. Durchwahl 18 92-2 62)
Wissenschaftl. Mitarb.: Dr. jur. Ass. Friedrich Schreiber (T: dienstl. Durchwahl 18 92-2 38)
Verbandszeitschrift: Wirtschaft und Kammer

• E 155

SIHK

Südwestfälische Industrie- und Handelskammer zu Hagen
Postf. 42 65, 58042 Hagen
Bahnhofstr. 18, 58095 Hagen
T: (02331) 3 90-0 **Fax:** 1 35 86
TGR: Handelskammer Hagen
Internet: http://www.ihk.de/hagen
E-Mail: sihk@hagen.ihk.de
Gründung: 1844
Präsident(in): Dipl.-Ing. Harald Korte (i. Fa. Schöneweiss & Co. GmbH, Postf. 33 49, 58033 Hagen, T: (02331) 7 86-0, Privatanschrift: Krägeloh 2, 58339 Breckerfeld, T: (02338) 7 26)
Vizepräsident(in): Dipl.-Betriebsw. Dietrich Alberts (i. Fa. Gust. Alberts GmbH & Co. KG, Postf. 20, 58849 Herscheid, T: (02357) 90 70, Privatanschrift: Oberdorfstr. 14, 58849 Herscheid, T: (02357) 13 78)
Dr. Klaus Otto Berning (i. Fa. Astor-Werk Otto Berning & Co., Markgrafenstr. 6, 58332 Schwelm, T: (02336) 4 12 15, Privatanschrift: Windmühlenstr. 15, 58332 Schwelm, T: (02336) 8 35 10)
Friedrich Wilhelm Kraus (i. Fa. Kraus & Opitz oHG, Lüdenscheider Str. 4, 58762 Altena, T: (02352) 28 88, Privatanschrift: Martin-Luther-Str. 1, 58762 Altena, T: (02352) 97 29 99)
Dr. Jörn Kreke (i. Fa. Douglas Holding AG, Kabeler Str. 36, 58099 Hagen, T: (02331) 69 02 14, Privatanschrift: Weißensteinstr. 1 a, 58093 Hagen, T: (02334) 27 46)
Friedhelm Lori (i. Fa. Reformhaus Bodenhausen, Kampstr. 11, 58095 Hagen, T: (02331) 2 55 63, Privatanschrift: Rosenstr. 66, 58095 Hagen, T: (02331) 5 24 45)
Senator Dr. Sigurd Pütter (i. Fa. Medice Chem.-Pharm. Fabrik Pütter GmbH & Co. KG, Kuhloweg 37-39, 58638 Iserlohn, T: (02371) 93 72 38, Privatanschrift: Kuhloweg 46, 58638 Iserlohn, T: (02371) 93 75 15)
Dr.-Ing. Kaspar Vieregge (i. Fa. Kampwerk Vieregge u. Pickhardt GmbH & Co., Postf. 51 43, 58828 Plettenberg, T: (02391) 8 18 90, Privatanschrift: Auf der Lied 12 A, 58840 Plettenberg, T: (02391) 81 89 81)
Hauptgeschäftsführer(in): Ass. Hans-Peter Rapp-Frick (T: dienstl. Durchwahl 3 90-2 13, Stirnband 46, 58093 Hagen, T: (02331) 58 90 68)

Geschäftsbereich 1 Außenwirtschaft
Geschäftsführer(in): Dipl.-Volksw. Horst Schuster (T: dienstl. Durchwahl 3 90-2 20, Am Waldesrand 95, 58093 Hagen, T: (02331) 5 20 44)

Geschäftsbereich 2 Bildung
Geschäftsführer(in): Ass. Andreas Lux (T: dienstl. Durchwahl 3 90-2 50, An der Quelle 7, 58339 Breckerfeld, T: (02338) 29 49)
Stellvertretende(r) Geschäftsführer(in): Manfred Paul Ihde (T: dienstl. Durchwahl 3 90-3 26, Winterberger Str. 64, 58332 Schwelm, T: (02336) 1 34 89)

Geschäftsbereich 3 Kommunikation und Verkehr
Hauptgeschäftsführer(in): Ass. Hans-Peter Rapp-Frick
Stellvertretende(r) Geschäftsführer(in): Dipl.-Volksw. Jan Tornow (T: dienstl. Durchwahl 3 90-2 87, Böcklerstr. 17, 58099 Hagen, T: (02331) 6 45 81)

Geschäftsbereich 4 Staatliche und Kommunale Planung
Geschäftsführer(in): Dipl.-Ing. Manfred Rahmede (T: dienstl. Durchwahl (02351) 90 94 16, Im Grund 26, 58513 Lüdenscheid, T: (02351) 95 29 70)

Geschäftsbereich 5 Strukturpolitik u. Wirtschaftsförderung
Stellv. Hauptgeschäftsführer: Dipl.-Volksw. Jochen Renard (T: dienstl. Durchwahl 3 90-2 80, Schlehenweg 13, 58095 Hagen, T: (02331) 5 35 72)

Geschäftsbereich 6 Technologie u. Umwelt
Geschäftsführer(in): Dr. Wolfgang Willmann (T: dienstl. Durchwahl (02371) 80 92 12, Waldesruh 40, 58579 Schalksmühle, T: (02355) 90 31 79)

Geschäftsbereich 7 Zentrale Dienste
Geschäftsführer(in): Dipl.-Verwaltungsw. Jürgen Poppek (T: dienstl. Durchwahl 3 90-2 30, Feldmarkring 200, 58640 Iserlohn, T: (02371) 4 41 84)

Verbandszeitschrift: Südwestfälische Wirtschaft
Bezirk: Stadt Hagen, Ennepe-Ruhr-Kreis (ohne Hattingen und Witten), Märkischer Kreis

Iserlohn

e 156
Südwestfälische IHK zu Hagen Geschäftsstelle Iserlohn
Gartenstr. 15-19, 58636 Iserlohn
T: (02371) 80 92-0 **Fax:** 80 92-80
Leitung: Geschäftsführer Dr. Wolfgang Willmann

Lüdenscheid

e 157
Südwestfälische IHK zu Hagen Geschäftsstelle Lüdenscheid
Staberger Str. 5, 58511 Lüdenscheid
T: (02351) 90 94-0 **Fax:** 2 81 76
Leitung: Geschäftsführer Dipl.-Ing. Manfred Rahmede

Schwelm

e 158
Südwestfälische IHK zu Hagen Geschäftsstelle Schwelm
Engelbertstr. 3, 58332 Schwelm
T: (02336) 92 95-0 **Fax:** 92 95-31
Leitung: Stellv. Geschäftsführer Dipl.-Volksw. Jan Tornow

e 159
Gemeinsames Außenhandelsbüro der Industrie- und Handelskammern Arnsberg, Detmold, Dortmund, Hagen und Siegen
Postf. 42 65, 58042 Hagen
Bahnhofstr. 18, 58095 Hagen
T: (02331) 3 90-2 20

• E 160

IHK K

Industrie- und Handelskammer zu Köln
Unter Sachsenhausen 10-26, 50667 Köln
T: (0221) 16 40-0 **Fax:** 16 40-129
Internet: http://www.ihk-koeln.de
Bezirk: Kreisfreie Städte Köln und Leverkusen sowie Erftkreis, Rheinisch-Bergischer Kreis und Oberbergischer Kreis
Ehrenpräs.: Otto Wolff von Amerongen (Marienburger Str. 19, 50968 Köln)
Ehrenpräs.: Alfred Neven DuMont (M. DuMont Schauberg Expedition der Kölnischen Zeitung GmbH & Co. KG, Neven DuMont Haus, 50590 Köln)
Präsident: Alfred Freiherr von Oppenheim (Sal. Oppenheim jr. & Cie. KGaA, Unter Sachsenhausen 4, 50667 Köln)
Vizepräsident: Paul Bauwens-Adenauer (Geschäftsführender Gesellschafter der Bauwens GmbH, Richard-Strauß-Str. 2, 50931 Köln, T: (0221) 4 00 84-1 21)
Vizepräsident: Herbert Blank (Geschäftsführer der REWE-Märkte-Blank Beteiligungs GmbH, Friedrichstr. 38, 51143 Köln, T: (02203) 9 52 7-11)
Vizepräsident: Bernd Jobst Breloer (Mitglied des Vorstandes der Rheinbraun AG, Stüttgenweg 2, 50935 Köln,. T: (0221) 4 80-14 20)
Vizepräsident: Theodor J. Greif (Geschäftsführer der Greif & Contzen Immobilienmakler GmbH, Pferdmengesstr. 42, 50968 Köln, T: (0221) 93 77 93-14)
Vizepräsident: Claas Kleyboldt (Vorsitzender des Vorstandes der AXA Colonia Konzern AG, Gereonsdriesch 9-11, 50670 Köln, T: (0221) 14 83 23 15)
Vizepräsident: Christian Peter Kotz (pers. haft. Gesellschafter der BPW Bergische Achsen KG, Postf. 12 80, 51656 Wiehl, T: (02262) 78-13 69)
Vizepräsident: Dirk Malmedé (Geschäftsführer der KMT Kölnische Mode- und Textilhandelsgesellschaft mbH, Sachsenring 67, 50677 Köln, T: (0221) 33 85-106)
Vizepräsident: Manfred Maus (Geschäftsführer der OBI Heimwerkermarkt System-Zentrale GmbH, Albert-Einstein-Str. 7, 42929 Wermelskirchen, T: (02196) 76-213)
Vizepräsident: Werner Wenning (Mitglied des Vorstandes der Bayer Aktiengesellschaft, 51368 Leverkusen, T: (0214) 30 71-2 66)
Hauptgeschäftsführer(in): Dr. Herbert Ferger (T: dienstl. Durchwahl 16 40-110, privat: Raschdorffstr. 10, 50933 Köln)
Stellv. Hauptgeschäftsführerin: Isolde Hübner (T: dienstl. Durchwahl 16 40-950, privat: Holunderweg 77, 50858 Köln, T: (0221) 48 23 43)
Geschäftsführer: Dr. Gert Ammermann (Recht, T: dienstl. Durchwahl 16 40-3 10)
Geschäftsführer: Dipl.-Volksw. Hans Philipp Kommer (Finanzen und Steuern T: dienstl. Durchwahl 16 40-3 00, privat: Rurstr. 33, 50259 Pulheim, T: (02238) 5 66 44)
Geschäftsführer: Dr. Gerald Püchel (Berufsbildung, T: dienstl. Durchwahl 16 40-6 00)
Geschäftsführer: Dipl.-Volksw. Detlev Sachse (Volkswirtschaft, Industrie- und Umweltschutz, T: dienstl. Durchwahl 16 40-5 00, privat: Nesselrodestr. 18 c, 50735 Köln, T: (0221) 7 12 69 45)
Geschäftsführerin: Ass. Elisabeth Slapio (Informations- und Kommunikationstechnik/Datenverarbeitung, T: dienstl. Durchwahl 16 40-7 00)
Geschäftsführer: Dr. Uwe Vetterlein (Handel, Wirtschaftsförderung und Planung, Verkehr, T: dienstl. Durchwahl 16 40-4 00)
Geschäftsführer: Dipl.-Volksw. Victor Vogt (Außenwirtschaft, T: dienstl. Durchwahl 16 40-5 50, privat: Im Brunnenhof 44, 50999 Köln, T: (02236) 6 24 60)
Verwaltungsdir.: Katharina Bilstein (Personal und Verwaltung T: dienstl. Durchwahl 16 40-2 00)
Geschäftsbereichsleiterin: Dipl.-Vw. Sabina Janssen (Medien, Presse und Öffentlichkeitsarbeit, T: dienstl. Durchwahl 16 40-160, privat: Meisenweg 81, 50829 Köln, T: (0221) 95 89 97 5)

e 161
IHK zu Köln Zweigstelle Leverkusen
An der Schusterinsel 2, 51379 Leverkusen
T: (02171) 49 08-0 **Fax:** 49 08-909
Leiterin: Ass. Eva Babatz (dienstl. Durchwahl 49 08-900, privat: Pastor-Willems-Str. 19, 53842 Troisdorf, T: (02241) 39 13 24)

e 162
IHK zu Köln Zweigstelle Oberberg
Postf. 10 04 64, 51604 Gummersbach
Talstr. 11, 51643 Gummersbach
T: (02261) 81 01-0 **Fax:** 81 01-969
Geschäftsführerin: Isolde Hübner (T: dienstl. Durchwahl (02261) 81 01-9 50, privat: Holunderweg 77, 50858 Köln, T: (0221) 48 23 43)

e 163
Rheinische Warenbörse zu Köln und Krefeld
Unter Sachsenhausen 10-26, 50667 Köln
T: (0221) 16 40-351, 16 40-355/356, freitags von 14-17 Uhr
Fax: 16 40-359
Geschäftsführerin: Ass. Hedwig Wohlfahrt (T: (0221) 16 40-3 50)

e 164
Stiftung Rheinisch-Westfälisches Wirtschaftsarchiv zu Köln
Unter Sachsenhausen 33, 50667 Köln
T: (0221) 16 40-800 **Fax:** 16 40-829
E-Mail: sz@koeln.ihk.de
Direktor: Dr. Ulrich S. Soénius (privat: Hermülheimer Str. 3, 50969 Köln, T: (0221) 36 37 77)

• E 165

IHK

Industrie- und Handelskammer Mittlerer Niederrhein Krefeld - Mönchengladbach - Neuss
Hauptgeschäftsstellen: Mönchengladbach, Neuss
Postf. 14 30, 47714 Krefeld
Nordwall 39, 47798 Krefeld
T: (02151) 6 35-0 **Fax:** 63 51 38
Bezirk: Die kreisfreien Städte Krefeld und Mönchengladbach sowie die Kreise Neuss und Viersen
Gründung: 1804
Präsident: Mathias Schek (TAG Textilausrüstungs-Gesellschaft Schroers GmbH & Co. KG, Gladbacher Str. 469, 47805 Krefeld, T: (02151) 63 51 01)
Vizepräsident: Franz-Joseph Greve (i. Fa. Greve Moden GmbH, Hochstr. 96-100, 47798 Krefeld, T: (02151) 8 56 30)
Vizepräsident: Dr. Joachim Hank (ERFTCARBON GmbH & Co. KG, Aluminiumstr. 4, 41515 Grevenbroich, T: (02181) 66-22 33)
Vizepräsident: Hans-Wilhelm Laumanns (Rübartsch + Reiners Pressegroßvertrieb GmbH & Co. KG, Oppelner Str. 6, 41199 Mönchengladbach, T: (02166) 6 08-1 11)
Vizepräsident: Jan Wellem Maurenbrecher (Faser- und Vliesstoffwerk Maurenbrecher GmbH & Co, Kaiserstr. 206a, 47800 Krefeld, T: (02151) 59 40 55)
Vizepräsident: Clemens-August Monforts von Hohe (Inhaber der Unternehmen Monforts, Schwalmstr. 301, 41238 Mönchengladbach, T: (02161) 40 12 05)
Vizepräsident: Heinz Schmidt (Heinrich Schmidt OHG, Duvenstr. 294-304, 41238 Mönchengladbach, T: (02166) 9

18-0)
Vizepräsident: Heinz Welter (Sparkasse Neuss, Oberstr. 114-124, 41460 Neuss, T: (02131) 97-10 01)
Vizepräsident: Wilhelm Werhahn (Fa. Wilh. Werhahn, Königstr. 1, 41460 Neuss, T: (02131) 9 16-0)
Hauptgeschäftsführer: Dr.rer.pol. Dieter Porschen
Geschäftsführer: Dipl.-Verwaltungswirt Gerhard Canzler (Verwaltungsdirektor, Innere Dienste, Organisation, Personal, Haushalt, Datenverarbeitung, GeschF: IHK-Ausbildungs GmbH, T: dienstl. Durchwahl (02151) 6 35-1 02)
Geschäftsführer: Dipl.-Geograph Bernd Neffgen (Raumordnung, Verkehr und Telekommunikation, T: dienstl. Durchwahl (02151) 6 35-1 40)
Geschäftsführer: Dipl.-Volksw. Rainer Növer (Regionalwirtschaft und Öffentlichkeitsarbeit, T: dienstl. Durchwahl (02151) 6 35-1 50)
Leitung Presseabteilung: Manfred Meis
Verbandszeitschrift: Die Kammer
Mitglieder: 60500
Mitarbeiter: 120

Hauptgeschäftsstellen:

Mönchengladbach

e 166

Industrie- und Handelskammer Mittlerer Niederrhein Krefeld - Mönchengladbach - Neuss
Hauptgeschäftsstelle Mönchengladbach
Postf. 10 06 53, 41006 Mönchengladbach
Bismarckstr. 109, 41061 Mönchengladbach
T: (02161) 2 41-0 **Fax:** 24 11 05
Stellv. HGeschF: Dipl.-Kfm., Dipl.-Vw. Dieter Payenberg (Industrie, Technologie u. Umweltschutz, Außenwirtschaft, T: dienstl. Durchwahl (02161) 2 41-1 10)
Geschäftsführer(in): Dr. Ulrich Biedendorf (Handel u. Dienstleistungen, Wirtschaftsjunioren, T: dienstl. Durchwahl (02161) 2 41-1 30)

Neuss

e 167

Industrie- und Handelskammer Mittlerer Niederrhein Krefeld - Mönchengladbach - Neuss
Hauptgeschäftsstelle Neuss
Postf. 10 07 53, 41407 Neuss
Friedrichstr. 40, 41460 Neuss
T: (02131) 92 68-0 **Fax:** 92 68-129
Geschäftsführer(in): Ass. Georg B. Ficke (Recht u. Mittelstand, Wirtschaftsjunioren, T: dienstl. Durchwahl (02131) 92 68 120)
Geschäftsführer(in): Dr. Stefan Dietzfelbinger (Berufsausbildung u. Weiterbildung, Geschf: IHK-Ausbildungs GmbH, Junge Unternehmer, Krefeld, T: dienstl. (02131) 92 68-1 40)

• **E 168**

Industrie- und Handelskammer zu Münster
Postf. 40 24, 48022 Münster
Sentmaringer Weg 61, 48151 Münster
T: (0251) 7 07-0 **Fax:** 70 73 25
TGR: Handelskammer
Internet: http://www.ihk.de/muenster
E-Mail: muenster@muenster.ihk.de
Bezirk: Kreisfreie Städte Bottrop, Gelsenkirchen, Münster; Kreise Borken, Coesfeld, Recklinghausen, Steinfurt und Warendorf
Gründung: 1854
Ehrenpräs: Dipl.rer.pol. Hans Günter Borgmann (Geschf. Gesellschafter, Borgmann Baupart GmbH, Postf. 10 02 61, 46202 Bottrop, T: (02045) 9 51-0)
Ehrenpräs.: Carl-Hinderich Schmitz (Isendorf 19, 48282 Emsdetten, T: (02572) 9 27-0)
Präsident(in): Hubert Ruthmann (IHK Münster, Postf. 40 24, 48022 Münster)
Vizepräsident(in): Ass. Frank-Wilhelm Becker (Geschäftsf. Gesellschafter, Becker & Bläser Draht GmbH, August-Bekker-Str. 10, 45711 Datteln)
Vizepräsident(in): Hermann Grewer (Geschäftsf. Gesellschafter, Hermann Grewer Spedition GmbH & Co. KG, Dieselstr. 12, 45891 Gelsenkirchen)
Vizepräsident(in): Dr. Paul Harbecke (Geschäftsf. Gesellschafter, Agathon Kunststoff- u. Metallwarenfabrik GmbH, Am Kruppwald 3, 46238 Bottrop)
Vizepräsident(in): Erich Hausmann (Mitglied des Beirats, Bischof + Klein Verpackungswerke GmbH & Co., Windmühlenstr. 23, 49525 Lengerich)
Vizepräsident(in): Manfred Krukenkamp (Fritz Krukenkamp GmbH & Co. KG, Alter Fischmarkt 17, 48143 Münster)
Vizepräsident(in): Dipl.-Ing. Werner Lanwehr (Geschäftsf. Gesellschafter, Lanwehr Baugesellschaft mbH, Südstr. 16, 48231 Warendorf)
Vizepräsident(in): Dr. Dieter Pietsch (Geschäftsf. Gesellschafter, Kurt Pietsch GmbH & Co. KG, Von-Braun-Str. 17/19, 48683 Ahaus)
Vizepräsident(in): Dr. Hans Wilhelm Seppelfricke (Seppelfricke Gießereitechnik GmbH & Co. KG, Lockhofstr. 3, 45881 Gelsenkirchen)
Vizepräsident(in): Lutz Stroetmann (Geschäftsführer, L. Stroetmann GmbH & Co., Harkortstr. 30, 48163 Münster)
Vizepräsident(in): Dipl.-Ing. Klaus Vollenbröker (Geschäftsführer, ELVO-Werke Vollenbröker GmbH & Co., Am Wasserturm 16, 48653 Coesfeld)
Hauptgeschäftsführer(in): Dr. Christian Brehmer (IHK Münster, Postf. 40 24, 48022 Münster, T: dienstl. Durchwahl 70 72 01)
Stellv. HGeschF: Dipl.-Kfm. Rolf Schemann (Verkehr, Raumordnung, Telekommunikation, Tourismus, T: dienstl. Durchwahl 70 72 09)
Geschäftsführer(in): Dipl.-Volksw. Wieland Pieper (Industrie, Technologie, Wirtschaftsförderung, T: dienstl. Durchwahl 70 72 23)
Geschäftsführer(in): Prof. Dr. Bodo Risch (Außenwirtschaft, EG-Binnenmarkt, Volkswirtschaft, T: dienstl. Durchwahl 70 72 98)
Geschäftsführer(in): Dipl.-Geogr. Peter Schnepper (Handel und Dienstleistungen, Öffentlichkeitsarbeit, T: dienstl. Durchwahl 70 72 24)
Geschäftsführer(in): Dipl.-Volksw. Wolfgang Verst (Bildung, T: dienstl. Durchwahl 70 72 60)
Stellvertretende(r) Geschäftsführer(in): Dr. Christoph Asmacher (Luftverkehr, Raumordnung, Telekommunikation, Tourismus, Aktion Münsterland, T: dienstl. Durchwahl 70 72 04)
Stellvertretende(r) Geschäftsführer(in): Dipl.-Geogr. Joachim Brendel (Verkehrspolitik, Regionale Verkehrsinfrastruktur, Planfeststellungsverfahren, Kommunale Verkehrsplanung, ÖPNV/SPNV, Schienenverkehr, T: dienstl. Durchwahl 70 73 61)
Stellvertretende(r) Geschäftsführer(in): Dr. Detlef Reeker (Leiter Weiterbildung, T: dienstl. Durchwahl 70 73 10)
Geschäftsbereichsleiter: Dr. Jochen Grütters (Recht, Umwelt, Steuern, T: dienstl. Durchwahl 70 72 37)
Verwaltungsleiter: Willi Wiesköter (Verwaltung, Finanzen, Personal, T: dienstl. Durchwahl 70 72 16)
Leitung Presseabteilung: Guido Krüdewagen
Verbandszeitschrift: Wirtschaftsspiegel
Mitglieder: 93500
Mitarbeiter: 214

Geschäftsstellen:

e 169

Vestische Gruppe der Industrie- und Handelskammer zu Münster
45877 Gelsenkirchen
Rathausplatz 7, 45894 Gelsenkirchen
T: (0209) 3 88-0 **Fax:** 38 81 01
E-Mail: gelsenkirchen@muenster.ihk.de
Bezirk: Kreisfreie Städte Bottrop, Gelsenkirchen; Kreis Recklinghausen
Leitender Geschäftsführer: Dipl.-Oec. Karl-Friedrich Schulte-Uebbing (Stellv. Hauptgeschäftsführer, T: dienstl. Durchwahl 38 82 00)
Geschäftsführer(in): Dr. Ingo Holland (T: dienstl. Durchwahl 38 82 06)
Geschäftsführer(in): Dipl.-Volksw. Christoph Pieper (T: dienstl. Durchwahl 38 82 08)
Stellvertretende(r) Geschäftsführer(in): Dr. Eckhard Göske (T: dienstl. Durchwahl 38 81 02)
Stellvertretende(r) Geschäftsführer(in): Hans-Michael Vornweg (T: dienstl. Durchwahl 38 82 04)
Verwaltungsleiter: Lothar Lerche (T: dienstl. Durchwahl 38 83 12)

e 170

Geschäftsstelle Westmünsterland der Industrie- und Handelskammer zu Münster
Postf. 16 54, 46366 Bocholt
Willy-Brandt-Str. 3, 46395 Bocholt
T: (02871) 99 03-0 **Fax:** 99 03 30, 99 03 40
E-Mail: bocholt@muenster.ihk.de
Bezirk: Kreis Borken
Leitender Geschäftsführer: Dipl.-Volksw. Richard Michel (T: dienstl. Durchwahl 99 03 20)
Geschäftsführer(in): Dipl.-Volksw. Hans-Bernd Felken (T: dienstl. Durchwahl 99 03 17)

• **E 171**

Industrie- und Handelskammer Siegen
57069 Siegen
Koblenzer Str. 121, 57072 Siegen
T: (0271) 33 02-0 **Fax:** 33 02-400
Internet: http://www.ihk-siegen.de
E-Mail: si@ siegen.ihk.de
Bezirk: Kreise Siegen-Wittgenstein und Olpe
Gründung: 1849
Ehrenpräsident: Dr. Henning Schleifenbaum (Brucknerweg 9, 57076 Siegen, T: (0271) 7 34 76)
Ehrenpräsident: Rolf Hofmann (i. Fa. Carl Hortmann GmbH & Co., Am Eichenhang 25-33, 57076 Siegen, T: (0271) 70 02-0)
Präsident(in): Dipl.-Ing. Manfred Dango (Dango & Dienenthal Maschinenbau GmbH, Hagener Str. 103, 57072 Siegen, T: (0271) 4 01-0)
Vizepräsident(in): Dipl.-Volksw. Franz Becker (RHG Kaiser + Kellermann oHG, Industriestr. 1, 57399 Kirchhundem, T: (02764) 9 33-0)
Vizepräsident(in): Dr. Fritz Berg (Bergrohr GmbH Siegen, Postf. 21 01 53, 57023 Siegen, T: (0271) 70 70)
Vizepräsident(in): Dipl.-Volksw. Wolfgang Weber (Weber Maschinentechnik GmbH, Postf. 21 53, 57329 Bad Laasphe, T: (02754) 39 80)
Hauptgeschäftsführer(in): Ass. Dieter Höhne (Laaspher Str. 17, 57072 Siegen, T: (0271) 4 33 12)
Stellv. HGeschF: Dipl.-Kfm. Franz-J. Mockenhaupt (Geschäftsbereich: Strukturpolitik, Dienstleistungen, Verkehr, Entwicklungskonzepte, Glatteneichener Weg 12, 57537 Wissen, T: (02742) 16 13)
Geschäftsführer(in): Ass. Rudolf König (gen. Kersting, Geschäftsbereich: Standortförderung, Industrie, Recht, Am Wolfshain 5, 57250 Netphen, T: (02738) 67 63)
Geschäftsführer(in): Dipl.-Volksw. Dr. Ernst Helmut Wilms (Geschäftsbereich: Außenwirtschaft, Servicezentrum, Seminare, Vorträge, Graf-Luckner-Str. 78, 57072 Siegen, T: (0271) 4 20 98)
Geschäftsführer(in): Dipl.-Verw.-wiss. Klaus Gräbener (Geschäftsbereich: Berufliche Bildung, Bildungspol. Grundsatzfragen, reg. Arbeitsmarktinitiativen, Kreuzbergstr. 51, 57250 Netphen, T: (02738) 28 38)
Presse- und Öffentlichkeitsarbeit: Siegrid Schwengber
Verbandszeitschrift: Wirtschaftsreport
Redaktion: Siegrid Schwengber
Verlag: Vorländer GmbH & Co., Obergraben 39, 57072 Siegen
Mitglieder: ca. 18000
Mitarbeiter: 60

e 172

IHK Siegen Geschäftsstelle Olpe
Postf. 14 46, 57444 Olpe
Seminarstr. 36, 57462 Olpe
T: (02761) 9 44 50 **Fax:** 94 45 40
E-Mail: oe@siegen.ihk.de

• **E 173**

Industrie- und Handelskammer Wuppertal - Solingen - Remscheid
Hauptgeschäftsstelle Wuppertal
Postf. 13 01 52, 42028 Wuppertal
Heinrich-Kamp-Platz 2, 42103 Wuppertal
T: (0202) 24 90-0 **Fax:** 24 90-999, 24 90-119
Internet: http://www.wuppertal.ihk.de
E-Mail: ihk@wuppertal.ihk.de
Bezirk: Kreisfreie Städte Remscheid, Solingen, Wuppertal
Präsident(in): Friedhelm Sträter (Geschäftsführender Gesellschafter der Fa. Sträter Stanzerei GmbH, An den Eichen 8, 42699 Solingen, T: (0212) 65 89 01)
Vizepräsident(in): Dipl.-Wirtschaftsing. Johann Wilhelm Arntz (Inhaber der Fa. Joh. Wilh. Arntz, Lenneper Str. 35, 42855 Remscheid, T: (02191) 99 86-01)
Vizepräsident(in): Viktor vom Baur (Geschäftsführender Gesellschafter der Fa. J. H. vom Baur Sohn GmbH & Co. K.-G., Marktstr. 32, 42369 Wuppertal, T: (0202) 2 46 61-0)
Vizepräsident(in): Bernhard Coblenz (Geschäftsführender Gesellschafter der Fa. Brangs & Heinrich GmbH, Felder Str. 79, 42651 Solingen, T: (0212) 24 03-0)
Vizepräsident(in): Dipl.-Kfm. Dr. Manfred Diederichs (Persönlich haftender Gesellschafter der Fa. Karl Diederichs, Luckhauser Str. 1/5, 42899 Remscheid, T: (02191) 5 93-0)
Vizepräsident(in): Dipl.-Kfm. Hans Joachim Flohr (Geschäftsführender Gesellschafter der Fa. L+W/Burghoff GmbH & Co. KG, Friedrich-Engels-Allee 245, 42285 Wuppertal, T: (0202) 8 90 00-0)
Vizepräsident(in): Wolfgang vom Hagen (Inhaber der Wolfgang vom Hagen Management Consulting GmbH, Johannisberg 40, 42103 Wuppertal, T: (02151) 58 19 60)
Vizepräsident(in): Dr. Michael Lucke (Geschäftsführer der Eduard Wille GmbH & Co. KG, Lindenallee 27, 42349 Wuppertal, T: (0202) 47 91-0)
Hauptgeschäftsführer(in): Dipl.-Volksw. Jürgen Schade
Abteilung II Verwaltung/Bürokommunikation/Datenverarbeitung:
Geschäftsführer(in): Dipl.-Verwaltungsw. Bernhard Carstensen
Abteilung III Industrie/Technologie/Umweltschutz:
Geschäftsführer(in): Dipl.-Kfm. Manfred Kranenberg
Abteilung IV Recht:

Geschäftsführer(in): Ass. Manfred Rink
Abteilung V Handel/Dienstleistungen/Außenwirtschaft:
Geschäftsführer(in): Assessor Hugo Sattler
Abteilung VI Verkehr/Raumordnung:
Stellv. Hauptgeschäftsführer: Dipl.-Volksw. Theo Beer
Abteilung VII Volkswirtschaft/Finanzen und Steuern:
Geschäftsführer(in): Dr. Matthias Leder
Abteilung VIII Berufsbildung/Weiterbildung:
Geschäftsführer(in): Dr. Horst-Dieter Hurlebaus

Gesamtwirtschaftliche Vertretung von rund 29 000 kammerzugehörigen Gewerbetreibenden in den Städten Wuppertal, Solingen und Remscheid.

e 174

IHK Wuppertal-Solingen-Remscheid
Geschäftsstelle Solingen
Postf. 10 07 85, 42607 Solingen
Kölner Str. 8, 42651 Solingen
T: (0212) 22 03-0 **Fax:** 22 03-389
Geschäftsstellenleiter: Ass. Manfred Rink (Geschf.)

e 175

IHK Wuppertal-Solingen-Remscheid
Geschäftsstelle Remscheid
Postf. 10 04 62, 42804 Remscheid
Elberfelder Str. 49, 42853 Remscheid
T: (02191) 3 68-0 **Fax:** 3 68-489
Geschäftsstellenleiter: Dipl.-Kfm. Manfred Kranenberg (Geschf.)

Rheinland-Pfalz

• **E 176**

Arbeitsgemeinschaft der Industrie- und Handelskammern Rheinland-Pfalz
Postf. 22 40, 54212 Trier
Herzogenbuscher Str. 12, 54292 Trier
T: (0651) 97 77-0 **Fax:** 97 77-105
Kammern: Industrie- und Handelskammer zu Koblenz, Koblenz; Industrie- und Handelskammer für die Pfalz, Ludwigshafen; Industrie- und Handelskammer für Rheinhessen, Mainz; Industrie- und Handelskammer Trier, Trier
Vorsitzende(r): Wolfgang Natus (Präsident der Industrie- und Handelskammer Trier)
Geschäftsführer(in): Dr. Wolfgang Schneider (Hauptgeschäftsführer der Industrie- und Handelskammer Trier)

Kammern

• **E 177**

IHK KOBLENZ

Industrie- und Handelskammer Koblenz
Postf. 20 08 62, 56008 Koblenz
Schloßstr. 2, 56068 Koblenz
T: (0261) 10 60 **Fax:** 10 62 34
TGR: Handelskammer Koblenz
Internet: http://www.ihk-koblenz.de
E-Mail: service@koblenz.ihk.de
Bezirk: Koblenz-Stadt, Kreise Ahrweiler, Altenkirchen, Birkenfeld, Cochem-Zell, Bad Kreuznach, Mayen-Koblenz, Neuwied, Rhein-Hunsrück, Rhein-Lahn, Westerwald
Präsident(in): Heinz Michael Schmitz (i.Fa. F.J. Meyer GmbH, August-Horch-Str. 7, 56070 Koblenz, T: (0261) 80 80-5 43, privat: Von-Cohausen-Str. 7, 56076 Koblenz, T: (0261) 70 14 30)
Vizepräsident(in): Dr. Peter Barth (i.Fa. Lohmann GmbH & Co. KG, Irlicher Str. 55, 56567 Neuwied, T: (02631) 99 63 85, privat: Johann-Gottfried-Herderstr. 6, 56567 Neuwied, T: (02631) 99 62 86)
Horst Bellersheim (i. Fa. Bellersheim Abfallwirtschaft GmbH, Rheinstr. 41, 57638 Neitersen, T: (02681) 8 02-22, priv: Birkenweg 2, 57638 Neitersen, T: (02681) 8 02 40)
Dipl.-Kfm. Michael P. Felke (i.Fa. COMO Möbelzentrum GmbH, Michael-Felke-Str. 13, 55484 Sohren, T: (06543) 9 82-0)
Helmut Heinrich Hölters (i.Fa. Kaufhaus Moses GmbH, Hauptstr. 83, 53474 Bad Neuenahr-Ahrweiler, T: (02641) 75 64 24, privat: Roesgenstr. 18, 53474 Bad Neuenahr-Ahrweiler, T: (02641) 3 47 26)
Hans Kallinowsky (i.Fa. Allit AG Kunststofftechnik, Rotlay-Mühle, 55545 Bad Kreuznach, T: (0671) 2 91 01, privat: Rotlay-Mühle, 55545 Bad Kreuznach, T: (0671) 29 11 44)
Jürgen Hahn ((Ph. Karl Hahn & Co., Hauptstr. 151, 55743 Idar-Oberstein, T: (06781) 4 39 09)
Dipl.-Ing. (FH) Bernhard Ehl (Ehl Aktiengesellschaft, An der B 256, 56642 Kruft, T: (02652) 80 80-28)
Dipl.-Volksw. Klaus-Norbert Steuler (Steuler Industriewerke GmbH, Georg-Steuler-Str. 175, 56203 Höhr-Grenzhausen, T: (02624) 13-209)
Hauptgeschäftsführer(in): Hans-Jürgen Podzun (T: dienstl. Durchwahl 10 62 13, privat: Im Litzerling 5, 56075 Koblenz, T: (0261) 5 64 00)
Stellv. HGeschF: Dipl.-Ing. (FH), Betriebwirt (VWA) Dr. Edelbert Dold (Industrie, Energie, Umweltschutz, Technologie, BITT, dienstl. Durchwahl 10 62 79, privat: Goethe-Str. 28, 56179 Vallendar, T: (0261) 6 45 23)
Geschäftsführer/Abteilungsleiter: Dipl.-Kfm. Martin Neudecker (Leiter Personal und Verwaltung, T: dienstl. Durchwahl 10 62 21, privat: Roentgenstr. 21, 56564 Neuwied)
Dipl.-Volksw. Klaus Schmidt (Berufsbildung, T: dienstl. Durchwahl 10 62 65, privat: Ludwig-Schwamb-Str. 74, 56076 Koblenz, T: (0261) 7 69 04)
Ass. Bertram Weirich (Rechtsfragen, Fremdenverkehr, Verteidigungswirtschaft, T: dienstl. Durchwahl 1 06-250, privat: Kleine Hohl 13, 56112 Lahnstein, T: (02621) 6 14 77)
Dipl.-Oec. Regina Rosenberg (Presse- und Öffentlichkeitsarbeit, T: dienstl. Durchwahl 1 06-217, privat: Frongasse 11, 53424 Remagen, T: (02642) 90 19 51)
Dipl.-Hdl. Frank Beilstein (Handel, Dienstleistungen, Außenwirtschaft, Verkehr, T: dienstl. Durchwahl 1 06-260, privat: Juchaczstr. 39, 56203 Höhr-Grenzhausen, T: (02624) 52 51)

Bad Kreuznach

e 178

IHK zu Koblenz
Bezirksstelle Bad Kreuznach
Postf. 5 85, 55529 Bad Kreuznach
Hochstr. 5-7, 55545 Bad Kreuznach
T: (0671) 8 43 21-0 **Fax:** 8 43 21-10
Geschäftsführer(in): Dipl.-Kffr. Christine Lutz (Adam-Karrillon-Str. 14, 55118 Mainz, T: (06131) 63 80 90)

Bad Neuenahr-Ahrweiler

e 179

IHK zu Koblenz
Bezirksstelle Bad Neuenahr-Ahrweiler
Postf. 13 50, 53458 Bad Neuenahr-Ahrweiler
St.-Pius-Str. 7, 53474 Bad Neuenahr-Ahrweiler
T: (02641) 3 40 42 **Fax:** 46 29
Geschäftsführer(in): Betriebsw. (VWA) Gerd Distelrath (Von Brule-Str. 37, 56659 Burgbrohl, T: (02636) 21 84)

Betzdorf

e 180

IHK zu Koblenz
Bezirksstelle Betzdorf
Postf. 90, 57541 Kirchen
Auf dem Molzberg 2, 57548 Kirchen
T: (02741) 95 90-0 **Fax:** 95 90-26
Geschäftsführer(in): Dipl.-Kfm. Manfred Schell (Am Ottoturm 4, 57548 Kirchen, T: (02741) 6 14 25)

Idar-Oberstein

e 181

IHK zu Koblenz
Bezirksstelle Idar-Oberstein
Postf. 12 24 40, 55716 Idar-Oberstein
Hauptstr. 161, 55743 Idar-Oberstein
T: (06781) 94 91-0 **Fax:** 94 91-20
Geschäftsführer(in): Dipl.-Kfm. Thomas Wild (Höckelböschstr. 9, 55743 Idar-Oberstein, T: (06781) 4 32 32)

Montabaur

e 182

IHK zu Koblenz
Bezirksstelle Montabaur
Postf. 12 61, 56402 Montabaur
Kaiserstr. 1, 56410 Montabaur
T: (02602) 15 63-0 **Fax:** 15 63-20
E-Mail: mt@koblenz.ihk.de
Geschäftsführer(in): Dipl.-Volksw. Richard Hover (Parkstraße, 28, 56203 Höhr-Grenzhausen)

Neuwied

e 183

IHK zu Koblenz
Bezirksstelle Neuwied
Andernacher Str. 17, 56564 Neuwied
T: (02631) 91 76-0 **Fax:** 91 76-48
Geschäftsführer(in): Dipl.-Volksw. Eckart Suhrcke (Stifterstr. 83, 56626 Andernach, T: (02632) 4 89 16)

Simmern

e 184

IHK zu Koblenz
Bezirksstelle Simmern
Jakob-Kneip-Str. 1, 55469 Simmern
T: (06761) 93 30-0 **Fax:** 93 30-40
Geschäftsführer(in): Ass. Eberhard Noll (Fustenbrugstr. 11, 55469 Simmern, T: (06761) 1 32 89)

• **E 185**

Industrie- und Handelskammer für die Pfalz in Ludwigshafen am Rhein
Postf. 21 07 44, 67007 Ludwigshafen
Ludwigsplatz 2-4, 67059 Ludwigshafen
T: (0621) 59 04-0 **Fax:** 59 04-166
TGR: Handelskammer
Internet: http://www.ihk.de/ludwigshafen/
Gründung: 1843
Präsident(in): Dr. Axel Wiesenhütter (persönlich haftender Gesellschafter der Schuster & Sohn Kommanditgesellschaft, Kohlenhofstr. 6-12, 67663 Kaiserslautern, T: (0631) 20 14-0)
Vizepräsident(in): Dipl.-Phys. Helmut Becks (Mitglied des Vorstandes der BASF Aktiengesellschaft, Carl-Bosch-Str. 38, 67056 Ludwigshafen, T: (0621) 60-0)
Vizepräsident(in): Otmar Hornbach (Vorsitzender des Vorstandes der Hornbach Holding Aktiengesellschaft, Hornbachstraße, 76878 Bornheim, T: (06348) 60-00)
Vizepräsident(in): Hans Mayer (Vorstand der Gummi-Mayer (Stiftung & Co.), Im Justus 1, 76829 Landau, T: (06341) 6 82-1)
Vizepräsident(in): Birgit Neuhardt (Inhaberin der Firma Sport-Franck, Inh. Birgit Neuhardt, Postf. 13 51, 66463 Zweibrücken, T: (06332) 9 25 60)
Vizepräsident(in): Wolfgang F. Rempel (Prokurist der Spedition Hans Rempel GmbH & Co., Eisenberger Str. 2, 67310 Hettenleidelheim, T: (06351) 80 51)
Vizepräsident(in): Dr. Alois Wittmann (Mitgl. des Vorstandes der KSB Aktiengesellschaft, Johann-Klein-Str. 9-12, 67227 Frankenthal, T: (06233) 86-0)
Hauptgeschäftsführer(in): Dr. Andreas Herting
Geschäftsführer u. Abteilungsleiter: Dr. Rainer Abstein (Industrie und Umwelt, Verkehr und Raumordnung, T: dienstl. Durchwahl 5 90 41 11)
Geschäftsführer u. Abteilungsleiter: Dr. Rüdiger Beyer (Handel, Dienstleistungen, Mittelstandsberatung, Wirtschaftsbeobachtung, Öffentlichkeitsarbeit, T: dienstl. Durchwahl 5 90 41 19)
Geschäftsführer u. Abteilungsleiter: Ass. Dr. Manfred Hofmann (Weiterbildung und Steuern, T: dienstl. Durchwahl 5 90 41 12)
Geschäftsführer u. Abteilungsleiter: Dr. Gerd Philippsen (Recht und Sachverständigenwesen, T: dienstl. Durchwahl 5 90 41 17)
Geschäftsführer u. Abteilungsleiter: Dr. Hans Riemann (Außenwirtschaft - Messen, T: dienstl. Durchwahl 5 90 42 58)
Geschäftsführer u. Abteilungsleiter: Ass. Helmut Winter (Berufsbildung, T: dienstl. Durchwahl 5 90 41 13)
AbtLeiter: Dipl.-Volksw. Helmut Müller-Hirtz (Information und Dokumentation, T: dienstl. Durchwahl 5 90 41 15)
AbtLeiterin: Dipl.-Bw. (FH) Edeltraud Rumpf (Verwaltung T: dienstl. Durchwahl 5 90 42 18)
Verbandszeitschrift: Wirtschaftsmagazin Pfalz
Bezirk: Pfalz des Regierungsbezirkes Rheinhessen-Pfalz

e 186

IHK für die Pfalz
Zweigstelle Kaiserslautern
Postf. 26 65, 67614 Kaiserslautern
Europaallee 14, 67657 Kaiserslautern
T: (0631) 3 66 86-10 **Fax:** 3 66 86-70
Leitung: Ass. Michael Schaum

e 187

IHK für die Pfalz
Zweigstelle Südpfalz
Postf. 16 20, 76806 Landau
Im Grein 5, 76829 Landau
T: (06341) 9 71-0 **Fax:** 97 12 10
Geschäftsführer(in): Dipl.rer.pol.(techn.)Dr.-Ing. Theo Koffler

e 188

IHK für die Pfalz
Zweigstelle Pirmasens
Postf. 20 61, 66928 Pirmasens
Adam-Müller-Str. 6, 66954 Pirmasens
T: (06331) 5 23-0 **Fax:** 5 23-120
Leitung: Dipl.-Ing. (TH) Andreas Knüpfer

• **E 189**

Industrie- und Handelskammer für Rheinhessen
Postf. 25 09, 55015 Mainz
Schillerplatz 7, 55116 Mainz
T: (06131) 2 62-0 **Fax:** 2 62-1113
TGR: Handelskammer Mainz
Internet: http://www.IHK.de/mainz
E-Mail: ihkmail@mainz.ihk.de
Bezirk: ehem. Regierungsbezirk Rheinhessen, umfassend die Städte Mainz und Worms und die Kreise Mainz-Bingen und Alzey-Worms
Präsident(in): Dr. Harald Augter (Geschäftsführer u. Sprecher d. Gesch-Ltg. d. Haftpflichtverbandes der Deutschen Industrie (HDI) VaG, Mainz)
Vizepräsident(in): Dipl.-Kfm. Birger Schwaab (Geschäftsf. Ges. der Fa. Möbel Schwaab GmbH, Bahnhofstr. 79, 55218 Ingelheim)
Präsidialmitgl.: Rudolf Bödige (Geschäftsf. Ges. der Fa. gzm Grafisches Zentrum Bödige und Partner GmbH, Postf. 36 60, 55026 Mainz)
Präsidialmitgl.: Bankdir. Dipl.-Betriebsw. Wilhelm Gerlach (Vorstandsmitgl. d. Volksbank Alzey e.G., Hospitalstr. 15, 55232 Alzey)
Präsidialmitgl.: Dr. Klaus Werth (Mitglied des Vorstandes der Elektrizitätswerk Rheinhessen AG, Lutherring 5, 67547 Worms)
Präsidialmitgl.: Ass. Dipl.-Kfm. Peter Friedrich (Geschäftsf. Gesellschafter d. Fa. Gutenbergwerk für Bürobedarf mbH u. Erasmusdruck GmbH, Robert-Koch-Str. 50, 55129 Mainz)
Hauptgeschäftsführer(in): Richard Patzke
Geschäftsführer(in): Dr. Bernulf Claßen (Rechtsabteilung)
Geschäftsführer(in): Dipl.-Volksw. Edith Neidlinger (Außenhandel, Konjunktur, Statistik)
Geschäftsführer(in): Theo Welter (Berufsbildung)
Presse und Öffentlichkeitsarbeit: Klaus P. Graf
Presse- und Öffentlichkeitsarbeit: Stefan Linden
Verbandszeitschrift: Wirtschaftsreport Rheinhessen

e 190

IHK für Rheinhessen
Geschäftsstelle Bingen
Kurfürstenstr. 3, 55411 Bingen
T: (06721) 91 41-0 **Fax:** 91 41-41
Geschäftsführer(in): RA Markus Seltenreich

e 191

IHK für Rheinhessen
Geschäftsstelle Worms
Rathenaustr. 20, 67547 Worms
T: (06241) 91 17-3 **Fax:** 91 17-40
Geschäftsführer(in): RA Andrea Mahl

• **E 192**

Industrie- und Handelskammer Trier
Postf. 22 40, 54212 Trier
Herzogenbuscher Str. 12, 54292 Trier
T: (0651) 97 77-0 **Fax:** 97 77-150
Internet: http://www.ihk-trier.de
E-Mail: info@trier.ihk.de
Bezirk: Reg. Bez. Trier
Präsident(in): Wolfgang Natus (i. Fa. Natus GmbH & Co. KG, Loebstr. 12, 54292 Trier, T: (0651) 1 44 90)
Vizepräsident(in): Peter Adrian (i. Fa. TRIWO Wohnungs- und Gewerbebau AG, Trier)
Vizepräsident(in): Herbert Reh (i. Fa. Franz Reh & Sohn GmbH, 54340 Leiwen, T: (06507) 40 90)
Vizepräsident(in): Harry Thiele (i. Fa. TECTRO Kunststofftechnik GmbH, 54439 Saarburg)
Hauptgeschäftsführer(in): Dr. Wolfgang Schneider (Grundsatzfragen, Kammerorganisation, Finanzen, T: 97 77-1 02)
Geschäftsführer(in): Ass. Rudolf Heibel (Berufliche Bildung, Zum Waldeskühl 10, 54298 Igel, T: (06501) 1 21 64)
Geschäftsführer(in): Dipl.-Volksw. Lothar Philippi (Industrie, Wirtschaftsförderung, EG-Beratungsstelle, 54329 Konz, T: (06501) 1 66 38)
Geschäftsführer(in): Dipl.-Volksw. Günther Kiefer (Öffentlichkeitsarbeit, Außenwirtschaft, Hügelstr. 1, Merzig, T: (06861) 68 20)
Stellvertretende(r) Geschäftsführer(in): Rudolf Ersfeld (Wettbewerbsrecht, Ahornweg 2, 54296 Trier, T: 1 88 52)
Verwaltungsdirektor: Betriebsw. Manfred Schneider (Albert-Schweitzer-Str. 19 b, 54329 Konz, T: (06501) 1 52 16)
Abt.-Leiter: Dipl.-Volksw. Marcus Kleefisch (Handel, Verkehr, Tourismus, Dienstleistungen, T: (0651) 97 77-401)
Verbandszeitschrift: Blickpunkt Wirtschaft der Industrie- und Handelskammer Trier
Redaktion: Postf. 22 40, 54212 Trier
Mitglieder: 19500
Mitarbeiter: 56

Saarland

• **E 193**

Industrie- und Handelskammer des Saarlandes
66104 Saarbrücken
Franz-Josef-Röder-Str. 9, 66119 Saarbrücken
T: (0681) 95 20-0 **Fax:** 95 20-8 88
TGR: IHK Saarland
Internet: http://www.saarland.ihk.de
E-Mail: info@saarland.ihk.de
Bezirk: Saarland
Ehrenpräs.: Dr. Jost Prüm (Bankdirektor a.D., Habichtsweg 33, 66123 Saarbrücken, T u. Fax: (0681) 6 17 01)
Präsident(in): Dr. Richard Weber (Geschäftsf. Gesellschafter der Karlsberg Brauerei KG Weber, Karlsbergstr. 62, 66424 Homburg, T: (06841) 1 05-2 20, Fax: (06841) 1 05-5 56, E-Mail: praesident@saarland.ihk.de)
Vizepräsident(in): Dipl.-Kfm. Wendelin von Boch-Galhau (Vorsitzender des Vorstandes der Villeroy & Boch AG, Postf. 11 40, 66688 Mettlach, T: (06864) 8 11-6 01, Fax: (06864) 8 11-4 76, E-Mail: praesidium@saarland.ihk.de)
Vizepräsident(in): Franz Josef Juchem (Geschäftsführer der Franz Juchem GmbH & Co KG, Prümburgstr. 3, 66571 Eppelborn, T: (06881) 8 00-2 16, Fax: (06881) 8 00-2 09, E-Mail: praesidium@saarland.ihk.de)
Vizepräsident(in): Dr.-Ing. Walter Koch (Geschäftsf. Gesellschafter der Dillinger Fabrik gelochter Bleche GmbH, Franz-Méguin-Str. 20, 66763 Dillingen, T: (06831) 70 03-1 43, Fax: (06831) 9 48-7 50, E-Mail: praesidium@saarland.ihk.de)
Vizepräsident(in): Dipl.-Kfm. Ernst Lenz (Landesbankdirektor, Vorsitzender des Vorstandes der SaarLB, Landesbank Saar Girozentrale, Ursulinenstr. 2, 66111 Saarbrücken, T: (0681) 3 83-13 10/13 11, Fax: (0681) 3 83-12 66, E-Mail: praesidium@saarland.ihk.de)
Vizepräsident(in): Dipl.-Volksw. Hermann J. Munkes (Sprecher des Vorstandes der Saar Ferngas AG, Am Halberg 3, 66121 Saarbrücken, T: (0681) 81 05-2 44, Fax: (0681) 81 05-3 70, E-Mail: praesidium@saarland.ihk.de)
Vizepräsident(in): Paul H. Repplinger (Geschäftsf. Prokurist der Firma Büro-Centrum M. Regler, Hausbacher Str. 2, 66663 Merzig-Brotdorf, T: (06861) 9 20-2 03, Fax: (06861) 9 20-9 20, E-Mail: praesidium@saarland.ihk.de)
Vizepräsident(in): Dipl.-Finanzw. Rolf Schneider (Geschäftsführer der Ursapharm Arzneimittel GmbH, Industriestraße, Postf. 11 51, 66129 Bübingen, T: (06805) 92 92-19, Fax: (06805) 92 92-99, E-Mail: praesidium@saarland.ihk.de)
Vizepräsident(in): Dipl.-Ing. Otmar Schön (Geschäftsf. Gesellschafter der HYDAC Technology GmbH, Industriestraße, 66280 Sulzbach, T: (06897) 5 09-2 15/5 08, Fax: (06897) 5 09-5 00, E-Mail: praesidium@saarland.ihk.de)
Vizepräsident(in): Dipl.-Kfm. Michael Ziesler (Mitglied des Vorstandes Deutsche Steinkohle AG, Shamrockring 1, 44623 Herne, T: (02323) 15-4430, Fax: 15-44 39, e-Mail: praesidium@saarland.ihk.de)
Hauptgeschäftsführer(in): Dipl.-Vw. Volker Giersch (Geschäftsführung der ZPT Zentrale für Produktivität und Technologie Saar e.V., T: dienstl. Durchwahl (0681) 95 20-100, Fax: (0681) 95 20-188, E-Mail: gierschv@saarland.ihk.de)
Stellvertretende(r) Geschäftsführer(in): Dipl.-Vw. Hermann Götzinger (Grundsatzfragen, Industrie, Verkehr, Außenwirtschaft, Umweltschutz, T: dienstl. Durchwahl (0681) 85 20-400, Fax: (0681) 95 20-488, E-Mail: goetzingh@saarland.ihk.de)
Geschäftsführer(in): Fritz Gerndt (Information und Kommunikation, T: dienstl. Durchwahl (0681) 95 20-300, Fax: (0681) 95 20-388, E-Mail: gerndtf@saarland.ihk.de)
Geschäftsführer(in): Ass. Karl Meyer-Hentschel (Handel-Recht-Tourismus-Existenzgründungsservice, T: dienstl. Durchwahl (0681) 95 20-200, Fax: (0681) 95 20-288, E-Mail: meyerhk@saarland.ihk.de)
Stellvertretende(r) Geschäftsführer(in): Ass. Heike Cloß (Handel und Recht, T: dienstl. Durchwahl (0681) 95 20-600, Fax: (0681) 95 20-690, E-Mail: clossh@saarland.ihk.de)
Stellvertretende(r) Geschäftsführer(in): Dr. Heino Klingen (Wirtschaftspolitik, T: dienstl. Durchwahl (0681) 95 20-410, Fax: (0681) 95 20-489, E-Mail: klingenh@saarland.ihk.de)
Stellvertretende(r) Geschäftsführer(in): Dipl.-Kfm. Detlev Lehmann (Finanzen und Technik, T: dienstl. Durchwahl (0681) 95 20-500, Fax: (0681) 95 20-588, E-Mail: lehmannd@saarland.ihk.de)
Stellvertretende(r) Geschäftsführer(in): Peter Nage (M.A.I., Aus- und Weiterbildung, T: dienstl. Durchwahl (0681) 95 20-750, Fax: (0681) 95 20-788, E-Mail: nagelp@saarland.ihk.de)
Stellvertretende(r) Geschäftsführer(in): Dipl.-Ök. Antje Neinhaus (Standort/Innovation, T: dienstl. Durchwahl (0681) 95 20-413, Fax: (0681) 95 20-489, E-Mail: neinhausa@saarland.ihk.de)
Verbandszeitschrift: Wirtschaft

Sachsen

• **E 194**

Industrie- und Handelskammer Südwestsachsen Chemnitz-Plauen-Zwickau
Postf. 4 64, 09004 Chemnitz
Straße der Nationen 25, 09111 Chemnitz
T: (0371) 69 00-0 **Fax:** 64 30 18
Internet: http://www.chemnitz.ihk.de
E-Mail: chemnitz@chemnitz.ihk.de
Bezirk: Regierungsbezirk Chemnitz
Gründung: 1862 (11. November), Neugründung 1990 (21. April)
Präsident(in): Michael Lohse (Inhaber Güternah- und Fernverkehr, Spedition, Treffurthstr. 2, 09120 Chemnitz, T: (0371) 30 26 93)
Ehrenpräsident: Christian Bloch (Inhaber Werner Bloch KG, Bahnhofstr. 97, 08468 Reichenbach, T: (03765) 1 22 61/1 22 62)
Vizepräsident(in): Helmut Apitzsch (Direktor Hotel Mercure Kongress, Brückenstr. 19, 09111 Chemnitz, T: (0371) 68 35 01)
Vizepräsident(in): Bernd Fritzsche (GeschF. Zentrale System- und Haustechnik GmbH, Schlachthofstraße 2-9, 08058 Zwickau, T: (0375) 3 32 28 00)
Vizepräsident(in): Gerhard Humm (Prokurist der Schmidtbank KG auf Aktien, Roßplatz 16, 08468 Reichenbach, T: (03765) 7 81 90)
Vizepräsident(in): Peter Koch (GeschF Sternquell Brauerei GmbH, Dobenauerstr. 83, 08523 Plauen, T: (03741) 21 11 03)
Vizepräsident(in): Prof. Dr. Ulf Sadowski (PSP Prof. Sadowski & Partner Consulting, Gesellschaft für umweltorientierte Unternehmensführung mbH, Spechtweg 17, 08066 Zwickau, T: (0375) 29 63 30)
Vizepräsident(in): Martin Schepp (Sachsenring Automobiltechnik Aktiengesellschaft, Crimmitschauer Str. 67, 08058 Zwickau, T: (0375) 5 09 61 17)
Vizepräsident(in): Karl-Heinz Schüngel (GeschF Schüngel-Chemie Burkhardtsdorf GmbH, Obere Hauptstr. 64, 09235 Burkhardtsdorf, T: (03721) 5 22 24)
Vizepräsident(in): Prof. Dr. Dieter Tischendorf (GeschF TCC Technologie Centrum Chemnitz GmbH, Annaberger Str. 240, 09125 Chemnitz, T: (0371) 5 34 71 01)
Vizepräsident(in): Franz Voigt (GeschF Vogtländische Straße, Tief- und Rohrleitungsbau GmbH, August-Bebel-Str. 4, 08228 Rodewisch, T: (03744) 36 22 17)
Vizepräsident(in): Eberhard Witzschel (GeschF Teppich-Witzschel GmbH, Altenhainer Str. 50, 09669 Frankenberg, T: (037206) 27 74)
Hauptgeschäftsführer(in): Dr. Wolfram Hoschke (T: (0371) 6 90 01 00)
Geschäftsführer(in):
Industrie/Außenwirtschaft: Dr. Manfred Goedecke (T: (0371) 6 90 06 00)
Handel/Dienstleistungen: Brigitte Reinhardt (T: (0371) 6 90 03 00)
Bildung: Eva-Maria Glauch (T: (0371) 6 90 08 02)
Finanzen: Frank Lange (T: (0371) 6 90 05 00)
Justitiarin: Brigitte Panhans (T: (0371) 6 90 04 00)
Referat Öffentlichkeitsarbeit: Rosmarie Knörnschild (T: (0371) 6 90 01 10)
Verbandszeitschrift: Wirtschaft in Südwestsachsen

Regionalkammern und Geschäftsstellen:

e 195

IHK Südwestsachsen
Regionalkammer Chemnitz
Postf. 4 64, 09004 Chemnitz
Straße der Nationen 25, 09111 Chemnitz
T: (0371) 69 00-0 **Fax:** 64 30 18
E-Mail: chemnitz@chemnitz.ihk.de

Präsident(in): Michael Lohse (Inhaber Spedition, Güternah- und Fernverkehr Walter Lohse, Treffurthstr. 2, 09120 Chemnitz, T: (0371) 30 26 93)
Ltd. GeschF: Dr. Wolfram Hoschke

e 196

IHK Südwestsachsen Chemnitz-Plauen-Zwickau Regionalkammer Chemnitz

Geschäftsstelle Annaberg
Postf. 10 03 61, 09443 Annaberg-Buchholz
Geyersdorfer Str. 9a, 09456 Annaberg-Buchholz
T: (03733) 1 30 40 **Fax:** 13 04 20
E-Mail: annaberg@ana.chemnitz.ihk.de
Leiterin: Almut Beck

e 197

IHK Südwestsachsen Chemnitz-Plauen-Zwickau Regionalkammer Chemnitz

Geschäftsstelle Freiberg
09596 Freiberg
Chemnitzer Str. 40, 09599 Freiberg
T: (03731) 79 72 20 **Fax:** 79 72 25
Leitung: Hans-Christoph Moser

e 198

IHK Südwestsachsen Chemnitz-Plauen-Zwickau Regionalkammer Plauen

Friedensstr. 32, 08523 Plauen
T: (03741) 2 14-0 **Fax:** 21 42 60
Internet: http://www.chemnitz.ihk.de
E-Mail: plauen@pl.chemnitz.ihk.de
Präsident(in): Franz Voigt (Geschäftsführer Vogtländische Straßen-, Tief- und Rohrleitungsbau GmbH, August-Bebel-Str. 4, 08228 Rodewisch, T: (03744) 362-0, Fax: (03744) 4 84 95)
Leitender Geschäftsführer: Hans-Joachim Wunderlich

e 199

IHK Südwestsachsen Chemnitz-Plauen-Zwickau Regionalkammer Plauen

Geschäftsstelle Auerbach
Plauensche Str. 7, 08209 Auerbach
T: (03744) 8 34 00 **Fax:** 83 40 15
Leitung: Joachim Lang

e 200

IHK Südwestsachsen Chemnitz-Plauen-Zwickau Regionalkammer Zwickau

Postf. 20 08 57, 08008 Zwickau
Äußere Schneeberger Str. 34, 08056 Zwickau
T: (0375) 81 40 **Fax:** 81 41 27
E-Mail: zwickau@z.chemnitz.ihk.de
Präsident(in): Bernd Fritzsche (GeschF Zentrale System- und Haustechnik GmbH, Schlachthofstraße 2-8, 08058 Zwickau, T: (0375) 3 32 28 00)
Ltd. GeschF: Achim Jonas

e 201

IHK Südwestsachsen Chemnitz-Plauen-Zwickau Regionalkammer Zwickau

Geschäftsstelle Glauchau
Postf. 11 65, 08361 Glauchau
Rudolf-Breitscheid-Str. 2, 08371 Glauchau
T: (03763) 32 51 **Fax:** 40 04 47
Leitung: Angelika Neubert (T: (03763) 32 51, Fax: (03763) 32 51)

• **E 202**

Industrie- und Handelskammer Dresden

Niedersedlitzer Str. 63, 01257 Dresden
T: (0351) 28 02-0 **Fax:** 28 02-280
ServiceCenter: 28 02-281 und 345
Internet: http://www.dresden.ihk.de
E-Mail: service@dresden.ihk.de
Präsident(in): Betriebswirt Hartmut Paul (Niedersedlitzer Str. 63, 01257 Dresden, T: (0351) 2 80 21 00)
Vizepräsident(in): Peter Germann
Dr. Günter Hielscher
Roman Lorenz
Franz Ritter (Niedersedlitzer Str. 63, 01257 Dresden, T: (0351) 2 80 21 00)
Hauptgeschäftsführer(in): Dipl.-Ing. oec. Elvira-Maria Horn
Geschäftsführer(in):
Volkswirtschaft: Dipl.-Ing. Cornelia Pretzsch
Industrie/Außenwirtschaft: Dipl.-Ing. Wolfram Schnelle
Handel/Dienstl./Verkehr: Dipl.-Jur. Roland Pretzsch
Bildung: Dr. Werner Mankel
Pressestelle: Uwe Neumann
Verlag: Endriß & Schnitzer Werbe- und Verlagsgesellschaft mbH, Ernst-Thälmann-Str. 21, 01809 Heidenau, T: (03529) 55 24 00, Telefax: (03529) 55 24 02
Kammerzeitschrift: „Wirtschaftsdienst" der IHK Dresden

• **E 203**

Industrie- und Handelskammer zu Leipzig

Goerdelerring 5, 04109 Leipzig
T: (0341) 12 67-0 **Fax:** 12 67-4 21
Internet: http://www.leipzig.ihk.de
E-Mail: hlehmann@leipzig.ihk.de
Bezirk: Kreisfreie Stadt Leipzig und die Landkreise Delitzsch, Döbeln, Leipziger Land, Muldentalkreis, Torgau-Oschatz
Gründung: 1990 (8. März)
Präsident(in): Dr. Rudolf Sommerlatt (Geschäftsführer Sommerlatt-Isolierungen & Kühllagerbau GmbH, Südring 16, 04445 Wachau, T: (034297) 7 29 10, Fax: (034297) 72 91 19)
Vizepräsident(in): Michael Dorn (Geschäftsf. Gesellschafter Sächsische Schloßfabrik Pegau GmbH, Bismarckstr. 24, 04523 Pegau, T: (034296) 7 29 10, Fax: (034296) 72 91 19)
Vizepräsident(in): Axel Fischer (Geschäftsf. Gesellschafter Modehaus Fischer GmbH & Co KG, Lindnerstr. 39, 04425 Taucha, T: (034298) 6 89 42, Fax: (034298) 6 88 25)
Vizepräsident(in): Peter Gebauer (Geschäftsführer Gebauer Spedition GmbH, Taubestr. 2-4, 04347 Leipzig, T: (0341) 2 32 31 28, Fax: (0341) 2 31 10 92)
Vizepräsident(in): Cornelia Kallweit (Geschäftsf. Gesellschafterin Sport in Form Familien-Freizeit-Center GmbH und Co. Betriebs KG, Eilenburger Chaussee 66, 04509 Delitzsch, T: (034202) 5 51 80, Fax: (034202) 5 51 70)
Vizepräsident(in): Richard Krätzer (Komplementär Richard Krätzer KG, Plösener Str. 8, 04349 Leipzig, T: (0341) 92 81 10, Fax: (0341) 9 21 49 51)
Vizepräsident(in): Peter Krakow ((Vorsitzender des Vorstandes, Stadt- und Kreissparkasse Leipzig, Humboldtstr. 25, 04105 Leipzig, T: (0341) 9 86 10 00, Fax: (0341) 9 86 10 09)
Vizepräsident(in): Jürgen Sperlich (Geschäftsführer Sperlich OHG, Wolfgang-Heinze-Str. 31, 04277 Leipzig, T: (0341) 3 01 30 51, Fax: (0341) 3 01 30 54)
Hauptgeschäftsführer(in): Lothar Meier (T: dienstl. Durchwahl 12 67-1 05, -1 06)
Stellv. HGeschF Recht, Finanzen, Steuern: Dr. Werner Hain (T: dienstl. Durchwahl 12 67-4 00, 4 01)
Stellv. HGeschF. Handel, Dienstleistungen, Verkehr: Rita Sparschuh (T: dienstl. Durchwahl 12 67-3 00, -3 01)
GeschF Industrie, Außenwirtschaft: Lars Bosse (T: dienstl. Durchwahl 12 67-2 50, 2 51)
Abt.-Ltr. Berufsausbildung: Dr. Hans-Peter Schmidt (T: dienstl. Durchwahl 12 67-3 51)
Abt.-Ltr. Fort- u. Weiterbildung: Frank Häusler (T: 6 88 19 87)
Öffentlichkeitsarbeit: Harald Lehmann (T: 12 67-1 31)
Kammerzeitschrift: Jörn Glasner (T: dienstl. Durchwahl 12 67-1 28)
Verbandszeitschrift: Wirtschaft
Verlag: Leipziger Messe Verlag und Vertriebsgesellschaft mbH, Messe-Allee 1, 04356 Leipzig, T: (0341) 6 78-0, Telefax: (0341) 6 78 77 12

e 204

Bildungszentrum der IHK zu Leipzig

Bogislawstr. 18, 04315 Leipzig
T: (0341) 6 88 19 87 **Fax:** 6 89 14 50

e 205

Geschäftsstelle der IHK zu Leipzig in Döbeln

Obermarkt 24, 04720 Döbeln
Leitung: Jörg Beulig (T: dienstl. (03431) 7 18 40, Fax: (03431) 71 84 25)

e 206

Bildungs- und Informationsstelle der IHK zu Leipzig in Grimma

Schulstr. 67, 04668 Grimma
Information und Verwaltung: Christina Reintke (T: dienstl. (03437) 91 13 76, Fax: (03437) 91 03 82)

Sachsen-Anhalt

• **E 207**

Industrie- und Handelskammer Halle-Dessau

Sitz: Halle
06077 Halle
Postf. 20 07 54, 06008 Halle
Franckestr. 5, 06110 Halle
T: (0345) 21 26-0 **Fax:** 2 02 96 49
Internet: http://www.halle.ihk.de
Gründung: 1990 (8. Februar)
Präsident(in): mit der Führung der Amtsgeschäfte beauftragt: Vizepräsident Albrecht Hatton
Vizepräsident(in): Norbert Werner (Vorstandsvorsitzender MEAG, Magdeburger Str. 51, 06112 Halle, T: (0345) 21 60)
Vizepräsident(in): Christa Gross (Inhaberin, Galerie Gross, Alter Markt 33, 06108 Halle, T: (0345) 2 03 35 53)
Vizepräsident(in): Dr. Wolfgang Haase (Geschäftsführender Gesellschafter, GFE GmbH, Köthener Str. 34, 06118 Halle, T: (0345) 5 24 40)
Vizepräsident(in): Dr. Werner Hannemann (Geschäftsführender Gesellschafter, DVZ Halle GmbH, Nietlebener Str. 1, 06126 Halle, T: (0345) 6 93 25 00)
Vizepräsident(in): Albrecht Hatton (Vorstandsvorsitzender Volksbank Dessau-Anhalt e.G., Ratsgasse 1, 06844 Dessau, T: (0340) 2 60 18 13)
Vizepräsident(in): Wolfgang Hildebrandt (Geschäftsführender Gesellschafter, Ingenieur-Tiefbau Dessau GmbH, Mohsstr. 21, 06846 Dessau, T: (0340) 6 40 01 41)
Vizepräsident(in): Ewald Pirl (Mitinhaber, Hotel Zum Stein, Erdmannsdorffstr. 228, 06786 Wörlitz, T: (034905) 5 00)
Vizepräsident(in): Edwin Sperling (Inhaber, Eisen-, Haushaltswaren, Breite Nr. 32, 39261 Zerbst, T: (03923) 22 24)
Vizepräsident(in): Wolfgang Vetter (Geschäftsführender Gesellschafter, Vetter GmbH Omnibus- und Mietwagenbetrieb, Hinsdorfer Weg 1, 06779 Salzfurtkapelle, T: (03494) 36 69 12)
Vizepräsident(in): Wolfgang Winkler (Geschäftsführender Gesellschafter, Betonwerk Erich Winkler GmbH, Schmiedeberger Str. 27, 06909 Pretzsch, T: (034926) 5 73 29)
Hauptgeschäftsführer(in): Dr. Peter Heimann
Abteilung Wirtschaft
Abteilungsleiter: Wilhelm Ehrhardt (stellv. Hauptgeschf., Industrie/Umwelt/Energie, Technologie, Innovation)
Abteilungsleiterin: Anja Reutter (Geschäftsf. Außenwirtschaft, Messen)
Abteilungsleiter: Reinhard Schröter (stellv. Hauptgeschäftsf., Verkehr, Raumordnung/Volkswirtschaft)
Abteilung Bildung
Abteilungsleiterin: Ingeborg Kuhne (Geschäftsführerin, Bildungspolitik, Ausbildungsbetreuung, Lehrlingsrolle, Prüfungen, Weiterbildungspolitik, Weiterbildungsprüfungen)
Abteilung Verwaltung
Abteilungsleiterin: Dr. Katja Ullrich (Geschäftsf., Personal, Organisation, Allgemeine Verwaltung, Buchhaltung, Stammdatenerfassung, Beitrag, EDV)
Abteilung Recht und Steuern
Abteilungsleiterin: Dr. Ute Jähner (Geschäftsführerin Wettbewerbs-, Gesellschafts- und Steuerrecht, Recht der EG, Sachverständigenwesen, Firmenrecht, Bürgerliches Recht, Öffentliches Recht)
Abteilung Mittelstand
Abteilungsleiter: Manfred Piotrowsky (Geschäftsf., Mittelstand)
Abteilung Presse, Öffentlichkeitsarbeit und Medienpolitik
Abteilungsleiterin: Antje Schüler (Geschäftsf., Presse, Medienpolitik, Öffentlichkeitsarbeit, Publikationen, IHK-Magazin, Internet, Bibliothek)

Außenstellen

e 208

IHK Halle-Dessau Geschäftsstelle Bitterfeld

Postf. 1 07, 06732 Bitterfeld
T: (03493) 37 57-0 **Fax:** 37 57-16
Leitung: Hannelore Erben-Meißner (Geschäftsstellenleiterin)

Kontaktstelle Wittenberg der IHK Halle-Dessau

Dessauer Str. 13, 06886 Lutherstadt Wittenberg
T: (03491) 67 01 21 **Fax:** 37 57 16

e 209

IHK Halle-Dessau Geschäftsstelle Dessau

Schloßplatz 3, 06844 Dessau
T: (0340) 26 01 10 **Fax:** 21 29 42
Leitung: Dr. Thomas Brockmeier

Kontaktstelle Bernburg

Steinstr. 26a, 06406 Bernburg
T: (03471) 37 06 50 **Fax:** 37 06 50
Margarete Trippner

e 210

IHK Halle-Dessau Geschäftsstelle Eisleben

Vicariatsgasse 4, 06295 Lutherstadt Eisleben
T: (03475) 65 04-0 **Fax:** 65 04 10
Leitung: Kerstin Kögel (Geschäftsstellenleiterin)

e 211

IHK Halle-Dessau Geschäftsstelle Weißenfels

Merseburger Str. 36, 06667 Weißenfels
T: (03443) 43 25 12 **Fax:** 43 25 10
Leitung: Hans-Jürgen Stößer (Geschäftsstellenleiter)

e 212

IHK Bildungszentrum Halle-Dessau GmbH
Ratsgasse 1, 06844 Dessau
T: (0340) 7 37 04 62 **Fax:** 7 37 02 95
Internet: http://www.ihkbiz.de
Geschäftsführer(in): Dipl.-Ing. Udo Diezmann, Dessau
Leiter Regionalbereich Dessau: Dietmar Baumung (Ratsgasse 1, 06844 Dessau, T: (0340) 7 37 02 93, Telefax: (0340) 7 37 02 94)
Leiter Regionalbereich Halle: Dr. Egon Preuß (Barbarastr. 2, 06110 Halle, T: (0345) 1 30 48 02)
Leiter Regionalbereich Weißenfels: Dr. Volker Bart (Am Schlachthof 6, 06667 Weißenfels, T: (03443) 20 50 80, Telefax: (03443) 20 00 82)
Leiter Regionalbereich Sangerhausen: Christel Parr (Ewald-Gnau-Str. 1b, 06526 Sangerhausen, T: (03464) 5 59 66, Telefax: (03464) 55 96 80)
Leiter Regionalbereich Bitterfeld-Wolfen: Dietmar Baumung (Krondorfer Str. 83, 06766 Wolfen, T: (03494) 3 01 02, Telefax: (03494) 3 01 03)
Mitarbeiter: 71

e 213

MIPO Mitteldeutsche Informations-, Patent-, Online-Service GmbH
Rudolf-Ernst-Weise-Str. 18, 06112 Halle
T: (0345) 29 39 80 **Fax:** 2 93 98 40
Internet: http://www.mipo.de
E-Mail: andrick@mipo.hal-uunet.de
Geschäftsführer(in): Dr. Jürgen Andrick

• **E 214**

Industrie- und Handelskammer Magdeburg
Postf. 18 40, 39008 Magdeburg
Alter Markt 8, 39104 Magdeburg
T: (0391) 56 93-0 **Fax:** 5 69 31 93
Regierungsbezirk Magdeburg
Gründung: 1990 (12. April)
Präsident(in): Dr. Klaus Hieckmann
Vizepräsident(in): Klaus-Peter Hennig
Sabine Gilbers
Ulrich Eichhorn
Harald Gatzke
Paul Saib
Otto Ebert
Helmut Kühne
Gerhard Bertram
Hauptgeschäftsführer(in): Wolfgang März
Stellv. HGeschF: Siegfried Zander
Hans-Jochen Wegner
Referent Öffentlichkeitsarbeit: Hans-Ulrich Falk
Verbandszeitschrift: IHK-Mitteilungen
Verlag: Joh. Heinrich Meyer, Ernst-Böhme-Str. 20, 38112 Braunschweig
Mitglieder: 40000
Mitarbeiter: 110

Schleswig-Holstein

• **E 215**

Vereinigung der Industrie- und Handelskammern in Schleswig-Holstein
Postf. 19 42, 24909 Flensburg
Heinrichstr. 28-34, 24937 Flensburg
T: (0461) 8 06-0 **Fax:** 8 06-171
Internet: http://www.flensburg.ihk.de
E-Mail: ihk@flensburg.ihk.de
Vorsitzende(r): Hans-Georg Carstens (Präsident)
Geschäftsführer(in): Dipl.-Volksw. Michael Stein (Hauptgeschäftsführer der Industrie- und Handelskammer zu Flensburg)
Pressereferent: Dipl.-Volksw. Ulrich Spitzer
Verbandszeitschrift: Wirtschaft zwischen Nord- und Ostsee (WNO), (FL, KI), Wirtschaft zwischen Ostsee und Elbe (HL)

Kammern

• **E 216**

Industrie- und Handelskammer zu Flensburg
Postf. 19 42, 24909 Flensburg
Heinrichstr. 28-34, 24937 Flensburg
T: (0461) 8 06-0 **Fax:** 8 06-171
Internet: http://www.flensburg.ihk.de
E-Mail: ihk@flensburg.ihk.de
Gründung: 1870 (26. Dezember)
Präsident(in): Hans-Georg Carstens (Fa. Carstens Einrichtungshaus GmbH & Co. KG, Norderstr. 26-32, 24939 Flensburg, T: (0461) 1 44 41-0)
Vizepräsident(in): Hans-Werner Behmer (i. Fa. Hotel Waldschlößchen GmbH & Co. KG, Kolonnenweg 152, 24837 Schleswig, T: (04621) 3 83-0)
Vizepräsident(in): Norbert Erichsen (i. Fa. FFG Flensburger Fahrzeugbau Gesellschaft mbH, Werftstr. 24, 24939 Flensburg, T: (0461) 48 12-134)
Vizepräsident(in): Hans-Henning Jacobs (i. Fa. Jacobs Energie GmbH, Hamburger Straße, 25746 Heide, T: (0481) 8 50 65-0)
Vizepräsident(in): Bernd Rothehüser (i. Fa. Commerzbank AG, Rathausplatz 15, 24937 Flensburg, T: (0461) 86 94-0)
Vizepräsident(in): Gernot W. Thomsen (i. Fa. Thomsen & Thomsen Holding GmbH & Co. KG Projektentwicklungsgesellschaft, Postf. 11 62, 24955 Harrislee, T: (0461) 77 00 20-0)
Vizepräsident(in): Rickmer-Johannes Topf (i. Fa. Johannes Topf Baubeschlag-Gesellschaft mbH, Siemensstr. 17, 25813 Husum, T: (04841) 7 89-0)
Hauptgeschäftsführer(in): Dipl.-Volksw. Peter Michael Stein (T: (0461) 8 06-1 77 dienstl. Durchw.)
Stellv. HGeschF: Ass. Klaus Markmann (Geschäftsbereich Bildung, T: (0461) 8 06-1 28 dienstl. Durchw.)
Geschäftsführer(in): Dipl.-Volksw. Winfried Berweger (Geschäftsbereich Wirtschaftsförderung, T: (0461) 8 06-1 29 dienstl. Durchw.)
Geschäftsführer(in): Dipl.-Volksw. Volker Seeger (Geschäftsbereich Service, T: (0461) 8 06-1 32 dienstl. Durchw.)
Geschäftsführer(in): Telsche Ott (Geschäftsstelle Dithmarschen: Rungholtstr. 5 d, 25746 Heide, T: (0481) 85 77-0)
Referent: Dirk Nicolaisen (Geschäftsbereich Wirtschaftsförderung, T: (0461) 8 06-1 58 dienstl. Durchw.)
Referent: Dipl.-Volksw. Ulrich Spitzer (Öffentlichkeitsarbeit/Pressestelle, T: (0461) 8 06-1 27 dienstl. Durchw.)
Referent: Lothar Raasch (Geschäftsbereich Service, T: (0461) 8 06-1 22 dienstl. Durchw.)
Verwaltungsleiterin: Rita Koch (Organisation, T: (0461) 8 06-1 42 dienstl. Durchw.)
Verbandszeitschrift: Wirtschaft zwischen Nord- u. Ostsee
Mitglieder: 28000
Mitarbeiter: 54
Bezirke: Stadt Flensburg, Kreise Schleswig-Flensburg, Nordfriesland, Dithmarschen

e 217

Geschäftsstelle Dithmarschen der IHK zu Flensburg
Rungholtstr. 5d, 25746 Heide
T: (0481) 85 77-0 **Fax:** 85 77-20
Geschäftsführerin: Dipl.-Geogr. Telsche Ott

e 218

Außenstelle Nordfriesland der IHK zu Flensburg
Marktstr. 6, 25813 Husum
T: (04841) 64 04-28 **Fax:** 64 04-29
Geschäftsführer(in): Dipl.-Geogr. Telsche Ott

• **E 219**

IHK Industrie- und Handelskammer zu Kiel

24100 Kiel
Lorentzendamm 24, 24103 Kiel
T: (0431) 51 94-0 **Fax:** 51 94-2 34
Internet: http://www.ihk.de/kiel
E-Mail: ihk@kiel.ihk.de
Bezirk: Stadtkreise Kiel, Neumünster, Landkreise Pinneberg, Plön, Rendsburg-Eckernförde, Steinburg
Präsident(in): Konsul Dr. Fritz Süverkrüp
Vizepräsident(in): Prof. Dr. Hans Heinrich Driftmann
Vizepräsident(in): Dipl.-Volksw. Horst Jenckel
Vizepräsident(in): Erika Kath-Drengenberg
Vizepräsident(in): Wolfgang Kurtze
Vizepräsident(in): Konsul Dr.-Ing. Dieter Murmann
Vizepräsident(in): Dipl.-Kfm. Dieter Pfisterer
HGeschF u. Erster Syndikus: Ass. Wolf-Rüdiger Janzen
Ref. d. HGeschFührung: Dipl.-Volksw. Peter Weltersbach
Stellv. HGeschF: Dipl.-Volksw. Dr. Jörn Biel (Wirtschaftspolitik und Umweltschutz)
Geschf. u. Justitiar: Ass. Rainer Bock (Recht, Steuern, Sachverständigenwesen)
Verwaltungsltr.: Wolfgang Ruß (Finanzen, Personal, Büro- und Hausverwaltung, Datenverarbeitung, Kammerbeiträge, Haushalts- und Kassenwesen)
Geschäftsführer(in): Dipl.-Volksw. Michael Zeinert (Handel- und Tourismuswirtschaft)
Geschäftsführer(in): Ass. Joachim Beckers (Berufsbildung)
Geschäftsführer(in): Dipl.-Ökonom Werner Koopmann (Außenhandel, Großhandel, Messen, Ausstellungen)
Geschäftsführer(in): Dr. Martin Kruse (Volkswirtschaft, Raumordnung, Verkehr)
Pressesprecher: Dipl.-Verwaltungsw. Johannes Callsen
Kammerzeitschrift: Wirtschaft zwischen Nord- u. Ostsee

Geschäftsstellen:

e 220

Industrie- und Handelskammer zu Kiel Zweigstelle Elmshorn (für die Landkreise Pinneberg und Steinburg)
Postf. 5 49, 25305 Elmshorn
Kaltenweide 6, 25335 Elmshorn
T: (04121) 48 77-0 **Fax:** 48 77-39
Geschäftsführer(in): Ass. Ulrich Grobe

e 221

Industrie- und Handelskammer zu Kiel Zweigstelle Neumünster (für den Stadtkreis Neumünster)
Postf. 17 80, 24507 Neumünster
Am Teich 1-3, 24534 Neumünster
T: (04321) 4 07 90 **Fax:** 40 79 46
Geschäftsführer(in): Dipl.-Volksw. Peter-Jochen Dohm

e 222

Industrie- und Handelskammer zu Kiel Zweigstelle Rendsburg (für das Gebiet des früheren Landkreises Rendsburg)
Postf. 2 40, 24756 Rendsburg
Königstr., 24768 Rendsburg
T: (04331) 13 75-0 **Fax:** 13 75-57
Geschäftsführer(in): Dipl.-Volksw. Peter-Jochen Dohm

• **E 223**

Industrie- und Handelskammer zu Lübeck
Fackenburger Allee 2, 23554 Lübeck
T: (0451) 70 85-01 **Fax:** 70 85-284
Internet: http://www.ihk.luebeck.de
E-Mail: ihk@luebeck.ihk.de
Bezirk: Hansestadt Lübeck, Kreis Hzgt. Lauenburg, Ostholstein, Segeberg und Stormarn
Gründung: 1853
Präses: Dipl.-Kfm. Hans Georg Rieckmann (Inhaber der Fa. Herren-Moden Rieckmann, Sandstr. 18-22, 23552 Lübeck, T: (0451) 70 65-90)
Stellvertreter des Präses: Dr. Christian Dräger (Drägerwerk Aktiengesellschaft, Moislinger Allee 53-55, 23558 Lübeck, T: (0451) 8 82-0)
Stellvertreter des Präses: Wilhelm von Boddien (pers.haft. Gesellschafter d. Fa. v. Boddien & Co., Rudolf-Diesel-Str. 2, 22941 Bargteheide, T: (04532) 40 41 10)
Vicepräs: Hans-Peter Dau (Vorstandsmitglied der Blaue Quellen AG i.R. Fürst Bismarck-Quellen Prokurist der Reinbeker Schloßquelle Zweign. der Blaue Quelle AG, Rehmenkoppel 9, 21039 Escheburg, T:(04152) 8 29 25)
Vicepräs: Egon Klatt (pers.haft.Gesellschafter d.Fa. Segeberger Eisenhandlung Johann Peter Hass KG, Hamburger Str. 4, 23795 Bad Segeberg, T: (04551) 9 06-0)
Vicepräs: Jürgen Jenne (pers. haft. Gesellschafter d. Fa. Max Jenne KG Arzneimittelgroßhandlung, Hinter den Kirschkaten 49, 23560 Lübeck, T: (0451) 5 30 70)
Vicepräs: Christoph Andreas Leicht (Geschäftsführer der persönlich haftenden Gesellschaft der Fa. Hansapark Freizeit- und Familienpark GmbH & Co., Am Fahrenkrog 1, 23730 Sierksdorf, T: (04563) 4 74-0)
Vicepräs: Bernd Satz (Vorstandsmitglied d. Deutsche Bank Lübeck Aktiengesellschaft vormals Handelsbank, Kohlmarkt 7-15, 23552 Lübeck, T: (0451) 14 90)
Hauptgeschäftsführer(in): Erster Syndicus Dr.-Ing. Hans-Rüdiger Asche (T: dienstl. Durchwahl 70 85-212)
Synd.: Dipl.-Volksw. Hans-Jochen Arndt (Abt. Volkswirtschaft und Information, T: dienstl. Durchwahl 70 85-2 31)
Synd.: Dipl.-Ökonom. Michael Fechner (Abt. Berufsaus- und Fortbildung, T: dienstl. Durchwahl 70 85-315)
Synd.: Ass. Wulf Hermann (Abt. Recht und Finanzen, T: dienstl. Durchwahl 70 85-2 64)
Synd.: Dipl.-Volksw. Udo Poppen (Abt. Handel und Fremdenverkehr, T: dienstl. Durchwahl 70 85-257)
Synd.: Dipl.-Volksw. Jürgen Völker (Abt. Industrie und Verkehr, T: dienstl. Durchwahl 70 85-218)
Synd.: Dipl.-Volksw. Peter Weyrauch (Abt. Außenwirtschaft, T: dienstl. Durchwahl 70 85-248)
Verwaltungsleiter: N.N.
Leitung Presseabteilung: Dipl.-Volksw. Hans-Jochen Arndt
Verbandszeitschrift: Wirtschaft zwischen Ostsee und Elbe
Redaktion: Hans-Jochen Arndt
Verlag: Schmidt-Römhild, Mengstr. 16, 23552 Lübeck
Mitglieder: 52000
Mitarbeiter: rd. 90

e 224

IHK zu Lübeck Außenstelle Ahrensburg
Hamburger Str. 2, 22926 Ahrensburg
T: (04102) 80 05-0 **Fax:** 80 05-15
Leitung: Syndicus Dipl.-Volksw. Dietrich Janzen

Thüringen

• E 225

Arbeitsgemeinschaft der Industrie- und Handelskammern in Thüringen

Weimarische Str. 45, 99099 Erfurt
Internet: http://www.ihk.de
E-Mail: grusser@erfurt.ihk.de
Leitung Presseabteilung: Gerald Grusser
Verbandszeitschrift: IHK-Wirtschaftsmagazin
Redaktion: IHK Erfurt
Verlag: Weimarische Str. 45, 99099 Erfurt

• E 226

Industrie- und Handelskammer Erfurt

Weimarische Str. 45, 99099 Erfurt
T: (0361) 34 84-0 **Fax:** 34 84-2 99
Internet: http://www.ihk.de
E-Mail: ihk@erfurt.ihk.de
Gründung: 1990 (1. März)
Präsident(in): Niels Lund Chrestensen
Hauptgeschäftsführer(in): Gerald Grusser
Verbandszeitschrift: Wirtschaftsmagazin IHK-Magazin Erfurt
Verlag: Werbeagentur Prüfer, Anger 46, 99084 Erfurt, T: (0361) 5 66 81 94, Telefax: (0361) 5 66 81 96
Mitglieder: 48000

• E 227

Industrie- und Handelskammer Ostthüringen zu Gera

Postf. 30 62, 07490 Gera
Gaswerkstr. 23, 07546 Gera
T: (0365) 85 53-0 **Fax:** 85 53-100
Internet: http://www.ihk.de/gera
E-Mail: info@gera.ihk.de
Gründung: 1849
Präsident(in): Dr. h.c. Lothar Späth (JENOPTIK AG, Carl-Zeiss-Str. 1, 07743 Jena)
Vizepräsident(in):
Dr. Franz-Ferdinand von Falkenhausen (Carl-Zeiss Jena GmbH, Carl-Zeiss Promenade 10, 07745 Jena)
Martin Fürböck (Technische Werke Jena GmbH, Göschwitzer Str. 22, 07745 Jena)
Wolfgang Hiller (Ostthüringer Recycling- und Handels-GmbH Gera, Auenstr. 55, 07552 Gera)
Thomas Hodes (Gast- und Pensions-Haus Hodes, Mörla Nr. 1, 07407 Rudolstadt)
Hans-Peter Hopfe (Blancomed GmbH, Carl-Zeiss-Str. 5, 07318 Saalfeld)
Dieter Kluge (GOTHAER Versicherungsbank VVAG, Amthorstr. 11, 07545 Gera)
Dr. Günter Schmidt (MAXION Werkzeuge und Maschinen GmbH, Rosa-Luxemburg-Str. 5, 07381 Pößneck)
Reiner Spanner (Brennstoffhandel und Fuhrgeschäft, Ortsstr. 2, 07950 Mehla)
Hauptgeschäftsführer(in): Dr. Bernhard Strelow (T: (0365) 85 53-463)
Geschäftsführer(in): Dr. Bernhard Strelow (Abt. Industrie/Umwelt, T: (0365) 8553-463)
Eduard Schwartz (Thüringer Außenwirtschaftsfördergesellschaft mbH, T: (0365) 85 53-123)
Bernd Fischer (Abt. Dienstleistungen/Raumordnung/Wirtschaftsförderung, T: (0365) 85 53-114)
Ingrid Weidhaas (Abt. Aus- und Weiterbildung, T: (0365) 85 53-216)
Gotthard Himmler (Abt. Verwaltung/Recht/Steuern, T: (0365) 85 53-455)
Öffentlichkeitsarbeit: Evelin Barth (T: (0365) 85 53-452)
Verbandszeitschrift: Ostthüringer Wirtschaft
Redaktion: Anne-Katrin Schnappauf, T: (0365) 85 53-451
Mitglieder: 34200 Firmen
Mitarbeiter: 100

Geschäftsstellen

Altenburg

e 228

IHK Ostthüringen zu Gera Geschäftsstelle Altenburg

Mittelstr. 1-2, 04600 Altenburg
T: (03447) 31 13 21 **Fax:** 31 41 80
Leitung: Bernd Haubold

Jena

e 229

IHK Ostthüringen zu Gera Geschäftsstelle Jena

Zeitzer Str. 2, 07743 Jena
T: (03641) 40 65 61 **Fax:** 40 65 65
Leitung: Dr. Jochen Bergmann

Rudolstadt

e 230

IHK Ostthüringen zu Gera Geschäftsstelle Rudolstadt

Marktstr. 48, 07407 Rudolstadt
T: (03672) 42 32 39 **Fax:** 41 23 84
Leitung: Dr. Jochen Bergmann

Zeulenroda

e 231

IHK Ostthüringen zu Gera Geschäftsstelle Zeulenroda

Markt 7, 07937 Zeulenroda
T: (036628) 8 93 98 **Fax:** 8 93 35
Leitung: Bernd Haubold

• E 232

Industrie- und Handelskammer Südthüringen

Hauptstr. 33, 98529 Suhl
T: (03681) 3 62-0 **Fax:** 3 62-100
Internet: http://www.ihk.de/suhl
E-Mail: mucha@suhl.ihk.de
Gründung: 1990 (17. Februar)
Präsident(in): Martin Röder (Gelenkwellenwerk GmbH Stadtilm, Weimarische Str. 55, 99326 Stadtilm)
Hauptgeschäftsführer(in): Dipl.-Landwirt Lothar Siegemund (Talstr. 2, 98529 Suhl, T: (03681) 30 44 75)
Stellv. Hauptgeschäftsführer: Dipl.-Journalist Reinhard Gänsler (Zellaerstr. 139, 98528 Suhl, T: (03681) 42 30 67)
Geschäftsführer(in): Dipl.-Lehrer Jürgen Cott (Berufs- und Weiterbildung, Albrechtserberg 41 d, 98529 Suhl)
Geschäftsführer(in): Horst Dittmar (Wirtschaftsförderung/Service, Gartenstr. 151, 98617 Obermaßfeld)
Verbandszeitschrift: Südthüringische Wirtschaft
Verlag: Wirtschaftswerbung Krick, Fichtestr. 3, 97074 Würzburg, T: (0931) 8 04 05-61, Telefax: (0931) 8 04 05-48

• E 233

Kammergemeinschaft Rundfunk der nordrhein-westfälischen Industrie- und Handelskammern

Unter Sachsenhausen 10-26, 50667 Köln
T: (0221) 1 64 01 57-8 **Fax:** 16 40-4 99
Kammern: Aachen, Arnsberg, Bielefeld, Bochum, Bonn, Detmold, Dortmund, Düsseldorf, Hagen, Köln, Krefeld, Münster, Siegen, Wuppertal
Geschäftsführer(in): Günter Bock

• E 234

Ernst-Schneider-Preis der deutschen Industrie- und Handelskammern

50606 Köln
Unter Sachsenhausen 10-26, 50667 Köln
T: (0221) 1 64 01 57-8 **Fax:** 16 40-4 99
Geschäftsführer(in): Günter Bock
Mitglieder: Alle Industrie- und Handelskammern in der Bundesrepublik Deutschland

• E 235

ICC

ICC Deutschland Internationale Handelskammer

Postf. 10 08 26, 50448 Köln
Mittelstr. 12-14, 50672 Köln
T: (0221) 2 57 55 71 **Fax:** 2 57 55 93
E-Mail: icc@icc-deutschland.de
Internationaler Zusammenschluß: siehe unter ize 2
Präsident: Ludger W. Staby
Hauptausschuss:
Gruppe I: Vertreter der Industrie- und Handelskammern
Dr. Reinhard Dörfler (Hauptgeschäftsführer Industrie und Handelskammer für München und Oberbayern), München
Jürgen Drewes (Hauptgeschäftsführer Industrie- und Handelskammer zu Aachen), Aachen
Dr. Gunter Dunkel (Mitglied des Vorstandes Norddeutsche Landesbank, Girozentrale), Hannover
Dr. jur. Christian-Albert Fricke (Hauptgeschäftsführer Oldenburgische Industrie- und Handelskammer), Oldenburg
Ass. Eberhard Garnatz (Hauptgeschäftsführer Industrie- und Handelskammer zu Köln), Köln
Dr. Thomas Hertz (Hauptgeschäftsführer Industrie- und Handelskammer zu Berlin), Berlin
Dipl.-Ing. oec. Elvira Horn (Hauptgeschäftsführerin IHK Dresden, Dresden)
Dr. Wolfgang Lindstaedt (Hauptgeschäftsführer Industrie- und Handelskammer Frankfurt am Main), Frankfurt am Main
Dr. Wilfried Prewo (Hauptgeschäftsführer Industrie- und Handelskammer Hannover-Hildesheim), Hannover
Andreas Richter (Hauptgeschäftsführer Industrie- und Handelskammer Region Stuttgart), Stuttgart
Dr. Franz Schoser (Hauptgeschäftsführer Deutscher Industrie- und Handelstag, Bonn)
Dr. Hans-Jörg Schmidt-Trenz (Hauptgeschäftsführer Handelskammer Hamburg), Hamburg
Dipl.-Ing. Gerhard Winklhofer (Persh. Gesellschafter Joh. Winklhofer & Söhne, Vizepräsident der Industrie- und Handelskammer für München und Oberbayern), München

Gruppe II: Vertreter der Verbände:
Manfred F. Boes (Präsident Bundesverband Spedition und Logistik e.V., Bonn)
Egbert Diehl (Mitinhaber des Bankhauses Delbrück & Co. Privatbankiers, Hamburg)
Ralf-Hartmut Fiedler (Mitglied des Vorstands BHF-Bank Aktienges. Frankfurt/Main)
Dr. Göke Frerichs (Vorsitzender des Landesverbandes des Gross- und Aussenhandels für Hessen, Frankfurt/Main)
RA Dr. Freiherr Frank von Fürstenwerth (Geschäftsführendes Mitglied des Präsidiums, Vorsitzender der Hauptgeschäftsführung Gesamtverband der Deutschen Versicherungswirtschaft e.V., Berlin)
Bodo Goschler (Vorsitzender des Vorstandes Hermes Kreditversicherung AG, Hamburg)
Wolfgang Hönn (Mitglied der Geschäftsführung E. Merck, Darmstadt)
Karl-Ernst Kegel (Hauptgeschäftsführer Wirtschaftsvereinigung Bergbau e.V., Bonn)
Dipl.-Vw. Roland Seeling (Geschäftsführer Verband der Chemischen Industrie e.V., Frankfurt/Main)
Dr. Peter Spary (Hauptgeschäftsführer Bundesverband der Deutschen Gross- und Aussenhandels, Bonn)
Dr. Ruprecht Vondran (MdB, Präsident Wirtschaftsvereinigung Stahl, Düsseldorf)
Dr. Ludolf von Wartenberg (Hauptgeschäftsführer, Mitglied des Präsidium Bundesverband der Deutschen Industrie e.V., Köln)
Dr. Manfred Weber (Hauptgeschäftführer u. Mitglied des Vorstandes Bundesverband deutscher Banken e.V., Berlin)
Dipl.-Vw. Holger Wenzel (Hauptgeschäftsführer des Deutschen Einzelhandels e.V., Köln)

Gruppe III: Vertreter der Mitgliedsfirmen
Dipl.-Kfm. Detlef Bierbaum (Mitinhaber Sal. Oppenheim jr. & Cie. KGaA, Köln)
Dr. Uwe-Ernst Bufe (Vorsitzender des Vorstandes DEGUSSA AG, Frankfurt/Main)
Jörg Frese, Frankfurt/Main
Dipl.-Wirtsch.-Ing. Gerhard Full (Vorsitzender des Vorstandes Linde AG, Wiesbaden)
Hans-Willi Hefekäuser (Geschäftsbereichsleiter Regulierungsstrategie, Wettbewerbs- u. Preispolitik Deutsche Telekom AG, Bonn)
Dr. Siegfried Jaschinski (Mitglied des Vosrtandes Landesbank Baden-Württemberg, Stuttgart)
Dr. Stephan Kinnemann (Mitglied der Geschäftsführung DEG-Deutsche Investitions- und Entwicklungsgesellschaft mbH, Köln)
Dr. Johann C. Lindenberg (Vorsitzender der Geschäftsführung Deutsche Unilever GmbH, Hamburg)
Dr. Friedbert Malt (Mitglied des Vorstandes DG Bank, Deutsche Genossenschaftsbank, Frankfurt/Main)
Dr. Arend Oetker (Geschf. Gesellschafter Dr. Arend Oetker Holding GmbH & Co., Köln)
Hans Hermann Reschke (Persh. Gesellschafter Bankhaus B. Metzler seel. Sohn & Co., Frankfurt/Main)
Gerhard Roggemann (Mitglied des Vorstandes Westdeutsche Landesbank - Girozentrale, Düsseldorf)
Dr. Sieghardt Rometsch (Persh. Gesellschafter Trinkhaus & Burkhardt, Düsseldorf)
Tilman Todenhöfer (Geschäftsführer Robert Bosch GmbH, Stuttgart)
Eggert Voscherau (Mitglied des Vorstandes BASF Aktiengesellschaft Ludwigshafen)

Auslandshandelskammern und Delegiertenbüros

Ägypten

• **E 236**

Deutsch-Arabische Handelskammer
German-Arab Chamber of Commerce
11511 Ataba
Postf. 385, ET-Kairo 11511 Ataba
3, Abu El-Feda Street, ET-Kairo
T: (00202) 3 41 36 62, 3 41 36 64 **Fax:** 3 41 36 63
Internet: http://www.gerarcham.com
E-Mail: info@gerarcham.com
Präsident(in): Rudi Stöcker
Geschäftsführer(in): Dr. Peter Göpfrich
Zweigstelle Alexandria: 2, Mohamed Masoud Street, Wabour El-Maya, 2nd floor, Alexandria, T: (03) 4 22 84 78

Argentinien

• **E 237**

Deutsch-Argentinische Industrie- und Handelskammer
Cámara de Industria y Comercio Argentino-Alemana
Florida 537/71 19.St., RA-1005 Buenos Aires
T: (005411) 4394-0099 **Fax:** 4393-5151, 4394-0979
Internet: http://www.cadicaa.com.ar
E-Mail: ahk@ahkar.com.ar
Gründung: 1916 (Juni)
Präsident(in): Luis Rodolfo Schirado
Geschäftsführer(in): Daniel M. Scheidel
Verbandszeitschrift: BOLETIN
Mitglieder: 550
Mitarbeiter: 18

Australien

• **E 238**

Deutsch-Australische Industrie- und Handelskammer
German-Australian Chamber of Industry & Commerce Ltd.
Postf. A 980, AUS-Sydney South NSW 1235
2nd Floor, St. Andrew's House, Sydney Square, AUS-Sydney NSW 2000
T: (00612) 9265 2200 **Fax:** 9265 2211
Internet: http://www.germany.org.au
E-Mail: info@germany.org.au
Präsident(in): John B. Gough
Geschäftsführer(in): Heinrich Zimmermann
Mitglieder: 480
Mitarbeiter: 14

e 239

Deutsch-Australische Industrie- und Handelskammer
German-Australian Chamber of Industry & Commerce Ltd.
Zweigstelle Melbourne
Suite 2, Level 5, 14 Queens Road, AUS-Melbourne, Vic. 3004
T: (00613) 9867 1198 **Fax:** 9867 1199
E-Mail: gccmel@germany.org.au
Knut

Belgien

• **E 240**

debelux Deutsch-Belgisch-Luxemburgische Handelskammer
debelux Chambre de Commerce
Belgo-Luxembourgeoise-Allemande
debelux Belgisch-Luxemburgs-Duitse Kamer van Koophandel
Manhattan Office Tower
Ave. du Boulevard 21, B-1210 Brüssel
T: (00322) 2 03 50 40 **Fax:** 2 03 47 58
E-Mail: debelux@arcadis.be
Gründung: 1894
Präsident(in): Dr. Heinz Malangré
Geschäftsführer(in): Dr. Peter Toebelmann
Verbandszeitschrift: debelux-Journal (Auflage: 3000 Exemplare)
Redaktion: debelux
Mitglieder: 800
Mitarbeiter: 21

e 241

debelux Deutsch-Belgisch-Luxemburgische Handelskammer Geschäftsstelle Köln
debelux Chambre de Commerce
Belgo-Luxembourgeoise-Allemande
debelux Belgisch-Luxemburgs-Duitse Kamer van Koophandel
Cäcilienstr. 46, 50667 Köln
Belgisches Haus
T: (0221) 2 57 54 85, 2 57 54 77 **Fax:** 2 57 54 66
TGR: DEBELUX KAMMER KOELN
E-Mail: debeluxkoeln@compuserve.com
Geschäftsführer(in): Gerd Marmann
Pressereferent: Klaus Drossard

e 242

debelux Deutsch-Belgisch-Luxemburgische Handelskammer
Zweigstelle
debelux Chambre de Commerce
Belgo-Luxembourgeoise-Allemande
debelux Belgisch-Luxemburgs-Duitse Kamer van Koophandel
31, bld. Konrad Adenauer, B-2981 Luxembourg
T: (00352) 42 39 39-1 **Fax:** 43 83 26
E-Mail: chamcom@cc.lu
Leitung: Paul Hippert

Bolivien

• **E 243**

Deutsch-Bolivianische Industrie- und Handelskammer
Cámara de Comercio e Industria Boliviano-Alemana
Postf. 2722, BOL-La Paz
Avenida Ecuador 2277, BOL-La Paz
T: (005912) 41 17 74 **Fax:** 41 33 21
E-Mail: info@akkbol.com
Gründung: 1955 (August)
Präsident(in): Dr. Dieter Hausherr
Geschäftsführer(in): Jörg Zehnle
Verbandszeitschrift: Boletin
Redaktion: Fabrizio Velasco
Verlag: DBIHK, Casilla 2722, La Paz, Bolivien
Mitglieder: 258
Mitarbeiter: 8

Bosnien-Herzegowina

• **E 244**

Repräsentanz der deutschen Wirtschaft in Bosnien-Herzegowina
c/o Privredna Komora Bosne i Hercegovine
Branislava Djurdjeva broj 10, BA-71000 Sarajevo
T: (0038771) 212 167 **Fax:** 212 168
E-Mail: delgbih@bih.net.ba
Geschäftsführer(in): Dr. Peter Presber

Brasilien

• **E 245**

Deutsch-Brasilianischer Industrie- und Handelsrat
Rua Verbo Divino 1488, BR-04719-904 São Paulo SP
T: (005511) 5181-06 77 **Fax:** 5181-7013
Internet: http://www.ahkbrasil.com
E-Mail: ahkbrasil@ahkbrasil.com
Präsident(in): Ingo Plöger
Geschäftsführer(in): Dr. Klaus-Wilhelm Lege

Der Deutsch-Brasilianische Industrie- und Handelsrat ist die Spitzenorganisation der drei selbständigen Deutsch-Brasilianischen Industrie- und Handelskammern in Rio Grande do Sul, Rio de Janeiro und São Paulo.

• **E 246**

Deutsch-Brasilianische Industrie- und Handelskammer São Paulo
Câmara de Comércio e Indústria Brasil-Alemanha de São Paulo
Rua Verbo Divino 1488, BR-04719-904 São Paulo-SP
T: (005511) 5181-0677 **Fax:** 5181-7013
TGR: CATEUBRA
Internet: http://www.ahkbrasil.com
E-Mail: ahkbrasil@ahkbrasil.com
Präsident(in): Ingo Plöger
Hauptgeschäftsführer(in): Dr. Klaus-Wilhelm Lege

e 247

Deutsch-Brasilianische Industrie- und Handelskammer São Paulo
Zweigstelle Curitiba
Rua Emiliano Perneta 297, BR-80010-050 Curitiba
T: (005541) 323-5958 **Fax:** 2 22-0322
E-Mail: ahkcuritiba@originet.com.br
Direktor(in): Hans Gerhard Schorer

e 248

Deutsch-Brasilianische Industrie- und Handelskammer São Paulo
Zweigstelle Salvador
Rua Luis Viana 22, BR-40030-010 Salvador-BA
T: (005571) 241-0224 **Fax:** 243-6675
E-Mail: ahkssa@ bahianet.com.br
Direktor(in): N. N.

e 249

Deutsch-Brasilianische Industrie- und Handelskammer São Paulo
Nebenstelle Blumenau
Rua Hermann Hering 1790, BR-89010-900 Blumenau -SC
T: (005547) 3 21-3544 **Fax:** 3 22-1536
Direktor(in): Honorarkonsul Hans Prayon

• **E 250**

Deutsch-Brasilianische Industrie- und Handelskammer in Rio de Janeiro
Câmara de Comércio e Indústria Brasil-Alemanha, Rio de Janeiro
Av. Graça Aranha, 01/6 andar, BR-20030-002 Rio de Janeiro-RJ
T: (005521) 2 24-2123 **Fax:** 2 52-7758
E-Mail: ahk-rio@rionet.com.br
Gründung: 1916 (3. August)
Präsident(in): Günter Hierneis
Geschäftsführer(in): Peter Klam
Stellvertretende(r) Geschäftsführer(in): Cristian Emmerich
Verbandszeitschrift: Brasil-Alemanha em Revista
Mitglieder: 175
Mitarbeiter: 7
Jahresetat: DM 0,7 Mio, € 0,36 Mio

• **E 251**

Deutsch-Brasilianische Industrie- und Handelskammer
Câmara de Comércio e Indústria Brasil-Alemanha
Postf. 2095, BR-90001-9700 Porto Alegre - RS
Rua Florêncio Ygartua 70, BR-90430-010 Porto Alegre - RS
T: (005551) 222 57 66 **Fax:** 222 55 56
E-Mail: ahkpoa@ez-poa.com.br
Präsident(in): Horst Heinrich Bals
Geschäftsführer(in): Gabriel A. Brennauer

Bulgarien

• **E 252**

Repräsentanz der Deutschen Wirtschaft
F.-J.-Curie-Str. 25a, BG-1113 Sofia
T: (003592) 963 33 91, 963 30 71 **Fax:** 963 44 97, 9633391
E-Mail: rdw_bg_mwassilew@ibm.net
Gründung: 1993 (2. März)
Leitung: Dr. Mitko Vassilew
Mitarbeiter: 10

Chile

• **E 253**

Deutsch-Chilenische Industrie- und Handelskammer
Cámara Chileno-Alemana de Comercio e Industria
Casilla 19 correo 35, CL-Santiago de Chile
Av. El Bosque Norte 0440, Of. 601, RCH-Santiago de Chile
T: (00562) 2 03 53 20 **Fax:** 2 03 53 25
E-Mail: ahkchile@reuna.cl

Präsident(in): Rodolfo Ronz
Geschäftsführer(in): José-Volker Rehnelt

China

• E 254

Deutsch-Chinesische Industrie- und Handelskammer

8 North Dongsanhuan Road Chaoyang District, CN-100004 Beijing PR China
T: (008610) 65 90 09 26 **Fax:** 65 90 63 13
Internet: http://www.ahkbj.org.cn
Peking
Vorstand: Ernst H. Behrens (Siemens Ltd., China)
Eduard L. Haakshost (DaimlerChrysler Aktiengesellschaft)
Dr. Jörg-Meinhard Rudolph (China German Chamber of Commerce)
Marlis Rötting (Bausparkasse Schwäbisch Hall, Beijing Representative Office)
Shanghai
Vorstand: Dr. Klaus Grimm (Delegation of German Industry and Commerce Shanghai)
Manfred Heinze (Shanghai Volkswag
Shanghai Volkswagen Automotive Co. Ltd.)
Adolf Schittenhelm (Commerzbank AG, Shanghai Branch)
Thomas Schoenenberg (United Automotive System Co. Ltd.)
Guangzhou
Vorstand: Horst F. Geicke (Geicke HK Ltd.)
Ekkehard Goetting (German Industry and Commerce Hon Kong, Süd-China, Vietnam)
Victor Ip (BASF (China) Co. Ltd., Guangzhou Branch)
Jürgen Geiger (Bosch (Shun De) Gas Appliances Co. Ltd.)
Regionalvorstand Peking
Vorstand: Peter Emmerich (Lufthansa German Airlines)
Horst J. Lehn (Der Bäcker Food (Beijing) Co. Ltd.)
H.-J. Probst (Allianz Beijing Representative Office)
Viktor Utermann (Westdeutsche Landesbank)
Jörg Wuttke (BASF Beijing Representative Office)

China

• E 255

Delegierter der Deutschen Wirtschaft in China

Delegate of German Industry and Commerce in Guangzhou/Kanton, Representative Office
2915 Metro Plaza, Tian He North Road, CN-510620 Guangzhou
T: (008620) 87 55 23 53 **Fax:** 87 55 18 89
E-Mail: info@ahk.org.hk
Delegierter: Ekkehard Goetting

e 256

Delegierter der Deutschen Wirtschaft in Peking/Beijing

Representative Office
Beijing Landmark Towers, 5/F, 8 North Dongsanhuan Road, Chaoyang District, CN-100004 Peking
T: (008610) 659 009 26 **Fax:** 659 063 13
E-Mail: ahkbeij@public.bta.net.cn
Delegierter: Dr. Jörg-Meinhard Rudolph

e 257

Delegierter der Deutschen Wirtschaft in Shanghai

5/F Bund Center, 555 Zhongshan Dong Er Road, CN-200010 Shanghai
T: (008621) 63 26 97 91 **Fax:** 63 26 97 94, 63 26 92 05
E-Mail: ahksha@stn.sh.cn
Delegierter: Dr. Klaus Grimm

• E 258

Der Delegierte der Deutschen Wirtschaft

The Delegate of German Industry and Commerce Hong Kong, South China, Vietnam / German Business Association of Hong Kong
Hong Kong, Südchina, Vietnam
German Industry and Commerce Hong Kong, South China, Vietnam / German Business Association of Hong Kong
Queensway 89 3601 Tower One, Lippo Centre, CN-Hongkong
T: (00852) 25 26 54 81 **Fax:** 28 10 60 93
Internet: http://www.ahk.org.hk
E-Mail: info@ahk.org.hk
Gründung: 1983
Delegierter u. GeschF: Ekkehard Goetting
Stellvertreter: Wolfgang Ehmann
Alexandra Herl
Sabine Florian
Leitung Presseabteilung: Alison Arnold
Verbandszeitschrift: GBAktuell
Mitglieder: 410
Mitarbeiter: 14

Costa Rica

• E 259

Deutsch-Costarikanische Industrie- und Handelskammer

Postf. 21 39-1000, CR-1000 San José
T: (00506) 2 22-4789, 222-3359 **Fax:** 221-1219
E-Mail: cacoral@sol.racsa.co.cr
Gründung: 1987 (6. Januar)
Präsident(in): Kammervorstand:
Dieter Fieberg
Stellv. Präsident: Walter Beutel
2. stellv. Präs: Hermann S. Heise
Sekretär: Hajo Sieling
Schatzmeister: Stephen Lloyd
2. Schatzmeister: Rainer Anders
1. Beisitzer: Manfred Rösmann
2. Beisitzer: Ralf Fischer
3. Beisitzer: Dieter Matzen
4. Beisitzer: Hauke Martens
Kassenprüfer: Harald Kube
Geschäftsführer(in): Carla De Abate
Assistentin: Sandra Velásquez U.
Verbandszeitschrift: Wirtschaftsforum Costa Rica
Mitglieder: 56
Mitarbeiter: 2

Dänemark

• E 260

Deutsch-Dänische Handelskammer

Börsen, DK-1217 Kopenhagen K
T: (0045) 33 91 33 35 **Fax:** 33 91 31 16
Internet: http://www.ahk-daenemark.dk
E-Mail: ddhk@ahk-daenemark.dk
Präsident(in): Jørgen Christiansen
Geschäftsführer(in): Gerhard Glaser

Ecuador

• E 261

Deutsch-Ecuadorianische Industrie- und Handelskammer Cámara de Industrias y Comercio Ecuatoriano-Alemana

Edif. Pérez. Pallares Piso 7
Postf. 17 16 83, EC-Quito
Av. Atahualpa 1116 y Amazonas, EC-Quito
T: (005932) 4 35-506 **Fax:** 43 60 57
E-Mail: ahkecua1@ahkecuador.org.ec
Präsident(in): Sr. Burchard von Campe
Geschäftsführer(in): Claus Hübener

e 262

Deutsch-Ecuadorianische Industrie- und Handelskammer Cámara de Industrias y Comercio Ecuatoriano-Alemana Verbindungsbuero Guayaquil

Edificio Finansur, Piso 16, Casilla 09-01-7053
Av. Francisco de Boloña 719 y, Av. Carlos Luis Plaza Dañín, EC-Guayaquil
T: (005934) 28 41 26 **Fax:** 28 38 24

El Salvador

• E 263

Deutsch-Salvadorianische Industrie- und Handelskammer

Cámara de Comercio e Industria Salvadoren_6a Alemana
Postf. (01) 550, SV-San Salvador
Blvd. La Sultana No. 245, SV-Antiguo Cuscatla_In
T: (00503) 243-2428, 243-2451 **Fax:** 243-2093
E-Mail: camalem@cyt.net
Präsident(in): Wolf v. Hundelshausen
Geschäftsführer(in): Matthias Müller

Estland

• E 264

Delegation der Deutschen Wirtschaft in Estland

Suurtüki 4 B, EW-10133 Tallinn
T: (00372) 6276 940 **Fax:** 6726 950
E-Mail: info@ahk-est.ee
Leiter: Dr. Ralph-Georg Tischer

Finnland

• E 265

Deutsch-Finnische Handelskammer Saksalais-Suomalainen Kauppakamari Tysk-Finska Handelskammaren

Postf. 83, FIN-00101 Helsinki
Annankatu 25, FIN-00100 Helsinki
T: (003589) 6 12 21 20 **Fax:** 64 28 59
Internet: http://www.dfhk.fi.
E-Mail: info@dfhk.fi.
Gründung: 1978
Präsident(in): Magnus Bargum (Geschf Direktor d. Oy Algol AB)
Hauptgeschäftsführer(in): Hans-Joachim Maurer
Geschäftsführer(in): Pentti Ranta-aho
Leitung Presseabteilung: Bernd Fischer
Mitglieder: 1100, davon 800 in Finnland und 300 in Deutschland
Mitarbeiter: 18

Frankreich

• E 266

CHAMBRE FRANCO-ALLEMANDE
DE COMMERCE ET D'INDUSTRIE
DEUTSCH-FRANZÖSISCHE
INDUSTRIE - UND HANDELSKAMMER

Deutsch-Französische Industrie- und Handelskammer (AHK Paris)

Chambre Franco-Allemande de Commerce et d'Industrie
18, Rue Balard, F-75015 Paris
T: (00331) 40 58 35 35 CFACI
Minitel: Code 36 17 CFACI **Fax:** 45 75 47 39
TGR: CFACI PARIS
Internet: http://www.ahk-ccifa.fr, http://www.made-in-germany.net
E-Mail: ccifa@ahk-ccifa.fr
Präsident(in): Alfred Freiherr von Oppenheim
Geschäftsführer(in): Ass. Joachim Wischermann
Redaktion: AHK (Paris)
Kammerzeitschrift: CONTACT économie franco-allemande/ deutsch-französische Wirtschaft

• E 267

Französische Industrie- und Handelskammer in Deutschland Chambre de Commerce et d'Industrie Française en Allemagne (C.C.F.A.)

Postf. 10 05 43, 66005 Saarbrücken
Mainzer Str. 116, 66121 Saarbrücken
T: (0681) 99 63-0 **Fax:** 99 63-1 11
E-Mail: dir.cefa@t-online.de

Griechenland

• E 268

Deutsch-Griechische Industrie- und Handelskammer

Doryleou Str. 10-12, GR-115 21 Athen
T: (00301) 64 44 502/503/524/525/546 **Fax:** 6 44 51 75
Internet: http://www.german-chamber.gr
E-Mail: ahkathen@mail.ahk-germany.de
Präsident(in): Anastassios Balafoutas (GEC ALSTHOM ELECTRICAL INDUSTRY S.A., Athen)
Geschäftsführer(in): Götz Funck
Leitung Presseabteilung: Nikolaos Schmidt
Verbandszeitschrift: ANALYSEN
Mitglieder: 1200
Mitarbeiter: 15

• E 269

Deutsch-Griechische Industrie- und Handelskammer

Geschäftsstelle Nordgriechenland
Voulgari 50, GR-54248 Saloniki
T: (003031) 32 77 33 **Fax:** 32 77 37
E-Mail: ahkthess@mail.ahk-germany.de
Leitung: Martin Knapp

Großbritannien

• E 270

German-British Chamber of Industry & Commerce
Deutsch-Britische Industrie- und Handelskammer
16 Buckingham Gate, GB-London SW1E 6LB
T: (0044207) 9 76 41 00 **Fax:** 9 76 41 01
Internet: http://www.ahk-london.co.uk
E-Mail: mail@ahk.london.co.uk
Präsident(in): The Rt. Hon. Lord Walker of Worcester (MBE, PC)
Vorsitzende(r): Robert Hanser
Hauptgeschäftsführer(in): Ulrich Hoppe

• E 271

British Chamber of Commerce in Germany
Severinstr. 60, 50678 Köln
T: (0221) 31 44 58 **Fax:** 31 53 35
Internet: http://www.bccg.de
E-Mail: generaloffice@bccg.de
Gründung: 1960
Präsident(in): Dr. Hellmuth Buddenberg (OBE)
Verbandszeitschrift: British Chamber News (Newsletter), Jahrbuch
Redaktion: Joe Parr
Verlag: British Chamber of Commerce
Mitglieder: 850
Mitarbeiter: 5
Regionalgruppen in Berlin, Dresden, Düsseldorf, Frankfurt, Halle, Hamburg, London, München, Stuttgart

Guatemala

• E 272

Deutsch-Guatemaltekische Industrie- und Handelskammer
Cámara de Comercio e Industria Guatemalteco-Alemana
Edif. Plaza Marítima
Postf. 1163, GCA-01901 Guatemala
6a Av. 20-25, Zona 10, GCA-01010 Guatemala
T: (00502) 3 33 60 36, 3 33 60 37, 3 33 60 38
Fax: 3 68 29 71
E-Mail: camalegu@quik.guate.com
Gründung: 1965 (5. Juli)
Präsident(in): Manfred E.G. Kratz
Verbandszeitschrift: Enfoque Economico
Verlag: Eigenverlag
Mitglieder: 160

Honduras

• E 273

Deutsch-Honduranische Industrie- und Handelskammer
Cámara de Comercio e Industria Honduren_6o Alemana
Postf. 10 22, HN-Tegucigalpa Honduras
Ave La Paz No. 2326, HN-Tegucigalpa
T: (00504) 36 53 63 **Fax:** 36 53 71
E-Mail: ccha@david.intertel.hn
Präsident(in): Alexander Pagels
Geschäftsführer(in): Doris Sohn de Maradiaga

Indien

• E 274

Deutsch-Indische Handelskammer
Indo-German Chamber of Commerce
Maker Tower E, 1st Floor
Cuffe Parade, IND-Bombay-400 005
T: (009122) 2 18 61 31 **Fax:** 2 18 05 23
E-Mail: igcc@giasbm01.vsnl.net.in
Gründung: 1956
Präsident(in): Udo-E. Land
Geschäftsführer(in): Dr. G. Krüger
Leitung Presseabteilung: Dr. Inge Krüger
Verbandszeitschrift: Indo-German Economy, Deutsch-Indische Wirtschaft
Mitglieder: 6200
Mitarbeiter: 70
Jahresetat: DM 3 Mio, € 1,53 Mio

e 275

Deutsch-Indische Handelskammer
Indo-German Chamber of Commerce
Geschäftsstelle Delhi
2, Nyaya Marg, Chanakyapuri, IND-New Delhi 110 021
T: (009111) 6 87 87 21, 6 11 17 30 **Fax:** 6 11 86 64
E-Mail: igcc@giasdl01.vsnl.net.in
Geschäftsführer(in): A. Singha

e 276

Deutsch-Indische Handelskammer
Indo-German Chamber of Commerce
Geschäftsstelle Calcutta
3 West Range, IND-Calcutta 700017
T: (009133) 2 47 41 47, 240 56 45 **Fax:** 2 47 61 65
E-Mail: igcc@giascl01.vsnl.net.in
Leitung: B.G. Roy

e 277

Deutsch-Indische Handelskammer
Indo-German Chamber of Commerce
Geschäftsstelle Madras
German Centre
117, G.N. Chetty Road, IND-Chennai 600017
T: (009144) 8 21 18 36, 8 21 18 35 **Fax:** 8 21 18 37
E-Mail: igccmds@giasmd01.vsnl.net.in
Geschäftsführer(in): Thittai R. Gopalan

e 278

Deutsch-Indische Handelskammer
Indo-German Chamber of Commerce
Geschäftsstelle Bangalore
403 Shah Sultan, Cunningham Road, IND-Bangalore 560052
T: (009180) 2 26 56 50 **Fax:** 2 20 37 97
E-Mail: igccbg@giasbg01.vsnl.net.in
Leitung: Mrs. A. D'Souza

e 279

Deutsch-Indische Handelskammer/
Deutsch-Indisches Informationsbüro
Oststr. 84, 40210 Düsseldorf
T: (0211) 36 05 97-98, 36 27 49 **Fax:** 35 02 87
E-Mail: duesseldorf@indo-german.com
Geschäftsführer(in): Dirk Matter

Indonesien

• E 280

Deutsch-Indonesische Industrie- und Handelskammer
Perkumpulan Ekonomi Indonesia-Jerman
Postf. 3151, RI-10031 Jakarta
Jalan Haji Agus Salim No. 115, RI-10310 Jakarta
T: (006221) 3 15 46 85 **Fax:** 3 15 52 76
Internet: http://www.io.com/ekonid
E-Mail: ekonid@io.com
Gründung: 1970
Präsident(in): Dr. Arifin M. Siregar
Hauptgeschäftsführer(in): Dr. F. Kleinsteuber
Geschäftsführer(in): K. Heidemeyer
Mitglieder: 600
Mitarbeiter: 35

Iran

• E 281

Offizielle Deutsch-Iranische Industrie- und Handelskammer
Official Irano-German Chamber of Industry and Commerce
Otagh Bazargani va Sanaye Razmi Iran va Alman
Postf. 1 41 55-34, IR-15139 Teheran
Ave. Khaled Eslambouli 19th street No. 21, IR-15139 Teheran
T: (009821) 8 71 22 30, 8 71 52 10, 8 71 92 50
Fax: 8 71 11 23
E-Mail: diihk@dpi.net.ir
Gründung: 1975
Präsident(in): Dr. Ali Ghazanfari
Geschäftsführer(in): Matthias Boddenberg
Leitung Presseabteilung: Jutta Marin
Verbandszeitschrift: Deutsch-Iranischer Wirtschaftsspiegel
Mitglieder: 1315
Mitarbeiter: 13

• E 282

Deutsch-Iranische Handelskammer e.V.
Mittelweg 151, 20148 Hamburg
T: (040) 44 08 47 **Fax:** 45 03 67 77
Internet: http://www.dihk.de
E-Mail: kjb@dihk.de
Gründung: 1936
Büroleitung: Klaus Bratmann
Mitglieder: 1300

Irland

• E 283

Deutsch-Irische Industrie- und Handelskammer
German-Irish Chamber of Industry and Commerce
46, Fitzwilliam Square, IRL-Dublin 2
T: (003531) 6 76 29 34 **Fax:** 6 76 25 95
E-Mail: info@german-irish.ie
Gründung: 1980
Präsident(in): Liam Twohig (O'Hare & Associates)
Geschäftsführer(in): Ralf Lissek
Leitung Presseabteilung: Gemma Freeman
Verbandszeitschrift: German-Irish Business News, German-Irish-Yearbook
Mitglieder: 350
Mitarbeiter: 9
Jahresetat: DM 1,5 Mio, € 0,77 Mio

Israel

• E 284

Chamber of Commerce & Industry Israel-Germany
Israelisch-Deutsche Industrie- und Handelskammer
Postf. 34 88, IL-52134 Ramat-Gan
Migdal Te'umim II, 35 Jabotinsky Road, IL-52511 Ramat-Gan
T: (009723) 6 13 35 15 /6 **Fax:** 6 13 35 28
Internet: http://www.ahk.de
E-Mail: info@ahkisrael.co.il
Gründung: 1965
President: Dr. Gabriel Heller
Hon. Treasurer: Pinchas Shamir
Director: Yohanan Bi-Lev
Verbandszeitschrift: "Kontakt"
Mitglieder: 340
Mitarbeiter: 5

Italien

• E 285

Camera di Commercio Italo-Germanica
Deutsch-Italienische Handelskammer
Via Napo Torriani 29, I-20124 Mailand
T: (00392) 6 79 13-1 **Fax:** 66 98 09 64
TGR: Dicam Milano
E-Mail: 106030.3323@compuserve.com
Gründung: 1921
Präsident(in): Dr. Raffaele Durante
Geschäftsführer(in): Heinz Friese
Stellvertretende(r) Geschäftsführer(in): Eva Knickenberg
Verbandszeitschrift: Deutsch-Italienischer Handel/Il Commercio Italo-Germanico - Monthly magazine
Mitglieder: 1300
Mitarbeiter: 25

e 286

Deutsch-Italienische Handelskammer
Delegation Verona
Corso Porta Nuova 11, I-37122 Verona
T: (003945) 8 03 66 95 **Fax:** 8 00 99 58
Delegierte(r): Avvocato Dr. Silvio Marzari

• E 287

Italienische Handelskammer für Deutschland e.V.
Kettenhofweg 65, 60325 Frankfurt
T: (069) 97 14 52-10 **Fax:** 97 14 52-99
Internet: http://www.itkam.de
E-Mail: info@ccig.de
Gründung: 1911
Präsident(in): Dr. Giovanni de Zotti
Vizepräsident(in): Konsul Dietrich Herbst
Geschäftsführer(in): Dr. Adriana Milani
Stellvertretende(r) Geschäftsführer(in): N. N.
Verbandszeitschrift: ECONOMIA
Mitglieder: 1400 (31.12.1998)
Mitarbeiter: 16

Förderung und Vertiefung der Wirtschaftsbeziehungen zwischen Italien und Deutschland. Unterstützung von Unternehmen, Organisationen und Institutionen, die am Handelsaustausch zwischen den beiden Ländern beteiligt sind oder sich beteiligen wollen.

• E 288

Italienische Handelskammer München
Maximiliansplatz 18, 80333 München
T: (089) 2 90 44 80 **Fax:** 2 90 48 94
TGR: ITALCAMERA
Internet: http://www.italcam.de
E-Mail: ccmonaco@italcam.de

Gründung: 1926
Präsident(in): Dr. Annamaria Andretta

Außenstelle

e 289

Informationsstelle für Baden-Württemberg der Italienischen Handelskammer München
Lenzhalde 69, 70192 Stuttgart
T: (0711) 2 26 80 42/43 **Fax:** 2 26 80 79

e 290

Italienische Handelskammer München Geschäftsstelle Görlitz
Maximiliansplatz 18, 80333 München
T: (089) 2 90 44-80 **Fax:** 2 90 44-91

Japan

• **E 291**

Deutsche Industrie- und Handelskammer in Japan (DIHKJ)
Zainichi Doitsu Shoko Kaigisho
Postf. 588, J-Tokyo 100-8692
Sanbancho KS BLDG. 5F 2-Banchi Sanbancho, Chiyoda-ku,, J-Tokyo 102-0075
T: (00813) 52 76-9811 **Fax:** 52 76-8733
Internet: http://www.dihkj.or.jp
E-Mail: info@dihkj.or.jp
Gründung: 1962
Präsident(in): Rainer H. Jahn
Geschäftsführer(in): M. Dransfeld
Mitglieder: 600

• **E 292**

Japanische Industrie- und Handelskammer zu Düsseldorf e.V.
Deutsch-Japanisches Center
Immermannstr. 45, 40210 Düsseldorf
T: (0211) 6 30 76-0 **Fax:** 36 01 82
Präsident: Yutaka Tsukamoto (Nippon Steel Corporation)
Hauptgeschäftsführer: Osamu Fujimoto

Kanada

• **E 293**

Deutsch-Kanadische Industrie- und Handelskammer
Canadian German Chamber of Industry and Commerce Inc.
La Chambre Canadienne Allemande de l'Industrie et du Commerce Inc.
Hauptgeschäftsstelle:
480 University Ave., Suite 1410, CDN-Toronto, Ont. M5G 1V2
T: (001416) 598-3355 **Fax:** 598-1840
Internet: http://www.germanchamber.ca
E-Mail: info.toronto@germanchamber.ca
Gründung: 1968 (25. Oktober)
Präsident: Hershell E. Ezrin
Hauptgeschäftsführer: Dipl.-Kfm. Uwe Harnack
Stv. HGeschF u. Ltr. d. Rechtsabt.: Ass. Bernd G. Höhne
Leiter d. WiAbt.: Andrea von Moeller
Verbandszeitschrift: Canadian German Trade
Redaktion: Canadian German Chamber of Industry and Commerce Inc.
Mitglieder: 600
Mitarbeiter: 22

Privatrechtliche Vereinigung zur Förderung der Aussenwirtschaftsbeziehungen zwischen Deutschland und Kanada. Schwerpunkte des Dienstleistungsangebotes sind: Handelsauskünfte, Marktberichterstattung, Kooperationsvermittlung, Investitionsberatung, Vertretervermittlung, Inkasso.

e 294

Deutsch-Kanadische Industrie- und Handelskammer
Geschäftsstelle Montreal
Canadian German Chamber of Industry and Commerce Inc.
1010 Sherbrooke Street West, Suite 1604, CDN-Montreal, PQ H3A 2R7
T: (001514) 8 44-3051 **Fax:** 8 44-1473
E-Mail: info.montreal@germanchamber.ca
Geschäftsführer(in): Dipl.-Ing. Harald Modis

e 295

Deutsch-Kanadische Industrie- und Handelskammer
Geschäftsstelle Vancouver
Canadian German Chamber of Industry and Commerce Inc.
550-1040 West Georgia Street, CDN-Vancouver , BC V6E 4H1
T: (001604) 6 81-4469 **Fax:** 6 81-4489
E-Mail: info.vancouver@germanchamber.ca
Ansprechpartner: Sabine Schneider

Kasachstan

• **E 296**

Repräsentanz der Deutschen Wirtschaft (DIHT-IHK) in Kasachstan
c/o KVES International Ltd.
Dostyk Prospekt 38, KZ-480100 Almaty
T: (0073272) 61 37 38, 61 72 33 **Fax:** 65 16 69, 63 85 77
Gründung: 1995 (Januar)
Leiterin: Dr. Galia Shunusalijera
Mitarbeiter: 6

Kolumbien

• **E 297**

Deutsch-Kolumbianische Industrie- und Handelskammer
Cámara de Industria y Comercio Colombo-Alemana
Postf. 9 15 27, CO-Bogotá
CRA. 13 N° 93-40, piso 4, CO-Bogotá
T: (00571) 6 23 33 30 **Fax:** 6 23 33 08
Internet: http://www.ahk-colombia.com
E-Mail: info@ahk-colombia.com
Gründung: 1935 (15. März) 1. Gründung, 1958 (28.Mai) 2. Gründung
Präsident(in): Eberhard Schäfer
Geschäftsführer(in): Norbert Pudzich
Verbandszeitschrift: Doing Business, Contactos, Wirtschaftsforum Kolumbien
Mitglieder: 255
Mitarbeiter: 17

Korea

• **E 298**

Deutsch-Koreanische Industrie- und Handelskammer
Korean-German Chamber of Industry and Commerce
Postf. 4963, KP-100-649 Seoul
28-2 Hannam-dong, Yongsan-ku, KP-140-210 Seoul
Chung-Ku, KCCI Bldg., 10th floor
T: (00822) 37 80 46 00 **Fax:** 37 80 46 37
Internet: http://www.kgcci.com
E-Mail: kgcci@kgcci.com
Gründung: 1981
Präsident(in): Günter Schuster (Siemens Ltd., Seoul)
Geschäftsführer(in): Florian Schuffner
Mitglieder: mehr als 350

Lettland

• **E 299**

Delegation der Deutschen Wirtschaft in Lettland
Vilandes 1, LV-1010 Riga
T: (003717) 320 718 **Fax:** 830 478
E-Mail: info@ahk-let.lv
Leitung: Dr. Ralph-Georg Tischer

Libanon

• **E 300**

Delegierter der Deutschen Wirtschaft
Postf. 1 3/ 60 25, LIB-Beirut
Raoucheh Caracas Venus Street 31, Hatoum Building, 1st floor, LIB-Beirut
T: (009611) 74 26 12
E-Mail: dihtddwb@inco.com.lb
Gründung: 1999 (26. Januar)
Delegierter: Dr. Peter Göpfrich
Leitung Presseabteilung: Alexis Naassan
Verbandszeitschrift: German Arab Trade
Redaktion: Cairo
Verlag: DIHT-Kairo, Dr. Peter Göpfrich
Mitglieder: 80
Mitarbeiter: 7

Litauen

• **E 301**

Delegation de Deutschen Wirtschaft in Litauen
Algirdo 3, LT-2006 Vilnius
T: (003702) 23 11 22 **Fax:** 23 10 13
E-Mail: ahk_Lit@post.omnitel.net
Leitung: Aldas Kikutis

Luxemburg

• **E 302**

Deutsch-Belgisch-Luxemburgische Handelskammer
Chambre de Commerce Belgo-Luxembourgeoire-Allemande
debelux Chambre de Commerce
Belgo-Luxembourgeoise-Allemande
debelux Belgisch-Luxemburgs-Duitse Kamer van Koophandel
siehe "Belgien" E 240

Malaysia

• **E 303**

Deutsch-Malaysische Industrie- und Handelskammer
Malaysian-German Chamber of Commerce and Industry (MGCC)
UBN-Tower, 27th Floor
Postf. 11683, MAL-50754 Kuala Lumpur/Malaysia
10 Jalan P. Ramlee, MAL-50250 Kuala Lumpur
T: (00603) 2 38 35 61-62 **Fax:** 2 32 11 98
E-Mail: mgcc@po.jaring.my
Präsident(in): Datuk Muhd Feisol Hassan
Geschäftsführer(in): Dr. Rainer Herret

Marokko

• **E 304**

Deutsche Industrie- und Handelskammer in Marokko
Bd. de Khouribga 8, MA-20000 Casablanca
T: (002122) 44 98 22 **Fax:** 44 96 93
E-Mail: dihkcasa@open.net.ma
Präsident(in): Fritz Gerd Koring
Geschäftsführer(in): Gerd M. Doepner

Mexiko

• **E 305**

Deutsch-Mexikanische Industrie- und Handelskammer (CAMEXA)
Camara Méxicano-Alemana de Comercio e Industria A.C. (CAMEXA)
Postf. 41-740, MEX-11000 México, D. F.
Bosque de Ciruelos No 130-1202
Col. Bosques de las Lomas
MEX-11700 México, D.F.
T: (00525) 2 51 40 22
Fax: 5 96 76 95 AHK MEXIKO/CAMEXA
TGR: CAMEXALCO MEXICO
Internet: http://www.camexa.com.mx
E-Mail: ahkmexiko@compuserve.com.mx
Gründung: 1929
Präsident(in): Wilhelm Boes
Geschäftsführer(in): Ass. Manfred Hoffmann
Mitglieder: 557
Mitarbeiter: 38

Neuseeland

• **E 306**

New-Zealand German Business Association
Postf. 95, NZ-Auckland
100 Mayoral Drive, NZ-Auckland
Chamber of Commerce Bldg.
T: (00649) 3 07 10 66 **Fax:** 3 09 02 09
Internet: http://www.ahk.de

E-Mail: emawson@nzgermanbiz-ahk.co.nz
Gründung: 1983
Leiterin: Emma Mawson
Mitglieder: 175
Mitarbeiter: 2

Förderung und Unterstützung von Geschäftsbeziehungen zwischen deutschen und neuseeländischen Unternehmen durch Absatzberatung, Kontaktvermittlung und Marktberichte.

Nicaragua

• **E 307**

Deutsch-Nicaraguanische Industrie- und Handelskammer

Cámara de Comercio e Industria Nicaraguense Alemana
Postf. 1125, NIC-Managua
Edificio IBM, NIC-Managua
T: (00505) 2 68 10 66, 2 68 10 01 **Fax:** 2 22 78 29
E-Mail: cicna@munditel.com.ni
Präsident(in): Nico Deman
Geschäftsführer(in): Alvaro Corea

Niederlande

• **E 308**

Deutsch-Niederländische Handelskammer
Nederlands-Duitse Kamer van Koophandel
Büro Den Haag:
Postf. 80533, NL-2508 GM Den Haag
Nassauplein 30, NL-2585 EC Den Haag 's-Gravenhage
T: (003170) 3 11 41 14 **Fax:** 3 63 22 18
E-Mail: info@dnhk.nl
Gründung: 1905
Präsident(in): Ir. J. H. M. Lindenbergh, Amsterdam
Vizepräsident(in): G. Niebuhr, Köln
Hauptgeschäftsführer(in): A. Gerberding
Leitung Presseabteilung: Dagmar Mekking
Verbandszeitschrift: markt
Redaktion: Büro Den Haag
Verlag: Deutsch-Niederländische Handelskammer, Postf. 8 05 33, NL-2508 GM Den Haag
Mitglieder: 1400

Nigeria

• **E 309**

Repräsentanz der Deutschen Wirtschaft in Nigeria
Representative Offices of German Industry and Commerce in Nigeria
6 F, Louis Farrakhan Crescent, Victoria Island
Postf. 51311, WAN-Lagos
Louis Farrakhan Crescent 6 F, WAN-Victor. Island Lagos
T: (002341) 2 61 97 52, 2 62 39 84 **Fax:** 2 61 97 52
E-Mail: ahk_lagos_uschroeder@compuserve.com
Repräsentantin: Ute Schröder

Norwegen

• **E 310**

Deutsch-Norwegische Handelskammer
Norsk-Tysk Handelskammer
Postf. 603 Sköyen, N-0214 Oslo
Drammensveien 111 B, N-0273 Oslo
T: (0047) 22 12 82 10 **Fax:** 22 12 82 22
Internet: http://www.ahk-oslo.no
E-Mail: info@ahk-oslo.no
Präsident(in): Hans Lødrup
Geschäftsführer(in): Heinrich Lieser
Mitarbeiter: 12

Österreich

• **E 311**

Deutsche Handelskammer in Österreich
Postf. 107, A-1103 Wien
Wiedner Hauptstr. 142, A-1050 Wien
T: (00431) 5 45 14 17 **Fax:** 5 45 22 59
Internet: http://www.dhk.at
E-Mail: office@dhk.at
Präsident(in): Dr.-Ing. Dieter Murmann, Kiel
Hauptgeschäftsführer(in): Dr. Rolf Schäfer, Wien
Stellvertretender Hauptgeschäftsführer: RA Frank Bock
Leitung Presseabteilung: Florian Höland
Verbandszeitschrift: DHK - Wirtschaftsspiegel
Redaktion: Deutsche Handelskammer in Österreich, Postf. 1 07, A-1103 Wien
Verlag: Deutsche Handelskammer in Österreich, Postf. 1 07, A-1103 Wien, e-mail: office@dhk.at

e 313

Deutsche Handelskammer in Österreich Geschäftsstelle:
Getreidegasse 13, A-5020 Salzburg
T: (0043662) 8 47 95 20 **Fax:** 84 05 89
E-Mail: salzburg@dhk.at
Leiterin: Monika Landauer

Palästinensische Gebiete

• **E 312**

Delegierter der Deutschen Wirtschaft in Palästina
Postf. 15 62, IL-Ramallah
Cairo-Amman-Bank-Building 5th F Al-Koliah Al Ahliyya St, IL-Ramallah
T: (00972) 2 298 47 51 **Fax:** 2 298 47 50
Internet: http://www.dgit.org
E-Mail: infodgit@p-ol.com
Delegierter: Dr. Peter Göpfrich

Panama

• **E 314**

Deutsch-Panamaische Industrie- und Handelskammer
Cámara de Comercio e Industria Panamen_6a Alemana
Postf. 55-2537, PA-Paitilla Panama C.A.
T: (00507) 2 69 93 66, 2 69 93 58 **Fax:** 69 93 59
E-Mail: ihkpanam@sinfo.net
Präsident(in): Bernd Otto Schreiber
Geschäftsführer(in): Christine Göllner de Mejía

Paraguay

• **E 315**

Deutsch-Paraguayische Industrie- und Handelskammer
Cámara de Comercio e Industria Paraguayo-Alemana
Postf. 919, PY-Asunción
Independencia Nacional 811, 9° piso, PY-Asunción
T: (0059521) 44 65 94, 45 05 57 **Fax:** 44 97 35
TGR: DEPAK
E-Mail: ahkasu@mail.pla.net.py
Gründung: 1956
Präsident(in): Dieter Vetter
Geschäftsführer(in): Henning B. Höltei
Mitglieder: 400
Mitarbeiter: 5

Peru

• **E 316**

Deutsch-Peruanische Industrie- und Handelskammer
Cámara de Comercio e Industria Peruano-Alemana
Camino Real 348
Camino Real 348, OF. 1502, PE-San Isidro - Lima 27
T: (00511) 4 41 86 16 **Fax:** 4 42 60 14
E-Mail: postmast@camperal.org.pe
Präsident(in): Bernd Schmidt
Geschäftsführer(in): Oliver Jörk

Philippinen

• **E 317**

Europäische Industrie- und Handelskammer der Philippinen
European Chamber of Commerce of the Philippines (ECCP)
19th Floor PS Bank Tower Sen. Gil J. Puyat Avenue, PI-1200 Makati City, Metro Manila
T: (00632) 7 59-6680, 8 45-1324 **Fax:** 7 59-6690, 8 45-1395
Internet: http://www.eccp.com
E-Mail: eccp@netasia.net
Gründung: 1978 (10. Mai)
President: Brian Frederick-Out (HSBC)
President: Claus Sudhoff (OS Garment, INC.)
Executive Vice-President: Henry J. Schumacher (schumacher@eccp.com)
Manager - Finance, Import Services & Administration: Vicente C. Betos
Business Information Manager: Elaine G. Gatchalian
Investment Promotion Manager: German D. Constantino
Trade Fair Specialist: Manolo S. Nicanor
Manager - Market Entry: German D. Constantino
Verbandszeitschrift: Business Review Magazine; Europe Link; Philippine Monthly Factsheet; Philippine European Business Directory; "Who Supplies What From Europe" Directory; "Living in the Philippines"
Mitglieder: 900
Mitarbeiter: 30
Jahresetat: DM 2,8 Mio, € 1,43 Mio

e 318

Europäische Industrie- und Handelskammer der Philippinen Zweigbüro
CEBU BRANCH
3/F Hongkong Bank, 14 Juana Osmena Street, PI-Cebu City
T: (006332) 2 53-3389, 2 54-3765 **Fax:** 2 53-3387
Roselu Paloma (Branch Manager)

Polen

• **E 319**

Deutsch-Polnische Industrie- und Handelskammer
Polsko-Niemiecka Izba Przemyslowo-Handlowa
Postf. 62, PL-00-952 Warszawa
ul. Miodowa 14, PL-00-246 Warszawa
T: (004822) 5 31 05 00 **Fax:** 5 31 06 00
Internet: http://www.ihk.pl
E-Mail: info@ihk.pl
Gründung: 1994 (15. September)
Präsident(in): Norbert Czypionka
Geschäftsführer(in): Dr. Gabriela S. Jaworek
Kammerzeitschrift: Wirtschaftsnachrichten
Mitglieder: 530
Mitarbeiter: 33

Seminare, Kooperationsbörsen, Rechtsauskunft, Marktanalysen

Portugal

• **E 320**

Deutsch-Portugiesische Industrie- und Handelskammer
Câmara de Comércio e Indústria Luso-Alemã
Av. da Liberdade, 38-2°, P-1250 Lisboa
T: (003511) 3 21 12 00 **Fax:** 3 46 71 50
Internet: http://www.ahk-germany.de/ahklis/ahklis.htm
E-Mail: ahklisboa@mail.telepac.pt
Gründung: 1954
Präsident(in): Dr. Rui Martinho
Hauptgeschäftsführer(in): Hans-Joachim Böhmer
Mitglieder: 1300

e 321

Deutsch-Portugiesische Industrie- und Handelskammer
Zweigstelle Porto
Av. da Boavista, 3523-301, P-4100 Porto
T: (003512) 6 19 76 60, 6 10 10 80 **Fax:** 6 17 20 14
E-Mail: ahkporto@mail.telepac.pt
Geschäftsführer(in): Christine Malpricht

Rumänien

• **E 322**

Repräsentanz der Deutschen Wirtschaft
Str. Radu Cristian 4, R-70336 Bucarest
T: (004011) 312 59 90, 613 08 97, 614 31 41 **Fax:** 312 38 41
E-Mail: 106004.2601@compuserve.com
Leiterin: Christina Nitescu

Rußland

• **E 323**

Delegation der Deutschen Wirtschaft in der Russischen Föderation
Postanschrift:
Delegation Moskau
c/o APK Worldwide Courier GmbH
Desenißstr. 54, 22083 Hamburg
Büroanschrift:
RF-109017 Moskau, 1. Kasatschi per., 7
T: (007095 oder 503) 2 34 49 50, Telefax: (007095 oder 503) 2 34 49 51, E-mail: ahk@diht.msk.ru
Delegierte: Dr. Andrea von Knoop

e 324

Delegation der Deutschen Wirtschaft in der Russischen Föderation
Außenstelle St. Petersburg
Postanschrift: Delegation St. Petersburg
Postf. 36, FIN-53501 Lappeenranta
Büroanschrift: RF-199034 St. Petersburg, W.O. Bolschoj Prospekt, 10, T: (007812) 323 79 91, 323 79 93, Fax: 323 04 70, e-mail: dihtspb@mail.wplus.net
Leitung: Dr. Stephen Stein

e 325

Delegation der Deutschen Wirtschaft in der Russischen Föderation
Außenstelle Kaliningrad
Postanschrift: Delegation Kaliningrad
Postf. 32 64, 23581 Lübeck
Büroanschrift:
Pl. Pobeby, 4, RF-236000 Kaliningrad,
T: (0070112) 21 15 38, 55 55 44, Fax: 55 42 36, e-mail: hkhamb.ahk@kaliningrad.ru
Leitung: Dr. Stephan Stein

e 326

Delegation der Deutschen Wirtschaft in der Russischen Föderation
Außenstelle Novosibirsk
Postanschrift: Delegation Novosibirsk, c/o APK Worldwide Courier GmbH
Desenißstr. 54, 22083 Hamburg
Büroanschrift:
ul. Lenina 21, Hotel "Sibir", Zi. 729, RF-630004 Novosibirsk 4, T: (0073832) 23 46 56, Fax: 23 46 56, E-mail: deis@center-f1.ru
Leitung: Hugo A. Deis

Saudi-Arabien

• **E 327**

Der Delegierte der Deutschen Wirtschaft
Deutsch - Saudi-Arabisches Verbindungsbüro für Wirtschaftsangelegenheiten
German-Saudi Arabian Liaison Office for Economic Affairs
Büroanschrift: Dhabab Street, Chamber of Commerce Building, 5th Floor, Suite 1
Postf. 61695, SA-Riyadh 11575
T: (009661) 4 03 15 00 **Fax:** 4 03 51 21
E-Mail: ahk-arabia@awalnet.net.sa
Gründung: 1979
Delegierter: Michael Tockuss (Secretary General)

Schweden

• **E 328**

Deutsch-Schwedische Handelskammer
Tysk-Svenska Handelskammaren
Narvavägen 12, S-11522 Stockholm
T: (00468) 6 65 18 00 **Fax:** 6 65 18 04
Internet: http://www.handelskammer.cci.se
E-Mail: info@handelskammer.cci.se
Gründung: 1951
Präsident(in): Staffan Bohmann
Geschäftsführer(in): Helmut Haegert
Verbandszeitschrift: Information
Mitglieder: 1300
Mitarbeiter: 25

• **E 329**

Schwedische Handelskammer in der Bundesrepublik Deutschland e.V.
Berliner Allee 32, 40212 Düsseldorf
T: (0211) 86 20 20-0 **Fax:** 32 44 88
Gründung: 1959 (26. Juni)
Präsident(in): Lars Törnquist, Kelkheim
Geschäftsführer(in): Göran Svensson (Ltg. Presseabt.)
Verbandszeitschrift: Schweden AKTUELL
Redaktion: Göran Svensson
Mitglieder: 400
Mitarbeiter: 4
Jahresetat: DM 1,0 Mio, € 0,51 Mio

Schweiz

• **E 330**

Handelskammer Deutschland-Schweiz
Tödistr. 60, CH-8002 Zürich
T: (00411) 2 83 61 61 **Fax:** 2 83 61 00
Internet: http://www.handelskammer-d-ch.ch
E-Mail: auskunft@handelskammer-d-ch.ch
Gründung: 1912
Präsident(in): Dr. Peter Stüber (Präs. des VR der Mercedes-Benz Automobil AG, Zürcherstr. 109, CH-8952 Schlieren/ZH)
Geschäftsführer(in): Martin Theurer
Verbandszeitschrift: CH - D Wirtschaft
Redaktion: M. Theurer
Verlag: Handelskammer Deutschland-Schweiz, CH-8002 Zürich
Mitglieder: 3000
Mitarbeiter: 26

Unsere Kammer ist Mitglied in
der Arbeitsgemeinschaft deutscher Auslandshandelskammern beim DIHT, Bonn
der Union Schweizerischer Auslandshandelskammern, Zürich

Singapur

• **E 331**

Delegierter der Deutschen Wirtschaft in Singapur
Asia Pacific Support Office
City Office:
583 Orchard Road#08-02 Forum, SGP-Singapur 238884
T: (0065) 8 38 18 50 **Fax:** 8 38 18 60
Internet: http://www.diht.com.sg
E-Mail: ahksing@diht.com.sg
German Centre Office:
25 International Business Park, #04-73 German Centre, Singapur 609916, T: (0065) 5 62 90 00, Fax: (0065) 5 61 46 16
Delegierter: Jürgen Franzen
Gert Rabbow

Slowakische Republik

• **E 332**

Delegierter der Deutschen Wirtschaft in der Slowakei
Klariska 7, SK-81645 Bratislava
T: (004217) 54410362, 54410363 **Fax:** 54410364
E-Mail: ahksvk@internet.sk
Delegierter: Dieter Mankowski
Stellv. Delegierter: Dr.-Ing. Jozef Kruppa

Slowenien

• **E 333**

Repräsentanz der Deutschen Wirtschaft in Slowenien
Trg. republike 3, SLO-61000 Ljubljana
T: (0038661) 1 76 30 26, 126 25 67 **Fax:** 1 26 47 80
E-Mail: ahksi@ibm.int
Leitung: Senka Andrijanic

Spanien

• **E 334**

Deutsche Handelskammer für Spanien
Cámara de Comercio Alemana para España
Avenida Pio XII, 26-28, E-28016 Madrid
T: (0034) 91353-0910 **Fax:** 91359-1213
E-Mail: ahk_spanien@compuserve.com
Präsident(in): Manuel García Carrrido
Hauptgeschäftsführer(in): Peter Moser
Verbandszeitschrift: Deutsch-Spanische Wirtschaft
Verlag: Deutsche Handelskammer für Spanien

e 335

Deutsche Handelskammer für Spanien
Geschäftsstelle
Córcega 301-303, E-08008 Barcelona
T: (0034) 93415-5444 **Fax:** 93415-2717
E-Mail: ahk_barcelona@compuserve.com
Geschäftsführer(in): Peter Moser

• **E 336**

Amtliche Spanische Handelskammer für Deutschland
Cámara Oficial Española de Comercio en Alemania
Friedrich-Ebert-Anlage 56, 60325 Frankfurt
T: (069) 74 34 81-0 **Fax:** 74 34 81-55
Internet: http://www.spanische-handelskammer.de
E-Mail: mail@spanische-handelskammer.de
Gründung: 1929
Präsidentin: Ana-Llanos Rodriguez
Geschäftsführer(in): Dr. Andreas Marek
Verbandszeitschrift: InterCamara
Verlag: Amtliche Spanische Handelskammer
Mitglieder: ca. 500
Mitarbeiter: 7

Südafrika

• **E 337**

Deutsche Industrie- und Handelskammer für das südliche Afrika
Southern African-German Chamber of Commerce and Industry Ltd.
Postf. 87078, ZA-Houghton 2041
Oxford Road 47 (Entrance Waltham Road), ZA-Forest Town 2193
T: (002711) 4 86-2775 **Fax:** 4 86-3625, 4 86-3675
E-Mail: info@germanchamber.co.za
Gründung: 1952
Präsident(in): C. Köpke (DaimlerChrysler South Africa)
Hauptgeschäftsführer(in): Klaus Volker Schuurman
Leitung Presseabteilung: Gerda Jackson
Verbandszeitschrift: Report
Redaktion: SA-German Chamber
Verlag: SA-German Chamber
Mitglieder: 700
Mitarbeiter: 24

Taiwan

• **E 338**

Deutsches Wirtschaftsbüro Taipei
German Trade Office Taipei
4F, No. 4, Min-Sheng E. Rd., Sec. 3, RC-Taipei 104 Taiwan
T: (008862) 25 06 90 28 **Fax:** 25 06 81 82
Internet: http://www.dwb-taipei.org.tw
E-Mail: service@dwb-taipei.org.tw
Director: Gunther Tetzner

e 339

Deutsches Institut
German Institute
4F, No. 2, Min-Sheng E. Rd., Sec. 3, RC-Taipei 104 Taiwan
T: (008862) 25 01 61 88, 25 07 41 14 **Fax:** 25 01 61 39
E-Mail: germany@ms43.url.com.tw
Director: Dr. Hilmar Kaht

Thailand

• E 340

Deutsch-Thailändische Handelskammer
German-Thai Chamber of Commerce (GTCC)
Postf. 1728, T-Bangkok 10501
195 South Sathorn Road, 25 Floor, Empire Tower 3, T-Bangkok 10120
T: (00662) 670 0600 **Fax:** 670 0601
Internet: http://www.gtcc.org
E-Mail: ahkbkk@box1.a-net.net.th
Präsident(in): Ulrich Weber
Geschäftsführer(in): Dr. Paul R. Strunk

Tschechische Republik

• E 341

Deutsch-Tschechische Industrie- und Handelskammer
Václavské nám. 40, CZ-110 00 Praha 1
T: (00422) 24 22 12 00 **Fax:** 24 22 22 00
Internet: http://www.dtihk.cz
E-Mail: info@dtihk.cz
Gründung: 1993
Präsident(in): Jir_7i Kunert
Geschäftsführende(s) Vorstands-Mitglied(er): Dieter Mankowski
Verbandszeitschrift: Kammerzeitschrift: PLUS
Verlag: Grafické studio Futura, Kr_7ižíkova 35, 186 00 Praha 8
Mitglieder: ca. 500
Mitarbeiter: 23

Türkei

• E 342

Deutsch-Türkische Industrie- und Handelskammer
Muallim Naci Cad. 118/4, TR-80840 Ortaköy-Istanbul
T: (0090212) 2 59 11 95/96, 2 59 08 40 **Fax:** 2 59 19 39
E-Mail: ahkturk@sim.net.tr
Gründung: 1994
Präsident(in): Burhan Silahtaroğlu
Geschäftsführende(s) Vorstands-Mitglied(er): Marc Landau

Tunesien

• E 343

Deutsch-Tunesische Industrie- und Handelskammer
Chambre Tuniso-Allemande de l'Industrie et du Commerce
6, Rue Didon, TN-1002 Tunis-Notre Dame
T: (002161) 78 59 10, 78 52 38 **Fax:** 78 25 51
E-Mail: ahktunis.recht@planet.tn
Gründung: 1979
Präsident(in): Erich Aichele (ERA, Herrenberg)
Geschäftsführer(in): Peter Höhne
Verbandszeitschrift: Partenaire et Developpement
Redaktion: Jörn Bousselmi
Verlag: Chambre Tuniso-Allemande de l'Industrie et du Commerce, 6, Rue Didon, TN-Tunis-Notre Dame
Mitarbeiter: 15
Die Deutsch-Tunesische Industrie- und Handelskammer ist eine offizielle Auslandshandelskammer

Ukraine

• E 344

Delegierte der Deutschen Wirtschaft
Ul. Puschkinska 34, UA-252004 Kiew
T: (003844) 2 24 59 98, 2 24 55 95 **Fax:** 2 25 42 34
E-Mail: diht@gu.kiev.ua, 106025.374@compuserve.com
Delegierte: Dipl.-jur. Karin Rau

e 345

Delegierte der Deutschen Wirtschaft
Zweigstelle Dnepropetrowsk
ul. Jermolowoj 35, UA-320122 Dnepropetrowsk
T: (0038562) 96 09 59 **Fax:** 96 09 59
E-Mail: diht@gu.kiev.ua, 106025.374@compuserve.com

Ungarn

• E 346

Deutsch-Ungarische Industrie- und Handelskammer
Német-Magyar Ipari és Kereskedelmi Kamara
Stefánia út 99., H-1143 Budapest
T: (00361) 4 67 21 40 **Fax:** 363-2427
E-Mail: ahkungarn@compuserve.com
Gründung: 1993
Präsident(in): Peter Prinz Wittgenstein
Geschäftsführende(s) Vorstands-Mitglied(er): Jürgen Illing
Leitung Presseabteilung: Barbara Jehle
Verbandszeitschrift: Wirtschaftsnachrichten Ungarn
Mitglieder: 700
Mitarbeiter: 30

Uruguay

• E 347

Deutsch-Uruguayische Handelskammer
Cámara de Comercio Uruguayo-Alemana
Postf. 1499, U-11000 Montevideo
Plaza Independencia 831, piso 2, U-11100 Montevideo
T: (005982) 9 01-0575, 9 01-1803, 9 00-7965 **Fax:** 9 08-5666, 9 08-0898 (Messeabteilung)
E-Mail: camural@ahkurug.com.uy, cabal@ahkurug.com.uy Messeabteilung
Gründung: 1916 (19. Juli)
Präsident(in): Wieland Hoppen
Geschäftsführer(in): Sven Heldt (E-Mail: sheldt@ahkurug.com.uy)
Verbandszeitschrift: EL MERCADO
Redaktion: Deutsch-Uruguayische Handelskammer, Casilla de Correo 1499, U-11000 Montevideo
Mitglieder: 250

Venezuela

• E 348

Deutsch-Venezolanische Industrie- und Handelskammer (CAVENAL)
Cámara de Comercio e Industria Venezolano-Alemana
Postf. 61236, YV-Caracas 1060/A
Av. San Felipe, Edificio Coinasa, Piso 4, YV-Caracas 1060/A
T: (00582) 2 67 14 11 (Master) **Fax:** 2 66 63 73
Internet: http://www.cavenal.com
E-Mail: ahkvenezuela@internet.ve
Gründung: 1954
Präsident(in): Werner Rinderknecht
Geschäftsführer(in): Gerd Wilhelm Petersen
Verbandszeitschrift: Contactos, Markt Venezuela
Mitglieder: 400
Mitarbeiter: 14

Vereinigte Arabische Emirate

• E 349

Delegierter der Deutschen Wirtschaft
Postf. 74 80, AE-Dubai
Khalid Bin Valid Rd. 122, AE-Dubai
T: (00971) 459 91 99 **Fax:** 459 91 88
Delegierter: Gerd Adomeit

Vietnam

• E 350

Delegierter der Deutschen Wirtschaft
The Delegate of German Industry and Commerce
41 Ly Thai To, VN-Hanoi
T: (00844) 825 14 20 **Fax:** 825 14 22
E-Mail: info@ahk.org.de
Delegierter: Ekkehard Goetting

Weißrußland

• E 351

Repräsentanz der IHK Bonn
Kontaktbüro des Landes Nordrhein-Westfalen
Prospekt Gasety Prawda 11, BY-220116 Minsk
T: (00375172) 70 38 93 **Fax:** 70 38 93
Leitung: Dr. Vladimir Avgoustinski

Vereinigte Staaten von Amerika

• E 352

German American Chamber of Commerce, Inc.
Deutsch-Amerikanische-Handelskammer
New York
40 West 57th Street, 31st Floor, USA-New York, NY 10019-4092
T: (001212) 9 74-88 30 **Fax:** 9 74-88 67
Internet: http://www.gaccny.com
E-Mail: gaccny@compuserve.com
Gründung: 1947
Chairman: Dr. Eugene A. Sekulow
Geschäftsführer(in): Werner Walbröl

e 353

German American Chamber of Commerce of the Southern United-States, Inc.
Deutsch-Amerikanische Handelskammer USA-Süd
3340 Peachtree Road, NE, Suite 500, USA-Atlanta GA 30326
T: (001404) 2 39-94 94 **Fax:** 2 64-1761
E-Mail: gaccsouth@mindspring.com
Gründung: 1978
Chairman: Dieter Elsner
Geschäftsführer(in): Thomas Beck (President & CEO)

e 354

German American Chamber of Commerce of the Southern United States, Inc.
Deutsch-Amerikanische Handelskammer
Southwest Office:
5599 San Felipe, Suite 510, USA-Houston, TX 77056
T: (001713) 8 77-11 14 **Fax:** 8 77-16 02
E-Mail: gacchou@mindspring.com
Gründung: 1976
Geschäftsführer(in): Friedrich W. Kuhlmann

e 355

German American Chamber of Commerce of the Midwest, Inc.
Deutsch-Amerikanische Handelskammer Mittelwesten
401 N. Michigan Ave., Suite 2525, USA-Chicago, IL 60611-4212
T: (001312) 6 44-2662 **Fax:** 6 44-0738
Internet: http://www.gaccom.org
E-Mail: gaccom@techinter.com
Gründung: 1963
President: Christian J. Röhr
Chairman: Peter Merlin

e 356

German American Chamber of Commerce of the Western United States, Inc.
Deutsch-Amerikanische Handelskammer-USA West
Geschäftsstelle Los Angeles
5220 Pacific Concourse Drive, Suite 280, USA-Los Angeles, CA 90045
T: (001310) 2 97-79 79 **Fax:** 2 97-79 66
Internet: http://www.gaccwest.org
E-Mail: gaccwest@compuserve.com
Gründung: 1974
Vorstand: Rory Campbell
Geschäftsführer(in): Michael Krieg (Managing Director; kommissarisch)

e 357

German American Chamber of Commerce of the Western United States, Inc.
Geschäftsstelle San Francisco
Deutsch-Amerikanische-Handelskammer der USA-West
Geschäftsstelle San Francisco
465 California Street, Suite 506, USA-San Francisco, CA 94104
T: (001415) 3 92-22 62 **Fax:** 3 92-13 14
Internet: http://www.gaccwest.org
E-Mail: gaccwest_sfo@compuserve.com
Gründung: 1971
Geschäftsführer: Lawrence A. Walker

e 358

Representative for German Industry and Trade Delegierter der Deutschen Wirtschaft (BDI-/DIHT-Vertretung)
1627 I Street, N.W. Suite 550, USA-Washington D.C. 20006
T: (001202) 6 59-4777 **Fax:** (00122) 6 59-4779
E-Mail: info@rgit-usa.com, 104075.1540@compuserve.com
Gründung: 1987
Leiter: Jakob Esser

e 360

German American Chamber of Commerce, Inc. - Philadelphia Deutsch-Amerikanische Handelskammer
1515 Market Street, Suite 505, USA-Philadelphia, PA 19102
T: (001215) 6 65-1585 **Fax:** 6 65-0375
E-Mail: gaccphila@compuserve.com
Gründung: 1994
Vorstand: Hans U. Wolf
Leiterin: Barbara Afanassiev

Usbekistan

● **E 359**

Repräsentanz der Deutschen Wirtschaft
ul. Murtasaeva 6,82-83,kv., 82/83, UZ-700000 Tashkent
T: (0098712) 34 99 89, (0098711) 39 13 05, 20 66 86
Fax: (0098712) 34 16 24, (0098711) 20 64 24
E-Mail: ahktasch@naytov.com
Leitung: Jörg Hetsch

● **E 361**

American Chamber of Commerce in Germany
Postf. 10 01 62, 60001 Frankfurt
Roßmarkt 12, 60311 Frankfurt
T: (069) 92 91 04-0 **Fax:** 92 91 04-11
Internet: http://www.amcham.de
E-Mail: amcham@amcham.de
Gründung: 1903 (29. Januar)
President: Fred B. Irwin
General Manager: Dr. Dierk Müller
Leitung Presseabteilung: Susanne Zorn
Verbandszeitschrift: Commerce Germany
Redaktion: F.A.Z.-Institut
Verlag: ACC Verlag & Services GmbH, Postfach 100162, 60001 Frankfurt/Main
Mitglieder: 2600

Mitgliedskammern

● **E 362**

Deutsch-Regionale Industrie- und Handelskammer für Zentralamerika und die Karibik
5a. Av. 15-45, zona 10 Edif. Centro Empresarial, GCA-01010 Guatemala
T: (00502) 367 5552, 367 5562 **Fax:** 333 7044
Internet: http://www.ahkzakk.com
E-Mail: ahkzakk@quik.guate.com
Gründung: 1995 (12.Juli)
Präsident(in): Bernd Otto Schreiber
Geschäftsführer(in): Johannes Hauser

e 363

Deutsch-Costarikanische Industrie- und Handelskammer
Cámara de Comercio e Industria Costarricense Alemana
Postf. 21 39-1000, CR-1000 San José
T: (00506) 2 22-4789, 222-3359 **Fax:** 221-1219
E-Mail: cacoral@sol.racsa.co.cr
Präsident(in): Dieter Fieberg
Geschäftsführer(in): Carla de Abate

e 364

Deutsch-Salvadorianische Industrie- und Handelskammer
Cámara de Comercio e Industria Salvadoren_6a Alemana
Postf. (01) 550, SV-San Salvador
Blvd. La Sultana No. 245, SV-Antiguo Cuscatla_ln
T: (00503) 243-2428, 243-2451 **Fax:** 243-2093
E-Mail: camalem@cyt.net
Präsident(in): Wolf v. Hundelshausen
Geschäftsführer(in): Matthias Müller

e 365

Deutsch-Guatemaltekische Industrie- und Handelskammer Cámara de Comercio e Industria Guatemalteco-Alemana
Edif. Plaza Marítima
Postf. 1163, GCA-01901 Guatemala
6a Av. 20-25, Zona 10, GCA-01010 Guatemala
T: (00502) 3 33 60 36, 3 33 60 37, 3 33 60 38
Fax: 3 68 29 71
E-Mail: camalegu@quik.guate.com
Präsident(in): Manfred Kratz
Geschäftsführer(in): Franz Ulrich Appel

e 366

Deutsch-Honduranische Industrie- und Handelskammer
Cámara de Comercio e Industria Honduren_6o Alemana
Postf. 10 22, HN-Tegucigalpa Honduras
Ave La Paz No. 2326, HN-Tegucigalpa
T: (00504) 36 53 63 **Fax:** 36 53 71
E-Mail: ccha@david.intertel.hn
Präsident(in): Alexander Pagels
Geschäftsführer(in): Doris Sohn de Maradiaga

e 367

Deutsch-Nicaraguanische Industrie- und Handelskammer
Cámara de Comercio e Industria Nicaraguense Alemana
Postf. 1125, NIC-Managua
Edificio IBM, NIC-Managua
T: (00505) 2 68 10 66, 2 68 10 01 **Fax:** 2 22 78 29
E-Mail: cicna@munditel.com.ni
Präsident(in): Nico Deman
Geschäftsführer(in): Alvaro Corea

e 368

Deutsch-Panamaische Industrie- und Handelskammer
Cámara de Comercio e Industria Panamen_6a Alemana
Postf. 55-2537, PA-Paitilla Panama C.A.
T: (00507) 2 69 93 66, 2 69 93 58 **Fax:** 69 93 59
E-Mail: ihkpanam@sinfo.net
Präsident(in): Bernd Otto Schreiber
Geschäftsführer(in): Christine Göllner de Mejía

e 369

Deutsch-Dominikanische Handelskammer für Industrie, Handel und Tourismus
Postf. 83 35, DOM-Santo Domingo
Edifico Plaza Intercaribe, Ave. Lope de Vega 33 esq. Rafael A. Sanchez, Local6, DOM-Santo Domingo
T: (001809) 683 2597 **Fax:** 683 6156
Internet: http://www.ahkzakk.com/republicadominicana
E-Mail: camdomalemana@hotmail.com
Präsident(in): Rolf Backhaus
Geschäftsführer(in): Thomas Kirbach

Ländervereine

Afrika

● **E 370**

Afrika-Verein e.V.
Neuer Jungfernstieg 21, 20354 Hamburg
T: (040) 34 30 51-53 **Fax:** 35 47 04
Internet: http://www.afrikaverein.de
E-Mail: post@afrikaverein.de
Zuständig: Gesamtafrika mit Ausnahme Ägyptens
Gründung: 1934
Vorsitzende(r): Carsten Nordmann (Mitgl. d. Geschäftsleitung d. Fa. Nordmann, Rassmann GmbH & Co., Hamburg)
Geschäftsführender Vorstand: Hans W. Meier-Ewert
Vertretungen:
Dipl.-Volksw. Heinz Werner Dickmann (Adenauerallee 148, 53113 Bonn, T: (0228) 10 46 64-65)
Geschäftsstellen:
W. Klein (c/o Verein Bremer Exporteure e.V., Am Markt 13, 28195 Bremen, T: (0421) 3 63 72 40)
IHK Region Stuttgart, Postf. 10 24 44, 70020 Stuttgart, T: (0711) 2 00 51
Dr. Michael Blank (Einemstr. 8 a, 10787 Berlin, T: (030) 2 61 28 29, Fax: (030) 25 79 73 88)
Graf von Hallwyl (Bayerische Landesbank-Girozentrale, München, T: (089) 21 71 01)
Verbandszeitschrift: Afrika-Wirtschaft
Mitglieder: ca. 400

● **E 371**

AFRIKA FORUM e.V.
Sitz: Bonn
Postanschrift:
Rebenweg 16, 61348 Bad Homburg
T: (06172) 45 09 78 **Fax:** 45 09 78
Gründung: 1980
Präsident(in): Gaston Bart-Williams
Generalbevollmächtigter: RA Dr. jur Franz J. Vogel

● **E 372**

Africa Foundation e.V.
c/o A. Togba
Postf. 50 08 27, 60396 Frankfurt
T: (069) 59 21 27 **Fax:** 63 98 39
E-Mail: atogba@naheimst.de
Gründung: 1987
Vorsitzende(r): Aboubakary Togba
Stellvertretende(r) Vorsitzende(r): Muepu Muamba

● **E 373**

AKAFRIK-Arbeitskreis Afrika
c/o Rosenke
Eichendorffweg 14A, 48268 Greven
T: (02575) 83 36 **Fax:** 86 66
E-Mail: siepel.geobuero@comlink.apc.org
Gründung: 1967
Mitglieder: 30
Mitarbeiter: 2

● **E 374**

Afrika-Kollegium e.V.
Neuer Jungfernstieg 21, 20354 Hamburg
T: (040) 34 30 51 **Fax:** 35 47 04
Internet: http://www.afrikaverein.de
E-Mail: post@afrikaverein.de

● **E 375**

Büro für Koordination und Förderung der afrikanischen Kultur und Medienarbeit in Deutschland
c/o F. Nkangou Mikangou
Postf. 101532, 40006 Düsseldorf
T: (0211) 66 58 75 **Fax:** 66 58 75

● **E 376**

SUPPORT AFRICA. Verein zur Förderung von höheren Berufsfachschulen, Fachhochschulen und Universitäten in Afrika, e.V.
Altestr. 13, 56357 Berg
T: (06772) 14 80 **Fax:** 86 80
Gründung: 1997
Vorstand: Prof. Dr. B. Ed. Pfeiffer (Vors.)
Siegfried Guggenbichler (stellv. Vors.)
Dr. Joachim Hölzl (Geschäftsführer)
Mitglieder: 70
Mitarbeiter: 2

● **E 377**

Deutsche Gesellschaft für die afrikanischen Staaten portugiesischer Sprache (DASP)
Kennedyallee 16, 53175 Bonn
T: (0228) 37 33 58
Gründung: 1984 (30. November)
Präsident(in): Prof.Dr.phil.Dr.h.c.(RC) Manfred Kuder
Mitglieder: 132

Albanien

● **E 378**

Deutsch-Albanische Freundschaftsgesellschaft e.V. (DAFG)
Postf. 10 05 65, 44705 Bochum
Wittener Str. 87, 44789 Bochum
T: (0234) 3 25 06 09 **Fax:** 33 65 44
Gründung: 1971
Vorsitzende(r): Bodo Gudjons
Stellvertretende(r) Vorsitzende(r): Dr. Michael Schmidt-Neke
Jochen Blanken
Verbandszeitschrift: Albanische Hefte
Redaktion: Bodo Gudjons, Dr. Michael Schmidt-Neke, Stephan Lipsius
Verlag: DAFG-Literaturvertrieb, Postf. 10 05 65, 44705 Bochum
Mitglieder: 350

● **E 379**

Deutsch-Albanische Wirtschaftsgesellschaft e.V. (DAW)
Bonner Talweg 57, 53113 Bonn
T: (0228) 2 60 04 45 **Fax:** 2 60 04 55
Präsident(in): Walter Hinderer
Vizepräsident(in): Walter Mörchen
Lorenz Niegel
Geschäftsführer(in): Dipl.-Volksw. Ulrich Stumpp

Angola

• E 380

Deutsch-Angolanische Gesellschaft e.V.
c/o RAe Kantel + Ermert
Dechenstr. 2, 53115 Bonn
T: (0228) 65 55 18 **Fax:** 65 09 29
Vorstand: Parl. Staatssekretär Klaus-Jürgen Hedrich (MdB)
Stellvertretende(r) Vorsitzende(r): Hans Günther Toetemeyer (MdBaA)
Duarte Branco
Geschäftsführende(s) Vorstands-Mitglied(er): Dietrich Kantel
Mitglieder: 37

Arabien

• E 381

Deutsch-Arabische Gesellschaft e.V.
Calvinstr. 23, 10557 Berlin
T: (030) 80 94 19 95 **Fax:** 80 94 19 96
Internet: http://www.d-a-g.de
E-Mail: info@d-a-g.de
Gründung: 1966
Präsident(in): Jürgen W. Möllemann (BM a.D., MdB)
Vors. des Beirats: Hans-Jürgen Wischnewski (BM a.D.)
Ehrenpräs.: S. E. Sheikh Abdulaziz A. Al-Sulaiman, Jeddah, Genf
Vizepräsident(in): Herbert Brenke (Vorsitzender der Geschäftsführung der E-Plus Mobilfunk GmbH, Düsseldorf, a.D.)
Dr. Olaf Feldmann (MdB a.D.)
Dr. Aref Hajjaj
Dr. Ottfried Hennig (Generalsekretär der Konrad-Adenauer-Stiftung)
Rudolf Kraus (MdB, Parl. Staatssekretär a.D.)
Staatsminister a.D. Dr. Christoph Zöpel (MdB)
Generalsekretär(in): MinRat Harald M. Bock
Schatzmeister: Uwe Zimmer

• E 382

GHORFA Arabisch-Deutsche Vereinigung für Handel und Industrie e.V.
Godesberger Allee 125, 53175 Bonn
T: (0228) 37 36 37, 95 96 40 **Fax:** 37 96 26
TGR: Ghorfa Bonn
Internet: http://www.ghorfa.com
E-Mail: ghorfa@t-online.de
Gründung: 1976 (30. Juni)
Präsident(in): Dr. Mohammed Al-Sady
Direktor der Informationsabteilung: Ibrahim Majid
Verbandszeitschrift: Informationsdienst
Redaktion: Majid Ibrahim
Verlag: GHORFA
Mitglieder: 205
Mitarbeiter: 14
Jahresetat: DM 1,5 Mio, € 0,77 Mio

Handels- und Wirtschaftsförderung zwischen den arabischen Staaten und der Bundesrepublik Deutschland

Armenien

• E 383

Deutsch-Armenische Gesellschaft e.V.
Im Wengert 22, 72127 Kusterdingen
T: (07071) 36 86 58 **Fax:** (0721) 1 51 20 43 90
Internet: http://www.deutsch-armenische-gesellschaft.de
E-Mail: b.duemler@online.de
Gründung: 1914 (16. Juni)
Vorsitzende(r): Dr. Raffi Kantian, Hannover
Stellvertretende(r) Vorsitzende(r): Dr. Elvira Kiendl, Regensburg
Leitung Presseabteilung: Bärbel Dümler, Kusterdingen
Verbandszeitschrift: Armenisch-Deutsche Korrespondenz (ADK)
Redaktion: Elvira Kiendl, Regensburg
Verlag: Deutsch-Armenische Gesellschaft, Im Wengert 22, 72127 Kusterdingen-Jettenburg
Mitglieder: 235
Jahresetat: DM 0,02 Mio, € 0,01 Mio

Asien

• E 384

Nah- und Mittelost-Verein e.V.
Mittelweg 151, 20148 Hamburg
T: (040) 45 03 31-0 **Fax:** 45 03 31-31
Internet: http://www.numov.de
E-Mail: numov@aol.com
Gründung: 1934
Vorsitzende(r): Werner Schoeltzke
Geschäftsführende(s) Vorstands-Mitglied(er): Helene Rang
Ehrenvorstandsmitglied: Hans-Jürgen Wischnewski
Verbandszeitschrift: Wirtschaftsforum Nah- und Mittelost
Redaktion: Helene Rang
Mitglieder: 400 Firmen
Für folgende Länder zuständig: Ägypten, Afghanistan, Bahrain, Irak, Iran, Israel, Jemen, Jordanien, Kasakhstan, Kuwait, Kirgistan, Libanon, Oman, Pakistan, Qatar, Saudi-Arabien, Syrien, Tadjikistan, Türkei, Turkmenistan, Usbekistan, Vereinigte Arabische Emirate, Zypern

Außenwirtschaftsverband: informiert, berät, assistiert, liefert Marktdaten, Bedarfsnachweise, vermittelt Geschäftspartner. Interessenvertretung im In- und Ausland.

• E 385

Deutsche Orient-Stiftung
Mittelweg 150, 20148 Hamburg
T: (040) 4 13 20 50 **Fax:** 44 14 84
Präs. des Kuratoriums: Dr. Volkmar Köhler
Vorsitzende(r) des Vorstandes: Dr. Hanns Kippenberger

• E 386

Deutsche Morgenländische Gesellschaft (Mainz e.V.)
Geschäftsstelle: Südasieninstitut der Univ. Heidelberg
Im Neuenheimer Feld 330, 69120 Heidelberg
T: (06221) 54 89 00 **Fax:** 54 49 98
E-Mail: dmg@www.sai.uni-heidelberg.de
Gründung: 1845
1. Vorsitzende(r): Prof. Dr. Bert G. Fragner (Universität Bamberg, Lehrstuhl Iranistik, 96045 Bamberg)
2. Vorsitzende(r): Prof. Dr. Stefan Leder (Martin-Luther-Universität Halle-Wittenberg, Institut für Orientalistik, 06099 Halle)
1. Geschf.: Manfred Hake (Südasien-Institut der Universität Heidelberg, Im Neuenheimer Feld 330, 69120 Heidelberg)
Verbandszeitschrift: Zeitschrift der Deutschen Morgenländischen Gesellschaft
Redaktion: Prof. Dr. Florian C. Reiter, Humboldt-Universität, Seminar für Sinologie, Unter den Linden 6, 10099 Berlin
Verlag: Franz Steiner Verlag GmbH, Birkenwaldstr. 44, 70191 Stuttgart
Mitglieder: 720

• E 387

Ostasiatischer Verein e.V. (OAV)
Hauptgeschäftsstelle:
Neuer Jungfernstieg 21, 20354 Hamburg
T: (040) 35 75 59-0 **Fax:** 35 75 59-25
Internet: http://www.oav.de
E-Mail: oav@oav.de
Gründung: 1900
Vorsitzende(r): Peter Clasen (Firmeninhaber Wilhelm G. Clasen, Glockengießerwall 1, 20095 Hamburg)
Geschäftsführer(in): Wolfgang Niedermark
Mitglieder: 900

Förderung der Wirtschaftsbeziehungen zwischen Deutschland und Ostasien; Vertretung handelspolitischer Interessen der Mitgliedsfirmen; Erfahrungsaustausch; Geschäftskontaktvermittlung, Beratung.

OAV Representative Office

Repräsentanz Hanoi
12 Hai Ba Trung, VN-Hanoi / Vietnam
T: (00844) 8254435 **Fax:** 8241114

Repräsentanz Pyongyang
c/o Günter Unterbeck
Apparat 618, Hotel Botongang, Ansang Dong
Pyongchon Kuyok, KP-Pyongyang
T: (008502) 3 81 48 58 **Fax:** 3814788

Repräsentanz Yangon
c/o Frank Schmidt
Mayangon Township
125 Paya Road, 8 Mile, BUR-Yangon
T: (00951) 66 72 25, 66 26 03 **Fax:** 66 74 54

Für folgende Länder zuständig:
Bangladesch, Bhutan, Brunei, China, China (Taiwan), Hongkong, Indien, Indonesien, Japan, Kambodscha, Nordkorea, Südkorea, Laos, Macao, Malaysia, Malediven, Mongolei, Myanmar, Nepal, Philippinen, Singapur, Sri Lanka, Thailand, Vietnam

• E 388

Deutsche Gesellschaft für Asienkunde e.V.
Rothenbaumchaussee 32, 20148 Hamburg
T: (040) 44 58 91 **Fax:** 4 10 79 45
E-Mail: ifahh.dga@uni-hamburg.de
Gründung: 1967
Vorsitzende(r): Dr. Christian Schwarz-Schilling (MdB)
Geschäftsführer(in): Dr. Günter Schucher
Verbandszeitschrift: ASIEN
Redaktion: Dr. Günter Schucher
Verlag: DGA, Rothenbaumchaussee 32, 20148 Hamburg
Mitglieder: 600
Mitarbeiter: 2

• E 389

Deutsche
Asia Pacific
Gesellschaft

Deutsche Asia Pacific Gesellschaft e.V.
Hohenzollernring 31-35, 50672 Köln
T: (0221) 2 57 28 71 **Fax:** 20 03-380
Internet: http://www.dapg.de
E-Mail: info@dapg.de
Gründung: 1985
Vorsitzende(r): Uwe Holl
Stellvertretende(r) Vorsitzende(r): Elmo de Alwis
Geschäftsführerin: Susanne Preuschoff

• E 390

Asien-Pazifik-Ausschuß der Deutschen Wirtschaft (APA)
c/o BDI/Koordinator Deutschland
Breite Str. 29, 10178 Berlin
T: (030) 20 28 14 23 **Fax:** 20 28 24 23
Internet: http://www.bdi-online.de
E-Mail: f.strack@bdi-online.de
Vorsitzende(r): Dr. Heinrich von Pierer
Geschäftsführer(in): F. Stefan Winter (Koordinator Deutschland BDI)
Michael Pfeiffer (DIHT)
Wolfgang Niedermark (OAV)
Dr. Joachim Massenberg (BdB)
Dr. Peter Spary (BGA)
Koordinator/Asien-Pazifik: Florian Schuffner (Deutsch-Koreanische Industrie- und Handelskammer)

• E 391

Südasien-Institut der Universität Heidelberg
Im Neuenheimer Feld 330, 69120 Heidelberg
T: (06221) 54 89 00 **Fax:** 54 49 98
Internet: http://www.sai.uni-heidelberg.de
E-Mail: sai@www.sai.uni-heidelberg.de
Leitung: Prof.Dr. Hans-Georg Bohle
Geschäftsführer(in): Manfred Hake (M.A.)

Australien

• E 392

Australien-Neuseeland Verein e.V.
German Australia-New Zealand-South Pacific Association
Neuer Jungfernstieg 21, 20354 Hamburg
T: (040) 35 75 59-0 **Fax:** 35 75 59-25
Internet: http://www.oav.de
E-Mail: anv@oav.de
Gründung: 1952
Vorsitzende(r): Dr. Eckhard Rohkamm (Thyssen Industrie AG, Essen)
Geschäftsführer(in): Wolfgang Niedermark (Neuer Jungfernstieg 21, 20354 Hamburg, T: (040) 35 75 59-0, Fax: (040) 35 75 59-25, E-mail: anv@oav.de, Internet: http://www.oav.de)
Verbandszeitschrift: ANV-Mitgliederrundschreiben
Mitglieder: 300
Für folgende Länder zuständig: Australischer Bund, Neuseeland, Südpazifik

Förderung der Wirtschaftsbeziehungen zwischen Deutschland und dem Südpazifik; Vertretung handelspolitischer Interessen der Mitgliedsfirmen; Erfahrungsaustausch; Geschäftskontaktvermittlung.

• E 393

State of Victoria/Australia European Office Informationen und Beratung für Unternehmen
Grüneburgweg 58-62, 60322 Frankfurt

T: (069) 66 80 74-0 **Fax:** 66 80 74-66
E-Mail: VictoriaEU@aol.com
Seit 1968 in der BRD vertreten
Elmar Wider

Atlantische Gemeinschaft

• **E 394**

Deutsche Atlantische Gesellschaft e.V.
Am Burgweiher 12, 53123 Bonn
T: (0228) 62 50 31 **Fax:** 61 66 04
Internet: http://www.avax-market.com/deutsche-atl-ges
E-Mail: dtatlges@aol.com
Gründung: 1956 (20. März)
Präsident(in): Ruprecht Polenz (MdB)
Hauptgeschäftsführer(in): Barbara Könitz
Verbandszeitschrift: Atlantischer Kurier, Beihefter zum NATO-Brief
Mitglieder: 3259
Mitarbeiter: 4
Arbeitskreise in Aachen, Baden, Bergisches Land, Berlin, Bonn, Brandenburg, Bremen, Franken/Oberpfalz, Hamburg, Hannover, Heidelberg, Hessen, Koblenz, Lüneburg, Mainz, Mannheim, Mecklenburg-Vorpommern, München, Münsterland, Niederrhein, Östliches Ruhrgebiet, Saarland/Westpfalz, Sachsen, Sachsen-Anhalt, Schleswig-Holstein, Stuttgart, Thüringen, Weser-Ems
Ausschüsse: Sicherheitspolitischer Ausschuß, Wirtschaftspolitischer Ausschuß, Ausschuß für politische Bildung, Ausschuß "Junge Atlantische Politiker"

Belgien

• **E 395**

Deutsch-Belgisch-Luxemburgische Gesellschaft e.V.
i. Hs. d. Kölner Bank
Postf. 10 21 51, 50461 Köln
T: (0221) 25 47 48 **Fax:** 20 03-380
Präsident(in): Oberstleutnant a.D. Léon Claessens, Köln
Geschäftsführer(in): Manfred Münzel

Brasilien

• **E 397**

Deutsch-Brasilianische Gesellschaft e.V.
Kaiserstr. 201, 53113 Bonn
T: (0228) 21 07 07 **Fax:** 24 16 58
Internet: http://www.topicos.de
E-Mail: dbg@topicos.de
Gründung: 1960 (7. Dezember)
Präsident(in): VLR Sabine Eichhorn
Verbandszeitschrift: TOPICOS
Redaktion: Michael Rose
Verlag: Kaiserstr. 201, 53225 Bonn
Mitglieder: ca. 1000
Filialen: Distrikt Baden-Württemberg, Stuttgart mit Sektion Tübingen; Distrikt Bayern Nordbayern; Distrikt Niedersachsen mit Sektion Oldenburg; Distrikt Rheinland-Pfalz; Distrikt Hessen

Bulgarien

• **E 398**

Deutsch-Bulgarische Gesellschaft e.V.
Sternwartenstr. 6, 04103 Leipzig
T: (0341) 2 57 73 90 **Fax:** 2 57 73 90
Gründung: 1992 (10. Juni)
Präsidentin: Genka Lapön
Verbandszeitschrift: Mitteilungsblatt der DBG e.V. zu Leipzig
Redaktion: Dr. Dietmar Endler
Verlag: Eigener Verlag
Mitarbeiter: 2

Chile

• **E 399**

Deutsch-Chilenischer Bund (DCB)
Postf. 3214, RCH-Santiago de Chile
Avda. Vitacura 5875, RCH-Santiago de Chile
T: (00562) 2 19 10 68, 2 18 65 83 **Fax:** 2 12 64 74
E-Mail: mbachmann@interactiva.cl
Gründung: 1916
Vorsitzende(r): Kurt Konrad
Direktor(in): Iris Voigt
Mitglieder: 646
Mitarbeiter: 8

• **E 400**

Deutsch-Chilenischer Freundeskreis e.V.
Postf. 20 04 22, 53134 Bonn
Im Hohn 17, 53177 Bonn
T: (0228) 31 29 35 **Fax:** 31 29 35
Gründung: 1966 (20. Januar)
Präsident(in): Irmhild Eulenstein
Geschäftsführer(in): N. N.
Mitglieder: 170
Jahresetat: ca. DM 0,012 Mio, € 0,01 Mio

China

• **E 401**

Deutsch-Chinesische Gesellschaft e.V.
Villichgasse 17, 53177 Bonn
T: (0228) 36 12 66 **Fax:** 36 12 75, 35 75 20
Internet: http://home.t-online.de/home/dcg-bonn/dcg.htm
E-Mail: dcg-bonn@t-online.de
Gründung: 1957
Vorsitzende(r): RA Ortwin Lowack
Geschäftsführer(in): Ingrid Fuchs
Verbandszeitschrift: FREIES ASIEN
Redaktion: Ingrid Fuchs

• **E 402**

Deutsch-Chinesische Wirtschaftsvereinigung e.V. (DCW)
Unter Sachsenhausen 10-26, 50667 Köln
T: (0221) 12 03 70 **Fax:** 12 04 17
Gründung: 1987
Präs. d. Beirates: Dr. Ulrich Lehner
Vorsitzende(r) des Vorstandes: Hans Henning von Berg
Hauptgeschäftsführer(in): Wolfram Hoffmann
Verbandszeitschrift: China-Telegramm
Redaktion: IHK Köln und DCW
Mitglieder: ca. 330
Mitarbeiter: 2

Ziel der D C W war es seinerzeit und ist auch heute, die Wirtschaftsbeziehungen zwischen den beiden Ländern zu intensivieren und insbesondere den deutschen Mittelstand zu veranlassen, die wirtschaftliche Chancen, die China und seine Region bietet, aktiv zu nutzen. Zukünftig werden die Arbeiten in den Bundesländern vertieft. Die Wirtschaftsvereinigung wird darüber hinaus als Gründungsmitglied der Europe-China Business Association E C B A in Brüssel die Zusammenarbeit mit den Partnerverbänden in der EU im Interesse gemeinsamer Zielsetzungen vorantreiben.

• **E 403**

China-Gesellschaft e.V.
Baden-Württembergische Gesellschaft zur Förderung der Zusammenarbeit mit der VR China
Sitz: Stuttgart
78457 Konstanz
Postf. 55 60, 78434 Konstanz
T: (07531) 88 22 30
Gründung: 1983 (22. Juli)
Vorsitzender: Prof. Dr. Horst Sund (Ordinarius für Biochemie im Fachbereich Biologie der Universität Konstanz)
Stellvertretender Vorsitzender: Hermann Fünfgeld
Verbandszeitschrift: China-Report
Redaktion: Prof. Dr. Horst Sund
Verlag: Eigenverlag
Mitglieder: 95 (Stand 31.12.1999)

• **E 404**

Deutsch-Chinesische Vereinigung
Hauptgeschäftsstelle
c/o BDF Communication Ltd.
Postf. 16 48, 38506 Gifhorn
T: (05371) 5 30 40 **Fax:** 1 54 75
Gründung: 1986
Präsident(in): Charles Kersten
Vizepräsident(in): Nai Ying Chiang
Ing. Patrick Voorspoels
Generalsekr. u. Ltr. Presseabt.:
Bernd-Dieter Fridrich
Schatzmeister: Maurice Thon
Mitarbeiter: 2

e 405

Deutsch-Chinesische Vereinigung Büro Belgien
Avenue Charles-Quint 124, Bte. 14, B-1083 Bruxelles
T: (00322) 4 68 26 95 **Fax:** 4 68 24 30

e 406

Deutsch-Chinesische Vereinigung Büro Taiwan
147/9th F., Huan Ho South St., Section 2, RC-100 Taipei
T: (008862) 3 02 49 44
Nai Hoa Chiang

• **E 407**

Gesellschaft für Deutsch-Chinesische Freundschaft e.V. (GDCF)
Innsbrucker Str. 3, 10825 Berlin
T: (030) 8 54 57 44
Gründung: 1973
Vorsitzende(r): Dagmar Yu-Dembski
Verbandszeitschrift: "das neue China"
Redaktion: Dagmar Yu-Dembski
Verlag: Innsbrucker Str. 3, 10825 Berlin
Mitglieder: ca. 1500 in ca. 20 örtlichen Vereinen

• **E 408**

Gesellschaft für Deutsch-Chinesische Freundschaft e.V. (GDCF)
Büro Düsseldorf
Postf. 23 01 21, 40087 Düsseldorf
T: (02102) 47 04 77 **Fax:** 70 43 62
E-Mail: boening-ccc@t-online.de
Vorsitzende(r) des Vorstandes: Dieter Böning
Präs. d. Beirats: Prof. Dr. Thomas Heberer

e 409

Gesellschaft für Deutsch-Chinesische Freundschaft e.V. Büro Bonn
Postf. 32 01 06, 53204 Bonn
T: (0228) 9 44 26 91 **Fax:** 9 44 26 81

Hongkong

• **E 4 10.10**

香港貿易發展局
Hong Kong Trade Development Council

Postf. 50 05 51, 60394 Frankfurt
Kreuzerhohl 5-7, 60439 Frankfurt
T: (069) 9 57 72-0 **Fax:** 9 57 72-200
Internet: http://www.tdc.org.hk
E-Mail: frankfurt.office@tdc.org.hk
Gründung: 1966
Geschäfts-Leitung: Lore Buscher
Wing Sham
Verbandszeitschrift: Hong Kong Trader (Monatszeitschrift)
Verlag: Hong Kong Trade Development Council, Hong Kong
Mitarbeiter: 17

Handelsauskünfte, Bezugsquellen, Messen in Hongkong, Gemeinschaftsstände Hongkongs auf Messen in Deutschland, Geschäftsdelegationen nach Hongkong, Produktkataloge

• **E 410**

Gießener Verein für Wirtschaftsstudien zu China e.V. (GVC)
Licher Str. 66, 35394 Gießen
T: (0641) 9 92 21 01 **Fax:** 9 92 21 09
Gründung: 1995 20. Juni
Vorsitzende(r) des Vorstandes: Prof. Dr. Armin Bohnet
Stellvertretende(r) Vorsitzende(r): Dr. Zhong Hong
Geschäftsführer(in): Dr. Zhong Hong
Schatzmeister: Dipl.-Kfm. Klaus Wenk (Direktor im Auslandsbereich der SGZ-Bank AG, Frankfurt/M.)
Beisitzer: Dipl.-Volksw. Frank Müller
Dr. Günter Jaehne
Dipl.-Volksw. Stefanie Schmitt
Beirat: Dr. Rolf Dittmar (L.M., Ministerialrat a.D.)
RAin Magdalena Harnischfeger-Ksoll (Seniorpartner der

Sozietät Wessing, Berenberg-Gossler, Zimmermann, Lange in München)
Wolfgang Knobloch (Vorstandsmitglied der Volksbank Gießen)

Dänemark

• E 411

Deutsch-Dänische Gesellschaft im Rheinland e.V.
Geschäftsstelle
Bernd Becker
Pfarrer-Maybaum-Weg 33, 51061 Köln
Vorsitzende(r): Martin Schalaster, Meckenheim

• E 412

Deutsch-Dänische Gesellschaft e.V. (DDG)
Sitz: Kiel
Dütschfeldredder 61, 24223 Raisdorf
T: (04307) 58 55 **Fax:** 58 55
Gründung: 1970
Vorsitzende(r): Thies Uwe v. Leesen
Stellvertretende(r) Vorsitzende(r): Annie Lander Laszig
Mitglieder: 800

Sektionen in: Husum, Lübeck, Ostholstein, Plön, Rendsburg, Schleswig, Steinburg/Itzehoe sowie in Bremen und Lüneburg

• E 413

Dänische Handelsdelegation
Postf. 69 02 08, 30611 Hannover
Schellingstr. 5B, 30625 Hannover
T: (0511) 55 60 77 **Fax:** 55 53 16
E-Mail: dtc-hannover@t-online.de
Handelsdelegierter: Steen Brogaard Larsen

e 414

Dänische Handelsdelegation
Brandstwiete 4, 20457 Hamburg
T: (040) 32 20 21 **Fax:** 33 87 54
E-Mail: dtchamburg@t-online.de
Handelsdelegierter: Cay Forthmann Petersen

e 415

Dänische Handelsdelegation in Stuttgart
Postf. 10 09 28, 70008 Stuttgart
Königstr. 1A, 70173 Stuttgart
T: (0711) 29 05 58 **Fax:** 2 26 51 90
E-Mail: dhd-stuttgart@t-online.de
Handelsdelegierter: Flemming Hald

e 416

Dänische Handelsdelegation in Rostock
Lange Str. 1A, 18055 Rostock
T: (0381) 49 75 50 **Fax:** 4 97 55 10
E-Mail: dtcrostock@t-online.de
Handelsdelegierter: Claes Hvilsted-Olsen

• E 417

Dansk Kirke i Sydslesvig
Wrangelstr. 14, 24937 Flensburg
T: (0461) 5 29 25 **Fax:** 9 09 15 96
Gründung: 1959 (7. Mai)
1. Vorsitzende(r): Propst Viggo Jacobsen
2. Vorsitzender: Manfred Kühl
Geschäftsführer(in): Jytte Niekelsen
Mitglieder: 39
Mitarbeiter: 28

• E 418

Sydslesvigsk Forening e.V.
Postf. 26 64, 24916 Flensburg
T: (0461) 1 44 08-0 **Fax:** 14 40 81 30
1. Vorsitzende(r): Heinrich Schultz
Generalsekretär(in): Gert Wiencke
Mitglieder: 15495

Elfenbeinküste

• E 419

Wirtschaftabteilung der Côte d'Ivoire
Bonn Center H1204
Bundeskanzlerplatz 2-10, 53113 Bonn
T: (0228) 26 72 67 **Fax:** 2 67 26 67
E-Mail: www@cotedivoire/handel.com

Estland

• E 420

Verein der Deutschen Estlands (VDS)
Kastani 1, EW-2400 Tartu
T: (003727) 42 26 39 **Fax:** 42 18 65
Gründung: 1991 (November)
Präsident(in): Dr. Viktor Sieben
Vizepräsident(in): Erika Weber
Mitglieder: 1000

Finnland

• E 421

Deutsch-Finnische Vereinigung e.V.
Sitz:
Breite Str. 6-8, 23552 Lübeck, T: (0451) 7 36 60
Stützpunkt/Postanschrift:
Frankfurter Str. 90, 63067 Offenbach
T: (069) 82 07-111 **Fax:** 82 07-199
Gründung: 1918
Vorsitzende(r): Konsul Claus Achim Eschke, Lübeck
Geschäftsführer(in): Dr. Erik von Knorre

• E 422

Deutsch-Finnische Gesellschaft e.V.
Fellbacher Str. 52, 70736 Fellbach
T: (0711) 5 18 11 65 **Fax:** 5 18 17 50
Internet: http://www.deutsch-finnische-gesellschaft.de
E-Mail: deutsch-finnische-gesellschaft@t-online.de
Gründung: 1952
Ltr. d. Bundesgeschäftsstelle: Maria Bürkle
Geschäftsführender Vorstand:
Bundesvorsitzende(r): Dipl.-Kfm. Asmus Link (Gartenstr. 19, 32756 Detmold, T: (05231) 3 27 77 (Büro) oder (05231) 85 44 (privat), Telefax: (05231) 3 36 66, E-Mail: FINN-LINK@t-online.de)
Stellvertretende(r) Vorsitzende(r): Burkhart E. Poser (Lloyd-G.-Wells-Str. 31, 14163 Berlin, Tel./Fax: (030) 8 01 49 13)
Stellvertretende(r) Vorsitzende(r): Hellevi Oedekoven (Rosenstr. 30a, 53489 Sinzig, Tel./Fax: (02642) 4 21 88, E-Mail: Oedekoven@t-online.de)
Vorsitzender des Kuratoriums: Konsul Detmar Grolman (c/o Konsulat von Finnland, Immermannstr. 13, 40210 Düsseldorf, T: (0211) 9 35 01 18, Fax: (0211) 9 35 01 50)
Referate des Vorstandes: Petra Sauerzapf-Poser (Kultur; Lloyd-G.-Wells-Str. 31, 14163 Berlin, Tel./Fax: (030) 8 01 49 13)

Ritva Röminger-Czako (Beirätin für Ausstellungen; Zur Marterkapelle 89, 53127 Bonn, T: (0228) 25 38 78, Fax: (0228) 25 39 49, E-Mail: ritva.roeminger@t-online.de)

Peter Messner (Jugend und Bildung; Georg-Eger-Str.13, 91334 Hemhofen)

Pirjo-Liisa Neumann (Beirätin für Briefpartnerschaften; Seegefelder Str. 161, 13583 Berlin, T u. Fax: (030) 3 72 93 55)

Sabine Bräunicke (Beirätin für Jugendaktivitäten; Bertha-von-Suttner-Str. 5, 99706 Sondershausen, T: (03632) 75 84 99 (priv.), (03632) 7 41-6 21 (dienstl.))

Burkhart E. Poser (Deutsch-Finnische Rundschau; Lloyd-G.-Wells-Str. 31, 14163 Berlin, T/Fax: (030) 8 01 49 13)
Dr.-Ing.
Otso Haahtela (Referat für Partnerschaften; Fischhausenweg 1, 38124 Braunschweig, T: (0531) 61 22 00, Fax: (0531) 61 06 90)

Bernd Korte (Beirat für Archivierung und Dokumentation; Sperlingsweg 103, 32758 Detmold, Tel./Fax: (05231) 6 79 22)
Dr.
Siegfried Löffler (Beirat z. b. V.; Wilhelm-Volckmar-Weg 32, 34576 Homberg, T: (05681) 25 64, Fax: (05681) 63 20)
Verbandszeitschrift: Deutsch-Finnische Rundschau
Redaktion: Burkhart E. Poser, Lloyd-G.-Wells-Str. 31, 14163 Berlin, T/Fax: (030) 8 01 49 13
Verlag: Druckhaus Siebold GmbH & Co. KG
Mitglieder: 10400
Mitarbeiter: 1
Jahresetat: ca. DM 0,8 Mio, € 0,41 Mio

DFG-Landesvereine

e 423

Deutsch-Finnische Gesellschaft Baden-Württemberg e.V.
Hildebrandstr. 22, 70191 Stuttgart
T: (0711) 85 65 15 **Fax:** 85 65 27
1. Vorsitzende(r): Ass. jur. Bundesbahnoberrat Hans-Georg Glaser
Bezirksgruppen in Hohenlohe-Franken (Schwäbisch Hall), Karlsruhe, Stuttgart, Mittlerer Schwarzwald (Villingen-Schwenningen), Kurpfalz, Nordschwarzwald (Pforzheim), Reutlingen/Tübingen, Südbaden (Freiburg), Ulm, Oberschwaben

e 424

Deutsch-Finnische Gesellschaft Bayern e.V.
Ansbacher Str. 5, 91077 Neunkirchen
T: (09134) 50 47 **Fax:** 50 47
E-Mail: m.burkhard@odn.de
1. Vorsitzende: Marjatta Burkhard
Bezirksvereine DFG Allgäu e.V., Augsburg e.V., Hof e.V., München e.V., Nürnberg e.V., Bezirksgruppen in Ingolstadt, Unterfranken Ost (Schweinfurt), Unterfranken West (Würzburg), Dinkelsbühl

e 425

Deutsch-Finnische Gesellschaft Berlin e.V.
Lauchstädter Weg 47, 12355 Berlin
T: (030) 6 63 12 37
1. Vorsitzende(r): Dipl.-Betriebsw. (FH) Jürgen Klapper

e 426

Deutsch-Finnische Gesellschaft Bremen e.V.
c/o Anneli Toikka-Steudle
Meyenburger Str. 44, 28239 Bremen
T: (0421) 6 16 99 23
Vorstand: Anneli Toikka-Steudle
Hans-Peter Albrecht
Günter Mählck
Dipl.-Psych. Heiner Labonde

e 427

Deutsch-Finnische Gesellschaft Hessen e.V.
Friedenstr. 32, 35582 Wetzlar
T: (0641) 2 16 02 **Fax:** 2 41 35
1. Vorsitzende(r): Günter Höbel
Bezirksgruppen in Bad Hersfeld/Rotenburg, Darmstadt, Frankfurt/Main-Taunus, Gießen/Wetzlar, Hochtaunus (Bad Homburg), Kassel, Marburg, Offenbach/Main-Kinzig, Schwalm-Eder-Kreis, Vogelsberg, Wiesbaden

e 428

Deutsch-Finnische Gesellschaft Mecklenburg-Vorpommern e.V.
c/o Schwedenkontor
Hafenstr. 41, 17489 Greifswald
T: (038354) 2 25 28 **Fax:** (03834) 86 36 06
1. Vorsitzende(r): Dr. Dieter Gohlisch
Bezirksverein: Wismar/Westmecklenburg

e 429

Deutsch-Finnische Gesellschaft Niedersachsen e.V.
Fischhausenweg 1, 38124 Braunschweig
T: (0531) 61 22 00 **Fax:** 61 06 90
Gründung: 1974 (9. Dezember)
1. Vorsitzende(r): Dr.-Ing. Otso Haahtela
Verbandszeitschrift: KIPINÄ
Redaktion: E. Hentschel, Rückertstr. 1, 30169 Hannover
Mitglieder: 1000 (in Nds., Bund 11000)
Jahresetat: DM 0,045 Mio, € 0,02 Mio
Bezirksgruppen in Braunschweig, Celle, Göttingen, Hannover, Hildesheim, Oldenburg, Osnabrück, Wilhelmshaven

e 430

Deutsch-Finnische Gesellschaft Nord (Hamburg) e.V.
Husumer Str. 38, 20249 Hamburg
T: (040) 46 55 45 (p.) **Fax:** 46 30 29
1. Vorsitzende(r): Markku Nurminen
Bezirksgruppe in Lübeck und Niederelbe

e 431

Deutsch-Finnische Gesellschaft Nordrhein-Westfalen e.V.
Dr.-Tigges-Weg 18, 42115 Wuppertal
T: (0202) 30 98-842 **Fax:** 30 98-841
Internet: http://www.finland.de/dfgnrw
E-Mail: dfgnrw@finland.de
Gründung: 1973 (12. Juni)
1. Vorsitzende(r): Dipl.-Ing. Volker Jägers
Verbandszeitschrift: Landesnachrichten
Redaktion: Vorstand
Mitglieder: 1800
Bezirksgruppen in Aachen, Bergisches Land, Bochum/Witten, Bonn e.V., Castrop-Rauxel, Dorsten, Düsseldorf, Essen, Hagen, Hochsauerland, Leverkusen, Münster e. V., Siegerland

e 432

Deutsch-Finnische Gesellschaft Rheinland-Pfalz/ Saarland e.V.

Im Vischeltal 4, 53505 Altenahr
T: (02643) 73 65 **Fax:** 73 65
Gründung: 1996 (21. September)
1. Vorsitzende(r): Peter Kleist (Oberst a.D., Autor, Ltg. Presseabteilung)
Verbandszeitschrift: Katsaus-Blick
Redaktion: Mittsommer Verlag
Verlag: Mittsommer Verlag, Im Vischeltal 4, 53505 Altenahr
Mitglieder: 250
Bezirksgruppen: Ahrtal, Koblenz, Mainz, Saarbrücken, Trier, Westpfalz

e 433

Deutsch-Finnische Gesellschaft Sachsen e.V.

Pfaffenhainer Str. 15, 09387 Seifersdorf
T: (0371) 2 80 04 81 **Fax:** 2 80 04 81
1. Vorsitzende(r): Michael Paul
Bezirksverein DFG Pirna e.V. und Leipzig e.V. und Tampere-Chemnitz Verein e.V.

e 434

Deutsch-Finnische Gesellschaft Sachsen-Anhalt e.V.

Kretschmannstr. 35, 39118 Magdeburg
T: (0391) 6 22 74 60
1. Vorsitzende(r): Klaus Schneider
Bezirksgruppe im Mansfelder Land
Bezirksgruppe Halle

e 435

Deutsch-Finnische Gesellschaft Schleswig-Holstein e.V.

Zur Ziegelei 11, 24598 Boostedt
T: (04393) 23 31, (0170) 1 82 55 92 **Fax:** (04393) 23 31
1. Vorsitzende(r): Heino Christophersen (E-Mail:heino.christophersen@t-online.de)
Bezirksgruppe Hohenlockstedt

e 436

Deutsch-Finnische Gesellschaft Thüringen e.V.

Siedlung Elstertal 2, 07551 Gera
T: (0365) 3 68 20 **Fax:** 3 68 20
1. Vorsitzende(r): Dipl.-Ing. Heinrich-Dieter Hischer
Bezirksgruppe in Gera, Weimar und Suhl

e 437

Deutsch-Finnische Gesellschaft Westfalen-Lippe e.V.

Sperlingsweg 103, 32758 Detmold
T: (05231) 6 79 22 **Fax:** 6 79 22
1. Vorsitzende(r): Bernd Korte (E-Mail:bernd.heinrich.korte@t-online.de)
Bezirksvereine DFG Bünde e. V., DFG Lippe e.V., DFG Ostwestfalen e. V.

• E 438

Gesellschaft zur Förderung der Deutsch-Finnischen Beziehungen e.V.

Postf. 19 07, 65409 Rüsselsheim
Einsteinstr. 11, 65428 Rüsselsheim
T: (06142) 56 35 36
Gründung: 1974 (24. August)
Vors. u. GF: OBgm.a.D. Dr. Karl-Heinz Storsberg

• E 439

Finnland-Institut in Deutschland für Kultur, Wissenschaft und Wirtschaft GmbH (gemeinnützig)

Alte Meierei
Alt-Moabit 98, 10559 Berlin
T: (030) 39 94 14-1 **Fax:** 3 99 48 76
Internet: http://www.finnland-institut.de
E-Mail: info@finstitut.de
Gründung: 1993 (1. Januar)
Geschäftsführer(in): Prof. Dr. Hannes Saarinen
Assistentin d. Direktors: Suvi Wartiovaara
Leitung Presseabteilung: Marion Holtkamp
Verbandszeitschrift: Schriftenreihe des Finnland-Instituts
Redaktion: Marion Holtkamp
Verlag: BERLIN VERLAG Arno Spitz GmbH
Mitarbeiter: 5
Jahresetat: DM 1 Mio, € 0,51 Mio

• E 440

Finnisches Außenhandelsbüro Berlin

Kurfürstendamm 183, 10707 Berlin
T: (030) 8 82 77 27 **Fax:** 8 83 14 39
Leitung: Handelsattaché Markku Simola

• E 441

Finnisches Außenhandelsbüro

Postf. 30 17 26, 20306 Hamburg
Esplanade 41, 20354 Hamburg
T: (040) 35 75 22-0 **Fax:** 34 07 00
E-Mail: hamburg@finpro.fi
Leitung: Vizekonsul Matti Niemelä

• E 442

Finnisches Außenhandelsbüro

Schleißheimer Str. 2, 80333 München
T: (089) 54 26 47-0 **Fax:** 52 71 80
Leitung: Handelsbeauftragter Antti-Jussi Heilala

• E 443

Finnische Abteilung des Instituts für Nordische Philologie der Universität Köln

50923 Köln
Albertus-Magnus-Platz, 50931 Köln
T: (0221) 4 70 41 47
Leitung: Prof. Dr. Marja Järventausta
Lektor: K.-H. Rabe

Frankreich

• E 444

Vereinigung Deutsch-Französischer Gesellschaften in Deutschland und Frankreich e.V. (VDFG)

Fédération des Associations Franco-Allemandes en France et en Allemagne
- Generalsekretariat
Postf. 11 06, 55001 Mainz
Schillerstr. 11, 55116 Mainz
T: (06131) 22 65 32 **Fax:** 23 29 25
Internet: http://www.vdfg.de
E-Mail: vdfg@mail.uni-mainz.de
Gründung: 1957
Präsident(in): Dr. Beate Gödde-Baumanns (Herrenwiese 97, 47169 Duisburg)
Vizepräsident(in): Dr. Karsten Weber, Karlsruhe
OStD Gereon Fritz, Brilon
Französischer Präsident: Bernard Lallement
Schatzmeister: Peter Gattineau
Mitglieder: 30000
Mitarbeiter: 2
Mitgliedsorganisationen: 205 Deutsch-Französische Gesellschaften in Deutschland und Frankreich

• E 445

Deutsch-Französische Gesellschaft Berlin e.V.

Derfflingerstr. 8, 10785 Berlin
T: (030) 26 55 36 77 **Fax:** 26 55 36 78
Gründung: 1949
Präsident(in): Götz Schuffelhauer
Geschäftsf. Vors.: Jens-Henrik Lambart
Mitglieder: 400

• E 446

Französische Handelsdelegation

Kurfürstendamm 211, 10719 Berlin
T: (030) 88 57 41-0 **Fax:** 8 83 33 10
E-Mail: peeberlin@blinx.de
Handelsrat: Bernard Crozes
Stellv. Handelsrat: Georges Régnier

• E 447

Französische Handelsdelegation

Hohenstaufenring 62, 50674 Köln
T: (0221) 2 04 00-0 **Fax:** 2 04 00 77
Internet: http://www.dree.org
Handelsrat: Patrick Olivier Berron
Stellv. Handelsrat: Francis Widmer
Leitung Presseabteilung: Volker Rauch
Mitarbeiter: 40

• E 448

Club d'Affaires Franco-Allemand du Bade-Wurtemberg e.V.

c/o AIM
Königstr. 49, 70173 Stuttgart
T: (0711) 2 26 18 33 **Fax:** 29 24 99
Gründung: 1985
Präsident(in): Dipl.-Kfm. Roland Bahls (T: (0711) 9 60 16-0, Fax: 9 60 16-10)
Marie-José Süss (T: (0711) 2 38 58 52, Fax: 2 38 58 99)
Generalsekretär(in): R. A. Jean-Gabriel Recq (T: (0711) 92 55 80 , Fax: 9 25 58 55)
Leitung Presseabteilung: Günther Heidebreck
Mitglieder: ca. 250
Jahresetat: ca. DM 0,07 Mio, € 0,04 Mio

• E 449

Club des Affaires de la Hesse

Walter-Kolb-Str. 9-11, 60594 Frankfurt
T: (069) 60 50 19-0 **Fax:** 60 50 19 66
E-Mail: ca_hesse@t-online.de
Gründung: 1977 (Oktober)
Präsident(in): Jean Louis Dietrich
Verbandszeitschrift: Le Bulletin
Redaktion: Eric Savoie
Mitglieder: 550
Mitarbeiter: 1 Halbtagskraft

• E 450

Club des Affaires Saar - Lorraine

Am Ludwigsplatz 6, 66117 Saarbrücken
T: (0681) 5 77 61 **Fax:** 5 77 61
Gründung: 1988
Präsident(in): Dr. Rüdiger Furkel
Leitung Presseabteilung: Dominique van de Kerkow
Verbandszeitschrift: Bulletin - Clubnachrichten
Redaktion: Monique Bender
Mitglieder: 180
Mitarbeiter: 1

• E 451

Deutsch-Französische Gesellschaft in Frankfurt (Main) e.V.

Schwarzwaldstr. 53, 60528 Frankfurt
T: (069) 96 74 01 85 **Fax:** 96 74 01 86
Gründung: 1938 (1. Oktober)
Präsident(in): Heiner Hartmann
Geschäftsführer(in): Christophe Braouet
Mitglieder: 417
Mitarbeiter: 1

• E 452

Deutsch-Französische Gesellschaft Schleswig-Holstein e.V. - Sitz Kiel

Hardenbergstr. 11, 24105 Kiel
T: (0431) 8 06 60 87 **Fax:** 8 06 60 87
Gründung: 1951 (16. Januar)
Vorsitzende(r): Margarete Mehdorn
Stellvertretende(r) Vorsitzende(r): Annick Take
Mitglieder: ca. 300
Dachverband: Vereinigung Deutsch-Französischer Gesellschaften in Deutschland und Frankreich e.V.

• E 453

Deutsch-Französisches Institut

Asperger Str. 34, 71634 Ludwigsburg
T: (07141) 9 30 30 **Fax:** 93 03 50
Internet: http://www.dfi.de
E-Mail: DFI-LB@dfi.de
Gründung: 1948 (2. Juli)
Präsident(in): Dr. Kurt J. Lauk
Geschäftsführer(in): Prof. Dr. Robert Picht
Dr. Henrik Uterwedde
Mitglieder: 150

• E 454

Deutsch-Französische Vereinigung Konstanz e.V.

Buhlenweg 5, 78467 Konstanz
T: (07531) 92 77 77
Gründung: 1950 (2. Februar)
Präsident(in): Claus-Dieter Hirt (T: (07531) 2 96 51)
Verbandszeitschrift: Hallo Bonjour
Redaktion: DFV
Verlag: Eigendruck, Auflage 1000
Mitglieder: ca. 370
Mitarbeiter: 8
Jahresetat: ca. DM 0,007 Mio, € 0 Mio

• E 455

Deutsch-Französischer Kreis e.V.

Freytagstr. 51, 40237 Düsseldorf
T: (0211) 66 07 83 **Fax:** 66 15 86
Gründung: 1950
Präsident(in): Dr. Bernd Kunth
Ehrenpräs.: Dr. Heinz Forsteneichner
Prof. Dr.jur. Dr.-Ing. E.h. Dieter Spethmann
Generalsekretärin: Gabriele v. Arnim
Mitglieder: 500
Mitarbeiter: 1

• E 456

Invest in France Agency
IFA Deutschland

Deutsche Außenstelle der französischen Raumordnungsbehörde DATAR (Paris)
Reuterweg 47, 60323 Frankfurt
T: (069) 17 00 23-0 **Fax:** 17 00 23-23
Internet: http://www.investinfrance.org
E-Mail: ifa.ffm@investinfrance.de
Gründung: 1971
Geschäftsführer: Patrice Schmitt
Stellvertretender Geschäftsführer: Roland Lett
Kommunikation: Geneviève Bubel
Mitglieder: 19 Auslandsbüros (weltweit)
Mitarbeiter: 5

Das Invest in France-Team stellt weltweit einen Beratungsdienst für Frankreich-Investoren zu Verfügung. Full-Service für Investoren: unverbindlich, kostenlos, vertraulich.

• E 457

Gesellschaft für übernationale Zusammenarbeit e.V.
Bureau International de Liaison et de Documentation (B.I.L.D.)

Schedestr. 13, 53113 Bonn
F 75008 Paris, 50, rue de Laborde, T: (00331) 43 87 25 50
T: (0228) 9 23 98 10 **Fax:** 69 03 85
Internet: http://www.dfjw.org/part/bild-guez/indexD.html, http://www.guez-dokumente.org
E-Mail: guez.dokumente@gmx.net
Gründung: 1945
Präsident(in): Dr. Franz Schoser
Winfried Böll
Thomas Jansen
Gerhard Eickhorn
Prof.Dr. Joseph Rovan
Frédéric Hartweg
Roland Mager
Bertrand Girod de l'Ain
Generalsekretär(in): Horst Reinert, Paris
Mitglieder: 120

• E 458

Französische Handelsdelegation für Hessen, Rheinland-Pfalz und das Saarland

Französisches Generalkonsulat
Walter-Kolb-Str. 9-11, 60594 Frankfurt
T: (069) 60 91 92-0 **Fax:** 60 91 92-43
Handelsrat: Philipe Brunel

• E 459

Deutsch-Französischer Kulturrat

Am Ludwigsplatz 7, 66117 Saarbrücken
T: (0681) 5 01-1225, -12 26 **Fax:** 5 01-1269
Gründung: 1988
Präsident(in): Prof. Siegfried Palm
Vizepräsident(in): Senator Pierre Laffitte
Generalsekretär(in): Prof. Dr. Hubert Rohde
Stellv. Generalsekr.: Botschafter Jacques Morizet
Geschäftsführer(in): Eva Hoffmann-Müller (Ltg. Presseabt.)
Mitglieder: 20
Mitarbeiter: 4

• E 460

Club des Affaires en Rhénanie du Nord-Westphalie e.V.

c/o Elf Atochem Deutschland GmbH
Tersteegenstr. 28, 40474 Düsseldorf
T: (0211) 45 52-1 02 **Fax:** 45 52-1 01
Gründung: 1963
Präsident(in): Dr. Hubert Lutz
Vizepräsident(in): Jean-Louis Gaudillère
Schatzmeister: Jacques Laborde
Mitglieder: ca. 190

• E 461

Capem Wirtschaftsförderung Moselle (Lothringen)

Königstr. 80 Wilhelmsbaupassage, 70173 Stuttgart
T: (0711) 2 26 08 70 **Fax:** 22 29 46 31
Internet: http://www.moselle-capem.com
E-Mail: capem.stuttgart@t-online.de
Geschäftsführer(in): Wolfram Schöck
Verbandszeitschrift: Moselle News

Redaktion: Stoffel u. Partner
Verlag: Hasenbergsteige 90, 70197 Stuttgart

Georgien

• E 462

Kaukasisch-Europäischer Wirtschaftsverein

Kurfürstendamm 70, 10709 Berlin
T: (030) 32 79 42-0 **Fax:** 32 79 42-22
E-Mail: Kaukasisch@aol.com
Geschäftsführer(in): Wolfgang Gaul

Griechenland

• E 463

Vereinigung der Deutsch-Griechischen Gesellschaften e.V.

Gathestr. 22a, 45475 Mülheim
T: (0208) 7 11 31
Geschäftsführer(in): Günter Leußler

• E 464

Verband Griechischer Gemeinden in der BRD (OEK)

Baumschulallee 2a, 53115 Bonn
T: (0228) 22 23 12 **Fax:** 22 23 28
Gründung: 1965
Vorsitzende(r): Kostas Pappas
Stellvertretende(r) Vorsitzende(r): Ioannis Zovrnatzidis
Leitung Presseabteilung: Stamatis Assimenios
Verbandszeitschrift: Metanasteftika Nea
Redaktion: Klissouras Vissarion
Mitglieder: 60000
Mitarbeiter: 8

• E 465

Deutsch-Hellenische Wirtschaftsvereinigung e.V.

Gleueler Str. 273, 50935 Köln
T: (0221) 9 43 57 18 **Fax:** 9 43 57 17
Gründung: 1993 (Juli)
Präsident: Dipl.-Kfm. Jannis Bourlos-May, Köln
1. Vizepräs.: Nikolaos Assariotis (Geschäftsf.), Bonn
2. Vizepräs.: Phedon Codjambopoulo (Radiologe, Ltg. Presseabt.), Köln
Generalsekretär: RA Dimitrios Th. Kouros, Köln
Schatzmeister: Jannis Vassiliou (Juwelier), Bonn
Verbandszeitschrift: DHW-PERIODIKON
Redaktion: Abt. Presse- und Öffentlichkeitsarbeit
Verlag: Eigenverlag
Mitglieder: ca. 250
Mitarbeiter: 1

Regionale Arbeitskreise:
Koblenz/Neuwied; Frankfurt; Hamburg; Dortmund; Berlin; München; Stuttgart; Hannover

Großbritannien

• E 466

BRITISH-GERMAN ASSOCIATION

18, Conduit Street, GB-London W1R 9TD
T: (0044207) 6 29 49 75 **Fax:** 6 29 51 62
Gründung: 1951
Chairman: The Lord Watson of Richmond (CBE)
Verbandszeitschrift: British-German Review
Mitglieder: 800+ 1000 Zweigorganisationsmitglieder

• E 467

Britische Handels- und Investitionsförderung in Deutschland

British Directorate-General for Trade & Investment Promotion in Germany
c/o Britisches Generalkonsulat Düsseldorf
Yorckstr. 19, 40476 Düsseldorf
T: (0211) 94 48-222 **Fax:** 48 63 59
Internet: http://www.british-dgtip.de
E-Mail: info@british-dgtip.de
Director-General: Philip L. Thomas
Deputy Director-General: Michael A. Balmer

Förderung britischer Exporte nach Deutschland, Förderung britischer Investitionen in Deutschland und deutsche Investitionen in Großbritannien. Britische Außenhandelsstellen in Düsseldorf, Hamburg, Frankfurt, Stuttgart, München, Berlin und Leipzig.

• E 468

Confederation of British Industry (CBI)

Centre Point
103 New Oxford Street, GB-London WC1A 1DU
T: (0044207) 3 79 74 00 **Fax:** 2 40 15 78
E-Mail: jack.hyde@cbi.org.uk
Gründung: 1965
Internationaler Zusammenschluß: siehe unter izf 2071
President: Clive Thompson
Director General: Digby Jones
Manager of Press Department: Audrey Nelson
Verbandszeitschrift: Business Voice
Mitglieder: 250000 (approx.)
Mitarbeiter: 170

• E 469

Deutsch Britische Stiftung für das Studium der Industriegesellschaft
Anglo-German Foundation for the Study of Industrial Society

Hauptbüro
17, Bloomsbury Sq., GB-London WC1A 2LP
T: (0044207) 4 04 31 37 **Fax:** 4 05 20 71
Internet: http://www.agf.org.uk
E-Mail: info@agf.org.uk
Gründung: 1973
Vorsitzende(r): Bryan Rigby
Generalsekretär(in): Keith Dobson
Leitung Presseabteilung: Cathleen Piekarz
Verbandszeitschrift: SIGNAL newsletter
Verlag: Anglo-German Foundation
Mitarbeiter: 5
Jahresetat: DM 1,5 Mio, € 0,77 Mio

• E 470

Deutsch-Englische Gesellschaft e.V.

Jägerstr. 54/55, 10117 Berlin
T: (030) 20 39 85-0 **Fax:** 20 39 85-16
Internet: http://www.deg-koenigswinter.de
E-Mail: headoffice@deg-koenigswinter.de
Gründung: 1949 (18. März)
Vorsitzende(r): Dr. Hermann Frhr. von Richthofen, Berlin
Stellvertretende(r) Vorsitzende(r): Rolf Seelmann-Eggebert, Hamburg
Mitglieder: 2300
Mitgliedsverbände in: Berlin, Bielefeld, Bonn, Dresden, Düsseldorf, Erfurt, Essen, Hamburg, Halle, Heidelberg, Jena, Frankfurt/M., Freiburg, Kiel, Leipzig, Magdeburg, Münster, Potsdam, Schwerin, Stuttgart

Indien

• E 472

Indische Technische Handelsberatung

Immermannstr. 59, 40210 Düsseldorf
T: (0211) 35 90 11 **Fax:** 35 84 56
E-Mail: eepcddorf@aol.com
Gründung: 1964
Geschäftsführer(in): V. K. Duggal
Mitglieder: ca. 8000 ind. Exporteure

• E 473

Deutsch-Indische Gesellschaft e.V.

Charlottenplatz 17, 70173 Stuttgart
T: (0711) 29 70 78 **Fax:** 2 99 14 50
E-Mail: info@dig-ev.de
Gründung: 1953
1. Vorsitzende(r): Botschafter a.D. Dr. Hans-Georg Wieck
1. Stellv. Vorsitzender: Dr. Prabuddha Banerjee
2. Stellv. Vorsitzender: Dr. Joachim Oesterheld
Mitglieder: ca. 5000
Mitarbeiter: 2

Irland

• E 475

Industrial Development Board for Northern Ireland (IDB)

Oststr. 152, 40210 Düsseldorf
T: (0211) 35 07 67 **Fax:** 16 24 89
Internet: http://www.idbni.co.uk
E-Mail: idbni@aol.com
Direktor(in): Adrian O'Hare

• E 476

IDA IRLAND
INDUSTRIE-ENTWICKLUNGSBEHÖRDE

IDA Irland - Irische Industrie-Entwicklungsbehörde
Büros:
Rolandstr. 44, 40476 Düsseldorf
T: (0211) 51 89 99-0 **Fax:** 43 36 54
Internet: http://www.idaireland.com
E-Mail: Christa.Reuschlein@dusseldorf.ida.ie
Gründung: 1947 (Zentrale in Dublin)
Direktor Europa:
Barry O'Leary
Presseabteilung: Christa Reuschlein
Verbandszeitschrift: Business Ireland
Redaktion: IDA Ireland, Dublin, deutsche Bearbeitung C. Reuschlein, IDA Irland, Düsseldorf

Ansiedlung ausländischer Produktions- und internationaler Dienstleistungsbetriebe, Finanz-Dienstleistungsbetriebe; Förderung und Betreuung o.g. Aktivitäten.

• E 477

Irisches Zentrum für Handel und Technologie
Rolandstr. 44, 40476 Düsseldorf
T: (0211) 47 05 90 **Fax:** 4 70 59-32
Gründung: 1962
Direktor: Deutschland: Michael Moriarty
Mitarbeiter: 20 (gesamt)

Eine Einrichtung der Republik Irland zur Förderung des Handels. In die Zuständigkeit fallen: Auf-/Ausbau internationaler Handelsbeziehungen, Bezugsquellennachweise, Organisation von Einkäuferreisen u. Dienstleistungen.

Island

• E 478

Gesellschaft der Freunde Islands e.V., Hamburg
Raboisen 5, 20095 Hamburg
T: (040) 33 66 96
Gründung: 1950
Vorsitzende(r): Dr. Sverrir Schopka
Stellvertretende(r) Vorsitzende(r): Ilse-Maria Postelt
Schatzmeister: Wolf-Dieter Müller
Ehrenpräs: Konsul Oswald Dreyer-Eimbcke
Mitglieder: ca. 300

• E 479

Deutsch-Isländische Gesellschaft Köln e.V.
Apostelnstr. 7, 50667 Köln
T: (0221) 2 57 37 17 + 18 **Fax:** 2 58 45 65
Konsul: Ob.-Stadtdir. a.D.Dr. Max Adenauer
Geschf. Vors.: Heinz Böcker

• E 480

Gesellschaft zur Förderung der Deutsch-Isländischen Wirtschaftsbeziehungen e.V.
Kapuzinerstr. 9, 80337 München
T: (089) 22 17 00 **Fax:** 22 17 00
Gründung: 1985
Vorsitzende(r): Dipl.-Volksw. Dr. Edgar Forster (Beratender Dipl.-Volksw., Viktualienmarkt 5, 80331 München)
Stellvertretende(r) Vorsitzende(r): Dipl.-Ing. Sigurlaug Saemundsdottir (Fürstenbergstr. 25, 80809 München)
Dipl.-Physiker Thorsteinn Halldórsson (Daphnestr. 15, 81925 München)
Schatzmeister: Rechtsanwalt Nikolaus Lutje (Clemensstr. 30, 80803 München)
Schriftführer(in): Korrespondent Asgeir Eggertsson (Schellingstr. 96, 80798 München)

Israel

• E 481

Deutsch-Israelische Gesellschaft e.V. (DIG)
Martin-Buber-Str. 12, 14163 Berlin
T: (030) 80 90 70 28 **Fax:** 80 90 70 31
Gründung: 1966
Präsident(in): Manfred Lahnstein (Herrengraben 3, 20459 Hamburg, T: (040) 37 67 72 30/1)
Geschäftsführer(in): Hildegard Radhauer
Verbandszeitschrift: DIG-Magazin
Redaktion: Martin-Buber-Str. 12, 14163 Berlin
Mitglieder: 5000

• E 482

Israel Trade Center - isr. Handelsdelegation
Widenmayerstr. 11, 80538 München
T: (089) 21 16 78-3 **Fax:** 29 84 45
Internet: http://www.tradecenter-israel.de
E-Mail: munich@tradecenter-israel.de
Direktor(in): Noam Bar-Gal

• E 483

Bundesverband der Gesellschaften der Freunde der Hebräischen Universität Jerusalem in Deutschland e.V.
Liebigstr. 7, 60323 Frankfurt
T: (069) 72 28 21 **Fax:** 72 32 75
Präsident(in): Ernst Welteke
GeschSt u. Schatzmeister: Dr. Bert Rauscher

• E 484

Deutsch-Israelische Wirtschaftsvereinigung e.V. Frankfurt am Main
Hirschhorner Weg 6, 14163 Berlin
T: (030) 8 14 10 05 **Fax:** 8 14 10 05
Präsident(in): Hans-Jörg Vetter
Leitung Presseabteilung: Barbara Schaper
Verbandszeitschrift: DIW-Informationen
Redaktion: Steffaniweg 5, 40593 Düsseldorf

Geschäftsstellen:

e 485

Deutsch-Israelische Wirtschaftsvereinigung e.V. Geschäftsstelle Düsseldorf
Steffaniweg 5, 40593 Düsseldorf
T: (0211) 70 40 72 **Fax:** 70 40 71
Präsident(in): Hans Behrendt

e 486

Deutsch-Israelische Wirtschaftsvereinigung e.V. Geschäftsstelle Mainz
c/o Leon W. Topf
Richard-Wagner-Str. 87, 65193 Wiesbaden
T: (0611) 59 87 26 **Fax:** 59 79 07

• E 487

Deutsche Gesellschaft der Freunde des Weizmann-Instituts e.V. (DGFWI)
c/o v. Hase & Köhler Verlag
Bahnhofstr. 4-6, 55116 Mainz
T: (06131) 23 23 34 **Fax:** 22 79 52
Gründung: 1982
1. Vorsitzende(r): Kaspar Frhr. von Harnier (c/o v. Hase & Koehler Verlag, Bahnhofstraße 4-6, 55116 Mainz, T:(06131) 23 23 34, Fax: 22 79 52)
2. Vors.: Dr.h.c. Hans-Hilger Haunschild
Mitglieder: 481

Italien

• E 488

Vereinigung Deutsch-Italienischer Kultur-Gesellschaften e.V. (VDIG)
Sophienstr. 15a, 23560 Lübeck
T: (0451) 79 24 08 **Fax:** 79 16 15
Gründung: 1951
Präsident(in): Dr. Friedrich Ruth (Botschafter a.D., Kantstr. 12, 53113 Bonn)
Geschäftsf. Vizepräs.: Geert Mackenroth (Sophienstr. 15a, 23560 Lübeck)
Mitglieder: ca. 16000
Mitgliedsgesellschaften in: Baden-Baden, Bayreuth, Berlin, Bielefeld, Bochum, Böblingen-Sindelfingen, Braunschweig, Bremen, Dachau, Darmstadt, Detmold, Dortmund, Dresden, Düsseldorf, Essen, Frankenthal, Freiburg, Freising, Göttingen, Halle, Hamburg, Hameln, Hannover, Heidelberg, Hildesheim, Höhr-Grenzhausen, Karlsruhe, Kassel, Kiel, Kleve, Köln, Leipzig, Lübeck, Lüchow-Dannenberg, Lüdenscheid, Mannheim-Ludwigshafen, Mittelhessen, Mönchengladbach, Münster, Nürnberg, Oldenburg, Osnabrück, Paderborn, Passau, Pforzheim, Potsdam Regensburg, Reutlingen, Thüringen, Tübingen, Unna, Viernheim, Villingen-Schwenningen, Weiden, Wiesbaden, Wismar, Würzburg

• E 489

Deutsch-Italienische Vereinigung e.V.
Arndtstr. 12, 60325 Frankfurt
T: (069) 74 67 52 **Fax:** 7 41 14 53
Gründung: 1966
Vors. d. Vorstandes: Salvatore A. Sanna
Vors. d. Beirats: Konsul Dietrich Herbst
Verbandszeitschrift: Italienische Zeitschrift für italienische Sprache und Literatur
Redaktion: Caroline Lüderssen
Mitglieder: ca. 550

• E 490

Vereinigung für Italienisch-Deutsche Freundschaft
Via di Ripetta 41, I-00186 Rom
T: (00396) 3 61 23 27 **Fax:** 3 61 23 26
Gründung: 1962 (7. Februar)
Ehrenpräsident: Sen. Rodolfo Tambroni
Vorsitzende(r): Dr.jur. Gino Ragno
Geschäftsführer(in): Prof. Agostino Scaramuzzino (Jugendaustauschdienst)
Stellvertretende(r) Geschäftsführer(in): Contessa Anna Presenzini
Leitung Presseabteilung: Ingrid Adelhelm
Verbandszeitschrift: NOTIZIARIO ITALO-GERMANICO (Tabloid)
Mitglieder: 3800
Mitarbeiter: 7 freiwillige
Jahresetat: DM 0,12 Mio, € 0,06 Mio
Direktor und Chefredakteur: Gino Ragno, Via di Ripetta 41, I-00186 Rom

• E 491

Italienisch-Deutsches Kulturinstitut
Istituto di Cultura Italo-Tedesco
Via Guidobono 2-7, I-17100 Savona
T: (0039) 019-82 47 03 **Fax:** 019-81 44 89
Gründung: 1984
Präs. u. GF: Prof. Giovanni Musso
Mitglieder: ca. 150

Jamaika

• E 492

Deutsch-Jamaikanische Gesellschaft e.V. Bonn
Weyherser Weg 1a, 36043 Fulda
Gründung: 1976 (11. Dezember)
Präsident(in): Dieter Nemec (Hermann-Hesse-Str.18, 73092 Heiningen, T: (07161) 94 14 09)
Vizepräsident(in): Winston Ottey-Hall (c/o Fürstenwall 163, 40215 Düsseldorf, T: (0211) 38 36 72, Telefax: (0211) 38 36 72)
Schriftführer(in): Rainer Epp (Weyherser Weg 1 a, 36043 Fulda, T: (0661) 24 00 08, Telefax: (0661) 2 28 01)
Schatzmeister: Dr. Manfred Bischoff (Westerhamer Str. 6, 83620 Feldkirchen, T: (08063) 12 90)
Mitglieder: z. Zt. 183

Japan

• E 493

Japanisch-Deutsches Zentrum Berlin
Saargemünder Str. 2, 14195 Berlin
T: (030) 8 39 07-0 **Fax:** 8 39 07-220
Internet: http://www.jdzb.de
E-Mail: jdzb@jdzb.de
Gründung: 1985 (15.01.)
Präsident(in): Botschafter a.D. Keizo Kimura
Vizepräsident(in): Prof. Dr. Hans Günter Danielmeyer
Generalsekretär(in): Volker Klein
Leitung Presseabteilung: Michael Niemann
Verbandszeitschrift: JDZB-Echo
Redaktion: Michael Niemann
Verlag: Eigenverlag
Mitarbeiter: 24
Jahresetat: DM 4 Mio, € 2,05 Mio

• E 494

Verband der Deutsch-Japanischen Gesellschaften
Rampendal 63, 32657 Lemgo
T: (05261) 94 70-0 **Fax:** 94 70-17
Präsident(in): Sigrid Tünnermann
Vizepräsident(in): Manfred Krischek

Mitglieds-Gesellschaften in:

Baden-Württemberg

e 495

Deutsch-Japanische Gesellschaft für Kunst und Kultur e.V.
Schwarzwaldstr. 24, 79189 Bad Krozingen
T: (07633) 34 88 **Fax:** 10 12 53
Präsident(in): Kiku Manshard

e 496
Deutsch-Japanischer Kulturverein Freiburg e.V.
Schwarzwaldstr. 24, 79189 Bad Krozingen
T: (07633) 34 88
1. Vorsitzende(r): Kiku Manshard

e 497
Deutsch-Japanische Gesellschaft Donaueschingen e.V.
Postf. 11 11, 78152 Donaueschingen
T: (0771) 30 21 **Fax:** 1 45 28

e 498
Deutsch-Japanische Gesellschaft Karlsruhe
c/o Universität Karlsruhe
76128 Karlsruhe
T: (0721) 86 56 11 **Fax:** 86 56 11
Vorsitzende(r): Teruko Matsushima-Fritz

e 499
Freundeskreis Nagai/Deutsch-Japanische Gesellschaft e.V.
Schweikhof Haus 87, 79736 Rickenbach
T: (07765) 6 02
Präsident(in): Regine Haußmann

e 500
Deutsch-Japanische Gesellschaft Baden-Württemberg e.V.
Nikolaus-Lenau-Str. 13, 71364 Winnenden
T: (07195) 22 94 **Fax:** 17 92 54
Präsident(in): Christian Doehler

Bayern

e 501
Deutsch-Japanische Gesellschaft in Augsburg und Schwaben e.V.
c/o IHK f. Augsburg u. Schwaben, Dr. Wolfgang Epp
86136 Augsburg
T: (0821) 3 16 22 05 **Fax:** 3 16 21 71

e 502
Deutsch-Japanische Gesellschaft in Passau e.V.
Ringstr. 7, 94081 Fürstenzell
T: (08502) 35 93 **Fax:** 7 81
Präsident(in): Prof. Dr. Sascha W. Felix

e 503
Deutsch-Japanische Gesellschaft in Bayern e.V.
Marienplatz 1 II, 80331 München
T: (089) 22 18 63 **Fax:** 2 28 95 98
Präsident(in): Dr. Helmut Launer

e 504
Deutsch-Japanische Gesellschaft für Nordbayern e.V.
Deutsche Bank AG, Direktion, Filiale Nürnberg
Karolinenstr. 30, 90402 Nürnberg
T: (0911) 2 01 43 48 **Fax:** 2 01 41 12

e 505
Siebold-Gesellschaft e.V.
Deutsch-Japanisches Forum
Palais Siebold
Frankfurter Str. 87, 97082 Würzburg
T: (0931) 41 35 41 **Fax:** 41 35 41
Präsident(in): Dr. Constantin von Brandenstein-Zeppelin
Vizepräsidenten: Oberbürgermeister Toyosaburo Yamada, Otsu
Superintendent Sunao Inuki, Nagasaki
1. Vorsitzende(r): Wolfgang Klein-Langner
2. Vorsitzende(r): Dr.-Ing. Helmut Eberlein
Geschäftsführerin: Waltraud Klein-Langner
Schatzmeister: Dipl.-Ing. Friedrich Langenheim
Beisitzer: 4
Mitglieder: 310

Berlin

e 506
Deutsch-Japanische Gesellschaft Berlin e.V.
Otto-Suhr-Allee 26-28, 10585 Berlin
T: (030) 2 62 92 92
Gründung: 1888
Präsident(in): Dr. Günther Haasch
Verbandszeitschrift: Kawaraban
Verlag: DJG Berlin
Mitglieder: 736

Brandenburg

e 507
Deutsch-Japanische Gesellschaft Potsdam in der Berlin-Brandenburgischen Auslandsgesellschaft (BBAG) e.V.
Leipziger Str. 57, 14473 Potsdam
T: (0331) 2 70 02 40 **Fax:** 2 70 86 90
Präsident(in): Dr. Thilo Graf Brockdorff

e 508
Deutsch-Japanische Gesellschaft Cottbus e.V.
Kaiserstr. 7, 03096 Werben
T: (03375) 50 89 51 **Fax:** 50 03 24

Bremen

e 509
Deutsch-Japanische Gesellschaft zu Bremen e.V.
Am Markt 1, 28195 Bremen
T: (0421) 32 46 46 **Fax:** 32 46 46
Präsident(in): Hans-Bernd Giesler
Geschäftsführer(in): Gerda Groneweg

Hamburg

e 510
Deutsch-Japanische Gesellschaft zu Hamburg e.V.
c/o WGA Wirtschaftsvereinigung Groß- und Außenhandel e.V.
Gotenstr. 21, 20097 Hamburg
T: (040) 23 60 16 25 **Fax:** 23 60 16 10
Präsident(in): Dr. Henning Voscherau

e 511
Deutsch-Japanische Juristenvereinigung e.V.
c/o Dr. Matthias K. Scheer
Neuer Wall 54, 20354 Hamburg
T: (040) 37 21 35 **Fax:** 36 35 69
Internet: http://www.djjv.org
E-Mail: DrScheer@aol.com
Gründung: 1988 (7. Juni)
Präsident(in): Dr. Jan Grotheer
Verbandszeitschrift: Zeitschrift für japanisches Recht

Hessen

e 512
Deutsch-Japanische Gesellschaft Lindau-Worabi e.V.
Schillerstr. 9, 35440 Linden
Präsident(in): Dr. Jochen Weiß

e 513
Deutsch-Japanische Gesellschaft e.V. Frankfurt am Main
Weingärtenstr. 16, 61440 Oberursel
T: (06171) 58 05 07 **Fax:** 58 05 07
Präsident(in): Achim A. Stoehr

Mecklenburg-Vorpommern

e 514
Kultur-Jugend- und Bildungsverein Deutsch-Japanischer Freundeskreis Lübz/Mecklenburg e.V.
Hinter der Wohrte 14, 19386 Lübz
T: (038731) 2 07 94, 4 73 13 **Fax:** 2 07 95
Präsident(in): Holger Dau

e 515
Deutsch-Japanische Gesellschaft zu Rostock e.V.
Postf. 10 40 10, 18006 Rostock
T: (0381) 44 81 85 **Fax:** 44 81 85
Gründung: 1990 (1. November)
Präsident(in): Prof. Dr. Gerhard Maeß

Niedersachsen

e 516
Deutsch-Japanische Gesellschaft zu Braunschweig e.V.
Lagesbüttelstr. 12, 38110 Braunschweig
T: (0531) 4 04 83 **Fax:** 40 00 63
Präsident(in): Dr. Willy Boss

e 517
Deutsch-Japanische Gesellschaft Hannover CHADO-KAI e.V. zur Förderung d. Städtepartnerschaft Hannover-Hiroshima
Ihmeplatz 8/309, 30449 Hannover
T: (0511) 4 58 13 28 **Fax:** 4 58 13 28
Präsident(in): Renate Schaadt

e 518
Freundeskreis Hannover-Hiroshima e.V.
Hesemannstr. 5, 30655 Hannover
T: (0511) 81 14-218 **Fax:** 81 14-250

e 519
Deutsch-Japanische Gesellschaft zu Lüneburg e.V.
Am Kreideberg 3, 21339 Lüneburg
T: (04131) 3 81 33 **Fax:** 3 81 33
Präsident(in): Burckhard Dölitzsch

e 520
Deutsch-Japanische Gesellschaft Nordwest zu Oldenburg e.V.
Kastanienallee 50, 26121 Oldenburg
T: (0441) 1 74 97
Gründung: 1989 (30. März)
Präsident(in): Dr. Ludwig Kunst
Vizepräsident(in): Kurt Teller
Mitglieder: 76

e 521
Gesellschaft der deutsch-japanischen Freundschaft Osnabrück e.V.
Forschungsstelle Japan, Universität Osnabrück
49069 Osnabrück
T: (0541) 9 69 46 23 **Fax:** 9 69 46 00
Präsident(in): Johannes Eidt

e 522
Deutsch-Japanische Gesellschaft Winsener/Luhe Japanfreunde e.V.
Marktstr. 34, 21423 Winsen
T: (04171) 6 10 21 **Fax:** 6 10 61
Präsident(in): Bodo Beckedorf

Nordrhein-Westfalen

e 523
Deutsch-Japanische Gesellschaft Bielefeld e.V.
Am Rehwinkel 27, 33619 Bielefeld
T: (0521) 1 64 01 65 **Fax:** 1 64 01 65
Präsident(in): Joachim Schultz-Tornau

e 524
Deutsch-Japanische Gesellschaft in der Rheinisch-Westfälischen Auslandsgesellschaft e.V.
Steinstr. 48, 44147 Dortmund
T: (0231) 8 38 00-27 **Fax:** 8 38 00-55
Präsident(in): Oliver Mayer

e 525
Deutsch-Japanische Gesellschaft am Niederrhein e.V.
Bismarckstr. 39-43, 40210 Düsseldorf
T: (0211) 8 54 99 65 **Fax:** 8 28 47 41
Präsident(in): N.N.

e 526
Deutsch-Japanische Gesellschaft e.V. Köln
Rather Mauspfad 77, 51107 Köln
T: (0221) 86 23 79
Präsident(in): Dr. Wilhelm Krieger

e 527
Engelbert-Kämpfer-Gesellschaft Lemgo e.V. Deutsch-Japanischer Freundeskreis
Rampendal 63, 32657 Lemgo
T: (05261) 94 70-0 **Fax:** 94 70-17
Präsident(in): Sigrid Tünnermann

e 528
Deutsch-Japanische Gesellschaft Bonn e.V.
c/o M. Mönch
Auf dem Köllenhof 47, 53343 Wachtberg
T: (0228) 34 83 65 **Fax:** 34 83 65
E-Mail: djg-bonn@t-online.de
Gründung: 1976 (21. Mai)
Präsident(in): Wolfgang Dietz

Geschäftsf. Vizepräs.: Marianne Mönch
Verbandszeitschrift: jährlich 10 Rundbriefe
Redaktion: Geschäftsführung
Mitglieder: 380
Jahresetat: ca. DM 0,018 Mio, € 0,01 Mio

Rheinland-Pfalz

e 529
Deutsch-Japanische Gesellschaft Rhein-Neckar e.V.
Warschauer Weg 5, 67069 Ludwigshafen
T: (0621) 66 49 01 **Fax:** 6 68 47 92
Präsident(in): Konrad Vester

e 530
Deutsch-Japanische Gesellschaft für Kunst und Kultur e.V.
Burggrafstr. 1a, 56427 Siershahn
T: (0172) 6 93 29 56
Zuständig: Koblenz-Westerwald

Schleswig-Holstein

e 531
Deutsch-Japanische Gesellschaft Schleswig-Holstein e.V.
Postf. 18 32, 24017 Kiel
T: (0431) 32 28 10 **Fax:** 32 28 10
Präsident(in): Dr. Peter Janocha

Saarland

e 532
Deutsch-Japanische Gesellschaft in Saarbrücken e.V.
Talstr. 56a, 66119 Saarbrücken
T: (0681) 5 50 72, 5 77 03 **Fax:** 5 50 71
Präsident(in): Manfred Krischek

Sachsen

e 533
Deutsch-Japanische Gesellschaft in Sachsen e.V.
Ulberndorfer Weg 4, 01277 Dresden
T: (0351) 2 38 13 59 **Fax:** 2 38 13 59
Präsident(in): Peter Heumann

Sachsen-Anhalt

e 534
Deutsch-Japanische Gesellschaft Halle-Saalkreis e.V.
Frau Dany Rosengard
Streiberstr. 40, 06110 Halle
T: (034605) 2 29 67
E-Mail: djghalle@aol.com
Präsidentin: Gero Seifert
Geschäftsführerin: Dany Rosengard
Schatzmeisterin: Kathrin Strehmel
Beisitzer: 3
Mitglieder: 21

e 535
Deutsch-Japanische Gesellschaft Sachsen-Anhalt e.V.
c/o Mitteldeutscher Rundfunk
Stadtparkstr., 39114 Magdeburg
T: (0391) 5 39 21 30 **Fax:** 5 39 21 39
Präsident(in): Michael Gosewisch

Thüringen

e 536
Deutsch-Japanische Gesellschaft in Erfurt e.V.
Hans-Grundig-Str. 14, 99099 Erfurt
T: (0361) 3 73 21 07 (dienstl.), 3 79 16 22 (privat)
Präsident(in): Andre Schubart

e 537
Deutsch-Japanische Gesellschaft Südthüringen e.V. Suhl
Würzburger Str. 6, 98529 Suhl
T: (03681) 2 15 53
Präsident(in): Wolfgang Holler

e 538
Deutsch-Japanische Gesellschaft Weimar e.V.
Markt 23, 99423 Weimar
T: (0261) 97 33-156 **Fax:** 97 33-157
Präsident(in): Tetsuo Kamata
Geschäftsführerin: Marie-Luise Eulgem-Müller
Schatzmeister: Ulrich Betke
Ingrid Bauhaus
Christian Lohmann
Christian Hoffmann
Mitglieder: 52

• E 539
Deutsch-Japanischer-Wirtschaftskreis (DJW)
Stockumer Kirchstr. 61, 40474 Düsseldorf
T: (0211) 45 60-8381 **Fax:** 45 60-878381
E-Mail: info@djw.de
Gründung: 1986
Vorsitzende(r): Dr. Ruprecht Vondran
Präsidiumsmitglied(er): Hans Joachim Drissler
Prof. Dr. Albert Jugel
Dr. Helmut Laumer
Edgar E. Nordmann
Geschäftsführer(in): Uwe Kerkmann
Yoichi Maeno
Verbandszeitschrift: DJW-NEWS
Hilfe für deutsche Unternehmen bei der Durchdringung des japanischen Marktes durch Markt- und Produktinformation und Nennung potentieller japanischer Geschäftspartner. Forum für den deutsch-japanischen Dialog auf Unternehmensebene

• E 540
Deutsches Institut für Japanstudien Tokio
Nissei Kojimachi-Bldg.
3-3-6, Kudan Minami, Chiyoda-Ku, J-Tokyo 102-0074
T: (00813) 32 22-5077 **Fax:** 3222-5420
Internet: http://www.dijtokyo.org

• E 541
Japan External Trade Organization (JETRO)
FriedrichstadtPassagen, Quartier 205
Friedrichstr. 70, 10117 Berlin
T: (030) 20 94 55 60 **Fax:** 20 94 55 61
Internet: http://www.jetro.go.jp
Verbandszeitschrift: JETRO-Informationen
Redaktion: JETRO Berlin, PR-Abt.
Export- und Investitionsförderung nach Japan

e 542
Japan External Trade Organization (JETRO)
Königsallee 58, 40212 Düsseldorf
T: (0211) 13 60 20 **Fax:** 32 64 11

e 543
Japan External Trade Organization (JETRO)
Roßmarkt 17 III, 60311 Frankfurt
T: (069) 28 32 15 **Fax:** 28 33 59

e 544
Japan External Trade Organization (JETRO)
Promenadeplatz 12, 80333 München
T: (089) 2 90 84 20 **Fax:** 29 08 42 89

• E 545
Deutsch-Jemenitische Gesellschaft e.V.
Erwinstr. 52, 79102 Freiburg
T: (0761) 40 61 96, 7 07 11 13 **Fax:** 40 61 96, 7 07 11 13
Vorsitzende(r): Peter H. Hellmuth
Geschäftsführer(in): RA Horst E. Schöpperle

Jordanien

• E 546
Deutsch-Jordanische Gesellschaft e.V.
Andreaestr. 1, 30159 Hannover
T: (0511) 32 38 34 **Fax:** 32 15 38
Gründung: 1963 (14. November)
Vorsitzende(r): Honorarkonsul Kurt Uihlein
Schatzmeister: Dr. Rüdiger Gläbe
Leiter d. Kulturabteilung: Dr.h.c. Dipl.-Ing. Karl Schmitt-Korte
Geschäftsführer(in): Dipl.-Ing. Ralf Schaper
Sekretär: Sebastian Schiermann (Springerstr. 29, 30459 Hannover, FAX: (05101) 20 20)
Verbandszeitschrift: Deutsch-Jordanische Nachrichten
Mitglieder: 943
Landesverbände: Hamburg, Baden-Württemberg, Niedersachsen, Rhein-Main

Kanada

• E 547
Deutsch-Kanadische Gesellschaft e.V.
c/o Kölner Bank
Hohenzollernring 31-35, 50672 Köln
T: (0221) 2 57 67 81 **Fax:** 20 03-380
Internet: http://www.dkg-online.de
E-Mail: info@dkg-online.de
Präsidium:
Präsident(in): Karl L. Barths, Kronberg (Ts.)
Vizepräsident(in): Peter Trampe, Hannover
Präsidiumsmitglied(er): Reid Anderson, Toronto
Dr. Hans Christian Bremme, Wiesbaden
RA Gerhard Glattes, Bonn
Fritz Hermanns, Köln
Prof.Dr. Lothar Hönnighausen, Bonn
Andrew G. Kniewasser, Toronto
Dr. Werner Lamby, Bonn
Peter Müllejans, Köln
Michael Nussbaum, Ahrensburg
RA Michael Oppenhoff, Köln
Dr. Georg Schmitz, München
Theo Rudolf Schweiker, Stuttgart
RA Michael Siebold (L.L.M.), Frankfurt/M.
Norbert Strohschen, Köln
Prof. Eberhard H. Zeidler, Toronto
Arthur Zwingenberger, Toronto
Vorstand:
Vorsitzende(r): Dietrich Th. A. Krafft, Rheinbach
1. Kulturreferent: Dr. Gerhard Düsterhaus, Rheinbach
2. Kulturreferent: Uwe Holl, Köln
Schatzmeister: Josef Dohm, Hürth
Schriftführer(in): Susanne Preuschoff, Rommerskirchen
Landesgruppen:
Oberbayern: München; Berlin u. Brandenburg: Berlin; Niedersachsen: Hannover; Ruhrgebiet: Essen; Rheinland: Köln; Kurpfalz: Mannheim; Rhein-Main: Frankfurt

• E 548
German-Canadian Business and Professional Association
100 Adelaide Street West, Suite 904, CDN-Toronto, Ontario M5H 1S3
T: (001416) 863 9453 **Fax:** 863-6138
Gründung: 1953
Präsident(in): Horst Wizemann
Manager: Monika Lang
Verbandszeitschrift: Bulletin
Mitglieder: 180

Kenia

• E 549
Staatliches Verkehrsbüro der Republik Kenia
Neue Mainzer Str. 22, 60311 Frankfurt
T: (069) 23 20 17/18 **Fax:** 23 92 39
Gründung: 1972
Leitung Presseabteilung: N. N.
Verbandszeitschrift: 1. Willkommen im Ferienparadies Kenya
Herausgeber: Kenya Tourist Office
2. See Kenya See Africa
Herausgeber: Kenya Tourist Board
Verantwortlich für die Deutsche Ausgabe: Kenya Tourist Office, Frankfurt
Mitarbeiter: 4

Korea

• E 550
Deutsch-Koreanische Gesellschaft e.V.
Herwarthstr. 20, 53115 Bonn
T: (0228) 69 11 55 **Fax:** 69 11 20
Gründung: 1964
Präsident(in): Dr. Leo Wagner
Vizepräsident(in): Dr. Peter Ramsauer (MdB)
Prof. Dr. Werner Sasse
Verbandszeitschrift: Koreana
Redaktion: Heinz-Willy Brunen, Dr. Albrecht Huwe, Dr. Dietrich Müller
Verlag: Verlag Euro Korea Journal GmbH, Dorotheenstr. 239, 53119 Bonn
Mitglieder: 300
Mitgliedsverbände: Regionalverband Bayern, Regionalverband Rhein-Ruhr, Regionalverband Hessen/Rhein-Main, Regionalverband Baden-Württemberg

• E 551

Korea Trade Center
(Koreanisches Handelszentrum)
Handelsförderungs-Organisation der Republik Korea
Mainzer Landstr. 27-31, 60329 Frankfurt
T: (069) 2 42 99 20 **Fax:** 25 35 89
Direktor: Hoon Chae
Leitung Presseabteilung: Klaus R. Schwab

• E 552

Korea Trade Center Hamburg
Heidenkampsweg 66, 20097 Hamburg
T: (040) 23 22 35, 23 26 38 **Fax:** 23 39 98

• E 553

SMIPC Europe Office
(Europabüro der staatlichen Förderungsgesellschaft für die klein- und mittelständische Industrie der Republik KOREA)
Industriestr. 30-34, 65760 Eschborn
T: (06196) 4 85 47, 9 58 20 **Fax:** 4 85 49
E-Mail: smipceuro@vossnet.de
Direktor(in): NA Kyu-il

Kurdistan

• E 554

NAVEND - Zentrum für kurdische Studien e.V.
Bornheimer Str. 20-22, 53111 Bonn
T: (0228) 65 29 00 **Fax:** 65 29 09
Internet: http://www.navend.de
E-Mail: info@navend.de
Gründung: 1992 (April)
Vorsitzende(r): Dipl.-Ing. Metin Incesu
Stellvertretende(r) Vorsitzende(r): Jürgen Maier
Leitung Presseabteilung: Petra Grüne
S. Sheref Ün
Verbandszeitschrift: Kurdistan heute
Redaktion: Metin Incesu
Verlag: NAVEND e.V., Bornheimer Str. 20-22, 53111 Bonn
Mitglieder: über 100
Mitarbeiter: 5 amtliche, 4 ehrenamtliche

Malta

• E 555

Deutsch-Maltesische Gesellschaft e.V. (DMG)
Mittelbachstr. 26, 53518 Adenau
T: (02691) 5 01 **Fax:** 22 83
Präsident(in): Bernd Schiffarth
Geschäftsführer(in): Günter Schmitt
Verbandszeitschrift: Deutsch-Maltesischer Rundbrief
Redaktion: B. Schiffarth

Marokko

• E 556

الجمعية المغربية الألمانية
Deutsch-Marokkanische
Gesellschaft e.V.

Deutsch-Marokkanische Gesellschaft e.V. Bochum
c/o ELE Emscher Lippe Energie GmbH
Ebertstr. 30, 45879 Gelsenkirchen
T: (0209) 36 20 **Fax:** 21 05
Ehrenpräsident: amtierender Botschafter (des Königreichs Marokko in der Bundesrepublik Deutschland, Niederwallstr. 39, 10117 Berlin)
Präsident(in): Dr. Ingo Westen (Geschäftsführer der ELE Emscher Lippe Energie GmbH, Gelsenkirchen)
Vizepräsident(in): Dr. Jochen Pleines (Direktor des Landesspracheninstituts Nordrhein-Westfalen, Postf. 25 04 33, 44742 Bochum)
Generalsekretär(in): Hans-Theo Petry (ELE Emscher Lippe Energie GmbH, Ebertstr. 30, 45879 Gelsenkirchen)
Schatzmeister: Karl Heinz Klingner (Auf der Papenburg 45, 44801 Bochum)
Mitglieder: 200

e 557

Deutsch-Marokkanische Gesellschaft e.V. Regionalkreis Bayern
c/o Därr Reisebuch-Verlags GmbH
Im Grund 12, 83104 Tuntenhausen
T: (083104) 13 31
Ansprechpartner: Erika Därr

e 558

Deutsch-Marokkanische Gesellschaft e.V. Regionalkreis Düsseldorf/Köln/Bonn
c/o Carl-Duisberg-Gesellschaft
Hansaring 49-51, 50670 Köln
T: (0221) 16 26-0 **Fax:** 16 26-222
Ansprechpartner: Dr. Bernd Hakenjos

e 559

Deutsch-Marokkanische Gesellschaft e.V. Regionalkreis Berlin
Paul-Lincke-Ufer 35, 10999 Berlin
T: (030) 6 11 81 59
Ansprechpartner: Ingo Wiggers

e 560

Deutsch-Marokkanische Gesellschaft e.V. Regionalkreis Hamburg
Potosistr. 34, 22587 Hamburg
T: (040) 86 83 05
Ansprechpartner: Dr. Gerd Becker (Potosistr. 34, 22587 Hamburg, T: (040) 86 83 05)
Fayçal Bensaid (Harburger Chaussee 39, 20539 Hamburg, T: (040) 8 53 34 62)

e 561

Deutsch-Marokkanische Gesellschaft e.V. Regionalkreis Osnabrück
Neckarstr. 6, 49565 Bramsche
T: (05461) 13 66 **Fax:** (0561) 88 65 68
Regionalkreis Rhein/Main
Ansprechpartner: Mohamed El Hayani (E-Mail: elhayani@t-online.de)

e 562

Deutsch-Marokkanische Gesellschaft e.V. Regionalkreis Ruhrgebiet
Kleine Lindenstr. 11, 44577 Castrop-Rauxel
T: (02305) 6 22 87
Ansprechpartner: Dr. Horst Bronny

e 563

Deutsch-Marokkanische Gesellschaft e.V. Arbeitsgruppe Wissenschaft
c/o Landesspracheninstitut Nordrhein-Westfalen
Stiepeler Str. 129, 44801 Bochum
T: (0234) 32-11943 **Fax:** 32 14-119
E-Mail: jochen.pleines@wtal.de
Ansprechpartner: Dr. Jochen Pleines

e 564

Deutsch-Marokkanische Gesellschaft e.V. Arbeitsgruppe Jugendaustausch
Auf der Papenburg 45, 44801 Bochum
T: (0234) 70 22 89 **Fax:** 9 78 96 89
E-Mail: sigrid.g.klingner@ruhr-uni-bochum.de
Ansprechpartner: Karl Heinz Klingner

Mauritius

• E 565

Mauritius Informationsbüro
Am Mühlberg 32, 61273 Wehrheim
T: (06081) 98 14 40, 98 10 73 **Fax:** 98 04 67
Internet: http://www.pcnet.de/mauritius
E-Mail: wbcom@t-online.de
Gründung: 1979
Leitung: Wilfried Briem
Leitung Presseabteilung: Wilfried Briem
Ltg. Touristikabt.: Gabriele Briem
Verbandszeitschrift: "Faszination Mauritius"
Verlag: Team Medien Service Hubert Beiseken, Goethestr. 49, 63322 Rödermark (und Redaktion)
Mitarbeiter: 5

Namibia

• E 566

Deutsch-Namibische Gesellschaft e.V.
Zollstr. 2, 41460 Neuss
T: (02131) 27 75 34 **Fax:** 27 89 08
Internet: http://www.dngev.de
E-Mail: dngev@t-online.de
Gründung: 1977
Präsident(in): Klaus A. Heß (Zum Loh 21, 37079 Göttingen)
Kuratorium: J.A. Brückner
Dr. Wolfgang Burr
Dr. Ingo Friedrich (MdEP)
Prof.Dr. Karl-Heinz Hornhues (MdB)
Dr. Klaus Frhr. von der Ropp
Prof.Dr. Wolfgang Rumpf
Nora Schimming-Chase
Hanns-Eberhard Schleyer
Prof. Dr. Fanuel Tjingaete
Hans-Günther Toetemeyer
Anton von Wietersheim
Leitung Presseabteilung: Klaus A. Heß
Verbandszeitschrift: Namibia Magazin
Verlag: Klaus Hess Verlag, Zum Loh 21, 37079 Göttingen
Mitglieder: üb. 1500
Bezirksgruppen in: Detmold, Duisburg, Düsseldorf, Franken, Freiburg, Hamburg, Hannover, Köln-Bonn, Mainz, München, Pfalz/Pirmasens, Saarbrücken, Schleswig-Holstein, Weinheim/Rhein-Neckar

Nepal

• E 567

Deutsch-Nepalische Gesellschaft e.V. (DNG)
Im Schlangenhöfchen 26b, 51427 Bergisch Gladbach
T: (02204) 2 20 60 **Fax:** 6 15 65
E-Mail: ramthapa@netcologne.de
Gründung: 1967 (19. April)
Präsident(in): Dr. Wolf Donner
Vizepräs. u. GeschF: Dipl.-Kfm. Ram Praláp Thapa
Vizepräsident(in): Dr. Kersti Aßmann
Verbandszeitschrift: "Nepal Information"
Redaktion: Dr. Wolf Donner
Mitglieder: 600

Niederlande

• E 568

Deutsch-Niederländische Gesellschaft e.V.
Lindenstr. 7, 48161 Münster
T: (02534) 10 57, (0251) 70 72 36
Gründung: 1932
Vorsitzende(r): S. D. Christian Fürst zu Bentheim und Steinfurt, Steinfurt
Geschäftsführer(in): Ass. Franz Engel
Mitglieder: 230

• E 569

Bundesgemeinschaft für Deutsch-Niederländische Kulturarbeit
Alter Steinweg 6-7, 48143 Münster
T: (0251) 8 32 85-11
Vorsitzende(r): Prof. Dr. Horst Lademacher (Direktor des Zentrums für Niederlande-Studien der Westfälischen Wilhelms-Universität, Alter Steinweg 6/7, 48143 Münster, T: (0251) 8 32 85-12)

Österreich

• E 570

Österreichische Gesellschaft Bonn e.V.
Kapellenstr. 31, 51491 Overath
T: (02206) 87 67 **Fax:** 87 67
Gründung: 1985
Präsident(in): Dr. Jürgen Em (Kapellenstraße 31, 51491 Overath, T. + Fax: (02206) 87 67)
Vizepräsident(in): Lore Hamacher
Bert Zeferer
Verbandszeitschrift: Postille
Redaktion: Österreichische Gesellschaft Bonn e.V., Kapellenstr. 31, 51491 Overath
Mitglieder: 220

Oman

• E 571

Deutsch-Omanische Gesellschaft e.V.
c/o Commerzbank AG / ZIB 3.3
60261 Frankfurt
Kaiserplatz, 60311 Frankfurt
T: (069) 13 62 47 85/9 **Fax:** 13 62 66 21
Internet: http://home.t-online.de/home/deutschoman
E-Mail: deutschoman@pobox.com
Gründung: 1992 (4. September)

Präsident(in): Friedhelm Jost
Generalsekretär(in): Eberhard Brodhage

Osteuropa

• E 572

Deutsche Gesellschaft für Osteuropakunde e.V.

Schaperstr. 30, 10719 Berlin
T: (030) 21 47 84 12 **Fax:** 21 47 84 14
E-Mail: dgo@zedat.fu-berlin.de
Gründung: 1913
Präsident(in): Prof. Dr. Rita Süssmuth (MdB), Berlin
Geschäftsführer(in): Dr. Heike Dörrenbächer, Berlin
Verbandszeitschrift: "Osteuropa", "Osteuropa-Recht", "Osteuropa-Wirtschaft"
Verlag: Deutsche Verlagsanstalt, Stuttgart
Mitglieder: 800
Mitarbeiter: 7

Zweigstellen der Gesellschaft in den Universitätsstädten: Bochum, Bonn-Köln, Bremen, Düsseldorf, Erlangen-Nürnberg, Frankfurt/Oder, Frankfurt/Main, Freiberg/Sa., Freiburg, Hamburg, Hannover, Jena, Kiel, Leipzig, Lüneburg, Mainz, Mannheim, Marburg, München, Münster, Regensburg, Rostock, Trier, Tübingen und Würzburg

• E 573

Ost-Ausschuß der Deutschen Wirtschaft

Breite Str. 29, 10178 Berlin
T: (030) 20 28-0
Vorsitzende(r): Dr. Klaus Mangold
Geschäftsführer(in): Oliver Wieck

Länderkreis Bulgarien
Vorsitzende(r): N. N.
Geschäftsführer(in): RA Dr. Anton Vogt (BDI)

Länderkreis Rumänien
Vorsitzende(r): Ernst-Ulrich Matz
Geschäftsführer(in): RA Dr. Anton Vogt (BDI)

Länderkreis Slowakische Republik
Vorsitzende(r): N. N.
Geschäftsführer(in): Oliver Wieck

Länderkreis Rußland
Vorsitzende(r): Dr. Klaus von Menges
Geschäftsführer(in): Oliver Wieck

Länderkreis Belarus
Vorsitzende(r): Dr. Klaus von Menges
Geschäftsführer(in): RA Dr. Anton Vogt (BDI)

Länderkreis Ukraine
Vorsitzende(r): Willi Harrer
Geschäftsführer(in): Oliver Wieck

Länderkreis Zentralasiatische Republiken
Vorsitzende(r): Dr. Volker Jung
Geschäftsführer(in): RA Dr. Anton Vogt (BDI)

Länderkreis Kaukasische Republiken
Vorsitzende(r): Peter Prinz Wittgenstein
Geschäftsführer(in): RA Dr. Anton Vogt (BDI)

Arbeitskreis Finanzierungs-, Beratungs-, und Vertragsfragen
Vorsitzende(r): N.N.
Geschäftsführer(in): Oliver Wieck
Verbandszeitschrift: Ost-Ausschuß Informationen
Redaktion: Dr. Martin Hoffmann
Verlag: Industrie-Förderung GmbH, Breite Str. 29, 10178 Berlin

• E 574

Ost-West-Wirtschaftsclub München e.V. Bayern

Koloniestr. 6, 82194 Gröbenzell
T: (08142) 5 18 09 **Fax:** 5 83 52
Gründung: 1968
Präsident(in): Staatsminister a.D. Dr.h.c. August R. Lang
Vizepräsident(in): Staatsminister Reinhold Bocklet
Rolf Obler
Geschf. Vors: Josef Döllner
Mitglieder: 200
Mitarbeiter: 16 ehrenamtl.

• E 575

Ost- und Mitteleuropa Verein e.V.

Ferdinandstr. 36, 20095 Hamburg
T: (040) 33 89 45, 33 93 71 **Fax:** 32 35 78
Gründung: 1991
Präsident(in): Prof. Dr. Manfred Busche
Geschäftsführende(s) Vorstands-Mitglied(er): Dr. Ulrich Dietsch
Leitung Presseabteilung: Katrin Morosow
Verbandszeitschrift: Ost-West-Contact
Redaktion: Dr. Jutta Falkner
Verlag: OST-WEST-CONTACT Verlags- und Beratungsgesellschaft mbH
Mitglieder: 300
Mitarbeiter: 5
Jahresetat: DM 1 Mio, € 0,51 Mio

Förderung der Wirtschaftsbeziehungen mit Ost- und Mitteleuropa.

• E 576

Sächsische Gesellschaft zur Förderung des Osthandels e.V. (SGFO)

Chemnitzer Str. 13 Haus 2, 09224 Grüna
T: (0371) 82 13 30, 8 10 19 08 **Fax:** 8 81 72 42, 8 10 19 09
E-Mail: sgfo@t-online.de
Gründung: 1990 (5. November)
Präsident(in): Dr. Horst Richter
Vizepräsident(in): Dr. Siegfried Porsche
Geschäftsführer(in): Frank Müller
Verbandszeitschrift: Ost-Info
Redaktion u. Verlag: SGFO, Chemnitzer Str. 13, Haus 2, 09224 Grüna
Mitglieder: 98
Mitarbeiter: 4

• E 577

Südosteuropa-Gesellschaft e.V.

(Deutsch-Ausländische Kultureinrichtungen)
Widenmayerstr. 49, 80538 München
T: (089) 21 21 54-0 **Fax:** 2 28 94 69
E-Mail: suedosteuropa-Gesellschaft@t-online.de
Gründung: 1952 (29. November)
Präsident(in): Gernot Erler (MdB), Berlin
Vors. d. Kuratoriums: Dr. Hans-Peter Linss, München
Geschäftsführer(in): Dr. Hansjörg Brey (Leiter)
Geschäftsführer(in): Dr. Johanna Deimel (Stellv., Ltg. Presseabt.)
Verbandszeitschrift: Südosteuropa Mitteilungen
Mitglieder: 600

Zweigstellen

Berlin

e 578

Südosteuropa-Gesellschaft e.V.
Zweigstelle Berlin

c/o Seminar für Ur- und Frühgeschichte
Freie Universität Berlin
Altensteinstr. 15, 14195 Berlin
Prof. Dr. Bernhard Hänsel

Bonn

e 579

Südosteuropa-Gesellschaft e.V.
Zweigstelle Bonn

c/o Dr. Walter Althammer
Rennenbergstr. 12, 53639 Königswinter
Dr. Walter Althammer

e 580

Südosteuropa-Gesellschaft e.V.
Zweigstelle Dresden/Freiberg

c/o Institut für Geschichte
Technische Universität Dresden
01062 Dresden
Mommsenstr. 13, 01069 Dresden
Prof. Dr. Karl-Heinz Schlarp

e 581

Südosteuropa-Gesellschaft e.V.
Zweigstelle Duisburg

c/o Gerhard-Mercator-Universität-GH-Duisburg
FB 1/Politikwissenschaft LF-Gebäude
47048 Duisburg
Lotharstr. 65, 47057 Duisburg
Prof. Dr. Heinz-Jürgen Axt

Dresden/Freiberg

e 582

Südosteuropa-Gesellschaft e.V.
Zweigstelle Dresden/Freiberg

c/o Technische Universität
Bergakademie Freiberg
09596 Freiberg
Lessingstr. 45, 09599 Freiberg
Prof. Dr. Bruno Schönfelder

Erlangen/Bamberg

e 583

Südosteuropa-Gesellschaft e.V.
Zweigstelle Erlangen/Bamberg

c/o Institut für Slavistik
Universität Erlangen-Nürnberg
Bismarckstr. 1, 91054 Erlangen
Prof. Dr. Klaus Steinke

e 584

Südosteuropa-Gesellschaft e.V.
Zweigstelle Erlangen/Bamberg

c/o Lehrstuhl für Slavische Philologie
Universität Bamberg
An der Universität 5, 96047 Bamberg
Prof. Dr. Peter Thiergen

Göttingen

e 585

Südosteuropa-Gesellschaft e.V.
Zweigstelle Göttingen

c/o Institut für Slavische Philologie der Universität Göttingen
Humboldtallee 19, 37073 Göttingen
Prof. Dr. Reinhard Lauer

Hamburg

e 586

Südosteuropa-Gesellschaft e.V.
Zweigstelle Hamburg

c/o Finnisch-Ugrisches Seminar der Universität Hamburg
Bogenallee 11, 20144 Hamburg
Dr. Holger Fischer

Jena

e 587

Südosteuropa-Gesellschaft e.V.
Zweigstelle Jena

c/o Philosophische Fakultät
Friedrich-Schiller-Universität Jena
Grietgasse 6, 07743 Jena
Prof. Dr. Gabriella Schubert

Leipzig

e 588

Südosteuropa-Gesellschaft e.V.
Zweigstelle Leipzig

c/o Institut für Länderkunde
Schongauerstr. 9, 04329 Leipzig
Prof. Dr. Frank-Dieter Grimm

e 589

Südosteuropa-Gesellschaft e.V.
Zweigstelle Mainz

c/o Historisches Seminar V FB 16
Johannes Gutenberg-Universität Mainz
55099 Mainz
Prof. Dr. Günter Prinzing

Mannheim/Heidelberg

e 590

**Südosteuropa-Gesellschaft e.V.
Zweigstelle Mannheim/Heidelberg**

c/o Universität Mannheim, Slavisches Seminar
Schloß
68131 Mannheim
Prof. Dr. Josip Matešić

e 591

**Südosteuropa-Gesellschaft e.V.
Zweigstelle Mannheim/Heidelberg**

Romanisches Seminar
Universität Heidelberg
Seminarstr. 3, 69117 Heidelberg
Prof. Dr. Dr. h.c. Klaus Heitmann

Marburg

e 592

**Südosteuropa-Gesellschaft e.V.
Zweigstelle Marburg**

c/o Philipps-Universität
Institut für Slavische Philologie
35032 Marburg
Wilhelm-Röpke-Str. 6, 35039 Marburg
Prof. Dr. Helmut Schaller

Münster

e 593

**Südosteuropa-Gesellschaft e.V.
Zweigstelle Münster**

c/o Universität Münster
Institut für Geographie
Robert-Koch-Str. 26, 48149 Münster
Prof. Dr. Cay Lienau

Passau/Regensburg

e 594

**Südosteuropa-Gesellschaft e.V.
Zweigstelle Passau/Regensburg**

c/o Lehrstuhl für Alte Geschichte
Universität Passau
94030 Passau
Prof. Dr. Hartmut Wolff

e 595

**Südosteuropa-Gesellschaft e.V.
Zweigstelle Passau/Regensburg**

Institut für Slavistik
Universität Regensburg
93040 Regensburg
Universitätsstr. 31, 93053 Regensburg
Prof. Dr. Dr. h.c. Erwin Wedel

Trier

e 596

**Südosteuropa-Gesellschaft e.V.
Zweigstelle Trier**

c/o Universität Trier
Lehrstuhl für Slavische Philologie
54286 Trier
Universitätsring 15, 54296 Trier
Prof. Dr. Gerhard Ressel

Tübingen

e 597

**Südosteuropa-Gesellschaft e.V.
Zweigstelle Tübingen**

c/o Geowissenschaftliche Fakultät
Universität Tübingen
Hölderlinstr. 12, 72074 Tübingen
Kontaktperson: Prof. Dr. Dr. h.c. Horst Förster

Würzburg

e 598

**Südosteuropa-Gesellschaft e.V.
Zweigstelle Würzburg**

c/o Lehrstuhl für Slavische Philologie
Julius-Maximilians-Universität Würzburg
Residenzplatz 2, 97070 Würzburg
Prof. Dr. Christian Hannick

Peru

● E 599

Deutsch-Peruanische Archäologische Gesellschaft e.V.

Geiselgasteigstr. 52, 81545 München
T: (089) 64 80 01 **Fax:** 64 02 29
Vorsitzende(r): Klaus D. Thannhuber, München
Stellvertretende(r) Vorsitzende(r): Dr. Luis Lamas Puccio, Lima, Peru
Dr. Guido Ubert, Feldafing
Generalsekretär(in): Sonia Vasquez

e 600

**Deutsch-Peruanische Archäologische Gesellschaft e.V.
Peruanische Sektion**

Geschäftsstelle:
305 Tomas Ramsey Magdalena Nueva, PE-Lima
T: (005114) 46 55 30
Leitung: Dr. Luis Lamas Puccio, Lima, Peru

Polen

● E 601

Polnisches Kulturinstitut

Träger: Ministerium für Auswärtige Angelegenheiten der Republik Polen
Karl-Liebknecht-Str. 7, 10178 Berlin
T: (030) 2 47 58 10 **Fax:** 24 75 81 30
Gründung: 1956
Direktor(in): Dr. Slawonir Tryc
Mitarbeiter: 12

● E 602

Deutsch-Polnische Gesellschaft Bundesverband e.V.

Koordinierungsbüro Berlin
Rauchstr. 16-18, 10787 Berlin
T: (030) 26 55 16 30 **Fax:** 26 55 16 31
Vorsitzende(r): Markus Meckel (Bundeshaus, 53113 Bonn, T: (0228) 1 68 90 50, Fax: 1 68 62 45)
Stellvertretende(r) Vorsitzende(r): Reinhard Caspari (Geschäftsführer, Hinterm Knick 16, 37083 Göttingen, T: (0551) 79 20 62, Fax: 79 20 72)
Schatzmeister: Jan Dolny (Rumpffsweg 2, 20537 Hamburg, T: (040) 21 27 04, Fax: 21 27 04)
Mitglieder des Kuratoriums: Prof. Dr.phil. Rita Süssmuth (Präsidentin des Deutschen Bundestages, Vorsitzende des Kuratoriums, Bundeshaus, Zi. P 14, 53113 Bonn, T: (0228) 16-82900, 82901)
Dr.h.c. Hans-Dietrich Genscher (Bundesminister des Auswärtigen a.D., Stellvertretender Vorsitzender des Kuratoriums, Bundeshaus, Zi. T IX 213, 53113 Bonn, T: (0228) 16-87180, 81280)
Hans Koschnick (zuletzt EU-Administrator in Mostar, Stellvertretender Vorsitzender des Kuratoriums, Rudolstädter Weg 9, 28329 Bremen, T: (0421) 4 67-3733)
Pfarrer Dr. Dieter Bach (Direktor der Evangelischen Akademie Mühlheim/Ruhr, Uhlenhorstweg 29, 45479 Mühlheim, T: (0208) 59 90 65 41)
S.E. Johannes Bauch (Botschafter der Bundesrepublik Deutschland in der Republik Polen, ul. Dabrowiecka 30, PL-03-932 Warschau, T: (004822) 6 17 50 71)
Klaus Bednarz (Redakteur WDR-Redaktion Monitor, 50600 Köln, T: (0221) 22 01)
Prof. Dr. h.c. mult. Berthold Beitz (Vorstand der Alfried Krupp von Bohlen und Halbach Stiftung, Postf. 23 02 45, 45070 Essen, T: (0201) 1 88 45 10)
Dr. Hans Otto Bräutigam (Minister der Justiz und für Bundes- und Europaangelegenheiten des Landes Brandenburg, Heinrich-Mann-Allee 107, 14473 Potsdam, T: (0331) 8 66 30 20)
Christoph Freiherr von Hammerstein-Loxten (Mitglied des Vorstandes der Berliner Bank AG, Postf. 11 06 11, 10838 Berlin, T: (030) 31 39-2215)
Franz Xaver Hirtreiter (Neue Presse Verlags GmbH, Medienstr. 5, 94036 Passau, T: (0851) 80 21 11)
Dr. Hanno Jochimsen (ehem. Vorsitzender des Bundesverbandes Deutsch-Polnischer Gesellschaften, Mittelweg 151, 20148 Hamburg, T: (040) 4 10 25 45)
Prof. Dr. Karl Kaiser (Direktor der Deutschen Gesellschaft für auswärtige Politik, Postf. 14 25, 53004 Bonn, T: (0228) 26 75-150)
Dr. h.c. Karl-Heinz Koppe (Mitglied des Bensberger Kreises und des Internationalen Exekutivkomitees von Pax Christi, Wurzerstr. 136, 53175 Bonn, T: (0228) 35 36 03)
Erich Loest (Vorsitzender des Verbandes der Schriftsteller in der IG Medien, Heiterblickallee 71, 04329 Leipzig, T: (0341) 2 51 27 38)
Janusz Marchwinski (Vorsitzenderr des Polnischen Rates in Deutschland, Schulstr. 74, 51456 Bergisch-Gladbach, T: (02202) 4 11 53)
Dr. Theo Mechtenberg (Gesamteuropäisches Studienwerk e.V., Tempelhofer Weg 2, 32547 Bad Oeynhausen, T: (05731) 94 99 08)
Prof. Dr. Heinrich Olschowsky (Direktor der Abteilung Slawistik der Humbolt Universität zu Berlin, Unter den Linden 6, 10099 Berlin, T: (030) 4 89 52 43)
Elmar Pieroth (Senator für Wirtschaft und Betriebe des Landes Berlin, Martin-Luther-Str. 102, 10825 Berlin, T: (030) 78 76 81 00, 81 01)
Thomas Poese (DGB, Referatsleiter der Abteilung Internationales, Hans-Böckler-Str. 38, 40476 Düsseldorf, T: (0211) 4 30 12 85)
Günter Särchen (ehem. Vorsitzender des Anna-Morawska-Seminars, Badergasse 4, 02997 Wittichenau, T: (035725) 7 07 26)
Dr. Johannes von Thadden (DIHT, Postf. 14 46, 53113 Bonn, T: (0228) 10 41 81)
Dr. Ludolf von Wartenberg (Hauptgeschäftsführer des BDI, Postf. 51 05 48, 50941 Köln, T: (0221) 37 08 00)
Prof. Dr. Hans N. Weiler (Rektor der Europa-Universität Viadrina, Großscharrenstr. 59, 15230 Frankfurt/O., T: (0335) 5 53 44 21)

e 603

Deutsch-Polnische Gesellschaft Achim (LK Verden) e.V.

Am Osterfeld 45, 28832 Achim
T: (04202) 46 61
Vorsitzende(r): Anne Meyer

e 604

Deutsch-Polnische Gesellschaft Bad Segeberg-Wahlstedt e.V.

Seestr. 6, 23829 Wittenborn
T: (04554) 70 57 80 **Fax:** 9 29 22
Vorsitzende(r): Hans-Joachim Stein

e 605

Deutsch-Polnische Gesellschaft Berlin e.V.

Osdorfer Str. 121, 12207 Berlin
T: (030) 71 38 92 13 **Fax:** 71 38 92 01
Vorsitzende(r): Christian Schröter

e 606

Deutsch-Polnische Gesellschaft Bonn e.V.

Rathausallee 12, 53757 Sankt Augustin
T: (02241) 24 60
Gründung: 1989 (Januar)
Vorsitzende(r): Staatssekretär a.D. Dr. Günter Ermisch
Geschf. Vorstandsmitglied: Dr. h.c. Josef Thesing (T: (02241) 2 46-330, Fax: 2 46-229)
Verbandszeitschrift: DIALOG, DPG-Info
Redaktion: Günter Filter, Salomon-Heine-Weg 42b, 20251 Hamburg

Förderung der Völkerverständigung.

e 607

Deutsch-Polnische Gesellschaft Brandenburg e.V.

Friedhofsgasse 2, 14473 Potsdam
T: (0331) 2 80 45 83 **Fax:** 2 80 45 84
Vorsitzende(r): N. N.

e 608

Deutsch-Polnische Gesellschaft Bremen e.V.

Janusz-Korczak-Haus
Vahrer Str. 250L, 28329 Bremen
T: (0421) 46 39 48
Vorsitzende(r): Dipl.-Ing. Horst W. Katenkamp

e 609

Deutsch-Polnische Gesellschaft Bremerhaven e.V.

Hans-Böckler-Str. 47, 27578 Bremerhaven
T: (0471) 6 23 09 **Fax:** 6 23 06
Vorsitzende(r): Günter Lemke

e 610

Deutsch-Polnische Gesellschaft in der Region Osnabrück e.V.

Am Bühner Bach 12, 49565 Bramsche
Vorsitzende(r): Elisabeth Weber

e 611

Deutsch-Polnische Gesellschaft Buchholz in der Nordheide e.V.
Kellerweg 13, 21244 Buchholz
Vorsitzende(r): Ernst Langewellpott

e 612

Deutsch-Polnische Gesellschaft Celle e.V.
Fuchsberg 44, 29225 Celle
Vorsitzende(r): Christlieb G. Kuklau

e 613

Deutsch-Polnische Gesellschaft Sachsen e.V.
Schillerstr. 4g, 01326 Dresden
T: (0351) 2 68 31 58
Vorsitzende(r): Elzbieta Zimmermann

e 614

Deutsch-Polnischer Freundeskreis in Duderstadt e.V.
Lindentalstr. 6, 37115 Duderstadt
Vorsitzende(r): Helmut Müller

e 615

Deutsch-Polnische Gesellschaft in Mecklenburg-Vorpommern e.V.
c/o Sparkasse Uecker-Randow
Ueckerstr. 52, 17373 Ueckermünde
Vorsitzende(r): Siegfried Wack

e 616

Freundeskreis Frankfurt/Kraków Deutsch-Polnische Gesellschaft Frankfurt am Main e.V.
Luxemburgerallee 14, 60385 Frankfurt
T: (069) 43 57 98 **Fax:** 43 57 98
Vorsitzende(r): Dr. Paul Franken

e 617

Deutsch-Polnische Gesellschaft Göttingen e.V.
Hinterm Knick 16, 37083 Göttingen
T: (0551) 79 20 62 **Fax:** 79 20 72
Vorsitzende(r): Reinhard Caspari

e 618

Deutsch-Polnischer Partnerschaftsverein Gundelfingen e.V.
Lärchenstr. 26, 79194 Gundelfingen
T: (0761) 58 11 61 **Fax:** 58 43 14
Vorsitzende(r): Prof. Werner Rynski

e 619

Deutsch-Polnische Gesellschaft Hamburg e.V.
Saling 9, 20535 Hamburg
T: (040) 2 51 84 05
Vorsitzende(r): Gerd Hoffmann

e 620

Deutsch-Polnische Gesellschaft Hannover e.V.
Klingenkamphof 6, 30659 Hannover
T: (0511) 61 19 93
Vorsitzende(r): Horst Lahmann

e 621

Deutsch-Polnische Gesellschaften in Niedersachsen e.V.
Graefenhainweg 41, 30519 Hannover
Vorsitzende(r): Annelies Langner

e 622

Deutsch-Polnische Gesellschaft Heilbronn e.V.
Verdistr. 51, 74078 Heilbronn
T: (07134) 60 64 **Fax:** 2 20 17
Vorsitzende(r): Antje Kyewski

e 623

Deutsch-Polnische Gesellschaft Kiel e.V.
Postf. 18 25, 24017 Kiel
T: (0431) 58 94 97
Vorsitzende(r): Dr. Jürgen Pagel

e 624

Anna-Morawska-Gesellschaft Ökumenischer Dialog für deutsch-polnische Verständigung e.V.
Max-Josef-Metzger-Str. 1, 39104 Magdeburg
T: (0391) 5 96-1181 **Fax:** 5 96-1190
Vorsitzende(r): Dr. J. Hubbe

e 625

Deutsch-Polnische Gesellschaft Mainz e.V.
An der Hechtsheimer Höhe 12, 55130 Mainz
T: (06131) 83 45 35 **Fax:** 83 45 25
Vorsitzende(r): Lorenz Frank

e 626

Deutsch-Polnische Gesellschaft Mannheim e.V.
Böcklinstr. 70, 68163 Mannheim
T: (0621) 41 27 63
Geschäftsführer(in): Elisabeth Oggel

e 627

Interessengemeinschaft polnischsprachiger Einwohner
Postf. 121826, 68069 Mannheim
Vorsitzende(r): Tad. Sartorius

e 628

Deutsch-Polnische Gesellschaft Nordfriesland e.V.
Dithmarscher Weg 11, 25866 Mildstedt
T: (04841) 7 42 58
Vorsitzende(r): Janina Carstensen

e 629

Deutsch-Polnische Jugendakademie e.V.
Vorländerweg 73, 48151 Münster
T: (0251) 77 65 78 **Fax:** 77 65 78
Vorsitzende(r): Andreas Malleprée

e 630

Förderverein Münster-Lublin e.V.
Klemensstr. 10, 48143 Münster
T: (0251) 4 92 70 12 **Fax:** 78 62 71
Vorsitzende(r): Michaela Heuer

e 631

Deutsch-Polnische Gesellschaft der Grafschaft Bentheim
Bosthorst 28, 49828 Neuenhaus
T: (05941) 85 08
Vorsitzende(r): Karl-Heinz Meyer

e 632

Deutsch-Polnische Gesellschaft im Rhein-Sieg-Kreis e.V.
Pfarrer-Schaaf-Str. 1, 53819 Neunkirchen-Seelscheid
T: (02247) 91 77 10
Vorsitzende(r): Willi Lange

e 633

Deutsch-Polnische Gesellschaft in Franken e.V.
Krakauer Haus
Hintere Insel Schütt 34, 90403 Nürnberg
Vorsitzende(r): Kraft-Alexander Prinz zu Hohenlohe-Oehringen

e 634

Deutsch-Polnische Gesellschaft Oldenburg e.V.
Kaiserstr. 7, 26122 Oldenburg
T: (0441) 2 62 49 **Fax:** 7 75 60
Vorsitzende(r): Jürgen Weichardt

e 635

Deutsch-Polnische Gesellschaft Pforzheim e.V.
Weinsteige 28, 75177 Pforzheim
Vorsitzende(r): Heidi Mall

e 636

Rintelner Verein für Städtepartnerschaften e.V.
Am Berghang 4, 31737 Rinteln
T: (05751) 7 48 46 **Fax:** 1 49 32
Vorsitzende(r): Lisa Luchtmeier

e 637

Beratungs- und Koordinierungsstelle für die deutsch-polnische Zusammenarbeit im sozialen Bereich Deutsch-Polnische Verständigung e.V.
Marienbruchstr. 61-63, 38226 Salzgitter
T: (05341) 84 67 21, 84 67 22 **Fax:** 84 67 23
Vorsitzende(r): Winfried Harendza

e 638

Deutsch-Polnische Gesellschaft Schneverdingen
Am Vogelsang 13, 29640 Schneverdingen
Vorsitzende(r): Waldemar Lück

e 639

Deutsch-Polnische Gesellschaft Tostedt/Nordheide e.V.
Theodor-Storm-Str. 5, 21255 Tostedt
T: (04182) 67 41
Vorsitzende(r): Ruth Zuther

e 640

Deutsch-Polnische Gesellschaft Trier e.V.
Osbüsch 29, 54296 Trier
Vorsitzende(r): Anton Wyrobisch

e 641

Deutsch-Polnische Gesellschaft Verden e.V.
Postf. 12 22, 27262 Verden
Vorsitzende(r): Ulrich Buchmann

e 642

Deutsch-Polnische Gesellschaft Weyhe e.V.
An der Brake 5, 28844 Weyhe
T: (04203) 98 40
Vorsitzende(r): Jürgen Kownatzki

e 643

Deutsch-Polnische Gesellschaft Wolfsburg e.V.
Lutonstr. 40, 38444 Wolfsburg
T: (05361) 7 22 41 **Fax:** 7 22 41
Vorsitzende(r): Horst Weiß

• E 644

Deutsches Polen-Institut (DPI)
Mathildenhöhweg 2, 64287 Darmstadt
T: (06151) 42 02-0 **Fax:** 42 02-10
Gründung: 1979 (Dezember)
Präsident(in): Hans Koschnick
Vizepräsident(in): Dr. Peter Payer
Johannes Bauch (Botschafter a.D.)
Direktor(in): Dr. Dieter Bingen
Verbandszeitschrift: Ansichten. Jahrbuch des Deutschen Polen-Instituts Darmstadt
Redaktion: Dr. Andrzej Kaluza, Jutta Wierczimok
Verlag: Harrassowitz Verlag Wiesbaden, Taunusstr. 14, 65009 Wiesbaden
Mitglieder: 45
Mitarbeiter: 12

• E 645

Deutsch-Polnische Juristen Vereinigung e.V. (DPJV)
Obentrautstr. 27, 10963 Berlin
T: (030) 25 29 36 79 **Fax:** 25 29 36 82
Gründung: 1990 (Oktober)
Vorsitzende(r) des Vorstandes: Botschafter a.D. Johannes Bauch
Verbandszeitschrift: DPJV-Mitteilung
Mitglieder: ca. 400

• E 646

Deutsch-Polnisches Jugendwerk (DPJW)
Polsko-Niemiecka Wspólpraca Mlodziezy
Postf. 60 05 16, 14405 Potsdam
Friedhofsgasse 2, 14473 Potsdam
T: (0331) 2 84 79-0 **Fax:** 29 75 27
Internet: http://www.dpjw.org
E-Mail: buero@dpjw.org
Gründung: 1993 (1. Januar)
Vorsitzende: BMin. Dr. Christine Bergmann
Min. Prof. Dr. Miroslaw Handke
Geschäftsführer(in): Dr. Doris Lemmermeier
Dr. Piotr Lysakowski
Redaktion: DPJW-INFO
Mitarbeiter: 17
Jahresetat: DM 11 Mio, € 5,62 Mio

Portugal

• E 647

Portugiesisches Handels- und Touristikbüro
Kreuzstr. 34, 40210 Düsseldorf
T: (0211) 1 38 57-0 **Fax:** 32 09 68
Geschäftsführer(in): Ph.D. Rui Boavista Marques

e 648

Portugiesisches Handels- und Touristikbüro
Kurfürstendamm 203, 10719 Berlin
T: (030) 8 82 10 66-67 **Fax:** 8 83 48 51
Geschäftsführer(in): Harald Tauchhammer

• **E 649**

Verband Portugiesischer Unternehmen in Deutschland e.V. (VPU)
Lessenicher Str. 9, 53123 Bonn
T: (0228) 5 26 94-10 **Fax:** 5 26 94-11
Internet: http://www.vpu.org
E-Mail: branco@okay.net
Gründung: 1996 (21. März)
Präsident(in): Dipl.-Volksw. Duarte Branco
Vizepräsident(in): Carlos Santos
Verbandszeitschrift: VPU-Journal
Redaktion: VPU, Bonn
Mitglieder: 100
Mitarbeiter: 4

• **E 650**

Deutsch-Portugiesische-Gesellschaft e.V.
Schönhauser Allee 10-11, 10119 Berlin
T: (030) 44 04 16 15 **Fax:** 44 04 16 11
Internet: http://www.dpg-report.de
Gründung: 1963
Bundesvorstand:
Präsident(in): Harald Heinke (Siegelstr. 1, 16562 Bergfelde, T: (03303) 50 19 02)
Bundesschatzmeisterin: Bettina Lentz
Ralph M. Tekock (Bengerpfad 15, 47802 Krefeld, T: (02151) 56 13 17)
Verbandszeitschrift: Portugal-Magazin
Redaktion: /Verlag: Quinta do Miradonro, P-7425 Montargil (Portugal)
Mitglieder: 1200
Mitarbeiter: 1
Jahresetat: DM 0,05 Mio, € 0,03 Mio

Baden-Württemberg

e 651

Deutsch-Portugiesische-Gesellschaft e.V. Landesverband Baden-Württemberg
Am Langen Sand 23, 68723 Schwetzingen
T: (06202) 1 50 71 **Fax:** 1 88 28
Präsident(in): Dr.jur. Wilfried Födisch (Am Langen Sand 23, 68723 Schwetzingen, T: (06202) 1 50 71)

Bayern

e 652

Deutsch-Portugiesische-Gesellschaft e.V. Landesverband Bayern
Colonusstr. 7, 82335 Berg
T: (08151) 5 18 15 **Fax:** (089) 7 22 48 72
Präsident(in): Dipl.-Ing. Siegfried Buchmann (Colonusstr. 7, 82335 Berg, T: (08151) 5 18 15)

Hamburg

e 653

Deutsch-Portugiesische-Gesellschaft e.V. Landesverband Hamburg
Glashütter Damm 77a, 22850 Norderstedt
T: (040) 5 29 66 26 **Fax:** 36 77 87
Präsident(in): Horst Stephan (Glashütter Damm 77a, 22850 Norderstedt, T: (040) 5 29 66 26)

Nordrhein-Westfalen

e 654

Deutsch-Portugiesische-Gesellschaft e.V. Landesverband Nordrhein-Westfalen
Altenberg 8, 57290 Neunkirchen
T: (02735) 27 06 **Fax:** 66 90
Präsident(in): Theo Morgenschweis

Ruhrgebiet

e 655

Deutsch-Portugiesische-Gesellschaft e.V. Landesverband Ruhrgebiet
Wegnerstr. 57, 47057 Duisburg
T: (0203) 36 24 10 **Fax:** 36 18 23
Präsident(in): Lothar Kanertz (Wegnerstr. 57, 47057 Duisburg, T: (0203) 36 24 10, Fax: 36 18 23)

Pfalz/Saarland
Deutsch-Portugiesische-Gesellschaft e.V.
Landesverband Pfalz/Saarland
z. Zt. nicht besetzt

Bremen

e 656

Deutsch-Portugiesische-Gesellschaft e.V. Landesverband Bremen
Fellendsweg 11, 28279 Bremen
T: (0421) 83 32 65 **Fax:** 83 39 39
Präsident(in): Ingrid Nipp-Diersch (Fellendsweg 11, 28279 Bremen, T: (0421) 83 32 65, Fax: (0421) 83 39 39)

Niedersachsen

e 657

Deutsch-Portugiesische-Gesellschaft e.V. Landesverband Niedersachsen
Hinter dem Dorfe 15, 30855 Langenhagen
T: (0511) 78 13 84
Präsident(in): Reinald Orbach (Architekt, Buchenweg 8, 30855 Langenhagen, T: (0511) 78 13 84)

Münsterland

e 658

Deutsch-Portugiesische-Gesellschaft e.V. Landesverband Münsterland
Centro St.° António
Ludwigstr. 9, 48429 Rheine
T: (05971) 86 22 50 **Fax:** 86 23 85
Präsident(in): Nelson Rodrigues

Südwürttemberg

e 659

Deutsch-Portugiesische-Gesellschaft e.V. Landesverband Südwürttemberg
Solitudestr. 2-4, 71638 Ludwigsburg
T: (07141) 92 00 05 **Fax:** 90 29 00
Präsident(in): Dr.jur. Daniela Kreidler-Pleus (Solitudestr. 2-4, 71638 Ludwigsburg, T: (07141) 92 00 05, Telefax: (07141) 90 29 00)

Berlin - Brandenburg

e 660

Deutsch-Portugiesische-Gesellschaft e.V. Landesverband Berlin - Brandenburg
Mommsenstr. 30, 10629 Berlin
T: (030) 3 27 78 80 **Fax:** 32 77 88 32
Präsident(in): Peter Schrader

Sachsen

e 661

Deutsch-Portugiesische-Gesellschaft e.V. Landesverband Sachsen
Kirchstr. 13, 01728 Bannewitz
T: (0351) 4 03 03 25
Präsident(in): Dr. Helmut Klenner

Sachsen-Anhalt

e 662

Deutsch-Portugiesische-Gesellschaft e.V. Landesverband Sachsen-Anhalt
Mittelstr. 60a, 06369 Schortewitz
T: (034975) 2 15 96 **Fax:** 2 19 90
Präsident(in): Dr. Reinhard Sziburies (Tel. privat: (0171) 3 32 18 09)

Thüringen

e 663

Deutsch-Portugiesische-Gesellschaft e.V. Landesverband Thüringen
Platanenstr. 12, 07549 Gera
T: (0365) 7 11 15 92 **Fax:** 7 11 15 92
Präsident(in): Roland Missale

Algarve Portugal

e 664

Deutsch-Portugiesische-Gesellschaft e.V. Landesverband Algarve Portugal
Colinas Verdes 289 (Vila Adro), P-8600 Lagos
T: (0035182) 6 72 28 **Fax:** 6 72 28
Präsident(in): Helfried Egon Riske

Rumänien

• **E 665**

Deutsch-Rumänische Gesellschaft
Dernburgstr. 55, 14057 Berlin
T: (030) 32 60 11 74 **Fax:** 32 60 11 76
Gründung: 1992 (17. Februar)
Präsident(in): Herbert Siebold
Vizepräsident(in): Alexander Roth
Schatzmeister: Wilfried Lohre
Schriftführer(in): Janna Jähning
Verbandszeitschrift: Deutsch-Rumänische Hefte
Redaktion: Alexander Roth
Verlag: Eigenverlag
Mitglieder: ca. 100
Mitarbeiter: 8 ehrenamtl.
Jahresetat: DM 0,04 Mio, € 0,02 Mio

Russland

• **E 666**

Verband der Deutschen Wirtschaft in der Russischen Föderation
c/o DIHT Berlin Poststelle DP
Breite Str. 29, 10178 Berlin
Sitz:
1. Kasatschi per. 7
109017 Moskau
T: (007095) 2 34 49 53 **Fax:** 2 34 49 54
Internet: http://www.vdw.ru
E-Mail: buero@vdwrus.msk.ru
Präsident: Otto Wolff von Amerongen
Geschäftsführerin: Dr. Andrea von Knoop

Schweden

• **E 667**

Schwedischer Aussenwirtschaftsrat
EXPORTRÅDET BERLIN
Cicerostr. 21, 10709 Berlin
T: (030) 8 93 60 60 **Fax:** 89 36 06 66
Internet: http://www.swedishtrade.com/germany
E-Mail: tyskland@swedishtrade.se
Schwedischer Handelsbeauftragter in der Bundesrepublik Deutschland: Olof Sandén

Förderung des schwedischen Exports in die Bundesrepublik. Vermittlung von Geschäftskontakten zwischen deutschen Importeuren und schwedischen Exporteuren. Gemeinschaftsbeteiligungen an Messen und Ausstellungen. Informationen über Industrie und Wirtschaft in Schweden.

e 668

EXPORTRÅDET HAMBURG
Schwedischer Aussenwirtschaftsrat
Lilienstr. 19, 20095 Hamburg
T: (040) 33 79 56 **Fax:** 33 55 87

e 669

EXPORTRÅDET STUTTGART
Schwedischer Aussenwirtschaftsrat
Eberhardstr. 51, 70173 Stuttgart
T: (0711) 24 73 38 **Fax:** 24 08 36

Schweiz

• **E 670**

Deutsch-Schweizerische Gesellschaft Hamburg e.V.
Rathausmarkt 5, 20095 Hamburg
T: (040) 3 09 78 20 **Fax:** 32 36 16
Präsident(in): Dr. Justus R.G. Warburg
Vizepräsident(in): Prof. Dr. Rudolf Haas
Schatzmeister: Gert Prantner

• **E 671**

Schweizerische Zentrale für Handelsförderung OSEC

Swiss Office for Trade Promotion
Office suisse d'expansion commerciale
Postf. 4 92, CH-8035 Zürich
Stampfenbachstr. 85, CH-8035 Zürich
T: (00411) 3 65 51 51 **Fax:** 3 65 52 21
Internet: http://www.osec.ch
E-Mail: info@osec.ch
Avenue de l'Avant-Poste 4, CH-1001 Lausanne
T: (004121) 3 20 32 31, Fax: (004121) 3 20 73 37
Gründung: 1927
Präsident(in): Philippe Lévy
Direktor(in): Martin Monsch
Generalsekretär(in): Roland Gröbli
Ltr. Marketing u. Kommunikation: Peter Pfister
Ltr. Messen: Eric Grossmann
Ltr. Exportberatung: Thérèse Künzli
Leitung Presseabteilung: Robert Buff
Mitglieder: 2000
Mitarbeiter: 100
Jahresetat: DM 40 Mio, € 20,45 Mio
Publikationen: Swiss Export Directory, Schweizer Außenwirtschaft, Euro-Info, Geschäftspartner und Geschäftsmöglichkeiten

Förderung der Handelsbeziehungen und der Schweizer Exportwirtschaft.

Simbabwe

• **E 672**

Deutsch-Simbabwische Gesellschaft
Palmaille 45, 22767 Hamburg
T: (040) 38 01 63 64 **Fax:** 38 01 62 55
Gründung: 1984 (14. April)
Präsident(in): Werner Seidel
Geschäftsführer(in): Sylvia Stümer

Singapur

• **E 673**

Singapore Economic Development Board
Kaiserstr. 5, 60311 Frankfurt
T: (069) 27 39 93-0 **Fax:** 27 39 93 33
Aylwin Tan (Direktor)
Mitarbeiter: 6
Zeitschrift: Wirtschaftsbulletin aus Singapur

Kostenfreie und verbindliche Beratung zu Investitionen in Singapur und Süd-Ost-Asien.

Slowakische Republik

• **E 674**

Slowakische Nationalagentur für ausländische Investitionen und Entwicklung (SNAZIR)
Sladkovicova 7, SK-81106 Bratislava
T: (004217) 54 43 51 75 **Fax:** 54 43 50 22
Gründung: 1991 (1. Januar)
Vorsitzende(r): R. Minarovic
Verbandszeitschrift: News for Investors
Mitarbeiter: 13

• **E 675**

Karpatendeutscher Verein in der Slowakei
Lichardova 20, SK-04001 Kosice
T: (0042195) 622-4145 **Fax:** 622-4145
Gründung: 1990
Landesvorsitzende(r): Gertrud Greser (M.A.)
Stellvertretende(r) Vorsitzende(r): Prof. Dipl.-Ing. Otto Sobek (PhD)
Dr.rer.nat. Ondrej Pöss (PhD)
Verbandszeitschrift: Karpatenblatt
Redaktion: Nám. sv. Egídia 55-57, 05801 Poprad, Tel/Fax: (0042192) 72 42 17
Mitglieder: 4200
Mitarbeiter: 3,5

e 676

Karpatendeutsche Assoziation
Lichardova 20, SK-04001 Kosice
T: (0042195) 6 22 72 09 **Fax:** 6 22 72 09
Gründung: 1997 (aus früherer Stiftung)
Vorsitzende(r): Dipl.-Ing. Wilhelm Gedeon
Mitarbeiter: 2

e 677

Museum der Kultur der Karpatendeutschen
Zizkova 14, SK-81436 Bratislava
T: (004217) 54 41 55 70 **Fax:** 54 41 55 57
Gründung: 1997 (01. Januar)
Direktor(in): Dr.rer.nat. Ondrej Pöss (PhD, T: (004217) 54 41 55 70)
Mitarbeiter: 4

• **E 678**

Deutsche Sri Lanka Gesellschaft e.V. (DSLG)
Bonner Str. 52, 53424 Remagen
T: (02228) 76 15 **Fax:** 76 15
1. Vorsitzende(r): Lore Wilke
Vizepräsident(in): Jochen Pülz (Donauweg 41, 50838 Köln, T: (0221) 9 48 32 34, Telefax: (0221) 9 48 32 34)

Südafrika

• **E 679**

Deutsch-Südafrikanische Juristenvereinigung e.V.
Jungfernstieg 51, 20354 Hamburg
T: (040) 3 50 05-296 **Fax:** 3 50 05-224
Gründung: 1992
Vorsitzende(r): Dr. Rüdiger Rönck (Leitung PR-Abteilung)
Stellvertretende(r) Vorsitzende(r): RA Werner Leitner
Jörgen Vogt (LL. M.)
Verbandszeitschrift: DSJV-Newsletter
Mitglieder: 250

• **E 680**

Südafrikanisch-Deutsche Kulturvereinigung (SADK)
Postf. 70944, ZA-0041 Die Wilgers, Pretoria
Rossouwstr. 570, ZA-0041 Die Wilgers, Pretoria
T: (002712) 8 07 12 80 **Fax:** 8 07 12 81
Internet: http://www.sadk.org.za
E-Mail: sadk@cis.co.za
Gründung: 1932
Vorsitzende(r): Dr. Meinhard Uken
Generalsekretär(in): Dr. Jens Krüger
Verbandszeitschrift: Brucka
Redaktion: SADK/SAGCA
Mitglieder: 1200
Mitarbeiter: 4
Jahresetat: DM 0,100 Mio, € 0,05 Mio

• **E 681**

South African Tourism (SATOUR)
An der Hauptwache 11, 60313 Frankfurt
T: (069) 92 91 29 11 **Fax:** 28 09 50
E-Mail: annemarief@fra.satour.de
Gründung: 1960
Presseabteilung: Theresa Bay-Mueller
Mitarbeiter: 10

Tansania

• **E 682**

DETAF e.V. Deutsch-Tansanische Freundschaftsgesellschaft
Kolpingstr. 24, 48351 Everswinkel
T: (02582) 65 93 65 **Fax:** 65 93 65
Internet: http://www.tanzania-ngo.org
E-Mail: detaf@tanzania-ngo.org
Gründung: 1986 (November)
1. Vorsitzende(r): Dipl.-Ing. (FH) Klaus Gottschling
Verbandszeitschrift: Druckschriften: Tansania-Information, Tansania-Reiseinformation; Infoblätter: Wichtige Information für Freunde Tansanias/Hier können Sie helfen - WAMATA - AIDS-Hilfe in Tansania/Hier können Sie helfen - KADETFU-Entwicklungsprogramm in Tansania - Wichtige Information für Tansania-Gruppen/TANZANIA-NETWORK
Mitglieder: 80

Regionalgruppen

e 683

DETAF e.V.
Regionalgruppe Köln/Bonn
Küppersteger Str. 49-51, 51373 Leverkusen
T: (0214) 60 16 82 **Fax:** 8 60 65 81
Sprecher: Dipl.-Ing. Richard Madete (E-Mail: richard@piro-net.de)

e 684

DETAF e.V.
Regionalgruppe Oldenburg/Bremen
Riesweg 22, 26316 Varel
T: (04451) 86 16 64 **Fax:** 86 16 64
E-Mail: fam.guddat@nwn.de
Sprecher 1: Hartmut Guddat
Sprecher 2: Frank Daalmann (Saarlauterner Str. 23, 28211 Bremen, E-Mail: frankdaalman@t-online.de)

e 685

DETAF e.V.
Regionalgruppe Hessen/Rheinland-Pfalz
Frankenstr. 12A, 65439 Flörsheim
T: (06145) 3 43 29
E-Mail: imajura@aol.com
Sprecher: Dr. Isack Majura

Taiwan

• **E 686**

Taipei Handelsbüro
Taipei Trade Office
Rheinstr. 29, 60325 Frankfurt
T: (069) 7 45-720, 7 45-734 (Visa-Abteilung), 7 45-737 (Visa-Abteilung) **Fax:** 7 45-751, 7 45-745 (Visa-Abteilung)
E-Mail: tto.frankfurt@t-online.de
Direktor(in): Yi-Cheh Chiu

• **E 687**

Taiwan Trade Service
Willi-Becker-Allee 11, 40227 Düsseldorf
T: (0211) 78 18-0 **Fax:** 78 18-39
E-Mail: tts.duesseldorf@t-online.de
Geschäftsführer(in): Dipl.-Ing. Chia Hsien Lee
Leitung Presseabteilung: Frieda C. Hung
Verbandszeitschrift: Taiwan Product
Redaktion: China External Trade Development Council
Mitarbeiter: 7

Messe-Organisator für int'le Messen in Taipei; Handelsförderung zwischen Firmen aus Deutschland und Taiwan.

• **E 688**

Taipeh Vertretung, Handelsabteilung
Mittelweg 144, 20148 Hamburg
T: (040) 4 50-38045 **Fax:** 4 50-38056
E-Mail: TaipeiTrade.Hamburg@t-online.de
Direktor(in): Yin

Thailand

• **E 689**

Thai Trade Center
Bethmannstr. 58, 60311 Frankfurt
T: (069) 28 10 91-92 **Fax:** 29 24 60
E-Mail: thaitrade@t-online.de
Leitung: Nuntawan Sakuntanaga

• **E 690**

Deutsch-Thailändische Gesellschaft e.V. DTG
Koblenzer Str. 89, 53177 Bonn
T: (0228) 35 16 73 **Fax:** 35 19 09
Präsident(in): Prof. Dr. Helmut Eggers
Geschäftsführer(in): N. N.

Togo

• **E 691**

Deutsch-Togolesische Gesellschaft e.V. (SAT)
Société Allemande-Togolaise
Dachverband der Bundesrepublik Deutschland und der Republik Togo
Postf. 31 13 25, 70473 Stuttgart
T: (07142) 6 17 68 **Fax:** 6 17 68
Gründung: 1972 (5. Februar)
Präsident(in): Günter Herrmann
Projektref.: Petronilla Bosch
Schatzmeister: German Jäger
Schirmherr: Mgr. Philippe Fanoko Kpodzro (Erzbischof von Lomé)
Ehrenpräsident: Komi Agbemenya Apetcho
Franz Keller
Représentant (West-Togo): Kossi Félix Kometsiameo
Représentant (Nord-Togo): Kossi Kamanwé Kassinga
Représentant (Süd-Togo): Doh Yawovi Adjeoda
Verbandszeitschrift: Togo-Rundschau
Redaktion: Günter Herrmann
Verlag: Postf. 31 13 25, 70473 Stuttgart

Tschechische und Slowakische Republiken

• E 692

Deutsch-Tschechische und -Slowakische Gesellschaft e.V. (DTSG)
Barbarossaplatz 2, 50674 Köln
T: (0221) 23 98 01 **Fax:** 21 44 86
Gründung: 1983 (9. Dezember)
Ehrenpräs.: John van Nes Ziegler
Vorsitzende(r): Wolfgang Roth
Geschäftsführer(in): Peter Scheible
Mitglieder: 150

Landesverbände und Regionalgliederungen

Baden-Württemberg

e 693

Deutsch-Tschechische und -Slowakische Gesellschaft e.V.
Landesverband Baden-Württemberg
Kleiner Plom 4, 76275 Ettlingen
T: (07243) 3 36-1 51 **Fax:** 3 36-1 39
Gründung: 1993 (19. Juni)
Vorsitzende(r): Prof. Gert Weisskirchen (MdB)
Tsch. Sektion: Angelika Neumann (stellv. Vors.)
Slow. Sektion: Oska Marczy (stellv. Vors.)

Bayern

e 694

Deutsch-Tschechische und -Slowakische Gesellschaft e.V.
Landesverband Bayern
Postf. 13 26, 94075 Freyung
Hartauerweg 4, 94078 Freyung
T: (08551) 50 60
Gründung: 1984 (10. November)
Vorsitzende(r): Bartholomäus Kalb (MdB)
Geschäftsführer(in): Hans Presl

Bremen/Bremerhaven

e 695

Deutsch-Tschechische und -Slowakische Gesellschaft e.V.
Landesverband Bremen/Bremerhaven
Bürgerstr. 1, 28195 Bremen
T: (0421) 3 63 01 49 **Fax:** 36 30 19 30
Gründung: 1983 (August)
Vorsitzende(r): M. Mayer-Schwinkendorf
Geschäftsführer(in): Anke Nerger

Hessen/Rheinland-Pfalz

e 696

Deutsch-Tschechische und -Slowakische Gesellschaft e.V.
Landesverband Hessen/Rheinland-Pfalz
Finkenweg 23, 65824 Schwalbach
T: (06196) 8 49 59 **Fax:** 17 37
Gründung: 1986 (10. November)
Vorsitzende(r): Dr. Borek Severa

• E 697

Landesversammlung der Deutschen in Böhmen, Mähren und Schlesien
Milady Horákové 108, CZ-16000 Prag 6
T: (004202) 24 31 72 14 **Fax:** 24 32 14 31
Gründung: 1992 (7. November)
Präsident(in): Walter Piverka
1. Vizepräs: Hilde Sura
2. Vizepräs: Dipl.-Ing. Hans Korbel
Verbandszeitschrift: Landes-Anzeiger (wöchentliche Beilage der Prager Zeitung)
Redaktion: Prager Zeitung, Tre_7bizského 7, CR-12000 Praha 2

• E 698

Deutsch-Tschechische und Deutsch-Slowakische Wirtschaftsvereinigung (DTSW e.V.)
Flinschstr. 55, 60388 Frankfurt
T: (069) 47 69 70 **Fax:** 47 61 54
Gründung: 1990 (31. Mai)
Präsident(in): Dipl.-Kfm. Imrich Donath, Bad Homburg
Vizepräsident(in): Dr. jur. Valéria Horáčiková
Verbandszeitschrift: Wirtschafts- und Kulturbulletin
Mitglieder: 225
Mitarbeiter: 2
Jahresetat: DM 0,10 Mio, € 0,05 Mio

Nonprofit-Vereinigung zur Förderung der wirtschaftlichen und kulturellen Beziehungen zwischen der BRD und der Tschechischen Republik und der Slowakischen Republik.

• E 699

Bundesverband Deutscher Unternehmer in der Tschechischen Republik
Straße der Nationen 12, 09111 Chemnitz
T: (0371) 6 94 98 81 **Fax:** 6 94 98 80
Internet: http://www.bvdu-cr.de
E-Mail: bvdu.cr@abo.freiepresse.de
2. Vorsitzende(r): Klaus Freitag
Hauptgeschäftsführer(in): Dr. Oleander Schmutzer

• E 700

CzechInvest - Tschechische Agentur für Auslandsinvestitionen
Politickych veznu 20, CZ-11249 Praha 1
T: (004202) 24 22 15 40 **Fax:** 24 22 18 04, 24 06 22 08
Gründung: 1992 (November)
Generaldir.: Jan A. Havelka
Stellvertretende(r) Geschäftsführer(in): Hana Chlebná
Leitung Presseabteilung: Hana Lässlerová
Mitarbeiter: 28

Vertretungen

e 701

CzechInvest
Wilhelm-Marx-Haus
Heinrich-Heine-Allee 53, 40213 Düsseldorf
T: (0211) 8 30 72 40 **Fax:** 8 30 72 00
E-Mail: czechinvest@mail.online-club.de

e 702

CzechInvest
Great Portland Street 95, GB-London W1N 5RA
T: (0044207) 2 91 99 22 **Fax:** 4 36 83 00
E-Mail: czechinuk@london.czech.cz

e 703

CzechInvest
Rue des Renaudes 6, F-75017 Paris
T: (00331) 42 12 02 52 **Fax:** 42 12 02 54

e 704

CzechInvest
The Merchandise Mart, Suite 932
World Trade Center 200 Illinois, USA-Chicago 60654
T: (001312) 2 45 01 80 **Fax:** 2 45 01 83

e 705

CzechInvest
c/o Yokohama Industrial Development Corp. (Yokohama Sangyou Shinkou Kousha)
Yamashitacho SSK Bldg. 9 F
22 Yamashita-cho, J-231 Yokohama City
T: (008145) 2 25 37 33 **Fax:** 2 25 37 34
E-Mail: czinvest@idec.or.jp

Türkei

• E 706

Rat der türkischen Staatsbürger in Deutschland (RTS)
Friedrichstr. 13, 35392 Gießen
T: (0641) 7 55 66 **Fax:** 7 56 53
Gründung: 1992 (18. April)
Geschäftsführer(in): Dipl.oec.troph. Ayla Gediz
Sprecher: Dr.med. Yasar Bilgin
Mitglieder: ca. 2000 Vereine

• E 707

Bundesverband Türkischer Studierendenvereine e.V. (BTS)
c/o BTBTM H 2130
Straße des 17.Juni 135, 10623 Berlin
T: (030) 6 23 26 24 **Fax:** 4 92 71 83
Internet: http://www.uni-karlsruhe.de/vstk/bts
Gründung: 1996 (15. Juni)
Geschf. Bundesvors.: Kenan Kolat
Stellv. Bundesvorsitzender: Erinc Ercan
Seref Erkayhan
Fatih Simsek
Mitarbeiter: 1

Tunesien

• E 708

FIPA-Tunisia
Tunesisches Förderungsamt für Ausländische Investitionen
Hohenstaufenring 44-46, 50674 Köln
T: (0221) 2 40 33 46-47 **Fax:** 2 40 34 46
E-Mail: fipacologne@t-online.de
Geschäftsführer(in): Abdelaziz Chiha

Ist ein staatliches Organ. Der einzige Gesprächspartner des Investors: fördert die Industrieansiedlung in Tunesien, berät und unterstützt die Investoren, identifiziert und betreut die Projekte.

Ungarn

• E 709

Deutsch-Ungarische Gesellschaft e.V.
Am Weidendamm 1 A, 10117 Berlin
T: (030) 5 90 09 95 11 **Fax:** 5 90 09 95 19
Internet: http://www.bga.de
E-Mail: peter.spary@bga.de
Gründung: 1994 (07. September)
Präsident(in): Dr. Peter Spary
Vizepräsident(in): Prof. Dr. Georg Brunner
Prof. Dr. h.c. Helmut Fahrnschon
Geschäftsführer(in): Klaus Schlüter
Mitglieder: 317
Jahresetat: DM 0,05 Mio, € 0,03 Mio

• E 710

Ungarisches Aussenhandelsbüro in Berlin
Karl-Liebknecht-Str. 34, 10178 Berlin
T: (030) 2 47 29 78-2 **Fax:** 2 47 29 78-3
E-Mail: ung.handel.berlin@t-online.de
Leitung: Károly Gombai

• E 711

Landesselbstverwaltung der Ungarndeutschen
Postf. 348, H-1537 Budapest
Júlia utca 9., H-1026 Budapest
T: (00361) 212-9151, 212-9152 **Fax:** 212-9153
Gründung: 1995 (11. März)
Vorsitzende(r): Lorenz Kerner
Geschäftsführer(in): Maria Herczeg-Köthy
Mitarbeiter: 10 Regionalbüros; Landesweit: 163 Minderheitenselbstverwaltungen

Vereinigte Staaten von Amerika

• E 712

Illinois Department of Commerce and Community Affairs
Industrial + Trade Development, State of Illinois, European Office
28-30 Blvd de la Cambre, Bte 2, B-1000 Brussels
T: (00322) 6 46 57 30 **Fax:** 6 46 55 11
E-Mail: ileurope@compuserve.com
Gründung: 1968
Direktor(in): Bart A. Smit
Sharon L. Stead (Deputy Mg. Dir.)
Leitung Presseabteilung: Julie Gibbon
Mitglieder: 5 (Brüssel), 300 (Chicago)

• E 713

State of Iowa - European Office of Trade and Investment
Meisengasse 8, 60313 Frankfurt
T: (069) 28 38 58 **Fax:** 28 14 93
Internet: http://www.state.ia.us/international
E-Mail: iowa_europe@compuserve.com
Gründung: 1972
Direktorin: Anke Göbel de Mendez

Förderung von Investment durch Ansiedlung europäischer Firmen in Iowa. Suche nach Vertriebspartnern für Iowa-Hersteller.

• E 714

State of North Carolina
European Office
Untermainanlage 7, 60329 Frankfurt
Director: Klaus-Dieter Jonas
Mitarbeiter: 3 Angest.

• E 715

FLEBUS Viviane
European Economic Consultant
37 Condorlaan, B-2100 Antwerpen

T: (00323) 3 25 14 79 **Fax:** 3 26 31 49
Gründung: 1984
Direktor(in): Viviane Flebus (European Economic Consultant)
Mitglieder: 1
Mitarbeiter: 1

• E 716

State of Missouri German Office
Herderstr. 68, 40237 Düsseldorf
T: (0211) 6 91-4595 **Fax:** 6 91-4422
Internet: http://www.ecodev.state.mo.us
E-Mail: mosally@online-club.de
Gründung: 1977
Direktorin: Sally Ann Gladden
Mitarbeiter: 2

• E 717

State of Texas Office-Europe
Königsberger Str. 95a, 86167 Augsburg
Gründung: 1990 (September)
Direktor(in): Edward C. Fantasia
Mitarbeiter: 2
Offiziele Vertretung des U.S. Bundesstaates Texas für die Bereiche Investitionsförderung Industrieansiedlung, Jointventure Anbahnung, Exportförderung, Niederlassungsabsichten in den USA.

• E 718

Zentrum für Nordamerikaforschung (ZENAF)
Johann Wolfgang Goethe-Universität
Postf. 11 19 32, 60054 Frankfurt
Robert-Mayer-Str. 1, 60325 Frankfurt
T: (069) 79 82-8521/22 **Fax:** 79 82-8527
Internet: http://www.rz.uni-frankfurt.de/zenaf
E-Mail: zenafdir@em.uni-frankfurt.de
Gründung: 1979
Geschäftsführender Direktor: Prof. Dr. Franz Greß
Stellv. Geschäftsf. Dir.: Prof. Dr. Hans-Jürgen Puhle
Prof. Dr. Susanne Opfermann
Leitung Presseabteilung: Dr. Rüdiger B. Wersich
Verbandszeitschrift: Schriftenreihe des Zentrums für Nordamerika-Forschung („Nordamerikastudien")
Verlag: Campus Verlag, Frankfurt/New York
Mitglieder: 65
Mitarbeiter: 11

• E 719

Deutsche Gesellschaft für Amerikastudien e.V. (DGfA)
Institut für Amerikanistik
Universität Leipzig
Augustusplatz 9, 04109 Leipzig
T: (0341) 9 73 73 30 **Fax:** 9 73 73 39
Internet: http://www.uni-leipzig.de/_Ltdgfa
E-Mail: amerika@rz.uni-leipzig.de
Gründung: 1953
Vorsitzende(r): Prof. Dr. Anna Koenen
Verbandszeitschrift: Amerikastudien/American Studies
Redaktion: Prof. Dr. Alfred Hornung
Verlag: Universitätsverlag C. Winter, Hans-Bunte-Str. 18, 69123 Heidelberg
Mitglieder: 740

• E 720

Amerika-Gesellschaft e.V.
Eckerkamp 58, 22391 Hamburg
T: (040) 5 36 68 85 **Fax:** 5 36 68 85
Gründung: 1950
Präsident(in): Dr. Ingo Zuberbier
Geschäftsführer(in): H. Jägeler
Mitglieder: 300

• E 721

Deutsch-Amerikanische Gesellschaft Köln e.V.
Amerika-Haus
Apostelnkloster 13-15, 50672 Köln
T: (0221) 49 59 61 **Fax:** 40 04-5 57
Vorsitzende: Hermine Verheggen-Buschhaus
Mitglieder: 250

• E 722

Verband der Deutsch-Amerikanischen Clubs e.V.
Dientzenhoferstr. 54, 90480 Nürnberg
T: (0911) 54 28 55 **Fax:** 5 44 19 95
E-Mail: verbanddaclubs@aol.com
Gründung: 1948
Präsident(in): Lori Childs-Körner
Verbandszeitschrift: GAZETTE
Redaktion: Ursel Giesbert, In den Blamüsen 44, 40489 Düsseldorf
Mitglieder: 6000
Förderung und Pflege der deutsch-amerikanischen Freundschaft durch: Aktivitäten der örtlichen Mitgliederclubs, durch die Verbands-Programme Jugendarbeit, Studentenaustausch-Programm GAZETTE und Deutsch-Amerikanische Freundschaftswoche.

• E 723

Deutsch-Amerikanischer Freundeskreis Memmingen
German American O.K. Society
Postf. 12 04, 87682 Memmingen
Kohlschanzstr. 10, 87700 Memmingen
T: (08331) 8 70 07 **Fax:** 49 63 63
Gründung: 1997 (20. März)
Präsident(in): Armin M. Brandt
Vizepräsident(in): Gustav F. Jokisch
Stellvertretende(r) Vorsitzende(r): Gisela E. Brandt
Hauptgeschäftsführer(in): Christopher G. Memminger
Geschäftsführer(in): Margot Humer (Secretary)
Mitglieder: 125

• E 724

Deutsch-Amerikanische Westerners Vereinigung e.V.
German American Westerners Association (GAWA)
c/o Herrn Armin M. Brandt
Postf. 12 04, 87682 Memmingen
Kohlschanzstr. 10, 87700 Memmingen
T: (08331) 8 70 07
Gründung: 1974 (2. Juni)
Präsident(in): Armin M. Brandt (Ltg. Presseabt.)
Vizepräsident(in): Klaus K. Stoehr
Stellvertretende(r) Vorsitzende(r): Gisela E. Brandt
Hauptgeschäftsführer(in): Klaus Wischmeyer
Verbandszeitschrift: Old West
Mitglieder: 100

• E 725

Deutsch-Amerikanische Gesellschaft Wuppertal e.V.
Wittener Str. 167, 45549 Sprockhövel
T: (02339) 91 14 55

• E 726

Deutsch-Amerikanische Gesellschaft Würzburg e.V.
Lärchenweg 8, 97084 Würzburg
T: (0931) 6 03 29 **Fax:** 6 67 70 12
Gründung: 1979
Vorsitzende(r): Klaus P. Zepke
Stellvertretende(r) Vorsitzende(r): Dr. Michael Braun
Gary Kleeman

• E 727

Deutsch-Amerikanisches Institut
Sofienstr. 12, 69115 Heidelberg
T: (06221) 6 07 30 **Fax:** 60 73 73
Gründung: 1946
Vorsitzende(r): Dr. Jürgen Beß
Hauptgeschäftsführer(in): Jakob J. Köllhofer

• E 728

Columbus Gesellschaft e.V.
Deutsch-Amerikanische Gesellschaft
Hochfellnstr. 16, 81671 München
T: (089) 4 99 14 99 **Fax:** 49 00 20 99
Gründung: 1952 (20. Januar)
Präsident(in): Sylvia M. Weusten (Presseleitung, Hochfellnstr. 16, 81671 München, T: (089) 40 01 35)
Verbandszeitschrift: Monatsprogramm
Mitglieder: 350
Mitarbeiter: ausschl. Volunteers

• E 729

Deutsches YOUTH FOR UNDERSTANDING Komitee e.V.
Postf. 76 21 67, 22069 Hamburg
Averhoffstr. 10, 22085 Hamburg
T: (040) 22 70 02-0 **Fax:** 22 70 02-27
Internet: http://www.yfu.de
E-Mail: info@yfu.de
Gründung: 1957 (28. Juli)
Vorsitzende(r): Dr. Hans-Holger Herrnfeld
Geschäftsführer(in): Nikolaus Pelka
Mitarbeiter: 20 hauptamtl. Mitarbeiter, z.T. Teilzeit

• E 730

Verein zur Förderung der deutsch-amerikanischen Zusammenarbeit auf dem Gebiet der Informatik und ihrer Anwendungen e.V.
Geschäftsstelle GMD-IK
Schloß Birlinghoven, 53757 Sankt Augustin
T: (02241) 14 22 55 **Fax:** 14 22 88
E-Mail: harald.werner@gmd.de
Gründung: 1988 (April)
Präsident(in): Prof. Dr. Dieter Schütt
Vizepräsident(in): Dr. Rolf-Guido Herrtwich
Leitung Presseabteilung: Harald Werner

• E 731

Deutsch-Amerikanische Akademie für Präventive Homöopathische Medizin und Naturheilkunde-German American Academy
Max-Planck-Str. 47, 53340 Meckenheim
T: (02225) 94 55 36 **Fax:** 94 55 37
E-Mail: 02225945536-0001@t-online.de
Gründung: 1983 (01. Juli)
Präsidentin: Prof. Dr.Dr.med. Rose A. Kettermann
1. Vizepräsident: Dipl.-Betriebsw. Klaus Schwarzbach
2. Vizepräs: Steuerberater David Brian Spiegel
Vizepräsidentin: Barbara Burbach
Mitglieder: 18500
Mitarbeiter: 2 ehrenamtl.
Jahresetat: DM 0,1 Mio, € 0,05 Mio

• E 732

Carl Schurz Gesellschaft e.V.
Baumwollbörse, Zi. 124
Wachtstr. 17, 28195 Bremen
T: (0421) 30 24 24 **Fax:** 17 10 29
Präsident(in): Senator a.D. Ralf H. Borttscheller
Geschäftsführer(in): Gudrun von Vivis

• E 7 33.10

Maryland Business Center Europe
Beurs - World Trade Center Europe
Postf. 3 02 24, NL-3011 AA Rotterdam
Beursplein 37, NL-3001 DA Rotterdam
T: (003110) 2053855 **Fax:** 2055494
Direktor(in): Gary M. Kunkle
Deputy Director: Antonia Monster-Schoemaker

• E 7 33.20

State of Arkansas European Office
Rue St. Georges 22-24 Box 1, B-1050 Brüssel
T: (00322) 6 49 60 24 **Fax:** 6 49 48 07
Managing Director: Sybille Magee

• E 733

Deutsch-Amerikanische Vereinigung Steuben-Schurz e.V.
Postf. 10 11 08, 40002 Düsseldorf
T: (0211) 9 10-2151 **Fax:** 9 10-3143

Lateinamerika

• E 734

Ibero-Amerika-Verein e.V.
Wirtschaftsvereinigung für Lateinamerika, Karibik, Spanien und Portugal
Alsterglacis 8, 20354 Hamburg
T: (040) 41 47 82-02 **Fax:** 45 79 60
Internet: http://ourworld.compuserve.com/homepages/ibero_amerikaverein
E-Mail: ibero_amerikaverein@compuserve.com
Gründung: 1916
Vorsitzende(r): Dr. Hans Georg von Heydebreck (Mitgl. des Vorstandes, Ferrostaal AG)
Geschäftsführende(s) Vorstands-Mitglied(er): Frank K. Westermann
Stellvertretende(r) Geschäftsführer(in): Helga A. Krämer
Peter Rösler
Vertretungen: Dr. Hubert Beemelmans (Botschafter a.D., Adenauerallee 132a, 53113 Bonn)
Volkmar Herr (Boulevard Clovis 49 a, B-1040 Brüssel)
Repräsentanz Berlin: Birgit Edener (Breite Str. 29, 10178 Berlin)
Verbandszeitschrift: Wirtschaftliche Mitteilungen
Mitglieder: ca. 400

• E 735

Deutsch-Ibero-Amerikanische Gesellschaft e.V. (DIAG)
Gräfstr. 83, 60486 Frankfurt
T: (069) 77 93 95 **Fax:** 77 80 80
Gründung: 1954 (4. Dezember)
Präsident(in): Dr. Wolfgang Kuhn (Honorargeneralkonsul v. Ecuador, ehem. Dir. u. Hauptbevollm. f. Deutschland d. HELVETIA Versicherungen)
2. Vizepräs.: Dr. Jürgen Zickel (Kaufmann, ehem.)
3. Vizepräs. u. Schatzmeister: Dr. Tassilo Ernst (ehem. Dir. der WESTLB, Düsseldorf)
4. Vizepräsidentin: Herrat Zeinecke (Geschäftsführend)

• E 736

Ibero-Club Bonn e.V.
Adenauerallee 132a, 53113 Bonn

T: (0228) 21 31 87 **Fax:** 21 54 94
Präsident(in): Botschafter a.D. Dr. Hubert Beemelmans
Mitglieder: 480

• E 737

Ibero-Amerika Institut für Wirtschaftsforschung der Universität Göttingen
Goßlerstr. 1B, 37073 Göttingen
T: (0551) 39 81 72 **Fax:** 39 81 73
Internet: http://www.gwdg.de/_Ltuwia/home.html
E-Mail: uwia@gwdg.de
Leitung: Prof. Dr. Hermann Sautter

• E 738

Arbeitsgemeinschaft Deutsche Lateinamerika-Forschung (ADLAF)
c/o Institut für Iberoamerika-Kunde
Alsterglacis 8, 20354 Hamburg
T: (040) 41 47 82 01 **Fax:** 41 47 82 41
E-Mail: adlaf@public.uni-hamburg.de
Gründung: 1962
Vorsitzende(r): Dr. Klaus Bodemer
Verbandszeitschrift: ADLAF-INFO
Redaktion: Dr. Klaus Bodemer
Mitglieder: ca. 260

• E 740

Arbeitsgemeinschaft Lateinamerika Verein zur Förderung des Tourismus nach Lateinamerika e.V.
Domenecker Str. 19, 74219 Möckmühl
T: (06298) 92 92 77 **Fax:** 92 92 78
E-Mail: arge.lateinamerika@t-online.de
Gründung: 1982
Vorsitzende(r): Norbert Salcher (Saspo GmbH)
Ltg. Geschäftsstelle u. Presseabt.: Johanna Valet
Mitglieder: 33

• E 741

Simon Bolivar Gesellschaft e.V.
Friedrichswall 1, 30159 Hannover
T: (0511) 1 20-5711 **Fax:** 1 20-995711
E-Mail: heino.heierberg@mw.niedersachsen.de
Vorsitzende(r): Hans Freiherr von Uslar-Gleichen
Geschäftsführer(in): Heino Heierberg

• E 743

Lateinamerika-Zentrum e.V.
Kaiserstr. 201, 53113 Bonn
T: (0228) 21 07 88 **Fax:** 24 16 58
E-Mail: laz@topicos.de
Gründung: 1961
Präsident(in): Dr. Helmut Hoffmann
Ltg. Projektabt.: Irmela Plöger
Leitung Presseabteilung: Irene Sunnus
Verbandszeitschrift: Tópicos
Redaktion: M. Rose
Verlag: Kaiserstr. 201, 53115 Bonn
Mitglieder: 14
Mitarbeiter: 8, davon 6 Teilzeit
Jahresetat: ca. DM 2,5-3 Mio, € 1,28-1,53 Mio

Internationale und europäische Beziehungen

• E 744

Deutsche Gesellschaft für die Vereinten Nationen e.V. (DGVN)
- Generalsekretariat
Poppelsdorfer Allee 55, 53115 Bonn
T: (0228) 9 49 00-0 **Fax:** 21 74 92
Internet: http://www.dgvn.de
E-Mail: dgvn-bonn@t-online.de
Vorsitzende(r) des Vorstandes: Prof. Dr. Klaus Dicke
Generalsekr.: Dr. René Klaff
Presseabteilung: Ulrich Keller
Anna M. Brassel
Verbandszeitschrift: Vereinte Nationen

• E 745

unicef
Kinderhilfswerk der Vereinten Nationen

Deutsches Komitee für UNICEF e.V.
Höninger Weg 104, 50969 Köln
T: (0221) 9 36 50-0 **Fax:** 93 65 02 79
Internet: http://www.unicef.de
E-Mail: mail@unicef.de
Gründung: 1953 (30. Juni)
Vorsitzende(r) des Vorstandes: Reinhard Schlagintweit
Geschäftsführer(in): Dr. Dietrich Garlichs
Presseref.: Rudi Tarneden
Mitarbeiter: 68 in der Bundesgeschäftsstelle, über 8000 ehrenamtl. Mitarbeiter in den lokalen Arbeitsgruppen
Zeitschrift: UNICEF-Nachrichten
Verlag: Deutsches Komitee für UNICEF e.V.

UNICEF, das Kinderhilfswerk der Vereinten Nationen, setzt sich seit über 50 Jahren für die Verbesserung der Lebensbedingungen von Kindern und Müttern ein. Das Deutsche Komitee für UNICEF e.V., mit Sitz in Köln, hat das Ziel, die Arbeit von UNICEF in den Entwicklungsländern zu unterstützen. Zu seinen wichtigsten Aufgaben gehört es, die Öffentlichkeit über Strategien und Programme von UNICEF und die Situation der Kinder in der Dritten Welt zu informieren. Ein weiterer Schwerpunkt ist die Beschaffung von Spendenmitteln, um die Arbeit von UNICEF in den Entwicklungsländern zu ermöglichen. UNICEF unterhält in über 160 Ländern der Welt Programme, bei denen schnellgreifende Hilfsmaßnahmen mit langfristigen Projekten zur Verbesserung der Basisstruktur Hand in Hand gehen. Richtige und ausreichende Ernährung, sauberes Wasser, gesundheitliche Versorgung und elementare Bildung sollen den Kindern und der Gemeinschaft, in der sie aufwachsen, ein menschenwürdiges Leben und eine Zukunft sichern. UNICEF ist sowohl in ländlichen Regionen als auch in den Slums der Städte tätig. Das Kinderhilfswerk der Vereinten Nationen arbeitet dabei eng mit den Regierungen der Länder sowie den übrigen UN-Organisationen und sonstigen Hilfsorganisationen zusammen. Dabei wird besonders auf die Einbeziehung der betroffenen Bevölkerung vor Ort bei der Planung und Durchführung der Projekte geachtet, um "Hilfe zur Selbsthilfe" zu leisten.
UNICEF wird ausschließlich durch freiwillige Zuwendungen finanziert. Rund 8 000 ehrenamtliche Helfer in 120 ehrenamtlichen Gruppen unterstützen die Arbeit des Deutschen Komitees für UNICEF e.V.. Das Deutsche UNICEF-Komitee ist mit seinen Beiträgen das erfolgreichste in der Welt.

• E 746

Deutsche UNESCO-Kommission e.V.
Colmantstr. 15, 53115 Bonn
T: (0228) 6 04 97-0 **Fax:** 6 04 97-30
Gründung: 1950 (1. Dezember)
Internationaler Zusammenschluß: siehe unter izv 41
Präsident(in): Prof. Dr. Klaus Hüfner, Berlin
1. Vizepräsident: Dr. Hans-Georg Knopp
2. Vizepräsidentin: Dr. Verena Metze-Mangold
Generalsekretär(in): Dr. Traugott Schöfthaler
Stellv. Generalsekretärin: Dr. Christiane Deußen
Leitung Presseabteilung: Dieter Offenhäußer
Verbandszeitschrift: UNESCO heute
Redaktion: Dieter Offenhäußer
Verlag: Dt. UNESCO-Komm., Colmantstr. 15, 53115 Bonn
Verbandszeitschrift: UNESCO-Kurier
Redaktion: Dr. Urs Aregger
Verlag: Freemedia Verlag Hans Frieden, Holligenstr. 39, CH-3008 Bern
Mitglieder: bis zu 100
Mitarbeiter: 19
Jahresetat: ca. DM 3 Mio, € 1,53 Mio

• E 747

Deutsches Komitee für das Umweltprogramm der Vereinten Nationen
Godesberger Allee 108-112, 53175 Bonn
T: (0228) 2 69 22 16-17 **Fax:** 2 69 22 50- 53

• E 748

Deutsche Welthungerhilfe e.V.
Postf. 12 05 09, 53047 Bonn
Adenauerallee 134, 53113 Bonn
T: (0228) 22 88-0 **Fax:** 22 07 10
Internet: http://www.welthungerhilfe.de
E-Mail: presse@welthungerhilfe.de
Gründung: 1962
Internationaler Zusammenschluß: siehe unter izu 283
Vorsitzende(r) des Vorstandes: Ingeborg Schäuble
Stellv. Vors. d. Vorst.: Oberkirchenrat i.R. Hermann Kalinna
Dr. Frithjof Leufen (Schatzmeister)
Prof. Dr. Franz J. Heidhues
Anne von Laufenberg-Beermann
Dr. jur. Manfred Ragati
Dr. Theo Sommer
Generalsekretär(in): Dr. Volker Hausmann
Ltg. Presseref.: Ulrich Post
Verbandszeitschrift: Welternährung
Redaktion: Ulrich Post, Simone Pott
Herausgeber: Adenauerallee 134, 53113 Bonn
Mitglieder: 26
Mitarbeiter: 80 Inland, 80 Ausland

• E 749

International Organization for Migration (IOM)
Koblenzer Str. 99, 53177 Bonn
T: (0228) 82 09 40 **Fax:** 8 20 94 60
Gründung: 1952 (Februar)
Leiterin der Verbindungsstelle: Irena Omelaniuk

Unterstützung für Flüchtlinge, die die Möglichkeit haben, nach USA, Kanada, Australien oder Neuseeland weiterwandern zu können. Hilfen für Flüchtlinge, die freiwillig in ihr Heimatland zurückgehen wollen. Hilfen bei der Familienzusammenführung in die BRD. Reintegration von lateinamerikanischen Fachkräften in die Heimatländer. Weitere logistische Unterstützung für die Einreise und Ausreise nach/aus Deutschland von Kontingentflüchtlingen und Migranten.

• E 750

Internationale Arbeitsorganisation (ILO)
Vertretung in Deutschland
Hohenzollernstr. 21, 53173 Bonn
T: (0228) 36 23 22, 36 39 88 **Fax:** 35 21 86
Internet: http://www.ilo.org
E-Mail: bonn@ilo.org
Direktor(in): Dr. Ernst Kreuzaler
Presse: Maria Fuhrmann

Die ILO ist eine Sonderorganisation der Vereinten Nationen.

F Industrie

Zum Auffinden einer bestimmten Dienststelle oder Organisation dient das Suchwortverzeichnis, eines Personennamens das Personenverzeichnis.

Bundesverband der Deutschen Industrie und Landesvertretungen

Industrie-Fachverbände

Bundesverband der Deutschen Industrie und Landesvertretungen

• F 1

BDI

Bundesverband der Deutschen Industrie e.V. (BDI)

Breite Str. 29, 10178 Berlin
T: (030) 20 28-0
E-Mail: b.dittmann@bdi-online.de
Internationaler Zusammenschluß: siehe unter izf 2065
Präsidium
Präsident(in): Dr.-Ing. E.h. Hans-Olaf Henkel (Mitglied d. Aufsichtsrates IBM Deutschland GmbH, Ernst-Reuter-Platz 2, 10587 Berlin, Postf. 12 19 20, 10591 Berlin, T: (030) 31 15-1506, Fax: 31 15-1213)
Vizepräsident(in): Dr. jur. Gerhard Cromme (Vors. d. Vorst. Thyssen Krupp AG, August-Thyssen-Str. 1, 40211 Düsseldorf, Postf. 10 10 10, 40001 Düsseldorf, T: (0211) 8 24-36212, Fax: 8 24-36220)
Vizepräsident(in): Prof. Dr.h.c. Ignaz Walter (Präs. Hauptverband d. Deutschen Bauindustrie e.V., Kurfürstenstr. 129, 10785 Berlin, T: (030) 2 12 86-0, Fax: 2 12 86-240)
Vizepräsident(in): Dr. Volker Jung (Mitglied d. Vorst. Siemens AG, Wittelsbacherplatz 2, 80333 München, T: (089) 2 34-33900, Fax: 2 34-33908)
Vizepräsident(in): Dr.h.c. Tyll Necker (Geschäftsführer und Gesellschafter HAKO Holding GmbH & Co., Hamburger Str. 209-239, 23843 Bad Oldesloe, Postf. 14 44, 23834 Bad Oldesloe, T: (04531) 80 61, Fax: 80 63 90)
Vizepräsident(in): Dipl.-Ing. Dr.h.c. Ferdinand Piech (Vors. d. Vorst. Volkswagen AG, 38436 Wolfsburg, T: (05361) 90, Fax: 92-8282)
Vizepräsident(in): Eberhard Reuther (Vorsitzender des Vorstandes der Körber Aktiengesellschaft, Kurt-A.-Körber-Chaussee 8-32, 21033 Hamburg, T: (040) 725 025 89, Fax: 72 50-2199)
Vizepräsident(in): Dr. Manfred Schneider (Vors. d. Vorst. Bayer AG, 51368 Leverkusen, T: (0214) 3 03 12 98, Fax: 3 05 61 46)
Vizepräsident(in): Dietmar Harting (Pers. haftender Gesellschafter Harting KGaA, Marienwerderstr. 3, 32339 Espelkamp, T: (05772) 47-241, Fax: 47-510)
Vizepräsident(in): Dr. Arend Oetker (Schatzmeister; Geschäftsf. Gesellschafter der Dr. Arend Oetker Holding GmbH & Co., Gereonstr. 18-30, 50670 Köln, T: (0221) 1 60 00-12, Fax: 1 60 00-61)
Ehrenmitglieder: Prof.Dr.-Ing. Kurt Hansen (Ehrenvorsitzender des Aufsichtsrates Bayer AG, 51368 Leverkusen, T: (0214) 30 7736, Fax: 30 66-328)
Prof.Dr.h.c. Hans L. Merkle (Robert Bosch GmbH, Postf. 10 60 50, 70049 Stuttgart, T: (0711) 81 10, Fax: 8 11 61 46)
Prof.Dr. Joachim Zahn (Daimler-Chrysler AG, HPC E 708, 70546 Stuttgart, T: (0711) 17-22085, Fax: 17-56797)
Präsidialmitglieder: Eberhard Aurich
Günter Becker (An der Pönt 48, 40885 Ratingen, Postf. 10 51 21, 40858 Ratingen, T: (02102) 1 86-101, Fax: 1 86-169)
Josef Albert Beckmann (Geschäftsführender Gesellschafter Ibena Textilwerke Beckmann GmbH & Co., Industriestr. 7-13, 46395 Bocholt, T: (02871) 2 87-0, Fax: 2 87-309)
Dipl.-Ing. Helmut Christmann (Postfach 10 19 61, 40010 Düsseldorf, Sohnstraße 70, 40237 Düsseldorf, T: (0211) 68 71-2 15, Fax: 68 71-2 05)
Dr. Dieter Dräger (Vorsitzender des Vorstandes DEA Mineraloel AG, Überseering 40, 22297 Hamburg, T: (040) 63 75-3400, Fax: 63 75-3395)
Hans-Michael Gallenkamp (Vorsitzender der Geschäftsführung der Felix Schoeller Holding GmbH & Co. KG, Burg Gretesch, 49086 Osnabrück, Postf. 36 67, 49026 Osnabrück, T: (0541) 38 00-207, Fax: 38 00-588)
Dr.-Ing. Hans-Dieter Harig (Vors. d. Vorst. PreussenElektra AG, Tresckowstr. 5, 30457 Hannover, Postf. 48 49, 30048 Hannover, T: (0511) 4 39-4181, Fax: 4 39-4069)
Ulrich Hartmann (Vors. d. Vorst. VEBA AG, Bennigsenplatz 1, 40474 Düsseldorf, T: (0211) 45 79-550, Fax: 45 79-565)
Dr.oec.publ. Jürgen Heraeus (Vors. des Aufsichtsrats Heraeus Holding GmbH, Heraeusstr. 12-14, 63450 Hanau, Postf. 15 61, 63405 Hanau, T: (06181) 3 52 12, Fax: 3 56 77)
Klaus Hering (Präsident Vereinigung der Unternehmensverbände für Mecklenburg-Vorpommern e.V., Eckdrift 93, 19061 Schwerin, T: (0385) 63 56-100, Fax: 63 56-151)
Prof. Dr. Anton Kathrein (Geschäftsf. Gesellschafter Kathrein-Werke KG, Anton-Kathrein-Str. 1-3, 83022 Rosenheim, T: (08031) 1 84-239, Fax: 1 84-661)
Dr. Arnold Kawlath (Geschäftsführender Gesellschafter Schubert & Salzer Eisenwerk Erla GmbH, p.A. Schubert & Salzer GmbH, Bunsenstr. 38, 85053 Ingolstadt, T: (0841) 96 53-400, Fax: 96 53-405)
Dr. jur. Dietmar Kuhnt (Vors. d. Vorst. RWE Aktiengesellschaft, Opernplatz 1, 45128 Essen, T: (0201) 1 21 50 00, Fax: 1 21 50 05)
Prof. Dr.-Ing. E.h. Berthold Leibinger (Geschäftsf. Gesellschafter Trumpf GmbH + Co., Johann-Maus-Str. 2, 71254 Ditzingen, T: (07156) 30 30, Fax: 30 36 14)
Dipl.-Ing. Dr.-Ing. Dr.-Ing. E.h. Manfred Lennings (Schmachtenbergstr. 142, 45219 Essen-Kettwig, T: (02054) 12 02 11, Fax: 12 02 22)
Dr. jur. Jürgen Lose (Vorsitzender des Aufsichtsrates Dyckerhoff Aktiengesellschaft, Biebricher Str. 69, 65203 Wiesbaden, Postf. 22 47, 65012 Wiesbaden, T: (0611) 6 76-1436, Fax: 6 76-1437)
Helmut Lübke (Geschäftsführer interlübke, Gebr. Lübke GmbH & Co. KG, Ringstr. 145, 33378 Rheda-Wiedenbrück, T: (05242) 12-232, Fax: 12-311)
Dr. Werner Marnette (Vorsitzender des Vorstandes Norddeutsche Affinerie AG, Hovestr. 50, 20539 Hamburg, Postf. 10 48 40, 20033 Hamburg, T: (040) 78 83-3258, Fax: 78 83-3249)
Dr.-Ing. Sigfrid Michelfelder (Vorsitzender d. Geschäftsführung L. & C. Steinmüller GmbH, Fabrikstr. 1, 51643 Gummersbach, T: (02261) 85 27 10, Fax: 85 31 19)
Prof. Dr.-Ing. E.h. Gerhard Neipp (RAG Aktiengesellschaft, Rellinghauser Str. 1, 45128 Essen, T: (0201) 1 77 29 70, Fax: 1 77 26 12)
Dr. Heinrich von Pierer (Vors. d. Vorst. Siemens AG, 80312 München, T: (089) 2 34-33001, Fax: 2 34-33005)
Dr. Wolf Hartmut Prellwitz (Vorsitzender des Aufsichtsrates IWKA Aktiengesellschaft, Gartenstr. 71, 76135 Karlsruhe, T: (0721) 14 32 21, Fax: 14 32 43)
Klaus Peter Rambow (Vors. des Vorstandes Gerresheimer Glas AG, Mörsenbroicher Weg 191, 40470 Düsseldorf, Postf. 33 02 49, 40435 Düsseldorf, T: (0211) 61 81-200, Fax: 61 81-208)
Dipl.-Phys. Randolf Rodenstock (Leiter und pers. haft. Ges. der Optischen Werke G. Rodenstock, Isartalstr. 39-43, 80469 München, Postf. 14 04 40, 80454 München, T: (089) 72 02-349, Fax: 72 02-140)
Dr. Michael Rogowski (Vors. des Vorstandes J.M. Voith AG, St. Pöltener Str. 43, 89522 Heidenheim, Postf. 19 70, 89509 Heidenheim, T: (07321) 37 42 01, Fax: 37 78 19)
Dr. Claus Rüger (Geschäftsführer Arzneimittelwerk Dresden GmbH, Meißner Str. 35, 01445 Radebeul, T: (0351) 8 34 13 36, Fax: 8 34 14 46)
Robert Schäfer (Vorsitzender der Geschäftsführung Dunlop GmbH, Dunlopstr. 2, 63450 Hanau, Postf. 22 51, 63412 Hanau, T: (06181) 68-1201, Fax: 68-1346)
Dr.rer.pol. Volker Schäfer (Präsident Wirtschaftsvereinigung Bergbau e.V., Postf. 12 07 53, 10597 Berlin, T: (030) 31 51 82-0, Fax: 31 51 82-35)
Dr. Werner Schöttelndreyer (Sprecher des Vorstandes und Hauptgeschäftsführer Verband für Schiffbau und Meerestechnik e.V., An der Alster 1, 20099 Hamburg, T: (040) 24 62 05, Fax: 24 62 87)
Dipl.-Ing. Jürgen E. Schrempp (Vors. d. Vorst. DaimlerChrysler AG, Epplestr. 225, 70567 Stuttgart, T: (0711) 17-94326, Fax: 17-94331)
Prof. Dr. Wilhelm Simson (Vorsitzender des Vorstandes VIAG AG, Brienner Str. 40, 80333 München, T: (089) 2 50 02-2000, Fax: 2 50 02-2005)
Dr. Ron Sommer (Vorsitzender des Vorstandes Deutsche Telekom AG, Friedrich-Ebert-Allee 140, 53113 Bonn, T: (0228) 1 81-9000, Fax: 1 81-8970)
Ass. jur. Friedrich Späth (Vors. d. Vorst. Ruhrgas AG, 45117 Essen, T: (0201) 1 84-00, Fax: 1 84-3766)
Dr. Werner Stumpfe (Präsident Gesamtverband d. metallindustriellen Arbeitgeberverbände e.V. -Gesamtmetall-, Volksgartenstr. 54A, 50677 Köln, T: (0221) 33 99-224, Fax: 33 99-233)
Jürgen R. Thumann (Geschäftsf. Gesellschafter Heitkamp und Thumann GmbH & Co., Am Trippelsberg 48, 40589 Düsseldorf, Postf. 13 04 07, 40554 Düsseldorf, T: (0211) 79 54-101, Fax: 79 54-305)
Dr. Peter Traumann (Vors. d. Geschäftsführung Gerolsteiner Brunnen GmbH & Co., 54567 Gerolstein, T: (06591) 1 43 10, Fax: 1 42 01)
Dr. Ruprecht Vondran (Präsident Wirtschaftsvereinigung Stahl, Sohnstr. 65, 40237 Düsseldorf, Postf. 10 54 64, 40045 Düsseldorf, T: (0211) 67 07-100, Fax: 67 07-104)
Dr. Hans-Dietrich Winkhaus (Vors. d. Geschäftsführung Henkel KGaA, 40191 Düsseldorf, T: (0211) 7 97-2139, Fax: 7 98-2325)
Dr. Mark Wössner (Vors. des Aufsichtsrates Bertelsmann AG, Carl-Bertelsmann-Str. 270, 33311 Gütersloh, T: (05241) 80-27 70, Telefax: (05214) 7 56 80)
HGeschf. u. Mitgl. d. Präsidiums: Dr. Ludolf von Wartenberg (Bundesverband der Deutschen Industrie e.V., im Haus der Deutschen Wirtschaft, Breite Str. 29, 10178 Berlin, Postanschrift: 11053 Berlin, T: (030) 20 28-1444, Fax: (030) 20 28-2444)

Wahrnehmung und Förderung aller gemeinsamen Belange der in ihm zusammengeschlossenen Industriezweige. Zusammenarbeit mit anderen Spitzenorganisationen des Unternehmertums, ausgenommen ist die Vertretung sozialpolitischer Belange, die durch die BDA erfolgt.

f 2

BDI-Landesvertretung Baden-Württemberg

(wird wahrgenommen durch: Landesverband der Baden-Württembergischen Industrie e.V.)
Zeppelinstr. 42-44, 73760 Ostfildern
T: (0711) 4 51 03 16-0 **Fax:** 45 10 31 69
Vorsitzende(r): Dr. Wolf Hartmut Prellwitz (Vors. d. AR IWKA AG, Gartenstr. 71, 76135 Karlsruhe, T: (0721) 14 32 21, Telefax: (0721) 14 32 43)
Geschäftsführende(s) Vorstands-Mitglied(er): Dipl.-Volksw. Wolfgang Wolf

f 3

BDI-Landesvertretung Bayern

(Vereinigung der Bayerischen Wirtschaft e.V.)
Max-Joseph-Str. 5, 80333 München
T: (089) 5 51 78-100 **Fax:** 5 51 78-111
Präsident(in): Erich Sennebogen (Geschäftsf. Ges. Maschinenfabrik Sennebogen GmbH, T: (089) 5 54 78-100, Fax: 5 51 78-111)
Hauptgeschäftsführer(in): Stephan Götzl

f 4

BDI - Landesvertretung Berlin und Brandenburg

(wird wahrgenommen durch: Vereinigung der Unternehmensverbände in Berlin und Brandenburg e.V. UVB)
Am Schillertheater 2, 10625 Berlin
T: (030) 3 10 05-0 **Fax:** 3 10 05-1 20
Vorsitzende(r): Erich Gerard (Dir. d. Siemens AG, Berliner Büro, Nonnendammallee 101-103, 13624 Berlin, T: (030) 38 62 90 01)
Hauptgeschäftsführer(in): Dr. Hartmann Kleiner

f 5

BDI - Landesvertretung Bremen

(wird wahrgenommen durch: Bremer Industrie-Gesellschaft e.V.)
Postf. 10 07 27, 28007 Bremen
Schillerstr. 10, 28195 Bremen
T: (0421) 3 68 02-0 **Fax:** 3 68 02 49
Vorsitzende(r): Dr. Manfred Ahlsdorff
Geschäftsführer(in): Dipl.-Volksw. Ortwin Baum
RA Eberhard Schodde

f 6

BDI - Landesvertretung Hamburg

(wird wahrgenommen durch: Industrieverband Hamburg e.V.)
Kapstadtring 10, 22297 Hamburg
T: (040) 63 78-4100 **Fax:** 63 78-4199
Internet: http://www.bdi-hamburg.de
Vorsitzende(r): Dr. Peter von Foerster (Vors. d. Vorst. Alsen GmbH, Postf. 11 23 07, 20423 Hamburg, T: (040) 3 60 02-2 58, Telefax: (040) 36 00 22 94)
Geschäftsführer(in): RA Jürgen Thies (E-Mail: juergen_thies@bdi-hamburg.de)
Dr. Claus Kemmet

f 7

BDI - Landesvertretung Hessen

(wird wahrgenommen durch: Vereinigung der hessischen Unternehmerverbände e.V.)
Postf. 50 05 61, 60394 Frankfurt
Emil-von-Behring-Str. 4, 60439 Frankfurt
T: (069) 9 58 08-0 **Fax:** 9 58 08-1 26
Präsident(in): Prof. Dipl.-Ing. Dieter Weidemann
Hauptgeschäftsführer(in): Volker Fasbender
Geschäftsführer(in): Dr. Klaus W. Lippold (MdB)

Wahrnehmung der gemeinsamen wirtschaftspolitischen Interessen ihrer Migliedsverbände und der ihnen angeschlossenen Unternehmen für Hessen

f 8

BDI - Landesvertretung Mecklenburg-Vorpommern

(Vereinigung der Unternehmensverbände für Mecklenburg-Vorpommern)
Eckdrift 93, 19061 Schwerin
T: (0385) 63 56-100 **Fax:** 63 56-151
Vorsitzende(r): Klaus Hering
Geschäftsführer(in): Dr. Thomas Klischan
Volker Steffens

f 9

BDI - Landesvertretung Niedersachsen

(wird wahrgenommen durch: Unternehmerverbände Niedersachsen e.V.)
Schiffgraben 36, 30175 Hannover
T: (0511) 85 05-0 **Fax:** 85 05-2 68
Präsident(in): Dr. Peter Haverbeck (Poelzigweg 5b, 30559 Hannover, T: (0511) 51 35 20)
Hauptgeschäftsführer(in): RA Gernot Preuß
Stellv. Hauptgeschäftsführer: Dr. Volker Müller

f 10

BDI - Landesvertretung Nordrhein-Westfalen

(wird wahrgenommen durch: Wirtschaftsvereinigung Stahl)
Sohnstr. 65, 40237 Düsseldorf
T: (0211) 67 07-0 **Fax:** 67 07-104
Internet: http://www.stahl-online.de
E-Mail: Ruprecht.Vondran@wvstahl.de
Präsident(in): Dr. Ruprecht Vondran
Geschäftsführer(in): Albrecht Kormann

f 11

BDI - Landesvertretung Rheinland-Pfalz
(wird wahrgenommen durch: Landesvereinigung Rheinland-Pfälzischer Unternehmerverbände e.V.)
Postf. 29 66, 55019 Mainz
Hölderlinstr. 1, 55131 Mainz
T: (06131) 55 75-0 **Fax:** 55 75 39
Vorsitzende(r): Dr. Eberhard Schwarz (Geschf. der Zschimmer & Schwarz Chemie GmbH & Co., Max-Schwarz-Str. 3-5, 56112 Lahnstein, T: (02621) 1 23 33, Telefax: (02621) 1 24 06)
Hauptgeschäftsführer(in): RA Werner Simon
Stellv. Hauptgeschäftsführer: Dr. Uwe Gaßmann

f 12

BDI - Landesvertretung Saar
(wird wahrgenommen durch: Vereinigung der Saarländischen Unternehmensverbände (VSU)
Harthweg 15, 66119 Saarbrücken
T: (0681) 9 54 34-0 **Fax:** 9 54 34-74
Präsident(in): Dr. Walter Koch (Geschäftsf. Ges. d. Dillinger Fabrik gelochter Bleche GmbH, Franz-Meguin-Str. 20, 66763 Dillingen, T: (06831) 7 00 30, Telefax: (06831) 7 00 32 50)
Hauptgeschäftsführer(in): Dipl.-Volksw. Dr. Heiko Jütte

f 13

BDI - Landesvertretung Sachsen
(wird wahrgenommen durch: Vereinigung der Sächsischen Wirtschaft e.V.)
Washingtonstr. 16-16a, 01139 Dresden
T: (0351) 2 55 93-0 **Fax:** 2 55 93-78
Präsident(in): Manfred Kreutel (Vors. d. Geschäftsführung ABB Energieanlagen GmbH, Rankestr. 35, 01139 Dresden, T: (0351) 8 45 10 10, Fax: 8 45 10 05)
Hauptgeschäftsführer(in): Dr. Andreas Winkler

f 14

BDI-Landesvertretung Sachsen-Anhalt
(wird wahrgenommen durch: Landesvereinigung der Arbeitgeber- u. Wirtschaftsverbände Sachsen-Anhalt e.V.)
Postf. 42 29, 39017 Magdeburg
Humboldtstr. 14, 39112 Magdeburg
T: (0391) 6 25 45-0 **Fax:** 6 25 45-70
Präsident(in): Friedrich-Carl Graup (Vors. der Geschäftsführung der SKL Motoren- und Systemtechnik GmbH, Friedrich-List-Str. 8, 39122 Magdeburg, T: (0391) 4 03 22 00, Telefax: (0391) 4 03 24 46)
Hauptgeschäftsführer(in): Dr. Jochen Steinecke

f 15

BDI - Landesvertretung Schleswig-Holstein
(wird wahrgenommen durch: Vereinigung der Unternehmensverbände in Hamburg und Schleswig-Holstein (UVNORD)
Geschäftsstellen:
Adolf-Steckel-Str. 17, 24768 Rendsburg
T: (04331) 14 20 56 **Fax:** 14 20 63
Haus der Wirtschaft, Kapstadtring 10, 22297 Hamburg, T: (040) 63 78 51 00, Fax: (040) 63 78 50 50
Vorsitzende(r): Prof. Dr. Hans Heinrich Driftmann (Persönlich haftender und geschäftsführender Gesellschafter der Fa. Peter Kölln KGaA, Westerstr. 22-24, 25336 Elmshorn, Postf. 6 29, 25333 Elmshorn, T: (04121) 64 81 75, Telefax: (04121) 6 56 59)
Hauptgeschäftsführer(in): RA Jürgen Meinecke
Stellv. HGeschF: Ass. Klaus Haller (MdL)

f 16

BDI-Landesvertretung Thüringen
(wird wahrgenommen durch: Verband der Wirtschaft Thüringens e.V.)
Lossiusstr. 1, 99094 Erfurt
T: (0361) 67 59-0 **Fax:** 67 59-2 22
Präsident(in): Walter Botschatzki (Geschäftsführer Multicar Spezialfahrzeuge GmbH, Industriestr. 3, 99875 Waltershausen, T: (03622) 64 04 01, Fax: 64 04 02)
Hauptgeschäftsführer(in): Lotar Schmidt

Mitglieder des BDI

f 17

Verband der Automobilindustrie e.V. (VDA)
Postf. 17 05 63, 60079 Frankfurt
Westendstr. 61, 60325 Frankfurt
T: (069) 9 75 07-0 **Fax:** 9 75 07-261
Internet: http://www.vda.de
Gründung: 1946
Internationaler Zusammenschluß: siehe unter izf 2326, izf 2353
Präsident(in): Dr. Bernd Gottschalk
Geschäftsführer(in): Dr. Kunibert Schmidt
Peter Thomson
Prof. Dr. Gunter Zimmermeyer

f 18

Hauptverband der Deutschen Bauindustrie e.V.
Kurfürstenstr. 129, 10785 Berlin
T: (030) 2 12 86-0 **Fax:** 2 12 86-240
Internet: http://www.bauindustrie.de
E-Mail: bauind@bauindustrie.de
Büro Brüssel:
Rue du Commerce 31, B-1000 Brüssel, T: (00322) 5 12 95 97, Fax: 5 12 50 66
Internationaler Zusammenschluß: siehe unter izf 342, izf 658, izf 880, izf 1912
Präsident(in): Prof. Dr.h.c. Ignaz Walter
Hauptgeschäftsführer(in): RA Michael Knipper

f 19

Bundesverband Baustoffe - Steine und Erden e.V.
Postf. 15 01 62, 60061 Frankfurt
Friedrich-Ebert-Anlage 38, 60325 Frankfurt
T: (069) 75 60 82-0 **Fax:** 75 60 82 12
Internet: http://www.baustoffindustrie.de
E-Mail: bvbaustoffe@aol.com
Internationaler Zusammenschluß: siehe unter izf 2548
Präsident(in): Dr. jur. Jürgen Lose (Vorsitzender des Aufsichtsrates Dyckerhoff AG, Biebricher Str. 69, 65203 Wiesbaden, T: (0611) 6 76-1436, Fax: (0611) 6 76-1437)
Hauptgeschäftsführer(in): RA Dr. Wolfgang Mack

f 20

Bundesverband Bekleidungsindustrie e.V. (BBI)
Postf. 10 09 55, 50449 Köln
Mevissenstr. 15, 50668 Köln
T: (0221) 7 74 41 13 **Fax:** 7 74 41 18
Internet: http://www.modemarkt.de/bbi
E-Mail: bbi@bbi-online.de
Internationaler Zusammenschluß: siehe unter izf 415
Präsident(in): Dr. Fritz Goost (Geschf. Ges. Bierbaum-Proenen GmbH & Co. KG Bekleidungswerke, Domstr. 55-73, 50668 Köln, Postf. 10 04 42, 50444 Köln, T: (0221) 1 65 61 05, Telefax: (0221) 1 65 61 10)
Hauptgeschäftsführer(in): RA Bernd Kemper
Dipl.-pol. Friedhelm N. Sartoris

f 21

Wirtschaftsvereinigung Bergbau e.V.
Postf. 12 07 53, 10597 Berlin
Am Schillertheater 4, 10625 Berlin
T: (030) 31 51 82-0 **Fax:** 31 51 82-35
Internet: http://www.wv-bergbau.de
E-Mail: wvb.kegel@t-online.de, wvb.maessenhausen@t-online.de, wvb.johannes@t-online.de
Internationaler Zusammenschluß: siehe unter izl 82
Präsident(in): Dr. Volker Schäfer
Hauptgeschäftsführer(in): Ass. d. Bergf. Karl-Ernst Kegel
Dipl.-Volksw. Wolfgang Reichel
Leitung Presseabteilung: Dr. Dieter Johannes

f 22

Verband der Chemischen Industrie e.V.
Postf. 11 19 43, 60054 Frankfurt
Karlstr. 21, 60329 Frankfurt
T: (069) 25 56-0 **Fax:** 25 56-14 71
Internet: http://www.chemische-industrie.de
E-Mail: vci@vci.de
Internationaler Zusammenschluß: siehe unter izf 1102
Präsident(in): Manfred Schneider (Vors. d. Vorst. d. Viag AG, München)
Hauptgeschäftsführer(in): Dr. Wilfried Sahm

f 23

Verband der Cigarettenindustrie
Königswinterer Str. 550, 53227 Bonn
T: (0228) 44 90 60 **Fax:** 44 25 82
Vorsitzende(r): Karsten Schmidt (Vors. d. GeschF. d. Philip Morris GmbH, München)
Hauptgeschäftsführer(in): Dr. Ernst Brückner
Stellv. Hauptgeschäftsführer: Wolfgang S. Oberrecht

f 24

Bundesverband Druck und Medien e.V. (bvdm)
Postf. 18 69, 65008 Wiesbaden
Biebricher Allee 79, 65187 Wiesbaden
T: (0611) 8 03-0, 8 03-115 **Fax:** 8 03-113
Internet: http://www.bvdm-online.de
E-Mail: info@bvdm-online.de
Internationaler Zusammenschluß: siehe unter izf 1832, izg 76
Präsident(in): Dipl.-Ing. Dipl.-Betriebsw. Alexander Schorsch
Chief Executive: RA Thomas Mayer
Chief Executive: Dipl.-Volksw. Peter Klemm (stellv.)
Geschäftsführer(in): Dipl.-Ing. Horst E. Hügle
Leitung Presseabteilung: Dipl.-Volksw. Peter Klemm (internationale Beziehungen)

f 25

EBM Wirtschaftsverband (Wirtschaftsverband Eisen, Blech und Metall verarbeitende Industrie)
Postf. 10 51 21, 40858 Ratingen
An der Pönt 48, 40885 Ratingen
T: (0202) 1 86-0 **Fax:** 1 86-169
Internet: http://www.ebm.de
E-Mail: info@ebm.de
Internationaler Zusammenschluß: siehe unter izf 2410
Präsident(in): Günter Becker
Hauptgeschäftsführer(in): RA Ulrich Böshagen

f 26

Zentralverband Elektrotechnik- und Elektronikindustrie (ZVEI) e.V.
Postf. 70 12 61, 60562 Frankfurt
Stresemannallee 19, 60596 Frankfurt
T: (069) 6 30 20 **Fax:** 6 30 23 17
Internet: http://www.zvei.de
E-Mail: zvei@zvei.org
Internationaler Zusammenschluß: siehe unter izf 483, izf 1324, izf 2409
Präsident(in): Dietmar Harting (Persönlich haftender Ges. der Harting KGaA, Marienwerder Str. 3, 32339 Espelkamp, T: (05772) 47-241, Fax: 47-510)
Hauptgeschäftsführer(in): Dr.rer.pol. Franz-Josef Wissing

f 27

Bundesverband der Deutschen Entsorgungswirtschaft e.V. (BDE)
Schönhauser Str. 3, 50968 Köln
T: (0221) 93 47 00-0 **Fax:** 93 47 00-90
Internet: http://www.bde.org
E-Mail: info@bde.org
Internationaler Zusammenschluß: siehe unter izf 281, izf 523
Präsident(in): Bernard Kemper (Altvater & Co. GmbH, Bünder Str. 85, 32051 Herford, T: (05221) 59 84 55, Telefax: (05221) 59 84 01)
Hauptgeschäftsführer(in): RA Frank-Rainer Billigmann

f 28

Wirtschaftsverband Erdöl- und Erdgasgewinnung e.V. (WEG)
Brühlstr. 9, 30169 Hannover
T: (0511) 1 21 72-0 **Fax:** 1 21 72-10
Vorsitzende(r): Wulf Hagemann (Vors.d.GeschF. Preussag Energie GmbH, Lingen)
Hauptgeschäftsführer(in): Ass. jur. Josef Schmid

f 29

Bundesvereinigung der Deutschen Ernährungsindustrie e.V. (BVE)
Godesberger Allee 142-148, 53175 Bonn
T: (0228) 3 08 29-0 **Fax:** 3 08 29-99
E-Mail: bve@bve-online.de
Internationaler Zusammenschluß: siehe unter izf 2493
Vorsitzende(r): Dr. Peter Traumann (Vorsitzender der Geschäftsleitung Gerolsteiner Brunnen GmbH & Co., 54567 Gerolstein, T: (06591) 1 43 10, Fax: (06591) 1 42 01)
Hauptgeschäftsführer(in): Prof. Dr. Matthias Horst

f 30

Verband der deutschen feinmechanischen und optischen Industrie e.V.
Kirchweg 2, 50858 Köln
T: (0221) 94 86 28-0 **Fax:** 48 34 28
Internet: http://www.feinoptik.de
E-Mail: info@feinoptik.de
Vorsitzende(r): Dipl.-Phys. Randolf Rodenstock (Leiter und Pers.haft. Ges. der Optischen Werke G. Rodenstock, Isartalstr. 39-43, 80469 München, Postf. 14 04 40, 80454 München, T: (089) 72 02-3 49, Telefax: (089) 7 20 21 40)
Hauptgeschäftsführer(in): Dipl.-Kfm. Harald Russegger

f 31

Deutscher Gießereiverband e.V. (DGV)
Postf. 10 19 61, 40010 Düsseldorf
Sohnstr. 70, 40237 Düsseldorf
T: (0211) 68 71-0 **Fax:** 68 71-333
Internet: http://www.dgv.de
E-Mail: info@dgv.de
Internationaler Zusammenschluß: siehe unter izf 2564
Präsident(in): Dipl.-Ing. Helmut Christmann
Hauptgeschäftsführer(in): Dr. Klaus Urbat

f 32

Bundesverband Glasindustrie und Mineralfaserindustrie e.V.
Postf. 10 17 53, 40008 Düsseldorf
Stresemannstr. 26, 40210 Düsseldorf
T: (0211) 1 68 94-0 **Fax:** 1 68 94-27

Internationaler Zusammenschluß: siehe unter izf 2033
Präsident(in): Klaus Peter Rambow (Vors. des Vorstandes GERRESHEIMER GLAS AG, Mörsenbroicher Weg 191, 40470 Düsseldorf, T: (0211) 61 81-2 00, Fax: (0211) 61 81-2 08)
Geschäftsführer(in): Dipl.-Ökonom Friedrich Klopotek

f 33

Hauptverband der Deutschen Holz und Kunststoffe verarbeitenden Industrie und verwandter Industriezweige e.V. (HDH)
Postf. 13 80, 53583 Bad Honnef
Flutgraben 2, 53604 Bad Honnef
T: (02224) 93 77-0 **Fax:** 93 77-77
Internet: http://www.hdh-ev.de
E-Mail: info@hdh-ev.de
VDS: Bahnstr. 4, 65205 Wiesbaden, T: (0611) 9 77 06-0, Telefax: (0611) 9 77 06-22
Internationaler Zusammenschluß: siehe unter izf 2734
Präsident(in): Helmut Lübke (Interlübke Gebr. Lübke, GmbH & Co. KG, Ringstr. 145, 33378 Rheda-Wiedenbrück, T: (05242) 12-232, Fax: 12-311)
Hauptgeschäftsführer(in): Dirk-Uwe Klaas

f 34

Vereinigung Deutscher Sägewerksverbände e.V. (VDS)
Postf. 61 28, 65051 Wiesbaden
Bahnstr. 4, 65205 Wiesbaden
T: (0611) 9 77 06-0 **Fax:** 9 77 06-22
E-Mail: VDS@SAEGEINDUSTRIE.DE
Vorsitzende(r): Dr. Josef Rettenmeier (c/o Rettenmeier GmbH & Co. KG, Industriestr. 1, 91634 Wilburgstetten, T: (09853) 3 38-341, Fax: (09853) 33 83 41)
Geschäftsführer(in): Dipl.-Volkswirt Gerhard Heider
Mitglieder: 15

f 35

Arbeitsgemeinschaft Industriengruppe
Federführend z.Zt. Bundesverband Schmuck-, Uhren, Silberwaren und verwandte Industrien e.V.
(Automatenindustrie, Börsenverein, Lederindustrie, Schmuck- und Silberwaren)
Industriehaus
Poststr. 1, 75172 Pforzheim
T: (07231) 3 30 41 **Fax:** 35 58 87
Vorsitzende(r): Carl-Heinrich Lüth (Inhaber der Carl-Heinrich Lüth GmbH, Simmlerstr. 10, 75172 Pforzheim, T: (07231) 35 60 26, Fax: 35 60 20)
Hauptgeschäftsführer(in): RA Dr. Alfred Schneider

f 36

Bundesverband Informationswirtschaft, Telekommunikation und neue Medien e.V. (BITKOM)
Nonnendammallee 101, 13629 Berlin
T: (030) 38 30 84-50 **Fax:** 38 30 84-51
Internet: http://www.bitkom.org
E-Mail: bitkom@bitkom.org
Präsident(in): Volker Jung (Mitglied des Vorstandes der Siemens AG)
Vizepräsident(in): Willi Berchtold (Vorsitzender der Geschäftsführung der Giesecke & Devrient GmbH)
Jörg Menno Harms (Vorsitzender der Geschäftsführung der Hewlett-Packard GmbH)
Gerhard Jörg (Generalbevollmächtigter der Software AG)
Vorsitzender der Geschäftsführung: Dr. Bernhard Rohleder (Politische Interessenvertretung, PR und Marketing, Electronic Business und Recht, Internationale Angelegenheiten)
Geschäftsführer(in): Alexander Bojanowsky (Software, IT-Services, Multimedia und Content, neue Medien)
Dr. Werner Senger (Messepolitik, Vertrieb, Mittelstandsförderung, Bildung)
Gerhard Tamm (Telekommunikationspolitik, Infrastruktur und Netze, Technik und Produkte, neue Technologien)

f 37

Wirtschaftsverband der deutschen Kautschukindustrie e.V. (W.d.K.)
Postf. 90 03 60, 60443 Frankfurt
Zeppelinallee 69, 60487 Frankfurt
T: (069) 79 36-0 **Fax:** 79 36-150
Internet: http://www.wdk.de
E-Mail: info@wdk.de
Internationaler Zusammenschluß: siehe unter izf 2384
Vorsitzende(r): Robert Schäfer (Vors. d. Geschäftsführung Dunlop GmbH, Dunlopstr. 2, 63450 Hanau, T: (06181) 68-1201, Fax: 68-1346)
Hauptgeschäftsführer(in): Klaus Mocker

f 38

Arbeitsgemeinschaft Keramische Industrie e.V.
Postf. 16 24, 95090 Selb
T: (09287) 8 08-0 **Fax:** 7 04 92
Vorsitzende(r): Wolfgang H. Molitor (stellv. Aufsichtsratsvors. KERAMAG, Keramische Werke AG, Kreuzerkamp 11, 40878 Ratingen, T: (02102) 91 62 10, Telefax: (02102) 91 64 39)
Hauptgeschäftsführer(in): Dipl.-Betriebsw. (FH) Ass. jur. Peter Frischholz

f 39

Gesamtverband kunststoffverarbeitende Industrie e.V. (GKV)
Am Hauptbahnhof 12, 60329 Frankfurt
T: (069) 2 71 05-0 **Fax:** 23 27 99
Internet: http://www.gkv.de
E-Mail: gkv.de@t-online.de
Internationaler Zusammenschluß: siehe unter izf 1355, izf 2220
Präsident(in): Günter Schwank (Geschäftsf. Gesellschafter Georg Utz GmbH, Nordring 67, 48465 Schüttdorf, T: (05923) 8 05-810)
Hauptgeschäftsführer(in): RA Joachim ten Hagen

f 40

Bundesverband der Deutschen Luft- und Raumfahrtindustrie e.V. (BDLI)
Friedrichstr. 152, 10117 Berlin
T: (030) 20 61 40-0 **Fax:** 20 61 40-90
Internet: http://www.bdli.de
E-Mail: info@bdli.de
Präsident(in): Dr.-Ing. Gustav Humbert (Vors. d. Geschäftsführung Daimler Chrysler Aerospace Airbus GmbH, Postf. 95 01 09, 21111 Hamburg, T: (040) 74 37-2230, Fax: 74 37-2122)
Präsidialgeschf.: Dr. Hans-Eberhard Birke

f 41

VDMA Verband Deutscher Maschinen- und Anlagenbau e.V.
Postf. 71 08 64, 60498 Frankfurt
Lyoner Str. 18, 60528 Frankfurt
T: (069) 66 03-0 **Fax:** 66 03-1511
Internet: http://www.vdma.de
E-Mail: puoe@vdma.org
Internationaler Zusammenschluß: siehe unter izf 1055, izf 1666, izf 2407
Präsident(in): Eberhard Reuther (Vors. d. Vorst. Körber AG, Kurt-A.-Chaussee 8-32, 21033 Hamburg, T: (040) 72 50-2589, Fax: 72 50-2199)
Hauptgeschäftsführer(in): Dr. Martin Wansleben

f 42

Wirtschaftsvereinigung Metalle e.V.
Postf. 10 54 63, 40045 Düsseldorf
Am Bonneshof 5, 40474 Düsseldorf
T: (0211) 47 96-0 **Fax:** 47 96-400
Internet: http://www.ne-metalNET.de
E-Mail: Postmaster@ne-metalNET.de
Internationaler Zusammenschluß: siehe unter izf 387
Präsident(in): Dr. Werner Marnette (Vors. d. Vorstandes Norddeutsche Affinerie AG, Hovestr. 50, 20539 Hamburg, T: (040) 78 83-0, Fax: (040) 78 83-3249)
Hauptgeschäftsführer(in): Ass.jur. Martin Kneer

f 43

Mineralölwirtschaftsverband e.V. (MWV)
Steindamm 55, 20099 Hamburg
T: (040) 2 48 49-0 **Fax:** 2 48 49-253
Internet: http://www.mwv.de
E-Mail: MEYERBUKOW@mwv.DE
Vorsitzende(r): Dr. Dieter Dräger (Vors. d. Vorst. d. DEA Mineralöl AG, Überseering 40, 22297 Hamburg, T: (040) 63 75-0, Fax: (040) 63 75-3395)
Hauptgeschäftsführer(in): Dr. Peter Schlüter

f 44

Verband Deutscher Papierfabriken e.V. (VDP)
Adenauerallee 55, 53113 Bonn
T: (0228) 2 67 05-0 **Fax:** 2 67 05-62
Internet: http://www.vdp-online.de
E-Mail: vdp.bonn@vdp-online.de
Internationaler Zusammenschluß: siehe unter izf 112
Präsident(in): Georg Holzhey (Geschäftsführer der Haindl Papier GmbH, Postf. 10 17 49, 86007 Augsburg)
Hauptgeschäftsführer(in): RA Klaus Windhagen
Geschäftsführer(in): Dr. Manfred Kühn
Dr. Reinhardt Thiel

f 45

Hauptverband der Papier, Pappe und Kunststoffe verarbeitenden Industrie (HPV) e.V.
Strubbergstr. 70, 60489 Frankfurt
T: (069) 97 82 81-0 **Fax:** 97 82 81-30
Internet: http://www.hpv-ev.org
E-Mail: info@hpv-ev.org
Internationaler Zusammenschluß: siehe unter izf 1804
Präsident(in): Dipl.-Kfm. Lutz Boeder (Vorstand Centholding ag, Wickerer Str. 50, 65439 Flörsheim, T: (06145) 9 57 60, Telefax: (06145) 95 76 11)
Hauptgeschäftsführer(in): RA Thomas Manfred Beck

f 46

Verband für Schiffbau und Meerestechnik e.V. (VSM)
An der Alster 1, 20099 Hamburg
T: (040) 28 01 52-0 **Fax:** 28 01 52-30
Internet: http://www.vsm.de
E-Mail: vsm.e.v.@t-online.de
Internationaler Zusammenschluß: siehe unter izf 2363
Geschäftsführer(in): Volker Meier
Geschäftsführer(in): Dr. Mathias Münchau
Sprecher d. Vorstandes u. Hauptgeschäftsführer: Dr. Werner Schöttelndreyer

f 47

Wirtschaftsvereinigung Stahl
Postf. 10 54 64, 40045 Düsseldorf
Sohnstr. 65, 40237 Düsseldorf
T: (0211) 67 07-0 **Fax:** 67 07-165
Internationaler Zusammenschluß: siehe unter izf 958
Präsident(in): Prof. Dr.-Ing. Dieter Ameling
Geschäftsführer(in): Ass. Albrecht Kormann

f 48

Wirtschaftsverband Stahlbau und Energietechnik SET e.V. (SET)
Postf. 32 04 20, 40419 Düsseldorf
Sternstr. 36, 40479 Düsseldorf
T: (0211) 4 98 70-0, 4 98 70-92 **Fax:** 4 98 70-36
E-Mail: SETeV@AOL.com
Vorsitzende(r): Dr.-Ing. Sigfrid Michelfelder (Generalbevollmächtigter Babcock Borsig AG, Duisburger Str. 375, 46049 Oberhausen, T: (0208) 8 33-3700, Telefax: (0208) 8 33-4634)
Geschäftsführende(s) Vorstands-Mitglied(er): Dr.-Ing. Reinhard Maaß

f 49

WSU Wirtschaftsverband Stahlumformung e.V.
Postf. 40 09, 58040 Hagen
Goldene Pforte 1, 58093 Hagen
T: (02331) 95 88-0 **Fax:** 5 10 46
E-Mail: wsu@wsu.de
Internationaler Zusammenschluß: siehe unter izf 2408
Präsident(in): Jürgen R. Thumann (Geschäftsf. Ges. Heitkamp und Thumann GmbH & Co., Am Trippelsberg 48, 40589 Düsseldorf, Postf. 13 04 07, 40554 Düsseldorf, T: (0211) 79 54-101, Fax: 79 54-305)
Hauptgeschäftsführer(in): Dipl.-Phys. Hans-Dieter Oelkers

f 50

Gesamtverband der Textilindustrie in der Bundesrepublik Deutschland -Gesamttextil- e.V.
Postf. 53 40, 65728 Eschborn
Frankfurter Str. 10-14, 65760 Eschborn
T: (06196) 96 62 34 **Fax:** 4 21 70
Internet: http://www.gesamttextil.de
E-Mail: eraak@gesamttextil.de
Internationaler Zusammenschluß: siehe unter izf 414
Präsident(in): Josef Albert Beckmann (Geschf. Ges. Ibena Textilwerke Beckmann GmbH & Co., Industriestr. 7-13, 46395 Bocholt, T: (02871) 2 87-0, Fax: 2 87-309)
Hauptgeschäftsführer(in): Dr. Wolf-Rüdiger Baumann
Dr. Klaus Schmidt

f 51

DVG Deutsche Verbundgesellschaft e.V.
Ziegelhäuser Landstr. 5, 69120 Heidelberg
T: (06221) 40 37-0 **Fax:** 40 37-71
1. Vorsitzende(r): Dr.-Ing. Rolf Windmöller (Mitglied des Vorstandes VEW AG, Rheinlanddamm 24, 44139 Dortmund, T: (0231) 4 38-3008, Telefax: (0231) 4 38-4026)
Hauptgeschäftsführer(in): Dr.-Ing. Jürgen Schwarz

f 52

Verein der Zuckerindustrie
Postf. 25 45, 53015 Bonn
Am Hofgarten 8, 53113 Bonn
T: (0228) 22 85-0 **Fax:** 2 28 51 00
E-Mail: wvz.wvz@t-online.de
Büro Berlin: Königin-Luise-Str. 29a, 14195 Berlin, T: (030) 83 22 63 43, Fax: 83 22 63 45
Internationaler Zusammenschluß: siehe unter izf 1469
Vorsitzende(r): Dr. Klaus Korn (Vorstandsmitglied Südzucker AG Mannheim/Ochsenfurt, Hauptverwaltung, Postf. 11 64, 97195 Ochsenfurt, Marktbreiter Str. 74, 97199 Ochsenfurt, T: (09331) 91-0, Telefax: (09331) 91-279)
Hauptgeschäftsführer(in): Dr. Dieter Langendorf

• F 53

Kulturkreis der deutschen Wirtschaft im Bundesverband der Deutschen Industrie e.V.

Breite Str. 29, 10178 Berlin
T: (030) 20 28-1406 **Fax:** 20 28-2406
E-Mail: kulturkreis@bdi-online.de
Vorstand: Dr. Jürgen Zech (Vors.)
Michael Otto (stellv. Vors.)
Dr. Bernhard Frhr. Loeffelholz von Colberg (geschäftsf.)
Geschäftsführer(in): Dr. Ludger Hünnekens

Industrie-Fachverbände

• F 54

Deutscher Abbruchverband E.V.

Postf. 10 19 33, 40010 Düsseldorf
Oststr. 122, 40210 Düsseldorf
T: (0211) 35 10 35 **Fax:** 35 45 73
Internet: http://www.deutscher-abbruchverband.de
E-Mail: info@deutscher-abbruchverband.de
Vorsitzende(r): Dipl.-Ing. Helmut Roller (c/o Roller Sprengtechnik GmbH, Gennebrecker Str. 23, 42279 Wuppertal, T: (0202) 52 30 40, Fax: 52 43 73)
Stellvertretende(r) Vorsitzende(r): Dipl.-Ing. Jürgen Lippok (c/o Verkehrsbau Union GmbH, Wartenberger Str. 24, 13053 Berlin, T: (030) 9 86 23 31 09, Fax: 98 62 31 09)
Vors. Finanzaussch.: Dipl.-Ing. Johannes Harzheim (c/o J. Harzheim GmbH & Co. KG, Neusser Str. 772, 50737 Köln, T: (0221) 74 53 11, Fax: 74 10 62)
Geschäftsführer(in): Dipl.-Betriebswirt Volker Winterstein
Mitglieder: 270

Landesverbände

f 55

Deutscher Abbruchverband E.V.
Landesverband Baden-Württemberg

Siemensstr. 8a Sudheim, 77694 Kehl
T: (07851) 54 28 **Fax:** 55 21
Landesvorsitzender: Helmut Hertrich (c/o Hertrich GmbH)

f 56

Deutscher Abbruchverband E.V.
Landesverband Bayern

Thumseestr. 44, 83435 Bad Reichenhall
T: (08651) 7 00 70 **Fax:** 70 07 61
Landesvorsitzender: Dipl.-Ing. Georg Schöndorfer jr. (c/o Schöndorfer Bau- und Umwelttechnik GmbH)

f 57

Deutscher Abbruchverband E.V.
Landesverband Berlin/Brandenburg/Mecklenburg

In der Muna 2, 15755 Töpchin
T: (033769) 8 70-0 **Fax:** 8 70-29
Landesvorsitzende(r): Dipl.-Ing. Rolf Pfeffer (c/o ROLF Abbruch & Recycling GmbH, Niederlassung Mittenwalde)

f 58

Deutscher Abbruchverband E.V.
Landesverband Bremen, Hamburg und Schleswig-Holstein

Berliner Str. 6, 30916 Isernhagen
T: (0511) 61 97 12 **Fax:** 61 49 64
Landesvorsitzende(r): Gisela Massarski (c/o Massarski Abbruchunternehmen)

f 59

Deutscher Abbruchverband E.V.
Landesverband Hessen

Postf. 14 63, 63204 Langen
T: (069) 6 98 01 40 **Fax:** 69 80 14 20
Landesvorsitzender: Dipl.-Ing. Joachim Dittmar (c/o Kern & Sohn GmbH & Co. KG)

f 60

Deutscher Abbruchverband E.V.
Landesverband Niedersachsen

Berliner Str. 6, 30916 Isernhagen
T: (0511) 61 97 12 **Fax:** 61 49 64
Landesvorsitzende(r): Gisela Massarski

f 61

Deutscher Abbruchverband E.V.
Landesverband Nordrhein-Westfalen

Giselherstr. 5-7, 44319 Dortmund
T: (0231) 92 46 01 **Fax:** 9 24 61 91
Landesvorsitzender: Dipl.-Ing. Christian Strysch (c/o Strikker GmbH)

f 62

Deutscher Abbruchverband E.V.
Landesverband Rheinland-Pfalz/Saarland

Vangionenstr. 15, 67547 Worms
T: (06241) 8 60 30 **Fax:** 41 53
Landesvorsitzender: Dipl.-Ing. Olaf Rudorf (c/o sat. Industrie- u. Gewerbebau GmbH)

f 63

Deutscher Abbruchverband E.V.
Landesverband Thüringen

Rotes Tal 4, 98530 Rohr
T: (036844) 48 30 **Fax:** 4 83 48
Landesvorsitzender: Dipl.-Ing. Rolf Volkhardt (c/o ROLF Abbruch & Recycling GmbH)

f 64

Deutscher Abbruchverband E.V.
Landesverband Sachsen/Sachsen-Anhalt

Hauptstr. 33, 04463 Großpösna
T: (034297) 6 28 00 **Fax:** 6 28 19
Landesvorsitzende(r): Dagmar Caruso (c/o Caruso Umweltservice GmbH)

• F 65

Fachverband Abbruch, Recycling und Umweltsanierung "Region Nord"

Johnsallee 53, 20148 Hamburg
T: (040) 4 15 27-21 **Fax:** 4 15 27-33
Gründung: 1994 (hervorgegangen aus dem Fachverband Abbruch- und Aufräumbetriebe)
Vorstand: Jürgen Knötzele (Vorsitzender; Wilhelm Heitmann Bauunternehmen GmbH & Co., Dratelnstr. 31, 21109 Hamburg, T: (040) 75 60 74-0/24, Fax: (040) 75 60 74-40)
Rolf Boysen (stellv. Vorsitzender; Herbert Boysen, Kieler Str. 768, 24536 Neumünster, T: (04321) 95 97-87, 52 91 76, Fax: (04321) 95 97-89)
Karin Schäpsmeier (stellv. Vorsitzende; Schäpsmeier Abbruch GmbH, Pirolkamp 29, 22397 Hamburg, T: (040) 60 71-509, Fax: (040) 60 71-781, E-Mail: karin@schaepsmeier.de)
Manfred Schäpsmeier (Schatzmeister; Schäpsmeier Abbruch GmbH, Duvenstedter Triftweg 48, 22397 Hamburg, T: (040) 60 71-509, Fax: (040) 60 71-781)
Volker Benkendorf (c/o Wiwa-Wilko Wagner GmbH, Am Grasbrookhafen 17, 20457 Hamburg, T: (040) 8 90 58 50, Fax: (040) 8 99 17 71)
Matthias Strauch (c/o H. Ehlert & Söhne (GmbH & Co.), Grevenweg 121, 20537 Hamburg, T: (040) 2 54 36 08, Fax: (040) 25 52 98)
Geschäftsführer(in): Joachim v. Jutrczenki
Mitglieder: 37
Mitarbeiter: 1

• F 66

VAK

Verband der Arbeitsgeräte- und Kommunalfahrzeug-Industrie e.V. (VAK)

Voßstr. 1, 10117 Berlin
T: (030) 22 48 72 66 **Fax:** 22 48 72 67
Gründung: 1956 (6. April)
Vorsitzende(r): Konrad Haller
Vizepräsident(in): Johann Wimmer
Geschäftsführer(in): Hans Walter Volk
Mitglieder: 60

• F 67

Verband der Automobilindustrie e.V. (VDA)

Postf. 17 05 63, 60079 Frankfurt
Westendstr. 61, 60325 Frankfurt
T: (069) 9 75 07-0 **Fax:** 9 75 07-261
Internet: http://www.vda.de
Gründung: 1946
Internationaler Zusammenschluß: siehe unter izf 2326, izf 2353
Präsident(in): Prof. Dr. Bernd Gottschalk
Geschäftsführer(in): Dr. Kunibert Schmidt
Dr. Peter Thomson
Prof. Dr. Gunter Zimmermeyer
Ltg. Presse und PR: N.N.
Mitglieder: 500

Der Verband schützt und fördert die Interessen der gesamten Kraftfahrzeugindustrie, insbesondere die gemeinsamen Interessen seiner Mitglieder auf allen Gebieten der Kraftverkehrswirtschaft.

• F 68

ASA Bundesverband der Hersteller und Importeure von Automobil-Service-Ausrüstungen e.V.

Geschäftsstelle:
Wettertalstr. 37, 71254 Ditzingen
T: (07156) 95 83 87 **Fax:** 95 83 88
Gründung: 1972 (September)
Vorstand:
Präsident(in): Frank Leimbach (Snap-on Europe, Auf dem Hüls 5, 40822 Mettmann, T: (02104) 79 92 30, Fax: (02104) 79 93 30)
Vizepräsident(in): Axel Dahm (Pneutec Druckluftwerkzeuge und Maschinen GmbH, Georg Ohm Str. 7, 65232 Taunusstein, T: (06128) 7 10 40, Fax: (06128) 7 37 10)
Schatzmeister: Rolf Bohn (Kampmoorstr. 79, 25451 Quickborn, T: (04106) 65 59 62, Fax: (04106) 65 59 63)
Beisitzer: Joachim Lattke (RBL Redaktionsbüro Lattke, Nonnengarten 8, 97270 Kist, T: (09306) 7 15, Fax: (09306) 7 00)
Erweiterter Vorstand: Hans J. Blaschke (Blaschke Umwelttechnik), Meitingen
Peter Drust (Hofmann Werkstatt-Technik), Pfungstadt
Michael Gerdes-Röben (Robert Bosch GmbH), Plochingen
Ronald Kelm-Kläger (Beissbarth GmbH), München
Dieter Paul (HYWEMA-Hebebühnen GmbH & Co.), Solingen
Peter H. Rehberg (asanetwork GmbH), Willstätt
Hans-Jürgen Schmidt (CAR BENCH Karosseriegeräte Vertriebs GmbH), Jesteburg
Arbeitskreise und ihre Vorsitzenden:
Vorsitzende(r):
Achsmessgeräte
Ronald Kelm-Kläger (Beissbarth GmbH, T: (089) 1 49 01-0)
Abgas-Absauganlagen
Hans J. Blaschke (Blaschke Umwelttechnik, T: (08271) 81 69-0)
Bremsen- und Leistungsprüfstände
Reifendienst
Peter Drust (Hofmann Werkstatt-Technik, T: (06157) 12-2 28)
Diagnosegeräte
Michael Gerdes-Röben (Robert Bosch GmbH, T: (07153) 66 64 00)
Hebebühnen
Dieter Paul (HYWEMA-Hebebühnen GmbH & Co., T: (0212) 25 77-0)
Karosserieinstandsetzung
Hans-Jürgen Schmidt (CAR BENCH Int. S.p.A. Karosseriegeräte Vertriebs GmbH, T: (04183) 32 01)
Messen und Ausstellungen
Vertriebsschiene Handel
Peter H. Rehberg (asanetwork GmbH, T: (07852) 9 79 90)
Mitglieder: 89

• F 69

DIE DEUTSCHE BAUINDUSTRIE

Hauptverband der Deutschen Bauindustrie e.V.

Sitz:
Kurfürstenstr. 129, 10785 Berlin
T: (030) 2 12 86-0 **Fax:** 2 12 86-240
Internet: http://www.bauindustrie.de
E-Mail: bauind@bauindustrie.de
Internationaler Zusammenschluß: siehe unter izf 342, izf 658, izf 880, izf 1912
Präsidium:
Präsident(in): Prof. Dr.h.c. Ignaz Walter
Vizepräsidenten: Dipl.-Ing. Heinz A. Schüssler
Prof. Dipl.-Kfm. Thomas Bauer
Dipl.-Ing. Dieter Rappert
Hauptgeschäftsführer(in): RA Michael Knipper
Leitung Hauptabteilung Volkswirtschaft, Information und Kommunikation: Dr. Heiko Stiepelmann

Der Hauptverband der Deutschen Bauindustrie ist die Spitzenorganisation der Bauindustrie in Deutschland. Als Wirtschaftsverband, Arbeitgeberverband und Fachverband für Technik vertritt er mit seinen 16 ordentlichen und 5 außerordentlichen Mitgliedsverbänden rund 4.500 große und mittelständische Unternehmen gegenüber Bundesregierung, Parlamenten, Behörden und Institutionen auf nationaler, europäischer und internationaler Ebene.

Landesverbände

f 70

Verband der Bauindustrie Nordbaden e.V.
Postf. 31 05 49, 68265 Mannheim
Waldpforte 39, 68305 Mannheim
T: (0621) 7 62 77-0 **Fax:** 7 62 77-44
Vorsitzende(r): Thomas Schleicher (GeschfGes. der Michael Gärtner & Sohn GmbH, Bauunternehmung, Bahnhofsplatz 6, 69412 Eberbach, Postf. 14 35, 69404 Eberbach, T: (06271) 20 77, Telefax: (06271) 28 71)
Hauptgeschäftsführer(in): RA Thomas Möller

f 71

Verband der Bauwirtschaft Südbaden e.V. (VBS)
Postf. 1 43, 79001 Freiburg
Holbeinstr. 16, 79100 Freiburg
T: (0761) 7 03 02-0 **Fax:** 7 03 02-30
E-Mail: VBS@bausuedbaden.de
Präsident(in): Dipl.-Ing. Heinrich Wagner (geschäftsf. Gesellschafter der Bauunternehmung Mühlherr-Wagner GmbH, Radolfzeller Str. 2, 78333 Stockach, T: (07771) 20 61)
Vizepräsident(in): Dipl.-Ing. Rainer Weisenburger (Fa. Weisenburger Bau GmbH, Werkstr. 11, 76437 Rastatt, T: (07222) 95 90)
Verbandsdir: RA Michael Hafner
Referat Öffentlichkeitsarbeit: Gregor Gierden (M.A.)
Arbeitgeber- und Wirtschaftsverband.

f 72

Fachverband Bau Württemberg e.V.
Hohenzollernstr. 25, 70178 Stuttgart
T: (0711) 6 48 53-0 **Fax:** 6 48 53 49
Internet: http://www.fachverband-bau.de
E-Mail: info@fachverband-bau.de
Vorsitzende(r): Senator Dipl.-Ing. (FH) Joachim Fahrion
Stellvertretende(r) Vorsitzende(r): Dipl.-Ing. Klaus Stump (Vertreter der Sparte Bauindustrie)
Hauptgeschäftsführer(in): RA Dieter Diener

f 73

Bayerischer Bauindustrieverband e.V.
Hauptgeschäftsstelle
Oberanger 32V, 80331 München
T: (089) 23 50 03-0 **Fax:** 23 50 03-70
TX: 5 213 279 bbiv mchn
Ehrenpräs.: Senator E.h. Paul Brochier (Vors. d. Verwaltungsrates der Brochier-Bau-Gesellschaft mbH & Co., Marthastr. 16, 90482 Nürnberg, T: (0911) 5 97 21)
Präsident(in): Prof. Dipl.-Kfm. Thomas Bauer (Geschäftsführer der Bauer Spezialtiefbau GmbH, Wittelsbacherstr. 5, 86529 Schrobenhausen, T: (08252) 97 12 12, Telefax: (08252) 97 12 13)
Hauptgeschäftsführer(in): RA Gerhard Hess

f 74

Bauindustrieverband Berlin-Brandenburg e.V.
Postf. 60 15 62, 14415 Potsdam
Karl-Marx-Str. 27, 14482 Potsdam
T: (0331) 74 46-0 **Fax:** 74 46-166
Internet: http://www.bauindustrie-bb.de
E-Mail: bauindustrie-bb@t-online.de
Gründung: 1990 (09. Mai)
Präsident(in): Dipl.-Ing. Rainer Eder (Geschf. der Mast Hermann Hein GmbH & Co. KG, Germaniastr. 137, 12099 Berlin, T: (030) 75 69 60, Fax: (030) 75 69 61 00)
Hauptgeschäftsführer(in): RA Axel Wunschel
Mitglieder: ca. 200
Mitarbeiter: 18

f 75

Bauindustrieverband Bremen-Nordniedersachsen e.V.
Bürgermeister-Spitta-Allee 18, 28329 Bremen
T: (0421) 2 03 49-0 **Fax:** 23 48 08
Vorsitzende(r): Dipl.-Ing. Horst Wübben (Geschäftsf. Gesellschafter der B. Wübben + Co. Bauunternehmung GmbH, Zur Siedewurt 2, 27612 Bremerhaven, T: (0471) 7 10 26, Telefax: (0471) 7 58 89)
Hauptgeschäftsführer(in): RA Dr. jur. Wolfgang Bayer

f 76

Bauindustrieverband Hamburg e.V.
Postf. 20 19 55, 20209 Hamburg
Loogestr. 8, 20249 Hamburg
T: (040) 46 86 56-0 **Fax:** 46 86 56-26
Vorsitzende(r): Dr.-Ing. Ulfert Martinsen
Hauptgeschäftsführer(in): RA Klaus Pautzke

f 77

Bauindustrieverband Hessen-Thüringen e.V.
Abraham-Lincoln-Str. 30, 65189 Wiesbaden
T: (0611) 9 74 75-0 **Fax:** 9 74 75-75
Vorsitzende(r): Dipl.-Ing. Dieter Rappert
Hauptgeschäftsführer(in): RA Hans-Rudolf Kehrl

f 78

Bauindustrieverband Mecklenburg-Vorpommern e.V.
Eckdrift 93, 19061 Schwerin
T: (0385) 6 35 63 00 **Fax:** 6 35 63 11
Präsident(in): Dipl.-Ing. Eduard Dewenter (Geschäftsführer der Eduard Dewenter KG, Am Torney 2, 23970 Wismar, T: (03841) 26 16-0, Telefax: (03841) 26 16-44)
Hauptgeschäftsführer(in): Obering. Hans-Jürgen Langschwager

f 79

Verband der Bauindustrie für Niedersachsen e.V.
Postf. 61 49, 30061 Hannover
Eichstr. 19, 30161 Hannover
T: (0511) 3 48 34-0 **Fax:** 3 48 07 11
Präsident(in): Senator Dipl.-Ing. Michael Munte (Geschäftsf. Gesellschafter d. Karl Munte Bauunternehmung GmbH & Co. KG, Volkmaroder Str. 8, 38104 Braunschweig, T: (0531) 3 70 70)
Hauptgeschäftsführer(in): Prof. Dipl.-Kfm. Michael Sommer

f 80

Wirtschaftsvereinigung Bauindustrie e.V. Nordrhein-Westfalen
Hauptgeschäftsstelle:
Postf. 10 54 62, 40045 Düsseldorf
Uhlandstr. 56, 40237 Düsseldorf
T: (0211) 67 03-0 **Fax:** 67 43 03
Präsident(in): Dr.-Ing. F. C. Trapp
Verb.-Dir.: RA Wolfgang Peters
Leitung Presseabteilung: Winfried Krüger
Mitglieder: 500
Zusammenschluß der Ingenieurbau- und der industriellen Bauunternehmungen einschließlich des Fertigteilbaues, der Fertigteilherstellung und der Montage sowie von den in den Fachabteilungen des Paragraph 25 vertretenen Gewerbezweigen und von Unternehmungen, die sich auf den der Bauindustrie nahestehenden Gebieten betätigen, zur Vertretung gemeinsamer wirtschaftlicher, fachlicher, technischer und sozialer Interessen ihrer Mitglieder.

f 81

Landesverband Bauindustrie Rheinland-Pfalz e.V.
Postf. 42 24, 55032 Mainz
Am Linsenberg 16, 55131 Mainz
T: (06131) 26 17-0 **Fax:** 26 17-22
Vorsitzende(r): Dipl.-Ing. Walter Schmidt
Hauptgeschäftsführer(in): Rechtsanwalt Dr. Martin Dossmann
Geschäftsführer(in): Ass. Stefan Dausner

f 82

Arbeitgeberverband der Bauwirtschaft des Saarlandes
Kohlweg 18, 66123 Saarbrücken
T: (0681) 38 92 50 **Fax:** 3 89 25 20
Internet: http://www.bau-saar.de
E-Mail: agv@bau-saar.de
Präsident(in): Dipl.-Ing. Hans-Ludwig Bernardi
Hauptgeschäftsführer(in): Dipl.-Volksw. Klaus Ziegler

f 83

Sächsischer Bauindustrieverband e.V.
Niederwaldstr. 36, 01277 Dresden
T: (0351) 3 19 88-0 **Fax:** 3 19 88 25
Präsident(in): Dr. Dr.h.c. Frieder Sieber (Geschäftsführer der Sieber GmbH Baumanagement für Projektentwicklung-Haus-Boden)
Hauptgeschäftsführer(in): Prof. Dr. sc. techn. Eur. Ing. Rolf Zimmermann

f 84

Landesverband der Bauindustrie für Sachsen-Anhalt e.V.
Postf. 16 05, 39006 Magdeburg
Julius-Bremer-Str. 10, 39104 Magdeburg
T: (0391) 5 32 21-0 **Fax:** 5 32 21 24
Gründung: 1990 (28. Februar)
Präsident(in): Obering. Dieter Schmidt (Magdeburger Industrie- und Gewerbebau GmbH, Walther-Rathenau-Str. 43, 39106 Magdeburg, T: (0391) 5 91 21 43, Telefax: (0391) 5 91 22 50)
Hauptgeschäftsführer(in): Prof. Dr.-Ing. Eberhard P. Vogt
Mitglieder: 120
Mitarbeiter: 9
Der Landesverband ist sowohl Arbeitgeber- als auch Wirtschaftsverband der Bauindustrie in Sachsen-Anhalt. Damit ist er Interessenvertreter der Bauunternehmen im Bundesland Sachsen-Anhalt und Tarifpartner der IG Bau Steine Erden.

f 85

Bauindustrieverband Schleswig-Holstein e.V.
Ringstr. 54, 24103 Kiel
T: (0431) 53 54 80 **Fax:** 5 35 48 14
Vorsitzende(r): Dipl.-Ing. Hans-Werner Blöcker (Geschäftsf. Gesellschafter der Baugesellschaft Claus Alpen mbH Neustadt)
Hauptgeschäftsführer(in): Ass. Gerald Seher

• **F 86**

Rohrleitungsbauverband e.V.
Marienburger Str. 15, 50968 Köln
T: (0221) 3 76 68 20 **Fax:** 3 76 68 60
Präsident(in): Dipl.-Kfm. Dr.rer.pol. Joachim Donath (Eugen Engert GmbH & Co.KG, Plautstr. 27-29, 04179 Leipzig)
Hauptgeschäftsführer(in): Dipl.-Ing. Arnd Böhme (Tulpenweg 21 a, 51503 Rösrath, T: (02205) 13 38)
Mitglieder: ca. 540
Technisch wissenschaftlicher Verein. Betreuung der Mitglieder in technischen Fragen. Vertretung der Mitglieder in Gremien, die technische Regelwerke, Normen und Richtlinien erarbeiten. Mitwirkung an einem Qualifikationsnachweis für Rohrleitungsbauunternehmen - DVGW Bescheinigung für Rohrleitungsbaunernehmen - der Voraussetzung für Aufnahme im Verband darstellt.

• **F 87**

Vereinigung der Naßbaggerunternehmungen e.V.
Kleine Johannisstr. 6, 20457 Hamburg
T: (040) 36 65 15 **Fax:** 37 46 00
Gründung: 1918
Vorsitzende(r): Dieter Eicke
Mitglieder: 12

• **F 88**

Deutscher Asphaltverband e.V. (DAV)
Schieffelingsweg 6, 53123 Bonn
T: (0228) 9 79 65-0 **Fax:** 9 79 65-11
Internet: http://www.asphalt.de
E-Mail: dav@asphalt.de
Gründung: 1972 (7. Dezember)
Internationaler Zusammenschluß: siehe unter izf 1222
Präsidium:
Präsident(in): Rainer Georg Hagemeier (c/o MITTELDEUTSCHE HARTSTEIN-INDUSTRIE AG, Senefelderstr. 14, 63456 Hanau-Steinheim, T: (06181) 66 76-0, Fax: (06181) 66 76 10)
Ehrenpräsident: Dieter Schüler (c/o Dr. Joachim und Hanna Schmidt Stiftung für Umwelt und Verkehr, Schachtstr. 25, 31241 Ilsede, T: (05172) 9 72-0, Fax: (05172) 9 72-153)
Stellv. Präsident: Dipl.-Kfm. Dr. Karl Stenz (c/o TEERBAU GMBH, Hauptverwaltung, Prinz-Friedrich-Str. 3, 45257 Essen, T: (0201) 84 85-258, Fax: (0201) 84 85-229)
Präsidiumsmitglied(er): Dipl.-Ing. Theodor Beisenkötter (c/o Oevermann GmbH & Co. Hoch- und Tiefbau, Robert-Bosch-Str. 7-9, 48153 Münster, T: (0251) 76 01-0, Fax: (0251) 76 01-345)
Hans Ullrich Debus (c/o amo Asphalt-Mischwerke Oberfranken GmbH & Co., Coburger Str. 35, 96253 Untersiemau, T: (09565) 7 91-0, Fax: (09565) 7 91-44)

Heinz Decker (c/o BASALT-ACTIEN-GESELLSCHAFT, Linzhausenstr. 20, 53545 Linz, T: (02644) 5 63-0, Fax: (02644) 5 63-180)
Dr.-Ing. Harald Koch (c/o Vereinigte Asphalt-Mischwerke GmbH & Co. KG, Wollinstr. 25, 24782 Büdelsdorf, T: (04331) 3 58-0, Fax: (04331) 3 58-60)
Jürgen Kisielski (c/o Bayerische Asphalt-Mischwerke, Hauptverwaltung, Ottostr. 7, 85649 Hofolding, T: (08104) 6 61-0, Fax: (08104) 66 11 00)
Dipl.-Ing. Gerhard Kunze (DEUTAG GMBH & Co. KG, Hauptverwaltung, Linzhausenstr. 20 a, 53542 Linz, T: (02644) 5 63-301, Fax: (02644) 5 63-309)
Jürgen Oehlschlaeger (c/o Weser-Mischwerke Dr. J. Schmidt GmbH & Co. KG, Hemelinger Hafendamm 22, 28309 Bremen, T: (0421) 4 58 02-0, Fax: (0421) 4 58 02 19)
Dr. Volker Potschka (c/o DEUTAG GMBH & Co. KG, Hauptverwaltung, Linzhausenstr. 20 a, 53542 Linz, T: (02644) 5 63-340, Fax: (02644) 5 63-478)
Georg Rasch (c/o NORDDEUTSCHE MISCHWERKE GMBH, Freiheit 9, 13597 Berlin, T: (030) 3 30 88-0, Fax: (030) 3 30 88-149)
Heinz Scheib (c/o Scheib Baugruppe Straßen- und Tiefbau GmbH & Co., Herdweg 40, 74523 Schwäbisch Hall, T: (07907) 8 72-0, Fax: (07907) 8 72-199)
Helmut Steinhorst (c/o NORDDEUTSCHE MISCHWERKE GmbH, Am Schlangengraben 15, 13597 Berlin, T: (030) 3 30 88-0, Fax: (030) 33 09 09 18)
Franz Voigt (c/o Vogtländische Straßen-, Tief- u. Rohrleitungsbau GmbH Rodewisch, August-Bebel-Str. 4, 08228 Rodewisch, T: (03744) 3 62-0, Fax: (03744) 4 84 95)
Uwe Wöbke (c/o DEUTSCHE ASPHALT GmbH, Höfestr. 19-21, 30163 Hannover, T: (0511) 62 68-0, Fax: (0511) 62 68-200)
Verbandszeitschrift: asphalt
Redaktion: Maike Sutor-Fiedler
Verlag: Giesel Verlag GmbH, Rehkamp 3, 30916 Isernhagen
Mitglieder: 305
Mitarbeiter: 9
Jahresetat: DM 2,5 Mio, € 1,28 Mio

• F 89

BVMB

Bundesvereinigung Mittelständischer Bauunternehmen e.V. (BVMB)
Hauptgeschäftsstelle:
Adenauerallee 11e, 53111 Bonn
T: (0228) 9 11 85-0 **Fax:** 9 11 85 22
Internet: http://www.bvmb.de
E-Mail: info@bvmb.org
Präsident(in): Ulrich Weiß
Hauptgeschäftsführer(in): Dipl.-Volksw. Friedhelm Noss
Geschäftsstellen: Berlin u. Leipzig

Die BVMB e.V., Bonn, ist ein Bundesverband leistungsstarker mittelständischer Bauunternehmen, der die spezifischen Wirtschafts- und Wettbewerbsinteressen seiner Mitglieder auf politischer Ebene, besonders aber gegenüber Auftraggebern aus allen Baubereichen, durch ein umfassendes Leistungsangebot vertritt.

• F 90

Deutsche Gesellschaft für Mauerwerksbau e.V. (DGfM)
Schloßallee 10, 53179 Bonn
T: (0228) 85 77 36 **Fax:** 85 74 37
E-Mail: mail@dgfm.de
1. Vorsitzende(r): Dipl.-Ing. Armin Neunast (Landesverband Beton- und Bimsindustrie Rheinland-Pfalz e.V., Sandkauler Weg 1, 56564 Neuwied)
Geschäftsführer(in): Dipl.-Geol. Joachim Kieker
Mitglieder: Zentralverband des Deutschen Baugewerbes, Berlin; Bundesverband Deutsche Beton- und Fertigteilindustrie e.V. einschl. Landesverband Beton- und Bimsindustrie Rheinland-Pfalz e.V., Bonn; Bundesverband Leichtbetonzuschlag-Industrie (BLZ) e.V., Ostfildern; Bundesverband Porenbetonindustrie e.V., Wiesbaden; Bundesverband der Deutschen Kalkindustrie e.V., Köln; Industrieverband Werktrockenmörtel e.V., Duisburg; Bundesverband der Deutschen Mörtelindustrie e.V., Duisburg; Bundesverband Kalksandsteinindustrie e.V., Hannover; Bundesverband der Deutschen Ziegelindustrie e.V., Bonn

• F 91

Bundesverband Deutscher Fertigbau e.V. (BDF)
Flutgraben 2, 53604 Bad Honnef
T: (02224) 93 77-0 **Fax:** 93 77-77
Internet: http://www.bdf-eV.de
E-Mail: info@BDF-eV.de
Präsident(in): Hans Weber (77866 Rheinau-Linx)
Hauptgeschäftsführer(in): Dirk-Uwe Klaas

• F 92

Deutscher Fertigbauverband e.V.
Hackländerstr. 43, 70184 Stuttgart
T: (0711) 2 39 96-54 **Fax:** 2 39 96-60
Internet: http://www.dfv.com
E-Mail: info@dfv.com
Gründung: 1961
Präsident(in): Kurt Lehner (i. Fa. Lehner-Haus GmbH, Heidenheim)
Geschäftsführer(in): Dipl.-Betriebsw. Joachim Hörrmann
Leitung Presseabteilung: Peter Mackowiack
Mitglieder: 53

• F 93

bSb

Bundesverband schlüsselfertiges Bauen e.V. (bSb)
Linzer Str. 17, 53604 Bad Honnef
T: (02224) 1 06 81 **Fax:** 93 76-22
Geschäftsführer(in): RA Kromik

Der Bundesverband schlüsselfertiges Bauen e.V. (bsb) fördert die Entwicklung des schlüsselfertigen Bauens und die Verbesserung der Wettbewerbsverhältnisse durch Gleichberechtigung der Generalunternehmer-Ausschreibung nach Fachlosen. Durch interne Schulung hinsichtlich Qualität und Erfahrungsaustausch heben sich die Mitglieder des bsb von den übrigen Generalunternehmern ab.

• F 94

Informationsdienst für neuzeitliches Bauen e.V. (d-extrakt)
Postf. 20 07 05, 53137 Bonn
Fax: (0228) 36 12 99
Internet: http://www.d-extrakt.de
E-Mail: info@d-extrakt.de
Gründung: 1968
Vorsitzende(r): Dipl.-oec. Werner Rüberg, Berlin
Leitung Presseabteilung: Klaus Göbel, Bonn
Verbandszeitschrift: D-Extrakt - Dächer, Gestaltete Umwelt
Mitglieder: 8
Mitarbeiter: 2

Information für Architekten, Ingenieure, Studierende

• F 95

VDBUM

Verband der Baumaschinen-Ingenieure und -Meister e.V.

Henleinstr. 8a, 28816 Stuhr
T: (0421) 87 16 80 **Fax:** 8 71 68 88
Gründung: 1971
Vorsitzende(r): Rudi Silter
Stellvertretende(r) Vorsitzende(r): Manfred Wichert (i.Fa. Ludwig Freytag GmbH & Co. KG, Bauunternehmung, Oldenburg)
Hauptgeschäftsführer(in): Rudi Silter (Presseabt.)
Verbandszeitschrift: VDBUM Information
Chefredakteur: Rudi Silter
Redaktion: Joachim Teubert
Mitglieder: 11000
Landesverbände: Bremen, Berlin, Chemnitz, Dresden, Frankfurt, Freiburg, Güstrow, Hamburg, Hannover, Kassel, Köln, Leipzig, Magdeburg, München, Münster, Nürnberg, Regensburg, Stuttgart, Würzburg
Fachverbände: Presseausschuß, Geräteausschüsse, Arbeitsgruppen zu diversen Themen

Standesvertretung der Baumaschinen-Ingenieure und -Meister: Weiterbildung (260 Veranstaltungen), Information, Beratung (Recht, Baumaschinentechnik u.- markt, Personal, Marketing, Öffentlichkeitsarbeit)

• F 96

Bundesverband Bekleidungsindustrie e.V. (BBI)
Postf. 10 09 55, 50449 Köln
Mevissenstr. 15, 50668 Köln
T: (0221) 7 74 41 13 **Fax:** 7 74 41 18
Internet: http://www.modemarkt.de/bbi
E-Mail: bbi@bbi-online.de
Internationaler Zusammenschluß: siehe unter izf 415
Präsident(in): Dr. Fritz Goost (Fa. Bierbaum-Proenen GmbH & Co. KG Bekleidungswerke, Domstr. 55-73, 50668 Köln, Postf. 10 03 05, 50443 Köln, T: (0221) 1 65 61 05, Telefax: (0221) 1 65 61 10)
Hauptgeschäftsführer(in): RA Bernd Kemper
Dipl.-pol. Friedhelm N. Sartoris

Landesverbände

f 98

Arbeitgeberverband der Bekleidungsindustrie Aschaffenburg und Unterfranken e.V.
Postf. 10 04 65, 63703 Aschaffenburg
Frohsinnstr. 15, 63739 Aschaffenburg
T: (06021) 2 29 37 **Fax:** 2 91 13
E-Mail: AGV.Abg@t-online.de
Vorsitzende(r): Dietmar Eser (Fa. St. EMILE Josef Reis GmbH & Co. KG, Wallstr. 6, 63839 Kleinwallstadt, T: (06022) 6 62 40, Fax: 2 37 97)
Geschäftsführer(in): RA Thomas Rittger

f 99

Verband der bayerischen Textil- und Bekleidungsindustrie e.V.
Haus der Textil- und Bekleidungsindustrie
Postf. 22 15 21, 80505 München
Gewürzmühlstr. 5, 80538 München
T: (089) 2 12 14 90 **Fax:** 29 15 36
Präsident(in): Milan Danek (H.I.-S. sportswear AG, Postf. 13 27, 85739 Garching, Daimlerstr. 15, 85748 Garching, T: (089) 32 90 70, Fax: 32 90 7250)
Hauptgeschäftsführer(in): Erwin Haas
Christian Kastner

f 100

Verband der Berliner Bekleidungsindustrie e.V.
Wichmannstr. 20, 10787 Berlin
T: (030) 2 62 10 09 **Fax:** 2 62 10 00
T-Online *676*
Gründung: 1949 (19. Januar)
Vorsitzende(r): Gerhard Pabst (Fa. Creation Mademoiselle, G. Pabst GmbH & Co. KG, Wilhelmsaue 36, 10713 Berlin, TX: 184 836, T: (030) 8 29 99 70, Telefax: (030) 8 21 08 73)
Hauptgeschäftsführer(in): RA Wolfgang Schmidt

f 101

Verband der Bekleidungsindustrie Hessen e.V.
Frohsinnstr. 15, 63739 Aschaffenburg
T: (06021) 1 28 24, 1 28 42 **Fax:** 1 28 11
Vorsitzende(r): Eckart Misch (Goodware Fashion Service GmbH, Hilpertstr. 35, 64295 Darmstadt, T: (06151) 39 43 36, Fax: 39 44 99)
Geschäftsführer(in): RA E. R. Völger

f 102

Wirtschaftsvereinigung Bekleidungsindustrie Nordrhein
Postf. 29 20, 47729 Krefeld
Ostwall 227, 47798 Krefeld
T: (02151) 62 70-0 **Fax:** 62 70-40
Internet: http://www.unternehmerschaft-niederrhein.de
Vorsitzende(r): Dipl.-Kfm. Otto Plum (H. Wirtz GmbH, 41844 Wegberg)
Geschäftsführer(in): Dipl.-Kfm. Friedrich Peschen

f 103

Gesamtvereinigung Bekleidungsindustrie Niedersachsen und Bremen e.V.
Postf. 11 60, 26001 Oldenburg
Bahnhofstr. 14, 26122 Oldenburg
T: (0441) 2 10 27-0 **Fax:** 2 10 27 99
Vorsitzende(r): Wilfried Brandes (Fa. Victor Buchholz, Große Düwelstr. 28, 30171 Hannover, T: (0511) 8 56 06-0, Telefax: (0511) 8 56 06-30)
Hauptgeschäftsführer(in): RA Jürgen Lehmann
Geschäftsführer(in): Horst-Peter Brenneke

f 104

Verband der Nordwestdeutschen Bekleidungsindustrie e.V.

Detmolder Str. 15, 33604 Bielefeld
T: (0521) 96 57 20 **Fax:** (02151) 6 86 36
E-Mail: bekleidungsverband@t-online.de
Vorsitzende(r): Wolfgang Brinkmann (Lord Bekleidungswerke F.W. Brinkmann GmbH, Waltgeristr. 1-3, 32049 Herford, Postf. 113 43, 32044 Herford, T: (05221) 88 40, Fax: 88 42 22)
Hauptgeschäftsführer(in): RA Jörg Bühler

f 105

Verband der Nordwestdeutschen Bekleidungsindustrie e.V. Landesgeschäftsstelle Hamburg/Schleswig-Holstein

Haus der Wirtschaft
Postf. 60 19 69, 22219 Hamburg
Kapstadtring 10, 22297 Hamburg
T: (040) 63 78 44 00 **Fax:** 63 78 44 44
Geschäftsführer(in): RA'in Evelyn Kiso

f 106

Landesverband der Bekleidungsindustrie Rheinland-Pfalz e.V.

Postf. 10 10 62, 67410 Neustadt
Friedrich-Ebert-Str. 11-13, 67433 Neustadt
T: (06321) 85 20 **Fax:** 85 22 21
Vorsitzende(r): Ignaz Rieder (Ziegeleistr. 2, 76863 Herxheim, T: (07276) 86 15)
Geschäftsführer(in): RA Thomas Gans

f 107

Verband der Südwestdeutschen Bekleidungsindustrie e.V.

Postf. 10 50 32, 70044 Stuttgart
Rößlinweg 4, 70184 Stuttgart
T: (0711) 24 20 41-42 **Fax:** 2 36 94 25
Vorsitzende(r): Hans-Emil Wurster (Fa. Bekleidungswerke Emil Wurster GmbH + Co. KG, Carl-Zeiss-Str. 5, 72555 Metzingen, Postf. 11 53, 72542 Metzingen, T: (07123) 92 70, Telefax: (07123) 92 72 90)
Geschäftsführer(in): Ass. Thomas Huhn

Fachverbände

f 108

Fachverband Berufs-, Sport- und Freizeitbekleidungsindustrie e.V. (bespo)

Postf. 10 09 55, 50449 Köln
Mevissenstr. 15, 50668 Köln
T: (0221) 7 74 41 50, -1 51 **Fax:** 7 74 41 18
Internet: http://www.bekleidungsindustrie.de
E-Mail: bespo@bbi-online.de
Vorsitzende(r): Hans Willax (Fa. Willax GmbH Bekleidungswerk, Postf. 11 60, 92335 Beilngries, T: (08461) 65 40, Fax: (08461) 65 42 25)
Geschäftsführer(in): RA Thomas Lange

f 109

Verband der Damenoberbekleidungsindustrie e.V. (DOB)

Postf. 10 09 55, 50449 Köln
Mevissenstr. 15, 50668 Köln
T: (0221) 77 44-1 20-1 25 **Fax:** 7 74 41 27-1 28
Internet: http://www.bekleidungsindustrie.de
E-Mail: dobverband@bbi-online.de
Vorsitzende(r): Hubert Weidemann (Fa. Schmeinck GmbH & Co. Bekleidungswerk KG, Kaiser-Wilhelm-Str. 46-50, 46395 Bocholt, T: (02871) 99 06-0, Telefax: (02871) 99 06-11)
Geschäftsführer(in): Dipl. pol. Friedhelm Sartoris

Wahrnehmung der Interessen und Vertretung der Firmen der DOB-Industrie in wirtschaftlicher und fachlicher Hinsicht.

f 110

Verband der Herrenbekleidungsindustrie e.V.

Postf. 10 09 55, 50449 Köln
Mevissenstr. 15, 50668 Köln
T: (0221) 7 74 41 30 **Fax:** 7 74 41 37
Internet: http://www.BBI-online.de
E-Mail: hakaverband@t-online.de
Vorsitzende(r): Klaus Brinkmann
Geschäftsführer(in): RA Thomas Rasch

f 111

Fachverband Hut und Mütze e.V.

Postf. 10 09 55, 50449 Köln
Mevissenstr. 15, 50668 Köln
T: (0221) 77 44-1 15-1 16 **Fax:** 7 74 41 18
Internet: http://www.bekleidungsindustrie.de
E-Mail: hut+muetze@bbi-online.de
Vorsitzende(r): Gert Diefenthal (Fa. Wilhelm Diefenthal & Sohn, GmbH & Co. KG, Nordstr. 14, 53520 Wershofen/Eifel, T: (02694) 4 15, Telefax: (02694) 5 56)
Geschäftsführer(in): Bundesverband Bekleidungsindustrie e.V.

f 112

Fachvereinigung Krawatten- und Schalindustrie

Postf. 10 23 61, 47723 Krefeld
Ostwall 227, 47798 Krefeld
T: (02151) 6 27 00 **Fax:** 62 70 40
Vorsitzende(r): Hajo Ploenes (Fa. Hans Ploenes, Postf. 23 28, 47723 Krefeld, T: (02151) 3 70 87, Telefax: (02151) 39 96 24)
Geschäftsführer(in): Dipl.-Kfm. Friedrich Peschen

f 113

Verband Lederbekleidung e.V.

Postf. 22 15 21, 80505 München
Gewürzmühlstr. 5 III, 80538 München
T: (089) 21 21 49-0 **Fax:** 29 14 60
Vorsitzende(r): Frank Kapraun (Kapraun Lederbekleidung, Ostring 9c, 63762 Großostheim, T: (06026) 9 70 80, Fax: 22 29 u. 97 08 24)
Geschäftsführer(in): RA Erwin Haas

f 114

Verband Mieder und Badebekleidung e.V. mit Fachgruppe Stütz und Wärmetherapie

Postf. 10 09 55, 50449 Köln
Mevissenstr. 15, 50668 Köln
T: (0221) 77 44-1 20-1 25 **Fax:** 7 74 41 27-1 28
Internet: http://www.bekleidungsindustrie.de
E-Mail: miederverband@bbi-online.de
Vorsitzende(r): Gerhard Lang (Fa. Paul Mitter GmbH & Co. KG, Marstallstr. 40, 73033 Göppingen, T: (07161) 6 88 41, Telefax: (07161) 6 99 93)
Geschäftsführer(in): Dipl.-Kfm. Roland Schreiber

Wahrnehmung der Interessen und Vertretung der Firmen der Mieder- und Badeindustrie in wirtschaftlicher und fachlicher Hinsicht.

f 115

Deutscher Pelzverband e.V.

Niddastr. 66-68, 60329 Frankfurt
T: (069) 24 26 35-0 **Fax:** 24 26 35-21
Internet: http://www.deutscherpelzverband.de
E-Mail: bs@fur-fashion-frankfurt.de
Präsident(in): Herbert Würker
Geschäftsführer(in): Dr. Barbara Sixt

f 116

Verband der Hemden- und Wäsche-Industrie

Postf. 10 09 55, 50449 Köln
Mevissenstr. 15, 50668 Köln
T: (0221) 77 44-1 30 **Fax:** 77 44-1 37
Internet: http://www.bekleidungsindustrie.de
E-Mail: waescheverband@bbi-online.de
Vorsitzende(r): Wulf Nerbe (i. Fa. Eterna Moden GmbH, Medienstr. 12, 94036 Passau, T: (0851) 9 81 60, Fax: (0851) 9 81 64 82)
Geschäftsführer(in): RA Thomas Rasch

• F 97

Industrieverband Werktrockenmörtel e.V.

Düsseldorfer Str. 50, 47051 Duisburg
T: (0203) 9 92 39-88
Geschäftsführer(in): Dipl.-Ing. St. Schmidt

• F 117

Industrieverband Bekleidung Bergisch Land e.V.

Freyastr. 68, 42117 Wuppertal
T: (0202) 74 45 56 **Fax:** 74 12 04
Vorsitzende(r): Herwarth von Baum
Geschäftsführer(in): Rechtsanwältin Eva Schröder

• F 118

Forschungsgemeinschaft Bekleidungsindustrie e.V.

Mevissenstr. 15, 50668 Köln
T: (0221) 77 44-144, 77 44-145 **Fax:** 77 44-141
Internet: http://www.fb-network.de
E-Mail: fb@bbi-online.de
Gründung: 1964
Vorsitzende(r): Lothar Brücher (Schiesser AG)
Vizepräsident(in): Wolfgang Seebauer (Bernhardt Men's Fashion GmbH)
Geschäftsführer(in): Dipl.-Ing. Uta-Maria Groth
Verbandszeitschrift: Bekleidungstechnische Schriftenreihe
Verlag: Forschungsgemeinschaft Bekleidungsindustrie e.V., Mevissenstr. 15, 50668 Köln

• F 119

VDBI

Verband der Deutschen Bestattungswäsche-Industrie e.V. (VDBI)

Erste Fährgasse 2, 53113 Bonn
T: (0228) 26 52 46-47 **Fax:** 26 52 48
Vorsitzende(r): Otto-Kurt Hollmann (Otto-Kurt Hollmann Spezialwäschefabrik GmbH, Am Lesumdeich 1, 28719 Bremen)
Geschäftsführer(in): Dipl.-Volksw. Siegfried von Lauvenberg

• F 120

Verband der Deutschen Daunen- und Federnindustrie e.V.

Thomas-Mann-Str. 12, 55122 Mainz
T: (06131) 37 50 70 **Fax:** 37 50 85
Vorsitzende(r): F. Verse (Bielefelder Bettfedernfabrik Friedrich Verse GmbH, Engersche Str. 226, 33611 Bielefeld, Postf. 20 10 11, 33548 Bielefeld)
Geschäftsführer(in): Dipl.-Volksw. Juliane Hedderich
Mitglieder: 26

• F 121

Fachverband Hosenträger- und Gürtel-Industrie

Freyastr. 68, 42117 Wuppertal
T: (0202) 74 45 56 **Fax:** 74 12 04
Vorsitzende(r): Gerhard Wagener (Von-Behring-Str. 35, 42283 Wuppertal)
Geschäftsführer(in): Rechtsanwältin Eva Schröder

• F 122

Wirtschaftsvereinigung Bergbau e.V.

Postf. 12 07 53, 10597 Berlin
Am Schillertheater 4, 10625 Berlin
T: (030) 31 51 82-0 **Fax:** 31 51 82-35
Internet: http://www.wv-bergbau.de
E-Mail: wvb.kegel@t-online.de, wvb.maessenhausen@t-online.de, wvb.johannes@t-online.de
Gründung: 1953
Internationaler Zusammenschluß: siehe unter izl 82
Präsident(in): Dr. rer. pol. Volker Schäfer (K + S Aktiengesellschaft, Friedrich-Ebert-Str. 160, 34119 Kassel, Postf. 10 20 29, 34111 Kassel, T: (0561) 3 01-1506, Telefax: (0561) 3 01-2294)
Präsidium: Wilhelm Beermann (Deutsche Steinkohle AG, Rellinghauser Str. 1 + Shamrockring 1, 44623 Herne, T: (02323) 15 34 00)
Präsidium: Dr.-Ing. Dr.-Ing. E.h. Berthold Bonekamp (Rheinbraun AG, Stüttgenweg 2, 50935 Köln, Postfach, 50416 Köln, T.: (0221) 4 80-1408, Fax: (0221) 4 80-1443)
Vorstand: Dipl.-Ing. Bruce DeMarcus (Mitteldeutsche Braunkohlengesellschaft mbH, Wiesenstr. 20, 06727 Theißen, T: (03441) 68 46 16, Fax: (03441) 68 44 15)
Vorstand: Dr.-Ing. Wolfgang Fritz (Lausitzer und Mitteldeutsche Bergbau-Verwaltungsges. mbH, Karl-Liebknecht-Str. 33, 10100 Berlin, T: (030) 24 51-30 80, Telefax: (030) 24 51-31 02)
Vorstand: Dr.-Ing. Joachim Geisler (Deutsche Steinkohle AG Shamrockring 1, 44623 Herne, Postfach, 44620 Herne, T.: (02323) 15 44 40, Fax: (02323) 15-2020)
Vorstand: Ass. jur. Gerhard Gördes (Deilmann-Haniel GmbH, Haustenbecke 1, 44319 Dortmund, T: (0231) 28 91-2 94, Fax: (0231) 28 91-3 30)
Vorstand: Dr.oec. Wolfgang Haase (Geologische Forschung und Erkundung GmbH, Köthener Str. 34, 06118 Halle, Postf. 1 08, 06036 Halle, T: (0345) 52 44-3 81, Telefax: (0345) 52 29-9 11)
Vorstand: Prof. Dr.-Ing. Kurt Häge (Lausitzer Braunkohle Aktiengesellschaft, Knappenstr. 1, 01968 Senftenberg, T: (03573) 78-34 00, Fax: (03573) 78-36 36)
Vorstand: Dr.-Ing. Heinrich Heiermann (Wühlbeck 9, 46535 Dinslaken-Eppinghoven, T: (02064) 4 04 10, Fax: (02064) 4 04 11)
Vorstand: Ass. d. Bergf. Dr.rer.nat. Karl Friedrich Jakob (RAG Coal International AG, Rellinghauser Str. 1-11, 45128 Essen, T: (0201) 1 77-31 30, Fax: (0201) 1 77-31 33)
Vorstand: Chem.-Ing. Dietmar Oetterer (Solvay Salz GmbH, Karlstr. 80, 47495 Rheinberg, T: (02803) 4 86 31, Fax: (02803) 4 86 30 50)
Vorstand: Dipl.-Kfm. Michael Ziesler (Deutsche Steinkohle AG, Shamrockring 1, 44623 Herne, T: (02323) 15 44 30, Fax: (02323) 15 44 39)
Hauptgeschäftsführer(in): Ass. d. Bergf. Karl-Ernst Kegel
Hauptgeschäftsführer(in): Dipl.-Volksw. Wolfgang Reichel
Leitung Presseabteilung: Dr.rer.nat. Dieter Johannes
Mitglieder: 18 Verbände

f 123

Wirtschaftsvereinigung Bergbau e.V.
Büro Brüssel
Avenue de Tervueren 168, Bte 5, B-1150 Brüssel
T: (0032) 27 72 46 56 **Fax:** 27 71 41 04
Dipl.-oec. Manfred Steinhage

Mitgliedsverbände

f 124

Unternehmensverband Steinkohlenbergbau
(vormals Unternehmensverband Ruhrbergbau)
Postf. 10 36 63, 45036 Essen
Rellinghauser Str. 1-11, 45128 Essen
T: (0201) 1 77-08 **Fax:** 1 77-4288
Gründung: 1952 (5. Juni)
Vorstand: Dr.-Ing. Joachim Geisler (Vors.)
Dipl.-Kfm. Michael G. Ziesler (stellv. Vors.)
Dipl.-Ök. Rainer Platzek
Dipl.-Ing. Bernd Tönjes
Dr. rer.pol. Klaus Rüdiger Trützschler
Geschäftsführendes Vorstandsmitglied und Hauptgeschäftsführer: Dipl.-Volksw. Wolfgang Reichel
Öffentlichkeitsarbeit: Dr. Günter Dach
Mitglieder: 3

f 125

Unternehmensverband Saarbergbau
Postf. 10 31 61, 66031 Saarbrücken
Trierer Str. 1, 66111 Saarbrücken
T: (0681) 4 05-2423 **Fax:** 4 05-2271
Gründung: 1958 (3. Januar)
Vorsitzende(r): Dr. rer.nat. Karl Friedrich Jakob (RAG Coal International AG, Rellinghauser Str. 1-11, 45128 Essen, T: (0201) 1 77-3130, Fax: (0201) 1 77-3133)
Geschäftsführendes Vorstandsmitglied: Dipl.-Ing. Uwe Penth
Mitglieder: 3

f 126

Unternehmensverband des Aachener Steinkohlenbergbaus e.V.
Postf. 14 09, 52114 Herzogenrath
Roermonder Str. 63, 52134 Herzogenrath
T: (02407) 5 15 24 **Fax:** 5 14 39
Gründung: 1951 (Dezember)
Vorsitzende(r): Dipl.-Kfm. Günter Meyhöfer (EBV Aktiengesellschaft, Roermonder Str. 63, 52134 Herzogenrath, T: (02407) 51-01, Telefax: (02407) 84 55)
Geschäftsführer(in): Dipl.-Ing. Rainer Benning
Mitglieder: 3

f 127

Unternehmensverband des Niedersächsischen Steinkohlenbergbaus e.V.
Postf. 14 64, 49464 Ibbenbüren
Osnabrücker Str. 112, 49477 Ibbenbüren
T: (05451) 51-0 **Fax:** 51-8208
Gründung: 1952 (9. Mai)
Vorsitzende(r): Dipl.-Ing. Bernd Tönjes (DSK AG BW Ewald/Hugo, Ewaldstr. 261, 45699 Herten, T: (02366) 89 42 01, Fax: 89 44 48)
Geschäftsführer(in): Dr.-Ing. Gerhard Ackmann
Mitglieder: 3

f 128

Deutscher Braunkohlen-Industrie-Verein e.V.
Postf. 40 02 52, 50832 Köln
Max-Planck-Str. 37, 50858 Köln
T: (02234) 18 64-0 **Fax:** 18 64-18
Internet: http://www.braunkohle.de
Gründung: 1885
Internationaler Zusammenschluß: siehe unter izl 84
Vorstand: Dipl.-Kfm. Berthold Bonekamp (Vors.), Köln
Vorstand: Dipl.-Kfm. Klaus Friedrich (stellv. Vors.), Helmstedt
Vorstand: Dipl.-Kfm. Bernd Jobst Breloer (Schatzmeister), Köln
Hauptgeschäftsführer(in): Dipl.-Ing. George Milojcic
Stellv. HGeschF, Justitiar: RA Henning Anz
Öffentlichkeitsarbeit: Dipl.-Volksw. Uwe Maaßen
Verbandszeitschrift: Braunkohle/Surface Mining
Mitglieder: 7

f 129

Unternehmensverband Eisenerzbergbau
An der Erzgrube 9, 32457 Porta Westfalica
T: (0571) 79 56-24 **Fax:** 79 56-20
Gründung: 1959
Vorsitzende(r): Dipl.-Ing. Ulrich Hoffmann (Barbara Rohstoffbetriebe GmbH, An der Erzgrube 9, 32457 Porta Westfalica, T: (0571) 79 56-24, Telefax: (0571) 79 56-20)
Geschäftsführer(in): Bergass.Dr.-Ing. Hans Günther Gloria
Mitglieder: 2

f 130

Kaliverein e.V.
Wilhelmshöher Allee 239, 34121 Kassel
T: (0561) 3 18 27-0 **Fax:** 3 18 27-16
Gründung: 1905
Vorsitzende(r): Dr.rer.pol. Volker Schäfer (Kali und Salz GmbH, Friedrich-Ebert-Str. 160, 34119 Kassel, Postf. 10 20 29, 34111 Kassel, T: (0561) 3 01-0, Telefax: (0561) 3 01-22 94)
Geschäftsführer(in): RA Dr. Arne Brockhoff
Verbandszeitschrift: Kali und Steinsalz
Verlag: und Redaktion: Verlag Glückauf GmbH, Postf. 18 56 20, 45206 Essen
Mitglieder: 3

f 131

Fachgruppe Metallerzbergbau in der Wirtschaftsvereinigung Metalle e.V.
Postf. 10 54 63, 40045 Düsseldorf
Am Bonneshof 5, 40474 Düsseldorf
T: (0211) 47 96-0 **Fax:** 47 96-4 00
Gründung: 1948
Vorsitzende: N. N.
Mitglieder: 3

f 132

Vereinigung der Bergbau-Spezialgesellschaften e.V.
Haustenbecke 1, 44319 Dortmund
Gründung: 1947
Vorsitzende(r): Ass. d. Bergf. Karl H. Brümmer (Deilmann-Haniel GmbH, Haustenbecke 1, 44319 Dortmund, Postf. 13 01 63, 44311 Dortmund, T: (0231) 28 91-0, Telefax: (0231) 2 89 13 62)
Geschäftsführer(in): Ass.d.Bergf. Will-Hubertus Daniels
Mitglieder: 9

f 133

Bergbaulicher Verein Baden-Württemberg e.V.
Postf. 31 61, 74021 Heilbronn
Salzgrund 67, 74076 Heilbronn
T: (07131) 9 59-0 **Fax:** 17 90 71
Vorsitzende(r): Dipl.-Kfm. Ekkehard Schneider (Südwestdeutsche Salzwerke AG, Salzgrund 67, 74076 Heilbronn, Postf. 31 61, 74021 Heilbronn, T: (07131) 9 59-2 17, Telefax: (07131) 17 90 71)

f 134

Arbeitsgemeinschaft Schiefer
Postf. 20 01 41, 56001 Koblenz
Bahnhofstr. 6, 56068 Koblenz
T: (0261) 1 24 28 **Fax:** 1 51 79
Gründung: 1951
Vorsitzende(r): Ernst Guntermann (Schiefergruben Magog GmbH & Co. KG, Alter Bahnhof 9, 57392 Schmallenberg, Postf. 21 05, 57382 Schmallenberg, T: (02974) 96 20-0, Telefax: (02974) 96 20 20)
Geschäftsführer(in): RA Gerhard Schlotmann
Mitglieder: 5

f 135

Verein Deutsche Salzindustrie e.V.
Herwarthstr. 36, 53115 Bonn
T: (0228) 6 04 73-0 **Fax:** 6 04 73-10
E-Mail: info@salzindustrie.de
Gründung: 1875
Internationaler Zusammenschluß: siehe unter izf 1403
Vorsitzende(r): Dipl.-Kfm. Ekkehard Schneider (Südwestdeutsche Salzwerke AG, Salzgrund 67, 74076 Heilbronn, T: (07131) 95 90, Fax: 17 90 71)
Geschäftsführer(in): RA Robert Speiser
Mitglieder: 7

f 136

Verband bergbaulicher Unternehmen und bergbauverwandter Organisationen
Postf. 12 07 53, 10597 Berlin
Am Schillertheater 4, 10625 Berlin
T: (030) 31 51 82-0 **Fax:** 31 51 82-35
E-Mail: wvb.berlin@t-online.de
Vorsitzende(r): Ass. jur. Friedrich Späth (Ruhrgas AG, Huttropstr. 60, 45138 Essen, Postf. 10 32 52, 45117 Essen, T: (0201) 1 84-00, Telefax: (0201) 1 84-37 66)
Geschäftsführer(in): RA Hans-Ulrich von Mäßenhausen
Mitglieder: 5

f 137

Fachvereinigung Auslandsbergbau e.V.
Am Schillertheater 4, 10625 Berlin
T: (030) 3 15 90 76-0 **Fax:** 31 51 82-35
E-Mail: fab.ev@t-online.de
Gründung: 1978 (11. Oktober)
Vorsitzende(r): Dipl.-Ing. Dipl.-Wirtsch.-Ing. Claus N.A. Siebel (Exploration und Bergbau GmbH, Düsseldorf)
Geschäftsführer(in): Dr.rer.nat. Dieter Johannes

f 138

Verband Bergbau, Geologie und Umwelt e.V.
Am Köllnischen Park 1, 10179 Berlin
T: (030) 22 33-6610 **Fax:** 22 33-6614
Vorsitzende(r): Dr. oec. Wolfgang Haase (Geologische Forschung und Erkundung GmbH, Köthener Str. 34, 06118 Halle, T: (0345) 52 44-3 81, Telefax: (0345) 5 22-99 11)
Geschäftsführer(in): Dipl.-Wirtsch. Horst Rohm
Mitglieder: 21
Mitarbeiter: 2

f 139

Arbeitsgemeinschaft Bayerischer Bergbau- und Mineralgewinnungsbetriebe e.V.
Hegelstr. 3a, 95447 Bayreuth
T: (0921) 6 46 51 **Fax:** 6 12 33
Gründung: 1990 (24. September)
Vorsitzende(r): Nikolaus W. Knauf (geschäftsf. Gesellschafter der Gebr. Knauf Westdeutsche Gipswerke, Am Bahnhof 7, 97346 Iphofen, Postf. 10, 97343 Iphofen, T: (09323) 31-3 14, Telefax: (09323) 31-5 55)
Geschäftsführer(in): Bergdir. a.D. Dipl.-Ing. Joseph Hartmann
Mitglieder: 48

f 140

Bundesverband Keramische Rohstoffe e.V. (BKR)
Bahnhofstr. 6, 56068 Koblenz
T: (0261) 1 24 28 **Fax:** 1 51 79
Gründung: 1950
Vorsitzende(r): Dr.rer.pol. Dieter Mannheim (Kärlicher Ton- und Schamotte-Werke Mannheim & Co. KG, Postf. 13 34, 56209 Mülheim-Kärlich, Burgstr. 9, 56218 Mülheim-Kärlich, T: (02630) 94 41-0, Telefax: (02630) 94 41-10)
Geschäftsführer(in): RA Gerhard Schlotmann
Mitglieder: 50

f 141

Schiefer-Fachverband in Deutschland e.V. (SVD)
Postf. 51 10 80, 50946 Köln
Annastr. 67-71, 50968 Köln
T: (0221) 93 77 05-0 **Fax:** 93 77 05-10
Internet: http://www.schiefer.de
E-Mail: svd@schiefer.de
Vorstand: Ewald A. Hoppen (Rathscheck-Schiefer und Dach-Systeme KG, Barbarastraße, 56727 Mayen, Postf. 17 52, 56707 Mayen, T: (02651) 95 50, Telefax: (02651) 95 51 00)
Geschäftsführer(in): RA Raimo Benger
Dr.rer.nat. Wolfgang Wagner

• F 142

Gesamtverband des deutschen Steinkohlenbergbaus
Postf. 10 36 63, 45036 Essen
Rellinghauser Str. 1-11, 45128 Essen
T: (0201) 1 77-08 **Fax:** 1 77-4288
Gründung: 1968 (11. Dezember)
Internationaler Zusammenschluß: siehe unter izl 83
Vorstand: Staatsminister a.D. Karl Starzacher (Vors.; Unternehmensverband Steinkohlenbergbau)
Vorstand: Wilhelm Hans Beermann (stellv. Vors.; Unternehmensverband Steinkohlenbergbau)
Vorstand: Ass. d. Bergf. Karl Friedrich Jakob (stellv. Vors.; Unternehmensverband Steinkohlenbergbau)
Vorstand: Dr.-Ing. Joachim Geisler (Unternehmensverband Steinkohlenbergbau)
Vorstand: Dr.rer.nat. Jürgen W. Stadelhofer (Unternehmensverband des Aachener Steinkohlenbergbaus e.V.)
Vorstand: Dipl.-Ing. Bernd Tönjes (Unternehmensverband Steinkohlenbergbau)
Vorstand: Dr.rer.pol. Klaus Rüdiger Trützschler (Unternehmensverband Steinkohlenbergbau)
Vorstand: Dipl.-Kfm. Michael G. Ziesler (Unternehmensverband Saarbergbau)
Geschf. Vorstandsmitglieder und Hauptgeschäftsführer: Dipl.-Volksw. Wolfgang Reichel
Dr. Gerhard Sohn
Öffentlichkeitsarbeit: Dr. Günter Dach
Mitglieder: 4

Mitgliedsverbände:
Unternehmensverband Steinkohlenbergbau
Unternehmensverband Saarbergbau
Unternehmensverband des Aachener Steinkohlenbergbaus e.V.
Unternehmensverband des Niedersächsischen Steinkohlenbergbaus e.V.

Anschriften und sonstige Angaben über diese vier Verbände siehe Mitgliedsverbände der Wirtschaftsvereinigung Bergbau e.V.

• F 143

Verein Rheinischer Braunkohlenbergwerke e.V.
Postf. 40 02 52, 50832 Köln
Max-Planck-Str. 37, 50858 Köln
T: (02234) 18 64-0 **Fax:** 18 64-18
Internet: http://www.braunkohle.de
E-Mail: 0223418640-10@t-online.de
Gründung: 1948
Vorsitzende(r): Dipl.-Kfm. Berthold Bonekamp (Rheinbraun AG, Stüttgenweg 2, 50935 Köln, 50416 Köln, T: (0221) 4 80-0, Telefax: (0221) 4 80-13 51)
Hauptgeschäftsführer(in): Dr.-Ing. George Milojcic
Mitglieder: 6

• F 144

Statistik der Kohlenwirtschaft e.V.
Postf. 10 36 63, 45036 Essen
Rellinghauser Str. 1, 45128 Essen
T: (0201) 1 77-08 **Fax:** 1 77-4272
Internet: http://www.kohlenstatistik.de
Gründung: 1954 (8. März)
Vorsitzende(r): Dipl.-Ök Rainer Platzek (Generalbevollmächtigter, Herne)
Stellvertretende(r) Vorsitzende(r): Dr.-Ing. George Milojcic (Hauptgeschf.), Köln
Geschäftsführer(in): Dipl.-Volksw. Gerhard Semrau, Essen Dipl.-Ing., Dipl.-Wirtschaftsing. Christian Stephan, Essen Dipl.-Volksw. Uwe Maaßen, Köln
Mitglieder: 5 Verbände

f 145

Statistik der Kohlenwirtschaft e.V. Geschäftsstelle Köln
Max-Planck-Str. 37, 50858 Köln
T: (02234) 18 64-34 **Fax:** 18 64-18

• F 146

Arbeitsgemeinschaft Schiefer e.V.
Postf. 20 01 41, 56001 Koblenz
Bahnhofstr. 6, 56068 Koblenz
T: (0261) 1 24 28 **Fax:** 1 51 79
Gründung: 1951
Vorsitzende(r): Ernst Guntermann (i. Fa. Schiefergruben Magog GmbH & Co. KG, Postf. 21 05, 57382 Fredeburg, T:(02974) 9 62 00, Telefax: (02974) 96 20 20)
Geschäftsführer(in): RA Gerhard Schlotmann (Im Wiesengrund 16, 56410 Montabaur)
Mitglieder: 5

• F 147

Verband der Deutschen Feuerfest-Industrie e.V.
An der Elisabethkirche 27, 53113 Bonn
T: (0228) 9 15 08-21 **Fax:** 9 15 08-55
E-Mail: feuerfest@t-online.de
Internationaler Zusammenschluß: siehe unter izf 672
Vorsitzende(r): Dr. Werner Klönne (Dr. C. Otto Feuerfest GmbH, Postf. 51 01 09, 44874 Bochum, Dr. C. Otto-Str. 222, 44879 Bochum)
Mitglieder: 38 Mitgliedsunternehmen

Wahrung und Förderung der gemeinsamen fachwirtschaftlichen Belange der Feuerfest-Industrie.

• F 149

DEUTSCHER BRAUER-BUND E.V.

Postf. 20 04 52, 53134 Bonn
Annaberger Str. 28, 53175 Bonn
T: (0228) 9 59 06-0 **Fax:** 9 59 06-16
Internet: http://www.brauer-bund.de
E-Mail: dbb@society.de
Gründung: 1871
Internationaler Zusammenschluß: siehe unter izf 1004, izf 2459
Präsident(in): Dieter Ammer (GeschF der Brauerei Beck GmbH & Co., Postf. 10 73 07, 28073 Bremen, T: (0421) 50 94-0)
Hauptgeschäftsführer(in): RA Peter Hahn
Leitung Presseabteilung: Erich Dederichs
Verbandszeitschrift: BIER AKTUELL
Redaktion: Gesellschaft für Öffentlichkeitsarbeit der Deutschen Brauwirtschaft, Annaberger Str. 28, 53175 Bonn
Mitglieder: 14 Verbände

Wahrnehmung und Förderung der gemeinsamen wirtschaftlichen Interessen der gesamten Brauwirtschaft sowie die Bekämpfung unlauteren Wettbewerbs. Tätigkeit auf sozialpolitischem Gebiet; Förderung des Austausches wirtschaftlicher und technischer Erfahrungen.

Mitgliedsverbände

f 150

Bayerischer Brauerbund e.V.
Postf. 34 01 62, 80098 München
Oskar-von-Miller-Ring 1 (Brauerhaus), 80333 München
T: (089) 28 66 04-0 **Fax:** 28 66 04-99
Internet: http://www.bayrisch-bier.de
E-Mail: brauerbund@bayrisch-bier.de
Präsidium
Präsident(in): Dr. Gerhard Ohneis
Schatzmeister: Dr. Peter Kreuzpaintner
Präsidiumsmitglied(er): Christoph Graschberger
Karl-Heinz Pritzl
Michael Weiß
Hauptgeschäftsführer(in): Dr. Fritz Ludwig Schmucker

f 151

Baden-Württembergischer Brauerbund e.V.
Eduard-Pfeiffer-Str. 48, 70192 Stuttgart
T: (0711) 2 23 33-0 **Fax:** 2 23 33 99
Gründung: 1880 (20. Dezember)
Präsident(in): Peter May (Vorsitzender des Vorstandes der Stuttgarter Hofbräu AG)
Geschäftsführer(in): RA Dr.jur. Axel B. Stemmer
Mitglieder: 65

f 152

Brauerbund Hessen-Mittelrhein e.V.
Gartenstr. 107, 60596 Frankfurt
T: (069) 6 31 30 96, 6 31 30 97 **Fax:** 6 31 29 59
Vorsitzende(r): Brauereibes. Peter Stoll (Alte Marburger Str. 2-8, 35745 Herborn, T: (02772) 70 20)
Dr. Michael Dietzsch (Postf. 11 64, Bitburg, T: (06561) 1 41)
Geschäftsführer(in): Ass. Hans-Dieter Gilg
Mitglieder: 50

f 153

Verband Pfälzischer Brauereien e.V.
Postf. 10 10 62, 67410 Neustadt
Friedrich-Ebert-Str. 11-13, 67433 Neustadt
T: (06321) 8 52-0 **Fax:** 8 52-221
Vorsitzende(r): Dr. Horst Bischoff (Brauerei Bischoff KG, Winnweiler, T: (06302) 60 10)
Geschäftsführer(in): RA Thomas Gans

f 154

Verband der Brauereien des Saarlandes e.V.
Sitz:
Harthweg 15, 68119 Saarbrücken **Postanschrift/Geschäftsstelle:**
Im Altseiterstal 20, 66538 Neunkirchen
T: (06821) 8 96 84 und 0171/8312704 **Fax:** 86 51 35
Vorsitzende(r): Dr. Richard Weber (Geschäftsf. Gesellschafter d. Karlsberg Brauerei KG Weber, Eisenbahnstr. 49, 66424 Homburg, T: (06841) 10 52 20)
Geschäftsführer(in): Dr. Andreas Prechtl
Mitglieder: 7

f 155

Verband Rheinisch-Westfälischer Brauereien e.V.
Achenbachstr. 26, 40237 Düsseldorf
T: (0211) 9 91 41-0 **Fax:** 9 91 41-68
Vorsitzende(r): H. Becker, Köln
Geschäftsführer(in): Jürgen Witt
Mitglieder: 78 Firmen

f 156

Brauereiverband Niedersachsen/Sachsen-Anhalt e.V.
Georgsplatz 11, 30159 Hannover
T: (0511) 3 63 28 00 **Fax:** 3 63 28 20
Vorsitzende(r): Harald Wildhagen (Vorstandsmitgl. der Gilde Brauerei AG, Hannover)
Geschäftsführer(in): RA Michael Scherer

f 157

Bremer Brauer-Societät
Geschäftsstelle:
Kapstadtring 10, 22297 Hamburg
T: (040) 54 72 69-0 **Fax:** 5 40 58 00
Vorsitzende(r): Dieter Ammer (Am Deich 18/19, 28199 Bremen, Brauerei Beck & Co., T: (0421) 5 09 40)
Geschäftsführer(in): RA Michael Scherer
Mitglieder: 2 Firmen

f 158

Brauereiverband Nord e.V.
Hamburg/Schleswig-Holstein/Mecklenburg-Vorpommern
Kapstadtring 10, 22297 Hamburg
T: (040) 54 72 69-0 **Fax:** 5 40 58 00
Vorsitzende(r): Günter Ellenberg
Geschäftsführer(in): RA Michael Scherer
Mitglieder: 10

f 159

Brauereiverband Berlin/Brandenburg e.V.
Kapstadtring 10, 22297 Hamburg
T: (040) 54 72 69-0 **Fax:** 5 40 58 00
Gründung: 1890 (24. April)
Vorsitzende(r): Jochen Sievers (Berliner Kindl Brauerei AG)
Geschäftsführer(in): RA Michael Scherer

f 160

Verband der Ausfuhrbrauereien Nord-, West- und Südwestdeutschlands e.V.
Gotenstr. 21, 20097 Hamburg
T: (040) 23 60 16-0 **Fax:** 23 60 16-10
Vorsitzende(r): Eckhard Koll (Mitglied des Vorstandes der Holsten-Brauerei AG, Holstenstr. 224, 22765 Hamburg, T: (040) 38 10 11)
Geschäftsführer(in): Dr. Rodger Wegner

f 161

Verband bayerischer Ausfuhrbrauereien e.V.
(Brauerhaus)
Oskar-von-Miller-Ring 1, 80333 München
T: (089) 28 23 88 **Fax:** 28 39 75
Vorsitzende(r): Dir. Albert Riedl (Staatl. Hofbräuhaus in München, Postf. 82 08 49, 81808 München)
Geschäftsführer(in): RA Manfred Newrzella

f 162

Sächsischer Brauerbund e.V.
Bamberger Str. 7, 01187 Dresden
T: (0351) 4 69 83 44 **Fax:** 4 69 83 43
Gründung: 1990 (Juni)
Vorsitzende(r): Heinz-Jörg Grohmann (Feldschlößchen AG, Dresden)
Geschäftsführer(in): Reinhard Zwanzig
Mitglieder: 16

f 163

Brauerbund Thüringen e.V.
Gartenstr. 107, 60596 Frankfurt
T: (069) 6 31 30 96, 6 31 30 97 **Fax:** 6 31 29 59
Vorsitzende(r): Albrecht Pitschel
Geschäftsführer(in): Hans Dieter Gilg

• F 164

Verband bayerischer Versandbrauereien e.V.
Brauerhaus
Oskar-von-Miller-Ring 1 III, 80333 München
T: (089) 28 23 88 **Fax:** 28 39 75
Vorsitzende(r): Dr. Hermann Freiherr von Tucher (Elbinger Str. 20, 90491 Nürnberg)
Geschäftsführer(in): RA Manfred Newrzella

• F 165

Wissenschaftliche Station für Brauerei in München e.V.
Marsstr. 46-48, 80335 München
T: (089) 51 22-2214 **Fax:** 51 22-2510
Teletex: 52 16 918 SPAT D
Gründung: 1876 (13. Juli)
Vorsitzende(r): Dr. Jobst Kayser-Eichberg (Spaten-Franziskaner-Bräu KGaA)
Stellvertretende(r) Vorsitzende(r): Dr. Peter Hellich (Paulaner Brauerei AG)
Mitglieder: 57

• F 166

Verband der Chemischen Industrie e.V.
Postf. 11 19 43, 60054 Frankfurt
Karlstr. 21, 60329 Frankfurt
T: (069) 25 56-0 **Fax:** 25 56-14 71
Internet: http://www.chemische-industrie.de
E-Mail: vci@vci.de
Gründung: 1877 (25. November)
Internationaler Zusammenschluß: siehe unter izf 1102
Präsident(in): Dr. Manfred Schneider (Vors. d. Vorstandes Bayer AG, 51368 Leverkusen, T: (0214) 30-1)
Vizepräsident(in): Prof. Dr. Wilhem Simson (Vors. d. Vorst. d. Viag AG, München)
Dr. Jürgen Strube (Vors. d. Vorstandes BASF Aktiengesellschaft, 67056 Ludwigshafen, T: (0621) 6 04 36 03)
Hauptgeschäftsführer(in): Dr. Wilfried Sahm (Karlstr. 21, 60329 Frankfurt, T: (069) 25 56-0)

f 167

Verband der Chemischen Industrie e.V. Verbindungsstelle zu Parlament und Bundesregie-

rung
Ernst-Reuter-Platz 8, 10587 Berlin
T: (030) 34 38 16 40 **Fax:** 34 38 19 50
Leitung: Dipl.-Kfm. Hermann Lehning

f 168

Verband der Chemischen Industrie e.V. Büro Brüssel
Rue du Commerce 31, B-1000 Brüssel
T: (00322) 54 80 69-0 **Fax:** 54 80 69-9
Leitung: Dr. Reinhard Quick

Landesverbände

f 169

Verband der Chemischen Industrie e.V. Landesverband Baden-Württemberg
Postf. 10 00 32, 76481 Baden-Baden
Markgrafenstr. 9, 76530 Baden-Baden
T: (07221) 21 13-0 **Fax:** 21 13 55
Vorsitzende(r): Alexander Dehio (Mitgl. d. Geschäftsführung Boehringer Ingelheim Pharma KG, Betriebsstätte Biberach, 88397 Biberach, Birkendorfer Str. 65, T: (07351) 54-0)
Geschäftsführer(in): RA Klaus Hütig

f 170

Verband der Chemischen Industrie e.V. Landesverband Bayern
Postf. 86 08 29, 81635 München
Innstr. 15, 81679 München
T: (089) 9 26 91 16 **Fax:** 9 26 91 33
Vorsitzende(r): Prof. Dr. Wilhelm Simson (Vors. d. Vorstandes der Viag AG, Brienner Str. 40, 80333 München, T: (089) 2 50 02-20 01)
Hauptgeschäftsführer(in): Dr. Peter Umfug
Geschäftsführer(in): Dr. Josef Geller

f 171

Verband der Chemischen Industrie e.V. Landesverband Hessen
Postf. 11 19 43, 60054 Frankfurt
Karlstr. 21, 60329 Frankfurt
T: (069) 25 56-14 21 **Fax:** 25 56-16 14
Vorsitzende(r): Dr. Michael Römer (Mitglied d. Geschäftsleitung, Merck KGaA, 64271 Darmstadt, T: (06151) 72-21 49)
Geschäftsführer(in): Dr. Lothar Schreiber

f 172

Verband der Chemischen Industrie e.V. Landesverband Nord (Bremen, Hamburg, Niedersachsen, Schleswig-Holstein)
Postf. 81 01 52, 30501 Hannover
Güntherstr. 1, 30519 Hannover
T: (0511) 9 84 90-0 **Fax:** 83 35 74
Vorsitzende(r): Dipl.-Ing. Klaus Starke (Werksleiter, Bayer AG, Werk Brunsbüttel, Postfach 13 10, 25536 Brunsbüttel)
Geschäftsführer(in): Dr. Jochen Wilkens
Leitung Presseabteilung: Birgit Schneider

f 173

Verband der Chemischen Industrie e.V. - Landesverband Nordost - (Berlin, Brandenburg, Mecklenburg-Vorpommern, Sachsen, Sachsen-Anhalt, Thüringen)
Postf. 12 01 54, 10591 Berlin
Ernst-Reuter-Platz 8, 10587 Berlin
T: (030) 34 38 16-0 **Fax:** 34 38 19-28
Vorsitzende(r): Jacques Thoelen (Vors. d. Geschäftsführung d. Solvay Deutschland GmbH, Hannover)
Hauptgeschäftsführer(in): RA Rolf Siegert
Geschäftsführer(in): Dr. Volkhard Uhlig

f 174

Verband der Chemischen Industrie e.V. Landesverband Nordrhein-Westfalen
Postf. 23 01 69, 40087 Düsseldorf
Ivo-Beucker-Str. 43, 40237 Düsseldorf
T: (0211) 6 79 31-40-44 **Fax:** 6 79 31-88
Vorsitzende(r): Dr. Michael Schulenburg (Vors. d. Geschäftsführung Cognis Deutschland GmbH, Henkelstr. 67, 40589 Düsseldorf, T: (0211) 79 40-2082)
Hauptgeschäftsführer(in): Dr. Friedrich Karl Weinspach

f 175

Landesverband Chemische Industrie Rheinland-Pfalz e.V.
Postf. 21 07 69, 67007 Ludwigshafen
Bahnhofstr. 48, 67059 Ludwigshafen
T: (0621) 5 20 56-0 **Fax:** 5 20 56-20
Vorsitzende(r): Dr. Rüdiger Erckel (Mitgl. d. Geschäftsführung Boehringer Ingelheim Pharma KG, 55216 Ingelheim)
Hauptgeschäftsführer(in): Peter Eisenlohr
Stellvertretende(r) Geschäftsführer(in): RA Gregor Disson

f 176

Verband der Chemischen Industrie e.V. Landesausschuss Saar
Franz-Josef-Röder-Str. 9, 66119 Saarbrücken
T: (0681) 92 65 30 **Fax:** 58 37 23
Vorsitzende(r): Rolf Schneider (Geschäftsführer URSA-PHARM Arzneimittel GmbH, Industriestraße, 66129 Saarbrücken, Postf. 40 01 51, 66057 Saarbrücken, T: (06805) 92 92-0)
Geschäftsführer(in): Dipl.-Kfm. Hans-Jörg Ravené

Fachverbände

f 177

Fachvereinigung Aluminiumsulfat im Verband der Chemischen Industrie e.V.
Karlstr. 21, 60329 Frankfurt
T: (069) 25 56 (0) -14 89 **Fax:** 25 56-1607
Vorsitzende(r): Dipl.-Ing. Hans Heß (GfE Umwelttechnik GmbH, Postf. 28 44, 90013 Nürnberg, T: (0911) 9 31 52 91)
Geschäftsführer(in): Dipl.-Ing. Hartmut Skalicky

• **F 178**

Deutsche Industrievereinigung Biotechnologie im Verband der Chemischen Industrie e.V (DIB)
Postf. 11 19 43, 60054 Frankfurt
Karlstr. 21, 60329 Frankfurt
T: (069) 25 56-1481 **Fax:** 25 56-1620
Internet: http://www.vci.de/dib
E-Mail: dib@vci.de
Vorstand: Dr. Dieter H. Wißler (Vors.; Novartis Deutschland GmbH)
Dr. Alfred Bach (BASF-LYNX Bioscience AG)
Dr. Pol Bamelis (Bayer AG)
Dr. Metin Colpan (Qiagen GmbH)
Dr. Karsten Henco (EVOTEC BioSystems AG)
Prof. Dr. Axel Kleemann (ASTA Medica AG)
Prof. Dr. Werner Küsters (BASF Aktiengesellschaft)
Dr. Gerhard Prante (Aventis CropScience GmbH)
Dr. Jürgen Schwiezer (Roche Diagnostics GmbH)
Prof. Dr. Peter J. W. Stadler (ARTEMIS Pharmaceuticals GmbH)
Dr. Friedrich von Bohlen und Halbach (LION bioscience AG)
Dr. Michael Wallmeyer (NOXXON Pharma AG)
Dr. Bernd Wegener (B.R.A.H.M.S. Diagnostica GmbH)
Dr. Harald Wulff (Cognis Deutschland GmbH)
Ständige Gäste: Dr. Gisbert Kley (Deutsche Saatveredelung)
Dr. Manfred Nekola (Nestlé Deutschland AG)
Prof. Dr. Ernst-Ludwig Winnacker (Deutsche Forschungsgemeinschaft)
Geschäftsführer(in): Dr. Gerd Romanowski (VCI/DIB)
Mitglieder: rd. 130 Unternehmen, die in allen Bereichen der Biotechnologie tätig sind

f 179

Deutsche Industrievereinigung Biotechnologie Landesverband Hessen
Karlstr. 21, 60329 Frankfurt
T: (069) 25 56 14 21 **Fax:** 25 56 16 14

f 180

Deutsche Industrievereinigung Biotechnologie Landesverband Nord
(Bremen, Hamburg, Niedersachsen, Schleswig-Holstein)
Güntherstr. 1, 30519 Hannover

f 181

Deutsche Industrievereinigung Biotechnologie Landesverband Nordost
(Berlin, Brandenburg, Mecklenburg-Vorpommern, Sachsen, Sachsen-Anhalt, Thüringen)
Ernst-Reuter-Platz 8, 10587 Berlin
T: (030) 34 38 16-0 **Fax:** 34 38 19 28

• **F 182**

Industrieverband Agrar e.V.
Karlstr. 19-21, 60329 Frankfurt
T: (069) 25 56-12 81 **Fax:** 23 67 02
E-Mail: boe.iva@vci.de
Internationaler Zusammenschluß: siehe unter izf 597
Vorsitzende(r): Dr. Jochen Wulff
Hauptgeschäftsführer(in): Dr. Oskar Böttcher

• **F 183**

Deutsche Bauchemie e.V.
Karlstr. 21, 60329 Frankfurt
T: (069) 25 56-13 18 **Fax:** 25 16 09
Internet: http://www.deutsche-bauchemie.de
Vorsitzende(r): Dipl.-Kfm. Dieter Poech (SKW Trostberg AG, Dr. Albert-Frank-Str. 32, 83308 Trostberg, T: (08621) 86 22 04)
Geschäftsführer(in): Dipl.-Ing. Norbert Schröter

• **F 184**

vdd Industrieverband Bitumen-Dach- und Dichtungsbahnen e.V.
Karlstr. 21, 60329 Frankfurt
T: (069) 25 56-13 14-13 15 **Fax:** 25 56-16 02
Internet: http://www.vdd-bitumen.de
E-Mail: info@vdd-bitumen.de
Internationaler Zusammenschluß: siehe unter izf 1913
Vorsitzende(r): Dipl.-Wirtsch.-Ing. Paul-Hermann Bauder
Geschäftsführer(in): Dr.-Ing. Rainer Henseleit.

• **F 185**

Fachverband Elektrokorund- und Siliziumkarbid-Hersteller e.V.
Karlstr. 21, 60329 Frankfurt
T: (069) 25 56 (0)-14 21 **Fax:** 25 56-16 14
Internationaler Zusammenschluß: siehe unter izf 823
Vorsitzende(r): Hans Kirchhoff (Surfatec Elektroschmelze Zschornewitz GmbH & Co.KG, Burgkemnitzer Straße 17, 06791 Zschornewitz)
Geschäftsführer(in): Dr. Lothar Schreiber

• **F 186**

Fachvereinigung Essigsäure Lebensmittelqualität im Verband der Chemischen Industrie e.V.
Karlstr. 19-21, 60329 Frankfurt
T: (069) 25 56-0 **Fax:** 23 56 99
E-Mail: wittmey@vci.de
Vorsitzende(r): Karl-Heinz Becker (Lonza-Werke GmbH, c/o LOFO High Tech Film GmbH, Weil am Rhein)
Geschäftsführer(in): Dipl.-Volksw. Dietrich Wittmeyer

• **F 187**

Fachverband Ferrolegierungen, Stahl- und Leichtmetallveredler e.V.
Am Bonneshof 5, 40474 Düsseldorf
T: (08621) 86-2814 **Fax:** 86-2066
Vorsitzende(r): Gerd Nassauer (c/o Elektrowerk Weisweiler, Postf. 72 09, 52241 Eschweiler-Weisweiler, T: (02403) 6 46-3 22, Telefax: (02403) 6 46-2 22)
Geschäftsführer(in): Dipl.-Kff. Melanie Renschler (c/o Camet Metallurgie GmbH, 40545 Düsseldorf, T: (0211) 5 77 77-13, Fax: (0211) 5 77 77-44)

• **F 188**

Fachvereinigung Gelatine im Verband der Chemischen Industrie e.V.
Postf. 11 19 43, 60054 Frankfurt
T: (069) 25 56-1635 **Fax:** 25 56-1621
Vorsitzende(r): Dipl.-Ing. Reinhard Schrieber (Deutsche Gelatine-Fabriken Stoess & Co. GmbH, Postf. 12 53, 69402 Eberbach, T: (06271) 84-1, Durchwahl -20 05)
Geschäftsführer(in): Dr. Alex Föller

• **F 189**

Industrieverband Gießerei-Chemie e.V.
Karlstr. 19-21, 60329 Frankfurt
T: (06102) 5 39 71 **Fax:** 5 39 71
Vorsitzende(r): Dipl.-Ing. Wilhelm Kuhlgatz (Hüttenes-Albertus, Chemische Werke GmbH, Hansastr. 1, 30419 Hannover, T: (0511) 9 79 70)
Geschäftsführer(in): RA Heinz Keune

• **F 190**

Verband Deutscher Kerzenhersteller e.V.
Karlstr. 21, 60329 Frankfurt
T: (069) 25 56-1366 **Fax:** 25 56-1618
Vorsitzende(r): Hans Kopschitz (Fa. Erich Kopschitz GmbH, Am Goldberg 31, 94094 Rotthalmünster, T: (08533) 20 10)
Geschäftsführer(in): Dr. Walter Schütz

• **F 191**

Industrieverband Klebstoffe e.V.
Postf. 23 01 69, 40087 Düsseldorf
Ivo-Beucker-Str. 43, 40237 Düsseldorf
T: (0211) 6 79 31-10 **Fax:** 6 79 31-88
Internet: http://www.klebstoffe.com
E-Mail: ansgar.v.halteren@klebstoffe.com
Internationaler Zusammenschluß: siehe unter izf 2201
Vorsitzende(r): Dr. Jürgen Wegner (Henkel KGaA, 40191 Düsseldorf)

Hauptgeschäftsführer(in): Dipl.-Kfm. Ansgar van Halteren
Geschäftsführer(in): RA Klaus Winkels

Der Verband bezweckt nach seiner Satzung unter Ausschluß jedes wirtschaftlichen Geschäftsbetriebes die Wahrung und Förderung der allgemeinen, ideellen und wirtschaftlichen Interessen der in der Bundesrepublik Deutschland ansässigen und/oder tätigen Klebstoffhersteller.

• F 192

GEV Gemeinschaft Emissionskontrollierte Verlegewerkstoffe e.V. EMICODE®

Gemeinschaft Emissionskontrollierte Verlegewerkstoffe e.V. (GEV)
Postf. 23 01 69, 40087 Düsseldorf
Ivo-Beucker-Str. 43, 40237 Düsseldorf
T: (0211) 6 79 31-20 **Fax:** 6 79 31-88
Vorsitzende(r): Wolfgang F. Heck (Henkel Bautechnik GmbH, Erkrather Str. 230, 40233 Düsseldorf, T: (0211) 73 79-0, Fax: (0211) 73 79-299)
Geschäftsführer(in): RA Klaus Winkels

• F 193

Industrieverband Körperpflege- und Waschmittel e.V. (IKW)
Karlstr. 21, 60329 Frankfurt
T: (069) 25 56-13 23 **Fax:** 23 76 31
Gründung: 1968 (6. Dez.)
Internationaler Zusammenschluß: siehe unter izf 197
Vorsitzende(r): Dr. Rainer Bastian
Geschäftsführer(in): RA Dr. Bernd Stroemer
Mitglieder: rd. 350
Mitarbeiter: 16

• F 194

Vereinigung der Seifen-, Parfüm- und Waschmittelfachleute e.V. (SEPAWA)
Rathausstr. 73, 53859 Niederkassel
T: (02208) 35 55 **Fax:** 7 11 93
Gründung: 1755
1. Vorsitzende(r): Dr. Klaus Henning (Mörikeweg 12, 71111 Waldenbuch, T: (07157) 1 22-1 45, Fax: (07157) 1 22-1 44)
2. Vorsitzende(r): Horst Escher (Friedhofstr. 113, 45478 Mühlheim, T: (02208) 5 05 92, Fax: (02208) 59 13 62)
Schriftführer(in): Dr. Elke Philippsen-Neu (Am Schmidtgrund 29, 50765 Köln, T: (02402) 89-26 10, Fax: (02402) 89-25 60)
PR-Managerin: Angelika Meiß (Pfälzerstr. 5, 69123 Heidelberg, T: (06221) 4 89-4 38, Fax: (06221) 4 89-4 81)
Geschäftsstelle: Werner Gohla (Rathausstr. 73, 53859 Niederkassel, T: (02208) 35 55, Fax: (02208) 7 11 93, Hotline (0172) 2 51 93 19)

Landesverbände:

Deutsche Gesellschaft der Parfümeure in der SEPAWA (Abkürzung: DGP): Alexander Boeck (Leostr. 25, 40545 Düsseldorf, T: (02151) 57 72 30, Fax: (02151) 57 73 28)

Fachgruppe für „Chemische-Technische Anwendungen": Dr. Barbara Schmidt (Lindenstr. 32, 56073 Koblenz, T: (02621) 12-2 32, Fax: (02621) 12-5 28)

1. Vorsitzender der Sektion Niederlande: Raymond Vreedevoort (Groenestraat 9, NL-6669 Dodeward, T: (0031488) 41 14 46, Fax: (0031488) 41 25 66)
Präsident der Sektion Schweiz: Dr. Rudolf Stauber (Lättendörfli 3, CH-8114 Dänikon, T: (0041) 62-7 85 80 30, Fax: (0041) 62-7 94 42 21)
Ansprechpartner Sektion Österreich: Ing. Peter-Joseph Swoboda (Beethovenstr. 68/2, A-2380 Percholdsdorf, T: (0043) 18 65 20 03, Fax: (0043) 18 65 01 80, Hotline: (0043) 66 41 32 21 28)
1. Vorsitzender der Landesgruppe West: Horst Escher (Friedhofstr. 113, 45478 Mülheim, T: (0208) 5 05 92, Fax: (0208) 59 13 62)
1. Vorsitzender der Landesgruppe Mitte: Dr. Viktor Hyna (Taunusstr. 39 A, 56132 Becheln, T: (02621) 12-5 49, Fax: (02621) 12-4 07)
1. Vorsitzender der Landesgruppe Süd: Ulrich Kentner (Geibelstr. 27, 74074 Heilbronn, T: (07131) 57 61 08)
1. Vorsitzender der Landesgruppe Nord: Rolf Storm (In der Vieth, 28865 Lilienthal, T: (0421) 8 78-88, Fax: (0421) 8 78-85)
1. Vorsitzende: Jutta Posorski (Dorfstr. 80, 06542 Nienstadt, T: (034652) 8 63 02, Fax: (034652) 2 74)
Mitglieder: 890 ordentliche Mitglieder und 230 korporative Mitglieder (Firmen aus dem In- und Ausland)

• F 195

IHO Industrieverband Hygiene und Oberflächenschutz für industrielle und institutionelle Anwendung e.V.
Postf. 23 01 69, 40087 Düsseldorf
Ivo-Beucker-Str. 43, 40237 Düsseldorf
T: (0211) 6 79 31-0 **Fax:** 6 79 31-88
Internet: http://www.iho.de
E-Mail: iho@iho.de
Vorsitzende(r): Dr. Ulrich Schilp (DiverseyLever GmbH)
Geschäftsführer(in): Dr. Walter Gekeler
Mitglieder: 39

• F 196

Verband Kunststofferzeugende Industrie e.V. (VKE)
Karlstr. 21, 60329 Frankfurt
T: (069) 25 56-1300, -1304 **Fax:** 25 10 60
Internet: http://www.vke.de
E-Mail: info@vke.de
Vorsitzende(r): Dr. Jürgen Hambrecht (BASF AG)
Hauptgeschäftsführer(in): RA Roger Kamps
Geschäftsführer(in): Dr. Heike Feldmann
Kurt Stepping

• F 197

Kunststoffrohr-Verband e.V. Bonn
Fachverband der Kunststoffrohr-Industrie
Dyroffstr. 2, 53113 Bonn
T: (0228) 9 14 77-0 **Fax:** 21 13 09
Vorsitzende(r): N.N.
Geschäftsführer(in): Dr. Elmar Löckenhoff
Mitglieder: 40

• F 198

Verband der Lackindustrie e.V. (VdL)
Karlstr. 21, 60329 Frankfurt
T: (069) 25 56 14 11 **Fax:** 25 56 13 58
Internet: http://www.lacke-und-farben.de
Internationaler Zusammenschluß: siehe unter izf 898
Vorsitzende(r): Dr. Peter Schnur
Hauptgeschäftsführer(in): Dr. Dietmar Eichstädt
Geschäftsführer(in): Michael Broß

• F 199

Fachvereinigung Lebensmittelzusatzstoffe im Verband der Chemischen Industrie e.V.
Postf. 11 19 43, 60054 Frankfurt
T: (069) 25 56-1635 **Fax:** 25 56-1621
Vorsitzende(r): Dr. Uwe-Jens Salzer (Haarmann & Reimer GmbH, Postf. 12 53, 37601 Holzminden, Rumohrtalstr. 1, 37603 Holzminden)
Geschäftsführer(in): Dr. Alex Föller

• F 200

Verband der Mineralfarbenindustrie e.V. (VdMi)
Karlstr. 21, 60329 Frankfurt
T: (069) 25 56-13 51 **Fax:** 25 30 87
E-Mail: hashash@vdmi.vci.de
Internationaler Zusammenschluß: siehe unter izf 899
Vorsitzende(r): Dr. Robert Koschade (Druckfarbenfabrik Gebr. Schmidt GmbH, Postf. 94 01 30, 60459 Frankfurt/Main)
Geschäftsführer(in): Dr. Robert Fischer

• F 201

Fachvereinigung Organische Chemie im Verband der Chemischen Industrie e.V.
Karlstr. 19-21, 60329 Frankfurt
T: (069) 25 56-14 63, VCI 25 56-0 **Fax:** 25 56-14 71
E-Mail: wittmey@vci.de
Vorsitzende(r): Dipl.-Ing. Winfried Döring (Deutsche Exxon Chemical GmbH, Köln)
Geschäftsführer(in): Dipl.-Volksw. Dietrich Wittmeyer

• F 202

Bundesverband der Pharmazeutischen Industrie e.V. (BPI)
Karlstr. 21, 60329 Frankfurt
T: (069) 25 56-0 **Fax:** 23 78 13
Internationaler Zusammenschluß: siehe unter izf 933
Hauptgeschäftsführer(in): Dr. Hans Sendler
Geschäftsführer(in): Peter Dewein
Dr. Konrad Häßner
Dr. Axel Sander
Dr. Barbara Sickmüller
Thomas Postina

Als Wirtschaftsverband vertritt und fördert er gemeinsame Interessen der Pharma-Industrie. Freiwillige Selbstkontrolle, Festsetzung von Qualitätsstandards. Partnerschaftliche Zusammenarbeit mit allen Institutionen des Gesundheitswesens. Forschung, Entwicklung und Produktion sicherer Arzneimittel.

Landesverbände

f 203

BPI - Landesverband Baden Württemberg
Markgrafenstr. 9, 76530 Baden-Baden
T: (07221) 21 13-60 **Fax:** 21 13-55
Vorsitzende(r): Prof. Dr. Michael Habs
Geschäftsführer(in): Klaus Hütig

f 204

BPI - Landesverband Bayern
Innstr. 15, 81679 München
T: (089) 9 26 91 16 **Fax:** 9 26 91 33
Vorsitzende(r): Werner Sassenrath
Geschäftsführer(in): Dr. Peter Umfug

f 205

BPI - Landesverband Nordost
Ernst-Reuter-Platz 8, 10587 Berlin
T: (030) 34 38 16-0 **Fax:** 34 38 19-28
Vorsitzende(r): Detlef König
Geschäftsführer(in): Rolf Siegert
Dr. Volkhard Uhlig

f 206

BPI - Landesverband Hessen
Karlstr. 21, 60329 Frankfurt
T: (069) 25 56-14 30 **Fax:** 25 56-16 14
Vorsitzende(r): Dr. Bernd Wegener
Geschäftsführer(in): Wolfgang Windfuhr

f 207

BPI - Landesverband Nord
Güntherstr. 1, 30519 Hannover
T: (0511) 9 84 90-11 **Fax:** 83 35 74
Vorsitzende(r): Henning Fahrenkamp
Geschäftsführer(in): Dr. Jochen Wilkens

f 208

BPI - Landesverband Nordrhein Westfalen
Leckingser Str. 119, 58640 Iserlohn
T: (02371) 4 02 22 **Fax:** 4 22 25
Vorsitzende(r): Dr. Andreas Madaus
Geschäftsführer(in): Rolf Lichtenheld

f 209

BPI - Landesverband Rheinland-Pfalz/Saar
Postf. 21 07 69, 67007 Ludwigshafen
Bahnhofstr. 48, 67059 Ludwigshafen
T: (0621) 5 20 56-0 **Fax:** 5 20 56-20
Vorsitzende(r): Rolf Schneider
Geschäftsführer(in): Peter Eisenlohr

• F 210

Fachvereinigung Phosphorsaure Salze im Verband der Chemischen Industrie e.V.
Karlstr. 21, 60329 Frankfurt
T: (069) 25 56 (0)-13 43 **Fax:** 25 56-1342
Vorsitzende(r): Dr. Karl-Heinz Dorn (Chemische Fabrik Budenheim, Rudolf A. Oetker, 55257 Budenheim, T: (06139) 89-1)
Geschäftsführer(in): Dr. Volker Schröder (e-Mail: schroeder@vci.de)

• F 211

Fachverband der Photochemischen Industrie e.V.
Karlstr. 19-21, 60329 Frankfurt
T: (069) 25 56 (0)-14 08 **Fax:** 23 65 21
Vorsitzende(r): Matthias Hübener
Geschäftsführer(in): Dipl.-Volksw. Rainer Schmidt

• F 212

Fachvereinigung Soda im Verband der Chemischen Industrie e.V.
Karlstr. 19-21, 60329 Frankfurt
T: (069) 25 56 (0)-14 89 **Fax:** 25 56-16 07
Vorsitzende(r): Dr. Manfred Inkmann (Solvay Alkali GmbH, Postf. 10 13 61, 47493 Rheinberg, T: (02843) 73-21 91, Telefax: (02843) 73-21 92)
Geschäftsführer(in): Dipl.-Ing. Hartmut Skalicky

• F 213

Verband der Textilhilfsmittel-, Lederhilfsmittel-, Gerbstoff- und Waschrohstoff-Industrie e.V. (TEGEWA)

Karlstr. 21, 60329 Frankfurt
T: (069) 25 56 (0)-13 39 **Fax:** 25 56-13 42
Gründung: 1951 (15. Februar)
Vorsitzende(r): Dr. Hans-Jürgen Degen (BASF AG)
GeschF u. Mitgl. d. Vorst.: Dipl.-Kfm. Lothar Noll

Fachverband zur Wahrnehmung und Förderung der allgemeinen, ideellen und wirtschaftlichen Interessen der betreuten Chemiesparten (Hersteller von Textil-, Leder-, Pelz- und Papierhilfsmitteln, Gerbstoffen und Tensiden).

• F 214

Verband Fleischmehlindustrie e.V.

Kaiserstr. 9, 53113 Bonn
T: (0228) 21 21 75 **Fax:** 21 21 98
E-Mail: fleischmehlindustrie@t-online.de
Gründung: 1920
Internationaler Zusammenschluß: siehe unter izf 1200
Vorsitzende(r): Dr. Manfred Brunner (Heidener Str. 58, Detmold)
Geschäftsführer(in): RA Harald Niemann
Verbandszeitschrift: Die Fleischmehl-Industrie
Redaktion: Harald Niemann
Verlag: Wirtschaftsdienst der Fleischmehlindustrie GmbH, Kaiserstr. 9, 53113 Bonn
Mitglieder: 111

• F 215

NATURKALK

Düngekalk-Hauptgemeinschaft im Bundesverband der Deutschen Kalkindustrie e.V.

Postf. 51 05 50, 50941 Köln
Annastr. 67-71, 50968 Köln
T: (0221) 93 46 74-0 **Fax:** 93 46 74-14
Internet: http://www.naturkalk.de
E-Mail: pollehn@kalk.de
Vorsitzende(r): Dr. Ralph-Heiner Kuhlmann (Montex GmbH, Dornaper Str. 18, 42327 Wuppertal)
Geschäftsführer(in): Dipl.-Volksw. Dietmar Freiherr von Landsberg
Leitung: Dipl.-Ing.agr. Joachim Pollehn
Mitglieder: 80

Erforschung und Entwicklung der Düngekalkanwendung in Land- und Forstwirtschaft, Absatzwerbung, Technisierung des Absatzes und Transports von Düngekalk.

• F 216

DEUTSCHER HOLZ- UND BAUTENSCHUTZVERBAND E.V. DHBV

Deutscher Holz- und Bautenschutzverband e.V.

Sitz: Köln
Hauptgeschäftsstelle:
Postf. 40 02 20, 50832 Köln
Hans-Willy-Mertens-Str. 2, 50858 Köln
T: (02234) 4 84 55 **Fax:** 4 93 14
Internet: http://www.bautreff.de
E-Mail: dhbv-koeln@t-online.de
Gründung: 1950 (1. April)
Präsident(in): Dipl.-Ing. Horst Eickhoff (Bungelerstr. 69a, 46539 Dinslaken-Hiesfeld)
BundesGeschF: Dr. Friedrich W. Remes (Leitung Presseabteilung)
Verbandszeitschrift: interne Verbandsmitteilungen
Mitglieder: 750
Landesbezirke: Baden-Württemberg, Bayern, Berlin und Brandenburg, Bremen und Niedersachsen, Hamburg und Schleswig-Holstein, Hessen/Rheinland-Pfalz/Saarland, Nordrhein-Westfalen, Mecklenburg-Vorpommern, Sachsen, Sachsen-Anhalt, Thüringen

• F 217

Bundesverband Deutscher Industrie- und Handelsunternehmen für Arzneimittel, Reformwaren, Nahrungsergänzungsmittel und Körperpflegemittel e.V. (BDIH)

L 11 20, 68161 Mannheim
T: (0621) 2 28 71 **Fax:** 15 24 66
Internationaler Zusammenschluß: siehe unter izf 939
Geschäftsführer(in): Harald Dittmar
Assistentin der Geschäftsleitung: Corinna Kremer

• F 218

Bundesfachverband der Arzneimittel-Hersteller e.V. (BAH)

Ubierstr. 71-73, 53173 Bonn
T: (0228) 9 57 45-0 **Fax:** 9 57 45-90
Internet: http://www.bah-bonn.de
E-Mail: bah@bah-bonn.de
Büro Berlin: Jägerstr. 67, 10117 Berlin, T: (030) 20 45 57 29, Fax: (030) 20 45 57 30
Gründung: 1954
Internationaler Zusammenschluß: siehe unter izf 1033
Vorsitzende(r): Johannes Burges
Hauptgeschäftsführer(in): Dr. Mark Seidscheck
Geschäftsführer(in): Dr. Bernd Eberwein
Leitung Presseabteilung: Heinz-Gert Schmickler
Verbandszeitschrift: Das freie Medikament
Redaktion: Heinz-Gert Schmickler, Sonja Stablo, Marion Ries
Mitglieder: 310

• F 219

Verband Forschender Arzneimittelhersteller e.V. (VFA)

Hausvogteiplatz 13, 10117 Berlin
T: (030) 20 60 40 **Fax:** 2 06 04-222
Internet: http://www.vfa.de
Internationaler Zusammenschluß: siehe unter izf 919
Vorsitzende(r): Patrick Schwarz-Schütte
Hauptgeschäftsführer(in): RA Cornelia Yzer
Geschäftsführer(in): Michael Raulf (Kommunikation)
Dr. Ulrich Vorderwülbecke (Marktordnung/Gesundheitssystem)
Mitglieder: 36

Der Verband Forschender Arzneimittelhersteller (VFA) ist der Wirtschaftsverband der forschenden Arzneimittelhersteller in Deutschland. Er vertritt die Interessen von 36 international führenden Arzneimittelherstellern und der mit ihnen verbundenen 60 Schwester- und Tochterfirmen. Die Mitglieder des VFA repräsentieren mit ihrem Umsatz zwei Drittel des deutschen Arzneimittelmarktes. Sie geben in Deutschland jährlich etwa 5,4 Milliarden DM für die Forschung und Entwicklung neuer Arzneimittel aus und beschäftigen insgesamt etwa 75.000 Mitarbeiter, davon etwa 14.000 unmittelbar in den Bereichen Forschung und Entwicklung. Damit leisten die VFA-Mitgliedsunternehmen rund 90 Prozent der gesamten Forschungsaufwendungen für Arzneimittel und beschäftigen etwa 70 Prozent aller Arbeitnehmer der pharmazeutischen Industrie in Deutschland. Der VFA verfolgt das Ziel, positive Rahmenbedingungen für den Pharmastandort Deutschland zu schaffen und zu erhalten. Er setzt sich in Politik und Gesellschaft für eine optimale Arzneimitteltherapie ein. Dazu gehört insbesondere der intensive Dialog mit der Öffentlichkeit über Bedeutung und Funktion der Arzneimittelforschung und der innovativen Arzneimittel. Mit Strategien und Konzepten, Gutachten und Dokumentationen unterstützt er die fundierte Meinungsbildung von Politik, Medien, Ärzten, Apothekern und Patienten.

• F 220

Verband der Reformwaren-Hersteller e.V. (VRH)

Postf. 24 45, 61294 Bad Homburg
Frankfurter Landstr. 23, 61352 Bad Homburg
T: (06172) 40 68-0 **Fax:** 40 68-99
E-Mail: vrhev@aol.com
Gründung: 1952
Internationaler Zusammenschluß: siehe unter izf 938
Vorsitzende(r): Manfred Liebhart (vitana Gesunde Ernährung GmbH, Am Gelskamp 3, 32758 Detmold)
Geschäftsführer(in): Dipl.-Ing. Norbert Pahne
Erich Merk
Mitglieder: 60
Mitarbeiter: 3

• F 221

Vereinigung Deutscher Riechstoff-Hersteller e.V. (VDRH)

Meckenheimer Allee 87, 53115 Bonn
T: (0228) 65 37 29 **Fax:** 63 79 40
Gründung: 1983 (2. Dezember)
Vorsitzende(r): Horst Otto Gerberding (Dragoco Gerberding & Co. AG, Holzminden)
Geschäftsführende(s) Vorstands-Mitglied(er): Dipl.-Kfm. Hanns-Erwin Muermann
Mitglieder: 21
Mitarbeiter: 2

• F 222

Industrieverband Hartschaum e.V. (IVH)

Postf. 10 30 06, 69020 Heidelberg
Kurpfalzring 100a, 69123 Heidelberg
T: (06221) 77 60 71 **Fax:** 77 51 06
Internet: http://www.ivh.de
E-Mail: info@ivh.de
Vorstandssprecher: Klaus W. Körner
Geschf. Vorstandsmitgl.: Dr. rer. pol. Hartmut Schönell

• F 223

Industrieverband Feuerverzinken e.V.

Sohnstr. 70, 40237 Düsseldorf
T: (0211) 6 79 00 04, 69 07 65-0 **Fax:** 68 95 99
Internet: http://www.feuerverzinken.com
E-Mail: feuerverzinken@t-online.de
Gründung: 1958
Internationaler Zusammenschluß: siehe unter izf 580
Vorsitzende(r): Dipl.-Betriebsw. Eberhard Hoffmann (i.Hs. Wiegel Nürnberg Feuerverzinken GmbH, Nürnberg)
Geschäftsführer(in): Dipl.-Ing. Jürgen Marberg
Leitung Presseabteilung: Holger Glinde
Verbandszeitschrift: "Feuerverzinken" Internationale Fachzeitschrift für Anwender des Feuerverzinkens (erscheint in Deutsch, Englisch, Französisch, Niederländisch, Italienisch und Spanisch)
Redaktion: Jens-Peter Kleingarn (Chefredakteur), Herausgeber: Beratung Feuerverzinken
Verlag: Institut Feuerverzinken GmbH, alle Sohnstr. 70, 40237 Düsseldorf
Mitglieder: 128 incl. Zweigwerken

Wahrnehmung der Interessen der Feuerverzinkungsindustrie und Förderung ihrer Belange. Beratung der Mitgliedswerke in Fragen der Technik, des Marketings, der Öffentlichkeitsarbeit, der Betriebswirtschaft.

• F 224

Bundesverband Druck und Medien e.V. (bvdm)

Postf. 18 69, 65008 Wiesbaden
Biebricher Allee 79, 65187 Wiesbaden
T: (0611) 8 03-0, 8 03-115 **Fax:** 8 03-113
Internet: http://www.bvdm-online.de
E-Mail: info@bvdm-online.de
Internationaler Zusammenschluß: siehe unter izf 1832, izg 76
Präsident(in): Dipl.-Ing. Dipl.-Betriebsw. Alexander Schorsch
Hauptgeschäftsführer(in): RA Thomas Mayer
Dipl.-Volkswirt Peter Klemm (stellv.)
Geschäftsführer(in): Dipl.-Ing. Horst E. Hügle
Leitung Presseabteilung: Dipl.-Volkswirt Peter Klemm
Mitglieder: 12 Landesverbände

Landesverbände

f 225

Verband der Druckindustrie in Baden-Württemberg e.V.

Postf. 31 32, 73751 Ostfildern
Zeppelinstr. 39, 73760 Ostfildern
Vorsitzende(r): Axel Ebner (J. Ebner GmbH & Co. KG, Ulm)
Geschäftsführer(in): RA Michael Hüffner
Mitglieder: 950

f 226

Verband Papierverarbeitung und Druck Südbaden e.V. (VPD)

Postf. 16 69, 79016 Freiburg
Holbeinstr. 26, 79100 Freiburg
T: (0761) 7 80 71-3 **Fax:** 7 70 14
Gründung: 1946
Vorsitzende(r): Dr.jur. Dietmar Greiser (komm., Greiserdruck GmbH & Co. KG, Karlsruher Str. 22, 76437 Rastatt, Postf. 15 64, 76405 Rastatt, T: (07222) 1 05-0, Fax: 1 05-109)
Geschäftsführer(in): Karl-Heinz Wenig
Mitglieder: 252

f 227

Verband der Bayerischen Druckindustrie e.V.
Friedrichstr. 22, 80801 München
T: (089) 3 30 36-0 **Fax:** 3 30 36-100
Internet: http://www.vbd.de
E-Mail: info@vbd.de
Gründung: 1946
Vorsitzende(r): Hannsgörg Pfeiffer
Geschf. Vorstandsmitgl.: Dr. Klaus Beichel
Hauptgeschäftsführer(in): Karl-Georg Nickel
Geschäftsführer(in): Klaus Högemann
Verbandszeitschrift: VBD-Mitteilungsblatt
Redaktion: Heinrich Ridder
Verlag: Fachverlag für das graphische Gewerbe GmbH, Postf. 40 19 29, 80719 München, Friedrichstr. 22, 80801 München
Mitglieder: 900

f 228

Verband der Druckindustrie Berlin-Brandenburg e.V.
Am Schillertheater 2, 10625 Berlin
T: (030) 3 02 20 21 **Fax:** 3 01 40 21
Vorsitzende(r): Giselher Ruks
Geschäftsführer(in): Michael Linnardi
Mitglieder: 300

f 229

Landesverband Druck Bremen e.V.
Postf. 10 07 27, 28007 Bremen
Schillerstr. 10, 28195 Bremen
T: (0421) 36 80 20 **Fax:** 3 68 02 49
Vorsitzende(r): Torsten Schmidt
Geschäftsführer(in): Eberhard Schodde
Otto Brauch
Leitung Presseabteilung: Dipl.-Volksw. Ortwin Baum

f 230

Verband Druck und Medien Nord e.V.
Arbeitgeber- und Wirtschaftsverband für Hamburg, Schleswig-Holstein, Mecklenburg-Vorpommern
Gaußstr. 190, 22765 Hamburg
T: (040) 39 92 83-0 **Fax:** 39 92 83-22
Internet: http://www.vdnord.de
E-Mail: info@vdnord.de
Vorsitzende(r): Günter Frark
Geschäftsführer(in): RA Fritz R. Ostermann
Mitglieder: 350

f 231

Landesverband Druck Hessen e.V.
Postf. 18 03 46, 60084 Frankfurt
Klettenbergstr. 12, 60322 Frankfurt
T: (069) 95 96 78-0 **Fax:** 95 96 78-90
E-Mail: druckverband.hessen@t-online.de
Vorsitzende(r): Hans-Hartmut Schmidt
Geschäftsführer(in): Gerhard Oechsle

f 232

Verband Druck und Medien Niedersachsen e.V.
Bödekerstr. 10, 30161 Hannover
T: (0511) 3 38 06-0 **Fax:** 3 38 06 20
Vorsitzende(r): Frauke Oeding-Blumenberg
Geschäftsführer(in): Harald Bareither
Mitglieder: 500

f 233

Verband der Druckindustrie Nordrhein e.V.
Postf. 16 03 64, 40566 Düsseldorf
Bublitzer Str. 26, 40599 Düsseldorf
T: (0211) 99 90 00 **Fax:** 99 90 0-10
Vorsitzende(r): Dr. Wolfgang Pütz
Geschäftsführer(in): RA Johannes Göbel
Mitglieder: 700

f 234

Verband der Druckindustrie Westfalen-Lippe e.V.
Postf. 21 40, 44511 Lünen
An der Wethmarheide 34, 44536 Lünen
T: (02306) 2 02 62-0 **Fax:** 2 02 62-99
Internet: http://www.vdwl.de
E-Mail: vdwl.bmd@t-online.de
Gründung: 1951 (10. Oktober)
Vorsitzende(r): Dr. Reinhard Laumanns
Geschäftsführer(in): Dipl.-Betriebsw. Wulf D. Steinbach
Mitglieder: 500

f 235

Landesverband Druck Rheinland-Pfalz und Saarland e.V.
Postf. 10 10 62, 67410 Neustadt
Friedrich-Ebert-Str. 11-13, 67433 Neustadt
T: (06321) 85 22 75 **Fax:** 85 22 89
Internet: http://www.druckrps.de
E-Mail: landesverband@druckrps.de
Vorsitzende(r): Rudolf Bödige
Geschäftsführer(in): RA Thomas Gans
Mitglieder: 180

f 236

Verband der Druckindustrie Sachsen, Thüringen, Sachsen-Anhalt e.V.
"MEDIENHOF"
Melscher Str. 1, 04299 Leipzig
T: (0341) 86 85 90 **Fax:** 8 68 59 28
Vorsitzende(r): Karl Nolle
Geschäftsführer(in): Dieter Neumann

• F 237

Zentral-Fachausschuß für die Druckindustrie in der Bundesrepublik Deutschland
Geschäftsstelle:
Kurfürsten-Anlage 69, 69115 Heidelberg
T: (06221) 9 05 63-0 **Fax:** 9 05 63-15
Gründung: 1949 (April)
Geschäftsführer(in): Anette Jacob
Arbeitgebervorsitzender: Dr. Hans Joachim Deußen (c/o Rheydter lithogr. Kunstanstalt Heinrich Deußen GmbH & Co, Gasstr. 17, 41236 Mönchengladbach)
Arbeitnehmervorsitzender: Franz Kersjes (Industriegewerkschaft Medien, Landesbezirk Nordrhein-Westfalen, Hohenzollernring 85-87, 50672 Köln)
Mitglieder: 28
Mitarbeiter: 3
Publikationen: Druck- und Medien-Abc

• F 238

EBM Wirtschaftsverband (Wirtschaftsverband Eisen, Blech und Metall verarbeitende Industrie)
Hauptgeschäftsstelle:
Postf. 10 51 21, 40858 Ratingen
An der Pönt 48, 40885 Ratingen
T: (0202) 1 86-0 **Fax:** 1 86-169
Internet: http://www.ebm.de
E-Mail: info@ebm.de
Internationaler Zusammenschluß: siehe unter izf 2410
Präsident(in): Günter Becker, Remscheid
Vizepräsident(in): Wolf Hoppe, Stadtallendorf
Curt Mertens, Solingen
Dipl.-Ing. Heinz W. Reuschel, Kaarst
Hauptgeschäftsführer(in): RA Ulrich Böshagen
Präsidiumsmitglied(er): Dipl.-Kfm. Rolf Baumgarten, Neunkirchen
Dr. Fritz Berg, Siegen
Martina Bosse, Limburg
C.H.J. van Elderen, Valkenswaard/NL
Dipl.-Volksw. Karl Joachim Fliether, Velbert
Hansjörg Holderried, Scheidegg
Dr.-Ing. Ernst-Otto Krämer, Ratingen
Ernst-Walter Krause, Alsfeld
Dr. Michael Lucke, Wuppertal
Dr. Dieter Meiners, Düsseldorf
Wilhelm Seibel (jr.), Mettmann
Dietrich Tabelander, Herford
Frank Weber-Picard, Eitorf
Dr. Claus Zimmermann, Überlingen

Fachverbände

f 239

Industrieverband Haushalt-, Küchen- und Tafelgeräte e.V. HKT
Postf. 17 01 60, 42623 Solingen
Neuenhofer Str. 24, 42657 Solingen
T: (0212) 88 01 40- 44 **Fax:** 88 01 39
Internet: http://www.hkt-verband.de
E-Mail: hkt-verband@dland.de
Internationaler Zusammenschluß: siehe unter izf 1729
Vorsitzende(r): C.H.J. van Elderen (i. Fa. BRABANTIA van Elderen, NL-5550-AA Valkenswaard)
Stellvertretende(r) Vorsitzende(r): Erhard Schäfer (i. Fa. RÖSLE Metallwarenfabrik GmbH & Co., 87616 Marktoberdorf)
Geschäftsführer(in): Dipl.-Vw. Jens-Heinrich Beckmann
Erzeugnisbereiche:
Emaillierte Stahlblechwaren; Rostfreie Küchen- und Tafelgeräte; Weißblech- und Lackierwaren; Aluminiumgeschirre und -geräte

f 240

Verband Metallverpackungen e.V. VMV
Kaiserswerther Str. 137, 40474 Düsseldorf
T: (0211) 4 54 65-0 **Fax:** 4 54 65-30
Internet: http://www.metallverpackungen.de
E-Mail: vmv@metallverpackungen.de
Internationaler Zusammenschluß: siehe unter izf 1683
Geschf. Vors: Dr. Dieter Meiners
Stellvertretende(r) Vorsitzende(r): Othmar von Diemar (Schmalbach-Lubeca AG, 40880 Ratingen)
Claus Fröhlich (Huber Verpackungen GmbH + Co., 74602 Öhringen)

f 241

Fachverband Metallwaren- und verwandte Industrien e.V. FMI
Postf. 11 04 31, 40504 Düsseldorf
Leostr. 22, 40545 Düsseldorf
T: (0211) 57 73 91-0 **Fax:** 57 73 91-10
Vorsitzende(r): Hansjörg Holderried (i. Fa. DEMMEL GmbH & Co., 88172 Scheidegg)
Geschäftsführer(in): Karl-Heinz Knoke
Werner Liebmann
Thomas Bona

f 242

Verband der freien Rohrwerke e.V. FRW
Kaiserswerther Str. 137, 40474 Düsseldorf
T: (0211) 45 64-276 **Fax:** 45 64-277
Vorsitzende(r): Dr. Fritz Berg (i. Fa. Bergrohr GmbH Siegen, 57076 Siegen)
Stellvertretende(r) Vorsitzende(r): Hans Flender (Fa. Rudolf Flender GmbH & Co KG, 57072 Siegen)
Geschäftsführer(in): Ing.grad. Horst Junker

f 243

Fachverband Schloß- und Beschlagindustrie e.V. S + B
Postf. 10 03 70, 42503 Velbert
Offerstr. 12, 42551 Velbert
T: (02051) 95 06-0 **Fax:** 95 06-20
Internationaler Zusammenschluß: siehe unter izf 27
Vorsitzende(r): Dipl.-Volksw. Karl Joachim Fliether (i. Fa. Karl Fliether GmbH & Co., 42551 Velbert)
Stellvertretende(r) Vorsitzende(r): Peter Vollmann (i. Fa. Steinbach & Vollmann GmbH & Co., 42579 Heiligenhaus)
Geschäftsführer(in): Dipl.-Kfm. Karlheinz Kemminer

Wahrung und Förderung der gemeinsamen Interessen der Schloß- und Beschlagindustrie auf wirtschaftlichem und technischem Gebiet.

f 244

Industrieverband Schneidwaren und Bestecke e.V. IVSB
Postf. 17 01 60, 42623 Solingen
Neuenhofer Str. 24, 42657 Solingen
T: (0212) 88 01 40-44 **Fax:** 88 01 39
Vorsitzende(r): Wilhelm Seibel jr. (i. Fa. mono-Metallwarenfabrik, 40806 Mettmann)
Stellvertretende(r) Vorsitzende(r): Harald Wüsthof (i. Fa. Ed. Wüsthof Dreizackwerk, 42655 Solingen)
Geschäftsführer(in): Dipl.-Vw. Jens-Heinrich Beckmann

f 245

Fachverband Verbindungs- und Befestigungstechnik VBT
Postf. 10 51 21, 40858 Ratingen
An der Pönt 48, 40885 Ratingen
T: (02102) 1 86-250 **Fax:** 1 86-169 über EBM
Vorsitzende(r): Dipl.-Kfm. Rolf Baumgarten (Heinrich Baumgarten KG, 57277 Neunkirchen)
Stellvertretende(r) Vorsitzende(r): Axel Prym (Prym Fashion GmbH & Co. KG, 52206 Stolberg)
Geschäftsführer(in): Dipl.-Kfm. Dieter Adler

f 246

Fachverband Industrie verschiedener Eisen- und Stahlwaren e.V. IVEST
Postf. 10 51 21, 40858 Ratingen
An der Pönt 48, 40885 Ratingen
T: (02102) 1 86-200 **Fax:** 1 86-169
Internet: http://www.ebm.de/ivest.htm
E-Mail: ivest.info@web.de
Vorsitzende(r): Frank Weber-Picard (Fa. Weco GmbH, Eitorf)
Stellvertretende(r) Vorsitzende(r): Peter Franck (Fa. Friedr. Wilh. Henschen, 28876 Oyten)
Geschäftsführer(in): Dipl.-Kfm. Günter Lippe

f 247

Vereinigung Wehrtechnisches Gerät VWG
Postf. 10 51 21, 40858 Ratingen
An der Pönt 48, 40885 Ratingen
T: (02102) 1 86-500 **Fax:** 1 86-515
Vorsitzende(r): Dr.-Ing. Ernst-Otto Krämer (i. Fa. Rheinmetall Industrie GmbH, 40880 Ratingen)
Stellvertretende(r) Vorsitzende(r): Dipl.-Ing. Werner Reinl (i. Fa. Diehl Stiftung & Co., 90552 Röthenbach)
Geschäftsführer(in): J. Frank Goldammer

f 248

Fachverband Werkzeugindustrie e.V. FWI

Postf. 10 03 62, 42803 Remscheid
Elberfelder Str. 77, 42853 Remscheid
T: (02191) 4 38-33 **Fax:** 4 38-79
Internet: http://www.werkzeug.org
E-Mail: fwi@werkzeug.org
Internationaler Zusammenschluß: siehe unter izf 824
Vorsitzende(r): Dr. Michael Lucke (Eduard Wille GmbH & Co., 42349 Wuppertal)
Stellvertretende(r) Vorsitzende(r): Dr. Hans-Robert Meyer (Ernst Winter & Sohn Diamantwerkzeuge GmbH & Co., 22841 Norderstedt)
Horst Wildförster (Stephan Witte GmbH & Co. KG, 58040 Hagen)
Geschäftsführer(in): Ass. Rainer Langelüddecke

Zweck des Verbandes ist die Wahrung und Förderung der gemeinsamen Interessen der deutschen Handwerkzeug- und Maschinenwerkzeugindustrie auf wirtschaftlichen und technischen Gebieten in der Bundesrepublik Deutschland.

Fachgruppen

f 249

Industrieverband Bau- und Bedachungsbedarf IV B+B

Postf. 10 51 21, 40858 Ratingen
An der Pönt 48, 40885 Ratingen
T: (02102) 1 86-132 **Fax:** 1 86-169
Vorsitzende(r): Martina Bosse (i. Fa. Franz Hammer GmbH, 65549 Limburg)
Geschäftsführer(in): Dipl.-Vw. Heinz Schorn

f 250

Industrieverband Bürositzmöbel IVB

Kaiserswerther Str. 137, 40474 Düsseldorf
T: (0211) 45 64-275 **Fax:** 45 64-277
Vorsitzende(r): Dr. Claus Zimmermann (Fa. Klöber GmbH, 88662 Überlingen)
Geschäftsführer(in): Ing. grad. Horst Junker

f 251

Industrieverband Krankenhaus- und Pflegeeinrichtungen e.V.

Kaiserswerther Str. 137, 40474 Düsseldorf
T: (0211) 45 64-275 **Fax:** 45 64-277
Vorsitzende(r): Dietrich Tabelander (i. Fa. Joh. Stiegelmeyer GmbH & Co. KG, 32051 Herford)
Geschäftsführer(in): Ing. grad. Horst Junker

f 252

Industrievereinigung Gartenbedarf e.V. IVG Fachabteilung Rasenmäher

Gothaer Str. 27, 40880 Ratingen
T: (02102) 94 08 50 **Fax:** 94 08 51
Vorsitzende(r): Andreas Hurst (i. Fa. SABO Maschinenfabrik GmbH, 51645 Gummersbach)
Geschäftsführer(in): Dr. Gerd Müller-van Ißem

f 253

Fachabteilung Stahlbüromöbel STBM im Verband der Deutschen Büromöbelindustrie e.V.

Adelheidstr. 23, 65185 Wiesbaden
T: (0611) 9 00 28-0 **Fax:** 9 00 28-20
Vorsitzende(r): Ernst-Walter Krause (Fa. CEKA Büromöbelwerke C. Krause & Sohn GmbH & Co. KG, 36304 Alsfeld)
Geschäftsführer(in): Dipl.-Holzwirt Stephan Mieth

Fachgemeinschaften

f 254

Herstellervereinigung Bau + Diy

Leostr. 22, 40545 Düsseldorf
T: (0211) 51 61 21-0 **Fax:** 51 61 21-20
Vorsitzende(r): Dietrich Alberts (i. Fa. Gust. Alberts GmbH & Co. KG, 58849 Herscheid)
Geschäftsführung: Karl-Heinz Knoke

f 255

Verband der Deutschen Faßverwertungsbetriebe e.V. VDF

Niederkasseler Str. 60, 40547 Düsseldorf
T: (0211) 55 61 66 **Fax:** 55 64 66
Vorsitzende(r): Günter Plath (i. Fa. Friedsam GmbH, 41542 Dormagen)
Geschäftsführer(in): RA Kai Bellwinkel

f 256

Industrieverband Kfz-Kennzeichenschilder

An der Pönt 48, 40885 Ratingen
T: (02102) 1 86-143 **Fax:** 1 86-169
1. Vorsitzende(r): Dipl.-Ing. Bernd Tönjes (i. Fa. J. H. Tönnjes, 27751 Delmenhorst)
Geschäftsführer(in): Martin Egon Ecker

f 257

Bundesverband der Spielplatzgeräte- und Freizeitanlagen-Hersteller e.V. BSFH

Postf. 10 51 21, 40858 Ratingen
An der Pönt 48, 40885 Ratingen
T: (02102) 1 86-121 **Fax:** 1 86-169
Vorsitzende(r): Manfred Biek (i. Fa. Hags mb Spielidee GmbH, 35232 Dautphetal-Allendorf)
Geschäftsführer(in): Lic.Jur. Gerold Gubitz

f 258

Bundesverband Systemböden e.V. BVS

Niederkasseler Str. 60, 40547 Düsseldorf
T: (0211) 55 61 66 **Fax:** 55 64 66
Präsident(in): Werner Förster (i.Fa. Mahle Raumtechnik GmbH, 70736 Fellbach)
Geschäftsführer(in): RA Kai Bellwinkel

Landesvertretungen

f 259

EBM Wirtschaftsverband Landesvertretung Baden-Württemberg

Zeppelinstr. 42-44, 73760 Ostfildern
T: (0711) 45 10 31-81 **Fax:** 45 10 31-69
Geschäftsführer(in): Dipl.-Volksw. Wolfgang Wolf
Vorsitzende(r): Dr. Walter Witzemann (i. Fa. Witzenmann GmbH, Metallschlauch-Fabrik Pforzheim, 75175 Pforzheim)

f 260

EBM Wirtschaftsverband Landesvertretung Bayern VBMI

Postf. 42 43, 90022 Nürnberg
Marientorgraben 13, 90402 Nürnberg
T: (0911) 20 44 41 **Fax:** 22 67 55
Geschäftsführer(in): RA Michael Middendorf

• **F 261**

Fachverband Stahlblechverarbeitung e.V.

Postf. 10 20, 58010 Hagen
Hochstr. 113, 58095 Hagen
T: (02331) 20 08-0 **Fax:** 20 08-40
E-Mail: fasta=vStosch@t-online.de
Präsident(in): Dipl.-Ing. Manfred Wilke (Novoferm GmbH Metalltürenwerke, Isselburger Str. 31, 46459 Rees-Haldern, T: (02850) 9 10-0, Telefax: (02850) 9 10-1 26)
Vizepräsident(in): Hans Sagemüller (Riethberg-Werke GmbH & Co. KG, Bahnhofstr. 55, 33397 Rietberg, T: (05244) 9 83-3 20, Fax: 9 83-3 33)
Geschäftsführer(in): Günter Neuhaus
Mitglieder:
Industrieverband Tore, Türen, Zargen TTZ
Gütegemeinschaft Tore, Türen, Zargen e.V.
Verband für Lagertechnik und Betriebseinrichtungen
Gütegemeinschaft Lager- u. Betriebseinrichtungen e.V.
Bundesverband Antriebs-und Steuerungstechnik Tore (BAS.T)
Gütegemeinschaft Torantriebe e.V.
Industrieverband Gitterroste
Gütegemeinschaft Gitterroste e.V.
Arbeitsgemeinschaft Blechprofilroste
Gütegemeinschaft Blechprofilroste i.G.
Arbeitsgemeinschaft Industriemontagen (AIM)
Arbeitsgemeinschaft Dynamische Lagersysteme (ADL)
Gütegemeinschaft Dynamische Lagersysteme e.V.
Industrieverband Rauch- und Abgasrohre e.V.
Arbeitsgemeinschaft Technischer u. Gewerblicher Bedarf
Fachverband Weichenbau
Bundesverband Brandschutz Fachbetriebe (bvbf)

Fachlich-technische, wirtschaftspolitische, gewerbliche Beratung und Interessenvertretung. Gütesicherung, Mitwirkung bei Richtlinien sowie DIN/EN-Normen.

• **F 262**

IFBS

Industrieverband zur Förderung des Bauens mit Stahlblech e.V. (IFBS)

Max-Planck-Str. 4, 40237 Düsseldorf
T: (0211) 9 14 27-0 **Fax:** 67 20 34
Gründung: 1984 (30. Juli)
Vorsitzende(r): Dipl.-Ing. Wilhelm Hesse (GF Haironville Profilvertrieb GmbH, Würmtalstr. 90, 81375 München, T: (089) 7 41 24-0, Telefax: (089) 7 41 24-110)
Stellvertretende(r) Vorsitzende(r): Dr.-Ing. Rudolf K. Jürcke (Hoesch Siegerlandwerke GmbH, Geisweiderstr. 13, 57078 Siegen, T: (0271) 8 08-02, Telefax: (0271) 8 08-41 10)
Geschäftsführer(in): RA Leopold Abt
Mitglieder: 104
Mitarbeiter: 7
Jahresetat: DM 0,8 Mio, € 0,41 Mio

Vertretung fachlicher Interessen d. Bauweise bei Behörden, Normenausschüssen, Berufsgenossenschaften u.a. - national u. international, Erarbeitung technischer Regeln f. Anwendung u. Montage v. Bauelementen aus Stahlblech, Einführung und Überwachung von Qualitätskriterien, Verleihung des Qualitätszeichens für Montage. Neutrale Information durch Veröffentlichungen, Fachschriften, Messen.

• **F 263**

BVT - Verband Tore

Postf. 10 51 21, 40858 Ratingen
An der Pönt 48, 40885 Ratingen
T: (02102) 1 86-200 **Fax:** 1 86-169
Internet: http://www.ebm.de/ivest.htm
E-Mail: bvt.info@web.de
Vorsitzende(r): Peter Spelsberg
Stellvertretende(r) Vorsitzende(r): Peter Franck
Geschäftsführer(in): Dipl.-Kfm. Günter Lippe
Mitglieder: 115

• **F 264**

Deutscher Feuerwehrverband e.V.

Koblenzer Str. 133, 53177 Bonn
T: (0228) 9 52 90-0 **Fax:** 9 52 90-90
Gründung: 1853
Präsident(in): Gerald Schäuble
Bundesgeschäftsführer(in): Herbert Becker
Leitung Presseabteilung: Christoph Jansen
Verbandszeitschrift: Deutsche Feuerwehrzeitung
Redaktion: Wolfgang Hornung
Verlag: Kohlhammer Verlag GmbH, 70549 Stuttgart
Mitglieder: 1400000
Mitarbeiter: 14

• **F 265**

Wirtschaftsvereinigung Stahlrohre

Postf. 30 09 55, 40409 Düsseldorf
Kaiserswerther Str. 137, 40474 Düsseldorf
T: (0211) 43 47 54 **Fax:** 43 47 57
Internationaler Zusammenschluß: siehe unter izf 643
Vorsitzende(r): Dipl.-Kfm. Bert Becher
Geschäftsführer(in): Dipl.-Kfm. Knut Krempien
Dipl.-Ing. Horst Junker
Dr. Friedrich Neuhaus
Mitglieder: 28

• **F 266**

Fachverband Sondererzeugnisse/Fachabteilung Technische Rollen

Strubbergstr. 70, 60489 Frankfurt
T: (069) 97 82 81 20 **Fax:** 97 82 81 30
E-Mail: sh@hpv-ev.org
Vorsitzende(r): Kuno Breitkreutz (c/o Kuno Breitkreutz GmbH & Co., Niederseßmar, Berenberger Str. 2, 51645 Gummersbach)
Geschäftsführer(in): RA Dietmar Zellner

• **F 267**

Verband der Hersteller von Bauelementen für wärmetechnische Anlagen e.V.

Postf. 51 09 60, 50945 Köln
Marienburger Str. 15, 50968 Köln
T: (0221) 3 76 48-30 **Fax:** 3 76 48-61
E-Mail: figawa@t-online.de
Internationaler Zusammenschluß: siehe unter izf 2215
Vorsitzende(r): Dipl.-Ing. Hans D. Straub
Geschäftsführer(in): Dr.rer.nat. Norbert Burger
Sekretariat: Doris Schmitz
Verwaltung: Brigitte Burger

Rechnungswesen: Kirsten Nocker
Presse u. Öffentlichkeitsarbeit: Doris Schmitz
Mitglieder: 51

• **F 268**

Industrieverband Schornsteinbau und Abgastechnik e.V. (VSA)
Postf. 10 17 40, 75117 Pforzheim
Siegfriedstr. 42, 75179 Pforzheim
T: (07231) 35 10 78 **Fax:** 31 42 71
Vorsitzende(r): Adolf Sauer
Geschäftsführer(in): Dipl.-Ing. Manfred J. Bischoff
Mitglieder: 12
Mitarbeiter: 3

• **F 269**

Verband Deutscher Blitzschutzfirmen e.V.
Gereonswall 103, 50670 Köln
T: (0221) 12 28 69 **Fax:** 13 86 39
Internet: http://www.vdb.blitzschutz.com
Gründung: 1910
Vorsitzende(r): Heinz-Josef Krämer (Zehnthofweg 51, 52068 Aachen)
Geschäftsführer(in): R. Depiereux
Mitglieder: 120

• **F 270**

Verband der pyrotechnischen Industrie (VPI)
Postf. 10 51 21, 40858 Ratingen
An der Pönt 48, 40885 Ratingen
T: (02102) 1 86-200 **Fax:** 1 86-169
Internet: http://www.feuerwerk-vpi.de
E-Mail: vpi@ebm.de
Vorsitzende(r): Frank Weber-Picard (Fa. Weco GmbH, Eitorf)
Geschäftsführer(in): RA Klaus Gotzen

• **F 271**

Arbeitsgemeinschaft Brandschutz-Industrie
Geschäftsführung bei der Fachgemeinschaft Feuerwehrfahrzeuge und -geräte im VDMA
Postf. 71 08 64, 60498 Frankfurt
T: (069) 66 03-13 05 **Fax:** 66 03-14 64
Internet: http://www.lav.org
E-Mail: bulut_lav@vdma.org
Geschäftsführer(in): Dr. Bernd Scherer
Mitgliedsverbände:
Fachgemeinschaft Feuerwehrfahrzeuge und -geräte (FFG) im VDMA
Fachgemeinschaft Armaturen im VDMA
Bundesverband Feuerlöschgeräte und -anlagen e.V. (BVFA)
Fachverband der Schlauchwebereien e.V.
Verband der Deutschen Feinmechanischen und Optischen Industrie e.V.
Fachverband Kommunikationstechnik im ZVEI

• **F 272**

Bundesverband Feuerlöschgeräte und -anlagen e.V. (bvfa)
Postf. 59 20, 97009 Würzburg
Koellikerstr. 13, 97070 Würzburg
T: (0931) 3 52 92-0 **Fax:** 3 52 92-29
Internet: http://www.bvfa.de
Internationaler Zusammenschluß: siehe unter izf 1583
Vorsitzende(r): Dr.-Ing. Jan H. Hankens (Minimax GmbH, Bad Oldeslohe)
Geschäftsführer(in): Dr. Wolfram Krause

Fachgruppen:
Feuerlöschgeräte-Industrie
Fachgruppenleiter: Hans-Werner Rinke (i.Fa. Gloria-Werke H. Schulte-Frankenfeld GmbH & Co., Wadersloh/Westf.)
Sprinkler-Anlagen
Fachgruppenleiter: Dr.-Ing. Jan H. Hamkens (i.Fa. Minimax GmbH, Bad Oldesloe)
Speziallöschanlagen
Fachgruppenleiter: Dipl.-Ing. Matthias Hennecke (in Fa. TOTAL WALTHER GmbH, Köln)
Löschmittel-Hersteller
Fachgruppenleiter: Falko Helmlinger
Löschwasserleitungen/Wandhydranten
Fachgruppenleiter: Herwig Haker
Mitglieder: 75

• **F 273**

Bundesverband Brandschutzfachbetriebe und -Kundendienste e.V. (BVBK)
Friedrichsstr. 18, 34117 Kassel
T: (0561) 1 61 12 **Fax:** 7 39 68 56
1. Vorsitzende(r): Hermann Schiffmann (i. Fa. Brandschutztechnik, Alter Weg 4, 34474 Diemelstadt-Hesperinghausen, T: (02992) 24 54, Telefax: (02992) 54 54)
Stellvertretende(r) Vorsitzende(r): Rudolf Görgl (i. Fa. IFS Ideal Feuerschutz Service, Bingeweg 11, 34225 Baunatal, T: (0561) 4 91 20 21, Fax: 4 91 34 30)
Beistände: Ernst Friedrich Netlitz (i. Fa. Sicherheitsservice, Schauenburger Str. 25 a, 24105 Kiel, T: (0341) 56 10 86, Fax: 56 40 29)
Ing. Dieter Reichert (i. Fa. Brandschutzservice Reichert GmbH, Heerstraße 56, 12621 Berlin-Kaulsdorf, T: (030) 5 66 58 91, Fax: 5 66 79 15)
Toni Thorwarth (i. Fa. Brandschutztechnik, Schulstraße 9, 98593 Floh, T. (03683) 60 63 63, Fax: 60 63 64)
Hans Johannson (i. Fa. Feuerschutz, Kaltenthal 37, 91357 Pegnitz, T. (09241) 34 11, Fax: 88 65)
Ehrenvorstandsmitglied: Prof. Dr. H.B. Schmittmann (i. Fa. H. Schmittmann GmbH, Langenhorstener Str. 30, 42551 Velbert, T: (02051) 5 60 81, Fax: 5 07 02)

• **F 274**

Fachvereinigung Krankenhaustechnik e.V.
Geschäftsstelle:
Mauerbergstr. 85, 76534 Baden-Baden
T: (07223) 95 88 10 **Fax:** 95 88 12
Internet: http://www.fkt.de
E-Mail: FKT@fkt.de
Gründung: 1974
Vorstand:
1. Präs: Dipl.-Ing. Reinfried Sure (Stadtklinik Baden-Baden, Balger Str. 50, 76532 Baden-Baden, T: (07221) 91-21 98)
2. Vizepräsident: Dipl.-Ing. Sebastian Paulus (Kreiskrankenhaus Bühl, Robert-Koch-Str. 70, 77815 Bühl, Mobil: 0171/8168605, T: (07223) 91 19 68, Fax: 91 19 69)
Schatzmeister: Dipl.-Ing. Volker Schwendel (Herzzentrum Bad Krozingen, Südring 15, 79189 Bad Krozingen, T: (07633) 4 02-510, Fax: 4 02-613)
Beisitzer: Eur Ing. Klaus Nockemann (Gemeinnütziges Gemeinschaftskrankenhaus Herdecke, Beckweg 4, 58313 Herdecke, T: (02330) 62-3512, Fax: 62-3004)
Dipl.-Ing. Jörg Schmidt (Klinikum Krefeld GmbH, Lutherplatz 40, 47805 Krefeld, T: (02151) 32 28 11, Fax: 32 29 04)
Dipl.-Ing. Klaus Armonies (St.Josef-Krankenhaus, Asberger Str. 4, 47441 Moers, T: (02841) 1 07-22 81, Fax: 1 07-22 94)
Dipl.-Ing. Volker Schmidt (Klinikum Bernburg, Kustrenaer Str. 98, 06406 Bernburg, T: (03471) 3 41-111, Fax: 3 41-119)
Dipl.-Ing. Martin Scherrer (Uniklinikum Freiburg, Hugstetter Str. 55, 79106 Freiburg, T: (0761) 2 70 5431, Fax: 2 70-5485)
Ing. Wolfgang Wittchow (Hüttenkoppel 16, 24539 Neumünster, T: (04321) 7 37 22)
Öffentlichkeitsarbeit: Referate FKT
Dipl.-Ing. Sebastian Paulus (Kreiskrankenhaus Bühl, Robert-Koch-Str. 70, 77815 Bühl, Mobil: 0171/8168605, T: (07223) 91 19 68, Fax: (07223) 91 19 69)
Zertifikat Krankenhausingenieur: Prof. Dr. Otto Anna (MHH Biomedizinische Technik, Carl-Neuberg-Str. 1, 30625 Hannover, T: (0511) 5 32 33 50)
International Federation of Hospital Engineering: Dipl.-Ing. Bernd Jurenz (Kreiskrankenhaus Lörrach, Spitalstr. 25, 79539 Lörrach, T: (07621) 4 16-8 30, Fax: (07621) 4 16-823)
Energie- und Energiekosten im Krankenhaus: Prof. Dipl.-Ing. Lothar Heyne (Fachhochschule Gießen-Friedberg, Wiesenstr. 14, 35390 Gießen, T: (0641) 30 96 11)
Brandschutz: Dipl.-Ing. Norbert Sudkamp (Itterstr. 55a, 40589 Düsseldorf, T u. Fax: (0211) 79 35 55)
Verbandszeitschrift: Klinik Management aktuell
Verlag: WIKOM Verlag GmbH, Karlhäuser 6, 94110 Wegscheid
Mitglieder: 1600
Mitarbeiter: 4
Jahresetat: DM 0,5 Mio, € 0,26 Mio

Regionalgruppen

Baden-Württemberg

f 275

Fachvereinigung Krankenhaustechnik e.V. Regionalgruppe Baden-Nord
Kreiskrankenhaus Bühl
Robert-Koch-Str. 70, 77815 Bühl
T: (0171) 8 16 86 05, (07223) 91 19 68
Fax: (07223) 91 19 69
Reg.-Vors.: Dipl.-Ing. Sebastian Paulus

f 276

Fachvereinigung Krankenhaustechnik e.V. Regionalgruppe Baden-Süd
c/o Kreiskrankenhaus Emmendingen
Gartenstr. 40-42, 79312 Emmendingen
T: (07641) 45 42 28 **Fax:** 45 42 28
Reg.-Vors.: Heinrich Dieffenbacher

f 277

Fachvereinigung Krankenhaustechnik e.V. Regionalgruppe Württemberg
c/o Katharinenhospital
Kriegsbergstr. 60, 70174 Stuttgart
T: (0711) 2 78 25 00 **Fax:** 2 87 25 09
Reg.-Vors.: Ing. Matthias Panther

Bayern

f 278

Fachvereinigung Krankenhaustechnik e.V. Regionalgruppe Bayern-Nord
c/o Klinikum Fürth
Jakob-Henle-Str. 1, 90766 Fürth
T: (0911) 75 80-5 66 **Fax:** 75 80-8 90
Reg.-Vors.: Dipl.-Ing. Ewald Stadtländer

f 279

Fachvereinigung Krankenhaustechnik e.V. Regionalgruppe Bayern-Süd
c/o Privatklinik Dr. Schindlbeck
Seestr. 43, 82211 Herrsching
T: (08152) 2 90 **Fax:** 2 92 16
Helmut Grünert

Berlin

f 280

Fachvereinigung Krankenhaustechnik e.V. Regionalgruppe Berlin
Mainstr. 1, 16321 Bernau
T: (030) 42 21-20 12
Reg.-Vors.: Dipl.-Ing. Jürgen Althaus

Brandenburg

f 281

Fachvereinigung Krankenhaustechnik e.V. Regionalgruppe Brandenburg
c/o Carl-Thiem-Klinikum Cottbus
Thiemstr. 111, 03048 Cottbus
T: (0355) 46 22 88
Reg.-Vors.: Dipl.-Ing. Wilfried Krause

Bremen

f 282

Fachvereinigung Krankenhaustechnik e.V. Regionalgruppe Bremen
c/o Zentralkrhs. Bremen-Ost
Züricher Str. 40, 28325 Bremen
T: (0421) 4 08 12 20
Reg.-Vors.: Dipl.-Ing. Johannes Granz

Hamburg

f 283

Fachvereinigung Krankenhaustechnik e.V. Regionalgruppe Hamburg
Lüneburger Str. 45a, 21385 Amelinghausen
T: (040) 52 71-2939
Reg.-Vors.: Andreas Lucchesi

Hessen

f 284

Fachvereinigung Krankenhaustechnik e.V. Regionalgruppe Hessen
Alice Hospital
Dieburger Str. 31, 64287 Darmstadt
T: (06151) 4 02-350 **Fax:** 4 02-372
Dipl.-Ing. Rainer Gilbert

Mecklenburg-Vorpommern

f 285

Fachvereinigung Krankenhaustechnik e.V. Regionalgruppe Mecklenburg-Vorpommern
c/o Klinikum Schwerin
Wismarsche Str. 397, 19055 Schwerin
T: (0385) 5 20-2800 **Fax:** 5 20-2780
Reg.-Vors.: Dipl.-Ing. Hartmut Junge

Niedersachsen

f 286

Fachvereinigung Krankenhaustechnik e.V. Regionalgruppe Niedersachsen
Robert-Koch-Krankenhaus
Von-Reden-Str. 1, 30989 Gehrden

T: (05108) 69 13 00 **Fax:** 69 13 02
Reg.-Vors.: Dipl.-Ing. Peter Warner

Nordrhein-Westfalen

f 287

Fachvereinigung Krankenhaustechnik e.V.
Regionalgruppe Weser-Ems
Am Natruper Holz 69, 49076 Osnabrück
T: (0541) 9 66-4903
Reg.-Vors.: Heiner Rakers

f 288

Fachvereinigung Krankenhaustechnik e.V.
Regionalgruppe Ostwestfalen-Lippe
c/o St.-Josef-Krankenhaus
Husener Str. 46, 33098 Paderborn
T: (05251) 70 22 09
Reg.-Vors.: Dipl.-Ing. Alfred Schindler

f 289

Fachvereinigung Krankenhaustechnik e.V.
Regionalgruppe Nordrhein-Westfalen-Mitte
Gemeinschaftskrankenhaus Herdecke
Beckweg 4, 58313 Herdecke
T: (02330) 62 35 12
Reg.-Vors.: Eur Ing. Klaus Nockemann

f 290

Fachvereinigung Krankenhaustechnik e.V.
Regionalgruppe Nordrhein-Westfalen-Süd
Heilig Geist-Krankenhaus
Graseggerstr. 105, 50737 Köln
T: (0221) 74 91-231 **Fax:** 74 91-444
Wolfgang Siewert

Rheinland-Pfalz und Saarland

f 291

Fachvereinigung Krankenhaustechnik e.V.
Regionalgruppe Rheinland-Pfalz u. Saarland
c/o St. Nikolaus-Stiftshospital GmbH
Hindenburgwall 1, 56626 Andernach
T: (02632) 40 45-238 **Fax:** 40 45-288
Reg.-Vors.: Dipl.-Ing. Siegfried Peitz

Sachsen

f 292

Fachvereinigung Krankenhaustechnik e.V.
Regionalgruppe Sachsen
Med. Akademie Dresden
Fetscherstr. 74, 01307 Dresden
T: (0351) 4 58-37 40
Reg.-Vors.: Dipl.-Ing. Peter Goepel

Sachsen-Anhalt

f 293

Fachvereinigung Krankenhaustechnik e.V.
Regionalgruppe Sachsen-Anhalt
Kreiskrankenhaus Bernburg
Kustrenaer Str. 98, 06406 Bernburg
T: (03471) 34-1 11 10
Dipl.-Ing. Volker Schmidt

Schleswig-Holstein

f 294

Fachvereinigung Krankenhaustechnik e.V.
Regionalgruppe Schleswig-Holstein
Hüttenkoppel 16, 24539 Neumünster
T: (04321) 7 37 22
Reg.-Vors.: Ing. Wolfgang Wittchow

Thüringen

f 295

Fachvereinigung Krankenhaustechnik e.V.
Regionalgruppe Thüringen
c/o Klinikum der Stadt Gera
Straße des Friedens 122, 07548 Gera
T: (0365) 8 28-85 01
Reg.-Vors.: Dipl.-Ing. Thomas Bergner

• F 296

Verband der Hersteller von gewerblichen Geschirrspülmaschinen e.V. (VGG)
Zehlendorfer Str. 24, 58097 Hagen
T: (02331) 10 88-0 **Fax:** 10 88-33
Vorsitzende(r): Burkhard Randel (Meiko Maschinenbau GmbH & Co. Englerstr. 3, 77652 Offenburg)
Geschäftsführer(in): RA Dr. Johann Peter Noth
Stellvertretende(r) Geschäftsführer(in): Dipl.-Ök. Siegfried Päsler
Mitglieder: 4

• F 297

Arbeitsgemeinschaft Gewerbliches Geschirrspülen (VGG)
Zehlendorfer Str. 24, 58097 Hagen
T: (02331) 10 88-0 **Fax:** 10 88-33
Vors. u. GeschF: RA Dr. Johann Peter Noth
Stellvertretende(r) Geschäftsführer(in): Dipl.-oec. Siegfried Päsler
Mitglieder: 13

• F 298

INUSTRIEVERBAND VERKEHRSZEICHEN EV
Zehlendorfer Str. 24, 58097 Hagen
T: (02331) 10 88-0 **Fax:** 10 88-33
Vorsitzende(r): Dipl.-Kfm. Jan-Dirk Landwehr
Geschäftsführer(in): Dipl.-Ing., Dipl.-Wirtsch.-Ing. Jürgen Heimsath
Mitglieder: 25

• F 299

Verband Metallverpackungen e.V. VMV
Kaiserswerther Str. 137, 40474 Düsseldorf
T: (0211) 4 54 65-0 **Fax:** 4 54 65-30
Internet: http://www.metallverpackungen.de
E-Mail: vmv@metallverpackungen.de
Internationaler Zusammenschluß: siehe unter izf 1683
Geschf. Vors.: Dr. Dieter Meiners

• F 300

Arbeitsgemeinschaft der Eisen und Metall verarbeitenden Industrie (AVI)
Postf. 10 51 21, 40858 Ratingen
An der Pönt 48, 40885 Ratingen
T: (02102) 1 86-171 **Fax:** 1 86-169
Vorsitzende(r): Johannes Rudnitzki (DaimlerChrysler, Stuttgart)
Geschäftsführer(in): RA Ulrich Böshagen

• F 301

Wirtschaftsverband Industrieller Unternehmen Baden e.V. (WVIB)
Merzhauser Str. 118, 79100 Freiburg
T: (0761) 45 67-0 **Fax:** 45 67-599
Gründung: 1946
Präsident(in): Werner Thieme (Thieme GmbH & Co. KG, Teningen)
Hauptgeschäftsführer(in): Dr. Karl V. Ullrich
Öffentl.-Arbeit: Silke von Freyberg
Mitglieder: 950

• F 302

VRI-Verband der Reibbelagindustrie e.V.
Höhenberger Str. 30, 51103 Köln
T: (0221) 87 10 57 **Fax:** 87 82 38
E-Mail: vriverbd@netcologne.de
Gründung: 1982 (1. Dezember)
Vorstandsvorsitzende(r): Dr. Erich Bauer (c/o Textar GmbH, Postf. 22 01 44, 51322 Leverkusen, T: (0214) 5 40-0, Telefax: 5 40-3 88)
Stellv. Vorstandsvorsitzende(r): Dr.-Ing. Jürgen Parey (c/o Rütgers Automotive AG, Postf. 10 29 51, 45029 Essen, T: (0201) 36 09-01, Fax: (0201) 36 09-3 43)
Geschäftsführer(in): Dr. Günther Voßkötter
Mitglieder: 11

• F 303

Wirtschaftsvereinigung Stahl
Postf. 10 54 64, 40045 Düsseldorf
Sohnstr. 65, 40237 Düsseldorf
T: (0211) 67 07-0 **Fax:** 67 07-165
Internationaler Zusammenschluß: siehe unter izf 958
Präsident(in): Prof. Dr.-Ing. Dieter Ameling
Geschäftsführer(in): Albrecht Kormann
Ltg.Abt. Öffentlichkeitsarbeit: Beate Brüninghaus (T: (0211) 67 07-115, Telefax: (0211) 67 07-6 76)
Mitglieder: ca. 100

f 304

Wirtschaftsvereinigung Stahl
Büro Brüssel
Square Marie-Louise 18-Bte 3, B-1000 Bruxelles
T: (00322) 2 30-1855 **Fax:** 2 30-5063
E-Mail: alexander.heck@skynet.be
Leitung: Dipl.-Volksw. Alexander Heck

f 305

Wirtschaftsvereinigung Stahl
Büro Berlin
Reinhardtstr. 27c, 10117 Berlin
T: (030) 28 38 76 61 **Fax:** 28 38 76 62
E-Mail: Stahl-Berlin@t-online.de
Leiter(in): Hans Jürgen Kerkhoff

Fachliche Gliederungen der Wirtschaftsvereinigung

f 306

Verband der Saarhütten
Fach- und Arbeitgeberverband
Harthweg 15, 66119 Saarbrücken
T: (0681) 9 54 34-40/41 **Fax:** 5 84 60 27
Präsident(in): Roland de Bonneville
Geschäftsführer(in): Roland Kratt

f 307

Walzstahl-Vereinigung
Postf. 10 53 41, 40044 Düsseldorf
Sohnstr. 65, 40237 Düsseldorf
T: (0211) 67 07-0 **Fax:** 67 07-455
Vorsitzende(r): Dr. Jürgen Kolb
Geschäftsführender Direktor: Albrecht Kormann

f 308

Edelstahl-Vereinigung e.V.
Postf. 10 22 05, 40013 Düsseldorf
Sohnstr. 65, 40237 Düsseldorf
T: (0211) 67 07-0 **Fax:** 67 07-693
Vorsitzende(r): Wolfgang Leese
Geschäftsführer(in): Klaus Linack

f 309

Betriebswirtschaftliches Institut Stahl
Postf. 10 15 37, 40006 Düsseldorf
Sohnstr. 65, 40237 Düsseldorf
T: (0211) 67 07-0 **Fax:** 67 07-862
Vorsitzende(r): Dr. Eberhard Luckan
Geschäftsführer(in): Dr. Reinhard Bruch

f 310

Delkrederestelle Stahl
Postf. 10 20 13, 40011 Düsseldorf
Sohnstr. 65, 40237 Düsseldorf
T: (0211) 67 07-0 **Fax:** 67 07-874
Vorsitzende(r): Prof. Dr. Andreas Nordmeyer
Geschäftsführer(in): Wolfgang Mielke

f 311

Stahl-Informations-Zentrum
Postf. 10 48 42, 40039 Düsseldorf
Sohnstr. 65, 40237 Düsseldorf
T: (0211) 67 07-0 **Fax:** 67 07-344
Vorsitzende(r): Dr. Wolfgang Kohler
Geschäftsführer(in): Dr. Reinhard Winkelgrund

f 312

Studiengesellschaft Stahlanwendung e.V.
Postf. 10 48 42, 40039 Düsseldorf
Sohnstr. 65, 40237 Düsseldorf
T: (0211) 67 07-856 **Fax:** 67 07-840
Internet: http://www.stahl-online.de, http://www.stahlforschung.de
E-Mail: stud.ges@stahlforschung.de
Vorsitzende(r): Dr.rer.oec. Jürgen Kolb
Geschäftsführer(in): Dr.-Ing. Richard A. Weber
Dr. Reinhard Winkelgrund

• F 313

ZVEI

Zentralverband Elektrotechnik- und Elektronikindustrie (ZVEI) e.V.
Postf. 70 12 61, 60562 Frankfurt
Stresemannallee 19, 60596 Frankfurt
T: (069) 6 30 20 **Fax:** 6 30 23 17
Internet: http://www.zvei.de
E-Mail: zvei@zvei.org
Gründung: 1918 (5. März)
Internationaler Zusammenschluß: siehe unter izf 483, izf 1324, izf 2409
Präsident(in): Dipl.-Kfm. Dietmar Harting (Persönlich haftender Ges. der Harting KGaA, Marienwerder Str. 3, 32339 Espelkamp, T: (05772) 47-241, Fax: 47-510)
Hauptgeschäftsführer(in): Dr. rer. pol. Franz-Josef Wissing
Geschäftsführer(in): Dipl.-Wirtsch.-Ing. Gotthard Graß
Dipl.-Kfm. Norbert Knaup
Dipl.-Ing. Ingo Rüsch
Leitung Presseabteilung: Dipl.-Wirtsch.-Ing. Gotthard Graß
Verbandszeitschrift: ZVEI-Mitteilungen
Redaktion: Dipl.-Wirtsch.-Ing. Gotthard Graß
Verlag: Verlag W. Sachon, 87714 Mindelheim
Mitglieder: ca. 1400

Der ZVEI ist die wirtschafts-, technologie- und umweltpolitische Interessenvertretung der deutschen Elektroindustrie. Er repräsentiert fast 90 Prozent der deutschen Produktion und alle bedeutenden Unternehmen. Er vertritt die Interessen seiner Mitgliedsfirmen gegenüber Parlamenten, Regierungen und Behörden im nationalen und internationalen. Er bietet seinen Mitgliedern ein umfassendes Spektrum von branchenbezogenen Informationen und Dienstleistungen.

Fachverbände

f 314

Fachverband Bauelemente der Elektronik im ZVEI
Stresemannallee 19, 60596 Frankfurt
T: (069) 63 02-276 **Fax:** 63 02-407
Internet: http://www.zvei-be.zvei.org
E-Mail: zvei-be@zvei.org
Internationaler Zusammenschluß: siehe unter izf 1327
Vorsitzende(r): Dipl.-Kfm. Dietmar Harting (Persönl. haft. Ges. d. Harting KGaA, Marienwerderstr. 3, 32339 Espelkamp, T: (05772) 4 72 41, Fax: (05772) 4 75 10)
Geschäftsführer(in): Dipl.-Ing.(TU), Dipl.-Soz. Christoph Stoppok (E-Mail: stoppok@zvei.org)
Stellvertretende(r) Geschäftsführer(in): Dipl.-Volksw. Herbert Riedl
Mitglieder: ca. 150

f 315

Fachverband Empfangsantennen- und Breitbandverteiltechnik im ZVEI
60591 Frankfurt
Stresemannallee 19, 60596 Frankfurt
T: (069) 63 02-218 **Fax:** 63 02-288
E-Mail: bk+ant@zvei.org
Vorsitzende(r): Dr. Gerhard Jaskulke (KATHREIN-Werke AG, Anton-Kathrein-Str. 1-3, 83022 Rosenheim, T: (08031) 18 49 68, Fax: 18 46 59)
Geschäftsführer(in): Dr. Alexander Pett
Mitglieder: 22

f 316

Fachverband Kommunikationstechnik im ZVEI
60591 Frankfurt
Stresemannallee 19, 60596 Frankfurt
T: (069) 6 30 22 13 **Fax:** 6 30 22 88
E-Mail: komtech@zvei.org.
Vorsitzende(r): Werner Schmücking (Siemens AG, ICN, Hofmannstr. 51, 81359 München, T: (089) 7 22-3 67 49, Fax: (089) 7 22-4 88 05)
Stellvertretende(r) Vorsitzende(r): Elmar Hülsmann (Mannesmann ACOR AG + Co., Kölner Str. 5, 65760 Eschborn, T: (069) 21 69-82 00, Fax: (069) 21 69-82 09)
Geschäftsführer(in): Gerhard Tamm
Mitglieder: 150

f 317

Fachverband Sicherheitssysteme
Stresemannallee 19, 60596 Frankfurt
T: (069) 63 02-250 **Fax:** 63 02-288
Internet: http://www.zvei.de
E-Mail: sicherheitssysteme@zvei.org
Vorsitzende(r): Dipl.-Ing. Bernd Seibt (c/o Bosch Telecom Leipzig GmbH, Storkower Str. 101, 10407 Berlin, T: (030) 4 21 07-1 30, Fax: 4 21 07-1 35, Mobil: (0171) 5 74 31 19, E-Mail: Bernd.Seibt@de.bosch.com)
Geschäftsführer(in): Dr. Alexander Pett
Mitglieder: 54

f 318

ZVEI-Fachverband Wehrtechnik
60591 Frankfurt
Stresemannallee 19, 60596 Frankfurt
T: (069) 63 02-242 **Fax:** 63 02-322
Internet: http://www.wehrtechnik.de
E-Mail: wehrtechnik@zvei.org
Vorsitzende(r): Jürgen Dangel (Leiter Verteidigungselektronik DaimlerChrysler Aerospace AG (DASA), Wörthstr. 85, 89077 Ulm, T: (0731) 3 92-4285, Fax: 3 92-3402)
Geschäftsführer(in): Peter Vondung
Mitglieder: 13

f 319

Fachverband Kabel und isolierte Drähte im ZVEI Frankfurt
Postf. 80 03 60, 51003 Köln
Schanzenstr. 30, 51063 Köln
T: (0221) 9 62 28-0 **Fax:** 9 62 28-18
E-Mail: fachverband.kabel@t-online.de
Vorsitzende(r): Dipl.-Ing., Dipl.-Wirtsch.-Ing. Helmuth von Deimling (Mitglied des Bereichsvorstandes Information und Communication Products SIEMENS AG, Otto-Hahn-Ring 6, 81739 München, T: (089) 63 65 28 80, Fax: 63 65 28 82)
Geschäftsführer(in): Dr.-Ing. Dirk Rittinghaus
Mitglieder: ca. 38

f 320

Fachverband Installationsgeräte und -systeme im ZVEI
60591 Frankfurt
Stresemannallee 19, 60596 Frankfurt
T: (069) 6 30 22 96 **Fax:** 6 30 23 83
E-Mail: instgeraete@zvei.org
Vorsitzende(r): Reinhard Goecke (Busch Jaeger Elektro GmbH, Freisenbergstr. 2, 58513 Lüdenscheid, T: (02351) 9 56 - 0)
Geschäftsführer(in): Dipl.-Ing. Rainer Schilling
Mitglieder: 160

f 321

Fachverband Elektroschweißgeräte im ZVEI
60591 Frankfurt
Stresemannallee 19, 60596 Frankfurt
T: (069) 6 30 22 70 **Fax:** 6 30 23 06
E-Mail: werkzeuge@zvei.org
Vorsitzende(r): Alfred Czujack (SAF Schweißautomatik GmbH, Konstantinstr. 1, 41238 Mönchengladbach, T: (02166) 8 00 61/68, Fax: 8 69 30)
Geschäftsführer(in): Dipl.-Ing. Oskar Gebhardt
Mitglieder: 23

f 322

Fachverband Elektrowärmeanlagen im ZVEI
60591 Frankfurt
Stresemannallee 19, 60596 Frankfurt
T: (069) 6 30 22 70 **Fax:** 6 30 23 06
E-Mail: werkzeuge@zvei.org
Vorsitzende(r): Edgar Barth (Himmelwerk GmbH, Bahnhofstr., 72072 Tübingen, T: (07071) 70 73 06, Fax: 70 72 80)
Geschäftsführer(in): Dipl.-Ing. Oskar Gebhardt
Mitglieder: 14

f 323

Fachverband Elektrobahnen und -fahrzeuge im ZVEI
60591 Frankfurt
Stresemannallee 19, 60596 Frankfurt
T: (069) 6 30 23 39 **Fax:** 63 02-422
E-Mail: bahnen@zvei.org
Vorsitzende(r): Rainer Kehl (Geschäftsgebietsltr. Nahverkehr der Siemens AG, Werner-von-Siemens-Str. 50, 91052 Erlangen)
Geschäftsführer(in): Dipl.-Volksw. Herbert Zimmermann
Mitglieder: 20

f 324

Fachverband Elektromedizinische Technik im ZVEI
60591 Frankfurt
Stresemannallee 19, 60596 Frankfurt
T: (069) 6 30 22 06 **Fax:** 6 30 23 90
Internet: http://www.zvei.de/medtech
E-Mail: medtech@zvei.org
Internationaler Zusammenschluß: siehe unter izf 1068
Vorsitzende(r): Götz Steinhardt (Siemens AG, Henkestr. 127, 91052 Erlangen, T: (09131) 84 34 60, Fax: (09131) 84 40 18)
Geschäftsführer(in): Dipl.-Volksw. Hans-Peter Bursig
Mitglieder: 120

f 325

Fachverband Fahr- u. Freileitungsbau im ZVEI
60591 Frankfurt
Stresemannallee 19, 60596 Frankfurt
T: (069) 6 30 23 16 **Fax:** 6 30 22 34
E-Mail: fahr+freileit@zvei.org
Vorsitzende(r): Dipl.-Ing. Franz Lackner (FBG Freileitungsbau GmbH, Schulstr. 124, 29664 Walsrode, T: (05161) 60 04 20, Fax: (05161) 60 04 82)
Geschäftsführer(in): Dipl.-Ing. Walter Kaiser
Mitglieder: 30

f 326

Fachverband Galvanotechnik im ZVEI
Postf. 70 12 61, 60562 Frankfurt
Stresemannallee 19, 60596 Frankfurt
T: (069) 63 03 39 **Fax:** 6 30 24 22
E-Mail: galvano@zvei.org
Internationaler Zusammenschluß: siehe unter izf 1667
Vorsitzende(r): Dieter Hickstein (ENTHONE-OMI (Deutschland) GmbH, Merscheider Busch 7, 42699 Solingen, T: (0212) 70 22 01, Fax: 70 22 06)
Geschäftsführer(in): Dipl.-Volksw. Herbert Zimmermann
Mitglieder: 26

f 327

Fachverband Elektrowerkzeuge im ZVEI
60591 Frankfurt
Stresemannallee 19, 60596 Frankfurt
T: (069) 6 30 22 70 **Fax:** 6 30 23 06
E-Mail: werkzeuge@zvei.org
Internationaler Zusammenschluß: siehe unter izf 2155
Vorsitzende(r): Dipl.-Ing. Hans Wolfgang Fein (C. & E. Fein GmbH & Co., Leuschnerstr. 41-47, 70176 Stuttgart, T: (0711) 66 65-1 00, Telefax: (0711) 6 66 52 77)
Geschäftsführer(in): Dipl.-Ing. Oskar Gebhardt
Mitglieder: 22

f 328

Fachverband Elektrische Antriebe im ZVEI
60591 Frankfurt
Stresemannallee 19, 60596 Frankfurt
T: (069) 63 02-392 **Fax:** 63 02-279
E-Mail: antriebe@zvei.org
Internationaler Zusammenschluß: siehe unter izf 1574
Vorsitzende(r): Dr. Hans-Joachim Jähne (Siemens AG, A&D SD, Postf. 32 69, 91050 Erlangen, T: (09131) 98-0, Fax: (09131) 98-2499, E-Mail: hans-joachim.jaehne@erlf.siemens.de)
Geschäftsführer(in): Werner Blaß
Mitglieder: 93

f 329

Fachverband Schaltgeräte, Schaltanlagen, Industriesteuerungen im ZVEI
60591 Frankfurt
Stresemannallee 19, 60596 Frankfurt
T: (069) 6 30 22 98 **Fax:** 6 30 23 86
E-Mail: schalt-tec@zvei.org
Internationaler Zusammenschluß: siehe unter izf 240
Vorsitzende(r): Dr. Gunther Kegel (Pepperl + Fuchs GmbH, Königsberger Allee 87, 68307 Mannheim)
Geschäftsführer(in): Dipl.-Ing. Horst Galonska
Mitglieder: 172

f 330

Fachverband Meßtechnik und Prozeßautomatisierung im ZVEI
60591 Frankfurt
Stresemannallee 19, 60596 Frankfurt
T: (069) 6 30 22 33 **Fax:** 6 30 23 19
E-Mail: m+p@zvei.org
Vorsitzende(r): Dipl.-Ing. Michael Ziesemer (Endress + Hauser Consult AG, European Sales Operations, Kägenstr. 7, CH-4153 Reinach, T: (0041 61) 7 15 77 50, Fax: (0041 61) 7 15 77 52)
Geschäftsführer(in): Dipl.-Ing. Knut Rothstein
Mitglieder: 150

f 331

Fachverband Transformatoren und Stromversorgungen im ZVEI
60591 Frankfurt
Stresemannallee 19, 60596 Frankfurt
T: (069) 63 02-256 **Fax:** 63 02-279
Internet: http://www.zvei.de
E-Mail: t&s@zvei.org
Internationaler Zusammenschluß: siehe unter izf 1546
Vorsitzende(r): Burkhard von Mangoldt (Geschäftsführender Gesellschafter Hans von Mangoldt GmbH & Co. KG, Hergelsbendenstr. 18, 52080 Aachen, T: (0241) 1 66 07-47, Fax: 1 66 07-35)
Geschäftsführer(in): Dr. Reiner Korthauer
Mitglieder: 90

f 332

Fachverband Batterien im ZVEI

60591 Frankfurt
Stresemannallee 19, 60596 Frankfurt
T: (069) 63 02-256 **Fax:** 63 02-279
E-Mail: batterien@zvei.org
Vorsitzende(r): Dr. Albrecht Leuschner (Vors. d. Geschäftsführung der EXIDE Verwaltungs-GmbH, 63652 Büdingen, T: (06042) 81-231, Fax: 5 93)
Geschäftsführer(in): Dr. Reiner Korthauer
Mitglieder: 22

f 333

Fachverband Starkstromkondensatoren im ZVEI

Haus der Wirtschaft
Am Schillertheater 4, 10625 Berlin
T: (030) 30 69 60-0 **Fax:** 30 69 60-20
E-Mail: zvei-kondensatoren@t-online.de
Vorsitzende(r): Dipl.-Ing. Reinhard Wiegand (AEG Kondensatoren und Wandler GmbH, Sickingenstr. 71, 10553 Berlin, T: (030) 34 69 23 65, Telefax: (030) 3 46 92-6 00)
Geschäftsführer(in): Dipl.-Ing. (FH) Reinhard Berckmüller
Mitglieder: 12

f 334

Fachverband Consumer Electronics

60591 Frankfurt
Stresemannallee 19, 60596 Frankfurt
T: (069) 63 02-330 **Fax:** 63 02-317
Vorsitzende(r): Dr. Helmut Stein (Nokia Multimedia Network Terminals GmbH, Opitzstr. 12, 40470 Düsseldorf, T: (0211) 90 89 54 35, Fax: 62 46 41)
Geschäftsführer(in): Dr. Alexander Pett
Mitglieder: 53

f 335

Fachverband Elektroleuchten im ZVEI

60591 Frankfurt
Stresemannallee 19, 60596 Frankfurt
T: (069) 6 30 22 94 **Fax:** 63 02-317
E-Mail: licht@zvei.org
Vorsitzende(r): Dr. Dirk Stahlschmidt (ERCO Leuchten GmbH, Brockhauser Weg 80-82, 58507 Lüdenscheid)
Geschäftsführer(in): Dr. Ulrich Merker
Mitglieder: 130

f 336

Fachverband Elektrische Lampen im ZVEI

60591 Frankfurt
Stresemannallee 19, 60596 Frankfurt
T: (069) 6 30 22 94 **Fax:** 63 02-317
E-Mail: licht@zvei.org
Vorsitzende(r): Frank Triebel (OSRAM GmbH, 81536 München, T: (089) 62 13-1, Telefax: (089) 62 13 30 74)
Geschäftsführer(in): Dr. Ulrich Merker
Mitglieder: 16

f 337

Fachverband Elektro-Haushalt-Kleingeräte im ZVEI

60591 Frankfurt
Stresemannallee 19, 60596 Frankfurt
T: (069) 6 30 23 43 **Fax:** 6 30 22 71
E-Mail: hausgeraete@zvei.org
Vorsitzende(r): N.N.
Geschäftsführer(in): Dipl.-Kfm. Norbert Knaup
Stellvertretende(r) Geschäftsführer(in): Werner Scholz
Mitglieder: 44

f 338

Fachverband Elektro-Haushalt-Großgeräte im ZVEI

60591 Frankfurt
Stresemannallee 19, 60596 Frankfurt
T: (069) 6 30 22 97, 6 30 24 15 **Fax:** 6 30 22 71
E-Mail: hausgeraete@zvei.org
Vorsitzende(r): Dr. Karsten Jaspersen (AEG Hausgeräte GmbH, Muggenhofer Str. 135, 90429 Nürnberg, T: (0911) 3 23 11 72, Telefax: (0911) 3 23 17 16)
Geschäftsführer(in): Dipl.-Kfm. Norbert Knaup
Stellvertretende(r) Geschäftsführer(in): Werner Scholz 27

f 339

Fachverband Elektro-Hauswärmetechnik im ZVEI

60591 Frankfurt
Stresemannallee 19, 60596 Frankfurt
T: (069) 63 02-295 **Fax:** 63 02-271
E-Mail: hausgeraete@zvei.org
Vorsitzende(r): Günter Seidel (Vorsitzer der Geschäftsführung KKW Kulmbacher Klimageräte-Werk GmbH, Am Goldenen Feld 18, 95326 Kulmbach)
Geschäftsführer(in): Dipl.-Kfm. Norbert Knaup
Stellvertretende(r) Geschäftsführer(in): Werner Scholz
Mitglieder: 42

f 351

HKI Industrieverband Haus-, Heiz- und Küchentechnik e.V.

(Korporatives Mitglied)
Postf. 11 07 37, 60042 Frankfurt
Stresemannallee 19, 60596 Frankfurt
T: (069) 25 62 68-0 **Fax:** 23 59 64
E-Mail: hki-industrieverband@t-online.de
Vorsitzende(r): Dipl.-Ing. Rainer Kegel (i. Fa. JUSTUS Wärmegeräte GmbH, 35075 Gladbach)
Hauptgeschäftsführer(in): Frank Kienle

f 340

Fördergemeinschaft Gutes Licht (FGL)

60591 Frankfurt
Stresemannallee 19, 60596 Frankfurt
T: (069) 6 30 22 94 **Fax:** 63 02-3 17
Internet: http://www.licht.de
E-Mail: fgl@zvei.org
Gründung: 1970
Vorsitzende(r): Dr. Dirk Stahlschmidt (ERCO Leuchten GmbH, 58505 Lüdenscheid)
Frank Triebel (OSRAM GmbH, 81543 München)
Geschäftsführer(in): Dr. Ulrich Merker
Mitglieder: 150

f 341

ZVEI-Verbindungsbüro Brüssel

Rue du Commerce 31, B-1040 Brüssel
T: (00322) 5 48 90 28 **Fax:** 5 48 90 29
Kontaktperson: Dr. Beatrice Jahn (E-Mail: b.jahn@bdl-online.de)

Landesstellen

f 342

ZVEI-Landesstelle Baden-Württemberg

Zeppelinstr. 42-44, 73760 Ostfildern
T: (0711) 45 10 31-80 **Fax:** 45 10 31-69
Vorsitzende(r): Dipl.-Wirtsch.-Ing. Robert Schöttle (Geschäftsführer der ELECTROSTAR Schöttle GmbH & Co., Stuttgarter Str. 36, 73262 Reichenbach/Fils, T: (07153) 98 20-2 24, Telefax: (07153) 9 82-3 55)
Geschäftsführer(in): Dipl.-Volksw. Wolfgang Wolf
Mitglieder: ca. 260

f 343

ZVEI-Landesstelle Bayern

Königstorgraben 11, 90402 Nürnberg
T: (0911) 2 06 17 55 **Fax:** 2 06 17 33
Internet: http://www.bayern.zvei.org
E-Mail: zvei-bayern@zvei.org
Vorsitzende(r): Prof. Dr. Anton Kathrein (Kathrein-Werke KG, Anton-Kathrein-Str. 1-3, 83004 Rosenheim, T: (08031) 1 84-0, Telefax: (08031) 1 84-6 61)
Geschäftsführer(in): Dipl.-Volksw. Herbert Riedl
Mitglieder: ca. 220

f 344

ZVEI-Landesstelle Berlin

Haus der Wirtschaft
Am Schillertheater 4, 10625 Berlin
T: (030) 30 69 60-0 **Fax:** 30 69 60-20
Internet: http://www.zvei.de
E-Mail: zvei-berlin@t-online.de
Vorsitzende(r): Dr. Jürgen Hahn
Geschäftsführer(in): Dipl.-Ing. (FH) Reinhard Berckmüller
Mitglieder: 100

f 345

ZVEI-Landesstelle Hamburg und Schleswig-Holstein

Haus der Wirtschaft
Kapstadtring 10, 22297 Hamburg
T: (040) 63 78 41-30 **Fax:** 63 78 41-99
Internet: http://www.zvei.de
Vorsitzende(r): Dipl.-Ing. Karl-Heinz Kolbe
Geschäftsführer(in): RA Jürgen Thies (E-Mail: juergen_thies@zvei-nord.de)
Mitglieder: 74

f 346

ZVEI-Landesstelle Hessen

60591 Frankfurt
Stresemannallee 19, 60596 Frankfurt
T: (069) 63 02-245 **Fax:** 63 02-317
Internet: http://www.zvei.de
E-Mail: hessen@zvei.org
Vorsitzende(r): Heinz-Günter Kämpgen
Geschäftsführer(in): Hans-Martin Fischer
Mitglieder: ca. 130

f 347

ZVEI-Landesstelle Niedersachsen/Bremen

Messegelände, 30521 Hannover
T: (0511) 8 93 43 11 **Fax:** 8 93 43 12
Vorsitzende(r): Richard Goldgrabe (ELEKTRON-BREMEN GmbH)
Geschäftsführer(in): Dipl.-Wirtschafts-Ing. (FH) Reinhard Berckmüller
Mitglieder: ca. 100

f 348

ZVEI-Landesstelle Nordrhein-Westfalen

Postf. 80 03 60, 51003 Köln
Schanzenstr. 30, 51063 Köln
T: (0221) 9 62 28-19 **Fax:** 9 62 28-31
E-Mail: fachverband.kabel@t-online.de
Vorsitzende(r): Harald Rutenbeck (Wilhelm Rutenbeck GmbH & Co., Niederworth 1-10, 58579 Schalksmühle, T: (02355) 8 20, Telefax: (02355) 82-1 53)
Geschäftsführer(in): Diederich Wiebecke
Mitglieder: 358

f 349

ZVEI-Landesstelle Rheinland-Pfalz

Ferdinand-Sauerbruch-Str. 9, 56073 Koblenz
T: (0261) 4 04 06-35 **Fax:** 4 04 06-26
E-Mail: Stephan Stracke/VEM-Koblenz/DE@VEM-Koblenz
Vorsitzende(r): Horst Rebholz (Repa GmbH Elektrotechnik, Industriestr. 22, 67480 Edenkoben, T: (06323) 94 95 96, Fax: 78 07)
Geschäftsführer(in): Ass. jur., Mag.rer.publ. Stephan Stracke

f 350

ZVEI-Landesstelle Saarland

Harthweg 15, 66119 Saarbrücken
T: (0681) 9 54 34-0 **Fax:** 5 84 73 86
Vorsitzende(r): Dr. Oswald Hager (Hager Electro GmbH, Zum Gunterstal 6, 66440 Blieskastel-Webenheim)
Geschäftsführer(in): Dipl.-Volksw. Dr. Heiko Jütte
Mitglieder: 13

f 351

ZVEI-Landesstelle Sachsen und Thüringen

Zur Wetterwarte 50, 01109 Dresden
T: (0351) 8 84 67-0 **Fax:** 8 84 67-19
Vorsitzende(r): Norbert Deismann (ELSO GmbH Elektrotechnik Sondershausen, Frankenhäuser Str. 64, 99706 Sondershausen, Postf. 32, 99701 Sondershausen, T: (03632) 5 12 03, Fax: (03632) 5 15 88)
Geschäftsführer(in): Dipl.-Volksw., Dipl.-Kfm. Christian Rode
Mitglieder: 94

● **F 352**

Bundesverband Informationswirtschaft, Telekommunikation und neue Medien e.V. (BITKOM)

Nonnendammallee 101, 13629 Berlin
T: (030) 38 30 84-50 **Fax:** 38 30 84-51
Internet: http://www.bitkom.org
E-Mail: bitkom@bitkom.org
Präsident(in): Volker Jung (Mitglied des Vorstandes der Siemens AG)
Vizepräsident(in): Willi Berchtold (Vorsitzender der Geschäftsführung der Giesecke & Devrient GmbH)
Jörg Menno Harms (Vorsitzender der Geschäftsführung der Hewlett-Packard GmbH)
Gerhard Jörg (Generalbevollmächtigter der Software AG)
Vorsitzender der Geschäftsführung: Dr. Bernhard Rohleder (Politische Interessenvertretung, PR und Marketing, Electronic Business und Recht, Internationale Angelegenheiten)
Geschäftsführer(in): Alexander Bojanowsky (Software, IT-Services, Multimedia und Content, neue Medien)
Dr. Werner Senger (Messepolitik, Vertrieb, Mittelstandsförderung, Bildung)
Gerhard Tamm (Telekommunikationspolitik, Infrastruktur und Netze, Technik und Produkte, neue Technologien)

f 353

BVB Bundesverband Informations- und Kommunikations-Systeme e.V.

Postf. 12 52, 61282 Bad Homburg
Dietrich-Bonhoeffer-Str. 4, 61350 Bad Homburg
T: (06172) 93 84-0 **Fax:** 3 10 10
Internet: http://www.bvb.de
E-Mail: geschaeftsstelle@bvb.de

f 354

BundesVerband InformationsTechnologien BVIT e.V.

Adenauerallee 18-22, 53113 Bonn

T: (0228) 2 01 36-0 **Fax:** 2 01 36-99
Internet: http://www.bvit.de
E-Mail: info@bvit.de

f 355

Fachverband Informationstechnik im VDMA
Lyoner Str. 18, 60528 Frankfurt
T: (069) 66 03-1531 **Fax:** 66 03-1510
Internet: http://www.fvit-eurobit.de
E-Mail: fvit@fvit-eurobit.de

f 356

Fachverband Kommunikationstechnik im ZVEI
60591 Frankfurt
Stresemannallee 19, 60596 Frankfurt
T: (069) 6 30 22 13 **Fax:** 6 30 22 88
E-Mail: komtech@zvei.org.

f 357

Unternehmensverband Informationssysteme e.V. (UVI) im BITKOM
Albert-Einstein-Str. 14, 12489 Berlin
T: (030) 63 92-1626 **Fax:** 63 92-2452
Internet: http://www.uviev.de
E-Mail: m.weber@bitkom.org

f 358

Bundesverband Telekommunikation e.V. (VAF)
Otto-Hahn-Str. 16, 40721 Hilden
T: (02103) 7 00 253 **Fax:** 7 00 105
Internet: http://www.vaf-ev.de
E-Mail: info@vaf-ev.de

• F 359

Verband der Softwareindustrie Deutschlands e.V. (VSI)
Stievestr. 7, 80638 München
T: (089) 29 16 02 93 **Fax:** 29 16 02 96
Gründung: 1987 (30. Juli)
Vorsitzende(r) des Vorstandes: Rudolf Gallist
Stellvertretende(r) Vorsitzende(r): Fritz Fleischmann
Geschäftsführer(in): Johannes Krüger

• F 360

Verband der Unterhaltungssoftware Deutschland e.V. (VUD)
Riemekestr. 160, 33106 Paderborn
T: (05251) 7 71 95-0 **Fax:** 7 71 95-19
Internet: http://www.vud.de
E-Mail: vud@vud.de
Gründung: 1993 (12. März)
Vorstandsmitglieder: Jürgen Goeldner (Softgold GmbH, ATHQ Company)
Gerd Körnig (The Learning Company GmbH)
Dr. Gerhard Florin (Electronic Arts GmbH)
Wolfram von Eichborn (Activision Deutschl. GmbH)
1. Geschäftsführer: Hermann Achilles (Ltg. Presseabt.)
2. Geschäftsführer: Ronald Schäfer
Mitglieder: 50
Mitarbeiter: 4

• F 361

Vereinigung der Niedersächsischen Zulieferer- und Dienstleistungsbetriebe für die Erdöl- und Erdgasindustrie e.V. (VNE)
Hannoversche Str. 30a, 29221 Celle
T: (05141) 99 29-274 **Fax:** 99 29-278

• F 362

Wirtschaftsverband Erdöl- und Erdgasgewinnung e.V. (WEG)
Brühlstr. 9, 30169 Hannover
T: (0511) 1 21 72-0 **Fax:** 1 21 72-10
Gründung: 1945
Vorsitzende(r): Wulf Hagemann (Vors.d.GeschF. Preussag Energie GmbH, Lingen)
Hauptgeschäftsführer(in): Ass. jur. Josef Schmid
Leitung Presseabteilung: Dr. Hartmut Pick
Mitglieder: 28

• F 363

Arbeitsgemeinschaft der Bitumen-Industrie e.V.
Steindamm 55, 20099 Hamburg
T: (040) 2 80 29 39 **Fax:** 2 80 21 25
Gründung: 1930
Geschäftsführer(in): Dipl.-Ing. Günter Höltken
Verbandszeitschrift: BITUMEN
Verlag: Arbeitsgemeinschaft der Bitumen-Industrie e.V., Steindamm 55, 20099 Hamburg
Mitglieder: 10
Mitarbeiter: 5

• F 364

Verband Schmierstoff-Industrie e.V.
Steindamm 55, 20099 Hamburg
T: (040) 2 80 29 39 **Fax:** 2 80 21 25
Vorsitzende(r) des Vorstands: T. J. Korsmeier (Deutsche Shell AG, Überseering 35, 22297 Hamburg, Postf. 60 05 20, 22205 Hamburg)
Stellv.Vors.d.Vorst.: Karl-Ernst Hundertmark (Carl Bechem GmbH, Hagen)
Vorstand: L. Bertelmann (Fuchs Mineraloelwerke GmbH, Mannheim)
Dr. P. Seifried (DEA, Hamburg)
H. Kirchhof (Esso, Hamburg)
H. Wentzler (Klüber)
Dr. H. Käppler (Stuttgart)
Dr. J. Müller (OEMETA Chemische Werke GmbH, Uetersen)
Dieter Schröder (Houghton Chemie, Hildesheim)
Dr. H. P. Schlörb (ARAL AG, Bochum)
Geschäftsführer(in): Dr. R. Hamann
Mitglieder: 53

Die Wahrnehmung und Förderung ideeller, wirtschaftlicher und technischer Interessen seiner Mitglieder, insbesondere gegenüber Behörden, Körperschaften des öffentlichen Rechts und Wirtschaftsverbänden. Mitglieder können Firmen werden, die Industrieschmierstoffe innerhalb der Bundesrepublik Deutschland herstellen und/oder vertreiben.

• F 365

BVE

Bundesvereinigung der Deutschen Ernährungsindustrie e.V. (BVE)
Godesberger Allee 142-148, 53175 Bonn
T: (0228) 3 08 29-0 **Fax:** 3 08 29-99
E-Mail: bve@bve-online.de
Gründung: 1949
Internationaler Zusammenschluß: siehe unter izf 2493
Vorsitzende(r): Dr. Peter Traumann (Vorsitzender der Geschäftsleitung Gerolsteiner Brunnen GmbH & Co., Vulkanring, 54568 Gerolstein, T: (06591) 1 41 03, Fax: (06591) 1 42 04)
Hauptgeschäftsführer(in): Prof. Dr. Dr. Matthias Horst
Geschäftsführer(in): RA Bernd-Ulrich Sieberger
Dr. Sabine Eichner-Lisboa
Mitglieder: 22 Verbände

Mitglieder:
Verband der Deutschen Backmittel- und Backgrundstoffhersteller e.V.
DIÄTVERBAND Bundesverband der Hersteller von Lebensmitteln für besondere Ernährungszwecke e.V.
Verband der Deutschen Essenzenindustrie e.V.
Verband der deutschen Essigindustrie e.V.
Bundesverband der Deutschen Feinkostindustrie e.V.
Vereinigung alkoholfreie Getränke-Industrie e.V.
Fachverband der Gewürzindustrie e.V.
Bundesverband der Kaffeemittelindustrie e.V.
Deutscher Kaffee-Verband e.V.
Bundesverband der obst-, gemüse- und kartoffelverarbeitenden Industrie e.V.
Verband der Deutschen Margarineindustrie e.V.
Milchindustrie-Verband e.V.
Verband Deutscher Oelmühlen e.V.
Getreidenährmittelverband Bundesverband der Hersteller von Nährmitteln aus Getreide und Reis e.V.
Verein Deutsche Salzindustrie e.V.
Verband der deutschen Sauerkonserven-Industrie e.V.
Verband der deutschen Senfindustrie e.V.
Fachverband der Stärke-Industrie e.V.
Bundesverband der Deutschen Süßwarenindustrie E.V.
Verband der Suppenindustrie e.V.
Verband der Deutschen Teigwarenhersteller und Hartweizenmühlen Deutschlands e.V.
Verein der Zuckerindustrie e.V.

Zusammenschluß der Fachverbände der Ernährungsindustrie zur Förderung gemeinsamer Interessen insbesondere in der Wirtschaftspolitik, Markt + Messen, Umwelt- und Rechtspolitik

Fachverbände

• F 366

Verband der Deutschen Backmittel- und Backgrundstoffhersteller e.V.
Markt 9, 53111 Bonn
T: (0228) 96 97 80 **Fax:** 9 69 78 99
Internet: http://www.backmittelverband.de
E-Mail: backmittelverband@t-online.de
Gründung: 1948
Internationaler Zusammenschluß: siehe unter izf 2118
Vorsitzende(r): Wilfried Rudolph (Fa. Meistermarken GmbH, Theodor-Heuss-Allee 8, 28215 Bremen, T: (0421) 35 02-0, Fax: 35 02-260)
Geschäftsführer(in): RA Amin Werner
Mitglieder: 47

• F 367

Vereinigung Deutsche BackTechnik e.V.
Birkenweg 3, 86441 Zusmarshausen
T: (08291) 5 09 **Fax:** 5 29
E-Mail: vdb.info@gmx.de
Gründung: 1951
Präsident(in): Walter Aumann, Zusmarshausen
Verbandszeitschrift: Brot und Backwaren
Redaktion: Redaktionsbüro Keil, Hamburg
Verlag: f2m food multimedia gmbh i.g., Föhrster Str. 8, 31061 Alfeld, T: (05181) 80 04-0, Fax: (05181) 80 04 90
Mitglieder: 1550

• F 368

Fachverband der Back- und Puddingpulverindustrie e.V.
Von-der-Heydt-Str. 9, 53177 Bonn
T: (0228) 35 40 27 **Fax:** 36 18 89
Vorsitzende(r): Hans-Wilhelm Vogeley (Inhaber d. Fa. Vogeley's Lebensmittelwerk GmbH, Postf. 10 13 54, 31763 Hameln, T: (05151) 4 00 40, TX: 92 800, Telefax: (05151) 40 04 89)
Geschäftsführer(in): Hans-Egbert Brinkmann
Mitglieder: 11

• F 369

Verband Deutscher Großbäckereien e.V.
In den Diken 33, 40472 Düsseldorf
T: (0211) 65 30 86 **Fax:** 65 30 88
Internet: http://www.grossbaecker.com
E-Mail: info@grossbaecker.com
Gründung: 1903
Vorstand:
Vors. u. Präs: Lothar Mainz (c/o Kronenbrot KG Franz Mainz, Postf. 13 80, 52137 Würselen, Fronhofstr. 30, 52146 Würselen, T: (02405) 4 84-0, Telefax: (02405) 4 84-1 17)
Stellvertretende(r) Vorsitzende(r): Heiner Kamps (c/o Kamps AG, Prinzenallee 13, 40549 Düsseldorf)
Hans-Jochen Holthausen (c/o Harry Brot GmbH, Postf. 12 80, 22859 Schenefeld, T: (040) 83 03 50, Fax: (040) 83 03 53 53)
Ehrenpräsident: Walter Mainz (c/o Kronenbrot KG Franz Mainz, Fronhofstr. 30, 52146 Würselen, T: (02405) 6 80)
Prof. Dr. Anton Dieter Hammel (c/o frischBack GmbH, Arnstadt, Mühlweg 3, 99310 Arnstadt)
Hauptgeschäftsführer(in): RA Helmut Martell (Presseabt.)
Geschäftsführer(in): RA Armin Juncker
Mitglieder: 110

Wahrung und Förderung der gemeinsamen wirtschaftlichen und sozialpolitischen Belange seiner Mitglieder.

• F 370

DIÄTVERBAND
Bundesverband der Hersteller von Lebensmitteln für besondere Ernährungszwecke e.V.
Andreas-Hermes-Haus
Godesberger Allee 142-148, 53175 Bonn
T: (0228) 3 08 51 10 **Fax:** 3 08 51 50
E-Mail: diaetverband@t-online.de
Gründung: 1948 (November)
Internationaler Zusammenschluß: siehe unter izf 2130
1. Vorsitzende(r): Hans-Jürgen Klett (Nestlé Alete GmbH, 81662 München)
Geschäftsführer(in): Michael Warburg (T: (0228) 3 08 51-10)
Mitglieder: 56

Vertretung der gemeinsamen Interessen der diätetischen Lebensmittelindustrie in der Bundesrepublik Deutschland auf wirtschafts- und gesundheitspolitischem Gebiet; sachverständige Beratung des Bundestages und der Bundesregierung in allen Fragen, die Erzeugnisse dieser Industrie betreffen.

• F 371

Bundesverband der Deutschen Erfrischungsgetränke-Industrie e.V. (BDE)
Königswinterer Str. 300, 53227 Bonn
T: (0228) 44 10 72, 44 27 13 **Fax:** 44 00 19
Internet: http://www.bde-online.de
E-Mail: mail@bde-online.de
Gründung: 1882
Internationaler Zusammenschluß: siehe unter izf 2477
Präsident(in): Dipl.-Vw. Uller Muttke (Am Halberg 10, 66121

Saarbrücken, T: (0681) 81 97-0)
Geschäftsführer(in): RA Dr. Andreas Stücke
RA Ernst Kammerinke
Leitung Presseabteilung: Dipl.oec.troph. Bettina Hessel
Verbandszeitschrift: Das Erfrischungsgetränk
Verlag: Hugo Matthaes Verlag, Olgastr. 87, 70180 Stuttgart
Mitglieder: ca. 300

Landesverbände

f 372
Verband der Erfrischungsgetränke-Industrie Baden-Württemberg e.V.
Königswinterer Str. 300, 53227 Bonn
T: (0228) 44 10 72 **Fax:** 44 00 19
Vorsitzende(r): Bernd Nellesen (Spreewaldallee 26-28, 68309 Mannheim, T: (0621) 7 00 81 00)
Geschäftsführer(in): RA Ernst Kammerinke

f 373
Verband der Bayerischen Erfrischungsgetränke-Industrie e.V.
Oskar-von-Miller-Ring 1, 80333 München
T: (089) 2 80 02 40
Vorsitzende(r): Dr. Friedrich Pachmayr (Triebstr. 37, 80993 München, T: (089) 14 99 09-0)
Geschäftsführer(in): RAin Birgit Knappmann
RA André Schiepel

f 374
Verband der Erfrischungsgetränke-Industrie Hamburg/Schleswig-Holstein e.V.
Königswinterer Str. 300, 53227 Bonn
T: (0228) 44 10 72 **Fax:** 44 00 19
Vorsitzende(r): Dieter Cohrt (Eichkamp 1-9, 24116 Kiel)
Geschäftsführer(in): RA Ernst Kammerinke

f 375
Verband der Erfrischungsgetränke-Industrie Hessen/Rheinland-Pfalz/Saar e.V.
Königswinterer Str. 300, 53227 Bonn
T: (0228) 44 10 72 **Fax:** 44 00 19
Vorsitzende(r): N. N.
Geschäftsführer(in): RA Ernst Kammerinke

f 376
Verband der Erfrischungsgetränke-Industrie Niedersachsen/Bremen e.V.
Königswinterer Str. 300, 53227 Bonn
T: (0228) 44 10 72 **Fax:** 44 00 19
Vorsitzende(r): Hans-Dieter Völzen (Hemelinger Bahnhofstr. 20-24, 28309 Bremen, T: (0421) 41 05 00)
Geschäftsführer(in): RA Ernst Kammerinke

f 377
Verband der Erfrischungsgetränke-Industrie Nordrhein-Westfalen e.V.
Königswinterer Str. 300, 53227 Bonn
T: (0228) 44 10 72 **Fax:** 44 00 19
Vorsitzende(r): Michael Keith (Am Fuchsberg 1, 41468 Neuss, T: (02131) 93 40)
Geschäftsführer(in): RA Ernst Kammerinke

f 378
Verband der Erfrischungsgetränke-Industrie Berlin und Region Ost e.V.
Königswinterer Str. 300, 53227 Bonn
T: (0228) 44 10 72 **Fax:** 44 01 15
Vorsitzende(r): Paul-Gerhard Ritter (Postf. 45 01 40, Berlin, T: (030) 7 70 00 20)
Geschäftsführer(in): RA Ernst Kammerinke

• F 379
Vereinigung Alkoholfreie Getränke-Industrie e.V.
(AFG-Vereinigung)
Die folgenden drei Mitgliedsverbände wechseln sich jährlich mit der Geschäftsführung ab:
Für 1999: Bundesverband der Deutschen Erfrischungsgetränke-Industrie e.V. (BDE)
Königswinterer Str. 300, 53227 Bonn
T: (0228) 95 46 00 **Fax:** 9 54 60 20
Gründung: 1989 (16. November)
Präsident(in): Uller Mutke
Geschäftsführer(in): Dr. Andreas Stücke
Mitglieder: 3 Verbände

Für 2000:
Verband Deutscher Mineralbrunnen e.V. (VDM),
Kennedyallee 28, 53175 Bonn,
Präsident: Dr. H. Ruhrmann,
Geschäftsführer: Wolfgang Stubbe

Für 2001:
Verband der deutschen Fruchtsaft-Industrie e.V. (VdF),
Mainzer Str. 253, 53179 Bonn,
Präsident: Dr. K.O. Becker,
Geschäftsführer: K. Sennewald,
K. Sondhauß

• F 380
Industrieller Verein der deutschen Coca-Cola Konzessionäre e.V.
Wahlerstr. 28, 40472 Düsseldorf
T: (0211) 9 04 48-0 **Fax:** 9 04 48-29
E-Mail: cokecciv@aol.com
Präsident(in): Klaus Mäurers
Vizepräsident(in): Manfred Fiss
Geschäftsführer(in): Arnold Jahn

• F 381
Bundesverband der Deutschen Eiprodukten-Industrie e.V.
Postf. 24 01 34, 53154 Bonn
Hochkreuzallee 72, 53175 Bonn
T: (0228) 9 59 60-0 **Fax:** 9 59 60-50
Internet: http://www.BV-EWG.ORG
E-Mail: EP@BV-EWG.ORG
Vorsitzende(r): Ludwig Egener
Geschäftsführer(in): C. von der Crone
Mitglieder: 14

• F 382
Verband der Essig- und der Senfindustrie e.V.
Reuterstr. 151, 53113 Bonn
T: (0228) 21 20 17 **Fax:** 22 94 60
Internationaler Zusammenschluß: siehe unter izf 2047, izf 2626
Vorsitzende(r): Martin Kauffmann (Fr. Kauffmann GmbH & Co., Postf. 12 40, 73061 Ebersbach, T. (07163) 1 62-0, Fax: (07163) 1 62-40)
Geschäftsführer(in): Dr.jur. Hans-Joachim Mürau
Mitglieder: 52

• F 383
Bundesverband der Deutschen Feinkostindustrie e.V.
Reuterstr. 151, 53113 Bonn
T: (0228) 21 20 17 **Fax:** 22 94 60
Internationaler Zusammenschluß: siehe unter izf 456, izf 2627
Vorsitzende(r): Th. Rüssmann (Fa. F. H. Rüssmann Feinkostfabrik KG, Kabeler Str. 9, 58099 Hagen, T: (02331) 36 04 17, Telefax: (02331) 36 04 35)
Hauptgeschäftsführer(in): RA Dr.jur. Hans-Joachim Mürau
Geschäftsführer(in): Dipl.-Volksw. Gerhard Weber
Mitglieder: 77

• F 384
Bundesmarktverband der Fischwirtschaft e.V.
Große Elbstr. 133, 22767 Hamburg
T: (040) 38 59 31 **Fax:** 3 89 85 54
Präsident(in): Karl-Ludwig Willemsen ("Nordsee" Holding GmbH, Klußmannstr. 3, 27570 Bremerhaven, T: (0471) 13 13 18, Fax: 13 12 00)
Vizepräsident(in): Rudolf Bierbichler (i.Fa. Ferdinand Bierbichler, Postf. 11 52, 83065 Stephanskirchen, T: (08031) 7 21 (0), Fax: (08031) 7 39 73)
Peter Greim (Frozen Fish Intern. GmbH, Postf. 29 03 52, 27533 Bremerhaven, T: (0471) 13-0, Fax: (0471) 7 33 26)
Klaus Hartmann (Klaus Hartmann Eurotrawler, Westkai 34, 27572 Bremerhaven, T: (0471) 9 72 52-0, Fax: (0471) 9 72 52-22)
Geschäftsführer(in): RA Folkert Marr
Mitglieder: 12

• F 385
Bundesverband der Deutschen Fischindustrie und des Fischgroßhandels e.V.
Große Elbstr. 133 II, 22767 Hamburg
T: (040) 38 18 11 **Fax:** 3 89 85 54
E-Mail: bvfisch@t-online.de
Internationaler Zusammenschluß: siehe unter izf 2586
Vorsitzende(r): Peter Greim (i.Hs. Frozen Fish Intern. GmbH, Postf. 29 03 52, 27533 Bremerhaven, T: (0471) 13-0, Fax: 7 33 26)
Geschäftsführer(in): RA Folkert Marr
Dr. Matthias Keller
Mitglieder: 77

Angeschlossen:

f 386
Bundesverband der deutschen Fischindustrie und des Fischgroßhandels e.V. -Bezirksverband Bremerhaven-
Postf. 29 03 51, 27533 Bremerhaven
T: (0471) 9 73 94-0 **Fax:** 7 68 02
Vorsitzende(r): Hans Georg Stein (i. Fa. Seefischvertriebsgesellschaft mbH & Co. KG, Postf. 29 03 51, 27533 Bremerhaven)
Geschäftsführer(in): N.N.

f 387
Bundesverband der deutschen Fischindustrie und des Fischgroßhandels e.V. -Ortsverband Lübeck-
Seelandstr. 36, 23569 Lübeck
T: (0451) 3 00 01-0 **Fax:** 3 00 01 33
Vorsitzende(r): Hans-Jürgen Moczarski (i. Hs. Artur Heymann & Co., Seelandstr. 36, 23569 Lübeck)

f 388
Bundesverband der deutschen Fischindustrie und des Fischgroßhandels e.V. -Landesverband Schleswig-Holstein-
Wischhofstr. 1-3, 24148 Kiel
T: (0431) 72 52 33
Vorsitzende(r): N. N.

• F 389
Verband deutscher Fischmehl- und Fischölfabriken e.V.
Postf. 1 47, 27451 Cuxhaven
T: (04721) 1 31 90 **Fax:** 1 31 96
Vorsitzende(r): Ulrich Gerken
Geschäftsführer(in): Hans Himmel (T: (04721) 1 31 91)
Mitglieder: 3

• F 390
Bundesverband der Deutschen Fleischwarenindustrie e.V.
Postf. 29 51, 53019 Bonn
Schedestr. 11, 53113 Bonn
T: (0228) 26 72 50 **Fax:** 2 67 25 55
E-Mail: bvdf@compuserve.com
Internationaler Zusammenschluß: siehe unter izf 2434
Vorsitzende(r): Fritz Köhne (Gütersloher Fleischwarenfabrik, J.F. Marten GmbH, Bismarckstr. 25, 33330 Gütersloh, T: (05241) 8 78 01, Fax: (05241) 87 84 56)
Hauptgeschäftsführer(in): Dr. Gotthard Hilse
Geschäftsführer(in): Thomas Vogelsang

Landesverbände

f 391
Verband der Bayerischen Fleischwarenindustrie e.V.
Kapuzinerplatz 2l, 80337 München
T: (089) 77 65 25 **Fax:** 7 21 11 01
Vorsitzende(r): Anton Stanglmeier (8350 Plattling)
Geschäftsführer(in): Dr. Andreas Reiners

f 392
Verband der Fleischwarenindustrie in der Hansestadt Hamburg
Justus-von-Liebig-Str. 2, 21629 Neu Wulmstorf
T: (040) 7 00 17 10 **Fax:** 7 00 61 63
Vorsitzende(r): Paul Otto Schwarz

f 393
Verband der Hessischen Fleischwarenindustrie
Korbacher Str. 5, 34477 Twistetal
T: (05631) 9 73-0 **Fax:** 9 73-177
Vorsitzende(r): Rainer-Eckhard Wilke

f 394
Verband Niedersächsischer Fleischwarenfabriken e.V.
Industriestr. 5 Kayhauserfeld, 26160 Bad Zwischenahn
T: (04403) 66-0 **Fax:** 6 63 32
Vorsitzende(r): Christian Rauffus, Bad Zwischenahn

f 395
Fachverband der Rheinischen Fleischwaren-Industrie e.V.
Schedestr. 11 II, 53113 Bonn
T: (0228) 2 67 25-0 **Fax:** 2 67 25 55

Vorsitzende(r): Karl-Ullrich Steinhaus (42897 Remscheid, T: (02191) 69 50, Fax: (02191) 69 51 71)
Geschäftsführer(in): Dr. Gotthard Hilse

f 396

Fachverband der Westfälischen Fleischwaren-Industrie
Kölner Str. 294, 51645 Gummersbach
T: (02261) 6 01 40 **Fax:** 60 14 60
Vorsitzende(r): Dr. Wolfgang Ingold (33775 Versmold)
Geschäftsführer(in): Prof. Dr. Ulrich Krell

f 397

Verband der Schleswig-holsteinischen Fleischwarenindustrie e.V.
Walkerdamm 4-6, 24103 Kiel
T: (0431) 9 74 36-0 **Fax:** 9 74 36 36
Vorsitzende(r): Claus Dölling (25335 Elmshorn)
Geschäftsführer(in): RA Dr. Wolfgang M. Weißleder

f 398

Verband der Fleischwarenindustrie im Saarland und der Pfalz e.V.
Am Alten Markt, 66557 Illingen
T: (06825) 9 22-0 **Fax:** 9 22-117
Präsident(in): Hans Höll (66557 Illingen)
Stellvertretende(r) Vorsitzende(r): Michael Neu

f 399

Verband der Fleischwarenindustrie in Baden-Württemberg
c/o Kalbacher GmbH
Schlachthofstr. 5-7, 79540 Lörrach
T: (07621) 4 03 00 **Fax:** 40 30 40
Vorsitzende(r): Karl-Heinz Blum (78176 Blumberg)

• F 400

Fachverband der Futtermittelindustrie e.V.
Postf. 30 04 45, 53184 Bonn
Beueler Bahnhofsplatz 18, 53225 Bonn
T: (0228) 9 75 68-0 **Fax:** 9 75 68-68
E-Mail: fvfumi@t-online.de
Gründung: 1918 (1. März)
Internationaler Zusammenschluß: siehe unter izf 1376
Präsident(in): Manfred Schräder, Ochtrup
Geschäftsführer(in): Dr. Hubert Grote
Mitglieder: 200

f 401

Fachverband der Futtermittelindustrie e.V. Fachabteilung Mineralfutter
Beueler Bahnhofsplatz 18, 53225 Bonn
T: (0228) 9 75 68-0 **Fax:** 9 75 68-68
Vorsitzende(r): J. Jensen (An der Mühlenau 4, 25421 Pinneberg, T: (04101) 2 18-0, Telefax: (04101) 21 83 18)

Landesgruppen

f 402

Fachverband der Futtermittelindustrie e.V. Landesgruppe Bayern
Albert-Ruckdeschel-Str. 17, 95326 Kulmbach
T: (09221) 95 79-0

f 403

Fachverband der Futtermittelindustrie e.V. Landesgruppe Nordwest
Glockengießerwall 2, 20095 Hamburg
T: (040) 32 01 10

f 404

Fachverband der Futtermittelindustrie e.V. Landesgruppe Südost
Am Bahnhof 13, 07570 Niederpöllnitz
T: (036607) 70

f 405

Fachverband der Futtermittelindustrie e.V. Landesgruppe Südwest
Engelhardshauser Str. 57, 74572 Blaufelden
T: (07953) 87-0

f 406

Fachverband der Futtermittelindustrie e.V. Beratungsstelle für Futter und Fütterung
Beueler Bahnhofsplatz 18, 53225 Bonn
T: (0228) 9 75 68-0 **Fax:** 9 75 68-68

• F 407

Bundesverband der Mischfutterhersteller e.V. (BVdM)
Kaiserplatz 15, 53113 Bonn
T: (0228) 9 11 97-0 **Fax:** 22 05 39
E-Mail: bvMischfutter@t-online.de
Vorsitzende(r): Anton Schumann, Hilgermissen
Geschäftsführer(in): Peter Radewahn

• F 408

Arbeitsgemeinschaft für Wirkstoffe in der Tierernährung e.V. (AWT)
Roonstr. 5, 53175 Bonn
T: (0228) 35 24 00 **Fax:** 36 13 97
E-Mail: awtier@aol.com
Gründung: 1954
Internationaler Zusammenschluß: siehe unter izf 1284
Vorsitzende(r): Dr. Ernst A. Krämer
Geschäftsführer(in): Dr. Elvira Süphke
Mitglieder: 20

• F 409

Fachverband der Gewürzindustrie e.V.
Reuterstr. 151, 53113 Bonn
T: (0228) 21 61 62 **Fax:** 22 94 60
Vorsitzende(r): Michael Rendlen (Gewürzmüller GmbH, T: (0711) 89 99-0, Fax: 89 99-2 00)
Hauptgeschäftsführer(in): Dr.jur. Hans-Joachim Mürau
Geschäftsführer(in): RA Dirk Radermacher
Mitglieder: 69

• F 410

Bundesverband der Deutschen Hefeindustrie und der melasseverarbeitenden Brennereien e.V.
Reuterstr. 151, 53113 Bonn
T: (0228) 21 20 17 **Fax:** 22 94 60
Internationaler Zusammenschluß: siehe unter izf 60, izf 494
Vorsitzende(r): Dr. Günter Moormann (i. Fa. Uniferm GmbH & Co. KG, Brede 4, 59368 Werne a.d. Lippe, T: (02389) 7 97 80, Telefax: (02389) 79 78 12)
Stellvertretende(r) Vorsitzende(r): Dr. Hans Hansen
Geschäftsführer(in): Dr.jur. Hans-Joachim Mürau
RA Dirk Radermacher
Mitglieder: 13
Mitarbeiter: 2

• F 411

Deutscher Kaffee-Verband e.V.
siehe H 84

• F 412

Bundesverband der Kaffeemittelindustrie e.V.
Reuterstr. 151, 53113 Bonn
T: (0228) 21 20 17 **Fax:** 22 94 60
Vorsitzende(r): Paul Strehle (i. Fa. Günzburger Nahrungsmittelfabrik Gebr. Strehle GmbH, Auweg 1, 89312 Günzburg, Postf. 15 41, 89305 Günzburg, T: (08221) 80 84, TX: 531 134)
Geschäftsführende(s) Vorstands-Mitglied(er): Dieter Ulbricht
Mitglieder: 8

• F 413

Bundesverband der Hersteller von löslichem Kaffee e.V. (BLK)
Am Sandtorkai 2, 20457 Hamburg
T: (040) 36 51 34 **Fax:** 36 43 11
Vorsitzende(r): Jan Beernd Rothfos (Am Sandtorkai 2, 20457 Hamburg, T: (040) 37 88 90, Telefax: (040) 36 43 11)
Geschäftsführer(in): Winfried Tigges

• F 414

KAUGUMMI-VERBAND e.V.
Winkelsweg 2, 53175 Bonn
T: (0228) 3 08 51-40 **Fax:** 3 08 51-50
E-Mail: kaugummiverband@t-online.de
1. Vorsitzende(r): Olaf Blank (Wrigley GmbH, Unterhaching)
2. Vorsitzende(r): Ekkehard Seiler (Fleer GmbH, Walldorf)
Geschäftsführer(in): Dipl.-Volksw. Heinz Wenner

• F 415

Deutsches Tiefkühlinstitut e.V.
Sitz: Köln
Bonner Str. 484-486, 50968 Köln
T: (0221) 9 37 48-0 **Fax:** 9 37 48-22
Internet: http://www.tiefkuehlinstitut.de
E-Mail: infos@tiefkuehlinstitut.de
Internationaler Zusammenschluß: siehe unter izf 1740
Vorsitzende(r): Ulf H. Weisner (McCain GmbH)
Stellvertretende(r) Vorsitzende(r): Berndt Kriewald (Linde AG, Werksgruppe Kälte- und Einrichtungstechnik, Köln)
Hans Völk (Intermondo Warenhandelsgesellschaft mbH, Pulheim-Sinnersdorf)
Geschäftsführer(in): Manfred Sassen
Mitglieder: ca. 162

• F 416

Deutscher Mälzerbund e.V.
Postf. 20 04 28, 53134 Bonn
Dechant-Heimbach-Str. 21, 53177 Bonn
T: (0228) 31 10 62 **Fax:** 31 23 85
E-Mail: maelzerbund@t-online.de
Internationaler Zusammenschluß: siehe unter izf 45
Präsident(in): Mälzerei-Dir. Gottfried Bauer (Schweinfurter Malzfabrik GmbH, Postf. 13 27, 97403 Schweinfurt)
Geschäftsführer(in): RA Nils Parow
Mitglieder: 50

Landesverbände

f 417

Bayerischer Mälzerbund e.V.
Buchendorfer Str. 17, 82131 Gauting
T: (089) 8 50 20 39
Vorsitzende(r): Dipl.-Kfm. Hans-Albert Ruckdeschel (GeschF der IREKS GmbH, 95326 Kulmbach, T: (09221) 70 62 63)
Mitglieder: 27

f 418

Mälzerbund Baden-Württemberg e.V.
Postf. 15 48, 88465 Laupheim
OT Baustetten, 88471 Laupheim
T: (07392) 20 77 **Fax:** 28 35
Vorsitzende(r): Dipl.-Kfm. Dipl.-Brmstr. Ludwig Zimmermann (GeschF der Malzfabrik Ludwig Zimmermann, Baustetten, 88471 Laupheim)
Mitglieder: 8

f 419

Mälzerbund Mittelrhein-Pfalz e.V.
Geschäftsstelle
Postf. 10 43 20, 69033 Heidelberg
Ludolf-Krehl-Str. 43, 69120 Heidelberg
T: (06221) 64 66-0 **Fax:** 64 66 99
Vorsitzende(r): Dipl.-Kfm. Martin Göhler (GeschF der PALATIA MALZ GmbH)
Mitglieder: 6 Firmen

f 420

Nordwestdeutscher Mälzerbund e.V.
Postf. 54 02 09, 22502 Hamburg
Reichsbahnstr. 99, 22525 Hamburg
T: (040) 5 40 02-0 **Fax:** 5 40 02-241
Vorsitzende(r): Dipl.-Kfm. Michael Wiese (i.Fa. Tivoli Malz GmbH, Reichsbahnstr. 99, 22525 Hamburg)
Mitglieder: 7

f 421

Ostdeutscher Mälzerbund
Bahnhofstr. 33, 06188 Landsberg
T: (034602) 2 06 01 **Fax:** 2 06 03
Vorsitzende(r): Ch. Thormann (Malzfabrik Landsberg)
Mitglieder: 4

• F 422

Verband der Deutschen Margarineindustrie e.V.
Adenauerallee 148, 53113 Bonn
T: (0228) 37 20 23 **Fax:** 37 20 25
E-Mail: margarineverband@t-online.de
Internationaler Zusammenschluß: siehe unter izf 2285
Vorsitzende(r): Dr. Ortwin Klang (Im Sorenfelde 33c, 22359 Hamburg)
Geschäftsführer(in): Dipl.-Betriebsw. Karl-Heinz Legendre
Ass. jur. Gerhard Gnodtke
Mitglieder: 18 Firmen

• F 423

VDM

Verband Deutscher Mineralbrunnen e.V. (VDM)
Deutsche Heilbrunnen im VDM
Kennedyallee 28, 53175 Bonn
T: (0228) 95 99 00 **Fax:** 37 34 53
Internet: http://www.heilwasser.com, http://www.mineralwasser.com
E-Mail: vdm.bonn@t-online.de
Internationaler Zusammenschluß: siehe unter izf 2478
Vorsitzende(r): Dr. Helmut Ruhrmann (Kennedyallee 28, 53175 Bonn, T: (0228) 95 99 00)
Geschäftsführer(in): RA Wolfgang Stubbe

Leitung Presseabteilung: Heike Schur
Mitglieder: 240
Vertretung der Interessen seiner Mitglieder gegenüber Behörden und Wirtschaftsorganisationen; Austausch wissenschaftlicher, wirtschaftlicher und technischer Informationen; Beratung der Mitglieder in einschlägigen Angelegenheiten.

• F 424

Verband Deutscher Mühlen e.V.
Postf. 30 01 62, 53181 Bonn
Beueler Bahnhofsplatz 18, 53225 Bonn
T: (0228) 9 76 10-0 **Fax:** 9 76 10-99
Internet: http://www.muehlen.org
E-Mail: vdm@muehlen.org
Internationaler Zusammenschluß: siehe unter izf 1753
Vorsitzende(r): Hans-Christoph Erling (GeschFGes: Bremer Rolandmühle Erling & Co. GmbH, Emder Str. 39, 28217 Bremen)
Hauptgeschäftsführer(in): RA Franz-Josef Arens
Geschäftsführer(in): RA Henrich Fenner
Dipl.-Volksw. Manfred Weizbauer
Mitglieder: 750

• F 425

Verband Deutscher Oelmühlen e.V.
Kronprinzenstr. 24, 53173 Bonn
T: (0228) 95 68 20 **Fax:** 9 56 82 23
TGR: oelvb d
E-Mail: info@oelmuehlen.de
Gründung: 1900
Internationaler Zusammenschluß: siehe unter izf 2647
Vorsitzende(r): Wilhelm F. Thywissen (C. Thywissen GmbH, Industriestr. 33, 41460 Neuss, T: (02131) 26 04-1, Fax: (02131) 26 04-220)
Geschäftsführer(in): Petra Sprick
Mitglieder: 20

• F 426

Getreidenährmittelverband
Bundesverband der Hersteller von Nährmitteln aus Getreide und Reis e.V.
Postf. 19 01 65, 53037 Bonn
An der Elisabethkirche 26, 53113 Bonn
T: (0228) 2 67 10-0 **Fax:** 2 67 10-20
E-Mail: verbaende.hees@t-online.de
Internationaler Zusammenschluß: siehe unter izf 1248, izf 2685
Vorsitzende(r): Bernd Wilhelm (i. Fa. Kellogg (Deutschland) GmbH)
Geschäftsführer(in): Dipl.-Volksw. Wolfgang Hees

• F 427

Bundesverband der obst-, gemüse- und kartoffelverarbeitenden Industrie e.V.
Von-der-Heydt-Str. 9, 53177 Bonn
T: (0228) 35 40 25 **Fax:** 36 18 89
E-Mail: bogk-vds@t-online.de
Internationaler Zusammenschluß: siehe unter izf 442
Vorsitzende(r): Heinz-Gregor Johnen (i. Fa. Franz Zentis GmbH & Co., Postf. 15 70, 52016 Aachen, T: (0241) 4 76 00, Telefax: (0241) 4 76 03 69)
Hauptgeschäftsführer(in): Hans-Egbert Brinkmann
Geschäftsführer(in): Dipl.-Volksw. Erik Demarrez
RA Werner Koch
Mitglieder: ca. 70

• F 428

Institut für Gemüse- und Zierpflanzenbau Großbeeren/Erfurt e.V.
Wissenschaftsgemeinschaft Gottfried Wilhelm Leibniz
Theodor-Echtermeyer-Weg, 14979 Großbeeren
T: (033701) 7 81 31 **Fax:** 5 53 91
Internet: http://www.dainet.de/igz/
E-Mail: igzev@igzev.de
Gründung: 1992 (1. Januar)
Direktor(in): Dr. Schreiner (Komm.)
Ltg. Bibliothek: M. Grohmann
Mitarbeiter: ca. 100
Jahresetat: ca. DM 10 Mio, € 5,11 Mio Forschungsetat

• F 429

Verband der deutschen Fruchtsaft-Industrie e.V. (VdF)
Mainzer Str. 253, 53179 Bonn
T: (0228) 95 46 00 **Fax:** 9 54 60 30
Internationaler Zusammenschluß: siehe unter izf 70
Präsident(in): Karl-Otto Becker (i. Fa. becker_Hs bester GmbH, Nörten-Hardenberg)
Geschäftsführer(in): RA Karsten Sennewald
Dipl.-Ökonom Klaus Sondhauß
Mitglieder: 202 Direktmitglieder, 68 förd. Mitglieder und 7 Verbände

Landesverbände

f 430

Verband der bayer. Fruchtsaft-Industrie e.V.
Lindenstr. 17, 85405 Nandlstadt
T: (08756) 91 00 78 **Fax:** 91 00 98
1. Vorsitzende(r): Konrad Paul (i.Fa. "ORO"-Obstverwertung eG, Urbanstr. 5, 83101 Rohrdorf)
Geschäftsführer(in): Kurt Eid
Mitglieder: 70

f 431

Verband der baden-württembergischen Fruchtsaft-Industrie e.V.
Eduard-Pfeiffer-Str. 48, 70192 Stuttgart
T: (0711) 22 33 3-0 **Fax:** 2 23 33-99
Vorsitzende(r): Gert Rauner (i.Fa. Gert Rauner, Fruchtsäfte-Konzentrate, Hesselbachstr. 8, 75242 Neuhausen, T: (07234) 95 33-0, Telefax: (07234) 95 33-99)
Geschäftsführer(in): RA Dr.jur. Axel B. Stemmer
Mitglieder: 100

f 432

Verband der Hessischen Apfelwein- u. Fruchtsaft-Keltereien e.V.
Kirchberg 8, 56370 Schönborn
T: (06486) 91 13 05 **Fax:** 91 13 06
Vorsitzende(r): Walfried Heil (i. Fa. Kelterei Heil, An den Obstwiesen, 35789 Weilmünster-Laubuseschbach, T: (06475) 91 31-0, Fax: (06475) 91 31 40)
Geschäftsführer(in): S. Schäfer
Mitglieder: 73

f 433

Fruchtsaft-Verband Sachsen/Anhalt e.V.
Diesterwegstr. 2a, 39110 Magdeburg
T: (0391) 7 31 31 34 **Fax:** 7 31 31 34
1. Vorsitzende(r): Adelheid Großklaus-Maeting (i. Fa. Obstkelterei Hugo Schröder GmbH, Triftstr. 3, 06895 Zahna, T: (034924) 2 02 08, Telefax: (034924) 2 18 45)
Geschäftsführer(in): Heike Schich
Mitglieder: 23

f 434

Fruchtsaftverband Sachsen e.V.
Hauptstr. 49, 01936 Reichenbach
T: (035795) 4 28 55 **Fax:** 4 28 55
1. Vorsitzende(r): Erika Schäplitz (i. Fa. Kelterei Willy Kühne, Hauptstr. 49, 01936 Reichenbach, T: (035795) 4 28 55, Telefax: (035795) 4 28 55)
Mitglieder: 46

• F 435

Wirtschaftsvereinigung Kräuter- und Früchtetee e.V. (WKF)
Gotenstr. 21, 20097 Hamburg
T: (040) 23 60 16 33 **Fax:** 23 60 16 10
E-Mail: wkf@wga-hh.de
Gründung: 1997 (1. Juli)
Internationaler Zusammenschluß: siehe unter izf 1262
Vorsitzende(r): Willi Rausch (Firma Teekanne GmbH, Kevelaerer Str. 21-23, 40549 Düsseldorf)
Stellvertretende(r) Vorsitzende(r): Dr. Adolf Kler (Martin Bauer GmbH & Co. KG, Dutendorfer Str. 5-7, 91487 Vestenbergsgreuth)
Geschäftsführer(in): RA'in Dr. Monika Beutgen

• F 436

Verband der deutschen Fruchtwein- und Fruchtschaumwein-Industrie e.V. (VdFw)
Mainzer Str. 253, 53179 Bonn
T: (0228) 34 07 29 **Fax:** 9 54 60-20
Gründung: 1968
Internationaler Zusammenschluß: siehe unter izf 2639
Vorsitzende(r): Dr. Günter Demuth (i.Fa. Dr. Demuth GmbH & Co. KG, 37187 Kaltenburg-Lindau)
Geschäftsführer(in): RA Karsten Sennewald
Mitglieder: 23 ordentliche und 1 außerordentliches

• F 437

Verband der Hersteller von Perlwein und ähnlichen Erzeugnissen
c/o Fa. KELLER GEISTER GmbH & Co. KG
Rudolf-Diesel-Str. 7-9, 54292 Trier
T: (0651) 2 09 06-0 **Fax:** 2 09 06-54
Vorsitzende(r): Adolf Lorscheider (i. Fa. KELLER GEISTER GmbH & Co. KG, Rudolf-Diesel-Str. 7-9, 54292 Trier, T: (0651) 2 09 06-0, Telefax: (0651) 2 09 06-44, -54, -56)

• F 438

Verband der deutschen Sauerkonserven-Industrie e.V. (VdS)
Von-der-Heydt-Str. 9, 53177 Bonn
T: (0228) 35 40 26 **Fax:** 36 18 89
Internationaler Zusammenschluß: siehe unter izf 2625
Vorsitzende(r): Dr. Helmut Hengstenberg (Fa. Rich. Hengstenberg GmbH & Co., Mettinger Str. 109, 73728 Esslingen, T: (0711) 3 92 93 15, Fax: 3 92 94 37)
Geschäftsführende(s) Vorstands-Mitglied(er): Dipl.-Kfm. Dieter Adenauer
Mitglieder: 49

f 439

Verband der Sauerkonserven-Fabrikanten von Baden-Württemberg e.V.
Von-der-Heydt-Str. 9, 53177 Bonn
T: (0228) 35 40 26 **Fax:** 36 18 89
Vorsitzende(r): Dieter Klärle (i. Fa. Schwabenstolz, Hubel & Co. KG, Essig-Senf- u. Sauerkonservenfabrik, Böblinger Str. 32, 71139 Ehningen, T: (07034) 9 92 75)
Mitglieder: 10

f 440

Verband der bayerischen Sauerkonserven-Industrie e.V.
Lindenstr. 17, 85405 Nandlstadt
T: (08756) 91 00 78
Vorsitzende(r): Artus Landes (Landes Feinsaure Delikatessen oHG, Georg-Heiss-Str. 1, 85051 Ingolstadt, T: (08450) 80 11)
Mitglieder: 17

• F 441

Fachverband der Sauerkrautindustrie Nordrhein-Westfalen e.V.
Postf. 10 09 51, 41409 Neuss
Augustinusstr. 58, 41464 Neuss
T: (02131) 10 79-0
Vorsitzende(r): Dipl.-Kfm. Walter Küppers (i. Fa. Leuchtenberg GmbH, Augustinusstr. 58, 41464 Neuss, T: (02131) 10 79-0)
Mitglieder: 11

• F 442

Fachverband Deutsche Speisezwiebel e.V.
Geschäftsstelle:
An der Brunnenstube 33-35, 55120 Mainz
T: (06131) 62 05 61 **Fax:** 62 05 50
Gründung: 1984
Mitglieder: 800
Mitarbeiter: 2

• F 443

Bundesverband der Deutschen Talg- und Schmalzindustrie e.V.
Postf. 32 69, 97042 Würzburg
T: (0931) 6 14 06-0 **Fax:** 6 14 06 58
Internationaler Zusammenschluß: siehe unter izf 869
Vorsitzende(r): Karl Rappold (Robert Unkel GmbH, Resenweg 1, 97084 Würzburg, T: (0931) 61 40 6-0, Tx:68 875, Telefax: (0931) 6 14 06 58)
Mitglieder: 8

• F 444

Verband Deutscher Sektkellereien e.V.
Sonnenberger Str. 46, 65193 Wiesbaden
T: (0611) 52 10 33 **Fax:** 59 97 75
Internationaler Zusammenschluß: siehe unter izh 7
Präsident(in): Dr. Wolf H. Pröpsting (Henkell & Söhnlein Sektkellereien KG, Postf. 30 40, 65020 Wiesbaden)
Geschäftsführer(in): Ursula Schmitt
Geschäftsführer(in): Ralf Peter Müller
Mitglieder: 101

• F 445

Arbeitsgemeinschaft Deutscher Agraralkoholerzeuger und -bearbeiter
Westfalendamm 59, 44141 Dortmund
T: (0231) 43 37 64, 43 01 44 **Fax:** 42 20 37
Präsident(in): Dipl.-Ing. agr. Martin Empl (Zedlitzstr. 16, 86163 Augsburg, T: (0821) 6 22 42, Fax: (0821) 6 52 94)
Geschäftsführer(in): Dipl.-Ökonom Peter Pilz
Mitglieder: 8 Verbände

Fachverbände:
Bundesverband Deutscher Kartoffelbrenner e.V.
Bundesverband Deutscher Kornbrenner e.V.
Bundesverband der Deutschen Hefeindustrie e.V. und der melasseverarbeitenden Brennereien e.V.
Bundesverband der landw. Rohstoffe verarbeitenden Brennereien e.V.
Bundesverband der Deutschen Klein- und Obstbrenner e.V.

Bundesverband der Spiritus-Reinigungswerke e.V.
Versuchs- und Lehranstalt für Spiritusfabrikation und Fermentationstechnologie
Bundesverband der Obstgemeinschaftsbrennereien e.V.

• F 446

Bundesverband Deutscher Kartoffelbrenner e.V.

Schmaedelstr. 2a, 81245 München
T: (089) 88 19 44 **Fax:** 88 61 46
Gründung: 1952
Internationaler Zusammenschluß: siehe unter izf 497
Vorsitzende(r): Dipl.-Ing. agr. Martin Empl (Zedlitzstr. 16, 86163 Augsburg, T: (0821) 6 22 42)
Geschäftsführer(in): Dipl.-Ing. agr. Gottlieb Fauth
Mitglieder: 8 Landesverbände

• F 447

Verband der früheren Kartoffelbrennereien u. sonstigen Eigenbrennereien Ost- und Mitteldeutschlands e.V.

Seestr. 13, 13353 Berlin
T: (030) 4 50 80-0 **Fax:** 4 53 60 67
Vorsitzende(r): Administrator Gerhard Richter
Geschäftsführer(in): RA Klaus-Dieter Schünemann
Mitglieder: 349

• F 448

Bundesverband der Stärkekartoffelerzeuger e.V. (BVS)

Andreas-Hermes-Haus
Godesberger Allee 142-148, 53175 Bonn
T: (0228) 81 98-2 24 **Fax:** 81 98-2 03
E-Mail: u.meiners@bauernverband.de
Vorsitzende(r): Werner Hilse
Stellvertretende(r) Vorsitzende(r): Bernhard Schütte
Alois Eibauer
Geschäftsführer(in): Uta Meiners
Mitglieder: 12

• F 449

Bundesverband Deutscher Kornbrenner e.V. (BDK)

Westfalendamm 59, 44141 Dortmund
T: (0231) 43 01 44 **Fax:** 42 20 37
E-Mail: kornbrenner@t-online.de
Gründung: 1884
Internationaler Zusammenschluß: siehe unter izf 498, izf 1433
Präsident(in): Dipl.rer.pol. (techn.) Knut Elmendorf (Postf. 50 45, 33278 Gütersloh, T: (05241) 61 21)
Hauptgeschäftsführer(in): Dipl.-Ökonom Peter Pilz
Geschäftsführer(in): RA Eva-Maria Pohlmann
Verbandszeitschrift: Brennerei-Informationen
Redaktion: Peter Pilz
Verlag: Westfalendamm 59, 44141 Dortmund
Mitglieder: 450

Landesverbände

f 450

Verband westfälischer Kornbrenner im Bundesverband Deutscher Kornbrenner e.V.

Westfalendamm 59, 44141 Dortmund
T: (0231) 43 37 64 **Fax:** 42 20 37
Vorsitzende(r): Dipl.rer.pol. (techn.) Knut Elmendorf (Haller Str. 111, 33334 Gütersloh 1, T: (05241) 61 21, Telefax: (05241) 61 23)
Geschäftsführer(in): N. N.

f 451

Verband Rheinischer Kornbrenner e.V.

Westfalendamm 59, 44141 Dortmund
T: (0231) 43 37 64 **Fax:** 42 20 37
Vorsitzende(r): Ralf Müllenbach (Postf. 12 27, 51493 Rösrath, T: (02205) 26 59, Fax: (02205) 8 36 17)
Geschäftsführer(in): Harald Heimann

f 452

Verband der Kornbrenner Niedersachsens e.V.

Windmühlenstr. 50, 31600 Uchte
T: (05763) 13 12 **Fax:** 9 31 81
Vorsitzende(r): Dipl.-Ing. agr. Christoph Meyer-Hamme (Windmühlenstr. 50, 31600 Uchte, T: (05763) 13 12, Telefax: (05763) 9 31 81)

f 453

Verband der Kornbrenner im Gebiet Weser-Ems e.V.

Westfalendamm 59, 44141 Dortmund
T: (0231) 43 37 64 **Fax:** 42 20 37
Vorsitzende(r): Dipl.-Ing. Luitpold Berentzen (Gut Sautmannshausen, 49740 Haselünne, T: (05561) 2 40, Telefax: (05561) 73 54)
Geschäftsführer(in): N. N.

f 454

Bundesverband Deutscher Kornbrenner e.V. Landesverband Schleswig-Holstein

Westfalendamm 59, 44141 Dortmund
T: (0231) 43 37 64 **Fax:** 42 20 37
Vorsitzende(r): Gerd Christiansen (Neustadt 56, 24939 Flensburg, T: (0461) 4 22 00, Fax: (0461) 4 20 33)
Geschäftsführer(in): Dipl.-Ökonom Peter Pilz

f 455

Verband südwestdeutscher Kornbrenner im Bundesverband Deutscher Kornbrenner e.V.

Westfalendamm 59, 44141 Dortmund
T: (0231) 43 37 64 **Fax:** 42 20 37
Vorsitzende(r): Franz Hennes (Wetschhauserhof, 66564 Ottweiler, T: (06858) 2 57, Telefax: (06858) 63 11)
Geschäftsführer(in): N. N.

f 456

Verband mitteldeutscher Korn- und Getreidebrenner e.V.

Grimmelallee 11, 99734 Nordhausen
T: (03631) 99 49 70 **Fax:** 99 21 07
Vorsitzende(r): Dipl.-Ing. Jochen Einenckel (Grimmelallee 10, 99734 Nordhausen, T: (03631) 99 49 70, Telefax: (03631) 99 21 07)

• F 457

Verband Bayerischer Landwirtschaftlicher Brennereien eG

Schmaedelstr. 2a, 81245 München
T: (089) 88 19 44 **Fax:** 88 61 46
Gründung: 1913
Vorsitzende(r): Dipl.-Ing.agr. Martin Empl (Zedlitzstr. 16, 86163 Augsburg, T: (0821) 6 22 42)
Geschäftsführer(in): Dipl.-Ing.Dr. Gottlieb Fauth
Mitglieder: 200

• F 458

Verband Landwirtschaftlicher Verschlußbrennereien in Rheinland-Pfalz e.V.

Röchlingstr. 1, 67663 Kaiserslautern
T: (0631) 5 35 67-35 **Fax:** 5 35 67-19
Geschäftsführer(in): Lothar Ohliger
Vorsitzende(r): Richard Rutz

• F 459

Verband südwestdeutscher landw. Brenner e.V.

Bensheimer Hof, 64560 Riedstadt
T: (06158) 7 18 25 **Fax:** 7 46 32
Vorsitzende(r): Dipl.-Ing. agr. Karl-Heinrich Kraft (Bensheimerhof, 64560 Riedstadt, T: (06158) 7 22 31, Telefax: (06158) 7 46 32)
Geschäftsführer(in): Oberzollrat a.D. Heinz Treu
Mitglieder: 100

• F 460

Bundesverband der Deutschen Klein- und Obstbrenner e.V.

Postf. 11 50, 77724 Oppenau
Dreikönigweg 6, 77728 Oppenau
T: (07804) 97 94-0 **Fax:** 97 94-16
Vorsitzende(r): Siegfried Hornung (Georg-Metzler-Str. 33, 74747 Ravenstein-Ballenberg)
Geschäftsführer(in): Gerald Erdrich

Landesverbände

f 461

Verband Badischer Klein- und Obstbrenner e.V.

Postf. 11 50, 77724 Oppenau
Dreikönigweg 6, 77728 Oppenau
T: (07804) 97 94-0 **Fax:** 97 94-16
Vorsitzende(r): Siegfried Hornung
Mitglieder: 15000

f 462

Verband der Klein- und Obstbrenner Südwürttemberg-Hohenzollern

Pfingstweiderstr. 12, 88074 Meckenbeuren
T: (07542) 16 54 **Fax:** 18 03
Vorsitzende(r): Rupert Lehle

f 463

Landesverband der Klein- und Obstbrenner in Nord-Württemberg e.V.

In den Backenländern 16, 71384 Weinstadt
T: (07151) 60 08 80
Vorsitzende(r): Fritz Aichele

f 464

Fränkischer Klein- und Obstbrenner-Verband e.V. Würzburg

Geschäftsstelle:
Schweinfurter Str. 11, 97616 Bad Neustadt
T: (09771) 99 58 05 **Fax:** 99 58 06
Gründung: 1914 (22. Februar)
Geschäftsführer(in): Eduard Walter
1. Vorsitzende(r): Ludwig Bätz (Richard-Wagner-Str. 15, 97616 Bad Neustadt, T u. Fax: (09771) 30 53)
Mitglieder: 1850

f 465

Verband Rheinischer u. Saarländischer Klein- und Obstbrenner e.V.

Teitelbach, 54636 Trimport
T: (06562) 81 20
Vorsitzende(r): Bernhard Bares

f 466

Verband Pfälzer Klein- und Obstbrenner e.V.

Geschäftstelle:
Postf. 11 50, 77724 Oppenau
Dreikönigweg 6, 77728 Oppenau
T: (07804) 97 94-0 **Fax:** 97 94-16
Vorsitzende(r): Otto Hey, Oberotterbach
Mitglieder: 450

f 467

Kleinbrennerverband für den bayerischen Kreis Lindau e.V.

Schönauer Str. 105, 88131 Lindau
T: (08382) 51 11
Gründung: 1950 (22. Juli)
Vorsitzende(r): Martin Willhalm
Verbandszeitschrift: "Die Kleinbrennerei"
Redaktion: Eugen Ulmer, Stuttgart
Mitglieder: 600

• F 468

BSI

Bundesverband der Deutschen Spirituosen-Industrie und -Importeure e.V. (BSI)

Postf. 15 02 23, 53041 Bonn
Urstadtstr. 2, 53129 Bonn
T: (0228) 5 39 94-0 **Fax:** 5 39 94-20
Internet: http://www.bsi-bonn.de
E-Mail: bsi-bonn@t-online.de
Büro Brüssel: 81a, Rue de la Loi, 1040 Bruxelles, T: (00322) 2 31 16 69, Fax: (00322) 2 30 98 86, E-Mail: bsi-vdf.dbudde@euronet.be
Gründung: 1974 (5. Dezember)
Internationaler Zusammenschluß: siehe unter izf 1431
Präsident(in): Harald Eckes-Chantré (Eckes Aktiengesellschaft, Nieder-Olm)
Stellv. Präs: Christian Fehling (Hardenberg-Wilthen AG)
William Verpoorten (Verpoorten GmbH & Co. KG)
Präsidiumsmitglied(er): Thomas Ernst (August Ernst GmbH + Co.)
Bernd Gröning (Danisco Distillers Berlin GmbH)
Andreas Hubloher (Campari Deutschland GmbH)
Andrea Lührmann (Berentzen Brennereien GmbH+Co.)
Jutta Matthiesen (Borco-Marken-Import Matthiesen GmbH & Co.)
Peter Mier (Schilkin GmbH & Co. KG Berlin)
Winfried Mocken (Semper idem. Underberg AG)
Nicolaus Schladerer-Ulmann (Alfred Schladerer Alte Schwarzwälder Hausbrennerei GmbH)
Joachim Peycke (Bacardi GmbH)
Geschäftsführer(in): Dipl.-Vw. Angelika Wiesgen-Pich
RA Martin Kieffer
Mitarbeiter: 5

Wahrung und Vertretung der allgemeinen ideellen, wirtschaftlichen und beruflichen Interessen der industriell strukturierten Unternehmen der Spirituosenherstellung sowie der Spirituoseneinfuhr im Bundesgebiet sowie fachliche Betreuung regionaler Zusammenschlüsse von Spirituosenherstellern und Spirituosenimporteuren.

f 469

Landesverband der Bayer. Spirituosenindustrie e.V.
Feldgasse 37-41, 90489 Nürnberg
T: (0911) 53 31 71

f 470

Verband der Spirituosenhersteller Hamburg/ Schleswig-Holstein e.V.
c/o Gebrüder Asmussen GmbH & Co. KG
Klostersande 7-13, 25336 Elmshorn
T: (04121) 46 72-0

f 471

Verband der mitteldeutschen Spirituosen-Industrie e.V. (VSI)
c/o Grenzwald-Destillation Otto Ficker
Rathenaustr. 59c, 09474 Crottendorf
T: (037344) 83 33

f 472

Verband der Spirituosen-Hersteller in Niedersachsen e.V.
Hildesheimer Str. 11, 30169 Hannover
T: (0511) 2 83 27 29

f 473

Landesgruppe der Westdeutschen Spirituosenhersteller
Postf. 15 02 23, 53041 Bonn
Urstadtstr. 2, 53129 Bonn
T: (0228) 23 80 61 **Fax:** 23 43 51

• F 474

Bundesverband der Obstverschlußbrenner e.V. (BOVB)
Werderring 12, 79098 Freiburg
T: (0761) 3 25 12 **Fax:** 3 26 12
E-Mail: bdo.frbg@t-online.de
Internationaler Zusammenschluß: siehe unter izf 1432
Vorsitzende(r): Nicolaus Schladerer-Ulmann (Fa. Alfred Schladerer, Alte Schwarzwälder Hausbrennerei GmbH, 79219 Staufen)
Geschäftsführer(in): Harald Brugger

• F 475

Verband der Deutschen Essenzenindustrie e.V. (VDDEI)
Meckenheimer Allee 87, 53115 Bonn
T: (0228) 65 37 29 **Fax:** 63 79 40
Gründung: 1906 (18. September)
Internationaler Zusammenschluß: siehe unter izf 1213
Präsident(in): Lambert Courth (c/o Haarmann & Reimer GmbH, 37603 Holzminden)
Geschäftsführende(s) Vorstands-Mitglied(er): Dipl.-Kfm. Hanns-Erwin Muermann
Mitglieder: 54
Mitarbeiter: 2

• F 476

Bundesverband der Spiritus-Reinigungswerke e.V.
Postf. 12 55, 59332 Lüdinghausen
Bahnhofstr. 1, 59348 Lüdinghausen
T: (02591) 91 72-211 **Fax:** 91 72-210
Internationaler Zusammenschluß: siehe unter izf 495
geschäftsf. Vorstand: Dipl.-Kfm. Paul-Josef Meyer (Bahnhofstr. 1, 59348 Lüdinghausen)
Mitglieder: 6

• F 477

Fachverband der Stärkeindustrie e.V.
Postf. 19 01 65, 53037 Bonn
An der Elisabethkirche 26, 53113 Bonn
T: (0228) 9 14 23-0 **Fax:** 9 14 23-20
E-Mail: verbaende.hess@t-online.de
Vorsitzende(r): Dr. Karsten Eberstein (Cerestar (Deutschland) GmbH, Krefeld)
Geschäftsführer(in): Dipl.-Volksw. Wolfgang Hees

• F 478

Bundesverband der Deutschen Süßwarenindustrie e.V. - BDSI
Schumannstr. 4-6, 53113 Bonn
T: (0228) 2 60 07-0 **Fax:** 2 60 07-89
Internet: http://www.bdsi.de
E-Mail: bdsi@bdsi.de
Internationaler Zusammenschluß: siehe unter izf 1418, izf 2307, izf 2670
Vorsitzende(r): Dr. Dietmar Kendziur (Ferrero)
Hauptgeschäftsführer(in): Klaus Reingen
Mitglieder: 240

Landesgruppen

f 479

Bundesverband der Deutschen Süßwarenindustrie e.V.
Landesgruppe Baden-Württemberg
Postf. 47 44, 78512 Tuttlingen
T: (07461) 92 82-0 **Fax:** 92 82-50

f 480

Bundesverband der Deutschen Süßwarenindustrie e.V.
Landesgruppe Bayern
Krebsgasse 7, 90402 Nürnberg
T: (0911) 22 14 10 **Fax:** 2 41 92 98

f 481

Bundesverband der Deutschen Süßwarenindustrie e.V.
Landesgruppe Nord
Postf. 13 01 53, 20101 Hamburg
T: (040) 4 41 94-0 **Fax:** 44 19 41 40

f 482

Bundesverband der Deutschen Süßwarenindustrie e.V.
Landesgruppe Hessen, Rheinland-Pfalz und Saarland
Spießfeldstr. 32, 61381 Friedrichsdorf
T: (06175) 94 08 19
Geschäftsführer(in): Dipl.-Volksw. Heinz Wenner

f 483

Bundesverband der Deutschen Süßwarenindustrie e.V.
Landesgruppe Nordrhein
Postf. 90 02 49, 51112 Köln
T: (02203) 4 30 **Fax:** 4 33 19

f 484

Bundesverband der Deutschen Süßwarenindustrie e.V.
Landesgruppe Ost
Dübener Str. 33, 04509 Delitzsch
T: (034202) 6 75 39 **Fax:** 6 75 92

f 485

Bundesverband der Deutschen Süßwarenindustrie e.V.
Landesgruppe Westfalen
Postf. 15 65, 33780 Halle
T: (05201) 1 23-28 **Fax:** 1 23-96

• F 486

German Sweets Süßwarenexportförderung e.V.
Postf. 19 01 28, 53037 Bonn
Schumannstr. 4-6, 53113 Bonn
T: (0228) 2 60 07-0 **Fax:** 26 49 67
Internet: http://www.germansweets.de
E-Mail: germansweets@t-online.de
Gründung: 1977
Vorsitzende(r): Rüdiger Larssen
Stellvertretende(r) Vorsitzende(r): Hanns G. Werner
Ralf Volmer
Geschäftsführer(in): RA Klaus Reingen (Ltg. Presseabt.)
Mitglieder: 99
Mitarbeiter: 2

• F 487

Verband der Suppenindustrie e.V.
Reuterstr. 151, 53113 Bonn
T: (0228) 21 20 17 **Fax:** 22 94 60
Vorsitzende(r): Karl-Heinz Ringel (Maggi GmbH, Frankfurt/M.)
Hauptgeschäftsführer(in): Dr.jur. Hans-Joachim Mürau
Geschäftsführer(in): RA Dirk Radermacher
Mitglieder: 29

• F 488

Verband der Teigwarenhersteller und Hartweizenmühlen Deutschlands e.V.
Postf. 19 01 65, 53037 Bonn
An der Elisabethkirche 26, 53113 Bonn
T: (0228) 9 11 83-0 **Fax:** 9 11 83-20
E-Mail: verbaende.hees@t-online.de
Internationaler Zusammenschluß: siehe unter izf 2103
Vorsitzende(r): Fritz Albert (3 Glocken GmbH Teigwarenfabrik, Weinheim/Bergstraße)
Geschäftsführer(in): Dipl.-Volksw. Wolfgang Hees

• F 489

Verein der Zuckerindustrie
Postf. 25 45, 53015 Bonn
Am Hofgarten 8, 53113 Bonn
T: (0228) 22 85-0 **Fax:** 2 28 51 00
E-Mail: wvz.wvz@t-online.de
Gründung: 1850
Internationaler Zusammenschluß: siehe unter izf 1469
Vorsitzende(r): Dr. Klaus Korn (Vorstandsmitglied d. Südzuker AG Mannheim/Ochsenfurt in Ochsenfurt)
Stellvertretende(r) Vorsitzende(r): Dr. Jürgen Kohnke (Geschäftsführung, Pfeifer & Langen, Köln)
Hauptgeschäftsführer(in): Dr. Dieter Langendorf, Bonn
Mitglieder: 6

• F 490

Wirtschaftliche Vereinigung Zucker e.V.
Postf. 25 45, 53015 Bonn
Am Hofgarten 8, 53113 Bonn
T: (0228) 22 85-0 **Fax:** 2 28 51 00
E-Mail: wvz-wvz@t-online.de
Vorsitzende(r) des Vorstandes: Klaus Wittenberg (Kesselstr. 2, 31249 Hohenhameln)
Vorsitzende(r) des Koordinierungsbeirates: Hans-Georg Andreae, Münster/Bay.
Hauptgeschäftsführer(in): Dr. Dieter Langendorf, Bonn

• F 491

Wirtschaftsvereinigung der Ernährungsindustrie in Berlin und Brandenburg e.V.
Am Schillertheater 2, 10625 Berlin
T: (030) 3 10 05-0 **Fax:** 3 10 05-120
Vorsitzende(r): Dipl.-Kfm. Jochen Sievers (c/o Berliner Kindl Brauerei AG)
Geschäftsführer(in): Dipl.-Volksw. Christian Amsinck
RA Andreas Fleischer

• F 492

Fachverband-Nährmittel-Industrie e.V.
c/o Ernst Müller & Co. vormals Karlsbader Nährmittelindustrie GmbH
Postf. 14 65, 93069 Neutraubling
Böhmerwaldstr. 6, 93073 Neutraubling
T: (09401) 9 41-0 **Fax:** 12 02
Vorsitzende(r): Wolfgang Müller (E-Mail: muellers-karlsbader@t-online.de)
Mitglieder: 15

• F 493

Landesverband der Nährmittelindustrie Nord e.V.
Postf. 54 07 46, 22507 Hamburg
Reichsbahnstr. 95, 22525 Hamburg
T: (040) 54 72 10-0 **Fax:** 54 50 32
1. Vorsitzende(r): Dieter Kühl (Geschf. DETHLEFFSEN GmbH + Co., Schleswiger Str. 107, 24941 Flensburg)
Geschäftsführer(in): RA Wichard von Schöning

• F 494

Arbeitsgemeinschaft Ernährungsindustrie Hessen
Spießfeldstr. 32, 61381 Friedrichsdorf
T: (06175) 94 08 19 **Fax:** 93 38 75
Vorsitzende(r): Dr. Werner Baudrexel (Nestlé Foodservice GmbH)
Geschäftsführer(in): Dipl.-Volksw. Heinz Wenner

• F 495

Verband der Nahrungsmittel-Industrie für die Pfalz e.V.
Postf. 10 10 62, 67410 Neustadt
Friedrich-Ebert-Str. 11-13, 67433 Neustadt
T: (06321) 85 20 **Fax:** 8 52-2 21
Vorsitzender: Dipl.-Brennm. Mathias Berkel (Geschäftsführer der Pfälzische Sprit- und chemische Fabrik Heinz Berkel GmbH & Co KG, Postf. 15 02 80, 67027 Ludwigshafen, Erbachstr. 18, 67065 Ludwigshafen)
Geschäftsführer(in): RA Thomas Gans

• F 496

Verband der Nahrungs- und Genußmittelindustrie des Saarlandes e.V.

Postf. 65 04 33, 66143 Saarbrücken
Harthweg 15, 66119 Saarbrücken
T: (0681) 9 54 34-0 **Fax:** 5 84 73 86
Präsident(in): Bruno Proietti (i. Fa. Ludwig Schokolade GmbH, Lebacher Str. 1-3, 66740 Saarlouis, T: (06831) 89 70)
Geschäftsführer(in): RA Klaus Behnisch
Mitglieder: 11

• F 497

Fachverband Pektin e.V.

Postf. 12 61, 75302 Neuenbürg
T: (07082) 79 13-0 **Fax:** 79 13-98
E-Mail: g.f.fox@herbstreith-fox.de
Gründung: 1956
Vorsitzende(r): Gerhard F. Fox (Herbstreith & Fox KG)

• F 498

Bundesverband Deutscher Verpflegungs- und Vending-Unternehmen e.V. (BDV)

Weißhausstr. 36-38, 50939 Köln
T: (0221) 44 79 68 **Fax:** 42 25 22
Geschäftsführer(in): RA Norbert Monßen
Mitglieder: 280

• F 499

Industrie-Verband Motorrad Deutschland e.V. (IVM)

Gladbecker Str. 425, 45329 Essen
T: (0201) 8 34 03-0 **Fax:** 8 34 03-20
Gründung: 1992 (1. Januar)
Präsident(in): Dr. Michael Ganal
Hauptgeschäftsführer(in): Dr. Hubert Koch
Mitglieder: 10

• F 500

Verband der Fahrrad- und Motorrad-Industrie e.V. (VFM)

Otto-Volger-Str. 19, 65843 Sulzbach
T: (06196) 50 77-0 **Fax:** 50 77-20
E-Mail: zweirad-vfm@t-online.de
Gründung: 1947
Internationaler Zusammenschluß: siehe unter izf 2343, izf 2397
Präsident(in): Philippe Maillard
Vizepräsident(in): Pietro Boselli
Geschäftsführer(in): Rolf Lemberg
Mitglieder: 54

• F 501

Bundesverband der Hersteller und Importeure von Krafträdern mit Beiwagen e.V. (BVHK)

Postf. 12 54, 55205 Ingelheim
T: (06132) 23 73 **Fax:** 18 74
Gründung: 1986
1. Vorsitzende(r): Falk Hartmann (Altengasse 4-6, 55218 Ingelheim)
Geschäftsführer(in): Artur Heinz
Mitglieder: 16

• F 502

Verband der deutschen feinmechanischen und optischen Industrie e.V.

Kirchweg 2, 50858 Köln
T: (0221) 94 86 28-0 **Fax:** 48 34 28
Internet: http://www.feinoptik.de
E-Mail: info@feinoptik.de
Vorsitzende(r): Dipl.-Phys. Randolf Rodenstock (i. Fa. Optische Werke G. Rodenstock, Postf. 14 04 40, 80454 München, T: (089) 72 02-0)
Stellvertretende(r) Vorsitzende(r): Dr. Christof Steimel (Maquet AG)
Dr.-Ing. Peter H. Graßmann (Carl Zeiss, Oberkochen)
Hauptgeschäftsführer(in): Dipl.-Kfm. Harald Russegger
Leitung Presseabteilung: Peter Frankenstein
Mitglieder: 400

Vertretung der deutschen feinmechanischen und optischen Industrie der Bundesrepublik Deutschland in den Bereichen Augenoptik, Optik und Labortechnik, Imaging und Phototechnik, Feinmechanik, Meß- und Automatisierungstechnik, Medizintechnik.

• F 503

IGV Industriegaseverband e.V.

Komödienstr. 48, 50667 Köln
T: (0221) 91 25 75-0 **Fax:** 91 25 75-15
Gründung: 1990 (18. Mai)
Vorsitzende(r): S. Schaefer (Messer Griesheim GmbH)
Stellvertretende(r) Vorsitzende(r): Dr. G. Eggendorfer (Linde AG)
Geschäftsführer(in): Wolfgang Busch
Mitglieder: 18

• F 504

INDUSTRIEVERBAND HAMBURG E.V. (IVH)

Kapstadtring 10, 22297 Hamburg
T: (040) 63 78 41-00 **Fax:** 63 78 41-99
Internet: http://www.bdi-hamburg.de
Gründung: 1950 (2. Februar)
Vorsitzende(r): Dr. Peter von Foerster
Stellvertretende(r) Vorsitzende(r): Dr. Rolf Kunisch
Claus M.H. Stäcker
Hauptgeschäftsführer(in): RA Jürgen Thies (E-Mail: juergen_thies@bdi-hamburg.de)
Geschäftsführer(in): Dr. Claus Kemmet

• F 505

Verband der Deutschen Hersteller von Gasdruck-Regelgeräten, Gasmess- und Gasregelanlagen e.V.

Postf. 51 09 60, 50945 Köln
Marienburger Str. 15, 50968 Köln
T: (0221) 3 76 48-30 **Fax:** 3 76 48-61
E-Mail: figawa@t-online.de
Vorsitzende(r): Dipl.-Ing. Heinz Ullmer
Geschäftsführer(in): Dr.-Ing. Friedrich Tillmann
Stellvertretende(r) Geschäftsführer(in): Dr.rer.nat. Norbert Burger
Verwaltung: Brigitte Burger (Sekretariat)
Rechnungswesen: Kirsten Nocker
Presse u. Öffentlichkeitsarbeit: Doris Schmitz
Mitglieder: 36

• F 506

Verband der Deutschen Gaszählerindustrie e.V.

Postf. 51 09 60, 50945 Köln
Marienburger Str. 15, 50968 Köln
T: (0221) 3 76 48-30 **Fax:** 3 76 48-61
E-Mail: figawa@t-online.de
Vorsitzende(r): Dr.-Ing. Hubert Domkowski
Geschäftsführer(in): Dr.-Ing. Friedrich Tillmann
Verwaltung: Brigitte Burger (Sekretariat)
Rechnungswesen: Kirsten Nocker
Presse u. Öffentlichkeitsarbeit: Doris Schmitz
Mitglieder: 10

• F 507

Verband der Deutschen Wasserzählerindustrie e.V. (VDDW)

Postf. 51 09 60, 50945 Köln
Marienburger Str. 15, 50968 Köln
T: (0221) 3 76 48-30 **Fax:** 3 76 48-61
E-Mail: figawa@t-online.de
Gründung: 1959
Vorsitzende(r): Rüdiger Baumann
Geschäftsführer(in): Dr.-Ing. Friedrich Tillmann
Stellvertretende(r) Geschäftsführer(in): Dr.rer.nat. Norbert Burger
Verwaltung: Brigitte Burger (Sekretariat)
Rechnungswesen: Kirsten Nocker
Presse u. Öffentlichkeitsarbeit: Doris Schmitz
Mitglieder: 13

• F 508

Verband der Deutschen Dental-Industrie e.V. (VDDI)

Kirchweg 2, 50858 Köln
T: (0221) 94 86 28-0 **Fax:** 48 34 28
Internet: http://www.vddi.de
E-Mail: info@vddi.de
Vorsitzende(r): Gerd Schulte
Stellvertreter: Walter Dürr
Karl-Heinz Noack
Henry Rauter
Geschäftsführer(in): Dipl.-Kfm. Harald Russegger
Mitglieder: 200

Vertretung der gemeinsamen Interessen der Dental-Industrie gegenüber Behörden und anderen Wirtschaftskreisen.

• F 509

VDGH Verband der Diagnostica-Industrie e.V.

Münchener Str. 49, 60329 Frankfurt
T: (069) 23 02 67 **Fax:** 23 66 50
Internet: http://www.vdgh.de
E-Mail: vdgh@vdgh.de
Gründung: 1977
Vorsitzende(r): Dr. Volker Oeding (Geschäftsführer der bio Mérieux GmbH, Postfach 1204, 72602 Nürtingen)
Stellvertretende(r) Vorsitzende(r): Joachim Obst (Abbott GmbH, Diagnostika, Max-Planck-Ring 2, 65205 Wiesbaden-Delkenheim)
Geschäftsführer(in): RA Dierk Meyer-Lüerßen
Mitglieder: 72 Firmen

• F 510

Deutsche Diagnostika Gruppe e.V.

Dietrichstr. 12, 60439 Frankfurt
Gründung: 1982 (18. Mai)
Präsident(in): Dr. Jürgen Knoop (Lindenweg 1, 35041 Marburg, T: (06421) 3 27 66)
Vizepräsident(in): Dr. rer. nat. Bernd Köppen (Landesamt für Meß- und Eichwesen, Berliner Str. 52, 14467 Potsdam, T: (0331) 2 80 40 81)
Schriftführer(in): Prof. Dr. Walter Appel (INSTAND, Außenstelle Karlsruhe, Seydlitzstr. 25, 76185 Karlsruhe, T: (0721) 55 50 06)
Mitglieder: 20 (Behörden, Verbände, Organisationen)

• F 511

Industrieverband Schreiben, Zeichnen, Kreatives Gestalten e.V. (ISZ)

Spittlertorgraben 39, 90429 Nürnberg
T: (0911) 2 72 29-0 **Fax:** 2 72 29-11
Internet: http://www.ewima-isz.de
E-Mail: ewima.isz@t-online.de
Gründung: 1976
Vorsitzende(r): Anton Wolfgang Graf von Faber-Castell (i.F. A.W. Faber-Castell, Nürnberger Str. 2, 90546 Stein, T: (0911) 99 65-3 05)
Geschäftsführer(in): Manfred Meller
Mitglieder: 55

Wirtschaftspolitische Interessenvertretung auf nationaler und europäischer Ebene. Austausch von branchenspezifischer Information und allgemeine Beratung der Mitglieder.

• F 512

Kommunikation auf allen Ebenen

BVB
Bundesverband Informations- und Kommunikations-Systeme

Postf. 12 52, 61282 Bad Homburg
Dietrich-Bonhoeffer-Str. 4, 61350 Bad Homburg
T: (06172) 93 84-0 **Fax:** 3 10 10
Internet: http://www.bvb.de
E-Mail: geschaeftsstelle@bvb.de
Gründung: 1948
Vorsitzende(r): Willi Berchtold (Giesecke + Devrient GmbH)
Stellvertretende(r) Vorsitzende(r): Gerd Henneveld (TIM GmbH)
Geschäftsführer(in): Dipl.-Volksw. Ulrich G. Schneider
Dr. Werner Senger
Leitung Presseabteilung: Andrea Bockholt
Elke Siedhoff
Verbandszeitschrift: Infoline, IT-News
Redaktion: BVB - Bundesverb. Informations- und Kommunikations-Systeme e.V., Bad Homburg
Mitglieder: 320
Gründungsmitglied von BITKOM

Förderung des Zusammenschlusses der Industrie-, Vertriebs- und Dienstleistungsunternehmen der Informations- und Kommunikationstechnik; Unterstützung und Information der Mitgliedsfirmen; Interessenvertretung der Mitglieder; Förderung des Erfahrungsaustausches; Kooperationsplattform.

• F 513

Verband der Fenster- und Fassadenhersteller e.V. (VFF)

Bockenheimer Anlage 13, 60322 Frankfurt
T: (069) 95 50 54-13 **Fax:** 95 50 54-11
Internet: http://www.window.de
E-Mail: vff@window.de
Internationaler Zusammenschluß: siehe unter izf 1715, izf 2534
Präsident(in): Manfred Feldhaus (Geschäftsführender Gesellschafter der FELDHAUS Fenster + Fassaden GmbH + Co. KG, Emsdetten)
Geschäftsführer(in): Dipl.-Kfm. Karl Heinz Herbert

• F 514

Bundesverband Flächenheizungen e.V. (BVF)
Hochstr. 113, 58095 Hagen
T: (02331) 20 08 50 **Fax:** 20 08 17
Internet: http://www.flaechenheizung.de
E-Mail: flaechenheizung@t-online.de
Gründung: 1971
Vorstand: Dipl.-Ing. Udo Radtke, Garbsen
Ulrich Knoll, Ulm
Ing. Peter Wegwerth, Norderstedt
Geschäftsführer(in): Dipl.-Ing. Joachim Plate
Mitglieder: 34

• F 515

IVG

Industrievereinigung Gartenbedarf e.V. (IVG)
Gothaer Str. 27, 40880 Ratingen
T: (02102) 94 08 50 **Fax:** 94 08 51
Internet: http://www.ivg.org
E-Mail: verband@ivg.org
Gründung: 1973
Vorsitzende(r): Hans-Rudolf Müller (GARDENA)
Geschäftsführer(in): Dr. Gerd Müller-van Ißem
Mitglieder: 83
Interessenvertretung der Hersteller von Gartenbedarf in den Märkten Haus/Hobby und Erwerbsgartenbau/Flächenpflege.

• F 516

F G R

Fachgruppe Garten- und Rasenpflegegeräte (FGR) e.V.
Gothaer Str. 27, 40880 Ratingen
T: (02102) 94 08 55 **Fax:** 94 08 51
E-Mail: verband@fgr.org
Sprecher: Udo Baasner (Roth Motorgeräte GmbH & Co.)
Geschäftsführer(in): Dr. Gerd Müller-van Ißem
Mitglieder: 32
Die Interessenvertretung der Hersteller von Garten- und Rasenpflegegeräten mit dem Schwerpunkt Technik, Normung, Umweltschutz

• F 517

GUSS

Deutscher Gießereiverband e.V. (DGV)
Hauptgeschäftsstelle:
Postf. 10 19 61, 40010 Düsseldorf
Sohnstr. 70, 40237 Düsseldorf
T: (0211) 68 71-0 **Fax:** 68 71-333
Internet: http://www.dgv.de
E-Mail: info@dgv.de
Internationaler Zusammenschluß: siehe unter izf 2564
Präsident(in): Dipl.-Ing. Helmut Christmann
Hauptgeschäftsführer(in): Dr. Klaus Urbat
Vertretung der allgemeinen, ideellen und gemeinsamen unternehmerischen Interessen der Gießerei-Industrie.

Landesverbände

f 518

Deutscher Gießereiverband e.V. Landesverband Nord
Postf. 10 19 62, 40010 Düsseldorf
Sohnstr. 70, 40237 Düsseldorf
T: (0211) 68 71-277 **Fax:** 68 71-347
Vorsitzende(r): Dipl.-Ing. Ernst du Maire (GeschF d. Fa. Heidenreich & Harbeck Gießerei GmbH Mölln, Grambeker Weg 25-29, 23879 Mölln, Postf. 11 80, 23871 Mölln)
Geschäftsführer(in): Dr. Norbert Wichtmann

f 519

Deutscher Gießereiverband e.V. Landesverband Niedersachsen
Postf. 10 19 62, 40010 Düsseldorf
Sohnstr. 70, 40237 Düsseldorf
T: (0211) 68 71-277 **Fax:** 68 71-347
Vorsitzende(r): Dipl.-Ing. Hans Siegfried Schulze (Geschf. d. Fa. Gust. Pleissner GmbH & Co., Postfach 13 42, 31003 Elze, Gerberstr. 27, 31008 Elze)
Geschäftsführer(in): Dr. Norbert Wichtmann

f 520

Deutscher Gießereiverband e.V. Landesverband Nordrhein-Westfalen
Postf. 10 19 62, 40010 Düsseldorf
Sohnstr. 70, 40237 Düsseldorf
T: (0211) 68 71-202 **Fax:** 68 71-347
Vorsitzende(r): Winfried Hespers (GeschF d. Fa. CLAAS GUSS GmbH, Postf. 10 08 45, 33508 Bielefeld, Am Stadtholz 52, 33609 Bielefeld)
Geschäftsführer(in): Ralf Gorski

f 521

Deutscher Gießereiverband e.V. Landesverband Hessen
Postf. 10 19 62, 40010 Düsseldorf
Sohnstr. 70, 40237 Düsseldorf
T: (0211) 68 71-277 **Fax:** 68 71-347
Vorsitzende(r): Dr. Wolfgang Rembges (GeschF d. Fa. Eisenwerk Hasenclever & Sohn GmbH, Postf. 11 80, 35086 Battenberg, Auhammer, 35088 Battenberg)
Geschäftsführer(in): Dr. Norbert Wichtmann

f 522

Deutscher Gießereiverband e.V. Landesverband Ost
Hohensteiner Str. 1 (Limbach-Oberfrohna), 09246 Pleißa
T: (03722) 9 33 64 **Fax:** 94 87 21
Vorsitzende(r): Dipl.-Ing. Herbert Werner (GeschF d. Fa. Meuselwitz Guss Eisengießerei GmbH, Postf. 3 16, 04607 Meuselwitz, Industriepark Nord, 04610 Meuselwitz)
Geschäftsführer(in): Dipl.-Ing. Wolfgang Neubert

f 523

Deutscher Gießereiverband e.V. Landesverband Südwest
Postf. 10 19 62, 40010 Düsseldorf
Sohnstr. 70, 40237 Düsseldorf
T: (0211) 68 71-277 **Fax:** 68 71-347
Vorsitzende(r): Dipl.-Ing. Ferdinand Kolberg (GeschF d. Fa. Gebr. Gienanth-Eisenberg GmbH, Postf. 11 40, 67298 Eisenberg, Ramsener Str. 1, 67304 Eisenberg)
Geschäftsführer(in): Dr. Norbert Wichtmann

f 524

Deutscher Gießereiverband e.V. Landesverband Baden-Württemberg
Zeppelinstr. 42-44, 73760 Ostfildern
T: (0711) 45 10 31 71 **Fax:** 45 10 31 69
Vorsitzende(r): Dipl.-Ing. Till Casper (Mitinhaber und GeschF d. Fa. Karl Casper KG, Tullastr. 14-22, 75196 Remchingen, Postf. 30 11, 75192 Remchingen)
Geschäftsführer(in): Dipl.-Volksw. Wolfgang Wolf

f 525

Deutscher Gießereiverband e.V. Landesverband Bayern
Kreillerstr. 48, 81673 München
T: (089) 43 65 05 77 **Fax:** 4 31 79 88
Vorsitzende(r): Dipl.-Ing. Wolfgang Heunisch (Inhaber und GeschF d. Gießerei Heunisch GmbH, Westheimer Str. 6, 91438 Bad Windsheim, Postf. 5 46, 91428 Bad Windsheim)
Geschäftsführer(in): Dipl.-Volksw. Ernst Bergemann

Fachverbände

f 526

Fachverband Eisenguß im Deutschen Gießereiverband e.V.
Postf. 10 19 61, 40010 Düsseldorf
Sohnstr. 70, 40237 Düsseldorf
T: (0211) 68 71-0 **Fax:** 68 71-3 33
Vorsitzende(r): Winfried Hespers (GeschF d. Fa. CLASS Guss GmbH, Am Stadtholz 52, 33609 Bielefeld, Postf. 10 08 45, 33508 Bielefeld)
Geschäftsführer(in): Dr. Klaus Urbat

f 527

Fachverband Duktiles Gußeisen im Deutschen Gießereiverband e.V.
Postf. 10 19 61, 40010 Düsseldorf
Sohnstr. 70, 40237 Düsseldorf
T: (0211) 68 71-0 **Fax:** 68 71-3 33
Vorsitzende(r): Dipl.-Ing. Ferdinand Kolberg (GeschF d. Fa. Gebr. Gienanth-Eisenberg GmbH, Postf. 11 40, 67298 Eisenberg, Ramsener Str. 1, 67304 Eisenberg)
Geschäftsführer(in): Dr. Klaus Urbat

f 528

Fachverband Stahlguß im Deutschen Gießereiverband e.V.
Postf. 10 19 61, 40010 Düsseldorf
Sohnstr. 70, 40237 Düsseldorf
T: (0211) 6 87 10 **Fax:** 68 71-3 33
Vorsitzende(r): Dipl.-Ing. Bruno Mayer (GeschF. d. Fa. SWB Stahlformgußgesellschaft mbH, Postfach 10 24 10, 44724 Bochum, Castroper Str. 228, 44791 Bochum)
Geschäftsführer(in): Assessor Kay-Uwe Präfke

f 529

Zentrale für Gußverwendung im Deutschen Gießereiverband e.V.
Postf. 10 19 61, 40010 Düsseldorf
Sohnstr. 70, 40237 Düsseldorf
T: (0211) 68 71-0 **Fax:** 68 71-333
Leitung: Dr. Klaus Urbat

• F 530

BV GLAS

Bundesverband Glasindustrie und Mineralfaserindustrie e.V.
Postf. 10 17 53, 40008 Düsseldorf
Stresemannstr. 26, 40210 Düsseldorf
T: (0211) 1 68 94-0 **Fax:** 1 68 94-27
Gründung: 1953 (1.Januar)
Internationaler Zusammenschluß: siehe unter izf 2033
Präsident(in): Klaus Peter Rambow (Vorstandsvorsitzender, GERRESHEIMER GLAS AG, Mörsenbroicher Weg 191, 40470 Düsseldorf, T: (0211) 6 18 12 00, Telefax: (0211) 6 18 12 08)
Vizepräsident(in): Dr. Leopold von Heimendahl (Sprecher des Vorstandes Schott Glaswerke, Postf. 24 80, 55014 Mainz, T: (06131) 66-41 53, Telefax: (06131) 66-20 64)
Marc Van Ossel (Generaldelegierter für Deutschland und Mitteleuropa, Compagnie de Saint-Gobain, VEGLA Vereinigte Glaswerke GmbH, Postf. 14 90, 52015 Aachen, T: (0241) 5 16-25 01, Fax: (0241) 5 16- 24 44)
Schatzmeister: Norbert Ullmann (ULLMANNGLASS, Postf. 1 09, 94483 Osterhofen, T: (09932) 95 48 10, Telefax: (09932) 95 48 29)
Geschäftsführer(in): Dipl.-Ökonom Friedrich Klopotek
Mitglieder: rd. 135 Unternehmen
Wahrnehmung und Förderung der gemeinsamen wirtschaftspolitischen Interessen seiner Mitglieder.

Fachvereinigungen

f 531

Fachvereinigung Behälterglasindustrie e.V.
Postf. 10 17 53, 40008 Düsseldorf
Stresemannstr. 26, 40210 Düsseldorf
T: (0211) 1 68 94-0 **Fax:** 1 68 94-27
Vorsitzende(r): Rolf Hettich (Geschäftsführer SGD Glashüttenwerke Kipfenberg GmbH, Postf. 64, 85108 Kipfenberg, T: (08465) 17-111, Fax: 17-127)
Geschäftsführer(in): Dipl.-Volksw. Michael Frerker

f 532

Fachvereinigung Flachglasindustrie e.V.
Postf. 10 17 53, 40008 Düsseldorf
Stresemannstr. 26, 40210 Düsseldorf
T: (0211) 1 68 94-0 **Fax:** 1 68 94-27
Vorsitzende(r): Dr. Clemens Miller (Sprecher des Vorstandes FLACHGLAS AG, 45801 Gelsenkirchen, T: (0209) 1 68-2990, Fax: (0209) 1 68-2063)
Geschäftsführer(in): Dr. Heinz-Eckhard Lennertz

f 533

Fachvereinigung Gebrauchs- und Spezialglasindustrie e.V.

Postf. 10 17 53, 40008 Düsseldorf
Stresemannstr. 26, 40210 Düsseldorf
T: (0211) 1 68 94-0 **Fax:** 1 68 94-27
Vorsitzende(r): Wolfgang Meyer (Geschäftsführer JENAer Glaswerk GmbH, Otto-Schott-Str. 13, 07745 Jena, T: (03641) 6 81-0, Telefax: (03641) 6 81-2 00)
Geschäftsführer(in): Dr. Heinz-Eckhard Lennertz

f 534

Fachvereinigung Glasbearbeitungs- und -veredelungsindustrie e.V.

Postf. 10 17 53, 40008 Düsseldorf
Stresemannstr. 26, 40210 Düsseldorf
T: (0211) 1 68 94-0
Vorsitzende(r): Klaus M.R. Schneider (Mitglied d. Aufsichtsrates FLABEG GmbH, Postf. 15 52, 90705 Fürth, T: (0911) 99 74-2 13, Telefax: (0911) 99 74-3 73)
Geschäftsführer(in): Dipl.-Ökonom Friedrich Klopotek

f 535

Fachvereinigung der deutschen Kristall- und Wirtschaftsglashersteller e.V.

Postf. 10 17 53, 40008 Düsseldorf
Stresemannstr. 26, 40210 Düsseldorf
T: (0211) 1 68 94-0 **Fax:** 1 68 94-27
Vorsitzende(r): Frank Füssel (Geschf. Gesellschafter GLASAX Glasherstellungs- und Vertriebsgesellschaft mbH, Dresdner Str. 10 a, 1936 Schwepnitz, T: (035797) 6 26 20, Fax: 6 22 08)
Geschäftsführer(in): Dipl.-Ökonom Friedrich Klopotek

f 536

Fachvereinigung Mineralfaserindustrie e.V.

Postf. 10 17 53, 40008 Düsseldorf
Stresemannstr. 26, 40210 Düsseldorf
T: (0211) 1 68 94-0 **Fax:** 1 68 94-27
Vorsitzende(r): Dipl.-Kfm. Günter Edelmann (Vors. d. Vorstandes Grünzweig + Hartmann AG, Postf. 21 05 65, 67005 Ludwigshafen, T: (0621) 5 01-701, Fax: (0621) 5 01-704)
Geschäftsführer(in): Dipl.-Ökonom Friedrich Klopotek
Dipl.-Ing. Isolde Elkan

• F 537

FMI Fachvereinigung Mineralfaserindustrie e.V.

Fachgruppe Mineralwolle-Dämmstoffe
Deutsche Gruppe der EURIMA-European Insulation Manufacturers Association
Postf. 61 02 44, 60344 Frankfurt
Ferdinand-Porsche-Str. 16, 60386 Frankfurt
T: (069) 42 12 60 **Fax:** 4 19 44 13

f 538

FPX Fachvereinigung Polystyrol-Extruderschaumstoff

Deutsche Sektion der EXIBA-European Extruded Polystyrene Insulation Board Association
Postf. 61 02 44, 60344 Frankfurt
Ferdinand-Porsche-Str. 16, 60386 Frankfurt
T: (069) 42 59 01 **Fax:** 4 19 51 14

f 539

GGM Gütegemeinschaft Mineralwolle e.V.

Postf. 61 02 44, 60344 Frankfurt
Ferdinand-Porsche-Str. 16, 60386 Frankfurt
T: (069) 94 21 90 72 **Fax:** 94 21 90 73
Internet: http://www.mineralwolle.de
E-Mail: info@mineralwolle.de
Gründung: 1998 (04. September)
Vorsitzende(r): Kurt Berners (Deutsche Rockwool Mineralwoll GmbH)
Stellvertretende(r) Vorsitzende(r): Manfred Held (Pfleiderer Dämmstofftechnik International GmbH)
Geschäftsführer(in): Dipl.-Ing. Isolde Elkan
Mitglieder: 23
Mitarbeiter: 2

• F 540

GGM Gütegemeinschaft Mineralwolle e.V.

Postf. 61 02 44, 60344 Frankfurt
Ferdinand-Porsche-Str. 16, 60386 Frankfurt
T: (069) 94 21 90 72 **Fax:** 94 21 90 73
Internet: http://www.mineralwolle.de
E-Mail: info@mineralwolle.de
Gründung: 1998 (04. September)
Vorsitzende(r): Kurt Berners (Deutsche Rockwool Mineralwoll GmbH)
Stellvertretende(r) Vorsitzende(r): Manfred Held (Pfleiderer Dämmstofftechnik International GmbH)
Geschäftsführer(in): Dipl.-Ing. Isolde Elkan
Mitglieder: 23
Mitarbeiter: 2

• F 541

Bundesverband der Gablonzer Industrie e.V.

Neue Zeile 11, 87600 Kaufbeuren
T: (08341) 9 89 03 **Fax:** 9 89 06
Präsident(in): Peter Seibt
Referatsleiter: Manfred Bucher

• F 542

Gablonzer Glas-, Metall- und Schmuckwaren e.V.

Neue Zeile 11, 87600 Kaufbeuren
T: (08341) 6 20 05 **Fax:** 6 20 03
Vorstand: Hans Peter Bernt
Hans Jürgen Peter
Referatsleiter: Manfred Bucher

• F 543

Industrievereinigung Möbelzubehör (IVM) e.V.

Postf. 11 04 31, 40504 Düsseldorf
Leostr. 22, 40545 Düsseldorf
T: (0211) 51 61 21-11 **Fax:** 51 61 21-20
Vorsitzende(r): Hans Husemann (HETTICH Marketing- und Vertriebs GmbH & Co. KG, Postf. 12 40, 32269 Kirchlengern)
Geschäftsführer(in): Karl-Heinz Knoke
Mitglieder: 21

• F 544

Industrieverband Heimtierbedarf (IVH) e.V.

Postf. 11 06 26, 40506 Düsseldorf
Emanuel-Leutze-Str. 1B, 40547 Düsseldorf
T: (0211) 59 40 74 **Fax:** 59 60 45
Internet: http://www.ivh-online.de
E-Mail: ivh.ev@t-online.de
Gründung: 1972
Vorsitzende(r): Gerd Köhlmoos
Geschäftsführer(in): Assessor Alfred Siessegger

• F 545

Hauptverband der Deutschen Holz und Kunststoffe verarbeitenden Industrie und verwandter Industriezweige e.V. (HDH)

Postf. 13 80, 53583 Bad Honnef
Flutgraben 2, 53604 Bad Honnef
T: (02224) 93 77-0 **Fax:** 93 77-77
Internet: http://www.hdh-ev.de
E-Mail: info@hdh-ev.de
Internationaler Zusammenschluß: siehe unter izf 2734
Präsident(in): Helmut Lübke (Interlübke Gebr. Lübke GmbH & Co. KG, Rheda-Wiedenbrück)
Hauptgeschäftsführer(in): Dirk-Uwe Klaas

Wahrung, Förderung und Vertretung der wirtschaftlichen, sozialpolitischen und fachlichen Belange der Holzindustrie und Kunststoffverarbeitung sowie verwandter Industrien.

Regionalverbände

f 546

Verband der Holzindustrie und Kunststoffverarbeitung Baden-Württemberg e.V.

Postf. 10 50 51, 70044 Stuttgart
T: (0711) 2 37 62-0 **Fax:** 2 37 62-10
E-Mail: vhk.sls@t-online.de
Vorsitzende(r): Horst Schlemmer
Hauptgeschäftsführer(in): RA Jürgen Bock
Geschäftsführer(in): RA Roland Weiler

f 547

Verband der Holzindustrie und Kunststoffverarbeitung Bayern-Thüringen e.V.

Hauptgeschäftsstelle
Frankfurter Ring 243 III, 80807 München
T: (089) 32 46 53-0 **Fax:** 32 46 53-13
Vorsitzende(r): Dr. Fritz Werndl (Werndl Büromöbel AG, Georglicher Str. 7, 83026 Rosenheim, T: (08031) 40 50, Telefax: (08031) 4 05-1 00)
Hauptgeschäftsführer(in): RA Anton Rösch
Geschäftsführer(in): Dipl.-Volksw. Norbert Furche

f 548

Verband der holz- und kunststoffverarbeitenden Industrie Berlin-Brandenburg e.V.

Karlplatz 7, 10117 Berlin
T: (030) 2 83 21 24 **Fax:** 2 83 21 46
Vorsitzende(r): Ferdinand Hellermann
Geschäftsführer(in): Ing. Dieter Borchert

f 549

Verband Hamburg, Mecklenburg-Vorpommern und Schleswig-Holstein der Holzindustrie und Kunststoffverarbeitung e.V.

Georgsplatz 10, 20099 Hamburg
T: (040) 32 90 95-7 **Fax:** 32 90 95 95
Vorsitzende(r): Michael Michaelsen
Geschäftsführer(in): Dipl.-Volksw. Herbert Merkel

f 550

Landesverband Niedersachsen und Bremen der holz- und kunststoffverarbeitenden Industrie e.V.

Postf. 11 60, 26001 Oldenburg
Bahnhofstr. 14, 26122 Oldenburg
T: (0441) 2 10 27-0 **Fax:** 2 10 27 98
Vorsitzende(r): Hans F. Karsch (WINI Büromöbel Georg Schmidt GmbH & Co. KG, Postf. 11 60, 31861 Coppenbrügge, T: (05156) 9 79-0, Fax: 521)
Hauptgeschäftsführer(in): RA Jürgen Lehmann
Geschäftsführer(in): Dr. Karsten Tech

f 551

Landesverband Holzindustrie und Kunststoffverarbeitung Nordrhein e.V.

Grabenstr. 11a, 40213 Düsseldorf
T: (0211) 86 78 99-0 **Fax:** 32 33 67
Vorsitzende(r): Friedrich Wilhelm Diefenbach (Diefenbach GmbH, Verpackung/Särge, Postf. 19 02 07, 42702 Solingen, T: (0212) 31 00 72, Telefax: (0212) 31 59 95)
Geschäftsführer(in): RA Klaus Jerschke

f 552

Verband der Saarländischen Holz und Kunststoffe verarbeitenden Industrie und verwandter Industriezweige e.V.

Postf. 10 02 44, 66002 Saarbrücken
Harthweg 15, 66119 Saarbrücken
T: (0681) 9 54 34-0 **Fax:** 9 54 34 74
Vorsitzende(r): Dipl.-Kfm. Klaus Flasche (Carl Flasche GmbH & Co., Südstr. 4, 66780 Rehlingen)
Geschäftsführer(in): RA Klaus Behnisch

f 553

Verband der Holz und Kunststoffe verarbeitenden Industrie Sachsen e.V. (VHKS)

Zellescher Weg 24, 01217 Dresden
T: (0351) 47 86 90 **Fax:** 4 78 69 11
Vorsitzende(r): Dr. Andreas Käppler (Geschäftl. Gesellschafter Polstermöbel GmbH Oelsa-Rabenau, Lindenstr. 2, 01734 Rabenau, T: (0351) 6 48 10, Telefax: (0351) 6 48 13 12)
Geschäftsführer(in): Dr. Ulrich Schönemann

f 554

Landesverband Sachsen-Anhalt der holz- und kunststoffverarbeitenden Industrie e.V.

Kühnauer Str. 7, 06846 Dessau
T: (0340) 51 72 12 **Fax:** 51 72 13
Vorsitzende(r): Klaus Egerland (Systemmöbel GmbH, Kühnauer Str. 7, 06846 Dessau, T: (0340) 51 72 11, Telefax: (0340) 51 72 13)
Geschäftsführer(in): Dipl.-Ing. Gerald Lehmann-Märzke

f 555

Verband der Holzindustrie und Kunststoffverarbeitung Westfalen-Lippe

Postf. 29 44, 32019 Herford
Engerstr. 4b, 32051 Herford
T: (05221) 12 65-0 **Fax:** 12 65-65
Vorsitzende(r): Karl Hüls (i. Fa. hülsta-werke, Hüls GmbH & Co KG, Postf. 12 12, 48693 Stadtlohn, T: (02563) 86-11, Telefax: (02563) 8 61 438)
Hauptgeschäftsführer(in): RA Dr. Lucas Heumann

f 556

Verband der Holzindustrie und Kunststoffverarbeitung Westfalen-Lippe
Geschäftsstelle Lippe

Arminstr. 11, 32756 Detmold
T: (05231) 9 38 50 **Fax:** 93 85 20
Vorsitzende(r): Ernst-Dieter Hilker (Omnia Möbelwerke Ernst Hilker, Arminstr. 13-27, 32756 Detmold, T: (05231) 74 30, Telefax: (05231) 74 33 51)
Geschäftsführer(in): RA Ulrich Thomas

f 557

Bundesverband der Deutschen Bürsten- und Pinselindustrie e.V.
Kaiserswerther Str. 137, 40474 Düsseldorf
T: (0211) 45 64 27-5 **Fax:** 45 64 27-7
Vorsitzende(r): Christian Schabert (Fa. Gebr. Schabert GmbH, Friedleinstr. 2, 91542 Dinkelsbühl, Postf. 1 20, 91542 Dinkelsbühl, T: (09851) 90 920, Telefax: (09851) 9 09 350)
Geschäftsführer(in): Dipl.-Holzwirt Stephan Mieth

f 558

Deutscher Didacta Verband e.V. (ddv)
Rheinstr. 94, 64295 Darmstadt
T: (06151) 31 91 41 **Fax:** 31 91 44
Internet: http://www.didacta-verband.de
E-Mail: info@didacta-verband.de
Präsident(in): Lothar Ammann
Geschäftsführer(in): Reinhard Koslitz

f 559

Verband der Fenster- und Fassadenhersteller e.V. (VFF)
Bockenheimer Anlage 13, 60322 Frankfurt
T: (069) 95 50 54-13 **Fax:** 95 50 54-11
Internet: http://www.window.de
E-Mail: vff@window.de
Internationaler Zusammenschluß: siehe unter izf 1715, izf 2534
Vorsitzende(r): Manfred Feldhaus (Geschäftsführender Gesellschafter der FELDHAUS Fenster + Fassaden GmbH & Co. KG, Grevener Damm 250, 48282 Emsdetten, T: (02572) 9 29-0, Fax: 9 29-200)
Geschäftsführer(in): Dipl.-Kfm. Karl Heinz Herbert

f 560

Bundesverband Deutscher Fertigbau e.V. (BDF)
Flutgraben 2, 53604 Bad Honnef
T: (02224) 93 77-0 **Fax:** 93 77-77
Internet: http://www.bdf-eV.de
E-Mail: info@BDF-eV.de
Präsident(in): Hans Weber (Weber Hausbau GmbH, Eschweg, 77866 Rheinau-Linx, T: (07853) 8 30, Telefax: (07853) 8 33 41)
Hauptgeschäftsführer(in): Dirk-Uwe Klaas

f 561

Studiengemeinschaft Holzleimbau e.V.
Postf. 300141, 40401 Düsseldorf
Rather Str. 49a, 40476 Düsseldorf
T: (0211) 4 78 18-0 **Fax:** 45 23 14
Internet: http://www.brettschichtholz.de
E-Mail: info@brettschichtholz.de
Vorsitzende(r): Dipl.-Ing. Christian Heinrich Burgbacher (i. Fa. Christian Burgbacher GmbH & Co., Holzwerke, Christian-Burgbach-Str., 78647 Trossingen, T: (07425) 3 35 20, Telefax: (07425) 48 68, e-mail: info@Burgbacher.de, Internet: www.Burgbacher.de)
Geschäftsführer(in): Dr. Holger Conrad

Technisch-wirtschaftliche Weiterentwicklung der Holzleimbauweise in Forschung und Entwicklung. Förderung des Qualitäts- und Gütegedankens im Holzleimbau, Werbung und Öffentlichkeitsarbeit im Ingenieurholzbau.

f 562

Bundesverband Holzpackmittel, Paletten, Exportverpackung e.V. (HPE)
Erste Fährgasse 2, 53113 Bonn
T: (0228) 26 52 46-47 **Fax:** 26 52 48
Internet: http://www.hpe.de
E-Mail: office@hpe.de
Vorsitzende(r): Gustl Martlmüller (Weiß-Holzwerk GmbH, Bruckmühl, 84387 Julbach, T: (08678) 2 15, Fax: (08678) 6 32)
Geschäftsführer(in): Dipl.-Volksw. Siegfried von Lauvenberg

f 563

Fachverband Holzpflaster e.V.
Meineckestr. 6, 40474 Düsseldorf
T: (0211) 43 49 04 **Fax:** 4 54 13 74
Vorsitzende(r): Heinrich Otto Becker (Himbeerbusch 63, 37603 Holzminden, T: (05531) 9 31 60)
Geschäftsführer(in): RA Hermann Wegelt

f 564

Verband der Deutschen Holzwerkstoffindustrie e.V. (VHI)
Ursulum 18, 35396 Gießen
T: (0641) 9 75 47-0 **Fax:** 9 75 47-99
E-Mail: vhi@eulink.net
Internationaler Zusammenschluß: siehe unter izf 294, izf 304, izf 2533
Vorsitzende(r): Dipl.-Kfm. Volkmar Lorenz (ATEX-Werke GmbH & Co. KG, Postf. 11 64, 94475 Grafenau, T: (08552) 3 00)
Geschäftsführer(in): Dr. Udo Leukens

f 565

Fachverband Deutsche Klavierindustrie e.V.
Friedrich-Wilhelm-Str. 31, 53113 Bonn
T: (0228) 5 39 70-0 **Fax:** 5 39 70-70
Internet: http://www.pianos.de
E-Mail: fdk@pianos.de
Vorsitzende(r): Braunschweig Schimmel, Braunschweig
Geschäftsführer(in): Dr. Heinz Stroh

f 566

Verband der Deutschen Möbelindustrie e.V. (VDM)
Flutgraben 2, 53604 Bad Honnef
T: (02224) 93 77-0 **Fax:** 93 77-77
Präsident(in): Helmut Lübke (Geschäftsführer interlübke Gebr. Lübke GmbH & Co. KG, Ringstr. 145, 33378 Rhoda-Wiedenbrück, T: (05242) 1 22 32, Fax: (05242) 1 23 11)
Hauptgeschäftsführer(in): Dirk-Uwe Klaas

f 567

Verband der Deutschen Parkettindustrie e.V.
Meineckestr. 6, 40474 Düsseldorf
T: (0211) 43 49 04 **Fax:** 4 54 13 74
Vorsitzende(r): Ralph Plessmann (in Fa. Plessmann GmbH + Co., Wiesenstr. 33, 37170 Uslar, T: (05571) 92 58-0, Fax: (05571) 92 58-40)
Geschäftsführer(in): RA Hermann Wegelt

f 568

Verband der Deutschen Polstermöbelindustrie e.V.
Engerstr. 4b, 32051 Herford
T: (05221) 12 65-0 **Fax:** 12 65-65
Vorsitzende(r): Jürgen Degen (Fa. Kurt C. F. Thörmer Polstermöbel GmbH & Co. KG, Postf. 41, 29557 Wrestedt, T: (05802) 40 66, Telefax: (05802) 18 14)
Geschäftsführer(in): RA Dr. Lucas Heumann

f 569

Bundesverband Sargindustrie e.V. (BVSI)
Erste Fährgasse 2, 53113 Bonn
T: (0228) 26 52 46-47 **Fax:** 26 52 48
Internet: http://www.holzsarg.de
E-Mail: bvsi@holzsarg.de
Vorsitzende(r): Bert Hassel (Alki Sargfabrik, Lothar Hassel GmbH, Wiedstraße 31, 57610 Altenkirchen, T: (02681) 30 11, Fax: 30 14)
Geschäftsführer(in): Dipl.-Volksw. Siegfried von Lauvenberg

f 570

Fachverband Serienmöbelbetriebe des Handwerks
Engerstr. 4b, 32051 Herford
T: (05221) 12 65-40 **Fax:** 5 07 00
Vorsitzende(r): Heinz Hummelt (Bernhard-Rest-Str.1, 59302 Oelde, T: (02529) 82 96)
Geschäftsführer(in): RA Dr. Lucas Heumann

Bundesfachabteilungen HDH

f 571

Deutscher Ladenbau-Verband im HDH
Postf. 59 20, 97009 Würzburg
Koellikerstr. 13, 97070 Würzburg
T: (0931) 3 52 92-0 **Fax:** 3 52 22 92-29
Vorsitzende(r): Ernst Maier (i. Firma Ernst Maier GmbH, Renchtalstr. 41, 77740 Bad Peterstal-Griesbach, T: (07806) 88-110)
Geschäftsführer(in): Dr. Wolfram Krause

f 572

Fachverband der Leisten- und Rahmenindustrie im HDH
Grabenstr. 11a, 40213 Düsseldorf
T: (0211) 86 78 99-0 **Fax:** 32 33 67
Vorsitzende(r): Dr.h.c.jun. Friedrich G. Conzen (Fa. F.G. Conzen, Schanzenstr. 56, 40549 Düsseldorf, T: (0211) 57 70 10, 5 77 01 56)
Geschäftsführer(in): RA Klaus Jerschke

f 573

Verband der Deutschen Küchenmöbelindustrie
Engerstr. 4B, 32051 Herford
T: (05221) 12 65-0 **Fax:** 12 65-65
Vorsitzende(r): Hans-Dieter Wellmann (Wellmann-Kücken, Bustedter Weg 16, 32130 Enger, T: (05223) 16 50, Fax: (05223) 16 56 21)
Geschäftsführer(in): RA Dr. Lucas Heumann

● **F 574**

Bundesverband der Altholzaufbereiter und -verwerter e.V. (BAV)
Am Markt 221, 56077 Koblenz
T: (0261) 9 72 44 35 **Fax:** 9 72 44 36
Gründung: 1991 (16. Dezember)
Vorsitzende(r): Michael Trienes
Stellvertretende(r) Vorsitzende(r): Marcus Frerich
Geschäftsführer(in): Robert Gard

● **F 575**

Arbeitsgemeinschaft DIE MODERNE KÜCHE e.V. (AMK)
Dannstadter Str. 6-8, 68199 Mannheim
T: (0621) 8 50 61 00 **Fax:** 8 50 61 01
Internet: http://www.amk.de
E-Mail: amk-die-moderne-kueche@t-online.de
Geschäftsführer(in): Hans-Joachim Adler
Verbandszeitschrift: Ratgeber Küche, Die Moderne Küche
Mitglieder: 130

Der Branchendienstleistungsverband hat das Ziel, zum Zwecke der erleichterten Haushaltsführung geplante An- und Einbauküchen am Markt zu fördern.

● **F 576**

Arbeitsgemeinschaft Holz e.V.
Postf. 30 01 41, 40401 Düsseldorf
Rather Str. 49a, 40476 Düsseldorf
T: (0211) 4 78 18-0 **Fax:** 45 23 14
Internet: http://www.argeholz.de
E-Mail: argeholz@argeholz.de
Präsident(in): Carl Berninghausen
Geschäftsführer(in): Dr. Holger Conrad

● **F 577**

Fachverband Holz- und Kunststoffwaren für Schuhbedarf e.V.
Postf. 80, 89279 Altenstadt
T: (08337) 9 03-0 **Fax:** 9 03-1 30
Vorsitzende(r): Dipl.-Kfm. Rainer Winkle (Postf. 80, 89279 Altenstadt, T: (08337) 9 03-0)
Mitglieder: 4

• F 578

Vereinigung der Hersteller von chirurgischem Nahtmaterial e.V.

Karlstr. 21, 60329 Frankfurt
T: (069) 25 56-13 38 **Fax:** 25 56 14 71
Vorstand: O. Lüneberg (i. Fa. Ethicon GmbH & Co KG, Robert-Koch-Str. 1, 22851 Norderstedt)
C.M. Hiltner (Vors., i. Fa. Resorba Chirurgisches Nahtmaterial Franz Hiltner GmbH & Co., Schonerstr. 7, 90443 Nürnberg)
Gerhard Meil (B. Braun Surgical GmbH, Carl-Braun-Str. 1, 34212 Melsungen)
Geschäftsführer(in): Dr.rer.nat. Gert Auterhoff
Mitglieder: 8

• F 579

Bundesverband Schmuck, Uhren, Silberwaren und verwandte Industrien e.V.

Poststr. 1, 75172 Pforzheim
T: (07231) 3 30 41 **Fax:** 35 58 87

• F 580

wdk

Wirtschaftsverband der deutschen Kautschukindustrie e.V. (W.d.K.)

Postf. 90 03 60, 60443 Frankfurt
Zeppelinallee 69, 60487 Frankfurt
T: (069) 79 36-0 **Fax:** 79 36-150
Internet: http://www.wdk.de
E-Mail: info@wdk.de
Internationaler Zusammenschluß: siehe unter izf 2384
Vorsitzende(r): Robert Schäfer (Vorsitzender der Geschäftsführung Dunlop GmbH, Hanau)
Hauptgeschäftsführer(in): Klaus Mocker
Schatzmeister: Konrad Ellegast
Mitglieder: 90

Vertretung der wirtschaftlichen Interessen der Kautschukindustrie unter Ausschluss sozialpolitischer Aufgaben.

• F 581

Arbeitsgemeinschaft Keramische Industrie e.V.

Postf. 16 24, 95090 Selb
T: (09287) 8 08-0 **Fax:** 7 04 92
Vorsitzende(r): Wolfgang H. Molitor
Hauptgeschäftsführer(in): Dipl.-Betriebsw. (FH) Ass. jur. Peter Frischholz
Mitglieder: 8

Fachverbände

f 582

Verband der Keramischen Industrie e.V.

Postf. 16 24, 95090 Selb
Schillerstr. 17, 95100 Selb
T: (09287) 8 08-0 **Fax:** 7 04 92
Internationaler Zusammenschluß: siehe unter izf 1394, izf 2620
Vorsitzende(r): Ottmar C. Küsel (Vorstandsvorsitzender der Rosenthal AG, Postfach 15 20, 95089 Selb, T: (09287) 72-0, Fax: 7 22 24)
Hauptgeschäftsführer(in): Dipl.-Betriebsw. (FH) Ass. jur. Peter Frischholz
Mitglieder: 108 Firmen

f 583

Fachverband Sanitär-Keramische Industrie e.V.

Postf. 16 24, 95090 Selb
Schillerstr. 17, 95100 Selb
T: (09287) 80 80 **Fax:** 7 04 92
Internationaler Zusammenschluß: siehe unter izf 725
Vorsitzende(r): Franz Kook (Duravit AG, Hornberg)
Mitglieder: 4 Firmen

f 584

Arbeitgeberverband der Keramischen Fliesenindustrie e.V.

Postf. 16 25, 95090 Selb
Schillerstr. 17, 95100 Selb
T: (09287) 8 08-0 **Fax:** 7 04 92
Vorsitzende(r): Dipl.-Betriebsw. Karl-Heinz Latz (Villeroy & Boch AG, Postf. 11 20, 66688 Mettlach)
Mitglieder: 9

f 585

Arbeitgeberverband Keramik Nord e.V.

Schiffgraben 36, 30175 Hannover
T: (0511) 85 05-0 **Fax:** 85 05-203
Vorsitzende(r): Christian Hirsch (Geschf. der Fürstenberg, Ehemalige Herzoglich Braunschweigische Porzellanmanufaktur, Fürstenberg/Weser)
Hauptgeschäftsführer(in): RA Dietrich Kröncke
Mitglieder: 11

f 586

Industrieverbände Neustadt/Weinstraße e.V.

Industriehaus
Friedrich-Ebert-Str. 11-13, 67433 Neustadt
T: (06321) 85 20 **Fax:** 8 52-216
Sprecher d. feink. Gruppe i. Vorst.: N. N.
Geschäftsführer(in): RA Heinrich Klotz
Mitglieder: 5

f 587

Rheinischer Unternehmerverband Steine und Erden e.V.

Postf. 22 41, 56512 Neuwied
Engerser Landstr. 44, 56564 Neuwied
T: (02631) 39 59-0 **Fax:** 2 88 10
Geschäftsführer(in): Ass. Ludwig Wörner

f 588

Verein Deutscher Schleifmittelwerke e.V.

Postf. 75 67, 53075 Bonn
Oxfordstr. 8, 53111 Bonn
T: (0228) 63 55 87, 65 69 56 **Fax:** 63 53 99
Internet: http://www.vds-bonn.de
E-Mail: info@vds-bonn.de
Internationaler Zusammenschluß: siehe unter izf 825
Vorsitzende(r): K.D. Köpnick (Carborundum Schleifmittelwerke GmbH, Kappeler Str. 105, 40597 Düsseldorf, T:(0211) 74 93 01, Fax: (0211) 74 55 33)
Geschäftsführer(in): N.N.

f 589

Industrieverband Keramische Fliesen + Platten e.V.

Postf. 16 24, 95090 Selb
Schillerstr. 17, 95100 Selb
T: (09287) 8 08-0 **Fax:** 8 08-44
Internationaler Zusammenschluß: siehe unter izf 2522
Vorsitzende(r): Dieter Schäfer (Deutsche Steinzeug Cremer & Breuer AG, Bonn)
Geschäftsführer(in): Werner Ziegelmeier
Mitglieder: 13

• F 590

Wirtschaftsverband Kernbrennstoff-Kreislauf e.V.

Adenauerallee 73, 53113 Bonn
T: (0228) 21 32 04, 21 32 06 **Fax:** 21 32 07
E-Mail: WKK-bonn@t-online.de
Gründung: 1976 (Dezember)
Geschäftsführende(s) Vorstands-Mitglied(er): Dr. K. Tägder
Mitglieder: 30

Im Rahmen der friedlichen Verwendung der Kernenergie Förderung und Vertretung der gemeinsamen Belange seiner Mitglieder auf dem Gebiet des nuklearen Brennstoffkreislaufes im nationalen und internationalen Bereich. Er umfaßt die in der Bundesrepublik Deutschland tätigen Unternehmen und Zulieferfirmen des Brennstoffkreislaufes

• F 591

Industrieverband für Korbwaren-, Korbmöbel, Kinderausstattung und Kinderwagen e.V.

Bahnhofstr. 11, 96465 Neustadt
T: (09568) 8 50 19 **Fax:** 79 93
Vorsitzende(r): Christian von Block (Fa. Creative Hobbie, 96215 Lichtenfels)
Geschäftsführer(in): RA Wolfram E. Salzer
Mitglieder: 50

• F 592

Verband der Südwestdeutschen Kunststoffindustrie und verwandter Industrien e.V.

Postf. 10 32 34, 68032 Mannheim
Viktoriastr. 8, 68165 Mannheim
T: (0621) 41 20 07 **Fax:** 41 74 79
Geschäftsführer(in): RA Helmut Schlick

• F 593

GKV

Gesamtverband kunststoffverarbeitende Industrie e.V. (GKV)

Am Hauptbahnhof 12, 60329 Frankfurt
T: (069) 2 71 05-0 **Fax:** 23 27 99
Internet: http://www.gkv.de
E-Mail: gkv.de@t-online.de
Internationaler Zusammenschluß: siehe unter izf 1355, izf 2220
Vorstand:
Präsident(in): Günter Schwank (Georg Utz GmbH, Nordring 67, 48465 Schüttdorf, T: (05923) 8 05 - 120, Fax: 8 0 58 10)
Vizepräsident(in): Dipl.-Ing. Manfred Hawerkamp (baukuTroisdorfer, Bau- und Kunststoff GmbH, Postf. 31 20, 51665 Wiehl, T: (02262) 72 07-0, Telefax: (02262) 72 07-26)
Manfred Zorn (IPV GmbH, EZetilstraße, 35410 Hungen, T: (06402) 8 07-2 20, Telefax: (06402) 74 00)
Eva Greive (Greive GmbH & Co. KG, Kirchstr. 4, 48308 Senden-Ottmarsbocholt, T: (02598) 2 07, Fax: 13 44)
Achim Heinzelmann (Westform Plastikwerke GmbH, Hommericher Str. 1, 51789 Lindlar, T: (02207) 7 07 22, Fax: 7 07 77)
Matthias Hoffmann (Sprela GmbH Laminate + Postforming Elemente, Westbahnstr. 1, 03130 Spremberg, T: (03563) 5 42 84, Fax: 23 91)
Norbert Hildebrand (PRO-PE GmbH, Friedrichstr. 25, 54516 Wittlich, T: (06571) 2 80 08, Fax: 2 80 09)
Vorstandsmitglieder:
Schatzmeister: Dieter Steinacker (Steinacker Verpackungssysteme GmbH, Wellastr. 10, 36088 Hünfeld, T: (06652) 96 80-0, Fax: (06652) 96 80-48)
Vorst.-Mitgl.: Klaus Christophery (Christophery GmbH Werke für Metall- und Kunststoffverarbeitung, Postf. 13 55, 58634 Iserlohn, T: (02371) 80 60, Telefax: (02371) 80 61-80)
Dr. Tilo Jäger (c/o Schüco International, Karolinenstr. 1-15, 33609 Bielefeld, T: (0521) 78 33 97, Telefax: (0521) 7 83-2 12)
Dr. Uwe Bültjer (Arbeitsgemeinschaft Verstärkte Kunstoffe e.V. (AVK)/TV, Am Hauptbahnhof 1o, 60329 Frankfurt/Main, T: (069) 25 09 20, Fax: (069) 25 09 19)
Albrecht Manderscheid (Cannon Deutschland GmbH, Benzstr. 5, 63165 Mühlheim/Main, T: (06108) 60 50, Telefax: (06108) 6 87 41)
Wilhelm Michel (Im Enkler 5, 69181 Leimen, T: (06224) 7 20 03)
Dipl.-Kfm. Heinrich Walch (Heinrich Walch GmbH & Co. KG, Postf. 15 44, 58579 Schalksmühle, T: (02355) 90 80-60, Telefax: (02355) 90 80-33)
Michael Weigelt (Franz Weigelt & Söhne GmbH & Co., Gustav-Rau-Str. 21, 74321 Bietigheim-Bissingen, T: (07142) 7 50, Fax: 75 295)
Hauptgeschäftsführer(in): RA Joachim ten Hagen

Fachverbände

f 594

Fachverband Bau-, Möbel- und Industrie-Halbzeuge aus Kunststoff

Am Hauptbahnhof 12, 60329 Frankfurt
T: (069) 2 71 05-29, 2 71 05-30 **Fax:** 23 98 37
Gründung: 1958
Vorsitzende(r): Matthias Hoffmann, Groß-Umstadt
Geschäftsführer(in): Dipl.-Kfm. Wilhelm Jaxtheimer
Mitglieder: 95

f 595

Fachverband Kunststoff-Konsumwaren

Am Hauptbahnhof 12, 60329 Frankfurt
T: (069) 2 71 05-31 **Fax:** 23 98 38
E-Mail: info.fvkk@gkv.de
Vorstand: Manfred Zorn (Vors.; IPV Inheidener Produktions- u. Vertriebsges. mbH, Ezetilstraße, 35410 Hungen, T: (06402) 80 72 20, Telefax: (06402) 74 00)
Claus-Peter Hoppert (stellv. Vors.; iba Hartmann GmbH & Co., Stätzlinger Str. 77, 86165 Augsburg, T: (0821) 79 40 90, Telefax: (0821) 7 94 09 34)
Peter Maschke (stellv. Vors.; Arca Systems GmbH, 19057 Schwerin-Sacktannen, T: (0385) 6 45 23 51, Telefax: (0385) 6 45 25 77)
Walter Ballermann (Schatzmeister; Gerda GmbH & Co, Berliner Str. 41-47, 58332 Schwelm, T: (02336) 4 06 55, Telefax: (02336) 4 06 50)
Dr. Rolf Coers (Dr. Coers GmbH, Postf. 10 18 65, 40009 Düsseldorf, T: (0211) 33 44 55, Telefax: (0211) 33 44 31)
Chris Groothuizen (Curver BV, Postfach 16, NL 5050 AA Goirle, T: (0031) 1 35 31 03 86, Telefax: (0031) 1 35 31 04 76)
Meinhard Jockwitz (Fiskars Deutschland GmbH, Dellenfeld 35, 42653 Solingen, T: (0212) 2 71 70, Telefax: (0212) 2 71 71 00)
Geerd Johannink (Ringoplast GmbH, Großringer Str. 24,

49824 Ringe-Neugnadenfeld, T: (05944) 9 34 50, Telefax: (05944) 93 45 10)
Reinhold J. Kaußen (Flair Plastics GmbH, Auf der Kurt 1, 41334 Nettetal, T: (02157) 12 99-0, Telefax: (02157) 12 99 50)
Günter Schwank (Georg Utz GmbH, Nordring 67, 48465 Schüttorf, T: (05923) 80 51 20, Telefax: (05923) 80 58 10)
Dipl.-Kfm. Heinrich Walch (Heinrich Walch GmbH & Co. KG, Postf. 14 20, 58570 Schalksmühle, T: (02355) 90 80 60, Telefax: (02355) 90 80 33)
Geschäftsführer(in): Dr. Rainer H. Jung (Am Steinernen Kreuz 20, 64409 Messel, T: (06159) 51 26)
Mitglieder: 250

f 596

Fachverband Technische Teile

Am Hauptbahnhof 12, 60329 Frankfurt
T: (069) 2 71 05-35 **Fax:** 23 98 36
Internet: http://www.gkv.de/tt/
E-Mail: fvtt@gkv.de
Gründung: 1958
Vorsitzende(r): Dipl. Ing. Manfred Hawerkamp
Geschäftsführer(in): Dipl. Ing. Wilhelm Crößmann
Mitglieder: 300
Mitarbeiter: 2

f 597

Fachverband Verpackung und Verpackungsfolien aus Kunststoff im GKV

Am Hauptbahnhof 12, 60329 Frankfurt
T: (069) 2 71 05-27 **Fax:** 23 98 35
Vorsitzende(r): Norbert Hildebrand
Geschäftsführer(in): Ulf Kelterborn
Mitglieder: 185

Korporativmitglieder

f 598

Arbeitsgemeinschaft Verstärkte Kunststoffe und Technische Vereinigung e.V. (AVK-TV)

Am Hauptbahnhof 10, 60329 Frankfurt
T: (069) 25 09 20 **Fax:** 25 09 19
Internet: http://www.kunststoffweb.de/avk-tv
E-Mail: avktv-bue@t-online.de
Internationaler Zusammenschluß: siehe unter izf 330
Vorsitzende(r): Dipl.-Ing. Klaus-Uwe Brodersen
Geschäftsführer(in): Dr. Uwe Bültjer
Mitglieder: 270

f 599

Fachverband Schaumkunststoffe e.V. (F.S.K.)

Im GKV u. EuPC
Am Hauptbahnhof 12, 60329 Frankfurt
T: (069) 2 71 05 37 **Fax:** 23 27 99
Internet: http://www.fsk-vsv.de
E-Mail: fsk.vsv@t-online.de
Gründung: 1962
Vorsitzende(r): Albrecht Manderscheid, Mühlheim/Main
Geschäftsführer(in): Herbert Gieseler (Ltg. Presseabt.)
Verbandszeitschrift: FSK-Mitteilungen
Redaktion: Herbert Gieseler
Verlag: Am Hauptbahnhof 12, 60329 Frankfurt
Mitglieder: 90

f 600

Arbeitskreis selbständiger Kunststoff-Ingenieure und -Berater e.V. (K.I.B.)

Am Hauptbahnhof 12, 60329 Frankfurt
T: (069) 2 71 05 24 **Fax:** 23 27 99
E-Mail: sbrendgen@gkv.de
Vorsitzende(r): Gerhard Bambach, Ludwigshafen
Geschäftsführer(in): Sigrid Brendgen
Technische und technisch-wirtschaftliche Beratung auf allen Gebieten der Kunststoffverarbeitung und -anwendung durch die Mitglieder des K.I.B.

• F 601

IK Industrieverband Kunststoffverpackungen e.V. Bundesverband der Hersteller von Kunststoffverpackungen und -folien

Kaiser-Friedrich-Promenade 43, 61348 Bad Homburg
T: (06172) 92 66 01 **Fax:** 92 66 70
Internet: http://www.kunststoffverpackungen.de
Gründung: 1979
Internationaler Zusammenschluß: siehe unter izf 1354
Präsident(in): Hans-Dieter Kobusch
Vizepräsident(in): Wolfgang Simons (BP Chemicals PlasTec GmbH)
Hauptgeschäftsführer(in): Dipl.-Volksw. Michael Rathje
Leitung Presseabteilung: Haimo Emminger
Verbandszeitschrift: IK-AKTUELL
Redaktion: IZK GmbH
Verlag: IZK, Kaiser-Friedrich-Promenade 43, 61348 Bad Homburg
Mitglieder: 250

Korporativ angeschlossene Verbände:

f 602

Gütegemeinschaft Kunststoffverpackungen für gefährliche Güter e.V.

Kaiser-Friedrich-Promenade 43, 61348 Bad Homburg
T: (06172) 92 66 73 **Fax:** 92 66 70
Vorstand: Bruno Pötz (Vors., Mauser-Werke GmbH)
Vorstand: K.D. Hofmeister (stellv. Vors., Bischof + Klein GmbH u. Co)

f 603

Verband Qualitätssicherung für PE-Baufolien im IK e.V.

Kaiser-Friedrich-Promenade 43, 61348 Bad Homburg
T: (06172) 92 66 01 **Fax:** 92 66 70
Vorstand: Josef Schuhbauer (Vors., Orbita-Film GmbH, Weissandt-Gölzau)
Hans Pfahler (AFG Agrar-Folien Gesellschaft mbH, Unseburg)
Manfred Jantschik (jafoplast Folien GmbH, Isernhagen)

• F 604

Industrieverband Kunststoffbahnen (IVK)

Emil-von-Behring-Str. 4, 60439 Frankfurt
T: (069) 57 20 64 **Fax:** 95 80 82 25
Internationaler Zusammenschluß: siehe unter izf 2221
Vorsitzende(r): Jürgen Holzapfel (friedola Gebr. Holzapfel GmbH & Co KG, Postf. 3 20, 37269 Eschwege, T: (05651) 30 30, Telefax: (05651) 30 33 00)
Geschäftsführer(in): Dr. Klaus W. Lippold
Ass.jur. Anne-Karin Walter (E-Mail: awalter@unternehmerverbaende.de)
Zusammenschluß der Unternehmen, die Kunststoffbahnen (Kunststoff-Folien, Kunststoff-Textilbahnen, Boden- und Wandbeläge) herstellen. Vertretung der Mitgliederinteressen gegenüber Behörden, sonstigen Institutionen und öffentlichen Medien.

• F 605

Industrieverband Polyurethan-Hartschaum e.V. (IVPU)

Kriegerstr. 17, 70191 Stuttgart
T: (0711) 29 17 16 **Fax:** 29 49 02
Internet: http://www.ivpu.de
E-Mail: ivpu@ivpu.de
Gründung: 1973 (28. Nov.)
Vorsitzende(r): Dipl.-Kfm. Hans Bommer, Überlingen
Geschäftsführer(in): Dipl.-Ing. P. Kindermann
Leitung Presseabteilung: Dr. Petra Steimle
Verbandszeitschrift: IVPU Nachrichten
Redaktion: IVPU
Verlag: IVPU, Kriegerstr. 17, 70191 Stuttgart
Mitglieder: 20 Mitgliedsfirmen
Mitarbeiter: 5

• F 606

Verband der Polyurethan-Weichschaum-Industrie e.V.

Postf. 90 03 60, 60443 Frankfurt
Zeppelinallee 69, 60487 Frankfurt
T: (069) 79 36-157, 79 36-0 **Fax:** 79 36-165
Internationaler Zusammenschluß: siehe unter izf 703
Vorsitzende(r): Edmund Meyer
Stellvertretende(r) Vorsitzende(r): Dr. Herwig Hertel
Dr. Egbert Dahmen
Geschäftsführer(in): Helmut Hirsch
Mitglieder: 22

• F 607

FPX Fachvereinigung Polystyrol-Extruderschaumstoff

Deutsche Sektion der EXIBA-European Extruded Polystyrene Insulation Board Association
Postf. 61 02 44, 60344 Frankfurt
Ferdinand-Porsche-Str. 16, 60386 Frankfurt
T: (069) 42 59 01 **Fax:** 4 19 51 14

• F 608

Verband der kunststoffverarbeitenden Industrie der neuen Bundesländer

Stotternheimer Str. 9a, 99086 Erfurt
T: (0361) 7 92 44 13 **Fax:** 7 92 44 79
Geschäftsführer(in): Petra Beck

• F 609

Kunststoffrohrverband e.V. (KRV)

-Fachverband der Kunststoffrohr-Industrie
Dyroffstr. 2, 53113 Bonn
T: (0228) 9 14 77-0 **Fax:** 21 13 09
Internet: http://www.krv.de
E-Mail: kunststoffrohrverband@krv.de
Vorsitzende(r): Jürgen von Eichel (Geschäftsführer der Fa. Alphacan Omniplast GmbH, 35627 Ehringshausen)
Geschäftsführer(in): Dr. Elmar Löckenhoff
Der Kunststoffrohr-Verband bezweckt, die technische Entwicklung von Bauteilen für Rohrleitungen aus Kunststoff durch die Vornahme von Untersuchungen technisch-wissenschaftlicher Art zu fördern; Erarbeitung von Qualitätsmerkmalen etc. mit dem Ziel, die Marktgeltung des modernen Rohrwerkstoffes weiter auszubauen. Hierzu dient die fachlich-technische Zusammenarbeit mit den einschlägigen Organisationen der Industrie, der Behörden und des Handels im In- und Ausland.

• F 610

Gesamtverband Dämmstoffindustrie (GDI)

Griegstr. 17, 22763 Hamburg
T: (040) 8 80 20 42 **Fax:** 8 81 13 49
Internet: http://www.g-d-i.de
E-Mail: gdi-gesamtverband@t-online
Vorsitzende(r): Klaus W. Körner (Fa. Schwenk Dämmtechnik GmbH & Co. KG, Landsberg am Lech)
Geschäftsführer(in): Dr. Gernot Feldhusen

Mitgliedsverbände:
Fachvereinigung Mineralfaserindustrie e.V.
Deutsche Gruppe der EURIMA-European Insulation Manufacturers Association, Frankfurt am Main
Industrieverband Hartschaum e.V, Heidelberg
Industrieverband Polyurethan Hartschaum e.V., Stuttgart
Bundesverband der Leichtbauplattenindustrie e.V., München
Fachvereinigung Polystyrol-Extruderschaumstoff, Deutsche Sektion der EXIBA-European Extruded Polystyrene Insulation Board Association, Frankfurt am Main

• F 611

Verband der Schaumstoff-Verarbeiter e.V. (VSV)

Am Hauptbahnhof 12, 60329 Frankfurt
T: (069) 2 71 05 37 **Fax:** 23 27 99
Internet: http://www.fsk-vsv.de
E-Mail: fsk.vsv@t-online.de
Gründung: 1955
Vorsitzende(r): Dipl.-Kfm. Georg Heinlein, Viernheim
Geschäftsführer(in): Herbert Gieseler (Leitung Presseabteilung)
Verbandszeitschrift: FSK-Mitteilungen
Mitglieder: 30

• F 612

Verband der Deutschen Lederindustrie e.V.

Fuchstanzstr. 61, 60489 Frankfurt
T: (069) 97 84 31 41 **Fax:** 78 80 00 09
Internet: http://www.vdl-web.de
E-Mail: info@vdl-web.de
Internationaler Zusammenschluß: siehe unter izf 2759
Vorsitzende(r): Max Räuchle (Inh. Gebr. Räuchle GmbH, Backnang)
Stellvertretende(r) Vorsitzende(r): Otto Sauer (Geschäftsf. der Möller-Werke GmbH, Bielefeld)
Hanns Rendenbach (Inh. Joh. Rendenbach jr., Trier)
Geschäftsführer(in): Dipl.-Volksw. Reinhard Schneider
Dr. Th. Schröer
Mitglieder: 70
Vertretung der berufsständischen und wirtschaftspolitischen Interessen der deutschen ledererzeugenden Industrie.

• **F 613**

Bundesverband der Deutschen Handschuhindustrie
Blumenstr. 18, 71522 Backnang
T: (07191) 98 00 60 **Fax:** 98 00 70
Vorsitzende(r): Otto Melchinger
Geschäftsführer(in): Ass. Jürgen Reusch

• **F 614**

Altgerber-Verband e.V.
siehe U 540

• **F 615**

Bundesverband Lederwaren und Kunststofferzeugnisse e.V.
Postf. 10 20 55, 63020 Offenbach
Kaiserstr. 108, 63065 Offenbach
T: (069) 81 48 65, 88 72 50 **Fax:** 8 00 42 61
Internet: http://www.lederwarenverband.de
E-Mail: vbdklooss@aol.com, vbdbeck@aol.com
Geschäftsführer(in): Dipl.-Volksw. Klaus Diehl

Landesverbände

f 616

Landesverband Lederwaren und Kunststofferzeugnisse Bayern e.V.
Hubertusstr. 11, 82152 Planegg
T: (089) 3 61 59 02 **Fax:** 8 59 35 57
Geschäftsführer(in): Dr. Florian Festl
Mitglieder: 18

f 617

Vereinigung der Lederwarenhersteller Hessen e.V.
Kaiserstr. 108, 63065 Offenbach
T: (069) 81 48 65, 88 72 50 **Fax:** 8 00 42 61
Geschäftsführer(in): Dipl.-Volksw. Klaus Diehl
Mitglieder: 61

f 618

Nordwestdeutscher Verband Lederwaren- und Kunststofferzeugnisse e.V.
Postf. 10 20 55, 63020 Offenbach
Kaiserstr. 108, 63065 Offenbach
T: (069) 88 72 50 **Fax:** 8 00 42 61
Vorsitzende(r): Dieter Morszeck (RIMOWA-Kofferfabrik, Mathias-Brüggen-Str. 118, 50829 Köln)
Geschäftsführer(in): Dipl.-Volksw. Klaus Diehl
Mitglieder: 26

f 619

Landes- und Arbeitgeberverband der Lederwaren-, Kunststoffwaren- und Kofferindustrie Rheinland-Pfalz
Postf. 10 20 55, 63020 Offenbach
Kaiserstr. 108, 63065 Offenbach
T: (069) 88 72 50 **Fax:** 8 00 42 61
Vorsitzende(r): Klaus Zerfass (i. Fa. Fritz Zerfass, Hauptstr. 7, 55743 Idar-Oberstein, T: (06781) 9 48 30)
Geschäftsführer(in): Dipl.-Volksw. Klaus Diehl
Mitglieder: 17

f 620

Verband der leder- und kunststoffverarbeitenden Industrie Baden-Württemberg e.V.
Pischekstr. 19, 70184 Stuttgart
T: (0711) 24 81 54 **Fax:** 24 38 15
Vorsitzende(r): Wolfgang Ertinger (i. Fa. Max Laumann GmbH, Schelmenwasenstr. 35, 70567 Stuttgart)
Geschäftsführer(in): Dr.jur. Werner Scharlowski
Mitglieder: 17

• **F 621**

Wirtschaftsverband INDUSTRIELEDER-Erzeugnisse e.V.
Mevissenstr. 15, 50668 Köln
T: (0221) 7 74 41 50, -1 51 **Fax:** 7 74 41 18
Internet: http://www.bbi-online.de
E-Mail: bespo@bbi-online.de
Geschäftsführer(in): RA Bernd Kemper (Mevissenstr. 15, 50668 Köln, T: (0221) 7 74 41 50, -1 51)

• **F 622**

Bundesverband der Deutschen Luft- und Raumfahrtindustrie e.V. (BDLI)
Friedrichstr. 152, 10117 Berlin
T: (030) 20 61 40-0 **Fax:** 20 61 40-90
Internet: http://www.bdli.de
E-Mail: info@bdli.de
Präsident(in): Dr.-Ing. Gustav Humbert
Präsidial-GeschF: Dr. Hans Eberhard Birke
Leitung Presseabteilung: Diana Winkler
Verbandszeitschrift: LRI Fakten, Jahresbericht, Lieferungs- u. Leistungsverzeichnis (alle 2 Jahre)
Redaktion: Presse- u. Öffentlichkeitsarbeit des BDLI
Mitglieder: 109 Unternehmen

• **F 623**

VDMA Verband Deutscher Maschinen- und Anlagenbau e.V.
Postf. 71 08 64, 60498 Frankfurt
Lyoner Str. 18, 60528 Frankfurt
T: (069) 66 03-0 **Fax:** 66 03-1511
Internet: http://www.vdma.de
E-Mail: puoe@vdma.org
Internationaler Zusammenschluß: siehe unter izf 1055, izf 1666, izf 2407
Präsident(in): Eberhard Reuther (Vors. d. Vorst. Körber AG, Kurt-A.-Körper-Chaussee 8-32, 21033 Hamburg)
Hauptgeschäftsführer(in): Dr. Martin Wansleben
Mitgl. d. Hauptgeschäftsführung:
Dipl.-Ing. Dr. Dieter Eckstein
Dr. Hannes Hesse
Dr. Martin Wansleben
Leitung Presseabteilung: Alexander Batschari

f 624

VDMA-Hauptstadtbüro
Unter den Linden 42, 10117 Berlin
T: (030) 30 69 46-0 **Fax:** 30 69 46-20
Geschäftsführer(in): Dr. Henning Brekenfeld

f 625

VDMA-Verbindungsstelle Brüssel
Diamant Building
Boulevard A. Reyers 80, B-1030 Bruxelles
T: (00322) 7 06 82 05 **Fax:** 7 06 82 10
E-Mail: vdma@mcm.be
Geschäftsführer(in): Burkhart von Rauch

f 626

VDMA Verbindungsstelle Tokio
Japan Liaison Office
c/o Japan Business Service Inc.
Higashinakano 1-51-3-501 Nakano-ku, J-Tokyo 164
T: (00813) 33 63-66 32 **Fax:** 33 63-75 82
Gründung: 1995 (1. Feburar)
Leitung: Dipl.-Kfm. Holger Wittich
Senior Researcher: Dipl.-Jura/Volksw. Yoshio Sato (Ltg. Presseabt.)
Verbandszeitschrift: VDMA Maschinnenbau-Nachrichten
Verlag: VDMA, Hauptbüro Frankfurt/M.
Mitglieder: 2
Mitarbeiter: 6

Landesgruppen

f 627

VDMA-Landesgruppe Baden-Württemberg
Postf. 10 49 52, 70043 Stuttgart
Hospitalstr. 8, 70174 Stuttgart
T: (0711) 22 80 10 **Fax:** 2 28 01 24
E-Mail: lgbawue@vdma.org
Vorsitzende(r): Dr. Dieter Brucklacher (Gebr. Leitz GmbH & Co., Oberkochen)
Geschäftsführer(in): Dipl.-Volksw. Ulrich P. Hermani

VDMA Außenstelle Freiburg
Holbeinstr. 16, 79100 Freiburg
T: (0761) 70 86 80 **Fax:** 7 08 68 77

f 628

VDMA-Landesgruppe Bayern
Tengstr. 37, 80796 München
T: (089) 27 82 87-0 **Fax:** 27 82 87-22
Internet: http://www.vdma.org/bayern
E-Mail: bayern@vdma.org
Vorsitzende(r): Dipl.-Wirtsch.-Ing. Volker Kronseder (i. Fa. Krones AG, Neutraubling)
Geschäftsführer(in): Elgar Straub (M.A.)

f 629

VDMA-Landesgruppe Hessen-Rheinland
Postf. 71 08 64, 60498 Frankfurt
Lyoner Str. 18, 60528 Frankfurt
T: (069) 66 03-1479 **Fax:** 66 03-1687
E-Mail: lghr@vdma.org
Vorsitzende(r): Dr. Christof Maurer (RINGSPANN GmbH, Bad Homburg)
Geschäftsführer(in): Georg Berntsen

f 630

VDMA-Landesverband Nord
Sportallee 79, 22335 Hamburg
T: (040) 50 72 07-0 **Fax:** 50 72 07-55
E-Mail: nord@vdma.org
Vorsitzende(r): Thomas Keidel (Mahr GmbH, Göttingen)
Geschäftsführer(in): Siegfried H. Mundt

f 631

VDMA-Landesgruppe Nordost
Unter den Linden 42, 10117 Berlin
T: (030) 3 06 94 60 **Fax:** 30 69 46 20
E-Mail: lgnordost@vdma.org
Vorsitzende(r): Dipl.-Ing. Wolfgang Koch (Schindler Aufzügefabrik GmbH, Ringstr. 44-66, 12105 Berlin)
Geschäftsführer(in): Dipl.-Wirtsch.-Ing. Reinhard Pätz

f 632

VDMA-Landesgruppe Nordrhein-Westfalen
Postf. 24 01 60, 53154 Bonn
Peter-Hensen-Str. 1, 53175 Bonn
T: (0228) 3 08 83-0 **Fax:** 3 08 83-21
E-Mail: lgnrw@vdma.org
Vorsitzende(r): Bodo Finger (Maschinenfabrik Mönninghoff GmbH & Co. KG, Bochum)
Geschäftsführer(in): Elgar Straub (M.A.)

f 633

VDMA-Landesgruppe Pfalz-Saarland
Postf. 10 10 62, 67410 Neustadt
Friedrich-Ebert-Str. 11-13, 67433 Neustadt
T: (06321) 85 22 41 **Fax:** 85 22 65
Vorsitzende(r): Norbert Obry (G. M. Pfaff AG, Kaiserslautern)
Geschäftsführer(in): Dr. Remmert-Ludwig Koch

f 634

VDMA-Landesverband Sachsen-Thüringen
Buchenstr. 12, 01097 Dresden
T: (0351) 8 06 07-0 **Fax:** 8 06 07-23
Vorsitzende(r): Dr.-Ing. Detlef Wendt (Mietzsch GmbH Lufttechnik Dresden, Großenhainer Str. 137, 01129 Dresden)
Geschäftsführer(in): Dipl.-Wirtsch.-Ing. Reinhard Pätz

Fachgemeinschaften

f 635

Fachgemeinschaft Allgemeine Lufttechnik im VDMA
Postf. 71 08 64, 60498 Frankfurt
Lyoner Str. 18, 60528 Frankfurt
T: (069) 66 03-12 27 **Fax:** 66 03-12 18
Internet: http://www.lufttechnik.vdma.org
E-Mail: alt@vdma.org
Vorsitzende(r): Norbert Schmelzle (Kaefer Isoliertechnik GmbH & Co. KG, Bremen)
Geschäftsführer(in): RA Dr. Wolfgang Kühnel

f 636

Fachverband Antriebstechnik im VDMA
Postf. 71 08 64, 60498 Frankfurt
Lyoner Str. 18, 60528 Frankfurt
T: (069) 66 03 13 32 **Fax:** 66 03 14 59
Internationaler Zusammenschluß: siehe unter izf 1525
Vorsitzende(r): Robert Schullan (INA Wälzlager Schaeffler oHG, 91074 Herzogenaurach)
Geschäftsführer(in): Hartmut Rauen

f 637

Fachgemeinschaft Armaturen im VDMA
Postf. 71 08 64, 60498 Frankfurt
Lyoner Str. 18, 60528 Frankfurt
T: (069) 66 03-1241 **Fax:** 66 03-1634
Internet: http://www.armaturen.vdma.org
E-Mail: armaturen@vdma.org
Vorsitzende(r): Andreas Dornbracht (Aloys F. Dornbracht GmbH & Co. KG, Iserlohn)
Geschäftsführer(in): RA Wolfgang Burchard

f 638

Fachgemeinschaft Bau- und Baustoffmaschinen im VDMA
Postf. 71 08 64, 60498 Frankfurt
Lyoner Str. 18, 60528 Frankfurt
T: (069) 66 03-1261/62 **Fax:** 66 03-1812
Vorsitzende(r): Dr. Reinhold Festge (Haver & Boecker Drahtweberei und Maschinenfabrik, Postf. 33 20, 59282 Oelde)
Geschäftsführer(in): Dipl.-Volksw. Udo Köstlin

f 639

Fachgemeinschaft Bekleidungs- und Ledertechnik im VDMA
Peter-Hensen-Str. 1, 53175 Bonn
Postf. 24 01 60, 53154 Bonn
T: (0228) 3 08 83-0 **Fax:** 3 08 83-21
Vorsitzende(r): Franz Markgraf (Dürrkopp Adler AG, Bielefeld)
Geschäftsführer(in): Elgar Straub (M.A.)

f 640

Fachgemeinschaft Bergbaumaschinen im VDMA
Postf. 71 08 64, 60498 Frankfurt
Lyoner Str. 18, 60528 Frankfurt
T: (069) 66 03-1261, 66 03-1262 **Fax:** 66 03-1812
Internationaler Zusammenschluß: siehe unter izf 1633
Vorsitzende(r): Dipl.-Ing. Peter Jochums (HAUHINCO Maschinenfabrik G. Hausherr, Jochums GmbH & Co. KG, Sprockhövel)
Geschäftsführer(in): Dipl.-Volksw. Udo Köstlin

f 641

Fachgemeinschaft Druck- und Papiertechnik im VDMA
Postf. 71 08 64, 60498 Frankfurt
Lyoner Str. 18, 60528 Frankfurt
T: (069) 66 03-1451 **Fax:** 66 03-1675
Vorsitzende(r): Uwe Langfeld (Körber PaperLink GmbH, Hamburg)
Geschäftsführer(in): Dipl.-Kfm. Klaus E. Lickteig

f 642

Fachgemeinschaft Feuerwehrfahrzeuge und -geräte im VDMA (FFG)
Postf. 71 08 64, 60498 Frankfurt
Lyoner Str. 18, 60528 Frankfurt
T: (069) 66 03-1305 **Fax:** 66 03-1464
E-Mail: scherer_lav@vdma.org
Internationaler Zusammenschluß: siehe unter izf 1584
Vorsitzende(r): Manfred Hommel (MBVD/VNL Daimler Chrysler AG, 10785 Berlin)
Geschäftsführer(in): Dr. Bernd Scherer

f 643

Fachverband Fluidtechnik im VDMA
Postf. 71 08 64, 60498 Frankfurt
Lyoner Str. 18, 60528 Frankfurt
T: (069) 66 03-1332 **Fax:** 66 03-1459
Vorsitzende(r): Dipl.-Ing. Winfried Witte (Mannesmann Rexroth AG, Lohr)
Geschäftsführer(in): Dipl.-Ing. Hartmut Rauen

f 644

Fachverband Fördertechnik im VDMA
Postf. 71 08 64, 60498 Frankfurt
Lyoner Str. 18, 60528 Frankfurt
T: (069) 66 03-1507 **Fax:** 66 03-1496
Vorsitzende(r): Dr. Hans-Peter Schmohl (Linde AG, Wiesbaden)
Geschäftsführer(in): Dipl.-Ing. Rolf Morgenstern
Fachabteilungen: Krane; Serienhebezeuge; Stetigförderer; Flurförderzeuge; Lagertechnik

f 645

Fachgemeinschaft Geldschränke und Tresoranlagen im VDMA
Postf. 71 08 64, 60498 Frankfurt
Lyoner Str. 18, 60528 Frankfurt
T: (069) 66 03-1451 **Fax:** 66 03-1675
Vorsitzende(r): Theodor Stacke (Geschäftsf. Gesellschafter der Stacke GmbH, Jülicher Str. 390-392, 52070 Aachen)
Geschäftsführer(in): Dipl.-Kfm. Klaus E. Lickteig

f 646

Fachverband Giessereimaschinen im VDMA
Postf. 71 08 64, 60498 Frankfurt
Lyoner Str. 18, 60528 Frankfurt
T: (069) 66 03-1413 **Fax:** 66 03-1692
Internet: http://www.gima.vdma.org
E-Mail: gima@vdma.org
Internationaler Zusammenschluß: siehe unter izf 1595
Vorsitzende(r): Dr.-Ing. Hans-Otto Jochem (Gautschi Wärmetechnik GmbH, Im Kromsfeld 9, 51789 Lindlar-Schmitzhöhe)
Geschäftsführer(in): Dr. Gutmann Habig

f 647

Fachverband Kunststoff- und Gummimaschinen im VDMA
Postf. 71 08 64, 60498 Frankfurt
Lyoner Str. 18, 60528 Frankfurt
T: (069) 66 03-1831 **Fax:** 66 03-1840
E-Mail: guk@vdma.org
Internationaler Zusammenschluß: siehe unter izf 1612
Vorsitzende(r): Dr. Helmut Eschwey (Battenfeld GmbH, Meinerzhagen)
Geschäftsführer(in): Dipl.-Ing. Bernd Knörr

f 648

Fachverband Automation + Management für Haus + Gebäude im VDMA
Postf. 71 08 64, 60498 Frankfurt
Lyoner Str. 18, 60528 Frankfurt
T: (069) 66 03-1240 **Fax:** 66 03-1699
Vorsitzende(r): Peter Plenker (Johnson Controls JCI Regelungstechnik GmbH, Essen)
Geschäftsführer(in): Dipl.-Ing. Winfried Brandt

f 649

Fachverband Holzbearbeitungsmaschinen im VDMA
Postf. 71 08 64, 60498 Frankfurt
Lyoner Str. 18, 60528 Frankfurt
T: (069) 66 03-1340 **Fax:** 66 03-1621
Internet: http://www.wood.vdma.org
E-Mail: infoholz@vdma.org
Internationaler Zusammenschluß: siehe unter izf 1652
Vorsitzende(r): Dieter Siempelkamp (G. Siempelkamp GmbH & Co., Postf. 25 80, 47725 Krefeld)
Geschäftsführer(in): Dr. Werner Neubauer

f 650

Fachverband Hütten- und Walzwerkeinrichtungen im VDMA
Postf. 71 08 64, 60498 Frankfurt
Lyoner Str. 18, 60528 Frankfurt
T: (069) 66 03-1414 **Fax:** 66 03-1692
Internet: http://www.huw.vdma.org
E-Mail: huw@vdma.org
Vorsitzende(r): Wilfried Bald (SMS Demag AG, Düsseldorf)
Geschäftsführer(in): Dr. Gutmann Habig

f 651

Fachverband Informationstechnik im VDMA
Lyoner Str. 18, 60528 Frankfurt
T: (069) 66 03-1531 **Fax:** 66 03-1510
Internet: http://www.fvit-eurobit.de
E-Mail: fvit@fvit-eurobit.de
Gründung: 1914
Internationaler Zusammenschluß: siehe unter izf 1156
Vorsitzende(r): Dipl.-Ing. Jörg Menno Harms (Hewlett-Packard GmbH, Böblingen)
Geschäftsführer(in): Dr. Bernhard Rohleder
Mitglieder: 170
Mitarbeiter: 16

f 652

Fachgemeinschaft Kompressoren, Druckluft- und Vakuumtechnik im VDMA
Postf. 71 08 64, 60498 Frankfurt
Lyoner Str. 18, 60528 Frankfurt
T: (069) 66 03-1281 **Fax:** 66 03-1690
Internationaler Zusammenschluß: siehe unter izf 1632
Vorsitzende(r): Dr.-Ing. Ernst Rothstein (Mitglied der Geschäftsführung Mannesmann Demag AG, Postfach 10 15 07, 47015 Duisburg)
Geschäftsführer(in): Dipl.-Ing. Josef Hüggelmeier

f 653

Fachgemeinschaft Kraftmaschinen im VDMA
Postf. 71 08 64, 60498 Frankfurt
Lyoner Str. 18, 60528 Frankfurt
T: (069) 66 03-1351 **Fax:** 66 03-1566
Internet: http://www.vdma.org
E-Mail: krm@vdma.org
Vorsitzende(r): Dipl.-Ing. Horst W. Kerlen (GE Energy Products Germany GmbH, Essen)
Geschäftsführer(in): Thorsten Herdan

f 654

Landtechnik-Vereinigung (LAV) im VDMA
Postf. 71 08 64, 60498 Frankfurt
Lyoner Str. 18, 60528 Frankfurt
T: (069) 66 03-1305 **Fax:** 66 03-1464
Internationaler Zusammenschluß: siehe unter izf 224
Vorsitzende(r): Dr. Franz-Georg von Busse (Lemken GmbH u. Co. KG, Alpen)
Geschäftsführer(in): Dr. Bernd Scherer

f 655

Fachverband Robotik + Automation im VDMA
Postf. 71 08 64, 60498 Frankfurt
Lyoner Str. 18, 60528 Frankfurt
T: (069) 66 03-1502 **Fax:** 66 03-1689
Internet: http://www.rua.vdma.org
E-Mail: rua@vdma.org
Vorsitzende(r): Dipl.-Kfm.Ing.(grad.) Stefan Müller (KUKA Roboter GmbH, Postf. 43 13 64, 86073 Augsburg)
Geschäftsführer(in): Dipl.-Kfm. Thilo K. Brodtmann

f 656

Fachgemeinschaft Nahrungsmittelmaschinen und Verpackungsmaschinen im VDMA
Postf. 71 08 64, 60498 Frankfurt
Lyoner Str. 18, 60528 Frankfurt
T: (069) 66 03-1431 **Fax:** 66 03-1211
Vorsitzende(r): Dipl.-Ing. Ernst H. Berndl (Geschäftsführer, SKINETTA Pac-Systeme, Kiener GmbH & Co., Johann-Gutenbergstr. 12, 87724 Ottobeuren)
Geschäftsführer(in): Dipl.-Ing. Richard Clemens

f 657

Fachgemeinschaft Präzisionswerkzeuge im VDMA
Postf. 71 08 64, 60498 Frankfurt
Lyoner Str. 18, 60528 Frankfurt
T: (069) 66 03-1251 **Fax:** 66 03-1816
Internationaler Zusammenschluß: siehe unter izt 426
Vorsitzende(r): Dipl.-Kfm. Wolfgang Kelch (Kelch GmbH & Co. Werkzeugmaschinenfabrik, Wiesenstr. 64, 73614 Schorndorf, Postf. 14 40, 73604 Schorndorf)
Geschäftsführer(in): Dr. Wolfgang Sengebusch

f 658

Fachgemeinschaft Prüfmaschinen im VDMA
Postf. 71 08 64, 60498 Frankfurt
Lyoner Str. 18, 60528 Frankfurt
T: (069) 66 03-1529 **Fax:** 66 03-2529
E-Mail: pruef@vdma.org
Vorsitzende(r): Dr. Helmut Gaßmann (GTM Gassmann Theiss Meßtechnik GmbH, Seeheim-Jugenheim)
Geschäftsführer(in): Georg Berntsen

f 659

Fachgemeinschaft Pumpen im VDMA
Postf. 71 08 64, 60498 Frankfurt
Lyoner Str. 18, 60528 Frankfurt
T: (069) 66 03 12 81, 6 60 30 **Fax:** 66 03 16 90
Internationaler Zusammenschluß: siehe unter izf 796
Vorsitzende(r): Friedrich U. Arnold (Vorstandsmitglied LEISTRITZ AG, Markgrafenstr. 29-39, 90459 Nürnberg)
Geschäftsführer(in): Dipl.-Ing. Josef Hüggelmeier

f 660

Fachgemeinschaft Reinigungssysteme im VDMA
Postf. 71 08 64, 60498 Frankfurt
Lyoner Str. 18, 60528 Frankfurt
T: (069) 66 03-1209 **Fax:** 66 03-1699
Vorsitzende(r): Bernd Heilmann (Hako-Werke GmbH & Co., Postf. 14 44, 23834 Bad Oldesloe)
Geschäftsführer(in): Dipl.-Ing. Winfried Brandt

f 661

Fachgemeinschaft Schweiß- und Druckgastechnik im VDMA
Postf. 71 08 64, 60498 Frankfurt
Lyoner Str. 18, 60528 Frankfurt
T: (069) 66 03-1328 **Fax:** 66 03-1634
Internet: http://www.sdg.vdma.org
E-Mail: sdg@vdma.org
Geschäftsführer(in): Wolfgang Burchard
Vorsitzende(r): Horst Schöllkopf (Lorch Ges. & Co. GmbH, Postf. 12 60, 71108 Waldenbuch)

f 662

Fachverband Textilmaschinen im VDMA
Postf. 71 08 64, 60498 Frankfurt
Lyoner Str. 18, 60528 Frankfurt
T: (069) 66 03-1271 **Fax:** 66 03-1329
Internet: http://www.txm.vdma.org
E-Mail: txm@vdma.org
Internationaler Zusammenschluß: siehe unter izf 1623
Vorsitzende(r): Erich Thies (Thies GmbH & Co., Coesfeld)
Geschäftsführer(in): Dipl.-Wirtsch.-Ing. Thomas Waldmann

f 663

Fachverband Thermoprozess- und Abfalltechnik im VDMA
Postf. 71 08 64, 60498 Frankfurt
Lyoner Str. 18, 60528 Frankfurt
T: (069) 66 03-1413 **Fax:** 66 03-1692
Internet: http://www.tpt.vdma.org
E-Mail: tpt@vdma.org
Internationaler Zusammenschluß: siehe unter izf 1603
Vorsitzende(r): Prof. Dr.-Ing. Axel von Starck (ELOTHERM GmbH)
Geschäftsführer(in): Dr. Gutmann Habig

f 664
Fachverband Verfahrenstechnische Maschinen und Apparate im VDMA
Postf. 71 08 64, 60498 Frankfurt
Lyoner Str. 18, 60528 Frankfurt
T: (069) 66 03-1394 **Fax:** 66 03-1421
Internet: http://www.vtma.vdma.org
E-Mail: vtma@vdma.org
Vorsitzende(r): Dipl.-Ing. Fred Bardenheuer (Eberhard Hoesch & Söhne GmbH Verfahrens- und Anlagentechnik, Alsdorf)
Geschäftsführer(in): Dipl.-Ing. Josef Hüggelmeier

f 665
VDMA/FACHGEMEINSCHAFT WAAGEN
Postf. 71 08 64, 60498 Frankfurt
Lyoner Str. 18, 60528 Frankfurt
T: (069) 66 03-1529 **Fax:** 66 03-2529
E-Mail: waa@vdma.org
Internationaler Zusammenschluß: siehe unter izf 987
Vorsitzende(r): Armin Soehnle (Soehnle Waagen GmbH & Co., Murrhardt)
Geschäftsführer(in): Georg Berntsen

f 666
Fachverband Wäscherei- und Chemischreinigungsmaschinen im VDMA
Postf. 71 08 64, 60498 Frankfurt
Lyoner Str. 18, 60528 Frankfurt
T: (069) 66 03-1337 **Fax:** 66 03-1329
Internet: http://www.vdma.org
E-Mail: txm@vdma.org
Internationaler Zusammenschluß: siehe unter izf 1643
Vorsitzende(r): Dipl.-Kfm. Martin Kannegiesser (Herbert Kannegiesser GmbH & Co., Vlotho)
Geschäftsführer(in): Dipl.-Wirtsch.-Ing. Thomas Waldmann

f 667
Fachgemeinschaft Werkzeugmaschinen und Fertigungssysteme im VDMA
Corneliusstr. 4, 60325 Frankfurt
T: (069) 75 60 81-0 **Fax:** 75 60 81-11
Vorsitzende(r): Berndt Heller (VorsGeschF Gebr. Heller Maschinenfabrik GmbH, Neuffener Str. 54, 72622 Nürtingen)
Geschäftsführer(in): Helmut von Monschaw

Arbeitsgemeinschaften

f 668
Arbeitsgemeinschaft Aktenvernichter-Hersteller im VDMA
Postf. 71 08 64, 60498 Frankfurt
Lyoner Str. 18, 60528 Frankfurt
T: (069) 66 03-1530 **Fax:** 66 03-1510
Vorsitzende(r): Hubert Haizmann (Mitglied d. Geschäftsführung Ideal-Werk Krug & Priester GmbH & Co. KG, Simon-Schweitzer-Str. 34, 72336 Balingen)
Geschäftsführer(in): Dr. Bernhard Rohleder (i.V.)

f 669
Arbeitsgemeinschaft Drucker-Hersteller und -Importeure (EPMI) im VDMA
Postf. 71 08 64, 60498 Frankfurt
Lyoner Str. 18, 60528 Frankfurt
T: (069) 66 03-1594 **Fax:** 66 03-1510
Vorsitzende(r): Hans Jürgen Ollech (Epson Deutschland GmbH)
Geschäftsführer(in): Dr. Bernhard Rohleder (i.V.)

f 670
Arbeitsgemeinschaft Erdbaumaschinen im VDMA
Postf. 71 08 64, 60498 Frankfurt
Lyoner Str. 18, 60528 Frankfurt
T: (069) 66 03-1261 **Fax:** 66 03-1812
Vorsitzende(r): Hermann Moll (Liebherr Hydraulikbagger GmbH, Liebherrstr. 12, 88457 Kirchdorf)
Geschäftsführer(in): Dipl.-Volksw. Udo Köstlin

f 671
Arbeitsgemeinschaft CYCLE im VDMA
Postf. 71 08 64, 60498 Frankfurt
Lyoner Str. 18, 60528 Frankfurt
T: (069) 66 03-1533 **Fax:** 66 03-1510
Vorsitzende(r): Helmut Mahr (Xerox GmbH The Document Company, Postf. 11 09 50, 40542 Düsseldorf)
Geschäftsführer(in): Dr. Bernhard Rohleder

f 672
Arbeitsgemeinschaft Großanlagenbau im VDMA
Postf. 71 08 64, 60498 Frankfurt
Lyoner Str. 18, 60528 Frankfurt
T: (069) 66 03-1443 **Fax:** 66 03-1218
Internet: http://www.grossanlagenbau.vdma.org
E-Mail: agab@vdma.org
Sprecher: Tyark Allers (Thyssen Krupp Engineering AG, Altendorfer Str. 120, 45143 Essen)
Geschäftsführer(in): RA Dr. Wolfgang Kühnel

f 673
Arbeitsgemeinschaft Hersteller und -Importeure von Bürokommunikations-Systemen (AGKHI) im VDMA
Postf. 71 08 64, 60498 Frankfurt
Lyoner Str. 18, 60528 Frankfurt
T: (069) 66 03-1538 **Fax:** 66 03-1510
Vorsitzende(r): Dr. Jürgen Eisbein (Minolta GmbH, Langenhagen)
Geschäftsführer(in): Dr. Bernhard Rohleder (i.V.)

f 674
Arbeitsgemeinschaft Instandhaltung Gebäudetechnik (AIG) im VDMA
Postf. 71 08 64, 60498 Frankfurt
Lyoner Str. 18, 60528 Frankfurt
T: (069) 66 03-1279 **Fax:** 66 03-1218
Internet: http://www.instandhaltung-gebaeudetechnik.vdma.org
E-Mail: damm_alt@vdma.org
Vorsitzende(r): Erwin Schäpers (Carrier LTG Service GmbH & Co.KG, Stuttgart)
Geschäftsführer(in): Dr. Wolfgang Kühnel

f 675
Interessengemeinschaft Windkraftanlagen (IG WKA)
Postf. 71 08 64, 60498 Frankfurt
Lyoner Str. 18, 60528 Frankfurt
T: (069) 66 03-1351 **Fax:** 66 03-1566
Internet: http://www.vdma.org
E-Mail: krm@vdma.org
Vorsitzende(r): Hans Fechner (Borsig Energy GmbH)
Geschäftsführer(in): Thorsten Herdan

f 676
Arbeitsgemeinschaft Landtechnik (AGL) im VDMA
Postf. 71 08 64, 60498 Frankfurt
Lyoner Str. 18, 60528 Frankfurt
T: (069) 66 03-1305 **Fax:** 66 03-1464
Vorsitzende(r): Dr. Franz-Georg von Busse (Lemken GmbH & Co. KG, Alpen)
Geschäftsführer(in): Dr. Bernd Scherer

f 677
Arbeitsgemeinschaft Laser für die Materialbearbeitung im VDMA
Corneliusstr. 4, 60325 Frankfurt
T: (069) 75 60 81-43 **Fax:** 75 60 81-11
Vorsitzende(r): Dr. R. Wollermann-Windgasse (Trumpf Lasertechnik GmbH, Johann-Maus-Str. 2, 71254 Ditzingen, Postf. 14 50, 71243 Ditzingen)
Leitung: Dipl.-Volksw. Gerhard Hein

f 678
Arbeitsgemeinschaft Mühlen- und Müllereimaschinenbau im VDMA (AGMM)
Postf. 71 08 64, 60498 Frankfurt
Lyoner Str. 18, 60528 Frankfurt
T: (069) 66 03-1430 **Fax:** 66 03-1211
Vorsitzende(r): ROB Ing. Rudolf Ohlmann (Technische Beratung und Vermittlung, Mosbach 14 1/2, 91459 Markt Erlbach)
Geschäftsführer(in): Dipl.-Ing. Richard Clemens

f 679
Arbeitsgemeinschaft Metallbe- und -verarbeitung
Buchenstr. 12, 01097 Dresden
T: (0351) 8 06 07-0 **Fax:** 8 06 07-23
E-Mail: lgst@vdma.org
Vorsitzende(r): N. N.
Geschäftsführer(in): Dipl.-Wirtsch.-Ing. Reinhard Pätz

f 680
Fachverband PRODUCTRONIC im VDMA
Postf. 71 08 64, 60498 Frankfurt
Lyoner Str. 18, 60528 Frankfurt
T: (069) 66 03-1433 **Fax:** 66 03-2433
Internet: http://www.vdma.de/deutsch/prod/index.htm
E-Mail: productronic@vdma.org
Vorsitzende(r): Dipl.-Ing. Horst Lettner (SEHO Seitz & Hohnerlein GmbH, Frankenstr. 7, 97892 Kreuzwertheim)
Geschäftsführer(in): Dipl.-Kfm. Thilo K. Brodtmann
Dipl.-Kfm. Jens Uwe Fuhrmann

f 681
Fachverband Industrial Communication im VDMA
Postf. 71 08 64, 60498 Frankfurt
Lyoner Str. 18, 60528 Frankfurt
T: (069) 66 03-1644 **Fax:** 66 03-2644
Internet: http://www.inkom.vdma.org
E-Mail: inkom@vdma.org
Vorsitzende(r): N. N.
Geschäftsführer(in): Peter Früauf

f 682
Arbeitsgemeinschaft Schiffbau- und Offshore-Zulieferindustrie im VDMA
Sportallee 79, 22335 Hamburg
T: (040) 50 72 07-0 **Fax:** 50 72 07-55
Internet: http://www.vdma.org
E-Mail: nord@vdma.org
Vorsitzende(r): Dr.-Ing. Frank Schubert (Reintjes GmbH, Hameln)
Geschäftsführer(in): Siegfried Mundt

f 683
Gemeinschaft Deutsche Stromerzeugungsaggregate (GDS)
ZVEI und VDMA
Postf. 71 08 64, 60498 Frankfurt
Lyoner Str. 18, 60528 Frankfurt
T: (069) 66 03-1554 **Fax:** 66 03-1566
E-Mail: krieger_krm@vdma.org
Internationaler Zusammenschluß: siehe unter izf 1996
Vorsitzende(r): Dipl.-Ing. Wolfgang Schäfer (Deutz Energy GmbH, Mannheim)
Geschäftsführer(in): Dipl.-Wirtsch.-Ing. Gerd Dieter Krieger

f 684
Arbeitsgemeinschaft Telekommunikations-Mehrwertdienste im VDMA
Postf. 71 08 64, 60498 Frankfurt
Lyoner Str. 18, 60528 Frankfurt
T: (069) 66 03-1535 **Fax:** 66 03-1510
Internet: http://www.fvit-eurobit.de
Vorsitzende(r): Ulrich Kranz (Geschäftsführer der Eutelis Consult GmbH, Eutelisplatz 1, 40878 Ratingen)
Geschäftsführer(in): Dr. Bernhard Rohleder

f 685
Arbeitsgemeinschaft Telefax im VDMA
Postf. 71 08 64, 60498 Frankfurt
Lyoner Str. 18, 60528 Frankfurt
T: (069) 66 03-1535 **Fax:** 66 03-1510
Internet: http://www.fvit-eurobit.de
Vorsitzende(r): Helmut Mahr (Xerox GmbH, Postf. 11 09 50, 40509 Düsseldorf)
Geschäftsführer(in): Dr. Bernhard Rohleder

f 686
Arbeitsgemeinschaft WEMA im VDMA
Unter den Linden 42, 10117 Berlin
T: (030) 30 69 46-0 **Fax:** 30 69 46-20
E-Mail: lgnordost@vdma.org
Vorsitzende(r): Dipl.-Psych. Mathis Kuchejda (Schmidt & Haensch GmbH & Co., Berlin)
Geschäftsführer(in): Dipl.-Wirtsch.-Ing. Reinhard Pätz

f 687
Arbeitsgemeinschaft Software des Maschinenbaus
sd&m Software Design & Management GmbH & Co. KG
Thomas-Dehler-Str. 27, 81737 München
T: (089) 6 38 12-0 **Fax:** 6 38 12-150
Vorsitzende(r): Dr. Karl Gosejacob
Geschäftsführer(in): Rainer Glatz

• F 688
Verein Deutscher Werkzeugmaschinenfabriken e.V. (VDW)
Corneliusstr. 4, 60325 Frankfurt
T: (069) 75 60 81-0 **Fax:** 75 60 81-11
Internationaler Zusammenschluß: siehe unter izf 1559
Vorsitzende(r): Dipl.-Ing. Berndt Heller (i. Fa. Gebr. Heller Maschinenfabrik GmbH, Neuffener Str. 54, 72622 Nürtingen)
Geschäftsführer(in): Helmut von Monschaw
Der Verein vertritt die gemeinsamen wirtschaftlichen, technischen und wissenschaftlichen Interessen des Werkzeugmaschinenbaus, insbesondere gegenüber nationalen und internationalen Behörden und anderen Wirtschaftskreisen.

• F 689
ALROUND
Aktionsgemeinschaft luft- und raumfahrtorientierter Unternehmen in Deutschland e.V.
An der Ziegelei 10, 53127 Bonn

T: (0228) 25 10 55 bis 57 **Fax:** 29 87 40
Internet: http://www.alround.de
E-Mail: info@alround.de
Gründung: 1988 (24. Juni)
Vorstand: Dr. Werner Dupont (Vors.; Geschf. Ges. der MST Aerospace GmbH, Köln)
Robert Guntlin (stellv. Vors. u. Schatzmeister, Geschäftsführer ACCESS e.V.)
Rüdiger Kottkamp (Geschf. der ProTec-Recycling GmbH, Werne)
Geschäftsführer(in): Dipl.-Ing. Jens Janke
Verbandszeitschrift: ZIRKULAR
Mitglieder: 70
Mitarbeiter: 4

• F 690

Verein zur Förderung eines Institutes für Fabrikautomation e.V.
Bahnhofstr. 18, 58095 Hagen
T: (02331) 3 90-281 **Fax:** 3 90-362
T-Online *969030*
Gründung: 1989 (7. November)
1. Vorsitzende(r): Dipl.-Ing. Robert Dicke
2. Vorsitzende(r): Harald Korte
Geschäftsführer(in): Dipl.-Volksw. Jochen Renard

• F 691

Fachgruppe Kühlmöbel
Geschäftsstelle:
Postf. 71 08 64, 60498 Frankfurt
Lyoner Str. 18, 60528 Frankfurt
T: (069) 66 03-1277 **Fax:** 66 03-2276
Internet: http://www.fachgruppe-kuehlmoebel.de
E-Mail: jahn_alt@vdma.org
Vorsitzende(r): Manfred Fußangel (Costan Kühlmöbel GmbH, Sürther Str. 195, 50321 Brühl)
Geschäftsführer(in): RA Dr. Wolfgang Kühnel
Mitglieder: 9

• F 692

Verband der Leiterplattenindustrie e.V.
Robert-Bosch-Str. 11a, 63225 Langen
T: (06103) 2 01 04-0 **Fax:** 2 01 04-41
Gründung: 1989 (29. September)
Geschäftsführer(in): RA Klaus Jahn
Vorsitzende(r): Erich Kirchner (AT & S AG)
Stellvertretende(r) Vorsitzende(r): Dr. Franz Bötzl (FUBA GmbH)
Christoph Schweizer (c/o Schweizer Electronic AG)
Manfred Kunath (DuPont de Nemours)
Mitglieder: 100

• F 693

Verband Deutscher Leitern- und Fahrgerüstehersteller e.V.
Bockenheimer Anlage 13, 60322 Frankfurt
T: (069) 95 50 54-0 **Fax:** 95 50 54 11
Vorsitzende(r): Klaus Alm (i. Fa. Lorenz Hasenbach GmbH & Co. KG, Dieselstr. 12, 65520 Bad Camberg)
Geschäftsführer(in): Dipl.-Kfm. Karl Heinz Herbert

• F 694

Bundesverband der Hersteller- u. Errichterfirmen von Sicherheitssystemen e.V.
BHE

Bundesverband der Hersteller- und Errichterfirmen v. Sicherheitssystemen e.V. (BHE)
(Vereinsregister Mainz 2357)
Geschäftsstelle:
Feldstr. 28, 66904 Brücken
T: (06386) 92 14-0 **Fax:** 92 14-99
Internet: http://www.bhe.de
E-Mail: info@bhe.de
Gründung: 1974
Vorsitzende(r): Thomas Dieckmann (ATG Sicherheitstechnik GmbH, Eduard-Pestel-Str. 2, 49080 Osnabrück, T: (0541) 99 88-0, Fax: 99 88-4 88)
Stellvertretende(r) Vorsitzende(r): Manfred Endt (Sitronik GmbH, Wullener Feld 51, 58454 Witten, T: (02302) 96 05 00, Fax: 96 29 24)
Heinz Joachim Wilke (Euro Security Consult GmbH, Erich-Elsner-Weg 3, 40882 Ratingen, T: (02102) 8 84 12, Fax 8 84 11)
Geschäftsführer(in): Dr. Urban Brauer
Mitglieder: 455
Organisation aller Hersteller-, Planungs- und Installationsfirmen von präventiven Sicherheitseinrichtungen oder Anlagen mechanischer und/oder elektrischer Art. Branchenübergreifende fachtechnische Beratung und Schulung von Mitgliedsunternehmen durch die Arbeit in Fachausschüssen sowie durch Seminare. Erarbeitung von Planungs- und Arbeitshilfen sowie Vertragsformularen und Geschäftsbedingungen. Vertretung der Mitglieds- und Brancheninteressen gegenüber Behörden, Verbänden und der Öffentlichkeit sowie Einflußnahme auf die Erstellung von behördlichen oder gesetzlichen Vorschriften. Mitarbeit in nationalen und internationalen Normungsgremien.

• F 695

Mineralölwirtschaftsverband e.V. (MWV)
Steindamm 55, 20099 Hamburg
T: (040) 2 48 49-0 **Fax:** 2 48 49-253
Internet: http://www.mwv.de
E-Mail: MEYERBUKOW@mwv.DE
Vorsitzende(r): Dr. Dieter Dräger (Vors. d. Vorst. d. DEA Mineralöl AG, Überseering 40, 22297 Hamburg, T: (040) 63 75-0, Fax: (040) 63 75-3395)
Hauptgeschäftsführer(in): Dr. Peter Schlüter
Leitung Presseabteilung: Dr. Barbara Meyer-Bukow
Mitglieder: 16 Firmen

• F 696

BVOG

Bundesverband Energie Umwelt Feuerungen e.V. (BVOG)
Birkenwaldstr. 163, 70191 Stuttgart
T: (0711) 2 56 70 75 **Fax:** 2 56 70 78
E-Mail: bvog-ceb@t-online.de
Gründung: 1955 (15. Juli)
Internationaler Zusammenschluß: siehe unter izf 269
Präsident(in): Dipl.-Ing. Siegfried Weishaupt
Geschäftsführer(in): Dipl.-Ing. Wilfried Linke
Verbandszeitschrift: Wärmetechnik Versorgungstechnik (WI)
Redaktion: Dr. Wolf-Rüdiger Pfundtner
Verlag: Gentner Verlag, Forststr. 131, 70193 Stuttgart
Mitglieder: 33
Mitarbeiter: 3
Vertretung und Förderung der allgemeinen gemeinsamen Interessen der Mitgliedsfirmen und aller Angehörigen des Geschäftszweigs auf dem Gebiet der Energiewirtschaft in jeder Hinsicht.

• F 697

Bundesverband Draht e.V.
Postf. 30 03 52, 40403 Düsseldorf
Kaiserswerther Str. 137, 40474 Düsseldorf
T: (0211) 45 64-2 37 **Fax:** 4 54 33 76

• F 698

Wirtschaftsvereinigung Metalle e.V.
Postf. 10 54 63, 40045 Düsseldorf
Am Bonneshof 5, 40474 Düsseldorf
T: (0211) 47 96-0 **Fax:** 47 96-400
Internet: http://www.ne-metalNET.de
E-Mail: Postmaster@ne-metalNET.de
Gründung: 1946
Internationaler Zusammenschluß: siehe unter izf 387
Präsident(in): Dr. Werner Marnette (Vors. d. Vorstandes Norddeutsche Affinerie AG, Hovestr. 50, 20539 Hamburg, Te: (040) 78 83 -0; Fax: (040) 78 83 22 55)
Hauptgeschäftsführer(in): Ass.jur. Martin Kneer
Geschäftsführer(in): Dipl.-Kfm. Hans-Reiner Häußler
Dr.rer.nat. Werner Krol
Dipl.-Volksw. Christian Wellner
Leitung Presseabteilung: Dipl.-Volksw. Norbert Zilkens
Verbandszeitschrift: Nachrichtendienst
Redaktion: Wirtschaftsvereinigung Metalle e.V., Düsseldorf
Mitglieder: 600
Mitarbeiter: 35

Geschäftsbereiche:
Gesamtverband der Deutschen Aluminiumindustrie e.V.
Gesamtverband der Deutschen Buntmetallindustrie
Industrieverband Feuerverzinken e.V.
Gesamtverband Deutscher Metallgiessereien e.V.
Fachverband Ferrolegierungen, Stahl- und Leichtmetallveredler e.V.
Fachvereinigung Edelmetalle e.V.
Vertretung der wirtschaftspolitischen Interessen der deutschen NE-Metallindustrie.

• F 699

Gesamtverband der Deutschen Aluminiumindustrie e.V. (GDA)
Postf. 10 54 63, 40045 Düsseldorf
Am Bonneshof 5, 40474 Düsseldorf
T: (0211) 47 96-0 **Fax:** 47 96-4 08
Präsident(in): Dr.-Ing. Walter Hueck
Vizepräsident(in): Dr. Helmut Burmester
Dr. Gerd Springe
Schatzmeister: Gerhard Buddenbaum
Vors. d. GeschF: Ass.jur. Martin Kneer
Stellv. Vors. d. GeschF: Dipl.-Volksw. Christian Wellner
Geschäftsführer(in): Dipl.-Volksw. Stefan Glimm

f 700

Gesamtverband der Deutschen Aluminiumindustrie e.V. Fachverband Primäraluminiumhütten
Am Bonneshof 5, 40474 Düsseldorf
Vorsitzende(r): Karl-Dieter Wobbe
Geschäftsführer(in): Dipl.-Volksw. Christian Wellner

f 701

Gesamtverband der Deutschen Aluminiumindustrie e.V. Fachverband Sekundäraluminium
Am Bonneshof 5, 40474 Düsseldorf
Vorsitzende(r): Erich Oetinger
Geschäftsführer(in): Günter Kirchner

f 702

Gesamtverband der Deutschen Aluminiumindustrie e.V. Fachverband Aluminiumhalbzeug
Am Bonneshof 5, 40474 Düsseldorf
Vorsitzende(r): Gerhard Buddenbaum
Geschäftsführer(in): Dipl.-Volksw. Christian Wellner

f 703

Gesamtverband Deutscher Metallgießereien e.V. (GDM) Fachverband Aluminiumguß
Am Bonneshof 5, 40474 Düsseldorf
Vorsitzende(r): Dipl.-Wirtsch.-Ing. Hans-Dieter Honsel
Hauptgeschäftsführer(in): RA Gerhard Klügge

f 704

Gesamtverband der Deutschen Aluminiumindustrie e.V. Fachverband Aluminiumfolien und dünne Bänder
Am Bonneshof 5, 40474 Düsseldorf
Vorsitzende(r): Armin Weinhold
Geschäftsführer(in): Dipl.-Volksw. Stefan Glimm

f 705

Gesamtverband der Deutschen Aluminiumindustrie e.V. Fachverband Flexible Verbundstoffe
Am Bonneshof 5, 40474 Düsseldorf
T: (0211) 4 79 61 50 **Fax:** 4 79 64 08
Vorsitzende(r): Konstantin Thomas
Geschäftsführer(in): Dipl.-Volksw. Stefan Glimm

f 706

Gesamtverband der Deutschen Aluminiumindustrie e.V. Fachverband Metallpulver
Am Bonneshof 5, 40474 Düsseldorf
Vorsitzende(r): Gert Rohrseitz

f 707

Gesamtverband der Deutschen Aluminiumindustrie e.V. Fachverband Tuben, Dosen, Fließpreßteile
Am Bonneshof 5, 40474 Düsseldorf
Vorsitzende(r): Walter Schlicht

• F 708

Gesamtverband der Deutschen Buntmetallindustrie
Postf. 10 54 63, 40045 Düsseldorf
Am Bonneshof 5, 40474 Düsseldorf
T: (0211) 47 96-0 **Fax:** 47 96-407
Präsident(in): Wolf Jürgen Baun (Metallwerke Bender GmbH, Postf. 92 49, 47749 Krefeld, Fegeteschstr. 2-18, 47809 Krefeld, T: (02151) 9 57-106, Fax: 9 57-1 09)

Vizepräsident(in): Norbert Brodersen (Sprecher d. Vorst. KM Europa Metal AG, Klosterstr. 29, 49074 Osnabrück, Postf. 33 20, 49023 Osnabrück, T: (0541) 3 21-14 61, Fax: 3 21-14 62)
Dr. Jörg Hanisch (Wieland-Werke AG, Metallwerke, Graf-Arco-Straße, 89079 Ulm, T: (0731) 9 44 26 82, Fax: 9 44 28 37)
Geschäftsf. Vorstandsmitglied: Ass. jur. Martin Kneer
Geschäftsführer(in): Dipl.-Kfm. Hans-Reiner Häußler
Geschäftsführer(in): Dr. rer.nat. Werner Krol

f 709

Gesamtverband Kupfer und Kupferlegierungen

Postf. 10 54 63, 40045 Düsseldorf
Am Bonneshof 5, 40474 Düsseldorf
T: (0211) 47 96-0 **Fax:** 47 96-407
Vorsitzende(r): Wolf Jürgen Baun (Metallwerke Bender GmbH, Fegeteschstr. 2-18, 47809 Krefeld, Postfach 9249, 47749 Krefeld, T: (02151) 95 71 06, Fax: 95 71 09)
Koordinator: Dipl.-Kfm. Hans-Reiner Häußler

f 710

Gesamtverband Zink und Zinklegierungen

Postf. 10 54 63, 40045 Düsseldorf
Am Bonneshof 5, 40474 Düsseldorf
T: (0211) 47 96-0 **Fax:** 47 96-407
Vorsitzende(r): Eberhard Hoffmann (Wiegel Nürnberg Feuerverzinken GmbH & Co., Hans-Bunte-Str. 25, 90431 Nürnberg, T: (0911) 3 24 20-4 72, Fax: 3 24 20-4 99)
Koordinator: Dr.rer.nat. Werner Krol

f 711

Gesamtverband Blei und Bleilegierungen

Postf. 10 54 63, 40045 Düsseldorf
Am Bonneshof 5, 40474 Düsseldorf
T: (0211) 47 96-0 **Fax:** 47 96-407
Vorsitzende(r): Dr. Rainer Menge (Metaleurop Weser Blei GmbH, Johannnastr. 2, 26954 Nordenham, Postfach 16 00 17, 26947 Nordenham, T: (04731) 36 11, Fax: 36 13 76)
Koordinator: Dr.rer.nat. Werner Krol

f 712

Gesamtverband Zinn und Seltenmetalle

Postf. 10 54 63, 40045 Düsseldorf
Am Bonneshof 5, 40474 Düsseldorf
T: (0211) 47 96-0 **Fax:** 47 96-407
Vorsitzende(r): Ulrich Andreß (Hetzel Metalle GmbH, Rotterdamer Str. 135, 90451 Nürnberg, Postfach 22 42, 90009 Nürnberg, T: (0911) 64 20 80, Fax: 6 42 08 15)
Koordinator: Dr.rer.nat Werner Krol

f 713

Fachverband Nickel und Nickellegierungen

Am Bonneshof 5, 40474 Düsseldorf
T: (0211) 47 96-0 **Fax:** 47 96-407
Vorsitzende(r): Ulrich Leggewie (Krupp VDM GmbH, Plettenberger Str. 2, 58791 Werdohl, Postfach 18 20, 58778 Werdohl, T: (02392) 55 22 25, Fax: 55 22 17)
Koordinator: Dipl.-Kfm. Hans-Reiner Häußler

• F 714

Verband für die Oberflächenveredelung von Aluminium e.V. (VOA)

Postf. 42 43, 90022 Nürnberg
Marientorgraben 13, 90402 Nürnberg
T: (0911) 20 44 41 **Fax:** 22 67 55
E-Mail: Industrieverbaende-Nbg@t-online.de
Vorsitzende(r): Wolfgang Buchholz (Fa. Metalloxyd GmbH, Köln)
Stellvertretende(r) Vorsitzende(r): Gerhard Gotta (Fa. elox Gerhard Gotta GmbH & Co. KG, Rödermark)
Geschäftsführer(in): RA Michael Middendorf

• F 715

Fachvereinigung Edelmetalle e.V.

Postf. 10 54 63, 40045 Düsseldorf
Am Bonneshof 5, 40474 Düsseldorf
T: (0211) 47 96-1 46 **Fax:** 47 96-4 00
Gründung: 1948 (25. November)
Vorsitzende(r): Jurist Ernst-Eggert Gumrich (dmc^2 Degussa Metals Catalysts Cerdec AG, Postf. 13 51, 63403 Hanau, T: (06181) 59 30 05, Fax: (06181) 59 29 31)
Geschäftsführer(in): Dipl.-oec. Wilfried Held
Mitglieder: 20

• F 716

Gesamtverband Deutscher Metallgießereien e.V. (GDM)

Postf. 10 54 63, 40045 Düsseldorf
Am Bonneshof 5, 40474 Düsseldorf
T: (0211) 47 96-1 52 **Fax:** 47 96-409/416
E-Mail: info.gdm@ne-metalnet.de
Internationaler Zusammenschluß: siehe unter izf 2565
Vorsitzende(r): Dipl.-Wirtsch.-Ing. Hans-Dieter Honsel (Vorsitzender d. Vorstandes d. Honsel AG, Fritz-Honsel-Straße, 59872 Meschede, T: (0291) 29 12 15, Telefax: (0291) 2 91-410)
Hauptgeschäftsführer(in): RA Gerhard Klügge

Regionale Untergliederungen

f 717

Landesgruppe Bayern des Gesamtverbandes Deutscher Metallgießereien (G.D.M.) e.V.

Geschäftsstelle:
Postf. 10 54 63, 40045 Düsseldorf
Am Bonneshof 5, 40474 Düsseldorf
T: (0211) 47 96-154 **Fax:** 47 96-409, 47 96-416
E-Mail: info.gdm@ne-metalnet.de
Vorsitzende(r): Klaus Detlef Hegemann (i. Fa. Alusuisse Bayrisches Druckguß-Werk GmbH & Co. KG, Im Wiegenfeld 10, 85570 Markt Schwaben, Postf. 11 82, 85568 Markt Schwaben, T: (08121) 4 20-0, Telefax: (08121) 4 20-4 19)
Geschäftsführer(in): RA Gerhard Klügge

f 718

Nordwestliche Gruppe des Gesamtverbandes Deutscher Metallgießereien (G.D.M.) e.V

Postf. 10 54 63, 40045 Düsseldorf
Am Bonneshof 5, 40474 Düsseldorf
T: (0211) 47 96-0 **Fax:** 47 96-4 09/4 16
Vorsitzende(r): Eberhard Brumberg (i. Fa. W. Hesse & Bauckhage GmbH, Talstr. 146, 58515 Lüdenscheid, T: (02351) 97 96 95, Telefax: (02351) 97 96 96)
Geschäftsführer(in): RA Gerhard Klügge

f 719

Südwestliche Gruppe des Gesamtverbandes Deutscher Metallgießereien (G.D.M.) e.V

Geschäftsstelle
i.Fa. Johann Grohmann GmbH & Co. KG
Postf. 1 09, 72403 Bisingen
Heidelberger Str. 21-25, 72406 Bisingen
T: (07476) 9 41-30 **Fax:** 9 41-350
Vors. und Geschf.: Hans-Peter Grohmann (Fa. Johann Grohmann, Bisingen)

f 720

Küstengruppe des Gesamtverbandes Deutscher Metallgießereien (G.D.M.) e.V

Geschäftsstelle
Stenzelring 19, 21107 Hamburg
T: (040) 75 24 63-0 **Fax:** 75 24 63-11
Vorsitzende(r): Uwe Fehrmann (Fehrmann Metallverarbeitung GmbH, Stenzelring 19, 21107 Hamburg, T: (040) 75 24 63-0, Telefax: (040) 75 24 63-11)
Geschäftsführer(in): Erika Maria Jürgensen, Hamburg

f 721

Landesgruppe Ost des Gesamtverbandes Deutscher Metallgießereien (G.D.M.) e.V.

Postf. 10 54 63, 40045 Düsseldorf
Am Bonneshof 5, 40474 Düsseldorf
T: (0211) 47 96-0 **Fax:** 47 96-409
Vorsitzende(r): Bernd Voigtländer (i. Fa. Formguß Dresden GmbH, Mügelner Str. 18, 01237 Dresden, T: (0351) 2 82 85-0, Telefax: (0351) 2 82 85-20)
Geschäftsführer(in): Dieter Hinrichs, Düsseldorf

• F 722

Verband Deutscher Druckgießereien im Gesamtverband Deutscher Metallgießereien (G.D.M.) e.V.

Postf. 10 54 63, 40045 Düsseldorf
Am Bonneshof 5, 40474 Düsseldorf
T: (0211) 47 96-0 **Fax:** 47 96-409
Vorsitzende(r): Dipl.-Ing. Eckhart Röders (G.A. Röders GmbH & Co. KG Druckguß, Unter den Linden 6-8, 29614 Soltau, T: (05191) 8 09-0, Telefax: (05191) 8 09-16)
Geschäftsführer(in): RA Gerhard Klügge

• F 723

Verband Deutscher Kunstgießereien im Gesamtverband Deutscher Metallgießereien (G.D.M.) e.V.

Postf. 10 54 63, 40045 Düsseldorf
Am Bonneshof 5, 40474 Düsseldorf
T: (0211) 47 96-0 **Fax:** 47 96-4 09 + 4 16
Vorsitzende(r): Dr. Dirk Strassacker (i. Fa. Ernst Strassacker KG, Staufeneckstr. 19, 73079 Süssen, T: (07162) 16-0, Telefax: (07162) 16-400)
Geschäftsführer(in): RA Gerhard Klügge

• F 724

Treuhandstelle der Siebtuch-Industrie

Ontariostr. 66, 70329 Stuttgart
T: (0711) 23 32 11 **Fax:** 24 77 88
Vorsitzende(r): Dipl.-Kfm. Heinz Mauser (i.Fa. Wangner Finckh GmbH, Reutlingen)
Geschäftsführer(in): Helga Fehrmann
Mitglieder: 6

• F 725

Verein Deutscher Metallschlauch- und Kompensatoren-Hersteller

Heinestr. 169, 70597 Stuttgart
T: (0711) 97 65 8-0 **Fax:** 97 65 8-30
E-Mail: FVerband@aol.com
Geschäftsführer(in): Dr. Volker Schmid

• F 726

Verband der Motoren-Instandsetzungsbetriebe e.V. (VMI)

Kölner Str. 89, 50859 Köln
T: (02234) 4 90 41
Bereich Technik: Gothaer Str. 17, 40880 Ratingen, T: (02102) 44 72 22, Telefax: (02102) 44 72 25
Gründung: 1949
Vorsitzende(r): Horst Scharff
Geschäftsführer(in): Dipl.-Kfm. Hans Jürgen Wahlen
Mitglieder: 163

Interessenvertretung der Motoreninstandsetzungsbetriebe und Förderung des technischen und wirtschaftlichen Fortschritts.

• F 727

Verband Deutscher Wohnwagen- und Wohnmobil-Hersteller e.V. (VDWH)

Am Holzweg 26, 65830 Kriftel
T: (06192) 97 12 00 **Fax:** 97 12 23
Internet: http://www.vdwh.de
E-Mail: vdwh@vdwh.de
Gründung: 1963 (8. März)
Präsident(in): Hans-Jürgen Burkert (Hymer AG, 88339 Bad Waldsee)
Geschäftsführer(in): Hans-Karl Sternberg
Leitung Presseabteilung: Peter Hirtschulz
Verbandszeitschrift: Caravaning-Welt (1 x jährlich)
Redaktion: Peter Hirtschulz, Frau Beaulieu
Verlag: Eigenverlag
Mitglieder: 104
Mitarbeiter: 10

• F 728

Bundesverband der Deutschen Musikinstrumenten-Hersteller e.V.
Tennelbachstr. 25, 65193 Wiesbaden
T: (0611) 95 45 88-6 **Fax:** 95 45 88-5
Geschäftsführer(in): Winfried Baumbach
Vorsitzender: Gerhard A. Meinl
Mitglieder: 70

• F 729

Fachverband Deutsche Klavierindustrie e.V.
Friedrich-Wilhelm-Str. 31, 53113 Bonn
T: (0228) 5 39 70-0 **Fax:** 5 39 70-70
Internet: http://www.pianos.de
E-Mail: fdk@pianos.de
Vorsitzende(r): Nikolaus Schimmel, Braunschweig
Geschäftsführer(in): Dr. Heinz Stroh

• F 730

Verband Deutscher Papierfabriken e.V. (VDP)
Adenauerallee 55, 53113 Bonn
T: (0228) 2 67 05-0 **Fax:** 2 67 05-62
Internet: http://www.vdp-online.de
E-Mail: vdp.bonn@vdp-online.de
Internationaler Zusammenschluß: siehe unter izf 112
Präsident(in): Dr. Georg Holzhey (Geschäftsführer der Haindl Papier GmbH, Postf. 10 17 49, 86007 Augsburg)
Vizepräsident(in): Dr. Hansjörg Kessler (Stora Enso)
Hauptgeschäftsführer(in): RA Klaus Windhagen
Geschäftsführer(in): Dr. Manfred Kühn
Dr. Reinhardt Thiel
Mitglieder: 102

Landesverbände

f 731

Baden-Württembergische Papierverbände (BWP)
Papierverein
Scheffelstr. 29, 76593 Gernsbach
T: (07224) 64 01-192 **Fax:** 64 01-114
Vorsitzende(r): Christoph Sieber-Rilke (Papierfabrik Schoeller & Hoesch GmbH & Co. KG, Postf. 11 55, 76584 Gernsbach, T: (07224) 66-0, Telefax: (07724) 6 62 74)
Hauptgeschäftsführer(in): Dr. Winfried Haible
Stellv. Hauptgeschäftsführer: RA Stephan Meißner

f 732

Verband Bayerischer Papierfabriken e.V.
Oberföhringer Str. 58, 81925 München
T: (089) 2 12 30 50 **Fax:** 21 23 05 55
Vorsitzende(r): Senator Eh. Dr. Manfred Scholz (Haindl Papier GmbH & Co.Kg, Postf. 10 17 49, 86007 Augsburg, T: (0821) 3 10 90, Telefax: (0821) 3 96 79)
Geschäftsführer(in): Dr. Peter Zahn

f 733

Verband der Papier- und Pappenindustrie Hessen e.V.
Abraham-Lincoln-Str. 24, 65189 Wiesbaden
T: (0611) 71 06-0 **Fax:** 70 21 66
Vorsitzende(r): Dr. Marietta Jass-Teichmann (Papierfabrik Adolf Jass GmbH & Co. KG, Postf. 13 40, 36013 Fulda)
Geschäftsführer(in): Dr. Rolf-Achim Eich

f 734

Verband Norddeutscher Papierfabriken e.V.
Bödekerstr. 18, 30161 Hannover
T: (0511) 34 82 66-3 **Fax:** 34 82 66-50
Vorsitzende(r): Dipl.-Kfm. Rainer Habbe (Papierfabrik Meldorf GmbH & Co. KG, Postf. 11 47, 25699 Meldorf)
Geschäftsführer(in): Ass. Joachim Heuke

f 735

Wirtschaftsverband der Rheinisch-Westfälischen Papiererzeugenden Industrie e.V.
Adenauerallee 55, 53113 Bonn
T: (0228) 26 72 83-0 **Fax:** 21 52 70
Vorsitzende(r): Dipl.-Kfm. Heinrich August Schoeller (Schoellershammer Industriepapier GmbH & Co. KG, Postf. 10 19 46, 52319 Düren)
Geschäftsführer(in): Ass. Walter Neuhalfen

f 736

Verband Papierindustrie Rheinland-Pfalz e.V.
Postf. 10 10 62, 67410 Neustadt
Friedrich-Ebert-Str. 11-13, 67433 Neustadt
T: (06321) 85 22 0 **Fax:** 85 22 72
E-Mail: Papier-Rheinland-Pfalz@t-online.de
Vorsitzende(r): Thomas Stark (Buchmann GmbH Kartonfabrik, Postf. 11 48, 76849 Annweiler)
Geschäftsführer(in): Dipl.-Sozialw. Gerhard Reiner

f 737

Verband Ostdeutscher Papierfabriken e.V. (VOP)
Pirnaer Str. 37, 01809 Heidenau
T: (03529) 51 24 44 **Fax:** 51 24 56
Vorsitzende(r): Dipl.-Ing. Eckehart Klemm (Glashütter Pappen- und Kartonagenfabrik GmbH, Müglitztalstr. 2, 01768 Glashütte)
Geschäftsführer(in): Obering. Günter Zien

Fachliche Organisationen

f 738

Hauptausschuß Markt
Adenauerallee 55, 53113 Bonn
T: (0228) 2 67 05-0 **Fax:** 2 67 05 62
Vorsitzende(r): Dipl.-Kfm. Heiko Bayerl (Kartonfabrik Rieger GmbH & Co.Kg, POstf. 12 63, 83308 Trostberg)
Geschäftsführer(in): RA Klaus Windhagen

f 739

Vereinigung Holzfrei e.V.
Adenauerallee 55, 53113 Bonn
T: (0228) 2 67 05-0 **Fax:** 2 67 05-70
Vorsitzende(r): Dipl.-Kaufm. Klaus Furler (i. Fa. Papierfabrik August Koehler AG, Postfach 12 45, 77696 Oberkirch)
Geschäftsführer(in): Dr. Manfred Kühn

f 740

Vereinigung Feinpapier e.V.
Adenauerallee 55, 53113 Bonn
T: (0228) 2 67 05-0 **Fax:** 2 67 05-70
Vorsitzende(r): Dipl.-Kaufm. Klaus Furler (i. Fa. Papierfabrik August Koehler AG, Postfach 12 45, 77696 Oberkirch)
Geschäftsführer(in): Dr. Manfred Kühn

f 741

Vereinigung Gestrichene Graphische Papiere
Adenauerallee 55, 53113 Bonn
T: (0228) 2 67 05-0 **Fax:** 2 67 05-70
Vorsitzende(r): Matti J. Lindahl (Nordland Papier AG, Postf. 11 60, 26888 Dörpen)
Geschäftsführer(in): Dr. Manfred Kühn

f 742

Vereinigung Graphische Recyclingpapiere
Adenauerallee 55, 53113 Bonn
T: (0228) 2 67 05-0 **Fax:** 2 67 05-70
Vorsitzende(r): J. C. Tönnesmann (J. Tönnesmann & Vogel KG, Papierfabrik Hönnetal, Postf. 12 80, 58695 Menden)
Geschäftsführer(in): Dr. Manfred Kühn

f 743

Vereinigung Maschinenkarton
Adenauerallee 55, 53113 Bonn
T: (0228) 2 67 05-0 **Fax:** 2 67 05 17
Internet: http://www.vdp-online.de
E-Mail: vdp.bonn@t-online.de
Vorsitzende(r): Dr. Hans-Georg von Wedemeyer (Gruber + Weber Karton GmbH & Co.KG, Postfach 1945, 76586 Gernsbach)
Geschäftsführer(in): RA Klaus Windhagen

f 744

Vereinigung Fein- und Wickelpappe
Adenauerallee 55, 53113 Bonn
T: (0228) 2 67 05-0 **Fax:** 2 67 05-17
Internet: http://www.vdp-online.de
E-Mail: vdp.bonn@t-online.de
Vorsitzende(r): Dipl.-Ing. Hans-Henning Junk (Albert Köhler GmbH & Co. KG Pappenfabrik, Postf. 11 88, 77717 Gengenbach)
Geschäftsführer(in): RA Klaus Windhagen

f 745

Vereinigung Zellstoffpackpapier im VDP
Adenauerallee 55, 53113 Bonn
T: (0228) 2 67 05-14 **Fax:** 2 67 05-12
E-Mail: t.reiche@vdp-online.de
Vorsitzende(r): Dr. Christopher Grünewald (Gebr. Grünewald GmbH & Co. KG, Postf. 10 60, 57393 Kirchhundem)
Geschäftsführer(in): Thomas Reiche

f 746

Vereinigung Pack- und Wellpappenpapiere
Jahnstr. 93, 64285 Darmstadt
T: (06151) 4 45 01 **Fax:** 42 17 02
E-Mail: BGDarmstadt@compuserve.com
Vorsitzende(r): Dipl.-Kfm. Heiko Bayerl (Kartonfabrik Rieger GmbH & Co. KG, Postf. 12 63, 83303 Trostberg)
Geschäftsführer(in): Klaus Spielmann

f 747

Vereinigung Pergamyn
Jahnstr. 93, 64285 Darmstadt
T: (06151) 4 45 01 **Fax:** 42 17 02
E-Mail: BGDarmstadt@compuserve.com
Vorsitzende(r): N. N.
Geschäftsführer(in): Dr. Manfred Sulzmann

f 748

Vereinigung Hygiene-Papiere
Adenauerallee 55, 53113 Bonn
T: (0228) 2 67 05-0 **Fax:** 2 67 05 68
Vorsitzende(r): Dr. Gerd Brecht (SCA Hygiene Products AG, Postf. 31 04 20, 68264 Mannheim, T: (0621) 7 78-0, Fax: 7 78-31 46)
Geschäftsführer(in): Dipl.-Kfm. Gert-Heinz Rentrop

Ausschüsse

f 749

Kuratorium für Forschung und Technik der Zellstoff- und Papierindustrie im Verband Deutscher Papierfabriken e.V. (VDP)
Adenauerallee 55, 53113 Bonn
T: (0228) 2 67 05-0 **Fax:** 2 67 05 68
Vorsitzende(r): Dr. Alois-Bernhard Kerkhoff (Felix Schoeller GmbH & Co. KG, Postf. 36 67, 49026 Osnabrück)
Geschäftsführer(in): Edelgard Kloß

f 750

VDP-Aussschuss Umwelt
Adenauerallee 55, 53113 Bonn
T: (0228) 2 67 05 43 **Fax:** 2 67 05 68
Internet: http://www.vdp-online.de
E-Mail: r.thiel@vdp-online.de
Vorsitzende(r): Dr. Hansjörg Kessler (Stora Enso Publication Paper AG, Postf. 10 10 14, 40001 Düsseldorf)
Geschäftsführer(in): Dr. Reinhardt Thiel

f 751

Arbeitskreis für Lebensmittelverpackung und Sonstige Bedarfsgegenstände
Adenauerallee 55, 53113 Bonn
T: (0228) 2 67 05 43 **Fax:** 2 67 05 68
Internet: http://www.vdp-online.de
E-Mail: r.thiel@vdp-online.de
Vorsitzende(r): Dr. Christopher Grünewald (Gebr. Grünewald GmbH & Co. KG Papierfabrik, Postfach 10 60, 57393 Kirchhundem)
Geschäftsführer(in): Dr. Reinhardt Thiel

f 752

Vereinigung Zellstofferzeugung
Adenauerallee 55, 53113 Bonn
T: (0228) 2 67 05 43 **Fax:** 2 67 05 68
Internet: http://www.vdp-online.de
E-Mail: r.thiel@vdp-online.de
Vorsitzende(r): Dr. Wolfgang Czirnich (MODO Paper GmbH, Postf. 60, 63809 Stockstadt)
Geschäftsführer(in): Dr. Reinhardt Thiel

f 753

Ausschuss Altpapier
Adenauerallee 55, 53113 Bonn
T: (0228) 26 70 50 **Fax:** 2 67 05 50
Vorsitzende(r): Dr. Franz Stimmel (Steinbeis Temming Papier GmbH & Co., Postfach 12 20, 25343 Glückstadt)
Geschäftsführer(in): Dr. Klaus-Dieter Kibat

f 754

Ausschuss Forst und Holz
Adenauerallee 55, 53113 Bonn
T: (0228) 26 70 50 **Fax:** 2 67 05 50
Vorsitzende(r): Dr. Wilhelm Vorher (SCA Holz GmbH, Postf. 75, 63702 Aschaffenburg)
Geschäftsführer(in): Dr. Klaus-Dieter Kibat

f 755

Arbeitskreis Zellstoffverbraucher
Adenauerallee 55, 53113 Bonn
T: (0228) 26 70 50 **Fax:** 2 67 05 50
Vorsitzende(r): Peter Michael Winkler (Haindl Papier GmbH & Co.Kg, Postf. 10 17 49, 86007 Augsburg)
Geschäftsführer(in): Dr. Klaus-Dieter Kibat

f 756

Arbeitskreis Betriebswirtschaft
Adenauerallee 55, 53113 Bonn
T: (0228) 26 70 50 **Fax:** 2 67 05 50

Vorsitzende(r): Dipl.-Kfm. Wolfgang Kornblum (Nordland Papier AG, Postf. 11 60, 26888 Dörpen)
Geschäftsführer(in): Dipl.-Kfm. Rolf-Karl Döhring

• F 757

hpv

Hauptverband der Papier, Pappe und Kunststoffe verarbeitenden Industrie (HPV) e.V.
Strubbergstr. 70, 60489 Frankfurt
T: (069) 97 82 81-0 **Fax:** 97 82 81-30
Internet: http://www.hpv-ev.org
E-Mail: info@hpv-ev.org
Internationaler Zusammenschluß: siehe unter izf 1804
Präsident(in): Dipl.-Kfm. Lutz Boeder (Cent holding ag, Flörsheim)
Hauptgeschäftsführer(in): RA Thomas Beck
Mitglieder: 30
Wahrung und Förderung der gemeinsamen wirtschafts- und sozialpolitischen Interessen der Papier- und Pappe verarbeitenden Industrie und verwandten Industriezweige.

Landesverbände

f 758

Verband der Papier, Pappe und Kunststoff verarbeitenden Industrie Baden-Württemberg e.V. (VPI)
Postf. 32 53, 73752 Ostfildern
Zeppelinstr. 39, 73760 Ostfildern
T: (0711) 4 50 44 81 **Fax:** 4 50 44 82
E-Mail: info@vpi-bw.de
Vorsitzende(r): Werner Röhm (Heinrich Hermann GmbH & Co, Stuttgart)
Geschäftsführer(in): RA Michael Hüffner

f 759

Verband der Bayerischen Papier, Pappe und Kunststoff verarbeitenden Industrie e.V. (VBPV)
Oberföhringer Str. 58, 81925 München
T: (089) 2 12 30 50 **Fax:** 21 23 05 55
E-Mail: baypapier@aol.com
Vorsitzende(r): Urban Meister (Münchner Industriebuchbinderei, Urban Meister GmbH, 85606 Aschheim-Dornach)
Hauptgeschäftsführer(in): Dr. Peter Zahn

f 760

VBP Nordost - Verband der Papier, Pappe und Kunststoffe verarbeitenden Unternehmen in Berlin, Brandenburg und Mecklenburg-Vorpommern e.V.
Brandenburgische Str. 27, 10707 Berlin
T: (030) 8 82 46 53 **Fax:** 8 83 33 35
Vorsitzende(r): Dr. Peter Kirchner (SIHL GmbH Düren, ZN Berlin, Am Großen Wannsee 57 b, 14109 Berlin)
Geschäftsführer(in): Dipl.-Volksw. Monika Bresche

f 761

VPI HESSEN

Verband Papier, Pappe und Kunststoff verarbeitende Industrie Hessen e.V. (VPI)
Strubbergstr. 70, 60489 Frankfurt
T: (069) 78 30 80 **Fax:** 97 82 81 30
E-Mail: vpi@hpv-ev.org
Vorsitzende(r): Dipl.-Kfm. Lutz Boeder (Cent holding ag, Flörsheim)
Geschäftsführer(in): RA Dietmar Zellner

f 762

Verband Papier, Pappe und Kunststoff verarbeitende Industrie Norddeutschlands e.V. (VPK Nord)
Schiffgraben 36, 30175 Hannover
T: (0511) 85 05-0 **Fax:** 85 05-2 01
E-Mail: agv-hannover@vmn.de
Vorsitzende(r): Jochen Wiese (Fa. Köster Kartonagenfabrik GmbH, Borstelweg 1, 25436 Tornesch)
Hauptgeschäftsführer(in): RA Dietrich Kröncke
Stellv. Hauptgeschäftsführer: Gerrit Wolter
Leitung Presseabteilung: Werner Fricke

f 763

upv

Unternehmensverband der Papier, Pappe und Kunststoffe verarbeitenden Industrie Nordrhein e.V.
Wettinerstr. 11, 42287 Wuppertal
T: (0202) 2 58 00 **Fax:** 2 58 02 58
E-Mail: info@upv-nordrhein.de
Vorsitzende(r): Klaus Bercker (Fa. Bercker Graphischer Betrieb GmbH, Hooge Weg 100, 47623 Kevelaer)
Geschäftsführer(in): RA Frank Witte

f 764

Verband der Papier, Pappe und Kunststoff verarbeitenden Industrie Rheinland-Pfalz und Saarland e.V.
Postf. 10 10 62, 67410 Neustadt
Friedrich-Ebert-Str. 11-13, 67433 Neustadt
T: (06321) 85 20 **Fax:** 85 22 21
Vorsitzende(r): Peter Muhl (i. Fa. Wellpappenfabrik GmbH, Grünstadt)
Geschäftsführer(in): RA Thomas Gans

f 765

Verband der Papier, Pappe und Kunststoffe verarbeitenden Unternehmen Sachsen, Thüringen und Sachsen-Anhalt e.V. (VPU)
Bahnhofstr. 48-50, 04439 Engelsdorf
T: (0341) 6 58 04 42 **Fax:** 6 51 62 66
Vorsitzende(r): Dipl.-Ing. Gustav Stabernack (FULDA HOLDING STABERNACK JR PARTNER GMBH, Fulda)
Geschäftsführer(in): Dipl.-Ing.Oek. Heidi Pfleger

f 766

VPD Verband Papierverarbeitung und Druck Südbaden e.V. Digitale Medien
Postf. 16 69, 79016 Freiburg
Holbeinstr. 26, 79100 Freiburg
T: (0761) 79 07 90 **Fax:** 7 90 79 79
E-Mail: vpd-suedbaden@t-online.de
Gründung: 1946
Vorsitzende(r): Hans-Jörg Labusga (Nestler Wellpappe GmbH, Am Stadtpark 1, 77933 Lahr, Postf. 19 05, 77909 Lahr, T: (07821) 2 76-0, Fax: 2 76-206)
Geschäftsführer(in): Karl-Heinz Wenig
Mitglieder: 252

f 767

Vereinigung der Papier, Pappe und Kunststoff verarbeitenden Industrie Westfalens e.V. (VPV-Westfalen)
Ritterstr. 19, 33602 Bielefeld
T: (0521) 17 12 03-04 **Fax:** 17 19 08
Vorsitzende(r): Dipl.-Kfm. Peter Sprick-Schütte (i. Fa. Sprick GmbH, Bielefeld)
Geschäftsführer(in): Uwe Uphaus

Fachverbände

f 768

Industrieverband Papier- und Plastikverpackung e.V. (IPV)
Große Friedberger Str. 44-46, 60313 Frankfurt
T: (069) 28 12 09 **Fax:** 29 65 32
E-Mail: ipv-ev@t-online.de
Vorsitzende(r): Friedrich Schäfer (Hettmannsperger & Löchner GmbH & Co. KG, Bruchsal)
Geschäftsführer(in): Dipl.-Volksw. Bernhard Sprockamp

f 769

Verband der Briefumschlagfabriken e.V. (VDBF)
Herberts Katernberg 52b, 42113 Wuppertal
T: (0202) 7 24 06 94 **Fax:** 7 24 06 95
Internationaler Zusammenschluß: siehe unter izf 554
Vors. u. GeschF: Dipl.-Kfm. Sebastian Schmidt (in Personalunion)

f 770

Verband deutscher Buchbindereien für Verlag und Industrie e.V. (VDB)
Holbeinstr. 26, 79100 Freiburg
T: (0761) 79 12 79-0 **Fax:** 79 12 79-79
E-Mail: vpd-suedbaden@t-online.de
Vorsitzende(r): Dipl.-Kfm. Christian Meister (Conzella Verlagsbuchbinderei Urban Meister GmbH & Co. KG, Erdinger Landstr. 2, 85609 Aschheim-Dornach)
Geschäftsführer(in): Karl-Heinz Wenig
Mitglieder: ca. 105

f 771

Fachverband Faltschachtel-Industrie e.V. (FFI)
Grazer Str. 29, 63073 Offenbach
T: (069) 8 90 12-0 **Fax:** 8 90 12-222
E-Mail: fachverbaende.offenbach@t-online.de
Sprecher des Vorstandes: Dipl.-Ing. Joachim W. Dziallas (Carl Edelmann GmbH & Co.KG, Heidenheim)
Geschäftsführer(in): Dipl.-Volksw. Lutz Achenbach

f 772

Fachverband Organisationsmittel- und Lernmittel-Industrie e.V.
Strubbergstr. 70, 60489 Frankfurt
T: (069) 78 50 42 **Fax:** 97 82 81 30
E-Mail: info@hpv-ev.org
Vorsitzende(r): Dipl.-Ing. (FH) Just Jahn (Fa. Weigang-Organisation GmbH, 97076 Würzburg)
Geschäftsführer(in): RA Thomas Beck
Mitglieder: 35

f 773

Fachvereinigung Hartpapierwaren und Rundgefäße (FHR)
Große Friedberger Str. 44-46, 60313 Frankfurt
T: (069) 29 60 64 **Fax:** 29 65 32
E-Mail: fhr-ev@t-online.de
Gründung: 1949
Vorsitzende(r): Ulrich Müller (Erich Müller GmbH Co., Wörth/Donau)
Geschäftsführer(in): Dipl.-Volksw. Bernhard Sprockamp
Verbandszeitschrift: FHR-Informationsdienst (nur für Mitglieder)
Mitglieder: 25
Mitarbeiter: 2

f 774

Fachverband Kalender und Werbeartikel e.V.
Ritterstr. 19, 33602 Bielefeld
T: (0521) 17 12 03-04 **Fax:** 17 19 08
Internet: http://www.kalenderforum.de
E-Mail: kalenderforum@t-online.de
Vorsitzende(r): Dipl.-Kfm. Joachim Braunert (Eilers-Werke Fritz Eilers junr., Bielefeld)
Geschäftsführer(in): Uwe Uphaus

f 775

VWLZ

Verband Wohnraumleuchten-, Lampenschirm- und Zubehör-Industrie e.V. (VWLZ)
Strubbergstr. 70, 60489 Frankfurt
T: (069) 78 50 46 **Fax:** 97 82 81 30
E-Mail: vwlz@hpv-ev.org
Vorsitzende(r): Axel Vollmann (Otto Vollmann GmbH & Co., Gevelsberg)
Geschäftsführer(in): RA Dietmar Zellner
Mitglieder: 45

f 776

Gemeinschaft Papiersackindustrie e.V.
Nerotal 4, 65193 Wiesbaden
T: (0611) 52 20 41-42 **Fax:** 5 95 82
E-Mail: rdloer@papiersack.de
Vorsitzende(r): Walter Weidenfeld (i. Fa. Papiersackfabrik Tenax, Ratingen)
Geschäftsführer(in): Dipl.-Volksw. Rolf-Dieter Loer

f 777

Verband der Deutschen Tapetenindustrie e.V. (VDT)
Postf. 94 02 42, 60460 Frankfurt
Langer Weg 18, 60489 Frankfurt
T: (069) 52 00 33 **Fax:** 52 00 36
Vorsitzende(r): Gerrit Rasch (Gebr. Rasch GmbH & Co. KG, Bramsche)
Geschäftsführer(in): Dipl.-Volksw. Klaus Kunkel

f 778

Arbeitgeberverband der Deutschen Tapetenindustrie
Postf. 94 02 42, 60460 Frankfurt
Langer Weg 18, 60489 Frankfurt
T: (069) 52 00 33 **Fax:** 52 00 36
Vorsitzende(r): Gerrit Rasch (Gebr. Rasch, GmbH &Co., Bramsche)
Geschäftsführer(in): Dipl.-Volksw. Klaus Kunkel

f 779

Verband Vollpappe-Kartonagen e.V. (VVK)
Strubbergstr. 70, 60489 Frankfurt
T: (069) 78 50 45 **Fax:** 97 82 81 30
Internet: http://www.vvk.org
E-Mail: info@vvk.org
Präsident(in): Dipl.-Kfm. Jürgen Pollnow (i. Fa. F. Luce Verpackungswerk, 33647 Bielefeld)
Geschäftsführer(in): Dipl.-Volksw. Thomas Pfeiffer
Bearbeitung von Fachfragen technischer und wirtschaftlicher Art - Vertretung des Fachzweiges - Beteiligung an Verpackungsforschung - Aufstellung von Verpackungsvorschriften - Herausgabe von technischem Informationsmaterial -Mitarbeit bei Normungsfragen - Durchführung von Gemeinschaftswerbung.

f 780

Fachverband für imprägnierte und beschichtete Papiere (FIBEPA)
Grazer Str. 29, 63073 Offenbach
T: (069) 8 90 12-0 **Fax:** 8 90 12-222
E-Mail: fachverbaende.offenbach@t-online.de
Vorsitzende(r): Gerd-Walter Gärtner (PKL Flexible Verpakkungen GmbH, Bereich gummierte und technische Papiere, Linnich)
Geschäftsführer(in): Dipl.-Volksw. Lutz Achenbach

f 781

Verband der Wellpappen-Industrie e.V. (VDW)
Hilpertstr. 22, 64295 Darmstadt
T: (06151) 92 94-0 **Fax:** 92 94 30
E-Mail: vdwchrist@t-online.de
Vorsitzende(r): R. Dieter Kögler (Wellpappe Ansbach Duropack Gesellschaft mbH), Ansbach
Geschäftsführer(in): Dipl.-Vw. Angelika Christ
Verbandszeitschrift: ausgepackt
Mitglieder: 35

f 782

Verband der Zigarettenpapier verarbeitenden Industrie e.V. (VZI)
Rheinallee 25b, 53173 Bonn
T: (0228) 35 30 27 **Fax:** 9 34 46-20
E-Mail: 113166.563@compuserve.com
Vorsitzende(r): Heinrich W. Ruppert (i. Fa. EFKA-Werke GmbH, Trossingen)
Geschäftsführer(in): Ass. Franz Peter Marx

f 783

Fachverband Sondererzeugnisse in der Papierverarbeitung
Strubbergstr. 70, 60489 Frankfurt
T: (069) 97 82 81 20 **Fax:** 97 82 81 30
E-Mail: sh@hpv-ev.org
Vorsitzende(r): Kuno Breitkreutz (Fa. Kuno Breitkreutz GmbH & Co, Gummersbach)
Geschäftsführer(in): RA Dietmar Zellner

f 784

Fachverband Kartonverpackungen für flüssige Nahrungsmittel e.V. (FKN)
Sonnenberger Str. 43, 65191 Wiesbaden
T: (0611) 18 78 80 **Fax:** 1 87 88-55
E-Mail: fkn@getraenkekarton.de
Vorsitzende(r): Klaus von Schmeling (Tetra Pak GmbH, Hochheim)
Geschäftsführer(in): Dr. Wilhelm Wallmann
Der Fachverband vertritt die gemeinsamen Interessen der Hersteller von Kartonverpackungen für flüssige Nahrungsmittel.

f 785

Verband der Hersteller selbstklebender Etiketten e.V. (VskE)
Bruckmannring 22, 85764 Oberschleißheim
T: (089) 3 15 84-122 **Fax:** 3 15 84-227
Internet: http://www.vske.de
E-Mail: schreiner@schreiner-etiketten.de
Vors. u. GeschF: Helmut Schreiner (Schreiner Etiketten und Selbstklebetechnik GmbH & Co., 85764 Oberschleißheim)

f 786

Arbeitsgemeinschaft der Hersteller und Verleger von Glückwunschkarten (A.V.G.)
Beppener Str. 29, 28277 Bremen
T: (0421) 82 12 51 **Fax:** 82 09 93
E-Mail: garbrecht@t-online.de
Vorsitzende(r): Günter Garbrecht (Geschäftsführer)

• F 787

Fachverband der Bierteller-Industrie e.V. (FBT)
in BWP/PMZ Gernsbach
Postf. 12 32, 76585 Gernsbach
Scheffelstr. 29, 76593 Gernsbach
T: (07224) 64 01-192 **Fax:** 64 01-114
Internet: http://www.papiermacherzentrum.de
E-Mail: info@papiermacherzentrum.de
Vorsitzende(r): Elmar Hohmann
Geschf. Vorst.: Dr. Winfried Haible
Geschäftsführer(in): RA Stephan Meißner

• F 788

Deutscher Buchmacherverband Essen e.V.
Moorenstr. 23, 45131 Essen
T: (0201) 79 03 29 **Fax:** 78 88 92
Vorstand und Geschäftsführer: Dr. Norman Albers (Große Packhofstr. 26, 30159 Hannover)
Friedrich Düren (Marktplatz 9, 40213 Düsseldorf)
Peter Göser (Gereonswall 1a, 50668 Köln)

• F 789

Bundesverband Souvenir Festival e.V. (BSF)
Postf. 11 50, 52135 Würselen
T: (02405) 8 48 65 **Fax:** 8 15 39
Gründung: 1965
Vorsitzende(r): Horst Stöckelmaier (i. Fa. Stöckelmaier, 87448 Waltenhofen)
Geschäftsführer(in): Herbert Vohn (Postf. 11 50, 52135 Würselen)
Leitung Presseabteilung: Werner Nostheide
Verbandszeitschrift: Souvenir Festival
Verlag: W. Nostheide Verlag, Am Breiten Rain 18, 96117 Memmelsdorf
Mitglieder: 250

• F 790

Vereinigung Deutscher Sägewerksverbände e.V. (VDS)
Postf. 61 28, 65051 Wiesbaden
Bahnstr. 4, 65205 Wiesbaden
T: (0611) 9 77 06-0 **Fax:** 9 77 06-22
E-Mail: VDS@SAEGEINDUSTRIE.DE
Vorsitzende(r): Dr. Josef Rettenmeier (c/o Rettenmeier GmbH & Co. KG, Industriestr. 1, 91634 Wilburgstetten, T: (09853) 33 83 41, Fax: (09853) 33 83 41)
Geschäftsführer(in): Dipl.-Volkswirt Gerhard Heider

Arbeitsausschüsse
Vorsitzende(r): Fachausschuß für Normung der VDS:
Karl-Heinz Rathke
Vorsitzende(r): Arbeitsausschuß für Export der VDS:
Hans-Günter Sturm
Vorsitzende(r): Fachausschuß für Sägenebenprodukte der VDS:
Martin Hüster
Vorsitzende(r): Arbeitskreis für Forschung und Innovation, Werbung der VDS:
Henner Otto
Vorsitzende(r): Arbeitskreis für Holzmarktfragen der VDS:
Klaus Hummel
Vorsitzende(r): Arbeitskreis für Technik der VDS:
Martin Klenk
Mitglieder: 15

Landesverbände

f 791

Verband der Säge- und Holzindustrie Baden-Württemberg e.V.
Smaragdweg 6, 70174 Stuttgart
T: (0711) 22 55 80-0 **Fax:** 22 55 80-20
Präsident(in): Klaus Hummel (Hummel Holz GmbH, Postf. 10 01 53, 76298 Karlsbad)
Geschäftsführer(in): RA Dr. Achim Peer Brucker

f 792

Verband der Bayerischen Säge- und Holzindustrie e.V.
Theresienstr. 29, 80333 München
T: (089) 28 66 26-0 **Fax:** 28 66 26-66
Gründung: 1884
Vorsitzende(r): Ambros Fichtner (c/o Ambros Fichtner Holzwerk, Tegenseer Weg 21, 83727 Schliersee, T: (08026) 40 49, Telefax: (08026) 65 12)
Geschäftsführer(in): Dr. Veit Welsch
Mitglieder: 960

f 793

Verband der Säge- und Hobelwerke von Hamburg und Umgegend e.V.
Georgsplatz 10, 20099 Hamburg
Vorsitzende(r): Andreas Krauth (Theodor Nagel GmbH & Co, Postf. 28 02 68, 20515 Hamburg, T: (040) 78 11-0 00, Telefax: (040) 78 11-00 24)
Geschäftsführer(in): Dipl.-Volksw. Herbert Merkel

f 794

Verband der Säge- und Holzindustrie Nord e.V.
Bahnstr. 8, 65205 Wiesbaden
T: (0611) 9 77 42-0 **Fax:** 9 77 42-20
Vorsitzende(r): Hermann Wegelt (Meinecke Str. 53, 40474 Düsseldorf, T: (0211) 43 49 04, Fax: (0211) 4 54 13 74)
Geschäftsführer(in): RA Rolf Burdack

f 795

Arbeitgeberverband Holzbearbeitung und Holzhandel in Nordrhein-Westfalen e.V.
Grabenstr. 11a, 40213 Düsseldorf
T: (0211) 86 53 30 **Fax:** 32 33 67
Vorsitzende(r): Wolf-Eberhard Winter (Karlsbader Str. 22, 36341 Lauterbach, T: (06641) 46 15, Telefax: (06641) 91 97-06)
Geschäftsführer(in): Jerschke

f 796

Verband der Pfälzischen Sägewerke e.V.
Postf. 10 10 62, 67410 Neustadt
Friedrich-Ebert-Str. 11-13, 67433 Neustadt
T: (06321) 8 52-2 33 **Fax:** 8 89 55
Vorsitzende(r): Wolfgang Messerschmidt (KORN-TÜREN, Emil KORN & SOHN, Inh. W. Messerschmidt, Neugärtenstr. 50, 76891 Busenberg, T: (06391) 92 23-0, 24 80)
Geschäftsführer(in): RA Gerhard Koch

f 797

Verband der Rheinischen Säge- und Holzindustrie e.V.
Postf. 10 10 62, 67410 Neustadt
T: (06321) 85 22 33 **Fax:** 8 89 55
Vorsitzende(r): Ullrich van Roje (c/o I.van Roje & Sohn, Postfach 27, 56587 Oberhonnefeld-Gierend, T: (02634) 95 59-0, Fax: 95 59-59)
Geschäftsführer(in): RA Gerhard Koch

f 798

Verband der Säge- und Holzwirtschaft des Saarlandes e.V.
Postf. 22 03, 66522 Neunkirchen
Vors. u. GeschF: Heinrich Mees (Steinwaldstr. 122, 66538 Neunkirchen, T: (06821) 8 84 17, Telefax: (06821) 80 42)

f 799

Verband der Schnittholz und Holzwarenindustrie Mecklenburg-Vorpommern e.V.
Settiner Weg 17, 19089 Crivitz
T: (03863) 33 35 48 **Fax:** 33 35 48
Vorsitzende(r): Erwin Schröder (Schröder Sägewerk E. u. S. Schröder OHG, Hauptstr. 28, 18314 Redebas, T: (038324) 2 79, Fax: (038324) 8 01 32)
Geschäftsführer(in): Dipl.-Ing. f. Holztechnik Kurt Gerbrand

f 800

Verband der Säge- und Holzindustrie Sachsen e.V.
Zellescher Weg 24, 01217 Dresden
T: (0351) 4 78 69 30 **Fax:** 4 78 69 11
Vorsitzende(r): Günter Schreiber (c/o Gebr. Schubert GmbH, Mühlenweg 24, 09509 Pockau, T: (037367) 3 15 25, Fax: (037367) 3 15 20)
Geschäftsführer(in): Frank Schönherr

f 801

Verband der Säge- und Holzindustrie Brandenburg/ Berlin e.V.
Schönebecker Str. 3, 16247 Joachimsthal
T: (033361) 2 36 **Fax:** 2 30
Vorsitzende(r): Finanzwissenschaftler Rudi Dräger (Spechthausener Str. 54, 16244 Finowfurt)
Geschäftsführer(in): Ing. f. Maschinenbau Karl-Heinz Klötzl

• F 802

Bundesverband der Phonographischen Wirtschaft e.V.
Grelckstr. 36, 22529 Hamburg
T: (040) 58 97 47-0 **Fax:** 58 97 47-47
Internet: http://www.ifpi.de

E-Mail: nachname@phono.de
Vorsitzende(r): Thomas M. Stein (BMG Entertainment Int., Steinhauser Str. 3, 81677 München)
Geschäftsführer(in): Peter Zombik (Vors.)
Dr. Martin Schaefer
Mitglieder: 129 (einschl. außerordentliche)

• F 803

Photoindustrie-Verband e.V.
Karlstr. 19-21, 60329 Frankfurt
T: (069) 25 56-14 10 **Fax:** 23 65 21
Vorsitzende(r): Friedrich Hujer
Geschäftsführer(in): Dipl.-Volksw. Rainer Schmidt

• F 804

Bundesverband der fotomaterialverarbeitenden Betriebe e.V.
Zeppelinallee 51, 45883 Gelsenkirchen
T: (0209) 9 45 04-0 **Fax:** 9 45 04-50
Vorsitzende(r): Dipl.-Ing. Rolf Mögelin (70327 Stuttgart)
Geschäftsführer(in): RA Michael Grütering

• F 805

Bundesverband der Photo-Großlaboratorien e.V.
Zeppelinallee 51, 45883 Gelsenkirchen
T: (0209) 9 45 04 40 **Fax:** 9 45 04 30
Ehrenpräs.: Heinz Bindseil (Heinrich-Hertz-Str. 1, 22085 Hamburg, T: (040) 22 71 02 10, TX: 211 624)
Vorsitzende(r): Hubert Rötharmel (CeWe Color AG + Co. OHG, Meerweg 30-32, 26133 Oldenburg, T: (0441) 40 42 02, Fax: (0441) 40 44 21)
Geschäftsführer(in): RA Michael Grütering

• F 806

Verband für Schiffbau und Meerestechnik e.V. (VSM)
An der Alster 1, 20099 Hamburg
T: (040) 28 01 52-0 **Fax:** 28 01 52-30
Internet: http://www.vsm.de
E-Mail: vsm.e.v.@t-online.de
Internationaler Zusammenschluß: siehe unter izf 2363
Sprecher d. Vorstandes u. Hauptgeschäftsführer: Dr.-Ing. Werner Schöttelndreyer
Geschäftsführer(in): Dipl.-Kfm. Volkhard Meier
RA Dr. Mathias Münchau
Mitglieder: 110

• F 807

Verband Deutscher Schiffsausrüster e.V.
German Shipsupplier Association
Raboisen 101, 20095 Hamburg
T: (040) 32 40 82, 33 82 95 **Fax:** 32 45 30
TX: 211 366
Gründung: 1947
Internationaler Zusammenschluß: siehe unter izf 2007
Vorsitzende(r): Hennig Engels (i.Fa. Schaar & Niemeyer (GmbH & Co.) KG, Hamburg)
Geschäftsführer(in): Monika Enticknap
Mitglieder: 145 Firmen

• F 808

Fachverband Seenot-Rettungsmittel e.V. (FSR)
c/o Bundesverband Wassersportwirtschaft (BWVS) e.V.
Gunther-Plüschow-Str. 8, 50829 Köln
T: (0221) 59 57 10 **Fax:** 5 95 71 10
Gründung: 1984
Vorsitzende(r): Wolfgang Niemann (i. Fa. KADEMATIC Seenotrettungsgeräte GmbH, Hamburg)
Geschäftsführer(in): Dipl.-Oec. Jürgen Tracht
Mitglieder: 14 Firmen

• F 809

Vereinigung der Bundesverbände des deutschen Schmuck- und Silberwarengewerbes
Poststr. 1, 75172 Pforzheim
T: (07231) 3 30 41, 3 30 43 **Fax:** 35 58 87
Vorsitzende(r): Paul Schindler
Geschäftsführer(in): Dr. Alfred Schneider

Angeschlossen

f 810

Bundesverband Schmuck, Uhren, Silberwaren und verwandte Industrien e.V.
Industriehaus
Poststr. 1, 75172 Pforzheim
Vorsitzende(r): Carl-Heinrich Lüth
Hauptgeschäftsführer(in): Dr. Alfred Schneider

f 811

Edelmetallverband e.V.
Franziskanergasse 6, 73525 Schwäbisch Gmünd
Vorsitzende(r): Jörg Hirner
Geschäftsführer(in): Manfred Junkert (M.A.)

f 812

Zentralverband der Deutschen Goldschmiede, Silberschmiede und Juweliere e.V.
Postf. 15 60, 92281 Königstein
Altkönigstr. 9, 61462 Königstein
T: (06174) 2 34 62 **Fax:** 2 25 87
Präsident(in): Hans Klinkhammer
Geschäftsführung: Irene Wanhoff

f 813

Bundesverband der Gablonzer Industrie e.V.
Neue Zeile 11, 87600 Kaufbeuren
T: (08341) 9 89 03 **Fax:** 9 89 06
Präsident(in): Peter Seibt
Geschäftsführer(in): Thomas Nölle

f 814

Bundesverband der Edelstein- und Diamantindustrie e.V.
Postf. 12 22 20, 55714 Idar-Oberstein
Mainzer Str. 34, 55743 Idar-Oberstein
T: (06781) 94 42 40 **Fax:** 94 42 66
Geschf. Vorst.: Bernd Willi Ripp
Rolf Goerlitz
Dieter Hahn
Geschäftsführer(in): RA Jörg Lindemann

f 815

Bundesverband des Schmuck-Großhandels e.V.
Höslinstr. 8, 72587 Römerstein
T: (07382) 53 66 **Fax:** 53 10
E-Mail: Verbandsbuero@t-online.de
Vorsitzende(r): Dipl.-Kfm. Rainer Abeler, Münster
Geschäftsführer(in): Dipl.-Betriebsw. (FH) Reinhard Schmohl

f 816

Bundesverband der Juweliere, Schmuck- und Uhrenfachgeschäfte e.V.
Altkönigstr. 9, 61462 Königstein
T: (06174) 40 42 **Fax:** 2 25 87
Internet: http://www.bv-juweliere.de
E-Mail: info@bv-juweliere.de, bfv-bvj@einzelhandel.de
Vorsitzende(r): Hans Luithle
Geschäftsführer(in): Dipl.-Kfm. Bodo Jonda

f 817

Zentralverband für Uhren, Schmuck und Zeitmeßtechnik (Bundesinnungsverband)
Postf. 12 49, 61452 Königstein
Altkönigstr. 9, 61462 Königstein
T: (06174) 92 28 26 **Fax:** 92 28 28
Präsident(in): Horst Valentin
Komm. GeschF: Dipl.-Kfm. Bodo Jonda

f 818

Bundesverband der Importeure und Exporteure von Edelsteinen und Perlen e. V.
Martinskirchstr. 51, 60529 Frankfurt
T: (069) 35 73 02 **Fax:** 35 73 04
Vorsitzende(r): Michael Hahn (i. Fa. Gerhard Hahn GmbH, 40237 Düsseldorf)
Geschäftsführer(in): Dr. Schmid

f 819

Gesellschaft für Goldschmiedekunst e.V.
Dt. Goldschmiedehaus Hanau
Altstädter Markt 6, 63450 Hanau
T: (06181) 25 65 56 **Fax:** 25 65 54
Präsident(in): Dipl.-Kfm. Walter Behning
Geschäftsführer(in): Dr. Christianne Weber-Stöber

• F 820

Edelmetallverband e.V. Arbeitgeber- und Wirtschaftsverband, Fachverband für Silberwaren, Schmuck und Metallwaren
Franziskanergasse 6, 73525 Schwäbisch Gmünd
T: (07171) 6 90 88 **Fax:** 53 00
Gründung: 1906
Vorsitzende(r): Jörg Hirner (in Fa. Eugen Hirner, Lindenfirststr. 28, 73527 Schwäbisch Gmünd)
Geschäftsführer(in): RA Manfred Junkert (M.A.)

• F 821

Industrieverband Schmuck- und Metallwaren e.V.
Postf. 12 22 20, 55714 Idar-Oberstein
Mainzer Str. 34, 55743 Idar-Oberstein
T: (06781) 94 42 50 **Fax:** 94 42 66 Börse
Vorsitzende(r): Klaus M. Federlin (i. Fa. Max Keller GmbH & Co.)
Geschäftsführer(in): Jörg Lindemann

• F 822

Bundesverband der Edelstein- und Diamantindustrie e.V.
Postf. 12 22 20, 55714 Idar-Oberstein
Mainzer Str. 34, 55743 Idar-Oberstein
T: (06781) 94 42 40 **Fax:** 94 42 66
Geschf. Vorstand: Rolf Goerlitz
Dieter Hahn
Bernd Willi Ripp
Geschäftsführer(in): Jörg Lindemann

• F 823

International Platinum Association e.V.
Krögerstr. 5, 60313 Frankfurt
T: (069) 28 79 41 **Fax:** 28 36 01
Gründung: 1987 (Dezember)
Präsident(in): D.G.T. Emmett (Anglo American Platinum Corp.)
Vorstand: G. E. Haslam (Western Platinum ltd.)
I. McLean (Engelhard Metals Corp.)
Ernst-Eggert Gumrich (Degussa AG)
D. G. Engelbrecht (Impala Platinum)
Geschäftsführer(in): M.A.B. Nurdin
Mitglieder: 11 Mitgliedsfirmen
Mitarbeiter: 2

• F 824

World Fuel Cell Council e.V.
Krögerstr. 5, 60313 Frankfurt
T: (069) 28 38 51 **Fax:** 28 39 53
Gründung: 1991 (September)
Präsident(in): G. E. Haslam (Western Platinum Limited)
Vorstand: D. G. Titcombe (Johnson Matthey PLC)
R.I. Suttmiller (IFC)
M.A.B. Nurdin (Hauptgeschäftsführer)
Mitglieder: 18 Mitgliedsfirmen
Mitarbeiter: 2

• F 825

Hauptverband der Deutschen Schuhindustrie e.V.
Postf. 10 07 61, 63007 Offenbach
Waldstr. 44, 63065 Offenbach
T: (069) 82 97 41-0 **Fax:** 81 28 10
Internet: http://www.hds-schuh.de
E-Mail: hds-schuh@t-online.de
Internationaler Zusammenschluß: siehe unter izf 848
Vorsitzende(r): Roland Bieger
Hauptgeschäftsführer(in): Philipp Urban
Mitglieder: 7

Vertretung der gemeinsamen Interessen der deutschen Schuhindustrie auf wirtschafts- und sozialpolitischem Gebiet.

Landesverbände

f 826

Verband der Schuhindustrie Baden-Württemberg e.V.
Postf. 10 07 61, 63007 Offenbach
Waldstr. 44, 63065 Offenbach
T: (069) 82 97 41-0 **Fax:** 81 28 10
Vorsitzende(r): Ralph Rieker (i. Fa. RICOSTA Schuhfabriken GmbH, Postf. 14 80, 78155 Donaueschingen, T: (0771) 80 50, Telefax: (0771) 80 52 22)
Geschäftsführer(in): Philipp Urban
Mitglieder: 18

f 827

Vereinigung der Bayerischen Schuhfabriken e.V.
Frankfurter Ring 243, 80807 München
T: (089) 32 46 59-0 **Fax:** 32 46 59-20
Vorsitzende(r): Hans-Joachim Wolter (i. Fa. WALDI Schuhfa-

brik GmbH, Langer Rain 38, 97437 Haßfurt, Postf. 16 53, 97433 Haßfurt, T: (09521) 92 33-0, Telefax: (09521) 13 23)
Geschäftsführer(in): Dipl.-Volksw. Norbert Furche
Mitglieder: 20

f 828

Verband Norddeutscher Schuhfabrikanten e.V.
Frankfurter Ring 243, 80807 München
T: (089) 32 46 59-0 **Fax:** 32 46 59-20
Vorsitzende(r): Hans-Ulrich Ederle (i. Fa. Heinrich Ad. Berkemann GmbH & Co., Postf. 54 07 40, 22507 Hamburg, Lottestr. 57, 22529 Hamburg)
Geschäftsführer(in): Dipl.-Volksw. Norbert Furche
Mitglieder: 2

f 829

Vereinigung der Hessischen Schuhindustrie e.V.
Postf. 10 07 61, 63007 Offenbach
Waldstr. 44, 63065 Offenbach
T: (069) 82 97 41-0 **Fax:** 81 28 10
Vorsitzende(r): Friedrich W. Schmitt (Erich Rohde KG Schuhfabriken, Postf. 22 40, 34607 Schwalmstadt, T: (06691) 7 80, Fax: (06691) 7 82 15)
Geschäftsführer(in): Philipp Urban
Mitglieder: 11

f 830

Vereinigung Nordwestdeutscher Schuhfabrikanten e.V.
Postf. 10 07 61, 63007 Offenbach
Waldstr. 44, 63065 Offenbach
T: (069) 82 97 41-0 **Fax:** 81 28 10
Vorsitzende(r): Kurt Seyboldt (ara Shoes AG, Postf. 21 61, 40745 Langenfeld, T: (02173) 10 50, Fax: 10 51 08)
Geschäftsführer(in): Philipp Urban
Mitglieder: 31

f 831

Verband der Schuhindustrie in Rheinland-Pfalz e.V.
Postf. 28 24, 66934 Pirmasens
Exerzierplatzstr. 3, 66953 Pirmasens
T: (06331) 1 30 56 **Fax:** 9 13 66
Vorsitzende(r): Hans Jürg Keller (Peter Kaiser GmbH Schuhfabrik, Postf. 20 64, 66928 Pirmasens, T: (06331) 71 60, Fax: (06331) 71 61 96)
Geschäftsführer(in): Dr. Gernot Litzenburger
Mitglieder: 27

f 832

Verband der Schuhindustrie Mitteldeutschland e.V.
Postf. 10 07 61, 63007 Offenbach
Waldstr. 44, 63065 Offenbach
T: (069) 82 97 41-0 **Fax:** 81 28 10
Vorsitzende(r): Konrad Wukasch (c/o Herkules-Schuh GmbH, Weststr. 18, 04626 Schmölln, T: (034491) 8 05 68, Telefax: (034491) 8 05 71)
Geschäftsführer(in): Philipp Urban
Mitglieder: 5

• F 833

Arbeitsgemeinschaft Schuhe/Leder
Postf. 10 07 61, 63007 Offenbach
T: (069) 82 97 41-0 **Fax:** 81 28 10
Internet: http://www.hds-schuh.de
E-Mail: hds-schuh@t-online.de
Vorsitzende(r): Roland Bieger
Geschäftsführer(in): Philipp Urban

• F 834

Modeausschuß Schuhe im DSI
Waldstr. 44, 63065 Offenbach
T: (069) 8 29 74 10 **Fax:** 81 28 10
Vorsitzende(r): Hermann Hoste (SABU SALAMANDER-BUND GmbH, Postf. 18 09, 70799 Kornwestheim, T: (07154) 20 61, Telefax: (07154) 20 62 86)
Geschäftsführer(in): Philipp Urban

• F 835

PBS Industrie - Industrieverband Papier, Bürobedarf, Schreibwaren im FMI e.V.
Postf. 11 04 31, 40504 Düsseldorf
Leostr. 22, 40545 Düsseldorf
T: (0211) 57 73 91-0 **Fax:** 57 73 91-10
E-Mail: pbs-industrie@fmi.de
Geschäftsführer(in): Thomas Bona

• F 836

Deutscher Verband der Spielwaren-Industrie e.V. (DVSI)
Geschäftsstelle Nürnberg:
Guntherstr. 45b, 90461 Nürnberg
T: (0911) 9 49 68-0 **Fax:** 9 49 68-80
Geschäftsstelle Stuttgart
Heinestr. 169, 70597 Stuttgart
T: (0711) 9 76 58-0, Telefax: (0711) 9 76 58-30/31
Internationaler Zusammenschluß: siehe unter izf 2018
Vorsitzende(r): N.N.
Geschäftsführer(in): Dr. Volker Schmid, Stuttgart
Corinna Printzen, Nürnberg

• F 837

BSI

Bundesverband der Deutschen Sportartikelindustrie e.V. (BSI)
Postf. 11 60, 53581 Bad Honnef
T: (02224) 7 63 81 **Fax:** 7 59 40
E-Mail: BSIeV@aol.com
Gründung: 1910
Präsident(in): Ernst-Albert Holzapfel
Vizepräsident(in): Heinz Kettler
Wolfgang Zorn
Klaus Uhl
Geschäftsführer(in): Siegfried Höhne
Mitglieder: 250
Mitarbeiter: 6

• F 838

BdS Bundesverband der Surfindustrie e.V.
Untermühlstr. 3, 82398 Polling
T: (0881) 93 11-40 **Fax:** 93 11-41
Gründung: 1989 (1. Januar)
Vorstand: Martin Brandner
Mitglieder: 9
Mitarbeiter: 2

• F 839

Vereinigung Deutscher Schmelzhütten Bundesverband Deutscher Aluminium-Schmelzhütten (VDS)
Postf. 20 08 40, 40105 Düsseldorf
Am Bonneshof 5, 40474 Düsseldorf
T: (0211) 45 19 33 **Fax:** 43 10 09
E-Mail: vds-oea.duesseldorf@t-online.de
Gründung: 1940
Vorsitzende(r): Erich Oetinger
Geschäftsführer(in): RA Günter Kirchner

• F 840

BSW

Bundesverband Schwimmbad-, Sauna- und Wassertechnik e.V. (BSSW)
Borsigallee 18, 60388 Frankfurt
T: (069) 42 40 36/37 **Fax:** 42 40 38
Internet: http://www.bssw.net
E-Mail: info@bssw.net
Vorsitzende(r): Roland Wunder, 63865 Johannesberg
Geschäftsführer(in): Friedhelm Welbrink
Mitglieder: z. Zt. 152

• F 841

Arbeitskreis Badewannen (abw) e.V.
Wilhelm-Böhmer-Str. 11, 52372 Kreuzau
T: (02422) 48 21 **Fax:** 90 11 92
Vorsitzende(r): Dipl.-Kfm. Jochen Drewniok (Geschf. der HOESCH Metall + Kunststoffwerk GmbH & Co., Postf. 10 04 24, 52304 Düren)
Geschäftsführer(in): Dipl.-Ing. Herbert Decker (Wilhelm-Böhmer-Str. 11, 52372 Kreuzau)
Mitglieder: 8

• F 842

Industrievereinigung Badeinrichtung (IBE) e.V.
Postf. 11 06 26, 40506 Düsseldorf
T: (0211) 59 40 76
Vorsitzende(r): Hartmut Dalheimer (GF Keuco GmbH, Hemer)
Geschäftsführer(in): RA Rainer Hinkes
Mitglieder: 14

• F 843

Bundesfachverband Saunabau e.V.
Postf. 58 20, 65048 Wiesbaden
Bierstadter Str. 39, 65189 Wiesbaden
T: (0611) 17 36-0 **Fax:** 17 36 20
Vorsitzende(r): Herbert Nonnenmacher (c/o Firma Röger GmbH, Hardtstr. 41-45, 74523 Schwäbisch Hall)
Geschäftsführer(in): RA Dr. jur. Ernst F. Lange
Mitglieder: 16

• F 844

Deutscher Fachverband Solarenergie e.V. (DFS)
Geschäftsstelle
Bertoldstr. 45, 79098 Freiburg
T: (0761) 2 96 20-90 **Fax:** 2 96 20-99
E-Mail: dfs.freiburg@t-online.de
Gründung: 1979
1. Vorsitzende(r): Olaf Fleck (Sunset Energietechnik GmbH, T: (09195) 94 94 0)
1. stellv. Vors.: Helmut Jäger (i.Fa. Solvis Energiesysteme GmbH + Co. KG, Marienberger Str. 1, 38122 Braunschweig, T: (0531) 28 90 422)
2. stellv. Vors.: Miranda Stender (ThermoLUX GmbH)
Schatzmeister: Michael Schäfer (energie bau köln GmbH, T: (0221) 8 90 20 33)
Leitung Presseabteilung: Gerhard Stryi-Hipp
Mitglieder: 250

• F 845

Solarenergie-Förderverein e.V. (SFV)
Herzogstr. 6, 52070 Aachen
T: (0241) 51 16 16 **Fax:** 53 57 86
Vorsitzende(r): Prof. Dr.-Ing. Adolf Müller-Hellmann
2. Vorsitzende(r): Dr.-Ing. Bernd Brinkmeier
Geschäftsführer(in): Dipl.-Ing. Wolf von Fabeck

• F 846

Forschungsgesellschaft Stahlverformung e.V. (FSV)
Postf. 40 09, 58040 Hagen
Goldene Pforte 1, 58093 Hagen
T: (02331) 95 88-41 **Fax:** 5 10 46
Internet: http://www.ids.wsu.de/internet/portrait/fsv.html
E-Mail: swidderm@ids.wsu.de
Gründung: 1958
Vorsitzende(r): Dr.-Ing. Thomas Herlan
Geschäftsführer(in): Dipl.-Math. Sabine Widdermann
Mitglieder: 5 Fachverbände

• F 847

WSU Wirtschaftsverband Stahlumformung e.V.
Postf. 40 09, 58040 Hagen
Goldene Pforte 1, 58093 Hagen
T: (02331) 95 88-0 **Fax:** 5 10 46
E-Mail: wsu@wsu.de
Zweigstelle Düsseldorf:
Postf. 30 10 42, 40410 Düsseldorf
Kaiserswerther Str. 137, 40474 Düsseldorf
T: (0211) 4 78 06-0, Fax: 4 78 06 22
Internationaler Zusammenschluß: siehe unter izf 2408
Präsident(in): Jürgen R. Thumann (Geschäftsführender Gesellschafter Heitkamp und Thumann GmbH & Co.)
Hauptgeschäftsführer(in): Dipl.-Phys. Hans-Dieter Oelkers
Stellvertretende Hauptgeschäftsführer: Dr. Friedrich Neuhaus
Dr. Theodor L. Tutmann

f 848

Fachverband Betonstahlmatten e.V.
Postf. 30 01 65, 40401 Düsseldorf
Kaiserswerther Str. 137, 40474 Düsseldorf
T: (0211) 45 64-255 **Fax:** 45 64-218
Internet: http://www.betonstahlmatten.de
E-Mail: mail@betonstahlmatten.de
Vorsitzende(r): Reinhard Luck (Geschäftsführer, Delta Draht GmbH, Eberbach)
Geschäftsführer(in): RA Michael Wilcke

f 849

Industrieverband Blechumformung e.V. (IBU)
Postf. 9 44, 58009 Hagen
Goldene Pforte 1, 58093 Hagen
T: (02331) 95 88-31 **Fax:** 5 10 46
Internet: http://www.ibu.wsu.de
E-Mail: hfunke@ibu.wsu.de

Vorsitzende(r): Dr.-Ing. Gerhard Brüninghaus (Geschäftsf. Gesellschafter der Brüninghaus & Drissner GmbH, Hilden)
Geschäftsführer(in): RA Klaus Lehmann

f 850

Drahtseil-Vereinigung e.V.

Postf. 30 02 52, 40402 Düsseldorf
Kaiserswerther Str. 137, 40474 Düsseldorf
T: (0211) 45 64-251 **Fax:** 43 14 88
Internationaler Zusammenschluß: siehe unter izf 1025
Vorsitzende(r): Heribert Götze (Drahtseilerei Gustav Kocks GmbH, Mülheim an der Ruhr)
Geschäftsführer(in): Udo Witzens

f 851

Vereinigung Deutscher Drahtwebereien e.V.

Postf. 30 10 42, 40410 Düsseldorf
Kaiserswerther Str. 137, 40474 Düsseldorf
T: (0211) 45 64-2 58 **Fax:** 45 64-218
E-Mail: mail@betonstahlmatten.de
Vorsitzende(r): Dr. Stephan Kufferath-Kassner (Geschäftsf. Gesellschafter der GKD-Gebr. Kufferath GmbH & Co. KG, Düren)
Geschäftsführer(in): RA Michael Wilcke

f 852

Eisendraht- und Stahldraht-Vereinigung e.V.

Kaiserswerther Str. 137, 40474 Düsseldorf
T: (0211) 45 64-2 37 **Fax:** 4 54 33 76
Vorsitzende(r): Werner Pampus (Geschäfts. Gesellschafter und Vors. der Geschäftsführung Westfälische Drahtindustrie GmbH, Hamm)
Geschäftsführer(in): Udo Witzens

f 853

Verband der Deutschen Federnindustrie

Postf. 38 03, 58038 Hagen
Goldene Pforte 1, 58093 Hagen
T: (02331) 95 88-51 **Fax:** 58 74 84
Internet: http://www.vdfi.wsu.de
E-Mail: kontakt@vdfi.wsu.de
Vorsitzende(r): Fahrzeugfedern: Klaus Bölling (Geschäftsführer Krupp Hoesch Federn GmbH, Werdohl)
Vorsitzende(r): Kaltgeformte Federn: Dr. Bernt Schroer (Geschäftsführender Gesellschafter Wilh. Brand KG, Anröchte)
Geschäftsführer(in): Dipl.-Ing.,Dipl.-Wirtsch.-Ing. Horst Dieter Dannert

f 854

Industrieverband Härtetechnik

Postf. 9 02, 58009 Hagen
Goldene Pforte 1, 58093 Hagen
T: (02331) 95 88-21 **Fax:** 5 10 46
E-Mail: benneker@iht.wsu.de
Vorsitzende(r): Jürgen Schmidthaus (Geschäftsführer und Inhaber der Härterei Schmidthaus GmbH, Langscheider Str. 36-44, 58339 Breckerfeld)
Geschäftsführer(in): Dipl.-Volksw. Heinrich Benneker

f 855

Fachvereinigung Kaltwalzwerke e.V.

Postf. 30 03 33, 40403 Düsseldorf
Kaiserswerther Str. 137, 40474 Düsseldorf
T: (0211) 4 78 06-0 **Fax:** 4 78 06-22
E-Mail: fvk-fvp@t-online.de
Vorsitzende(r): Dr. Kai Wilke (i. Fa. Risse + Wilke GmbH & Co.KG, Hagen)
Geschäftsführer(in): Dr. Friedrich Neuhaus

f 856

Fachverband Ketten e.V.

c/o Wirtschaftsverband Stahlumformung e.V.
Postf. 40 09, 58040 Hagen
T: (02331) 95 88-0 **Fax:** 5 10 46
Vorsitzende(r): Christoph Schulte (Hönnetaler Kettenfabrik Schulte & Co., Sundern)

f 857

Fachvereinigung Präzisionsrohrwerke e.V.

Postf. 30 03 64, 40403 Düsseldorf
Kaiserswerther Str. 137, 40474 Düsseldorf
T: (0211) 4 78 06-0 **Fax:** 4 78 06-22
E-Mail: fvk-fvp@t-online.de
Vorsitzende(r): Dipl.-Volksw. Paul Deventer (MHP Mannesmann, Präzisrohr GmbH, Hamm)
Geschäftsführer(in): Dr. Friedrich Neuhaus

f 858

Fachverband Pulvermetallurgie

Postf. 9 21, 58009 Hagen
Goldene Pforte 1, 58093 Hagen
T: (02331) 95 88 17 **Fax:** 95 87 17
E-Mail: mschliep@wsu.de
Vorsitzende(r): Dr.-Ing. Lothar Albano-Müller (GKN Sinter Metals Service GmbH, Radevormwald)
Geschäftsführer(in): Dipl.-Phys. Hans-Dieter Oelkers

f 859

Industrieverband Deutscher Schmieden e.V. (IDS)

Postf. 38 23, 58038 Hagen
Goldene Pforte 1, 58093 Hagen
T: (02331) 95 88-0 **Fax:** 5 10 46
Internet: http://www.ids.wsu.de
E-Mail: ids@ids.wsu.de
Internationaler Zusammenschluß: siehe unter izf 2509
Vorsitzende(r): Dr.-Ing. Manfred Hirschvogel (Geschäftsf. Gesellschafter Hirschvogel Umformtechnik GmbH, Denklingen)
Geschäftsführer(in): RA Dr. Theodor L. Tutmann

f 860

Deutscher Schraubenverband e.V.

Postf. 6 66, 58006 Hagen
Goldene Pforte 1, 58093 Hagen
T: (02331) 95 88 49 **Fax:** 5 10 44
Vorsitzende(r): Tillmann Fuchs (Geschäftsf. Gesellschafter Fuchs Schraubenwerk GmbH, Siegen)
Geschäftsführer(in): Dipl.-Phys. Frank Naumann

f 861

Schweißelektroden-Vereinigung e.V.

Postf. 30 02 52, 40402 Düsseldorf
Kaiserswerther Str. 137, 40474 Düsseldorf
T: (0211) 45 64-2 51 **Fax:** 43 14 88
Internationaler Zusammenschluß: siehe unter izf 482
Vorsitzende(r): Dr. Rainer Ortmann (Geschäftsführer Böhler Thyssen Special Welding, Hamm)
Geschäftsführer(in): Udo Witzens

f 862

Stabziehereien-Vereinigung e.V.

Postf. 30 09 23, 40409 Düsseldorf
Kaiserswerther Str. 137, 40474 Düsseldorf
T: (0211) 45 64-251 **Fax:** 43 14 88
Vorsitzende(r): Werner Pampus (Geschäftsf. Gesellschafter und Vors. der Geschäftsführung Westfälische Drahtindustrie GmbH, Hamm)
Geschäftsführer(in): Udo Witzens

f 863

Fachvereinigung Stahlflanschen e.V.

Kaiserswerther Str. 137, 40474 Düsseldorf
T: (0211) 4 56 42 45 **Fax:** 4 56 42 46
Vorsitzende(r): Peter Behrend (Geschäftsf. Gesellschafter Mitteldeutscher Flanschenhandel Bebitz GmbH (MFB))
Geschäftsführer(in): Peter Krause

f 864

Fachvereinigung Rohrleitungs-Formstücke e.V. (FRF)

Siekmannstr. 7, 49393 Lohne
Vorsitzende(r): Horst Hageböke (Geschäftsführer Siekmann-Fittings, Lohne)

f 865

Industrieverband Stahlverarbeitung e.V. (IVS)

Postf. 10 01 53, 57001 Siegen
Spandauer Str. 25, 57072 Siegen
T: (0271) 5 30 38 **Fax:** 5 67 69
Vorsitzende(r): Dipl.-Kfm. F. W. Hammer (Geschäftsf. Gesellschafter Rohrleitungs- und Apparatebau Weigel GmbH & Co. KG, 57080 Siegen)
Geschäftsführer(in): Dipl.-Ing. Volker Goergen

• **F 866**

IBU
INDUSTRIEVERBAND
BLECHUMFORMUNG

Industrieverband Blechumformung e.V. (IBU)

Postf. 9 44, 58009 Hagen
Goldene Pforte 1, 58093 Hagen
T: (02331) 95 88-31 **Fax:** 5 10 46
Internet: http://www.ibu.wsu.de
E-Mail: hfunke@ibu.wsu.de
Vorsitzende(r): Dr.-Ing. Gerhard Brüninghaus (Geschäftsführer der Brüninghaus & Drissner GmbH, Hilden)
Geschäftsführer(in): RA Klaus Lehmann
Verbandszeitschrift: IBU-Rundschreiben

Wir sind Dienstleister unserer Mitgliedsunternehmen in allen wirtschaftlichen und technischen Fragen, organisieren Erfahrungsaustausch und Kooperationen zwischen ihnen und vertreten ihre Interessen national und international

f 867

Industrieverband Blechumformung e.V. - Regionalvertretung Ost

Buchenstr. 12, 01097 Dresden
T: (0351) 8 06 07-0 **Fax:** 8 06 07-23
Internet: http://www.vdma.org
E-Mail: paetz_lgst@vdma.org
Leiter(in): Dipl.-Wirtsch.-Ing. Reinhard Pätz

• **F 868**

Verband der Deutschen Federnindustrie

Postf. 38 03, 58038 Hagen
Goldene Pforte 1, 58093 Hagen
T: (02331) 95 88-51 **Fax:** 58 74 84
Internet: http://www.vdfi.wsu.de
E-Mail: kontakt@vdfi.wsu.de
Vorsitzende(r): Klaus Bölling (Geschäftsführer Krupp Hoesch Federn GmbH)
Geschäftsführer(in): Dipl.-Ing.,Dipl.-Wirtsch.-Ing. Horst Dieter Dannert

angeschlossen:

f 869

Verband der Deutschen Federnindustrie -Fahrzeugfedern - e.V.

Postf. 38 03, 58038 Hagen
Goldene Pforte 1, 58093 Hagen
T: (02331) 95 88-51 **Fax:** 58 74 84
Vorsitzende(r): Klaus Bölling (GF Krupp Hoesch Federn GmbH)
Geschäftsführer(in): Dipl.-Ing.,Dipl.-Wirtsch.-Ing. Horst Dieter Dannert

f 870

Verband der Deutschen Federnindustrie -Kaltgeformte Federn-

Postf. 38 32, 58038 Hagen
Goldene Pforte 1, 58093 Hagen
T: (02331) 95 88-51 **Fax:** 58 74 84
Vorsitzende(r): Dr. Bernt Schroer (Geschf. Ges. d. Fa. Wilh. Brand KG und Märkisches Federnwerk GmbH & Co. KG, Postf. 12 61, 59604 Anröchte, Völlinghauser Str. 44, 59609 Anröchte)
Geschäftsführer(in): Dipl.-Ing.,Dipl.-Wirtsch.-Ing. Horst Dieter Dannert

• **F 871**

FPM

Fachverband Pulvermetallurgie

Postf. 9 21, 58009 Hagen
Goldene Pforte 1, 58093 Hagen
T: (02331) 95 88 17 **Fax:** 95 87 17
E-Mail: mschliep@wsu.de
Vorsitzende(r): Dr.-Ing. Lothar Albano-Müller (GKN Sinter Metals Service GmbH)
Geschäftsführer(in): Dipl.-Phys. Hans-Dieter Oelkers

• **F 872**

Bundesfachverband Sonnenlicht-Systeme e.V. (SLS)

Danneckerstr. 37, 70182 Stuttgart
T: (0711) 2 36 47 16 **Fax:** 2 37 62 10
Internet: http://www.solarium.to
E-Mail: vhk.sls@t-online.de
Vorstand: Dipl.-Betriebsw. Jörg Wolff (Fa. Cosmedico Licht GmbH, Kölner Str. 8, 70376 Stuttgart)
Geschäftsführer(in): RA Jürgen Bock
Mitglieder: 14

• **F 873**

Verband Deutscher Werkzeug- und Formenbauer (VDWF)

Waldweg 11, 73066 Uhingen
T: (07161) 3 49 02 **Fax:** 3 46 07
Internet: http://www.vdwf.de
E-Mail: doettling@t-online.de
Gründung: 1993 (Januar)
Präsident(in): Prof. Dr. Garbrecht
Vizepräsident(in): Rolf Helle
Hauptgeschäftsführer(in): Dieter Döttling

Verbandszeitschrift: VDWF aktuell
Redaktion: Birgit Hummler-Schaufler
Verlag: Druckerei Dischner

• F 874

Deutscher Stahlbau-Verband DSTV
Sohnstr. 65, 40237 Düsseldorf
T: (0211) 6 70 78 00 **Fax:** 6 70 78 20
Internet: http://www.deutscherstahlbau.de
E-Mail: contact@deutscherstahlbau.de
Gründung: 1904
Internationaler Zusammenschluß: siehe unter izf 362
Präsident(in): Dipl.-Ing. Rainer Müller-Donges
Hauptgeschäftsführer(in): Dipl.-Ing. Gerhard Buchmeier
Leitung Presseabteilung: Norbert Opfermann (M.A.)
Verbandszeitschrift: Stahlbau Nachrichten
Mitglieder: ca. 500
Mitarbeiter: 20

Interessenvertretung und Serviceleistungen für die Stahlbaubranche

angeschlossen

f 875

Deutscher Stahlbau-Verband DSTV Geschäftsstelle Bayern
Carl-Zeiss-Str. 6, 85748 Garching
T: (089) 32 62 78 93 **Fax:** 32 92 80 43
Leitung: Dipl.-Volksw. Cornelia von Kapff

f 876

Deutscher Stahlbau-Verband DSTV Geschäftsstelle Leipzig
Arno-Nitzsche-Str. 45, 04277 Leipzig
T: (0341) 86 65-250 **Fax:** 86 65-508
Leiter(in): Prof. Dr.-Ing. Dieter Golembiewski

• F 877

SET

Wirtschaftsverband Stahlbau und Energietechnik SET e.V. (SET)
Postf. 32 04 20, 40419 Düsseldorf
Sternstr. 36, 40479 Düsseldorf
T: (0211) 4 98 70-0, 4 98 70-92 **Fax:** 4 98 70-36
E-Mail: SETeV@AOL.com
Gründung: 1935/1946
Vorsitzende(r): Dr.-Ing. Sigfrid Michelfelder
Geschäftsführer(in): Dr.-Ing. Reinhard Maaß

Förderung der gemeinsamen wirtschaftlichen Interessen seiner Mitgliedsverbände; Vertretung seiner Mitglieder (insb. Industriegruppe 31) in der Öffentlichkeit und gegenüber amtlichen und nichtamtlichen Stellen.

angeschlossen

f 878

Fachverband Dampfkessel-, Behälter- und Rohrleitungsbau e.V. (FDBR)
Postf. 32 04 20, 40419 Düsseldorf
Sternstr. 36, 40479 Düsseldorf
T: (0211) 4 98 70-0 **Fax:** 4 98 70-36
Internet: http://www.fdbr.de
E-Mail: fdbr@aol.com
Internationaler Zusammenschluß: siehe unter izf 1535
Vorsitzende(r): Dipl.-Ing. H. Martin
Geschäftsführer(in): Dr.-Ing. Reinhard Maaß
Fachbereiche:
Wasserrohrkessel:
Vorsitzende(r): Dipl.-Ing. H. Martin, Oberhausen
Großwasserraumkessel und Schnelldampferzeuger:
Vorsitzende(r): Dipl.-Ing. E.A. Baumgarte (Eisenwerk Baumgarte Kessel- u. Apparatebau GmbH, Bielefeld)
Feuerungen und Abgasvorwärmer:
Vorsitzende(r): Dr.-Ing. Sigfrid Michelfelder (Babcock Borsig GmbH, Oberhausen)
Behälter:
Vorsitzende(r): Dipl.-Ing. J. Fuest (Gronemeyer u. Banck KG, Steinhagen)
Rohrleitungen:
Vorsitzende(r): Dipl.-Ing. G. Schmidt (Dipl.-Ing. H. Weber GmbH & Co., Pulheim)
Umweltschutzanlagen:
Vorsitzende(r): Dr.-Ing. G. Danadimos (Lurgi Entsorgung GmbH, Ratingen)
Verfahrenstechnische Anlagen:
Vorsitzende(r): Dipl.-Ing. H. Bucher (Philipp Müller GmbH, Stuttgart)
Kerntechnische Anlagen:
Vorsitzende(r): Dipl.-Ing. R. Hultzsch (Kraftanlagen Anlagentechnik München GmbH, München)
Stahlbaukonstruktionen:
Vorsitzende(r): Dr.-Ing. R. Reichelt (ThyssenKrupp EnCoke GmbH, Bochum)
Beratung und sonstige Dienstleistungen:
Vorsitzende(r): Prof. Dr. B. Braun (TÜV Rheinland Holding AG, Köln)
Mitglieder: 150

Förderung und Vertretung der gemeinsamen technischen und wirtschaftlichen Interessen seiner Mitglieder.

f 879

Fachverband Stahlblechverarbeitung e.V.
Postf. 10 20, 58010 Hagen
Hochstr. 113, 58095 Hagen
T: (02331) 20 08-0 **Fax:** 20 08-40
E-Mail: fasta=vStosch@t-online.de
Präsident(in): Dipl.-Ing. Manfred Wilke (Novoferm GmbH Metalltürenwerke, Isselburger Str. 31, 46459 Rees-Haldern, T: (02850) 9 10-0, Fax: 9 10-1 26)
Vizepräsident(in): Hans Sagemüller (Rietberg-Werke GmbH & Co. KG, Bahnhofstr. 55, 33397 Rietberg, T: (05244) 9 83-3 20, Fax: 9 83-3 33)
Geschäftsführer(in): Günter Neuhaus

f 880

Verband der Deutschen Bahnindustrie e.V. (VDB)
Lindenstr. 30, 60325 Frankfurt
T: (069) 72 72 44-45 **Fax:** 72 72 94
Präsident(in): Dipl.-Kfm. Peter Witt (Vors. d. GeschF der DWA Deutsche Waggonbau GmbH, Kablower Weg 89, 12526 Berlin)
Hauptgeschäftsführer(in): Dipl.-Ing. Joachim Körber
Geschäftsführer(in): Dipl.Wi.Ing Norbert G. Liebler
Mitglieder: 69

Förderung der gemeinsamen Interessen auf allen Gebieten der Bahnindustrie sowie verwandter und angrenzender Fachgebiete.

f 881

Bundesverband Feuerlöschgeräte und -anlagen e.V. (bvfa)
Postf. 59 20, 97009 Würzburg
Koellikerstr. 13, 97070 Würzburg
T: (0931) 3 52 92-0 **Fax:** 3 52 92-29
Internet: http://www.bvfa.de
Internationaler Zusammenschluß: siehe unter izf 1583
Vorsitzende(r): Dr.-Ing. Jan H. Hamkens (Fa. Minimax GmbH, Bad Oldesloe)
Geschäftsführer(in): Dr. Wolfram Krause
Mitglieder: 75

• F 882

Stahlbauvereinigung Baden-Württemberg e.V.
Postf. 10 17 40, 75117 Pforzheim
Siegfriedstr. 42, 75179 Pforzheim
T: (07231) 35 10 78 **Fax:** 31 42 71
Vorsitzende(r): Dipl.-Ing. Karl Küffner
Geschäftsführer(in): Dipl.-Ing. Manfred J. Bischoff
Mitglieder: 54
Mitarbeiter: 3

• F 883

Verband Deutscher Gewächshaushersteller e.V. (VDGH)
Postf. 10 17 40, 75117 Pforzheim
Siegfriedstr. 42, 75179 Pforzheim
T: (07231) 35 10 78 **Fax:** 31 42 71
Präsident(in): Max Gabler
Geschäftsführer(in): Dipl.-Ing. Manfred J. Bischoff
Mitglieder: 9
Mitarbeiter: 3

• F 884

Arbeitsgemeinschaft für die Entwicklung von Qualitätssystemen e.V. (AQS)
Postf. 10 17 40, 75117 Pforzheim
Siegfriedstr. 42, 75179 Pforzheim
T: (07231) 35 10 78 **Fax:** 31 42 71
Vorsitzende(r): Dipl.-Ing. Karl Küffner
Geschäftsführer(in): Dipl.-Ing. Manfred J. Bischoff
Mitglieder: 52

• F 885

Interessengemeinschaft Kaltfließpreßteile
Heinestr. 169, 70597 Stuttgart
T: (0711) 9 76 58-0 **Fax:** 9 76 58-30
E-Mail: FVerband@aol.com
Geschäftsführer(in): Dr. Volker Schmid

• F 886

Bundesverband Baustoffe - Steine und Erden e.V.
Postf. 15 01 62, 60061 Frankfurt
Friedrich-Ebert-Anlage 38, 60325 Frankfurt
T: (069) 75 60 82-0 **Fax:** 75 60 82 12
Internet: http://www.baustoffindustrie.de
E-Mail: bvbaustoffe@aol.com
Internationaler Zusammenschluß: siehe unter izf 2548
Präsident(in): Dr. jur. Jürgen Lose (Vorsitzender des Aufsichtsrates der Dyckerhoff AG, Wiesbaden)
Hauptgeschäftsführer(in): RA Dr. Wolfgang Mack
Geschäftsführer(in): Dipl.-Volksw. Artur Kissinger

Überregionaler Dachverband des Industriebereichs Steine und Erden; Vertretung der gemeinsamen wirtschaftspolitischen Interessen der 23 unmittelbar sowie der mittelbar angeschlossenen Mitgliedverbände

Bundesfachverbände:

Bundesverband Deutsche Beton- und Fertigteilindustrie e.V.
Fachverband Eisenhüttenschlacken e.V.
Verband der Deutschen Feuerfest-Industrie e.V.
Industrieverband Keramische Fliesen + Platten e.V.
Bundesverband der Gips- und Gipsbauplattenindustrie e.V.
Bundesverband der Deutschen Kalkindustrie e.V.
Bundesverband Kalksandsteinindustrie e.V.
Bundesverband Keramische Rohstoffe
Bundesverband der Deutschen Kies- und Sandindustrie e.V.
Bundesverband der Leichtbauplatten-Industrie e.V.
Bundesverband Leichtbetonzuschlag-Industrie (BLZ) e.V.
Fachvereinigung Mineralfaserindustrie e.V. (FMI)
Fachgruppe Mineralwolle-Dämmstoffe
Bundesverband der Deutschen Mörtelindustrie e.V.
Bundesverband Naturstein-Industrie e.V.
Deutscher Naturwerkstein-Verband e.V.
Bundesverband Porenbetonindustrie e.V.
Bundesverband der Deutschen Recycling-Baustoff-Industrie e.V.
Fachverband Steinzeugindustrie e.V.
Bundesverband der Deutschen Transportbetonindustrie e. V.
Bundesverband der Deutschen Zementindustrie e.V.
Bundesverband der Deutschen Ziegelindustrie e.V.
Bayerischer Industrieverband Steine und Erden e.V.
Industrieverband Steine und Erden Baden-Württemberg e.V.

Landesverbände

f 887

Industrieverband Steine und Erden Baden-Württemberg e.V.
Robert-Bosch-Str. 30, 73760 Ostfildern
T: (0711) 3 48 37-0 **Fax:** 3 48 37-27
Internet: http://www.iste.de
E-Mail: verband@iste.de
Präsident(in): Dr. Rolf Mohr (i.Fa. Meichle & Mohr GmbH)
Hauptgeschäftsführer(in): Dipl.-Volksw. Hans Croonenbroeck

f 888

Bayerischer Industrieverband Steine und Erden e.V.
Postf. 15 02 40, 80042 München
Beethovenstr. 8, 80336 München
T: (089) 51 40 30 **Fax:** 5 32 83 59
Präsident(in): Senator Dr. Lothar Bäumler (Erste Bayerische Basaltstein AG, Mitterteich)
Hauptgeschäftsführer(in): Dipl.-Ing. Guntram Zanker (E-Mail: hgf@steine-erden-by.de)
Geschäftsführer(in): RA'in Ursula Wagner (Geschäftsbereich Arbeitsrecht und Tarifpolitik, Beethovenstr. 8, 80336 München, E-Mail: arbr-tarif@steine-erden-by.de)

Fachverbände

• F 889

Verband der Faserzement-Industrie e.V.
Ernst-Reuter-Platz 8, 10587 Berlin
T: (030) 3 48 52 61 **Fax:** 3 48 52 62
Gründung: 1957
Vorsitzende(r): Dipl.-oec. Werner Rüberg (Vors. d. Vorst. d. Eternit AG, Berlin)
Geschäftsführer(in): Thomas Kaczmarek, Berlin
Mitglieder: 5

Wahrnehmung und Förderung der ideellen und wirtschaftlichen Interessen der Faserzement-Industrie in der Bundesrepublik Deutschland.

• F 890

Bundesverband Deutsche Beton- und Fertigteilindustrie e.V. (BDB)
Postf. 21 02 67, 53157 Bonn
Schloßallee 10, 53179 Bonn
T: (0228) 9 54 56-0 **Fax:** 9 54 56-90
Internet: http://www.betoninfo.de
E-Mail: betoninfo@lg.elge.de
Internationaler Zusammenschluß: siehe unter izf 1950
Präsident(in): Dipl.-Ing. Rolf Werle (Readymix Betonbauteile GmbH, Postf. 16 17, 40836 Ratingen, Daniel-Golbach-Str. 25, 40880 Ratingen, T: (02102) 40 15 80, Telefax: (02102) 40 16 35)
Vizepräsident(in): Dipl.-Ing. Klaus Dürkop (Weser Bauelemente Werk GmbH, Alte Todenmanner Str. 39, 31737 Rinteln, T: (05751) 96 04-0, Telefax: (05751) 96 04 42)
Karl Kronimus (Kronimus AG Betonsteinwerke, Josef-Herrmann-Str. 6, 76473 Iffezheim, T: (07229) 69-0, Fax: (07229) 6 91 99)
Geschäftsführer(in): Dipl.-Ing. Dieter Schwerm
Mitglieder: 1150

Landesverbände

f 891

Fachverband Beton- und Fertigteilwerke Baden-Württemberg e.V.
Reutlinger Str. 16, 70597 Stuttgart
T: (0711) 9 76 62-0 **Fax:** 9 76 62-50
Internet: http://www.betonservice.de/fbf_bw
E-Mail: FBF_BW@betonservice.de
Präsident(in): Karl Kronimus (Kronimus AG Betonsteinwerke, Josef-Herrmann-Str. 6, 76473 Iffezheim)
Hauptgeschäftsführer(in): Dr.-Ing. Karl Hornung
Geschäftsführer(in): Dipl. oec. Ulrich Lotz

f 892

Bayerischer Industrieverband Steine und Erden e.V.
Fachabt. Beton- und Fertigteilwerke
Beethovenstr. 8, 80336 München
T: (089) 51 40 30 **Fax:** 51 40 31 83
Internet: http://www.betonbauteile-by.de
E-Mail: betonbauby@aol.com
Vorsitzende(r): Michael Kühne (Betonwerk Kühne GmbH & Co KG, Sudetenstr. 70, 82538 Geretsried, T: (08171) 3 10 74, Telefax: (08171) 8 03 02)
Geschäftsführer(in): Dipl.-Ing. (FH) Wolfgang Zauner

f 893

Verband Beton- und Fertigteilindustrie Mitte-Ost e.V.
Geschäftsstelle Berlin:
Münsterberger Weg 91-95, 12621 Berlin
T: (030) 56 70 22 21 **Fax:** 56 70 22 22
Geschäftsstelle Magdeburg:
Hegelstr. 28, 39194 Magdeburg
T: (0391) 53 23 40, Fax: 5 32 34 40
Vorsitzende(r): Dr.-Ing. Gunnar Francke (Suding Beton- u. Kieswerk GmbH, Dorfstr. 57, 39606 Kleinau, T: (039399) 9 66 66, Fax: 9 67 99)
Geschäftsführer(in): RA Gerald Rollett

f 894

Fachgruppe Betonfertigteile und Betonwerkstein (innerhalb der Fachgemeinschaft Bau Berlin und Brandenburg e.V.)
Nassauische Str. 15, 10717 Berlin
T: (030) 86 00 04-0 **Fax:** 86 00 04-43
Leiter d. FG: Handwerksmeister Siegfried Kurowsky
Betreuer d. FG: Dipl.-Ing. Klaus Jüttner

f 895

Fachverband Betonfertigteile Hessen e.V.
Grillparzerstr. 13, 65187 Wiesbaden
T: (0611) 89 08 50 **Fax:** 8 90 85 10
E-Mail: agvseht@ibm.net
Vorsitzende(r): Jürgen Braas (Ostpreußenstr. 36, 61381 Friedrichsdorf)
Hauptgeschäftsführer(in): RA Axel Diedenhofen

f 896

Verband der Beton- und Fertigteilindustrie Mecklenburg/Vorpommern e.V.
Platz der Freundschaft 1, 18059 Rostock
T: (0381) 44 82 18/19, 44 21 12 **Fax:** 4 00 04 23
Vorsitzende(r): Dipl.-Ing. (FH) Wolfgang Theil (Barther Beton-Fertigteile-Werk GmbH, Vogelsang, 18356 Barth, T: (038231) 6 78 99)
Geschäftsführer(in): Dipl.-Ing. Günther Sponholz

f 897

Verband Beton- und Fertigteilindustrie Nord e.V.
Raiffeisenstr. 8, 30938 Burgwedel
T: (05139) 99 94-30 **Fax:** 99 94-50
Internet: http://www.t-online.de/home/betonverbaende-nord
E-Mail: betonverbaende-nord@t-online.de
Vorsitzende(r): Bau-Kfm. Volker F.A. Martin (SP-Beton GmbH & Co. KG, Buchhorster Weg 2-10, 21481 Lauenburg/Elbe, T:(04153) 59 06-0, Fax: 59 06-941)
Geschäftsführer(in): RA Hans-Jürgen Günther
Dr.-Ing. Franz Blume

Wahrung und Förderung der gemeinsamen - insbesondere der ideellen und sozialpolitischen Interessen der Mitglieder.

f 898

Landesverband Beton- und Fertigteilindustrie Nordrhein-Westfalen e.V.
Friedrich-Ebert-Str. 37-39, 40210 Düsseldorf
T: (0211) 35 34 38-39 **Fax:** 16 24 98
E-Mail: lv-beton-nrw@t-online.de
Vorsitzende(r): Peter Klostermann (Heinrich Klostermann GmbH & Co KG Betonwerke, HV, Postfach 14 04, 48634 Coesfeld, T: (02541) 7 49-0)
Geschäftsführer(in): RA Bernd Mosblech

f 899

Güteschutz und Landesverband Beton- und Bimsindustrie Rheinland-Pfalz e.V.
Friedrich-Ebert-Str. 11-13, 67433 Neustadt
T: (06321) 8 52-0 **Fax:** 8 52-216
Vorsitzende(r): Joachim Altenhofen (Behr Therm GmbH & Co. KG, Auf dem Teich 10, 56645 Nickenich, T: (02632) 8 20 78, Fax: 8 18 53)
Geschäftsführer(in): RA Heinrich Klotz
Dipl.-Ing. Armin Neunast

f 900

Verband der Baustoffindustrie Saarland e.V.
Gruppe Betonindustrie
Franz-Josef-Röder-Str. 9V, 66119 Saarbrücken
T: (0681) 5 35 21 **Fax:** 58 42 47
Vorsitzende(r): Dipl.-Wirtsch.-Ing. Thomas Büscher (Baustoffwerk Sehn GmbH & Co., Oststr. 65, 66386 St. Ingbert)
Geschäftsführer(in): RA Armin Dietzen

f 901

Fachverband Beton- und Fertigteilwerke Sachsen/Thüringen e.V.
Geschäftsstelle Dresden:
Postf. 12 05 44, 01006 Dresden
Uhlandstr. 39, 01069 Dresden
T: (0351) 4 70 58-32, -33 **Fax:** 4 70 58-30
Geschäftsstelle Erfurt:
Pförtchenstr. 1, 99096 Erfurt
T: (0361) 2 25 14 18, Fax: 2 25 14 24
Vorsitzende(r): Dipl.-Ing. (FH) Roland Haas (Leonhard & Sohn KG Betonwerke Chemnitz, Fischweg 27, 09114 Chemnitz, T: (0371) 47 25-0, Fax: 47 25-100)
Geschäftsführer(in): RA Dieter Mefus
Ing. Frank Stephan

f 902

Fachvereinigung Deutscher Betonfertigteilbau e.V. (FB)
Postf. 21 02 67, 53157 Bonn
Schloßallee 10, 53179 Bonn
T: (0228) 9 54 56-56 **Fax:** 9 54 56-90
Vorsitzende(r): Dipl.-Ing. Helmut Bürkle
Dipl.-Ing. Lutz Paulus
Geschäftsführer(in): Dipl.-Ing. Dieter Schwerm

f 903

Fachvereinigung Betonrohre und Stahlbetonrohre e.V. im BDB e.V. (FBS)
Postf. 21 02 67, 53157 Bonn
Schloßallee 10, 53179 Bonn
T: (0228) 9 54 56-54 **Fax:** 9 54 56-43
Internet: http://www.fbsrohre.de
E-Mail: fbsbonn@aol.com
Gründung: 1987 (27. Januar)
Vorsitzende(r): Dipl.-Ing. Gert Bellinghausen (Siegburger Betonwerk Bellinghausen & Co, Buisdorfer Str. 36, 53757 St. Augustin, T: (02241) 59 99-0, Telefax: (02241) 59 99 88)
Dipl.-Ing. Toni Dolfen (Dyckerhoff & Widmann AG Betonwerk Neuss, Heerdterbuschstr. 8, 41460 Neuss, T: (02131) 1 86-0, Telefax: (02131) 18 62 49)
Geschäftsführer(in): Dipl.-Ing. Wilhelm Niederehe

f 904

Fachvereinigung Betonprodukte für Straßen-, Landschafts- und Gartenbau e.V. (SLG)
Postf. 21 02 67, 53157 Bonn
Schloßallee 10, 53179 Bonn
T: (0228) 9 54 56 21 **Fax:** 9 54 56 90
Vorsitzende(r): Ing. Heinz Baumgartner (BKN GmbH, Teltomat Maschinen GmbH, Drewitzer Str. 44, 14478 Potsdam, T: (0331) 8 69 99-13, Fax: 8 69 99-29)
Geschäftsführer(in): Dipl.-Ing. Dietmar Klonska
Mitglieder: 35

f 905

Fachvereinigung Leichtbeton e.V.
Sandkauler Weg 1, 56564 Neuwied
T: (02631) 2 22 27 **Fax:** 3 13 36
Vorsitzende(r): Dr. Heinz Geenen (Kann GmbH, Baustoffwerke, Bendorfer Str., 56170 Bendorf-Mülhofen, T: (02622) 70 70, Fax: 70 71 62/65)
Geschäftsführer(in): Dipl.-Ing. Armin Neunast

f 906

Gesellschaft zur Förderung der Spannbetonschwelle e.V. im BDB e.V.
Beethovenstr. 8, 80336 München
T: (089) 5 14 03-0 **Fax:** 5 32 83 59
Vorsitzende(r): Dipl.-Ing. Rudolf Gerlach (Walter Bau-AG, Mühlmahdweg 25, 86167 Augsburg, T: (0821) 74 82 9-0, Telefax: (0821) 74 829-11)
Geschäftsführer(in): Dipl.-Ing. Guntram Zanker

• F 907

Fachvereinigung Betonrohre und Stahlbetonrohre e.V. im BDB e.V. (FBS)
Postf. 21 02 67, 53157 Bonn
Schloßallee 10, 53179 Bonn
T: (0228) 9 54 56-54 **Fax:** 9 54 56-43
Internet: http://www.fbsrohre.de
E-Mail: fbsbonn@aol.com
Vorsitzende(r): Dipl.-Ing. Gert Bellinghausen (Siegb. Betonwerk Bellinghausen, Busidorfer Str. 36, 53757 St.-Augustin)
Stellvertretende(r) Vorsitzende(r): Dipl.-Ing. Toni Dolfen (Dyckerhoff & Widmann AG, Betonwerk Neuss, Heerdterbuschstr. 8, 41460 Neuss)
Geschäftsführer(in): Dipl.-Ing. Wilhelm Niederehe

• F 908

Steine- und Erden-Industrieverband Sachsen e.V.
Uhlandstr. 39, 01069 Dresden
T: (0351) 4 70 58-0 **Fax:** 4 70 58 20
Gründung: 1990 (27. März)
Vorsitzende(r): Peter Bauer (Lausitzer Grauwacke GmbH,

01920 Lieske)
Stellvertretende(r) Vorsitzende(r): Dr.-Ing. Heinrich Tschirpke (SBU Sächs. Baustoffunion Dresden)
Hermann Truthän (Dyckerhoff-Transportbeton Sachsen GmbH, 01139 Dresden)
Geschäftsführer(in): Dr.-Ing. Steffen Wiedenfeld (Leitung Presseabteilung)
Verbandszeitschrift: Information des SEVS
Mitglieder: 143
Mitarbeiter: 4

• F 909

Verein Deutscher Schleifmittelwerke e.V.
Postf. 75 67, 53075 Bonn
Oxfordstr. 8, 53111 Bonn
T: (0228) 63 55 87, 65 69 56 **Fax:** 63 53 99
Internet: http://www.vds-bonn.de
E-Mail: info@vds-bonn.de
Gründung: 1917 (4. Januar)
Internationaler Zusammenschluß: siehe unter izf 825
Vorsitzende(r): Carl E. Starcke (Starcke GmbH. & Co. Schleifmittelwerk, Markt 10, 49324 Melle, T: (05422) 9 66-0, Fax: (05422) 9 66-301)
Geschäftsführer(in): Dipl.-Volksw. Wilhelm Wicharz
Mitglieder: 71

• F 910

Forschungsgemeinschaft Schleifscheiben im Verein Deutscher Schleifmittelwerke e.V.
Postf. 75 67, 53075 Bonn
Oxfordstr. 8, 53111 Bonn
T: (0228) 63 55 87 **Fax:** 63 53 99
Geschäftsführer(in): Dipl.-Volksw. Wilhelm Wicharz
Mitglieder: 25

• F 911

Bundesverband Porenbetonindustrie e.V.
Postf. 18 26, 65008 Wiesbaden
Dostojewskistr. 10, 65187 Wiesbaden
T: (0611) 98 50 44-0 **Fax:** 80 97 07
E-Mail: porenbeton@t-online.de
Vorsitzende(r): Erwin Zech (Hebel AG, 82243 Fürstenfeldbruck)
Geschäftsführer(in): Dipl.-Ing. Reinhard Schramm

• F 912

Bundesverband Leichtbetonzuschlag-Industrie e.V. (BLZ)
Robert-Bosch-Str. 30, 73760 Ostfildern
T: (0711) 3 48 37-0 **Fax:** 3 48 37 27
Vorsitzende(r): Dr.-Ing. Joachim Spitzner
Geschäftsführer(in): Dipl.-Volksw. Hans Croonenbroeck

• F 913

Fachvereinigung der Bims- und Leichtbetonindustrie e.V.
Postf. 27 55, 56517 Neuwied
Sandkauler Weg 1, 56564 Neuwied
T: (02631) 2 22 27-28
Vorsitzende(r): Dr. Heinz Geenen (c/o KANN GmbH, Postf. 13 63, 56158 Bendorf)
Geschäftsführer(in): Dipl.-Ing. Armin Neunast

• F 914

Bundesverband Keramische Rohstoffe e.V. (BKR)
Bahnhofstr. 6, 56068 Koblenz
T: (0261) 1 24 28 **Fax:** 1 51 79
Gründung: 1950
Vorsitzende(r): Dr.rer.pol. Dieter Mannheim (in Fa. Kärlicher Ton- und Schamotte-Werke Mannheim & Co. KG, Postf. 13 34, 56209 Mülheim-Kärlich)
Geschäftsführer(in): RA Gerhard Schlotmann
Mitglieder: 50

• F 915

Bundesverband der Gips- und Gipsbauplattenindustrie e.V.
Birkenweg 13, 64295 Darmstadt
T: (06151) 36 68 20 **Fax:** 3 66 82 22
Internet: http://www.gipsbv.de
E-Mail: gips@t-online.de
Gründung: 1899
Internationaler Zusammenschluß: siehe unter izf 3
Vorsitzende(r): Dipl.-Kfm. Thomas Bremer (i. Fa. Vereinigte Gipswerke, Stadtoldendorf)
Geschäftsführer(in): Dipl.-Ing. Rainer Olejnik
Der Verband vertritt und fördert die Belange der Gips und Gipsbauplatten erzeugenden Industrie in der Bundesrepublik Deutschland. Dazu nimmt der Verband wirtschaftspolitische, wissenschaftliche und technische Aufgaben auf seinem Fachgebiet wahr.

• F 916

Fachverband Eisenhüttenschlacken e.V.
Bliersheimer Str. 62, 47229 Duisburg
T: (02065) 4 92 20 **Fax:** 99 45 10
Vorsitzende(r): Günter Sander
Geschäftsführer(in): Dr.-Ing. Heribert Motz

• F 917

Arbeitsgemeinschaft Hüttenkalk e.V.
Bliersheimer Str. 62, 47229 Duisburg
T: (02065) 99 45 53 **Fax:** 99 45 10
E-Mail: m.Kuehn@fehs.de
Gründung: 1953
Vorsitzende(r): Prok. Dieter Kucharski
Geschäftsführer(in): Dr.-Ing. Michael Kühn

• F 918

Bundesverband der Deutschen Kalkindustrie e.V.
siehe R 99

• F 919

KS* KALKSANDSTEIN

Bundesverband Kalksandsteinindustrie e.V.
Postf. 21 01 60, 30401 Hannover
Entenfangweg 15, 30419 Hannover
T: (0511) 2 79 54-0 **Fax:** 2 79 54 54
Internet: http://www.kalksandstein.de
E-Mail: info@kalksandstein.de
Vorsitzende(r): Dipl.-Kfm. Frank Fugmann (Union Norddeutscher Kalksandsteinwerke (UNK) GmbH & Co. KG, 24790 Schacht-Audorf)
Hauptgeschäftsführer(in): Dr. jur. Walter Erasmy
TGF: Dr.-Ing. Dieter Kasten

f 920

Fachverband Kalksandsteinindustrie Nord e.V. im Bundesverband Kalksandsteinindustrie e.V.
Postf. 21 01 60, 30401 Hannover
Entenfangweg 15, 30419 Hannover
T: (0511) 2 79 54-0 **Fax:** 2 79 54 54
Internet: http://www.kalksandstein.de
E-Mail: info@kalksandstein.de
Vorsitzende(r): Alfred Dörlitz (Kalksandsteinwerk Busch & Dörlitz GmbH & Co. KG, 21603 Buxtehude)

f 921

Fachverband Kalksandsteinindustrie Nordrhein-Westfalen e.V. (Gruppe West im Bundesverband Kalksandsteinindustrie e.V)
Postf. 21 01 60, 30401 Hannover
Entenfangweg 15, 30419 Hannover
T: (0511) 2 79 54-0 **Fax:** 2 79 54 54
Internet: http://www.kalksandstein.de
E-Mail: info@kalksandstein.de
Vorsitzende(r): Knud Sassmannshausen (Hartsteinwerk Monheim, Sassmannshausen & Schenk KG, 20414 Hamburg)

f 922

Fachverband Kalksandsteinindustrie Süd e.V. im Bundesverband Kalksandsteinindustrie e.V.
Postf. 21 01 60, 30401 Hannover
Entenfangweg 15, 30419 Hannover
T: (0511) 2 79 54-0 **Fax:** 2 79 54 54
Internet: http://www.kalksandstein.de
E-Mail: info@kalksandstein.de
Vorsitzende(r): Ernst Bayer (Bayer Baustoffwerke GmbH & Co., 73728 Esslingen)

• F 923

Industrieverband Keramische Fliesen + Platten e.V.
Postf. 16 24, 95090 Selb
Schillerstr. 17, 95100 Selb
T: (09287) 8 08-0 **Fax:** 8 08-44
Internationaler Zusammenschluß: siehe unter izf 2522
Stellvertretende(r) Vorsitzende(r): Dieter Schäfer (Deutsche Steinzeug Cremer & Breuer AG, Bonn)
Geschäftsführer(in): Werner Ziegelmeier
Mitglieder: 13

• F 924

Arbeitsgemeinschaft der deutschen Kachelofenwirtschaft e.V. (ADK)
Rathausallee 6, 53757 Sankt Augustin
T: (02241) 20 39 79 **Fax:** 2 73 42
Vorsitzende(r): Reinhold Willnat
Geschäftsführer(in): Dipl.-Ing. Manfred Vohs

• F 925

HAGOS Verbund deutscher Kachelofen- und Luftheizungsbauerbetriebe e.G.
Postf. 80 05 60, 70505 Stuttgart
Industriestr. 62, 70565 Stuttgart
T: (0711) 7 88 05-51 **Fax:** 7 88 05-49
Internet: http://www.hagos.de
E-Mail: info@hagos.de
Gründung: 1919
Vorstand: Peter Geiger
Arnold Leinweber
Verbandszeitschrift: K&L-Magazin
Redaktion: K&L Magazin
Verlag: Oranienstr. 7, 60439 Frankfurt/Main, T: (069) 57 09 22, Telefax: (069) 57 36 34
Mitglieder: ca. 2800 Kunden-/MG-Betriebe

• F 926

Bundesverband der Deutschen Kies- und Sandindustrie e.V.
Postf. 10 04 64, 47004 Duisburg
Düsseldorfer Str. 50, 47051 Duisburg
T: (0203) 99 23 90 **Fax:** 9 92 39 97
Vorsitzende(r): Michael Schulz (i. Fa. Hülskens Holding GmbH & Co, Hülskensstr. 4-6, 46483 Wesel)
Hauptgeschäftsführer(in): RA Hans-Peter Braus

Landesverbände

f 927

Fachgruppe Sand und Kies im Industrieverband Steine und Erden Baden-Württemberg e.V. (ISTE)
Robert-Bosch-Str. 30, 73760 Ostfildern
T: (0711) 34 83 70 **Fax:** 3 48 37-27
Vorsitzende(r): Karl Ulrich Epple (Karl Epple GmbH & Co. KG, Brückenstr. 23, 70376 Stuttgart)
Geschäftsführer(in): Dipl.-Ing. Karl-Heinz Lawatsch

f 928

Fachgruppe Kies und Sand i. Fachverband Kies und Sand, Splitt, Mörtel und Transportbeton Nord-Ost e.V.
Prinzessinnenstr. 8, 10969 Berlin
T: (030) 61 69 57 30 **Fax:** 61 69 57 40
Vorsitzende(r): Dr. jur. Stephan Brock (i. Readymix Kies GmbH, Postf. 16 17, 40836 Ratingen, T: (02102) 40 13 02)
Geschäftsführer(in): Ass. Dr. jur. Jürgen Kranz

f 929

Fachvereinigung Sand, Kies, Naturstein i. Industrieverband Sand, Kies, Mörtel, Transportbeton Nord e.V.
Eiffestr. 462, 20537 Hamburg
T: (040) 25 17 29-0 **Fax:** 25 17 29-20
Vorsitzende(r): Dipl.-Ing. Hermann Sievers (i. Fa. Sievers-Beton GmbH u. Co. KG, 24850 Lürschau)
Geschäftsführer(in): Dipl.-Volksw. Rüdiger Pabst (Eiffestr. 462, 20537 Hamburg)

f 930

Fachabteilung Kies und Sand Hessen-Rheinland-Pfalz
Postf. 10 10 62, 67410 Neustadt
Friedrich-Ebert-Str. 11-13, 67433 Neustadt
T: (06321) 85 20 **Fax:** 85 22 16
Vorsitzende(r): Rudolf Sehring (i. Adam Sehring & Söhne, Ausserhalb NW 60, 63225 Langen)
Geschäftsführer(in): RA Heinrich Klotz (Friedrich-Ebert-Str. 11-13, 67433 Neustadt)

f 931

Fachgruppe Baukies i. Fachverband Kies und Sand, Mörtel und Transportbeton Nordrhein-Westfalen e.V.
Düsseldorfer Str. 50, 47051 Duisburg
T: (0203) 99 23 90 **Fax:** 9 92 39 97
Vorsitzende(r): Michael Schulz (i. Fa. Hülskens & Co., Postf.

10 02 02, 46463 Wesel)
Hauptgeschäftsführer(in): RA Hans-Peter Braus (Düsseldorfer Str. 50, 47051 Duisburg)

f 932

Fachgruppe Spezialsande i. Fachverband Kies und Sand, Mörtel und Transportbeton Nordrhein-Westfalen e.V.
Düsseldorfer Str. 50, 47051 Duisburg
T: (0203) 99 23 90 **Fax:** 9 92 39 97
Vorsitzende(r): Dipl.-Kfm. Horst Grosspeter (i. Quarzwerke GmbH, Kaskadenweg 40, 50226 Frechen, Postf. 17 80, 50207 Frechen)
Hauptgeschäftsführer(in): RA Hans-Peter Braus (Düsseldorfer Str. 50, 47051 Duisburg)

f 933

Fachabteilung Kies und Sand im Verband der Baustoffindustrie Saarland e.V.
Franz-Josef-Röder-Str. 9V, 66119 Saarbrücken
T: (0681) 5 35 21 **Fax:** 58 42 47
Vorsitzende(r): Werner Schmeer (Ludwig Schmeer Sand- u. Kieswerk, Auf dem Dickenberg, 66346 Püttlingen)
Geschäftsführer(in): RA Armin Dietzen (Franz-Josef-Röder-Str. 9/V, 66119 Saarbrücken)

f 934

Fachgruppe Kies und Sand im Steine und Erden Industrieverband Sachsen e.V.
Uhlandstr. 39, 01069 Dresden
T: (0351) 47 05 80 **Fax:** 4 70 58 20
Vorsitzende(r): Heinrich Tschirpke (SBU Sächsische Baustoffunion, Dresden)
Geschäftsführer(in): Dr.-Ing. Steffen Wiedenfeld

f 935

Fachgruppe Sand und Kies Thüringen und Sachsen-Anhalt
Postf. 2 80, 99725 Nordhausen
August-Bebel-Platz 29, 99734 Nordhausen
T: (03631) 4 03 24, 4 03 25 **Fax:** 4 03 32
Gründung: 1990 (29. März)
Vorsitzende(r): Dipl.-Ing. Horst Huck (Kieswerke GmbH Nordhausen, Heringer Weg, 99734 Nordhausen)
Geschäftsführer(in): RA Gert-Dietrich Reuter
Mitarbeiter: 2

• **F 936**

Bundesverband der Deutschen Recycling-Baustoff-Industrie (BRB) e.V.
Postf. 10 04 64, 47004 Duisburg
Düsseldorfer Str. 50, 47051 Duisburg
T: (0203) 9 92 39-0 **Fax:** 9 92 39-97, 9 92 39-98
Vorsitzende(r): Dr.-Ing. Guntram Kohler (remex Baustoffrecycling AG, Albert-Hahn-Str. 9, 47269 Duisburg)
Hauptgeschäftsführer(in): RA Hans-Peter Braus

f 937

Fachgruppe Recycling-Baustoffe im Fachverband Kies und Sand, Splitt, Mörtel und Transportbeton Nord-Ost e.V.
Prinzessinnenstr. 8, 10969 Berlin
T: (030) 61 69 57 30 **Fax:** 61 69 57 40

f 938

Fachverband Bauabfallverwertung, Recyclingbaustoffe und Entsorgung Nord e.V. (BRE)
Eiffestr. 462, 20537 Hamburg

f 939

Fachgruppe Recycling-Baustoffe Hessen/Rheinland-Pfalz im Industrieverband Steine und Erden Rheinland-Pfalz e.V.
Friedrich-Ebert-Str. 11-13, 67433 Neustadt

f 940

Fachgruppe Recycling-Baustoffe im Fachverband Kies und Sand, Mörtel und Transportbeton Nordrhein-Westfalen e.V.
Düsseldorfer Str. 50, 47051 Duisburg

f 941

Fachgruppe Recycling-Baustoffe im Fach- und Arbeitgeberverband der Baustoffindustrie des Saarlandes e.V.
Franz-Josef-Röder-Str. 9V, 66119 Saarbrücken

f 942

Fachgruppe Recycling-Baustoffe im Steine- und Erden Industrieverband Sachsen e.V.
Uhlandstr. 39, 01069 Dresden
Vorsitzende(r): Klaus Fischer (i. SBU remex Gesellschaft für Baustoffaufbereitung Dresden mbH, Bahnhofstr.4, 01259 Dresden)

f 943

Fachgruppe Recycling-Baustoffe im Industrieverband Steine und Erden, Transportbeton, Mörtel und Asphalt Thüringen und Sachsen-Anhalt e.V.
August-Bebel-Platz 29, 99734 Nordhausen

f 944

Fachabteilung Recycling-Baustoffe im Bayerischen Industrieverband Steine und Erden e.V.
Beethovenstr. 8, 80336 München
T: (089) 51 40 30

f 945

Fachgemeinschaft Recycling-Baustoffe im Industrieverband Steine und Erden Baden-Württemberg e.V.
Robert-Bosch-Str. 30, 73760 Ostfildern
T: (0711) 3 48 37-0

• **F 946**

Bundesvereinigung Recycling Bau e.V.
Kronenstr. 55-58, 10117 Berlin
T: (030) 2 03 14-575 **Fax:** 2 03 14-565
Internet: http://www.recycling-bau.de
E-Mail: info@recycling-bau.de
Vorsitzende(r): Dipl.-Ing. Eberhard Klatt
Geschäftsführer(in): Dipl.-Ing. Hans Sander

• **F 947**

Bundesverband der Deutschen Mörtelindustrie e.V.
Postf. 10 04 64, 47004 Duisburg
Düsseldorfer Str. 50, 47051 Duisburg
T: (0203) 9 92 39-0 **Fax:** 9 92 39 97
Vorsitzende(r): Wilhelm Zimmerer (i. Fa. maxit Holding GmbH, Kettengasse 7a, 79206 Breisach)
Hauptgeschäftsführer(in): RA Hans-Peter Braus

Landesverbände

f 948

Fachgemeinschaft Mörtel i. Industrieverband Steine und Erden Baden-Württemberg e.V.
Robert-Bosch-Str. 30, 73760 Ostfildern
T: (0711) 3 48 37-0 **Fax:** 3 48 37-27
Vorsitzende(r): Dipl.-Kfm. Peter Linten (TBG Kurpfalz GmbH & Co. KG, Hermann-Wittmann Str. 1, 69214 Eppelheim)
Geschäftsführer(in): Dipl.-Ing. Karl-Heinz Lawatsch

f 949

Fachabteilung Trockenmörtel i. Bayerischen Industrieverband Steine u. Erden e.V.
Beethovenstr. 8, 80336 München
T: (089) 51 40 30
Vorsitzende(r): Wolfgang Franz (i. Porphyr-Werke GmbH, Porphyrwerk 10, 92271 Freihung)
Geschäftsführer(in): Dipl.-Ing. Guntram Zanker (Beethovenstr. 8, 80336 München)

f 950

Fachgruppe Werk-Frischmörtel in der Fachabteilung Transportbeton i. Bayerischen Industrieverband Steine u. Erden e.V.
Beethovenstr. 8, 80336 München
T: (089) 51 40 30
Vorsitzende(r): Hans-Werner Pilhofer (i. Readymix Beton Nordbayern GmbH, Breslauer Str. 396, 90471 Nürnberg)
Geschäftsführer(in): Dipl.-Kfm. Rainer Hohenwarter (Beethovenstr. 8, 80336 München)

f 951

Fachgruppe Mörtel i. Fachverband Kies u. Sand, Splitt, Mörtel u. Transportbeton Nord-Ost e.V.
Prinzessinnenstr. 6, 10969 Berlin
T: (030) 61 69 57 30 **Fax:** 61 69 57 40
Vorsitzende(r): Helmut Olberding (i. Kann Beton GmbH & Co. KG, Nonnenstr. 3, 04229 Leipzig)
Geschäftsführer(in): Ass. Dr. jur. Jürgen Kranz

f 952

Fachvereinigung Mörtel i. Industrieverband Sand, Kies, Mörtel, Transportbeton Nord e.V.
Eiffestr. 462, 20537 Hamburg
T: (040) 2 51 72 90 **Fax:** 25 17 29 20
Vorsitzende(r): Heiko Dallmann (i. Kies und Mörtel Heinrich Dallmann GmbH & Co. KG, Hauptstr., 21644 Sauensiek)
Geschäftsführer(in): Dipl.-Volksw. Rüdiger Pabst (Eiffestr. 462, 20537 Hamburg)

f 953

Fachabteilung Mörtel i. Verband der Transportbeton- u. Mörtelindustrie Hessen/Rheinland-Pfalz e.V.
Friedrich-Ebert-Str. 11-13, 67433 Neustadt
T: (06321) 85 20
Vorsitzende(r): Wilfried Debelius (i. Lahn-Beton Mittelhessen GmbH & Co. KG, Postf. 51, 35448 Heuchelheim)
Geschäftsführer(in): RA Werner Simon (Friedrich-Ebert-Str. 11-13, 67433 Neustadt)
Geschäftsführer(in): RA Heinrich Klotz (Friedrich-Ebert-Str. 11-13, 67433 Neustadt)

f 954

Fachgruppe Mörtel i. Fachverband Kies und Sand, Mörtel u. Transportbeton Nordrhein-Westfalen e.V.
Düsseldorfer Str. 50, 47051 Duisburg
T: (0203) 99 23 90 **Fax:** 9 92 39-97
Vorsitzende(r): Hans-Jürgen Pfeil (i. quick-mix Gruppe GmbH & Co.KG, Mühleneschweg 6, 49090 Osnabrück)
Hauptgeschäftsführer(in): RA Hans-Peter Braus (Düsseldorfer Str. 50, 47051 Duisburg)

f 955

Fachgruppe Mörtel i. Fach- u. Arbeitgeberverband d. Baustoffindustrie d. Saarlandes e.V.
Franz-Josef-Röder-Str. 9V, 66119 Saarbrücken
T: (0681) 5 35 21
Vorsitzende(r): Dipl.-Ing. Erhard Hetke (i. Readymix Beton AG, Zeppelinstr. 4, 66117 Saarlouis)
Geschäftsführer(in): RA Armin Dietzen (Franz-Josef-Röder-Str. 9/V, 66119 Saarbrücken)

f 956

Fachgruppe Mörtel i. Steine- und Erden Industrieverband Sachsen e.V.
Uhlandstr. 39, 01069 Dresden
T: (0351) 47 05 80
Vorsitzende(r): Johannes Langer (i. Frischbeton Wachau GmbH & Co. KG, Südring 10, 04445 Wachau)
Geschäftsführer(in): Dr.-Ing. Steffen Wiedenfeld (Uhlandstr. 39, 01069 Dresden)

f 957

Fachgruppe Mörtel i. Fachverband Sand, Kies, Splitt, Mörtel, Transportbeton u. Asphalt Thüringen u. Sachsen-Anhalt e.V.
Postf. 2 80, 99725 Nordhausen
August-Bebel-Platz 29, 99734 Nordhausen
T: (03631) 4 03 24/25 **Fax:** 4 03 32
Vorsitzende(r): Reiner Wolff (i. E. Schwenk Transportbeton GmbH & Co. KG, Calbesche Str. 67, 06429 Nienburg)
Geschäftsführer(in): RA Gert-Dietrich Reuter

f 958

Fachverband EPS-Wärmedämmputz-Industrie e.V.
Fridinger Str. 19, 70619 Stuttgart
T: (0711) 47 83 26 **Fax:** 47 83 14
Gründung: 1977 (01. Dezember)
Vorsitzende(r): Dipl.-Ing. Klaus Diener (Grötz Bauunternehmung, Betonwerk GmbH, Postf. 12 80, 76552 Gaggenau)
Geschäftsführer(in): Dipl.-Ing. Klaus Gekeler

f 959

Fachverband Perlite-Industrie e.V.
Kipperstr. 19, 44147 Dortmund
T: (0231) 9 98 02 50 **Fax:** 9 98 02 30
Vorsitzende(r): Hans-Jacob Henrich (Kipperstr. 19, 44147 Dortmund)
Geschäftsführer(in): Dr. Albrecht Knauf

f 960

Fachverband Wärmedämm-Verbundsysteme e.V.
Fremersbergstr. 33, 76530 Baden-Baden
T: (07221) 3 00 98 90 **Fax:** 3 00 98 99
Vorsitzende(r): Dipl.-Ing. Wolfgang Harder
Geschäftsführer(in): Wolfgang Setzler

• **F 961**

Bundesverband Leichtbauplatten-Industrie e.V.
Beethovenstr. 8, 80336 München
T: (089) 51 40 30 **Fax:** 5 32 83 59

Vorsitzende(r): Rudolf Kanzi (Vorst.-Mitgl. d. Dt. Heraklith GmbH, Postf. 11 20, 84353 Simbach, T: (08571) 4 00)
Geschäftsführer(in): Dipl.-Ing. Bernd Sommerlade

• F 962

Bundesverband Naturstein-Industrie e.V.
Postf. 51 05 28, 50941 Köln
Annastr. 67-71, 50968 Köln
T: (0221) 93 46 74-60 **Fax:** 93 46 74-64
E-Mail: BV-Naturstein@netcologne.de
Gründung: 1948
Vorstand: Dipl.-Ing. Günter Sauer (Vors.; Geschäftsf. d. Niederbayer. Schotterwerke Rieger & Seil GmbH & Co. KG, 94474 Vilshofen)
Dipl.-Ing. Manfred Fischer (stellv. Vors.; Geschäftsführer der Granitwerke Fischer GmbH & Co. KG, 07343 Heberndorf)
Dipl.-Ing. Peter Nüdling (stellv. Vors., Geschäftsf. d. Franz Carl Nüdling Basaltwerke GmbH & Co.KG, 36037 Fulda)
Bauing. Ernst Hippelein (Ehrenmitglied; Fa. Schön + Hippelein GmbH & Co., 74589 Satteldorf)
Dipl.-Kfm. Helmut Bast (Geschäftsf. d. Dr. Clement GmbH & Co. KG, 56070 Koblenz)
Dipl.-Ing. Peter Bauer (Geschäftsf. d. Lausitzer Grauwacke GmbH, 01920 Lieske)
Ass.jur. Rainer Georg Hagemeier (Vorstandsvorsitzender d. Mitteldeutsche Hartstein-Industrie AG, 63456 Hanau)
Dipl.-Kfm. Franz-Bernd Köster (Geschäftsf. d. Franz Köster Hartsteinwerke GmbH, 59562 Warstein)
Dr. Michael Pescher (Geschäftsf. d. Cronenberger Steinindustrie Franz Triches GmbH & Co.KG, 42349 Wuppertal)
Dipl.-Berging. Dirk Wegener (Geschäftsf. Hermann Wegener GmbH & Co. KG, 30159 Hannover)
Dipl.-Ing. Klaus-Dieter Ohlemann (Geschäftsf. der Mitteldeutsche Baustoffe GmbH, 06193 Sennewitz)
Dipl.-Ing. Wilhelm-Dieter Kern (Geschäftsf. Gesellschafter d. Kern GmbH, Steinbruchbetriebe, 74626 Bretzfeld)
Burkhardt Setz (Geschäftsf. d. Hartsteinwerke W. Setz GmbH & Co.KG, 66123 Saarbrücken)
Hauptgeschäftsführer: Dr.-Ing. Ulrich Hahn (Ltg. Presseabt.)
Geschäftsführer: Dipl.-Volksw. Dietmar Freiherr von Landsberg
Verbandszeitschrift: "Die Naturstein-Industrie"
Redaktion: Giesel Verlag GmbH, Rehkamp 3, 30916 Isernhagen
Mitglieder: 7 Landesverbände
Mitarbeiter: 5

• F 963

Wirtschaftsverband Naturstein-Industrie Nordrhein-Westfalen - Niedersachsen - Rheinland-Pfalz e.V.
Annastr. 67-71, 50968 Köln
T: (0221) 93 77 10-0 **Fax:** 93 77 10-10
Internet: http://www.naturstein-netz.de/wirtschaftsverband
E-Mail: Wirtschaftsverband@NetCologne.de
Vorsitzende(r): Dipl.-Kfm. Franz-Bernd Köster (Geschäftsf. der Franz Köster Hartsteinwerke GmbH (Warstein))
Geschäftsführer(in): RA Raimo Benger

Landesgruppe Nordrhein Westfalen:
Vorsitzende(r): Dr. Michael Pescher (Geschäftsf. der Cronenberger Steinindustrie Franz Triches KG, Wuppertal)

Landesgruppe Niedersachsen:
Vorsitzende(r): Dipl.-Ing. Dirk Wegener (Geschäftsf. Hermann Wegener GmbH + Co. KG, Hannover)

Landesgruppe Rheinland-Pfalz:
Vorsitzende(r): Dipl.-Kfm. Helmut Bast (Geschäftsführer der Dr. Clement & Co. KG, Koblenz)
Mitglieder: 100 Firmen

• F 964

Natursteinindustrie Hessen und Thüringen e.V.
Postf. 12 49, 65002 Wiesbaden
Grillparzerstr. 13, 65187 Wiesbaden
T: (0611) 89 08 50 **Fax:** 8 90 85 10
Vorsitzende(r): Ass. jur. Rainer-Georg Hagemeier (Vorstandsmitglied der Mitteldeutschen Hartstein-Industrie AG, Hanau, T: (06181) 6 67 60, Telefax: (06181) 66 76 10)
Hauptgeschäftsführer(in): RA Axel Diedenhofen

• F 965

Schiefer-Fachverband in Deutschland e.V. (SVD)
Postf. 51 10 80, 50946 Köln
Annastr. 67-71, 50968 Köln
T: (0221) 93 77 05-0 **Fax:** 93 77 05-10
Internet: http://www.schiefer.de
E-Mail: svd@schiefer.de
Gründung: 1989
Vorsitzende(r) des Vorstandes: Ewald A. Hoppen (Geschäftsf. d. Fa. Rathscheck Schiefer und Dach-Systeme KG, Katzenberg, 56727 Mayen)
Geschäftsführer(in): RA Raimo Benger
Dr.rer.nat. Wolfgang Wagner, Mayen - Hausen

• F 966

Deutscher Naturwerkstein-Verband e.V. (DNV)
Sanderstr. 4, 97070 Würzburg
T: (0931) 1 20 61 **Fax:** 1 45 49
Internationaler Zusammenschluß: siehe unter izf 1773
Präsident(in): Bruno Lichtnack (Granitwerk Bruno Lichtnack GmbH & Co. KG, Wilhelmstr. 38, 38470 Parsau)
Geschäftsführer(in): Dipl.-Kfm. Martin Grafelmann
Mitglieder: 260
Mitglieder: Firmen der deutschen Naturwerksteinindustrie

Vertretung der Interessen der deutschen Naturwerkstein-Industrie sowie Beratung und Unterstützung in fachlichen Fragen zur Verwendung von Naturwerksteinen, einschließlich der Versetz- und Verlegetechnik.

• F 967

Zentralverband der Deutschen Naturwerkstein-Wirtschaft e.V.
Weißkirchener Weg 16, 60439 Frankfurt
T: (069) 57 60 98 **Fax:** 57 60 90
Vizepräsident(in): Bruno Lichtnack (Wilhelmstr. 38, 38470 Parsau/Wolfsburg)
Präsident(in): Bundesinnungsmeister Harry Färber (Heuweg 6, 37603 Holzminden)
Geschäftsführer(in): Joachim Sukrow
Dipl.-Kfm. Martin Grafelmann
Korporative Mitglieder: Deutscher Naturwerkstein-Verband e.V., Sanderstr. 4, 97070 Würzburg
Bundesinnungsverband des Deutschen Steinmetz-, Stein- u. Holzbildhauerhandwerks, Weißkirchener Weg 16, 60439 Frankfurt
Deutscher Naturwerkstein-Fachzeichenverband e.V., Weißkirchener Weg 16, 60439 Frankfurt

• F 968

Fachverband Steinzeugindustrie e.V.
Postf. 40 02 62, 50832 Köln
Max-Planck-Str. 6, 50858 Köln
T: (02234) 5 07-261 **Fax:** 5 07-204
Internationaler Zusammenschluß: siehe unter izf 862
Geschf. Vorst.: Wolfgang Harsch

• F 969

Bundesverband der Deutschen Zementindustrie e.V. (BDZ)
Postf. 51 05 66, 50941 Köln
Pferdmengesstr. 7, 50968 Köln
T: (0221) 3 76 56-0 **Fax:** 3 76 56 86
Internet: http://www.BDZement.de
E-Mail: BDZ@BDZement.de
Internationaler Zusammenschluß: siehe unter izf 1486
Präsident(in): Dr. jur. Jürgen Lose (Vorsitzender des Aufsichtsrates Dyckerhoff AG, Postf. 22 47, 65012 Wiesbaden)
Vizepräsident(in): Dr. Peter von Foerster (Vorstandsvors. ALSEN AG, Postf. 11 23 07, 20423 Hamburg)
Eduard Schleicher (Persh. Ges. der E. Schwenk Zementwerke KG, Postf. 38 50, 89028 Ulm)
Hauptgeschäftsführer(in): Dr. Michael Weißenborn
Geschäftsführer(in): Dr.-Ing. Lutz Wittmann
Mitglieder: 43

Wahrung und Förderung der gemeinsamen wirtschaftlichen Belange der deutschen Zementindustrie. Der Verband und seine Organe sind den Mitgliedern gegenüber beratend tätig und erfüllen diese Aufgabe unparteiisch. Er vertritt 36 Unternehmen der Zementindustrie mit 65 Werken. Seine Aufgabe ist es, die bestmöglichen wirtschaftlichen Bedingungen für Produktion und Absatz der Zementind. herbeizuführen. Gesprächspartner sind Gesetzgeber, Verwaltung, Verbände, allgemeine Öffentlichkeit. Er steht mit seinem Fachwissen und der Erfahrung seiner Mitglieder Parlamenten und Behörden beratend zur Verfügung.

• F 970

ZIEGEL

Bundesverband der Deutschen Ziegelindustrie e.V.
Schaumburg-Lippe-Str. 4, 53113 Bonn
T: (0228) 9 14 93-0 **Fax:** 9 14 93-28
E-Mail: bvziegel@t-online.de
Internationaler Zusammenschluß: siehe unter izf 1175
Präsident(in): Dipl.-Ing. Dieter Schultheiss, Spardorf
Hauptgeschäftsführer(in): RA Martin Roth
Geschäftsführer(in): Dipl.-Ing. Dieter Rosen
Mitglieder: 7 Verbände, 320 Unternehmen

Wahrung und Förderung der gemeinsamen ideellen, wirtschaftlichen und sozialrechtlichen Interessen seiner Mitglieder.

Regionalverbände

f 971

ZIEGEL

Fachverband Ziegelindustrie Nord e.V.
Postf. 18 09, 26008 Oldenburg
Bahnhofsplatz 2a, 26122 Oldenburg
T: (0441) 21 02 60 **Fax:** 2 10 26 20
E-Mail: fachverband.ziegel.nord@nwn.de
Vorsitzende(r): Hans H. Meier (Rieder Str. 2, 28844 Weyhe)
Geschäftsführer(in): Dr.-Ing. Wolfgang Hentschke

f 972

Fachverband Ziegelindustrie Nordwest e.V.
Am Zehnthof 197-203, 45307 Essen
T: (0201) 5 92 13-06 **Fax:** 5 92 13 59
Gründung: 1947
Vorsitzende(r): Helmut Jacobi, Bilshausen
Geschäftsführer(in): Götz Krahl
Mitglieder: 34
Mitarbeiter: 7

f 973

Fachverband Ziegelindustrie Südwest e.V.
Postf. 10 10 62, 67410 Neustadt
Friedrich-Ebert-Str. 11-13, 67433 Neustadt
T: (06321) 85 22-55, 85 22-64 **Fax:** 85 22-90
E-Mail: vse-nw@t-online.de
Vorsitzende(r): Hans Dietrich Freiherr von Leuckart (F.v. Müller Dachziegelwerke GmbH & Co. KG, Industriestr. 4, 67304 Eisenberg)
Geschäftsführer(in): RA Heinrich Klotz

f 974

Bayerischer Ziegelindustrie-Verband e.V.
Bavariaring 35, 80336 München
T: (089) 74 66 16-0 **Fax:** 74 66 16-30
E-Mail: postmaster@ziegel.com
Vorsitzende(r): Dipl.-Ing. Dieter Schultheiss (91080 Spardorf)
Geschäftsf. Vorstandsmitgl.: RA Manfred D. Zehe

• F 975

Ziegelforum e.V.
Bavariaring 35, 80336 München
T: (089) 74 66 16-0 **Fax:** 74 66 16-30
Vorsitzende(r): Dipl.-Betriebsw. Thomas Thater
Geschäftsführer(in): RA Manfred D. Zehe

• F 976

ORIGINAL Dachziegel ®

Arbeitsgemeinschaft Ziegeldach e.V.
Schaumburg-Lippe-Str. 4, 53113 Bonn
T: (0228) 9 14 93-23 **Fax:** 9 14 93-30
Internet: http://www.ziegeldach.de
E-Mail: arge.ziegeldach@t-online.de
Gründung: 1975 (22. Juli)
Vorsitzende(r): Hans Dietrich Freiherr von Leuckart
Dipl.-Kfm. Klaus Jacobi
Dipl.-Ing. Stephan Laumans
Dipl.-Kfm. Michael Hölker
Horst Walther
Geschäftsführer(in): Martin Roth
Technischer Geschäftsführer: Arch. Heinz Zanger
Mitglieder: 26

Information und Broschüren über das Ziegeldach; Seminare.

• F 977

unipor-Ziegel Interessengemeinschaft e.V.
Aidenbachstr. 234, 81479 München
T: (089) 74 98 67-0 **Fax:** 74 98 67-11
Internet: http://www.unipor.de

• **F 978**

Arbeitsgemeinschaft Mauerziegel im Bundesverband der Deutschen Ziegelindustrie e.V.
Schaumburg-Lippe-Str. 4, 53113 Bonn
T: (0228) 9 14 93-24 **Fax:** 9 14 93-12
E-Mail: argemauerziegel@t-online.de

• **F 979**

ZIEGEL

Arbeitsgemeinschaft Pflasterklinker e.V.
Schaumburg-Lippe-Str. 4, 53113 Bonn
T: (0228) 9 14 93-16 **Fax:** 9 14 93-28
E-Mail: rosenbvziegel@t-online.de
Gründung: 1984
Vorsitzende(r): Dipl.-Ing. Horst Klostermeyer
Stellvertretende(r) Vorsitzende(r): Dietrich Hugenberg
Hermann Berentelg
Geschäftsführer(in): RA Martin Roth
Technischer Geschäftsführer: Dipl.-Ing. Dieter Rosen
Mitglieder: 8
Informationen über Planung, Herstellung und Eigenschaften von Klinkerpflaster.

• **F 980**

Bundesverband der Deutschen Transportbetonindustrie e.V. (BTB)
Düsseldorfer Str. 50, 47051 Duisburg
T: (0203) 9 92 39-0 **Fax:** 9 92 39 97
Internet: http://www.beton.org
E-Mail: info@beton.org
Internationaler Zusammenschluß: siehe unter izf 614
Vorsitzende(r): Kurt Bischof (Dyckerhoff Beton GmbH, Biebricher Str. 72, 65203 Wiesbaden)
Hauptgeschäftsführer(in): RA Hans-Peter Braus

Landesverbände

f 981

Fachgruppe Transportbeton im Industrieverband Steine und Erden Baden-Württemberg e.V.
Robert-Bosch-Str. 30, 73760 Ostfildern
T: (0711) 3 48 37-0 **Fax:** 3 48 37-27
Vorsitzende(r): Dipl.-Volksw. Alfred Weimann (i. Rudolf Peter GmbH, Richard-Haniel Str. 3, 76532 Baden-Baden)
Geschäftsführer(in): Dipl.-Volksw. Hans Croonenbroeck

f 982

Fachabteilung Transportbeton im Bayerischen Industrieverband Steine und Erden e.V.
Beethovenstr. 8, 80336 München
T: (089) 51 40 30
Vorsitzende(r): Klaus Blank (i. Blank Transportbeton GmbH, Äußere Nürnberger Str. 1, 91301 Forchheim)
Geschäftsführer(in): Dipl.-Kfm. Rainer Hohenwarter

f 983

Fachgruppe Transportbeton im Fachverband Kies und Sand, Splitt, Mörtel und Transportbeton Nord-Ost e.V.
Prinzessinnenstr. 8, 10969 Berlin
T: (030) 61 69 57 30 **Fax:** 61 69 57 40
Vorsitzende(r): Endrik Seyd (i. Readymix Beton AG, Postf. 20 02 56, 13512 Berlin)
Geschäftsführer(in): Ass. Dr. jur. Jürgen Kranz

f 984

Fachvereinigung Transportbeton im Industrieverband Sand, Kies, Mörtel, Transportbeton Nord e.V.
Eiffestr. 462, 20537 Hamburg
T: (040) 25 17 29-0 **Fax:** 25 17 29-20
Vorsitzende(r): Volkert Wohlert (i. Haus Baltus GmbH & Co., Postf. 21 03 54, 28223 Bremen)
Geschäftsführer(in): Dipl.-Volksw. Rüdiger Pabst

f 985

Verband der Transportbeton- und Mörtel-Industrie Hessen, Rheinland-Pfalz e.V.
Postf. 10 10 62, 67410 Neustadt
Friedrich-Ebert-Str. 11-13, 67433 Neustadt
T: (06321) 8 52-0 **Fax:** 8 52-290
Vorsitzende(r): Detlev Schumann (i. Vulkan Verwaltungs- und Beteiligungsgesellschaft mbH, Peter-Schuhmacher-Str. 8, 69181 Leimen)
Geschäftsführer(in): RA Werner Simon

f 986

Fachgruppe Transportbeton im Fachverband Kies und Sand, Mörtel und Transportbeton NW e.V.
Düsseldorfer Str. 50, 47051 Duisburg
T: (0203) 99 23 90 **Fax:** 9 92 39 97
Vorsitzende(r): Kurt Bischof (i. Beton-Union Köln-Bonn GmbH, An der Wachsfabrik 17, 50996 Köln)
Hauptgeschäftsführer(in): RA Hans-Peter Braus

f 987

Fachgruppe Betonförderer im Fachverband Kies und Sand, Mörtel und Transportbeton NW e.V.
Düsseldorfer Str. 50, 47051 Duisburg
T: (0203) 99 23 90 **Fax:** 9 92 39 97
Vorsitzende(r): Johannes Hostadt (i. Breitbach & Hostadt oHG, Am Schacht Hubert 8, 45139 Essen)
Hauptgeschäftsführer(in): RA Hans-Peter Braus

f 988

Fachgruppe Transportbeton im Verband der Baustoffindustrie Saarland e.V.
Franz-Josef-Röder-Str. 9V, 66119 Saarbrücken
T: (0681) 5 35 21
Vorsitzende(r): Dipl.-Ing. Erhard Hetke (i. Fa. Readymix Beton AG, Zeppelinstr. 4, 66740 Saarlouis)
Geschäftsführer(in): RA Armin Dietzen

f 989

Fachgruppe Transportbeton im Steine- und Erden-Industrieverband Sachsen e.V.
Uhlandstr. 39, 01069 Dresden
T: (0351) 47 05 80 **Fax:** 4 70 58 20
Vorsitzende(r): Bauing. Hermann Truthän (i. Dyckerhoff Transportbeton Sachsen GmbH, Scharfenberger Str. 65, 01139 Dresden)
Geschäftsführer(in): Dr.-Ing. Steffen Wiedenfeld

f 990

Fachgruppe Transportbeton im Industrieverband Steine- und Erden, Transportbeton, Mörtel und Asphalt Thüringen und Sachsen-Anhalt e.V.
Postf. 10 05 05, 99725 Nordhausen
August-Bebel-Platz 29, 99734 Nordhausen
T: (03631) 4 03 24, 4 03 25 **Fax:** 4 03 32
Vorsitzende(r): Dipl.-Ing. Klaus Schneider (i. Fa. TBG Transportbeton Saalfeld GmbH & Co KG, Remschützer Str., 99996 Saalfeld)
Geschäftsführer(in): RA Gert-Dietrich Reuter

• **F 991**

Gesamtverband der Textilindustrie in der Bundesrepublik Deutschland -Gesamttextil- e.V.
Postf. 53 40, 65728 Eschborn
Frankfurter Str. 10-14, 65760 Eschborn
T: (06196) 96 62 34 **Fax:** 4 21 70
Internet: http://www.gesamttextil.de
E-Mail: eraak@gesamttextil.de
Internationaler Zusammenschluß: siehe unter izf 414
Präsident(in): Josef Albert Beckmann (Ibena Werke)
Hauptgeschäftsführer(in): Dr. Wolf-Rüdiger Baumann (Wirtschaftspolitik)
Dr. Klaus Schmidt (Sozialpolitik)
Wahrnehmung und Förderung der gemeinsamen wirtschaftlichen und sozialen Interessen; Beratung der Mitglieder in allen gesetzlich zulässigen wirtschaftlichen und sozialpolitischen Angelegenheiten; Förderung eines Interessenausgleichs mit den Mitgliedern; Herbeiführung einer gemeinsamen Stellungnahme in überfachlichen und überbezirklichen Angelegenheiten der Textilindustrie; Vertretung der Mitglieder in derartigen Fragen nach außen hin gegenüber den Behörden und anderen Organisationen der Unternehmer und Arbeitnehmer.

f 992

Verband der Rheinischen Textilindustrie e.V.
Postf. 20 01 53, 42201 Wuppertal
Wettinerstr. 11, 42287 Wuppertal
T: (0202) 25 80-0 **Fax:** 25 80-258
Vorsitzende(r): Dr. Dirk Busse (Girmes GmbH, Postf. 21 20, 47922 Grefrath, T: (02158) 3 04 04/05, Fax: 3 04 76)
Geschäftsführer(in): Dr. Klaus-Peter Starke

f 993

Verband der Rheinischen Textilindustrie e.V. Geschäftsstelle Mönchengladbach
Postf. 10 01 03, 41001 Mönchengladbach
Adenauerplatz 5, 41061 Mönchengladbach
T: (02161) 24 49 80 **Fax:** 1 71 14

f 994

Verband der Nord-Westdeutschen Textilindustrie
Postf. 80 49, 48043 Münster
Moltkestr. 19, 48151 Münster
T: (0251) 53 00 00 **Fax:** 5 30 00 35
Vorsitzende(r): Justus Schmitz (Schmitz-Werke GmbH + Co, Hansestr. 87, 48282 Emsdetten, T: (02572) 9 27-0, Fax: (02572) 92 74 44)
Hauptgeschäftsführer(in): Dr. Herbert Giese

f 995

Verband der Nord-Westdeutschen Textilindustrie e.V.
Landesgeschäftsstelle Hamburg und Schleswig-Holstein
Postf. 60 19 69, 22219 Hamburg
T: (040) 63 78 44 00 **Fax:** 63 78 44 44
Geschäftsführer(in): RA Evelyn Kiso

f 996

Verband der Nord-Westdeutschen Textilindustrie e.V.
Landesgeschäftsstelle Hannover
Rumannstr. 10, 30161 Hannover
T: (0511) 3 36 05 39 **Fax:** 3 36 05 40
Geschäftsführer(in): Detlef Koch

f 997

Verband der bayerischen Textil- und Bekleidungsindustrie e.V.
Postf. 22 15 21, 80505 München
Gewürzmühlstr. 5, 80538 München
T: (089) 2 12 14 90 **Fax:** 29 15 36
Präsident(in): Milan Danek (H.I.-S. sportswear AG, Postf. 13 27, 85739 Garching, Daimlerstr. 15, 85748 Garching, T: (089) 32 90 70, Fax: 32 90 7250)
Geschäftsführer(in): Erwin Haas (Bekleidung)
Christian Kastner (Textil)

Verband der bayerischen Textil- und Bekleidungsindustrie e.V.
Geschäftsstelle Hof
Postf. 17 09, 95016 Hof
Blücherstr. 4, 95030 Hof
T: (09281) 7 87 70 **Fax:** 78 77-17

f 998

Verband der Baden-Württembergischen Textilindustrie e.V.
Postf. 10 50 22, 70044 Stuttgart
Kernerstr. 59, 70182 Stuttgart
T: (0711) 2 10 50-0 **Fax:** 23 37 18
Präsident(in): Dr. Reinhard Bauer (PAUL HARTMANN AG, Paul-Hartmann-Str. 12, 89522 Heidenheim, T: (07321) 36-1001, Fax: (07321) 36 36 00)
Hauptgeschäftsführer(in): RA Dr. Rolf Gaber

f 999

Dachverband der süddeutschen Textil- und Bekleidungsindustrie
Kernerstr. 59, 70182 Stuttgart
T: (0711) 2 10 50-0 **Fax:** 23 37 18
Präsident(in): Dr. Reinhard Bauer
Herbert Frey
Hauptgeschäftsführer(in): RA Dr. Rolf Gaber

f 1 000

Verband der Textilindustrie von Hessen und Rheinland-Pfalz e.V.
Postf. 10 10 62, 67410 Neustadt
Friedrich-Ebert-Str. 11-13, 67433 Neustadt
T: (06321) 8 52-0 **Fax:** 85 22 21
Vorsitzende(r): Ernst-Albert Holzapfel (Gebr. Holzapfel GmbH + Co. KG, Topfmühle 1, 37276 Meinhard-Frieda, T: (05651) 30 31 03, Telefax: (05651) 30 33 00)
Geschäftsführer(in): Thomas Gans

f 1 001

Verband der Textilindustrie von Hessen und Rheinland-Pfalz e.V.

Zweigstelle:
Postf. 20 32, 36230 Bad Hersfeld
Nachtigallenstr. 14, 36251 Bad Hersfeld
T: (06621) 7 60 01 **Fax:** 6 29 22
Geschäftsführer(in): Volker Brand

f 1 002

Vereinigung der Textilindustrie von Berlin e.V.

Wichmannstr. 20, 10787 Berlin
T: (030) 2 62 10 09 **Fax:** 2 62 10 00
Vorsitzende(r): Herbert Sorg
Geschäftsführer(in): RA Wolfgang Schmidt

f 1 003

Verband der Nord-Ostdeutschen Textil- und Bekleidungsindustrie e.V.

Sitz:
Annaberger Str. 240, 09125 Chemnitz
T: (0371) 53 47-246, 53 47-247 **Fax:** 53 47-245
Hauptgeschäftsführer(in): Bertram Höfer
Vorsitzende(r): Wolf-E. Heindorf (Verband der Nord-Ostdeutschen Textil- und Bekleidungsindustrie e.V., T: (0371) 5 34 72 47, Fax: (0371) 5 34 72 45)

Fachverbände

• **F 1 004**

Industrieverband Garne + Gewebe e.V.

Fachbereich Garne
Postf. 53 69, 65708 Eschborn
Fachbereich Gewebe
Postf. 54 29, 65729 Eschborn
Frankfurter Str. 10-14, 65760 Eschborn
T: (06196) 47 23-0 (FB Garne), 47 23-5 (FB Gewebe)
Fax: 47 23-40 (FB Garne), 47 23-70 (FB Gewebe)
Internationaler Zusammenschluß: siehe unter izf 1983
Vorsitzende(r): Dieter Laubmann (Spinnerei Neuhof GmbH & Co. KG, Postf. 16 20, 95015 Hof, T: (09281) 6 03-0, Telefax: (09281) 6 03 18)
Stellvertretende(r) Vorsitzende(r): Werner Wildenhaus (H. Hecking Söhne, Postf. 12 55, 48693 Stadtlohn, T: (02563) 30 41, Telefax: (02563) 69 99)
Geschäftsführer(in): Dr. Klaus-Jürgen Kraatz (Presse)
Mitglieder: ca. 170
Mitarbeiter: 12

• **F 1 005**

Industrievereinigung Chemiefaser e.V.

Karlstr. 21, 60329 Frankfurt
T: (069) 27 99 71 30 **Fax:** 23 31 85
Internet: http://www.ivc-ev.de
E-Mail: ivc@ivc-ev.de
Geschäftsführer(in): Jörg von Netzer

• **F 1 006**

Arbeitsgemeinschaft der Filztuchindustrie

Nordendstr. 68, 64546 Mörfelden-Walldorf
T: (06105) 7 39 49 **Fax:** 7 65 35
Vorsitzende(r): Hartmut Peters (Württembergische Filztuchfabrik O. Geschmay, Göppingen, T: (07161) 60 40, Telefax: (07161) 60 41 05)
Geschäftsführer(in): RA Klaus Spielmann

• **F 1 007**

Verein Deutscher Handarbeits-Hersteller e.V.

Postf. 11 79, 79337 Kenzingen
Kaiserstr. 1, 79341 Kenzingen
T: (07644) 80 20
Gründung: 1993 (26. Januar)
Vorsitzende(r): Dr. Johannes Burghold
Geschäftsführer(in): Franz O. Weidlich
Mitglieder: 15

Förderung textiler Handarbeiten.

• **F 1 008**

Industrieverband Tauwerk und Technische Garne e.V.

Postf. 80 49, 48043 Münster
Moltkestr. 19, 48151 Münster
T: (0251) 53 00 00 **Fax:** 5 30 00 35
Vorsitzende(r): Dipl.-Kfm. Helmut Paul (Fa. Geo Gleistein & Sohn GmbH, Postf. 71 02 09, 28762 Bremen, T: (0421) 6 90 49-0, Tx: 244 277, Telefax: (0421) 6 90 49-99)
Geschäftsführer(in): Rechtsanwalt Dr. Herbert Giese

• **F 1 009**

Gesamtverband der Leinenindustrie e.V.

Ritterstr. 19, 33602 Bielefeld
T: (0521) 17 13 30 **Fax:** 13 77 41
Internet: http://www.flachs.de
E-Mail: gesamtverband@leinen.de
Vorsitzende(r): H.-G. Kunst
Geschäftsführer(in): Wilken Kisker

Aufgabe des Verbandes ist es, die wirtschaftlichen Belange der deutschen Leinenindustrie und verwandter Wirtschaftszweige in jeder Beziehung zu fördern, ihre Auffassung nach außen, insbesondere gegenüber Behörden und anderen Wirtschaftsverbänden zu vertreten sowie die Mitglieder zu informieren und zu betreuen.

• **F 1 010**

Kreativkreis Strumpfmode e.V.

Postf. 10 17 55, 70015 Stuttgart
Olgastr. 77, 70182 Stuttgart
T: (0711) 2 10 31-22 **Fax:** 23 28 07
E-Mail: gesamtmasche@t-online.de
Vorsitzende(r): Klaus Eberhardt (KLINERT AG)
Geschäftsführer(in): Peter F. Giernoth

• **F 1 011**

Arbeitsgemeinschaft Woll-Kämmerei

Postf. 71 01 80, 28761 Bremen
T: (0421) 60 91-2 05 **Fax:** 60 91-6 16
Vorsitzende(r): Gerhard Harder (Vors. des Vorstandes der Bremer Woll-Kämmerei AG, Landrat-Christians-Str. 95, 28779 Bremen, T: (0421) 60 91-0, Telefax: (0421) 60 91-6 02, TX: 244 482)
Geschäftsführer(in): Thomas Bolte

• **F 1 012**

Industrieverband Reiß-Spinnstoffe, Textiles Reinigungs- und Poliermaterial e.V.

Von-Beckerath-Str. 11, 47799 Krefeld
T: (02151) 63 26 40 **Fax:** 63 26 20
Vorsitzende(r): Jan Wellem Maurenbrecher (Faser- u. Vliesstoffwerk Maurenbrecher GmbH u. Co., Kaiserstr. 206a, 47800 Krefeld, T: (02151) 59 40 55, Fax: 59 40 57)
Geschäftsführer(in): Dipl.-Oec. Rudolf Cremer

• **F 1 013**

Verband für Medicmessen e.V.

Klingenthaler Str. 15, 65232 Taunusstein
T: (06128) 8 64 88 **Fax:** 8 48 53
Vorsitzende(r): Stefan Burkart (Bodenseeinstitut, Josef-Bosch-Str.4, 78315 Radolfzell, T: (0172) 8 09 88 30, Fax: (07732) 97 23 38)
Geschäftsführer(in): Dr. Lothar Vedder

• **F 1 014**

Bundesverband Konfektion Technischer Textilien e.V. (BKTex)

Von-Beckerath-Str. 11, 47799 Krefeld
T: (02151) 20 01 53 **Fax:** 80 22 34
E-Mail: bktex@twt.net
Vorsitzende(r): Bernd Seybold (i.Fa. H. Seybold GmbH & Co. KG, Dr.-Christian-Seybold-Straße, 52349 Düren, T: (02421) 69 05-0, Fax: (02421) 69 05 19)
Geschäftsführer(in): Gertrud Müller
Fachgruppen: Planen; Zelte; Markisen; Säcke- und Juteerzeugnisse; Technische Konfektion

• **F 1 015**

Fachverband der Schlauchwebereien e.V.

Sinteniswveg 22, 30455 Hannover
Vorsitzende(r): Hubert Mersch
Justitiar: RA Helmut Hollmann

• **F 1 016**

Industrieverband Deutscher Bandweber und Flechter e.V.

Von-Beckerath-Str. 11, 47799 Krefeld
T: (02151) 63 26-26 **Fax:** 63 26 20
Vorsitzende(r): Klaus Steuernagel (DACOR-ETIKETTEN, 42369 Wuppertal, T: (0202) 46 69-0, Telefax: (0202) 46 69-1 60)
Hauptgeschäftsführer(in): Dipl.-Oec. Rudolf Cremer
Geschäftsführer(in): Dipl.-oec. Thomas Buchholtz

• **F 1 017**

Verband der Deutschen Seiden- und Samtindustrie

Postf. 29 30, 47729 Krefeld
Von-Beckerath-Str. 11, 47799 Krefeld
T: (02151) 63 26 40 **Fax:** 63 26 20
Internationaler Zusammenschluß: siehe unter izf 1941
Vorsitzende(r): Niko Leendertz (Girmes GmbH, Postf. 1261, 41302 Nettetal, T: (02153) 12 00, Fax: (02153) 12 03 78)
Hauptgeschäftsführer(in): Dipl.-Oec. Rudolf Cremer

• **F 1 018**

Deutsches Krawatten-Institut

Postf. 29 30, 47729 Krefeld
Von-Beckerath-Str. 11, 47799 Krefeld
T: (02151) 63 26 40 **Fax:** 63 26 20
Gründung: 1965
Geschäftsführer(in): Dipl.-Oec. Rudolf Cremer

• **F 1 019**

Verband der Deutschen Tuch- und Kleiderstoffindustrie e.V.

Postf. 10 09 55, 50449 Köln
Mevissenstr. 15, 50668 Köln
T: (0221) 77 44-135 **Fax:** 77 44-204
Internationaler Zusammenschluß: siehe unter izf 101
Vorsitzende(r): Friedrich R. Herrmann
Geschäftsführer(in): RA Thomas Rasch

• **F 1 020**

Modekreis Wäsche Mieder Homewear e.V.

Postf. 10 17 55, 70015 Stuttgart
Olgastr. 77, 70182 Stuttgart
T: (0711) 2 10 31-22 **Fax:** 23 28 07
E-Mail: gesamtmasche@t-online.de
Gründung: 1993 (1. Januar)
Vorsitzende(r): Jürgen May (Felina)
Stellvertretende(r) Vorsitzende(r): Wolfgang Beyer (Triumph AG)
Geschäftsführer(in): Peter F. Giernoth
Mitglieder: 10
Mitarbeiter: 1
Jahresetat: DM 0,3 Mio, € 0,15 Mio

• **F 1 021**

Verband der Deutschen Heimtextilien-Industrie e.V.

Hans-Böckler-Str. 205, 42109 Wuppertal
T: (0202) 75 97-0 **Fax:** 75 97 97
E-Mail: info@heimtex.de
Internationaler Zusammenschluß: siehe unter izf 1820
Vorsitzende(r): Peter Schwartze (Geschäftsführender Gesellschafter der Teppich-Werk Neumünster GmbH, Postf. 26 64, 24516 Neumünster, T: (04321) 8 76 20, Fax: (04321) 87 62 57)
Geschäftsführer(in): Dipl.rer.pol.techn. Peter Trepte
Rechtsanwalt Hans Joachim Schilgen

Fachverband, der die Produzenten der Teppich-, Möbelstoff-, Dekorationsstoff-, Gardinen-, Decken, Steppdecken- und Badtextilien-Industrie, Spitzen- und Stickerei-Industrie, der Industrie konfektionierter Heimtextilien und verwandter Industriezweige betreut. Wir vertreten bundesweit unsere Mitglieder in vielen Bereichen von Wirtschaft und Gesellschaft, Technik und Normung sowie darüber hinaus in zahlreichen Gremien auf nationaler und internationaler Ebene. Der Verband bietet für seine Mitglieder einen umfassenden Beratungs- und Informationsservice.

• **F 1 022**

Gesamtverband der deutschen Textilveredlungsindustrie TVI-Verband e.V.

Frankfurter Str. 10-14, 65760 Eschborn
T: (06196) 95 91-0 **Fax:** 95 91-25
Gründung: 1919 (1. Juni)
Internationaler Zusammenschluß: siehe unter izf 1876, izf 1969
Vorsitzende(r): Dipl.-Ing. Thomas Brühl (Geschäftsführer der Firma C. F. Ploucquet GmbH, Heidenheim)
Geschäftsführer(in): Dipl.-Ing. Hartmut E. Reetz
Mitglieder: 100
Mitarbeiter: 5

Beratung der Mitglieder in Fragen der Textilveredlung sowie Wahrnehmung ihrer gemeinsamen technischen und wirtschaftlichen Belange. Vertretung der gemeinsamen Interessen gegenüber Behörden.

• **F 1 023**

Dialog Textil-Bekleidung (DTB)
Am Werbering 5, 85551 Kirchheim
T: (089) 4 36 06-600 **Fax:** 4 36 06-603
Gründung: 1988 (14. Oktober)
Vorsitzende(r): Hans Theo Baumgärtel (Betty Barclay GmbH & Co. KG)
Stellvertretende(r) Vorsitzende(r): Otto Dörner (März Fashion Group GmbH)
Geschäftsführer(in): Anna Nieß (Willy Bogner GmbH & Co. KG a.A.)
Mitglieder: 152
Mitarbeiter: 3

• **F 1 024**

BVMed
Bundesfachverband
Medizinprodukteindustrie e.V.

Hasengartenstr. 14c, 65189 Wiesbaden
T: (0611) 9 76 75-0 **Fax:** 71 97 69
Internet: http://www.bvmed.de
E-Mail: info@bvmed.de
Vorsitzende(r): Dr. Reinhard Bauer (Vorsitzender des Vorstands der Paul Hartmann AG, 89522 Heidenheim, T: (07321) 36-0, Telefax: (07321) 36-3636)
Geschäftsführer(in): Dipl.-Volksw. Joachim M. Schmitt
Stellvertretende(r) Geschäftsführer(in): Rainer Hill
Mitglieder: 159

• **F 1 025**

DEUTSCHER GENERIKAVERBAND

Deutscher Generikaverband e.V.
Hardtstr. 11, 82436 Eglfing
T: (08847) 69 09-0 **Fax:** 69 09-99
Internet: http://www.generika.de
E-Mail: info@generika.de
Vorsitzende(r): Udo R. Klomann
Geschäftsführer(in): Dipl.-Volksw. Thomas Hummels
Referatsleiter Wissenschaft: Dr. Dietmar Buchberger (T: (08847) 69 09-31)
Referatsleiter Wirtschaft: Dr. Andreas Jäcker (T: (08847) 69 09-20)
Pressesprecherin: Claudia Praxmayer (T: (08847) 69 09-0)

• **F 1 026**

Gesamtverband der deutschen Maschen-Industrie e.V. -GESAMTMASCHE-
Postf. 10 17 55, 70015 Stuttgart
Olgastr. 77, 70182 Stuttgart
T: (0711) 2 10 31-0 **Fax:** 23 28 07
E-Mail: gesamtmasche@t-online.de
Internationaler Zusammenschluß: siehe unter izf 90
Präsident(in): Beat Kaufmann (i. Fa. Kaufmann & Co. AG, Paulstr. 5, CH-8400, Winterthur, Schweiz, T: (004152) 2 12 07 22, Fax:(004152) 2 13 11 75)
Vizepräsident(in): Paul Falke (Falke KG, Schmallenberg) Thomas Stein (Fa. Guido Unger, Taura)
Hauptgeschäftsführer(in): Peter F. Giernoth

• **F 1 027**

Verein Deutscher Färber e.V.
Vereinigung der Textilveredlungsfachleute (VDF)
Geschäftsstelle:
Mainzer Landstr. 251, 60326 Frankfurt
T: (069) 75 95-13 91 **Fax:** 75 95-13 90
Präsident(in): Prof.Dr. Eckhard Schollmeyer (Frankenring 2, 47798 Krefeld, T: (02151) 84 31 00, Telefax: (02151) 84 31 43)
Vizepräsident(in): Dipl.-Ing. Eckhard Klamke (Josef-Römer-Str. 4, 51469 Bergisch Gladbach, T: (02202) 5 77 63)
Geschf. Präsidialmitgl.: Dipl. Volksw. Hans-Joachim Koslowski (Mainzer Landstr. 251, 60326 Frankfurt)

• **F 1 028**

Fachverband Schadstoffsanierung (FAS)
Hansaring 102-104, 50670 Köln
T: (0221) 13 81 48 **Fax:** 13 87 86

• **F 1 029**

Norddeutscher Asbestsanierungsverband e.V. (NAV)
Jenfelder Str. 55a, 22045 Hamburg
T: (040) 45 36 45 **Fax:** 44 80 93 08
Gründung: 1990
Vorsitzende(r): Wilfried Kruse (Umwelttechnik Kruse)
Stellvertretende(r) Vorsitzende(r): Wilfried Birck (Guttau GmbH & Co. KG)
Jan Peter Hans (CT-Ingenieurgesellschaft mbH)
Geschäftsführer(in): Torsten Mußdorf
Mitglieder: 52
Mitarbeiter: 3

f 1 030

Norddeutscher Asbestsanierungsverband Außenstelle Mecklenburg-Vorpommern
Spirfixweg 2, 18055 Rostock
T: (0381) 69 08 54 **Fax:** 69 04 61
Außenstellen-Ltr: Wolfgang Walla

• **F 1 031**

Verband Bergischer Hausbandweber e.V.
Scheidtstr. 66, 42369 Wuppertal
T: (0202) 46 63 93 **Fax:** 4 60 49 79
Internet: http://www.hausbandweber.de.cx
E-Mail: joh.halbach@topmail.de
Joh. Halbach

• **F 1 032**

Interessengemeinschaft Handweberei-Bundesfachverband e.V. (IGH)
Haus der Handweberei
Corbeil-Essonnes-Platz 4, 71063 Sindelfingen
T: (07031) 80 39 06 **Fax:** 38 06 80
Gründung: 1953 (11. April)
Vorsitzende(r): Hanka Neumann
Geschäftsführer(in): Wolfgang Neumann
Mitglieder: 400

• **F 1 033**

Fachvereinigung Wirkerei-Strickerei Albstadt e.V.
Raidenstr. 50, 72458 Albstadt
T: (07431) 40 08 **Fax:** 5 38 87
Vorsitzende(r): Jochem Haug (i. Fa. Gottlieb Haug GmbH & Co. KG, Postf. 14 25, 72437 Albstadt, Lammerbergstr. 75-79, 72461 Albstadt, T: (07432) 9 79 20, Fax: (07432) 97 92 30)
Geschäftsführer(in): RA Rainer Lopau
Mitglieder: 120

• **F 1 034**

Verband der Flockindustrie e.V.
Auf der Obersten Beunde 28, 63654 Büdingen
T: (06042) 95 39 39 **Fax:** 95 39 38
Internet: http://www.flock.de
Gründung: 1981
Sprecher des Vorstandes: H. P. Glatt
Geschäftsführer(in): Clemens Lotze
Leitung Presseabteilung: Ulrich Maag (c/o Flock-TEC, Postf. 29, 72806 Gomaringen)
Verbandszeitschrift: FLOCK-Magazin
Redaktion: FLOCK-Verlag, Postf. 13 70, 63654 Büdingen
Mitglieder: 95

• **F 1 035**

Bundesverband des Lohngewerbes e.V. (BDL)
Südwall 23-25, 47798 Krefeld
T: (02151) 80 06 37 **Fax:** 2 72 31
1. Vorsitzende(r): Alois Ilg
Vorsitzende(r): Otto Jeppener

• **F 1 036**

Landesverband für das Lohngewerbe in Bayern e.V.
Postf. 11 29, 82206 Herrsching
Alpspitzstr. 12, 82211 Herrsching
T: (08152) 10 00 **Fax:** 56 51
1. Vorsitzende(r): Friedrich Netsch (Alpspitzstr. 12, 82211 Herrsching)
Mitglieder: 85

• **F 1 037**

Branchenverband Plauener Spitze und Stickereien e.V.
Körnerstr. 3, 08523 Plauen
T: (03741) 22 37 13 **Fax:** 22 37 13
Gründung: 1990 (21. April)
Vorsitzende(r): Ing. Ök. Ulrich Gerber (Gerber Spitzen & Stickereien GmbH)
Stellvertretende(r) Vorsitzende(r): Textil-Kaufmann Falk Surmann
Geschäftsführer(in): RA Jürgen Fritzlar
Leitung Presseabteilung: Dipl.-Ing. Petra Ziegner (Plauener Spitze und Stickereien Handels GmbH)
Mitglieder: 32 (incl. Einzelpersonen)
Mitarbeiter: 1

• **F 1 038**

Gesamtverband Neuzeitlicher Textilpflege-Betriebe Deutschlands e.V.
Sitz Bonn
Hauptgeschäftsstelle:
Uechtingstr. 19, 45881 Gelsenkirchen
T: (0209) 8 50 81-82 **Fax:** 81 60 19
Gründung: 1954
Präsident(in): Horst Schönwälder (Heidlandstr. 14, 32756 Detmold, T: (05231) 6 88 40)
Verbandszeitschrift: Mitgliederzeitschrift: Textilpfleger-Journal
Redaktion: Uechtingstr. 19, 45881 Gelsenkirchen, T: (0209) 8 50 81-82
Verbandszeitschrift: Wäscherei- und Reinigungs-Praxis - Fachzeitschrift für das gesamte Textilpflegewesen (Fachorgan des Gesamtverbandes)
Redaktion: Ahmser Str. 190, 32052 Herford
Mitglieder: 2000

Finanz- und Steuerpolitik, Wirtschaftspolitik, Arbeits- und Sozialpolitik, Fragen der Handwerksordnung und Gewerbeordnung, Fragen des Umweltschutzes, der Hygiene und Gesundheit, Unfallschutz, Verbraucherschutz und -information, Schulung und Berufsausbildung. Förderung des mittelständischen Textilreinigunggewerbes, Förderung des Vertrauens der Öffentlichkeit in die Textilreinigung, Pflege des Kontaktes zur Kundschaft.

Bayern

f 1 039

Gesamtverband Neuzeitlicher Textilpflege-Betriebe Deutschlands e.V. Landesverband Bayern
Hindenburgstr. 12, 91054 Erlangen
T: (09131) 2 15 60
Landesvorsitzende(r): Bernhard Meyer

Berlin

f 1 040

Gesamtverband Neuzeitlicher Textilpflege-Betriebe Deutschlands e.V. Landesverband Berlin
Prinzenallee 82, 13357 Berlin
T: (030) 4 93 72 50
Landesvorsitzende(r): Jörg-Peter Kindermann

Hamburg/Schleswig-Holstein

f 1 041

Gesamtverband Neuzeitlicher Textilpflege-Betriebe Deutschlands e.V. Landesverband Hamburg/Schleswig-Holstein
Iltisstr. 10, 24143 Kiel
T: (0431) 73 17 16
Landesvorsitzende(r): Udo Melson

Nordrhein-Westfalen

f 1 042

Gesamtverband Neuzeitlicher Textilpflege-Betriebe Deutschlands e.V. Landesverband Nordrhein-Westfalen
Silmecke 62, 59846 Sundern
T: (02933) 18 90
Landesvorsitzende(r): Ute Küper

Ost

f 1 043

Gesamtverband Neuzeitlicher Textilpflege-Betriebe Deutschlands e.V. Landesverband Ost

Hauptstr. 13, 07806 Neustadt
T: (036481) 2 25 32
Landesvorsitzende(r): Axel Geyer

Bremen

f 1 044

Gesamtverband Neuzeitlicher Textilpflege-Betriebe Deutschlands e.V. Landesverband Bremen

Am Hulsberg 100, 28205 Bremen
T: (0421) 44 46 57
Landesvorsitzende(r): Bernhard Francke

Rheinland/Saarland

f 1 045

Gesamtverband Neuzeitlicher Textilpflege-Betriebe Deutschlands e.V. Landesverband Rheinland/Saarland

Gartenstr. 15, 55469 Simmern
T: (06761) 50 91/92/93
Landesvorsitzende(r): Rudolf Ziscka

f 1 046

Arbeits-Gemeinschaft Textilpflege e.V.

Sitz Gelsenkirchen
Geschäftsstelle:
Uechtingstr. 19, 45881 Gelsenkirchen
T: (0209) 8 50 81-82 **Fax:** 81 60 19
Vorsitzende(r): Horst Schönwälder (Heidlandstr. 14, 32756 Detmold, T: (05231) 6 88 40)

• F 1 047

Woolmark (Europe) Limited

Deutschland, Österreich und Schweiz
Postf. 10 30 53, 40021 Düsseldorf
Kaiserswerther Str. 282, 40474 Düsseldorf
T: (0211) 16 05-265 **Fax:** 16 05-219
Internet: http://www.wool.com
Direktor(in): Peter Siretz

• F 1 048

Industrieverband Friseurbedarf e.V. (IVF)

Karlstr. 21, 60329 Frankfurt
T: (069) 25 56-1326/13 27 **Fax:** 23 76 31
Vorsitzende(r): Michael Uebbing (Wella)
Stellvertretende(r) Vorsitzende(r): Günter Backhaus (L'Oréal)
Vorstand: Gerhard Heckmann (Schwarzkopf)
Vorstand: Jürgen Rohr (Goldwell)
Vorstand: Rudi Wolf (Redken Laboratories)
Geschäftsführer(in): Udo Frenzel
Mitglieder: 16

• F 1 049

Vereinigung der deutschen Zentralheizungswirtschaft e.V. (VdZ)

Siegburger Str. 126, 50679 Köln
T: (0221) 3 46 67-70 **Fax:** 3 46 67-75
E-Mail: info@vdz-koeln.de
Präsident(in): Dipl.-Ing. Jürgen Diehl
Geschäftsführer(in): Dipl.-Volkswirt, Dipl.-Wirtsch.-Ing. Horst Eisenbeis
Mitglieder: 10 Verbände

Zielsetzung: Vertretung der gemeinsamen Belange der Heizungswirtschaft und ihrer Verbände, der Hersteller von Heizgeräten und Komponenten, des Fachgroßhandels sowie handwerklicher und industrieller Verarbeiter.

f 1 050

Bundesverband der Deutschen Heizungsindustrie e.V. (BDH)

-Fachabteilung Heizkessel
-Fachabteilung Heizkörper
Frankfurter Str. 720-726, 51145 Köln
T: (02203) 9 35 93-0 **Fax:** 9 35 93-22

f 1 051

Bundesindustrieverband Heizungs-, Klima-, Sanitärtechnik/Technische Gebäudesysteme e.V. (BHKS)

Weberstr. 33, 53113 Bonn
T: (0228) 9 49 17-0 **Fax:** 9 49 17-17
Internet: http://www.bhks.de
E-Mail: info@bhks.de

f 1 052

Fachgemeinschaft Armaturen im VDMA

Postf. 71 08 64, 60498 Frankfurt
Lyoner Str. 18, 60528 Frankfurt
T: (069) 66 03-1241 **Fax:** 66 03-1634
Internet: http://www.armaturen.vdma.org
E-Mail: armaturen@vdma.org

f 1 053

Fachverband Automation + Management für Haus + Gebäude im VDMA

Postf. 71 08 64, 60498 Frankfurt
Lyoner Str. 18, 60528 Frankfurt
T: (069) 66 03-1240 **Fax:** 66 03-1699

f 1 054

Fachverband Elektro-Hauswärmetechnik im ZVEI

60591 Frankfurt
Stresemannallee 19, 60596 Frankfurt
T: (069) 63 02-295 **Fax:** 63 02-271
E-Mail: hausgeraete@zvei.org

f 1 055

Zentralverband Sanitär Heizung Klima

Rathausallee 6, 53757 Sankt Augustin
T: (02241) 92 99-0 **Fax:** 2 13 51, 2 11 31 (Abt. Technik)
Internet: http://www.zentralverband-shk.de
E-Mail: info@zentralverband-shk.de
Internationaler Zusammenschluß: siehe unter izg 158

Interessenvertretung auf Bundesebene; Unterstützung der Landesinnungsverbände; Förderung des lauteren Wettbewerbs; Rechtsträger von Kartellvereinbarungen und -beschlüssen; Rationalisierungsverband; Förderung, Prüfung und Durchführung von Normungs-, Typungs- und Spezialvorhaben; Fachschulen und -kurse.

f 1 056

Fachgemeinschaft Pumpen im VDMA

Postf. 71 08 64, 60498 Frankfurt
Lyoner Str. 18, 60528 Frankfurt
T: (069) 66 03 12 81, 6 60 30 **Fax:** 66 03 16 90

f 1 057

Bundesverband Energie Umwelt Feuerungen e.V. (BVOG)

Birkenwaldstr. 163, 70191 Stuttgart
T: (0711) 2 56 70 75 **Fax:** 2 56 70 78
E-Mail: bvog-ceb@t-online.de

f 1 058

Deutscher Großhandelsverband Haustechnik e.V.

Viktoriastr. 27, 53173 Bonn
T: (0228) 36 20 51 **Fax:** 36 18 74

• F 1 059

Bundesverband Lagerbehälter e.V.

Postf. 59 20, 97009 Würzburg
Koellikerstr. 13, 97070 Würzburg
T: (0931) 3 52 92-0 **Fax:** 3 52 92-29
Internet: http://www.behaelterverband.de
E-Mail: info@behaelterverband.de
Vorsitzende(r): Dipl.-Kfm. Wolfgang Dehoust (i. Fa. Dehoust GmbH, Leimen)
Geschäftsführer(in): Dr. Wolfram Krause
Mitglieder: 37 Werke

Arbeitskreise:

f 1 060

Bundesverband Lagerbehälter e.V. Arbeitskreis Kunststoff-Batterietanks Stahltanks

Postf. 6 09, 58006 Hagen
T: (02331) 80 12 80 **Fax:** 80 12 99
Vorsitzende(r): Dipl.-Kfm. Wolfgang Dehoust (i. Fa. Dehoust GmbH, Gutenbergstr. 5-7, 69181 Leimen)
Mitglieder: 9

f 1 061

Bundesverband Lagerbehälter e.V. Arbeitskreis Stahltanks

Postf. 6 09, 58006 Hagen
T: (02331) 80 12 80 **Fax:** 80 12 99
Vorsitzende(r): Axel Fellhauer (i. Fa. Nau)
Mitglieder: 27 Werke

f 1 062

Bundesverband Lagerbehälter e.V. Arbeitskreis GfK-Tanks

Postf. 6 09, 58006 Hagen
T: (02331) 80 12 80 **Fax:** 80 12 99
Vorsitzende(r): Dr. Tilman Schultz (i.Fa. Chemowerk GmbH, In den Backenländern, 71384 Weinstadt)
Mitglieder: 6 Werke

f 1 063

Bundesverband Lagerbehälter e.V. Arbeitskreis Regenwassernutzung

Postf. 6 09, 58006 Hagen
T: (02331) 80 12 80 **Fax:** 80 12 99
Vorsitzende(r): Torsten Grüter (GEP Umwelttechnik GmbH, Bogenstr. 98, 53783 Eitorf) 21 Werke

• F 1 064

Fachverband Kathodischer Korrosionsschutz e.V.

Sitz: Esslingen/Neckar
Postanschrift:
Postf. 60 04, 73717 Esslingen
T: (0711) 91 99 27 20 **Fax:** 91 99 27 77
1. Vorsitzende(r): Dipl.-Ing. W. Fleig (c/o RBS Rohrnetzberatung der Neckarwerke Stuttgart)
Geschäftsführer(in): Ing. H. Spieth, Esslingen
Mitglieder: ca. 120

• F 1 065

Arbeitsgemeinschaft Heiz- und Wasserkostenverteilung e.V.

Burgstr. 69, 53177 Bonn
T: (0228) 35 14 96 **Fax:** 35 83 71
Internet: http://www.arge-heiwako.de
E-Mail: info@arge.heiwako.de
Gründung: 1978
Vorsitzende(r): Dipl.-Ing. Ditmar Lange
Geschäftsführer(in): Dipl.-Ing. Christian Sperber
Verbandszeitschrift: Die Heizkostenabrechnung
Verlag: Jörg Mario Lefèvre, Fachverlag und Vertrieb, Im Pesch 56, 53797 Lohmar
Mitglieder: 8
Mitarbeiter: 2
Jahresetat: DM 0,5 Mio, € 0,26 Mio

• F 1 066

Bundesindustrieverband Heizungs-, Klima-, Sanitärtechnik/Technische Gebäudesysteme e.V. (BHKS)

Weberstr. 33, 53113 Bonn
T: (0228) 9 49 17-0 **Fax:** 9 49 17-17
Internet: http://www.bhks.de
E-Mail: info@bhks.de

Präsident(in): Dipl.-Kfm. Gerhard H. Straub (i. Fa. Süddeutsche Etna-Werk GmbH, München, T: (089) 41 60 10)
Hauptgeschäftsführer(in): Dr. Herbert Rudolf
Geschäftsführer(in): RA Michael Frerick
Mitglieder: 800 Firmen (einschl. Direkt- und Fördermitglieder)

Berufsständische Spitzenorganisation der Industrieunternehmen des heizungs-, klima- und sanitärtechnischen Anlagenbaus.

Landesverbände

f 1 067

Industrieverband Heizungs-, Klima- und Sanitärtechnik Baden-Württemberg e.V.
Burgenlandstr. 44D, 70469 Stuttgart
T: (0711) 13 53 15-0 **Fax:** 13 53 15-99
Vorsitzende(r): Rolf Lausterer (c/o G. Konzmann GmbH & Co. KG, Leinfelder Str. 64, 70771 Leinfelden-Echterdingen)
Geschäftsführer(in): RA Peter-Henner Unruh
Mitglieder: 100

f 1 068

Industrieverband Heizungs-, Klima- und Sanitärtechnik Bayern und Thüringen e.V.
Rümannstr. 61, 80804 München
T: (089) 36 39 37 **Fax:** 3 61 37 65
Vorsitzende(r): Dipl.-Kfm. Gerhard H. Straub (c/o Südd. Etna-Werk GmbH, Postf. 80 16 23, 81616 München)
Geschäftsführer(in): RA Dr. Florian Festl
Mitglieder: 150

f 1 069

Industrieverband Heizungs-, Klima- und Sanitärtechnik Hamburg e.V.
Große Bahnstr. 101, 22769 Hamburg
T: (040) 8 50 50 50 **Fax:** 85 31 01 13
Vorsitzende(r): Karl-Heinz Meuthien (i. Fa. Henry Juul GmbH & Co. KG, Alsterdorfer Str. 278, 22297 Hamburg)
Geschäftsführer(in): RA Carsten Conrad
Mitglieder: 50

f 1 070

Industrieverband Gebäudetechnische Anlagen und Umwelttechnik Hessen e.V.
Emil-von-Behring-Str. 5, 60439 Frankfurt
T: (069) 58 09 21 21 **Fax:** 58 09 21 22
Vorsitzende(r): Dipl.-Ing. Heribert Bach (c/o ROM Frankfurt Rudolf Otto Meyer, Berner Str. 107, 60437 Frankfurt/Main)
Geschäftsführer(in): RA Winfried Meißl
Mitglieder: 60

f 1 071

Industrieverband Haus- und Versorgungstechnik Niedersachsen und Bremen e.V.
Raiffeisenstr. 18, 30938 Burgwedel
T: (05139) 89 75-0 **Fax:** 89 75-40
Vorsitzende(r): Dipl.-Ing. Dipl.-Kfm. Gerhard Heitefuß (c/o Heitefuß Haustechnik GmbH, Fränkische Str. 13, 30455 Hannover)
Geschäftsführer(in): RA Rüdiger Lüdtke
Mitglieder: 130

f 1 072

Industrieverband Heizung Klima Sanitär Nord e.V.
Georgsplatz 10, 20099 Hamburg
Vorsitzende(r): Reinhard Gebauer (c/o Hans Sack GmbH & Co. KG, Postf. 26 27, 24916 Flensburg)
Geschäftsführer(in): RA Thomas Wiese
Mitglieder: 50

f 1 073

Industrieverband Heizungs-, Klima- und Sanitärtechnik Nordrhein-Westfalen e.V.
Poststr. 15, 40213 Düsseldorf
T: (0211) 32 92 17-18 **Fax:** 32 44 93
Vorsitzende(r): Dipl.-Ing. Jürgen Diehl
Geschäftsführer(in): Ass. Heiner Begemann
Mitglieder: 120

f 1 074

Industrieverband Heizungs-, Klima- und Sanitärtechnik Rheinland-Pfalz e.V.
Hunsrückstr. 5, 55129 Mainz
T: (06131) 50 91 52 **Fax:** 58 11 74
Vorsitzende(r): Dipl.-Ing. Wilfried Sigmund (c/o Bermann + Sigmund GmbH, Postf. 11 63, 66461 Zweibrücken)
Geschäftsführer(in): RA Hans-M. Reuter
Mitglieder: 30

f 1 075

Fachverband Heizung-Klima-Sanitär Saarland e.V.
Franz-Josef-Röder-Str. 9, 66119 Saarbrücken
T: (0681) 5 36 67 **Fax:** 58 42 47
Vorsitzende(r): Dipl.-Ing. Franz-Josef Guldner (c/o Quecke & Co. GmbH, Postf. 21 04, 66721 Saarlouis)
Geschäftsführer(in): RA Armin Dietzen
Mitglieder: 20

f 1 076

Industrieverband Heizungs-, Klima- und Sanitärtechnik Sachsen e.V.
Arndtstr. 14b, 04275 Leipzig
T: (0341) 3 01 32 34 **Fax:** 3 01 32 37
Vorsitzende(r): Dr.-Ing. Peter Straube (c/o Max Straube GmbH, Jahnstr. 49, 09126 Chemnitz)
Geschäftsführer(in): Dipl.-Ing. Manfred Carol
Mitglieder: 60

f 1 077

Industrieverband Haus- und Versorgungstechnik Sachsen-Anhalt e.V.
Lübecker Str. 53-63, 39124 Magdeburg
T: (0391) 2 80 54 43 **Fax:** 2 80 54 44
E-Mail: ihrt_sa-anh@t-online.de
Vorsitzende(r): Dipl.-Ing. Franz Scheffel (c/o Wärmetechnik Quedlinburg GmbH, Schmöckeberg 1, 06484 Quedlinburg, T: (03946) 90 26-00)
Geschäftsführer(in): Dipl.-Wirtschaftsing.(FH) Gisela Böheim
Mitglieder: 55

• **F 1 078**

HKI Industrieverband Haus-, Heiz- und Küchentechnik e.V.
Postf. 11 07 37, 60042 Frankfurt
Stresemannallee 19, 60596 Frankfurt
T: (069) 25 62 68-0 **Fax:** 23 59 64
E-Mail: hki-industrieverband@t-online.de
Präsident(in): Dipl.-Ing. Reiner Kegel (i.Fa. JUSTUS Wärmegeräte GmbH, 35075 Gladenbach)
Präsidium: Dipl.-Ing. Horst Heinen
Dipl.-Ing. Edward Kersting (i.Fa. Olsberg Hermann Everken GmbH, 59932 Olsberg)
Manfred Sussmann (i.Fa. Convotherm Elektrogeräte GmbH, 82436 Eglfing)
Hauptgeschäftsführer(in): Dipl.-Ing. Frank Kienle
Fachverband Heiz- und Kochgeräte: Fachabteilungen: Herde und Einbaugeräte, Einzelheizgeräte, Heizeinsätze für Kachelöfen und Kamine
Fachverband Großkücheneinrichtungen: Fachabteilungen: Großkochanlagen, Edelstahlverarbeitung, Heißluftdämpfer, Getränkebereiter, Küchenlüftungsdecken

• **F 1 079**

Fachverband EPS-Wärmedämmputz-Industrie e.V.
Fridinger Str. 19, 70619 Stuttgart
T: (0711) 47 83 26 **Fax:** 47 83 14
Gründung: 1977 (01. Dezember)
Vorstand: Dipl.-Ing. Klaus Diener (Vors.)
Dipl.-Ing. Klaus Gekeler (GeschF)
Mitglieder: 10

• **F 1 080**

Arbeitskreis Duschabtrennungen (ADA) e.V.
Postf. 11 06 26, 40506 Düsseldorf
Emanuel-Leutze-Str. 1B, 40547 Düsseldorf
T: (0211) 59 40 76 **Fax:** 5 37 00 69
TGR: ADA
Vorsitzende(r): Wolfgang J. Göck (Geschf. d. D + S Sanitärprodukte GmbH, Industriestraße, 69198 Schriesheim, T: (06203) 10 20)
Geschäftsführer(in): Rainer Hinkes
Mitglieder: 7

• **F 1 081**

KÄLTE KLIMA FACHBETRIEB

Verband Deutscher Kälte-Klima-Fachbetriebe e.V. (VDKF)
Postf. 16 03, 53706 Siegburg
Bahnhofstr. 27, 53721 Siegburg
T: (02241) 9 69 90-0 **Fax:** 9 69 90-40
Internet: http://www.vdkf.org
E-Mail: info@vdkf.org
Gründung: 1962
Präsident(in): Christian Scholz
Vizepräsident(in): Karl Meis
Friedrich Sandvoß
Geschäftsführer(in): Dipl.-Volksw. Rudolf Pütz
Verbandszeitschrift: "Information" Kälte-Klima, Umwelt und Entsorgung (12 x jährlich)
Mitglieder: 1041
Landesverbände: 14
Veranstalter und Eigentümer der jährlich stattfindenden Internationalen Fachmesse Kälte-Klimatechnik -IKK-
Mitglied der AREA - Air Conditioning & Refrigeration European Association, Brüssel, Belgien

Pflege und Förderung der wirtschaftlichen Interessen der Mitglieder; berufliche Weiterbildung und Nachwuchsförderung; jährliche Durchführung des Deutschen Kälte-Klima-Fachtages und der Internationalen Fachmesse Kälte-Klimatechnik (IKK).

f 1 083

VDKF Wirtschafts- und Informationsdienste GmbH
Postf. 1603, 53706 Siegburg
Bahnhofstr. 27, 53721 Siegburg
T: (02241) 9 69 90-0 **Fax:** 9 69 90-40
Internet: http://www.vdkf.com
E-Mail: info@vdkf.com
Geschäftsführer(in): Dipl.-Volksw. Rudolf Pütz
AR-Vors: Christian Scholz
Wirtschaftliche Durchführung der IKK

• **F 1 082**

Landesverband für Kälte- und Klimatechnik Bayern
Graf-Konrad-Str. 17, 80809 München
T: (089) 35 09 83-0 **Fax:** 35 50 50
Landesinnungsmeister: Carl-Georg Schiessl
Hauptgeschäftsführer(in): Klaus Arns

• **F 1 084**

Innung für Kälte- und Klimatechnik München und Oberbayern
Graf-Konrad-Str. 17, 80809 München
T: (089) 35 09 83-0 **Fax:** 35 50 50
Obermeister: Carl-Georg Schiessl
Hauptgeschäftsführer(in): Klaus Arns

• **F 1 085**

Fachgemeinschaft Guß-Rohrsysteme (FGR)
Wittestr. 30k, 13509 Berlin
Vorsitzende(r): Jean Sutter (Halbergerhütte GmbH, Saarbrücken)
Geschäftsführer(in): Wolfgang Baaden
Verbandszeitschrift: Gussrohr-Technik
Redaktion: K. Benedix
Verlag: Eigenverlag

• **F 1 086**

Gesamtverband der Drahtflechter und Zaunbauer e.V.
Kleinenpfad 15, 50933 Köln
T: (0221) 4 99 42 28 **Fax:** 4 99 43 28
Vorsitzende(r): Rolf Baumeister (i. Fa. August Baumeister GmbH + Co., Industriestr. 58, 70565 Stuttgart)
Geschäftsführer(in): Ass. Dr.jur. Rolf Blatz

• **F 1 087**

v|d|c verband der cigarettenindustrie

Verband der Cigarettenindustrie
Königswinterer Str. 550, 53227 Bonn
T: (0228) 44 90 60 **Fax:** 44 25 82
Vorsitzende(r): Karsten Schmidt (Vors. d. GeschF d. Philip Morris GmbH, München)
Hauptgeschäftsführer(in): Dr. Ernst Brückner
Leitung Presseabteilung: Andrea Winkhardt
Mitglieder: 7 Firmen

• **F 1 088**

Bundesverband der Zigarrenindustrie e.V. (BdZ)
Postf. 20 02 26, 53132 Bonn
Körnerstr. 18, 53175 Bonn
T: (0228) 36 40 26-27 **Fax:** 36 16 59
Vorsitzende(r): Hans van den Berg (Fa. Arnold André, Postf. 12 47, 32212 Bünde, T: (05332) 16 30)
Heinrich Villiger (i. Fa. VILLIGER Söhne GmbH, Postf. 12 80, 79752 Waldshut-Tiengen, T: (07741) 60 70)
Geschäftsführer(in): RA Hans-Conrad Ostermeyer
Mitglieder: 20

• **F 1 089**

Deutsches Zigarren-Institut e.V. (DZI)
Postf. 20 04 32, 53134 Bonn

Körnerstr. 18, 53175 Bonn
T: (0228) 35 38 49 **Fax:** 36 16 59
Vorsitzende(r): Ingrid Schinz, Heidelberg
Heinrich Villiger, Waldshut-Tiengen
Lothar Geyer, Nürnberg

• F 1 090

Verband der deutschen Rauchtabakindustrie
Fachverband Rauchtabak, Kautabak, Schnupftabak
Fachverband der Tabakwaren-Importeure und EG-Distributeure e.V.

Rheinallee 25b, 53173 Bonn
T: (0228) 9 34 46-0 **Fax:** 9 34 46-20
amtsf. Vorst.: Dr. Robert Engels
Günter Hill
Guus Visser
Geschäftsführer(in): Ass. Franz Peter Marx
Mitglieder: 26

G Handwerk

Zum Auffinden einer bestimmten Dienststelle oder Organisation dient das Suchwortverzeichnis, eines Personennamens das Personenverzeichnis.

Spitzenverbände des Handwerks
Landeshandwerksvertretungen
Handwerkskammern
Regionale Vereinigungen der Landesverbände des Handwerks
Bundes- und Landesinnungsverbände

Spitzenverbände des Handwerks

• G 1

Das Handwerk

Zentralverband des Deutschen Handwerks (ZDH)
Postf. 11 04 72, 10834 Berlin
Mohrenstr. 20/21, 10117 Berlin
T: (030) 2 06 19-0 **Fax:** 2 06 19-460
Internet: http://www.zdh.de
E-Mail: info@zdh.de
¤
Gründung: 1949
Internationaler Zusammenschluß: siehe unter izg 33
Präsident(in): Maler- und Lackierermeister Dieter Philipp
Generalsekretär(in): Hanns-Eberhard Schleyer
Geschäftsführer(in): RA Hans-Jürgen Aberle
RA Wolf-Hermann Böcker
Leitung Presseabteilung: Alexander Legowski
Mitglieder: 55 Handwerkskammern und 46 Zentralfachverbände sowie einige dem Handwerk nahestehende Einrichtungen
Mitarbeiter: ca. 135 in der gemeinsamen Geschäftsstelle von ZDH, DHKT und BFH

Einheitliche Willensbildung in allen grundsätzlichen Fragen der Handwerkspolitik und Vertretung der Gesamtinteressen des Handwerks gegenüber den zentralen Organen und Verwaltungen der Bundesrepublik Deutschland und der Europäischen Union.

g 1 .10

Zentralverband des Deutschen Handwerks Büro Brüssel
Rue Jacques de Lalaing 4, B-1040 Brüssel
T: (00322) 2 30 85 39 **Fax:** 2 30 21 66
E-Mail: info@zdh-brussels.com
Leiterin: Karin Rögge

• G 2

Deutscher Handwerkskammertag (DHKT)
Haus des Deutschen Handwerks
Mohrenstr. 20/21, 10117 Berlin
T: (030) 2 06 19-0
Internet: http://www.zdh.de
E-Mail: info@zdh.de
Präsident(in): Maler- und Lackierermeister Dieter Philipp (Präsident der Handwerkskammer Aachen)
Vizepräsident(in): Dipl.-Ing. (FH) Wolfgang Bachmann (Präsident der Handwerkskammer Erfurt)
Hauptgeschäftsführer(in): ZDH-Generalsekretär Hanns-Eberhard Schleyer
Geschäftsführer(in): Dr. Wolfgang Glaser
Mitglieder: 55 Handwerkskammern

Der Deutsche Handwerkskammertag hat die Aufgabe, die gemeinsamen Angelegenheiten der ihm angehörenden Kammern zu vertreten und alle gemeinsamen Aufgaben wahrzunehmen, die den Kammern übertragen sind.

g 3

EG-Beratungsstelle für Unternehmer
Johanniterstr. 1, 53113 Bonn
T: (0228) 5 45-2 11
Ansprechpartner: Klauspeter Zanzig

• G 4

Bundesvereinigung der Fachverbände des Deutschen Handwerks (BFH)
Haus des Deutschen Handwerks
Postf. 11 04 72, 10834 Berlin
Mohrenstr. 20-21, 10117 Berlin
T: (030) 2 06 19-0 **Fax:** 2 06 19-460
Vorsitzende(r): Maler- u. Lackierermeister Dieter Philipp (Präsident des Zentralverbandes des Deutschen Handwerks (ZDH), Präsident des Deutschen Handwerkskammertages (DHKT), Präsident der Handwerkskammer Aachen)
Vizepräsident(in): Kfz.-Mechanikermeister Walter Stoy (Vizepräsident des Zentralverbandes des Deutschen Handwerks, Bundesinnungsmeister des Zentralverbandes des Kraftfahrzeughandwerks, Präsident der Handwerkskammer für Unterfranken)
Hauptgeschäftsführer(in): Hanns-Eberhard Schleyer (Generalsekretär des Zentralverbandes des Deutschen Handwerks)
Geschäftsführer(in): RA Hans-Jürgen Aberle
Mitglieder: 46 Zentralfachverbände

Die Bundesvereinigung der Fachverbände hat die Aufgabe, die gemeinsamen fachlichen, wirtschaftspolitischen, sozialpolitischen und kulturellen Belange der ihr angehörenden Fachverbände zu vertreten.

Landeshandwerksvertretungen

• G 5

Baden-Württembergischer Handwerkstag
Heilbronner Str. 43, 70191 Stuttgart
T: (0711) 16 57-0 **Fax:** 16 57-4 44
Internet: http://www.handwerk-bw.de
E-Mail: info@handwerk-bw.de
Präsident(in): Klaus Hackert
Hauptgeschäftsführer(in): Dr. Hartmut Richter
Leitung Presseabteilung: Eva Hauser
Mitglieder: 69 Fachorganisationen, 8 Handwerkskammern, 11 Sonstige
Mitarbeiter: 11
Zusammenschluß sämtlicher Organisationen des Handwerks von Baden-Württemberg

• G 6

Arbeitsgemeinschaft der Handwerkskammern in Baden-Württemberg
Heilbronner Str. 43, 70191 Stuttgart
T: (0711) 16 57-0 **Fax:** 16 57-444
Internet: http://www.handwerk-bw.de
E-Mail: info@handwerk-bw.de
Vorsitzende(r): Klaus Hackert (Heilbronner Str. 43, 70191 Stuttgart)
Hauptgeschäftsführer(in): Dr. Hartmut Richter (Heilbronner Str. 43, 70191 Stuttgart, T: (0711) 16 57-4 01, Telefax: (0711) 16 57-444)
Leitung Presseabteilung: Eva Hauser
Mitarbeiter: 11

• G 7

Bayerischer Handwerkstag
Max-Joseph-Str. 4, 80333 München
T: (089) 55 75 01 **Fax:** 55 75 22
Präsident(in): Walter Stoy
Hauptgeschäftsführer(in): Bernd Lenze
Geschäftsführer(in): Dipl.-Volksw. Rudolf Herwig
Stellvertretende(r) Geschäftsführer(in): Dr. Kurt Roeckl

• G 8

Arbeitsgemeinschaft der bayerischen Handwerkskammern
Max-Joseph-Str. 4, 80333 München
T: (089) 51 19-0 **Fax:** 51 19-2 95
Präsident(in): Heinrich Traublinger (MdL, Max-Joseph-Str. 4, 80333 München, T: (089) 51 19-1 00)
Hauptgeschäftsführer(in): Ass. Bernd Lenze (Max-Joseph-Str. 4, 80333 München, T: (089) 51 19-1 01, Fax: (089) 51 19-2 95)
Geschäftsführer(in): Dipl.-Volksw. Rudolf Herwig (T: (089) 51 19-200, Telefax: (089) 51 19-2 99)

• G 9

Landeshandwerksvertretung Berlin
Postf. 61 02 19, 10923 Berlin
Blücherstr. 68, 10961 Berlin
T: (030) 2 59 03-01 **Fax:** 2 59 03-2 35
Internet: http://www.hwk-berlin.de
E-Mail: info@hwk-berlin.de
Vorsitzende(r): Hans-Dieter Blaese (Siemenswerderweg 45, 13595 Berlin, T: (030) 3 61 58 88)
Hauptgeschäftsführer(in): Ass. Bernd Babel (Postf. 61 02 19, 10923 Berlin, T: (030) 2 59 03-01, Telefax: (030) 2 59 03-2 32)
Verbandszeitschrift: Berlin Brandenburgisches Handwerk
Verlag: Blücherstr. 68, 10961 Berlin
Mitglieder: 28000

• G 10

Landeshandwerksvertretung Bremen
Postf. 10 51 06, 28051 Bremen
Ansgaritorstr. 24, 28195 Bremen
T: (0421) 3 05 00-0 **Fax:** 3 05 00 10
E-Mail: hwk-bremen@t-online.de
Vorsitzende(r): Dieter Dasenbrook (Maler- u. Lackierermeister)
Geschäftsführer(in): Ass. Hans-Heinrich Meyer-Heye (Ansgaritorstr. 24, 28195 Bremen, T: (0421) 3 05 00-0, Telefax: (0421) 3 05 00 10)
Verbandszeitschrift: Deutsche Handwerks Zeitung
Redaktion: Handwerkskammer Bremen
Mitglieder: 5000 Mitgliedsbetriebe

• G 11

Landeshandwerksvertretung Hamburg
Holstenwall 12, 20355 Hamburg
T: (040) 3 59 05-0 **Fax:** 3 59 05-307
Vorsitzende(r): Peter Becker (Holstenwall 12, 20355 Hamburg, T: (040) 3 59 05-0, E-Mail: Info@hwk-hamburg.de)
Hauptgeschäftsführer(in): Dr. Jürgen Hogeforster (Holstenwall 12, 20355 Hamburg, T: (040) 3 59 05-0, Telefax: (040) 3 59 05-307, E-Mail: Info@hwk-hamburg.de)

• G 12

Hessischer Handwerkstag
Bahnhofstr. 63, 65185 Wiesbaden
T: (0611) 1 36-0 **Fax:** 13 61 55
Internet: http://www.hessen.handwerk.de
E-Mail: info@hessen.handwerk.de
Präsident(in): Jürgen Heyne
Geschäftsführer(in): Dipl. oec. Harald Brandes

• G 13

Arbeitsgemeinschaft der Hessischen Handwerkskammern
Postf. 29 60, 65019 Wiesbaden
Bahnhofstr. 63, 65185 Wiesbaden
T: (0611) 13 60 **Fax:** 13 61 55
Internet: http://www.hessen.handwerk.de
E-Mail: info@hessen.handwerk.de
Präsident(in): Jürgen Heyne
Geschäftsführer(in): Dipl. oec. Harald Brandes (Bahnhofstr. 63, 65185 Wiesbaden)

• G 14

Niedersächsischer Handwerkstag
Ferdinandstr. 3, 30175 Hannover
T: (0511) 3 80 87-0 **Fax:** 31 82 63
E-Mail: vhn.handwerk@t-online.de
Vorsitzende(r): Kurt Rehkopf (Bäcker- und Konditormeister, Lange Straße 42, 31515 Wunstorf, T: (05031) 33 23)
Hauptgeschäftsführer(in): Ass. Michael Koch (Ferdinandstr. 3, 30175 Hannover, T: (0511) 3 80 87-0, Telefax: (0511) 31 82 63)

• G 15

Vereinigung der Handwerkskammern Niedersachsen
Ferdinandstr. 3, 30175 Hannover
T: (0511) 3 80 87-0 **Fax:** 31 82 63
E-Mail: vhn.handwerk@t-online.de
Präsident(in): Gernot Schmidt (Braunschweiger Str. 13, 29221 Celle, T: (05141) 90 62-0)
Hauptgeschäftsführer(in): Ass. Michael Koch
Mitglieder: 7 Handwerkskammern

• G 16

Nordrhein-Westfälischer Handwerkstag (NWHT)
Georg-Schulhoff-Platz 1, 40221 Düsseldorf
T: (0211) 87 95-3 15, 87 95-3 10, 39 68 48 **Fax:** 9 30 49 66
Internet: http://www.nrwhandwerkstag.de
Vorsitzende(r): Hansheinz Hauser (privat: Carl-Schurz-Str. 13b, 47803 Krefeld, T: (02151) 75 47 49)
Geschäftsführer(in): Dipl.-Volksw. Dr. Thomas Köster (privat: Suitbertus-Stiftsplatz 5, 40489 Düsseldorf, T: (0211) 40 79 63)
Mitglieder: 7 Handwerkskammern, 61 Verbände, 7 Gemeinschaftseinrichtungen

• G 17

Landeshandwerksvertretung Rheinland-Pfalz
Göttelmannstr. 1, 55130 Mainz
T: (06131) 99 92-0 **Fax:** 99 92-63
Internet: http://www.hwk.de
E-Mail: hwk@hwk.de
Geschäftsführer(in): Dipl.-Volksw. Günther Tartter (Bauschheimer Weg 6, 55130 Mainz, T: (06131) 8 67 46)
Mitglieder: 4 Handwerkskammern mit ca. 40 000 Mitgliedern

• G 18

Arbeitsgemeinschaft der Handwerkskammern Rheinland-Pfalz
vertreten durch die Handwerkskammer Rheinhessen
Göttelmannstr. 1, 55130 Mainz
T: (06131) 99 92-0 **Fax:** 99 92-63
Vorsitzende(r): Maler- u. Lackierermeister Karl Josef Wirges (Neutorstr. 3, 55116 Mainz, T: (06131) 22 71 19)
Geschäftsführer(in): Dipl.-Volksw. Günther Tartter (Göttelmannstr. 1, 55130 Mainz, T: (06131) 99 92-0, Telefax: (06131) 99 92-63)

• G 19

Landeshandwerksvertretung des Saarlandes
Hohenzollernstr. 47-49, 66117 Saarbrücken
T: (0681) 58 09-0 **Fax:** 58 09-213
Gründung: 1900

Vorsitzende(r): Maler- u. Lackierermeister Winfried E. Frank (Bergstr. 9-11, 66706 Perl, T: (06867) 7 15)
Hauptgeschäftsführer(in): Ass. jur. Udo Stein (Hohenzollernstr. 47-49, 66117 Saarbrücken, T: (0681) 58 09-0, Telefax: (0681) 58 09-2 13)
Verbandszeitschrift: Deutsches Handwerksblatt
Verlag: Verlagsanstalt Handwerk, Düsseldorf
Mitglieder: 10000
Mitarbeiter: 100
Jahresetat: DM 20 Mio, € 10,23 Mio

• G 20

Sächsischer Handwerkstag
Dachorganisation des Sächsischen Handwerks
Wiener Str. 43, 01219 Dresden
T: (0351) 4 64 04 07 **Fax:** 4 71 91 88
Gründung: 1992 (Oktober)
Leitung Presseabteilung: Frank Wetzel (T: (0351) 4 64 04 07)
Mitglieder: rund 40 institutionelle Mitglieder, die mehr als 52000 Handwerksbetriebe in Sachsen repräsentieren

• G 21

Landeshandwerksrat Schleswig-Holstein
Geschäftsstelle:
Breite Str. 10-12, 23552 Lübeck
Fax: (0451) 1 50 61 80
Vorsitzende(r): Friseurmeister Peter Burgdorff (Bahnhofstr. 32, 35421 Pinneberg, T: (04101) 20 64 88)
Mitglieder: 9

• G 22

Arbeitsgemeinschaft der schleswig-holsteinischen Handwerkskammern
vertreten durch die Handwerkskammer Lübeck
Breite Str. 10-12, 23552 Lübeck
T: (0451) 15 06-0 **Fax:** 1 50 61 80
Internet: http://www.hwk-luebeck.de
E-Mail: info@hwk-luebeck.de
Vorsitzende(r): Peter Burgdorff (Friseurmeister, Bahnhofstr. 32, 25421 Pinneberg)

• G 23

Westdeutscher Handwerkskammertag e.V.
Postf. 10 53 33, 40044 Düsseldorf
Sternwartstr. 27-29, 40223 Düsseldorf
T: (0211) 3 00 77 00 **Fax:** 3 00 79 00
Vorsitzende(r): Bäcker- und Konditormeister Franz-Josef Knieps
Geschäftsführer(in): Dipl.-Kfm. Klaus Schloesser
Mitglieder: 7 Handwerkskammern NRW

Handwerkskammern

• G 24

Handwerkskammer Aachen
Sandkaulbach 21, 52062 Aachen
T: (0241) 4 71-0 **Fax:** 47 11 03
Internet: http://www.hwk-aachen.de
E-Mail: info@hwk-aachen-nrw.de
Präsident(in): Dieter Philipp (Maler- u. Lackierermeister, Oppenhoffallee 16, 52066 Aachen, T: (0241) 51 36 44)
Hauptgeschäftsführer(in): Dipl.-Vw. Otto Brink
Mitglieder: 13624

g 25

Wirtschaftsförderungszentrum der Handwerkskammer Aachen
Sandkaulbach 21, 52062 Aachen
T: (0241) 4 71-0 **Fax:** 47 11 03

g 26

Berufsbildungs- und Gewerbeförderungseinrichtung Aachen
Tempelhofer Str. 15-17, 52068 Aachen
T: (0241) 96 74-0 **Fax:** 96 74-2 40

g 27

Berufsbildungs- und Gewerbeförderungszentrum Simmerath
Kranzbruchstr. 10, 52152 Simmerath
T: (02473) 6 05-0 **Fax:** 60 52 10

g 28

Berufsbildungs- und Gewerbeförderungseinrichtung Düren
Paradiesstr. 21a, 52349 Düren
T: (02421) 9 48 44-0 **Fax:** 9 48 44-44
E-Mail: bge.dueren@hwk-aachen-nrw.de

• G 29

Handwerkskammer Arnsberg
Postf. 52 62, 59802 Arnsberg
Brückenplatz 1, 59821 Arnsberg
T: (02931) 8 77-0 **Fax:** 8 77-160
Präsident(in): Willy Hesse (Dachdeckermeister, Zur Feldmühle 24, 59821 Arnsberg, T: (02931) 52 13-0, Fax: (02931) 52 13-20)
Hauptgeschäftsführer(in): Dipl.-Kfm. Wolfgang Boecker (Brückenplatz 1, 59821 Arnsberg, T: (02931) 8 77-118, Fax: (02931) 8 77-165, E-Mail: hgf@hwk-arnsberg.de)
Leitung Presseabteilung: Markus Kluft
Mitglieder: rd. 10000 Betriebe

• G 30

Handwerkskammer für Schwaben
86147 Augsburg
Schmiedberg 4, 86152 Augsburg
T: (0821) 3 25 90 **Fax:** 32 59-2 71
Internet: http://www.hwk-schwaben.de
E-Mail: info@hwk-schwaben.de
Gründung: 1900
Präsident(in): Manfred Rudel (Malermeister)
Hauptgeschäftsführer(in): Dipl. oec. Ulrich Wagner
Leitung Kommunikation, Pressesprecherin: Sandra Peters
Verbandszeitschrift: Deutsche Handwerkszeitung
Verlag: Holzmann-Verlag, Gewerbestr. 2, 86825 Bad Wörishofen
Mitglieder: 22000
Mitarbeiter: 200
Jahresetat: DM 40 Mio, € 20,45 Mio

• G 31

Handwerkskammer für Ostfriesland
Postf. 13 09, 26583 Aurich
Straße des Handwerks, 26603 Aurich
T: (04941) 17 97-0 **Fax:** 17 97-40
Internet: http://www.hwk-aurich.de
E-Mail: info@hwk-aurich.de
Präsident(in): Klaus Hippen (Konditormeister, Erlenweg, 26603 Aurich, T: (04941) 6 56 39)
Hauptgeschäftsführer(in): Ass. Götz von Glisczynski
StHGeschF: Ass. Hartmut Poos
Mitglieder: rd. 4000

• G 32

Handwerkskammer für Oberfranken
95440 Bayreuth
Kerschensteinerstr. 7, 95448 Bayreuth
T: (0921) 9 10-0 **Fax:** 9 10-309
Internet: http://www.hwk-oberfranken.de
E-Mail: info@hwk-oberfranken.de
Präsident(in): Dipl.-Ing. (FH) Kurt Seelmann (Bauunternehmer, Zollnerstr. 177 a, 96052 Bamberg)
Hauptgeschäftsführer(in): Horst Eggers
Geschäftsführer(in): Hans-Günther Bock
Thomas Koller
Mitglieder: 12449

• G 33

Handwerkskammer Berlin
Postf. 61 02 19, 10923 Berlin
Blücherstr. 68, 10961 Berlin
T: (030) 2 59 03-01 **Fax:** 2 59 03-2 35
Internet: http://www.hwk-berlin.de
E-Mail: info@hwk-berlin.de
Präsident(in): Hans-Dieter Blaese
Hauptgeschäftsführer(in): Ass. Bernd Babel
Verbandszeitschrift: Berlin Brandenburgisches Handwerk
Verlag: Blücherstr. 68, 10961 Berlin
Mitglieder: 28400

• G 34

Handwerkskammer Ostwestfalen-Lippe zu Bielefeld
Postf. 10 13 51, 33513 Bielefeld
Obernstr. 48, 33602 Bielefeld
T: (0521) 5 20 97-0 **Fax:** 5 20 97-67
Internet: http://www.handwerk-owl.de
E-Mail: handwerkskammer.owl@handwerk-owl.de
Präsident(in): Lena Strothmann (Damenschneidermeisterin)
Hauptgeschäftsführer(in): Dipl.-Kfm. Eberhard Grüne
Mitglieder: 19967 (Stand 18.1.00)

• G 35

Handwerkskammer Braunschweig
Burgplatz 2 + 2 A, 38100 Braunschweig
T: (0531) 48 01 30 **Fax:** 4 80 13 57
Internet: http://www.hwk-braunschweig.de
E-Mail: irmgard.morich@hwk-braunschweig.de
Gründung: 1900 (13. Januar)
Präsident(in): Dipl.-Ing. Hans-Georg Sander (Bolzenstr. 2, 38640 Goslar)
Hauptgeschäftsführer(in): Dipl.-Kfm. Otto Schlieckmann
Leitung Presseabteilung: Sandra Jutsch
Verbandszeitschrift: Norddeutsches Handwerk
Verlag: c/o Schlütersche, Hannover
Mitglieder: 7000 Betriebe
Mitarbeiter: 140

Bildungsstätten der Kammer

g 36

Berufsbildungszentrum Braunschweig der Handwerkskammer Braunschweig
Hamburger Str. 234, 38114 Braunschweig
T: (0531) 2 30 04-0 **Fax:** 2 30 04-89
Leitung: Dipl.-Kfm. Harry Kroll

g 37

Bundesfachschule für das Konditorenhandwerk der Handwerkskammer Braunschweig
Neuer Weg 51A, 38302 Wolfenbüttel
T: (05331) 7 18 48 **Fax:** 3 22 91
Leitung: Wolfgang Weber

g 38

Bildungszentrum für das Steinmetz- und Bildhauer-Handwerk der Handwerkskammer Braunschweig
Dr.-Heinrich-Gremmels-Str. 15, 38154 Königslutter
T: (05353) 95 15-0 **Fax:** 95 15-20
Leitung: Dipl.-Volkswirt Reiner Flassig (Steinmetzm.)

g 39

Internat der Handwerkskammer Braunschweig
Neuer Weg 51, 38302 Wolfenbüttel
T: (05331) 7 20 84

• G 40

Handwerkskammer Bremen
Postf. 10 51 06, 28051 Bremen
Ansgaritorstr. 24, 28195 Bremen
T: (0421) 3 05 00-0 **Fax:** 3 05 00 10
E-Mail: hwk-bremen@t-online.de
Präses: Dieter Dasenbrook (Maler- u. Lackierermeister)
Hauptgeschäftsführer(in): Ass. Hans-Heinrich Meyer-Heye
Geschäftsführer(in): Hans Hermann Scholl
Leitung Presseabteilung: Hans-Heinrich Meyer-Heye
Verbandszeitschrift: Deutsche Handwerks Zeitung
Redaktion: Handwerkskammer Bremen
Mitglieder: 5000 Mitgliedsbetriebe

• G 41

Handwerkskammer Chemnitz
Postf. 4 15, 09004 Chemnitz
Limbacher Str. 195, 09116 Chemnitz
T: (0371) 53 64-0 **Fax:** 53 64-222
Internet: http://www.hwk-chemnitz.de
E-Mail: info@hwk-chemnitz.de
Präsident(in): Bau-Ing. Wolfgang Rühlig (Maurer- und Zimmerermeister)
Hauptgeschäftsführer(in): Dipl.-jur. Ingeborg Schöne
Abteilungsleiter(in): Jana Lindner (Medien u. Marketing)
Pressereferentin: Katrin Hilbert
Verbandszeitschrift: Deutsche Handwerkszeitung
Verlag: Holzmann-Verlag, 86825 Bad Wörishofen
Mitglieder: 21000

• G 42

Handwerkskammer Coburg
Hinterer Floßanger 6, 96450 Coburg
T: (09561) 5 17-0 **Fax:** 5 17-60
Internet: http://www.hwk-coburg.de
E-Mail: info@hwk-coburg.de
Präsident(in): Hugo Thauer (Hildburghäuser Str. 23, 96476 Bad Rodach)
Hauptgeschäftsführer(in): Ass. jur. Hans-Karl Bauer

• G 43

Handwerkskammer Cottbus
Altmarkt 17, 03046 Cottbus
T: (0355) 78 35-0 **Fax:** 78 35-281
Internet: http://www.hwk-cottbus.de
E-Mail: hwk@hwk-cottbus.de
Präsident(in): Fleischermeister Werner Schröter
Vizepräsident(in): (Selbständige): Elektroinstallateurmeister Bernd Rink
Vizepräsident(in): (Gesellen): Hans-Jürgen Herzog
Hauptgeschäftsführer(in): Dipl.-Oek. Knut Deutscher
Stellv. Hauptgeschäftsführer: Horst Freimann
Geschäftsführer(in): Dipl.-Ing. Dietmar Micklich
Pressereferentin: Irene Göbel

• G 44

Handwerkskammer Dortmund

Reinoldistr. 7-9, 44135 Dortmund
T: (0231) 54 93-0 **Fax:** 54 93-116
Internet: http://www.hwk-do.de
E-Mail: info@hwk-do.de
Präsident(in): Dipl.-Ing. Otto Kentzler (Burgweg 56, 44145 Dortmund, T: (0231) 81 80 45)
Vizepräsident(in): Klaus Feuler
Ernst Fischer
Hauptgeschäftsführer(in): Ass. Viktor Gallas (Am Westheck 60, 44309 Dortmund, T: (0231) 25 22 98)
Stellv. Hauptgeschäftsführer: Ernst Wölke
Pressereferentin: Jana Mielke
Mitglieder: 18700

g 45

Bildungszentrum

Ardeystr. 93-95, 44139 Dortmund
T: (0231) 54 93-400 **Fax:** 54 93-405

g 46

Bildungszentrum für Gerüstbauer

Barbarastr. 7, 44357 Dortmund
T: (0231) 54 93-700 **Fax:** 54 93-860

• G 47

Handwerkskammer Dresden

Postf. 20 09 36, 01194 Dresden
Wiener Str. 43, 01219 Dresden
T: (0351) 46 40 30 **Fax:** 4 71 91 88
Präsident(in): Bernd Rendle (Boltenhagener Str. 39, 01109 Dresden, T: (0351) 46 40-5 00)
Hauptgeschäftsführer(in): Peter Zogelmann
Leitung Presseabteilung: Kornelia Schneider
Verbandszeitschrift: Deutsche Handwerks Zeitung
Verlag: Hans Holzmann Verlag, Gewerbestr. 2, 86825 Bad Wörishofen
Mitglieder: ca. 19000
Landesredaktion Sachsen: Kornelia Schneider

• G 48

Handwerkskammer Düsseldorf

Postf. 10 27 55, 40018 Düsseldorf
Georg-Schulhoff-Platz 1, 40221 Düsseldorf
T: (0211) 87 95-0 **Fax:** 87 95-1 10
Präsident(in): Hansheinz Hauser (Bäckermeister, Carl-Schurz-Str. 13 b, 47803 Krefeld)
Hauptgeschäftsführer(in): Dipl.-Volksw. Gerd Wieneke
Mitglieder: 45000

• G 49

Handwerkskammer Erfurt

Postf. 2 45, 99005 Erfurt
Fischmarkt 13, 99084 Erfurt
T: (0361) 67 07-0 **Fax:** 6 42 28 96
Internet: http://www.hwk-erfurt.de
E-Mail: info@hwk-erfurt.de
Präsident(in): Dipl.-Ing. (FH) Wolfgang Bachmann
Vizepräsident(in): Rolf Ostermann (AG, Karosseriebaumeister)
Bärbel Kritzmann (AN)
Hauptgeschäftsführer(in): Dr. Dieter Artymiak
Verbandszeitschrift: Deutsche Handwerks Zeitung
Mitglieder: 13000

• G 50

Handwerkskammer Flensburg

Postf. 17 38, 24907 Flensburg
Johanniskirchhof 1-7, 24937 Flensburg
T: (0461) 8 66-0 **Fax:** 8 66-1 10
Internet: http://www.hwk-flensburg.de
E-Mail: info@hwk-flensburg.de
Präsident(in): Carsten Jensen (Kappelner Str. 23-29, 24943 Flensburg)
Hauptgeschäftsführer(in): Ass. Udo Hansen

• G 51

Handwerkskammer Frankfurt (Oder)

Bahnhofstr. 12, 15230 Frankfurt
T: (0335) 56 19-0 **Fax:** 53 50-11
Internet: http://www.hwk-frankfurt-oder.de
E-Mail: hwkinfo@hwk-frankfurt-oder.de
Präsident(in): Detlef Karney
Vizepräsident(in): Günter Käseberg
Hauptgeschäftsführer(in): Jürgen Watzlaw
Geschäftsführer(in): Klaus-Jürgen Lange
Leitung Presseabteilung: Fred Winter
Verbandszeitschrift: Deutsches Handwerksblatt magazin
Redaktion: Handwerkskammer, Fred Winter
Verlag: Verlagsanstalt Handwerk, Auf'm Tetelberg 7, 40221 Düsseldorf

Mitglieder: 8971 Betriebe
Mitarbeiter: 113
Jahresetat: DM 23,7 Mio, € 12,12 Mio

• G 52

Handwerkskammer Freiburg

Bismarckallee 6, 79098 Freiburg
T: (0761) 2 18 00-0 **Fax:** 2 18 00-50
Präsident(in): Martin Lamm (Maurermeister)
Hauptgeschäftsführer(in): Dr. Rudolf Weng

• G 53

Handwerkskammer für Ostthüringen

Handwerkstr. 5, 07545 Gera
T: (0365) 82 25-0 **Fax:** 8 22 51 99
Präsident(in): Klaus Nützel (Ing. f. Holztechnik, 07952 Ebersgrün, Nr. 33b)
Hauptgeschäftsführer(in): Klaus Peter Creter (Handwerksstr. 5, 07545 Gera)
Stellvertretende(r)-Hauptgeschäftsführer: Hans-Joachim Reiml (Handwerksstr. 5, 07545 Gera)
Pressereferent: Waldemar Meyer
Verbandszeitschrift: Deutsche Handwerks Zeitung
Mitglieder: 9200 Mitgliedsbetriebe

g 54

Bildungsstätte Rudolstadt-Schwarza der Handwerkskammer für Ostthüringen

In der Schremsche 3, 07407 Rudolstadt
T: (03672) 37 73 77 **Fax:** 37 71 12

g 55

Bildungsstätte Zeulenroda der Handwerkskammer für Ostthüringen

Heinrich-Heine-Str. 45, 07937 Zeulenroda
T: (036628) 8 50 62 **Fax:** 8 27 53

g 56

Bildungsstätte Gera-Aga der Handwerkskammer für Ostthüringen
Geschäftsstelle Gera

Heinrich-Heine-Str. 20, 07548 Gera
T: (0365) 2 23 21 **Fax:** 2 23 21

g 57

Bildungsstätte Gera-Aga der Handwerkskammer Ostthüringen
Geschäftsstelle Aga

Straße der Freundschaft 27, 07554 Aga

• G 58

Handwerkskammer Halle (Saale)

Gräfestr. 24, 06110 Halle
T: (0345) 29 99-0 **Fax:** 29 99-200
Internet: http://www.hwkhalle.de
E-Mail: info@hwkhalle.de
Gründung: 1900
Präsident(in): Klaus Stroisch (Sattlermeister, Berliner Str. 220, 06116 Halle, T: (0345) 5 71 01 28, Telefax: (0345) 5 71 01 30)
Leitung Presseabteilung: Jacqueline Gerhardt
Verbandszeitschrift: Deutsche Handwerks Zeitung
Verlag: Hans Holzmann Verlag GmbH & Co KG, Gewerbestr. 2, 86825 Bad Wörishofen
Mitglieder: rd. 14300 Betriebe
Mitarbeiter: 250

• G 59

Handwerkskammer Hamburg

Holstenwall 12, 20355 Hamburg
T: (040) 3 59 05-0 **Fax:** 3 59 05-208
Internet: http://www.hwk-hamburg.de
E-Mail: info@hwk-hamburg.de
Präsident(in): Peter Becker (Bäckermeister)
Hauptgeschäftsführer(in): Dr. Jürgen Hogeforster
Leitung Presseabteilung: Dipl.-Volksw. Horst Storjohann
Verbandszeitschrift: Nord-Handwerk
Verlag: Verlag Nord-Handwerk, Holstenwall 12, 20355 Hamburg

g 60

Handwerkskammer Hamburg
Zweigstelle Harburg

Buxtehuder Str. 76, 21073 Hamburg
T: (040) 3 59 05-8 01 **Fax:** 3 59 05-8 58

g 61

Handwerkskammer Hamburg
Zweigstelle Bergedorf

Bergedorfer Str. 162, 21029 Hamburg
T: (040) 7 24 22 12 **Fax:** 7 21 92 96

g 62

Akademie des Handwerks Hamburg (AHH)

Holstenwall 12, 20355 Hamburg
T: (040) 3 59 05-0 **Fax:** 3 59 05-333

g 63

Zentrum für Energie-, Wasser- und Umwelttechnik (ZEWU)

Buxtehuder Str. 76, 21073 Hamburg
T: (040) 3 59 05-0 **Fax:** 3 59 05-842
Internet: http://www.hwk-hamburg.de
E-Mail: ufenger@hwk-hamburg.de

g 64

Gewerbeförderungsakademie (GFA)

Goethealle 9, 22765 Hamburg
T: (040) 3 59 05-0 **Fax:** 3 59 05-754

• G 65

Handwerkskammer Hannover

Postf. 25 27, 30025 Hannover
Berliner Allee 17, 30175 Hannover
T: (0511) 3 48 59-0 **Fax:** 3 48 59-32
Internet: http://www.hwk-hannover.de
E-Mail: hwk-hannover@t-online.de
Präsident(in): Walter Heitmüller
Hauptgeschäftsführer(in): Dipl.-Kfm. Jans-Paul Ernsting
Leitung Presseabteilung: Dr. Sabine Wilp
Mitglieder: 16000

• G 66

Handwerkskammer Heilbronn

Postf. 19 65, 74009 Heilbronn
Allee 76, 74072 Heilbronn
T: (07131) 7 91-0 **Fax:** 7 91-200
E-Mail: info@hwk-heilbronn.de
Präsident(in): Klaus Hackert (Flaschner- und Gas- und Wasserinstallateurmeister, Glockenstr. 41, 74080 Heilbronn, T: (07131) 38 89-0)
Hauptgeschäftsführer(in): Gerhard Pfander (Postf. 19 65, 74009 Heilbronn, T: (07131) 7 91-0)
Leitung Presseabteilung: Michaela Maier
Verbandszeitschrift: Deutsche Handwerks Zeitung
Verlag: Hans Holzmann Verlag, Postfach 13 42, 86816 Bad Wörishofen
Mitglieder: 11500
Mitarbeiter: 80

• G 67

Handwerkskammer Hildesheim

Postf. 10 06 43, 31106 Hildesheim
Braunschweiger Str. 53, 31134 Hildesheim
T: (05121) 1 62-0 **Fax:** 3 38 36 (Handwerkskammer), 5 76 59 (Berufsbildungszentrum)
Internet: http://www.hwk-hildesheim.de
E-Mail: hgf@hwk-hildesheim.de
Gründung: 1900
Präsident(in): Bäckermeister Theodor Striegan (Bäckerstr. 27, 31135 Hildesheim, T: (05121) 5 29 45)
Vizepräsident(in): Kfz-Meister Wolfgang Hermann (Robert-Bosch-Str. 5, 37154 Northeim, T: (05551) 20 26)
Modellbauer Rolf Heise (August-Reuter-Str. 1, 31073 Delligsen, T: (05187) 24 00)
Hauptgeschäftsführer(in): Ass. Jutta Schwarzer
Leitung Presseabteilung: Birgit Sudhoff
Verbandszeitschrift: Norddeutsches Handwerk
Verlag: Schlütersche Verlagsanstalt, Postf. 54 40, 30054 Hannover
Mitglieder: 7666 Betriebe
Mitarbeiter: ca. 150

• G 68

Handwerkskammer der Pfalz

Am Altenhof 15, 67655 Kaiserslautern
T: (0631) 36 77-0 **Fax:** 36 77-180
Gründung: 1900 (1. Januar)
Präsident(in): Walter Dech (Maler- und Lackierermeister)
Hauptgeschäftsführer(in): Ass. Guido Flörchinger
Leitung Presseabteilung: Günter Schifferer
Verbandszeitschrift: HZ - Deutsches Wirtschaftsblatt
Redaktion: Pfalz, Am Altenhof 15, 67655 Kaiserslautern
Verlag: Verlagsanstalt Handwerk GmbH, Auf'm Tetelberg 7, 40221 Düsseldorf
Mitglieder: 14282

• **G 69**

Handwerkskammer Karlsruhe
Friedrichsplatz 4-5, 76133 Karlsruhe
T: (0721) 16 00-0 **Fax:** 16 00-199
Präsident(in): Joachim Wohlfeil (Gas- und Wasserinstallateurmeister, 76189 Karlsruhe, T: (0721) 16 00-0)
Hauptgeschäftsführer(in): Gerd Lutz (T: (0721) 16 00-0)

• **G 70**

Handwerkskammer Kassel
Postf. 10 16 20, 34016 Kassel
Scheidemannplatz 2, 34117 Kassel
T: (0561) 78 88-0 **Fax:** 78 88-165
Internet: http://www.hwk-kassel.de
E-Mail: handwerkskammer@hwk-kassel.de
Präsident(in): Gerhard Repp (Die Freiheit 12, 34117 Kassel)
Hauptgeschäftsführer(in): Dipl.-Volksw. Klaus Schuchhardt (Scheidmannplatz 2, 34117 Kassel)
Pressestelle: Barbara Scholz

• **G 71**

Handwerkskammer Koblenz
Friedrich-Ebert-Ring 33, 56068 Koblenz
T: (0261) 3 98-0 **Fax:** 3 98-398
E-Mail: hwk@hwk-koblenz.de
Präsident(in): Karl-Heinz Scherhag (MdB, Kfz-Mechanikermeister, In der Laach 76, 56072 Koblenz, T: (0261) 40 40 80)
Hauptgeschäftsführer(in): Ass. Karl-Jürgen Wilbert
Mitglieder: 17200 Betriebe

• **G 72**

Handwerkskammer zu Köln

Handwerkskammer zu Köln
Heumarkt 12, 50667 Köln
T: (0221) 2 02 20 **Fax:** 2 02 23 20
Internet: http://www.handwerkskammer-koeln.de
E-Mail: info@handwerkskammer-koeln.de
Präsident(in): Franz-Josef Knieps (Bäcker- und Konditormeister, Heumarkt 12, 50667 Köln, T: (0221) 20 22-2 24)
Vizepräsident(in): Fred Balsam (Kfz-Elektriker, Gertrudisstr. 6a, 50859 Köln, T: (02234) 7 19 81)
Hans-Peter Wollseifer (Maler- und Lackierermeister, Innungstr. 22, 50354 Hürth, T: (02233) 9 32 39-0)
Hauptgeschäftsführer(in): Dipl.-Kfm. Uwe Nehrhoff (Heumarkt 12, 50667 Köln, T: (0221) 20 22-2 25)

• **G 73**

Handwerkskammer Konstanz
Webersteig 3, 78462 Konstanz
T: (07531) 2 05-0 **Fax:** 1 64 68
Internet: http://www.hwk-konstanz.de
E-Mail: handwerkskammer@hwk-konstanz.de
Präsident: Bernhard Hoch (Bäcker- u. Konditormeister)
Hauptgeschäftsführer: Ass. jur. Manfred Wolfensperger

g 74

Versorgungswerk des Handwerks
Webersteig 3, 78462 Konstanz
T: (07531) 2 05-0 **Fax:** 1 64 68
Vorsitzende(r): Bernhard Hoch
Geschäftsführer(in): Ass. jur. Manfred Wolfensperger

g 75

Gewerbe-Akademie, Bildungsträger der Handwerkskammer Konstanz
Opelstr. 6, 78467 Konstanz
T: (07531) 5 87-2 20 **Fax:** 6 72 34
Leitung: Dipl.-Ing. (FH) Peter König

g 76

Gewerbe-Akademie VS-Villingen
Managementzentrum
Sebastian-Kneipp-Str. 60, 78048 Villingen-Schwenningen
T: (07721) 99 88-0 **Fax:** 99 88-18
Leitung: Betriebswirt (VWA) Michael Olaf Winter

g 77

Gewerbe-Akademie Konstanz
Opelstr. 6, 78467 Konstanz
T: (07531) 5 87-2 30 **Fax:** 6 82 94
Leitung: Dipl.-Ing. (FH) Thomas Peter

g 78

Gewerbe-Akademie Donaueschingen
Schulstr. 11, 78166 Donaueschingen
T: (0771) 83 29 80 **Fax:** 8 32 98 30
Leitung: Betriebsw. W. Nußberger

g 79

Gewerbe-Akademie Waldshut
Friedrichstr. 3, 79761 Waldshut-Tiengen
T: (07751) 8 75 30 **Fax:** 87 53 13
Leitung: Mechanikermeister H. Leirer

g 80

Gewerbe-Akademie Rottweil
Steinhauser Str. 18, 78628 Rottweil
T: (0741) 53 37-0 **Fax:** 53 37 37
Leitung: Betriebsw. (VWA) R. Maier

g 81

Berufliche Bildungsstätte Tuttlingen GmbH
Gemeins. Bildungszentrum der Handwerkskammer Konstanz u. der IHK Schwarzwald-Baar-Heuberg
Max-Planck-Str. 17, 78532 Tuttlingen
T: (07461) 9 29 00 **Fax:** 92 90 10
Leitung: Dipl.-Ing. (FH) O. Biselli

• **G 82**

Handwerkskammer zu Leipzig
Dresdner Str. 11-13, 04103 Leipzig
T: (0341) 21 88-0 **Fax:** 21 88-499
Präsident(in): Joachim Dirschka (Geschäftsführer Dirschka & Co Elektroinstallation und Anlagenbau GmbH)
Vizepräsident(in): Roland Thier (selbst. Handwerksmeister)
Manfred Steineke (Arbeitnehmerseite)
Hauptgeschäftsführer(in): Sigrid Zimmermann
Leitung Presseabteilung: Dr. Andrea Wolter
Verbandszeitschrift: DHB - Deutsches Handwerksblatt
Redaktion: Dresdner Str. 11-13, 04103 Leipzig
Mitglieder: 11600
Mitarbeiter: 174
Jahresetat: DM 62 Mio, € 31,7 Mio

• **G 83**

Handwerkskammer Lübeck
Breite Str. 10-12, 23552 Lübeck
T: (0451) 15 06-0 **Fax:** 15 06-1 80
Präsident(in): Friseurmeister Peter Burgdorff, Pinneberg
Hauptgeschäftsführer(in): Peter Kober
Geschäftsführer(in): Arnold v. Jagow
Klaus Köhnemann
Andreas Katschke
Martin Schroeder

• **G 84**

Handwerkskammer Lüneburg-Stade
Postf. 17 60, 21307 Lüneburg
Friedenstr. 6, 21335 Lüneburg
T: (04131) 7 12-0 **Fax:** 4 47 24
Gründung: 1900 (11. April)
Präsident(in): Gernot Schmidt (Gas- u. Wasserinstallateur-, Zentralheizungs- u. Lüftungsbauermstr., Braunschweiger Heerstr. 13, 29221 Celle)
Hauptgeschäftsführer(in): Dipl.-Volksw. Norbert Bünten
Leitung Presseabteilung: Kirsten Flatt
Verbandszeitschrift: Norddeutsches Handwerk
Redaktion: Frau Frömling
Verlag: Schlütersche Verlagsanstalt, Hans-Böckler-Allee 7, 30173 Hannover
Mitglieder: 16983 Betriebe
Mitarbeiter: 230 hauptamtl. u. ca. 900 ehrenamtl.
Jahresetat: DM 39,683 Mio, € 20,29 Mio

• **G 85**

Handwerkskammer Magdeburg
Postf. 17 20, 39007 Magdeburg
Humboldtstr. 16, 39112 Magdeburg
T: (0391) 62 68-0 **Fax:** 6 26 81 10
Internet: http://www.hwk-magdeburg.de
E-Mail: info@hwk-magdeburg.de
Gründung: 1900
Präsident(in): Carl Friedrich Ullrich (Konditormeister)
Hauptgeschäftsführer(in): Dipl.-Oek. Christa Knoblauch
Pressereferent: Jürgen Horch
Verbandszeitschrift: Norddeutsches Handwerk
Verlag: Schlütersche & Co. KG, Postf. 54 40, 30054 Hannover
Mitglieder: 12700
Jahresetat: DM 17,6 Mio, € 9 Mio

• **G 86**

Handwerkskammer Rheinhessen
Göttelmannstr. 1, 55130 Mainz
T: (06131) 99 92-0 **Fax:** 99 92-63
Internet: http://www.hwk.de
E-Mail: hwk@hwk.de
Präsident(in): Maler- u. Lackierermeister Karl Josef Wirges (Neutorstr. 2, 55116 Mainz, T: (06131) 22 71 19)
Hauptgeschäftsführer(in): Dipl.-Volksw. Günther Tartter

• **G 87**

Handwerkskammer Mannheim
B 1 1-2, 68159 Mannheim
T: (0621) 1 80 02-0 **Fax:** 18 00 2-57
Internet: http://www.handwerkskammer.de
E-Mail: info.handwerkskammer@t-online.de
Gründung: 1901
Hauptgeschäftsführer(in): Ass. Dieter Müller
Leitung Presseabteilung: Detlev Michalke
Verbandszeitschrift: Deutsche Handwerkszeitung Mannheim
Redaktion: B1, 1-2, 68159 Mannheim
Verlag: Holzmann-Verlag, 86826 Bad Wörishofen
Mitglieder: ca. 11000
Mitarbeiter: 100

• **G 88**

Handwerkskammer für München und Oberbayern
Max-Joseph-Str. 4, 80333 München
T: (089) 51 19-0 **Fax:** 51 19-295
Internet: http://www.hwk-muenchen.de
E-Mail: info@hwk-muenchen.de
Gründung: 1899
Präsident(in): Heinrich Traublinger (MdL)
Hauptgeschäftsführer(in): Bernd Lenze
Leitung Presseabteilung: Rudolf Baier
Verbandszeitschrift: Deutsche Handwerks Zeitung
Redaktion: München und Oberbayern
Mitglieder: 59000

• **G 89**

Handwerkskammer für den Reg.-Bez. Münster
Postf. 34 80, 48019 Münster
Bismarckallee 1, 48151 Münster
T: (0251) 52 03-0 **Fax:** 52 03-1 06
Internet: http://www.hwk-muenster.de
Präsident(in): Hans Rath (Bezirksschornsteinfegermeister)
Hauptgeschäftsführer(in): Dr. Karlheinz Leineweber, Coesfeld
Leitung Presseabteilung: Dipl.-Volksw. Hubertus Kost

• **G 90**

Handwerkskammer Ostmecklenburg-Vorpommern
Hauptverwaltungssitz Neubrandenburg
Postf. 10 11 61, 17019 Neubrandenburg
Friedrich-Engels-Ring 11, 17033 Neubrandenburg
T: (0395) 55 93-0 **Fax:** 55 93-169
Hauptgeschäftsführer(in): Ass. Claudia Alder
Verbandszeitschrift: Deutsches Handwerksblatt magazin
Redaktion: Dr. Rüdiger Gottschalk
Verlag: Verlagsanstalt Handwerk, Auf'm Tetelberg 7, 40221 Düsseldorf

• **G 91**

HWK

Handwerkskammer für Mittelfranken
Postf. 21 01 05, 90119 Nürnberg
Sulzbacher Str. 11-15, 90489 Nürnberg
T: (0911) 53 09-0 **Fax:** 53 09-2 88
Internet: http://www.HWK-Mittelfranken.de
Gründung: 1900 (1. Januar)
Präsident(in): Heinrich Mosler
Hauptgeschäftsführer(in): Dr. Elmar Forster
Leitung Presseabteilung: Jürgen Wilhelmi
Verbandszeitschrift: Deutsche Handwerkszeitung
Verlag: Hans-Holzmann-Verlag KG, Postf. 13 42, 86816 Bad Wörishofen
Mitglieder: 18000 Betriebe
Mitarbeiter: 190

Betriebliche Umweltberatung, Seminare der HWK-Akademie (Fort- und Weiterbildung).

• G 92

HANDWERKS KAMMER HWK OLDENBURG

Handwerkskammer Oldenburg
Postf. 21 09, 26011 Oldenburg
Theaterwall 32, 26122 Oldenburg
T: (0441) 2 32-0 **Fax:** 23 22 18
Gründung: 1900
Präsident(in): Jürgen Hemmerling (Fleischermeister, Syker Str. 119, 27751 Delmenhorst, T: (04221) 7 10 41)
Vizepräsident(in): Bernhard Rech (Maurer-, Beton- und Stahlbetonbauermeister, Peterstr. 25, 26382 Wilhelmshaven, T: (04421) 2 60 59)
Hans-Otto Rohde (Maurerpolier, Raiffeisenstr. 7, 26349 Jaderberg, T: (04454) 16 29)
Verbandszeitschrift: Norddeutsches Handwerk
Verlag: Schlütersche Verlagsanstalt GmbH & Co, Hans-Böckler-Allee 7, 30173 Hannover
Mitglieder: 10770 Mitgliedsbetriebe
Mitarbeiter: 102
Jahresetat: DM 16 Mio, € 8,18 Mio

• G 93

Handwerkskammer Osnabrück-Emsland
Bramscher Str. 134-136, 49088 Osnabrück
T: (0541) 69 29-0 **Fax:** 6 92 92 90
Gründung: 1900
Präsident(in): Karl-Heinz Brünger (Friseurmeister, Bramscher Str. 134-136, 49088 Osnabrück, T: (0541) 69 29-1 11)
Hauptgeschäftsführer(in): Dr. Heinz-Gert Schlenkermann (HWK OS-El., Bramscher Str. 134-136, 49088 Osnabrück, T: (0541) 6 92 91 00 (dienstl.))
Ltg. Abt. Presse- u. Öffentlichkeitsarbeit: Georg Weßling (T: (0541) 6 92 91 06 (dienstl.))
Verbandszeitschrift: Norddeutsches Handwerk
Redaktion: Handwerkskammer Osnabrück-Emsland, Bramscher Str. 134-136, 49088 Osnabrück
Mitgliedsbetriebe: 8600 Unternehmen

• G 94

Handwerkskammer Niederbayern · Oberpfalz
Hauptverwaltungssitz:
Nikolastr. 10, 94032 Passau
T: (0851) 53 01-0 **Fax:** 53 01-122
Internet: http://www.hwkno.de
E-Mail: toni.hinterdobler@hwkno.de
Hauptverwaltungssitz:
Ditthornstr. 10, 93055 Regensburg,
T: (0941) 79 65-0, Fax: 79 65-222
Präsident(in): Dipl.-Ing. (FH) Franz Prebeck (Brunfeldstr. 11, 94327 Bogen, T: (09422) 85 08 12)
Hans Stark (Schreinermeister, Donaustr. 18, 93342 Saal, T: (09441) 68 88-0)
Hauptgeschäftsführer(in): Toni Hinterdobler

• G 95

Handwerkskammer Potsdam
Charlottenstr. 34-36, 14467 Potsdam
T: (0331) 37 03-0 **Fax:** 29 23 77
Präsident(in): Klaus Windeck (Schlossermeister, Brandenburg)
Hauptgeschäftsführer(in): Wolfgang König
Geschäftsführer(in): Dorothea Enderlein
Leitung Presseabteilung: Ute Maciejok
Verbandszeitschrift: Deutsches Handwerksblatt Magazin
Verlag: Verlagsanstalt Handwerk GmbH, Auf'm Tetelberg 7, 40221 Düsseldorf
Mitglieder: ca. 13000 Betriebe

• G 96

Handwerkskammer Rhein-Main
Postf. 17 03 53, 60077 Frankfurt
Bockenheimer Landstr. 21, 60325 Frankfurt
T: (069) 9 71 72-0 **Fax:** 9 71 72-199
Hindenburgstr. 1, 64295 Darmstadt
T: (06151) 3 00 7-0, Telefax: (06151) 30 07-2 99
Präsident(in): Jürgen Heyne
Hauptgeschäftsführer(in): Dr. Jürgen Schwappach

• G 97

Handwerkskammer Reutlingen
Postf. 17 43, 72707 Reutlingen
Hindenburgstr. 58, 72762 Reutlingen
T: (07121) 24 12-0 **Fax:** 24 12-400
T-Online ✻2 4120✻
Internet: http://www.hwk-reutlingen.de
E-Mail: handwerk@hwk-reutlingen.de
Gründung: 1900
Präsident(in): Dipl.-Betriebsw. (FH) Joachim Möhrle (Stuttgarter Str. 139, 72250 Freudenstadt)
Hauptgeschäftsführer(in): Ass. Roland Haaß (Postf. 17 43, 72707 Reutlingen, T: (07121) 24 12-110)
Leitung Presseabteilung: Alfred Bouß (T: (07121) 24 12-123)
Verbandszeitschrift: Deutsche Handwerkszeitung
Verlag: Holzmann Verlag, Bad Wörrishofen
Mitglieder: 12000
Mitarbeiter: 120
Bezirk: Landkreise Freudenstadt, Reutlingen, Sigmaringen, Tübingen und Zollernalbkreis

Weitere Außenstellen in Albstadt, Freudenstadt, Pfullingen, Sigmaringen und Tübingen

• G 98

Handwerkskammer Ostmecklenburg-Vorpommern
Hauptverwaltungssitz Rostock
Schwaaner Landstr. 8, 18055 Rostock
T: (0381) 45 49-0 **Fax:** 4 54 91 39

Hauptverwaltungssitz Neubrandenburg
Friedrich-Engels-Ring 11, 17033 Neubrandenburg
T: (0395) 55 93-0, Telefax: 55 93-169
Präsident(in): Volker Brockmann
Udo Dohms
Hauptgeschäftsführer(in): Ass. Claudia Alder
Leitung Presseabteilung: Anne-Katrin Klötzer

• G 99

Handwerkskammer des Saarlandes
Hohenzollernstr. 47-49, 66117 Saarbrücken
T: (0681) 58 09-0 **Fax:** 58 09-1 77
Präsident(in): Winfried E. Frank (Maler- und Lackierermeister, Bergstr. 11, 66706 Perl, T: (06867) 7 15)
Hauptgeschäftsführer(in): Ass. Udo Stein (Handwerkskammer des Saarlandes, Hohenzollernstr. 47-49, 66117 Saarbrücken)
Leitung Presseabteilung: Ass. Manfred Backes
Verbandszeitschrift: Deutsches Handwerksblatt
Verlag: Verlagsanstalt Handwerk GmbH, Auf'm Tetelberg 7, 40224 Düsseldorf
Mitglieder: 10400
Mitarbeiter: 92
Jahresetat: DM 21,3 Mio, € 10,89 Mio

• G 100

Handwerkskammer Schwerin
Friedensstr. 4a, 19053 Schwerin
T: (0385) 74 17-0 **Fax:** 71 60 51
Gründung: 1900 (19. Juli)
Präsident(in): Carl-Heinz Zettler (Kunstdrechslermeister)
1. Vizepräs: Peter Günther
2. Vizepräs: Klaus-Dieter Hacker
Hauptgeschäftsführer(in): Ass. jur. Edgar Hummelsheim
Außenstelle Schwerin: Friedensstr. 4 A: Hasso Breitsprecher
Verbandszeitschrift: "Nord-Handwerk"
Redaktion: Holstenwall 12, 20355 Hamburg
Mitglieder: 6400

• G 101

HANDWERKSKAMMER REGION STUTTGART

Handwerkskammer Region Stuttgart
Postf. 10 21 55, 70017 Stuttgart
Heilbronner Str. 43, 70191 Stuttgart
T: (0711) 16 57-0 **Fax:** 16 57-222
Internet: http://www.hwk-stuttgart.de
E-Mail: Info@hwk-stuttgart.de
Präsident(in): Dipl.-Ing. (FH) Uwe Schüle
Hauptgeschäftsführer(in): Claus Munkwitz
Leitung Presseabteilung: Gerd Kistenfeger
Verbandszeitschrift: Deutsche Handwerks Zeitung
Redaktion: Chefredakteur: Dr. Roman Leuthner
Verlag: Hans Holzmann Verlag GmbH & Co. KG, Gewerbestr. 2, 86825 Bad Wörishofen
Mitglieder: 28000
Mitarbeiter: 140

• G 102

Handwerkskammer Südthüringen
Rosa-Luxemburg-Str. 7-9, 98527 Suhl
T: (03681) 3 70-0 **Fax:** 3 70-2 90
Präsident(in): Henner Hartung (Friseurmeister)
Hauptgeschäftsführer(in): Dipl.-Ing. Rolf Günzler
Leitung Presseabteilung: Ellen Schweiger
Verbandszeitschrift: Deutsche Handwerkszeitung

• G 103

Handwerkskammer Trier
Postf. 43 70, 54233 Trier
Loebstr. 18, 54292 Trier
T: (0651) 2 07-0 **Fax:** 2 07-1 15
Internet: http://www.hwk.trier.de
E-Mail: infohwk@hwk.trier.de
Präsident(in): Hans-Josef Jänschke
Hauptgeschäftsführer(in): Ass. Hans-Hermann Kocks
Mitglieder: 5900
Zertifiziert nach DIN EN ISO 9001

• G 104

Handwerkskammer Ulm
Postf. 23 49, 89013 Ulm
Olgastr. 72, 89073 Ulm
T: (0731) 14 25-0 **Fax:** 14 25-500
Gründung: 1900 (1. Dezember)
Präsident(in): Kfz- und Landmaschinenmechanikermeister Horst Schnurr (Robert-Bosch-Straße 17, 73431 Aalen, T: (07361) 92 93-0)
Vizepräsident(in): Dipl.-Ing. (FH) Wilhelm Stotz (Schmalegger Straße 21, 88213 Ravensburg, T: (0751) 7 99-0)
Vizepräsident(in): KFZ-Mechanikermeister Franz Eberle (Holzsteige 25, 89160 Dornstadt, T: (07348) 2 21 96)
Hauptgeschäftsführer(in): Hermann Stangier (Wacholderbühl 6, 89075 Ulm, T: (0731) 5 27 54)
Stellv. HGeschF: Gunther Ludwig (Burgsteige 10, 89075 Ulm, T: (0731) 6 63 81)
Leitung Presseabteilung: Rolf Schäfer
Verbandszeitschrift: Deutsche Handwerkszeitung
Verlag: Hans Holzmann Verlag, 86825 Bad Wörishofen
Mitglieder: rd. 16000 Betriebe
Mitarbeiter: 114
Jahresetat: DM 22 Mio, € 11,25 Mio

• G 105

Handwerkskammer Wiesbaden
Bahnhofstr. 63, 65185 Wiesbaden
T: (0611) 1 36-0 **Fax:** 13 61 55
Internet: http://www.hwk-wiesbaden.de
E-Mail: info@nwk-wiesbaden.de
Präsident(in): Robert Werner
Hauptgeschäftsführer(in): Dipl. oec. Harald Brandes
Mitglieder: 20900

• G 106

Handwerkskammer für Unterfranken
Rennweger Ring 3, 97070 Würzburg
T: (0931) 3 09 08-0 **Fax:** 3 09 08-53
Internet: http://www.hwk-ufr.de
E-Mail: info@hwk-ufr.de
Präsident(in): Walter Stoy (Kfz-Mechanikermeister; Vizepräsident ZDH; Präsident des Bayer. Handwerkstages)
Hauptgeschäftsführer(in): Syndikus Franz Josef Kleespies
Leitung Presseabteilung: Andreas Klaeger
Verbandszeitschrift: Deutsche Handwerks-Zeitung
Redaktion: HGF F.J. Kleespies
Verlag: Holzmann, Bad-Wörrishofen
Mitglieder: rd 16000
Mitarbeiter: rd 160

Regionale Vereinigungen der Landesverbände des Handwerks

• G 107

Arbeitsgemeinschaft der Fachverbände des bad-württ. Handwerks
Heilbronner Str. 43, 70191 Stuttgart
T: (0711) 16 57-0 **Fax:** 16 57-4 44
Internet: http://www.handwerk-bw.de
E-Mail: info@handwerk-bw.de
Vorsitzende(r): Joachim Fahrion (Steiermärker Str. 48, 70469 Stuttgart)
Hauptgeschäftsführer(in): Dr. Hartmut Richter (Heilbronner Str. 43, 70191 Stuttgart, T: (0711) 16 57-4 01)
Leitung Presseabteilung: Eva Hauser

• G 108

Gesamtverband des bayerischen Handwerks
Max-Joseph-Str. 4, 80333 München
T: (089) 55 75 01 **Fax:** 55 75 22
Vorsitzende(r): Dipl.-Ing. (FH) Helmut Hubert
Geschäftsführer(in): RA Dr. Kurt Roeckl
Stellvertretende(r) Geschäftsführer(in): Dipl.-Volksw. Rudolf Herwig

• G 109

Bayern - Handwerk - International GmbH
Sulzbacher Str. 11-15, 90489 Nürnberg
T: (0911) 58 68 56-0 **Fax:** 58 68 56-60

Internet: http://www.gba-bayern.de
E-Mail: info@GBA-Bayern.de
Geschäftsführer(in): Dr. Dr. Johannes Reuß, Straubing
Andreas Gfall, Nürnberg
Geschäftsführer(in): Dipl.-Volksw. Rudolf Herwig, München

• G 110

Vertretung des Berliner Handwerks
Postf. 61 02 19, 10923 Berlin
Blücherstr. 68, 10961 Berlin
T: (030) 2 59 03-01 Fax: 2 59 03-2 35
Internet: http://www.hwk-berlin.de
E-Mail: info@hwk-berlin.de
Verbandszeitschrift: Berlin Brandenburgisches Handwerk
Verlag: Blücherstr. 68, 10961 Berlin

• G 111

Gesamtverband des Hamburger Handwerks e.V.
Bei Schuldts Stift 3, 20355 Hamburg
T: (040) 3 58 95 20 Fax: 3 58 95 21
Präsident(in): Karl-Heinz Hoheisel (Meyer-Delius-Platz 1, 22419 Hamburg, T: (040) 5 31 20 05)

• G 112

Handwerksfachverbände Hessen e.V.
Ludwig-Erhard-Str. 20, 61440 Oberursel
T: (06171) 5 60 01 Fax: 41 57
Internet: http://www.metallhandwerk.de/fmh
E-Mail: fmh@metallhandwerk.de
Präsident(in): Heinz Rautenberg
Geschäftsführer(in): Horst Villmeter
Mitglieder: 31 Fachverbände

• G 113

Unternehmensverbände Handwerk Niedersachsen
Herschelstr. 28, 30159 Hannover
T: (0511) 1 76 28 Fax: 1 83 34
Präsident(in): Kurt Rehkopf (Bäcker- und Konditormeister, Lange Straße 42, 31515 Wunstorf, T: (05031) 33 23)
Hauptgeschäftsführer(in): Detlef Müller-Röske (Herschelstr. 28, 30159 Hannover, T: (0511) 1 76 28, Telefax: (0511) 1 83 34)

• G 114

Landesvereinigung der Fachverbände des Handwerks Nordrhein-Westfalen e. V.
Postf. 10 34 18, 40025 Düsseldorf
Auf'm Tetelberg 7, 40221 Düsseldorf
T: (0211) 30 82 36-37 Fax: 39 75 88
Präsident(in): Dipl.-Kfm. Wolfgang Miehle (Jägerstr. 72, 44532 Lünen)
Hauptgeschäftsführer(in): Ing. Manfred Rütten (Andreas-Schlüter-Str. 13, 40789 Monheim)
Mitglieder: 60 mit mittelbar 105 000 Mitgliedern

• G 115

Landes-Gewerbeförderungsstelle des nordrhein-westfälischen Handwerks e.V.
Postf. 10 34 12, 40025 Düsseldorf
Auf'm Tetelberg 7, 40221 Düsseldorf
T: (0211) 3 01 08-0 Fax: 3 01 08-34
E-Mail: lgh@lght-online.de
Vorsitzende(r): Dipl.-Kfm. Wolfgang Miehle
Geschäftsführer(in): Dipl.-Kfm. Hans Hermann Beyer
Mitglieder: 7 Handwerkskammern, 40 Fachverbände, 9 sonst. Vollmitglieder

• G 116

Landesvereinigung handwerkl. Unternehmerverbände Rheinland-Pfalz e.V., Mainz
Südallee 31-35, 56068 Koblenz
T: (0261) 30 40 60 Fax: 3 04 06 44
1. Vorsitzende(r): Werner Bomm (Luisenstr., 56170 Bendorf, T: (02622) 1 20 50)
Geschäftsführer(in): Wolfgang Kesselheim (Südallee 31-35, 56068 Koblenz, T: (0261) 30 40 60)

• G 117

Arbeitgeberverband des Saarländischen Handwerks (AGVH)
siehe R 286

• G 118

Exportberatungsstelle der Handwerkskammer des Saarlandes
Hohenzollernstr. 47-49, 66117 Saarbrücken
T: (0681) 58 09-135 Fax: 58 09-205
Internet: http://www.hwk-saarland.de
E-Mail: a.eberhardt@hwk-saarland.de
Leitung: Dipl.-Kfm. Albert Eberhardt

• G 119

Kreishandwerkerschaft Steinfurt
Postf. 16 53, 48406 Rheine
Laugestr. 51, 48431 Rheine
T: (05971) 40 03-0 Fax: 40 03-80
Internet: http://www.kh-steinfurt.de
E-Mail: rheine@kh-steinfurt.de

• G 120

Wirtschaftsverband Handwerk Schleswig-Holstein e.V.
Fleethörn 25, 24103 Kiel
T: (0431) 9 81 79-0 Fax: 9 38 77
Präsident(in): Peter Helmich
Hauptgeschäftsführer(in): Dipl.-Volksw. Hugo Schütt

Bundes- und Landesinnungsverbände

• G 121

Bundesverband Telekommunikation e.V. (VAF)
Otto-Hahn-Str. 16, 40721 Hilden
T: (02103) 7 00-250 Fax: 7 00-106
Internet: http://www.vaf-ev.de
Gründung: 1951 (als Verband von Aufbaufirmen, 1991 Umbenennung)
1. Vorsitzende(r): Helmut Schmidt (Fa. Engel AG, Deutscher Ring 85, 42327 Wuppertal)
2. Vorsitzende(r): Horst Keitel (Fa. MTG, Truderinger Str. 250, 81825 München)
Geschäftsführer(in): Wolfgang Weisbach
Mitglieder: ca. 250

• G 122

Bundesverband Deutscher Augenoptiker (bdao)
Schönberger Weg 13, 60488 Frankfurt
T: (069) 97 66 03-0 Fax: 97 66 03-66
Internet: http://www.bdao.de
E-Mail: bdaoev@arcormail.de
Gründung: 1993 (28. Februar) in Frankfurt am Main
Vorsitzende(r): Volker Meyer
Stellvertretende(r) Vorsitzende(r): Wolfgang Stritzke
Hauptgeschäftsführer(in): Dipl.-Kfm. Robert H. Mühlfried
Förderung und Vertretung der berufspolitischen, fachlichen sowie wirtschaftlichen und sozialen Interessen seiner Mitglieder.

Fördernde Mitglieder

g 123

Landesinnungsverband für das Augenoptikerhandwerk in Hessen
Geschäftsstelle:
Schönberger Weg 13, 60488 Frankfurt
T: (069) 97 66 03-0 Fax: 97 66 03-66
E-Mail: liv-hessen@arcormail.de
Landesinnungsmeister: Klaus Weikert (staatl. gepr. Augenoptiker, Leipziger Str. 60, 60487 Frankfurt, T: (069) 77 51 86)
Hauptgeschäftsführer(in): Dipl.-Kfm. Robert H. Mühlfried (Schönberger Weg 13, 60488 Frankfurt, T: (069) 97 66 03-0, Telefax: (069) 97 66 03-66)

g 124

Augenoptikerinnung Kassel
Geschäftsstelle:
Schönberger Weg 13, 60488 Frankfurt
T: (069) 97 66 03-0 Fax: 97 66 03-66
E-Mail: aoi-ks@arcormail.de
Obermeister: Wolfgang Stritzke (staatl. gepr. Augenoptiker, Marburger Str. 28, 35043 Marburg, T: (06421) 4 46 26)
Geschäftsführer(in): Dipl.-Kfm. Robert H. Mühlfried (Schönberger Weg 13, 60488 Frankfurt, T: (069) 97 66 03-0, Telefax: (069) 97 66 03-66)

g 125

Augenoptikerinnung Mittel- und Unterfranken
Geschäftsstelle:
Plobenhofstr. 1, 90403 Nürnberg
T: (0911) 20 41 61 Fax: 23 24 14
Obermeister: Jens Dittmer (Augenoptikermeister, Plobenhofstr. 1-9, 90403 Nürnberg)
Geschäftsführer(in): Ulrike Hockl (Plobenhofstr. 1, 90403 Nürnberg)

g 126

Augenoptikerinnung Rhein-Main
Geschäftsstelle:
Schönberger Weg 13, 60488 Frankfurt
T: (069) 97 66 03-0 Fax: 97 66 03-66
E-Mail: aoi-rm@arcormail.de
Obermeister: Klaus Weikert (staatl. gerpr. Augenoptiker, Leipziger Str. 60, 60487 Frankfurt, T: (069) 77 51 86)
Geschäftsführer(in): Dipl.-Kfm. Robert H. Mühlfried (Schönberger Weg 13, 60488 Frankfurt, T: (069) 97 66 03-0, Telefax: (069) 97 66 03-66)

g 127

Institut für Berufsbildung d. Bundesverband Deutscher Augenoptiker
Kriegsstr. 216a, 76135 Karlsruhe
T: (0721) 84 83 77

• G 128

Zentralverband der Augenoptiker (BIV)
Alexanderstr. 25a, 40210 Düsseldorf
T: (0211) 8 63 23 50 Fax: 86 32 35 35
E-Mail: zva.biv@t-online.de
Gründung: 1951 (21.April)
Vorsitzende(r): Thomas Nosch (Staatl. gepr. Augenoptiker), Freiburg
Stellvertretende(r) Vorsitzende(r): Dietrich Hamann (Staatl. gepr. Augenoptiker, Stollberg/Erzgebirge)
Gerd Schwieren (Staatl. gepr. Augenoptiker), Köln
Geschäftsführer(in): RA Joachim Goerdt
Verbandszeitschrift: ZVA-Report
Redaktion: ZVA
Mitglieder: 12 Landesverbände, mit 7.900 angeschlossenen Betrieben

Landesinnungsverbände

g 129

Landes-Innungsverband des bayerischen Augenoptiker-Handwerks
Dechbettener Str. 36, 93049 Regensburg
T: (0941) 2 97 65-0 Fax: 2 97 65-29
Vorsitzende(r): Heinrich Rath
Geschäftsführer(in): Dipl.-Volksw. Hans Hopf

g 130

Augenoptiker-Innung Berlin
Apostel-Paulus-Str. 12, 10825 Berlin
T: (030) 7 82 60 24 Fax: 7 82 40 37
Obermeister: Burkhard Stelse
Geschäftsführerin: Anneliese Sittek

g 131

Augenoptikerinnung des Landes Brandenburg
Grünauer Fenn 39, 14712 Rathenow
T: (03385) 53 41-0 Fax: 53 41-13
Vorsitzende(r): Werner Marchwat
Geschäftsführer(in): Eberhard Röhle

g 132

Landesinnung der Augenoptiker Mecklenburg-Vorpommern
Pfahlweg 1, 18273 Güstrow
T: (03843) 8 20 23 Fax: 8 20 24
Vorsitzende(r): Rolf Fichtner
Geschäftsstellen-Ltr: Annett Struck

g 133

Landesinnungsverband des Augenoptikerhandwerks Niedersachsen und Bremen
Theaterstr. 8, 30159 Hannover
T: (0511) 30 79 60 Fax: 3 07 96 15
Vorsitzende(r): Jürgen Matthies
Geschäftsführer(in): RA Bettina Meyer

g 134

Landesinnungsverband Nordrhein für das Augenoptikerhandwerk
Stresemannstr. 46, 40210 Düsseldorf
Vorsitzende(r): Wolfgang Schwalen
Geschäftsführer(in): Dr. Rolf Guddorf

g 135

Mitteldeutscher Augenoptikerverband für die Bundesländer Freistaat Sachsen und Sachsen-Anhalt
Bamberger Str. 7, 01187 Dresden
T: (0351) 4 71 70 56 Fax: 4 71 70 56
Vorsitzende(r): Rudolf Jahn
Geschäftsführer(in): Herbert Mahlow

g 136

Landesinnung der Augenoptiker von Schleswig-Holstein
Fleethörn 41, 24103 Kiel
T: (0431) 9 26 26 Fax: 9 68 68
Vorsitzende(r): Stefan Pape
Geschäftsstelle: Sabine Carlsen

g 137

Südwestdeutscher Augenoptikerverband
Weißdornweg 6, 67346 Speyer
T: (06232) 64 69-0 **Fax:** 64 69-11
Vorsitzende(r): Dieter Mollenkopf
Geschäftsführer(in): RA Frank Petersilie

g 138

Augenoptikerinnung Thüringen
Anger 74-75, 99084 Erfurt
T: (0361) 5 66 72 32 **Fax:** 5 66 72 34
Obermeister: Ewald Vothknecht
Geschäftsführer(in): Ute Kirschke

g 139

Landesinnungsverband Westfalen-Lippe für das Augenoptiker-Handwerk
Ruhrallee 9, 44139 Dortmund
T: (0231) 5 52 21 00 **Fax:** 5 52 21 11
Vorsitzende(r): Udo Bienfait
Geschäftsführer(in): RA Rüdiger Sturhan

• G 140

Zentralverband des Deutschen Bäckerhandwerks e.V.
Postf. 18 08, 53588 Bad Honnef
Bondorfer Str. 23, 53604 Bad Honnef
T: (02224) 77 04-0 **Fax:** 77 04 40
Internet: http://www.baeckerhandwerk.de
E-Mail: zv@baeckerhandwerk.de
Präsident(in): Hans Bolten
Hauptgeschäftsführer(in): Dr. Eberhard Groebel
Mitglieder: 17500

Wahrnehmung der fachlichen, wirtschaftlichen, kulturellen und sozialen Interessen des Bäckerhandwerks; Vertretung der gemeinsamen Angelegenheiten der ordentlichen Mitglieder.

Landesinnungsverbände

g 141

Bäckerinnungsverband Baden
Südendstr. 5, 76137 Karlsruhe
T: (0721) 9 32 32 20 **Fax:** 38 76 90
Landesinnungsmeister: Walter Augenstein
Geschäftsführer(in): Wolfgang Mößner

g 142

Landes-Innungsverband für das bayerische Bäckerhandwerk
Maistr. 12 II, 80337 München
T: (089) 54 42 13-0 **Fax:** 53 63 05
Landesinnungsmeister: Heinrich Traublinger (MdL)
Geschäftsführer(in): Dr. Wolfgang Filter

g 143

Bäcker- und Konditoren-Landesverband Berlin-Brandenburg e.V.
Kärntener Str. 8, 10827 Berlin
T: (030) 78 79 79-0 **Fax:** 7 88 15 10
Landesobermeister: Georg Hillmann
Geschäftsführer(in): Heinrich Jünemann

g 144

Bäckerinnung der Hansestadt Hamburg
Geschäftsstelle:
Bäcker- und Konditorenvereinigung Nord
Siemensstr. 13, 25462 Rellingen
T: (04101) 38 72-0 **Fax:** 38 72 18
Obermeister: Klaus-Peter Jendrasik
Geschäftsführer(in): Heiko Klages

g 145

Bäckerinnungsverband Hessen
Altkönigstr. 1, 61462 Königstein
T: (06174) 10 31 **Fax:** 2 52 21
Landesinnungsmeister: Klaus Hottum
Geschäftsführer(in): Stefan Körber

g 146

Landesinnungsverband des Bäcker- und Konditorenhandwerks Mecklenburg-Vorpommern
Geschäftsstelle: Bäcker- u. Konditorenvereinigung Nord
Siemensstr. 13, 25462 Rellingen
T: (04101) 38 72-0 **Fax:** 38 72 18
Landesinnungsmeister: Ulrich Marckwardt
Geschäftsführer(in): Heiko Klages

g 147

Bäckerinnungsverband Niedersachsen/Bremen
Herschelstr. 28, 30159 Hannover
T: (0511) 1 31 87 08/09 **Fax:** 1 44 55
Landesinnungsmeister: Klaus Borchers
Geschäftsführer(in): Fred Westphal

g 148

Verband des Rheinischen Bäckerhandwerks
Am Kiekenbusch 4, 47269 Duisburg
T: (0203) 7 10 12-0 **Fax:** 7 68 12 13
Landesinnungsmeister: Hans Bolten
Geschäftsführer(in): RA Walter Dohr

g 149

Bäckerinnungsverband Saarland
Saarstr. 13, 66130 Saarbrücken
T: (0681) 88 11 20 **Fax:** 88 11 21
Landesinnungsmeister: Roland Schaefer
Geschäftsführer(in): Dipl.-Betriebsw. Gerd Wohlschlegel

g 150

Landesinnungsverband Saxonia des Bäckerhandwerks Sachsen
Hohe Str. 22, 01069 Dresden
T: (0351) 4 71 53 53 **Fax:** 4 71 01 00
Landesobermeister: Michael Wippler
Geschäftsführer(in): Wolfgang Hesse

g 151

Landesinnungsverband des Bäckerhandwerks Sachsen-Anhalt
Im GTZH
Gustav-Ricker-Str. 62, 39120 Magdeburg
T: (0391) 6 26 96 10 **Fax:** 6 26 96 19
Landesinnungsmeister: Karl-Heinz Herdzin
Geschäftsführer(in): Dr. Andreas Baeckler

g 152

Landesinnungsverband des Bäckerhandwerks Schleswig-Holstein
Geschäftsstelle: Bäcker- u. Konditorenvereinigung Nord
Siemensstr. 13, 25462 Rellingen
T: (04101) 38 72-0 **Fax:** 38 72 18
Landesinnungsmeister: Heinrich Kolls
Geschäftsführer(in): Heiko Klages

g 153

Bäckerinnungsverband Südwest
Mozartstr. 43, 67655 Kaiserslautern
T: (0631) 31 74-0 **Fax:** 31 74-1 04
Landesinnungsmeister: Volker Gögelein
Geschäftsführer(in): Helmut Münch

g 154

Landesinnungsverband des Thüringer Bäckerhandwerks
Wetzstr. 20, 99096 Erfurt
T: (0361) 3 73 26 07 **Fax:** 3 73 26 07
Landesinnungsmeister: Gerd Bauer
Geschäftsführer(in): Helmut Münch

g 155

Bäckerinnungsverband Westfalen-Lippe
Bergstr. 79-81, 44791 Bochum
T: (0234) 5 18 45-46 **Fax:** 51 34 71
Landesinnungsmeister: Dipl.-Kfm. Wolfgang Miehle
Geschäftsführer(in): Dr. Friedrich Wirsam

g 156

Landesinnungsverband für das Württembergische Bäckerhandwerk e.V.
Wilhelmstr. 7, 70182 Stuttgart
T: (0711) 1 64 11-0 **Fax:** 1 64 11-80
Landesinnungsmeister: Wolfgang Sautter
Geschäftsführer(in): Dipl.-oec. Andreas Kofler

• G 157

Bundesverband der Junioren des Handwerks e.V.
Haus des Deutschen Handwerks
Mohrenstr. 20/21, 10117 Berlin
T: (030) 2 06 19-391, 2 06 19-392 **Fax:** 2 06 19 59-391, 2 06 19 59-392
Gründung: 1956
Vorsitzende(r): Peter Rausch
Bundesgeschäftsführer: Ass. Hans Bernd Ditscheid
Verbandszeitschrift: handwerk magazin, Postfach 14 21, 82166 Gräfelfing
Mitglieder: ca. 12000

• G 158

Arbeitsausschuß Bauwirtschaft
Postf. 8 03 52, 10003 Berlin
Kronenstr. 55-58, 10117 Berlin
T: (030) 2 03 14-0 **Fax:** 2 03 14-419
Internet: http://www.zdb.de
E-Mail: ufer@zdb.de
Obmann: Prof. Dr. Karl Robl

Zentralverband des Deutschen Baugewerbes e.V.
Hauptverband der Deutschen Bauindustrie e.V.
Hauptverband des Deutschen Maler und Lackiererhandwerks
Bundesverband Steine und Erden e.V.
Bundesverband Deutscher Baustoff-Fachhandel e.V.
Fachgemeinschaft Bau- und Baustoffmaschinen im VDMA

• G 159

ZENTRALVERBAND DEUTSCHES BAUGEWERBE ZDB

Zentralverband des Deutschen Baugewerbe (ZDB)
Postf. 08 03 52, 10003 Berlin
Kronenstr. 55-58, 10117 Berlin
T: (030) 2 03 14-0 **Fax:** 2 03 14-419
Internet: http://www.zdb.de
E-Mail: bau@zdb.de
Internationaler Zusammenschluß: siehe unter izf 881
Präsident(in): Fritz Eichbauer (Kastenbauerstr. 2, 81677 München, T: (089) 9 93 11-6, Telefax: (089) 9 93 11-8 99)
Hauptgeschäftsführer(in): Prof. Dr. Karl Robl
Leitung Presseabteilung: Dr. Ilona K. Klein
Mitglieder: 41 Verbände

Vertretung der Interessen des Deutschen Baugewerbes in wirtschaftlicher, sozialpolitischer und technischer Hinsicht.

Mitgliedsverbände

Baden-Württemberg

g 160

Verband der Bauwirtschaft Südbaden e.V. (VBS)
Holbeinstr. 16, 79100 Freiburg
T: (0761) 7 03 02-0 **Fax:** 7 03 02-30
E-Mail: VBS@bausuedbaden.de
Präs. u. Vors. der Sparte Baugewerbe: Dipl.-Ing. Heinrich Wagner
Vizepräs. und Vors. der Sparte Bauindustrie: Dipl.-Ing. Rainer Weisenburger
Verbandsdir: RA Michael Hafner
Referat Öffentlichkeitsarbeit: Gregor Gierden (Ltg. Presseabteilung)
Verbandszeitschrift: Baufachblatt
Redaktion: Baufachblatt
Verlag: Baufachblatt, Eggstr. 8, 79117 Freiburg

g 161

Badischer Zimmerer- und Holzbauverband e.V.
Holbeinstr. 16, 79100 Freiburg
T: (0761) 7 03 02-0 **Fax:** 7 03 02-30
Internet: http://www.holzbau-baden.de
E-Mail: Holzbau@bausuedbaden.de
Präsident(in): Dipl.Ing. Rolf Kuri
Verbandsdir: RA Michael Hafner
Referat Öffentlichkeitsarbeit: Gregor Gierden (M.A., Ltg. Presseabteilung)
Verbandszeitschrift: Baufachblatt
Redaktion: Baufachblatt
Verlag: Baufachblatt, Eggstr. 8, 79117 Freiburg

g 162

Fachverband Putz, Stuck und Trockenbau Baden e.V.
Holbeinstr. 16, 79100 Freiburg
T: (0761) 7 03 02-0 **Fax:** 7 03 02-30
E-Mail: Stuck@bausuedbaden.de
Vorsitzende(r): Michael Bleich
Verbandsdir: RA Michael Hafner
Leitung Presseabteilung: Gregor Gierden
Verbandszeitschrift: Baufachblatt
Redaktion: Baufachblatt
Verlag: Baufachblatt, Eggstr. 8, 79117 Freiburg

g 163

Fachverband Bau Württemberg e.V.
Hohenzollernstr. 25, 70178 Stuttgart
T: (0711) 6 48 53-0 **Fax:** 6 48 53 49
Internet: http://www.fachverband-bau.de
E-Mail: info@fachverband-bau.de
Vorsitzende(r): Dipl.-Ing. (FH), Senator E.h. Joachim Fahrion
Stellvertretende(r) Vorsitzende(r): Dipl.-Ing. Klaus Stumpp (Vertreter der Sparte Bauindustrie)
Hauptgeschäftsführer(in): RA Dieter Diener

g 164

Verband des Zimmerer- und Holzbaugewerbes Baden-Württemberg
Hackländerstr. 43, 70184 Stuttgart
T: (0711) 2 39 96-50 **Fax:** 2 39 96-60
Internet: http://www.holzbau-online.de
E-Mail: info@holzbau-online.de
Präsident(in): Helmut Reichle (Zimmermeister)
Hauptgeschäftsführer(in): Dipl.-Betriebsw. Joachim Hörrmann
Leitung Presseabteilung: Peter Mackowiack
Mitglieder: 1500

g 165

Baugewerbeverband Nordbaden e.V.
Postf. 12 02 53, 68053 Mannheim
Bassermannstr. 40, 68165 Mannheim
T: (0621) 42 30 10 **Fax:** 4 23 01 20
Internet: http://www.bau-nordbaden.de
E-Mail: info@bau-nordbaden.de
Vorsitzende(r): Heinz Heiler
Hauptgeschäftsführer(in): Dipl.-Vw. Reiner Rebholz

g 166

Landesinnungsverband für das Stukkateurhandwerk Baden-Württemberg
Wollgrasweg 23, 70599 Stuttgart
T: (0711) 4 51 23-0 **Fax:** 4 51 23-50
Internet: http://www.stukkateur.de
E-Mail: liv@stukkateur.de
1. Vorsitzende(r): Werner Kaiser (Stukkateurmeister)
Hauptgeschäftsführer(in): RA Wolfram Kümmel

g 167

Landesinnungsverband Fliesen Baden-Württemberg
Ressestr. 1, 70599 Stuttgart
T: (0711) 45 10 35-30 **Fax:** 45 10 35-55
Vorsitzende(r): Heinz Messner (Landesinnungsmeister)
Geschäftsführer(in): Hans Hess

g 168

Landesverband Estrich und Belag Baden-Württemberg
Robert-Leicht-Str. 128, 70563 Stuttgart
T: (0711) 68 17 84 **Fax:** 68 26 83
Internet: http://www.estrich-belag.de
E-Mail: Estrich-Belag@t-online.de
Vorsitzende(r): Volker Gaiser (Estrichlegermeister)
Geschäftsführer(in): Dipl.-Kfm. Boris A. Gruber

Bayern

g 169

Bayerische Baugewerbeverbände Landesverband Bayerischer Bauinnungen Verband baugewerblicher Unternehmer Bayerns e.V.
Postf. 20 13 16, 80013 München
Bavariaring 31, 80336 München
T: (089) 76 79-0 **Fax:** 76 85 62
Internet: http://www.lbb-bayern.de
E-Mail: baugewerbe@lbb-bayern.de
Präsident(in): Dipl.-Ing. Fritz Eichbauer
Hauptgeschäftsführer(in): Dr. Olaf Hofmann

g 170

Landesverband Bayerischer Bauinnungen
Bavariaring 31, 80336 München
T: (089) 76 79-0 **Fax:** 76 85 62
E-Mail: Baugewerbe@lbb-bayern.de
Präsident(in): Fritz Eichbauer
Hauptgeschäftsführer(in): Dr. Olaf Hofmann

g 171

Landesinnungsverband des Bayerischen Zimmererhandwerks, Fachverband für Zimmerei, Holzbau, Holzfertig- und Fertigteilbau, Platten- und Ausbautechnik
Postf. 40 20 64, 80720 München
Eisenacher Str. 17, 80804 München
T: (089) 3 60 85-0 **Fax:** 3 60 85-100
Internet: http://www.zimmerer-bayern.com
E-Mail: webmaster@zimmerer-bayern.com
Direktor(in): Wolfgang Strauß
Präsident(in): Georg König (Zimmermeister)

g 172

Verband der Zimmerer- und Holzbauunternehmer in Bayern e.V. - Bayerischer Zimmerer- und Holzbaugewerbeverband -
Eisenacher Str. 17, 80804 München
T: (089) 3 60 85-0 **Fax:** 3 60 85-100
Internet: http://www.zimmerer-bayern.com
E-Mail: webmaster@zimmerer-bayern.com
Präsident(in): Georg König (Zimmermeister)
Hauptgeschäftsführer(in): Wolfgang Strauß

g 173

Landesinnungsverband der Fliesen-, Platten- & Mosaikleger Brandenburg
Fontanestr. 1, 15827 Blankenfelde
T: (03379) 35 66 11 **Fax:** 35 66 35
Geschäftsführerin: Edeltraut Lüderitz
Vorsitzende(r): Richard Ludwig (Fliesenlegermeister)

g 174

Landesverband Bauhandwerk Brandenburg und Berlin e.V.
Am Schragen 26, 14469 Potsdam
T: (0331) 2 70 02 33 **Fax:** 2 70 56 33
Vorsitzende(r): Dipl.-Bauing. Bodo Pilgrimowski
Geschäftsführer(in): Dipl.-Ing. Frank Duif

Bremen

g 175

Verband Baugewerblicher Unternehmer im Lande Bremen e.V.
Außer der Schleifmühle 53, 28203 Bremen
T: (0421) 33 93 77 **Fax:** 32 30 81
Internet: http://www.vbu-bremen.de
E-Mail: vbu-bremen@t-online.de
Vorsitzende(r): Dipl.-Ing. Hans Kathmann
Geschäftsführer(in): Ass. Dieter Smieja

Hamburg

g 176

Norddeutscher Baugewerbeverband e.V.
Johnsallee 53, 20148 Hamburg
T: (040) 4 15 27-0 **Fax:** 4 15 27 33
Internet: http://www.bau-innung.de
E-Mail: info@bau-innung.de
Vorsitzende(r): Dipl.-Ing. Werner-Wolfgang Spitze
Hauptgeschäftsführer(in): RA Michael Seitz

Hessen

g 177

Verband baugewerblicher Unternehmer Hessen e.V.
Postf. 50 02 51, 60392 Frankfurt
Emil-von-Behring-Str. 5, 60439 Frankfurt
T: (069) 9 58 09-0 **Fax:** 9 58 09-2 33
E-Mail: baugewerbe@t-online.de
Vorsitzende(r): Klaus Zimmer
Hauptgeschäftsführer(in): RA Raimund Ernst

g 178

Verband Hessischer Zimmermeister e.V.
Werner-Heisenberg-Str. 4, 34123 Kassel
T: (0561) 9 58 97-0 **Fax:** 58 29 23
Vorsitzende(r): Heinz Hellmuth (Zimmermeister)
Geschäftsführer(in): Dipl.-Holzwirt Hans Fitzner

Niedersachsen

g 179

Verband Baugewerblicher Unternehmer Niedersachsen e.V.
Baumschulenallee 12, 30625 Hannover
T: (0511) 9 57 57-0 **Fax:** 9 57 57-40
Internet: http://www.bvn.de
E-Mail: bvn@bvn.de
Präsident(in): Dipl.-Ing. Carl-Ludwig Schumacher
Hauptgeschäftsführer(in): Ass.jur. Hans Espel

g 180

Baugewerbe-Verband Niedersachsen
Baumschulenallee 12, 30625 Hannover
T: (0511) 9 57 57-0 **Fax:** 9 57 57-40
Internet: http://www.bvn.de
E-Mail: bvn@bvn.de
Präsident(in): Dipl.-Ing. Carl-Ludwig Schumacher
Hauptgeschäftsführer(in): Ass.jur. Hans Espel

Nordrhein-Westfalen Nordrhein

g 181

Baugewerbliche Verbände Nordrhein
Graf-Recke-Str. 43, 40239 Düsseldorf
T: (0211) 9 14 29-0 **Fax:** 9 14 29 31
Internet: http://www.bgv-nrw.de
E-Mail: info@bgv-nrw.de

g 182

Baugewerbe-Verband Nordrhein
Graf-Recke-Str. 43, 40239 Düsseldorf
T: (0211) 9 14 29-0 **Fax:** 9 14 29 31
Internet: http://www.bgv-nrw.de
E-Mail: info@bgv_nrw.de
Vorsitzende(r): Hubert Schlun (Baumeister)
Hauptgeschäftsführer(in): RA Lutz Pollmann

g 183

Stuckgewerbe-Verband Nordrhein-Westfalen Stuck-Putz-Trockenbau
Graf-Recke-Str. 43, 40239 Düsseldorf
T: (0211) 9 14 29-0 **Fax:** 9 14 29 31
Vorsitzende(r): Franz Kröselberg (Stukkateurmeister)
Hauptgeschäftsführer(in): RA Lutz Pollmann

g 184

Straßen- und Tiefbau-Verband Nordrhein-Westfalen
Graf-Recke-Str. 43, 40239 Düsseldorf
T: (0211) 9 14 29-0 **Fax:** 9 14 29 31
Vorsitzende(r): Rolf Externbrink (Straßenbaumeister)
Hauptgeschäftsführer(in): RA Lutz Pollmann

g 185

Zimmerer- und Holzbau-Verband Nordrhein
Graf-Recke-Str. 43, 40239 Düsseldorf
T: (0211) 9 14 29-0 **Fax:** 9 14 29 31
Vorsitzende(r): Barthel Schmitz (Zimmermeister)
Hauptgeschäftsführer(in): RA Lutz Pollmann

Westfalen

g 186

Baugewerbeverband Westfalen
Westfalendamm 229, 44141 Dortmund
T: (0231) 43 39 18 **Fax:** 43 39 07
Internet: http://www.bgv-westfalen.de
E-Mail: bau@bgv-westfalen.de
Präsident(in): Dipl.-Kfm. Walter Derwald
Hauptgeschäftsführer(in): Ass. Franz Hörster

g 187

Fachverband Zimmerei und Holzbau Westfalen
Westfalendamm 229, 44141 Dortmund
T: (0231) 43 39 18 **Fax:** 43 39 07
Internet: http://www.bgv-westfalen.de
E-Mail: bau@bgv-westfalen.de
Vorsitzende(r): Dipl.-Ing. Markus Becker
Hauptgeschäftsführer(in): Ass. Franz Hörster

g 188

Stuckgewerbe-Verband Nordrhein-Westfalen - Landesteil Westfalen
Westfalendamm 229, 44141 Dortmund
T: (0231) 43 39 18 **Fax:** 43 39 07
Amtierender Vors.: Heinz Tinz (Stuckateurmeister)
Hauptgeschäftsführer(in): Ass. Franz Hörster

Rheinland-Pfalz

g 189

Baugewerbeverband Rheinhessen-Pfalz e.V.
Max-Hufschmidt-Str. 11, 55130 Mainz
T: (06131) 9 83 49-0 **Fax:** 9 83 49-49
Internet: http://www.bgv-rheinhessen-pfalz.de
E-Mail: bgv@bauverband.mz.uunet.de
Präsident(in): Dipl.-Kfm. Frank Dupré
Hauptgeschäftsführer(in): RA Dr. Harald Weber

g 190

Baugewerbeverband Rheinland e.V.
Südallee 31-35, 56068 Koblenz
T: (0261) 30 40 60 **Fax:** 30 40-6 44
E-Mail: bau@baugewerbeverband-rheinland.de
Vorsitzende(r): Dipl.-Ing. Heinz Monnerjahn
Hauptgeschäftsführer(in): Wolfgang Kesselheim

Saarland

g 191

Arbeitgeberverband der Bauwirtschaft des Saarlandes
Kohlweg 18, 66123 Saarbrücken
T: (0681) 38 92 50 **Fax:** 3 89 25 20
Internet: http://www.bau-saar.de
E-Mail: agv@bau-saar.de
Präsident(in): Dipl.-Ing. Hans-Ludwig Bernardi
Hauptgeschäftsführer(in): Dipl.-Volksw. Klaus Ziegler

Sachsen

g 192

Landesverband Sächsischer Bauinnungen Sächsischer Baugewerbeverband e.V.
An der Pikardie 6, 01277 Dresden
T: (0351) 21 19 60 **Fax:** 2 11 96 17
Präsident(in): Dipl.-Ing. Knut Nitzsche
Hauptgeschäftsführer(in): RA Klaus Bertram

g 193

Landesinnungsverband des Sächsischen Straßenbaugewerbes
Geschäftsstelle
Siedlerstr. 11, 01662 Meißen
T: (03521) 40 00 81 **Fax:** 40 00 82
E-Mail: liv-strassenbau@t-online.de
Präsident(in): Hans-Peter Zschoch
Geschäftsführer(in): Dipl.-Ing. Eberhard Böhnisch

g 194

Landesinnungsverband für das Stukkateurhandwerk des Freistaates Sachsen
Leipziger Str. 180, 09114 Chemnitz
T: (0371) 37 22 89 **Fax:** 37 22 91
Vorsitzende(r): Siegfried Birkholz (Stukkateurmeister)
Geschäftsführer(in): Dipl.-Ing. (FH) Klaus Kirchhübel

g 195

Verbände des Zimmerer- und Holzbaugewerbes für Mitteldeutschland e.V.
Pittlerstr. 26, 04159 Leipzig
T: (0341) 4 67 62-0 **Fax:** 4 67 62-22
E-Mail: zimmerverband.mdl@t-online.de
Präsident(in): Jürgen Reichel (Zimmermeister)
Hauptgeschäftsführer(in): Dr. Dietmar Vogelsänger

Sachsen-Anhalt

g 196

Baugewerbe-Verband Sachsen-Anhalt
Gustav-Ricker-Str. 62, 39120 Magdeburg
T: (0391) 6 26 96 80 **Fax:** 6 26 96 99
E-Mail: Baugewerbe-Verband_Sachsen-Anh@t-online.de
Präsident(in): Klaus Ebeling
Geschäftsführer(in): Dipl.-Jur. Guido Henke

Schleswig-Holstein

g 197

Baugewerbeverband Schleswig-Holstein
Ringstr. 52-54, 24103 Kiel
T: (0431) 67 50 86 **Fax:** 67 89 26
Internet: http://www.baugewerbe-sh.de
Vorsitzende(r): Peter Helmich
Hauptgeschäftsführer(in): RA Christian Holstein

Thüringen

g 198

Baugewerbeverband Hessen-Thüringen e.V.
Emil-von-Behring-Str. 5, 60439 Frankfurt
T: (069) 9 58 09-0 **Fax:** 95 80 92 33
Vorsitzende(r): Klaus Zimmer
Geschäftsführer(in): RA Raimund Ernst

Überregionale Verbände

g 199

Deutscher Holz- und Bautenschutzverband e.V.
Postf. 40 02 20, 50832 Köln
Hans-Willy-Mertens-Str. 2, 50858 Köln
T: (02234) 4 84 55 **Fax:** 4 93 14
Internet: http://www.bautreff.de
E-Mail: dhbv-koeln@t-online.de
Vorsitzende(r): Dipl.-Ing. Horst Eickhoff
Bundes-GeschF: Dr. Friedrich W. Remes

g 200

Bundesvereinigung Recycling Bau e.V.
Kronenstr. 55-58, 10117 Berlin
T: (030) 2 03 14-575 **Fax:** 2 03 14-565
Internet: http://www.recycling-bau.de
E-Mail: info@recycling-bau.de
Vorsitzende(r): Dipl.-Ing. Eberhard Klatt
Geschäftsführer(in): Dipl.-Ing. Hans Sander

• **G 201**

Arbeitsgemeinschaft für zeitgemäßes Bauen e.V.
Walkerdamm 17, 24103 Kiel
T: (0431) 6 63 69-0 **Fax:** 6 63 69 69
Gründung: 1946
Vorsitzende(r): Dr.-Ing. Eckart Güldenberg (Ministerium für Frauen, Jugend, Wohnungs- und Städtebau)
Geschäftsführer(in): Dipl.-Ing. D. Selk
Leitung Presseabteilung: Britta Semrau
Mitglieder: 428
Förderer: 4
Mitarbeiter: 9

• **G 202**

Arbeitsgemeinschaft Wohnbau-Modernisierung e.V.
Bahnhofstr. 44, 74254 Offenau
T: (07136) 33 22 **Fax:** 85 45
Internet: http://www.bau-web.de/arge
Gründung: 1983
Vorsitzende(r): Dirk Mommertz
Geschäftsführer(in): Roland Bender
Leitung Presseabteilung: Andreas Köpke
Mitglieder: 25
Jahresetat: DM 1 Mio, € 0,51 Mio

• **G 203**

Fachgemeinschaft Bau Berlin und Brandenburg e.V.
Nassauische Str. 15, 10717 Berlin
T: (030) 86 00 04-0 **Fax:** 86 00 04-12
Hauptgeschäftsführer(in): RA Wolf Burkhard Wenkel
Geschäftsführer(in): RA Rolf Sterzel
Dipl.-Ing. Wolfgang Rüger
Verbandszeitschrift: Bauvorhaben
Redaktion: RA Rolf Sterzel
Verlag: Vogel Baumedien GmbH, Blücherstr. 31 a, 10961 Berlin
Mitglieder: 1300
Mitarbeiter: 30

• **G 204**

Arbeitsausschuß Ausbauhandwerk
Federführend: Hauptverband Farbe, Gestaltung, Bautenschutz, siehe dort
Vilbeler Landstr. 255, 60388 Frankfurt
T: (06109) 72 28-0 **Fax:** 72 28-50
Mitglieder: 11 Verbände

• **G 205**

Bundesverband des Maßschneiderhandwerks e.V.
Postf. 10 20 34, 45020 Essen
Katzenbruchstr. 71, 45141 Essen
T: (0201) 3 20 08 17 **Fax:** 3 20 08 19
Vorsitzende(r): Erika Ortkemper
Geschäftsführer(in): Ass. Jens Kastrup
Verbandszeitschrift: Rundschau für internationale Damenmode
Rundschau für internationale Herrenmode
Verlag: Rundschau-Verlag Otto G. Königer GmbH & Co. KG, Ohmstr. 15, 80820 München, T: (089) 38 16 05 60, Telefax: (089) 38 16 05-14

Landesinnungsverbände

Bayern

g 206

Landesinnungsverband für das Maßschneiderhandwerk Bayern
Oberanger 9, 80331 München
T: (089) 2 60 97 94 **Fax:** 2 60 53 76
Vorsitzende(r): Bernhard Steinwachs

Berlin

g 207

Landesinnungsverband für das Mass-Schneider-Handwerk
Kurfürstendamm 196, 10707 Berlin
T: (030) 8 83 62 91 **Fax:** 8 83 62 91
Vorsitzende(r): Volkmar Arnulf

Hamburg

g 209

Innung des Bekleidungshandwerks Hamburg
Holstenwall 12, 20355 Hamburg
T: (040) 3 59 05-291
Obermeisterin: Gudrun Keller-Drobek
Geschäftsführer(in): Karin Schulze

Hessen

g 210

Hessen Landesinnungsverband für das Herrenschneiderhandwerk
Bleichstr. 38a, 60313 Frankfurt
T: (069) 28 39 23
Vorsitzende(r): Oskar Habersack
Geschäftsführer(in): Heinrich Stoppel

Niedersachsen

g 213

Landesinnungsverband des Niedersächsischen Schneiderhandwerks
Annabergstr. 31, 26133 Oldenburg
T: (0441) 4 26 59 **Fax:** 4 26 59
Landesinnungsmeister: Manfred Seidel

Nordrhein

g 214

Innungsverband des Damen- und Herrenmaßschneiderhandwerks NRW
Katzenbruchstr. 71, 45141 Essen
T: (0201) 3 20 08 17 **Fax:** 3 20 08 19
Vorsitzende(r): Erika Ortkemper
Stellvertretende(r) Vorsitzende(r): Hans-Josef Rosendahl
Geschäftsführer(in): Ass. Jens Kastrup

Pfalz

g 215

Innung des Modeschaffenden Handwerks der Pfalz
Burgstr. 39, 67659 Kaiserslautern
T: (0631) 3 71 22-0 **Fax:** 3 71 22-50
Obermeister: Inge Rinnert
Geschäftsführer(in): Helmut Knieriemen

Schleswig-Holstein

g 216

Landesinnung des modeschaffenden Handwerks Schleswig-Holstein
Gustav-Adolf-Str. 7a, 23568 Lübeck
T: (0451) 3 89 59-01
Geschäftsführer(in): Manfred Kley
Obermeisterin: Barbara Philipsen

Württemberg

g 217
Landesverband für das Herrenschneider-Handwerk in Württemberg
Alexanderstr. 126, 70180 Stuttgart
T: (0711) 60 64 62 **Fax:** 60 64 62
Vorsitzende(r): Kurt Schaufenberg
Geschäftsführer(in): Marina Roder

Südthüringen

g 220
Innung der Damen- u. Herrenschneider Südthüringen
Kirchberg 11, 98527 Suhl
T: (03681) 2 10 32/33 **Fax:** 2 10 32
Obermeister: Roland Schmidt
Geschäftsführer(in): Wiedmer

Über die Landesfachverbände Herrenschneider und Damenschneider erteilt der "Bundesverband" Auskunft

• G 221
Bundesverband des Deutschen Bestattungsgewerbes e.V.
Volmerswerther Str. 79, 40221 Düsseldorf
T: (0211) 1 60 08 10 **Fax:** 1 60 08 50
Internet: http://www.bestatter.de
E-Mail: BV-Bestatter@t-online.de
Präsident(in): Wolfgang H. Zocher, Wuppertal
Vizepräsident(in): Karl Denk, München
Wolfgang Kühn, Salzgitter-Bad
Geschäftsführer(in): Dipl.-Kfm. Jürgen Bethke, Düsseldorf
Verbandszeitschrift: "das bestattungsgewerbe"
Redaktion: Verantw. Schriftleiter: Dipl.-Kfm. Jürgen Bethke
Verlag: Fachverlag des deutschen Bestattungsgewerbes GmbH, Volmerswerther Str. 79, 40221 Düsseldorf
Mitglieder: ca. 3000

Landesfachverbände

g 222
Landesfachverband Bestattungsgewerbe Baden-Württemberg e.V.
Graf-Recke-Str. 71, 40239 Düsseldorf
T: (0211) 6 90 64-0 **Fax:** 6 90 64-20
Vorsitzende(r): Karl-Heinz Müller

g 223
Landesfachverband Bestattungsgewerbe Bayern e.V.
Geschäftsstelle: Kanzlei Haslinger
Nördliche Auffahrtsallee 64, 80638 München
T: (089) 1 78 10 85 **Fax:** 1 78 46 33
Vorsitzende(r): Gerhard Suckfüll

g 224
Bestatter-Innung von Berlin und Brandenburg e.V.
Karl-Marx-Platz 6-8, 12043 Berlin
T: (030) 6 86 80 38 **Fax:** 6 87 07 49
Vorsitzende(r): Axel Kluth

g 225
Landesfachverband Bestattungsgewerbe Bremen e.V.
Lüssumer Str. 101, 28779 Bremen
T: (0421) 69 05 40 **Fax:** 6 90 54 20
Vorsitzende(r): Christian Stubbe

g 226
Landesfachverband Bestattungsgewerbe Hamburg e.V.
Rantzaustr. 1, 22041 Hamburg
T: (040) 6 52 36 58 **Fax:** 68 79 10
Vorsitzende(r): Claus-Dieter Wulf
Geschäftsführer(in): Dr. Dr. Hans Joachim Widmann

g 227
Landesfachverband Bestattungsgewerbe Hessen e.V.
Rathausstr. 69, 65203 Wiesbaden
T: (0611) 60 26 25 **Fax:** 1 86 08 86
Vorsitzende(r): Gunther Dötenbier
Geschäftsführer(in): Wilhelm Vogler

g 228
Landesfachverband Bestattungsgewerbe Mecklenburg-Vorpommern e.V.
Mühlenbruchstr., 19417 Warin
T: (038482) 6 04 18 **Fax:** 6 18 80
Vorsitzende(r): Rolf Lange

g 229
Landesfachverband Bestattungsgewerbe Niedersachsen e.V.
Andreaestr. 2a, 30159 Hannover
T: (0511) 32 82 84 **Fax:** 3 00 88 24
Vorsitzende(r): Wolfgang Kühn
Geschäftsführerin: RA'in Hildegund Mentz

g 230
Landesfachverband Bestattungsgewerbe Nordrhein-Westfalen e.V.
Graf-Recke-Str. 71, 40239 Düsseldorf
T: (0211) 6 90 64-0 **Fax:** 6 90 64-20
Vorsitzende(r): Conrad W. Schormann
Geschäftsführer(in): Dipl.-Volksw. Bernd Egtved

g 231
Landesfachverband Bestattungsgewerbe Rheinland-Pfalz e.V.
Graf-Recke-Str. 71, 40239 Düsseldorf
T: (0211) 6 90 64-0 **Fax:** 6 90 64-20
Vorsitzende(r): Detlef Rech
Geschäftsführer(in): Dipl.-Volksw. Bernd Egtved

g 232
Landesfachverband Bestattungsgewerbe Saarland e.V.
Kaiserstr. 3, 66133 Saarbrücken
T: (0681) 81 31 33 **Fax:** 81 31 31
Vorsitzende(r): Klaus Becker
Geschäftsführer(in): Claus-Peter Schweitzer

g 233
Landesfachverband der Bestatter Sachsen e.V.
Bahnhofstr. 83, 01259 Dresden
T: (0351) 2 01 99 06 **Fax:** 2 03 11 89
Vorsitzende(r): Werner Billing

g 234
Landesfachverband Bestattungsgewerbe Sachsen-Anhalt e.V.
Beimsstr. 89a, 39110 Magdeburg
T: (0391) 7 36 01 42
Vorsitzende(r): Hans-Joachim Aue

g 235
Landesfachverband Bestattungsgewerbe Schleswig-Holstein e.V.
Feldstr. 47, 24105 Kiel
T: (0431) 56 30 77 **Fax:** 5 70 22 18
Vorsitzende(r): Klaus-Peter Paulsen

g 236
Landesfachverband Bestattungsgewerbe Thüringen e.V.
Löhmaer Weg, 07907 Oettersdorf
T: (03663) 40 17 66 **Fax:** 40 17 66
Vorsitzende(r): Heinz Conrad

• G 237
Kuratorium Deutsche Bestattungskultur e.V. Bonn
Volmerswerther Str. 79, 40221 Düsseldorf
T: (0211) 1 60 08 20 **Fax:** 1 60 08 70
Gründung: 1986
Mitglieder: ca. 30000

• G 238
Verband Deutscher Bestattungsunternehmen e.V.
Belziger Str. 35, 10823 Berlin
T: (030) 78 78 21 30 **Fax:** 25 87-207
Vorstand: Dr. Rolf-Peter Lange (Vors.; Belziger Str. 35, 10823 Berlin)
Horst Kappmeyer (stellv. Vors.)
Vorstand: Wolfgang Litzenroth (stellv. Vors.)

• G 239
Verband für das Blindenhandwerk und für Blindenwerkstätten e.V.
Kühnsstr. 18, 30559 Hannover
T: (0511) 51 04-2 01 **Fax:** 51 04-4 44
Vorsitzende(r): H.-W. Lange
Mitglieder: ca. 700 blinde Handwerker

• G 240
Bundesverband Estrich und Belag e.V.
Industriestr. 19, 53842 Troisdorf
T: (02241) 4 20 41 **Fax:** 40 42 95
Vorsitzende(r): Hans Uwo Freese (Schongauer Str. 7, 28219 Bremen)
Geschäftsführer(in): Ingrid Dobbermann

• G 241
Deutscher Boots- und Schiffbauer-Verband (DBSV)
St. Petersburger Str. 1, 20355 Hamburg
T: (040) 35 28 17 **Fax:** 34 42 27
1. Vors. u. Präs.: Anton Dreher (Schiffbauerweg 4, 82319 Starnberg)
Verbandszeitschrift: bootswirtschaft
Redaktion: F. Hartz, C.-E. Meyer
Verlag: Verlag für Bootswirtschaft GmbH, St. Petersburger Str. 1, 20355 Hamburg

• G 242

BDBI
Gegründet 1880

Bund deutscher Buchbinder-Innungen (BDBI)
Postf. 9 26, 52010 Aachen
Heinrichsallee 72, 52062 Aachen
T: (0241) 53 27 09 **Fax:** 50 90 80
Syndikus: RA Dr. Johannes Delheid
Vorsitzende(r): Martin Kugler (Buchbindermeister, Seidenstr. 40 b, 70174 Stuttgart, T: (0711) 29 49 31)
Geschäftsführer(in): Ludwig Voß
Mitglieder: 850

• G 243
Bundesinnungsverband für das Büchsenmacher-Handwerk
Langeler Ring 2, 53842 Troisdorf
T: (02241) 4 37 84 **Fax:** 4 36 47
Vors. u. GeschF: Bundesinnungsmeister Hans-Jürgen Rasch

Landesinnungen

g 244
Bundesinnungsverband für das Büchsenmacher-Handwerk
Landesinnung Bayern
Kemptener Str. 73, 87600 Kaufbeuren
Landesinnungsmeister: Jürgen Triebel

g 245
Bundesinnungsverband für das Büchsenmacher-Handwerk
Landesinnung Baden-Württemberg
Lindachstr. 37, 72764 Reutlingen
T: (07121) 26 97-0 **Fax:** 26 97-80
Landesinnungsmeister: Paul Landmesser (Bleichstr. 6, 75179 Pforzheim)

g 246
Bundesinnungsverband für das Büchsenmacher-Handwerk
Landesinnung Hessen
Rheinstr. 36, 65185 Wiesbaden
T: (0611) 37 20 95-96
Landesinnungsmeister: Jürgen John (Bahnhofstr. 90, 35390 Gießen)
Geschäftsführer(in): Gerd Kohl (Kreishandwerkerschaft Wiesbaden, Rheinstr. 36, 65185 Wiesbaden, T: (0611) 37 20 95)

g 247

Bundesinnungsverband für das Büchsenmacher-Handwerk
Landesinnung Niedersachsen
Bismarckstr. 7, 31061 Alfeld
T: (05181) 14 77
Landesinnungsmeister: Klaus Triebel (Schönwalder Str. 12, 13585 Berlin, T: (030) 3 35 50 01, Fax: 33 59 59-0)

g 248

Bundesinnungsverband für das Büchsenmacher-Handwerk
Landesinnung Nordrhein u. Rheinland-Pfalz
Frankenwerft 35, 50667 Köln
T: (0221) 20 70 40 **Fax:** 2 07 04 36
Landesinnungsmeister: Hans-Jürgen Rasch (Langeler Ring 2, 53842 Troisdorf, T: (02241) 4 37 84, Telefax: (02241) 4 36 47)
Geschäftsführer(in): Fritz Hibben

g 249

Büchsenmacher-Innung Westfalen-Lippe
Ossenkampstiege 111, 48163 Münster
T: (0251) 5 20 08-0 **Fax:** 5 20 08-33
Obermeister: Rolf Schönlein (Münsterstr. 71, 49477 Ibbenbüren, T: (05451) 22 51)
Geschäftsführer(in): Ass. Heinz-Dieter Rohde

g 250

Bundesinnungsverband für das Büchsenmacher-Handwerk
Landesinnung Neue Bundesländer
Kirchberg 11, 98527 Suhl
T: (03681) 7 10 32 **Fax:** 7 10 32
Obermeister: Helmut Adamy (Windeweg 3, 98527 Suhl, T: (03681) 2 43 48, Telefax: (03681) 2 43 48)

• **G 251**

Zentralverband der Bürsten-, Pinselhersteller - sowie Zurichter- u. Zulieferbetriebe der Bundesrepublik Deutschland
Postf. 12 26, 91569 Bechhofen
Ansbacher Str. 52, 91572 Bechhofen
T: (09822) 9 31 **Fax:** 16 11
Vorsitzende(r): H.-F. Bieringer, Bechhofen

• **G 252**

Bundesfachverband Chemischreinigung - Färberei e.V. (DTV)
siehe Deutscher Textilreinigungs-Verband (DTV) G 738

• **G 253**

Zentralverband des Deutschen Dachdeckerhandwerks - Fachverband Dach-, Wand- und Abdichtungstechnik e.V.
Fachverband Dach-, Wand- und Abdichtungstechnik
Postf. 51 10 67, 50946 Köln
Fritz-Reuter-Str. 1, 50968 Köln
T: (0221) 37 20 58 **Fax:** 38 43 36
Internet: http://www.dachdecker.de
E-Mail: zvdh@dachdecker.de
Gründung: 1949
Internationaler Zusammenschluß: siehe unter izf 1914
Präsident(in): Manfred Schröder
Vizepräsident(in): Hans-Jürgen Wurzel
Bernd Globke
Udo Diefenbach
Hauptgeschäftsführer(in): Dipl.-Volksw. Herbert Barton
Leitung Presseabteilung: Thomas Schmitz
Verbandszeitschrift: DDH Das Dachdeckerhandwerk
Verlag: Verlagsgesellschaft Rudolf Müller, Stolberger Str. 84, 50933 Köln
Mitglieder: ca. 8600 inkl. Beitrittsgebiet

Beratungen Dach-, Wand-, Abdichtungstechnik mit Nebengebieten; Wirtschafts-, Sozial-, Tariffragen; Rechtswesen; Berufsbildung, Veranstalter der Messe DACH + WAND

Landesinnungsverbände

g 254

Landesinnungsverband des Dachdeckerhandwerks Baden-Württemberg
Rüppurrer Str. 13, 76137 Karlsruhe
T: (0721) 3 48 62/63 **Fax:** 3 48 64
Vorsitzende(r): Landesinnungsmeister Dieter Kemker
Geschäftsführer(in): Dipl.-Wirtschafts.-Ing. Hans Dieter Krüger

g 255

Bayerisches Dachdeckerhandwerk - Landesinnungsverband
Ehrenbreitsteiner Str. 5, 80993 München
T: (089) 1 41 40 11-12 **Fax:** 1 40 15 69
Vorsitzende(r): Klaus Buckel
Geschäftsführer(in): Dipl.-Betriebsw. Michael Pfliegel

g 256

Landesinnung des Dachdeckerhandwerks Berlin
Nicolaistr. 5-7, 12247 Berlin
T: (030) 7 71 00 70 **Fax:** 7 71 70 86
Landesinnungsmeister: Reiner Crolow
Geschäftsführer(in): Ruediger Thaler

g 257

Landesinnungsverband des Dachdeckerhandwerks Land Brandenburg
Röhrenstr. 6, 14480 Potsdam
T: (0331) 62 13 58 **Fax:** 62 30 84
Landesinnungsmeister: Wolfgang Blank
Geschäftsführer(in): Staatsrechtler Gerd Dittmann

g 258

Dachdecker-Innung Hamburg
Barmbeker Markt 19, 22081 Hamburg
T: (040) 2 99 94 90 **Fax:** 29 99 49 30
Obermeister: Ulf-Peter Schröder
Geschäftsführer(in): Dipl.-Kfm. Walter Wohlert

g 259

Landesinnungsverband des Dachdeckerhandwerks Hessen
Postf. 13 02 90, 65090 Wiesbaden
Wasserrolle 2, 65201 Wiesbaden
T: (0611) 2 00 66 **Fax:** 2 53 81
Landesinnungsmeister: Michael Brendel
Geschäftsführer(in): Norbert Hain

g 260

Landesinnungsverband des Dachdeckerhandwerks Mecklenburg-Vorpommern
Wilhelm-Külz-Platz 5, 18055 Rostock
T: (0381) 25 20 05-0 **Fax:** 25 20 05-20
Landesinnungsmeister: Heinz Luks
Geschäftsführer(in): Jürgen Koop

g 261

Landesinnungsverband des Dachdeckerhandwerks Niedersachsen und Bremen - mit Fachschule
Herrenstr. 17, 37444 Sankt Andreasberg
T: (05582) 91 62-0 **Fax:** 91 62-62
Landesinnungsmeister: Reinhard Schele
Hauptgeschäftsführer(in): Ass. Rudolf Kirschner
Dipl.-Ing. Karl-Heinz Barke (Stellv. DD- und Klempnermeister)

g 262

Dachdecker Verband Nordrhein
Heumarkt 54, 50667 Köln
T: (0221) 2 58 11 81 **Fax:** 2 58 12 16
Landesinnungsmeister: Dieter Maassen
Geschäftsführer(in): Dipl.-Volksw. Friedhelm Gante

g 263

Landesinnungsverband des Dachdeckerhandwerks Rheinland-Pfalz
Geschäftsstelle: Servicehaus Handwerk
Hoevelstr. 19, 56073 Koblenz
T: (0261) 4 01 04 17 **Fax:** 4 01 04 18
Landesinnungsmeister: Karl-Heinz Stein
Geschäftsführer(in): Oswald Höfer

g 264

Innung des Dachdeckerhandwerks für das Saarland
Kohlweg 18, 66123 Saarbrücken
T: (0681) 3 89 25-0 **Fax:** 3 89 25-20
Obermeister: Horst Güth
Geschäftsführer(in): Dipl.-Volksw. Klaus Ziegler
RA Karl Hannig

g 265

Landesinnungsverband des Dachdeckerhandwerks Sachsen
Meißner Landstr. 81, 01157 Dresden
T: (0351) 4 21 20 52 **Fax:** 4 21 98 71
Landesinnungsmeister: Claus Dittrich
Geschäftsführer(in): Dipl.-Ing. Gustav Dellmann

g 266

Landesinnungsverband des Dachdeckerhandwerks Sachsen-Anhalt
Geschäftsstelle:
Herrenstr. 17, 37444 Sankt Andreasberg
T: (05582) 91 62-0 **Fax:** 91 62-62
Landesinnungsmeister: Hans-Günter Schumann
Geschäftsführer(in): Rudolf Kirschner
Dipl.-Ing. Karl-Heinz Barke (Stellv. DD-und Klempnermeister)

g 267

Landesinnungsverband des Dachdeckerhandwerks Schleswig-Holstein
Hopfenstr. 2e, 24114 Kiel
T: (0431) 5 35 47-0 **Fax:** 5 35 47-77
Vorsitzende(r): Landesinnungsmeister Manfred Arp
Geschäftsführer(in): RA Uwe Klehn

g 268

Landesinnungsverband für das thüringische Dachdeckerhandwerk
Lessingstr. 2, 98599 Brotterode
T: (036840) 3 21 18 **Fax:** 3 23 77
Landesinnungsmeister: Karl-Heinz Schneider
Geschäftsführer(in): Andreas Hartwich

g 269

Innungsverband des Dachdeckerhandwerks Westfalen
Westfalendamm 229, 44141 Dortmund
T: (0231) 43 39 18 **Fax:** 43 39 07
Vorsitzende(r): Clemens Burmann
Hauptgeschäftsführer(in): Assessor Franz Hörster
Geschäftsführer(in): Ass. jur. Norbert Breidenbach

• **G 270**

Verband des Deutschen Drechsler- und Holzspielzeugmacher-Handwerks e.V.
Fürther Freiheit 6, 90762 Fürth
T: (0911) 74 08 50 **Fax:** 7 40 85 15
E-Mail: khsfuerth@t-online.de
1. Vorsitzende(r): Günter Huhn (Hauptstr. 32, 98587 Steinbach-Hallenberg, T: (036847) 4 22 91, Telefax: (036847) 3 06 94)
Geschäftsführer(in): Karl-Heinz Tiefel
Verbandszeitschrift: Drechseln-Holz und Elfenbein
Mitglieder: 260

• **G 271**

Zentralverband der Deutschen Elektrohandwerke (ZVEH)
Haus der Deutschen Elektrohandwerke
Postf. 90 03 70, 60443 Frankfurt
Lilienthalallee 4, 60487 Frankfurt
T: (069) 24 77 47-0 **Fax:** 24 77 47-19
Internet: http://www.zveh.de
E-Mail: zveh@zveh.de
Internationaler Zusammenschluß: siehe unter izf 1887
Präsident(in): Dipl.-Ing. Karl Hagedorn
Hauptgeschäftsführer(in): Dipl.-Kfm. Heinz-Werner Schult
Mitglieder: 60000

Interessenvertretung der 3 Elektrohandwerke auf nationaler und internationaler Ebene durch die Behandlung aller wirtschafts-, berufs- und sozialpolitischen sowie technischen und rechtlichen Grundsatzfragen von überregionalem Interesse; Unterstützung und Koordinierung der Aktivitäten seiner Mitgliedsorganisationen.

Landesinnungsverbände

g 272

Fachverband Elektro- und Informationstechnik Baden-Württemberg
Voltastr. 12, 70376 Stuttgart
T: (0711) 95 59 06 66 **Fax:** 55 18 75
Internet: http://www.eh-bw.de
E-Mail: info@eh-bw.de
Hauptgeschäftsführer(in): Dipl.-Ing. (FH) Udo M. Ernst
Landesinnungsmeister: Jürgen Schwickert

g 273

Landesinnungsverband für das Bayerische Elektrohandwerk
Schillerstr. 38, 80336 München
T: (089) 55 18 09-0 **Fax:** 55 18 09-170
Internet: http://www.bayerisches.elektro-handwerk.de
E-Mail: info@bayerisches.elektro-handwerk.de
Vorsitzende(r): Gerhard Köhler
Geschäftsführer(in): Ass. Hans W. Baumgärtler

g 274

Fachverband Elektrotechnische Handwerke Berlin/Brandenburg
Sponholzstr. 47, 12159 Berlin
T: (030) 85 95 58-0 **Fax:** 85 95 58-88
Internet: http://www.eh-bb.de
E-Mail: mail@eh-bb.de
Vorsitzende(r): Manfred Schmeltz
Geschäftsführer(in): Dipl.-Volksw. Constantin Rehlinger

g 275

Norddeutscher Fachverband Elektrotechnik e.V. (NFE)
Eiffestr. 450, 20537 Hamburg
T: (040) 25 40 20-0 **Fax:** 25 40 20-15
Internet: http://www.nfe.de
E-Mail: nfe@nfe.de
1. Obermeister: Peter Reuter
Hauptgeschäftsführer(in): Dipl.-Volksw. Wilfried Röhrig

g 276

Innung für Radio- und Fernsehtechnik Hamburg
Holstenwall 12, 20355 Hamburg
T: (040) 35 74 46-0 **Fax:** 35 39 83
E-Mail: vig-hamburg@t-online.de
Obermeister: Eckhard Schöning
Geschäftsführer(in): Heinz Hoffmann

g 277

Fachverband elektro- und informationstechnische Handwerke Hessen (FEH)
Lilienthalallee 4, 60487 Frankfurt
T: (069) 79 40 04-0 **Fax:** 79 40 04-10
Internet: http://www.feh.de
E-Mail: info@feh.de
Landesinnungsmeister: Bernd Ehinger
Geschäftsführer(in): RA Reinhard Diescher

g 278

Landesinnungsverband der Elektrohandwerke Mecklenburg/Vorpommern
Lübecker Str. 24, 19053 Schwerin
T: (0385) 59 03 70 **Fax:** 5 90 37 77
Internet: http://www.eline.de/eh-mv
E-Mail: e-schnack@t-online.de
Landesinnungsmeister: Klaus-Dieter Pick
Geschäftsführer(in): Dipl.-Ing. Rudolf Teichert

g 279

Landesinnungsverband Niedersachsen/Bremen der Elektrohandwerke
Herrenstr. 10, 30159 Hannover
T: (0511) 1 31 87 64 **Fax:** 1 74 78
Internet: http://www.eh-niedersachsen-bremen.de
E-Mail: liv@eh-niedersachsen-bremen.de
Landesinnungsmeister: Alfred Harland
Geschäftsführer(in): Thomas von Wrangel

g 280

Fachverband Elektrotechnische Handwerke Nordrhein-Westfalen
Hannöversche Str. 22, 44143 Dortmund
T: (0231) 51 98 50 **Fax:** 5 19 85 44
Internet: http://www.feh-nrw.de
E-Mail: info@feh-nrw.de
Vorsitzende(r): Dipl.-Ing. Karl Hagedorn
Hauptgeschäftsführer(in): Dipl.-Volksw. Ralf Olsen

g 281

Landesinnungsverband Radio- und Fernsehtechnik NRW
Frankenwerft 35, 50667 Köln
T: (0221) 2 07 04-17 **Fax:** 2 07 04-43
Landesinnungsmeister: Gieselher Allexi
Geschäftsführer(in): Torsten Spengler

g 282

Innung des Radio- und Fernsehtechniker-Handwerks des Kammerbezirks Potsdam
Charlottenstr. 34-36, 14467 Potsdam
T: (0331) 29 24 15 **Fax:** 2 80 48 28
Obermeister: Heiner Kaminski

g 283

Landesinnungsverband der Elektrotechnischen Handwerke Rheinland-Pfalz
Robert-Koch-Str. 43, 55129 Mainz
T: (06131) 9 59 15-0 **Fax:** 9 59 15-10
E-Mail: info@liv-elektro.de
Vorsitzende(r): Dieter Witsch
Geschäftsführer(in): RA Thomas Klisa

g 284

Landesinnung Saarland der Elektrohandwerke
Postf. 10 02 43, 66002 Saarbrücken
Grülingsstr. 115, 66113 Saarbrücken
T: (0681) 9 48 61-0 **Fax:** 9 48 61-99
Landesinnungsmeister: Franz Birkelbach
Geschäftsführer(in): Ass. Karl-Heinz Scherschel

g 285

Landesinnungsverband Sachsen-Anhalt der Elektrohandwerke
Gustav-Ricker-Str. 62, 39120 Magdeburg
T: (0391) 62 69 67-0 **Fax:** 62 69 67-9
E-Mail: liv.elektro.sa@t-online.de
Landesinnungsmeister: Ulrich Ehrt
Geschäftsführer(in): Norbert Urban

g 286

Fachverband für Elektro- und Informationstechnik Sachsen
Scharfenberger Str. 66, 01139 Dresden
T: (0351) 8 50 64 00 **Fax:** 8 50 64 44
Internet: http://www.eh-sachsen.de
E-Mail: eh-sachsen@eline.de
Vorsitzende(r): Frank Herrmann
Geschäftsführer(in): Detlef Köhler

g 287

Radio- und Fernsehtechnikerinnung des Saarlandes
Grülingsstr. 115, 66113 Saarbrücken
T: (0681) 94 86 10 **Fax:** 9 48 61 99
Landesinnungsmeister: Lothar Bach
Geschäftsführer(in): Isabel Fabry

g 288

Landesinnungsverband der Elektrohandwerke Schleswig-Holstein
Kieler Str. 35a, 24768 Rendsburg
T: (04331) 5 66 60 **Fax:** 5 67 60
Internet: http://www.elektrohandwerke-sh.de
E-Mail: liv@elektrohandwerke-sh.de
Landesinnungsmeister: Ulrich Mietschke
Geschäftsführer(in): Dipl.-Kfm. Jens Kuenzel

g 289

Landesinnungsverband für die Elektrohandwerke in Thüringen
Am Reitplatz 17, 99102 Waltersleben
T: (0361) 2 25 06 10 **Fax:** 2 25 78 04
Internet: http://www.thueringen-direkt.de/elektrohandwerke
E-Mail: liv-elektro-th@t-online.de
Landesinnungsmeister: Ernst Sust
Geschäftsführer(in): Dipl.-Ing. Manfred Ansahl

Fördernde Mitglieder:

g 290

Fachverband Fernmeldebau e.V.
Kekulestr. 31, 53115 Bonn
T: (0228) 2 01 86-0 **Fax:** 2 01 86-70
Internet: http://www.fachverband-fernmeldebau.de
E-Mail: ffb@fachverband-fernmeldebau.de
Vorsitzende(r): Thomas Vohl
Geschäftsführer(in): RA Karl Schucht

g 291

Bundesverband Telekommunikation e.V. (VAF)
Otto-Hahn-Str. 16, 40721 Hilden
T: (02103) 7 00-250 **Fax:** 7 00-106
Internet: http://www.vaf-ev.de
1. Vorsitzende(r): Helmut Schmidt
Geschäftsführer(in): Wolfgang Weisbach

• G 292

Verband des Deutschen Faß- und Weinküfer-Handwerks e.V. (Bundesfachverband) (VFW)
Max-Joseph-Str. 4, 80333 München
T: (089) 54 88 19 02 **Fax:** 59 77 44
Vorsitzende(r): Karl Assmann (Frühlingstr. 3, 97776 Eußenheim, T: (09353) 71 94)
Geschäftsführer(in): Dr. Kurt Roeckl (Max-Joseph-Str. 4, 80333 München, T: (089) 59 10 07, Telefax: (089) 59 77 44)

Angeschlossene Landesfachverbände, Innungen

g 293

Landesinnungsverband Fass- und Weinküferhandwerk Baden-Württemberg
Bahnhofstr. 25, 74072 Heilbronn
T: (07131) 9 35 80 **Fax:** 93 58 88
Internet: http://www.handwerks.org
E-Mail: info@handwerks.org
Landesinnungsmeister: Jürgen Wörthmann (Hölderlinstr. 1, 74348 Lauffen)
Hauptgeschäftsführer: Dipl.-Verw. (FH) Bernd M. Mühleck

g 294

Landesinnung Bayern des Böttcher- (Schäffler-) und Weinküfer-Handwerks
Max-Joseph-Str. 4, 80333 München
T: (089) 54 88 19 02 **Fax:** 59 77 44
Vorsitzende(r): Obermeister Karl Assmann (Frühlingstr. 3, 97776 Eußenheim, T: (09353) 71 94)
Geschäftsführer(in): Dr. Kurt Roeckl (Max-Joseph-Str. 4, 80333 München, T: (089) 59 10 07)

g 295

Küfer-Innung der Pfalz
Weinstr. Süd 22, 67098 Bad Dürkheim
T: (06322) 18 44
Vorsitzende(r): Michael Gies (Küferobermeister, Weinstraße Süd 22, 67098 Bad Dürkheim, T: (06322) 18 44)
Geschäftsführer(in): Paul Utzinger (Konrad-Adenauer-Str. 40, 67433 Neustadt, T: (06321) 20 56)

g 296

Küfer-Innung Rheinhessen Kreishandwerkerschaft Worms
Siegfriedstr. 23, 67547 Worms
T: (06241) 65 98 **Fax:** 65 99
Obermeister: Heinz Bicking (Mölsheimer Str. 30, 67592 Flörsheim-Dalsheim, T: (06243) 72 95)
Geschäftsführer(in): Jürgen Aufleger

Kooperativ angeschlossen

g 297

Verband der Deutschen Faßverwertungsbetriebe e.V. VDF
Niederkasseler Str. 60, 40547 Düsseldorf
T: (0211) 55 61 66 **Fax:** 55 64 66
Vorsitzende(r): Günter Plath (Friedsam GmbH, Siemenstr. 9, 41542 Dormagen, T: (02133) 79 47-48, Telefax: (02133) 7 12 82)
Geschäftsführer(in): RA Kai Bellwinkel (Niederkasseler Str. 60, 40547 Düsseldorf)

g 299

Interessengemeinschaft Pfälzer Kellermeister e.V.
Dackenheimer Weg 26, 67273 Herxheim
T: (06353) 73 84
Vorsitzende(r): Dieter Bauer (Dackenheimer Weg 26, 67273 Herxheim, T: (06353) 73 84)

Einzelbetrieblich angeschlossen

g 300

Ländergruppe Nordwestdeutschland im VFW
Max-Joseph-Str. 4, 80333 München
T: (089) 59 10 07 **Fax:** 59 77 44
Vorsitzende(r): Ewald Schulz (Südstr. 2, 59227 Ahlen)
Geschäftsführer(in): Dr. Kurt Roeckl (Max-Joseph-Str. 4, 80333 München, T: (089) 59 10 07, Telefax: (089) 59 77 44)

• G 301

Deutscher Fleischer-Verband (DFV)
Kennedyallee 53, 60596 Frankfurt
T: (069) 63 30 20 **Fax:** 63 30 21 50
Internet: http://www.fleischerhandwerk.de
E-Mail: info@fleischerhandwerk.de
Gründung: 1875
Präsident(in): Albert Pröller (Herzog-Georg-Str. 23, 89415 Lauingen, T: (09072) 50 95)
Vizepräsident(in): Eugen Nagel, Ludwigsburg
Karl-Heinz Jannsen, Meldorf
Hauptgeschäftsführer(in): RA Ingolf Jakobi
Leitung Presseabteilung: Kurt-P. Steinbach
Verbandszeitschrift: allgemeine fleischer zeitung
Redaktion: afz
Verlag: Deutscher Fachverlag, Mainzer Landstr. 251, 60326 Frankfurt

Mitglieder:

g 302

Landesinnungsverband Baden-Württemberg des Fleischerhandwerks

Viehhofstr. 5-7, 70188 Stuttgart
T: (0711) 46 72 74 **Fax:** 48 74 35
Geschäftsführer(in): Dipl.-Kfm. Hans-Peter de Longueville
Landesinnungsmeister: Eugen Nagel (Häusinger Weg 14, 71640 Ludwigsburg)

g 303

Fleischerverband Bayern Landesinnungsverband für das bayerische Fleischerhandwerk

Proviantbachstr. 7, 86153 Augsburg
T: (0821) 5 68 61-0 **Fax:** 5 68 61-40
Internet: http://www.fleischerschule.de
E-Mail: fleischerverband.bayern@t-online.de
Geschäftsführer(in): Ass. Josef Fendt
Landesinnungsmeister: Günter Dickhaut (Am Harras 14, 81373 München)
Leitung Presseabteilung: Hans-Peter Meier
Verbandszeitschrift: Der Metzgermeister
Verlag: Richard Pflaum-Verlag GmbH & Co. KG, Postf. 19 07 37, 80607 München
Mitglieder: ca. 3100
Mitarbeiter: Verband: 10, Fleischerschule: 15
Jahresetat: DM 2,6 Mio, € 1,33 Mio

g 304

Fleischerverband Berlin-Brandenburg

Beusselstr. 44n-q, 10553 Berlin
T: (030) 3 96 40 81 **Fax:** 3 96 88 48
Geschäftsführer(in): Alexander Kraus
Landesinnungsmeister: Uwe Bünger (Müllerstr. 156 a, 13353 Berlin)

g 305

Landesinnung Hamburg im DFV

Marktstr. 57/-1, 20357 Hamburg
T: (040) 4 32 20 42 + 3 **Fax:** 43 74 14
Geschäftsführer(in): Stefan Zahn
Landesinnungsmeister: Kurt Torner (Pinneberger Chaussee 104, 22523 Hamburg)

g 306

Fleischerverband Landesinnungsverband Hessen

Heusenstammer Str. 27, 63179 Obertshausen
T: (06104) 47 71 **Fax:** 4 93 86
Geschäftsführer(in): Martin Fuchs
Landesinnungsmeister: Norbert Kromm (Bahnhofstr. 19, 61206 Wöllstadt)

g 307

Landesinnungsverband des Fleischerhandwerks Mecklenburg-Vorpommern

- Kreishandwerkerschaft
Postf. 1 03 55, 19003 Schwerin
Friedensstr. 4a, 19053 Schwerin
T: (0385) 7 61 80-0 **Fax:** 7 61 80-36
Geschäftsführer(in): Karl Freitag
Landesinnungsmeister: Fritz Lange (Wittenburger Str. 53, 19053 Schwerin)

g 308

FNB

Fleischerverband Niedersachsen-Bremen (FNB)

Seligmannallee 3, 30173 Hannover
T: (0511) 85 60 47-50 **Fax:** 85 60 47-40
E-Mail: FNB-FSA@t-online.de
Geschäftsführer(in): Dipl.-Kfm. Hans Joachim Preuß
Landesinnungsmeister: Leo Moll (Dahlienweg 12, 30926 Seelze-Letter)

g 309

Fleischerinnungsverband Nordrhein-Westfalen

Rosenstr. 20, 40479 Düsseldorf
T: (0211) 4 98 59 86 **Fax:** 4 98 59 91
Geschäftsführer(in): RA Dirk Haerten
Landesinnungsmeister: Manfred Rycken (Am Schorn 34, 40472 Düsseldorf)

g 310

Pfälzischer Fleischerverband Landesinnungsverband für das Fleischerhandwerk

Ludwigsplatz 10, 67059 Ludwigshafen
T: (0621) 5 91 14-0 **Fax:** 5 91 14-44
Geschäftsführer(in): Rainer Lunk
Landesinnungsmeister: Heinz Werner Süß (Laumersheimer Str. 4, 67256 Weisenheim/Sand)

g 311

Fleischerverband Rheinland-Rheinhessen

Hoevelstr. 19, 56073 Koblenz
T: (0261) 4 06 30-70 **Fax:** 4 74 14
Geschäftsführer(in): Alexander Zeitler
Landesinnungsmeister: Günter Schütz (Marktstr. 24, 56130 Bad Ems)

g 312

Fleischerinnung des Saarlandes

Geschäftsstelle:
Fleischer Einkauf Saar eG
Wellesweilerstr. 83, 66538 Neunkirchen
T: (06821) 24 03-50 **Fax:** 24 03-90
Geschäftsführer(in): Wilfried Müller
Landesinnungsmeister: Alfons Kratz (Zum Tiefengrund 7, 66663 Merzig)

g 313

Sächsischer Fleischerinnungsverband

Schlachthofring 24, 01067 Dresden
T: (0351) 43 80 03 00 **Fax:** 43 80 03 09
Geschäftsführer(in): Gottfried Wagner
Landesinnungsmeister: Werner Thiele (Zietenstr. 71, 09130 Chemnitz)

g 314

FSA

Fleischerverband Sachsen-Anhalt (FSA)

Sitz: Halle/Saale
Geschäftsstelle:
Seligmannallee 3, 30173 Hannover
T: (0511) 85 60 47-50 **Fax:** 85 60 47-40
E-Mail: fnb-fsa@t-online.de
Landesinnungsmeister: Hans-Erich Schulze (Babener Str. 8, 39596 Goldbeck)
Geschäftsführer(in): Dipl.-Kfm. Hans Joachim Preuß

g 315

Fleischerverband Schleswig-Holstein

Graf-von-Stauffenberg-Str. 6, 24768 Rendsburg
T: (04331) 2 26 06 **Fax:** 2 55 04
Geschäftsführer(in): Klaus Paulsen
Landesinnungsmeister: Karl-Heinz Jannsen (An der Miele 1, 25704 Meldorf)

g 316

Landesinnungsverband des Fleischerhandwerks Thüringen e.V. Sitz Gotha

c/o Fleischergenossenschaft Weimar eG, Sitz Nohra
Am Troistedter Weg, 99428 Nohra
T: (03643) 54 17 27 **Fax:** 54 17 29
Geschäftsführer(in): Dr. Annett Mannheims
Landesinnungsmeister: Rolf-Rainer Koch (Hauptstr. 12, 99894 Friedrichsroda)

• G 317

Bundesinnung für das Flexografen-Handwerk

Postf. 18 69, 65008 Wiesbaden
Biebricher Allee 79, 65187 Wiesbaden
T: (0611) 80 31 15 **Fax:** 80 31 13
Gründung: 1968
Vorsitzende(r): Frank Werner (c/o Stempelspirale, Ludwig-Uhland-Str. 2, 35440 Linden, T: (06403) 57 77, Fax: (06403) 9 25 58 38)
Geschäftsführer(in): Dipl.-Ing. Hartmut Flothmann
Mitglieder: 170

• G 318

Zentralverband des Deutschen Friseurhandwerks

Postf. 13 02 04, 50496 Köln
Weißenburgstr. 74, 50670 Köln
T: (0221) 97 30 37-0 **Fax:** 97 30 37-30
Internet: http://www.friseurhandwerk.de
E-Mail: info@friseurhandwerk.de
Internationaler Zusammenschluß: siehe unter izg 5
Präsident(in): Alfred Preußner (Postf. 20 70, 58263 Gevelsberg, T: (02332) 8 28 31)
Vizepräsident(in): Egon Splinter (Kieler Str. 53, 24340 Eckernförde, T: (04351) 26 49)
Andreas Popp (Hauptstr. 19, 90547 Stein, T: (0911) 67 37 60, Fax: 6 88 79 16)
Hauptgeschäftsführer(in): Dipl.-Volksw. Bernd Müller (Weißenburgstr. 74, 50670 Köln, T: (0221) 97 30 37-0)
Geschäftsführer(in): Betriebsw. Rainer Röhr
Mitglieder: 31978 (mittelbar)
Friseurbetriebe in der Bundesrepublik
Stichtag: 31.12.1998: 54835

g 319

Landesinnungsverband Friseurhandwerk Baden-Württemberg

Gerberstr. 26, 70178 Stuttgart
T: (0711) 60 77 00 **Fax:** 6 07 70 11
Internet: http://www.liv-friseure.de
Landesinnungsmeister: Dieter Küpferle (Bulacher Str. 27 d, 76275 Ettlingen)
Geschäftsführer(in): Hasso Kraus

g 320

Landesinnungsverband des Bayerischen Friseurhandwerks

Pettenkoferstr. 7, 80336 München
T: (089) 5 50 29-302 **Fax:** 5 50 29-343
Landesinnungsmeister: Andreas Popp (Hauptstr. 19, 90547 Stein, T: (0911) 67 37 60, Telefax: (0911) 6 88 79 16)
Geschäftsführer(in): Dipl.-Volksw. Hermann von Schaubert

g 321

Friseur-Innung Berlin

Konstanzer Str. 25, 10709 Berlin
T: (030) 8 64 70 20 **Fax:** 8 61 20 19
Obermeister: Hans Buschmann
Geschäftsführer(in): Detlef Dittrich

g 322

Landesinnungsverband Friseure Brandenburg

Dortustr. 54, 14467 Potsdam
T: (0331) 24 23 23 **Fax:** 24 23 23
Landesinnungsmeister: Dieter Kerk (Eigene Scholle 25, 03044 Cottbus, T: (0355) 2 55 59)
Geschäftsführer(in): N. N.

g 323

Landesinnungsverband für das Friseurhandwerk Bremen

Rembertistr. 29, 28203 Bremen
T: (0421) 32 53 24 **Fax:** 32 76 28
Landesinnungsmeister: Brigitte Seekamp (Borgfelder Heerstr. 13, 28357 Bremen, T: (0421) 27 47 10)
Geschäftsführer(in): Karin Haake

g 324

Friseur-Innung Hamburg

Holstenwall 12, 20355 Hamburg
T: (040) 34 63 93 **Fax:** 35 90 52 08
Landesinnungsmeister: Peter Krauss
Geschäftsführer(in): Karen Konopka

g 325

Landesinnungsverband Hessen des Friseurhandwerks

Nürnberger Str. 19, 63450 Hanau
T: (06181) 92 30 60 **Fax:** 9 23 06 30
Geschäftsführer(in): Ingo Scheide

g 326

Landesinnungsverband des Friseurhandwerks und der Kosmetiker Mecklenburg-Vorpommern

Lindenstr. 1, 19288 Ludwigslust

T: (03884) 4 73 11/12 **Fax:** 4 73 13
Landesinnungsmeister: Gerd Förster (Rudolf-Breitscheidstr. 28, 19306 Neustadt-Glewe, T: (038757) 2 25 66)
Geschäftsführer(in): Klaus-Dieter Ballin

g 327
Landesinnungsverband des niedersächsischen Friseurhandwerks
Ricklinger Stadtweg 92, 30459 Hannover
T: (0511) 42 72 31 **Fax:** 42 25 73
Landesinnungsmeister: Karl-Otto Schöne (Bremer Tor 5, 49377 Vechta, T: (04441) 25 39)
Geschäftsführer(in): Dipl.-Betriebsw. Wolfgang Tödt

g 328
Innungsverband für das Nordrheinische Friseurhandwerk
Postf. 27 05 23, 50511 Köln
Richard-Wagner-Str. 32-34, 50674 Köln
T: (0221) 25 27 39 **Fax:** 25 11 16
Vorsitzende(r): Heinz Fraune (Prinzess-Luise-Str. 36, 45479 Mülheim, T: (0208) 42 09 31)
Geschäftsführer(in): Wilfried Petri

g 329
Fachverband des Pfälzischen Friseurhandwerks
Postf. 27 30, 67615 Kaiserslautern
T: (0631) 3 71 22-31 **Fax:** 3 71 22 50
Vorsitzende(r): Friedrich Buchmann (Hauptstr. 29, 67714 Waldfischbach, T: (06333) 16 71)
Geschäftsführer(in): Joachim Allmendinger

g 330
Friseur-Innung des Saarlandes
Postf. 10 02 43, 66002 Saarbrücken
Grülingsstr. 115, 66113 Saarbrücken
T: (0681) 9 48 61-0 **Fax:** 9 48 61-99
Landesinnungsmeister: Karl-Heinz Staudt (Trierer Str. 3, 66839 Schmelz, T: (06887) 9 20 12)
Geschäftsführung: Arbeitgeberverband des Saarländischen Handwerks

g 331
Landesinnungsverband Friseurhandwerk Sachsen
Waldenburger Str. 23, 09116 Chemnitz
Landesinnungsmeister: Andreas Hofmann
Geschäftsführer(in): N. N.

g 332
Landesinnungsverband Friseurhandwerk Sachsen-Anhalt
Gustav-Ricker-Str. 62, 39120 Magdeburg
T: (0391) 6 26 98 10-11
Landesinnungsmeister: Karl-Heinz Gottschling (Hohenwarther Str. 16a, 39126 Magdeburg, T: (0391) 50 33 01)
Geschäftsführer(in): N. N.

g 333
Landesinnungsverband des Friseurhandwerks Schleswig-Holstein
Thormannplatz 8-10, 24768 Rendsburg
Landesinnungsmeister: Egon Splinter (Kieler Str. 53, 24340 Eckernförde, T: (04351) 26 49)
Geschäftsführer(in): Uwe Knoop

g 334
Landesinnungsverband des Friseurhandwerks Thüringen
c/o KHW Hildburghausen
Marienstr. 12, 98646 Hildburghausen
T: (03685) 70 67 46 **Fax:** 70 95 68
Landesinnungsmeister: Andreas Brückner (Alter Graben 1, 98673 Eisfeld, T: (03686) 32 23 90)
Geschäftsführer(in): Peter Kummer

g 335
Innungsverband des Friseurhandwerks Westfalen-Lippe
Deggingstr. 16, 44141 Dortmund
T: (0231) 52 76 15 **Fax:** 57 51 75
Vorsitzende(r): Alfred Preußner (Postf. 20 70, 58263 Gevelsberg, T: (02332) 8 28 31)
Geschäftsführer(in): Heinz Konrad

• G 336

Bundesinnungsverband des Gebäudereiniger-Handwerks (BIV)
Dottendorfer Str. 86, 53129 Bonn
T: (0228) 9 17 75-0 **Fax:** 9 17 75-11
Internet: http://www.gebaeudereiniger.de
E-Mail: biv@gebaeudereiniger.de
Internationaler Zusammenschluß: siehe unter izf 764
Bundesinnungsmeister: Dieter Kuhnert
Geschäftsführer(in): RA Johannes Bungart
Mitglieder: 2600 Betriebe
Handwerkspolitik und -recht, Arbeitsmarktpolitik, Sozialversicherungsfragen, Berufsbildung, Wettbewerbsfragen, Öffentlichkeitsarbeit.

Landesverbände

g 337
Landesinnung Baden-Württemberg
Businesspark
Zettachring 6, 70567 Stuttgart
T: (0711) 7 28 56 16 **Fax:** 7 28 56 36
Landesinnungsmeister: Helmut Haase
Geschäftsführer(in): Wolfram Schlegel

g 338
Landesinnungsverband Bayern
Max-Joseph-Str. 4, 80333 München
T: (089) 59 10 07 **Fax:** 59 77 44
Landesinnungsmeister: Franz Reitmeir
Geschäftsführer(in): Dr. Kurt Roeckl

g 339
Innung Berlin
Paul-Robeson-Str. 37, 10439 Berlin
T: (030) 4 64 41 71 **Fax:** 4 44 84 43
Obermeister: Harry Schlieter
Geschäftsführer(in): Erika Schönenberg

g 340
Innung Brandenburg-Ost
Kreishandwerkerschaft Eberswalde-Finow
Freienwalder Str. 44-45, 16225 Eberswalde
T: (03334) 25 69 14 **Fax:** 25 69 16
Obermeister: Iris Helbeck
Geschäftsführer(in): Rehfeldt

g 341
Landesinnung Bremen und Nord-West-Niedersachsen
Ansgaritorstr. 24, 28195 Bremen
T: (0421) 3 05 00-34 **Fax:** 30 27 62
Landesinnungsmeisterin: Ellinore Piepenbrock-Führer
Geschäftsführer(in): Günter Dahlbeck

g 342
Gebäudereiniger-Innung Chemnitz/Dresden im Freistaat Sachsen
Bertolt-Brecht-Allee 24, 01309 Dresden
T: (0351) 3 16 05 63 **Fax:** 3 16 05 64
Obermeister: Roland Böhm
Geschäftsführer(in): Hans-Joachim Fust

g 343
Landesinnung Hamburg
Postf. 30 34 66, 20311 Hamburg
Bei Schuldts Stift 3, 20355 Hamburg
T: (040) 35 29 54 **Fax:** 35 23 97
Obermeister: Josef Katzer
Geschäftsführer(in): Dipl.-Kfm. Volker Okun

g 344
Landesinnung Hessen
Heinz-Herbert-Karry-Str. 4, 60389 Frankfurt
T: (069) 47 77 00 **Fax:** 47 61 00
Obermeister: Manfred Schmidt
Geschäftsführer(in): Ass. Detlef Stange

g 345
Landesinnung Mecklenburg-Vorpommern
Goethestr. 76, 19053 Schwerin
T: (0385) 56 58 00 **Fax:** 56 58 20
Obermeister: Werner Godescheit
Geschäftsführer(in): Hubert Jäger

g 346
Landesinnungsverband Niedersachsen
Berliner Allee 46, 30175 Hannover
T: (0511) 32 42 52 **Fax:** 3 63 25 45
Landesinnungsmeister: Günter Brüggemann
Geschäftsführer(in): Katharina Killait

g 347
Landesinnungsverband Nordrhein-Westfalen
Frankenwerft 35, 50667 Köln
T: (0221) 25 10 64 **Fax:** 2 58 21 14
Landesinnungsmeister: Manfred Linden
Geschäftsführer(in): RA Bernhard Nordhausen

g 348
Gebäudereiniger-Innung für das Saarland
Geschäftsstelle: Arbeitgeberverband des Saarländischen Handwerks e.V.
Postf. 10 02 43, 66002 Saarbrücken
Grülingsstr. 115, 66113 Saarbrücken
T: (0681) 9 48 61-24 **Fax:** 9 48 61-99
Obermeister: Martin Schneider
Geschäftsführer(in): Isabel Fabry

g 349
Innung Sachsen-Anhalt/Ost -Süd Kreishandwerkerschaft Halle-Saalkreis
Pfännerhöhe 65, 06110 Halle
T: (0345) 1 20 20 43 **Fax:** 1 20 20 47
Obermeister: Bernd Kannewurf
Geschäftsführer(in): Ingeborg Böhme

g 350
Landesinnung Schleswig-Holstein
Fleethörn 25, 24103 Kiel
T: (0431) 9 81 89-0 **Fax:** 9 38 77
Landesinnungsmeister: Dieter Kuhnert
Geschäftsführer(in): Dipl.-Betriebsw. Horst Albert

g 351
Landesinnung Thüringen
c/o OM Hans-Jürgen Lenk
Schmöllnsche Str. 7, 04600 Altenburg
T: (03447) 26 02 **Fax:** 25 70
Landesinnungsmeister: Hans-Jürgen Lenk

• G 352

Bundesverband Gerüstbau
Postf. 95 01 20, 51086 Köln
Rösrather Str. 645, 51107 Köln
T: (0221) 87 06 00 **Fax:** 86 44 49
Gründung: 1948
Präsident(in): Dipl.-Kfm. Klaus Nachbauer, Ludwigshafen
Vizepräsident(in): Dipl.-Kfm. Herbert Bühler, Stuttgart
Dipl.-Ing. Andreas Stüben, Wuppertal
Geschäftsführer(in): Ass. jur. Lothar Bünder
Mitgliedsbetriebe: 850
Zweck des Verbandes ist die Förderung der technischen, wirtschaftlichen und sozialen Belange seiner Mitglieder. Zur Wahrnehmung der sozialpolitischen und arbeitsrechtlichen Interessen seiner Mitglieder ist der Verband berechtigt, mit den Gewerkschaften Verhandlungen zu führen und Tarifverträge abzuschließen. Der Verband vertritt die Interessen seiner Mitglieder gegenüber Behörden, Organisationen und in der Öffentlichkeit.

g 353
Die Bevollmächtigte des BV Gerüstbau für das Land Baden-Württemberg
Lorenzstr. 3b, 76297 Stutensee
T: (07244) 95 90
Bevollmächtigte(r): Marina Kammerer-Röckl

g 354
Der Bevollmächtigte des BV Gerüstbau für das Land Bayern (nördl. Bereich)
Rothenburger Str. 453, 90431 Nürnberg
T: (0911) 61 28 94
Bevollmächtigte(r): Paul Vogel

g 355
Der Bevollmächtigte des BV Gerüstbau für das Land Berlin
Schubertstr. 32, 12623 Berlin
T: (03342) 30 12 33
Bevollmächtigte(r): Siegfried Rechlin

g 356
Der Bevollmächtigte des BV Gerüstbau für das Land Brandenburg
Am Elisabethhof 27, 14772 Brandenburg
T: (03381) 71 85 00
Bevollmächtigte(r): Manfred Beyer

g 357
Der Bevollmächtigte des BV Gerüstbau für das Land Bremen
Hemmstr. 499, 28357 Bremen
T: (0421) 3 78 89 20
Bevollmächtigte(r): Marc Punke

g 358
Der Bevollmächtigte des BV Gerüstbau für das Land Hamburg
Siemensstr. 57, 25462 Rellingen
T: (04101) 38 14 19
Bevollmächtigte(r): Dipl.-Ing. Hans-Günther Rechlin

g 359
Der Bevollmächtigte des BV Gerüstbau für das Land Hessen
Siemensstr. 8, 63165 Mühlheim
T: (06108) 70 02 34
Bevollmächtigte(r): Rainer Pust

g 360
Der Bevollmächtigte des BV Gerüstbau für das Land Mecklenburg-Vorpommern
Mühlenberg 3, 17235 Neustrelitz
T: (03981) 44 77 12
Bevollmächtigte(r): Bernd Werdermann

g 361
Der Bevollmächtigte des BV Gerüstbau für das Land Niedersachsen
Manteuffelstr. 6, 30163 Hannover
T: (0511) 62 37 99
Bevollmächtigte(r): Erich Siebert

g 362
Der Bevollmächtigte des BV Gerüstbau für das Land Nordrhein-Westfalen
Breloher Steig 5, 45279 Essen
T: (0201) 26 00 26
Bevollmächtigte(r): Andreas Pelmer

g 363
Der Bevollmächtigte des BV Gerüstbau für das Land Rheinland-Pfalz u. Saargebiet
Industriestr. 64, 67063 Ludwigshafen
T: (0621) 69 09 60
Bevollmächtigte(r): Dipl.-Kfm. Klaus Nachbauer

g 364
Der Bevollmächtigte des BV Gerüstbau für das Land Sachsen
Dresdener Str. 51, 02625 Bautzen
T: (03591) 37 08 20
Bevollmächtigte(r): Dipl.-Ing. Bernd Reiser

g 365
Die Bevollmächtigte des BV Gerüstbau für das Land Sachsen-Anhalt
Heyrothsberger Str. 1, 39175 Biederitz
T: (039292) 24 96
Bevollmächtigte(r): Dipl.-Ing. Kerstin Unger

g 366
Die Bevollmächtigte des BV Gerüstbau für das Land Schleswig-Holstein
Schützenwall 41, 24114 Kiel
T: (0431) 67 52 99
Bevollmächtigte(r): Giesela Hagemann

g 367
Der Bevollmächtigte des BV Gerüstbau für das Land Thüringen
Heinrich-Credner-Str. 3, 99087 Erfurt
T: (0361) 7 40 76 10
Bevollmächtigte(r): Josef Grund

• G 368
Bundesinnungsverband des Glaserhandwerks
An der Glasfachschule 6, 65589 Hadamar
T: (06433) 91 33-0 **Fax:** 57 02
Internet: http://www.glaserhandwerk.de
E-Mail: biv@glaserhandwerk.de
Gründung: 1881
Vorsitzende(r): Bundesinnungsmeister Martin Nagel (Krusenkamp 32, 45964 Gladbeck, T: (02043) 6 24 37, Fax: (02043) 6 63 61)
Hauptgeschäftsführer(in): Dipl.-Ing. Stefan Kieckhöfel (An der Glasfachschule 6, 65589 Hadamar, T: (06433) 91 33-0, Telefax: (06433) 57 02)
Verbandszeitschrift: GLAS + RAHMEN
Verlag: Verlagsanstalt Handwerk GmbH, Postf. 10 51 62, 40042 Düsseldorf
Mitglieder: ca. 4800 Betriebe
Mitarbeiter: 8

g 369
Institut des Glaserhandwerks für Verglasungstechnik u. Fensterbau
An der Glasfachschule 6, 65589 Hadamar
T: (06433) 91 33-15 **Fax:** 57 02
Internet: http://www.glaserhandwerk.de
E-Mail: institut@glaserhandwerk.de

Landesinnungsverbände

Baden-Württemberg

g 370
Landesinnungsverband des Glaserhandwerks Fachverband Fensterbau Baden-Württemberg
Otto-Wels-Str. 11, 76189 Karlsruhe
T: (0721) 9 86 57-41 **Fax:** 9 86 57-43
Wunnensteinstr. 47-49, 70186 Stuttgart, T: (0711) 46 40 19, 46 40 10, Telefax: (0711) 46 10 55
Vorsitzende(r): Dipl.-Ing. Karl Kress jr.
Stellvertretende(r) Vorsitzende(r): Rolf Meinzer
Geschäftsführer(in): Dr. Siegfried Melcher
Helmut Bernhard

Bayern

g 371
Landesinnungsverband des Bayerischen Glaserhandwerks
Max-Joseph-Str. 4, 80333 München
T: (089) 59 10 07 **Fax:** 59 77 44
Vorsitzende(r): Erhard Hauke
Geschäftsführer(in): Dr. Kurt Roeckl

Berlin

g 372
Glaser-Innung Berlin
Alte Jakobstr. 124, 10969 Berlin
T: (030) 2 51 02 26/27 **Fax:** 2 51 31 57
Obermeister: Peter-Jörg Krause

Ausbildungszentrum für das Glaserhandwerk
"Rudi Sturm-Schule"
Alte Jakobstr. 124-128, 10969 Berlin
T: (030) 2 51 02 28

Brandenburg

g 373
Landesinnungsverband des Glaserhandwerks Brandenburg
Chausseestr. 50, 03222 Lübbenau
T: (03542) 27 32 **Fax:** 4 62 32
Landesinnungsmeister: Wolfgang Baatz

Bremen

g 374
Glaserinnung Bremen
Woltmershauser Str. 238-240, 28197 Bremen
T: (0421) 54 18 39 **Fax:** 54 18 34
Obermeister: Karl-Heinz Oelze

Hamburg

g 375
Landesinnung des Glaserhandwerks Hamburg
Albert-Schweitzer-Ring 10, 22045 Hamburg
T: (040) 66 97 93 33 **Fax:** 66 97 93 35
Obermeister: Udo Bammann
Geschäftsführer(in): Hendrik Detlefsen

Hessen

g 376
Landesinnungsverband des Glaserhandwerks Hessen
Martin-Luther-King-Str. 1, 63452 Hanau
T: (06181) 8 09 10 **Fax:** 80 91 33
Landesinnungsmeister: Gerhard Repp

Mecklenburg-Vorpommern

g 377
Landesinnungsverband des Glaserhandwerks Mecklenburg-Vorpommern
Geschäftsstelle Kreishandwerkerschaft
Wilhelm-Külz-Platz 5, 18055 Rostock
T: (0381) 25 20 05-0 **Fax:** 25 20 05-20
Landesinnungsmeister: Klaus-Dieter Specht

Niedersachsen

g 378
Landesinnungsverband des Niedersächsischen Glaserhandwerks
Spielhagenstr. 12, 30171 Hannover
T: (0511) 85 87 46 **Fax:** 85 34 21
Landesinnungsmeister: Klaus Szwillus
Geschäftsführer(in): Christian Alig

Nordrhein-Westfalen

g 379
Glaser-Innungsverband Nordrhein-Westfalen
Kleine Heeg 10A, 53359 Rheinbach
T: (02226) 57 75 **Fax:** 1 39 60
Landesinnungsmeister: Martin Nagel
Geschäftsführer(in): Jan Lux

Rheinland-Pfalz

g 380
Landesinnungsverband des Glaserhandwerks Rheinland-Pfalz
Martin-Luther-Str. 46, 76829 Landau
T: (06341) 92 78-70 **Fax:** 92 78-99
Landesinnungsmeister: Fritz Weber (Stahlstr. 30-32, 67655 Kaiserslautern)
Geschäftsführer(in): Dipl.-Volksw. Norbert Behrendt

Saarland

g 381
Glaserinnung für das Saarland
Postf. 10 02 43, 66002 Saarbrücken
Grülingsstr. 115, 66113 Saarbrücken
T: (0681) 9 48 61-0, -22 **Fax:** 9 48 61-99
Landesinnungsmeister: Ludwig Repp
Geschäftsführer(in): Karl Heinz Scherschel
Verbandszeitschrift: Der Saar-Handwerker
Herausgeber: Arbeitgeberverband des Saarländischen Handwerks

Sachsen

g 382

Landesinnungsverband des Glaserhandwerks Sachsen
Bitterfelder Str. 7-9, 04129 Leipzig
T: (0341) 9 04 86-0 **Fax:** 9 04 86-20
Landesinnungsmeister: Kurt Meyer

Sachsen-Anhalt

g 383

Landesinnungsverband des Glaserhandwerks Sachsen-Anhalt
Böllberger Weg 174, 06128 Halle
T: (0345) 48 24 70 **Fax:** 4 82 47 15
Landesinnungsmeister: Michael Gipser

Schleswig-Holstein

g 384

Landesinnungsverband des Glaserhandwerks Schleswig-Holstein
Wasbeker Str. 351, 24537 Neumünster
T: (04321) 60 88-0 **Fax:** 60 88-33
Landesinnungsmeister: Manfred Kroll
Geschäftsführer(in): Thomas Kafvelström

Thüringen

g 385

Landesinnungsverband des Glaserhandwerks Thüringen
Geschäftsstelle Kreishandwerkerschaft Erfurt
Fischmarkt 13, 99084 Erfurt
T: (0361) 5 62 45 91 **Fax:** 5 62 45 94
Landesinnungsmeister: Bernd Götzrath
Geschäftsführer(in): Bernd Reichardt

• G 386

Bundesverband Autoglas e.V.
Eichenweg 1, 65589 Hadamar
T: (06433) 94 36 53 **Fax:** 94 36 54
Internet: http://www.bundesverband-autoglas.de
E-Mail: info@bundesverband-autoglas.de
Gründung: 1997 (8. Februar)
Präsident(in): Willi Schreiber
Vizepräsident(in): Günter Strauf
Geschäftsführer(in): Ernst Brinkmann
Verbandszeitschrift: Autoglaser-Info-Newsletter
Redaktion: Ernst Brinkmann
Verlag: Bundesverband Autoglas e.V.

• G 387

Bundesinnungsverband der Galvaniseure, Graveure und Metallbildner
Elisenstr. 5, 42651 Solingen
T: (0212) 20 80 10 **Fax:** 20 45 60
Internet: http://www.biv.org
E-Mail: mail@biv.org
Gründung: 1947 (17./18. Mai)
Internationaler Zusammenschluß: siehe unter izg 75
Vorsitzende(r): Klaus Gottfried (Spielbruch 8, 42659 Solingen, T: (0212) 4 44 82, Telefax: (0212) 4 70 02)
Geschäftsführer(in): Dipl.-Betriebsw. Christoph Matheis
Verbandszeitschrift: BIV journal - Informationen aus dem Bundesinnungsverband
Mitglieder: 36 Innungen mit 1000 Betrieben
Mitarbeiter: 6

• G 388

Verband Deutscher Glockengießereien im Gesamtverband Deutscher Metallgießereien (G.D.M.) e.V.
Postf. 10 54 63, 40045 Düsseldorf
Am Bonneshof 5, 40474 Düsseldorf
T: (0211) 47 96-0 **Fax:** 47 96-409, 416
Vorsitzende(r): Fritz-Georg Rincker (Lauchhammer GmbH & Co. KG, Freifrau-von-Löwendahl-Strasse, 01979 Lauchhammer-Ost, T: (03574) 88 51-0, Fax: (03574) 88 51-20)
Geschäftsführer(in): RA Gerhard Klugge

• G 389

Bundesinnung der Hörgeräteakustiker
Körperschaft des öffentlichen Rechts
Postf. 16 20, 55006 Mainz
Erthalstr. 1, 55118 Mainz
T: (06131) 9 65 60-0 **Fax:** 9 65 60-40
Internet: http://www.biha-mainz.de
E-Mail: info@biha-mainz.de
Gründung: 1966 (15. März)
Vorsitzende(r): Marianne Frickel
Geschäftsführer(in): RA L. Russy (Ltg. Presseabteilung)
Verbandszeitschrift: Hörakustik
Redaktion: Kurt Osterwald, Heidelberg
Verlag: Median-Verlag, Hauptstr. 64, 69117 Heidelberg
Mitglieder: 1100
Mitarbeiter: 10
Innung und Zentralfachverband des Hörgeräteakustiker-Handwerks.

• G 390

Fachverband Deutscher Hörgeräte-Akustiker e.V. (FDH)
Kokenhorststr. 3-5, 30938 Burgwedel
T: (05139) 89 50 07 **Fax:** 89 50 29
Vorstand und Geschäftsführer: M. Kind, Großburgwedel
F. J. Krane, Rheda-Wiedenbrück
D. Müller-Leonhardt, Bottrop
R. Schmidt, Kempten
Mitglieder: 200

• G 391

Union der Hörgeräte-Akustiker e.V. (UHA)
Postf. 40 06, 55030 Mainz
Neubrunnenstr. 3, 55116 Mainz
T: (06131) 28 30-0 **Fax:** 28 30-30
Internet: http://www.uha.de
E-Mail: uhamainz@t-online.de
1. Vorsitzende(r): Dr. Bernd Hähle (Berliner Str. 97, 03046 Cottbus, T: (0355) 79 79 88, Fax: (0355) 79 28 74, e-mail: Dr.Bernd_Hähle@t-online.de)
Geschäftsführer(in): Sigrid Weissgerber
Mitglieder: 800

• G 392

Zentralverband der Deutschen Goldschmiede, Silberschmiede und Juweliere e.V.
Postf. 15 60, 92281 Königstein
Altkönigstr. 9, 61462 Königstein
T: (06174) 2 34 62 **Fax:** 2 25 87
Präsident(in): Hans Klinkhammer
Geschäftsführung: Irene Wanhoff
Verbandszeitschrift: Der Ring
Redaktion: Hubertus Kost, Münster

Landesinnungen

Bayern

g 393

Landesinnungsverband Bayern für das Gold- und Silberschmiedehandwerk
Stadtgraben 16, 92339 Beilngries
T: (08461) 3 07
Landesinnungsmeister: Hans Bock

Berlin

g 394

Gold- und Silberschmiede-Innung Berlin
Alboinstr. 36, 12103 Berlin
T: (030) 75 48 90-24 **Fax:** 75 48 90-25
Obermeister: Uwe Grebe (Kurfürstendamm 210, 10719 Berlin, T: (030) 8 83 19 80)

Brandenburg

g 395

Landesinnung Brandenburg der Gold- und Silberschmiede
Freienwalder Str. 44-45, 16225 Eberswalde
T: (03334) 2 22 14 **Fax:** 2 22 14
Obermeister: Hans-Ulrich Jagemann (Brandenburger Einkaufszentrum, An der B 1, 14778 Wust, T: (03381) 20 14 40)

Hamburg

g 396

Landesinnung der Gold- und Silberschmiede Hamburg
Holstenwall 12, 20355 Hamburg
T: (040) 3 58 90 98 **Fax:** 3 58 90 98
Landesinnungsmeister: Marion Meckel (Haffkrügerweg 6 a, 22143 Hamburg, T: (040) 64 89 08 60)

Mecklenburg-Vorpommern

g 397

Gold- und Silberschmiede-Innung Ostmecklenburg-Vorpommern
Bahnhofstr. 1, 17489 Greifswald
T: (03834) 7 98-930 **Fax:** 7 98-933
Obermeister: Klaus Stabenow (Badenstr. 1, 18439 Stralsund, T: (03831) 29 25 44)
Geschäftsführung: Kreishandwerkerschaft Greifswald-Ostvorpommern

Niedersachsen

g 398

Landesinnungsverband der Gold- und Silberschmiede und Juweliere Niedersachsen
Poststr. 4, 38440 Wolfsburg
T: (05361) 2 38 38
Landesinnungsmeister: Hans-J. Wiegleb

Nordrhein-Westfalen

g 399

Landesinnungsverband der Gold- und Silberschmiede sowie Juweliere Nordrhein-Westfalen
Am Waldesrand 30, 58093 Hagen
T: (02331) 5 00 78 **Fax:** 5 00 90
Landesinnungsmeister: Klaus Winckel

Saarland

g 400

Landesinnung für das Juwelier-, Gold- und Silberschmiedehandwerk Saarland
Postf. 10 02 43, 66002 Saarbrücken
Grülingsstr. 115, 66113 Saarbrücken
T: (0681) 9 48 61-0 **Fax:** 9 48 61-99
Landesinnungsmeister: Hans-Jürgen Both (Bahnhofstr. 101, 66111 Saarbrücken, T: (0681) 3 89 45-0)

Thüringen

g 401

Landesinnung Thüringen der Gold- und Silberschmiede
Fischmarkt 13-16, 99084 Erfurt
T: (0361) 5 62 45 91 **Fax:** 5 62 45 94
Obermeister: Karl-Heinz Glaser (Marktstr. 4, 99084 Erfurt, T: (0361) 6 42 17 57)

• G 402

Zentralverband Sanitär Heizung Klima
Rathausallee 6, 53757 Sankt Augustin
T: (02241) 92 99-0 **Fax:** 2 13 51, 2 11 31 (Abt. Technik)
Internet: http://www.zentralverband-shk.de
E-Mail: info@zentralverband-shk.de
Internationaler Zusammenschluß: siehe unter izg 158
Präsident(in): Dipl.-Ing. Heinz-Dieter Heidemann, Dortmund
Hauptgeschäftsführer(in): RA Michael von Bock und Polach
Geschäftsführer(in): Dipl.-Ing. Andreas Müller (techn.)
Mitglieder: 36000 Betriebe
Interessenvertretung; Unterstützung der Landesinnungsverbände; Förderung des lauteren Wettbe-

werbs; Rechtsträger von Kartellvereinbarungen und -beschlüssen; Rationalisierungsverband; Förderung, Prüfung und Durchführung von Normungs-, Typungs- und Spezialvorhaben; Fachschulen und -kurse.

g 403

Zentralverband Sanitär Heizung Klima Geschäftsstelle Potsdam
Rosa-Luxemburg-Str. 1, 14482 Potsdam
T: (0331) 74 38 16-0 **Fax:** 74 38 16-9
E-Mail: bfw_shk@compuserve.com
Leiterin d. Geschäftsstelle: Bärbel Gerstenberger-Zange

angeschlosene Landesinnungs- u. Fachverbände

g 404

Fachverband Sanitär Heizung Klima Baden-Württemberg
Viehhofstr. 11, 70188 Stuttgart
T: (0711) 48 30 91 **Fax:** 46 10 60 60
Internet: http://www.fvshkbw.de
E-Mail: info@fvshkbw.de
Landesinnungsmeister: Erwin Weller
Hauptgeschäftsführer(in): Dr. Hans-B. Klein

g 405

Fachverband Sanitär-, Heizungs- und Klimatechnik Bayern
Reutterstr. 26, 80687 München
T: (089) 5 46 15 70 **Fax:** 54 61 57 59
Internet: http://www.fvshk-bayern.de
E-Mail: fvshk-bayern@t-online.de
Landesinnungsmeister: Werner Obermeier
Geschäftsführer(in): Dr. Wolfgang Schwarz

g 406

Innung für Sanitär-, Heizungs- und Klimatechnik Berlin
Siegmunds Hof 18, 10555 Berlin
T: (030) 39 92 69-0 **Fax:** 39 92 69-99
E-Mail: shk-berlin-gs@t-online.de
Obermeister: Hubert Minter
Geschäftsführer(in): Dr. Klaus Rinkenburger

g 407

Fachverband Sanitär Heizung Klempner Klima Land Brandenburg
Wattstr. 5, 14482 Potsdam
T: (0331) 7 47 04-0 **Fax:** 7 47 04 99
E-Mail: fvshk_brb@compuserve.com
Landesinnungsmeister: Wilfried Frohberg
Geschäftsführer(in): Detlef Pfeil

g 408

Fachverband Sanitär-, Heizungs- und Klimatechnik Bremen
Ansgaritorstr. 24 Gewerbehaus, 28195 Bremen
T: (0421) 3 05 00 36 **Fax:** 30 27 62
E-Mail: khhb@vossnet.de
Landesinnungsmeister: Karl Schlüter
Geschäftsführer(in): Günter Dahlbeck

g 409

Landesinnungsverband für Sanitär- und Heizungstechnik Hamburg
Barmbeker Markt 19, 22081 Hamburg
T: (040) 2 99 94 90 **Fax:** 29 99 49 30
Landesinnungsmeister: Wilfried Sander
Hauptgeschäftsführer(in): Dieter Hüsing

g 410

Fachverband Sanitär-, Heizungs- und Klimatechnik Hessen
Sandkauter Weg 15, 35394 Gießen
T: (0641) 9 74 37-0 **Fax:** 9 74 37-23
Internet: http://www.shk.de/fachverband-hessen
E-Mail: fachverband-hessen@shk.de
Landesinnungsmeister: Werner Scharf
Geschäftsführer(in): Dr. Eugen Daum

g 411

Fachverband Sanitär-, Heizungs- und Klimatechnik Mecklenburg-Vorpommern
Molkereistr. 9/ 1, 19089 Crivitz
T: (03863) 54 13-0 **Fax:** 54 13-20
Internet: http://www.fvshk.de
E-Mail: fachverband.shk.meckvor@t-online.de
Landesinnungsmeister: Paul Freitag
Geschäftsführer(in): Hans Müller

g 412

Fachverband Sanitär-, Heizungs-, Klima- und Klempnertechnik Niedersachsen
Postf. 12 13 20, 30866 Laatzen
T: (0511) 8 79 73-0 **Fax:** 8 79 73 90
Landesinnungsmeister: Karl-Fritz Gertjejanßen
Geschäftsführer(in): Peter Neteler

g 413

Fachverband Sanitär Heizung Klima Nordrhein-Westfalen
Grafenberger Allee 59, 40237 Düsseldorf
T: (0211) 6 90 65-0 **Fax:** 6 90 65-49
Internet: http://www.fvshk-nrw.de
E-Mail: service@fvshk-nrw.de
Landesinnungsmeister: Rudolf Peters
Hauptgeschäftsführer(in): Dr. Hans Georg Geißdörfer

g 414

Fachverband Sanitär Heizung Klima Pfalz
Ludwigsplatz 10, 67059 Ludwigshafen
T: (0621) 5 91 14-35 **Fax:** 5 91 14-50
Landesinnungsmeister: Dieter Müller
Geschäftsführer(in): Rainer Lunk

g 415

Fachverband Sanitär-, Heizungs- und Klimatechnik Rheinland/Rheinhessen
Hoevelstr. 19, 56073 Koblenz
T: (0261) 4 06 30-40 **Fax:** 4 06 30 23
Landesinnungsmeister: Reinhold Feltes
Geschäftsführer(in): Martin Gottsmann

g 416

Landesinnung Saarland Sanitär- und Heizungstechnik
Grülingsstr. 115, 66113 Saarbrücken
T: (0681) 9 48 61-0 **Fax:** 9 48 61-99
Landesinnungsmeister: Hermann Lesch
Geschäftsführer(in): Martin Weisgerber

g 417

Fachverband Sanitär Heizung Klima Sachsen
Friedrich-Ebert-Str. 19b, 04416 Markkleeberg
T: (0341) 3 58 23 36 **Fax:** 3 58 07 64
Internet: http://www.fvshk.de, http://www.installateur.net
E-Mail: shksachsen@compuserve.com
Landesinnungsmeister: Bruno Schliefke
Geschäftsführer(in): Dr. Bernd Aris

g 418

Fachverband Sanitär-, Heizungs, Klima- und Klempnertechnik Sachsen-Anhalt
c/o Kreishandwerkerschaft Magdeburg
Gustav-Ricker-Str. 62, 39120 Magdeburg
T: (0391) 62 69-640 **Fax:** 62 69-643
Internet: http://www.fvshk.de/sachsenanhalt
E-Mail: fvshk@pc.mdlink.de
Landesinnungsmeister: Dr. Joachim Eulenstein
Geschäftsführer(in): Dr. Hans-Michael Dimanski

g 419

Fachverband Sanitär Heizung Klima Schleswig-Holstein
Fleethörn 25, 24103 Kiel
T: (0431) 98 16 90 **Fax:** 9 38 77
Internet: http://www.installateur-sh.de
E-Mail: installateur@bf-handwerk.de
Landesinnungsmeister: Albert Vogler
Hauptgeschäftsführer(in): Hugo Schütt

g 420

Fachverband Sanitär-, Heizungs- und Klimatechnik Thüringen
c/o Haus der Arbeitgeber- u. Wirtschaftsverbände
Lossiusstr. 1, 99094 Erfurt
T: (0361) 67 59-0 **Fax:** 67 59-222
Internet: http://www.fvhk.de/thueringen, http://www.thueringen-direkt.de/fvshk
E-Mail: fvshk-thueringen@t-online.de
Landesinnungsmeister: Dietrich Roese
Geschäftsführer(in): Dr. Siegfried Hörnlein

• G 421

ZKF Zentralverband Karosserie- und Fahrzeugtechnik (ZKF)
Frankfurter Str. 2, 61118 Bad Vilbel
T: (06101) 1 20 61 **Fax:** 1 25 98
Internet: http://www.ZKF.com
E-Mail: ZKF-FHV@t-online.de
Internationaler Zusammenschluß: siehe unter izf 514
Präsident(in): Heinz Wiedler (Kientenstr. 45/46, 72458 Albstadt-Ebingen, T: (07431) 93 94-0, Telefax: (07431) 93 94-40)
Hauptgeschäftsführer(in): Dr. Klaus Weichtmann
Verbandszeitschrift: Fahrzeug + Karosserie
Redaktion: Bielefelder Verlagsanstalt, Bielefeld
Verlag: Gentner Verlag Stuttgart, Postf. 10 17 42, 70015 Stuttgart
Mitglieder: 4500

Landesinnungsverbände

g 422

Landesinnungsverband des Bad.-Württ. Karosserie- und Fahrzeugbauer-Handwerks
Silcherstr. 58, 73614 Schorndorf
T: (07181) 4 48 63 **Fax:** 4 48 64
Landesinnungsmeister: Peter Müller
Geschäftsführer(in): Sabine Strohbeck

g 423

Landesverband des Bayerischen Karosserie- u. Fahrzeugbau-Handwerks
Max-Joseph-Str. 4, 80333 München
T: (089) 59 77 59 **Fax:** 59 77 44
Landesinnungsmeister: Hans Matthiß
Geschäftsführer(in): Dr. Kurt Roeckl

g 424

Landesinnungsverband des Brandenburger Karosserie- und Fahrzeugbauerhandwerks
Charlottenstr. 34/36, 14467 Potsdam
T: (0331) 2 70 02 31 **Fax:** 2 80 48 28
Landesinnungsmeister: Gerhard Schmädicke
Geschäftsführerin: Marianne Radmer

g 425

Landesverband Hessen des Karosserie- und Fahrzeugbau-Handwerks
Stehnweg 2, 63500 Seligenstadt
T: (06182) 70 77 **Fax:** 70 74
Landesinnungsmeister: Enno Gabriel

g 426

Landesinnungsverband des Fahrzeug- u. Karosseriebau-Handwerks Niedersachsen/Bremen
Herschelstr. 28, 30159 Hannover
T: (0511) 1 76 28 **Fax:** 1 83 34
Landesinnungsmeister: Herbert Cordes
Geschäftsführer(in): Detlef Müller-Röske

g 427

Landesinnungsverband des Karosserie- und Fahrzeugbau-Handwerks Nordrhein-Westfalen
Ossenkampstiege 111, 48163 Münster
T: (0251) 5 20 08-40, -41 **Fax:** 5 20 08-33
Landesinnungsmeister: Heinz Hemmis
Geschäftsführer(in): Ass. Reinhold Wegmann

g 428

Landesinnungsverband Karosserie- u. Fahrzeugbauer Sachsen
Neefestr. 131, 09119 Chemnitz
T: (0371) 31 64 95 **Fax:** 31 64 96
Landesinnungsmeister: Rainer Himpel
Geschäftsführer(in): Christine Müller

g 429

Landesinnungsverband für das Karosserie- und Fahrzeugbauer-Handwerk Sachsen-Anhalt
Geschäftsstelle Osterburg
Naumannstr. 21, 39606 Osterburg
T: (03937) 8 21 07 **Fax:** 8 46 15
Landesinnungsmeister: Holger Miehe
Geschäftsführer(in): Werner Muhl

g 430

Landesinnung Karosserie- und Fahrzeugbautechnik Schleswig-Holstein
Thormannplatz 8-10, 24768 Rendsburg
T: (04331) 2 70 47 **Fax:** 2 34 02
Obermeister: Georg Wilkens
Geschäftsführer(in): Uwe Knoop

g 431

Landesinnungsverband des Karosserie- und Fahrzeugbauerhandwerks Thüringen
Felchtaer Str. 27, 99974 Mühlhausen
T: (03601) 48 49 49 **Fax:** 48 49 50
Landesinnungsmeister: Rolf Ostermann
Geschäftsführer(in): Rüdiger Bornemann

Landesinnungen

g 432

Karosserie- u. Fahrzeugbauer-Innung Berlin
Berliner Str. 144, 13467 Berlin
T: (030) 78 70 34 75 **Fax:** 78 70 34 76
Obermeister: Klaus Friedrich
Geschäftsführerin: Doris Mesike

g 433

Innung Karosserie- und Fahrzeugbautechnik Hamburg
Holstenwall 12, 20355 Hamburg
T: (040) 35 74 46-0 **Fax:** 35 39 83
Obermeister: Berend Beilken
Geschäftsführer(in): Heinz Hoffmann

g 434

Landesinnung Karosserie- u. Fahrzeugtechnik Mecklenburg-Vorpommern
Wilhelm-Külz-Platz 5, 18055 Rostock
T: (0381) 25 20 05-0 **Fax:** 25 20 05-20
Landesinnungsmeister: Bernhard Zingler
Geschäftsführer(in): O. Dinse

g 435

Karosserie- und Fahrzeugbauer-Innung der Pfalz
Burgstr. 39, 67659 Kaiserslautern
T: (0631) 3 71 22-0 **Fax:** 3 71 22-50
Obermeister: Peter Friedrich Klamm
Geschäftsführer(in): Helmut Knieriemen

g 436

Karosserie- und Fahrzeugbauer-Innung für das Saarland
Grülingsstr. 115, 66113 Saarbrücken
T: (0681) 9 48 61-0 **Fax:** 9 48 61-99
Landesinnungsmeister: Klaus Adam
Geschäftsführer(in): Ass. Karl-Heinz Scherschel

• G 437

Deutscher Konditorenbund (DKB)
Speicker Str. 13, 41061 Mönchengladbach
T: (02161) 83 31 37 **Fax:** 83 16 18
Präsident(in): Otto Kemmer (Kürschnerhof 2, 97070 Würzburg, T: (0931) 1 27 52, Telefax: (0931) 1 26 36)
Vizepräsident(in): Josef Bücker (Poth 6, 58638 Iserlohn, T: (02371) 21 09 90, Telefax: (02371) 1 27 08)
Geschäftsführer(in): Ass. Michael Peschke (Speicker Str. 13, 41061 Mönchengladbach, T: (02161) 83 31 37, Telefax: (02161) 83 16 18)
Mitglieder: 4500 Konditoreibetriebe, 2500 Filialen

Landesinnungsverbände

g 438

Landesinnungsverband des badischen Konditorenhandwerks
S 4, 68161 Mannheim
T: (0621) 2 34 81 **Fax:** 1 56 44 23
Vorsitzende(r): Reinhold Block
Geschäftsführer(in): Ute Sagebiel-Hannich

g 439

Landesinnungsverband der Konditoren Württemberg
Reinsburgstr. 11, 70178 Stuttgart
T: (0711) 6 15 53 33 **Fax:** 61 55 33 44
Internet: http://www.konditoren-baden-wuerttemberg.de
E-Mail: kanzlei@frank-law.de
Vorsitzende(r): Robert Widmann
Geschäftsführer(in): RA Rainer Frank

g 440

Landesinnungsverband des bayerischen Konditorenhandwerks
Landsberger Str. 148, 80339 München
T: (089) 50 40 21 **Fax:** 5 02 73 11
Vorsitzende(r): Fritz Kottmayr
Geschäftsführer(in): Alfons Seitz

g 441

Landesverband der Konditoren Berlin (Konditoren-Innung)
Forckenbeckstr. 55, 14199 Berlin
T: (030) 8 23 48 30 **Fax:** 8 23 37 26
Obermeister: Klaus Jürgen Rödiger
Geschäftsführer(in): W. Stoffenberger

g 442

Landesverband der Konditoren Bremen (Konditoren-Innung)
Steffensweg 90, 28217 Bremen
T: (0421) 38 51 23 **Fax:** 38 51 22
Vorsitzende(r): Heiko Rockmann

g 443

Landesverband der Konditoren Hamburg (Konditoren-Innung)
Holstenwall 12, 20355 Hamburg
T: (040) 34 20 34 **Fax:** 34 40 44
Vorsitzende(r): Bernd Besch
Geschäftsführer(in): Joachim Mollwitz

g 444

Landesverband der Konditoren Hessen
Hindenburgstr. 1, 64295 Darmstadt
T: (06151) 3 00 81 10 **Fax:** 3 00 81 20
Vorsitzende(r): Adolf Neuschaefer
Geschäftsführer(in): Rainer Lamp

g 445

Landesinnungsverband der Konditoren Niedersachsen
Seligmannallee 3, 30173 Hannover
T: (0511) 2 83 40 44 **Fax:** 28 21 43
Vorsitzende(r): Joachim Müller
Geschäftsführer(in): Claus Hoppe

g 446

Innungsverband des nordrheinischen Konditorenhandwerks
Speicker Str. 13, 41061 Mönchengladbach
T: (02161) 83 31 37 **Fax:** 83 16 18
Vorsitzende(r): Manfred Füllenbach
Geschäftsführer(in): Klaus Buschmann

g 447

Landesinnungsverband des Konditorenhandwerks Rheinland-Pfalz
Hoevelstr. 19, 56073 Koblenz
T: (0261) 4 06 30-0 **Fax:** 4 06 30 30
Vorsitzende(r): Bernhard Bley
Geschäftsführer(in): Dipl.-Volksw. Karlheinz Gaschler

g 448

Konditoren-Innung für das Saarland
Postf. 10 02 43, 66002 Saarbrücken
Grülingsstr. 115, 66113 Saarbrücken
T: (0681) 9 48 61-0 **Fax:** 9 48 61-99
Landesinnungsmeister: Paul Louis
Geschäftsführer(in): Ass. Karl Heinz Scherschel

g 449

Landesinnungsverband der Konditoren Sachsen
Geschäftsstelle
c/o Kreishandwerkerschaft Leipzig
Bitterfelder Str. 7-9, 04129 Leipzig
T: (0341) 9 04 86-0 **Fax:** 9 04 86-20
Vorsitzende(r): Rolf Schiller (Annaberger Str. 349, 09125 Chemnitz, Tel.: (0371) 51 76 09, Fax: (0371) 51 76 09)
Geschäftsführer(in): Claus-Dieter Krause

g 450

Landesinnungsverband der Konditoren Sachsen-Anhalt
Albrechtstr. 21, 06844 Dessau
T: (0340) 21 24 50
Landesinnungsmeister: Karl Altmann

g 451

Landesinnungsverband der Konditoren Schleswig-Holstein
Gustav-Adolf-Str. 7a, 23568 Lübeck
T: (0451) 3 89 59-0 **Fax:** 3 89 59 27
Vorsitzende(r): Peter Steinhusen
Geschäftsführer(in): Manfred Kley

g 452

Landesinnungsverband der Konditoren Thüringen
Cyriakstr. 40, 99094 Erfurt
T: (0361) 2 22 07 98 **Fax:** 2 22 07 98
Landesinnungsmeister: Ulrich Spitzer (Trannrodaer Str. 11, 07387 Krölpa, T: (03647) 4 26 90, Fax: (03647) 42 69 60)
Geschäftsführer(in): Karin Stollberg

g 453

Konditoreninnungsverband Westfalen-Lippe
Handwerkerstr. 2, 58638 Iserlohn
T: (02371) 95 81-0 **Fax:** 5 28 00
Vorsitzende(r): Josef Bücker
Geschäftsführer(in): Ass. Günter Buschhaus

• G 454

Bundesinnungsverband des Deutschen Flechthandwerks
Mainau 5, 96215 Lichtenfels
T: (09571) 9 55 10
Bundesinnungsmeister: Kurt Schütz (96215 Lichtenfels, T: (09571) 76 90)
Geschäftsführer(in): Hans-Paul Dinkel
Mitglieder: 70

Landesinnungsverbände

g 455

Bundesinnungsverband des Deutschen Flechthandwerks
Landesinnungsverband Bayern
Mainau 5, 96215 Lichtenfels
T: (09571) 9 55 10
Landesinnungsmeister: Dieter Schumann
Geschäftsführer(in): Hans-Paul Dinkel

g 456

Bundesinnungsverband des Deutschen Flechthandwerks
Landesinnungsverband Nordrhein-Westfalen
Ellerstr. 68, 40227 Düsseldorf
T: (0211) 78 26 94
Vorsitzende(r): Karl Hackländer
Geschäftsführer(in): Günter Raubach

• G 457

Bundesverband Deutscher Kosmetikerinnen e.V. (BDK)
Geschäftsstelle:
Schadowstr. 72, 40212 Düsseldorf
T: (0211) 36 58 91 **Fax:** 3 69 40 80
Vorsitzende(r): Monika Ferdinand (Papiermühle 31, 66773 Schwalbach)
Mitglieder: ca. 2000

• G 458

Zentralverband des Kraftfahrzeughandwerks (ZVK)
Postf. 15 01 62, 53040 Bonn
Franz-Lohe-Str. 21, 53129 Bonn
T: (0228) 91 27-0 **Fax:** 91 27-1 50
Internet: http://www.kfzgewerbe.de
E-Mail: zdk@kfzgewerbe.de
Bundesinnungsmeister: Walter Stoy (c/o Autohaus Stoy GmbH, Louis-Pasteur-Str. 12, 97076 Würzburg, T: (0931) 2 79 87-0)
Hauptgeschäftsführer(in): Dipl.-Volksw. Rolf D. Binnenbrükker
Leitung Presseabteilung: Helmut Blümer
Wahrnehmung sämtlicher Interessen für das KfZ-Technikerhandwerk sowie Fahrzeugverwerter.

Landesinnungsverbände

g 459

Landesinnungsverband des Kraftfahrzeughandwerks Baden-Württemberg
Motorstr. 1, 70499 Stuttgart

T: (0711) 83 98 63-0 **Fax:** 83 98 63-20
Landesinnungsmeister: Horst Schurr
Hauptgeschäftsführer(in): Peter Flemming

g 460
Landesinnungsverband des Kraftfahrzeughandwerks Bayern
Goethestr. 17, 80336 München
T: (089) 5 12 67 70 **Fax:** 5 50 21 56
Landesinnungsmeister: Walter Stoy
Hauptgeschäftsführer(in): Dr. Hubert Fexer

g 461
Landesverband des Kraftfahrzeuggewerbes Berlin-Brandenburg
Obentrautstr. 16-18, 10963 Berlin
T: (030) 25 90 51 60 **Fax:** 25 90 51 00
Präsident(in): Hans-Peter Lange
Geschäftsführer(in): Rainer Homes

g 462
Landesinnungsverband des Kraftfahrzeughandwerks Hamburg
Billstr. 41, 20539 Hamburg
T: (040) 7 89 52-0 **Fax:** 7 89 52-116
Landesinnungsmeister: Erwin Wolkenhauer
Geschäftsführer(in): Dipl.-Betriebsw. Klaus B. Schneider

g 463
Landesinnungsverband des Kraftfahrzeughandwerks Hessen
Bahnhofstr. 38, 65185 Wiesbaden
T: (0611) 9 99 89-0 **Fax:** 9 99 89 99
Landesinnungsmeister: Rudolf Jäger
Geschäftsführer(in): Dipl.-Betriebsw. Uwe Grautegein

g 464
Landesinnungsverband des Kraftfahrzeughandwerks Mecklenburg-Vorpommern
Kassebohmer Weg 11-12, 18055 Rostock
T: (0381) 60 09 02-0 **Fax:** 68 05 34
Landesinnungsmeister: Manfred Guhl
Geschäftsführer(in): Jörg Behncke

g 465
Landesinnungsverband des Kraftfahrzeughandwerks Niedersachsen
Vinnhorster Weg 51, 30419 Hannover
T: (0511) 2 78 96-0 **Fax:** 2 78 96-20
Landesinnungsmeister: Günther Mruczek
Geschäftsführer(in): Gerhard Hösel

g 466
Verband des Kraftfahrzeuggewerbes Nordrhein-Westfalen
Gerresheimer Landstr. 119, 40627 Düsseldorf
T: (0211) 9 25 95-0 **Fax:** 9 25 95-90
Präsident(in): Gerhard Schmid
Hauptgeschäftsführer(in): Dipl.-Volksw. Wilhelm Winter

g 467
Fachverband Pfälzisches Kraftfahrzeuggewerbe - Landesinnungsverband -
Mannheimer Str. 132, 67657 Kaiserslautern
T: (0631) 3 40 34-77 **Fax:** 3 40 34-78
Vorsitzende(r): Dr. Peter Ritter
Geschäftsführer(in): Volker Dellmuth

g 468
Landesinnungsverband des Kraftfahrzeughandwerks Rheinland
Hoevelstr. 19, 56073 Koblenz
T: (0261) 9 47 25-0 **Fax:** 9 47 25-15
Landesinnungsmeister: Reinhold Scherer
Geschäftsführer(in): Hans Wolfgang Gottschalk

g 469
Saarländischer Kraftfahrzeug-Verband - Landesinnung -
Untertürkheimer Str. 2, 66117 Saarbrücken
T: (0681) 95 40 40 **Fax:** 9 54 04-99
Landesinnungsmeister: Harald Friedrich
Geschäftsführer(in): Detlef Fiedler

g 470
Landesverband des Kraftfahrzeuggewerbes Sachsen
Tiergartenstr. 94, 01219 Dresden
T: (0351) 25 95 50 **Fax:** 2 59 55 77
Vorsitzende(r): Wolfgang Seifert
Hauptgeschäftsführer(in): Ulrich Große

g 471
Landesinnungsverband des Kraftfahrzeughandwerks Sachsen-Anhalt
Hohenziatzer Chaussee 16, 39291 Möckern
T: (039221) 9 55 55 **Fax:** 9 55 60
Landesinnungsmeister: Klaus Ehrlich
Geschäftsführer(in): Peter Gebbers

g 472
Landesinnungsverband des Kraftfahrzeughandwerks Schleswig-Holstein
Faluner Weg 28, 24109 Kiel
T: (0431) 53 33 10 **Fax:** 52 50 67
Landesinnungsmeister: Jürgen Koepsell
Geschäftsführer(in): Dipl.-Betriebsw. Wolfgang Wittorf

g 473
Landesverband des Kraftfahrzeuggewerbes Thüringen
Heinrich-Hertz-Str. 6, 07552 Gera
T: (0365) 8 39 85-0 **Fax:** 8 00 12 18
Landesinnungsmeister: Hans-Jürgen Vogel
Geschäftsführer(in): Klaus Anderlik

• G 474
Zentralverband des Kürschnerhandwerks
Postf. 27 30, 67615 Kaiserslautern
Burgstr. 39, 67659 Kaiserslautern
T: (0631) 3 71 22-0 **Fax:** 3 71 22-50
Präsident(in): Carl-Hans Adrian (Im Pesch 1, 53127 Bonn)
Geschäftsführer(in): Helmut Knieriemen (Burgstr. 39, 67659 Kaiserslautern)
Mitglieder: 500

• G 475
Bundesverband Kunstgewerbe Geschenkartikel und Wohndesign e.V. (BKG)
Max-Joseph-Str. 5, 80333 München
T: (089) 55 77 01 **Fax:** 59 30 15
Vorsitzende(r): Stephan Koziol
Geschäftsführer(in): Dipl.-Kfm. W. Sattel

• G 476
Bundesverband Kunsthandwerk Berufsverband Handwerk Kunst Design e.V.
Rheinstr. 23, 60325 Frankfurt
T: (069) 74 02 31 **Fax:** 74 02 33
Vorsitzende(r): Christine Kluge Haberkorn
Geschäftsführer(in): Christina Beyer

Landesverbände

g 477
Bayerischer Kunstgewerbe-Verein e.V.
Pacellistr. 6-8, 80333 München
T: (089) 29 01 47-0 **Fax:** 29 62 77
Vorsitzende(r): Ursula von Haeften
Geschäftsführer(in): Ilona von Seckendorff

g 478
Kunsthandwerk Berlin e.V.
Fasanenstr. 58, 10719 Berlin
T: (030) 88 67 80 80

g 479
Arbeitsgemeinschaft Kunsthandwerk Bremen e.V.
Geschäftsstelle: c/o Rechtsanwälte Wedepohl & Partner
Postf. 106905, 28069 Bremen
T: (0421) 3 39 41-0 **Fax:** 3 39 41-23
Geschäftsführer(in): Jörg J. Wedepohl
1. Vorsitzende(r): Monica Borgward (Horner Heerstr. 11-13, 28359 Bremen, T: (0421) 23 02 86, Telefax: (0421) 24 93 12)

g 480
Bund Hessischer Kunsthandwerker e.V.
Wilhelm-Leuschner-Str. 108, 63263 Neu-Isenburg
T: (06102) 10 56 **Fax:** 10 56
1. Vorsitzende(r): Monika Schuchmann

g 481
Arbeitsgemeinschaft des Kunsthandwerks Hamburg e.V.
Holstenwall 12 (Handwerkskammer), 20355 Hamburg
T: (040) 3 59 05-2 90
1. Vorsitzende(r): Schnuppe von Gwinner (Moltkestr. 52, 20253 Hamburg, T: (040) 4 20 17 06, Telefax: (040) 4 20 82 43)

g 482
Arbeitsgemeinschaft des Kunsthandwerks Nordrhein-Westfalen
Postf. 10 27 55, 40018 Düsseldorf
Georg-Schulhoff-Platz 1, 40221 Düsseldorf
T: (0211) 87 95-3 90, -3 92
Vorsitzende(r): Manfred Bredohl (Ritterstr. 23, 52072 Aachen, T: (0241) 87 23 24)
Geschäftsführer(in): Uwe Müller-Biebel

g 483
Arbeitsgemeinschaft des Kunsthandwerks Rheinland-Pfalz e.V.
Goldenluftgasse 10, 55116 Mainz
T: (06131) 23 12 63 **Fax:** 23 12 65
1. Vorsitzende(r): Maria Geisert (An der Favorite 4, 55131 Mainz, T: (06131) 8 24 65)
Geschäftsführer(in): Rita Kimme

g 484
Bund der Kunsthandwerker Baden-Württemberg e.V.
Johannisplatz 3, 73525 Schwäbisch Gmünd
T: (07171) 3 60 52 **Fax:** 3 69 52
Stellvertretende(r) Vorsitzende(r): Andreas Frank
Geschäftsführer(in): Dr. Gabriele Dreisbusch

g 485
Arbeitsgemeinschaft des Saarländischen Kunsthandwerks e.V.
Hohenzollernstr. 47-49, 66117 Saarbrücken
T: (0681) 58 09-105 **Fax:** 58 09-177
1. Vorsitzende(r): Lydia Heitz (Im Bienengarten 20, 66780 Rehlingen-Siersburg, T: (06835) 84 66)
Geschäftsführer(in): Ass. Udo Stein (Hohenzollernstr. 47-49, 66117 Saarbrücken, T: (0681) 5 80 91 05, Telefax: (0681) 5 80 92 05)

g 486
Verband Sächsischer Kunsthandwerker e.V.
Tolkewitzer Str. 77, 01277 Dresden
T: (0351) 8 04 29 98 **Fax:** 33 48 76
1. Vorsitzende(r): N. N.
Geschäftsführer(in): Jürgen Bergmann

g 487
Arbeitsgemeinschaft des Kunsthandwerks in Schleswig-Holstein e.V.
Breite Str. 10-12, 23552 Lübeck
T: (0451) 1 50 61 40 **Fax:** 1 50 61 41
1. Vorsitzende(r): Christa L. Bänfer (Niendorfer Str. 12, 23769 Burg/Fehmarn, T: (04371) 67 75, Telefax: (04371) 8 78 55)
Geschäftsführer(in): Brigitte Riemke-Hinrichs (Rührsbrook 45 a, 24226 Heikendorf, T: (0431) 24 56 34)

g 488
Bund Thüringer Kunsthandwerker e.V.
Johannesstr. 178, 99084 Erfurt
T: (0361) 5 62 62 54 **Fax:** 5 62 62 54
Geschäftsführer(in): Gisela Kaiser (T: (0361) 5 62 62 54, Telefax: (0361) 5 62 62 54)

• G 489
Bund Deutscher Klavierbauer e.V. (BDK)
Wilhelmstr. 31, 53111 Bonn
T: (0228) 83 97 00 **Fax:** 5 39 70 70
Internet: http://www.bdk-piano.de
Gründung: 1958 (26. Oktober) in Ludwigsburg
Vorsitzende(r): Udo Schmidt-Steingraeber
Geschäftsführer(in): Dr. Stroh
Verbandszeitschrift: euro-piano
Mitglieder: 560
Mitarbeiter: 3
Jahresetat: DM 0,2 Mio, € 0,1 Mio
Redaktion und Verlag: Erwin Bochinsky, Münchener Str. 45, 60329 Frankfurt

• G 490

ECHT
ERZGEBIRGE
HOLZKUNST
MIT HERZ

Verband Erzgebirgischer Kunsthandwerker und Spielzeughersteller e.V.
Albertstr. 15, 09526 Olbernhau
T: (037360) 7 24 42 **Fax:** 30 48
Internet: http://www.erzgebirge.org
E-Mail: verband@erzgebirge.org
Gründung: 1990 (September)
Vorsitzende(r): Helfried Dietel (Dregeno Seiffen eG)
Stellvertretende(r) Vorsitzende(r): Gundolf Berger (Erzgebirgische Holzkunst Gahlenz GmbH RuT)
Ferdinand Schiele (KWO Kunstgewerbe - Werkstätten Olbernhau GmbH)
Geschäftsführer(in): Dieter Uhlmann
Verbandszeitschrift: Generalanzeiger (2x jährlich)
Redaktion: Druckerei Olbernhau
Mitglieder: 78
Mitarbeiter: 8

Interessenvertretung für 29 mittelständische Unternehmen sowie 271 Handwerksbetriebe.

• G 491

Hauptarbeitsgemeinschaft des Landmaschinen-Handels und -Handwerks (HAG)
Ruhrallee 12, 45138 Essen
T: (0201) 8 96 24-0 **Fax:** 8 96 24-24
Präsident(in): Klaus Degner (Schneebergstr. 8, 95032 Hof, T: (09281) 75 74-0, Telefax: (09281) 75 74-34)
Bundesinnungsmeister: Dipl.-Ing. Heinz-Jürgen Müller (Fa. C. Müller, Hauptstr. 96, 31171 Nordstemmen, T: (05069) 8 70, Telefax: (05069) 87 49)
Hauptgeschäftsführer(in): RA Thomas Fleischmann
Mitglieder: 4500

Wahrnehmung und Schutz der Berufsinteressen des Landmaschinenhandels und -handwerks, insbesondere auf wirtschaftlichem, technischem und sozialem Gebiet; Beratung der Mitglieder.

Die H.A.G. besteht aus drei Bundesverbänden:

g 492

Hauptverband des Deutschen Landmaschinen-Handels e.V.
Ruhrallee 12, 45138 Essen
Vorstand: Klaus Degner
Franz-Josef Borgmann
Arthur Brachat

g 493

Bundesinnungsverband des Landmaschinenmechaniker-Handwerks
Ruhrallee 12, 45138 Essen
T: (0201) 8 96 24-0 **Fax:** 8 96 24-24
Vorstand: Dipl.-Ing. Heinz-Jürgen Müller
Dipl.-Ing. Werner Mertens
Heiner Wierk
Bundesinnungsmeister: Dipl.-Ing. Heinz-Jürgen Müller, Nordstemmen
Geschäftsführer(in): RA Thomas Fleischmann, Essen

g 494

Bundes-Fachgruppe Motorgeräte BuFa-MOT
Ruhrallee 12, 45138 Essen
T: (0201) 8 96 24-0 **Fax:** 8 96 24-22
Vorsitzende(r): Heinrich Feuls (Fa. Feuls Motorgeräte, Dorfstr. 6-10, 47475 Kamp-Lintfort, T: (02842) 40 18, Telefax: (02842) 4 15 42)
Stellvertretende(r) Vorsitzende(r): Günter Ströbel (Fa. Ströbel GmbH, Insinger Str. 10, 74585 Rot am See/Buch, T: (07958) 2 28, Telefax: (07958) 82 39)
Gerd Reichmuth (Fa. Queland GmbH, Schillerstr. 10, 06384 Quedlinburg, T: (03946) 9 02-2 61, Telefax: (03946) 9 02-2 66)

Angeschlossene Landesverbände, Landesinnungen und Innungen nach Ländern

g 495

Verband des Landtechnischen Handwerks Baden-Württemberg im VdAW e.V.
Wollgrasweg 31, 70599 Stuttgart
T: (0711) 1 67 79-0 **Fax:** 4 58 60 93
Internet: http://www.vdaw.de
E-Mail: vdaw-e.v.@t-online.de
Landesinnungsmeister: Kurt Neuscheler (Fa. Kurt Neuscheler, Nürtinger Str. 56, 72666 Neckartailfingen, T: (07127) 9 26 20, Telefax: (07127) 92 62 20)
Vors. Fachgr. Landtechn. Handel: Wilhelm Neyer (Fa. Wilhelm Neyer, Bürgerstr. 2, 88339 Bad Waldsee, T: (07524) 9 77 00, Telefax: (07524) 97 70 50)
Vors. Fachgr. Motorgeräte: Kurt Maihöfer (Fa. Maihöfer, Bruckstr. 50, 70734 Fellbach, T: (0711) 57 54 00, Telefax: (0711) 5 75 40 29)
Geschäftsführende(s) Vorstands-Mitglied(er): Dipl.-Ing. (FH) Erich Reich

g 496

Landesinnungsverband des Landmaschinenmechaniker-Handwerks und -Handels in Bayern
Kapellenweg 5, 85276 Pfaffenhofen
T: (08441) 28 96 **Fax:** 32 44
Internet: http://www.agrartechnik.de
E-Mail: ltvpaf@t-online.de
Landesinnungsmeister: Martin Geyer (Fa. Geyer & Sohn, Oberspießheimer Str. 2, 97509 Kolitzheim, T: (09723) 13 52, Telefax: (09723) 24 41)
Vors. Handelsverband: Klaus Degner (Fa. Klaus Degner, Schneebergstr. 8, 95032 Hof, T: (09281) 75 74-0, Telefax: (09281) 75 74 34)
Geschäftsführerin: Ingeburg Janiurek

g 497

Landesverband der Fachbetriebe Landtechnik und Metallverarbeitung Brandenburg e.V.
Schlesische Str. 38, 10997 Berlin
T: (030) 61 70 26 76 **Fax:** 6 18 20 53
E-Mail: Agro-Service.VdAW@t-online.de
Verbandsvorsitzender: Eckhard Vlach (MAREP GmbH Vehlow, Pritzwalker Str. 29, 16866 Vehlow, T: (033976) 5 02 59, Fax: (033976) 5 07 09)
Landesinnungsmeister: Karl-Heinz Rettig (REMA Fahrzeug & Landtechnik GmbH, Hauptstr. 1, 14806 Schwanebeck, T: (033841) 3 59 83, Fax: (033841) 3 59 85)
Geschäftsführer(in): Dietmar Lange

g 498

Landesverband Hessen der Landmaschinen-Fachbetriebe e.V.
Wollgrasweg 31, 70599 Stuttgart
T: (0711) 1 67 79-0 **Fax:** 4 58 60-93
Vorsitzende(r): Werner Krummel (Fa. Heinrich Krummel KG, Schloßstr. 18, 34549 Edertal/Bergheim, T: (05623) 40 31, Telefax: (05623) 40 34)
Geschäftsführer(in): Dipl.-Ing. (FH) Erich Reich

g 499

Landesinnungsverband für das Landmaschinenmechaniker-Handwerk in Hessen
Wollgrasweg 31, 70599 Stuttgart
T: (0711) 1 67 79-0 **Fax:** 4 58 60-93
Landesinnungsmeister: Erich Klotz (Fa. Klotz, Schälgärten 7, 35415 Pohlheim, T: (06004) 4 36, Telefax: (06004) 16 46)
Geschäftsführer(in): Dipl.-Ing. (FH) Erich Reich

g 500

Landesverband der Fachbetriebe Landtechnik & Metallverarbeitung Mecklenburg-Vorpommern e.V.
Eckdrift 93, 19061 Schwerin
T: (0385) 6 35 64 00 **Fax:** 6 35 64 44
Landesinnungsmeister: Roland Habeck (Fa. Hawart-Landtechnik GmbH, Wulkenzinerstr. 16, 17033 Neubrandenburg/Weitin, T: (0395) 58 14 60, Fax: 5 44 23 09)
Vorsitzende(r) des Vorstandes: Rainer Bull (HLB Handelsgesellschaft mbH Landmaschinen, 18299 Breesen, T: (038459) 3 66 31, Fax: 3 66 33)
Geschäftsführer(in): Herbert Würfel

g 501

Landesarbeitsgemeinschaft Niedersachsen und Bremen des Landmaschinen-Handels und -Handwerks
Walderseestr. 47, 30177 Hannover
T: (0511) 69 36 36 **Fax:** 69 79 33
Bundesinnungsmeister und Vors. Handelsverband: Dipl.-Ing. Heinz-Jürgen Müller (Fa. C. Müller, Hauptstr. 96, 31171 Nordstemmen, T: (05069) 8 70, Telefax: (05069) 87 49)
Geschäftsführer(in): Lothar Wittkopp

g 502

Fachverband Landschaftsmaschinentechnik Nordrhein-Westfalen
Gerresheimer Landstr. 119, 40627 Düsseldorf
T: (0211) 9 25 95 40 **Fax:** 9 25 95 90
Landespräs: Franz-Josef Borgmann (Lilienbecke 10, 48653 Coesfeld, T: (02541) 8 55 91, Telefax: (02541) 47 10)
Geschäftsführer(in): Dipl.-Volksw. Wilhelm Winter

g 503

Landmaschinenmechaniker-Innung Trier-Rheinhessen-Pfalz
Burgstr. 39, 67659 Kaiserslautern
T: (0631) 3 71 22-0 **Fax:** 3 71 22-50
Obermeister: Fritz Dexheimer (Fa. F. Jung KG, Bahnhofstr. 70, 67297 Marnheim, T: (06352) 70 52-0, Telefax: (06352) 70 52-11)
Geschäftsführer(in): Ass. Alexander Baden

g 504

Landmaschinenmechaniker-Innung für den Reg.-Bez. Koblenz
Postf. 5 65, 55529 Bad Kreuznach
T: (0671) 8 36 08-0 **Fax:** 3 31 41
Obermeister: Paul Raimund (Fa. Raimund, Raumbacher Str. 8, 55590 Meisenheim, T: (06753) 23 60, Telefax: (06753) 29 90)
Geschäftsführer(in): Gerhard Schlau

g 505

Landesinnung des Landmaschinenmechaniker-Handwerks Sachsen
Scharfenberger Str. 66, 01139 Dresden
Obermeister: Karl Eulitz (c/o Fa. H. & K. Eulitz, Str. Nr. 116, 04703 Naunhof b. Leisning, T: (034321) 1 24 70, Telefax: (034321) 1 24 70)
Geschäftsführer(in): Wolfgang Herrmann

g 506

Verband Landtechnik Sachsen-Anhalt e.V.
Rosslauer Str. 33, 39261 Zerbst
T: (03923) 24 11 **Fax:** 76 00 34
Geschäftsführer(in): Hansjörg Schürer
Landesinnungsverband: N.N.
Vors. Handelsverband: Uwe Klietz (Fa. Land- und Bautechnik Klietz KG, Thälmannstr. 1, 39435 Schneidlingen, T: (039267) 64 10, Fax: (039267) 6 41 11)

g 507

Landesverband der Landmaschinen-Fachbetriebe für Schleswig-Holstein und Hamburg e.V.
Fleethörn 25, 24103 Kiel
T: (0431) 9 81 69-0 **Fax:** 9 38 77
Landesinnungsmeister: Heinrich Wierk
Hauptgeschäftsführer(in): Dipl.-Volksw. Hugo Schütt

g 508

Verband Landtechnik Thüringen e.V.
Uhlandstr. 18, 99096 Erfurt
T: (0361) 3 46 07 91 **Fax:** 3 46 07 91
Landesinnungsmeister: Dipl.-Ing. Werner Mertens (Verbandsvorsitzender, Fa. Kfz & Landtechnik Eisenach GmbH, Am Marktrasen 4, 99819 Krauthausen, T: (03691) 8 50 50, Telefax: (03691) 85 05 55)

• G 509

Bundesinnung für das Siebdrucker-Handwerk
Postf. 18 69, 65008 Wiesbaden
Biebricher Allee 79, 65187 Wiesbaden
T: (0611) 80 31 15 **Fax:** 80 31 13
Gründung: 1987
1. Vorsitzende(r): Hellmuth Frey (c/o Emil Frey KG, Siebdruck und Schilder, Tigerstr. 7, 22525 Hamburg, T: (040) 8 50 40 21, Telefax: (040) 8 50 49 30)
Geschäftsführer(in): Dipl.-Ing. Hartmut Flothmann
Mitglieder: 100

• G 510

Hauptverband Farbe, Gestaltung, Bautenschutz
- Bundesinnungsverband des deutschen Maler- und Lackiererhandwerks -
Vilbeler Landstr. 255, 60388 Frankfurt
T: (06109) 72 28-0 **Fax:** 72 28-50
Gründung: 1907
Präsident(in): Dipl.-Volksw. Heinz Werner Bonjean (Heinrich-Hoerle-Str. 15-17, 50737 Köln)
Hauptgeschäftsführer(in): Ass.jur. Werner Loch
Verbandszeitschrift: Malerblatt
Verlag: Deutsche Verlags GmbH, Postf. 10 60 12, 70049 Stuttgart
Mitglieder: 18 Landesverbände
Mitarbeiter: 11

Mitglieder des Bundesinnungsverbandes (BIV) sind die 18 Landesinnungsverbände (LIV). Der BIV nimmt die Interessen des Maler- und Lackiererhandwerks wahr. Er berät und fördert insbesondere die LIV auf den Gebieten Wirtschaft, Technik, Werkstoffe und Umwelt, Sozialpolitik, Berufsausbildung und Werbung. Er unterstützt die LIV bei der Erfüllung gesetzlicher und satzungsgemäßer Aufgaben und unterbreitet den Behörden Anregungen und Vorschläge

Landesinnungsverbände

g 511

Landesinnungsverband des Maler- und Lackiererhandwerks Baden-Württemberg
Christophstr. 14, 70178 Stuttgart
T: (0711) 60 36 01 **Fax:** 6 40 98 95
Landesinnungsmeister: Bernd Eichsteller
Geschäftsführer(in): Armin Huober

g 512

Landesinnungsverband des Bayerischen Maler- und Lackiererhandwerks
Ungsteiner Str. 27, 81539 München
T: (089) 68 07 82 67 **Fax:** 68 07 82 65
Landesinnungsmeister: Helmuth Listl
Geschäftsführer(in): Dipl. oec. Wolfgang Siegel

g 513

Landesinnungsverband des Maler- und Lackiererhandwerks Berlin-Brandenburg
Wuthenowstr. 1, 12169 Berlin
T: (030) 7 91 30 64 **Fax:** 7 93 21 51
Landesinnungsmeister: Werner Brands
Geschäftsführer(in): Dipl.-Vw. Jürgen Wittke

g 514

Landesinnungsverband des Maler- und Lackiererhandwerks Bremen
Gewerbehaus
Ansgaritorstr. 24, 28195 Bremen
T: (0421) 30 50 03-0 **Fax:** 30 27 62
Landesinnungsmeister: Dieter Dasenbrook
Geschäftsführer(in): Holger Detjen

g 515

Maler- und Lackiererinnung Hamburg
Holstenwall 12, 20355 Hamburg
T: (040) 34 38 87 **Fax:** 3 48 06 25
Landesinnungsmeister: Dipl.-Kfm. Walter Baass
Geschäftsführer(in): N. N.

g 516

Verband Farbe, Gestaltung, Bautenschutz Hessen
Kettenhofweg 14-16, 60325 Frankfurt
T: (069) 97 12 13-0 **Fax:** 17 25 54
Landesinnungsmeister: Klaus Böhmer
Geschäftsführer(in): Werner Schledt

g 517

Landesinnungsverband des Maler- und Lackiererhandwerks Mecklenburg-Vorpommern
Dr.-Leber-Str. 7, 23966 Wismar
T: (03841) 27 17-0 **Fax:** 27 17-27
Landesinnungsmeister: Karlheinz Bartlau
Geschäftsführer(in): Antje Lange

g 518

Malerverband Niedersachsen, Landesinnungsverband für das Maler-, Lackierer- und Fahrzeuglackiererhandwerk
Sodenstr. 2, 30161 Hannover
T: (0511) 34 91 92-0 **Fax:** 3 88 32 43
Landesinnungsmeister: Karl-August Siepelmeyer
Geschäftsführer(in): Ass.jur. Andreas Becker

g 519

Maler- und Lackiererinnungsverband Nordrhein
Neuköllner Str. 2, 50676 Köln
T: (0221) 23 45 13/14 **Fax:** 24 93 75
Landesinnungsmeister: Hans Moseler
Geschäftsführer(in): RA Wolfgang Reinders

g 520

Landesinnungsverband des pfälzischen Maler- und Lackiererhandwerks
Ludwigsplatz 10, 67059 Ludwigshafen
T: (0621) 51 09 05 **Fax:** 51 09 05
Landesinnungsmeister: Gerhard Stammwitz
Geschäftsführer(in): Ass. Otmar Heitz

g 521

Fachverband Farbe Gestaltung Bautenschutz Rheinland-Rheinhessen
Hoevelstr. 19, 56073 Koblenz
T: (0261) 4 06 30 60 **Fax:** 4 06 30 23
Landesinnungsmeister: Werner Bomm
Geschäftsführer(in): Martin Gottsmann

g 522

Maler- und Lackiererinnung des Saarlandes
Konrad-Zuse-Str. 4, 66115 Saarbrücken
T: (0681) 7 76 08 01 **Fax:** 7 76 08 02
Landesinnungsmeister: Klaus Drouin
Geschäftsführer(in): N. N.

g 523

Fachverband Farbe, Gestaltung, Bautenschutz - Landesinnungsverband Sachsen des Maler- und Lackiererhandwerks
Pirnaer Landstr. 40, 01237 Dresden
T: (0351) 8 03 98 19 **Fax:** 8 03 98 29
Landesinnungsmeister: Udo Reichel
Geschäftsführer(in): Wolfgang Tierok

g 524

Landesinnungsverband des Maler- und Lackiererhandwerks Sachsen-Anhalt
Kurt-Tucholsky-Str. 5, 06110 Halle
T: (0345) 29 00-367, 29 00-368 **Fax:** 29 00-369
Landesinnungsmeister: Rainer Müller
Geschäftsführer(in): Oliver Christoph Klaus

g 525

Landesinnungsverband Farbe, Gestaltung, Bautenschutz Schleswig-Holstein
Kaninchenborn 18, 23560 Lübeck
T: (0451) 5 82-2233 **Fax:** 5 82-0990
Landesinnungsmeister: Horst Kruse
Geschäftsführer(in): MLM Karl-August Hartz

g 526

Landesverband Südbaden des Maler- und Lackiererhandwerks e.V.
Rheinstr. 146, 76532 Baden-Baden
T: (07221) 6 14 64 **Fax:** 5 56 94
Landesinnungsmeister: Eduard Billian
Geschäftsführer(in): Assessor Otmar Heitz

g 527

Landesinnungsverband des Maler- und Lackiererhandwerks Thüringen
Hilderser Str. 14, 98590 Schwallungen
T: (036848) 3 26 41 **Fax:** 3 26 43
Landesinnungsmeister: Joachim Nickel
Geschäftsführer(in): Wolfgang Fuchs

g 528

Maler- und Lackiererinnungsverband Westfalen
Prinz-Friedrich-Karl-Str. 46, 44135 Dortmund
T: (0231) 55 69 96-0 **Fax:** 55 69 96-99
Landesinnungsmeister: Klaus Linde
Geschäftsführer(in): Dipl.-Volksw. Klaus Yongden Tillmann

• G 529

Bundesverband des Deutschen Zinngießer-Handwerks e.V.
Rosenplütstr. 2, 90439 Nürnberg
T: (0911) 26 16 66 **Fax:** 26 16 55
Vorsitzende(r): Dipl.-Ing. Hinrich Röders
Geschäftsführer(in): Manuela Wohlert

• G 530

Bundesinnungsverband für das Deutsche Zweiradmechaniker-Handwerk
Ludwig-Erhard-Str. 20, 61440 Oberursel
T: (06171) 5 60 01 **Fax:** 41 57
Gründung: 1989
Bundesinnungsmeister: Wolfgang Hees (Lebacher Str. 190, 66113 Saarbrücken)
Geschäftsführer(in): Horst Villmeter
Verbandszeitschrift: Zweirad-Info
Mitglieder: 1500, 22 reg. Innungen
Mitarbeiter: 3

• G 531

Landesverband Mechanischer Metallhandwerke Bayern
Landesinnungsverband Bayern für Maschinenbaumechanik, Werkzeugbau, Informationstechnik, Dreher, Feinmechanik und Zweiradmechanik
Graf-Konrad-Str. 17, 80809 München
T: (089) 35 09 83-0 **Fax:** 35 50 50
Landesinnungsmeister: Tassilo Kiefl
Hauptgeschäftsführer(in): Klaus Arns

• G 532

Bundesinnungsverband des Deutschen Kälteanlagenbauerhandwerks (BIV)
Bahnhofstr. 27, 53721 Siegburg
T: (02241) 9 69 90-46 **Fax:** 9 69 90-40
Internet: http://www.biv-kaelte.de
E-Mail: info@biv-kaelte.de
Bundesinnungsmeister: Dipl.-Ing. Klaus Schürmann
Geschäftsführer(in): Dipl.-Volksw. Rudolf Pülz
Mitglieder: 1063, 18 regionale Innungen

• G 533

Bundesverband Bürotechnik (BIV)
Postf. 27 30, 67615 Kaiserslautern
Präsident(in): Gerhard Scheithe (St. Wendeler Str. 62 b, Bruchmühlbach-Miesau)
Eberhard Schröder (Weidenthalstr. 35, Dresden)
Vizepräsident(in): Fritz Heiling (Fiersbarg 44 a, Hamburg)
Winfried Itaigis (Am Brandweiher 19, 51674 Wiehl)
Hans Kurrle (Hintere Str. 29, Fellbach)
Geschäftsführer(in): RA Joachim Erwin
Mitglieder: 1500

g 534

Fachverband Büro- und Computertechnik Baden-Württemberg
Reinsburgstr. 86, 70178 Stuttgart
T: (0711) 6 15 65 39-0 **Fax:** 6 15 65 39-9
Gründung: 1952 (3. April)
Landesinnungsmeister: Hans Kurrle (Hintere Str. 29, 70734 Fellbach)
Geschäftsführer(in): Sascha M. Binoth (Lise-Meitner-Str. 19, 76275 Ettlingen)
Mitglieder: 500

g 535

Landesinnung Bürotechnik Berlin-Brandenburg
Köpenicker Str. 148-149, 10997 Berlin
T: (030) 6 18 20 26 **Fax:** 6 18 80 31
Geschäftsführer(in): RA Wolfgang Schramm (Köpenicker Str. 148/149, 10997 Berlin, T: (030) 6 18 20 26)
Obermeister: Jürgen Kränzlein (Schlieperstr. 16, 13507 Berlin, T: (030) 4 33 88 54)

g 536

Innung Bürotechnik Hamburg
Hermann-Löns-Weg 73, 25462 Rellingen
T: (04101) 3 26 44 **Fax:** 3 26 32
Obermeister: Fritz Heiling
Geschäftsführer(in): Enrico Viebeg

g 538

Landesinnungsverband Bürotechnik Niedersachsen
Postf. 35 04, 30035 Hannover
Berliner Allee 17, 30175 Hannover
T: (0511) 34 41 41
Geschäftsführer(in): Günter Bietendorf
Landesinnungsmeister: Horst Dottermusch (Hirtenweg 11, 30163 Hannover)

g 539

Landesinnungsverband Bürotechnik für das Büroinformationselektronikerhandwerk Rheinland-Pfalz
Postf. 21 38, 56511 Neuwied
Langendorfer Str. 91, 56564 Neuwied
Geschäftsführer(in): Udo Runkel
Landesinnungsmeister: Gerhard Scheithe (St. Wendeler Str. 62 b, 66892 Bruchmühlbach-Miesau)

g 541

Landesinnung Bürotechnik Schleswig-Holstein -Büroinformationselektroniker-
Sitz Neumünster
Wasbeker Str. 351, 24537 Neumünster
T: (04321) 60 88-0 **Fax:** 60 88-33
Geschäftsführer(in): Thomas Kafvelström
Landesinnungsmeister: Gerd Jahn (Kampstr. 8, 24782 Büdelsdorf, T: (04331) 36 2 66)

g 542

Landesinnungsverband Bürotechnik Nordrhein-Westfalen
Rosenstr. 64, 40479 Düsseldorf
T: (0211) 49 42/81 **Fax:** 4 98 32 07
Landesinnungsmeister: N. N.
Geschäftsführer(in): RA Joachim Erwin

g 543

Landesverband Mechanischer Metallhandwerke Bayern
Landesinnungsverband Bayern für Maschinenbaumechanik, Werkzeugbau, Büroinformationselektronik, Dreher, Feinmechanik und Zweiradmechanik
Graf-Konrad-Str. 17, 80809 München
T: (089) 35 09 83-0 **Fax:** 35 50 50
Landesinnungsmeister: Tarsilo Kiefl
Hauptgeschäftsführer(in): Klaus Arns

g 544

Landesinnungsverband Bürotechnik Sachsen
Weidentalstr. 35, 01157 Dresden
T: (0351) 4 21 55 21 **Fax:** 4 32 54 18
Landesinnungsmeister: Eberhard Schröder (Weidentalstr. 35, 01157 Dresden, T: (0351) 4 32 54 18, Telefax: (0351) 4 32 54 18)

g 545

Landesinnung Bürotechnik Thüringen
Kreishandwerkerschaft
Berkaer Str. 5, 99425 Weimar
T: (03643) 85 07 64 **Fax:** 85 07 69
Landesinnungsmeister: Lutz Voigt (Über den Nonnenwiesen 3, 99428 Weimar-Tröbsdorf, T: (03643) 2 41 10, Telefax: (03643) 24 11 21)
Geschäftsführer(in): Leibing

g 546

Landesinnung der Büroinformationselektroniker Sachsen-Anhalt
Geschäftsführung: Kreishandwerkerschaft Anhalt-Zerbst
Breite 20, 39261 Zerbst
T: (03923) 25 52, 6 25 54
Geschäftsführer(in): Peter Wadenbach
Obermeister: Wolfgang Schuster (Ludwig-Wucherer-Str. 56, 06108 Halle, T/Fax: (0345) 5 23 20 57)

• G 547

Bundesverband Schneid- und Schleiftechnik
Am Brunnen 1, 85283 Wolnzach
T: (08442) 64-0 **Fax:** 64-299
Präsident u. Geschäftsführer: Gerhard Linner
Mitglieder: ca. 180

Innungen

Baden-Württemberg

g 550

Schneidwerkzeugmechaniker-Innung Nord-Württemberg Messerschmied-Schleiftechnik
Postf. 14 31, 71304 Waiblingen
T: (07151) 5 20 81 **Fax:** 5 21 95
Obermeister: Klaus Maurer (Fleiner Str. 24, 74072 Heilbronn, T: (07131) 8 25 77, Telefax: (07131) 17 11 25)

Bayern

g 552

Schneidwerkzeugmechaniker Messerschmiede-Innung Nordbayern
Postf. 19 64, 90709 Fürth
Fürther Freiheit 6, 90762 Fürth
T: (0911) 74 08 50 **Fax:** 7 40 85 15
E-Mail: khsfuerth@t-online.de
Obermeister: Oliver Gayer (Medicusstr. 49, 63739 Aschaffenburg, T: (06021) 2 24 43, Fax: (06021) 2 67 56)

Berlin-Brandenburg

g 553

Landesinnung der Schneidwerkzeugmechaniker Berlin/Brandenburg
Havelstr. 19, 16515 Oranienburg
Gründung: 1990 (3. November)
Obermeister: Hans-Peter Marten (Scharnweber Str. 116, 13405 Berlin)
Mitglieder: 11

Hamburg

g 555

Schneid-, Schleiftechnik- und Büchsenmacher-Innung Hamburg und Schleswig-Holstein
Holstenwall 12, 20355 Hamburg
T: (040) 35 74 46-0 **Fax:** 35 39 83
Obermeister: Jürgen Mehlfeldt (Holstenstr. 188, 22767 Hamburg, T: (040) 38 91 03 30, Fax: (040) 38 91 03 20)
Geschäftsführer(in): Hoffmann

Mecklenburg-Vorpommern

g 556

Schneidwerkzeugmechaniker Innung Mecklenburg/Vorpommern
Postf. 10 11 61, 17019 Neubrandenburg
Obermeister: Eberhard Wilski (Godow 8, 17192 Kargow)

Niedersachsen

g 557

Niedersächsische Innung für Schneid- und Schleiftechnik Hannover
Berliner Allee 17, 30175 Hannover
T: (0511) 34 41 41
Geschäftsführer(in): Günter Bietendorf (T: (0511) 34 41 41)
Obermeister: Mark Hoppe (Mogelkenstr. 26, 30165 Hannover)

Nordrhein-Westfalen

g 558

Schneidwerkzeugmechaniker-Ig. MS
Postf. 43 05, 48024 Münster
Ossenkampstiege 111, 48163 Münster
T: (0251) 5 20 08-0 **Fax:** 5 20 08-33
Obermeister: Magnus Jörg (Grevener Str. 76, 48149 Münster, T: (0251) 29 32 31)
Geschäftsführer(in): Assessor Heinz-Dieter Rohde

g 559

Innung f. Schneid- u. Schleiftechnik Nordrhein
Philippstr. 37-39, 50823 Köln
T: (0221) 51 69 59
Obermeister: Norbert Christians (Philippstr. 37/39, 50823 Köln, T: (0221) 51 69 59, Telefax: (0221) 52 94 88)
Geschäftsführer(in): Leopold Abt

Rheinland-Pfalz und Saarland

g 560

Schneidwerkzeugmechaniker-Innung für Rheinland-Pfalz und das Saarland
Postf. 16 26, 76806 Landau
Martin-Luther-Str. 46, 76829 Landau
T: (06341) 92 78 70
Obermeister: Hermann Preuss (Messerschmiedemeister, Korngasse 11, 67346 Speyer, T: (06232) 7 54 43, Fax: (06232) 7 23 66)

• G 565

Fachverband Deutscher Präzisions-Werkzeugschleifer e.V. (FDPW)
Postf. 9 61, 87587 Kaufbeuren
Hausadresse: An der Säge 15, 87666 Pforzen,
T: (08346) 17 86, Telefax: (08346) 17 87
Gründung: 1987 (27./28. November)
Präsident(in): Gerhard Linner, Wolnzach
Vizepräsident(in): Herbert Wulf, Wedemark
Verbandszeitschrift: Forum der Schneidwerkzeug- und Schleiftechnik
Verlag: Fachverlag Körber, 87666 Pforzen
Mitglieder: z. Zt. 270 Firmen

• G 566

Bundesverband Metall Vereinigung Deutscher Metallhandwerke
Ruhrallee 12, 45138 Essen
T: (0201) 8 96 19-0 **Fax:** 8 96 19-20
Internet: http://www.metallhandwerk.de
E-Mail: info@metallhandwerk.de
Präsident(in): Dipl.-Wirtsch.-Ing. Klaus Graupe (Graupe Components GmbH, Geschw.-Beschütz-Bogen 3, 22335 Hamburg)
Hauptgeschäftsführer(in): RA Thomas Fleischmann
Verbandszeitschrift: "M + T" Metallhandwerk + Technik
Verlag: Verlag Charles Coleman, Wahmstr. 56, 23552 Lübeck
Mitglieder: 23430 (über 15 Verbände incl. neue Bundesländer)

Der Bundesverband Metall hat die Aufgabe, die Interessen der Handwerke wahrzunehmen, für die er gebildet ist; die angeschlossenen Innungsverbände und Innungen in der Erfüllung ihrer gesetzlichen und satzungsmäßigen Aufgaben zu unterstützen; den Behörden Anregungen und Vorschläge zu unterbreiten sowie ihnen auf Verlangen Gutachten zu erstatten. Er ist befugt, Fachschulen und Fachkurse einzurichten oder zu fördern.

Bundesfachschule Metallhandwerk Northeim
Am Rhumekanal 18, 37154 Northeim
T: (05551) 34 59 **Fax:** 6 64 73

Bundesfachschule Metallhandwerk Roßwein
Döbelner Str. 69, 04741 Roßwein
T: (034322) 5 15-11 **Fax:** 4 33 05

g 567

Handwerksverband Metallbau und Feinwerktechnik Baden-Württemberg (HMF)
Schönestr. 35/-1, 70372 Stuttgart
T: (0711) 95 47 29-0 **Fax:** 95 47 29 40
Landesinnungsmeister: Werner Kownatzki (Weckstr. 19, 79664 Wehr, T:(07761) 92 88-0)
Hauptgeschäftsführer(in): Dipl.-Kfm. Jürgen Schwedler
Betriebswirtschaftliche Beratungsstelle: Dipl.-oec. Hans-Peter Eckhardt
Fachtechnische Beratungsstelle: Dipl.-Ing. Bernhard Pfeffer

g 568

Fachverband Metall Bayern
Erhardtstr. 6, 80469 München
T: (089) 2 01 49 36 **Fax:** 2 01 00 23
Vorsitzende(r): Klaus Dann (Neisser Str. 13, 87437 Kempten, T: (0831) 57 51 40)
Hauptgeschäftsführer(in): Richard Tauber

g 569

Landesinnungsverband Metall Berlin-Brandenburg
Köpenicker Str. 148-149, 10997 Berlin
T: (030) 6 18 20 26 **Fax:** 6 18 80 31
Landesinnungsmeister: Hans-Ulrich Fischer (Am Pichelssee 56 b, 13595 Berlin)
Hauptgeschäftsführer(in): RA Wolfgang Schramm (Köpenicker Str. 148/149, 10997 Berlin, T: (030) 6 18 20 26)

g 570

Norddeutscher Metallgewerbeverband Hamburg e.V.
Große Bahnstr. 101, 22769 Hamburg
T: (040) 85 31 01-0 **Fax:** 85 31 01 13
Gründung: 1972
Vorsitzende(r): Dipl.-Wirtsch.-Ing. Klaus Graupe
Hauptgeschäftsführer(in): RA Carsten Conrad
Geschäftsführer(in): Heino Mager
Verbandszeitschrift: NMV dialog
Mitglieder: 345
Mitarbeiter: 10

g 571

Fachverband Metall Hessen
Ludwig-Erhard-Str. 20, 61440 Oberursel
T: (06171) 5 60 01 **Fax:** 41 57
Landesinnungsmeister: Ulrich Gotta (Ottostr. 21, 63150 Heusenstamm)
Geschäftsführer(in): Ing. (grad.) Horst Villmeter

g 572

Metallfachschule Hessen
Ludwig-Erhard-Str. 20, 61440 Oberursel
T: (06171) 5 60 01 **Fax:** 41 57

g 573

Metallgewerbeverband Mecklenburg-Vorpommern
Geschäftstelle
Fleethörn 25, 24103 Kiel
T: (0431) 9 81 69-0 **Fax:** 9 38 77
Landesinnungsmeister: Ing. Horst Lübbert
Hauptgeschäftsführer(in): Dipl.-Volksw. Hugo Schütt

g 574

Landesverband Metall Niedersachsen/Bremen
Walderseestr. 47, 30177 Hannover
T: (0511) 9 09 85-0 **Fax:** 9 09 85-85
Präsident(in): Otto Künnecke (Bülte 1, 37603 Holzminden, T: (05531) 93 00-0, Telefax: (05531) 93 00-40)
Geschäftsführer(in): Ing. (grad.) Lothar Wittkopp

g 575

Landesfachschule Metall Niedersachsen und Bremen
Am Domänenhof 5, 21337 Lüneburg
T: (04131) 5 21 24 **Fax:** 5 09 13
Schulleiter: Dipl.-Ing. Jörg Grocholl

g 576

Fachverband Metall Pfalz
Etzelwegstr. 229, 66482 Zweibrücken
T: (06332) 1 70 91 **Fax:** 7 39 39
Landesinnungsmeister: Xaver Mak (Etzelweg 229, 66482 Zweibrücken, T: (06332) 1 70 91, Telefax: (06332) 7 39 39)
Geschäftsführer(in): Paul Utzinger

g 577

Fachverband - Metallhandwerk Rheinland - Rheinhessen
Eltviller-Str. 7a, 55262 Heidesheim
T: (06132) 6 27 72 **Fax:** 6 27 99
Landesinnungsmeister: Peter Gieraths (In der Wasserscheid 5, 53424 Remagen, T: (02642) 32 32, Fax: 39 20)
Geschäftsführer(in): RA Dipl.-Volksw. Albert Payrhuber
Mitglieder: 700-800
Mitarbeiter: 2
Jahresetat: DM 0,3 Mio, € 0,15 Mio

g 578

Fachverband Metall Nordrhein-Westfalen
Ruhrallee 12, 45138 Essen
T: (0201) 8 96 47-0 **Fax:** 25 25 48
Internet: http://www.metallhandwerk-nrw.de
E-Mail: fvm@metallhandwerk-nrw.de
Vorsitzende(r): Jürgen Schreiber (Wambeler Hellweg 32-34, 44143 Dortmund, T: (0231) 59 53 30, Telefax: (0231) 5 60 05 75)
Hauptgeschäftsführer(in): Dr. jur. Ulrich Theelen

Technische Beratungsstelle:
Leitung: Dipl.-Ing. Joachim Tewes

Betriebswirtschaftliche Beratungsstelle:
Leitung: Dipl.-Betriebsw. Norbert in der Weide

Marketingstelle:
Leitung: Dipl.-Kfm. Stephan Lohmann

g 579

Landesinnung Metall Saarland
Postf. 10 02 43, 66002 Saarbrücken
Grülingsstr. 115, 66113 Saarbrücken
T: (0681) 9 48 61-0 **Fax:** 9 48 61-99
Landesinnungsmeister: Rudi Klein (Zu den Pottaschwiesen 17, 66386 St. Ingbert, T: (06894) 87 07 67, Fax: (06894) 87 07 69)
Geschäftsführer(in): Dr. Joachim Faber

g 580

Fachverband Metall Sachsen e.V.
Scharfenberger Str. 66, 01139 Dresden
T: (0351) 8 50 64 80 **Fax:** 8 50 64 82
Vorsitzende(r): Peter Made
Geschäftsführer(in): Wolfgang Herrmann

g 581

Landesinnungsverband Metall Sachsen-Anhalt
An der Sülze 7, 39179 Barleben
T: (039203) 7 61 60-62 **Fax:** 7 61 63
Landesinnungsmeister: Willi Meyer (Friesenstr. 7, 39108 Magdeburg, T: (0391) 7 33 07 56, Telefax: (0391) 7 33 07 56)
Geschäftsführer(in): Uta Ockert

g 582

Metallgewerbeverband Schleswig-Holstein
Fleethörn 25, 24103 Kiel
T: (0431) 9 81 69-0 **Fax:** 9 38 77
Landesinnungsmeister: Ing. Jörn Affeldt
Hauptgeschäftsführer(in): Dipl.-Volksw. Hugo Schütt

g 583

Fachverband Metallhandwerk Thüringen
Hans-Loch-Str. 12, 99099 Erfurt
T: (0361) 3 73 53 96 **Fax:** 3 45 94 87
Vorsitzende(r): Schlossermeister Fritz Kleiber
Geschäftsführer(in): Dipl.-Ing. (FH) Claudia Kellermann

• G 584

Bundesverband mittelständischer Privatbrauereien e.V.
Justus-Staudt-Str. 2, 65555 Limburg
T: (06431) 5 20 48 **Fax:** 5 36 12
Präsident(in): Rainer Pott
Geschäftsführer(in): RA Roland Demleitner
Mitglieder: 800

Vertretung und Förderung der fachlichen, wirtschaftlichen, kulturellen und sozialen Interessen der Mitglieder gegenüber den Regierungsstellen, Pflege und Förderung des Austausches wirtschaftlicher und technischer Information im Gewerbe; Erteilen von Ratschlägen an die Regierungsstelle bezüglich der das mittelständische Brau- und Mälzereigewerbe betreffenden Angelegenheiten.

Mitgliedsverbände

g 585

Verband mittelständischer Privatbrauereien in Bayern e.V.
Thomas-Wimmer-Ring 9, 80539 München
T: (089) 29 40 86 **Fax:** 22 01 79
Präsident(in): Hans Schinner
Hauptgeschäftsführer(in): Manfred Unkel

g 586

Verband mittelständischer Privatbrauereien in Baden-Württemberg
Geschäftsstelle Limburg
Justus-Staudt-Str. 2, 65555 Limburg
T: (06431) 5 20 48 **Fax:** 5 36 12
Vorsitzende(r): Rainer Honer
Geschäftsführer(in): RA Roland Demleitner

g 587

Verband mittelständischer Privatbrauereien in Hessen
Postf. 12 44, 35522 Wetzlar
Garbenheimer Str. 20, 35578 Wetzlar
T: (06441) 94 81-0 **Fax:** 94 81-30
Vorsitzende(r): Manfred Gebhardt-Euler

g 588

Vereinigung Privater Mittelstandsbrauereien in Nordwest-Deutschland e.V.
Justus-Staudt-Str. 2, 65555 Limburg
T: (06431) 5 20 48 **Fax:** 5 36 12
Präsident(in): Brauereibesitzer Rainer Pott, Oelde
Geschäftsführer(in): RA Roland Demleitner

g 589

Verband mittelständischer Privatbrauereien in Nordost-Deutschland e.V.
Justus-Staudt-Str. 2, 65555 Limburg
T: (06431) 5 20 48 **Fax:** 5 36 12
Präsident(in): Hans Bauer
Geschäftsführer(in): RA Roland Demleitner

• G 590

Verein zur Förderung mittelständischer Privatbrauereien e.V.
Thomas-Wimmer-Ring 9, 80539 München
T: (089) 29 40 86/87 **Fax:** 22 01 79
Gründung: 1965 (1. Juni)
Vorsitzende(r): Joseph Graf von Deym (Schloßbrauerei Arnstorf, Postf. 1109, 94420 Arnstorf)
Stellvertretende(r) Vorsitzende(r): Brauereibesitzer Kuno Bruckmayer (Ettl-Bräu, 94244 Teisnach)
Geschäftsführer(in): Manfred Unkel
Mitglieder: 450

• G 591

Bundesinnungsverband des Deutschen Modellbauerhandwerks
Kreuzstr. 108, 44137 Dortmund
T: (0231) 91 20 10 27 **Fax:** 91 20 10 10
Gründung: 1969 (16. Mai)
Vorsitzende(r): Maximilian Lörzel (Bahnhofstr. 64, 85604 Zorneding, T: (08106) 2 43 10, Fax: (08106) 2 27 32)
Verbandszeitschrift: Modellbauer-Handwerk
Redaktion: Bundesinnungsverband des Deutschen Modellbauer-Handwerks und Anzeigenverwaltung: Wilhelm Rüller, Friedhofstr. 74, 59439 Holzwickede
Mitglieder: rd. 500
Mitarbeiter: 2 (im Bundesinnungsverband)
Jahresetat: DM 2 Mio, € 1,02 Mio

• G 592

Bundesinnungsverband für das Modistenhandwerk
Postf. 10 34 18, 40025 Düsseldorf
Auf'm Tetelberg 7, 40221 Düsseldorf
T: (0211) 30 82 36-37 **Fax:** 39 75 88
Bundesinnungsmeisterin: Katt Schweitzer-Nacken (Alexanderstr. 9, 52062 Aachen)
Geschäftsführer(in): Ing. Manfred Rütten
Mitglieder: ca. 250, Landesverbände: 7

• G 593

VERBAND DEUTSCHER MÜHLEN

Postf. 30 01 62, 53181 Bonn
Beueler Bahnhofsplatz 18, 53225 Bonn
T: (0228) 9 76 10-0 **Fax:** 9 76 10-99
Internet: http://www.muehlen.org
E-Mail: vdm@muehlen.org
Internationaler Zusammenschluß: siehe unter izf 1753
Vorsitzende(r): Hans-Christoph Erling (GeschFGes: Bremer Rolandmühle Erling & Co. GmbH, Emder Str. 39, 28217 Bremen)
Hauptgeschäftsführer(in): RA Franz-Josef Arens
Geschäftsführer(in): RA Henrich Fenner
Dipl.-Volksw. Manfred Weizbauer
Mitglieder: 750

Landesverbände

g 594

Baden-Württembergischer Müllerbund
Wilhelmstr. 7, 70182 Stuttgart
T: (0711) 2 36 40 21 **Fax:** 1 64 11 80
Vorsitzende(r): Karl-Rainer Rubin (Rubin-Mühle, Postf. 19 07, 77909 Lahr)
Geschäftsführer(in): Dipl.-oec. Andreas Kofler (Wilhelmstr. 7, 70182 Stuttgart, T: (0711) 2 36 40 21)

g 595

Bayerischer Müllerbund e.V.
Landesverband bayerischer Mühlen
Karolinenplatz 5a, 80333 München
T: (089) 28 11 55 **Fax:** 28 11 04
Vorsitzende(r): Ludwig Kraus (Würmmühle 1, 85221 Dachau, T: (08131) 1 55 46, Fax: (08131) 2 05 95)
Geschäftsführer(in): Dipl.-Volksw. Hans Georg Walzer (Wölzlstr. 2, 81929 München)

g 596

Müller-Innungen Hessen
Bockenheimer Landstr. 21, 60325 Frankfurt
T: (069) 72 35 09 **Fax:** 72 35 09
Geschäftsführer(in): Hans Emich (An der Escholimühle 28, 64297 Darmstadt, T: (06151) 5 42 67)

g 597

Müller- und Mühlenbauer-Innung der Pfalz
Bockenheimer Landstr. 21, 60325 Frankfurt
T: (069) 72 35 09 **Fax:** 72 35 09
Vorsitzende(r): Werner Gutting (Hambacher Mühle, 67434 Neustadt, T: (06321) 8 30 05, Telefax: (06321) 3 45 27)
Geschäftsführer(in): Hans Emich (An der Escholimühle 28, 64297 Darmstadt, T: (06151) 5 42 67)

g 598

Müllerbund Rheinland-Pfalz
Bockenheimer Landstr. 21, 60325 Frankfurt
T: (069) 72 35 09 **Fax:** 72 35 09
Vorsitzende(r): Karl-Günther Offergeld (Ahrmühle, Postf. 18, 53474 Bad Neuenahr-Ahrweiler, T: (02641) 16 83 u. 2 12 06, Telefax: (02641) 7 80 39)
Geschäftsführer(in): Hans Emich (An der Escholimühle 28, 64297 Darmstadt, T: (06151) 5 42 67)

g 599

Nordwestdeutscher Müllerbund
Lange Reihe 62, 44143 Dortmund

T: (0231) 51 77-1 22 **Fax:** 51 77-1 99
Gründung: 1935
Vorsitzende(r): Franz Vorwig (Schwannemühle, 59514 Welver, T: (02384) 7 21, Telefax: (02384) 17 46)
Geschäftsführer(in): Dipl.-Kfm. Heinz-Dieter Berlemann (Rolevinckstr. 11, 44141 Dortmund, T: (0231) 41 45 83)

• G 600

Bundesinnungsverband für das Musikinstrumenten-Handwerk
Geschäftsstelle: Kreishandwerkerschaft Düsseldorf
Postf. 10 33 53, 40024 Düsseldorf
Klosterstr. 73-75, 40211 Düsseldorf
T: (0211) 36 70 70 **Fax:** 3 67 07 13
Gründung: 1951 (30. Juni)
Bundesinnungsmeister: Johann Scholtz (Wallstr. 26, 40213 Düsseldorf, T: (0211) 13 12 49, Telefax: (0211) 32 73 68)
Geschäftsführer(in): Assessor Wilhelm Lettgen (Ltg. Presseabt.)
Mitglieder: 480

• G 601

Bund Deutscher Orgelbaumeister e.V.
Frankfurter Ring 243 III, 80807 München
T: (089) 32 46 58-0 **Fax:** 32 46 53-13
Vorsitzende(r): Hans Gerd Klais, Bonn
Geschäftsführer(in): Anton Rösch
Mitglieder: 125

• G 602

Bundesinnungsverband für Orthopädie-Technik (BIV)
Postf. 10 06 51, 44006 Dortmund
Reinoldistr. 7-9, 44135 Dortmund
T: (0231) 5 57 05 00 **Fax:** 55 70 50 40
Internet: http://www.ot-forum.de
E-Mail: info@ot-forum.de
Gründung: 1883
Vorsitzende(r): Hans Udo Kersting
Geschäftsführer(in): Dipl.-Kfm. F. Schütte
Leitung Presseabteilung: Bernd Wünschmann
Verbandszeitschrift: "Orthopädie-Technik"
Verlag: Verlag Orthopädie-Technik, Reinoldistr. 7-9, 44135 Dortmund, Telefax: (0231) 55 70 50 70
Mitglieder: 1555
Mitarbeiter: 18

Innungen und Landesinnungsverbände

Baden-Württemberg

g 603

Landesinnung für Orthopädie-Technik Baden-Württemberg
c/o Business Park
Zettachring 2, 70567 Stuttgart
T: (0711) 7 28 55 35 **Fax:** 7 28 85 77
E-Mail: fachverband-ot@t-online.de
Obermeister: Max Schläfer, Karlsruhe
Geschäftsführer(in): Raymund Weber, Stuttgart

Bayern

g 604

Landesinnung Bayern für Orthopädie-Technik
Lindwurmstr. 75I, 80337 München
T: (089) 5 44 65 50 **Fax:** 53 11 23
E-Mail: lainotmchn@t-online.de
Obermeister: Joachim Feix, Nördlingen
Geschäftsführer(in): Rechtsanwalt Rudolf Schwarz, München

Berlin-Brandenburg

g 605

Landesinnung für Orthopädie-Technik Berlin-Brandenburg
Beusselstr. 27, 10553 Berlin
T: (030) 39 89 94-0 **Fax:** 39 89 94-16
E-Mail: rosin-lampertius.otibb@t-online.de
Obermeister: Klaus Dittmer, Berlin
Geschäftsführer(in): Rosin-Lampertius, Berlin

Bremen

g 606

Innung für Orthopädie-Technik Niedersachsen/Bremen
Ansgaritorstr. 24, 28195 Bremen
T: (0421) 3 05 00 34 **Fax:** 30 27 62
Obermeister: Siegfried Seidel, Quakenbrück

Hamburg

g 607

Innung für Orthopädie-Technik Nord
Bei Schuldts Stift 3, 20355 Hamburg
T: (040) 35 53 43-0 **Fax:** 35 53 43-33
E-Mail: info@zi-nord.de
Obermeister: Hans-Wilhelm Schüring, Cuxhaven
Stellv. Obermeister: Hans-Georg Thiede, Hamburg
Geschäftsführer(in): Eichhorn, Hamburg

Hessen

g 608

Landesinnung Hessen für Orthopädie-Technik
Karlstr. 14, 64546 Mörfelden-Walldorf
T: (06105) 3 33 45 **Fax:** 2 48 35
E-Mail: innung@ot-hessen.de
Obermeister: Peter Hähn, Friedberg
Geschäftsführer(in): Walter Kriha, Mörfelden-Walldorf

Mecklenburg-Vorpommern

g 609

Innung für Orthopädie-Technik Nord
Bei Schuldts Stift 3, 20355 Hamburg
T: (040) 35 53 43-0 **Fax:** 35 53 43-33
E-Mail: info@zi-nord.de
Obermeister: Hans-Wilhelm Schüring, Cuxhaven
Stellv. Obermeisterin: Ulrike Hofmann, Schwerin
Geschäftsführer(in): Eichhorn, Hamburg

Niedersachsen

g 610

Innung für Orthopädie-Technik Niedersachsen/Bremen
Ansgaritorstr. 24, 28195 Bremen
T: (0421) 3 05 00 34 **Fax:** 30 27 62
Obermeister: Siegfried Seidel, Quakenbrück

Nordrhein-Westfalen

g 611

Landesarbeitsgemeinschaft für Orthopädie-Technik Nordrhein-Westfalen
Ostwall 205, 47798 Krefeld
T: (02151) 80 10 68 **Fax:** 63 19 94
Vorsitzende(r): Hans-Werner Willecke, Bergheim
Geschäftsführer(in): Willms, Krefeld

g 612

Innung für Orthopädie-Technik für den Regierungsbezirk Arnsberg
Westring 24, 44787 Bochum
T: (0234) 96 46 40 **Fax:** 9 64 64 64
Obermeister: Helmut Röper, Menden

g 613

Innung für Orthopädie-Technik für den Reg.-Bez. Detmold
Hans-Sachs-Str. 2, 33602 Bielefeld
T: (0521) 5 80 09 08 **Fax:** 5 80 09 42
Obermeister: Kurt Zündorf, Bielefeld

g 614

Innung für Orthopädie-Technik Düsseldorf
Ostwall 205, 47798 Krefeld
T: (02151) 80 10 68 **Fax:** 63 19 94
Obermeister: Thomas Münch, Duisburg
Geschäftsführer(in): Willms, Krefeld

g 615

Innung für Orthopädie-Technik Köln
Frankenwerft 35, 50667 Köln
T: (0221) 2 07 04 34 **Fax:** 2 07 04 36
Obermeister: Hans-Werner Willecke, Bergheim
Lothar Schittek, Köln

g 616

Innung für Orthopädie-Technik für den Regierungsbezirk Münster
Ossenkampstiege 111, 48163 Münster
T: (0251) 5 20 08-17 **Fax:** 5 20 08-33
Obermeister: Heinz Richter, Gelsenkirchen

Rheinland-Pfalz

g 617

Landesinnung für Orthopädietechnik Rheinland-Pfalz
Burgstr. 39, 67659 Kaiserslautern
T: (0631) 3 71 22-0 **Fax:** 3 71 22-50
Obermeister: Peter Herbig, Speyer

Saarland

g 618

Orthopädietechniker- und Chirurgiemechaniker-Innung für das Saarland
Postf. 10 02 43, 66002 Saarbrücken
Grülingsstr. 115, 66113 Saarbrücken
T: (0681) 9 48 61-0 **Fax:** 9 48 61-99
E-Mail: cporta@agvh.de
Obermeister: Wolfgang Lattrich, Neunkirchen
Geschäftsführer(in): Ass. Karl-Heinz Scherschel, Saarbrükken

Sachsen

g 619

Landesinnung Sachsen für Orthopädie-Technik
c/o Fachverband Orthopädie und Reha-Technik
Plovdiver Str. 54, 04205 Leipzig
T: (0341) 94 41 70 **Fax:** 9 44 16 21
E-Mail: anwaltskanzlei_markgraf@t-online.de
Obermeister: Henning Bodenstein, Bautzen
Geschäftsführer(in): Rechtsanwalt Helmut Markgraf, Leipzig

Sachsen-Anhalt

g 620

Landesinnung Sachsen-Anhalt für Orthopädie-Technik
c/o WBD Industriepark GmbH
Albrechtstr. 48 Halle 36, 06844 Dessau
T: (0340) 2 00 37 08 **Fax:** 2 00 37 09
E-Mail: guenter.eckersberg@t-online.de
Obermeister: Jürgen Conrad, Dessau
Geschäftsführer(in): Günter Eckersberg, Dessau

Schleswig-Holstein

g 621

Innung für Orthopädie-Technik Nord
Bei Schuldts Stift 3, 20355 Hamburg
T: (040) 35 53 43-0 **Fax:** 35 53 43-33
E-Mail: info@zi-nord.de
Obermeister: Hans-Wilhelm Schüring, Cuxhaven
Stellv. Obermeister: Jens Vosteen, Elmshorn
Geschäftsführer(in): Eichhorn, Hamburg

Thüringen

g 622

Landesinnung für Orthopädie-Technik Thüringen
c/o Fachverband Orthopädie-Technik und Reha-Technik
Plovdiver Str. 54, 04205 Leipzig
T: (0341) 94 41 70 **Fax:** 9 44 16 21
E-Mail: anwaltskanzlei_markgraf@t-online.de
Obermeister: Frank Jüttner, Mühlhausen
Geschäftsführer(in): Rechtsanwalt Helmut Markgraf, Leipzig

• G 623

Bundesinnungsverband für Orthopädie-Schuhtechnik
Ricklinger Stadtweg 92, 30459 Hannover
T: (0511) 42 10 51 **Fax:** 42 51 51
Gründung: 1970 (1. Januar)
Vorsitzende(r): Wilhelm Schulte
Geschäftsführer(in): Dipl.-Kfm. Bernhard Pröve
Verbandszeitschrift: Orthopädie-Schuhtechnik
Redaktion: C. Maurer, Postf. 13 61, 73312 Geislingen/Steige
Mitglieder: 2000
Mitarbeiter: 2

Landesinnungen

g 624

Innung für Orthopädie-Schuhtechnik Baden-Württemberg
Loßburger Str. 9, 72250 Freudenstadt
T: (07441) 8 76 40 **Fax:** 68 61
Obermeister: Karl Türk

g 625

Orthopädie-Schuhtechnik Innung Berlin
Beusselstr. 27 III, 10553 Berlin
T: (030) 3 96 28 45 **Fax:** 3 96 77 38
Obermeister: Felix Lischinski

g 626

Innung für Orthopädie-Schuhtechnik Hamburg und Schleswig-Holstein Süd
Holstenwall 12, 20355 Hamburg
T: (040) 35 53 43-0 **Fax:** 35 53 43-33
Obermeister: Reiner Schumacher
Geschäftsführer(in): Heinz Hoffmann

g 627

Landesinnung Hessen für Orthopädie-Schuhtechnik
Paul-Ehrlich-Str. 1b, 63225 Langen
Obermeister: Wilhelm Schulte

g 628

Landesinnung Mecklenburg-Vorpommern für Orthopädie-Schuhtechnik
Wilhelm-Külz-Platz 5, 18055 Rostock
T: (0381) 25 20 05-0 **Fax:** 25 20 05-20
Landesinnungsmeister: Jürgen Bobsin

g 629

Innung Mittelrhein-Pfalz für Orthopädie-Schuhtechnik
Hoevelstr. 19, 56073 Koblenz
T: (0261) 40 63 00 **Fax:** 4 06 30 30
Obermeister: Bruno Pieper

g 630

Landesinnungsverband Niedersachsen und Bremen für Orthopädie-Schuhtechnik
Große Pfahlstr. 17, 30161 Hannover
T: (0511) 34 59 07 **Fax:** 31 52 57
Landesinnungsmeister: Wilfred Haselsteiner

g 631

Innungsverband Nordrhein-Westfalen für Orthopädie-Schuhtechnik
Kölner Str. 2, 50226 Frechen
T: (02234) 5 22 22 **Fax:** 2 29 03
Landesinnungsmeister: Friedhelm Witzel
Geschäftsführer(in): Rita Kristel

g 632

Landesinnung Saarland für Orthopädie-Schuhtechnik
Postf. 10 02 43, 66002 Saarbrücken
Grülingsstr. 115, 66113 Saarbrücken
T: (0681) 9 48 61-0 **Fax:** 9 48 61-99
Landesinnungsmeister: Paul Peter Zender
Geschäftsführer(in): Ass. Isabel Fabry

g 633

Innung Sachsen für Orthopädie-Schuhtechnik
Liebichstr. 4, 09634 Siebenlehn
T: (035242) 41 70 **Fax:** 4 17 20
Landesinnungsmeister: Stephan Jehring

g 634

Innung Sachsen-Anhalt für Orthopädie-Schuhtechnik
Ummendorfer Str. 11, 39110 Magdeburg
T: (0391) 7 31 17 51 **Fax:** 7 31 17 51
Landesinnungsmeister: Jürgen Schulze

g 635

Innung für Orthopädie-Schuhtechnik Schleswig-Holstein Nord
Königsweg 19, 24103 Kiel
T: (0431) 67 20 38 **Fax:** 67 81 18
Obermeister: Rüdiger Möller
Geschäftsführer(in): Dipl.-Volksw. Schütt

g 636

Innung für Orthopädie-Schuhtechnik Trier
Loebstr., 54292 Trier
T: (0651) 2 20 01 **Fax:** 2 78 62
Obermeister: Kurt Bonert

g 637

Innung für Orthopädie-Schuhtechnik Thüringen
Brühler Str. 53b, 99084 Erfurt
T: (0361) 2 25 16 30 **Fax:** 2 25 01 65
Landesinnungsmeister: Kurt Machleit

g 638

Innung für Orthopädie-Schuhtechnik Land Brandenburg
Charlottenstr. 34-36, 14467 Potsdam
T: (0331) 29 24 15 **Fax:** 2 80 48 28
Obermeister: Klaus Malinowski

• G 639

Zentralverband Parkett u. Fußbodentechnik Bundesinnungsverband Parkettlegerhandwerk u. Bodenlegergewerbe
Meckenheimer Allee 71, 53115 Bonn
T: (0228) 63 12 01 **Fax:** 69 54 62
Vorstand
Bundesinnungsmeister: Peter Fendt
Stellv. Bundesinnungsmeister u. Bodenleger Bundesfachgruppenleiter: Manfred Sadau (Nebenbank 1-3, 45472 Mülheim, T: (0208) 43 40 21, Telefax: (0208) 43 35 58)
Vorstandsmitglieder: Bernhard Assing (Pohlitzer Str. 98, 07973 Greiz, T: (03661) 4 10 30)
Joachim Barth (Breite Str. 39, 12167 Berlin, T: (030) 7 92 30 07)
Heinz Brehm (Böttgerstr. 10, 96050 Bamberg, T: (0951) 1 74 74)
Jürgen Ehret (Lehmsahler Landstr. 193, 22397 Hamburg, T: (040) 6 08 39 94, Telefax: (040) 6 08 39 93)
Hans-Peter Höss (Alexanderstr. 154, 70180 Stuttgart, T: (0711) 6 40 11 58)
Geschäftsführer(in): Gerlind Schmelter (T: (0228) 63 12 01)

Landesinnungen

g 640

Innung Parkett und Fußbodentechnik Berlin
Breite Str. 39, 12167 Berlin
T: (030) 7 91 24 38
Obermeister: Joachim Barth (Breite Str. 39, 12167 Berlin, T: (030) 7 91 24 38)
Fachgruppenleiter Bodenleger: Gabriele Wolff (Greifenbergerstr. 38, 12355 Berlin)

g 641

Landesinnung für Parkett und Fußbodentechnik Hamburg
Manshardtstr. 135, 22119 Hamburg
T: (040) 73 10 77
Obermeister: Hans-Jürgen Schmudlach (Manshardtstr. 135, 22119 Hamburg, T: (040) 73 10 77)
Fachgruppenleiter Bodenleger: Jürgen Ehret (i. Fa. Wilhelm Hirdes KG, Lemsahler Landstr. 193, 22397 Hamburg, T: (040) 6 08 39 94/5)

g 642

Landesinnung Parkett und Fußbodentechnik Schleswig-Holstein
Gustav-Adolf-Str. 7a, 23568 Lübeck
T: (0451) 3 89 59-01
Obermeister: Joachim Peters (Schwartauer Landstr. 89, 23554 Lübeck, T: (0451) 2 12 34)
Fachgruppenleiter Bodenleger: Peter Bobsien (Haart 241, 24539 Neumünster, T: (04321) 7 13 94)

g 643

Innung für Parkett und Fußbodentechnik Nordost
August-Bebel-Str. 28, 06108 Halle
T: (0345) 2 02 38 33
Obermeister: Bernhard Assing (Pohlitzer Str. 98, 07973 Greiz, T: (037607) 86 80)
Fachgruppenleiter-Bodenleger: Detlev Kudell (Straße der Einheit 28, 14557 Langerwisch, T: (033205) 4 53 24)

g 644

Landes-Innung Parkettlegerhandwerk und Fußbodentechnik Hessen
Goethestr. 32, 35390 Gießen
T: (0641) 7 70 82
Obermeister: Roland Weilbächer (Klingfloßstr. 16, 65439 Flörsheim, T: (06145) 72 72)
Fachgruppenleiter Bodenleger: Jürgen Hildmann (Landgrafenstr. 1, 37235 Hessisch Lichtenau, T: (06502) 44 51)

g 645

Innung Parkett und Fußbodentechnik Innung Pfalz-Rheinhessen-Saarland
Konrad-Adenauer-Str. 40, 67433 Neustadt
T: (06321) 20 56
Obermeister: Jörg Bickelmann-Follmar (Neudorfer Str. 17, 66115 Saarbrücken, T: (0681) 7 67 24)
Fachgruppenleiter Bodenleger: Kurt Münch (Cecilienstr. 15, Saarbrücken, T: (0681) 3 66 87)

g 646

Innung Parkett und Fußbodentechnik Baden-Württemberg / Nord
Bismarckstr. 24, 71634 Ludwigsburg
T: (07141) 92 30 02 **Fax:** 90 15 78
Obermeister: Christian Sedlarik (Am Taubenfeld 12, 69123 Heidelberg, T: (06221) 83 90 91)
Fachgruppenleiter Bodenleger: Günther Saussele (Carl-Benz-Str. 9, 74354 Besigheim, T: (07143) 55 21)
Die Mitglieder unserer Innung sind Fachgeschäfte auf dem Fußbodensektor. Sie befassen sich mit der Verlegung von Parkett, Holzpflaster und Industrieparkett. Schleifen und Versiegeln alter Parkettböden, Verlegung von Teppich und Kunststoffböden sowie Altbausanierung.

g 647

Bezirks-Innung Parkett und Fußbodentechnik Baden-Württemberg/Süd
Olgastr. 76, 89073 Ulm
T: (0731) 60 18 51
Obermeister: Wilfried Hart (Hauptstr. 40, 78647 Trossingen, T: (07425) 64 17)
Fachgruppenleiter Bodenleger: Rolf Wanke (Bahnhofstr. 34, 78588 Denkingen, T: (07424) 82 46)

g 648

Innung Parkett- und Fußbodentechnik Niederbayern / Oberpfalz
Ludwigstr. 6, 93047 Regensburg
T: (0941) 5 85 13-0
Obermeister: Albert Schedl (Wolfsegger Str. 28, 93138 Lappersdorf, T: (0941) 8 21 92)
Fachgruppenleiter Bodenleger: Josef Gietl (Bodenwöhrstr. 13, 93055 Regensburg, T: (0941) 4 74 51)

g 649

Innung Oberbayern Parkett und Fußbodentechnik mit Fachgruppe Bodenbelag
Max-Joseph-Str. 4, 80333 München
T: (089) 59 10 07
Obermeister: Peter Fendt (Postf. 19 03 35, 80603 München, T: (089) 16 16 34)
Geschäftsführer(in): Dr. Kurt Roecke
Fachgruppenleiter Bodenleger: Kurt Engelhardt (Roßwachtstr. 2, 85221 Dachau, T: (08131) 17 47-48)

• G 650

CentralVerband Deutscher Berufsphotographen
Geschäftsstelle:
Frankenwerft 35, 50667 Köln
T: (0221) 2 07 04 66 **Fax:** 2 07 04 45
E-Mail: cvphoto@cvphoto.de
1. Vorsitzende(r): Bundesinnungsmeister Thomas Pochert (Handwerkshof 6, 51469 Bergisch Gladbach)
Stellvertreter: Richard Stephan (Kreuzplatz 7, 35390 Gießen)
Peter Bräutigam (Brückenstr. 22, 07973 Greiz)
Geschäftsführer(in): Ralf Weiler
Ehrenbundesinnungsmeister: Heinz Bindseil (Heinrich-Hertz-Str. 1, 22085 Hamburg, T: (040) 22 71 02 10, Telefax: (040) 2 20 35 24)
Berufsbildungsausschuß (BBA)
1. Vorsitzende(r): Peter A. Schindler (Herforder Str. 155, 33609 Bielefeld, T: (0521) 3 41 67, Telefax: (0521) 3 53 59)
Stellvertretende(r) Vorsitzende(r): Thomas Brenner (Rheingaustr. 85a, 65203 Wiesbaden, T: (0611) 2 42 03, Fax: 2 42 33)

• G 651

Union Deutscher Fotofinisher e.V.
Schiffgraben 36, 30175 Hannover
T: (0511) 85 05-2 19 **Fax:** 85 05-2 01
Hauptgeschäftsführer(in): RA Dietrich Kröncke

• G 652

ALR Verband der Fotofachlabore e.V.
Postf. 14 01 65, 40071 Düsseldorf
Achenbachstr. 28, 40237 Düsseldorf

T: (0211) 6 69 08-0 **Fax:** 6 69 08-30
Internet: http://www.alr-fotofachlabor.de
Vorsitzende(r): Barbara Wolfson-Heye
Geschäftsführer(in): RA Karl Heinrich Wilke

• G 653

Zentralverband des Raumausstatterhandwerks (Bundesinnungsverband des Raumausstatter- und Sattlerhandwerks)
Burgstr. 81, 53177 Bonn
T: (0228) 3 67 90-0 **Fax:** 3 67 90-18
E-Mail: zvr.bonn@t-online.de
Präsident(in): Horst Feltes, Nonnweiler
Geschäftsführer(in): Rechtsanwalt Ulrich Marx
Mitglieder: 25 Verbände

Landesinnungsverbände

g 654

Landesverband Raumausstatter + Sattler Baden-Württemberg
Schloßstr. 33, 70174 Stuttgart
T: (0711) 2 26 08 42 **Fax:** 2 26 06 90
Landesinnungsmeister: Horst Bischoff (T: (07156) 2 13 36, Telefax: (07156) 2 15 72)
Geschäftsführer(in): Heidelinde Heimann

g 655

Landesverband für das Bayerische Raumausstatter- und Sattlerhandwerk
Birnauer Str. 16, 80809 München
T: (089) 30 79 79 33 **Fax:** 30 79 79 35
Landesinnungsmeister: Rudi Heibl
Geschäftsführer(in): Christl Kleylein

g 656

Raumausstatter-Innung Brandenburg/Belzig
St-Annen-Str. 26, 14776 Brandenburg
T: (03381) 52 20 18 **Fax:** 2 43 48
Obermeister: Peter Siebert (Gr. Achterstr. 6, 14793 Ziesar, T: (033830) 3 57, Fax: 6 57 22)

g 657

Raumausstatter- und Sattler-Innung Bremen
Buntentorsteinweg 73, 28201 Bremen
T: (0421) 55 23 48 **Fax:** 55 20 43
Obermeister: Wolfgang Steffens

g 658

Raumausstatter-Innung Bremerhaven-Wesermünde
Auf den Sülten 11, 27576 Bremerhaven
T: (0471) 9 51 25 77 **Fax:** 9 51 25 78
Obermeister: Wolfgang Schröter

g 659

Raumausstatter- und Sattler-Innung Hamburg
Postf. 30 55 69, 20317 Hamburg
T: (040) 3 57 44 60 **Fax:** 35 39 83
Obermeister: Peter-Uwe Classen (T: (040) 7 31 46 34, Telefax: (040) 7 32 78 42)
Geschäftsführer(in): Heinz Hoffmann

g 660

Landesinnungsverband Hessen des Raumausstatter- und Sattler-Handwerks
Bockenheimer Landstr. 21, 60325 Frankfurt
T: (069) 72 57 94 **Fax:** 72 37 74
Geschäftsführer(in): Hans Emisch
Landesinnungsmeister: Heinz Hahn (T: (069) 43 15 97, Fax: (069) 44 57 19)

g 661

Landesinnungsverband Mecklenburg-Vorpommern für das Raumausstatter- und Sattler-Handwerk
Lindenstr. 1, 19288 Ludwigslust
T: (03874) 4 73 11 **Fax:** 4 73 13
Landesinnungsmeister: Gerhard Ehlert (T: (0381) 7 68 01 93, Telefax: (0381) 7 68 01 94)
Geschäftsführer(in): Klaus Dieter Ballin

g 662

Landesinnungsverband Niedersachsen für das Raumausstatter- und Sattler-Handwerk
Herschelstr. 28, 30159 Hannover
T: (0511) 1 76 28 **Fax:** 1 83 34
Landesinnungsmeister: Werner Römer (T: (0511) 31 74 08, Telefax: (0511) 34 40 10)
Geschäftsführer(in): Detlef Müller-Röske

g 663

Landesinnungsverband Nordrhein für das Raumausstatter- und Sattler-Handwerk
Burgstr. 81, 53177 Bonn
T: (0228) 3 67 90-0 **Fax:** 3 67 90-18
Landesinnungsmeister: Wilhelm Dreuw (T: (0241) 3 64 56, Telefax: (0241) 40 65 89)
Geschäftsführer(in): Rechtsanwalt Ulrich Marx

g 664

Landesinnungsverband des Raumausstatter- und Sattlerhandwerks Rheinland-Pfalz
Hoevelstr. 19, 56073 Koblenz
T: (0261) 40 63 00 **Fax:** 4 06 30 30
Landesinnungsmeister: Alfred Heinen (T: (06752) 9 41 06)
Geschäftsführer(in): Ass. jur. Werner Loch

g 665

Raumausstatter-Innung für das Saarland
Postf. 10 02 43, 66002 Saarbrücken
Grülingsstr. 115, 66113 Saarbrücken
T: (0681) 9 48 61-0 **Fax:** 9 48 61-99
Landesinnungsmeister: Horst Feltes (T: (06873) 77 38, Telefax: (06873) 6 41 73)
Geschäftsführer(in): Ass. Isabel Fabry

g 666

Landesinnungsverband Sachsen für das Raumausstatter- und Sattlerhandwerk
Reicker Str. 9, 01219 Dresden
T: (0351) 2 81 68 50 **Fax:** 2 81 68 52
Landesinnungsmeister: Dieter Jäkel (T: (037292) 6 05 04, Fax: 3 03 39)
Geschäftsführer(in): Griseldis Kruse

g 667

Landesinnungsverband Sachsen-Anhalt für das Raumausstatter- und Sattler-Handwerk
Hinterstr. 39, 06493 Neudorf
T: (039484) 4 01 05 **Fax:** 4 01 06
Landesinnungsmeister: Roland Bittner (T: (034772) 2 75 94, Fax: 91 56 20)
Geschäftsführer(in): F.-J. Schmidt

g 668

Landesinnungsverband des Raumausstatter- und Sattlerhandwerks Schleswig-Holstein
Am Markt 3, 25548 Kellinghusen
T: (04822) 15 80 **Fax:** 81 44
Landesinnungsmeister: Rainer Schulze (T: (0431) 58 02 02, Fax: (0431) 58 83 06)
Geschäftsführer(in): Dipl.-Kfm. Hans-Hermann Willmerding

g 669

Landesinnungsverband Thüringen für das Raumausstatter- und Sattler-Handwerk
Fuldastr. 16, 36251 Bad Hersfeld
T: (06621) 92 89-0 **Fax:** 91 92 60
Landesinnungsmeister: Franz Schiller (T: (0361) 5 62 11 92, Telefax: (0361) 5 62 11 92)
Geschäftsführer(in): Arno Schöter

g 670

Innungsverband des Raumausstatter- und Sattler-Handwerks Westfalen-Lippe
Am Rathaus 7, 45731 Waltrop
T: (02309) 9 14 44 **Fax:** 9 14 45
Landesinnungsmeister: Ewald Erlei (T: (0231) 44 30 04, Telefax: (0231) 44 13 49)
Geschäftsführer(in): RA Ina Sümpelmann

• G 671

Fachverband Getränkeschankanlagen e.V.
Geschäftsstelle:
Industriestr. 19, 93326 Abensberg
T: (09443) 32 39 **Fax:** 32 87
1. Vorsitzende(r): Othmar Thümmes (Grethenweg 120, 60598 Frankfurt/M.)
2. Vorsitzende(r): Rudolf Försterling, Abensberg
Verbandszeitschrift: Die Blume
Redaktion: Ausschuß für Öffentlichkeitsarbeit
Verlag: Druckerei Thümmes, Bad Soden Salmünster
Mitglieder: 520
Presseabt: Geschäftsstelle

• G 672

Bundesverband Rolladen + Sonnenschutz e.V.
Geschäftsstelle:
Hopmannstr. 2, 53177 Bonn
T: (0228) 95 21 00
Präsident(in): Walter Lug (Jeschkenstr. 29, 82538eretsried)
Hauptgeschäftsführer(in): RA Hans Stoffels (Ltg. Presseabt.)
Verbandszeitschrift: ROLLADEN + SONNENSCHUTZ
Redaktion: Hans Stoffels
Verlag: Bundesverband Rolladen + Sonnenschutz e.V., Hopmannstr. 2, 53177 Bonn
Mitglieder: 940

g 673

Landesverband des Rolladen- und Jalousiebauer-Handwerks Berlin/Brandenburg e.V.
c/o RAe Hager & Partner
Schlüterstr. 28, 10629 Berlin
T: (030) 32 76 04-0 **Fax:** 32 76 04 56
Vorsitzende(r): Wolfgang Cossmann (Siegfriedstr. 20, 12051 Berlin)
Geschäftsführer(in): RA'e Hager & Partner (Schlüterstr. 28, 10629 Berlin)

g 674

Landesinnung Hessen des Rolladen- und Jalousiebauer-Handwerks
Schiede 32, 65549 Limburg
T: (06431) 9 14 60
Geschäftsführer(in): Bernd Mais (Kreishandwerkerschaft Limburg-Weilburg)
OMStr. Peter Kirsch (Josef-Bautz-Str. 1, 63457 Hanau)

g 675

Landesinnung Niedersachsen/Bremen des Rolladen- und Jalousiebauer-Handwerks
Gerastr. 15, 38124 Braunschweig
T: (0531) 26 46 90
OMStr. Helmut Pichler, Braunschweig-Timmerlah
Geschäftsführer(in): RA Andreas Bierich (Kreishandwerkerschaft Braunschweig)

g 676

Rolladen- und Jalousiebauer-Innung Nordbayern
Rosenplütstr. 2, 90439 Nürnberg
T: (0911) 26 16 66
Obermeister: Volker Süßenguth, Coburg-Neuses
Geschäftsführerin: Birgit Brehm

g 677

Norddeutscher Fachverband des Rolladen- und Jalousiebauer-Handwerks e.V.
Albert-Schweitzer-Ring 10, 22045 Hamburg
T: (040) 66 86 54 61
Vorsitzende(r): Uwe Küchler (Speckenbeker Weg 130 f, 24113 Kiel)
Geschäftsführer(in): Hendrik Detlefsen

g 678

Landesinnungsverband für das Rolladen- und Jalousiebauer-Handwerk Nordrhein-Westfalen
Handwerkerstr. 2, 58638 Iserlohn
T: (02371) 9 58 10
OMStr. Horst Brey, Iserlohn
Geschäftsführer(in): Ass. Andreas Fabri (Kreishandwerkerschaft des Märkischen Kreises)

g 679

Rolladen- und Jalousiebauer-Innung für das Saarland
Postf. 10 02 43, 66002 Saarbrücken
Grülingsstr. 115, 66113 Saarbrücken
T: (0681) 9 48 61-0 **Fax:** 9 48 61-99
Landesinnungsmeister: Thomas Resch (Pfaffenkopfstr. 69, 66115 Saarbrücken)
Geschäftsführer(in): Ass. Karl-Heinz Scherschel (Arbeitgeberverband des Saarländischen Handwerks e.V.)

g 680

Innung des Rolladen- und Jalousiebauerhandwerks für den Freistaat Sachsen
Strießener Str. 11, 01561 Priestewitz
T: (03522) 50 79 04
OMStr. Rudolf Wiedner (Am kleinen Hang 5, 01561 Skassa)
Geschäftsführer(in): Ulrich Tittmann

g 681

Rolladen- und Jalousiebauer-Innung Sachsen-Anhalt
Kreishandwerkerschaft
Halle-Saalkreis
Pfännerhöhe 65, 06110 Halle
T: (0345) 1 31 57-0 **Fax:** 1 31 57-21
OMStr. Mathias Klenner (Bahnhofstr. 16b, 06308 Klostermansfeld)
Geschäftsführer(in): Ingeborg Böhme

g 682

Länderinnung des Rolladen- und Jalousiebauer-handwerks Schleswig-Holstein/Hamburg

Albert-Schweitzer-Ring 10, 22045 Hamburg
T: (040) 66 86 54 61
OMStr. Wolfgang Matz (Eckerkoppel 204, 22047 Hamburg)
Geschäftsführer(in): Hendrik Detlefsen (Albert-Schweitzer-Ring 10, 22045 Hamburg)

g 683

Rolladen- und Jalousiebauer-Innung Südbayern

Max-Joseph-Str. 4, 80333 München
T: (089) 54 88 19 02 **Fax:** 59 77 44
OMStr. Walter Lug (Jeschkenstr. 29, 82538 Geretsried)
Geschäftsführer(in): Dr. Kurt Roeckl

g 684

Rolladen- und Jalousiebauer-Innung Westfalen

Handwerkerstr. 2, 58638 Iserlohn
T: (02371) 95 81-0
OMStr. Horst Brey, Iserlohn
Geschäftsführer(in): Ass. Andreas Fabri (Kreishandwerkerschaft des Märkischen Kreises)

g 685

Rolladen- und Jalousiebauer-Innung Württemberg

Schaffnerstr. 8, 89073 Ulm
T: (0731) 1 40 30-0 **Fax:** 1 40 30-20
Internet: http://www.khs-ulm.de
E-Mail: khs.ulm@khs-ulm.de
Obermeister: Hans Frey (Roßbergstr. 1, 71131 Jettingen, T: (07452) 7 55 51, Fax: 7 69 58)
Geschäftsführer(in): Thomas Jung (Kreishandwerkerschaft Ulm)

g 686

Landesinnung des Rolladen- und Jalousiebauer-Handwerks Thüringen

Ortsstr. 12, 07422 Burkersdorf
T: (036741) 34 46
OMStr. Heinz Lautz (Ortsstr. 12, 07422 Burkersdorf)

• **G 687**

Bundesverband des Schornsteinfegerhandwerks

- Zentralinnungsverband (ZIV)
Westerwaldstr. 6, 53757 Sankt Augustin
T: (02241) 34 07-0 **Fax:** 34 07-10
Vorsitzende(r): Bundesinnungsmeister Eugen Steichele
Hauptgeschäftsführer(in): RA Bertold Steinebach
Verbandszeitschrift: Schornsteinfegerhandwerk
Mitglieder: 8024

Landesinnungsverbände

g 688

Landesinnungsverband des Schornsteinfeger-Handwerks Baden-Württemberg

Königstr. 94, 89077 Ulm
T: (0731) 93 68 80 **Fax:** 9 36 88 20
Landesinnungsmeister: Hans-Ulrich Gula

g 689

Landesinnungsverband des Schornsteinfeger-Handwerks Bayern

Pettenkoferstr. 31-1, 80336 München
T: (089) 5 44 13 90 **Fax:** 54 41 39 25
Landesinnungsmeister: Siegfried Hammer

g 690

Landesinnungsverband des Schornsteinfeger-Handwerks Berlin

Westfälische Str. 87, 10709 Berlin
T: (030) 8 61 04 17 **Fax:** 8 73 11 19
Landesinnungsmeister: Nikolaus Chudek

g 691

Landesinnungsverband des Schornsteinfeger-Handwerks Brandenburg

Am Gallberg 5, 14770 Brandenburg
T: (03381) 3 35 81-0 **Fax:** 3 35 82-29
Landesinnungsmeister: Joachim Wendland

g 692

Landesinnungsverband des Schornsteinfeger-Handwerks Bremen

Oslebshauser Heerstr. 116, 28239 Bremen
T: (0421) 64 00 64 **Fax:** 64 64 13
Landesinnungsmeister: Manfred Vöge

g 693

Landesinnungsverband des Schonsteinfeger-Handwerks Hamburg

Osterrade 19, 21031 Hamburg
T: (040) 73 92 13-0 **Fax:** 73 92 13-33
Landesinnungsmeister: Jürgen Ballerstein

g 694

Landesinnungsverband des Schornsteinfeger-Handwerks Hessen

Am Sportplatz 1a, 36179 Bebra
T: (06622) 60 63 **Fax:** 4 40 39
Landesinnungsmeister: Hans-Werner Schech

g 695

Landesinnungsverband des Schornsteinfeger-Handwerks Mecklenburg-Vorpommern

Bönebüttelerstr. 25, 19073 Wittenförden
T: (0385) 71 06 21 **Fax:** 73 45 15
Landesinnungsmeister: Wolfgang Freuck

g 696

Landesinnungsverband des Schornsteinfeger-Handwerks Niedersachsen

Konrad-Adenauer-Str. 7, 30853 Langenhagen
T: (0511) 77 23 61 **Fax:** 7 70 36-99
Landesinnungsmeister: Hans-Günther Beyerstedt

g 697

Landesinnungsverband des Schornsteinfeger-Handwerks Nordrhein-Westfalen

Beedstr. 44, 40468 Düsseldorf
T: (0211) 42 44 38 **Fax:** 41 90 50
Landesinnungsmeister: Hans Rath

g 698

Landesinnungsverband des Schornsteinfeger-Handwerks Rheinland-Pfalz

Im Stadtwald 15a, 67663 Kaiserslautern
T: (0631) 3 16 17-0 **Fax:** 3 16 17 30
Landesinnungsmeister: Günter Schmidt

g 699

Landesinnungsverband des Schornsteinfeger-Handwerks Saarland

Kahler Allee 37, 66386 Sankt Ingbert
T: (06894) 5 15 61 **Fax:** 58 05 55
Landesinnungsmeister: Paul Kornke

g 700

Landesinnungsverband des Schornsteinfeger-Handwerks Sachsen

Zschierener Str. 16, 01809 Heidenau
T: (03529) 51 88 13 **Fax:** 52 25 52
Landesinnungsmeister: Wolfgang Buschan

g 701

Landesinnungsverband des Schornsteinfeger-Handwerks Sachsen-Anhalt

Gustav-Ricker-Str. 62, 39120 Magdeburg
T: (0391) 62 69-700 **Fax:** 62 69-709
Landesinnungsmeister: Klaus Niemand

g 702

Landesinnungsverband des Schornsteinfeger-Handwerks Schleswig-Holstein

Christianstr. 71, 24534 Neumünster
T: (04321) 4 37 74 **Fax:** 4 84 04
Landesinnungsmeister: Günter Eckert

g 703

Landesinnungsverband des Schornsteinfeger-Handwerks Thüringen

Weimarische Str. 62a, 99428 Utzberg
T: (036203) 5 13 33 **Fax:** 5 13 93
Landesinnungsmeister: Ulrich Eller

• **G 704**

Bundesinnungsverband des Deutschen Schuhmacher-Handwerks

Postf. 10 34 18, 40025 Düsseldorf
Auf'm Tetelberg 7, 40221 Düsseldorf
T: (0211) 30 82 36-37 **Fax:** 39 75 88
Vorsitzende(r): Bundesinnungsmeister Helmut Farnschläder
Geschäftsführer(in): Ing. Manfred Rütten
Mitglieder: ca. 3500

Landesverbände

g 705

Landesinnungsverband des Schuhmacherhandwerks Baden-Württemberg

Postf. 13 09 34, 70067 Stuttgart
Schlachthofstr. 15, 70188 Stuttgart
T: (0711) 4 89 73-16 **Fax:** 4 89 73-22
Landesinnungsmeister: Paul Dambacher
Geschäftsführer(in): Thomas M. Würth

g 706

Landesinnungsverband Bayern des Schuhmacher-Handwerks

Fürther Freiheit 6, 90762 Fürth
T: (089) 2 71 04 58, (0911) 7 40 85 15
Landesinnungsmeister: Johann Haberkorn
Geschäftsführer(in): Karl-Heinz Tiefel

g 707

Schuhmacher-Innung Berlin

Karlplatz 7, 10117 Berlin
T: (030) 2 61 33 02
Landesinnungsmeister: Kurt Jacubowsky
Geschäftsführer(in): Sabine Ganz

g 708

Kreishandwerkerschaft Potsdam

Charlottenstr. 34-36, 14467 Potsdam
T: (0331) 29 24 15
Obermeister: Horst Bischoff (Potsdamer Str. 112, 14974 Ludwigsfelde)

g 709

Schuhmacher-Innung Hamburg

Holstenwall 12, 20355 Hamburg
T: (040) 34 30 77
Landesinnungsmeister: Martin Bartold
Geschäftsführer(in): Heinz Puls

g 710

Landesinnungsverband Hessen des Schuhmacher-Handwerks

Bockenheimer Landstr. 21, 60325 Frankfurt
T: (069) 72 57 94
Landesinnungsmeister: Wolfgang Lenz
Geschäftsführer(in): Frank Klein

g 711

Schuhmacher Innung Mecklenburg-Vorpommern

Bahnhofstr. 1, 17489 Greifswald
T: (03834) 79 89 30
Obermeister: Günter Teubner (Bahnhofstr. 4, 18507 Grimmen)
Geschäftsführung: Kreishandwerkerschaft Greifswald-Ostvorpommern

g 712

Landesinnungsverband des Schuhmacherhandwerks Niedersachsen und Bremen

Nenndorfer Str. 50, 30952 Ronnenberg
T: (0511) 2 62 12 35 **Fax:** 2 62 12 35
Landesinnungsmeister: Paul Hacker
Geschäftsführer(in): Erika Kuhlemann

g 713

Landesinnungsverband des Schuhmacher-Handwerks Rheinland und Westfalen

Auf'm Tetelberg 7, 40221 Düsseldorf
T: (0211) 30 82 36-37 **Fax:** 39 75 88
Landesinnungsmeister: Helmut Farnschläder
Geschäftsführer(in): Ing. Manfred Rütten

g 714

Schuhmacher-Innung der Pfalz
- KH Südpfalz
Martin-Luther-Str. 46, 76829 Landau
T: (06341) 92 78 70
Obermeister: Thomas Petry
Geschäftsführer(in): Dipl.-Volksw. Norbert Behrendt

g 715

Innung des Schuhmacherhandwerkes Leipzig Kreishandwerkerschaft Leipzig
Bitterfelder Str. 7-9, 04129 Leipzig
T: (0341) 9 04 86-0 **Fax:** 9 04 86-20
Obermeister: Helfried Brosch (Lützowstr. 44, 04157 Leipzig)

g 716

Landesinnungsverband für das Schuhmacher-Handwerk Schleswig-Holstein
Gustav-Adolf-Str. 7a, 23568 Lübeck
T: (0451) 3 89 59 01 **Fax:** 3 89 59 27
Landesinnungsmeister: Ulrich Hasenbein
Geschäftsführer(in): Manfred Kley

g 717

Schuhmacher-Innung Südwest-Sachsen
c/o KH Auerbach
Obere Bahnhofstr. 29, 08209 Auerbach
T: (03744) 21 29 30
Obermeister: Wolfgang Weiß (Äußere Plauensche Str. 28, 08056 Zwickau)

g 718

Kreishandwerkerschaft Schmalkalden
Ziegelrain 5, 98574 Schmalkalden
T: (03683) 27 81
Obermeister: Rolf König (Kälberzell 12, 98587 Steinbach-Hallenberg)

g 719

Landesinnungsverband Saar des Schuhmacherhandwerks
Köllner Str. 5, 66346 Püttlingen
T: (06898) 6 23 19 **Fax:** 44 08 41
Landesinnungsmeister: Werner Landfried

• G 720

Bundesinnungsverband des Deutschen Steinmetz-, Stein- und Holzbildhauerhandwerks
Weißkirchener Weg 16, 60439 Frankfurt
T: (069) 57 60 98 **Fax:** 57 60 90
Bundesinnungsmeister: Harry Färber
Hauptgeschäftsführer(in): Joachim Sukrow
Geschäftsführer(in): Nina Pörtner
Mitglieder: 3600 Betriebe

Landesinnungsverbände Stein

g 721

Landesinnungsverband Baden des Steinmetz-Bildhauerhandwerks
Postf. 37 04, 76022 Karlsruhe
Rüppurrer Str. 13, 76137 Karlsruhe
T: (0721) 93 28 40 **Fax:** 9 32 84 84
Geschäftsführer(in): Dr. Hans-Gerd Ewald
Landesinnungsmeister: Kurt Wesch

g 722

Landesinnungsverband des Bildhauer- und Steinmetzhandwerks Baden-Württemberg
Bahnhofstr. 25, 74072 Heilbronn
T: (07131) 9 35 80 **Fax:** 93 58 88
Geschäftsführer(in): Dipl.-Verw. (FH) Bernd Mühleck
Landesinnungsmeister: Horst Herzig

g 723

Landesinnungsverband des Bayerischen Steinmetz- und Steinbildhauer-Handwerks
Max-Joseph-Str. 4, 80333 München
T: (089) 59 77 59 **Fax:** 59 77 44
Landesinnungsmeister: Heinz-Leo Weiß
Geschäftsführer(in): Dr.jur. Kurt Roeckl

g 724

Steinmetz- und Bildhauer-Innung Berlin
Alte Jakobstr. 123-128, 10969 Berlin
T: (030) 2 51 02 26 **Fax:** 2 51 31 57
Obermeister: Karl-Heinz Schafhausen

g 725

Landesinnungsverband Brandenburg des Steinmetz- und Bildhauerhandwerks
Altmarkt 17, 03046 Cottbus
T: (0355) 2 34 85 **Fax:** 79 03 07
Landesinnungsmeister: Bernhard Anlauff
Geschäftsführer(in): Horst Teuscher

g 726

Steinmetz- und Bildhauer-Innung Bremen
Franz-Grashof-Str. 17, 28201 Bremen
T: (0421) 87 30 39 **Fax:** 87 66 86
Obermeister: Burckhard Göbel

g 727

Bildhauer- und Steinmetz-Innung Hamburg
Fuhlsbüttler Str. 769, 22337 Hamburg
T: (040) 59 70 44 **Fax:** 59 14 72
Geschäftsführer(in): Wolfgang Herzog
Obermeister: Alfred Karbenk

g 728

Landesinnungsverband des Steinmetz- und Steinbildhauerhandwerks Hessen
Weißkirchener Weg 16, 60439 Frankfurt
T: (069) 58 97 10 **Fax:** 57 51 98
Landesinnungsmeister: Helmut Schön
Geschäftsführer(in): RA Stefan Tödt-Lorenzen
Mitglieder: 360 Betriebe

g 729

Landesinnungsverband Mecklenburg-Vorpommern des Steinmetz- und Bildhauerhandwerks
Wilhelm-Külz-Platz 5, 18055 Rostock
T: (0381) 2 52 00 50 **Fax:** 25 20 05 20
Geschäftsführer(in): Jürgen Koop
Landesinnungsmeister: Thomas Scheinpflug

g 730

Landesinnungsverband des Steinmetz- und Bildhauerhandwerks in Niedersachsen
Isoldestr. 1, 38106 Braunschweig
T: (0531) 23 03 10 **Fax:** 2 30 31 99
Geschäftsführer(in): Dipl.-Kfm. Wolfgang Dammasch
Landesinnungsmeister: Harry Färber

g 731

Landesinnungsverband für das nordrheinische Steinmetz- und Bildhauerhandwerk
Postf. 10 08 64, 47008 Duisburg
Düsseldorfer Str. 166, 47053 Duisburg
T: (0203) 99 63 40 **Fax:** 9 96 34 35
Geschäftsführer(in): Dipl.-Kfm. Otto Altenburger
Landesinnungsmeister: Karl-Heinz Sondermann

g 732

Landesinnungsverband Rheinland-Pfalz des Steinmetz- und Bildhauerhandwerks
Göttelmannstr. 1, 55130 Mainz
T: (06131) 98 37 70 **Fax:** 9 83 77 77
Geschäftsführer(in): Matthias Stumpf
Landesinnungsmeister: Helmut Bartholomä

g 733

Steinmetz-, Stein- und Holzbildhauer-Innung für das Saarland
Grülingsstr. 115, 66113 Saarbrücken
T: (0681) 9 48 61 13 **Fax:** 9 48 61 99
Geschäftsführerin: Ass. Isabel Fabry
Landesinnungsmeister: Holger Kopp

g 734

Landesinnungsverband Sachsen-Anhalt des Steinmetz- und Steinbildhauerhandwerks
Hallesche Str. 4, 06536 Roßla
T: (034651) 27 43 **Fax:** 3 29 30
Landesinnungsmeister: Werner Kleffel

g 735

Landesinnung des Steinmetz- und Steinbildhauer-Handwerks Schleswig-Holstein
Wasbeker Str. 351, 24537 Neumünster
T: (04321) 60 88-0 **Fax:** 6 79 32
Landesinnungsmeister: Uwe Hagen
Geschäftsführer(in): Thomas Kafvelström

g 736

Landesinnungsverband Thüringen der Steinmetzen und Steinbildhauer
Lange Str. 16, 99610 Sömmerda
T: (03634) 3 21 70 **Fax:** 32 17 19
Landesinnungsmeister: Karl-Heinz Schiecke
Geschäftsführer(in): Dr. Fritz Raabe

g 737

Landesinnungsverband des Bildhauer- und Steinmetz-Handwerks Westfalen-Lippe
Postf. 43 05, 48024 Münster
Weseler Str. 4, 48151 Münster
T: (0251) 52 00 80 38 **Fax:** 5 20 08 33
Geschäftsführer(in): Ass. Reinhold Wegmann
Landesinnungsmeister: Bernd Dirks

• G 738

DTV DEUTSCHER TEXTILREINIGUNGS VERBAND

Deutscher Textilreinigungs-Verband (DTV)
In der Raste 12, 53129 Bonn
T: (0228) 9 17 31-0 **Fax:** 9 17 31-20
Internet: http://www.dtv-bonn.de
E-Mail: info@dtv-bonn.de
Präsident(in): Hans-Albert Heim, Berlin
Hauptgeschäftsführer(in): Dipl.-Volksw. Helmut Strohm, Bonn
Mitglieder: 2000

Landesverbände

g 739

Fachverband Textilpflege Südwest e.V.
Heinestr. 169, 70597 Stuttgart
T: (0711) 97 65 80

g 740

Bayerischer Textilreinigungs-Verband e. V.
Fürstenrieder Str. 35V, 80686 München
T: (089) 56 33 27

g 741

Textilreiniger-Innung Berlin
Waltraudstr. 25, 14169 Berlin
T: (030) 8 13 79 83 **Fax:** 81 49 95 96
Obermeister: Hans-Albert Heim (Ollenhauerstr. 66, 13403 Berlin)
Geschäftsführer(in): Steffan Rimbach

g 742

Textilreiniger-Innung Hamburg
Holstenwall 12, 20355 Hamburg
T: (040) 35 27 94 **Fax:** 35 27 94
Obermeister: Eckhard Sanmann

g 743

Hessischer Textilreinigungs-Verband e.V. (HTV)
Markwaldstr. 11, 63073 Offenbach
T: (069) 9 89 45 80
Vorsitzende(r): Eric Puth
Geschäftsführer(in): Ass. Henning Stenger

g 744

Textilreiniger-Innung Koblenz - Trier
Hoevelstr. 19, 56073 Koblenz
T: (0261) 4 06 30-0
Obermeister: Rainer Hilberath (Bonner Str. 90, 53474 Bad Neuenahr-Ahrweiler)
Geschäftsführer(in): Dipl.-Volksw. Karlheinz Gaschler
Mitglieder: 40

g 745

Textilreinigungs-Verband Nordrhein-Westfalen e.V.
In der Raste 12, 53129 Bonn
T: (0228) 9 17 31-0 **Fax:** 9 17 31-20
Präsident(in): Arno Richtzenhain
Geschäftsführer(in): Dr. Ralf M. Senf

g 746

Textilreinigungs-Verband Nordrhein-Westfalen Landesinnungsverband des Textilreinigerhandwerks
In der Raste 12, 53129 Bonn

T: (0228) 9 17 31-0 **Fax:** 9 17 31-20
Vorsitzende(r): Philipp Lenemann
Geschäftsführer(in): Dr. Ralf M. Senf

g 747

Textilreiniger-Innung der Pfalz c/o Kreishandwerkerschaft Vorderpfalz
Ludwigsplatz 10, 67059 Ludwigshafen
T: (0621) 59 11 40 **Fax:** 5 91 14-44

g 748

Landesinnung für das Textilreinigungsgewerbe Schleswig-Holstein
Poststr. 14, 25524 Itzehoe
T: (04821) 24 08, 24 12 **Fax:** 6 19 32
Landesinnungsmeister: Hans-Jürgen Westphal
Geschäftsführer(in): Jürgen Pauschert

g 749

Regionalverband Ost im DTV e.V.
Barbarastr. 46, 01129 Dresden
T: (0351) 8 49 51 16-117 **Fax:** 8 49 51 18
Vorsitzende(r): Marianne Keidel

g 750

Landesinnung der Textilreiniger Sachsen-Anhalt
c/o Kreishandwerkerschaft Anhalt-Zerbst
Breite 20, 39261 Zerbst
T: (03923) 25 52, 6 25 54, 78 85 52-4 **Fax:** 6 25 55

• G 751

Bundesinnungsverband für das Stricker-, Sticker- u. Weberhandwerk
Graflinger Str. 105, 94469 Deggendorf
Geschäftsführer(in): Josef Kaiser (Deggendorf, T: (0991) 25 06-2 80, Telefax: (0991) 2 50 62 82)

• G 752

Bundesverband des holz- und kunststoffverarbeitenden Handwerks - Bundesinnungsverband für das Tischlerhandwerk -
Postf. 30 29, 65020 Wiesbaden
Abraham-Lincoln-Str. 32, 65189 Wiesbaden
T: (0611) 9 73 41-0 **Fax:** 9 73 41-31
Präsident(in): Guido Ossenkopp
Hauptgeschäftsführer(in): Dr. Rudolf Luers
Leitung Presseabteilung: Alfred Allard (M.A.)
Verbandszeitschrift: GENAU
Redaktion: Alfred Allard M.A.
Verlag: Verlagsanstalt Handwerk GmbH, Auf'm Tetelberg 7, 40221 Düsseldorf

Wirtschafts- und Arbeitgeberverband für das deutsche Tischler- und Schreinerhandwerk.

Landesfachverbände

g 753

Fachverband Holz und Kunststoff Bayern - Landesinnungsverband des bayerischen Schreinerhandwerks
Fürstenrieder Str. 250, 81377 München
T: (089) 54 58 28-0 **Fax:** 54 58 28-27
Vorsitzende(r): Rudolf Arlt
Geschäftsführer(in): Dr. Christian Wenzler

g 754

Fachverband Holz und Kunststoff Brandenburg
Landesinnungsverband des Tischlerhandwerks
Garnstr. 23, 14482 Potsdam
T: (0331) 71 90 91 **Fax:** 71 90 92
E-Mail: hkh-brandenburg@t-online.de
Geschäftsführer(in): Dr.-Ing. Stefan Körber
Landesinnungsmeister: Ing. Klaus Lietze

g 755

Fachverband Holz und Kunststoff Hamburg e.V.
Albert-Schweitzer-Ring 10, 22045 Hamburg
T: (040) 6 68 65 40 **Fax:** 66 86 54 70
Vorsitzende(r): Waldemar Pfeiffer (Eiffestr. 396, 20537 Hamburg, T: (040) 2 51 40 44)
Geschäftsführer(in): Hendrik Detlefsen

g 756

Fachverband Holz und Kunststoff Mecklenburg-Vorpommern
Ottostr. 24, 18057 Rostock
T: (0381) 4 59 08 66 **Fax:** 2 77 00
Geschäftsführer(in): Dipl.-Wirtsch. Willy Haag
Landesinnungsmeister: Hans-Dieter Stange

g 757

Wirtschaftsverband des Holz-, Aluminium- u. Kunststoffverarbeitenden Handwerks Niedersachsen/Bremen
Landesinnungsverband des Tischlerhandwerks
Walderseestr. 7, 30163 Hannover
T: (0511) 62 70 75-0 **Fax:** 62 70 75-13
Vorsitzende(r): Guido Ossenkopp
Geschäftsführer(in): Matthias Wächter

g 758

Landesfachverband Holz und Kunststoff Rheinland-Pfalz
Landesinnungsverband des Tischler-/Schreinerhandwerks
Hoevelstr. 19, 56073 Koblenz
T: (0261) 9 47 40-0 **Fax:** 9 47 40 20
Vorsitzende(r): Norbert Moitz
Geschäftsführer(in): Günther Galla

g 759

Wirtschaftsverband Holz und Kunststoff Saar e.V.
Landesinnung für das Schreinerhandwerk Saar
Von-der-Heydt, 66115 Saarbrücken
T: (0681) 9 91 81-0 **Fax:** 9 91 81-31
Vorsitzende(r): Edgar Arend
Geschäftsführer(in): RA Michael Peter

g 760

Fachverband Holz und Kunststoff Sachsen
Reicker Str. 9, 01219 Dresden
T: (0351) 2 81 78 51 **Fax:** 2 81 78 50
Landesinnungsmeister: Gerhard Mende
Geschäftsführer(in): Dr. Reiner Burkhardt

g 761

Landesinnungsverband des holz- und kunststoffverarbeitenden Handwerks Sachsen-Anhalt
Mittelstr. 25, 06886 Lutherstadt Wittenberg
T: (03491) 41 19 22 **Fax:** 41 19 46
Landesinnungsmeister: Klaus Winkler
Geschäftsführer(in): Jörg Schwamberger

g 762

Fachverband Holz und Kunststoff Schleswig-Holstein
Postf. 21 24, 24020 Kiel
Königsweg 19, 24103 Kiel
T: (0431) 67 20 38 **Fax:** 67 81 18
Vorsitzende(r): Uwe Mielke (Bäderstr. 22, 23701 Süsel, T: (04524) 4 06, Telefax: (04524) 17 09)
Geschäftsführer(in): Dipl.-Volksw. Falk Schütt

g 763

Landesfachverband holz- und kunststoffverarbeitendes Handwerk Hessen
Leihgesterner Weg 20, 35392 Gießen
T: (0641) 97 52 50 **Fax:** 9 75 25 40
Vorsitzende(r): Günter Füllgraf
Geschäftsführer(in): Hermann Hubing (Wetzlarer Str. 19, 35398 Gießen)

g 764

Wirtschaftsverband holz- und kunststoffverarbeitendes Handwerk Sitz Freiburg im Breisgau
Kandelstr. 13, 79331 Teningen
T: (07641) 93 09 78-0 **Fax:** 4 90 59
Vorsitzende(r): Reinhard Gilbert (In den Hofmatten 8, 79418 Schliengen, T: (07635) 5 08)
Geschäftsführer(in): Eberhard Schnee

g 765

Fachverband Holz und Kunststoff Nordrhein-Westfalen Landesinnungsverband des Tischler-Handwerks
Kreuzstr. 108-110, 44137 Dortmund
T: (0231) 91 20 10-0 **Fax:** 91 20 10-10
Vorsitzende(r): Alfred Jacobi
Hauptgeschäftsführer(in): Dipl.-Oec. Dieter Roxlau

g 766

Landesinnungsverband des holz- und kunststoffverarbeitenden Handwerks Thüringen
Oststr. 52, 99867 Gotha
T: (03621) 85 26 90 **Fax:** 2 88 18
Geschäftsführer(in): Eckart Pilling
Landesinnungsmeister: Romuald Konrad

g 767

Tischler-Innung Berlin
Flurweg 5, 12357 Berlin
T: (030) 66 93 15 25 **Fax:** 66 93 15 35
Obermeister: Frank-Michael Niehus (Fritz-Kirsch-Zeile 11, 12459 Berlin, T: (030) 5 31 10 50, Telefax: (030) 5 31 10 51)
Geschäftsführer(in): Ass. Peter Wilms-Posen

• G 768

Zentralverband für Uhren, Schmuck und Zeitmeßtechnik (Bundesinnungsverband)
Postf. 12 49, 61452 Königstein
Altkönigstr. 9, 61462 Königstein
T: (06174) 92 28 26 **Fax:** 92 28 28
Präsident(in): Horst Valentin (Domstr. 36, 97070 Würzburg)
Mitglieder: 1314

Vertretung der Interessen des Uhrmacherhandwerks und Förderung der wirtschaftlichen und sozialen Interessen der den Landesinnungsverbänden angehörenden Mitglieder.

Landesinnungsverbände

g 769

Landesinnungsverband für Uhren, Schmuck und Zeitmeßtechnik Baden-Württemberg
Postf. 12 49, 61452 Königstein
Altkönigstr. 9, 61462 Königstein
T: (06174) 92 28 26 **Fax:** 92 28 28
Landesinnungsmeister: Siegfried Lämpe
Mitglieder: 240

g 770

Bayerischer Fachverband für Uhren, Schmuck und Zeitmeßtechnik
Stadelbergerstr. 37b, 82256 Fürstenfeldbruck
T: (08141) 51 76 34 **Fax:** 51 76 35
Landesinnungsmeister: Eugen Hauser
Mitglieder: 321

g 771

Uhrmacher-Innung Berlin
Alboinstr. 36, 12103 Berlin
T: (030) 7 53 30 30 **Fax:** 7 53 30 30
Obermeister: Klaus Klimach
Mitglieder: 51

g 772

Landesinnungsverband Brandenburg für Uhren, Schmuck und Zeitmeßtechnik
KHS Oberhavel
Havelstr. 19, 16515 Oranienburg
T: (03301) 35 32 **Fax:** 5 64 29
Landesinnungsmeister: Heinz Mader
Mitglieder: 42

g 773

Uhrmacher-Landesverband Bremen
Ansgaritorstr. 15, 28195 Bremen
T: (0421) 3 05 00 34 **Fax:** 30 27 62
Landesinnungsmeister: Peter Schmidt
Mitglieder: 6

g 774

Uhrmacher Landesinnung Hamburg, Fachverband für Uhren, Schmuck und Zeitmeßtechnik Hamburg
Winsener Str. 21, 21077 Hamburg
T: (040) 7 64 53 61 **Fax:** 7 64 53 61
Obermeister: Ralf Schulze
Mitglieder: 14

g 775

Hessischer Fachverband für Uhren, Schmuck und Zeitmeßtechnik
Goethestr. 32, 35390 Gießen
T: (0641) 97 49 00 **Fax:** 9 74 90 60
Landesinnungsmeister: Herbert Kronenberger
Geschäftsführer(in): Gerhard Müller
Mitglieder: 150

g 776

Fachverband für Uhren, Schmuck und Zeitmeßtechnik Niedersachsen

Postf. 14 30, 37144 Northeim
Häuserstr. 6, 37154 Northeim
T: (05551) 40 11, 40 12 **Fax:** 6 56 69
Landesinnungsmeister: Peter Sanftleben
Mitglieder: 129

g 777

Fachverband für Uhren, Schmuck u. Zeitmeßtechnik Rheinland-Pfalz

Postf. 27 30, 67615 Kaiserslautern
Burgstr. 39, 67659 Kaiserslautern
T: (0631) 37 12 20 **Fax:** 3 71 22 50
Landesinnungsmeister: Martin Tentschert (Speyerer Str. 40, 67117 Limburgerhof, T: (06236) 82 90)
Mitglieder: 74

g 778

Uhrmacher-Innung für das Saarland

Saarbrücker Str. 262, 66125 Saarbrücken
T: (06897) 7 22 69 **Fax:** 76 81 49
Landesinnungsmeister: Bernd Helau
Mitglieder: 54

g 779

Fachverband für Uhren, Schmuck u. Zeitmeßtechnik Sachsen-Anhalt

Dr.-Wilhelm-Külz-Str. 2, 06526 Sangerhausen
T: (03464) 57 24 26 **Fax:** 57 24 13
Landesinnungsmeister: R. Steyer (Kylische Str. 7, 06526 Sangerhausen, T: (03464) 57 31 70, Telefax: (03464) 57 90 54)
Mitglieder: 66

g 780

Landesinnungsverband Thüringen für Uhren, Schmuck und Zeitmeßtechnik

Marktstr. 32, 99084 Erfurt
T: (0361) 5 62 35 59 **Fax:** 5 62 35 59
Landesinnungsmeister: Dieter Höring
Mitglieder: 20

• G 781

Bayerische Wachszieher-Innung

- Bundesinnung
Maria-Hilf- Str. 23, 86391 Stadtbergen
T: (0821) 43 66 06 **Fax:** 43 69 93
Gründung: 1945
Obermeister: Edgar Bonn (Laubanger 17 h, 96052 Bamberg, T: (0951) 96 57 5-0, Fax: (0951) 9 65 75 20)
Geschäftsführer(in): Wolfgang Reich (Ltg. Presseabt.)
Mitglieder: 90

• G 782

Deutscher Wäscherei-Verband e.V. (DTV)

siehe Deutscher Textilreinigungs-Verband (DTV) G 738

• G 783

Verband der Wasch-Center-Betreiber e.V.

Brahmsallee 79, 20144 Hamburg
T: (040) 4 68 65 10 **Fax:** 46 86 51 22
Vorsitzende(r): Philipp Eggers
Geschäftsführer(in): RA Dr. Ingolf Klüßendorf

• G 784

VERBAND DEUTSCHER • ZAHN TECHNIKER INNUNGEN VDZI

Verband Deutscher Zahntechniker-Innungen - Bundesinnungsverband - (VDZI)

Max-Planck-Str. 25, 63303 Dreieich
T: (06103) 37 07-0 **Fax:** 37 07-33
Internet: http://www.vdzi.de
E-Mail: info@vdzi.de
Gründung: 1956 (24./25. August)
Internationaler Zusammenschluß: siehe unter izg 114
Vorsitzende(r): Präsident Lutz Wolf
Geschäftsführer(in): Dipl.-Volksw. Helmar Klutke
Justitiar: N. N.
Leitung Presseabteilung: Ronald Rohloff
Verbandszeitschrift: „teleskop"
Mitglieder: 5389
Mitarbeiter: 12

Landesinnungsverbände

g 785

Zahntechniker-Handwerk Landesinnungsverband Hessen

Gustav-Freytag-Str. 36, 60320 Frankfurt
T: (069) 95 67 99-0 **Fax:** 56 20 54

g 786

Landesinnungsverband für das Zahntechniker-Handwerk Nordrhein-Westfalen

Stresemannstr. 46, 40210 Düsseldorf
T: (0211) 35 59 66-65 **Fax:** 35 59 66-77
Landesinnungsmeister: Josef Wagner
Geschäftsführer(in): Dr. Rolf Guddorf

• G 787

Deutsche Gesellschaft für Zahnärztliche Prothetik und Werkstoffkunde

Pauwelsstr. 30, 52074 Aachen
T: (0241) 80 88-240, 80 88-241 **Fax:** 88 88-410
Gründung: 1951
1. Vorsitzende(r): Prof. Dr. Dr. Hubertus Spiekermann (Pauwelsstr. 30, 52074 Aachen)
Schriftführer(in): Dr. Manfred Wichmann (Carl-Neuberg-Str. 1, 30625 Hannover, T: (0511) 5 32 47 78, Fax: (0511) 5 32 47 78)
Mitglieder: 750

• G 788

Bundesverband Sicherungstechnik Deutschland e.V. (BSD)

Eichendorffstr. 3, 40474 Düsseldorf
T: (0211) 4 70 50 36 **Fax:** 4 70 50 33
Vorsitzende(r): Karl Boos (Fa. Boos, Köln)
Geschäftsführer(in): Jürgen Spermann

• G 789

Vereinigung Deutscher Furnierwerke

Am Waldrand 38, 31535 Neustadt
T: (05072) 13 92 **Fax:** 75 95
Vorsitzende(r): H. J. Wonnemann
Stellvertretende(r) Vorsitzende(r): Peter Janson
Geschäftsführer(in): Dipl.-Volksw. Gerold Hess
Mitglieder: 22

H Handel

Zum Auffinden einer bestimmten Dienststelle oder Organisation dient das Suchwortverzeichnis, eines Personennamens das Personenverzeichnis.

Groß- und Außenhandel

• H 1

Bundesvereinigung Deutscher Handelsverbände (BDH)

Postf. 13 49, 53003 Bonn
Bonner Talweg 57, 53113 Bonn
T: (0228) 2 60 04-25 **Fax:** 2 60 04-14
Gründung: 1999 (15. November)
Präsident(in): Dr. Michael Fuchs (Präsident des Bundesverbandes des Deutschen Groß- und Außenhandels)
Vizepräsidenten: Hermann Franzen (Präsident des Hauptverbandes des Deutschen Einzelhandels)
Dr. Dietrich L. Meyer (Präsident des Zentralverbandes Gewerblicher Verbundgruppen)
Generalsekretär(in): Dipl.-Volksw. Dr. Peter Spary
Leitung Presseabteilung: Volker Tschirch
Mitglieder: 7 Verbände
Mitarbeiter: 5

• H 2

Bundesverband des Deutschen Groß- und Außenhandels (BGA)

Postf. 13 49, 53003 Bonn
Bonner Talweg 57, 53113 Bonn
T: (0228) 2 60 04-0 **Fax:** 2 60 04-55
Gründung: 1949
Internationaler Zusammenschluß: siehe unter izh 340
Präsidium:
Präsident(in): Dr. Michael Fuchs (Geschäftsführer der Impex Electronic HGmbH, Am Metternicher Bahnhof 11, 56072 Koblenz, T: (0261) 92 84-0, Telefax: (0261) 9 28 41 86; Vorsitzender des Arbeitgeberverbandes Großhandel-Außenhandel-Dienstleistung Rheinland-Rheinhessen e.V.; Vorsitzender des Landesverbandes Großhandel Rheinland-Pfalz e.V.)
Vizepräsident(in): Karl-Günther Cloos (Geschäftsführer der Baubedarf Wetzlar GmbH, Gabelsberger Str. 33, 35576 Wetzlar, Postf. 12 42, 35522 Wetzlar, T: (06441) 37 77-0, 37 77-11/12, Telefax: (06441) 3 42 43; Vorsitzender des BGA-Steuerausschusses und der BGA-Währungs-Kommission; Vorsitzender des Verbandes der Baustoffhändler Mitte)
Prof. Dr. Erich Greipl (Mitglied der Geschäftsführung der Metro-Vermögensverwaltung GmbH & Co. KG, Mitglied des Aufsichtsrates der Metro AG, Schlüterstr. 3, 40235 Düsseldorf, Postf. 23 01 40, 40087 Düsseldorf, T: (0211) 9 69-2925, Telefax: (0211) 9 69-2592; Schatzmeister und Mitglied des Präsidiums des Landesverbandes Groß- und Außenhandel, Vertrieb und Dienstleistungen Bayern e.V., Vors. der BGA Strategie-Kommission)
RA Dr. Uwe Mehrtens (Inhaber der Heuer Internationale Speditionsgesellschaft mbH und Co. KG, Breitenweg 29-33, 28195 Bremen, Postf. 10 75 47, 28075 Bremen, T: (0421) 30 92-388, Telefax: (0421) 1 55 73; Präsident des Unternehmens- und Arbeitgeberverbandes Großhandel, Außenhandel, Dienstleistung e.V. (AGA); Vorsitzender der Sozial- und Tarifpolitischen Kommission)
Elard Raben (Geschäftsführender Gesellschafter der Vivanco GmbH, Ewige Weide 15, 22926 Ahrensburg, Postf. 13 20, 22903 Ahrensburg, T: (04102) 23 11 16, Telefax: (04102) 2 31-207)
Senator Thomas Scheuerle (GeschfGes. Fa. Alfred Graf, Emilienstr. 5, 90489 Nürnberg, Postf. 28 48, 90013 Nürnberg, T: (0911) 58 60 70, Telefax: (0911) 5 81 99 68; Präsident des Landesverbandes Groß- und Außenhandel, Vertrieb und Dienstleistungen Bayern e.V. (LGAD))
Schatzmeister: Assessor Frank Hartwig (Geschäftsführer der DEA Mineralölverkauf Rhein-Ruhr GmbH, Friedrich-Ebert-Str. 65, 59425 Unna, Postf. 16 54, 59406 Unna, T: (02303) 9 64-171, Telefax: (02303) 9 64-178; Vorsitzender des Arbeitgeberverbandes Großhandel-Außenhandel-Dienstleistungen Westfalen-Mitte e.V. und der BGA-Finanzkommission)
Präsidiumsmitglied(er):
Dipl.-Chemiker Jörg Bangerter (Jommellistr. 3, 71640 Ludwigsburg, T: (07141) 8 21 94, (07373) 6 12, Telefax: (07141) 8 16 94; Präsident des Verbandes für Dienstleistung, Groß- und Außenhandel Baden-Württemberg e.V.; Vorsitzender des BGA-Umweltausschusses)
Anton Börner (Inhaber der Firma Börner & Co., Messerschmittstr. 5, 85053 Ingolstadt, T: (0841) 6 58-0, Telefax: (0841) 6 16 90; 1. Vorsitzender des Deutschen Großhandelsverbandes Haustechnik e.V.)
Stefan Bruns (Geschäftsführer der Elfriede Bruns Hefegroßhandel Frischdienst - Backmittel - Saaten - Konserven, Am Schäferbrunnen 12, 39128 Magdeburg, T: (0391) 7 21 95 32, Telefax: (0391) 7 21 47 40; Präsident des Landesverbandes Großhandel, Außenhandel, Dienstleistungen Sachsen-Anhalt e.V.)
Dipl.-Kfm. Karl Dürbeck (Geschäftsführer und Mitinhaber der Anton Dürbeck GmbH, Großmarkt, 60314 Frankfurt, T: (069) 9 49 99-140, Telefax: (069) 9 49 99-200; Ehrenpräsident des Zentralverbandes des Deutschen Früchte-Import- und Großhandels e.V.; Vizepräsident von EuroCommerce, Brüssel; Vorsitzender des BGA-Agrarausschusses)
Carl Hugo Erbslöh (Fa. C. H. Erbslöh, Postf. 90 05, 47747 Krefeld, T u. Fax: (02151) 5 25 00; Vorstandsmitglied Verband des Deutschen Chemikalien-Groß- und Außenhandels e.V.)
Dr. Göke D. Frerichs (Beratung EGG-Elektro-Großhandel AG (Beratung), Industriestr. 21-39, 65760 Eschborn, T: (06196) 4 77-218, Telefax: (06196) 4 77-342; Vorsitzender des Verbandes Großhandel, Außenhandel, Verlage und Dienstleistungen Hessen e.V. Arbeitgeber und Unternehmensverband (AGH); Mitglied des Wirtschafts- und Sozialausschusses der EU; Vorsitzender der BGA Europa-Koordinierungs-Kommission)
Thomas Haas-Rickertsen (Geschäftsführender Gesellschafter der Pisani & Rickertsen GmbH, Lange Mühren 2, 20095 Hamburg, T: (040) 30 29 06-0, Telefax: (040) 30 29 06-99; Vorstandsmitglied des Waren-Vereins der Hamburger Börse e.V.)
Michael Hagemann (Geschäftsführer der Werbemittel-Agentur Michael Hagemann GmbH, Ringstr. 4, 82223 Eichenau, Postf. 3 80, 82219 Eichenau, T: (08141) 3 69 80, Telefax: (08141) 36 98-31)
Edwart Hengstenberg (Geschäftsführender Gesellschafter der Hengstenberg GmbH & Co. Fahrzeug- und Motorenteile, Laubenhof 6, 45326 Essen, T: (0201) 36 06-0, 36 06-221, Telefax: (0201) 36 06-286; Vorsitzender des Gesamtverbandes Autoteile-Handel e.V. (GVA))
Dr. Siegfried von Hoff (Inhaber der Firma Alwin Höhne, Papiermühlenweg 25, 99089 Erfurt, T: (0361) 7 31 27 62, Telefax: (0361) 7 31 45 37; Präsident des Landesverbandes Groß-/Außenhandel, Dienstleistungen Thüringen e.V.)
Rolf Hofmann (Geschäftsführender Gesellschafter der Firma Carl Hortmann, Am Eichenhang 25-33, 57076 Siegen, Postf. 21 04 62, 57028 Siegen, T: (0271) 70 02-0, -2 12, -2 13, Telefax: (0271) 70 02-2 11; Vorsitzender des BGA-Berufsbildungsausschusses)
Oskar Holzer (Geschäftsführer und Mitinhaber der Holzland Bolland & Holzer GmbH, Ernst-Sachs-Str. 15, 56070 Koblenz, T: (0261) 98 42 10, Telefax: (0261) 9 84 21 98; Schatzmeister des Gesamtverbandes Holzhandel (BD-Holz-VDH) e.V.)
Dipl.-Volksw. Gerhard Kammerer (Geschäftsführender Gesellschafter der Kammerer GmbH & Co. KG, John-Deere-Str. 13, 76646 Bruchsal, Postf. 18 05, 76608 Bruchsal, T: (07251) 78 21 31, Telefax: (07251) 7 82 37)
Dipl.-Kfm. Reinhard Krückemeyer (Geschäftsführer der Reinhard Krückemeyer KG, Dortmunder Str. 4, 57234 Wilnsdorf, T: (02739) 80 10, Telefax: (02739) 8 01-12)
Dr. Dieter Lorenz-Meyer (Honorar-Generalkonsul, Gesellschafter der Fa. Arnold Otto Meyer, Ballindamm 1, 20095 Hamburg, T: (040) 30 29 92 92, Telefax: (040) 30 29 92 29)
Dirk Malmedé (Geschäftsführer der KMT Kölnische Mode- und Textilhandelsgesellschaft mbH, Sachsenring 67, 50677 Köln, T: (0221) 3 38 50, 33 85-100, Telefax: (0221) 3 38 53 02)
Konsul Horst Markgraf (Geschäftsführender Gesellschafter der Spranger & Braukmann GmbH, Eichsfelder Str. 9, 40595 Düsseldorf, Postf. 41 01 50, 40576 Düsseldorf, T: (0211) 90 20 20, Telefax: (0211) 15 61 55)
Dr. Wilhelm von Moers (Geschäftsführer Handelshof Management GmbH, Rolshoferstr. 229, 51105 Köln, Telefon: (0221) 83 90 60, Telefax: (0221) 83 90 62 04)
RA Gundolf Praast (Geschäftsf. Vizepräsident des Verbandes des Deutschen Nahrungsmittelgroßhandels, Am steinernen Kreuz 33, 64297 Darmstadt, T: (0651) 95 63 63)
Wolfhart Putzier (Geschäftsführender Gesellschafter der Jebsen & Jessen GmbH & Co. KG, Lange Mühren 9, 20095 Hamburg, T: (040) 30 14 01, Telefax: (040) 32 70 91)
Gerhard Riemann (Vorsitzender des BGA-Verkehrsausschusses; Mitglied des Vorstandes der Krupp Hoesch International GmbH, Kasteelstr. 2, 47119 Duisburg, Postf. 13 05 80, 47118 Duisburg, T: (0203) 80 05-2 12, -2 13, Telefax: (0203) 80 05-2 84)
Max Schierer (Inhaber der Max Schierer GmbH, Flugplatzweg 2, 93413 Cham, T: (09971) 30 00, Fax: 3 23 52; Präsident des Bundesverbandes Deutscher Baustoff-Fachhandel e.V., Edelsbergstr. 8, 80686 München, T: (089) 57 83 67 31, Fax: 57 83 67 34)
Dipl.-Kfm. Wolf-Dieter Schießl (Dr.-Gessler-Str. 31, 93051 Regensburg, T: (0941) 99 21-0, Telefax: (0941) 99 21-182)
Uwe Schröder (Tom Tailor Sportswear Handelsgesellschaft mbH, Garstedter Weg 14, 22453 Hamburg, T: (040) 58 95 61 00, Telefax: (040) 58 59 61 99)
Harald Tenzer (Geschäftsführender Gesellschafter Tenzer GmbH & Co. KG, Büchner Str. 3, 38118 Braunschweig, Postf. 46 49, 38036 Braunschweig, T: (0531) 89 51 51, Telefax: (0531) 8 50 01)
Hauptgeschäftsführer(in): Dr. Peter Spary
Leitung Presseabteilung: Volker Tschirch
Verbandszeitschrift: Report
Redaktion: Volker Tschirch
Mitglieder: 75 Verbände
Mitarbeiter: ca. 21

Dem BGA angeschlossene Mitgliedsverbände
Außenhandelsverband Nordrhein-Westfalen e.V. (AHV), Bonn
Bundesverband der Agrargewerblichen Wirtschaft e.V., Bonn
Deutscher Automaten-Großhandels-Verband e.V., Oberfell
Gesamtverband Autoteile-Handel e.V., Ratingen
Bundesverband des Deutschen Baustoffhandels e.V. (BDB), München
Bundesverband des Deutschen Getränkefachgroßhandels e.V., Düsseldorf
Gütegemeinschaft Brandschutz im Ausbau, Köln
Verband des Deutschen Blumen-Groß-und Importhandels e.V. (BGI), Düsseldorf PRESSE-GROSSO Bundesverband Deutscher Buch-, Zeitungs- und Zeitschriften-Grossisten e.V., Köln
Verband des Deutschen Chemikalien-Groß- und Außenhandels e.V. (Verband Chemiehandel), Köln
Verband der Vereine Creditreform e.V., Neuss
Außenhandelsvereinigung des Deutschen Einzelhandels e.V., Köln
Bundesverband des Elektrogroßhandels e.V., Köln
Bundesverband des Großhandels mit Dünge- und Pflanzenbehandlungsmitteln e.V. (BGDP), Bonn
Bundesverband der Importeure und Exporteure von Edelsteinen und Perlen e.V., Frankfurt
Bundesverband des Deutschen Exporthandels e.V., Hamburg
Deutscher Factoring Verband e.V., Mainz
Großhandelsverband für Floristen- und Gärtnereibedarf (GFG) e.V., Mettmann; Deutscher Verband Flüssiggas e.V. (DVFG), Kronberg/Ts.
Zentralverband des Deutschen Früchte-Import- und Großhandels e.V., Bonn und Berlin (Ost)
Bundesverband Glas, Porzellan, Keramik Groß- und Außenhandel e.V., Köln
Verband des deutschen Häute- und Fellhandels e.V., Stuttgart
Deutscher Großhandelsverband Haustechnik e.V., Bonn Bundesverband Großhandel Heim & Farbe e.V., Düsseldorf
Gesamtverband Holzhandel e.V., Wiesbaden
Honig-Verband der Bundesrepublik Deutschland e.V., Bremen
Fachverband Groß- und Außenhandel mit Jagd- und Sportwaffen e.V., Gummersbach
Deutscher Kaffee-Verband e.V., Hamburg
Deutsches Kongreßbüro, Frankfurt
Verband der Vertriebsfirmen kosmetischer Erzeugnisse e.V., Mettmann
Verband des Deutschen Groß- und Außenhandels für Krankenpflege und Laborbedarf e.V. (VGKL), Köln
Fachverband des Deutschen Maschinen- und Werkzeug-Großhandels e.V. (FDM), Bonn
Verein Deutscher Metallhändler e.V., Bonn
Wirtschaftsverband Großhandel Metallhalbzeug e.V., Bonn
Außenhandelsverband für Mineralöl e.V., Hamburg
UNITI Bundesverband mittelständischer Mineralölunternehmen e.V., Hamburg
Verband des Deutschen Nahrungsmittelgroßhandels und anderer Vertriebsformen mit Waren des kurz- und mittelfristigen Bedarfs (VDN) e.V., Bonn
Bundesverband des pharmazeutischen Großhandels (PHAGRO) e.V., Frankfurt (Main)
Vereinigung des Rohtabak-Import- und -Großhandels e.V., Bremen
Vereinigung des Rohtabak-Import- und Großhandels e.V., Bremen
Bundesverband des Schmuck-Großhandels e.V., Stuttgart
Großhandelsverband Schreib-, Papierwaren und Bürobedarf e.V. (GVS), Köln
Gesamtverband des Deutschen Spielwaren-Groß- und Außenhandels e.V. (GSG), München
Bundesverband Deutscher Tabakwaren-Großhändler und Automatenaufsteller e.V. (BDTA), Köln
Verband der Technischen Händler e.V. (VTH), Düsseldorf
Gesamtverband des Deutschen Textilgroßhandels e.V. (GVT), Köln
Bundesgroßhandelsverband für Uhren- und uhrentechnischen Bedarf e.V., Stuttgart
Bundesverband Verschnürungs- und Verpackungsmittel e.V., Meerbusch
Verband des Deutschen Groß- und Außenhandels mit Vieh und Fleisch e.V., Bonn
Waren-Verein der Hamburger Börse e.V., Hamburg
Gesamtverband der Werbeartikelwirtschaft e.V., Düsseldorf
Fachverband Werkzeug-Großhandel e.V. (FWG), Bonn
Vereinigung des Wollhandels e.V., Eschborn

BGA - Dienstleistungseinrichtungen

h 3

Bundesbetriebsberatungsstelle für den deutschen Groß- und Außenhandel GmbH (BBG)

Postf. 12 28, 53002 Bonn
Bonner Talweg 57, 53113 Bonn
T: (0228) 26 00-443 **Fax:** 26 00-435
Geschäftsführer(in): Dipl.-Volksw. Ulrich Stumpp

Förderung der Rationalisierung im Groß- und Außenhandel; Förderung von Unternehmensberatungen für kleine und mittlere Unternehmen sowie von Informations- und Schulungsveranstaltungen, Energieeinsparung, Umweltschutz.

h 4

Kuratorium des Deutschen Groß- und Außenhandels e.V.

Bonner Talweg 57, 53113 Bonn

T: (0228) 2 60 04- 0 **Fax:** 2 60 04-55
Präsident(in): Dr. Michael Fuchs
Geschäftsführer(in): Dr. Peter Spary

h 5

VGA-Bonn Versicherungsstelle des Deutschen Groß- und Außenhandels GmbH
Postf. 25 20, 53015 Bonn
Bonner Talweg 57, 53113 Bonn
T: (0228) 9 14 52-0 **Fax:** 9 14 52-19
Internet: http://www.vga.de
E-Mail: versicherungsstelle@vga.de
Geschäftsführer(in): Dipl.-Betriebsw. Klaus H. Rathjen

Landesverbände

• H 6

VDGA Verband für Dienstleistung, Groß- und Außenhandel Baden-Württemberg e.V.
Postf. 12 07 51, 68058 Mannheim
O 4 13-16, 68161 Mannheim
T: (0621) 1 50 03-0 **Fax:** 1 50 03-29
Gründung: 1949
Präsident(in): Dipl.-Chem. Jörg Bangerter, Ludwigsburg
Hauptgeschäftsführer(in): RA Hans-Peter Stahl
Mitglieder: 800

Korporativ angeschlossene Verbände:

Bund des süddeutschen Eisen- und Metallwaren-Großhandels Baden-Württemberg e.V., Stuttgart
Arbeitgeberverband des Stahl-, Röhren- und Eisenwaren-Großhandels Baden-Württemberg e.V., Stuttgart
Bundesverband des Elektrogroßhandels, Landesgruppe Baden, Karlsruhe
Bundesverband Flachglas Großhandel, Isolierglasherstellung, Veredelung e.V., Köln (für Mitglieder in Baden-Württemberg)
Bundesverband Deutscher Holzhandel e.V., Wiesbaden (für Mitglieder in Baden-Württemberg)
Fachverband des Deutschen Maschinen- und Werkzeug-Großhandels e.V., Bonn (für Mitglieder in Baden-Württemberg)
Verband des Nahrungsmittelgroßhandels Baden-Württemberg e.V., Dettingen/Teck
Bundesverband des Schmuck-Großhandels e.V., Römerstein
Südwestdeutscher Zeitschriftenverleger-Verband e.V., Stuttgart
Wirtschafts- und Arbeitgeberverband.

• H 7

Landesverband Groß- und Außenhandel, Vertrieb und Dienstleistungen Bayern (Unternehmer- und Arbeitgeberverband der intermediären Wirtschaft) e.V. (LGAD)
Postf. 20 13 37, 80013 München
Max-Joseph-Str. 5, 80333 München
T: (089) 55 77 01/02 **Fax:** 59 30 15
Präsident(in): Thomas Scheuerle (in Fa. Alfred Graf, Postf. 28 48, 90013 Nürnberg, T: (0911) 5 86 07-0)
Hauptgeschäftsführer(in): Dipl.-Kfm. W. Sattel (Geschäftsstelle Sandstr. 29, 90443 Nürnberg, T: (0911) 20 31 80-81)
Geschäftsführer(in): RA Alois Wiedemann
Geschäftsstelle
Sandstr. 29, 90443 Nürnberg, Tel: (0911) 20 31 80 - 81

• H 8

Unternehmens- und Arbeitgeberverband für Großhandel und Dienstleistungen e.V. (AGD)
Knesebeckstr. 33-34, 10623 Berlin
T: (030) 8 81 70 83/84 **Fax:** 8 83 72 06
Vorsitzende(r): Peter Breitenbach
Geschäftsführer(in): RA Dietmar von Dippel

• H 9

Landesverband des Groß- und Außenhandels von Berlin und Brandenburg e.V.
Knesebeckstr. 33-34, 10623 Berlin
T: (030) 8 81 70 83/84 **Fax:** 8 83 72 06
Vorsitzende(r): Wolfgang Franz
Geschäftsführer(in): Dietmar von Dippel (Knesebeckstr. 33/34, 10623 Berlin, T: (030) 8 81 70 83, Telefax: (030) 8 83 72 06)

• H 10

A·G·A

AGA Unternehmens- und Arbeitgeberverband Großhandel, Außenhandel, Dienstleistung e.V.
Postf. 10 03 29, 20002 Hamburg
Kurze Mühren 2, 20095 Hamburg
T: (040) 30 80 10 **Fax:** 30 80 11 07
Internet: http://www.aga.de
E-Mail: aga@aga.de
Präsident(in): Dr. Uwe Mehrtens (Heuer-Gruppe, Bremen)
Vorstand: Volker Schmidtchen (Sprecher)
RA Uwe Petzold
RA Norbert Guhl
Mitglieder: 3000

• H 11

Wirtschaftsvereinigung Groß- und Außenhandel Hamburg e.V. (WGA)
Gotenstr. 21, 20097 Hamburg
T: (040) 23 60 16-0 **Fax:** 23 60 16-10
Vorsitzende(r): Elard Raben (i. Fa. Vivanco Gruppe AG, Ewige Weide 15, 22926 Ahrensburg, T: (04102) 23 1-0, Fax: (04102) 23 11 60)
Hauptgeschäftsführer(in): RA'in Dr. Monika Beutgen

Mitglieder der WGA-Gruppe
Verband Freier Deutscher Markenimporteure e.V. -VFDM-
Deutscher Kräuter- u. Gewürzhändler-Verband e.V. -DKGV-
Verein der am Rohkakaohandel beteiligten Firmen e.V.
Verein der Deutschen Papierimporteure e.V.- VDPI-
Deutscher Teeverband e.V.
Verband der Ausfuhrbrauereien Nord-, West- und Südwestdeutschlands e.V. -VAB-
Verein Hamburger Exporteure e.V. -VHE-
Bundesverband des Deutschen Exporthandels e.V. -BDEx-
European Natural Sausage Casings Association (ENSCA)
European Herbal Infusions Association - EHIA-
Zentralverband Naturdarm e.V. -ZVN-
Drogen- und Chemikalienverein e.V. -VDC-
International Natural Gums Association for Research (INGAR) Ltd.
Fachhandelsverband Fasern, Federn, Haare und deren Erzeugnisse e.V.
Verband der Fertigwarenimporteure e.V. -VFI-
Wirtschaftsvereinigung Kräuter- und Früchtetee e.V. -WKF-
Verein des Deutschen Einfuhrgroßhandels von Harz, Terpentinöl und Lackrohstoffen e.V.
Deutsch-Japanische Gesellschaft zu Hamburg e.V.
Pronatura Marketing und Werbung GmbH
WGA Außenhandels Service GmbH

• H 12

Verband Großhandel Außenhandel Verlage und Dienstleistungen Hessen e.V. (AGH)
Telemannstr. 12, 60323 Frankfurt
T: (069) 72 35 56-58 **Fax:** 72 10 58
E-Mail: agh-hessen@t-online.de
Vorsitzende(r): Dr. Göke Frerichs (Am Hirschsprung 11, 61462 Königstein, Tel: (06174) 35 67)
Hauptgeschäftsführer(in): RA P. Ulrich Schaller

• H 13

Groß- und Außenhandelsverband Niedersachsen e.V. (GVN)
Postf. 23 67, 30023 Hannover
Berliner Allee 7, 30175 Hannover
T: (0511) 27 07 17-0 **Fax:** 27 07 17-17
Präsident(in): Harald Tenzer (i. Fa. Tenzer GmbH & Co. KG, Büchnerstr. 3, 38118 Braunschweig, T: (0531) 89 51 51)
Hauptgeschäftsführer(in): Harald Krantz

• H 14

Landesverband Großhandel - Außenhandel - Dienstleistungen Nordrhein-Westfalen e.V.
Postf. 14 01 65, 40071 Düsseldorf
Achenbachstr. 28, 40237 Düsseldorf
T: (0211) 6 69 08-0 **Fax:** 6 69 08-30
Internet: http://www.unternehmerschaft.de
E-Mail: agvwilke@aol.com
Präsident(in): Horst Markgraf
Geschäftsführer(in): RA Karl Heinrich Wilke

• H 15

Landesverband Großhandel Rheinland-Pfalz e.V.
Josef-Görres-Platz 11, 56068 Koblenz
T: (0261) 3 20 31 **Fax:** 30 95 25
1. Vorsitzende(r): Dr. Michael Fuchs (Koblenz)
Hauptgeschäftsführer(in): RA JR Klaus Völker

• H 16

Arbeitgeberverband Großhandel-Außenhandel Dienstleistungen Rheinland-Rheinhessen e.V.
Josef-Görres-Platz 11, 56068 Koblenz
T: (0261) 3 20 31 **Fax:** 30 95 25
Vorsitzende(r): Dr. Michael Fuchs, Koblenz
Geschäftsführer(in): RA JR Klaus Völker

• H 17

Groß- und Außenhandelsverband Pfalz e.V.
Postf. 10 05 39, 67405 Neustadt
Festplatzstr. 8, 67433 Neustadt
T: (06321) 92 42 40 **Fax:** 92 42 41
Vorsitzende(r): Herbert Jäger (Hermann Wickert GmbH & Co KG, Lotschstr. 2, 76829 Landau, Postf. 22 44, 76812 Landau, T: (06341) 68 40, Fax: 68 41 34)

• H 18

Landesverband des Sächsischen Groß- u. Außenhandels/Dienstleistungen e.V.
Alttolkewitz 19, 01279 Dresden
T: (0351) 2 52 75 33 **Fax:** 2 52 75 35
Internet: http://www.sgad.de
E-Mail: sga@sgad.de
Gründung: 1990 (22.Juni)
Präsident(in): Alexander Fürter, Hoyerswerda
Geschäftsführer(in): Dipl.-Ing.oec. Hans Säuberlich
Verbandszeitschrift: SGA Verbandsinformationen
Mitglieder: 180
Mitarbeiter: 3
Jahresetat: DM 0,4 Mio, € 0,2 Mio

• H 19

Landesverband Großhandel - Außenhandel - Dienstleistungen Sachsen-Anhalt e.V. (LVGA)
Mittagstr. 1a, 39124 Magdeburg
T: (0391) 2 52 41 43 **Fax:** 2 52 41 43
Gründung: 1990 (9. Oktober)
Präsident(in): Stefan Bruns (i. Fa. Hefe-Backmittel-Saaten-Konserven-Großhandel E. Bruns, Am Schäferbrunnen 12, 39128 Magdeburg)
Geschäftsführer(in): Bodo Spahn
Mitglieder: 80
Mitarbeiter: 2
Jahresetat: DM 0,25 Mio, € 0,13 Mio

• H 20

Wirtschaftsvereinigung Groß- und Außenhandel Schleswig-Holstein e.V.
Postf. 16 20, 24015 Kiel
Lindenallee 16, 24105 Kiel
T: (0431) 3 39 36-0 **Fax:** 33 66 91
Vorsitzende(r): Wolfgang Sauer (i.Fa. Jan Fr. Gehlsen, Büsumer Str. 106/114, 24768 Rendsburg)
Geschäftsführer(in): Ass. Jürgen Bastians
Mitglieder: 220

• H 21

Landesverband Groß-, Außenhandel und Dienstleistungen Thüringen e.V. (LGAD)
Juri-Gagarin-Ring 153, 99084 Erfurt
T: (0361) 6 44 22 90 **Fax:** 6 44 22 94
Vorsitzende(r): Dr. Siegfried von Hoff
Geschäftsführer(in): Dr. R. Zacher

Branchen- und Funktionsverbände

• H 22

Außenhandelsverband Nordrhein-Westfalen e.V. (AHV)
Postf. 14 01 65, 40071 Düsseldorf
Achenbachstr. 28, 40237 Düsseldorf
T: (0211) 6 69 08-0 **Fax:** 6 69 08-30
E-Mail: ahvnrw@aol.com
Vorsitzende(r): Georg Schröteler (i. Fa. Hanf + Nelles, Paul-Thomas-Str. 49, 40589 Düsseldorf)
Geschäftsführer(in): Dipl.-Betriebsw. Andreas Mühlberg

• H 23

DAGV
Deutscher Automaten-Großhandels-Verband e.V.

Deutscher Automaten-Großhandels-Verband e.V. (DAGV)
Höller Weg 1, 56332 Oberfell
T: (02605) 96 08 55 **Fax:** 96 08 58
Internationaler Zusammenschluß: siehe unter izf 534
Vorsitzende(r): Pit Arndt, Koblenz
Geschäftsführer(in): Jörg Meurer
Mitglieder: 19

• H 24

Gesamtverband Autoteile-Handel e.V. (GVA)
Gothaer Str. 17, 40880 Ratingen
T: (02102) 47 30 37 **Fax:** 47 56 63
Internet: http://www.gva.de
E-Mail: info@gva.de
Gründung: 1990 (24. April)
Internationaler Zusammenschluß: siehe unter izh 213, izh 231
Vorsitzende(r): Edwart Hengstenberg (i. Fa. Hengstenberg GmbH & Co., Laubenhof 6, 45326 Essen)
Geschäftsführer(in): Dipl.-Kfm. Hans Jürgen Wahlen Dipl.-Kfm. Marita Kloster (Stellv.)
Öffentlichkeitsarbeit: Thomas Kobudzinski
Verbandszeitschrift: amz-auto motor zubehör (Offizielles Organ des GVA)
Verlag: Verlagsgesellschaft Grütter GmbH & Co. KG, Postf. 91 07 08, 30427 Hannover
Mitglieder: 350
Mitarbeiter: 6

Ausbau und Stärkung des freien Kfz-Teile-Marktes in Deutschland

• H 25

BDB
BUNDESVERBAND DEUTSCHER BAUSTOFF-FACHHANDEL E.V.

Edelsbergstr. 8, 80686 München
T: (089) 57 83 67-31 **Fax:** 57 83 67-34
Internet: http://www.baustoff-fachhandel.de
E-Mail: bdb@BauNetz.de
Präsident(in): Max Schierer (i. Fa. Max Schierer GmbH, Flugplatzweg 2, 93413 Cham, T: (09971) 30 00)
Vizepräsident(in): Theo Schneider (i. Fa. Der Baustoff-Mann, Bottroper Str. 1-13, 46117 Oberhausen, T: (0208) 8 99 40)
Geschäftsführer(in): Betriebsw. Lothar Müller
Mitglieder: 1487

Vertretung der Interessen des Baustoff-Fachhandels gegenüber Behörden, der baustofferzeugenden Industrie, der Bauwirtschaft und gegenüber der Öffentlichkeit.

Landesverbände

h 26

Verband des Baustoff-Fachhandels in Baden-Württemberg e.V.
Hohe Str. 12, 70174 Stuttgart
T: (0711) 22 59 30 **Fax:** 2 25 93 20
Internet: http://www.baustoff-fachhandel.de
E-Mail: lv.ba-wue@baunetz.de
Vorsitzende(r): Otto Ruch (F. X. Ruch GmbH & Co. Bauen + Wohnen, Industriestr. 13-15, 78224 Singen, T: (07731) 5 92-0)
Geschäftsführer(in): RA Klaus Klenk
Mitglieder: 220

h 27

Verband des Baustoff-Fachhandels in Bayern e.V.
Edelsbergstr. 8, 80686 München
T: (089) 57 83 67-11 **Fax:** 57 83 67-14
Vorsitzende(r): Dipl.-Kfm. Thomas Riedel (i. Fa. Huber & Riedel GmbH Baustoffgroßhandlung, Bahnhofstr. 33-37, 91710 Gunzenhausen, T: (09831) 8 00 80)
Geschäftsführer(in): RA Frank Brandenstein
Mitglieder: 192

h 28

Baustoff-Fachhandelsverband Berlin-Brandenburg e.V.
Joachim-Friedrich-Str. 16, 10711 Berlin
T: (030) 8 96 08 58 **Fax:** 8 96 08 47
E-Mail: lv.blnbrdbg@BauNetz.de
Vorsitzende(r): Fred Kapella (in Fa. Kapella Baustoffe GmbH, Werdauer Weg 25, 10829 Berlin, T: (030) 7 88 02-0)
Geschäftsführer(in): RA Ingo Wölffer
Mitglieder: 56

h 29

Verband der Baustoffhändler Mitte e.V.
Tennelbachstr. 25, 65193 Wiesbaden
T: (0611) 9 54 58 83 **Fax:** 9 54 58 85
Internet: http://www.baustoff-fachhandel.de
E-Mail: lv.mitte@baunetz.de
Vorsitzende(r): Karl-Günther Cloos (Baubedarf Wetzlar GmbH, Gabelsbergerstr. 33-45, 35576 Wetzlar, T: (06441) 3 77 70, Fax: 3 42 43)
Geschäftsführer(in): Dipl.-Kfm. Götz Neefe
Mitglieder: 291

h 30

Verband Norddeutscher Baustoffhändler e.V.
Saseler Chaussee 22, 22391 Hamburg
T: (040) 6 40 10 65 **Fax:** 6 40 10 66
Vorsitzende(r): Klaus Lüchau (i. Fa. Lüchau Baustoffe GmbH, Winsbergring 7, 22525 Hamburg, T: (040) 85 39 09-0, Telefax: (040) 8 50 40 71)
Stellvertretende(r) Vorsitzende(r): Klaus Lühmann (i. Fa. Henri Benthack (GmbH + Co.), Bredowstr. 9, 22113 Hamburg, Postf. 74 01 69, 22091 Hamburg, T: (040) 7 33 46-0, Telefax: (040) 7 33 46-1 04)
Geschäftsführer(in): Alfred Remy
Mitglieder: 325 Mitgliedsfirmen

h 31

Verband des Westdeutschen Baustoff-Fachhandels e.V.
Katernberger Str. 100, 42115 Wuppertal
T: (0202) 9 31 20-0 **Fax:** 9 31 20-29
E-Mail: info@baustoffe-west.de
Vorsitzende(r): Günter Voss (i.Fa. BAUTREFF VOSS, Voss GmbH & Co.KG, Bahnhofsallee 36, 48653 Coesfeld, Postf. 2163, 48639 Coesfeld, T: (02456) 9100)
Geschäftsführer(in): RA Ralf Kaspar Kemmerling
Mitglieder: 472

h 32

Landesverband des Sächsischen Baustoff-Fachhandels e.V.
Bernhardstr. 117, 09126 Chemnitz
T: (0371) 44 50 18 **Fax:** 44 50 17
Geschäftsführer(in): Ulrich Neumann
Vorsitzende(r): Dr. Peter Scheibe (i. Fa. Raiffeisen Baumarkt u. BHG Muldenthal e.G., Dresdener Str. 58, 04808 Wurzen, T: (03425) 81 49 50, Telefax: (03425) 81 49 53)
Mitglieder: 81

• H 33

Verband des Deutschen Blumen-Groß- und Importhandels e.V. (BGI)
Jülicher Str. 32, 40477 Düsseldorf
T: (0211) 44 13 88 **Fax:** 48 26 47
Präsident(in): Gerd Klümpen, Straelen
Hauptgeschäftsführer(in): Henning Moeller
Verbandszeitschrift: Blumen worldwide
Redaktion: Andreas von der Beeck
Mitglieder: 200

• H 34

PRESSE-GROSSO-Bundesverband Deutscher Buch-, Zeitungs- und Zeitschriften-Grossisten e.V.
Händelstr. 25-29, 50674 Köln
T: (0221) 92 13 37-0 **Fax:** 92 13 37-44
1. Vorsitzende(r): Dr. Eberhard Nolte (i. Fa. Carl Strobel GmbH, Industriestr. 22, 71069 Sindelfingen, Tel: (07031) 30 03-0)
Hauptgeschäftsführer(in): Dipl.-Kfm. Gerd Kapp
Mitglieder: 76

• H 35

Verband Chemiehandel e.V. (VCH)
Große Neugasse 6, 50667 Köln
T: (0221) 2 58 11 33, 2 58 11 34 **Fax:** 2 58 24 96
E-Mail: stephan@vch-online.de, steinbach@vch-online.de
Gründung: 1903
Präsident(in): Konsul Günther Späth (i. Fa. CSC Jäkle Chemie, Nürnberg)
Geschäftsführende(s) Vorstands-Mitglied(er): RA Dr. Bruno Stephan
Geschäftsführer(in): Peter Steinbach
Mitglieder: ca. 100
Mitarbeiter: 6

• H 36

Verband @der @Vereine Creditreform e. V.
Postf. 10 15 53, 41415 Neuss
Hellersbergstr. 12, 41460 Neuss
T: (02131) 1 09-0 **Fax:** 1 09-8000
T-Online *20609*
Internet: http://www.creditreform.de
E-Mail: creditreform@creditreform.de
Präsident(in): Thomas Glatzel
Vizepräsident(in): Michael Aumüller Achim Kirschner
Hauptgeschäftsführer(in): Dipl.-Kfm. Dr. jur. Helmut Rödl, Neuss
Leitung Presseabteilung: Michael Bretz

• H 37

Bundesverband des Großhandels mit Dünge- und Pflanzenbehandlungsmitteln e.V. (BGDP)
Postf. 30 16 55, 53196 Bonn
Beueler Bahnhofsplatz 18, 53225 Bonn
T: (0228) 9 75 85-0 **Fax:** 9 75 85-30, 9 75 85-32
E-Mail: bv-agrar@t-online.de
Vorsitzende(r): Claus Bacmeister (Dorotheenstr. 180, 22299 Hamburg, T: (040) 4 80 23 30)
Geschäftsführer(in): Dipl.-Ing. agr. Robert Künzel (Leitung Presseabteilung)
Verbandszeitschrift: AGRIBUSINESS
Redaktion: Kurt Linzbach
Mitglieder: 8
Mitarbeiter: 9

• H 38

Bundesverband der Importeure und Exporteure von Edelsteinen und Perlen e. V.
Martinskirchstr. 51, 60529 Frankfurt
T: (069) 35 73 02 **Fax:** 35 73 04
Vorsitzende(r): Michael Hahn (i. Fa. Gerhard Hahn GmbH, 40237 Düsseldorf)
Geschäftsführer(in): Dipl.-Volksw. Dr. Lothar M. Schmid

• H 39

Aussenhandelsvereinigung des Deutschen Einzelhandels e.V. (AVE)
Mauritiussteinweg 1, 50676 Köln
T: (0221) 92 18 34-0 **Fax:** 92 18 34-6
TGR: AVE KOELN
Gründung: 1952
Internationaler Zusammenschluß: siehe unter izh 24
Präsident: Reinhard Koep
Hauptgeschäftsführer(in): Dr. Konrad Neundörfer
Mitglieder: 18
Mitarbeiter: 8

Mitgliedsverbände:
1. Bundesverband der Filialbetriebe und Selbsbedienungs-Warenhäuser e.V.
2. Bundesarbeitsgemeinschaft der Mittel- und Großbetriebe des Einzelhandels e.V.
3. Bundesverband des Deutschen Versandhandels e.V.
4. Bundesverband des Deutschen Schuheinzelhandels
5. Bundesverband des Deutschen Textil-Einzelhandels e.V.
6. Bundesverband des Glas-, Keramik- und Porzellaneinzelhandels e.V.
7.Zentralverband gewerblicher Verbundgruppen e.V.
8. Bundesverband des Deutschen Briefmarkenhandels - APHV - e.V.
9. Bundesverband des Deutschen Lederwaren-Einzelhandels e.V.

Die Außenhandelsvereinigung des Deutschen Einzelhandels e. V. (AVE), Köln, vertritt die Außenhandelsinteressen des deutschen Einzelhandels. Sie bezieht ihr außenhandelspolitisches Mandat durch die Mitgliedschaft derjenigen Bundesverbände des deutschen Einzelhandels, deren direkte und/oder indirekte Mitglieder im Konsumgüterbereich am Außenhandel partizipieren. Sie wird in ihrem außenhandelspolitischen Auftrag des weiteren durch die Einzelmitgliedschaft der deutschen Warenhaus- und Versandhandelsunternehmen sowie der Einkaufsverbände und -genossenschaften, die am Importhandel unmittelbar beteiligt sind, getragen. In der EG werden die außenhandelspolitischen Belange der AVE durch die FOREIGN TRADE ASSOCIATION (FTA) in Brüssel wahrgenommen. Die FTA bildet mit 15 internationalen Mitgliedsverbänden und über 61 Mitgliedsfirmen eine bedeutende Schiene zu den außenhandelspolitisch verantwortlichen Ressorts der Gemeinschaftsorgane.

• H 40

Bundesverband des Deutschen Exporthandels e.V. (BDEx)
Gotenstr. 21, 20097 Hamburg
T: (040) 23 60 16 25 **Fax:** 23 60 16 10
Internet: http://www.bdexport.de
E-Mail: contact@bdexport.de
Geschäftsstelle Bonn:

Bonner Talweg 57, 53113 Bonn, Postf. 13 49, 53003 Bonn, T: (0228) 2 60 04-63, Telefax: (0228) 2 60 04-65
Gründung: 1980
Internationaler Zusammenschluß: siehe unter izh 341
Vorsitzende(r): Wolfhart Putzier (i. Fa. Jebsen & Jessen (GmbH & Co.) KG, Lange Mühren 9, 20095 Hamburg)
Geschäftsführer(in): Dipl.-Volksw. Hans-Jürgen Müller
Stellvertretende(r) Geschäftsführer(in): Dipl. Volksw. Jens Nagel

Angeschlossen

h 41

VDGA, Verband für Dienstleistung, Groß- und Außenhandel Baden-Württemberg e.V.
O 4 13-16, 68161 Mannheim
T: (0621) 1 50 03-0 **Fax:** 1 50 03-29, 1 50 03-39
Internet: http://www.vdga.de
E-Mail: vdga@vdga.de

h 42

Verein Bremer Exporteure e.V.
Haus Schütting
Am Markt 13, 28195 Bremen
T: (0421) 3 63 72 97 **Fax:** 36 37-2 46
Vorsitzende(r): Heinz Buse
Geschäftsführer(in): Wolfram Klein
Mitglieder: 43

h 43

Verein Hamburger Exporteure e.V.
Gotenstr. 21, 20097 Hamburg
T: (040) 23 60 16 25 **Fax:** 23 60 16 10
E-Mail: vhe@wga-hh.de
Vorsitzende(r): Wolfhart Putzier (i. Fa. Jebsen & Jessen (GmbH & Co.) KG, Lange Mühren 9, 20095 Hamburg)
Geschäftsführer(in): Dipl.-Volksw. Hans-Jürgen Müller
Mitglieder: 240

h 44

Verband Großhandel Außenhandel Verlage und Dienstleistungen Hessen e.V. (AGH)
Telemannstr. 12, 60323 Frankfurt
T: (069) 72 35 56-58 **Fax:** 72 10 58
E-Mail: agh-hessen@t-online.de

h 45

Außenhandelsverband Nordrhein-Westfalen e.V. (AHV)
Postf. 14 01 65, 40071 Düsseldorf
Achenbachstr. 28, 40237 Düsseldorf
T: (0211) 6 69 08-0 **Fax:** 6 69 08-30
E-Mail: ahvnrw@aol.com
Vorsitzende(r): Georg Schröteler (i. Fa. Hanf + Nelles, Paul-Thomas-Str. 49, 40552 Düsseldorf)
Geschäftsführer(in): Dipl.-Betriebsw. Andreas Mühlberg

h 46

Landesverband Groß- und Außenhandel, Vertrieb und Dienstleistungen Bayern (Unternehmer- und Arbeitgeberverband der intermediären Wirtschaft) e.V. (LGAD)
Postf. 20 13 37, 80013 München
Max-Joseph-Str. 5, 80333 München
Sandstr. 29, 90443 Nürnberg, T: (0911) 20 31 80, Telefax: (0911) 22 16 37
T: (089) 55 77 01/02 **Fax:** 59 30 15
Präsident(in): Thomas Scheuerle
Hauptgeschäftsführer(in): Dipl.-Kfm. W. Sattel

h 47

Landesverband des Sächsischen Groß- u. Außenhandels/Dienstleistungen e.V.
Alttolkewitz 19, 01279 Dresden
T: (0351) 2 52 75 33 **Fax:** 2 52 75 35
Internet: http://www.sgad.de
E-Mail: sga@sgad.de
Gründung: 1990 (22.Juni)
Präsident(in): Alexander Fürter
Geschäftsführer(in): Dipl.-Ing. oec. Hans Säuberlich (Alttolkewitz 19, 01279 Dresden, T: (0351) 2 52 75 33, Telefax: (0351) 2 52 75 35)
Mitglieder: 180
Mitarbeiter: 3
Jahresetat: DM 0,4 Mio, € 0,2 Mio

h 48

Landesverband Großhandel - Außenhandel - Dienstleistungen Sachsen-Anhalt e.V. (LVGA)
Mittagstr. 1a, 39124 Magdeburg
T: (0391) 2 52 41 43 **Fax:** 2 52 41 43
Gründung: 1990 (9. Oktober)
Geschäftsführer(in): Bodo Spahn
Verbandszeitschrift: Rundschreiben
Mitglieder: 80
Mitarbeiter: 2
Jahresetat: DM 0,25 Mio, € 0,13 Mio

h 49

Landesverband Groß-, Außenhandel und Dienstleistungen Thüringen e.V. (LGAD)
Juri-Gagarin-Ring 153, 99084 Erfurt
T: (0361) 6 44 22 90 **Fax:** 6 44 22 94
Vorsitzende(r): Dr. Siegfried von Hoff
Geschäftsführer(in): Dr. R. Zacher

• H 50

Deutscher Factoring-Verband e.V.
Große Bleiche 60-62, 55116 Mainz
T: (06131) 28 77 07-0 **Fax:** 2 87 70-99
Internet: http://www.factoring.de
E-Mail: Gf.Verband@factoring.de
Sprecher: Hans Martens, Düsseldorf
Geschäftsführer(in): Dr.jur. Klaus Bette
Dr.jur. Ulrich Brink
Mitglieder: 13
Mitarbeiter: 4

• H 51

Großhandelsverband für Floristen- und Gärtnerbedarf e.V. (GFG)
Talstr. 3, 40822 Mettmann
T: (02104) 2 35 11 **Fax:** 2 45 83
Vorsitzende(r): Wilfried Weber, Einbeck
Geschäftsführer(in): Wolfgang Preuss
Mitglieder: 100

• H 52

Deutscher Verband Flüssiggas e.V. (DVFG)
Westerbachstr. 23, 61476 Kronberg
T: (06173) 92 69-0 **Fax:** 13 92
Vorsitzende(r): Herbert Schlüßler (Carl Knauber GmbH & Co., Bonn)
Geschäftsführer(in): Dipl.-Volksw. Gerhard Krämer
Mitglieder: Ordentliche: 64
Außerordentliche: 80

Energiepolitik; Verkehrspolitik; Steuerprobleme; Sicherheitstechnik.

• H 53

Deutscher Fruchthandelsverband e.V.
Schedestr. 11, 53113 Bonn
T: (0228) 91 14 50 **Fax:** 9 11 45 45
E-Mail: Zentralverband.Fruchtimport@t-online.de
Gründung: 1948 (29. September)
Präsident(in): Fred Wahnsiedler, Glindow
Geschäftsführer(in): Dr. Andreas Brügger
Verbandszeitschrift: Rundschreiben
Mitglieder: 401
Mitarbeiter: 6

h 54

Zentralverband des Deutschen Früchte-Import und Großhandels e.V.
Niederlassung Berlin
Postf. 4 68, 10126 Berlin
T: (030) 2 01 39 94 **Fax:** 2 01 39 94
Geschäftsführer(in): Dr. Gundolf Stenz

Landes- und Fachverbände

h 55

Früchte-Verband Südbaden e.V.
Geschäftsstelle:
Postf. 10 15, 79701 Bad Säckingen
Bächleweg 22, 79713 Bad Säckingen
T: (07761) 73 49 **Fax:** 15 19
Vorsitzende(r): Jürgen Riedlinger (Fruchthof Konstanz GmbH, Wollmatinger Str. 72, 78467 Konstanz)
Geschäftsführer(in): Dipl.-Ing. Wilhelm Eberle

h 56

Fachverband des pfälzischen Obst-, Gemüse- und Südfruchtgroßhandels e. V.
Postf. 10 05 39, 67405 Neustadt
Festplatzstr. 8, 67433 Neustadt
T: (06321) 92 42-40 **Fax:** 92 42-41
1. Vorsitzende(r): Klaus Lechner (Am Kleinwald Ost, 76868 Herxheim, T: (07276) 70 81-83, Fax: (07276) 70 84)
Geschäftsführer(in): N.N.

h 57

Fruchthandelsverband Nord e.V.
Westerjork 49, 21635 Jork
T: (04162) 73 98 **Fax:** 75 91

• H 58

Bundesverband des Deutschen Getränkefachgrosshandels e.V.
Humboldtstr. 7, 40237 Düsseldorf
T: (0211) 68 39 38 **Fax:** 68 36 02
E-Mail: gfgh erbaende@compuserve.com
Vorstand
Geschäftsführender Vorstand: Dipl.-Bw. Günther Guder
RA Thomas Rainer
Carl-Heinz (Vors.)
Heinrich (stellv. Vors.)
Bernd
Dr. Achim R.
Klaus-Dieter
Peter
Verbandszeitschrift: Getränkefachgroßhandel
Redaktion: Dipl.-Ing. Dirk Omlor
Verlag: Verlag W. Sachon GmbH & Co., Schloß Mindelburg, 87714 Mindelheim
Mitglieder: 5 Verbände + wirtschaftliche Kooperationen
Mitarbeiter: 5
Weitere Mitglieder sind die wirtschaftlichen Kooperationen: G.E.V.A., GVG-Getränke-Ring, GEFAKO, GEDIG; und als assoziiertes Mitglied: Getränkeforum-System Verwaltungs GmbH, Wien

Mitgliedsverbände:

h 59

Verband des Getränkefachgroßhandels Nord- und Westdeutschland e.V. Geschäftsstelle Hannover
Marienstr. 11, 30171 Hannover
T: (0511) 32 64 44 **Fax:** 3 63 10 68
E-Mail: gfgh b_hannover@compuserve.com
Geschäftsführerin: Marion Jörgens

h 60

Verband des Getränkefachgroßhandels Nord- und Westdeutschland e.V. Geschäftsstelle Düsseldorf
Humboldtstr. 7, 40237 Düsseldorf
T: (0211) 68 39 38 **Fax:** 68 36 02
E-Mail: gfgh erbaende@compuserve.com
Geschäftsführender Vorstand: Dipl.-Bw. Günther Guder
Carl-Heinz (Vors.)
Bernd (stellv. Vors.)

h 65

Verband des Getränkefachgroßhandels Süd und Ost e.V.
Dachverband für Mitteldeutschland, Rheinland-Saar, Baden-Württemberg/Pfalz, Bayern
Industriestr. 3, 61191 Rosbach
T: (06007) 9 90 36 **Fax:** 27 52
E-Mail: getraenkeverbaende.suedundost@t-online.de
Vors. d. Beirats: Heinrich Hahn
Stellv. Vors. d. Beirats: Dr. Achim R. Strecker
Geschäftsführer(in): RA Thomas Sulzmann (T: (06007) 9 90 36, Fax: (06007) 27 52)

h 61

Fachverband Getränkegroßhandel Rheinland-Saar e.V.
Industriestr. 1-3, 61191 Rosbach
T: (06007) 9 90 36 **Fax:** 27 52
E-Mail: getraenkeverbaende.suedundost@t-online.de
Vorsitzende(r): Klaus-Dieter Wilhelm (c/o Getränke Vertrieb Fritz Stoffel KG, An der Brückenmühle 10, 55566 Bad Sobernheim, T: (06751) 40 25, Fax: 64 30)
Geschäftsführer(in): RA Thomas Sulzmann

h 62

Verband des Getränkefachgroßhandels Mitteldeutschland e.V.
Hessen, Sachsen, Sachsen-Anhalt, Thüringen
Industriestr. 1-3, 61191 Rosbach
T: (06007) 9 90 36 **Fax:** 27 52
E-Mail: getraenkeverbaende.suedundost@t-online.de
Vorsitzende(r): Heinrich Hahn (Große Wiesen 14, 34621 Frielendorf, T: (05684) 80 90, Fax: (05684) 8 09 33)
Geschäftsführer(in): RA Thomas Sulzmann

h 63

Fachverband des Getränkegroßhandels Baden-Württemberg/Pfalz e.V.
Industriestr. 1-3, 61191 Rosbach
T: (06007) 9 90 36 **Fax:** 27 52
E-Mail: getraenkeverbaende.suedundost@t-online.de
Vorsitzende(r): Dr. Achim Strecker (c/o Getränke Express GmbH, Fabrikstr. 7, 69126 Heidelberg, T: (06221) 3 49 80, Fax: (06221) 34 98 40)
Geschäftsführer(in): RA Thomas Sulzmann

h 64

Landesverband des Bayerischen Getränkefachhandels e.V.
Laufamholzstr. 314a, 90482 Nürnberg
T: (0911) 50 26 65 **Fax:** 5 04 81 54
E-Mail: 320015034425-0001@t-online.de
Vorsitzende(r): Klaus Hilf (Nürnberger Str. 9, 91443 Scheinfeld, T: (09162) 9 29 50, Fax: 14 96)
Geschäftsführer(in): Reinhard W. Wiesner

• H 66

Bundesverband der Agrargewerblichen Wirtschaft e.V. (BVA)
Postf. 30 16 55, 53196 Bonn
Beueler Bahnhofsplatz 18, 53225 Bonn
T: (0228) 9 75 85-0 **Fax:** 9 75 85-30, 9 75 85-32
E-Mail: bv-agrar@t-online.de
Internationaler Zusammenschluß: siehe unter izh 273
Präsident(in): Claus Bacmeister (Dorotheenstr. 180, 22299 Hamburg, T: (040) 4 80 23 30)
Vizepräsident(in): Stefan Cremer (Peter Cremer GmbH & Co., Glockengießerwall 2, 20095 Hamburg, T: (040) 32 01 10, Telefax: (040) 32 36 88)
Stellvertreter: Gustav Schiele (Fa. Gustav Schiele, Postf. 10 19 45, 28019 Bremen, T: (0421) 3 60 88-0, Telefax: (0421) 3 60 88-99)
Vizepräsident(in): Dr. Herwig Elgeti (BRM Verwaltungsgesellschaft, Bornkoppelweg 1, 18184 Broderstorf, T: (038204) 6 41 00, Telefax: (038204) 6 41 01)
Stellvertreter: N. N.
Vizepräsident(in): Hartmut Hilgenfeld (Umschlags-, Liefer- und Leistungsgenossenschaft Beeskow e.G., Am Bahnhof 11, 15848 Beeskow, T: (03366) 2 02 83, Telefax: (03366) 2 29 47)
Stellvertreter: Bernd Klemm (Ländl. Dienstleistungs- u. Handelsgenossensch. e.G., Bahnhofstr. 3, 09627 Niederbobritzsch, T: (037325) 2 99 11, Telefax: (037325) 2 99 15)
Vizepräsident(in): Andreas Schmuck (Lippe Agrarhandelsgesell. mbH, Am Wasserturm 31, 32657 Lemgo, T: (05261) 97 60-0, Telefax: (05261) 7 28 70)
Stellvertreter: Hans Robert Seemann (Johann Seemann KG, Am Bahnhof, 55278 Selzen-Hahnheim, T: (06737) 85 85, Telefax: (06737) 88 88)
Vizepräsident(in): Klaus Fasselt (Brüne Landhandel GmbH & Co. KG, Postf. 11 53, 49829 Freren, T: (05902) 2 26, Telefax: (05902) 53 88)
Stellvertreter: Erwin Fromme (Fa. Wilhelm Fromme, Postf. 11 40, 38251 Salzgitter-Ringelheim, T: (05341) 3 35 15, Telefax: (05341) 33 16 84)
Vizepräsident(in): Eckhard Pergande (Lagerland AG, Brienner Str. 27, 80333 München, T: (089) 51 18-0, Telefax: (089) 5 11 82 22)
Stellvertreter: Bernd Linssen (Biesterfeld Scheibler Linssen GmbH & Co., Mühlenweg 12-14, 47608 Geldern, T: (02831) 1 24 31, Telefax: (02831) 1 24 30)
Geschäftsführer(in): Dipl.-Ing. agr. Robert Künzel
Dipl.-Betriebsw. Kurt Linzbach
Verbandszeitschrift: BVA-Informationsdienst
Redaktion: /Verlag: Bundesverband der Agrargewerblichen Wirtschaft e.V. (BVA)
Mitglieder: 11 Verbände

h 67

Bremer Verein der Getreide-Futtermittel-Importeure und -Großhändler e.V.
Postf. 10 66 26, 28066 Bremen
Parkallee 14, 28209 Bremen
T: (0421) 3 49 87 45 **Fax:** 3 49 96 20
Vorsitzende(r): Gustav Schiele (Fa. Gustav Schiele, Postf. 10 19 45, 28019 Bremen, T: (0421) 32 03 88, Telefax: (0421) 32 46 89)
Geschäftsführer(in): Friedrich Oldekopf
Mitglieder: 80

h 68

Verein der Getreidehändler der Hamburger Börse e.V.
Adolphsplatz 1, 20457 Hamburg
T: (040) 36 98 79-0 **Fax:** 36 98 79-20
Internet: http://www.vdg-ev.de
E-Mail: info@vdg-ev.de
Gründung: 1868
Internationaler Zusammenschluß: siehe unter izh 39, izh 274
Vorsitzende(r): Stefan Cremer (Peter Cremer GmbH & Co., Glockengießerwall 2, 20095 Hamburg, T: (040) 32 01 10, Telefax: (040) 32 36 88)
Geschäftsführer(in): Cristof Buchholz
RA Karl
Mitglieder: 145
Mitarbeiter: 6

h 69

Bundesverband der Agrargewerblichen Wirtschaft e.V. (BVA) -Landesgruppe Niedersachsen-
Postf. 30 16 55, 53196 Bonn
Beueler Bahnhofsplatz 18, 53225 Bonn
T: (0228) 9 75 85-11 **Fax:** 9 75 85-30, 9 75 85-32
Vorsitzende(r): Klaus Fasselt (Brüne Landhandel GmbH & Co. KG, Postf. 11 53, 49829 Freren, T: (05902) 2 26, Telefax: (05902) 53 88)
Geschäftsführer: Robert Künzel

h 70

Bundeslehranstalt Burg Warberg e.V.
Lehranstalt des Getreide-, Futter-, Düngemittel- und Kartoffelhandels
An der Burg 3, 38378 Warberg
T: (05355) 9 61-0 **Fax:** 9 61-200
Gründung: 1937
Vorsitzende(r): Peter Rautenschlein (Fa. O. Rautenschlein, Hötensleber Str. 49, 38364 Schöningen, T: (05352) 94 51-0, Telefax: (05352) 94 51 99)
Geschäftsführer(in): Peter Link

h 71

Bundesverband der Agrargewerblichen Wirtschaft e.V. (BVA) -Landesgruppe Nordrhein-Westfalen-
Postf. 30 16 55, 53196 Bonn
Beueler Bahnhofsplatz 18, 53225 Bonn
T: (0228) 9 75 85-14 **Fax:** 9 75 85-30
Vorsitzende(r): N.N.
Geschäftsführer(in): Dipl.-Ing. agr. Robert Künzel

h 72

Landhandelsverband Rheinland-Pfalz e.V.
Postf. 13 30, 67503 Worms
Siegfriedstr. 11, 67547 Worms
T: (06241) 66 44-45 **Fax:** 2 74 72
Vorsitzende(r): Hans Robert Seemann (Joh. Seemann GmbH, Am Bahnhof, 55278 Selzen, T: (06737) 85 85, Telefax: (06737) 88 88)
Geschäftsführer(in): RA Klaus Eller

h 73

Bundesverband des Großhandels mit Dünge- und Pflanzenbehandlungsmitteln e.V. (BGDP)
Postf. 30 16 55, 53196 Bonn
Beueler Bahnhofsplatz 18, 53225 Bonn
T: (0228) 9 75 85-0 **Fax:** 9 75 85-30, 9 75 85-32
E-Mail: bv-agrar@t-online.de
Vorsitzende(r): Claus Bacmeister (Dorotheenstr. 180, 22299 Hamburg, T: (040) 4 80 23 30)
Geschäftsführer(in): Dipl.-Ing. agr. Robert Künzel

h 74

Landesfachverband Brandenburg/Sachsen-Anhalt der Agro-Service-Unternehmen e.V.
Schlesische Str. 38, 10997 Berlin
T: (030) 6 18 74 07 **Fax:** 6 18 20-53
Vorsitzende(r): Gerald Rückert (Dienstleistungs-u.Handelsgesellsch. mbH, Schönower Weg 1, 16306 Casekow, T: (03331) 7 84 10-11, Fax: 7 84-30)
Geschäftsführer(in): Hans-Jochen Conrad

h 75

Agro-Service-Verband Sachsen e.V.
Frankenauer Str. 1, 09648 Altmittweida
T: (03727) 60 01 21 **Fax:** 60 01 22
Präsident(in): Wolfgang Bernhardt (Transport- u. Dienstleistungsgesellschaft mbH, Postf. 1 22, 01621 Lommatzsch, T: (035241) 54 20/15, Telefax: (035241) 5 42 20)
Geschäftsführer(in): Helmut Hirrig

h 76

Landesfachverband Agro-Service-Unternehmen e.V. Mecklenburg-Vorpommern
Wiesenweg 5b, 17094 Rowa
T: (039603) 2 26 41 **Fax:** 2 26 41
Präsident(in): Peter Zornik (Agrochemische Handels- und Dienste GmbH, Zehntfeldweg 16, 17087 Altentreptow, T: (03961) 21 46 08, Telefax: (03961) 21 46 09)

• H 77

Bundesverband Glas - Porzellan - Keramik Groß- u. Außenhandel e.V.
Postf. 19 01 64, 50498 Köln
T: (0221) 51 19 28 **Fax:** 51 21 47
Vorsitzende(r): Hermann Beuscher
Geschäftsführer(in): Dipl.-Volksw. Karl-Heinz Hauser
Mitglieder: 56

• H 78

Deutscher Großhandelsverband Haustechnik e.V.
Viktoriastr. 27, 53173 Bonn
T: (0228) 36 20 51 **Fax:** 36 18 74
Vorsitzende(r): Anton Börner (i. Fa. Börner & Co., Messerschmittstr. 5, 85053 Ingolstadt, T: (0841) 6 58-0, Telefax: (0841) 6 58-12)
Geschäftsführer(in): Werner A. Hoeck
Dr. Uwe Schwarting
Mitglieder: 400 Unternehmen

• H 79

Wirtschaftsverband Häute/Leder e.V. (WHL)
Blumenstr. 18, 71522 Backnang
T: (07191) 98 00 60 **Fax:** 98 00 70
Gründung: 1949
1. Vorsitzende(r): Fritz Volb
Stellvertretende(r) Vorsitzende(r): Werner Schnittger
Geschäftsführer(in): Ass.jur. Jürgen Reusch
Mitglieder: 85
Mitarbeiter: 2

Wahrnehmung der gemeinsamen ideellen und wirtschaftlichen Fachinteressen der Mitglieder gegenüber nationalen und internationalen Behörden und den übrigen Verbänden der gewerblichen Wirtschaft unter Ausschluß aller parteipolitischen Gesichtspunkte, insbesondere auch die Vertretung seiner Mitglieder in nationalen und internationalen Wirtschaftsverbänden.

• H 80

Bundesverband Großhandel Heim & Farbe e.V.
Postf. 10 15 63, 42759 Haan
Memeler Str. 30, 42781 Haan
T: (02129) 55 70 90 **Fax:** 55 70 99
E-Mail: BundesverbandGHF@compuserve.com
Vorsitzende(r): Dr. Wolfgang Wechsler (Fa. Saum & Viebahn Textilverlag GmbH & Co., Postf. 19 29, 95311 Kulmbach, T: (09221) 8 00-0, Fax: 8 00-66)
Geschäftsführer(in): Dipl.-Ök. Hartmut Plümer
Mitglieder: ca. 200
Mitarbeiter: 4

Vertretung und Förderung der ideellen, fachlichen sowie wirtschaftspolitischen Interessen von Bodenbelags-, Farben-, Heimtextilien- und Tapetengroßhändlern in der Bundesrepublik Deutschland.

• H 81

BD HOLZ *Gesamtverband Holzhandel (BD Holz-VDH) e.V.*
Postf. 18 67, 65008 Wiesbaden
Rostocker Str. 16, 65191 Wiesbaden
T: (0611) 50 69-0 **Fax:** 50 69-69
Gründung: 1976 (1. Jan.)
Internationaler Zusammenschluß: siehe unter izh 132, izh 311
Vorsitzende(r): Willi Schröter (in Fa. Wilhelm Schröter, Gieseckenkamp 32, 30851 Langenhagen)
Geschäftsführer(in): Dr. Jürgen Schrader
Stellvertretende(r) Geschäftsführer(in): Hein Denneboom
Dipl.-Volksw. Volker Burkhardt
Dipl.-Holzw. Josef Plössl
Thomas Goebel (Leitung Presseabteilung)
Dr. Peter Sauerwein
Mitglieder: 5/1900

• H 82

Honig-Verband e.V.
Große Bäckerstr. 4, 20095 Hamburg
T: (040) 37 47 19-0 **Fax:** 37 47 19-19
E-Mail: info@waren-verein.de
Vorsitzende(r): Heinrich Schulze (i.Fa. Fürsten-Reform, Am Salgenholz 2, 38110 Braunschweig)
Geschäftsführer(in): Dr. Klaus Hanebuth
RAin Sigrid Schnelle
RA Gerhard Schelling

• H 83

Fachverband Groß- und Außenhandel mit Jagd- und Sportwaffen e.V.
Postf. 13 49, 53003 Bonn
Bonner Talweg 57, 53113 Bonn
T: (0228) 2 60 04-0 **Fax:** 2 60 04-55
Vorsitzende(r): Hermann Kind, Gummersbach
Geschäftsführer(in): Ra Andreas Kammholz
Mitglieder: 10

• H 84

Deutscher Kaffee-Verband e.V.
Pickhuben 3, 20457 Hamburg
T: (040) 36 62 56-57 **Fax:** 36 54 14
Internet: http://www.kaffeeverband.de
E-Mail: info@kaffeeverband.de
Internationaler Zusammenschluß: siehe unter izf 811
Vorsitzende(r): Annemieke Wijn (Kraft Jacobs Suchard, 28078 Bremen)
Hauptgeschäftsführer(in): Dr. Frieder Rotzoll
Leitung Presseabteilung: Hans-Georg Müller (T: (040) 36 75 10)
Mitglieder: 133

• H 85

German Convention Bureau (GCB)
Bureau Allemand de Congrès
German Convention Bureau
Bureau Allemand de Congrès
siehe N 57

• H 86

Verband der Vertriebsfirmen kosmetischer Erzeugnisse e.V. (VKE)
Talstr. 3, 40822 Mettmann
T: (02104) 2 45 30 **Fax:** 2 45 83
Vorsitzende(r): Maria Augustin (geschäftsf. Gesellschafterin der Biodroga Cosmetic GmbH und der Cosmétique Sans Soucis GmbH)
Geschäftsführer(in): Wolfgang Preuss

• H 87

Verband des Deutschen Groß- und Außenhandels für Krankenpflege- und Laborbedarf e.V. (VGKL)
Hohenzollernring 89-93, 50672 Köln
T: (0221) 51 19 47 **Fax:** 51 21 47
Vorsitzende(r): Albrecht Brand (i. Fa. Herbert Kalensee, Leihgesterner Weg 165, 35392 Gießen)
Geschäftsführer(in): Dipl.-Volksw. Karl-Heinz Hauser
Mitglieder: 100

• H 88

Fachverband des Deutschen Maschinen- und Werkzeug-Großhandels e.V. (FDM)
Sitz des Verbandes: Bonn
Geschäftsstelle:
Hans-Böckler-Str. 19, 53225 Bonn
T: (0228) 47 90 87 **Fax:** 47 90 89
Präsident(in): Frank Wollschläger (Heinz Wollschläger GmbH & Co. KG, Industriestr. 38 c, 44894 Bochum)
Präsidiumsmitglied(er): Gerd Mager (Georg Noll Werkzeugmaschinen GmbH, Im Taubental 4, 41468 Neuss)
Klaus Samstag (Samstag Maschinenhandels GmbH, Postf. 11 11, 65233 Hochheim a.M.)
Albrecht Stegemann (Hoffmann GmbH & Co. KG, Haberlandstr. 55, 81241 München)
Christoph Straller (Berner & Straller GmbH, Wörnitzstr. 117, 90449 Nürnberg)
Geschäftsführer(in): Dipl.-Volksw. Reiner Rienermann
Mitglieder: 285

• H 89

Verein Deutscher Metallhändler e.V. (VDM)
Bundesverband des NE-Metallgroßhandels und NE-Metallrecyclingwirtschaft
Ulrich-von-Hassell-Str. 64, 53123 Bonn
T: (0228) 2 59 01-0 **Fax:** 2 59 01-20
Internet: http://www.metallverein.de
E-Mail: Metallverein@t-online.de
Gründung: 1907
Internationaler Zusammenschluß: siehe unter izf 260
Vorsitzender: Maximilian Schäfer (geschf. Ges. d. Hetzel Metall GmbH, Rotterdamer Str. 135, 90451 Nürnberg, T: (0911) 6 42 08-0, Fax: (0911) 6 42 08-15)
1. Stellv. Vorsitzender: Jürgen K. Hartmann (Hüttenwerke Kayser AG, Kupferstr. 23, 44532 Lünen, T:(02306) 10 80, Fax: (02306) 10 84 49)
2. Stellv. Vorsitzender: Heinz-Peter Schlüter (TRIMET Metallhandels-Aktiengesellschaft, Heinrichstr. 155, 40239 Düsseldorf, T: (0211) 9 61 80-0, Fax: (0211) 9 61 80-60)
Geschäftsführendes Vorstands-Mitglied: Dipl.-Volksw. Hans P. Münster
Mitglieder: 143

• H 90

Wirtschaftsverband Großhandel Metallhalbzeug e.V.
Ulrich-von-Hassell-Str. 64, 53123 Bonn
T: (0228) 2 59 01-0 **Fax:** 2 59 01-20
Internet: http://www.metallverein.de
E-Mail: Metallverein@t-online.de
Gründung: 1948
Vorsitzender: Klaus Nowack (i. Fa. FUCHS-NE-Metallhandel GmbH, Hohes Gestade 6, 72622 Nürtingen, T: (07022) 70 01-0, Telefax: (07022) 3 62 96)
Geschf. Vorstandsmitgl.: Dipl.-Volksw. Hans P. Münster
Mitglieder: 52

• H 91

Arbeitskreis Baubeschlag im ZHH e.V. (AKB)
Eichendorffstr. 3, 40474 Düsseldorf
T: (0211) 4 70 50 45 **Fax:** 4 70 50 32
Internet: http://www.hartwaren.de
E-Mail: elmo.keller@hartwaren.de
Gründung: 1960
Geschäftsführer(in): Elmo Keller
Vorsitzender: Klaus Wehlmann (Geniatec AG)

• H 92

AFM + E Aussenhandelsverband für Mineralöl und Energie e.V.
Große Theaterstr. 1, 20354 Hamburg
T: (040) 34 08 58 **Fax:** 34 42 00
E-Mail: afm-verband.hamburg@t-online.de
Internationaler Zusammenschluß: siehe unter izl 52
Vorsitzende(r): Hellmuth Weisser (Mabanaft GmbH, Admiralitätstr. 55, 20459 Hamburg)
Geschäftsführer(in): Bernd Schnittler

• H 93

Bundesverband mittelständischer Mineralölunternehmen e. V.

Bundesverband mittelständischer Mineralölunternehmen e.V.
Postf. 76 33 00, 22071 Hamburg
Buchtstr. 10, 22087 Hamburg
T: (040) 2 27 00 30 **Fax:** 22 70 03 38
Internationaler Zusammenschluß: siehe unter izf 524, izl 54
Vorsitzende(r): Wolfgang Fritsch-Albert (i. Fa. Westfalen AG, Industrieweg 43-63, 48155 Münster, Tel: (0251) 6 95 -0)
Hauptgeschäftsführer(in): RA Reinke Aukamp
Verbandszeitschrift: mineralöl - mineralölrundschau
Redaktion: Dipl.-Vw. Wolfgang Stichler
Verlag: UNITI e.V., Buchtstr. 10, 22087 Hamburg
Mitglieder: 210

Förderung und Schutz der gemeinsamen Belange beruflicher, wirtschaftlicher und fachlicher Art der Mitglieder; Mineralölanwendungstechnik.

• H 94

Verband des Deutschen Nahrungsmittelgroßhandels und anderer Vertriebsformen mit Waren des kurz- und mittelfristigen Bedarfs e.V. (VDN)
c/o ZGV
Vorgebirgsstr. 43, 53119 Bonn
T: (0228) 98 58 40 **Fax:** 9 85 84 10
Präsident(in): Claus-Jürgen Kaiser
Geschf. Präs.: RA Gundolf Praast

• H 95

Bundesverband des pharmazeutischen Großhandels - PHAGRO - e.V.
Postf. 17 01 50, 60075 Frankfurt
Savignystr. 55, 60325 Frankfurt
T: (069) 9 75 87 60 **Fax:** 97 58 76 33
Vorsitzende(r): Dr. Bernd Scheifele (Vorsitzender der PHOENIX Pharmahandel Aktiengesellschaft & Co., Pfingstweidstr. 10-12, 68199 Mannheim, T: (0621) 8 50 50, Fax: 8 50 52 95)
Stellvertretende(r) Vorsitzende(r): Lothar-Joachim Jenne (Inhaber der Max Jenne, Hopfenstr. 20-22, 24114 Kiel, T: (0431) 6 64 08-0, Fax: 6 64 08-70)
Geschäftsführer(in): Dipl.-Volksw. Hermann Ringenaldus
Mitglieder: 17

• H 96

Vereinigung des Rohtabak-Import- und -Großhandels e.V.
Wachtstr. 17-24, 28195 Bremen
T: (0421) 32 64 82 **Fax:** 32 64 82
Vorsitzende(r): Hans-Dieter Lampe (i. Fa. Gebrüder Kulenkampff AG, Postf. 10 38 69, 28038 Bremen)
Geschäftsführer(in): T.A. Gockel-Huntemann
Mitglieder: 20 Firmen

• H 97

Bundesverband des Schmuck-Großhandels e.V.
Höslinstr. 8, 72587 Römerstein
T: (07382) 53 66 **Fax:** 53 10
E-Mail: Verbandsbuero@t-online.de
Vorsitzende(r): Dipl.-Kfm. Rainer Abeler, Münster
Geschäftsführer(in): Dipl.-Betriebsw. (FH) Reinhard Schmohl

• H 98

Großhandelsverband Schreib-, Papierwaren- und Bürobedarf e.V. (GVS)
Königstr. 10, 53113 Bonn
T: (0228) 9 49 18-10 **Fax:** 9 49 18-9
Gründung: 1906
Internationaler Zusammenschluß: siehe unter izh 117
Geschäftsführender Vorsitzender: Betriebswirt grad. Hans-Karl Gamerschlag
Verbandszeitschrift: pbs-aktuell
Verlag: bit-Verlag, Fasanenweg 18, 70771 Leinfelden-Echterdingen
Mitglieder: 92, Gastmitglieder 13
Mitarbeiter: 3

• H 99

Gesamtverband des Deutschen Spielwaren Groß- und Außenhandels e.V. (GSG)
Max-Joseph-Str. 5, 80333 München
T: (089) 55 77 01 **Fax:** 59 30 15
Büro: Sandstr. 29, 90443 Nürnberg, Tel: (0911) 22 41 88, Telefax: (0911) 22 16 37
Präsident(in): Hans Mörth
Geschäftsführer(in): Dipl.-Volksw. Walter Mackholt

• H 100

Bundesverband Deutscher Tabakwaren-Großhändler und Automatenaufsteller e.V. (BDTA)
Stadtwaldgürtel 44, 50931 Köln
T: (0221) 40 07 00 **Fax:** 4 00 70 20
E-Mail: bdta@netcologne.de
Internationaler Zusammenschluß: siehe unter izh 142
Präsident(in): Erich Spengler
Hauptgeschäftsführer(in): Peter Lind
Mitglieder: 350

Vertretung der Interessen der deutschen Tabakwarengroßhändler und Automatenaufsteller im ganzen Bundesgebiet insbesondere auf tabaksteuerlichem, gewerbe- und wettbewerbsrechtlichem Gebiet.

Landesgruppen

h 101

Landesverband der Tabakwaren-Großhändler und Automatenaufsteller Baden-Württemberg e.V.
Stadtwaldgürtel 44, 50931 Köln
T: (0221) 40 07 00 **Fax:** 4 00 70 20
E-Mail: bdta@netcologne.de
Vorsitzende(r): Manfred Greiner
Geschäftsführer(in): Peter Lind

h 102

Landesverband Bayerischer Tabakwarengroßhändler und Automatenaufsteller e.V.
Stadtwaldgürtel 44, 50931 Köln
T: (0221) 40 07 00 **Fax:** 4 00 70 20

E-Mail: bdta@netcologne.de
Vorsitzende(r): Heinrich Wirner
Geschäftsführer(in): Peter Lind

h 103

Fachverband Tabakwaren-Großhandel östliche Bundesländer e.V.
Stadtwaldgürtel 44, 50931 Köln
T: (0221) 40 07 00 **Fax:** 4 00 70 20
E-Mail: bdta@netcologne.de
Vorsitzende(r): Klaus Holtappels (Stv.)
Geschäftsführer(in): Peter Lind

h 104

Fachverband Tabakwaren-Großhandel Norddeutsche Bundesländer e.V.
Stadtwaldgürtel 44, 50931 Köln
T: (0221) 40 07 00 **Fax:** 4 00 70 20
E-Mail: bdta@netcologne.de
Vorsitzende(r): Angela Barkow
Geschäftsführer(in): Peter Lind

h 105

Fachvereinigung Tabakwaren-Großhandel Nordrhein-Westfalen e.V.
Stadtwaldgürtel 44, 50931 Köln
T: (0221) 40 07 00 **Fax:** 4 00 70 20
E-Mail: bdta@netcologne.de
Vorsitzende(r): Bernd Neifer
Geschäftsführer(in): Peter Lind

h 106

Landesfachverband Tabakwaren-Großhandel Hessen-Rheinland-Pfalz-Saarland e.V.
Stadtwaldgürtel 44, 50931 Köln
T: (0221) 40 07 00 **Fax:** 4 00 70 20
E-Mail: bdta@netcologne.de
Vorsitzende(r): Gerd Jaquemod
Geschäftsführer(in): Peter Lind

h 107

Überregionale Vereinigung der Fachbetriebe im Bundesverband Deutscher Tabakwaren-Großhändler und Automatenaufsteller e.V.
Stadtwaldgürtel 44, 50931 Köln
T: (0221) 40 07 00 **Fax:** 4 00 70 20
E-Mail: bdta@netcologne.de
Vorsitzende(r): Heinrich Wagner
Geschäftsführer(in): Peter Lind

• H 108

VTH Verband der Technischen Händler e.V.
Prinz-Georg-Str. 106, 40479 Düsseldorf
T: (0211) 44 53 22 **Fax:** 46 09 19
Internet: http://www.vth-verband.de
E-Mail: VTH-VERBAND@t-online.de
Gründung: 1904
Vorsitzende(r): Joachim Stricker (i. Fa. GUMMI-STRICKER GmbH & Co. KG, An der Kleimannbrücke 4, 48157 Münster)
Geschäftsführende(s) Vorstands-Mitglied(er): Dr. Rolf Schäfer
Mitglieder: 350

• H 109

Gesamtverband des Deutschen Textilgroßhandels e.V. (GVT)
Postf. 19 01 64, 50498 Köln
Hohenzollernring 89-93, 50672 Köln
T: (0221) 51 19 28 **Fax:** 51 21 47
Vorsitzende(r): Uwe Schier (Fa. Plauener Handstickerei, Plauen)
Geschäftsführer(in): Dipl.-Volksw. Karl-Heinz Hauser
Mitglieder: ca. 100

h 110

Landesverband des Bayerischen Groß- und Außenhandels e.V., (LGA), Fachzweig Textil
Max-Joseph-Str. 5, 80333 München
T: (089) 55 77 01- 02 **Fax:** 59 30 15
Geschäftsführer(in): Dipl.-Volksw. Elisabeth Deutsch

h 111

Fachverband Textilgroßhandel Rheinland-Rheinhessen
Josef-Görres-Platz 11, 56068 Koblenz
T: (0261) 3 20 31
Geschäftsführer(in): RA Klaus Völker

• H 112

Bundesgroßhandelsverband für Uhren und uhrentechnischen Bedarf e.V.
Höslinstr. 8, 72587 Römerstein
T: (07382) 53 66 **Fax:** 53 10
E-Mail: Verbandsbuero@t-online.de
Vorsitzende(r): Bernhard Unger, Schwäbisch Gmünd
Geschäftsführer(in): Dipl.-Betriebsw. (FH) Reinhard Schmohl

• H 113

Bundesverband Verschnürungs- und Verpackungsmittel e.V. (Großhandelsverband)
Geschäftsstelle:
Bendhecker Str. 6-10, 41236 Mönchengladbach
T: (02166) 4 61 76 **Fax:** 4 18 69
Vorsitzende(r): Werner Liebing, Mönchengladbach
Mitglieder: 60

Vertretung der Belange des Großhandels mit Verschnürungs- und Umreifungsmaterialien, Selbstklebebändern, Packpapieren, Folien, Verpackungsmaschinen und -geräten und ähnlichem.

• H 114

Verband des Deutschen Groß- und Außenhandels mit Vieh und Fleisch e.V. (GAVF)
Postf. 25 66, 53015 Bonn
T: (0228) 9 14 24-0 **Fax:** 21 02 00
E-Mail: Verbaende.GAVF-BdV@T-Online.de
Vorsitzende(r): Manfred Härtl
Geschäftsführer(in): Dr. Heike Harstick

• H 115

Waren-Verein der Hamburger Börse e.V.
Große Bäckerstr. 4, 20095 Hamburg
T: (040) 37 47 19-0 **Fax:** 37 47 19-19
Internet: http://www.waren-verein.de
E-Mail: info@waren-verein.de
Gründung: 1900
Internationaler Zusammenschluß: siehe unter izh 105
Vorsitzende(r): Gerhard Heyer
Hauptgeschäftsführer(in): Dr. Klaus Hanebuth
Geschf. u. Ltg. Presseabt.: RA Sigrid Schnelle
Geschäftsführer(in): Günther Schelling
Mitglieder: ca. 220

• H 116

GWW Gesamtverband der Werbeartikel-Wirtschaft e.V.
Postf. 10 16 42, 40007 Düsseldorf
Völklinger Str. 4, 40219 Düsseldorf
T: (0211) 9 01 91-110 **Fax:** 9 01 91-139
Internet: http://www.gww.de
Gründung: 1993
Vorsitzende(r): Walter Jung (Präsent Service Institut, Düsseldorf, T: (0211) 90 19 11 88)
Stellvertretende(r) Vorsitzende(r): Dr. Hartmut Kreyer (Die6 Promotion Service, Hagen, T: (02331) 35 96 66)
2. Stellv. Vors.: Klaus Rosenberger (Arbeitskreis Werbemittel e.V., Minden, T. (07221) 95 92 54)
Leitung Presseabteilung: Michael Hagemann (Bundesverband der Werbemittel- Berater und Großhändler e.V. (bwg), Neuss, T: (08141) 8 00 36)
Mitglieder: 13
Mitarbeiter: 1

• H 117

Fachverband Werkzeug-Großhandel e.V. (FWG)
Hans-Böckler-Str. 19, 53225 Bonn
T: (0228) 47 90 87 **Fax:** 47 90 89
Vorsitzende(r): Frank Wollschläger, Bochum
Geschäftsführer(in): Dipl.-Volksw. Reiner Rienermann

Sonstige Fachverbände des Groß- und Außenhandels

• H 118

Vereinigung der am Drogen- und Chemikalien-Groß- und Außenhandel beteiligten Firmen (Drogen- und Chemikalienverein) e.V.
Gotenstr. 21, 20097 Hamburg
T: (040) 23 60 16- 0 **Fax:** 23 60 16- 10
Vorsitzende(r): Rudolf Tiemann (i. Fa. Schütz + Co., Hamburg)
Geschäftsführer(in): RA Lutz Düshop

• H 119

Bundesverband des Elektro-Großhandels e.V. (VEG)
Postf. 10 05 51, 50445 Köln
Heumarkt 43, 50667 Köln
T: (0221) 2 58 23 91-92 **Fax:** 2 58 09 42
E-Mail: verbandveg@aol.com
Gründung: 1910
Vorsitzende(r): Dipl.-Kfm. Mathias Naumann (H. Gautzsch GmbH & Co. KG, Dornierweg 12, 48155 Münster)
Hauptgeschäftsführer(in): Dr. Horst Beckers
Verbandszeitschrift: "ElektroWirtschaft"
Redaktion: Dipl.-Kfm. Gudrun Arnold-Schoenen
Verlag: Fachverlag Dr. H. Arnold, Postf. 15 01 20, 44341 Dortmund
Mitglieder: 200

Schutz, Wahrnehmung und Förderung der allgemeinen ideellen und wirtschaftlichen Interessen des Berufsstandes des Elektro-Großhandels. Der Zweck des Verbandes ist nicht auf wirtschaftlichen Geschäftsbetrieb gerichtet. Eine politische oder konfessionelle Betätigung ist ausgeschlossen.

Landesorganisationen

h 120

Bundesverband des Elektro-Großhandels, Landesgruppe Baden/Pfalz-Saar
Herrenstr. 52a, 76133 Karlsruhe
T: (0721) 2 85 51 **Fax:** 2 25 09
Vorsitzende(r): Markus Bruder (i. Fa. Friedrich STREB Franz BRUDER GmbH, Gaswerkstr. 27, 77652 Offenburg, Postf. 23 67, 77613 Offenburg)
Geschäftsführer(in): RA Bernd Kistner

h 121

Bundesverband des Elektro-Großhandels, Landesgruppe Bayern
Max-Joseph-Str. 5, 80333 München
T: (089) 55 77 01/02 **Fax:** 59 30 15
Vorsitzende(r): Hans D. Weber (i. Fa. H. Weber Gesellschaft für Installationstechnik mbH, Postf. 2 10, 81802 München, Martin-Kollar-Str. 9, 81829 München)

h 122

Bundesverband des Elektro-Großhandels e.V. Landesgruppe Berlin/Brandenburg
Postf. 48 01 27, 12251 Berlin
Motzener Str. 40, 12277 Berlin
T: (030) 7 20 94-0 **Fax:** 7 20 94-680
Vorsitzende(r): Werner Helbig (i. Fa. Oskar Böttcher GmbH & Co KG, Motzener Str. 40, 12277 Berlin, Postf. 48 01 27, 12251 Berlin)

h 123

Bundesverband des Elektro-Großhandels Landesgruppe Bremen-Weser-Ems
Ingolstädter Str. 1-3, 28219 Bremen
T: (0421) 38 94- 0 **Fax:** 38 94-1 07
Vorsitzende(r): Michael Assmy (i. Fa. Assmy & Böttger GmbH & Co., Ingolstädter Str. 1-3, 28219 Bremen)

h 124

Bundesverband des Elektro-Großhandels Landesgruppe Hamburg/Schleswig-Holstein/Mecklenburg-Vorpommern
Rotenbrückenweg 10, 22113 Hamburg
T: (040) 71 37 93 11 **Fax:** 71 37 93 13
Vorsitzende(r): Rainer Ploog (i. Fa. holen un betohlen Elektro-SB-Grosshandlung GmbH, Rotenbrückenweg 10, 22113 Hamburg)

h 125

Bundesverband des Elektro-Großhandels Landesgruppe Hessen/Thüringen
Arnstädter Weg 38, 65931 Frankfurt
T: (069) 36 32 68 **Fax:** 36 23 57
Vorsitzende(r): Ludwig Rühl (i. Fa. Elektro SB Rhein Main GmbH & Co. KG, Industriestr. 7, 65439 Flörsheim-Weilbach)
Geschäftsführer(in): Brigitte Banerjee

h 126

Bundesverband des Elektro-Großhandels Landesgruppe Niedersachsen
Berliner Allee 7, 30175 Hannover

T: (0511) 36 39 61 **Fax:** 32 55 59
Vorsitzende(r): Karl-Ludwig Heuser (i. Fa. Louis Heuser GmbH & Co. KG, Dornierstr. 3, 30179 Hannover, Postf. 27 45, 30027 Hannover)
Geschäftsführer(in): Ass. Gerd Monka

h 127

Bundesverband des Elektro-Großhandels Landesgruppe Nordrhein
Gehrberg 4, 45138 Essen
T: (0201) 26 19 52 **Fax:** 26 19 52
Vorsitzende(r): Franz Klering (i. Fa. Klering GmbH, Postf. 10 08 61, 47008 Duisburg, Gießereistr. 12, 47053 Duisburg)
Geschäftsführer(in): Prof. Dr. jur. Hans Schumacher

h 128

Bundesverband des Elektro-Großhandels Landesgruppe Rheinland-Rheinhessen
Lohmannstr. 29, 56626 Andernach
T: (02632) 29 08-0 **Fax:** 29 08-55
Vorsitzende(r): Hartmut Fischer (i. Fa. Fischer GmbH, Lohmannstr. 29, 56626 Andernach, T: (02632) 29 08-0, Fax: 29 08-55)

h 129

Bundesverband des Elektro-Großhandels Landesgruppe Westfalen
Kleyer Weg 46, 44149 Dortmund
T: (0231) 65 54-0 **Fax:** 65 28 73
Vorsitzende(r): Heinz Hiller (i. Fa. Lubin & Hiller KG, Kleyer Weg 46, 44149 Dortmund, Postf. 44 01 35, 44390 Dortmund)

h 130

Bundesverband des Elektro-Großhandels Landesgruppe Württemberg
Büchsenstr. 31, 70174 Stuttgart
T: (0711) 22 16 37 **Fax:** 29 56 32
Vorsitzende(r): Dietrich Rommel (i. Fa. E. Löffelhardt GmbH & Co KG, Höhenstr. 23, 70736 Fellbach, Postf. 17 20, 70707 Fellbach)
Geschäftsführer(in): RA Peter Fischer

h 131

Bundesverband des Elektro-Großhandels Landesgruppe Sachsen
Zeppelinstr. 1, 09246 Pleißa
T: (03722) 6 01-0 **Fax:** 6 01-106
Vorsitzende(r): Bernd Meyer (Frommeyer & Ziegemeyer GmbH & Co. KG, Zeppelinstr. 1, 09246 Pleißa)

h 132

Bundesverband des Elektro-Großhandels Landesgruppe Sachsen-Anhalt
Postf. 90 05 62, 06057 Halle
Weststr. 40, 06126 Halle
T: (0345) 6 93 35 00 **Fax:** 6 93 36 00
Vorsitzende(r): Wilm Benthues (i. Fa. H. Gautzsch Sachsen GmbH, Weststr. 40, 06126 Halle, Postf. 90 05 62, 06057 Halle)

• H 133

Bundesverband Flachglas Großhandel, Isolierglasherstellung, Veredlung e.V. (BF)
Mülheimer Str. 1, 53840 Troisdorf
T: (02241) 87 27-0 **Fax:** 87 27 10
Internet: http://www.bf-flachglasverband.de
E-Mail: info@bf-flachglasverband.de
Vorsitzende(r): Carl Pinnekamp, Warendorf
Vorstand: Axel Schmid
Thomas Dreisbusch
Geschäftsführer(in): Rüdiger Graap
Dr. Karsten Rosemeier
Mitglieder: 280

• H 134

Bundesverband des Deutschen Fliesenfachhandels e.V. (VDF)
Danziger Str. 35a, 20099 Hamburg
T: (040) 28 05 39 49
Gründung: 1990 (11. Januar)
Vorsitzende(r): Burkhard Aschendorf (Fliesenhandel GmbH, Postf. 53 01 44, 22531 Hamburg)
1.stellv. Vors.: Bernhard Kaluza (Fliesen-Paradies GmbH, Malsitzer Weg 1, 02625 Bautzen)
2.stellv. Vors.: Dr. Peter Schloderer (Oskar Huber GmbH, Elsenheimer Str. 23, 80687 München)
Geschäftsführer(in): Rechtsanwalt Stephan Erlach
Mitglieder: 90
Mitarbeiter: 2

• H 135

Verein des Deutschen Einfuhrgroßhandels von Harz, Terpentinöl und Lackrohstoffen e.V.
Gotenstr. 21 II, 20097 Hamburg
T: (040) 23 60 16- 0 **Fax:** 23 60 16- 10
Vorsitzende(r): Hinrich Wolff, Hamburg
Geschäftsführer(in): RA Lutz Düshop
Mitglieder: 18

• H 136

Hauptverband des Deutschen Landmaschinen-Handels e.V.
Landmaschinen-Handel und -Handwerk sind in einer Hauptarbeitsgemeinschaft zusammengeschlossen
Hier sind nur die Verbände des Landmaschinenhandels aufgeführt
Ruhrallee 12, 45138 Essen
Vorsitzende(r): N.N.
Vorstand: Franz-Josef Borgmann, Coesfeld
Arthur Brachat, Gottmadingen
Geschäftsführer(in): RA Thomas Fleischmann (Essen)

Wahrnehmung und Schutz der Berufsinteressen des Landmaschinenhandels, insbesondere auf wirtschaftlichem, technischem und sozialem Gebiet.

Angeschlossene Landesverbände, Landesinnungen und Innungen nach Ländern

h 137

Verband des Landtechnischen Handwerks Baden-Württemberg im VdAW e.V.
Wollgrasweg 31, 70599 Stuttgart
T: (0711) 1 67 79-0 **Fax:** 4 58 60 93
Internet: http://www.vdaw.de
E-Mail: vdaw-e.v.@t-online.de
Landesinnungsmeister: Kurt Neuscheler (Fa. Kurt Neuscheler, Im Hägleskies, 72666 Neckartailfingen, T: (07127) 92 62 17, Telefax: (07127) 92 62 20)
Vors. Fachgr. Landtechn. Handel: Wilhelm Neyer (Fa. Wilhelm Neyer, Bürgerstr. 2, 88339 Bad Waldsee, T: (07524) 9 77 00, Telefax: (07524) 97 70 50)
Vors. Fachgr. Motorgeräte: Kurt Maihöfer (Fa. Maihöfer, Bruckstr. 50, 70734 Fellbach, T: (0711) 57 54 00, Telefax: (0711) 5 75 40 29)
Geschäftsführende(s) Vorstands-Mitglied(er): Dipl.-Ing. (FH) Erich Reich

h 138

Landesinnungsverband des Landmaschinenmechaniker-Handwerks und -Handels in Bayern
Kapellenweg 5, 85276 Pfaffenhofen
T: (08441) 28 96 **Fax:** 32 44
Internet: http://www.agrartechnik.de
E-Mail: ltvpaf@t-online.de
Landesinnungsmeister: Martin Geyer (Fa. Geyer & Sohn, Oberspießheimer Str. 2, 97509 Unterspiesheim, T: (09723) 13 52, Telefax: (09723) 24 41)
Vors. Handelsverband: Norbert Stenglein (in Fa. Stenglein GmbH, Breitenlesau 46, 91344 Waischenfeld, T: (09202) 9 60 60, Telefax: (09202) 96 06 30)
Geschäftsführerin: Ingeburg Janiurek

h 139

Landesverband der Fachbetriebe Landtechnik und Metallverarbeitung Brandenburg e.V.
Schlesische Str. 38, 10997 Berlin
T: (030) 61 70 26 76 **Fax:** 6 18 20 53
E-Mail: Agro-Service.VdAW@t-online.de
Verbandsvorsitzender: Eckhard Vlach (MAREP GmbH, Vehlow, Pritzwalker Str. 29, 16866 Vehlow, T: (033976) 5 02 59, Fax: (033976) 5 07 09)
Landesinnungsmeister: Karl-Heinz Rettig (REMA Fahrzeug & Landtechnik GmbH, Hauptstr. 1, 14806 Schwanebeck, T: (033841) 3 59 83, Fax: (033841) 3 59 85)
Geschäftsführer(in): Dietmar Lange

h 140

Landesverband Hessen der Landmaschinen-Fachbetriebe e.V.
Wollgrasweg 31, 70599 Stuttgart
T: (0711) 1 67 79-0 **Fax:** 4 58 60-93
Vorsitzende(r): Werner Krummel (Fa. Heinrich Krummel KG, Schloßstr. 18, 34549 Edertal/Bergheim, T: (05623) 40 31, Telefax: (05623) 40 34)
Geschäftsführer(in): Dipl.-Ing. (FH) Erich Reich

h 141

Landesverband der Fachbetriebe Landtechnik & Metallverarbeitung Mecklenburg-Vorpommern e.V.
Eckdrift 93, 19061 Schwerin
T: (0385) 6 35 64 00 **Fax:** 6 35 64 44
Landesinnungsmeister: Roland Habeck (Fa. Hawart-Landtechnik GmbH, Wulkenzinerstr. 16, 17033 Neubrandenburg/Weitin, T: (0395) 58 14 60, Fax: 5 44 23 09)
Vorsitzende(r) des Vorstandes: Rainer Bull (HLB Handelsgesellschaft mbH Landmaschinen, 18299 Breesen, T: (038459) 3 66 31, Fax: 3 66 33)
Geschäftsführer(in): Herbert Würfel

h 142

Landesarbeitsgemeinschaft Niedersachsen und Bremen des Landmaschinen-Handels und -Handwerks
Walderseestr. 47, 30177 Hannover
T: (0511) 69 36 36 **Fax:** 69 79 33
Bundesinnungsmeister u. Vors. Handelsverb.: Dipl.-Ing. Heinz-Jürgen Müller (Fa. C. Müller, Hauptstr. 96, 31171 Nordstemmen, T: (05069) 8 70, Telefax: (05069) 87 49)
Geschäftsführer(in): Lothar Wittkopp

h 143

Fachverband Landschaftsmaschinentechnik Nordrhein-Westfalen
Gerresheimer Landstr. 119, 40627 Düsseldorf
T: (0211) 9 25 95 40 **Fax:** 9 25 95 90
Landespräs: Franz-Josef Borgmann (Lilienbecke 10, 48653 Coesfeld, T: (02541) 8 55 91, Telefax: (02541) 47 10)
Geschäftsführer(in): Dipl.-Volksw. Wilhelm Winter

h 144

Landmaschinenmechaniker-Innung Trier-Rheinhessen-Pfalz
Burgstr. 39, 67659 Kaiserslautern
T: (0631) 3 71 22-0 **Fax:** 3 71 22-50
Obermeister: Fritz Dexheimer (Fa. F. Jung KG, Bahnhofstr. 70, 67297 Marnheim, T: (06352) 70 52-0, Telefax: (06352) 70 52-11)
Geschäftsführer(in): Ass. Alexander Baden

h 145

Landmaschinenmechaniker-Innung für den Reg.-Bez. Koblenz
Postf. 5 65, 55529 Bad Kreuznach
T: (0671) 8 36 08-0 **Fax:** 3 31 41
Obermeister: Paul Raimund (Fa. Raimund, Raumbacher Str. 8, 55590 Meisenheim, T: (06753) 23 60, Telefax: (06753) 29 90)
Geschäftsführer(in): Gerhard Schlau

h 146

Landesinnung des Landmaschinenmechanikerhandwerks Sachsen
Scharfenberger Str. 66, 01139 Dresden
Obermeister: Karl Eulitz (Fa. H. & K. Eulitz, Str. Nr. 116, 04703 Naunhof b. Leisning, T: (034321) 1 24 70, Telefax: (034321) 1 24 70)
Geschäftsführer(in): Wolfgang Herrmann

h 147

Verband Landtechnik Sachsen-Anhalt e.V.
Rosslauer Str. 33, 39261 Zerbst
T: (03923) 24 11 **Fax:** 76 00 34
Geschäftsführer(in): Hansjörg Schürer
Landesinnungsverband: N.N.
Vors. Handelsverband: Uwe Klietz (Fa. Land- und Bautechnik Klietz KG, Thälmannstr. 1, 39435 Schneidlingen, T: (039267) 64 10, Fax: (039267) 6 41 11)

h 148

Landesverband der Landmaschinen-Fachbetriebe für Schleswig-Holstein und Hamburg e.V.
Fleethörn 25, 24103 Kiel
T: (0431) 9 81 69-0 **Fax:** 9 38 77
Vorsitzende(r): Herbert Lorenz
Hauptgeschäftsführer(in): Dipl.-Volksw. Hugo Schütt

h 149

Verband Landtechnik Thüringen e.V.
Uhlandstr. 18, 99096 Erfurt
T: (0361) 3 46 07 91 **Fax:** 3 46 07 91
Landesinnungsmeister: Dipl.-Ing. Werner Mertens (Verbandsvorsitzender, Autohaus Mertens Eisenach, Am Marktrasen 4, 99819 Krauthausen, T: (03691) 61 36 90, Telefax: (03691) 61 36 99)

• H 150

Bundesverband des Deutschen Papiergroßhandels e.V.
Mühlenstr. 2, 29221 Celle
T: (05141) 2 40 08 **Fax:** 65 57
E-Mail: m.kessener@bvddp.de
Präsident(in): Johanna Kienzerle (Kienzerle + Haustein GmbH)

1. Stellv. Präs.: Winfried Brüggmann (E. Michaelis & Co. (GmbH & Co.))
2. Stellv. Präs.: Rolf Buscher (Brangs + Heinrich GmbH, Leinfelden)
Geschäftsführer(in): Michael Kessener
Mitglieder: 38 Einzelmitglieder

• H 151

BUNDESVERBAND DEUTSCHER STAHLHANDEL BDS

Max-Planck-Str. 1, 40237 Düsseldorf
T: (0211) 8 64 97-10 **Fax:** 8 64 97-22
Internet: http://www.stahlhandel.com
E-Mail: info-bds@stahlhandel.com
Gründung: 1969 (15. Dez.)
Internationaler Zusammenschluß: siehe unter izh 87
Vorsitzende(r) des Vorstandes: Josef von Riederer
Geschäftsführende(s) Vorstands-Mitglied(er): Jürgen Nusser
Mitglieder: ca. 800

Wahrnehmung der Interessen des Berufsstandes, Pflege der Verbindung zur Öffentlichkeit, zu Organen der Europäischen Gemeinschaften, zu Bund und Ländern, zu Organisationen von Lieferwerken und Verbrauchern sowie zu den dem Berufsstand nahestehenden Vereinigungen im In- und Ausland.

h 152

Beratungs- und Verlagsgesellschaft des BDS mbH (BVG)

Max-Planck-Str. 1, 40237 Düsseldorf
T: (0211) 8 65 15-0 **Fax:** 8 65 15-14
Geschäftsführer(in): Dr. Ludger Wolfgart

• H 153

Zentralverband Eier e.V. (ZVE)

Postf. 24 01 34, 53154 Bonn
Hochkreuzallee 72, 53175 Bonn
T: (0228) 9 59 60-0 **Fax:** 9 59 60-50
Internet: http://www.BV-EWG.ORG
E-Mail: ZVE@BV-EWG.ORG
Vorsitzende(r): Klaus Arlt, Hamburg
Geschäftsführer(in): C. von der Crone

• H 154

Bundesfachverband Fleischerei-Bedarf-Großhandel e.V.

Postf. 45 03 08, 66061 Saarbrücken
Gutleutstr. 1, 66121 Saarbrücken
T: (0681) 6 37 17/18/19 **Fax:** 6 37 40
Vorsitzende(r): Wolfgang Strobel (Gutleutstr. 1, 66121 Saarbrücken, T: (0681) 6 37 17)
1. Stellv. Vors.: Manfred-Otto Cassel (Hessenring 39, 37269 Eschwege, T: (05651) 92 14 310)

Landesverbände

h 155

Verband Nordwestdeutscher Großhändler für Fleischereibedarf e.V., Bremen

Postf. 10 42 72, 28042 Bremen
Werrastr. 10, 28199 Bremen
T: (0421) 55 30 88 **Fax:** 53 59 11
Vorsitzende(r): Walther Faehre (Werrastr. 10, 28199 Bremen, Postf. 10 42 72, 28042 Bremen, T: (0421) 55 30 88, Telefax: (0421) 53 59 11)

h 156

Fachverband Fleischereibedarf-Großhandel e.V.

Hessenring 39, 37269 Eschwege
T: (05651) 2 11 41 **Fax:** 92 14 20
Vorsitzende(r): Manfred-Otto Cassel (Richard-Wagner-Str. 10, 37269 Eschwege)
Stellvertretende(r) Vorsitzende(r): Siegfried Propfen, Hameln
Mitglieder: 29

h 157

Verband des Deutschen Darm-, Innereien- und Fleischereibedarf-Groß- und Außenhandels e.V. Landesverband Nordrhein-Westfalen

Postf. 17 64, 58587 Iserlohn
Hochstr. 22, 58638 Iserlohn
T: (02371) 2 20 31 u. 1 40 93 **Fax:** 1 25 54
Vorsitzende(r): W. Dahm (i.Fa. Hoffmann, Hochstr. 22, 58638 Iserlohn)

• H 158

Bundesverband Deutscher Fruchthandelsunternehmen e.V. (BVF)

Sitz Berlin
Geschäftsstelle München
Thalkirchner Str. 81, 81371 München
T: (089) 76 48 22, 77 22 20 **Fax:** 76 30 72
Präsident(in): Manfred Stülcken, München
Vizepräsident(in): Franz Dettenhofer
Rolf Volkmann
Geschäftsführer(in): RA Michael Krebs, München

Angeschlossen

h 159

Verband des Bayerischen Frucht-Import- und -Großhandels e.V.

Städt. Kontorhaus
Postf. 75 09 39, 81339 München
Thalkirchner Str. 81, 81371 München
T: (089) 76 48 22 u. 77 22 20 **Fax:** 76 30 72
1. Vorsitzende(r): Manfred Stülcken
2. Vorsitzende(r): Franz Dettenhofer
Geschäftsführer(in): RA Michael Krebs
Mitglieder: 146

h 160

Verband des Berliner Frucht-Import- und -Großhandels e.V.

Beusselstr. 44nq, 10553 Berlin
T: (030) 3 95 11 89 **Fax:** 3 95 99 39
Vorsitzende(r): Rolf Volkmann (Fruchthof, Berlin)
Mitglieder: 50

h 161

Landesverband Baden-Württemberg des Früchte-Import- und Großhandels e.V.

Großmarkt, 70327 Stuttgart
T: (0711) 1 68 10 **Fax:** 1 68 12 90

h 162

Landesverband Niedersachsen des Früchte-Groß- und Importhandels e.V.

Am Tönniesberg 16-18, 30453 Hannover
T: (0511) 46 30 53 **Fax:** 43 44 98
Vorsitzende(r): Hermann Sauer jun.

h 163

Verband mittelständischer Frucht-Großhändler Sachsen e.V.

Spitzhausstr. 74, 01139 Dresden
T: (0351) 8 31 13 35 **Fax:** 8 31 13 35
Präsident(in): Dr. Klaus Schneider
Vizepräsident(in): Dr. Andreas Kunze
Gordon Rössler
Geschäftsführer(in): Dr. Jürgen Grochowski

• H 164

Verband Deutscher Kühlhäuser und Kühllogistikunternehmen e.V. (VDKL)

Schedestr. 11, 53113 Bonn
T: (0228) 2 01 66-0 **Fax:** 2 01 66-11
Internet: http://www.vdkl.com
E-Mail: info@vdkl.com
Internationaler Zusammenschluß: siehe unter izf 778
Vorsitzende(r): Jürgen Rohn
Geschäftsführer(in): Jan Peilnsteiner
Verbandszeitschrift: TempLog
Mitglieder: 104

Als Wirtschaftsfachverband Ansprechpartner rund um temperaturgeführte Lagerung Distribution und Logistik.

• H 165

Bundesverband Molkereiprodukte e.V. (BUMO)

Adenauerallee 148, 53113 Bonn
T: (0228) 36 76 20 **Fax:** 36 14 25
Internet: http://www.mopro.de
E-Mail: bumo@t-online.de
Präsident(in): H. J. Fink
Hauptgeschäftsführer(in): Dr. Gunter Wollin

Landesverbände

h 166

Berufsverband des Bayerischen Käse- und Fettwarengroßhandels e.V.

Hofbrunnstr. 68, 81477 München
T: (089) 7 90 17 54 **Fax:** 7 90 21 67
Geschäftsführer(in): Max Heublein

h 167

Fachverband des norddeutschen Groß- und Außenhandels mit Molkereiprodukten der Länder Niedersachsen, Schleswig-Holstein, Hamburg u. Bremen e.V.

Hans-Böckler-Str. 17, 30851 Langenhagen
T: (0511) 9 78 98 33 **Fax:** 74 41 20
K. Uplegger (Hans-Böckler-Str. 17, 30851 Langenhagen, T: (0511) 9 78 98 33, Telefax: (0511) 74 41 20)

h 168

Landesverband des Lebensmittel- Groß- und Einzelhandels Berlin-Brandenburg e.V.

Mehringdamm 48, 10961 Berlin
T: (030) 7 86 20 05, 7 86 24 73 **Fax:** 7 85 35 34
Vorsitzende(r): Horst Faber
Stellvertretende(r) Vorsitzende(r): Wolfgang Liebig
Hauptgeschäftsführer(in): Nils Busch-Petersen

• H 169

Verband des Salzgroßhandels e.V.

Platenstr. 30, 90441 Nürnberg
Vorsitzende(r): Jürgen Stöhr
Geschäftsführer(in): Andreas Stöhr

• H 170

Importvereinigung Nordwest-Bremen e.V.

Hinter dem Schütting, 28195 Bremen
T: (0421) 3 63 72 39 **Fax:** 3 63 72 46
Internet: http://www.importvereinigung.de/
1. Vorsitzende(r): Heinz-Werner Hempel
Stellvertretende(r) Vorsitzende(r): Robert Hartmut Böck
Geschäftsführer(in): Jürgen Charzinski

• H 171

Arbeitsgemeinschaft Außenwirtschaft der Deutschen Wirtschaft

Breite Str. 29, 10178 Berlin
T: (030) 2 03 08-2301 **Fax:** 2 03 08-2333
Geschäftsführer(in): Michael Pfeiffer (Deutscher Industrie- und Handelstag)
Mitgliedsorganisationen:
Mitglieder: 6
Bundesverband der Deutschen Industrie e.V.
Deutscher Industrie- und Handelstag
Bundesverband des Deutschen Groß- und Außenhandels e.V.
Bundesverband des Deutschen Exporthandels e.V.
Bundesverband deutscher Banken e.V.
Außenhandelsvereinigung des Deutschen Einzelhandels e.V.

• H 172

Bundesverband des deutschen Fischgroßhandels e.V.

Mehringdamm 48, 10961 Berlin
T: (030) 7 85 40 03 **Fax:** 7 86 70 49
Vorsitzende(r): Peter Kuhn, Frankfurt
Hauptgeschäftsführer(in): Nils Busch-Petersen

• H 173

Deutscher Vieh- und Fleischhandelsbund e.V. (DVFB)

Adenauerallee 176, 53113 Bonn
T: (0228) 21 30 81- 82 **Fax:** 21 89 08
E-Mail: dvfb-bonn@t-online.de
1. Vorsitzende(r): Adolf Johansson
Stellvertretende(r) Vorsitzende(r): Wilhelm Steinbring
Andreas Ottillinger
Geschäftsführer(in): Dipl.-Ing. agr. Hubert Bungartz
Mitglieder: ca. 2000

Landesverbände

h 174

Vieh- und Fleischhandelsverband Baden e.V.
Franz-Wachter-Str. 19, 70188 Stuttgart
T: (0711) 48 20 10 **Fax:** 48 73 80
Vorsitzende(r): Fritz Kreis (T: 06201/72136), Hemsbach
Geschäftsführer(in): Ina Lehmann

h 175

Vieh- und Fleischhandelsverband Württemberg-Hohenzollern e.V.
Franz-Wachter-Str. 19, 70188 Stuttgart
T: (0711) 48 20 10 **Fax:** 48 73 80
Vorsitzende(r): Hans-Joachim Haug (Trüffelweg 20, 70599 Stuttgart, Tel: (0711) 48 60 80-0)
Geschäftsführer(in): Ina Lehmann

h 176

Bayerischer Vieh- und Fleischhandelsverband e.V.
Tumblingerstr. 42, 80337 München
T: (089) 76 54 10 **Fax:** 7 21 11 01
Vorsitzende(r): Walter Behr (T: (09721) 4 27 01, Dittelbrunn)
Geschäftsführer(in): RA Dr. Andreas Reiners

h 177

Verband Berliner Vieh- und Fleischkaufleute e.V.
Adenauerallee 176, 53113 Bonn
T: (0228) 21 30 81-82 **Fax:** 21 89 08
Vorsitzende(r): Jürgen Wache (Kruse Weg 10, 12779 Berlin, T: (030) 3 94 10 58)

h 178

Vieh- und Fleischhandelsverband Hessen und Rheinland-Pfalz e.V.
Franz-Wachter-Str. 19, 70188 Stuttgart
T: (0711) 48 20 10 **Fax:** 48 73 80
Vorsitzende(r): Thomas Sutor (Alt Königstr. 5, 65843 Sulzbach, Tel: (06196) 7 16 44)
Geschäftsführer(in): Ina Lehmann

h 179

Vieh- und Fleischhandelsverband Hannover e.V.
Henckellweg 3, 30459 Hannover
T: (0511) 2 33 06 74 **Fax:** 2 33 06 74
Vorsitzende(r): Adolf Johansson (Dorfstr. 5, 21442 Toppenstedt, T: (04173) 88 86)
GeschfVorst.: Anita Lohse (Henckellweg 3, 30459 Hannover, T: (0511) 2 33 06 74)

h 180

Vieh- und Fleischhandelsverband Weser-Ems e.V.
Wiefelsteder Str. 202a, 26316 Varel
T: (04456) 94 89 68
Vorsitzende(r): Heinz Bökamp (Varrelbusch, T: (04471) 20 63)
Geschäftsführer(in): Dirk Meinardus

h 181

Vieh- und Fleischhandelsverband Nordrhein-Westfalen e.V.
Adenauerallee 176, 53113 Bonn
T: (0228) 21 30 81,-82 **Fax:** 21 89 08
Vorsitzende(r): Wilhelm Steinbring (Am Schornacker 46, 46485 Wesel, T: (0281) 95 29 10)
GeschfVorst.: N. N.

h 182

Verband der Vieh- und Fleischgroßhändler Saar e.V.
Franz-Josef-Röder-Str. 9, 66119 Saarbrücken
T: (0681) 5 50 51 **Fax:** 5 18 42
Vorsitzende(r): Peter Schu (T: (06831) 7 70 37, 66763 Dillingen)
Geschäftsführer(in): Armin Dietzen

h 183

Vieh- und Fleischhandelsverband Schleswig-Holstein und Hamburg e.V.
Graf-von-Stauffenberg-Str. 6, 24768 Rendsburg
T: (04331) 2 26 06 **Fax:** 2 55 04
Vorsitzende(r): Ernst Urhammer (T: (04346) 71 97), Gettorf
Geschäftsführer(in): Klaus Paulsen

• **H 184**

Bundesarbeitsgemeinschaft Vieh und Fleisch (BAVF)
Adenauerallee 176, 53113 Bonn
T: (0228) 21 30 81- 82 **Fax:** 21 89 08
Vorsitzende(r): N. N.
Geschäftsführer(in): N. N.
Mitglieder: 4 Bundesverbände mit 40 000 Mitgliedern
Fachverbände:
Deutscher Fleischerverband
Bundesverband der Versandschlachtereien
Deutscher Vieh- und Fleischhandelsbund e.V.
Bundesfachverband Fleisch e.V.

• **H 185**

Arbeitsgemeinschaft Deutscher Viehzentralen (ADV)
Adenauerallee 127, 53113 Bonn
T: (0228) 1 06-3 29 **Fax:** 1 06-321
Sprecher: Dr. Benno Willers

• **H 186**

Bundesfachverband Fleisch e.V. (BFF)
Geschäftsstelle:
Dr.-Carl-Benz-Platz 3, 68526 Ladenburg
T: (06203) 92 96-30, 92 96-31 **Fax:** 92 96-36
E-Mail: bff-steinke@t-online.de
Gründung: um 1925
Syndikus: RA Hansjürgen Tuengerthal
Präsident(in): Rainer Wagner (Gewerbepark Dornheim, 99310 Arnstadt, T: (03628) 74 41 00, Telefax: (03628) 74 44 45)
2. Vorsitzende(r): Eduard Schlegel (Lichtenfelser Str. 1-3, 90427 Nürnberg)
Vorstandsmitgl.: Christian Scharbatke
Eduard Schlegel
Reinhard Annuss
Rainer Wagner
Holger Arnold
Bernd Hörner
Michael Grünberg
Manfred Kempter
Geschäftsführer(in): RA Patrick Steinke
Mitglieder: 30 direkte Mitgl. u. ca. 400 indirekte Mitgl.
Mitarbeiter: 2
Jahresetat: DM 0,2 Mio, € 0,1 Mio

h 187

Fachverband Fleisch Bayern
Dr.-Carl-Benz-Platz 3, 68526 Ladenburg
T: (06203) 92 96 30 **Fax:** 92 96 36
Geschäftsführer(in): RA Patrick Steinke
Vorsitzende(r): Eduard Schlegel (c/o Schlegel GmbH, Lichtenfelser Str. 1-3, 90427 Nürnberg, T: (0911) 30 49 04, Telefax: (0911) 30 46 39)
Stellvertr.: Ansgar Schürger

h 188

Großschlächter-Innung Berlin-Brandenburg e.V.
c/o Hofner und Schneider GmbH
Beusselstr. 44nq, 10553 Berlin
T: (030) 3 95 70 51 **Fax:** 3 96 69 26
Obermeister: Günther Schneider
Geschäftsführer(in): Wolfgang Welke

h 189

Fachverband Fleisch Nord
Dr.-Carl-Benz-Platz 3, 68526 Ladenburg
T: (06203) 92 96 30 **Fax:** 92 96 36
E-Mail: bff-steinke@t-online.de
Gründung: 1926
Vorstand: Michael Grünberg
Geschäftsführer(in): RA Patrick Steinke

h 190

Fachverband Fleisch Hessen e.V.
Dr.-Carl-Benz-Platz 3, 68526 Ladenburg
T: (06203) 92 96 30 **Fax:** 92 96 36
E-Mail: BFF-Steinke@t-online.de
Ehrenvors.: Heinz Schinnerling (T: (069) 9 41 98 80)
1. Vorsitzende(r): Wilhelm Schneider (T: (069) 94 19 76 13)
2. Vorsitzende(r): Frank Schmitt (T: (069) 81 66 86)
Hans Schmidt (T: (06621) 9 23 20)
Geschäftsführer(in): Patrick Steinke (T: (06203) 92 96 30)

h 191

Landesverband der Großschlächter und Fleischgroßhändler in Niedersachsen e.V.
Akazienweg 23, 28857 Syke
1. Vorsitzende(r): Horst Finn

h 192

Fachverband Fleisch NRW
Dr.-Carl-Benz-Platz 3, 68526 Ladenburg
T: (06203) 92 96 30 **Fax:** 92 96 36
Geschäftsführer(in): RA Patrick Steinke
1. Vorsitzende(r): Christian Scharbatke (Ernst-Hilker-Str. 7-13, 32758 Detmold, T: (05231) 9 24 40, Telefax: (05231) 3 43 12)
Stellvertretende(r) Vorsitzende(r): Theo Pohlmann
Vorstandsmitgl.: Heinrich Kemper
Hans Gensch
Theo Pohlmann
Christian Scharbatke

h 193

Fachverband Fleisch "Rhein-Neckar" e.V.
Dr.-Carl-Benz-Platz 3, 68526 Ladenburg
T: (06203) 92 96 30 **Fax:** 92 96 36
E-Mail: BFF-Steinke@t-online.de
Geschäftsführer(in): RA Patrick Steinke
1. Vorsitzende(r): Manfred Kempter (Postf. 11 40, 79310 Emmendingen, T: (07641) 58 60, Telefax: (07641) 5 86 38)
2. Vorsitzende(r): Bernd Hörner
Vorstand: Erich Haag
Manfred Kempter
Peter Müller
Patrick Steinke
Horst Tilp
Mitglieder: 40

h 194

Landesverband der Schleswig-Holsteinischen Großschlächter und Fleischgroßhändler e.V.
Postf. 6 22, 24752 Rendsburg
Alte Kieler Landstr. 47c, 24768 Rendsburg
T: (04331) 2 26 06 **Fax:** 2 55 04
1. Vorsitzende(r): Heinz Annuss (Postf. 11 60, 25891 Niebüll, Tel: (04661) 60 60, Telefax: (04661) 34 25)
Geschäftsführer(in): Klaus Paulsen

h 195

Institut für Nationale und Internationale Fleisch- und Ernährungswirtschaft Heidelberg GmbH
Landfriedstr. 1a, 69117 Heidelberg
T: (06221) 13 57-0 **Fax:** 13 57-23
E-Mail: ifwmesse@t-online.de
Gründung: 1978
Geschäftsführer(in): Dietrich Tuengerthal
Mitarbeiter: 13

• **H 196**

Zentralverband des Deutschen Kartoffelhandels e.V.
Postf. 30 16 55, 53196 Bonn
Beueler Bahnhofsplatz 18, 53225 Bonn
T: (0228) 9 75 85-22 **Fax:** 9 75 85-30, 9 75 85-32
E-Mail: bv-agrar@t-online.de
Internationaler Zusammenschluß: siehe unter izh 68
Ehrenpräsident: Heinz Wenger (Resserweg 4-10, 45699 Herten)
Präsident(in): Dr. Herwig Elgeti (Bornkoppelweg 1, 18184 Broderstorf, T: (038204) 6 41 00, Telefax: (038204) 6 41 01)
Vizepräsident(in): Heinz Kolossa (Königsberger Str. 2, 29353 Ahnsbeck, T: (05145) 81 82, Telefax: (05145) 66 41)
Vizepräsident(in): Johann Wenger (Schrobenhausener Str. 7, 86564 Brunnen, T: (08454) 32 18, Telefax: (08454) 38 61)
Vizepräsident(in): Hans Niederdräing (Am Markenwald 16, 45894 Gelsenkirchen, T: (0209) 9 59 29 90, Fax: 9 59 29 91)
Vizepräsident(in): Kurt Holthusen (Dresdener Str. 9, 28816 Stuhr-Brinkum, T: (0421) 89 16 10, Fax: 89 16 12)
Geschäftsführer(in): Dipl.-Ing. agr. Erich A. Lüpken

Landesverbände

h 197

Verband der Kartoffelkaufleute Nord e.V.
Dresdener Str. 9, 28816 Stuhr
T: (0421) 89 16 10 **Fax:** 89 16 12
Vors. u. GeschF: Kurt Holthusen (Conrad Holthusen GmbH, Paul-Feller-Str. 25, 28199 Bremen, T: (0421) 55 10 37, 55 53 24, Telefax: (0421) 55 53 48)

h 198

Landesverband der Kartoffelkaufleute Weser-Ems e.V.
Rosenstr. 52, 26122 Oldenburg
T: (0441) 2 52 12
Vorsitzende(r): Walter Ulrich
Geschäftsführer(in): Luck

h 199

Verband der Kartoffelkaufleute Niedersachsen e.V.
Südweg 3, 29351 Eldingen
T: (05148) 40 01, 40 02 **Fax:** 40 05
Vorsitzende(r): Joachim Tietjen
Geschäftsführer(in): Heide Homann

h 200

Landesverband der Kartoffelkaufleute Rheinland-Westfalen e.V.
Postf. 30 16 55, 53196 Bonn
T: (0228) 9 75 85-22 **Fax:** 9 75 85-30, 9 75 85-32
Vorsitzende(r): Hans Niederdräing
Geschäftsführendes Vorstandsmitglied: Dipl.-Ing. agr. Erich A. Lüpken

h 201

Landhandelsverband Rheinland-Pfalz e.V.
Postf. 13 30, 67503 Worms
Siegfriedstr. 11, 67547 Worms
T: (06241) 66 44-45 **Fax:** 2 74 72
Gruppensprecher: Klaus Maurer
Geschäftsführer(in): RA Klaus Eller

h 202

VdAW Baden-Württemberg
Wollgrasweg 31, 70599 Stuttgart
T: (0711) 1 67 79-0 **Fax:** 4 58 60 93
Vorsitzende(r): Adolf Kopf
Geschäftsführer(in): Dipl.-Ing. (FH) Erich Reich

h 203

Landhandelsverband Bayern e.V.
Wollgrasweg 31, 70599 Stuttgart
T: (0711) 1 67 79-0 **Fax:** 4 58 60 93
Gruppensprecher: Johann Wenger
Geschäftsführer(in): Dipl.-Ing. (FH) Erich Reich

h 204

Verband der Kartoffelhändler Mecklenburg-Vorpommern e.V.
Bornkoppelweg 1, 18184 Broderstorf
T: (038204) 6 41 00 **Fax:** 6 41 01
Vorsitzende(r): Dr. Herwig Elgeti
Geschäftsführer(in): Elke Meier

h 205

Verband des Kartoffelgroßhandels Sachsen-Anhalt e.V.
Strenzfelder Allee 14, 06406 Bernburg
T: (03471) 35 23 57 **Fax:** 35 26 57
Geschf u. Vorsitzender: Dr. Joachim Witte

• H 206

Bremer Verein der Getreide-Futtermittel-Importeure und -Großhändler e.V.
Postf. 10 66 26, 28066 Bremen
Parkallee 14, 28209 Bremen
T: (0421) 3 49 87 45 **Fax:** 3 49 96 20
Vorsitzende(r): Gustav Schiele (i. Fa. Gustav Schiele, Postf. 10 19 45, 28019 Bremen, Tiefer 10, 28195 Bremen, T: (0421) 36 08 80, Telefax: (0421) 36 08 899)
Geschäftsführer(in): Friedrich Oldekopf
Mitglieder: 80

• H 207

Vereinigung für Getreide- und Produktenhandel in Braunschweig e.V.
Dorfstr. 29, 38114 Braunschweig
T: (0531) 5 51 13, 4 71 52 66 (während d. Börsenzeit)
Fax: 5 30 82
Gründung: 1856 (Januar)
Vorsitzende(r): Peter Rautenschlein, Schöningen
Stellvertretende(r) Vorsitzende(r): Walter Hoppenworth, Braunschweig
Geschäftsführer(in): Jost-Heinrich Schrader
Mitglieder: 67
Geschäftsstelle: Dorfstr. 4, 38114 Braunschweig

• H 208

Verband des Deutschen Zuckerhandels e.V.
Raboisen 58, 20095 Hamburg
T: (040) 33 54 25 **Fax:** 32 00 32 66
Gründung: 1947
Internationaler Zusammenschluß: siehe unter izh 354
Vorsitzende(r): Bernd Metelmann (i. Fa. Metelmann & Co. GmbH, Rathausstr. 13, 20095 Hamburg, T: (040) 33 95 20)
Geschäftsführer(in): Manfred Reimann
Mitglieder: 14
Mitarbeiter: 1

• H 209

Bundesverband des Süßwaren-Groß- und Außenhandels e.V.
Grillparzerstr. 38, 81675 München
T: (089) 4 70 60 93 **Fax:** 4 70 37 83
Internet: http://www.sg-online.de
E-Mail: sg-suesswaren@t-online.de
Vorsitzende(r): Lothar Kempermann, Bad Zwischenahn
Geschäftsführer(in): Hans Strohmaier
Verbandszeitschrift: SG Süßwarenhandel
Verlag: Grillparzerstr. 38, 81675 München

Landesverband

h 210

Landesverband des Lebensmittel- Groß- und Einzelhandels Berlin-Brandenburg e.V.
Mehringdamm 48, 10961 Berlin
T: (030) 7 86 20 05, 7 86 24 73 **Fax:** 7 85 35 34
Hauptgeschäftsführer(in): Nils Busch-Petersen

• H 211

Bundesverband der Deutschen Weinkellereien und des Weinfachhandels e.V.
Herzogenbuscher Str. 12, 54292 Trier
E-Mail: bvw@trier.ihk.de
Präsidium:
Vorsitzende(r): Arthur Gesthüsen
Präsidiumsmitglied(er): Bernd Braun-Himmerich (Fa. Gerhardt, Nierstein)
Martin Zotz (79423 Heitersheim)
Roland Joh. Möndel
Franz Stettner jun.
Dr. Herbert Rasenberger
Geschäftsführer(in): Peter Rotthaus (Herzogenbuscher Str. 12, 54292 Trier, T: (0651) 97 77-950, Fax: (0651) 97 77-955, E-Mail: bvw@ihk.trier.de)

Angeschlossen

h 212

Landesverein des Bayerischen Weinhandels e.V.
Dominikanerplatz 4, 97070 Würzburg
T: (0931) 3 55 89 89 **Fax:** 3 55 89 10
Vorsitzende(r): Franz Stettner jun. (Weingroßkellerei Franz Stettner & Sohn GmbH, Stettnerstr. 9-13, 83059 Kolbermoor)
Geschäftsführer(in): RA Wolfgang Pfrang

h 213

Fachgruppe Badischer Weinkellereien im Verband der Agrarg. Wirtschaft (VdAW)
Wollgrasweg 31, 70599 Stuttgart
T: (0711) 16 77 90 **Fax:** 4 58 60 93
Vorsitzende(r): Dr. Erich Müller (in Fa. Adam Müller oHG, Postf. 11 27, 69169 Leimen, T: (06224) 7 10 44)
Geschäftsführer(in): Dipl.-Ing. (FH) Erich Reich, Stuttgart

h 214

Verband Rheinpfälzer Weinkellereien e.V.
Talweg 10, 67822 Kalkofen
T: (06362) 39 59 **Fax:** 27 91
Vorsitzende(r): Eberhard Sauer (in Fa. Emil Deutsch GmbH & Co. KG, Neustadt)
Roland Joh. Möndel (76829 Landau)
Geschäftsführer(in): RA Norbert Kroll

h 215

Verband der Weingüter und Weinkellereien Rheinhessen e.V.
Talweg 10, 67822 Kalkofen
T: (06362) 39 59 **Fax:** 27 91
Vorsitzende(r): Bernd Braun-Himmerich, Nierstein
Geschäftsführer(in): RA Norbert Kroll

h 216

Verband der Weingüter und Weinkellereien an der Nahe e.V.
An den Nahewiesen 1, 55450 Langenlonsheim
Vorsitzende(r): Horst Dülk (Fa. Ernst G. Beisiegel, Nahestr. 69, 55593 Rüdesheim)
Geschäftsführer(in): Dr. Rasenberger (in Fa. WIV-Wein International, An den Nahewiesen 1, 55450 Langenlonsheim, T: (06721) 9 65-610, Fax: 9 65-682)

h 217

Verband der Weinkellereien-Mittelrhein
Fischelstr. 38, 56068 Koblenz
T: (0261) 1 21 49
Vorsitzende(r): Leo Conzen (Fischelstr. 38, 56068 Koblenz, Postf. 11 60, 56011 Koblenz)

h 218

Verband der Weinkellereien Mosel-Saar-Ruwer e.V.
Postf. 22 40, 54212 Trier
T: (0651) 97 77-960 **Fax:** 97 77-965
Vorsitzende(r): Arthur Gesthüsen (56859 Alf)
Geschäftsführer(in): Albrecht Ehses

h 219

Verband der Hersteller von Perlwein und ähnlichen Erzeugnissen
c/o Keller Geister GmbH & Co. KG
Rudolf-Diesel-Str. 7-9, 54292 Trier
T: (0651) 2 09 06-0 **Fax:** 2 09 06-54
Vorsitzende(r): Adolf Lorscheider (i.Fa. Keller Geister GmbH & Co. KG, Rudolf-Diesel-Str. 7-9, 54292 Trier, T: (0651) 2 09 06-0, Telefax: (0651) 2 09 06-54)

• H 220

Bundesvereinigung Wein und Spirituosen e.V.
Sonnenberger Str. 46, 65193 Wiesbaden
T: (0611) 52 10 33 **Fax:** 59 97 75
Internationaler Zusammenschluß: siehe unter izh 5, izh 49
Präsident(in): Hans-Jürgen Hertzberg (Jürgen-Wullenwever-Str. 19, 23566 Lübeck, T: (0451) 6 48 71)
Geschäftsführer(in): Ursula Schmitt
Ralf Peter Müller

• H 221

Verband Deutscher Weinexporteure e.V.
Heussallee 26, 53113 Bonn
T: (0228) 22 14 01 **Fax:** 26 16 83
Internationaler Zusammenschluß: siehe unter izh 6
Präsident(in): Peter Winter (Burg Layen)
Stellv. Präsident: Herbert Reh (Leiwen)
Geschäftsführer(in): Dr. Rudolf Nickenig

• H 222

Verband der Baden-Württembergischen Spirituosenhersteller e.V. (1946)
Werderring 12, 79098 Freiburg
T: (0761) 3 25 12 **Fax:** 3 26 12
Vorsitzende(r): Michael Scheibel (Brennerei E. Scheibel GmbH, 77876 Kappelrodeck)
Nicolaus Schladerer-Ulmann (stellv. Vors., Fa. Alfred Schladerer GmbH, 79219 Staufen)
Mitglieder: 40

• H 223

Bundesverband der Warenautomatenaufsteller e.V. (BWA)
Kreutzerstr. 2, 50672 Köln
T: (0221) 95 14 95-0 **Fax:** 95 14 95-7
Gründung: 1959
Geschäftsführer(in): RA Nikolaus Ganske
1. Vorsitzende(r): Nils Miksch
2. Vorsitzende(r): Jochen Breymann (Fa. WFE)
Vorstand: Bernd Beyer
Werner Ehrhardt
Alexander Haeffner
Erich Hilbert
Werner Susemichel
Verbandszeitschrift: BWA-Rundschreiben
Mitglieder: 220
Mitarbeiter: 8 Incl. RA Büro

• H 224

Bundesverband der hofnahen Düngermischer e.V.
Rosenweg 1, 49324 Melle
T: (05422) 24 32 **Fax:** 23 59
Gründung: 1981
Vorsitzende(r): Prof. Dr. H. Heege (Institut für landwirtschaftl. Verfahrenstechnik, Universität Kiel, 24098 Kiel)
Geschäftsführer(in): Werner Krull (Ltg. Presseabt., Rosenweg 1, 49324 Melle, T: (05422) 24 32, Telefax: (05422) 23 59)
Mitglieder: 104
Jahresetat: DM 0,025 Mio, € 0,01 Mio

• H 225

Bundesverband der Baumaschinen-, Baugeräte- und Industriemaschinen-Firmen e.V. (BBI)
Adenauerallee 45, 53113 Bonn
T: (0228) 22 34 69 **Fax:** 22 56 01
Internet: http://www.bbi-online.org
E-Mail: info@bbi-online.org
Präsident(in): Claus Städing (i. Fa. HKL Baumaschinen Handelsgesellschaft m.b.H., Lademannbogen 130, 22331 Hamburg, Tel: (040) 53 80 21, Telefax: (040) 5 38 27 10)
Stellvertretende(r) Vorsitzende(r): Dipl.-Kfm. Franz Häfele (i. Fa. Häfele GmbH Baumaschinen, Situlistr. 38, 80939 München, T: (089) 32 39 50, Telefax: (089) 3 23 95 18)

• H 226

VKH

VKH - Vereinigung des Kraftfahrzeugteile- und Zubehör Fachhandels e.V.
Postf. 1337, 58303 Herdecke
Goethestr. 16, 58313 Herdecke
T: (02330) 91 83 18 **Fax:** 1 35 70
Gründung: 1989 (Juni)
1. Vorsitzende(r): Peter Teitge (Lägenfeldstr. 2B, 30952 Ronnenberg, T: (0511) 43 32 43, Telefax: (0511) 46 10 87)
2. Vorsitzende(r): Roland Scholz (Rosa-Luxemburg-Str. 29, 99510 Apollda, T: (03644) 5 06 20, Fax: 50 62 60)
Leitung Presseabteilung: Arnd Bonnermann
Verbandszeitschrift: Auto Zubehör Markt - monatlich
Redaktion: Manfred Kaufhold, Goethestr. 16, 58313 Herdecke, T: (02330) 91 83 14, Telefax: (02330) 91 83 30
Mitglieder: 156 (wachsend)
Mitarbeiter: 1,5
Jahresetat: ca. DM 0,1 Mio, € 0,05 Mio

• H 227

Mineralölwirtschaftsverband e.V. (MWV)
siehe F 695

• H 228

Interessengemeinschaft Mittelständischer Mineralölverbände e.V.
Breite Str. 29/Mühlendamm, 10178 Berlin
T: (030) 20 45 12 53 **Fax:** 20 45 12 55
Generalbevollmächtigter: Wolfgang Pfletschinger

Zweck der Interessengemeinschaft ist die Vertretung und Wahrung der Interessen der unabhängigen deutschen Mineralölwirtschaft und Flüssiggas-Handels; Information und Meinungsaustausch mit Bundestag und Ministerien

• H 229

VEXU - Verband exportierender Unternehmen e.V.
Stolzingstr. 12, 81927 München
Gründung: 1987 (13. Dezember)
Vorsitzende(r): N. N.
Geschäftsführende(s) Vorstands-Mitglied(er): Otto Rintzner (Ltg. Presseabt.), München
Schatzmeister: Walter Kuffner, Vaterstetten
Mitglieder: 154 Firmen
Mitarbeiter: 3
VEXU hat derzeit Repräsentanzen in 12 Ländern.

• H 230

Erdölbevorratungsverband Körperschaft des öffentlichen Rechts
Postf. 30 15 90, 20305 Hamburg
T: (040) 35 00 12-0 **Fax:** 35 00 12-49
Vorstand: Jürgen Jansing
Sanders Schier

Vorratshaltung von Erdöl und Erdölerzeugnissen nach den Bestimmungen des Erdölbevorratungsgesetzes i.d.F. vom 6. April 1998

• H 231

Deutscher Verband des Großhandels mit Ölen, Fetten und Ölrohstoffen e.V. (GROFOR)
Katharinenstr. 33, 20457 Hamburg
T: (040) 37 51 84 42 **Fax:** 37 51 84 43
Internationaler Zusammenschluß: siehe unter izh 275
Vorsitzende(r): Ralph Pöhner, Ahrensburg
Geschäftsführer(in): RA Peter Fedder
Mitglieder: 91

• H 232

Interessengemeinschaft Fett e.V.
Kaiserstr. 9, 53113 Bonn
T: (0228) 21 21 85 **Fax:** 21 21 98
E-Mail: fleischmehlindustrie@t-online.de
Vorsitzende(r): Joachim Grafe (K. Böhning & R. Jaeke GmbH & Co., Kattrepelsbrücke 1, 20095 Hamburg, Tel: (040) 3 09 66 10, Telefax: (040) 30 96 61 10)
Geschäftsführer(in): RA Harald Niemann

Produkt- und Imagepflege von Tierfett.

• H 233

Verband der Deutschen Faßverwertungsbetriebe e.V. VDF
Niederkasseler Str. 60, 40547 Düsseldorf
T: (0211) 55 61 66 **Fax:** 55 64 66
Vorsitzende(r): Günter Plath (i. Fa. Friedsam GmbH, Siemensstr. 9, 41542 Dormagen, T: (02133) 79 47-48, Telefax: (02133) 7 12 82)
Stellvertretende(r) Vorsitzende(r): Frido Heyer (i. Fa. Carl Meyer GmbH, Buchholzer Str. 15-17, 30629 Hannover, T: (0511) 58 02 32, Telefax: (0511) 58 79 81)
Geschäftsführer(in): RA Kai Bellwinkel (Niederkasseler Str. 60, 40547 Düsseldorf, T: (0211) 55 61 66, Fax: (0211) 55 64 66)

• H 234

Bundes-Verband Dentalhandel e.V.
Salierring 44, 50677 Köln
T: (0221) 2 40 93 42 **Fax:** 2 40 86 70
Internationaler Zusammenschluß: siehe unter izg 193
Präsident(in): Bernd Neubauer
Geschäftsführer(in): Winfried Toubartz
Verbandszeitschrift: Dental-Zeitung
Verlag: Oemus-Verlag, Holbeinstr. 29, 04229 Leipzig
Mitglieder: 273

Wahrung und Förderung ideeller und wirtschaftlicher Interessen seiner Mitglieder unter Berücksichtigung seiner Funktion im Leistungsverband Industrie/Großhandel/Zahnarzt bzw. Zahntechniker. Versorgung der Zahnärzte, Zahntechniker und damit der Bevölkerung.

• H 235

Verband des Deutschen Tapetengroßhandels
Postf. 10 15 24, 63015 Offenbach
Kaiserstr. 15, 63065 Offenbach
T: (069) 88 21 19, 88 36 37 **Fax:** 82 16 67
Vorsitzende(r): Erwin Köchl (Nürnberg)
Geschäftsführer(in): Dr. Helmut Reissner
Mitglieder: 20-30

• H 236

Bundesfachverband von Großhandels- und Industrieunternehmen der Korkwirtschaft e.V.
Postf. 23 12, 67513 Worms
Bobenheimer Str. 20, 67547 Worms
T: (06241) 3 68 59 **Fax:** 3 81 45
Vorsitzende(r): Hanns F. Mann (Hilgestr. 18, 55294 Bodenheim, Tel: (06135) 25 02)

• H 237

Deutscher Kork-Verband e.V.
Schusterstr. 46-48, 55116 Mainz
T: (06131) 2 89 10 38 **Fax:** 2 89 10 90
Internet: http://www.kork.de
E-Mail: info@kork.de
Geschäftsführer(in): Helmut Dieth

• H 240

Allgäuer Emmentalerkäseverband e.V.
Tilsiter Str. 16a, 87439 Kempten
T: (0831) 9 10 20 **Fax:** 59 11 99
Vorsitzende(r): Dipl.-Kfm. German Umhau (Geschäftsführer d. Allgäuland-Käsereien GmbH, Postf. 15 33, 88239 Wangen/Allgäu)
Geschäftsführer(in): Dorothea Kästingschäfer (Tilsiter Str. 16 a, 87439 Kempten)

• H 241

Bundesverband der Geflügelschlachtereien e.V.
Hinter Hoben 149, 53129 Bonn
T: (0228) 5 30 02 40 **Fax:** 5 30 02 77
E-Mail: Gefluegelwirtschaft@t-online.de
Internationaler Zusammenschluß: siehe unter izh 325
Präsident(in): G. Wagner (Postf. 2 70, 93123 Regenstauf)
Geschäftsführer(in): Dr. Siegfried Hart

• H 242

Leistungsgemeinschaft Deutscher Hähnchenerzeuger
Hinter Hoben 149, 53129 Bonn
T: (0228) 5 30 02 41 **Fax:** 5 30 02 77
E-Mail: Gefluegelwirtschaft@t-online.de
Gründung: 1985 (1. Jan.)
Geschäftsführer(in): Dr. Siegfried Hart
Mitglieder: 13

• H 243

Bundesverband bäuerlicher Junggeflügelmäster e.V.
Hinter Hoben 149, 53129 Bonn
T: (0228) 5 30 02 41 **Fax:** 5 30 02 77
E-Mail: Gefluegelwirtschaft@t-online.de
Präsident(in): Cord H. zum Felde (Chaussee 12, 21702 Bokel-Ahlerstedt)
Geschäftsführer(in): Dr. Siegfried Hart

• H 244

Vereinigung von Erzeugergemeinschaften bäuerlicher Junggeflügelmäster e. V.
Hinter Hoben 149, 53129 Bonn
T: (0228) 5 30 02 41 **Fax:** 5 30 02 77
E-Mail: Gefluegelwirtschaft@t-online.de
Vorsitzende(r): Cord H. zum Felde (Chaussee 12, 21702 Bokel-Ahlerstedt)
Geschäftsführer(in): Dr. Siegfried Hart

• H 245

Arbeitsgemeinschaft Deutsche Schlachtgeflügelwirtschaft
Hinter Hoben 149, 53129 Bonn
T: (0228) 5 30 02 41 **Fax:** 5 30 02 77
E-Mail: Gefluegelwirtschaft@t-online.de
Geschäftsführer(in): Dr. Siegfried Hart

• H 246

Verband Deutscher Putenerzeuger e.V.
Hinter Hoben 149, 53129 Bonn
T: (0228) 5 30 02 41 **Fax:** 5 30 02 77
E-Mail: Gefluegelwirtschaft@t-online.de
Vorsitzende(r): Dipl.-Ing. agr. Klemens Heitmann (Wieningen 22, 48351 Everswinkel)
Geschäftsführer(in): Dr. Siegfried Hart

• H 247

Fachgruppe Importeure und Großhändler von Fischmehl und anderen tierischen Futtermitteln des Vereins der Getreidehändler der Hamburger Börse e.V.
Börse, Kontor 24
Adolphsplatz 1, 20457 Hamburg
T: (040) 36 98 79-0 **Fax:** 36 98 79-20
Teletex: 17 403 968
Internet: http://www.vdg-ev.de
E-Mail: getreideverein@t-online.de
Gründung: 1868
Vorsitzende(r): Eberhard Wienholt
Geschäftsführer(in): Christof Buchholz
Mitglieder: 17
Mitarbeiter: 7

• H 248

Bundesverband der Fischimporteure e.V.
Ruhrstr. 90, 22761 Hamburg
T: (040) 8 53 34 50 **Fax:** 8 50 10 61
Vorsitzende(r): Andreas Simonsen
Jürgen Köser
Mitglieder: 8

• H 249

Verband der Salzherings-Importeure Deutschlands e.V.
c/o Preisler & Schneider GmbH
Postf. 5 48, 27455 Cuxhaven
T: (04721) 60 16 60 **Fax:** 2 40 58
1. Vorsitzende(r): Eckart Harland
Mitglieder: 7

• H 250

Bundesmarktverband für Vieh und Fleisch
Godesberger Allee 142-148, 53175 Bonn
T: (0228) 81 98-2 01
Gründung: 1952
Vorsitzende(r): Wilhelm Niemeyer (Münsterstr. 5, 49176 Hilter)
Geschäftsführer(in): Dr. Richard Bröcker (Godesberger Allee 142 - 148, 53175 Bonn)
Mitglieder: 12

Mitgliedsverbände
Deutscher Bauernverband e. V., Bonn
Verband der Landwirtschaftskammern, Bonn
Arbeitsgemeinschaft Deutscher Tierzüchter e. V., Bonn
Deutscher Vieh- und Fleischhandelsbund e. V., Bonn
Deutscher Raiffeisenverband e. V., Bonn
Verband des Deutschen Groß- und Außenhandels mit Vieh und Fleisch e. V., Bonn
Deutscher Fleischerverband Frankfurt/Main
Bundesfachverband Fleisch e.V., Ladenburg
Bundesverband der Deutschen Fleischwarenindustrie, Bonn
Bundesverband der Versandschlachtereien, Bonn
Deutscher Gewerkschaftsbund, Hamburg
Deutscher Hausfrauenbund, Bonn

• H 251

Bundesverband der Versandschlachtereien e.V. (BDV)
Postf. 12 45, 53002 Bonn
T: (0228) 9 14 25-0 **Fax:** 21 02 00

E-Mail: verbaende.GAVF-BdV@T-Online.de
Vorsitzende(r): Paul Brand
Geschäftsführer(in): Detlef Stachetzki

• H 252
Kaffee-Verein Bremen e.V.
Postf. 10 43 44, 28043 Bremen
Knochenhauerstr. 18-19, 28195 Bremen
T: (0421) 17 14 16 **Fax:** 1 81 80
Vorsitzende(r): Klaus Claussen (i. Fa. Claussen & Co., Tx: 244 335 cafim)

• H 253
Verein der am Caffeehandel betheiligten Firmen
Pickhuben 3, 20457 Hamburg
T: (040) 36 58 78 **Fax:** 36 51 92
Gründung: 1886
Vorsitzende(r): Harry Lausch

• H 254
Verein der Hamburger Caffeeimport-Agenten und -Makler e.V.
c/o Eugen Atté GmbH
Am Sandtorkai 4-5, 20457 Hamburg
T: (040) 37 86 20-0 **Fax:** 37 86 20-22
E-Mail: Eugenatte@aol.com
Präsident(in): Joachim C. Becker (i. Fa. Eugen Atté GmbH)
Vizepräsident(in): Klaus Büssenschütt (i.Fa. UNICAFE GmbH)

• H 255
Verein der am Rohkakaohandel beteiligten Firmen e.V.
Gotenstr. 21 II, 20097 Hamburg
T: (040) 23 60 16-0 **Fax:** 23 60 16-10, 23 60 16-40
E-Mail: contact@kakao.wga-hh.de
Gründung: 1911
Internationaler Zusammenschluß: siehe unter izh 267
Vorsitzende(r): Bernd Graap (Geschf. der Warenhandelsges. Corinth GmbH, Hohe Brücke 1, 20354 Hamburg, T: (040) 3 70 90 90)
Geschäftsführer(in): Dr. Rodger Wegner
Mitglieder: 28

• H 256
Deutscher Teeverband e.V.
Gotenstr. 21, 20097 Hamburg
T: (040) 23 60 16-0 **Fax:** 23 60 16 10
Internet: http://www.teeverband.de
E-Mail: contact@tee.wga-hh.de
Internationaler Zusammenschluß: siehe unter izf 1141
Vorsitzende(r): Jochen Spethmann
Geschäftsführer(in): RA'in Dr. Monika Beutgen

• H 257
Deutscher Duty Free Verband e.V. (D.F.V.)
Vorsetzen 34, 20459 Hamburg
T: (040) 36 37 51 **Fax:** 37 51 96 60
Gründung: 1987 (27. August)
Präsident(in): Gunnar Heinemann (Gebr. Heinemann)
Vizepräsident(in): Günther Becker (Förde-Reederei-Seetouristik)
Jürgen Jost (Eurocos Cosmetic GmbH)
Geschäftsführer(in): Dr. Christian Breitzke
Mitglieder: 42

• H 258
Verband des Deutschen Cash and Carry-Großhandels e.V.
Adenauerallee 45, 53113 Bonn
T: (0228) 22 20 88 **Fax:** 22 34 48
Vorsitzende(r): Adalbert Wiese
Geschäftsführer(in): Dipl.-Kfm. RA Jürgen Bongert

• H 259
Süßstoff-Verband e.V.
Edmund-Rumpler-Str. 6, 51149 Köln
T: (02203) 93 29 32 **Fax:** 93 29 34
Internet: http://www.suessstoff-verband.de
E-Mail: Suessstoff-Verband@t-online.de
Vorsitzende(r): Rainer Jahn, Berlin
Stellvertretende(r) Vorsitzende(r): Matthias Storb, Köln
Geschäftsführer(in): Heidrun Mund, Köln

• H 260
Verband der Vertriebsstellen für Alkohol e.V.
Wiedenbrücker Str. 35-39, 59555 Lippstadt
T: (02941) 66 99-0 **Fax:** 66 99-10
Vorsitzende(r): Dipl.-Volkswirt Dieter Epping (Wiedenbrückerstr. 35-39, 59555 Lippstadt)
Mitglieder: 46

• H 261
Verband der Hopfenkaufleute und Hopfenveredler e.V.
Postf. 11 08, 85261 Pfaffenhofen
Hauptplatz 14, 85276 Pfaffenhofen
T: (08441) 60 35 **Fax:** 80 53 80
E-Mail: Hopfenhandel@t-online.de
Vorsitzende(r): Peter Barth
Günter Matheiowetz
Geschäftsführer(in): RA Josef Grauvogl

• H 262
Bund Deutscher Rauhfutter-, Fourage- u. Torf-Händler e.V.
Sitz Köln
Im Schellental 6, 50259 Pulheim
T: (02238) 20 81 (Betrieb), (02238) 39 02 (Privat)
Fax: 1 44 75
Gründung: 1902
Präs. u. Geschf.: Michael Rabenhorst
Mitglieder: ca. 100

• H 263
Verein Deutscher Kohlenimporteure e. V.
Glockengießerwall 19, 20095 Hamburg
T: (040) 32 74 84 **Fax:** 32 67 72
Internet: http://www.verein-kohlenimporteure.de
E-Mail: verein-kohlenimporteure@t-online.de
Gründung: 1896
Vorsitzende(r): Dr. Johannes Lambertz (RV Rheinbraun Handel und Dienstleistungen GmbH, Köln)
Stellvertretende(r) Vorsitzende(r): Dipl.-Kfm. Peter Schuhmacher (Heidelberger Zement Aktiengesellschaft, Heidelberg)
Geschäftsführer(in): Dipl.-Volksw. Ernst-Otto Kantelberg
Mitglieder: 32 (1.1.2000)

• H 264
Edelstahl-Vereinigung e.V.
Postf. 10 22 05, 40013 Düsseldorf
Sohnstr. 65, 40237 Düsseldorf
T: (0211) 67 07-0 **Fax:** 67 07-693
Vorsitzende(r): Wolfgang Leese
Geschäftsführer(in): Klaus Linack

• H 265
Edelstahlhandels-Vereinigung
Grafenberger Allee 60, 40237 Düsseldorf
T: (0211) 68 78 31-0 **Fax:** 68 78 31-28
Internet: http://www.stahl-online.de/ehv
E-Mail: ehv@stahl-online.de
Vorsitzende(r): Karl-Heinz Lahrs (c/o Thyssen Schulte GmbH, Hans-Günther-Sohl-Str. 1, 40235 Düsseldorf, T: (0211) 9 67-0)
Geschäftsführer(in): Walter Wrischnig

h 266
Fachvereinigung Edelstahlhandel Baden-Württemberg
Siemensstr. 10, 74343 Sachsenheim
T: (07147) 23 60 **Fax:** 1 26 28
Vorsitzende(r): Werner Elbe (i.Fa. EBOR-Edelstahl GmbH, Sachsenheim)

h 267
Fachvereinigung Edelstahlhandel Bayern e.V.
Winterhäuser Str. 106, 97084 Würzburg
T: (0931) 6 14 12 11 **Fax:** 61 19 15
Vorsitzende(r): Nicolas H. Neuwirth (i. Fa. Klöckner Stahlhandel, Würzburg)

h 268
Fachvereinigung Edelstahlhandel Berlin
Friedrich-Krause-Ufer 16-21, 13353 Berlin
T: (030) 3 90 01-1 **Fax:** 3 90 03-315
Vorsitzende(r): Alexander Wolf (i.Fa. Thyssen Eisen und Stahl GmbH, Berlin)

h 269
Fachvereinigung Edelstahlhandel Mitteldeutschland
Merseburger Str. 189, 04179 Leipzig
T: (0341) 44 98-0 **Fax:** 44 98-210
Vorsitzende(r): Dr. Wolfgang Gröger (i. Fa. Thyssen Edelstahl Service GmbH, Leipzig)

h 270
Fachvereinigung Edelstahlhandel Niedersachsen
Robert-Bosch-Str. 1, 38112 Braunschweig
T: (0531) 3 90 52 07 **Fax:** 3 90 54 00
Vorsitzende(r): Karsten Klonnek (i.Fa. Thyssen Wullbrandt + Seele GmbH, Braunschweig)

h 271
Fachvereinigung Edelstahlhandel Norddeutschland
Ludwig-Barnay-Str. 18, 30175 Hannover
T: (0511) 9 63 61 11 **Fax:** 9 63 64 13
Vorsitzende(r): Egbert Trowe (i.Fa. Thyssen Edelstahl Service GmbH, Hannover)

h 272
Fachvereinigung Edelstahlhandel Nordrhein-Westfalen
Europaallee 12-14, 50226 Frechen
T: (02234) 9 58 60 **Fax:** 9 58 61 12
Vorsitzende(r): Jürgen Staub (i. Fa. Klöckner Stahlhandel, Frechen)

h 273
Fachvereinigung Edelstahlhandel Südwest
Hanauer Landstr. 497, 60386 Frankfurt
T: (069) 9 42 11 37 10 **Fax:** 94 21 37 55
Vorsitzende(r): Horst Röwenstrunk (i. Fa. Stappert Spezial-Stahl Handel GmbH, Frankfurt)

• H 274
Verband der Fachgroßhändler der Schweiß- und Schneidtechnik e.V. (VFSS)
Asternweg 43, 50259 Pulheim
T: (0221) 17 77-320 **Fax:** 17 40 80
Vorsitzende(r): Roland Wirth, Reutlingen
Geschäftsführer(in): Gerd Rödder
Mitglieder: 75

Zusammenschluß von Fachgroßhandelsfirmen der Schweiß- und Schneidtechnik zur Wahrung und Förderung der gemeinsamen fachlichen und wirtschaftlichen Interessen.

• H 275
Verband der Eisenwarenhändler e.V. (VdE)
Postf. 10 18 23, 66018 Saarbrücken
Feldmannstr. 26, 66119 Saarbrücken
T: (0681) 9 27 17-0 **Fax:** 9 27 17-10
E-Mail: SaarHandel@aol.com
Vorsitzende(r): Werner Leinen
Geschäftsführer(in): Dipl.-Vw. Werner Thau

• H 276
Fachverband des Deutschen Schrauben-Großhandels e.V. (FDS)
Hans-Böckler-Str. 19, 53225 Bonn
T: (0228) 47 90 87 **Fax:** 47 90 89
Gründung: 1980
1. Vorsitzende(r): Dr. Florian Seidl (Fa. Keller & Kalmbach GmbH, Paul-Gerhardt-Allee 4-10, 81245 München, T: (089) 83 95-0, Telefax: (089) 8 39 52 67)
Stellvertretende(r) Vorsitzende(r): Bernhard Berrang (Fa. Karl Berrang GmbH, Helmertstr. 1, 68219 Mannheim, T: (0621) 87 86-0, Telefax: (0621) 8 78 64 00)
Heinrich Drünkler (Fa. Heinrich Drünkler GmbH & Co. KG, Gewerbestr. 18-20, 58285 Gevelsberg, T: (02332) 7 89-0, Telefax: (02332) 7 89-1 65)
Horst Eicken (Fa. Gebler + Vagedes Vertriebs GmbH, Karlstr. 11, 58135 Hagen, T: (02331) 47 04-0, Telefax: (02331) 47 04-18)
Gerald Hering (Fa. F. Gross GmbH & Co., Daimlerstr. 8, 70771 Leinfelden-Echterdingen, T: (0711) 16 04-0, Telefax: (0711) 16 04-2 72)
Hartwig Müggenburg (Fa. F. Reyher Nchfg., Haferweg 1, 22769 Hamburg, T: (040) 8 53 63-0, Telefax: (040) 8 53 62 08)
Bernd K. Stapf (Fa. Borstlap B.V., Zevenheuvelenweg 44, NL-5048 AN Tilburg, T: (003113) 5 94 12 34, Telefax: (003113) 5 94 12 12)
Geschäftsführer(in): Dipl.-Volksw. Reiner Rienermann
Mitglieder: 40

• H 277
Verband der Importeure von Kraftfahrzeugen e.V. (VDIK)
Postf. 24 14, 61294 Bad Homburg
Kirdorfer Str. 21, 61350 Bad Homburg
T: (06172) 98 75-0 **Fax:** 98 75-20
Internet: http://www.vdik.de
E-Mail: office@vdik.de
Gründung: 1952
Präsident(in): Volker Lange
Geschäftsführer(in): Dr. Thomas Almeroth
Presse/PR/Messen: Susanne Bergmann

Mitglieder: 34 Unternehmen, die den Automobilimport in der Bundesrepublik Deutsch-

land aufgrund Vertrages mit dem ausländischen Automobilhersteller betreiben, fast durchweg als dessen Tochter- oder Beteiligungsgesellschaft.

• H 278

Arbeitskreis freier Sanitär-Röhrenhändler e.V. (ASR)
Viktoriastr. 27, 53173 Bonn
Vorsitzende(r): Werner A. Hoeck

• H 279

Deutscher Holzmastenverband e.V.
Theresienstr. 29 II, 80333 München
T: (089) 28 66 26-0 **Fax:** 28 66 26-66

• H 280

Verein der am Kautschukhandel beteiligten Firmen e.V.
c/o Nordmann, Rassmann GmbH & Co.
Kajen 2, 20459 Hamburg
T: (040) 3 68 72 02 **Fax:** 36 12 91 60
Vorsitzende(r): Edgar E. Nordmann (i.Fa. Nordmann, Rassmann GmbH & Co., Kajen 2, 20459 Hamburg)
Geschäftsführer(in): Günther Döring

• H 281

Pestizid Aktions-Netzwerk e.V. (PAN Germany)
Nernstweg 32, 22765 Hamburg
T: (040) 39 91 91 00 **Fax:** 3 90 75 20
Internet: http://home.t-online.de/home/pan-germany/
E-Mail: pan-germany@t-online.de
Gründung: 1984 (September)
Vorsitzende(r): Dr. Rolf Altenburger
Gertraud Gauer-Süß
Geschäftsführer(in): Carina Weber
Verbandszeitschrift: PAN Pestizid-Brief
Redaktion: Carina Weber, Gabriela Strobel
Verlag: PAN, Nernstweg 32, 22765 Hamburg
Mitglieder: 300 Organisationen in 50 Ländern

• H 282

Bundesverband der Arzneimittel-Importeure
Am Gänselehen 4-6, 83451 Piding
T: (08651) 96 47-0 **Fax:** 96 47-29
Gründung: 1982 (9. Nov.)
Vorsitzende(r): Apotheker Andreas Mohringer (Geschf. der Eurim-Pharm GmbH)
Stellvertretende(r) Vorsitzende(r): Detlev Hardt (Geschf. der Beragena Arzneimittel GmbH)
Frank Nauert (Geschf. der Pharma Westen GmbH)
Mitglieder: 4

• H 283

Vereinigung von Grossisten für Photo und Imaging e.V. (VGP)
Freiligrathring 18-20, 40878 Ratingen
T: (02102) 20 27-0 **Fax:** 20 27-90
Vorsitzende(r): Wilfried Bening, Bremen
Geschäftsführer(in): H. J. Blömer, Ratingen
Leitung Presseabteilung: H. J. Blömer
Mitglieder: 8

• H 284

Bundesverband grafischer Systemhäuser e.V.
c/o Fa. Hanns A. Neeb
Grafische Fachgroßhandels-Gesellschaft mbH
Postf. 70 01 40, 63426 Hanau
Darmstädter Str. 86 u. 109, 63456 Hanau
T: (06181) 9 64 01-0 **Fax:** 9 64 01-20
Vorsitzende(r): Thomas Neeb

• H 285

Verein der Deutschen Papier-Importeure e.V.
Gotenstr. 21 II, 20097 Hamburg
T: (040) 23 60 16-0 **Fax:** 23 60 16-10, 23 60 16-40
E-Mail: vdpi@uga-hh.de
Vorstand: Wolfgang Friederichsen (i. Fa. Gratenau & Hesselbacher, Klosterwall 2, 20095 Hamburg, T: (040) 33 97 90, Fax: (040) 33 97 91 39)
Geschäftsführer(in): Dr. Rodger Wegner
Mitglieder: 12

• H 287

Fachhandelsverband Fasern, Federn, Haare und deren Erzeugnisse e.V.
Gotenstr. 21 II, 20097 Hamburg
T: (040) 23 60 16- 0 **Fax:** 23 60 16 10
E-Mail: ffh@wga-hh.de
Vorsitzende(r): Andreas Traut (i. Fa. C. Melchers GmbH & Co., Postf. 10 33 29, 28033 Bremen)
Geschäftsführer(in): RA Lutz Düshop

• H 288

Fachverband Seile und Anschlagmittel e.V.
Prinz-Georg-Str. 106, 40479 Düsseldorf
T: (0211) 44 53 22 **Fax:** 46 09 19
Gründung: 1947
Vorsitzende(r): Dieter Stauske (i. Fa. Pfeifer Seil- und Hebetechnik GmbH & Co, Dr. Karl Lenz Str. 66, 87700 Memmingen)
Geschäftsführer(in): Dr. Rolf Schäfer
Mitglieder: 40

• H 289

Fachverband Shop + Display e.V.
Martinskirchstr. 51, 60529 Frankfurt
T: (069) 35 73 02 **Fax:** 35 73 04
Vorsitzende(r): Jörg Hölter, 45127 Essen
Geschäftsführer(in): Dipl.-Volksw. Dr. Lothar M. Schmid

• H 290

Zentralverband Naturdarm e.V.
Gotenstr. 21, 20097 Hamburg
T: (040) 23 60 16-0 **Fax:** 23 60 16 10
Internet: http://www.naturdarm.de
E-Mail: zvn@wga-hh.de
Internationaler Zusammenschluß: siehe unter izh 166
Vorsitzende(r): Martin Wessling (i. Fa. Carl v. Michalkowski, Rödingsmarkt 35, 20459 Hamburg, Postf. 11 10 68, 20410 Hamburg)
Geschäftsführer(in): Dr. Monika Beutgen
Mitglieder: ca. 60

h 291

Zentralverband Naturdarm e.V. Landesgruppe Westdeutschland
Dissener Str. 5, 33775 Versmold
Vorsitzende(r): Reiner Jürging (i. Fa. Jürging GmbH & Co., Dissener Str. 5, 33775 Versmold)

h 292

Zentralverband Naturdarm e.V. Landesgruppe Süddeutschland
Heilbronner Str. 12, 74388 Talheim
Vorsitzende(r): Udo Bierhalter

• H 293

bvse

bvse-Bundesverband Sekundärrohstoffe und Entsorgung e.V.
Hohe Str. 73, 53119 Bonn
T: (0228) 9 88 49-0 **Fax:** 9 88 49-99
Internet: http://www.bvse.de
E-Mail: info@bvse.de
Gründung: 1949
Präsident(in): Hans-Jürgen Cierzon (KG Ludwig Melosch, Vertriebs-GmbH & Co., Hamburg)
Geschäftsführer(in): Dipl.-Volksw. Hans-Günter Fischer
Leitung Presseabteilung: Achim Hallerbach
Verbandszeitschrift: bvse-Info
Redaktion: Achim Hallerbach, Michael Klein
Verlag: bvse-recyconsult GmbH, Hohe Str. 73, 53119 Bonn
Mitglieder: ca. 700
Sekundärrohstoffspezifische bvse-Gremien:
Fachvereinigungen: Papierrecycling, Glasrecycling, Kunststoffrecycling, Stahl-, Metall-, Kfz- und Elektronikschrottrecycling, Sonderabfallwirtschaft, Textilrecycling
Ausschüsse: „Kreislaufwirtschaft", „Akten- und Datenträgervernichtung", „Altholz-Recycling", „Bioabfälle", „Altöl", „Restabfall"

Der bvse steht für die Wahrnehmung, Förderung und Austausch der gemeinsamen ideellen, wirtschaftlichen, technischen und sozialen Interessen der Sekundärrohstoff- und Entsorgungswirtschaft; Vertretung gegenüber Politik, Behörden, vor- und nachgelagerten Wirtschaftsstufen sowie der Öffentlichkeit und anderen wirtschaftlichen Vereinigungen; Beratung der Mitglieder in allgemeinen wirtschaftlichen und branchenspezifischen Fragen, Förderung der Mitglieder und Hebung ihres Leistungsstandes; Aus- und Fortbildung, Fachtagungen für die Sekundärrohstoff- und Entsorgungswirtschaft.

Weitere bvse-Fachverbände

h 294

bvse-Fachvereinigung Papierrecycling
Hohe Str. 73, 53119 Bonn
T: (0228) 9 88 49-14 **Fax:** 9 88 49-99
Vorsitzende(r): Rolf Kühl (Rolf Kühl Papierhandels GmbH, Diedorf)
Referent: Thomas Braun (Stellv. Geschäftsführer)

h 295

bvse-Fachvereinigung Glasrecycling
Hohe Str. 73, 53119 Bonn
T: (0228) 9 88 49-41 **Fax:** 9 88 49-99
Vorsitzende(r): Bernhard Reiling jun. (Fa. Bernhard Reiling Glas-Recycling, Marienfeld)
Referent: Andreas Habel

h 296

bvse-Fachvereinigung Kunststoffrecycling
Hohe Str. 73, 53119 Bonn
T: (0228) 9 88 49-20 **Fax:** 9 88 49-99
Vorsitzende(r): Herbert Snell (STF Recycling GmbH, Aicha V.W.)
Referentin: Dr. Beate Kummer (Stellv. Geschäftsführerin)

h 297

bvse-Fachvereinigung Stahl-, Metall-, Kfz- und Elektronikschrottrecycling
Hohe Str. 73, 53119 Bonn
T: (0228) 9 88 49-25 **Fax:** 9 88 49-99
Vorsitzende(r): Johannes Gondert (Theo Steil GmbH, Trier)
Referent: Stefan Klatt

h 298

Bildungszentrum bvse-recyconsult GmbH
Hohe Str. 73, 53119 Bonn
T: (0228) 9 88 49-19 **Fax:** 9 88 49-99
Leitung: Silke Casamassa

h 299

bvse-Entsorgergemeinschaft e.V.
Hohe Str. 73, 53119 Bonn
T: (0228) 9 88 49-0 **Fax:** 9 88 49-99
Vorsitzende(r): Hans-Joachim Kampe (A & P Drekopf GmbH & Co. KG, Mönchengladbach)
Geschäftsführer(in): Achim Hallerbach

h 300

bvse-Fachvereinigung Sonderabfallwirtschaft
Hohe Str. 73, 53119 Bonn
T: (0228) 9 88 49-20 **Fax:** 9 88 49-99
Vorsitzende(r): Werner Schmidt (Hans Schmidt GmbH & Co. KG, Fürth)
Referentin: Dr. Beate Kummer (stellv. Geschäftsführerin)

h 301

bvse-Fachvereinigung Textilrecycling
Hohe Str. 73, 53119 Bonn
T: (0228) 9 88 49-25 **Fax:** 9 88 49-99
Vorsitzende(r): Volker Blume (Johann Mintrop GmbH, Wiesbaden)
Referent: Stefan Klatt

• H 302

Verband des Textilrohstoff- und Lintershandels e.V.
Zi. 75
Baumwollbörse
Wachtstr. 17-24, 28195 Bremen
T: (0421) 3 39 53-0
Vorsitzende(r): P. Vogel (i. Fa. Schröder, Vogel & Co., Mesum (Westf))
Geschäftsführer(in): Dr. E. Haas

• H 303

Fachverband Textil-Recycling e.V.
Waiblinger Str. 11, 70372 Stuttgart
T: (0711) 55 14 41 **Fax:** 5 09 42 59
Internet: http://www.fachverband-textil-recycling.de
Gründung: 1948
1. Vorsitzende(r): Michael Sigloch (c/o Fa. Gras und Sigloch, Ritterstr. 15, 74523 Schwäbisch-Hall)
Geschäftsführer(in): RA Alexander Gläser
Mitglieder: 82
Jahresetat: DM 0,170 Mio, € 0,09 Mio

• H 304

Bundesverband Altöl e.V. (BVA)
Uhrmacherweg 17a, 12355 Berlin
T: (030) 6 69 30-994 **Fax:** 6 69 30-995
Gründung: 1985 (Mai)
Internationaler Zusammenschluß: siehe unter izf 525

Präsident(in): Dipl.-Kaufm. Dieter Uffmann
Geschäftsführer(in): Dipl.-Ing. Oec. Horst Laneus
Mitglieder: 35

• H 305

BDSV

BDSV - Bundesvereinigung Deutscher Stahlrecycling- und Entsorgungsunternehmen
Berliner Allee 48, 40212 Düsseldorf
T: (0211) 82 89 53-0 **Fax:** 82 89 53-20
Internet: http://www.bdsv-stahlrecycling.de
E-Mail: zentrale@bdsv-stahlrecycling.de
Internationaler Zusammenschluß: siehe unter izf 1129
Präsident(in): Dipl.-Kfm. Jürgen Karle (c/o JKS Jürgen Karle Entsorgung und Recycling GmbH, Innerer Nordbahnhof 62, 70191 Stuttgart, T: (0711) 25 94 67 18, Fax: (0711) 25 94 67 99)
Geschäftsf. Präsidiumsmitglied: Dipl.-Kfm. Rolf Willeke
Geschäftsführer(in): Ass.-jur. Ulrich Leuning

Landesgruppe Nord
Landesgruppe Ost
Landesgruppe West
Landesgruppe Südwest
Landesgruppe Süd
Fachgruppe Autorückmontage (FAR) in der Bundesvereinigung Deutscher Stahlrecycling- und Entsorgungsunternehmen e.V.
Fachgruppenvorsitzender: Siegfried Kohl, c/o Autoteile Schuck GmbH, Altachweg 4-6, 97539 Wonfurt, T: (09521)9 55 50, Fax: 95 55 55

Fachgruppe Shredder (FAS) in der Bundesvereinigung Deutscher Stahlrecycling- und Entsorgungsunternehmen e. V.
Fachgruppenvorsitzende: Claudia Mainz, c/o Rohstoff-Recycling-Osnabrück GmbH (RRO), Postfach 1614, 49114 Georgsmarienhütte, T: 0541) 96 12 40, Fax: 9 61 24 50

Fachausschüsse bestehen für die Bereiche: Markt und Betriebswirtschaft, Technik, Umwelt, Entsorgung und Qualitätswesen, legierter Stahlschrott sowie Abbruch und Sanierung.

Zweck des Verbandes ist die Wahrung und Förderung der gemeinsamen Belange der Mitgliedsunternehmen, die im Bereich der Stahl-Recycling-Wirtschaft, einschließlich des Auto- und Elektronikschrott-Recyclings und weitere Entsorgungsdienstleistungen tätig sind.

• H 306

Bundesverband der Elektronik- und Elektroschrottverwerter e.V. (BEEV)
Erwin-Dietrich-Str. 3, 78244 Gottmadingen
T: (07731) 97 76 70 **Fax:** 97 76 69
Präsident(in): Dipl.-Ing., SF-Ing. M. Bahnemann
Geschäftsführer(in): RA Th. Zwibel

• H 307

Qualitätssiegel Kältemittelentsorgung e.V.
Wilhelm-Busch-Str. 18, 30167 Hannover
T: (0511) 70 15 50 **Fax:** 7 01 55 32
Gründung: 1989 (26. April)
Vorsitzende(r): Bundesinnungsverband des Deutschen Kälteanlagenbauer-Handwerks
Geschäftsführer(in): Dipl.-Ing. Johann-Georg Münder (Heinz-Piest-Institut für Handwerkstechnik)
Mitglieder: 7
Angeschl. Organisationen: 149
Mitarbeiter: 1

• H 308

EXPORT - CLUB BAYERN e.V.
Vereinigung für die Wirtschaft
Postf. 20 07 36, 80007 München
Max-Joseph-Str. 5, 80333 München
T: (089) 5 51 78-560 **Fax:** 5 51 78-566
Internet: http://www.export-club.de
E-Mail: info@export-club.de
Gründung: 1948
Ehrenpräs: Dr. Paul Dax
Ehrenmitglied: S.K.H. Franz Herzog von Bayern
Dr.-Ing. E.h. Eberhard von Kuenheim
Präsident(in): Dr. Arno Puhlmann
Vizepräsident(in): Utz-Dieter Bolstorff
Dr. Reinhold Braun
Dr. H. A. Frhr. von Hebenstreit
Dipl.-Ing. Bernd Pantze
Dr. Marianne Schramm
Manfred Wutzlhofer
Geschäftsführer(in): Dipl.-Volksw. J. Peter Erwand
Leitung Presseabteilung: Sibylla Huster
Verbandszeitschrift: „ECCE" Jahreszeitung des Juniorenkreises im Export-Club Bayern e.V.
Redaktion: Sibylla Huster, Valentina v. Tulechov
Mitglieder: rd. 850
Mitarbeiter: 3 (Geschäftsstelle)

• H 309

Exportausschuß Keramik
Postf. 16 24, 95090 Selb
Schillerstr. 17, 95100 Selb
T: (09287) 80 80 **Fax:** 7 04 92
Vorsitzende(r): N. N.
Geschäftsführer(in): Dipl.-Volksw. Lutz Graser

• H 310

Deutsche Exportgemeinschaft Agrartechnik Entwicklungsring Deutscher Landmaschinen und Gerätefabriken
Postf. 12 39, 53759 Hennef
Frankfurter Str. 180-188, 53773 Hennef
T: (02242) 92 07-0 **Fax:** 92 07 19
1. Vors. u. Geschf.: Generalkonsul Carl-Heinrich Herden (Frankfurter Str. 180 - 188, 53773 Hennef)
Mitglieder: 35 Firmen

• H 311

Absatzförderungsfonds der deutschen Land- und Ernährungswirtschaft (Absatzfonds)
-Anstalt des öffentlichen Rechts
Euskirchener Str. 52, 53121 Bonn
T: (0228) 5 20 98-0 **Fax:** 5 20 98-55
Internet: http://www.absatzfonds.de
E-Mail: info@absatzfonds.de
Vorsitzende(r) des Vorstandes: Peter Krebs
Geschäftsführer(in): Dr. Dieter Breit (Leiter der Geschst. des Absatzfonds)
Vors. d. VR: Gerd Sonnleitner

Zentrale Förderung des Absatzes und der Verwertung von Erzeugnissen der deutschen Land- und Ernährungswirtschaft durch Erschließung und Pflege von Märkten im In- und Ausland mit modernen Mitteln und Methoden.

• H 312

Absatzförderungsfonds der deutschen Forst- und Holzwirtschaft
- Holzabsatzfonds -
Anstalt des öffentlichen Rechts
Godesberger Allee 142-148, 53175 Bonn
T: (0228) 3 08 38-0 **Fax:** 3 08 38-30
Internet: http://www.holzabsatzfonds.de
E-Mail: info@holzabsatzfonds.de
Vorsitzende(r) des Vorstandes: Andrea Rosenbaum
Vors. d. VR: Reinhard Freiherr von Schorlemer (MdB)

• H 313

VFI

Verband der Fertigwarenimporteure e.V. (VFI)
Gotenstr. 19, IV. Etage, 20097 Hamburg
T: (040) 23 88 20-0 **Fax:** 23 88 20-20
Vorsitzende(r): Uwe Schröder (i. Fa. TOM TAILOR Sportswear Handelsgesellschaft mbH, Garstedter Weg 14, 22453 Hamburg, T: (040) 58 95 61 00, Fax: 58 95 61 99)
Geschäftsführer(in): Ass. Raven Karalus, Hamburg
Ralph Kamphöner (stellvertretend)
Mitglieder: 250

• H 314

Servicegesellschaft für den Außenhandel von Textilien e.V. (SERVATEX)
Postf. 10 17 55, 70015 Stuttgart
Olgastr. 77, 70182 Stuttgart
T: (0711) 2 10 31-0 **Fax:** 23 28 07
Gründung: 1988 (20. Oktober)
Vors. d. AR: Dr. Joachim Klingler (Triumph International AG, München)
Vorstand: Peter F. Giernoth, Stuttgart
Stellv. Mitglieder des AR: Jörg Stüwe (Gin-Tonic, Special Mode GmbH, Stuttgart)
Eike Drescher (Kunert Werke Vertriebs-GmbH, Immenstadt)
Hauptgeschäftsführer(in): Reinhard E. Döpfer (Ltg. Presseabt.), Stuttgart
Verbandszeitschrift: SERVATEX NEWS für das internationale Beschaffungsmanagement
Redaktion: Reinhard E. Döpfer
Mitglieder: 30 Firmen
Mitarbeiter: 4
Jahresetat: DM 0,4 Mio, € 0,2 Mio

Einzelhandel

• H 315

Hauptverband des Deutschen Einzelhandels e.V. (HDE)
Am Weidendamm 1a, 10117 Berlin
Hauptgeschäftsführer(in): Dipl.-Volksw. Holger Wenzel
Geschäftsführer(in): Dipl.-Vw. Dr. Robert Weitz (Volks- und Betriebswirtschaft)
Ass. Stefan Schneider (Recht und Steuern)
Armin Busacker (Recht und Steuern)
Dipl.-Vw. Günther Wassmann (Arbeitsrecht/Tarif- und Sozialpolitik)
Dipl.-Vw. Wilfried Malcher (Bildungspolitik und berufliche Bildung)
Hubertus Pellengahr (Presse- und Öffentlichkeitsarbeit)
Dipl.-Vw. Horst Krüger (Europapolitik und verbandliche Organisation)
Dipl.-Oec. Verena Böttcher (Umweltpolitik)

Präsidium
Ehrenpräs.: Dr.h.c. Friedrich G. Conzen (Kunsthaus Conzen, Bilker Str. 5, 40213 Düsseldorf, T: (0211) 13 30 66)
Ehrenpräs.: Dipl.-Volksw. Wolfgang Hinrichs (Modehaus Hinrichs GmbH, Bulthauptstr. 38, 28209 Bremen)
Präsident(in): Hermann Franzen (Porzellanhaus Franzen, Königsallee 42, 40212 Düsseldorf, T: (0211) 1 30 78-0)
Vizepräsident(in): Herbert Blank (Rewe-Märkte Blank, Friedrichstr. 38, 51143 Köln, T: (02203) 9 52 70)
Vizepräsident(in): Prof. Dr. Erich Greipl
Vizepräsident(in): Dipl.-Kfm. Volker Jakobitz (Präs. des Landesverb. des Bayerischen Einzelhandels)
Ständiger Gast: Bernd Rückert

Weitere Mitglieder des Präsidiums
Frank Albrecht (Präs. des Landesverb. des Hessischen Einzelhandels)
Ludwig Görtz (Präs. des. Landesverb. des Hamburger Einzelhandels)
Klaus-Jürgen Mohr (Präsident d. Einzelhandelsverbandes Nord-Ost)
Jochen Kollwitz (Präs. d. Verbandes der Kaufleute Sachsen-Anhalt)
Arnold Senft (Präs. d. Verbandes Thüringer Kaufleute)
Paul H. Repplinger (Präs. d. Landesverbandes des Saarländischen Einzelhandels)
Bernd Rückert (Präs. d. Gesamtverbandes d. Einzelhandels Land Berlin)
Adolf Bauer (Präs. d. Landesverbandes Einzelhandel Rheinland-Pfalz)
Heinz-Dietrich Vick (Präs. d. Einzelhandelsverbandes Land Brandenburg)
Helmut Zorn (Präs. d. Einzelhandelsverbandes Nordsee)
Dr. Karl Harms (Präs. d. Unternehmerverb. Einzelhandel Niedersachsen)
Dr.h.c. Friedrich G. Conzen (Präs. d. Landesverbandes Nordrhein e.V.)
Hans-Jürgen Vietz (Präs. d. Einzelhandelsverb. Baden-Württemberg)

Vertreter der Fachbereiche

Fachbereich Technik: Dieter Argenton (bild + ton, Schloßpassage 29, 38100 Braunschweig, T: (0531) 4 41 44)
Fachbereich Bauen, Einrichten, Wohnen: Walter E. Ferdinand (Porzellanhaus Commes, Entenpfuhl 23, 56068 Koblenz, T: (0261) 1 23 28/9)
Fachbereich Ernährung und Gesundheit: Dieter Seiz (Reformhaus Wieser-Seiz, Maxstr. 25, 83278 Traunstein)
Fachbereich Textil, Bekleidung, Persönliche Ausstattung: Klaus Magnus (Modehaus Karl Magnus KG, Leinstr. 7, 31061 Alfeld, T: (05181) 84 58-0)

Präsidiumsmitglieder kraft Amtes

Vors. des Tarifpolitischen Beirates:
Bernd Guillaume (real-, SB-Warenhaus GmbH, c/o allkauf Zentralverwaltung, Reyerhütte 51, 41065 Mönchengladbach, T: (02161) 4 03-963)

Weitere Präsidiumsmitglieder
Karl-Josef Baum (Generalbevollmächtigter Metro AG)
Bernd Bonnet (SPAR Handels AG)
Reinhard Koep (Präs. d. Außenhandelsvereinigung d. Dt.Einzelhandels)
Dr. Dietrich L. Meyer (Vorsitzender des Vorstandes der NOWEDA eG)
Hans Michelbach (MdB)
Hans Reischl (Vorsitzender des Vorstandes d. Rewe Zentral AG)
Dr. Manfred T. Wellenbeck (Vors. des Vorstandes d. Nord-West-Ring Schuh-Einkaufsgenossenschaft e.G.)
Bartholomäus Werberger (Sprecher d. Vorstandes der Edeka Zentral AG)
Zahl der Unternehmen: 470 000
Beschäftigte: 3,3 Mio
Umsatz: DM 964 Mrd. (1998)

h 316

BBE-Unternehmensberatung GmbH
Postf. 25 04 25, 50520 Köln
Gothaer Allee 2, 50969 Köln
T: (0221) 9 36 55-01 **Fax:** 9 36 55-101
Internet: http://www.bbeberatung.com
E-Mail: info@bbeberatung.com
Geschäftsführer(in): Dipl.-Kfm. Ulrich Eggert
Dipl.-Betriebswirt Hilmar Juckel
Dipl.-Kfm. Willibald Poplutz

h 317

Zentralstelle für Berufsbildung im Einzelhandel e.V. (zbb)
Mehringdamm 48, 10961 Berlin
T: (030) 7 85 40 83 **Fax:** 7 86 18 98
Internet: http://www.zbb.de
E-Mail: zbb-berlin@t-online.de
Zweigstelle Berlin:
Mehringdamm 48, 10961 Berlin
Vorsitzende(r): Helmut Zorn (Fa. Neuform Zorn, Ostertorsteinweg 101, 28203 Bremen, T: (0421) 7 60 21)
Geschäftsführer(in): Dipl.-Volksw. Herbert Schellenberger

Mitgliedsverbände der HDE

Landesverbände

• H 318

Einzelhandelsverband Baden-Württemberg e.V.
Neue Weinsteige 44, 70180 Stuttgart
T: (0711) 6 48 64-0 **Fax:** 6 48 64 24
Präsident(in): Hans-Jürgen Vietz (Berliner Str. 20, 71069 Sindelfingen-Maichingen, T: (07031) 38 24 28, Fax: (07031) 38 60 47)
Hauptgeschäftsführer(in): Dipl.-Betriebswirt Ernst A. Jäckle (E-Mail: e.jaeckle@ehv-baden-wuerttemberg)

• H 319

Landesverband des Bayerischen Einzelhandels e.V. (LBE)
Postf. 20 13 42, 80013 München
Brienner Str. 45, 80333 München
T: (089) 5 51 18-0 **Fax:** 5 51 18-1 63
Präsident(in): Dipl.-Kfm. Volker Jakobitz (Fa. Wolfrum KG, Friedrich-Ebert-Str. 12, 92421 Schwandorf, T: (09431) 7 16 30)
Hauptgeschäftsführer(in): Dipl.-Kfm. Günter Gross

Arbeitgeber- und Wirtschaftsverband, Tarifträgerverband. 14 000 Mitgliedsunternehmen, 7 Tochterunternehmen, 6 Geschäftsstellen.

• H 320

Gesamtverband des Einzelhandels, Land Berlin e.V. (GdE)
Hohenzollerndamm 183, 10713 Berlin
T: (030) 8 83 51 29 **Fax:** 8 81 18 65
Präsident(in): Bernd Rückert (Blumen Rückert KG, Hubertusallee 10a, 14193 Berlin, T: (030) 8 92 75 06)
Hauptgeschäftsführer(in): Nils Busch-Petersen

• H 321

Einzelhandelsverband Land Brandenburg e.V.
Steinstr. 20, 16816 Neuruppin
T: (03391) 45 63-0 **Fax:** 45 63 31
E-Mail: ehr-land-brandenburg@t-online.de
Präsident(in): Heinz-Dietrich Vick (Fa. Vick Tabak- u. Spirituosen GmbH, Karl-Marx-Str. 22, 16816 Neuruppin, T: (03391) 24 24)
Hauptgeschäftsführer(in): Harald Lemke

• H 322

Landesverband des Hamburger Einzelhandels e.V.
Bei dem Neuen Krahn 2 Cremon, 4. Etage, 20457 Hamburg
T: (040) 36 98 12-0 **Fax:** 36 98 12-22
Internet: http://www.fhe.de
E-Mail: ihe@fhe.de
Präsident(in): Ludwig Görtz (Fa. Ludwig Görtz GmbH & Co., Spitaler Str. 10, 20095 Hamburg, T: (040) 33 30 00)
Hauptgeschäftsführer(in): Dipl.-Volksw. Klaus Poetsch

• H 323

Landesverband des Hessischen Einzelhandels e.V. (LHE)
Berliner Str. 72, 60311 Frankfurt
T: (069) 13 30 91-0 **Fax:** 13 30 91-99
Präsident(in): Frank Albrecht (Drogerie Parfümerie Albrecht, Goethestr. 27, 60313 Frankfurt/M., T: (069) 28 74 72)
Hauptgeschäftsführer(in): Dipl.-Kfm. Heinz-Dieter Schoenfeld

• H 324

Einzelhandelsverband Nord-Ost e.V.
Flämische Str. 22, 24103 Kiel
T: (0431) 9 74 07-0 **Fax:** 9 74 07-24
Präsident: Klaus-Jürgen Mohr (Möllner Str. 53, 23909 Ratzeburg)
Hauptgeschäftsführer(in): RA Peter Kettler

• H 325

Unternehmerverband Einzelhandel e.V. (UVE)
Hinüberstr. 16, 30175 Hannover
T: (0511) 3 37 08-26 **Fax:** 3 37 08-29
Präsident(in): Dr. Karl Harms (St.-Annen-Str. 17-21, 26441 Jever, T: (04461) 92 30-77, Fax: 92 30-93)
Geschäftsführer(in): Dr. Friedhelm Böth

• H 326

Einzelhandelsverband Nordrhein-Westfalen e.V.
Kaiserstr. 42a, 40479 Düsseldorf
T: (0211) 4 98 06-0 **Fax:** 4 98 06-36
Präsident(in): Friedrich G. Conzen
Hauptgeschäftsführer(in): Ass. Heinz Trompetter

• H 327

Einzelhandelsverband Nordsee e.V.
Postf. 10 60 49, 28060 Bremen
Hinter dem Schütting 8, 28195 Bremen
T: (0421) 32 60 33 **Fax:** 32 87 90
Vorsitzende(r): Helmut Zorn (Neuformhaus Zorn, Ostertorsteinweg 101, 28203 Bremen, T: (0421) 7 60 21)

• H 328

Landesverband Einzelhandel Rheinland-Pfalz e.V.
Postf. 11 20, 55001 Mainz
Ludwigsstr. 7, 55116 Mainz
T: (06131) 23 26 31 **Fax:** 23 83 15
E-Mail: lv-rheinland-pfalz@einzelhandel.de
Präsident(in): Adolf Bauer (Radio-Bauer, Rheinhessenstr. 7, 55129 Mainz, T: (06131) 9 58 66 13)
Hauptgeschäftsführer(in): RA Hanno Scherer

• H 329

Landesverband Einzelhandel und Dienstleistung Saarland e.V.
Postf. 10 18 23, 66018 Saarbrücken
Feldmannstr. 26, 66119 Saarbrücken
T: (0681) 9 27 17-0 **Fax:** 9 27 17-10
E-Mail: SaarHandel@aol.com
Präsident(in): Paul H. Repplinger (Bürozentrum M. Regler, Hausbacher Str. 2, 66663 Merzig, T: (06861) 92 00)
Hauptgeschäftsführer(in): Wolfgang C. Lossen

• H 330

Handelsverband Sachsen e.V. (HVS)
Könneritzstr. 5, 01067 Dresden
T: (0351) 86 70 60 **Fax:** 8 67 06 30
Internet: http://www.handel-sachsen.de
Gründung: 1990 (25. Februar)
Präsident(in): Bernd Kippig (Kurt Kippig KG, Röhrsdorfer Allee 13, 09247 Röhrsdorf, T: (03722) 5 21 30, Fax: (03722) 52 13 50)
Hauptgeschäftsführer(in): Eberhard Lucas
Verbandszeitschrift: Handelsjournal
Redaktion: Verlagsgruppe Handelsblatt GmbH, Düsseldorf
Mitglieder: 2000
Mitarbeiter: 16

• H 331

Verband der Kaufleute Sachsen-Anhalt e.V.
Liebigstr. 5, 39104 Magdeburg
T: (0391) 5 61 96 31 **Fax:** 5 43 02 66
E-Mail: verband-d.-kaufleute-s.-anhalt@t-online.de
Vorsitzende(r): Lothar Tietge (Liebigstr. 5, 39104 Magdeburg)
Geschäftsführer(in): Dr. Gero Hildebrandt

• H 332

Einzelhandelsverband Thüringen e.V.
Verband Thüringer Kaufleute
Augsburger Str. 10, 99091 Erfurt
T: (0361) 7 78 06-0 **Fax:** 7 78 06-12
Gründung: 1989 (Dezember)
Präsident(in): Arnold Senft (Modehaus Senft, Bahnhofstr. 33, 37327 Leinefelde, T: (03605) 51 26 19, Fax: 50 41 04)
Vizepräsident(in): Siegmar Richter
Hauptgeschäftsführerin: Karin Letsch
Geschäftsführerin: Monika Osiewacz, Gera
Dietrich-Peter Orban, Suhl
Verbandszeitschrift: Handelsjournal
Redaktion: Dipl.-Kfm. H.D. Schoenfeld
Verlag: Wirtschaftsdienst d. Hessischen Einzelhandels GmbH, Junghofstr. 27, 60311 Frankfurt (Main)
Mitglieder: 1400
Mitarbeiter: 8

• H 333

Bundesverband des Deutschen Briefmarkenhandels e.V. (APHV)
Geibelstr. 4, 50931 Köln
T: (0221) 40 79 00 **Fax:** 40 95 97
Gründung: 1949
Präsident(in): Carl-Heinz Schulz (Leitung Presseabteilung, Bismarckstr. 93, 40210 Düsseldorf, T: (0211) 35 84 47, Telefax: (0211) 35 69 88)
Geschäftsführer(in): Anny Kind
Verbandszeitschrift: Nachrichtenblatt des Briefmarkenhandels
Redaktion: APHV
Verlag: APHV, Geibelstr. 4, 50931 Köln
Mitglieder: ca. 900
Mitarbeiter: 1

Landesverbände

h 334

Fachverband des Niedersächsischen Briefmarkenhandels e.V.
Am Schwedendamm 23, 38302 Wolfenbüttel
T: (05331) 3 31 20 **Fax:** 3 33 41
Vorsitzende(r): Heinz H. Niebe
Mitglieder: ca. 40

h 335

Fachverband des Westdeutschen Briefmarkenhandels e.V.
Breite Str. 101, 50667 Köln
T: (0221) 2 57 63 32 **Fax:** 2 57 63 60
Vorsitzende(r): Helmut Kind
Mitglieder: ca. 170

h 336

Postwertzeichen-Händler-Verband Hessen e.V.
Fahrgasse 97, 60311 Frankfurt
T: (069) 28 27 75 **Fax:** 28 31 02
Vorsitzende(r): Aribert Sommer
Mitglieder: ca. 80

h 337

Bayerischer Briefmarken-Händler-Verband e.V.
Bahnhofplatz 2, 80335 München
T: (089) 59 67 16 **Fax:** 5 50 41 76
Vorsitzende(r): Detlef Hilmer
Mitglieder: ca. 125

h 338

Baden-Württembergischer Briefmarken-Händler-Verband e.V.
Calwer Str. 58, 70173 Stuttgart
T: (0711) 29 20 80 **Fax:** 2 26 38 36
Vorsitzende(r): Hans Roth
Mitglieder: ca. 85

h 339

Fachverband der Briefmarkenhändler Berlins und Nordostdeutschlands e.V.
Schöneberger Str. 13, 12163 Berlin
T: (030) 8 51 17 05 **Fax:** 8 51 64 96
Vorsitzende(r): Hartmut Wißmann
Mitglieder: ca. 60

h 340

Verband Norddeutscher Briefmarkenhändler e.V.
Gandersheimer Weg 2, 22459 Hamburg
T: (040) 22 11 80 **Fax:** 5 55 33 87
Vorsitzende(r): Carl Buhr
Mitglieder: ca. 85

h 341

Verband Mitteldeutscher Briefmarkenhändler e.V.
Peterssteinweg 27, 04107 Leipzig
T: (0341) 9 61 82 20 **Fax:** 9 61 82 20
Vorsitzende(r): Henry Dietz
Mitglieder: ca. 40

• H 342

Verband Deutscher Büchsenmacher und Waffenfachhändler e.V. (VDB)
Wilhelmstr. 16, 35037 Marburg
T: (06421) 16 13 53 **Fax:** 2 23 12
Gründung: 1949

1. **Vorsitzende(r):** Hans-Georg Fuchs (Wilhelmstr. 16, 35037 Marburg, T: (06421) 2 25 25)
Geschäftsführer(in): Wolfgang Fuchs (Wilhelmstr. 16, 35037 Marburg)
Verbandszeitschrift: VDB-Kundenzeitung
Mitglieder: 650

• H 343

Bundesverband Bürowirtschaft e.V. (BBW)
Postf. 25 03 63, 50519 Köln
Gothaer Allee 2, 50969 Köln
T: (0221) 9 36 55-833 **Fax:** 9 36 55-839
Internet: http://www.bbw-online.de
E-Mail: bbw@einzelhandel.de
Gründung: 1975 (29. Nov.)
Vorsitzende(r): Armin Schröter
Geschäftsführer(in): Dipl.-Kfm. Thomas Grothkopp
Verbandszeitschrift: Infoletter BBW
Mitglieder: 4400

Landesverbände

h 344

Einzelhandelsverband Württemberg e.V. Fachgemeinschaft Bürowirtschaft
Neue Weinsteige 44, 70180 Stuttgart
T: (0711) 6 48 64-44 **Fax:** 6 48 64-24
Vorsitzende: Christa Marx
Geschäftsführer(in): Dipl.-Betriebsw. Ernst A. Jäckle
Helmut Feskorn

h 345

Landesverband des Bayerischen Einzelhandels e.V. Landesfachgemeinschaft Bürowirtschaft
Postf. 20 13 42, 80013 München
Brienner Str. 45, 80333 München
T: (089) 55 11 81 12 **Fax:** 55 11 81 79
Internet: http://www.Lbe.de
E-Mail: info@Lbe.de
Vorsitzende(r): Dipl.-Kfm. Reinhold Schulz (BBO)
Norbert Zelinsky (PBS)
Geschäftsführer(in): Dipl.-Geogr. Wolfgang Fischer

h 346

Verband des Büromaschinen-, Büromöbel- und Organisationsmittelhandels e.V.
VBO Berlin
Hohenzollerndamm 183, 10713 Berlin
T: (030) 8 81 77 38, 8 81 77 58 **Fax:** 8 81 18 65
Vorsitzende(r): Wolfgang Michael Görwitz
Geschäftsführer(in): Nils Busch-Petersen

h 347

Einzelhandelsverband Land Brandenburg e.V.
Steinstr. 20, 16816 Neuruppin
T: (03391) 45 63-0 **Fax:** 45 63 31
E-Mail: ehr-land-brandenburg@t-online.de
Präsident(in): Heinz-Dietrich Feck
Geschäftsführer(in): Harald Lemke

h 348

Fachverband Bürowirtschaft Bremen im Einzelhandelsverband Nordsee
Hinter dem Schütting 8, 28195 Bremen
T: (0421) 32 60 34 **Fax:** 32 87 90
Vorsitzende(r): Dipl.-Kfm. Walter Messerknecht
Geschäftsführer(in): Wolfgang Brakhane

h 349

Fachverband Bürowirtschaft Hamburg
Bei dem Neuen Krahn 2, 20457 Hamburg
T: (040) 36 98 12-0 **Fax:** 36 98 12-22
Internet: http://www.fhe.de
E-Mail: ihe@fhe.de
Vorsitzende(r): Rolf Heineke
Geschäftsführer(in): Dipl.-Volksw. Klaus Poetsch

h 350

BBW Bundesverband Bürowirtschaft e.V. Landesverband Hessen
Kurfürstenstr. 14-16, 60486 Frankfurt
T: (069) 8 40 06-0 **Fax:** 88 91 10, 83 07 17 67
Vorsitzende(r): Bernhard Doorn
Geschäftsführer(in): N.N.

h 351

Landesverband des Hessischen Einzelhandels e.V. Fachgruppe PBS
Berliner Str. 72, 60311 Frankfurt
T: (069) 1 33 09 10 **Fax:** 13 30 91 99
Vorsitzende(r): N. N.
Geschäftsführer(in): Dipl.-Kfm. Heinz-Dieter Schoenfeld

h 352

Unternehmerverband Einzelhandel e.V. (UVE)
Hinüberstr. 16, 30175 Hannover
T: (0511) 3 37 08-26 **Fax:** 3 37 08-29
Präsident(in): Dr. Karl Harms
Geschäftsführer(in): Dr. Friedhelm Böth

h 353

Einzelhandelsverband Nord-Ost e.V.
Flämische Str. 22, 24103 Kiel
T: (0431) 9 74 07-0 **Fax:** 9 74 07-24
Vorsitzende(r): N. N.
Geschäftsführer(in): Dierk Böckholt

h 354

Einzelhandelsverband Nordrhein-Westfalen e.V. Fachgemeinschaft Bürowirtschaft
Kaiserstr. 42a, 40479 Düsseldorf
T: (0211) 4 98 06 23 **Fax:** 4 98 06 20
Vorsitzende(r): Walter Bossen (Schadowstr. 78, 40212 Düsseldorf)
Geschäftsführer(in): RA Jürgen Pleuss

h 355

Bundesverband Bürowirtschaft (BBW) Landesverband Nordrhein-Westfalen e.V.
Postf. 250363, 50519 Köln
Gothaer Allee 2, 50969 Köln
T: (0221) 9 36 55-833 **Fax:** 9 36 55-839
Vorsitzende(r): Heribert Keller
Geschäftsführer(in): Dipl.-Kfm. Thomas Grothkopp

h 356

Landesverband Einzelhandel Rheinland-Pfalz e.V. Landesfachgruppe Bürowirtschaft
Neustadt 13, 56068 Koblenz
T: (0261) 13 00 83 **Fax:** 1 30 08 44
E-Mail: ehv-ko@handelsnetz.de
Vorsitz: N.N.
Geschäftsführer(in): RA Winfried Röther

h 357

Landesverband Bürowirtschaft Saar e.V. (LBW)
Postf. 10 18 12, 66018 Saarbrücken
Feldmannstr. 26, 66119 Saarbrücken
T: (0681) 9 27 17-0 **Fax:** 9 27 17-10
E-Mail: saarhandel@aol.com
Vorsitzende(r): N.N.
Geschäftsführer(in): Dipl.-Volksw. Klaus Feld

h 358

Handelsverband Sachsen e.V. (HVS)
Könneritzstr. 5, 01067 Dresden
T: (0351) 86 70 60 **Fax:** 8 67 06 30
Internet: http://www.handel-sachsen.de
Vorsitzende(r): N. N.
Hauptgeschäftsführer(in): Eberhard Lucas

h 359

Verband der Kaufleute Sachsen-Anhalt e.V.
Liebigstr. 5, 39104 Magdeburg
T: (0391) 5 61 96 31 **Fax:** 5 43 02 66
E-Mail: verband-d.-kaufleute-s.-anhalt@t-online.de
Vorsitzende(r): Jochen Kollwitz (Verband der Kaufleute Sachsen-Anhalt e.V., Liebigstr. 5, 39104 Magdeburg)
Geschäftsführer(in): Dr. Gero Hildebrandt

h 360

Einzelhandelsverband Thüringen e.V. Verband Thüringer Kaufleute
Augsburger Str. 10, 99091 Erfurt
T: (0361) 7 78 06-0 **Fax:** 7 78 06-12
Gründung: 1989 (Dezember)
Vorsitz: N.N.
Hauptgeschäftsführer(in): Karin Letsch
Mitglieder: 1400
Mitarbeiter: 8

h 361

Landesverband des Westf.-Lippischen Einzelhandels e.V. Fachvereinigung Bürowirtschaft
c/o EHV Ostwestfalen e.V.
Große-Kurfürsten-Str. 75, 33615 Bielefeld
T: (0521) 9 65 10-0 **Fax:** 9 65 10-20
Vorsitzende(r): Dr. H.J. Buschmann
Geschäftsführer(in): Karin Focke

• H 362

Verband Deutscher Drogisten e.V. (VDD)
Geschäftsstelle:
Postf. 30 14 13, 50784 Köln
Vogelsanger Str. 165, 50823 Köln
T: (0221) 95 29 17-0 **Fax:** 95 29 17-20
E-Mail: bfv-vdd@einzelhandel.de
Internationaler Zusammenschluß: siehe unter izh 364
Präsident(in): Harald Escher (Affalterbacher Str. 5, 71642 Ludwigsburg, T: (07144) 84 10 96, Fax: 84 10 95)
Vizepräsident(in): Martin Dälken (Oeseder Str. 115, 49124 Georgsmarienhütte, T: (05401) 55 27, Fax: 4 34 98)
Vera Pieper (Königsheide 8, 44536 Lünen, T: (0231) 87 12 39)
Hauptgeschäftsführer(in): Michael Bastian
Fachreferenten im VDD:
Bereich Arzneimittelrecht und Gesundheitswesen (AfAG):
Fachreferent: Dr. Norbert Krey (Mülheimer Str. 4-6, 51375 Leverkusen, T: (0214) 5 11 36, Telefax: (0214) 50 58 84)
Bereich Körperpflege und Kosmetik:
Fachreferent: Hans-Oskar Franke (Klemensplatz 4, 40489 Düsseldorf, T: (0211) 40 11 01, Telefax: (0211) 40 11 01)
Bereich Berufsausbildung:
Fachreferent: Hauke Gilbert (Hauptstr. 31, 21266 Jesteburg, T:(04183) 34 03)
Bereich Gefahrstoffe, Umwelt- und Pflanzenschutz:
Fachreferent: Wolfgang Winter (Faulenstr. 17, 28195 Bremen, T: (0421) 1 56 94)
Bereich Foto, Video und Multimedia:
Fachreferent: Peter Kleinemas (Burgstr. 3, 32130 Enger, T: (05224) 31 49)
Verbandszeitschrift: DROGERIE & PARFÜMERIE
Redaktion: Christof Theis
Verlag: STOOF GmbH & Co. KG Verlagsgruppe, Eintrachtstr. 110-118, 50668 Köln, T: (0221) 16 48-0, Tx: 8 881 476, Telefax: (0221) 1 64 84 17

Landes-Drogistenverbände

h 363

Drogistenverband Bayern e.V.
Landesgeschäftsstelle:
Haus des Handels
Brienner Str. 45, 80333 München
T: (089) 55 11 81 55 **Fax:** 55 11 81 63
Vorsitzende(r): Christian Klotz (Ludwigstr. 14, 83435 Bad Reichenhall, T: (08651) 83 31, Telefax: (08651) 6 48 73)
Geschäftsführer(in): Dipl.-Betriebsw. Wilhelm Zametzer

h 364

Drogistenverband Hamburg e.V.
Wullwisch 37, 22529 Hamburg
T: (040) 5 89 32 39
Vorsitzende(r): Gert Gilbert (Hauptstr. 31, 21266 Jesteburg, T: (04183) 34 03)
Geschäftsführer(in): Winfried Adler

h 365

Drogistenverband Hessen e.V.
Sitz Frankfurt
Geschäftsstelle Köln:
Postf. 30 14 13, 50784 Köln
Vogelsanger Str. 165, 50823 Köln
T: (0221) 95 29 17-0 **Fax:** 95 29 17 20
Vorsitzende(r): Martin Machenheimer (Bismarckring 1, 65183 Wiesbaden, T: (06121) 30 28 20)
Geschäftsführer(in): Michael Bastian

h 366

Drogistenverband Niedersachsen e.V.
Hinüberstr. 16, 30175 Hannover
T: (0511) 34 51 51
Vorsitzende(r): Klaus Marholdt (Steinweg 8, 38518 Gifhorn, T: (05371) 1 23 46)
Geschäftsführer(in): Dr. Friedhelm Böth

h 367

Drogistenverband Nordsee e.V.
Hinter dem Schütting 8, 28195 Bremen
T: (0421) 32 65 76
Vorsitzende(r): Wolf Blank (Lindenhofstr. 44e, 28237 Bremen, T: (0421) 61 24 19)
Geschäftsführer(in): Jens Jensen

h 368

Drogistenverband Westfalen und Lippe e.V.
Sitz Bielefeld
Geschäftsstelle Köln:
Postf. 30 14 13, 50784 Köln
Vogelsanger Str. 165, 50823 Köln
T: (0221) 95 29 17-0 **Fax:** 95 29 17 20
Vorsitzende(r): Josef Sommer (Husener Str. 70, 44319 Dort-

mund, T: (0231) 28 12 14)
Geschäftsführer(in): Michael Bastian

VDD-Landesverbände

h 369

VDD-Landesverband Baden-Württemberg
Geschäftsstelle Köln
Postf. 30 14 13, 50784 Köln
Vogelsanger Str. 165, 50823 Köln
T: (0221) 95 29 17-0 **Fax:** 95 29 17 20
Vorsitzende(r): Wolfgang Kreutel (Goethestr. 18, 78333 Stockach, T: (07771) 22 34)
Hauptgeschäftsführer(in): Michael Bastian

h 370

VDD-Landesverband Berlin-Brandenburg
Geschäftsstelle Köln
Postf. 30 14 13, 50784 Köln
Vogelsanger Str. 165, 50823 Köln
T: (0221) 95 29 17-0 **Fax:** 95 29 17-20
Vorsitzende(r): Hubertus Baganz (Berliner Str. 199, 14547 Beelitz, T: (033204) 4 22 56)
Hauptgeschäftsführer(in): Michael Bastian

h 371

VDD-Landesverband Mecklenburg-Vorpommern
Geschäftsstelle Köln
Postf. 30 14 13, 50784 Köln
Vogelsanger Str. 165, 50823 Köln
T: (0221) 95 29 17-0 **Fax:** 95 29 17-20
Vorsitzende(r): N.N.
Stellvertretende(r) Vorsitzende(r): Manfred Bernhardi (Güstrower Str. 79, 17213 Malchow, T: (039932) 1 23 65)
Hauptgeschäftsführer(in): Michael Bastian

h 372

VDD-Landesverband Nordrhein
Postf. 30 14 13, 50784 Köln
Vogelsanger Str. 165, 50823 Köln
T: (0221) 95 29 17-0 **Fax:** 95 29 17 20
Vorsitzende(r): Hans-Oskar Franke (Klemensplatz 4, 40489 Düsseldorf)
Hauptgeschäftsführer(in): Michael Bastian

h 373

VDD-Landesverband Rheinland-Pfalz
Geschäftsstelle Köln
Postf. 30 14 13, 50784 Köln
Vogelsanger Str. 165, 50823 Köln
T: (0221) 95 29 17-0 **Fax:** 95 29 17 20
Vorsitzende(r): Anton Kröll (Friedrich-Rech-Str. 176, 56566 Neuwied, T: (02631) 5 25 76)
Hauptgeschäftsführer(in): Michael Bastian

h 374

VDD-Landesverband Saarland
Geschäftsstelle Köln
Postf. 30 14 13, 50784 Köln
Vogelsanger Str. 165, 50823 Köln
T: (0221) 95 29 17-0 **Fax:** 95 29 17-20
Vorsitzende(r): Horst Stöhr (Marienstr. 2 a, 66287 Quierschied, T: (06897) 96 60 54, Fax: 96 80 55)
Hauptgeschäftsführer(in): Michael Bastian

h 375

VDD-Landesverband Schleswig-Holstein
Geschäftsstelle Köln
Postf. 30 14 13, 50784 Köln
Vogelsanger Str. 165, 50823 Köln
T: (0221) 95 29 17-0 **Fax:** 95 29 17-20
Vorsitzende(r): Egon Kohlhase (Andersenring 17, 23560 Lübeck, T: (0451) 80 16 86)
Hauptgeschäftsführer(in): Michael Bastian

h 376

VDD-Landesverband Sachsen im Verband Deutscher Drogisten
Geschäftsstelle Köln
Postf. 30 14 13, 50784 Köln
Vogelsanger Str. 165, 50823 Köln
T: (0221) 95 29 17-0 **Fax:** 95 29 17-20
Vorsitzende(r): Dietmar Keil (Nürnberger Str. 37, 01187 Dresden, T: (0351) 4 71 78 20, Fax: 4 72 43 45)
Hauptgeschäftsführer(in): Michael Bastian

h 377

VDD-Landesverband Sachsen-Anhalt
Geschäftsstelle Köln
Postf. 30 14 13, 50784 Köln
Vogelsanger Str. 165, 50823 Köln
T: (0221) 95 29 17-0 **Fax:** 95 29 17-20
Hauptgeschäftsführer(in): Michael Bastian

h 378

VDD-Landesverband Thüringen
Geschäftsstelle Köln
Postf. 30 14 13, 50784 Köln
Vogelsanger Str. 165, 50823 Köln
T: (0221) 95 29 17-0 **Fax:** 95 29 17-20
Hauptgeschäftsführer(in): Michael Bastian

• H 379

Zentralverband Hartwarenhandel e.V. (ZHH)
Eichendorffstr. 3, 40474 Düsseldorf
T: (0211) 47 05 00 **Fax:** 4 70 50 39
Internet: http://www.zhh.de
E-Mail: zhh@hartwaren.de
Internationaler Zusammenschluß: siehe unter izh 501
Präsident(in): Paul Kellerwessel (Weißhausstr. 7, 50939 Köln, T: (0221) 4 76 08-0)
Hauptgeschäftsführer(in): Dipl.-Btw. Gerd Scharping
Mitglieder: ca. 2400

Arbeitskreise mit folgenden Arbeitskreisen und Verbänden:
Arbeitskreis Baubeschlag (AKB)
Bundesverband Mittelständischer Küchenfachhandel (BMK)
Bundesverband Sicherungstechnik Deutschland e.V. (BSD)
Fachkreis Hausrat/GPK (FHG)
Arbeitskreis Werkzeuge (AKW)
Fachverband des Deutschen Eisenwaren- und Hausrathandels (FDE)
Verband der Motoristen (VdM)
Verband Mittelständischer Bau-, Heimwerker- u. Gartenfachmärkte (VMB)
multitec Bundesverband Produktionsverbindungshandel

Landesgruppen

h 380

Zentralverband Hartwarenhandel e.V.
Landesgruppe I: Niedersachsen
Stöverskamp 2, 27798 Hude
Vorsitzende(r): Oltmann Ahlers

h 381

Zentralverband Hartwarenhandel e.V.
Landesgruppe II: Schleswig-Holstein
Schmiedestr. 14-16, 24376 Kappeln
Vorsitzende(r): Heiko Sonnenberg

h 382

Zentralverband Hartwarenhandel e.V.
Landesgruppe III: Hamburg
Bei dem Neuen Krahn 2, 20457 Hamburg
T: (040) 36 98 12-0 **Fax:** 36 98 12-22
Geschäftsführer(in): Dipl.-Kfm. Ulf Kalkmann
Vorsitzende(r): Georg Schüllenbach (Budapester Str. 49, 20359 Hamburg)

h 383

Zentralverband Hartwarenhandel e.V.
Landesgruppe IV: Nordsee
Hinter dem Schütting 8, 28195 Bremen
T: (0421) 32 60 34
Geschäftsführer(in): Wolfgang Brakhane
Vorsitzende(r): Norbert Caesar (Ostertorsteinweg 13-14, 28203 Bremen)

h 384

Zentralverband Hartwarenhandel e.V.
Landesgruppe V: Westfalen
Kaiserstr. 158, 44143 Dortmund
Vorsitzende(r): Dirk Rutenhofer (c/o Weckbacher GmbH)

h 385

Zentralverband Hartwarenhandel e.V.
Landesgruppe VI: Nordrhein
Huestr. 83, 45309 Essen
Vorsitzende(r): Jörg Brake

h 386

Zentralverband Hartwarenhandel e.V.
Landesgruppe VII: Hessen
Ludwigstr. 44, 64546 Mörfelden-Walldorf
Vorsitzende(r): Horst Jourdan

h 387

Zentralverband Hartwarenhandel e.V.
Landesgruppe VIII: Bayern
Zum Bahnhof 14-16, 92526 Oberviechtach
Vorsitzende(r): Siegfried Rossmann

h 388

Zentralverband Hartwarenhandel e.V.
Landesgruppe IX/X: Baden-Württemberg
Mühlstr. 2, 72622 Nürtingen
Vorsitzende(r): Rainer Heim

h 389

Zentralverband Hartwarenhandel e.V.
Landesgruppe XI: Rheinland-Pfalz
Hauptstr. 22, 55487 Sohren
Vorsitzende(r): Thomas Meinhardt

h 390

Zentralverband Hartwarenhandel e.V.
Landesgruppe XII: Berlin und Brandenburg
Konstanzer Str. 14, 10707 Berlin
T: (030) 8 61 56 63
Geschäftsführer(in): RA Dieter Kannenberg
Vorsitzende(r): Rainer Pollow (Mehringdamm 66, 10961 Berlin)

h 391

Zentralverband Hartwarenhandel e.V.
Landesgruppe XIII: Saarland
Feldmannstr. 26, 66119 Saarbrücken
T: (0681) 58 20 34
Geschäftsführer(in): Dipl.-Vw. Werner Thau
Vorsitzende(r): Werner Leinen (Großer Markt 14, 66740 Saarlouis)

h 392

Zentralverband Hartwarenhandel e.V.
Landesgruppe XIV: Mecklenburg-Vorpommern
Pferdemarkt 5, 18273 Güstrow
Vorsitzende(r): Reinhard Sugge

h 393

Zentralverband Hartwarenhandel e.V.
Landesgruppe XV: Sachsen-Anhalt
Büchtingenstr. 28, 38855 Wernigerode
Vorsitzende(r): Fred Dreisbach

h 394

Zentralverband Hartwarenhandel e.V.
Landesgruppe XVI: Sachsen
Straße des Friedens 28, 08258 Markneukirchen
Vorsitzende(r): Manfred Meixner

h 395

Zentralverband Hartwarenhandel e.V.
Landesgruppe XVII: Thüringen
Breite Str. 6, 06542 Allstedt
Vorsitzende(r): Adolf Kleiner

• H 396

Bundesverband Farben- und Tapetenhandel e.V.
Postf. 29 02 63, 50524 Köln
T: (0221) 92 15 09-80 **Fax:** 92 15 09-10
Internet: http://www.farbenverband.de
E-Mail: info@farbenverband.de
Vorsitzende(r): Ronald Jenisch (60487 Frankfurt/M.)
Geschäftsführer(in): Lic. oec. publ. Peter W. Engmann

• H 397

Bundesverband des Deutschen Foto-Fachhandels e.V. in der Hauptgemeinschaft des Deutschen Einzelhandels e. V.
Postf. 25 03 63, 50519 Köln
Gothaer Allee 2, 50969 Köln
T: (0221) 93 65 58 22
Vorsitzende(r): Wolfgang Kundt (Foto Kino Kundt KG,

Goerzallee 141, 12207 Berlin, T: (030) 8 17 94 20-24, Fax: 8 17 94 34)
Vorstandsmitglieder: K.-Peter Vollert (Foto-Video Sircoulomb, Bahnhofstr. 20, 35576 Wetzlar, T: (06441) 4 70 93, Fax: 4 87 99)
Steffen Wolf (Foto Wolf, Bautzner Landstr. 11 b, 01324 Dresden, T: (0351) 2 68 21 24, Fax: 2 68 21 27)
Geschäftsführer(in): Willy Fischel

h 398

Einzelhandelsverband Karlsruhe Stadt und Land e.V.
Fachgemeinschaft Foto
Nowackanlage 15, 76137 Karlsruhe
T: (0721) 93 33 50 **Fax:** 97 95 87
Vorsitzende(r): Otto Fiederling (Fotohaus Glock, Kaiserstr. 22, 76133 Karlsruhe, T: (0721) 8 80 00-0, Fax: 8 80 00-22)
Geschäftsführer(in): Ulrich Schöffler

h 399

Landesverband des Bayerischen Einzelhandels e.V.
Fachgemeinschaft Foto
Brienner Str. 45, 80333 München
T: (089) 5 51 18-126 **Fax:** 5 51 18-118
Vorsitzende(r): Bernd Sauter (Foto-Video Sauter, Sonnenstr. 32, 80331 München, T: (089) 55 15 04-0, Fax: 55 15 04-63)
Geschäftsführer(in): Günther Stock

h 400

Verband des Einzelhandels Land Berlin e.V.
Fachgemeinschaft Foto
Hohenzollerndamm 183, 10713 Berlin
T: (030) 8 81 77 38 **Fax:** 8 81 18 65
Vorsitzende(r): Rainer Frohloff (Foto Frohloff, Ostpreußenstr. 174, 12207 Berlin, T: (030) 7 71 18 74, Fax: 7 71 22 82)
Geschäftsführer(in): Nils Busch-Petersen

h 401

Einzelhandelsverband Land Brandenburg e.V.
Fachgemeinschaft Foto
Steinstr. 20, 16816 Neuruppin
T: (03391) 45 63-0 **Fax:** 45 63-31
Geschäftsführer(in): Harald Lemke

h 402

Einzelhandelsverband Nordsee Bremen e.V.
Fachgemeinschaft Foto
Hinter dem Schütting 8, 28195 Bremen
T: (0421) 32 60 33-34 **Fax:** 32 87 90
Geschäftsführer(in): Wolfgang Brakhane

h 403

Fachverbände des Hamburger Einzelhandels e.V.
Fachrichtung Foto/Kino
Bei dem Neuen Krahn 2, 20457 Hamburg
T: (040) 36 98 12-26 **Fax:** 36 98 12-22
Geschäftsführer(in): Ulf Kalkmann

h 404

Landesverband des Hessischen Einzelhandels e.V.
Fachgemeinschaft Foto
Berliner Str. 72, 60311 Frankfurt
T: (069) 13 30 91-0 **Fax:** 13 30 91-99
Vorsitzende(r): Peter Vollert (Foto-Video Sircoulomb, Bahnhofstr. 20, 35576 Wetzlar, T: (06441) 4 70 93, Fax: 4 87 99)
Geschäftsführer(in): RA Markus Kneflowski

h 405

Unternehmerverband Einzelhandel Niedersachsen e.V.
Fachgemeinschaft Foto
Hinüberstr. 16, 30175 Hannover
T: (0511) 3 37 08-26 **Fax:** 3 37 08-29
Geschäftsführer(in): Dr. Friedhelm Böth

h 406

Einzelhandelsverband Nordrhein-Westfalen e.V.
Fachgemeinschaft Foto
Kaiserstr. 42a, 40479 Düsseldorf
T: (0211) 4 98 06-0 **Fax:** 4 98 06-20
Vorsitzende(r): Heinz Erich Lambertin
Geschäftsführerin: Waltraud Nitsch

h 407

Einzelhandelsverband Nord-Ost e.V.
Fachgemeinschaft Foto
Flämische Str. 22, 24103 Kiel
T: (0431) 9 74 07-0 **Fax:** 9 74 07-24
Geschäftsführer(in): Peter Kettler

h 408

Einzelhandelsverband Rheinland-Pfalz e.V.
Fachgemeinschaft Foto
Kaiserstr. 27, 54290 Trier
T: (0651) 9 70 00 13 **Fax:** 9 70 00 97
Geschäftsführer(in): Alfred Thielen

h 409

Handelsverband Sachsen e.V.
Fachgemeinschaft Foto
Könneritzstr. 5, 01067 Dresden
T: (0351) 8 67 06-0 **Fax:** 8 67 06-30
Geschäftsführer(in): Dipl.-Ökonom. Eberhard Lucas

h 410

Verband der Kaufleute Sachsen-Anhalt e.V.
Fachgemeinschaft Foto
Liebigstr. 5, 39104 Magdeburg
T: (0391) 5 61 96 31 **Fax:** 5 43 02 66
Geschäftsführer(in): Dr. Gero Hildebrandt

h 411

Verband Thüringer Kaufleute e.V.
Fachgemeinschaft Foto
Augsburger Str. 10, 99091 Erfurt
T: (0361) 7 78 06-0 **Fax:** 7 78 06-12
Geschäftsführerin: Karin Letsch

• H 412

Bundesverband für den gedeckten Tisch, Hausrat und Wohnkultur e.V.
Postf. 25 03 63, 50519 Köln
T: (0221) 9 36 55-8 31 **Fax:** 9 36 55-839
E-Mail: gpk@einzelhandel.de
Vorstand: Carl Reckers (Vors.)
Ulrich Amrath
Claus Franzen
Klaus Panne
Geschäftsführer(in): Dipl.-Kfm. Thomas Grothkopp

• H 413

Bundesverband Deutscher Heimwerker-, Bau- und Gartenfachmärkte e.V. (BHB)
Sitz der Geschäftsführung:
Büchelstr. 50, 53227 Bonn
T: (0228) 97 07 40 **Fax:** 9 70 74 79
Vorstand: Manfred Maus (42929 Wermelskirchen, Vors.)
Werner Diehl (66740 Saarlouis)
John W. Herbert (53121 Bonn, Stellv. Vors.)
Manfred Valder (76879 Bornheim)
Klaus Safier (29614 Soltau)
Schatzmeister: Dr. Peter Breidenbach (42389 Wuppertal)
Geschäftsführer(in): Dipl.-Kfm. Wilfried Ristau
Verbandszeitschrift: ZEITBLICK
Verlag: Büchelstr. 50, 53227 Bonn
Mitglieder: 22 Handel, 3 Verbände, direkt 98 Industrie, indirekt über 200 Industrie
Mitarbeiter: 5

• H 414

Bundesverband der Juweliere, Schmuck- und Uhrenfachgeschäfte e.V.
Altkönigstr. 9, 61462 Königstein
T: (06174) 40 42 **Fax:** 2 25 87
Internet: http://www.bv-juweliere.de
E-Mail: info@bv-juweliere.de, bfv-bvj@einzelhandel.de
Vorsitzende(r): Hans Luithle, Heilbronn
Geschäftsführer(in): Dipl.-Kfm. Bodo Jonda
Förderung der fachlichen Interessen des Einzelhandels mit Uhren, Juwelen, Gold- und Silberwaren. Vertretung seiner allgemeinen wirtschaftlichen, beruflichen und sozialen Interessen in den zuständigen Organen des Hauptverbandes des Deutschen Einzelhandels sowie gegenüber dem Gesetzgeber und den Behörden sowie in der Öffentlichkeit.

h 415

Landesfachgemeinschaft Uhren und Schmuck im Einzelhandelsverband Baden-Württemberg e.V.
Neue Weinsteige 44, 70180 Stuttgart
T: (0711) 64 86 40 **Fax:** 6 48 64 34
Vorsitzende(r): Michael Schleicher
Geschäftsführer(in): Dipl.-Kfm. Dr.rer.pol. Dieter Kastin

h 416

Fachverband Uhren, Gold- und Silberwaren
Postf. 10 60 49, 28060 Bremen
Hinter dem Schütting 8, 28195 Bremen
T: (0421) 32 60 34
Vorsitzende(r): Rudolf Thierfelder
Geschäftsführer(in): Wolfgang Brakhane

• H 417

Gesellschaft zur Förderung der deutschen Uhren- und Schmuckwarenfachgeschäfte - Förderungswerk Königstein
Altkönigstr. 9, 61462 Königstein
T: (06174) 40 41 **Fax:** 2 25 87
Gründung: 1955
Geschäftsführer(in): Irene Wanhoff
Mitarbeiter: 5 Angestellte, 25 freie Dozenten

• H 418

ANKRA Verkaufs- und Garantiegemeinschaft deutscher Uhrenfachgeschäfte e.V.
Elisenstr. 22, 50667 Köln
T: (0221) 2 57 52 47 **Fax:** 2 57 53 30

• H 419

Bundesverband des Deutschen Lebensmittelhandels e.V. (BVL)
Postf. 14 01 64, 53056 Bonn
Ulrich-von-Hassell-Str. 64, 53123 Bonn
T: (0228) 91 92 00 **Fax:** 9 19 20 10
E-Mail: bvl@einzelhandel.de
Präsident(in): Herbert Blank (Friedrichstr. 38, 51143 Köln)
Hauptgeschäftsführer(in): Dipl.-Volksw. Gerd Härig
Geschäftsführer(in): RA Dr. Marcus Girnau

Landesverbände

h 420

Einzelhandelsverband Württemberg e.V.
Fachgemeinschaft Lebensmittel
Neue Weinsteige 44, 70180 Stuttgart
T: (0711) 6 48 64-0 **Fax:** 6 48 64-24
Vorsitzende(r): Manfred Gebauer (73084 Salach)
Hauptgeschäftsführer(in): Dipl.-Betriebsw. Ernst A. Jäckle

h 421

Landesverband des Bayerischen Einzelhandels
Fachgemeinschaft Lebensmittel
Brienner Str. 45, 80333 München
T: (089) 5 51 18- 0 **Fax:** 5 51 18-1 63
Gründung: 1946
Vorsitzende(r): Hans Jürgen Bönsch
Geschäftsführer(in): Dipl.-Betriebsw. Wilhelm Zametzer
Leitung Presseabteilung: M.A. Isa Gartiser
Verbandszeitschrift: handelsjournal, Handelsreport Bayern
Redaktion: Isa Gartiser
Verlag: Verlagsgruppe Handelsblatt GmbH, 40213 Düsseldorf
Mitglieder: 2000 (Fachgemeinschaft Lebensmittel)
Mitarbeiter: 120 (Landesverband Einzelhandel)

h 422

Landesverband des Lebensmittel- Groß- und Einzelhandels Berlin-Brandenburg e.V.
Mehringdamm 48, 10961 Berlin
T: (030) 7 86 20 05, 7 86 24 73 **Fax:** 7 85 35 34
Vorsitzende(r): Horst Faber
ehRi: Arbeitsgericht

h 423

Einzelhandelsverband Brandenburg e.V.
Bezirksgeschäftsstelle Frankfurt/Oder
Birnbaumsmühle 65, 15234 Frankfurt
T: (0335) 4 00 03 05 **Fax:** 4 00 03 05
Vorsitzende(r): Knut Papmahl
Geschäftsführer(in): Christine Minkley

h 424

Fachgemeinschaft Lebensmittel im Einzelhandelsverband Nordsee Bremen e.V.
Hinter dem Schütting 8, 28195 Bremen
T: (0421) 32 60 33 **Fax:** 32 87 90
Vorsitzende(r): Helmut Zorn (2800 Bremen)
Geschäftsführer(in): Wolfgang Brakhane

h 425

Wirtschafts- und Arbeitgeberverband des Hamburger Einzelhandels e.V. (WAV)
Bei dem Neuen Krahn 2, 20457 Hamburg
T: (040) 36 98 12-0 **Fax:** 36 98 12-22
Vorsitzende(r): Berndfried Dornseifer
Geschäftsführer(in): Jürgen Schulz

h 426

Landesverband des Hessischen Einzelhandels e.V.
Fachgemeinschaft Lebensmittel
Berliner Str. 72, 60311 Frankfurt

T: (069) 13 30 91-0 **Fax:** 13 30 91-99
Vorsitzende(r): N. N.
Geschäftsführer(in): RA Markus Kneflowski

h 427

Unternehmerverband Einzelhandel Niedersachsen e.V.
Landesfachgemeinschaft Lebensmittel
Gartenstr. 5, 26122 Oldenburg
T: (0441) 97 09 10 **Fax:** 9 70 91 34
Vorsitzende(r): Dr. Karl Harms, Jever
Geschäftsführer(in): Dipl.-Volksw. Diedrich Thoms

h 428

Einzelhandelsverband Nordrhein-Westfalen e.V.
Fachgemeinschaft Lebensmittel
Kaiserstr. 42a, 40479 Düsseldorf
T: (0211) 4 98 06-0 **Fax:** 4 98 06-20
Vorsitzende(r): Falk Tonscheidt
Geschäftsführer(in): Waltraud Nitsch

h 429

Landesverband Einzelhandel, Rheinland-Pfalz e.V.
Landesfachgruppe Lebensmittel
Neustadt 13, 56068 Koblenz
T: (0261) 13 00 83 **Fax:** 1 30 08 44
Vorsitzende(r): N. N.
Geschäftsführer(in): RA Winfried Röther

h 431

Verband der Kaufleute Sachsen-Anhalt e.V.
Liebigstr. 5, 39104 Magdeburg
T: (0391) 5 61 96 31 **Fax:** 5 43 02 66
E-Mail: verband-d.-kaufleute-s.-anhalt@t-online.de
Präsident(in): Lothar Tietge
Hauptgeschäftsführer(in): Dr. Gero Hildebrandt

h 430

Handelsverband Sachsen e.V. (HVS)
Landesgeschäftsstelle
Könneritzstr. 5, 01067 Dresden
T: (0351) 86 70 60 **Fax:** 8 67 06 30
Internet: http://www.handel-sachsen.de
Vorsitzende(r): N. N.
Hauptgeschäftsführer(in): Eberhard Lucas

h 432

Einzelhandelsverband Thüringen e.V.
Verband Thüringer Kaufleute
Augsburger Str. 10, 99091 Erfurt
T: (0361) 7 78 06-0 **Fax:** 7 78 06-12
Präsident(in): Arnold Senft
Hauptgeschäftsführer(in): Karin Letsch

h 433

Lebensmittel-Fachverband Saar e.V.
Haus des Handels
Feldmannstr. 26, 66119 Saarbrücken
T: (0681) 9 27 17-0 **Fax:** 9 27 17-10
Vorsitzende(r): Hans Philippi, Wadgassen
Geschäftsführer(in): Wolfgang Lossen

h 434

Einzelhandelsverband Nord-Ost e.V.
Fachgemeinschaft Lebensmittel
Flämische Str. 22, 24103 Kiel
T: (0431) 9 74 07-30 **Fax:** 9 74 07-24
Vorsitzende(r): Jan Frauen (25541 Brunsbüttel)
Geschäftsführer(in): Hans-Martin Boháč

• H 435

Verband des Lebensmittel-Einzelhandels Hamburg e.V.
Heimhuder Str. 81, 20148 Hamburg
T: (040) 44 87 52, 44 87 54 **Fax:** 44 28 55
E-Mail: lebensmittelverband_hamburg_eV@t-online.de
Gründung: 1945 (20. November)
Vorsitzende(r): Hans-Georg Giese (geschäftsführend)
Stellvertretende(r) Vorsitzende(r): Jens-Uwe Jansen
Gerd Mehlfort
Geschäftsführerin: Marianne Temming (Justitiarin)
Leitung Presseabteilung: Heinz Timmann
Verbandszeitschrift: Lebensmittel-Verbandsnachrichten
Verlag: Eigenherstellung
Mitglieder: 569
Mitarbeiter: 10
Vertretung der Mitglieder gegenüber Politik u. Wirtschaft auf Landes- u. Bundesebene (Senat, Bürgerschaft, Bezirksämter, Wirtschafts- u. Ordnungsämter, Handelskammern usw.). Beratung u. Betreuung der Mitglieder (auch im Lebensmittel-und Arbeitsrecht), Absatzförderung, Schulungen.

• H 436

Bundesverband Deutscher Leder- und Schuhbedarfs-Großhändler e.V.
Apostelnstr. 36-38, 50667 Köln
T: (0221) 2 57 01 94 **Fax:** 2 57 81 90
1. Vorsitzende(r): Dieter Nawrazala (Fa. Friedrich Salscheider, Apostelnstr. 36-38, 50667 Köln, T: (0221) 2 57 81 09)
Geschäftsführer(in): Geschf. Vorst.-Mitgl. Dipl.-Volksw. Fridolin Schmitt
Mitglieder: ca. 170

• H 437

Bundesverband des Deutschen Lederwaren-Einzelhandels e.V.
Postf. 29 02 63, 50524 Köln
T: (0221) 92 15 09-0 **Fax:** 92 15 09-10
Präsident(in): Hartwig Tondera
Lic. oec. publ. Peter W. Engmann

Mitgliedsverbände

h 438

Verband des Berliner Lederwaren-Einzelhandels e.V.
Hohenzollerndamm 183/184, 10713 Berlin
T: (030) 8 81 77 38 **Fax:** 8 81 18 65
Geschäftsführer(in): Nils Busch-Petersen

h 439

Verband des Hamburger Lederwaren-Einzelhandels e.V.
Bei dem Neuen Krahn 2, 20457 Hamburg
T: (040) 36 98 12-0 **Fax:** 36 98 12-22
Vorsitzende(r): Jürgen Schröder
Geschäftsführer(in): RA Jürgen Schulz

h 440

Fachabteilung Lederwaren im Unternehmerverband Einzelhandel Niedersachsen
Bahnhofstr. 3, 21682 Stade
T: (04141) 27 72 **Fax:** 4 66 15
Vorsitzende(r): Heinrich Hallerstede
Geschäftsführer(in): Dipl.-Kfm. Rolf Knetemann

h 441

Einzelhandelsverband NORD-OST e.V.
Fachgemeinschaft Leder
Mühlenstr. 16, 25335 Elmshorn
T: (04121) 8 11 60 **Fax:** 8 11 73
Geschäftsführer(in): Dipl.-Betriebsw. Peter Kneutinger

h 442

Fachverband Lederwaren im Einzelhandelsverband Nordsee
Postf. 10 60 49, 28060 Bremen
T: (0421) 32 60 34 **Fax:** 32 87 90
Geschäftsführer(in): Wolfgang Brakhane

h 443

Einzelhandel NRW e.V.
Fachabteilung Lederwaren
Postf. 10 04 54, 45604 Recklinghausen
T: (02361) 10 26-0 **Fax:** 10 26-10
Vorsitzende(r): Hartwig Tondera
Geschäftsführerin: Susanne Brämer

h 444

Landesverband Einzelhandel Rheinland-Pfalz
Fachgruppe Lederwaren
Schloßrondell 13, 56068 Koblenz
T: (0261) 13 00 83 **Fax:** 1 30 08 44
Vorsitzende(r): N. N.
Geschäftsführer(in): RA Winfried Röther

h 445

Landesverband des Hessischen Einzelhandels e.V.
Fachabteilung Lederwaren
Berliner Str. 72, 60311 Frankfurt
T: (069) 13 30 91-0 **Fax:** 13 30 91-99
Vorsitzende(r): N.N.
Geschäftsführer(in): Dipl.-Kfm. Heinz-Dieter Schoenfeld

h 446

Verband des Saarländischen Schuh-Einzelhandels e.V.
Fachabteilung Lederwaren
Feldmannstr. 26, 66119 Saarbrücken
T: (0681) 9 27 17-0 **Fax:** 9 27 17-10
Vorsitzende(r): Jost Krause-Wichmann
Geschäftsführer(in): Wolfgang Lossen

h 447

Einzelhandelsverband Württemberg
Fachgemeinschaft Lederwaren e.V.
Neue Weinsteige 44, 70180 Stuttgart
T: (0711) 64 86 40 **Fax:** 6 48 64 34
Vorsitzende(r): Carsten Fuchs
Geschäftsführer(in): Rechtsanwalt André F. Kunz

h 448

Landesverband Bayerischer Einzelhandel e.V.
Fachgemeinschaft Lederwaren
Brienner Str. 45, 80333 München
T: (089) 55 11 81 20 **Fax:** 55 11 81 63
Vorsitzende(r): Ernst Läuger
Geschäftsführer(in): Dr. Martin Aigner

h 449

Einzelhandelsverband Land Brandenburg e.V.
Fachgemeinschaft Leder
Schlaatzweg 1, 14473 Potsdam
T: (0331) 29 28 69 **Fax:** 2 70 85 28
Vorsitzende(r): N. N.
Geschäftsführerin: Anita Berger

h 450

Einzelhandelsverband Thüringen e.V.
Verband Thüringer Kaufleute
Augsburger Str. 10, 99091 Erfurt
T: (0361) 7 78 06-0 **Fax:** 7 78 06-12
Geschäftsführerin: Karin Letsch

h 451

Handelsverband Sachsen e.V.
Landesfachgemeinschaft Leder/Schuhe
Salzstr. 1, 09113 Chemnitz
T: (0371) 8 15 62-0, 8 57 75 71 **Fax:** 8 15 62-20
Vorsitzende(r): Bernd Wendel
Geschäftsführer(in): Dipl.-Ing.-Ökonom Jutta Müller

h 452

Verband der Kaufleute Sachsen-Anhalt e.V.
Liebigstr. 5, 39104 Magdeburg
T: (0391) 5 61 96 31 **Fax:** 5 43 02 66
E-Mail: verband-d.-kaufleute-s.-anhalt@t-online.de
Vorsitzende(r): Lothar Tietge
Geschäftsführer(in): Dr. Gero Hildebrandt

• H 453

Bundesverband des Deutschen Möbel-, Küchen- und Einrichtungsfachhandels e.V. (BVDM)
Mitglied des Hauptverbandes des Deutschen Einzelhandels
Frangenheimstr. 6, 50931 Köln
T: (0221) 40 31 42 **Fax:** 4 00 93 96
E-Mail: budm-moebel@einzelhandel.de
Präsident(in): Hans-H. Utecht (Frankenhauser Str. 6, 28329 Bremen, T: (0421) 55 10 63)
Hauptgeschäftsführer(in): Dipl.-Kfm. Lothar Weinmiller (Am Bergerhof 31, 50259 Pulheim)
Leitung Presseabteilung: N.N.
Mitglieder: ca. 5000 (über Landesverbände indirekt angeschlossen)

Landesverbände

h 454

Möbelfachverband Berlin-Brandenburg e.V.
Hohenzollerndamm 183, 10713 Berlin
T: (030) 8 83 14 85 **Fax:** 8 81 27 03
Vorsitzende(r): Marianne Stückle-Lehmann (Kurfürstenstr. 145, 10785 Berlin, T: (030) 2 62 30 80, Telefax: (030) 2 62 10 55)
Geschäftsführer(in): Gernot Bazin

h 455

Einzelhandelsverband Land Brandenburg e.V.
Bezirksgeschäftsstelle Cottbus
Ostrower Damm 9, 03046 Cottbus
T: (0355) 2 34 77 **Fax:** 2 34 77

Vors. d. Möbelfachgruppe: Frank Pritzsche (Schillerstr. 2 B, 03172 Guben, T: (03561) 5 55 40, Telefax: (03561) 5 55 25)
Geschäftsführer(in): Martina Hildmann

h 456

Fachgemeinschaft Möbel im Einzelhandelsverband Nordost e.V.
Mühlenstr. 16, 25335 Elmshorn
T: (04121) 8 11 60 **Fax:** 8 11 73
Vorsitzende(r): Rüdiger Haak (Am Bahnhof 12, 24768 Rendsburg, T: (04331) 2 24 14, Telefax: (04331) 2 10 21)
Geschäftsführer(in): Dipl.-Betriebsw. Peter Kneuttinger

h 457

Hamburger Möbelfachverband e.V.
Bei dem Neuen Krahn 2, 20457 Hamburg
T: (040) 36 98 12-0 **Fax:** 36 98 12-22
E-Mail: lhe@fhe.de
Vorsitzende(r): Joachim Marks (Immenberg 1, 21465 Wentorf b. Hamburg, T: (040) 7 20 00 30, Telefax: (040) 72 00 03 27)
Geschäftsführer(in): Dipl.-Volksw. Klaus Poetsch

h 458

Einzelhandelsverband Nordsee e.V.
- Möbelfachverband -
Hinter dem Schütting 8, 28195 Bremen
T: (0421) 32 62 25 **Fax:** 32 87 90
Vorsitzende(r): Hans H. Utecht (Frankenhauser Str. 6, 28329 Bremen, T: (0421) 55 10 63, Telefax: (0421) 55 10 01)
Geschäftsführer(in): Wolfgang Brakhane

h 459

Unternehmerverband Einzelhandel e.V.
-Fachgruppe Möbel-
Hinüberstr. 16, 30175 Hannover
T: (0511) 3 37 08 26 **Fax:** 3 37 08 29
Vorsitzende(r): N. N.
Geschäftsführer(in): Dr. Friedhelm Böth

h 460

Verband der Kaufleute Sachsen-Anhalt e.V.
Liebigstr. 5, 39104 Magdeburg
T: (0391) 5 61 96 31 **Fax:** 5 43 02 66
E-Mail: verband-d.-kaufleute-s.-anhalt@t-online.de
Vorsitzende(r): Jochen Kollwitz (Lübecker Str. 16, 39124 Magdeburg, T: (0391) 28 23 84, Telefax: (0391) 28 23 84)
Hauptgeschäftsführer(in): Dr. Gero Hildebrand

h 461

Einzelhandelsverband Thüringen e.V.
Verband Thüringer Kaufleute
Augsburger Str. 10, 99091 Erfurt
T: (0361) 7 78 06-0 **Fax:** 7 78 06-12
Gründung: 1989 (Dezember)
Vorsitzende(r): Bernd Hentrich
Hauptgeschäftsführer(in): Karin Letsch
Mitglieder: 1400
Mitarbeiter: 8

h 462

Einzelhandelsverband Nordrhein-Westfalen e.V.
- Fachvereinigung Möbel -
Heeserstr. 8, 57072 Siegen
T: (0271) 23 22 30 **Fax:** 2 32 23 20
Vorsitzende(r): Wolfgang Panthel (Neumarkt 23, 50667 Köln, T: (0221) 21 02 41, Telefax: (0221) 23 45 76)
Geschäftsführer(in): Dipl.-Volksw. Gerhard Schridde

h 463

Landesverband Einzelhandel Rheinland-Pfalz e.V.
- Landesfachgruppe Möbel -
Ludwigsstr. 7, 55116 Mainz
T: (06131) 23 26 31 **Fax:** 23 83 15
Vorsitzende(r): N. N.
Geschäftsführer(in): N. N.

h 464

Landesverband des Hessischen Einzelhandels
- Fachgruppe Möbel -
Berliner Str. 72, 60311 Frankfurt
T: (069) 13 30 91-0 **Fax:** 13 30 91-99
E-Mail: info@einzelhandel-hessen.de
Vorsitzende(r): N.N.
Geschäftsführer(in): Dipl.-Kfm. Heinz-Dieter Schoenfeld

h 465

Möbelfachverband im Saarland e.V.
Feldmannstr. 26, 66119 Saarbrücken
T: (0681) 9 27 17-0 **Fax:** 9 27 17-10
E-Mail: lvsaar@buchhandel.de
Vorsitzende(r): Andreas Herzer
Geschäftsführer(in): Dipl.-Volksw. Klaus Feld

h 466

Fachverband des Möbelhandels Baden-Württemberg e.V.
Neue Weinsteige 44, 70180 Stuttgart
T: (0711) 60 03 15 **Fax:** 6 40 93 91
Vorsitzende(r): Fred Firnhaber (Schlachthofstr. 24, 70188 Stuttgart, T: (0711) 48 20 92, Telefax: (0711) 48 45 51)
Geschäftsführer(in): Ottmar Blum

h 467

Bayerischer Möbel-Fachverband e.V.
Stelzengasse 4, 90403 Nürnberg
T: (0911) 55 06 62 **Fax:** 53 62 80
Vorsitzende(r): Werner Reim (Kaiserstr. 31-37, 90403 Nürnberg, T: (0911) 24 41 40, Telefax: (0911) 2 44 14 49)
Geschäftsführer(in): Dr. Hanns Hofmann

h 468

Landesverband des Bayerischen Einzelhandels e.V.
- Fachgemeinschaft Möbel -
Brienner Str. 45, 80333 München
T: (089) 55 11 80 **Fax:** 55 11 81 18
Internet: http://www.lbe.de
E-Mail: info@lbe.de
Vorsitzende(r): Friedrich Eckert (Industriestr. 25, 91207 Lauf, T: (09123) 50 00, Telefax: (09123) 8 24 29)
Geschäftsführer(in): RA Günther Stock

h 469

Handelsverband Sachsen e.V.
- Fachgruppe Möbel -
Könneritzstr. 5, 01067 Dresden
T: (0351) 86 70 60 **Fax:** 8 67 06 20
Vorsitzende(r): Lothar Bastian (Robert-Koch-Str. 1-2, 01809 Heidenau, T: (03529) 51 23 29, Telefax: (03529) 51 22 55)
Geschäftsführer(in): Dipl.-Ökonom. Eberhard Lucas

• H 470

Gesamtverband Deutscher Musikfachgeschäfte e.V. (GDM)
Friedrich-Wilhelm-Str. 31, 53113 Bonn
T: (0228) 5 39 70-0 **Fax:** 5 39 70-70
Internet: http://www.musik-netz.de/GDM
E-Mail: musikverbaende@t-online.de
Gründung: 1829
Präsident(in): Georg Kern, Trier
Geschäftsführer(in): Dr. Heinz Stroh
1. Vizepräsident: Dieter Fischer, Schorndorf
2. Vizepräsident: Bernd Voorhamme, Hannover
Verbandszeitschrift: Musikhandel
Mitglieder: 1000

• H 471

Verband der Vertriebe von Musikinstrumenten und Musikelektronik in Deutschland e.V. (VVMD)
Heinestr. 169, 70597 Stuttgart
T: (0711) 9 76 58-0 **Fax:** 9 76 58-30
E-Mail: vvmd@aol.com
Vorsitzende(r): Werner Sonderwald
Geschäftsführer(in): Dr. Volker Schmid
Mitglieder: 35
Umsatz: DM 460 Mio (ohne Zoll- und Vertriebskosten) für Musikinstrumente
Für Musikelektronik DM 160 Mio

• H 472

Verband Deutscher Nähmaschinenhändler e.V. (VDN)
im Hauptverband des Deutschen Einzelhandels
Postf. 25 03 63, 50519 Köln
Gothaer Allee 2, 50969 Köln
T: (0221) 9 36 55-8 23 **Fax:** 9 36 55-8 38
Vorsitzende(r): Udo Heimann (Löhstr. 2, 45468 Mülheim, T: (0208) 47 34 84, Fax: 44 52 07)
Vorstandsmitglieder: Rolf König (Nähmaschinen Philipp, Große Str. 68, 27283 Verden, T: (04231) 35 31, Fax: 35 51)
Bernhard Ziegelhöfer (Fa. Stefan Ziegelhöfer, Ludwigsplatz 6, 94315 Straubing, T: (09421) 10 14 -6, Fax: 80 97-7)
Geschäftsführer(in): Joachim Dünkelmann

h 473

Einzelhandelsverband Nordbaden e.V.
Fachgemeinschaft Nähmaschinen
R 1 7, 68161 Mannheim
T: (0621) 2 09 09 **Fax:** 15 44 98
Geschäftsführer(in): Rupert Kaindl

h 474

Landesverband des Bayerischen Einzelhandels e.V.
Fachgemeinschaft Nähmaschinen
Brienner Str. 45, 80333 München
T: (089) 5 51 18-128 **Fax:** 5 51 18-163
Geschäftsführer(in): Erik Olaf Weibel

h 475

Landesverband des Hessischen Einzelhandels e.V.
Fachgemeinschaft Nähmaschinen
Berliner Str. 72, 60311 Frankfurt
T: (069) 13 30 91-0 **Fax:** 13 30 91-99
Geschäftsführer(in): RA Markus Kneflowski

h 476

Unternehmerverband Einzelhandel Niedersachsen e.V.
Fachgemeinschaft Nähmaschinen
Hinüberstr. 16, 30175 Hannover
T: (0511) 3 37 08-26 **Fax:** 3 37 08-29
Vorsitzende(r): Rolf König (Nähmaschinen Philipp, Große Str. 68, 27283 Verden, T: (04231) 35 31, Fax: 35 51)
Geschäftsführer(in): Dr. Friedhelm Böth

h 477

Einzelhandelsverband Nordrhein-Westfalen e.V.
Fachgemeinschaft Nähmaschinen
Kaiserstr. 42a, 40479 Düsseldorf
T: (0211) 4 98 06-0 **Fax:** 4 98 06-20
Vorsitzende(r): Udo Heimann (Heimann Nähmaschinen + Handarbeiten, Löhstr. 2, 45468 Mülheim, T: (0208) 47 34 84, Fax: 44 52 07)
Geschäftsführer(in): Thomas Thienen

h 478

Einzelhandelsverband Nord-Ost e.V.
Fachgemeinschaft Nähmaschinen
Flämische Str. 22, 24103 Kiel
T: (0431) 9 74 07-0 **Fax:** 9 74 07-24
Vorsitzende(r): Erwin Zoschke (Nähmaschinen-Studio Zoschke, Küterstr. 5, 24103 Kiel, T: (0431) 94 90-0, Fax: 91 10-5)
Geschäftsführer(in): Peter Kettler

h 479

Landesfachgemeinschaft Motorrad-, Fahrrad- und Nähmaschinenhandel Saar e.V.
Fachgemeinschaft Nähmaschinen
Feldmannstr. 26, 66119 Saarbrücken
T: (0681) 56 03-0 **Fax:** 56 04-1
Vorsitzende(r): Manfred Hawner (Zweirad-Center Hawner, Merziger Str. 2-4, 66763 Dillingen, T: (06831) 78 09-9, Fax: 79 90-5)
Geschäftsführer(in): Dipl.-Vw. Werner Thau

h 480

Handelsverband Sachsen e.V.
Fachgemeinschaft Nähmaschinen
Könneritzstr. 5, 01067 Dresden
T: (0351) 8 67 06-0 **Fax:** 8 67 06-20
Geschäftsführer(in): Dipl.-Ökonom. Eberhard Lucas

h 481

Verband der Kaufleute Sachsen-Anhalt e.V.
Fachgemeinschaft Nähmaschinen
Liebigstr. 5, 39104 Magdeburg
T: (0391) 56 19 63-1 **Fax:** 54 20 26-6
Geschäftsführer(in): Dr. Gero Hildebrandt

h 482

Verband Thüringer Kaufleute e.V.
Fachgemeinschaft Nähmaschinen
Augsburger Str. 10, 99091 Erfurt
T: (0361) 7 78 06-0 **Fax:** 7 78 06-12
Geschäftsführer(in): Martin Pielemeier

• H 483

Bundesverband Parfümerien e.V.
Fachverband des Einzelhandels mit Parfümerien, Kosmetik und Körperpflegemitteln in der Hauptgemeinschaft des Deutschen Einzelhandels e. V.
An der Engelsburg 1, 45657 Recklinghausen
T: (02361) 92 48-0 **Fax:** 92 48 88
E-Mail: ParfuemerieVerband@t-online.de
Internationaler Zusammenschluß: siehe unter izh 378
Vorsitzende(r): Reinhard-Dieter Wolf (Arndtstr. 2, 33602 Bielefeld)
Geschäftsführer(in): Werner Hariegel
Mitglieder: 3000

• H 484

Interessengemeinschaft Parfümerie-Cosmetik-Unternehmer e.V. (IGPC)
Sitz Stuttgart
Büro Schatzmeister
Mönchbergstr. 14, 97074 Würzburg
T: (0931) 8 30 50 **Fax:** 88 71 07
Gründung: 1995
Vorsitzende(r): Horst-Dieter Braig
Stellvertretende(r) Vorsitzende(r): Herbert Sander
Mitglieder: 210
Mitarbeiter: 3 ehrenamtliche
Jahresetat: DM 0,03 Mio, € 0,02 Mio

• H 485

Bundesfachverband Deutscher Reformhäuser e.V. (refo)
Gotische Str. 15, 61440 Oberursel
T: (06172) 30 09-861 **Fax:** 30 09-862
Internationaler Zusammenschluß: siehe unter izh 389
Mitglieder: 12
Mitarbeiter: 2

• H 486

Bundesverband des Sanitätsfachhandels e.V. (BVS)
Salierring 44, 50677 Köln
T: (0221) 2 40 90 27 **Fax:** 2 40 86 70
E-Mail: BGVerband@aol.com
Vorsitzende(r): Ghita Giede (Sanitätshaus B. Giede, Kaiserallee 78, 76185 Karlsruhe)
Geschäftsführer(in): Winfried Toubartz
Mitglieder: 13 Landesverbände

Berufs-, wirtschafts-, handels- und branchenpolitische Vereinigung des Sanitätsfachhandels.

• H 487

Bundesverband des Deutschen Schuheinzelhandels e.V.
Salierring 44, 50677 Köln
T: (0221) 2 40 91 07 **Fax:** 2 40 86 70
Vorsitzende(r): Lieselotte Frank-Schertel (Postfach 21 53, 55511 Bad Kreuznach)
Geschäftsführer(in): Winfried Toubartz
Mitglieder: 16 Landesverbände

h 488

Einzelhandelsverband Württemberg e.V. Fachgemeinschaft Schuhe
Neue Weinsteige 44, 70180 Stuttgart
T: (0711) 6 48 64 30 **Fax:** 6 48 64 34
Internet: http://www.ehv-wuerttemberg.de
E-Mail: info@ehv-wuerttemberg.de
Vorsitzende(r): Albrecht Diem
Geschäftsführer(in): RA André F. Kunz
Mitglieder: 900

h 489

Landesverband des Bayerischen Einzelhandels Fachabteilung Schuhe
Postf. 20 13 42, 80013 München
Brienner Str. 45, 80333 München
T: (089) 55 11 81 20 **Fax:** 55 11 81 18
Internet: http://www.lbe.de
E-Mail: dr.aigner@lbe-oberbayern.de
Vorsitzende(r): Eduard Meier, München
Geschäftsführer(in): Dr. Martin Aigner

h 490

Verband des Berliner und Brandenburgischen Schuheinzelhandels e.V.
Mehringdamm 48, 10961 Berlin
T: (030) 7 86 24 73 **Fax:** 7 85 35 34
Vorsitzende(r): Horst Wittstock
Geschäftsführer(in): Dipl.-Kfm. Stephan Tromp

h 491

Fachverband Schuhe im Einzelhandelsverband Nordsee Bremen e.V.
Hinter dem Schütting 8, 28195 Bremen
T: (0421) 32 60 33 **Fax:** 32 87 90
E-Mail: ehv/nordsee@t-online.de
Vorsitzende(r): Rolf Meinke, Bremen
Geschäftsführer(in): Wolfgang Brakhane

h 492

Landesverband des Hessischen Einzelhandels e.V. Fachgemeinschaft Schuhe
Berliner Str. 72, 60311 Frankfurt
T: (069) 13 30 91-0 **Fax:** 13 31 91 99
Internet: http://www.einzelhandel-hessen.de
E-Mail: info@einzelhandel-hessen.de
Vorsitzende(r): Bruno Skorwider
Hauptgeschäftsführer(in): Heinz-Dieter Schoenfeld

h 493

Unternehmerverband Einzelhandel Osnabrück Emsland e.V.
Postf. 17 60, 49007 Osnabrück
Herrenteichsstr. 5, 49074 Osnabrück
T: (0541) 3 57 82-0 **Fax:** 3 57 82 99
Vorsitzende(r): N. N.
Geschäftsführer(in): Peter H. Konermann

h 494

Einzelhandelsverband Nordrhein-Westfalen Fachgemeinschaft Schuhe
Kaiserstr. 42a, 40479 Düsseldorf
T: (0211) 49 80 60 **Fax:** 4 98 06 36
E-Mail: info@einzelhandelnrw.de
Vorsitzende(r): Inge Fehsel, Düsseldorf
Geschäftsführer(in): Heinz Trompetter

h 495

Einzelhandelsverband Rheinhessen-Pfalz e.V. Abteilung Schuhe
Postf. 10 03 62, 67403 Neustadt
Festplatzstr. 8, 67433 Neustadt
T: (06321) 9 24 20 **Fax:** 92 42 31
E-Mail: ehv-neustadt@einzelhandel.de
Vorsitzende(r): N. N.

h 496

Verband des Saarländischen Schuheinzelhandels e.V.
Postf. 10 18 23, 66018 Saarbrücken
Feldmannstr. 26, 66119 Saarbrücken
T: (0681) 5 60 30 **Fax:** 5 60 41
Vorsitzende(r): Gerd Woll
Geschäftsführer(in): Wolfgang Lossen

h 497

Einzelhandelsverband Nord-Ost e.V. Schleswig-Holstein/Mecklenburg-Vorpommern Fachgemeinschaft Schuhe
Mühlenstr. 16, 25335 Elmshorn
T: (04121) 8 41 60 **Fax:** 8 11 73
Geschäftsführer(in): Peter Kneuttinger

h 498

Verband der Kaufleute Sachsen-Anhalt e.V.
Liebigstr. 5, 39104 Magdeburg
T: (0391) 5 61 96 31 **Fax:** 5 43 02 66
E-Mail: verband-d.-kaufleute-s.-anhalt@t-online.de
Vorsitzende(r): Jochen Kollwitz (Kranichweg 2, 39112 Magdeburg, T/Fax: (0391) 7 34 83 58)
Hauptgeschäftsführer(in): Dr. Gero Hildebrandt

h 499

Handelsverband Sachsen e.V. Bezirksgeschäftsstelle Chemnitz
Geschäftsstelle
Salzstr. 1, 09113 Chemnitz
T: (0371) 81 56 20 **Fax:** 8 15 62 20
Internet: http://www.handel-sachsen.de
E-Mail: hvs-chemnitz@handel-sachsen.de
Präsident(in): Bernd Kippig (Fa. Kurt Kippig KG, Röhrsdorfer Str. 13, 09247 Röhrsdorf, Tel: (03722) 5 21 30, Fax: (03722) 52 13 50)
Hauptgeschäftsführer(in): Eberhard Lucas
Geschäftsführer(in): Jutta Müller (Landesfachgemeinschaft)
Bezirksgeschäftsstellen:
- Westsachsen, Engelsdorfer Str. 5, 04317 Leipzig, T: (0341) 6 89 10 71, Fax: (0341) 6 89 10 72;
- Ostsachsen, Könneritzstr. 3, 01067 Dresden, T: (0351) 86 70 60, Fax: (0351) 8 67 06 20

h 500

Einzelhandelsverband Thüringen e.V. Verband Thüringer Kaufleute
Augsburger Str. 10, 99091 Erfurt
T: (0361) 7 78 06-0 **Fax:** 7 78 06-12
Präsident(in): Arnold Senft (Fa. Modehaus Senft, Bahnhofstr. 33, 37327 Leinefelde, T/Fax: (03605) 51 26 19, E-mail: lv-thüringen@einzelhandel.de, Internet: http://www.handelshaus.de)
Hauptgeschäftsführer(in): Karin Letsch
Bezirksgeschäftsstellen:
Mittel- u. Nordthüringen: Augsburger Str. 10, 99091 Erfurt, T: (0361) 7 78 06 50, Fax: (0361) 7 78 06 12

Regionalgeschäftsstellen:
Südthüringen: Werner-Seelenbinder-Str. 7, 98529 Suhl, T: (03681) 72 45 78, Fax: (03681) 70 98 11
Ostthüringen: Lessingstr. 7, 07545 Gera, T: (0365) 8 32 34 69, Fax: (0365) 8 32 33 16

h 501

Einzelhandelsverband Land Brandenburg e.V.
Fachgemeinschaft Schuhe
Steinstr. 20, 16816 Neuruppin
T: (03391) 45 63-0 **Fax:** 45 63 31
E-Mail: ehr-land-brandenburg@t-online.de
Präsident(in): Heidemarie Baar
Hauptgeschäftsführer(in): Harald Lemke
Bezirksgeschäftsstellen: Schlaatzweg 1, 14473 Potsdam, T: (0331) 29 28 69, Fax: (0331) 2 70 85 28; Ostrower Damm 9, 03046 Cottbus, T: (0355) 2 34 77; Birnbaumsmühle Nr. 65, 15234 Frankfurt/Oder, T/Fax: (0335) 4 00 03 05

• H 502

Verband des Hamburger Schuheinzelhandels e.V.
Bei dem Neuen Krahn 2, 20457 Hamburg
T: (040) 36 98 12 12 **Fax:** 36 98 12 22

• H 503

Bundes-Fachverband Schwimmbad-Technik e.V. (BFST)
Gothaer Allee 2, 50969 Köln
T: (0221) 9 36 55-801, 9 36 55-808 **Fax:** 9 36 55-809

• H 504

Bundesverband des Spielwaren-Einzelhandels e.V. (BVS)
Postf. 25 03 63, 50519 Köln
Gothaer Allee 2, 50969 Köln
T: (0221) 9 36 55-822 **Fax:** 9 36 55-838
Vorst. u. Geschf.: Dr. Frieder Panne (Vors.; c/o Spiel+Freizeit Panne, Wilhelmstr. 29, 72764 Reutlingen, T: (07121) 93 89 37-39, Fax: (07121) 93 89 48)
Horst Neumaier (1. stv. Vors.; c/o Adelmann GmbH, Marienstr. 3-5, 49808 Lingen, T: (0591) 8 00 11-0, Fax: (0591) 8 00 11-29)
Heinz Ludl (2. stv. Vors.; c/o SPIEL & SPAß LUDL, Reichsstr. 2+4, 88609 Donauwörth, T: (0906) 2 26 86, Fax: (0906) 2 16 86)
Wilfried Baumunk (c/o Spielwaren Engelhard, Metzgerstr. 2, 77652 Offenburg, T: (0781) 2 51 05, Fax: (0781) 2 51 85)
Hans-Günther Gerards (Spiel+Freizeit Gerards, Marktsstr. 17, 41236 Mönchengladbach, T: (02166) 4 40 94, Fax: (02166) 4 97 25)
Ingo Grabmeister (Karstadt AG, ZE Spielwaren, Theodor-Althoff-Str. 2, 45133 Essen, T: (0201) 7 27 38 17, Fax: (0210) 7 27 38 00)
Geschäftsführer(in): Willy Fischel (Bundesverband d, Spielwaren-Einzelhandels e.V. (BVS), Postf. 25 03 63, 50519 Köln, Gothaer Allee 2, 50969 Köln, T: (0221) 9 36 55-8 20, Fax: (0221) 9 36 55-8 38)

Landesverbände

h 505

Einzelhandelsverband Baden-Württemberg e.V. Fachgemeinschaft Spielwaren
Neue Weinsteige 44, 70180 Stuttgart
T: (0711) 6 48 64-23 **Fax:** 6 48 64-24
Vorsitzende(r): Wolf-Albrecht Kainz jr. (Albrecht Rees GmbH, Kirchstr. 9-11, 71634 Ludwigsburg, T: (07141) 93 52-0, Fax: 93 52)

h 506

Landesverband des Bayerischen Einzelhandels e.V. Fachgemeinschaft Spielwaren
Brienner Str. 45, 80333 München
T: (089) 5 51 18-132 **Fax:** 5 51 18-163
Geschäftsführer(in): Wolf-Dieter Brock

h 507

Gesamtverband des Spielwaren-Einzelhandels Berlin e.V.
Hohenzollerndamm 183-184, 10713 Berlin
T: (030) 8 81 77 38 **Fax:** 8 81 27 03
Geschäftsführer(in): Nils Busch-Petersen

h 508

Einzelhandelsverband Land Brandenburg e.V. Fachgemeinschaft Spielwaren
Steinstr. 20, 16816 Neuruppin
T: (03391) 45 63-0 **Fax:** 45 63-31
Geschäftsführer(in): Harald Lemke

h 509

**Einzelhandelsverband Nordsee Bremen e.V.
Fachgemeinschaft Spielwaren**
Hinter dem Schütting 8, 28195 Bremen
T: (0421) 32 60 33-34 **Fax:** 32 87 90
Geschäftsführer(in): Wolfgang Brakhane

h 510

Fachgemeinschaft Spielwaren und Modellbau im Landesverband Hamburg e.V.
Bei dem Neuen Krahn 2, 20457 Hamburg
T: (040) 36 98 12-26 **Fax:** 36 98 12-22
Vorsitzende(r): Günter Wolf (Baumkamp 82, 22299 Hamburg, T: (040) 5 11 87 62)
Geschäftsführer(in): Ulf Kalkmann

h 511

**Landesverband des Hessischen Einzelhandels e.V.
Fachgemeinschaft Spielwaren**
Berliner Str. 72, 60311 Frankfurt
T: (069) 13 30 91-0 **Fax:** 13 30 91-99
Vorsitzende(r): Klaus Anspach (Faix & Söhne GmbH & Co., Elisabethenstr. 1-3, 64283 Darmstadt, T: (06151) 29 09-0, Fax: 29 45 05)
Geschäftsführer(in): Dipl.-Kfm. Heinz-Dieter Schoenfeld

h 512

**Unternehmerverband Einzelhandel Niedersachsen e.V.
Fachgemeinschaft Spielwaren**
Hinüberstr. 16, 30175 Hannover
T: (0511) 3 37 08-26 **Fax:** 3 37 08-29
Geschäftsführer(in): Dr. Friedhelm Böth

h 513

**Einzelhandelsverband Nordrhein-Westfalen e.V.
Fachgemeinschaft Spielwaren**
Kaiserstr. 42a, 40479 Düsseldorf
T: (0211) 4 98 06-0 **Fax:** 4 98 06-20
Vorsitzende(r): Hans-Günther Gerads (Spielwaren Gerads, Marktstr. 17, 41236 Mönchengladbach, T: (02166) 4 40 94, Fax: 4 97 25)
Geschäftsführer(in): Thomas Thienen

h 514

**Einzelhandelsverband Nord-Ost e.V.
Fachgemeinschaft Spielwaren**
Flämische Str. 22, 24103 Kiel
T: (0431) 9 74 07-0 **Fax:** 9 74 07-24
Geschäftsführer(in): Peter Kettler

h 515

**Unternehmerverband Einzelhandel Rheinland-Pfalz e.V.
Fachgemeinschaft Spielwaren**
Ludwigsstr. 7, 55116 Mainz
T: (06131) 23 26 31 **Fax:** 23 83 15
Geschäftsführer(in): Hanno Scherer

h 516

**Handelsverband Sachsen e.V.
Geschäftsstelle Westsachsen**
Engelsdorfer Str. 5, 04317 Leipzig
T: (0341) 6 88 18 79 **Fax:** 6 89 10 72
Geschäftsführer(in): Gunter Engelmann-Merkel

h 517

**Verband der Kaufleute Sachsen-Anhalt e.V.
Fachgemeinschaft Spielwaren**
Liebigstr. 5, 39104 Magdeburg
T: (0391) 5 61 96 31 **Fax:** 5 43 02 66
Geschäftsführer(in): Dr. Gero Hildebrandt

h 518

**Verband Thüringer Kaufleute e.V.
Fachgemeinschaft Spielwaren**
Augsburger Str. 10, 99091 Erfurt
T: (0361) 7 78 06-0 **Fax:** 7 78 06-12
Vorsitzende: Renate Höch (Spielwaren Höch, Karlsplatz 3, 99817 Eisenach, T: (03691) 20 33 41, Fax: 20 33 41)
Hauptgeschäftsführerin: Karin Letsch

• H 519

Verband Deutscher Sportfachhandel e.V. (VDS)
Postf. 34 80, 65024 Wiesbaden
Fichtestr. 22, 65189 Wiesbaden
T: (0611) 9 90 05-0 **Fax:** 9 90 05-99
Büro München: Von-der-Vring-Str. 17, 81929 München, Postf. 81 10 45, 81910 München, T: (089) 99 35 56-0, Telefax: (089) 99 35 56 99
Vorsitzende(r): Werner Haizmann (Brunnenstr. 3, 70372 Stuttgart, T: (0711) 56 58 11, Telefax: (0711) 55 72 69)
Geschäftsführer(in): Dipl.-Kfm. Hugo Laumann

• H 520

Bundesverband des Tabakwaren-Einzelhandels e.V. (BTWE)
Gothaer Allee 2, 50969 Köln
T: (0221) 9 36 55-7 14
Präsident(in): Thomas Oberheidt (58095 Hagen)
Hauptgeschäftsführer(in): Dipl.-Volksw. Uwe Klein
Geschäftsführer(in): Hannah Reinartz
Mitglieder: 15 Verbände

Landesverbände

h 521

**Einzelhandelsverband Baden-Württemberg e.V.
Landesfachgemeinschaft Tabak**
Postf. 4 73, 79004 Freiburg
Eisenbahnstr. 68-70, 79098 Freiburg
T: (0761) 3 68 76-21
Vorsitzende(r): Gerhard Huber
Geschäftsführer(in): Dipl.-Kfm. Manfred C. Noppel

h 522

**Landesverband des Bayerischen Einzelhandels e.V.
Fachgemeinschaft Tabak**
Brienner Str. 45, 80333 München
T: (089) 5 51 18- 0
Vorsitzende(r): Lothar Geyer
Geschäftsführer(in): Wolf-Dieter Brock

h 523

Verband der Berliner Presse-Lotto-Tabakwaren-Einzelhändler e.V.
Alarichstr. 12-17, 12105 Berlin
T: (030) 7 86 20 05
Vorsitzende(r): Heinz-Jürgen Steineke
Geschäftsführer(in): N.N.

h 524

Einzelhandelsverband Land Brandenburg e.V.
Steinstr. 20, 16816 Neuruppin
T: (03391) 45 63-0 **Fax:** 45 63 31
E-Mail: ehr-land-brandenburg@t-online.de
Vorsitzende(r): Heinz-Dietrich Vick
Geschäftsführer(in): Harald Lemke

h 525

Fachverband Tabakwaren, Presse und Toto/Lotto im Einzelhandelsverband Nordsee
Hinter dem Schütting 8, 28195 Bremen
T: (0421) 32 60 34
Vorsitzende(r): Harry Bollmann
Geschäftsführer(in): Horst Laue

h 526

Fachverband Tabakwaren für Nordwestdeutschland e.V.
Sitz Hamburg
Bei dem Neuen Krahn 2, 20457 Hamburg
T: (040) 3 69 81 20
Vorsitzende(r): Kerstin Kähler
Geschäftsführer(in): Dipl.-Kfm. Ulf Kalkmann

h 527

**Landesverband des Hessischen Einzelhandels e.V.
Fachgemeinschaft Tabak**
Berliner Str. 72, 60311 Frankfurt
T: (069) 1 33 09 10 **Fax:** 13 30 91 99
Vorsitzende(r): Reiner Oestreich
Geschäftsführer(in): RA Markus Kneflowski

h 528

**Unternehmerverband Niedersachsen e.V.
Landesfachgemeinschaft Tabak**
Hinüberstr. 16, 30175 Hannover
T: (0511) 3 37 08-25
Vorsitzende(r): Hans-Peter Mühlhausen
Geschäftsführer(in): Ass. Michael Bücker

h 529

**Einzelhandelsverband Nord-Ost e.V.
Fachgemeinschaft Tabak**
Flämische Str. 22, 24103 Kiel
T: (0431) 97 40 70
Vorsitzende(r): Lorenz Ingwersen, Kiel
Geschäftsführer(in): Dirk Böckenholt

h 530

**Einzelhandelsverband Nordrhein-Westfalen e.V.
Fachgemeinschaft Tabak**
Prinz-Friedrich-Karl-Str. 26, 44135 Dortmund
T: (0231) 57 79 50
Vorsitzende(r): Thomas Oberheidt
Geschäftsführer(in): Dr. Wilm Schulte

h 531

**Landesverband Einzelhandel Rheinland-Pfalz e.V.
Fachgemeinschaft Tabakwaren**
Festplatzstr. 8, 67433 Neustadt
T: (06321) 92 42-0
Vorsitzende(r): N. N.
Geschäftsführer(in): RA Andrea Mahl

h 532

Tabakwaren-Fachverband Saar e.V.
Feldmannstr. 26, 66119 Saarbrücken
T: (0681) 5 60 30
Vorsitzende(r): Fred Ranker
Geschäftsführer(in): Dipl.-Vw. Werner Thau

h 533

Handelsverband Sachsen e.V. (HVS)
Fachgemeinschaft Tabak
Könneritzstr. 5, 01067 Dresden
T: (0351) 86 70 60 **Fax:** 8 67 06 30
Internet: http://www.handel-sachsen.de
Vorsitzende(r): N. N.
Hauptgeschäftsführer(in): Eberhard Lucas

h 534

Verband der Kaufleute Sachsen-Anhalt e.V.
Liebigstr. 5, 39104 Magdeburg
T: (0391) 5 61 96 31 **Fax:** 5 43 02 66
E-Mail: verband-d.-kaufleute-s.-anhalt@t-online.de
Vorsitzende(r): Jochen Kollwitz
Geschäftsführer(in): Dr. Gero Hildebrandt

h 535

**Einzelhandelsverband Thüringen e.V.
Verband Thüringer Kaufleute**
Augsburger Str. 10, 99091 Erfurt
T: (0361) 7 78 06-0 **Fax:** 7 78 06-12
Gründung: 1989 (Dezember)
Vorsitzende(r): Arnold Senft
Hauptgeschäftsführer(in): Karin Letsch
Mitglieder: 1400
Mitarbeiter: 8

• H 536

Bundesverband Tankstellen und Gewerbliche Autowäsche Deutschland e.V.
Postf. 22 27, 32379 Minden
Stiftstr. 35, 32427 Minden
T: (0571) 88 60 80 **Fax:** 8 86 08 20
1. Vorsitzende(r): Joachim Jäckel (Henkelstr. 306, 40599 Düsseldorf)
Geschäftsführer(in): Sigrid Pook
Mitglieder: 13 Verbände

• H 537

Fachverband des Deutschen Tapeten- und Bodenbelaghandels e.V. (FDTB)
Höslinstr. 8, 72587 Römerstein
T: (07382) 53 65 **Fax:** 53 10
Internet: http://www.fdtb.de
E-Mail: Verbandsbuero@t-online.de
Vorsitzende(r): Erich van Laak (Postf. 12 03 45, 47123 Duisburg, T: (0203) 44 31 75)
Geschäftsführer(in): Dipl.-Betriebsw. (FH) Reinhard Schmohl (Leitung Presseabt.)

• H 538

Bundesverband Technik des Einzelhandels e.V. (BVT)
Postf. 25 03 63, 50519 Köln
Gothaer Allee 2, 50969 Köln
T: (0221) 9 36 55-822 **Fax:** 9 36 55-838
Internationaler Zusammenschluß: siehe unter izh 152
Vorsitzende(r): Willi Klöcker (MediMax Leverkusen, Wiesdorfer Platz 47-53, 51373 Leverkusen, T: (0214) 8 30 42 14, Fax: 4 13 12), Leverkusen
Vorstand: Willi Walgenbach (W. Walgenbach GmbH, Gumbertstr. 156, 40229 Düsseldorf, T: (0211) 22 09 10, Fax: 2 20 91 63)
Jürgen Christ (expert Christ, Wiesenweg 6, 59558 Lippstadt, T: (02941) 65 71 91, Fax: 6 00 21)
Claudia Runte (Lichthaus Runte GmbH, Schützenhof 17-23, 58636 Iserlohn, T: (02371) 2 40 31, Fax: 2 44 55)
Artur Rusnok (G. Rusnok KG, Oberntorwall 19, 33602 Biele-

feld, T: (0521) 6 18 35, Fax: 6 09 84)
Dieter Firschke (Expert Firschke, Hauptstr. 60-61, 10827 Berlin, T: (030) 78 09 80-0, Fax: 78 09 80-20)
Geschäftsführer(in): Willy Fischel

Landesverbände

Baden-Württemberg

h 539

Einzelhandelsverband Südbaden e.V.
Fachgemeinschaft Technik
Schützenstr. 8, 78462 Konstanz
T: (07531) 2 39 34 **Fax:** 1 63 87
Vorsitzende(r): Eduard Schellhammer (Fachcenter Schellhammer GmbH, Industriestr. 1a, 78224 Singen, T: (07731) 59 04 11, Fax: 59 04 99)
Geschäftsführer(in): Utz Geiselhart

Bayern

h 540

Landesverband des Bayerischen Einzelhandels e.V.
Fachgemeinschaft Technik
Brienner Str. 45, 80333 München
T: (089) 5 51 18-132 **Fax:** 5 51 18-163
Geschäftsführer(in): Wolf Dieter Brock

Berlin

h 541

Deutscher Radio- und Fernseh-Fachverband Berlin e.V.
Hohenzollerndamm 183-184, 10713 Berlin
T: (030) 8 83 51 29 **Fax:** 8 81 27 03
Vorsitzende(r): Dieter Firschke (Expert Firschke, Hauptstr. 60-61, 10827 Berlin, T: (030) 78 40 11, Fax: 7 88 10 57)
Geschäftsführer(in): Gernot Bazin

h 542

Gesamtverband des Einzelhandels Land Berlin e.V.
Fachgemeinschaft Beleuchtung-Elektro
Hohenzollerndamm 183, 10713 Berlin
T: (030) 8 81 77 38 **Fax:** 8 81 18 65
Vorsitzende(r): Manfred Schirmer (Köhler Beleuchtung, Steglitzer Damm 39, 12169 Berlin, T: (030) 7 96 52 18, Fax: 7 95 39 42)
Geschäftsführer(in): Nils Busch-Petersen

Brandenburg

h 543

Einzelhandelsverband Land Brandenburg e.V.
Fachgemeinschaft Technik
Steinstr. 20, 16816 Neuruppin
T: (03391) 45 63-0 **Fax:** 45 63-31
Geschäftsführer(in): Harald Lemke

Bremen

h 544

Einzelhandelsverband Nordsee Bremen e.V.
Fachgemeinschaft Technik
Hinter dem Schütting 8, 28195 Bremen
T: (0421) 32 60 33, 32 60 34 **Fax:** 32 87 90
Geschäftsführer(in): Wolfgang Brakhane

Hamburg

h 545

Verband des Rundfunk- und Fernseh-Einzelhandels Hamburg e.V.
Bei dem Neuen Krahn 2, 20457 Hamburg
T: (040) 36 98 12-26 **Fax:** 36 98 12-22
Vorsitzende(r): Bodo Kretschmann (Elektrohaus Langenhorn GmbH, Ilsenweg 36, 22395 Hamburg, T: (040) 6 01 28 77, Fax: 6 01 28 77)
Geschäftsführer(in): Ulf Kalkmann

h 546

Fachverband Hamburger Hartwarenhandel e.V.
Bei dem Neuen Krahn 2, 20457 Hamburg
T: (040) 36 98 12-26 **Fax:** 36 98 12-22
Vorsitzende(r): Heinz Hertling (Stil-Leuchten-Pavillon, Lokstedter Steindamm 33, 22529 Hamburg, T: (040) 56 42 39, Fax: 56 28 20)
Geschäftsführer(in): Ulf Kalkmann

Hessen

h 547

Landesverband des Hessischen Einzelhandels e.V.
Fachgemeinschaft Radio-Fernsehen
Berliner Str. 72, 60311 Frankfurt
T: (069) 13 30 91-0 **Fax:** 13 30 91-99
Vorsitzende(r): Wolfgang Tengler (Radio-Wilms GmbH, Heidelberger Landstr. 223, 64297 Darmstadt, T: (06151) 94 74 12, Fax: 94 74 31)
Geschäftsführer(in): Dipl.-Kfm. Heinz-Dieter Schoenfeld

h 548

Landesverband des Hessischen Einzelhandels e.V.
Fachgemeinschaft Beleuchtung-Elektro
Berliner Str. 72, 60311 Frankfurt
T: (069) 13 30 91-0 **Fax:** 13 30 91-99
Vorsitzende(r): Klaus Speck (Hinkel Elektroanlagen GmbH, Fischerfeldstr. 13, 60311 Frankfurt, T: (069) 29 25 70, Fax: 28 17 09)
Geschäftsführer(in): RA Markus Kneflowski

Niedersachsen

h 549

Unternehmerverband Einzelhandel Osnabrück e.V.
Fachgemeinschaft Technik
Herrenteichsstr. 5, 49074 Osnabrück
T: (0541) 35 78 20 **Fax:** 3 57 82-99
Vorsitzende(r): Willfried Korte-Termöllen (Otto Korte GmbH, Herrenteichstr. 19, 49074 Osnabrück, T: (0541) 2 47 77, Fax: 2 70 51)
Geschäftsführer(in): Peter Konermann

Nordrhein-Westfalen

h 550

Einzelhandelsverband Nordrhein-Westfalen e.V.
Fachgemeinschaft Unterhaltungselektronik
Kaiserstr. 42a, 40479 Düsseldorf
T: (0211) 4 98 06-24 **Fax:** 4 98 06-20
Vorsitzende(r): Herbert Schmahl (Siegfried Ginsberg GmbH & Co, Carnaper Str. 103, 42283 Wuppertal, T: (0202) 45 42 55, Fax: 45 19 68)
Geschäftsführer(in): Thomas Thienen

h 551

Einzelhandelsverband Nordrhein-Westfalen e.V.
Fachgemeinschaft Beleuchtung-Elektro
Kaiserstr. 42a, 40479 Düsseldorf
T: (0211) 4 98 06-0 **Fax:** 4 98 06-20
Vorsitzende(r): Willi Walgenbach (W. Walgenbach GmbH, Gumbertstr. 156, 40229 Düsseldorf, T: (0211) 21 10 21, Fax: 2 20 91 63)
Geschäftsführer(in): Thomas Thienen

Nord-Ost

h 552

Einzelhandelsverband Nord-Ost e.V.
Fachgemeinschaft Technik
Flämische Str. 22, 24103 Kiel
T: (0431) 9 74 07-0 **Fax:** 9 74 07-24
Vorsitzende(r): Wolfgang Kelting (Elektro-Kelting, Mühlenstr. 12-14, 25335 Elmshorn, T: (04121) 8 17 24, Fax: 8 17 35)
Geschäftsführer(in): RA Peter Kettler

Rheinland-Pfalz

h 553

Landesverband Einzelhandel Rheinland-Pfalz e.V.
Fachgemeinschaft Technik
Ludwigsstr. 7, 55116 Mainz
T: (06131) 23 26 31 **Fax:** 23 83 15
Vorsitzende(r): Adolf Bauer (Radio Bauer, Rheinhessenstr. 7, 55129 Mainz, T: (06131) 9 58 66-0, Fax: 9 58 66-60)
Geschäftsführer(in): Hanno Scherer

Saarland

h 554

Radio- und Fernseh-Fachverband Saar e.V.
Postf. 10 18 23, 66018 Saarbrücken
Feldmannstr. 26, 66119 Saarbrücken
T: (0681) 5 60 30 **Fax:** 5 60 41
Vorsitzende(r): Karl-Heinz Persch (Fernsehtechnik Persch, Bildstockstr. 27, 66589 Merchweiler, T: (06825) 4 11 33, Fax: 4 81 98)
Geschäftsführer(in): Dipl.-Betriebsw. Christoph Kleer

Sachsen

h 555

Handelsverband Sachsen e.V.
Fachgemeinschaft Technik
Engelsdorfer Str. 5, 04317 Leipzig
T: (0341) 6 88 18 79 **Fax:** 6 89 10 72
Vorsitzende(r): Detlef Nagelschmidt (Elektro Nagelschmidt, Eisenbahnstr. 136, 04315 Leipzig, T: (0341) 6 89 11 80, Fax: 6 89 11 70)
Geschäftsführer(in): Gunter Engelmann-Merkel

Sachsen-Anhalt

h 556

Verband der Kaufleute Sachsen-Anhalt e.V.
Fachgemeinschaft Technik
Kleine Märkerstr. 7a, 06108 Halle
T: (0345) 2 02 36 26 **Fax:** 2 02 36 26
Vorsitzende(r): Dr. Irmgard Boettcher (radio-television GmbH, Max-Otten-Str. 2, 39104 Magdeburg, T: (0391) 5 66 65-0, Fax: 5 66 65-11)
Geschäftsführer(in): Siegfried Mahlert

h 557

Verband Thüringer Kaufleute e.V.
Fachgemeinschaft Technik
Augsburger Str. 10, 99091 Erfurt
T: (0361) 7 78 06-0 **Fax:** 7 78 06-12
Geschäftsführer(in): Karin Letsch

• **H 558**

BTE

Bundesverband des Deutschen Textileinzelhandels e.V. (BTE)
Geschäftsführung:
Postf. 29 02 63, 50524 Köln
T: (0221) 92 15 09-0 **Fax:** 92 15 09-10
Internet: http://www.bte.de
Internationaler Zusammenschluß: siehe unter izh 408
Präsident(in): Klaus Magnus
Vizepräsident(in): Hansjörg Mann
Axel Fischer
Hauptgeschäftsführer(in): Ass. Jürgen Dax

Landesverbände

h 559

Einzelhandelsverband Württemberg e.V.
Fachgemeinschaft Textil
Geschäftsführung:
Neue Weinsteige 44, 70180 Stuttgart
T: (0711) 64 86 40 **Fax:** 6 48 64- 34
Vorsitzende(r): Bruno Röttele
Geschäftsführer(in): RA André F. Kunz

h 560

Landesverband des Bayerischen Einzelhandels e.V.
Fachgemeinschaft Textil
Geschäftsführung:
Brienner Str. 45, 80333 München
T: (089) 5 51 18-0 **Fax:** 55 11 81 63
Vorsitzende(r): Jens H. Rid
Geschäftsführer(in): Dr. Martin Aigner

h 561

Gesamtverband des Berliner Textil-Einzelhandels e.V.
Fachgemeinschaft Textil
Geschäftsführung:
Hohenzollerndamm 183, 10713 Berlin
T: (030) 8 81 77 38 **Fax:** 8 81 18 65
Vorsitzende(r): Gerd Seehafer (i. Fa. Brummer, Tauent-

zienstr. 17, 10798 Berlin, T: (030) 2 11 10 27, Fax: (030) 2 11 10 29)
Geschäftsführer(in): Nils Busch-Petersen

h 562

Einzelhandelsverband Land Brandenburg e.V. Fachgemeinschaft Textil
Schlaatzweg 1, 14473 Potsdam
T: (0331) 29 28 69 **Fax:** 2 70 85 28
Vorsitzende(r): Karin Genrich
Geschäftsführer(in): Anita Berner

h 563

Einzelhandelsverband Nordsee Bremen e.V. Fachgruppe Textil
Geschäftsführung:
Hinter dem Schütting 8, 28195 Bremen
T: (0421) 32 60 34 **Fax:** 32 87 90
Vorsitzende(r): Klaus H. Ristedt
Geschäftsführer(in): Wolfgang Brakhane

h 564

Landesverband des Hessischen Einzelhandels e.V. Fachabteilung Textil
Geschäftsführung:
Berliner Str. 72, 60311 Frankfurt
T: (069) 13 30 91-0 **Fax:** 13 30 91-99
Vorsitzende(r): Rainer Hencke
Geschäftsführer(in): Dipl.-Kfm. Heinz-Dieter Schoenfeld

h 565

Unternehmerverband Einzelhandel Niedersachsen e.V. Landesfachgemeinschaft Textil
Geschäftsführung:
Gartenstr. 5, 26122 Oldenburg
T: (0441) 9 70 91-0 **Fax:** 9 70 91-34
Vorsitzende(r): Hansjörg Mann
Geschäftsführer(in): Dipl.-Volksw. Diedrich Thoms

h 566

Verband des Norddeutschen Textileinzelhandels e.V.
Geschäftsführung:
Bei dem Neuen Krahn 2, 20457 Hamburg
T: (040) 3 69 81 20 **Fax:** 36 98 12 22
Vorsitzende(r): Horst-Arno Gülcher
Geschäftsführer(in): Dipl.-Volksw. Klaus Poetsch

h 567

Einzelhandelsverband Nord-Ost e.V. Fachgemeinschaft Textil
Geschäftsführung:
Mühlenstr. 16, 25335 Elmshorn
T: (04121) 8 11 60 **Fax:** 8 11 73
Vorsitzende(r): Klaus-Dieter Keller
Geschäftsführer(in): Dipl.-Betriebsw. Peter Kneuttinger

h 568

Einzelhandelsverband Nordrhein-Westfalen e.V. Fachgemeinschaft Textil
Geschäftsführung:
Am Lohtor 14, 45657 Recklinghausen
T: (02631) 10 26-0 **Fax:** 10 26-10
Vorsitzende(r): Rolf Jacobi
Geschäftsführer(in): RAin Susanne Brämer

h 569

Landesverband Einzelhandel Rheinland-Pfalz e.V. Fachgemeinschaft Textil
Geschäftsführung:
Postf. 10 03 62, 67403 Neustadt
T: (06321) 92 42-0 **Fax:** 92 42-31
Vorsitzende(r): Steffen Jost
Geschäftsführer(in): RA Hanno Scherer

h 570

Verband des Saarländischen Textil-Einzelhandels e.V.
Geschäftsführung:
Feldmannstr. 26, 66119 Saarbrücken
T: (0681) 9 27 17-0 **Fax:** 9 27 17-10
Vorsitzende(r): Karl-Heinz Morsch
Geschäftsführer(in): Wolfgang Lossen

h 571

Handelsverband Sachsen e.V.
Fachgemeinschaft Textil
Salzstr. 1, 09113 Chemnitz
T: (0371) 8 15 62-0, 8 57 75 71 **Fax:** 8 15 62-20
Geschäftsführer(in): Jutta Müller

h 572

Verband der Kaufleute Sachsen-Anhalt e.V. Fachgemeinschaft Textil
Liebigstr. 5, 39104 Magdeburg
T: (0391) 5 61 96 31 **Fax:** 5 43 02 66
Vorsitzende(r): Bärbel Herrmann
Geschäftsführer(in): Uta Otto

h 573

Verband Thüringer Kaufleute e.V. Fachgemeinschaft Textil
Lessingstr. 7, 07545 Gera
T: (0365) 8 32 34 69 **Fax:** 8 32 33 16
Geschäftsführer(in): Elvira Pfrötzschner

Mitgliedsverbände

h 574

Bundesverband des Deutschen Teppich- und Gardinenhandels e.V.
Geschäftsführung:
Postf. 29 02 63, 50524 Köln
T: (0221) 92 15 09-80 **Fax:** 92 15 09-10
E-Mail: p.engmann@t-online.de
Vorsitzende(r): Heiner Luttermann
Geschäftsführer(in): Lic. oec. publ. Peter W. Engmann

h 575

Verband Deutscher Bettenfachgeschäfte e.V.
Geschäftsführung:
An Lyskirchen 14, 50676 Köln
T: (0221) 92 15 09-0 **Fax:** 92 15 09-10
Vorsitzende(r): Willi Mangei
Geschäftsführer(in): Ass. Jürgen Dax

h 576

Gemeinschaft Deutscher Hutfachgeschäfte e.V.
Geschäftsführung:
An Lyskirchen 14, 50676 Köln
T: (0221) 92 15 09-0 **Fax:** 92 15 09-10
Vorsitzende(r): Andreas Voigtländer
Geschäftsführer(in): Heijo Gassenmeier

h 577

Verband Deutscher Schirmfachgeschäfte e.V. (VDS)
Geschäftsführung:
An Lyskirchen 14, 50676 Köln
T: (0221) 92 15 09-0 **Fax:** 92 15 09-10
Vorsitzende(r): Willy Schüffler
Geschäftsführer(in): Ass. Jürgen Dax

• H 578

Verband Deutscher Schirmfachgeschäfte e.V. (VDS)
An Lyskirchen 14, 50676 Köln
T: (0221) 92 15 09-0 **Fax:** 92 15 09-10
Vorsitzende(r): Willy Schüffler (45355 Essen)
Geschäftsführer(in): Ass. Jürgen Dax
Mitglieder: 65
Mitgliedsverband des Bundesverbandes des Deutschen Textileinzelhandels (BTE)

• H 579

Zentralverband Zoologischer Fachbetriebe Deutschlands e.V.
Geschäftsstelle:
Postf. 14 20, 63204 Langen
Rheinstr. 35, 63225 Langen
T: (06103) 91 07-0 **Fax:** 91 07-33
Internet: http://www.zzf.de
E-Mail: info@zzf.de
Geschäftsführer(in): RA Rolf-Dieter Gmeiner
Leitung Presseabteilung: Thomas Griffith
Mitglieder: ca. 1000

Berufsorganisation der Heimtierbranche der Bundesrepublik Deutschland. Die Mitglieder sind Hersteller, Heimtiergroßhändler, Zoo-Fachhändler.

h 580

Wirtschaftsgemeinschaft Zoologischer Fachbetriebe GmbH
Geschäftsstelle:
Postf. 14 20, 63204 Langen
Rheinstr. 35, 63225 Langen
T: (06103) 91 07-0 **Fax:** 91 07-33
Geschäftsführer(in): Herbert Bollhöfer

Kommerzielle Tochter des Zentralverbandes. Veranstaltet alle zwei Jahre die "INTERZOO" - Internationale Fachmesse für den Heimtier-Bedarf.

• H 581

Verband des Deutschen Zweiradhandels e.V.
Große-Kurfürsten-Str. 75, 33615 Bielefeld
T: (0521) 9 65 10-0 **Fax:** 9 65 10-20
Vorsitzende(r): Louis-Dieter Hempelmann (Detmolder Str. 27, 32791 Lage)
Geschäftsführer(in): Dipl.-Kfm. Hans-Friedrich Thoben

Überfachliche Bundesfachverbände und Arbeitsgemeinschaften

• H 582

Bundesverband der Filialbetriebe und Selbstbedienungs-Warenhäuser e.V. (BFS)
Postf. 32 03 40, 53206 Bonn
Büchelstr. 50, 53227 Bonn
T: (0228) 4 49 08-0 **Fax:** 4 49 08-88
Internet: http://www.bfs-online.de
E-Mail: info@bfs-online.de
Gründung: 1988
Präsident(in): Eugen Viehof
Hauptgeschäftsführer(in): RA Uwe Schepers
Stellv. HGeschF: RA Werner Witting
Leitung Presseabteilung: Heiko Müller
Verbandszeitschrift: BFS-aktuell, BFS-Report
Redaktion: Heiko Müller
Verlag: Eigenverlag, Albrecht Verlag
Mitarbeiter: 14

Wahrung und Förderung der rechtlichen und wirtschaftlichen Interessen der Mitglieder, die Förderung moderner Vertriebsformen des Einzelhandels sowie Wahrung und Förderung einer freiheitlichen Wirtschafts- und Wettbewerbsordnung und eines lauteren Wettbewerbs.

• H 583

Bundesarbeitsgemeinschaft der Mittel- und Großbetriebe des Einzelhandels e.V.
Friedrichstr. 60, 10117 Berlin
T: (030) 20 61 20-0 **Fax:** 20 61 20-88
Internet: http://www.bag.de
E-Mail: handelsverband@bag.de
Gründung: 1949 (16. Sept.)
Internationaler Zusammenschluß: siehe unter izh 373
Präsident(in): Dr. Walter Deuss
Vizepräsident(in): James Cloppenburg
Willi Harrer
Heinz Plagge
Heinrich Storg
Hauptgeschäftsführer und Leiter der Presseabteilung:
Prof. Dr. Johann D. Hellwege
Verbandszeitschrift: BAG Handelsmagazin
Redaktion: Hasso von Pogrell, Rolf Pangels, Reimar Delley, Ulrich Martinius, Dr. Gert A. Nacken, Wilfried Rometsch
Verlag: Bundesarbeitsgemeinschaft der Mittel- und Großbetriebe des Einzelhandels e.V. (BAG), Friedrichstr. 60, 10117 Berlin
Mitglieder: ca. 4000

Landesarbeitsgemeinschaften und -verbände der Mittel- und Großbetriebe des Einzelhandels

h 584

Verband der Mittel- und Großbetriebe des Einzelhandels Baden-Württemberg e.V.
Sophienstr. 38, 70178 Stuttgart
T: (0711) 62 80 96 **Fax:** 62 80 79
Vorsitzende(r): Christian Wilk
Geschäftsführer(in): RA Gerhard Berger

h 585

Landesverband der Mittel- und Großbetriebe des Einzelhandels in Bayern e.V.
Theatinerstr. 47 IV, 80333 München
T: (089) 2 42 57 13 **Fax:** 24 25 71 40
E-Mail: handelsverbandlagbayern@t-online.de
Gründung: 1948
Präsident(in): Horst-Michael Schlonsak

Hauptgeschäftsführer(in): Winfried Fleck (Leitung Presseabteilung)
Geschäftsführer(in): RA Rainer Turobin-Ort
Mitglieder: 350
Mitarbeiter: 6

h 586

Landesarbeitsgemeinschaft der Mittel- und Großbetriebe des Einzelhandels in Berlin und Brandenburg e.V.
Kurfürstendamm 32, 10719 Berlin
T: (030) 8 82 46 45 **Fax:** 8 81 74 46
Vorsitzende(r): Reiner Schierholz
Hauptgeschäftsführer(in): Nils Busch-Petersen
Geschäftsführerin: RA'in Cornelia Kienitz

h 587

Arbeitsgemeinschaft der Mittel- und Großbetriebe des Einzelhandels im Lande Bremen e.V.
Am Wall 146, 28195 Bremen
T: (0421) 3 39 75 11 **Fax:** 32 43 87, 32 66 93
Vorsitzende(r): Herbert Korte
Geschäftsführer(in): RA Constantin Wesser

h 588

Verband der Mittel- und Großbetriebe des Einzelhandels Sitz Hamburg e.V.
Mönckebergstr. 11 VI, 20095 Hamburg
T: (040) 33 64 41, 33 64 42 **Fax:** 33 65 42
Vorsitzende(r): James A. Cloppenburg
Geschäftsführer(in): Dipl.-Volksw. Heinrich Grüter
RA Hans-Christian Presto

h 589

Arbeitsgemeinschaft der Mittel- und Großbetriebe des Einzelhandels im Lande Hessen e.V.
Zeil 51 IV, 60313 Frankfurt
T: (069) 28 33 61 **Fax:** 29 16 48
Vorsitzende(r): Dr. Ulrich Schillert
Geschäftsführer(in): RA Joachim Burkardt
RA Andreas Helfer

h 590

Verband der Mittel- und Großbetriebe des Einzelhandels in Mecklenburg-Vorpommern e.V.
Sitz Schwerin
Mönckebergstr. 11 VI, 20095 Hamburg
T: (040) 33 64 41 **Fax:** 33 65 42
Vorsitzende(r): Carl Kreßmann
Geschäftsführer(in): Dipl.-Volksw. Heinrich Grüter
Hans-Christian Presto

h 591

Landesverband der Mittel- und Großbetriebe des Einzelhandels im Land Niedersachsen e.V.
Hinüberstr. 16, 30175 Hannover
T: (0511) 33 61 17 60 **Fax:** 33 61 17 66
Präsident(in): Hansjörg Mann
Hauptgeschäftsführer(in): Mathias Busch

h 592

Landesarbeitsgemeinschaft der Mittel- und Großbetriebe des Einzelhandels in Nordrhein-Westfalen e.V.
Kaiserstr. 42a, 40479 Düsseldorf
T: (0211) 49 00 12 **Fax:** 4 98 27 07
E-Mail: handelsverbandlagnrw@t-online.de
Vorsitzende(r): Gerhard Friedrich (Vors. des Vorstands der Kaufring AG, 40468 Düsseldorf)
Geschäftsführer(in): RA Erwin Blättermann
RA Martin H. Scheier

h 593

Arbeitsgemeinschaft der Mittel- und Großbetriebe des Einzelhandels Rheinland-Pfalz e.V.
Ludwigsstr. 7, 55116 Mainz
T: (06131) 23 26 31 **Fax:** 23 83 15
Vorsitzende(r): Ulrich Küster
Geschäftsführer(in): RA Hanno Scherer

h 594

Arbeitsgemeinschaft der Mittel- und Großbetriebe des Einzelhandels Saarland e.V.
Feldmannstr. 26, 66119 Saarbrücken
T: (0681) 5 60 30 **Fax:** 5 60 41
Vorsitzende(r): Carl Jakob
Geschäftsführer(in): Wolfgang Lossen

h 595

Landesverband der Mittel- und Großbetriebe des Einzelhandels in Sachsen e.V.
Wasserturmstr. 51b, 04299 Leipzig
T: (0341) 8 62 86 13 **Fax:** 8 62 86 27
Vorsitzende(r): Wolfgang Wirz
Geschäftsführer(in): Prof. Dr. Annemarie Langanke

h 596

Landesverband der Mittel- und Großbetriebe des Einzelhandels in Sachsen-Anhalt e.V.
Wasserturmstr. 51b, 04299 Leipzig
T: (0341) 8 62 86 13 **Fax:** 8 62 86 27
Vorsitzende(r): Rolf Lay
Geschäftsführer(in): Prof. Dr. Annemarie Langanke

h 597

Verband der Mittel- und Großbetriebe des Einzelhandels Schleswig-Holstein e.V.
Sitz Kiel
Mönckebergstr. 11 VI, 20095 Hamburg
T: (040) 33 64 41 **Fax:** 33 65 42
Vorsitzende(r): Ulrich Schöne
Geschäftsführer(in): Dipl.-Volksw. Heinrich Grüter
Hans-Christian Presto

h 598

Landesverband der Mittel- und Großbetriebe des Einzelhandels in Thüringen e.V.
Wasserturmstr. 51b, 04299 Leipzig
T: (0341) 8 62 86 13 **Fax:** 8 62 86 27
Vorsitzende(r): Günter Borkenhagen
Geschäftsführer(in): Prof. Dr. Annemarie Langanke

h 599

Arbeitskreis Oberbekleidung Bundesarbeitsgemeinschaft der Mittel- und Großbetriebe des Einzelhandels
Postf. 60 19 69, 22219 Hamburg
T: (040) 63 78 44 60 **Fax:** 63 78 44 44
Vorsitzende(r): Dirk Schröder
Geschäftsführer(in): Evelyn Kiso

• H 600

Fachverbände des Hamburger Einzelhandels e.V.
Bei dem Neuen Krahn 2 Cremon, 20457 Hamburg
T: (040) 36 98 12-0 **Fax:** 36 98 12-22
Internet: http://www.fhe.de
E-Mail: ihe@fhe.de
Gründung: 1977
Vorstand: Rolf Heineke (1. Vors.)
Anette Gehrke (stellv. Vors.)
Hans-Heinrich Klemm (stellv. Vors.)
Joachim Marks (stellv. Vors.)
Hauptgeschäftsführer(in): Dipl.-Volksw. Klaus Poetsch
Geschäftsführer(in): RA Wolfgang Linnekogel
RA Jürgen Schulz
Dipl.-Kfm. Ulf Kalkmann (Ltg. Presseabt.)
Mitglieder: 1800

• H 601

Bundesverband des werbenden Buch- und Zeitschriftenhandels e.V. (wbz)
Geschäftsstelle:
Brahmsweg 3, 50169 Kerpen
T: (02273) 67 17 **Fax:** 67 18
Gründung: 1886 (29. Juni) als Central-Verein
Vorstand:
Vors. u. Schatzmeister: Willy Nick, Neckarsulm
Stellvertretende(r) Vorsitzende(r): Hartmut W. Siebel, Stokkelsdorf
Vorsitzender des Versicherungsausschusses: Udo Pikken, Essen
Vors. d. Zeitschriftenvertriebsausschusses: Wilfried Paepcke, Stockelsdorf
Vors. d. Buchvertriebsausschusses: Hans Schneider, München
Geschäftsführer(in): Werner Pientka

Landesverbände

h 602

Verband Bayerischer Buch- und Zeitschriftenhändler e.V.
Sitz München
Geschäftsstelle:
Kaiser-Wilhelm-Str. 8, 82319 Starnberg
T: (08151) 26 09-0 **Fax:** 26 09-30
Gründung: 1947 (3. Mai) Wiedergegründet nach dem Krieg
Vorstand:
1. Vorsitzende(r): Hans Bonk (Kaiser-Wilhelm-Str. 8, 82319 Starnberg, T: (08151) 2 60 90)
Stellvertretende(r) Vorsitzende(r): Hubertus Aurich (Ickstattstr. 7, 80469 München, T: (089) 2 01 00 50)
Schriftführer(in): Armin Siegl (Enzenspergerstr. 9, 81669 München, T: (089) 48 10 48 oder 2 01 00 50)
Schatzmeister: Franz Dorschner (Wertheimerstr. 75 c, 81243 München, T: (089) 87 00 35-37)
Mitglieder: 27
Delegierte zum Beirat des WBZ-Bundesverbandes: Volker Gebelein, Hermann Kampsmeyer, Bernhard Ranke, Armin Siegl

h 603

Landesverband Norddeutscher Buch- und Zeitschriftenhändler und Versicherungsgeneralagenturen
Sitz Hannover
Geschäftsstelle:
c/o Renate + Uwe Paris, Generalagenturen
Scharnweberstr. 25, 13405 Berlin
T: (030) 4 17 48 33 **Fax:** 41 74 83 55
Wiedergegr. nach 1945 als "Verband Nieders. Buch- und Zeitschriftenhändler"
Vorstand:
1. Vorsitzender und Schatzmeister: Wulf Westerhold (c/o Westerhold GmbH & Co. KG, Dornberger Str. 270, 33619 Bielefeld, T: (0521) 91 10 30, Fax: (0521) 9 11 03 14)
Stellvertretende(r) Vorsitzende(r): Uwe Paris (Generalagenturen, Scharnweberstr. 25, 13405 Berlin, T: (030) 4 17 48 33, Fax: (030) 41 74 83 55)
Beisitzer: Dr. Klaus Prechelt (c/o Otto Halbenz GmbH & Co. KG, Falkstr. 11, 33602 Bielefeld)
Walter Gotlewski (c/o Werbung-Vertrieb Friedrich Hengst GmbH & Co., Königstr. 28, 22767 Hamburg, T: (040) 38 90 09 23) Delegierte zum Beirat des WBZ-Bundesverbandes: Georg Hirsch, Dr. Klaus Prechelt, Stefan Rothaug, Wulf Westerhold

h 604

Landesverband Südwestdeutscher Buch- und Zeitschriftenhändler und Versicherungsgeneralagenturen
Geschäftsstelle:
c/o Josef Leismann oHG
Schlackenbergstr. 20, 66386 Sankt Ingbert
T: (06894) 91 52 22
Gründung: 1888 (Mai) Wiedergegründet nach dem Krieg am 4.10.1946, neugegründet am 28.9.1994
Vorstand:
1. Vorsitzende(r): Jürgen Quirin (c/o Fa. Josef Leismann oHG, Schlackenbergstr. 20, 66386 Sankt Ingbert, T: (06894) 91 52 22)
Stellv. Vors. u. Schriftführer: Hans-Jürgen Voigt (c/o SZZ Wilhelm Voigt GmbH, Hafenbahnstr. 26, 70329 Stuttgart, T: (0711) 9 32 40)
Schatzmeister: Willy Nick (i. Fa. Buch- und Zeitschriftendienst Union, Binswanger Str. 144/146, 74172 Neckarsulm, T: (07132) 32 30)
Delegierte zum Beirat des WBZ-Bundesverbandes: Klaus Bartenbach, Michael Becker, Helmut Kelsch, Jürgen Quirin, Hans-Jürgen Voigt

h 605

Verband Westdeutscher Buch- und Zeitschriftenhändler e.V.
Sitz Duisburg
Geschäftsstelle:
c/o Fa. H. Leenders KG
Postf. 10 23 54, 45023 Essen
T: (0201) 23 20 21, 23 20 22 **Fax:** 23 95 64
Gründung: 1912 (12. November) Wiedergegründet nach dem Krieg am 28.9.1945
Vorstand:
1. Vorsitzende(r): Udo Picken (c/o Heinr. Leenders KG, Postf. 10 23 54, 45023 Essen, T: (0201) 23 20 21/22, Telefax: (0201) 23 95 64)
Stellvertretende(r) Vorsitzende(r): Hartmut W. Siebel (c/o Pressevertriebszentrale für Abonnenten GmbH & Co. KG, Bahndamm 9, 23617 Stockelsdorf, T: (0451) 4 90 61 11, Fax: (0451) 4 90 61 12)
Schriftführer(in): Benno Coenen (c/o Peter Coenen GmbH, Wedauer Str. 8, 40885 Ratingen, T: (02102) 3 19 23, Fax: (02102) 3 19 24)
Schatzmeister: Hans-Jürgen Klein (c/o Th. Klein KG, Am Wehrhahn 100, 40211 Düsseldorf, T: (0211) 17 21 40, Fax: (0211) 1 72 14 30)
Delegierte zum Beirat des WBZ-Bundesverbandes: Heinz Bitter, Benno Coenen, Georg von Ciesewski, Dietrich Oldenburg, Werner Trefzger

• H 606

Verband Deutscher Bahnhofsbuchhändler e.V.
c/o Dr. Michael Roggen
Sternstr. 67, 40479 Düsseldorf
T: (0211) 49 15 98-7 **Fax:** 49 15 98-98
Vorsitzende(r): Gustav Stirnberg, Essen

Stellvertretende(r) Vorsitzende(r): Detlef Horndasch, Gütersloh
Schatzmeister: Götz Grauert, Düsseldorf

• H 607

Verband Deutscher Antiquare e.V.
Die Vereinigung von Buchantiquaren, Autographen- und Graphikhändlern
Geschäftsstelle
Postf. 10 10 20, 50450 Köln
Kreuzgasse 2-4, 50667 Köln
T: (0221) 92 54 82 62 **Fax:** 92 54 82 82
Vorstand: Jochen Granier (Vors., Bielefeld)
Leitung Presseabteilung: Michael Bokler (Bonn, T: (0228) 21 48 23, Telefax: (0228) 22 94 51)
Mitglieder: 274

• H 608

AWS Arbeitsgemeinschaft Wissenschaftlicher Sortiments- und Fachbuchhandlungen e.V.
Geschäftsstelle: Elwert Universitätsbuchhandlung u. Verlag GmbH & Co. KG
Reitgasse 7-9, 35037 Marburg
T: (06421) 1 70 90 **Fax:** 1 54 87
Vorsitzende(r): Rudolph Braun-Elwert, Marburg

• H 609

Verband katholischer Verleger und Buchhändler
Adenauerallee 176, 53113 Bonn
T: (0228) 2 42 15 60 **Fax:** 2 42 15 61
E-Mail: VKB 2000@aol.com
Gründung: 1906
Vorsitzende(r): Pater Alfons Friedrich, München
Geschäftsführer(in): Pit Stenmans
Verbandszeitschrift: VKB-hotline
Redaktion: Peter J. Kerp
Mitglieder: 278

• H 610

Bundesverband der Deutschen Versandbuchhändler e.V.
An der Ringkirche 6, 65197 Wiesbaden
T: (0611) 44 90 91-94 **Fax:** 4 84 51
Internet: http://www.versandbuchhaendler.de
Vorsitzende(r): Jutta Heyer
Stellvertretende(r) Vorsitzende(r): Wolfgang Nikrandt
1. Geschf.: RAin Kornelia Wahl
2. Geschf.: RA Dr. Christian Russ

• H 611

Arbeitsgemeinschaft Reise- und Versandbuchhandel
c/o Börsenverein des Deutschen Buchhandels
Großer Hirschgraben 17-21, 60311 Frankfurt
T: (069) 13 06-318 **Fax:** 13 06-309
Internet: http://www.boersenverein.de
E-Mail: jockel@boev.de
Vorsitzende(r): Jutta Heyer
Geschäftsführer(in): Jochen Grönke

• H 612

Verband Deutscher Lesezirkel e.V. (LZV)
Grafenberger Allee 241, 40237 Düsseldorf
T: (0211) 69 07 32-0 **Fax:** 67 49 47
Internet: http://www.presse.de/lesezirkel
E-Mail: verband@lesezirkel.de
Vorsitzende(r): Günther Hildebrand
Geschäftsführer(in): Klaus Hemmerling (T: (0211) 69 07 32-0)
Mitglieder: ca. 170

Bezirksleitungen

h 613

Verband Deutscher Lesezirkel e.V.
Bezirk Bayern
(zuständig auch für: Thüringen)
Am Banngraben 16, 84030 Landshut
T: (0871) 1 28 65
Bez.-Ltr.: Jürgen Wachter

h 614

Verband Deutscher Lesezirkel e.V.
Bezirk Berlin
(zuständig auch für: Brandenburg, Sachsen)
Buckower Chaussee 148, 12305 Berlin
T: (030) 4 30 93 93 **Fax:** 7 42 10 96
Bez.-Ltr.: Lothar Weißgerber (T: (030) 7 42 20 21, Telefax: (030) 7 42 10 96)

h 615

Verband Deutscher Lesezirkel e.V.
Bezirk Bremen-Oldenburg-Ostfriesland
Abdenastr. 1-2, 26721 Emden
T: (04921) 97 29-0 **Fax:** 2 41 05
Bez.-Ltr.: Harm Bretz (T: (04921) 9 72 90)

h 616

Verband Deutscher Lesezirkel e.V.
Bezirk Hessen
Jagdhausstr. 32, 76530 Baden-Baden
T: (07221) 6 69 44 **Fax:** 5 32 60
Bez.-Ltr.: Willy Jungwirth (T: (07221) 6 69 44)

h 617

Verband Deutscher Lesezirkel e.V.
Bezirk Niedersachsen
(zuständig auch für: Sachsen-Anhalt)
Berthold-Roggan-Ring 28, 29439 Lüchow
T: (05841) 57 25 **Fax:** 60 95
Bez.-Ltr.: Otto Graw (T: (05841) 57 25)

h 618

Verband Deutscher Lesezirkel e.V.
Bezirk Nord
(zuständig auch für: Mecklenburg-Vorpommern)
Schulstr. 15, 24860 Böklund
T: (04623) 5 47 **Fax:** 5 87
Bez.-Ltr.: Bernd Wedekind (T: (04623) 5 47)

h 619

Verband Deutscher Lesezirkel e.V.
Bezirk Nordrhein-Westfalen
Paßstr. 5, 47198 Duisburg
T: (02066) 20 76-0 **Fax:** 20 76-69
Bez.-Ltr.: Hans-Walter Schleisiek (T: (02066) 2 07 60)

h 620

Verband Deutscher Lesezirkel e.V.
Bezirk Südwest
Ellerstadter Str. 8a, 68219 Mannheim
T: (0621) 87 70 70 **Fax:** 8 77 07 10
Bez.-Ltr.: Karl Häßler (T: (0621) 87 70 70)

• H 621

Gesamtverband des Deutschen Brennstoff- und Mineralölhandels e.V. Berlin (gdbm)
Französische Str. 15, 10117 Berlin
T: (030) 6 85 90 90, 6 85 21 59 **Fax:** 68 59 75 35
E-Mail: gdbm-berlin@t-online.de
Internationaler Zusammenschluß: siehe unter izl 129
Vorsitzende(r): RA Dieter Bischoff, Aachen
Stellvertretende(r) Vorsitzende(r): Dr. Hans-Joachim Beyer (SCHMIDT GMBH, Postf. 17 63, 35667 Dillenburg, T: (02771) 8 71 00, Telefax: (02771) 87 10 27, Tx: 873 938)
Wolfgang Kuhlmann (Büro Pulheim, Blumenstr. 3, 50259 Pulheim, T: (02238) 96 38 89, Fax: (02238) 96 38 89)
Dieter Sonntag (i. Fa. Hertha Sonntag, Auestr. 97, 08371 Glauchau, T: (03763) 1 85 66)
Geschäftsführer(in): Dipl.-oec. Günther Jäckel
Mitgliedsverbände: 6

Angeschlossene Regionalverbände:

h 622

gdbm - Region Nord e.V.
Buchtstr. 10, 22087 Hamburg
T: (040) 22 71 76 40 **Fax:** 22 71 76 42
Vorsitzende(r): Peter Mosner (Feldhaus-Haberlandt Mineralölvertrieb GmbH, Harnis 15, 24937 Flensburg, T: (0461) 1 71 70, Telefax: (0461) 1 29 92)
Geschäftsführer(in): RA Helmut Dinter

h 623

Gesamtverband des Deutschen Brennstoff- und Mineralölhandels Region West
Kettwiger Str. 27, 45127 Essen
T: (0201) 22 16 82 **Fax:** 22 16 83
E-Mail: gdbm@gdbm.de
Vorsitzende(r): Klaus Biermann (Biermann GmbH, Mineralöle, Hoingstr. 2, 59425 Unna, T: (02303) 25 40 20, Fax: 2 54 02 24), Unna
Geschäftsführer(in): Ass. Sabine Link

h 624

Bayerischer Brennstoff- und Mineralölhandels-Verband e.V. (BBMV)
Sendlinger Str. 46 III, 80331 München
T: (089) 23 19 05-0 **Fax:** 23 19 05-99
E-Mail: bbmv.muenchen@t-online.de
1. Vorsitzende(r): Manfred Meier (c/o Bartosch Mineralölvertrieb GmbH, Hallstadter Str. 103, 96052 Bamberg, T: (0951) 96 56 80)
2. Vorsitzende(r): Eduard Hörl (Franz Sandmeier Mineralöle GmbH, Bergkirchen)
Geschäftsführer(in): Arnold Kleine

h 625

Verband für Energiehandel Südwest-Mitte e.V.
Hauptgeschäftsstelle:
Tullastr. 18, 68161 Mannheim
T: (0621) 41 10 95 **Fax:** 41 52 22
Internet: http://www.veh-ev.de
E-Mail: info@veh-ev.de
Vorsitzende(r): Carl-Friedrich Maier (i. Fa. Maier am Tor GmbH & Co. KG, Siechenfeldstr. 23, 73614 Schorndorf, T: (07181) 70 12 01)
Stellvertretende(r) Vorsitzende(r): Horst Franke (Franke-Brennstoffhandel GmbH, Langenhainer Str. 97, 99880 Fröttstädt, T: (03622) 90 29 71, Fax: 90 29 71)
Geschäftsführer(in): Dipl.-Volksw. Hans-Jürgen Funke (68161 Mannheim)
Dr.-Ing. Jörg Lenk
Leitung Presseabteilung: Ingo Schneemann
Mitglieder: ca. 1100

h 626

Sächsischer Brennstoff- und Mineralölhandelsverband e.V.
Kindstr. 4, 04177 Leipzig
T: (0341) 4 79 15 17, 4 79 15 18 **Fax:** 4 79 15 19
E-Mail: sbmv-leipzig@t-online.de
Vorsitzende(r): Eberhard Menzel (Fa. Max Menzel, Königsbrücker Str. 37, 01458 Ottendorf-Okrilla, T: (035205) 7 33 64, Fax: (035205) 5 44 08)
Geschäftsführer(in): Hans-Henning Manz

h 627

Mitteldeutscher Handelsverband für Brennstoffe, Mineralöle und Wärmeservice e.V.
Delitzscher Str. 121, 06116 Halle
T: (0345) 5 60 06 80 **Fax:** 5 60 06 81
Internet: http://www.brennstoffhandel.de
E-Mail: mhv.halle@t-online.de
Vorsitzende(r): Peter Engelke (T: (030) 6 25 30 31), Berlin
Stellvertretende(r) Vorsitzende(r): Gerd Reichardt (VEBA OEL Vertrieb GmbH)
Geschäftsführer(in): Dipl.-Ök. Horst Gohling

• H 628

Zentralverband Deutsches Kraftfahrzeuggewerbe (ZDK)
Franz-Lohe-Str. 21, 53129 Bonn
T: (0228) 91 27-0 **Fax:** 91 27-150
Internet: http://www.kfzgewerbe.de
E-Mail: zdk@kfzgewerbe.de
Geschäftsstelle Berlin:
Obentrautstr. 16-18, 10963 Berlin, T: (030) 2 51 03 87, Telefax: (030) 2 51 27 17
Internationaler Zusammenschluß: siehe unter izh 476
Präsident(in): Rolf Leuchtenberger (Von-Kurtzrock-Ring 6, 22391 Hamburg, T: (040) 53 69 33 33)
Vizepräsident(in): Otto Hahn (c/o Hahn Automobile GmbH & Co., Ringstr. 12-18, 70736 Fellbach, Postf. 15 20, 70705 Fellbach, T: (0711) 57 77-0, -2 50)
Vizepräsident(in): Walter Stoy (Am Eselsbach 34, 97078 Würzburg, T: (0931) 2 79 87-0)
Ordentl. Mitgl. d. Vorst.: Hans-Joachim Flohr (c/o L+W/Burghoff GmbH & Co. KG, Friedrich-Engels-Allee 245, 42285 Wuppertal, T: (0202) 8 90 00-0)
Horst Gratz (c/o Autohaus Gratz, Postfach 1245, 49342 Diepholz, Auf dem Esch 21, 49356 Diepholz, T: (05441) 98 54-0)
Axel Grüning (c/o Grüning + Sohn KG, Ramskamp 71-75, 25337 Elmshorn, T: (04121) 47 15 70)
Dr. Wolfgang Hoffacker (c/o Orttenburger Fahrzeugtechnik,

Preßburger Str. 6, 93055 Regensburg, T: (0941) 7 95 98-0)
Wilhelm Hülsdonk (c/o Stevens & Hülsdonk, Grenzstr. 222, 45562 Voerde, T: (02855) 96 50-0)
Rudolf Jäger (c/o Auto-Jäger GmbH, Saalburgstr. 39, 61267 Neu-Anspach, Postf. 11 51, 61259 Neu-Anspach, T: (06081) 94 02-0, -12)
Fritz Kuckartz (c/o Autohaus Kuckartz GmbH & Co.KG, Dresdner Str. 20, 52068 Aachen, T: (0241) 94 54-0 + 1 10)
Heino Niemann (Petridamm 22 a, 18146 Rostock, T: (0381) 68 32 17)
Volker Reichstein (c/o Autohaus Reichstein GmbH, Schnaitheimer Str. 167-171, 89520 Heidenheim, T: (07321) 3 18-0, -21)
Dr. Peter Ritter (c/o Torpedo-Garage, Altenwoogstr. 60/62, 67655 Kaiserslautern, Postf. 13 46, 67603 Kaiserslautern, T: (0631) 34 26-0, -1 11)
Gerhard Schmid (c/o Ford Schmid, Elisabethstr. 4, 52428 Jülich, Postf. 12 67, 52411 Jülich, T: (02461) 97 89-0, -26)
Wolfgang Seifert (c/o LV Sachsen, Tiergartenstr. 94, 01219 Dresden, T: (03528) 44 48 46)
Dirk Weddigen von Knapp (c/o Gottfried Schultz GmbH & Co., Uellendahler Str. 245-251, 42109 Wuppertal, T: (0202) 2 75 71 00)
Erwin Wolkenhauer (c/o Landesverb. Hamburg des Kfz-Gewerbes Hamburg, Billstr. 41, 20539 Hamburg, T: (040) 7 89 52-1 10, 78 95 20 (LV))
Ständige Gäste:
Ehrenpräs: Bernhard Enning (c/o Franz Enning GmbH & Co. KG, Rheinstr. 7/9, 45663 Recklinghausen, T: (02361) 30 01 80)
Fritz Haberl (c/o MAHAG, Schleibinger Str. 12, 81699 München, T: (089) 4 80 01-0, -2 80)
Georg Fröhlich (c/o Autohaus Fröhlich KG, Moselring 31/33, 56073 Koblenz, T: (0261) 9 41 60-0)

Vorsitzende der Ausschüsse:

Berufsbildung: Horst Vogtmann (c/o Vogtmann-Herold + Co. GmbH, Danziger Str. 4, 56564 Neuwied, T: (02361) 96 43-0)

Betriebswirtschaft: Fritz Kuckartz (c/o Autohaus Kuckartz GmbH & Co.KG, Dresdner Str. 20, 52068 Aachen, T: (0241) 94 54-0)

Gebrauchtwagen: Hanns-Peter Eger (c/o Auto Kocher KG, Am Taubenfeld 39, 69123 Heidelberg, T: (06221) 83 50-0)

Motorräder: Hans-Jürgen Weinrich (c/o Motorradhaus Winckler, Heiliger Weg 50, 44145 Dortmund, T: (0231) 55 71 71-0)

Öffentlichkeitsarbeit: Rolf Leuchtenberger (Präs. d. ZDK, von-Kurtzrock-Ring 6, 22391 Hamburg, T: (040) 53 69 33 33)

Sozialpolitik: Axel Grüning (c/o Grüning + Sohn KG, Ramskamp 71-75, 25337 Elmshorn, T: (04121) 47 15 70)

Technik, Sicherheit und Umwelt: Rudolf Jäger (Saalburgstr. 39, 61267 Neu-Anspach, T: (06081) 94 02-0)

Wirtschaftspolitik: Bernhard Wirtz (Semmelweisstr. 54, 45470 Mülheim, T: (0208) 37 43 88)

Nutzfahrzeuge (FV Handwerk): Horst Schurr (c/o Autohaus Horst Schurr, Robert-Bosch-Str. 17, 73431 Aalen, T: (07361) 92 93-0)

Rechts- u. Steuerausschuß: Dr. Peter Ritter (c/o Torpedo Garage, Altewoogstr. 60/62, 67655 Kaiserslautern, T: (0631) 34 26-0)
Mitglieder: 48700

Wahrnehmung und Förderung der allgemeinen beruflichen, wirtschaftlichen und sozialen Interessen des Kraftfahrzeuggewerbes.

Landesverbände

h 629

Verband des Kfz-Gewerbes Baden-Württemberg e.V.
Motorstr. 1, 70499 Stuttgart
T: (0711) 83 98 63-0 **Fax:** 83 98 63-20
Präsident(in): Otto Hahn (c/o Hahn Automobile GmbH + Co., Ringstr. 12-18, 70736 Fellbach, T: (0711) 57 77-0)
Landesinnungsmeister: Horst Schurr
Hauptgeschäftsführer(in): Peter Flemming

h 630

Verband des Kfz-Gewerbes Bayern e.V.
Goethestr. 17, 80336 München
T: (089) 5 12 67 70 **Fax:** 5 50 21 56
Präsident(in): Landesinnungsmeister Walter Stoy (c/o Autohaus Stoy GmbH, Louis-Pasteur-Str. 12, 97076 Würzburg, T: (0931) 27 98 70)
Hauptgeschäftsführer(in): Dr. Hubert Fexer

h 631

Landesverband des Kraftfahrzeuggewerbes Berlin-Brandenburg
Obentrautstr. 16-18, 10963 Berlin
T: (030) 25 90 51 60 **Fax:** 25 90 51 00
Präsident(in): Hans-Peter Lange
Geschäftsführer(in): Rainer Homes

h 632

Landesverband des Kfz-Gewerbes Hamburg e.V.
Billstr. 41, 20539 Hamburg
T: (040) 7 89 52-0 **Fax:** 78 95 21 16
Präsident(in): Landesinnungsmeister Erwin Wolkenhauer (c/o LV Hamburg, Billstr. 41, 20539 Hamburg, T: (040) 74 52 52-0)
Hauptgeschäftsführer(in): Dipl.-Betriebsw. Klaus B. Schneider

h 633

Verband des Kfz-Handels Hamburg e.V. (VDK)
Billstr. 41, 20539 Hamburg
T: (040) 7 89 52-0 **Fax:** 78 95 21 16
Vorsitzende(r): Rolf Leuchtenberger (von-Kurtzrock-Ring 6, 22391 Hamburg, T: (040) 53 69 33 33)
Geschäftsführer(in): Dipl.-Betriebsw. Klaus B. Schneider

h 634

Landesverband Hessen des Kfz-Gewerbes - Landesinnungsverband -
Bahnhofstr. 38, 65185 Wiesbaden
T: (0611) 9 99 89-0 **Fax:** 9 99 89 99
E-Mail: LVHessenKfz@t-online.de
Landesinnungsmeister: Rudolf Jäger (Saalburgstr. 39, 61267 Neu-Anspach, T: (06081) 94 02-0)
Geschäftsführer(in): Dipl.-Betriebsw. Uwe Grautegein

h 635

Verband des Kfz-Gewerbes Mecklenburg-Vorpommern e.V.
Kassebohmer Weg 11-12, 18055 Rostock
T: (0381) 60 09 02-0 **Fax:** 68 05 34
Präsident(in): Heino Niemann (Petridamm 22 a, 18146 Rostock, T: (0381) 68 32 17)
Landesinnungsmeister: Manfred Guhl (c/o Autoservice Guhl + Radloff, Lübecker Str. 131, 19059 Schwerin, T: (0385) 71 94 89)
Geschäftsführer(in): Jörg Behncke

h 636

Landesverband des Kfz.-Gewerbes Niedersachsen-Bremen e.V.
Vinnhorster Weg 51, 30419 Hannover
T: (0511) 2 78 96-0 **Fax:** 2 78 96-20
Präsident(r): Horst Gratz (Auf dem Esch 21, 49356 Diepholz, T: (05441) 98 540)
Hauptgeschäftsführer(in): Gerhard Hösel

h 637

Deutsches Kraftfahrzeuggewerbe Landesverband Nordrhein-Westfalen
Gerresheimer Landstr. 119, 40627 Düsseldorf
T: (0211) 9 25 95-0 **Fax:** 9 25 95 90
E-Mail: kfz.nrw@t-online.de
Präsident(in): Gerhard Schmid (c/o Ford-Schmid, Elisabethstr. 4, 52428 Jülich, T: (02461) 97 89-0)
Hauptgeschäftsführer(in): Dipl.-Volksw. Wilhelm Winter
Geschäftsführer(in): Erck-Rüdiger Seeling
Dieter Paust

h 638

Fachverband Pfälzisches Kfz-Gewerbe - Landesinnungsverband -
Mannheimer Str. 132, 67657 Kaiserslautern
T: (0631) 3 40 34 77 **Fax:** 3 40 34 78
Internet: http://www.kfz-rp.de
E-Mail: kl@kfz-rp.de
Vorsitzende(r): Dr. Peter Ritter (c/o Torpedo-Garage, Altenwoogstr. 60/62, 67655 Kaiserslautern, T: (0631) 34 26-0)
Geschäftsführer(in): Volker Dellmuth

h 639

Verband des Kfz-Gewerbes Rheinland e.V.
Hoevelstr. 19, 56073 Koblenz
T: (0261) 94 72 50 **Fax:** 9 47 25 15
Vorsitzende(r): Andreas Ockenfels (Asbacher Str. 115, 53545 Linz, T: (02644) 30 42, Telefax: (02644) 44 43)
Landesinnungsmeister: Reinhold Scherer (Moselring 23/25, 56073 Koblenz, Postf. 19 20, 56019 Koblenz, T: (0261) 4 97-1)
Geschäftsführer(in): Hans Wolfgang Gottschalk

h 640

Saarländischer Kraftfahrzeug-Verband - Landesinnung -
Untertürkheimer Str. 2, 66117 Saarbrücken
T: (0681) 95 40 40 **Fax:** 9 54 04-99
Landesinnungsmeister: Harald Friedrich (Ludweiler Str. 215, 66333 Völklingen, T: (06898) 9 72 10)
Geschäftsführer(in): Detlef Fiedler

h 641

Landesverband des Kfz-Gewerbes Sachsen e.V.
Tiergartenstr. 94, 01219 Dresden
T: (0351) 25 95 50 **Fax:** 2 59 55 77
Präs. u. LIM: Wolfgang Seifert (Tiergartenstr. 94, 01219 Dresden, T: (03528) 44 48 46)
Hauptgeschäftsführer(in): Ulrich Große

h 642

Landesverband des Kfz-Gewerbes Sachsen-Anhalt e.V.
Hohenziatzer Chaussee 16, 39291 Möckern
T: (039221) 9 55 55 **Fax:** 9 55 60
Vors. u. LIM: Klaus Ehrlich (Autohaus Vetter GmbH, Wittenberger Str. 22, 06749 Bitterfeld, T: (03493) 30 58-0, Fax: 2 39 00)
Hauptgeschäftsführer(in): Peter Gebbers

h 643

Verband des Kfz-Gewerbes Schleswig-Holstein e.V.
Faluner Weg 28, 24109 Kiel
T: (0431) 53 33 10 **Fax:** 52 50 67
Präsident(in): Axel Grüning (c/o Grüning + Sohn KG, Ramskamp 71-75, 25337 Elmshorn, T: (04121) 47 15 70)
Landesinnungsmeister: Jürgen Koepsell
Geschäftsführer(in): Dipl.-Betriebsw. Wolfgang Wittorf
RA Bernd Schweitzer

h 644

Landesverband des Kfz-Gewerbes Thüringen e.V.
Heinrich-Hertz-Str. 6, 07552 Gera
T: (0365) 8 39 85-0 **Fax:** 8 00 12 18
Internet: http://www.kfz-th.de
E-Mail: info@kfz-th.de
Präsident u. Landesinnungsmeister: Hans-Jürgen Vogel (c/o Autohaus Vogel GmbH, Lahnsteiner Str. 5, 07629 Hermsdorf, T: (036601) 7 97-0, Telefax: (036601) 7 97 13)
Geschäftsführer(in): Klaus Anderlik

• H 645

DCHV
Deutscher Caravan Handels-Verband e.V.

Deutscher Caravan Handels-Verband e.V. (DCHV)
Holderäckerstr. 13, 70499 Stuttgart
T: (0711) 8 87 39 28 **Fax:** 8 87 49 67
Internet: http://www.dchv.de
E-Mail: info@dchv.de
Gründung: 1973
Präsident(in): Wolfgang Liebscher
Geschäftsführer(in): Hans-Jürgen Hess
Syndikus: Dr. Henner Hörl
Mitglieder: ca. 500
Mitarbeiter: 5

Zu den Mitgliedern gehören Caravanfachhändler, -Vermieter, -Hersteller, -Zulieferer und Dienstleister der Branche. Der Verband ist tätig für die Interessen rund um die Freizeitform Caravaning und ist Dienstleister für seine Mitglieder.

• H 646

Bundesverband des Deutschen Kunst- & Antiquitätenhandels e.V. (BDKA)
c/o A. Sandmeier
Prinz-Friedrich-Leopold-Str. 5, 14129 Berlin
T: (030) 80 40 32 67 **Fax:** 80 40 32 68

Präsident u. Geschäftsführer: Alexander Sandmeier (Prinz-Friedrich-Leopold-Str. 5, 14129 Berlin)
Mitglieder: ca. 400

Vertretung der wirtschaftlichen und ideellen Interessen des deutschen Kunst- und Antiquitätenhandels.

h 647

Verband der Berliner Kunst- und Antiquitäten-Händler e.V.

Regensburger Str. 9, 10777 Berlin
T: (030) 2 11 43 02 **Fax:** 2 14 18 78
Vorsitzende(r): Michael Klewer
Mitglieder: ca. 20

h 648

Verband des Hessischen Antiquitäten- und Kunsthandels e.V.

Taunusstr. 33-35, 65183 Wiesbaden
T: (0611) 1 88 51 65 **Fax:** 1 88 51 71
1. Vorsitzende(r): Hans-Jürgen Keul
Mitglieder: ca. 50

h 649

Verband der Kunst- und Antiquitätenhändler Niedersachsens e.V.

Walderseestr. 24, 30177 Hannover
T: (0511) 66 93 48 **Fax:** 62 12 85
Vorsitzende(r): Detlev Rosenbach
Mitglieder: ca. 40

h 650

Verband Norddeutscher Kunsthändler e.V.

Maria-Louisen-Str. 5, 22301 Hamburg
T: (040) 48 62 14 **Fax:** 48 62 14
Vorsitzende(r): Dr. Hermann Specht
Mitglieder: ca. 30

h 651

Rheinischer Kunsthändler Verband-RKV

Rheinischer Kunsthändler-Verband (RKV) e.V.

St.-Apern-Str. 17-25, 50667 Köln
T: (0221) 25 62 94 **Fax:** (0202) 57 22 67
Sprecher d. Vorst: Hans-Martin Schmitz
Mitglieder: ca. 100

h 652

VSK - Verband Süddeutscher Kunsthändler e.V.

Dantestr. 29, 80637 München
T: (089) 1 57 73 49 **Fax:** 1 57 73 59
Vorsitzende(r): Kurt Zimmermann
Mitglieder: ca. 150

• H 653

Bundesverband Deutscher Galerien e.V. (BVDG)

Geschäftsstelle:
St.-Apern-Str. 17-21, 50667 Köln
T: (0221) 2 57 49 39 **Fax:** 2 57 49 84
Geschäftsführer(in): Dipl.-Volksw. Bernd Fesel
Vorstand: Dietmar Löhrl (Vors., Galerie Löhrl, Kaiserstr. 58/60, 41061 Mönchengladbach, T: (02161) 20 07 62)
Maximilian Krips (Galerie Krips, Albertusstr. 9-11, 50667 Köln, T: (0221) 2 58 04 97)
Angelika Harthan (Galerie Angelika Harthan, Haußmannstr. 20, 70188 Stuttgart, T: (0711) 23 23 33)
Georg Nothelfer (Galerie Nothelfer, Uhlandstr. 184, 10623 Berlin, T: (030) 8 81 44 05)
Michael Schultz (Galerie Michael Schultz, Mommsenstr. 34, 10629 Berlin, T: (030) 3 24 15 91)
Mitglieder: 250

Vertretung der beruflichen, wirtschaftlichen und sozialpolitischen Interessen der deutschen Galerien, soweit sie mit Kunst des 20. Jahrhunderts handeln.

• H 654

Arbeitskreis deutscher Kunsthandelsverbände

St.-Apern-Str. 17-21, 50667 Köln
T: (0221) 2 57 49 38 **Fax:** 2 57 49 84
Gründung: 1978
Mitglieder: 5 Mitgliedsverbände

• H 655

Verband der Agrargewerblichen Wirtschaft e.V. (VdAW)

Wollgrasweg 31, 70599 Stuttgart
T: (0711) 1 67 79-0 **Fax:** 4 58 60 93
Internet: http://www.vdaw.de
E-Mail: vdaw-e.V.@t-online.de
Präsident(in): Karl-Heinz Häussler (88499 Heiligkreuztal)
Geschäftsführende(s) Vorstands-Mitglied(er): Dipl.-Ing. (FH) Erich Reich (Wollgrasweg 31, 70597 Stuttgart, T: (0711) 1 67 79-11, Telefax: (0711) 4 58 60 93)

In diesem Verband sind zusammengeschlossen

Verband des Landtechnischen Handwerks Baden-Württemberg
Vorsitzende(r): Kurt Neuscheler (72666 Neckartailfingen)

VdAW-Fachgruppe Badischer Weinkellereien
Vorsitzende(r): Dr. Erich Müller (Postf. 11 27, 69181 Leimen)

Fachgruppe Landtechnischer Handel
Vorsitzende(r): Wilhelm Neyer (Bürgerstr. 2, 88339 Bad Waldsee)

Fachgruppe Lohnunternehmer
Vorsitzende(r): Günter Amann (88276 Berg, T: (0751) 4 49 75, Telefax: (0751) 5 46 37)

Fachgruppe Landhandel
Vorsitzende(r): Wilhelm Lohrmann (Platzstr. 12/2, 72348 Rosenfeld, T: (07428) 9 39 40)

Fachgruppe Handelsmühlen
Vorsitzende(r): Thomas Siegle (Zechlesmühle, 71254 Ditzingen)

Fachgruppe Vieh und Fleisch
Vorsitzende(r): Helmut Gaissmaier (Pfisterstr. 49, 89584 Ehingen, T: (07391) 62 56)

Fachgruppe Württembergischer Weinkellereien
Vorsitzende(r): Heinz Kölle (70376 Stuttgart, T: (07143) 2 10 72)

Fachgruppe Fruchtsafthersteller
Vorsitzende(r): Matthias Schütz (74395 Mundelsheim, T: (07143) 57 71)

VdAW-Fachgruppe Landhandel Hessen
Vorsitzende(r): Ulrich Gierth (Himbacher Str. 22, 63694 Limeshain-Rommelshausen, T: (06047) 80 08 22)

Fachgruppe Forstwirtschaftliche Lohnunternehmer
Vorsitzende(r): Herbert Körner (89551 Königsbronn, T: (07328) 91 90 10)

Fachgruppe Bayerische Lohnunternehmer
Vorsitzende(r): Georg Schmid (Bergstr. 5, 82239 Alling, T: (08141) 46 53)

Fachgruppe Bayerische Forstunternehmer
Vorsitzende(r): Fritz Flechsel (Reuterhof 1, 90552 Röthenbach, T: (0911) 57 87 10)

Außerdem sind Mitglied Firmen der Futtermittelindustrie, der Landtechnischen Industrie und der Ernährungsindustrie, ohne daß sie eine Fachgruppe gebildet haben.

• H 656

Zentralausschuß der Agrargewerblichen Wirtschaft (ZDAW)

Postf. 30 16 55, 53196 Bonn
Beueler Bahnhofsplatz 18, 53225 Bonn
T: (0228) 9 75 85-14 **Fax:** 9 75 85-30, 9 75 85-32
E-Mail: bv-agrar@t-online.de
Präsident(in): Dr. Johannes Ströh (Lily-Braun-Str. 19-21, 23843 Bad Oldesloe, T: (04531) 18 14 54/55, Telefax: (04531) 8 76 72)
Vizepräsident(in): Walter Ulrich (Mühlenweg 7, 27801 Dötlingen, T: (04433) 7 89, Telefax: (04433) 14 28)
Geschäftsführer(in): Dipl.-Ing. agr. Robert Künzel
Mitglieder: 4

Mitglieder

h 657

Bundesverband der Agrargewerblichen Wirtschaft e.V. (BVA)

Postf. 30 16 55, 53196 Bonn
Beueler Bahnhofsplatz 18, 53225 Bonn
T: (0228) 9 75 85-0 **Fax:** 9 75 85-30, 9 75 85-32
E-Mail: bv-agrar@t-online.de
Internationaler Zusammenschluß: siehe unter izh 273
Präsident(in): Claus Bacmeister
Geschäftsführer(in): Dipl.-Ing. agr. Robert Künzel
Dipl.-Betriebsw. Kurt Linzbach

h 658

Deutscher Sparkassen- und Giroverband e.V. (DSGV)

Postf. 11 01 80, 10831 Berlin
Behrenstr. 31, 10117 Berlin
T: (030) 2 02 25-0
Internet: http://www.dsgv.de
E-Mail: postmaster@dsgv.de
Präsident(in): Dr. Dietrich H. Hoppenstedt
Geschäftsführende Vorstands-Mitglieder:
Hans Michael Heitmüller
Dr. Holger Berndt
Dr. Wolfgang Klein
Leitung Presseabteilung: Christian Achilles

h 659

Zentralverband des Deutschen Kartoffelhandels e.V.

Postf. 30 16 55, 53196 Bonn
Beueler Bahnhofsplatz 18, 53225 Bonn
T: (0228) 9 75 85-22 **Fax:** 9 75 85-30, 9 75 85-32
E-Mail: bv-agrar@t-online.de
Internationaler Zusammenschluß: siehe unter izh 68
Präsident(in): Dr. Herwig Elgeti
Geschäftsführer(in): Dipl.-Ing. agr. Erich A. Lüpken

h 660

Bundesverband des Großhandels mit Dünge- und Pflanzenbehandlungsmitteln e.V. (BGDP)

Postf. 30 16 55, 53196 Bonn
Beueler Bahnhofsplatz 18, 53225 Bonn
T: (0228) 9 75 85-0 **Fax:** 9 75 85-30, 9 75 85-32
E-Mail: bv-agrar@t-online.de
Präsident(in): Claus Bacmeister
Geschäftsführer(in): Dipl.-Ing. agr. Robert Künzel

• H 661

Gemeinschaft der Getreidelagereibetriebe im Bundesverband Spedition und Logistik e.V.

Rheinparkstr. 2, 68163 Mannheim
T: (0621) 8 33 65-0 **Fax:** 8 33 65-20
E-Mail: info@vbsmhm.de
Vorsitzende(r): Jürgen Foellmer
Geschäftsführer(in): Bernhard Riedel

Mitglieder

h 662

Bundesverband der Agrargewerblichen Wirtschaft e.V. (BVA)

Postf. 30 16 55, 53196 Bonn
Beueler Bahnhofsplatz 18, 53225 Bonn
T: (0228) 9 75 85-0 **Fax:** 9 75 85-30, 9 75 85-32
E-Mail: bv-agrar@t-online.de
Internationaler Zusammenschluß: siehe unter izh 273
Präsident(in): Claus Bacmeister
Geschäftsführer(in): Dipl.-Ing. agr. Robert Künzel
Dipl.-Betriebsw. Kurt Linzbach

h 663

Bundesverband der Deutschen Weinkellereien und des Weinfachhandels e.V.

Herzogenbuscher Str. 12, 54292 Trier
E-Mail: bvw@trier.ihk.de
Präsident(in): Arthur Gesthüsen, Alf/Mosel
Geschäftsführer(in): Peter Rotthaus

h 664

Bundesverband des Großhandels mit Dünge- und Pflanzenbehandlungsmitteln e.V. (BGDP)

Postf. 30 16 55, 53196 Bonn
Beueler Bahnhofsplatz 18, 53225 Bonn
T: (0228) 9 75 85-0 **Fax:** 9 75 85-30, 9 75 85-32
E-Mail: bv-agrar@t-online.de
Vorsitzende(r): Claus Bacmeister
Geschäftsführer(in): Dipl.-Ing. agr. Robert Künzel

• H 665

Deutsche Handelsvereinigung SPAR e.V.

22867 Schenefeld
Osterbrooksweg 35-45, 22869 Schenefeld
T: (040) 83 94-0 **Fax:** 83 94-1550
Vorsitzende(r): Arwed Fischer
Vizepräsident(in): Helmut Angl (87645 Schwangau)
Geschäftsführer(in): RA Michael Ludwig
Mitglieder: 21 regionale SPAR Handelsvereinigungen

• H 666

Arbeitsgemeinschaft Deutscher Milchhandelsverbände
Im Bonnet 4, 53229 Bonn
T: (0228) 48 14 05 **Fax:** 48 14 05
Geschäftsführer(in): Dipl.-Vw. Ottmar Burska

• H 667

FMI
Fachverband Mikrographie und Informationsverarbeitung
Fürstenbergerstr. 151, 60322 Frankfurt
T: (069) 95 96 36 50 **Fax:** 95 96 36 51
Internet: http://www.fmi-ev.de
E-Mail: info@fmi-ev.de
Gründung: 1970
Vorsitzende(r): Dr. Andreas Jurjanz
Stellvertretende(r) Vorsitzende(r): Joachim Künzel
Thomas Rick
Geschäftsführer(in): RA Achim Carius
Mitglieder: 50

• H 668

Bundesverband Reifenhandel und Vulkaniseur-Handwerk e.V.
Oberländer Ufer 172, 50968 Köln
T: (0221) 9 37 05 30 **Fax:** 93 70 53 53
Internet: http://www.bundesverband-reifenhandel.de
E-Mail: info@bundesverband-reifenhandel.de
Gründung: 1986 (27. Okt.)
Präsident(in): Gerhard Ludwig (c/o Rieger + Ludwig, Kobelweg 91, 86156 Augsburg)
Geschäftsführer(in): Peter Hülzer
Leitung Presseabteilung: Ulrike Weyerke
Verbandszeitschrift: "Trends + Facts"
Redaktion: Ulrike Weyerke
Verlag: Oberländer Ufer 172, 50968 Köln
Mitglieder: 1015
Mitarbeiter: 5

• H 669

Verband des Garagen- und Tankstellengewerbes Berlin-Brandenburg e.V.
Obentrautstr. 16-18, 10963 Berlin
T: (030) 2 59 05-160, 2 59 05-161 **Fax:** 2 59 05-100
Vorsitzende(r): Marco Föhr
Geschäftsführer(in): Rainer Homes
Mitglieder: 330

• H 670

Zentralverband des Tankstellen- und Garagengewerbes e.V. (ZTG)
Hausdorffstr. 101, 53129 Bonn
T: (0228) 91 47 00 **Fax:** 9 14 70 16
Dreieichstr. 42, 60594 Frankfurt, T: (069) 62 40 44, Fax: 62 24 51
Gründung: 1967 (7. Juni)
Geschäftsf. Vorst.: Karl-Heinz Börger (Vors.), Münster
Axel Grüning (stellv. Vors.), Elmshorn
Peter Drömer, Berlin
Hans-Peter Murmann, Gummersbach
Robert Rümpelein, Lohndorf
Weitere Vorst.-Mitgl.: Marco Föhr, Glienicke
Peter Hengstermann, Stromberg
Siegfried Kabbe, Hamburg
Frank Kämpfe, Crimmitschau
Michael Kunze, Cottbus
Manuel Mühlbeck, Hamburg
Rainer Woischwill, Ulm
Geschäftsführer(in): Jürgen Ziegner
Wolfgang Penka
Mitglieder: 12 Verbände

Schutz, Förderung und Wahrnehmung der allgemeinen Interessen des gesamten Tankstellen- und Garagengewerbes, soweit es sich um Angelegenheiten handelt, die in ihrer Bedeutung und ihren Auswirkungen über den Bereich eines Mitgliederverbandes hinausgehen.

Regionale Mitgliedsverbände und Sektionen

h 671

Verband Norddeutsches Tankstellen- und Garagengewerbe e.V.
Billstr. 41, 20539 Hamburg
T: (040) 7 89 52-0 **Fax:** 7 89 52-116

h 672

Fachverband des Tankstellen- und Garagengewerbes Niedersachsen-Bremen e.V.
Geschäftsstelle:
Hausdorffstr. 101, 53129 Bonn
T: (0228) 9 17 23 32 **Fax:** 9 17 23 36

h 673

Verband des Kraftfahrzeuggewerbes Schleswig-Holstein e.V.
Faluner Weg 28, 24109 Kiel
T: (0431) 53 33 10 **Fax:** 52 50 66

h 674

Verband des Garagen- und Tankstellengewerbes Berlin-Brandenburg e.V.
Obentrautstr. 16-18, 10963 Berlin
T: (030) 2 59 05-160, 2 59 05-161 **Fax:** 2 59 05-100

h 675

Fachverband Tankstellen-Gewerbe (FTG) e.V.
Hausdorffstr. 101, 53129 Bonn
T: (0228) 91 72 30 **Fax:** 9 17 23 36
Gründung: 1970
Vorsitzende(r): Karl-Heinz Börger

h 676

Fachverband des Tankstellen und Garagengewerbes (FTG) Südwest e.V.
Dreieichstr. 42, 60594 Frankfurt
T: (069) 62 49 54 **Fax:** 62 24 51

h 677

Verband des Tankstellengewerbes Sachsen-Anhalt, Sachsen, Thüringen e.V.
Dreieichstr. 42, 60594 Frankfurt
T: (069) 62 26 10 **Fax:** 62 24 51

h 678

Verband des Kraftfahrzeuggewerbes Rheinland e.V.
Hoevelstr. 19, 56073 Koblenz
T: (0261) 9 47 25-0 **Fax:** 9 47 25 15

h 679

Verband des Kraftfahrzeuggewerbes Baden-Württemberg e.V.
Motorstr. 1, 70499 Stuttgart
T: (0711) 83 98 63-0 **Fax:** 83 98 63-20

h 680

Verband des Kraftfahrzeuggewerbes Bayern e.V.
Goethestr. 17, 80336 München
T: (089) 5 12 67 70 **Fax:** 5 50 21 56

h 681

Verband des Kraftfahrzeuggewerbes Mecklenburg-Vorpommern e.V.
Kassebohmer Weg 11-12, 18055 Rostock
T: (0381) 60 09 02-0 **Fax:** 68 05 34

Zentraler Fachmitgliedsverband

h 682

Interessengemeinschaft der Esso-Tankstellenpächter und Esso-Händler e.V.
Postf. 24 73, 89014 Ulm
T: (0731) 6 50 85 **Fax:** 6 50 85

• H 683

Arbeitsgemeinschaft der Bundesautobahntankstellen e.V.
Postf. 22 27, 32379 Minden
Stiftstr. 35, 32427 Minden
T: (0571) 88 60 80 **Fax:** 8 86 08 20
Vorsitzende(r): Dr. Willy Habermeyer (Autobahnstation Fürholzen, Fürholzen)
Geschäftsführer(in): Sigrid Pook
Mitglieder: 200

• H 684

bft
Bundesverband Freier Tankstellen und Unabhängiger Deutscher Mineralölhändler e.V. (bft)
Ippendorfer Allee 1d, 53127 Bonn
T: (0228) 91 02 90 **Fax:** 9 10 29 29
Internet: http://www.bft.de
E-Mail: bft-ev@netcologne.de
Internationaler Zusammenschluß: siehe unter izl 53
Vorsitzende(r): Hans-Willi Müller (Dieselstr. 10, 50996 Köln)
Hauptgeschäftsführer(in): Axel Graf Bülow
Verbandszeitschrift: BFT-Nachrichten
Mitglieder: 550

Zusammenschluß von Eigentümern und Inhabern nicht konzerngebundener Tankstellen und Mineralölhandelsfirmen; Wahrung und Förderung der beruflichen, wirtschaftlichen und sozialen Interessen der Mitglieder; Beratung und Vertretung in Fragen allgemeiner, wirtschaftlicher und sozialrechtlicher Art.

• H 685

Arbeitskreis Oberbekleidung Bundesarbeitsgemeinschaft der Mittel- und Großbetriebe des Einzelhandels
Postf. 60 19 69, 22219 Hamburg
T: (040) 63 78 44 60 **Fax:** 63 78 44 44
Vorsitzende(r): Dirk Schröder (i. Fa. Peek & Cloppenburg KG, Mönckebergstr. 6, 20095 Hamburg, T: (040) 3 39 67 02)
Geschäftsführer(in): RAin Evelyn Kiso (Loogestr. 26, 20249 Hamburg, T: (040) 46 44 76)

• H 686

Bundesverband des Deutschen Teppich- und Gardinenhandels e.V.
Postf. 29 02 63, 50524 Köln
T: (0221) 92 15 09-80 **Fax:** 92 15 09-10
E-Mail: p.engmann@t-online.de
Vorsitzende(r): Heiner Luttermann
Geschäftsführer(in): Lic. oec. publ. Peter W. Engmann

• H 687

Verein zur Förderung des Norddeutschen Textileinzelhandels e.V.
Bei dem Neuen Krahn 2 Cremon, 20457 Hamburg
T: (040) 36 98 12-0 **Fax:** 36 98 12-22
Internet: http://www.fhe.de
E-Mail: ihe@fhe.de
1. Vorsitzende(r): Horst-Arno Gülcher (i. Fa. Steffi-Moden, Bärenallee 16, 22041 Hamburg)
Geschäftsführer(in): Dipl.-Volksw. Klaus Poetsch

• H 688

Bundesverbände Naturkost Naturwaren
Robert-Bosch-Str. 6, 50354 Hürth
T: (02233) 9 63 38 11 **Fax:** 9 63 38 10
Gründung: 1988 (März)

• H 689

Bundesverband des Deutschen Versandhandels e.V. (BVH)
Johann-Klotz-Str. 12, 60528 Frankfurt
T: (069) 67 50 47 **Fax:** 67 50 98
E-Mail: info@bvh-versandhandel.de
Internationaler Zusammenschluß: siehe unter izh 423
Vorsitzende(r): Dipl.-Kfm. Klaus Wirth (95213 Münchberg)
Hauptgeschäftsführer(in): Dr. Thomas Steinmark
Mitglieder: 180

• H 690

ZMT
Zentralvereinigung medizin-technischer Fachhändler, Hersteller, Dienstleister und Berater e.V. (ZMT)
Salierring 44, 50677 Köln
T: (0221) 2 40 78 45 **Fax:** 2 40 86 70
Internet: http://www.zmt.de

E-Mail: zmt-verband@netcologne.de
Präsident(in): Arno Brackmann (i. Fa. Treumedizin GmbH, Georgenstr. 6, 82152 Planegg)
Hauptgeschäftsführer(in): Winfried Toubartz
Geschäftsführer(in): Uwe Behrens
Leitung Presseabteilung: Rolf Schmid
Verbandszeitschrift: MTD - Medizin-Technischer Dialog
Verlag: Wangener Str. 12, 88279 Amtzell
Mitglieder: 225 Unternehmen

Die ZMT ist ein Zusammenschluß namhafter Fachhandelsunternehmen der Medizin-Technik in der Bundesrepublik Deutschland. Außerdem gehören der Zentralvereinigung Medizin-Technik wichtige Hersteller medizintechn. Produkte und andere Vertreiber medizintechn. Produkte sowie Dienstleister und Berater in diesem Bereich, die ihren Sitz und ihre Geschäftstätigkeit in der Bundesrepublik Deutschland haben, an.

• H 691

Sicheres Material in der Medizin e.V. (SMM)
Theaterplatz 10-12, 53177 Bonn
T: (0228) 9 57 21 21 **Fax:** 35 82 97
Vorsitzende(r): Prof. Dr. med. K. Junghanns
Stellvertretende(r) Vorsitzende(r): Prof. Dr. med. Jost Brökelmann
Hauptgeschäftsführer(in): Joachim Kampshoff

• H 692

Bundesverband Erotik Handel e.V.
Rothenbaumchaussee 83, 20148 Hamburg
T: (040) 4 10 55-69 **Fax:** 4 10 55-48
Geschäftsführende(s) Vorstands-Mitglied(er): Jens Jensen (i. Fa. Beate Uhse AG, Gutenbergstr. 12, 24941 Flensburg)
Geschäftsführer(in): RA Uwe Kaltenberg

• H 693

Bundesverband Deutscher Vertriebsfirmen (BDV) e.V.
Obere Bahnhofstr. 41, 82110 Germering
T: (089) 1 29 60 91 **Fax:** 1 29 15 92
Vorst. u. Geschf.: Mathias Kaiser

• H 694

BME
BUNDESVERBAND MATERIALWIRTSCHAFT EINKAUF UND LOGISTIK e.V.

Bolongarostr. 82, 65929 Frankfurt
T: (069) 3 08 38-100 **Fax:** 3 08 38-199
Internet: http://www.bme.de
E-Mail: INFO@BME.DE
Gründung: 1954
Vorsitzende(r) des Vorstandes: Dr. Holger Hildebrandt (Leiter des Hauptbereiches Materialwirtschaft, Ruhrgas AG, Huttropstr. 60, 45138 Essen, T: (0201) 1 84-31 86, Telefax: (0201) 1 84-31 89)
Vorstand: Ulrich Fricke (stellv. Vors.; InfraServ GmbH & Co. Höchst AG, 65926 Frankfurt (M), T: (069) 3 05-66 46, Telefax: (069) 3 05-1 70 86)
Dieter W. Bertsch (70322 Stuttgart)
Prof. Dr. Ronald Bogaschewsky (Technische Universität Dresden, Fakultät Wirtschaftswissenschaften, 01062 Dresden, T: (0351) 4 63 53 50, Telefax: (0351) 4 63 77 14)
Rolf Christe (Bäckerwiese 11, 90607 Rückersdorf, T: (0911) 5 70 66 12, Telefax: (0911) 5 70 66 99)
Gerd Engelmann (Geschäftsführer SUN TECHNIQUE GmbH, Kaiserswerther Str. 115, 40880 Ratingen, T: (02102) 4 20-0, Telefax: (02102) 4 20 62)
Heinz-Baldo Esch (Leiter Einkauf, Hapag-Lloyd Container Linie GmbH, Ballindamm 25, 20079 Hamburg, T: (040) 30 01-34 34, Telefax: (040) 30 01-38 95)
Dr. Robert Fieten (Nonnenwerthstr. 74, 50931 Köln, T: (0221) 46 34 70, Telefax: (0221) 46 34 70)
Hans-Jürgen Schätzle (Prokurist - Leiter Zentralbereich Materialwirtschaft, KCH Keramchemie GmbH, Postf. 11 63, 56425 Siershahn, T: (02623) 6 00-4 80, Telefax: (02623) 6 00-4 81)
Karl-Heinz Uhlig (Geschäftsf. OMEGA Blechbearbeitung GmbH, Saydaer Str. 21, 09125 Chemnitz, T: (0371) 5 30-83 40, Telefax: (0371) 5 30-83 42)
Dr. Andreas R. Voegele (Seniorpartner, Roland Berger & Partner GmbH International Management Consultants, Löffelstr. 40, 70597 Stuttgart, T: (0711) 76 73-3 00, Telefax: (0711) 76 73-3 02)
Klaus Wangerin (Sony International (Deutschland) GmbH, European Procurement Division, Stuttgarter Str. 103, 70736 Fellbach, T: (0711) 58 58-2 39, Telefax: (0711) 58 49 01)
Prof. Dr. Michael Zeuch (FH Schweinfurt/Würzburg/Aschaffenburg, FB Wirtschaftsingenieurwesen/BWL, Ignatz-Schön-Str. 11, 97421 Schweinfurt, T: (09721) 9 40-9 53, Telefax: (09721) 9 40-9 50)
Hauptgeschäftsführer(in): Dr. Ludwig Veltmann
Leitung Presseabteilung: Dr. Friedrich von Heyl
Verbandszeitschrift: Beschaffung aktuell
Redaktion: Anita Hald
Verlag: Konradin Verlag, Stuttgart-Leinfelden
Mitglieder: 5000
Mitarbeiter: 13

Weitergabe von aktuellen Fachinformationen und Wissen zum Thema Materialwirtschaft, Einkauf und Logistik; Herstellung und Pflege von Kontakten zum Erfahrungsaustausch zwischen Fachkollegen aus Forschung und Praxis; Pflege fachlicher Bildungsaufgaben durch Fort- und Weiterbildung der Mitglieder

• H 695

Deutscher Franchise-Verband e.V.
Paul-Heyse-Str. 33-35, 80336 München
T: (089) 53 50 27 **Fax:** 53 13 23
Gründung: 1978
Präsident(in): Udo Floto
Ehrenpräs: Dr. W. Skaupy
Wilhelm Borchert (Deutsche Goodyear)
Udo Floto (Eismann)
Albert Gschwendner (Der Teeladen)
Winfrid Mauer (PARDIO Parkett Studio)
Manfred Maus (OBI)
Bettina Naumann (AUFINA)
Detlef Hochstein (McDonald's)
Wolfgang Tietjen (Getifix)
Verbandsgeschäftsführer: Felix Peckert
Stellvertretende(r) Geschäftsführer(in): Ruth Dünisch
Mitglieder: ca. 440 Unternehmen (Franchise-Geber)
Mitglied der European Franchise Federation, Brüssel u. d. World Franchise Council

Handelsvertreter, Makler, Vermittler u. a.

• H 696

CDH
Centralvereinigung Deutscher Wirtschaftsverbände für Handelsvermittlung und Vertrieb (CDH)

Geleniusstr. 1 (CDH-Haus), 50931 Köln
T: (0221) 51 40 43 **Fax:** 52 57 67
Internet: http://www.cdh.de
E-Mail: cdh.centralvereinigung@t-online.de
Neue Anschrift ab 28.08.2000:
Am Weidendamm/Planckstrasse, 10117 Berlin
Gründung: 1902
Internationaler Zusammenschluß: siehe unter izh 559
Präsident(in): Horst Platz, Bad Homburg
Vizepräsident(in): Helmut Bräuninger, München
Wolfgang Hinderer, Düsseldorf
Gerd-Achim Krieger, Berlin
Joachim Schrömbgens, Baden-Baden
Ehrenpräs.: Otto Kern (Eschborn)
Hauptgeschäftsführer(in): Dipl.-Kfm. Dr. Andreas Paffhausen
Stellv. Hauptgeschäftsführer: RA Hermann Hubert Pfeil
Leitung Presseabteilung: Dipl.-Volksw. Claudia Mischon
Verbandszeitschrift: HV-Journal
Verlag: Siegel-Verlag, Mainzer Landstr. 251, 60326 Frankfurt
Mitglieder: ca. 18000 (über 14 Landesverbände)

Wahrung und Förderung der wirtschaftlichen, beruflichen und sozialen Belange der in den Mitgliedsverbänden vereinigten Handelsvermittlungen und Vertriebs-Unternehmen.

Landesverbände

h 697

Wirtschaftsverband für Handelsvermittlung und Vertrieb in Baden (CDH) e.V.
Basler Str. 115, 79115 Freiburg
T: (0761) 47 10 20, 47 10 22 **Fax:** 47 10 24
Vorsitzende(r): Ralph Tröndle
Geschäftsführer(in): RAin Dr. Roswitha Maas

h 698

Wirtschaftsverband für Handelsvermittlung und Vertrieb Baden-Württemberg (CDH) e.V.
Postf. 10 53 61, 70046 Stuttgart
Katharinenstr. 18, 70182 Stuttgart
T: (0711) 24 81 27 **Fax:** 24 17 73
Internet: http://www.cdhbw.de
E-Mail: info@cdhbw.de
Gründung: 1904
Ehrenvorsitzender: Theo A. Nibel, Stuttgart
Vorsitzende(r): Hans-Jörg Aichholz, Stuttgart
Stellvertretende(r) Vorsitzende(r): Klaus Brill, Sindelfingen
Dieter Ehresmann, Heddesheim
Roland Nesselhauf, Rutesheim
Günter Schnarrenberger, Senden
Joachim Schrömbgens, Baden-Baden
Hauptgeschäftsführer(in): RA Wolf Bonitz

h 699

Bayerischer Wirtschaftsverband für Handelsvermittlung und Vertrieb (CDH) e.V.
Postf. 86 08 09, 81635 München
Ismaninger Str. 63, 81675 München
T: (089) 4 19 43 30 **Fax:** 41 94 33 40
Internet: http://www.cdhbayern.de
E-Mail: cdhbayern@t-online.de
Präsident(in): Dieter M. Putz
Vizepräsident(in): Wolfgang Bischof
Helmut Bräuninger
Werner Bujok
Gerhard Kerscher
Hauptgeschäftsführer(in): Dipl.-Kfm. Klaus Pannier

h 700

Wirtschaftsverband für Handelsvermittlung und Vertrieb Bergisch-Land (CDH) e.V.
Hofaue 89, 42103 Wuppertal
T: (0202) 44 84 89/80 **Fax:** 4 93 61 37
E-Mail: cdh@bergisch-land-wtal.de
Vorsitzende(r): Horst D. Kalbfleisch
Geschäftsführer(in): Lothar Hillebrand

h 701

Wirtschaftsverband für Handelsvermittlung und Vertrieb in Hamburg (CDH) e.V.
Raboisen 16, 20095 Hamburg
T: (040) 33 10 95-98 **Fax:** 33 67 98
Internet: http://www.cdhimnorden.de
E-Mail: service@cdhimnorden.de
Vorsitzende(r): Wolfgang Friedrich
Hauptgeschäftsführer(in): RA Rolf Kant
Verbandszeitschrift: CDH-Magazin

h 702

Wirtschaftsverband der Handelsvertretungen Hessen-Thüringen (CDH) e.V.
Stresemannallee 35-37, 60596 Frankfurt
T: (069) 63 00 91-0 **Fax:** 63 00 91-19
Vorsitzende(r): Horst Platz
Hauptgeschäftsführer(in): RA Heinrich Freitag

h 703

Handelsvertreterverband Köln-Bonn-Aachen e.V.
Hansaring 79-81, 50670 Köln
T: (0221) 1 60 56-0 **Fax:** 1 60 56-78
Vorsitzende(r): Karl Kriegeskorte
Hauptgeschäftsführer(in): RA Ingo Lorscheid

h 704

Wirtschaftsverband für Handelsvermittlung und Vertrieb Niedersachsen/Bremen CDH e.V.
Hinüberstr. 4A, 30175 Hannover
T: (0511) 34 26 11 **Fax:** 33 25 54
Internet: http://www.cdh-nds-hb.de
E-Mail: cdhinhannover@t-online.de
1. Vorsitzende(r): Rüdiger Scharlo
2. Vorsitzende(r): Ulrich Pagenstecher
Hauptgeschäftsführer(in): Dipl.-Kfm. Andreas Bohle

h 705

Wirtschaftsverband für Handelsvermittlung und Vertrieb Nordost (CDH) e.V., Sitz Berlin
Prinzenstr. 85, Bechsteinhaus, 10969 Berlin
T: (030) 61 69 10-0 **Fax:** 6 16 91 02 43
Gründung: 1886 (7. März)
Vorsitzende(r): Malte Eckardt
Hauptgeschäftsführer(in): RA'in Birgit Marson

h 706

Wirtschaftsverband für Handelsvermittlung und Vertrieb Ostwestfalen-Lippe (CDH) e.V.
Postf. 21 90 40, 33697 Bielefeld

Osningstr. 3, 33605 Bielefeld
T: (0521) 6 85 76 **Fax:** 17 68 53
E-Mail: cdhowl@t-online.de
Vorsitzende(r): Ernst Ulrich Lappe
Geschäftsführer(in): Ass. jur. Barbara Fiedler

h 707

Wirtschaftsverband für Handelsvermittlung und Vertrieb Rheinland-Pfalz (CDH) e.V.
Postf. 20 14 33, 56014 Koblenz
Rheinstr. 20, 56068 Koblenz
T: (0261) 3 17 78 **Fax:** 3 44 80
Vorsitzende(r): Karl-Heinz Heift
Hauptgeschäftsführer(in): RA C. W. Schwab
RA Dr. Hans Joachim Hannes

h 708

Wirtschaftsverband für Handelsvermittlung und Vertrieb Rhein-Ruhr (CDH) e.V.
Heinrich-Heine-Allee 38, 40213 Düsseldorf
T: (0211) 8 80 03 33 **Fax:** 8 80 03 22
Vorsitzende(r): Klaus Brinkmann
Hauptgeschäftsführer(in): RA Herbert Jansen

h 709

Wirtschaftverband für Handelsvermittlung und Vertrieb Saarland (CDH) e.V.
Franz-Josef-Röder-Str. 9, 66119 Saarbrücken
T: (0681) 5 50 52 **Fax:** 5 18 42
Vorsitzende(r): Karlheinz Petri
Geschäftsführer(in): RA Armin Dietzen

h 710

Wirtschaftsverband für Handelsvermittlung und Vertrieb Westfalen-Mitte (CDH) e.V.
Kamener Str. 60 OT Königsborn, 59425 Unna
T: (02303) 6 22 23 **Fax:** 6 94 50
Vorsitzende(r): Friedrich Richmann
Hauptgeschäftsführer(in): RA Josef Beckmann

Der CDH in Kooperation angeschlossen:

• H 711

BDV - Berufsverband der Medienvertreter e.V.
Stephanstr. 3, 60313 Frankfurt
T: (069) 91 33 30-12 **Fax:** 91 33 30-33
Gründung: 1927 (Mai)
Vorsitzende(r): Helmut Weipert (Victor-Slotosch-Str. 29, 60388 Frankfurt, T: (069) 41 40 11, Telefax: (069) 42 20 39)
Stellvertretende(r) Vorsitzende(r): Eckart von Schroetter (Helmpertstr. 3, 80687 München, T: (089) 54 67 04-0, Telefax: (089) 54 67 04-30)
Uwe Saupe (Rötfeldstr. 10, 73453 Abtsgmünd, T: (07366) 96 30-0, Fax: 96 30 30)
Schatzmeister: Jürgen Erdel (Gronauer Weg 29, 61118 Bad Vilbel, T: (06101) 58 30 16, Telefax: (06101) 58 30 18)
Schriftführer(in): Rita Höfer (Mainstr. 121, 63065 Offenbach, T: (069) 88 52 28, Telefax: (069) 88 86 25)
Beisitzer: Wolfgang Brandt (Birnbaumweg 6, 86169 Augsburg, T: (0821) 74 30 80, Fax: 74 30 85)
Hans W. Hüller (Ltg. Presseabt., Winnender Str. 54, 71303 Waiblingen, T: (07151) 92 22-0, Telefax: (07151) 92 22-60)
Geschäftsführer(in): RA Klaus B. Ramser
Verbandszeitschrift: Medienvertreter
Redaktion: W. Brandt
Mitglieder: ca. 400
Mitarbeiter: 2

Baden-Württemberg

h 712

BDV - Berufsverband der Medienvertreter e.V. Landesverband Baden-Württemberg
Rötfeldstr. 10, 73453 Abtsgmünd
T: (07366) 96 30-0 **Fax:** 96 30 30
Vorsitzende(r): Christian Saupe

Bayern

h 713

BDV - Berufsverband der Medienvertreter e.V. Landesverband Bayern
Helmpertstr. 3, 80687 München
T: (089) 54 67 04-0 **Fax:** 54 67 04-30
1. Vorsitzende(r): Eckart von Schroetter

Berlin

h 714

BDV - Berufsverband der Medienvertreter e.V. Landesverband Berlin
Parkstr. 29, 13187 Berlin
T: (030) 48 16 03-0 **Fax:** 48 16 03-19
Vorsitzende: Bettina Wieland

Franken

h 715

BDV - Berufsverband der Medienvertreter e.V. Landesverband Franken
Mainstr. 5, 96191 Viereth-Trunstadt
T: (09503) 46 03
Vorsitzende(r): Wolfgang Steckler

Hamburg

h 716

BDV-Berufsverband der Medienvertreter e.V. Landesverband Hamburg
Soltaustr. 6, 21029 Hamburg
T: (040) 7 21 90 39 **Fax:** 7 21 95 18
Vorsitzende: Eva Wendt

Hessen

h 717

BDV - Berufsverband der Medienvertreter e.V. Landesverband Hessen
Victor-Slotosch-Str. 29, 60388 Frankfurt
T: (069) 41 40 11/12 **Fax:** 42 20 39
Vorsitzende(r): Helmut Weipert

Rheinland

h 718

BDV - Berufsverband der Medienvertreter e.V. Bezirksverband Rheinland
Maybachstr. 167-169, 50670 Köln
T: (0221) 97 30 04-0 **Fax:** 97 30 04-9
Vorsitzende(r): Paul-Werner Jung-Stadie

Ostwestfalen-Lippe

h 719

BDV - Berufsverband der Medienvertreter e.V. Bezirksverband Ostwestfalen-Lippe
Waldbreede 11, 33649 Bielefeld
T: (0521) 45 44 45 **Fax:** 45 44 46
Vorsitzende(r): Heinz-Jochen Niederschelp

Fachverbände der Vertreter, Makler, Auktionatoren u. a.

• H 720

Bundesverband der Finanz- und Immobilienkaufleute e.V.
Ostenhellweg 50-52, 44135 Dortmund
T: (0231) 52 71 96
Vorsitzende(r): Ulrich Stiehl, Dortmund

• H 721

Deutsche Finanzgilde e.V.
Ostenhellweg 50-52, 44135 Dortmund
T: (0231) 52 71 96
Vorsitzende(r): Ulrich Stiehl (Ostenhellweg 50-52, 44135 Dortmund)
der Deutschen Finanzgilde e. V. angeschlossene Verbände: Bundesverband der Finanz- u. Immobilienkaufleute e. V.

• H 722

Verband der Handelsvertreter beim BHW e.V.
Postf. 14 39, 67448 Haßloch
T: (06324) 98 93 77
Gründung: 1981 (31. Oktober)
1. Vorsitzende(r): Dieter Ackermann
Leitung Presseabteilung: Dr. Marianne Henhapl
Verbandszeitschrift: Verbands-Kurier, Verbands-Telegramm
Mitglieder: 1100

• H 723

Bundesverband der Deutschen Weinkommissionäre e.V.
Große Bleiche 29, 55116 Mainz
T: (06131) 28 63 20 **Fax:** 2 86 32 22
Präsident(in): Dipl.-Kfm. Peter Best (67278 Bockenheim, T: (06359) 94 70 94/95, Fax: 94 70 96)
Geschäftsführer(in): RA Hermann Böckel (Große Bleiche 29, 55116 Mainz, T: (06131) 28 63 20, Telefax: (06131) 2 86 32 22)
Mitglieder: 4 Regionalverbände mit insges. 500 Mitgl.

h 724

Vereinigung Rheinischer Weinkommissionäre e.V.
Große Bleiche 29, 55116 Mainz
T: (06131) 28 63 20 **Fax:** 2 86 32 22
Gründung: 1908
Ehrenvors.: Hans Jung (Hahlweg 18, 67577 Alsheim)
Vorsitzende(r): Rolf D. Unger (An der Goldgrube 47, 55131 Mainz, T: (06131) 5 30 53, Telefax: (06131) 57 24 01)
Geschäftsführer(in): RA Hermann Böckel (Große Bleiche 29, 55116 Mainz, T: (06131) 28 63 20, Telefax: (06131) 2 86 32 22)
Mitglieder: ca. 100

h 725

Vereinigung Rheingauer Weinkommissionäre e.V.
Geschäftsstelle:
Große Bleiche 29, 55116 Mainz
T: (06131) 28 63 20 **Fax:** 2 86 32 22
Gründung: 1908
Ehrenvors.: Reinhold Schwalbach (Tiefenthaler Str. 16, 65187 Wiesbaden, T: (0611) 84 40 91, Telefax: (0611) 8 70 54)
Vorsitzende(r): Bernhard Freund (Rheinstr. 25, 65385 Rüdesheim, T: (06722) 22 79, Telefax: (06722) 21 78)
Geschäftsführer(in): RA Hermann Böckel (Große Bleiche 29, 55116 Mainz, T: (06131) 28 63 20, Telefax: (06131) 2 86 32 22)

h 726

Vereinigung der Weinkommissionäre Mosel-Saar-Ruwer e.V.
Große Bleiche 29, 55116 Mainz
T: (06131) 28 63 20 **Fax:** 2 86 32 22
Gründung: 1908
1. Vorsitzende(r): Ernst Faber (Moselweinstr. 9, 54518 Minheim, T: (06507) 24 58, Telefax: (06507) 24 08)
Geschäftsführer(in): RA Hermann Böckel (Große Bleiche 29, 55116 Mainz, T: (06131) 28 63 20, Telefax: (06131) 2 86 32 22)
Mitglieder: 60

h 727

Verband Pfälzer Weinkommissionäre e.V.
Große Bleiche 29, 55116 Mainz
T: (06131) 28 63 20 **Fax:** 2 86 32 22
Vorsitzende(r): Dipl.-Kfm. Peter Best (Haldenweg 1, 67278 Bockenheim, T: (06359) 94 70 94/95, Telefax: (06359) 94 70 96)
Geschäftsführer(in): RA Hermann Böckel (Große Bleiche 29, 55116 Mainz, T: (06131) 28 63 20, Telefax: (06131) 2 86 32 22)

• H 728

RDM

Ring Deutscher Makler - RDM - Verband der Immobilienberufe und Hausverwalter Bundesverband e.V. (RDM)
Mönckebergstr. 27, 20095 Hamburg
T: (040) 32 56 48-0 **Fax:** 32 56 48-49
Internet: http://www.rdm.de
E-Mail: rdm@rdm.de
Präsident(in): Franz Rohrer
Vizepräsident(in): R. Dieter Limbach
Manfred Ruf
Geschäftsführer(in): Dipl.-Volksw. Gerhard Feldmann
RA Hans-Eberhard Langemaack
Pressesprecher: Dipl.-Volksw. Gerhard Feldmann
Mitglieder: 4770
Förderung des Ansehens und der volkswirtschaftlichen Bedeutung des Berufsstandes; Wahrung der berufständischen Interessen seiner Mitglieder in wirtschaftlicher und sozialer Hinsicht; Förderung des ordnungsgemäßen Geschäftsgebarens und

der Kollegialität seiner Mitglieder. Im Interesse des Berufsstandes den lauteren Wettbewerb zu fördern und den unlauteren Wettbewerb zu bekämpfen.

Mitgliedsverbände

h 729

Ring Deutscher Makler - RDM
Landesverband Baden-Württemberg e.V.
Wilhelmstr. 18, 79098 Freiburg
T: (0761) 3 61 12 **Fax:** 38 14 46
Vorsitzende(r): Hugo Sprenker
Mitglieder: 479

h 730

Ring Deutscher Makler RDM
Verband der Immobilienberufe und Hausverwalter
Landesverband Bayern e.V.
Theatinerstr. 35 IV, 80333 München
T: (089) 29 08 20-11 **Fax:** 22 66 23
Vorsitzende(r): Dipl.-Kfm. Johannes Schneider (Bahnhofstr. 26, 82515 Wolfratshausen, T: (08171) 4 29 90, Telefax: (08171) 42 99 42)
Geschäftsführer(in): Dipl.-Kfm. Katrin Schönherr
Mitglieder: 872

h 731

Ring Deutscher Makler - RDM
Verband der Immobilienberufe und Hausverwalter
Landesverband Berlin und Brandenburg e.V.
Potsdamer Str. 143, 10783 Berlin
T: (030) 2 13 20 89 **Fax:** 2 16 36 29
Vorsitzende(r): Wolfgang Gruhn (Kaiserdamm 18, 14057 Berlin, T: (030) 3 26 51 71)
Mitglieder: 371

h 732

Ring Deutscher Makler
Landesverband Bremen/Bremerhaven
Langenstr. 34, 28195 Bremen
T: (0421) 1 69 00 88 **Fax:** 1 29 73
Vorsitzende(r): Joachim Linnemann
Mitglieder: 130

h 733

Ring Deutscher Makler - RDM
Verband der Immobilienberufe und Hausverwalter
Landesverband Hamburg e.V.
Postf. 30 43 80, 20314 Hamburg
Große Theaterstr. 7, 20354 Hamburg
T: (040) 35 75 99-0 **Fax:** 34 58 95
Vorsitzende(r): Peter Landmann (i. Fa. Arthur Th. Mewes, Alte Holstenstr. 65/67, 21029 Hamburg, T: (040) 7 21 60 21, Fax: 7 21 98 71)
Geschäftsführer(in): Klaus Hein
Mitglieder: 492

h 734

Ring Deutscher Makler - RDM
Verband der Immobilienberufe und Hausverwalter
Landesverband Hessen e.V.
Zeil 105, 60313 Frankfurt
T: (069) 28 28 23 **Fax:** 28 09 79
Internet: http://www.rdm.de/firma/lv-hessen
E-Mail: lv-hessen@rdm.de
Vorsitzende(r): Stephan Schlocker (Henning-Immobilien GmbH, Louisenstr. 26, 61348 Bad Homburg v.d.H.)
Geschäftsführer(in): Ass.jur. Johannes Engel
Mitglieder: 274

h 735

Ring Deutscher Makler - RDM
Landesverband Mecklenburg-Vorpommern e.V.
Torgelower Str. 14, 17309 Pasewalk
T: (03973) 21 45 39 **Fax:** 21 45 38
Vorsitzende(r): Klaus-Dieter Sageth
Mitglieder: 71

h 736

Ring Deutscher Makler (RDM)
Landesverband Niedersachsen e.V.
Emmichplatz 3, 30175 Hannover
T: (0511) 3 48 17 54 **Fax:** 3 48 04 72
Vorsitzende(r): Klaus-Peter Kommescher (Elisabethstr. 1, 49808 Lingen, T: (0591) 5 43 32, Fax: (0591) 5 33 34)
Geschäftsführer(in): Claudia Kressel
Mitglieder: 266

h 737

Ring Deutscher Makler
Landesverband Nordrhein-Westfalen e.V. (RDM)
Postf. 19 03 63, 50500 Köln
Bismarckstr. 9, 50672 Köln
T: (0221) 95 14 97-0 **Fax:** 95 14 97-9
Internet: http://www.rdm-nrw.de
E-Mail: info@rdm-nrw.de
Vorsitzende(r): Heinz Ramjoué (Heidter Berg 7, 42275 Wuppertal, T: (0202) 5 51 37-0, Telefax: (0202) 55 137-49)
Geschäftsführer(in): Dr. Manfred Heiß
Pressekontakt: Anne Wiktorin (Journalistin)
Mitglieder: 881

h 738

Ring Deutscher Makler - RDM
Verband der Immobilienberufe und Hausverwalter
Landesverband Rheinland-Pfalz-Saar e.V.
Mainzer Str. 57-59, 55411 Bingen
T: (06721) 1 51 10 **Fax:** 1 29 99
Vorsitzende(r): Ewald Wocker (c/o Immobilien-Hartmann, Mainzer Str. 57-59, 55411 Bingen, T: (06721) 1 20 08/9, Telefax: (06721) 1 20 02)
Mitglieder: 201

h 739

Ring Deutscher Makler - RDM
Landesverband Sachsen e.V.
Tolstoistr. 7, 01326 Dresden
T: (0351) 2 67 99 68 **Fax:** 2 67 99 69
Vorsitzende(r): Dipl.-Ing. Hans-Dieter Freudenberg
Mitglieder: 174

h 740

Ring Deutscher Makler - RDM
Landesverband Sachsen-Anhalt e.V.
Hegelstr. 29, 39104 Magdeburg
T: (0391) 5 61 61 72
Vorsitzende(r): Rolf Krüger
Mitglieder: 90

h 741

Ring Deutscher Makler - RDM
Landesverband Schleswig-Holstein e.V.
Schülperbaum 31, 24103 Kiel
T: (0431) 67 60 81 **Fax:** 6 29 03
Vorsitzende(r): Otto Stöben (Schülperbaum 31, 24103 Kiel)
Mitglieder: 236

h 742

Ring Deutscher Makler
Landesverband Thüringen e.V.
Sachsenstr. 7, 98617 Meiningen
T: (03693) 82 09 91 **Fax:** 47 18 03
Vorsitzende(r): Jochen Steinbach
Mitglieder: 99

h 743

Fachverband der Auktionatoren, Grundstücksmakler und Rechtsbeistände in Niedersachsen e.V.
Bismarckstr. 12, 26122 Oldenburg
T: (0441) 97 17 00 **Fax:** 7 18 76
Vorsitzende(r): Wolfgang Grasse (Bismarckstr. 12, 26122 Oldenburg)
Mitglieder: 127
Landesverbände: 15

• **H 744**

Verband Deutscher Makler für Grundbesitz, Hausverwaltung und Finanzierungen e.V. (VDM)
Bundesgeschäftsstelle:
Saatwinkler Damm 42/Riedemannweg 57, 13627 Berlin
T: (030) 38 30 25 28 **Fax:** 38 30 25 29
Internet: http://www.vdm.de
E-Mail: kontakt@vdm.de
Gründung: 1963 (23. August)
Internationaler Zusammenschluß: siehe unter izh 538
Präsident: Robert P. Kuhlmann (c/o VDM-Bundesgeschäftsstelle, Riedemannweg 57, 13627 Berlin, T: (030) 38 30 25 28, Fax: (030) 38 30 25 29, e-mail: kontakt@vdm.de, Internet: http://www.vdm.de)
Vizepräsident: Erich Hildenbrandt (Pressereferent, Gutenbergstr. 6, 70176 Stuttgart, T: (0711) 66 79-0, Telefax: (0711) 66 79-2 01, e-mail: hildenbrandt@t-online.de)
Schatzmeister: Hans-Peter Zimmermann (Storchenstr. 3, 79664 Wehr, T: (07762) 5 20 20, Telefax: (07762) 52 02 50,e-mail: zimmermannimmobilien@t-online.de)
Rechtsreferent: Rudolf Koch (Höchste Str. 14, 45883 Gelsenkirchen, T: (0209) 9 41 45 22, Telefax: (0209) 9 41 45 33, e-mail: koch-vdm@t-online.de)
Ausbildungsreferentin: Dr. Elvira M. Hegner (Gartenstr. 17, 07952 Pausa, T: (037432) 2 05 18, Fax: (037432) 2 00 30, e-mail: ehegner@vogtline.de)
Ehrenpräsidenten: Hans Joachim Blumenauer (Am Haag 33, 65812 Bad Soden, T: (06196) 5 02 50)
Hermann Haible (Villenstr. 7, 89231 Neu-Ulm, T: (0731) 8 16 11)
Gerhard Möbius (Postf. 13 07 28, 42034 Wuppertal, T: (0202) 44 47 44)
Axel-Bernd Stiller (Neumayerring 40, 67227 Frankenthal, T: (06233) 2 65 65, Telefax: (06233) 2 51 90)
Ehrenrat: Ernst Stolz (R.-Schiestel-Str. 92, 66450 Bexbach, T: (06826) 62 01)
Verbandszeitschrift: Der Grundbesitz
Redaktion: RA Sven R. Johns, Riedemannweg 57, 13627 Berlin, T: (030) 38 30 25 28, Fax: (030) 38 30 25 29, email: presse@vdm.de
Verlag: Limbach Druck und Verlag GmbH & Co. KG, Ernst-Böhme-Str. 20, 38112 Braunschweig, T: (0531) 3 10 85-0, Fax: (0531) 3 10 85-21
Mitglieder: 2500

Landesverbände:

h 745

VDM-Landesverband
Baden-Württemberg
Vincentiusstr. 5, 76137 Karlsruhe
T: (0721) 81 40 10 **Fax:** 81 40 17
1. Vorsitzende(r): Günter Laub

h 746

VDM-Landesverband
Bayern
Luitpoldstr. 5, 97828 Marktheidenfeld
T: (09391) 31 60 **Fax:** 66 82
E-Mail: vdm-bayern@t-online.de
1. Vorsitzende(r): Armin Prager

h 747

VDM-Landesverband
Berlin
Heinsestr. 54, 13467 Berlin
T: (030) 4 04 33 44 **Fax:** 4 04 40 30
1. Vorsitzende(r): Alexander M. Rainoff

h 748

VDM-Landesverband
Brandenburg
Friedrich-Engels-Str. 4a, 17268 Templin
T: (03987) 40 99 01 **Fax:** 40 99 02
E-Mail: vdm-lv-brandenburg@t-online.de
1. Vorsitzende(r): Frithjof Schlicke

h 749

VDM-Landesverband
Bremen/Weser/Ems
Tresckowstr. 19, 28203 Bremen
T: (0421) 70 18 80 **Fax:** 7 12 83
1. Vorsitzende(r): Egon Horsthemke

h 750

VDM-Landesverband
Hamburg
Hans-Henny-Jahnn-Weg 21, 22085 Hamburg
T: (040) 2 26 99 99-0 **Fax:** 2 26 99 99-36
E-Mail: lgst@vdm-hamburg.de
1. Vorsitzende(r): Udo Schrieber

h 751

VDM-Landesverband
Hessen
Liebigstr. 11, 60323 Frankfurt
T: (069) 97 20 70 30 **Fax:** 9 72 07 03 44
E-Mail: vdm-hessen@t-online.de
1. Vorsitzende(r): Peter Hofer

h 752

VDM-Landesverband
Mecklenburg-Vorpommern
Heiligengeisthof 10, 18055 Rostock
T: (0381) 4 92 38 56 **Fax:** 45 29 03
Internet: http://www.vdm.de
E-Mail: vdm.mecklenburg-vorpommern@t-online.de
1. Vorsitzende(r): Uwe Lutter

h 753

VDM-Landesverband
Niedersachsen
Postf. 11 21, 30881 Barsinghausen

Marktstr. 21, 30890 Barsinghausen
T: (05105) 51 54 40 **Fax:** 6 53 47
1. Vorsitzende(r): Manfred Hengstmann

h 754

VDM-Landesverband Nordrhein-Westfalen
Theaterstr. 18, 53111 Bonn
T: (0228) 60 40 90 **Fax:** 63 77 17
Internet: http://www.vdm.de/lv-nordrhein-westfalen
E-Mail: vdm-nrw@t-online.de
1. Vorsitzende(r): Immobilienwirt/VWA-Diplom Hans J. Braselmann (c/o Landesgeschäftsstelle)
Geschäftsführer(in): Dipl.-Kfm. Alexander Geischer
Verbandszeitschrift: Immobilien-Info
Redaktion: Alexander Geischer
Verlag: BM Verlag, Bonner Str. 328, 50968 Köln

h 755

VDM-Landesverband Rheinland-Pfalz
Mainzer Str. 7, 55232 Alzey
T: (06731) 95 96-0 **Fax:** 95 96 30
1. Vorsitzende(r): Gerhard Reiss

h 756

VDM-Landesverband Saarland
Postf. 13 28, 66274 Sulzbach
T: (06897) 5 44 40 **Fax:** 32 85
1. Vorsitzende(r): Wolfgang Raue

h 757

VDM-Landesverband Sachsen
Täubchenweg 83, 04317 Leipzig
T: (0341) 6 89 84 18 **Fax:** 6 88 96 15
1. Vorsitzende(r): Jens Richter

h 758

VDM-Landesverband Sachsen-Anhalt
Heidestr. 14, 39112 Magdeburg
T: (0391) 6 20 17 29 **Fax:** 6 20 17 29
1. Vorsitzende(r): Jutta Stricker

h 759

VDM-Landesverband Schleswig-Holstein
Steenerich 2a, 24896 Treia
T: (04626) 14 40 **Fax:** 14 88
E-Mail: remaxschleswig@t-online.de
1. Vorsitzende(r): Harald Gäthje

h 760

VDM-Landesverband Thüringen
Johannisstr. 11, 07743 Jena
T: (03641) 44 42 80 **Fax:** 44 42 80
1. Vorsitzende(r): Albrecht Scheunemann

• H 761

Verein Hamburger Hausmakler von 1897 e.V. (VHH)
Postf. 30 43 80, 20314 Hamburg
Große Theaterstr. 7, 20354 Hamburg
T: (040) 35 75 99-20 **Fax:** 34 58 95
Vorsitzende(r): M. Ulrich Strokarck
Geschäftsführer(in): Klaus Hein
Mitglieder: 134
Mitarbeiter: 1
Ältester Maklerverein Deutschlands.

• H 762

Verein Hamburger Makler und Agenten für Schlachthaus- und Molkerei-Erzeugnisse (VHM)
Adickesstr. 32, 22607 Hamburg
T: (040) 89 83 62 **Fax:** 89 83 62
Vorsitzende(r): Heinz-Peter Naumann

• H 763

Zentralverband deutscher Kreditmakler und des vermittelnden Bankdienstleistungsgewerbes e.V.
Ostenhellweg 50-52, 44135 Dortmund
T: (0231) 52 71 96
Vorsitzende(r): Ulrich Stiehl

• H 764

Bundesverband der Kursmakler an den deutschen Wertpapierbörsen
Herrengraben 31, 20459 Hamburg
T: (040) 3 68 05-0 **Fax:** 36 28 96/97
Gründung: 1970 (17. Okt.)
Vorsitzende(r): Claus-Jürgen Diederich
Stellvertretende(r) Vorsitzende(r): Klaus Mathis
Thomas Munz
Peter Koch
Geschf u. Justitiar: RA Dr. Gerhard Commichau, Hamburg
Mitglieder: 62

• H 765

Kursmaklerkammer bei der Hanseatischen Wertpapierbörse Hamburg Körperschaft des öffentlichen Rechts
Adolphsplatz 1, 20457 Hamburg
T: (040) 37 31 31
Vorstand: Uwe Radeke (Vors.)
Christian Kalischer (stellv. Vors.)
K.-D. Dahm (Schatzm.)
Mitglieder: 5

• H 766

Bundesverband der Finanzintermediäre an den deutschen Wertpapierbörsen (BFI)
Sitz: Fasanenstr. 3, 10623 Berlin
Geschäftsstelle:
Herrengraben 31, 20459 Hamburg
T: (040) 3 68 05-129 **Fax:** 36 28 96
Vorsitzende(r): Claus-Jürgen Diederich, Berlin
Stellvertretende(r) Vorsitzende(r): Gerrit Keller, Stuttgart
Claus Mathis, Düsseldorf
Dr. Hans

• H 767

Verband Reisender Kaufleute Deutschlands e.V. (VRKD)
Heinrich-König-Str. 123, 44795 Bochum
T: (0234) 47 05 77 **Fax:** 46 15 83
Gründung: 1884 in Leipzig
Präsident(in): Karl-Heinz Semm
Schatzmeister: Hubert Wanner (Postf. 67 07, 97017 Würzburg)

• H 768

Zentralverband Deutscher Schiffsmakler e.V.
Schopenstehl 15, 20095 Hamburg
T: (040) 32 60 82 **Fax:** 33 19 95
Internet: http://www.schiffsmakler.de, http://www.zvds.de
E-Mail: info@schiffsmakler.de
Vorsitzende(r): Konsul Volkert Knudsen (i. Fa. Sartori & Berger, Kiel, Sartori Kai, Wall 49/51 24103 Kiel, T: (0431) 9 81-0)
Geschäftsführer(in): Klaus Bültjer
Mitglieder: 12örtl. Vereinigungen

h 769

Vereinigung Hamburger Schiffsmakler und Schiffsagenten e.V.
Schopenstehl 15, 20095 Hamburg
T: (040) 32 60 82 **Fax:** 33 19 95
Internet: http://www.schiffsmakler.de, http://www.vhss.de
E-Mail: info@schiffsmakler.de
Vorsitzende(r): Bolko Graf von Pfeil (Fa. Detjen Schiffahrtsagentur GmbH, Hamburg, Kajen 6-8, 20459 Hamburg, T: (3 76 91-0)
Geschäftsführer(in): Klaus Bültjer
Mitglieder: 191

h 770

Nord-Ostsee Küstenschiffsmakler-Verein e.V.
c/o Pohl Shipping Schiffahrtsges. mbH
Peutestr. 67, 20539 Hamburg
T: (040) 78 94 72 60 **Fax:** 78 94 72 70
Internet: http://www.pohlgruppe.de
E-Mail: pohl.shipping@pohlgruppe.de
Vorsitzende(r): Hans-Ulrich Fischer (Pohl Shipping Schiffahrtsges. mbH, Peutestr. 67, 20539 Hamburg, T: (040) 78 94 72 60, E-Mail: pohl.shipping@pohlgruppe.de)
Schriftführer(in): Rolf Sandleben (T: (040) 3 11 80 10, Telefax: (040) 31 18 01 14)
Mitglieder: 29

h 771

Vereinigung Bremer Schiffsmakler und Schiffsagenten e.V.
Postf. 10 07 09, 28007 Bremen
T: (0421) 32 72 32 **Fax:** 3 38 71 04
Vorsitzender: Peter W. Koopmann (Peter W. Lampke (GmbH + Co), Präs.-Kennedy-Platz 1, 28203 Bremen, T: (0421) 3 67 82 31, Telefax: (0421) 3 67 82 32)
Geschäftsführer: RA Reinhard Schale
Mitglieder: 50

h 772

Schiffsmakler-Vereinigung für Küsten- und Seeschiffsbefrachter e.V.
c/o RMS Schiffahrtskontor Bremen GmbH
Postf. 10 22 29, 28022 Bremen
Lloydstr. 4, 28217 Bremen
T: (0421) 3 49 60-0 **Fax:** 3 49 60-96
Vorsitzende(r): Horst Seemann (in Fa. RMS Schiffahrtskontor Bremen GmbH, Lloydstr. 4, 28217 Bremen)
Mitglieder: 19

h 773

Vereinigung Wilhelmshavener Schiffsmakler und Schiffsagenten e.V.
Postf. 20 54, 26360 Wilhelmshaven
Luisenstr. 5, 26382 Wilhelmshaven
T: (04421) 20 30 92 **Fax:** 20 10 62
Vorsitzende(r): John H. Niemann (Fa. Neptun Schiffahrts-Agentur GmbH, Luisenstr. 5, 26382 Wilhelmshaven, T: (04421) 20 30 92, Telefax: (04421) 20 10 62)
Mitglieder: 12

h 774

Schiffsmakler-Verband "Ems" e.V.
Zur Alten Brikettfabrik 2, 26725 Emden
T: (04921) 81 20 **Fax:** 8 12 77
1. Vorsitzende(r): Klaus Rotter (Lehnkering Mineralstoffe GmbH, Zur Alten Brikettfabrik 2, 26725 Emden, T: (04921) 8 12-17, Telefax: (04921) 8 12-53)
Mitglieder: 16

h 775

Vereinigung Lübecker Schiffsmakler und Schiffsagenten e.V. zu Lübeck
Große Altefähre 20-22, 23552 Lübeck
T: (0451) 15 07-0 **Fax:** 7 28 11
Vorsitzende(r): Gunther Ranke
Geschäftsführer(in): Rudolf Kuklinski
Mitglieder: 23

h 776

Schiffsmakler-Vereinigung Kiel e.V.
Wall 49-51, 24103 Kiel
T: (0431) 98 10 **Fax:** 9 61 08
E-Mail: subki.canal@t-online.de
Vorsitzende(r): Konsul Volkert Knudsen (i. Fa. Sartori + Berger, Wall 49/51, 24103 Kiel, T: (0431) 9 81-0, Telefax: (0431) 9 61 08)
Mitglieder: 19

h 777

VBS-Vereinigung binnenländischer See-Reedereiagenten e.V.
c/o Süddeutsches Seefrachtenkontor
Botnanger Str. 28a, 70193 Stuttgart
T: (0711) 65 10 71 **Fax:** 6 59 97 62
Vorsitzende(r): Joachim W. Lindenau (Süddeutsches Seefrachtenkontor GmbH, Botnanger Str. 28 a, 70193 Stuttgart, T: (0711) 65 10 71, Telefax: (0711) 6 59 97 62)
Geschäftsführer(in): Jochen Richter (Zeuner GmbH)
Mitglieder: 11

h 778

Interessengemeinschaft der Schiffsmakler Flensburg/Schlei e.V.
Harniskai 7, 24937 Flensburg
T: (0461) 80 76 11 **Fax:** 80 76 00
Vorsitzende(r): Jürgen F. Jensen (i. Fa. Christian Jürgensen, Brink & Wölffel, Schiffsmakler + Umschlags GmbH, Harniskai 7, 24937 Flensburg, T: (0461) 80 76 11, Fax: (0461) 80 76 00)
Mitglieder: 8

h 779

See- und Küstenschiffsmakler-Verband "Rhein-Ruhr" e.V. Duisburg-Ruhrort
Kasteelstr. 9, 47119 Duisburg
T: (0203) 80 43 53 **Fax:** 80 42 23
Vorsitzende(r): Günter Krohn (Rhein-, Maas- u. See-Schiffahrts-Kontor GmbH, Kraussstr. 1a, 47119 Duisburg)
Mitglieder: 17

h 780

Schiffsmaklerverband Mecklenburg-Vorpommern e.V.
Am Seehafen 1, 18147 Rostock
T: (0381) 6 70 06 00 **Fax:** 6 70 06 03
Vorsitzende(r): Hagen Uloth (SCAN-Shipping GmbH, Am Seehafen 1, 18147 Rostock, T: (0381) 6 70 06 00, Telefax: (0381) 6 70 06 03)
Mitglieder: 17

• **H 781**

Fachverband der Friesischen Auktionatoren e.V.
Schützenstr. 5, 26670 Uplengen
T: (04956) 9 18 50
Vorsitzende(r): Dieter Meyer (Hofstr. 13, 26844 Jemgum)

• **H 782**

Bundesverband Deutscher Kunstversteigerer e.V. (BDK)
Erdener Str. 5A, 14193 Berlin
T: (030) 8 91 29 70 **Fax:** 8 91 80 25
Gründung: 1967 (13. Dez.)
Präsident(in): Tilman Bassenge
Vizepräsident(in): Henrik Hanstein (Kunsthaus Lempertz, Neumarkt 3, 50667 Köln, T: (0221) 92 57 29-0, Telefax: (0221) 92 57 296)
Michael Scheublein (Neumeister KG, Barer Str. 37, 89799 München, T: (089) 2 31 71 00, Telefax: (089) 2 31 71 055)
Ehrenpräsident: Dr. Reiner Schütte (Liebermannstr. 1 a, 50933 Köln, T: (0221) 48 77 61)
Mitglieder: 35

Wahrnehmung der Berufsinteressen seiner in Deutschland domizilierenden Mitglieder. Pflege der Verbindung zu verwandten Berufsverbänden des In- und Auslandes.

Schaustellervereine

• **H 783**

Bundesverband Deutscher Schausteller und Marktkaufleute e.V. (BSM)
vorher: HAGD
Adenauerallee 48, 53113 Bonn
T: (0228) 22 40 26 **Fax:** 22 19 36
Internet: http://www.bsm-lsm.de
E-Mail: bsm.bonn@t-online.de
Gründung: 1952
Internationaler Zusammenschluß: siehe unter izu 591
Präsident(in): Walter Weitmann (Königstr. 51, 70173 Stuttgart, T: (0711) 29 57 68, Telefax: (0711) 2 99 16 00)
Vizepräsident(in): Hans-Peter Arens
1. Vizepräs.: Dieter Zippe
Ehrenvizepräs.: Berthold Brinck
Horst Rennebaum
Hauptgeschäftsführer(in): Dipl.-Kfm. Heinz Bachmann (Ltg. Presseabt.)
Verbandszeitschrift: Der Komet
Verlag: Molkenbrunner Str. 10, 66954 Pirmasens (auch Redaktion)
Mitglieder: 12000
Landesverbände: 17

Berufsständische Vertretung der Interessen von Schaustellern, Reisehandels- und Marktgewerbetreibenden sowie von Circussen auf Bundesebene, Zusammenarbeit mit der Presse, Bekämpfung unlauteren Wettbewerbs, Beratung der Mitglieder in Rechtsangelegenheiten.

Landesverbände

h 784

Landesverband Schausteller und Marktkaufleute Baden-Württemberg e.V. (LSM)
Königstr. 51, 70173 Stuttgart
T: (0711) 29 57 68 **Fax:** 2 99 16 00
Internet: http://www.bsm-lsm.de
E-Mail: lsm-bw@t-online.de
Präsident(in): Walter Weitmann
Geschäftsführer(in): Peter Paga
Verbandsorgane: "Landesverband aktuell", "Markt- und Volksfestkalender"
Verlag: Eigenverlag

Vertretung des Berufsstandes bei der Landesregierung; Förderung der Berufsinteressen; Bekämpfung unlauteren Wettbewerbs; Zusammenarbeit mit der Presse; Beratung, Betreuung und Vertretung der Mitglieder vor Verwaltungs-, Finanz-und Arbeitsgerichten.

h 785

Bayerischer Landesverband der Marktkaufleute und der Schausteller e.V.
Gollierstr. 7, 80339 München
T: (089) 54 07 28 67, 54 07 28 68 **Fax:** 54 07 28 66
Präsident(in): Horst Rennebaum
Geschäftsführer(in): N. N.

h 786

Landesverband des Ambulanten Gewerbes und der Schausteller Hamburg e.V.
Sternstr. 108, 20357 Hamburg
T: (040) 4 39 90 94, 4 30 47 42 **Fax:** 4 39 98 68
Präsident(in): Annette Leonhardt
Vizepräsident(in): Dirk Marx
Klaus Moritz

h 787

Landesverband für Markthandel und Schausteller Hessen e.V.
Postf. 12 03, 35702 Haiger
T: (02773) 7 11 13 **Fax:** 7 11 13
Präsident(in): Uwe Reichert
Geschäftsführer(in): Andreas Rompf

h 788

Landesverband der Schausteller und der Marktkaufleute Niedersachsen-Nord und Bremen e.V.
Am Krähenberg 34, 28239 Bremen
T: (0421) 6 44 15 13 **Fax:** 6 44 18 99
Präsident(in): Heinz-Jürgen Strohmann
Geschäftsführer(in): Adolf Becker

h 789

Landesverband Niedersachsen-Süd der Markt- und Schaustellerbetriebe e.V.
Waterloostr. 20, 30169 Hannover
T: (0511) 1 49 30 **Fax:** 1 87 38
Präsident(in): Bernhard Vorlop
Geschäftsführer(in): Ernst Barczyk

h 790

Landesverband Schausteller und Marktkaufleute Nordrhein e.V. (LSM Nordrhein)
Hafenstr. 280, 45356 Essen
T: (0201) 34 00 01 **Fax:** 35 04 34
Präsident(in): Erich Knocke

h 791

Landesverband des Markt-, Reise- und Schaustellergewerbes Rheinland-Pfalz e.V.
Rheinuferweg 3, 56076 Koblenz
T: (0261) 7 66 03 **Fax:** 9 73 16 09
Präsident(in): Ludwig Klinge
Büro: Aline Born

h 792

Landesverband Sachsen/Thüringen der Marktkaufleute und der Schausteller e.V.
Hopfgartenstr. 12, 01307 Dresden
T: (0351) 4 59 48 43 **Fax:** 4 59 48 43
Präsident(in): Dr. Günter Stein
Geschäftsführerin: Erika Stein

h 793

Handelsverband des Markt- und Reisegewerbes "Süd-West" e.V.
Im Salzgarten 11, 66440 Blieskastel
T: (06821) 2 52 50 **Fax:** 2 52 50
Präsident(in): Erhard Theobald

h 794

Landesverband der Schausteller und Marktkaufleute Schleswig-Holstein e.V.
Königsweg 20, 24103 Kiel
T: (0431) 67 15 94 **Fax:** 67 15 93
Präsident(in): Arnold Jipp
Geschäftsführerin: Brigitte Kohl

h 795

Markthandel- und Schausteller-Verband Westfalen e.V.
Hansastr. 72, 44137 Dortmund
T: (0231) 57 14 68 **Fax:** 5 86 00 96
Präsident(in): Heinz Deh
Geschäftsführerin: Inge Champignon

h 796

Landesverband des Markt- und Schaustellergewerbes Mecklenburg-Vorpommern e.V.
Ratzeburger Str. 25, 19057 Schwerin
T: (0385) 4 84 30 17 **Fax:** 4 84 30 17
E-Mail: guenter.schaedlich@t-online.de
Präsident(in): Michael Kopilow
Geschäftsführer(in): Günter Schädlich

h 797

Landesverband Marktkaufleute und Schausteller Sachsen-Anhalt
Am Steinbruch 6, 06193 Wallwitz
T: (034606) 28 30 **Fax:** 28 34 50
Präsident(in): Horst Weckherlin

h 798

Landesverband Eifel-Mosel-Hunsrück im BSM
IG Die Marktkaufleute GbR mbH
Wirichstr. 9, 54550 Daun
T: (06592) 15 94 **Fax:** 1 04 94
Internet: http://www.marktkaufleute.de
E-Mail: info@marktkaufleute.de
Geschäftsführer(in): Michael Brämisch

h 799

Saarverband der Schausteller e.V.
Siedlerweg 20, 66787 Wadgassen
T: (06834) 44 28 **Fax:** (0681) 6 26 75
1. Vorsitzende(r): Heinrich Sonnier

h 800

Interessengemeinschaft Bonner Schausteller
Rheinaustr. 71, 53225 Bonn
T: (0228) 46 02 15 **Fax:** 47 07 65
1. Vorsitzende(r): August Kipp

Kooperatives Mitglied

h 801

Bundesverband des Mobilen Fischfeinkosthandels e.V.
Postf. 29 04 07, 27534 Bremerhaven
Am Lunedeich 32, 27572 Bremerhaven
T: (0471) 2 92 64 **Fax:** 7 59 65
Präsident(in): Joachim Palentin

• **H 802**

Deutscher Schaustellerbund e.V. (DSB)
Sitz Berlin, Mitglied der Europäischen Schausteller-Union (Spitzenorganisation der angeschlossenen Schaustellervereine)
Hauptgeschäftsstelle:
Hochkreuzallee 67, 53175 Bonn
T: (0228) 9 51 28-0 **Fax:** 9 51 28-17
Internet: http://www.schausteller-info.de
E-Mail: dsb@schausteller-info.de
Gründung: 1950 (13. Januar)
Präsident(in): Hermann Krameyer
Vizepräsident(in): Karl-Heinz Fehrensen
Albert Ritter
Bruno Schmelter
BSchatzmeister: Wilhelm Schemel
Hauptgeschäftsführer(in): Dr. Norbert Weigang
Geschäftsführer(in): Werner Hammerschmidt
Leitung Presseabteilung: Saskia Martin
Mitglieder: 4350, **Mitgliedsverbände:** 95
Mitarbeiter: 7

Zweiggeschäftsstellen:

h 803

Schaustellerverband Südwest Stuttgart e.V.
Wilhelmstr. 22-2, 70372 Stuttgart
T: (0711) 56 80 78 **Fax:** 56 80 46
Vorsitzende(r): Max-Rudi Weeber

h 804

Süddeutscher Verband reisender Schausteller und Handelsleute e.V.

Bayernstr. 100, 90471 Nürnberg
T: (0911) 46 86 00 **Fax:** 46 57 67
Vorsitzende(r): Günter Wunderle

h 805

Schaustellerverband Berlin e.V.

Rosenheimer Str. 5, 10781 Berlin
T: (030) 2 13 32 90 **Fax:** 2 13 40 34
Vorsitzende(r): Harry Wollenschläger

h 806

Schaustellerverband Hamburg von 1884 e.V.

Sternstr. 106, 20357 Hamburg
T: (040) 43 40 01 **Fax:** 43 85 79
Vorsitzende(r): Max Eberhard

h 807

Landesvereinigung der Schausteller, Markt- und Messereisender e.V.

An der Staufenmauer 6, 60311 Frankfurt
T: (069) 28 75 95 **Fax:** 91 39 57 74

h 808

Schaustellerverband Niedersachsen e.V.

Bruchmeisterallee 1, 30169 Hannover
T: (0511) 1 31 76 03 **Fax:** 1 57 42
Vorsitzende(r): Richard Böhm

h 809

Schaustellerverein Paderborn e.V.

Max-Planck-Str. 22, 33104 Paderborn
T: (05221) 8 04 08 **Fax:** 8 04 08
Vorsitzende(r): Wilhelm Schemel

h 810

Schaustellerverband Rheinhessen e.V.

Friedrich-Ebert-Str. 79, 55286 Wörrstadt
T: (06732) 24 03 **Fax:** 30 97
Vorsitzende(r): Helmut Bucher

h 811

Fachverband Schausteller Sachsen-Anhalt

Sitz Halle
Nußweg 2, 06112 Halle
T: (0345) 5 60 31 06 **Fax:** 5 60 31 06
Vorsitzende(r): Werner Meyer

h 812

Schaustellerverband Land Mecklenburg e.V. - Sitz Schwerin -

Ziegeleiweg 3, 19057 Schwerin
T: (0385) 4 89 75 15 **Fax:** 4 89 75 15
Vorsitzende(r): Dieter Schmidt

h 813

Schaustellerverband Schleswig-Holstein e.V.

Sitz Neumünster
Röntgenstr. 17, 24537 Neumünster
T: (04321) 5 41 18 **Fax:** 5 41 18
Vorsitzende(r): Peter Schneider

I Banken und Börsen

Zum Auffinden einer bestimmten Dienststelle oder Organisation dient das Suchwortverzeichnis, eines Personennamens das Personenverzeichnis.

Deutsche Bundesbank und Landeszentralbanken
DGZ DekaBank und Landesbanken
DG BANK Deutsche Genossenschaftsbank, Genossenschaftliche Zentralbanken und Spezialinstitute
Banken mit Sonderaufgaben
Verbände des Bankgewerbes
Börsen

Deutsche Bundesbank und Landeszentralbanken

• I 1

Deutsche Bundesbank
Postf. 10 06 02, 60006 Frankfurt
Wilhelm-Epstein-Str. 14, 60431 Frankfurt
T: (069) 95 66-1 **Fax:** 5 60 10 71
TX: 4 1 227 (Inland), 414 431 (Ausland)
TGR: Notenbank
Internet: http://www.bundesbank.de
E-Mail: presse-information@bundesbank.de
Gründung: 1957
Mitglieder des Zentralbankrats d. Deutschen Bundesbank:
Präsident(in): Dipl.-Volkswirt Ernst Welteke (Vors. des Zentralbankrats)
Vizepräsident(in): Dr. Jürgen Stark
Mitglieder des Direktoriums: Dieter Haferkamp
Wendelin Hartmann (bis 13. Juni 2000)
Edgar Meister
Prof. Dr. Hermann Remsperger
Helmut Schieber
Pressesprecher: Wolfgang Mörke

Landeszentralbanken

i 2

Landeszentralbank in Baden-Württemberg
Hauptverwaltung der Deutschen Bundesbank
Postf. 10 60 21, 70049 Stuttgart
Marstallstr. 3, 70173 Stuttgart
T: (0711) 9 44-0 **Fax:** 9 44-1903
Internet: http://www.bundesbank.de/lzb-bw/
E-Mail: pressestelle@lzb-bw.de
Gründung: 1947
Präsident(in): Dr. Guntram Palm
Vizepräsident(in): Dr. Günter Schmid
Mitglied des Vorstands: Wilhelm Ergenzinger

i 3

Landeszentralbank @im Freistaat @Bayern
Hauptverwaltung der Deutschen Bundesbank
80281 München
Ludwigstr. 13, 80539 München
T: (089) 28 89-5 **Fax:** 28 89-3598
Internet: http://www.bundesbank.de/lzb-bayern
E-Mail: presse-information@lzb-bayern.bundesbank.de, post@lzb-bayern.bundesbank.de
Präsident(in): Dr. Franz-Christoph Zeitler
Vizepräsident(in): Dr. Erich Fein
Mitglied des Vorstands: Günter Bäumer

i 4

Landeszentralbank in Berlin und Brandenburg
Hauptverwaltung
Postf. 11 01 60, 10831 Berlin
Steinplatz 2, 10623 Berlin
T: (030) 34 75-0 **Fax:** 34 75-2390
Internet: http://www.bundesbank.de/lzb-bbb
E-Mail: volkswirtschaft@lzbbb.de
Präsident(in): Klaus-Dieter Kühbacher
Vizepräsident(in): Ulrich Preuss
Mitarbeiter: 763 (31.12.)

i 5

Landeszentralbank @in der @Freien und Hansestadt Hamburg, in Mecklenburg-Vorpommern und Schleswig-Holstein
Hauptverwaltung
Postf. 57 03 48, 22772 Hamburg
Ost-West-Str. 73, 20459 Hamburg
T: (040) 37 07-0 **Fax:** 37 07-2205
TX: 2 14 554 zb d
TGR: Zentralbank
Internet: http://www.bundesbank.de/LZB-hms
E-Mail: lzb-hms-pressestelle@t-online.de
Präsident(in): Prof. Dr. Hans-Jürgen Krupp
Vizepräsident(in): Hans-Jürgen Siegmund
Mitglied des Vorstands: Hans-Georg Herrmann

i 6

Landeszentralbank @in der @Freien Hansestadt Bremen, in Niedersachsen und Sachsen-Anhalt
Hauptverwaltung der Deutschen Bundesbank
Postf. 2 45, 30002 Hannover
Georgsplatz 5, 30159 Hannover
T: (0511) 30 33-0 **Fax:** 30 33-2500
Internet: http://www.bundesbank.de/lzb-bns
E-Mail: pressestelle@lzb-bns.de
Präsident(in): Hans-Helmut Kotz
Vizepräsident(in): Horst Langefeld

i 7

Landeszentralbank in Hessen
Hauptverwaltung der Deutschen Bundesbank
Postf. 11 12 32, 60047 Frankfurt
Taunusanlage 5, 60329 Frankfurt
T: (069) 23 88-0 **Fax:** 23 88-1044
TGR: Zentralbank Frankfurt
Internet: http://www.bundesbank.de/lzb-h
E-Mail: presse-information@lzb-hessen.bundesbank.de
Präsident(in): Dr. Hans Reckers
Vizepräsident(in): Dr. Hans Georg Fabritius
Mitglied des Vorstandes: Jürgen Hettinger

i 8

Landeszentralbank in Nordrhein-Westfalen
Hauptverwaltung der Deutschen Bundesbank
Postf. 10 11 48, 40002 Düsseldorf
Berliner Allee 14, 40212 Düsseldorf
T: (0211) 8 74-0 **Fax:** 8 74-2424
TGR: Zentralbank
Internet: http://www.BUNDESBANK.DE//LZB-NRW
E-Mail: 0211874-0004@t-online.de
Gründung: 1948
Präsident(in): N.N.
Vizepräsident(in): Jürgen von der Ahe
Mitglied des Vorstands: Friedel Fleck

i 9

Landeszentralbank in Rheinland-Pfalz und im Saarland
Hauptverwaltung
Postf. 30 09, 55020 Mainz
Hegelstr. 65, 55122 Mainz
T: (06131) 3 77-0 **Fax:** 3 77-750
TGR: Zentralbank Mainz
Internet: http://www.bundesbank.de/LZB-RS
E-Mail: vo.lzb_rs@t-online.de
Präsident(in): Hans-Jürgen Koebnick
Vizepräsident(in): Bolko Leopold

i 10

Landeszentralbank @in den @Freistaaten Sachsen und Thüringen
Hauptverwaltung
Postf. 90 11 21, 04358 Leipzig
Prager Str. 200 Altes Messegelände, 04103 Leipzig
T: (0341) 8 60-0 **Fax:** 8 60-2389
Internet: http://www.bundesbank.de./lzb-sth/
E-Mail: zentrale.mailstelle@lzb-sth.bundesbank.de
Präsident(in): Dr. Christian Milow
Vizepräsident: Dietmar Girst
Mitarbeiter: 910 (31.12.)

DGZ DekaBank Deutsche Kommunalbank und Landesbanken

Spitzeninstitut

• I 11

DGZ·DekaBank Deutsche Kommunalbank
Postf. 11 05 23, 60040 Frankfurt
Mainzer Landstr. 16, 60325 Frankfurt
T: (069) 71 47-0 **Fax:** 71 47-1376
TX: 41 41 63 dgza d
T-Online ✻deka✻
Internet: http://www.deka.de
Tx: 414 163 Allgemein/Ausland (Kredite/Emissionen), 414 151 Wertpapiergeschäft, 4 170 691 Wertpapierhandel
Weiterer Sitz:
Bismarckstr. 101, 10625 Berlin, T: (030) 31 59 67-0, Fax: (030) 31 59 67-30
Gründung: 1918 (Fusion mit der DekaBank GmbH zum 01.01.99)
Vorstand: Manfred Zaß (Vors.)
Friedhelm Schaperjahn (stellv. Vors. bis 30.05.00)
Dr. Dieter Goose
Hans-Jürgen Gutenberger
Hans-Joachim Reichert
Dr. Bernhard Steinmetz (stellv. Mitglied)
Leitung Presseabteilung: Rembert Schneider
Mitarbeiter: 2329 (Ende 1999)

Landesbanken

• I 12

Landesbank Baden-Württemberg
Stuttgart
Postf. 10 60 49, 70049 Stuttgart
Am Hauptbahnhof 2, 70173 Stuttgart
T: (0711) 1 27-0 **Fax:** 1 27-3278
TX: 72 519-0
TGR: Landesbank
T-Online ✻20490✻
Internet: http://www.lbbw.de
E-Mail: kontakt@lbbw.de
Mannheim
Augustaanlage 33, 68165 Mannheim,
Postf. 10 03 52, 68003 Mannheim
T: (0621) 4 28-0,
Telefax: (0621) 4 28-25 91,
Btx: 2 0490
Gründung: 1999 (01.01. Gründung der Landesbank Baden-Württemberg durch Fusion von Südwestdeutscher Landesbank (gegründet 1916), Landesgirokasse -öffentliche Bank und Landessparkasse (gegründet 1818) und dem Marktteil der Landeskreditbank Baden-Württemberg (gegründet 1972)
Vorsitzende(r) des Vorstandes: Werner Schmidt
Stellv. Vors. d. Vorst.: Hans Dietmar Sauer
Stellv. Vors. d. Vorst.: Reinhold Schreiner
Vorstand: Thomas Fischer
Karl Heidenreich
Dr. Siegfried Jaschinski
Rolf Limbach
Joachim Schielke
Hans Waschkowski
Gerd Wolf
Hermann Zondler (stv.)
Mitarbeiter: 8376 (im Jahresdurchschnitt; davon 427 Auszubildende)

• I 13

Bayerische Landesbank Girozentrale
80277 München
Brienner Str. 20, 80333 München
T: (089) 21 71-01 **Fax:** 21 71-3579
TX: 528620 gzm d
TGR: Bayernbank München
Teletex: 898827 GZM tex **T-Online** 38000
Internet: http://www.bayernlb.de
E-Mail: kontakt@blb.de
Vorstand: Alfred H. Lehner (Vors.)
Dr. Peter Kahn (stellv. Vors.)
Gerold Brandt
Dr. Klaus Rauscher
Werner Strohmayr
Dr. Dietrich Wolf
Dr. Eberhard Zinn
Dr. Rudolf Hanisch (Direktor mit Generalvollmacht)

• I 14

Landesbank Berlin -Girozentrale-
10889 Berlin
Bundesallee 171, 10715 Berlin
T: (030) 8 69-801 **Fax:** 86 98 30 74
TGR: Landesbank Berlin
T-Online ✻95 1000✻
Internet: http://www.lbb.de
E-Mail: information@lbb.de
Gründung: 1990 (vorm. Sparkasse der Stadt Berlin West, 1818)
Vorstand: Ulf-Wilhelm Decken (Sprecher)
Dr. Johannes Evers
Hans Leukers
Bernd-Peter Morgenroth
Jochem Zeelen
Mitarbeiter: 6586 (31.12.; davon 481 Auszubildende und 932 Teilzeitbeschäftigte)

• I 15

Bremer Landesbank Kreditanstalt Oldenburg -Girozentrale-
Domshof 26, 28195 Bremen
T: (0421) 3 32-0 **Fax:** 3 32-2322
TX: 24 022-0 blb d
T-Online ✻23668✻
Internet: http://www.bremerlandesbank.de
E-Mail: kontakt@bremerlandesbank.de
Gründung: 1983 durch Fusion der Bremer Landesbank und der Staatl. Kreditanstalt Oldenburg - Bremen
Vorstand: Dr. Peter Haßkamp (Vors.)
Axel Weber (stellv. Vors.)
Dipl.-Kfm. Horst-Günter Lucke
Fritz Lütke-Uhlenbrock
Mitarbeiter: 1057 (im Jahresdurchschnitt)

• I 16

Hamburgische Landesbank
Girozentrale

Gerhart-Hauptmann-Platz 50, 20095 Hamburg
T: (040) 33 33-0 **Fax:** 33 33-2707, 33 33-3061 (Eiliger Zahlungsverkehr)

TX: 2 145 100 hl
Zentrale
TGR: LANDESBANK HAMBURG
Internet: http://www.hamburglb.de
E-Mail: info@hamburglb.de
Gründung: 1938 (Rechtsvorg. 1920)
Vorstand: Alexander Stuhlmann (Vors.)
Peter Rieck (stellv. Vors.)
Christian Baldenius
Ulf Gänger
Uwe Kruschinski
Leitung Presseabteilung: Dr. Konrad Kentmann

Universalbank: Geschäftsbank, Emissionsinstitut, Realkreditinstitut, Staatsbank und Sparkassen-zentralbank.

● I 17

Helaba

Landesbank Hessen-Thüringen Girozentrale
60297 Frankfurt
Neue Mainzer Str. 52-58 (MAIN TOWER), 60311 Frankfurt
T: (069) 91 32-01 **Fax:** 29 15 17
TX: 4 15 291-0 gfd
TGR: Helaba Frankfurt
T-Online ✻26000✻
Internet: http://www.helaba.de
Sitz Erfurt: Postf. 7 77, 99015 Erfurt, Bonifaciusstr. 16, 99084 Erfurt, T: (0361) 2 17-7100, Telefax: (0361) 2 17-7101
Gründung: 1953
Vorstand: Walter Schäfer (Vors.)
Hans-Jörg Vetter (stellv. Vors.)
Frederick R. Hopson
Dr. Günther Merl
Heinz Riener
Kurt-Dieter Schrauth
Mitarbeiter: 3000 (im Jahresdurchschnitt)

● I 18

LRP Landesbank Rheinland-Pfalz

Landesbank Rheinland-Pfalz -Girozentrale-
55098 Mainz
Große Bleiche 54-56, 55116 Mainz
T: (06131) 13-01 **Fax:** 13-2724
T-Online-Teilnehmer: 66565
Internet: http://www.lrp.de
E-Mail: LRP@LRP.de
Swift-Adresse: MALA DE 55550
T-Online: 66565
Gründung: 1958 (1. Juli)
Vorstand: Klaus G. Adam (Vors.)
Werner Fuchs
Dr. Friedhelm Plogmann
Paul K. Schminke
Leitung Presseabteilung: Jürgen Pitzer

● I 19

Landesbank Saar Girozentrale
66104 Saarbrücken
Ursulinenstr. 2, 66111 Saarbrücken
T: (0681) 3 83-01 **Fax:** 3 83-1208 (Intern. Geschäft, Handel), 3 83-1295 (Intern. Geschäft, Bearbeitung), 3 83-1273 (Börsenabt.), 3 83-1284 (Inlandszahlungsverkehr), 3 83-2100 (Landesbausparkasse), 3 83-1200 (Vorstandssekr.), 3 83-1212 (Öffentlichkeitsarb.), 3 83-1210 (Privatkunden)
T-Online ✻210 315 =Salad (Vorstandssekr.), Telefonbanking: (0681) 30 03-07✻
Internet: http://www.saarlb.de
E-Mail: saarlb@aol.com
Gründung: 1941
Vorstand: Ernst Lenz (Vors.)
Dr. Max Häring (stellv. Vors.)
Dr. Georg Gräsel
Jürgen Müsch

● I 20

Sachsen LB
Landesbank Sachsen Girozentrale

Postf. 10 02 06, 04002 Leipzig
Humboldtstr. 25, 04105 Leipzig
T: (0341) 9 79-0 **Fax:** 9 79-7979
TX: 3 11 395 LSLB D
Internet: http://www.sachsenlb.de
Gründung: 1992 (1. Januar)

Vorsitzende(r): Dr. Michael Weiss
Mitglied des Vorstands: Dieter Burgmer
Hans-Jürgen Klumpp
Eckhard Laible
Mitarbeiter: per 31.12.99: 425, 3 VO u. 22 Auszub.

● I 21

Landesbank Schleswig-Holstein Girozentrale
Martensdamm 6
Telefon: 900-01
Telefax: 900-2446
T-Online *23230#
info@lb-kiel.de
www.lb-kiel.de
LB Kiel

Martensdamm 6, 24103 Kiel
T: (0431) 9 00-01 **Fax:** 9 00-2446
TX: 292822 gzki d
TGR: Landesbank Kiel
T-Online ✻23230✻
Internet: http://www.lb-kiel.de
E-Mail: info@lb-kiel.de
Gründung: 1917
Vorstand: Dr. Dietrich Rümker (Vors.)
Hans Berger (stellv. Vors.)
Peter Pahlke
Dieter Pfisterer
Ernst Schröder
Pressesprecherin: Eva-Maria Scharrer

Bank des Landes Schleswig-Holstein und zentrales Institut der schleswig-holsteinischen Sparkassen.

● I 22

NORD/LB
NORDDEUTSCHE LANDESBANK
GIROZENTRALE

Georgsplatz 1, 30159 Hannover
T: (0511) 3 61-0 **Fax:** 3 61-2502
TX: 9216-20
T-Online ✻21030✻
Internet: http://www.nordlb.de
E-Mail: Info@nordlb.de
Gründung: 1970 (1.Juli) durch Zusammenschluß der Niedersächsischen Landesbank - Girozentrale -, der Braunschweigischen Staatsbank, der Hannoverschen Landeskreditanstalt und der Niedersächsischen Wohnungskreditanstalt - Stadtschaft -
Vorstand: Dr. h.c. Manfred Bodin (Vors.)
Dr. Gunter Dunkel
Jürgen Kösters
Dr. Hannes Rehm (stellv. Vors.)
Werner Schildt
Klaus Schiersmann
Bernd Schuster
Dr. Hans Vieregge
Dr. Jürgen Allerkamp

I 23

Norddeutsche Landesbank Girozentrale
Postf. 33 41, 38023 Braunschweig
Friedrich-Wilhelm-Platz, 38100 Braunschweig
T: (0531) 4 87-0 **Fax:** 4 87-3653
TX: 9 21 620 (Allgemein, Vorstand und Kreditgeschäft), 9 52 540 GZBRG D
TGR: Landesbank
Teletex: 5 11 893 **T-Online** 21030
Internet: http://www.nordlb.de
E-Mail: info@nordlb.de
VorstM: Dr. Jürgen Allerkamp

● I 24

WestLB

Westdeutsche Landesbank Girozentrale
40199 Düsseldorf
Herzogstr. 15, 40217 Düsseldorf
T: (0211) 8 26-01 **Fax:** 8 26-6119 (Allgemein), 8 26-6160 (Firmenkunden), 8 26-6130 (Investment Banking)
TGR: Landesbank Düsseldorf
Teletex: (17)2114633 gzd **T-Online** 5 4000
Internet: http://www.westlb.de
E-Mail: presse@westlb.de

DG BANK Deutsche Genossenschaftsbank, Genossenschaftliche Zentralbanken und Spezialinstitute

Spitzeninstitut

● I 25

DG BANK Deutsche Genossenschaftsbank Aktiengesellschaft
60265 Frankfurt
Platz der Republik, 60325 Frankfurt
T: (069) 74 47-01 **Fax:** 74 47-1685 (allg.)
T-Online ✻25566✻
Internet: http://www.dgbank.de
E-Mail: dgbank@t-online.de
Internationaler Zusammenschluß: siehe unter izi 53
Vorstand: Dr. Bernd Thiemann (Vors.)
Dr. Heiko Bruns
Dr. Berthold Eichwald
Uwe E. Flach
Dr. Johann-Rudolf Flesch
Dr. Friedbert Malt
Bedo Panner
Dr. Friedrich-Leopold Frhr. von Stechow
Vorsitzender des Verwaltungsrates: Präs. Dipl.-Volksw. Wolfgang Grüger

Genossenschaftliche Zentralbanken

● I 26

GZB-Bank

GZB-Bank Genossenschaftliche Zentralbank Aktiengesellschaft Stuttgart
Postf. 10 60 19, 70049 Stuttgart
Heilbronner Str. 41 GENO-Haus, 70191 Stuttgart
T: (0711) 9 40-0 **Fax:** 9 40-2940
Internet: http://www.gzb-bank.de
E-Mail: info@gzb-bank.de
Vorstand: Bankdir. Dr. Manfred Biehal
Bankdir. Albrecht Merz
Bankdir. Rudi Schühle
Bankdir. Dieter Wößner
AR-Vors: Dr. Rainer Märklin

● I 27

SGZ-Bank
AKTIENGESELLSCHAFT

SGZ-Bank Südwestdeutsche Genossenschafts-Zentralbank AG
Sitz:
60274 Frankfurt
Bockenheimer Anlage 46, 60322 Frankfurt
T: (069) 71 39-0 **Fax:** 71 39-1309
Internet: http://www.sgz-bank.de
E-Mail: info@sgz-bank.de
Weitere Hauptverwaltung: Postfach 69 60, 76049 Karlsruhe,
Karl-Friedrich-Str. 23, 76133 Karlsruhe, T: (0721) 9 96-0, Telefax: (0721) 9 96-33 62
Repräsentanz Erfurt:
Anger 78/79, 99084 Erfurt
T: (0361) 6 44 22-00, Telefax: (0361) 64 32 00 81
Gründung: 1883
Vorstand: Dr. Ulrich Brixner (Vors.)
Heinz Hilgert
Dietrich Voigtländer
Prof. Dr. Karl-Heinz Vollmer
Dr. Manfred Wächtershäuser
Ltg. Presse u. Öffentlichkeitsarbeit: Mathias Beers
Mitarbeiter: 834

Aufgaben: Als Zentralbank der traditionell engste Partner für ca. 400 Volksbanken und Raiffeisenbanken in Baden, Hessen, Rheinland-Pfalz und dem Saarland mit universalem Leistungsangebot und internationalen Verbindungen. Gleichzeitig international orientierte Geschäftsbank für mittelständische Unternehmen, Kommunen, institutionelle Anleger und vermögende Privatkunden sowie Kreditinstitute im In- und Ausland

• I 28

WGZ-Bank
Die Initiativbank.

WGZ-Bank Westdeutsche Genossenschafts-Zentralbank eG

Postf. 10 10 32, 40001 Düsseldorf
Ludwig-Erhard-Allee 20, 40227 Düsseldorf
T: (0211) 7 78-00 **Fax:** 7 78-1277
TX: 8 586 709
TGR: WGZ BANK
Internet: http://www.wgz-bank.de
E-Mail: info@wgz-bank.de
Roonstr. 7, 56068 Koblenz, Postf. 20 17 51, 56017 Koblenz, T: (0261) 39 03-5, Telefax: (0261) 39 03-6 58
Sentmaringer Weg 1, 48151 Münster, T: (0251) 7 06 00, Tx: 892 804, Telefax: (0251) 7 06-42 77
Französische Str. 48, 10117 Berlin, T: (030) 20 38 67-00, Fax: (030) 20 38 67-09
Gründung: 1884 Fusion der Genossenschaftlichen Zentralbank Rheinland, Köln (gegr. 1884), der Ländlichen Zentralkasse, Münster (gegr. 1884) u. der Zentralkasse Westdeutsche Volksbank, Münster (gegr. 1897)
Vorstand: Eberhard Heinke (Vors.)
Karl-Heinz Moll
Dr. Carl Albrecht Schade
Werner Böhnke
Hans Pfeifer
Ltg. Kommunikation, Marketing, Presse: Frank Kühne
Verbandszeitschrift: Rheinisches Genossenschaftsblatt
Redaktion: Genossenschaftsverband Rheinland e.V., Köln
Verlag: GvR, Severinstr. 214-218, 50455 Köln
Mitglieder: 783
Mitarbeiter: 1165, davon 40 Auszub., 117 Teilzeitbesch. (1999)

Spezialinstitute

• I 29

Deutsche Genossenschafts-Hypothekenbank DG HYP

Postf. 10 14 46, 20009 Hamburg
Rosenstr. 2, 20095 Hamburg
T: (040) 33 34-0 **Fax:** 33 34-1111
TGR: Degehyp
Internet: http://www.dghyp.de
E-Mail: marketing@dghyp.de
Fasanenstr. 5, 10623 Berlin, T: (030) 31 10 97-0, Telefax: (030) 31 10 97 10
Gründung: 1921
Vorsitzender des Aufsichtsrates: Dr. Bernd Thiemann, Frankfurt
Vorsitzende(r) des Vorstandes: Hermann M. Remaklus
Vorstand: Franz-Josef Gesinn
Herbert Otten
Friedrich Piaskowski
RA Erich-Alfred Rust
Dr. Walter Weber
Leitung Presseabteilung: Rainer Brandt

• I 30

Münchener Hypothekenbank eG

Postf. 15 14 40, 80048 München
Nußbaumstr. 12, 80336 München
T: (089) 53 87-0 **Fax:** 53 87-150
Internet: http://www.muenchener-hyp.de
E-Mail: mhbinfo@t-online.de
Gründung: 1896
Vorstand: Dr. Hans-Ludwig Bungert (Sprecher)
Dr. Hans-Rainer Förger
Horst-Dieter Thiel
Leitung Presseabteilung: Egmont Kakarot-Handtke
Mitglieder: 94450 (31.12.99)

Banken mit Sonderaufgaben

Öffentliche Rechtsform

• I 31

DtA
Deutsche Ausgleichsbank
Wir fördern Zukunft

Deutsche Ausgleichsbank (DtA)

Postanschrift:
53170 Bonn
Ludwig-Erhard-Platz 3, 53179 Bonn
T: (0228) 8 31-0 **Fax:** 8 31-2255
T-Online *dta*
Internet: http://www.dta.de
E-Mail: dtabonn@dta.de
Niederlassung Berlin, Sarrazinstr. 11-15, 12159 Berlin, T: (030) 8 50 85-0, Telefax: (030) 8 50 85-2 99
Gründung: 1950 (12. Mai)
Generalbevollmächtigter: Bernd Erlingheuser
Generalbevollmächtigter: Reinhold Stratmann
Vorstand: Eckart v. Reden (Sprecher des Vorstandes)
Dr. Hans Koban
Dr. Joachim Lesser
Mitarbeiter: 831 (31.12.; davon 24 Auszubildende)

Öffentlich-rechtliches Kreditinstitut; Hauptleihinstitut des ERP-Sondervermögens; Finanzierungshilfen für Existenz- und Unternehmensgründungen sowie junge Unternehmer, Beratungsleistungen (Vorgründungsberatung bis Krisenmanagement); Technologie-Beteiligungen; Beteiligungen im No- und Low.Tech-Bereich; Umweltschutzfinanzierung; Förderung von sozialorientierten Projekten; sonstige Bank- und Auftragsgeschäfte

I 32

tbg Technologie-Beteiligungs-Gesellschaft mbH der Deutschen Ausgleichsbank

Postanschrift:
Ludwig-Erhard-Platz 1-3, 53179 Bonn
T: (0228) 8 31-2290 **Fax:** 8 31-2493
Internet: http://www.tbgbonn.de
E-Mail: info@tbgbonn.de
Geschäftsführer(in): Hansgeorg Rasch (Sprecher)
Johann-Wolfgang Posselt
Ernst G. Mayer
Gesellschafter: Deutsche Ausgleichsbank (DtA), Bonn

I. d.R. Stille Beteiligungen an Technologieunternehmen, in der Frühphase bzw. bei Exit-Finanzierungen auch offene Beteiligungen: Beteiligungskapital für kleine Technologieunternehmen, FUTOUR (gemeinsame Programme mit dem Bundesministerium für Wirtschaft und Technologie - BMWi sowie DtA-Technologie-Beteiligungsprogramm der Deutschen Ausgleichsbank.)

• I 33

DSL|Bank

DSL Bank Aktiengesellschaft

53170 Bonn
Postf. 20 03 10, 53133 Bonn
Kennedyallee 62-70, 53175 Bonn
T: (0228) 8 89-0 **Fax:** 8 89-4100
TX: 8 869 973 dsl d
T-Online *DSL*
Internet: http://www.dsl-bank.de
E-Mail: info@dsl-bank.de
SWIFT-Code: DSL BDE 3D
Vorstand: Stefan Jütte (Sprecher)
Wolfgang Schneider
Werner Albert Schuster
Ernst Seulen
Ltg. Unternehmenskommunikation: Ingo Husemeyer

Finanzierung öffentlicher und privater Vorhaben im In- und Ausland. Sonderaufgaben für Bund und Länder. Konzentration auf sieben Geschäftsfelder: Private Wohnungsbaufinanzierung, Unternehmensfinanzierung, Refinanzierung von Banken und Bausparkassen, Fördergeschäft für den Bund und die Bundesländer, nationales und internationales Kommunalkreditgeschäft, Refinanzierung an den nationalen und internationalen Geld- und Kapitalmärkten sowie das Derivategeschäft. Mittel- und langfristiges Kreditgeschäft zu festen Zinssätzen.

• I 34

Investitionsbank Berlin - Anstalt der Landesbank Berlin -Girozentrale-

Anstalt der Landesbank Berlin
10702 Berlin
Bundesallee 210, 10719 Berlin
T: (030) 21 25-2660 **Fax:** 21 25-2020
Teletex: 308 292
Internet: http://www.investitionsbank.de
Gründung: 1924 (als Wohnungsfürsorgegesellschaft mbH)
Vorstand: Bernd-Peter Morgenroth
Mitarbeiter: 815 (31.12)

Förderung der Schaffung von Wohnraum sowie der Erhaltung und Modernisierung von Wohngebäuden im Land Berlin. Förderungsmaßnahmen im Bereich der gewerblichen Wirtschaft, der Infrastruktur und des Umweltschutzes.

• I 35

Investitionsbank Schleswig-Holstein

Zentralbereich der Landesbank
Schleswig-Holstein, Girozentrale
Fleethörn 29-31, 24103 Kiel
T: (0431) 9 00-03 **Fax:** 9 00-3383
Internet: http://www.ibank-sh.de
Geschäfts-Leitung: Lutz Koopmann (Sprecher)
Dr. Heinz Engelhaupt
Dr. Klaus Rave
Leitung Presseabteilung: Birgit Pohl
Mitarbeiter: rd. 310 (1999)

Geschäftstätigkeit: Die Investitionsbank Schleswig-Holstein ist das zentrale Förderinstitut und unterstützt das Land Schleswig-Holstein bei der Umsetzung wirtschafts- uns strukturpolitischer Aufgaben. Die Investitionsbank berät wettbewerbsneutral in allen Förderfragen und vergibt Fördermittel für die gewerbliche Wirtschaft, den Wohnungsbau, Umwelt- und Energieprojekte, Kommunen und den Städtebau sowie den Agrarbereich.

• I 36

InvestitionsBank des Landes Brandenburg

Postf. 90 02 61, 14438 Potsdam
Steinstr. 104-106, 14480 Potsdam
T: (0331) 6 60-0 **Fax:** 6 60-1234
Internet: http://www.ILB.de
E-Mail: postbox@ILB.de
Gründung: 1992 (1. Juli)
Vorstand: Klaus-Dieter Licht (Vors.)
Dieter Kleemann
Vorstandsstab/Presse: Friedrich Ulmke
Mitarbeiter: 486 (im Jahresdurchschnitt; davon 28 Auszubildende und 20 Teilzeitbeschäftigte)

Die InvestitionsBank des Landes Brandenburg ist das zentrale Finanzierungsinstitut des Landes Brandenburg. Sie fördert öffentliche wie private Investitionsvorhaben und unterstützt das Land bei der Erfüllung seiner wirtschafts-und strukturpolitischen Aufgaben. Förderschwerpunkte sind die gewerbliche Wirtschaft, die Infrastruktur, die Land- und Forstwirtschaft, der Umweltschutz, der Wohnungsbau und soziale Einrichtungen.

• I 37

KfW KREDITANSTALT FÜR WIEDERAUFBAU

Postf. 11 11 41, 60046 Frankfurt
Palmengartenstr. 5-9, 60325 Frankfurt
T: (069) 74 31-0 **Fax:** 74 31-2944
TX: 415 2560 kwd
TGR: Kreditanstalt Frankfurtmain
Teletex: Reuters: AVSU, AVSV
T-Online-Teilnehmer: (069) 74 31-00 01
Internet: http://www.kfw.de
E-Mail: kfw.vsb@kfw.de
Niederlassung Berlin:
Postf. 1 43, 10104 Berlin
Charlottenstr. 33/33a, 10117 Berlin
T: (030) 2 02 64-0, Fax: (030) 2 02 64-1 88

Gründung: 1948
Vorsitzender des Verwaltungsrates: Bundesminister der Finanzen Hans Eichel
Leitung Öffentlichkeitsarbeit: Dr. Matthias Fritton
Vorstand: Ingrid Matthäus-Maier
Rudolf Klein
Hans W. Reich
noch bis 30.9.99
Staatssekretär a. D. Dr. Manfred Schüler
Dr. Gert Vogt
Staatssekretär a.D. Dr. Friedrich Voss
ab 1.10.99
Dr. Peter Klaus
Detlef Leinberger
Mitarbeiter: 1828 (im Jahresdurchschnitt)

• I 38

rentenbank

Landwirtschaftliche Rentenbank
Postf. 10 14 45, 60014 Frankfurt
Hochstr. 2 (Am Eschenheimer Turm), 60313 Frankfurt
T: (069) 21 07-0 **Fax:** 21 07-444
TGR: Rentenbank
Internet: http://www.rentenbank.de
E-Mail: office@rentenbank.de
Gründung: 1949
Vors. d. Verwaltungsrates: Gerd Sonnleitner
Vorstand: Karl-Ingo Bruns
Hans Jürgen Ploog
Dipl.-Kfm. Uwe Zimpelmann
Leitung Presseabteilung: Dipl.-Volkswirtin, Dr.rer.pol Karin Gress
Mitarbeiter: 188

• I 39

LfA Förderbank Bayern

Bayerische Landesanstalt für Aufbaufinanzierung
80535 München
Königinstr. 17, 80539 München
T: (089) 21 24-0 **Fax:** 21 24-2440
Internet: http://www.lfa.de
Gründung: 1951
Vorstand: Dr. Rupert Pfeffer (Vorsitzender)
Hartmut Langhorst (stellv. Vorsitzender)
Heinz Werner Schmidt
Rudolf W. Schmitt
Franz Josef Schwarzmann
Mitarbeiter: 299 (im Jahresdurchschnitt; davon 42 Teilzeitbeschäftigte)

Sonderkreditinstitut des Freistaates Bayern mit der Aufgabe, Vorhaben gewerblicher Unternehmen sowie sonstige Maßnahmen zur Verbesserung und Stärkung der Wirtschafts- und Verkehrsstruktur Bayerns finanziell zu fördern.

Private Rechtsform

• I 40

IKB Deutsche Industriebank

IKB Deutsche Industriebank Aktiengesellschaft
Sitz Düsseldorf und Berlin
Postf. 10 11 18, 40002 Düsseldorf
Wilhelm-Bötzkes-Str. 1, 40474 Düsseldorf
T: (0211) 82 21-0 **Fax:** 82 21-3959
TX: 8 582 791 Allgemein, 8 582 617 Wertpapiere
Internet: http://www.ikb.de
E-Mail: info@ikb.de
Bismarckstr. 105, 10625 Berlin, T: (030) 3 10 09-0, Telefax: (030) 3 10 09-38 00
Vorstand: Joachim Neupel
Stefan Ortseifen
Georg-Jesko v. Puttkamer
Dr. Alexander von Tippelskirch (Sprecher)
Claus Momburg

• I 41

Investitions- und Strukturbank Rheinland-Pfalz (ISB) GmbH
Postf. 25 07, 55015 Mainz
Wilhelm-Theodor-Römheld-Str. 22, 55130 Mainz
T: (06131) 9 85-0 **Fax:** 9 85-199
Internet: http://www.isb.rlp.de
E-Mail: isb-zentral@isb.rlp.de
Geschäftsführer(in): Dipl.-Kfm. Hans-Joachim Metternich (Sprecher), Wolfsheim
Geschäftsführer(in): Manfred Krämer, Idar-Oberstein

• I 42

AKA Ausfuhrkredit-GmbH
Postf. 10 01 63, 60001 Frankfurt
Große Gallusstr. 1-7, 60311 Frankfurt
T: (069) 2 98 91-00 **Fax:** 2 98 91-200
TX: 4 11 778
TGR: ausfuhrkredit
Internet: http://www.akabank.de
E-Mail: akabank@compuserve.com
Gründung: 1952
Geschäftsführer(in): Hans-Jürgen Muth, Erlenbach/Main
Jürgen Strege, Dreieich
Stellvertretende(r): Helmut Eggs
Abteilungs-Direktor(en): Helmut Illing
Albert Schröter
Ulrich Zimpel
Prokurist(en): Gunther Beck
Werner Fusenig
Franz Gierga
Aufsichtsrat: Carl L. von Boehm-Bezing (Vors.), Frankfurt am Main
Prof. Dr. Ernst-Moritz Lipp (1. stellv. Vors.), Frankfurt am Main
Dr. Axel Frhr. von Ruedorffer (2. stellv. Vors.), Frankfurt am Main
Dr. Heiko Bruns, Frankfurt/Main
Caspar von Hauenschild, München
Hans Henning Offen, Düsseldorf
Tilo Paduch, Frankfurt am Main
Dr. Lothar Wackerbeck, Berlin
Heinz Arno Wascheck, Berlin
Dr. Eberhard Zinn, München
Mitarbeiter: 78 (im Jahresdurchschnitt; davon 1 Teilzeitbeschäftigter)

• I 43

Gesellschaft für kommunale Altkredite und Sonderaufgaben der Währungsumstellung mbH
Postf. 4 03 45, 10062 Berlin
Charlottenstr. 33-33a, 10117 Berlin
T: (030) 2 02 64-0 **Fax:** 2 02 64-188
Gründung: 1995 (23. März)
Aufsichtsrat: Dr. Friedrich Voss (Vors.)
Dr. Thies Bünning (stellv. Vors.)
Werner Schick
Vorstand: Dr. Richard Brantner, Schramberg
Dr. Dr. Heinrich Harries, Dreieich-Buchschlag
Mitarbeiter: 29 (31.12.)

• I 44

Liquiditäts-Konsortialbank GmbH
Postf. 10 01 63, 60001 Frankfurt
Große Gallusstr. 1-7, 60311 Frankfurt
T: (069) 2 98 91-00, 2 98 91-03 **Fax:** 2 98 91-200
TGR: Liko-Bank
Internet: http://www.akabank.de
E-Mail: info@akabank.de
Gründung: 1974 - G-J: Kal.-J.
Geschäftsführer(in): Hans-Jürgen Muth, Erlenbach/Main
Jürgen Strege, Dreieich
Verwaltungsrat: Manfred Zaß (Vors.), Frankfurt (Main)
Helmut Schieber (1. stellv. Vors.), Frankfurt am Main
Jochen Lehnhoff (2. stellv. Vors.), Bonn
Martin Kohlhaussen, Frankfurt/Main
Edgar Meister, Frankfurt am Main
Dr. Henner Puppel, Essen
Walter Schäfer, Frankfurt/Main
Dr. Bernd Thiemann, Frankfurt am Main
Prokurist(en): Helmut Eggs
Ulrich Zimpel

• I 45

Saarländische Investitionskreditbank Aktiengesellschaft
Postf. 10 27 22, 66027 Saarbrücken
Johannisstr. 2, 66111 Saarbrücken
T: (0681) 30 33-0 **Fax:** 30 33-100
Internet: http://www.sikb.de
E-Mail: SIKB-AG@t-online.de
Gründung: 1951
Vorstand: Dipl.-Kfm. Ernst Lenz, Güdingen
Klaus W. Bruewer, Perl
Heiner Löhl, Saarbrücken
Prokurist(en): Bankdirektor Ernst Flegel, Schiffweiler-Heiligenwald
Gerhard Koch, Saarbrücken-Scheidt
Werbe- und Marketingleitung: Erich Körner, St. Ingbert
Aufsichtsrat: Dr. Gerald Nierlich (stellv. Vors.), Saarbrücken
Dipl.-Betriebswirt Arnold Bard, Tholey
Assessor Gert Detampel*), Spiesen-Elversberg
Paul Fischer*), Püttlingen
Dipl.-Kfm. Eberhard Fuchs*)
Dr. Georg Gräsel, Saarbrücken
Karl-Heinz Groß, Saarbrücken
Alfred Holzwarth, Saarbrücken
Dipl.-Kaufmann Gerd Hunsicker*), St. Ingbert
Heinz Schlichter*), Schwalbach
Präsident Karl-Heinz Trautmann, Sulzbach
Dr. Dirk von Walcke-Wulffen, Saarbrücken
*) Arbeitnehmervertreter
Beratende Mitglieder: Dipl.-Kfm. Werner Diehl
Rudi Hartz
Mitarbeiter: 49 (im Jahresdurchschnitt; davon 8 Teilzeitbeschäftigte)

• I 46

Sächsische Aufbaubank GmbH
Pirnaische Str. 9, 01069 Dresden
T: (0351) 49 10-0 **Fax:** 49 10-4000
Internet: http://www.sab.sachsen.de
E-Mail: sab@sab.sachsen.de
Gründung: 1996
Vorstand: Dr. Jochen Freiherr von Seckendorff (Vors.)
Hans-Nissen Andersen
Stefan Weber
Aufsichtsrat: Prof., Dr. Georg Milbradt
Dr. Kajo Schommer (stellv. Vors.)
Dr. Michael Weiss
Hans-Dietmar Sauer
Jürgen Hägele
Walter Schmid
Mitarbeiter: 505 (31.12.; davon 16 Auszubildende)

• I 47

InvestitionsBank Hessen AG (IBH)
Opernplatz 2, 60313 Frankfurt
T: (069) 9 00 26-0
Internet: http://www.hlt.de
E-Mail: info@hlt.de
Gründung: 1951
Vorstand: Dipl.-Volksw. Joachim Lauterbach, Wiesbaden
Dipl.-Volksw. Karlheinz Zahn, Wiesbaden
Prokurist(en): Dipl.-Ökonom Wolfgang Fischer (Bereichsleiter Kredite/Zuschüsse)
Jürgen Jensen (Bereichsleiter Zentrale Dienste)
Pamela Röhrs-Günther
Betriebswirt Joachim Schmidt (Niederl. Kassel)
Assessor Helmut Tiersch
Dipl.-Volksw. Klaus Willich-Michaelis (Bereichsleiter Beratungsdienste)
Aufsichtsrat: Betriebswirtin Doris Liesenfeld*) (stellv. Vors.)
Wilhelm Dietzel
Marlies Mosiek-Urbahn
Dieter Posch
Karlheinz Weimar
Dipl.-Volksw. Jürgen Wilke*)
*) Arbeitnehmervertreter
Mitarbeiter: 173 (30.09.; davon 6 Auszubildende)

Verbände des Bankgewerbes

Verbände des privaten Bankgewerbes

• I 48

Bundesverband deutscher Banken e.V.
Postf. 04 03 07, 10062 Berlin
Burgstr. 28, 10178 Berlin
T: (030) 16 63-0 **Fax:** 16 63-1399
Internet: http://www.bankenverband.de
Internationaler Zusammenschluß: siehe unter izi 14
Präsident(in): Dr. Frank Heintzeler (Sprecher d. Vorst. der Baden-Württembergischen Bank AG, Stuttgart)
Vorstand: Hans-Detlef Bösel (pers. haft. Ges. des Bankhauses Sal. Oppenheim jr. & Cie KGaA, Köln)
Dr. Rolf-E. Breuer (Sprecher d. Vorst. der Deutschen Bank AG, Frankfurt)
Dr. Karsten von Köller (Mitglied des Vorst. der RHEINHYP Rheinische Hypothekenbank AG, Frankfurt/Main)
Martin Kohlhaussen (Sprecher des Vorst. der Commerzbank

AG, Frankfurt)
Dr. Lutz Raettig (Vors. des Vorst. der Morgan Stanley Bank AG, Frankfurt/Main)
Christian Ratjen (Mitinhaber des Bankhauses Delbrück & Co Privatbankiers, Frankfurt/Main)
Dr. Albrecht Schmidt (Mitgl. d. Vorstandes der Bayerischen Vereinsbank AG, München)
Dr. Alexander von Tippelskirch (Sprecher d. Vorstandes d. IKB Deutsche Industriebank AG, Düsseldorf)
Bernhard Walter (Sprecher d. Vorst. der Dresdner Bank AG, Frankfurt)
Dr. Manfred Weber (Hauptgeschäftsführer des Bundesverbandes deutscher Banken e.V., Köln)
Hauptgeschäftsführer: Dr. Manfred Weber
Mitglieder: 13 Landes- und Fachverbände u. 273 Banken (Stand 1.4.2000)

Wahrung der Interessen der deutschen Banken in allen sie berührenden Angelegenheiten, Beratung und Unterstützung der Behörden in allen die deutschen Banken betreffenden Angelegenheiten, Aufklärung der Öffentlichkeit über Beruf und Aufgaben der deutschen Banken.

i 49

Bankenverband Baden-Württemberg e.V.
Theodor-Heuss-Str. 3, 70174 Stuttgart
T: (0711) 29 45 03 **Fax:** 29 07 60
Internet: http://www.bankenverband-badenwuerttemberg.de
E-Mail: bv.baden-wuerttemberg@bdb.de
Vorsitzende(r): Dr. Frank Heintzeler (Sprecher d. Vorst. Baden-Württembergische Bank AG, Stuttgart)
Geschäftsführer(in): Martin Zipperer (Württ. Notariatsassessor)
Mitglieder: 45

i 50

Bayerischer Bankenverband e.V.
Schäfflerstr. 8, 80333 München
T: (089) 24 22 61-0 **Fax:** 24 22 61-20
Gründung: 1948
Vorsitzende(r): Dr. Albrecht Schmidt (Mitglied d. Vorst. der Bayerischen Hypo- und Vereinsbank AG, München)
Geschäftsführer(in): Prof. Dr. Günther Picker (Ltg. Presseabt.)
Mitglieder: 60, Besch. ca. 41 000 in Bayern (Stand: 1.1.2000)

i 51

Bankenverband Bremen e.V.
c/o Bremer Bank
Postf. 10 79 80, 28079 Bremen
Domshof 8/-9, 28195 Bremen
T: (0421) 36 62-388 **Fax:** 36 62-461
E-Mail: Rolf.Plettner@Dresdner-Bank.com
Vorsitzende(r): Dr. Stefan Friedmann (Direktor der Bremer Bank Niederlassung der Dresdner Bank AG, Bremen)
Geschäftsführer(in): Rolf Plettner (c/o Bremer Bank)
Mitglieder: 16

i 52

Bankenverband Hamburg e.V.
Adolphsplatz 7, 20457 Hamburg
T: (040) 37 17 79 **Fax:** 36 32 51
Vorsitzende(r): Bernd A. Wilken (Mitgl. der Geschäftsleitung, Region Nord der Deutsche Bank AG, Hamburg)
Stellvertretende(r) Vorsitzende(r): Werner Weimann (Mitglied der Geschäftsleitung der Commerzbank AG, Filliale Hamburg)
Max M. Warburg (Mitinhaber des Bankhauses M.M. Warburg & CO KGaA)
Geschäftsführer(in): Christian Marquardt
Mitglieder: 72

i 53

Bankenverband Hessen e.V.
Alte Rothofstr. 2-4, 60313 Frankfurt
T: (069) 28 43 92 **Fax:** 28 82 31
Vorsitzende(r): Christian Ratjen (Mitinh. Delbrück & Co. Privatbankiers Frankfurt)
Stellvertretende(r) Vorsitzende(r): Harald C. Bieler (Direktor Dresdner Bank AG, Frankfurt)
Alfred Möckel (Mitglied d. Vorstandes d. BHF-BANK AG, Frankfurt)
Geschäftsführer(in): Dr. Thomas Mackenthun
Mitglieder: 154

i 54

Ostdeutscher Bankenverband e.V.
Kurfürstendamm 178-179, 10707 Berlin
T: (030) 8 81 90 00 **Fax:** 8 82 50 35
Internet: http://www.bankenverband-ost.de
E-Mail: info@bankenverband-ost.de
Vorsitzende(r): Edgar Most
Geschäftsführer(in): Klaus Wagner-Wieduwilt
Verbandszeitschrift: INFO PORT

i 55

Bankenverband Niedersachsen e.V.
Georgsplatz 20, 30159 Hannover
T: (0511) 32 05 88 **Fax:** 3 65 26 46
Vorsitzende(r): Wolfgang Büsselberg
Geschäftsführer(in): M.-Werner Frhr. von Münchhausen
Mitglieder: 31

i 56

Bankenverband Rheinland-Pfalz
Ludwigsstr. 8-10, 55116 Mainz
T: (06131) 20 33 07, 20 33 26 **Fax:** 20 32 63
Vorsitzende(r): Gerhard Döhr (Direktor der Dresdner Bank AG, Filiale Mainz, Große Bleiche 15, 55116 Mainz, T: (06131) 26 10)
Geschäftsführer: Eckehard Cartheuser
Mitglieder: 108

i 57

Bankenverband Saarland e.V.
Hafenstr. 16a, 66111 Saarbrücken
T: (0681) 30 91-101 **Fax:** 30 91-248
Vorsitzende(r): Karl-Heinz Groß
Geschäftsführer(in): Peter Edlinger
Mitglieder: 12

i 58

Bankenverband Schleswig-Holstein e. V.
i. Hs. Vereins- und Westbank AG
Holstenbrücke 2-6, 24103 Kiel
T: (0431) 9 04-2 06 **Fax:** 9 04-2 70
Vorstand: Gerhard Heckt (Vors.; Direktor der Deutschen Bank AG, Fil. Kiel)
Geschäftsführer(in): Dirk Gärtner (Direktor der Vereins- und Westbank AG, Fil. Kiel)
Mitglieder: 14 Institute

i 59

Bankenvereinigung Nordrhein-Westfalen e.V.
Postf. 10 03 62, 50443 Köln
Andreaskloster 27-31, 50667 Köln
T: (0221) 13 56 02 **Fax:** 13 87 12
Gründung: 1907
Vorsitzende(r): Dr. Hermann Josef Kallen (Mitglied der Geschäftsleitung der Deutsche Bank AG, Region Nordwest, Düsseldorf)
Stellv. Vors. u. Schatzmeister: Dipl.-Kfm. Detlef Bierbaum (Pers. haft. Ges. des Bankhauses Sal. Opperheim jr. & Cie., Köln)
Stellvertretende(r) Vorsitzende(r): Dr. Jürgen Neuhaus (Mitgl. d. Geschäftsleitung der Region-Rheinland der Dresdner Bank AG, Köln)
Geschäftsführer(in): Dipl.-Volksw. Jürgen Stein
Mitglieder: 75 Institute

Sparkassen- und Giroverbände

• I 60

SPARKASSENVERBÄNDE:

Deutscher Sparkassen- und Giroverband e.V. (DSGV)
Postf. 11 01 80, 10831 Berlin
Behrenstr. 31, 10117 Berlin
T: (030) 2 02 25-0
Internet: http://www.dsgv.de
E-Mail: postmaster@dsgv.de
Präsident(in): Dr. Dietrich H. Hoppenstedt
Geschäftsführende(s) Vorstands-Mitglied(er):
Hans-Michael Heitmüller
Dr. Holger Berndt
Dr. Wolfgang Klein
Leitung Presseabteilung: Christian Achilles
Mitglieder: 13 regionale Sparkassen- und Giroverbände und 13 Landesbanken/Girozentralen

Spitzenverband der deutschen Sparkassenorganisation (Sparkassen, Landesbanken/Girozentralen, Landesbausparkassen).

• I 61

Verband der Deutschen Freien Öffentlichen Sparkassen e.V.
Neue Mainzer Str. 47-53, 60311 Frankfurt
T: (069) 26 41 23 85 **Fax:** 26 41 25 77
Internet: http://www.verband-freier-sparkassen.de/ Freier erband
E-Mail: Verband_der_Freien_Sparkassen@fraspa1822.de
Gründung: 1920 (26. März)
Präsident(in): Klaus Wächter
Geschäftsführer(in): Johann-Peter Krommer
Mitglieder: 8 aus Deutschland, 39 aus dem europäischen Ausland

Vertretung der besonderen Interessen der kommunal nicht gebundenen Freien Sparkassen sowie Kooperation und Informationsaustausch mit ausländischen Freien Sparkassen.

• I 62

Badischer Sparkassen- und Giroverband
Postf. 10 03 62, 68003 Mannheim
Karl-Ludwig-Str. 28-30, 68165 Mannheim
T: (0621) 42 06-0 **Fax:** 42 06-141
T-Online *51642*
Verbandsvorsteher: Präs. Josef Schmidt
Bürgermeister Dr. Dr.h.c. Günther Nufer (Bad Säckingen (1. ehrenamtl. Stv.))
Sparkassendirektor Manfred Schillinger (Vors. des Vorstandes der Sparkasse Mosbach (2. ehrenamtl. Stv.))
Oberbürgermeister Senator E.h. Dr. Wolfgang Bruder (3. ehrenamtl. Stv.), Offenburg
Verbandsgeschäftsführer: Dipl.-Hdl. Peter Schmidt
Stv. Verbandsgeschäftsführer: Dr. Martin Körner
Geschäfts- und Betriebsberatung: Dipl.-Hdl. Peter Schmidt
Rechtsabteilung: Verbandssyndikus Peter Gnamm
Prüfungsstelle: Revisionsdirektor WP/StB Dipl.-Kfm. Volker Wirth
Badische Sparkassenakademie: Direktor Dr. Manfred Michael
Grundsatzabteilung: Direktor Dipl.-Kfm. Hermann Rohrwasser
Pressestelle: Abt.-Dir. Dipl.-Kfm. Fritz Richter
Mitglieder: 51

• I 63

Sparkassenverband Bayern -Körperschaft des öffentlichen Rechts
Postf. 20 05 12, 80005 München
Karolinenplatz 5, 80333 München
T: (089) 21 73-0 **Fax:** 21 73-1245
GeschfPräs: Heinrich Schmidhuber
Vizepräsident(in): Werner Netzel
Dr. Otto Reigl

• I 64

Hanseatischer Sparkassen- und Giroverband
Postf. 60 09 20, 22209 Hamburg
Überseering 4, 22297 Hamburg
T: (040) 6 30 46 40, 6 30 47 40 **Fax:** 6 31 14 26
Gründung: 1950 (8. September)
Verbandsvorsteher: Präs. Dr.jur. Karl-Joachim Dreyer
Stellv. Verbandsvorsteher: Dir. Dr. jur. Friedhelm Steinberg
VerbandsGeschF: Dr. Günter Ott
Revisionsdirektor: WP/StB Dipl.-Kfm. Herwin König
Stellv. Revisionsdir.: WP/StB Dipl.-Kfm. Dirk Jäger
Leitung Presseabteilung: Referent Dieter Groth
Mitglieder: 7

• I 65

Sparkassen- und Giroverband Hessen-Thüringen (SGVHT)
Postf. 10 10 36, 60010 Frankfurt
Alte Rothofstr. 9, 60313 Frankfurt
T: (069) 21 75-0 **Fax:** 21 75-595
T-Online *946000*
Postf. 10 10 24, 99022 Erfurt
Bonifaciusstr. 15, 99084 Erfurt
T: (0361) 22 21-00, Fax: (0361) 22 21-260
Verbandsvors.: OB Dietrich Möller
Geschf.Präs.: Prof. Dr. Udo Güde
Allg. Vertreter: Dr. Norbert Kleinheyer
Verbandsgeschäftsführer: Dr. Werner Schindler

• I 66

Niedersächsischer Sparkassen- und Giroverband
Postf. 43 80, 30043 Hannover
Schiffgraben 6-8, 30159 Hannover
T: (0511) 36 03-0 **Fax:** 36 03-6 80, 3 60 36 91 (Sparkassenakademie), 36 03-683 (Prüfungsstelle)
Verbandsvorsteher: Präsident Klaus Rathert
VerbandsGeschF: Dir. Hans-Dieter Brandt
Stellv. VerbandsGeschF: Jürgen Engelhardt
Abteilungen:
Grundsatzfragen:
Abteilungsdir. Michael Kroos
Personal und Verwaltung:
Abteilungsdir. Dieter Winzker
Recht und Steuern:
Verbandssyndikus Klaus Berger
Markt und Betrieb: Jürgen Engelhardt
Beteiligungen:
Dir. Hermann Kasten
Prüfungsstelle:
Revisionsdir. WP/StB Martin Wodausch

Stellv. Revisionsdir. WP/StB Klaus Heckroth
WP/StB Hans Peter Tiemann
Direktor(in): S-Akademie für Finanzwirtschaft und Informationstechnologie:
Dir. Dipl.-Hdl. Bruno Philipps
Stellvertretender Direktor: Dipl.-Hdl. Hans-Joachim Riehm
Mitglieder: 117
Sparkassen: 59

• I 67

Ostdeutscher Sparkassen- und Giroverband
Sparkassen- und Giroverband für die Sparkassen in den Ländern Brandenburg, Mecklenburg-Vorpommern, Freistaat Sachsen und Sachsen-Anhalt
- Körperschaft des öffentlichen Rechts
Postf. 11 06 26, 10836 Berlin
Leipziger Str. 51, 10117 Berlin
T: (030) 20 69-01 **Fax:** 20 69-2999
Internet: http://www.osgv.de
E-Mail: info@osgv.de
Gründung: 1990 (20. März)
Geschf. Präs.: Rainer Voigt
VerbandsGeschF: Claus-Friedrich Holtmann
Ltr. Sparkassenakademie: Dr. Roland van Gisteren
Ltr. Presseabt.: Marcel Brach
Mitglieder: 72
Mitarbeiter: 350 (1.1.2000)

• I 68

Rheinischer Sparkassen- und Giroverband
Kirchfeldstr. 60, 40217 Düsseldorf
T: (0211) 38 92-01 **Fax:** 38 92-240
Verbandsvorsteher: Dr. Karlheinz Bentele (Präsident)
VerbandsGeschF: Dir. Heinz Biesenbach
Präsidialbüro: Dipl.-Volksw. Rainer Imig (Direktor)
Revisionsdir.: WP/StB Dipl.-Kfm. Achim Engel
Presse u. Öffentlichkeitsarbeit: Dr. Marianne Ulsamer
Mitglieder: 50 Sparkassen

• I 69

Sparkassen- und Giroverband Rheinland-Pfalz
Große Bleiche 41-45, 55116 Mainz
T: (06131) 1 45-0 **Fax:** 1 45-1 00
Internet: http://www.sgv-rheinland-pfalz.de
E-Mail: sgvrp@snet.de
Gründung: 1958
Präsident(in): Verbandsvorsteher: Hans Otto Streuber
VerbandsGeschF.: Geschf. Direktor Hermann Paul
Prüfungsstellenleiter: Revisionsdir. WP/StB Dr. Helmut Berck
Akademieleiter: Sparkassenakademie Schloß Waldthausen: Direktor Dr. Friedrich-Karl Peege
Mitglieder: 35
Mitarbeiter: 160 (01.01.2000)

• I 70

Sparkassen- und Giroverband Saar
Ursulinenstr. 46, 66111 Saarbrücken
T: (0681) 9 34 00 **Fax:** 9 34 01 15
Gründung: 1941 (01. Dezember)
VerbandsPräs.: Karl-Heinz Trautmann
StVerbandsPräs.: Sparkassendir. Dieter Klepper
VerbandsGeschF.: Ass. Klaus Klein
StVerbandsGeschF.: Dipl.-Kfm. Günther Kleinbauer
Leiter der Prüfungsstelle: Revisionsdir. WP/StB Olaf Nowack
Leiter der Sparkassenakademie Saar: Dipl.-Hdl. Walter Coenen
Leitung Presseabteilung: Dipl.-Volksw. Dieter Pietsch

• I 71

Sparkassen- und Giroverband für Schleswig-Holstein
24100 Kiel
Faluner Weg 6, 24109 Kiel
T: (0431) 53 35-0 **Fax:** 53 35-660
T-Online *04315335588*
Gründung: 1898
Präsident(in): Olaf Cord Dielewicz
Geschäftsführer(in): Verbandsdir. Wolfgang Stut
StVerbandsdir.: Werner Helms-Rick
Prüfungsstelle: Revisionsdir. WP/StB Rolf Stenneken
StRevisionsdir.: WP/StB Artur Klassen
Leitung Presseabteilung: Joachim Heller
Mitglieder: 29 (per 31.12.99)
Mitarbeiter: 118 (per 31.12.99)

• I 72

Westfälisch-Lippischer Sparkassen- und Giroverband
Postf. 86 69, 48046 Münster
Regina-Protmann-Str. 1, 48159 Münster
T: (0251) 21 04-0 **Fax:** 2 10 42 09
E-Mail: klaus_steenweg@wlsgv.s-web.de
Präsident(in): Dr. Rolf Gerlach
Geschäftsführer(in): N.N.
Revisionsdir.: Wirtschaftsprüfer Dr. Josef Spiekermann
Leiterin der Akademie: Barbara Sonnenberg
Pressestelle: Wolfgang Hornung
Mitarbeiter: 253

• I 73

Württembergischer Sparkassen- und Giroverband
Postf. 10 54 63, 70047 Stuttgart
Am Hauptbahnhof 2, 70173 Stuttgart
T: (0711) 1 27-71 **Fax:** 1 27-79 14
Gründung: 1885 (29. Juni)
Verbandsvorsteher:
Präsident(in): Heinrich Haasis (MdL)
Hauptamtl. Stellv.:
Verbandsgeschf.: Michael Horn
Dez.1 - Grundsatzfragen, Recht und Personal
Stellv. Verbandsgeschführer Peter Sannwald
Dez. 2 - Prüfungsstelle
Revisionsdir. WP/StB Rudolf Schmidt
Dez. 3 - Markt und Betriebswirtschaft
Verbandsgeschäftsführer Michael Horn
Dez. 4 - Württembergische Sparkassenakademie
Dir. Dr. Karlheinz Becker
Leitung Presseabteilung: Klaus-Dieter Hepp
Mitglieder: 23 Sparkassen
Mitarbeiter: 207

Verbände der Kreditgenossenschaften

• I 74

Bundesverband der Deutschen Volksbanken und Raiffeisenbanken e.V. (BVR)
Postf. 12 04 40, 53046 Bonn
Heussallee 5, 53113 Bonn
T: (0228) 5 09-0 **Fax:** 5 09-201
Internet: http://www.vrnet.de
Gründung: 1971 (15. Dezember)
Internationaler Zusammenschluß: siehe unter izi 52
Vorstand: Dipl.-Volksw. Dr. Christopher Pleister (Präs.), Bonn
RA Jochen Lehnhoff, Bonn
Dipl.-Kfm. Dr. Bernd Rodewald, Bonn
Bankdir. Dr. Dietrich Bartsch, Hamburg
Ltg. Abt. Vorstandsstab u. Kommunikation: Dr. Rolf Kiefer
Leitung Presseabteilung: Dipl.-Kfm. Martin Zimmermann
Verbandszeitschrift: BANKINFORMATION für Volksbanken und Raiffeisenbanken und Genossenschaftsforum
Redaktion: Chefredakteur Dr. Holger C. Asmussen, Redakteurin Dipl.-Ök. Ute E. Christoph
Verlag: Deutscher Genossenschafts-Verlag eG, Postf. 21 40, 65011 Wiesbaden (auch Vertrieb)
Mitglieder: 2034
Mitarbeiter: 83
Mitgliedsverbände
Badischer Genossenschaftsverband Raiffeisen-Schulze-Delitzsch e.V., Karlsruhe
Genossenschaftsverband Bayern (Raiffeisen/Schulze-Delitzsch) e.V., München
Genossenschaftsverband Berlin-Hannover e.V., Hannover
Genossenschaftsverband Hessen/Rheinland-Pfalz/Thüringen e.V. Frankfurt, Neu-Isenburg
Norddeutscher Genossenschaftsverband (Raiffeisen-Schulze-Delitzsch) e.V., Kiel und Hamburg
Genossenschaftsverband Rheinland e.V., Köln
Saarländischer Genossenschaftsverband e.V., Saarbrücken
Genossenschaftsverband Sachsen (Raiffeisen/Schulze-Delitzsch) e.V., Dresden und Chemnitz
Genossenschaftsverband Weser-Ems e.V., Oldenburg i.O.
Westfälischer Genossenschaftsverband e.V., Münster
Württembergischer Genossenschaftsverband Raiffeisen/Schulze-Delitzsch e.V., Stuttgart
Verband der PSD Banken e.V., Bonn
Verband der Sparda-Banken e.V., Frankfurt
Vertretungen im Ausland
BVR-Vertretung bei der Europäischen Union, Brüssel (Belgien)
Europäische Vereinigung der Genossenschaftsbanken, Brüssel (Belgien)

Förderung, Betreuung und Vertretung der fachlichen und der besonderen wirtschaftspolitischen und wirtschaftlichen Interessen der Mitglieder und der diesen angeschlossenen Einrichtungen innerhalb des Bereiches der genossenschaftlichen Kreditwirtschaft.

I 75

Bundesverband der Deutschen Volksbanken und Raiffeisenbanken e.V. (BVR) -Verbindungsbüro Berlin-
Schellingstr. 1, 10785 Berlin
T: (030) 25 57-0 **Fax:** 25 57-1002

Verbände der Realkreditinstitute

• I 76

Verband deutscher Hypothekenbanken e.V.
Postf. 12 06 40, 53048 Bonn
Holbeinstr. 17, 53175 Bonn
T: (0228) 9 59 02-0 **Fax:** 9 59 02-44
E-Mail: vdh@hypverband.de
Gründung: 1902 (14. Dezember)
Internationaler Zusammenschluß: siehe unter izi 89
Vorsitzende(r): Dr. Karsten von Köller
Hauptgeschäftsführer(in): Dr. Dieter Bellinger
Presseabteilung: Franz-Josef Arndt
Jens Tolckmitt
Verbandszeitschrift: Pfandbrief News
Redaktion: Kreditwesen Service GmbH
Verlag: Fritz-Knapp-Verlag, Theodor-Heuss-Allee 106, 60486 Frankfurt
Mitglieder: 23
Mitarbeiter: 26

Wahrnehmung der Rechte und Interessen der Mitgliedsinstitute auf dem Gebiete der Wirtschafts-, Kapitalmarkt- und Steuerpolitik sowie der Rechtsgestaltung; Unterstützung und Beratung der Behörden in allen das private Hypothekenbankgewerbe betreffenden Angelegenheiten.

• I 77

Verband deutscher Schiffsbanken
c/o Deutsche Schiffsbank AG
Domshof 17, 28195 Bremen
T: (0421) 36 09-0 **Fax:** 32 35 39
Internationaler Zusammenschluß: siehe unter izi 92
Vorsitzende(r): Jürgen Bentlage (Mitgl. d. Vorst. d. Deutschen Schiffsbank AG)
Geschäftsführer(in): Dr. Wulf-Peter Schiering (Deutsche Schiffsbank AG)
Mitglieder: 2

Vertretung der gemeinsamen Berufsaufgaben der privaten Schiffsbanken.

Verbände öffentlich-rechtlicher Kreditinstitute

• I 78

Bundesverband Öffentlicher Banken Deutschlands e.V. (VÖB)
Postf. 11 02 72, 10832 Berlin
Lennestr. 17, 10785 Berlin
T: (030) 81 92-0 **Fax:** 81 92-222
Gründung: 1916
Internationaler Zusammenschluß: siehe unter izi 90
Vorstand: Dr. h.c. Friedel Neuber (Vors. d. Vorst. der Westdeutschen Landesbank - Girozentrale -, Düsseldorf/Münster, Präs. des VÖB)
Hans Dietmar Sauer (Vors. d. Vorst. der Landeskreditbank Baden-Württemberg - Förderbank -, Karlsruhe, Stv. Vors. d. Vorst. der Landesbank Baden-Württemberg, Stuttgart/Karlsruhe/Mannheim, Stv. Präs. des VÖB)
Dr. h.c. Manfred Bodin (Vors. d. Vorst. der Norddeutschen Landesbank - Girozentrale -, Hannover/Braunschweig/Magdeburg/Schwerin)
Karl-Ingo Bruns (Mitgl. d. Vorst. der Landwirtschaftlichen Rentenbank, Frankfurt am Main)
Dr. Peter Haßkamp (Vors. d. Vorst. der Bremer Landesbank Kreditanstalt Oldenburg - Girozentrale -, Bremen/Oldenburg)
Dr. Dietrich H. Hoppenstedt (Präs. des Deutschen Sparkassen- und Giroverbandes, Bonn)
Alfred H. Lehner (Vors. d. Vorst. der Bayerischen Landesbank - Girozentrale-, München)
Dr. Rupert Pfeffer (Vors. d. Vorst. der LfA Förderbank Bayern, München)
Walter Schäfer (Vors. d. Vorst. der Landesbank Hessen-Thü-

ringen - Girozentrale -, Frankfurt am Main)
Prof. Dr. Wulf von Schimmelmann (Vors. d. Vorst. der Deutschen Postbank AG, Bonn)
Werner Schmidt (Vors. d. Vorst. der Landesbank Baden-Württemberg, Stuttgart/Karlsruhe/Mannheim)
Manfred Zaß (Mitg. d. Vorst. der DGZ·Deka Bank Deutsche Kommunalbank, Frankfurt am Main)
Hauptgeschäftsführer(in): Dr. Bernd Lüthje
Leitung Presseabteilung: Dr. Stephan Rabe
Verbandszeitschrift: Verbandsbericht (jährlich)
Redaktion: Lydia Eichner
Verlag: VÖB-Service GmbH, Godesberger Allee 88, 53175 Bonn, T: (0228) 81 92-1 22, Fax: (0228) 81 92-2 34
Mitglieder: 31 (ordentl.), 5 (außerordentl.), 22 (Gast)
Mitarbeiter: 45

• I 79

Verband öffentlich-rechtlicher Kreditinstitute in Bayern
Brienner Str. 20, 80333 München
T: (089) 21 71 12 00
Vorsitzende(r): Alfred H. Lehner, München
Geschäftsführer(in): Jochen Bottermann, München

Verbände der Bausparkassen

• I 80

Bundesgeschäftsstelle der Landesbausparkassen (LBS)
Postf. 11 01 80, 10831 Berlin
Behrenstr. 31, 10117 Berlin
T: (030) 2 02 25-0 **Fax:** 2 02 25-422
Gründung: 1947
Geschäftsführer(in): Dr. Hartwig Hamm
Presseabteilung: Axel Guthmann
Mitglieder: 13
Mitarbeiter: 16

Interessenvertretung der Landesbausparkassen (LBS).

• I 81

Verband der Privaten Bausparkassen e. V.
Klingelhöferstr. 4, 10785 Berlin
T: (030) 59 00 91-4 **Fax:** 59 00 91-501
TGR: Bausparverband
Vorsitzende(r): Dr. Gert Haller (Sprecher des Vorstandes der Wüstenrot Bausparkasse AG, Ludwigsburg)
Hauptgeschäftsführer(in): Andreas J. Zehnder
Mitglieder: 20

Sonstige Verbände und Arbeitsgemeinschaften

• I 82

Bankenfachverband e.V.
Ulrich-von-Hassell-Str. 64, 53123 Bonn
T: (0228) 9 19 13-0 **Fax:** 9 19 13-20
Gründung: 1949
Ehrenvors.: Dr. Werner B. Fischer, Düsseldorf
Vorstand: Heinz Schmollinger
Wolfgang F. Karsten (stellv. Vors.)
Jens-Peter Knoblauch
Peter Pollhammer
Dr. Frank Stenner
Johannes M. W. Verbunt
Dipl.-Kfm. B. Verheugen
Dr. Hermann Witteler
Geschäftsführer(in): Peter Wacket (Presseabteilung)
Verbandszeitschrift: FLF Finanzierung Leasing Factoring
Verlag: Verlag für Absatzwirtschaft GmbH, Ulrich-von-Hassell-Str. 64, 53123 Bonn
Mitglieder: 60
Mitarbeiter: 7

Interessenvertretung der Spezialbanken (Autobanken, Direktbanken, Firmenkunden- und Privatkundenbanken).

angeschlossen

i 83

Arbeitsgemeinschaft genossenschaftlicher Teilzahlungsbanken e.V.
Postf. 11 60, 50301 Brühl
Tiergartenstr. 1-7, 50321 Brühl
T: (02232) 70 74-0 **Fax:** 70 74 63
Vorsitzende(r): Dipl.-Kfm. B. Verheugen, Brühl
Stellvertretende(r) Vorsitzende(r): Helmut Wurm, Straubing

i 84

Arbeitskreis der Banken und Leasing-Gesellschaften der Automobilwirtschaft
c/o Volkswagen Bank GmbH
Gifhorner Str. 57, 38112 Braunschweig
T: (0531) 2 12 02 **Fax:** 2 12 21 75
Vorsitzende(r): Roland Gleisner, Braunschweig

i 85

Arbeitskreis Direktbanken
c/o Allgemeine Deutsche Direktbank AG
Postf. 11 02 11, 60037 Frankfurt
T: (069) 27 22 20 **Fax:** 27 22 21 11
Sprecher: Bernhard Hafner

• I 86

Verband der Auslandsbanken in Deutschland e.V.
Savignystr. 55, 60325 Frankfurt
T: (069) 97 58 50-0 **Fax:** 97 58 50-10
Internet: http://www.vab.de
E-Mail: verband@vab.de
Gründung: 1982 (31. März)
Vorsitzende(r): Dr. Hans-Georg Engel (Vice President and Assistant General Counsel, J.P. Morgan GmbH)
Geschäftsführer(in): Dr. Jan Marwede
Verbandszeitschrift: Die Auslandsbanken in Deutschland
Verlag: Verlag Hoppenstedt GmbH, Postf. 10 04 05, 64204 Darmstadt
Mitglieder: 111
Mitarbeiter: 6

Wahrnehmung der Interessen von Auslandsbanken (Filialen ausländischer Kreditinstitute sowie deutsche Banken in ausländischem Mehrheitsbesitz), insbesondere bei Gesetzgebung und Verwaltung durch Beratung und Unterstützung der Behörden sowie durch Öffentlichkeitsarbeit in allen die Auslandsbanken betreffenden Angelegenheiten; Verstärkung der Kommunikation unter den Auslandsbanken.

• I 87

Vereinigung der Repräsentanten ausländischer Banken in der Bundesrepublik Deutschland e.V.
Postf. 17 05 38, 60079 Frankfurt
T: (069) 97 14 21-0 **Fax:** 97 14 21-16
Gründung: 1971
Vorstand: Klaus von Frieling (Vors.)
Ulrich Thiemann (stellv. Vors.)
Fernando Kreis (stellv. Vors. u. Schatzmeister)
Mitglieder: ca. 180 (1998)

• I 88

Verband der Bürgschaftsbanken e.V.
c/o Bürgschaftsbank Nordrhein-Westfalen GmbH
Hellersbergstr. 18, 41460 Neuss
T: (02131) 51 07-0 **Fax:** 51 07-222
Vorsitzende(r): Hans-Herbert Strombeck (Geschäftsführer der Bürgschaftsbank Nordrhein-Westfalen GmbH)

• I 89

Bundeskreditgarantiegemeinschaft des Handwerks GmbH
Postf. 11 04 72, 10834 Berlin
Mohrenstr. 20-21, 10117 Berlin
T: (030) 2 06 19-0 **Fax:** 2 06 19-460
Geschäftsführer(in): RA Hans-Jürgen Aberle
Hartmut Hübler
Mitarbeiter: 3

• I 90

BVI Bundesverband Deutscher Investment-Gesellschaften e.V.
Postf. 10 04 37, 60004 Frankfurt
Eschenheimer Anlage 28, 60318 Frankfurt
T: (069) 15 40 90-0 **Fax:** 5 97 14 06
Internet: http://www.bvi.de
E-Mail: info@bvi.de
Internationaler Zusammenschluß: siehe unter izi 130
Vorstand: Horst Zirener (Sprecher d. Vorst.; Deka Deutsche Kapitalanlagegesellschaft mbH, Frankfurt a. M.)
Dr. Willi Alda (Despa Deutsche Sparkassen-Immobilien-Anlage-Gesellschaft mbH, Frankfurt a. M.)
Udo Behrenwaldt (DWS Investment GmbH, Frankfurt a. M.)
Rudolf Chomrak (DIT DEUTSCHER INVESTMENT-TRUST Gesellschaft für Werpapieranlagen mbH, Frankfurt a.M., dresdnerbank investment managment Kapitalanlagegesellschaft mbH, Frankfurt a.M.)
Manfred Mathes (Union-Investment-Gesellschaft mbH, Frankfurt a.M.)
Friedrich Pfeffer (ADIG Allgemeine Deutsche Investment-Gesellschaft mbH, München-Frankfurt a.M.)
Hans-Werner Wilms (BANKGESELLSCHAFT BERLIN INVESTMENT GMBH, Berlin)
Hauptgeschäftsführer(in): Dr. Manfred Laux

Geschäftsführer(in): Rüdiger H. Päsler
Presseabteilung: Günter Schardt (Ltg.)
Andreas Fink

• I 91

Bundesverband deutscher Kapitalbeteiligungsgesellschaften e.V.
German Venture Capital Association e.V. (BVK)
Reinhardtstr. 27c, 10117 Berlin
T: (030) 30 69 82-0 **Fax:** 30 69 82-20
Internet: http://www.bvk-ev.de
E-Mail: bvk@bvk-ev.de
Geschäftsführer(in): Dr. H. Frommann (Reinhardtstr. 27c, 10117 Berlin, T: (030) 30 69 82-0, Telefax: (030) 30 69 82-20)
Assistentin: J. Elsner
Vorsitzende(r) des Vorstandes: Albrecht Hertz-Eichenrode
Stellvertretende(r) Vorsitzende(r): Hartmut Hübler
Dr. Werner Schauerte
Vorstand: Axel Dorn
Roger Bendisch
Hans E. Damisch
Dr. Walter Henle
Jochen Walter
Mitglieder: 177, darunter 39 assoziierte Mitglieder

• I 92

Gesamtverband Niedersächsischer Kreditinstitute e.V.
Kurt-Schumacher-Str. 19, 30159 Hannover
T: (0511) 32 56 28 **Fax:** 12 21-192
Gründung: 1948 (10. August)
Vorsitzende(r): Dr. Wolfgang Vonscheidt
Geschäftsführer(in): Dr. Rainer Hartig
Mitglieder: 28

• I 93

Vereinigung der Kreditinstitute im Saarland e.V.
Postf. 10 32 53, 66032 Saarbrücken
Ursulinenstr. 2, 66111 Saarbrücken
T: (0681) 3 00 64 90 **Fax:** 3 83-1490
Präsident(in): Hans-Otto Woll
Geschäftsführer(in): Klaus Bertges
Mitglieder: 60

Börsen

Wertpapierbörsen

• I 94

Baden-Württembergische Wertpapierbörse
Postf. 10 04 41, 70003 Stuttgart
Königstr. 28, 70173 Stuttgart
T: (0711) 22 29 85-0 **Fax:** 2 26 81 19
Internet: http://www.boerse-stuttgart.de
Gründung: 1861
Geschäftsführer(in): Andreas Glienke
Dr. Peter Ladwig
Mitglieder: 122

• I 95

Bayerische Wertpapierbörse
Lenbachplatz 2a, 80333 München
T: (089) 54 90 45-0 **Fax:** 54 90 45-31
Internet: http://www.bayerische-boerse.de
E-Mail: info@bayerische-boerse.de
Vorsitzende(r): Dr. Norbert Juchem
Geschäftsführer(in): Andreas Schmidt
Leitung Presseabteilung: Dr. Christine Bortenlänger
Mitarbeiter: 15

• I 96

Berliner Wertpapierbörse
Fasanenstr. 85, 10623 Berlin
T: (030) 31 10 91-0 **Fax:** 31 10 91-79
Gründung: 1685
Börsenpräs.: Hans Leukers (Vorstandsmitglied der Bankgesellschaft Berlin AG)
Geschäftsführer(in): Dr. Jörg Walter
Mitglieder: 93 Kreditinstitute

• I 97

BWB Börsenbetrieb Institut öffentlichen Rechts
Postf. 10 07 26, 28007 Bremen
Obernstr. 2-12, 28195 Bremen
T: (0421) 32 12 82 **Fax:** 32 31 23
Internet: http://www.boerse-bremen.de
E-Mail: info@boerse-bremen.de

• I 98

EUREX Frankfurt Aktiengesellschaft
Börsenplatz 7-11, 60313 Frankfurt
T: (069) 21 01-3940 **Fax:** 21 01-3941
Internet: http://www.eurexchange.com
Gründung: 1998
Vorstand: Dr. Jörg Franke (Vors.), Frankfurt a. M.
Vorstand: Eidgen. Dipl.-Bankfachmann Otto E. Nägeli, Stadel/ Schweiz
Vorstand: Dipl.-Kaufm. Andreas Preuß, Schmitten
Vorstand: Dipl.-Math. Jürg Spillmann, Zürich/ Schweiz
Aufsichtsrat: Dr. Jörg Fischer (Vors.), Zug/ Schweiz
Aufsichtsrat: Dr. Werner G. Seifert (stellv. Vors.), Frankfurt a. M.

• I 99

FWB (Frankfurter Wertpapierbörse)
60284 Frankfurt
Börsenplatz 7-11, 60313 Frankfurt
T: (069) 21 01-0 **Fax:** 21 01-20 05
Internet: http://www.exchange.de
Geschäftsführer(in): Dr. Werner G. Seifert
Dr. Jörg Franke
Dr. Michael Kuhn
Christoph Lammersdorf
Volker Potthoff

• I 100

BÖAG Börsen Aktiengesellschaft
Rathenaustr. 2, 30159 Hannover
und Schauenburger Str. 49, 20095 Hamburg
Aufsichtsrat: Jürgen Kösters (Vors.; Mitgl. d. Vorst. der Norddeutsche Landesbank Girozentrale)
Udo Bandow (stellv. Vors.; Mitgl. d. Aufsichtsrates der Vereins- und Westbank AG)
Vorstand: Dr. Friedrich Kersting
Dr. Thomas Ledermann
Mitglieder: der Börsen Hamburg und Hannover: 172

I 101

Hanseatische Wertpapierbörse Hamburg
Schauenburgerstr. 49, 20095 Hamburg
T: (040) 36 13 02-0 **Fax:** 36 13 02-23
Internet: http://www.boersenag.de
E-Mail: info@boersenag.de
Gründung: 1558
Vorsitzende(r) des Börsenrates: Udo Bandow (Mitgl. d. Aufsichtsrates der Vereins- und Westbank AG)

I 102

Niedersächsische Börse zu Hannover
Rathenaustr. 2, 30159 Hannover
T: (0511) 32 76 61 **Fax:** 32 49 15
Internet: http://www.boersenag.de
E-Mail: info@boerse-hannover.de
Gründung: 1787
Vorsitzende(r) des Börsenrates: Jürgen Kösters (Mitgl. d. Vorst. der Norddeutsche Landesbank Girozentrale)

• I 103

Rheinisch-Westfälische Börse zu Düsseldorf
Ernst-Schneider-Platz 1, 40212 Düsseldorf
T: (0211) 13 89-0 **Fax:** 13 32 87
Internet: http://www.boerse-duesseldorf.de
Präsident(in): Bankier Harold Hörauf
Geschäftsführung:
Geschäftsführer(in): Dirk Elberskirch
RA Dr. Detlef Irmen

Produktenbörsen

• I 104

Bayerische Warenbörse e.V.
Kaiser-Ludwig-Platz 6, 80336 München
T: (089) 53 27 27 **Fax:** 5 32 88 92
Präsident(in): Thomas Kraemer
Syndikus: RA Dipl.-Volksw. Dr. jur. Tyll Dietrich Kern

• I 105

Bremer Baumwollbörse
Postf. 10 67 27, 28067 Bremen
Wachtstr. 17-24, 28195 Bremen
T: (0421) 3 39 70-0 **Fax:** 3 39 70-33
Internet: http://www.baumwollboerse.de
E-Mail: info@baumwollboerse.de
Gründung: 1872
Präsident(in): Fritz A. Grobien (Albrecht, Müller, Pearse & Co. (GmbH & Co.), 28195 Bremen)
Vizepräsident(in): Werner Braun (Karl Otto Braun KG, 67752 Wolfstein)
Direktor(in): Jan B. Wellmann
Leitung Presseabteilung: Hermann Schwarmann
Verbandszeitschrift: BREMEN COTTON REPORT (Wochenbericht der Bremer Baumwollbörse)
Redaktion: Bremer Baumwollbörse
Mitglieder: 211
Mitarbeiter: 13

Schiedsgerichtsbarkeit, Qualitätsarbitrage, labormäßige Prüfungen, Interessenvertretung Handel/erstverarbeitende Industrie (Rohstoff Baumwolle), Marktinformationen, Seminare.

• I 106

Bremer Getreide- und Futtermittelbörse
Postf. 10 66 26, 28066 Bremen
Parkallee 14, 28209 Bremen
T: (0421) 3 49 87 45 **Fax:** 3 49 96 20
Vorsitzende(r): Heinz Ahrens (i. Fa. Handelsmakler Wilhelm Wahlers oHG, An der Weide 37, 28195 Bremen, T: (0421) 32 12 60/68/69, Telefax: (0421) 32 46 86)
Geschäftsführer(in): Friedrich Oldekopf

• I 107

Diamant- und Edelsteinbörse Idar-Oberstein e.V.
Postf. 12 22 20, 55714 Idar-Oberstein
Mainzer Str. 34, 55743 Idar-Oberstein
T: (06781) 9 44 20 **Fax:** 94 42 66
Präsident(in): Dieter Hahn (i. Fa. Ph. Hahn Söhne)
Geschäftsführer(in): Jörg Lindemann

• I 108

Frankfurter Getreide- und Produktenbörse
Börsenplatz 4, 60313 Frankfurt
T: (069) 21 97-1338 **Fax:** 21 94-14 07
Vorsitzende(r): N. N.
Syndikus: Ass. Hans Petermann
Mitglieder: 40

• I 109

Getreide- und Produktenbörse zu Dortmund e.V.
Lange Reihe 62, 44143 Dortmund
T: (0231) 51 77-1 22 **Fax:** 51 77-1 99
Gründung: 1888
Vorsitzende(r): Heinr. J. Lipps (Scheffelau 28, 58119 Hagen)
Geschäftsführer(in): Ass. Günter Reichel
Mitglieder: ca. 110

• I 110

Getreide- und Produktenbörse zu Paderborn e.V.
Postf. 18 07, 33048 Paderborn
Geschäftsstelle: Gierswall 4, 33102 Paderborn (IHK)
T: (05251) 15 59-21 (IHK) **Fax:** 15 59-31
Börsenlokal: Restaurant „Zu den Fischteichen", 33102 Paderborn
Gründung: 1923
Vorsitzende(r): Fritz Köster (Lippe Agrar Handelsgesellschaft mbH, Lemgo)
Geschäftsführer(in): Dipl.-Volksw. Thomas Herold
Mitglieder: 76

• I 111

Hamburger Kaffeebörse
(Firma P. L. Lorenzen Nachf.)
Pickhuben 3, 20457 Hamburg
T: (040) 36 58 78 **Fax:** 36 51 92
Vorsitzende(r): Harry Lausch

• I 112

Koblenzer Produktenmarkt e.V. Koblenz
Becherhöll 3, 56112 Lahnstein
T: (02621) 70 08 **Fax:** 71 59
Vorsitzende(r): Bernd Berges (i- Fa. Fritz Simon KG, Getreide-Futtermittel-Düngemittel-Großhandel, Becherhöll 3, 56112 Lahnstein)
Mitglieder: 45

• I 113

Mannheimer Produktenbörse
Postf. 12 12 34, 68063 Mannheim
E 4 12-16, 68159 Mannheim
T: (0621) 2 29 80, 2 29 89, an Börsentagen zusätzlich 2 08 75 **Fax:** 10 52 74
Gründung: 1862
Vorsitzende(r): Dir. Volker Merz, Mannheim
Geschäftsführer(in): RA Hans Peter Heine, Stuttgart
Mitglieder: 206

• I 114

Neusser Produktenmarkt e.V.
Friedrichstr. 40, 41460 Neuss
T: (02131) 92 68-130 **Fax:** 92 68-129
E-Mail: reppelmu@krefeld.ihk.de
Vorsitzende(r): Dr. Ludwig Sels
Geschäftsführer(in): RA Hildegard Reppelmund
Mitglieder: 30

• I 115

Niedersächsische Getreide- und Produktenbörse e.V. zu Hannover
Rathenaustr. 2, 30159 Hannover
T: (0511) 32 76 61
Vorsitzende(r): Joachim Engelke
Geschäftsführer(in): Horst Heidemann
Mitglieder: 70

• I 116

Produktenbörse e.V. Nürnberg
Nordring 98, 90409 Nürnberg
T: (0911) 35 09-20 **Fax:** 35 09-220
Präsident(in): Christian Keim (Münchener Str. 26, 91177 Thalmässing)
Geschäftsführer(in): RA Hans K. Link
Mitglieder: 130

• I 117

Produktenbörse Würzburg e.V.
Am Exerzierplatz 3, 97072 Würzburg
T: (0931) 88 64 21 **Fax:** 7 56 57
Gründung: 1921
Vorsitzende(r): Otmar Rüb (Landhandelsverband Bayern e.V.)
Syndikus: Rechtsanwalt Joachim E. Rüdinger
Mitglieder: 140
Mitarbeiter: 1

• I 118

Rheinische Warenbörse zu Köln und Krefeld
Unter Sachsenhausen 10-26, 50667 Köln
T: (0221) 16 40-351, 16 40-355/356, freitags von 14-17 Uhr
Fax: 16 40-359
Börsenveranstaltungen in Köln, Unter Sachsenhausen 10-26 (freitags von 14.00-17.00), T: (0221) 1 64 03 55
Vorsitzende(r): Dr. Jobst Bolhöfer
Geschäftsführer(in): Hedwig Wohlfahrt
Mitglieder: 160

• I 119

Süddeutsche Butter- und Käse-Börse e.V.
Hirnbeinstr. 8, 87435 Kempten
T: (0831) 2 20 64 **Fax:** 1 47 43
Vorsitzende(r): Dipl.-Kfm. Helmut Schöner
Geschäftsführer(in): Dipl.-Ing. Emmerich Heilinger

• I 120

Südwestdeutsche Warenbörsen e.V. Stuttgarter Waren- und Produktenbörse Mannheimer Produktenbörse
Stuttgarter Waren- und Produktenbörse
Büro Stuttgart
Goethestr. 13, 70174 Stuttgart
T: (0711) 29 65 48 **Fax:** 2 26 09 19
Mannheimer Produktenbörse
Büro Mannheim
E 4, 12-16, 68159 Mannheim, T: (0621) 2 29 89, Telefax: (0621) 10 52 74
Vorsitzende(r): Dr. Albert Kariger
Rainer Fritz
Walter Fleischer
Syndikus: RA Hans-Peter Heine
Mitglieder: 320

• I 121

Wormser Getreide- und Produktenbörse e.V.
Geschäftsstelle:
Offsteiner Str. 5 Fa. Deis GmbH + Co KG, 67551 Worms
T: (06241) 31 74 **Fax:** 31 76
Vorsitzende(r): Heinrich Strube
Geschäftsführer(in): Dieter Rauch
Mitglieder: 30
Tagungsstätte:
Gaststätte "Rheinperle", 67550 Worms-Rheindürkheim, T: (06242) 14 06

Immobilienbörsen

• I 122

Bremer Immobilien Börse e.V.
Mittelstr. 9, 28203 Bremen
T: (0421) 32 00 30 **Fax:** 32 11 36

• I 123

Frankfurter Immobilienbörse bei der Industrie- und Handelskammer Frankfurt am Main
Sekretariat:
Börsenplatz 4, 60313 Frankfurt
T: (069) 21 97 13 11 **Fax:** 21 97 14 87

Vorsitzende(r): Peter Diener
Syndikus: Ass. Hans Petermann
Sekretärin: Sabine Helmke
Mitglieder: 36

• I 124

Grundstücksbörse Braunschweig e.V.
Brabandtstr. 11, 38100 Braunschweig
T: (0531) 2 44 77-0 **Fax:** 2 44 77-99
Vorsitzende(r): Rudolf Eimer (Immobilienwirt (VWA-Dipl.), T: (05371) 1 23 62, Fax: (05371) 42 73)

• I 125

Grundstücksbörse Düsseldorf e.V.
(im Hause der Industrie- und Handelskammer)
Ernst-Schneider-Platz 1, 40212 Düsseldorf
T: (02103) 6 46 25 **Fax:** 6 58 14
Vorsitzende(r): Dipl.-Kfm. Gerhard Hölemann

• I 126

Grundstücksbörse Ruhr e.V.
(Im Hause der IHK Essen)
45117 Essen
Am Waldthausenpark 2, 45127 Essen
T: (0201) 18 92-2 24 **Fax:** 18 92-172
Gründung: 1967
Vorsitzende(r): Joachim Rasch
Geschäftsführer(in): Heinz-Jürgen Hacks
Mitglieder: 22

• I 127

Immobilien- und Hypothekenbörse IHB e.V.
c/o Immobilien Heinz Fiersbach
Saarlandstr. 79, 44139 Dortmund
T: (0231) 9 12 06 00 **Fax:** 91 20 60 18
Internet: http://home.t-online.de/home/fiersbach/fiersba.htm
E-Mail: fiersbach@t-online.de
Vorsitzende(r): Gerhard Dittrich (c/o Immobilien G. Dittrich ROM, Kaiserstr. 17-19, 58706 Menden, T: (02373) 57 50, Fax: 1 06 00, I-Net: rdm.de/firma/dittrich, E-Mail: dittrich@rdm.de)
Syndikus: RA Horst Schlüter

• I 128

Immobilien-Börse Baden-Württemberg e.V.
Schönbuchstr. 25, 72631 Aichtal
T: (07127) 95 24 00 **Fax:** 95 31 20
Internet: http://www.IBW-Immobilienboerse.de
E-Mail: IBW@rdm.de
Gründung: 1983
Vorstand: Betriebsw. Brenner Brenner (Vors.)
Vorstand: Leonhard Bühler (stellv. Vors.)
Schriftführer: Egon Wetzel

• I 129

Immobilien-Börse Hannover e.V.
vormals Grundstücks-Börse-Hannover e.V.
Geschäftsstelle
Baumstr. 6, 30171 Hannover
T: (0511) 28 28 20 **Fax:** 85 17 71
Vorsitzende(r): Wilhelm K. Kunze (c/o Niemann-Immobilien, Hinüberstr. 13, 30175 Hannover, T: (0511) 3 37 07 50, Fax: 3 37 07 11)

• I 130

Immobilienbörse Berlin e.V. (IBB)
Karlsbergallee 31, 14089 Berlin
T: (030) 3 65 20 93 **Fax:** 3 65 42 01
Vorsitzende(r): Renate Böker

• I 131

Immobilienbörse Niederrhein e. V.
Markt 40, 47608 Geldern
T: (02831) 13 01 30 **Fax:** 13 01 31
Gründung: 1983 (September)
Vorsitzende(r): Andreas Eck (Markt 40, 47608 Geldern)
Stellvertretende(r) Vorsitzende(r): Walter Schmitz jun. (Gereonsplatz 23, 41747 Viersen)
Verbandszeitschrift: Angebotsbroschüre der Immobilienbörse Niederrhein
Verlag: Immobilienbörse Niederrhein, Viersen
Mitglieder: 16

• I 132

IBO Immobilienbörse Ostwestfalen-Lippe e.V.
Bismarckstr. 24a, 33615 Bielefeld
T: (0521) 12 34 01 **Fax:** 12 34 02
E-Mail: IBO@rdm.de
Gründung: 1964 (14. Februar)
1. Vorsitzender des Vorstandes: Dipl.-Betriebsw. Frank Krüger
2. Vorsitzende: Sabine Seeger-Glaser
Schatzmeister: Gerd Becker
Schriftführer: Harmen Vogelsang
Verbandszeitschrift: IBO Immobilienmagazin

• I 133

RDM Immobilienbörse Rheinland-Pfalz-Saar e.V.
per Adr. RDM-Geschäftsstelle Bingen
Mainzer Str. 57-59, 55411 Bingen
T: (06721) 1 51 10 **Fax:** 1 29 99
Gründung: 1965 (27. November)
Vorstand: Werner Götz (Steinhübel 9, 66123 Saarbrücken, T: (0681) 6 26 00, Fax: (0681) 6 85 16 75)
Mitglieder: 69

• I 134

Immobilienbörse Ruhr-Lippe e.V.
Im Bezirk der Industrie- u. Handelskammer zu Münster/Gelsenkirchen und Bochum
Kornharpener Str. 139, 44791 Bochum
T: (0234) 6 64 03 **Fax:** 6 64 41
1. Vorsitzende(r): Frank W. Krebs

• I 135

Mannheimer Immobilienbörse
Postf. 12 12 34, 68063 Mannheim
E 4 12-16, 68159 Mannheim
T: (0621) 2 29 80, 2 29 89
Vorsitzende(r): Ernst Göthling

• I 136

Niederrheinische Immobilienbörse e.V. Duisburg
(im Hause der Niederrheinischen Industrie- und Handelskammer)
Mercatorstr. 22-24, 47051 Duisburg
T: (02841) 8 73 80 **Fax:** 8 04 22
Gründung: 1966 (3. August)
Vorsitzende(r): Reiner H. Schippers (Gärtnerstr. 20, 47199 Duisburg)

• I 137

Rheinische Immobilienbörse
Unter Sachsenhausen 10-26, 50667 Köln
T: (0221) 1 64 03 52 **Fax:** 1 64 03 59
E-Mail: di@koeln.ihk.de
Vorsitzende(r): Theodor J. Greif
Geschäftsführer(in): Ass. Hedwig Wohlfahrt
Mitglieder: 185

• I 138

Süddeutsche Immobilienbörse e.V. (SIB)
Rosental 6/VII., 80331 München
T: (089) 26 02 24 93 **Fax:** 26 02 24 94
Vorsitzende(r): Heinrich Eichler
Geschäftsführer(in): Peter Kiessling

• I 139

Westfälische Grundstücksbörse Münster e.V.
Geschäftsstelle:
Friedrich-Ebert-Str. 110, 48153 Münster
T: (0251) 97 21 20 **Fax:** 9 72 12 22
Vorsitzende(r): Dr. H. Schorn
Stellvertretende(r) Vorsitzende(r): B. Homann

mit Börsen verbundene Organisationen

• I 140

Bayreuther Börsenverein e.V. (BBV)
Lise-Meitner-Platz 7, 95448 Bayreuth
T: (0921) 51 35 21 **Fax:** 5 16 92 18
Internet: http://www.uni-bayreuth.de/students/bbv
E-Mail: bbv@uni-bayreuth.de
Gründung: 1997 (9. Juni)
Vorsitzende(r): Marcus Oelschlegel
Leitung Presseabteilung: Christoph Auell
Verbandszeitschrift: Aktienkultur u. BVH-news
Redaktion: GOING PUBLIC VERLAG AG, Bahnhofstr. 26 82515 Wolfratshausen
Verlag: Verlag Markus Rieger, Margeritenstr. 51, 82515 Wolfratshausen
Mitglieder: 90
Jahresetat: DM 0,01 Mio, € 0,01 Mio

• I 141

Verein der Getreidehändler der Hamburger Börse e.V.
Börse, Kontor 24
Adolphsplatz 1, 20457 Hamburg
T: (040) 36 98 79-0 **Fax:** 36 98 79-20
Internet: http://www.vdg-ev.de
E-Mail: info@vdg-ev.de
Gründung: 1868
Internationaler Zusammenschluß: siehe unter izh 39, izh 274
Vorsitzende(r): Stefan Cremer (Fa. Peter Cremer GmbH & Co, Glockengießerwall 2, 20095 Hamburg, T: (040) 3 20 11-0, Telefax: (040) 32 36 88, TX: 2 161 518)
Geschäftsführer(in): Christof Buchholz
Mitglieder: 145
Mitarbeiter: 6

• I 142

Deutsches Aktieninstitut e.V. (DAI)
Biebergasse 6-10, 60313 Frankfurt
T: (069) 9 29 15-0 **Fax:** 9 29 15-11
Internet: http://www.dai.de
E-Mail: dai@dai.de
Vorsitzende(r): Max Dietrich Kley
Geschäftsführendes Vorstandsmitglied: Prof. Dr. Rüdiger von Rosen
Leitung Presseabteilung: Dr. Franz-Josef Leven

Förderung der privaten Geldanlage in Aktien durch Grundsatzanalyse und Aufklärung der breiten Öffentlichkeit über Aktie, Aktiengesellschaft und Börse unter Anwendung moderner Informationsmittel. Es soll dadurch gleichzeitig ein Beitrag zur breiten Eigentumsstreuung geleistet werden.

• I 143

Waren-Verein der Hamburger Börse e.V.
siehe H 115

K Versicherungswesen

Zum Auffinden einer bestimmten Dienststelle oder Organisation dient das Suchwortverzeichnis, eines Personennamens das Personenverzeichnis.

Privatversicherung

Sozialversicherung

- Krankenversicherung
- Unfallversicherung
- Berufsgenossenschaften
- Rentenversicherung
- Arbeitslosenversicherung

Weitere Versorgungseinrichtungen

Privatversicherung

• K 1

Gesamtverband der Deutschen Versicherungswirtschaft e.V. (GDV)
Postf. 08 02 64, 10002 Berlin
Friedrichstr. 191, 10117 Berlin
T: (030) 20 20-5000 **Fax:** 20 20-6000
Internet: http://www.gdv.de
Gründung: 1948
Internationaler Zusammenschluß: siehe unter izi 91, izk 4
Präsidium:
Präsident(in): Dr. Bernd Michaels (Vorstandsvorsitzender (Provinzial Rheinprovinz))
Präsidiumsmitglied(er): Dr. Jürgen Förterer (Vorstandsvorsitzender (R+V Versicherung AG))
Dr. Jörg Frhr. Frank von Fürstenwerth (Geschäftsf. Präsidiumsmitglied)
Dr. Bruno Gas (Vorsitzender der Vorstände (Mecklenburgische))
Peter Greisler (Vorsitzender der Vorstände (Debeka))
Dr. Reiner Hagemann (Vorstandsvorsitzender (Allianz Versicherung AG))
Rolf-Peter Hoenen (Sprecher der Vorstände (HUK-Coburg))
Dr. Hans Jäger (Vorstandsvorsitzender AMB Aachener u. Münchener))
Georg Mehl (Sprecher des Vorstandes (Wüstenrot & Württembergische AG))
Dr. Wolfgang Peiner (Vorstandsvorsitzender (Parion OHG))
Dr. Gerhard Rupprecht (Vorstandsvorsitzender (Allianz Leben))
Dr. Hans-Jürgen Schinzler (Vorstandsvorsitzender (Münchener Rück))
Hans Schreiber (Vorsitzender des Vorstandes (Mannheimer AG Holding))
Dr. Jürgen Zech (Vorstandsvorsitzender (Gerling-Konzern Vers.-Beteiligungs-AG))
Hauptgeschäftsführer(in): Dr. Jörg Frhr. Frank von Fürstenwerth, Berlin
Geschäftsführer(in): Eckart Eckermann (Schadenversicherung, Stv. Hauptgeschäftsführer)
Gabriele Hoffmann (Kommunikation)
Dr. Klaus-Wilhelm Knauth (Zentrale Bereiche)
Thomas Kräutter (Organisation)
Ulf Lemor (Europa)
N.N. (Lebensversicherung)
Pressestelle: Gabriele Hoffmann
Mitglieder: 470

• K 2

Betriebswirtschaftliches Institut der Versicherungswirtschaft des Gesamtverbandes der Deutschen Versicherungswirtschaft e.V.
Friedrichstr. 191, 10117 Berlin
T: (030) 20 20-5450 **Fax:** 20 20-6608
Vorsitzende(r): Ch. Hofer
Geschäftsführer(in): F. Chiachiarella (fred.chiachiarella@ber.gdv.org)

• K 3

Verband der privaten Krankenversicherung e.V. (PKV)
Postf. 51 10 40, 50946 Köln
Bayenthalgürtel 26, 50968 Köln
T: (0221) 3 76 62-0 **Fax:** 3 76 62-10
T-Online *20177*
Vorstand: Gen.-Dir. Peter Greisler (Vors.; Vors. d. Vorst. der Debeka Krankenversicherungsverein a.G., Koblenz)
Gen.-Dir. Dr. Hanns Bauermeister (stellv. Vors.; Vors. d. Vorst. der CENTRAL KRANKENVERSICHERUNG AG, Köln)
Dir. Dr. Jan Boetius (stellv. Vors.; Vors. d. Vorst. der DKV Deutsche Krankenversicherung AG, Köln)
Gen.-Dir. Dr. Ulrich Rumm (stellv. Vors.; Vors. d. Vorst. der Vereinte Krankenversicherung AG, München)
Gen.-Dir. Reinhold Schulte (stellv. Vors.; Vors. d. Vorst. der SIGNAL Krankenversicherung a.G., Dortmund)
Verbandsdir. Dr. Christoph Uleer (Köln, geschäftsführendes Vorst.-Mitgl.)
Stellv. Verbandsdir.: Sybille Sahmer
Geschäftsführung: Dipl.-Math. Helga Riedel
Christian Weber

Hauptausschuß, bestehend aus von d. Mitgliederversammlung gewählten Mitgliedern

Vorsitzende(r): Gen.-Dir. Peter Greisler (Vors. d. Vorst. der Debeka Krankenversicherungsverein a.G., Koblenz)
Stellvertretende(r) Vorsitzende(r): Gen.-Dir. Dr. Hanns Bauermeister (Vors. d. Vorst. der CENTRAL KRANKENVERSICHERUNG AG, Köln)
Stellvertretende(r) Vorsitzende(r): Dir. Dr. Jan Boetius (Vors. d. Vorst. der DKV Deutsche Krankenversicherung AG, Köln)
Stellvertretende(r) Vorsitzende(r): Gen.-Dir. Dr. Ulrich Rumm (Vors. d. Vorst. der Vereinte Krankenversicherung AG, München)
Dir. Volker Altenähr (Vorstandsmitglied d. Süddeutsche Krankenversicherung a.G., Stuttgart)
Dir. Dr. Günther Bauer (Vors. d. Vorst. des MÜNCHENER VEREIN Krankenversicherung a.G., München)
Dir. Josef Beutelmann (Vors. d. Vorst. der Barmenia Krankenversicherung a.G., Wuppertal)
Dir. Ingmar Douglas (Vors. d. Vorst. der VICTORIA Krankenversicherung AG, Düsseldorf)
Dir. Wolfgang Fauter (Vors. d. Vorst. der DEUTSCHER RING Krankenversicherungsverein a.G., Hamburg)
Dir. Hermann Gühring (Vors. d. Vorst. der Hallesche-Nationale Krankenversicherung a.G., Stuttgart)
Gen.-Dir. Dr. Horst Hoffmann (Vors. d. Vorst. der Continentale Krankenversicherung a.G., Dortmund und der EUROPA Krankenversicherung Aktiengesellschaft, Köln)
Gen.-Dir. Dr. Gerd-Winand Imeyer (Vors. d. Vorst. der Hanse-Merkur Krankenversicherung a.G., Hamburg)
Dir. Bernd Jansen (Vors. d. Vorst. der INTER Krankenversicherung aG, Mannheim)
Dir. Dr. Hans Löffler (Vors. d. Vorst. der BERLIN-KÖLNISCHE Krankenversicherung a.G., Köln)
Dir. Axel Meder (Vors. d. Vorst. d. UNIVERSA Krankenversicherung a.G., Nürnberg)
Gen.-Dir. Heinz Prokop (Vors. d. Vorst. d. Bayerischen Beamtenkrankenkasse AG, Haar)
Dir. Gernot Schlösser (Vors. d. Vorst. der AXA Colonia Krankenversicherung Aktiengesellschaft, Köln)
Dir. Reinhold Schulte (Vors. d. Vorst. der SIGNAL Krankenversicherung a.G., Dortmund)
Dir. Dr. Knud M. Teichmann (Vors. d. Vorst. der DBV-Winterthur Krankenversicherung AG, Wiesbaden)
Dir. Dr. Ernst Wilhelm Zachow (Vors. d. Vorst. der Landeskrankenhilfe V.V.a.G., Lüneburg)
Kooptierte Mitglieder:
Dir. Dr. Werner Rupp (Vorstandsmitglied der NÜRNBERGER KRANKENVERSICHERUNG AG, Nürnberg)
Mitglieder: 52 ordentliche und 1 außerordentliches (Stand 1.12.98)

Landesausschüsse

k 4

Verband der privaten Krankenversicherung e.V. Landesausschuß Baden-Württemberg
(Hallesche-Nationale)
Postf. 10 60 17, 70049 Stuttgart
Reinsburgstr. 10, 70178 Stuttgart
T: (0711) 66 03-2257
Vorstand: Direktor Ulrich Stenger (Süddeutsche)
Abt.-Dir. Theo Gauch

k 5

Verband der privaten Krankenversicherung e.V. Landesausschuß Bayern
(Vereinte)
80291 München
Fritz-Schäffer-Str. 9, 81737 München
T: (089) 67 85-5238
Vorstand: Direktor Götz Reichart (Vereinte)
Prokurist Peter-Klaus Seyfart

k 6

Verband der privaten Krankenversicherung e.V. Landesausschuß Berlin
(DKV)
Innsbrucker Str. 26-27, 10825 Berlin
T: (030) 85 02-2290
Vorstand: Oswald Spallek (Abteilungsdirektor, DKV)
Prokurist Reinhard Leben (DKV)
Abt.-Leiter Wolfgang Ifland (BERLIN-Kölnische, T: (030) 23 08 13-23)

k 7

Verband der privaten Krankenversicherung e.V. Landesausschuß Brandenburg
(DKV)
Innsbrucker Str. 26-27, 10825 Berlin
T: (030) 8 50 21
Vorstand: Wolfgang Lohmann
Abt.-Dir. Oswald Spallek

k 8

Verband der privaten Krankenversicherung e.V. Landesausschuß Bremen
(Landeskrankenhilfe)
Rembertiring 11a, 28195 Bremen
T: (04131) 7 25-0
Vorstand: Direktor Dr. Ernst-Wilhelm Zachow (Landeskrankenhilfe)
Prokurist Gottfried Glaser-Gallion (Landeskrankenhilfe)

k 9

Verband der privaten Krankenversicherung e.V. Landesausschuß Hamburg
22289 Hamburg
Kapstadtring 5-8, 22297 Hamburg
T: (040) 41 24-7330 **Fax:** 41 24-6447
Vorstand: Direktor Hans-Joachim Krauß (NOVA)
Hauptreferent Jörg Stamer (NOVA)

k 10

Verband der privaten Krankenversicherung e.V. Landesausschuß Hessen
(DBV)
65178 Wiesbaden
Frankfurter Str. 50, 65189 Wiesbaden
T: (0611) 3 63-0
Vorstand: Direktor Dr. Knud M. Teichmann (DBV)
Direktor Adolf Moser (DBV)

k 11

Verband der privaten Krankenversicherung e.V. Landesausschuß Mecklenburg-Vorpommern
(Gerling Firmen- und Privat-Service GmbH Ost)
Goethestr. 20, 18055 Rostock
T: (0381) 45 60-411

k 12

Verband der privaten Krankenversicherung e.V. Landesausschuß Niedersachsen
(Landeskrankenhilfe)
21332 Lüneburg
Uelzener Str. 120, 21335 Lüneburg
T: (04131) 7 25-0
Vorstand: Direktor Dr. Ernst-Wilhelm Zachow (Landeskrankenhilfe)
Prokurist Gottfried Glaser-Gallion

k 13

Verband der privaten Krankenversicherung e.V. Landesausschuß Nordrhein-Westfalen
(DKV)
Aachener Str. 300, 50933 Köln
T: (0221) 5 78-0
Vorstand: Abt.-Dir. Dr. Klaus-Jürgen Preuß (DKV)
Manfred-Ulrich Schröter (DKV, - zuständig für Krankenhaus-Fragen -)
Horst Hundertmark (DKV, - zuständig für Heilbehandler-Fragen -)

k 14

Verband der privaten Krankenversicherung e.V. Landesausschuß Rheinland-Pfalz
(Debeka)
56058 Koblenz
Ferdinand-Sauerbruch-Str. 18, 56073 Koblenz
T: (0261) 4 98-0
Vorstand: Direktor Jürgen R. Rudolph (Debeka)
Abt.-Leiter Reinhard Wüstenberg (Debeka, - zuständig für Krankenhaus-Fragen -)
Abt.-Leiterin Monika Möhlig-Doetsch (SIGNAL, T: (0261) 1 39 01-0 - zuständig für Heilbehandler-Fragen -)

k 15

Verband der privaten Krankenversicherung e.V. Landesausschuß Saarland
(UKV)
Postf. 103152, 66031 Saarbrücken
Peter-Zimmer-Str. 2, 66123 Saarbrücken
T: (0681) 8 44-0
Vorstand: Direktor Roland Weber (UKV)
Hans-Günter Treib (UKV)
Hans-Georg Stritter (UKV)

k 16

Verband der privaten Krankenversicherung e.V. Landesausschuß Sachsen
(INTER)
Postf. 100665, 01076 Dresden
Schützenhöhe 16-18, 01099 Dresden
T: (0351) 81 26 60
Vorstand: Wolfgang Lohmann
Direktor Thomas List (INTER)
Ltd. Handlungsbev. Hans Stumpf (INTER)

k 17

Verband der privaten Krankenversicherung e.V. Landesausschuß Sachsen-Anhalt

(Continentale)
Hasselbachplatz 1, 39104 Magdeburg
T: (0391) 7 31 70 50
Vorstand: Wolfgang Lohmann
Handlungsbev. Klaus Böcker (Continentale)

k 18

Verband der privaten Krankenversicherung e.V. Landesausschuß Schleswig-Holstein

(NOVA)
22289 Hamburg
Kapstadtring 5-8, 22297 Hamburg
T: (040) 41 24-7589 **Fax:** 41 24-6447
Vorstand: Direktor Hans-Joachim Krauß (NOVA)
Ltd. Handlungsbev. Wolfgang Fischer (NOVA)

k 19

Verband der privaten Krankenversicherung e.V. Landesausschuß Thüringen

(Vereinte)
Neuwerkstr. 10, 99084 Erfurt
Korrespondenzanschrift:
80291 München (Vereinte)
Tel: (089) 67 85-52 44
Vorstand: Wolfgang Lohmann
Prokurist Peter-Klaus Seyfart (Vereinte)

• K 20

Bundesverband der Versicherungsnehmer e.V. (BVVN)

Zweigstelle / Service Höxter
Postf. 10 05 02, 37655 Höxter
Lütmarser Str. 60, 37671 Höxter
T: (05271) 97 73-0 **Fax:** 97 73-11
Gründung: 1986 (18. August)
Vorstand: Wolfgang Höltring
Rudolf Fischer
Dipl.-Math. Ivana Höltring
Hauptgeschäftsführer(in): Wolfgang Höltring
Mitarbeiter: 5
Informationsstellen im Bundesgebiet (selbständige)

• K 21

Arbeitsgemeinschaft von Versicherungsnehmern für Fragen der Kraftfahrtversicherung (ArGe)

Im Rapsfeld 33, 50933 Köln
T: (0221) 3 70 84 05 **Fax:** 3 70 84 60
TGR: Bundesindustrie
Geschäftsführende(s) Vorstands-Mitglied(er): RA Dr. Philipp Andreae

Wahrnehmung der Interessen der versicherungsnehmenden Wirtschaft auf dem Gebiet der Kraftfahrtversicherung und Herbeiführung einer einheitlichen Willensbildung. Vertretung der Interessen gegenüber Bundestag und Bundesregierung.

• K 22

Arbeitsgemeinschaft der Versicherungsunternehmen mit dem Sitz oder der Hauptverwaltung für die Bundesrepublik Deutschland in Bayern

Sitz:
Dieselstr. 8, 85774 Unterföhring
T: (089) 99 00-2200
Vorsitzende(r): Dr. Michael Albert (Vors. d. Vorstands der Bayerischen Versicherungsbank AG, München)

• K 23

Arbeitsgemeinschaft der Versicherungsvereine auf Gegenseitigkeit e.V.

Kaiser-Wilhelm-Ring 23-25, 50672 Köln
T: (0221) 3 08-1259 **Fax:** 3 08-1857
Gründung: 1980 (Rechtsvorgänger 1903)
Vorstand: Dr. Wolfgang Peiner (Vors.), Köln
Wolf-Dieter Baumgartl, Hannover
Rolf-Peter Hoenen, Coburg
Dr. Eckart Freiherr v. Uckermann, Hannover
Dr. Ernst-Wilhelm Zachow, Lüneburg
Mitglieder: 69

Förderung und Vertretung auf der Rechtsform basierender spezifischer Interessen der Versicherungsvereine auf Gegenseitigkeit.

• K 24

Arbeitsgemeinschaft berufsständisch orientierter Versicherungsgesellschaften

SIGNAL IDUNA Gruppe
Joseph-Scherer-Str. 3, 44139 Dortmund
T: (0231) 1 35 20 19 **Fax:** 1 35 39 20 20
Mitglieder: 13

• K 25

Arbeitsgemeinschaft der Tierversicherungsvereine Bezirksvereinigung Hessen

An den Brunnenkammern 8, 34587 Felsberg
T: (05662) 34 81
Vorstand: Dipl.-Ing. agr. Armin Naumann, Marburg
Dieter Bläsing (stellv. Vors.), Homberg
Geschäftsführer(in): Wolfgang Heckmann
Mitglieder: 9

• K 26

Arbeitsgemeinschaft landwirtschaftlicher Haftpflichtversicherer

Bartningstr. 57, 64289 Darmstadt
T: (06151) 7 02-1220 **Fax:** 7 02-1300
Internet: http://www.ghv-darmstadt.de
E-Mail: info@ghv-darmstadt.de
Vorsitzende(r): Karl Stumpf (Ehrenpräsident des Hessischen Bauernverbandes, Grünberg)

• K 27

Verband
öffentlicher Versicherer

-Körperschaft des öffentlichen Rechts-

Berlin und Düsseldorf
Hauptverwaltung:
Postf. 29 03 30, 40530 Düsseldorf
Hansaallee 177, 40549 Düsseldorf
T: (0211) 45 54-01 **Fax:** 45 54-202
Gründung: 1911
VdVR: Dr. Heiko Winkler (Vors. d. Vorst. Westfälische Provinzial Versicherungen, Münster)
Vorstand: Jürgen Rehmann (Vors.)
Dr. Werner Boeck
Ulf Peters
Dr. Walter Reindl
Leitung Presseabteilung: Otto Schulte
Mitglieder: 40
Mitarbeiter: 91 (Stand 31.12.99)

Der Verband ist Berufsverband und Rückversicherer. Als Berufsverband und Dachorganisation der öffentlichen Versicherer agiert er auf zwei Ebenen. Er vertritt nach außen die Interessen seiner Mitglieder im Rahmen der Verbände der Versicherungswirtschaft (Gesamtverband der Deutschen Versicherungswirtschaft, Verband der privaten Krankenversicherung) sowie gegenüber Gesetzgebung, Rechtsprechung und Verwaltung. Im Verbund der Sparkassen-Finanzgruppe trägt die Arbeit des Verbandes zu einer weiteren Vertiefung der Kooperation der öffentlichen Versicherer mit den Sparkassen bei. Nach innen steht der Verband seinen Mitgliedern für das Erstversicherungsgeschäft in vielfältiger Weise partnerschaftlich als Dienstleister zur Seite. Die Verbandsarbeit ermöglicht erhebliche Kosteneinsparungen der Mitgliedsunternehmen und ein effektives Zusammenarbeiten. Darüber hinaus übernimmt der Verband als Rückversicherer die ihm von seinen Mitgliedern zur Rückdeckung übertragenen Risiken in der Lebens-, Haftpflicht-, Unfall- und Kraftfahrtversicherung und in der Luftfahrtversicherung. Unter Sonstige Versicherungszweige werden die Eigenschaden-, Rechtsschutz-, Kranken-, Computermißbrauchsowie die Verkehrs-Service- und Reise-Service-Versicherung zusammengefaßt. Der Verband führt seine Geschäfte ohne Gewinnstreben nach genossenschaftlichen Grundsätzen. Oberstes Organ ist die Mitgliedsversammlung, die unter anderem die Grundsätze für die Rückversicherung aufstellt.

• K 28

Deutsche FilmversicherungsGemeinschaft (DFG)

Führende Gesellschaft: Württembergische Gruppe
Geschäftsstelle: Burmester, Duncker & Joly
Trostbrücke 1, 20457 Hamburg
T: (040) 37 60 30 **Fax:** 3 76 03-144

• K 29

Verband Deutscher Glasversicherungsvereine auf Gegenseitigkeit e.V.

Postf. 11 04 33, 64219 Darmstadt
Schuchardstr. 12, 64283 Darmstadt
T: (06151) 2 08 51 **Fax:** 2 08 33
Vorsitzende(r): Adolf Gonnermann
Mitglieder: 28

• K 30

Verband der kleineren Hagel-Versicherungs-Vereine

Geschäftsführender Verein: Schleswig-Holsteinische Hagelgilde
Hof Altona, 23730 Sierksdorf
T: (04563) 81 03 **Fax:** 81 08
Gründung: 1935
Mitglieder: 6

Loser Zusammenschluß kleinerer Hagel-VVaG

• K 31

Deutsche Kernreaktor-Versicherungsgemeinschaft

Postf. 52 01 29, 50950 Köln
Bremsstr. 19, 50969 Köln
T: (0221) 93 64 00-0 **Fax:** 9 36 40 05
Gründung: 1957 (14. Mai)
Mitglieder: 84

• K 32

Deutscher Luftpool

80790 München
Königinstr. 19, 80539 München
T: (089) 38 00-0 **Fax:** 38 00-46 74
TGR: Deutlupool München
Teletex: 89 81 12
Gründung: 1924, Neugründung 1950
Hauptausschuß:
Peter Baedorf (Victoria, Vors.)
Walter Habermann (Hamburg-Mannheimer, stellv. Vors.)
Hans-Peter Gerhardt (Kölnische Rück, stellv. Vors.)
Dr. Dankwart von Schulzendorff (Axa Colonia)
Christian Kluge (Münchener Rück)
Dr. Eckhardt Wilkens (R + V)
Dr. Erich Herrgen (Bayerische Rück)
Dr. Walter Tesarczyk (Allianz)
Hartmut Hesse (Münchener Rück)
Dr. Alfred Goßner (Allianz)
Bernhard Fink (Frankona Rück)
Geschäftsführer(in): Wolfgang Schatz
Mitglieder: 80

• K 33

Verein Bremer Seeversicherer e.V.

Postf. 10 07 24, 28007 Bremen
Herrlichkeit 6, 28199 Bremen
T: (0421) 5 98 11-0 **Fax:** 50 77 47
Internet: http://www.vbs-bremen.de
E-Mail: mail@vbs-bremen.de
Gründung: 1818
Vorstand: H.-C. Enge (i. Fa. Lampe & Schwartze)
Michael Grobien (i. Fa. Lampe & Schwartze)
Carsten Heinemann (i. Fa. Carl Drewes & Focke)
Peter Gerhard (i. Fa. Securitas)
Geschäftsführer(in): Peter Zahalka (Kapt.)
Mitglieder: 65

• K 34

Deutscher Sterbekassenverband e.V.

Hagener Str. 20, 58285 Gevelsberg
T: (02332) 1 27 83 **Fax:** 70 93 30
Vorstand: Johannes Smit (Vors.), Wetter
Horst Pohlig (stellv. Vors.), Solingen
Frank Elsche, Wetter
Mitglieder: ca. 1350

• K 35

Arbeitskreis Norddeutscher Lebensversicherer

Neue Rabenstr. 28, 20354 Hamburg
T: (040) 4 10 35 12 **Fax:** 41 19 37 64
Vorsitzende(r): Dr. Gerd-Winand Imeyer

• K 36

Arbeitskreis der Westdeutschen Lebensversicherer

44128 Dortmund
Südwall 37-41, 44137 Dortmund
T: (0231) 54 33-0 **Fax:** 54 33-5 55
Gründung: 1983
Vorsitzende(r): Dipl.-Kfm. Werner Ackermann
Mitglieder: 30

• K 37

Bundesverband Deutscher Versicherungskaufleute e.V. (BVK)

Max-Engl-Haus
Kekulestr. 12, 53115 Bonn
T: (0228) 2 28 05-0 **Fax:** 2 28 05-50
Internet: http://www.bvk.de
E-Mail: bvk@bvk.de
Geschäftsstelle Berlin:
Alt-Mariendorf 30, 12107 Berlin
T: (030) 7 06 10 70, Telefax: (030) 7 06 91 13
Geschäftsstelle Hamburg:
Börse Zimmer 54/55, 20457 Hamburg
T: (040) 37 30 20, Telefax: (040) 37 51 72 01
Gründung: 1901
Internationaler Zusammenschluß: siehe unter izk 66
Präsidium:
Präsident(in): Ludger Theilmeier (Berliner Str. 107, 33330 Gütersloh, T: (05241) 2 69 99, Telefax: (05241) 2 69 86)
Vizepräsident(in): Ulrich Brock (Remscheider Str. 9, 42369 Wuppertal, T: (0202) 24 66 20, Telefax: (0202) 2 46 62 67)
Michael H. Heinz (Kampenstr. 67, 57072 Siegen, T: (0271) 4 10 91, Telefax: (0271) 4 10 93)
Richard Henschen (Lange Kesselstr. 3, 48231 Warendorf, T: (02581) 50 18/50 19, Telefax: (02581) 13 38)
Martin C. Kämpf (Sylvensteinstr. 2, 81369 München, T: (089) 74 73 50 42, Telefax: (089) 74 73 50 55)
Bernd Martin (Schiede 55, 65549 Limburg, T: (06431) 30 75, Telefax: (06431) 2 43 34)
Hauptgeschäftsführer(in): RA Gerd Pulverich
Geschäftsführung: Marie-France Janzen-Jolly (ltd. Verbandsgeschf. (Leitung Verwaltung))
Wolfgang Schroeckh (ltd. Verbandsgeschf. (Fachleitung))
Dipl.-Betriebsw. Helmut Braun (Verbandsgeschäftsführer)
Betriebsw. (VWA) Hans-Dieter Schäfer (Verbandsgeschäftsführer)
Ass. jur. Ulrich Brauckmann (Verbandsreferent)
RA'in Angelika Bressel (Verbandsreferentin)
Ass. jur. Werner Fröschen (Verbandsreferent)
Dipl.-Volksw. Dieter Meyer (Verbandsreferent)
RA Hubertus Münster (Verbandsreferent)
Ass. jur. Angelika Römhild (Verbandsreferentin)
Dipl.-Volksw. Ariane Kay (Verbandsreferentin)
Leitung Presseabteilung: Betriebsw. (VWA) Hans-Dieter Schäfer
Verbandszeitschrift: Versicherungsvermittlung
Chefredakteur: Hans-Dieter Schäfer
Verlag: Kekulestr. 12, 53115 Bonn
Mitglieder: ca. 14000
Mitarbeiter: 26

Der Verband hat den Zweck, die beruflichen, wirtschaftlichen, rechtlichen und sozialen Belange des Berufsstandes wahrzunehmen und zu fördern. Zu seinen Aufgaben gehören: die Öffentlichkeit mit der volkswirtschaftlichen Bedeutung des Berufsstandes der selbständigen Versicherungskaufleute und der selbständigen Bausparkaufleute vertraut zu machen; Behörden, Körperschaften, Parteien, Verbände, Vertretervereinigungen und Presse in berufsständischen Fragen zu informieren; Auskünfte und Gutachten zu erteilen, die Mitglieder in Berufsangelegenheiten zu beraten, die Mitglieder bei Anträgen oder Beschwerden zu unterstützen, den Mitgliedern aktive Rechtshilfe zu gewähren, wenn dies nicht gegen Verbandsinteressen verstößt. Die Berufsbildungsarbeit zu fördern und das fachliche Wissen der Mitglieder zu vertiefen; den Berufsstand von ungeeigneten Personen freizuhalten; den unlauteren Wettbewerb zu bekämpfen; die Interessen des Berufsstandes international und in der Europäischen Union zu vertreten. Der Verband kann für Mitglieder, die Arbeitgeber sind, Tarifvertragsvereinbarungen treffen.

k 38

Bundesverband Deutscher Versicherungskaufleute e.V.
Regionalverband Mitte (Hessen und Thüringen)

Rheinstr. 8, 37269 Eschwege
T: (05651) 55 15 **Fax:** 7 09 08
E-Mail: ulrich.zander@allianz.de
Ulrich Zander

k 39

Bundesverband Deutscher Versicherungskaufleute e.V.
Regionalverband Nord (Hamburg, Schleswig-Holstein, Mecklenburg-Vorpommern)

Postf. 11 11 23, 23521 Lübeck
Wakenitzstr. 34c, 23564 Lübeck
T: (0451) 7 07 34 45 **Fax:** 79 10 87
Klaus Völsen

k 40

Bundesverband Deutscher Versicherungskaufleute e.V.
Regionalverband Nord-West (Niedersachen und Bremen)

Veerßer Str. 90, 29525 Uelzen
T: (0581) 97 60 00 **Fax:** 9 76 00 10
Tristan Bötnagel

k 41

Bundesverband Deutscher Versicherungskaufleute e.V.
Regionalverband Ost (Berlin, Brandenburg, Sachsen, Sachsen-Anhalt)

Gontermannstr. 20, 12101 Berlin
T: (030) 7 85 30 97 **Fax:** 7 86 91 54
Wolfgang Nottrott

k 42

Bundesverband Deutscher Versicherungskaufleute e.V.
Regionalverband Süd (Baden-Württemberg)

Lameystr. 11, 68165 Mannheim
T: (0621) 1 56 66 66 **Fax:** 1 56 66 67
Günter Haaf

k 43

Bundesverband Deutscher Versicherungskaufleute e.V.
Regionalverband Süd-Ost (Bayern)

Mögeldorfer Hauptstr. 60, 90482 Nürnberg
T: (0911) 5 46 01 70 **Fax:** 54 25 81
Bernd Walter

k 44

Bundesverband Deutscher Versicherungskaufleute e.V.
Regionalverband Süd-West (Rheinland-Pfalz und Saarland)

Oberlinweg 3, 67141 Neuhofen
T: (06236) 5 29 47, (0621) 12 74 70 **Fax:** (0621) 12 74 77
E-Mail: gut.geither@gugei.de
Werner Gut

k 45

Bundesverband Deutscher Versicherungskaufleute e.V.
Regionalverband West (Nordrhein-Westfalen)

Dellbrücker Hauptstr. 154, 51069 Köln
T: (0221) 68 15 49 **Fax:** 6 80 57 12
Günter Rywelski

• K 46

Bundesverband Deutscher Vermögensberater e.V.

Untermainanlage 8, 60329 Frankfurt
T: (069) 25 62 61 30 **Fax:** 25 07 56
Gründung: 1973
Vorsitzende(r): Dr. Reinfried Pohl
Geschäftsführer(in): Gunther Schneider
Mitglieder: ca. 5200
Mitarbeiter: 4

• K 47

Deutsche Vereinigung für Vermögensberatung e.V. (DVV)

Bundesgeschäftsstelle
Krokusstr. 80, 12357 Berlin
T: (030) 66 06 42 84 **Fax:** 66 06 42 86
Gründung: 1976
Präsident(in): Bernd Lucas (Vermögensberater, GF der Fa. Lucas & Partner, 12357 Berlin, Krokusstraße 80, T: (030) 6 62 61 19, Fax: 6 61 60 10)
Vizepräsident(in): Alfons Dötter (Vermögensberater, 83670 Bad Heilbrunn, Oberfeldweg 8, T: (08046) 92 90, Fax: 92 88)
Geschäftsführer(in): Dr. Sylvia Oha
Verbandszeitschrift: DVV-Forum
Verlag: Selbstverlag
Mitglieder: ca. 150 vertreten werden ca. 2000, bundesweit Landesverbände

• K 48

Bundesverband firmenverbundener Versicherungsvermittler- und gesellschaften e.V. (BfV)

Hattenbergstr. 10, 55122 Mainz
T: (06131) 66-2226 **Fax:** 66-2059
Gründung: 1969
Vorsitzende(r): Johannes B. Fischer (1. Vors.), Mainz
Hauprecht Freiherr Schenck zu Schweinsberg (2. Vors.), Düsseldorf
Schriftführer(in): Knut Eickstädt, Düsseldorf
Schatzmeister: Harry Daugird, Heidelberg
Mitglieder: 72

• K 49

Verband der Versicherungsvereine a.G. e.V.

Von-der-Goltz-Allee 93, 24113 Kiel
T: (0431) 64 89 30 **Fax:** 68 26 93
Geschäftsführende(s) Vorstands-Mitglied(er): Dipl.-Betriebsw. Jürgen Scheel
Mitglieder: 121

• K 50

Bundesverband Deutscher Versicherungs-Makler e.V.

Cremon 33, 20457 Hamburg
T: (040) 36 98 20-0 **Fax:** 36 98 20-22
Internet: http://www.bdvm.de
E-Mail: bdvm_e.v.@t online.de
Internationaler Zusammenschluß: siehe unter izk 65
Präsident(in): Joachim F. Scheele
GF-Vorstand: Dr. Christoph Keil
Mitglieder: 260 mit 200 Niederlassungen

Der Verband vertritt berufsständische und fördert gewerbliche Interessen seiner Mitglieder. Er verschafft dem Berufsbild des Versicherungsmaklers Anerkennung und wirkt darauf hin, daß seine Mitglieder ihre Tätigkeit an diesem Berufsbild ausrichten. Er ist bevollmächtigt, gegen unlauteren Wettbewerb gerichtlich und außergerichtlich vorzugehen.

• K 51

Auskunftsstelle über Versicherungs- / Bausparkassenaußendienst und Versicherungsmakler in Deutschland e.V. (AVAD)

Normannenweg 2, 20537 Hamburg
T: (040) 25 19 21-0 **Fax:** 2 54 34 02
Vorsitzende(r): Dir. Herbert Löffler, Düsseldorf
Geschäftsführer(in): RA Stefan Schwarz
Mitglieder: 12 Verbände

• K 52

Gemeinschaftsausschuß Versicherungsaußendienst

(Gemeinschaftliche Institution des Gesamtverbandes der Deutschen Versicherungswirtschaft e.V. und der Verbände der selbständigen Versicherungsvermittler)
Geschäftsführung: (Gesamtverband der Deutschen Versicherungswirtschaft e.V.)
Postf. 08 02 64, 10002 Berlin
Friedrichstr. 191, 10117 Berlin
T: (030) 20 20-5000 **Fax:** 20 20-6000
Internet: http://www.gdv.de
Dr. Hans Jäger (Vors.[1]), Aachen
Vers.-Kfm. Ludger Theilmeier (stellv. Vors.[2]), Gütersloh
Hansjörg Cramer (Direktor[1]), München
Heinrich W. Grassl (_H5), München
Vers.-Kfm. Martin C. Kämpf, München
Dr. Christoph Keil ([4]), Hamburg
Generaldir. G. Kettler, Münster
Herbert Löffler ([1]), Düsseldorf
Vers.-Kfm. Bernd Martin ([2]), Limburg
Dipl.-Betriebsw. Axel Nill (Filialdirektor [3]), Dortmund
Horst Peil (Bez.-Dir. [3]), Bielefeld
Roland Reime ([1]), Kiel
Dr. Bernhard Schareck, Karlsruhe
Jochen Scheele (Vers.-Kfm. [4]), Mülheim/Ruhr
Hans Schreiber (Generaldirektor [1]), Mannheim
Dir. R. Schulte, Dortmund
1 Gesamtverband der Deutschen Versicherungswirtschaft e.V.
2 Bundesverband Deutscher Versicherungskaufleute (BVK)
3 Bundesverband der Geschäftsstellenleiter der Assekuranz e. V. (VGA)
4 Bundesverband Deutscher Versicherungsmakler e. V. (BDVM)
5 Versicherungs- Makler-Verband e.V. (VMV)

• K 53

Bundesverband der Assekuranzführungskräfte e.V. (VGA)

- Arbeitgeberverband für das private Versicherungs-Vermittler-Gewerbe-
Kaiser-Wilhelm-Ring 15, 50672 Köln
T: (0221) 9 52 12 80, 9 52 12 81 **Fax:** 9 52 12 82
Internet: http://www.vga-koeln.de
E-Mail: info@vga-koeln.de
Gründung: 1877 (1.April)
Internationaler Zusammenschluß: siehe unter izk 67
Präsidium:
Präsident(in): Bez.-Dir. Horst Peil (Württembergische Vers. AG, Niederwall 41-45, 33602 Bielefeld, T: (0521) 5 83 02-12, Fax: (0521) 5 83 02 66)
Vizepräsident(in): Dipl.-Betriebsw. Axel Nill (Fa. Leue & Nill, Hohenzollernstr. 2,
44135 Dortmund, T: (0231) 5 40 40, Fax: (0231) 54 04-392)
Fil.-Dir. Dieter Kreuer (Württembergische Vers. AG, Silberburgstr. 148, 70176 Stuttgart, T: (0711) 6 62-35 01, Fax: (0711) 6 62 35 28)
Schatzmeister: LD Klaus-Dieter Riemer (Generali Versicherungs AG, Johannisbollwerk 16, 20459 Hamburg, T: (040) 3 11 76-200, Fax: 3 11 76-160)
Präsidialmitgl.: Dir. Manfred Berg (Axa Colonia, Lise-Meitner-Straße 4, 60486 Frankfurt, T: (069) 97 75 16-2 21, Fax: (069) 97 75 16-88)
Bez.Dir. Werner Nebel (Basler, Bleichenbrücke 9, 20302 Hamburg, T: (05071) 91 21 72, Fax: 91 21 53)
FD George C. Muhle (C. Wm. König GmbH & Co., Herrlichkeit 6, 28199 Bremen, T: (0421) 5 98 20)
Dir. Rüdiger Otto (Gerling & Co., Bismarckstraße 10, 10625 Berlin, T: (030) 3 40 09-200, Fax: 3 40 09-296)
Verbandsdirektor: Dipl.-Volksw. Verb.-Dir. Oliver Mathais (Ltg. Presseabt.; Kaiser-Wilhelm-Ring 15, 50672 Köln, T: (0221) 9 52 12 80 u. 9 52 12 81, Telefax: (0221) 9 52 12 82)
Verbandszeitschrift: VGA Nachrichten
Redaktion: Herbert Schrödter u. Oliver Mathais
Verlag: VGA, Unter Buschweg 17, 50999 Köln
Mitglieder: 1200
Ausschüsse: Sachversicherung, Transportversicherung, HUK-Versicherung, Lebensversicherung, Krankenversicherung

• K 54

Arbeitskreis Vertretervereinigungen der Deutschen Assekuranz (AVV)

Engelhardstr. 16, 63450 Hanau
T: (06181) 3 13 46 **Fax:** 3 95 55
Gründung: 1973
Leitung: Dieter Stein (Vors.)
Barbara Meiß
Winfried Kalveram
Jürgen Mehlkopf
Claus-Jürgen Schuff
Herbert Springer
Jahresetat: DM 0,020 Mio, € 0,01 Mio

• K 55

Verein Hamburger Assecuradeure

Postf. 10 63 08, 20043 Hamburg
Paulstr. 12, 20095 Hamburg
T: (040) 30 10 09-0 **Fax:** 30 10 09 30 o. 30 10 09 48
E-Mail: vha-hamburg@t-online.de
Gründung: 1797
Vorstand: Dr. Volker Bergeest (Mitgl. d. Vorst. der Allianz Globus Marine Vers.-AG)
Kay M. Berndt (i. Fa. Mund & Fester (stv. Vors.))
Wolfgang Schües (i. Fa. Burmester, Duncker & Joly)
Hartmut Rehders (Mitgl. d. Vorst. der NORD-DEUTSCHE Vers. AG)
Geschäftsführer(in): Bernd Röder
Mitglieder: 83 pers. Mitglieder

• K 56

Verein Deutscher Lebensversicherer

c/o Karlsruher Lebensversicherung AG
76112 Karlsruhe
Friedrich-Scholl-Platz, 76137 Karlsruhe
Vorsitzende(r): Dr. Bernhard Schareck

• K 57

PENSIONS-SICHERUNGS-VEREIN Versicherungsverein auf Gegenseitigkeit

50963 Köln
Berlin-Kölnische-Allee 2-4, 50969 Köln
T: (0221) 9 36 59-0 **Fax:** 9 36 59-299
Gründung: 1974 (7. Oktober); 18.3.1975 eingetragen
Vorsitzender des Aufsichtsrates: Dr. Klaus Murmann (Ehrenpräsident d. Bundesvereinigung der deutschen Arbeitgeberverbände, Vors. d. Vorst. der Sauer-Sundstrand-Gruppe Neumünster, Ames/Iowa)
Vorstand: Dipl.-Math. Martin Hoppenrath
Dr. Hermann Peter Wohlleben
Mitglieder: 39774

• K 58

Industrie-Pensions-Verein E.V. Köln - Varel (IPV)

Sitz des Vereins: Berlin
Sitz der Verwaltung: Varel (Oldb)
Dienststellen:
Beethovenstr. 2, 26316 Varel
T: (04451) 9 29-0 **Fax:** 9 29-333
Haus der Deutschen Industrie, Breite Str. 29, 10178 Berlin, T: (030) 20 60 75 20, Fax: 20 60 75 21
Gründung: 1925 (9. Januar)
Vorstand: Dipl.-Kfm. Eberhard Bäumer (Klausenberg 11, 51429 Bergisch Gladbach)
Dipl.-Volksw. Jost Etzold (An den Teichwiesen 15, 26316 Varel)
Mitglieder: 310000
Mitarbeiter: 51 Angest. u. 9 Auszub.

Individuelle Altersversorgung für Unternehmer und Führungskräfte aus dem Bereich der Industrie über Verträge mit Lebensversicherungsgesellschaften.

• K 59

Vereinigung der Saarländischen Versicherungs-Generalagenten e.V.

Robert-Koch-Str. 20, 66119 Saarbrücken
T: (0681) 85 54 59
Gründung: 1948 (16. September)
Präsident(in): Heinz Ries
Mitglieder: 39

• K 60

Verein Verkehrsopferhilfe e.V.

Glockengießerwall 1, 20095 Hamburg
T: (040) 30 18 00 **Fax:** 3 01 80 70 70
Vorstand: Direktor i.R. Dr. Hubert Diekstall (Vors.), Hemmingen
Gerd Kettler (Generaldirektor, Münster)
Richard Wienstein (Direktor i.R., Meerbusch-Strümp)

• K 61

Wiesbadener Vereinigung

Adenauerallee 90, 53113 Bonn
T: (0228) 9 49 30 50-1 bis 3 **Fax:** 9 49 30 50-4
Gründung: 1971 (8. Juli)
Vorstand: Dir. Rolf Richter (Vors.), Köln
Dir. Hans-Joachim Rieder (stellv. Vors.), Braunschweig
Dir. Dr. Alfred Goßner, München
Dir. Bernhard Meyer, Wiesbaden
Dir. Manfred Schobert, Köln
Geschäftsführer(in): Heinz Schütte
Mitglieder: 172

Krankenversicherung

• K 62

MDS Medizinischer Dienst der Spitzenverbände der Krankenkassen e.V.

Lützowstr. 53, 45141 Essen
T: (0201) 83 27-0 **Fax:** 83 27-3100
E-Mail: office@mds-ev.de
Gründung: 1989 (18. Oktober)
Vorstandsvorsitzende: Gert Nachtigal
Hans Langenbucher
Geschäftsführer(in): Dr. Peter Pick
Mitglieder: 8
Mitarbeiter: ca. 60
Jahresetat: ca. DM 8 Mio, € 4,09 Mio

Beratung der Spitzenverbände der Kranken- und Pflegekassen zu sozialmedizinischen und pflegefachlichen Fragestellungen. Koordinierung und Förderung der Zusammenarbeit der Medizinischen Dienste, Auswertung der Begutachtungs- und Beratungsergebnisse der Medizinischen Dienste und Berichterstattung gegenüber Trägern, Politik und Öffentlichkeit.

• K 63

Bundesverband Deutscher Privatkrankenanstalten e.V.

Bundeskanzlerplatz 2-10 Bonn-Center, 53113 Bonn
T: (0228) 21 10 01 **Fax:** 21 22 11
E-Mail: BDPK@bonn-online.com
Präsident(in): Dipl.-Kfm. Raimund Freund, Bad Orb
Geschäftsführer(in): Dipl.-Volksw. Wolfram L. Boschke

Landesverbände

k 64

Verband der Krankenanstalten in privater Trägerschaft in Baden-Württemberg e.V.

Geschäftsstelle:
Postf. 16 55, 79016 Freiburg
Schillerstr. 54, 79102 Freiburg
T: (0761) 70 25 64 **Fax:** 70 65 83
E-Mail: rae-tmk@t-online.de
Vorsitzende(r): Dr. Joseph Graf Waldburg-Zeil, Argenbühl-Eglofs
Geschäftsführer(in): RA Rolf Treutler

k 65

Verband der Privatkrankenanstalten in Bayern e.V.

Elsenheimerstr. 37, 80687 München
T: (089) 57 30 99 **Fax:** 57 34 88
E-Mail: info@vpka-bayern.de
Vorsitzende(r): Peter Rothemund
Geschäftsführer(in): RA Heinz Rottmann

k 66

Verband der Privatkrankenanstalten Berlin-Brandenburg e.V.

Wittenbergplatz 1, 10789 Berlin
T: (030) 2 13 70 73 **Fax:** 2 11 36 69
Vorsitzende(r): Prof. Dr. Joachim Baumgarten
Geschäftsführer(in): Dipl.-Volksw. Hartmut Klemann

k 67

Verband Deutscher Privatkrankenanstalten e.V. - Landesverband Hamburg -

Jürgensallee 46-48, 22609 Hamburg
T: (040) 82 28 11-36 **Fax:** 82 28 11-93
Vorsitzende(r): Dr. med. Michaela Guth

k 68

Verband der Privatkrankenanstalten in Hessen e.V.

Leibnizstr. 25, 65191 Wiesbaden
T: (0611) 57 18 51 **Fax:** 57 11 48
E-Mail: rka-wi@t-online.de
Vorsitzende(r): Michael Herrmann, Bad Orb
Geschäftsführer(in): Friedel Mägdefrau

k 69

Verband der Privatkrankenanstalten Mecklenburg-Vorpommern

AKG Reha-Zentrum
Rostocker Str. 1, 18181 Seeheilbad Graal-Müritz
T: (038206) 8 32 00 **Fax:** 7 92 71
E-Mail: reha-zentrum_graal-mueritz@t-online.de
Vorsitzende(r): Dipl.-Kfm. Karl-Heinz Krüger

k 70

Verband der privaten Krankenanstalten Niedersachsen e.V.

Sedanstr. 109, 49076 Osnabrück
T: (0541) 6 69 22 00
E-Mail: vdpkn@aol.com
Vorsitzende(r): Hartmut Lielje
Geschäftsführer(in): Dipl.-Kfm. Martin Menger

k 71

Verband der Privatkrankenanstalten Nordrhein-Westfalen e.V.

Bundeskanzlerplatz 2-10 Bonn-Center, 53113 Bonn
T: (0228) 21 10 02 **Fax:** 21 22 11
E-Mail: privatkrankenanstaltennrw@bonn-online.de
Vorsitzende(r): Volker Kull, Bad Oeynhausen
Geschäftsführer(in): Dipl.-Volksw. Wolfram L. Boschke

k 72

Verband der Privatkrankenanstalten in Rheinland-Pfalz e.V.

Leibnizstr. 25, 65191 Wiesbaden
T: (0611) 57 18 51 **Fax:** 57 11 48
E-Mail: rka-wi@t-online.com
Vorsitzende(r): Dr. Christoph Smolenski, Ahrweiler
Geschäftsführer(in): Friedel Mägdefrau

k 73

Verband der Privatkrankenanstalten im Saarland e.V.

c/o Psychosomatische Fachklinik Münchwies
Turmstr. 50-58, 66540 Neunkirchen
T: (06858) 69 12 42 **Fax:** 69 13 21
E-Mail: fkmmuenchwies@ahg.de
Vorsitzende(r): Rüdiger Hurrle
Geschäftsführer(in): Wilhelm Scheidt

k 74

Verband der Privatkrankenanstalten in Sachsen e.V.

Gustav-Mahler-Str. 2, 04109 Leipzig
T: (0341) 9 80 08 61 **Fax:** 9 80 08 60
E-Mail: pksleipzig@aol.com
Vorsitzende(r): Peter Lingg, Vlotho
Geschäftsführer(in): Rechtsanwalt Ingo Dörr

k 75

Verband der Privatkrankenanstalten in Sachsen-Anhalt e.V.

c/o Saale-Reha-Klinikum II
Elly-Kutscher-Str. 14, 06628 Bad Kösen
T: (034463) 7 02-46 **Fax:** 7 02-11
E-Mail: heikegerhardt@t-online.de
Vorsitzende(r): Hartmut Lielje
Geschäftsführer(in): RAin Heike Gerhardt

k 76

Verband der Privatkliniken in Schleswig-Holstein e.V.

Feldstr. 75, 24105 Kiel
T: (0431) 8 40 35 **Fax:** 8 40 55
E-Mail: vpksh-kiel@t-online.de
Vorsitzende(r): Dr. Jürgen Mau
Geschäftsführer(in): Bernd Krämer

k 77

Verband der Privatkrankenanstalten in Thüringen e.V.

Heinrich-Jäde-Str. 35, 99425 Weimar
T: (03623) 35 01 50 **Fax:** 33 91 78
E-Mail: gf@krankenhaus-waltershausen-friedrichroda.de
Vorsitzende(r): Gerald Meder, Bad Neustadt
Geschäftsführer(in): Dr. Judith Bein

Sozialversicherung

Krankenversicherung

• K 78

AOK - Bundesverband

Kortrijker Str. 1, 53177 Bonn
T: (0228) 8 43-0 **Fax:** 8 43-502
Internet: http://www.aok.de/
E-Mail: aok-bundesverband@bv.aok.de
Vors. u. stellv. Vors. d. Verwaltungsrates im jährlichen Wechsel:
Peter Kirch
Gert Nachtigal
Vorsitzender des Vorstandes: Dr. Hans Jürgen Ahrens
Stellv. Vors. d. Vorstandes: Ernst Picard
Pressesprecher: Udo Barske (T: (0228) 8 43-309, Fax: 8 43-507, E-Mail: udo.barske@bv.aok.de)
Verbandszeitschrift: G + G Gesundheit und Gesellschaft

Der AOK-Bundesverband mit Sitz in Bonn vertritt als Dachorganisation von 17 AOKs mit über 28 Mio. Versicherten die Interessen der AOK-Gemeinschaft auf Bundesebene. Vertreter der Versicherten und Arbeitgeber sorgen in den paritätisch besetzten ehrenamtlichen Gremien für eine versicherten- und betriebsnahe Gestaltung der Krankenversicherung. Heute und in Zukunft tritt die AOK für eine umfassende medizinische Versorgung mit vollwertigen Leistungen ein. Diese Ziele unterstützt der AOK-Bundesverband durch sozialpolitische Überzeugungsarbeit bei Parlament, Regierung und zuständiger Verwaltung. Seit über 100 Jahren garantiert die AOK - als größte Krankenversicherungsgruppe in Deutschland - Sicherheit und umfassende medizinische Versorgung im Krankheitsfall.

Baden-Württemberg

k 79

AOK Baden-Württemberg

Hauptverwaltung
Postf. 10 29 54, 70025 Stuttgart
Heilbronner Str. 184, 70191 Stuttgart
T: (0711) 25 93-0 **Fax:** 25 93-1 00
Vors. u. stellv. Vors. d. Verwaltungsrates im jährlichen Wechsel:
Heinz Schell
Herbert Neumann
Vorsitzender des Vorstandes: Roland Sing
Stellv. Vors. d. Vorstandes: Dr. Rolf Hoberg
Mitglied des Vorstandes: Peter Burk
Pressereferent: Otwin Schierle (M.A., T: (0711) 25 93-231, Fax: 25 93-300, E-Mail: presse@bw.aok.de)

Bayern

k 80

AOK Bayern - Die Gesundheitskasse

Zentrale
Postf. 83 05 54, 81705 München
Carl-Wery-Str. 28, 81739 München
T: (089) 6 27 30-0 **Fax:** 6 27 30-107
Vors. u. stellv. Vors. d. Verwaltungsrates im jährlichen Wechsel: Klaus Dittrich
Dr. Rainer Will
Vorsitzende(r) des Vorstandes: Dr. Helmut Platzer
Walter Schwarz
Mitglieder des Vorstandes: Heinz Behringer
Günther Dauch
Pressesprecher: Michael Leonhart (M.A., E-Mail: presse@zentrale.by.aok.de)

Berlin

k 81

AOK Berlin

Wilhelmstr. 1, 10963 Berlin
Rungestr. 3-6, 10179 Berlin
T: (030) 25 31-0
E-Mail: aokberlin@bln.aok.de
Vors. u. stellv. Vors. d. Verwaltungsrates im jährlichen Wechsel: Wolfgang Metschurat
Dr. Friedrich Kästner
Vorsitzende(r) des Vorstandes: Rolf D. Müller
Mitglied des Vorstandes: Günter Scherer
Pressesprecherin: Gabriele Rähse (T: (030) 25 31-2202, Fax: 25 31-2926)

Brandenburg

k 82

AOK für das Land Brandenburg

14510 Teltow
Potsdamer Str. 20, 14513 Teltow
T: (03328) 45-0 **Fax:** 45-1028
Internet: http://www.aok.de
E-Mail: aok-brandenburg@t-online.de
Vors. u. stellv. Vors. d. Verwaltungsrates im jährlichen Wechsel:
Marianne Sandig
Elmar Stollenberg
Vorsitzender des Vorstandes: Wolfgang Niebuhr
Stellv. Vors. d. Vorstandes: Franz-Josef Lünne
Pressesprecher: Jörg Trinogga (T: (03328) 45 15 13, Fax: 45 15 14, e-mail: Joerg.Trinogga@brb.aok.de)
Verbandszeitschrift: "Bleib gesund" u.a.
Mitglieder: 750000
Mitarbeiter: 2400
Jahresetat: DM 3700 Mio, € 1891,78 Mio

Bremen

k 83

AOK Bremen/Bremerhaven

Bürgermeister-Smidt-Str. 95, 28195 Bremen
T: (0421) 17 61-0 **Fax:** 17 61-109
Internet: http://www.aok.de
E-Mail: aok.bremen-brhv@hb.aok.de
Vors. u. stellv. Vors. d. Verwaltungsrates im jährlichen Wechsel:
Ernst-Otto Krüger
Otto Brauch
Vorsitzender des Vorstandes: Norbert Kaufhold
Stellv. Vors. d. Vorstandes: Lothar Mueller
Pressesprecher: Wilfried Mysegaes (T: (0421) 17 61-396, Fax: 17 61-702)

Hamburg

k 84

AOK Hamburg

Pappelallee 22-26, 22089 Hamburg
T: (040) 20 23 00 **Fax:** 20 23 14 99
Internet: http://www.aok.de
E-Mail: presse@hh.aok.de
Vors. u. stellv. Vors. des Verwaltungsrates im jährl. Wechsel: Hilka Schmidtke
Bernhard Janßen
Vorsitzende des Vorstandes: Karin Schwemin
Mitglied des Vorstandes: Rolf Dübbert
Pressesprecherin: Ulrike Zeising (T: (040) 20 23-0930, Fax: 20 23-0939)

Hessen

k 85

AOK - Die Gesundheitskasse in Hessen

Direktion
Postf. 11 52, 61281 Bad Homburg
T: (06172) 2 72-0 **Fax:** 2 72-409
E-Mail: service@he.aok.de
Vors. u. stellv. Vors. d. Verwaltungsrates im jährlichen Wechsel:
Herbert Schneider
Dr. Werner Scherer
Vorsitzender des Vorstandes: Wolfgang Gerresheim
Mitglieder des Vorstandes: Dieter Bock
Fritz Müller
Pressesprecherin: Ilja Stracke (T: (06172) 2 72-150, Fax: 2 72-149)

Mecklenburg-Vorpommern

k 86

AOK Mecklenburg-Vorpommern

Postf. 15 02 44, 19032 Schwerin
Am Grünen Tal 50, 19063 Schwerin
T: (0385) 3 08-0 **Fax:** 3 08-1440
Vors. u. stellv. Vors. d. Verwaltungsrates im jährlichen Wechsel: Peter Deutschland
Edgar Wonneberger
Vorsitzender des Vorstandes: Friedrich Wilhelm Bluschke
Mitglied des Vorstandes: Gernot Rudolph
Pressesprecher: Johannes Lack (T: (0385) 3 08-17 04, Fax: 3 08-14 50, email: Johannes.Lack@mv.aok.de)

Niedersachsen

k 87

AOK - Die Gesundheitskasse für Niedersachsen

Postf. 81 01 63, 30501 Hannover
Kolumbusstr. 2, 30519 Hannover
T: (0511) 87 01-0 **Fax:** 87 01-200
E-Mail: aok.Niedersachsen@nds.aok.de
Vors. u. stellv. Vors. d. Verwaltungsrates im jährlichen Wechsel: Gerrit Wolter
Hans-Jürgen Steinau
Vorsitzender des Vorstandes: Heinz Landig
Stellv. Vors. d. Vorstandes: Manfred Reichert
Mitglied des Vorstandes: Friedrich-Wilhelm Köhn
Pressesprecher: Klaus Altmann (T: (0511) 87 01-153, Fax: 87 01-200)

Nordrhein-Westfalen

k 88

AOK Westfalen-Lippe

44261 Dortmund
Nortkirchenstr. 103-105, 44263 Dortmund
T: (0231) 41 93-0 **Fax:** 41 93-107
E-Mail: die.gesundheitskasse@wl.aok.de
Vors. u. stellv. Vors. d. Verwaltungsrates im jährlichen Wechsel:
Dieter Barabas
Dr. Horst-Dieter Projahn
Vorsitzender des Vorstandes: Fred Nadolny
Stellv. Vors. d. Vorstandes: Peter Adomaitis
Pressesprecher: Karl-Josef Steden (T: (0231) 41 93-116, Fax: 41 93-107, email: Karl-Josef.Steden@wl.aok.de)

Rheinland

k 89

AOK Rheinland - Die Gesundheitskasse
Postf. 10 13 42, 40004 Düsseldorf
Kasernenstr. 61, 40213 Düsseldorf
T: (0211) 87 91-0 **Fax:** 87 91-1125
Internet: http://www.aok-rheinland.de
E-Mail: aok.rheinland@rla.aok.de
Vors. u. stellv. Vors. d. Verwaltungsrates im jährlichen Wechsel: Hans Dieter Richardt
Kurt Bodewig
Vorsitzender des Vorstandes: Wilfried Jacobs
Stellv. Vors. d. Vorst.: Jürgen Stier
Pressestelle: T: (0211) 87 91-1262, Fax: 87 91-1125

Rheinland-Pfalz

k 90

AOK - Die Gesundheitskasse in Rheinland-Pfalz
Direktion
Virchowstr. 30, 67304 Eisenberg
T: (06351) 4 03-0 **Fax:** 4 03-1 99
E-Mail: AOK.RLPF@t-online.de
Vors. u. stellv. Vors. d. Verwaltungsrates im jährlichen Wechsel: Heiner Boegler
Wilhelm Kuhn
Vorsitzender des Vorstandes: Walter Bockemühl
Mitglieder des Vorstandes: Nikolaus Allar
Joachim Fiebig
Pressereferent: Jürgen Cronauer (T: (06351) 4 03-480, Fax: 4 03-710, email: juergen.cronauer@rp.aok.de)

Saarland

k 91

AOK - Die Gesundheitskasse im Saarland
Halbergstr. 1, 66121 Saarbrücken
T: (0681) 60 01-0 **Fax:** 60 01-5 50
Vors. u. stellv. Vors. d. Verwaltungsrates im jährlichen Wechsel: Kurt Hartz
Klaus Behnisch
Vorstand: Heinz Eichner
Pressesprecher: Willi Gregorius (T: (0681) 60 01-311, Fax: 60 01-440, E-mail: willi.gregorius@sl.aok.de)
Pressestelle: Norbert Bentz (T: (0681) 60 01-398)

Sachsen

k 92

AOK Sachsen - Die Gesundheitskasse
Postf. 10 09 88, 01076 Dresden
Arndtstr. 9, 01099 Dresden
T: (0351) 81 49-0 **Fax:** 81 49-2 05
Vors. u. stellv. Vors. d. Verwaltungsrates im jährlichen Wechsel: Ralf Konstanzer
Dr. Reiner Krannich
Vorsitzender des Vorstandes: Rolf Steinbronn
Stellv. Vors. d. Vorst.: Hans Günter Verhees
Mitglied des Vorstandes: Günther Rettich
Pressesprecher: Josef Plein (T: (0351) 81 49-1 11 42, Fax: 81 49-1 11 49, E-Mail: hv.presse@aok-sachsen.de)

Sachsen-Anhalt

k 93

AOK - Landesverband Sachsen-Anhalt
Lüneburger Str. 4, 39106 Magdeburg
T: (0391) 5 80-43 **Fax:** 5 80-4514
E-Mail: service@san.aok.de
Vors. u. stellv. Vors. d. Verwaltungsrates im jährlichen Wechsel: Manfred Riedel
Manfred Bartsch
Vorsitzender des Vorstandes: Günter Kasten
Stellv. Vors. d. Vorstandes: Gerd Kuhnert
Pressereferentin: Petra Fleischer (T: (0391) 5 80 44 26, Fax: 5 80 46 03, email: petra.fleischer@san.aok.de)
Pressereferentin: Birgit Stodtko (T: (0345) 2 14 40 80, Fax: 2 14 40 84)

Schleswig-Holstein

k 94

AOK Schleswig-Holstein - Die Gesundheitskasse
Edisonstr. 70, 24145 Kiel
T: (0431) 60 50
Vors. u. stellv. Vors. d. Verwaltungsrates im jährlichen Wechsel: Dieter Lensch
Manfred Hintze
Vorsitzender des Vorstandes: Peter Buschmann
Stellv. Vors. d. Vorstandes: Bernhard Warsitzki
Pressesprecher: Dieter Konietzko (T: (0431) 6 05 11 70, Fax: 6 05 11 79, E-Mail: Dieter.Konietzko@sh.aok.de)

Thüringen

k 95

AOK - Die Gesundheitskasse in Thüringen
Postf. 847, 99016 Erfurt
Augustinerstr. 38, 99084 Erfurt
T: (0361) 65 74-0 **Fax:** 65 74-10200
Vors. u. stellv. Vors. d. Verwaltungsrates im jährlichen Wechsel: Frank Spieth
Wilfried Stolle
Vorsitzender des Vorstandes: Hartmut Naumann
Mitglied des Vorstandes: Karl Markmann
Pressesprecher: Jürgen Frühauf (T: (0361) 65 74-10020, Fax: 65 74-10200, E-Mail: Presse@thr.aok.de)

● **K 96**

Bundesverband der landwirtschaftlichen Krankenkassen
- Körperschaft des öffentlichen Rechts
34114 Kassel
Postf. 41 03 56, 34065 Kassel
Weißensteinstr. 70-72, 34131 Kassel
T: (0561) 93 59-0 **Fax:** 93 59-1 40
Vorsitzende(r) des Vorstandes: Klaus Vosseler
Geschäftsführer(in): Verb.-Dir. Harald Deisler

Angeschlossene Krankenkassen:

k 97

Schleswig-Holsteinische Landwirtschaftliche Krankenkasse
Schulstr. 29, 24143 Kiel
T: (0431) 70 24-0 **Fax:** 70 24-6120
Vorsitzende(r) des Vorstandes: Werner Schramm
Geschäftsführer(in): Dir. Wolfgang Baier

k 98

Landwirtschaftliche Krankenkasse Oldenburg-Bremen
Im Dreieck 12, 26127 Oldenburg
T: (0441) 34 08-0 **Fax:** 34 08-444
Vorsitzende(r) des Vorstandes: Alfons Oing
Geschäftsführer(in): Dir. Manfred Schmidt-Broscheit

k 99

Hannoversche landwirtschaftliche Krankenkasse
Im Haspelfelde 24, 30173 Hannover
T: (0511) 80 73-0 **Fax:** 80 73-498
Vorsitzende(r) des Vorstandes: Otto Deppmeyer
Geschäftsführer(in): Erster Dir. Hartmut Andrä

k 100

Landwirtschaftliche Krankenkasse Braunschweig
Bruchtorwall 13, 38100 Braunschweig
T: (0531) 4 80 02-0 **Fax:** 4 80 02-38
Vorsitzende(r) des Vorstandes: Jürgen Görg
Geschäftsführer(in): Dir. Alfred Kubon

k 101

Lippische landwirtschaftliche Krankenkasse
Felix-Fechenbach-Str. 6, 32756 Detmold
T: (05231) 60 04-0 **Fax:** 60 04-30
Vorsitzende(r) des Vorstandes: Heinrich-Wilhelm Tölle
Geschäftsführer(in): Dir. Albrecht Dreimann

k 102

Krankenkasse der rheinischen Landwirtschaft
Merowingerstr. 103, 40225 Düsseldorf
T: (0211) 33 87-0 **Fax:** 33 87-4 54
Vorsitzende(r) des Vorstandes: Hans Schrapers
Geschäftsführer(in): Dir. Heimo-Jürgen Döge

k 103

Westfälische landwirtschaftliche Krankenkasse
Hoher Heckenweg 76-80, 48147 Münster
T: (0251) 23 20-0 **Fax:** 23 20-5 55
Vorsitzende(r) des Vorstandes: Hans-Jürgen Kleimann
Geschäftsführer(in): Dir. Jürgen Blauth

k 104

Landwirtschaftliche Krankenkasse Hessen
Bartningstr. 57, 64289 Darmstadt
T: (06151) 7 02-0 **Fax:** 7 02-270
Internet: http://www.ghv-darmstadt.de
E-Mail: info.lbg-da@bvg-fri.de, info.lbg-ks@bvg-fri.de
Luisenstr. 12, 34119 Kassel
T: (0561) 10 06-0, Fax: 10 06-394
Vorsitzende(r) des Vorstandes: Walter Schütz
Geschäftsführer(in): Dir. Wilhelm Kins

k 105

Landwirtschaftliche Krankenkasse Rheinland-Pfalz
Theodor-Heuss-Str. 1, 67346 Speyer
T: (06232) 9 11-0 **Fax:** 9 11-1 87
Vorsitzende(r) des Vorstandes: Ingo Steitz
Geschäftsführer(in): Dir. Godehard Hennies

k 106

Landwirtschaftliche Krankenkasse für das Saarland
Heinestr. 2-4, 66121 Saarbrücken
T: (0681) 6 65 00-0 **Fax:** 6 65 00-58
Vorsitzende(r) des Vorstandes: Helmut Kliver
Geschäftsführer(in): Dir. Helmut Heinz

k 107

Landwirtschaftliche Krankenkasse Oberfranken und Mittelfranken
Dammwäldchen 4, 95444 Bayreuth
T: (0921) 6 03-0 **Fax:** 6 03-3 86
Geschäftsführer(in): Reinhart Frhr. von Stockmar von Wangenheim
Dir. Friedhard Pfeiffer

k 108

Landwirtschaftliche Krankenkasse Niederbayern-Oberpfalz
Luitpoldstr. 29a, 84034 Landshut
T: (0871) 6 96-0 **Fax:** 6 96-498
Vorsitzende(r) des Vorstandes: Franz Xaver Mayer
Geschäftsführer(in): Alois Brandlmeier

k 109

Landwirtschaftliche Krankenkasse Unterfranken
Friedrich-Ebert-Ring 33, 97072 Würzburg
T: (0931) 80 04-0 **Fax:** 80 04-284
Vorsitzende(r) des Vorstandes: Gerhard Fuchs
Geschäftsführer(in): Dir. Hans-Jürgen Rahn

k 110

Landwirtschaftliche Krankenkasse Schwaben
Tunnelstr. 29, 86156 Augsburg
T: (0821) 40 81-0 **Fax:** 40 81-247
Vorsitzende(r) des Vorstandes: Reinhold Frhr. von Lupin
Geschäftsführer(in): Dir. Dagobert Peschkes

k 111

Landwirtschaftliche Krankenkasse Oberbayern
Neumarkter Str. 35, 81673 München
T: (089) 4 54 80-0 **Fax:** 4 54 80-3 98
Vorsitzende(r) des Vorstandes: Max Weichenrieder
Geschäftsführer(in): Dir. Norbert Gradl

k 112

Badische Landwirtschaftliche Krankenkasse
Steinhäuserstr. 14, 76135 Karlsruhe
T: (0721) 81 94-0 **Fax:** 81 94-4 44
Vorsitzende(r) des Vorstandes: Marianne Anselm
Geschäftsführer(in): Dir. Alexander Schulze

k 113

Landwirtschaftliche Krankenkasse Württemberg
Postf. 10 60 20, 70049 Stuttgart
Vogelrainstr. 25, 70199 Stuttgart
T: (0711) 9 66-0 **Fax:** 9 66-21 40
Vorsitzende(r) des Vorstandes: Walter Biermann
Geschäftsführer(in): Jürgen Haller

k 114

Krankenkasse für den Gartenbau
Frankfurter Str. 126, 34121 Kassel
T: (0561) 9 28-0 **Fax:** 9 28-22 06
Vorsitzende(r) des Vorstandes: Jürgen Denzau
Geschäftsführer(in): Dir. Justus Beil

k 115

Landwirtschaftliche Krankenkasse Berlin
Hoppegartener Str. 100, 15366 Hönow
T: (03342) 36-0 **Fax:** 36-1888
Vorsitzende(r) des Vorstandes: Joachim Kühne
Geschäftsführer(in): Dir. Werner Melzer

k 116

Sächsische Landwirtschaftliche Krankenkasse
Bahnhofstr. 16-18, 04575 Neukieritzsch

T: (034342) 62-0 **Fax:** 62-2 11
Vorsitzende(r) des Vorstandes: Wolfgang Vogel
Geschäftsführer(in): Dir. Thomas Wirz

• K 117

Bundesverband der landwirtschaftlichen Krankenkassen
- Körperschaft des öffentlichen Rechts
34114 Kassel
Postf. 41 03 56, 34065 Kassel
Weißensteinstr. 70-72, 34131 Kassel
T: (0561) 93 59-0 **Fax:** 93 59-1 40
Vorsitzende(r) des Vorstandes: Klaus Vosseler
Geschäftsführer(in): Verb.-Dir. Harald Deisler

Angeschlossene Pflegekassen:

k 118

Schleswig-Holsteinische Landwirtschaftliche Pflegekasse
Schulstr. 29, 24143 Kiel
T: (0431) 70 24-0 **Fax:** 70 24-6120
Vorsitzende(r) des Vorstandes: Werner Schramm
Geschäftsführer(in): Dir. Wolfgang Baier

k 119

Landwirtschaftliche Pflegekasse Oldenburg-Bremen
Im Dreieck 12, 26127 Oldenburg
T: (0441) 34 08-0 **Fax:** 34 08-444
Vorsitzende(r) des Vorstandes: Alfons Oing
Geschäftsführer(in): Dir. Manfred Schmidt-Broscheit

k 120

Hannoversche landwirtschaftliche Pflegekasse
Im Haspelfelde 24, 30173 Hannover
T: (0511) 80 73-0 **Fax:** 80 73-498
Vorsitzende(r) des Vorstandes: Otto Deppmeyer
Geschäftsführer(in): Erster Dir. Hartmut Andrä

k 121

Landwirtschaftliche Pflegekasse Braunschweig
Bruchtorwall 13, 38100 Braunschweig
T: (0531) 4 80 02-0 **Fax:** 4 80 02-38
Vorsitzende(r) des Vorstandes: Jürgen Görg
Geschäftsführer(in): Dir. Alfred Kubon

k 122

Lippische landwirtschaftliche Pflegekasse
Felix-Fechenbach-Str. 6, 32756 Detmold
T: (05231) 60 04-0 **Fax:** 60 04-30
Vorsitzende(r) des Vorstandes: Heinrich-Wilhelm Tölle
Geschäftsführer(in): Dir. Albrecht Dreimann

k 123

Pflegekasse der rheinischen Landwirtschaft
Merowingerstr. 103, 40225 Düsseldorf
T: (0211) 33 87-0 **Fax:** 33 87-454
Vorsitzende(r) des Vorstandes: Hans Schrapers
Geschäftsführer(in): Dir. Heimo-Jürgen Döge

k 124

Westfälische landwirtschaftliche Pflegekasse
Hoher Heckenweg 76-80, 48147 Münster
T: (0251) 23 20-0 **Fax:** 23 20-555
Vorsitzende(r) des Vorstandes: Hans-Jürgen Kleimann
Geschäftsführer(in): Dir. Jürgen Blauth

k 125

Landwirtschaftliche Pflegekasse Hessen
Bartningstr. 57, 64289 Darmstadt
T: (06151) 7 02-0 **Fax:** 7 02-250

Luisenstr. 12, 34119 Kassel
T: (0561) 10 06-0, Fax: 10 06-394
Vorsitzende(r) des Vorstandes: Walter Schütz
Geschäftsführer(in): Dir. Wilhelm Kins

k 126

Landwirtschaftliche Pflegekasse Rheinland-Pfalz
Theodor-Heuss-Str. 1, 67346 Speyer
T: (06232) 9 11-0 **Fax:** 9 11-187
Vorsitzende(r) des Vorstandes: Ingo Steitz
Geschäftsführer(in): Dir. Godehard Hennies

k 127

Landwirtschaftliche Pflegekasse für das Saarland
Heinestr. 2-4, 66121 Saarbrücken
T: (0681) 6 65 00-0 **Fax:** 6 65 00-58
Vorsitzende(r) des Vorstandes: Helmut Kliver
Geschäftsführer(in): Dir. Helmut Heinz

k 128

Landwirtschaftliche Pflegekasse Oberfranken und Mittelfranken
Dammwäldchen 4, 95444 Bayreuth
T: (0921) 6 03-0 **Fax:** 6 03-386
Vorsitzende(r) des Vorstandes: Reinhart Frhr. von Stockmar von Wangenheim
Geschäftsführer(in): Dir. Friedhard Pfeiffer

k 129

Landwirtschaftliche Pflegekasse Niederbayern-Oberpfalz
Luitpoldstr. 29a, 84034 Landshut
T: (0871) 6 96-0 **Fax:** 6 96-498
Vorsitzende(r) des Vorstandes: Franz Xaver Mayer
Geschäftsführer(in): Alois Brandlmeier

k 130

Landwirtschaftliche Pflegekasse Unterfranken
Friedrich-Ebert-Ring 33, 97072 Würzburg
T: (0931) 80 04-0 **Fax:** 80 04-284
Vorsitzende(r) des Vorstandes: Gerhard Fuchs
Geschäftsführer(in): Dir. Hans-Jürgen Rahn

k 131

Landwirtschaftliche Pflegekasse Schwaben
Tunnelstr. 29, 86156 Augsburg
T: (0821) 40 81-0 **Fax:** 40 81-247
Vorsitzende(r) des Vorstandes: Reinhold Frhr. von Lupin
Geschäftsführer(in): Dir. Dagobert Peschkes

k 132

Landwirtschaftliche Pflegekasse Oberbayern
Neumarkter Str. 35, 81673 München
T: (089) 4 54 80-0 **Fax:** 4 54 80-398
Vorsitzende(r) des Vorstandes: Max Weichenrieder
Geschäftsführer(in): Dir. Norbert Gradl

k 133

Badische Landwirtschaftliche Pflegekasse
Steinhäuserstr. 14, 76135 Karlsruhe
T: (0721) 81 94-0 **Fax:** 81 94-444
Vorsitzende(r) des Vorstandes: Marianne Anselm
Geschäftsführer(in): Dir. Alexander Schulze

k 134

Landwirtschaftliche Pflegekasse Württemberg
Postf. 10 60 20, 70049 Stuttgart
Vogelrainstr. 25, 70199 Stuttgart
T: (0711) 9 66-0 **Fax:** 9 66-2140
Vorsitzende(r) des Vorstandes: Walter Biermann
Geschäftsführer(in): Jürgen Haller

k 135

Pflegekasse für den Gartenbau
Frankfurter Str. 126, 34121 Kassel
T: (0561) 9 28-0 **Fax:** 9 28-2206
Vorsitzende(r) des Vorstandes: Jürgen Denzau
Geschäftsführer(in): Dir. Justus Beil

k 136

Landwirtschaftliche Pflegekasse Berlin
Hoppegartener Str. 100, 15366 Hönow
T: (03342) 36-0 **Fax:** 36-1888
Vorsitzende(r) des Vorstandes: Joachim Kühne
Geschäftsführer(in): Dir. Werner Melzer

k 137

Sächsische Landwirtschaftliche Pflegekasse
Bahnhofstr. 16-18, 04575 Neukieritzsch
T: (034342) 62-0 **Fax:** 62-211
Vorsitzende(r) des Vorstandes: Wolfgang Vogel
Geschäftsführer(in): Dir. Thomas Wirz

• K 138

Zusatzversorgungskasse für Arbeitnehmer in der Land- und Forstwirtschaft - Anstalt des öffentlichen Rechts -
Postf. 41 03 55, 34065 Kassel
Druseltalstr. 51, 34131 Kassel
T: (0561) 9 32 79-0 **Fax:** 9 32 79-70
Vorsitzende(r) des Vorstandes: im jährlichen Wechsel: Willi Lojewski
Dipl.-Landw. Wolf von Buchwaldt
Geschäftsführer(in): Verbandsdir. Harald Deisler
Stellvertretende(r) Geschäftsführer(in): Dir. Eckhart Stüwe

• K 139

Zusatzversorgungskasse für die Beschäftigten der Deutschen Brot- und Backwarenindustrie VVaG
Postf. 33 04 15, 40437 Düsseldorf
In den Diken 33, 40472 Düsseldorf
T: (0211) 65 23 64 **Fax:** 65 30 88
Vorstand: Frank Westerhorstmann-Bachhausen
Armin Juncker
Anja Weber
Geschäftsführende(s) Vorstands-Mitglied(er): Wilfried Rinke

• K 140

Bundesverband der Betriebskrankenkassen (Bundesgebiet)
Körperschaft des öffentlichen Rechts
Kronprinzenstr. 6, 45128 Essen
T: (0201) 1 79 01 **Fax:** 1 79 10 00
Vorsitzende(r) des Verwaltungsrates: Hans-Wilhelm von Damm, Wolfsburg
Willi Budde, Mülheim
(im jährlichen Wechsel) - bis Mitte 2000
Vorsitzende(r) des Vorstandes: Wolfgang Schmeinck
Vorstand: K.-Dieter Voß

Ziel und Zweck der Tätigkeit ist die Förderung und Wahrung der gemeinsamen Interessen der betrieblichen Krankenversicherung.
Hierzu gehören insbesondere folgende Aufgaben: Beratung und Unterrichtung der Mitglieder, Abschluß und Änderung von Verträgen mit den Trägern der Sozialversicherung, ihren Verbänden und den an der Sozialversicherung beteiligten Organisationen, soweit der Bundesverband durch Gesetz oder durch Vollmacht von seinen Mitgliedern ermächtigt ist, Unterstützung der Behörden und gesetzgebenden Körperschaften in Fragen der Gesetzgebung und der Verwaltung.

Landesverbände:

k 141

BKK® Landesverband Baden-Württemberg
Stuttgarter Str. 105, 70806 Kornwestheim
T: (07154) 13 16-0 **Fax:** 1 31 61 91
E-Mail: info@bkk-bw.de
Vorsitzende(r) des Vorstandes: Dr. jur. Rolf-Ulrich Schlenker
Vorstand: Konrad Ehing

k 142

BKK® Landesverband Bayern
Züricher Str. 25, 81476 München
T: (089) 7 45 79-0 **Fax:** 7 45 79-399
E-Mail: info@bkk-lv-bayern.de
Vorsitzende(r) des Vorstandes: Gerhard Schulte
Vorstand: Jürgen Geier
BKK-Bayern-Consulting (BBC)
Krankenkassen-Unternehmensberatung (Organisation, Marketing, Vertrieb, Öffentlichkeitsarbeit, Personalentwicklung)
Züricher Str. 25, 81476 München
T: (089) 7 45 79-2 13, Fax: 7 45 79-5 56, e-Mail: organisation@bkk-bayern-consulting.de

k 143

BKK® Landesverband Ost
Nonnendammallee 104, 13629 Berlin
T: (030) 38 39 07-0 **Fax:** 3 81 47 08
Internet: http://www.bkk-ost.de
E-Mail: service@bkk-ost.de
Vorstand: Axel Wald
Roland Lotz
Vorsitzende(r) des Verwaltungsrates: Jürgen Gerbes
Gerold Amsink

k 144

BKK® Landesverband Bremen
Postf. 10 37 06, 28037 Bremen
Am Dobben 134-141, 28203 Bremen
T: (0421) 3 37 77-0 **Fax:** 3 37 77-33
E-Mail: service@bkklvbremen.de
Vorsitzende(r) des Verwaltungsrates: Jürgen Coors, Delmenhorst
Sigurd Stabenow, Hamburg
(im jährlichen Wechsel)
Vorstand: Hans-Hermann Runge

k 145

BKK® Landesverband Hessen
60591 Frankfurt
Stresemannallee 20, 60596 Frankfurt
T: (069) 9 63 79-0 **Fax:** 9 63 79-1 00
E-Mail: landesverband@bkk-hessen.de
Vorsitzende(r) des Verwaltungsrates: Ralf Kirch
Joachim Ziethen
(im jährlichen Wechsel)
Vorsitzende(r) des Vorstandes: Rainer Bösken

k 146

BKK® Landesverband Niedersachsen
Hamburger Allee 61, 30161 Hannover
T: (0511) 3 48 44-0 **Fax:** 3 48 44-149
Vorsitzende(r) des Verwaltungsrates: Paul Dieninghoff, Wolfsburg
Stellv. Vors. d. Verwaltungsrates: Heinz Zastrow, Hannover
Vorsitzende(r) des Vorstandes: Ingo Werner

k 147

BKK®-Landesverband NORD
Wendenstr. 279, 20537 Hamburg
T: (040) 25 15 05-0 **Fax:** 25 15 05-36
Vorsitzende(r) des Verwaltungsrates: Günter Friederichs
altern. Vors.: Ernst Hornung, Hamburg
Vorstand: Hans-Otto Schurwanz

k 148

BKK® Landesverband Nordrhein-Westfalen
Kronprinzenstr. 6, 45128 Essen
T: (0201) 1 79-02 **Fax:** 1 79-1666
Vorsitzende(r) des Verwaltungsrates: Wolfgang Linke, Duisburg
Willi Budde, Mülheim
(im jährlichen Wechsel)
Vorsitzende(r) des Vorstandes: Jörg Hoffmann
Theo Giehler

k 149

BKK® Landesverband Rheinland-Pfalz und Saarland
Essenheimer Str. 126, 55128 Mainz
T: (06131) 33 05-0 **Fax:** 33 05-70
Vorsitzende(r) des Verwaltungsrates: Hans-Walter Scheurer, Ludwigshafen
Alois Heinevetter, Bad Kreuznach
Vorsitzende(r) des Vorstandes: Axel Benz
Vorstand: Raimund Nossek
(im jährlichen Wechsel)

Bundesverwaltungskassen:

k 150

Bahn-Betriebskrankenkasse
Voltastr. 81, 60486 Frankfurt
T: (069) 2 65 36-00 **Fax:** 2 65 36-010
Internet: http://www.bahn-bkk.de
E-Mail: service@bahn-bkk.db.de
Vorsitzende(r) des Vorstandes: Norbert Heger

k 151

Die BKK® Post
Hauptverwaltung
70466 Stuttgart
Burgenlandstr. 44A, 70469 Stuttgart
T: (0711) 89 13-0 **Fax:** 89 13-800
Vorsitzende(r) des Verwaltungsrates: Uta Pech, Weiterstadt
Vorsitzende(r) des Vorstandes: Götz Emrich
Leitung Presseabteilung: Doris Glimpel

k 152

Betriebskrankenkasse des Bundesverkehrsministeriums
Bernhard-Nocht-Str. 78, 20359 Hamburg
T: (040) 31 90 80 00 **Fax:** 31 90 80 10
Internet: http://www.bkkbvm.de
E-Mail: bkkbvm@bkkbvm.de
Gründung: 1899 (1. Januar)
Altern. Vors. Verwaltungsrat: Friedhelm Dietrich (Vers.Vertr.), Isernhagen
Altern. Vors. Verwaltungsrat: Wolfgang Jung (Arbeitgebervertreter), Bonn
Vorstand: Alex Stender
Leitung Presseabteilung: Siegfried Plan
Verbandszeitschrift: Gesundheit
Verlag: AGIS Verlag
Mitglieder: 40000
Mitarbeiter: 120

Durchführung der gesetzlichen Krankenversicherung im Geschäftsbereich des Bundesministeriums für Verkehr, Bau- und Wohnungswesen.

• **K 153**

IKK-Bundesverband
Postf. 10 01 52, 51401 Bergisch Gladbach
Friedrich-Ebert-Str. TechnologiePark, 51429 Bergisch Gladbach
T: (02204) 4 40 **Fax:** 4 41 85
Verwaltungsratsvorsitzende: Gewerkschaftssekretär Uwe Conrad
Schornsteinfegermeister Wilfried Schleef
Vorstandsvorsitzender: Rolf Stuppardt
Vorstand: Gernot Kiefer
Leitung Presseabteilung: Pietro Nuvoloni
Verbandszeitschrift: Die Krankenversicherung
Redaktion: IKK-Bundesverband
Verlag: Erich Schmidt Verlag GmbH & Co. Berlin - Bielefeld - München
Mitglieder: 3314356 (Okt.)

Spitzenorganisation (14 Landesverbände, 35 Innungskrankenkassen, 25 IKK in den alten, 10 in den neuen Bundesländern); Körperschaft des öffentlichen Rechts.

k 154

IKK Baden-Württemberg
Postf. 8 23, 71608 Ludwigsburg
Schlachthofstr. 3, 71636 Ludwigsburg
T: (07141) 94 04-0 **Fax:** 94 04-345
Internet: http://www.ikkbw.de
E-Mail: info@ikkbw.de
Verwaltungsratsvorsitzende: Burkhard Becker, Stuttgart
Horst Schurr, Aalen
im jährlichen Wechsel
Vorstandsvorsitzender: Wilfried Werner, Weil der Stadt-Schafhausen
Mitglied des Vorstandes: Walter Jaufmann, Möglingen
Pressestelle: Claudia Bokeloh
Mitglieder: 468000
Mitarbeiter: 1400

Durchführung der gesetzlichen Krankenversicherung im Handwerk; Prävention, Früherkennung, Krankenhilfe, Rehabilitation; Vertretung der 30 Innungskrankenkassen auf Landes- und Bundesebene.

k 155

Innungskrankenkasse Bayern
Postf. 71 05 48, 81455 München
Meglingerstr. 7, 81477 München
T: (089) 7 48 18-0 **Fax:** 7 48 18-103
Alt. Vors. d. Verwaltungsrates: Georg König, Erlangen
Hans-Rainer Böttcher, Puchheim
Vorstandsvorsitzender: Reiner Kasperbauer, Kolbermoor
Mitglied des Vorstandes: Franz Michael Himmelstoß, Böbing
Leitung Presseabteilung: Werner Köhler
Mitglieder: 225000

k 156

IKK-Landesverband Brandenburg und Berlin
Postf. 42 03 44, 12063 Berlin
Ordensmeisterstr. 15, 12099 Berlin
T: (030) 75 68 01-0 **Fax:** 75 68 01-11
E-Mail: ikk.lv.brb-bln@t-online.de
Verwaltungsratsvors: Walter Schophaus, Cottbus
Wolf Zimmermann, Neuruppin
Vorstandsvorsitzender: Dir. Jürgen Freter, Berlin
Mitglied des Vorstandes: Dipl.-Volksw. Rainer Bach

k 157

IKK Bremen und Bremerhaven
Konrad-Adenauer-Allee 42, 28329 Bremen
T: (0421) 49 98 60 **Fax:** 4 99 86 78
Verwaltungsratsvors.: Kurt Sidow, Bremen
Dieter Korte, Bremen
Vorstandsvorsitzender: Klaus Thomas
Mitglied des Vorstandes: Jörg Bauer

k 158

IKK Hamburg
Kieler Str. 464-470, 22525 Hamburg
T: (040) 5 40 03-0 **Fax:** 5 40 03-3 33
Verwaltungsratsvorsitzende: Kfz-Meister Erwin Wolkenhauer, Hamburg
Gewerkschaftssekretär Alfons Trepkau, Hamburg
Vorstandsvorsitzender: Axel Dilschmann, Heiligenstedtenerkamp
Mitglied des Vorstandes: Wolfgang Penno, Hamburg
Leitung Presseabteilung: Michael Förstermann
Mitglieder: 76500

k 159

IKK-Landesverband Hessen-Thüringen
Postf. 39 23, 65029 Wiesbaden
Abraham-Lincoln-Str. 32, 65189 Wiesbaden
T: (0611) 77 81 60 **Fax:** 7 78 16 10
Verwaltungsratsvorsitzende: Dieter Stollberg, Erfurt
Theo Beez, Mühlheim
Vorstandsvorsitzender: Jürgen Stierstorfer
Mitglied des Vorstandes: Harry Forst
Mitglieder: 165000

k 160

IKK-Landesverband Niedersachsen
Anderter Str. 49, 30629 Hannover
T: (0511) 58 66-0 **Fax:** 58 66-132
E-Mail: ikk-lv.niedersachsen@lvnds.ikk.de
Verwaltungsratsvorsitzender: Uwe Conrad (Goslar)
Stellv. Verwaltungsratsvors.: Obermeister Rolf Wille (Hannover)
Vorstand: Heinz-Günter Macherey, Hannover
Pressesprecher: Karl-Heinz Günster
Mitglieder: 398000

k 161

IKK Nordrhein
Postf. 10 06 60, 51406 Bergisch Gladbach
Kölner Str. 1-5, 51429 Bergisch Gladbach
T: (02202) 9 12-0 **Fax:** 9 12-190
Verwaltungsratsvorsitzende: Dietrich Hakus, Hürtgenwald
Schriftsetzermeister Walter Lütz, Alfter-Gielsdorf
Vorstandsvorsitzender: Friedhelm Bilski, Bergisch-Gladbach
Mitglied des Vorstandes: Benno Schlichtebrede, Overath
Leitung Presseabteilung: Christiane Mahnke, Swisttal
Mitglieder: 452545

k 162

IKK Sachsen
Arndtstr. 13, 01099 Dresden
T: (0351) 8 14 00-0 **Fax:** 8 14 00-99
Verwaltungsratsvorsitzende: Werner Haug
Konrad Riedel
Vorstandsvorsitzender: Gerd Ludwig, Dresden
Leitung Presseabteilung: Andrea Ludolph
Mitglieder: 267000

k 163

IKK Sachsen-Anhalt
Umfassungsstr. 85, 39124 Magdeburg
T: (0391) 28 06-0 **Fax:** 28 06-498
Verwaltungsratsvorsitzende: Hans-Jürgen Müller, Deersheim
Klaus Partheil, Zerbst
Vorstandsvorsitzender: Uwe Schröder

k 164

IKK-Landesverband Nord
Hamburger Chaussee 90, 24113 Kiel
T: (0431) 6 48 03-0 **Fax:** 6 48 03-30
Verwaltungsratsvorsitzende: Gewerkschaftssekretär Peter Ladehoff, Elmshorn
Fleischermeister Karl-Heinz Jannsen, Meldorf
Vorstandsvorsitzender: Ralf Hermes
Mitglieder: 150000

k 165

IKK-Landesverband Westfalen-Lippe
Albrecht-Thaer-Str. 36-38, 48147 Münster
T: (0251) 28 53-0 **Fax:** 28 53-199
Verwaltungsratsvorsitzende: Klaus Brandner
Hans Sievers
(im jährlichen Wechsel)
Vorstandsvorsitzender: Werner Falk
Mitglied des Vorstandes: Dr. Martin Biller
Mitglieder: 541000

• **K 166**

Verband der Angestellten-Krankenkassen e.V. (VdAK)
53719 Siegburg
Frankfurter Str. 84, 53721 Siegburg
T: (02241) 1 08-0 **Fax:** 1 08-2 48
Internet: http://www.vdak-aev.de
E-Mail: mail@vdak-aev.de
Verbandsvors: Lutz Freitag
Vorsitzende(r) des Vorstandes: Herbert Rebscher
Pressesprecherin: Michaela Gottfried
Verbandszeitschrift: Die Ersatzkasse
Redaktion: Rainer Josten
Verlag: Paul Albrechts Verlag, Postfach 11 20, 22952 Lütjensee
Mitglieder: 17954950
Zahl der angeschlossenen Krankenkassen: 7

Vertretung der Interessen der Angestellten-Krankenkassen und ihrer Versicherten im Bereich Sozialpolitik, insbesondere Sozialversicherung.

Landesvertretungen:

k 167
Verband der Angestellten-Krankenkassen e.V. (VdAK)
AEV-Arbeiter-Ersatzkassen-Verband e.V.
Landesvertretung Baden-Württemberg
Postf. 10 10 43, 70009 Stuttgart
Christophstr. 7, 70178 Stuttgart
T: (0711) 2 39 54-0 **Fax:** 2 39 54-16
Leitung: Roger Jaeckel

k 168
Verband der Angestellten-Krankenkassen e.V.
Landesvertretung Bayern
Karlstr. 96, 80335 München
T: (089) 55 25 51-0 **Fax:** 55 25 51-14
Leiter(in): Matthias Sehling

k 169
Verband der Angestellten-Krankenkassen e.V.
Landesvertretung Berlin
Axel-Springer-Str. 44-47, 10969 Berlin
T: (030) 25 37 74-0 **Fax:** 25 37 74-26
Leitung: Karl-Heinz Resch

k 170
Verband der Angestellten-Krankenkassen e.V.
Landesvertretung Brandenburg
Hans-Thoma-Str. 11, 14467 Potsdam
T: (0331) 2 89 92-0 **Fax:** 2 89 92-13
Leitung: Lothar Bochat

k 171
Verband der Angestellten-Krankenkassen e.V
Landesvertretung Bremen
Langenstr. 24-26, 28195 Bremen
T: (0421) 16 56 56 **Fax:** 16 78 06
Leitung: Karl Nagel

k 172
Verband der Angestellten-Krankenkassen e.V.
Landesvertretung Hamburg
Mittelweg 144, 20148 Hamburg
T: (040) 41 32 98-0 **Fax:** 41 32 98-22
Leitung: Dr. Klaus Gollert

k 173
Verband der Angestellten-Krankenkassen e.V.
Landesvertretung Hessen
Postf. 70 12 35, 60562 Frankfurt
Walter-Kolb-Str. 9-11, 60594 Frankfurt
T: (069) 96 21 68-0 **Fax:** 96 21 68-21
Leitung: Dr. Hubert Schindler

k 174
Verband der Angestellten-Krankenkassen e.V.
Landesvertretung Mecklenburg-Vorpommern
Werderstr. 74a, 19055 Schwerin
T: (0385) 52 16-0 **Fax:** 52 16-1 11
Leitung: Dr. Peter Beddies

k 175
Verband der Angestellten-Krankenkassen e.V.
Landesvertretung Niedersachsen
Postf. 61 09, 30061 Hannover
Rathenaustr. 1, 30159 Hannover
T: (0511) 3 03 97-0 **Fax:** 3 03 97-99
Leitung: Jörg Niemann

k 176
Verband der Angestellten-Krankenkassen e.V.
Landesvertretung Nordrhein-Westfalen
Graf-Adolf-Str. 69, 40210 Düsseldorf
T: (0211) 3 84 10-0 **Fax:** 3 84 10-20
Leitung: Wolfgang Mudra

k 177
Verband der Angestellten-Krankenkassen e.V.
Landesvertretung Rheinland-Pfalz
Postf. 17 69, 55007 Mainz
Göttelmannstr. 17, 55130 Mainz
T: (06131) 9 82 55-0 **Fax:** 83 20 15
Leitung: Willy H. Wagner

k 178
Verband der Angestellten-Krankenkassen e.V.
Landesvertretung Saarland
Talstr. 30, 66119 Saarbrücken
T: (0681) 9 26 71-0 **Fax:** 9 26 71-19
Leitung: Armin Lang

k 179
Verband der Angestellten-Krankenkassen e.V.
Landesvertretung Sachsen
Postf. 20 27 18, 01193 Dresden
Zellescher Weg 21, 01217 Dresden
T: (0351) 8 76 55-0 **Fax:** 8 76 55-43
Leitung: Hans-Peter Marr

k 180
Verband der Angestellten-Krankenkassen e.V.
Landesvertretung Sachsen-Anhalt
Postf. 43 40, 39018 Magdeburg
Schleinufer 12, 39104 Magdeburg
T: (0391) 5 65 16-0 **Fax:** 5 65 16-30
Leitung: Hans-Jürgen Fremmer

k 181
Verband der Angestellten-Krankenkassen e.V.
Landesvertretung Schleswig-Holstein
Kehdenstr. 1, 24103 Kiel
T: (0431) 9 74 41-0 **Fax:** 9 74 41-23
Leitung: Günter Ploß

k 182
Verband der Angestellten-Krankenkassen e.V.
Landesvertretung Thüringen
Postf. 5 36, 99011 Erfurt
Lucas-Cranach-Platz 2, 99099 Erfurt
T: (0361) 4 42 52-0 **Fax:** 4 42 52-28
Leitung: Michael Domrös

k 183
Verband der Angestellten-Krankenkassen e.V.
Landesbereichsvertretung Westfalen-Lippe
Postf. 10 50 14, 44047 Dortmund
Kampstr. 42, 44137 Dortmund
T: (0231) 9 17 71-0 **Fax:** 9 17 71-30
Leitung: Sieghart Niggemann

• **K 184**

Arbeitsgemeinschaft unabhängiger Mitgliedergemeinschaften der Angestellten-Krankenkassen e.V. (AGuM)
Birkenstr. 26, 90537 Feucht
T: (09128) 32 32 **Fax:** 89 85
Gründung: 1984 (27. November)
Vorstand: Klaus Balzer (Vors.)
Hilmar Langenbach (stellv. Vors.)
Peter Reumann (stellv. Vors.)
Dieter F. Märtens (Schriftführer)
Hans Neusigl
Gert Bodenhagen
Helmut Springborn
Verbandszeitschrift: AGuM-Pressedienst
Redaktion: Klaus Balzer, Birkenstr. 26, 90537 Feucht, T: (09128) 32 32, Fax: (09128) 89 85
Anzahl der angeschlossenen Organisationen: 7

Interessenbereich: "Mitwirkung und Mitbestimmung in der Sozialpolitik, insbesondere in Fragen der Kranken- und Rentenversicherung, Gesundheit, Umwelt und sozialen Selbstverwaltung."

• **K 185**

AEV - Arbeiter-Ersatzkassen-Verband e.V.

53719 Siegburg
Frankfurter Str. 84, 53721 Siegburg
T: (02241) 10 80 **Fax:** 10 82 48
Internet: http://www.vdak-aev.de
E-Mail: mail@vdak-aev.de
Verbandsvors: Ludwig Huber
Vorsitzende(r) des Vorstandes: Herbert Rebscher
Pressesprecherin: Michaela Gottfried
Verbandszeitschrift: Die Ersatzkasse
Redaktion: Rainer Josten
Verlag: Paul Albrechts Verlag, Postf. 11 20, 22952 Lütjensee
Mitglieder: 1170371
Zahl der angeschlossenen Krankenkassen: 5

Vertretung der Interessen der Arbeiter-Ersatzkassen und ihrer Versicherten im Bereich Sozialpolitik, insbesondere Sozialversicherung.

Landesvertretungen:

k 186
Arbeiter-Ersatzkassen-Verband e.V.
Landesvertretung Baden-Württemberg
Postf. 10 10 43, 70009 Stuttgart
Christophstr. 7, 70178 Stuttgart
T: (0711) 2 39 54-0 **Fax:** 2 39 54-16
Leitung: Roger Jaeckel

k 187
Arbeiter-Ersatzkassen-Verband e.V.
Landesvertretung Bayern
Karlstr. 96, 80335 München
T: (089) 55 25 51-0 **Fax:** 55 25 51-14
Leiter(in): Matthias Sehling

k 188
Arbeiter-Ersatzkassen-Verband e.V.
Landesvertretung Berlin
Axel-Springer-Str. 44-47, 10969 Berlin
T: (030) 25 37 74-0 **Fax:** 25 37 74-26
Leitung: Karl-Heinz Resch

k 189
Arbeiter-Ersatzkassen-Verband e.V.
Landesvertretung Brandenburg
Hans-Thoma-Str. 11, 14467 Potsdam
T: (0331) 2 89 92-0 **Fax:** 2 89 92-13
Leitung: Lothar Bochat

k 190

Arbeiter-Ersatzkassen-Verband e.V.
Landesvertretung Bremen
Langenstr. 24-26, 28195 Bremen
T: (0421) 16 56 56 **Fax:** 16 78 06
Leitung: Karl Nagel

k 191

Arbeiter-Ersatzkassen-Verband e.V.
Landesvertretung Hamburg
Mittelweg 144, 20148 Hamburg
T: (040) 41 32 98-0 **Fax:** 41 32 98-22
Leitung: Dr. Klaus Gollert

k 192

Arbeiter-Ersatzkassen-Verband e.V.
Landesvertretung Hessen
Postf. 70 12 35, 60562 Frankfurt
Walter-Kolb-Str. 9-11, 60594 Frankfurt
T: (069) 96 21 68-0 **Fax:** 96 21 68-21
Leitung: Dr. Hubert Schindler

k 193

Arbeiter-Ersatzkassen-Verband e.V.
Landesvertretung Mecklenburg-Vorpommern
Werderstr. 74a, 19055 Schwerin
T: (0385) 52 16-0 **Fax:** 52 16-111
Leitung: Dr. Peter Beddies

k 194

Arbeiter-Ersatzkassen-Verband e.V.
Landesvertretung Niedersachsen
Postf. 61 09, 30061 Hannover
Rathenaustr. 1, 30159 Hannover
T: (0511) 3 03 97-0 **Fax:** 3 03 97-99
Leitung: Jörg Niemann

k 195

Arbeiter-Ersatzkassen-Verband e.V.
Landesvertretung Nordrhein-Westfalen
Graf-Adolf-Str. 69, 40210 Düsseldorf
T: (0211) 3 84 10-0 **Fax:** 3 84 10-20
Leitung: Wolfgang Mudra

k 196

Arbeiter-Ersatzkassen-Verband e.V.
Landesvertretung Rheinland-Pfalz
Postf. 17 69, 55007 Mainz
Göttelmannstr. 17, 55130 Mainz
T: (06131) 9 82 55-0 **Fax:** 83 20 15
Leitung: Willy H. Wagner

k 197

Arbeiter-Ersatzkassen-Verband e.V.
Landesvertretung Saarland
Talstr. 30, 66119 Saarbrücken
T: (0681) 9 26 71-0 **Fax:** 9 26 71-19
Leitung: Armin Lang

k 198

Arbeiter-Ersatzkassen-Verband e.V.
Landesvertretung Sachsen
Postf. 20 27 18, 01193 Dresden
Zellescher Weg 21, 01217 Dresden
T: (0351) 8 76 55-0 **Fax:** 8 76 55-43
Leitung: Hans-Peter Marr

k 199

Arbeiter-Ersatzkassen-Verband e.V.
Landesvertretung Sachsen-Anhalt
Postf. 43 40, 39018 Magdeburg
Schleinufer 12, 39104 Magdeburg
T: (0391) 5 65 16-0 **Fax:** 5 65 16-30
Leitung: Hans-Jürgen Fremmer

k 200

Arbeiter-Ersatzkassen-Verband e.V.
Landesvertretung Schleswig-Holstein
Kehdenstr. 1, 24103 Kiel
T: (0431) 9 74 41-0 **Fax:** 9 74 41-23
Leitung: Günter Ploß

k 201

Arbeiter-Ersatzkassen-Verband e.V.
Landesvertretung Thüringen
Postf. 5 36, 99011 Erfurt
Lucas-Cranach-Platz 2, 99099 Erfurt
T: (0361) 4 42 52-0 **Fax:** 4 42 52-28
Leitung: Michael Domrös

k 202

Arbeiter-Ersatzkassen-Verband e.V.
Landesbereichsvertretung Westfalen-Lippe
Postf. 10 50 14, 44047 Dortmund
Kampstr. 42, 44137 Dortmund
T: (0231) 9 17 71-0 **Fax:** 9 17 71-30
Leitung: Sieghart Niggemann

• K 203

See-Krankenkasse
siehe gewerbliche Berufsgenossenschaften k 242

• K 204

Bundesknappschaft
(knappschaftliche Krankenversicherung)
siehe Knappschaftsversicherung K 339

Unfallversicherung

Berufsgenossenschaften

• K 205

Hauptverband der gewerblichen Berufsgenossenschaften (HVBG)
53754 Sankt Augustin
Alte Heerstr. 111, 53757 Sankt Augustin
T: (02241) 2 31-01 **Fax:** 2 31-1333
Internet: http://www.hvbg.de
Vorsitzende(r) des Vorstandes: Klaus Hinne
Dipl.-Berging. Herbert Kleinherne
(in jährlichem Wechsel)
Hauptgeschäftsführer(in): Dr. Günther Sokoll
Stellv. Hauptgeschäftsführer: Dr. Walter Eichendorf
Leitung Presseabteilung: Gregor Doepke
Verbandszeitschrift: Die BG
Redaktion: Dr. Günther Sokoll
Verlag: Erich Schmidt Verlag GmbH, Bielefeld

Die Berufsgenossenschaften sind bundesunmittelbare Körperschaften des öffentlichen Rechts mit Selbstverwaltung. Sie sind Träger der gesetzlichen Unfallversicherung. Sie sorgen mit allen geeigneten Mitteln für die Verhütung von Arbeitsunfällen und Berufskrankheiten sowie für Erste Hilfe. Zu ihren präventiven Aufgaben gehört neben der Unfallverhütung die Arbeitsmedizin und der Gesundheitsschutz der Arbeitnehmer. Nach einem Arbeitsunfall und bei einer Berufskrankheit sorgen sie für die Wiederherstellung der Erwerbsfähigkeit, Berufshilfe, Erleichterung der Verletzungsfolgen und Geldleistungen an Verletzte und Hinterbliebene.

Hauptabteilung Berufsbildung
Berufsgenossenschaftliche Akademie für Arbeitssicherheit und Verwaltung (BGA)
Postf. 14 40, 53761 Hennef
Zum Steimelsberg 7, 53773 Hennef
T: (02242) 89-1
Pädagogischer Leiter:
Dipl.-Volksw. Ass. Heider Baucke (T: (02242) 89-4311)

Landesverbände

k 206

Landesverband Rheinland-Westfalen der gewerblichen Berufsgenossenschaften
Postf. 10 34 45, 40025 Düsseldorf
Kreuzstr. 45, 40210 Düsseldorf
T: (0211) 82 24-0 **Fax:** 82 24-644
Vorsitzende(r): Herbert Tilgert
Stellvertretende(r) Vorsitzende(r): Hans Enders
(in jährlichem Wechsel)
Geschäftsführer(in): Ass. Georg Kunze
Stellvertretende(r) Geschäftsführer(in): Ass. Dirk Peters
Mitglieder: 34 gesetzliche Unfallversicherungsträger

k 207

Landesverband Nordwestdeutschland der gewerblichen Berufsgenossenschaften
Postf. 37 40, 30037 Hannover
Hildesheimer Str. 309, 30519 Hannover
T: (0511) 9 87-2277 **Fax:** 9 87-22 66
Gründung: 1912 (20. Dezember)
Vorsitzende(r): Dieter Benscheidt
Christian Sawosch
(in jährlichem Wechsel)
Geschäftsführer(in): Direktor Ass. Bernhard Förster
Stellvertretende(r) Geschäftsführer(in): Dir. Ass. Johann Schneck
Mitglieder: 48

Regionale Zuständigkeit für die Bundesländer Bremen, Hamburg, Niedersachsen, Schleswig-Holstein, Sachsen-Anhalt

k 208

Landesverband Berlin, Brandenburg, Mecklenburg-Vorpommern der gewerblichen Berufsgenossenschaften
Fregestr. 44, 12161 Berlin
T: (030) 85 00 92-0 **Fax:** 85 00 92-225
Vorstand: Rüdiger Schwarz
Rainer Lawerentz
(in jährlichem Wechsel)
Geschäftsführer(in): Ltd. Verw.-Direktor Ass. Helmut Last

k 209

Landesverband Hessen-Mittelrhein und Thüringen der gewerblichen Berufsgenossenschaften
Postf. 29 48, 55019 Mainz
Wilhelm-Theodor-Römheld-Str. 15, 55130 Mainz
T: (06131) 8 02-227 **Fax:** 8 02-1 91
Vorsitzende(r): Wolfgang Seifert
Dr. Walter Schlotfeldt
(in jährlichem Wechsel)
Geschäftsführer(in): Direktor Dr. jur. Albert Platz
Stellvertretende(r) Geschäftsführer(in): Ltd.-Verw.-Dir. Ass. Hans Bäder

k 210

Landesverband Südwestdeutschland der gewerblichen Berufsgenossenschaften
Postf. 10 14 80, 69004 Heidelberg
Kurfürsten-Anlage 62, 69115 Heidelberg
T: (06221) 5 23-0 **Fax:** 5 23-3 99
Vorsitzende(r): Hans Hoffmann
Dr. Ralf Holtschmidt
(in jährlichem Wechsel)
Geschäftsführer(in): Direktor Dr. jur. Erwin Radek
Stellvertretende(r) Geschäftsführer(in): Ass. Norbert Emmerich

k 211

Landesverband Bayern und Sachsen der gewerblichen Berufsgenossenschaften
Geschäftsstelle München:
Postf. 60 02 65, 81202 München
Am Knie 8, 81241 München
T: (089) 8 20 03-500, 8 20 03-501, 8 20 03-502
Fax: 8 20 03-599
Vorsitzende(r): Karl Bayer
Karl Winter
(in jährlichem Wechsel)
Geschäftsführer(in): Direktor Ass. Hans Jürgen von Rimscha
Stellvertretende(r) Geschäftsführer(in): Ass. Paul Klementz

k 212

Landesverband Bayern und Sachsen der gewerblichen Berufsgenossenschaften
Geschäftsstelle Dresden:
Pirnaer Landstr. 40, 01237 Dresden
T: (0351) 25 72-431 **Fax:** 25 72-439

Mitgliedsberufsgenossenschaften

k 213

Verwaltungs-Berufsgenossenschaft - Berufsgenossenschaft der Banken, Versicherungen, Verwaltungen, freien Berufe und besonderer Unternehmen
Deelbögenkamp 4, 22297 Hamburg
T: (040) 51 46-0 **Fax:** 51 46-2146, 5 11 01 30
Internet: http://www.vbg.de
Vorsitzende(r) des Vorstandes: Ludger Fortmeier) (VersV)
Stellv. Vors. d. Vorstandes: Ass. Hertus Emmen) (ArbGV)
Vors. d. Vertreter-Versammlung: Bernd Palsbröker) (VersV)
Stellv. Vors. d. Vertreter-Versammlung: Dr. Wilfried Dann) (ArbGV)
Vors. d. Geschäftsführung: Prof. Dr. Ernst Haider (Direktor)
Mitgl. d. Geschäftsführung: Angelika Hölscher (Direktorin)
Holger Langenhan (Direktor)
*) der Vorsitz wechselt jeweils nach eineinhalb Jahren

k 214

Bau-Berufsgenossenschaft Bayern und Sachsen
Hauptverwaltung
80267 München
Loristr. 8, 80335 München
T: (089) 1 21 79-0 **Fax:** 1 21 79-555
Internet: http://www.baubg.de
Vorsitzende(r) des Vorstandes: Dipl.-Ing. Alfred Müller
Hans Mertens
(in jährlichem Wechsel)
Hauptgeschäftsführer(in): Direktor Dr. Peter Schmidt
Stellv. Hauptgeschäftsführer: Dipl.-Ing. Horst Buhr

k 215

Bau-Berufsgenossenschaft Hamburg
Holstenwall 8-9, 20355 Hamburg
T: (040) 3 50 00-0 **Fax:** 3 50 00-3 97
Vorsitzende(r) des Vorstandes: RA Christian Holstein
Rainer Prestin
(in jährlichem Wechsel)
Hauptgeschäftsführer(in): Direktor Ass. Wolfgang Herberger
Stellv. Hauptgeschäftsführer: Joachim Kruse

k 216

Bau-Berufsgenossenschaft Frankfurt am Main
Postf. 60 01 12, 60331 Frankfurt
An der Festeburg 27-29, 60389 Frankfurt
T: (069) 47 05-0 **Fax:** 47 05-8 88
Vorsitzende(r) des Vorstandes:
Klaus Zimmer
Edgar Richter
(in jährlichem Wechsel)
Hauptgeschäftsführer(in): Direktor Dr. jur. Joachim Berger
Stellv. Hauptgeschäftsführer: Dir. Ernst Bauer

k 217

Bau-Berufsgenossenschaft Hannover
30141 Hannover
Hildesheimer Str. 309, 30519 Hannover
T: (0511) 9 87-0 **Fax:** 9 87-24 40
Vorsitzende(r) des Vorstandes: Christian Sawosch
Hubert Krogmann
(in jährlichem Wechsel)
Hauptgeschäftsführer(in): Direktor Ass. Bernhard Förster
Stellv. Hauptgeschäftsführer: Dir. Ass. Johann Schneck

k 218

BAU-BG
Bau-Berufsgenossenschaft Rheinland und Westfalen

Träger der gesetzlichen Unfallversicherung
42095 Wuppertal
Viktoriastr. 21, 42115 Wuppertal
T: (0202) 3 98-0 **Fax:** 3 98-1404
Internet: http://www.bau-bg.de
E-Mail: bg-info@bau-bg.de
Gründung: 1885 (18. Juni)
Vorsitzende(r) des Vorstandes: Ewald Miera
Franz Kröselberg
(in jährlichem Wechsel)
Hauptgeschäftsführer(in): Dir. Ass. Dr.jur. Jürgen Schürmann
St.HGeschF: Ass. Gerhard Eilebrecht
Leitung Presseabteilung: Ass. Sabine Schmidt
Mitglieder: 60000
Mitarbeiter: ca. 900
Jahresetat: DM 600 Mio, € 306,78 Mio

k 219

Südwestliche Bau-Berufsgenossenschaft
76123 Karlsruhe
Steinhäuserstr. 10, 76135 Karlsruhe
T: (0721) 81 02-0 **Fax:** 81 02-3 45
Gründung: 1885
Vorsitzende(r) des Vorstandes: Dipl.-Ing. Sigmar Madlener
Werner Baas
(in jährlichem Wechsel)
Hauptgeschäftsführer(in): Dr. Jutta Vestring
Stellv. Hauptgeschäftsführer: Thomas Kintrup
Verbandszeitschrift: BauBG aktuell
Redaktion: Dr. Bernd Grimmer
Verlag: Eigenverlag
Mitglieder: 39500
Mitarbeiter: ca. 350
Jahresetat: DM 270 Mio, € 138,05 Mio

k 220

Württ. Bau-Berufsgenossenschaft
71029 Böblingen
Friedrich-Gerstlacher-Str. 15, 71032 Böblingen
T: (07031) 6 25-0 **Fax:** 6 25-1 00
E-Mail: wbg-d@t-online.de
Gründung: 1885
Vorsitzende(r) des Vorstandes: Hans-Peter Rall
Hanspeter Kern
(in jährlichem Wechsel)
Hauptgeschäftsführer(in): Direktor Ass. Christoph Frick
Stellv. Hauptgeschäftsführerin: Ass. Petra Krisa
Leitung Presseabteilung: Erhard Faigle
Mitglieder: ca. 22000
Mitarbeiter: ca. 340

k 221

Bergbau-Berufsgenossenschaft
Hauptverwaltung
Postf. 10 04 29, 44704 Bochum
Hunscheidtstr. 18, 44789 Bochum
T: (0234) 3 16-0 **Fax:** 3 16-300
Internet: http://www.bergbau-bg.de
E-Mail: pr@bergbau-bg.de
Internationaler Zusammenschluß: siehe unter izk 41
Vorsitzende(r) des Vorstandes: Fritz Kollorz (MdL)
Dr.-Ing. Wolfgang Fritz
(in jährlichem Wechsel)
Hauptgeschäftsführer(in): Direktor Dr. Joachim Breuer
Stellv. Hauptgeschäftsführer: Ass. Klaus-Dieter Pöhl
Leitung Presseabteilung: Norbert Ulitzka
Verbandszeitschrift: Kompaß
Mitglieder: 261
Mitarbeiter: 600

k 222

Binnenschifffahrts-Berufsgenossenschaft
Postf. 21 01 54, 47023 Duisburg
Düsseldorfer Str. 193, 47053 Duisburg
T: (0203) 29 52-0 **Fax:** 29 52-1 66
Vorsitzende(r) des Vorstandes: Manfred Rosenberg
Manfred Crisand
(in jährlichem Wechsel)
Hauptgeschäftsführer(in): Ass. Hedwig van Gemmeren
Stellv. Hauptgeschäftsführer: Horst Hoffmann

k 223

Berufsgenossenschaft der chemischen Industrie
BG Chemie-Haus
Postf. 10 14 80, 69004 Heidelberg
Kurfürsten-Anlage 62, 69115 Heidelberg
T: (06221) 5 23-0 **Fax:** 5 23-323
Internet: http://www.bgchemie.de
E-Mail: bgchemie@compuserve.com
Internationaler Zusammenschluß: siehe unter izk 42
Vorsitzende(r) des Vorstandes: Volker Obenauer
Dr. Werner Opgenoorth
(in dreijährigem Wechsel)
Hauptgeschäftsführer(in): Direktor Dr. jur. Erwin Radek
Stellv. Hauptgeschäftsführer: Ass. Thomas Köhler
Träger der gesetzlichen Unfallversicherung

k 224

Berufsgenossenschaft Druck und Papierverarbeitung
65173 Wiesbaden
Rheinstr. 6-8, 65185 Wiesbaden
T: (0611) 1 31-0 **Fax:** 1 31-100
Internet: http://www.bgdp.de
Vorsitzende(r) des Vorstandes: Uwe Petersen
Klaus Nelius
(in dreijährigem Wechsel)
Hauptgeschäftsführer(in): Michael Boettcher
Stellv. Hauptgeschäftsführer: Bernd Offermanns
Öffentlichkeitsarbeit: Christian Sprotte

k 225

Edel- und Unedelmetall-Berufsgenossenschaft
Hauptverwaltung
Postf. 80 08 40, 70508 Stuttgart
Vollmoellerstr. 11, 70563 Stuttgart
T: (0711) 13 34-0 **Fax:** 13 34-5 00
Internet: http://www.edelmetall-bg.de
Gründung: 1885
Vorsitzende(r) des Vorstandes: Ass. Dr. Ralf Holtschmidt
Karl Riethmüller
(in jährlichem Wechsel)
Hauptgeschäftsführer(in): Direktor Ass. Götz Nagel
Stellv. Hauptgeschäftsführer: Ass. Ulrich Tetzel
Leitung Presseabteilung: Ass. Arne Lücking
Verbandszeitschrift: Metallkurier
Redaktion: Vollmoellerstr. 11, 70563 Stuttgart
Verlag: Druckhaus Waiblingen, Siemensstr. 11, 71332 Waiblingen
Mitglieder: 5145
Mitarbeiter: 248
Jahresetat: ca. DM 130 Mio, € 66,47 Mio

k 226

Berufsgenossenschaft für den Einzelhandel
53102 Bonn
Niebuhrstr. 5, 53113 Bonn
T: (0228) 54 06-0 **Fax:** 54 06-2 20
Vorsitzende(r) des Vorstandes: Carl Albert Schiffers
Willibald Puderbach
(in jährlichem Wechsel)
Hauptgeschäftsführer(in): Direktor Dr. Herbert Mück
Stellv. Hauptgeschäftsführer: Ass. Gerhard Schmidt-Wahl

k 227

Norddeutsche Metall-Berufsgenossenschaft
Postf. 45 29, 30045 Hannover
Seligmannallee 4, 30173 Hannover
T: (0511) 81 18-0 **Fax:** 81 18-2 00
Internet: http://www.nmbg.de
Vorsitzende(r) des Vorstandes: Dieter Benscheidt
Peter Neuhaus
(in jährlichem Wechsel)
Hauptgeschäftsführer(in): Direktor Ass. Siegfried Hellwig
Verbandszeitschrift: Gesund und Sicher
Redaktion: Kathrin Ehrig
Verlag: Johannes Dieckmann, Oberstr. 8, 30167 Hannover, T: (0511) 97 19 70

k 228

Süddeutsche Metall-Berufsgenossenschaft
Postf. 37 80, 55027 Mainz
Wilhelm-Theodor-Römheld-Str. 15, 55130 Mainz
T: (06131) 8 02-0 **Fax:** 8 02-232
Internet: http://www.smbg.de
Vorsitzende(r) des Vorstandes: Meinhard Jäschke
Dr. Walter Schlotfeldt
(in jährlichem Wechsel)
Hauptgeschäftsführer(in): Direktor Dr. jur. Albert Platz
Stellv. Hauptgeschäftsführer: Ass. Hans Bäder

k 229

Berufsgenossenschaft für Fahrzeughaltungen
Hauptverwaltung
22757 Hamburg
Ottenser Hauptstr. 54, 22765 Hamburg
T: (040) 39 80-0 **Fax:** 39 80-1666
Internet: http://www.bgf.de
Vorsitzende(r) des Vorstandes: Manfred Rosenberg
Klaus Peter Röskes
(in jährlichem Wechsel)
Hauptgeschäftsführer(in): Direktor RA Heino W. Saier
Stellvertretender Hauptgeschäftsführer: Ass. Gerd-Peter Schoenfeldt
LTAB: Dipl.-Ing. Lothar Zademack

k 230

Berufsgenossenschaft der Feinmechanik und Elektrotechnik
50962 Köln
Postf. 51 05 80, 50941 Köln
Gustav-Heinemann-Ufer 130, 50968 Köln
T: (0221) 37 78-0 **Fax:** 37 78-134
Internet: http://www.bgfe.de
E-Mail: hv@bgfe.de
Internationaler Zusammenschluß: siehe unter izk 44
Vorsitzende(r) des Vorstandes: Dr. Harald Maurer
Bernhard Bielitzer
(in jährlichem Wechsel)
Hauptgeschäftsführer(in): Direktor Ass. Christian Leichsenring
Stellv. Hauptgeschäftsführer: Dir. Dr. Klaus Renz

k 231

Fleischerei-Berufsgenossenschaft
Postf. 31 01 20, 55062 Mainz
Lortzingstr. 2, 55127 Mainz
T: (06131) 7 85-1 **Fax:** 7 85-340
Internet: http://www.fleischerei-bg.de
E-Mail: info@fleischerei-bg.de
Vorsitzende(r) des Vorstandes: Gottfried Brunner
Gerd-Heinz Meister
(in eineinhalbjährigem Wechsel)
Hauptgeschäftsführer(in): Direktor Ass. Hartwin Wörth
Stellv. Hauptgeschäftsführer: Ass. Burkard Spiegel

k 232

Berufsgenossenschaft der Gas-, Fernwärme- und Wasserwirtschaft
Postf. 10 15 62, 40006 Düsseldorf
Auf'm Hennekamp 74, 40225 Düsseldorf
T: (0211) 93 35-0 **Fax:** 93 35-1 99
Internet: http://www.bgfw.de
E-Mail: info@bgfw.de
Gründung: 1885 (20. Juni)
Vorsitzende(r) des Vorstandes: Gerhard Höper
Branko Rakidzija
(in jährlichem Wechsel)
Hauptgeschäftsführer(in): Dir. Axel Apsel (Leitung Presseabteilung)
Stellv. Hauptgeschäftsführer: Dipl.-Ing. Burkhard Blümke
Verbandszeitschrift: betrifft sicherheit
Redaktion: Berufsgenossenschaft der Gas-, Fernwärme- und Wasserwirtschaft
Verlag: FMS Fach Media Service, Siemensstr. 6, 61352 Bad Homburg
Mitglieder: ca. 6000 Mitgliedsunternehmen mit ca. 200 000 Versicherten
Mitarbeiter: 150
Jahresetat: DM 125 Mio, € 63,91 Mio

k 233

Berufsgenossenschaft für Gesundheitsdienst und Wohlfahrtspflege
Postf. 76 02 24, 22052 Hamburg
Pappelallee 35-37, 22089 Hamburg
T: (040) 2 02 07-0 **Fax:** 2 02 07-525
Internet: http://www.bgw-online.de
Gründung: 1929 (17. Mai)
Internationaler Zusammenschluß: siehe unter izk 48
Vorsitzende(r) des Vorstandes: Norbert Badziong
Prof. Dr.med. Rolf Bialas (im jährlichen Wechsel)
Geschäftsführung: Dr. jur. Gerhard Mehrtens (Vorsitzender)
Dr.jur. Heike Braunsteffer
Dr. jur. Stephan Brandenburg
Leitung Presseabteilung: Torsten Beckel
Verbandszeitschrift: BGW Mitteilungen
Redaktion: Dipl.-Pol. Sabine Dinsen, T: (040) 2 02 07 -721
Mitglieder: 460000
Mitarbeiter: 1500

k 234

Großhandels- und Lagerei-Berufsgenossenschaft
68145 Mannheim
M 5, 7, 68161 Mannheim
T: (0621) 1 83-0 **Fax:** 1 83-3 00
Internet: http://www.grolabg.de
Vorsitzende(r) des Vorstandes: Horst-Dieter Jordan
Heinrich Hiltl
(in eineinhalbjährlichem Wechsel)
Hauptgeschäftsführer(in): Dir. Dr. Udo Schulz
Stellv. Hauptgeschäftsführer: Ass. Hans-Jürgen Schreiber

k 235

Holz-Berufsgenossenschaft
81236 München
Am Knie 8, 81241 München
T: (089) 8 20 03-0 **Fax:** 8 20 03-199
Vorsitzende(r) des Vorstandes: Anton Rösch
Wolfgang Rhode
(in jährlichem Wechsel)
Hauptgeschäftsführer(in): Direktor Hans Jürgen von Rimscha
Stellv. Hauptgeschäftsführer: Ass. Paul Klementz

k 236

Hütten- und Walzwerks-Berufsgenossenschaft
Postf. 10 10 15, 40001 Düsseldorf
Kreuzstr. 45, 40210 Düsseldorf
T: (0211) 82 24-0 **Fax:** 82 24-209
Internet: http://www.hwbg.de
Vorsitzende(r) des Vorstandes: Dieter Hennig
Clemens Glunz
Hauptgeschäftsführer(in): Direktor Ass. Georg Kunze
Stellv. Hauptgeschäftsführer: Ass. Dirk Peters

k 237

Berufsgenossenschaft der keramischen und Glas-Industrie
97064 Würzburg
Riemenschneiderstr. 2, 97072 Würzburg
T: (0931) 79 43-0 **Fax:** 79 43-800
Internet: http://www.bgglaskeramik.de
Vorsitzende(r) des Vorstandes: Reinfried Vogler
Gerd Schloßarek
(in dreijährlichen Wechsel)
Hauptgeschäftsführer(in): Dipl.-Ing. Friedrich-Wilhelm Löffler
Stellv. Hauptgeschäftsführer: Dipl.-Kfm. Gerhard Fiedler

k 238

Lederindustrie-Berufsgenossenschaft
Postf. 31 01 80, 55062 Mainz
Lortzingstr. 2, 55127 Mainz
T: (06131) 7 85-1 **Fax:** 7 85-555
Vorsitzende(r) des Vorstandes: Heinrich Zimmermann
Dipl.-Volksw. Günter Hassert
(in jährlichem Wechsel)
Hauptgeschäftsführer(in): Direktor Dr. Jörg Meyer
Stellv. Hauptgeschäftsführer: Ass. Reinhold Specht

k 239

Maschinenbau- und Metall-Berufsgenossenschaft
Postf. 10 10 15, 40001 Düsseldorf
Kreuzstr. 45, 40210 Düsseldorf
T: (0211) 82 24-0 **Fax:** 82 24-4 44
Internet: http://www.mmbg.de
Vorsitzende(r) des Vorstandes: Bernd Schildknecht
Karlheinz Bastong
(in jährlichem Wechsel)
Hauptgeschäftsführer(in): Direktor Ass. Georg Kunze
Stellv. Hauptgeschäftsführer: Dir. Detlev Bindemann

Bundesunmittelbare Körperschaft des öffentlichen Rechts mit Selbstverwaltung. Träger der gesetzlichen Unfallversicherung für Versicherte in Unternehmen, die überwiegend Eisen, Stahl, NE-Metall und Kunststoff be- oder verarbeiten. Sorgt mit allen geeigneten Mitteln für Verhütung von Arbeitsunfällen und Berufskrankheiten sowie arbeitsbedingten Gesundheitsgefahren. Nach einem Arbeitsunfall oder einer Berufskrankheit stellt sie die Gesundheit und die Leistungsfähigkeit der Versicherten mit allen geeigneten Mitteln wieder her und entschädigt die Versicherten oder ihre Hinterbliebenen durch Geldleistungen.

k 240

BGN
Berufsgenossenschaft Nahrungsmittel und Gaststätten

68136 Mannheim
Postf. 10 04 41, 68004 Mannheim
Dynamostr. 7-11, 68165 Mannheim
T: (0621) 44 56-0 **Fax:** 44 56-1217
Internet: http://www.bgn.de
E-Mail: info@bgn.de
Internationaler Zusammenschluß: siehe unter izk 47
Vorsitzende(r) des Vorstandes: Wolfgang Sprandel
Klaus-Dieter Scholz
(in jährlichem Wechsel)
Hauptgeschäftsführer(in): Direktor Ass. Norbert Weis
Stellv. Hauptgeschäftsführer: Ass. Klaus Marsch

k 241

Papiermacher-Berufsgenossenschaft
Fachausschuß Papier- und Pappenherstellung
Lortzingstr. 2, 55127 Mainz
T: (06131) 7 85-1 **Fax:** 7 85-5 77
Vorsitzende(r) des Vorstandes: Alfons Schwegmann
Reinhold O. Schadler
(in jährlichem Wechsel)
Hauptgeschäftsführer(in): Direktor Dr. Jörg Meyer
Stellv. Hauptgeschäftsführer: Ass. Reinhold Specht

k 242

See-Berufsgenossenschaft, Seekasse, See-Krankenkasse, Seemannskasse und See-Pflegekasse
Reimerstwiete 2, 20457 Hamburg
T: (040) 3 61 37-0 **Fax:** 3 61 37-7 70
Internet: http://www.see-bg.de
Vorsitzende(r) des Vorstandes: Senator a.D. Claus Grobekker
Eike Eulen
(in dreijährlichem Wechsel)
Vors. d. GeschF: Ass. Reimer Göttsch
Mitgl. d. GeschF: Harald Lühmann
Dipl.-Kfm. Albert Göbel

k 243

Steinbruchs-Berufsgenossenschaft
Postf. 10 15 40, 30836 Langenhagen
Theodor-Heuss-Str. 160, 30853 Langenhagen
T: (0511) 72 57-0 **Fax:** 72 57-100
Internet: http://www.stbg.de
Vorsitzende(r) des Vorstandes: Hans Enders
Dipl.-Ing. Gerd Allers
(in jährlichem Wechsel)
Hauptgeschäftsführer: Direktor Ass. Willi Lange
Stellv. Hauptgeschäftsführer: Ass. Ulrich Schmidt

k 244

Berufsgenossenschaft der Straßen-, U-Bahnen und Eisenbahnen
Fontenay 1a, 20354 Hamburg
T: (040) 4 41 18-0 **Fax:** 4 41 18-1 40
Gründung: 1885 (1. Oktober)
Vorsitzende(r) des Vorstandes: Herbert Dombrowsky
Stefan Heimlich
(in jährlichem Wechsel)
Hauptgeschäftsführer(in): Ass. Wolfgang Just
Stellv. Hauptgeschäftsführer: Dipl.-Ing. Alfons Grösbrink
Verbandszeitschrift: Zeitschrift das warnkreuz, mit amtlichen Mitteilungen der BG Bahnen
Redaktion: Dipl.-Ing. Alfons Grösbrink
Verlag: Christian Killinger Verlags GmbH, Tübinger Str. 24, 72762 Reutlingen
Mitglieder: 1535 Mitgliedsunternehmen, 152 000 Versicherte
Mitarbeiter: 130
Jahresetat: DM 100 Mio, € 51,13 Mio

k 245

Textil- und Bekleidungs-Berufsgenossenschaft
Gesetzliche Unfallversicherung
86132 Augsburg
Oblatterwallstr. 18, 86153 Augsburg
T: (0821) 31 59-0 **Fax:** 31 59-2 01
Internet: http://www.textil-bg.de
Gründung: 1885, Vereinigung zur Textil- und Bekleidungs-Berufsgenossenschaft 1948
Vorsitzende(r) des Vorstandes: Harry Gutschmidt
Klaus Huneke
(in dreijährlichem Wechsel)
Hauptgeschäftsführer(in): Dr.jur. Eckart Bulla
Stellv. Hauptgeschäftsführer: Wolfgang Hahne
Verbandszeitschrift: der sicherheitsschirm
Redaktion: Dr. E. Bulla
Mitglieder: Betriebe: 73758 (Stand: 1998)
Mitarbeiter: 362 (Stand: 1998)
Jahresetat: DM 294,556 Mio, € 150,6 Mio (Stand: 1998)
Geschäftsstellen: Chemnitz: Annaberger Str. 240, 09125 Chemnitz, T: (0371) 5 23 37-0, Fax: 5 23 37-20
Mönchengladbach: Regentenstr. 21, 41061 Mönchengladbach, T: (02161) 92 81-0, Fax: 92 81-20

k 246

Tiefbau-Berufsgenossenschaft
81237 München
Am Knie 6, 81241 München
T: (089) 88 97-01 **Fax:** 88 97-600
Internet: http://www.tiefbaubg.de
Vorsitzende(r) des Vorstandes: Dr.-Ing. Hans-Joachim Wolff
Dipl.-Ing. Bernd Rüdiger Schmidt
(in jährlichem Wechsel)
Hauptgeschäftsführer(in): Dir. Prof. Dipl.-Ing. Manfred Bandmann
Stellv. Hauptgeschäftsführer: Ass. Detlev Griese

k 247

Zucker-Berufsgenossenschaft
Postf. 31 01 80, 55062 Mainz
Lortzingstr. 2, 55127 Mainz
T: (06131) 7 85-1 **Fax:** 7 85-2 71
Vorsitzende(r) des Vorstandes: Günter Jakobiak
Wolfgang Neumann
(in dreijährigem Wechsel)
Geschäftsführer(in): Dir. Dr. Jörg Meyer

• K 248

Berufsgenossenschaftliche Zentrale für Sicherheit und Gesundheit (BGZ)
53754 Sankt Augustin
Alte Heerstr. 111, 53757 Sankt Augustin

T: (02241) 2 31 01 **Fax:** 2 31-1333
T-Online *2 0299*
Internet: http://www.hvbg.de
E-Mail: Jansen@hvbg.de

• K 249

Bundesverband der landwirtschaftlichen Berufsgenossenschaften e.V.
34114 Kassel
Postf. 41 03 56, 34065 Kassel
Weißensteinstr. 72, 34131 Kassel
T: (0561) 93 59-401 **Fax:** 93 59-4 14
Internationaler Zusammenschluß: siehe unter izk 46
Vorsitzende(r): Klaus Vosseler
Hauptgeschäftsführer(in): Verb.-Dir. Harald Deisler
Leitung Presseabteilung: Albert Münz
Mitglieder: 20 Berufsgenossenschaften

Hauptstelle für Sicherheit und Gesundheitsschutz
Postf. 410356, 34114 Kassel
Weißensteinstr. 70-72, 34131 Kassel
T: (0561) 93 59-0 **Fax:** 93 59-4 14

Angeschlossene Berufsgenossenschaften

k 250

Schleswig-Holsteinische Landwirtschaftliche Berufsgenossenschaft
Schulstr. 29, 24143 Kiel
T: (0431) 70 24-0 **Fax:** 70 24-6120
Vorsitzende(r) des Vorstandes: Werner Schramm
Geschäftsführer(in): Dir. Wolfgang Baier

k 251

Landwirtschaftliche Berufsgenossenschaft Oldenburg-Bremen
Im Dreieck 12, 26127 Oldenburg
T: (0441) 34 08-0 **Fax:** 34 08-4 44
Vorsitzende(r) des Vorstandes: Alfons Oing
Geschäftsführer(in): Dir. Manfred Schmidt-Broscheit

k 252

Hannoversche landwirtschaftliche Berufsgenossenschaft
Im Haspelfelde 24, 30173 Hannover
T: (0511) 80 73-0 **Fax:** 80 73-4 98
Vorsitzende(r) des Vorstandes: Lothar Blanke
Geschäftsführer(in): Erster Dir. Hartmut Andrä

k 253

Braunschweigische landwirtschaftliche Berufsgenossenschaft
Bruchtorwall 13, 38100 Braunschweig
T: (0531) 4 80 02-0 **Fax:** 4 80 02-29
Vorsitzende(r) des Vorstandes: Gerhard Schwetje
Geschäftsführer(in): Dir. Alfred Kubon

k 254

Lippische landwirtschaftliche Berufsgenossenschaft
Felix-Fechenbach-Str. 6, 32756 Detmold
T: (05231) 60 04-0 **Fax:** 60 04-30
Vorsitzende(r) des Vorstandes: Heinrich-Wilhelm Tölle
Geschäftsführer(in): Dir. Albrecht Dreimann

k 255

Rheinische landwirtschaftliche Berufsgenossenschaft
Merowingerstr. 103, 40225 Düsseldorf
T: (0211) 33 87-0 **Fax:** 33 87-4 54
Vorsitzende(r) des Vorstandes: Hans Schrapers
Geschäftsführer(in): Dir. Heimo-Jürgen Döge

k 256

Westfälische landwirtschaftliche Berufsgenossenschaft
Hoher Heckenweg 76-80, 48147 Münster
T: (0251) 23 20-0 **Fax:** 23 20-5 55
Vorsitzende(r) des Vorstandes: Hans-Jürgen Kleimann
Geschäftsführer(in): Dir. Jürgen Blauth

k 257

Land- und forstwirtschaftliche Berufsgenossenschaft Hessen
Bartningstr. 57, 64289 Darmstadt
T: (06151) 7 02-0 **Fax:** 7 02-250
Internet: http://www.ghv-darmstadt.de
E-Mail: info.lbg-da@bvg-fri.de, info.lbg-ks@bvg-fri.de

Luisenstr. 12, 34119 Kassel
T: (0561) 10 06-0, Fax: 10 06-443
Vorsitzende(r) des Vorstandes: Walter Schütz
Geschäftsführer(in): Dir. Wilhelm Kins

k 258

Landwirtschaftliche Berufsgenossenschaft Rheinland-Pfalz
Theodor-Heuss-Str. 1, 67346 Speyer
T: (06232) 9 11-0 **Fax:** 9 11-1 87
Vorsitzende(r) des Vorstandes: Ingo Steitz
Geschäftsführer(in): Dir. Godehard Hennies

k 259

Landwirtschaftliche Berufsgenossenschaft für das Saarland
Heinestr. 2-4, 66121 Saarbrücken
T: (0681) 6 65 00-0 **Fax:** 6 65 00-58
Vorsitzende(r) des Vorstandes: Helmut Kliver
Geschäftsführer(in): Dir. Helmut Heinz

k 260

Landwirtschaftliche Berufsgenossenschaft Oberfranken und Mittelfranken
Dammwäldchen 4, 95444 Bayreuth
T: (0921) 6 03-0 **Fax:** 6 03-3 86
Vorsitzende(r) des Vorstandes: Reinhart Frhr. von Stockmar von Wangenheim
Geschäftsführer(in): Dir. Friedhard Pfeiffer

k 261

Landwirtschaftliche Berufsgenossenschaft Niederbayern-Oberpfalz
Luitpoldstr. 29, 84034 Landshut
T: (0871) 6 96-0 **Fax:** 6 15 76
Vorsitzende(r) des Vorstandes: Franz Xaver Mayer
Geschäftsführer(in): Dir. Alois Brandlmeier

k 262

Landwirtschaftliche Berufsgenossenschaft Unterfranken
Friedrich-Ebert-Ring 33, 97072 Würzburg
T: (0931) 80 04-0 **Fax:** 80 04-284
Vorsitzende(r) des Vorstandes: Gerhard Fuchs
Geschäftsführer(in): Dir. Hans-Jürgen Rahn

k 263

Landwirtschaftliche Berufsgenossenschaft Schwaben
Tunnelstr. 29, 86156 Augsburg
T: (0821) 40 81-0 **Fax:** 40 81-247
Vorsitzende(r) des Vorstandes: Reinhold Frhr. von Lupin
Geschäftsführer(in): Dir. Dagobert Peschkes

k 264

Landwirtschaftliche Berufsgenossenschaft Oberbayern
Neumarkter Str. 35, 81673 München
T: (089) 4 54 80-0 **Fax:** 4 54 80-3 98
Vorsitzende(r) des Vorstandes: Max Weichenrieder
Geschäftsführer(in): Dir. Norbert Gradl

k 265

Badische Landwirtschaftliche Berufsgenossenschaft
Steinhäuserstr. 14, 76135 Karlsruhe
T: (0721) 81 94-0 **Fax:** 81 94-4 44
Vorsitzende(r) des Vorstandes: Marianne Anselm
Geschäftsführer(in): Dir. Alexander Schulze

k 266

Landwirtschaftliche Berufsgenossenschaft Württemberg
Postf. 10 60 29, 70049 Stuttgart
Vogelrainstr. 25, 70199 Stuttgart
T: (0711) 9 66-0 **Fax:** 9 66-21 40
Vorsitzende(r) des Vorstandes: Meinrad Schweikart
Geschäftsführer(in): Dir. Jürgen Haller

k 267

Gartenbau-Berufsgenossenschaft
Frankfurter Str. 126, 34121 Kassel
T: (0561) 9 28-0 **Fax:** 9 28-22 06
Vorsitzende(r) des Vorstandes: Jürgen Denzau
Geschäftsführer(in): Dir. Justus Beil

k 268

Landwirtschaftliche Berufsgenossenschaft Berlin
Hoppegartener Str. 100, 15366 Hönow
T: (03342) 36-0 **Fax:** 36-1230
Vorsitzende(r) des Vorstandes: Joachim Kühne
Geschäftsführer(in): Dir. Werner Melzer

k 269

Sächsische landwirtschaftliche Berufsgenossenschaft
Bahnhofstr. 16-18, 04575 Neukieritzsch
T: (034342) 62-0 **Fax:** 62-2 11
Vorsitzende(r) des Vorstandes: Wolfgang Vogel
Geschäftsführer(in): Dir. Thomas Wirz

Unfallversicherungsträger der öffentlichen Hand

• K 270

Bundesverband der Unfallkassen

Fockensteinstr. 1, 81539 München
T: (089) 6 22 72-0 **Fax:** 62 27 21 11
Internet: http://www.unfallkassen.de
E-Mail: BUK@unfallkassen.de
Gründung: 1947
Vorsitzende(r) des Vorstandes: Lothar Szych, Bochum
Dr. Hans Wagner, Amberg
(im jährlichen Wechsel)
Geschäftsführer(in): Prof. Dr. Hartmut Weber-Falkensammer
Leitung Presseabteilung:
Roswitha Breuer-Asomaning M.A.
Verbandszeitschrift: faktor arbeitsschutz
Redaktion: Roswitha Breuer-Asomaning M.A., Dorothee Otto
Verlag: Universum Verlagsanstalt GmbH KG, Postf. 57 20, 65047 Wiesbaden
Mitglieder: 38

Wahrnehmung der gemeinsamen Angelegenheiten der Unfallversicherungsträger der öffentlichen Hand im Bundesgebiet.

Mitglieder

Baden-Württemberg

• K 271

Badischer Gemeindeunfallversicherungsverband
76128 Karlsruhe
Postf. 69 29, 76049 Karlsruhe
Waldhornplatz 1, 76131 Karlsruhe
T: (0721) 60 98-0 **Fax:** 60 98-2 01
Vorsitzende(r) des Vorstandes: Dr. Michael Arnold, Rottweil
Stellv. Vors. d. Vorstandes: Josef Buchberger, Linkenheim-Hochstetten
(in jährlichem Wechsel)
Geschäftsführer(in): Franz Tomasi
Stellvertretende(r) Geschäftsführer(in): Werner Tampe

• K 272

Badische Unfallkasse
Postf. 69 29, 76049 Karlsruhe
Waldhornplatz 1, 76131 Karlsruhe
T: (0721) 60 98-0 **Fax:** 60 98-201
Vorsitzende(r) des Vorstandes: Frank Jung, 79585 Steinen
Stellv. Vors. d. Vorst.: Polizeipräsident Klaus Rudolph, 76337 Waldbronn
(in jährlichem Wechsel)
Geschäftsführer(in): Franz Tomasi
Stellvertretende(r) Geschäftsführer(in): Werner Tampe

• K 273

Württembergischer Gemeindeunfallversicherungsverband
70324 Stuttgart
Augsburger Str. 700, 70329 Stuttgart
T: (0711) 93 21-0 **Fax:** 93 21-500
Vorsitzende(r) des Vorstandes: Siegfried Rieg, Giengen
Stellv. Vors. d. Vorst.: Bernd-Axel Lindenlaub, Stuttgart
Geschäftsführer(in): Manfred Hagelstein
Stellvertretende(r) Geschäftsführer(in): Günter Planner
Öffentlichkeitsarbeit: Klaus-Peter Flieger (T: (0711) 93 21-123)

• K 274

Württembergische Unfallkasse
70324 Stuttgart
Augsburger Str. 700, 70329 Stuttgart
T: (0711) 93 21-0 **Fax:** 93 21-500
Vorsitzende(r) des Vorstandes: Karl-Stephan Quadt, Stuttgart
Stellv. Vors. d. Vorstandes: Hubertus Windthorst, Stuttgart

Geschäftsführer(in): Manfred Hagelstein
Stellvertretende(r) Geschäftsführer(in): Günter Planner
Öffentlichkeitsarbeit: Klaus-Peter Flieger (T: (0711) 93 21-123)

Bayern

• K 275

Bayerischer Gemeindeunfallversicherungsverband
80791 München
Ungererstr. 71, 80805 München
T: (089) 3 60 93-0 **Fax:** 3 60 93-135
Vorsitzender des Vorstandes: Jürgen Feuchtmann
Dr. Hans Wagner (in jährlichem Wechsel)
Geschäftsführer(in): Dr. Hans-Christian Titze
Stellvertretende(r) Geschäftsführer(in): Hans-Peter Haindl
Öffentlichkeitsarbeit: Alexandra Nawroth (T: (089) 3 60 93-119)
Verbandszeitschrift: Unfallversicherung aktuell
Redaktion: Alexandra Nawroth

• K 276

Bayerische Landesunfallkasse
80791 München
Ungererstr. 71, 80805 München
T: (089) 3 60 93-0 **Fax:** (040) 3 60 93-135
Vorsitzender des Vorstandes: MDgt. Wilhelm Hüllmantel
Norbert Flach (in jährlichem Wechsel)
Geschäftsführer(in): Dr. Hans-Christian Titze
Stellvertretende(r) Geschäftsführer(in): Hans-Peter Haindl
Öffentlichkeitsarbeit: Alexandra Nawroth (T: (089) 3 60 93-119)
Verbandszeitschrift: Unfallversicherung aktuell
Redaktion: Alexandra Nawroth

• K 277

Unfallkasse München
Müllerstr. 3, 80469 München
T: (089) 2 33-26336 **Fax:** 2 33-27578
Geschäftsführer(in): Wolfgang Grote (Öffentlichkeitsarbeit T: (089) 2 33-26336)

Berlin

• K 278

Unfallkasse Berlin
Körperschaft des öffentlichen Rechts
Postf. 48 05 84, 12254 Berlin
Culemeyerstr. 2, 12277 Berlin
T: (030) 76 24-0 **Fax:** 76 24-1109
Vorsitzende(r) des Vorstandes: Werner Schaberg) (amtierend)
altern. Vors. d. Vorstandes: Claus Volker)
*) im jährlichen Wechsel
Geschäftsführer(in): Wolfgang Atzler
Stellvertretende(r) Geschäftsführer(in): Gerhard Streng
Öffentlichkeitsarbeit: Kirsten Wasmuth

Brandenburg

• K 279

Unfallkasse Brandenburg
Postf. 11 13, 15201 Frankfurt
Müllroser Chaussee 75, 15236 Frankfurt
T: (0335) 52 16-0 **Fax:** 54 73 39
Geschäftsführer(in): Hartmut Hetz
Öffentlichkeitsarbeit: Barbara Nawrath (T: (0335) 52 16-117)

• K 280

Feuerwehr-Unfallkasse Brandenburg
Müllroser Chaussee 75, 15236 Frankfurt
T: (0335) 52 16-0 **Fax:** 54 73 39
Geschäftsführer(in): Hartmut Hetz
Öffentlichkeitsarbeit: Barbara Nawrath (T: (0335) 52 16-117)

Bremen

• K 281

Unfallkasse Freie Hansestadt Bremen
Postf. 10 68 07, 28068 Bremen
Walsroder Str. 12-14, 28215 Bremen
T: (0421) 3 50 12-0 **Fax:** 3 50 12-14
E-Mail: ukbremen@vossnet.de
Gründung: 1937
Vorsitzende(r) des Vorstandes: Artur Lau
Stellv.Vors.d.Vorst.: Frank Jacobsen

Geschäftsführer(in): Horst Kruse
Stellvertretende(r) Geschäftsführer(in): Lothar Jackwerth (Ltg. Presseabt.)
Mitglieder: 46
Mitarbeiter: 40
Jahresetat: DM 21 Mio, € 10,74 Mio

Hamburg

• K 282

Landesunfallkasse Freie und Hansestadt Hamburg
Postf. 76 03 25, 22053 Hamburg
Spohrstr. 2, 22083 Hamburg
T: (040) 27 15 3-0 **Fax:** 2 70 69 87
Gründung: 1986 (1. Januar)
Vorsitzende(r) des Vorstandes: Hans-Peter Stölken (Versichertenvertreter)
Hermann Brandt (Arbeitgebervertreter)
Vorsitzender der Vertreterversammlung: Ralf Hinsch (Arbeitgebervertreter)
Rolf Hinsch (Versichertenvertreter)
Geschäftsführer(in): Thomas Schröder-Kamprad
Öffentlichkeitsarbeit: Klaudia Gottheit (T: (040) 2 71 53-403)
Mitarbeiter: 97

• K 283

Feuerwehr-Unfallkasse Hamburg
Kurze Mühren 20, 20095 Hamburg
T: (040) 3 09 04-289 **Fax:** 3 09 04-181
Vorsitzende(r) des Vorstandes: Wolfgang Poppelbaum
Stellv. Vors. d. Vorst.: Hermann Jonas
Geschäftsführer(in): Lutz Kettenbeil
Stellvertretende(r) Geschäftsführer(in): Gabriela Kirstein
Öffentlichkeitsarbeit: Lutz Kettenbeil (T: (040) 3 09 04-289)

Hessen

• K 284

Unfallkasse Hessen
Postf. 10 10 42, 60010 Frankfurt
Opernplatz 14, 60313 Frankfurt
T: (069) 2 99 72-0 **Fax:** 2 99 72-904
Gründung: 1997 (18. Dezember)
Vorsitzende(r) des Vorstandes: Hartmut Jungermann (34302 Guxhagen)
Heinz Grenacher (34225 Baunatal)
(in jährlichem Wechsel)
Geschäftsführer(in): Gerd Ulrich
Stellvertretende(r) Geschäftsführer(in): Arno Funk
Public Relations: Andreas Wolf

Mecklenburg-Vorpommern

• K 285

Unfallkasse Mecklenburg-Vorpommern
Wismarsche Str. 199, 19053 Schwerin
T: (0385) 51 81-0 **Fax:** 51 81-111
Vorsitzende(r) des Vorstandes: Rolf Müller
Stellvertretende(r) Vorsitzende(r): Reinhard Arenskrieger
Geschäftsführer(in): Christian Feldmann
Stellvertretende(r) Geschäftsführer(in): N. N.
Öffentlichkeitsarbeit: Peter Louis (T: (0385) 51 81-130)

• K 286

Feuerwehr-Unfallkasse Nord Landesgeschäftsstelle Schleswig-Holstein
24097 Kiel
Sophienblatt 33, 24114 Kiel
T: (0431) 6 03-2112 **Fax:** 6 03-1395
Besucheranschrift: Hamburger Chaussee 4, 24114 Kiel
Vorsitzende(r) des Vorstandes: Roland Reime, Kiel
Stellv. Vors. d. Vorst.: Rolf Schomann, Schwerin
Geschäftsführer(in): Lutz Kettenbeil (T: (0431) 6 03-2111), Kiel
Stellvertretende(r) Geschäftsführer(in): Gabriela Kirstein (T: (0385) 30 31-7 01, Schwerin)

k 287

Feuerwehr-Unfallkasse Nord Landesgeschäftsstelle Mecklenburg-Vorpommern
Bertha-von-Suttner-Str. 5, 19061 Schwerin
T: (0385) 30 31-700 **Fax:** 30 31-706

Niedersachsen

• K 288

Braunschweigischer Gemeinde-Unfallversicherungsverband (gesetzliche Unfallversicherung)
Ring-Center
Postf. 15 42, 38005 Braunschweig
Berliner Platz 1c, 38102 Braunschweig
T: (0531) 2 73 74-0 **Fax:** 2 73 74-30
Vorsitzende(r) des Vorstandes: Hans Mücke, Goslar
Karl Greve, Braunschweig
(in jährlichem Wechsel)
Geschäftsführer(in): N. N.
Stellvertretende(r) Geschäftsführer(in): Karl-Rüdiger Bratmann

• K 289

Gemeinde-Unfallversicherungsverband Hannover
Postf. 81 03 61, 30503 Hannover
Am Mittelfelde 169, 30519 Hannover
T: (0511) 87 07-0 **Fax:** 87 07-188
Vorsitzende(r) des Vorstandes: Dr. Wulf Haack, Hannover
Friedrich Weh, Hannover
(dreijährigen Wechsel)
Geschäftsführer(in): Jörg Gerike
Mitarbeiter: 210

• K 290

Landesunfallkasse Niedersachsen
Postf. 81 03 61, 30503 Hannover
Am Mittelfelde 169, 30519 Hannover
T: (0511) 87 07-0 **Fax:** 87 07-188
Vorsitzende(r) des Vorstandes: Felix Grun
Stellv. Vors. d. Vorstandes: Dr. Dr. Christian Weise
Geschäftsführer(in): Jörg Gerike
Stellvertretende(r) Geschäftsführer(in): Dr. Stefan Hussy
Öffentlichkeitsarbeit: Wolfgang Busche (T: (0511) 87 07-113)

• K 291

Feuerwehr-Unfallkasse Hannover
Postf. 2 80, 30002 Hannover
Aegidientorplatz 2A, 30159 Hannover
T: (0511) 9 89-5431 **Fax:** 9 89-5433
Vorsitzende(r) des Vorstandes: Dr. Günter Schmidt, Hannover
Fritz Meyer, Hilgermissen
(Wechsel alle 3 Jahre)
Geschäftsführer(in): Hartmut Gebhardt
Stellvertretende(r) Geschäftsführer(in): Michael Riggert (Öffentlichkeitsarbeit T: (0511) 9 89-5440)

• K 292

Gemeinde-Unfallversicherungsverband Oldenburg
Postf. 27 61, 26017 Oldenburg
Gartenstr. 9, 26122 Oldenburg
T: (0441) 7 79 09-0 **Fax:** 7 79 09-50
Vorsitzende(r) des Vorstandes: Heiko Wandscher, Oldenburg
Arno Kalkowski, Oldenburg
(in jährlichem Wechsel)
Geschäftsführer(in): Peter Laackmann (Öffentlichkeitsarbeit T: (0441) 77 90 90)

• K 293

Feuerwehr-Unfallkasse Oldenburg
Postf. 27 49, 26017 Oldenburg
Moslestr. 1, 26122 Oldenburg
T: (0441) 22 65 50 **Fax:** 22 66 67
Gründung: 1900 (7. Dezember)
Vorsitzende(r) des Vorstandes: Ludwig Tombrägel (49393 Lohne)
Geschäftsführung: Oldenburgische Landesbrandkasse
Geschäftsführer(in): Dipl.-Math. Franz Thole
Stellvertreter: Wolfgang Willers (Öffentlichkeitsarbeit T: (0441) 2 26-550)
Mitglieder: 57

Nordrhein-Westfalen

• K 294

Rheinischer Gemeindeunfallversicherungsverband
Postf. 120530, 40605 Düsseldorf
Heyestr. 99, 40625 Düsseldorf
T: (0211) 28 08-0 **Fax:** 29 80 54
E-Mail: info@rguvv.de
Gründung: 1929 (Juni)
Vorsitzende(r) des Vorstandes: Gerhard Stuhlmann, Troisdorf

Helmut Etschenberg, Monschau
(in jährlichem Wechsel)
Geschäftsführerin: Marlis Bredehorst
Öffentlichkeitsarbeit: Thomas Picht (T: (0211) 28 08-235)
Verbandszeitschrift: Kommunaler Arbeitsschutz
Mitglieder: ca. 38700 Mitgliedsunternehmen
Mitarbeiter: ca. 240

• **K 295**

Landesunfallkasse Nordrhein-Westfalen
Ulenbergstr. 1, 40223 Düsseldorf
T: (0211) 90 24-0 **Fax:** 90 24-180
E-Mail: poststelle@luk-nrw.de
Vorsitzende(r) des Vorstandes: Ltd.MinRat Hans-Dieter Gotsche, Düsseldorf
Bernd Vallentin, Düsseldorf
Geschäftsführer(in): Manfred Lieske
Stellvertretende(r) Geschäftsführer(in): Helmut Ehl
Öffentlichkeitsarbeit: Nil Yurdatap

• **K 296**

Feuerwehr-Unfallkasse Nordrhein-Westfalen
40195 Düsseldorf
Provinzialplatz 1, 40591 Düsseldorf
T: (0211) 97 79 89-0 **Fax:** 97 79 89-29
Vorsitzende(r) des Vorstandes: Dr. Bernd Michaels
Stellv. Vors. d. Vorst.: Matthias Schwartges
Geschäftsführer(in): Ass. Heinrich Schopen
Stellvertretende(r) Geschäftsführer(in): Thomas Plemper

k 297

Feuerwehr-Unfallkasse Nordrhein-Westfalen Verwaltungsstelle
48131 Münster
Provinzial-Allee 1, 48159 Münster
T: (0251) 2 19-4692 **Fax:** 2 19-3901
Stellvertretende(r) Geschäftsführer(in): Thomas Plemper, Greven

• **K 298**

GEMEINDE UNFALLVERSICHERUNGS VERBAND GUVV WESTFALEN-LIPPE

48135 Münster
Salzmannstr. 156, 48159 Münster
T: (0251) 21 02-0 **Fax:** 21 85 69
Internet: http://www.guvv-wl.de
Gründung: 1929
Vorsitzende(r) des Vorstandes: Lothar Szych, Bochum
Stellvertretende(r) Vorsitzende(r): Prof. Klaus Dunker, Unna
Geschäftsführer(in): Josef Micha
Stellvertretende(r) Geschäftsführer(in): Manfred Schmidt
Leitung Presseabteilung: Karin Winkes-Glüsenkamp
Verbandszeitschrift: Gesundheitsschutz aktuell
Redaktion: Karin Winkes-Glüsenkamp
Mitglieder: 46000
Mitarbeiter: 255
Jahresetat: DM 162 Mio, € 82,83 Mio

• **K 299**

Feuerwehr-Unfallkasse Westfalen-Lippe
48131 Münster
Provinzial-Allee 1, 48159 Münster
T: (0251) 2 19-4692 **Fax:** 2 19-3901
Vorsitzende(r) des Vorstandes: Eberhard Ottmar, Münster
Vors. d. Vertretervers.: Klaus Schneider, Hamm
Geschäftsführer(in): N.N.
Stellvertretende(r) Geschäftsführer(in): Thomas Plemper (Öffentlichkeitsarbeit), Greven

Rheinland-Pfalz

• **K 300**

Unfallkasse Rheinland-Pfalz
Orensteinstr. 10, 56626 Andernach
T: (02632) 9 60-0 **Fax:** 9 60-100
Vorsitzende(r) des Vorstandes: Dietmar Muscheid, Mainz
Stellv. Vors. d. Vorstandes: Oberbürgermeister Peter Labonte
(Wechsel alle 3 Jahre)
Geschäftsführer(in): Ltd. Direktor Hans Imo
Stellvertretende(r) Geschäftsführer(in): Verwaltungsdir. Helmut Müller
Öffentlichkeitsarbeit: Gerlinde Weidner-Theisen (T: (02632) 9 60-114)

Saarland

• **K 301**

Unfallkasse Saarland
Postf. 20 02 80, 66043 Saarbrücken
Beethovenstr. 41, 66125 Saarbrücken
T: (06897) 97 33-0 **Fax:** 97 33-37
Vorsitzende(r) des Vorstandes: Prof. Dr. Wolfgang Knapp, Saarbrücken
Stellvertretende(r) Vorsitzende(r): Lothar Kascha, Völklingen
(Der Vorsitzende und sein Stellvertreter wechseln ab 01.10. jeweils nach Ablauf der Hälfte der Legislaturperiode)
Geschäftsführer(in): Helmut Mathis
Stellvertretende(r) Geschäftsführer(in): Ass. Thomas Meiser (Öffentlichkeitsarbeit)

Sachsen

• **K 302**

Unfallkasse Sachsen
Postf. 10 01 42, 01651 Meißen
Rosa-Luxemburg-Str. 17a, 01662 Meißen
T: (03521) 7 24-0 **Fax:** 7 24-111
Internet: http://www.unfallkassesachsen.de
E-Mail: ukssekgf@aol.com
Vorsitzende(r) des Vorstandes: Heide Goepel
Stellv. Vors. d. Vorst.: Christian Scheibler
(im jährlichen Wechsel)
Vors. d. Verstreterversammlung: Reinhart Franke
Stellv. Vors. d. Verstreterversammlung: Gert Sczepansky
(im jährlichen Wechsel)
Geschäftsführer(in): Günther Schön (T: 7 24-1 00)
Stellvertretende(r) Geschäftsführer(in): Hans-Joachim Wegner (T: 7 24-200)
Pers. Referent d. Geschf.: Karsten Janz (T: (03521) 7 24-266)

Sachsen-Anhalt

• **K 303**

Unfallkasse Sachsen-Anhalt
39258 Zerbst
Käsperstr. 31, 39261 Zerbst
T: (03923) 7 51-0 **Fax:** 7 51-333
Internet: http://www.uksa.de
E-Mail: UKSAZ@T-Online.de
Geschäftsführer(in): Max Rönninger
Öffentlichkeitsarbeit: Martin Plenikowski (T: (03923) 7 51-205)

• **K 304**

Feuerwehr-Unfallkasse Sachsen-Anhalt
Am Fuchsberg 8, 39112 Magdeburg
T: (0391) 6 22 48 73, 6 22 48 13 **Fax:** 6 22 48 73
Internet: http://www.fuk-s-anh.de
E-Mail: FUK_Sachsen-Anhalt@t-online.de
Vorsitzende(r) des Vorstandes: Günter Sievers, Klein Wanzleben
Geschäftsführer(in): Hartmut Gebhardt (Öffentlichkeitsarbeit T: (0391) 6 22 48-73)

Schleswig-Holstein

• **K 305**

Unfallkasse Schleswig-Holstein
Seekoppelweg 5a, 24113 Kiel
T: (0431) 64 07-0 **Fax:** 64 07-550
Vorsitzende(r) des Vorstandes: Werner Karg, Eutin
Stellv. Vors.d.Vorst.: Dr. Hans-Rolf Wille, Kiel
(in jährlichem Wechsel)
Geschäftsführer(in): Wolfgang Baier
Stellvertretende(r) Geschäftsführer(in): Peter Becker
Öffentlichkeitsarbeit: Reinhard Gusner (T: (0431) 64 07-505)

Thüringen

• **K 306**

Unfallkasse Thüringen
Postf. 10 03 02, 99853 Gotha
Humboldtstr. 111, 99867 Gotha
T: (03621) 7 77-0 **Fax:** 7 77-111
Internet: http://www.ukt.de
E-Mail: info@ukt.de
Vorsitzende(r) des Vorstandes: Christa Raunitschke
Stellv. Vors.d.Vorst.: Michael Brychcy
Vors. d. Vertreterversammlung: Klaus Malsch
Stellv. Vors. d. Vertreterversammlung: Katrin Hennig
Geschäftsführerin: Renate Müller
Stellvertretende(r) Geschäftsführer(in): Lars Eggert

• **K 307**

Feuerwehr-Unfallkasse Thüringen
Bonifaciusstr. 18, 99084 Erfurt
T: (0361) 22 41-281 **Fax:** 22 41-146
Vorsitzende(r) des Vorstandes: Ulrich-Bernd Wolff von der Sahl
Stellv. Vors. d. Vorst.: Klaus Greiner
(im 3 jährigen Wechsel)
Geschäftsführer(in): Hans-Heinrich Stegmann (Öffentlichkeitsarbeit)

Ausführungsbehörden für Unfallversicherung des Bundes

• **K 308**

Bundesausführungsbehörde für Unfallversicherung
26380 Wilhelmshaven
Weserstr. 47, 26382 Wilhelmshaven
T: (04421) 4 07-0 **Fax:** 4 07-400
Vorsitzende(r) des Vorstandes: Wolfgang Stolte
Christian Fieberg
(jährl. alternierend)
Geschäftsführer(in): Günter Märtins (Direktor)
Stellvertretende(r) Geschäftsführer(in): Dr. Thomas Molkentin

• **K 309**

Eisenbahn-Unfallkasse
Karlstr. 4-6, 60329 Frankfurt
T: (069) 2 65-22002 **Fax:** 2 65-33958
Vorsitzende(r) des Vorstandes: Rudi Ludwig
Otto Kaletsch
(alternierend)
Geschäftsführer(in): APr Dieter Kersten

• **K 310**

Unfallkasse Post und Telekom
Postf. 27 80, 72017 Tübingen
Europaplatz 2, 72072 Tübingen
T: (0180) 5 00 16 32 **Fax:** (07071) 9 33-43 99
Internet: http://www.ukpt.de
E-Mail: info@ukpt.de
Vorsitzende(r) des Vorstandes: Dieter Waberseck
Geschäftsführer(in): Gerd Ferdinand

• **K 311**

Ausführungsbehörde für Unfallversicherung des Bundesministeriums für Verkehr, Bau- und Wohnungswesen
48135 Münster
Cheruskerring 11, 48147 Münster
T: (0251) 27 08-0 **Fax:** 27 08-240
E-Mail: schnaubelt@afu.bund.de
Vorsitzende(r) des Vorstandes: Wilhelm Götte (Asternweg 11, 32429 Minden)
Geschäftsführer(in): Reg.-Dir. Lothar Schnaubelt

Rentenversicherung

• **K 312**

Verband Deutscher Rentenversicherungsträger e.V. (VDR)
Eysseneckstr. 55, 60322 Frankfurt
T: (069) 15 22-0 **Fax:** 15 22-320
Internet: http://www.vdr.de
E-Mail: pressestelle@vdr.de
Gründung: 1919 (9. August)
Vorsitzende(r): Dipl.-Volksw. Jürgen Husmann, Berlin
Dr. Erich Standfest, Berlin
(im Wechsel)
Geschäftsführer(in): Prof. Dr. Franz Ruland
Stellvertretende(r) Geschäftsführer(in): Dr. Axel Reimann
Leitung Presseabteilung: Günter Albrecht
Verbandszeitschrift: Deutsche Rentenversicherung
Verlag: WDV Wirtschaftsdienst, Postf. 25 51, 61295 Bad Homburg
Mitglieder: 27
Der Verband umfaßt die 23 Landesversicherungsanstalten des Bundesgebietes, Bahnversicherungsanstalt, Seekasse,

Bundesknappschaft und die Bundesversicherungsanstalt für Angestellte

Wahrnehmung aller gemeinsamen Angelegenheiten der deutschen Rentenversicherung. Unterrichtung und Beratung seiner Mitglieder in allen ihr Aufgabengebiet berührenden Fragen und Angelegenheiten, sofern diese die deutsche Rentenversicherung betreffen oder im Interesse der Gesamtheit seiner Mitglieder liegen.

Landesversicherungsanstalten

• **K 313**

Landesversicherungsanstalt Baden
76122 Karlsruhe
Gartenstr. 105, 76135 Karlsruhe
T: (0721) 8 25-0 **Fax:** 8 25-34 34
Vorsitzende(r) des Vorstandes: Anne Jenter
Dr. Winfried Haible
(in jährlichem Wechsel)
Vors. d. Vertreterversammlung: Gerhard Schäferkord
Harry Siegert
(in jährlichem Wechsel)
Geschäftsführer(in): Erster Dir. Friedrich Löffler
Stellvertretende(r) Geschäftsführer(in): Dir. Volkart Steiner
Leitung Presseabteilung: Ruppert Leibold

• **K 314**

Landesversicherungsanstalt Oberbayern
Thomas-Dehler-Str. 3, 81737 München
T: (089) 67 81-0 **Fax:** 67 81-23 45
Internet: http://www.lva-oberbayern.de
E-Mail: lva-oberbayern@t-online.de
Gründung: 1891
Vorsitzende(r) des Vorstandes: Dr. Rainer Will
Fritz Schösser (MdB)
(im jährlichen Wechsel zum 1.10.)
Geschäftsführer(in): Dr. Ludwig Bergner (Vors.)
Erwin Mahn
Pressereferent: Ulrich Demeter (E-Mail: ulrich.demeter@lva-oberbayern.de)
Verbandszeitschrift: gesichertes leben
Verlag: WDV Wirtschaftsdienst, Siemensstr. 6, 61352 Bad Homburg

• **K 315**

Landesversicherungsanstalt Schwaben
An der Blauen Kappe 18, 86152 Augsburg
T: (0821) 5 00-0 **Fax:** 5 00-10 00
Internet: http://www.lva-schwaben.de
E-Mail: info@lva-schwaben.de
Vorsitzende(r) des Vorstandes: Karl-Heinz Schneider
Herbert Loebe
(in jährlichem Wechsel)
Geschäftsführer(in): 1.Dir. Dr. Werner Bos
Leitung Presseabteilung: Herta Fuderer-Labbert

• **K 316**

Landesversicherungsanstalt Niederbayern-Oberpfalz
Am Alten Viehmarkt 2, 84028 Landshut
T: (0871) 81-0 **Fax:** 81-2259
Internet: http://www.lva-landshut.de
E-Mail: presse@lva-landshut.de
Versicherungs-, Rehabilitations- u. Rentenangelegenheiten: (0871) 81-21 50
Vorsitzende der Vertreterversammlung: Rüdiger-Gerd Sappa (Arbeitgebervertreter)
Klaus Pauli (Versichertenvertreter)
Vorsitzende des Vorstandes: Johann Vilsmeier (Versichertenvertreter)
Werner Riepl (Arbeitgebervertreter)
Der Vorsitz wechselt in beiden Organen jeweils zum 1. Oktober
Geschäftsführer(in): Erster Direktor Manfred Burmeister
Pressesprecher: Reinhold Schuster (Fax: (0871) 81-21 40)

• **K 317**

Landesversicherungsanstalt Oberfranken und Mittelfranken
Wittelsbacherring 11, 95444 Bayreuth
T: (0921) 6 07-0 **Fax:** 6 07-3 98
Internet: http://www.lva-bayreuth.de
E-Mail: lva@bayreuth-online.de
Alternierende Vors.d. Vorstandes:
Harald Weiniger, Nürnberg
Falk Thom, Nürnberg
(im jährlichen Wechsel zum 1. Oktober)
Geschäftsführer(in): Werner Krempl

• **K 318**

Landesversicherungsanstalt Unterfranken
Friedenstr. 14, 97072 Würzburg
T: (0931) 8 02-0 **Fax:** 80 22 43
Internet: http://www.lva-unterfranken.de
E-Mail: lva-ufr@t-online.de
Vorsitzende(r) des Vorstandes: Franz Amrhein
Dieter Jensen
Geschäftsführer(in): Erster Dir. Manfred Adami
Leitung Presseabteilung: Wolfgang Knüpfing

• **K 319**

Landesversicherungsanstalt Berlin
Knobelsdorffstr. 92, 14059 Berlin
T: (030) 30 02-0 **Fax:** 30 02-1009
Vorsitzende(r) des Vorstandes: Dieter Scholz
Manfred Wittke
(im jährlichen Wechsel zum 1. Oktober)
Geschäftsführer(in): Ulrich Körber
Leitung Presseabteilung: Bernd Neumann

• **K 320**

Landesversicherungsanstalt Brandenburg
15228 Frankfurt
Bertha-von-Suttner-Str. 1, 15236 Frankfurt
T: (0335) 5 51-0 **Fax:** 5 51-12 95
Gründung: 1991 (1. Januar)
Alternierende Vorstandsvorsitzende: Volker Kulle (Versichertenvertreter)
Peter Unger (Arbeitgebervertreter)
Vorsitz wechselt jeweils am 1.10. d. Jahres
Geschäftsführer(in): Gerfried Rosch
Verbandszeitschrift: "gesichertes leben"
Redaktion: Michael Kaschel
Verlag: Wirtschaftsdienstverlag, Siemensstr. 6, 61352 Bad Homburg
Mitglieder: 390000 Rentner, 575 000 Versicherte
Mitarbeiter: 1370

• **K 321**

Landesversicherungsanstalt Oldenburg-Bremen
Postf. 27 67, 26017 Oldenburg
Huntestr. 11, 26135 Oldenburg
T: (0441) 92 70 **Fax:** 9 27 25 63
T-Online *927*
Internet: http://www.lva-oldenburg-bremen.de
E-Mail: presse@lva-oldenburg-bremen
Gründung: 1890 (8. August)
Vorsitzende(r) des Vorstandes: Eberhard Schodde
Marita Rosenow
Geschäftsführer(in): Rüdiger vom Ende
Stellvertretende Geschäftsführerin: Dr. Ingrid Künzler
Mitglieder: 900000

• **K 322**

Landesversicherungsanstalt Freie und Hansestadt Hamburg
Postf. 60 15 60, 22215 Hamburg
Überseering 10, 22297 Hamburg
T: (040) 63 81-0 **Fax:** 63 81-2999
Vorsitzende(r) des Vorstandes: Jürgen Hoch
Jürgen Meineke
(in jährlichem Wechsel)
Geschäftsführer(in): Erster Dir. Klaus Schulz

• **K 323**

Landesversicherungsanstalt Hessen
Städelstr. 28, 60596 Frankfurt
T: (069) 60 52-0 **Fax:** 60 52-16 00
Internet: http://www.lva.de
Geschäftsführer(in): Dr. Hans-Dieter Wolf
Stellvertretende(r) Geschäftsführer(in): Karlheinz Reichert
Ltg. Pressereferat: Ilona Reichert

• **K 324**

Landesversicherungsanstalt Hannover
30875 Laatzen
Lange Weihe 2-4, 30880 Laatzen
T: (0511) 8 29-0 **Fax:** 8 29 26 35
Internet: http://www.lva-hannover.de
Gründung: 1891
Vorsitzende(r) des Vorstandes: Horst Fricke
Gernot Preuß
Geschäftsführung: Erster Dir. Dr. Manfred Benkler (Vors.)
Direktor Jörg Kayser
Pressesprecher: Jürgen Dörge
Wolf-Dieter Burde
Verbandszeitschrift: gesichertes leben
Verlag: wdv, Siemensstr. 6, 61352 Bad Homburg
Mitglieder: rd. 2000000 Versicherte
Mitarbeiter: 2900
Jahresetat: DM 14000 Mio, € 7158,09 Mio

• **K 325**

Landesversicherungsanstalt Braunschweig
Postf. 33 23, 38023 Braunschweig
Kurt-Schumacher-Str. 20, 38102 Braunschweig
T: (0531) 70 06-0 **Fax:** 70 06-4 25
Gründung: 1891
Geschäftsführer(in): Dr. Ralf Kreikebohm
Mitglieder: ca. 390000
Mitarbeiter: 500
Jahresetat: DM 1825 Mio, € 933,11 Mio

• **K 326**

Landesversicherungsanstalt Mecklenburg-Vorpommern
Platanenstr. 43, 17033 Neubrandenburg
T: (0395) 3 70-0 **Fax:** 3 70-4444
Gründung: 1991 (01.Januar)
Geschäftsführer(in): Bernd Thiele
Leitung Presseabteilung: Roger Bodin
Verbandszeitschrift: "gesichertes Leben"
Verlag: WDV-Wirtschaftsdienst, Siemensstr. 6, 61352 Bad Homburg
Mitglieder: 532000 Versicherte, 287 000 Rentnerinnen und Rentner
Mitarbeiter: 897
Jahresetat: DM 460 Mio, € 235,19 Mio

• **K 327**

Landesversicherungsanstalt Rheinprovinz
40194 Düsseldorf
Königsallee 71, 40215 Düsseldorf
T: (0211) 9 37-0 **Fax:** 9 37-30 96
Internet: http://www.lva-rheinprovinz.de
E-Mail: LVA-Rheinprovinz.Pressestelle@t-online.de
Vorsitzende(r) des Vorstandes: Günter Mauer
Kurt Bodewig (im jährl. Wechsel)
Geschäftsführer(in): Dir. Heiner Horsch
Dir. Klaus Schenke
Leitung Presseabteilung: Karlpeter Arens

• **K 328**

Landesversicherungsanstalt Westfalen
48125 Münster
Gartenstr. 194, 48147 Münster
T: (0251) 2 38-0 **Fax:** 2 38-2960
Vorsitzende(r) des Vorstandes: Karl-Ernst Schmitz-Simonis
Erwin Marschner
(im jährlichen Wechsel zum 1. Oktober)
Geschäftsführer(in): Erster Direktor Wilfried Gleitze
Dir. Klaus Schulte
Dir. Joachim Försterling

• **K 329**

Landesversicherungsanstalt Rheinland-Pfalz
Eichendorffstr. 4-6, 67346 Speyer
T: (06232) 17-0 **Fax:** 17 25 89, 17 25 34
Vorsitzende(r) des Vorstandes: Dieter Kretschmer
Harald Huhn
Vors. der Vertreterversammlung: Dieter Becker
Volkmar Heusel
Geschäftsführer(in): Hartmut Hüfken
Stellvertretende(r) Geschäftsführer(in): Werner Munhofen

• **K 330**

Landesversicherungsanstalt für das Saarland
Martin-Luther-Str. 2-4, 66111 Saarbrücken
T: (0681) 3 09 30 **Fax:** 30 93-1 99
Vorsitzende(r) des Vorstandes: Klaus Behnisch
Georg Jung
(im jährlichen Wechsel zum 1. Oktober)
Geschäftsführer(in): Günter Ludwig Schneider

Trägerin der gesetzlichen Rentenversicherung der Arbeiter und der Hüttenknappschaftlichen Zusatzversicherung (HZV).

• **K 331**

Landesversicherungsanstalt Sachsen
Hauptverwaltung
Georg-Schumann-Str. 146, 04159 Leipzig
T: (0341) 5 50-55 **Fax:** 5 50 59 00
Erster Direktor: Heinz Löffler
Direktor: Manfred Kees

• **K 332**

Landesversicherungsanstalt Sachsen-Anhalt
Paracelsusstr. 21, 06114 Halle
T: (0345) 2 13-0 **Fax:** 2 02 33 14
1. Dir.: Konrad-Wilhelm Riebe
2. Dir.: Dagmar Lewering
Leitung Presseabteilung: Matthias Jäkel
Verbandszeitschrift: Gesichertes Leben
Verlag: WDV Wirtschaftsdienst Gesellschaft für Medien und Kommunikation mbH & Co. OHG

• K 333

Landesversicherungsanstalt Schleswig-Holstein
23544 Lübeck
Ziegelstr. 150, 23556 Lübeck
T: (0451) 4 85-0 **Fax:** 4 85-1777
Vorsitzende(r) des Vorstandes: Bernhard Fischer
Stv. Vors. d. Vorst.: Hugo Schütt
(Vors. u. stellv. Vors. wechseln jährlich zum 1. Oktober)
Geschäftsführer(in): Hans-Egon Raetzell
Stellvertretende(r) Geschäftsführer(in): Ingo Koch

• K 334

Deutsche Rentenversicherung
Landesversicherungsanstalt Thüringen

Kranichfelder Str. 3, 99097 Erfurt
T: (0361) 4 82-0 **Fax:** 4 82-2299
E-Mail: pressestelle@lva-thueringen.de
Gründung: 1991 (01.Januar)
Alternierende Vorstandsvors.: Viktor Bernecker
Geschäftsführer(in): Dr. Wolfgang Kohl
Stellvertretende(r) Geschäftsführer(in): Bernd Burkhardt
Pressesprecher: Andreas Walther
Verbandszeitschrift: gesichertes leben
Verlag: WDV Wirtschaftsdienst Gesellschaft für Medien und Kommunikation mbH & Co. OHG, Siemensstr. 6, 61352 Bad Homburg v.d.H.
Mitglieder: 765115 Versicherte, 316050 Rentner
Mitarbeiter: 1460

• K 335

Landesversicherungsanstalt Württemberg
Adalbert-Stifter-Str. 105, 70437 Stuttgart
T: (0711) 84 81 **Fax:** 84 47 02
Gründung: 1890 (23. Oktober)
Vors. d. Vert.-Vers.: Rudolf Winterholler
RA Dr.jur. Axel B. Stemmer
Vorsitzende(r) des Vorstandes: Helmut Rapp
Rainer Bliesener
(in jährlichem Wechsel)
Geschäftsführer(in): Erster Dir. Jürgen Schneider
Stellvertretender Geschäftsführer: Dir. Hubert Seiter
Ltg. Pressereferat: Ute Ullmer
Verbandszeitschrift: LVA-Mitteilungen
Redaktion: LVA-Pressereferat
Verlag: W. Kohlhammer, Stuttgart-Obertürkheim
Mitglieder: rd. 1800000 Versicherte
Jahresetat: DM 2569 Mio, € 1313,51 Mio

Sonderanstalten

• K 336

Bahnversicherungsanstalt
Hauptverwaltung
Karlstr. 4-6, 60329 Frankfurt
T: (069) 2 65-33009 **Fax:** 2 65-34170
Vorsitzende(r) des Vorstandes: Hans-Hartmut Weisberg
Geschäftsführer(in): Hartmut Janzer
Leitung Presseabteilung: Holger Barfknecht
Pressestelle: Holger Barfknecht
Rentenversicherungsträger der Arbeiter und Angestellten der Deutschen Bundesbahn und der Deutschen Reichsbahn einschließlich ihrer nicht rechtsfähigen Sondervermögen und der Arbeiter der Wasser- und Schiffahrtsverwaltung des Bundes und der Länder Bremen, Niedersachsen, Nordrhein-Westfalen, Rheinland-Pfalz, Schleswig-Holstein, der Lübeck-Stolberger Eisenbahn AG, Duisburg-Ruhrorter Hafen AG. und Ruhrschiff-fahrts-Verwaltung Duisburg.

• K 337

Seekasse
siehe gewerbliche Berufsgenossenschaften k 242

Angestelltenversicherung

• K 338

Bundesversicherungsanstalt für Angestellte
Ruhrstr. 2, 10709 Berlin
T: (030) 8 65-1 **Fax:** 86 52 72 40
TX: 183 366 BfA
T-Online *4 5065*
Internet: http://www.bfa-berlin.de/
Gründung: 1913 (RfA); 1953 (BfA)
Vorsitzende(r) des Vorstandes: Lutz Freitag
Stellv. Vors. d. Vorst.: Hans Dieter Richardt
(im jährlichen Wechsel)
Geschf. u. Präs.: Dr. Herbert Rische
Dir. Dr. Anne Meurer
Dir. Klaus Michaelis
Leitung Presseabteilung: Helbing
Träger der gesetzlichen Rentenversicherung der Angestellten.

Knappschafts-Versicherung

• K 339

Bundesknappschaft
Hauptverwaltung Bochum
Verw.-Gebäude:
44781 Bochum
Pieperstr. 14-28, 44789 Bochum
Königsallee 175, Universitätsstr. 105, Universitätsstr. 140, T: (0234) 3 04-0
Lothringer Str. 36
T: (0234) 87 95-0 **Fax:** 3 04-5305
Internet: http://www.bundesknappschaft.de
E-Mail: diebundesknappschaft@bundesknappschaft.de
Vorsitzende(r) des Vorstandes: Fritz Kollorz
Geschäftsführer(in): Erster Dir. Dr. Georg Greve
Dir. Rolf Stadié
Dir. Dr. Ulrich Roppel
Leitung Presseabteilung: Susanne Schröder

Landwirtschaftliche Altersversicherung

• K 340

Gesamtverband der landwirtschaftlichen Alterskassen
- Körperschaft des öffentlichen Rechts
34114 Kassel
Postf. 41 03 56, 34065 Kassel
Weißensteinstr. 70-72, 34131 Kassel
T: (0561) 93 59-0 **Fax:** 93 59-149
Vorsitzende(r) des Vorstandes: Klaus Vosseler
Geschäftsführer(in): Verb.-Dir. Harald Deisler

Angeschlossene Alterskassen

k 341

Schleswig-Holsteinische Landwirtschaftliche Alterskasse
Schulstr. 29, 24143 Kiel
T: (0431) 70 24-0 **Fax:** 70 24-6120
Vorsitzende(r) des Vorstandes: Werner Schramm
Geschäftsführer(in): Dir. Wolfgang Baier

k 342

Landwirtschaftliche Alterskasse Oldenburg-Bremen
Im Dreieck 12, 26127 Oldenburg
T: (0441) 34 08-0 **Fax:** 34 08-444
Vorsitzende(r) des Vorstandes: Alfons Oing
Geschäftsführer(in): Dir. Manfred Schmidt-Broscheit

k 343

Hannoversche landwirtschaftliche Alterskasse
Im Haspelfelde 24, 30173 Hannover
T: (0511) 80 73-0 **Fax:** 80 73-4 98
Vorsitzende(r) des Vorstandes: Otto Deppmeyer
Geschäftsführer(in): Erster Dir. Hartmut Andrä

k 344

Braunschweigische landwirtschaftliche Alterskasse
Bruchtorwall 13, 38100 Braunschweig
T: (0531) 4 80 02-0 **Fax:** 4 80 02-63
Vorsitzende(r) des Vorstandes: Jürgen Görg
Geschäftsführer(in): Dir. Alfred Kubon

k 345

Lippische landwirtschaftliche Alterskasse
Felix-Fechenbach-Str. 6, 32756 Detmold
T: (05231) 60 04-0 **Fax:** 60 04-30
Vorsitzende(r) des Vorstandes: Heinrich-Wilhelm Tölle
Geschäftsführer(in): Dir. Albrecht Dreimann

k 346

Alterskasse der rheinischen Landwirtschaft
Merowingerstr. 103, 40225 Düsseldorf
T: (0211) 33 87-0 **Fax:** 33 87-4 54
Vorsitzende(r) des Vorstandes: Hans Schrapers
Geschäftsführer(in): Dir. Heimo-Jürgen Döge

k 347

Westfälische landwirtschaftliche Alterskasse
Hoher Heckenweg 76-80, 48147 Münster
T: (0251) 23 20-0 **Fax:** 23 20-5 55
Vorsitzende(r) des Vorstandes: Hans-Jürgen Kleimann
Geschäftsführer(in): Dir. Jürgen Blauth

k 348

Landwirtschaftliche Alterskasse Hessen
Bartningstr. 57, 64289 Darmstadt
T: (06151) 7 02-0 **Fax:** 7 02-250
Internet: http://www.ghv-darmstadt.de
E-Mail: info.lbg-da@bvg-fri.de, info.lbg-ks@bvg-fri.de

Luisenstr. 12, 34119 Kassel
T: (0561) 10 06-0, Fax: 10 06-395
Vorsitzende(r) des Vorstandes: Walter Schütz
Geschäftsführer(in): Dir. Wilhelm Kins

k 349

Landwirtschaftliche Alterskasse Rheinland-Pfalz
Theodor-Heuss-Str. 1, 67346 Speyer
T: (06232) 9 11-0 **Fax:** 9 11-187
Vorsitzende(r) des Vorstandes: Ingo Steitz
Geschäftsführer(in): Dir. Godehard Hennies

k 350

Landwirtschaftliche Alterskasse für das Saarland
Heinestr. 2-4, 66121 Saarbrücken
T: (0681) 6 65 00-0 **Fax:** 6 65 00-58
Vorsitzende(r) des Vorstandes: Helmut Kliver
Geschäftsführer(in): Dir. Helmut Heinz

k 351

Landwirtschaftliche Alterskasse Oberfranken und Mittelfranken
Dammwäldchen 4, 95444 Bayreuth
T: (0921) 6 03-0 **Fax:** 6 03-3 86
Vorsitzende(r) des Vorstandes: Reinhart Frhr. von Stockmar von Wangenheim
Geschäftsführer(in): Dir. Friedhard Pfeiffer

k 352

Landwirtschaftliche Alterskasse Niederbayern-Oberpfalz
Luitpoldstr. 29, 84034 Landshut
T: (0871) 6 96-0 **Fax:** 6 96-477
Vorsitzende(r) des Vorstandes: Franz Xaver Mayer
Geschäftsführer(in): Alois Brandlmeier

k 353

Landwirtschaftliche Alterskasse Unterfranken
Friedrich-Ebert-Ring 33, 97072 Würzburg
T: (0931) 80 04-0 **Fax:** 80 04-284
Vorsitzende(r) des Vorstandes: Gerhard Fuchs
Geschäftsführer(in): Dir. Hans-Jürgen Rahn

k 354

Landwirtschaftliche Alterskasse Schwaben
Tunnelstr. 29, 86156 Augsburg
T: (0821) 40 81-0 **Fax:** 40 81-247
Vorsitzende(r) des Vorstandes: Reinhold Frhr. von Lupin
Geschäftsführer(in): Dir. Dagobert Peschkes

k 355

Landwirtschaftliche Alterskasse Oberbayern
Neumarkter Str. 35, 81673 München
T: (089) 4 54 80-0 **Fax:** 4 54 80-3 98
Vorsitzende(r) des Vorstandes: Max Weichenrieder
Geschäftsführer(in): Dir. Norbert Gradl

k 356

Landwirtschaftliche Alterskasse Baden
Steinhäuserstr. 14, 76135 Karlsruhe
T: (0721) 81 94-0 **Fax:** 81 94-4 44
Vorsitzende(r) des Vorstandes: Marianne Anselm
Geschäftsführer(in): Dir. Alexander Schulze

k 357

Landwirtschaftliche Alterskasse Württemberg
Postf. 10 60 20, 70049 Stuttgart
Vogelrainstr. 25, 70199 Stuttgart
T: (0711) 9 66-0 **Fax:** 9 66-21 40
Vorsitzende(r) des Vorstandes: Walter Biermann
Geschäftsführer(in): Dir. Jürgen Haller

k 358

Alterskasse für den Gartenbau
34111 Kassel
Frankfurter Str. 126, 34121 Kassel
T: (0561) 9 28-0 **Fax:** 9 28-2206, 9 28-2307
Vorsitzende(r) des Vorstandes: Jürgen Denzau
Geschäftsführer(in): Dir. Justus Beil

k 359

Landwirtschaftliche Alterskasse Berlin
Hoppegartener Str. 100, 15366 Hönow
T: (03342) 36-0 **Fax:** 36-1777
Vorsitzende(r) des Vorstandes: Joachim Kühne
Geschäftsführer(in): Dir. Werner Melzer

k 360

Sächsische Landwirtschaftliche Alterskasse
Bahnhofstr. 16-18, 04575 Neukieritzsch
T: (034342) 62-0 **Fax:** 62-2 11
Vorsitzende(r) des Vorstandes: Wolfgang Vogel
Geschäftsführer(in): Dir. Thomas Wirz

Arbeitslosenversicherung

• K 361

Bundesanstalt für Arbeit (BA)
Hauptstelle:
90327 Nürnberg
Regensburger Str. 104, 90478 Nürnberg
T: (0911) 1 79-0 **Fax:** 1 79-2123
Internet: http://www.arbeitsamt.de
Präsident(in): Bernhard Jagoda
Vizepräsident(in): Otto Semmler

Landesarbeitsämter

k 362

Landesarbeitsamt Baden-Württemberg
Postf. 10 29 52, 70025 Stuttgart
Hölderlinstr. 36, 70174 Stuttgart
T: (0711) 9 41-0 **Fax:** 9 41-16 40
Präsident(in): Otto-Werner Schade

Arbeitsämter in
Aalen, Balingen, Freiburg, Göppingen, Heidelberg, Heilbronn, Karlsruhe, Konstanz, Lörrach, Ludwigsburg, Mannheim, Nagold, Offenburg, Pforzheim, Rastatt, Ravensburg, Reutlingen, Rottweil, Schwäbisch Hall, Stuttgart, Tauberbischofsheim, Ulm, Villingen-Schwenningen, Waiblingen

k 363

Landesarbeitsamt Bayern
90328 Nürnberg
Regensburger Str. 100, 90478 Nürnberg
T: (0911) 1 79-0 **Fax:** 1 79-42 02
Präsident(in): Dr. Richard Wanka
Vizepräsident(in): Dr. Andreas Stöhr

Arbeitsämter in
Ansbach, Aschaffenburg, Augsburg, Bamberg, Bayreuth, Coburg, Deggendorf, Donauwörth, Freising, Hof, Ingolstadt, Kempten, Landshut, Memmingen, München, Nürnberg, Passau, Pfarrkirchen, Regensburg, Rosenheim, Schwandorf, Schweinfurt, Traunstein, Weiden, Weilheim, Weißenburg, Würzburg

k 364

Landesarbeitsamt Berlin-Brandenburg
10958 Berlin
Friedrichstr. 34, 10969 Berlin
T: (030) 25 32-0 **Fax:** 25 32-49 99
Präsident(in): Klaus Clausnitzer

Arbeitsämter in
Berlin Süd, Berlin-West, Berlin Südwest, Berlin Nord, Berlin Mitte, Berlin Ost, Cottbus, Eberswalde, Frankfurt (Oder), Neuruppin, Potsdam

k 365

Landesarbeitsamt Hessen
Postf. 71 06 61, 60496 Frankfurt
Saonestr. 2-4, 60528 Frankfurt
T: (069) 66 70-0 **Fax:** 66 70-459
Präsident(in): Wilhelm Schickler

Arbeitsämter in
Bad Hersfeld, Darmstadt, Frankfurt a.M., Fulda, Gießen, Hanau, Kassel, Korbach, Limburg, Marburg, Offenbach, Wetzlar, Wiesbaden

k 366

Landesarbeitsamt Niedersachsen-Bremen
Postf. 37 47, 30037 Hannover
Altenbekener Damm 82, 30173 Hannover
T: (0511) 98 85-0 **Fax:** 98 85-3 60
Präsident(in): Dr. Reimer Herbst

Arbeitsämter in
Braunschweig, Bremen, Bremerhaven, Celle, Emden, Goslar, Göttingen, Hameln, Hannover, Helmstedt, Hildesheim, Leer, Lüneburg, Nienburg, Nordhorn, Oldenburg, Osnabrück, Stade, Uelzen, Vechta, Verden, Wilhelmshaven

k 367

Landesarbeitsamt Nordrhein-Westfalen
Postf. 10 10 40, 40001 Düsseldorf
Josef-Gockeln-Str. 7, 40474 Düsseldorf
T: (0211) 43 06-0 **Fax:** 43 06-3 77
Präsident(in): Karsten Koppe

Arbeitsämter in:
Aachen, Ahlen, Bergisch Gladbach, Bielefeld, Bochum, Bonn, Brühl, Coesfeld, Detmold, Dortmund, Düren, Düsseldorf, Duisburg, Essen, Gelsenkirchen, Hagen, Hamm, Herford, Iserlohn, Köln, Krefeld, Meschede, Mönchengladbach, Münster, Oberhausen, Paderborn, Recklinghausen, Rheine, Siegen, Soest, Solingen, Wesel, Wuppertal

k 368

Landesarbeitsamt Rheinland-Pfalz-Saarland
Postf. 10 18 44, 66018 Saarbrücken
Eschberger Weg 68, 66121 Saarbrücken
T: (0681) 8 49-0 **Fax:** 8 49-1 80
Präsident(in): Eva Strobel

Arbeitsämter in:
Bad Kreuznach, Kaiserslautern, Koblenz, Landau, Ludwigshafen, Mainz, Mayen, Montabaur, Neunkirchen, Neuwied, Pirmasens, Saarbrücken, Saarlouis, Trier

k 369

Landesarbeitsamt Nord
Postf. 30 07, 24029 Kiel
Projensdorfer Str. 82, 24106 Kiel
T: (0431) 33 95-0 **Fax:** 33 95-262
Präsident(in): Georg Fiedler

Arbeitsämter in:
Bad Oldesloe, Elmshorn, Flensburg, Hamburg, Heide, Kiel, Lübeck, Neubrandenburg, Neumünster, Rostock, Schwerin, Stralsund

k 370

Landesarbeitsamt Sachsen-Anhalt-Thüringen
Merseburger Str. 196, 06110 Halle
T: (0345) 13 32-0 **Fax:** 13 32-555
Präsident(in): Dr. Martin Heß

Arbeitsämter in:
Altenburg, Dessau, Erfurt, Gera, Gotha, Halberstadt, Halle, Jena, Magdeburg, Merseburg, Nordhausen, Sangerhausen, Stendal, Suhl, Lutherstadt-Wittenberg

k 371

Landesarbeitsamt Sachsen
Paracelsusstr. 12, 09114 Chemnitz
T: (0371) 91 18-0 **Fax:** 91 18-6 97
Präsident(in): Dr. Alois Streich

Arbeitsämter in:
Annaberg-Buchholz, Bautzen, Chemnitz, Dresden, Leipzig, Oschatz, Pirna, Plauen, Riesa, Zwickau

Besondere Dienststellen

k 372

Zentralstelle für Arbeitsvermittlung (ZAV)
53107 Bonn
Villemombler Str. 76, 53123 Bonn
T: (0228) 7 13-0 **Fax:** 7 13-1111
Gründung: 1954 (6. September)
Direktor(in): Dr. Peter Jacobi

• K 373

Institut für Arbeitsmarkt- und Berufsforschung der Bundesanstalt für Arbeit (IAB)
Arbeitsbereich Dokumentation und Information
Dienstgebäude:
Platenstr. 46, 90441 Nürnberg
90327 Nürnberg
T: (0911) 1 79-0 **Fax:** 1 79-3258
Teletex: 9 118 197 BA nbg
Internet: http://www.iab.de
E-Mail: iab.ba@t-online.de
Gründung: 1967
Kontaktperson: Dipl.-Pol. Gerd Peters
Direktor(in): Prof. Dr. Gerhard Kleinhenz
Sachgebiete: Sozialwissenschaften; Wirtschaftswissenschaften

Weitere Versorgungseinrichtungen

• K 374

Versorgungsanstalt des Bundes und der Länder
Hans-Thoma-Str. 19, 76133 Karlsruhe
T: (0721) 1 55-0 **Fax:** 1 55-666
Präsident: Dr. Rolf Schmid

• K 375

Versorgungsanstalt der Deutschen Bundespost
- Rechtsfähige Anstalt des öffentlichen Rechts -
Maybachstr. 54-56, 70469 Stuttgart
T: (0711) 13 56-0 **Fax:** 13 56-4098
Teletex: 7111 636 ANST **T-Online** 0711 1356-1
Geschäftsführer(in): Ltd. Postdirektor Knauß

• K 376

HDI Haftpflichtverband der Deutschen Industrie V.a.G.
Postf. 51 03 69, 30633 Hannover
Riethorst 2, 30659 Hannover
T: (0511) 6 45-0 **Fax:** 6 45-4545
TX: 9 22 678
TGR: Haftpflicht-Hannover
T-Online *2 1226*

• K 377

Arbeitsgemeinschaft für betriebliche Altersversorgung e.V.
Postf. 12 01 16, 69065 Heidelberg
Rohrbacher Str. 12, 69115 Heidelberg
T: (06221) 2 14 22 u. 2 06 19 **Fax:** 2 42 10
Gründung: 1938 (Dezember)
Vorsitzende(r): Dr. Boy-Jürgen Andresen
Geschäftsführer(in): Klaus Stiefermann
Verbandszeitschrift: Betriebliche Altersversorgung
Redaktion: Dr. Uebelhack
Verlag: Eigenverlag
Mitglieder: ca. 1300
Mitarbeiter: 10
Jahresetat: DM 2 Mio, € 1,02 Mio

Sicherung und Förderung der Verbreitung der betrieblichen Altersversorgung, Information und Weiterbildung der Mitglieder.

angeschlossen

k 378

Fachvereinigung Pensionskassen
65926 Frankfurt
T: (069) 3 05-6833
Leitung: Joachim Schwind

k 379

Fachvereinigung Unterstützungskassen und Pensionszusagen
70546 Stuttgart
T: (0711) 1 79 20 82 (DaimlerCrysler AG)
Leitung: Prof. Dr. Eckard Kreßel

k 380

Fachvereinigung Mathematische Sachverständige
Waiblinger Str. 7, 70372 Stuttgart
T: (0711) 9 54 84 70
Leitung: Dipl.-Math. Claus-Jürgen Beye

k 381

Fachvereinigung öffentlich-rechtliche Altersversorgungseinrichtungen
Denninger Str. 37, 81925 München
Leitung: Géza von Puskás (Arbeitsgemeinschaft der kommunalen u. kirchlichen Zusatzversorgungskassen, Denninger Str. 37, 81925 München)

k 382

Fachvereinigung Direktversicherung
T: (0711) 6 63-2664 (Allianz Lebensv.) **Fax:** 6 63-2936
Leitung: Dir. Jürgen Eichelmann

• K 383

Künstlersozialkasse
(Abteilung der Landesversicherungsanstalt Oldenburg-Bremen)
26380 Wilhelmshaven
Langeoogstr. 12, 26384 Wilhelmshaven
T: (04421) 30 80 **Fax:** 30 82 06 + 3 08 254
Internet: http://www.kuenstlersozialkasse.de
E-Mail: presse@kuenstlersozialkasse.de
Geschäftsführer(in): Rüdiger vom Ende
Abteilungsleiter: Harro Bruns

• K 384

AUV-Arbeitsgemeinschaft Unabhängiger Versicherungsmakler e.V.
Motzstr. 54, 10777 Berlin
T: (030) 21 28 80 12 **Fax:** 21 28 80 29
Internet: http://www.auv.de
E-Mail: info@auv.de
Gründung: 1986
Geschf. Vorst.: Dipl.-Ökonom Gerd Winkel
Roland Breit
Mitglieder: 30
Mitarbeiter: 2

• K 385

Institut der Versicherungsmathematischen Sachverständigen der Altersversorgung e.V. (IVS)
Unter Sachsenhausen 33, 50667 Köln
T: (0221) 91 25 54-0 **Fax:** 91 25 54-44
Gründung: 1980
Vorsitzende(r): Prof. Dr. Klaus Heubeck
Stellvertretende(r) Vorsitzende(r): Dipl.-Math. Claus-Jürgen Beye
Dr. Karl-Josef Bode
Mitglieder: 312
Zweigverein der Deutschen Aktuarvereinigung (DAV)
Förderung einer fachkundigen Betreuung und Beratung auf dem Gebiet der Altersversorgung durch versicherungsmathematische Sachverständige, Durchführung von Seminaren, Abnahme von Prüfungen über die Fachkunde.

• K 386

Versorgungsverband bundes- und landesgeförderter Unternehmen e.V. (VBLU)
Postf. 21 02 70, 53157 Bonn
Mainzer Str. 47, 53179 Bonn
T: (0228) 9 43 91-0 **Fax:** 9 43 91-43
Gründung: 1964
Vorsitzende(r) des Vorstandes: Dr. Karl-Heinz Kiefer
Geschäftsführer(in): Hans Leo Brauers
Mitglieder: über 3500
Sicherstellung einer zusätzlichen Alters- und Hinterbliebenenversorgung für Arbeitnehmer von Einrichtungen und Unternehmen, die Zuwendungsempfänger im Sinne des Paragraphen 23 BHO sind, auf welche die öffentliche Hand maßgeblichen Einfluß nimmt oder die öffentlichen Belange wahrnehmen.

• K 387

Interessengemeinschaft Norddeutscher Schiffsversicherungs-Vereine a.G.
c/o Norddt. Assekuranz-Verein Hamburg-Cranz VVaG
Große Elbstr. 36, 22767 Hamburg
T: (040) 3 11 15-0 **Fax:** 3 11 15-1 23
Geschäftsführer(in): Rolf Fock

• K 388

Berufsgenossenschaftliches Arbeitsmedizinisches Zentrum
Kreuzberger Ring 56a, 65205 Wiesbaden
T: (0611) 72 36 76 **Fax:** 72 36 78
Leitung: Dr. Wilhelm Barthenheier

• K 389

Ökowerk e.V.
Fichtenstr. 42, 40233 Düsseldorf
T: (0211) 97 37-152 **Fax:** 97 37-1 10
Gründung: 1987
Geschäftsführer(in): Bank-Kfm. Frank Kittel (Ltg. Presse-abt.)
Verbandszeitschrift: öko-maerker
Verlag: Eigenverlag
Mitglieder: ca. 2300
Mitarbeiter: 3

• K 390

Versorgungsverband deutscher Wirtschaftsorganisationen
Leonhard-Stinnes-Str. 66, 45470 Mülheim
T: (0208) 3 08 75-0 **Fax:** 3 08 75-30
E-Mail: vdw@vdw.ihk.de
Vorsitzende(r): Otto Julius Maier (Präsident der Industrie- und Handelskammer Bodensee, Oberschwaben, Weingarten)
Erster GeschF: RA Gisbert Schadek

• K 391

Versorgungswerk des Verbandes der Bayer. Erfrischungsgetränke-Industrie e.V.
Oskar-von-Miller-Ring 1, 80333 München
T: (089) 2 80 02 40 **Fax:** 2 80 97 78
Vorsitzende(r): Ludwig Knott (Nörerstr. 5, 94469 Deggendorf, T: (0991) 80 61)
Vorstand und Geschäftsführer: Ass. Birgit Knappmann

• K 392

Continentale Valoren-Versicherungs-Gemeinschaft
Rückversicherungsgemeinschaft
c/o Mannheimer Versicherung Aktiengesellschaft
68127 Mannheim
Augustaanlage 66, 68165 Mannheim
T: (0621) 4 57-4481 **Fax:** 4 57-4062

• K 393

Arbeitsgemeinschaft berufsständischer Versorgungseinrichtungen e.V. (ABV)
Postf. 51 05 11, 50941 Köln
Marienburger Str. 2, 50968 Köln
T: (0221) 3 76 10 71 **Fax:** 3 76 10 73
Internet: http://www.abv.de
E-Mail: info@abv.de
Gründung: 1978
Vorsitzende(r) des Vorstandes: Prof. Dr.med. Rolf Bialas
Hauptgeschäftsführer(in): Dipl.-Kfm. Michael Jung
RA Michael Prossliner
Mitglieder: 73 der 75 berufsständischen Versorgungseinrichtungen der verkammerten Freien Berufe

k 394

Arbeitsgemeinschaft berufsständischer Versorgungseinrichtungen e.V. (ABV) Verbindungsbüro Berlin
Königstr. 4, 14163 Berlin
T: (030) 80 90 30 87 **Fax:** 80 90 30 88

k 395

Arbeitsgemeinschaft berufsständischer Versorgungseinrichtungen e.V. (ABV) Verbindungsbüro Brüssel
Rue Newton 1, B-1000 Brüssel
T: (00322) 7 36 38 34 **Fax:** 7 35 25 45
E-Mail: abv.ev@skynet.be

• K 396

Arbeitsgemeinschaft unabhängiger Versorgungseinrichtungen e.V. (AGuV)
Palmaille 35, 22767 Hamburg
T: (040) 38 16 35 **Fax:** 38 19 84
Gründung: 1989 (12. September)
Vorsitzende(r): Vers.-Mathematiker Reinhard Schmidt-Tobler
Stellvertretende(r) Vorsitzende(r): Kaufmann Dieter H. A. Zantop
Mitglieder: 350
Mitarbeiter: 5
Jahresetat: DM 1 Mio, € 0,51 Mio

• K 397

AGA-Arbeitsgemeinschaft von Schadenversicherern zur Schadenabwicklung
Max-Joseph-Str. 8, 80333 München
T: (089) 59 33 53 **Fax:** 59 17 64
Gründung: 1972
Geschäftsführer(in): RA Eberhard von Radetzky
Mitglieder: 48
Abwicklung von Schadenfällen.

• K 398

Arbeitsgemeinschaft kommunale und kirchliche Altersversorgung (AKA) e.V.
Denninger Str. 37, 81925 München
T: (089) 92 35-8500 **Fax:** 92 35-8599
Internet: http://www.aka-altersversorgung.de
E-Mail: aka@versorgungskammer.de
Gründung: 1998
Vorstand: Géza von Puskás (Vors.), München
Armin Schmitt (stellv. Vors.), Karlsruhe
Mitglieder: 47 ordentliche Mitglieder

k 399

Arbeitsgemeinschaft kommunale und kirchliche Altersversorgung (AKA) e.V. - Fachvereinigung Beamtenversorgung -
Postf. 10 01 61, 76231 Karlsruhe
Daxlander Str. 74, 76185 Karlsruhe
T: (0721) 59 85-0 **Fax:** 59 85-1 11
Internet: http://www.aka-altersversorgung.de
E-Mail: aka@kvbw.de

k 400

Arbeitsgemeinschaft kommunale und kirchliche Altersversorgung (AKA) e.V. - Fachvereinigung Zusatzversorgung -
Denninger Str. 37, 81925 München
T: (089) 92 35-8500 **Fax:** 92 35-8599
Internet: http://www.aka-altersversorgung.de
E-Mail: aka@versorgungskammer.de

• K 401

Arbeitsgemeinschaft kommunale und kirchliche Altersversorgung (AKA) e.V. - Fachvereinigung Beamtenversorgung -
Postf. 10 01 61, 76231 Karlsruhe
Daxlander Str. 74, 76185 Karlsruhe
T: (0721) 59 85-0 **Fax:** 59 85-1 11
Internet: http://www.aka-altersversorgung.de
E-Mail: aka@kvbw.de
Leitung: Dir. Schmitt
Mitglieder: 20

1. Kommunale Versorgungseinrichtungen

Baden-Württemberg

k 402

Kommunaler Versorgungsverband Baden-Württemberg
Postf. 10 01 61, 76231 Karlsruhe
Daxlander Str. 74, 76185 Karlsruhe
T: (0721) 59 85-0 **Fax:** 59 85-4 44
E-Mail: info@kvbw.de
Direktor(in): Armin Schmitt (T: (0721) 59 85-3 29, Fax: 59 85-1 11)
Leitender Verwaltungsdirektor: Harald Waibel (T: (0721) 59 85-3 59)

Bayern

k 403
Bayerische Versorgungskammer
- Bayerischer Versorgungsverband -
81921 München
Denninger Str. 37, 81925 München
T: (089) 92 35-6 **Fax:** 92 35-8870
Internet: http://www.versorgungskammer.de
E-Mail: bayvv@versorgungskammer.de
Stellv. Vorstandsvorsitzende(r): Géza von Puskás (T: (089) 92 35-85 00)
Leitender Regierungsdirektor: Heinrich Durchholz (T: (089) 92 35-84 50)

k 404
Kommunaler Versorgungsverband Brandenburg Versorgungskasse
Rudolf-Breitscheid-Str. 62, 16775 Gransee
T: (03306) 79 86-0 **Fax:** 79 86-66
E-Mail: kvbbg@mail.lvr.de
Direktorin: Direktorin Irmgard Stelter

Hessen

k 405
Versorgungskasse für die Beamten der Gemeinden und Gemeindeverbände
Postf. 11 15 61, 64230 Darmstadt
Bartningstr. 55, 64289 Darmstadt
T: (06151) 7 06-0 **Fax:** 7 06-2 00
Leitender Verwaltungsdirektor: Georg Schilling (T: (06151) 7 06-2 04)

k 406
Beamtenversorgungskasse Kurhessen-Waldeck
Postf. 10 41 44, 34041 Kassel
Kölnische Str. 42-42A, 34117 Kassel
T: (0561) 78 89-5 55 **Fax:** 78 89-5 68
Internet: http://www.kvk-kassel.de
E-Mail: bvk@kvk-kassel.de
Direktor(in): Klaus Werner (T: (0561) 78 89-5 00)

k 407
Kommunalbeamten-Versorgungskasse Nassau
Postf. 44 20, 65034 Wiesbaden
Hohenstaufenstr. 7, 65189 Wiesbaden
T: (0611) 8 45-0 **Fax:** 84 56 26, 84 54 06
E-Mail: info@zvk-wi.de
Direktor(in): Eckhard Momberger

Mecklenburg-Vorpommern

k 408
Kommunaler Versorgungsverband Mecklenburg-Vorpommern
Reventlouallee 6, 24105 Kiel
T: (0431) 57 01-0 **Fax:** 56 47 05
Leitender Verwaltungsdirektor: Udo Ebeling (T: (0431) 57 01-1 00)

Niedersachsen

k 409
Niedersächsische Versorgungskasse
Postf. 81 04 04, 30504 Hannover
Am Mittelfelde 169, 30519 Hannover
T: (0511) 8 79 96-0 **Fax:** 8 79 96-99
Gründung: 1948 (01. Okt)
Geschäftsführer(in): Bernd-Georg Höfer ((0511) 8 79 96-10)
Mitglieder: 590
Mitarbeiter: 41
Jahresetat: DM 450 Mio, € 230,08 Mio

k 410
Bezirksverband Oldenburg
- Versorgungskasse -
Postf. 12 45, 26002 Oldenburg
Blumenstr. 1, 26121 Oldenburg
T: (0441) 2 18 95-0 **Fax:** 2 18 95-99
Verbandsgeschäftsführer: Karl-Heinz Meyer

Nordrhein-Westfalen

k 411
Rheinische Versorgungskasse für Gemeinden und Gemeindeverbände
Postf. 21 09 40, 50533 Köln
Mindener Str. 2, 50679 Köln
T: (0221) 82 73-0 **Fax:** 82 73-2157
Internet: http://www.lvr.de/rvk-rzvk
E-Mail: rvk-rzvk@mail.lvr.de
Leitung: Landesrat Karl Bechtel (T: (0221) 82 73-29 90)
Leitender Landesverwaltungsdirektor: Jürgen Riegermann (T: (0221) 82 73-29 18)

k 412
Westfälisch-Lippische Versorgungskasse für Gemeinden und Gemeindeverbände
Postf. 48 06, 48027 Münster
Zumsandestr. 12 + 14, 48145 Münster
T: (0251) 5 91-01 **Fax:** 5 91-39 78
Leitung: Landesrat Rainer John (T: (0251) 5 91-47 63)

Rheinland-Pfalz

k 413
Pfälzische Pensionsanstalt
Postf. 14 63, 67088 Bad Dürkheim
Sonnenwendstr. 2, 67098 Bad Dürkheim
T: (06322) 9 36-0 **Fax:** 9 36-2 88
Direktor(in): Gerd Klein (T: (06322) 9 36-2 70)

Saarland

k 414
Ruhegehalts- und Zusatzversorgungskasse des Saarlandes
Abteilung Ruhegehaltskasse
Postf. 10 24 32, 66024 Saarbrücken
Fritz-Dobisch-Str. 12, 66111 Saarbrücken
T: (0681) 4 00 03-0 **Fax:** 4 00 03-39
Geschäftsführer(in): Alfred Sieger (T: (0681) 4 00 03-41)
Stellvertretende(r): Günter Meyer (T: (0681) 4 00 03-42)

Sachsen

k 415
Kommunaler Versorgungsverband Sachsen
Postf. 21 02 57, 01263 Dresden
Käthe-Kollwitz-Ufer 88, 01309 Dresden
T: (0351) 31 91-60 **Fax:** 31 91-777
Internet: http://www.kv-sachsen.de
E-Mail: zentrale@kv-sachsen.de
Direktor(in): Roland Krieger (T: (0351) 31 91-7 00)

Sachsen-Anhalt

k 416
Kommunaler Versorgungsverband Sachsen-Anhalt
Schneidersgarten 2, 39112 Magdeburg
T: (0391) 6 25 70-0 **Fax:** 6 25 70-99
Internet: http://www.kvsa.komsanet.de
E-Mail: kvsa-magdeburg@t-online.de
Geschäftsführer(in): Dr. Werner Bärecke (T: (0391)6 25 70-11)

Schleswig-Holstein

k 417
Versorgungsausgleichskasse der Kommunalverbände in Schleswig-Holstein
Reventlouallee 6, 24105 Kiel
T: (0431) 57 01-0 **Fax:** 56 47 05
Leitender Verwaltungsdirektor: Udo Ebeling (T: (0431) 57 01-100)

Thüringen

k 418
Kommunaler Versorgungsverband Thüringen
Lindenstr. 14, 06556 Artern
T: (03466) 33 64-0 **Fax:** 33 64-15
Direktor(in): Dr. Manfred Schröter (T: (03466) 33 64-90)

2. Kirchliche Versorgungseinrichtungen

k 419
Evangelische Ruhegehaltskasse in Darmstadt
Postf. 10 05 11, 64205 Darmstadt
Im Niederfeld 4, 64293 Darmstadt
T: (06151) 92 96-0 **Fax:** 92 96-26
Internet: http://www.erk.de
E-Mail: info@erk.de
Geschäftsführer(in): Hans Meyer

k 420
Versorgungskasse für Pfarrer und Kirchenbeamte
Postf. 10 41 62, 44041 Dortmund
Schwanenwall 11, 44135 Dortmund
T: (0231) 57 76-0 **Fax:** 57 76-404
Geschäftsführer(in): Hans-Jürgen Bremer (T: (0231) 57 76-4 01)
Geschäftsführer(in): Rolf Schiefer (T: (0231) 57 76-4 03)

k 421
Norddeutsche Kirchliche Versorgungskasse für Pfarrer und Kirchenbeamte
Postf. 45 63, 30045 Hannover
Georgsplatz 17, 30159 Hannover
T: (0511) 3 64 09-0 **Fax:** 3 64 09 35
Geschäftsführer(in): Peter Kegel (T: (0511) 3 64 09-23)
Geschäftsführer(in): Thomas Pfeffer (T: (0511) 3 64 09-30)

● K 422
Arbeitsgemeinschaft kommunale und kirchliche Altersversorgung (AKA) e.V.
- Fachvereinigung Zusatzversorgung -
Denninger Str. 37, 81925 München
T: (089) 92 35-8500 **Fax:** 92 35-8599
Internet: http://www.aka-altersversorgung.de
E-Mail: aka@versorgungskammer.de
Gründung: 1998
Vorstand: Géza von Puskás (Vors.), München
Vorstand: Armin Schmitt (stellv. Vors.), Karlsruhe
Mitglieder: 47

1. Kommunale Zusatzversorgungskassen

Baden-Württemberg

k 423
Zusatzversorgungskasse des Kommunalen Versorgungsverbandes Baden-Württemberg
Postf. 10 01 61, 76231 Karlsruhe
Daxlander Str. 74, 76185 Karlsruhe
T: (0721) 59 85-0 **Fax:** 59 85-4 44
E-Mail: aka@kvbw.de
Direktor(in): Armin Schmitt (T: (0721) 59 85-329, Fax: 59 85-1 11)

Bayern

k 424
Bayerische Versorgungskammer Zusatzversorgungskasse der bayerischen Gemeinden
81921 München
Denninger Str. 37, 81925 München
T: (089) 92 35-6 **Fax:** 92 35-88 19
Internet: http://www.versorgungskammer.de/zkdbg
E-Mail: zkdbg@versorgungskammer.de
Gründung: 1940 (1. April)
Mitglieder: 5013
Mitarbeiter: 135

Brandenburg

k 426
Kommunaler Versorgungsverband Brandenburg Zusatzversorgungskasse
Rudolf-Breitscheid-Str. 62, 16775 Gransee
T: (03306) 79 86-0 **Fax:** 79 86-66
E-Mail: kvbbg@mail.lvr.de
Direktorin: Irmgard Stelter

Hessen

k 427
Zusatzversorgungskasse der Gemeinden und Gemeindeverbände
Postf. 11 15 61, 64230 Darmstadt

Bartningstr. 55, 64289 Darmstadt
T: (06151) 7 06-0 **Fax:** 7 06-2 01
Leitender Verwaltungsdirektor: Georg Schilling (T: (06151) 7 06-2 04)

k 428

Zusatzversorgungskasse der Stadt Frankfurt am Main
60275 Frankfurt
Rottweiler Str. 18, 60327 Frankfurt
T: (069) 2 12 01 **Fax:** 2 12-3 07 79
E-Mail: zusatzversorgungskasse@stadt-frankfurt.de
Leitung: Magistratsdirektorin Ulrike Persch (T: (069) 2 12-3 33 85)
Stellvertretende(r) Geschäftsführer(in): Magistratsoberrat Horst Blum

k 429

Zusatzversorgungskasse der Gemeinden und Gemeindeverbände des Reg.-Bez. Kassel
Postf. 10 41 44, 34041 Kassel
Kölnische Str. 42-42A, 34117 Kassel
T: (0561) 78 89-555 **Fax:** 78 89-568
Internet: http://www.kvk-kassel.de
E-Mail: zvk@kvk-kassel.de
Direktor(in): Klaus Werner (T: (0561) 78 89-500 oder -501)
Abteilungsleiter(in): Amtsrat Reinhard Stieglitz (ZVK T: (0561) 78 89-5 35)

k 430

Zusatzversorgungskasse für die Gemeinden und Gemeindeverbände in Wiesbaden
Postf. 62 29, 65052 Wiesbaden
Hohenstaufenstr. 7, 65189 Wiesbaden
T: (0611) 8 45-0 **Fax:** 8 45-626
E-Mail: info@zvk-wi.de
Gründung: 1939
Direktor(in): Dr. Eckhard Momberger (T: (0611) 845-402)
Mitglieder: 590
Mitarbeiter: 37

Mecklenburg-Vorpommern

k 431

Kommunale Zusatzversorgungskasse Mecklenburg-Vorpommern
Am Markt 22, 17335 Strasburg
T: (039753) 55-101 **Fax:** 55-110
E-Mail: ZMV-Strasburg@t-online.de
Geschäftsführer(in): Kerstin Stabenow (T: (039753) 55-100)

Niedersachsen

k 432

Zusatzversorgungskasse der Stadt Emden
Postf. 22 54, 26702 Emden
Frickensteinplatz 2, 26721 Emden
T: (04921) 87-1472 **Fax:** 87-1714
Leitung: Meindert de Wall (T: (04921) 87-14 72)

k 433

Versorgungsanstalt der Stadt Hannover
Teichstr. 11-13, 30449 Hannover
T: (0511) 1 68-0 **Fax:** 1 68-42626
E-Mail: 16.1@hannover-stadt.de
Geschäftsführer(in): Ulrich Lösekrug (T: (0511) 1 68-4 31 20)
Stellvertretende(r) Geschäftsführer(in): Gerd Salzmann (T: (0511) 1 68-4 42 02)
Reinhard Schulte (T: (0511) 1 68-4 20 59)

Nordrhein-Westfalen

k 434

Zusatzversorgungskasse der Stadt Duisburg
47049 Duisburg
Postf. 10 13 51, 47013 Duisburg
Memelstr. 25-33, 47057 Duisburg
T: (0203) 2 83-3118 **Fax:** 2 83-2571
Geschäftsführer(in): Albert Brands (T: (0203) 2 83-31 18)
Stellvertretende(r) Geschäftsführer(in): Armin Kaczmarek (T: (0203) 2 83-21 47)
Mitarbeiter: 9

k 435

Zusatzversorgungskasse der Landeshauptstadt Düsseldorf
Karlplatz 14-15 (1. Etage), 40213 Düsseldorf
T: (0211) 89-91 (Zentrale) **Fax:** 89-29020
Leitung: Stadtoberverwaltungsrat Gerd Aymanns (T: (0211) 89-9 59 01)
Stellvertretende(r) Geschäftsführer(in): Hans-Günter Terres (T: (0211) 89-9 59 02)

k 436

Zusatzversorgungskasse der Stadt Essen
45121 Essen
Postf. 10 37 61, 45037 Essen
Kennedyplatz 6, 45127 Essen
T: (0201) 88-11700 **Fax:** 88-11711
Leitung: Oberverwaltungsrat Werner Kaetsch (T: (0201) 88-1 17 00)

k 437

Zusatzversorgungskasse der Stadt Köln
Jakordenstr. 18-20, 50668 Köln
T: (0221) 2 21-22203 **Fax:** 2 21-27550
E-Mail: zvk@stadt-koeln.de
Geschäftsführer(in): Thomas Engelmann (T: (0221) 2 21-2 22 03)
Geschäftsführer(in): Rita Dörper-Link (T: (0221) 2 22 66)

k 438

Rheinische Zusatzversorgungskasse für Gemeinden und Gemeindeverbände
Mindener Str. 2, 50679 Köln
T: (0221) 82 73-0 **Fax:** 82 73-2157
Internet: http://www.lvr.de/rvk-rzvk
E-Mail: rvk-rzvk@mail.lvr.de
Leitung: Landesrat Karl Bechtel (T: (0221) 82 73-29 90 oder -29 91)

k 439

Kommunale Zusatzversorgungskasse Westfalen-Lippe
Postf. 46 29, 48026 Münster
Warendorfer Str. 22, 48145 Münster
T: (0251) 5 91-01, 5 91-3954 **Fax:** 5 91-4655
E-Mail: w.bakenecker@wvk.lwl.org
Leitung: Landesrat Rainer John (T: (0251) 5 91-44 75)

Saarland

k 440

Ruhegehalts- und Zusatzversorgungskasse des Saarlandes
Abteilung Zusatzversorgungskasse
Postf. 10 24 32, 66024 Saarbrücken
Fritz-Dobisch-Str. 12, 66111 Saarbrücken
T: (0681) 4 00 03-0 **Fax:** 4 00 03-20
Direktor(in): Alfred Sieger (T: (0681) 4 00 03-41)
Stellv. Direktor(en): Günter Meyer (T: (0681) 4 00 03-42)

Sachsen

k 441

Zusatzversorgungskasse des Kommunalen Versorgungsverbandes Sachsen
Käthe-Kollwitz-Ufer 88, 01309 Dresden
T: (0351) 31 91-60 **Fax:** 31 91-777
Internet: http://www.kv-sachsen.de
E-Mail: zentrale@kv-sachsen.de
Direktor(in): Roland Krieger (T: (0351) 31 91-7 00)

Sachsen-Anhalt

k 442

Kommunaler Versorgungsverband Sachsen-Anhalt - Zusatzversorgungskasse -
Schneidersgarten 2, 39112 Magdeburg
T: (0391) 6 25 70-00 **Fax:** 6 25 70-99
Internet: http://www.kvsa.komsanet.de
E-Mail: kvsa-magdeburg@t-online.de
Geschäftsführer(in): Dr. Werner Bärecke (T: (0391) 6 25 70-11)

k 443

Zusatzversorgungskasse beim Kommunalen Versorgungsverband Thüringen
Lindenstr. 14, 06556 Artern
T: (03466) 33 64-50 **Fax:** 33 64-55
Direktor(in): Dr. Manfred Schröter (T: (03466) 33 64-90)

2. Kirchliche Zusatzversorgungskassen

Baden-Württemberg

k 444

Kirchl. Zusatzversorgungskasse Baden
Postf. 37 64, 76022 Karlsruhe
Gartenstr. 26, 76133 Karlsruhe
T: (0721) 9 31 13-0 **Fax:** 9 31 13-99
Internet: http://www.kzvk-baden.de
E-Mail: info@kzvk-baden.de
Geschäftsführer(in): Roland Tomczyk (T: (0721) 9 31 13-11)

Hessen

k 445

Kirchliche Zusatzversorgungskasse Darmstadt
Holzhofallee 17A, 64295 Darmstadt
T: (06151) 33 01-0 **Fax:** 3 30 11 87
Vorstand: Hans Fehn (T: (06151) 33 01-1 02)
Vorstand: Monika Weber (T: (06151) 33 01-1 03)

Niedersachsen

k 446

Zusatzversorgungskasse der Ev.-luth. Landeskirche Hannovers
- Geschäftsstelle
Postf. 16 63, 32706 Detmold
Doktorweg 2-4, 32756 Detmold
T: (05231) 9 75-0 **Fax:** 9 75-3 00
Gründung: 1968 (1. Januar)
Geschäftsführer(in): Volker Kamolz (T: (05231) 9 75-2 47)

Nordrhein-Westfalen

k 447

Kirchliche Zusatzversorgungskasse Rheinland-Westfalen
Postf. 10 22 41, 44022 Dortmund
Schwanenwall 11, 44135 Dortmund
T: (0231) 95 78-0 **Fax:** 95 78-4 04
Geschäftsführer(in): Hans-Jürgen Bremer (T: (0231) 95 78-4 01)
Geschäftsführer(in): Rolf Schiefer (T: (0231) 95 78-4 03)

k 448

Kirchliche Zusatzversorgungskasse des Verbandes der Diözesen Deutschlands
-Anstalt des öffentlichen Rechts
Postf. 10 20 64, 50460 Köln
Am Römerturm 8, 50667 Köln
T: (0221) 20 31-0 **Fax:** 20 31 34
Internet: http://www.kzvk.de
E-Mail: info@kzvk.de
Vorstand: Dr. Norbert F. L. Kopp (Sprecher; T: (0221) 20 31-1 62)
Vorstand: Gabriele Boßmann (T: (0221) 20 31-1 39)
Vorstand: Norbert Newinger (T: (0221) 20 31-1 21)

3. Sparkasseneinrichtungen

k 449

Emder Zusatzversorgungskasse für Sparkassen
Einrichtung des Niedersächsischen Sparkassen- und Giroverbandes
Körp.d.ö.R., Sitz Emden
Postf. 14 28, 26694 Emden
Große Str. 58, 26721 Emden
T: (04921) 89 94-0 **Fax:** 89 94-50
Geschäftsführer(in): Dr. Ralf Kaminski (T: (04921) 89 94-10)
Stellvertretende(r) Geschäftsführer(in): Ralf Fooken (T: (04921) 89 94-20)

k 450

Zusatzversorgungskasse der Landesbank Baden-Württemberg
70144 Stuttgart
Fritz-Elsas-Str. 31, 70174 Stuttgart
T: (0711) 1 24-2687 **Fax:** 1 24-4070
Internet: http://www.lgbank.de
E-Mail: kontakt@lgbank.de
Geschäftsführer(in): Bernd Neher (T: (0711) 1 24-38 44)

• K 425

Zusatzversorgungskasse der Stadt Dortmund
44122 Dortmund

Heiliger Weg 3-5, 44135 Dortmund

T: (0231) 50-22163 **Fax:** 50-22116

Gründung: 1941

Mitglieder: 17

Mitarbeiter: 8

• **K 451**

Versorgungsanstalt der deutschen Bühnen

Arabellastr. 29, 81925 München

T: (089) 9 23 56 **Fax:** 92 35 88 50

Internet: http://www.versorgungskammer.de

E-Mail: vddb@versorgungskammer.de

• **K 452**

Versorgungsanstalt der deutschen Kulturorchester

Arabellastr. 29, 81925 München

T: (089) 9 23 56 **Fax:** 92 35 88 50

Internet: http://www.versorgungskammer.de

E-Mail: vddko@versorgungskammer.de

L Energiewirtschaft

Zum Auffinden einer bestimmten Dienststelle oder Organisation dient das Suchwortverzeichnis, eines Personennamens das Personenverzeichnis.

Elektrizitätsversorgung
Energieabnehmer
Wärme- und Kraftwirtschaft
Gas- und Wasserversorgung
Wasserwirtschaft

Elektrizitätsversorgung

● L 1

Vereinigung Deutscher Elektrizitätswerke - VDEW - e.V. (VDEW)
Stresemannallee 23, 60596 Frankfurt
T: (069) 63 04-1 **Fax:** 63 04-289
Internet: http://www.strom.de
Präsident(in): Dipl.-Ing. Günter Marquis
1. Vizepräs: Prof. Dr. Dietmar Winje (Vors. des Vorstands der Berliner Kraft- und Licht (Bewag)-AG, Puschkinallee 52, 12435 Berlin)
2. Vizepräs: Dipl.-Phys. Karl Otto Abt (Mitglied des Vorstandes der Stadtwerke Düsseldorf AG, Luisenstr. 105, 40215 Düsseldorf)
Hauptgeschäftsführer(in): Dr. Eberhard Meller
Mitglieder: 760 (einschl. regionaler Untergliederungen)

Zweck der VDEW ist es, die Elektrizitätswirtschaft im Hinblick auf eine möglichst sichere, umweltverträgliche, preiswerte und wirtschaftliche Versorgung der Allgemeinheit mit elektrischer Energie zu fördern sowie die Interessen ihrer Mitglieder wirksam zu vertreten.

VDEW Büro Berlin
Friedrichstr. 154, 10117 Berlin
T: (030) 20 45 22 33 **Fax:** 2 17 63 46

VDEW Büro Bonn
Friedrich-Wilhelm-Str. 1, 53113 Bonn
T: (0228) 23 10 31 **Fax:** 23 67 60

VDEW Büro Brüssel
148, Avenue de Tervuren Bte. 17, B-1150 Brüssel
T: (00322) 7 71 96 42 **Fax:** 7 63 08 17

Regionale Untergliederungen

I 2

Vereinigung Deutscher Elektrizitätswerke - VDEW - e.V., Landesgruppe Berlin/Brandenburg
Friedrichstr. 154, 10117 Berlin
T: (030) 2 17 63 45 **Fax:** 2 17 63 46
Vorsitzende(r): Dipl.-Phys. Dietmar Pautz, Finsterwalde
Geschäftsführer(in): Dr. Hans-Hermann Aßmuß

I 3

Vereinigung Deutscher Elektrizitätswerke - VDEW - e.V. Landesgruppe Hessen
Stresemannallee 23, 60596 Frankfurt
T: (069) 63 04-2 65
Vorsitzende(r): Dipl.-Ing. Rolf Warncke, Kassel
Geschäftsführer(in): Dieter Diacont, Frankfurt

I 4

Vereinigung Deutscher Elektrizitätswerke - VDEW - e.V., Landesgruppe Niedersachsen/Bremen
Tirpitzstr. 39, 26122 Oldenburg
T: (0441) 8 03-4210 **Fax:** 8 03-4201
Vorsitzende(r): Dr. Werner Brinker, Oldenburg
Geschäftsführer(in): Dipl.-Ing. Gunter Korfkamp

I 5

Vereinigung Deutscher Elektrizitätswerke - VDEW - e.V., Landesgruppe Nordrhein-Westfalen
Friedrich-Wilhelm-Str. 1, 53113 Bonn
T: (0228) 23 10 32 **Fax:** 23 67 60
Vorsitzende(r): Dr.-Ing. Peter Asmuth, Hagen
Geschäftsführer(in): RA Gerd D. Lochner

I 6

Vereinigung Deutscher Elektrizitätswerke - VDEW - e.V., Landesgruppe Rheinland-Pfalz
Lutherring 5, 67547 Worms
T: (06241) 8 48-252 **Fax:** 8 48-413
Vorsitzende(r): Dr.-Ing. Klaus Werth, Worms
Geschäftsführer(in): Dipl.-Ing. Uwe Ohl, Worms

I 7

Vereinigung Deutscher Elektrizitätswerke - VDEW - e.V., Landesgruppe Schleswig-Holstein/ Hansestadt Hamburg/Mecklenburg-Vorpommern
Herrenwiese 8, 24119 Kronshagen
T: (0431) 26 09-9819 **Fax:** 26 09-9817
Vorsitzende(r): Dipl.-Ing. Helmut Lechlein, Rendsburg
Geschäftsführer(in): Dipl.-Ing. Bodo Fischer

I 8

Vereinigung Deutscher Elektrizitätswerke - VDEW - e.V., Landesgruppe Sachsen
Friedrich-List-Platz 2, 01069 Dresden
Vorsitzende(r): Dr.-Ing. Friedrich Josef Glatzel, Chemnitz
Geschäftsführer(in): Dipl.-Ing. Horst Dieter Böhm

I 9

Vereinigung Deutscher Elektrizitätswerke - VDEW - e.V., Landesgruppe Sachsen-Anhalt
Magdeburger Str. 51, 06112 Halle
T: (0345) 2 16-2270 **Fax:** 2 16-2381
Vorsitzende(r): Betriebsw. Norbert Wenner, Halle
Geschäftsführer(in): Dipl.-Wirtsch. Monika Heichler

I 10

Vereinigung Deutscher Elektrizitätswerke - VDEW - e.V., Landesgruppe Thüringen
Schwerborner Str. 30, 99087 Erfurt
T: (0361) 6 52-2406 **Fax:** 6 52-3486
Vorsitzende(r): Dipl.-Volkswirt Werner Mey, Erfurt
Geschäftsführer(in): Ass.jur. Oswin Vogel, Erfurt

Außerdem üben folgende Verbände in ihrem Bereich die Funktionen von VDEW-Landesgruppen aus:

I 11

Verband der Elektrizitätswerke Baden-Württemberg e.V.
Stöckachstr. 48, 70190 Stuttgart
T: (0711) 26 70-89 **Fax:** 26 70-87
Vorsitzende(r): Dr. Joachim-Heinrich Stamer, Stuttgart
Geschäftsführer(in): Dr. Bernhard Schneider

I 12

Verband der Bayerischen Elektrizitätswirtschaft e.V. -VBEW-
Akademiestr. 7, 80799 München
T: (089) 38 01 82-0 **Fax:** 38 01 82-29
Vorsitzende(r): Dipl.-Kfm. Wilfried Wacker, Augsburg
Geschäftsführer(in): RA Dr. Christoph Praël

I 13

FES Fachverband der Elektrizitätsversorgung des Saarlandes e.V.
Heinrich-Böcking-Str. 10-14, 66121 Saarbrücken
T: (0681) 6 07-1143 **Fax:** 6 07 11 45
Vorsitzende(r): Dr.-Ing. Werner Roos, Saarbrücken
Geschäftsführer(in): Dipl.-Ing. Klemens Bauckhorn (E-Mail: Bauckhorn-Klemens@VSE.de)

● L 14

Informationszentrale der Elektrizitätswirtschaft e.V. (IZE)
Postf. 70 05 61, 60555 Frankfurt
Stresemannallee 23, 60596 Frankfurt
T: (069) 63 04-3 72 **Fax:** 63 04-3 87
Gründung: 1972
Sprecher d. Vorst.: Hannes Rieckhoff
Stellv. Sprecher und Vors. Beirat: Dr.-Ing. Klaus Bechtold
Geschäftsführer(in): Dipl.-Soz. Hugo Jung
Verbandszeitschrift: STROMTHEMEN
Mitglieder: 4
Mitarbeiter: 25

Mitgliedsträgerverbände:
Arbeitsgemeinschaft regionaler Energieversorgungsunternehmen e.V. - ARE -, Hannover
Deutsche Verbundgesellschaft e.V. - DVG -, Heidelberg Verband kommunaler Unternehmen e.V. - VKU -, Köln
Vereinigung Deutscher Elektrizitätswerke - VDEW - e.V., Frankfurt

Die IZE arbeitet eng mit den rund 780 Elektrizitätsversorgungsunternehmen zusammen, die Mitglied der vier Dachverbände sind.

● L 15

Hauptberatungsstelle für Elektrizitätsanwendung -HEA- e.V.
Am Hauptbahnhof 12, 60329 Frankfurt
T: (069) 2 56 19-0 **Fax:** 23 27 21
Vorsitzende(r): Dipl.-Ing. Günter Rehberg
Geschäftsführer(in): Dipl.-Ing. Jörg Zöllner
Leitung Presseabteilung: Wilfried Bartsch

● L 16

Arbeitsgemeinschaft regionaler Energieversorgungs-Unternehmen - ARE - e.V.
Postf. 25 69, 30025 Hannover
Humboldtstr. 33, 30169 Hannover
T: (0511) 1 31 87 71 **Fax:** 13 15 58
Vorsitzende(r): Udo Cahn von Seelen (Vors. d. Vorst. der Energie-AG Mitteldeutschland, Kassel)
Geschäftsführer(in): Ass. Dieter Braun
Mitglieder: 44 EVU

Vertretung der besonderen Belange und gemeinsamen Interessen der regionalen Energieversorgungsunternehmen sowie deren Unterstützung in einschlägigen energiepolitischen, energiewirtschaftlichen und energierechtlichen Fragen; Wahrung der Aufgaben und Gesamtinteressen dieses Wirtschaftszweiges in Zusammenarbeit mit den übrigen Gruppierungen der Energiewirtschaft.

● L 17

Bundesverband Erneuerbare Energie (BEE)
Leisewitzstr. 37, 30175 Hannover
T: (0511) 2 88 32-30 **Fax:** 2 88 32-98

● L 18

Arbeitsgemeinschaft für Elektrizitätsanwendung in der Landwirtschaft e.V. (AEL)
Am Hauptbahnhof 12, 60329 Frankfurt
T: (069) 25 61 91 04 **Fax:** 23 27 21
E-Mail: ael@hea.f.wunet.de
Gründung: 1964 (4. Februar)
Vorsitzende(r): Präsident Heinz-Dieter Nieschke
Geschäftsführer(in): Dipl.-Ing. agr. Hartmut Kämper
Mitglieder: 27

● L 19

DVG Deutsche Verbundgesellschaft e.V.
Ziegelhäuser Landstr. 5, 69120 Heidelberg
T: (06221) 40 37-0 **Fax:** 40 37-71
1. Vorsitzende(r): Dr.-Ing. Rolf Windmöller (Mitglied d. Vorst. der VEW ENERGIE AG, Rheinlanddamm 24, 44139 Dortmund, T: (0231) 4 38-4748, Fax: (0231) 4 38-4026)
Geschäftsführer(in): Dr.-Ing. Jürgen Schwarz
Mitglieder: 8

● L 20

Institut für Energierecht an der Universität zu Köln
Nikolausplatz 5, 50937 Köln
T: (0221) 9 41 57 27 **Fax:** 41 14 17
Internet: http://www.uni-koeln.de/jur-fak/instenr/pub/inst.html
E-Mail: InstitutFuerEnergierecht@uni-koeln.de
Gründung: 1956 in Bonn, ab 1964 in Köln
Direktor(in): Prof. Dr. Jürgen F. Baur
Geschäftsführer(in): Dr. Bodo J. Herrmann

● L 21

Arbeitskreis Schulinformation Energie
Am Hauptbahnhof 12, 60329 Frankfurt
T: (069) 2 56 19-148 **Fax:** 23 27 21
Internet: http://www.hea.de
E-Mail: francke@hea.f.uunet.de
Viola Francke
Dr. Annegret Vester
Dr. Stefan Skalla

● L 22

Aktionsgemeinschaft für Energiesicherung und Kerntechnik e.V. (AEK)
Leo-Wolpert-Str. 10, 63755 Alzenau
T: (06023) 71 93
Gründung: 1977 (20. Juli)
Vorsitzende(r): Jürgen Laubenheimer
Stellvertretende(r) Vorsitzende(r): Karl-Heinz Leidholdt

● L 23

Gesellschaft für Rationelle Energieverwendung e.V.
siehe U 19

● L 24

Gesellschaft für dezentralisierte Energiewirtschaft e.V. (GDE)
Geisnangstr. 3, 71640 Ludwigsburg
T: (07141) 38 07 02 **Fax:** 38 07 05
Gründung: 1980 (1. Oktober)
Vorsitzende(r): Dipl.-Ing. Gottfried Rössle
Stellvertretende(r) Vorsitzende(r): Dipl.-Ing. Hermann Meinhold
Mitglieder: 60

• L 25

Gesellschaft für dezentrale Energieversorung e.V.

c/o Herrn Korbinian Geiger
Windener Str. 14, 85051 Ingolstadt
T: (08450) 73 90 **Fax:** 73 90
Mitglieder: 200

• L 26

Förderverband nachwachsende Energien e.V.

Geltinger Str. 44, 85652 Pliening
T: (08121) 7 88 00 **Fax:** 8 10 00
Gründung: 1985
1. Vorsitzende(r): Max Widmann
2. Vorsitzende(r): Dr.-Ing. Eckhard Haeffner

• L 27

Studiengesellschaft für verbrauchsnahe Stromerzeugung e.V.

c/o Stadtwerke Düsseldorf
Luisenstr. 105, 40215 Düsseldorf
T: (0211) 8 21-45 04, 8 21-64 76, 8 21-44 18 **Fax:** 8 21-30 30
Vorsitzende(r): Dir. Dr.-Ing. Peter Asmuth
Dipl.-Ing. Gunther Wolfering

• L 28

Institut für Energiewirtschaft und Rationelle Energieanwendung (IER)

Universität Stuttgart
70550 Stuttgart
Pfaffenwaldring 31, 70569 Stuttgart
T: (0711) 6 85 75 75 **Fax:** 6 85 75 67
Internet: http://www.ier.uni-stuttgart.de
E-Mail: ier@ier.uni-stuttgart.de
Gründung: 1990 (1. Januar)
Direktor(in): Prof. Dr.-Ing. A. Voß
Leitung Presseabteilung: Dipl.-Volksw. Ulrich Seidel
Mitarbeiter: 75
Jahresetat: DM 6,0 Mio, € 3,07 Mio

Energieabnehmer

• L 29

VEA

Bundesverband der Energie-Abnehmer e.V. (VEA)

Postf. 81 05 61, 30505 Hannover
Zeißstr. 72, 30519 Hannover
T: (0511) 98 48-0 **Fax:** 98 48-288
Gründung: 1950
Vorsitzende(r): Harald Wildhagen (Mitglied des Vorstandes der Brauergilde - Gilde Brauerei AG)
Stellvertretende(r) Vorsitzende(r): Dipl.-Ing. Heinz Sauer (Geschf. der Rudolf Fritz GmbH & Co. KG, Rüsselsheim)
Geschäftsführung:
Geschf. Vorstandsmitglied: RA Manfred Panitz, Burgdorf
Geschäftsführer(in): Dr.-Ing. Volker Stuke, Hannover
Mitglieder: mehrere Tausend

Vertretung der energiewirtschaftlichen Interessen der Energie-Abnehmer aus Industrie, Handel und Gewerbe sowie öffentlichen Einrichtungen. Beratung in Fragen der Energieeinsparung, des Energiebezuges und der Energiekostensenkung.

• L 30

Großabnehmerverband Energie Baden-Württemberg e.V.

Breitlingstr. 35, 70184 Stuttgart
T: (0711) 2 37 25-0 **Fax:** 2 37 25-99
Gründung: 1919
Vorsitzende(r): Direktor Dr. Helmut Hengstenberg
Geschäftsführer(in): Dir. Hans Wagner

• L 31

Bund der Energieverbraucher e.V.

Bundesgeschäftsstelle
Grabenstr. 17, 53619 Rheinbreitbach
T: (02224) 92 27-0 **Fax:** 1 03 21
Internet: http://www.energieverbraucher.de
Gründung: 1987 (6. Februar)
Vorsitzende(r): Dr. Aribert Peters
Stellvertretende(r) Vorsitzende(r): Theo Graff
Verbandszeitschrift: Energiedepesche, Information für Energieverbraucher
Mitglieder: 7000
Mitarbeiter: 5

Wärme- und Kraftwirtschaft

• L 32

VIK

VIK Verband der Industriellen Energie- und Kraftwirtschaft e.V. (VIK)

Hauptgeschäftsstelle:
Richard-Wagner-Str. 41, 45128 Essen
T: (0201) 8 10 84-0 **Fax:** 8 10 84-30
E-Mail: vik@vik-online.de
Zweigstelle: Prager Str. 5, 10779 Berlin, T: (030) 21 24 92-0, Telefax: (030) 21 24 92-30
Gründung: 1947
Vorsitzende(r): Horst R. Wolf
Geschäftsführer(in): Dipl.-Kfm. Dipl.-Ing. Dr. Hans-Jürgen Budde
Leitung Presseabteilung: Dipl.-Volksw. Barbara Woydtke
Verbandszeitschrift: VIK-Mitteilungen
Redaktion: Dipl.-Ing. Roland Schmied, Dipl.-Kfm. Frank Jakobs
Verlag: Verlag Energieberatung GmbH, Richard-Wagner-Str. 41, 45128 Essen

Förderung einer international wettbewerbsfähigen und gesicherten Energie-, Kraft- und Wasserwirtschaft (Energiebeschaffung, -erzeugung, -handel) in den Betrieben der gewerblichen Wirtschaft am Standort Deutschland durch
-Vertretung der gemeinsamen wirtschaftlichen, technischen, rechtlichen und politischen Interessen der energieerzeugenden sowie energie- und wasserverbrauchenden Mitgliedsunternehmen gegenüber Politik, Verwaltung, Wissenschaft und Wirtschaft sowie in der Öffentlichkeit
- Mitarbeit in der Normensetzung
- Sammlung und Austausch von Betriebserfahrungen sowie Information der Mitglieder

• L 33

AGFW

Arbeitsgemeinschaft Fernwärme e.V. (AGFW)

bei der Vereinigung Deutscher Elektrizitätswerke
Stresemannallee 28, 60596 Frankfurt
T: (069) 63 04-1 **Fax:** 63 04-391
Internet: http://www.agfw.de
E-Mail: info@agfw.de
Gründung: 1971
Vorsitzende(r): Dipl.-Ing. Jürgen Kirchhoff (Stadtwerke Rostock AG, Schmarler Damm 5, 18069 Rostock, T: (0381) 8 05-0, Fax: 8 05 21 27)
Geschäftsführer(in): Dipl.-Ing. Hans Neuffer
Leitung Presseabteilung: Dipl.-Wirt.-Ing. Harald Rapp (T: (069) 63 04-4 18)
Verbandszeitschrift: Euroheat & Power, Fernwärme International
Redaktion: Verlags- und Wirtschaftsgesellschaft der Elektrizitätswerke m.b.H., Rebstöcker Str. 57-59, 60326 Frankfurt/M.
Mitglieder: 221 ordentliche Mitglieder
184 fördernde Mitglieder (Industrie), 4 Sondermitglieder

Fachausschüsse (FA):
FA Absatzwirtschaft;
FA Wärmeerzeugung;
FA Wärmeverteilung;
FA Anschluß- u. Kundenanlagen;
FA Ausbildung;
FA Recht der Fernwärmeversorgung;
Forschungsbeirat

Die AGFW als Verband der deutschen Fernwärmebranche, vereint Versorgungsunternehmen, die Dritte gewerblich mit Wärme und Kälte auf der Grundlage eines Vertrages versorgen, Energiedienstleister sowie Unternehmen, die mit der Planung, Entwicklung und Herstellung von Wärme-/Kälteanlagen befaßt sind. Ziel ist die Sicherstellung eines optimalen Erfahrungsaustausches in allen fern-/nahwärme-relevanten Fragen, bei der Erzeugung mit besonderem Schwerpunkt auf der Kraft-Wärme-Kopplung. Sie vertritt die gemeinsamen Belange der Fernwärmewirtschaft in der Öffentlichkeit. Sie unterstützt die Mitgliedsunternehmen durch Branchenlobbying in den Bereichen Politik, Technik, Recht und Betriebswirtschaft. Sie befaßt sich mit grundsätzlichen Fragen der technischen und wirtschaftlichen Entwicklung der Fern-/Nahwärme und Heizkraftwirtschaft. Sie untersucht Möglichkeiten kostengünstiger Erzeugung und Verteilung von Fern-/Nahwärme aller Größenordnungen. Sie beschäftigt sich mit energiepolitischen und rechtlichen Fragestellungen, insbesondere auch mit Kosten- und Rationalisierungsprojekten sowie der Qualitätssicherung. Die AGFW beteiligt sich an Forschungsaufgaben und Studien auf dem Gebiet der Fern-/Nahwärmeversorgung und koordiniert insbesondere in Zusammenarbeit mit dem Bundesministerium für Wirtschaft und Technologie (BMWi) Forschungs- und Entwicklungsprojekte. Sie führt Tagungen, Seminare und Workshops durch. Sie veranstaltet im 2jährigen Turnus die weltgrößte Fachmesse Fern-/Nahwärmetechnik mit Vortragstagung. Sie ist Herausgeber des Fernwärme-Regelwerkes sowie von Dokumentation und Statistiken. Zusammen mit EuroHeat veröffentlicht die AGFW die Fachzeitschrift EUROHEAT & POWER-Fernwärme international.

• L 34

VfW
Verband für Wärmelieferung

Verband für Wärmelieferung e.V. (VfW)

Ständehausstr. 3, 30159 Hannover
T: (0511) 3 65 90-0 **Fax:** 3 65 90-19
Internet: http://www.vfw.de
E-Mail: hannover@vfw.de
Gründung: 1990 (20. August)
Vorsitzende(r) des Vorstandes: Dipl.-Ing. Norbert Krug (Institut für Kälte-, Klima-, Energietechnik IKET)
GeschF u. Vorst.-Mitgl.: Dipl.-Ing. Birgit Arnold
Vorst.-Mitglied: Dr.-Ing. Sylvia Schädlich
Mitglieder: 12
Mitarbeiter: 6
Jahresetat: ca. DM 1 Mio, € 0,51 Mio
Angeschlossene Betriebe: mehr als 250

Tätigkeit: Beratung, Informationsvermittlung, Interessenvertretung, Ausbildung, Fort- und Weiterbildung.
Der VfW unterstützt und fördert mittelständische Betriebe der Heizungsbranche, die Wärme-, Kälte- und Stromlieferung als neue Energiedienstleistung anbieten wollen. Die Betriebe versorgen die Kunden mit Energie aus fortschrittlichen Heizanlagen; die Modernisierung finanziert sich allein aus den ersparten Brennstoffkosten. Der VfW bietet interessierten Ingenieurbüros, Anlagen-und Heizungsbauern Informationen und Schulungen zu speziellen Themen, vergibt an entsprechend qualifizierte Betriebe ein Qualitätssiegel und unterstützt sie mit Musterverträgen, Finanzierungskonzepten, EDV-Programmen zu Anlagenplanung, -betrieb und -verwaltung sowie mit Marketinginstrumenten. Außerdem trägt der Verband zum Informationsaustausch zwischen Wärmelieferanten, Vermietern und Mietern sowie der Öffentlichkeit bei.

• L 35

Bundesverband Solarenergie (BSE) e.V.

Elisabethstr. 34, 80796 München
T: (089) 27 81 34-24 **Fax:** 2 71 01 56
Internet: http://www.bse.solarindustrie.com
Vorsitzende(r): Dipl.-Phys. Udo Möhrstedt
Geschäftsführer(in): Frido Flade

Interessenvertretung der im Bereich regenerativer Energien tätigen deutschen Unternehmen; Förderung der Nutzung von Solarenergie; Durchführung von Ausstellungen; Öffentlichkeitsarbeit; Zusammenarbeit mit nationalen und internationalen Verbänden.

• L 36

Solarenergiezentrum
Quersteg 11 Hauptstr. 71, 02763 Oberseifersdorf
T: (03583) 70 84 05, Funk: (0171) 4 05 80 06 **Fax:** 70 97 69
Mitarbeiter: 3

• L 37

Bundesverband WindEnergie e.V. (BWE)
Bundesgeschäftsstelle Osnabrück
Herrenteichsstr. 1, 49074 Osnabrück
T: (0541) 3 50 60-0 **Fax:** 3 50 60-30
Internet: http://www.wind-energie.de
E-Mail: bwe_os@t-online.de
BWE-Geschäftsstelle Berlin:
Marienstr. 19/20, 10117 Berlin, T: (030) 2 84 82-106, Fax: (030) 2 84 82-107, E-Mail: bwe_berlin@t-online.de
Präsident(in): Dr. Peter Ahmels
Stellv. Präsidenten: Hermann Albers
Johannes Lackmann
Hauptgeschäftsführer(in): Heinrich Bartelt
Geschäftsführer(in): Carlo Reeker
Leitung Presseabteilung: Dr.-Ing. Jochen Twele (BWE-Büro Berlin)
Verbandszeitschrift: Neue Energie und new energy (englische Version)
Gesamtredaktion: Christian Hinsch (verantwortlich), Dr. Ralf Köpke
Redaktionsanschrift: BWE e.V., Herrenteichsstr. 1, 49074 Osnabrück
Mitglieder: ca. 6700
Mitarbeiter: 13, davon 11 in Osnabrück, 2 in Berlin
Organe des Verbandes: 34 Regionalverbände, 12 Landesvorstände, 6 Beiräte

• L 38

Informationskreis Kernenergie
Heussallee 10, 53113 Bonn
T: (0228) 50 72 26 **Fax:** 50 72 61
Internet: http://www.kernenergie.de
E-Mail: angela.gey@infokreis-kernenergie.de
Gründung: 1975
Vorsitzende(r): Dr. Otto Majewski
Geschäftsführer(in): Dr. Peter Haug
Bereichsleitung: M.A. Angela Gey

Gas- und Wasserversorgung

• L 39

Bundesverband der deutschen Gas- und Wasserwirtschaft e.V. (BGW)
Postf. 14 01 54, 53056 Bonn
Josef-Wirmer-Str. 1, 53123 Bonn
T: (0228) 25 98-0 **Fax:** 25 98-1 20
Internet: http://www.bgw.de
E-Mail: info@bgw.de
Internationaler Zusammenschluß: siehe unter izl 64, izl 98
Präsident(in): Dipl.-Volksw. Ulrich Hartmann (Geschäftsführer; Hamburger Gaswerke GmbH, Hamburg)
1. Vizepräs.: Ass. Friedrich Späth (Vors. d. Vorstandes Ruhrgas AG, Essen)
2. Vizepräs.: Dr. Erich Deppe (Vors. d. Vorst. Stadtwerke Hannover AG, Ihmeplatz 2, 30449 Hannover)
Ehrenmitglieder d. Präsidiums: Dr. Fritz Gläser, Köln
Senator E.h. Dr. Jürgen Stech, Stuttgart
Hauptgeschäftsführer(in): Dr. Wolf Pluge

Landesgruppen

I 40

BGW Landesgruppe Berlin/Brandenburg
Bismarckstr. 63, 12169 Berlin
T: (030) 79 47 36-11 **Fax:** 79 47 36-20
Vorsitzende(r): Dipl.-Kfm. Dr. O. Scholz (Berliner Wasser-Betriebe, Berlin)
Geschäftsführer(in): Dipl.-Geol. Ralf Wittmann

I 41

BGW Landesgruppe Hessen
Bahnstr. 8, 65205 Wiesbaden
T: (0611) 7 00 61 **Fax:** 70 00 65
Vorsitzende(r): Heinz Kern (Vorsitzender des Vorstandes Südhessische Gas und Wasser AG, Frankfurter Str. 100, 64293 Darmstadt)
Geschäftsführer(in): Dr.-Ing. R. Turowski

I 42

BGW Landesgruppe Niedersachsen/Bremen
Glockseestr. 33, 30169 Hannover
T: (0511) 1 33 34 **Fax:** 1 33 84
Vorsitzende(r): Dipl.-Kfm. Norbert Liekmeier (Vorsitzender des Vorstandes Stadtwerke Göttingen AG, Hildebrandstr. 1, 37081 Göttingen)
Geschäftsführer(in): RA Jürgen Schott

I 43

BGW Landesgruppe Nordrhein-Westfalen
Josef-Wirmer-Str. 3, 53123 Bonn
T: (0228) 2 59 84 50 **Fax:** 2 59 84 59
Vorsitzende(r): Dipl.-Ing. Gerhard Gabriel (Geschäftsführer Stadtwerke Bochum GmbH, Massenberg Str. 15-17, 44787 Bochum)
Geschäftsführer(in): Dr. Wolfgang van Rienen

I 44

BGW Landesgruppe Nordost
Postf. 10 15 05, 20010 Hamburg
Heidenkampsweg 101, 20097 Hamburg
T: (040) 23 00 15 **Fax:** 23 00 99
Vorsitzende(r): Dipl.-Ing. K. Völker (Werkleiter der Stadtwerke Elmshorn, Westerstr. 50-54, 25336 Elmshorn)
Geschäftsführer(in): Dipl.-Volkswirt Dr. D. Perdelwitz

I 45

BGW Landesgruppe Ost
Sachsenallee 24, 01723 Kesselsdorf
T: (035204) 7 02-0 **Fax:** 7 02-99
E-Mail: info@bgw-dvgw-ost.de
Vorsitzende(r): Dipl.-Ing. Uwe Barthel (Vorstand Stadtwerke Chemnitz AG)
Geschäftsführer(in): Dr.-Ing. Dietrich Holze

Landesverbände

I 46

VBGW Verband der Bayerischen Gas- und Wasserwirtschaft e.V.
DVGW Deutscher Verein des Gas- und Wasserfaches e.V. -Landesgruppe Bayern
Akademiestr. 7, 80799 München
T: (089) 38 15 87-0 **Fax:** 38 15 87-11
Vorsitzende(r): Rolf Wurzschmitt (Erlanger Stadtwerke AG, Äußere Brucker Str. 33, 91052 Erlangen)
Geschäftsführer(in): Dipl.-Ing. W. L. Röhrl

I 47

VGW Verband der Gas- und Wasserwerke Baden-Württemberg e.V.
Stöckachstr. 48, 70190 Stuttgart
T: (0711) 2 62 29 80 **Fax:** 2 62-41 75
Vorsitzende(r): Dipl.-Volksw. Jürgen Leßner (Sprecher der Geschäftsführung der Gasversorgung Süddeutschland GmbH, Postf. 80 04 09, 70504 Stuttgart)
Geschäftsführer(in): Dipl.-Ing. H. Lindemuth

I 48

LGW

LGW Landesverband der Gas- und Wasserwirtschaft Rheinland-Pfalz e.V.
Josefsstr. 54-56, 55118 Mainz
T: (06131) 61 30 35 **Fax:** 61 25 31
Vorsitzende(r): Dipl.-Ing. R. Schüler (Gasanstalt Kaiserslautern AG, Postf. 24 45, 67613 Kaiserslautern)
Geschäftsführer(in): Dipl.-Ing. Stefan Lederle

I 49

GWF Gas- und Wasser-Fachverband des Saarlandes e.V.
Schlachthofstr. 11a, 66280 Sulzbach
T: (06897) 21 71 **Fax:** 22 28
Vorsitzende(r): Dipl.-Ing. B. Rose (Geschäftsführer der Stadtwerke GmbH, Sulzbachtalstr. 20, 66280 Sulzbach-Saar)
Geschäftsführer(in): Dr. Götz Bylda

• L 50

vedewa
Kommunale Vereinigung für Wasser-, Abfall- und Energiewirtschaft r.V.
Friolzheimer Str. 3, 70499 Stuttgart
T: (0711) 13 90-0 **Fax:** 13 90-300
Internet: http://www.vedewa.de
E-Mail: info@vedewa.de
Gründung: 1931
Vorsitzende(r): Oberbürgermeister Heinz Kälberer
Geschäftsführer(in): Dipl.-Ing. Helmut Wahlig
Betriebswirt (VWA) Claus Kostolnik
Verbandszeitschrift: Mitgliederrundschreiben
Redaktion: Birgit Maurer-Probul
Mitglieder: 1000 Städte, Gemeinden und Zweckverbände vorwiegend in Baden-Württemberg und Sachsen

Wasserwirtschaft

• L 51

Landesverband Bayerischer Wasserkraftwerke e.G.
Großprüfening 14a, 93049 Regensburg
T: (0941) 3 10 30 **Fax:** 3 10 30
Vorsitzende(r) des Vorstandes: Erich Krauß (Von-Stein-Str. 13, 95189 Köditz)

• L 52

Arbeitsgemeinschaft Wasserkraftwerke Baden-Württemberg e.V., Sitz Karlsruhe
Geschäftsstelle:
Auf Hasselt 12, 54636 Rittersdorf
T: (06561) 68 31 32 **Fax:** 1 84 94
Geschäftsstelle: Karlsruher Str. 113, 76287 Rheinstetten, T: (0721) 5 11 21, Telefax: (0721) 51 71 55
Gründung: 1962 (Mai)
Vorsitzende(r): Kfm. Manfred Lüttke (Karlsruher Str. 113, 76287 Rheinstetten, T: (0721) 5 11 21, Fax: (0721) 51 71 55)
Stellvertretende(r) Vorsitzende(r): Dipl.-Ing. Elmar Reitter (Pressesprecher, T: (07375) 2 12, Fax: (07375) 13 47), Rechtenstein
Mitglieder: 790

• L 53

Arbeitsgemeinschaft Wasserkraftwerke Nordrhein-Westfalen e.V., Sitz Düsseldorf
Auf Hasselt 12, 54636 Rittersdorf
T: (06561) 68 31 32 **Fax:** 1 84 94
Gründung: 1962 (Mai)
Vorsitzende(r): Günter Lohmann-Hütte (GeschF. der Edelstahlwerke Lohmann, Witten), Ruhrtal, Witten-Herbede
Stellvertretende(r) Vorsitzende(r): RA W. Schlimgen, Troisdorf-Siglar
Mitglieder: 120

• L 54

Arbeitsgemeinschaft Wasserkraftwerke Rheinland-Pfalz und Saar e.V., Sitz Mainz
Geschäftsstelle:
Auf Hasselt 12, 54636 Rittersdorf
T: (06561) 68 31 32 **Fax:** 1 84 94
Gründung: 1958 (6. Dezember)
Vorsitzende(r): Richard Kail (Ltg. Presseabtlg., Auf Hasselt 12, 54636 Rittersdorf, T: (06561) 68 31 32)
Stellvertretende(r) Vorsitzende(r): Siegmund Rieger (Bienwaldmühle, 76779 Scheibenhardt)
Mitglieder: 192

• L 55

Arbeitsgemeinschaft Hessischer Wasserkraftwerke
Bockenheimer Landstr. 21, 60325 Frankfurt
T: (069) 72 35 09
Vorsitzende(r): Günter Steinhagen (34295 Edermünde-Grifte)
Stellvertretende(r) Vorsitzende(r): Dipl.-Ing. Gerhard H. Eckert (63636 Brachttal-Spielberg)

• L 56

Arbeitsgemeinschaft Thüringer Wasserkraftwerke e.V.
T: (036424) 5 15 68 **Fax:** 5 15 68
Gründung: 1991
1. Vorsitzende(r): Jochen Köhler
Leitung Presseabteilung: Udo Müller
Mitglieder: 70

• L 57

Arbeitsgemeinschaft Rhein-Wasserwerke e.V. (ARW)
Geschäftsstelle: GEW-Werke Köln AG
Parkgürtel 24, 50823 Köln
T: (0221) 1 78-29 90 **Fax:** 1 78-22 58
E-Mail: a.geuss@gewkoelnag.de
Präsident(in): Dipl.-Ing. Helmut Haumann
Geschäftsführer(in): Bauassessor Dipl.-Ing. Klaus Lindner (M.Sc., Köln)
Mitglieder: 33

• L 58

Arbeitsgemeinschaft der Wasserwerke an der Ruhr (AWWR)
i.H. Dortmunder Energie- und Wasser GmbH (DEW)
Ostwall 51, 44135 Dortmund

T: (0231) 5 44-3030 **Fax:** 5 44-3032
Vorsitzende(r): Dipl.-Ing. Dirk Reitis
Leitung Presseabteilung: A. Schubert

• L 59

Ruhrverband (RV)
Postf. 10 32 42, 45032 Essen
Kronprinzenstr. 37, 45128 Essen
T: (0201) 1 78-0 **Fax:** 1 78-1425
Gründung: 1913 (5. Juni)
Verbandsrat: Dipl.-Kfm. Gerd Müller (Vors.)
Vorsitzende(r) des Vorstandes: Oberstadtdirektor a.D. Dieter Bongert
Vorstand: Prof. Dr.-Ing. Harro Bode
Norbert Frece
Public Relations: Dipl.-Ing. Detlef R. Albrecht (Abt. Information und Öffentlichkeitsarbeit)
Mitglieder: 804
Mitarbeiter: 1191
Jahresetat: DM 800 Mio, € 409,03 Mio

Wassergüte- und Wassermengenwirtschaft im Einzugsgebiet der Ruhr.

• L 60

EMSCHER GENOSSENSCHAFT

Kronprinzenstr. 24, 45128 Essen
T: (0201) 1 04-0 **Fax:** 1 04-2277
Internet: http://www.emschergenossenschaft.de
Gründung: 1899
Genossenschaftsrat: Dr.rer.nat. Hans Wolfgang Arauner (Vors.), Dortmund
Vorstand: Dr.jur. Jochen Stemplewski (Vors.)
Dr.-Ing. Heinz-Christian Baumgart
Heinz-Ulrich Hoffmann
Leitung Öffentlichkeitsarbeit: Dipl.-Ing. Heinz-Gerd Höffeler
Verbandszeitschrift: Emscher und Lippe
Redaktion: Heinz-Gerd Höffeler, Michael Steinbach
Verlag: Eigenverlag
Mitglieder: 150
Mitarbeiter: 1411, mit Lippeverband (Okt.)
Jahresetat: DM 830 Mio, € 424,37 Mio

Regelung der Vorflut, Hochwasserschutz und Abwasserreinigung im Emschergebiet durch Herstellen, Unterhalten und Betrieb der dazu erforderlichen Anlagen.

• L 61

LIPPE VERBAND

Königswall 29, 44137 Dortmund
T: (0231) 91 51-0 **Fax:** 91 51-277
Gründung: 1926 (19. Januar)
Vorstand: Dr.jur. Jochen Stemplewski (Vors.)
Dr.-Ing. Heinz-Christian Baumgart
Heinz-Ulrich Hoffmann
Vorsitzende(r): Verbandsrat: Hans Messerschmidt, Dortmund
Leitung Öffentlichkeitsarbeit: Dipl.-Ing. Heinz-Gerd Höffeler
Mitglieder: 105
Mitarbeiter: 1411, mit Emschergenossenschaft (Okt.)
Jahresetat: DM 541 Mio, € 276,61 Mio

Regelung der Vorflut, Hochwasserschutz, Verwaltung des Wasserschatzes, Reinhaltung der Lippe durch Bau, Unterhaltung und Betrieb der dazu erforderlichen Anlagen, Unterhaltung des Lippelaufes und der Ufer.

• L 62

Abwasserbiologische Gesellschaft e.V. (ABG)
Jellinghausstr. 47, 32139 Spenge
T: (05225) 85 98 37 **Fax:** 85 98 37
Geschäftsführer(in): Barbara Rönsch

• L 63

Erftverband
Postf. 13 20, 50103 Bergheim
Paffendorfer Weg 42, 50126 Bergheim
T: (02271) 88-0 **Fax:** 88-2 10
Gründung: 1859 (3. Januar)
Vors. d. Verbandsrates: Clemens Pick (MdL)
Vorstand: Bauassessor, Dipl.-Ing. Jens-Christian Rothe
Mitglieder: 279
Mitarbeiter: 482
Jahresetat: DM 239 Mio, € 122,2 Mio

Erforschung und Beobachtung der wasserwirtschaftlichen Verhältnisse. Sicherung der Versorgung der Bevölkerung, der Wirtschaft und des Bodens mit Wasser. Beseitigung von Abwasser- und Klärschlamm. Ausbau und Unterhaltung der Erft und ihrer Nebenflüsse. Hochwasserschutz.

• L 64

Niersverband
Postf. 10 08 64, 41708 Viersen
Freiheitsstr. 173, 41747 Viersen
T: (02162) 37 04-0 **Fax:** 37 04-444
Gründung: 1927 (22. Juli)
Vorstand: Prof. Dipl.-Ing. Armin K. Melsa
Verbandszeitschrift: Jahresbericht
Verlag: Eigenverlag
Mitglieder: 330
Mitarbeiter: 250
Jahresetat: DM 160 Mio, € 81,81 Mio

• L 65

Wupperverband
Postf. 20 20 63, 42220 Wuppertal
Zur Schafbrücke 6, 42283 Wuppertal
T: (0202) 5 83-0

• L 66

Linksniederrheinische Entwässerungs-Genossenschaft (LINEG)
(Körperschaft des öffentlichen Rechts)
Verwaltungsgebäude:
Friedrich-Heinrich-Allee 64, 47475 Kamp-Lintfort
T: (02842) 9 60-0 **Fax:** 9 60-4 99
Vors.d.Genossensch.-Rates: Dipl.-Kfm. Hans Messerschmidt
Vorstand: Dipl.-Ing. Manfred Böhmer

• L 67

Deutscher Bund der verbandlichen Wasserwirtschaft (DBVW)
Am Mittelfelde 169, 30519 Hannover
T: (0511) 8 79 66-0 **Fax:** 8 79 66-19
E-Mail: WVTHAN@t-online.de
Präsident(in): Landwirt Leenert Cornelius
Geschäftsführer(in): Hans-Christian Frhr. v. Steinaecker, Hannover
Mitglieder: 8

I 68

Wasserverbandstag e. V. Bremen-Niedersachsen-Sachsen-Anhalt
Am Mittelfelde 169, 30519 Hannover
T: (0511) 8 79 66-0 **Fax:** 8 79 66-19
Präsident(in): Leenert Cornelius (Colmar 1 Nr. 42, 26939 Ovelgönne, T: (04480) 2 36)
Geschäftsführer(in): Hans-Christian Frhr. v. Steinaecker, Hannover
Mitglieder: 1150

I 69

Landesverband der Wasser- und Bodenverbände Schleswig-Holstein
Holstenstr. 108, 24103 Kiel
T: (0431) 9 79 72 41 **Fax:** 9 79 73 70
Verbandsvorsteher: Willi Rubien
Geschäftsführer(in): Mathias Rohde
Mitglieder: 530 Wasser- und Bodenverbände

I 70

Landesverband der Wasser- und Bodenverbände in Hessen
Körperschaft des öffentlichen Rechts
Davidsweg 36, 34576 Homberg
Verbandsvorsteher: Karl-Heinz Dickhaut (Am Kleinen Born 1, 35287 Amöneburg)
Geschäftsführer(in): Dipl.-Ing. Alexander Wilhelm
Mitglieder: 275

I 71

Landesverband der Wasser- und Bodenverbände Rheinland-Pfalz
Fischerstr. 12, 67655 Kaiserslautern
T: (0631) 36 74-0 **Fax:** 36 74-418
Vorsitzende(r): Gerhard Kneib
Geschäftsführer(in): Edgar Weingarth (Landw. OAR)

I 72

Bezirksverband der Wasser- und Bodenverbände Rheinland-Nassau
Gartenfeldstr. 12a, 54295 Trier
T: (0651) 9 49 07-36 **Fax:** 9 49 07 77
Verbandsvorsteher: Matthias Müller (54439 Rommelfangen)
St. Vorsteher: Arnold Moos (54647 Pickließem)
Geschäftsführer(in): OLR Walter Schmalen (Gartenfeldstr. 12a, 54295 Trier)
Mitglieder: 230

I 73

Verband der Wasser- und Bodenverbände im Regierungsbezirk Rheinhessen-Pfalz
Fischerstr. 11, 67655 Kaiserslautern
T: (0631) 8 40 99 38 **Fax:** 8 40 99 99
Vorsitzende(r): Heinz Merk
Geschäftsführer(in): LAR Edgar Weingarth, Kaiserslautern
Mitglieder: 98

I 74

Gewässerunterhaltungszweckverband Rosenheim
Sedanstr. 10, 83022 Rosenheim
T: (08031) 1 79 62 **Fax:** 1 79 62
Vorsitzende(r): Quirin Höß
Geschäftsführer(in): Josef Fröschl (Sedanstr. 10, 83022 Rosenheim)

I 75

Landeswasserverbandstag Brandenburg e.V.
Stephensonstr. 4, 14482 Potsdam
T: (0331) 74 74-310 **Fax:** 74 74-333
Internet: http://www.pencereci.de/lwt
E-Mail: lwt@pencereci.de
Gründung: 1992
Präsident(in): Dr. agr. Iris Homuth, Fehrbellin
Vizepräsident(in): Dipl.-Ing. J. Wandke, Rathenow
Geschäftsführer(in): RA, FAVerwR Turgut Pencereci, Bremen
Verbandszeitschrift: LWT-Info-Fax
Redaktion: Turgut Pencereci
Mitglieder: 48

I 76

Landesverband der Wasser- und Bodenverbände Mecklenburg-Vorpommern Körperschaft des öffentlichen Rechts
Am Fischereihafen 113, 18069 Rostock
T: (0381) 81 34 85 **Fax:** 81 34 85
Vorsitzende(r): Rudolf Naß
Geschäftsführerin: Hildrun Fischer
Mitglieder: 29

• L 77

Arbeitsgemeinschaft Trinkwassertalsperren e.V.
Kronprinzenstr. 13, 53721 Siegburg
T: (02241) 1 28-4 30, -4 40 **Fax:** 5 26 90
Gründung: 1970 (23. November)
Vorsitzende(r): Bauassessor Wolfram Such (Ltg. Presseabt.; Wahnbachtalsperrenverband, Kronprinzenstr. 13, 53721 Siegburg, T: (02241) 12 84 30, 4 40)
Stellvertretende(r) Vorsitzende(r): Dr.-Ing. Lothar Scheuer (stellv. Vorstand des Aggerverbandes, Sonnenstr. 40, 51645 Gummersbach, T: (02261) 3 62 10)
Dipl.-Ing. Jens Peters (Hauptgeschäftsführer der Thüringer Talsperrenverwaltung, Talsperrenstr. 25-27, 99897 Tambach-Dietharz, T: (036252) 34 90)
Verbandszeitschrift: ATT-Informationen
Redaktion: ATT
Verlag: Selbstverlag
Mitglieder: 40
Jahresetat: DM 0,143 Mio, € 0,07 Mio

• L 78

Bayerisches Landesamt für Wasserwirtschaft
Lazarettstr. 67, 80636 München
T: (089) 92 14-01 **Fax:** 92 14-1435
Internet: http://www.bayern.de/lfw
E-Mail: poststelle@lfw.bayern.de
Präsident(in): Dipl.-Ing. K. Müller
Leitung Presseabteilung: Krieger

• L 79

Landesamt für Wasserwirtschaft Rheinland-Pfalz
Postf. 30 24, 55020 Mainz
Am Zollhafen 9, 55118 Mainz
T: (06131) 63 01-0 **Fax:** 63 01 48
E-Mail: lfw@www.rpl.de
Leitung: Dipl.-Ing. Sven Lüthje (Direktor des Landesamtes für Wasserwirtschaft)

• L 80

Niedersächsisches Landesamt für Ökologie
Postf. 10 10 62, 31110 Hildesheim
An der Scharlake 39, 31135 Hildesheim
T: (05121) 5 09-0 **Fax:** 5 09-1 96
Internet: http://www.nloe.de
E-Mail: poststelle@hinloe.land-nidbp.de
Gründung: 1992 (1. Oktober)
Dez. Öffentlichkeitsarbeit: Eva-Maria Rexing
Mitarbeiter: 450

• L 81

Wasserverband Westdeutsche Kanäle
Kronprinzenstr. 24, 45128 Essen
T: (0201) 1 04-0 **Fax:** 1 04-2800
Die Geschäftsführung liegt beim Lippeverband Dortmund
Verbandsvorsteher: Dir. Dr.-Ing. Ulrich Täubert (VEW Energie AG, Dortmund)
Geschäftsführer(in): Bau. Ass. Dr.-Ing. Jürgen Ruppert, Essen

• L 82

Verband Industrieabwasser e.V.
Postf. 14 45, 70704 Fellbach
Vorsitzende(r): Eberhard Penner (Geschäftsführer in Fa. USF Gutling GmbH, Postf. 14 45, 70704 Fellbach)

• L 83

Deutsches Nationales Komitee des Weltenergierates (DNK)
Postf. 10 11 39, 40002 Düsseldorf
Graf-Recke-Str. 84, 40239 Düsseldorf
T: (0211) 62 14-418, 62 14-499 **Fax:** 62 14-172
Internet: http://www.energie-welt-dnk.de
E-Mail: dnk@vdi.de
Präsident(in): Dr. Gerhard Ott
Geschäftsführer(in): Dr. J. Debelius

• L 84

Deutsches TalsperrenKomitee (DTK)
Postf. 10 11 39, 40002 Düsseldorf
Graf-Recke-Str. 84, 40239 Düsseldorf
T: (0211) 62 14-499, 62 14-418 **Fax:** 62 14-172
Internet: http://www.energie-welt-dnk.de
E-Mail: dtk@vdi.de
Präsident(in): Dr.-Ing. Herbert Lütkestratkötter
Geschäftsführer(in): Dr. J. Debelius

M Verkehrsgewerbe

Zum Auffinden einer bestimmten Dienststelle oder Organisation dient das Suchwortverzeichnis, eines Personennamens das Personenverzeichnis.

Schienenverkehr

• M 1

Verband Deutscher Verkehrsunternehmen (VDV)
Kamekestr. 37-39, 50672 Köln
T: (0221) 5 79 79-0 **Fax:** 51 42 72
Internet: http://www.vdv.de
E-Mail: info@vdv.de
Gründung: 1895
Präsident(in): Dr.-Ing. E.h. Dieter Ludwig, Karlsruhe
Vizepräsidenten: RegBaum. Manfred Bonz, Stuttgart
Reiner Woermann, Dortmund
Geschf. Präsidiumsmitgl. u. HGF: Prof. Dr.-Ing. Adolf Müller-Hellmann, Köln
Geschäftsführung: Dr. jur. Thomas Muthesius (Personenverkehr)
Dr. jur. Martin Henke (Güterverkehr)
Leitung Presseabteilung: Dipl.-Volksw. Friedhelm Bihn

Stabsstellen-Fachbereiche

Vw Allgemeine Verwaltung: Dr. jur. Thomas Muthesius
Dipl.-Kfm. Reiner Teichert
F Finanzverwaltung: Prof. Dr.-Ing. Adolf Müller-Hellmann
Dipl.-Kfm. Reiner Teichert
M Marketing, Presse und Öffentlichkeitsarbeit: Dipl.-Volksw. Friedhelm Bihn

Technik-Fachbereiche

N Normung, Forschungs- und VDV- Industriekontakte Koordination: Dipl.-Ing. Berthold Radermacher
T1 Nahverkehrs-Schienenfahrzeuge, Standseilbahnen, elektrische Energieanlagen, Betriebsfunk, Technik der Informationsanlagen: Dipl.-Ing. Udo Stahlberg
T2 Verkehrsplanung, Bahnbau, Betrieb, Arbeits- und Verkehrsmedizin: Dipl.-Ing. Bernhard E. Nickel
T3 Kraftfahrzeuge u. Obusse, Betriebshöfe und Werkstätten: Dipl.-Ing. Martin Schmidt
E Eisenbahn- und Maschinentechnik, Eisenbahnbetrieb: Dipl.-Ing. Jürgen Mallikat
I Informationsverarbeitung: Dipl.-Kfm. Winfried Bruns

Fachbereiche Personenverkehr

R1 Gesetzgebung, öffentliches Recht, Verkehrspolitik: Dr. jur. Thomas Muthesius
R2 Ländernahverkehrsrecht und ÖPNV-Finanzierung: RA Reiner Metz
R3 Bau-, Wettbewerbs-, Arbeits- und Bürgerliches Recht sowie Strafrecht: RA Thomas Hilpert
R4 Personenbeförderungsrecht, Vergabewesen, Wettbewerbsrecht und Kooperationen: RA Rolf Wiemann
W Volkswirtschaft, Tarifwesen, Bildungswesen und Statistik: Dipl.-Kfm. Till Ackermann
BS Betriebliches Finanz- und Rechnungswesen, Steuern: Dipl.-Kfm. Ralf Stollberg

Fachbereiche Güterverkehr

GE Grundsatzfragen des Eisenbahnverkehrs: Ass. jur. Manfred Montada
MG Marktfragen des Güterverkehrs: Dipl.-Verw.-Betriebsw. Georg Lennarz
RG Rechtsfragen des Güterverkehrs: Ass. jur. Michael Fabian
WG Wirtschaftsangelegenheiten und Statistik des Eisenbahn- und Güterverkehrs, , allgemeine betriebswirtschaftliche Fragen: Dipl.-Volksw. Ralf Busch
OG Ordnungspolitik im Güterverkehr: Dipl.-Soz. Hans-Steffen Kerth
Verbandszeitschriften: Bus + Bahn, Der Nahverkehr
Verlag: ALBA-Fachverlag, Willstätter Str. 9, 40549 Düsseldorf
Mitglieder: 500 Unternehmen (plus 50 außerordentliche Mitglieder)
Mitarbeiter: 65

Förderung des öffentlichen Personennahverkehrs sowie des Güterverkehrs auf Schiene und Straße; Erarbeitung einheitlicher technischer, betrieblicher, rechtlicher und wirtschaftlicher Grundsätze; Erfahrungsaustausch und Beratung; Interessenvertretung gegenüber Parlamenten, Behörden und anderen Institutionen.

Außenstellen

m 2

VDV-Geschäftsstelle Berlin
Ernst-Reuter-Haus
Straße des 17.Juni 114, 10623 Berlin
T: (030) 39 99 32-0 **Fax:** 39 99 32-15
E-Mail: vdv-berlin@t-online.de
Leitung: Dr.-Ing. Martin Runkel

m 3

VDV-Geschäftsstelle Brüssel
Avenue Herrmann Debroux 17, B-1160 Brüssel
T: (00322) 6 63 66 26 **Fax:** 6 63 66 36
Leitung: Ass. jur. Klaus-J. Meyer

Landesgruppen

m 4

VDV-Landesgruppe Baden-Württemberg
Schockenriedstr. 50, 70565 Stuttgart
T: (0711) 78 85-26 09 **Fax:** 78 85-22 99
Vorsitzende(r): Reg. Baum. Manfred Bonz
Geschäftsführer(in): Dipl.-Volksw. Dieter Fink
Mitglieder: 50 Betriebe

m 5

VDV-Landesgruppe Bayern
Postf. 20 20 52, 80020 München
Einsteinstr. 28, 81675 München
T: (089) 21 91-21 04 **Fax:** 21 91-21 55
Vorsitzende(r): Dr.rer.nat. Rainer Müller
Geschäftsführer(in): Ing. Götz Beyer
Mitglieder: 49 Betriebe

m 6

VDV-Landesgruppe Hessen
Kurt-Schumacher-Str. 10, 60311 Frankfurt
T: (069) 2 13-2 69 03 **Fax:** 2 13-2 27 40
Vors. und Geschf.: Dipl.-Verwaltungsw. Manfred Ott
Mitglieder: 43 Betriebe

m 7

VDV-Landesgruppe Niedersachsen/Bremen
Postf. 10 04 09, 38204 Salzgitter
In den Blumentriften 1, 38226 Salzgitter
T: (05341) 40 99-10 **Fax:** 40 99-44
Vorsitzende(r): Dipl.-Betriebsw. Peter Hoffmann
Geschäftsführer(in): Ulrich Bethke
Mitglieder: 63 Betriebe

m 8

VDV-Landesgruppe Nord
Osterbrooksweg 73, 22869 Schenefeld
T: (040) 8 39 94-100 **Fax:** 8 39 94-280
Vorsitzende(r): Götz Dietsche
Geschäftsführer(in): Dipl.-Betriebsw. Thies Hinckeldeyn
Mitglieder: 39 Betriebe

m 9

VDV-Landesgruppe Nordrhein-Westfalen
Kamekestr. 37-39, 50672 Köln
T: (0221) 5 79 79-154 **Fax:** 51 42 72
Internet: http://www.vdv.de
E-Mail: info@vdv.de
Vorsitzende(r): Prof. Dr.-Ing. Hermann Zemlin
Geschäftsführer(in): RA Reiner Metz
Mitglieder: 106 Unternehmen

m 10

VDV-Landesgruppe Ost
Straße des 17.Juni 114, 10623 Berlin
T: (030) 39 99 32-0 **Fax:** 39 99 32-15
Vorsitzende(r): Dipl.-Betriebsw. Rüdiger vorm Walde
Geschäftsführer(in): Dr.-Ing. Martin Runkel
Mitglieder: 72 Betriebe

m 11

VDV-Landesgruppe Süd-Ost
Karl-Liebknecht-Str. 10-12, 04107 Leipzig
T: (0341) 4 92-1010 **Fax:** 4 92-1014
Vorsitzende(r): Dipl.-Ing.-Oec. Gert Gottschalk
Geschäftsführer(in): Dipl.-Oek. Ulrich Lehmann
Mitglieder: 53 Betriebe

m 12

VDV-Landesgruppe Süd-West
Werner-Siemens-Str. 1, 54294 Trier
T: (0651) 7 17-22 00 **Fax:** 7 17-22 09
Vorsitzende(r): Dipl.-Betriebsw. Friedhelm Flögel
Geschäftsführer(in): Dipl.-Ing. Frank Birkhäuer
Mitglieder: 36 Betriebe

• M 13

Deutsches Verkehrsforum e.V.
Klingelhöferstr. 7, 10785 Berlin
T: (030) 26 39 54-0 **Fax:** 26 39 54-22
Internet: http://www.verkehrsforum.de
E-Mail: verkehrsforum@t-online.de
Gründung: 1984 (10. September)
Präsidium: Prof. Dr.-Ing. Helmut Baumgarten (Gesellschafter Zentrum für Logistik und Unternehmensplanung GmbH)
Dr.-Ing.E.h. Heinz Dürr (Vors.; Vorsitzender des Präsidiums Deutsches Verkehrsforum)
Gottfried H. Dutiné (Vorsitzender der Geschäftsführung Alcatel Deutschland GmbH)
Rolf Eckrodt (Präsident u. CEO Adtranz DaimlerChrysler Rail Systems)
Dr. Hans-Erich Forster (Vorsitzender des Vorstandes Thyssen Handelsunion AG, Mitglied des Vorstandes Thyssen Krupp AG)
Bernd Gottschalk (Präsident Verband der Automobilindustrie e.V. (VDA))
Rainer Grohe (Mitglied des Vorstandes VIAG Aktiengesellschaft)
Dr. Gerhard Jooss (Mitglied des Vorstandes Thyssen Krupp AG)
Prof. Dr.-Ing. Hermann-Dieter Koehne (Geschäftsführender Gesellschafter Koehne Unternehmensgruppe)
Dr. Carsten Kreklau (Mitglied der Hauptgeschäftsführung, Bundesverband der Deutschen Industrie (BDI))
Dr. Kurt J. Lauk (Stuttgart)
Dr.-Ing. Wolfhard Leichnitz (Mitglied des Vorstandes HOCHTIEF Aktiengesellschaft)
Dr. Bernd Malmström (Vorsitzender des Vorstandes Schenker AG, Stellv. Vorsitzender des Vorstandes Stinnes AG)
Dr. Eberhard Sinnecker (Mitglied des Vorstandes Deutsche Bahn AG, Vorst. Vors. DB Cargo AG)
Herbert H. Steffen (Vors. des Bereichsvorstandes Siemens AG Verkehrstechnik)
Gerd Tenzer (Mitglied des Vorstandes Deutsche Telekom AG)
Prof. Dr.-Ing. Günter W. Tumm (Mitglied des Vorstandes Deutsche Post AG)
Dr.-Ing. E.h. Jürgen Weber (Vorsitzender des Vorstandes Deutsche Lufthansa AG)
Prof. Dr.-Ing. Gerhard Zeidler (Vorsitzender des Vorstandes DEKRA e.V. und DEKRA Holding AG)
Geschäftsführer(in): Elmar Haass
Leitung Presseabteilung: Jochen Eichen
Verbandszeitschrift: VERKEHRSFORUM
Redaktion: Jochen Eichen
Verlag: Deutsches Verkehrsforum, Klingelhöferstr. 7, 10785 Berlin
Mitglieder: z. Zt. 200
Mitarbeiter: 10

• M 14

Vereinigung der Privatgüterwagen-Interessenten (VPI)
Hochallee 60, 20149 Hamburg
T: (040) 4 50 50 86 **Fax:** 4 50 50 90
E-Mail: vpihamburg@aol.com
Gründung: 1921
Internationaler Zusammenschluß: siehe unter izm 39
Vorstand: Heinrich Sikora (Vors.)
Eckhard Hetzel (stellv. Vors.)
Christian van Eeden (stellv. Vors.)
Heribert Luzar (stellv. Vors.)
Geschäftsführer(in): Henning Traumann
Verbandszeitschrift: VPI-Rundschreiben/VPI-Jahresbericht
Mitglieder: 109 Unternehmen
Mitarbeiter: 3
Jahresetat: DM 0,7 Mio, € 0,36 Mio

Fachverbände des Straßenverkehrsgewerbes

• M 15

Unterwegs nach morgen

Bundesverband Güterkraftverkehr Logistik und Entsorgung (BGL) e.V.
Haus des Straßenverkehrs
Postf. 93 02 60, 60457 Frankfurt

Breitenbachstr. 1, 60487 Frankfurt
T: (069) 79 19-205 **Fax:** 79 19-265
Internet: http://www.bgl-ev.de
E-Mail: bglffm@aol.com
Internationaler Zusammenschluß: siehe unter izm 131, izr 4
Präsident(in): Hermann Grewer (Dieselstr. 12, 45891 Gelsenkirchen)
Vizepräsident(in): Hermann Schreck (Postf. 10 14 29, 30835 Langenhagen)
Klaus-Peter Röskes (Dieselstr. 4-6, 42579 Heiligenhaus)
Karl-Heinz Kohn (24649 Wiemersdorf, Beverloh 2)
Michael Lohse (Treffurtstr. 2, 09120 Chemnitz)
Adalbert Wandt (Hansestr. 23, 38112 Braunschweig)
Hans Wormser (Postf. 12 25, 91063 Herzogenaurach)
Hauptgeschäftsführer(in): Dipl.-Kfm. Dr. Karlheinz Schmidt
Stellv. HGeschF: Dipl.-Vw. Dr. Adolf Zobel

Vertretung sämtlicher Güterkraftverkehrs- und Logistikunternehmen im Bundesgebiet in allen Fragen von gemeinsamem Interesse mit Schwerpunkt im Bereich der Verkehrs-, Wirtschafts-, Finanz- und Sozialpolitik.

m 16
Landesverband des Berliner und Brandenburger Verkehrsgewerbes e.V. (LBBV)
Drewitzer Str. 50, 14478 Potsdam
T: (0331) 8 88 90-0 **Fax:** 8 71 62 67
E-Mail: lbbv@t-online.de
Vorsitzende(r): Peter Komm
Geschäftsführer(in): Christian Burmeister

Mitgliedsverbände des bdo:

m 17
Fuhrgewerbe-Innung Berlin e.V.
Hedemannstr. 13, 10969 Berlin
T: (030) 2 51 06 91 **Fax:** 2 51 06 93
Internet: http://www.fuhrgewerbe-innung.de
E-Mail: info@fuhrgewerbe-innung.de
Vorsitzende(r): Michael Eichen
Geschäftsführer(in): Gerd Bretschneider

m 18
Landesverband Verkehrsgewerbe Bremen (LVB) e.V.
Postf. 10 12 47, 28012 Bremen
Hollerallee 13, 28209 Bremen
T: (0421) 3 49 77-21 **Fax:** 3 49 77-49
E-Mail: svglvb.bremen@t-online.de
Vorsitzende(r): Hans-Peter Müller
Geschäftsführende(s) Vorstands-Mitglied(er): Wilfried Drygala

m 19
Verband Güterkraftverkehr und Logistik Nordrhein e.V.
Postf. 16 03 51, 40566 Düsseldorf
Kappeler Str. 126, 40599 Düsseldorf
T: (0211) 9 98 84-0 **Fax:** 9 98 84-10
Internet: http://www.vgin.de
E-Mail: vgln.dssd@t-online.de
Vorsitzende(r): Klaus Peter Röskes
Geschäftsführer(in): Jost Jetschmann

m 20
Fachverband Güterkraftverkehr Hessen e.V.
Postf. 93 01 06, 60456 Frankfurt
Waldschulstr. 128, 65933 Frankfurt
T: (069) 39 52 32 **Fax:** 38 75 79
Vorsitzende(r): Andreas Debus
Geschäftsführer(in): Werner Gehron
Dipl.-Kfm. Alexander Reichert

m 21
Verband des Verkehrsgewerbes Südbaden e.V.
Fachvereinigung Güterkraftverkehr
Postf. 10 04 30, 79123 Freiburg
Weißerlenstr. 9, 79108 Freiburg
T: (0761) 7 05 23-0 **Fax:** 7 05 23-20
E-Mail: vvsuedbaden@t-online.de
Vorsitzende(r): Rolf Dischinger
Geschäftsführer(in): Ass. Bernd Klug

m 22
Verband Straßengüterverkehr Hamburg e.V. (VSH)
Bullerdeich 36, 20537 Hamburg
T: (040) 25 47 01 70 **Fax:** 25 47 01 75
Internet: http://www.vshhamburg.de
E-Mail: vshhamburg@aol.com
Vorsitzende(r): Carsten Buhck
Gerhard Richter
Geschäftsführer(in): Dirk Naujokat
Ulrich Seehawer

m 23
Fachvereinigung Güterkraftverkehr und Entsorgung im Gesamtverband Verkehrsgewerbe Niedersachsen e.V. (GVN)
Lister Kirchweg 95, 30177 Hannover
T: (0511) 96 26-2 40 **Fax:** 96 26-2 49
Internet: http://www.gvn.de
E-Mail: gvn-fernverkehr@t-online.de
Vorsitzende(r): Helga Hesse
Adalbert Wandt
Geschäftsführer(in): Gerhard Ibrügger

m 24
Fachsparte Güterkraftverkehr im Verband des Verkehrsgewerbes Rheinhessen-Pfalz e.V.
Lauterstr. 17, 67657 Kaiserslautern
T: (0631) 3 71 61-0 **Fax:** 3 71 61-11
E-Mail: vvrp-rheinhessen-pfalz@t-online.de
Vorsitzende(r): Franz Wittmann
Geschäftsführer(in): Dipl.-Volksw. Jens Warnecke

m 25
Fachvereinigung Güterkraftverkehr im Verband des Verkehrsgewerbes Rheinland e.V.
Moselring 11, 56073 Koblenz
T: (0261) 49 43 30 **Fax:** 49 43 39
E-Mail: vdv.rheinland.gueterverkehr@t-online.de
Vorsitzende(r): Werner Neukirchen
Geschäftsführer(in): Klaus-Peter Schuster

m 26
Verband des Verkehrsgewerbes Nordbaden e.V.
Fachvereinigung Güterkraftverkehr
Orchideenweg 23, 68782 Brühl
T: (06202) 7 10 10 **Fax:** 7 50 33
E-Mail: vvnbaden@aol.com
Vorsitzende(r): Bernd Hänßler
Geschäftsführer(in): Arno Lauth

m 27
Landesverband Bayerischer Transportunternehmen e.V. (LBT)
Postf. 19 06 52, 80606 München
Leonrodstr. 48i, 80636 München
T: (089) 12 66 29-0 **Fax:** 12 66 29-25
Internet: http://www.lbt.de
E-Mail: lbtmuc@-online.de
Vorsitzende(r): Hans Wormser
Geschäftsführer(in): Sebastian Lechner

Fachvereinigungen

m 28
Landesverband des Sächsischen Verkehrsgewerbes (LSV) e.V.
Fachvereinigung Straßengüterverkehr
Palaisplatz 4, 01097 Dresden
T: (0351) 8 14 32 80 **Fax:** 8 14 32 15
Vorsitzende(r): Michael Lohse (Treffurthstr. 2, 09120 Chemnitz, T: (0371) 30 26 93, Fax: (0371) 30 45 19)
Geschäftsführer(in): Gerd Fischer

Fachvereinigungen

m 29
Verband für das Verkehrsgewerbe Westfalen-Lippe e.V.
Fachvereinigung Güterkraftverkehr, Logistik und Entsorgung
Postf. 76 49, 48041 Münster
Haferlandweg 8, 48155 Münster
T: (0251) 60 61-413 **Fax:** 60 61-414
Internet: http://www.vvwl-transport.de
E-Mail: transport@vvwl.de
Vorsitzende(r): Hermann Grewer (Dieselstr. 12, 45891 Gelsenkirchen)
Stellvertretende(r) Vorsitzende(r): Karl-Heinz Windgätter (Windgätter & Sohn GmbH, Güterkraftverkehr, Spedition u. Baustoffe, Lütge Heidestr. 79-81, 44147 Dortmund)
Geschäftsführer(in): Dr. Christoph Kösters

m 30
Fachvereinigung Güterkraftverkehr und Logistik Schleswig-Holstein e.V.
Postf. 26 05, 24516 Neumünster
Ilsahl 1-3, 24536 Neumünster
T: (04321) 30 09-0 **Fax:** 30 09-15
E-Mail: svg.sh@t-online.de
Vorsitzende(r): Karl-Heinz Kohn
Geschäftsführer(in): Dr. jur. Hans-Jochen Leupelt

Mitgliedsverbände des BWE

m 31
Verband Transport und Logistik Schleswig-Holstein e.V.
Theodor-Heuss-Ring 132, 24143 Kiel
T: (0431) 7 40 21 **Fax:** 73 70 84
E-Mail: fgn-sh@t-online.de
Vorsitzende(r): Lothar Kröger
Geschäftsführer(in): Dipl.-Volksw. Lutz Wenzel

m 32
Fachvereinigung Güterkraftverkehr im Landesverband Verkehrsgewerbe Saarland e.V.
Postf. 10 18 64, 66018 Saarbrücken
Metzer Str. 123, 66117 Saarbrücken
T: (0681) 92 50-0 **Fax:** 92 50-190
Internet: http://www.lvs-saar.de
E-Mail: info@lvs-saar.de
Vorsitzende(r): Markus Schmitt
Geschäftsführer(in): Claus-Thomas Bodamer

m 33
Verband des Württembergischen Verkehrsgewerbes e.V.
Postf. 60 05 64, 70305 Stuttgart
Hedelfinger Str. 25, 70327 Stuttgart
T: (0711) 4 01 92 81 **Fax:** 42 38 10
E-Mail: v.v.wuerttemberg@t-online.de
Vorsitzende(r): Wolfgang Langenberger
Geschäftsführer(in): Klaus Mohn

m 34
Fachvereinigung Güterverkehr des Landes Mecklenburg-Vorpommern e.V.
Warliner Str. 6, 17034 Neubrandenburg
T: (0395) 4 56 74 36 **Fax:** 4 56 72 61
Vorsitzende(r): Jürgen Hamke
Geschäftsführer(in): Norbert Voigt

m 35
BUNDES-ZENTRALGENOSSENSCHAFT STRASSENVERKEHR (BZG) EG
Breitenbachstr. 1, 60487 Frankfurt
T: (069) 79 19-0 **Fax:** 79 19-245
Internet: http://www.bzg.de
E-Mail: info@bzg.de
Geschf. Vorst.: Dipl.-Vw. Werner Gockeln
Dipl.-Kfm. Alexander Reichert

m 36
Bundesfachgruppe Schwertransporte und Kranarbeiten (BSK) im BGL e.V.
Haus des Straßenverkehrs
Postf. 93 02 60, 60457 Frankfurt
Breitenbachstr. 1, 60487 Frankfurt
T: (069) 79 19-341 **Fax:** 79 19-327
Geschf. Vorst.: Dipl.-Ing. Wolfgang Draaf (Geschäftsführung)
Arno Alt
Robert Markewitsch
Klaus Scholpp
Johannes Walenzik

• M 37

Bundesfachgruppe Schwertransporte und Kranarbeiten (BSK) im BGL e.V.
Haus des Straßenverkehrs
Postf. 93 02 60, 60457 Frankfurt
Breitenbachstr. 1, 60487 Frankfurt

T: (069) 79 19-341 **Fax:** 79 19-327
Vorstandssprecher: Robert Markewitsch
Geschäftsführende(s) Vorstands-Mitglied(er): Dipl.-Ing. Wolfgang Draaf

Interessenvertretung und Betreuung der Schwertransportunternehmer, Kranbetreiber und Schwertransportbegleitfirmen in der Bundesrepublik sowie Durchführung spezifischer Schulungsmaßnahmen.

• **M 38**

Deutscher Taxi- und Mietwagenverband (BZP) e.V.
Zeißelstr. 11, 60318 Frankfurt
T: (069) 9 59 61 50 **Fax:** 95 96 15 20
Internet: http://www.taxi.de/bzp
E-Mail: bzp-taxi-mietwagen@ t-online.de
Gründung: 1947
Präsident(in): Hans Meißner
Vizepräsident(in): Hans-Günther Bartels
Dieter Zillmann
Vorstand:
Hans Meißner (Präsident)
Hans-Günther Bartels (Vizepräsident)
Dieter Zillmann (Vizepräsident)
Fred Buchholz
Peter Zander
Karl Rosewick
Rolf Kunsch
Geschäftsführer(in): RA Thomas Grätz
Verbandszeitschrift: BZP Report
Redaktion: Thomas Grätz
Verlag: Vogel Verlag GmbH, Neumarkter Str. 18, 81664 München

Vertretung der Gesamtinteressen des Taxi- u. Mietwagengewerbes auf nationaler und internationaler Ebene gegenüber allen Ministerien, Behörden und Organisationen. Mitglied in der Gruppe Taxi und Mietwagen der IRU in Genf. Mitwirkung bei allen wichtigen Fragen des Personenbeförderungsrechts, der BOKraft usw. auf Bundes- und Landesebene.

Mitgliedsorganisationen aus den Reihen der Landesverbände:

m 39

Landesverband Thüringen der Taxi- u. Mietwagenunternehmer e.V.
Geschäftsstelle
Postf. 14 30, 04584 Altenburg
Leipziger Str. 29, 04600 Altenburg
T: (03447) 50 29 19 **Fax:** 83 77 64
Gründung: 1990 (1. November)
Geschäftsführer(in): Michael Beer

m 40

Innung des Berliner Taxigewerbes e.V.
Martin-Luther-Str. 3-7, 10777 Berlin
T: (030) 23 62 72 01 **Fax:** 3 44 60-69
1. Vorsitzende(r): Wolfgang Wruck

m 41

Landeszentralverband der Personenverkehrsunternehmer Berlin-Brandenburg e.V.
Menzelstr. 17, 12157 Berlin
T: (030) 8 55 58 00 **Fax:** 8 55 85 79
E-Mail: hoal-berlin@t-online.de
Geschäftsführer(in): Wolfgang Hager

m 42

Fachvereinigung Personenverkehr Verband für das Personenverkehrsgewerbe Landesverband Bremen e.V.
Jakobistr. 20, 28195 Bremen
T: (0421) 1 32 27 **Fax:** 17 00 31
Geschäftsführer(in): Fred Buchholz

m 43

Fachvereinigung Personenverkehr Bremerhaven e.V.
Fröbelstr. 23, 27580 Bremerhaven
T: (0471) 80 43 05 **Fax:** 80 43 55
Geschäftsführer(in): Peter Grube

m 44

Verband des Verkehrsgewerbes Nordbaden e.V.
Orchideenweg 23, 68782 Brühl
T: (06202) 7 10 10 **Fax:** 7 50 33
Geschäftsführer(in): Dipl.-Betriebsw. Ass. Arno Lauth

m 45

Taxi-Verband Nordrhein-Westfalen e.V.
Kölner Str. 356, 40227 Düsseldorf
T: (0211) 77 76 61 **Fax:** 7 76 73
Geschäftsführer(in): RA Dr. Michael Hoog

m 46

Fachvereinigung Personenverkehr Nordrhein Taxi - Mietwagen e.V.
Siemensstr. 1, 40789 Monheim am Rhein
T: (02173) 95 99-0 **Fax:** 95 99-25
Internet: http://www.eurotaximesse.de
E-Mail: FP-Nordrhein@t-online.de
Gründung: 1946
Geschäftsführer(in): Holger Goldberg

m 47

Landesverband Hessen für das Personenbeförderungsgewerbe e.V.
Breitenbachstr. 1, 60487 Frankfurt
T: (069) 25 35 34 **Fax:** 23 96 93
E-Mail: taxi-vereinigung-ffm@t-online.de
Geschäftsführer(in): Klaus Böttger
Verbandszeitschrift: Taxi "journal"

m 48

Verband des Verkehrsgewerbes Südbaden e.V. Fachsparte Taxi und Mietwagen
Weißerlenstr. 9, 79108 Freiburg
T: (0761) 7 05 23-0 **Fax:** 7 05 23-20
E-Mail: VVSuedbaden@t-online.de
Vorsitzende(r): Edeltraud Holl
Hauptgeschäftsführer(in): Ass. Bernd Klug

m 49

Landesverband Hamburger Taxiunternehmer e.V.
Süderstr. 153a, 20537 Hamburg
T: (040) 25 70 10 **Fax:** 25 75 05
Geschäftsführer(in): Gerhard Christ
Verbandszeitschrift: Taxi-Hamburg

m 50

Landesverband für das Personenverkehrsgewerbe Hamburg e.V.
Rothenbaumchaussee 79, 20148 Hamburg
T: (040) 44 86 43-44 **Fax:** 45 35 51
Geschäftsführer(in): Joachim Püttmann
Verbandszeitschrift: Taxi Rundschau

m 51

Gesamtverband Verkehrsgewerbe Niedersachsen e.V. (GVN)
Fachvereinigung Taxi und Mietwagen
Lister Kirchweg 95, 30177 Hannover
T: (0511) 96 26 28 **Fax:** 9 62 62 79
Internet: http://www.gvn.de
E-Mail: info@gvn.de
Geschäftsführer(in): Hartmut Knaack

m 52

Verband des Verkehrsgewerbes Rheinhessen-Pfalz e.V.
Fachsparte Taxi- und Mietwagenverkehr
Lauterstr. 17, 67657 Kaiserslautern
T: (0631) 3 71 61 62 **Fax:** 7 67 02
E-Mail: vvrp-rheinhessen-pfalz@t-online.de
Geschäftsführer(in): RA Edina Brenner

m 53

Fachverband PKW-Verkehr der Vereinigung des Verkehrsgewerbes in Hessen e.V.
Königsplatz 59, 34117 Kassel
T: (0561) 7 18 17 **Fax:** 10 42 60
Geschäftsführer(in): Dipl.-Ökonom Mathias Hörning

m 54

Landesverband für das Taxi- u. Mietwagengewerbe Schleswig-Holstein e.V.
Auguste-Viktoria-Str. 14, 24103 Kiel
T: (0431) 6 14 27 **Fax:** 67 71 70
E-Mail: info@sho-online.de
Geschäftsführer(in): RA Walter Koch

m 55

Verband des Verkehrsgewerbes Rheinland e.V.
Moselring 11, 56073 Koblenz
T: (0261) 4 94-330 **Fax:** 4 94-339
E-Mail: vdv.rheinland@t-online.de
Geschäftsführer(in): Dipl.-Betriebsw. Hans Wilfried Richter

m 56

Landesverband Sachsen der Taxi- u. Mietwagenunternehmer e.V.
Bodenbacher Str. 122, 01277 Dresden
T: (0351) 21 12 10 **Fax:** 2 11 21 91
Geschäftsführer(in): Henry Roßberg

m 57

Landesverband Sachsen-Anhalt Taxi- u. Mietwagen e.V.
c/o Niederlassung Mercedes-Benz
Am Großen Silberberg 3, 39130 Magdeburg
T: (0391) 7 29 51 84 **Fax:** 7 29 51 02
Geschäftsführer(in): Rolf Kunsch

m 58

Landesverband Bayerischer Taxi- und Mietwagenunternehmen e.V.
Engelhardstr. 6, 81369 München
T: (089) 77 30 77 **Fax:** 77 24 62
Gründung: 1946
Geschäftsführer(in): Hans Meißner
Verbandszeitschrift: Taxi Kurier

m 59

Landesverband für das Taxi- und Mietwagengewerbe Mecklenburg-Vorpommern e.V.
Beim Pingelshof 1, 18146 Rostock
T: (0381) 65 93 00 **Fax:** 6 59 30 50
Geschäftsführer(in): Wolfgang Aniol

m 60

Landesverband Verkehrsgewerbe Saarland e.V. Fachvereinigung Taxameter und Mietwagenverkehr
Metzer Str. 123, 66117 Saarbrücken
T: (0681) 92 50-103 **Fax:** 92 50-190
E-Mail: svg@netfab.de
Geschäftsführer(in): Gisbert Hurth

m 61

Verband des Württembergischen Verkehrsgewerbes e.V.
Hedelfinger Str. 25, 70327 Stuttgart
T: (0711) 4 01 92 81 **Fax:** 42 38 10
E-Mail: v.v.wuerttemberg@t-online.de
Geschäftsführer(in): Klaus Mohn

m 62

Landesverband Thüringen des Verkehrsgewerbes e.V.
Linderbacher Weg 30, 99099 Erfurt
T: (0361) 4 17 00 40, 4 17 00 41 **Fax:** 4 17 00 42
Geschäftsführer(in): Rainer Stange

• **M 63**

Bundesverband Deutscher Omnibusunternehmer (bdo) e.V.
Coburger Str. 1c, 53113 Bonn
T: (0228) 23 80 78 **Fax:** 23 39 22
Internet: http://www.bdo.org
E-Mail: omnibus@t-online.de
Ab Juli 2000 neue Anschrift: Reinhardstr.25, 10117 Berlin
Internationaler Zusammenschluß: siehe unter izm 130
Präsident(in): Norbert Rohde
Hauptgeschäftsführer(in): Gunther Mörl
Presse: Franz Helling

Mitgliedsverbände des bdo:

m 64

Fuhrgewerbe-Innung Berlin e.V.
Hedemannstr. 13, 10969 Berlin
T: (030) 2 51 06 91 **Fax:** 2 51 06 93
Internet: http://www.fuhrgewerbe-innung.de

E-Mail: info@fuhrgewerbe-innung.de
Vorsitzende(r): Michael Eichen
Geschäftsführer(in): Gerd Bretschneider

m 65

Landesverband Hessischer Omnibusunternehmer e.V. (LHO)
Marburger Str. 44, 35390 Gießen
T: (0641) 93 29 30 **Fax:** 3 51 62
Internet: http://www.lho-online.com
E-Mail: lho-giessen@t-online.de
Gründung: 1971 (28. August)
Geschäftsführer(in): J. Geißler

m 66

Verband des Hamburger Omnibusgewerbes e.V.
Bullerdeich 36, 20537 Hamburg
T: (040) 25 47 01 70 **Fax:** 25 47 01 75
Internet: http://www.vshhamburg@aol.com
Vorsitzende(r): Karlheinz Hörmann
Geschäftsführer(in): Dipl.-Volksw. Dirk Naujokat

m 67

Gesamtverband Verkehrsgewerbe Niedersachsen e.V. (GVN)
Fachvereinigung Omnibus und Touristik
Lister Kirchweg 95, 30177 Hannover
T: (0511) 96 26 28 **Fax:** 9 62 62 79
Internet: http://www.gvn.de
E-Mail: info@gvn.de
Geschäftsführer(in): Hartmut Knaack

m 68

Verband des Verkehrsgewerbes Rheinhessen-Pfalz e.V.
Fachsparte Omnibusverkehr
Lauterstr. 17, 67657 Kaiserslautern
T: (0631) 3 71 61-0 **Fax:** 3 71 61-11
E-Mail: vvrp-rheinhessen-pfalz@t-online.de
Fachspartenleiter: Bernhard Dürk, Frankenthal
Fachsparte Omnibusverkehr: RA'in Edina Brenner (Geschäftsführerin)

m 69

Fachverband Omnibusverkehr der Vereinigung des Verkehrsgewerbes in Hessen e.V.
Postf. 10 37 40, 34037 Kassel
Königsplatz 59, 34117 Kassel
T: (0561) 7 18 17 **Fax:** 10 42 60
Geschäftsführer(in): Dipl.-oec. Mathias Hörning

m 70

Verband Schleswig-Holsteinischer Omnibusbetriebe e.V.
Auguste-Viktoria-Str. 14, 24103 Kiel
T: (0431) 6 14 27 **Fax:** 67 71 70
E-Mail: info@sho-online.de
Geschäftsführer(in): Walter Koch

m 71

Verband des Verkehrsgewerbes Rheinland e.V.
Moselring 11, 56073 Koblenz
T: (0261) 4 94-330 **Fax:** 4 94-339
E-Mail: vdv.rheinland@t-online.de
Vorsitzende(r) des Vorstandes: Kurt Mann
Geschäftsführer(in): Dipl.-Betriebsw. Hans Wilfried Richter
Verbandszeitschrift: Verkehrsgewerbe Rheinland
Redaktion: Wilfried Richter (VdM)
Verlag: Eigenverlag

m 72

Verband Nordrhein-Westfälischer Omnibusunternehmen e.V. (NWO)
Im Schaufsfeld 2, 40764 Langenfeld
T: (02173) 1 41 31, 1 41 35 **Fax:** 2 33 12
Geschäftsführer(in): Dr. Hartmut Frohnert

m 73

Landesverband bayerischer Omnibusunternehmen e.V.
Leonrodstr. 48l, 80636 München
T: (089) 1 21 15 03 **Fax:** 12 11 50 50
Internet: http://www.lbo-online.de
E-Mail: mail@lbo-online.de
Geschäftsführer(in): RA Horst Schilling (Geschf. Präsidialmitglied)
Präsident(in): Heino Brodschelm

m 74

Landesverband Verkehrsgewerbe Saarland e.V.
Fachvereinigung Omnibusverkehr
Metzer Str. 123, 66117 Saarbrücken
T: (0681) 92 50-103 **Fax:** 92 50-190
Internet: http://www.lvs-saar.de
E-Mail: info@lvs-saar.de
Vorsitzende(r): August Schmitt (Fa. TSS- Touristik-Service-Saar, Nistelfeldstr. 40, 66287 Quierschied)
Geschäftsführer(in): Gisbert Hurth

m 75

WBO Verband Baden-Württembergischer Omnibusunternehmer e.V.
Dornierstr. 3, 71034 Böblingen
T: (07031) 6 23 01 **Fax:** 62 31 16
Internet: http://www.busforum.de
E-Mail: wbo-igp@busforum.e
Vorsitzende(r): Dr. Gisela Volz
Geschäftsführer(in): Rolf Schmid

m 76

Landesverband Thüringer Omnibusunternehmer e.V. (LTO)
Steigerstr. 8, 99096 Erfurt
T: (0361) 2 22 75 28 **Fax:** 2 22 75 38
E-Mail: lto-erfurt@t-online.de
Vorsitzende(r): Wolfgang Steinbruck
Geschäftsführer(in): Tilman Wagenknecht

m 77

Landesverband privater Omnibusbetriebe in Mecklenburg-Vorpommern e.V.
Gewerbeallee 8, 18107 Elmenhorst
T: (0381) 4 93 42 30 **Fax:** 4 92 38 91
Vorsitzende(r): Ulrich Dankert
Geschäftsführer(in): Willi Schultz (komm.)

m 78

Verband der Omnibusunternehmen des Landes Brandenburg e.V.
Lindenstr. 32, 16356 Tempelfelde
T: (03337) 46 34 80 **Fax:** 46 34 84
E-Mail: vdob-ev@t-online.de
Geschäftsführer(in): Barbara Sell

m 79

Landesverband des Sächsischen Verkehrsgewerbes (LSV) e.V.
Fachvereinigung Personenverkehr
Palaisplatz 4, 01097 Dresden
T: (0351) 8 14 32 70 **Fax:** 8 14 32 77
Internet: http://www.lsv-ev.de
E-Mail: info@lsv-ev.de
Vorsitzende(r): Jürgen Müller (Müller Busreisen GmbH, Stolpener Str. 4, 01833 Stolpen/Langenwolnsdorf, T: (035973) 2 26-0, Fax: 2 26-15)
Geschäftsführer(in): Hans Petzold

m 80

OSW - Omnibusverband Süd-West e.V.
Postf. 12 40, 76850 Annweiler
T: (06346) 92 92 83 **Fax:** 92 83 89
E-Mail: schilling-wernersberg@t-online.de, bvi.frankimfeld@t-online.de
1. Vorsitzende(r): Rolf Schilling (Schulstr. 37, 76857 Wernersberg, T: (06346) 92 92 83, Fax: 92 83 89)
2. Vorsitzende(r): Frank Imfeld (Bahnstr. 128, 66849 Landstuhl, T: (06371) 92 59-0, Fax: 92 59-25)

• M 81

Verband des privaten gewerblichen Straßenpersonenverkehrs Nordrhein-Westfalen e.V.
Postf. 10 41 44, 44041 Dortmund
Westfalendamm 78, 44141 Dortmund
T: (0231) 52 82 27 **Fax:** 52 11 17
Vorsitzende(r): Jürgen Drees (Liegnitzer Str. 15, 58454 Witten, T: (02302) 15 45)
Geschäftsführer(in): Friedhelm Herwig

• M 82

Deutsche Gesellschaft für Elektrische Straßenfahrzeuge e.V. (DGES)
im Hause der Bewag AG, Abt. VPB
Puschkinallee 52, 12435 Berlin
T: (030) 2 67-1 14 31 **Fax:** 2 67-1 02 43
Internet: http://www.dges.de
E-Mail: dges@dges.de
Gründung: 1979 (28. Mai)
Präsident(in): Prof. Dr.-Ing. Dietrich Naunin
Generalsekretär(in): Dr. Niels-Georg Dobbelstein

Geschäftsführer(in): Dipl.-Ing. Clemens Fischer
Verbandszeitschrift: MobilE
Redaktion: Chefredakteur: Wilfried Blum
Verlag: Wilfried Blum, Gerbergasse 5, CH-8023 Zürich
Mitglieder: 111 (Stand 3/98)

• M 83

Bundesverband Werkverkehr und Verlader e.V. (BWV)
Unternehmensfachverband für Transport, Logistik, Kommunikation
Postf. 16 01 08, 53060 Bonn
Lengsdorfer Hauptstr. 73, 53127 Bonn
T: (0228) 9 25 35-0 **Fax:** 9 25 35-45
Internet: http://www.bwv.de
E-Mail: bwv-bonn@t-online.de
Gründung: 1955
Internationaler Zusammenschluß: siehe unter izm 133
Präsident(in): Josef Stollenwerk (50171 Kerpen)
Hauptgeschäftsführer(in): Dipl.-Volksw. Christian Labrot, Bonn
Leitung Presseabteilung: Detlef Neufang
Verbandszeitschrift: Supplement B.W.V.-Forum
Redaktion: Transporting
Verlag: Vogel Verlag, Neumarkter Str. 18, 81664 München
Mitglieder: 1800

Wahrnehmung der gemeinsamen Interessen der Werkverkehr betreibenden und verladenden Wirtschaft.

• M 84

Bundesverband Möbelspedition (AMÖ) e.V.
Schulstr. 53, 65795 Hattersheim
T: (06190) 98 98-13 **Fax:** 98 98 20
Internationaler Zusammenschluß: siehe unter izm 110
Vorsitzende(r): Christian Rohrbacher, Lichtenfels
Geschäftsführer(in): RA Reinhard Müller
Leitung Presseabteilung: Wolfgang Kownatka (Mitglied der Geschäftsführung)
Mitglieder: 19 Mitgliedsverbände mit 1350 Unternehmen

Mitgliedsverbände

m 85

Verband Badischer Spediteure e.V.
Fachgruppe Möbelspedition
Rheinparkstr. 2, 68163 Mannheim
T: (0621) 83 36 50 **Fax:** 8 33 65 20
Vorsitzende(r): Joachim Hamers (i. Fa. Feldner Internat. Transporte GmbH, Englerstr. 23, 69126 Heidelberg, T: (06221) 30 24 93 18, Fax: 30 20 55)
Harald Flamm (i. Fa. Johann Flamm, Weisserlenstr. 22-24, 79108 Freiburg, T: (0761) 13 20 01, Fax: 13 38 09)
Geschäftsführer(in): Bernhard Riedel (Rheinparkstr. 2, 68163 Mannheim, T: (0621) 83 36 50, Fax: (0621) 8 33 65 20)

m 86

Landesverband Bayerischer Spediteure e.V.
Fachgruppe Möbeltransport
Landwehrstr. 70a, 80336 München
T: (089) 53 94 85/86 **Fax:** 5 32 80 73
Vorsitzende(r): Carl Domberger (i. Fa. Augsburger Möbelspedition Carl Domberger GmbH & Co. KG, Heinrich-von-Buz-Str. 2, 86153 Augsburg, T: (0821) 50 22 50, Telefax: (0821) 5 02 25 50)
Geschäftsführer(in): Dipl.-Volksw. Wilhelm Heise (Landwehrstr. 70 a, 80336 München, T: (089) 53 94 85/86, Fax: (089) 5 32 80 73)

m 87

Verband der Spediteure Berlin und Brandenburg e.V.
Fachgruppe Möbeltransport
Juliusstr. 52, 12051 Berlin
T: (030) 6 25 57 33 **Fax:** 6 26 99 00
Vorsitzende(r): Gert Hebert (Intern. Möbelspedition KG GVZ Güterverkehrszentrum, Großbeeren, Hauptstr. 11-13, 14979

Großbeeren, T: (033701) 5 05-56, Fax: 5 05-50)
Geschäftsführer(in): Dipl.-Volksw. Gerhard Ostwald (Juliusstr. 52, 12051 Berlin, T: (030) 6 25 57 33, Telefax: (030) 6 26 99 00)

m 88

Landesverband des Berliner und Brandenburger Verkehrsgewerbes e.V. (LBBV)
Drewitzer Str. 50, 14478 Potsdam
T: (0331) 8 88 90-0 **Fax:** 8 71 62 67
Vorsitzende(r): Ulrich Dähn (Bahnhofstr. 18, 16348 Klosterfelde, T: (033396) 3 12, Telefax: (033396) 3 12)
Geschäftsführer(in): Karl-Heinz Erler (Drewitzer Str. 50, 14478 Potsdam, T: (0335) 6 33 55, Telefax: (0335) 6 41 06)

m 89

Fachvereinigung Möbeltransport Bremen e.V.
Hollerallee 13, 28209 Bremen
T: (0421) 34 97 70 **Fax:** 3 49 77 49
TX: 244 843
Vorsitzende(r): Louis Milse (i. Fa. Louis Neukirch GmbH, Neidenburger Str. 21, 28207 Bremen, T: (0421) 44 90 93, Fax: (0421) 44 51 51)
Geschäftsführer(in): Wilfried Drygala (Hollerallee 13, 28209 Bremen, T: (0421) 34 97 70, Fax: (0421) 3 49 77 49, TX: 244 843)

m 90

Fachvereinigung Möbeltransport Hamburg e.V.
Geschäftsstelle:
Basedowstr. 2-10, 20537 Hamburg
(im Hause NORDWEST GmbH)
T: (040) 25 15 02 72 **Fax:** 25 15 02 12
Vorsitzende(r): Peter Kornblum (i. Fa. Transport-Krumpf GmbH, Gaußstr. 60, 22765 Hamburg, T: (040) 39 11 41-43, Telefax: (040) 3 90 00 69)
Geschäftsführer(in): Uwe Sievers (Basedowstr. 2-10, 20537 Hamburg, T: (040) 25 15 02 72, Telefax: (040) 25 15 02 12 (im Hause NORDWEST GmbH))
Mitglieder: 56

m 91

Fachverband Möbeltransport Hessen e.V.
Auf der Roos 7, 65795 Hattersheim
T: (06190) 7 10 95 **Fax:** 7 10 96
Vorsitzende(r): Christoph Schöttke-Range (i. Fa. Fritzlarer Spedition Range GmbH & Co. KG, Berliner Str. 9-11, 34560 Fritzlar, T: (05622) 99 63-0, Fax: 99 63 98)
Geschäftsführer(in): Jürgen Kirchner (Auf der Roos 7, 65795 Hattersheim, T: (06190) 7 10 97, Fax: (06190) 7 10 96)

m 92

Fachvereinigung Möbelspedition des Landes Mecklenburg-Vorpommern e.V.
Werner-von-Siemens-Str. 1b, 19061 Schwerin
T: (0385) 6 44 57 10 **Fax:** 6 44 57 77
Vorsitzende(r): Klaus Schönfeldt (Schönfeldt Fuhrbetriebsgesellschaft mbH, Hauptstr. 1 c, 23974 Hornstorf, T: (03841) 28 28 97, Telefax: (03841) 28 24 21)
Geschäftsführer(in): Andreas Helms (Werner-von-Siemens-Str. 1 b, 19061 Schwerin, T: (0385) 6 44 57-0, Telefax: (0385) 6 44 57 77)

m 93

Gesamtverband Verkehrsgewerbe Niedersachsen e.V. (GVN)
Fachvereinigung Möbelspedition
Lister Kirchweg 95, 30177 Hannover
T: (0511) 96 26 28 **Fax:** 9 62 62 79
Internet: http://www.gvn.de
E-Mail: info@gvn.de
Vorsitzende(r): Helmut Kreye (Bremer Str. 31, 26135 Oldenburg, T: (0441) 9 23 80-0, Telefax: (0441) 9 23 80-80)
Geschäftsführer(in): Peter Heigl (Lister Kirchweg 95, 30177 Hannover, T: (0511) 9 62 62 50, Fax: (0511) 9 62 62 59)

m 94

Fachvereinigung Möbelspedition Nordrhein e.V.
Engelbertstr. 11, 40233 Düsseldorf
T: (0211) 7 38 58-18, -9 **Fax:** 7 38 58-15
E-Mail: moebelspedition.nr@t-online.de
Vorsitzende(r): Helmut Weyers (i. Fa. Gerhard Heeck Intern. Sped. GmbH, 47533 Kleve, Hoher Weg 25, T: (02821) 90 86-88, Telefax: (02821) 9 86 12)
Geschäftsführer(in): Dr. Bernd Andresen (Engelbertstr. 11, 40233 Düsseldorf, T: (0211) 7 38 58 18-9, Telefax: (0211) 7 38 58 15)
Mitglieder: 195

m 95

Verband des Verkehrsgewerbes Rheinhessen-Pfalz e.V.
Fachsparte Möbeltransport
Lauterstr. 17, 67657 Kaiserslautern
T: (0631) 7 10 03 51 **Fax:** 7 67 02
Vorsitzende(r): Karlheinz Sander (i. Fa. Eduard Sander GmbH Möbelspedition, Von-Miller-Str. 9a, 67661 Kaiserslautern, T: (0631) 35 73 20, Fax: (0631) 3 57 32 22)
Geschäftsführer(in): Edina Brenner (T: (0631) 3 71 61-0, Fax: (0631) 3 71 61-11)

m 96

Verband des Verkehrsgewerbes Rheinland e.V.
Fachgruppe Möbeltransport
Moselring 11, 56073 Koblenz
T: (0261) 4 94-330 **Fax:** 4 94-339
E-Mail: vdv.rheinland@t-online.de
Leitung: Helga Schneider (i. Fa. Heinrich Schneider, Kolpingstr. 5, 56410 Montabaur, T: (02602) 35 50, Fax: (02602) 9 07 25)
Geschäftsführer(in): Klaus Peter Schuster (Verkehrsbetriebswirt, T: (0261) 49 43 31, Fax: 49 43 39)

m 97

Landesverband Verkehrsgewerbe Saarland e.V.
Fachvereinigung Möbeltransport
Metzer Str. 123, 66117 Saarbrücken
T: (0681) 9 25 00 **Fax:** 9 25 01 90
Vorsitzende(r): Jochen Schneider (i. Fa. Schneider & Schneider Spediteure GmbH, Bühler Str. 26, 66130 Saarbrücken, T: (0681) 87 80 71, Telefax: (0681) 87 53 53)
Geschäftsführer(in): Gisbert Hurth (Metzer Str. 123, 66117 Saarbrücken, T: (0681) 9 25 0-0, Fax: (0681) 9 25 01 90)

m 98

Landesverband des Sächsischen Verkehrsgewerbes (LSV) e.V.
Fachvereinigung Möbelspedition
Torgauer Str. 74, 04318 Leipzig
T: (0341) 6 88 11 64 **Fax:** 6 89 27 07
Vorsitzende(r): Peter Gebauer (i. Fa. Gebauer Spedition GmbH, Taubestr. 2, 04347 Leipzig, T: (0341) 2 32 31 28, Telefax: (0341) 2 31 10 92)
Geschäftsführer(in): Brigitte Ledwoch (Torgauer Str. 74, 04318 Leipzig, T: (0341) 6 88 11 64, Telefax: (0341) 6 89 27 07)

m 99

Landesverband des Verkehrsgewerbes Sachsen-Anhalt e.V.
Fachvereinigung Spedition, Lagerei und Möbelspedition, Fachsparte Möbelspedition
Postf. 19 40, 39009 Magdeburg
Bergstr. 14, 39116 Magdeburg
T: (0391) 60 42 31
Vorsitzende(r): Gerhard Bertram (Alt Salbke 97, 39122 Magdeburg, T: (0391) 4 01 52 70)
Geschäftsführer(in): Dr. Ing. Werner Colditz (Bergstr. 14, 39116 Magdeburg, Postf. 19 40, 39009 Magdeburg, T: (0391) 60 42 31, Telefax: (0391) 60 42 32)

m 100

Fachvereinigung Möbeltransport Schleswig-Holstein e.V.
Theodor-Heuss-Ring 132, 24143 Kiel
T: (0431) 7 40 21 **Fax:** 73 70 84
Vorsitzende(r): Wilhelm Tischendorf (i. Fa. Julius Tischendorf, Steekberg 1, 24107 Kiel, T: (0431) 31 91 60, Fax: (0431) 3 19 16 28)
Geschäftsführer(in): Dipl.-Volksw. Lutz Wenzel (Theodor-Heuss-Ring 132, 24143 Kiel, T: (0431) 7 40 21, Telefax: (0431) 73 70 84)

m 101

Fachvereinigung Spedition, Logistik und Möbelverkehr im LTV e.V.
Linderbacher Weg 30, 99099 Erfurt
T: (0361) 4 17 00 40 **Fax:** 4 17 00 42
Vorsitzende(r): Rene Starke (i. Fa. Rettenmayer & Starke GmbH, Köstritzer Weg 14, 07548 Gera, T: (0365) 43 73 30, Fax: (0365) 41 40 89)
Geschäftsführer(in): Rainer Stange (Büro + Gewerbe-Forum, Linderbacher Weg 30, 99099 Erfurt, T: (0361) 4 17 00 40, Fax: (0361) 4 17 00 42)

m 102

Fachvereinigung Möbelspedition Westfalen-Lippe
Haferlandweg 8, 48155 Münster
T: (0251) 60 61-401 **Fax:** 60 61-409
E-Mail: info@vvwl.spediteure.de
Vorsitzende(r): Johannes Röhr (i. Fa. Anton Röhr GmbH & Co. KG, Gewerbestr. 8, 33397 Rietberg)
Geschäftsführer(in): Dipl.-Kfm. Volker Ackermeier (Haferlandweg 8, 48155 Münster, T: (0251) 60 61-0, Telefax: (0251) 6 06 14 09)

m 103

Verband Spedition und Logistik Baden-Württemberg e.V. (VSL)
Fachgruppe Möbeltransport
Geschäftsstelle:
Eduard-Pfeiffer-Str. 11, 70192 Stuttgart
T: (0711) 2 22 94 66 **Fax:** 22 29 46 80
Vorsitzende(r): Gerd Jürgen Britsch (i. Fa. Paul v. Maur Umzugsspedition GmbH, Am Westkai 11, 70327 Stuttgart, T: (0711) 32 76-1 00, Fax: 32 96 96)
Geschäftsführer(in): RA Oskar Vogel (Eduard-Pfeiffer-Str. 11, 70192 Stuttgart, T: (0711) 2 22 94 66, Fax: 2 22 94 680)

• M 104

Vereinigung Deutscher Kraftwagenspediteure (VKS) eG
Eduard-Pflüger-Str. 58, 53113 Bonn
T: (0228) 9 11 61-0 **Fax:** 26 47 03
Internet: http://www.vks-service.de
E-Mail: vks.service@t-online.de
Vorsitz: Michael Kubenz
Geschäftsführer(in): Dr. Gregor Schild
Dr. Michael Werner

• M 105

Bundesverband Spedition und Logistik e.V. (BSL)
Postf. 13 60, 53003 Bonn
Weberstr. 77, 53113 Bonn
T: (0228) 9 14 40-0 **Fax:** 9 14 40-99
Gründung: 1880
Präsident(in): Manfred F. Boes
Hauptgeschäftsführer(in): Heiner Rogge
Leitung Presseabteilung: Barbara Rauch

Landesverbände

m 106

Verband Badischer Spediteure e.V.
Rheinparkstr. 2, 68163 Mannheim
T: (0621) 8 33 65-0 **Fax:** 8 33 65-20
E-Mail: VBSmhm@t-online.de
Vorsitzende(r): Willi Quasten (KALAG Lagerhaus- und Speditions GmbH, Werftstr. 1a, 76189 Karlsruhe)
Geschäftsführer(in): Bernhard Riedel

m 107

Landesverband Bayerischer Spediteure e.V.
Hauptgeschäftsstelle:
Landwehrstr. 70a, 80336 München
T: (089) 53 94 85 **Fax:** 5 32 80 73
E-Mail: bayerische@spediteure.de
Vorsitzende(r): Peter Thumann (Häring Service Company AG & Co. KGaA, Elsenthal 53, 94481 Grafenau)
Geschäftsführer(in): Dipl.-Volksw. Wilhelm Heise

Geschäftsstelle: Bauvereinstr. 4, 90489 Nürnberg, T: (0911) 53 31 78, Fax: (0911) 53 31 88, E-Mail: nordbayerische@spediteure.de

m 108

Verband der Spediteure Berlin und Brandenburg e.V.
Postf. 44 01 58, 12001 Berlin
Juliusstr. 52, 12051 Berlin
T: (030) 6 25 57 33 **Fax:** 6 26 99 00
E-Mail: ostwald@vsbberlin.de
Vorsitzende(r): Olaf Bienek (Kunzendorf Spedition GmbH, Nobelstr. 25-27, 12057 Berlin)
Geschäftsführer(in): Dipl.-Volksw. Gerhard Ostwald

m 109

Landesverband des Berliner und Brandenburger Verkehrsgewerbes e.V. (LBBV)
Fachvereinigung Spedition und Möbeltransport
Drewitzer Str. 50, 14478 Potsdam
T: (0331) 8 88 90-0 **Fax:** 8 71 62 67
Vorsitzende(r): Ulrich Dähn (Bahnhofstr. 18, 16348 Klosterfelde, T: (033396) 3 12, Telefax: (033396) 3 12)
Geschäftsführer(in): Karl-Heinz Erler (Drewitzer Str. 50, 14478 Potsdam, T: (0335) 6 33 55, Telefax: (0335) 6 41 06)

m 110

Verein Bremer Spediteure e.V.
World Trade Center (4.112)
Birkenstr. 15, 28195 Bremen
T: (0421) 32 11 69 **Fax:** 32 78 38
E-Mail: vbsp@spediteure.de

Vorsitzende(r): Horst Kleist (Lexzau, Scharbau GmbH & Co., Kap-Horn-Str. 18, 28237 Bremen)
Geschäftsführer(in): Robert Völkl

m 111

Verein Hamburger Spediteure e.V.
Ost-West-Str. 69, 20457 Hamburg
T: (040) 37 47 64-0 **Fax:** 37 47 64-11
Internet: http://www.spediteure.de/vhsp
E-Mail: schimmelpfang@spediteure.de
Gründung: 1884
Vorsitzende(r): Walter W. Stork (Navis Schiffahrts- und Spedition Aktiengesellschaft, Billhorner Kanalstr. 69, 20539 Hamburg)
Geschäftsführer(in): RA Kurt-Jürgen Schimmelpfeng
Mitglieder: 380
Mitarbeiter: 10

m 112

Fachverband Spedition und Logistik in Hessen e.V.
Königsberger Str. 29, 60487 Frankfurt
T: (069) 9 70 81 10 **Fax:** 77 63 56
E-Mail: hessen@spediteure.de
Vorsitzende(r): Jürgen Rudolph (Rudolph & Söhne GmbH, Harzweg 10, 34225 Baunatal)
Geschäftsführer(in): Dipl.-Kfm. Willy Korf

Berufsbildungswerk der Spedition in Hessen (BSH) e.V.
Königsberger Str. 29, 60487 Frankfurt
T: (069) 9 70 81 10 **Fax:** 77 63 56
Vorsitzende(r): Jürgen Rudolph (J. Rudolph & Söhne GmbH, Harzweg 10, 34225 Baunatal)
Geschäftsführer(in): Dipl.-Kfm. Willy Korf

m 113

Fachvereinigung Spedition und Logistik im Gesamtverband Verkehrsgewerbe Niedersachsen e.V. (GVN)
Lister Kirchweg 95, 30177 Hannover
T: (0511) 96 26-260 **Fax:** 96 26-269
E-Mail: gvn-spedition@t-online.de
Vorsitzende(r): Eckard Wurzel (Spedition Erich Wurzel, Im Mühlenfeld 2, 31008 Elze)
Geschäftsführer(in): Peter Heigl

m 114

Verband Spedition und Logistik Nordrhein e.V.
Engelbertstr. 11, 40233 Düsseldorf
T: (0211) 7 38 58 30 **Fax:** 7 33 77 77
E-Mail: info@vslnr.de
Vorsitzende(r): Bernhardt Bünck (Postadresse: Werthauser Str. 5, 47228 Duisburg)
Geschäftsführer(in): Dipl.-Kfm. Rüdiger Ostrowski

m 115

Verband Spedition und Logistik Rheinland-Pfalz e.V.
Postf. 20 16 20, 56016 Koblenz
Diethardstr. 5, 56076 Koblenz
T: (0261) 7 20 33 **Fax:** 70 28 01
E-Mail: rheinlandpfalz@spediteure.de
Vorsitzende(r): Heinz Michael Schmitz (F. J. Meyer GmbH, Internationale Spedition, August-Horch-Str. 7, 56070 Koblenz)
Geschäftsführer(in): RA Horst Friedrich Simon

m 116

Verein Rostocker Spediteure e.V. (VRSp)
Postf. 48 11 33, 18133 Rostock
T: (0381) 3 50 46 40 **Fax:** 3 50 46 41
E-Mail: vrsp.mv@t-online.de
Vorsitzende(r): Eckhard Landgraf (Baltic Sped GmbH, Große Rampe 8, 18146 Rostock)
Geschäftsführer(in): Dieter Prödel

m 117

Landesverband Verkehrsgewerbe Saarland e.V. Fachvereinigung Spedition und Logistik
Metzer Str. 123, 66117 Saarbrücken
T: (0681) 9 25 01 01 **Fax:** 9 25 01 90
E-Mail: bodamer@lvs.saar.de
Vorsitzende(r): Werner Kohr (Satrans GmbH, Saarhafen-Südkai 3, 66740 Saarlouis)
Geschäftsführer(in): Dipl.-Volksw. Claus-Thomas Bodamer

m 118

Fachvereinigung Spedition und Logistik im Landesverband des Sächsischen Verkehrsgewerbes (LSV) e.V.
Palaisplatz 4, 01097 Dresden
T: (0351) 8 14 32 70 **Fax:** 8 14 32 77
E-Mail: petzold@lsv-ev.de
Vorsitzende(r): Wilhelm Gericke (Gericke & Co. GmbH, Schubertstr. 21, 09337 Hohenstein-Ernstthal)
Geschäftsführer(in): Hans Petzold

m 119

Landesverband des Verkehrsgewerbes Sachsen-Anhalt e.V. Fachvereinigung Spedition, Möbelspedition und Lagerei
Bergstr. 14, 39116 Magdeburg
T: (0391) 6 21 98 86 **Fax:** 6 21 98 88
Geschäftsführer(in): Dr.-Ing. Werner Colditz

m 120

Fachvereinigung Spedition und Logistik Schleswig-Holstein e.V.
Ilsahl 1-3, 24536 Neumünster
T: (04321) 30 09 16 **Fax:** 30 09 15
E-Mail: info@svg-sh.de
Vorsitzende(r): Dipl.-Kfm. Dieter Schaufelberger (Joachim Parbs GmbH, Am Güterbahnhof 10, 23558 Lübeck)
Geschäftsführer(in): RA Dr. jur. Hans-Jochen Leupelt

mit

Verein Lübecker Spediteure e.V.
Geschäftsstelle:
Willy-Brandt-Allee 19
Schuppen E, 23554 Lübeck
T: (0451) 7 49 86 **Fax:** 7 49 86
Vorsitzende(r): Dieter Bruhn (Willy Bruhn Söhne, Karlstr. 24, 23554 Lübeck)

m 121

Fachvereinigung Spedition, Logistik und Möbelverkehr im LTV e.V.
Linderbacher Weg 30, 99099 Erfurt
T: (0361) 4 17 00 40 **Fax:** 4 17 00 42
Vorsitzende(r): Jürgen Schmidt (Werra-Blitz, Transportges. mbH, Nürnberger Str. 2, 36456 Barchfeld)
Geschäftsführer(in): Dr. Ulrich Hoffmann

m 122

Fachvereinigung Spedition + Logistik im VVWL
Haferlandweg 8, 48155 Münster
T: (0251) 60 61-401 **Fax:** 60 61-409
E-Mail: info@vvwl.spediteure.de
Vorsitzende(r): Manfred F. Boes (M.Boes Mil GmbH & Co.Kg, Schillerstr. 91, 33609 Bielefeld)
Geschäftsführer(in): Dipl.-Kfm. Volker Ackermeier

m 123

Fachgruppe Lagerei und Binnenhafenumschlag-Spedition Westfalen-Lippe
Haferlandweg 8, 48155 Münster
T: (0251) 60 61-401 **Fax:** 60 61-409
Gründung: 1946
Vorsitzende(r): Hans H. Battermann (Stadthafen Lünen GmbH, Buchenberg 12, 44532 Lünen, T: (02306) 2 08-0)
Geschäftsführer(in): Dipl.-Kfm. Volker Ackermeier

m 124

Verband Spedition und Logistik Baden-Württemberg (Landesteil Württemberg) e.V. (VSL)
Eduard-Pfeiffer-Str. 11, 70192 Stuttgart
T: (0711) 29 06 53 **Fax:** 2 26 43 66
E-Mail: info@vsl.ba-wue.spediteure.de
Vorsitzende(r): Christian Schmidt (Auenweg 10, 71701 Schwieberdingen)
Geschäftsführer(in): RA Oskar Vogel

• M 125

Bundesverband internationaler Express- und Kurierdienste e.V. (BIEK)
Bleichenbrücke 9 (Bleichenhof), 20354 Hamburg
T: (040) 35 52 80-0 **Fax:** 35 52 80-80
Gründung: 1982 (01. Januar)
Vorsitzende(r): Dr. Ralf Wojtek
Leitung Presseabteilung: Hans Peter Teufers
Mitglieder: 11

m 126

Bundesverband internationaler Express- und Kurierdienste e.V. Verbindungsbüro Bonn
Genker Str. 14, 53842 Troisdorf
T: (02241) 94 68 99 **Fax:** 49 11 21
Kontaktperson: Hans-Peter Teufers

• M 127

Bundesverband der Kurier-Express-Paket-Dienste e.V. (Bd KEP)
Eimsbütteler Chaussee 23, 20259 Hamburg
T: (040) 4 30 33 74 **Fax:** 4 30 14 90
Gründung: 1990
Vorsitzende(r): Rudolf Pfeiffer
Verbandszeitschrift: KEP-ZEIT
Mitglieder: 1000

• M 128

Autovermieter-Verband e.V.
Postf. 10 29 26, 70025 Stuttgart
T: (0721) 61 47 00
Vorsitzende(r): Gerhard Merkle

Stärkung der Wettbewerbssituation der mittelständischen Autovermieter. Helfer in Sachen Unfallersatzwagengeschäft.

• M 129

RDA Internationaler Bustouristik Verband e.V.
Hohenzollernring 86, 50672 Köln
T: (0221) 91 27 72-0 **Fax:** 12 47 88
Internet: http://www.bustouristik.de
E-Mail: rdaverband@t-online.de
Gründung: 1951
Präsident(in): Norbert Grein
Vizepräsident(in): Albert Happ
Richard Eberhardt
Hauptgeschäftsführer(in): Dieter Gauf
Verbandszeitschrift: RDA aktuell
Verlag: Eigenverlag
Mitglieder: 3200 Unternehmen
Mitarbeiter: 10

• M 130

Bundesverband der Autovermieter Deutschlands e.V. (BAV)
Grafenberger Allee 363, 40235 Düsseldorf
T: (0211) 6 90 00-0 **Fax:** 6 90 00-10
Gründung: 1954 (04. April)
Internationaler Zusammenschluß: siehe unter izm 61
Präsident(in): Bernd Schumann
Geschäftsführer(in): RA Klaus Langmann-Keller
Verbandszeitschrift: Der Autovermieter
Verlag: UPE Unternehmens-Presse-Verlag Eckl GmbH, Karlstr. 69, 50181 Bedburg, T: (02272) 9 12 00, Telefax: (02272) 91 20 20
Mitglieder: knapp 750 (in Deutschland)

Wahrnehmung der Gesamtinteressen aller gewerblichen Autovermietunternehmen in Deutschland

Angeschlossene Landesverbände

m 131

Landesverband der Autovermieter Bayern e.V.
Grafenberger Allee 363, 40235 Düsseldorf
T: (0211) 69 00 00 **Fax:** 6 90 00 10
Vorsitzende(r): Hubert Juraschek (Münchener Str. 66 a, 85221 Dachau, T: (08131) 7 20 21, Telefax: (08131) 7 20 44)
Geschäftsführer(in): RA Klaus Langmann-Keller

m 132

Landesverband der Autovermieter Baden-Württemberg e.V.
Grafenberger Allee 363, 40235 Düsseldorf
T: (0211) 69 00 00 **Fax:** 6 90 00 10
Vorsitzende(r): Bernd Schumann (Sigmaringer Str. 92, 70567 Stuttgart, T: (0711) 7 22 20 55, Telefax: (0711) 7 28 90 55)
Geschäftsführer(in): RA Klaus Langmann-Keller

m 133

Landesverband der Autovermieter Hessen/Rheinland-Pfalz/Saarland/Thüringen e.V.
Geschäftsstelle
Grafenberger Allee 363, 40235 Düsseldorf
T: (0211) 69 00 00 **Fax:** 6 90 00 10
Vorsitzende(r): Rudolf Fingerhuth (Grafenberger Allee 363, 40235 Düsseldorf, T: (0211) 69 00 00, Fax: (0211) 6 90 00-10)
Geschäftsführer(in): RA Klaus Langmann-Keller

m 134

Landesverband der Autovermieter Nordrhein-Westfalen e.V.
Grafenberger Allee 363, 40235 Düsseldorf
T: (0211) 69 00 00 **Fax:** 6 90 00 10
Vorsitzende(r): Horst Lepper (Merowinger Str. 24-26, 40223 Düsseldorf, T: (0211) 34 00 21, Fax: (0211) 31 70 81)
Geschäftsführer(in): RA Klaus Langmann-Keller

m 135

Landesverband der Autovermieter Niedersachsen/Bremen/Sachsen-Anhalt e.V.
Gellertstr. 9, 30175 Hannover
T: (0511) 81 20 03
Vorsitzende(r): Gottfried Klötzer (Posthof 2, 37081 Göttingen, T: (0551) 6 20 26, Fax: (0551) 6 20 22)
Geschäftsführer(in): Petra Reelmann

m 136

Landesverband der Autovermieter Hamburg/Schleswig-Holstein/Mecklenburg-Vorpommern e.V.
Geschäftsstelle
Grafenberger Allee 363, 40235 Düsseldorf
T: (0211) 69 00 00 **Fax:** 6 90 00 10
Vorsitzender: Kurt Boesler (Herderstr. 52, 22085 Hamburg, T: (040) 2 20 11 88, Fax: (040) 2 20 66 47)
Geschäftsführer(in): RA Klaus Langmann-Keller

m 137

Landesverband der Autovermieter Berlin/Brandenburg/Sachsen e.V.
Geschäftsstelle
Grafenberger Allee 363, 40235 Düsseldorf
T: (0211) 69 00 00 **Fax:** 6 90 00 10
Vorsitzende(r): Klaus Karolewicz (Saatwinkler Damm 65, 13627 Berlin, T: (030) 3 83 10 06, Fax: (030) 3 82 83 84)
Geschäftsführer(in): RA Klaus Langmann-Keller

• **M 1 37.10**

Bundesverband CarSharing e.V. (bcs)
Hausmannstr. 9-10, 30159 Hannover
T: (0511) 7 10 04 74 **Fax:** 1 69 02 54
Internet: http://www.carsharing.de
E-Mail: info@carsharing.de
Gründung: 1998 (13. Juni)
Vorstand: Claudia Braun, Mannheim
Michael Herbst, Marburg
Bernd Kremer, Frankfurt/M.
Susanne Prill, Rostock
Martin Stutzbach, Hannover
Mitglieder: 69
Mitarbeiter: 1

Landesverbände des Verkehrsgewerbes

Baden-Württemberg

• **M 138**

Verband des Verkehrsgewerbes Südbaden e.V.
(Haus des Straßenverkehrs)
Postf. 10 04 30, 79123 Freiburg
Weißerlenstr. 9, 79108 Freiburg
T: (0761) 7 05 23-0 **Fax:** 7 05 23-20
E-Mail: VVSuedbaden@t-online.de
Geschäftsf. Vorst.: Ass. Bernd Klug

• **M 139**

Verband des Verkehrsgewerbes Nordbaden e.V.
Orchideenweg 23, 68782 Brühl
T: (06202) 7 10 10 **Fax:** 7 50 33
Vorsitzende(r): Bernd Hänßler
Geschäftsführer(in): Dipl.-Betriebsw. Ass. Arno Lauth
(Fachverband des gewerblichen Straßengüter- und Personenverkehrs)

m 140

Verband des Verkehrsgewerbes Nordbaden e.V. Fachsparte
Orchideenweg 23, 68782 Brühl
T: (06202) 7 10 10 **Fax:** 7 50 33
E-Mail: vvnbaden@aol.com
Vorsitzende(r): Bernd Hänßler
Geschäftsführer(in): Ass., Dipl.-Betriebsw. Arno Lauth

m 141

Verband d. Verkehrsgewerbes Nordbaden e.V. Fachsparte Taxi und Mietwagen
Orchideenweg 23, 68782 Brühl
T: (06202) 7 10 10 **Fax:** 7 50 33
Vorsitzende(r): Gerhard Wassermann
Geschäftsführer(in): Ass., Dipl.-Betriebsw. Arno Lauth

• **M 142**

Verband des Württembergischen Verkehrsgewerbes e.V.
Hedelfinger Str. 25, 70327 Stuttgart
T: (0711) 4 01 92 81 **Fax:** 42 38 10
E-Mail: v.v.wuerttemberg@t-online.de
(Mitglied des Bundesverbandes Güterkraftverkehr (BGL), Taxi- u. Mietwagenverkehr (BZP)
Vorsitzende(r): Wolfgang Langenberger
Geschäftsführer(in): Klaus Mohn

• **M 143**

Landesamt für Straßenwesen Baden-Württemberg
Postf. 30 01 80, 70441 Stuttgart
Krailenshaldenstr. 44, 70469 Stuttgart
T: (0711) 89 10-0 **Fax:** 89 10-6 10
Leitung: Präs. André
St. Leiter: Ltd. RD Maisack

• **M 144**

WBO-Verband Baden-Württembergischer Omnibusunternehmer e.V.
Dornierstr. 3, 71034 Böblingen
T: (07031) 6 23-01 **Fax:** 6 23-1 16
Gründung: 1947
Vorsitzende(r): Dr. Gisela Volz, Calw
Geschäftsführer(in): R. Schmid
Mitglieder: 500

Bayern

• **M 145**

Landesverband Bayerischer Taxi- und Mietwagen-Unternehmen e.V.
Engelhardstr. 6, 81369 München
T: (089) 77 30 77 **Fax:** 77 24 62
Gründung: 1946
Vorsitzende(r): Johann Meißner (Urtlangerstr. 4, 82396 Pähl)
Mitglieder: 1900
Mitarbeiter: 3

• **M 146**

Landesverband Bayerischer Transportunternehmen e.V. (LBT)
Postf. 19 06 52, 80606 München
Leonrodstr. 48i, 80636 München
T: (089) 12 66 29-0 **Fax:** 12 66 29-25
Internet: http://www.lbt.de
E-Mail: lbtmuc@-online.de
Gründung: 1946
Vorsitzende(r): Hans Wormser (Am Kuhwasen, 91074 Herzogenaurach)
Hauptgeschäftsführer(in): Ass. Sebastian Lechner
Pressereferent: Dipl.-Kfm. Christian Durmann
Verbandszeitschrift: Süddeutscher Verkehrskurier, Journal für Transportunternehmer
Verlag: erscheint im Eigenverlag des LBT
Mitglieder: 3600

Berlin

• **M 147**

Fuhrgewerbe-Innung Berlin e.V.
Hedemannstr. 13, 10969 Berlin
T: (030) 2 51 06 91 **Fax:** 2 51 06 93
Internet: http://www.fuhrgewerbe-innung.de
E-Mail: info@fuhrgewerbe-innung.de
Vorsitzende(r): Michael Eichen
Stellvertretende(r) Vorsitzende(r): Hans-Dieter Schwind
Vorstandsmitgl. Personenverkehr: Lothar Kastner

• **M 148**

Fachvereinigung Güterfernverkehr e.V. Berlin
Hedemannstr. 13, 10969 Berlin
T: (030) 2 53 83-0 **Fax:** 2 53 83-212
Vorsitzende(r): Peter Komm
Geschäftsführer(in): Hans-Christian Burmeister
Hans-Peter Schleußing

• **M 149**

Innung des Berliner Taxigewerbes e.V.
Martin-Luther-Str. 3-7, 10777 Berlin
T: (030) 23 62 72 01 **Fax:** 3 44 60-69
Vorsitzende(r): Wolfgang Wruck

• **M 150**

Verband der Spediteure Berlin und Brandenburg e.V.
Postf. 44 01 58, 12001 Berlin
Juliusstr. 52, 12051 Berlin
T: (030) 6 25 57 33 **Fax:** 6 26 99 00
E-Mail: ostwald@vsbberlin.de
Vorsitzende(r): Olaf Bienek (Kunzendorf Spedition GmbH, Nobelstr. 25-27, 12057 Berlin)
Geschäftsführer(in): Dipl.-Volksw. Gerhard Ostwald

Bremen

• **M 151**

Landesverband Verkehrsgewerbe Bremen (LVB) e.V.
Postf. 10 12 47, 28012 Bremen
Hollerallee 13, 28209 Bremen
T: (0421) 3 49 77-21 **Fax:** 3 49 77-49
E-Mail: svglvb.bremen@t-online.de
Vorsitzende(r): Hans-Peter Müller
Geschäftsführende(s) Vorstands-Mitglied(er): Wilfried Drygala

• **M 152**

Verein Bremer Spediteure e.V.
World Trade Center (4.112)
Birkenstr. 15, 28195 Bremen
T: (0421) 32 11 69 **Fax:** 32 78 38
E-Mail: vbsp@spediteure.de
Vorsitzende(r): Horst Kleist (G.F. Lexzau, Scharbau & Co., Bremen)
Geschäftsführer(in): Robert Völkl

• **M 153**

Bremer Reederverein
World Trade Center (4.112)
Birkenstr. 15, 28195 Bremen
T: (0421) 32 78 08 **Fax:** 32 78 38
Vorsitzer: Michael Schroiff (GF Unterweser Reederei GmbH)
Geschäftsführer(in): Robert Völkl

Hamburg

• **M 154**

Verein Hamburger Spediteure e.V.
Ost-West-Str. 69, 20457 Hamburg
T: (040) 37 47 64-0 **Fax:** 37 47 64-11
Internet: http://www.spediteure.de/vhsp
E-Mail: schimmelpfang@spediteure.de
Gründung: 1884
Vorstand: Walter Stork (Vors., NAVIS Schiffahrts- und Speditions Aktiengesellschaft)
Peter Dezelske (1.stellv. Vors.)
Joachim Braasch (2. stellv. Vors., A. Hartrodt (GmbH & Co.))
Jörn Andresen (ASG European Road Transport GmbH)
Manfred Hachenberg (Kühne & Nagel (AG & Co))
Thomas Hoyer (Hoyer GmbH, Intern. Fachspedition)
Bodo Liesenfeld (Rohde & Liesenfeld GmbH & Co.)
Wolfgang Przybisch (Rapid Intern. Spedition GmbH & Co.)
Ralph Juchheim (Schenker International Deutschland GmbH)
Axel Heik (Hermann H. Heik GmbH & Co.KG)
Friedrich Wendt (Friedrich H.H. Wendt GmbH)
Verbandszeitschrift: Wöchentliche Rundschreiben, Lose-Blatt-Sammlung
Mitglieder: 380
Mitarbeiter: 10

• **M 155**

Landesverband Straßenverkehrsgewerbe Hamburg e.V. (LSH)
Bullerdeich 36, 20537 Hamburg
T: (040) 25 47 01 70 **Fax:** 25 47 01 75
Vorsitzende(r): Carsten Buhck

Geschäftsführer(in): Dipl.-Volksw. Dirk Naujokat
Mitglieder: 5 Fachvereinigungen und 2 Wirtschaftsorganisationen

m 156

Verband Straßengüterverkehr Hamburg e.V. (VSH)
Bullerdeich 36, 20537 Hamburg
T: (040) 25 47 01 70 **Fax:** 25 47 01 75
Internet: http://www.vshhamburg.de
E-Mail: vshhamburg@aol.com
Vorsitzende(r): Carsten Buhck
Gerhard Richter
Geschäftsführer(in): Dipl.-Volksw. Dirk Naujokat
Ulrich Seehawer

m 157

Verein Hamburger Spediteure e.V.
Ost-West-Str. 69, 20457 Hamburg
T: (040) 37 47 64-0 **Fax:** 37 47 64-11
Internet: http://www.spediteure.de/vhsp
E-Mail: schimmelpfang@spediteure.de
Gründung: 1884
Vorsitzende(r): Walter Stork
Geschäftsführer(in): RA Kurt-Jürgen Schimmelpfeng
Mitglieder: 380
Mitarbeiter: 10

m 158

Fachvereinigung Möbeltransport Hamburg e.V.
Basedowstr. 2-10, 20537 Hamburg
T: (040) 25 15 02 66 **Fax:** 25 15 02 12
1. Vorsitzende(r): Peter Kornblum
Mitglieder: 56

m 159

Landesverband für das Personenverkehrsgewerbe Hamburg e.V.
Rothenbaumchaussee 79, 20148 Hamburg
T: (040) 44 86 43-44 **Fax:** 45 35 51
Vorsitzende(r): Joachim Püttmann

m 160

Verband des Hamburger Omnibusgewerbes e.V.
Bullerdeich 36, 20537 Hamburg
T: (040) 25 47 01 70 **Fax:** 25 47 01 75
Internet: http://www.vshhamburg@aol.com
Vorsitzende(r): Hörmann Karlheinz (Karlheinz Hörmann & Söhne GmbH)
Geschäftsführer(in): Dipl.-Volksw. Dirk Naujokat

m 161

Straßenverkehrs-Genossenschaft Nordwest eG
Basedowstr. 2, 20537 Hamburg
T: (040) 25 15 02-0 **Fax:** 25 15 02 12
Vorstand: Manfred Ahlers
Uwe Sievers

m 162

SVG-Fernverkehr-Hamburg Straßenverkehrsgenossenschaft eG
Bullerdeich 36, 20537 Hamburg
T: (040) 2 54 50-0 **Fax:** 2 51 29 83
Vorstand: Ulrich Seehawer
Gerhard Richter

• **M 163**

Verein Hamburger Fuhrherren von 1885 e.V.
Bullerdeich 36, 20537 Hamburg
T: (040) 25 47 01 70 **Fax:** 25 47 01 75
Vorsitzende(r): Friedrich Wendt
Geschäftsführer(in): Dipl.-Volksw. Dirk Naujokat

Hessen

• **M 164**

Vereinigung des Verkehrsgewerbes in Hessen e.V. (VdV)
Königsberger Str. 3, 60487 Frankfurt
T: (069) 77 20 95/96 **Fax:** 7 07 47 09
Vorsitzende(r): Jürgen Rudolph, Baunatal
Geschäftsführer(in): Thomas A. Röll

m 165

Fachverband Omnibusverkehr der Vereinigung des Verkehrsgewerbes in Hessen e.V.
Postf. 10 37 40, 34037 Kassel
Königsplatz 59, 34117 Kassel
T: (0561) 7 18 17 **Fax:** 10 42 60
Vorsitzende(r): Klaus Kreger, Kassel
Geschäftsführer(in): Dipl. oec. Mathias Hörning

m 166

Fachverband PKW-Verkehr der Vereinigung des Verkehrsgewerbes in Hessen e.V.
Königsplatz 59, 34117 Kassel
T: (0561) 7 18 17 **Fax:** 10 42 60
Vorsitzende(r): Peter Kühn, Kassel
Geschäftsführer(in): Dipl.-Ökonom Mathias Hörning

m 167

Fachverband Güterkraftverkehr Hessen e.V.
Waldschulstr. 128, 65933 Frankfurt
T: (069) 39 52 32 **Fax:** 38 75 79
Vorsitzende(r): Andreas Debus, Bad Homburg
Geschäftsführer(in): Werner Gehron

m 168

Fachverband Spedition und Logistik in Hessen e.V.
Königsberger Str. 29, 60487 Frankfurt
T: (069) 9 70 81 10 **Fax:** 77 63 56
E-Mail: hessen@spediteure.de
Vorsitzende(r): Jürgen Rudolph, Baunatal
Geschäftsführer(in): Dipl.-Kfm. Willy Korf

m 169

Fachverband Möbeltransport Hessen e.V.
Auf der Roos 7, 65795 Hattersheim
T: (06190) 7 10 95 **Fax:** 7 10 96
Vorsitzende(r): Christoph Schöttke-Range, Fritzlar
Geschäftsführer(in): Jürgen Kirchner

• **M 170**

Landesverband Hessischer Omnibusunternehmer e.V. (LHO)
Marburger Str. 44, 35390 Gießen
T: (0641) 93 29 30 **Fax:** 3 51 62
Internet: http://www.lho-online.com
E-Mail: lho-giessen@t-online.de
Gründung: 1971 (28. August)
Geschäftsführer(in): J. Geißler

Niedersachsen

• **M 171**

GVN

Gesamtverband Verkehrsgewerbe Niedersachsen e.V. (GVN)
(Unternehmerverband und Arbeitgeberverband)
Lister Kirchweg 95, 30177 Hannover
T: (0511) 96 26 28 **Fax:** 9 62 62 79
Internet: http://www.gvn.de
E-Mail: info@gvn.de
Gründung: 1945
Präsident(in): Karl Heinz Schnitzler
Hauptgeschäftsführer(in): RA Berward Franzky
Ltg. Öffentlichkeitsarbeit: Betriebsw. (VWA) Gunther Zimmermann
Verbandszeitschrift: das Verkehrsgewerbe
Redaktion: Gesamtverband Verkehrsgewerbe Niedersachsen
Verlag: A.K.S. Werbegesellschaft mbH, Postf. 10 02 05, 30902 Isernhagen
Mitglieder: 4000
Mitarbeiter: 45

m 172

Fachvereinigung Güterkraftverkehr und Entsorgung im Gesamtverband Verkehrsgewerbe Niedersachsen e.V. (GVN)
Lister Kirchweg 95, 30177 Hannover
T: (0511) 96 26-2 40 **Fax:** 96 26-2 49
Internet: http://www.gvn.de
E-Mail: gvn-fernverkehr@t-online.de
Vorsitzende(r): Helga Hesse, Hannover
Adalbert Wandt, Braunschweig
Geschäftsführer(in): Gerhard Ibrügger

m 173

Fachvereinigung Spedition und Logistik im Gesamtverband Verkehrsgewerbe Niedersachsen e.V. (GVN)
Lister Kirchweg 95, 30177 Hannover
T: (0511) 96 26-260 **Fax:** 96 26-269
E-Mail: gvn-spedition@t-online.de
Vorsitzende(r): Eckhard Wurzel, Elze
Geschäftsführer(in): Dipl.-Betriebsw. (FH) Peter Heigl

m 174

Fachvereinigung Möbelspedition im Gesamtverband Verkehrsgewerbe Niedersachsen e.V. (GVN)
Lister Kirchweg 95, 30177 Hannover
T: (0511) 96 26-2 50 **Fax:** 96 26-259
Vorsitzende(r): Helmut Kreye, Oldenburg
Geschäftsführer(in): Dipl.-Betriebsw. (FH) Peter Heigl

m 175

Fachvereinigung Omnibus und Touristik im Gesamtverband Verkehrsgewerbe Niedersachsen e.V. (GVN)
Lister Kirchweg 95, 30177 Hannover
T: (0511) 96 26-2 70 **Fax:** 96 26-2 79
Vorsitzende(r): Hans-Georg Rizor, Hildesheim
Geschäftsführer(in): Betriebsw. (HWF) Hartmut Knaack

m 176

Fachvereinigung Taxi und Mietwagen im Gesamtverband Verkehrsgewerbe Niedersachsen e.V. (GVN)
Lister Kirchweg 95, 30177 Hannover
T: (0511) 96 26-2 80 **Fax:** 96 26-2 89
Vorsitzende(r): Hans-Günther Bartels, Oldenburg
Geschäftsführer(in): Betriebsw. (HWF) Hartmut Knaack

Nordrhein-Westfalen

• **M 177**

Arbeitgeberverband des Verkehrsgewerbes Nordrhein e.V.
Postf. 10 51 55, 40042 Düsseldorf
Engelbertstr. 11, 40233 Düsseldorf
T: (0211) 7 38 58-10 **Fax:** 7 38 58-15
Gründung: 1993
1. Vorsitzende(r): Ulrich Bönders (i. Fa. Bönders GmbH Spedition, Bataverstr. 15, 47809 Krefeld, T: (02151) 52 20-22, Telefax: (02151) 52 20 43)
Geschäftsführer(in): Dr. Bernd Andresen

Fachverbände

m 178

Verband Güterkraftverkehr und Logistik Nordrhein e.V.
Postf. 16 03 51, 40566 Düsseldorf
Kappeler Str. 126, 40599 Düsseldorf
T: (0211) 9 98 84-0 **Fax:** 9 98 84-10
Internet: http://www.vgin.de
E-Mail: vgln.dssd@t-online.de
1. Vorsitzende(r): Klaus-Peter Röskes (i. Fa. Peter Röskes, Dieselstr. 4-6, 42579 Heilighaus, T: (02056) 51 46-47, Telefax: (02056) 6 90 06)
Geschäftsführer(in): Jost Jetschmann

m 179

Verband Spedition und Logistik Nordrhein e.V.
Engelbertstr. 11, 40233 Düsseldorf
T: (0211) 7 38 58 30 **Fax:** 7 33 77 77
E-Mail: info@vslnr.de
Vorsitzende(r): Bernhardt Bünck (Postanschrift: Werthauser Str. 5, 47228 Duisburg)
Geschäftsführer(in): Dipl.-Kfm. Rüdiger Ostrowski

m 180

Fachvereinigung Möbelspedition Nordrhein e.V.
Engelbertstr. 11, 40233 Düsseldorf
T: (0211) 7 38 58-18, -9 **Fax:** 7 38 58-15
E-Mail: moebelspedition.nr@t-online.de
Vorsitzende(r): Helmut Weyers (i. Fa. Gerhard Heeck GmbH, Hoher Weg 25, 47533 Kleve, T: (02821) 90 86, Fax: (02821) 9 86 12)
Geschäftsführer(in): RA Dr. Bernd Andresen
Mitglieder: 195

• **M 181**

Verband Nordrhein-Westfälischer Omnibusunternehmen e.V. (NWO)
Im Schaufsfeld 2, 40764 Langenfeld
T: (02173) 1 41 31, 1 41 35 **Fax:** 2 33 12
Vorsitzende(r): F. A. Henneke (Dieselstr. 16, 59823 Arnsberg, T: (02931) 52 54-0)
Geschäftsführer(in): Dr. Hartmut Frohnert
Mitglieder: 600

• M 182

Niederrheinischer Verkehrsverband Duisburg
Mercatorstr. 22 (Handelskam, 47051 Duisburg
T: (0203) 28 21-2 76/7 **Fax:** 2 65 33
Vorsitzende(r): Dr.jur. Theodor Pieper
Geschäftsführer(in): Dr.rer.pol. Hans-Peter Martin

• M 183

Verband für das Verkehrsgewerbe Westfalen-Lippe e.V.
Postf. 76 49, 48041 Münster
Haferlandweg 8, 48155 Münster
T: (0251) 60 61-0 **Fax:** 60 61-414
E-Mail: gueterkraftverkehr@vvwl.bsoft.de
Vorsitzende(r): Hermann Grewer (Dieselstr. 12, 45891 Gelsenkirchen)
Stellvertretende(r) Vorsitzende(r): Manfred Boes (Schillerstr. 91, 33609 Bielefeld)
Hauptgeschäftsführer(in): RA Dr. Erwin Bauer
Stellv. HGeschF: Dipl.-Kfm. Volker Ackermeier
Verbandszeitschrift: „das verkehrsgewerbe westfalen-lippe e.V."

Fachvereinigungen

m 184

Verband für das Verkehrsgewerbe Westfalen-Lippe e.V.
Fachvereinigung Güterkraftverkehr, Logistik und Entsorgung
Postf. 76 49, 48041 Münster
Haferlandweg 8, 48155 Münster
T: (0251) 60 61-413 **Fax:** 60 61-414
Internet: http://www.vvwl-transport.de
E-Mail: transport@vvwl.de
Vorsitzende(r): Hermann Grewer (Dieselstr. 12, 45891 Gelsenkirchen)
Stellvertretende(r) Vorsitzende(r): Karl-Heinz Windgätter (Windgätter & Sohn GmbH, Güterkraftverkehr, Spedition u. Baustoffe, Lütge Heidestr. 79-81, 44147 Dortmund)
Geschäftsführer(in): Dr. Christoph Kösters

m 185

Verband für das Verkehrsgewerbe Westfalen-Lippe
Fachvereinigung Spedition und Logistik
Haferlandweg 8, 48155 Münster
T: (0251) 60 61-401 **Fax:** 60 61-409
E-Mail: info@vvwl.spediteure.de
Vorsitzende(r): Manfred Boes (i. Fa. BOES MTL GmbH Möbeltransport und Logistik GmbH, Schillerstr. 91, 33609 Bielefeld, T: (0521) 94 70 00)
Geschäftsführer(in): Dipl.-Kfm. Volker Ackermeier

m 186

Fachvereinigung Möbelspedition Westfalen-Lippe
Haferlandweg 8, 48155 Münster
T: (0251) 60 61-401 **Fax:** 60 61-409
E-Mail: info@vvwl.spediteure.de
Vorsitzende(r): Johannes Röhr (Gewerbestr. 8, 33397 Rietberg)
Geschäftsführer(in): Dipl.-Kfm. Volker Ackermeier (48155 Münster, T: (0251) 60 61-4 00)

• M 187

VBA
VERBAND DER BERGUNGS- UND ABSCHLEPPUNTERNEHMEN E.V.

Wittener Str. 237, 42279 Wuppertal
T: (0202) 2 66 56-0 **Fax:** 2 66 56-4
Internet: http://www.vba-service.de
E-Mail: info@vba-service.de
Gründung: 1963
Vorsitzende(r): Gustav-Adolf Neeb
Hauptgeschäftsführer(in): Volker Grandjean
Leitung Presseabteilung: Iris Kämper
Verbandszeitschrift: "bergen + abschleppen"
Redaktion: Olaf Tewes
Mitglieder: 1200
Mitarbeiter: 5

Rheinland-Pfalz

• M 188

Verband des Verkehrsgewerbes Rheinland e.V.
Moselring 11, 56073 Koblenz
T: (0261) 4 94-330 **Fax:** 4 94-339
E-Mail: vdv.rheinland@t-online.de
Vorsitzende(r): Kurt Mann (Koblenz, T: (0261) 49 43 53)
Geschäftsführer(in): Dipl.-Betriebsw. Hans Wilfried Richter
Mitglieder: 1800
Fachvereinigungen: Güterkraftverkehr, Möbeltransport, Kraftomnibusverkehr, Droschken- und Mietwagenverkehr

• M 189

Verband des Verkehrsgewerbes Rheinhessen-Pfalz e.V.
Lauterstr. 17, 67657 Kaiserslautern
T: (0631) 7 10 03 51 **Fax:** 7 67 02
Vorsitzende(r): Eugen Bißbort
Geschäftsführer(in): RAin Edina Brenner

Fachsparten: Güterkraftverkehr, Möbeltransport, Omnibusverkehr, Taxi- und Mietwagenverkehr

• M 190

Verband Spedition und Logistik Rheinland-Pfalz e.V.
Postf. 20 16 20, 56016 Koblenz
Diethardstr. 5, 56076 Koblenz
T: (0261) 7 20 33 **Fax:** 70 28 01
E-Mail: rheinlandpfalz@spediteure.de
Vorsitzende(r): Heinz-Michael Schmitz (i. Fa. F.J. Meyer GmbH Int. Spedition, Postf. 10 03 09, 56033 Koblenz)
Geschäftsführer(in): RA Horst Friedrich Simon

Saarland

• M 191

Landesverband Verkehrsgewerbe Saarland e.V.
Metzer Str. 123, 66117 Saarbrücken
T: (0681) 92 50-0 **Fax:** 92 50-190
Präsident(in): Jochen Schneider
Geschäftsführer(in): Dipl.-Volksw. Claus-Thomas Bodamer Gisbert Hurth

Fachvereinigung Güterkraftverkehr:
Vorsitzende(r): Markus Schmitt (Schmitt Transport GmbH, Comotorstr. 11, 66802 Altforweiler)
Geschäftsführer(in): Dipl.-Volksw. Claus-Thomas Bodamer

Fachvereinigung Möbeltransport:
Vorsitzende(r): Jochen Schneider (Fa. Schneider & Schneider Spediteure GmbH, Bühlerstr. 26, 66130 Saarbrücken)
Geschäftsführer(in): Gisbert Hurth

Fachvereinigung Omnibusverkehr:
Vorsitzende(r): August Schmitt (Touristik Service Saar, Nistelfeld 40, 66287 Quierschied)
Geschäftsführer(in): Gisbert Hurth

Fachvereinigung Spedition und Logistik:
Vorsitzende(r): Werner Kohr (Satrans GmbH, Saarhafen Saarlouis, 66740 Saarlouis)
Geschäftsführer(in): Dipl.-Volksw. Claus-Thomas Bodamer

Fachvereinigung Taxameter- und Mietwagenverkehr:
Vorsitzende(r): Günther Friedrich (Am Steinbruch 32, 66128 Gersweiler)
Geschäftsführer(in): Gisbert Hurth

Sachsen

• M 192

Landesverband des Sächsischen Verkehrsgewerbes (LSV) e.V.
Hauptgeschäftsführung
Palaisplatz 4, 01097 Dresden
T: (0351) 8 14 32 70 **Fax:** 8 14 32 77
Präsident(in): Michael Lohse
Hauptgeschäftsführer(in): Hans Petzold

Geschäftsstellen

m 193

Landesverband des Sächsischen Verkehrsgewerbes
Geschäftsstelle Dresden
Palaisplatz 4, 01097 Dresden
T: (0351) 8 14 32 80 **Fax:** 8 14 32 15
Geschäftsführer(in): Gerd Fischer

m 194

Landesverband des Sächsischen Verkehrsgewerbes
Geschäftsstelle Chemnitz
Werner-Seelenbinder-Str. 11, 09120 Chemnitz
T: (0371) 52 83 70
Geschäftsführer(in): Birgit Richter

m 195

Landesverband des Sächsischen Verkehrsgewerbes
Geschäftsstelle Leipzig
Torgauer Str. 74, 04318 Leipzig
T: (0341) 6 88 11 64 **Fax:** 6 89 27 07
Geschäftsführer(in): Brigitte Ledwoch

Fachvereinigungen

m 196

Landesverband des Sächsischen Verkehrsgewerbes (LSV) e.V.
Fachvereinigung Straßengüterverkehr
Palaisplatz 4, 01097 Dresden
T: (0351) 8 14 32 80 **Fax:** 8 14 32 15
Vorsitzende(r): Michael Lohse (Treffurthstr. 2, 09120 Chemnitz, T: (0371) 30 26 93, Fax: (0371) 30 45 19)
Geschäftsführer(in): Gerd Fischer

m 197

Landesverband des Sächsischen Verkehrsgewerbes
Fachvereinigung Spedition/Logistik
Palaisplatz 4, 01097 Dresden
T: (0351) 8 14 32 70 **Fax:** 8 14 32 77
Vorsitzende(r): Wilhelm Gericke (Schubertstr. 21, 09337 Hohenstein-Ernstthal, T: (03723) 69 52 14)
Geschäftsführer(in): Hans Petzold

m 198

Landesverband des Sächsischen Verkehrsgewerbes (LSV) e.V.
Fachvereinigung Möbelspedition
Torgauer Str. 74, 04318 Leipzig
T: (0341) 6 88 11 64 **Fax:** 6 89 27 07
Vorsitzende(r): Peter Gebauer (i. Fa. Gebauer Spedition GmbH, Taubestr. 2-4, 04347 Leipzig, T: (0341) 2 32 31 28, Telefax: (0341) 2 31 10 92)
Geschäftsführer(in): Brigitte Ledwoch

Sachsen-Anhalt

• M 199

Landesverband des Verkehrsgewerbes Sachsen-Anhalt e.V. (LVSA)
Postf. 19 40, 39009 Magdeburg
Bergstr. 14, 39116 Magdeburg
T: (0391) 6 21 98 88 **Fax:** 6 21 98 88
Gründung: 1990 (9. April)
Präsident(in): Horst Buschner (in Fa. Buschner-Trans GmbH, Allstedt/Helme)
Vizepräsident(in): Gerhard Bertram (in Fa. Gerhard Bertram Umzüge)
Hauptgeschäftsführer(in): Dr.-Ing. Werner Colditz
Verbandszeitschrift: LVSA-Mitgliederinformation
Redaktion: Hauptgeschäftsführer
Verlag: LVSA (Eigenverlag)
Mitglieder: 320
Mitarbeiter: 3
Jahresetat: DM 0,3 Mio, € 0,15 Mio

Schleswig-Holstein

• M 200

Landesverband für das Verkehrsgewerbe, Schleswig-Holstein e.V.
Theodor-Heuss-Ring 132, 24143 Kiel
T: (0431) 7 40 21 **Fax:** 73 70 84
Vorsitzende(r): Fritz Bobzin (Preetzer Ch. 129, 24147 Klausdorf)
Geschäftsführer(in): Dipl.-Volksw. Lutz Wenzel

Fachvereinigungen

m 201

Verband Schleswig-Holsteinischer Omnibusbetriebe (SHO) e.V.
Auguste-Viktoria-Str. 14, 24103 Kiel

T: (0431) 6 14 27 **Fax:** 67 71 70
E-Mail: info@sho-online.de
1. Vorsitzende(r): Norbert Rohde (Ringstr. 3, 25823 Husum)
Geschäftsführer(in): RA Walter Koch

m 202

Landesverband für das Taxi- und Mietwagengewerbe Schleswig-Holstein e.V.
Auguste-Viktoria-Str. 14, 24103 Kiel
T: (0431) 6 14 27 **Fax:** 67 71 70
E-Mail: info@sho-online.de
Vorsitzende(r): Reinhard Müller (Am Mühlenhang 25, 23689 Pansdorf)
Geschäftsführer(in): RA Walter Koch

m 203

Fachvereinigung Güterkraftverkehr und Logistik Schleswig-Holstein e.V.
Ilsahl 1-3, 24536 Neumünster
T: (04321) 30 09-0 **Fax:** 30 09-15
E-Mail: svg.sh@t-online.de
Vorsitzende(r): Karl-Heinz Kohn (Beverloh 2, 24649 Wiemersdorf)
Geschäftsführer(in): Dr. jur. Hans-Jochen Leupelt

m 204

Fachvereinigung Spedition und Logistik Schleswig-Holstein e.V.
Ilsahl 1-3, 24536 Neumünster
T: (04321) 30 09 16 **Fax:** 30 09 15
E-Mail: info@svg-sh.de
Vorsitzende(r): Dipl.-Kfm. Dieter Schaufelberger (i. Fa. Joachim Parbs GmbH, Am Güterbahnhof 10, 23558 Lübeck)
Geschäftsführer(in): Dr. jur. Hans-Jochen Leupelt

m 205

Fachvereinigung Möbeltransport Schleswig-Holstein e.V.
Theodor-Heuss-Ring 132, 24143 Kiel
T: (0431) 7 40 21 **Fax:** 73 70 84
Vorsitzende(r): Wilhelm Tischendorf (Steekberg 1, 24107 Kiel)
Geschäftsführer(in): Dipl.-Volksw. Lutz Wenzel

Thüringen

• **M 206**

Landesverband Thüringen des Verkehrsgewerbes e.V.
Linderbacher Weg 30, 99099 Erfurt
T: (0361) 4 17 00 40, 4 17 00 41 **Fax:** 4 17 00 42
Vorstand: Christoph Schuchert (Vors.)
Jürgen Schmidt
René Starke
Hauptgeschäftsführer: Dr. Ulrich Hoffmann
Mitglieder: ca. 650

Seeschiffahrt

• **M 207**

Verband Deutscher Reeder e.V. (VDR)
Esplanade 6, 20354 Hamburg
T: (040) 35 09 70 **Fax:** 35 09 72 11
Internet: http://www.reederverband.de
E-Mail: vdr@reederverband.de
Gründung: 1896/1907
Internationaler Zusammenschluß: siehe unter izm 167
Präsidium: Frank Leonhardt (Vors.; Leonhardt & Blumberg, Hamburg)
Günther Casjens (Hapag-Lloyd AG, Hamburg)
Dr. Klaus Meves (Hamburg-Südamerikanische Dampfschifffahrts-Ges. Eggert & Amsinck, Hamburg)
Klaus-Dieter Peterson (Reederei Hans Peterson & Söhne, Rendsburg)
Dietrich Tamke (Transeste Schiffahrt GmbH, Hamburg)
Hauptgeschäftsführer(in): Dr. jur. Bernd Kröger
Geschäftsführer(in): Dr. jur. Dierk Lindemann
Presseabteilung: Dipl.-Volksw. Klaus Köster
Verbandszeitschrift: "Deutsche Seeschiffahrt"
Redaktion: Dipl.-Volksw. Klaus Köster
Mitglieder: 270 Reedereien

Örtliche Reedereivereine

m 208

Verein Hamburger Rheder
Esplanade 6, 20354 Hamburg
T: (040) 3 50 97-256 (über VDR)
Fax: 3 50 97-211
Gründung: 1837 (1. Januar)
Vorsitzende(r): Hans A. Lindenau
Geschäftsführer(in): Detlef Meenke
Mitglieder: 40

m 209

Bremer Reederverein
Birkenstr. 15, 28195 Bremen
T: (0421) 32 78 08 **Fax:** 32 78 38
Vorsitzende(r): Michael Schroiff (GF Unterweser Reederei GmbH)
Geschäftsführer(in): Robert Völkl

m 210

Flensburger Reederverein e.V.
Bahnhofstr. 23, 24937 Flensburg
T: (0461) 1 44 56 12 **Fax:** 1 44 56 44
Vorsitzende(r): Uwe C. Hansen
Geschäftsführer(in): Ass. Uwe Otzen
Mitglieder: 6

• **M 211**

Schutzverein Deutscher Reeder V. a. G.
Bei den Mühren 70, 20457 Hamburg
T: (040) 37 18 07, 37 18 89 **Fax:** 37 36 71
Gründung: 1901 (27. Juni)
Vorsitzende(r): Dieter Ostendorf
Geschäftsführer(in): RA Erhard Riehmer

• **M 212**

Deutscher Nautischer Verein von 1868 e.V.
Geschäftsstelle:
Striepenweg 31, 21147 Hamburg
T: (040) 79 71 34 01 **Fax:** 79 71 34 02
Gründung: 1868 (14. April)
Vorsitzende(r): Reeder Frank Leonhardt
Stellvertretende(r) Vorsitzende(r): Kapt. Horst Werner Janssen
Kapt. Garrit Leemreijze
RA Dr. jur. Burkhard Vogeler
Geschäftsführende(s) Vorstands-Mitglied(er): Kapt. Garrit Leemreijze
Mitglieder: 21 Vereine mit 4385 Mitgl. u. 39 Korp. Mitgl.
Mitarbeiter: 1

• **M 213**

Berufsbildungsstelle Seeschiffahrt e.V.
Breitenweg 59, 28195 Bremen
T: (0421) 1 73 67-0 **Fax:** 1 73 67 15

• **M 214**

Deutscher Schulschiff-Verein
„Schulschiff Deutschland"
Friedrich-Klippert-Str. 1, 28759 Bremen
T: (0421) 6 58 73 73 **Fax:** 6 58 73 74
Internet: http://www.schulschiff-deutschland.de
E-Mail: schulschiff-deutschland@t-online.de
Gründung: 1900
Vorstand: Cl. Jäger
Stellvertretende(r) Vorsitzende(r): Christel Vinnen
Vorstandsmitglieder: Ulrich Nölle
Dirk Lohmann
Jürgen Peters
Werner Schriefer
Peter Zahalka
Geschäftsführer(in): Wulf Dominik
Mitglieder: 276
Mitarbeiter: 15

Seehafenbetriebe, Spediteure und Lagerhalter

• **M 215**

Zentralverband der deutschen Seehafenbetriebe e.V. (ZDS)
Am Sandtorkai 2, 20457 Hamburg
T: (040) 36 62 03/04 **Fax:** 36 63 77
E-Mail: zds_seehaefen@t-online.de
Gründung: 1934
Internationaler Zusammenschluß: siehe unter izm 194
Vorstand: Peter Dietrich (Vorsitzender; Hamburger Hafen- und Lagerhaus-AG)
Detthold Aden (Bremer Lagerhaus Gesellschaft AG & Co.)
Olof Krause (Emder Verkehrsges. AG)
Manfred Evers (Lübecker Hafengesellschaft mbH)
Heinz Werner (Seehafen Rostock Verwaltungsges. mbH)
Hauptgeschäftsführer(in): Dipl.-Volksw. Klaus Heitmann
Geschäftsführerin: RA Uta Ordemann
Mitglieder: 239

Wirtschafts- und sozialpolitische Berufsvertretung der Unternehmen und Betriebe der deutschen Seehafenverkehrswirtschaft. Fachliche Beratung, Betreuung und Vertretung der gemeinschaftlichen Interessen. Abschluß von Tarifverträgen für die Hafenarbeiter der deutschen Seehafenbetriebe.

Mitgliedsverbände

m 216

Unternehmensverband Hafen Hamburg e.V.
Mattentwiete 2, 20457 Hamburg
T: (040) 37 89 09-0 **Fax:** 37 89 09 70
Präsident(in): Peter Dietrich (Vors. d. Vorst. der Hamburger Hafen- und Lagerhaus-AG, Bei St. Annen 1, 20457 Hamburg)
GPM: Hubertus Ritzke
Mitglieder: 130

m 217

Gesamthafenbetriebsverein im Lande Bremen e.V.
Tilsiter Str. 8-10, 28217 Bremen
T: (0421) 3 90 03-0
Vorsitzende(r): Manfred Kuhr (Bremer Lagerhaus-Gesellschaft AG & Co., Bremen)
Stellvertretende(r) Vorsitzende(r): Horst Kleist (Lexzau, Scharbau GmbH & Co, Bremen)
Rüdiger Sauer (Friedrich Tiemann GmbH & Co., Bremen)
Geschäftsführer(in): Heiner Bögemann
Peter Marx
Mitglieder: 51

m 218

Verband der Stauereibetriebe Bremen und Bremerhaven e.V.
Tilsiter Str. 8-10, 28217 Bremen
T: (0421) 38 51 54
Vorsitzende(r): Udo Karl Bork (i. Fa. D. Heinrichs & Co. Steuereibetrieb GmbH, Zum Schuppen 22, 28197 Bremen)
1. St.Vors.: Helmut Werner (Midgard AG & Co.KG, Nordenham)
2. St.Vors.: Wilhelm Schultze (i. Fa. Hafenstauerei Kpt., W. Schultze GmbH & Co. KG, Getreidestr. 14, 28217 Bremen)
Geschäftsführer(in): Peter Marx
Mitglieder: 10

m 219

Hafenbetriebsverein im Lande Bremen e.V.
Tilsiter Str. 8-10, 28217 Bremen
T: (0421) 38 51 54
Vorsitzende(r): Herbert Juniel (c/o Reederei Martini GmbH, Bremen)
Stellvertretende(r) Vorsitzende(r): Helmut Werner (Rhenus Midgard AG & Co. KG, Nordenham)
Hans-Peter Brüggemann (i. Fa. Hermann Runge GmbH, Bremen)
Detthold Aden (Bremer Lagerhaus-Gesellschaft AG & Co.)
Geschäftsführer(in): Heiner Bögemann
Peter Marx
Mitglieder: 59

m 220

Hafenbetriebsverein Lübeck e.V.
Postf. 20 47, 23508 Lübeck
Hafenstr. (Bei der Hubbrücke), 23568 Lübeck
T: (0451) 3 20 51 **Fax:** 3 81 47
1. Vorsitzende(r): Thomas Sühr
Mitglieder: 13

m 221

Landesverband Hafenwirtschaft Mecklenburg-Vorpommern e.V. (LHMV)
Postf. 48 12 02, 18134 Rostock
Ost-West-Str. 6, 18147 Rostock
T: (0381) 3 50 59 00 **Fax:** 3 50 59 05
Vorsitzende(r) des Vorstandes: Heinz Werner
Geschäftsführer(in): Oskar Pohl
Mitglieder: 13

• **M 222**

Komitee Deutscher Seehafenspediteure (KDS) im BSL e.V.
Ost-West-Str. 69, 20457 Hamburg
T: (040) 37 47 64-22 **Fax:** 37 47 64-74
E-Mail: kds@spediteure.de
Vorsitzer: Walter Stork
Geschäftsführer: RA Kurt-Jürgen Schimmelpfeng
Mitglieder: 800
Angeschl. Organisationen: 4

• **M 223**

Verein Bremer Umschlagbetriebe e.V.
Am Markt 13, 28195 Bremen

T: (0421) 36 37-2 70 **Fax:** 36 37-274
Vorsitzende(r): Detthold Aden
Geschäftsführer(in): Dr. Andreas Otto

• M 224

Verband Deutscher Taucherei- und Bergungsbetriebe e.V.
Johannisbollwerk 20, 20459 Hamburg
T: (040) 31 79 64 58 **Fax:** 31 77 22 55
Gründung: 1947
Vorsitzende(r): Heinz G. Niemann (Delmenhorster Str. 25, 28197 Bremen)
Geschäftsführer(in): Otto Fiedler (Pinnaudamm 4, 25421 Pinneberg)
Mitglieder: 25
Mitarbeiter: 1

• M 225

Verein Deutscher Dispacheure e.V.
Innocentiastr. 50, 20144 Hamburg
T: (040) 44 40 17-18 **Fax:** 44 35 01
E-Mail: hjzeyse@t-online.de
Vorsitzender: Günther Groninger (Teerhof 40, 28199 Bremen, Fax: (0421) 5 98 16 16)
Mitglieder: 11

Binnenschiffahrt

• M 226

Bundesverband der Deutschen Binnenschiffahrt e.V.
Dammstr. 15-17, 47119 Duisburg
T: (0203) 80 00 65-0 **Fax:** 8 00 06-21
E-Mail: infobdb@binnenschiff.de
Präsident(in): Heinz Hofmann (MSG Mainschiffahrts-Genossenschaft eG, Postf. 61 24, 97011 Würzburg, T: (0931) 90 81-1 00)
Hauptgeschäftsführer(in): Dipl.-Kfm. Gerhard v. Haus
Mitglieder: 220

Regionale Geschäftsstellen:

m 227

Bundesverband der Deutschen Binnenschiffahrt e.V.
Geschäftsstelle Berlin
Westhafen, 13353 Berlin
T: (030) 3 95 40 55 **Fax:** 3 95 14 47
Geschäftsstellenleiter: Gerhard Ostwald

• M 228

Verein für europäische Binnenschiffahrt und Wasserstraßen e.V. (VBW)
Haus Rhein
Dammstr. 15-17, 47119 Duisburg
T: (0203) 8 00 06-27 **Fax:** 8 00 06-28
Präsident(in): Prof. Dipl.-Ing. Dierk Schröder, Hannover
Geschäftsführer(in): Gunter Dütemeyer

• M 229

Hafenschiffahrtsverband Hamburg e.V.
Mattentwiete 2, 20457 Hamburg
T: (040) 3 78 90 90 **Fax:** 37 89 09 70
Gründung: 1946 (25. Oktober)
Vorsitzende(r): Hans-Ludwig Dresen (Hans E. W. Berndt GmbH & Co. KG, Mattenwiete 5, 20457 Hamburg)
Geschäftsführer(in): Hubertus Ritzke
Mitglieder: 27

• M 230

Deutscher Wasserstraßen- und Schiffahrtsverein Rhein-Main-Donau e.V.
Rotterdamer Str. 2, 90451 Nürnberg
T: (0911) 8 14 95 09 **Fax:** 86 46 66
Internet: http://www.schiffahrtsverein.de
E-Mail: schiffahrtsverein@t-online.de
Vorsitzende(r): Dr. Wilhelm Doni, Nürnberg
Stellvertretende(r) Vorsitzende(r): Willi Gerner (Vorst.-Mitglied der Bayernwerk AG)
Staatsminister a.D. Alfred Dick, Straubing
Geschäftsführende(s) Vorstands-Mitglied(er): Dr. Hartwig Hauck, Nürnberg
Verbandszeitschrift: Mitteilungsblätter
Verlag: Geschäftsstelle
Mitglieder: ca. 400

• M 231

Verein der Ewerführerbaase zu Hamburg e.V.
Mattentwiete 2, 20457 Hamburg
T: (040) 37 89 09-0 **Fax:** 37 89 09 70
Vorsitzende(r): G. Ritter (Hafenschiffahrtsgesellschaft Johs. Uckermann)
Mitglieder: 3

• M 232

Verein zur Förderung des Elbstromgebietes e.V.
Adolphsplatz 1, 20457 Hamburg
T: (040) 3 61 38-3 16 **Fax:** 3 61 38-3 13
Vorsitzende(r): Dr. Eberhard Hirsch
Stellvertretende(r) Vorsitzende(r): Heinz-Josef Recker
Bernd Koszniecki

• M 233

Verband Obere Donau e.V.
Geschäftsstelle:
Adolf-Kolping-Str. 10, 85049 Ingolstadt
T: (0841) 3 05 15 00
Gründung: 1920 (1. Juni)
Vorsitzende(r): Oberbürgermeister Peter Schnell, Ingolstadt
Geschäftsführer(in): Friedrich Bierschneider (berufsm. Stadtrat)
Mitglieder: 60
Mitarbeiter: 2 nebenamtl.

Der Verband tritt für den Ausbau der Oberen Donau von Regensburg bis Ulm und des Unteren Lech bis Augsburg zur Großschiffahrtsstraße ein. Er befürwortet als Fernziel eine Wasserstraßenverbindung zwischen der Donau und dem Bodensee.

• M 234

Deutscher-Fähr-Verband e.V.
Im Pfeilersbaum 3, 65385 Rüdesheim am Rhein
T: (06722) 37 45 **Fax:** 4 82 53
Vorsitzende(r): Albert Kraft
Mitglieder: 25 Fährbetriebe

• M 235

Mittelständische Personenschiffahrt
Mainkai 36, 60311 Frankfurt
T: (069) 28 28 84 **Fax:** 28 47 98
Gründung: 1957
1. Vorsitzende(r): Anton Nauheimer
Vorstandsmitglied: Kurt Hartmann, Bingen
Doris Bommas-Collée, Neuwied
Mitglieder: 75

• M 236

Vereinigung Deutscher Yacht-Charterunternehmen (VDC)
Gunther-Plüschow-Str. 8, 50829 Köln
T: (0221) 5 95 71-0 **Fax:** 5 95 71-10
Gründung: 1980
Vorsitzende(r): Christa Steenfadt (Windrose Yacht-Charter GmbH, Tangstedter Chaussee 2, 25462 Rellingen, T: (04101) 2 22 37, Telefax: (04101) 20 79 54)
Stellvertretende(r) Vorsitzende(r): Lucie Barone (Barone Yachting, Brenneisen Yachtcenter, Friedrichring 33, 79098 Freiburg, T: (0761) 38 06 30, Fax: (0761) 27 31 93)
Hermann Sarres (Sarres-Schockemöhle Yachting GmbH, Hubert-Underberg-Allee 2, 47495 Rheinberg, T: (02843) 1 70 31, Telefax: (02843) 1 77 04)
Referentin: Evelyn Breuer (c/o BWVS-Geschäftsstelle)
Verbandszeitschrift: Wassersport Wirtschaft
Redaktion: SVG Service Verlag GmbH
Verlag: Schwertfeger Str. 1-3, 23556 Lübeck
Mitglieder: 16
BWVS-Geschäftsstelle: Gunther-Plüschow-Str. 8, 50829 Köln
Fachverband: BWVS - Bundesverband Wassersportwirtschaft e.V., Gunther-Plüschow-Str. 8, 50829 Köln, T: (0221) 59 57 10, Fax: 5 95 71 10

• M 237

Bundesverband öffentlicher Binnenhäfen e.V. (BÖB)
Postf. 10 14 49, 41414 Neuss
Hammer Landstr. 3, 41460 Neuss
T: (02131) 2 16 24, 90-82 00 **Fax:** 90 82 82
Internet: http://www.binnenhafen.de
E-Mail: BoeB@binnenhafen.de
Vorsitzende(r): Dipl.-Kfm. Erich Staake, Duisburg
Mitglieder: 98

Angeschlossen

m 238

Arbeitsgemeinschaft der öffentlichen Häfen im Lande Baden-Württemberg
Am Westkai 9A, 70327 Stuttgart
T: (0711) 91 89 80 11
Vorsitzende(r): Hafendir. Willi Heckle

m 239

Arbeitsgemeinschaft Elbe-Oder
Magdeburger Str. 58, 01067 Dresden
T: (0351) 4 98 22 00
Vorsitzende(r): Geschäftsführer Detlef Bütow

m 240

Arbeitsgemeinschaft öffentlicher Häfen an der Main-Donau-Wasserstraße
Rotterdamer Str. 2, 90451 Nürnberg
T: (0911) 6 42 94 28
Vorsitzende(r): Geschäftsführer Reg.-Bmstr. Dipl.-Ing. Walter Schmidt

m 241

Arbeitsgemeinschaft öffentlicher Binnenhäfen Rheinland-Pfalz/Saarland
Zollhofstr. 4, 67061 Ludwigshafen
T: (0621) 5 98 41 15
Vorsitzende(r): Hafendir. Dipl.-Kfm. Sigurd Kunkel

m 242

Arbeitsgemeinschaft öffentlicher Rheinhäfen in Nordrhein-Westfalen
Dederichstr. 2, 46446 Emmerich
T: (02822) 6 04-100
Geschäftsführer(in): Ulrich Schnake

m 243

Arbeitsgemeinschaft öffentlicher Kanalhäfen im Lande Nordrhein-Westfalen
Speicherstr. 23, 44147 Dortmund
T: (0231) 98 39-6 81
Vorsitzende(r): Direktor Hubert Collas

m 244

Arbeitsgemeinschaft öffentlicher Binnenhäfen in Norddeutschland
Hafenstr. 14, 38112 Braunschweig
T: (0531) 21 03 40
Vorsitzende(r): Hafendir. Fred Kedenburg

• M 245

Schifferbörse zu Duisburg-Ruhrort
Verwaltung:
Mercatorstr. 22 (Handelskammer), 47051 Duisburg
Gustav-Sander-Platz 1, 47119 Duisburg
T: (0203) 28 21-2 76 **Fax:** 2 65 33
Vorsitzende(r): Dr. Gerhard Schuh
Geschäftsführer(in): Dr.rer.pol. Hans-Peter Martin

Luftverkehr

• M 246

ADL Arbeitsgemeinschaft Deutscher Luftfahrt-Unternehmen
Nietzschestr. 28, 53177 Bonn
T: (0228) 32 37 47 **Fax:** 32 83 95
Gründung: 1976 (Juni)
Vorstand und Geschäftsführer: Dr. Detlef Winter
Mitglieder: 7: Aero-Lloyd, Air Berlin, Britannia, Condor Flugdienst GmbH, Germania Fluggesellschaft mbH, Hapag Lloyd Flug GmbH, LTU Luftransport-Unternehmen KG
Mitarbeiter: 2
Jahresetat: DM 0,4 Mio, € 0,2 Mio

• M 247

AOPA-Germany
Verband der Allgemeinen Luftfahrt e.V.
Flugplatz/Außerhalb 27, 63329 Egelsbach
T: (06103) 4 20 81 **Fax:** 4 20 83
Internet: http://www.aopa.de
E-Mail: info@aopa.de
Gründung: 1962
Präsident(in): Klaus Zeh
Vizepräsident(in): Otto Stein
Sibylle Glässing-Deiss
Geschäftsführer(in): Dieter Pade
Leitung Presseabteilung: Dieter Pade
Verbandszeitschrift: AOPA-letter
Redaktion: Irene Pade
Verlag: im Haus
Mitglieder: 10000
Mitarbeiter: 12
Jahresetat: DM 1,6 Mio, € 0,82 Mio

• M 248

Arbeitsgemeinschaft Deutscher Verkehrsflughäfen e.V. (ADV)

Postf. 23 04 62, 70624 Stuttgart
Flughafen, 70629 Stuttgart
T: (0711) 9 48-4308 **Fax:** 9 48-4746
E-Mail: adv-stuttgart@t-online.de
Gründung: 1947
Vorsitzender: Willi Hermsen (HGeschF Flughafen München GmbH)
GeschF u. geschf. Vorst.-Mitgl: Bernd Nierobisch

Wahrnehmung der gemeinsamen Belange der zivilen Verkehrsflughäfen und Verkehrslandeplätze, Beratung der Behörden des Bundes und der Länder bei der Vorbereitung und der Durchführung aller Gesetze und sonstigen Bestimmungen, die die gemeinsamen Belange der Mitglieder betreffen.

• M 249

Club der Luftfahrt von Deutschland e.V.

Geschäftsstelle:
Godesberger Allee 70, 53175 Bonn
T: (0228) 37 32 63 **Fax:** 37 32 63
Gründung: 1959
Präsidium:
Präsident(in): Rechtsanwalt Martin Grüner (Parl. Staatssekretär a.D.)
Vizepräsident und Generalsekretär: Generalmajor a.D. Dipl.-Ing. Detlef Wibel
Präsidiumsmitglied(er): Dipl.-Kfm. Peter Pfeiffer (Schatzmeister)
Rechtsanwalt Dr. Rolf Binnewies
Ernst F. Breitsameter
Oberst a.D. Dieter Brunke
Erhard Gödert
Rainer Herzberg
Oberst a.D. Peter Jungmichel
Marlies Mönch
Assessor jur. Rolf H. Neumann
Dr.-Ing. Hermann Strub
Generalsekretär(in): Generalmajor a.D. Dipl.-Ing. Detlef Wibel
Geschäftsführer(in): Monika Tilemann
Mitglieder: 300 Einzelmitglieder und 30 Firmen

• M 250

Förderkreis der Allgemeinen Luftfahrt in Deutschland FAOPA e.V.

c/o AOPA Germany
Flugplatz Außerhalb 27, 63329 Egelsbach
T: (06103) 4 20 81 **Fax:** 4 20 83
Vorsitzende(r): Simon Leinen
Beirat: Dieter Pade
Fritz Wiebel

• M 251

"Pro Luftfahrt" Initiative

c/o AOPA-Germany
Flugplatz Außerhalb 27, 63329 Egelsbach
T: (06103) 4 20 81
Deutscher Aero Club e.V., Rudolf-Braas-Str. 20, 63150 Heusenstamm, T: (06104) 69 96-27, Fax: 69 96-11

• M 252

Gesellschaft zur Bewahrung von Stätten deutscher Luftfahrtgeschichte e.V.

12521 Berlin
T: (030) 60 91-3346 **Fax:** 60 91-3348
Gründung: 1990 (30. Mai)
Vorsitzende(r): Dr. Bernd-Rüdiger Ahlbrecht
Stellvertretende(r) Vorsitzende(r): Hans-Dieter Tack
Mitglieder: ca. 150

• M 253

Gesellschaft für Luftfahrtgeschichte im Köln-Bonner Raum e.V.

c/o Butzweilerhof/Gebäude 1
Butzweilerstr. 35-39, 50829 Köln
T: (0221) 59 35 38 **Fax:** 5 95 22 29
Gründung: 1992 (2. September)
Präsident(in): Dr. Edgar Mayer
Vizepräsident(in): Dieter Kuhse
Kurator: Dr. Eberhard Illner
Personalführung: Christel Nickel-Mayer
Verbandszeitschrift: Aero-Info
Redaktion: Dr. Edgar Mayer
Verlag: Eigenverlag
Mitglieder: 25
Mitarbeiter: 4
Jahresetat: DM 0,0115 Mio, € 0,01 Mio

• M 254

Deutsche Flugdienstberater Vereinigung e.V. (DFV)

Geschäftsstelle:
Flughafen
Postf. 75 01 03, 60531 Frankfurt
T: (069) 6 96 31 42 **Fax:** 6 96-55 96
Internet: http://www.front-end.com/eufalda
E-Mail: maduerbeck@aol.com
Vorsitzende(r): Matthias Duerbeck
Stellvertretende(r) Vorsitzende(r): Hans Wunder
Verwaltung: Christoph Flubacher
Fachinfo: Hajo Lohrengel
Öffentlichkeitsarbeit u. externe Kontakte: Hein Ruiter

• M 255

Interessengemeinschaft Deutscher Akademischer Fliegergruppen e.V. (IDAFLIEG)

Pfaffenwaldring 35, 70569 Stuttgart
T: (0711) 6 85-7883 **Fax:** 6 85-2496
Gründung: 1922
Präsident(in): Alexander Weisser, Stuttgart
Vizepräsident(in): Andre Jansen, Karlsruhe
Leitung Presseabteilung: Jannes Neumann
Mitglieder: 9 ordentliche Mitgliedsgruppen, 2 korrespondierende Mitgliedsgruppen

m 256

Flugwissenschaftliche Vereinigung Aachen

Templergraben 55, 52062 Aachen
T: (0241) 80 68 24 **Fax:** 8 88 82 33
Internet: http://www.fva.rwth-aachen.de/
E-Mail: fva@fva.rwth-aachen.de

m 257

Akademische Fliegergruppe Berlin

Technische Universität
Salzufer 17-19, 10587 Berlin
T: (030) 31 42 49 95 **Fax:** 31 42 49 95
Internet: http://www.tu-berlin.de/vereine/akaflieg
E-Mail: akaflieg@tu-berlin.de

m 258

Akademische Fliegergruppe Braunschweig

Lilienthalplatz 7, 38108 Braunschweig
T: (0531) 35 03 12 **Fax:** 35 51 73
Internet: http://www.tu-bs.de/studenten/akaflieg/
E-Mail: akaflieg@tu-bs.de

m 259

Akademische Fliegergruppe Darmstadt

Technische Hochschule
Magdalenenstr. 8, 64289 Darmstadt
T: (06151) 2 47 20 **Fax:** 27 26 25
Internet: http://www.akaflieg.tu-darmstadt.de
E-Mail: vorstand@akaflieg.tu-darmstadt.de

m 260

Flugtechnische Arbeitsgemeinschaft Esslingen

Kanalstr. 33, 73728 Esslingen
T: (0711) 3 97-31 59 (Mittwochs ab 19.00 Uhr)
E-Mail: ftag@fht-esslingen.de

m 261

Akademische Fliegergruppe Hannover

Welfengarten 1, 30167 Hannover
T: (0511) 7 62 64 22 **Fax:** 7 62 34 56
Internet: http://www.stud.uni-hannover.de/gruppen/afh/
E-Mail: afh@stud.uni-hannover.de

m 262

Akademische Fliegergruppe Karlsruhe

Universität
76128 Karlsruhe
Kaiserstr. 12, 76131 Karlsruhe
T: (0721) 6 08-2044 **Fax:** 6 08-2041
Internet: http://www.akaflieg.uni-karlsruhe.de/
E-Mail: akaflieg@akaflieg.uni-karlsruhe.de

m 263

Akademische Fliegergruppe München

Arcisstr. 21, 80333 München
T: (089) 28 61 11 **Fax:** 28 61 11
Internet: http://www.akaflieg.vo.tu-muenchen.de/
E-Mail: akaflieg@lrz.tu-muenchen.de

m 264

Akademische Fliegergruppe Stuttgart

Pfaffenwaldring 35, 70569 Stuttgart
T: (0711) 6 85 24 43 **Fax:** 6 85 24 96
Internet: http://www.uni-stuttgart.de/akaflieg/
E-Mail: akaflieg@www.uni-stuttgart.de

Korrespondierende Mitglieder

m 265

Akademische Fliegergruppe Dresden

Marschnerstr. 32, 01307 Dresden
T: (0351) 2 84-7837 **Fax:** 4 63-8087
Internet: http://www.akaflieg.uni-karlsruhe.de/idaflieg/dresden
E-Mail: dresden@idaflieg.de

m 266

Akademische Fliegergruppe Erlangen

(korrespondierende Mitgliedsgruppe)
Lazarettstr. 8, 91054 Erlangen
T: (09131) 81 79 71

• M 267

Deutsche Liga für Luft- und Raumfahrt e.V. (DLLR)

Dresdnerstr. 6, 53359 Rheinbach
T: (02226) 43 25 u. 37 28
Präsident: Senator E.h. Herbert Knierim

Aufgaben der Luftliga: Gesamtinteressen der Luft- und Raumfahrt bei Legislative und Exekutive in Bund, Ländern und Gemeinden. Konsequente Förderung neuer Technologien.

• M 268

Forum Luft- und Raumfahrt e.V.

Flensburger Str. 10, 10557 Berlin
T: (030) 39 90 64 51 **Fax:** 39 90 64 52
Vorsitzende(r): Ferdi Tillmann
Geschäftsführer(in): K.H. Brüning

• M 269

Bundesverband der in Deutschland tätigen Luftverkehrsgesellschaften

Board of Airline Representatives in Germany e.V. (BARIG)
Union des Représentants de Lignes Aériennes en R.F.A.
Am Hauptbahnhof 16, 60329 Frankfurt
T: (069) 23 72 88 **Fax:** 23 06 66
Internet: http://www.barig.org
E-Mail: barigev@barig.org
Gründung: 1951
Internationaler Zusammenschluß: siehe unter IZM 204
Vorsitzende(r): Jörgen Möllegaard
Generalsekretär(in): Martin Gaebges
Verbandszeitschrift: BARIG-Bulletin
Redaktion: BARIG e.V.
Verlag: Am Hauptbahnhof 16, 60329 Frankfurt
Mitglieder: 105

• M 270

Deutscher Flugbeobachtungsdienst Luftrettungsstaffel Bayern e.V.

Bichler Str. 44, 81479 München
T: (089) 15 91 51-0 **Fax:** 15 91 51 19
Gründung: 1968
Präsident(in): Dipl.-Ing. Reiner Vorholz (Bichlerstr. 44, 81479 München, T: (089) 15 91 51-0 (d.), 74 99 59 69 (p.); Telefax: 15 91 51-19 (d.), 74 99 59 68 (p.))
Vizepräsident(in): u. Schatzmeister: Friedrich Gerfertz (Am Weinberg 14, 96163 Gundelsheim, T: (0951) 4 46 72, Telefax: 4 10 37)
Dr. Georg Wolfgang Schramm (Ref. f. Presse u. Personal; Prof.-Pickel-Str. 3, 97334 Sommerach, T: (0931) 30 56-60 (d.), (09381) 80 39 29 (p.), Telefax: (09381) 80 39 19)
Verbandszeitschrift: LRST Aktuell
Verlag: Prof.-Pickel-Str. 3, 97334 Sommerach, Telefax: (09381) 80 39 19
Mitglieder: 345

• M 271

Flugplankoordinator der Bundesrepublik Deutschland

Hausbriefkasten Nr. 37
Terminal 2, Bereich E, 5. OG, 60549 Frankfurt
T: (069) 6 90-52321 **Fax:** 5 96 03
E-Mail: ulrich@fluko.de
Gründung: 1971
Leitung: Claus Ulrich
Mitarbeiter: 20
Jahresetat: DM 6,5 Mio, € 3,32 Mio

• M 272

Deutscher Hubschrauber Verband e.V.

Am Goldberg 15, 56581 Melsbach
T: (02634) 83 45 **Fax:** 24 86
Internet: http://www.german-helicopter.com
Gründung: 1959 (März)
Vorsitzende(r): Kurt Pfleiderer (Märchenweg 25, 81739 München)
Mitglieder: 115

• M 273

Hubschrauber-Zentrum e.V.
Postf. 13 10, 31665 Bückeburg
T: (05722) 55 33 **Fax:** 7 15 39
Gründung: 1970 (18. September)
Präsident(in): Dr. Siegfried Sobotta
1. Vorsitzende(r): Reinhard Wolski
2. Vorsitzende(r): Wilhelm Ludwig
3. Vors.: Jürgen Harmening
Geschäftsführer(in): Gerhard Lange
Leitung Presseabteilung: Karl-H. Horstmann
Mitglieder: 285
Mitarbeiter: 12
Jahresetat: ca. DM 0,2 Mio, € 0,1 Mio

• M 274

Interessengemeinschaft Kunstflug e.V.
Am Reischelbach 6, 54343 Föhren
T: (06502) 58 54, (06831) 46 12 89 **Fax:** (06502) 2 03 48
Vorsitzende(r): Heinz Clasen (Geschf.)

• M 275

Gesellschaft zur Förderung des Segelfluges auf der Wasserkuppe/Rhön e.V.
Segelflugschule Wasserkuppe
T: (06654) 3 64 **Fax:** 81 92
Gründung: 1951
Präsident(in): Landrat Fritz Kramer
Vizepräsident(in): Heinz Witzel
Vorsitzende(r): Klaus Diegelmann
Schatzmeister: Benno Koch
Schulleiter: Michael Koenitz
Mitarbeiter: 3

• M 276

Deutscher Ultraleichtflugverband e.V. (DULV)
Dillieniusstr. 13, 71522 Backnang
T: (07191) 32 63-0 **Fax:** 32 63-23
Internet: http://www.dulv.de
Vorsitzende(r): Jo Konrad

• M 277

Bundesverband der Betriebe der Allgemeinen Luftfahrt e.V. (BBAL)
Bennenberg 8, 53819 Neunkirchen-Seelscheid
T: (02247) 75 96 70 **Fax:** 75 96 71
Internet: http://www.bbal.de
E-Mail: bbalgsl@t-online.de
Gründung: 1988 (10. Juni)
Vorsitzende(r): Herbert Busch
Geschäftsstellenleiter: Hermann Gräßle
Verbandszeitschrift: Verbandsmitteilungen
Redaktion: BBAL
Verlag: BBAL
Mitglieder: 115

• M 278

Flugtechnische Arbeitsgemeinschaft Esslingen
Kanalstr. 33, 73728 Esslingen
(Herrn Jürgen Hartmann, Werkstattleiter)
T: (0711) 3 97-31 59 (Mittwochs ab 19.00 Uhr)
E-Mail: ftag@fht-esslingen.de
Vorsitzende(r): Norbert Schur (Hohenstaufenstr. 17, 72555 Metzingen, T: (07123) 6 03 15 priv., (07022) 72 22 68 gesch.)
Werkstattleiter: Jürgen Hartmann

• M 279

Mission Aviation Fellowship Germany e.V. (MAF)
Am Mühlenberg 11, 14778 Briest
Gründung: 1991 (28. Dezember)
1. Vorsitzende(r): Peter Greilich
Stellvertretende(r) Vorsitzende(r): N. N.
Leitung Presseabteilung: Tatjana Plate
Verbandszeitschrift: REPORT - DAS MAF-Magazin
Redaktion: T. Plate
Mitglieder: 32
Mitarbeiter: 2
Jahresetat: DM 0,28 Mio, € 0,14 Mio

• M 280

Freundeskreis zur Förderung des Zeppelin-Museums e.V.
Postf. 14 48, 88004 Friedrichshafen
T: (07541) 5 34 33, 20 24 00 **Fax:** 20 24 01
Gründung: 1982 (8. März)
Vorsitzende(r): Manfred A. Sauter
Stellvertretende(r) Vorsitzende(r): Hans-Joachim Bartel
Verbandszeitschrift: "Zeppelin Briefe"
Mitglieder: 1987 (Stand 31.12.1996)

• M 281

Air Cargo Club Deutschland (ACD)
Schneewittchenweg 1, 65795 Hattersheim
T: (06190) 7 32 09 **Fax:** 99 11 99
Vorsitzende(r): Wilfried Stamer
Stellvertretende(r) Vorsitzende(r): Joachim Steinbach (Lufthansa Cargo AG)

• M 282

Arbeitsgemeinschaft Luftwaffe (AGL) e.V.
Bachumer Heide 9, 59757 Arnsberg
T: (02932) 2 87 17 **Fax:** 52 90 17
Internet: http://www.aglev.de
Vorsitzende(r): S. Wache
Geschäftsführer(in): B. Schönweiß

N Gastronomie und Fremdenverkehr

Zum Auffinden einer bestimmten Dienststelle oder Organisation dient das Suchwortverzeichnis, eines Personennamens das Personenverzeichnis.

Gaststätten- und Beherbergungsgewerbe
Bäder und Heilbrunnen
Fremdenverkehr
Reisebüros, Reiseveranstalter

Gaststätten- und Beherbergungsgewerbe

• **N 1**

DEHOGA
DEUTSCHER HOTEL- UND GASTSTÄTTENVERBAND

Deutscher Hotel- und Gaststättenverband e.V. (DEHOGA)
Anschrift ab 01.07.2000
Am Weidendamm 1a, 10117 Berlin
T: (030) 7 26 25-0
Gründung: 1949 (6. Dezember)
Internationaler Zusammenschluß: siehe unter izn 2
Präsident(in): Dr. Erich Kaub (Dr. Kaub Gruppe, Menterschwaigstr. 4, 81545 München)
Geschäftsf. Präsidialmitgl: RA Christian Ehlers
Leitung Presseabteilung: Annette Heinemann
Verbandszeitschrift: AHGZ - Allgemeine Hotel- und Gaststätten-Zeitung
Verlag: Hugo Matthaes Verlag GmbH, Olgastr. 87, 70180 Stuttgart, T: (0711) 2 13 30, Telefax: (0711) 2 13 36 66
Mitglieder: ca. 90000 (über Mitgliedsverbände)

Wahrnehmung der ideellen, beruflichen, wirtschaftlichen, steuerlichen, sozial- und tarifpolitischen Belange des deutschen Hotel- und Gaststättengewerbes; Förderung der Berufsbildung und der wissenschaftlichen Forschungsarbeit auf diesen Gebieten und Durchführung von Öffentlichkeitsarbeit.

Fachgruppen und -abteilungen

n 2

Deutscher Hotel- und Gaststättenverband e.V. Fachgruppe Hotels und verwandte Betriebe
Postf. 20 04 55, 53134 Bonn
Vorsitzende(r): Helmut Otto (Landhotel Naafs-Häuschen, Wahlscheid, 53797 Lohmar, T: (02206) 6 08-0, Telefax: (02206) 6 08-100)
Geschäftsführer(in): Dipl.-Volksw. Markus Luthe

n 3

Deutscher Hotel- und Gaststättenverband e.V. Fachgruppe Gaststätten und verwandte Betriebe
Postf. 20 04 55, 53134 Bonn
Vorsitzende(r): Manfred Koch („Hotel zur Post", Hauptstr. 8-10, 51674 Wiehl)
Geschäftsführer(in): Ingrid Hartges

n 4

Deutscher Hotel- und Gaststättenverband e.V. Fachabteilung Autobahn-Raststätten
Postf. 20 04 55, 53134 Bonn
Vorsitzende(r): Jochen Müller (Autobahnraststätte Hasselberg-Ost, 34593 Knüllwald)
Geschäftsführer(in): Frank Schreiner

n 5

Deutscher Hotel- und Gaststättenverband e.V. Fachabteilung Bahnhofsgastronomie
Postf. 20 04 55, 53134 Bonn
Vorsitzende(r): Franz-Josef Bröker (Bröker Gaststätten GmbH, Im Hauptbahnhof, Berliner Platz 19-21, 48143 Münster)
Geschäftsführer(in): Frank Schreiner

n 6

Deutscher Hotel- und Gaststättenverband e.V. Fachabteilung Discotheken und Tanzbetriebe
Postf. 20 04 55, 53134 Bonn
Vorsitzende(r): Henning Franz (Gaststättenbetriebe, Kolm 7, 24340 Eckernförde)
Geschäftsführer(in): Ass. jur. Ingrid Hartges

n 7

Deutscher Hotel- und Gaststättenverband e.V. Fachabteilung Systemgastronomie und Catering
Postf. 20 04 55, 53134 Bonn
Vorsitzende(r): Klaus Schwan (Whitebread Restaurants Holding GmbH, Elisabethstr. 22, 40217 Düsseldorf, T: (0211) 3 86 280, Fax: 3 86 28 20)
Geschäftsführer(in): Ass. Ingrid Hartges

n 8

Deutscher Hotel- und Gaststättenverband e.V. Fachabteilung Gemeinschaftsverpflegung
Postf. 20 04 55, 53134 Bonn
Vorsitzende(r): Axel Fischer (Bayer AG, PS-Wirtschaftsbetriebe, 51368 Leverkusen, Tel.: (0214) 3 07 11 62, Fax: (0214) 3 02 77 05)
Geschäftsführerin: Ingrid Hartges

Mitgliedsverbände

n 9

Hotel- und Gaststättenverband DEHOGA Baden-Württemberg e.V.
Augustenstr. 6, 70178 Stuttgart
T: (0711) 6 19 88-0 **Fax:** 61 64 44
Internet: http://www.hogabw.de
E-Mail: info@hogabw.de
Präsident(in): Ernst Fischer (Restaurant Rosenau, Rosenau 15, 72076 Tübingen)
Hauptgeschäftsführer(in): RA Volker Braun

n 10

Bayerischer Hotel- und Gaststättenverband e.V.
Türkenstr. 7, 80333 München
T: (089) 2 87 60-0 **Fax:** 2 87 60-111
Internet: http://www.bhg-online.de
E-Mail: info@bhg-online.de
Gründung: 1946
Präsident(in): Ludwig Hagn
Hauptgeschäftsführer(in): Andreas Ellmaier

n 11

Hotel- und Gaststättenverband Berlin und Umgebung e.V.
Knesebeckstr. 99, 10623 Berlin
T: (030) 31 80 48-0 **Fax:** 31 80 48-28
Gründung: 1884
Präsident(in): Peter Härig
Hauptgeschäftsführer(in): Karl Weißenborn

n 12

Gaststätten- und Hotelverband Brandenburg e.V.
Zum Jagenstein 3, 14478 Potsdam
T: (0331) 86 23 68 **Fax:** 86 23 81
Präsident(in): Thomas Badstübner (Parkhotel Seehof, 14778 Brielow)
Hauptgeschäftsführer(in): Dr. Norbert Stroscher

n 13

DEHOGA Bremen
Deutscher Hotel- und Gaststättenverband Landesverband Bremen e.V.
Hinter dem Schütting 8, 28195 Bremen
T: (0421) 3 35 90-0 **Fax:** 32 44 73
Präsident(in): Gerd Pauls (Hotel Munte am Stadtwald, Parkallee 299, 28213 Bremen)
Hauptgeschäftsführer(in): Ass. Thomas Schlüter

n 14

Landesverband des Gaststätten- und Hotelgewerbes der Hansestadt Hamburg e.V.
Hallerstr. 22, 20146 Hamburg
T: (040) 44 84 43, 44 84 44 **Fax:** 45 65 61
Präsident(in): Dipl.-Kfm. Rose Pauly (Fischrestaurant Sellmer, Ludolfstr. 50, 20249 Hamburg)
Hauptgeschäftsführer(in): Dipl.-Kfm. Klaus Buske

n 15

Hotel- und Gaststättenverband Hessen e.V.
Auguste-Viktoria-Str. 6, 65185 Wiesbaden
T: (0611) 9 92 01-0 **Fax:** 9 92 01-22
T-Online *vb hessen*
E-Mail: hoga-hessen@t-online.de
Präsident(in): Reinhard Schreek (Parkhotel am Kurhaus, Nördlicher Park 16, 61231 Bad Nauheim)
Hauptgeschäftsführer(in): Clauss Tiemeyer

n 16

IHA-Hotelverband Deutschland e.V.
Postf. 20 04 55, 53134 Bonn
Kronprinzenstr. 37, 53173 Bonn
T: (0228) 36 50 40 **Fax:** 35 62 01
Internet: http://www.IHA-HOTELVERBAND.DE
E-Mail: IHAD@IHA-HOTELVERBAND.DE
Internationaler Zusammenschluß: siehe unter izn 3
Vorsitzende(r): Dieter Bauer (Max-Beckmann-Str. 9, 60599 Frankfurt/M.)
Geschäftsführende(s) Vorstands-Mitglied(er): Dipl.-Kfm. Bernd Geyer

n 17

Deutscher Hotel- und Gaststättenverband Lippe e.V.
Postf. 29 32, 32719 Detmold
Leopoldstr. 38, 32756 Detmold
T: (05231) 2 24 33, 2 51 32 **Fax:** 3 92 75
Präsident(in): Uwe Beimfohr (Beimfohr's Bierstuben, Schloßstr. 49, 32108 Bad Salzuflen)
Geschäftsführer(in): Dipl.-Volksw. Jürgen Gedamke

n 18

Hotel- und Gaststättenverband Mecklenburg-Vorpommern e.V.
Grüne Str. 12, 19055 Schwerin
T: (0385) 5 92 55-0 **Fax:** 5 92 55-20
Präsident(in): Udo Westphal (Gaststätte Zum Reppin, Zum Reppin 4, 19063 Schwerin)
Hauptgeschäftsführer(in): Uwe Kabacher

n 19

DEHOGA, Landesverband Niedersachsen e.V.
Yorckstr. 3, 30161 Hannover
T: (0511) 33 70 60 **Fax:** 3 37 06 29
Präsident(in): Heinrich Bomhoff (Restaurant Dillertal, An der B6, OT Dille, 27305 Bruchhausen-Vilsen)
Hauptgeschäftsführer(in): RA Rainer Balke

n 20

Gastgewerbe NRW
Hotel- und Gaststättenverband Nordrhein-Westfalen e.V.
Postf. 24 01 63, 40090 Düsseldorf
Liesegangstr. 22, 40211 Düsseldorf
T: (0211) 1 78 71-0 **Fax:** 1 78 71-29
Internet: http://www.gastgewerbe-nrw.de
E-Mail: info@gastgewerbe-nrw.de
Präsident(in): Helmut Otto (Landhotel und Landgasthaus Naafs-Häuschen, 53797 Lohmar-Wahlscheid)
Hauptgeschäftsführer(in): RA Klaus Hübenthal

n 21

Landesverband Hotel- und Gaststättengewerbe Rheinland-Pfalz e.V.
Brückes 18, 55545 Bad Kreuznach
T: (0671) 4 03 05 **Fax:** 3 38 10
Präsident(in): Herbert Boller (Boller's Parkhotel Leininger Hof, Kurgartenstr. 17, 67098 Bad Dürkheim, T:(06322) 60 20, Fax: 60 23 00)
Geschäftsführer(in): Lothar Arnold (Brückes 18, 55545 Bad Kreuznach, T:(0671) 4 03 05, Fax: 3 38 10)

n 22

DEHOGA Saarland
Hotel- und Gaststättenverband Saarland e.V.
Feldmannstr. 26, 66119 Saarbrücken
T: (0681) 5 54 93 **Fax:** 5 23 26
Präsident(in): Gudrun Pink (Hotel Madeleine, Cecilienstr. 5, 66111 Saarbrücken, T: (0681) 3 22 28)
Hauptgeschäftsführer(in): Frank C. Hohrath

n 23

Hotel- und Gaststättenverband Sachsen e.V. (DEHOGA Sachsen e.V.)
Tharandter Str. 5, 01159 Dresden
T: (0351) 4 28 98 10 **Fax:** 4 28 98 28
Präsident(in): Heinz-Georg Schneider (Ibis Hotels Dresden, Prager Straße, 01069 Dresden)
Hauptgeschäftsführer(in): Frank Lehmann

n 24

DEHOGA
Hotel- und Gaststättenverband Sachsen-Anhalt e.V.
Brandenburger Str. 6, 39104 Magdeburg
T: (0391) 5 61 71 93 **Fax:** 5 61 71 94
Präsident(in): Frank Doepelheuer (Waldhotel „Am Ilsestein", Ilsetal 9, 38871 Ilsenburg)
Hauptgeschäftsführer(in): Christian von Mandel

n 25

Hotel- und Gaststättenverband DEHOGA Schleswig-Holstein e.V.
Hamburger Chaussee 349, 24113 Kiel
T: (0431) 65 18 66-67 **Fax:** 65 18 68
Präsident(in): Peter Bartsch (Konzert- und Ballhaus "Tivoli", Turnstr. 2, 25746 Heide)
Hauptgeschäftsführer(in): Axel Alm

n 26

Thüringer Hotel- und Gaststättenverband e.V.
Thälmannstr. 53, 99085 Erfurt
T: (0361) 5 90 78-0 **Fax:** 5 90 78-10

Internet: http://www.thuehoga.de
E-Mail: thuehoga@t-online.de
Präsident(in): Bernd Kreuch (Hotel Elxleben, Thomas-Münzer-Str. 38, 99189 Elxleben)
Geschäftsführer(in): Hans-Günter Bachmann

• N 27

Bundesverband Deutscher Discotheken und Tanzbetriebe e.V.
Fachabteilung Discotheken im DEHOGA e. V.
Verbändehaus Handel Dienstleistung Tourismus
Am Weidendamm 1a, 10117 Berlin
T: (030) 72 62 52-0 **Fax:** 72 62 52-42
Präsident(in): Henning Franz
Geschäftsführer(in): RA Stephan Büttner

• N 28

Deutsches Jugendherbergswerk Hauptverband für Jugendwandern u. Jugendherbergen e.V.
Postf. 14 55, 32704 Detmold
Bad Meinberger Str. 1, 32760 Detmold
T: (05231) 99 36-0 **Fax:** 99 36-63, 99 36-90
E-Mail: info@djh.org
Gründung: 1909
1. Vorsitzende(r): Stud.Dir. Otto Wirthensohn, Passau
Hauptgeschäftsführer(in): N. N.
Mitglieder: ca. 1100000
Landesverbände: 15 in der Bundesrepublik

• N 29

Verband Deutscher Schullandheime e.V.
Mendelssohnstr. 86, 22761 Hamburg
T: (040) 8 90 15 41 **Fax:** 89 86 39
Internet: http://www.schullandheim.de
E-Mail: verband@schullandheim.de
Gründung: 1950
Vorsitzende(r): Horst Aye, Flensburg
Geschäftsführer(in): Klaus Kruse, Hamburg
Leitung Presseabteilung: Peter Krössinger
Verbandszeitschrift: Das Schullandheim
Redaktion: Manfred Vogel
Verlag: Verlag Verband Deutscher Schullandheime e.V., Mendelssohnstr. 86, 22761 Hamburg
Mitglieder: 370 Schullandheimträger mit 400 Schullandheimen, 16 Landesverbände

• N 30

TOP International Hotels e.V.
Alt-Niederkassel 76, 40547 Düsseldorf
T: (0211) 55 98 55 55 **Fax:** 55 98 55 54
Gründung: 1982 (1. April)
Vors. d. Vorst. u. Präs.: Hans R. Müller (i. Fa. TOP Int. Marketing GmbH, Alt-Niederkassel 76, 40547 Düsseldorf, T: (0211) 55 98 55 55)
Leitung Presseabteilung: Silvia Mayer
Mitglieder: z. Zt. 85 Hotels in Deutschland; 80 Hotels in der Schweiz; 20 Hotels in Skandinavien, 45 Hotels im angrenzenden Ausland; 230 Hotels insgesamt
Mitarbeiter: 14
Jahresetat: DM 7,5 Mio, € 3,83 Mio

• N 31

transfer e.V.
Service-Büro für Interkulturelle Begegnung Kinder- und Jugendreisen
Paulshofstr. 11, 50767 Köln
T: (0221) 95 92 19-0 **Fax:** 95 92 19-3
E-Mail: transfer.koeln@t-online.de
Gründung: 1982
Vorsitzende(r): Sebastian Schuster
Stellvertretende(r) Vorsitzende(r): Hans-Günter Wustmann
Geschäftsführer(in): Werner Müller
Verbandszeitschrift: Jugend und Reisen-Informationsdienst
Redaktion: Büro Köln
Verlag: Selbstverlag
Mitglieder: 43
Mitarbeiter: 8
Jahresetat: DM 0,6 Mio, € 0,31 Mio

• N 32

VCH-Hotels Deutschland
Geschäftsstelle:
Steinbeisstr. 2, 74189 Weinsberg
T: (07134) 2 35 65 **Fax:** 2 35 66
Gründung: 1904
Präsident(in): Werner Kathmeyer
Leitung Presseabteilung: Ingrid Laquai
Verbandszeitschrift: VCH-Kurier
Redaktion: Ingrid Laquai
Mitglieder: 58
Mitarbeiter: 3

• N 33

Verband des Deutschen Bahnhofhandels e.V.
Kronprinzenstr. 46, 53173 Bonn
T: (0228) 8 20 08-0 **Fax:** 8 20 08-46
Vorsitzende(r): Manfred Wiese (MPH Milchprodukte, Im Hauptbahnhof, Arnulf-Klett-Platz 2, 70173 Stuttgart, T: (0711) 22 46 70, Telefax: (0711) 2 24 67 15)
Geschäftsführer(in): Dipl.-Vw. Frank Schreiner
Mitglieder: ca. 300

• N 34

Bundesverband Schnellgastronomie und Imbißbetriebe e.V. (BVI)
Klettenberggürtel 51, 50939 Köln
T: (0221) 46 10 20 **Fax:** 46 58 82
Gründung: 1968 (25. Oktober)
Präsident(in): Konrad Buchheister (Auf der Alm 36, 59821 Arnsberg, T: (02931) 2 12 82)
Vizepräsident(in): Werner Böcker (Papiermühlenstr. 10 B, 04299 Leipzig, T: (0341) 8 61 77 61)
Geschäftsführer(in): RA Jürgen Kasper
Verbandszeitschrift: SNACK BISTRO
Redaktion: Bergmann + Lukullus Verlagsges. mbH, Max-Volmer-Str. 28, 40724 Hilden, T: (02103) 20 40
Verlag: B + L Medien Gesellschaft mbH, Max-Volmer-Str. 28, 40724 Hilden; T: (02103) 20 40

• N 35

Verband der Köche Deutschlands e.V. (VKD)
Steinlestr. 32, 60596 Frankfurt
T: (069) 63 00 06-0 **Fax:** 63 00 06-10
Internet: http://www.vkd.com
E-Mail: koeche@vkd.com
Gründung: 1884
Präsident(in): Siegfried Schaber
Leitung Presseabteilung: Lena Kraft
Verbandszeitschrift: "Küche"
Verlag: LPV Lebensmittel Praxis Verlag Neuwied GmbH, Hermannstr. 40, 56564 Neuwied
Mitglieder: 13608 (Stand 31.12.98)

Berufsfachverband der Köche, Berufsbilddarstellung, Weiterbildung, Kochkunstausstellung, National- und Jugendnationalmannschaft, Nachwuchsförderung, Wettbewerbe, Fachinformationsdienst, Auslandskontakte, Stellenvermittlung im In- und Ausland.

• N 36

Bundesverband der Gästeführer in Deutschland e.V. (BVGD)
Klingenteichstr. 6c, 69117 Heidelberg
T: (06221) 16 02 42 **Fax:** 2 97 04
Gründung: 1994 (13. November)
Vorsitzende(r): Ursula Lehmann
Stellv. Vorsitzende: Emmy Beuks
Leitung Presseabteilung: Ilona Priebe
Verbandszeitschrift: Cicerone
Redaktion: Ilona Priebe
Verlag: Kurfürstenstr. 12-14, 50678 Köln
Mitglieder: 1500
Mitarbeiter: 1 Teilzeit
Jahresetat: ca. DM 0,05 Mio, € 0,03 Mio

• N 37

Verband der Kurbeherbergungs-Betriebe Deutschlands e.V. (VdKB)
Postf. 17 29, 86820 Bad Wörishofen
Rudolf-Diesel-Str. 18, 86825 Bad Wörishofen
T: (08247) 3 49 98 **Fax:** 74 88
E-Mail: vdkb-ev@gmx.de
Vorstand: Bernd Schmeink (Vors.)
Vorstand: Alexander Förch (stellv. Vors.)

Bäder und Heilbrunnen

• N 38

Sächsischer Heilbäderverband e.V.
Geschäftsstelle:
Seumestr. 35, 01129 Dresden
T: (0351) 8 97 59 30 **Fax:** 8 97 59 39
Gründung: 1990 (15. Mai)
Präsident(in): Prof. Dr. med.habil. Dieter Reinhold
Geschäftsführer(in): Bernd Geisler
Mitglieder: 40

Förderung der Kureinrichtungen und Kurorte.

• N 39

Deutscher Heilbäderverband e.V.
Postf. 19 01 47, 53037 Bonn
Schumannstr. 111, 53113 Bonn
T: (0228) 2 01 20-0 **Fax:** 2 01 20-41
Präsident(in): Prof. Dr.med. Manfred Steinbach (Grafschaft)
Hauptgeschäftsführerin: Heike Wilms-Kegel
Mitglieder: 15 Verbände

Regionale Bäderorganisationen

n 40

Heilbäderverband Baden-Württemberg e.V.
Esslinger Str. 8, 70182 Stuttgart
T: (0711) 2 38 58-71 **Fax:** 2 38 58-98
Präsident(in): Bürgermeister u. Kurdirektor Prof. Dr. Rudolf Forcher, Bad Waldsee
Geschäftsführer(in): Arne Mellert

n 41

Bayerischer Heilbäderverband e.V.
Rathausstr. 6-8, 94072 Bad Füssing
T: (08531) 97 55-90 **Fax:** 2 13 67
Präsident(in): Bürgermeister Franz Gnan, Bad Füssing
Geschäftsführer(in): Rudolf Weinberger

n 42

Brandenburgischer Kurorte- und Bäderverband e.V.
Postf. 12 27, 17262 Templin
T: (03987) 20 30-141 **Fax:** 20 30-129
Präsident(in): Kurdirektor Uwe Mohr
Geschäftsführer(in): Bärbel Mann

n 43

Verband Hessischer Heilbäder e.V.
Le-Cannet-Rocheville-Str. 1, 61462 Königstein
T: (06174) 2 40 94 **Fax:** 2 36 48
Präsident(in): Kurdirektor Hans-Peter Wohlgehagen, Bad Wildungen
Geschäftsführer(in): Rainer Kowald

n 44

Bäderverband Mecklenburg-Vorpommern e.V.
Rostocker Str. 3, 18181 Seeheilbad Graal-Müritz
T: (038206) 78 85-0 **Fax:** 78 85-1
Präsident(in): Bürgermeister Mathias Löttge, Barth
Geschäftsführer(in): Dr. Frank-Thomas Keller

n 45

Heilbäderverband Niedersachsen e.V.
Unter den Eichen 15a, 26160 Bad Zwischenahn
T: (04403) 5 86 89 **Fax:** 6 13 96
Präsident(in): Stadt- u. Kurdirektor und GeschF Hans-Bernd Kaufmann, Bad Bevensen
Geschäftsführer(in): Peter Schulze

n 46

Nordrhein-Westfälischer Heilbäderverband e.V.
Kaiserstr. 14, 59505 Bad Sassendorf
T: (02921) 5 01-4502 **Fax:** 5 01-4599
Präsident u. Geschäftsführer: Kurdirektor Rolf von Bloh

n 47

Fremdenverkehrs- und Heilbäderverband Rheinland-Pfalz e.V.
Postf. 20 14 20, 56014 Koblenz
T: (0261) 9 15 20-0 **Fax:** 9 15 20-40
Präsident(in): Bürgermeister Walter Densborn, Manderscheid
Verbandsdirektor: Dipl.-Kfm. Adolf Meinung

n 48

Sächsischer Heilbäderverband e.V.
Seumestr. 35, 01129 Dresden
T: (0351) 8 97 59 30 **Fax:** 8 97 59 39
Präsident(in): Prof. Dr.med. habil. Dieter Reinhold, Dresden
Geschäftsführer(in): Bernd Geisler, Bad Muskau

n 49

Heilbäderverband Sachsen-Anhalt e.V.
Badepark 1, 39218 Schönebeck

T: (03928) 70 55 50 **Fax:** 70 55 52
Präsident(in): Dr.med. Hannelore Thieß
Geschäftsführer(in): Hubert Steidl

n 50

Heilbäderverband Schleswig-Holstein e.V.
Niemannsweg 31, 24105 Kiel
T: (0431) 56 00-0 **Fax:** 56 98 10
Präsident(in): Kurdirektor Günter Grote, Büsum
Geschäftsführer(in): N. N.

n 51

Thüringer Heilbäderverband
Kurpromenade 5b, 99947 Bad Langensalza
T: (03603) 83 44-0 **Fax:** 83 44-22
Präsident(in): Bürgermeister Gerald Reimann, Bad Klosterlausnitz
Geschäftsführer(in): Verw.-Dir. Elke Engelmann

n 52

Verband Deutscher Badeärzte e.V.
Elisabethstr. 7, 32545 Bad Oeynhausen
T: (05731) 2 12 03 **Fax:** 26 08 80
Präsident(in): Dr.med. Wolfram Enders

n 53

Vereinigung für Bäder- und Klimakunde e.V.
c/o Eugen-Keidel-Bad Mineral-Thermalbad Freiburg
An den Heilquellen 4, 79111 Freiburg
T: (0761) 4 90 59-0 **Fax:** (07961) 4 90 59-70
Vorsitzende(r): PD Dr.med. Bernd Hartmann
Geschäftsführer(in): Betriebsleiter Herbert Renn

n 54

Deutsche Heilbrunnen im Verband Deutscher Mineralbrunnen e.V.
Kennedyallee 28, 53175 Bonn
T: (0228) 95 99 00 **Fax:** 37 34 53
Internet: http://www.heilwasser.com, http://www.mineralwasser.com
E-Mail: vdm.bonn@t-online.de, 0228959900-1@t-online.de
Vorsitzende(r): Dr. Helmut Ruhrmann
Geschäftsführer(in): RA Wolfgang Stubbe

Fachliche und wirtschaftliche Betreuung der Versandheilbrunnen.

• N 55

Verband Deutscher Kneippheilbäder und Kneippkurorte
Wilhelmsplatz im Haus des Gastes, 57334 Bad Laasphe
T: (02752) 8 98 **Fax:** 77 89
Internet: http://www.kneipp.de
E-Mail: info@kneipp.de
Gründung: 1966
Vorsitzende(r): Kurdir. Dieter Lütke, Bad Laasphe
Stellvertretende(r) Vorsitzende(r): Kurdir. Thomas Weber, Bad Fredeburg
Hauptgeschäftsführer(in): Kurdir. Dieter Lütke, Bad Laasphe
Mitglieder: 65 Kneippkurorte/-heilbäder

Fremdenverkehr

• N 56

Deutsche Zentrale für Tourismus e.V. (DZT)
Hauptverwaltung
Beethovenstr. 69, 60325 Frankfurt
T: (069) 9 74 64-0 **Fax:** 75 19 03
Internet: http://www.deutschland-tourismus.de, http://www.germany-tourism.de
Gründung: 1948
Vorstand: Ursula Schörcher (Vors.; T: (069) 9 74 64-2 48)
Günter Colonius (kaufm., T: (069) 9 74 64-2 46)
Mitglieder des Verwaltungsrates 18 Mitglieder:
Vorsitzende(r): Dr. Erich Kaub (Präsident des Deutschen Hotel- und Gaststättenverbandes)
Vizepräsident(in): Hans Jakob Kruse
Dr. Jürgen Linde
Staatsminister Dr. Otto Wiesheu
Beirat 40 Mitglieder:
Vorsitzende(r): Dr. Jürgen Linde
1.Stellv. Vors.: Prof. Rudolf Forcher
2.Stellv. Vors.: Dr. Jochen Martin
Mitglieder: 41
Mitarbeiter: 154 (75 Inland/79 Ausland)
Jahresetat: Ausland: DM 55,1 Mio, € 28,17 Mio, Inland: DM 5,9 Mio (1999)
Mitglieder:
Touristische Unternehmen:
Accor Hotellerie Deutschland GmbH
Autobahn Tank & Rast GmbH
Deutsche Bahn AG
Deutsche Lufthansa AG (LH)
Deutsches Reisebüro GmbH (DER)
EXPO 2000 Hannover GmbH
Europäische Reiseversicherung AG
Flughafen Frankfurt/Main AG (FAG)
Flughafen München GmbH
Hapag Lloyd AG
Kempinski AG
Köln-Düsseldorfer Deutsche Rheinschiffahrt AG (KD)
Ludwig Musical AG + Co. KG
Sixt AG
Start Amadeus GmbH
Steigenberger Hotel AG
Touristik Union International (TUI)
Landesmarketingorganisationen:
Bayern Tourismus Marketing GmbH
Bremer Touristik Zentrale GmbH
Fremdenverkehrs- und Heilbäderverband Rheinland-Pfalz
Hessen Touristik Service e.V.
Tourismus Marketing Gesellschaft Sachsen mbH
Thüringer Tourismus GmbH
Tourismus Marketing GmbH Baden-Württemberg
Tourismus Marketing Brandenburg GmbH
Tourismusagentur Sachsen-Anhalt
Tourismusverband Nordrhein-Westfalen e.V.
Tourismuszentrale Hamburg GmbH
Tourismuszentrale Saarland GmbH
Verbände:
Arbeitsgemeinschaft Deutscher Verkehrsflughäfen e.V. (ADV)
asr - Bundesverband mittelständischer Reiseunternehmen e.V.
Bundesverband der Deutschen Tourismuswirtschaft (BTW)
Deutscher Heilbäderverband e.V. (DHV)
Deutscher Hotel- und Gaststättenverband e.V. (DEHOGA)
Deutscher Industrie- und Handelstag e.V. (DIHT)
Deutscher Reisebüro- und Reiseveranstalter Verband (DRV)
Deutscher Tourismusverband e.V. (DTV)
Historic Highlights of Germany
IHA-Hotelverband Deutschland e.V.
Magic Cities Germany
RDA-Internationaler Bustouristik Verband e.V.
DZT-Mitgliedschaften international:
European Travel Commission (ETC)
Touristische Gemeinschaft der Alpenländer
Die Donau - Internationale Werbegemeinschaft
Internationale Rheinwerbung
Internationale Eifel-Ardennen Gemeinschaftswerbung
Internationaler Bodensee-Verkehrsverein
Baltic Tourism Commission (BTC)

27 Auslandsvertretungen und Vertriebsagenturen:
Europa:
Amsterdam, Brüssel, Budapest, Helsinki, Kopenhagen, London, Madrid, Mailand, Moskau, Oslo, Paris, Prag, Stockholm, Warschau, Wien, Zürich
Übersee: Chicago, Hongkong, Johannesburg, Los Angeles, New York, São Paulo, Seoul, Sydney, Tel Aviv, Tokio, Toronto

• N 57

German Convention Bureau (GCB)
Bureau Allemand de Congrès
Münchener Str. 48, 60329 Frankfurt
T: (069) 24 29 30-0 **Fax:** 24 29 30-26
Internet: http://www.gcb.de/
E-Mail: info@gcb.de
Gründung: 1973
Verwaltungsrat:
Ursula Schörcher
Nils Kroesen
Alfred Diem
Hans-Willi Blum
Regine Sixt
Dr. Robert Stolze
Hermann Hanser
Gerhard Hurst
Karl-Joachim Kierey
Anton Kössl
Thomas Loch
Ullrich von Collas
Geschäftsführer(in): Karl-Heinz Richter
Mitarbeiter: 12
Teilnehmer: 214

Repräsentanz, Marketing und Interessenvertretung für Deutschland als Kongreß- und Tagungsstandort.

• N 58

Die NaturFreunde Bundesgruppe Deutschland e.V.
Postf. 60 04 41, 70304 Stuttgart
Hedelfinger Str. 17-25, 70327 Stuttgart
T: (0711) 4 09 54-0 **Fax:** 4 09 54-4
E-Mail: naturfreunde-d@t-online.de
Gründung: 1895
Internationaler Zusammenschluß: siehe unter izq 236
Vorsitzende(r): Michael Müller (MdB)
Stellvertretende(r) Vorsitzende(r): Rudi Klug
Jürgen Dittner
Nicolette Kressl
Hauptgeschäftsführer(in): Stefan Straub
Leitung Presseabteilung: Markus Martin
Verbandszeitschrift: Naturfreunde
Redaktion: Brigitte Johanna Henkel-Waidhofer, Markus Martin, Stefan Straub
Verlag: Naturfreundeverlag, Postfach 60 04 41, 70304 Stuttgart
Mitglieder: 101000
500 Naturfreundehäuser
Jahresetat: DM 2,5 Mio, € 1,28 Mio
Landesverbände: Baden, Bayern, Berlin, Brandenburg, Hessen, Mecklenburg/Vorpommern, Niedersachsen, Hamburg, Schleswig-Holstein, Bremen, Rheinland, Rheinland-Pfalz, Saarland, Sachsen-Anhalt, Sachsen, Thüringen, Teutoburger Wald, Westfalen, Württemberg
Fachgruppen: Bergsteigen, Esperanto, Foto, Camping, Natur- und Heimatkunde, Wassersport, Wintersport
Referate: Häuser, Kultur und Bildung, Öffentlichkeitsarbeit, Reisen, Umweltschutz, Wandern Gliederungen: Jugendverband, Kinderverband, Landesverbände

• N 59

Bundesarbeitsgemeinschaft Evangelischer Jugendferiendienste e.V. (BEJ)
Hackhauser Hof, 42697 Solingen
T: (0212) 2 22 01-14 **Fax:** 2 22 01-20
Vorsitzende(r): Gerd Grzegorek
Referent: Stefan Lilienthal

• N 60

Bundesarbeitsgemeinschaft Katholischer Jugendferienwerke
im Jugendhaus Düsseldorf
Abt. Jugendtourismus
Postf. 32 06 29, 40421 Düsseldorf
Carl-Mosterts-Platz 1, 40477 Düsseldorf
T: (0211) 46 93-161 **Fax:** 46 93-120
Internet: http://www.jugendhaus-duesseldorf.de
E-Mail: jugendreisen@jugendhaus-duesseldorf.de
Abteilungsleiter(in): Martina Drabner

• N 61

Arbeitsgemeinschaft Urlaub und Freizeit auf dem Lande e.V.
Lindhooper Str. 63, 27283 Verden
T: (04231) 96 65-0 **Fax:** 96 65-66
Internet: http://www.bauernhofferien.de
E-Mail: info@bauernhofferien.de
Gründung: 1972 (13. November)
Vorsitzende(r): Ute Mushardt
Stellvertretende(r) Vorsitzende(r): Ulrike Winkelmann
Geschäftsführer(in): Elke Boggasch (Ltg. Presseabt.)
Verlag: Urlaub und Freizeit auf dem Lande (Katalog) - Reiseführer für Urlaub auf dem Bauernhof in Niedersachsen
Mitglieder: 400 (Stand März 1999)
Mitarbeiter: 4

• N 62

Deutscher Tourismusverband e.V. (DTV)
Bertha-von-Suttner-Platz 13, 53111 Bonn
T: (0228) 9 85 22-0 **Fax:** 69 87 22
Präsident(in): Dr. Jürgen Linde
Hauptgeschäftsführer(in): Claudia Gilles
Leitung Presseabteilung: Anita Grimm

Landesverbände

Baden-Württemberg

n 63

Tourismus-Verband Baden-Württemberg e.V.
Esslinger Str. 8, 70182 Stuttgart
T: (0711) 23 85 80 **Fax:** 2 38 58 99
T-Online *5 1601*
Internet: http://www.tourismus-baden-wuerttemberg.de
E-Mail: info@tourismus-baden-wuerttemberg.de
Präsident(in): Dr. Walter Döring
Geschäftsführer(in): Roger Heidt

n 64

Schwarzwald Tourismusverband e.V.
Bertoldstr. 45, 79098 Freiburg
T: (0761) 2 96 22-60 **Fax:** 2 96 22-77, 2 92 15 81
T-Online *FVV Schwarzwald*
Internet: http://www.schwarzwald-tourist-info.de
E-Mail: mail@schwarzwald-tourist-info.de
Verbandspräs: Bürgermeister Hansjörg Eckert
Verbandsdirektor: Bernd Goebel

Berlin

n 65

Berlin Tourismus Marketing GmbH
Am Karlsbad 11, 10785 Berlin
T: (030) 26 47 48-0 **Fax:** 26 47 48-99
Geschäftsführer(in): Hanns Peter Nerger
Sekretärin: Cornelia Hanf
Vorsitzender des Aufsichtsrates: Wolfgang Brononer

Brandenburg

n 66

Tourismusverband Land Brandenburg e.V.
Schlaatzweg 1, 14473 Potsdam
T: (0331) 27 52 80 **Fax:** 2 75 28 10
Vorsitzende(r): Minister Dr. Jürgen Linde
Geschäftsführer(in): Dr. Rolf Illgen

Bremen

n 67

Bremer Touristik Zentrale GmbH (BTZ)
Findorffstr. 105, 28215 Bremen
T: (01805) 10 10 30, (0421) 30 80 00 **Fax:** (0421) 3 08 00 30
Internet: http://www.bremen-tourism.de
E-Mail: btz@bremen-tourism.de
Geschäftsführer(in): Peter Siemering

Hamburg

n 68

Tourismus-Zentrale Hamburg GmbH
Postf. 10 22 49, 20015 Hamburg
T: (040) 3 00 51-300 **Fax:** 3 00 51-333
Internet: http://www.hamburg-tourism.de
E-Mail: info@hamburg-tourism.de
Geschäftsführer(in): Dietrich von Albedyll
Vors. d. AR: Wirtschaftssenator Dr. Thomas Mirow

Hessen

n 69

Hessen Touristik Service e.V.
Abraham-Lincoln-Str. 38-42, 65189 Wiesbaden
T: (0611) 7 78 80-0 **Fax:** 7 78 80-40
Internet: http://www.hessen-tourismus.de
E-Mail: info@hessen-tourismus.de
1. Vorsitzende(r): Landrat Horst Schnur
Geschäftsführer(in): Henrik Laschke

Mecklenburg-Vorpommern

n 70

Tourismusverband Mecklenburg-Vorpommern e.V.
Platz der Freundschaft 1, 18059 Rostock
T: (0381) 4 03 06 00 **Fax:** 4 03 05 55
Vorsitzende(r): Dr. Wolfgang Kraatz
Geschäftsführer(in): Bernd Fischer

Niedersachsen

n 71

Harzer Verkehrsverband e.V.
Marktstr. 45, 38640 Goslar
T: (05321) 3 40 40 **Fax:** 34 04 66
Internet: http://www.harzinfo.de
E-Mail: harzer.verkehrsverband@t-online.de
Vorsitzende(r): Landrat Dr. Volker Pietsch
Geschäftsführer(in): Michael Lücke

n 72

Tourismusverband Niedersachsen e.V.
Vahrenwalder Str. 7, 30165 Hannover
T: (0511) 9 35 72 50 **Fax:** 9 35 72 59
E-Mail: Tourismus.Niedersachsen@t-online.de
Vorsitzende(r): Oberkreisdirektor Klaus-Volker Kempa
Geschäftsführer(in): Andreas Walter

Nordrhein-Westfalen

n 73

Landesverkehrsverband Rheinland e.V.
Rheinallee 69, 53173 Bonn
T: (0228) 36 29 21-22 **Fax:** 36 39 29
Internet: http://www.rheinland-info.de
E-Mail: lvv@rheinland-info.de
Gründung: 1904 (06.Juni)
Vorsitzende(r): Landrat Frithjof Kühn
Geschäftsführer(in): Dipl.-Kfm. Friedhelm Ernst
Leitung Presseabteilung: Detlev Martensen
Verbandszeitschrift: Mitgliederrundschreiben und Pressedienst
Mitglieder: 209
Mitarbeiter: 9
Jahresetat: DM 1,7 Mio, € 0,87 Mio

n 74

Landesverkehrsverband Westfalen e.V.
Friedensplatz 3, 44135 Dortmund
T: (0231) 52 75 06-07 **Fax:** 52 45 08
Internet: http://www.westfalen-info.de
E-Mail: info@westfalen-info.de
Vorsitzende(r): Harald Heinze
Geschäftsführer(in): Jürgen Mensendiek

Rheinland-Pfalz

n 75

Fremdenverkehrs- und Heilbäderverband Rheinland-Pfalz e.V.
Postf. 20 14 20, 56014 Koblenz
T: (0261) 9 15 20-0 **Fax:** 9 15 20-40
Vorsitzende(r): Bürgermeister Stefan Gillich
Geschäftsführer(in): Dipl.-Kfm. Adolf Meinung

Saarland

n 76

SAARLAND - TOURISTIK -Landesfremdenverkehrsverband Saarland e.V.-
Dudweilerstr. 53, 66111 Saarbrücken
Vorsitzende(r): Bernhard Sorg (T: (06876) 17 10 01)

Sachsen

n 77

Landestourismusverband Sachsen e.V.
Friedrichstr. 24, 01067 Dresden
T: (0351) 49 19 10 **Fax:** 4 91 91 29
Internet: http://www.reiseland-sachsen.de
E-Mail: info@ltv-sachsen.de
Präsident(in): Landtagspräsident Erich Iltgen (MdL)
Verb. Dir: Manfred Böhme

Sachsen-Anhalt

n 78

Tourismusverband Sachsen-Anhalt e.V.
Große Diesdorfer Str. 12, 39108 Magdeburg
T: (0391) 7 38 43 00 **Fax:** 7 38 43 02
Vorsitzende(r): Regierungspräsident Wolfgang Böhm
Geschäftsführer(in): Frank Malitte

Schleswig-Holstein

n 79

Tourismusverband Schleswig-Holstein e.V.
Niemannsweg 31, 24105 Kiel
T: (0431) 56 00-100 **Fax:** 56 00-140
T-Online *2 3456*
E-Mail: sht@sh-tourismus.de
Vorsitzende(r): Bürgermeister Gerhard Fandrey
Geschäftsführer(in): Dr. Ralf Kube

Thüringen

n 80

Thüringer Landesfremdenverkehrsverband e.V.
Postf. 2 19, 99005 Erfurt
T: (0361) 3 73 54 68 **Fax:** 3 73 54 64
Vorsitzende(r): Landrat Jürgen Mascher
Geschäftsführer(in): Peter Backhaus

Regionale Fremdenverkehrsverbände

Baden-Württemberg

• N 81

Verkehrsverein Heidelberg e.V.
Postf. 10 58 60, 69048 Heidelberg
T: (06221) 14 22-0 **Fax:** 14 22 22
Internet: http://www.cvb-heidelberg.de
E-Mail: info@cvb-heidelberg.de
Tourist Information am Hauptbahnhof, 69115 Heidelberg, T: (06221) 1 94 33, Telefax: (06221) 1 38 81 11
Gründung: 1971
Präs. u. Vors.: Beate Weber (Oberbürgermeisterin der Stadt Heidelberg)
Hauptgeschäftsführer(in): Nils Kroesen
Leitung Presseabteilung: Christiane Edelmann-Mohr
Mitglieder: ca. 300
Mitarbeiter: 30

• N 82

Touristik Nördlicher Schwarzwald e.V.
Am Waisenhausplatz 26, 75172 Pforzheim
T: (07231) 1 47 38-0 **Fax:** 1 47 38-20
Internet: http://www.noerdlicher-schwarzwald.de
E-Mail: touristik@noerdlicher-schwarzwald.de

• N 83

Tourismus Südl. Schwarzwald e.V.
Geschäftsstelle Lörrach
Palmstr. 3, 79539 Lörrach
T: (07621) 4 10-4 39 **Fax:** 4 10-4 30
Stellvertretende(r) Geschäftsführer(in): Touristikfachwirtin Edeltraud Philipp

• N 84

Tourismusreferat des Landkreises Sigmaringen
Leopoldstr. 4, 72488 Sigmaringen
T: (07571) 1 02-358 **Fax:** 1 02-540
Dipl.-Verwaltungsw. (FH) Max Stöhr

• N 85

Verkehrsverein Weinheim Reisebüro e.V.
Postf. 10 11 24, 69451 Weinheim
Bahnhofstr. 15, 69469 Weinheim
T: (06201) 99 11 17 **Fax:** 99 11 35
Internet: http://www.weinheim.de
E-Mail: der@weinheim.de

Bayern

• N 86

Regio Augsburg Tourismus GmbH
Bahnhofstr. 7, 86150 Augsburg
T: (0821) 5 02 07-0 **Fax:** 5 02 07-46
Internet: http://www.regio-augsburg.de
E-Mail: tourismus@augsburg.btl.de
Gründung: 1998 (1. Januar)
Geschäftsführer(in): Götz Beck
Tagungsabteilung: Renate Zedler
Presseabteilung: Nalan Firatan
Mitglieder: 370
Mitarbeiter: 12

Förderung des Tourismus, Zimmervermittlung, Kongreß-Service

• N 87

Heil- und Thermalbäder in Niederbayern
Rathausstr. 8, 94072 Bad Füssing
T: (08531) 97 55 95 **Fax:** 2 13 67

• N 88

Fremdenverkehrsverband des Berchtesgadener Landes
Königsseer Str. 2, 83471 Berchtesgaden
T: (08652) 9 67-0 **Fax:** 9 67-400
Internet: http://www.berchtesgadener-land.com
E-Mail: info@berchtesgadener-land.com
Kurdir Ernst Wittmann
Leitung Presseabteilung: Martina Bönsch

• N 89

Touristik-Arbeitsgemeinschaft Romantische Straße
Marktplatz, 91550 Dinkelsbühl
T: (09851) 9 02 71 **Fax:** 9 02 81
Internet: http://www.romantischestrasse.de
E-Mail: romantischestrasse@t-online.de

Gründung: 1950
Geschäftsführer(in): Dieter Marx
Mitglieder: 26

• N 90

Tourismuszentrale Fränkische Schweiz
Postf. 12 62, 91317 Ebermannstadt
Oberes Tor 1, 91320 Ebermannstadt
T: (09194) 79 77 79 **Fax:** 79 77 76
Internet: http://www.fraenkische-schweiz.com
Gründung: 1974
Vorsitzende(r): Landrat Reinhardt Glauber, Forchheim
Stellvertretende(r) Vorsitzende(r): Landrat Dr. Klaus-Günter Dietel, Bayreuth
Geschäftsführer(in): Franz-Xaver Bauer (Ltg. Presseabt.)
Verbandszeitschrift: Gästezeitung
Redaktion: Verkehrsämter der Fränkischen Schweiz sowie Tourismuszentrale Fränkische Schweiz
Mitarbeiter: 3
Jahresetat: DM 0,7 Mio, € 0,36 Mio

• N 91

Tourismusverband Ostallgäu e.V.
Postf. 12 55, 87610 Marktoberdorf
Schwabenstr. 11, 87616 Marktoberdorf
T: (08342) 9 11-3 14 **Fax:** 9 11-544
Internet: http://www.ostallgaeu.de
E-Mail: tourismus@ostallgaeu.de
Vorsitzende(r): Adolf Müller (Landrat)
Geschäftsführer(in): Rudolf Thanner

• N 92

Kur- und Ferienland Garmisch-Partenkirchen
c/o Kurverwaltung Garmisch-Partenkirchen
Postf. 15 62, 82455 Garmisch-Partenkirchen
Richard-Strauss-Platz 1a, 82467 Garmisch-Partenkirchen
T: (08821) 1 80-0 **Fax:** 1 80-450
Internet: http://www.garmisch-partenkirchen.de
E-Mail: kurdirektion@garmisch-partenkirchen.de
Vorsitzende(r): Bgm. Toni Neidlinger
Geschäftsführer(in): Kurdirektor Peter Maninger

• N 93

Fichtelgebirgsverein e.V. (FGV)
Auguststr. 6, 95028 Hof
T: (09281) 25 31 **Fax:** 38 86
Gründung: 1888
Vorsitzende(r): Dr. Helmut Reinel
Stellvertretende(r) Vorsitzende(r): Dr. Peter Seißer
Gerhard Kappl
Geschäftsführer(in): Gerhard Buth
Leitung Presseabteilung: Dietmar Herrmann
Verbandszeitschrift: Der Siebenstern
Mitglieder: 21000

• N 94

Touristik-Arbeitsgemeinschaft "Schwabenstädte in Bayern"
Kaiser-Max-Str. 1, 87600 Kaufbeuren
T: (08341) 4 04 05 **Fax:** 7 39 62
Gründung: 1986
Vorsitzende(r): Klaus Rohder (Verkehrsamt Nördlingen, Verkehrsamtsleiter)
Jährliche Herausgabe der Broschüre "Schwabenstädte in Bayern"
Mitglieder: 23

• N 95

Arbeitsgemeinschaft Allgäuer Land vor den Alpen
c/o Amt für Tourismus Kempten
Rathausplatz 24, 87435 Kempten
T: (0831) 25 25-2 37 **Fax:** 25 25-4 27
Gründung: 1986
Verbandszeitschrift: Gebietsprospekt
Mitglieder: 13 Gemeinden und Stadt Kempten
Jahresetat: DM 0,024 Mio, € 0,01 Mio

• N 96

Tourismusverband Ammersee-Lech e.V.
Postf. 14 53, 86884 Landsberg
Von-Kühlmann-Str. 15, 86899 Landsberg
T: (08191) 4 71 77 **Fax:** 12 94 50
Gründung: 1969 (1.November)
Präsident(in): Landrat Erwin Filser
Stellvertretende(r) Vorsitzende(r): Bgm. Josef Klingl
Leitung Presseabteilung: Berthold Jetschke
Mitglieder: 120
Mitarbeiter: 2
Jahresetat: DM 0,025 Mio, € 0,01 Mio

• N 97

Verkehrsverein Lindau e.V.
Postf. 13 25, 88103 Lindau
Ludwigstr. 68, 88131 Lindau
T: (08382) 26 00 21 **Fax:** 26 00 26
Verkehrsdirektor: Hans Stübner

• N 98

Fremdenverkehrsamt München
80313 München
Sendlinger Str. 1, 80331 München
T: (089) 2 33-0300 (Touristische Auskünfte), 2 33-30211, 2 33-30267, 2 33-30289 (Presseabt.) **Fax:** 2 33-30233
Internet: http://www.muenchen-tourist.de
E-Mail: tourismus@muenchen.btl.de
Verkehrsdirektorin: Dr. Gabriele Weishäupl

• N 99

Congress- und Tourismus-Zentrale Nürnberg
Frauentorgraben 3, 90443 Nürnberg
T: (0911) 23 36-0 **Fax:** 2 33 61 66
Internet: http://www.nuernberg.de
E-Mail: tourismus@nuernberg.btl.de
Verkehrsdirektor: Michael Weber
Leitung Presseabteilung: Herbert Walchshöfer

• N 100

Tourismusverband Rottal-Inn
Postf. 12 57, 84342 Pfarrkirchen
T: (08561) 2 02 68 **Fax:** 96 38 14
Internet: http://www.rottal-inn.de
E-Mail: tourismus@rottal-inn.btl.de
Gründung: 1976
Vorsitzende(r): Georg Riedl (1. Bürgermeister Stadt Pfarrkichen)
Stellvertretende(r) Vorsitzende(r): Lothar Müller (1. Bürgermeister Markt Massing)
Mitglieder: 31
Mitarbeiter: 3 (ehrenamtl.)
GeschF u. Ltg. Presseabt.: beim Büro f. Tourismus des Landratsamtes Rottal-Inn

• N 101

Tourismusverband Chiemsee e.V.
Postf. 11 10, 83230 Bernau
Rottauer Str. 6, 83233 Bernau
T: (08051) 22 80 **Fax:** 6 10 97
Internet: http://www.mychiemsee.de
E-Mail: info@mychiemsee.de
Gründung: 1912
1. Vorsitzende(r): Lorenz Kollmannsberger (1. Bürgermeister Markt Prien)
2. Vorsitzende(r): Max Brunner (1. Bürgermeister Gemeinde Chieming)
Hauptgeschäftsführer(in): Hermann Roth
Leitung Presseabteilung: Marion Schaller
Mitglieder: 125 fördernde Mitglieder, 18 Gemeinden
Mitarbeiter: 4
Jahresetat: DM 0,632 Mio, € 0,32 Mio

• N 102

Fremdenverkehrsverein Regensburg e.V.
Rathausplatz, 93047 Regensburg
T: (0941) 5 07-44 10 **Fax:** 5 07-44 19
Internet: http://www.regensburg.de
E-Mail: tourismus@regensburg.de
Gründung: 1896 (2. April)
Vorsitzende(r): Gerd Temporale (Donaueinkaufszentrum)
Stellvertretende(r) Vorsitzende(r): Rudolf Knerr (Hotel St. Georg)
Hauptgeschäftsführer(in): Alfred Helbrich (Fremdenverkehrsdirektor)
Stellvertretende(r) Geschäftsführer(in): Irene Spiessl
Leitung Presseabteilung: Otto Aufleger
Verbandszeitschrift: Jahresbericht/Fremdenverkehrsverein Regensburg e.V.
Mitglieder: 170
Mitarbeiter: 30
Jahresetat: DM 0,4 Mio, € 0,2 Mio

• N 103

Tourismusverband Pfaffenwinkel
Postf. 12 47, 86952 Schongau
Bauerngasse 5, 86956 Schongau
T: (08861) 77 73 **Fax:** 20 06 78
Internet: http://www.pfaffenwinkel.com
E-Mail: tourismus@pfaffenwinkel.btl.de
Gründung: 1971
Leitung Presseabteilung: Susanne Lengger
Mitglieder: 27
Mitarbeiter: 3

• N 104

Tourismusverband Starnberger Fünf-Seen-Land
Postf. 16 07, 82306 Starnberg
Wittelsbacherstr. 2c, 82319 Starnberg
T: (08151) 90 60-0 **Fax:** 90 60 90
Internet: http://www.starnberger-fuenf-seen-land.de
E-Mail: info@starnberger-fuenf-seen-land.de
Gründung: 1976 (1. Januar)
Leitung Presseabteilung: Klaus Götzl
Werner Schmid
Mitglieder: 13
Mitarbeiter: 5
Jahresetat: DM 0,8 Mio, € 0,41 Mio

• N 105

Congress & Tourismus Zentrale
Am Congress Centrum, 97070 Würzburg
T: (0931) 37 23 35 **Fax:** 37 36 52
Internet: http://www.wuerzburg.de
E-Mail: tourismus@wuerzburg.de
Gründung: 1950
Leitung Presseabteilung: Ulrike Raab
Mitarbeiter: 20

Berlin

• N 106

Deutsches Seminar für Fremdenverkehr Berlin e.V. (DSF)
Weiterbildungskurse für Fach- u. Führungskräfte aus allen Bereichen des Tourismus
Tempelhofer Ufer 23-24, 10963 Berlin
T: (030) 23 55 19-0 **Fax:** 23 55 19 25
Gründung: 1964
Seminar Dir.: Dipl.-Volksw. Ulrich Schöpp
Stellv.: Dipl.-Geogr. Harald Hensel
Leitung Presseabteilung: Gabriele Hartmann
Mitarbeiter: 9

• N 107

Tourismusverein Berlin Köpenick-Treptor e.V.
Alt-Köpenick 34, 12555 Berlin
T: (030) 6 55 75 50/51 **Fax:** 6 51 45 98
E-Mail: touristinfo.berlin-koepenick@t-online.de
Gründung: 1991 (29. Januar)
Vorsitzende(r): Wolf Wittstock
Geschäftsführer(in): Katrin Reiche-Kurz
Mitglieder: 71
Mitarbeiter: 20

Touristische Angebote, Sightseeing Berliner City und im Süden Berlins, Berliner-Milljöh-Veranstaltungen mit dem Hauptmann von Köpenick.

Brandenburg

• N 108

Fremdenverkehrs- und Kulturverein Prignitz e.V.
Wittenberger Str. 90, 19348 Perleberg
T: (03876) 61 69 73 **Fax:** 61 69 74
Gründung: 1990 (August)
Vorsitzende(r): Bärbel Mann
Hauptgeschäftsführer(in): Uwe Neumann
Mitglieder: 159
Mitarbeiter: 3

• N 109

Fremdenverkehrsverein Märkische Tourismus-Zentrale Beeskow e.V.
Berliner Str. 30, 15848 Beeskow
T: (03366) 2 29 49 **Fax:** 2 29 49
Geschäftsführer(in): Ellen Rußig

• N 110

Fremdenverkehrsamt
Wriezener Str. 1a, 15377 Buckow
T: (033433) 5 75 00, 6 59 81 **Fax:** 6 59 20, 5 75 00
T-Online *36363636 11312*
Leitung: Ria Sommerschuh

• N 112

Fremdenverkehrsverband Potsdam e.V.
August-Bier-Str. 9, 14482 Potsdam
T: (0331) 7 47 57 67 **Fax:** 7 47 57 77
Gründung: 1990 (Juni)
Vorsitzende(r): Hartmut Pirl (Direktor Seminaris SeeHotel Potsdam)
Geschäftsführer(in): Marion Reinsch
Verbandszeitschrift: Info Brief
Redaktion: Geschäftsstelle
Verlag: Eigenverlag
Mitglieder: 35
Mitarbeiter: 3 ehrenamtl.
Jahresetat: DM 0,045 Mio, € 0,02 Mio

• N 113

Fremdenverkehrsverband "Havelländisches Luch"
Dorfstr. 13, 14641 Brädikow
T: (033237) 8 82 07
Gründung: 1990 (November)
Vorsitzende(r): Karin Fritz
Geschäftsführer(in): Elisabeth Bölk
Jahresetat: DM 0,02 Mio, € 0,01 Mio

• N 114

Fremdenverkehrsverein Scharmützelsee e.V.
Hauptstr. 2, 15864 Wendisch Rietz
T: (033679) 64 84-0 **Fax:** 64 84-30
Gründung: 1990 (24. Juni)
Vorsitzende(r): Carsten Krappmann
Geschäftsführer(in): Renate Ullrich (Ltg. Presseabteilung)
Mitglieder: 235
Mitarbeiter: 3

Hamburg

• N 115

Tourismusverband Hamburg e.V.
Postf. 10 22 49, 20015 Hamburg
Steinstr. 7, 20095 Hamburg
T: (040) 3 00 51-114 **Fax:** 3 00 51-210
T-Online ✻2 0166✻
Internet: http://www.hamburg-tourism.de
E-Mail: info@hamburg-tourism.de
Gründung: 1899 (17. Februar)
Vorsitzende(r): Senator a.D. Wilhelm Rahlfs
Geschäftsstelle: Inge Benchakroun
Mitglieder: rd. 1100

Hessen

• N 116

Landesarbeitsgemeinschaft "Urlaubsringe in Hessen" e.V.
An der Hessenhalle 6, 36304 Alsfeld
T: (06631) 7 17 43 **Fax:** 96 09 15
Vorsitzende(r): Kurt Wiegel
Geschäftsführer(in): Gerlinde Minkel

• N 117

Touristik-Service Waldhessen
Friedloser Str. 6, 36251 Bad Hersfeld
T: (06621) 8 73 59 **Fax:** 8 73 07
Internet: http://www.waldhessen.de
E-Mail: waldhessen51731@waldhessen-online.net
Gründung: 1979 (11.Nov.)
Vorsitzende(r): Roland Hühn
Hauptgeschäftsführer(in): Alf-Jörg Berger
Mitglieder: 46
Mitarbeiter: 2
Jahresetat: DM 0,38 Mio, € 0,19 Mio

• N 118

Fremdenverkehrsverband Taunus Touristik Service
Postf. 19 41, 61289 Bad Homburg
Ludwig-Erhard-Anlage 1-4, 61352 Bad Homburg
T: (06172) 9 99-8002 **Fax:** 9 99-9807
Internet: http://www.taunus-info.de
E-Mail: ti@taunus-info.de

• N 119

Tourismus+Congress GmbH Frankfurt am Main
Kaiserstr. 56, 60329 Frankfurt
T: (069) 21 23 88 00 **Fax:** 21 23 78 80
Internet: http://www.frankfurt-tourismus.de
E-Mail: info@tcf.frankfurt.de
Geschäftsführer(in): Magistratsdirektor Günter Hampel

• N 120

Werbegemeinschaft Bergstraße e.V.
Rodensteinstr. 19, 64625 Bensheim
T: (06251) 1 41 17 **Fax:** 1 41 23
Gründung: 1993 (Mai)
Geschäftsführer(in): Maria Zimmermann
Mitglieder: 40

• N 121

Touristik Service Kurhessisches Bergland e.V.
Geschäftsstelle
Parkstr. 6, 34576 Homberg
T: (05681) 7 75-2 50 **Fax:** 69 14
Internet: http://www.kurhessisches-bergland.de
E-Mail: kurhessisches-bergland@t-online.de
Gründung: 1978 (19. Juli)
Vorsitzende(r): Landrat Jürgen Hasheider
Geschäftsführer(in): Hans Georg Korell
Stellvertretende(r) Geschäftsführer(in): Rainer Geisel
Leitung Presseabteilung: Hans-Georg Korell
Mitglieder: 102
Mitarbeiter: 2
Jahresetat: DM 0,55 Mio, € 0,28 Mio

• N 122

DEUTSCHE FERIENROUTE ALPEN•OSTSEE

Verein Deutsche Ferienroute Alpen-Ostsee e.V.
Postf. 12 62, 34568 Homberg
Parkstr. 6, 34576 Homberg
T: (05681) 7 75-2 76/2 80 **Fax:** 77 54 38
komm. Geschf: Hans-Georg Korell

• N 123

Arbeitsgemeinschaft Deutsche Märchenstraße
Königsplatz 53, 34117 Kassel
T: (0561) 70 77 07 **Fax:** 7 07 72 00
Gründung: 1975 (1. Juli)
Vorsitzende(r): Stadtkämmerer Dr. Jürgen Barthel
Mitglieder: 130
Mitarbeiter: 2

• N 124

Touristikzentrale Waldeck-Ederbergland e.V.
Südring 2, 34497 Korbach
T: (05631) 9 54-3 59 **Fax:** 9 54-3 78
Internet: http://www.waldecker-land.de
E-Mail: waldecker_land@t-online.de
Gründung: 1932
Vorsitzende(r): Landrat Helmut Eichenlaub
Geschäftsführer(in): Michael Zezulle
Verbandszeitschrift: Gästejournal
Verlag: Verlag Bing, 34497 Korbach
Mitglieder: 105
Mitarbeiter: 3
Jahresetat: DM 0,750 Mio, € 0,38 Mio

Förderung des Fremdenverkehrs im Gebiet des Landkreises Waldeck-Frankenberg.

• N 125

Fremdenverkehrsverband Marburg-Biedenkopf e.V.
Postf. 70 11 40, 35020 Marburg
T: (06421) 4 05-3 81 **Fax:** 4 05-5 00
Gründung: 1977
Geschäftsführer(in): Hartmut Reisse
Mitglieder: 90
Mitarbeiter: 3
Jahresetat: DM 0,2 Mio, € 0,1 Mio

• N 126

Fremdenverkehrsverband Odenwald-Bergstraße-Neckartal e.V.
Marktplatz 1, 64711 Erbach
T: (06062) 94 33-30, 94 33-31 **Fax:** 94 33-33
Internet: http://www.odenwald.de
Gründung: 1979
Vorsitzende(r): Landrat Horst Schnur
Stellvertretende(r) Vorsitzende(r): Landrat Norbert Hofmann
Geschäftsführer(in): Hanne Holuscha (Ltg. Presseabt.)
Mitglieder: 60
Mitarbeiter: 3
Jahresetat: ca. DM 0,5 Mio, € 0,26 Mio

• N 127

Freizeitregion Lahn-Dill e.V.
Postf. 19 40, 35529 Wetzlar
Karl-Kellner-Ring 51, 35576 Wetzlar
T: (06441) 4 07-1900 **Fax:** 4 07-1903
Gründung: 1981
Geschäftsführer(in): Achim Girsig
Mitglieder: 45
Mitarbeiter: 2

• N 128

Hessen Touristik Service e.V.
Abraham-Lincoln-Str. 38-42, 65189 Wiesbaden
T: (0611) 7 78 80-0 **Fax:** 7 78 80-40
Internet: http://www.hessen-tourismus.de
E-Mail: info@hessen-tourismus.de
Gründung: 1978 (Neuorganisation ab 1.01.1990)
1. Vorsitzende(r): Landrat Horst Schnur
Geschäftsführer(in): Henrik Laschke
Mitglieder: 36

Landestourismusverband. Werbung und Verkaufsförderung für das Reiseland Hessen; Beratung und Unterstützung seiner Mitglieder.

• N 129

Fremdenverkehrsverband Werra-Meißner-Land e.V.
Landratsamt
Nordbahnhofsweg 1, 37213 Witzenhausen
T: (05542) 9 58-158 **Fax:** 9 58-199
Gründung: 1978 (Dezember)
Vorsitzende(r): Landrat Dieter Brosey
Geschäftsführer(in): Marianne Krüger
Verbandszeitschrift: Imagebroschüre Werra-Meißner-Land
Gastgeberverzeichnis (jährlich)
Freizeit Tips
Wandern ohne Gepäck
Radwanderbroschüre
Mitglieder: 62
Mitarbeiter: 2 1/2
Jahresetat: DM 0,3 Mio, € 0,15 Mio

Mecklenburg-Vorpommern

• N 130

Verband Mecklenburgischer Ostseebäder e.V.
Kühlungsbornerstr. 4, 18209 Heiligendamm
T: (038203) 6 21 20 **Fax:** 6 21 20
Gründung: 1991 (24. Mai)
Vorsitzende(r): Albrecht Kurbjuhn (Hotelie)
Stellvertretende(r) Vorsitzende(r): Dieter Dunkelmann (Kurdirektor Ostseebad Boltenhagen)
Gudrun Brüsehaber (Kurdirektor Ostseebad Kühlungsborn)
Geschäftsführer(in): Monika Kruse
Mitglieder: 27
Mitarbeiter: 1

• N 131

Tourismusverband Mecklenburgische Schweiz
Postf. 11 23, 17131 Malchin
T: (03994) 22 47 55 **Fax:** 22 47 56
Internet: http://www.twfg.de/tvms
E-Mail: mecklenburgische-schweiz@t.online.de
Vorsitzende(r): Karl-Heinz Wolff
Geschäftsführer(in): Andrea Nagel
Presse: Karin Oehler
Mitglieder: 90
Mitarbeiter: 3

• N 132

Neubrandenburger Fremdenverkehrsverein e.V. Tourist-Information
Postf. 101152, 17019 Neubrandenburg
Treptower Str. 1, 17033 Neubrandenburg
T: (0395) 1 94 33 **Fax:** 5 82 22 67
Gründung: 1991
Mitglieder: 85
Mitarbeiter: 6
Jahresetat: DM 0,8 Mio, € 0,41 Mio

• N 133

Neubrandenburger Fremdenverkehrsverein e.V.
Zweite Ringstr. 21, 17033 Neubrandenburg
T: (0395) 5 44 23 18 **Fax:** 5 44 23 18
Gründung: 1991 (9. Januar)
Vorsitzende(r): Dr. Friedrich Wolter
Stellvertretende(r) Vorsitzende(r): Siegfried Burian
Geschäftsführer(in): Peter Michak
Mitglieder: 85
Mitarbeiter: 6
Jahresetat: DM 0,8 Mio, € 0,41 Mio

• N 134

Kreisverwaltung Mecklenburg-Strelitz Sachgebiet Kreisentwicklung
Woldegker Chaussee 35, 17235 Neustrelitz
T: (03981) 48 10 **Fax:** 48 14 00

• N 135

Kurbetrieb Ostseebad Prerow
Gemeindeplatz 1, 18375 Ostseebad Prerow
T: (038233) 61 00 **Fax:** 6 10 20
Internet: http://www.ostseebad-prerow.de
E-Mail: zimmerinfo-prerow@t-online.de

• N 136

Tourismusverband Rügen e.V.
Am Markt 4, 18528 Bergen
T: (03838) 8 07 70 **Fax:** 25 44 40
Internet: http://www.tmv.de
Gründung: 1991
Vorsitzende(r) des Vorstandes: Sönke Reimers
Geschäftsführer(in): Grit Wenzel
Mitglieder: 180
Mitarbeiter: 5

• N 137

Tourismusverband Fischland-Darß-Zingst e.V.
Barther Str. 31, 18314 Löbnitz
T: (038324) 6 40-0 **Fax:** 6 40-34
Internet: http://www.fischland-darss-zingst.de
E-Mail: tv.fdz@t-online.de
Gründung: 1991
Vorsitzende(r): Mathias Löttge
Geschäftsführer(in): Fried Krüger

• N 138

Verkehrsverein „Plauer See" e.V.
Klüschenberg 14, 19395 Plau
T: (038735) 4 43 79 **Fax:** 4 43 71
Gründung: 1991 (15. März)
Vorsitzende(r): Ernst Gotzian (Hotelier)
Stellvertretende(r) Vorsitzende(r): Timo Weißbrich (T: (038735) 8 50)
Manfred Storm (T: (038735) 82 30)
Mitglieder: 70

• N 139

Tourismusverband "Mecklenburgische Seenplatte" e.V.
Turnplatz 2, 17207 Röbel
T: (039931) 5 13 81, 5 13 82 **Fax:** 5 13 86
Internet: http://www.mecklenburgische-seenplatte.de
E-Mail: info@mecklenburgische-seenplatte.de
Gründung: 1991 (15. Februar)
Geschäftsführer(in): Carmen Kaplanow
Mitglieder: 240
Mitarbeiter: 3

• N 140

Tourismusverband Uckermark e.V.
Postf. 11 49, 17261 Templin
Schinkelstr. 32, 17268 Templin
T: (03987) 5 21 15 **Fax:** 25 49
Internet: http://www.guru.de/uckermark
E-Mail: fvv.uckermark@t-online
Gründung: 1990 (Oktober)
Vorsitzende(r): Dr. Benthin
Geschäftsführer(in): Michael Pagel
Leitung Presseabteilung: Gabriele Bolle
Mitglieder: 21
Mitarbeiter: 3

• N 141

Tourist-Information Teterow
Mühlenstr. 1, 17166 Teterow
T: (03996) 17 20 28 **Fax:** 18 77 95
E-Mail: tourist-info@teterow.de

• N 142

Regionaler Fremdenverkehrsverband Vorpommern e.V.
Fischstr. 11, 17489 Greifswald
T: (03834) 89 82 38 **Fax:** 89 92 56
Internet: http://www.vorpommern.de
E-Mail: rfv.vor@t-online.de
Gründung: 1990 (22. Oktober)
Vorsitzende(r): Prof. Dr. Alfred Gomolka
Stellvertretende(r) Vorsitzende(r): Axel Curdts
Geschäftsführer(in): Marco Dorka
Messen, Marketing: Ulf Mauderer
Verbandszeitschrift: TOURISMUS-REPORT
Mitglieder: 3 Landkreise, 1 kreisfreie Stadt, 5 Kommunen, 9 Vereine
Marketing der Region Vorpommern von Stralsund bis Strasburg incl. Insel Usedom.

• N 144

Tourismusverband Osnabrücker Land e.V.
Am Schölerberg 6, 49082 Osnabrück
T: (0541) 9 51 11-95 **Fax:** 9 51 11-20
E-Mail: tv@osnabruecker-land.de
Präsident(in): Bgm. Josef Stock
Vorstand: Dipl.-Betrw. Günter Droste
Oberkreisdir. Heinz-Eberhard Holl
Stadtrat Reinhard Sliwka
Dipl.-Volksw. Hubert Dinger (Hauptgeschäftsführer IHK)
Samtgemeindedirektor August Averbeck
Leitung Presseabteilung: Angelika Hoffstädt

• N 145

Städtischer Verkehrsverein Braunschweig e.V.
Vor der Burg 1, 38100 Braunschweig
T: (0531) 2 73 55-0 **Fax:** 2 73 55-29
Internet: http://www.braunschweig.de
E-Mail: tourist-service-braunschweig@t-online.de
Gründung: 1899 (23. März)
Verkehrsdirektor: Helmut Reilemann (Ltg. Presseabt.)
Mitglieder: 202
Mitarbeiter: 12
Jahresetat: DM 1,75 Mio, € 0,89 Mio

• N 146

Hannover Congress Center
Theodor-Heuss-Platz 1-3, 30175 Hannover
T: (0511) 81 13 0 **Fax:** 81 21 08
Internet: http://www.hcc.de
E-Mail: info@hcc.de
Direktor(in): Peter von Löbbecke

• N 147

Alte Salzstraße e.V.
- Tourismusverband
Am Markt 10, 23909 Ratzeburg
T: (04541) 20 06 **Fax:** 8 45 53
Gründung: 1989
Vorsitzende(r): Landrat Günter Kröpelin
Geschäftsführer(in): Christian Nölke
Mitglieder: 30
Mitarbeiter: 3
Jahresetat: DM 0,5 Mio, € 0,26 Mio

Nordrhein-Westfalen

• N 149

Marketinggemeinschaft Deutscher Rhein
Geschäftsstelle:
Postf. 20 08 61, 53138 Bonn
Rheinallee 69, 53173 Bonn
T: (0228) 36 29 21-22 **Fax:** 36 39 29
Internet: http://www.rheinland-info.de
E-Mail: lvv@rheinland-info.de
Geschäftsführer(in): HGeschF Dipl.-Kfm. Friedhelm Ernst (LVV Rheinland)
(LVV Rheinland, Bonn
FHV Rheinland-Pfalz, Koblenz
Hessen Touristik Service, Wiesbaden
TV Baden-Württemberg, Stuttgart,
mit den angeschlossenen TV Schwarzwald in Freiburg und Bodensee-Oberschwaben, Insel Mainau)

• N 150

Touristikzentrale Sauerland
Postf. 14 60, 59917 Brilon
T: (02961) 94 32 29 **Fax:** 94 32 47
Internet: http://www.sauerland-touristik.de
E-Mail: touristik@hochsauerlandkreis.de
Geschäftsführer(in): Bruno Löffler
Ulrich Bork

• N 151

Touristikzentrale Paderborner Land e.V.
Königstr. 16, 33142 Büren
T: (02951) 97 03 00 **Fax:** 97 03 04
Internet: http://www.paderborner-land.de
E-Mail: info@paderborner-land.de
Gründung: 1957
Vorsitzende(r): Dr. Rudolf Wansleben
Stellvertretende(r) Vorsitzende(r): Willi Schmidt
Geschäftsführer(in): Herbert Hoffmann (Ltg. Presseabt.)
Stellvertretende(r) Geschäftsführer(in): Nadja Danne
Mitglieder: 40
Mitarbeiter: 3,2
Jahresetat: DM 0,2 Mio, € 0,1 Mio

• N 152

Teutoburger Wald Tourismus e.V.
Bad Meinberger Str. 1, 32760 Detmold
T: (05231) 95 85-0 **Fax:** 95 85 75
Internet: http://www.teutoburgerwald.de
E-Mail: info@teutoburgerwald.de

• N 153

Verkehrsverein der Stadt Düsseldorf e.V.
Immermannstr. 65b, 40210 Düsseldorf
T: (0211) 17 20 20 **Fax:** 16 10 71
Leitung Presseabteilung: Ingrid Rupp

• N 154

Amt für Ratsangelegenheiten und Repräsentation der Stadt Essen
Rathaus
45121 Essen
Porscheplatz, 45127 Essen
T: (0201) 88-15000 **Fax:** 88-1 50 05
T-Online *93 5555*
E-Mail: repraesentationen@essen.de, rededienst@essen.de
Leitung: Thomas Werner
Leitung Repräsentationsabteilung: Helmut Walter

• N 155

KölnTourismus Office Stadt Köln
Unter Fettenhennen 19, 50667 Köln
T: (0221) 22 12 33-45 **Fax:** 22 12 33-20
T-Online *50 5005*
Internet: http://www.koeln.de
E-Mail: tourismus@stadt-koeln.de
Komm. Leiter: Klaus Odenthal (Leitung Presseabteilung)
Mitarbeiter: 40
Werbeetat: DM 1 Mio
Monatsvorschau

• N 156

Kreisverkehrsverband Südsauerland e.V.
Postf. 15 45, 57445 Olpe
Seminarstr. 22, 57462 Olpe
T: (02761) 94 57-0 **Fax:** 94 57-33
Internet: http://www.suedsauerland-touristik.de
E-Mail: suedsauerland@t-online.de
Gründung: 1966 (7. November)
Vorsitzende(r): Frank Beckehoff (Landrat Olpe)
Stellvertretende(r) Vorsitzende(r): Theodor Melcher (Kreisdirektor Olpe)
Geschäftsführer(in): Dipl.-Geograph Eckhard Henseling
Mitglieder: ca. 100
Mitarbeiter: 5

• N 157

Touristikverband Siegerland-Wittgenstein e.V.
Koblenzer Str. 73, 57072 Siegen
T: (0271) 3 33-10 20 **Fax:** 3 33-10 29
Vorsitzende(r): Horst Schneider
Stellvertretende(r) Vorsitzende(r): Kurdirektor Hans Hermann Leimbach
Hauptgeschäftsführer(in): Roswitha Still
Verbandszeitschrift: Im Gespräch
Verlag: Eigenverlag
Mitglieder: 30
Mitarbeiter: 4
Jahresetat: DM 0,38 Mio, € 0,19 Mio

• N 158

Münsterland-Touristik Grünes Band e.V.
Postf. 12 65, 48542 Steinfurt
Hohe Schule 13, 48565 Steinfurt
T: (02551) 9 39 20 **Fax:** 93 92 93
Internet: http://www.muensterland.com
E-Mail: touristik@muensterland.com
Gründung: 1971 (4. Juni)
Vorsitzende(r): Kreisdirektor Joachim L. Gilbeau
Geschäftsführer(in): Dipl.-Geogr. Daniela Möller (Ltg. Presseabt.)
Stellvertretende(r) Geschäftsführer(in): Guido Neumann
Mitglieder: 73 (Kreise, Städte und Gemeinden des Münsterlandes), 28 Privatmitglieder
Mitarbeiter: 9
Jahresetat: ca. DM 1,6 Mio, € 0,82 Mio

Rheinland-Pfalz

• N 159

Moselland-Information
Postf. 13 20, 56803 Cochem
Endertplatz 2, 56812 Cochem
T: (02671) 6 11 48 **Fax:** 6 14 30
Internet: http://www.cochem-zell.de
E-Mail: mosselland@gmx.de
Geschäftsführer(in): Dipl.-Kfm. Georg Klingert
Verbandszeitschrift: Gastgeber-Nachrichten
Verlag: Eigenverlag

• N 160

Deutsche Edelsteinstraße e.V.
Brühlstr. 16, 55756 Herrstein
T: (06785) 79-1 03 **Fax:** 7 91 20
Internet: http://www.landkreis-birkenfeld.de
E-Mail: vg-herrstein@t-online.de
Gründung: 1974
Präsident(in): N. N.
Vorsitzende(r): Hans-Werner Moser (Fa. Gebrüder Moser, Kirschweiler)
Stellvertretende(r) Vorsitzende(r): Heinz Kämtner
Geschäftsführer(in): Andrea Riesbeck (M.A., Ltg. Presseabt.)
Mitglieder: ca. 160
Mitarbeiter: 2

• N 161

KOBLENZ-TOURISTIK Eigenbetrieb der Stadt Koblenz
Bahnhofsplatz 7, 56068 Koblenz
T: (0261) 3 03 88-0 **Fax:** 3 03 88-11
Internet: http://www.koblenz.de
Geschäftsführer(in): Engelbert Flöck

• N 162

Südliche Weinstrasse e.V.
Postf. 21 24, 76811 Landau
An der Kreuzmühle 2, 76829 Landau
T: (06341) 9 40-411 (Weinwerbung), 9 40-407 (Tourismus)
Fax: 9 40-502
Internet: http://www.verein.suedliche-weinstrasse.de
E-Mail: info@vereinsuew.de
Gründung: 1971 (9. September)
Präsident(in): Dieter Hörner (MdL)
Vorsitzende: Landrätin Theresia Riedmaier
Stellvertretende(r) Vorsitzende(r): 1. Kreisbeigeordneter Karl Meyer
Oberbürgermeister Dr. Christof Wolff
Geschäftsführer(in): Theo Kautzmann (Weinwerbung)
Uta Nicolaus (Tourismus)
Mitglieder: 2600
Mitarbeiter: 7
Jahresetat: DM 2,7 Mio, € 1,38 Mio

• N 1 63.10

Westerwald-Gäste-Service e.V.
Kirchstr. 48a, 56410 Montabaur
T: (02602) 30 01-0 **Fax:** 30 01-15
Internet: http://www.westerwald-touristik.de
E-Mail: info@westerwald-touristik.de
Gründung: 1968
Geschäftsführer(in): Christoph Hoopmann
Mitglieder: 400
Mitarbeiter: 5

• N 163

Touristik Centrale Mainz Verkehrsverein Mainz e.V.
Postf. 41 40, 55031 Mainz
Am Rathaus, 55116 Mainz
T: (06131) 2 86 21-0 **Fax:** 2 86 21-55
Geschäftsführer(in): Gerhard Zwick

• N 164

Touristikgemeinschaft "Im Tal der Loreley"
Postf. 12 63, 56326 Sankt Goar
T: (06741) 13 00 **Fax:** 9 31 93
Geschäftsführer(in): Claudia Schwarz

• N 165

Tourist-Information Trier Stadt und Land e.V.
Postf. 38 30, 54228 Trier
Porta-Nigra-Platz, 54292 Trier
T: (0651) 97 80 80 **Fax:** 4 47 59
E-Mail: info@tit.de
Geschäftsführer(in): Verkehrsdirektor H. Becker
Stellvertretende(r) Geschäftsführer(in): Robert Noll
Presseamt: Dr. H.G. Lanfer

Sachsen

• N 166

Tourismusverband Erzgebirge e.V.
Adam-Ries-Haus
Johannisgasse 23, 09456 Annaberg-Buchholz
T: (03733) 1 88 00-0 **Fax:** 1 88 00-20
Internet: http://www.sachsen-tour.de, http://www.tourismus-erzgebirge.de
E-Mail: fvverzgebirge@t-online.de
Gründung: 1991 (23. Februar)
Vorsitzende(r): Landrat Karl Matko (Landratsamt Aue-Schwarzenberg)
Geschäftsführer(in): Helga Wohlgemuth (Ltg. Presseabt.)
Verbandszeitschrift: Reisezeit im Erzgebirge
Redaktion: Verlagsgesellschaft BERGstraße mbH, Wettiner Str. 54, 08280 Aue
Verlag: Verlagsgesellschaft BERGstraße mbH, Wettiner Str. 54, 08280 Aue
Mitglieder: 28
Mitarbeiter: 4
Jahresetat: DM 0,200 Mio, € 0,1 Mio (aus Beiträgen)

• N 167

Tourismusverband Oberlausitz-Niederschlesien e.V.
Geschäftsstelle
Bahnhofstr. 14, 02625 Bautzen
T: (03591) 4 87 70 **Fax:** 48 77 48
Gründung: 1990 (14. Dezember)
Vorsitzende(r): Dr. Helmut Weidelener
Stellvertretende(r) Vorsitzende(r): Horst Gallert
Geschäftsführer(in): Rainer Kühn
Leitung Presseabteilung: Martin Noack
Mitglieder: 73
Mitarbeiter: 4,75

Förderung des Tourismus in der Oberlausitz im Sinne einer gesunden, wirtschaftlichen und landeskulturellen Entwicklung des Gebietes.

• N 168

Landestourismusverband Sachsen e.V.
Friedrichstr. 24, 01067 Dresden
T: (0351) 49 19 10 **Fax:** 4 91 91 29
Internet: http://www.reiseland-sachsen.de
E-Mail: info@ltv-sachsen.de

• N 169

Leipzig Tourist Service e.V.
Richard-Wagner-Str. 1, 04109 Leipzig
T: (0341) 7 10 42 00 **Fax:** 7 10 42 11
Internet: http://www.leipzig.de
E-Mail: lipsia@aol.com
Geschäftsführer(in): Richard Schrumpf
Leitung Presseabteilung: Andreas Schmidt

• N 170

Tourismusverband Sächsische Schweiz e.V.
Am Bahnhof 6, 01814 Bad Schandau
T: (035022) 4 95-0 **Fax:** 4 95-33
E-Mail: sae-schweiz@imedia.de

• N 171

Touristische Gebietsgemeinschaft "Oberlausitzer Bergland" e.V.
Sohlander Str. 3a, 02681 Schirgiswalde
T: (03592) 3 48 97 **Fax:** 50 13 97
E-Mail: oberlausitzer.bergland@t-online.de
Gründung: 1994 (22. Juni)
Vorsitzende(r): Landrat Horst Gallert
Stellv. Vorsitzende(r): Johannes Dittrich
Geschäftsführerin: Katrin Häntschel
Mitglieder: 16
Mitarbeiter: 1
Jahresetat: DM 0,1 Mio, € 0,05 Mio

• N 172

Ferienstraße Silberstrasse e.V.
Bergstr. 22, 08301 Schlema
T: (03771) 5 58 00 **Fax:** 55 80 25
Gründung: 1993 (18. Dezember)
Vorsitzende(r): Maritha Dittmer
Stellvertretende(r) Vorsitzende(r): Konrad Heinze
Geschäftsführer(in): Konrad Barth
Mitglieder: 92
Zeitschrift:
Reisezeit Erzgebirge
Karte Silberstrasse
verschiedene Prospekte Silberstrasse in deutsch und englisch
Veranstaltungskalender Silberstrasse
Video "Weihnachten im Erzgebirge"
Schaubergwerk im sächsischen und böhmischen Erzgebirge

• N 173

Fremdenverkehrsgemeinschaft Zittauer Gebirge-Spreequelland e.V.
Markt 1, 02763 Zittau
T: (03583) 75 21 39 **Fax:** 75 21 61
Gründung: 1991 (18. April)
Vorsitzende(r): Volker Stange (Landrat)
Geschäftsführer(in): Jochen Eitner
Mitglieder: 43
Mitarbeiter: 1
Landesverband:
Landesfremdenverkehrsverband Sachsen e.V.

• N 174

Tourismusverband Westsachsen/Zwickau e.V.
Hauptstr. 6, 08056 Zwickau
T: (0375) 29 37 11 **Fax:** 29 37 10
Internet: http://www.frv-westsachsen.de
E-Mail: info@frv-westsachsen.de
Gründung: 1990 (30. Oktober)
Vorsitzende(r): Landrat Christian Otto (ehrenamtl.)
Stellvertretende(r) Vorsitzende(r): Jürgen Croy (ehrenamtl.)
Geschäftsführer(in): Heidemarie Thoß (Ltg. Presseabtl.)
Mitglieder: 80
Mitarbeiter: 4

Sachsen-Anhalt

• N 175

Fremdenverkehrsverband Bernburg und Anhalt e.V.
Rheineplatz 4, 06406 Bernburg
T: (03471) 37 20 30, 37 20 31 **Fax:** 37 20 32
Hotline: (03471) 1 94 33
Internet: http://www.dnetz.de/sis/bernburg/tourismus
E-Mail: fvv_bernburg@tasa.de
Gründung: 1991 (21. Januar)
Vorsitzende(r): Reingard Stephan
Stellvertretende(r) Vorsitzende(r): Holger Dittrich
Geschäftsführer(in): Hannelore Peetz
Stellvertretende(r) Geschäftsführer(in): Birgit Beyer
Mitglieder: 48

• N 176

Fremdenverkehrsverband Altmark e.V.
Marktstr. 13, 39590 Tangermünde
T: (039322) 34 60 **Fax:** 4 32 33
Vorsitzende(r): Landrat Hans-Jürgen Ostermann
Stellvertretende(r) Vorsitzende(r): Jürgen Ramm
Geschäftsführer(in): Manuela Beer

• N 177

Fremdenverkehrsverband Anhalt-Wittenberg
Albrechtstr. 48, 06844 Dessau
T: (0340) 2 20 00 44 **Fax:** 2 40 03 34
Gründung: 1991 (22. August)
Hauptgeschäftsführer(in): N. N.
Leitung Presseabteilung: Kerstin Bittner

• N 178

Stadt Halle (Saale) Amt für Wirtschaftsförderung
siehe U 246

• N 179

Fremden-Verkehrs- Verein Harzgerode e.V.
Markt 7, 06493 Harzgerode
T: (039484) 23 24
Gründung: 1990
Vorsitzende(r): Manfred Diwinski
Stellvertretende(r) Vorsitzende(r): Ernst Schmelzer
Geschäftsführer(in): Dagmar Böttger
Mitglieder: 160

• N 180

Fremdenverkehrsbüro Magdeburg Information
Alter Markt 12, 39104 Magdeburg
T: (0391) 5 40 49 02, 5 40 49 04 **Fax:** 5 40 49 10
Internet: http://www.magdeburg.de
E-Mail: mi@magdeburg.de
Abteilungsleiter Stadtmarketing und Fremdenverkehr: Thomas Brinkmann

• N 181

Fremdenverkehrsverband Dübener Heide e.V.
Geschäftsstelle
Markt 1, 06901 Kemberg
T: (034921) 2 03 91 **Fax:** 2 03 91
Gründung: 1990 (18. Oktober)
Vorsitzende(r): Dr. Walter Dlouhy, Leipzig
Stellvertretende(r) Vorsitzende(r): Bachmann (Leiter für Tourismus Landratsamt Torgau)
Leitung Presseabteilung: Hans Kohlmetz (Lilienweg 18, 04849 Bad Düben)
Verbandszeitschrift: "Ferienland Dübener Heide"
Redaktion: Fremdenverkehrsverband Dübener Heide
Verlag: Verlag und Druck Linus Wittich KG, 04916 Herzberg
Mitglieder: 110
Mitarbeiter: 3

• **N 182**

Harzer Förderkreis e.V.
Thyratal 4b, 06547 Stolberg
T: (034654) 80 50 ISDN **Fax:** 8 05 50
Gründung: 1991 (23. Juli)
Vorsitzende(r): Bianka Kachel (MdL)
Mitglieder: 130
Mitarbeiter: 10

Schleswig-Holstein

• **N 183**

Fremdenverkehrsverein für den Landkreis Aurich/Ostfriesland e.V.
Postf. 14 44, 26584 Aurich
Fischteichweg 7-13, 26603 Aurich
T: (04941) 16-445 **Fax:** 16-980
Gründung: 1979 (3. Juli)
Geschäftsführer(in): KR Johann Saathoff
Mitglieder: 20
Mitarbeiter: 4
Jahresetat: DM 0,97 Mio, € 0,5 Mio

• **N 184**

Nordseebäderverband Schleswig-Holstein e.V.
Postf. 16 11, 25806 Husum
Parkstr. 7, 25813 Husum
T: (04841) 89 75-0 **Fax:** 48 43
Teletex: 484 113 Kreis NF
Internet: http://www.sht.de/nordsee
E-Mail: Nordsee@t-online.de
Gründung: 1969
Vorsitzende(r): Landrat Dr. Olaf Bastian, Husum
Geschäftsführer(in): Silke Petersen, Husum
Leitung Presseabteilung: Dipl.-Betriebsw. Samone Schwier
Mitglieder: 67 (darunter die Kreise Nordfriesland und Dithmarschen, Seeheil- und Seebäder, Erholungs-, Luftkur- und zentrale Orte, ländliche Fremdenverkehrsgemeinschaften, die Hotel- und Gaststättenverbände Dithmarschens und Nordfrieslands, Reedereien und Verkehrsbetriebe)
Mitarbeiter: 4

Thüringen

• **N 1 85.10**

Fremdenverkehrsverband Weimarer Land e.V.
Landratsamt Apolda
Bahnhofstr. 28, 99510 Apolda
T: (03644) 54 06 76 **Fax:** 54 06 76
Gründung: 1990 (12. September)
Vorsitzende(r): Landrat Hans-Helmut Münchberg (Landratsamt Weimarer Land, Bahnhofstr. 28, 99510 Apolda)
Stellvertretende(r) Vorsitzende(r): Reinhardt Peters (Amt für Wirtschaftsförderung, Markt 1, 99510 Apolda)

• **N 185**

Ostseebäderverband Schleswig-Holstein e.V.
Vorderreihe 57, 23570 Lübeck
T: (04502) 68 63 **Fax:** 42 34
Internet: http://www.sht.de/ostsee
E-Mail: OBVSH@aol.com
Gesch.-Ltg.: Katja Oldenburg

• **N 186**

Kyffhäuser Fremdenverkehrsverband e.V.
Postf. 35, 06562 Bad Frankenhausen
Anger 14, 06567 Bad Frankenhausen
T: (034671) 7 17-0 **Fax:** 7 17-19
Geschäftsführer(in): Herbert Knischka

• **N 187**

Tourismus Gesellschaft Erfurt
Benediktsplatz 1, 99084 Erfurt
T: (0361) 66 40-0 **Fax:** 66 40-290
Internet: http://www.erfurt-tourist-info.de
E-Mail: service@erfurt-tourist-info.de

• **N 188**

Fremdenverkehrsverein Gräfenroda/Thüringen e.V.
Bahnhofstr. 1, 99330 Gräfenroda
T: (036205) 7 62 73 **Fax:** 7 63 30
Vorsitzende: Ingrid Belau

• **N 189**

Fremdenverkehrsverein Jena/Saaletal e.V.
Teichgraben 5, 07743 Jena
T: (03641) 44 28 42 **Fax:** 59 06 21
Gründung: 1990 (14. Juni)
Vorsitzende(r): Harald Scheiding

• **N 190**

Fremdenverkehrsverein Rastenberg e.V.
Johannesstr. 7, 99636 Rastenberg
T: (036377) 8 03 14
Gründung: 1990 (14. Juni)
Vorsitzende(r): Dipl.-Ing. Knut Niessen
Stellvertretende(r) Vorsitzende(r): Ulrich Rudel
Mitglieder: ca. 30

• **N 191**

Regionaler Fremdenverkehrsverband Saaleland e.V.
Im Oberhof 108, 07407 Uhlstädt
T: (036742) 6 35 34 **Fax:** 6 35 36
Gründung: 1993 (27. Januar)
Vorsitzende(r): Dipl.-Ing. J. Mascher (Geschäftsführer)

• **N 192**

Fremdenverkehrsverband Thüringer Wald e.V.
Postf. 1 24, 98501 Suhl
August-Bebel-Str. 16, 98527 Suhl
T: (03681) 3 94 50 **Fax:** 72 21 79
Gründung: 1990 (29. September)
Vorsitzende(r): Ralf Luther (Landrat des Kreises Schmalkalden-Meiningen)
Stellvertretende(r) Vorsitzende(r): Bernd Lauche (Bürgermeister der Stadt Neuhaus/a. Rwg.)
Bernhard Schanze (Dezernent für Wirtschaftsförd. d. Bauwesen des LRA Saalfeld-Rudolstadt)
Geschäftsführer(in): Werner Ulbrich (MdL)
Stellvertretende(r) Geschäftsführer(in): Elfriede Beez
Verbandszeitschrift: Den Thüringer Wald erleben
Redaktion: Touristische Marketing & Vertriebs GmbH, Suhl
Mitglieder: 186
Mitarbeiter: 2
Jahresetat: DM 0,9 Mio, € 0,46 Mio

Ausländische Vertreter für Fremdenverkehr

• **N 194**

Corps Touristique
Vereinigung ausländischer Vertreter für Fremdenverkehr und Eisenbahnen in Deutschland (CT)
c/o Seychelles Tourist Office
An der Hauptwache 11, 60313 Frankfurt
T: (069) 29 20 64 **Fax:** 29 62 30
E-Mail: corpstouristique@aol.com
Präsident(in): Edith Hunzinger (Seychelles Tourist Office, An der Hauptwache 11, 60313 Frankfurt, T: (069) 29 20 64, Telefax: (069) 29 62 30, E-Mail: ctpresident@aol.com)
Vizepräsident(in): Andreas Sakkas (Fremdenverkehrszentrale Zypern, Kaiserstr. 50, 60329 Frankfurt, T: (069) 25 19 19, Telefax: (069) 25 02 88)
Dieter Wendler-Jóhannsson (Isländisches Fremdenverkehrsamt, Frankfurter Str. 181, 63263 Neu-Isenburg, T: (06102) 25 43 88, Telefax: (06102) 25 45 70, E-Mail: island_info@compuserve.com)
Vorstandsmitglieder: Dr. Werner Giersch (Antigua & Barbuda Dept. of Tourism, Thomasstr. 11, 61348 Bad Homburg, T: (06172) 2 15 04, Telefax: (06172) 2 15 13)
Jean-Claude Latzer (GV d. Französischen Eisenbahnen, Lindenstr. 5, 60315 Frankfurt, T: (069) 97 58 46 10, Telefax: (069) 97 58 46 20)
Ankica Ronji (Kroatische Zentrale für Tourismus, Kaiserstr. 23, 60311 Frankfurt, T: (069) 23 14 02, Telefax: (069) 25 20 54)
Dr. Italo Somarriello (Staatl. Italienisches Fremdenverkehrsamt, Kaiserstr. 65, 60329 Frankfurt, T: (069) 23 70 69, Telefax: (069) 23 28 94)
Dr. Miklós Walkó (Ungarisches Tourismusamt, Berliner Str. 72, 60311 Frankfurt, T: (069) 92 91 19 11, Telefax: (069) 92 91 19 18, E-Mail: ungarn.info@t-online.de)

n 195

Ägyptisches Fremdenverkehrsamt
Kaiserstr. 64a, 60329 Frankfurt
T: (069) 25 21 53, 25 23 19 **Fax:** 23 98 76
Internet: http://interoz.com/egypt
Leitung: Baher Malek

n 196

Antigua & Barbuda Department of Tourism
Thomasstr. 11, 61348 Bad Homburg
T: (06172) 2 15 04 **Fax:** 2 15 13
Internet: http://www.karibik.de/antigua-barbuda
E-Mail: antigua-barbuda@karibik.org
Leitung: Dr. Werner Giersch

n 197

Aruba Tourism Authority
Postf. 1204, 64333 Seeheim-Jugenheim
T: (06257) 96 29 21 **Fax:** 96 29 19
Internet: http://www.aruba.de
E-Mail: info@aruba.de
Leiterin: Rita Morozow

n 198

ATC Australian Tourist Commission
Neue Mainzer Str. 22, 60311 Frankfurt
T: (069) 2 74 00 60 **Fax:** 27 40 06 40
Leitung: Marion Buttler

n 199

Bahamas Tourist Office
Leipziger Str. 67d, 60487 Frankfurt
T: (069) 97 08 34-0 **Fax:** 97 08 34-34
Internet: http://www.tii.de/bahamas
E-Mail: btofrank@bahamas.com
Leiterin: Angela Oelschlägel

n 200

Belgisches Verkehrsamt
Berliner Allee 47, 40212 Düsseldorf
T: (0211) 8 64 84-0 **Fax:** 13 42 85
Leitung: Pascal De Laet

n 2 00.01

Fremdenverkehrsamt der Elfenbeinküste
Königstr. 93, 53115 Bonn
T: (0228) 21 20 90 **Fax:** 21 73 13
E-Mail: dt-cote_ivoire@t-online.de
Leitung: Pascal Mahan

n 202

Britische Zentrale für Fremdenverkehr
Westendstr. 16-22, 60325 Frankfurt
T: (069) 97 11 23 **Fax:** 97 11 22 44
Internet: http://www.visitbritain.com
E-Mail: initial.surname@bta.org.uk
Leitung: David Hamilton

n 203

British Virgin Islands Tourist Board
Wallstr. 56, 40878 Ratingen
T: (02102) 71 11 83 **Fax:** 2 11 77
E-Mail: rombergg@travelmarketing.de
Leiterin: Gabriele Romberg

n 204

Bulgarisches Fremdenverkehrsamt
Eckenheimer Landstr. 101, 60318 Frankfurt
T: (069) 29 52 84 **Fax:** 29 52 86
Leitung: Manol Dimitrov

n 205

Bureau du Tourisme de la Guadeloupe en Allemagne
Bethmannstr. 58, 60311 Frankfurt
T: (069) 28 33 15 **Fax:** 28 75 44
Leitung: Philippe Boucard

n 206

Cayman Islands Tourism Marketing Services Intern.
Johanna-Melber-Weg 12, 60599 Frankfurt
T: (069) 6 03 20 94 **Fax:** 62 92 64
Leitung: Martin Walter

n 207

Ceylonesisches Fremdenverkehrsamt
Allerheiligentor 2-4, 60311 Frankfurt
T: (069) 28 77 34, 28 82 16 **Fax:** 28 83 71
Leitung: Nizam Lantra

n 208

Cubanisches Fremdenverkehrsbüro
An der Hauptwache 7, 60313 Frankfurt
T: (069) 28 83 22-3 **Fax:** 29 66 64
Leitung: Jorge Luis Molina

n 209

Dänisches Fremdenverkehrsamt
Glockengießerwall 2, 20095 Hamburg
T: (040) 32 02 11 21 **Fax:** 32 02 11 11
Internet: http://www.dt.dk
E-Mail: daninfo@dt.dk
Leitung: Bruno Bedholm
Mitarbeiter: 16

n 210

Destination Québec
c/o MEKS Marketing & Consulting Services GmbH
Plögereistr. 14, 32602 Vlotho
T: (05733) 91 48-0 **Fax:** 91 48-14
Internet: http://www.bonjour-quebec.com
E-Mail: destinationquebec@t-online.de
Gründung: 1996
Leiterin: Martina E. Klöckner-Scherfeld
Mitarbeiter: 3

n 211

Fremdenverkehrsamt der Dominikanischen Republik
Hochstr. 17, 60313 Frankfurt
T: (069) 91 39-7878 **Fax:** 28 34 30
E-Mail: domtur@aol.com
Leiterin: Petra Cruz-Ramirez (Ltg. Presseabteilung)
Mitarbeiter: 4
Jahresetat: DM 1,8 Mio, € 0,92 Mio

n 212

Embassy of India
(Indische Eisenbahn)
Willy-Brandt-Allee 16, 53113 Bonn
T: (0228) 54 05-0 **Fax:** 54 05-154
E-Mail: railwayadviser@rlywing.bn.shuttle.de
Minister (Railways): Tapan Kumar Biswas

n 213

Finnische Zentrale für Tourismus
Lessingstr. 5, 60325 Frankfurt
T: (069) 71 91 98-0 **Fax:** 7 24 17 25
Internet: http://www.finland-tourism.com/de
Leitung: Sven Hansen

n 214

Französisches Fremdenverkehrsamt
Postf. 10 01 28, 60001 Frankfurt
Westendstr. 47, 60325 Frankfurt
T: (069) 97 58 01 62 **Fax:** 74 55 56
Leitung: Jean-Pierre Courteau

n 215

Fremdenverkehrsamt der Volksrepublik China
für die Bundesrepublik Deutschland, Österreich, Schweiz und Niederlande
Ilkenhansstr. 6, 60433 Frankfurt
T: (069) 52 01 35 **Fax:** 52 84 90
Gründung: 1984 (20. März)
Direktor(in): Yanjun Zhou
Leitung Presseabteilung: Ximin Xue
Mitglieder: 4

n 216

Fremdenverkehrsamt Malta
Schillerstr. 30-40, 60313 Frankfurt
T: (069) 28 58 90 **Fax:** 28 54 79
Leitung: Joseph Galea
Verbandszeitschrift: Informationsbroschüren zu Malta

n 217

Fremdenverkehrsamt Tunesien
Goetheplatz 5, 60313 Frankfurt
T: (069) 2 97 06 40 **Fax:** 2 97 06 63
Internet: http://www.tourismtunisia.com
E-Mail: info@tourismtunisia.com
Leitung: Mohamed Labidi

n 218

Fremdenverkehrsamt von Neuseeland
Friedrichstr. 10-12, 60323 Frankfurt
T: (069) 9 71 21 10 **Fax:** 97 12 11 13
Internet: http://www.nztb.govt.nz
E-Mail: Fraenq@nztb.govt.nz
Gründung: 1974
Leitung: Barry Eddington

n 219

Fremdenverkehrsbüro Puerto Rico
c/o Discover the World Marketing
Eifelstr. 14a, 60529 Frankfurt
T: (069) 35 00 47 **Fax:** 35 00 40
Leiter(in): Karin Siegmund

n 220

Fremdenverkehrszentrale Zypern
Kaiserstr. 50, 60329 Frankfurt
T: (069) 25 19 19 **Fax:** 25 02 88
E-Mail: CTO_FRA@t-online.de
Leitung: Andreas Sakkas

n 221

Generalvertretung der Britischen Bahnen/Rail Europe
Lindenstr. 5, 60325 Frankfurt
T: (069) 97 58 46 62 **Fax:** 97 58 46 66

n 222

Belgische Eisenbahnen Internationaler Personenverkehr
Goldgasse 2, 50668 Köln
T: (0221) 1 41 18 71 **Fax:** 1 41 18 79
Leiter(in): Patrick Boutet

n 223

Generalvertretung der Französischen Eisenbahnen
c/o Rail Europe Deutschland
Lindenstr. 5, 60325 Frankfurt
T: (069) 97 58 46 61 **Fax:** 97 58 46 66
Leitung: Jean-Claude Latzer

n 224

Generalvertretung der Kroatischen Eisenbahnen
Eschersheimer Landstr. 69/VI, 60322 Frankfurt
T: (069) 59 81 78 **Fax:** 5 96 23 06
Leitung: Blaz Doko

n 225

Generalvertretung der Polnischen Staatsbahnen
Schillerstr. 20/Apt. 309, 60313 Frankfurt
T: (069) 29 43 66 **Fax:** 28 36 97
Leitung: Robert Bajczuk

n 226

Generalvertretung der Tschechischen Bahnen
Kaiserstr. 60, 60329 Frankfurt
T: (069) 23 45 67 **Fax:** 23 36 76
Generalvertreter: Dipl.-Ing. Karel Adam

n 227

Government of Dubai Department of Tourism and Commerce Marketing
Bockenheimer Landstr. 23, 60325 Frankfurt
T: (069) 71 00 02-0 **Fax:** 71 00 02-34
Gründung: 1990
Leiterin: Mara Kaselitz
Mitarbeiter: 5

Repräsentanz des Emirats Dubai, zuständig für Tourismus- und Wirtschaftsförderung sowie Presse- und Öffentlichkeitsarbeit im deutschsprachigen Raum.

n 228

Griechische Zentrale für Fremdenverkehr
Neue Mainzer Str. 22, 60311 Frankfurt
T: (069) 23 65 61-63 **Fax:** 23 65 76
Leitung: Platon Davakis

n 229

Griechische Zentrale für Fremdenverkehr/Büro Berlin
Wittenbergplatz 3a, 10789 Berlin
T: (030) 2 17 62 62-63 **Fax:** 2 17 79 65

n 230

Griechische Zentrale für Frendenverkehr/Büro Hamburg
Abteistr. 33, 20149 Hamburg
T: (040) 45 44 98 **Fax:** 44 96 48

n 231

Griechische Zentrale für Fremdenverkehr/Büro München
Pacellistr. 5, 80333 München
T: (089) 22 20 35, -36 **Fax:** 29 70 58

n 232

Hong Kong Tourist Association
Humboldtstr. 94, 60318 Frankfurt
T: (069) 95 91 29-0 **Fax:** 5 97 80 50

n 233

Indisches Fremdenverkehrsamt
Baseler Str. 46, 60329 Frankfurt
T: (069) 24 29 49-0 **Fax:** 24 29 49-77
E-Mail: info@india-tourism.com

n 234

Informationsabteilung des Türkischen Generalkonsulats
Baseler Str. 37, 60329 Frankfurt
T: (069) 23 56 03 **Fax:** 23 27 51
Leitung: Raci Karaca

n 235

Informationsstelle der Schweizer Bahnen
Arnulf-Klett-Platz 2, 70173 Stuttgart
T: (0711) 2 30 80-10 **Fax:** 2 30 80-190
Leitung: Marcel Druey

n 236

Irisches Fremdenverkehrsamt
Untermainanlage 7, 60329 Frankfurt
T: (069) 92 31 85-0 **Fax:** 92 31 85-88
Direktor(in): Gunther Klein

n 237

Isländisches Fremdenverkehrsamt
City Center
Frankfurter Str. 181, 63263 Neu-Isenburg
T: (06102) 25 43 88 **Fax:** 25 45 70
Internet: http://www.skandinavien.de/Island
E-Mail: Island_Info@compuserve.com
Leitung: Dieter Wendler-Jóhannsson
Mitarbeiter: 3

n 238

Japanische Fremdenverkehrszentrale
Kaiserstr. 11, 60311 Frankfurt
T: (069) 2 03 53 **Fax:** 28 42 81
Internet: http://www.jnto.go.jp
E-Mail: info@jntofra.rhein-main.com
Leitung: Katsuhiko Narisada

n 239

Kenya Tourist Office
Neue Mainzer Str. 22, 60311 Frankfurt
T: (069) 23 20 17/-18 **Fax:** 23 92 39
Direktorin: Jennifer A. Opondo

n 240

Korea National Tourism Organisation
Baseler Str. 48, 60329 Frankfurt
T: (069) 23 32 26 **Fax:** 25 35 19
Internet: http://www.koreatour.de
E-Mail: kntoff@euko.de
Gründung: 1973
Leitung: Park Yung-Soo
Leitung Presseabteilung: Marc Wiedkamp
Mitarbeiter: 4

n 241

Kroatische Zentrale für Tourismus
Kaiserstr. 23, 60311 Frankfurt
T: (069) 23 14 02 **Fax:** 25 20 54
Ankica Ronji

n 242

Kroatische Zentrale für Tourismus Informationsstelle München
Rumfordstr. 7, 80469 München
T: (089) 22 33 44 **Fax:** 22 33 77

n 243

Luxemburgisches Verkehrsamt
Bismarckstr. 23-27, 41061 Mönchengladbach
T: (02161) 27 42 11 **Fax:** 27 42 20
Direktor(in): Gert Kartheuser

n 244

Mauritius Informationsbüro
Am Mühlberg 32, 61273 Wehrheim
T: (06081) 98 14 40, 98 10 73 **Fax:** 98 04 67
Internet: http://www.pcnet.de/mauritius
E-Mail: wbcom@t-online.de
Leitung: Wilfried Briem

n 245

Namibia Tourism
Schillerstr. 42-44, 60313 Frankfurt
T: (069) 1 33 73 60 **Fax:** 13 37 36 15
Internet: http://www.namibia-tourism.com
E-Mail: info@namibia-tourism.com
Gründung: 1990
Leitung Presseabteilung: Hella Göbel
Mitarbeiter: 4

n 246

Niederländisches Büro für Tourismus
Postf. 27 05 80, 50511 Köln
Friesenplatz 1, 50672 Köln
T: (01805) 34 33 22 **Fax:** (0221) 92 57 17 37
Internet: http://www.niederlande.de
Gründung: 1955
Leitung: Gerard Werner

n 247

Norwegisches Fremdenverkehrsamt
Postf. 11 33 17, 20433 Hamburg
Neuer Wall 41, 20354 Hamburg
T: (040) 22 94 15-0 **Fax:** 22 94 15 88
Internet: http://www.norwegeninfo.com
Leitung: Børre Berglund

n 248

Österreich Werbung
Mannheimer Str. 15, 60329 Frankfurt
T: (069) 24 24 25 24 **Fax:** 25 07 41
Leitung: Klaus Stephan

n 249

Peruanisches Generalkonsulat
Roßmarkt 14/V, 60311 Frankfurt
T: (069) 1 33 09 26 **Fax:** 29 57 40
Leitung: Jorge León

n 250

Polnisches Fremdenverkehrsamt für Tourismus
Marburger Str. 1, 10789 Berlin
T: (030) 2 19 99 20 **Fax:** 21 00 92 14
Leitung: Pawel Lewandowski

n 251

Portugiesisches Touristik- und Handelsbüro
Schäfergasse 17, 60313 Frankfurt
T: (069) 23 40 94 **Fax:** 23 14 33
E-Mail: Touristik@portugal.F.eunet.de
Leitung: José Antònio Preto da Silva

n 252

Rumänisches Touristenamt Frankfurt
Zeil 13, 60313 Frankfurt
T: (069) 29 52 78 **Fax:** 29 29 47
Leitung: Radu Robutu

n 253

Saint Lucia Tourist Board
Postf. 15 25, 61366 Friedrichsdorf
T: (06172) 77 80 13 **Fax:** 77 80 33
Internet: http://www.st-lucia.com
E-Mail: stluciads@t-online.de
Leitung: Dietlind Schwarz

n 254

Sardinien/Italien Meridiana SpA
Steinweg 5, 60313 Frankfurt
T: (069) 9 20 04 50 **Fax:** 28 90 56
Leitung: Frank Zweigel

n 255

Schweiz Tourismus
Postf. 16 07 54, 60070 Frankfurt
Roßmarkt 23, 60311 Frankfurt
T: (069) 25 60 01 26 **Fax:** 25 60 01 38
Internet: http://www.myswitzerland.com
Gründung: 1946
Direktor(in): Klaus Oegerli

n 256

Seychelles Tourist Office
An der Hauptwache 11, 60313 Frankfurt
T: (069) 29 20 64 **Fax:** 29 62 30
E-Mail: seylnfo@aol.com
Managerin: Edith Hunzinger

n 257

Singapore Tourism Board
Hochstr. 35-37, 60313 Frankfurt
T: (069) 92 07 70-0 **Fax:** 2 97 89 22
Leitung: Markus Lum

n 258

Slowenisches Fremdenverkehrsamt
Maximiliansplatz 12a, 80333 München
T: (089) 29 16 12 02 **Fax:** 29 16 12 73
Leiter: Janez Repansek

n 259

South African Tourism (SATOUR)
An der Hauptwache 11, 60313 Frankfurt
T: (069) 92 91 29 11 **Fax:** 28 09 50
E-Mail: annemarief@fra.satour.de
Gründung: 1960
Leiter(in): Annemarie Ferns (Ltg. Presseabteilung)
Mitarbeiter: 10

n 260

Spanisches Fremdenverkehrsamt
Myliusstr. 14, 60323 Frankfurt
T: (069) 72 51 62 **Fax:** 72 50 55
Leitung: Álvaro Blanco

n 261

Staatliches Fremdenverkehrsamt von Barbados
Neue Mainzer Str. 22, 60311 Frankfurt
T: (069) 24 26 96 30 **Fax:** 23 00 77
Internet: http://www.barbados.org
E-Mail: barbados@t-online.de
Leitung: Cecile Ann Marshall-Kasties

n 262

Staatliches Israelisches Verkehrsbüro
Direktion für Deutschland und Österreich
Bettinastr. 62, 60325 Frankfurt
T: (069) 7 56 19 20 **Fax:** 75 61 92 22
Internet: http://www.israel-info.de, http://www.infotour.co.il
E-Mail: israel@lgtofrankfurt.de
Direktor(in): Pinchas Millo
Verbandszeitschrift: Shalom
Redaktion: Frau Heußner
Verlag: C & C Frankfurt

n 263

Staatliches Italienisches Fremdenverkehrsamt ENIT
Direktion für die deutschsprachigen Länder
Kaiserstr. 65, 60329 Frankfurt
T: (069) 23 70 69 **Fax:** 23 28 94
Leitung: Dr. Italo Somarriello

n 264

Staatliches Marokkanisches Fremdenverkehrsamt
Graf-Adolf-Str. 59, 40210 Düsseldorf
T: (0211) 37 05 51-2 **Fax:** 37 40 48
E-Mail: marokkofva@aol.com
Leitung: Faical Jorio

n 265

Staatliches Mexikanisches Verkehrsamt
Wiesenhüttenplatz 26, 60329 Frankfurt
T: (069) 25 34 13 **Fax:** 25 37 55
Leiterin: Anne Schumacher de la Cuesta

n 266

Taiwan Visitors Association
Dreieichstr. 59, 60594 Frankfurt
T: (069) 61 07 43 **Fax:** 62 45 18
Leitung: J.-H. Lin
Mitarbeiter: 3

n 267

Thailändisches Fremdenverkehrsamt
Bethmannstr. 58/IV, 60311 Frankfurt
T: (069) 1 38 13 90 **Fax:** 28 14 68
Internet: http://www.tourismthailand.org
E-Mail: tatfra@t-online.de
Direktor(in): Suwat Kumwong

n 268

Tourist Team BV
Postf. 7105, NL-4330GC Middelburg
T: (031118) 639505 **Fax:** 639205
Leitung: Pieter Van Belle

n 269

Touristisches Informationsbüro der Republik Malediven
Immanuel-Kant-Str. 16, 61350 Bad Homburg
T: (06172) 8 62 93 (privat), 86 78 33 (Büro)
Fax: 86 78 33 (Büro)
Leitung: Dipl.-Ing. Gottfried Mücke

n 270

Trinidad & Tobago Fremdenverkehrsamt
Am Schleifweg 16, 55128 Mainz
T: (06131) 7 33 37 **Fax:** 7 33 07
Internet: http://www.visittnt.com
E-Mail: 101314.3543@compuserve.com
Leitung: Biki S. Khurana

n 271

Tschechische Zentrale für Tourismus Vertretung Deutschland
Karl-Liebknecht-Str. 34, 10178 Berlin
T: (030) 2 04 47 70 **Fax:** 2 04 47 70
Leitung: Jitka Zikmund

n 272

Ungarisches Tourismusamt
Berliner Str. 72, 60311 Frankfurt
T: (069) 92 91 19-11 **Fax:** 92 91 19-18
E-Mail: ungarn.info@t-online.de
Leitung: Dr. Miklós Walkó

n 273

Ungarisches Tourismusamt Regionalbüro München
Dom-Pedro-Str. 17, 80637 München
T: (089) 12 11 52-30 **Fax:** 12 11 52-51
Leitung: Pál Kleininger

n 274

Ungarisches Tourismusamt Regionalbüro Berlin
Karl-Liebknecht-Str. 34, 10178 Berlin
T: (030) 24 31 46-0 **Fax:** 24 31 46-13
Internet: http://www.ungarn-tourismus.de
E-Mail: ungarn.info.berlin@t-online.de
Leitung: Attila Horváth

n 275

Zimbabwe Tourist Office
Schillerstr. 3, 60313 Frankfurt
T: (069) 9 20 77 30 **Fax:** 92 07 73 15
Internet: http://www.tourismzimbabwe.co.zw
E-Mail: zim.tourist.office@t-online.de
Leitung: Givemore Chidzidzi

Reisebüros, Reiseveranstalter

• **N 276**

Deutscher Reisebüro und Reiseveranstalter Verband e.V. (DRV)
Mannheimer Str. 15, 60329 Frankfurt
T: (069) 27 39 07-0 **Fax:** 23 66 47
Internet: http://www.drv.de
E-Mail: info@drv.de
Gründung: 1950 (August)
Internationaler Zusammenschluß: siehe unter izn 47
Präsident(in): Gerd Hesselmann (Riedel & Hesselmann Reisen KG), Northeim
Vizepräsident(in): Norbert Munsch (TUI), Hannover
Hans Doldi (DER-Reisebüro Hamm GmbH & Co.), Hamm
Ralph Osken (DER-Part Reisevertrieb GmbH), Frankfurt
Johannes Zurnieden (Phoenix Reisen GmbH), Bonn
Finanzvorstand: Reinhard Werner (Airtours International GmbH), Frankfurt
Mitgl. d. Vorst: Magdalene Hieke (Reisebüro Strier OHG), Ibbenbüren
Helmut Held (LTU), Düsseldorf
Rainer Jansen (TJC-Reisen GmbH), Geilenkirchen
Walter Krombach (AMEROPA-Reisen GmbH), Bad Homburg
Jürgen Marbach (Atlasreisen), Köln
Ch. Alexander Paschkes (Finca Ferien GmbH), Frankfurt
Ralph Schiller (Reiseland GmbH & Co. KG), Northeim
Richard J. Vogel (Arkona Reisen GmbH), Neu-Isenburg
Geschäftsführung: Leonhard Reeb
Leitung Presseabteilung: Melanie Schacker
Verbandszeitschrift: DRV Touristik Forum
Redaktion: Pressestelle M. Schacker
Verlag: DRV Service GmbH, Mannheimer Str. 15, 60329 Frankfurt
Mitglieder: ca. 4900
Mitarbeiter: 19

Interessensvertretung der Reisebranche gegenüber Öffentlichkeit, Regierung, Beförderungsge-

sellschaften, Leistungsträgern und Zielgebieten. Beratung der Mitglieder in z.B. wirtschaftlichen, rechtlichen Fragen.

n 277

DRV Kontaktbüro Berlin
Alexanderplatz 5, 10178 Berlin
T: (030) 24 72 00 80/81 **Fax:** 24 72 00 82
Leitung: Eleonore Gutmacher

• **N 278**

Bundesverband mittelständischer Reiseunternehmen e.V. (asr)
Mainzer Landstr. 82-84, 60327 Frankfurt
T: (069) 75 60 54-0 **Fax:** 75 60 54-20
Gründung: 1976
Präsident(in): Jutta Zedelmaier (Aliger Reisen KG, Vogelweideplatz 1, 81677 München, T: (089) 4 57 47 53, Telefax: (089) 45 74 75 42, E-Mail: aliger@t-online.de)
Geschäftsführer(in): Walther Lorch
Leitung Presseabteilung: N. N.
Verbandszeitschrift: asr-aktuell
Redaktion: Mainzer Landstr. 82-84, 60327 Frankfurt, T: (069) 75 60 54-16, Telefax: (069) 75 60 54-20
Verlag: asr Vertriebs GmbH, Mainzer Landstr. 82-84, 60327 Frankfurt
Mitglieder: 1730
Mitarbeiter: 6

Der Bundesverband bezweckt die Wahrnehmung aller beruflichen und gewerbepolitischen Interessen mittelständischer Reiseunternehmen.

• **N 279**

German Business Aviation Association e.V. (GBAA)
Breite Str. 29, 10178 Berlin
T: (030) 20 28-1424 **Fax:** 20 28-2424
E-Mail: gaa@bdi-online.de
Gründung: 1995
Vorsitzende(r): Dr. Bernd Gans
Geschäftsführer(in): Dipl.-Kfm., Dipl.-Geogr. Andreas Kraus

• **N 280**

Fachverband Deutscher Sprachreise-Veranstalter e.V.
Hauptstr. 26, 63811 Stockstadt
T: (06027) 27 90 **Fax:** 41 88 47
Vorsitzende(r): Dr. James Swift
1. St.Vors.: Klaus M. Vetter
2. St.Vors.: Alberto Sarno
Mitglieder: 19

• **N 281**

Verband Deutscher Museums- und Touristikbahnen e.V. (VDMT)
Lerchenweg 1b, 82538 Geretsried
T: (08171) 3 43 03 **Fax:** (089) 2 44 33 83 43
Gründung: 1993 (27. Februar)
Vorsitzende(r): Heimo Echensperger
Stellvertretende(r) Vorsitzende(r): Günther Steinhauer
Leitung Presseabteilung: Bernd Dohrmann
Mitglieder: 80

• **N 282**

Verband der Paketreiseveranstalter International e.V.
Geschäftsstelle
Am Storrenacker 2, 76139 Karlsruhe
T: (0721) 9 13 70 85 **Fax:** 9 13 70 90
Internet: http://www.vpr.de
E-Mail: vpr@vpr.de
Gründung: 1981
Vorsitzende(r): Joachim Schweda
Geschäftsführer(in): Hakan Enüstün
Verbandszeitschrift: VPR-Extra
Mitglieder: 50
Mitarbeiter: 2

• **N 283**

Arbeitskreis Aktiver Counter e.V. Fachliche Vereinigung für die Reisebüroexpedienten
Geschäftsstelle:
Klaus Peter Kaiser
Langheckenweg 19, 60433 Frankfurt
T: (069) 51 28 83 **Fax:** 51 28 83
Gründung: 1981
Vorsitzende(r): Klaus-Peter Kaiser (Langheckenweg 19, 60433 Frankfurt, T: (069) 52 88 55, Telefax: (069) 51 28 83)
Leitung Presseabteilung: Désirée von Debschitz
Verbandszeitschrift: FLASH-INFO
Mitglieder: 225 (Stand 31.12.99)

O Kultur und Kommunikation

Zum Auffinden einer bestimmten Dienststelle oder Organisation dient das Suchwortverzeichnis, eines Personennamens das Personenverzeichnis.

Theater, Musik
Filmwirtschaft
Rundfunk, Fernsehen
Verlagswesen
Werbewirtschaft
Ausstellungen und Messen
Verschiedene Gewerbe

Theater, Musik

● O 1

Bund der Theatergemeinden e.V.
Bonner Talweg 10, 53113 Bonn
T: (0228) 91 50 31 **Fax:** 9 15 03 45
Gründung: 1951
Präsident(in): Josef Reimers
Geschäftsführer(in): Roswitha Kleinwächter
Verbandszeitschrift: Theater Rundschau
Verlag: Bonner Talweg 10, 53113 Bonn
Mitglieder: 142077 Stand 1.1.99

Zusammenschluß der Theatergemeinden (Besucherorganisationen) in Deutschland zur Förderung und Vermittlung des Verständnisses für alle Bereiche des künstlerischen und musischen Lebens, insbesondere des Zugangs in die Welt des Theaters.

o 2

Bund der Theatergemeinden e.V. Landesverband Baden-Württemberg
Reinhold-Frank-Str. 48a, 76133 Karlsruhe
T: (0721) 2 51 78

o 3

Bund der Theatergemeinden e.V. Landesverband Bayern
Geschäftsstelle:
Zum Rabenholz 6, 92660 Neustadt
Vorsitzende(r): Dr. Günter Merwald

o 4

Landesverband Berlin/Brandenburg Theatergemeinde e.V. Berlin
Geschäftsstelle:
Tauentzienstr. 3, 10789 Berlin
T: (030) 21 29 63 00
Vorsitzende(r): Dr. Joachim Kramarz

o 5

Bund der Theatergemeinden e. V. Landesverband Bremen
Geschäftsstelle: Goethebund Zi. 333
Baumwollbörse
Wachtstr. 17-25, 28195 Bremen
T: (0421) 32 58 35
Vorsitzende(r): Dr. Klaus Gätjen

o 6

Bund der Theatergemeinden e.V. Landesverband Hamburg
Geschäftsstelle:
Neuer Wall 15, 20354 Hamburg
T: (040) 34 08 21
Vorsitzende(r): Leonore Stege

o 7

Bund der Theatergemeinden e.V. Landesverband Hessen/Thüringen
Geschäftsstelle:
Marienplatz 2, 64283 Darmstadt
T: (06151) 2 66 75
Vorsitzende(r): Wilfried Beier

o 8

Bund der Theatergemeinden e.V. Landesverband Nordrhein-Westfalen
Geschäftsstelle:
Grabenstr. 8, 40213 Düsseldorf
T: (0211) 32 68 87
Vorsitzende(r): Wolfgang Kamper

o 9

Bund der Theatergemeinden e.V. Landesverband Rheinland-Pfalz
Geschäftsstelle:
Altengraben 48, 56068 Koblenz
T: (0261) 3 51 27
Vorsitzende(r): Winfried Richard

o 10

Bund der Theatergemeinden e.V. Landesverband Sachsen
Geschäftsstelle:
Springerstr. 18, 04105 Leipzig
T: (0341) 5 64 55 52
Vorsitzende(r): Barbara Stroff

● O 11

Deutscher Bühnenverein Bundesverband deutscher Theater
Postf. 29 01 53, 50523 Köln
St.-Apern-Str. 17-21, 50667 Köln
T: (0221) 2 08 12-0 **Fax:** 2 08 12-28
Gründung: 1846
Präsident(in): Intendant Prof. Jürgen Flimm
Vorstand: RA Rolf Bolwin
Verbandszeitschrift: Die Deutsche Bühne
Verlag: Erhard-Friedrich Verlag, 30926 Seelze
Mitglieder: z.Zt. 434
Mitarbeiter: 20

Interessenvertretung und Förderung deutscher Theater und Kulturorchester; Wahrnehmung arbeitsrechtlicher Interessen der Unternehmensmitglieder; Abschluß von Tarifverträgen.

Landesverbände

o 12

Landesverband Baden-Württemberg des Deutschen Bühnenvereins
Sommerweg 15, 73728 Esslingen
T: (0711) 31 41 61
Vorsitzende(r): Bürgermeister Götz Hartung (Stadt Ulm, Rathaus, 89073 Ulm, T: (0731) 1 61-3001)
Stellvertreter: Geschf. Dir. Hans Tränkle (Staatstheater Stuttgart, Oberer Schloßgarten 6, 70173 Stuttgart, T: (0711) 2 03 20)
Geschäftsführung: RA Dr. Dieter Deuschle (Sommerweg 15, 73728 Esslingen, T: (0711) 31 41 61)
Regierungsdirektor Dieter Kottmann (Zeppelinstr. 8, 74321 Bietigheim-Bissingen)

o 13

Landesverband Bayern des Deutschen Bühnenvereins
Sonnenstr. 20V, 80331 München
T: (089) 55 51 05 **Fax:** 55 40 29
Vorsitzende(r): Dr. Michael Mihatsch (Bayerisches Staatsministerium für Wissenschaft, Forschung und Kunst, Salvatorstr. 2, 80333 München, T: (089) 21 86-1)
Stellvertreter: Dr. Tebbe Harms Kleen (Stadttheater Würzburg, Theaterstr. 21, 97070 Würzburg, T: (0931) 3 90 80)
Geschäftsführer(in): RA Dieter Tecklenburg (Sonnenstr. 20/V, 80331 München, T: (089) 55 51 05)

o 14

Landesverband Berlin des Deutschen Bühnenvereins
Kurfürstendamm 212, 10719 Berlin
T: (030) 8 81 70 18 **Fax:** 88 55 33 01
Vorsitzende(r): Direktor Jürgen Schitthelm (Schaubühne am Lehniner Platz, Kurfürstendamm 153, 10709 Berlin, T: (030) 89 00 21 11)
Stellvertreter: Richard Dahlheim (Senatsverwaltung für Wissenschaft, Forschung und Kultur, Brunnenstr. 188-190, 10119 Berlin, T: (030) 90 22 87 24)
Geschäftsführer(in): RA Ursula Raue (Mommsenstr. 11, 10629 Berlin, T: (030) 8 81 70 18)

o 15

Landesverband Mitte des Deutschen Bühnenvereins
Fuchsweg 8, 50859 Köln
T: (02234) 7 64 58 **Fax:** 4 88 50
Vorsitzende(r): OB Dr. Gerhard Langemeyer (Stadt Dortmund, Südwall 2-4, 44137 Dortmund, T: (0231) 5 02 20 37)
Stellvertreter: Achim Thorwald (Hess. Staatstheater, Christian-Zais-Str. 3-5, 65189 Wiesbaden, T: (0611) 13 21)
Geschäftsführer(in): RA Robert Kuth (Johanniterstr. 9, 50859 Köln, T: (02234) 7 64 58, Telefax: (02234) 48-8 50)

o 16

Landesverband Nord des Deutschen Bühnenvereins
Rothenbaumchaussee 20, 20148 Hamburg
T: (040) 4 50 20 60 **Fax:** 45 00 26 20
Vorsitzende(r): Senatorin Dr. Christina Weiss (Hansestadt Hamburg, Kulturbehörde, Hohe Bleichen 22, 20354 Hamburg, T: (040) 3 48 90 201)
Stellvertreter: Direktor Wolfgang Borchert (Ernst-Deutsch-Theater, Ulmenau 25, 22087 Hamburg, T: (040) 2 27 01 40)
Geschäftsführer(in): RA Joachim Benclowitz (Rothenbaumchaussee 20, 20148 Hamburg, T: (040) 4 50 20 60, Fax: (040) 45 00 26 20)

o 17

Landesverband Ost des Deutschen Bühnenvereins
Geschäftsstelle
Am Alten Markt 9, 14467 Potsdam
T: (0331) 2 70 99 62
Vorsitzende(r): Dezernent Lutz Herrmann (Stadtverwaltung Schwedt, Lindenallee 25-29, 16284 Schwedt/Oder, T: (03332) 44 65 35)
Geschäftsführer(in): RA Karin Spaeth (Am Alten Markt 9, 14467 Potsdam, T: (0331) 2 70 99 62)

o 18

Landesverband Sachsen des Deutschen Bühnenvereins
c/o Städt. Theater Chemnitz
Käthe-Kollwitz-Str. 7, 09111 Chemnitz
T: (0371) 4 88 48 04
Vorsitzende(r): Generalintendant Rolf Stiska
Geschäftsführer(in): Dr. Karl-Hans Möller

o 19

Landesverband Thüringen des Deutschen Bühnenvereins
Geschäftsstelle: c/o Landratsamt Kyffhäuserkreis
Markt 8, 99706 Sondershausen
T: (03632) 7 41 01
Vorsitzende(r): Landrat Peter Hengstermann (Landratsamt Kyffhäuserkreis, Markt 8, 99706 Sondershausen, T: (03632) 7 41 01)
Geschäftsführer(in): Amtsleiter Dr. Ekkehard Müller (Landratsamt Kyffhäuserkreis, Markt 8, 99706 Sondershausen, T: (03632) 70 90 11)

● O 20

Verband Deutscher Freilichtbühnen e.V.
Gebrüder-Funke-Weg 3, 59073 Hamm
T: (02381) 69 34 **Fax:** 3 09 09 30
Internet: http://www.freilichtbuehnen.de
E-Mail: vdfhamm@t-online.de
Gründung: 1974
Präsident(in): Reinhard Jansen
Vizepräsident(in): Bernhard Schmutzler
Geschäftsführer(in): Monika Kellings
Mitglieder: 74

Regionalverbände

o 21

Verband Deutscher Freilichtbühnen Region Nord e.V.
Gebrüder-Funke-Weg 3, 59073 Hamm
T: (02381) 69 34 **Fax:** 3 09 09 30
Internet: http://www.freilichtbuehnen.de
E-Mail: vdfhamm@t-online.de
Gründung: 1953
Vorsitzende(r): Dieter Lammerding
Reinhard Jansen
Verbandszeitschrift: "Die Freilichtbühne"
Redaktion: Dieter Lammerding, GF: Monika Kellings

o 22

Verband Deutscher Freilichtbühne Region Süd e.V.
Schillerstr. 18, 72631 Aichtal
T: (07127) 5 01 44 **Fax:** 5 66 24
Gründung: 1974
Vorsitzende(r): Bernhard Schmutzer
Geschäftsführer(in): Bernhard Schmutzler
Verbandszeitschrift: "aktuell"
Redaktion: Bernhard Schmutzler

● O 23

Bundesverband Freier Theater e.V.
Güntherstr. 65, 44143 Dortmund
T: (0231) 55 75 21 16 **Fax:** 55 75 21 29
Internet: http://www.freie-theater.de
E-Mail: buft_@t-online.de
Gründung: 1990
Vorsitzende(r): Stefan Kuntz
Leitung Presseabteilung: Jochen Brockstedt
Verbandszeitschrift: BUFT-Informationen
Redaktion: Stefan Kuntz
Mitglieder: 11 Landesverbände
Mitarbeiter: 2
Jahresetat: DM 0,1 Mio, € 0,05 Mio

Landesverbände

o 24

Kooperative Freier Theater Nordrhein-Westfalen e.V.
Güntherstr. 65, 44143 Dortmund
T: (0231) 55 75 21-16 **Fax:** 55 75 21-29
Internet: http://www.theaterzwang.de
E-Mail: theaterzwang98@cww.de
Kontaktperson: Jochen Brockstedt

o 25

Landesverband professioneller Freier Theater Hessen e.V.
c/o Brotfabrik
Bachmannstr. 2-4, 60488 Frankfurt
T: (069) 97 88 00-91 **Fax:** 97 88 00-92
E-Mail: freiestheater.lvhessen@t-online.de

o 26

Landesverband Freier Theater in Niedersachsen e.V.
Bahnhofstr. 21, 26122 Oldenburg
T: (0441) 2 48 91 92 **Fax:** 2 48 96 70
Internet: http://www.laft.de
E-Mail: laft-@t-online.de
Kontaktperson: Kirsten Hass

o 27

Landesverband Freier Theater Baden-Württemberg
Museumstr. 6, 76437 Rastatt
T: (07222) 3 75 85 **Fax:** 3 37 70
Internet: http://www.landesverband-freier-theater.de
Kontaktperson: Edzard Schoppmann
Maria Vetter (maria-vetter@landesverband-freier-theater.de)

o 28

la profth e.V. (Rheinland-Pfalz)
Obere Hauptstr. 14, 76863 Herxheim
T: (07276) 59 91 **Fax:** 73 21
E-Mail: chawwerusch@t-online.de
Kontaktperson: Klaus Fischbach
Ben Hergl

o 29

BaFT - Bayerischer Verband der Freien Theater
Hochstr. 31 RG, 90429 Nürnberg
T: (0911) 26 53 24 **Fax:** 28 60 92
Internet: http://www.kubiss.de/baft
E-Mail: kultur31@t-online.de
Kontaktperson: Klaus Maier
Christoph Daigl

o 30

Landesverband Freier Theater Mecklenburg-Vorpommern
Röntgenstr. 22, 19055 Schwerin
T: (0385) 5 50 99 43 **Fax:** 5 50 99 43
Kontaktperson: Regina Villwock

o 31

Freies Theater Brandenburg e.V.
c/o Fabrik e.V.
Schiffbauergasse 1, 14467 Potsdam
T: (0331) 2 80 03 14 **Fax:** 2 80 03 14
E-Mail: lvfrthbg@aol.com
Kontaktperson: Frank Reich

o 32

Landeszentrum Spiel und Theater e.V. Sachsen-Anhalt
Schellingstr. 3-4, 39104 Magdeburg
T: (0391) 5 37 13 70 **Fax:** 5 37 13 69
E-Mail: lanze@md.regiocom.net
Kontaktperson: Volkmar Held

o 33

Dachverband Freier Theaterschaffender in Hamburg e.V.
Gaußstr. 15, 22765 Hamburg
T: (040) 39 90 26 84 **Fax:** 39 90 26 84
E-Mail: dachverband_freier_theater_hh@t-online.de
Kontaktperson: Torsten Beyer
Torsten Diehl

o 34

Landesverband Freier Theater Schleswig-Holstein
Combinale Das Theater
Hüxstr. 15 Hinterhaus, 23552 Lübeck
T: (0451) 7 88 17 **Fax:** 7 06 30 78
E-Mail: combinale@aol.com
Kontaktperson: Ulli Haussmann

• O 35

Bund Deutscher Amateurtheater e.V. (BDAT)
Steinheimer Str. 7/1, 89518 Heidenheim
T: (07321) 4 83 00 **Fax:** 4 83 41
Internet: http://www.bdat-online.de
E-Mail: bdat-@t-online.de
Gründung: 1892
Präsident(in): Dr. Peter Selbach
Vizepräsident(in): Wolfgang Rostock
Norbert Radermacher
Helmut Kuhn
Hauptgeschäftsführer(in): Andreas Salemi
Verbandszeitschrift: SPIEL & BÜHNE
Redaktion: Dr. Peter Selbach
Verlag: BDAT, Steinheimer Str. 7/1, 89518 Heidenheim
Mitglieder: 1700 Mitgliedsbühnen in 23 Verbänden und Arbeitskreisen
Mitarbeiter: 6

Mitgliedsverbände

o 36

Landesverband Amateurtheater Baden-Württemberg e.V.
Friedrich-Pfenning-Str. 20, 89518 Heidenheim
T: (07321) 94 18 81 **Fax:** 94 18 82
Präsident(in): Helmut Kuhn

o 37

Verband Bayerischer Amateurtheater e.V.
Innstr. 2a, 83022 Rosenheim
T: (08031) 3 26 74 **Fax:** 3 47 83
Präsident(in): Willi Gennis

o 38

Verband Berliner Amateurbühnen e.V.
Frobenstr. 24, 10783 Berlin
T: (030) 2 62 32 73
Vorsitzende: Hanny Bremer

o 39

Brandenburgischer Amateurtheaterverband e.V.
Vogelsangruh 5, 16303 Schwedt
T: (033331) 6 61 17 **Fax:** 6 61 17
Vorsitzende(r): Lothar Falkenberg

o 40

Landesverband Bremer Amateurtheater e.V.
Blankenburger Str. 9, 28205 Bremen
T: (0421) 44 12 78 **Fax:** 44 12 78
E-Mail: graebner.jug@t-online.de
Vorsitzende(r): Günter Gräbner
Verbandszeitschrift: BAT-Szene

o 41

Verband Hamburger Amateurtheater e.V.
Schillerstr. 54, 22848 Norderstedt
T: (040) 5 23 52 31
Präsident(in): Kathrin Oehme

o 42

Landesverband Hessischer Amateurbühnen e.V.
Wiedbachstr. 22, 65307 Bad Schwalbach
T: (06124) 85 57 **Fax:** 7 72 25
Vorsitzende: Barbara Zorn

o 43

Landesverband Spiel & Theater Mecklenburg-Vorpommern e.V.
Fährstr. 23-24, 18439 Stralsund
T: (03831) 29 12 10 **Fax:** 29 89 30
Vorsitzende(r): Kerstin Zühlsdorff
Geschäftsführer(in): Anke Krüger

o 44

Landesverband Niedersächsischer Amateurbühnen e.V.
Oerdinghauserstr. 28, 27305 Engeln
T: (04247) 4 09
Vorsitzende(r): Heinrich Mehlhop
Geschäftsführer(in): Brigitte Sante (Engelnerstr. 29, 27305 Engeln, T: (04247) 93 09 21, Telefax: (04247) 93 09 16)

o 45

Amateurtheaterverband Nordrhein-Westfalen e.V.
Schulstr. 43, 33102 Paderborn
T: (05251) 3 58 85 **Fax:** 3 58 84
Vorsitzende(r): Franz-Josef Witting
Geschäftsführer(in): Siegfried Plewa (Korumhöhe 11, 45307 Essen, T: (0201) 55 15 05, Fax: 55 49 35)

o 46

Landesverband Amateurtheater Rheinland-Pfalz e.V.
Loreleyring 16a, 56346 Sankt Goarshausen
Vorsitzende(r): Heinz Deichmann
Geschäftsführer(in): Horst Meister (Desperweg 18, 56235 Ransbach-Baumbach, T: (02623) 80 79 69, Fax: 92 31 30)

o 47

SVB-Theater der Amateure e.V.
Hahnenkopf 11, 66333 Völklingen
T: (06898) 4 18 36 **Fax:** 4 18 36
Vorsitzende(r): Karl Weidenhof
Geschäftsführer(in): Irmgard Leinenbach (Unterer Hof 17, 66265 Heusweiler, T: (06806) 1 25 13, Fax: 1 25 13)

o 48

Landesverband Amateurtheater Sachsen e.V.
Käthe-Kollwitz-Str. 9, 01445 Radebeul
T: (0351) 8 30 54 50
Vorsitzende(r): Uwe Baum

o 49

Amateur-Theaterverband Sachsen-Anhalt
Wiesengrund 1, 39179 Barleben
T: (039203) 9 10 54
Vorsitzende(r): Heinz Beckmann

o 50

Landesverband der Amateurtheater Schleswig-Holstein e.V.
Alte Dorfstr. 4, 25852 Bordelum
T: (04671) 46 91 **Fax:** 30 91
Vorsitzende(r): Reinhard Jaeschke

o 51

ThüringerAmateurTheaterverband e.V.
Platz der OdF 1, 07407 Rudolstadt
T: (03672) 41 20 72 **Fax:** 41 49 58
Vorsitzende(r): Frank Grünert

o 52

Verband Deutscher Freilichtbühnen e.V.
Geschäftsstelle:
Gebrüder-Funke-Weg 3, 59073 Hamm
T: (02381) 69 34 **Fax:** 3 09 09 30
Internet: http://www.freilichtbuehnen.de
E-Mail: vdfhamm@t-online.de
Präsident(in): Reinhard Jansen
Vizepräsident(in): Bernhard Schmutzler

o 53

Arbeitsgemeinschaft Mundart-Theater Franken e.V.
Trattach 5, 91362 Pretzfeld
T: (09194) 95 97 **Fax:** 46 07
Vorsitzende(r): Franz Och
Geschäftsführer(in): K.H. Eisenreich (Burgbernheimer Str. 13, 91613 Marktberegel, T: (09843) 9 56 18)

• O 54

Bundesarbeitsgemeinschaft Spiel und Theater e.V. (BAG)
Falkenstr. 20, 30449 Hannover
T: (0511) 4 58 17 99 **Fax:** 4 58 31 05
Internet: http://www.bag-online.de
E-Mail: info@bag-online.de
Gründung: 1956
1. Vorsitzende(r): Klaus Hoffmann
Geschäftsführer(in): Caren Beckers
Verbandszeitschrift: BAGatelle
Redaktion: Caren Beckers
Mitglieder: 13 bundesweite Verbände
Mitarbeiter: 2

• O 55

DAS EI - Erstes Theaterpädagogisches Zentrum Nürnberg
Hochstr. 31 RG, 90429 Nürnberg
T: (0911) 26 53 24 **Fax:** 28 60 92
T-Online *0911286095*
E-Mail: kultur31@t-online.de
Gründung: 1993 (1. April)
Geschäftsführer(in): Peter Maier (Ltg. Presseabt.)
Stellvertretende(r) Geschäftsführer(in): Hans Dönitz
Verbandszeitschrift: Frisch-Ei
Redaktion: Peter Maier
Mitarbeiter: ca. 15

• O 56

Deutsche Theatertechnische Gesellschaft e.V. (DTHG)
Gruberstr. 76, 85586 Poing
T: (08121) 7 65 31 **Fax:** 7 65 81
Internet: http://www.dthg.de
E-Mail: centrale@dthg.de
Gründung: 1907
Vorsitzende(r): Siegfried Stäblein (Geschf.)
Stellvertretende(r) Vorsitzende(r): Kurt Gerling
Karl-Heinz Wollmann
Leitung Presseabteilung: Siegfried Stäblein

Verbandszeitschrift: Bühnentechnische Rundschau
Redaktion: Karin Winkelsesser
Mitarbeiter: Helmut Großer, Iris Abel
DTHG-Podium: Rainer Münz
Redaktionsadresse: Markelstr. 9, 12163 Berlin, Tel./Fax: (030) 21 47 49 70
Verlag: Friedrich Berlin Verlagsgesellschaft mbH
Verlagsleitung: Michael Merschmeier, Reinhardtstr. 29, 10117 Berlin, T: (030) 25 44 95-0, Fax: (030) 25 44 95-12
Herstellung: Pädagogika Zentrale, 30926 Seelze
Vertrieb und Abonnement: Erhard Friedrich Verlag GmbH & Co. KG, Postf. 10 01 50, 30917 Seelze, T: (0511) 4 00 04-1 53, Fax: (0511) 4 00 04-1 70
Verlag: Friedrich-Berlin GmbH
Herstellung: Erhard-Friedrich-Verlag GmbH & Co., Im Brande 15a, 30926 Seelze
Mitglieder: ca. 1400

• O 57

LOT - Verein zur Förderung v. Theater u. Kultur im LOT-Theater in Braunschweig e.V.
Kaffeetwete 4a, 38100 Braunschweig
T: (0531) 1 73 03 **Fax:** 1 73 63
Internet: http://www.lot.cymes.net
E-Mail: lotmail@cymes.net
Gründung: 1996 (07. Februar)
Vorstand: Elke Utermöhlen
Dieter Krockauer
Heiner Fahrenholz
Geschäftsführer(in): Astrid Reibstein
Leitung Presseabteilung: Susanne Hesch
Mitglieder: 29
Mitarbeiter: 2
Jahresetat: ca. DM 0,6 Mio, € 0,31 Mio

• O 58

Verband Deutscher Bühnenverleger e.V.
Postf. 31 14 40, 10644 Berlin
Uhlandstr. 90, 10717 Berlin
T: (030) 86 30 06 15 **Fax:** 86 30 06 28
Vorsitzende: Dagmar Sikorski-Großmann
Geschäftsführer(in): Dr. Jan Ehrhardt

• O 59

Deutscher Tanzrat/Deutscher Ballettrat e.V.
Bonner Künstlerhaus
Graurheindorfer Str. 23, 53111 Bonn
T: (0228) 63 35 78
Vorstand: Dipl.-Phil. Iskra Zankova (Präs.)
Geschäftsführende(s) Vorstands-Mitglied(er): Ulrich Steiner
Dr. Anette von Wangenheim (Pressereferentin)
Mitglieder: 2400
Anzahl der angeschlossenen Organisationen: 5

• O 60

Gesellschaft für Tanzforschung e.V. (GTF)
Geschäftsstelle: c/o Marianne Bäcker, Ruhr-Universität Bochum, Fakultät für Sportwissenschaft
44780 Bochum
T: (0221) 4 98 22 66 **Fax:** (0234) 7 09 42 46
Gründung: 1986 (31. Mai)
1. Vorsitzende(r): Dr. Gabriele Klein
Verbandszeitschrift: Jahrbuch Tanzforschung
Verlag: LIT-Verlag, Münster, Hamburg, London
Mitglieder: 300

• O 61

Internationaler Fachverband Show- und Unterhaltungskunst e.V. (IFSU)
Mauritiussteinweg 98, 50676 Köln
T: (0221) 9 23 09 16 **Fax:** 9 23 09 18
Präsident(in): Elmar Sommer
Justitiar: RA Roland Voges (Eggersallee 19, 22763 Hamburg, T: (040) 89 01 98 19, Fax: (040) 89 01 98 20)

• O 62

Junge Deutsche Philharmonie e.V.
Schwedlerstr. 2-4, 60314 Frankfurt
T: (069) 94 34 30-50 **Fax:** 94 34 30-30
Internet: http://www.jdph.de
E-Mail: junge.deutsche.philharmonie@t-online.de
Gründung: 1974
Geschäftsführer(in): Hans-Peter Wirth
Leitung Presseabteilung: Birgit Achatz
Verbandszeitschrift: "FUGE" (2 x jährl.)
Redaktion: Birgit Achatz
Mitglieder: ca. 120
Mitarbeiter: 5

Beitragen zur Pflege, Verbreitung und Weiterentwicklung der klassischen und zeitgenössischen Orchester- und Ensemblemusik. Dazu werden auch öffentliche Konzerte veranstaltet.

• O 63

Deutscher Harmonika Verband e.V.
Postf. 11 50, 78635 Trossingen
Rudolf-Maschke-Platz 6, 78647 Trossingen
T: (07425) 32 66 45, 32 66 46, 32 66 47 **Fax:** 32 66 48
E-Mail: dhv-trossingen@t-online.de
Gründung: 1931
Präsident(in): Ernst Pfister (MdL, Achauerstr. 20, 78647 Trossingen, T: (07425) 79 90)
Geschf Vizepräs: Arnold Kutzli (Jahnstr. 14, 78647 Trossingen, T: (07425) 32 66 47)
Bundesjugendleiterin: Heiderose Riefler (Georg-Scheerer-Str. 6, 72810 Gomaringen, T: (07072) 75 40)
Bundesdirigent: Fritz Dobler (Kniebisstr. 14, 78224 Singen a.H., T: (07731) 4 19 09)
Verbandszeitschrift: Harmonika International
Mitglieder: 3500 Orchester und Spielgruppen
Mitarbeiter: 5

• O 64

Evangelischer Posaunendienst in Deutschland e.V. (EPiD)
Lange Reihe 77, 28219 Bremen
T: (0421) 6 94 01 21 **Fax:** 6 94 01 23
Internet: http://www.ekd.de/epid
E-Mail: info@epid.de

• O 65

Katholische Arbeitsgemeinschaft Spiel und Theater e.V. (KAST)
Lenauweg 1, 55127 Mainz
T: (06131) 33 75 03 **Fax:** 33 75 03
Gründung: 1948
Vorsitzende(r): Clemens Schaub, Freiburg
2. Vorsitzende(r): Wolfgang Lemhöfer, Urbar
Geschäftsführer(in): Wiltraud August
Mitarbeiter: 33

• O 66

Verband der Deutschen Konzertdirektionen e.V.
Geschäftsstelle:
Widenmayerstr. 32, 80538 München
T: (089) 21 21 47-123 **Fax:** 21 21 47-74
Präsident(in): Michael Russ
Mitglieder: ca. 220

Zweck des Verbandes ist: 1. Die Vertretung der allgemeinen wirtschaftlichen Interessen der Deutschen Konzertdirektionen; 2. Förderung und Pflege der Solidarität im Sinne der überlieferten Berufsauffassung. 3. Ein wirtschaftlicher Geschäftsbetrieb wird nicht verfolgt.

• O 67

Deutscher Bundesverband Tanz e.V. (DBT)
Geschäftsstelle:
Küppelstein 34, 42857 Remscheid
T: (02191) 79 42 41 **Fax:** 79 42 92
Internet: http://www.bkj.de/dbt
E-Mail: dbt@kdt.de
Gründung: 1953
Geschäftsführerin: Barbara Wollenberg
1. Vorsitzende(r): Prof. Dr. Klaus Kramer (Am Kohlbach 24, 79199 Kirchzarten)

• O 68

Royal Academy of Dancing Deutschland/Österreich
Hollestr. 1, 45127 Essen
T: (0201) 23 18 46, 22 22 88 **Fax:** 22 64 44
Gründung: 1920
Präsident: Ulrich Roehm (A.R.A.D., Repräsentant für Deutschland/Österreich)

• O 69

Bund deutscher Volksbühnen e.V.
Föderativer Zusammenschluß von Kulturgemeinschaften
Am Handelshof 9, 45127 Essen
T: (0201) 22 22 53 **Fax:** 22 22 53
Gründung: 1890
Vorsitzende(r): Wolfgang Meisen
Stellvertreter: Franz Irsfeld, Köln
Katharina Peters, Mülheim
Mitglieder: 250000, 10 Landesverbände, 93 Ortsvereine

• O 70

Jeunesses Musicales Deutschland e.V.
European Association of Youth Orchestras
Fédération Internationale des Jeunesses Musicales
Marktplatz 12, 97990 Weikersheim
T: (07934) 2 80 **Fax:** 85 26
Internet: http://www.JeunessesMusicales.de
E-Mail: weikersheim@JeunessesMusicales.de
Gründung: 1951
Vorsitzende(r): Prof. Martin Christoph Redel
Generalsekretär(in): Thomas Rietschel
Verbandszeitschrift: a) Jahresprogramm b) JMD-Info
Mitglieder: 11000
Mitarbeiter: 13
Jahresetat: DM 3 Mio, € 1,53 Mio

• O 71

Deutsche Gesellschaft für Elektroakustische Musik e.V. (DegeM)
Binger Str. 56, 14197 Berlin
T: (030) 82 71 01 35 **Fax:** 82 71 01 36
Internet: http://www.degem.de
E-Mail: info@degem.de
Gründung: 1991 (26. April)
Vorsitzende(r): Rainer Bürck (Am Samuelstein 9, 72574 Bad Urach)
Hauptgeschäftsführer(in): Manfred Fox (Binger Str. 56, 14197 Berlin)
Verbandszeitschrift: Mitteilungen (vierteljährlich)
Verlag: Pfau-Verlag, Postf. 10 23 14, 66023 Saarbrücken
Mitglieder: 162

• O 72

Frau und Musik, Internationaler Arbeitskreis e.V.
Naumburger Str. 40, 34127 Kassel
T: (0561) 8 90 00 61 **Fax:** 89 36 42
Internet: http://home.t-online.de/home/archivfraumusik.Kassel
E-Mail: ArchivFrauMusik.Kassel@t-online.de
Gründung: 1979
Vorstand: Renate Matthei (Kassel)
Dietburg Spohr (Frankfurt/Main)
Renate Brosch (Stuttgart)
Dr. Vivienne Olive (Nürnberg)
Verbandszeitschrift: VIVAVOCE (Musikfachzeitschrift zum Thema Frau und Musik)
Mitglieder: 500 weltweit
Mitarbeiter: 1

Internationaler Verein, Beteiligung an der kulturpolitischen Diskussion zur Förderung und Unterstützung der Präsenz von Komponistinnen, Dirigentinnen und Interpretinnen; betreibt das Archiv Frau und Musik in Kassel (Sammeln und Sichern des kompositorischen Schaffens von Frauen, schließt Lücken in der historischen Überlieferung).

• O 73

Arbeitskreis Musik in der Jugend (AMJ)
Deutsche Föderation Junger Chöre und Instrumentalgruppen e.V.
Adersheimer Str. 60, 38304 Wolfenbüttel
T: (05331) 4 60 16 **Fax:** 4 37 23
Internet: http://www.amj-allmusic.de
E-Mail: amjmusikinderjugend@t-online.de
Gründung: 1947 (10. Nov.)
Vorsitzende(r): Dr. h.c. Lore Auerbach
Generalsekretär(in): Rolf Pasdzierny (Ltg. Presseabt.)
Verbandszeitschrift: Intervalle
Redaktion: AMJ, Rolf Pasdzierny
Mitglieder: ca. 15000
Mitarbeiter: 6
Jahresetat: DM 1,5 Mio, € 0,77 Mio

Landesverbände

o 74

Arbeitskreis Musik in der Jugend Regionalverband Südwest
Rudolf-Diesel-Str. 52, 69190 Walldorf
T: (06227) 81 97 46
Gerald Kegelmann (Rudolf-Diesel-Str. 52, 69190 Walldorf, T: (06227) 81 97 46)

o 75

Arbeitskreis Musik in der Jugend Landesverband Bayern
c/o Bayer. Musikakademie
Kurfürstenstr. 19, 87616 Marktoberdorf
T: (08342) 96 18 21 **Fax:** 4 03 70
G. Adolf Rabus (c/o Bayer. Musikakademie, Kurfürstenstr. 19, 87616 Marktoberdorf, T: (08342) 96 18 21, Fax: (08342) 4 03 70)

o 76

Arbeitskreis Musik in der Jugend Landesverband Berlin
Sybelstr. 61, 10629 Berlin
T: (030) 8 83 75 56
Hans-Friedrich Müller (Sybelstr. 61, 10629 Berlin, T: (030) 8 83 75 56)

o 77

Arbeitskreis Musik in der Jugend Landesverband Hamburg
Diekkamp 47a, 22359 Hamburg
T: (040) 60 95 07 74
Barbara Bieri-Klimek (Diekkamp 47a, 22359 Hamburg, T: (040) 60 95 07 74)

o 78

Arbeitskreis Musik in der Jugend Landesverband Niedersachsen
Christian-Gottlob-Heyne-Ufer 7, 37073 Göttingen
T: (0551) 60 03 26
Michael Krause (Pfalz-Grona-Breite 7, 37081 Göttingen, T: (0551) 60 03 26)

o 79

Arbeitskreis Musik in der Jugend Landesverband Nordrhein-Westfalen
Kremenholl 35, 42857 Remscheid
T: (02191) 7 50 04
Thomas Holland-Moritz (Kremenholl 35, 42857 Remscheid, T: (02191) 7 50 04)

o 80

Arbeitskreis Musik in der Jugend Landesverband Schleswig-Holstein
Finn-Dingi-Weg 5, 24159 Kiel
T: (0431) 37 16 55
Prof. Dr. Karl-Heinz Reinfandt (Finn-Dingi-Weg 5, 24159 Kiel, T: (0431) 37 16 55)

o 81

Arbeitskreis Musik in der Jugend Regionalverband Mitteldeutschland
Saarstr. 7, 08056 Zwickau
T: (0375) 21 33 50 **Fax:** 21 33 51
Uwe Moratzky (Saarstr. 7, 08056 Zwickau, T: (0375) 21 33 50, Fax: (0375) 21 33 51)

• O 82

Süddeutscher Arbeitskreis für Jugendmusik e.V. (SAJM)
Saarstr. 1, 85354 Freising
T: (08161) 53 28 80 **Fax:** 53 28 50
Gründung: 1983
Vors. u. GeschF: Gottfried Herrmann (Ltg. Presse)
Verbandszeitschrift: Musikexpreß
Verlag: Eigenverlag
Mitglieder: 460
Mitarbeiter: 2/50

• O 83

Deutscher Musikrat e.V. Nationalkomitee der Bundesrepublik Deutschland im Internationalen Musikrat
Weberstr. 59, 53113 Bonn
T: (0228) 20 91-0 **Fax:** 20 91-200
Präsident(in): Prof. Dr. Franz Müller-Heuser
Geschäftsführer(in): Generalsekretärin Dr. Marlene Wartenberg
Mitglieder: 91 Organisationen, Einzelmitglieder: 68

• O 84

Deutscher Bundesverband der Spielmanns-, Fanfaren-, Hörner- und Musikzüge e.V.
Clematisweg 9, 38110 Braunschweig
T: (05307) 28 93
Gründung: 1967 (02. Dezember)
Präsident(in): Klaus Hafner (Talstr. 84, 55271 Stadecken-Elsheim, T: (06136) 10 00)
Vizepräsident(in): Günther Wittrin (Clematisweg 9, 38110 Braunschweig, T: (05307) 28 93)
Mitglieder: ca. 54000

• O 85

Bund Christlicher Posaunenchöre Deutschlands e.V. (BCPD)
Landstuhler Str. 17, 70499 Stuttgart
T: (0711) 88 65 91
Vorsitzende(r): Pastor Werner Jung
Stellvertretende(r) Vorsitzende(r): Klaus Geiger
Verbandszeitschrift: BCPD-Informationen
Mitglieder: 2700
Mitarbeiter: 1

• O 86

Allgemeiner Cäcilien-Verband für Deutschland (ACV)
Andreasstr. 9, 93059 Regensburg
T: (0941) 8 43 39 **Fax:** 8 70 34 32
Gründung: 1868
Präsident(in): Prof. Dr. Wolfgang Bretschneider
Verbandszeitschrift: Musica Sacra
Redaktion: Prof. Dr. Stefan Klöckner, Andreasstr. 9, 93059 Regensburg
Verlag: ConBrio Verlagsgesellschaft mbH, Brunnstr. 23, 93053 Regensburg

• O 87

Bundesvereinigung Deutscher Blas- und Volksmusikverbände e.V.
König-Karl-Str. 13, 70372 Stuttgart
T: (0711) 55 25 23 **Fax:** 56 83 97
Internet: http://www.bdbv-online.de
E-Mail: info@bdbv-online.de
Gründung: 1978
Präsident(in): Dr. h.c. Gerhard Weiser
Geschäftsführer(in): Herbert Breimaier
Leitung Presseabteilung: Horst Sassik
Verbandszeitschrift: BDBV-Info
Redaktion: Joachim Buch
Verlag: Obermayer, Bahnhofstr. 33, 86807 Buchloe
Mitarbeiter: 3
Jahresetat: DM 1,5 Mio, € 0,77 Mio

• O 88

Bund Deutscher Blasmusikverbände e.V.
Postf. 11 66, 76699 Kraichtal
Gründung: 1950
Präsident(in): Fritz Hörter
Geschäftsführer(in): Christian Buss (Ltg. Presse)
Verbandszeitschrift: Die Blasmusik
Redaktion: Christian Buss
Verlag: HeBu Musikverlag GmbH, Postf. 11 66, 76699 Kraichtal
Mitglieder: 58000 Aktive Musiker/innen in 1.140 Vereinen
Mitarbeiter: 10 ehrenamtl.

• O 89

Bundesvereinigung Deutscher Laienmusikverbände
Adersheimer Str. 60, 38304 Wolfenbüttel
T: (05331) 4 60 16 **Fax:** 4 37 23
E-Mail: adc.de@t-online.de
Präsident(in): Prof. Reinhard Stollreiter

• O 90

Gesellschaft für Alte Musik e.V. (GAM)
Karpfenstr. 4, 78647 Trossingen
T: (07425) 52 70
Vorsitzende(r): Prof. Dr. Ludger Lohmann
Stellvertretende(r) Vorsitzende(r): Prof. Gerald Kegelmann
Geschäftsführer(in): Rolf Fritsch

• O 91

Gesellschaft für Neue Musik e.V.
Postf. 10 24 61, 50464 Köln
Gladbacher Str. 23, 50672 Köln
T: (0221) 9 52 02 15 **Fax:** 9 52 02 16
Präsident(in): Ernstalbrecht Stiebler
Vizepräsident(in): Armin Köhler
Geschäftsführer(in): Gisela Gronemeyer
Mitglieder: 400

• O 92

Zentralstelle für den deutschsprachigen Chorgesang in der Welt
42648 Solingen
Friedrich-Ebert-Str. 65, 42719 Solingen
T: (0212) 2 90 44 46 **Fax:** 2 90 44 47
Internet: http://www.solingen.de
E-Mail: chorzentrale@solingen.de
Gründung: 1976 (29. Januar)
Leitung: Ulrich Renner (Ltg. Presse), Solingen
Vors. d. Beirats: Werner Bader, Görne
Verbandszeitschrift: DIALOG
Redaktion: Ulrich Renner
Verlag: Stadt Solingen, Presse-/Öffentlichkeitsarbeit, Postf. 10 01 65, 42648 Solingen
Mitglieder: 705 Chöre
Mitarbeiter: 2
Jahresetat: DM 0,2 Mio, € 0,1 Mio

• O 93

Verband Deutscher KonzertChöre e.V. (VDKC)
Kempener Str. 5, 41749 Viersen
T: (02162) 81 42 11 **Fax:** 81 42 12
E-Mail: chorverband.vdkc@t-online.de
Gründung: 1925
Präsident(in): Hans-Heinrich Grosse-Brockhoff (Kulturamt, Ehrenhof 3, 40479 Düsseldorf)
Geschäftsführer(in): Heribert Allen (Generalsekretär, Kempener Str. 5, 41749 Viersen)
Schatzmeister: Hans-Willi Hefekäuser (Oberstr. 164, 53859 Niederkassel)
Vorstand: Alfons Schmidt (Stellv. Präsident, Beethovenstr. 4, 56422 Wirges/Ww.)
Ursula Müller (Stellv. Generalsekr., Filchner Str. 1, 14482 Potsdam)
Dr. Günter Kolf (Sonnenweg 42, 51465 Bergisch-Gladbach)
Verbandszeitschrift: Chor und Konzert
Redaktion: Heribert Allen
Verlag: Eigenverlag
Mitglieder: 300 Chöre

Landesverbände

o 94

Verband Deutscher Konzertchöre Landesverband Baden-Württemberg
Brestlingweg 6, 70619 Stuttgart
T: (0711) 4 79 77 80 **Fax:** 4 79 77 80
Waltraud Häberle

o 95

Verband Deutscher Konzertchöre Landesverband Bayern
Bergstr. 41, 90607 Rückersdorf
T: (0911) 57 88 37 **Fax:** 57 88 37
Dr. Karl Theodor Vogelreuther

o 96

Verband Deutscher Konzertchöre Landesverband Nordrhein-Westfalen
Schumannstr. 70, 40822 Mettmann
T: (02104) 1 23 79 **Fax:** 1 23 79
Hanna Eisenbart

o 97

Verband Deutscher Konzertchöre Landesverband Nordwest
Südweg 23, 26135 Oldenburg
T: (0441) 20 14 94 **Fax:** 20 25 24
Wolfgang Beyer

o 98

Verband Deutscher Konzertchöre Landesverband Berlin/Brandenburg/ Mecklenburg-Vorpommern
Filchnerstr. 1, 14482 Potsdam
T: (0331) 70 87 59 **Fax:** 2 70 64 50
Ursula Müller

o 99

Verband Deutscher Konzertchöre Landesverband Rheinland-Pfalz/Saar/Hessen
Beethovenstr. 4, 56422 Wirges
T: (02602) 6 08 35 **Fax:** 89 57
Alfons Schmidt

o 100

Verband Deutscher Konzertchöre Landesverband Sachsen/Sachsen-Anhalt/ Thüringen e.V.
Paul-Bertz-Str. 46, 09120 Chemnitz
T: (0371) 21 31 85 **Fax:** 21 31 85
Gudrun Richter

• O 101

Arbeitsgemeinschaft Deutscher Chorverbände e.V. (ADC)
Adersheimer Str. 60, 38304 Wolfenbüttel
T: (05331) 4 60 18 **Fax:** 4 37 23
E-Mail: adc.de@t-online.de
Gründung: 1952 (21. Mai)
Präsident(in): Prof. Reinhard Stollreiter
Vizepräsident(in): Prof. Andreas Göpfert
Geschäftsführer(in): Rolf Pasdzierny
Mitglieder: 7 Chorverbände
Mitarbeiter: 1
Jahresetat: DM 0,2 Mio, € 0,1 Mio

Chorverbände

o 102

Allgemeiner Cäcilien-Verband für Deutschland (ACV)
Andreasstr. 9, 93059 Regensburg
T: (0941) 8 43 39 **Fax:** 8 70 34 32

o 103

Arbeitskreis Musik in der Jugend (AMJ)
Adersheimer Str. 60, 38304 Wolfenbüttel

T: (05331) 4 60 16 **Fax:** 4 37 23
Internet: http://www.amj-allmusic.de
E-Mail: amjmusikinderjugend@t-online.de

o 104

Deutscher Allgemeiner Sängerbund e.V. (DAS)
Bundesgeschäftsstelle
Postf. 15 04 23, 44344 Dortmund
Paul-Gerhardt-Str. 34, 44359 Dortmund
T: (0231) 33 33 52 **Fax:** 33 65 58
Internet: http://www.das-bund.de
E-Mail: fritz.neuhaus@01019freenet.de

o 105

Deutscher Sängerbund e.V. (DSB)
-Bundesgeschäftsstelle
Postf. 51 06 28, 50942 Köln
Bernhardstr. 166, 50968 Köln
T: (0221) 37 12 90 **Fax:** 9 34 99 92

o 106

Internationaler Arbeitskreis für Musik e.V. (IAM)
International Association of Music and Education
Cercle International pour la musique
Postf. 41 02 36, 34064 Kassel
T: (0561) 9 35 17-0 **Fax:** 31 37 72

o 107

Verband Deutscher KonzertChöre e.V. (VDKC)
Kempener Str. 5, 41749 Viersen
T: (02162) 81 42 11 **Fax:** 81 42 12
E-Mail: chorverband.vdkc@t-online.de

o 108

Verband evangelischer Kirchenchöre Deutschlands (VeK)
- Geschäftsstelle
Agnes-Miegel-Str. 53, 31139 Hildesheim
T: (05121) 26 80 49 **Fax:** 26 80 49

• **O 109**

Arbeitsgemeinschaft freikirchlicher Chorwerke in Europa (AfC)
Rheinbabenstr. 106, 47809 Krefeld
T: (02151) 52 13 58 **Fax:** (02166) 18 57 32
Gründung: 1978
Vorsitzende(r): Gerhard P. Michael
Stellvertretende(r) Vorsitzende(r): Torgny Erséus (Schweden)
Geschäftsführer(in): Huldreich Hugentobler (Stockenstr. 27, CH-9249 Algetshausen, T: (004171) 9 51 48 52, Fax: (004171) 9 51 75 78)

• **O 110**

Deutsche Gesellschaft für Flöte e.V.
Eschersheimer Landstr. 93, 60322 Frankfurt
T: (069) 5 96 24 43 **Fax:** 59 02 77
Internet: http://www.home.foni.net/_Ltdgfffloete
E-Mail: dgffloete@foni.net
Gründung: 1985 (3. Juli)
Präsident(in): András Adorján
Vorsitzende(r): Thaddeus Watson
Stellvertretende(r) Vorsitzende(r): Ruth Wentorf
Geschäftsführerin: Sibylle Wähnert
Verbandszeitschrift: Flöte aktuell
Verlag: Eigenverlag
Mitglieder: ca. 2500
Mitarbeiter: 1
Jahresetat: DM 0,5 Mio, € 0,26 Mio

• **O 111**

Bayerischer Musikrat e.V.
Linprunstr. 16 Rgb., 80335 München
T: (089) 52 04 64-0 **Fax:** 52 04 64-64
Gründung: 1977
Präsident(in): Wilfried Anton
Vizepräsident(in): Dr. Peter-Klaus Schwiedel
Generalsekretär(in): Dr. Jörg Riedlbauer
Verbandszeitschrift: BMR-Correspondenz
Verlag: Bayerischer Musikrat, Linprunstr. 16 Rgb., 80335 München
Mitarbeiter: 6

• **O 112**

Aktionsgemeinschaft Musik in Bayern e.V.
Linprunstr. 16 Rgb., 80335 München
T: (089) 52 04 64-22 **Fax:** 52 04 64-52
Vorsitzende(r): Wilfried Anton

• **O 113**

Bund Deutscher Zupfmusiker e.V. (BDZ)
Zwirnerweg 51, 40724 Hilden
T: (02103) 36 01 23 **Fax:** 36 01 33
E-Mail: biniek@bdz-online.de
Gründung: 1963
Präsident(in): Rüdiger Grambow
Geschäftsführer(in): Alois Biniek
Verbandszeitschrift: Zupfmusikmagazin
Redaktion: Huulkamp 26, 22397 Hamburg
Verlag: Aviso-Verlag Rüdiger Grambow, Huulkamp 26, 22397 Hamburg

• **O 114**

Arbeitsgemeinschaft Deutsche Saxophonisten e.V. (ARDESA)
Rötenäckerstr. 2, 90427 Nürnberg
T: (0911) 5 30 76 06 **Fax:** 5 30 76 06
Gründung: 1982
Vorsitzende(r): Günter Priesner (Ltg. Presseabteilung)
Stellvertretende(r) Vorsitzende(r): Johannes Ernst
Verbandszeitschrift: „Sax-Info"
Redaktion: Arbeitsgemeinschaft Deutsche Saxophonisten e.V., Rötenäckerstr. 2, 90427 Nürnberg (auch Verlag)
Mitglieder: ca. 400
Jahresetat: DM 0,01 Mio, € 0,01 Mio
Förderung der Kunst und Kultur insbesondere des Saxophons als seriöses Konzert- und Kammermusikinstrument.

• **O 115**

Bundesvereinigung der Musikveranstalter e.V.
(DEHOGA-Haus)
Kronprinzenstr. 46, 53173 Bonn
T: (0228) 82 00 80 **Fax:** 8 20 08 46
Vorsitzende(r): Dr. Erich Kaub
Geschäftsführer(in): RA Christian Ehlers
RA Karl Petry

• **O 116**

Deutscher Rock & Popmusikerverband e.V.
Kolberger Str. 30, 21339 Lüneburg
T: (04131) 3 81 82 **Fax:** 3 58 85
Gründung: 1983
Bundesvorsitzende(r): Ole Seelenmeyer
Mitglieder: 5000 Musikgruppen, Musiker und Musikinteressierte sowie 120 Musikervereine
Jahresetat: DM 0,5 Mio, € 0,26 Mio

• **O 117**

Städtische Clara-Schumann-Musikschule
Bilker Str. 11, 40213 Düsseldorf
T: (0211) 89-92928 **Fax:** 89-29154
Gründung: 1956
Leitung: Peter Haseley
Mitarbeiter: 213

• **O 118**

Arbeitskreis für Musik e.V.
Nachtigallenstr. 7, 36251 Bad Hersfeld
T: (06621) 50 67-0 **Fax:** 6 43 55
Direktor(in): Siegfried Heinrich
1. Vorsitzende(r): Prof. Dr. Krug
Chefsekretärin: Wilma Schickling
Leitung Presseabteilung: Marlis Fey (Sonnenweg 1, 36179 Bebra, T: (06622) 37 26)

• **O 119**

Verband Deutscher Opern-Agenturen
Neutorgraben 13, 90419 Nürnberg
T: (0911) 37 23 61 **Fax:** 37 25 17
Gründung: 1995
Vorstand: Marianne Böttger
Reinald Heissler-Remy
Geschäftsführerin: RA'in Petra Reinhart

• **O 120**

Jazz-Institut Darmstadt
Bessunger Str. 88d, 64285 Darmstadt
T: (06151) 96 37 00 **Fax:** 96 37 44
Gründung: 1990
Leitung: Dr. Wolfram Knauer
Verbandszeitschrift: Jazz-Newsletter, Jazzbrief
Redaktion: Dr. Wolfram Knauer, Doris Schröder

• **O 121**

Deutsche Jazz-Föderation e.V. (DJF)
Waldstr. 13-1, 76709 Kronau
T: (07253) 95 35-32 **Fax:** 95 35-33
Internet: http://www.djf.de
E-Mail: djf.jazz@t-online.de
Gründung: 1951
Präsident(in): Peter Herbolzheimer
Geschäftsführer(in): Peter Loock

• **O 122**

Internationaler Musikwettbewerb der ARD
c/o Bayerischer Rundfunk
80300 München
T: (089) 59 00-24 71 **Fax:** 59 00 35 73
Internet: http://www.ard-musikwettbewerb.de
E-Mail: ard.conc@br-mail.de
Gründung: 1952
Leitung: Prof. Jürgen Meyer-Josten
Organisation: Renate Ronnefeld
Gisela Mauss

• **O 123**

Bildungswerk Rhythmik e.V.
Geschäftsstelle
Loignystr. 32, 28211 Bremen
T: (0421) 23 04 52
Gründung: 1982 (18. April)
Vorsitzende(r): Agnes Modrow-Artus, Bremen
Stellvertretende(r) Vorsitzende(r): Brigitte Schmitter-Wallenhorst, Metelen
Hauptgeschäftsführer(in): Thomas Mayr, Münster
Stellvertretende(r) Geschäftsführer(in): Monika Mayr, Münster
Leitung Presseabteilung: Rolf Streibl
Ehrenvorsitzende: Prof. Hannelore Krause-Wichert, Resse
Verbandszeitschrift: Rhythmik - report
Redaktion: Monika Mayr, Schöppingenweg 26, 48149 Münster, T: (0251) 86 65 48
Mitglieder: 312
Mitarbeiter: ca. 20 ehrenamtl. Mitarbeiter
Jahresetat: DM 0,11 Mio, € 0,06 Mio
Landesverbände
Arbeitsgemeinschaft Rhythmik Niedersachsen/Bremen e.V. Bremen
Arbeitsgemeinschaft Rhythmik Nordrhein-Westfalen e.V. Heek-Nienborg
Arbeitsgemeinschaft Rhythmik Sachsen/Sachsen-Anhalt e.V. Halle
AG Rhythmik Hessen e.V. Darmstadt
AG Rhythmik Bayern e.V., Straubing
AG Rhythmik Berlin e.V.

• **O 124**

Verein für musikalische Archiv-Forschung e.V.
Großherzog-Friedrich-Str. 62, 77694 Kehl
T: (07851) 23 06 **Fax:** 23 06
Internet: http://home.t-online.de/home/archiphon.unger
E-Mail: archiphon.unger@t-online.de
Gründung: 1982
Vorsitzende(r): Prof. Dr. Werner Unger
Stellvertretende(r) Vorsitzende(r): Dr. Martin Elste
Stellvertretende(r) Vorsitzende(r): Heiko Reysen
Mitglieder: 60
Jahresetat: ca. DM 0,070 Mio, € 0,04 Mio

• **O 125**

Deutsche Ensemble Akademie e.V.
Schwedlerstr. 2-4, 60314 Frankfurt
T: (069) 94 34 30-10 **Fax:** 94 34 30-30
Internet: http://www.ensemble-modern.com
E-Mail: info@ensemble-modern.com
Gründung: 1987
Präsident(in): Prof. Dr. Reinhold Kreile (GEMA-Stiftung, München)
Vizepräsident(in): Franz-Xaver Ohnesorg (Kölner Philharmonie)
Geschäftsführer(in): André Hebbelinck
Mitarbeiter: 5
Jahresetat: ca. DM 1,25 Mio, € 0,64 Mio

• **O 126**

Arbeitsgemeinschaft der Musikakademien und Konservatorien
Ludwigshöhstr. 120, 64285 Darmstadt
T: (06151) 96 64-0 **Fax:** 96 64-13
Vorsitzende(r): Hartmut Gerhold
Stellvertretende(r) Vorsitzende(r): Martin Maria Krüger
Mitglieder: 7 Institute

• O 127

Dresdner Zentrum
für zeitgenössische Musik

Dresdner Zentrum für zeitgenössische Musik (DZzM)
Schevenstr. 17, 01326 Dresden
T: (0351) 26 46 20 **Fax:** 2 64 62 23
Internet: http://www.zeitmusik.de
E-Mail: ernesti@zeitmusik.de
Gründung: 1986
Direktor(in): Prof. Udo Zimmermann
Leitung Presseabteilung: Marc Ernesti (B.A.)

Musikinformationszentrum, Veranstalter und Institut für zeitgen. Musikformen.

• O 128

Gesellschaft für Musikpädagogik Verband der Musikpädagogen e.V. (GMP/VMP)
Heinrich-Schütz-Allee 35, 34131 Kassel
T: (0561) 31 05-1 41
Vorsitzende(r): Prof. Dr. Siegmund Helms (Hochschule für Musik Köln)
Stellvertretende(r) Vorsitzende(r): Almut Auerswald
Prof. Dr. Reinhard Schneider
Verbandszeitschrift: Neue Musikzeitung
Mitglieder: ca. 200
Landesverbände:
Baden-Württemberg, Bayern, Berlin/Brandenburg, Mecklenburg/Vorpommern, Niedersachsen, Nordrhein-Westfalen, Sachsen, Schleswig-Holstein, Thüringen

• O 129

Arbeitskreis der Musikbildungsstätten in der Bundesrepublik Deutschland
c/o Musikakademie Rheinsberg
Kavalierhaus der Schloßanlage, 16831 Rheinsberg
T: (033931) 7 21 12 **Fax:** 7 21 13
E-Mail: musikakad1@aol.com
Sprecherin: Dr. Ulrike Liedtke

• O 130

Arbeitskreis für Schulmusik und allgemeine Musikpädagogik e.V.
Rhönblick 25, 97618 Hohenroth
T: (09771) 68 69 63 **Fax:** 68 69 63
Gründung: 1953
Bundesvorsitzende(r): Prof. Dr. Thomas Ott (Ottostr. 8, 50823 Köln, T: (0221) 9 55 30 29, Fax: 9 55 30 69)
Stellvertretende(r) Vorsitzende(r): Johannes Bähr (Langeler Str. 43 a, 64546 Mörfelden, T: (06105) 2 64 67, Telefax: (06105) 2 64 67)
Leitung Presseabteilung: Karin Pilnitz
Verbandszeitschrift: AfS-Magazin
Redaktion: Friedrich Neumann-Schnelle und Karin Pilnitz
Verlag: Selbstverlag
Mitglieder: 2000
Jahresetat: DM 0,1 Mio, € 0,05 Mio

Geschäftsstellen

o 131

Arbeitskreis für Schulmusik und allgemeine Musikpädagogik e.V. Geschäftsstelle Baden-Württemberg
Untere Sonnenhalde 34, 72270 Baiersbronn
T: (07442) 12 16 46 **Fax:** 12 16 49
Vorsitzende(r): Volker Thum (Hartranftstr. 22, 72250 Freudenstadt, T: (07441) 79 91, Fax: 5 19 29)
Ltg. Gesch.-Stelle: Jürgen Tille

o 132

Arbeitskreis für Schulmusik und allgemeine Musikpädagogik e. V. Geschäftsstelle Bayern
Zunftstr. 17b, 89264 Weißenhorn
T: (07309) 26 83
Vorsitzende(r): Helmut F.J. Beucker (Lange Länge 15, 91564 Neuendettelsau, T: (09874) 6 88 70 30, Fax: (09874) 68 64 76)
Ltg. Gesch.-Stelle: Patrick Weskott

o 133

Arbeitskreis für Schulmusik und allgemeine Musikpädagogik Geschäftsstelle Berlin/Brandenburg
Geschäftsstelle
Darmstädter Str. 7, 10707 Berlin
T: (030) 8 85 16 40 **Fax:** 8 81 90 97
Vorsitzende(r): Meinhard Ansohn (Grimmstr. 23, 10967 Berlin, T: (030) 6 92 84 17, Telefax: (030) 6 92 84 17)
Ltg. Gesch.-Stelle: Andreas Engel

o 134

Arbeitskreis für Schulmusik und allgemeine Musikpädagogik e.V. Geschäftsstelle Hamburg und Schleswig-Holstein
Schulstr. 26, 25371 Seestermühe
Barbara Löhr

o 135

Arbeitskreis für Schulmusik und allgemeine Musikpädagogik e.V. Geschäftsstelle Hessen
An der Allee 67, 65207 Wiesbaden
T: (0611) 50 01 00 **Fax:** 50 01 00
Richard Ewen

o 136

Arbeitskreis für Schulmusik und allgemeine Musikpädagogik e.V. Geschäftsstelle Mecklenburg-Vorpommern
Schulstr. 4, 19230 Hagenow
T: (03883) 72 92 46 **Fax:** 72 41 57
Lilo Schömer

o 137

Arbeitskreis für Schulmusik und allgemeine Musikpädagogik e.V. Geschäftsstelle Niedersachsen/Bremen
Geschäftsstelle
Bergstr. 12, 49565 Bramsche
T: (05461) 6 40 14 **Fax:** 6 40 14
Vorsitzende(r): Heino Klemenz (Thuner Str. 146 a, 21680 Stade, T: (04141) 6 83 25, Telefax: (04141) 6 83 25)
Ltg. Gesch.-Stelle: Peter Börs

o 138

Arbeitskreis für Schulmusik und allgemeine Musikpädagogik e.V. Geschäftsstelle Nordrhein-Westfalen
Geschäftsstelle
Akazienweg 7, 47906 Kempen
T: (02845) 80 98 62 **Fax:** 80 98 62
Vorsitzende(r): Prof. Dr. Werner Lohmann (Eichenstr. 23, 46485 Wesel, T: (0281) 5 32 00, Telefax: (0281) 5 36 79)
Ltg. Gesch.-Stelle: Berthold Schüßler

o 139

Arbeitskreis für Schulmusik und allgemeine Musikpädagogik e.V. Geschäftsstelle Rheinland-Pfalz/Saarland
Geschäftsstelle
An der Port, 55469 Horn
T: (06766) 83 19
Vorsitzende(r): Dr. Hiltraud Reckmann (Grabenstr. 2, 55497 Ellern, T: (06764) 15 10, Telefax: (06764) 24 17)
Ltg. Gesch.-Stelle: Lioba Hellmann-Schmitz

o 140

Arbeitskreis für Schulmusik und allgemeine Musikpädagogik e.V. Geschäftsstelle Sachsen
Obere Hauptstr. 51, 09232 Hartmannsdorf
T: (03722) 8 50 78 **Fax:** 1 63 68
Gabriele Schlenzig

o 141

Arbeitskreis für Schulmusik und allgemeine Musikpädagogik e.V. Geschäftsstelle Sachsen-Anhalt
Rheinstr. 17, 06217 Merseburg
T: (03461) 50 73 81 **Fax:** 50 73 81
Brigitta Rudat

• O 142

Arbeitsgemeinschaft der Leiter musikpädagogischer Studiengänge in der Bundesrepublik Deutschland
c/o Hochschule der Künste
Fasanenstr. 1B, 10623 Berlin
T: (030) 31 85-0
Sprecher: Prof. Dr. Ulrich Mahlert

• O 143

Wissenschaftliche Sozietät Musikpädagogik e.V. (WSMP)
c/o Folkwang-Hochschule
Klemensborn 39, 45239 Essen
T: (0201) 49 03-195 **Fax:** 49 03-118
Gründung: 1984 (10. April)
Vorsitzende(r): Prof.Dr. Martin Pfeffer
Prof.Dr. Marie-Luise Schulten
Prof. Dr. Ursula Eckart-Bäcker

• O 144

Arbeitskreis Musikpädagogische Forschung e.V. (AMPF)
Lindenstr. 30, 39326 Lindhorst
Gründung: 1965
Vorsitzende(r): Prof. Dr. Niels Knolle
Stellvertretende(r) Vorsitzende(r): Prof. Dr. Rudolf-Dieter Kraemer
Prof. Dr. Mechthild von Schoenebeck
Geschäftsführer(in): Dr. Carla Ullrich
Verbandszeitschrift: Musikpädagogische Forschung
Verlag: Die Blaue Eule, Stoetzelweg 3, 45359 Essen
Mitglieder: ca. 210

• O 145

Verband Deutscher Musikschaffender (VDM)
Postf. 42 02 48, 52037 Aachen
Kaiser-Friedrich-Allee 1-3, 52074 Aachen
T: (0241) 9 20 92 77 **Fax:** 9 20 92 78
Internet: http://www.vdm-musik.de
E-Mail: verband@vdm-musik.de
Ansprechpartner: Helga Quirini
Klaus Quirini

• O 146

Arbeitsgemeinschaft für mittelrheinische Musikgeschichte e.V.
c/o Musikwissenschaftliches Institut der Universität Mainz, Arbeitsstelle für landeskundliche Musikforschung
55099 Mainz
Postf. 39 80, 55029 Mainz
Jakob-Welder-Weg 18, 55128 Mainz
T: (06131) 3 92 22 59 **Fax:** 3 92 29 93
E-Mail: mahling@muwiinfa.geschichte.uni-mainz.de
Vorsitzende(r): Prof. Dr. Christoph-Hellmut Mahling
Stellvertretende(r) Vorsitzende(r): Dr. Günter Wagner

• O 147

Percussion Creativ e.V.
Hastverstr. 31, 90408 Nürnberg
T: (0911) 3 65 97 68 **Fax:** 3 65 97 68
Internet: http://www.percussion-creativ.de
E-Mail: G.Huber.percreat@t-online.de
Gründung: 1986
Präsident(in): Prof. Udo Dahmen
Geschäftsführer(in): Georg Huber
Verbandszeitschrift: Drums & Percussion, Percussio Newsletter
Mitglieder: 750

• O 148

Verband Deutsche Puppentheater e.V. (VDP)
Geschäftsstelle:
Spitalhofstr. 18b, 70437 Stuttgart
T: (0711) 8 49 40 10 **Fax:** 8 49 40 10
Internet: http://www.vdp-ev.de
E-Mail: vdpev@aol.com
Gründung: 1968
Vorsitzende(r): Jörg Dreismann (Untere Weinbergstr. 1, 34292 Ahnatal, T: (05609) 20 01, Fax: (05609) 76 04)
Geschäftsführer(in): Mechthild Claus (Pletschmühlenweg 100, 50259 Pulheim, T: (02238) 96 28 08, Fax: (02238) 96 28 09)
Beisitzer: Andreas Wahler (Julius-v.-Kreyfelt-Str. 2a, 36145 Hofbieber, T: (06657) 62 32, Fax: (06657) 64 63)
Verbandszeitschrift: Puppenspiel Information
Redaktion: P. K. Steinmann, Joachim-Friedrich-Str. 39/40, 10711 Berlin, T: (030) 8 91 20 69, Telefax: (030) 8 91 20 69
Versand: Andreas Bille, Schopsdorfer Chaussee 11, 14793 Ziesar, T/Fax: (033830) 6 12 22
Mitgliedsbühnen: 120

• O 149

Preis der deutschen Schallplattenkritik e.V.
Am Gehölz 67, 22844 Norderstedt
T: (040) 5 22 28 01 **Fax:** 5 22 28 01
Gründung: 1988
Vorsitzende(r): Dr. Hanspeter Krellmann (c/o Bayerische Staatsoper München)
Stellvertretende(r) Vorsitzende(r): Matthias Inhoffen (c/o Redaktion Audio, Stuttgart)
Sekretär: Ingo Harden
Mitglieder: 110

Filmwirtschaft

• O 150

Spitzenorganisation der Filmwirtschaft e.V. (SPIO)
Postf. 51 29, 65041 Wiesbaden
Kreuzberger Ring 56, 65205 Wiesbaden
T: (0611) 7 78 91-0 **Fax:** 7 78 91-39
E-Mail: spio@spio-fsk.de
Präsident(in): Dipl.-Kfm. Steffen Kuchenreuther
Geschäftsführer(in): Christiane von Wahlert
Helmut Poßmann
Leitung Presseabteilung: Markus Roth
Verbandszeitschrift: Filmstatistisches Taschenbuch
Redaktion: Markus Roth
Mitglieder: 9 Verbände

Förderung und Vertretung der Filmwirtschaft in allen gemeinsamen Angelegenheiten und Wahrung ihrer Interessen in der Bundesrepublik Deutschland

• O 151

Freiwillige Selbstkontrolle der Filmwirtschaft (FSK)
Kreuzberger Ring 56, 65205 Wiesbaden
T: (0611) 7 78 91-0 **Fax:** 7 78 91-39
E-Mail: fsk@spio-fsk.de
Gründung: 1949
Leitung: Peter Uhlig
Ursula Wedel
Geschäftsführer(in): Inge Kempenich (Ltg. Presseabteilung)
Mitarbeiter: 25 feste, 160 ehrenamtliche

• O 152

Bundesvereinigung des Deutschen Films e.V. (BuFi)
Veteranenstr. 21, 10119 Berlin
T: (030) 44 05 25 50 **Fax:** 44 05 25 50
E-Mail: bufi@acud.de
Vorstand: Klaus Schmutzer, Berlin
Anna Köhler, Mühlheim
Maria Wismeth
Geschäftsführer(in): Dagmar Kaczor
Mitglieder: 18
Mitarbeiter: 1

Regionalverbände / Filmbüros

o 153

Filmbüro Baden-Württemberg e.V.
Friedrichstr. 23A, 70174 Stuttgart
T: (0711) 22 10 67 **Fax:** 22 10 69
Geschäftsführerin: Beate Ehrmann

o 154

Arbeitsgemeinschaft Dokumentarfilm e.V. (ag dok)
Schweizer Str. 6, 60594 Frankfurt
T: (069) 62 37 00 **Fax:** (06142) 96 64 24
Internet: http://www.agdok.de
E-Mail: agdok@agdok.de
Geschäftsführer(in): Thomas Frickel

o 155

Berliner Arbeitskreis Film e.V. (BAF)
Neue Christstr. 6, 14059 Berlin
T: (030) 3 22 62 23 **Fax:** 3 22 62 23
Geschäftsführerin: Lioba Schmid

o 156

Berliner Film- und Fernsehverband e.V.
Burgstr. 27, 10178 Berlin
T: (030) 2 42 64 10 **Fax:** 2 42 64 02
Geschäftsführer(in): Klaus Schmutzer

o 157

Filmverband Brandenburg e.V.
Medienhaus
August-Bebel-Str. 26-53, 14482 Potsdam
T: (0331) 7 21-5321 **Fax:** 7 21-5323
E-Mail: Filmverband.Brandenburg@t-online.de
Geschäftsführer(in): Martin Rhys

o 158

Filmbüro Bremen e.V.
Waller Heerstr. 46, 28217 Bremen
T: (0421) 3 87 67 40 **Fax:** 3 87 67 42
Geschäftsführer(in): Michael Flügger

o 159

Filmbüro Hessen e.V.
Schützenstr. 12, 60311 Frankfurt
T: (069) 13 37 96-18 **Fax:** 13 37 99 98
Kontaktperson: Eva Heldmann

o 160

Mecklenburg-Vorpommern Film e.V
Röntgenstr. 22, 19055 Schwerin
T: (0385) 55 50 81, 55 50 77 **Fax:** 51 27 71
E-Mail: location.mv@t-online.de
Geschäftsführerin: Ruth Stegemann

o 161

Film- und Medienbüro Niedersachsen e.V.
Landesgeschäftsstelle
Postf. 18 61, 49008 Osnabrück
Lohstr. 45a, 49074 Osnabrück
T: (0541) 2 84 26 **Fax:** 2 95 07
Internet: http://www.filmbuero-nds.de
E-Mail: fmb.os@t-online.de
Geschäftsführer(in): Karl Maier

o 162

Filmbüro Nordrhein Westfalen e.V.
Postf. 10 05 34, 45405 Mülheim
Leineweberstr. 1, 45468 Mülheim
T: (0208) 44 98 41-4 **Fax:** 47 41 13
Geschäftsführer(in): Michael Wiedemann
Anna Köhler

o 163

Filmbüro Rheinland-Pfalz e.V.
Postf. 42 27, 55032 Mainz
Taunusstr. 5, 55118 Mainz
T: (06131) 61 15 38 **Fax:** 63 81 26
Günter Minas

o 164

Saarländisches Filmbüro e.V.
Nauwieser Str. 19, 66111 Saarbrücken
T: (0681) 3 60 47 **Fax:** 37 46 68
Christian Fuchs

o 165

Kulturelle Filmförderung Schleswig-Holstein e.V.
Schildstr. 12, 23552 Lübeck
T: (0451) 7 16 49 **Fax:** 7 53 74
E-Mail: filmbuerosh@t-online.de
Geschäftsführer(in): Jan Hammerich

o 166

Filmbüro Thüringen e.V.
Schloß Kromsdorf, 99441 Weimar
T: (03643) 42 21 80 **Fax:** 42 21 74
Geschäftsführer(in): Wolfgang Knappe

o 167

Bundesverband kommunale Filmarbeit e.V.
Schweizer Str. 6, 60594 Frankfurt
T: (069) 62 28 97 **Fax:** 6 03 21 85
Gründung: 1975
Geschäftsführer(in): Karl-Heinz Schmid
Verbandszeitschrift: kinema kommunal
Redaktion: Eckhard Schleifer
Mitglieder: 160

o 168

Förderverein Deutscher Kinderfilm e. V.
Amthorstr. 11, 07545 Gera
T: (0365) 8 00 10 07 **Fax:** 8 00 10 07
E-Mail: felsmannworin@01019freenet.de
Gründung: 1978 (22. Oktober)
Geschäftsführer(in): Klaus-Dieter Felsmann
Mitglieder: 200 Filmemacher, Regisseure, Autoren, Produzenten, Verleiher, Kinobetreiber, Journalisten und Pädagogen

o 169

Interessenverband für Filmkommunikation Berlin e.V.
c/o Wieland Becker
Veteranenstr. 21, 10119 Berlin
T: (030) 4 49 30 63 **Fax:** 4 49 30 63
E-Mail: ivfk@acud.de
Geschäftsführer(in): Wieland Becker

o 170

Verband der Filmarbeiterinnen e.V.
Niebuhrstr. 77, 10629 Berlin
T: (030) 8 83 74 44 **Fax:** 8 83 37 37
Internet: http://www.frauen-berlin.de
E-Mail: vefi@aol.com
Geschäftsführer(in): Silvana Abbrascia-Rath

• O 171

Verband der Filmverleiher e.V.
Postf. 57 03, 65047 Wiesbaden
Kreuzberger Ring 56, 65205 Wiesbaden
T: (0611) 7 78 92 21 **Fax:** 7 78 92 12
Internet: http://www.vdfkino.de
E-Mail: vdfkino@aol.com
Geschäftsführende(s) Vorstands-Mitglied(er): Peter Sundarp
Paul Steinschulte
Theo Hinz
Geschäftsführer(in): Johannes Klingsporn
Mitglieder: 46

• O 172

Interessengemeinschaft Deutscher Filmverleiher - IG Verleih
Postf. 10 65 45, 28065 Bremen
T: (0421) 34 20 84 **Fax:** 34 94 43
Gründung: 1982
Vors. u. GeschF: Detlef Ziegert
Stellvertretende(r) Vorsitzende(r): Molto Menz (T: (089) 41 80 01-0)
Verbandszeitschrift: Informationsbrief

• O 173

Deutsches Filmzentrum e.V.
Postf. 17 02 54, 53028 Bonn
Dorotheenstr. 239, 53119 Bonn
T: (0228) 9 85 59-11 **Fax:** 9 85 59 22
Internet: http://www.dfz.de
E-Mail: info@dfz.de
Gründung: 1960
Vorsitzende(r): Staatsminister a.D. Heinz Schwarz
Geschäftsführer(in): Jürgen Gerlach
Mitglieder: 26

• O 174

Deutsches Filmmuseum Frankfurt
Schaumainkai 41, 60596 Frankfurt
T: (069) 21 23-88 30 **Fax:** 2 12-3 78 81
Internet: http://www.deutsches-filmmuseum.de
E-Mail: info@deutsches-filmmuseum.de
Gründung: 1976
Leitung: Prof. Walter Schobert (T: (069) 2 12-3 33 69)
Thomas Worschech (Film- & Gerätearchiv, T: (069) 21 23 88 26)
Hans-Peter Reichmann (Sammlungen und Ausstellungen, T: (069) 2 12-3 36 23)
Kirsten Maier (Bibliothek, T: (069) 2 12-3 88 41/42)

• O 175

Hauptverband Deutscher Filmtheater e.V. (HDF)
Postf. 30 16 09, 10748 Berlin
Budapester Str. 39, 10787 Berlin
T: (030) 23 00 40-41 **Fax:** 23 00 40-26
Internet: http://www.kino-hdf.de
E-Mail: info@kino-hdf.de
Gründung: 1950 (02. März) als Zentralverband Deutscher Filmtheater (ZDF)
Präsident(in): Dipl.-Kfm. Steffen Kuchenreuther
Vizepräsident(in): Angela Lipp Fläxl
Hans Hunecke Altenscheid
Geschäftsführer(in): Wolf-Dietrich von Verschuer
Verbandszeitschrift: Inforum
Mitglieder: 742 Firmen mit 2782 Kinos
Mitarbeiter: 5
Jahresetat: ca. DM 1,5 Mio, € 0,77 Mio

• O 176

Verband Technischer Betriebe für Film- und Fernsehen e.V. (VTFF)
Haus der Wirtschaft
Am Schillertheater 2, 10625 Berlin
T: (030) 7 42 40 35 **Fax:** 7 42 40 36
E-Mail: vtff@eurotape.de

Gründung: 1949 (14. Oktober)
Internationaler Zusammenschluß: siehe unter izo 24
Geschf. Vors.: Claus Kühn
Stellvertretende(r) Vorsitzende(r): Erhard Arbogast, München
Dr. Christian Kube, Berlin
Hans Christoph Schöndienst, Hamburg
Joachim Schöneberger, Saarbrücken
Leiterin der Geschäftsstelle: Bärbel Baldt

Der Verband erstreckt sich auf das Gebiet der Bundesrepublik
Der Verband hat 25 Mitglieder

Wahrung und Förderung gemeinsamer Interessen der film- und fernsehtechnischen Betriebe; Vertretung vor Behörden, Verbänden und Öffentlichkeit im nationalen und internationalen Raum; Gutachten und Auskünfte; Abschluß von Tarifverträgen.

• O 177

Deutsche TV-Plattform e.V.
c/o ZVEI
60591 Frankfurt
T: (069) 63 02-311 **Fax:** 63 02-361
Vorsitzende(r): Jürgen Sewczyk
Dr.-Ing. Gerd Bock (stellv.)
Dr. Helmut Stein (stellv.)
Geschäftsführer(in): Dr. Paul-Albert Ruhr
Leitung Presseabteilung: Dr. Michael Thiele
Verbandszeitschrift: TV-ZUKUNFT
Redaktion: Dr. M. Thiele

• O 178

Deutsches Filminstitut (DIF)
Abteilung Dokumentation/Information/Direktion
Schaumainkai 41, 60596 Frankfurt
T: (069) 9 61 22 00 **Fax:** 62 00 60
Internet: http://www.filminstitut.de
E-Mail: Deutsches.Filminstitut@em.uni-frankfurt.de
Vorstand: Claudia Dillmann (Fachliche Direktorin)
Helmut Poßmann (Verwaltungsdirektor)

Abteilung Filmarchiv/Verwaltung
Kreuzberger Ring 56, 65205 Wiesbaden
T: (0611) 97 00 01-0 **Fax:** 97 00 01-5

• O 179

Filmmuseum der Landeshauptstadt Düsseldorf
Schulstr. 4, 40213 Düsseldorf
T: (0211) 8 99-2490 **Fax:** 8 99-3768
Internet: http://www.duesseldorf.de
Leitung: Dr. Sabine Lenk

• O 180

Stiftung Deutsche Kinemathek
Heerstr. 18-20, 14052 Berlin
T: (030) 30 09 03-0 **Fax:** 30 09 03-13
Gründung: 1962 (April)
Vorstand: Hans Helmut Prinzler
Leitung Presseabteilung: Wolfgang Jacobsen
Mitarbeiter: 30
Jahresetat: DM 6,4 Mio, € 3,27 Mio

• O 181

Internationale Filmfestspiele Berlin
Potsdamer Str. 5, 10785 Berlin
T: (030) 2 59 20-202 **Fax:** 2 59 20-299
Internet: http://www.berlinale.de
E-Mail: info@berlinale.de
Leitung: Moritz de Hadeln
Ulrich Gregor

• O 182

Freunde der Deutschen Kinemathek e.V.
Potsdamer Str. 2, 10785 Berlin
T: (030) 2 69 55-100, 2 69 55 (Intern. Forum) **Fax:** 2 69 55-222 (Forum)
E-Mail: fdk@forum-ifb.b.shuttle.de, 100024.327@compuserve.com
Gründung: 1963 (Verein), 1971 (Intern. Forum)
Vorstand: Sylvia Andresen
Ulrich Gregor
Gerhard Schoenberner
Publikation: "Kinemathek" und Spezial-Dokumentationen

• O 183

Bundesverband kommunale Filmarbeit e.V.
Schweizer Str. 6, 60594 Frankfurt
T: (069) 62 28 97 **Fax:** 6 03 21 85
Gründung: 1975
Vorsitzende(r): Ute Mader
Stellvertretende(r) Vorsitzende(r): Stefanie Schulte Strathaus
Hauptgeschäftsführer(in): Eckhard Schleifer
Verbandszeitschrift: kinema kommunal
Redaktion: Eckhard Schleifer
Mitglieder: 160

o 184

Landesverband der kommunalen Film- und Kinoarbeit Niedersachsen
c/o Kino im Künsterhaus
Sophienstr. 2, 30159 Hannover
T: (0511) 16 84 47 32 **Fax:** 16 84 14 88
Sigurd Hermes

o 185

Landesverband der Kommunalen Kinos Baden-Württemberg
Kommunales Kino Esslingen
Maille 5, 73728 Esslingen
T: (0711) 35 17 38 80 **Fax:** 35 48 12
Wolfgang Trostorf

o 186

Hessischer Landesverband Kommunale Filmarbeit
c/o Studentischer Filmkreis TUD
Karolinenplatz 5, 64289 Darmstadt
T: (06151) 16 33 39 **Fax:** 16 54 89
Andreas Heidenreich

• O 187

Arbeitsgemeinschaft Kino E.V.
Johannisstr. 17, 26121 Oldenburg
T: (0441) 88 47 57 **Fax:** 8 80 72
Gründung: 1972 (15. Februar)
1. Vorsitzende(r): Dr. Detlef Roßmann (Geschäftsf. Vorstand, Johannisstr. 17, 26121 Oldenburg, T: (0441) 88 47 57)
Geschäftsstelle: AG Kino e.V., Eva Matlok, Rosenthaler Str. 38, 10178 Berlin, T: (030) 2 83 65 31, Fax: (030) 2 85 39 87 26
Vorstand: Sabine Matthiesen
Steffen Heinke
Sven Weser
Thomas Bastian
Hermann Thieken
Verbandszeitschrift: AG Kino Press
Redaktion: H. Thieken, H.-Chr. Saßnick
Verlag: Thieken, Saßnick, Hasestr. 71, 49074 Osnabrück
Mitglieder: ca. 200 Programmkinos

Ziel des Vereins ist es, künstlerisch bedeutsame und filmhistorisch wichtige Filme der Öffentlichkeit zugänglich zu machen durch Beschaffung solcher Filme und ihre Vorführung durch ihre Mitglieder. Vertretung und Förderung der Intereressen der Programmkinos in Deutschland.

• O 188

Filmladen Kassel e.V.
Goethestr. 31, 34119 Kassel
T: (0561) 70 76 40 **Fax:** 7 07 64 41
Gründung: 1981
Vorsitzende(r): Henry Witzel (Ltg. Presseabt.)
Verbandszeitschrift: Filmladen-Programmzeitung
Redaktion: Filmladen Kassel e.V.
Verlag: Goethestr. 31, 34119 Kassel

• O 189

Filmförderungsanstalt (FFA)
- Bundesanstalt des öffentlichen Rechts
Postf. 30 18 08, 10746 Berlin
Budapester Str. 41, 10787 Berlin
T: (030) 25 40 90-0 **Fax:** 25 40 90-57
Internet: http://www.ffa.de
E-Mail: presse@ffa.de
Gründung: 1968 (1. Januar)
Vorstand: Rolf Bähr
Kirsten Niehuus (stellv.)
Pressesprecherin: Ann-Malen Witt
Verwaltungsleitung: Frank Völkert (E-Mail: voelkert@ffa.de)
Mitarbeiter: 32
Jahresetat: DM 80 Mio, € 40,9 Mio
Publikation: FFA-intern

• O 190

Kulturelle Filmförderung Schleswig-Holstein e.V.
Schildstr. 12, 23552 Lübeck
T: (0451) 7 16 49 **Fax:** 7 53 74
E-Mail: filmbuerosh@t-online.de
Gründung: 1989 (Mai)
Vorsitzende(r): Linde Fröhlich
Leiter d. Filmwerkstatt: Bernd-Günther Nahm
Geschäftsführer(in): Jan Hammerich
Verbandszeitschrift: Filmbrief
Redaktion: Jan Hammerich, Helmut Schulzeck, Angela Buske, Linde Fröhlich
Verlag: Kulturelle Filmförderung Schleswig-Holstein, Schildstr. 12, 23552 Lübeck
Mitglieder: 79
Mitarbeiter: 4

• O 191

Förderverein Deutscher Kinderfilm e. V.
Amthorstr. 11, 07545 Gera
T: (0365) 8 00 10 07 **Fax:** 8 00 10 07
E-Mail: felsmannworin@01019freenet.de
Gründung: 1978 (22. Oktober)
Vorstandssprecher: Klaus-Dieter Felsmann
Vorst.-Mitgl.: Thomas Draeger
Molto Menz
Ellen Herold-Witzel
Mitglieder: 200 Filmemacher, Regisseure, Autoren, Produzenten, Verleiher, Kinobetreiber, Journalisten und Pädagogen

• O 192

KJF

Kinder- und Jugendfilmzentrum in Deutschland (KJF)
Küppelstein 34, 42857 Remscheid
T: (02191) 7 94-2 33 **Fax:** 7 94-2 30
Internet: http://www.KJF.de
E-Mail: KJFMEDIA@AOL.COM
Gründung: 1977 (Januar)
Leitung: Horst Schäfer
Vors. d. Kuratoriums: Prof. Dr.phil. Peter Pleyer

• O 193

Bundesweites Schülerfilm- und Videozentrum e.V.
Postf. 19 67, 30019 Hannover
Lister Platz 1, 30163 Hannover
T: (0511) 66 11 02 **Fax:** 39 30 25
Internet: http://www.up-and-coming.de
E-Mail: info@up-and-coming.de
Vorsitzende(r): Burkhard Inhülsen

• O 194

Kinderkino München e.V.
Werner-Friedmann-Bogen 18, 80993 München
T: (089) 1 49 14 53 **Fax:** 1 49 48 36
Gründung: 1979
Vorsitzende(r): Hans Strobel
Stellvertretende(r) Vorsitzende(r): Michaela Seibel
Presse: Christel Strobel
Mitglieder: 14
Fachzeitschrift: Kinder- und Jugendfilm Korrespondenz (KJK)
Verlag: Eigenverlag

• O 195

Filmbewertungsstelle Wiesbaden (FBW)
Postf. 12 02 40, 65080 Wiesbaden
Rheingaustr. 140, 65203 Wiesbaden
T: (0611) 96 60 04-0 **Fax:** 96 60 04-11
Gründung: 1951
VD u. Ltg. Presseabt.: Steffen Wolf
Mitarbeiter: 8

• O 196

Freie Film Kritik e.V.
Kuenstr. 5, 50733 Köln
T: (0221) 72 47 42
Gründung: 1964 (11. November)
Vorsitzende(r): Heiko R. Blum (Ltg. Presseabt.)
Stellvertretende(r) Vorsitzende(r): Sigrid Schmitt (Ltg. Presseabt.)
Mitglieder: 10

• O 197

GÜFA Gesellschaft zur Übernahme und Wahrnehmung von Filmaufführungsrechten mbH
Postf. 14 02 63, 40072 Düsseldorf
Vautierstr. 72, 40235 Düsseldorf
T: (0211) 91 41 90 **Fax:** 6 79 88 87
Internet: http://www.guefa.de
E-Mail: info@guefa.de
Gründung: 1976
Geschäftsführer(in): Klaus E. Heinig
Mitglieder: 220

• O 198

Bundesverband Filmschnitt Cutter e.V. (B.F.S.)
Haimhauser Str. 5a, 80802 München
T: (089) 33 65 73 **Fax:** 33 65 73
Internet: http://www.bfs-cutter.de
E-Mail: mail@bfs-cutter.de

Gründung: 1984 (4. Juli)
Verbandszeitschrift: Cutter Guide 1999/2000
Redaktion: Verband
Mitglieder: 280

• O 199

GWFF Gesellschaft zur Wahrnehmung von Film- und Fernsehrechten mbH (GWFF)
Marstallstr. 8, 80539 München
T: (089) 22 26 68, 22 26 69 **Fax:** 22 95 60
Gründung: 1982 (19. März)
Geschäftsführer(in): Prof. Dr. Ronald Frohne

Treuhänderische Wahrnehmung von Ansprüchen aus dem Urheberrechtsgesetz für Film- und Fernsehproduzenten, Videoprogrammhersteller sowie für Regisseure.

• O 200

Gesellschaft zur Verfolgung von Urheberrechtsverletzungen e.V. (GVU)
Bramfelder Str. 102a, 22305 Hamburg
T: (040) 6 90 61 41-44 **Fax:** 6 90 62 37
Internet: http://www.gvu.de
Gründung: 1984 (20. Dezember)
Vorsitzende(r): Bodo Schwartz
Geschäftsführer(in): Joachim Tielke (Leitung Presseabteilung)
Verbandszeitschrift: GVU News
Redaktion: GVU News
Verlag: Eigenverlag
Mitglieder: 70 Unternehmen
Mitarbeiter: 18
Jahresetat: DM 2,9 Mio, € 1,48 Mio

• O 201

Hochschule für Fernsehen und Film München
Frankenthaler Str. 23, 81539 München
T: (089) 6 89 57-0 **Fax:** 6 89 57-189
E-Mail: info@hff-muc.de
Gründung: 1967
Präsident(in): Prof. Dr. h.c. Albert Scharf
Kanzlerin: Ulrike Neuneyer
Leitung Presseabteilung: Gabriele von Schlieffen
Mitarbeiter: 74

• O 202

Konferenz der Landesfilmdienste in der Bundesrepublik Deutschland e.V.
Rheinallee 59, 53173 Bonn
T: (0228) 35 50 02 **Fax:** 35 82 69
Internet: http://www.landesfilmdienste.de
E-Mail: Konferenz@t-online.de
Gründung: 1954
Vorsitzende(r): Klaus Walter Müller
GeschF. u. Ltg. d. Presseabt.: Heinz-Joachim Herrmann
Mitglieder: 14 Landesfilmdienste

Kostenfreier Medienverleih, medienpädagogische Seminare, Medienservice: Filmgeräte, Tontechnik, Studio und Videoaufnahmen.

Landesfilmdienste

o 203

Landesfilmdienst Baden-Württemberg e.V.
Wolframstr. 20, 70191 Stuttgart
T: (0711) 25 10 12 **Fax:** 2 56 94 00

o 204

Landesfilmdienst Bayern e.V.
Dietlindenstr. 18, 80802 München
T: (089) 38 16 09-15 **Fax:** 38 16 09-20

o 205

Landesfilmdienst Berlin-Brandenburg e.V.
Bismarckstr. 80, 10627 Berlin
T: (030) 32 79 29-0 **Fax:** 32 79 29-29

o 2 05.10

Landesfilmdienst Filmothek Hamburg
Zeise Hallen
Friedensallee 7, 22765 Hamburg
T: (040) 3 90 52 74 **Fax:** 3 90 56 31

o 206

Landesfilmdienst Hessen e.V.
Institut für Medienpädagogik und Kommunikation
Kennedyallee 105a, 60596 Frankfurt
T: (069) 6 30 09 40 **Fax:** 63 00 94 30

o 207

Landesfilmdienst Mecklenburg-Vorpommern e.V.
Bleicherstr. 3, 19053 Schwerin
T: (0385) 5 81 33 59 **Fax:** 5 81 33 60

o 208

Landesfilmdienst Niedersachsen e.V.
Podbielskistr. 30, 30163 Hannover
T: (0511) 66 13 93 **Fax:** 66 77 92

o 209

Landesfilmdienst Nordrhein-Westfalen e.V.
Schirmerstr. 80, 40211 Düsseldorf
T: (0211) 36 05 56 **Fax:** 35 82 79
Internet: http://www.landesfilmdienste.de/lfd/nrw
E-Mail: lfd-nrw@t-online.de

o 210

Landesfilmdienst Rheinland-Pfalz e.V.
LFD-Haus
Deutschhausplatz, 55116 Mainz
T: (06131) 28 78 80 **Fax:** 2 87 88 25

o 211

Landesfilmdienst Saarland e.V.
Halbergstr. 3, 66121 Saarbrücken
T: (0681) 6 33 93 **Fax:** 6 33 94

o 212

Landesfilmdienst Sachsen e.V.
Karl-Heine-Str. 83, 04229 Leipzig
T: (0341) 4 77 41 55 **Fax:** 4 77 41 53

o 213

Landesfilmdienst Sachsen-Anhalt e.V.
An der Waisenhausmauer 5, 06108 Halle
T: (0345) 2 09 01 60 **Fax:** 2 09 01 62

o 214

Landesfilmdienst Schleswig-Holstein e.V.
Thormannplatz 20-22, 24768 Rendsburg
T: (04331) 78 98 55 **Fax:** 7 79 41

o 216

Landesfilmdienst Thüringen e.V.
Brühler Str. 52, 99084 Erfurt
T: (0361) 2 21 81 13 **Fax:** 2 21 81 50

• O 217

Gilde deutscher Filmkunsttheater e.V.
Waldseer Str. 3, 88400 Biberach
T: (07351) 1 30 50 **Fax:** 1 37 64
Gründung: 1953 (Juli)
Vorsitzende(r): Adrian Kutter
Verbandszeitschrift: 1) "Der Gildendienst"
Redaktion: Informationszentrale der Gilde deutscher Filmkunsttheater e.V., Hamsterweg 24, 85598 Baldham
Mitglieder: 232 (Stand: 1.1.2000)

• O 218

Verband der Szenenbildner, Filmarchitekten und Kostümbildner in Europa e.V. (SFK)
Bavariafilmplatz 7, 82031 Grünwald
T: (089) 6 49 31 39 **Fax:** 6 49 29 08
Internet: http://www.sfk-verband.de
E-Mail: info@sfk-verband.de
Gründung: 1983 (29. September)
1. Vorsitzende(r): Jana Karen
2. Vorsitzende(r): Uta Freiwald
Geschäftsführer(in): Michael Hartmann
Verbandszeitschrift: Film + Television Design Annual
Mitglieder: 200

• O 219

Verband Deutscher Schauspieler-Agenturen e.V.
Einsteinstr. 1, 81675 München
T: (089) 4 19 72-218 **Fax:** 4 19 72-200
Internet: http://www.schauspieler-agenturen.de
Vorstand: Doris Mattes
Agnes Rehling
Geschäftsführer(in): RA Gunter Fette

• O 220

Interessenverband Deutscher Schauspieler e.V. (IDS)
Prinzregentenstr. 52, 80538 München
T: (089) 22 35 95 **Fax:** 22 68 23
Gründung: 1977
1. Vorsitzende(r): RA Holger von Hartlieb
Leitung Presseabteilung: Stefan Miller

• O 221

Filmbüro Nordrhein Westfalen e.V.
Postf. 10 05 34, 45405 Mülheim
Leineweberstr. 1, 45468 Mülheim
T: (0208) 44 98 41-4 **Fax:** 47 41 13
Gründung: 1980
Geschäftsführer(in): Michael Wiedemann
Anna Köhler
Mitglieder: 160
Mitarbeiter: 4
Jahresetat: DM 3,6 Mio, € 1,84 Mio

• O 222

Bundesverband Deutscher Film- und AV Produzenten e.V.
Postf. 57 03, 65047 Wiesbaden
Kreuzberger Ring 56, 65205 Wiesbaden
T: (0611) 7 78 91 37 **Fax:** 7 78 91 39
Vorstand: Wolfgang Jo Huschert (Vors.)
H. J. Schrader
St. Thies
Mitglieder: 50

Interessenvertretung der Mitglieder im Bereich des Kurz-, Dokumentar- und Industriefilms gegenüber allen Fachinstitutionen, Behörden und Parlamenten, Mitarbeit in den filmwirtschaftlichen Organisationen des In- und Auslands.

• O 223

Verband Deutscher Spielfilmproduzenten e.V.
Beichstr. 8, 80802 München
T: (089) 39 11 23 **Fax:** 33 74 32
Vorsitzende(r): Franz Seitz

• O 224

Arbeitsgemeinschaft Neuer Deutscher Spielfilmproduzenten e.V.
Agnesstr. 14, 80798 München
T: (089) 2 71 74 30 **Fax:** 2 71 97 28
Gründung: 1967
Vorstand: Gerhard von Halem
Alfred Hürmer
Eberhard Junkersdorf
Laurens Straub
Thomas Wöbke
Geschäftsführer(in): RA'in Margret Evers
Mitglieder: 108
Mitarbeiter: 2

• O 225

Arbeitsgemeinschaft Dokumentarfilm e.V. (ag dok)
Schweizer Str. 6, 60594 Frankfurt
T: (069) 62 37 00 **Fax:** (06142) 96 64 24
Internet: http://www.agdok.de
E-Mail: agdok@agdok.de
Gründung: 1980
Geschäftsführender Vorsitzender: Thomas Frickel
Stellvertretende(r) Vorsitzende(r): Renée Gundelach, Berlin
C. Cay Wesnigk, Lübeck
Bertram Verhaag, München
Verbandszeitschrift: ag-dok Mitglieder-Info & Mitglieder-Handbuch
Mitglieder: 550

• O 226

Bund Deutscher Film- und Video-Amateure e.V. (BDFA)
Alemannenstr. 60, 97318 Kitzingen
T: (09321) 2 13 03 **Fax:** 2 13 08
E-Mail: stampehl@t-online.de
Gründung: 1927
Präs. u. Vors: Hans Joachim Stampehl
Vizepräsident(in): Hannelore Teich
Bernd Lindner
Dr. Gert Richter
Verbandszeitschrift: Film und Video
Redaktion: Dr. Gert Richter
Mitglieder: 5500 in 350 Film- und Videoclubs

Je 1 Landesverband in jedem Bundesland

• O 227

Ring der Tonband- und Videofreunde e.V. (RdT)
Johann-Sebastian-Bach-Str. 33, 88400 Biberach
T: (07351) 7 33 54 **Fax:** 1 77 07
E-Mail: RuetterPH@aol.com
Gründung: 1957
Internationaler Zusammenschluß: siehe unter izu 393
Vorsitzende(r): Paul-Heinz Rütterswörden
Stellvertretende(r) Vorsitzende(r): Carl-Ulrich Huhn (Elbinger Str. 19, 69502 Hemsbach, T: (06201) 7 26 52)
Schatzmeister: Fritz Spielmann (Postf. 12 43, 36393 Steinau, T: (06663) 52 70)

Schriftführerin: Renate Rütterswörden (Joh.-Seb.-Bach-Str. 33, 88400 Biberach, T: (07351) 7 33 54, Telefax: (07351) 1 77 07)
Verbandszeitschrift: Ton + Video Report
Redaktion: Günter Schassberger
Mitglieder: ca. 300

Landesverbände

o 228

Landesverband Tonbandfreunde Baden-Württemberg
Lerchenstr. 43, 89547 Gerstetten
T: (07323) 91 90 23 **Fax:** 91 90 24
Peter Edelmann

o 229

Landesverband Tonbandfreunde Bayern
Frühlingstr. 2, 84030 Ergolding
T: (0871) 7 33 48 **Fax:** 7 33 43
Willibald Kappl

o 230

Landesverband Tonbandfreunde Hamburg - Schleswig-Holstein - Berlin
An der Hudau, 24576 Bad Bramstedt
T: (04192) 54 08
Bernd Rode

o 231

Landesverband Tonbandfreunde Niedersachsen-Bremen
Im Ellener Feld 63, 28327 Bremen
T: (0421) 42 01 51
Doris Beins

o 232

Landesverband Tonbandfreunde Nordrhein-Westfalen
Gantenhals 28, 44229 Dortmund
T: (0231) 59 98 24
Ekkehard Neumann

• O 233

Verband Deutscher Drehbuchautoren e.V.
Rosenthaler Str. 39, 10178 Berlin
T: (030) 2 82 42 05 **Fax:** 2 83 17 96
Internet: http://www.drehbuchautoren.de
E-Mail: info@drehbuchautoren.de
Gründung: 1986 (16. Dezember)
Vorstand: Thomas Bauermeister
Hans-Henning Borgelt
Kerstin Mehle
Gernot Kräa
Benedikt Röskau
Jürgen Starbatty
Dr. Lienhard Wawrzyn
Geschäftsführer(in): Dr. Jürgen Kasten
Verbandszeitschrift: Nachrichtenbrief des Verbandes Deutscher Drehbuchautoren e.V.
Redaktion: Jürgen Kasten
Mitglieder: 400

• O 234

ASIFA Trickfilmverband der Bundesrepublik Deutschland e.V.
Büro:
c/o Film- u. Kulturzentrum PENTACON
Kesselsdorfer Str. 208, 01169 Dresden
T: (0351) 8 69 42 90 **Fax:** 8 69 42 59
Vorsitzende(r): Otto Alder
Mitglieder: 38

o 235

ASIFA Animationsfilmverband der BRD e.V.
c/o Film- u. Kulturzentrum PENTACON
Schandauer Str. 64, 01277 Dresden
T: (0351) 3 46 30 45 **Fax:** 3 36 00 99
Vorsitzende(r): Götz Gruner
Ltr. Geschäftsst.: Ute Pischtschan
Mitglieder: 85

• O 236

Grenzland-Filmtage
Postf. 3 07, 95622 Wunsiedel
Hornschuchstr. 1, 95632 Wunsiedel
T: (09232) 47 70 **Fax:** 47 10
E-Mail: Grenzland-Filmtage@T-online.de
Gründung: 1980 (20. März)
Vorsitzende(r): Lena Wilfert
Adele Tröger
Verbandszeitschrift: Grenzland-Filmtage Programm-Heft & Programm-Katalog
Mitglieder: 42
Mitarbeiter: ca. 20 freiberufliche Honorarkräfte
Jahresetat: DM 0,140 Mio, € 0,07 Mio

• O 237

Filminitiative Würzburg e.V.
Gosbertsteige 2, 97082 Würzburg
T: (0931) 41 40 98 **Fax:** 41 62 79
Internet: http://www.wuerzburg.de/ifw/
E-Mail: Fiwokrem@t-online.de
Gründung: 1974
Vorstand: Berthold Kremmler
Ulrike Wolk
Johannes Tietze

Org. d. INTERNATIONALEN FILMWOCHENENDES WÜRZBURG (letztes Jan.-Wochenende)

• O 238

Berliner Arbeitskreis Film e.V. (BAF)
c/o Lioba Schmid
Neue Christstr. 6, 14059 Berlin
T: (030) 3 22 62 23 **Fax:** 3 22 62 23

• O 239

Verband Deutscher Werbefilmproduzenten e.V.
Geschäftsstelle:
Poststr. 33 6.St., 20354 Hamburg
T: (040) 3 50 85 13 **Fax:** 3 50 85 80
E-Mail: haerlin@werbefilmproduzenten.de
Vorstand: Reinhard Gedack (Sprecher)
Hans-Jürgen Bertrams
Hatto Kurtenbach
Manfred Vogelsänger
Geschäftsführer(in): Uta-Sabine Haerlin
Mitglieder: 35

• O 240

Verband Deutscher Filmexporteure e.V.
Tegernseer Landstr. 75, 81539 München
T: (089) 6 92 06 60 **Fax:** 6 92 09 10
Gründung: 1956 (24. Mai)
Vorstand: Dieter Menz (Atlas International Film GmbH, Rumfordstr. 29-31, 80469 München)
Wolfram Skowronnek-Schaer (CINEPOOL, Abtlg. der Telepool GmbH, Sonnenstr. 21, 80331 München)
Geschäftsführer(in): Lothar Wedel (Tegernseer Landstr. 75, 81539 München)
Mitglieder: 18

• O 241

Institut @für den @Wissenschaftlichen Film gem. GmbH · Göttingen
Postf. 23 51, 37013 Göttingen
Nonnenstieg 72, 37075 Göttingen
T: (0551) 50 24-0 **Fax:** 50 24-400
Internet: http://www.iwf.de
E-Mail: iwf-goe@iwf.de
Gründung: 1956
Geschäftsführer(in): Dr.-Ing. Hartmut Rudolph
Dr.jur. Hanns Ulrich Frhr. v. Spiegel
Leitung Presseabteilung: Michaela Gräfin v. Bullion
Mitarbeiter: 60
Jahresetat: ca. DM 7 Mio, € 3,58 Mio

• O 242

BUNDESVERBAND JUGEND UND FILM e.V.

Kennedyallee 105a, 60596 Frankfurt
T: (069) 6 31 27 23 **Fax:** 6 31 29 22
Internet: http://www.bjf.bkj.de
E-Mail: BJFeV@aol.com
Gründung: 1970 (31. Oktober)
Vorsitzende(r): Elke Ried
Geschäftsführer(in): Reinhold T. Schöffel
Verbandszeitschrift: BJF - Magazin
Redaktion: Martina Klesel, Reinhold T. Schöffel
Mitglieder: 1200 Gruppen

Verleih von Filmen für Mitgliedsgruppen aus der vereinsinternen Filmothek, Veranstaltung von Seminaren und Tagungen, Herausgabe von Publikationen zur Filmarbeit, vor allem mit Kindern und Jugendlichen.

o 243

Landesarbeitsgemeinschaft Kinder, Jugend und Film Baden-Württemberg
Senefelderstr. 19, 70178 Stuttgart
Iris Loos

o 244

Landesarbeitsgemeinschaft für Jugendfilmarbeit und Medienerziehung Bayern
Balthasar-Neumann-Str. 22, 97447 Gerolzhofen
T: (09382) 82 45 **Fax:** 82 69
Walter Stock

o 245

Landesarbeitsgemeinschaft für Jugendfilmarbeit Berlin e.V.
Peter-Vischer-Str. 14, 12157 Berlin
T: (030) 25 88 30 39
Wolfram Englert

o 246

Landesarbeitsgemeinschaft für Jugendfilmarbeit Bremen
Wallhöfener Moor 7, 27729 Vollersode
T: (04794) 17 94
Beate Deinert

o 247

Landesarbeitsgemeinschaft Jugend und Film Hamburg
Sierichstr. 56, 22301 Hamburg
Brigitte Seibold

o 248

Landesverband Jugend und Film Hessen
Gräfstr. 80, 60486 Frankfurt
Bernd Reimer

o 249

Landesverband Filmkommunikation e.V. des Landes Mecklenburg-Vorpommern
Feldstr. 43, 18273 Güstrow
T: (03843) 68 78 08 **Fax:** 68 78 08
Jens-Hagen Schwadt

o 250

Landesarbeitsgemeinschaft für Jugendfilmarbeit und Medienerziehung Niedersachsen e.V.
Moorstr. 98, 29664 Walsrode
T: (05161) 91 14 63 **Fax:** 91 14 64
Norbert Mehmke

o 251

Landesarbeitsgemeinschaft für Jugendfilmarbeit Rheinland-Pfalz
c/o Landesfilmdienst Rheinland-Pfalz
Postf. 30 04, 55020 Mainz
T: (06131) 2 87 88-30 **Fax:** 2 87 88-25

o 252

Landesverband Jugend und Film Saarland
c/o Kino Achteinhalb
Nauwieser Str. 19, 66111 Saarbrücken
T: (0681) 3 90 88 80 **Fax:** 37 46 68
Ingrid Kraus

o 253

Landesverband Jugend und Film Sachsen
c/o Sächs. Kinder- und Jugendfilmdienst e.V.
Zwickauer Str. 157, 09116 Chemnitz
T: (0371) 30 77 04

o 254

Landesverband Jugend und Film Sachsen-Anhalt e.V.
Südring 15c, 39288 Burg
T: (03921) 98 00 35
Peter Hansen

o 255

Landesarbeitsgemeinschaft für Jugendfilmarbeit und Medienerziehung Schleswig-Holstein e.V.
Jugendhof Scheersberg, 24972 Quern
T: (04632) 84 80 14 **Fax:** 84 80 30
Ulrich Ehlers

o 256

Interessenverband für Filmkommunikation Thüringen e.V.
Trierer Str. 63, 99423 Weimar
T: (03643) 50 55 55 **Fax:** 50 55 55
Petra Beltz

• O 257

Verband junger Medienmacher Baden-Württemberg e.V. (VJM)
Postf. 20 27, 71010 Böblingen
T: (0173) 3 62 22 14 **Fax:** (07031) 87 47 15
E-Mail: vjm-bw@gmx.de
Vorsitzende(r): Dave Tjiok
Stellvertretende(r) Vorsitzende(r): Jürgen Tobisch
Christine Neumann
Öffentlichkeitsarbeit: Dave Tjiok
Verbandszeitschrift: Scripts, Magazin für junge Medienmacher
Redaktion: Scripts
Verlag: Wikingerweg 61, 70439 Stuttgart
Mitglieder: 250
Mitarbeiter: 15 ehrenamtl.

• O 258

Verband junger Film- und Medienschaffender e.V. (VjFM)
Bornstr. 241-243, 44145 Dortmund
T: (0231) 86 10 08-0 **Fax:** 86 10 08-18
Internet: http://www.vjfm.de
E-Mail: info@vjfm.de
Gründung: 1998
Geschäftsführer(in): Daniel Poznanski (Jurist; Leitung Presseabteilung)
Vorsitzende(r): Manuela Keggenhoff (Kommunikations- und Medienwirtin)
Mitglieder: 100

• O 259

LAG Jugend & Film Niedersachsen e.V.
Moorstr. 98, 29664 Walsrode
T: (05161) 91 14 63 **Fax:** 91 14 64
Gründung: 1956
Vorsitzende(r): Norbert Mehmke
Leitung Presseabteilung: Heiko Messerschmidt
Mitglieder: 300
Mitarbeiter: 5

• O 260

Institut für Medienpädagogik in Forschung und Praxis
Pfälzer-Wald-Str. 64, 81539 München
T: (089) 6 89 89-0 **Fax:** 6 89 89-111
Internet: http://www.jff.de
E-Mail: jff@jff.de
Gründung: 1949 (21. Dezember)
Vorsitzende(r): Prof. Dr. Bernd Schorb
Geschäftsf. Direktor: Dr. Fred Schell
Wissenschaftl. Direktorin: Dr. Helga Theunert
Öffentlichkeitsarbeit: Claudia Schniderer

• O 261

Internationales Forum des jungen Films
Potsdamer Str. 2, 10785 Berlin
T: (030) 2 69 55-200 **Fax:** 2 69 55-222
Internet: http://www.fdk-berlin.de
E-Mail: forum@fdk-berlin.de
Gründung: 1971 (1. April)
Leiter u. Vors.: Ulrich Gregor
Stellvertretende(r) Vorsitzende(r): Sylvia Andresen
Hauptgeschäftsführer(in): Marina Röhler
Leitung Presseabteilung: Erika Gregor
Verbandszeitschrift: Kinemathek
Verlag: Freunde der Deutschen Kinemathek e.V., Potsdamer Str. 2, 10785 Berlin
Mitarbeiter: ca. 15

• O 262

Mittelstand in den Medien e.V.
Windener Str. 6, 85254 Einsbach
T: (08135) 91 03 **Fax:** 80 29
Gründung: 1982
Vorsitzende(r): Dr. Dietmar Straube (perimed Verlag, Vogelherd 35, 91058 Erlangen)
Stellvertretende(r) Vorsitzende(r): Dipl.-Volksw. Peter Mank (i. Fa. Mank GmbH, Ilmenauweg 2, 30851 Langenhagen, T: (0511) 77 22 88)
St.Vors. u. GeschF: Dipl.-Volksw. Jürgen Metzger
Leitung Presseabteilung: Dipl.-Volksw. Jürgen Metzger

• O 263

Gesellschaft für Medienpädagogik und Kommunikationskultur in der Bundesrepublik e.V. (GMK)
Geschäftsstelle:
Körnerstr. 3, 33602 Bielefeld
T: (0521) 6 77 88 **Fax:** 6 77 27
Internet: http://www.medienpaed.de
E-Mail: gmk@medienpaed.de
Gründung: 1984 (13. März)
1. Vorsitzende(r): Dieter Wiedemann
Geschäftsführer(in): Jürgen Lauffer (GMK-Geschäftsstelle)
Ltg. Pressabt., PR: Dr. Lothar Mikos
Verbandszeitschrift: GMK-Rundbrief
Mitglieder: 850
Landesverbände:

Berlin, Baden-Württemberg, Bayern, Brandenburg, Hamburg, Hessen, Niedersachsen, Nordrhein-Westfalen, Mecklenburg-Vorpommern, Rheinland-Pfalz, Saarland, Sachsen, Sachsen-Anhalt, Thüringen.

Fachgruppen:

Qualitative Medien- und Kommunikationsforschung
Philosophisch-Pädagogische Grundfragen
Schule
Erwachsenenbildung
Kinder und Jugendliche
Hörmedien
Medien und Geschlecherverhältnisse
Medienpädagogische Berufsprofile
Multimedia

• O 264

Film Funk Fernseh Zentrum der Evangelischen Kirche im Rheinland (FFFZ)
Postf. 30 03 43, 40403 Düsseldorf
Kaiserswerther Str. 450, 40474 Düsseldorf
T: (0211) 45 80-2 50 **Fax:** 45 80-2 00
Leitung: Jürgen Jaissle (Ltg. Presseabt.)

• O 265

KIM Katholisches Institut für Medieninformation GmbH
Am Hof 28, 50667 Köln
T: (0221) 92 54 63-0 **Fax:** 92 54 63-37, 92 54 63-6
Internet: http://www.kim-info.de
E-Mail: Kimthull@netcologne.de
Gründung: 1953 (16. Januar) als e.V., 19.12.96 als GmbH
Chefredakteur: Dr. Martin Thull
Geschäftsführer(in): Dr. Martin Thull
Mitarbeiter: 15
Zeitschriften:
Funkkorrespondenz, verantw. Redakteur:
Dieter Anschlag
film-dienst, verantw. Redakteur:
Horst Peter Koll
Fernsehdienst, verantw. Redakteur: Dr. Peter Kurath
(alle im Eigenverlag)

Information über Struktur, Arbeitsweise und Erscheinungen der publizistischen Medien Hörfunk, Fernsehen, Film und Video.

• O 266

Evangelisches Zentrum für entwicklungsbezogene Filmarbeit
Kniebisstr. 29, 70188 Stuttgart
T: (0711) 9 25 77 50 **Fax:** 9 25 77 25
Internet: http://www.gep.de/filmar/ezef.html
E-Mail: ezef@geod.geonet.de
Leitung: Bernd Wolpert

• O 267

Christliche Medien-Akademie (CMA) des Christlichen Medienverbundes KEP e.V.
Postf. 18 69, 35528 Wetzlar
Steinbühlstr. 3, 35578 Wetzlar
T: (06441) 9 15-151 **Fax:** 9 15-157
Internet: http://www.kep.de
E-Mail: cma@kep.de
Leitung: Wolfgang Baake
Aus- u. Fortbildungsreferent: Michael Höhn

• O 268

Medieninitiative Babelsberg e.V.
Dianastr. 21, 14482 Potsdam
T: (0331) 7 06 03 71 **Fax:** 7 06 03 76
E-Mail: brigitte.fritzsche@ufa.de
Vorsitzende(r): Dipl.-Volksw. Adalbert Rohloff
Verbandszeitschrift: Newsletter Medienstadt

• O 269

AV-Medienzentrale Mainz
Postf. 30 04, 55020 Mainz
Petersstr. 3 (Deutschhausplatz), 55116 Mainz
T: (06131) 2 87 88-0 **Fax:** 2 87 88-25
Gründung: 1973
Vorsitzende(r): Günther Gremp, Mainz
Geschäftsführer(in): Horst Grundheber, Mainz
Verbandszeitschrift: AVMZ-aktuell
Mitarbeiter: ca. 20

• O 270

Arbeitsgemeinschaft der diözesanen AV-Medienstellen
Kaiserstr. 163, 53113 Bonn
T: (0228) 10 33 27 **Fax:** 10 33 29
Internet: http://www.katholische-kirche.de
E-Mail: k.henning@dbk.de
Vorsitzende(r): J. Karsten Henning

• O 271

Bundesverband Video, Vereinigung der Video-Programmanbieter Deutschlands e.V.
Gurlittstr. 31, 20099 Hamburg
T: (040) 24 12 98, 24 12 99 **Fax:** 24 67 63
Internet: http://www.bv-video.de
E-Mail: BVVideo@t-online.de
Gründung: 1982 (16. September)
Vorsitzende(r): Bodo Schwartz (GeschF. d. TCFHE (Germany) GmbH)
Wolfgang Otterstein (Kiosk Audio Video Cassetten GmbH)
Jean Hermsen (Warner Home Video GmbH)
Geschäftsführende(s) Vorstands-Mitglied(er): RA Joachim A. Birr
Mitglieder: 32

• O 272

Interessengemeinschaft unabhängiger Video-Produzenten e.V.
c/o Loretta Walz
Südendstr. 13, 12169 Berlin
T: (030) 8 61 88 10 **Fax:** 8 61 88 13
Vorstand: Gunter Richter
Paul Stutenbäumer
Loretta Walz

• O 273

Verwertungsgesellschaft der Film- und Fernsehproduzenten mbH (VFF)
Widenmayerstr. 32, 80538 München
T: (089) 2 12 14 71 15 **Fax:** 2 28 55 62
Gründung: 1979
Geschäftsführer(in): Bernd Burgemeister
Prof. Dr. Johannes Kreile

Gegenstand des Unternehmens ist die treuhänderische Wahrnehmung von Rechten und Ansprüchen, die sich für Hersteller von Filmen und von Laufbildern (z. B. für Kino-, Fernseh- und AV-Zwecke) und von Synchronisationen sowie für Sendeunternehmen und deren Werberundfunkgesellschaften aus dem Urheberrechtsgesetz ergeben sowie die Verteilung der erzielten Einnahmen an die Berechtigten.

• O 274

Verband der Fernseh-, Film- und Videowirtschaft Nordrhein-Westfalen e.V. (VFFV)
Brüsseler Str. 89-93, 50672 Köln
T: (0221) 5 77 75-0 **Fax:** 5 77 75-55
Internet: http://www.vffv.de
E-Mail: info@vffv.de
Gründung: 1982
Vorstand: Konstantin von Ahlefeld
Axel Link
Roland Willaert
Andreas Lederitz
Ewerhard Engels
Geschäftsführer(in): Monika König
Verbandszeitschrift: VFFV Info-Dienst
Redaktion: Monika König
Mitglieder: 85
Mitarbeiter: 2

Rundfunk, Fernsehen

• O 275

Arbeitsgemeinschaft der öffentlich-rechtlichen Rundfunkanstalten der Bundesrepublik Deutschland (ARD)
Ständiges ARD-Büro:
Postf. 10 10 01, 60010 Frankfurt

Bertramstr. 8, 60320 Frankfurt
T: (069) 59 06 07 **Fax:** 1 55-2075
Internet: http://www.ard.de
E-Mail: info@ard.de
Gründung: 1950 (9./10. Juni)
Direktor ARD-Büro: Erhard Metz
Vorsitzende(r): Prof. Peter Voß

Geschäftsführende Anstalt:

o 276
Südwestrundfunk (SWR)
70150 Stuttgart
Neckarstr. 230, 70190 Stuttgart
T: (0711) 9 29-0 **Fax:** 9 29-2600
Internet: http://www.swr-online.de
E-Mail: pressestelle@ard.de
ARD-Referat/ARD-Pressestelle: T: (0711) 9 29-10 30, Fax: 9 29-1035, I-Net: ard.de/presse

o 277
ARD-Gemeinschaftsprogramm Erstes Deutsches Fernsehen
Programmdirektion Erstes Deutsches Fernsehen:
Postf. 20 06 65, 80006 München
Arnulfstr. 42, 80335 München
T: (089) 59 00-01 **Fax:** 59 00-3249
Internet: http://www.das-erste.de
E-Mail: info@das-erste.de
Programmdir.: Dr. Günter Struve (Erstes Deutsches Fernsehen)
Medienforschung: Wolfgang Darschin
Koordinator für Politik, Gesellschaft und Kultur: Hartmann von der Tann
Koordinator für Auslandsfragen: Andreas Weiss
Koordinator für Sport: Peter Jensen (Hauptabteilungsleiter Sport NDR)
Koordinator für Fernsehfilme: Dr. Jürgen Kellermeier (Fernsehprogrammdirektor NDR)
Koordinator Unterhaltung: Henning Röhl (Fernsehdirektor des MDR)
Koordinator f. Spielfilm u. Filmförderung: Jörn Klamroth (Fernsehprogrammdirektor des WDR)
Koordinator für das Familienprogramm: Dr. Gerhard Fuchs (Fernsehdirektor BR)
Koordinator für kirchliche Sendungen und Federführung für Musikprogramme: Dr. Hans Heiner Boelte
Koordinator für Vorabend: Dr. Peter Werner (BR)
Koordinator für 3sat: Dr. Christof Schmid (Fernsehdirektor des SWR)
Koordinator für ARTE: Geschf. Dr. Klaus Wenger (ARTE Deutschland TV GmbH)
Koordinator für Fernsehproduktion: Stellv. Intendant u. Produktionsdir. Joachim Lampe (NDR)
ARD-Beauftragter für digitales Fernsehen: Michael Albrecht (Programmdirektion Erstes Deutsches Fernsehen)
Fernsehbeirat: Danny Brees (Vors., WDR)

ARD Rundfunkanstalten

• O 278
Bayerischer Rundfunk
80300 München
T: (089) 59 00-01 **Fax:** 59 00-2375
TX: 5 21 070
Internet: http://www.br-online.de
Gründung: 1949 (25. Januar)
Rundfunkrat: Prof. Dr. Wilhelm Wimmer (Vors.)
Verwaltungsrat: Johann Böhm (Vors.)
Intendant: Prof. Dr. h.c. Albert Scharf
Pressestelle: Sybille Giel
Juristischer Direktor: Dr. Albrecht Hesse
Hörfunkdirektor: Dr. Thomas Gruber
Fernsehdirektor: Dr. Gerhard Fuchs
Verwaltungsdirektorin: Jutta Lowag (Stellvertreterin des Intendanten)
Technischer Direktor: Herbert Tillmann

Fernsehstudio München-Freimann,
T: (089) 38 06-02, Telefax: (089) 38 06 76 79

Fernsehstudio Unterföhring bei München,
T: (089) 38 06-02, Telefax: (089) 38 06-76 79

o 279
Bayerischer Rundfunk Studio Franken
Wallensteinstr. 117, 90431 Nürnberg
T: (0911) 65 50 01 **Fax:** 6 55 03 03 (Studioleitung); 61 50 61 (Nachrichtenaufnahme)

o 280
Bayerischer Rundfunk Regionalstudio Mainfranken
Bahnhofplatz 2, 97070 Würzburg
T: (0931) 30 56-01 (Hörfunkredaktion), 30 56-02 (Fernsehredaktion) **Fax:** 30 56-22 (Hörfunkredaktion), 30 56-66 (Fernsehredaktion)

o 281
Bayerischer Rundfunk Regionalstudio Ostbayern
Goldene-Bären-Str. 4, 93047 Regensburg
T: (0941) 58 50 60 **Fax:** 5 40 41

o 282
Bayerischer Rundfunk Büro Berlin-Hörfunk
im ARD-Haupstadtstudio
Wilhelmstr. 67a, 10117 Berlin
T: (030) 22 88-3110 **Fax:** 22 88-3109
Voraus. ab Sommer 1999: ARD-Hauptstadtstudio, Wilhelmstr. 67 a, 10117 Berlin, T: (030) 2 28 80

o 283
Bayerischer Rundfunk Berliner Korrespondent-Fernsehen
Alt-Moabit 91d, 10559 Berlin
T: (030) 39 90 38 41 **Fax:** 39 90 38 42

• O 284

DW

DEUTSCHE WELLE (DW)
50588 Köln
Raderberggürtel 50, 50968 Köln
T: (0221) 3 89-0 **Fax:** 3 89-3000
Internet: http://www.dwelle.de
E-Mail: info@dwelle.de
Rundfunkrat: Valentin Schmidt (Vors.)
Verwaltungsrat: Dr. Franz Schoser (Vors.)
Intendant: Dieter Weirich
Kommunikation:
Dr. Ralf Siepmann
Vertrieb: Dr. Burkhard Nowotny
Programm-Marketing: Claus Grimm
DW-online: Torsten Kroop
Fernsehdirektor: Dr. Wolfgang Krüger
Technischer Direktor: Dr. Hans-Dieter Godtmann
Verwaltungsdirektor: Reinhard Hartstein
Chefredakteur DW-tv: Christoph Lanz
Chefredakteur DW-radio Deutsches Programm: Joachim Lenz
Chefredakteur DW-radio Fremdsprachenprogramme: Dietrich Schlegel (komm.)
Mitarbeiter: ca. 1800
Informationsorientierte Radio- und TV-Programme weltweit rund um die Uhr, mit Nachrichten, aktuellen Berichten, Magazinen und Features. Zielgruppe u.a. an Deutschland interessierte Multiplikatoren im Ausland.

o 285
Deutsche Welle tv (DW-tv)
Voltastr. 6, 13355 Berlin
T: (030) 46 46-0 **Fax:** 4 63 19 98
Internet: http://www.dwelle.de
FernsDir.: Dr. Wolfgang Krüger
Chefred.: Christoph Lanz

o 286
Parlamentsstudio Berlin (DW-radio)
Voltastr. 6, 13355 Berlin
T: (030) 46 46-8400 **Fax:** 46 46-8405
Leiter(in): Wolter von Tiesenhausen

o 287
DW Studio Brüssel
223, rue de la Loi, box 6, B-1040 Brüssel
T: (00322) 2 85 05 90 (DW-radio u. DW-tv), 2 30 00 53 (DW-radio) **Fax:** 2 85 05 99, 2 30 41 56
Leiter(in): Dr. Alexander Kudascheff
Heribert Korfmacher (Korrespondent DW-radio)

o 288
DW Studio Washington
Washington Bureau
2800 Shirlington Road, Suite 901, USA-Arlington, Virginia 22206
T: (001703) 9 31-6644 **Fax:** 9 31-6662
Leiter(in): Rüdiger Lentz
Korrespondent DW-radio: Bernd Riegert

o 289
DW-tv Studio Moskau
Grusinklj Pereulok 3, 9. pod., 4. et. kw. 303/04, RUS-123056 Moskau
Postanschrift:
c/o Materialausgabe
Voltastr. 6
13355 Berlin
T: (00795) 2 54 45 25, 2 54 38 40 **Fax:** 2 54 38 40
Leiter(in): Dr. Christian Trippe

• O 290
DeutschlandRadio Körperschaft des öffentlichen Rechts
Funkhaus Köln (Deutschlandfunk)
Raderberggürtel 40, 50968 Köln
T: (0221) 3 45-0 **Fax:** 38 07 66
TX: 8 884 920
Internet: http://www.dradio.de
E-Mail: presse@dradio.de
Funkhaus Berlin (DeutschlandRadio Berlin)
Hans-Rosenthal-Platz, 10825 Berlin
T: (030) 85 03-0, Fax: 85 03-9009
TX: 183 790
Vorsitzender des Hörfunkrats: Hinrich Enderlein
Stellvertretender Vorsitzender: Dr. Robert Guttmann
Vorsitzender des Verwaltungsrats: Prof. Dr. Udo Reiter
Stellvertretender Vorsitzender: Prof. Dr.h.c. Dieter Stolte
Intendant: Ernst Elitz
Intendanz: Dr. Oliver Linz
Presse- u. Öffentlichkeitsarbeit: Dietmar Boettcher
Dr. Karl-Heinz Stamm (Berlin)
Justitiariat: Dr. Dieter Stammler
Revision: Nikolaus Weißmann
Medienforschung/Zentrale Aufgaben: Dr. Wilhelm Wiegreffe
Arbeitssicherheit: Reinhardt Deuscher
Datenschutzbeauftragter: Jürgen König
Hauptstadt-Studio Berlin
Schadowstr. 6, 10117 Berlin
T: (030) 85 03-0, Fax: 85 03-9009
Karl-Heinz Gehm
Studio Bonn
Heinrich-Brüning-Str. 16, 53113 Bonn
T: (0228) 2 67 01-0, Fax: 21 56 18
Peter Quay
Korrespondentenbüros
Bremen: Lutz Ruminski
Dresden: Bernhard Holfeld
Düsseldorf: Peter Kapérn
Erfurt: Claudia van Laak
Frankfurt: Dr. Michael Braun
Hamburg: Thomas Vinsor Wolgast
Hannover: Werner Nording
Karlsruhe: Gudula Geuther
Kiel: Frank Politz
Magdeburg: Anke Petermann
Mainz: N. N.
München: Arne Wilsdorff
Potsdam: Karl-Heinz Smuda
Saarbrücken: Tonia Koch
Stuttgart: Barbara Roth
Schwerin: Axel Flemming
Wiesbaden: Michael Brandt
Brüssel: Theo Geers
Jochen Spengler
London: Dr. Wolfgang Labuhn
Moskau: Sabine Adler
Paris: Dr. Martin Zagatta
Washington: Siegfried Buschschlüter
Gemeinschaftsredaktionen
Hörspiel: Stefanie Hoster
Wirtschaft: Rainer Bittermann
"Lange Nacht": Dr. Monika Künzel
Programmdirektor Deutschlandfunk (Köln): Dr. Günter

Müchler
Zentrale Produktion/Sendeleitung: Jürgen Kablitz
Dokumentation und Archive: Mechthild Hanneken
Hauptabteilung Politik und Zeitgeschehen
Chefredaktion: Rainer Burchardt
CvD: Dietmar Timm
Zentrale Nachrichten: Volkher Just
Aktuelles: Burkhard Birke
Hintergrund: Hans-Rolf Clement
Wirtschaft: Rainer Bittermann
Hauptabteilung Kultur: Dr. Matthias Sträßner (Kultur aktuell)
Wissenschaft und Bildung: Carsten Schröder
Musik: Wolf Werth
Programmdirektorin DeutschlandRadio Berlin: Gerda Hollunder
Sendeleitung: Roswitha Voigtländer
Dokumentation und Archive: Marianne Buder
Hauptabteilung Politik/Chefredaktion: Dieter Jepsen-Föge
CvD-Büro: Isolde Weissert
Nachrichten und Aktuelles: Thomas Wiecha
Politik und Hintergrund: Dr. Jochen Thies
Reportage und Feature: Gerhard Irmler
Hauptabteilung Kultur: Dr. Konrad Franke
Kultur Aktuell: Astrid Kuhlmey
Bildung und Wissen: Birte Lock
Hörspiel/Wortproduktion: Stefanie Hoster
Hauptabteilung Musik: Gideon Rosengarten
Musik/Programm: Hanni Bode
Musik/Produktion: Gideon Rosengarten
Verwaltungsdirektor: Ernst Elitz
Stellv. Verwaltungsdirektorin: Karin Brieden
Finanzen: Zita Kiefer
Personal: Karin Kulpok
Honorare und Lizenzen: Peter Dupp
Betriebsverwaltung: N. N.
Technischer Direktor: Helmut Haunreiter
Anlagentechnik Köln u. Planung: Dr. Wolfgang Wirwahn
Anlagentechnik Berlin u. Investitionen: Dr. Goetz Romahn
Sendertechnik: Volker Freyer
Personalrat
Gesamtpersonalrat: Peter Wand (Gesamtpersonalrat u. Vors. Örtl. Personalrat B.)
Vors. Örtlicher Personalrat Köln: Bernd Hochgeschurz
Gleichstellungsbeauftragte: Jeanny Sonneberger

• O 291

Hessischer Rundfunk (hr)
60222 Frankfurt
Bertramstr. 8, 60320 Frankfurt
T: (069) 1 55-1 **Fax:** 1 55-2900
TX: 4 11 127
Gründung: 1948 (2. Oktober)
Rundfunkrat: Dieter Hooge (Vors.)
Verwaltungsrat: Gert Lütgert (Vors.)
Intendant: Prof. Dr. Klaus Berg
Presse- und Öffentlichkeitsarbeit: Michael Dartsch
Juristische Direktion: Conrad Schraube
Programmdirektion Hörfunk: Dr. Heinz-Dieter Sommer
Programmdirektion Fernsehen: Dr. Hans-Werner Conrad
Verwaltungsdirektion: Dr. Joachim Weinmann
Technische Direktion: Dipl.-Ing. Gerd Pohle
Chefredakteurin: Dr. Luc Jochimsen (FS)
Chefredakteur: Christian Gramsch (HF)
Mitarbeiter: 1736

o 292

Hessischer Rundfunk
Studio Kassel
Wilhelmshöher Allee 347, 34131 Kassel
T: (0561) 3 10 40

o 293

Hessischer Rundfunk
Studio Rhein-Main
Bertramstr. 8, 60320 Frankfurt
T: (069) 1 55 20 94 **Fax:** 1 55 20 92

o 294

Hessischer Rundfunk
Studio Wiesbaden
Schloßplatz 1-3, 65183 Wiesbaden
T: (0611) 16 90 **Fax:** 16 91 99

o 295

Hessischer Rundfunk
Studio Südhessen
Am Markt 1, 64625 Bensheim
T: (06251) 6 30 11 **Fax:** 6 85 58

o 296

Hessischer Rundfunk
Studio Osthessen
Bahnhofstr. 4, 36037 Fulda
T: (0661) 7 00 31 **Fax:** 7 99 91

o 297

Hessischer Rundfunk
Studio Mittelhessen
Weißadlergasse 9, 35578 Wetzlar
T: (06441) 4 30 64 **Fax:** 4 85 15

o 298

Hessischer Rundfunk
Büro Bonn
Dahlmannstr. 14, 53113 Bonn
T: (0228) 21 41 01 **Fax:** 26 15 67

o 299

Hessischer Rundfunk
Büro Erbach
Städtel 1, 64711 Erbach
T: (06062) 6 12 74 **Fax:** 6 16 97

o 300

Hessischer Rundfunk
Büro Limburg
Salzgasse 20, 65549 Limburg
T: (06431) 28 47 28 **Fax:** 28 47 30

o 301

Hessischer Rundfunk
Büro Marburg
Friedrichstr. 36, 35037 Marburg
T: (06421) 2 48 48 **Fax:** 2 74 54

• O 302

Mitteldeutscher Rundfunk
Anstalt des öffentlichen Rechts (MDR)
Kantstr. 71-73, 04275 Leipzig
T: (0341) 3 00-0 **Fax:** 3 00-6789
Internet: http://www.mdr.de
Intendant: Prof. Dr. Udo Reiter
HA Kommunikation und Marketing: Susan E. Knoll
Hörfunkdirektion: Barbara Molsen
Fernsehdirektion: Henning Röhl
Betriebsdirektion: Peter Kocks
Verwaltungsdirektion: Rolf Markner
Juristische Direktion: Dr. Karola Wille
LFH Sachsen: Ulrike Wolf
LFH Sachsen-Anhalt: Elke Lüdecke
LFH Thüringen: Prof. Kurt Morneweg

• O 303

Norddeutscher Rundfunk (NDR)
Rothenbaumchaussee 132, 20149 Hamburg
T: (040) 41 56-0 **Fax:** 44 76 02
TX: 2 19 891-0
Teletex: 403 754 NDR
Internet: http://www.ndr.de
Rundfunkrätin: Dagmar Gräfin Kerssenbrock
Intendant: Jobst Plog
Stellvertretender Intendant: Joachim Lampe
Öffentlichkeitsarbeit: Martin Schumacher
Pressestelle: Martin Gartzke
Justitiar: Dr. Werner Hahn
Programmdirektion Hörfunk: Gernot Romann
Programmdirektor Fernsehen: Dr. Jürgen Kellermeier
Direktorin Landesfunkhaus Hamburg: Dagmar Reim
Direktor Landesfunkhaus Niedersachsen: Dr. Arno Beyer
Direktor Landesfunkhaus Schleswig-Holstein: Friedrich-Wilhelm Kramer
Direktor Landesfunkhaus Mecklenburg-Vorpommern: Gerd Schneider
Produktionsdirektion: Joachim Lampe
Verwaltungsdirektion: Lutz Marmor

o 304

Fernsehstudio Lokstedt
Gazellenkamp 57, 22529 Hamburg
T: (040) 41 56-0 **Fax:** 44 76 02

o 305

Landesfunkhaus Hamburg
Rothenbaumchaussee 132, 20149 Hamburg
T: (040) 41 56-0 **Fax:** 44 76 02

o 306

Landesfunkhaus Mecklenburg-Vorpommern
Schloßgartenallee 61, 19061 Schwerin
T: (0385) 59 59-0 **Fax:** 59 59-514

o 307

Landesfunkhaus Niedersachsen
Rudolf-von-Bennigsen-Ufer 22, 30169 Hannover
T: (0511) 9 88-0 **Fax:** 9 88-1010

o 308

Landesfunkhaus Schleswig-Holstein
Eggerstedtstr. 16, 24103 Kiel
T: (0431) 98 76-0 **Fax:** 98 76-113

o 309

NDR-Studio Braunschweig
Postf. 35 43, 38025 Braunschweig
Fallersleber-Tor-Wall 16, 38100 Braunschweig
T: (0531) 1 60 91 **Fax:** 1 81 06

o 310

NDR-Studio Flensburg
Postf. 23 64, 24913 Flensburg
Friedrich-Ebert-Str. 1, 24937 Flensburg
T: (0461) 14 15 30 **Fax:** 2 83 43

o 311

NDR-Studio Vorpommern Greifswald
Knopfstr. 29, 17489 Greifswald
T: (03834) 57 77-0 **Fax:** 89 88 39

o 312

NDR-Studio Heide
Bahnhofstr. 2, 25746 Heide
T: (0481) 6 51 99 **Fax:** 6 42 41

o 313

NDR-Studio Lübeck
Koberg 5, 23552 Lübeck
T: (0451) 70 24 00 **Fax:** 7 40 49

o 314

NDR-Studio Neubrandenburg
Postf. 11 38, 17001 Neubrandenburg
Friedrich-Engels-Ring 51, 17033 Neubrandenburg
T: (0395) 57 00 00 **Fax:** 5 82 27 16

o 315

NDR-Studio Norderstedt
"Moorbekrondeel"
Postf. 72 52, 22831 Norderstedt
Rathausallee 70, 22846 Norderstedt
T: (040) 5 22 96 62 **Fax:** 5 26 15 74

o 316

NDR-Studio Oldenburg
Postf. 38 80, 26028 Oldenburg
Adolf-Grimme-Str. 30, 26121 Oldenburg
T: (0441) 9 70 50 **Fax:** 9 70 52 62

o 317

NDR-Studio Osnabrück
Postf. 30 49, 49020 Osnabrück
Markt 22, 49074 Osnabrück
T: (0541) 3 38 58-5 **Fax:** 3 38 58-33

o 318

NDR-Studio Rostock/Hörfunk und Fernsehen
Postf. 10 30 90, 18005 Rostock
Richard-Wagner-Str. 8, 18055 Rostock
T: (0381) 4 54 56 **Fax:** 4 54 57 17

o 319

Hauptstadtstudio Berlin
Wilhelmstr. 67a, 10117 Berlin
T: (030) 22 88 35 00 **Fax:** 22 88 35 09

• O 320

Ostdeutscher Rundfunk Brandenburg
Antenne Brandenburg (ORB)
Puschkinallee 4, 14469 Potsdam
T: (0331) 7 31 42-00 (Vermittlg.) **Fax:** 7 31 42-69
Internet: http://www.antennebrandenburg.de
E-Mail: studiopotsdam@antennebrandenburg.de

• O 321

Radio Bremen (RB)
28323 Bremen
Bürgermeister-Spitta-Allee 45, 28329 Bremen
T: (0421) 2 46-0 **Fax:** (0421) 2 46-1010 (Hörfunk), 2 46-2010 (Fernsehen)
Internet: http://www.radiobremen.de
E-Mail: rbonline@radiobremen.de
Wilhelmstr. 67 a, 10117 Berlin
Rundfunkrat: Roswitha Erlenwein (Vors.)
Verwaltungsrat: Prof. Dr. Thomas von der Vring (Vors.)
Direktorium: Heinz Glässgen (Intendant)
Hermann Vinke (Programmdir. HF)

N.N.
N.N.
Presse- und Öffentlichkeitsarbeit: Michael Glöckner

• O 322

SR
Saarländischer RUNDFUNK

Saarländischer Rundfunk (SR)
Funkhaus Halberg
66100 Saarbrücken
T: (0681) 6 02-0 **Fax:** 6 02-3874
Internet: http://www.sr-online.de
E-Mail: info@sr-online.de
Gründung: 1957
Rundfunkrat: Rosemarie Kelter (Vors.)
Verwaltungsrat: Reinhold Kopp (Vors.)
Intendant: Fritz Raff
Leitung Intendanz: Heidi Schmidt
Presse- und Öffentlichkeitsarbeit: Rolf-Dieter Ganz
Justitiariat: Bernd Radeck
Programmdirektion Hörfunk: N.N.
Chefredakteur Hörfunk: Axel Buchholz
Programmdirektion Fernsehen: Werner Zimmer
Chefredakteurin Fernsehen: Elke Herrmann
Verwaltungs- u. Betriebsdirektion: Dr. Norbert Holzer
Mitarbeiter: 731 (besetzte Planstellen)

• O 323

Sender Freies Berlin (SFB)
Masurenallee 8-14, 14057 Berlin
T: (030) 30 31-0 **Fax:** 3 01 50 62
TX: 1 82 813
Gründung: 1953
Rundfunkrat: Marianne Brinckmeier (Vors.)
Verwaltungsrat: Dr. Hartmann Kleiner (Vors.)
Intendant: Horst Schättle
Kommunikation: Peter Kröger
Programmdirektion Hörfunk: Jens Wendland
Programmdirektion Fernsehen: Barbara Groth
Verwaltungsdirektion: Dirk-Jens Rennefeld

• O 324

Südwestrundfunk (SWR)
70150 Stuttgart
Neckarstr. 230, 70190 Stuttgart
T: (0711) 9 29-0 **Fax:** 9 29-2600
Internet: http://www.swr-online.de
E-Mail: pressestelle@ard.de
Vorsitzender des Rundfunkrats: Hans Lambert
Vorsitzender des Verwaltungsrats: Prof. Dr. Helmut Ohnewald
Intendant: Prof. Peter Voß
Landessenderdirektor Baden-Württemberg: Dr. Willi Steul
Landessenderdirektor Rheinland-Pfalz: Dr. Uwe Rosenbaum
Fernsehdirektor: Dr. Christof Schmid
Hörfunkdirektor: Bernhard Hermann
Justitiar: Dr. Hermann Eicher
Verwaltungsdirektor: Peter Boudgoust
Unternehmensplanung: Dr. Michael Rombach
Direktor Technik u. Produktion: Helmut Ochs
Medienforschung: Dr. Walter Klingler
Programmstrategie: Dr. Michael Buß
ARD-Büro: Claus Schneggenburger
Gremienbüro: Thomas Gebel
Unternehmenskommunikation u. Marketing: Dr. Dietrich von Klaeden
Verwaltungsdirektion:
Verwaltungsdirektor: Peter Boudgoust
Technische Verwaltung: Dr. Karl Breithaupt
HA Information u. Kommunikationssysteme: Dr. Simone Rehm
HA Programmverbreitung: Klaus Breitkopf
HA Gebäudemanagement: Wolfgang Braun
Betriebswirtschaftl. Verwaltung: Dr. Günter Reiß
HA Personal, Honorare u. Lizenzen: Dr. Alfred Grupp
HA Finanzen: Eugen Borchardt
HA Allgemeine Dienste, Beschaffung: Gerd Gehlen
Direktion Technik und Produktion: Helmut Ochs
Übergeordnete Techn. Aufgaben: Werner Kolz
HA Produktion u. Technik Mainz: Dr. Christopher Klein
HA Produktion u. Technik Baden-Baden: Bertram Bittel
HA Produktion u. Technik Stuttgart: Manfred Sorn
HA Dokumentation und Archive: Dr. Michael Harms
SWR-Hörfunk
Hörfunkdirektor: Bernhard Hermann
Chefredakteur: Wolfgang Pohl
Zentrale Information: Manfred Bornschein (stellv. Chefredakteur)
Wirtschaft: Sabrina Fritz
Religion, Kirche u. Gesellschaft: Dr. Johannes Weiß (bimedial)
Umwelt u. Ernährung: Werner Eckert (bimedial)
Sport: Dr. Andreas Wagner
Recht und Rechtspolitik: Michael Reissenberger
SWR-Studio Bonn: Walter Janson
SWR-Studio Berlin: Harald Weiss
SWR1 Programmchef Baden-Württemberg: Hans-Peter Archner
SWR1 Programmchef Rheinland-Pfalz: Jens Huppert
SWR1 Abend: Gisela Wellmann
SWR2 Programmchefin: Dr. Hildegard Bußmann
SWR3 Programmchef: Gerold Hug
SWR4 Programmchef Baden-Württemberg: Martin Born
SWR4 Programmchef Rheinland-Pfalz: Annemarie Weidemaier
Radio-Sinfonieorchester Stuttgart: Felix Fischer (Orchester-Manager)
Sinfonieorchester Baden-Baden und Freiburg: Reinhard Oechsler (Orchester-Manager)
Vokalensemble: Hans-Peter Jahn
SWR Rundfunkorchester Kaiserslautern: Werner Meyers
SWR Big Band: Ulrich de Meer (Management)
SWR-Fernsehen
Fernsehdirektor: Dr. Christof Schmid
ARTE-Beauftragter: Peter Latzel
ARD-Koordination 3sat: Dr. Norbert Waldmann
HA Programmkoordination: Egon Mayer
HA Unterhaltung: Rainer Matheis
HA Fernsehfilm u. Musik: Dr. Dietrich Mack
HA Familienprogramm u. Service: Rieke Müller-Kaldenberg
HA Kultur: Dr. Christoph Hauser
HA Sport: Michael Antwerpes (bimedial)
Landessenderdirektor Baden-Württemberg: Dr. Willi Steul
HA Chefredaktion Baden-Württemberg: Dr. Michael Zeiß
HA Land u. Leute BW: Viktor von Oertzen
Landessenderdirektor Rheinland-Pfalz: Dr. Uwe Rosenbaum
HA Chefredaktion Rheinland-Pfalz: Bernhard Nellessen
HA Land u. Leute RP: Dieter Klein

• O 325

Westdeutscher Rundfunk (WDR)
50600 Köln
Appellhofplatz 1, 50667 Köln
T: (0221) 2 20-0 **Fax:** 2 20-4800
Internet: http://www.wdr.de
Rundfunkrat: MdL Reinhard Grätz (Vors.)
Schulrundfunkausschuß: Dr. Hans-Hermann Westermann
Intendant: Fritz Pleitgen
Kommunikation, Forschung u. Strategie: Dr. Claudia Schmidt
Pressestelle: Rüdiger Oppers
Öffentlichkeitsarbeit: Ulrike Ries-Augustin
Justitiarin: Eva-Maria Michel
Programmdirektion Hörfunk: Monika Piel
Programmdirektion Fernsehen: Jörn Klamroth
Produktionsdirektion: Heinz-Joachim Weber
Verwaltungsdirektion: Prof.Dr. Norbert Seidel
Technische Direktion: Dr. Dieter Hoff

WDR Studios

o 326

WDR Studio Aachen
Postf. 15 09, 52016 Aachen
Karmeliterstr. 1, 52064 Aachen
T: (0241) 47 80-0 **Fax:** 47 80-110
Leitung: Gabriele Spitzer

o 327

WDR Studio Bonn
Dahlmannstr. 14, 53113 Bonn
T: (0228) 2 06-1 **Fax:** 21 35 87 (HF)
Leitung: Martin Schulze (FS)
Leitung: Dr. Gerd Depenbrock

o 328

WDR Studio Essen
Postf. 10 42 51, 45042 Essen
Dritter Hagen 31, 45127 Essen
T: (0201) 81 08 00 **Fax:** 8 10 80 22
Leitung: Lothar Kaiser

o 329

WDR Studio Siegen
Postf. 10 12 55, 57012 Siegen
Fürst-Johann-Moritz-Str. 8-10, 57072 Siegen
T: (0271) 5 98 60 **Fax:** 59 86-105
Leitung: Beate Schmies

o 330

WDR Büro Arnsberg
Zur Feldmühle 13, 59821 Arnsberg
T: (02931) 52 82-0 **Fax:** 52 82-21
Leitung: Tom Zimmermann

o 331

WDR Studio Wuppertal
Klotzbahn 3, 42105 Wuppertal
T: (0202) 2 48 10-0 **Fax:** 2 48 10-130
Leitung: Hajo Jahn

o 332

WDR Studio Bielefeld
Lortzingstr. 4, 33604 Bielefeld
T: (0521) 58 38-0 **Fax:** 58 38-2 80
Leitung: Dr. Werner Zeppenfeld

o 333

WDR Studio Dortmund
Mommsenweg 5, 44225 Dortmund
T: (0231) 13 93-0 **Fax:** 13 93-2 10
Leitung: Erdmann Linde

o 334

WDR Funkhaus Düsseldorf
Stromstr. 24, 40221 Düsseldorf
T: (0211) 89 00-0 **Fax:** 89 00-1 11
Leitung: Thomas Nell

o 335

WDR Studio Köln
Elstergasse 1, 50667 Köln
T: (0221) 2 20-3590, -3591 **Fax:** 2 20-2882
Leitung: Werner Schmidt

o 336

WDR Regionalbüro Bonn
Langer Grabenweg 45-47, 53175 Bonn
T: (0228) 95 84-0
Leitung: Friedrich von Plüskow

o 337

WDR Studio Münster
Mondstr. 144-146, 48155 Münster
T: (0251) 31 13-0 **Fax:** 31 13-2 00/-2 19
Leitung: Rüdiger Paulert

o 338

WDR Büro Kleve
Hoffmann-Allee 91, 47533 Kleve
T: (02821) 7 77 70 **Fax:** 2 34 75
Leitung: Hans-Peter Riel

• O 339

ZDF

Zweites Deutsches Fernsehen (ZDF)
ZDF Sendezentrum Mainz
Zentrale
55100 Mainz
ZDF-Str. 1, 55127 Mainz
T: (06131) 70-1 **Fax:** 70-2157
Internet: http://www.zdf.de, http://www.zdfmsn.de
E-Mail: Kramers@zdf.de, info@zdf.de, zured@zdf.de
Rechtsform: Anstalt des öffentlichen Rechts
Gründung: 1962

Fernsehrat (77 Mitglieder)
Dr. Konrad Kraske (Vors.)
Anke Fuchs (stellv. Vors.)
Bürgermeister a.D. Hans Koschnick (stellv. Vors.)
Verwaltungsrat (14 Mitglieder):
Kurt Beck (Ministerpräsident, Vors.)
Dr. Bernhard Vogel (Ministerpräsident, stellv. Vors.)

Vertreter der Länder:
Kurt Beck (Ministerpräsident)
Wolfgang Clement (Ministerpräsident)
Heide Simonis (Ministerpräsidentin)
Dr. Edmund Stoiber (Ministerpräsident)
Dr. Bernhard Vogel (Ministerpräsident)

Vertreter des Bundes:
Dr. Frank-Walter Steinmeier (Staatssekretär)

vom Fernsehrat gewählt:

Manfred Becker (Staatssekretär a.D.)
Dieter Beuermann (Verleger)
Dr. Hans Fahning (Staatsrat a. D.)
Hermann Heinemann (Staatsminister a. D.)
Dr. Hannemarie Kühler (Präsidentin des Landesarbeitsgerichts Niedersachsen a. D.)
Botho Prinz zu Sayn-Wittgenstein-Hohenstein (Ehrenpräs. des Deutschen Roten Kreuzes)
RA Dr. Friedrich Zimmermann (Bundesminister a. D.)
Lothar Zimmermann

Ständige Ausschüsse des Verwaltungsrates:

Finanzausschuß:
Dr. Hans Fahning (Vors.)
Dr. Friedrich Zimmermann (stellv. Vors.)
Dr. Hannemarie Kühler
Botho Prinz zu Sayn-Wittgenstein-Hohenstein
Lothar Zimmermann

Investitionsausschuß:
Dr. Hannemarie Kühler (Vors.)
Hermann Heinemann (stellv. Vors.)
Manfred Becker
Dieter Beuermann
Dr. Hans Fahning
Intendant: Prof. Dr.h.c. Dieter Stolte
Justitiar: Prof. Dr. Carl-Eugen Eberle
Stellvertretender Justitiar: Enno Friccius (Datenschutz)
Programmdirektor: Markus Schächter
Direktor Europäische Satellitenprogramme: Dr. Gottfried Langenstein
Chefredakteur: Nikolaus Brender
Verwaltungsdirektor: Hans Joachim Suchan
Produktionsdir: Prof. Dr. Albrecht Ziemer
Hauptabteilung Kommunikation: Philipp Baum
Pressestelle: Walter Kehr
Jahresetat: DM 2803,9 Mio, € 1406,77 Mio (1999)

ZDF-Inlandstudios

o 340
ZDF Landesstudio Baden-Württemberg
Postf. 10 55 42, 70048 Stuttgart
Herdweg 63, 70174 Stuttgart
T: (0711) 22 92 80 **Fax:** 2 29 28 52
Studioleiter: Alois Theisen

o 341
ZDF Landesstudio Bayern
Postf. 12 45, 85766 Unterföhring
ZDF-Str. 1, 85774 Unterföhring
T: (089) 9 95 50 **Fax:** 99 55 13 14
Studioleiter: Christoph Minhoff

o 342
ZDF Landesstudio Berlin
Postf. 42 05 55, 12065 Berlin
Unter den Linden 36-38, 10117 Berlin
T: (030) 20 99 12 00 **Fax:** 20 99 12 04
Studioleiter: Joachim Jauer

o 343
ZDF Hauptstadtstudio Berlin
10887 Berlin
Unter den Linden 36-38, 10117 Berlin
T: (030) 20 99-0 **Fax:** 20 99-2566
Studioleiter: Peter Ellgaard

o 344
ZDF Außenstelle Bonn
Postf. 20 14 54, 53144 Bonn
Langer Grabenweg 45-47, 53175 Bonn
T: (0228) 95 84-0 **Fax:** 9 58 42 21

o 345
ZDF Landesstudio Brandenburg
August-Bebel-Str. 15-16, 14482 Potsdam
T: (0331) 74 72 90 **Fax:** 7 47 29 50
Studioleiter: Matthias Fornoff

o 346
ZDF Landesstudio Bremen
Contrescarpe 46, 28195 Bremen
T: (0421) 32 01 02 **Fax:** 32 79 66
Studioleiterin: Claudia Burkhardt

o 347
ZDF Landesstudio Hamburg
Postf. 70 17 08, 22017 Hamburg
Wöschenhof 2, 22045 Hamburg
T: (040) 66 98 50 **Fax:** 66 98 51 23
Studioleiter: Knut Terjung

o 348
ZDF Landesstudio Hessen
Adolfsallee 47, 65185 Wiesbaden
T: (0611) 37 90 45, 3 98 22 **Fax:** 37 88 24
Studioleiter: Dr. Norbert Lehmann

o 349
ZDF Landesstudio Mecklenburg-Vorpommern
Friedrichstr. 2, 19055 Schwerin
T: (0385) 51 28 30, 5 81 16 35, 5 81 16 36 **Fax:** 51 28 65
Studioleiter: Lutz Panhans

o 350
ZDF Landesstudio Niedersachsen
Postf. 66 67, 30066 Hannover
Wiesenstr. 56, 30169 Hannover
T: (0511) 8 00 60 **Fax:** 8 09 21 59
Studioleiter: Christian Sier

o 351
ZDF Landesstudio Nordrhein-Westfalen
Postf. 10 55 44, 40046 Düsseldorf
Josef-Gockeln-Str. 8, 40474 Düsseldorf
T: (0211) 4 36 60 **Fax:** 4 54 22 62
Studioleiter: Martin Schmuck

o 352
ZDF Landesstudio Rheinland-Pfalz
55100 Mainz
ZDF-Str. 1, 55127 Mainz
T: (06131) 70-1 **Fax:** 70 59 09
Studioleiter: Ralph Schumacher

o 353
ZDF Landesstudio Saarland
Postf. 10 33 64, 66033 Saarbrücken
Am Halberg, 66121 Saarbrücken
T: (0681) 62 11 10 **Fax:** 6 73 21
Leitung: Britta Hilpert

o 354
ZDF Landesstudio Sachsen
Königstr. 5a, 01097 Dresden
T: (0351) 80 88 50 **Fax:** 8 02 23 46
Studioleiter: Klaus Wilhelm

o 355
ZDF Landesstudio Sachsen-Anhalt
Einsteinstr. 15, 39104 Magdeburg
T: (0391) 5 41 00 01, 5 41 00 06, 5 41 00 07
Fax: 5 41 42 24
Studioleiter: Giselher Suhr

o 356
ZDF Landesstudio Schleswig-Holstein
Wall 68, 24103 Kiel
T: (0431) 9 30 62 **Fax:** 9 14 92
Leitung: Dietmar Barsig

o 357
ZDF Landesstudio Thüringen
Marktstr. 50, 99084 Erfurt
T: (0361) 57 67 10 **Fax:** 6 46 30 57
Leitung: Herman-Uwe Bernd

Auslandstudios:

Brüssel, Belgien; Johannesburg, Südafrika; Kairo, Ägypten; London, Großbritannien; Mexico; Moskau, Rußland; Nairobi, Kenya; Peking, China; Rio de Janeiro, Brasilien; Rom, Italien; Singapore, Republik Singapore; Paris, Südwesteuropa; Tel Aviv, Israel; Tokio, Japan; Warschau, Polen; Washington D.C., USA; Wien, Österreich
Büro New York; Büro: Istanbul

Das ZDF veranstaltet - gemeinsam mit ORF, SRG und ARD das Satellitenprogramm 3sat
Koordinator 3sat: Engelbert Sauter
Zentrale Mainz

• O 358
Verband Privater Bayerischer Fernsehanbieter (VPBF)
c/o Walue Industriefilm KG
Camerloherstr. 4, 85354 Freising
T: (08161) 9 70 20 **Fax:** 97 02 50
Vorsitzende(r): Hans W. Wabbel

• O 359
MDR 1 Radio Thüringen
Humboldtstr. 36a, 99425 Weimar
T: (03643) 89-0 **Fax:** 89-1560
Hörfunkchef: Matthias Gehler

• O 360
Bundesverband Offenes Radio e.V.
Horbacher Str. 336, 52072 Aachen
T: (02407) 91 85 55 **Fax:** 91 85 75
Gründung: 1989 (Juni)
Vorsitzende(r): Christoph Schaefler (iGR-NRW), Aachen
Stellvertretende(r) Vorsitzende(r): Wolfgang Hartlieb (Radio Bremen)
Hans Ferenz (Bürgerradio Berlin)

• O 361
Interessenverein Gemeinnütziger Rundfunk in Nordrhein-Westfalen, Landesverband Gemeinnütziger Rundfunkfördervereine e.V. (IGR-NRW)
Horbacher Str. 336, 52072 Aachen
T: (02407) 91 85 55 **Fax:** 91 85 75
Gründung: 1984 (Juli)
Vorstand: Christoph Schaefler (Vors.)
Stellvertretende(r) Vorsitzende(r): Ole Gerdes
Schatzmeister: Thomas Bruchhausen
Verbandszeitschrift: Pro Bürgerrundfunk - IGR-Info-Brief
Verlag: Eigenverlag
Mitglieder: 96

• O 362
Kommission zur Ermittlung des Finanzbedarfs der Rundfunkanstalten (KEF)
Peter-Altmeier-Allee 1, 55116 Mainz
T: (06131) 16 47 30 **Fax:** 16 47 88
Gründung: 1975 (20. Februar)
Vorsitzende(r): Vizepräsident Rainer Conrad
Geschäftsführer(in): Dr. Horst Wegner
Mitglieder: 16

• O 363
Rundfunkreferent des Landes Brandenburg
c/o Staatskanzlei
Heinrich-Mann-Allee 107, 14473 Potsdam
T: (0331) 8 66 12 42 **Fax:** 8 66 13 24

• O 364
Rundfunkreferent des Landes Mecklenburg-Vorpommern
c/o Staatskanzlei des Landes Mecklenburg-Vorpommern
Schloßstr. 2-4, 19053 Schwerin
T: (0385) 5 88-1140 **Fax:** 5 88-1019

• O 365
Rundfunkreferent des Freistaates Sachsen
c/o Sächsische Staatskanzlei
01095 Dresden
Archivstr. 1, 01097 Dresden
T: (0351) 5 64-13 20 **Fax:** 5 64-1399
E-Mail: Christoph.Meier@dd.sk.sachsen.de
Christoph F. Meier

• O 366
Thüringer Kultusministerium (TKM) Abteilung 1 "Medien"
Postf. 1 90, 99004 Erfurt
Werner-Seelenbinder-Str. 1, 99096 Erfurt
T: (0361) 37 94-561, 3 79 00 **Fax:** 37 94-104, 37 94-690
Internet: http://www.thueringen.de/tkm
E-Mail: fascoj@tsk.thueringen.de
Rundfunkreferent: RDir Jochen Fasco (Leiter der Abteilung "Medien" (komm); Referatsleiter Medienrecht und Medienpolitik)

• O 367
Rundfunkkommission der Ministerpräsidenten
Peter-Altmeier-Allee 1, 55116 Mainz
T: (06131) 16 47 72 **Fax:** 16 47 21
Teletex: 61 31 612 LRMZ
Vorsitzende(r): Kurt Beck (Rheinland-Pfalz)
Geschäftsführer(in): Dr. Dieter Drewitz
Dr. Harald Hammann

Landesmedienanstalten

• O 368
Landesanstalt für Kommunikation Baden-Württemberg (LfK)
Postf. 10 29 27, 70025 Stuttgart
Rotebühlstr. 121, 70178 Stuttgart

T: (0711) 6 69 91-0 **Fax:** 6 69 91-11
Internet: http://www.lfk.de
E-Mail: info@lfk.de
Gründung: 1986 (19. März)
Präsident(in): Dr. Thomas Hirschle
Hörfunk, Verwaltung, Neue Dienste: Frank Scherer (Pressesprecher)
TV, Öffentlichkeitsarbeit, Nichtkommerzieller Rundfunk: Dr. Angela Frank (Pressesprecherin)
Technik: Walter Berner
Kommunikationswissenschaften: Albrecht Kutteroff
Mitarbeiter: 23
Jahresetat: DM 15,7 Mio, € 8,03 Mio

• O 369

Bayerische Landeszentrale für neue Medien (BLM)
Postf. 83 01 51, 81701 München
Heinrich-Lübke-Str. 27, 81737 München
T: (089) 6 38 08-0 **Fax:** 6 38 08-140
Internet: http://www.blm.de
E-Mail: blm@blm.de
Gründung: 1985 (1. April)
Präsident(in): Prof. Dr. Wolf-Dieter Ring
Vors. d. Medienrates: Klaus Kopka
Stellv. Vors. d. Medienrates: Dr. Erich Jooß
Geschäftsführer(in): Martin Gebrande
Stellvertretende(r) Geschäftsführer(in): Johannes Kors (Ltg. Presseabt.)
Mitarbeiter: 63
Jahresetat: DM 46 Mio, € 23,52 Mio
Zeitschrift: tendenz
Verlag: Selbstverlag

• O 370

Medienanstalt Berlin-Brandenburg
Kleine Präsidentenstr. 1, 10178 Berlin
T: (030) 26 49 67-0 **Fax:** 26 49 67-90
Internet: http://www.mabb.de
E-Mail: mail@mabb.de
Gründung: 1985
Medienrat: Prof. Dr. Ernst Benda (Vors.)
Frank Dahrendorf (stellv. Vors.)
Renate Feyl
Rolf-H. Hammerstein
Alfred Limberg
Friedrich Nowottny
Dr. Manfred Rexin
Direktor(in): Dr. Hans Hege
Leitung Presseabteilung: Susanne Grams
Bereich Recht: Ingeborg Zahrnt
Bereich Offener Kanal: Jürgen Linke
Verwaltungsleiter: Hans-Georg Pusch
Mitarbeiter: 21

o 371

Offener Kanal Berlin
Voltastr. 5, 13355 Berlin
T: (030) 46 40 05-0 **Fax:** 46 40 05-98

• O 372

Bremische Landesmedienanstalt
Grünenweg 26, 28195 Bremen
T: (0421) 32 81 14 **Fax:** 32 35 33
Internet: http://www.bremische-landesmedienanstalt.de
E-Mail: info@bremische-landesmedienanstalt.de
Vors. d. Landesrundfunkausschusses: Gerhard Schäfer
Stellvertretende(r) Vorsitzende(r): Konstanze Radziwill
Direktor(in): Wolfgang Schneider

• O 373

Hamburgische Anstalt für neue Medien (HAM)
Skandinavia-Haus
Kleine Johannisstr. 10, 20457 Hamburg
T: (040) 36 90 05-0 **Fax:** 36 90 05-55
Internet: http://www.ham-online.de
E-Mail: mailbox@ham-online.de
Gründung: 1986
Vorsitzende(r): Heike Mundzeck
Stellvertretende(r) Vorsitzende(r): Dr. Roland Rückel
Direktor(in): Dr. Helmut Haeckel
Leitung Presseabteilung: Dr. Lothar Jene
Mitarbeiter: 13
Jahresetat: DM 5,271 Mio, € 2,7 Mio

Zulassungs- und Aufsichtsinstanz für privaten Rundfunk in Hamburg.

• O 374

Hessische Landesanstalt für privaten Rundfunk (LPR Hessen)
Wilhelmshöher Allee 262, 34131 Kassel
T: (0561) 93 58 60 **Fax:** 9 35 86-30
Internet: http://www.lpr-hessen.de
E-Mail: lpr@lpr-hessen.de
Gründung: 1988 (Dezember)
Vorsitzende(r): Winfried Engel
Stellvertretende(r) Vorsitzende(r): Karl Eugen Becker
Marita Eilrich
Direktor(in): Wolfgang Thaenert
Stellvertretender Direktor: Joachim Becker
Leitung Presseabteilung: Ruth Annette Schriefers
Mitarbeiter: 34

• O 375

Landesrundfunkzentrale Mecklenburg-Vorpommern
Anstalt des öffentlichen Rechts - Medienanstalt
Bleicherufer 1, 19053 Schwerin
T: (0385) 5 58 81-0 **Fax:** 5 58 81-30
Vorsitzende(r): Eckart Ohse (Vors. des Landesrundfunkausschusses (LRA), Beschlußgremium der LRZ)
Direktor(in): Joachim Steinmann
Mitarbeiter: 18

• O 376

Niedersächsische Landesmedienanstalt für privaten Rundfunk
Seelhorststr. 18, 30175 Hannover
T: (0511) 2 84 77-0 **Fax:** 2 84 77-36
Internet: http://www.nlm.de
E-Mail: info.nlm@t-online.de
Gründung: 1984 (23. November)
Direktor: Reinhold Albert
Stellvertretender Direktor: Andreas Fischer
Leitung Presse- und Öffentlichkeitsarbeit: Uta Spies
Mitarbeiter: 20 hauptamtlich
Mitglieder der Versammlung: 42

Zulassung von privaten Rundfunkveranstaltern und Beaufsichtigung der Programme.

• O 377

Landesanstalt für Rundfunk Nordrhein-Westfalen (LfR)
Postf. 19 01 51, 40111 Düsseldorf
Zollhof 2, 40221 Düsseldorf
T: (0211) 7 70 07-0 **Fax:** 72 71 70
Internet: http://www.lfr.de
E-Mail: info@lfr.de
Gründung: 1987 (19. Januar)
Direktor(in): Dr. Norbert Schneider
Leitung Presseabteilung: Dr. Peter Widlok
Leitung Öffentlichkeitsarbeit: Dr. Joachim Gerth

Die LfR trifft im Interesse der Allgemeinheit die nach den Vorschriften des Rundfunkgesetzes für das Land Nordrhein-Westfalen und den aufgrund dieses Gesetzes erlassenen Rechtsvorschriften erforderlichen Maßnahmen und Entscheidungen.

• O 378

Landeszentrale für private Rundfunkveranstalter Rheinland-Pfalz (LPR)
Anstalt des öffentl. Rechts
Postf. 21 72 63, 67072 Ludwigshafen
Turmstr. 8, 67059 Ludwigshafen
T: (0621) 52 02-0 **Fax:** 52 02-1 52
Internet: http://www.lpr-online.de
E-Mail: lpr.mail@t-online.de
Gründung: 1987
Direktor(in): Dr. Reiner Hochstein
Vors.d.Versammlung: Klaus-Jürgen Lais (MdL)
1.Stellv.Vors.d.Versammlung:
Armin Schmitt
2.Stellv.Vors.d.Versammlung: Renate Pepper
Leitung Presseabteilung: Dr. Joachim Kind
Mitglieder: 42 (Versammlung der LPR-Organ)
Mitarbeiter: 38, davon 18 (Verwaltung), 20 (Offene Kanäle)
Jahresetat: DM 12 Mio, € 6,14 Mio

• O 379

Landesmedienanstalt Saarland (LMS)
Karcherstr. 4, 66111 Saarbrücken
T: (0681) 3 89 88-0 **Fax:** 3 89 88-20
Internet: http://www.lmsaar.de
E-Mail: info@lmsaar.de
Gründung: 1984 (28. November)
Dir. u. Vorst.-Vors.: Werner Sosalla
Vorsitzender des Medienrats: Franz-Rudolf Kronenberger
Leitung Presseabteilung: Werner J. Röhrig
Mitglieder: 3 Vorstand; 30 Medienrat
Mitarbeiter: 17 (und 4 Auszubildende)
Jahresetat: DM 3,578 Mio, € 1,83 Mio (2000)

• O 380

Sächsische Landesanstalt für privaten Rundfunk und neue Medien (SLM)
Sitz: Carolinenstr. 1, 01097 Dresden
Postf. 10 05 51, 01075 Dresden
T: (0351) 8 14 04-0 **Fax:** 8 02 05 23
Internet: http://www.slm-online.de
E-Mail: info@slm-online.de
Gründung: 1991 (21. Oktober)
Geschäftsführer(in): Martin Deitenbeck
Präsident des Medienrates: Kurt-Ulrich Mayer
Vors. d. Versammlung: Carmen Rosenthal
Verbandszeitschrift: „themen + frequenzen"; SLM-Schriftenreihe
Mitarbeiter: 19
Jahresetat: DM 10 Mio, € 5,11 Mio

• O 381

Landesrundfunkausschuß für Sachsen-Anhalt
Reichardtstr. 9, 06114 Halle
T: (0345) 52 55-0 **Fax:** 52 55-121
Gründung: 1991 (Oktober)
Vorsitzende(r): Lutz Kühn (MdL)
Hauptgeschäftsführer(in): Christian Schurig
Mitglieder: 25
Mitarbeiter: 17
Jahresetat: DM 7,576 Mio, € 3,87 Mio

• O 382

Unabhängige Landesanstalt für das Rundfunkwesen (ULR)
Schloßstr. 19, 24103 Kiel
T: (0431) 9 74 56-0 **Fax:** 9 74 56-60
Internet: http://www.ulr.de
E-Mail: ulr-sh@t-online.de
Gründung: 1985
Direktor(in): Gernot Schumann
Pressesprecherin: Claudia Neumann
Mitarbeiter: 39

• O 383

TLM. THÜRINGER LANDESMEDIENANSTALT

Thüringer Landesmedienanstalt (TLM)
Am Häckerstieg 12, 99310 Arnstadt
T: (03628) 61 16-0 **Fax:** 61 16 26
Internet: http://www.tlm.de
E-Mail: mail@tlm.de
Gründung: 1991 (5. November)
Direktor(in): Dr. Victor Henle
Stellvertretende Direktorin: Kirsten Kramer
Vors. der Versammlung: Klaus Peter Creter
Stellv. Vors. der Versammlung: Dr. Inge Friedrich
Dr. Hans-Andreas Egenolf
Leitung Presseabteilung: Kathrin Wagner
Mitglieder: 24
Mitarbeiter: 22, davon 9 in offenen Kanälen

• O 384

Direktorenkonferenz der Landesmedienanstalten in der Bundesrepublik Deutschland (DLM)
c/o Landesanstalt für Rundfunk Nordrhein-Westfalen (LfR)
Postf. 19 01 51, 40111 Düsseldorf
Zollhof 2, 40221 Düsseldorf
T: (0211) 7 70 07-0 **Fax:** 77 00 73 89
Internet: http://www.alm.de
E-Mail: info@lfr.de
Vorsitzende(r): Dr. Norbert Schneider

• O 385

Evangeliums-Rundfunk Deutschland e.V. (ERF)
35573 Wetzlar
Berliner Ring 62, 35576 Wetzlar
T: (06441) 9 57-0 **Fax:** 9 57-120
Internet: http://www.erf.de
E-Mail: erf@erf.de
Gründung: 1959 (19. Oktober)
Direktor(in): Jürgen Werth
Vorsitzende(r) des Vorstandes: Gerhard Hörster
Leitung Öffentlichkeitsarbeit: Annette E. Gerling
Verbandszeitschrift: Programm-Zeitschrift ANTENNE
Hörfunk-Redaktion: Peter Fischer
Fernseh-Redaktion: Wolf-Dieter Kretschmer

Redaktion ANTENNE: Eckart zur Nieden
Verlag: ERF Internat. e.V., Berliner Ring 62, 35576 Wetzlar
Mitarbeiter: 190

• O 386

Evangelisches Rundfunkreferat der norddeutschen Kirchen e.V.
Wolffsonweg 4, 22297 Hamburg
T: (040) 51 48 09-0 **Fax:** 51 48 09-99
Rundfunkbeauftragter beim NDR: Pastor Bernd Merz (mit Redaktionen in Hannover, Kiel, Schwerin)

• O 387

ANGA
Verband Privater Kabelnetzbetreiber e.V.
Ermekeilstr. 46-48, 53113 Bonn
T: (0228) 9 15 13-0 **Fax:** 9 15 13-14
Internet: http://www.anga.de
E-Mail: anga@compuserve.com
Gründung: 1974
Präsident(in): Thomas Braun (KMG Kabel-Fernsehen GmbH, Hannover)
Stellv. Präsidenten: Werner Scheuer (Bosch Telecom, Berlin)
Richard Pohl (Radio, Fernseh- und Computertechnik GmbH, Chemnitz))
Jens-Uwe Rehnig (Uwe Rehnig B-A-K GmbH, Neustadt a.d. Aisch)
Schatzmeister: Jürgen Sommer (KABELCOM Braunschweig GmbH, Braunschweig)
Vorstand: Herbert Strobel (ASTRO Strobel GmbH, Bergisch-Gladbach)
Jürgen Reinhard Grobbin (EUTELSAT-Agentur -Werder-, Thedinghausen)
Achim Martens (Martens Antennen- und Kabelanlagen GmbH, Hamburg)
Werner Hanf (NetCologne GmbH, Köln)
Robert Neuberger (Neuberger Nachrichten- und Antennentechnik, München)
Uwe Sachse (Sachse Kabelservice GmbH, Hainichen)
Geschäftsführer(in): RA Dr. Wolfgang von Reinersdorff
Dipl.-Ing. Hans-Joachim Danne
Pressesprecherin: Claudia Schmidt
Verbandszeitschrift: ANGA-Information
Redaktion: Claudia Schmidt
Mitglieder: 161
Mitarbeiter: 5

• O 388

Arbeitskreis Rundfunk-Empfangsanlagen
c/o Regulierungsbehörde für Telekommunikation und Post
Postf. 80 01, 55003 Mainz
Gründung: 1957 (28.Juni)
Vorsitzende(r): Dipl.-Ing. Walter Thurl (Winterweg 6, 83026 Rosenheim)
Geschäftsführer(in): Dipl.-Ing. Gerd Jeromin (c/o Regulierungsbehörde für Telekommunikation und Post, Postf. 80 01, 55003 Mainz)
Verbandszeitschrift: Richtlinien für Planung, Aufbau, Übergabe, Instandhaltung und Betrieb von Empfangs- und Verteilanlagen für Ton- und Fernsehrundfunk (RGA)
Verlag: VISTAS Verlag GmbH, Bismarckstr. 84, Berlin, T: (030) 3 12 45 66
Mitglieder: 22 Behörden, Institutionen, Vereinigungen u. Verbände

• O 389

Interessengemeinschaft Rundfunk-Fernempfang e.V.
Förderverein für blinde Radiohörer (IRF)
Postf. 10 13 11, 45813 Gelsenkirchen
Internet: http://www.irfev.de
E-Mail: hja@irfev.de
Gründung: 1981
Vorsitzende(r): Alfons Größl
Hauptgeschäftsführer(in): Hermann-Josef Ackermann (Ltg. Presseabt.)
Mitglieder: 40 (Fördermitglieder)
Monatliche Informations-Cassetten für Blinde: „Der Wellenbummel" (510 Bezieher) - kostenlos „Blindenhörbücherei" und monatliche Info-Diskette für Blinde (110 Bezieher) kostenlos
Redaktion: Postf. 10 13 11, 45813 Gelsenkirchen

• O 390

Koordinierungsbüro freier Rundfunk (KBfR)
Postf. 14 64, 40639 Meerbusch
Witzfeldstr. 60, 40667 Meerbusch
T: (02132) 7 30 57 **Fax:** 87 69
Vorsitzende(r): Dipl.-Pol. Klaus Golombek

• O 391

VLR

Verband Lokaler Rundfunk in Nordrhein-Westfalen e.V.
Munscheidstr. 14, 45886 Gelsenkirchen
T: (0209) 1 67 20 72, 1 67 20 74 **Fax:** 1 67 20 73
E-Mail: vlr@vlr.wipage.de
Gründung: 1987 (9. Juni)
Vorsitzende(r): Walter Ludwigs
Geschäftsführer(in): Dipl.-Volksw. Frank Böhnke
Verbandszeitschrift: VLR-Infodienst
Redaktion: Horst Albers
Verlag: Schürmann & Klagges, Postf. 10 23 70, 44723 Bochum
Mitglieder: 50
Mitarbeiter: 2

Vertretung der Veranstaltergemeinschaften im lokalen Hörfunk in NW.

• O 392

Katholiken im Rundfunk e.V.
RADIOCAMPANILE Förderverein
Verein zur Förderung eines Hörfunksenders des guten Wortes - aus christlicher Verantwortung
Postf. 12 43, 53002 Bonn
Bataverweg 21, 53117 Bonn
T: (0228) 67 61 39 **Fax:** 67 62 09
Gründung: 1987 (3. April)
Vorstand: Willy Trost (Vors.)
Alexander Trauttmansdorff (stv. Vors.)
Max Erbgraf Königsegg (Schatzmeister)
Beisitzer: Volker Harth
Dr. Andreas Püttmann
Geschäftsführer(in): Benedikt Trost
Mitglieder: ca. 500

• O 393

Förderverein Lokalrundfunk Ruhr-Mitte e.V.
c/o IHK Bochum
Ostring 30-32, 44787 Bochum
T: (0234) 91 13-1 60
Gründung: 1986 (29. September)
1. Vorsitzende(r): Kfm. Horst A. Röhrig (GeschfGes. der Fa. Schürmann + Klagges GmbH & Co. KG, Industriestr. 34, 44894 Bochum)
Stellvertretende(r) Vorsitzende(r): Rolf Flasche (Inh. d. Fa. Flasche, Steinring 45, 44789 Bochum)
RA u. Notar Bernd Klostermann (Kortumstr. 100, 44789 Bochum)
Schatzmeister: Eberhard Herrmann (Aloysiusstr. 34, 44795 Bochum)
Schriftführer(in): Dipl.-Volksw. Christoph Burghaus (Ostring 30-32, 44787 Bochum)
Mitglieder: 45

• O 394

Verband Bayerischer Lokalrundfunk (VBL)
Postf. 03 36, 94303 Straubing
T: (09421) 8 30-594 **Fax:** 8 30-596
Gründung: 1984 (1. Dezember)
Vorsitzende(r): Willi Schreiner
Stellvertretende(r) Vorsitzende(r): Dr. Helge Siemers
Peter Heinzmann
Schatzmeister: Peter Valentino
Schriftführer(in): Andreas Werner
Verbandszeitschrift: VBL-Lokalrundfunk-Telegramm (nur für Mitglieder)
Redaktion: Willi Schreiner, Alexandra Schmid
Verlag: Verband Bayerischer Lokalrundfunk
Mitglieder: 49

• O 395

SRT - Schule für Rundfunktechnik
Wallensteinstr. 121, 90431 Nürnberg
T: (0911) 96 19-0 **Fax:** 96 19-1 99
Gründung: 1963
Institutsleiter: Dipl.-Ing. Karlheinz Weber
Mitarbeiter: 64
Jahresetat: DM 16,8 Mio, € 8,59 Mio

• O 396

UKW-TV-Arbeitskreis der AGDX
c/o Hans-Jürgen Kuhlo
Wilhelm-Leuschner-Str. 293B, 64347 Griesheim
T: (06155) 6 63 00
E-Mail: hans-juergen.kuhlo@t-online.de
Gründung: 1976

Verbandszeitschrift: REFLEXION
Mitglieder: ca. 120
Jahresetat: ca. DM 0,005 Mio, € 0 Mio

• O 397

Vereinigung Bayerischer Rundfunkanbieter e.V.
Perfallstr. 1 IV, 81675 München
T: (089) 45 55 58-0 **Fax:** 45 55 58-21
Internet: http://www.apr.radioweb.de/vbra
E-Mail: VBRA@radioweb.de
Vorsitzende(r): Dr. Hermann Balle
Hans Kuchenreuther
Geschäftsführer(in): Harald Schyrbock

• O 398

Verband Privater Rundfunkanbieter Baden-Württemberg e.V.
Friedrichstr. 10, 70174 Stuttgart
T: (0711) 2 27 49-0 **Fax:** 2 27 49-20
E-Mail: vszv@real-net.de
Geschäftsführer(in): RA Stephan Bourauel
Vorsitzende(r): Valdo Lehari jun.
Mitglieder: 12 ordentliche, 2 außerordentliche

• O 399

Medienakademie Köln gGmbH
Im Mediapark 6, 50670 Köln
T: (0221) 57 43-7200 **Fax:** 57 43-7201
Internet: http://www.medienakademie-koeln.de
E-Mail: info@medienakademie-koeln.de
Gründung: 1998 (01. September)
Präsident(in): Herbert Brenke
Geschäftsführer(in): Ekkehart Gerlach
Presse: Angelo Michele Franke
Mitarbeiter: 12

• O 400

Film- und Medienbüro Niedersachsen e.V.
Landesgeschäftsstelle
Postf. 18 61, 49008 Osnabrück
Lohstr. 45a, 49074 Osnabrück
T: (0541) 2 84 26 **Fax:** 2 95 07
Internet: http://www.filmbuero-nds.de
E-Mail: fmb.os@t-online.de
Gründung: 1986
1. Vors.: Barbara Etz (Barbara Etz Filmproduktion, Goseriede 9, 30159 Hannover)
Stellvertretende(r) Vorsitzende(r): Rolf Blank (Insel-Film, Hage u. Hamburg)
Geschf, Presse- u. Öffentlichk.: Karl Maier (Film & Medienbüro Niedersachsen e.V., Geschäftsführung/Rundbrief, Lohstr. 45 a, 49074 Osnabrück, T: (0541) 2 84 26, Telefax: (0541) 2 95 07)
Projektförderung (zuständig für den Bereich Filmproduktionsförderung, Stoff- und Projektentwicklung inkl. Drehbuch der niedersächsischen Filmförderung, Geschäftsführung der niedersächsischen Filmkommission) Henning Kunze (Film & Medienbüro Niedersachsen e.V., Sekretariat Projektförderung, Gerberstr. 16, 30169 Hannover, T: (0511) 1 34 70)
Verbandszeitschrift: Rundbrief, Auflage: 1200
Redaktion: Karl Maier
Verlag: Film u. Medienbüro Niedersachsen e.V., Postf. 18 61, 49008 Osnabrück, T: (0541) 2 84 26, Telefax: (0541) 2 95 07
Mitglieder: 175
Mitarbeiter: 4,5
Jahresetat: ca. DM 0,9 Mio, € 0,46 Mio

o 401

Büro Hannover
Sekretariat Projektförderung
Gerberstr. 16, 30169 Hannover
T: (0511) 1 34 70 **Fax:** 7 01 15 54
E-Mail: fmb.hann@t-online.de

o 402

Drehbuch-Werkstatt Niedersachsen
Dorota M. Paciarelli
Gerberstr. 16, 30169 Hannover
T: (0511) 1 34 80 **Fax:** 7 01 15 54
Internet: http://www.filmbuero-nds.de
E-Mail: fmb.script@t-online.de

• O 403

Verbrauchervereinigung Medien e.V. (VV-Medien e.V.)
Untermainanlage 8, 60329 Frankfurt
Vorstand: Dr. Edgar Weiler (Vors.)
Katja Delvo (stellv. Vors.)
Kuratorium:
Dr. Konrad Adam, Frankfurt/Main
Prof. Dr. Hans Herbert von Arnim, Speyer
Robert Atzorn, Prien
Staatssekr. a.D. Gerd Behnke, Bonn
BM a.D. Dr. Norbert Blüm (MdB), Bonn

Sina Bodden, München
Dr.habil. Maria Böhmer (MdB), Mainz
Harald Borgner, Mainz
Rolf Bossi, München
Prof. Dr. Herwig Büchele, Innsbruck
Staatsminister Peter Caesar (MdL), Mainz
Prof. Dr. Richard Ciesielski, Freiberg
Prof. Dr. Felix von Cube, Heidelberg
Alain Delon, Paris
OStR Friedrich Denk, Weilheim
Heinz Drache, Berlin
Prof. Dr. Eugen Drewermann, Paderborn
Detlef Drewes, Friedberg/Bay.
Katja Ebstein, Otterfing
Uwe Ehrich, Eisenach
Prof. Dr. Irenäus Eibl-Eibesfeldt, Andechs
Maria Eichhorn (MdB), Bonn
Dr. Nadeem Elyas, Köln
Gunther Emmerlich, Dresden
Dr. Rainer Eppelmann (MdB), Königswinter
Prof. Dr. Klaus Eurich, Dortmund
Prof. Dr. Reginald Földy, Wien
Prof. Justus Frantz, Hamburg
Dr. C. Frey, Bern
Dr.med. Günter Gerhardt, Wendelsheim
Uschi Glas, München
Prof. Dr. Werner Glogauer, Augsburg
Monika Griefahn (MdB), Hamburg
Prof. Dr. Jo Groebel, Frankfurt/Main
Pater Lothar Groppe, Bad Pyrmont
Dr. Fritz Hähle (MdL), Dresden
Dr. Hans Haid, Sölden
Horst Haitzinger, München
Renate Hartwig, Pfaffenhofen
Dieter Thomas Heck, Lauf/Baden
Annemarie Hecker (MdL), Arnstorf
Prof. Dr. Marian Heitger, Wien
Prof. Dr. Hartmut von Hentig, Berlin
Michael Jacobi (MdL), Stuttgart
Prof. Dr. Jan C. Joerden, Frankfurt/Oder
Werner Jungeblodt, Dortmund
Prof. Dr.Dr. Ekkehard Kaufmann, Marburg
Rosemarie Kelter, Saarbrücken
Walter Kempowski, Gyhum
Hedwig Keppelhoff-Wiechert (MdEP), Bonn
Ursula Kinkel, Bonn
Peter Köhler, Frankfurt/Main
Peter Konstroffer, Bonn
Josef Kraus, Landshut
Prof. Dr. Arthur Kreuzer, Gießen
Prof. Dr. Martin Kriele, Köln
Torsten Lange, Bonn
Mechthild Löhr, Königstein
Hermann Lutz, Hilden
Helmut Matthies, Wetzlar
Prof'in Dr. Barbara Mettler-von Meibom, Essen
Prof. Dr. Dieter Meurer, Marburg
Reinhard Mey, Berlin
Rosi Mittermaier-Neureuther, Garmisch-Partenkirchen
Jens Motschmann, Bremen
Michael Müller, Aachen
Gerhard Naujokat, Ahnatal
Nicole, Neunkirchen
Prof. Dr. Dr. Wolfgang Ockenfels, Trier
Prof. Dr. Horst W. Opaschowski, Börnsen
Prof. Dr. Heribert Ostendorf, Schleswig
Dr. Gerhard Pfreundschuh, Schönbrunn
Witta Pohl, Hamburg
Prof. Dr. Neil Postman, New York
GenStA a.D. Kurt Rebmann, Stuttgart
Hans Joachim Ritter, Rülzheim
Prof. Dr. Günter Rohrmoser, Stuttgart
Salim Abdullah, Soest
Roland Sauer (MdB), Stuttgart
Heribert Scharrenbroich, St. Augustin
Prof. Dr. Erwin K. Scheuch, Köln
BM Otto Schily (MdB), Bonn
Rezzo Schlauch (MdB), Bonn
Renate Schmidt (MdL), München
Dietmar Schönherr, Kaiserstuhl
Prof. Dr. Julius H. Schoeps, Potsdam
Friedrich Schorlemmer, Wittenberg
Prof. Dr. Alexander Schuller, Berlin
Ole Seelenmeyer, Lüneburg
Rudolf Stefen, Bonn
Karin Struck, Gütersloh
Prof. Dr. Peter Struck, Hamburg
Roswitha Verhülsdonk, Bonn
Dr. Rudolf Wassermann, Goslar
Juliane Werding, München
Thekla Carola Wied, München
Hans-Otto Wilhelm (MdB), Bonn
Christian Wolff, Aschau
Prof. Dr. Michael Wolffsohn, München
Dr. Dieter Wunder, Frankfurt/Main
Prof. Dr. Helmut Zöpfl, München

• O 404

Münchner Gesellschaft für Kabelkommunikation mbH

Medienallee 24, 85774 Unterföhring
T: (089) 9 50 82-0 **Fax:** 9 50 82-113
Geschäftsführer(in): Dr. Günther Ernstberger
Mitarbeiter: 16

• O 405

Verein zur Förderung der Medienkommunikation e.V.

Hegnacher Str. 30, 71336 Waiblingen
T: (07151) 2 33 31 **Fax:** 2 33 38
Gründung: 1985
Vors. u. GeschF: Rolf G. Lehmann

• O 406

Fördergemeinschaft Audiovisual Communication

Corporate Media - TV - Multi-Image - Film - New Media
Hegnacher Str. 30, 71336 Waiblingen
T: (07151) 2 33 31 **Fax:** 2 33 38
Internet: http://www.medienreport.de
Gründung: 1989
Geschäftsführer(in): Rolf G. Lehmann
Mitglieder: 12 Medienverbände mit über 8500 Mitgliedern bzw. Medienunternehmen
Mitarbeiter: 2
Bundesverband Deutscher Film- und AV-Produzenten e.V., DVI Deutsches Video Institut e.V., Fachverband der Audiovisions- und Filmindustrie, Fachverband der Medienberater e.V., SFV Swiss Film and Video Producer, Verein zur Förderung der Medienkommunikation e.V., ZIM Zentrum Interaktiver Medien e.V., BDVT Bund Deutscher Verkaufsförderer und Trainer e.V., Deutscher Didacta Verband e.V., Konferenz der Landesfilmdienste e.V., Q-Verband e.V.

• O 408

Arbeitsgemeinschaft Amateurfunkfernsehen e.V. (AGAF)

Berghofer Str. 201, 44269 Dortmund
T: (0231) 4 89 91, 48 07 30 **Fax:** 48 69 89
Internet: http://www.agaf.de
E-Mail: manfred.may@ndr.de, heinz.venhaus@hagen.de
1. Vors.: Heinz Venhaus
Geschäftsführer(in): Karl-Heinz Pruski
Mitglieder: 3000

• O 409

Medienwerkstatt Franken e.V.

Rosenaustr. 7, 90429 Nürnberg
T: (0911) 28 80 13 **Fax:** 26 70 02
Internet: http://www.medienwerkstatt.franken.de
E-Mail: mwfranken@aol.com
Vorsitzende(r): Kurt Keerl

• O 410

Institut für Journalistik der Universität Hamburg

Allende-Platz 1, 20146 Hamburg
T: (040) 4 28 38-5448 **Fax:** 4 28 38-2418
Internet: http://www.rrz.uni-hamburg.de/journalistik
E-Mail: ifj@sozialwiss.uni-hamburg.de
Vorsitzende: Prof. Dr. Irene Neverla
Stellvertretende(r) Vorsitzende(r): Prof. Dr. Dieter Roß

• O 411

Tarifverband Privater Rundfunk e.V. (TPR)

Geschäftsstelle
Kartäuserstr. 39, 79102 Freiburg
T: (0761) 3 17 12, 3 17 13 **Fax:** 3 17 14
E-Mail: kindle@tpr.de
Sitz: Schwindstr. 3, 60325 Frankfurt
T: (069) 74 58 34, Fax: 74 70 52
Gründung: 1988 (16. September)
Vorsitzende(r): Klaus Schunk (Radio Regenbogen)
Stellvertretende(r) Vorsitzende(r): Heinz Scheve (RTL Television)
Ulrich Eretier (SAT 1)
Geschäftsführer(in): Ulrike Kindle
Mitglieder: z.Zt. 25 Unternehmen (private Hörfunk- und Fernsehanbieter)

Vertretung der Arbeitgeberinteressen der privaten Hörfunk- und Fernsehanbieter, insbesondere Verhandlung und Abschluß von Tarifverträgen. Vertretung gegenüber politischen Gremien sowie Gremien der arbeits- uns sozialpolitischen Selbstverwaltung, anderen Verbänden sowie der Öffentlichkeit. Beratung der Mitglieder in arbeits- und sozialrechtlichen sowie personalpolitischen Fragen.

• O 412

Verband Privater Rundfunk und Telekommunikation e.V. (VPRT)

Burgstr. 69, 53177 Bonn
T: (0228) 9 34 50-0 **Fax:** 9 34 50-48
E-Mail: vprt@vprt.de
Gründung: 1990
Internationaler Zusammenschluß: siehe unter izo 44
Geschäftsführer(in): Ursula K. Adelt
Präsident(in): Jürgen Doetz
Vizepräsident(in): Dr. Eckart Haas (Telebild, Ismaning (Vors. FB VTT))
Wilfried Sorge (radio ffn, Hannover (Vors. FB Hörfunk))
Schatzmeister: Wolfgang Fischer (Capella, Unterföhring)
Vorstandsmitglieder:
Helmut G. Bauer (msc, Köln)
Dieter Gorny (Viva, Köln)
Ingrid M. Haas (clt-ufa/RTL, Luxembourg, Stellv. Vors. Multimediaplattform, komm. Vors. FB TV)
Hans-Dieter Hillmoth (HitRadio FFH, Frankfurt)
Karlheinz Hörhammer (ANTENNE BAYERN, Unterföhring (Stellv. Vors. FB Hörfunk))
Dr. Ralf Kogeler (Axel Springer Verlag, Hamburg (Vors. Multimediaplattform))
Karl-Ulrich Kuhlo (n-tv Nachrichtenfernsehen, Berlin)
Reinhard Penzel (Sony Deutschland, Köln)
Dr. Torsten Rossmann (ProSieben, Unterföhring (stellv. Vors. FB Ferns.))
Klaus Schunk (Radio Regenbogen, Mannheim)
Verbandszeitschrift: intern
Redaktion: VPRT-Geschäftsstelle, Abt. Presse- u. Öffentlichkeitsarbeit
Mitglieder: 164
Mitarbeiter: 12

Interessenvertretung der privaten Rundfunkanbieter und der Unternehmen der Telekommunikations- und Multimediatechnik in der Bundesrepublik Deutschland. Vertretung seiner Mitglieder gegenüber den medienpolitisch Verantwortlichen, den Landesmedienanstalten, den Urheberrechtsgesellschaften, der Regulierungsbehörde für Telekommunikation + Post und der Telekom. Beratung seiner Mitglieder in Fragen des Medienrechts, des Urheberrechts und der Übertragungstechnik. Der VPRT gliedert sich in die Fachbereiche Hörfunk, Fernsehen, Vertrieb-Technik-Telekommunikation (VTT).

• O 413

Arbeitsgemeinschaft Privater Rundfunk (APR)

Perfallstr. 1 IV, 81675 München
T: (089) 45 55 58-0 **Fax:** 45 55 58-21
Internet: http://www.apr.radioweb.de
E-Mail: APR@radioweb.de
Vorsitzende(r): Hans Kuchenreuther
Geschäftsführer(in): Dr. Stephan Ory

• O 414

Institut für Privaten Rundfunk

Munscheidstr. 14, 45886 Gelsenkirchen
T: (0209) 1 67 20 72, 1 67 20 74 **Fax:** 1 67 20 73
Vorsitzende(r): Dr. Ingo Westen
Geschäftsführer(in): Achim Werner
Dipl.-Volksw. Frank Böhnke

• O 415

Studienkreis Rundfunk und Geschichte e.V.

c/o Dr. Edgar Lersch Südwestrundfunk Historisches Archiv
70150 Stuttgart
T: (0711) 9 29-32 33 **Fax:** 9 29-3345
Gründung: 1969
Vorstand: Prof. Dr. Rüdiger Steinmetz (Vors.), Leipzig
Prof. Dr. Reinhold Viehoff (stellv. Vors.), Halle
Dr. Walter Klingler, Baden-Baden
Dr. Edgar Lersch (Schriftführer), Stuttgart
Dr. Michael Crone (Schatzmeister), Frankfurt
Beisitzer: Dr. Ansgar Diller, Frankfurt am Main
Dr. Marianne Ravenstein, Münster
Dr. Ingrid Scheffler, Mannheim
Dr. Oliver Zoellner, Köln
Mitglieder: ca. 500 (aus der Wissenschaft, den Rundfunk- und Fernsehanstalten, der Rundfunkindustrie und dem Handel)

• O 416

Arbeitsgemeinschaft der Landesmedienanstalten in der Bundesrepublik Deutschland (ALM)

c/o Landesanstalt für Rundfunk Nordrhein-Westfalen (LfR)
Postf. 19 01 51, 40111 Düsseldorf
Zollhof 2, 40221 Düsseldorf
T: (0211) 7 70 07-0 **Fax:** 77 00 73 89
Internet: http://www.alm.de
E-Mail: info@lfr.de

• O 417

Deutsches Rundfunk-Museum e.V.
Rudower Chaussee 3, 12489 Berlin
T: (030) 67 04-4076 **Fax:** 67 04-4077
E-Mail: drm.berlin@t-online.de
Gründung: 1967 (24. August)
Vorsitzende(r): Werner Goldberg
Stellvertretende(r) Vorsitzende(r): Ulrich Thiele
Mitglieder: 180

• O 418

Gebühreneinzugszentrale der öffentlich-rechtlichen Rundfunkanstalten in der Bundesrepublik Deutschland (GEZ)
Postf. 11 03 63, 50403 Köln
Freimersdorfer Weg 6, 50829 Köln
T: (0221) 50 61-0 **Fax:** 50 61 25 07
Geschäftsführer(in): Dr. Dieter Steinbauer

• O 419

Arbeitskreis Bild und Ton e.V.
Fachstelle für Jugend-Tonband-Arbeit
Postf. 80 01 06, 51001 Köln
T: (0221) 69 80 44 **Fax:** 69 95 87
Gründung: 1970
1. Vorsitzende(r): Kurt Dummer (Ltg. Presseabt.)
Verbandszeitschrift: Tonbild-Spiegel
Verlag: Arbeitskreis Bild und Ton e.V., Postf. 80 01 06, 51001 Köln
Mitglieder: ca. 600
Mitarbeiter: 8

Vermittlung englischer, französischer und russischer Partnerschulen an Deutsche Gymnasien zwecks Internationaler Schülerkassetten Konversation zur bilateralen Erlernung der Fremdsprachen.

• O 420

Bundesverband für Satelliten-Direktempfang e.V. (BSDE)
Kaiserstr. 50, 40479 Düsseldorf
T: (0211) 49 32 55 21 **Fax:** 49 32 55 27
Vorsitzende(r): Klaus Fuchs

• O 421

Stiftung Kuratorium junger deutscher Film
Postf. 12 04 28, 65082 Wiesbaden
Rheingaustr. 140 Schloß Biebrich, 65203 Wiesbaden
T: (0611) 60 23 12 **Fax:** 69 24 09
Gründung: 1965 als Verein, 1981 als Stiftung
Präsident(in): Hans Helmut Prinzler, Berlin
Vizepräsident(in): Theda Kluth, Düsseldorf
Direktor(in): Andreas Schardt
Leitung Presseabteilung: Monika Reichel
Verbandszeitschrift: Kuratoriums Informationen
Redaktion: M. Reichel, H. Strobel
Mitglieder: 19
Mitarbeiter: 2
Jahresetat: DM 1,6 Mio, € 0,82 Mio

• O 422

Arbeitsgemeinschaft zur Nachwuchsförderung für Film und Fernsehen
c/o Norddeutscher Rundfunk
Gazellenkamp 57, 22529 Hamburg
T: (040) 41 56-43 22 **Fax:** 41 56-54 50
Gründung: 1959
Leitung: Gerald Mechnich
Mitglieder: 11
Mitarbeiter: 3

Zusammenschluß von öffentlich-rechtlichen Rundfunkanstalten und privaten FS-Produktionsbetrieben mit dem Ziel, eine systematische Ausbildung von dringend benötigten Nachwuchskräften in der AV-Produktion zu gewährleisten. Zur Zeit werden Volontäre als Aufnahmeleiter und Cutter ausgebildet.

• O 423

Zentrale Bühnen-, Fernseh- und Filmvermittlung der Bundesanstalt für Arbeit (ZBF)
Villemombler Str. 76, 53123 Bonn
T: (0228) 7 13-1392 **Fax:** 7 13-1349

Verlagswesen

• O 424

Börsenverein des Deutschen Buchhandels e.V.
(Haus des Deutschen Buchhandels)
Postf. 10 04 42, 60004 Frankfurt
Großer Hirschgraben 17-21, 60311 Frankfurt
T: (069) 13 06-0 **Fax:** 13 06-2 01
Internet: http://www.boersenverein.de
E-Mail: info@boev.de
Gründung: 1825
Internationaler Zusammenschluß: siehe unter izo 88
Vorsteher: Roland Ulmer
Hauptgeschäftsführer(in): Dr. Hans-Karl v. Kupsch
Ltg. Presse u. Information: Eugen Emmerling
Verbandszeitschrift: Börsenblatt für den Deutschen Buchhandel
Redaktion: Postf. 10 04 42, 60004 Frankfurt/Main
Verlag: Buchhändler-Vereinigung GmbH, Postf. 10 04 42, 60004 Frankfurt/Main
Mitglieder: 7074 davon 2065 Verlage, 4874 Buchhandlungen, 84 Zwischenbuchhandlungen und 51 Verlagsvertretungen (Stand: 30.9.99)

Alle das Buchwesen betreffenden Probleme.

Berliner Büro
Schiffbauerdamm 5, 10117 Berlin
T: (030) 28 00 78 30 **Fax:** 2 80 07 83 50
E-Mail: m.ruhfus@boev.de

Leipziger Büro
Gerichtsweg 28, 04103 Leipzig
T: (0341) 99 54-111 **Fax:** 99 54-113

Landesverbände

o 425

Verband der Verlage und Buchhandlungen in Baden-Württemberg e.V.
Paulinenstr. 53, 70178 Stuttgart
T: (0711) 6 19 41-0 **Fax:** 6 19 41 44
E-Mail: buchhandelsverband@vvb-bw.de
Vorsitzende(r): Dr.h.c. Volker Schwarz
Geschäftsführer(in): Dipl.-Kfm. Johannes Scherer

o 426

Verband Bayerischer Verlage und Buchhandlungen e.V.
Salvatorplatz 1, 80333 München
T: (089) 29 19 42-0 **Fax:** 29 19 42-49
Internet: http://www.buchhandel.de/bayern
E-Mail: buchhandelsverband.bay@buchhandel.de
Vorsitzende(r): Dr. Christoph Wild
Geschäftsführer(in): Rose Backes

o 427

Verband der Verlage und Buchhandlungen Berlin-Brandenburg e.V.
Lützowstr. 33, 10785 Berlin
T: (030) 26 39 18-0 **Fax:** 26 39 18 18
Vorsitzende(r): Dietrich Simon
Geschäftsführer(in): Detlef Bluhm

o 428

Landesverband der Verleger und Buchhändler Bremen-Unterweser e.V.
Hinter dem Schütting 8, 28195 Bremen
T: (0421) 32 69 49 **Fax:** 32 87 90
Vorsitzende(r): Tilman W. Sieglin
Geschäftsführer(in): Heinz Döll

o 429

Hessischer Verleger- und Buchhändler-Verband e.V.
Großer Hirschgraben 17-21, 60311 Frankfurt
T: (069) 92 18 70-0 **Fax:** 92 18 70-99
E-Mail: buchhandelsverband.hs@t-online.de
Vorsitzende(r): Klaus Schöffling
Geschäftsführer(in): Peter Brunner

o 430

Landesverband der Buchhändler und Verleger in Niedersachsen e.V.
Hamburger Allee 55, 30161 Hannover
T: (0511) 31 26 33 **Fax:** 31 21 73
E-Mail: Lvbuchnds@aol.com
Gründung: 1883 (26. August)
Vorsitzende(r): Dr. Eberhard Mertens
Geschäftsführer(in): Angelika Busch

o 431

Norddeutscher Verleger- und Buchhändler-Verband e.V.
Schwanenwik 38, 22087 Hamburg
T: (040) 22 54 79, 22 55 23 **Fax:** 2 29 85 14
E-Mail: nv.bv.@t-online.de
Vorsitzende(r): Michael Menard
Geschäftsführer(in): Horst Quax

o 432

Verband der Verlage und Buchhandlungen in Nordrhein-Westfalen e.V.
Marienstr. 41, 40210 Düsseldorf
T: (0211) 8 64 45-0 **Fax:** 32 44 97
Internet: http://www.buchhandel.de/nrw
E-Mail: nrw@buchhandel.de
Gründung: 1946
Vorsitzende(r): Bertram Gallus
Geschäftsführer(in): Herbert Becker
Leitung Presseabteilung: Ellen Beeftink
Verbandszeitschrift: "buch nrw"
Redaktion: Ellen Beeftink

o 433

Landesverband der Verleger und Buchhändler Rheinland-Pfalz e.V.
Kaiserstr. 88, 55116 Mainz
T: (06131) 23 40 35 **Fax:** 23 03 64
Vorsitzende(r): Jürgen M. Luczak
Geschäftsführer(in): Heidrun Mainka

o 434

Landesverband der Verleger und Buchhändler Saar - LVBS - e.V.
Feldmannstr. 26, 66119 Saarbrücken
T: (0681) 9 27 17-0 **Fax:** 9 27 17-10
Internet: http://www.buchhandel.de/lvsaar
E-Mail: lvsaar@buchhandel.de
Vorsitzende(r): Manfred Queißer
Geschäftsführer(in): Dipl.-Volksw. Klaus Feld

o 435

Verband der Verlage und Buchhandlungen in Sachsen, Sachsen-Anhalt und Thüringen e.V.
Gerichtsweg 28, 04103 Leipzig
T: (0341) 99 54-220 **Fax:** 99 54-223
Vorsitzende(r): Dr. Klaus Walther
Geschäftsführer(in): Regine Lemke

• O 436

Sozialwerk des Deutschen Buchhandels e.V.
Geschäftsstelle:
Postf. 10 04 42, 60004 Frankfurt
Großer Hirschgraben 17-21, 60311 Frankfurt
T: (069) 13 06-239 **Fax:** 13 06-527
Vorsitzende(r): Klaus Vorpahl
Geschäftsführer(in): Elisabeth v. Christen

• O 437

Arbeitsgemeinschaft Publikumsverlage
c/o Börsenverein des Deutschen Buchhandels
Großer Hirschgraben 17-21, 60311 Frankfurt
T: (069) 13 06-325 **Fax:** 13 06-399
Vorsitzende(r): Volker Neumann
Geschäftsführer(in): Friedhelm von Notz

• O 438

Wissenschafts-Pressekonferenz (WPK)
Ahrstr. 45, 53175 Bonn
T: (0228) 9 57 98 40 **Fax:** 9 57 98 41
Internet: http://www.wpk.org
E-Mail: wpk@wpk.org
Gründung: 1986
Vorsitzende(r): Jean Pütz (1. Vors.)
Edgar Forschbach
Dr. Norbert Lossau
Dr. Renate I. Mreschar
Dr. Ellen Norten
Leitung Presseabteilung: Anne Thomalla
Mitglieder: 170 Mitglieder, 80 Freunde und Kuratoren
Mitarbeiter: 2

• O 439

Arbeitskreis Bild- und Kunstbuchverlage
c/o Börsenverein des Deutschen Buchhandels
Postf. 10 04 42, 60004 Frankfurt
Großer Hirschgraben 17-21, 60311 Frankfurt

T: (069) 13 06-3 21 **Fax:** 13 06-3 99
Internet: http://www.boersenverein.de
Vorsitzende(r): Albert Hirmer
Geschäftsführer(in): Friedhelm von Notz

• o 440

VDWN

Verband Deutscher Wirtschaftsnachschlagewerke e.V.
Schloß Mindelburg, 87719 Mindelheim
T: (08261) 9 99-0 **Fax:** 9 99-591
Gründung: 1984
Vorsitzende(r): Werner Sachon
Stellvertretende(r) Vorsitzende(r): Margit Selka

Der Verband hat auf freiwilliger Grundlage die Aufgabe, die Belange der Verlage von deutschen Wirtschafts-Adreßbüchern zu vertreten und zu fördern. Insbesondere vertritt er auch die Interessen seiner Mitglieder in seinem Namen nach außen und wehrt unlauteres Verhalten auf dem Adreßbuchsektor auch im Interesse der deutschen Wirtschaft ab.

• o 441

Arbeitskreis Elektronisches Publizieren
c/o Börsenverein des Deutschen Buchhandels
Postf. 10 04 42, 60004 Frankfurt
Großer Hirschgraben 17-21, 60311 Frankfurt
T: (069) 13 06-517 **Fax:** 1 30 63 99
Internet: http://www.akep.de
Vorsitzende(r): Dr. Florian Langenscheidt
Geschäftsführer(in): Friedhelm von Notz

• o 442

Deutsches Buchinformationszentrum Bukarest (BIZ)
c/o Goethe-Institut
str. Henri Coandă 22, H-71119 Bucuresti 1
T: (00401) 2 11 50 63 **Fax:** 2 11 50 63
Leitung: Ioana Gruenwald

• o 443

Schulen des Deutschen Buchhandels
Wilhelmshöher Str. 283, 60389 Frankfurt
T: (069) 94 74 00-0 **Fax:** 94 74 00-50
Internet: http://www.buchhaendlerschule.de
E-Mail: buchhaendlerschule@bhv.de
Direktor(in): Hans Burkart
Stellvertretender Direktor: Heinrich F. Otto

Zentrale Aus- und Fortbildungsstätte der Buchhändler und Verleger im Börsenverein des Deutschen Buchhandels.

• o 444

Arbeitsgemeinschaft von Jugendbuchverlagen e.V.
avj-Geschäftsstelle
c/o Esslinger Verlag
Sirnauer Str. 50, 73779 Deizisau
T: (07153) 82 62 92 **Fax:** 82 62 93
E-Mail: avj.ziemer@t-online.de
Gründung: 1950
Vorsitzende(r): Mathias Berg
Verbandszeitschrift: Kinder- und Jugendbuchverlage von A bis Z
Redaktion: Arbeitsgemeinschaft von Jugendbuchverlagen
Mitglieder: 74 deutschsprachige Kinder- und Jugendbuchverlage

• o 445

Institut für Jugendbuchforschung der Johann Wolfgang Goethe-Universität
Myliusstr. 30, 60323 Frankfurt
T: (069) 7 98-23564 **Fax:** 7 98-22398
Internet: http://www.rz.uni-frankfurt.de/FB/fb10/jubufo
E-Mail: jubufo@rz.uni-frankfurt.de
Gründung: 1963
Geschf.Direktor: Prof. Dr. Hans-Heino Ewers
Mitarbeiter: 8

• o 446

ISBN-Agentur Bundesrepublik Deutschland
c/o Buchhändler-Vereinigung GmbH
Postf. 10 04 22, 60004 Frankfurt
Großer Hirschgraben 17-21, 60311 Frankfurt
T: (069) 13 06-3 87 **Fax:** 13 06-2 58

• o 447

Verband der Kartographischen Verlage und Institute
Postf. 90 05 40, 60445 Frankfurt
Zeppelinallee 33, 60325 Frankfurt
T: (069) 70 30 75
Vorsitzende(r): Franz Pietruska
Geschäftsführer(in): Andreas Baer (M. A.)
Mitglieder: 16

• o 448

Deutscher Musikverleger-Verband e.V. (DMV)
Friedrich-Wilhelm-Str. 31, 53113 Bonn
T: (0228) 5 39 70-0 **Fax:** 5 39 70-70
E-Mail: musikverband@t-online.de
Gründung: 1829
Präsident(in): Dr. Peter Hanser-Strecker, Mainz
Vizepräsident(in): Karl-Heinz Klempnow, Berlin
Geschäftsführer(in): Dr. Heinz Stroh
Verbandszeitschrift: Musikhandel
Mitglieder: ca. 500

• o 449

VG - MUSIKEDITION
Verwertungsgesellschaft zur Wahrnehmung von Nutzungsrechten an Editionen (Ausgaben) von Musikwerken
Büro:
Königstor 1a, 34117 Kassel
T: (0561) 10 96 56-0 **Fax:** 10 96 56-20
E-Mail: vgmusik@aol.com
Gründung: 1967
Präsident(in): Dr. Martin Bente
Geschäftsführer(in): Wolfgang Matthei
Mitglieder: 800

• o 450

Bundesverband Deutscher Anzeigenblätter e.V. (BVDA)
Dreizehnmorgenweg 36, 53175 Bonn
T: (0228) 9 59 24-0 **Fax:** 9 59 24-30
Internet: http://www.bvda.de
E-Mail: info@bvda.de
Gründung: 1987 (3. Juli)
Präsident(in): Dieter Schneider (Verleger, Breu + Schneider GmbH, Verlag und Druckerei, Blutenburgstr. 87, 80634 München)
Stellv. Präsidenten: Helmut Gebauer (Geschf., Saarländische Wochenblatt Verlagsgesellschaft mbH, Bleichstr. 21-23, 66111 Saarbrücken)
Manfred Dzwonnek (Geschf., Rheinische Anzeigenblatt GmbH & Co. KG, Breite Str. 70, 50667 Köln)
Carmen Frese-Kroll (Geschf., Singener Wochenblatt GmbH & Co., Hadwigstr. 2 a, 78224 Singen)
Herbert Tosch (Geschäftsf. Panorama Anzeigenblatt GmbH, Karlplatz 24, 40213 Düsseldorf)
Ehrenpräs: Hans Georg Weiss (Verleger, Weiss-Verlag GmbH & Co. KG, Industriestr. 7, 52156 Monschau)
Geschäftsführer(in): Heiner Urhausen
Leitung Presseabteilung: Georg Kasper
Verbandszeitschrift: das anzeigenblatt
Redaktion: BVDA/commedia, Essen, Herausgeber: BVDA, Dreizehnmorgenweg 36, 53175 Bonn
Mitglieder: 203 Verlage mit 717 Titeln und einer Auflage von 52,2 Mio Exemplaren

• o 451

Arbeitsgemeinschaft Baufachverlage (ABV)
c/o Eberhard Blottner Verlag
Postf. 11 04, 65219 Taunusstein
Gottfried-Keller-Str. 13, 65232 Taunusstein
T: (06128) 2 36 00 **Fax:** 2 11 80
Gründung: 1964
Vorsitzende(r): Eberhard Blottner
Mitglieder: 21

• o 452

Verband der Schulbuchverlage e.V.
Postf. 90 05 40, 60445 Frankfurt
Zeppelinallee 33, 60325 Frankfurt
T: (069) 70 30 75 **Fax:** 70 79 01 69
E-Mail: verband-der-schulbuchverlage@t-online.de
Vorsitzende(r): Fritz von Bernuth
Geschäftsführer(in): Andreas Baer (M. A.)
Mitglieder: 69

• o 453

Adressbuchausschuß der Deutschen Wirtschaft
Breite Str. 29, 10178 Berlin
T: (030) 2 03 08-2702 **Fax:** 2 03 08-2777
Geschäftsführer(in): Dr. Axel Koblitz

• o 454

VDAV Verband
Deutscher Adreßbuchverleger e.V.

Heerdter Sandberg 30, 40549 Düsseldorf
T: (0211) 57 79 95-0 **Fax:** 57 79 95-44
Internet: http://www.vdav.de
E-Mail: VDAVeV@T-Online.de
Gründung: 1920
Vorsitzende(r): Verleger Norbert Beleke (Kronprinzenstr. 13, 45128 Essen)
Geschäftsführer(in): R.-C. Grammatik
Verbandszeitschrift: Verzeichnis Medien
Redaktion: VDAV
Verlag: Eigenverlag
Mitglieder: 150

Wirtschaftsvereinigung der Verlage von Stadt-Adreßbüchern, Telefonbüchern, Wirtschaftsnachschlagewerken und elektronischen Medien.

• o 455

BDZV

Bundesverband Deutscher Zeitungsverleger e.V. (BDZV)
(Herausgeber der Deutschen Tageszeitungen)
Riemenschneiderstr. 10, 53175 Bonn
T: (0228) 8 10 04-0 **Fax:** 8 10 04-15
Internet: http://www.bdzv.de
E-Mail: bdzv@bdzv.de
Internationaler Zusammenschluß: siehe unter izo 63
Präsident(in): Wilhelm Sandmann (Vors. des Aufsichtsrats der Verlagsgesellschaft Madsack GmbH & Co., August-Madsack-Str. 1, 30559 Hannover, u. Vors. d. Beirates der Leipziger Verlags- u. Druckereigesellschaft mbH, Leipzig)
Hauptgeschäftsführer(in): Dr. Volker Schulze
Geschäftsführer(in): Jörg Laskowski
Mitglieder der Geschäftsleitung: Burkhard Schaffeld
Hans-Joachim Fuhrmann
Mitglieder: 11 Landesverbände

Der Bundesverband bezweckt die Wahrung und Vertretung der gemeinsamen ideellen und wirtschaftlichen Interessen der Verlage im Verbandsgebiet erscheinenden deutschen Zeitungen.

Landesverbände

o 456

Verband Südwestdeutscher Zeitungsverleger e.V.
Friedrichstr. 10, 70174 Stuttgart
T: (0711) 2 27 49-0 **Fax:** 2 27 49-20
Vorsitzende(r): Konrad A. Theiss (Ludwigstr. 11, 73430 Aalen)
Geschäftsführer(in): RA Stephan Bourauel
Mitglieder: 55

o 457

Verband Bayerischer Zeitungsverleger e.V.
Perfallstr. 1 IV, 81675 München
T: (089) 45 55 58-0 **Fax:** 45 55 58-21
Vorsitzende(r): Dr. Hermann Balle ("Straubinger Tagblatt", Ludwigsplatz 30, 94315 Straubing)
Geschäftsführer(in): RA Dietmar Ahrndsen
Mitglieder: 50

o 458

Verein der Zeitungsverleger in Berlin und Brandenburg e.V. (VZBB)
Wilmersdorfer Str. 58, 10627 Berlin
T: (030) 3 24 34 03 **Fax:** 3 23 68 98
Vorsitzende(r): Peter Asmussen (Märkische Verlags- und Druck GmbH, Friedrich-Engels-Str. 24, 14473 Potsdam)
Geschäftsführer(in): RA Wolfgang Büsch
Mitglieder: 9

o 459

Zeitungsverlegerverband Bremen e.V.
Martinistr. 43, 28195 Bremen
T: (0421) 3 67 14 01 **Fax:** 3 37 92 33
Vorsitzende(r): Herbert C. Ordemann (Bremer Tageszeitungen AG, Martinistr. 43, 28195 Bremen)
Mitglieder: 4

o 460

Zeitungsverlegerverband Hamburg e.V.
Axel-Springer-Platz 1, 20355 Hamburg
T: (040) 34 72 43 41 **Fax:** 34 72 42 70
Vorsitzende(r): Kay E. Sattelmair (Axel Springer Verlag AG, Axel-Springer-Platz 1, 20355 Hamburg)
Geschäftsführer(in): Berndt Röder
Mitglieder: 5

o 461

Verband Hessischer Zeitungsverleger e.V.
Graf-Vollrath-Weg 6, 60489 Frankfurt
T: (069) 97 84 54-0 **Fax:** 97 84 54-54
Vorsitzende(r): Dr. Thomas Schmitt ("Fuldaer Zeitung", Frankfurter Str. 8, 36043 Fulda)
Geschäftsführer(in): RA Gebhard Ohnesorge
Mitglieder: 43

o 462

Verband Nordwestdeutscher Zeitungsverleger e.V.
Schiffgraben 17, 30159 Hannover
T: (0511) 30 60 70 **Fax:** 30 60 72
Vorsitzende(r): Karl Baedeker
Geschäftsführer(in): Stefan Borrmann
Mitglieder: 45

o 463

Zeitungsverleger Verband Nordrhein-Westfalen e.V.
Ludwig-Erhard-Allee 14, 40227 Düsseldorf
T: (0211) 7 88 19 90/1 **Fax:** 7 88 19 92
Vorsitzende(r): Bernhard Boll ("Solinger Tageblatt", Mummstr. 9, 42651 Solingen)
Geschäftsführer(in): Dr. Udo Becker
Mitglieder: 53

o 464

Verband der Zeitungsverleger in Rheinland-Pfalz und Saarland e.V.
Erich-Dombrowski-Str. 2, 55127 Mainz
T: (06131) 48-5000 **Fax:** 48 50 33
Vorsitzende(r): Karlheinz Röthemeier (Verlagsgruppe Rhein Main, Erich-Dombrowski-Str. 2, 55127 Mainz)
Mitglieder: 7

o 465

Verband der Zeitungsverlage Norddeutschland e.V.
Fleethörn 1-7, 24103 Kiel
T: (0431) 99 70 90 **Fax:** 9 97 09 16
Vorsitzende(r): Dr. Günter Semmerow ("Lübecker Nachrichten", Herrenholz 10-12, 23556 Lübeck)
Geschäftsführer(in): Berndt Röder
Mitglieder: 17

o 466

Verband Sächsischer Zeitungsverleger e.V.
04088 Leipzig
Peterssteinweg 19, 04107 Leipzig
T: (0341) 21 81 15 00 **Fax:** 2 11 07 65
Vorsitzende(r): N.N. ("LVZ Leipziger Volkszeitung", 04088 Leipzig, Peterssteinweg 19, 04107 Leipzig)
Mitglieder: 4

• O 467

Anzeigenblätter der Zeitungen (AdZ)
Riemenschneiderstr. 10, 53175 Bonn
T: (0228) 8 10 04-40 **Fax:** 8 10 04-34
Gründung: 1977

• O 468

Arbeitskreis Baufachpresse e.V. (abp)
Uhlandstr. 56, 40237 Düsseldorf
T: (0211) 67 03-2 32 **Fax:** 67 43 57
Gründung: 1961 (September)
Vorsitzende(r): Robert Scholl
Sekr. u. stellv. Vors.: Winfried Krüger
Mitglieder: 250

• O 469

Graphischer Bund Hamburg e.V. Gemeinschaft zur fachlichen und künstlerischen Weiterbildung in Druck und Kommunikation
Postf. 60 14 42, 22214 Hamburg
Lämmersieth 19, 22305 Hamburg
T: (040) 29 15 63 **Fax:** 29 21 74
Gründung: 1947 (18. Oktober), Vorgänger 1899
Vorsitzende(r): Hans-Adolf Kaufmann (Stormarnhöhe 36, 21031 Hamburg, T: (040) 7 38 80 68)
Schriftführer(in): Gerhard Pampuch (Im Heidewinkel 46, 21271 Asendorf, T: (04183) 36 26)
Schatzmeister: Wilfried Plamböck (Ahornweg 2 a, 22395 Hamburg)
Mitglieder: 118
Jahresetat: DM 0,012 Mio, € 0,01 Mio

• O 470

Deutscher Presserat
Selbstkontrollorgan der gedruckten Medien
Geschäftsstelle:
Postf. 71 60, 53071 Bonn
Gerhard-von-Are-Str. 8, 53111 Bonn
T: (0228) 9 85 72-0 **Fax:** 9 85 72-99
Internet: http://www.presserat.de
E-Mail: deutscherpresserat@t-online.de, info@presserat.de
Gründung: 1956 (20. November)
Geschäftsführer(in): Lutz Tillmanns
Sprecherin: Ursula Ernst-Flaskamp
Referent: Arno H. Weyand
Vorsitzender des Beschwerdeausschusses: Manfred Protze

Trägerverein des Deutschen Presserats e. V.
Vorsitzende(r): Fried von Bismarck (VDZ)
Mitglieder: 20
Mitarbeiter: 5

• O 471

Lokalpresse Service GmbH (mit DIMITAG e.V.)
Postf. 12 03 65, 10593 Berlin
Dovestr. 1, 10587 Berlin
T: (030) 39 80 51-0 **Fax:** 39 80 51-51
Gründung: 1938
Vorsitzender des Aufsichtsrates: Dr. Wolfgang Röhm
Geschäftsführer(in): Peter Hoss
Leitung Presseabteilung: Peter Hoss
Martin Wieske (stv.)
Leitung Verkauf: N. N.
Verbandszeitschrift: "Lokalpresse-Informationen" + "Lokalredaktionsdienst"
Mitglieder: 130 Zeitungsverlage

In Gemeinschaft mit

o 472

Dienst mittlerer Tageszeitungen (DIMITAG) e.V.
Herzogsfreudenweg 2b, 53125 Bonn
T: (0228) 9 18 39-0 **Fax:** 9 18 39-30
Chefredakteur: N. N.
Geschäftsführer(in): Peter Hoss
Leitung Verkauf: N. N.

• O 473

Verband der Lokalpresse e.V.
Dovestr. 1, 10587 Berlin
T: (030) 39 80 51-0 **Fax:** 39 80 51-51
Gründung: 1965
Vorstand: Dr. Wolfgang Röhm (Vors., Sindelfinger Zeitung)
Geschäftsführer(in): Dirk Schulte Strathaus
Stellvertretende(r) Geschäftsführer(in): Martin Wieske (Ref. Öffentlichkeitsarbeit, Ltg. Presseabteilung)
Verbandszeitschrift: Lokalpresseinformationen
Mitglieder: 97 Zeitungsverlage
Mitarbeiter: 12

• O 474

Bildungswerk Medien e.V.
Friedensallee 14-16, 22765 Hamburg
T: (040) 3 90 61 02 **Fax:** 39 61 28
Gründung: 1988 (März)
Mitglieder: 19
Mitarbeiter: 2
Jahresetat: DM 0,2 Mio, € 0,1 Mio

• O 475

Arbeitsgemeinschaft Katholische Presse e.V.
Adenauerallee 176, 53113 Bonn
T: (0228) 21 53 34 **Fax:** 21 09 22
Internet: http://www.akp-bonn.de
E-Mail: akp@akp-bonn.de
Vorsitzende(r): P. Gerhard Eberts
Geschäftsführer(in): Pit Stenmans

• O 476

Katholischer Pressebund e.V.
Adenauerallee 176, 53113 Bonn
T: (0228) 26 39 94, 2 60 00 82 **Fax:** 26 39 34
Gründung: 1965 (10. Juni)
Vorsitzende(r): Günter Beaugrand
Stellvertretende(r) Vorsitzende(r): Prälat Erich Strick
Geschäftsführer(in): Wilhelm Finge
Verbandszeitschrift: Mitgliederinformation (6 x jährlich)
Redaktion: Geschäftsstelle Kath. Pressebund
Mitglieder: ca. 1300
Förderung der katholischen Publizistik.

• O 477

Arbeitsgemeinschaft der Bischöflichen Pressereferenten
Postf. 13 55, 65533 Limburg
Roßmarkt 4, 65549 Limburg
T: (06431) 29 52 76 **Fax:** 29 54 81
Gründung: 1978
Vorsitzende(r): Michael Wittekind
Mitglieder: 43
Mitarbeiter: ca. 150

• O 478

Gemeinschaftswerk der Evangelischen Publizistik e.V.
Emil-von-Behring-Str. 3, 60439 Frankfurt
T: (069) 5 80 98-0 **Fax:** 5 80 98-100
Internet: http://www.gep.de
E-Mail: info@gep.de
Gründung: 1973
Direktor(in): Hans Norbert Janowski
Geschäftsführer(in): Lutz Weber
Leiter d. Hauptabt. Publizistik: Dr. Hans-Dieter Mattmüller
Verbandszeitschrift: gep info (allgemein), gep aktuell (Verlagsinform.)
Mitglieder: 29 Landeskirchen bzw. kirchl. Verbände
Mitarbeiter: 110
Jahresetat: DM 18 Mio, € 9,2 Mio

• O 479

Christlicher Medienverbund KEP (Konferenz Evangelikaler Publizisten e.V.)
Postf. 18 69, 35528 Wetzlar
Steinbühlstr. 3 Spilburg A5, 35578 Wetzlar
T: (06441) 9 15-151 **Fax:** 9 15-157
E-Mail: kep@kep.de
Gründung: 1976
Vorstand: Bärbel S. Wilde (Vors.)
Waldemar Murjahn (stv. Vors.)
Dieter Kohl
Horst Marquardt
Friedrich Hänssler
Jürgen Werth
Geschäftsführer(in): Wolfgang Baake
Leitung Presseabteilung: Christoph A. Zörb
Verbandszeitschrift: PRO-Christliche Medienzeitsch.
Redaktion: Christoph A. Zörb
Mitglieder: ca. 350 Journalisten, Redakteure, Verleger und Medienschaffende, dazu 10 publizistische Organisationen, 15 Verlage, 100 Zeitschriften
Mitarbeiter: 9

• O 480

Evangelischer Pressedienst - im Gemeinschaftswerk der Evangelischen Publizistik e.V. - Zentralredaktion - (epd)
Postf. 50 05 50, 60394 Frankfurt
Emil-von-Behring-Str. 3, 60439 Frankfurt
T: (069) 58 09 80 **Fax:** 5 80 98-1 22
Internet: http://www.epd.de
E-Mail: epdchef@epd.de
Gründung: 1910 (Dezember)
Chefredakteur: Dr. Thomas Schiller (T:-129)
Stellvertretender Chefredakteur und Chef vom Dienst: Wulf Röhnert (T: -136)
Stellv. Chefredakteur und Verkaufsleiter: Christoph Stottele (T: -259)
Verantwortl. Redakteur: epd-Nachrichtenredaktion
Roland Kauffmann (T: (069) 5 80 98-1 23)
epd medien, Informationsdienst f. Kirche u. Rundfunk Uwe Kammann (T: -1 43)
epd-Film Wilhelm Roth (T: -1 77)

epd-Entwicklungspolitik/Dritte Welt-Information
Kai Friedrich Schade (T: -1 37)
epd-Dokumentation Wulf Röhnert (T: -1 36)
epd-Bild Norbert Neetz (T: -1 97)

Landesdienste

o 481

Evangelischer Pressedienst
Landesdienst Bayern
Postf. 19 03 63, 80603 München
Birkerstr. 22, 80636 München
T: (089) 1 21 72-139 **Fax:** 1 21 72-179
E-Mail: epdbayern@compuserve.com
Chefredakteur: Achim Schmid
Landesredakteur: Jörg Schneider

o 482

Evangelischer Pressedienst
Landesdienst Hessen und Nassau
Postf. 10 07 47, 60007 Frankfurt
Rechneigrabenstr. 10, 60311 Frankfurt
T: (069) 9 21 07-442 **Fax:** 9 21 07-466
E-Mail: epdhn@gmx.net
Chefredakteur: Wolfgang Weissgerber
Verantwortl. Redakteur: Dr. Dieter Schneberger

o 483

Evangelischer Pressedienst
Landesdienst Kurhessen-Waldeck
Evangelisches Medienzentrum
Heinrich-Wimmer-Str. 4, 34131 Kassel
T: (0561) 93 07-1 29
Modem: (0561) 93 07-1 29
Fax: 93 07-1 55
E-Mail: epd@ekkw.de
Redakteur: Neville Williamson

o 484

Evangelischer Pressedienst
Landesdienst Niedersachsen-Bremen
Knochenhauerstr. 38-40, 30159 Hannover
T: (0511) 12 41-7 01/2 **Fax:** 32 33 13
E-Mail: epd@Lvh.de
Chefredakteur: Burkhart Vietzke

o 485

Evangelischer Pressedienst
Landesdienst Nord
Postf. 20 60, 24019 Kiel
Fleethörn 32, 24103 Kiel
T: (0431) 51 97-2 30 **Fax:** 51 97-2 91
Chefredakteur: Klaus Merhof
Redaktion Hamburg: Schillerstr. 7, 22767 Hamburg, T: (040) 3 06 23-2 60, Telefax: (040) 3 06 23-2 69

o 486

Evangelischer Pressedienst
Landesdienst Ost
Ziegelstr. 30, 10117 Berlin
T: (030) 28 30 39 11 **Fax:** 28 30 39 13
E-Mail: epdost@aol.com
Chefredakteur: Hans-Jürgen Röder

o 487

Evangelischer Pressedienst
Landesdienst Pfalz
Postf. 12 63, 67322 Speyer
Beethovenstr. 4, 67346 Speyer
T: (06232) 13 23-21 **Fax:** 13 23-24
Verantw. Redakteur: Hartmut Metzger

o 488

Evangelischer Pressedienst
Landesdienst Südwest
Redaktion Baden
Postf. 22 80, 76010 Karlsruhe
Vorholzstr. 7, 76137 Karlsruhe
T: (0721) 9 32 75-70 **Fax:** 9 32 75-60
Chefredakteur: Hans-Peter Scheibel

o 489

Evangelischer Pressedienst
Landesdienst Südwest
Redaktion Württemberg
Augustenstr. 124, 70197 Stuttgart
T: (0711) 2 22 76-61/62 **Fax:** 2 22 76-63
Chefredakteur: Roland Velten

o 490

Evangelischer Pressedienst
Landesdienst West
Postf. 14 03 80, 33623 Bielefeld
Cansteinstr. 1, 33647 Bielefeld
T: (0521) 94 40-177 **Fax:** 94 40-175
Geschäftsf. Chefredakteur: Jürgen Kordes
Chefredakteur: Wolfgang Frank

• O 491

idea e.V.
Evangelische Nachrichtenagentur
Postf. 18 20, 35528 Wetzlar
Steinbühlstr. 3, 35578 Wetzlar
T: (06441) 9 15-0 **Fax:** 9 15-118
Chefredakteur: Helmut Matthies
Publikationen: idea-Informationsdienst
idea Spektrum
idea-Dokumentationen

• O 492

Evangelischer Presseverband für Baden e.V.
Vorholzstr. 7, 76137 Karlsruhe
T: (0721) 9 32 75-0 **Fax:** 9 32 75-20
Gründung: 1922
Vorsitzende(r): Hans Kratzert, Heidelberg
Stellvertretende(r) Vorsitzende(r): Erich Bottlinger, Baden-Baden
Hauptgeschäftsführer(in): Christoph Roppel
Verbandszeitschrift: STANDPUNKTE-Das Evangelische Magazin
Mitteilungen der Evangelischen Landeskirche in Baden
Mitglieder: 36
Mitarbeiter: 17

• O 493

Evangelischer Presseverband für Bayern e.V.
Birkerstr. 22, 80636 München
T: (089) 1 21 72-0 **Fax:** 1 21 72-1 38
Internet: http://www.epv.de
E-Mail: Redaktion@epv.de
Hauptgeschäftsführer(in): Hartmut Joisten
Zeitschriften: Sonntagsblatt - Evangelische Wochenzeitung für Bayern
Unser Auftrag
Kirche im Rundfunk
Nachrichten der Evang.-Luth. Kirche in Bayern

• O 494

Medienhaus - Zentrum für evang. Publizistik und Medienarbeit gGmbH
Postf. 10 07 47, 60007 Frankfurt
Rechneigrabenstr. 10, 60311 Frankfurt
T: (069) 9 21 07-401 **Fax:** 9 21 07-433
Gründung: 1946
Vorsitzende(r): Prof. Dr. Peter Steinacker
Stellvertretende(r) Vorsitzende(r): Oberkirchenrat Dirk Roman Moser
Hauptgeschäftsführer(in): Pfarrer Helwig Wegner
Verbandszeitschrift: Evangelische Kirchenzeitung
Das Sonntagsblatt für Hessen und Nassau
Verlag: Eigenverlag
Mitarbeiter: 18

• O 495

DIE AUSWäRTIGE PRESSE e.V.
Jungfernstieg 38, 20354 Hamburg
T: (040) 35 71 81 31 **Fax:** 8 89 28 15, 6 41 39 74
Gründung: 1951
Präsident(in): Günther Falbe (Wieddüp 26, 22459 Hamburg, T. u. Fax: (040) 58 65 19)
Vizepräsident(in): Reinhold Seibert (Philosophenweg 21, 22763 Hamburg, T: (040) 8 89 28 13/14, Fax: 8 89 28 15)
Verbandszeitschrift: EUROPA REPORT
Redaktion: Hamburger Buch- und Zeitschriftenverlag für Sport, Reise und Freizeit GmbH, Jungfernstieg 38, 20354 Hamburg
Mitglieder: ca. 120
Vereinigung der in Hamburg für die auswärtige und ausländische Presse tätigen Journalisten

• O 496

DPV Deutscher Presse Verband e.V.
Stresemannstr. 375, 22761 Hamburg
T: (040) 8 99 77 99 **Fax:** 8 99 77 79
Internet: http://www.dpv.org
E-Mail: briefe@dpv.org

• O 497

Bremer Presse-Club e.V.
Schnoor 27-28, 28195 Bremen
T: (0421) 32 64 22 **Fax:** 3 37 88 29
Vorsitzende(r): Rolf Sauerbier
Mitglieder: 325

• O 498

Frankfurter Presse-Club e.V. (FPC)
Saalgasse 30, 60311 Frankfurt
T: (069) 28 88 00 **Fax:** 29 58 03
Gründung: 1984 (1. Januar)
Präsident(in): Hans-Helmut Kohl (Stellv.-Chefredakteur, Frankfurter Rundschau, T: (069) 21 99-34 03)
Vizepräsident(in): Gerhard Kneier (AP Deutscher Dienst, Leiter der Inlandsredaktion, Moselstr. 27, 60329 Frankfurt, T: (069) 27 23 01 05)
Geschäftsführer(in): Edgar Thielemann
Schatzmeister: Albrecht Koch (früherer Presseleiter d. Nestle Deutschland AG)
Schriftführer(in): Nikolaus Münster (Leiter des Presse- und Informationsamtes der Stadt Frankfurt, Römerberg 32, 60311 Frankfurt, T: (069) 21 23-38 45)
Mitglieder: 388 Einzelmitglieder und 110 Korporative Mitglieder (Stand: Ende 1999)

• O 499

Allgemeiner Hamburger Presseclub, Vereinigung von Medien-Mitarbeitern e.V.
Gazellenkamp 57, 22529 Hamburg
T: (040) 4 31 76-6 29 **Fax:** 4 31 76-6 28
Gründung: 1971 (1. Oktober)
Präsident(in): Birgit Schanzen
Vizepräsident(in): Thomas Osterkorn

• O 500

PresseClub München e.V.
Marienplatz 22, 80331 München
T: (089) 26 02 48 48 **Fax:** 26 02 48 50
Internet: http://www.presseclubmuenchen.de
E-Mail: presseclubmuenchen@t-online.de
Vorsitzende(r): Dr. Norbert Matern
Stellvertretende(r) Vorsitzende(r): Ruthart Tresselt
Cornelia Wohlhüter
Mitglieder: 866

• O 501

Presse-Club Osnabrück e.V. (PC)
Postf. 34 05, 49024 Osnabrück
T: (0541) 31 00 **Fax:** 31 02 34
Gründung: 1978
Präsident(in): Leo Victor Fromm (Verlag Fromm, Breiter Gang 11-14, 49074 Osnabrück)
Vorsitzende(r): Siegfrid Sachse
Stellvertretende(r) Vorsitzende(r): Jürgen Bitter
Mitglieder: 40

• O 502

Jugendpresseclub e.V., Berufsvereinigung der jugendorientierten Fachjournalisten in Presse, Hörfunk und Fernsehen (JPC)
Lennestr. 42, 53113 Bonn
T: (0228) 21 77 86 **Fax:** 21 39 84
Internet: http://www.jugendpresseclub.de
E-Mail: buero@jugendpresseclub.de
Gründung: 1966 (29. April)
Vorsitzende(r): Markus Lahrmann
Geschäftsführer(in): Martin Finkenberger
Verbandszeitschrift: "intern"
Verlag: Eigenverlag
Mitglieder: über 150

• O 503

Deutsche Jugendpresse e.V.
Bundesarbeitsgemeinschaft jugendeigener Medien
Perleberger Str. 31, 10559 Berlin
T: (030) 3 96 95 19 **Fax:** 3 96 97 36
Internet: http://www.deutsche-jugendpresse.de
E-Mail: info@deutsche-jugendpresse.de
Gründung: 1967
Verbandszeitschrift: Bundesnachrichtendienst (bnd), Hrsg. Bundesvorstand der Deutschen Jugendpresse e.V., Perleberger Str. 31, 10559 Berlin
Mitglieder: ca. 4500 nicht kommerzielle jugendeigene Zeitschriften
Landesverbände: 13 Landesarbeitsgemeinschaften "Junge Presse" gemeinnütziger Verein
Jahresetat: DM 0,080 Mio, € 0,04 Mio

Landesarbeitsgemeinschaften

o 504

Demokratische Jugendpresse Hamburg (DJPH)
Lilienstr. 19, 20095 Hamburg
T: (040) 32 52 68 36 **Fax:** 32 52 68 36
E-Mail: diph@bigfoot.com

o 505

Bremer Jugendpresse (BJP)
Postf. 10 67 03, 28067 Bremen
Am Wall 171, 28195 Bremen
T: (0421) 32 17 17 **Fax:** 32 17 17
E-Mail: bjpresse@aol.com

o 506

Junge Presse Berlin e.V.
Perleberger Str. 31, 10559 Berlin
T: (030) 3 96 21 08 **Fax:** 3 96 97 36, 40 53 37 38 Mailbox
Internet: http://www.jpberlin.de
E-Mail: jpb@jpbberlin.de
Verbandszeitschrift: JUPMA (Jugend Presse Magazin), jpnd (Jugenpresse Nachrichten Dienst)

o 507

Junge Presse Niedersachsen (JPN)
Borriestr. 28, 30519 Hannover
T: (0511) 83 09 29 **Fax:** 8 38 60 11
Internet: http://www.jungepresse-online.de
E-Mail: jpnev@aol.com

o 508

Arbeitsgemeinschaft Junge Presse Nordrhein-Westfalen
Landesarbeitsgemeinschaft der jungen Medienschaffender und Nachwuchsjournalisten
Haus der Jugend
Hammacherstr. 33, 45127 Essen
T: (0201) 24 80-358 **Fax:** 24 80-348
Internet: http://www.junge-presse.de
E-Mail: jmzentrum@aol.com
Gründung: 1975
Geschäftsführer(in): Alexander Schilling
Leitung Presseabteilung: Christian Kolb
Verbandszeitschrift: ConCept Medien Magazin
Mitglieder: rd. 1000
Mitarbeiter: 30
Jahresetat: DM 0,14 Mio, € 0,07 Mio

o 509

Verband junger Medienmacher Baden-Württemberg e.V. (VJM)
Postf. 20 27, 71010 Böblingen
T: (0173) 3 62 22 14 **Fax:** (07031) 87 47 15
E-Mail: vjm-bw@gmx.de

o 510

Junge Presse Bayern
Bildungszentrum
Gewerbemuseumsplatz 1, 90403 Nürnberg
T: (0911) 2 31 52 56
Internet: http://www.jpbayern.de
E-Mail: jpbayern@link-m.de

o 511

Jugendpresseverband Brandenburg e.V.
Haus der Jugend
Berliner Str. 49, 14467 Potsdam
T: (0331) 2 80 34 46 **Fax:** 2 80 34 46
Internet: http://www.jpberlin.de/jpvb
E-Mail: jpvb@jpberlin.de
Gründung: 1991 (21. Mai)
Verbandszeitschrift: Express und X-Pressum
Mitglieder: ca. 550 nichtkommerzielle Jugendmedien und Medienmacher

o 512

Jugendmedienverband Mecklenburg-Vorpommern
Postf. 10 91 84, 18013 Rostock
T: (0381) 4 92 32 54 **Fax:** 2 00 34 57
E-Mail: jmmv@jpberlin.de

o 513

Junge Presse Schleswig-Holstein
Postf. 26 71, 24025 Kiel
Ringstr. 53, 24114 Kiel
T: (0431) 67 77 30 **Fax:** 67 77 28
Internet: http://www.vereine.comcity.de/jpsh
E-Mail: jpsh@jpsh.comcity.de

o 514

Jugendpresseverband Thüringen
z.H. Ninette Wengerodt
Postf. 14 54, 99304 Arnstadt
T: (03629) 30 17
E-Mail: jpvt@jpberlin.de

• **O 515**

Essener Jugendpresse e.V.
Gemeinnütziger Verein zur Förderung junger Journalisten
Hammacherstr. 33, 45127 Essen
T: (0201) 2 00-232 **Fax:** 2 00-232
Gründung: 1981 (11. September)
Verbandszeitschrift: 1. Esséndrix, Redaktion: Jörg Stroisch; 2. Concept, Redaktion: Thorsten Schulze; 3. EJP Telex, Redaktion: Rüdiger van Hal
Verlag: Jugendmedienzentrum, Hammacherstr. 33, 45127 Essen, T: (0201) 2 00-2 32, Telefax: (0201) 24 80-3 48
Mitglieder: 310
Mitarbeiter: 50 (ehrenamtlich)
Jahresetat: DM 0,05 Mio, € 0,03 Mio

• **O 516**

IJP e.V. - Internationale Journalisten-Programme
Postf. 15 65, 61455 Königstein
Höhenblick 2, 61462 Königstein
T: (06174) 77 07 **Fax:** 41 23
Gründung: 1981 (14. August)
Beirat: Dr. Frank-Dieter Freiling (Sprecher)
Wolfram Schweizer
Rainer Haubrich
Vorstand: Michael Behrens
Martina Johns
Dr. Volkhardt Kruse
Stefan Oelze (Sprecher)
Martin Spiewak
Vassilios Theodossiou
Mitglieder: 30
Assoziierte Redakteure: 1600

• **O 517**

Verband Deutscher Zeitschriftenverleger e.V. (VDZ)
Winterstr. 50, 53177 Bonn
T: (0228) 3 82 03-0 **Fax:** 3 82 03-64
Internet: http://www.vdz.de
E-Mail: info@vdz.de
Präsidium:
Präsident(in): Dr. Hubert Burda
Vizepräsident(in): Dr. Archibald Grütz
Dr. Rudolf Thiemann
Fachverband die Publikumszeitschriften im VDZ
Vorsitzende(r): Karl Dietrich Seikel
Geschäftsführender Vorstand: Wolfgang Fürstner
Geschäftsführer(in): Holger Busch
Fachverband Fachpresse
Vorsitzende(r): Klaus Kottmeier
Geschäftsführer(in): Walter Welker
Fachverband Konfessionelle Presse im VDZ
Vorsitzende(r): Dr. Rudolf Thiemann
Geschäftsführer(in): Christian Doepgen

o 518

Verband der Zeitschriftenverlage in Bayern e.V.
Amalienstr. 67/II, 80799 München
T: (089) 28 81 27-0 **Fax:** 28 81 27-27
Vorsitzende(r): Günter A. Schmid
Geschäftsführer(in): RA Berthold Wesle
Mitglieder: 80

Berufsständische Vertretung der Zeitschriftenverlage in Bayern in arbeitsrechtlicher, sozialpolitischer und ideeller Hinsicht; Tarifvertragspartei im Sinne des Tarifvertragsgesetzes.

o 519

Verband der Zeitschriftenverleger Berlin-Brandenburg e.V.
Burggrafenstr. 6, 10787 Berlin
T: (030) 26 01-3200 **Fax:** 26 01-1262
Vorsitzende(r): Reinhold Welina
Mitglieder: 29

o 520

Verband der Zeitschriftenverlage Nord e.V.
Bei dem Neuen Krahn 2 Cremon, 20457 Hamburg
T: (040) 36 98 16-0 **Fax:** 36 98 16-44
Vorsitzende(r): Dr. Helmut Schachenmayer
Geschäftsführer(in): RA Wolfgang Linnekogel
Mitglieder: 29

o 521

Verband der Zeitschriftenverlage Niedersachsen - Bremen e.V.
Bei dem Neuen Krahn 2 Cremon, 20457 Hamburg
T: (040) 36 98 17-0 **Fax:** 36 98 16-44
Gründung: 1947
Vorsitzende(r): Dr. Lothar Vincentz
Geschäftsführer(in): RA Wolfgang Linnekogel
Mitglieder: 25

o 522

Verein der Zeitschriftenverlage in Nordrhein-Westfalen e.V.
Paul-Schallück-Str. 6, 50939 Köln
T: (0221) 41 80 54 **Fax:** 4 20 00 66
Vorsitzende(r): Uwe Hoch
Geschäftsführer(in): RA Wilfried J. Köhler
Mitglieder: 88

o 523

Südwestdeutscher Zeitschriften-Verlegerverband e.V.
Leuschnerstr. 3, 70174 Stuttgart
T: (0711) 29 06 18 **Fax:** 22 19 15
Vorsitzende(r): Erwin Fidelis Reisch
Geschäftsführer(in): Dipl.-Volksw. Wolfgang Haas
Mitglieder: 141

o 524

Verband der Zeitschriftenverlage in Sachsen, Sachsen-Anhalt und Thüringen e.V.
Sitz Leipzig
Winterstr. 50, 53177 Bonn
T: (0341) 3 82 03-32 **Fax:** 3 82 03-36
Geschf. Vors.: Ulrich Röbbelen
Geschäftsführer(in): Ursula Heimann
Mitglieder: 14

• **O 525**

Arbeitsgemeinschaft rechts- und staatswissenschaftlicher Verleger
Geschäftsstelle: Karl-Peter Winters, c/o Verlag Dr. Otto Schmidt KG
Unter den Ulmen 96-98, 50968 Köln
T: (0221) 9 37 38-101 **Fax:** 9 37 38-901
E-Mail: geschaeftsleitung@otto-schmidt.de
Gründung: 1910
Vorsitzende(r): Karl-Peter Winters, Köln
Vorstandsmitgl.: Dr. Hans Dieter Beck, München
Wolfgang Stollfuß, Bonn
Bertram Gallus, Köln
Dr. Dorothee Walther, Berlin
Mitglieder: 42

• **O 526**

Verlegergemeinschaft Deutscher Kur- u. Bäderzeitschriften
Postf. 18 04, 97968 Bad Mergentheim
T: (07931) 5 96-0 **Fax:** 5 96 44
Vorsitzende(r): Jürgen Freund
Geschäftsführer(in): Otto Baumann (T: (0971) 8 04 00)

• **O 527**

Deutscher Presseclub e.V.
Pressehaus I/32
Schiffbauerdamm 40, 10117 Berlin
Neue Adresse ab 01.04.2000:
Schiffbauerdamm 40, 10117 Berlin
Gründung: 1952 (7. Oktober)
Vorsitzende(r): Dietmar Merten
Stellvertretende(r) Vorsitzende(r): Dr. Gerd Depenbrock
Mitglieder: 287

Pflege und Beziehungen zu Parlament, Regierung und anderen Einrichtungen des öffentlichen Lebens.

• **O 528**

Club Wirtschaftspresse e.V. München
c/o Financial Times Deutschland, Redaktion München
Postf. 20 07 45, 80007 München
Marsstr. 14b, 80335 München
T: (089) 54 90 74 61 **Fax:** 54 90 74 69
Rüdiger Köhn
Mitglieder: 80

• **O 529**

Bundespressekonferenz e.V.
c/o Preesehaus/0103
Schiffbauerdamm 40, 10117 Berlin
T: (030) 22 07 99 19, 22 07 99 17 **Fax:** 22 07 99 22
Vorsitzende(r): Tissy Bruns
Mitglieder: 900

Bundespressekonferenz e.V. Außenstelle Bonn
c/o Haus VII/028
Heussallee 2-10, 53113 Bonn
T: (0228) 21 56 30 **Fax:** 21 34 96

• **O 530**

Berliner Pressekonferenz
Reichstagufer 14, 10117 Berlin
T: (030) 2 29 00 40 **Fax:** 2 29 00 42
Internet: http://www.berliner-pressekonferenz.de
Gründung: 1950
Vors. d. Arbeitsausschusses: Lutz Krieger

• **O 531**

Justizpressekonferenz Karlsruhe e.V.
Postf. 56 69, 76038 Karlsruhe
T: (0721) 2 27 37
Vorsitzende(r): Dr. Rolf Lamprecht
Stellvertretende(r) Vorsitzende(r): Ursula Knapp

• **O 532**

Berliner Presse Club e.V.
Nußbaumallee 53A, 14050 Berlin
T: (030) 3 04 66 57 **Fax:** 3 04 66 57
Gründung: 1952
Vorsitzende(r): Dipl.-Volksw. Adalbert Rohloff
Mitglieder: 150

• **O 533**

Wirtschafts-Presse-Forum Brandenburg e.V.
c/o Wirtschaftsförderung Brandenburg GmbH
Steinstr. 104-106, 14480 Potsdam
T: (030) 43 01-2254 **Fax:** 43 01-2836
Präsident(in): Jürgen Simmer (Bevollmächtigter für Bundesangelegenheiten)
(BABCOCK BORSIG AG, Repräsentanz Berlin, Egellsstr. 21, 13507 Berlin, T: (030) 43 01-2254, Fax: (030) 43 01-2863, E-Mail: jsimmer@borsig.de)
Stellv. Präsidenten: Dr. Rudi Mews (Redakteur beim ORB - Antenne Brandenburg, Puschkinallee 4, 14469 Potsdam, T: (0331) 7 31 43 46, Fax: 7 31 42 63)
Carl Gottfried Rischke (Vorstandsvorsitzender der LBS Ostdeutsche Landesbausparkasse AG, Am Luftschiffhafen 1, 14471 Potsdam, T: (0331) 9 69 01 01, Fax: 9 69 03 20)
Knut Solzbacher (Sprecher der Geschäftsführung der Wirtschaftsförderung Brandenburg GmbH, Steinstr. 104-106, 14467 Potsdam, T: (0331) 9 67 51 34, Fax: 9 67 51 23)
Schatzmeister: Holger Appel (Direktor der Deutsche Bank 24 AG, Filiale Potsdam, Charlottenstr. 40, 14467 Potsdam, T: (0331) 2 84 81 01, Fax: 2 84 84 45)
Mitglieder: 800

• **O 534**

Verein der Ausländischen Presse in Deutschland e.V.
Pressehaus/1306
Schiffbauerdamm 40, 10117 Berlin
T: (030) 22 48 95 47 **Fax:** 22 48 95 49
Vorsitzende(r): Fred David
Mitglieder: 430

• **O 535**

Mikrofilmarchiv der deutschsprachigen Presse e.V.
(Institut für Zeitungsforschung)
44122 Dortmund
Königswall 18, 44137 Dortmund
T: (0231) 5 02 32 49 **Fax:** 5 02 60 18
E-Mail: pbohrman@stadtdo.de
Vorsitzende(r): Dr. Günther Wiegand (Universitätsbibliothek Kiel, Westring 400, 24118 Kiel)
Geschäftsführer(in): Prof. Dr. Hans Bohrmann

• **O 536**

Standortkatalog der deutschen Presse (Mikrofilmsammlung)
c/o Staats- und Universitätsbibliothek Bremen
Postf. 33 01 60, 28331 Bremen
Bibliothekstr., 28359 Bremen
T: (0421) 2 18-36 51 **Fax:** 2 18-26 14
Helena-Anita Knechtl

• **O 537**

Bundesverband der Pressebild-Agenturen und Bildarchive e.V. (BVPA)
Lietzenburger Str. 91, 10719 Berlin
T: (030) 3 24 99 17 **Fax:** 3 24 70 01
Internet: http://www.bvpa-ev.de
E-Mail: info@bvpa-ev.de
Gründung: 1970
Geschäftsführer(in): Bernd Weise
Vorstand: Jan Leidicke (Vors.)
Hanns-Peter Frentz
Thomas Raupach
Peter Remmerssen
Thomas Schumann
Verbandszeitschrift: BVPA-INFO
Redaktion: Bernd Weise; Marion Gorcke
Verlag: BVPA, Lietzenburger Str. 91, 10719 Berlin
Mitglieder: 90

• **O 538**

Deutsche Gesellschaft für Stereoskopie e.V. (DGS)
Kurt-Schumacher-Ring 50, 63486 Bruchköbel
T: (06181) 74 09 04 **Fax:** 74 09 04
Internet: http://www.stereoskopie.de
E-Mail: dgs_jh@t-online.de
Gründung: 1928
1. Vorsitzende(r): Jürgen Horn (Kurt-Schumacher-Ring 50, 63486 Bruchköbel, T: (06181) 74 09 04, Telefax: (06181) 74 09 04, e-mail: dgs_jh@t-online.de)
2. Vorsitzende(r): Peter Schnehagen (Ilkstraat 36, 22399 Hamburg, T: (040) 6 06 15 01, Telefax: (040) 6 02 26 61, E-Mail: Schnehagen.3D@t-online.de)
Verbandszeitschrift: DGS intern
Redaktion: Jürgen Horn
Verlag: Pressestelle, Kurt-Schumacher-Ring 50, 63486 Bruchköbel
Mitglieder: ca. 700

• **O 539**

VDI Verlag GmbH
Postf. 10 10 54, 40001 Düsseldorf
Heinrichstr. 24, 40239 Düsseldorf
T: (0211) 61 88-0 **Fax:** 61 88-112
Internet: http://www.vdi-verlag.de, http://www.vdi-nachrichten.com
Vors. d. Verwaltungsrates: Prof. Dr.-Ing. Hubertus Christ
Stellv. Vors. d. Verwaltungsrates: Dr. Heinz-Werner Nienstedt
Geschäftsführer(in): Raymond Johnson-Ohla

• **O 540**

Verein Unions-Presse e.V. (VUP)
c/o API
Erftstr. 15, 53757 Sankt Augustin
T: (02241) 33 00 01 **Fax:** 33 03 30
Geschäftsführender Vorsitzender: Klaus Skibowski

Werbewirtschaft

• **O 541**

Zentralverband der deutschen Werbewirtschaft ZAW e.V.
Postf. 20 14 14, 53144 Bonn
Villichgasse 17, 53177 Bonn
T: (0228) 8 20 92-0 **Fax:** 35 75 83
Internet: http://www.zaw.de
E-Mail: zaw@zaw.de
Gründung: 1949 (19. Januar)
Präsident(in): Dr. Manfred Lange
Hauptgeschäftsführer(in): RA Uwe Albrecht
Geschäftsführer(in): Dr. Georg Wronka
Stellvertretende(r) Geschäftsführer(in): Manfred Parteina
Sprecher: Volker Nickel
Mitglieder: 40 Verbände

Angeschlossen

ZAW-Mitgliedsorganisationen

Gruppe Werbungtreibende
Bundesverband der Deutschen Industrie e.V.
Bundesfachverband der Arzneimittel-Hersteller e.V. (BAH)
Bundesverband deutscher Banken e.V.
Deutscher Brauer-Bund e.V.
Deutscher Sparkassen- und Giroverband e.V.
Gesamtverband der Deutschen Versicherungswirtschaft e.V. (GDV)
Hauptverband des Deutschen Einzelhandels e.V.
Markenverband e.V.
Zentralausschuß der Deutschen Landwirtschaft

Gruppe Werbungdurchführende und Werbemittelhersteller
Arbeitsgemeinschaft ARD-Werbung
awk AUSSENWERBUNG GmbH
Börsenverein des Deutschen Buchhandels e.V. (Arbeitsgemeinschaft Zeitschriftenverlage-AGZV)
Bundesverband Deutscher Anzeigenblätter e.V. BVDA
Bundesverband Deutscher Zeitungsverleger (BDZV)
Bundesverband Druck E.V.
Deutsche Eisenbahn-Reklame GmbH
DeTeMedien, Deutsche Telekom Medien GmbH
Deutsche Städte-Medien GmbH (DSM)
DDV Deutscher Direktmarketing Verband e.V.
Fachverband Aussenwerbung e.V.
Fachverband Kalender und Werbeartikel e.V.
Fachverband Lichtwerbung e.V.
FDW Werbung im Kino e.V.
IP Deutschland GmbH
SAT. 1 SatellitenFernsehen GmbH
VDA-Verband Deutscher Adreßbuchverleger e.V.
Verband Deutscher Werbefilmproduzenten e.V.
Verband Deutscher Wirtschaftsnachschlagewerke e.V.
VDWN
Verband Deutscher Zeitschriftenverleger e.V.
Verband Privater Rundfunk und Telekommunikation (VPRT) e.V.
RMS-Verein zur Förderung der Gattung Funk
Zweites Deutsches Fernsehen

Die deutschen Großmessen
Messe Berlin GmbH
Messe Düsseldorf GmbH
Messe Frankfurt GmbH
Deutsche Messe-AG, Hannover
KölnMesse
Messe München GmbH

Gruppe Werbeagenturen
Gesamtverband Werbeagenturen GWA e.V.

Gruppe Werbeberufe und Marktforschung
Arbeitsgemeinschaft Media-Analyse e.V. (AG.MA)
ADM Arbeitskreis Deutscher Marktforschungs-Institute e.V.
Art Directors Club für Deutschland e.V. (ADC)
Bund Deutscher Schauwerbegestalter Zentralverband e.V.
Berufsverband Deutscher Markt- und Sozialforscher e.V.
BVM
Kommunikationsverband.de

• **O 542**

Verband Deutscher Werbejunioren e.V.
Goethestr. 20, 44791 Bochum
T: (0234) 9 58 69 90
Internet: http://www.werbejunioren.de
Mitglieder: 150

• **O 543**

Informationsgemeinschaft zur Feststellung der Verbreitung von Werbeträgern e.V. (IVW)
Postf. 20 14 14, 53144 Bonn
Villichgasse 17, 53177 Bonn
T: (0228) 8 20 92-150 **Fax:** 36 51 41
Internet: http://www.ivw.de
E-Mail: ivw@ivw.de
Gründung: 1949
VdVR: Dr. Manfred Lange
Geschäftsführer(in): Uwe Albrecht
Verbandszeitschrift: IVW-Praxis
Redaktion: Michael Schallmeyer
Ca. 1300 deutsche Verlage 149 Online-Anbieter und 35 Plakatanschlagunternehmen sowie 61 Rundfunk- und TV-Veranstalter sind in der IVW zusammengeschlossen.

• **O 544**

Arbeitskreis Nielsen-BallungsRaum-Zeitungen (NBRZ)
c/o Süddeutscher Verlag GmbH
Sendlinger Str. 8, 80331 München
T: (089) 21 83-6 62, 21 83-88 88 **Fax:** 21 83-8388

• **O 545**

WerbeVertriebsOrganisationen Verbund e.V.
Fachverband deutscher Werbemittelverteiler
Bieberer Str. 137, 63179 Obertshausen
T: (06104) 4 57 49 **Fax:** 49 70 15
Gründung: 1985 (12. Januar)
1. Vorsitzende(r): Armin Fay
Mitglieder: z. Zt. 30 mit Regionalbüros

• **O 546**

Organisation Werbungtreibende im Markenverband (OWM)
Postf. 41 49, 65031 Wiesbaden
Schöne Aussicht 59, 65193 Wiesbaden
T: (0611) 5 86 70 **Fax:** 58 67 27
E-Mail: info@markenverband.de
Gründung: 1995
Vorsitzende(r): Dr. H. E. Reuff
Stellvertretende(r) Vorsitzende(r): Dr. H. D. Liesering (DB)
Geschäftsführer(in): Dipl.-Volksw. Wolfgang Hainer
Stellvertretende(r) Geschäftsführer(in): RAin Stephanie Bingel
Mitglieder: 60

• **O 547**

Gesamtverband Werbeagenturen (GWA)
Friedensstr. 11, 60311 Frankfurt
T: (069) 2 56 00 80 **Fax:** 23 68 83
Internet: http://www.gwa.de

Präsident(in): Lothar S. Leonhard (Ogilvy & Mather)
Vorstand: Dr. Peter Haller (ServicePlan)
Kai Hiemstra (HMS CARAT)
Holger Jung (Jung von Matt)
Ingo Krauss (Saatchi & Saatchi)
Norbert Lindhof (Scholz & Friends)
Frank Merkel (WOB)
Gerhard Mutter (DIE CREW)
Jochen Pläcking (DDB GmbH)
Werner Schuster (Schuster + Partner)
Klaus Untermöhle (Economia)
Hauptgeschäftsführer(in): Dr. Henning von Vieregge
Stellvertreter: Dipl.-Volksw. Werner Bitz
Mitglieder: 150

• O 548

Arbeitskreis Industrie-Werbeagenturen (AIW)
Geschäftsstelle:
c/o LINNIG UND PARTNER Werbeagentur GmbH
Mainzer Str. 49, 56068 Koblenz
T: (0261) 1 00 03-23 **Fax:** 1 00 03-24
Internet: http://www.aiw-werbung.de
E-Mail: info@linnig.de
Gründung: 1964
Sprecher: Rainer Linnig
Mitglieder: 11

• O 549

Bundesverband der Werbemittel-Berater und Großhändler (bwg)
Gartenstr. 33a, 41460 Neuss
T: (02131) 22 25 60 **Fax:** 22 26 60
Internet: http://www.bwg-verband.de
E-Mail: bwg-verband@t-online.de
Gründung: 1986 (24. Mai)
Ehrenvors: Michael Hagemann
Vorsitzende(r): Hans-Joachim Evers, Neuss
1. Stellv. Vors.: Martin Leipold, Dreieich
2. Stellv. Vors.: Rüdiger Treutler, Mannheim
Heike
Dietmar
Jörg (ALP)
Mitglieder: ca. 220

• O 550

Bundesfachvereinigung Deutscher Werbemittelverteiler e.V. (BDWV)
Oststr. 41-43, 22844 Norderstedt
T: (040) 5 26 47 96 **Fax:** 5 26 46 53
Gründung: 1978
Vorsitzende(r) des Vorstandes: Horst Friedewald
Leitung Presseabteilung: Peter Drespa
Mitglieder: 28
Mitarbeiter: 1

• O 551

Fachverband für Sponsoring & Sonderwerbeformen
Schützenstr. 107, 22761 Hamburg
T: (040) 60 95 08-33, 60 95 08-34
Internet: http://www.sponsoring-verband.de
E-Mail: faspo@debitel.net
Präsident(in): Dr. Martin Mitschke (Partner der Rechtsanwalts-Sozietät Bender / Zahn / Tigges)
Vizepräsident(in): Alexander Hildebrand (General Manager bei Cxx Edutainment GmbH & Co. KG)
Schatzmeister: Jean-Baptiste Felten (Felten & Cie. AG, Tägerwilen, Schweiz)
Fachbereich Sponsoren: Lothar Rentschler (Marketing Manager Communications bei Barcardi GmbH, Hamburg)
Fachbereich Vermarkter/Anbieter: Bernd Reichstein (Bereichsleiter Information & Service bei der UFA SPORTS GmbH, Hamburg)
Fachbereich Marktforschung und Services: Hartmut Scheffler (Geschäftsführer von Taylor Nelson Sofres-Emnid, Bielefeld)
Fachbereich Kultur-, Umwelt- und Sozio-Sponsoring: Dr. Sabine Köhler (Geschäftsführende Gesellschafterin der Agentur Media service erhard, Frankfurt)
Fachbereich Event-Marketing: Roland Bischof (Geschäftsführer von PRESENTED BY, Berlin)
Presse- und Öffentlichkeitsarbeit: Peter Strahlendorf
Mitglieder: 90 Firmen

• O 552

Fachverband Freier Werbetexter (FFW)
Geschäftsstelle:
Postf. 7 45, 72237 Freudenstadt
Tannenstr. 33, 72250 Freudenstadt
T: (07441) 8 44-01 **Fax:** 8 44-05
Internet: http://www.werbetexter-ffw.de
E-Mail: werbetexter.ffw@t-online.de
Gründung: 1987 (22. September)
Präsident(in): Friedrich Herwig Lauffer, Aichwald
Vorsitzende(r): Hans-Jürgen Pomplitz, Hamburg
Stellvertretende(r) Vorsitzende(r): Kaspar H. Noeren, Stuttgart
Marion Schimmelpfennig (Ressortleiterin Neue Medien), Neunkirchen-Seelscheid
Vorstandsmitglied und Pressesprecher: Andreas Nowak, Berlin
Verbandszeitschrift: FFW-Nachrichten
Redaktion: Chefredakteur Ulrich Oesterle, Stuttgart

• O 553

Konferenz der Akademien für Kommunikation, Marketing, Medien
Orleansstr. 34, 81667 München
T: (089) 48 09 09 10 **Fax:** 48 09 09 19

o 554

Akademie für Absatzwirtschaft Kassel e.V.
Gobietstr. 13, 34123 Kassel
T: (0561) 99 89 60 **Fax:** 58 40 63
Internet: http://www.afak.de
E-Mail: info@afak.de
Gründung: 1963
Schulleitung: Ewald Giesel
Mitarbeiter: ca. 35 Dozenten

o 555

Akademie für Marketing-Kommunikation e.V.
Elbinger Str. 1, 60487 Frankfurt
T: (069) 70 40 95, 70 60 25 **Fax:** 7 07 51 67
Internet: http://www.akademie-frankfurt.de
E-Mail: akademie-frankfurt@-online.de
Dipl.-Kfm. H.-Dieter Arndt

o 556

Bayerische Akademie für Werbung und Marketing e.V. (BAW)
Orleansstr. 34, 81667 München
T: (089) 48 09 09 10 **Fax:** 48 09 09 19
Internet: http://www.baw-online.de
E-Mail: info@baw-online.de
Dipl.-Volksw. Hans Dieter Maier
Mitglieder: 29

o 557

Bayerische Akademie für Werbung und Marketing e.V. (BAW) Institut Nürnberg
Beuthener Str. 45, 90471 Nürnberg
T: (0911) 40 21 71 **Fax:** 40 48 23
Internet: http://www.baw-online.de
E-Mail: baw.nuernberg@T-online.de
Akademieleiter: Helmuth Perthen

Berufliche Aus- und Fortbildung in Marketing, Kommunikation, Schwerpunkt Werbung.

o 558

Bremer Akademie für Kommunikation, Marketing, Medien
Hartungstr. 1, 28203 Bremen
T: (0421) 7 12 91 **Fax:** 70 38 53
Friedrich Dodo de Boer

o 559

Düsseldorfer Akademie für Marketing - Kommunikation e.V.
Graf-Adolf-Str. 61, 40210 Düsseldorf
T: (0211) 37 39 00 **Fax:** 3 85 81 36
Alfred Dannat

o 560

Mitteldeutsche Akademie für Marketing + Kommunikation
Helmholtzstr. 16, 39112 Magdeburg
T: (0391) 6 21 95 80 **Fax:** 6 63 95 07
Petra Kirchner

o 561

Norddeutsche Akademie für Marketing + Kommunikation e.V.
Lange Laube 2, 30159 Hannover
T: (0511) 1 72 11 **Fax:** 1 59 52
Dipl.-Kfm. Dipl.-Hdl. Dieter Schrader

o 562

Sächsische Akademie der Werbung e.V.
Sternwartenstr. 4-6, 04103 Leipzig
T: (0341) 2 57 73 77 **Fax:** 2 57 73 78
Andrea Büchner

o 563

WAK Westdeutsche Akademie für Kommunikation e.V.
Goltsteinstr. 89, 50968 Köln
T: (0221) 93 47 78-0 **Fax:** 93 47 78-8
Internet: http://www.wak-koeln.de
E-Mail: info@wak-koeln.de
Prof. Dr. Udo Koppelmann (Vorstandsvorsitzender)
Sprecher der Akademieleitung, Leitung Abendstudiengänge und Controlling: Prof. Dr. Ulrich Stangl
Leitung Tagesstudiengänge und Kommunikation: Kerstin Escher
Mitglieder: 100
Mitarbeiter: 15

o 564

Südwestdeutsche Akademie für Marketing und Kommunikation e.V.
Königstr. 1b, 70173 Stuttgart
T: (0711) 29 17 14 **Fax:** 2 26 24 24
Prof. Bernd J. Matt

• O 565

Werbe & Medien-Akademie Marquardt
Private Akademie
Bornstr. 241-243, 44145 Dortmund
T: (0231) 86 10 08-0 **Fax:** 86 10 08-18
Internet: http://www.wam.de
E-Mail: info@wam.de
Gründung: 1958
Akademieleitung: Doz. Frank Erhardt (BDW)
Inez Erhardt
Stellv. Akademieleiter: Daniel Poznanski (stellv. Geschf., BDW)
Mitglieder: 47 Dozenten, 200 Studierende
Studiengänge: Kommunikations- u. Medienwirt, Kommunikations- u. Marketingwirt, Film- u. Fernsehwirt
Mitgliedsverbände:
BDW - Deutscher Kommunikationsverband e.V.
VDP-Verband Deutscher Privatschulen e.V.
DMMV-Deutscher Multimedia Verband

Mitgliedsverbände

o 566

kommunikationsverband.de
Bundesgeschäftsstelle:
Adenauerallee 118, 53113 Bonn
T: (0228) 9 49 13-0 **Fax:** 9 49 13-13
Internet: http://www.kommunikationsverband.de
E-Mail: info@kommunikationsverband.de

o 567

Führungskräfte der Druckindustrie und Informationsverarbeitung - FDI - e.V.
Bundesgeschäftsstelle:
Gräfenhäuser Str. 26, 64293 Darmstadt
T: (06151) 89 35 33 **Fax:** 89 34 95
Internet: http://www.fdi-ev.de
E-Mail: fdi.bund@t-online.de

• O 568

Düsseldorfer Akademie für Marketing-Kommunikation e.V.
Graf-Adolf-Str. 61, 40210 Düsseldorf
T: (0211) 37 39 00 **Fax:** 3 85 81 36
Gründung: 1986 (März)
Vorsitzende(r): Alfred Dannat
Stellvertretende(r) Vorsitzende(r): Helmut Hinz
Geschäftsführer(in): Dipl.-Volksw. Günther Benad
Mitglieder: 25 (Stand Januar 1988)

• O 569

Werbefachliches Zentrum Ruhr
Auf der Union 10, 45141 Essen
Gründung: 1961 als Werbefachschule Ruhr
Schulleitung: Rolf-Dieter Groll

• O 570

Akademie für Marketing-Kommunikation e.V.
Elbinger Str. 1, 60487 Frankfurt
T: (069) 70 40 95, 70 60 25 **Fax:** 7 07 51 67
Internet: http://www.akademie-frankfurt.de
E-Mail: akademie-frankfurt@-online.de
Gründung: 1961 (20. September)
Vorsitzende(r): Michael Barowski
Stellvertretende(r) Vorsitzende(r): Klaus Saalfeld (Schatzmeister)
Stellvertretende(r) Vorsitzende(r): Friedrich Otto
Geschäftsführer(in): Dipl.-Kfm. H.-Dieter Arndt
Mitglieder: 72

● O 571

Akademie für Kommunikation
Kölner Str. 7, 70376 Stuttgart
T: (0711) 9 54 80 40 **Fax:** 95 48 04 99
Direktor(in): Otto Wolff

● O 572

Hanseatische Akademie für Marketing + Medien GmbH
Conventstr. 14, 22089 Hamburg
T: (040) 2 53 01 30 **Fax:** 25 30 13 98
Leitung: Peter Kray
Mitarbeiter: 6

Aus- und Weiterbildung des Marketing-, Medien- und Design- Nachwuchses.

● O 573

Zentrum für Medien Kunst Kultur der Ev.-Luth. Landeskirche Hannovers
Archivstr. 3, 30169 Hannover
T: (0511) 12 41-4 32 **Fax:** 12 41-970
Internet: http://www.evlka.de/extern/mz
E-Mail: medienzentrale@evlka.de
Gründung: 1976
Leitung: Klaus Hoffmann
Verbandszeitschrift: MZ-Info, Kunst-Info
Mitarbeiter: 12

● O 574

Werbefachschule Niedersachsen
- staatlich anerkannt
Lange Laube 2, 30159 Hannover
T: (0511) 1 72 11 **Fax:** 1 59 52
Leitung: Dipl.-Kfm. Dipl.-Hdl. Dieter Schrader

● O 575

Akademie für Absatzwirtschaft Kassel e.V.
Gobietstr. 13, 34123 Kassel
T: (0561) 99 89 60 **Fax:** 58 40 63
Internet: http://www.afak.de
E-Mail: info@afak.de
Gründung: 1963
Schulleitung: Ewald Giesel
Mitarbeiter: ca. 35 Dozenten

● O 576

WAK Westdeutsche Akademie für Kommunikation e.V.
Goltsteinstr. 89, 50968 Köln
T: (0221) 93 47 78-0 **Fax:** 93 47 78-8
Internet: http://www.wak-koeln.de
E-Mail: info@wak-koeln.de
Gründung: 1956 (27. September)
Vors. d. Trägervereins: Prof. Dr. Udo Koppelmann
Stellvertretende(r) Vorsitzende(r): Werner D. Ludwig
Akademieleitung: Prof. Dr. Ulrich Stangl
Mitglieder: 100
Mitarbeiter: 15

● O 577

„Deutscher Werbe-Unterricht" im J.-Iversen-Institut
Sperberstr. 16, 81827 München
T: (089) 4 30 43 04 **Fax:** 4 30 01 71
Gründung: 1919
Inhaber u. Unterrichtsleiter: Unternehmensberater Helmut Rüdinger (Werbeberater BDW)
Leitung Presseabteilung: Helmut Rüdinger

● O 578

Bayerische Akademie für Werbung und Marketing e.V. (BAW)
Orleansstr. 34, 81667 München
T: (089) 48 09 09 10 **Fax:** 48 09 09 19
Internet: http://www.baw-online.de
E-Mail: info@baw-online.de
Gründung: 1949
Präsident(in): Heinrich Pöhlein
Vorsitzender Kuratorium: Hans Zehetmair (Staatsminister für Wissenschaft, Forschung und Kunst)
Mitglieder: 29
Allianz, Ancora-Werbung, Antenne Bayern, atlas Verlag und Werbung, Bayer. Landeszentrale für neue Medien, Bayer. Rundfunkwerbung, BMW, Daimler-Benz Aerospace AG, Deutsche Städtereklame, Deutscher Direktmarketing Verband e.V. (DDV), Deutscher Kommunikationsverband (BDW), Deutscher Supplement Verlag, DMI Institut für Direkt-Marketing, Eiler & Riemel Werbeagentur, Europa-Fachpresse-Verlag, GfK Fernsehforschung GmbH, Gong Verlag, Großversandhaus Quelle, GVG Grundstücks-Verwaltungs- und Verwertungs GmbH, HORIZONT, Kommunikationsverband Bayern BWF, MGM MediaGruppe München, pan-adress Direktmarketing, Publicis MCD Werbeagentur, Siemens, Süddeutscher Verlag, Verband der Bayer. Druckindustrie, Verband der Zeitschriftenverlage in Bayern

Die als gemeinnützig anerkannte Bayerische Akademie für Werbung und Marketing e.V. (BAW) sowie ihre Studien der Werbung und Kommunikation werden von bedeutenden Unternehmen der Industrie, der Kommunikationswirtschaft und den Industrie- und Handelskammern gefördert. Aus- und Weiterbildungsstätte für Werbung, Kommunikation, Marketing und Medien. Studien für Marketing, Kommunikation, Direktmarketing, Public Relations und Medienmarketing.

o 579

Bayerische Akademie für Werbung und Marketing e.V. (BAW) Institut Nürnberg
Beuthener Str. 45, 90471 Nürnberg
T: (0911) 40 21 71 **Fax:** 40 48 23
Internet: http://www.baw-online.de
E-Mail: baw.nuernberg@T-online.de
Akademieleiter: Helmuth Perthen

Berufliche Aus- und Fortbildung in Marketing, Kommunikation, Schwerpunkt Werbung.

● O 580

HSMA Deutschland e.V. Hospitality Sales & Marketing Association
Bundesgeschäftsstelle
Futterstr. 18-19, 99084 Erfurt
T: (0361) 2 41 37-0 **Fax:** 2 41 37-24
Internet: http://www.hsma.de
E-Mail: info@hsma.de
Gründung: 1970
Präsident(in): Dipl.-Kfm. Gerhard Fuchs (Die FÜCHSE Ges. f. Marketing + Kommunikation + Medien mbH, Bayerstr. 8, 80335 München, Tel.: (0172) 8 40 45 10, Fax: (089) 54 82 92 17, E-Mail: dieFUECHSe@t-online.de)
Vizepräsident(in): Karsten Urspruch (Althoff Hotels, Maaweg 13-15, Köln, Tel.: (0221) 94 97 16-16, Fax: (0221) 94 97 16-45, E-Mail: hsmaku@aol.com)
Götz Klatt (KölMesse Ausstellungen GmbH, Deutz-Mülheimer-Str. 30, 50679 Köln, Tel. (0221) 8 21 22 81, Fax: (221) 8 21 34 31, E-Mail: gklatt@koelnmesse.de)
Verbandszeitschrift: Top hotel
Mitglieder: 369
Jahresetat: DM 0,157 Mio, € 0,08 Mio

● O 581

kommunikationsverband.de
Bundesgeschäftsstelle:
Adenauerallee 118, 53113 Bonn
T: (0228) 9 49 13-0 **Fax:** 9 49 13-13
Internet: http://www.kommunikationsverband.de
E-Mail: info@kommunikationsverband.de
Gründung: 1953
Präsidium: Heinz H. Behrens (Gruner + Jahr AG & Co., Baumwall 11, 20459 Hamburg, T: (040) 37 03 22 00/01, Fax: 37 03 56 90)
Odo-Ekke Bingel (stellv. Sprecher, BrandConsult, Im Tokayer 15, 65760 Eschborn, T: (06173) 60 86 00, Fax: 6 18 47 90, E-Mail: odo.bingel@t-online.de)
Nicole Entenmann (Spohrstr. 19, 60318 Frankfurt/M., T: (069) 59 79 77 85)
Heiko Falk (BBDO Interactive GmbH, Kaistr. 3, 40221 Düsseldorf, T: (0211) 9 30 83-35, Fax: 9 30 83-72, E-Mail: h.falk@bbdo.de)
Hans W. Hüller (RV Baden-Württemberg, Hüller & Partner Verlagsbüro, Winnender Str. 54, 71334 Waiblingen, T: (07151) 92 22-0, Fax: 92 22-60, E-Mail: ph@hueller-partner.de)
Oliver Klein (Mittelweg 31, 20148 Hamburg, T: (040) 45 36 26, e-mail: oklein@planet-interkom.de)
Gerhard A. Pfeffer (Präsidiumsmitglied f. Finanzen, Forum PR Beratung, Hauptstr. 12a, 53721 Siegburg, T: (02241) 91 95-0, Fax: 91 95-1, E-Mail: pfeffer@pr-pfeffer.com)
Jochen Pläcking (Sprecher, DDB Needham Worldwide GmbH, Vagedesstr. 19, 40479 Düsseldorf, T: (0211) 49 61-250, Fax: 49 61-218)
Michel Reinarz (stellv. Sprecher, NESTLE Deutschland, Lyoner Str. 23, 60523 Frankfurt/Main, T: (069) 66 71-3260, Fax: 66 71-4320, E-Mail: michel.reinarz@de.nestle.com)
Wolfgang Reineke (Schloß-Wolfsbrunnenweg 25, 69118 Heidelberg, T: (06221) 80 90 44, Fax: 16 11 78)
Hartmut Wolff (Notthafftstr. 5, 83700 Rottach-Egern, T: (08022) 60 80)
Hauptgeschäftsführer(in): Lutz E. Weidner
Presse- und Öffentlichkeitsarbeit: Werner Dierker
Mitgliederbetreuung: Gudrun Reiff
Sekretariat: Anja Gregorg
Mitglieder: 2450

Regionale Verbände

o 582

Kommunikationsverband Baden-Württemberg e.V.
Geschäftsstelle: Werbeagentur Beck KG
Alte Steige 17, 73732 Esslingen
T: (0711) 93 78 93-0 **Fax:** 93 78 93-9
E-Mail: wabeck@internet-xs.de
Vorsitzende(r): Kurt A. Beck

o 583

Kommunikationsverband Norddeutschland e.V.
c/o RRM Rambacher Response Media GmbH
Schwachhauser Ring 40, 28209 Bremen
T: (0421) 34 20 08 **Fax:** 3 49 99 19
Vorsitzende(r): Richard H. Rambacher

o 584

Regionalverband NRW
c/o TERTIA-Gruppe
Schöntalweg 7, 53347 Alfter
T: (0228) 64 80 70 **Fax:** 6 48 07-417, 6 48 07-428
E-Mail: dautzenberg@tertia.de
Vorsitzende(r): Rudolf L. Dautzenberg

o 585

Kommunikationsverband Saar-Lor-Lux e.V.
Club-Geschäftsstelle: Offsetdruck Klinke
Kurt-Schumacher-Str. 28-30, 66130 Saarbrücken
T: (0681) 9 88 81 83
Vorsitzende(r): Ulrich H. Frisch
Geschäftsstelle: Erich-Lüdger Müller

● O 586

INTERKOM e.V. Gesellschaft für Internationale Kommunikation und Kultur
Wilhelm-Hamacher-Platz 24, 53840 Troisdorf
T: (02241) 97 83 97 **Fax:** 80 05 50
Internet: http://www.interkom.org
E-Mail: interkom@interkom.org
Gründung: 1989
Präsident(in): Friedhelm Julius Beucher (MdB)
Stellvertretende(r) Vorsitzende(r): Peter Haas
Geschäftsführer(in): Till Friedrich
Mitarbeiter: 1

● O 587

Forum Corparate Publishing
Destouchesstr. 6, 80803 München
T: (089) 3 06 20-0 **Fax:** 3 06 20-100
Gründung: 1999 (Mai)
Präsident(in): Manfred Hazenbeck
Vizepräsident(in): Peter Haenchen
Mitglieder: 32
Jahresetat: DM 0,2 Mio, € 0,1 Mio

● O 588

Deutscher Multimedia Verband (dmmv) e.V.
Kaistr. 14, 40221 Düsseldorf
T: (0211) 6 00 45 60 **Fax:** 60 04 56 33
Internet: http://www.dmmv.de
E-Mail: info@dmmv.de
Gründung: 1995 (17. August)
Präsident(in): Rainer Wiedmann
Geschäftsführer(in): Alexander Felsenberg (M.A.)
Finanzen: Dr. Florian Korff
Leitung Presseabteilung: Vera Claudia Schade
Verbandszeitschrift: "E-Flash"
Mitglieder: 1000
Mitarbeiter: 14
Jahresetat: DM 1,2 Mio, € 0,61 Mio

● O 589

Bund Deutscher Schauwerbegestalter e.V. Zentralverband (BDS)
Otto-Lilienthal-Str. 9, 71034 Böblingen
T: (07031) 22 78 77 **Fax:** 23 24 68
Gründung: 1925
Präsident(in): Axel Wilde
Vizepräsident(in): Ralf Kürsten
Irmgard Heyd
Mitglied im ZAW, Bonn und U.D.O, Zürich

Offizielles Verbandsorgan: "Schaufenster" & shop Design
BDS/ASS-Handordner (Adressverzeichnis der selbständigen Mitglieder des BDS e.V.)

• O 590

Fachverband Messe- u. Ausstellungsbau e.V. (FAMAB)
Design · Service · Events
Berliner Str. 26, 33378 Rheda-Wiedenbrück
T: (05242) 9 45 40 **Fax:** 94 54 10
Internet: http://www.famab.expobase.com
E-Mail: famab@t-online.de
Gründung: 1963
Vorsitzende(r): Claus Holtmann
Geschäftsführer(in): Elfie Adler (Berliner Str. 26, 33378 Rheda-Wiedenbrück)
Leitung Presseabteilung: Monika Prött (H)
Verbandszeitschrift: FAMAB - Jahresbericht
Redaktion: FAMAB e.V.
Mitglieder: 230
Mitarbeiter: 6

• O 591

Arbeitsgemeinschaft Abonnentenwerbung e.V. (AGA)
Geschäftsstelle:
Brahmsweg 3 (Horrem), 50169 Kerpen
T: (02273) 10 47 **Fax:** 48 31
Internet: http://www.presse.de/AGA
E-Mail: aga-kerpen@t-online.de
Gründung: 1968
1. Vorsitzende(r): Hartmut W. Siebel (Pressevertriebszentrale für Abonnenten GmbH + Co. KG, Stockelsdorf)
2. Vorsitzende(r): Peter Schmidt (Axel Springer Verlag AG, Hamburg)
3. Vors: Herbert Navara (Astor-Vertriebs GmbH, Mölln)
4. Vors: Herbert Doll (Hobby + Freizeit GmbH, Offenburg)
Geschäftsführer(in): Werner Pientka
Mitglieder: 150

• O 592

FAW

FACHVERBAND AUSSENWERBUNG E.V. (FAW)
Arbeitsbereich: Bundesgebiet
Ginnheimer Landstr. 11, 60487 Frankfurt
T: (069) 71 91 67-0 **Fax:** 71 91 67-60
Internet: http://www.faw-ev.de
E-Mail: info@faw-ev.de
Vorsitzende(r): Egon Böttcher (Frankfurt, T: (069) 1 54 30)
Geschäftsführer(in): Klaus Hoffmann
Mitglieder: 83 inkl. Fördermitglieder
Mitarbeiter: 5

• O 593

FDW Werbung im Kino e.V.
Charlottenstr. 43, 40210 Düsseldorf
T: (0211) 1 64 07 33 **Fax:** 1 64 05 33
Internet: http://www.fdw.de
E-Mail: info@fdw.de
Geschäftsführer(in): Dr. Rainer Borgelt
Mitglieder: 24

• O 594

Arbeitsgemeinschaft der ARD-Werbegesellschaften
c/o Bayerische Rundfunkwerbung GmbH
Postf. 20 05 62, 80005 München
Arnulfstr. 42, 80335 München
T: (089) 59 00-4244 **Fax:** 59 00-4224
Vorsitzende(r): Heinrich Pöhlein

• O 595

Fachverband Lichtwerbung e.V. (FVL)
Vangerowstr. 20, 69115 Heidelberg
T: (06221) 91 29-40 **Fax:** 91 29 30
Internet: http://www.fvl.de
E-Mail: information@fvl.de
Vorsitzende(r): Hans-Georg Höbermann, Lüneburg
Geschäftsführer(in): RA Dr. Fr.-W. Beckmann (69115 Heidelberg)
Mitglieder: 100

• O 596

Gesellschaft für Öffentlichkeitsarbeit der Deutschen Brauwirtschaft e.V.
Postf. 20 04 52, 53134 Bonn
Annaberger Str. 28, 53175 Bonn
T: (0228) 9 59 06 51 **Fax:** 9 59 06 17
Internet: http://www.brauer-bund.de
E-Mail: gfö@society.de
Vorsitzende(r): Dieter Ammer, Bremen
Stellvertretende(r) Vorsitzende(r): Jochen Weber, Kulmbach
Geschäftsführer(in): Erich Dederichs (Annaberger Str. 28, 53175 Bonn, T: (0228) 9 59 06 51)

• O 597

Zentralverband Werbetechnik -Bundesinnungsverband der Schilder- und Lichtreklamehersteller-
Lange Reihe 62, 44143 Dortmund
T: (0231) 51 77-1 22 **Fax:** 51 77-1 99
Gründung: 1961
Vorsitzende(r): Detlef Sallowsky (Kopernikusstr. 103, 58239 Schwerte)
Geschäftsführer(in): Assessor Günter Reichel
Mitglieder: 16 Innungen, angeschlossene Betriebe: ca. 630
Mitarbeiter: 2

• O 598

Arbeitskreis Werbemittel e.V. (AKW)
Bundesverband der Markenartikelindustrie für Werbung und Verkaufsförderung
Postf. 20 11, 32377 Minden
T: (0571) 8 88 08 81 **Fax:** 8 88 08 17 81
Gründung: 1974
Vorsitzende(r): Volker Rößler (c/o Braun AG, Frankfurter Str. 145, 61476 Kronberg)
1. stellv. Vors.: Klaus Rosenberger
2. stellv. Vors.: Harald Schulna
Leiter Geschäftsstelle: Günter Wiktor
Mitglieder: 51

Ausstellungen und Messen

• O 599

AUMA

Ausstellungs- und Messe-Ausschuss der Deutschen Wirtschaft e.V. (AUMA)
Lindenstr. 8, 50674 Köln
T: (0221) 2 09 07-0 **Fax:** 2 09 07-12
Internet: http://www.auma-messen.de
Gründung: 1907
Vorsitzende(r): Peter Prinz Wittgenstein
Hauptgeschäftsführer(in): Dr. Hermann Kresse (Mitglied des Vorstandes)
Geschäftsführer(in): Dr. Peter Neven
Dipl.-Volksw. Wolfgang Schellkes
Leitung Presseabteilung: Dipl.-Volksw. Harald Kötter
Mitglieder: 60

o 600

FKM

Gesellschaft zur freiwilligen Kontrolle von Messe- und Ausstellungszahlen (FKM)
Lindenstr. 8, 50674 Köln
T: (0221) 2 09 07-0 **Fax:** 2 09 07 61
Gründung: 1965
Vorsitzende(r): Manfred Wutzlhofer, München
1. Stellv. Vors.: Dr. Ludwig Jörder, Dortmund
2. Stellv. Vors.: Heiko Könicke, Nürnberg
Geschäftsführer(in): Dr. Hermann Kresse
Stellvertretende(r) Geschäftsführer(in): Dipl.-Volksw. Harald Kötter (Ltg. Presseabt.)
Mitglieder: 75 Messe- und Ausstellungsveranstalter
Kontrollstelle: Prof. Dr. E. Pougin GmbH, Wirtschaftsprüfungsgesellschaft Köln

o 601

IDFA

Interessengemeinschaft Deutscher Fachmessen und Ausstellungsstädte (IDFA)
Postf. 10 01 65, 45001 Essen
T: (0201) 72 44-444 **Fax:** 72 44-821
Gründung: 1952 (September)
Vorsitzende(r): Dr. Joachim Henneke
Mitglieder: 10 Messegesellschaften

Die 10 Mitgliedsgesellschaften organisieren jährlich rund 230 Fachmessen und Ausstellungen. Ziel ist, Erfahrungen auszutauschen und gemeinsame Aufgaben im Dienste von Ausstellern und Besuchern zu bewältigen. Neben dieser gemeinsamen Linie steht die charakteristische Handschrift jeder einzelnen Messegesellschaft in Dortmund, Essen, Friedrichshafen, Hamburg, Karlsruhe, Leipzig, Offenbach, Pirmasens, Saarbrücken, Stuttgart.

o 602

FAMA
Fachverband Messen und Ausstellungen e.V.

Fachverband Messen und Ausstellungen e.V. (FAMA)
Messezentrum, 90471 Nürnberg
T: (0911) 8 14 71 02 **Fax:** 8 14 90 90
Internet: http://www.fama.de
E-Mail: info@fama.de
Gründung: 1951 (10. November)
Geschf. Vors.: Heiko Könicke
Mitglieder: 40

Wahrnehmung und Vertretung der beruflichen, wirtschaftlichen, rechtlichen, steuerrechtlichen, sozial- und tarifpolitischen Interessen von Messe- und Ausstellungsgesellschaften; Beratung und Erteilung von Gutachten auf dem Gebiet des Messe- und Ausstellungswesens.

o 603

Messe Berlin

Messe Berlin GmbH
Postf. 19 17 40, 14007 Berlin
Messedamm 22, 14055 Berlin
T: (030) 30 38-0 **Fax:** 30 38-2325, 30 38-2279 (Presse), 30 38-3032 (ICC Berlin)
T-Online ✻30381✻
Internet: http://www.messe-berlin.de
E-Mail: central@messe-berlin.de, pr@messe-berlin.de (Presse)
Gründung: 1971
Geschäftsführer(in): Raimund Hosch (Vors.)
Christoph Fischer
Dr. Christian Göke
Leitung Presseabteilung: Michael T. Hofer

Mitgliedsverbände:

UFI, FKM, InterEXPO, VDSM, EVVC

UFI = Union des Foires Internationales
FKM = Gesellschaft zur freiwilligen Kontrolle von Messe- und Ausstellungszahlen

InterEXPO = Comité des Organisateurs des Participations Collectives Nationales aux Manifestations Economiques Internationales

VDSM = Internationaler Verband der Stadt-, Sport- und Mehrzweckhallen e.V.

EVVC = Europäischer Verband der Veranstaltungs-Centren

o 604

Westfalenhallen Dortmund GmbH
Postf. 10 44 44, 44044 Dortmund
Rheinlanddamm 200, 44139 Dortmund
T: (0231) 12 04-0 **Fax:** 12 04-444
TGR: Westfalenhallen

Internet: http://www.westfalenhallen.de
E-Mail: info@westfalenhallen.de
Gründung: 1925
Hauptgeschäftsführer(in): Dr. Ludwig Jörder
Leiter(in):
Geschäftsbereich Gastronomie: Ralph Huber
Geschäftsbereich Messen: Peter Weber
Geschäftsbereich Veranstaltungen: Jochen Meschke
Geschäftsbereich Sportförderung: Hans-Martin Stork
Zentralbereich Technik: Dieter Schmidt
Zentralbereich Kommunikation: Hans Ost
Mitarbeiter: 335

o 605

Messe Düsseldorf

Messe Düsseldorf GmbH
Postf. 10 10 06, 40001 Düsseldorf
Stockumer Kirchstr. 61, 40474 Düsseldorf
T: (0211) 45 60-01, 45 60-900 (InfoTel) **Fax:** 45 60-668, 45 60-86100**(InfoFax)**
Internet: http://www.messe-duesseldorf.de
E-Mail: info@messe-duesseldorf.de
Gründung: 1947
Karlheinz Wismer (Vorsitzender)
Horst Klosterkemper
Wilfried E. Moog
Herbert Vogt
Mitarbeiter: 583

Organisation und Durchführung von Messen, Ausstellungen, Kongressen und Events

o 606

IGEDO COMPANY
since 1949

IGEDO Internationale Modemesse Kronen GmbH u. Co. Kommanditgesellschaft
Stockumer Kirchstr. 61, 40474 Düsseldorf
T: (0211) 43 96-01 **Fax:** 43 96-345
Internet: http://www.igedo.com
E-Mail: igedo-company@igedo.com
Gründung: 1949
Geschäftsführer(in): Manfred Kronen
Günter Baier
Gerald Böse
Mitarbeiter: 73

o 607

MESSE ESSEN
Place of Events

MESSE ESSEN GMBH
Postf. 10 01 65, 45001 Essen
T: (0201) 72 44-0, (01805) 22 15 14 **Fax:** (0201) 72 44-248, 72 44-249
TGR: Messe Essen
Internet: http://www.messe-essen.de
E-Mail: info@messe-essen.de
Gründung: 1913
Vors. GeschF: Dr. Joachim Henneke
Geschäftsführer(in): Alfons Jochems
Prokuristen: Elmar Braun
Jörg Kasel
Rainer Palapies
Ltg. Unternehmenskommunikation/Presse: Andrea Hankeln
Ltg. Medien/Programmplanung: Elmar Braun
Mitarbeiter: 168

Durchführung von Messen, Ausstellungen, Kongressen, Tagungen etc. Schwerpunkte: Internationale technische Fachmessen, Publikumsmessen für Hobby und Freizeit.

o 608

Messe Frankfurt

Messe Frankfurt GmbH
Postf. 15 02 10, 60062 Frankfurt
Ludwig-Erhard-Anlage 1, 60327 Frankfurt
T: (069) 75 75-0 **Fax:** 75 75-6433
Internet: http://www.messefrankfurt.com
E-Mail: info@messefrankfurt.com
Gründung: 1907 (22. November)
Michael von Zitzewitz (Vors.)
Dr. Michael Peters
Gerhard Gladitsch

o 609

Fur & Fashion Frankfurt Messe GmbH
Niddastr. 66-68, 60329 Frankfurt
T: (069) 24 26 35-0 **Fax:** 23 67 16
Internet: http://www.fur-fashion-frankfurt.de
E-Mail: info@fur-fashion-frankfurt.de
Gründung: 1949
Geschäftsführer(in): Marianne Erletz

Frankfurter Buchmesse

o 610

Ausstellungs- und Messe-GmbH des Börsenvereins des Deutschen Buchhandels
Reineckstr. 3, 60313 Frankfurt
T: (069) 21 02-0 **Fax:** 21 02-227, 21 02-277
Internet: http://www.buchmesse.de
E-Mail: marketing@book-fair.com
Gründung: 1964
Geschäftsführer(in): Lorenzo Rudolf
Dr. Harald Heker
Joachim Kehl
Leitung Presseabteilung: Rüdiger Wischenbart
Mitarbeiter: 45

Termine:
2000: 18.-23. Oktober
2001: 10.-15. Oktober
2002: 09.-14. Oktober

Größte internationale Buchmesse für Printmedien: Bücher, Zeitschriften, Electronic Media und Kunst

o 611

Messe Friedrichshafen GmbH
Messegelände
Meistershofener Str. 25, 88045 Friedrichshafen
T: (07541) 7 08-0 **Fax:** 7 08-110
TGR: Messe Friedrichshafen
Gründung: 1949, 1992 Umfirmierung
Geschäftsführer(in): Udo Haupt
Ernst Haller

o 612

Deutsche Messe AG
Hannover

Deutsche Messe Aktiengesellschaft
Messegelände, 30521 Hannover
T: (0511) 89-0, 89-31010 (Presse) **Fax:** 89-32626
T-Online *3230080*
Internet: http://www.messe.de
Vorstand: Prof. Dr. Dr.h.c. Klaus E. Goehrmann (Vors.)
Sepp D. Heckmann
Dipl.-Kfm. Hubert-H. Lange
Mitarbeiter: 703

o 613

Hamburg Messe und Congress

Hamburg Messe und Congress GmbH
Postf. 30 24 80, 20308 Hamburg
St. Petersburger Str. 1, 20355 Hamburg
T: (040) 35 69-0 **Fax:** 35 69-2180, 35 69-2181 (Congress Centrum)
Internet: http://www.hamburg-messe.de
E-Mail: info@hamburg-messe.de
Management
Dietmar Aulich (Geschäftsführer Messen/Ausstellungen)
Paul Busse (Geschäftsführer Kongresse/Tagungen/Veranstaltungen)
Klaus Fienbork (Geschäftsleitungsbereich Administration, Finanzen)
Michael Degen (Hauptabteilung Messen und Ausstellungen)
Kurt-Wolfgang Richter (Zentralbereich Betriebs- und Gebäudetechnik)

Durchführung von Fachmessen und Ausstellungen, Kongressen, Tagungen, Seminaren und kulturellen Veranstaltungen.

o 614

KKA

Karlsruher Kongreß- und Ausstellungs-GmbH
Postf. 12 08, 76002 Karlsruhe
Festplatz 9, 76137 Karlsruhe
T: (0721) 37 20-0 **Fax:** 37 20-2106
Internet: http://www.kka.de
E-Mail: info@kka.de
Geschäftsführer(in): Gerhard Hurst (Sprecher)
Klaus Krumrey

Durchführung von Fachmessen, Ausstellungen, Kongressen, Tagungen, Seminaren, kulturelle u. gesellschaftl. Veranstaltungen, Incentives.

o 615

KölnMesse

KölnMesse GmbH
Postf. 21 07 60, 50532 Köln
Messeplatz 1, 50679 Köln
T: (0221) 8 21-0 **Fax:** 8 21-2574
TX: 8 873 426 mua d
TGR: Intermess Köln
Internet: http://www.koelnmesse.de
E-Mail: info@koelnmesse.de
Vorsitzender der Geschäftsführung: Jochen Witt
Geschäftsführer(in): Hans Wilke
Dipl.-Kfm. Wilhelm Niedergöker
Stellvertretende(r) Geschäftsführer(in):
Dipl.-Volkswirt Jörg-Michael Gleitze
Dr. Gerd Weber

o 616

Ausstellungs- und Werbegemeinschaft des Friseurhandwerks GmbH.
Postf. 13 02 04, 50496 Köln
Weißenburgstr. 74, 50670 Köln
T: (0221) 97 30 36-0 **Fax:** 97 30 36-40
Geschäftsführer(in): Dipl.-Volksw. Bernd Müller

o 617

Messe München GmbH (MMG)
81823 München
T: (089) 9 49-20923 **Fax:** 9 49-20929
Internet: http://www.messe-muenchen.de
E-Mail: newsline@messe-muenchen.de
Gründung: 1964
Vors. d. Geschf: Manfred Wutzlhofer
Geschäftsführer(in): Dr. Karl-Dieter Demisch
Dr. Joachim Enßlin
Detlev R. Gantenberg
Mitarbeiter: 432 (Stand Jan. 2000)

o 618

Willy-Brandt-Allee 1, 81829 München
T: (089) 9 49 55-0 **Fax:** 9 49 55-239
TGR: Handwerksmessen
Internet: http://www.ghm.de
E-Mail: messe@ghm.de
Gründung: 1968
Geschäftsführer(in): Dipl.-Volksw. Franz Reisbeck (Vors. der Geschf.)
Dipl.-Finanzw. (FH) Manfred Bankhofer
Manfred Wutzlhofer
Leitung Presseabteilung: Dr. Ulrich Probst
Mitarbeiter: 38 (Sept.)

Veranstaltung von Fachausstellungen und -messen sowie die Beteiligung an derartigen Veranstaltungen zur Förderung des Handwerks im In- und Ausland.

o 619

NürnbergMesse GmbH
Messezentrum, 90471 Nürnberg
T: (0911) 86 06-0 **Fax:** 86 06-228
Internet: http://www.nuernbergmesse.de
E-Mail: info@nuernbergmesse.de
Vorsitzender des Aufsichtsrates: Staatsminister Dr. Günther Beckstein (MdL)
Geschäftsführer(in): Bernd A. Diederichs
Leitung Presseabteilung: Peter Ottmann
Mitarbeiter: 120

o 620

Spielwarenmesse eG
Messezentrum
Münchener Str. 330, 90471 Nürnberg
T: (0911) 9 98 13-0 **Fax:** 86 96 60
Internet: http://www.spielwarenmesse.de, http://www.toyfair.de
E-Mail: info@spielwarenmesse.de
Geschäftsführer(in): Dipl.-Vw. Gerd Bise

o 621

Offenbacher Messe Gesellschaft mbH
Postf. 10 14 23, 63014 Offenbach
Kaiserstr. 108-112, 63065 Offenbach
T: (069) 82 97 55-0 **Fax:** 82 97 55-60
Internet: http://www.messe-offenbach.de
E-Mail: info@messe-offenbach.de
Geschäftsführer(in): Dipl.-Volksw. Klaus Diehl
Ltg. Marketing + Öffentlichkeitsarbeit: Dipl.-Volksw. Ursula A. Ficke

o 622

Saarmesse GmbH
Messegelände
Gersweilerstr. 78, 66117 Saarbrücken
T: (0681) 9 54 02-0 **Fax:** 9 54 02-30
TGR: Saarmesse Saarbrücken
Internet: http://www.saarmesse.de
E-Mail: messe@saarmesse.de
Gründung: 1947 (20. August)
Geschäftsführer(in): Heinz Grandmontagne
Eric Grandmontagne
Leitung Presseabteilung: Mechtild Grandmontagne
Mitarbeiter: 40
Mitgliedsverbände:
- IDFA - Interessengemeinschaft Deutscher Fachmessen und Ausstellungsstädte
- AUMA - Ausstellungs- und Messeausschuß der Deutschen Wirtschaft

o 623

Stuttgarter Messe- und Kongressgesellschaft mbH
Postf. 10 32 52, 70028 Stuttgart
Am Kochenhof 16, 70192 Stuttgart
T: (0711) 25 89-0 **Fax:** 25 89-440
T-Online *messe stuttgart*
Internet: http://www.messe-stuttgart.de, http://www.congress-stuttgart.de
E-Mail: info@congress-stuttgart.de, info@messe-stuttgart.de
Geschäftsführer(in): Dr. Walter Gehring (Geschäftsbereich Messen u. Ausstellungen)
K. D. Heldmann (Geschäftsbereich Kfm. Geschäftsleitung, Kultur- und Kongresszentrum Liederhalle, Hanns-Martin-Schleyer-Halle, Kongresse und Veranstaltungen)

• O 624

WASSER BERLIN
Kongress und Ausstellung e.V.

Messedamm 22, 14055 Berlin
T: (030) 30 38 21 34 **Fax:** 30 38 20 79
Internet: http://www.messe-berlin.de
E-Mail: wasser@messe-berlin.de
Vorstand: Senator Peter Strieder
Dr. Joachim Donath
Senator E.h. Peter Scherer
Dr. Eckart von Kirchbach
Geschäftsführer(in): Dr.-Ing. Heinz Tessendorff

Der Verein führt alle 3 Jahre in Berlin Kongreßveranstaltungen und eine ideelle Fachausstellung auf dem Gebiete der Wasserwirtschaft durch. In Verbindung mit dem Kongreß findet die Internationale Fachmesse Wasser statt.

• O 625

Ausstellerbeirat der Hannover-Messe
Schiffgraben 36, 30175 Hannover
T: (0511) 8 50 52 42 **Fax:** 85 05-268
Vorsitzende(r): Dipl.-Kfm. Dietmar Harting (Harting KGaA, Marienwerderstr. 3, 32339 Espelkamp)
Geschäftsführer(in): RA Wolfgang Rohde

• O 626

Hallenbetriebe Neumünster GmbH
Messeleitung NordBau
Postf. 13 08, 24503 Neumünster
Justus-von-Liebig-Str. 2-4, 24537 Neumünster
T: (04321) 9 10-190 **Fax:** 9 10-199
Internet: http://www.nordbau.de
E-Mail: messeleitung@nordbau.de
Gründung: 1956
Geschäftsführer(in): Peter Iwersen
Leitung Presseabteilung: Wolfgang Haaker
Mitarbeiter: 30

• O 627

Leipziger Messe GmbH
Messe-Allee 1, 04356 Leipzig
T: (0341) 6 78-0 **Fax:** 6 78-8762
Internet: http://www.leipziger-messe.de
E-Mail: info@leipziger-messe.de
Gründung: 1917
Geschäftsführer(in): Werner M. Dornscheidt
Ulrich Kromer von Baerle
Josef Rahmen
Leitung Presseabteilung: Heike Fischer
Mitarbeiter: 292

Ausrichtung von Messen, Kongressen, Veranstaltungen sowie Vermietung von Handels- und Gewerberäumen.

• O 628

Accessoires Central Verband e.V. (ACV)
Postf. 12 60, 49207 Bad Rothenfelde
Am Pagenkamp 5, 49214 Bad Rothenfelde
T: (05424) 10 85 **Fax:** 6 99 45
Gründung: 1982
Vors. u. HGeschf.: Manfred Sommer
Stellvertretende(r) Vorsitzende(r): Ulrich Schröder
Claus Hermes
Leiterin Presseabt.: Barlage
Mitglieder: 100
Mitarbeiter: 1
Jahresetat: DM 0,1 Mio, € 0,05 Mio

• O 629

Forschungsland Nordrhein-Westfalen
Messekoordination
c/o RWTH Aachen
52056 Aachen
T: (0241) 40 50 37 **Fax:** 40 25 89
Gründung: 1988
Leitung: Katharina Roderburg
Mitglieder: 54 Hochschulen, 10 Institute der Max-Planck-Gesellschaft, 5 Institute der Fraunhofer Gesellschaft, 3 Großforschungseinrichtungen und weitere Forschungsinstitute

Präsentation von Forschungsexponaten aus den Hochschulen, Forschungseinrichtungen und FuE-Bereichen der Unternehmen des Landes Nordrhein-Westfalen auf Messen und Ausstellungen.

Verschiedene Gewerbe

• O 630

Bundesverband privater Alten- u. Pflegeheime und ambulanter Dienste e.V. (BPA)
Oxfordstr. 12-16, 53111 Bonn
T: (0228) 60 43 80 **Fax:** 6 04 38 99
Internet: http://www.bpa.de
E-Mail: bpabonn@t-online.de
Gründung: 1964
Vorsitzende(r): Bernd Meurer
Hauptgeschäftsführer(in): Jürgen Groth
Verbandszeitschrift: bpa-Magazin
Redaktion: Friedrich W. Schmidt, Hugenottenallee 171 a, 63263 Neu-Isenburg
Mitglieder: 2470, davon 922 ambulante Dienste und 88000 vollstationäre Heimplätze unterteilt in 15 Landesgruppen

Wahrnehmung der beruflichen und sozialen Interessen sowie Beratung seiner Mitglieder als Unternehmer sozialer Dienste auf Bundes-, Landes- und Kommunalebene. Schaffung einheitlicher Grundlagen und Richtlinien für ihre Organisation und Tätigkeit; Fortbildung ihrer Leiter und Mitarbeiter; Teilnahme an der Heimüberwachung.

• O 631

Verein für Sozialplanung e.V. (VSOP)
Löwengasse 34, 67346 Speyer
T: (06232) 62 94 91 **Fax:** 62 94 92
E-Mail: vsop-ger@t-online.de
Gründung: 1991
Vorsitzende(r): Walter Werner
Stellvertretende(r) Vorsitzende(r): Prof. Dr. Hans-Christoph Reiss
Peter Kemper
Verbandszeitschrift: VSOP-Rundbrief
Mitglieder: 220
Mitarbeiter: 1

• O 632

Bundesverband Deutscher Inkasso-Unternehmen e.V. (BDIU)
Geschäftsstelle:
Brennerstr. 76, 20099 Hamburg
T: (040) 28 08 26-0 **Fax:** 28 08 26-99
Internet: http://www.inkasso.de
E-Mail: bdiu@inkasso.de
Internationaler Zusammenschluß: siehe unter izo 253
Präsident(in): Ulf Giebel (Stresemannstr. 60, 28188 Bremen)
Vizepräsident(in): Uwe Rühle (Ahlener Str. 117 A, 59073 Hamm)
Hans-Joachim Leister (c/o Universal Inkasso u. Auskunftei GmbH, Steinhof 5 a, 40699 Erkrath))
Geschäftsführer(in): Dr. Carsten D. Ohle

• O 633

Verband Detektei-, Auskunftei- und zugel. Inkasso-Unternehmer e.V.
Karmeliterstr. 14, 67547 Worms
T: (06241) 2 48 52 **Fax:** 2 59 58
Gründung: 1956 (29. November)
Vorsitzende(r): Norbert Schott (Rechtsbeistand, Schöfferstr. 30, 67547 Worms/Rh.)
Stellvertretende(r) Vorsitzende(r): Peter Kramer (Inkassomondatar, 74909 Meckesheim)
Mitglieder: 91
Mitglied im Dachverband VRW - Bundesverband Rechts- und Wirtschaftsdienste e. V.

• O 634

Verband der Deutschen Automatenindustrie e.V. (VDAI)
Mitglied des Bundesverbandes der Deutschen Industrie e.V. (BDI) und
Mitglied der Vereinigung Europäischer Münzautomaten-Verbände (EUROMAT)
Dircksenstr. 49, 10178 Berlin
T: (030) 28 40 70 **Fax:** 28 40 72 72
Internationaler Zusammenschluß: siehe unter izf 535
Geschäftsführer(in): Dr. Jürgen Bornecke
Vorstand: Paul Gauselmann (Vors.), Espelkamp
Uwe Christiansen, Bingen
Sven Tobben, Viersen
Schatzmeister: Theo Kiesewetter, Neustadt/Coburg
Ehrenvors.: Harro Koebke, Überlingen
Hans Kloß, Berlin
Hans Rosenzweig, Hamburg
Ullrich D. Schulze, Bingen
Fachabteilung Musik- und Unterhaltungsautomaten (MU):
Vorsitzende(r) des Vorstandes: Paul Gauselmann, Espelkamp
Stellvertretende(r) Vorsitzende(r): Uwe Christiansen, Bingen
Beisitzer: Christian Arras, Bingen
Jens Kahle, Espelkamp
Heinz Buder, Bingen
Joachim Trenz, Limburg
Fachabteilung Waren- und Leistungsautomaten (WL):
Vorsitzende(r) des Vorstandes: Sven Tobben, Viersen
Stellvertretende(r) Vorsitzende(r): Helmwart Fülles, Buxtehude
Beisitzer: Theo Kiesewetter, Neustadt/Coburg
Mitglieder: 25
Förderung der allgemeinen wirtschaftlichen und technischen Entwicklung des Münzautomatenwesens und Wahrung des Ansehens der deutschen Automatenwirtschaft.

• O 635

Bundesverband Automatenunternehmer e.V. (BA)
"Sterntorhaus"
Sterntorbrücke 6, 53111 Bonn
T: (0228) 69 74 60 **Fax:** 69 74 62
Internet: http://www.ba-bonn.de
E-Mail: info@ba-bonn.de
Neue Adresse ab Juli 2000: Am Weidendamm 1a, 10117 Berlin
Gründung: 1953 (26. Oktober)
Internationaler Zusammenschluß: siehe unter izf 533
Präsident(in): Peter Schmid (Luisenstr. 15, 74072 Heilbronn)
Vizepräsident(in): Karl Besse (Am Eichenhang 2, 53894 Mechernich)
Uwe Lücker (Buchholzer Str. 1a, 30629 Hannover)
Willibald Wacker (Zur Mühle 18, 55411 Bingen)
Geschäftsführer(in): RA Harro Bunke ("Sterntorhaus", Sterntorbrücke 6, 53111 Bonn, T: (0228) 69 74 60, Telefax: (0228) 69 74 62, Internet: http://www.ba-bonn.de, E-Mail: info@ba-bonn.de)
Pressestelle: Bert Varell (Nahtweg 7, 21272 Egestorf, T: (04175) 13 45, Telefax: (04175) 13 52)
Mitglieder: ca. 3000
Mitarbeiter: 3
Wahrnehmung der berufsständischen Interessen der gewerblichen Unterhaltungsautomatenunternehmer gegenüber Gesetzgebung, Behörden, Handel, Industrie und sonstigen Institutionen.

Mitgliedsverbände

Baden-Württemberg

o 636

Automaten-Verband Baden-Württemberg e.V.
Geschäftsstelle:
Charlottenstr. 44, 70182 Stuttgart
T: (0711) 24 25 26 **Fax:** 24 25 25
1. Vorsitzende(r): Peter Schmid (Luisenstr. 15, 74072 Heilbronn)
Justitiar: RA und Fachanwalt für Steuerrecht Dieter Schittenhelm (Forchenrainstr. 31, 70839 Gerlingen, T: (07156) 9 47 94-0, Telefax: (07156) 9 47 94 17)

Bayern

o 637

Bayerischer Automaten-Verband e.V.
Neuhauser Str. 47 III, 80331 München
T: (089) 55 58 94, 55 54 59 **Fax:** 5 50 36 98
1. Vorsitzende(r): Werner Strunz (Hartstr. 40, 82239 Alling)
Justitiar: RA Peter Heizer (Neuhauserstr. 47/III, 80331 München, T: (089) 55 58 94, 55 54 59, Telefax: (089) 5 50 36 98)

Berlin

o 638

Automatenkaufleute Berlin und Ostdeutschland e.V.
Roelckestr. 24, 13086 Berlin
T: (030) 9 24 55 88, 96 20 51 10 **Fax:** 96 20 51 11
1. Vorsitzende(r): Roger Schulz (Am Lehmberg 46, 01157 Dresden)
Justitiar: RA Hendrik Meyer (Roelckestr. 24, 13086 Berlin, T: (030) 9 24 55 88, Telefax: (030) 96 20 51 11)

Bremen

o 639

Nordwestdeutscher Automaten-Verband e.V.
Sögestr. 76, 28195 Bremen
T: (0421) 17 04 14 **Fax:** 1 85 70
1. Vorsitzende(r): Theodor Bührmann (Hamfhofsweg 133, 28357 Bremen)
Geschäftsführer(in): RA u. Notar H. D. Stubbe (Sögestr. 76, 28195 Bremen, T: (0421) 17 04 14, Telefax: (0421) 1 85 70)

Hamburg

o 640

Hamburger Automaten-Verband e.V.
Eilbeker Weg 187, 22089 Hamburg
T: (040) 20 72 73 **Fax:** 2 00 98 99
1. Vorsitzende(r): Otto Obes (Fürstredder 22, 22145 Braak)
Justitiar: Rechtsanwalt Lüder Gause (Steintorweg 8, 20099 Hamburg, T: (040) 24 77 66, Telefax: (040) 2 80 36 73)

Hessen

o 641

Hessischer Münzautomaten-Verband e.V.
Bodelschwinghstr. 7a, 34119 Kassel
T: (0561) 7 39 21 03 **Fax:** 7 39 21 04
1. Vorsitzende(r): Michael Wollenhaupt (Bodelschwinghstr. 7a, 34119 Kassel)
Justitiar: RA, Notar Horst Riemer (Untere Königstr. 50 a II, 34117 Kassel, T: (0561) 9 18 90 19, Telefax: (0561) 9 18 90 25)

Niedersachsen

o 642

Automaten-Verband Niedersachsen e.V.
Yorckstr. 11, 30161 Hannover
T: (0511) 31 30 66 **Fax:** 31 30 65
1. Vorsitzende(r): Uwe Lücker (Buchholzer Str. 1 a, 30629 Hannover)
Geschäftsführer(in): RA Dr. Manfred Paschke Freiherr von Senden (Yorckstr. 11, 30161 Hannover, T: (0511) 31 30 66, Telefax:(0511) 31 30 65)

Nordrhein-Westfalen

o 643

Deutscher Automaten-Verband e.V. (DAV)
Goebenstr. 10-12, 50672 Köln
T: (0221) 51 20 87 **Fax:** 52 53 19
1. Vorsitzende(r): Karl Besse (Am Eichenhang 2, 53894 Mechernich)
Geschäftsführer(in): Rechtsanwalt Michael Eulgem (Goebenstr. 10/12, 50672 Köln, T: (0221) 51 20 87, Telefax: (0221) 52 53 19)

Rheinland-Pfalz

o 644

Automaten-Verband Rheinland-Pfalz e.V.
Forchenrainstr. 31, 70839 Gerlingen
T: (07156) 9 47 94-0 **Fax:** 9 47 94 14
1. Vorsitzende(r): Willibald Wacker (Zur Mühle 18, 55411 Bingen)
RA und Fachanwalt Dieter (Forchenrainstr. 31, 70839 Gerlingen, T: (07156) 9 47 94-0, Fax: 9 47 94 14)

Saarland

o 645

Automaten-Verband Saar e.V.
Birrbachstr. 3, 66839 Schmelz
T: (06887) 88 88 01 **Fax:** 88 88 02
1. Vorsitzende(r): Christian Antz (Birrbachstr. 3, 66839 Schmelz, T: (06887) 88 88 01, Fax: (06887) 88 88 02)
Justitiar: RA Max Schirber (Richard-Wagner-Str. 7, 66111 Saarbrücken, T: (0681) 3 37 50)

Schleswig-Holstein

o 646

Automaten-Verband Schleswig-Holstein e.V.
Geschäftsstelle
Dammstr. 56, 24103 Kiel
T: (0431) 9 20 50 **Fax:** 9 52 34
1. Vorsitzende(r): Wolfgang Voß (Homfelder Str. 7, 24613 Aukrug)
Juristischer Berater: RA Lüder Gause (Steintorweg 8, 20099 Hamburg, T: (040) 24 77 66, Telefax: (040) 2 80 36 73)

• O 647

Interessengemeinschaft des Münz-Automatengewerbes im Gebiet der Bundesrepublik Deutschland e.V. (IMA)
Gluckstr. 7, 60318 Frankfurt

T: (069) 55 02 16
1. Vorsitzende(r): Lothar Babinsky
2. Vorsitzende(r): Waldemar Gärtner

• O 648

Bundesverband der Park- und Garagenhäuser e.V.
Richartzstr. 10, 50667 Köln
T: (0221) 2 57 10 16 **Fax:** 2 57 10 19
Gründung: 1968 (6. September)
Vorsitzende(r): Helmut Schmitt (Konrad-Adenauer-Str. 15, 60313 Frankfurt, T: (069) 29 98 89-0)
Geschäftsführer(in): Gerhard Trost-Heutmekers
Verbandszeitschrift: Parkhaus Aktuell
Redaktion: G. Trost-Heutmekers
Mitglieder: 283

• O 649

Verband Deutscher Haushüter-Agenturen e.V. (VDHA)
Feldkamp 4, 48165 Münster
T: (02501) 71 71 **Fax:** 2 70 72
Internet: http://www.haushueter.de
Gründung: 1985
Vorsitzende(r): Klaus Adam
Stellvertretende(r) Vorsitzende(r): Günter Kratz
Pressereferent: Kai Szepanik
Schatzmeister: Horst Schulz
Schriftführer(in): Wilhelm Wolf
Mitglieder: 26 Agenturen

• O 650

Arbeitsgemeinschaft der Haushüter-Agenturen
Dr.-Faust-Str. 12, 63571 Gelnhausen
T: (06051) 1 51 60 **Fax:** 1 53 97
Gründung: 1987 (15. Februar)
Leitung Presseabteilung: Elke G. Müller

• O 651

Fachverband Deutscher Floristen e.V. Bundesverband
Theodor-Otte-Str. 17A, 45897 Gelsenkirchen
T: (0209) 9 58 77-0 **Fax:** 9 58 77-70
Präsident(in): Bernd Rethage (c/o Blumen Pohl-Rethage, Detmolder Str. 244, 33605 Bielefeld, T: (0521) 23 75 03)
Hauptgeschäftsführer(in): Dr. Kai Rademacher
Mitglieder: ca. 7400

Landesverbände

o 652

Fachverband Deutscher Floristen Landesverband Baden-Württemberg e.V.
Rosenschloß, 89423 Gundelfingen
T: (09073) 95 89-0 **Fax:** 95 89-566
Präsident(in): Friedemann Haug (Diakonissenstr. 1, 76199 Karlsruhe, T: (0721) 88 84 30, Telefax: (0721) 88 84 41)
Geschäftsführer(in): Werner Appel
Mitglieder: ca. 993

o 653

Fachverband Deutscher Floristen Landesverband Bayern e.V.
Rosenschloß Schlachtegg, 89423 Gundelfingen
T: (09073) 95 89 40 **Fax:** 9 58 94 44
Präsident(in): Florian Hiedl (Gottesackerweg 1, 87439 Kempten, T: (0831) 52 18 10, Fax: (0831) 5 21 81 12)
Geschäftsführer(in): Barbara Storb
Mitglieder: ca. 890

o 654

Fachverband Deutscher Floristen Landesverband Berlin/Brandenburg e.V.
Friedrichstr. 18, 10969 Berlin
T: (030) 2 51 07 14 **Fax:** 2 51 06 09
Präsident(in): Winfried Damerius (Müllerstr. 151, 13353 Berlin, T: (030) 4 53 80 05, Fax: 4 53 39 64)
Geschäftsführer(in): Evelyn Hudewenz
Mitglieder: 320

o 655

Fachverband Deutscher Floristen Landesverband Bremen e.V.
Am Wall 146, 28195 Bremen
T: (0421) 3 39 75 11 **Fax:** 32 66 93
Vorsitzende(r): Wolfgang Nacke (c/o Firma Peter van den Berg, Friedrich-Ebert-Str. 152, 28201 Bremen, T: (0421) 55 22 79, Fax: 55 34 02)
Geschäftsführer(in): Günther Hoffmann
Mitglieder: ca. 70

o 656

Fachverband Deutscher Floristen Landesverband Hamburg e.V.
Heimhuder Str. 81, 20148 Hamburg
T: (040) 45 62 78 **Fax:** 4 50 06 97
Präsident(in): Günter Dahlmann (c/o Das Gewächshaus, Bargteheider Str. 32, 22143 Hamburg, T: (040) 6 77 39 31, Fax: 6 77 80 90)
Geschäftsführer(in): Michael Bergmann
Mitglieder: ca. 340

o 657

Fachverband Deutscher Floristen Landesverband Hessen e.V.
An der Festeburg 33, 60389 Frankfurt
T: (069) 47 87 47 52 **Fax:** 47 87 47 52
Präsident(in): Heinrich Göllner
Geschäftsführer(in): Ulrike Linn
Mitglieder: ca. 660

o 658

Fachverband Deutscher Floristen Landesverband Mecklenburg/Vorpommern e.V.
Werdohler Str. 3, 17153 Stavenhagen
T: (039954) 3 06 98 **Fax:** 3 06 98
Vorsitzende(r): Uwe Gerdau (Werdohler Str. 3, 17153 Reuterstadt-Stavenhagen, T: (039954) 3 06 98)
Mitglieder: 55

o 659

Fachverband Deutscher Floristen Landesverband Niedersachsen e.V.
Sextrostr. 2, 30169 Hannover
T: (0511) 80 15 12 **Fax:** 88 79 15
Präsident(in): Werner Pöhland (Wehlstr. 13, 29221 Celle, T: (05141) 20 75 84, Fax: 90 77 87)
Geschäftsführer(in): Dieter Reinecke
Mitglieder: ca. 900

o 660

Fachverband Deutscher Floristen Landesverband Nordrhein-Westfalen e.V.
Stresemannstr. 26, 40210 Düsseldorf
T: (0211) 16 65 30 **Fax:** 16 65-3 22
Präsident(in): Helmuth Prinz (Hauptstr. 182, 41236 Mönchengladbach)
Geschäftsführer(in): Dipl.-Ök. Erwin Ohlenforst
Mitglieder: ca. 2200

o 661

Fachverband Deutscher Floristen Landesverband Rheinland-Pfalz e.V.
Festplatzstr. 8, 67433 Neustadt
T: (06321) 9 24 20 **Fax:** 92 42 31
Vorsitzende(r): Harald Wenk (c/o Blumenstudio Wenk, Hintere Bleiche 32, 55116 Mainz, T: (06131) 23 91 35, Fax: 22 10 21)
Geschäftsführer(in): Karlheinz Schober
Mitglieder: ca. 295

o 662

Fachverband Deutscher Floristen Landesverband Saar e.V.
Heinestr. 2-4, 66121 Saarbrücken
T: (0681) 68 49 13 **Fax:** 68 49 23
Vorsitzende(r): Lore Bessey (Merziger Str. 27, 66663 Merzig, T: (06861) 29 16)
Geschäftsführer(in): Susanne Storb
Mitglieder: 85

o 663

Fachverband Deutscher Floristen Landesverband Sachsen e.V.
Pillnitzer Landstr. 273, 01326 Dresden
T: (0351) 2 67 55 15 **Fax:** 2 67 55 43
Präsident(in): Andreas Richter (Weststr. 98, 09116 Chemnitz, T: (0371) 30 25 88 o. 30 10 15, Fax: (0371) 30 16 88)
Geschäftsführer(in): Irene Steiger
Mitglieder: 200

o 664

Fachverband Deutscher Floristen Landesverband Sachsen-Anhalt e.V.
Bertha-von-Suttner-Str. 16, 39108 Magdeburg
T: (0391) 7 33 54 72
Vorsitzende(r): Aribert Amhoff (Bertha-von-Suttner-Str. 16, 39108 Magdeburg, T: (0391) 3 54 72)
Geschäftsführer(in): Petra Fanger
Mitglieder: 60

o 665

Fachverband Deutscher Floristen Landesverband Schleswig-Holstein e.V.
Kantstr. 47, 24116 Kiel
T: (0431) 1 49 02 33 **Fax:** 1 49 01 34
Vorsitzende(r): Dietmar Koehler (Sophienblatt 20, 24103 Kiel, T: (0431) 6 11 52, Telefax: (0431) 67 73 16)
Geschäftsführer(in): Irmgard Korth
Mitglieder: ca. 330

o 666

Fachverband Deutscher Floristen Landesverband Thüringen e.V.
Am Bahnhof 31, 98529 Suhl
T: (03681) 30 32 21 **Fax:** 30 32 21
Präsident(in): Ina Clauß (Bruno-Bergener-Str. 4, 07973 Greiz)
Geschäftsführer(in): Marlene Riese
Mitglieder: 150

• O 667

Verband Deutscher Garten-Center e.V.
Borsigallee 10, 53125 Bonn
T: (0228) 9 18 19 23 **Fax:** 9 18 19 25
Vorsitzende(r): Norbert Köhlein (Garten-Center Feustel, Königsallee 45, 95448 Bayreuth)
Geschäftsführer(in): RA Götz Bukenberger
Mitglieder: 189

• O 668

Deutscher Camping-Club e.V.
Postf. 40 04 28, 80704 München
Mandlstr. 28, 80802 München
T: (089) 38 01 42-0 **Fax:** 33 47 37
Internet: http://www.camping-club.de
Gründung: 1948 (22. September)
Präsident(in): Dr. Hans-Josef Giesen (Kuchenheimer Str. 122, 53881 Euskirchen)
Vizepräsident(in): Karl-Heinz Schulten (Postf. 13 01 19, 42679 Solingen, T: (0212) 2 32 13 16, Telefax: (07433) 90 60 40)
Ernst-Walter Steinleger (Birger-Forell-Str. 5, 32339 Espelkamp, T: (05772) 35 13, Telefax: (05772) 35 13)
Mitglieder: 147412

Landesverbände

o 669

Deutscher Camping-Club e.V. Landesverband Baden e.V.
Waldenfeldstr. 1, 76316 Malsch
T: (07246) 14 67
1. Vorsitzende(r): Siegfried Heid

o 670

Deutscher Camping-Club e.V. Landesverband Berlin e.V.
Geisbergstr. 11, 10777 Berlin
T: (030) 2 18 60 71-72 **Fax:** 2 13 44 16
Vorstandsvorsitzender: Klaus-Eberhard Lehmann

o 671

Deutscher Camping-Club e.V. Landesverband Brandenburg e.V.
Bahnhofstr. 3, 03119 Welzow
T: (035751) 5 27
1. Vorsitzende(r): Lothar Uschner

o 672

Deutscher Camping-Club e.V. Landesverband Hamburg e.V.
Carl-Bremer-Ring 17, 22179 Hamburg
T: (040) 6 41 60 78
1. Vorsitzende(r): Walter Klingberg

o 673

Deutscher Camping-Club e.V. Landesverband Hessen e.V.
Nachtweide 62, 64569 Nauheim
T: (06152) 6 97 27
Vorsitzende(r): Heribert H. Diehl

o 674

Deutscher Camping-Club e.V. Landesverband Mecklenburg-Vorpommern e.V.
Bauhof 369, 17235 Neustrelitz
T: (03981) 44 72 43
1. Vorsitzende(r): Franz Löser

o 675

Deutscher Camping-Club e.V.
Landesverband Mittelrhein e.V.

Steinwiese 25, 53721 Siegburg
T: (02241) 38 14 59
1. Vorsitzende(r): Hansjoachim Robert

o 676

Deutscher Camping-Club e.V.
Landesverband Münsterland e.V.

Moellerskamp 13, 45711 Datteln
T: (02963) 6 19 31
1. Vorsitzende(r): Udo Hunstiege

o 677

Deutscher Camping-Club e.V.
Landesverband Niedersachsen e.V.

Im Weidenkamp 12F, 38304 Wolfenbüttel
T: (05331) 12 20
1. Vorsitzende(r): Karl Zahlmann

o 678

Deutscher Camping-Club e.V.
Landesverband Nordbayern e.V.

Eichengasse 6, 92348 Berg
T: (09181) 4 24 67
1. Vorsitzende(r): Hans Reichl

o 679

Deutscher Camping-Club e.V.
Landesverband Ostwestfalen-Lippe e. V.

Karinstr. 3, 32423 Minden
T: (0571) 3 15 00
1. Vorsitzende(r): Bernd Regtmeier

o 680

Deutscher Camping-Club e.V.
Landesverband Rheinland-Pfalz e.V.

Hauptstr. 193, 66976 Rodalben
T: (06331) 25 86 50
1. Vorsitzende(r): Klaus Schacker

o 681

Deutscher Camping-Club e.V.
Landesverband Ruhr-Niederrhein e.V.

Von-Einem-Str. 84, 45130 Essen
T: (0201) 78 11 64 **Fax:** 78 11 64
1. Vorsitzende(r): Hans-Jürgen Jonathal

o 682

Deutscher Camping-Club e.V.
Landesverband Saar e.V.

Kreisstr. 193, 66127 Saarbrücken
T: (06898) 37 06 07
1. Vorsitzende(r): Erich Reidenbach

o 683

Deutscher Camping-Club e.V.
Landesverband Sachsen e.V.

Kantstr. 47, 04275 Leipzig
T: (0341) 3 02 76 82
1. Vorsitzende(r): Bernd Iser

o 684

Deutscher Camping-Club e.V.
Landesverband Sachsen-Anhalt

Kastanienstr. 16, 39124 Magdeburg
T: (0391) 2 53 82 52
1. Vorsitzende(r): Andreas Jörn

o 685

Deutscher Camping-Club e.V.
Landesverband Schleswig-Holstein e.V.

Lerchenfeld 54, 23701 Eutin
T: (04521) 34 47 **Fax:** 34 47
1. Vorsitzende(r): Jörg Radestock

o 686

Deutscher Camping-Club e.V.
Landesverband Südbayern

Agnesstr. 5, 80801 München
T: (089) 2 71 83 83 **Fax:** 2 71 83 83
1. Vorsitzende(r): Manfred Strupf

o 687

Deutscher Camping-Club e.V.
Landesverband Südwestfalen e.V.

Hochstr. 9a, 57319 Bad Berleburg
T: (02751) 79 24
1. Vorsitzende(r): Lothar L'Hiver

o 688

Deutscher Camping-Club e.V.
Landesverband Thüringen

Hildebrandstr. 13, 07749 Jena
T: (03641) 2 57 28
1. Vorsitzende(r): Gerhard Hapke

o 689

Deutscher Camping-Club e.V.
Landesverband Weser-Ems e.V.

Thedinghauser Str. 24, 28201 Bremen
T: (0421) 53 05 25
1. Vorsitzende(r): Oswald Selke

o 690

Deutscher Camping-Club e.V.
Landesverband Württemberg e.V.

Unterm Schlössle 6, 77709 Oberwolfach
T: (07834) 15 00 **Fax:** 15 00
1. Vorsitzende(r): Joachim Meyer-Boye

• O 691

Bund Internationaler Detektive e.V.® (BID)

Bundesgeschäftsstelle:
Rischweg 8, 30559 Hannover
T: (0511) 57 76 72 **Fax:** 57 53 71
Internet: http://www.bid-detektive.de
E-Mail: info@bid-detektive.de
Gründung: 1960 (25. Juli)
Präsident(in): Manfred Forstner (Gewerbepark Bruckmühl Gebäude 17, 83052 Bruckmühl, T: (08062) 7 80 70, Fax: 7 80 72)
Vizepräsident(in): Lothar Kimm (Schwanenwall 37, 44135 Dortmund, T: (0231) 57 96 33, Fax: 57 39 34)
Schatzmeister: Christian Kölle (Rischweg 8, 30556 Hannover, T: (0511) 56 10 24, Fax: 57 53 71)
Mitglieder: über 150 Firmen (Deutschland, Europa, Übersee)
Mitglied (angeschl.): Internationale Kommission der Detektivverbände (IKD); CII, Weltverband, USA, 400 Mitglieder (Firmen) und Zentralstelle für die Ausbildung im Detektivgewerbe (ZAD), Düsseldorf; Pro Honore, Verein für Treu und Glauben im Geschäftsleben e.V., Hamburg
Fachzeitschrift: Detektiv Kurier
Redaktion: M. Kocks
Verlag: Detektiv-Kurier, Zur Boeckelt 20, 47608 Geldern, T: (02831) 10 95, Fax: 10 97

Über 100 aktive Mitgliedsunternehmen und ordentliche Mitglieder vertritt der vor mehr als 35 Jahren gegründete BID®. Als Mitglied der IKD Internationalen Kommission der Detektivverbände sowie Gründungsmitglied und Gesellschafter der ZAD Zentralstelle fördert der BID® die Ausbildung. Engagierte Berufsdetektive haben ein qualifiziertes Unterrichtswerk geschaffen, daß von der Staatlichen Zentralstelle für Fernunterricht unter der Nummer 633391 registriert ist. Die Mitglieder des BID® erkennen die Satzung der Berufsorganisation und die Berufsordnung der Detektive an. Der BID® verfolgt keine politischen oder konfessionellen Ziele. Der BID® fördert die fachlichen Aus- und Weiterbildung und die internationale Kooperation und Zusammenarbeit kompetenter Ansprechpartner zwischen Berufskollegen weltweit und informiert durch Verbandsmitteilungen und die Fachzeitschrift Detektiv-Kurier.

• O 692

BDD BUNDESVERBAND DEUTSCHER DETEKTIVE

Bundesverband Deutscher Detektive e.V. (BDD)

Geschäftsstelle:
Köhlstr. 16, 53125 Bonn
T: (0228) 29 80 85 **Fax:** 29 80 91
Internet: http://www.bdd.de
E-Mail: bddev@t-online.de
Gründung: 1950 (11. Juni)
Präsident(in): Bodo Scholl
Geschäftsführer(in): Josef Riehl
Pressesprecher: Peter E. Uhde

Landesgruppen:
Bayern
Peter Schmid (Bauerstr. 2, 80796 München, T: (089) 2 78 27 90)

Ost
Günter Lehmann (Düsseldorfer Str. 33 a, 10707 Berlin, T: (030) 8 83 40 69)

Hessen
Wolfgang Gunkel (Eschersheimer Landstr. 526, 60431 Frankfurt, T: (069) 52 90 76)

Nord
Mario Krupp (Heinrich-Büssing-Ring 41, 38102 Braunschweig, T: (0531) 79 79 45)

Rheinland-Westfalen
Manfred Lotze (Kalkumer Schloßallee 41 a, 40489 Düsseldorf, T: (0211) 4 08 77 70)

Südwest
Erhard Jochum (Niersteiner Str. 1, 70499 Stuttgart, T: (0711) 8 89 20 62)
Verbandszeitschrift: BDD-Info-intern
Redaktion: Josef Riehl
Verlag: Geschäftsstelle, Köhlstr. 16, 53125 Bonn
Mitglieder: rd. 200
Mitarbeiter: 3
Jahresetat: DM 0,08-0,09 Mio, € 0,04-0,05 Mio

• O 693

Deutscher Detektiv-Verband e.V. (DDV)

Frauentorstr. 22, 86152 Augsburg
T: (0821) 15 52 78 **Fax:** 3 36 39
Gründung: 1970 (9. November)
Vorstand:
Präs. u. Vors.: Dipl.-Betriebsw. (FH) Karl Steger (Detektiv- und Bewachungsunternehmer, Frauentorstr. 22, 86152 Augsburg, T: (0821) 15 52 78)
Vizepräsidentin u. II. Vors.: Detektivin Irena Loff (Katharinenstr. 19 B, 10711 Berlin, T: (030) 8 92 40 70)
Schriftführer(in): Ulrike Graffweg (Detektivunternehmer, Peter-Rasspe-Str. 43, 42651 Solingen, T: (0212) 54 95 39, Telefax: (0212) 5 56 57)
Mitglieder: 40 (Stand 1. Januar 1996)

o 694

Deutscher Detektiv-Verband
Landesgruppe Bayern

Frauentorstr. 22, 86152 Augsburg
T: (0821) 15 52 78 **Fax:** 3 36 39
Landesgruppen-Ltr.: Dipl.-Betriebsw. (FH) Karl Steger (Frauentorstr. 22, 86152 Augsburg, T: (0821) 15 52 78, Telefax: (0821) 3 36 39)

o 695

Deutscher Detektiv-Verband
Landesgruppe Berlin

Katharinenstr. 19B, 10711 Berlin
T: (030) 8 92 40 70 **Fax:** 8 91 61 12
Landesgruppen-Ltr.: Irena Loff (Katharinenstr. 19 B, 10711 Berlin, T: (030) 89 24 07-0)

o 696

Deutscher Detektiv-Verband
Landesgruppe Deutschland-Ost

Brandenburg, Mecklenburg-Pommern, Sachsen, Sachsen-Anhalt, Thüringen
Lübecker Str. 130/131, 39124 Magdeburg
T: (0391) 2 53 83 87 **Fax:** 2 53 83 88
Landesgruppen-Ltr.: Jürgen Ludwig (Lübecker Str. 130/131, 39124 Magdeburg, T: (0391) 22 21 55)

o 697

Deutscher Detektiv-Verband
Landesgruppe Hessen

Richard-Weidlich-Platz 6, 65931 Frankfurt

T: (069) 37 39 92
Landesgruppen-Ltr.: Werner Schmidt (Richard-Weidlich-Pl. 6, 65931 Frankfurt, T: (069) 37 39 92)

o 698

Deutscher Detektiv-Verband Landesgruppe Nordrhein-Westfalen
Peter-Rasspe-Str. 43, 42651 Solingen
T: (0212) 54 95 39 **Fax:** 5 56 57
Landesgruppen-Ltr.: Ulrike Graffweg (Peter-Rasspe-Str. 43, 42651 Solingen, T: (0212) 54 95 39, Telefax: (0212) 5 56 57)

o 699

Deutscher Detektiv-Verband Landesgruppe Schleswig-Holstein
Haselredder 34, 23701 Eutin
Fax: (04521) 68 21
Landesgruppen-Ltr: Thomas Försterling (Haselredder 34, 23701 Eutin, T: (04521) 15 98, Telefax: (04521) 68 21)

• O 700

Berufsverband Bayerischer Detektive e.V. (BBD)
Baumgartnerstr. 23a, 86161 Augsburg
T: (0821) 56 28 18 **Fax:** 55 10 19
E-Mail: Berufsverband.Bayerischer.Detektive@newsfactory.net
Gründung: 1967 (2. Januar)
Präsident(in): Manfred Heiß
Geschäftsführer(in): Rudolf Engelbrecht
Leitung Presseabteilung: Erich Klaus
Verbandszeitschrift: Informationsdienst für Detektive
Mitglieder: 317
Redaktion u. Verlag: Berufsverband Bayerischer Detektive, Baumgartnerstr. 23 a, 86161 Augsburg

o 701

Berufsverband Bayerischer Detektive e.V. Landesgeschäftsstelle Thüringen
Klostergasse 27, 07318 Saalfeld
T: (03671) 5 33 20

• O 702

Auskunft-Detektiv-Inkasso-Organisation AUDE MERKUR INTERNATIONAL DAM
Postf. 10 07 25, 45007 Essen
Hindenburgstr. 6, 45127 Essen
T: (0201) 22 22 00
Präsident(in): Günther A. Dieckmann von Laar
Geschäftsführer(in): RB Norbert Schott
Dr. Gerhard Böhm

• O 703

Häuteverwertungsverband Hessen e.V.
Auf dem Weinberg 7, 34292 Ahnatal
T: (05609) 66 12
Geschäftsführende(s) Vorstands-Mitglied(er): Dr. Hans Gump

• O 704

Zentralverband deutscher Kosmetikfachschulen e.V.
Feichtmayrstr. 5, 76646 Bruchsal
T: (07251) 8 36 97
Gründung: 1979 (18. November)
Vorstand: H. Hölzinger
John Herfs
G. Ross
A. Neckermann
Geschäftsführer(in): C. Lamb
Mitglieder: 46 Kosmetikfachschulen in der Bundesrepublik u. Westberlin

• O 705

Arbeitsgemeinschaft Deutscher Kosmetik-Verbände (ADKV)
Schadowstr. 72, 40212 Düsseldorf
T: (0211) 36 58 91 **Fax:** 3 69 40 30
Vorsitzende(r): Renate Debold, Mainz
Margarete Barth, Kempten
Geschäftsführende(s) Vorstands-Mitglied(er): Dipl.-Pol. Wolfgang Streit, Berlin

Mitgliedergruppen u. -verbände:

o 706

Berufsverband der Fachkosmetikerinnen Niedersachsen e.V.
Deveser Str. 31, 30966 Hemmingen
T: (0511) 2 34 67 30 **Fax:** 2 34 67 30

o 707

Bundesverband Deutscher Kosmetikerinnen e.V. (BDK)
Schadowstr. 72, 40212 Düsseldorf
T: (0211) 36 58 91 **Fax:** 3 69 40 80

o 708

Bundesvereinigung Deutscher Berufsfachschulen für Kosmetik e.V.
Lemgoer Str. 2, 32756 Detmold
T: (05231) 2 58 04 **Fax:** 2 76 13

o 709

Kosmetikerinnen Fachverband Hamburg e.V.
Neuwiedenthaler Str. 141, 21147 Hamburg
T: (040) 7 96 53 79 **Fax:** 7 96 80 35

o 710

Verband Deutscher Kosmetikerinnen Landesverband Berlin e.V.
Wismarer Str. 22, 12207 Berlin

o 711

Verband Deutscher Kosmetikerinnen Landesverband Bayern e.V.
Prielmayerstr. 1, 80335 München

o 712

Verband Deutscher Kosmetikerinnen Landesverband Bremen-Emsland
Sonnenstr. 9, 28203 Bremen

o 713

Verband Deutscher Kosmetikerinnen Landesverband Hessen/Rheinland-Pfalz e.V.
Südring 213 (Bretzenheim), 55128 Mainz
T: (06131) 3 45 39

o 714

Verband Deutscher Kosmetikerinnen Landesverband Schleswig-Holstein e.V.
Schauenburgerstr. 36, 24105 Kiel

• O 715

Deutsche Gesellschaft für wissenschaftliche und angewandte Kosmetik e.V. (DGK)
Konrad-Zirkel-Str. 22, 97769 Bad Brückenau
T: (09741) 43 23 **Fax:** 39 34
Internet: http://www.dgk-ev.de
E-Mail: dgk.ev@t-online.de
Gründung: 1957
Vorsitzende(r): Dr. Andreas Domsch (i. Fa. Goldschmidt Rewo, Steinau)
Stellvertretende(r) Vorsitzende(r): Dr. Rudolf Bimczok (i. Fa. Wella, Darmstadt)
Mitglieder: ca. 850
Mitarbeiter: 1

Zweck der DGK ist die Förderung der wissenschaftlichen Forschung und Lehre sowie der technischen Entwicklung auf dem Gebiet der Kosmetik, die Vertretung der gewonnenen Erkenntnisse in öffentlichen Publikationen zum Nutzen der Allgemeinheit.

• O 716

Bundesverband Deutscher Leasing-Gesellschaften e.V. (BDL)
Heilsbachstr. 32, 53123 Bonn
T: (0228) 6 48 80-0 **Fax:** 6 48 80-30
Internet: http://www.bdl-leasing-verband.de
E-Mail: bdl-mail@t-online.de
Vorsitzende(r) des Vorstandes: Dr. Uwe Kayser
Geschäftsführer(in): Dr. Wolfram Eckstein
Verbandszeitschrift: FLF
Verlag: Verlag für Absatzwirtschaft, Ulrich-von-Hassell-Str. 64, 53123 Bonn
Mitglieder: 119

Förderung und Schutz des Finanzierungs-Leasing in Deutschland

• O 717

Interessenverband Deutscher Leasing-Unternehmen e.V. (IDL)
Bahnstr. 42-46, 61381 Friedrichsdorf
T: (06172) 7 70 36/38 **Fax:** 77 77 19
Internet: http://www.idl-leasingverband.de
E-Mail: idl-leasingverband@t-online.de
Gründung: 1989 (23. Januar)
Vorstand: Dr. Rainer Bernstein (Vorsitzender)
Dipl.-Volksw. Brigitte Guggemoos (stv. Vorsitzende)
Dipl.-Kfm. Heinrich Eckstein jr. (Vorst.-Mitgl.)
Dipl.-Betriebsw. Rüdiger Pehle (Vorst.-Mitgl.)
Ehrenvorst.: Andreas H. Stephan
Beirat: Jürgen Hoffmeister (Sprecher)
Verbandsgeschäftsstelle GeschF: Manfred Bock
Mitglieder: 123

Der Verband fördert die Interessen, die Leistungsfähigkeit und die Marktgeltung insbesondere der mittelständischen Leasing-Unternehmen sowie ähnlicher Unternehmen, insbesondere durch Beratung und Unterstützung.

• O 718

Internationale Assoziation deutschsprachiger Medien e.V. (IADM)
Brühler Str. 93, 50968 Köln
T: (0221) 34 41 83 **Fax:** 38 29 38
Internet: http://www.iadm.de
E-Mail: iadmkoeln@iadm.de
Gründung: 1973 (1. Januar)
Präsident(in): Werner Bader

• O 719

Fachverband der Medienberater e.V. (FdM)
Hegnacher Str. 30, 71336 Waiblingen
T: (07151) 2 22 06 **Fax:** 2 33 38
Internet: http://www.fdm-ev.de
Gründung: 1982
Geschf. Vorstand: Rolf G. Lehmann (Ltg. Presseabt.)
Mitglieder: 35

• O 720

re reprografie
wirtschaftsverband kopie & medientechnik

wirtschaftsverband kopie & medientechnik e.V.
Geschäftsstelle:
Fürstenbergerstr. 151, 60322 Frankfurt
T: (069) 95 96 36-0 **Fax:** 95 96 36 11
Internet: http://www.reprografie.de
E-Mail: info@reprografie.de
Gründung: 1913
Geschäftsführer(in): RA Achim Carius
Vorstand: Kurt Eberhard Baier (1. Vors., Hainbachstr. 2, 73730 Esslingen, T: (0711) 9 31 91 42, Telefax: (0711) 9 31 91 43)
Stellvertretende(r) Vorsitzende(r): Rainer Durst (Kernerstr. 5, 70182 Stuttgart, T: (0711) 16 65 20, Telefax: (0711) 1 66 52 10)
Schatzmeisterin: Annette Hebbeler (Blumenhaller Weg 55, 49080 Osnabrück, T: (0541) 40 90 90, Telefax: (0541) 4 09 09 29)
Beisitzer: Gerd Marquardt (Lauteschläger Str. 6, 64289 Darmstadt, T: (06151) 9 78 60, Fax: (06151) 97 86 20)

Fachreferate:

Aus- und Weiterbildung: Rainer Durst (c/o E. Kurz & Co., Kernerstr. 5, 70182 Stuttgart, T: (0711) 16 65 20, Fax: (0711) 1 66 52 10, E-Mail: info@kuco.de, I-Net: http://www.kuco.de)

Tarif und Soziales: Rolf Durst (c/o E. Kurz & Co., Kernerstr. 5, 70182 Stuttgart, T: (0711) 16 65 20, Fax: (0711) 1 66 52 10, E-Mail: info@kuco.de, I-Net: http://www.kuco.de)

Betriebswirtschaft und Marketing: Dieter Wimmer (c/o Optiplan Reprografie GmbH, Schwabstr. 36 A, 70197 Stuttgart, T: (0711) 66 60 20, Fax: (0711) 6 66 02 22, E-Mail: info@optiplan.de, I-Net: http://www.optiplan.de)

Technik und Ökologie: Michael Irmschler (c/o Irmschler-Repro GmbH, Otto-Hahn-Str. 13, 63303 Dreieich-Sprendlingen, T: (06103) 9 30 10, Fax: (06103) 93 01 43, E-Mail: Mi@ir-repro.de, I-Net: http://www.ir-repro.de)

Mikrofilm und Archivierung:
Ing. Heinrich
Haltmeyer (c/o Der Kopierprofi Haltmeyer GesmbH, Währinger Gürtel 17-19, A-1180 Wien, T: (00431) 4 06 95 91-0, Fax: 4 06 95 91 36, E-Mail: h.haltmeyer@haltmeyer.at, I-Net: www.kopierprofi.at)

Sprecher der re-Junioren: Wolfgang
Leibig (c/o Otto Leibig GmbH, Gräfenaustr. 27, 67063 Ludwigshafen, T: (0621) 52 04 50, Fax: (0621) 51 13 32)

Landesbezirke:

Baden-Württemberg
Vorsitzende(r): Uwe Stoll (c/o LPC Center GbR, Bischof-Fischer-Str. 50, 73430 Aalen, T: (07361) 6 99 44, Fax: (07361) 6 99 45)

Bayern
Vorsitzende(r): Roswitha Hartmann (Beethovenstr. 21, 87435 Kempten, T: (0831) 2 77 78, Telefax: (0831) 1 52 72)

Berlin/Brandenburg
Vorsitzende(r): Axel Hansmann (c/o Lichtpaus-Technik, Reuchlinstr. 10-11, 10553 Berlin, T: (030) 3 49 78 60, Telefax: (030) 34 97 86-29)

Hamburg/Schleswig-Holstein/Mecklenburg-Vorpommern
Vorsitzende(r): Karl-Heinz Neumann (c/o Reprotechnik Walles GmbH, Winterhuder Weg 88, 22085 Hamburg, T: (040) 22 72 41-0, Telefax: (040) 22 72 41 41)

Hessen/Pfalz/Saar
Vorsitzende(r): Manfred Schulz (c/o holu Haus für Reprografie und Zeichenbedarf GmbH, Robert-Bosch-Straße 8, 35398 Gießen, T: (0641) 6 60 30, Fax: 6 66 50)

Nordrhein
Vorsitzende(r): Helmut Kühn (Charlottenstr. 14, 40210 Düsseldorf, T: (0211) 17 25 40, Telefax: (0211) 1 72 54 40)

Sachsen
Vorsitzende(r): Kurt Stößer (c/o Chemnitzer Kopier- und Vervielfältigungszentrum GmbH, Zwickauer Str. 16, 09112 Chemnitz, T: (0371) 35 05 24, Telefax: (0371) 35 05 29)

Sachsen-Anhalt
Vorsitzende(r): Monika Scheibe (c/o RC Repro-Center GmbH, Hegelstr. 23, 39104 Magdeburg, T: (0391) 56 89 10, Telefax: (0391) 5 68 91 44)

Thüringen
Vorsitzende(r): Jutta Raffel (c/o Reprozentrum GmbH Eisenach, Mühlhäuser Str. 18, 99817 Eisenach, T: (03691) 79 06-0, Telefax: (03691) 79 06 11)

Verbandszeitschrift: Reprograf (5 x jährlich)
Verlag: REPROGRAFIE Verlags- und Beratungsgesellschaft mbH, Fürstenbergerstr. 151, 60322 Frankfurt (Main), T: (069) 95 96 36-0, Telefax: (069) 95 96 36 11
Mitglieder: 350

Unternehmensverband der Reprografie und Kopierdienstleistungs-Betriebe in Deutschland

• O 721
Bundesverband Deutscher Privatschulen (VDP)
Bildungseinrichtungen in freier Trägerschaft
Darmstädter Landstr. 85A, 60598 Frankfurt
T: (069) 60 91 89-0 **Fax:** 60 91 89-10
Internet: http://www.privatschulen.de
E-Mail: vdpffm@aol.com
Gründung: 1948 (Februar)
Bundes-GeschF: RA Christian Lucas
Präsident(in): Gustav Huber
Leitung Presseabteilung: Bernhard Marohn
Verbandszeitschrift: Freie Bildung und Erziehung
Redaktion: Darmstädter Landstr. 85 A, 60598 Frankfurt

1. Landesverbände (Anschriften: über die Bundesgeschäftsstelle in Frankfurt am Main)
Baden-Württemberg
Bayern
Berlin/Brandenburg
Hamburg
Hessen
Mecklenburg-Vorpommern
Niedersachsen/Bremen
Nordrhein-Westfalen
Rheinland-Pfalz/Saarland
Sachsen
Sachsen-Anhalt
Schleswig-Holstein
Thüringen

2. Fachgruppen (Anschriften über die Bundesgeschäftsstelle in Frankfurt am Main)
Allgemein bildende Schulen
Naturwissenschaftlich-technische Schulen
Wirtschaftsschulen
Sprachenschulen
Schulen im Bereich des Gesundheitswesens

3. Angegliederte Organisationen (Anschriften über die Bundesgeschäftsstelle in Frankfurt am Main)
Niedersächsischer Verein für Erwachsenenbildung
Nordrhein-westfälischer Verein für Erwachsenenbildung Hessischer Verein für Erwachsenenbildung
Baden-württembergischer Verein für Erwachsenenbildung
Bayerischer Verein für Erwachsenenbildung
Arbeitsgemeinschaft Computer und Beruf (ACB)
Arbeitskreis "Benachteiligte Jugendliche" im VDP
Arbeitsgemeinschaft der Übungsfirmenträger im VDP
Arbeitskreis Qualitätsmanagement
Deutscher Fernschulverband (DFV)
Bundesverband der Freien Alternativschulen
Dt. Sekretärinnenakademie
Mitglieder: 490 Schulträger mit 1300 Bildungseinrichtungen in freier Trägerschaft

o 722
Bundesverband Deutscher Privatschulen Landesverband Baden-Würtemberg
Olgastr. 71, 70182 Stuttgart
T: (0711) 2 36 16 17 **Fax:** 2 36 16 70
Internet: http://www.vdp-bw.de
E-Mail: vdp@vdp-bw.de
Vorsitzender: Andreas Büchler (Am Schloßberg, 76530 Baden-Baden, Tel.: (07221) 35 59-0, Fax: (07221) 35 59-88)
Geschäftsführer(in): Dr. Klaus Vogt

• O 723
Deutscher Fachverband High School e.V. (DFH)
In der Neckarhelle 129, 69118 Heidelberg
T: (06221) 80 20 71 **Fax:** 80 20 71
Vorstand: Markus König (1. Vors.)

• O 724
Bundesverband Liberaler Hochschulgruppen (LHG)
Ackerstr. 3b, 10115 Berlin
T: (030) 28 38 94 21
Gründung: 1987 (18. Dezember)
Bundesvorsitzende(r): Raoul Koether
Bundesschatzmeister: Falk Al-Omary
Presse: Maximilian Findeisen
Verbandszeitschrift: Newsletter
Redaktion: Ulf Hansen
Verlag: Ackerstr. 36, 10115 Berlin
Mitglieder: ca. 4000, Gruppen: 93
Mitarbeiter: 6
Jahresetat: DM 0,02 Mio, € 0,01 Mio

• O 725
Arbeitsgemeinschaft Evangelischer Schulbünde e.V.
Heidehofstr. 49-50, 70184 Stuttgart
T: (0711) 48 07 65 **Fax:** 4 80 76 80
Vorsitzende(r): OStD Werner Kast (Ev. Heidehof-Gymnasium, Heidehofstr. 49-50, 70184 Stuttgart)

• O 726
Gesellschaft für fotografische Kunst GFFK e.V.
Steinbergerstr. 21, 50733 Köln
T: (0221) 72 91 49 **Fax:** 72 91 49
Gründung: 1986
Vorsitzende(r): Tina Schelhorn
Stellvertretende(r) Vorsitzende(r): Wolfgang Zurborn
Leitung Presseabteilung: Stefan Worring
Verbandszeitschrift: Int. Photoszene Köln
Redaktion: Tina Schelhorn
Verlag: Int. Photoszene Köln, Genterstr. 8, 50672 Köln, T: (0221) 52 02 02, Telefax: (0221) 52 49 89

• O 727
The Frankfurt International School e.V.
An der Waldlust 15, 61440 Oberursel
T: (06171) 2 02-0 **Fax:** 2 02-384
Internet: http://www.fis.edu
E-Mail: petra_rischke@fis.edu
Head of School: Dr. Günther Brandt

o 728
International School Wiesbaden
Rudolf-Dietz-Str. 14, 65207 Wiesbaden
T: (0611) 99 40-0 **Fax:** 99 40-99
E-Mail: chris_bayliss@fis.edu
Direktor: Christine Bayliss

• O 729
Bundesverband Kraftwerksnebenprodukte e.V. (BVK)
Niederkasseler Kirchweg 97, 40547 Düsseldorf
T: (0211) 57 91 95 **Fax:** 57 95 24
Internet: http://www.bvk-online.com
E-Mail: thamm.bvk@t-online.de
Gründung: 1975 (21. November)
Geschäftsführer(in): Dr. Hans Thamm (Ltg. Presseabt.; Ziegeleiweg 75, 40591 Düsseldorf, T: (0211) 72 72 95)
Vorsitzende(r): Dipl.-Kfm. Heinz Schott (Baustoff-Kontor GmbH, Pinkertweg 40, 22113 Hamburg, T: (040) 73 10 66 01)
Stellvertretende(r) Vorsitzende(r): Dr.-Ing. Heinz-Peter Backes (BauMineral GmbH, Hiberniastr. 12, 45699 Herten, T: (02366) 5 09-2 05)
Mitglieder: 18
Mitarbeiter: 2

• O 730
Arbeitsgemeinschaft der Sonderabfall-Entsorgungs-Gesellschaften der Länder (AGS)
Geschäftsstelle
Postf. 14 69, 91104 Schwabach
Siemensstr. 3-5, 91126 Schwabach
T: (09122) 63 13-60 **Fax:** 63 13-61
Internet: http://www.umwelt.de/ags
E-Mail: ags@fes-schwabach.de
Geschäftsstellenleiterin: Dr. Ella Stengler
Sprecher: Jörg Rüdiger (NGS), Hannover

Die AGS vertritt die landesoffiziellen Träger der Sonderabfall-Entsorgung in den Bundesländern. Die AGS setzt sich für die Sicherung einer dauerhaften umweltverträglichen Sonderabfallentsorgung ein.

• O 731
Freiwillige Selbstkontrolle Telefonmehrwertdienste e.V. (FST)
Liesegangstr. 10, 40211 Düsseldorf
T: (0211) 6 98 61-73 **Fax:** 6 98 61-74
Internet: http://www.fst-ev.de
E-Mail: geschaeftsstelle@fst-ev.org
Gründung: 1997 (7. Oktober)
Vorsitzende(r): Hans-Joachim Kruse
Stellvertretende(r) Vorsitzende(r): Heike Birkholz
Vorstand: Marc Huybreghs
Steffen Wernéry

P Genossenschaften

Zum Auffinden einer bestimmten Dienststelle oder Organisation dient das Suchwortverzeichnis, eines Personennamens das Personenverzeichnis.

Genossenschaftliche Spitzenverbände

Freier Ausschuß der deutschen Genossenschaftsverbände

Mitglieder

• P 1

Deutscher Genossenschafts- und Raiffeisenverband e.V. (DGRV)
53106 Bonn
Adenauerallee 127, 53113 Bonn
T: (0228) 1 06-0 **Fax:** 1 06-260
E-Mail: dgrv@raiffeisen.de

p 2

GdW Bundesverband deutscher Wohnungsunternehmen e.V.
Federführend vom 01.01.1999 bis 31.12.2001
Postf. 33 07 55, 14177 Berlin
Mecklenburgische Str. 57, 14197 Berlin
T: (030) 8 24 03-0 **Fax:** 8 24 03-199
Internet: http://www.gdw.de
E-Mail: mail@gdw.de
Büro Köln
Bismarckstr. 7, 50672 Köln
T: (0221) 5 79 82-0, Fax: 5 79 89-89, E-Mail: mail@gdw.de

p 3

Zentralverband deutscher Konsumgenossenschaften e.V.
Adenauerallee 21, 20097 Hamburg
T: (040) 24 84 52-0 **Fax:** 24 84 52-50
Internet: http://www.zdk-hamburg.de
E-Mail: info@zdk-hamburg.de

• P 4

Deutscher Genossenschafts- und Raiffeisenverband e.V. (DGRV)
53106 Bonn
Adenauerallee 127, 53113 Bonn
T: (0228) 1 06-0 **Fax:** 1 06-260
E-Mail: dgrv@raiffeisen.de
Präsidium: Präsident Dr. Christopher Pleister (Vors.), Bonn
Manfred Nüssel (stellv. Vors.), Bonn
Präs. Dr. Dietrich L. Meyer (stellv. Vors.), Essen
Verbandsdir. Prof. RA/vBP Dr. Claus Peter Mossler, Köln
Dir. Wolfgang Deml, München
Verbandspräs. Klaus Lambert, Frankfurt
Dir. Dipl.-Kfm. Hans Reischl, Köln
Verbandsdir. WP/StB Manfred Schlüter, Hannover
Bankdir. Dr. Bernd Thiemann, Frankfurt
Vorstand: WP Dipl.-Kfm. Joseph Bergmann (Sprecher des Vorstandes), Bonn
Dr. Hans-Detlef Wülker, Bonn
Verbandsdir. WP/StB/RB Willi Urbach (ehrenamtlich), Köln
Mitgliedsverbände: 17 (auf Landesebene)

Mitgliedsverbände (Regional- und Fachprüfungsverbände)
Badischer Genossenschaftsverband Raiffeisen- Schulze-Delitzsch e.V., Karlsruhe
Genossenschaftsverband Bayern (Raiffeisen/Schulze-Delitzsch) e.V., München
Genossenschaftsverband Berlin-Hannover e.V. Hannover
Verwaltungssitze: Hannover, Berlin
Genossenschaftsverband Hessen/Rheinland-Pfalz/Thüringen e.V. Frankfurt, Neu-Isenburg (Zeppelinheim), Verwaltungssitze: Kassel, Erfurt
Norddeutscher Genossenschaftsverband (Raiffeisen - Schulze-Delitzsch) e.V., Kiel
Verwaltungssitze: Kiel, Schwerin, Neubrandenburg
Genossenschaftsverband Rheinland e.V., Köln
Verwaltungssitze: Köln, Koblenz
Saarländischer Genossenschaftsverband e.V., Saarbrücken
Genossenschaftsverband Sachsen (Raiffeisen/Schulze-Delitzsch) e.V., Dresden, Chemnitz
Genossenschaftsverband Weser-Ems e.V., Oldenburg i. O.
Westfälischer Genossenschaftsverband e.V., Münster
Württembergischer Genossenschaftsverband - Raiffeisen/Schulze-Delitzsch - e.V., Stuttgart
BÄKO-Prüfungsverband Deutscher Bäcker- und Konditorengenossenschaften e.V., Bad Honnef
EDEKA Verband kaufmännischer Genossenschaften e.V., Hamburg
Prüfungsverband der Deutschen Verkehrsgenossenschaften e.V., Hamburg
REWE Prüfungsverband e.V., Köln
Verband der Post-Spar- und Darlehnsvereine e.V., Bonn
Verband der Sparda-Banken e.V., Frankfurt

Förderung und Vertretung der einheitlichen Interessen der Mitglieder und der diesen angeschlossenen genossenschaftlichen Einrichtungen, insbesondere die Wahrnehmung der gemeinsamen wirtschaftspolitischen, rechtspolitischen und steuerpolitischen Belange.

• P 5

Bundesverband der Deutschen Volksbanken und Raiffeisenbanken e.V. (BVR)
Postf. 12 04 40, 53046 Bonn
Heussallee 5, 53113 Bonn
T: (0228) 5 09-0 **Fax:** 5 09-201
Internet: http://www.vrnet.de
Gründung: 1971 (15. Dezember)
Internationaler Zusammenschluß: siehe unter izi 52
Vorstand: Dipl.-Vw. Dr. Christopher Pleister (Präs.), Bonn
RA Jochen Lehnhoff, Bonn
Dipl.-Kfm. Dr. Bernd Rodewald, Bonn
Bankdir. Dr. Dietrich Bartsch (ehrenamtl.), Hamburg
Leitung Presseabteilung: Dr. Rolf Kiefer
Verbandszeitschrift: BANKINFORMATION für Volksbanken und Raiffeisenbanken und Genossenschaftsforum
Redaktion: Chefredakteur Dr. Holger C. Asmussen, Redakteurin Dipl.-Ök. Ute E. Christoph
Verlag: Deutscher Genossenschafts-Verlag eG, Postf. 21 40, 65011 Wiesbaden (auch Vertrieb)
Mitglieder: 2034
Mitarbeiter: 83
Mitgliedsverbände
Badischer Genossenschaftsverband Raiffeisen-Schulze-Delitzsch e.V., Karlsruhe
Genossenschaftsverband Bayern (Raiffeisen/Schulze-Delitzsch) e.V., München
Genossenschaftsverband Berlin-Hannover e.V., Hannover
Genossenschaftsverband Hessen/Rheinland-Pfalz/Thüringen e.V. Frankfurt, Neu-Isenburg
Norddeutscher Genossenschaftsverband (Raiffeisen-Schulze-Delitzsch) e.V., Kiel und Hamburg
Genossenschaftsverband Rheinland e.V., Köln
Saarländischer Genossenschaftsverband e.V., Saarbrücken
Genossenschaftsverband Sachsen (Raiffeisen/Schulze-Delitzsch) e.V., Dresden und Chemnitz
Genossenschaftsverband Weser-Ems e.V., Oldenburg i.O.
Westfälischer Genossenschaftsverband e.V., Münster
Württembergischer Genossenschaftsverband Raiffeisen/Schulze-Delitzsch e.V., Stuttgart
Verband der Post-Spar- und Darlehnsvereine e.V., Bonn-Bad Godesberg
Verband der Sparda-Banken e.V., Frankfurt
Vertretungen im Ausland
BVR-Vertretung bei der Europäischen Union, Brüssel (Belgien)
Europäische Vereinigung der Genossenschaftsbanken, Brüssel (Belgien)

Förderung, Betreuung und Vertretung der fachlichen und besonderen wirtschaftspolitischen und wirtschaftlichen Interessen der Mitglieder und der diesen angeschlossenen Einrichtungen innerhalb des Bereichs der genossenschaftlichen Kreditwirtschaft.

p 6

Bundesverband der Deutschen Volksbanken und Raiffeisenbanken e.V. (BVR) -Verbindungsbüro Berlin-
Schellingstr. 1, 10785 Berlin
T: (030) 25 57-0 **Fax:** 25 57-1002

• P 7

Deutscher Raiffeisenverband e.V. (DRV)
53106 Bonn
Adenauerallee 127, 53113 Bonn
T: (0228) 1 06-0 **Fax:** 1 06-266
Internet: http://www.raiffeisen.de
E-Mail: info@drv.raiffeisen.de
Gründung: 1948
Internationaler Zusammenschluß: siehe unter izf 1081, izp 6
Präsidialausschuß:
Präsident(in): Manfred Nüssel, Bonn
Vorsitzende(r) des Vorstandes: Wolfgang Deml, München
Direktor(in): Dr. Hermann Dumstorf, Oldenburg
Aufsichtsrat: Franz-Josef Möllers (Vors.), Münster
Verbandsdir.: WP/StB Manfred Schlüter, Hannover
Geschäftsführer(in): Generalsekr. Dr. Rolf Meyer, Bonn
Präsidiumsmitglied(er): Präs. Manfred Nüssel, Bonn
Dipl.-Betriebsw. Verbandsdir. WP/StB Arnold Bard, Saarbrücken
Verbandsdir. Dietmar Berger, Chemnitz
Dipl.-Ing. agr. Jörn Christern, Kiel
Wolfgang Deml (Vorstandsvors.), München
Direktor Dr. Hermann Dumstorf, Oldenburg
Generaldir. Dr. Jürgen Förterer, Wiesbaden
Verbandspräs. WP/StB Wilhelm Frankenberger, München
GeschF Karl-Walter Funk, Kiel
Vizepräs. Alfons Geerdes, Oldenburg
Verbandspräs. WP Egon Gushurst, Karlsruhe
Hans-Edgar von Holzapfel (Vors. d. Geschäftsführung), Hamburg
Verbandsdir. Dr. Franz Honikel, Stuttgart
Verbandspräs. Klaus Lambert, Neu-Isenburg
Vorstandsvors. Gerhard Meloh, Münster
Aufsichtsratsvors. Franz-Josef Möllers, Münster
Dr. Manfred Niclas (Vorstandsvors.), Münster
Präs. Dr. Christopher Pleister, Bonn
Verbandsdir. WP/StB Manfred Schlüter, Hannover
Bankdirektor Rudi Schühle, Stuttgart
Präs. Gerd Sonnleitner, Bonn
Dir. Reinhard Stieglitz, Kassel
Direktor Prof. Dr. Jakob Peter Stöckl, München
Direktor Dr. Manfred W. Tag, Zeven
Bankdir. Dr. Bernd Thiemann (Vorstandsvors.), Frankfurt
Verbandsdir WP/StB Willi Urbach, Köln
Bankdir. Dr. Manfred Wächtershäuser, Frankfurt
Sprecher d. Vorst. Georg Wiederhold, Mutterstadt
Mitarbeiter: 60
Mitgliedsverbände
Badischer Genossenschaftsverband Raiffeisen-Schulze-Delitzsch e.V., Karlsruhe
Genossenschaftsverband Bayern (Raiffeisen/Schulze-Delitzsch) e.V., München
Genossenschaftsverband Berlin-Hannover e.V., Hannover
Genossenschaftsverband Hessen/Rheinland-Pfalz/Thüringen e.V. Frankfurt, Neu-Isenburg
Genossenschaftsverband Rheinland e.V., Köln
Saarländischer Genossenschaftsverband e.V., Saarbrücken
Norddeutscher Genossenschaftsverband (Raiffeisen-Schulze-Delitzsch) e.V., Kiel
Genossenschaftsverband Weser-Ems e.V., Oldenburg
Westfälischer Genossenschaftsverband e.V., Münster
Württembergischer Genossenschaftsverband - Raiffeisen/Schulze-Delitzsch - e.V., Stuttgart
Genossenschaftsverband Sachsen (Raiffeisen/Schulze-Delitzsch) e.V., Dresden

• P 8

Zentralverband Gewerblicher Verbundgruppen e.V. (ZGV)
Vorgebirgsstr. 43, 53119 Bonn
T: (0228) 9 85 84-0 **Fax:** 9 85 84-10
Internationaler Zusammenschluß: siehe unter izp 57
Präsidium
Präsident(in): Dr. Dietrich L. Meyer
Vizepräsident(in): Albert Eurskens, Stuttgart
Dipl.-Kfm. Hans Reischl, Köln
Dr. Eugen Trautwein, Wuppertal
Weitere Präsidiumsmitgl.: Dr. Marcus Cremer, Bielefeld
Wolfgang Fieke, Lage
Dr. Gerhard Haupt, Leipzig
Dr. Ernstgünter Kiock, Rheda-Wiedenbrück
Dr. Kurt Merse, Düsseldorf
Rainer Paas, Dortmund
Dipl.-Volksw. Gerhard Peter, Hamburg
Dr. Guido Roedig, Bad Nauheim
Jochen Scharf, Köln
Hans-Jürgen Schatt, Neufahrn
Dirk Schlüter, Minden/Westf.
Dr. Peter Schneider, Frankfurt/M.
Dr. Manfred T. Wellenbeck, Mainhausen
Hauptgeschäftsführer(in): Prof. Dr. Günter Olesch
Stellv. HGeschF: Dr. Günther Schulte
Geschäftsführer(in): RA Jan Schmüser
RA Heribert Jöris
Dipl.-Kfm. Jörg Glaser
Dipl.-Kfm. Peter Schäfer
Presse- u. Öffentlichkeitsarbeit: Dipl.-Sozialw. Astrid Magerkohl

Landesverbände

p 9

Landesverband Nordrhein-Westfalen der Gewerblichen Verbundgruppen e.V.
Vorgebirgsstr. 43, 53119 Bonn
T: (0228) 9 85 84-35 **Fax:** 9 85 84-10
Vorsitzende(r) des Vorstandes: Horst Rompcik
Geschäftsführende(s) Vorstands-Mitglied(er): RA Heribert Jöris

p 10

Landesverband Norddeutschland des genossenschaftlichen Groß- und Außenhandels e.V.
New-York-Ring 6, 22297 Hamburg

T: (040) 63 77-26 87 **Fax:** 63 77 22 63
Vorsitzende(r) des Vorstandes: Direktor Hilko Gerdes
Geschäftsführer(in): RA Carsten Koch

p 11

Landesverband Mitte Gewerblicher Verbundgruppen e.V.
Domstr. 20, 50668 Köln
T: (0221) 1 49-18 40 **Fax:** 1 49 90 00
Vorsitzende(r) des Vorstandes: Knut Schubkegel
Geschäftsführer(in): RA Berndfried Dornseifer

p 12

Landesverband Bayern der genossenschaftlichen Großhandels- und Dienstleistungsunternehmen e.V.
Max-Joseph-Str. 5, 80333 München
T: (089) 55 77 02 **Fax:** 59 30 15
Vorsitzende(r) des Vorstandes: Rainer Pabst
Geschäftsführer(in): RA Utz P. Hansen

p 13

Arbeitgeberverband des genossenschaftlichen Groß- und Außenhandels in Baden-Württemberg e.V.
Heilbronner Str. 41, 70191 Stuttgart
T: (0711) 9 40-0 **Fax:** 9 40-2604
Vorstandsvors. Verbandsdir.: Gerhard Schorr
Geschäftsführer(in): RA Wolfram Decker

p 14

Landesverband Ost der Gewerblichen Verbundgruppen e.V.
Vorgebirgsstr. 43, 53119 Bonn
T: (0228) 9 85 84-35 **Fax:** 9 85 84-10
Vorsitzende(r) des Vorstandes: Dr. Günther Otto
Geschäftsführer(in): RA Heribert Jöris

Vertretung im Ausland

p 15

Union der Verbundgruppen von selbständigen Einzelhändlern Europas (UGAL)
Union des Groupements de Commerçants Détaillants Indépendants de l'Europe
3, Avenue des Gaulois, Bte 3, B-1040 Bruxelles
T: (00322) 7 32 46 60 **Fax:** 7 35 86 23

p 16

Internationale Vereinigung von Einkaufs- und Marketingverbänden (IVE)
International Association of Buying and Marketing-Groups
Association Internationale des Groupements d'Achat et de Marketing
Vorgebirgsstr. 43, 53119 Bonn
T: (0228) 9 85 84-0 **Fax:** 9 85 84-10

Genossenschaftliche Verbund- und Spezialinstitute der gewerblichen und ländlichen Genossenschaftsorganisationen

Bundes-Zentralen

• **P 17**

Deutsche Raiffeisen-Warenzentrale GmbH
Postf. 10 06 43, 60006 Frankfurt
Reuterweg 51-53, 60323 Frankfurt
T: (069) 71 51-0 **Fax:** 71 51-219, 71 51-265, 71 51-250, 71 51-208, 71 51-283
TX: 412 130 Namengeber drwz d
TGR: Raiffeisen Ffm
Internet: http://www.drwz.de
E-Mail: info@drwz.de
Geschäftsführer(in): Franz Schreiner

• **P 18**

Deutsche Winzer eG
Eifelstr. 9a, 53119 Bonn
T: (0228) 65 32 55 **Fax:** 63 56 25

Raiffeisen-Weinkeller
Eifelstr. 9a, 53119 Bonn
T: (0228) 65 32 55 **Fax:** 63 56 25
Geschäftsführer(in): Dr. Karl Ludwig Bieser

• **P 19**

Center-Werbung GmbH
Postf. 19 01 25, 53037 Bonn
Bonner Talweg 83, 53113 Bonn
T: (0228) 9 14 49-0 **Fax:** 9 14 49-99
E-Mail: centerwerbung@t-online.de
Geschäftsführer(in): Dipl.-Volkswirt Peter Reimers
Dr. Manfred H. Epple

Genossenschaftliche Spezial-Institute:

• **P 20**

Deutsche Genossenschafts-Revision Wirtschaftsprüfungsgesellschaft mbH
53106 Bonn
Adenauerallee 127, 53113 Bonn
T: (0228) 1 06-0 **Fax:** 1 06-240
E-Mail: dg-revision@dg-revision.de
Geschäftsführer(in): WP Paul Engel
Geschäftsführer(in): WP/StB Dipl.-Volksw. Peter Freiß

Regionale und Fachprüfungsverbände:

• **P 21**

Badischer Genossenschaftsverband - Raiffeisen-Schulze-Delitzsch - e.V.
Postf. 52 80, 76034 Karlsruhe
Lauterbergstr. 1, 76137 Karlsruhe
T: (0721) 35 20 **Fax:** 3 52 14 82
Internet: http://www.BGVnet.de
E-Mail: Aktuelles@BGVnet.de
Gründung: 1867
Vorstand: Verb. Präs. WP Egon Gushurst (Vors.)
Verbandsdir. WP/StB Gerhard Roßwog
Verbandsdir. WP/StB Herbert Schindler

p 22

SGZ-Bank
AKTIENGESELLSCHAFT

SGZ-Bank Südwestdeutsche Genossenschafts-Zentralbank AG
Sitz und Hauptverwaltung:
60274 Frankfurt
Bockenheimer Anlage 46, 60322 Frankfurt
T: (069) 71 39-0 **Fax:** 71 39-1309
Internet: http://www.sgz-bank.de
E-Mail: info@sgz-bank.de
Weitere Hauptverwaltung:
Postfach 69 60, 76049 Karlsruhe
Karl-Friedrich-Str. 23, 76133 Karlsruhe
T: (0721) 9 96-0, Telefax: (0721) 9 96-33 62
Repräsentanz Erfurt:
Anger 78/79, 99084 Erfurt
T: (0361) 6 44 22-00, Telefax: (0361) 64 32 00 81
Gründung: 1883
Vorstand: Dr. Ulrich Brixner (Vors.)
Heinz Hilgert
Dietrich Voigtländer
Prof. Dr. Karl-Heinz Vollmer
Dr. Manfred Wächtershäuser
Ltg. Presse u. Öffentlichkeitsarbeit: Mathias Beers
Mitarbeiter: 857

p 23

Raiffeisen-Zentralgenossenschaft eG
76127 Karlsruhe
Lauterbergstr. 1, 76137 Karlsruhe
T: (0721) 3 52-0 **Fax:** 3 52-1398 (Vermarktung/Futtermittel), 3 52-1500 (Agrartechnik), 3 52-1501 (Baustoffe), 3 52-1502 (Saatgut), 3 52-1503 (Personal), 3 52-1504 (Revision/Organisation), 3 52-1505 (Brennstoffe), 3 52-1506 (Bau), 3 52-1515 (Presse/Marketing)
Gründung: 1911
Mitglieder: ca. 1000

p 24

Molkerei-Zentrale Südwest eG
Postf. 21 09 52, 76159 Karlsruhe
Keplerstr. 45, 76185 Karlsruhe
T: (0721) 59 86-0 **Fax:** 59 86 100

p 25

Weinwerbezentrale badischer Winzergenossenschaften eG
Keßlerstr. 5, 76185 Karlsruhe
T: (0721) 55 70 28

p 26

Badischer Winzerkeller eG
Postf. 12 49, 79201 Breisach
Zum Kaiserstuhl 16, 79206 Breisach
T: (07667) 9 00-0 **Fax:** 9 00-232
TGR: Badischer Winzerkeller Breisach

p 27

Marktkontor Obst und Gemüse Baden e.V.
Postf. 52 80, 76034 Karlsruhe
Lauterbergstr. 1, 76137 Karlsruhe
T: (0721) 3 52-1420 **Fax:** 3 52-1329
Internet: http://www.obst-gemuese-baden.de
E-Mail: marktkontor@obst-gemuese-baden.de

• **P 28**

Genossenschaftsverband Bayern (Raiffeisen/Schulze-Delitzsch) e.V.
80327 München
Postf. 10 06 53, 80080 München
Türkenstr. 22-24, 80333 München
T: (089) 28 68-30 **Fax:** 28 68-3255
TX: 528 640
E-Mail: presse@gv-bayern.de
Vorstand:
Präsident und Vorstandsvorsitzender: WP/StB Wilhelm Frankenberger
Stellv. Vorstandsvorsitzender: WP/StB Gerhard Bürkle
Verbandsdirektor: WP/StB Erhard Gschrey
Presse: Ernst-Rüdiger Ruff

• **P 29**

Genossenschaftsverband Berlin-Hannover e.V.
Hannoversche Str. 149, 30627 Hannover
T: (0511) 95 74-0 **Fax:** 95 74-351
Vorstand:
Verb.Dir. RA Dr. Wilfrid Bungenstock
Verb.Dir. WP/StB Dipl.-Kfm. Detlef Großweischede
Verb.Dir. WP/StB Manfred Schlüter
Presseabteilung: Dipl.-Betriebsw. Dietbert Hummel

• **P 30**

Genossenschaftsverband Rheinland e.V.
Postf. 10 15 62, 50455 Köln
Severinstr. 214-218, 50676 Köln
T: (0221) 20 14-0 **Fax:** 23 65 81
Internet: http://www.gvr-koeln.de
E-Mail: info@gvr-koeln.de
Roonstr. 7, 56068 Koblenz, Postf. 20 06 33, 56006 Koblenz, T: (0261) 1 30 91 01, Telefax: (0261) 1 22 36
Vorstand: Verb.-Dir. RA Prof. Dr. Claus Peter Mossler (Sprecher)
Verb.-Dir. WP/StB RB Willi Urbach
Leitung Presseabteilung: Gabriele E. Scherer
Verbandszeitschrift: Rheinisches Genossenschaftsblatt
Mitarbeiter: 309
Angeschlossene Genossenschaften: 434

Zentralgeschäftsanstalten:

p 31

WGZ-Bank Westdeutsche Genossenschafts-Zentralbank eG
Postf. 10 10 32, 40001 Düsseldorf
Ludwig-Erhard-Allee 20, 40227 Düsseldorf
T: (0211) 7 78-00 **Fax:** 7 78-1277
TX: 8 586 709
TGR: WGZ BANK
Internet: http://www.wgz-bank.de
E-Mail: info@wgz-bank.de

p 32

Vereinigung Rheinischer Molkereien GmbH & Co. KG (VRM)
Postf. 29 70, 47729 Krefeld
Westparkstr. 130, 47803 Krefeld
T: (02151) 76 91-0 **Fax:** 76 91-27
TGR: VRM
Internet: http://www.vrmkrefeld.de
E-Mail: vrmkrefeld@t-online.de

p 33

REX Werbeagentur Gesellschaft für Marketing und Werbung mbH
Postf. 102951, 50469 Köln

Kleine Spitzengasse 2-4, 50676 Köln
T: (0221) 92 12 02-0 **Fax:** 92 12 02-13

• P 34

Genossenschaftsverband Hessen/Rheinland-Pfalz/ Thüringen e.V. Frankfurt
Verwaltungssitze
Postf. 40 01 13, 63246 Neu-Isenburg
Mitteldicker Weg 2, 63263 Neu-Isenburg
T: (069) 69 78-0 **Fax:** 69 78-1 11
Wolfsschlucht 15, 34117 Kassel, Postf. 10 14 49, 34014 Kassel, T: (0561) 7 12 20, Telefax: (0561) 71 22-5 07
Geschäftsstelle Erfurt:
Thälmannstr. 58, 99085 Erfurt, T: (0361) 5 58 00-0, Telefax: (0361) 5 58 00-33
Vorstand: Verbandspräs. Klaus Lambert (Vors. d. Vorst.)
Verbands-Dir. WP StB Dipl. Betriebsw. Horst Kessel
Verbands-Dir. WP Günter Kling
Verbands-Dir. Dipl.-Betriebsw. Walter Weinkauf
Leitung Presseabteilung: Volker Hetterich
Verbandszeitschrift: GenossenschaftsKurier
Verlag: Postf. 40 01 13, 63246 Neu-Isenburg
Mitglieder: 816
Mitarbeiter: ca. 500
Prüfung, Beratung und Betreuung der in Hessen, Rheinland-Pfalz und Thüringen tätigen Volksbanken und Raiffeisenbanken, Raiffeisen Waren- und Dienstleistungsgenossenschaften, gewerblichen Waren- und Dienstleistungsgenossenschaften sowie Agrargenossenschaften.

• P 35

Saarländischer Genossenschaftsverband e.V.
Postf. 10 27 25, 66027 Saarbrücken
Beethovenstr. 33, 66111 Saarbrücken
T: (0681) 3 87 06-0 **Fax:** 3 87 06-39
Internet: http://www.sgv.de
E-Mail: saarlaendischer_geno erband@t-online.de
Verb.-Dir.: Dipl.-Betriebsw. WP/StB Arnold Bard
Prüfungsdirektor: Dipl.-Kfm. WP/StB Ralf M. Marquis

Zentralgeschäftsanstalten:

p 36

FIDUCIA Informationszentrale Aktiengesellschaft
Postf. 41 03 40, 76203 Karlsruhe
Wachhausstr. 4, 76227 Karlsruhe
T: (0721) 40 04-0 **Fax:** 40 04-4500
Internet: http://www.fiducia.de

p 37

SGZ-Bank Südwestdeutsche Genossenschafts-Zentralbank AG
Sitz:
60274 Frankfurt
Bockenheimer Anlage 46, 60322 Frankfurt
T: (069) 71 39-0 **Fax:** 71 39-1309
Internet: http://www.sgz-bank.de
E-Mail: info@sgz-bank.de
Weitere Hauptverwaltung: Postfach 69 60, 76049 Karlsruhe
Karl-Friedrich-Str. 23, 76133 Karlsruhe
T: (0721) 9 96-0, Telefax: (0721) 9 96-33 62
Repräsentanz Erfurt:
Anger 78/79. 99084 Erfurt
T: (0361) 6 44 22-00, Telefax: (0361) 64 32 00 81
Gründung: 1883
Vorstand: Dr. Ulrich Brixner (Vors.)
Heinz Hilgert
Dietrich Voigtländer
Prof. Dr. Karl-Heinz Vollmer
Dr. Manfred Wächtershäuser
Ltg. Presse u. Öffentlichkeitsarbeit: Mathias Beers
Mitarbeiter: 875 (im Jahresdurchschnitt; davon 89 Teilzeitbeschäftigte)

• P 38

Genossenschaftsverband Sachsen (Raiffeisen/ Schulze-Delitzsch) e.V.
Cossebauder Str. 18, 01157 Dresden
T: (0351) 42 01 50 **Fax:** 4 21 64-29
Internet: http://www.gvs-online.de
E-Mail: gvs@gvs-online.de
Verbandsdir: WP StB Reinhard Weinert
Dipl.-Argar-Ing.-Ökonom Dietmar Berger

p 39

Genossenschaftsverband Sachsen (Raiffeisen/ Schulze-Delitzsch) e.V.
Helbersdorfer Str. 44-48, 09120 Chemnitz
T: (0371) 27 88-0 **Fax:** 22 61 78
Internet: http://www.gvs-online.de
E-Mail: gvs@gvs-online.de

• P 40

Norddeutscher Genossenschaftsverband (Raiffeisen - Schulze-Delitzsch) e.V. Kiel
Raiffeisenhaus
Postf. 36 29, 24035 Kiel
Raiffeisenstr. 1, 24103 Kiel
T: (0431) 66 42-0 **Fax:** 67 59 75
Internet: http://www.NGV.de
E-Mail: NGV@NGV.de
Verwaltungssitze: Kiel, Schwerin
Schwerin: Wismarsche Str. 302, 19055 Schwerin, T: (0385) 5 75 04 50, Telefax: (0385) 5 75 04 60
Gründung: 1866
Verbandsdir.: WP/StB Dipl.-Kfm. Michael Bockelmann
WP/StB Dipl.-Bw. Horst Mathes
Leitung Presseabteilung: Dipl.-Kfm. Joachim Prahst (T: (0431) 66 42-1 59)
Verbandszeitschrift: Genossenschaftliche Mitteilungen für Hamburg, Mecklenburg-Vorpommern und Schleswig-Holstein
Redaktion: Dipl.-Kfm. Joachim Prahst
Verlag: Raiffeisenstr. 1, 24103 Kiel
Mitglieder: 702
Mitarbeiter: ca. 220
Herausgeber: Norddeutscher Genossenschaftsverband (Raiffeisen-Schulze-Delitzsch) e.V., Raiffeisenstr. 1, 24103 Kiel
Genossenschaftsverband zur Durchführung gesetzlicher Prüfung und Beratung der Volksbanken, Raiffeisenbanken, sonst. Kreditgenossenschaften sowie gewerbliche und ländliche Waren- u. Dienstleistungsgenossenschaften und Agrargenossenschaften in Schleswig-Holstein, Hamburg u. Mecklenburg-Vorpommern.

• P 41

Genossenschaftsverband Weser-Ems e.V.
Postf. 41 29, 26031 Oldenburg
Raiffeisenstr. 26, 26122 Oldenburg
T: (0441) 2 10 03-0 **Fax:** 1 57 86
Gründung: 1890 (19. Juli)
Vorstand: Präsident Hans-Joachim Ewald
Vizepräsident Alfons Geerdes
Präsidiumsmitgl. Alexander Kamp
Präsidiumsmitgl. Dietrich Stohschen
Verbandsdir.: WP Heino Wedermann
WP Rainer Backenköhler
Leitung Presseabteilung: Harald Lesch
Verbandszeitschrift: Genossenschaftliches Mitteilungsblatt Weser-Ems
Redaktion: u. Verlag: Raiffeisenstr. 26, 26122 Oldenburg
Mitglieder: 320

• P 42

Westfälischer Genossenschaftsverband e.V.
Postf. 86 40, 48046 Münster
Mecklenbecker Str. 235-239, 48163 Münster
T: (0251) 71 86-0 **Fax:** 71 86-2 48
Vorstand: Verbandsdir. Dipl.-Kfm. WP/StB Moritz Krawinkel
Verbandsdirektor: Dipl.-Kfm. WP/StB Dr. Raimund Schur
Leitung Presseabteilung: Dipl.-Volksw. Alfred Große Hüttmann

Zentralgeschäftsanstalten:

p 43

WGZ-Bank Westdeutsche Genossenschafts-Zentralbank eG
Postf. 10 10 32, 40001 Düsseldorf
Ludwig-Erhard-Allee 20, 40227 Düsseldorf
T: (0211) 7 78-00 **Fax:** 7 78-1277
TX: 8 586 709
TGR: WGZ BANK
Internet: http://www.wgz-bank.de
E-Mail: info@wgz-bank.de
Ltg. Kommunikation, Marketing, Presse: Frank Kühne

p 44

Raiffeisen Central-Genossenschaft Nordwest eG
48136 Münster
Industrieweg 110, 48155 Münster
T: (0251) 6 82-1 **Fax:** 6 82-2534
T-Online *682-2345*
Internet: http://www.rcg.de
Presseleitung: Dr. Heiner Stiens

p 45

Molkerei-Zentrale Westfalen-Lippe eG
Postf. 55 20, 48030 Münster
Hessenweg 10, 48157 Münster
T: (0251) 14 21-01 **Fax:** 14 21-110
Gründung: 1921
Mitarbeiter: 15 (1999)

p 46

Westfleisch Vieh- und Fleischzentrale Westfalen eG
Postf. 88 44, 48047 Münster
Brockhoffstr. 11, 48143 Münster
T: (0251) 4 93-0 **Fax:** 4 93-289
Gründung: 1928 (19. Oktober)
Mitarbeiter: 1155, davon 26 Teilzeitbesch., 65 Auszub.

p 47

GAD Gesellschaft für automatische Datenverarbeitung eG
Postf. 30 48, 48016 Münster
Weseler Str. 500, 48163 Münster
T: (0251) 71 33-01 **Fax:** 71 33-2317
Gründung: 1963
Vorstand: hauptamtl.: Rudolf Baumheuer
Wilhelm Füting
Heinz Kratt
Anno Lederer
Friedhelm Wagner
Mitglieder: 411
Mitarbeiter: 822

p 48

BÄKO-ZENTRALE WEST eG
Am Kiekenbusch 4, 47269 Duisburg
T: (0203) 7 68 40 **Fax:** 7 68 10 18
Internet: http://www.baekowest.de

• P 49

Württembergischer Genossenschaftsverband Raiffeisen/Schulze-Delitzsch e.V.
GENO-Haus
Postf. 10 54 43, 70047 Stuttgart
Heilbronner Str. 41, 70191 Stuttgart
T: (0711) 9 40-0 **Fax:** 9 40-2604
Internet: http://www.GENO-Stuttgart.de
E-Mail: GENO-Verband@GENO-Stuttgart.de
Vorstand: Präs. Dipl. oec. WP StB Erwin Kuhn
Verb.-Dir. Dr. Franz Honikel
Verb.-Dir. Dipl.-Kfm. WP StB Gerhard Schorr
Leitung Presseabteilung: Reinhard Bock-Müller
Prüfungsverband im Sinne des Genossenschaftsgesetzes. Daneben nimmt er die Aufgaben eines beratenden und betreuenden Wirtschaftsverbandes wahr, vertritt die Interessen der ihm angeschlossenen Kredit-, Waren- und Dienstleistungsgenossenschaften gegenüber der Öffentlichkeit und unterhält die GENO-Akademie als Schulungs- und Fortbildungsstätte.

Regionale und fachliche Prüfungsverbände

• P 50

Verband der PSD Banken e.V.
Dreizehnmorgenweg 36, 53175 Bonn
T: (0228) 9 59 04-0 **Fax:** 9 59 04-99
Vorsitzende(r) des Vorstandes: Verbandsdirektor Wolf-D. Rosenthal
Mitglieder: 21

• P 51

Verband der Sparda-Banken e.V.
Hamburger Allee 2-10, 60486 Frankfurt
T: (069) 79 20 94-0 **Fax:** 79 20 94 11
Vorsitzende(r) des Vorstandes: RA, WP Dr. Peter Scharpf
Vorstand: Franz-Josef Hörbelt
Dipl.-Volksw., WP, StB Norbert Herbstritt

• P 52

BÄKO - Prüfungsverband Deutscher Bäcker- und Konditorengenossenschaften e.V.
Postf. 11 25, 53581 Bad Honnef
Rhöndorfer Str. 87, 53604 Bad Honnef
T: (02224) 50 56-58 **Fax:** 50 59
E-Mail: baeko-pruefungsverband@t-online.de
Verb.-Dir.: WP StB Dipl.-Kfm. Manfred Klinkhammer, Bad Honnef
Stellv. Verbandsdir.: Direktor Wolfgang Schäfer, Ladenburg
Mitglieder: 100
Prüfung und Beratung der Bäcker- und Konditorengenossenschaften.

• P 53

EDEKA Verband kaufmännischer Genossenschaften e.V.
22291 Hamburg
New-York-Ring 6, 22297 Hamburg

T: (040) 63 77-0 **Fax:** 63 77 22 63
Verbandsdirektor: Rolf Finkbeiner
Mitglieder: 31

• P 54

REWE-Prüfungsverband e.V.
50603 Köln
Domstr. 20, 50668 Köln
T: (0221) 1 49-0 **Fax:** 1 49-94 00
Internet: http://www.rewe.de
E-Mail: Erwin.Holzschuh@rewe.de
Gründung: 1921 (23. November)
Vorstand: Dipl.-Kfm. Erwin Holzschuh (Wirtschaftsprüfer und Steuerberater)
Mitglieder: 30

• P 55

Prüfungsverband der Deutschen Verkehrsgenossenschaften e.V.
Gotenstr. 17, 20097 Hamburg
T: (040) 23 61 32-10 **Fax:** 23 61 32-23, 23 61 32-42
Vorstand: WP StB Dipl.-Kfm. Dirk van Setten
Mitglieder: 137

Weitere genossenschaftliche Verbände

• P 56

Konsumverband eG
Neue Grünstr. 18, 10179 Berlin
T: (030) 2 75 84-0 **Fax:** 2 75 84-102
E-Mail: Konsumverband@t-online.de
Gründung: 1949 (28. August)
Vorstand: Wilhelm Kaltenborn (Sprecher)
Martin Bergner

Bündelung und nationale sowie internationale Vertretung der Interessen der Konsumgenossenschaften der neuen Bundesländer, Service-Leistungen und Beratung für die Verbandsmitglieder.

• P 57

Zentralverband deutscher Konsumgenossenschaften e.V.
Adenauerallee 21, 20097 Hamburg
T: (040) 24 84 52-0 **Fax:** 24 84 52-50
Internet: http://www.zdk-hamburg.de
E-Mail: info@zdk-hamburg.de
Vorstand: WP/Stb Detlef Schmidt
RA Dr. Burchard Bösche

Wahrnehmung der nationalen und internationalen ideellen und wirtschaftlichen Interessen der Konsumgenossenschaften sowie der sonstigen Verbrauchergenossenschaften und deren Einrichtungen, einschließlich des konsumgenossenschaftlichen Prüfungswesens.

• P 58

Genossenschaft Deutscher Brunnen eG
Postf. 26 01 05, 53153 Bonn
Kennedyallee 36, 53175 Bonn
T: (0228) 95 95 90 **Fax:** 9 59 59 77
Vorstand: RA Andreas Rottke
Willi Lohrmann

• P 59

Bundesarbeitsgemeinschaft der Erzeugergemeinschaften (BAG)
Godesberger Allee 142-148, 53175 Bonn
T: (0228) 81 98-0 **Fax:** 81 98-2 31
Vorstand: Gerd Sonnleitner
Geschäftsführer(in): Dr. Helge Amberg
Dr. Volker Petersen

• P 60

Wirtschaftliche Genossenschaft der Presse eG
Bundenweg 34, 60320 Frankfurt
T: (069) 56 40 95/96 **Fax:** 56 66 14
Vorsitzende(r) des Vorstandes: Dr. Wolfgang Maaß (Am Urnenfeld 12, 35396 Gießen)
Vorstand: Verleger Klaus Jetter (Grünewaldstr. 15, 72336 Balingen)
Dipl.-Hdl. Hans Günter Schmidt (Bundenweg 34, 60320 Frankfurt)

• P 61

vdp MitUnternehmerverband e.V.
Wasserstadt 16-18, 06844 Dessau
T: (0340) 2 20 24 24 **Fax:** 2 20 23 62
Gründung: 1990
Internationaler Zusammenschluß: siehe unter izp 26
Präsident(in): Ronald Sperling (Handwerksmeister)
Vizepräsident(in): Dipl.-Betriebsw. Gerd K. Schaumann (Rechtsbeistand, Wirtschaftsberater)
Verbandsratsvors: Frank Häber (Geschäftsführender Vorstand eG)
Verbandszeitschrift: Der Mitunternehmer
Mitglieder: ca. 500 Betriebe

• P 62

pvdp Prüfungsverband e.V.
Wasserstadt 16-18, 06844 Dessau
T: (0340) 2 20 23 62 **Fax:** 2 20 24 24
Gründung: 1991
Vorsitzende(r): Dr. Wolfram Klüber (Wirtschaftsprüfer, Steuerberater, Rechtsanwalt)
Stellvertretende(r) Vorsitzende(r): Dipl.-Betriebsw. Gerd K. Schaumann (Rechtsbeistand)
Verbandsratsvors: Ronald Sperling

• P 63

Württembergische Weingärtner-Zentralgenossenschaft e.G.
Raiffeisenstr. 2, 71696 Möglingen
T: (07141) 48 66-0 **Fax:** 48 66-43
Gründung: 1946 (17. August)
Vorstand: Dieter Weidmann (Sprecher)
Werner Hupbauer
Joachim Sommer
Wilfried Dörr
Verbandszeitschrift: Der Württemberger
Redaktion: Herr Hupbauer
Verlag: WZG Möglingen
Mitglieder: 81

Q Landwirtschaft und Umweltschutz

Zum Auffinden einer bestimmten Dienststelle oder Organisation dient das Suchwortverzeichnis, eines Personennamens das Personenverzeichnis.

Land- und Forstwirtschaft

• Q 1

Zentralausschuß der Deutschen Landwirtschaft
Godesberger Allee 142-148, 53175 Bonn
T: (0228) 8 19 80 **Fax:** 81 98-2 31
Gründung: 1949
Vorsitzende(r): Gerd Sonnleitner
Hauptgeschäftsführer(in): Generalsekretär Dr. Helmut Born
Mitglieder:
Deutscher Bauernverband e.V.
Verband der Landwirtschaftskammern e.V.
Deutscher Raiffeisenverband e.V.
Deutsche Landwirtschafts-Gesellschaft e.V.

• Q 2

Deutscher Raiffeisenverband e.V. (DRV)
siehe Genossenschaften P 7

• Q 3

Deutsche Landwirtschafts-Gesellschaft e.V. (DLG)
Eschborner Landstr. 122, 60489 Frankfurt
T: (069) 2 47 88-0 **Fax:** 2 47 88-1 10
Internet: http://www.DLG-Frankfurt.de
E-Mail: Info@DLG-Frankfurt.de
Gründung: 1885
Präsident(in): Philip Freiherr von dem Bussche
Vizepräsident(in): Helmut Ehlen
Prof. Dr. Dr.h.c. Friedrich Kuhlmann
Hauptgeschäftsführer(in): Dr. Dietrich Rieger
Mitglieder: 15000
Durchführung von Ausstellungen; Durchführung von Prüfungen auf den Gebieten: Landtechnik, Landwirtschaftliche Betriebsmittel, Nahrungs- und Genußmittel, Urlaubsquartiere; Sammeln und Verteilen erprobter Erfahrungen und neuer wissenschaftlicher Erkenntnisse zur Förderung der Land- und Ernährungswirtschaft; Förderung der Aus- und Weiterbildung in der Land- und Ernährungswirtschaft. Durchführung internationaler Symposien und Fachtagungen. Vermittlung der Erkenntnisse und Erfahrungen an Schwellen- und Entwicklungsländer.

• Q 4

Verband der Landwirtschaftskammern e.V.
Godesberger Allee 142-148, 53175 Bonn
T: (0228) 3 08 01-0 **Fax:** 37 44 31
E-Mail: vlk-bonn@t-online.de
Direktor(in): Dir. Dr. Ortwin Wagner
Stellvertretender Direktor: Dr.agr. Günther Fratzscher

Landwirtschaftskammern

• Q 5

Landesverband Gartenbau und Landwirtschaft Berlin/Brandenburg e.V.
Boelckestr. 117, 12101 Berlin
T: (030) 7 86 37 63 **Fax:** 7 86 50 85
Gründung: 1948
Präsident(in): Hans-Jürgen Pluta (Buckower Chaussee 76-79, 12277 Berlin)
Geschäftsführer(in): Dipl.-Ing. Heinz-Michael Wentzke (Ltg. Presseabt.)
Mitglieder: 240
Mitarbeiter: 5

• Q 6

Landwirtschaftskammer Bremen
Ellhornstr. 30, 28195 Bremen
T: (0421) 16 75 75-0 **Fax:** 16 75 75-9
Präsident(in): Hermann Sündermann (Am Hodenberger Deich 37, 28355 Bremen, T: (0421) 25 90 42)
Geschäftsführer(in): Dr. Karsten Bredemeier (Bargten 33, 27711 Osterholz-Scharmbeck, T: (0421) 3 61 85 02)
Mitglieder: ca. 500 landwirtschaftliche Betriebe

• Q 7

Landwirtschaftskammer Hamburg
Brennerhof 121, 22113 Hamburg
T: (040) 78 12 91-20
Präsident(in): Hans Peter Cornils (Am Diebsteich 11, 22761 Hamburg, T: (040) 85 93 94)
Vizepräsident(in): Manfred Dietrich (Gammer Weg 18, 21039 Hamburg, T: (040) 7 23 55 26)
Geschäftsführer(in): Hans-Peter Pohl (Sülzbrackring 9, 21037 Hamburg, T: (040) 7 23 88 86)

• Q 8

Landwirtschaftskammer Hannover
Postf. 2 69, 30002 Hannover
Johannssenstr. 10, 30159 Hannover
T: (0511) 36 65-0 **Fax:** 36 65-5 07
Internet: http://www.lwk-hannover.de
E-Mail: info@lwk-hannover.de
Präsident(in): Fritz Stegen
Direktor: Bernd-Udo Hahn
Ref. Öffentlichkeitsarbeit: Peter Wachter (T: 36 65-3 05)

• Q 9

Landwirtschaftskammer Rheinland-Pfalz
Postf. 18 51, 55508 Bad Kreuznach
Burgenlandstr. 7, 55543 Bad Kreuznach
T: (0671) 7 93-0 **Fax:** 79 31 99
Präsident(in): Ökonomierat Günther Schartz (Hauptstr. 52, 54456 Onsdorf)
Kammerdirektor: Alfons Schnabel (René-Minville-Str. 4, 55597 Wöllstein)

• Q 10

Landwirtschaftskammer Rheinland
Postf. 19 69, 53009 Bonn
Endenicher Allee 60, 53115 Bonn
T: (0228) 70 30 **Fax:** 7 03-84 98
Präsident(in): Wilhelm Lieven (MdL, Spieler Mühle, 52445 Titz)
Direktor(in): Ludwig Hanebrink (Deichweg 4, 40668 Meerbusch)

• Q 11

Landwirtschaftskammer für das Saarland
Lessingstr. 12, 66121 Saarbrücken
T: (0681) 66 50 50 **Fax:** 6 65 05 12
Internet: http://www.lwk-saar.saarland.de
E-Mail: lwk-saar@t-online.de
Präsident(in): Carlo Puhl (Köllner Str. 22, 66292 Riegelsberg)
Kammerdir.: Martin Schmeer

• Q 12

Landwirtschaftskammer Schleswig-Holstein
Holstenstr. 106-108, 24103 Kiel
T: (0431) 97 97-0 **Fax:** 97 97-1 40
E-Mail: lksh@lksh.netzservice.de
Präsident(in): Hermann Früchtenicht (Prisdorfer Weg 1, 25436 Tornesch-Ahrenlohe, T: (04120) 2 38)
Geschäftsführer(in): Dr. Marquard Gregersen

• Q 13

Landwirtschaftskammer Weser-Ems in Oldenburg
Postf. 25 49, 26015 Oldenburg
Mars-la-Tour-Str. 1-13, 26121 Oldenburg
T: (0441) 8 01-0 **Fax:** 8 01-180
E-Mail: verw@lwk-we.de
Präsident(in): Landwirt Friedrich Scholten
Kammerdir.: Jürgen Otzen

• Q 14

Landwirtschaftskammer Westfalen Lippe
Schorlemerstr. 26, 48143 Münster
T: (0251) 59 90 **Fax:** 59 93 62
Präsident(in): Karl Meise
Kammerdir.: Dr. Gerhard Beckmann

• Q 15

Deutscher Bauernverband e.V. (DBV)
Postf. 20 04 54, 53134 Bonn
Godesberger Allee 142-148, 53175 Bonn
T: (0228) 81 98-0 **Fax:** 81 98-205
Internationaler Zusammenschluß: siehe unter izq 8
Gerd Sonnleitner
Vizepräsident(in): Wilhelm Niemeyer
Dipl.-Ing. Heinz Christian Bär
Frank Rentzsch
Norbert Schindler
Generalsekretär(in): Dr. Helmut Born
Stellv. Gen.-Sekr.: Dipl.agr.oec. Adalbert Kienle
Mitglieder: 18 Landesverbände, 43 assoziierte Mitgliedsverbände

Landesverbände

q 16

Badischer Landwirtschaftlicher Hauptverband e.V. (BLHV)
Postf. 3 29, 79003 Freiburg
Friedrichstr. 41 Haus der Bauern, 79098 Freiburg
T: (0761) 2 71 33-0 **Fax:** 2 71 33-63
E-Mail: blhv-freiburg@blhv.de
Präsident(in): Wendelin Ruf (Ortsstr. 5, 77704 Oberkirch, T: (07802) 23 63)
Ekkehard Löhle (Hof Langenhag, 78224 Singen/Überlingen-Ried, T: (07731) 2 45 95)
Werner Räpple (Haus Nr. 4, 79235 Vogtsburg, T: (07662) 14 50)
Erwin Wöhrle (Müllerjörgenbauer, 77793 Gutach, T: (07833) 3 72)
Hauptgeschäftsführer(in): Gerhard Henninger
Mitglieder: 24000

q 17

Landesbauernverband in Baden-Württemberg e.V.
Bopserstr. 17, 70180 Stuttgart
T: (0711) 21 40-0 **Fax:** 21 40-1 77
Teil der Hauptgeschäftsstelle: Gartenstr. 63, 88212 Ravensburg, T: (0751) 36 07-0, Telefax: (0751) 36 07-80
Präsident(in): Gerd Hockenberger
Vizepräsident(in): Gerhard Glaser (Ringstr. 5, 88433 Schemmerhofen)
Hans Götz (Lindenstr. 79, 89584 Ehingen)
Klaus Mugele (Schwarzenweiler, 74670 Forchtenberg)
Hauptgeschäftsführer(in): Prof. Dr. Dipl.-Ing. agr. Friedrich Golter

q 18

Bayerischer Bauernverband Körperschaft des öffentlichen Rechts
Max-Joseph-Str. 9, 80333 München
T: (089) 55 87 30 **Fax:** 5 58 73-5 05
Internet: http://www.bayerischerbauernverband.de
E-Mail: kontakt@bayerischerbauernverband.de
Präsident(in): Gerd Sonnleitner (Rottersham 3, 94099 Ruhstorf, Tel: (08503) 2 07)
Vizepräsident(in): Jürgen Ströbel (Daubersbach 8, 91622 Rügland, T: (09828) 5 10)
Generalsekretär(in): Hans Müller

q 19

Landesbauernverband Brandenburg e.V.
Dorfstr. 1, 14513 Teltow
T: (03328) 31 92 01 **Fax:** 31 92 05
Präsident(in): Heinz-Dieter Nieschke (MdL, Kleinbahnstr. 52, 15907 Lübben, T: (03546) 72 53, Telefax: (03546) 72 53)
Vizepräsident(in): Bernhard Groß (Hauptstr. 28, 15848 Ranzig, T: (033675) 60 50)
Dieter Arnold (Dorfstr. 3, 14728 Kietz, T: (033875) 3 05 28)
Hauptgeschäftsführer(in): Wolfram Seidel (Tuchmacherstr. 50, 14482 Potsdam, T: (0331) 7 40 50 08)

q 20

Bremischer Landwirtschaftsverband e.V.
Ellhornstr. 30, 28195 Bremen
T: (0421) 16 75 75-7 **Fax:** 16 75 75-9
Vorsitzende(r): Hinrich Bavendam (Wummensiede 6, 28719 Bremen)
Geschäftsführer(in): Dorothee Garbade
Mitglieder: ca. 350

q 21

Bauernverband Hamburg e.V.
Brennerhof 121, 22113 Hamburg
T: (040) 78 46 89 **Fax:** 78 76 99
Präsident(in): Wilhelm Grimm
Stellv. Präs: Diedrich Meyer
Herbert Wörmbke
Geschäftsführer(in): Dipl.-Ing. agr. Claudia Ullrich-Pohl

q 22

Hessischer Bauernverband e.V.
Postf. 13 29, 61364 Friedrichsdorf
Taunusstr. 151, 61381 Friedrichsdorf
T: (06172) 71 06-0 **Fax:** 71 06-10
Präsident(in): Dipl.-Ing. Heinz Christian Bär (Margarethenhof, 61184 Karben-Burggräfenrode, T: (06034) 38 83, Telefax: (06034) 57 21)
Hauptgeschäftsführer(in): Dr. Paul Kuhlmann

q 23

Bauernverband Mecklenburg-Vorpommern e.V.
Hauptgeschäftsstelle Neubrandenburg
Haus der Verbände
Trockener Weg 1, 17034 Neubrandenburg
T: (0395) 4 21 24 84-86 **Fax:** 4 21 24 86

E-Mail: BVM-V@nbnet.de
Präsident(in): Gerd-Heinrich Kröckert (Trockener Weg 1, 17034 Neubrandenburg)
Vizepräsident(in): Berthold Löbel (Kastanienallee 32, 19406 Mustin, T: (038481 2 07 07)
Hans Rotermann (Am Hegehof 2, 19069 Lübstorf, T: (03867) 2 83)
Gertrud Züdel (Dorfplatz 11, 19288 Lüblow, T: (038753) 2 35)
Geschäftsführer(in): Wolfgang Jaeger (Neubrandenburger Chaussee 14, 17217 Penzlin, T: (03962) 21 02 31)
Leitung Presseabteilung: Harald Kienscherf

q 24

Landesverband des Niedersächsischen Landvolkes e.V.

Warmbüchenstr. 3, 30159 Hannover
T: (0511) 3 67 04-0 **Fax:** 3 67 04 62, 3 67 04 68 (Presse)
E-Mail: landvolk.niedersachsen@t-online.de
Präsident(in): Wilhelm Niemeyer (Münsterstr. 5, 49176 Hilter, T: (05424) 31 60, Telefax: (05424) 3 84 54)
Vizepräsident(in): Werner Hilse (Warpke Nr. 15, 29465 Schnega, T: (05842) 97 70, Telefax: (05842) 9 77 20)
Otto Deppmeyer (Hemeringerstr. 6, 31840 Hess. Oldendorf, T: (05158) 5 59, Telefax: (05158) 28 36)
Hauptgeschäftsführer(in): Bernd Kuhrmeier
Geschäftsführer(in): Jürgen Vohl
Dr. Wolfgang Sohn
Ehrenpräsident: Friedrich Rode (Esperke-Neustädter-Str. 43, 31535 Neustadt, T: (05073) 4 09)

q 25

Rheinischer Landwirtschaftsverband e.V.

Rochusstr. 18, 53123 Bonn
T: (0228) 52 00 60 **Fax:** 5 20 06 23
Präsident(in): Klaus Vosseler (Niederwalder Str. 52, 47661 Issum, T: (02835) 9 27 65, Fax: (02835) 9 27 67)
1. Vizepräsident: Harald Benninghoven (Gut Diepensiepen, 40882 Ratingen, T: (02102) 84 28 70, Fax: (02102) 8 35 99)
2. Vizepräsident: Friedhelm Decker (Marienhof, Blaugasse 2, 50859 Köln-Widdersdorf, T: (0221) 9 50 29 70, Fax: (0221) 9 50 29 71)
Hauptgeschäftsführer(in): RA Willi Bennerscheidt (Taubenstr. 12 a, 53721 Siegburg, T: (02241) 38 45 35)
Mitglieder: 22000

Wahrung der kulturellen, sozialen, rechtlichen und wirtschaftlichen Belange des Berufsstandes.

q 26

Westfälisch-Lippischer Landwirtschaftsverband e.V.

Postf. 86 49, 48046 Münster
Schorlemerstr. 15, 48143 Münster
T: (0251) 41 75 01 **Fax:** 4 17 51 36
E-Mail: pressewlv@aol.com
Präsident(in): Franz-Josef Möllers (Kanalstr. 179, 48477 Hörstel, T: (05454) 73 26, Telefax: (05454) 14 73)
1. Vizepräsident: Hans-Jürgen Kleimann (Lübbecker Str. 361, 33739 Bielefeld, T: (05206) 32 54)
2. Vizepräsident: Klaus Alte (Hulsberger Waldweg 18, 58513 Lüdenscheid, T: (02351) 5 16 48)
Hauptgeschäftsführer(in): Ass. Werner Gehring
Leitung Presseabteilung: Dr. Dieter Barth (M.A.)

q 27

Bauern- und Winzerverband Rheinland-Nassau e.V.

Postf. 20 02 04, 56002 Koblenz
Mainzer Str. 60a, 56068 Koblenz
T: (0261) 30 43 30 **Fax:** 3 04 22 90
Präsident(in): Ökonomierat Günther Schartz (Dorfstr. 52, 54456 Onsdorf, T: (06584) 2 82)
Vizepräsident(in): Peter Eich (54597 Schwirzheim)
Hans Boes (Bonner Str. 34, 53474 Gimmigen)
Hauptgeschäftsführer(in): Dr. Josef Derstappen
Mitglieder: 20000

q 28

Bauern- und Winzerverband Rheinland-Pfalz Süd e.V.

An der Brunnenstube 33-35, 55120 Mainz
T: (06131) 62 05-0 **Fax:** 62 05-50
Präsident(in): Norbert Schindler (MdB, Weisenheimer Str. 2, 67273 Bobenheim, T: (06353) 18 18)
Vizepräsident(in): Ingo Steitz (Hauptstr. 59, 55576 Badenheim, T: (06701) 13 87)
Helmut Steinhauer (Hof Veldenz, 67742 Lauterecken)
Fritz Steegmüller (Böhlweg 9, 76877 Offenbach)
Hauptgeschäftsführer(in): Dipl.-Ing. agr. Franz Schatt (T: (06737) 76 00 47)

q 29

Bauernverband Saar e.V.

Heinestr. 2-4, 66121 Saarbrücken
T: (0681) 90 62 30 **Fax:** 9 06 23 20
Präsident(in): Klaus Fontaine (Labacherhof, 66793 Saarwellingen, T: (06838) 25 54, Fax: (06838) 98 37 44)
Vizepräsident(in): Hermann Steiner (Ortsstr. 2, 66459 Kirkel-Altstadt)
Hauptgeschäftsführer(in): Dipl.-Ing. agr. Hans Lauer

q 30

Sächsischer Landesbauernverband e.V.

Wolfshügelstr. 22, 01324 Dresden
T: (0351) 2 62 53 60 **Fax:** 26 25 36 22
Präsident(in): Frank Rentzsch
Geschäftsführer(in): Dr. Wolfram Rühle

q 31

Landesbauernverband Sachsen-Anhalt e.V.

Postf. 6 20, 39040 Magdeburg
Maxim-Gorki-Str. 13, 39108 Magdeburg
T: (0391) 73 96 90 **Fax:** 7 34 00 21
Präsident(in): Werner Gutzmer (Wittenberger Str. 36b, 06909 Pretzsch, T: (034926) 5 73 57)
Vizepräsident(in): Rudolf Schubert (Siebigeröder Str. 22 a, 06311 Helbra, T: (034772) 2 74 48)
Horst Saage (Dorfstr. 31, 06869 Senst, T: (034923) 2 02 02)
Geschäftsführer(in): Karl-Friedrich Kaufmann

q 32

Bauernverband Schleswig-Holstein e.V.

Postf. 8 21, 24758 Rendsburg
Jungfernstieg 25, 24768 Rendsburg
T: (04331) 12 77-0 **Fax:** 2 61 05
Präsident(in): Otto-Dietrich Steensen (Blumenhofweg 7, 25821 Struckum, T: (04671) 14 89)
1. Stellvertreter: Carsten Mumm (23747 Dahme, T: (04364) 2 31)
2. Stellvertreter: Georg Huesmann (Schleusenstr. 32, 25709 Kronprinzenkoog, T: (04857) 2 93)
Ehrenpräsident: Karl Eigen (Buchengrund 2, Kleinparin, 23617 Stockelsdorf, T: (04505) 3 36)
Generalsekretär(in): RA Peter Paulsen

q 33

Thüringer Bauernverband e.V.

Rudolstädter Str. 100, 99099 Erfurt
T: (0361) 4 28 11 90 **Fax:** 4 28 11 91
Gründung: 1990 (23. Juni)
Präsident(in): Dr. Klaus Kliem (Plan 70, 99947 Wiegleben, T: (03603) 8 50 00)
Vizepräsidenten: Konrad Pohle (Sankt Jakob Nr. 6, 07338 Munschwitz, T: (036734) 2 24 80)
Albert Seifert (Gerbergasse 13, 98631 Milz, T: (036948) 2 04 10)
Eugen Roth (Erfurter Tor 8, 99100 Töttelstädt, T: (036208) 7 54 12)
Hauptgeschäftsführer(in): Dr. Bernd Unger
Leitung Presseabteilung: Werner Wühst
Verbandszeitschrift: AGRARjournal Thüringen
Verlag: Landverlag, Seligenstädt Nr. 1, 07554 Gera
Mitglieder: 3540 (23 assoziierte Mitgliedsverbände)
Mitarbeiter: 10 (Landesgeschäftsstelle)

q 34

Bundesverband Landwirtschaftlicher Fachschulabsolventen e.V. (vlf)

Andreas-Hermes-Haus
Godesberger Allee 142-148, 53175 Bonn
T: (0228) 81 98-0 (2 75) **Fax:** 81 98-1 96
TX: 885 586
Vorsitzende(r): Christel Schaab (Oberfeld 30, 65205 Wiesbaden-Erdenheim, Tel: (0611) 71 23 51, Fax: (0611) 71 94 82)
Geschäftsführer(in): Dr. Helmut Born

q 35

Deutscher Raiffeisenverband e.V. (DRV)

53106 Bonn
Adenauerallee 127, 53113 Bonn
T: (0228) 1 06-0 **Fax:** 1 06-266
Internet: http://www.raiffeisen.de
E-Mail: info@drv.raiffeisen.de
Gründung: 1948
Internationaler Zusammenschluß: siehe unter izf 1081, izp 6
Präsident(in): Manfred Nüssel
Geschäftsführer(in): Dr. Rolf Meyer
Leitung Presseabteilung: Monika Windbergs
Verbandszeitschrift: Raiffeisen Informationen (6 x jährl.)
Redaktion: Monika Windbergs
Verlag: DRV, Adenauerallee 127, 53113 Bonn
Mitarbeiter: 60

• Q 36

Bundesverband der Maschinenringe e.V. (BMR)

Ott-Heinrich-Platz 117a, 86633 Neuburg
T: (08431) 67 80-50 **Fax:** 67 80-62
Vorsitzende(r): Ernst Dammann
Stellvertretende(r) Vorsitzende(r): Kurt Filsinger
Hans Murr
Hauptgeschäftsführer(in): Erwin Ballis
Mitglieder: 201700 Landwirtschaftliche Betriebe

• Q 37

Landesverband der Maschinenringe in Baden-Württemberg e.V.

Bopserstr. 17, 70180 Stuttgart
T: (0711) 21 40-129 **Fax:** 21 40-193
Vorsitzende(r): Landwirtschaftsmeister Kurt Filsinger, Wiesloch
Geschäftsführer(in): Dr. Hansjörg Weber

Fachverbände der Land- und Forstwirtschaft

• Q 38

Gesamtverband der Deutschen Land- und Forstwirtschaftlichen Arbeitgeberverbände e.V.

Godesberger Allee 142-148, 53175 Bonn
T: (0228) 81 98-250 **Fax:** 81 98-204
Präsident(in): Dipl.-Landw. Wolf von Buchwaldt (Gut Neudorf, 24321 Hohwacht, T: (04381) 75 20, Telefax: (04381) 42 99)
Hauptgeschäftsführer(in): Dipl.-Volksw. Dipl.-Landw. Martin Mallach

Mitgliedsverbände

q 39

Arbeitgeberverband der Land- und Forstwirtschaft in Schleswig-Holstein e.V.

Postf. 8 21, 24758 Rendsburg
Jungfernstieg 25, 24768 Rendsburg
T: (04331) 12 77-14 **Fax:** 12 77-43
Vorsitzende(r): Otto-Dietrich Steensen (Blumenhofweg 7, 25821 Struckum, T: (04671) 14 89, Fax: 59 81)
Geschäftsführer(in): RA Peter Paulsen

q 40

Arbeitgeberverband im Bauernverband Hamburg e.V.

Brennerhof 121, 22113 Hamburg
T: (040) 78 46 89 **Fax:** 78 76 99
Vorsitzende(r): Herbert Wörmbke (Curslacker Deich 248, 21039 Hamburg, T: (040) 7 23 28 00)
Geschäftsführer(in): Dipl.-Ing.agr. Claudia Ullrich-Pohl

q 41

Land- und forstwirtschaftlicher Arbeitgeberverband im Land Mecklenburg-Vorpommern e.V.

Trockener Weg 1, 17034 Neubrandenburg
T: (0395) 42 12-4 84/4 85 **Fax:** 42 12-4 86
Vorsitzende(r): Horst Beerbaum (Dorfstr. 82, 17111 Wotenick, T: (03998) 43 25 32, Fax: 20 24 80)
Geschäftsführer(in): Wolfgang Jaeger

q 42

Land- und Forstwirtschaftlicher Arbeitgeberverband Brandenburg e.V.

Dorfstr. 1, 14513 Teltow
T: (03328) 31 93 11 **Fax:** 31 93 15
Vorsitzende(r): Dipl.-Ing.agr. Reiner Donndorf (c/o Tierzuchtgut Lebusa GmbH, Schliebener Weg 5, 04936 Lebusa, T: (035364) 3 37, Telefax: (035364) 3 38)
Geschäftsführer(in): Regina Merker

q 43

Fachgruppe Landwirtschaft im Landesverband Gartenbau und Landwirtschaft Berlin-Brandenburg e.V.

Boelckestr. 117, 12101 Berlin
T: (030) 7 86 37 63 **Fax:** 7 86 50 85
Vorsitzende(r): Axel Gericke (Alter Bernauer Heerweg 31, 13469 Berlin, T: (030) 4 03 48 65)
Geschäftsführer(in): Dipl.-Ing. Heinz-Michael Wentzke

q 44

Land- und forstwirtschaftliche Arbeitgebervereinigung Niedersachsen e.V.

Warmbüchenstr. 3, 30159 Hannover
T: (0511) 32 50 63 **Fax:** 32 46 27
Vorsitzende(r): Lothar Lampe (Hünenheide 3, 49406 Drentwede OT Bockstedt, T: (04246) 9 50 26, Telefax: (04246) 9 50 28)
Geschäftsführer(in): RA Peter Zanini

q 45

Land- und Forstwirtschaftlicher Arbeitgeberverband Sachsen-Anhalt

Klausenerstr. 15, 39112 Magdeburg
T: (0391) 5 43 92 16 **Fax:** 5 43 92 17
Vorsitzende(r): Christian Lüders (Ernst-Thälmann-Str. 23, 39393 Barneberg, T: (039402) 4 97, Telefax: (039402) 9 00 06)
Geschäftsführer(in): RA Peter Heinze

q 46

Arbeitgeberverband der Westfälisch-Lippischen Land- und Forstwirtschaft e.V. (WLAV)

Postf. 86 49, 48046 Münster
Schorlemerstr. 15, 48143 Münster
T: (0251) 4 17 52 00 **Fax:** 51 96 85
Vorsitzende(r): Georg Freiherr von und zu Brenken (Schloß Erpernburg, 33142 Büren, T: (02951) 17 45, Fax: 69 87)
Geschäftsführer(in): RA Günter Tappe (T: (0251) 4 17 52 01, 5 41 90)

q 47

Land- und forstw. Arbeitgebervereinigung des Rheinischen Landwirtschaftsverbandes

Rochusstr. 18, 53123 Bonn
T: (0228) 5 20 06-0 **Fax:** 5 20 06-59
Vorsitzende(r): Harald Benninghoven (Gut Diepensiepen, 40882 Ratingen, T: (02102) 84 28 70, Telefax: (02102) 8 35 99)
Geschäftsführer(in): Ass. Johannes Rütten

q 48

Land- und Forstwirtschaftlicher Arbeitgeberverband für Hessen e.V.

Postf. 13 29, 61364 Friedrichsdorf
Taunusstr. 151, 61381 Friedrichsdorf
T: (06172) 7 10 61 36 **Fax:** 71 06 10
Vorsitzende(r): Dipl.-Landw. Dr. Ernst Lohmann (Hess. Staatsdomäne Windhausen, 34266 Niestetal, T: (05605) 36 69, Telefax: (05605) 78 88)
Geschäftsführer(in): RA Christian Wirxel

q 49

Land- und Forstwirtschaftlicher Arbeitgeberverband Thüringen e.V.

Schillerstr. 6, 99096 Erfurt
T: (0361) 2 25 02 01 **Fax:** 2 25 02 02
Vorsitzende(r): Josef Edelbauer (Melbacher Weg 15 a, 61231 Bad Nauheim, T: (06032) 97 12 04, Telefax: (06032) 97 12 06)
Geschäftsführer(in): RA Wolfgang Koch

q 50

Arbeitgeberverband Land- und Forstwirtschaft in Sachsen e.V.

Arnoldplatz 55, 04439 Engelsdorf
T: (0341) 2 59 03 11 **Fax:** 2 59 03 12
Vorsitzende(r): Peter Ilchmann (Arnoldplatz 55, 04439 Engelsdorf, T: (0341) 2 59 03 71, Telefax: (0341) 2 59 03 72)
Geschäftsführer(in): Dr. Manfred Budnick

q 51

Landwirtschaftlicher Arbeitgeberverband Rheinland-Nassau

Postf. 20 02 04, 56002 Koblenz
Mainzer Str. 60a, 56068 Koblenz
T: (0261) 3 04 33-0 **Fax:** 3 04 33 90
Vorsitzende(r): Willi Munsch (Hof Neuroth, 56414 Bilkheim, T: (06435) 12 86)
Geschäftsführer(in): RA Stefan Schünemann

q 52

Arbeitgeberverband für Landwirtschaft und Gartenbau im Saarland

Heinestr. 2-4, 66121 Saarbrücken
T: (0681) 9 06 23 11 **Fax:** 9 06 23 20
Vorsitzende(r): Viktor Klein (St. Georgstr. 33, 66663 Merzig (Ballern), T: (06861) 27 21)
Geschäftsführer(in): Dipl.-Ing. agr. Hans Lauer

q 53

Landwirtschaftlicher Arbeitgeberverband Rheinhessen-Pfalz e.V.

Postf. 10 10 62, 67410 Neustadt
Friedrich-Ebert-Str. 11-13, 67433 Neustadt
T: (06321) 8 52-2 34 **Fax:** 85 22 21
Vorsitzende(r): Dr. Ludwig C. von Heyl (Heyl'sches Landgut Nonnenhof, Littersheimer Weg, 67240 Bobenheim-Roxheim, T: (06239) 27 65, Telefax: (06239) 33 22)
Hauptgeschäftsführer(in): Dipl.-Volksw. Hans Naumer

q 54

Arbeitgeberverband der Land- und Forstwirtschaft in Baden-Württemberg

Bopserstr. 17, 70180 Stuttgart
T: (0711) 21 40-1 10 **Fax:** 2 14 01 77
Vorsitzende(r): Hans-Jörg von Graevenitz (Schloß Beihingen, 71691 Freiberg a.N. , T: (07141) 7 19 08)
Geschäftsführer(in): Prof. Alfred Rieger

q 55

Landwirtschaftlicher Arbeitgeberverband für Südbaden

Postf. 3 29, 79003 Freiburg
Friedrichstr. 41, 79098 Freiburg
T: (0761) 2 71 33 20 **Fax:** 2 71 33 63
Vorsitzende(r): Wolf-Dietrich Salwey (Hauptstr. 2, 79235 Vogtsburg-Oberrotweil, T: (07662) 3 84, Fax: 63 40)
Geschäftsführer(in): Ass. Michael Nödl

q 56

Arbeitgeberverband für die Land- und Forstwirtschaft in Bayern e.V.

Liebigstr. 10a, 80538 München
T: (089) 22 32 44-45 **Fax:** 22 67 31
Vorsitzende(r): Dipl.-Ing.agr. Hans-Markus Frhr. von Schnurbein (86692 Münster, Guts-Forstverwaltung Hemerten, T: (08276) 5 84 50, Fax: (08276) 58 45 20)
Geschäftsführer(in): Dipl.-Ing. Heinrich Strauß

q 57

Arbeitsgemeinschaft der Arbeitgebervereinigungen im ländlichen Genossenschaftswesen

53106 Bonn
Adenauerallee 127, 53113 Bonn
T: (0228) 5 09-2 57 **Fax:** 50 91 05
Vorstand: RA Konrad Bielert-Hagemann (Vors.; GF des Genossenschaftl. Arbeitgeberverbandes e.V. Niedersachsen/ Bremen/ Sachsen-Anhalt/ Thüringen / Berlin/Brandenburg, Hannoversche Str. 149, 30627 Hannover, T: (0511) 9 57 45 00, Fax: 9 57 45 05)
Geschäftsführerin: Ass. Annette Kaiser
Mitglieder: 11

q 58

Arbeitsgemeinschaft der gärtnerischen Arbeitgeberverbände e.V.

Godesberger Allee 142-148, 53175 Bonn
T: (0228) 8 10 02 17, 8 10 02 18 **Fax:** 8 10 02 48
Vorsitzende(r): Jürgen Mertz (Grünborner Weg 22, 65589 Hadamar, T: (06433) 9 15 20, Fax: 91 52 50)
Geschäftsführer(in): RA'in Romana Hoffmann

• **Q 59**

Landwirtschaftlicher Arbeitgeberverband Rheinhessen-Pfalz e.V.

Postf. 10 10 62, 67410 Neustadt
Friedrich-Ebert-Str. 11-13, 67433 Neustadt
T: (06321) 85 20 **Fax:** 85 22 21
Vorsitzende(r): Dr. Ludwig C. von Heyl (Heyl'sches Landgut Nonnenhof, Littersheimer Weg, 67240 Bobenheim-Roxheim, T: (06239) 27 65, Telefax: (06239) 33 22)
Geschäftsführer(in): Dipl.-Volksw. Hans Naumer

• **Q 60**

Landwirtschaftlicher Arbeitgeberverband Rheinland-Nassau

Postf. 20 02 04, 56002 Koblenz
Mainzer Str. 60a, 56068 Koblenz
T: (0261) 3 04 33-0 **Fax:** 3 04 33 90
Vorsitzende(r): Landwirtschaftsmeister Willi Munsch (Hofgut Schloß Neuroth, 56414 Bilkheim)
Geschäftsführer(in): RA Stefan Schünemann

• **Q 61**

Deutscher Bundesverband der Landwirte im Nebenberuf e.V.

Dorfstr. 27, 39606 Sanne
T: (039034) 96 40 **Fax:** 96 41
E-Mail: DBNBgst@aol.com
Gründung: 1972
Geschäftsstellenleiter: Jens Reichardt (Ltg. Presseabt.)
Bds-Vors.: Albrecht Löblein (Eichhof, 97996 Niederstetten, T: (07932) 2 24, Telefax: (07932) 5 18)
Stellvertretende(r) Vorsitzende(r): Alois Schneider (Hammelburg, T: (09732) 10 15 od. 21 07)
Margrit Weimeister (Deetz, T: (039246) 76 21)
Karl Fuchs (Freyung, T: (08551) 47 24)
Gerhard Gompelmann (Enscheid, T: (06556) 9 30 60)
Verbandszeitschrift: VLN-Nachrichten
Redaktion: Roman Enger, Heusweiler

Vom Standpunkt der gesellschaftlichen Bedeutung der nebenberuflichen Landwirtschaft aus vertritt der Verband ihre Interessen in der Agrarpolitik und berät seine Mitglieder in rechtlichen und betriebswirtschaftlichen Fragen.

• **Q 62**

Fördergemeinschaft Nachhaltige Landwirtschaft (FNL)

Rochusstr. 18a, 53123 Bonn
T: (0228) 97 99-30 **Fax:** 97 99-340
E-Mail: info@fnl.de
Gründung: 2000 (Januar); Fusion der Fördergemeinschaft integrierter Pflanzenbau e.V. (FIP) und der Aktionsgemeinschaft Deutsches Fleisch e.V. (AGF)
Vorstand: Dipl.-Landw. Reiner Latten (Vors.)
Dr. Gerhard Prante (stellv. Vors.)
Dr. Gerhard Greif
Heinz Christian Bär
Franz Josef Möllers
Dr. Jochen Wulff
Geschäftsführer(in): Dr. Helmut Nieder
Leitung Presseabteilung: Andrea Jepsen
Verbandszeitschrift: Integrierter Landbau
Redaktion: Dr. Nieder, Andrea Jepsen
Verlag: Eigenverlag
Mitglieder: 30
Mitarbeiter: 6

• **Q 63**

Arbeitsgemeinschaft bäuerliche Landwirtschaft e.V. (AbL)

Bundesgeschäftsstelle
Marienfelder Str. 14, 33378 Rheda-Wiedenbrück
T: (05242) 4 84 76 **Fax:** 4 78 38
E-Mail: bauernstim@aol.com
Gründung: 1981 Eintragung als e.V.
1. Bundesvors: Friedrich Wilhelm Graefe zu Baringdorf (Berninghof, 32139 Spenge, T: (05225) 17 44, Telefax: (05225) 44 36)
1. Vorsitzende(r): Maria Heubuch (Luttholsberg 5, 88299 Leutkirch/Allgäu, T: (07561) 59 37, Fax: 40 77 58)
Hauptgeschäftsführer(in): Georg Janßen (Ltg. Presseabt.; Schillerstr. 11, 21335 Lüneburg)
Verbandszeitschrift: Unabhängige Bauernstimme
Redaktion: Ulrich Jasper
Verlag: ABL Bauernblatt Verlags-GmbH, Marienfelder Str. 14, 33378 Rheda-Wiedenbrück, T: (05242) 4 81 85, Telefax: (05242) 4 78 38
Mitglieder: 4000

Landesverbände und Kontakte

q 64

Arbeitsgemeinschaft bäuerliche Landwirtschaft e.V.
Landesverband Schleswig-Holstein

Reit 5, 24848 Alt Bennebek
T: (04624) 80 03 12
Plön Matthias Stührwoldt (T: (04326) 6 79)
Schleswig: Detlef Schmidt (T: (04627) 10 45)
Flensburg: Heiner Iversen (T: (04631) 74 24, Telefax: (04631) 38 52)

q 65

Arbeitsgemeinschaft bäuerliche Landwirtschaft e.V.
Landesverband Niedersachsen

Dorfstr. 25, 27308 Kirchlinteln
T: (04231) 6 30 48
Heide Weser: Karlheinz Rengsdorf (T: (04233) 6 69)
Ulrike Helberg-Manke (T: (04231) 6 30 48)
Elbe Weser: Hinrich Burfeind (T: (04762) 15 93)
Ada Fischer (T: (04723) 32 01, Telefax: (04723) 21 18)
Wendland-Ostheide: Horst Seide (T: (05865) 12 47)
Niedersachen-Mitte. Hartmut Hollemann (T: (05121) 51 06 94)
Südniedersachsen: Hans-Martin Clobes (T: (05504) 4 32)

q 66

Arbeitsgemeinschaft bäuerliche Landwirtschaft e.V.
Landesverband Nordrhein-Westfalen

Marienfelder Str. 14, 33378 Rheda-Wiedenbrück
T: (05242) 4 84 76 **Fax:** 4 78 38
Herford: Friedel Gieseler (T: (05221) 6 25 75)
Minden-Lübbecke: August Seele (T: (05702) 91 52)
Hellweg: Ulrike Ostendorff (T: (02307) 6 22 81)
Wilhelm Eckei (T: (02378) 29 91)
Sauerland: Dorothee Biermann (T: (02973) 25 57)
Höxter-Warburger-Land: Hubertus Hartmann (T: (5273) 3 54 47)
Tecklenburger Land: Martin Steinmann (T: (05404) 52 64)
Gütersloh: Erika Kattenstroh (T: (05241) 5 70 69)
Düren: Monika Lövenich (T: (02421) 68 00 12)

q 67

Arbeitsgemeinschaft bäuerliche Landwirtschaft e.V.
Landesverband Rheinland-Palz
Laubacherweg 2, 55471 Neuerkirch
T: (06761) 1 35 58 **Fax:** 1 35 68

q 68

Arbeitsgemeinschaft bäuerliche Landwirtschaft e.V.
Landesverband Baden-Württemberg
Nikolausstr. 25, 88696 Owingen
T: (07551) 97 04 45 **Fax:** 97 04 45
Nordschwarzwald: Georg Bohnet (T: (07443) 39 90)
Nord-Württenberg: Brigitte Steinmann (T: (07062) 6 16 20)
Dieter Kolb (T: (07947) 77 89)
Göppingen: Gerhard Übele
Oberschwaben:
Erika Laux (T: (07572) 33 25)
Schwarzwald-Baar: Edgar Schmieder (T: (07724) 16 09)
Neckar-Odenwald-Kreis: Meinrat Rödel (T: (06281) 16 65)
Ortenaukreis: Tilo Braun (T: (07852) 18 82)

• Q 69

Hauptverband der landwirtschaftlichen Buchstellen und Sachverständigen e.V. (HLBS)
siehe S 686

• Q 70

Bundesverband Landwirtschaftlicher Fachschulabsolventen e.V. (vlf)
-Organisation für Aus- und Weiterbildung im Agrarbereich-
Geschäftsstelle:
Godesberger Allee 142-148, 53175 Bonn
T: (0228) 81 98-0 (2 75) **Fax:** 81 98-1 96
TX: 885 586
Vorsitzende: Christel Schaab (Oberfeld 30, 65205 Wiesbaden-Erdenheim, T: (0611) 71 23 51, Fax: 71 94 82)
Geschäftsführer(in): Dr. Helmut Born
Verbandszeitschrift: Agrarmarkt
Verlag: Kabelkamp 6, 30179 Hannover

Landesverbände

q 71

Verband landwirtschaftlicher Fachschulabsolventen in Bayern e.V.
Geschäftsstelle:
Bürgermeister-Stocker-Ring 33, 86529 Schrobenhausen
T: (08252) 8 28 38
Internet: http://www.vlf-bayern.de
E-Mail: info@vlf-bayern.de
Gründung: 1911
1. Vorsitzende(r): Franz Xaver Mayer (Landauer Str. 9 OT Ganacker, 94431 Pilsting, T: (09953) 9 00 39)
Geschäftsführer(in): Helmut Schraml (LLD a.D., Bgm.-Stoker-Ring 33, 86529 Schrobenhausen, T: (08252) 8 28 38)
Leitung Presseabteilung: LD Helmut Konrad (Staatl. Lehr- und Versuchsanstalt Almesbach, 92637 Weiden)
Mitglieder: 120474, 91 Kreisverbände, 10 Bezirksverbände
Verbandszeitschriften:
Veröffentlichungen im Bayerischen Landwirtschaftlichen Wochenblatt, Redaktion: BLV Verlagsgesellschaft, Postf. 40 03 20, 80703 München

q 72

Verband Landwirtschaftlicher Fachschulabsolventen in Baden-Württemberg
Geschäftsstelle:
Winkelhoferstr. 39, 89584 Ehingen
T: (07391) 5 08-4 20 **Fax:** 5 08-4 19
Vorsitzende(r): Werner Specht (In den Weinbergen 8, 74639 Zweiflingen-Orendelsall, T. (07947) 22 58)
Geschäftsführer(in): Josef Kaifler (LD, 89584 Ehingen, T: (07391) 5 08-4 20)

q 73

Landesverband landwirtschaftlicher Fachschulabsolventen Berlin
Geschäftsstelle
Königsweg 6, 14193 Berlin
T: (030) 3 02 37 49
Vorsitzende(r): Arnold Ulken (Osdorfer Str. 108, 12207 Berlin, T: (030) 7 12 27 85)
Geschäftsführer(in): Rolf Krüger

q 74

Landesverband landwirtschaftlicher Fachschulabsolventen Bremen
Mahndorfer Heerstr. 5, 28307 Bremen
T: (0421) 48 24 23 **Fax:** 48 18 20
Vorsitzende(r): Heide Früchtnicht (Oberblockland 13 A, 28357 Bremen, T: (0421) 27 14 94)
Geschäftsführer(in): Anke Michaelis

q 75

Landesverband Landwirtschaftlicher Fachschulabsolventen Rheinland Pfalz e.V.
Geschäftsstelle:
Bildungsseminar für die Agrarverwaltung Rheinland-Pfalz Rhein Moselstr. 9, 56281 Emmelshausen
T: (06747) 90 10 **Fax:** 90 11 00
1. Vorsitzende(r): Alfons Becker (Hauptstr. 16, 53547 Hochscheid, T: (02638) 2 63)
2. Vorsitzende(r): Rudolf-Karl Böll (Hauptstr. 71 a, 67297 Marnheim, T: (06352) 22 90)
Geschäftsführer(in): LD Dr. Heinz (Bildungsseminar für die Agrarverwaltung Rheinland-Pfalz, Rhein-Mosel-Str. 9, 56281 Emmelshausen, T: (06747) 90 11 41)
Mitglieder: 21100

q 76

Landesverband Saar landwirtschaftlicher Fachschulabsolventen
Geschäftsstelle: Landw. Schule
Rußhütter Str. 8a, 66113 Saarbrücken
T: (0681) 75 39 61 **Fax:** 75 39 55
E-Mail: lwk-saar-d.klein@t-online.de
Vorsitzende(r): Hans Peter Thul (Winkenbacherhof, 66606 St.Wendel)
Geschäftsführer(in): Dieter Klein (LOR, Landwirtschaftsschule, Rußhütter Str. 8 a, Saarbrücken, T: (0681) 75 39 61)

q 77

Landesverband Hessen landwirtschaftlicher Fachschulabsolventen e.V.
Geschäftsstelle:
Lochmühlenweg 3, 61381 Friedrichsdorf
T: (06172) 71 06-312 **Fax:** 71 06-3 13
E-Mail: hess.landvolk-hochschule@t-online.de
Vorsitzende(r): Christel Schaab (Oberfeld 30, 65205 Wiesbaden, T: (0611) 71 23 51)
Geschäftsführer(in): Gisbert Müller

q 78

Landesverband landwirtschaftlicher Fachschulabsolventen Nordrhein e.V.
Geschäftsstelle:
Endenicher Allee 60, 53115 Bonn
T: (0228) 7 03-2 13, 7 03-2 86
Vorsitzende(r): Urban-Josef Jülich (Annostr. 22, 53881 Euskirchen, T: (02251) 5 12 24)
Geschäftsführer(in): Josef Göbel (Endenicher Allee 60, 53115 Bonn, T: (0228) 7 03-2 13, Telefax: (0228) 7 03-4 98)
Mitglieder: 13418

q 79

Verband landwirtschaftlicher Fachschulabsolventen Westfalen Lippe e.V.
Geschäftsstelle:
Schorlemerstr. 26, 48143 Münster
T: (0251) 59 93 01 bzw. 3 83 **Fax:** 59 94 19
Vorsitzende(r): Gisela Kokemoor (T: (05771) 96 80 12)
Geschäftsführer(in): OLR Dr. Wilhelm Siebelmann (Landwirtschaftskammer Westfalen-Lippe)

q 80

Verband landwirtschaftlicher Fachschulabsolventen Landesverband Niedersachsen
Geschäftsstelle:
Postf. 2 69, 30002 Hannover
Johannssenstr. 10, 30159 Hannover
T: (0511) 1 66 54 65
Vorsitzende(r): Gerhard Eimer (Battenbrock 2, 27374 Visselhövede, T: (04262) 21 15)
Geschäftsführer(in): Hartmut Meyhoff (Landw.-Kammer Hannover, Johannsenstr. 10, 30159 Hannover, T: (0511) 36 65-459, Fax: (0511) 36 65-505)

q 81

Landesverband landwirtschaftlicher Fachschulabsolventen Weser-Ems
Geschäftsstelle:
Mars-la-Tour-Str. 1-13, 26121 Oldenburg
T: (0441) 80 12 00
Gründung: 1954 (Februar)
Vorsitzende(r): Helmut Stolle (Sandkruger Str. 300, 26209 Hatten, T: (04481) 76 57)
Geschäftsführer(in): Dieter Heinemann (LD, Mars-la-Tour-Str. 1-13, 26121 Oldenburg, T: (0441) 80 12 00)
Mitglieder: 6000, 16 Vereine

q 82

Verband landwirtschaftlicher Fachschulabsolventen Landesverband Schleswig-Holstein
Organisation für Aus- und Weiterbildung im Agrarbereich
Geschäftsstelle:
Holstenstr. 106-108, 24103 Kiel
T: (0431) 97 97-2 72 **Fax:** 97 97-1 20
Teletex: 431 511 LKSH **T-Online** 920224
Vorsitzende(r): Otto Gravert (Dorfstr. 14, 24214 Lindau, T: (04346) 61 00)
Geschäftsführer(in): Karlheinz Wilke (Landwirtschaftskammer Schleswig-Holstein, Holstenstr. 106-108, 24103 Kiel, T: (0431) 97 97-2 72, Telefax: (0431) 97 97-1 20)
Mitglieder: 15977

q 83

Sächsischer Landesverband Landwirtschaftlicher Fachschulabsolventen
Staatliche Technikerschule für Landwirtschaft
Hauptstr. 150, 09600 Zug
T: (03731) 61 79 **Fax:** 61 91
Vorsitzende(r): Mario Schmidt
Geschäftsführer(in): Detlef Sparschuh

q 84

Landesverband Landwirtschaftlicher Fachschulabsolventen Thüringen
Fachschule für Agrar- und Hauswirtschaft
Gustav-Herrmann-Str. 24, 07646 Stadtroda
T: (036428) 2 21 02, 2 21 24 **Fax:** 2 11 54
Vorsitzende(r): Hartmut Köhler
Geschäftsführer(in): Dr. Maetzig

• Q 85

Arbeitsgemeinschaft für biologisch-dynamischen Landbau Offenburg e.V.
Ritterstr. 12, 77746 Schutterwald
T: (0781) 5 28 30
Gründung: 1972 (6. Mai)
Kontaktperson: Bernd Schimmele (Presse, Waldstr. 10, 77866 Rheinau, T: (07844) 21 28, Telefax: (07844) 21 28)
Verbandszeitschrift: Rundbrief und Mitteilungen
Redaktion: B. Schimmele
Mitglieder: 660
Mitarbeiter: 3

• Q 86

Hohenbuchen Schulungszentrum für Naturgemäßen Land- und Gartenbau e.V.
Poppenbüttler Hauptstr. 46, 22399 Hamburg
T: (040) 6 02 07 33
Gründung: 1975
Vorsitzende(r): Inge Mahn (T: (040) 5 38 44 80)
Mitglieder: 60
Jahresetat: DM 0,020 Mio, € 0,01 Mio

• Q 87

Bundesverband Lohnunternehmen (BLU) e.V.
Geschäftsstelle
Knochenhauerstr. 2a, 30890 Barsinghausen
T: (05105) 5 21 38 20 **Fax:** 5 21 38 11
E-Mail: schmid@blu-verband.de
Internationaler Zusammenschluß: siehe unter izs 401
1. Vorsitzende(r): Konrad Schindehütte (Baumschulenweg 16, 34379 Calden, T: (05677) 2 10, Fax: (05677) 63 28)
1. stellv. Vors.: Dipl.-Ing. Klaus Pentzlin (24329 Grebin-Schönweide, T: (04383) 98 43, Fax: (04383) 98 45)
2. stellv. Vors.: Bernd Knott (Krähenbusch 43, 47906 Kempen, T: (02152) 60 01, Fax: (02152) 85 47)
Geschäftsführer(in): Alfred Schmid
Verbandszeitschrift: Lohnunternehmen
Verlag: Eduard F.Beckmann, Heidecker Weg 112, 31251 Lehrte

Landesverbände

q 88

Landesverband der Lohnunternehmer in Land- und Forstwirtschaft Schleswig-Holstein e.V.
Geschäftsstelle:
Am Kamp 13, 24783 Osterrönfeld
T: (04331) 84 79-60, -61
Vorsitzende(r): Dipl.-Ing. Klaus Pentzlin (Eichenweg 1, 24329 Grebin-Schönweide, T: (04383) 98 43)
Geschäftsführer(in): Dipl.-Ing. Eckard Reese (T: (04331) 84 79 60)

q 89

Landesverband der Lohnunternehmer in Land- und Forstwirtschaft Niedersachsen e.V.
Geschäftsstelle:
Knochenhauerstr. 2a, 30890 Barsinghausen
T: (05105) 5 21 38-50 **Fax:** 5 21 38-51
Vorsitzende(r): Peter Zeyn (Elbufersstr. 147, 21395 Tespe, T: (04176) 10 91, Fax: (04176) 81 82)
Geschäftsführer(in): Dipl.-Ing. Jörg von Beyme

q 90

Landesverband der Lohnunternehmer in Land- und Forstwirtschaft NRW e.V.
Andreas-Hermes-Haus
Godesberger Allee 142, 53175 Bonn
T: (0228) 8 19 81 80 **Fax:** 8 19 81 81
Vorsitzende(r): Maria Schulte
Geschäftsführer(in): Dipl.-Ing.-agr. Dr. Müller

q 91

Landesverband der Lohnunternehmer in Landwirtschaft, Forstwirtschaft und Weinbau Hessen e.V.
Geschäftsstelle:
Knochenhauerstr. 2a, 30890 Barsinghausen
T: (05105) 5 21 38-50 **Fax:** 5 21 38-51
Vorsitzende(r): Konrad Schindehütte (Baumschulenweg 16, 34379 Calden-Ehrsten, T: (05677) 2 10, Telefax: (05677) 63 28)
Geschäftsführer(in): Dr. Martin Wesenberg

q 92

Fachgruppe landwirtschaftlicher Lohnunternehmer Baden-Württemberg im VdAW e.V.
Geschäftsstelle:
Wollgrasweg 31, 70599 Stuttgart
T: (0711) 1 67 79-0 **Fax:** 4 58 60 93
Vorsitzende(r): Günter Amann (88276 Berg, T: (0751) 4 49 75, Telefax: (0751) 5 46 37)
Geschäftsführer(in): Dipl.-Ing. (FH) Erich Reich

q 93

VdAW Fachgruppe Bayerische Lohnunternehmer
Geschäftsstelle:
Wollgrasweg 31, 70599 Stuttgart
T: (0711) 1 67 79-0 **Fax:** 4 58 60 93
Vorsitzende(r): Georg Schmid (82239 Alling-Biburg T: (08141) 46 53, Fax: (08141) 4 36 31)
Geschäftsführer(in): Dipl.-Ing. (FH) Erich Reich

q 94

Landesverband der Lohnunternehmer in Land- und Forstwirtschaft in Brandenburg e.V.
Schlesische Str. 38, 10997 Berlin
T: (030) 6 17 26 76 **Fax:** 6 18 20 53
E-Mail: Agro-Service.VdAW@t-online.de
Vorsitzende(r): Werner Nabuda (Agrar-Service "Lutzketal" GmbH, Pinnower Weg 10, 03172 Lutzketal, T: (035693) 2 43, Telefax: (035693) 40 43)
Geschäftsführer(in): Dietmar Lange

q 95

Fachgruppe Lohnunternehmen Sachsen im AGRO-Service-Verband Sachsen/Thüringen e.V.
Frankenauer Str. 1, 09648 Altmittweida
T: (03727) 60 01 21 **Fax:** 60 01 22
Internet: http://www.agro-service.de
E-Mail: agroservice-sachsen-thueringen@01019freenet.de
Geschäftsführer(in): Helmut Hirrig
Vorsitzende(r): Ulf Einert (Am Bahnhof 10, 09636 Langenau, T: (037322) 87 80, Fax: (037322) 22 75)

q 96

Fachgruppe Lohnunternehmen Thüringen im AGRO-Service-Verband Sachsen/Thüringen e.V.
Frankenauer Str. 1, 09648 Altmittweida
T: (03727) 60 01 21 **Fax:** 60 01 22
Internet: http://www.agro-service.de
E-Mail: agroservice-sachsen-thueringen@01019freenet.de
Geschäftsführer(in): Helmut Hirrig
Vorsitzende(r): Hansjochen Otte (Darrweg 29, 99734 Nordhausen, T: (03631) 4 94 60, Fax: (03631) 49 46 49)

• Q 97

Bundesverband Forstsamen Forstpflanzen e.V.
Spitzenorganisation der deutschen Forst- und Gehölzsamenbetriebe und Forstbaumschulen
Postf. 11 07, 82153 Gräfelfing
T: (089) 8 54 16 28 **Fax:** 8 54 92 51
Vorsitzende(r): Joachim Brandt (25469 Halstenbek, zugleich Vors. der Ländergruppe Nord- u. Westdeutschland)
Stellvertretende(r) Vorsitzende(r): Raphael Frhr. von Loé
Manuel Gilberts
Andreas Wahl
Geschäftsführung: im BFF und den Ländergruppen: RA Dr. Otmar Bernhard, Gräfelfing

q 98

Sektion Forst- und Gehölzsamen im Bundesverband Forstsamen Forstpflanzen e.V.
Bahnhofstr. 3a, 82166 Gräfelfing
T: (089) 8 54 16 28 **Fax:** 8 54 92 51
Geschäftsführer(in): der Sektion Forstsamen: RA Dr. Otmar Bernhard

• Q 99

Arbeitskreis Deutscher Forstbaumschulen e.V.
Ahrensdamm 53, 27616 Beverstedt
T: (04747) 80 88 **Fax:** 83 50
Vorsitzende(r): Christian Lürssen

• Q 100

Landesverband Niedersachsen der Forstsamen- und Forstpflanzenbetriebe e.V.
Steinförder Str. 141, 29323 Wietze
T: (05146) 98 80-0
Vorsitzende(r): Bernd Schaefer-Wildenberg

• Q 101

Verbindungsstelle Landwirtschaft-Gewerbliche Wirtschaft Hannover e.V.
Schiffgraben 49, 30175 Hannover
T: (0511) 34 37 35, 31 07-2 09 **Fax:** 34 37 35
Gründung: 1954
Geschäftsführer(in): Georg Jendritza (Pressesprecher)
Mitglieder: 180
Mitarbeiter: 2

• Q 102

Bund Deutscher Baumschulen (BdB)
Bismarckstr. 49, 25421 Pinneberg
T: (04101) 20 59-0 **Fax:** 20 59-31
Internet: http://BdB.g-net.de
E-Mail: BdB-Pinneberg@t-online.de
Präsident(in): Fritz Moldenhauer (Duisburg, T: (02151) 40 94 06)
Hauptgeschäftsführer(in): RA Jürgen Pfaue (Heisterpohl 5, 25495 Kummerfeld)
Mitglieder: ca. 1450

Landesverbände

q 103

Landesverband Baden im Bund deutscher Baumschulen e.V.
Geschäftsstelle
Waltershofer Str. 6, 79224 Umkirch
T: (07665) 87 94 **Fax:** 64 37
Vorsitzende(r): Andreas Huben (Schriesheimer Fußweg 7, 68526 Ladenburg, T: (06203) 9 28 00)
Mitglieder: 64

q 104

Landesverband Bayern im Bund deutscher Baumschulen e.V.
Hauptstr. 36, 91094 Langensendelbach
T: (09133) 46 87 **Fax:** 46 73
Vorsitzende(r): Hans Hofmann
Mitglieder: 134

q 105

Landesverband Berlin im Bund deutscher Baumschulen e.V.
Lettberger Str. 95, 12355 Berlin
T: (030) 6 63 50 41 **Fax:** 6 64 43 32
Vorsitzende(r): Hans-Jürgen Fischer
Mitglieder: 5

q 106

Landesverband Brandenburg im Bund deutscher Baumschulen (BdB) e.V.
Frodersdorfer Str. 11, 15370 Bruchmühle
T: (033439) 7 82 53 **Fax:** 7 82 54
Vorsitzende(r): Karl-Heinz Horn
Mitglieder: 21

q 107

Landesverband Hamburg im Bund deutscher Baumschulen e.V.
Maldfeldstr. 4, 21077 Hamburg
T: (040) 7 61 08-0 **Fax:** 7 61 08-1 00
Vorsitzende(r): Lorenz von Ehren
Mitglieder: 10

q 108

Landesverband Hannover im Bund deutscher Baumschulen e.V.
Johannssenstr. 10, 30159 Hannover
T: (0511) 36 39 29 **Fax:** 32 88 47
Vorsitzende(r): Heinrich Meyer (Auf der Riede 112, 31600 Uchte, T: (05763) 7 01)
Geschäftsführer(in): Lutz Arnsmeyer
Mitglieder: 95

q 109

Landesverband Hessen im Bund deutscher Baumschulen e.V.
An der Festeburg 31, 60389 Frankfurt
T: (069) 47 10 20 **Fax:** 47 68 11
Vorsitzende(r): Lothar Engelhardt (Heuchelheimer Str. 132, 35398 Gießen, T: (0641) 9 62 80 11, Fax: (0641) 9 62 80 10)
Geschäftsführer(in): Hans-Georg Paulus
Mitglieder: 80

q 110

Landesverband Mecklenburg/Vorpommern im Bund deutscher Baumschulen (BdB) e.V.
Wismarsche Str. 37, 18236 Kröpelin
T: (038292) 2 46 **Fax:** 3 50
Vorsitzende(r): Volker Hinrichs
Mitglieder: 11

q 111

Verband Rheinischer Baumschulen im Landesverband Gartenbau Rheinland e.V.
Postf. 68 02 09, 50705 Köln
T: (0221) 7 15 10 21 **Fax:** 7 15 10 31
Vorsitzende(r): Karl-Heinz Plum (Wassenberger Str. 59, 52525 Heinsberg, T: (02452) 6 23 15, Telefax: (02452) 6 45 55)
Geschäftsführer(in): Günter Bayer
Mitglieder: 134

q 112

Landesverband Rheinland-Pfalz-Saar im Bund deutscher Baumschulen e.V.
Burgenlandstr. 7, 55543 Bad Kreuznach
T: (0671) 6 69 56 **Fax:** 6 86 52
Vorsitzende(r): Michael Fuchs (An der B 41, 55743 Idar-Oberstein, T: (06781) 2 41 40, Telefax: (06781) 2 77 82)
Geschäftsführer(in): Dipl.-Ing. agr. Welmar Rietmann
Mitglieder: 48

q 113

Landesverband Sachsen im Bund deutscher Baumschulen (BdB) e.V.
Stübelstr. 3, 04758 Oschatz
T: (03435) 97 61-0 **Fax:** 97 61-10
Vorsitzende(r): Wolfgang Müller
Mitglieder: 52

q 114

Landesverband Sachsen-Anhalt im Bund deutscher Baumschulen (BdB) e.V.
Am Weidenring 12b, 39175 Biederitz
T: (039292) 2 91 01
Vorsitzende(r): Lothar Thormeier (Westerhäuser Str. 35, 38889 Blankenburg, T: (03944) 36 46 17)
Geschäftsführer(in): Sigurd Schossig
Mitglieder: 22

q 115

Landesverband Schleswig-Holstein im Bund deutscher Baumschulen e.V.
Postf. 12 29, 25402 Pinneberg
Bismarckstr. 49, 25421 Pinneberg
T: (04101) 20 59 21 **Fax:** 20 59 33
Vorsitzende(r): Angelika Steffen
Geschäftsführer(in): Dipl.-Ing. agr. Christian Hell
Mitglieder: 266

q 116

Landesverband Thüringen im Bund deutscher Baumschulen (BdB) e.V.
Deegenstr. 1, 07586 Bad Köstritz
T: (036605) 27 12 **Fax:** 23 58
Vorsitzende(r): Hans Oehlgardt
Mitglieder: 26

q 117

Landesverband Weser-Ems im Bund deutscher Baumschulen e.V.
Postf. 12 68, 26642 Westerstede
Kolberger Str. 20, 26655 Westerstede
T: (04488) 7 77 12 **Fax:** 85 97 55

Vorsitzende(r): Walter Hinrichs (Kortenmoorstr. 2, 26188 Edewecht-Westerscheps, T: (04405) 93 93 43, Telefax: (04405) 93 93 44)
Geschäftsführer(in): Raimund Popp
Mitglieder: 226

q 118

Landesverband Westfalen-Lippe im Bund deutscher Baumschulen e.V.
Germaniastr. 53, 44379 Dortmund
T: (0231) 96 10 14-0 **Fax:** 96 10 14-90
Vorsitzende(r): Helmut Rüskamp (Welte 70, 48249 Dülmen, T: (02594) 36 16, Telefax: (02594) 8 67 30)
Geschäftsführer(in): RA Jürgen Winkelmann
Mitglieder: 87

q 119

Landesverband Württemberg im Bund deutscher Baumschulen e.V.
Neue Weinsteige 160, 70180 Stuttgart
T: (0711) 6 40 30 46 **Fax:** 6 40 97 39
Vorsitzende(r): Albrecht Schnell (Schraderstr. 12, 74632 Neuenstein, T: (07942) 22 13, Telefax: (07942) 35 70)
Geschäftsführer(in): RA Thomas Vohrer
Mitglieder: 111

• **Q 120**

Bund deutscher Champignonzüchter e.V., Bonn
Geschäftsstelle:
Godesberger Allee 142-148, 53175 Bonn
T: (0228) 8 10 02 26 **Fax:** 8 10 02 47/48
1. Vorsitzende(r): Franz Schmaus (Talweg 2, 63694 Limeshain)
Geschäftsführer(in): Dipl.-Ing. Jochen Winkhoff
Verbandszeitschrift: Der CHAMPIGNON - Zeitschrift für den Pilzbau
Redaktion: Dipl.-Ing. agr. Eberhard Peters, Kuckucksweg 1, 53123 Bonn, T: (0228) 62 25 55, Fax: (0228) 62 25 55
Verlag: Bund Deutscher Champignonzüchter e.V., Godesberger Allee 142-148, 53175 Bonn, T: (0228) 8 10 02 26
Mitglieder: 120

• **Q 121**

Verein Pro Traubensaft e.V.
Mainzer Str. 253, 53179 Bonn
T: (0228) 9 54 60-0 **Fax:** 9 54 60-30
Gründung: 1986
Vorsitzende(r): Heribert Gathof
Geschäftsführer(in): Dipl.-Ökonom Klaus Sondhauß
Mitglieder: 13, u. 2 verbundene Unternehmen
Mitarbeiter: 1

• **Q 122**

Information· Medien· Agrar e.V. (IMA)
Auerberger Allee 1, 53117 Bonn
T: (0228) 5 59 79-0 **Fax:** 5 59 79-20
Internet: http://www.ima-agrar.de
E-Mail: info@ima-agrar.de
Gründung: 1960 (November)
Geschäftsführer(in): Hermann Bimberg
Mitglieder: 22 Verbände

• **Q 123**

Verbindungsstelle Landwirtschaft-Industrie e.V. Essen
Richard-Wagner-Str. 21, 45128 Essen
T: (0201) 23 73 71 **Fax:** 23 73 72
Vorsitzende(r): Gerhard R. Wolf (ehem. Mitglied des Vorstandes BASF AG, Ludwigshafen)
Geschäftsführer(in): Dr. Katharina Otzen

• **Q 124**

Arbeitskreis Industrie-Landwirtschaft Hessen e.V.
Taunusstr. 151, 61381 Friedrichsdorf
T: (06172) 7 10 61 12 **Fax:** 71 06 10
Vorsitzende(r): Gottfried Milde
Geschäftsführer(in): Peter Voss-Fels

• **Q 125**

ZADI - Zentralstelle für Agrardokumentation und -information
Postf. 20 14 15, 53144 Bonn
Villichgasse 17, 53177 Bonn
T: (0228) 95 48-0 **Fax:** 95 48-111
Internet: http://www.zadi.de
Gründung: 1969
Leitung: PD Dr. Jan Mark Pohlmann
Presse und Information: Sigrid Köppers

Internet-Suchkatalog; Deutsches Agrarinformationsnetz (DAINet), Informationssystem Genetische Ressourcen (GENRES), Informationsforen Landwirtschaft, Gartenbau, Forstwirtschaft, Ernährung, Fischerei; FIZ-AGRAR - Fachinformationszentrum Ernährung, Land- und Forstwirtschaft; Informationsmanagement, Beratung, Koordination, Forschung und Entwicklung

• **Q 126**

Arbeitsgemeinschaft Umweltinformationssysteme
Münsterer Str. 20, 35447 Reiskirchen
T: (06401) 53 54 **Fax:** 53 54
E-Mail: ecocum@aol.com
Leitung: Dr. Thomas Haag

• **Q 127**

Bund der Ingenieure des Gartenbaues und der Landespflege e.V. (BIG)
Geschäftsstelle:
Godesberger Allee 142-148, 53175 Bonn
T: (0228) 8 10 02-31 **Fax:** 8 10 02-48
E-Mail: info@gartenbauingenieure.de
Gründung: 1953
Geschf. Vorstandsmitgl.: Dipl.-Ing. (FH) Jörg Freimuth (Im Saufang 43, 53343 Wachtberg, T: (0228) 85 73 73, Fax: (0228) 85 69 44)
Vorsitzende(r): Dipl.-Ing. (FH) Erwin Beyer (Feuerbacher Weg 86, 70192 Stuttgart, T: (0711) 2 56 05 36, Fax: (0711) 2 57 93 17)
Verbandszeitschrift: Führungskräfte + Management, Zeitschrift für Ingenieure
Redaktion: Bai-Verlag, Konrad-Adenauer-Str. 18, 34317 Habichtswald, T: (05606) 5 66 75, Fax: 5 66 74
Mitglieder: 2500

• **Q 128**

Deutscher Rat für Landespflege (DRL)
Konstantinstr. 110, 53179 Bonn
T: (0228) 33 10 97 **Fax:** 33 47 27
Internet: http://www.landespflege.de
E-Mail: DRL-Bonn@t-online.de
Gründung: 1962 (5. Juli)
Vorsitzende(r): Prof.Dr.Dr.h.c. Wolfgang Haber
Geschäftsführer(in): Prof.Dr.-Ing. Klaus Borchard
Verbandszeitschrift: Schriftenreihe des Deutschen Rates für Landespflege
Mitglieder: 28
Mitarbeiter: 3

• **Q 129**

POLLICHIA - Verein für Naturforschung und Landespflege e.V.
Saarlandstr. 13, 76855 Annweiler
T: (06346) 73 53 **Fax:** 72 45
Gründung: 1840
1. Vorsitzende(r): Prof. Dr. Eckhard Friedrich
2. Vorsitzende(r): PD Dr. Hans-Wolfgang Helb
Hauptgeschäftsführer(in): Werner Schimeczek
Verbandszeitschrift: POLLICHIA-Kurier
Redaktion: Dipl.-Biol. Christian Böhme
Verlag: Eigenverlag der POLLICHIA, Pfalzmuseum für Naturkunde (POLLICHIA-Museum), 67098 Bad Dürkheim
Mitglieder: 3300
Mitarbeiter: 3
Jahresetat: DM 0,5 Mio, € 0,26 Mio
Publikationen: Mitteilungen der POLLICHIA (jährlich), Red. Dr.rer.nat. Karl Stapf
POLLICHIA-Bücher
Sonderveröffentlichungen der POLLICHIA
PFÄLZER HEIMAT (vierteljährlich) zusammen mit Historischer Verein der Pfalz und Pfälzische Gesellschaft zur Förderung der Wissenschaften (Hg.)

• **Q 130**

Zentralverband Gartenbau e.V. (ZVG)
Postf. 20 14 63, 53144 Bonn
Godesberger Allee 142-148, 53175 Bonn
T: (0228) 8 10 02-0 **Fax:** 8 10 02 48
Präsident: Karl Zwermann
Generalsekretär: Dr. Siegfried Scholz
Leitung Presseabteilung: Stephan Braun
Verbandszeitschrift: ZVG Gartenbau Report
Redaktion: Helga Panten
Verlag: FGG Förderungsgesellschaft Gartenbau mbH, Postf. 20 14 63, 53144 Bonn, E-Mail: ZVG-Bonn@g-net.de, Internet: http://www.g-net.de

• **Q 131**

Arbeitsgemeinschaft deutscher Junggärtner e.V. (AdJ)
Gießener Str. 47, 35305 Grünberg
T: (06401) 91 01-50 **Fax:** 91 01-76, 91 01-79, 91 01-75
Internet: http://www.junggaertner.de
E-Mail: info@junggaertner.de
Gründung: 1928 (15. September)
Vorsitzende(r): Klaus Schnaidt (Törlensäckerstr. 25, 73257 Köngen)
Geschäftsführer(in): Dipl.-Ing. (FH) Nicole Becker
Leitung Presseabteilung: Birgit Mende
Verbandszeitschrift: Junggärtnerinfo
Redaktion: Birgit Mende
Verlag: AdJ, Gießener Str. 47, 35305 Grünberg
Mitglieder: 3500
Mitarbeiter: 3
Jahresetat: DM 0,35 Mio, € 0,18 Mio

• **Q 132**

Bund deutscher Friedhofsgärtner (BdF)
-Geschäftsführung
Postf. 20 14 63, 53144 Bonn
Godesberger Allee 142-148, 53175 Bonn
T: (0228) 8 10 02 45 **Fax:** 8 10 02 48
Internet: http://www.grabpflege.de
E-Mail: zvg-bonn.trawinski@t-online.de
Vorstand: Dirk Gertzmann (Vors.)
Karl Wolf (Stellv. Vors.)
Wilfried Raff (Stellv. Vors.)
Hans-Peter Otto (GeschF)
Anzahl der angeschlossenen Organisationen: 42

Vertretung der Interessen der Friedhofsgärtner im Zentralverband Gartenbau und den im Bereich "Friedhof" auf Bundesebene tätigen Verbänden, Behörden und Organisationen.

• **Q 133**

AuGaLa - Ausbildungsförderwerk Garten-, Landschafts- und Sportplatzbau e.V.
Haus der Landschaft
53602 Bad Honnef
Alexander-von-Humboldt-Str. 4, 53604 Bad Honnef
T: (02224) 77 07-0 **Fax:** 77 07-77
Vorstand: Franz-Josef Sieg (Vorsitzender)
Erich Hiller (stellvertretender Vorsitzender u. Schatzmeister)
Wolfgang Ravior (stellvertretender Vorsitzender)
Christoph Bohr (Beisitzer)
Ulrich Wittenstein (Beisitzer)
Dr. Hermann Kurth (GeschF)
Axel Ralf Liedtke (GeschF)
Mitglieder: 16

• **Q 134**

Deutsche Gesellschaft für Gartenkunst und Landschaftspflege e.V. (DGGL)
Wartburgstr. 42, 10823 Berlin
T: (030) 7 88 11 25 **Fax:** 7 87 43 37
Gründung: 1887
Präsident(in): Hildebert de la Chevallerie
Generalsekretär(in): Dipl.-Ing. Christa Ringkamp
Geschäftsführer(in): Karin Glockmann
Verbandszeitschrift: "Garten + Landschaft"
Verlag: Callwey-Verlag, Streitfeldstr. 35, 81673 München
Mitglieder: ca. 4000
Die DGGL ist in 18 Landesverbände gegliedert

• **Q 135**

Deutscher Verband für Landschaftspflege e.V. (DVL)
Eyber Str. 2, 91522 Ansbach
T: (0981) 95 04-241, 95 04-247 **Fax:** 95 04-246
Internet: http://www.lpv.de, http://www.reginet.de
E-Mail: info@lpv.de
Gründung: 1993
Vorsitzende(r): Josef Göppel (MdL)
Stellvertretende(r) Vorsitzende(r): Florian Meusel
Dr. Kai Frobel
Geschäftsführer(in): Wolfram Güthler
Mitglieder: 102 (nur Landschaftspflegeverbände)
Mitarbeiter: 9

• **Q 136**

Vereinigung Deutscher Blumenmärkte
Godesberger Allee 142-148, 53175 Bonn
T: (0228) 8 10 02 27 **Fax:** 8 10 02 48
Vorstand: Helmut Peters (Vors.)
Alfred Anft (stellv. Vors.)
Peter Ruhnke (GeschF)
Anzahl der angeschlossenen Organisationen: 32

• **Q 137**

Bundesverband Garten-, Landschafts- und Sportplatzbau e.V. (BGL)
Hs. d. Landschaft
Alexander-von-Humboldt-Str. 4, 53604 Bad Honnef
T: (02224) 77 07-0 **Fax:** 77 07-77
Internet: http://www.galabau.de

E-Mail: bgl@galabau.de
Gründung: 1964
Internationaler Zusammenschluß: siehe unter izs 415
Präsident(in): Werner Küsters (St.-Antonius-Str. 1 a, 41470 Neuss, T: (02137) 95 33-0, Fax: 95 33 30)
Hauptgeschäftsführer(in): Dr. Hermann Kurth
Geschäftsführer(in): Karl Esser
Mitglieder: 14 Landesverbände, in denen rd. 3000 Betriebe organisiert sind
Mitarbeiter: 32
Verbandszeitschrift/Verbandsorgan: "Landschaft Bauen & Gestalten"

Landesverbände

q 138

Verband Garten-, Landschafts- und Sportplatzbau Baden-Württemberg e.V.
Filderstr. 109-111, 70771 Leinfelden-Echterdingen
T: (0711) 9 75 66-0 **Fax:** 9 75 66-20
Internet: http://www.galabau-bw.de
E-Mail: info@galabau-bw.de
Präsident(in): Dieter Raisch (Breslauer Str. 1, 73760 Ostfildern, T: (0711) 34 01 93-0, Fax: (0711) 34 01 93-79)
Geschäftsführer(in): Reiner Bierig

q 139

Verband Garten-, Landschafts- und Sportplatzbau Bayern e.V.
Haus der Landschaft
Postf. 60 03 08, 81203 München
Lehárstr. 1, 82166 Gräfelfing
T: (089) 8 29 14 5-0 **Fax:** 8 34 01 40
Internet: http://www.galabau-bayern.de
E-Mail: VGL.Bayern@t-online.de
Präsident(in): Manfred Virgens (Münchener Str. 28, 85646 Anzing, T: (08121) 4 84 22, Telefax: (08121) 4 88 26)
Verb.-Dir.: Jürgen R. Prigge

q 140

Fachverband Garten-, Landschafts- und Sportplatzbau Berlin/Brandenburg e. V.
Kleinmachnower Weg 11, 14165 Berlin
T: (030) 8 15 70 78 **Fax:** 8 15 35 08
Internet: http://www.galabau-berlin-brandenburg.de
E-Mail: info@galabau-berlin-brandenburg.de
Vorsitzende(r): Christoph Hartmann (c/o Fa. Herold & Gietz GmbH, Galabau, Quitzowstr. 27-28, 10559 Berlin, T: (030) 3 96 99 52, Fax: 3 96 99 53)
Geschäftsführer(in): Michael Bislich

q 141

Fachverband Garten- und Landschaftsbau Land Brandenburg e.V.
Jägerhorn 36-40, 14532 Kleinmachnow
T: (033203) 7 90 55 **Fax:** 7 86 33
E-Mail: FV.GaLaBau@t-online.de
Vorsitzende(r): Ralf Klischke (Margaretenhof, 14774 Brandenburg, T: (03381) 40 32 46, Telefax: (03381) 40 38 06)
Geschäftsführer(in): Tobias Peterson

q 142

Fachverband Garten-, Landschafts- und Sportplatzbau Hamburg e.V.
Bei Schuldts Stift 3, 20355 Hamburg
T: (040) 34 09 83 **Fax:** 34 48 77
Internet: http://www.hwk-hamburg.de
E-Mail: galabau@hwk-hamburg.de
Vorsitzende(r): Hanns-Jürgen Redeker (Dannenkamp 14, 22869 Schenefeld, T: (040) 8 39 18 78, Telefax: (040) 8 39 18 00)
Geschäftsführer(in): Josef Werner

q 143

Fachverband Garten-, Landschafts- und Sportplatzbau Hessen-Thüringen e.V.
Max-Planck-Ring 39, 65205 Wiesbaden
T: (06122) 9 31 14-0 **Fax:** 9 31 14-24
Internet: http://www.galabau-ht.de
E-Mail: info@galabau-ht.de
Präsident(in): Horst Dillmann (Am Heldenberger Weg, 61130 Nidderau, T: (06187) 30 28/9, Telefax: (06187) 2 56 81)
Geschäftsführer(in): Guntram Löffler

q 144

Fachverband Garten-, Landschafts- und Sportplatzbau Mecklenburg-Vorpommern e.V.
Bockhorst 1, 18273 Güstrow
T: (03843) 26 41 56 **Fax:** 26 42 40
Vorsitzende(r): Helmut Schingen (Zur Klösterbeck 23, 18196 Petschow, T: (038204) 1 20 42, Telefax: (038204) 1 20 43)
Geschäftsführer(in): Marion Orlowske

q 145

Verband Garten-, Landschafts- und Sportplatzbau Niedersachsen-Bremen e.V.
Haus des Gartenbaues
Paul-Feller-Str. 25, 28199 Bremen
T: (0421) 53 07 35 **Fax:** 53 08 54
Internet: http://www.galabau-nordwest.de
E-Mail: galabau.nordwest@online.de
Vorsitzende(r): Egon Schnoor (c/o Jens Turner GmbH, Postf. 11 27, 28801 Stuhr, Feldstr. 71, 28816 Stuhr, T: (04242) 89 47 61, Telefax: (04242) 81 22)
Geschäftsführer(in): Harald Mikulla

q 146

Verband Garten-, Landschafts- und Sportplatzbau Rheinland e.V.
Haus des Rheinischen Gartenbaues
Postf. 68 02 09, 50705 Köln
Amsterdamer Str. 206, 50735 Köln
T: (0221) 7 15 10 12 **Fax:** 7 15 10 41
Internet: http://www.galabau-rheinland.de
E-Mail: info@galabau-rheinland.de
Präsident(in): Manfred Lorenz (Gierather Str. 182, 51469 Bergisch Gladbach, T: (02202) 5 40 69, Telefax: (02202) 5 09 23)
Geschäftsführer(in): Michael Gotschika

q 147

Verband Garten-, Landschafts- und Sportplatzbau Rheinland-Pfalz-Saar e.V.
Postf. 15 80, 55505 Bad Kreuznach
T: (0671) 4 43 78 **Fax:** 4 50 22
Internet: http://www.galabauverband.de
E-Mail: mail@galabauverband.de
Präsident(in): Claus Schneider (Am Weidezehnten 3, 55129 Mainz, T: (06131) 50 90 31, Telefax: (06131) 59 21 34)
Geschäftsführer(in): Wilhelm Spatz

q 148

Verband Garten-, Landschafts- und Sportplatzbau Sachsen e.V.
Am Wüsteberg 3, 01723 Kesselsdorf
T: (035204) 44 35-0 **Fax:** 44 35-2
Internet: http://www.galabau-sachsen.de
E-Mail: verbandgalabau.sachsen@t-online.de
Vorsitzende(r): Thomas Serfling (Schiemannstr. 1, 04808 Wurzen-Roitzsch, T: (03425) 90 36 15)
Geschäftsführer(in): Dr. Gert Merkert

q 149

Verband Garten-, Landschafts- und Sportplatzbau Sachsen-Anhalt e.V.
Ermslebener Str. 5, 06449 Aschersleben
T: (03473) 91 17 48 **Fax:** 91 17 50
E-Mail: VGL-SA@t-online.de
Präsident(in): Monika Ferchland (Niegripper Chaussee 40, 39288 Burg, T: (03921) 94 42 50, Telefax: (03921) 94 42 51)
Geschäftsführer(in): Dr. Werner Wandelt

q 150

Fachverband Garten-, Landschafts- und Sportplatzbau Schleswig-Holstein e.V.
Steenbeker Weg 151, 24106 Kiel
T: (0431) 3 46 47 **Fax:** 33 85 20
Internet: http://www.galabau-sh.de/
E-Mail: info@galabau-sh.de
Vorsitzende(r): Reimer Meier (Ostlandring 3, 25582 Hohenaspe, T: (04893) 5 73, Telefax: (04893) 7 58)
Geschäftsführer(in): Achim Meierewert

q 151

Verband Garten-, Landschafts- und Sportplatzbau Westfalen-Lippe e.V.
Postf. 71 66, 59029 Hamm
Unnaer Str. 3, 59069 Hamm
T: (02385) 9 11 22-0 **Fax:** 9 11 22 22
Internet: http://www.galabau-westfalen.de
E-Mail: info@galabau-westfalen.de
Präsident(in): Andreas Nadorf (Merkureck 12a, 48165 Münster-Hiltrup, T: (02501) 44 85 11, Telefax: (02501) 44 85 18)
Geschäftsführer(in): Dr. Karl Schürmann

• Q 152

Gartenbaukammer Bremen
Körperschaft des öffentlichen Rechts
Paul-Feller-Str. 25, 28199 Bremen
T: (0421) 53 64 10 **Fax:** 55 21 82
Präsident: Jürgen Diekmeyer (Im Freien Meer 24, 28219 Bremen)
Vizepräsidenten: Heinrich Scherrer (Oberneulander Landstr. 196a, 28355 Bremen)
Robert Nagel (Achterdiek 47 c, 28359 Bremen)
Geschäftsführer(in): Axel Boese

• Q 153

Bundesvereinigung der Erzeugerorganisationen Obst und Gemüse e.V.
53106 Bonn
Adenauerallee 127, 53113 Bonn
T: (0228) 2 42 00 50 **Fax:** 21 39 19
E-Mail: bveo@drv.raiffeisen.de
Gründung: 1970 (5. März)
Vorsitzende(r) des Vorstandes: Dr. Rolf Meyer
Geschäftsführer(in): Karl Schmitz
Mitglieder: 62

• Q 154

Braugersten-Gemeinschaft, Arbeitsgemeinschaft zur Förderung des Qualitätsgerstenbaues im Bundesgebiet e.V.
Habichtstr. 7, 82223 Eichenau
T: (08141) 7 21 13 **Fax:** 8 21 25
Gründung: 1951
Vorsitzende(r): Dr. Horst-Gevert Bellmer (Brauerei Beck GmbH + Co., Postf. 10 73 07, 28073 Bremen, T: (0421) 5 09 40, Fax: (0421) 5 09 43 03)
Geschäftsführer(in): Dipl.-Braumeister Claus Winkler (Habichtstr. 7, 82223 Eichenau, T: (08141) 7 21 13)

• Q 155

Arbeitsgemeinschaft zur Förderung des Niedersächsischen Braugerstenanbaues e.V.
Johannssenstr. 10, 30159 Hannover
T: (0511) 3 66 53 71 **Fax:** 3 66 55 08
Vorsitzender: Hans-Jürgen Seele, Stöcken

• Q 156

Fördergemeinschaft Braugerste Rheinland-Pfalz e.V.
- Braugerstenstelle -
c/o Landwirtschaftskammer Rheinland-Pfalz
Burgenlandstr. 7, 55543 Bad Kreuznach
T: (0671) 79 31 39 **Fax:** 79 31 99
Geschäftsführer(in): Manfred Schnorbach (Lehr- und Versuchsanstalt, Rhein-Mosel-Str. 11, 56281 Emmelshausen, Tel.: (0647) 2 37, Fax: (06747) 81 17)

• Q 157

Braugerstenstelle Südbaden e.V.
Postf. 53 67, 79020 Freiburg
Bertoldstr. 43, 79098 Freiburg
T: (0761) 7 03 46-275 **Fax:** 7 03 46-255
Vorstand: Joachim Rösch
Geschäftsführer(in): Dr. Günther Heckmann

• Q 158

Arbeitsgemeinschaft zur Förderung des Qualitätsgerstenbaues im Bundesgebiet e.V.
Habichtstr. 7, 82223 Eichenau
T: (08141) 7 21 13 **Fax:** 8 21 25
Vorstandsvorsitzende(r): Dr. Horst-Gevert Bellmer ((Brauerei Beck GmbH + Co., Postf. 107307, 28073 Bremen, T: (0421) 50 94 43 15)
Stellv. Vorstandsvorsitzende(r): Gottfried Bauer (Malzfabrik Schweinfurt, 97424 Schweinfurt, T: (09721) 76 50 12)
Geschf: Dipl.-Braumeister Claus Winkler (Habichtstr. 7, 82223 Eichenau, T: (08141) 7 21 13, Telefax: (08141) 8 21 25)

• Q 159

Hopfenpflanzerverband Hallertau e.V.
Postf. 12 29, 85280 Wolnzach
Kellerstr. 1, 85283 Wolnzach
T: (08442) 92 50-0 **Fax:** 42 70
Internet: http://www.german-hops.org
E-Mail: weingarten@german-hops.org
Vors.: Josef Wittmann (Steinbach, Hauptstr. 32, 84048 Mainburg)
Geschf: Otmar Weingarten

• Q 160

Verband deutscher Hopfenpflanzer e.V.
Haus des Hopfens
Kellerstr. 1, 85283 Wolnzach

T: (08442) 92 50-0 **Fax:** 42 70
Internet: http://www.german-hops.org
E-Mail: weingarten@german-hops.org
Vorsitzende(r): Josef Schrag (Heißmanning 16, 85276 Pfaffenhofen, T: (08441) 98 44)
Geschäftsführer(in): Otmar Weingarten

Wahrnahme der wirtschaftlichen Interessen der deutschen Hopfenpflanzer; Förderung des deutschen Hopfenanbaues.

• Q 161

Hopfenpflanzerverband Tettnang e.V.
Weinstr. 9, 88069 Tettnang
T: (07542) 5 21 36 **Fax:** 5 21 60
Internet: http://www.tettnanger-hopfen.de
E-Mail: TT-HOPS@t-online.de
Geschäftsführer(in): OLR Franz Wöllhaf
Vorsitzende(r): Dr. Bernhard Locher (Loderhof 1, Tettnang, T: (07528) 92 70 34, Telefax: (07528) 92 70 35)

• Q 162

Bundesverband Deutscher Gartenfreunde e.V. (BDG)
-Gemeinnützige Organisation für das Kleingartenwesen-
Geschäftsstelle:
Steinerstr. 52, 53225 Bonn
T: (0228) 47 30 36, 47 30 37 **Fax:** 47 63 79
Internet: http://www.kleingarten-bund.de
E-Mail: bdg@kleingarten-bund.de
Gründung: 1921
Internationaler Zusammenschluß: siehe unter izq 106
Präsident(in): Ingo Kleist
Geschäftsführerin: Theresia Theobald
Verbandszeitschrift: DER FACHBERATER
Redaktion: Mitglieder des BDG-Presseausschusses
Verlag: W. Wächter GmbH, Elsasser Str. 41, 28211 Bremen
Mitglieder: 1060000
Mitarbeiter: 4
Landesverbände: 19

• Q 163

Bundesverband Deutscher Kornbrenner e.V. (BDK)
siehe F 449

• Q 164

Deutscher Landfrauenverband e.V. (DLV)
Godesberger Allee 142-148, 53175 Bonn
T: (0228) 93 79 81-0 **Fax:** 37 54 77
Präsident(in): Erika Lenz
Hauptgeschäftsführer(in): N.N.
Verbandszeitschrift: DLV-Informationen
Redaktion: Andrea Schulze
Mitglieder: ca. 550000
Mitgliedsorganisationen: 22

• Q 165

Bund der Deutschen Landjugend im Deutschen Bauernverband e.V. (BDL)
Ernst-Reuter-Platz 3-5, 10587 Berlin
T: (030) 3 19 04-253 **Fax:** 3 19 04-206
E-Mail: info@landjugend.de
Gründung: 1949
Vorsitzende(r): Dirk Detlefsen (Güldenholm, 24881 Nuebel)
Geschäftsführer(in): Matthias Sammet
Leitung Presseabteilung: Karin Metz
Verbandszeitschrift: Die neue DL
Verlag: Eigenverlag
Mitglieder: ca. 120000

• Q 166

Katholische Landjugendbewegung Deutschlands e.V.
-Bundesstelle
Drachenfelsstr. 23, 53604 Bad Honnef
T: (02224) 94 65-0 **Fax:** 94 65-44
Internet: http://www.kljb.org
E-Mail: bundesstelle@kljb.org
BundesGeschF: Christiane Fuchs-Pellmann
Leitung Presseabteilung: Gabriele Kiefer
Verbandszeitschrift: Bundesforum
Redaktion: Gabriele Kiefer
Verlag: Landjugendverlag GmbH, Drachenfelsstr. 23, 53604 Bad Honnef
Mitglieder: 71000

Fachverband

q 167

Akademie der Katholischen Landjugend e.V.
Drachenfelsstr. 23, 53604 Bad Honnef
T: (02224) 94 65-40 **Fax:** 94 65-44
Internet: http://www.kljb.org
E-Mail: kljb-de@bionic.zerberus.de
Geschf. Referent: Thomas Tschöke

• Q 168

Bundesarbeitsgemeinschaft Evangelische Jugend im ländlichen Raum
-Bundesstelle
Dieperzbergweg 13-17, 57610 Altenkirchen
T: (02681) 95 16-0 **Fax:** 7 02 06
Internet: http://www.lja.de
E-Mail: info@lja.de
Bundestutorin: Claudia Leibrock

• Q 169

Arbeitskreis Umwelt AKU e.V. der Evangelischen Landjugend in Bayern
Geckenheimer Str. 5, 97215 Uffenheim
T: (09842) 81 81 **Fax:** 3 83
Vorsitzende(r): Harald Trabert
Stellvertretende(r) Vorsitzende(r): Roland Wagner
Leitung Presseabteilung: Bettina Fuhrmeister
Verbandszeitschrift: AKU-News

• Q 170

Bundesverband landwirtschaftlicher Pächter e.V.
Warmbüchenstr. 3, 30159 Hannover
T: (0511) 3 68 13 13 **Fax:** 30 62 95
Vorsitzende(r): Jürgen Görg (38644 Goslar)
Geschäftsführer(in): Hans-Jürgen Studte

q 171

Pächterverband Sachsen-Anhalt e.V.
Adelheidstr. 1, 06484 Quedlinburg
T: (03946) 70 70 58 **Fax:** 70 70 53
Vorsitzende(r): Franz Sommermeier
Geschäftsführer(in): Dieter Hoyer

• Q 172

IBR - Institut für Baubiologie
Heilig-Geist-Str. 54, 83022 Rosenheim
T: (08031) 36 75-0 **Fax:** 36 75-30
Gründung: 1978 (Mai)
Geschäftsführer(in): Uwe Rose (Ltg. Presseabt.)
Verbandszeitschrift: GESÜNDER WOHNEN
Verlag: Rose Verlag
Mitarbeiter: 11

• Q 173

Arbeitsgemeinschaft Ökologischer Landbau e.V. (AGÖL)
Brandschneise 1, 64295 Darmstadt
T: (06155) 20 81 **Fax:** 20 83
Internet: http://www.AGOEL.de
E-Mail: AGOEL@t-online.de
Gründung: 1988 (13. Juli)
Vorsitzende(r): Dipl.-Ing. agr. Jan von Ledebur
Stellvertretende(r) Vorsitzende(r): Gerald Herrmann
Ulrich Prolingheuer
Prof. Dr. Heide-Dörte Matthes
Geschäftsführer(in): Dr. Klaus Wilbois
Verbandszeitschrift: AGÖL-INFO (monatlich)
Redaktion: Dr. Klaus Wilbois
Verlag: AGÖL, Brandschneise 1, 64295 Darmstadt
Mitglieder: 9 Mitgliedsverbände
Mitarbeiter: 4
Jahresetat: DM 0,75 Mio, € 0,38 Mio

• Q 174

Gäa e.V. - Vereinigung ökologischer Landbau
Am Beutlerpark 2, 01217 Dresden
T: (0351) 4 01 23 89 **Fax:** 4 01 55 19
Internet: http://www.gaea.de
E-Mail: info@gaea.de
Gründung: 1989 (Mai)
Geschäftsführer(in): Kornelie Blumenschein
Leitung Presseabteilung: Maren Leupelt
Swantje Kohlmeyer
Verbandszeitschrift: Gäa-Journal
Redaktion: Ulf Müller
Verlag: Hauptgeschäftsstelle
Mitglieder: 330
Mitarbeiter: 10
Mitglied im Fachverband: AGÖL (ArbeitsGemeinschaft Ökologischer Landbau)

Eigenverantwortliche Landesverbände

q 175

Gäa e. V. Vereinigung ökologischer Landbau Landesverband Sachsen-Anhalt
Hauptstr. 19, 39164 Wanzleben
T: (039209) 5 37 99 **Fax:** 5 37 97
E-Mail: gaea-schleibnitz@t-online.de
Geschäftsführer(in): Jürgen Hartmann

q 176

Gäa e.V. Vereinigung ökologischer Landbau Landesverband Brandenburg/Berlin/Mecklenburg-Vorpommern
Theodor-Echtermeyer-Weg 1, 14979 Großbeeren
T: (033701) 5 93 06, 5 76 10 **Fax:** 5 51 65
E-Mail: gaea.ev@t-online.de
Geschäftsführer(in): Regina Witt

q 177

Gäa e.V. Vereinigung ökologischer Landbau Landesverband Sachsen
Am Beutlerpark 2, 01217 Dresden
T: (0351) 4 01 23 89, 4 03 19 18 **Fax:** 4 01 55 19
E-Mail: info@gaea.de
Geschäftsführer(in): Kornelie Blumenschein

q 178

Gäa e. V. Vereinigung ökologischer Landbau Landesverband Thüringen
Wohlsborner Str. 2, Schöndorf, 99427 Weimar
T: (03643) 43 71 07 **Fax:** 43 71 02
Geschäftsführer(in): Gerold Schmidt

• Q 179

Forschungsring für Biologisch-Dynamische Wirtschaftsweise Gemeinnütziger e.V.
Geschäftsstelle:
Brandschneise 2, 64295 Darmstadt
T: (06155) 84 12-3 **Fax:** 84 69 11
Vorstand: Dipl.-Ing. Dietrich Bauer
Jan-Uwe Klee
Geschäftsführer(in): Nikolai Fuchs
Verbandszeitschrift: „Lebendige Erde" Fachzeitschrift f. biologisch-dynamischen Land- u. Gartenbau
Mitglieder: 250, davon 10 Mitgliedsverbände

• Q 180

Gesellschaft für Boden, Technik, Qualität (BTQ) Bundesverband für Ökologie in Land- und Gartenbau e.V.
Gut Hohenberg, 76855 Annweiler
T: (06346) 92 85 55 **Fax:** 92 85 56
Gründung: 1993 (27. Februar)
Vorsitzende(r): Ulrich Hampl (Ltg. Presseabt.)
Stellvertretende(r) Vorsitzende(r): Udo Rumpel
Verbandszeitschrift: BTO-Nachrichten in "Ökologie & Landbau" und in "Natürlich Gärtnern"
Redaktion: U. Hampl, SÜL-Hof, Gut Hohenberg, 76855 Ahrweiler
Mitglieder: 400

• Q 181

Bioland
ÖKOLOGISCHER LANDBAU

Bioland - Verband für organisch-biologischen Landbau e.V. - Bundesverband
Kaiserstr. 18, 55116 Mainz
T: (06131) 23 97 90 **Fax:** 2 39 79-27
Internet: http://www.bioland.com
Gründung: 1971 (25. April)
Vorstand: Ulrich Prolingheuer
Thomas Dosch
Leitung Presseabteilung: Ralf Alsfeld
Verbandszeitschrift: bio-land
Redaktion: Bioland Verlags GmbH
Verlag: Bioland Verlags GmbH
Mitglieder: 3451 ordentl., 936 a.o.
Mitarbeiter: 9
Jahresetat: DM 1,5 Mio, € 0,77 Mio

Landesverbände

q 182

Bioland e.V. Landesverband Baden-Württemberg
Eugenstr. 21, 72622 Nürtingen
T: (07022) 9 32 66-40 **Fax:** 9 32 66-50
Geschäftsführer(in): Andreas Hopf

q 183

Bioland e.V.
Landesverband Bayern
Auf dem Kreuz 58, 86152 Augsburg
T: (0821) 3 46 80-0
Vorstand: Josef Wetzstein
Walter Heinzmann

q 184

Bioland e.V.
Landesverband Berlin-Brandenburg
Dorfstr. 15, 15910 Pretschen
T: (035476) 31 77 **Fax:** 2 10
Geschäftsführer(in): Heike Kruspe

q 185

Bioland e.V.
Landesverband Hessen, Thüringen, Sachsen-Anhalt
Londorfer Str. 28, 35305 Grünberg
T: (06401) 91 70-0 **Fax:** 91 70-20
Geschäftsführer(in): Gerald Wehde

q 186

Bioland e.V.
Landesverband Niedersachsen
Riepholm 10, 27374 Visselhövede
T: (04262) 23 06 **Fax:** 44 85
Harald Gabriel

q 187

Bioland e.V.
Landesverband Schleswig-Holstein, Hamburg und Mecklenburg-Vorpommern
Kieler Str. 26, 24582 Bordesholm
T: (04322) 7 59 40 **Fax:** 75 94 44
Carola Ketelhodt

q 188

Bioland e.V.
Landesverband Nordrhein-Westfalen
Im Hagen 5, 59069 Hamm
T: (02385) 18 17 **Fax:** 51 82
Heinz-Josef Thuneke

q 189

Bioland e.V.
Landesverband Rheinland-Pfalz/Saarland
Rüdesheimer Str. 60-68, 55545 Bad Kreuznach
T: (0671) 4 43 19 **Fax:** 4 57 23

• **Q 190**

Biokreis e.V.
Heiliggeist-Ecke
Hennengasse 4, 94032 Passau
T: (0851) 3 23 33 **Fax:** 3 23 32
E-Mail: biokreis@t-online.de
Gründung: 1979
Leitung Presseabteilung: Josef Brunnbauer
Verbandszeitschrift: Bio-Nachrichten
Redaktion: Leitung: J. Brunnbauer
Mitglieder: 200 Landwirte, 450 Verbraucher
Mitarbeiter: 3

• **Q 191**

Naturland - Verband für naturgemäßen Landbau e.V.
Kleinhaderner Weg 1, 82166 Gräfelfing
T: (089) 89 80 82-0 **Fax:** 89 80 82-90
Internet: http://www.naturland.de
E-Mail: naturland@naturland.de
Gründung: 1982
Geschäftsführer(in): Gerald A. Herrmann
Verbandszeitschrift: Naturland magazin
Redaktion: C. & R. Fischer
Verlag: Fischer & Fischer GdbR
Mitglieder: 18000, Weltweit (ca. 100 Auslandsprojekte)
Mitarbeiter: 50

Regionalverbände

q 192

Naturland® Süd-Ost
Regionalverband der Länder Bayern, Hessen, Sachsen und Thüringen für naturgemäßen Landbau e.V.
Eichethof, 85411 Hohenkammer
T: (08137) 93 18 10 **Fax:** 93 18 99
Internet: http://www.naturland.de
E-Mail: naturland.sued-ost@naturland.de
Geschäftsführer(in): Steffen Reese

q 193

Naturland® Regionalverband Süd-West für den naturgemäßen Landbau e.V.
in Baden-Württemberg, Rheinland-Pfalz, Saarland
Haaghof, 74239 Hardthausen
T: (07139) 45 24 64 **Fax:** 45 24 66
E-Mail: naturland.sued-west@naturland.de
Vorsitzende(r): Walter Kress

q 194

Naturland® Nord-West
Regionalverband für naturgemäßen Landbau e.V.
in Nordrhein-Westfalen, Niedersachsen, Bremen, nördl. Rheinland-Pfalz und Sachsen-Anhalt
Rommersch 13, 59510 Lippetal
T: (02527) 93 02-31 **Fax:** 93 02-20
E-Mail: naturland.nord-west@naturland.de
Geschäftsführer(in): Gregor Pöpsel

q 195

Naturland® Nord-Ost
Regionalverband für naturgemäßen Landbau e.V.
in Schleswig-Holstein, Regierungsbezirk Lüneburg, Mecklenburg-Vorpommern, Brandenburg, Berlin, Hamburg
Untere Querstraße 1, 23730 Neustadt
T: (04561) 51 98 90 **Fax:** 51 98 91
E-Mail: naturland.nord-ost@naturland.de
Vorsitzende(r): Detlef Hansen

q 196

Naturland® Fachverband für naturgemäßen Weinbau e.V.
Reppendorfer Str. 16, 97318 Kitzingen
T: (09321) 13 44 13 **Fax:** 13 44 17
Vorsitzende(r): Wolfgang Patzwahl

• **Q 197**

Arbeitsgemeinschaft für naturnahen Obst-, Gemüse- und Feldfrucht-Anbau e.V. (ANOG)
Pützchens Chaussee 60, 53227 Bonn
T: (0228) 46 12 62 **Fax:** 46 15 58
Internet: http://www.bonnet.de/ANOG
E-Mail: anogev@t-online.de
Gründung: 1962
Vorsitzende(r): Willy Hommer (56220 Kettig, T: (02637) 79 19, Telefax: (02637) 48 38)
Geschäftsführer(in): Michael Morawietz
Verbandszeitschrift: ANOG Information, Verbandszeitschrift für ökologischen Landbau
Redaktion: Pützchens Chaussee 60, 53227 Bonn
Mitglieder: 100

q 198

ANOG Landesverband Baden-Württemberg e.V.
Wassersteinchen 1, 97877 Wertheim
T: (09342) 3 71 43 **Fax:** 2 24 60
Vorsitzende(r): Georg Thalhammer

q 199

ANOG Landesverband Nordrhein-Westfalen
Pützchens Chaussee 60, 53227 Bonn
T: (0228) 46 13 99 **Fax:** 46 15 58
Vorsitzende(r): Andreas Klose (Hardt 16, 51588 Nümbrecht, T: (02293) 33 08, Telefax: (02293) 49 78)

q 200

ANOG Landesverband Rheinland Pfalz e.V.
Kärlicher Str. 14, 56220 Kettig
T: (02637) 79 19 **Fax:** 48 38
Vorsitzende(r): Willy Hommer

• **Q 201**

ECOVIN Bundesverband ökologischer Weinbau e.V.
Geschäftsstelle:
Zuckerberg 19, 55276 Oppenheim
T: (06133) 92 53 95 **Fax:** 16 09
Gründung: 1985 (21. Juli)
1. Vorsitzende(r): Christine Bernhard, Zellertal/Harxheim
Geschäftsführerin: Marianne Knab
Verbandszeitschrift: ECOVIN-Brief; Mitgliederrundbrief; Ökologie und Landbau (zusammen mit der Stiftung Ökologie & Landbau - SÖL)
Redaktion: ECOVIN Weinwerbe GmbH, Postfach 1261, 55273 Oppenheim
Mitglieder: 200
Mitarbeiter: 2

• **Q 202**

Gesellschaft für Geschichte des Weines e.V.
Berliner Str. 43, 67433 Neustadt
T: (06321) 1 46 53
Präsident(in): Dr. Fritz Schumann
Vizepräsident(in): Dr. h.c. Josef Staab
Geschäftsführer(in): Dr. Werner Fader
Ltg. Presse u. Öffentlichkeitsarbeit: Dieter Eichenberg (Ernst-von-Harnack-Str. 9, 65197 Wiesbaden)
Verbandszeitschrift: Schriften zur Weingeschichte
Redaktion: Prof. Dr. Paul Claus
Verlag: Wiesbadener Graphische Betriebe GmbH (Druckerei)
Mitglieder: 1100
Jahresetat: ca. DM 0,12 Mio, € 0,06 Mio

• **Q 203**

Bundesverband Deutscher Pflanzenzüchter e.V. (BDP)
Kaufmannstr. 71-73, 53115 Bonn
T: (0228) 9 85 81-10 **Fax:** 9 85 81-19
E-Mail: bdp@bdp-online.de
Internationaler Zusammenschluß: siehe unter izq 124, izq 150
Vorsitzende(r): Dr. Kartz von Kameke, Windeby
Geschäftsführer(in): Dr. Ferdinand Schmitz
Joachim Winter

Korporativ angeschlossen:

q 204

Verband Bayerischer Pflanzenzüchter e.V.
Elisabethstr. 38, 80796 München
Vorsitzende(r): Otto Streng (Aspachhof, 97215 Uffenheim)
Geschäftsführer(in): Dr. Siegfried Weiß

q 205

Verband Südwestdeutscher Pflanzenzüchter e.V.
Postf. 14 12, 71073 Herrenberg
Vorsitzender: Dr.h.c. H.-U. Hege, Waldenburg
Geschäftsführer: Dr. W. Schmütz

q 206

Deutscher Rebenzüchterverein e.V.
Kaufmannstr. 71, 53115 Bonn
T: (0228) 9 85 81 10 **Fax:** 9 85 81 19
E-Mail: bdp@bdp-online.de
Vorsitzende(r): Dr. R. Eibach (Bundesforschungsanstalt für Rebenzüchtung, 76833 Siebeldingen, Geilweilerhof)

• **Q 207**

Deutsche Orchideen-Gesellschaft e.V.
Flößweg 11, 33758 Schloß Holte-Stukenbrock
T: (05207) 92 06 07 **Fax:** 92 06 08
Gründung: 1906/1946
Präsident(in): Gerd Röllke (Flößweg 11, 33758 Schloß Holte-Stukenbrock, T: (05207) 92 06 07, Telefax: (05207) 92 06 08)
Vizepräsident(in): Jürgen Röth
Elisabeth Wermuth
Leitung Presseabteilung: Gerd Röllke
Verbandszeitschrift: Die Orchidee
Redaktion: Deutsche Orchideen-Gesellschaft
Verlag: Busch. Druck Medien Verlag, Windelsbleicher Str. 166-170, 33659 Bielefeld (Senne)
Mitglieder: 7958
Jahresetat: DM 0,55 Mio, € 0,28 Mio

• **Q 208**

Bundesverband Deutscher Saatguterzeuger e.V.
Godesberger Allee 142-148, 53175 Bonn
T: (0228) 37 50 66 **Fax:** 37 44 31
Vorsitzende(r): Jürgen Krafft
Geschäftsführer(in): Dr. Christian Mathias Schröder
Mitglieder: 18 Landesverbände

• **Q 209**

Bundesverband Deutscher Samenkaufleute und Pflanzenzüchter e.V. (BDSP)
Rheinallee 4a, 53173 Bonn
T: (0228) 36 44 23 **Fax:** 36 45 33
E-Mail: bdsp.bonn@t-online.de
Internationaler Zusammenschluß: siehe unter izq 123, izq 151
Präsident(in): Horst Weigelt (Erfurter Samenzucht KG, Weigelt & Co., Walluf-Rheingau)
Verb.-Dir.: Ass. jur. Rolf Münz
Mitglieder: 310

q 210

Landesverband der Samenzüchter und Samenhändler Nordrhein-Westfalen e. V.
Postf. 1 28, 46251 Dorsten
T: (02362) 2 32 31 **Fax:** 4 12 79
Gründung: 1948
Vorsitzende(r): Klaus Beisenbusch (i. Fa. J. W. Beisenbusch KG, Dorsten)
Mitglieder: 50

• **Q 211**

Deutsches Maiskomitee e.V.
Clemens-August-Str. 54, 53115 Bonn
T: (0228) 26 59 25 **Fax:** 26 58 63
Internet: http://www.Maiskomitee.de
E-Mail: DMK@Maiskomitee.de
Gründung: 1956
Vorsitzende(r): Prof. Dr. Norbert Lütke Entrup (Universität GH Paderborn, FB Agrarwirtschaft, Soest)
Geschäftsführer(in): Dr. Helmut Meßner (Ltg. Presseabt.)
Verbandszeitschrift: "mais"
Redaktion: Dr. Helmut Meßner, Jürgen Rath
Verlag: Verlag Th. Mann, Gelsenkirchen
Mitglieder: 823
Mitarbeiter: 5

Zweck des Deutschen Maiskomitees ist es, den Anbau von Mais sowie dessen Verwertung mit Informationen zu unterstützen.

• **Q 212**

Deutsche Gesellschaft für Moor- und Torfkunde e.V.
Alfred-Bentz-Haus
Stilleweg 2, 30655 Hannover
T: (0511) 6 43-22 41
Gründung: 1970
1. Vorsitzende(r): Prof. Dr. J.-D. Becker-Platen (Stilleweg 2, 30655 Hannover)
Geschäftsführer(in): Dr. P. Steffens (Stilleweg 2, 30655 Hannover)
Verbandszeitschrift: Jahrbuch "TELMA"
Redaktion: E. Hacker, Burgstr. 6, 30938 Burgwedel
Mitglieder: 320

• **Q 213**

Landesverband der Feldsaatenerzeuger in Bayern e.V.
Elisabethstr. 38, 80796 München
Fax: (089) 2 71 32 03
Vorsitzende(r): Dipl.-Ing. agr. Heinrich Kammermeier
Geschäftsführer(in): Dr. Siegfried Weiß

• **Q 214**

Landesverband der Saatkartoffel-Erzeugervereinigungen in Bayern e.V.
Elisabethstr. 38, 80796 München
Fax: (089) 2 71 32 03
Vorsitzende(r): Sebastian Kuchenbaur (MdL)
Geschäftsführer(in): Dr. Siegfried Weiß

• **Q 215**

Landesverband Bayerischer Saatgetreideerzeuger-Vereinigungen e.V.
Elisabethstr. 38, 80796 München
Fax: (089) 2 71 32 03
Vorsitzende(r): Dr. Jochen Fenner
Geschäftsführer(in): Dr. Siegfried Weiß

• **Q 216**

Deutsche Kontrollvereinigung für forstliches Saat- und Pflanzgut e.V.
Hölderlinstr. 1-3, 65187 Wiesbaden
T: (0611) 8 17 22 76 **Fax:** 8 17 21 83
Teletex: 0 611 988=HMLF
Gründung: 1958
1. Vorsitzende(r): Joachim Pein, Rellingen
Stellvertretende(r) Vorsitzende(r): Karl-Heinz Moser, Nagold
Weiteres Vorst.-Mitgl.: MR Prof. Dr. Rödig (Vors. d. Kontrollausschusses), Wiesbaden
Geschäftsführer(in): Regierungsoberrat Wolfgang Schmeil, Wiesbaden
Mitglieder: 91

• **Q 217**

Arbeitsgemeinschaft Deutscher Rübenbauerverbände
Ernst-Reuter-Platz 3-5, 10587 Berlin
T: (030) 3 19 04-0 **Fax:** 9 19 04-485
E-Mail: n.heim@bauernverband.de, b.gossens@bauernverband.de
Internationaler Zusammenschluß: siehe unter izq 78
Vorsitzende(r): Jan Kirsch (Burg Niederbolheim, 50171 Kerpen)
Geschäftsführer(in): Dr. Norbert Heim

Angeschlossen

q 218

Dachverband Norddeutscher Zuckerrübenanbauer e.V.
Warmbüchenstr. 3, 30159 Hannover
T: (0511) 3 67 04 40 **Fax:** 3 67 04 11
Vorsitzende(r): Friedrich Baxmann
Geschäftsführer(in): Dr. H.-H. Helmke

q 219

Rheinischer Rübenbauer-Verband e.V. (RRV)
Malteserstr. 3, 53115 Bonn
T: (0228) 65 25 34 **Fax:** 65 25 14
Gründung: 1903
Internationaler Zusammenschluß: siehe unter izq 80
Vorsitzende(r): Jan Kirsch (Burg Niederbolheim, 50171 Kerpen)
Stellvertretende(r) Vorsitzende(r): Dipl.-Landw. Präs. Reiner Latten (Hünshoverhof, 52511 Geilenkirchen)
Präs. Wilhelm Lieven (MdL, Spieler Mühle, 52445 Titz)
Geschäftsführer(in): Dipl.-Landw. Dr. Klaus Haase
Verbandszeitschrift: Zuckerrüben - Journal
Redaktion: Malteserstr. 3, 53115 Bonn
Verlag: LZ-Verlag, Rochusstr. 18, 53123 Bonn
Mitarbeiter: 5

q 220

Verband Süddeutscher Zuckerrübenanbauer e.V.
Simon-Breu-Str. 52, 97074 Würzburg
T: (0931) 7 96 95-0 **Fax:** 7 96 95-20
Internationaler Zusammenschluß: siehe unter izq 81
Vorsitzende(r): Hans-Georg Andreae (Gut Sulz, 86692 Münster)
Geschäftsführer(in): Dr. Henning Wiedenroth

q 221

Arbeitsgemeinschaft der Diamant-Verbände
An den sieben Stücken, 06420 Könnern
T: (034691) 4 20 **Fax:** 4 22 21
Geschäftsführer(in): Dr. F. Heßland

q 222

Verband der Rübenanbauer im Lippe-Weser-Raum e.V.
Am Herrenanger 3, 31860 Emmerthal
T: (05155) 60 55 **Fax:** 60 24
Vorsitzende(r): G. Meyer zu Hartum (Bielefelder Str. 239, 32051 Herford-Diebrock)
Geschäftsführer(in): Dr. H. Coenen

• **Q 223**

Interessengemeinschaft Zuckerrübenanbau Mitte
Malteserstr. 3, 53115 Bonn
T: (0228) 65 25 34 **Fax:** 65 25 14
Gründung: 1992
Vorsitzende(r): G. Meyer zu Hartum (Bielefelder Str. 239, 32051 Herford)
Geschäftsführer(in): Dipl.-Landw. Dr. Klaus Haase
Mitglieder: 3

Der Interessengemeinschaft gehören an:

q 224

Arbeitsgemeinschaft der Diamant-Verbände
An den sieben Stücken, 06420 Könnern
T: (034691) 42-1 18 **Fax:** 4 22 21
Sprecher: R. Engelmann
Geschäftsführer(in): Dr. F. Heßland

q 225

Verband der Rübenanbauer im Lippe-Weser-Raum e.V.
Am Herrenanger 3, 31860 Emmerthal
T: (05155) 60 55 **Fax:** 60 24
Vorsitzende(r): G. Meyer zu Hartum (Bielefelder Str. 239, 32051 Herford)
Stellvertretende(r) Vorsitzende(r): Dr. M. Ellermann, Lagen-Hörste
K.-F. Meyer, Hameln
Geschäftsführer(in): Dr. H. Coenen

q 226

Rheinischer Rübenbauer-Verband e.V. (RRV)
Malteserstr. 3, 53115 Bonn
T: (0228) 65 25 34 **Fax:** 65 25 14
Gründung: 1903
Internationaler Zusammenschluß: siehe unter izq 80
Vorsitzende(r): Jan Kirsch (Burg Niederbolheim, 50171 Kerpen)
Stellvertretende(r) Vorsitzende(r): Dipl.-Landw. Präs. Reiner Latten (Hünshoverhof, 52511 Geilenkirchen)
Präs. Wilhelm Lieven (MdL, Spieler Mühle, 52445 Titz)
Geschäftsführer(in): Dipl.-Landw. Dr. Klaus Haase

• **Q 227**

Bundesverband deutscher Tabakpflanzer Vereinigung der Tabak-Erzeugergemeinschaften e.V.
Postf. 16 06, 67326 Speyer
Gottfried-Renn-Weg 2, 67346 Speyer
T: (06232) 60 40-0
Vorsitzende(r): Landwirt Hermann Pfanger (Alzheimer Weg 16, 76863 Herxheim)
Geschäftsführende(s) Vorstands-Mitglied(er): Günter Hechler (Landauer Warte 12, 67346 Speyer)
Wolfgang Moritz (Bismarckstr. 51 a, 76133 Karlsruhe)
Mitglieder: 2500 (in 13 Mitgliedsverbänden)

• **Q 228**

Arbeitsgemeinschaft Deutscher Tierzüchter e.V.
Adenauerallee 174, 53113 Bonn
T: (0228) 9 14 47-0 **Fax:** 9 14 47 11
E-Mail: info@adt.de
Präsident(in): Dr. h.c. Philipp Fürst zu Solms-Lich (Unterstadt 29, 35423 Lich)
Geschäftsführer(in): Dr. Klaus Meyn, Bonn

q 229

**Deutsche Reiterliche Vereinigung e.V.
Hauptverband für Zucht und Prüfung deutscher Pferde (FN)**
Fédération Equestre Nationale (FN)
48229 Warendorf
Postf. 11 02 65, 48204 Warendorf
Freiherr-von Langen-Str. 13, 48231 Warendorf
T: (02581) 63 62-0 **Fax:** 6 21 44
Gründung: 1910
Präsident(in): Dieter Graf von Landsberg-Velen (58802 Balve)
Generalsekretär(in): Dr. Hanfried Haring
Ltg. Pressereferat: Thomas Hartwig
Bereich Sport:
Vorsitzende(r): Dieter Graf von Landsberg-Velen (58802 Balve)
Geschäftsführer(in): Reinhard Wendt
Bereich Zucht:
Vorsitzende(r): Horst Ense (Kerpen-Niederbolheim Wirtgeshof)
Geschäftsführer(in): Klaus Miesner
Abt. Persönliche Mitgl. (Freunde des Pferdes):
Vorsitzende(r): Dr. Andreas Meyer-Landrut (Daimler Benz Moskau Verbindungsstelle DIHT, An den Kolonaden 10, 10117 Berlin)
Geschäftsführer(in): Christoph Hess
Verbandszeitschrift: FN-Report
Verlag: FN-Verlag der Deutschen Reiterlichen Vereinigung GmbH, Freiherr-von-Langen-Str. 8a, Warendorf
Mitarbeiter: 84
Jahresetat: DM 15,5 Mio, € 7,93 Mio

Spitzenfachverband für den Reit- und Fahrsport im Deutschen Sportbund sowie Vertretung des Reit- und Fahrsports und der Pferdezucht gegenüber nationalen und internationalen Behörden und Organisationen.

q 230

Arbeitsgemeinschaft Deutscher Rinderzüchter e.V.
Adenauerallee 174, 53113 Bonn
T: (0228) 9 14 47-0 **Fax:** 9 14 47-11
E-Mail: info@adt.de
Vorsitzende(r): Dr. h.c. Philipp Fürst zu Solms-Lich (Unterstadt 29, 35423 Lich)
Geschäftsführer(in): Dr. Klaus Meyn, Bonn

q 231

Zentralverband der Deutschen Schweineproduktion e.V. (ZDS)
Adenauerallee 174, 53113 Bonn
T: (0228) 21 10 69 **Fax:** 21 17 77
E-Mail: info@ZDS-Bonn.de
Vorstand: Helmut Ehlen, Ahrensmoor
Josef Mormann, Altenberge
Geschäftsführer(in): Dr. Jens Ingwersen, Bonn

q 232

Vereinigung Deutscher Landesschafzuchtverbände e.V. (VDL)
Godesberger Allee 142-148, 53175 Bonn
T: (0228) 37 53 51 **Fax:** 37 64 49
Vorsitzende(r): Adolf Mannheims, Langenfeld
Geschäftsführer(in): Dr. Stefan Völl

q 233

Zentralverband der Deutschen Geflügelwirtschaft e.V. (ZDG)
Hinter Hoben 149, 53129 Bonn
T: (0228) 5 30 02 41 **Fax:** 5 30 02-77
E-Mail: Gefluegelwirtschaft@t-online.de
Präsident(in): Dipl.-Landw. Karl Magnus Graf Leutrum von Ertingen (Nippenburg, 71701 Schwieberdingen)
Geschäftsführer(in): Dr. Siegfried Hart

q 234

Bundesverband Deutscher Ziegenzüchter e.V.
Godesberger Allee 142-148, 53175 Bonn
T: (0228) 81 98-297, 81 98-197 **Fax:** 37 64 49
Vorsitzende(r): Gert Schult
Geschäftsführer(in): Dr. Stefan Völl
Mitglieder: 13 Mitgliedsverbände

q 235

Deutscher Imkerbund e.V. (DIB)
Villiper Hauptstr. 3, 53343 Wachtberg
T: (0228) 32 10 06 **Fax:** 32 10 09
Präsident(in): Dr. E. Schieferstein
Mitglieder: etwa 90000

• **Q 236**

Bund Deutscher Rassegeflügelzüchter e.V. (BDRG)
Bundesgeschäftsstelle:
Erlenbruchstr. 20, 63071 Offenbach
T: (069) 87 87 67 54 **Fax:** 85 70 94 86
Internet: http://www.bdrg.de
E-Mail: bdrgev@t-online.de
Gründung: 1881 (7. März)
Präsident(in): Edwin Vef (Niedernhausener Str. 106, 65207 Wiesbaden, T: (0611) 54 13 13, Telefax: (0611) 9 54 59 28, E-Mail: edwin ef@yahoo.de)
Geschäftsführer(in): Rechtsanwältin Ulrike Hertz
Mitglieder: ca. 300000
Landesverbände: 19
Fachverbände: 6

• **Q 237**

Hessischer Verband für Leistungs- und Qualitätsprüfungen in der Tierzucht e.V.
An der Hessenhalle 1, 36304 Alsfeld
T: (06631) 7 84 50 **Fax:** 7 84 78
E-Mail: HVL.Alsfeld@t-online.de
Vorsitzende(r): Horst Kaisinger
Geschäftsführer(in): Dr. W. Pabst

• **Q 238**

Bundesverband Deutscher Fleischrinderzüchter und -halter e.V. (BDF)
Adenauerallee 174, 53113 Bonn
T: (0228) 9 14 47-0 **Fax:** 9 14 47-11
Gründung: 1980
Vorstand: Frido Peper (Vors.)
Johannes Frizen (Stellv. Vors.)
Friedrich Schumacher (Stellv. Vors.)
Uwe Harstel (Stellv. Vors.)
Verbandsvertreter: Dr. Bernhard Mügge
Verbandszeitschrift: Fleischrinder-Journal
Redaktion: F. Friedhoff, Hülsebrockstr. 2, 46165 Münster
Anzahl der angeschlossenen Organisationen: 30

• **Q 239**

Deutscher Fischerei-Verband e.V.
Venusberg 36, 20459 Hamburg
T: (040) 31 48 84 **Fax:** 3 19 44 49
Internationaler Zusammenschluß: siehe unter izq 183
Präsident(in): Peter Harry Carstensen (MdB)
Hauptgeschäftsführer(in): Dipl.-Kfm. Lothar Fischer
Mitglieder: 20 Verbände

• **Q 240**

Verband der Deutschen Binnenfischerei e.V.
Königstorgraben 11, 90402 Nürnberg
T: (0911) 22 39 10 **Fax:** 24 14 53
E-Mail: post@berufsfischer.de
Vorsitzende(r): Konrad Bartmann
2. Vorsitzende(r): H. J. Rameil
3. Vors.: Hans-Erich Kühl
Geschäftsführer(in): Konrad Bartmann
Verbandszeitschrift: Fischer und Teichwirt, Fachblatt für Binnenfischerei

• **Q 241**

Bundesverband der Kälbermäster e.V.
Godesberger Allee 142-148, 53175 Bonn
T: (0228) 81 98-2 95 **Fax:** 81 98-2 05, 2 31

• **Q 242**

VDH

Verband für das Deutsche Hundewesen (VDH) e.V.
Postf. 10 41 54, 44041 Dortmund
Westfalendamm 174, 44141 Dortmund
T: (0231) 5 65 00-0 **Fax:** 59 24 40
Internet: http://www.vdh.de
E-Mail: info@vdh.de
Gründung: 1906
1. Präs.: Uwe Fischer, Neustadt
Hauptgeschäftsführer(in): Bernhard Meyer (auch Ltg. Presseabt.)
Verbandszeitschrift: Unser Rassehund
Verlag: VDH, Postf. 10 41 54, 44041 Dortmund
Mitglieder: 600000 (die Mitglieder aus den neuen Bundesländern sind darin nicht enthalten)
Mitarbeiter: 16
Jahresetat: DM 5 Mio, € 2,56 Mio

Zucht gesunder Rassehunde, Hunde- und Breitensport (mit Hund), alle sonstigen Aktivitäten mit Hunden.

Landesverbände

q 243

Landesverband Baden-Württemberg für das Deutsche Hundewesen e.V.
Robert-Koch-Str. 23, 71665 Vaihingen
T: (07042) 82 03 80 **Fax:** 82 03 91
Ulrich Reidenbach

q 244

Landesverband Bayern für das Deutsche Hundewesen e.V.
Thorwaldsenstr. 29, 80335 München
T: (089) 1 23 42 82 **Fax:** 1 23 49 17
Udo Diesinger

q 245

Landesverband Berlin-Brandenburg für das Deutsche Hundewesen e.V.
Silbersteinstr. 73, 12051 Berlin
T: (030) 6 25 68 39 **Fax:** 6 26 97 09
Rüdiger Kußerow

q 246

Landesverband Franken-Oberpfalz für das Deutsche Hundewesen e.V.
Steingasse 21, 34270 Schauenburg
T: (05601) 92 56 33 **Fax:** 52 74
Peter Schön

q 247

Landesverband Hessen für das Deutsche Hundewesen e.V.
Fulderbergstr. 8, 36358 Herbstein
T: (06643) 13 08
Reinhard Jakob

q 248

Landesverband Mecklenburg-Vorpommern für das Deutsche Hundewesen e.V.
Lindenallee 22, 18184 Kösterbeck
Erich Köpcke

q 249

Landesverband Niedersachsen für das Deutsche Hundewesen e.V.
Schmiedestr. 5, 30159 Hannover
T: (0511) 32 32 28 **Fax:** 32 47 67
Jochen Rissmann

q 250

Landesverband Nordrhein für das Deutsche Hundewesen e.V.
Brahmsstr. 18, 42289 Wuppertal
T: (0202) 62 18 40, 63 74 04 **Fax:** 62 18 40
Horst Kellermann

q 251

Landesverband Nord für das Deutsche Hundewesen e.V.
Inspektor-Weimar-Weg 10, 24239 Achterwehr
T: (04340) 40 26 62 **Fax:** 40 26 63
Christoph Stadelbauer

q 252

Landesverband Rheinland-Pfalz für das Deutsche Hundewesen e.V.
Beindersheimer Str. 100, 67227 Frankenthal
T: (0177) 2 07 65 12
Klaus May

q 253

Landesverband Saar für das Deutsche Hundewesen e.V.
In den Siefen 3-5, 66346 Püttlingen
Dr. Hans-Friedrich Willimzik

q 254

Landesverband Sachsen für das Deutsche Hundewesen e.V.
Probstheidaer Str. 133, 04277 Leipzig
Iris Schick

q 255

Landesverband Sachsen-Anhalt für das Deutsche Hundewesen e.V.
Fleischmannstr. 4, 06114 Halle
Dr. Steffen Schock

q 256

Landesverband Thüringen für das Deutsche Hundewesen e.V.
Postf. 43, 99001 Erfurt
T: (0361) 4 22 21 06 **Fax:** 4 21 02 19
Rainer Jacobs

q 257

Landesverband Weser-Ems für das Deutsche Hundewesen e.V.
Schützenhofweg 14, 26197 Großenkneten
T: (04487) 6 57 **Fax:** 6 54
Hermann Pille

q 258

Landesverband Westfalen für das Deutsche Hundewesen e.V.
Max-Planck-Str. 70, 58093 Hagen
T: (02331) 5 17 64
Hanns Lücker

• **Q 259**

Zentralverband Deutscher Kaninchenzüchter e.V.
Geschäftsstelle:
Krefelder Str. 130, 41063 Mönchengladbach
T: (02161) 60 23 31 **Fax:** 65 83 39
Gründung: 1948 (7. März)
Präsident(in): Franz Jakobs
Mitglieder: 204000
Verbandszeitschrift: Deutscher Kleintierzüchter
Redaktion: Petra Ahrens
Verlag: Oertel u. Spörer, Postf. 16 42, 72706 Reutlingen **Verbandszeitschrift:** Fachzeitschrift Kaninchen
Redaktion: Gisela Becker
Verlag: Deutscher Bauernverlag GmbH, Brunnenstr. 128, 13355 Berlin

• Q 260

Zentralverband Deutscher Pelztierzüchter e.V.
Johannssenstr. 10, 30159 Hannover
T: (0511) 32 15 30
Präsident(in): Alfons Grosser (Segelfliegerweg 9, 49324 Melle)
Geschäftsführer(in): LD. Dr. Reinhard Scheelje

• Q 261

Landeskuratorium der Erzeugerringe für tierische Veredelung in Bayern e.V.
Postf. 15 13 05, 80048 München
Haydnstr. 11, 80336 München
T: (089) 5 44 34 80 **Fax:** 54 43 48-10
E-Mail: LKV-Bayern@T-online.de
Vorsitzende(r): Josef Kreilinger
Geschäftsführer(in): Dr. Erwin Zierer

• Q 262

Arbeitsgemeinschaft Deutscher Waldbesitzerverbände e.V.
Ernst-Reuter-Platz 3-5, 10587 Berlin
T: (030) 31 80-7923
E-Mail: waldbesitzerverbaende@t-online.de
Vorsitzende(r): Reinhard Freiherr von Schorlemer (MdB)
Geschäftsführer(in): Forstdirektor Karl Giesen

Angeschlossene Landesverbände:

q 263

Forstkammer Baden-Württemberg e.V.
Danneckerstr. 37, 70182 Stuttgart
T: (0711) 2 36 47 37 **Fax:** 2 36 11 23
E-Mail: foka.bw@t-online.de
Vorsitzende(r): Bgm. Erich Bamberger (Am Kirchberg 19, 76684 Östringen)
Geschäftsführer(in): Martin Bentele (Assessor des Forstdienstes)

q 264

Bayerischer Waldbesitzerverband e.V.
Agnes-Bernauer-Str. 88/ III, 80687 München
T: (089) 5 80 30 89/80 **Fax:** 5 80 70 15
E-Mail: bayer.waldbesitzerverband@t-online.de
Vorsitzende(r): Marian Freiherr von Gravenreuth (Schloßplatz 1, 86444 Affing)
Geschäftsführer(in): RA Hans Baur

q 265

Waldbesitzerverband Brandenburg e.V.
Alfred-Nobel-Str. 1, 16225 Eberswalde
T: (03334) 5 92 70 **Fax:** 59 46 40
E-Mail: krause@brandenburgwald.de
Vorsitzende(r): Dr.sc. Jörg Thihatmer (Max-Lull-Str. 12, 16225 Eberswalde)
Geschäftsführer(in): Marion Krause

q 266

Hannoverscher Landesforstverband e.V.
Warmbüchenstr. 3, 30159 Hannover
T: (0511) 3 67 04 39 **Fax:** 3 67 04 68
Vorsitzende(r): Norbert Leben (Im Schätzendorfe 26, 21272 Egestorf)
Geschäftsführer(in): Forstoberrat Mark von Busse (T: (0511) 3 66 54 42)

q 267

Hessischer Waldbesitzerverband e.V.
Taunusstr. 151, 61381 Friedrichsdorf
T: (06172) 70 47 **Fax:** 59 92 53
E-Mail: hesswald@t-online.de
Präsident(in): Michael Freiherr von der Tann (Marktplatz 1, 36142 Tann/Röhn)
Geschäftsführer(in): Christian Raupach (Forstrat)

q 268

Waldbesitzerverband für Mecklenburg-Vorpommern e.V.
Dorfstr. 47, 19243 Drönnewitz
T: (038853) 2 11 13
Vors. u. Geschf.: Karl-Jochen Rave

q 269

Waldbauernverband Nordrhein-Westfalen e.V.
Schloßstr. 25 OT Merten, 53783 Eitorf
T: (02243) 79 65 **Fax:** 8 05 93
E-Mail: waldbauern.nrw@t-online.de
Vorsitzende(r): RA Dietrich Graf von Nesselrode (Haus Hombusch, 53894 Mechernich)
Geschäftsführer(in): Landwirtschaftsdir. a.D. Nicolaus von Köckritz

q 270

Waldbesitzerverband für Rheinland-Pfalz e.V.
Burgenlandstr. 7, 55543 Bad Kreuznach
T: (0671) 79 31 14 **Fax:** 79 31 99
Vorsitzende(r): Bürgermeister a.D. Hermann Ilaender (Silbergrube 3, 53557 Bad Hönningen)
Geschäftsführer(in): Oberforstrat Dr. Wolfgang Schuh

q 271

Privatwaldbesitzerverband des Saarlandes e.V.
In der Muhl 9, 66740 Saarlouis
T: (06831) 96 55 20 **Fax:** 96 55 20
Vorsitzende(r): Wendelin von Boch (Postf. 11 40, 66688 Mettlach)
Geschäftsführer(in): Forstoberrat Michael Klein

q 272

Waldbesitzerverband für Sachsen-Anhalt e.V.
Storkauer Str. 25, 39596 Staffelde
T: (03931) 71 78 97 **Fax:** 71 79 00
E-Mail: r.reher@web.de
Vorsitzende(r): Bürgerm. Rüdiger Reher

q 273

Sächsischer Waldbesitzerverband e.V.
Forsthaus Baumwiese, 01468 Boxdorf
T: (0351) 8 36 36 22 **Fax:** 8 36 36 23
Vors. u. GeschF: Johannes Ott (Platz der Einheit, 08491 Brockau/Vogtland, T: (03765) 6 42 78, Telefax: (03765) 30 01 38)
Geschäftsstelle: Elke Riedel

q 274

Schleswig-Holsteinischer Waldbesitzerverband e.V.
Holstenstr. 106-108, 24103 Kiel
T: (0431) 97 97-2 57 **Fax:** 97 97-1 40
Vors. u. GeschF: Präsident Johann Graf zu Rantzau (25548 Rosdorf)

q 275

Thüringer Waldbesitzerverband e.V.
Theodor-Neubauer-Str. 12, 99885 Ohrdruf
T: (03624) 31 38 80 **Fax:** 31 51 46
Vorsitzende(r): Kurt Fritzlar (Mühlhäuserstr. 10, 99986 Langula)
Geschäftsführer(in): Dipl.-Forstw. Wolfgang Heyn

q 276

Waldbauernverband Weser-Ems e.V.
Gertrudenstr. 24, 26121 Oldenburg
T: (0441) 80 17 07 **Fax:** 80 17 16
Vorsitzende(r): Gert Weidenhöfer (Mahlstedt 2, 27243 Winkelsett)
Geschäftsführer(in): Josef Moorbrink
Berater: Jürgen-Michael Seeger (T: (0441) 80 17 07)

• Q 277

Deutscher Weinbauverband e.V. (dwv)
Heussallee 26, 53113 Bonn
T: (0228) 9 49 32-50 **Fax:** 9 49 32-523
E-Mail: DWV-Bonn@t-online.de
Gründung: 1874
Präsidium:
Ehrenpräsident: Dr. Reinhard Muth (Weingut Rappenhof, 67577 Alsheim, T: (06249) 40 15, Fax: 47 29)
Präsident(in): Norbert Weber (Bergstr. 23, 79235 Bischoffingen, T: (07662) 61 43)
Vizepräsident(in): Manfred Nüssel (Deutscher Raiffeisenverband, Adenauerallee 127, 53113 Bonn, T: (0228) 10 62 26, Fax: (0228) 10 62 66)
Werner Hiestand (Eisgasse 15, 55278 Ülversheim, T: (06249) 84 63, Fax: 86 14)
Adolf Schmitt (Saartalstraße, 54329 Konz, T: (06501) 1 68 03, Fax: 9 75 29 20)
Edwin Schrank (Weisenheimer Str. 38, 67273 Dackenheim, T: (06353) 9 10 06, Fax: 38 71)
Hermann Hohl (Birkenhof, 74182 Obersulm Willsbach, T: (07134) 1 82 33, Fax: 1 82 33)
Generalsekretär(in): Dr. Rudolf Nickenig, Bonn
Verbandszeitschrift: „Der Deutsche Weinbau"
Verlag: Meininger GmbH, Neustadt
Mitglieder: 35 Verbände

Weinbauverbände

q 278

Bauern- und Winzerverband Rheinland-Pfalz Süd e.V.
An der Brunnenstube 33-35, 55120 Mainz
T: (06131) 62 05-0 **Fax:** 62 05-50

q 279

Weinbauverband Pfalz im Bauern- u. Winzerverband Rheinland-Pfalz Süd e.V.
Postf. 10 10 02, 67410 Neustadt
Chemnitzer Str. 3, 67433 Neustadt
T: (06321) 9 12 30 **Fax:** 1 28 81

q 280

Weinbauverband Rheinhessen im Bauern- und Winzerverband Rheinland-Pfalz Süd e.V.
An der Brunnenstube 33-35, 55120 Mainz
T: (06131) 62 05-0 **Fax:** 62 05 50

q 281

Bauern- und Winzerverband Rheinland-Nassau e.V.
Postf. 20 02 04, 56002 Koblenz
Mainzer Str. 60a, 56068 Koblenz
T: (0261) 30 43 30 **Fax:** 3 04 33 90

q 282

Badischer Weinbauverband e.V.
Postf. 2 75, 79002 Freiburg
Merzhauser Str. 115, 79100 Freiburg
T: (0761) 4 59 10-0 **Fax:** 40 80 26

q 283

Weinbauverband Württemberg e.V.
Postf. 11 48, 74183 Weinsberg
Hirschbergstr. 2, 74189 Weinsberg
T: (07134) 80 91 **Fax:** 89 17

q 284

Weinbauverband Sachsen e.V.
Niederauer Str. 26-28, 01662 Meißen
T: (03521) 76 35 30 **Fax:** 76 35 40

q 285

Weinbauverband Saale Unstrut e.V.
c/o Agrargenossenschaft Gleina
Straße der Einheit 23a, 06632 Gleina
T: (034462) 3 04 12 **Fax:** 2 02 13

q 286

Fränkischer Weinbauverband e.V.
Haus des Frankenweins
Postf. 57 64, 97007 Würzburg
Kranenkai 1, 97070 Würzburg
T: (0931) 3 90 11-16/17 **Fax:** 3 90 11-55

q 287

Saarländischer Winzerverband e.V.
Apacher Str. 15, 66706 Perl
T: (06867) 8 54 **Fax:** 13 77

q 288

Weinbauverband Siebengebirge e.V.
Heisterbacher Str. 122, 53639 Königswinter
T: (02223) 33 22
Leitung: Josef Blöser jr.

q 289

Weinbauverband Hessische Bergstraße e.V.
Kettelerstr. 29, 64646 Heppenheim
T: (06252) 7 56 54 **Fax:** 78 82 56

q 290

Rheingauer Weinbauverband e.V.
Adam von Itzstein Str. 20, 65375 Oestrich-Winkel
T: (06723) 9 17 57 **Fax:** 91 75 91

q 291

Weinbauverband Mosel-Saar-Ruwer im Bauern- u. Winzerverband Rheinland-Nassau e.V.
Gartenfeldstr. 12a, 54295 Trier
T: (0651) 4 80 11 **Fax:** 4 80 14

q 292

Weinbauverband Nahe im Bauern- u. Winzerverband Rheinland-Nassau e.V.
Dessauer Str. 6, 55545 Bad Kreuznach
T: (0671) 4 00 07 **Fax:** 2 75 68

q 293

Weinbauverband Mittelrhein im Bauern- und Winzerverband Rheinland-Nassau e.V.
Mainzer Str. 60a, 56068 Koblenz
T: (0261) 30 43 30 **Fax:** 3 04 33 90

q 294

Kreisverband Ahrweiler im Bauern- und Winzerverband Rheinland-Nassau e.V.
Wilhelmstr. 16, 53474 Bad Neuenahr-Ahrweiler
T: (02641) 3 47 55 **Fax:** 3 66 50

• **Q 295**

Bayerische Landesanstalt für Weinbau und Gartenbau
Postf. 11 02 64, 97029 Würzburg
Residenzplatz 3, 97070 Würzburg
T: (0931) 3 05 09-0 **Fax:** 3 05 09-77
E-Mail: poststelle@lwg.bayern.de
Präsident(in): Peter Most
Stellv.: LLD Klaus Wahl
Zentralabteilung: Abteilungen: LLD Dr. Bihler
Weinbau u. Rebenzüchtung: LLD Klaus Wahl
Kellerwirtschaft u. Untersuchungswesen: LRD Dr. Schmitt
Gartenbau: LLD Dr. Reimherr
Landespflege: LLD Dr. Kolb
Bayer. Gartenakademie: LOR Gradner
Staatsweingut-Staatl. Hofkeller: WD Dr. Jürgen Dietrich
Staatliche Fachschule und Staatliche Technikerschule für Agrarwirtschaft: LLD Wolfgang Klopsch

• **Q 296**

V D P - Nahe-Ahr
vormals Erster Versteigerungsring der Rieslingweingüter an der Nahe e.V.
Burg Layen Schloßgut Diel, 55452 Rümmelsheim
T: (06721) 9 69 50 **Fax:** 4 50 47
E-Mail: armindiel@aol.com
Vorsitzende(r): Armin Diel
Stellvertretende(r) Vorsitzende(r): Helmut Dönnhoff, Oberhausen
Werner Näkel, Dernau
Mitglieder: 14

• **Q 297**

Rheinhessenwein e. V.
An der Brunnenstube 33-35, 55120 Mainz
T: (06131) 9 96 80 **Fax:** 68 27 01
Internet: http://www.rheinhessenwein.de
E-Mail: info@rheinhessenwein.de
Gründung: 1961 (7. Dezember)
Vorsitzende(r): Landrat Hansjochem Schrader (Kreisverwaltung Alzey-Worms, Ernst-Ludwig-Straße, 55232 Alzey)
Stellvertretende(r) Vorsitzende(r): Thomas Schätzel (Kapellenstraße, 55278 Selzen)
Bernd Braun-Himmerich (Weinkellerei Gerhardt, 55278 Dexheim)
Geschäftsführer(in): Bernd Kern (Rheinhessenwein e.V.)
Mitglieder: ca. 1500
Mitarbeiter: 9
Jahresetat: DM 4 Mio, € 2,05 Mio

• **Q 298**

Verband Deutscher Prädikats- und Qualitätsweingüter e.V. (VDP)
Geschäftsstelle
Gebrüder-Baruch-Str. 46, 55543 Bad Kreuznach
T: (0671) 8 95 92 50 **Fax:** 8 95 92 51
Internet: http://www.vdp.de
E-Mail: vdp@vdp.de
Gründung: 1910
Präsident(in): Michael Prinz zu Salm-Salm
Geschäftsführer(in): Hilke Nagel
Eva Raps (Gebrüder-Baruch-Str. 46, 55543 Bad Kreuznach, T: (0671) 8 95 92 50, Fax: 8 95 92 51)
Präsidiumsmitglied(er): Dr. Heinz von Opel (Schloss Westerhaus, 55218 Ingelheim, T: (06130) 66 74, Fax: 66 08)
Rudolf Frieß (Theaterstr. 19, 97070 Würzburg, T: (0931) 3 50 34 50, Fax: 3 50 34 44)
Freiherr Gerko zu Knyphausen (Klosterhof Drais, 65346 Eltville-Erbach, T: (06123) 6 21 77, Fax: 43 15)
Verbandszeitschrift: VDP Auslese
Mitglieder: 200

• **Q 299**

Deutscher Weinfonds
Anstalt des öffentlichen Rechts
Postf. 16 60, 55006 Mainz
Gutenbergplatz 3-5, 55116 Mainz
T: (06131) 28 29-0 **Fax:** 28 29 20
Internet: http://www.deutscheweine.de
Vors. d. AR: Dr. Reinhard Muth
Vorstand: Armin Göring

• **Q 300**

ZMP Zentrale Markt- und Preisberichtstelle für Erzeugnisse der Land-, Forst- und Ernährungswirtschaft GmbH
Rochusstr. 2, 53123 Bonn
T: (0228) 97 77-0 **Fax:** 97 77-179
Fax-Mailbox: (0190) 1 92 97-1000
Internet: http://www.zmp.de
E-Mail: info@zmp.de
Gründung: 1950
Geschäftsführer(in): Dr. Thomas Hambüchen
AR-Vors.: Wendelin Ruf

Vieh u. Fleisch: Dr. Bernhard Schlindwein
Milch: Erhard Richarts
Eier u. Geflügel: Werner Böttcher
Ackerbau u. Futter: Christoph Hambloch
Rainer Stratmann
Obst und Gemüse: Dr. Hans-Christoph Behr
Dr. Wilhelm Ellinger
Forst- u. Holzprodukte: Wolf-Gernot Bitter
EDV-Leitung: Dr. Horst Hemme
Marketing und Vertrieb: Christian Alter
Verwaltung: Ralf Goessler
Projekte und Zielgruppen: Hans-Theo Erkes
Presse u. Medien: Dr. Detlef Römer
ZMP-Außenstellen:
Marktberichtstelle Berlin; Marktberichtstelle Nord Hamburg; Marktberichtstelle Hannover; Marktberichtstelle Stuttgart; Büro München

Beobachtung der Agrarmärkte im In- und Ausland und laufende Berichterstattung zur Sicherung der Markttransparenz für alle Marktpartner.

• **Q 301**

Marketinggesellschaft Gutes aus Hessen e.V.
Homburger Str. 9, 61169 Friedberg
T: (06031) 73 23 50 **Fax:** 9 30 61
Gründung: 1989 (17.April)
Vorsitzende(r): Dipl.-Ing. Agrar Landwirt Heinz Christian Bär
Stellvertretende(r) Vorsitzende(r): Hans-Albert Bücking
Geschäftsführer(in): Wilfried Schäfer
Mitglieder: 54
Mitarbeiter: 5
Jahresetat: DM 0,8 Mio, € 0,41 Mio

• **Q 302**

Deutsches Landwirtschaftsmuseum Hohenheim
Geschäftsstelle
70593 Stuttgart
Garbenstr. 9 u. 9 A, 70599 Stuttgart
T: (0711) 4 59-21 46 **Fax:** 4 59-34 04
Gründung: 1972
Museumsleiter: Dr. Klaus Herrmann
Verbandszeitschrift: Der Goldene Pflug

• **Q 303**

Gesellschaft für Bibliothekswesen und Dokumentation des Landbaues (GBDL)
TU München-Weihenstephan
85350 Freising
T: (08161) 71-3426 **Fax:** 71-4409
Internet: http://www.hal.weihenssteepphan.de/gbdl/
E-Mail: schlind@weihenstephan.de
Gründung: 1958
Vorsitzende(r): Prof. Dr. Wolfrudolf Laux
Geschäftsführer(in): Dr. Birgid Schlindwein (E-Mail: schlind@weihenstephan.de)
Verbandszeitschrift: Mitteilungen der Gesellschaft für Bibliothekswesen und Dokumentation des Landbaues
Mitglieder: 150

Milchwirtschaft

• **Q 304**

Verband der Deutschen Milchwirtschaft e.V. (VDM)
- Deutsches National-Komitee im Internationalen Milchwirtschaftsverband
Meckenheimer Allee 137, 53115 Bonn
T: (0228) 9 82 43-0 **Fax:** 9 82 43-20
E-Mail: V.D.M.@t-online.de
Gründung: 1874
Präsident(in): Otto-Dietrich Steensen, Husum
Geschf. Dir.: Ass. Michael Schauff
Dipl.-Ing.agr. Thomas Kützemeier (Ltg. Presseabt.)
Verbandszeitschrift: VDM-Schnellinformationen/Berichte über internationale Zusammenarbeit
Redaktion: M. Schauff/Th. Kützemeier
Mitglieder: 14
Mitarbeiter: 6
Jahresetat: DM 1,1 Mio, € 0,56 Mio

Ordentliche Mitglieder

q 305

Deutscher Bauernverband e.V. (DBV)
Postf. 20 04 54, 53134 Bonn
Godesberger Allee 142-148, 53175 Bonn
T: (0228) 81 98-0 **Fax:** 81 98-205

q 306

Deutscher Raiffeisenverband e.V. (DRV)
53106 Bonn
Adenauerallee 127, 53113 Bonn
T: (0228) 1 06-0 **Fax:** 1 06-266
Internet: http://www.raiffeisen.de
E-Mail: info@drv.raiffeisen.de

q 307

Gemeinschaft der Milchwirtschaftlichen Landesvereinigungen e.V. (GML)
Meckenheimer Allee 137, 53115 Bonn
T: (0228) 9 82 43 15 **Fax:** 9 82 43 20

q 308

Bundesverband der Privaten Milchwirtschaft e.V.
Godesberger Allee 157, 53175 Bonn
T: (0228) 9 59 69-12 **Fax:** 37 15 35

q 309

Milchindustrie-Verband e.V. (MIV)
Adenauerallee 148, 53113 Bonn
T: (0228) 9 59 69-0 **Fax:** 37 15 35
Internet: http://www.milchindustrie.de
E-Mail: info@milchindustrie.de

q 310

Bundesverband Molkereiprodukte e.V. (BUMO)
Adenauerallee 148, 53113 Bonn
T: (0228) 36 76 20 **Fax:** 36 14 25
Internet: http://www.mopro.de
E-Mail: bumo@t-online.de

q 311

Zentralverband Deutscher Milchwirtschaftler e.V. (zdm)
Baumschulallee 6, 53115 Bonn
T: (0228) 63 76 05 **Fax:** 63 73 54
Internet: http://www.zdm-ev.de
E-Mail: zdm-ev@t-online.de

q 312

Deutsche Landwirtschafts-Gesellschaft e.V. (DLG)
Eschborner Landstr. 122, 60489 Frankfurt
T: (069) 2 47 88-0 **Fax:** 2 47 88-1 10
Internet: http://www.DLG-Frankfurt.de
E-Mail: Info@DLG-Frankfurt.de

q 313

Verband für handwerkliche Milchverarbeitung im ökologischen Landbau e.V.
Hohenbercha 23, 85402 Kranzberg
T: (08166) 68 42 18 **Fax:** 62 74

q 314

Verband der Landwirtschaftskammern e.V.
Godesberger Allee 142-148, 53175 Bonn
T: (0228) 3 08 01-0 **Fax:** 37 44 31
E-Mail: vlk-bonn@t-online.de

q 315

Bundesverband der Vorzugsmilcherzeuger und Direktvermarkter von Milch und Milchprodukten
Geschäftsstelle:
Birkenstr. 9, 63607 Wächtersbach
T: (06053) 60 15 59 **Fax:** 60 15 58
Internet: http://www.milch-und-mehr.de
E-Mail: information@milch-und-mehr.de

q 316

Arbeitsgemeinschaft Deutscher Rinderzüchter e.V.
Adenauerallee 174, 53113 Bonn
T: (0228) 9 14 47-0 **Fax:** 9 14 47-11
E-Mail: info@adt.de

q 317

Arbeitsgemeinschaft Deutscher Milchhandelsverbände

Im Bonnet 4, 53229 Bonn
T: (0228) 48 14 05 **Fax:** 48 14 05

● **Q 318**

Bundesverband der Privaten Milchwirtschaft e.V.

Godesberger Allee 157, 53175 Bonn
T: (0228) 9 59 69-12 **Fax:** 37 15 35
Internationaler Zusammenschluß: siehe unter izf 1082
Präsident(in): Horst Ziegenhain, Bad Aibling
Geschäftsführer(in): RA Gernot Werner, Bonn
RA Dr. P. Bornemann, München
Mitglieder: 3 Landesverbände

Landesverbände

q 319

Verband der Privaten Milchwirtschaft Nordwestdeutschland e.V.

Adenauerallee 148, 53113 Bonn
T: (0228) 9 59 69 12 **Fax:** 37 15 35
Vorsitzende(r): Karl Schäkel, Rehburg-Loccum
Geschäftsführer(in): RA Gernot Werner
Mitglieder: Privatmolkereien und Käsereien der Verbandsgebiete Norddeutschland und Nordrhein-Westfalen

q 320

Verband der Bayer. Privaten Milchwirtschaft e.V.

Kaiser-Ludwig-Platz 2, 80336 München
T: (089) 53 11 58, 53 07 50 50 **Fax:** 5 30 96 15
Vorsitzende(r): Horst Ziegenhain, Bad Aibling
Geschäftsführer(in): RA Dr. P. Bornemann

q 321

Verband der Privaten Milchwirtschaft Hessen und Rheinland-Pfalz e.V.

Baumschulallee 6, 53115 Bonn
Vorsitzende(r): Dr. Berz-List, Bad Schwalbach
Geschäftsführer(in): Dipl.-Ing.agr. Wolfgang Sailer
Verband besteht nur noch bis 31.12.99

● **Q 322**

Milchindustrie-Verband e.V. (MIV)

Adenauerallee 148, 53113 Bonn
T: (0228) 9 59 69-0 **Fax:** 37 15 35
Internet: http://www.milchindustrie.de
E-Mail: info@milchindustrie.de
Internationaler Zusammenschluß: siehe unter izf 1083, izq 165
Vorsitzende(r): Dipl.-Kfm. Dr. Manfred W. Tag (Nordmilch eG, Industriestr. 1, 27404 Zeven, T: (04281) 72-0)
Hauptgeschäftsführer(in): Dipl.-Volksw. Eberhard Hetzner
Geschäftsführer(in): RA Gernot Werner
Dipl.-Ing. agr. Eckhard Heuser
RA Jörg Rieke
Dipl.-Ing. Winfried Meier
Mitglieder: 110

● **Q 323**

Zentralverband Deutscher Milchwirtschaftler e.V. (zdm)

Baumschulallee 6, 53115 Bonn
T: (0228) 63 76 05 **Fax:** 63 73 54
Internet: http://www.zdm-ev.de
E-Mail: zdm-ev@t-online.de
Präsident(in): Dir. Reinhard Rode (Trave-Milch GmbH, Leezen)
Geschäftsführer(in): RA Torsten Sach

● **Q 324**

Nationales Komitee für Milchleistungsprüfungen

Adenauerallee 174, 53113 Bonn
T: (0228) 9 14 47-0 **Fax:** 9 14 47-11
E-Mail: info@adt.de
Geschäftsführer(in): Dr. Klaus Meyn
Präsident(in): Jan-Beekman Ringena

● **Q 325**

Milchwirtschaftlicher Verein Baden-Württemberg e.V.

Lindenspürstr. 31, 70176 Stuttgart
T: (0711) 6 36 85 92 **Fax:** 6 36 92 90
Vorsitzende(r): Manfred Stähle
Geschäftsführer(in): Dr. Markus Albrecht

● **Q 326**

Bundesverband der Vorzugsmilcherzeuger und Direktvermarkter von Milch und Milchprodukten

Geschäftsstelle:
Birkenstr. 9, 63607 Wächtersbach
T: (06053) 60 15 59 **Fax:** 60 15 58
Internet: http://www.milch-und-mehr.de
E-Mail: information@milch-und-mehr.de
Vorsitzende(r): Gerhard Windler
Leitung Presseabteilung: Dr. Ulrike Roßberg (Geschäftsführerin, Birkenstr. 9, 63607 Wächtersbach, T: (06053) 60 15 59, Fax: 60 15 58)

● **Q 327**

Gemeinschaft der Milchwirtschaftlichen Landesvereinigungen e.V. (GML)

Meckenheimer Allee 137, 53115 Bonn
T: (0228) 9 82 43 15 **Fax:** 9 82 43 20
Vorsitzende(r): Peter Cornelius, Butjadingen
Geschäftsführer(in): Dipl.-Ing. Ines Coldewey
Mitglieder: 11 auf Landesebene tätige Verbände

● **Q 328**

Export-Union für Milchprodukte e.V.

Adenauerallee 148, 53113 Bonn
T: (0228) 9 59 69 24 **Fax:** 37 15 34
E-Mail: export-union@milchindustrie.de
Vorsitzende(r): Dr. Hermann Dumstorf (26125 Oldenburg)
Geschäftsführer(in): Dipl.-Ing. agr. Eckhard Heuser
Mitglieder: 115

● **Q 329**

Milchprüfring Baden-Württemberg e.V.

Lindenspürstr. 31, 70176 Stuttgart
T: (0711) 6 36 84 22 **Fax:** 6 36 92 90
Vorsitzende(r): Manfred Stähle
Geschäftsführer(in): Dr. Markus Albrecht

● **Q 330**

Milchkontrollverband Osnabrück e.V.

Föckinghausen, 49324 Melle
T: (05422) 98 72 49 **Fax:** 87 44
Vorsitzende(r): Bielefeld

● **Q 331**

Milchwirtschaftlicher Kontrollverband Mittelweser

Postf. 11 23, 31543 Rehburg-Loccum
Bahndamm 9, 31547 Rehburg-Loccum
T: (05037) 9 82 27 **Fax:** 9 82 29
Geschäftsführer(in): Dr. Hanns-Christoph Thiele-Wittig
Mitarbeiter: 60

● **Q 332**

Landeskontrollverband für Milchwirtschaft Niedersachsen-Bremen (LKV) e.V.

Grebenstr. 19, 27283 Verden
T: (04231) 9 89 50 **Fax:** 98 95 25
Vorsitzende(r): Cord H. zum Felde
Geschäftsführer(in): Dr. Jürgen Claus

Natur-, Landschafts-, Tier- und Umweltschutz

● **Q 333**

Bundesverband Bürgerinitiativen Umweltschutz e.V. (BBU)

Prinz-Albert-Str. 73, 53113 Bonn
T: (0228) 21 40 32 **Fax:** 21 40 33
E-Mail: bbu-bonn@t-online.de
Gründung: 1972
Verbandszeitschrift: BBU-Infodienst
Redaktion: Christine Ellermann

● **Q 334**

Zentrum für integrierten Umweltschutz e.V.

Raabestr. 14, 34119 Kassel
T: (0561) 3 16 08 02 **Fax:** 3 16 08 75
Internet: http://www.uni-kassel.de/ziu
E-Mail: ziu@hrz.uni-kassel.de
Gründung: 1992
Vorsitzende(r): M. Dietzsch
Leitung Presseabteilung: U. André
Mitglieder: 30
Mitarbeiter: 8
Jahresetat: DM 0,9 Mio, € 0,46 Mio

● **Q 335**

Arbeitsgemeinschaft Umweltschutz und Stadtgestaltung e.V. (ARGUS)

Lindenstr. 53, 14467 Potsdam
T: (0331) 29 35 00
E-Mail: gl.bb-argus.potsdam@t-online.de

● **Q 336**

Greenpeace e.V.

Große Elbstr. 39, 22767 Hamburg
T: (040) 3 06 18-0 **Fax:** 3 06 18-100
Internet: http://www.greenpeace.de
E-Mail: mail@greenpeace.de
Gründung: 1980
Geschäftsführerin: Brigitte Behrens
Verbandszeitschrift: Greenpeace-Nachrichten
Verlag: Greenpeace Umweltschutzverlag GmbH, 20459 Hamburg, T: (040) 3 11 84-0
Mitglieder: rd. 500000
Zeitschrift: Greenpeace-Magazin

Internationale Umweltorganisation.

q 337

Greenpeace e.V. Politische Vertretung Berlin

Chausseestr. 131, 10115 Berlin
T: (030) 30 88 99-0 **Fax:** 30 88 99 30
Gründung: 1990

● **Q 338**

Bundesverband Boden (BVB) e.V.

-Geschäftsstelle
Flanaganstr. 4a, 14195 Berlin
T: (030) 7 92 96 64 **Fax:** 7 92 96 64
Gründung: 1995 (28. Juni)
Präsident(in): Prof. Dr. Reinhard F. Hüttl
Vizepräsident(in): Dr. Wolf Eckelmann
Dr. Wolfram Kneib
Dr. Volker Neidhart
Geschäftsführer(in): Dr. Claus G. Bannick
Schriftführer(in): Dr. Peter Dreher
Verbandszeitschrift: Bodenschutz
Redaktion: Dr. Claus G. Bannick
Verlag: Erich-Schmidt-Verlag, Genthiner Str. 30 G, 10785 Berlin
Mitglieder: 500
Mitarbeiter: 1 freier

● **Q 339**

Hessisches Landesamt für Umwelt und Geologie

Rheingaustr. 186, 65203 Wiesbaden
T: (0611) 69 39-0 **Fax:** 6 93 95 55
E-Mail: bibliothek-hlfu@hlfu.de
Gründung: 1971
Präsident(in): Prof. Dr. Werner Ott
Vertreter des Präs.: Prof. Dr. Andreas Hoppe
Leitung Presseabteilung: Birgit Hofmann

● **Q 340**

Hessisches Landesamt für Regionalentwicklung und Landwirtschaft

- Pflanzenschutzdienst
Frankfurter Str. 69, 35578 Wetzlar
T: (06441) 92 89-0 **Fax:** 92 89-494
Leitung: LD Martin Kerber

● **Q 341**

Landesanstalt für Umweltschutz Baden-Württemberg

Postf. 21 07 52, 76157 Karlsruhe
Griesbachstr. 1, 76185 Karlsruhe
T: (0721) 9 83-0 **Fax:** 9 83-14 56
E-Mail: bibliothek@uvm.baden-wuerttemberg.de/lfu
Gründung: 1975 (1. Januar)
Präsident(in): Margareta Barth
Bedienstete/Planstellen: 461

● **Q 342**

Landesamt für Umweltschutz und Gewerbeaufsicht Rheinland-Pfalz

Postf. 12 50, 55273 Oppenheim
Amtsgerichtsplatz 1, 55276 Oppenheim
T: (06133) 94 50-0 **Fax:** 9 45 01 55
Dienststelle Mainz: Rheinallee 97-101, 55118 Mainz, T: (06131) 9 67-0, Telefax: (06131) 67 27 29
Gründung: 1984 (1. Februar)

Präsident(in): Dr. Koschwitz
Leitung Presseabteilung: Gerd Plachetka
Mitarbeiter: 225

• Q 343

Landesamt für Umweltschutz
Don-Bosco-Str. 1, 66119 Saarbrücken
T: (0681) 85 00-0 **Fax:** 85 00-384
E-Mail: poststelle@lfu.x400.saarland.de
Amtsleiter: Dipl.-Biologin Helga May-Didion
Stellv. Amtsleiter: N. N.
Geschf. Beamter: ROAR Karl Bonaventura
Mitarbeiter: 150

• Q 344

Berliner Landesarbeitsgemeinschaft Naturschutz e.V. (BLN)
Potsdamer Str. 65, 10785 Berlin
T: (030) 26 55-0864, 26 55-0865 **Fax:** 26 55-1263
E-Mail: BLN@ipn-b.comlink.apc.org
Gründung: 1979
Vorsitzende(r): Jens Redlich
Geschäftsführer(in): Manfred Schubert (Ltg. Presseabteilung)
Mitglieder: 16
Mitarbeiter: 1
Jahresetat: DM 0,082 Mio, € 0,04 Mio

• Q 345

Naturschutzverband Niedersachsen e.V. (NVN)
Landesgeschäftsstelle:
Postf. 11 55, 26198 Wardenburg
Friedrichstr. 43, 26203 Wardenburg
T: (04407) 80 88 **Fax:** 67 60
Internet: http://www.naturschutzverband.de
E-Mail: nvn.nds@t-online.de
Gründung: 1983 (5. Juni), Schwarmstedt
Leitung: Dr. Remmer Akkermann (T: (04407) 92 22 01)
Leitung Presseabteilung: Andrea Santori
Verbandszeitschrift: Naturschutz in Niedersachsen, Merkblätter
Redaktion: Andrea Santori u.a.
Verlag: Selbstverlag, Friedrichstr. 43, 26203 Wardenburg
Mitglieder: 7500
Mitarbeiter: 4

• Q 346

Landesnaturschutzverband Schleswig-Holstein e.V. (LNV)
Burgstr. 4, 24103 Kiel
T: (0431) 9 30 27 **Fax:** 9 20 47
E-Mail: lnv-sh@t-online.de
Gründung: 1975
Vorsitzende(r): Volkher Looft
Stellvertretende(r) Vorsitzende(r): Bernd Struwe-Juhl
Martin Schumacher
Geschäftsführer(in): Ragnar Schaefer
Verbandszeitschrift: Grüne Mappe (jährlich)
Redaktion: Landesnaturschutzverand (Schriftleitung)
Verlag: WDA Brodersdorf
Mitglieder: 19 Mitgliedsverbände
Mitarbeiter: 4
Jahresetat: ca. DM 0,4 Mio, € 0,2 Mio

• Q 347

Landesnaturschutzverband Baden-Württemberg e.V.
Olgastr. 19, 70182 Stuttgart
T: (0711) 24 89 55-20 **Fax:** 24 89 55-30
E-Mail: LNV.BW@t-online.de
Gründung: 1971 (30. März)
Vorsitzende(r): Dr. Michael Hassler
Geschäftsführer(in): Dr. Anke Trube

• Q 348

Botanischer Verein zu Hamburg e.V.
Op de Elg 19a, 22393 Hamburg
T: (040) 6 01 60 53 **Fax:** 6 00 71 60
Gründung: 1891 (7. Januar)
1. Vorsitzende(r): Dr. H.-H. Poppendieck
2. Vorsitzende(r): Horst Bertram
Verbandszeitschrift: Mitteilungen (vierteljährlich)
Berichte des Botanischen Vereins zu Hamburg (jährlich)
Redaktion: Dr. H.-H. Poppendieck, Horst Bertram
Verlag: Selbstverlag
Mitglieder: 550
Mitarbeiter: ca. 25 (ehrenamtl.)
Jahresetat: DM 0,015 Mio, € 0,01 Mio

• Q 349

Förderverein Umweltschutz Unterelbe e.V.
Bullerdeich 12-14, 20537 Hamburg
T: (040) 2 50 48 49
Gründung: 1979
Verbandszeitschrift: Hamburger Umwelt Nachrichten
Verlag: Selbstverlag

• Q 350

Verein für Umwelt- und Arbeitsschutz e.V. (VUA)
Bauernstr. 2, 28203 Bremen
T: (0421) 70 22 03 **Fax:** 70 74 72
E-Mail: vuaev@t-online.de
Gründung: 1979
Verbandszeitschrift: "Rundbrief"
Mitglieder: 250
Mitarbeiter: 4
Jahresetat: DM 0,15 Mio, € 0,08 Mio

• Q 351

Deutsche Umwelt-Aktion e.V. (DUA)
Heinrich-Heine-Allee 23, 40213 Düsseldorf
T: (0211) 13 13 22 **Fax:** 13 24 54
Gründung: 1958
Vorsitzende(r): Rudolf Rummel
Geschäftsführer(in): Dennis Hunter

q 352

Zentrum für Umweltbildung
Schragenfeldstr. 16, 12685 Berlin
T: (030) 5 43 56 97
Dr. Rudolf Marquardt

• Q 353

Fonds für Umweltstudien
Postf. 12 03 69, 53045 Bonn
T: (0228) 26 92-2 16 **Fax:** 26 92-2 52
Amt. Vors.: Dr. Wolfgang Burhenne
Leitung Presseabteilung: Werner Koep

• Q 354

Arbeitsgemeinschaft Verpackung und Umwelt e.V. (AGVU)
Bonner Talweg 64, 53113 Bonn
T: (0228) 9 49 29-0 **Fax:** 9 49 29-4
Internet: http://www.agvu.de
E-Mail: online@agvu.de

• Q 355

Institut für Umweltkrankheiten
Im Kurpark 1, 34308 Bad Emstal
T: (05624) 80 61 **Fax:** 86 95
Gründung: 1985
Leitung: Dr. Klaus-Dietrich Runow (Arzt)
Verbandszeitschrift: Zeitung für Umweltmedizin sowie Kongressbände der jährlichen Internationalen Symposien für Umweltmedizin
Mitglieder: 14

• Q 356

Deutsche Sektion der Internationalen Ärzte für die Verhütung des Atomkrieges Ärzte in sozialer Verantwortung e.V.
Körtestr. 10, 10967 Berlin
T: (030) 6 93 02 44 **Fax:** 6 93 81 66
Internet: http://www.ippnw.de
E-Mail: IPPNW@VLBerlin.comlink.de
Gründung: 1982
Vorsitzende(r): Dr. med. Angelika Claußen
Stellvertretende(r) Vorsitzende(r): Stephan Kolb
Geschäftsführer(in): F. Uhe
Leitung Presseabteilung: Dr. Jens-Peter Steffen
Verbandszeitschrift: IPPNW-FORUM
Redaktion: Heike Lischewski
Verlag: Selbstverlag, Körtestr. 10, 10967 Berlin
Mitglieder: 8600
Mitarbeiter: 8
Jahresetat: DM 2,2 Mio, € 1,12 Mio

• Q 357

Deutscher Naturschutzring Dachverband der deutschen Natur- und Umweltschutzverbände (DNR) e.V.
Postf. 20 04 25, 53134 Bonn
Am Michaelshof 8-10, 53177 Bonn
T: (0228) 35 90 05 **Fax:** 35 90 96
Internet: http://www.dnr.de
E-Mail: dnr-bonn@t-online.de
Gründung: 1950
Präsident(in): Prof. Dr. Wolfgang Engelhardt (Klagenfurter Str. 22, 81669 München)
Präsidium: Dr. Manfred Niekisch (Vizepräs.)
Albert Lippert (Vizepräs.)
Jürgen Resch (Schatzmeister)
Jochen Flasbarth
Klaus Hübner
Gerlinde Hoffmann
Leif Miller
Michael Müller
Joachim Schmidt (Jugendv.)
Hubert Weinzierl
Generalsekretär(in): Helmut Röscheisen
Stellv. Generalsekretärin: Helga Inden-Heinrich

• Q 358

Verband Deutscher Naturparke e.V. (VDN)
Niederhaverbeck 7, 29646 Bispingen
T: (05198) 98 70 33 **Fax:** 6 68
Internet: http://www.naturpark.de
E-Mail: vdn@naturpark.de
Gründung: 1963
Präsident(in): Dr. Herbert Günther
Vizepräsident(in): Dr. Karl Friedrich Zink
Dr. Eberhard Jüttner
Geschäftsführer(in): Ulrich Köster
Verbandszeitschrift: Naturschutz und Naturparke
Redaktion: Marga Reetz
Mitglieder: 84 Naturparkträger

Landesarbeitsgemeinschaften

q 359

Naturparkverband Bayern Arbeitsgemeinschaft bayerischer Naturparke im Landkreistag Bayern
Friedrich-Ebert-Str. 18, 91781 Weißenburg
1. Vorsitzende(r): Albert Löhner, Neumarkt (Opf.)

q 360

Arbeitsgemeinschaft hessischer Naturparkträger
Am Hohenwiesenweg 1, 63679 Schotten
T: (06044) 26 31
1. Vorsitzende(r): Landrat Hans Ulrich Lipphardt, Lauterbach

q 361

Arbeitsgemeinschaft niedersächsischer Naturparke
Naturpark Steinhuder Meer, Landkreis Hannover
Hildesheimer Str. 20, 30169 Hannover
Vorsitzende(r): Dipl.-Ing. Siegfried Siebens, Hannover

q 362

Arbeitsgemeinschaft der Naturparke in Nordrhein-Westfalen
Rathausmarkt 3, 41747 Viersen
1. Vorsitzende(r): Oberkreisdirektor Dr. Hans-Christian Vollert, Viersen

q 363

Arbeitsgemeinschaft rheinland-pfälzischer Naturparke
Franz-Hartmann-Str. 9, 67466 Lambrecht
T: (06325) 95 52-0
Vorsitzende(r): N. N.

• Q 364

Bundesverband beruflicher Naturschutz e.V. (BBN)
Konstantinstr. 110, 53179 Bonn
T: (0228) 84 91-1 16 **Fax:** 8 49 12 00
Gründung: 1947
Vorsitzende(r): Prof. Dr. Lothar Finke
Geschäftsführende(s) Vorstands-Mitglied(er): Prof. Dr. Wolfgang Erz
Verbandszeitschrift: Jahrbuch für Naturschutz und Landschaftspflege
Verlag: Kilda-Verlag, 48268 Greven
Mitglieder: 800

• Q 365

Gesellschaft für berufliche Umweltbildung e.V. (GbU)
Markgrafendamm 16, 10245 Berlin
T: (030) 2 93 94-119 **Fax:** 2 93 94-104
Gründung: 1991
Vorsitzende(r): Prof. Dr. Andreas Fischer
Stellvertretende(r) Vorsitzende(r): Dr. Dorothea Schemme
Leitung Presseabteilung: Bettina Knothe (Markomannstr. 74, 42105 Wuppertal)
Verbandszeitschrift: ZBU Information zur beruflichen Umweltbildung
Redaktion: Bettina Knothe, Markomannstr. 74, 42105 Wuppertal
Mitglieder: ca. 150
Jahresetat: ca. DM 0,04 Mio, € 0,02 Mio

• Q 366

KATE Kontaktstelle für Umwelt und Entwicklung e.V.
Greifswalder Str. 4, 10405 Berlin

T: (030) 44 05 31 10 **Fax:** 44 05 31 09
E-Mail: kate@kateberlin.de
Gründung: 1988
Geschäftsführer(in): Uwe Prüfer
Presse/Öffentlichkeitsarbeit: Beate Procek
Verbandszeitschrift: KATE-Rundbriefe
Mitglieder: 40
Mitarbeiter: 6
Jahresetat: DM 1 Mio, € 0,51 Mio

• Q 367

UVP-Gesellschaft e.V.
Gesellschaft für die Prüfung der Umweltverträglichkeit
Alfred-Fischer-Weg 2, 59073 Hamm
T: (02381) 5 21 29 **Fax:** 5 21 95
Internet: http://www.uvp.de
E-Mail: info@uvp.de
Gründung: 1987 (5. Mai)
Vorsitzende(r): Dieter Wagner
Verbandszeitschrift: UVP-report; UVP-SPEZIAL
Redaktion: Ulrich Schölermann, Peter D. Wagner
Verlag: UVP-Gesellschaft, Östingstr. 13, 59063 Hamm
Mitglieder: 1000

Förderung der Umweltvorsorge durch Informationen und Forschung zu UVP, Umweltplanung und Umweltmanagement.

Landesgruppen (LG)

q 368

UVP-Förderverein Brandenburg-Berlin e.V.
c/o Planung + Umwelt
Dietzgenstr. 71, 13156 Berlin
T: (030) 4 77-1515 **Fax:** 4 77-50615
Kontaktperson: Dr. Beate Ulrici

q 369

UVP-Gesellschaft e.V.
Landesgruppe Mecklenburg-Vorpommern
Geographisches Institut der Universität Greifswald
Friedrich-Ludwig-Jahn-Str. 16, 17489 Greifswald
T: (03834) 7 72 71 **Fax:** 88 33 53
Kontaktperson: Prof. Dr. Konrad Billwitz

q 370

UVP-Gesellschaft e.V.
Landesgruppe Thüringen im TZE
Arnstädter Str. 22, 99334 Rudisleben
T: (0361) 7 45 66 99 (K. Krause), (03628) 54 25 24 (A. Zorn)
Fax: (03628) 5 98-371
Kontaktpersonen: Kurt Krause
Andre Zorn (Technologiezentrum)

q 371

UVP-Gesellschaft e.V.
Landesgruppe Sachsen-Anhalt
Büro für Umweltplanung
Sylvestriestr. 4, 38855 Wernigerode
T: (03943) 92 31-12 **Fax:** 92 31-99
Kontaktperson: Dr. Friedhelm Michael

q 372

UVP-Gesellschaft e.V.
Landesgruppe Nordrhein-Westfalen
Bohmter Str. 29, 49074 Osnabrück
T: (0541) 2 89 40
Kontaktperson: Dr. Volker Stelzer

q 373

UVP-Gesellschaft e.V.
Landesgruppe Baden-Württemberg
c/o Büro für Geologie und Umweltfragen Dr. Holger Hansel & Partner
Hirschgasse 1, 75392 Deckenpfronn
T: (07056) 80 81 **Fax:** 83 34
Kontaktperson: Dr. Holger Hansel

q 374

UVP-Gesellschaft e.V.
Landesgruppe Schleswig-Holstein/Hamburg
c/o Planungsgruppe Ökologie + Umwelt Nord
Gotenstr. 4, 20097 Hamburg
T: (040) 23 31 49 **Fax:** 23 45 95
Kontaktperson: Jürgen Baumann (Planungsgruppe Ökologie + Umwelt Nord)
Markus Luthe (c/o SPU Ingenieurgesellschaft mbH, Waidmannstr. 35, 22769 Hamburg, T: (040) 85 90 31, Fax: (040) 85 90 34)

q 375

UVP-Gesellschaft e.V.
Landesgruppe Hessen/Rheinland-Pfalz/Saarland
c/o Infra-Tec
Heidelberger Landstr. 31, 64297 Darmstadt
T: (06151) 53 90 52 **Fax:** 53 90 10

q 376

UVP-Gesellschaft e.V.
Landesgruppe Bayern
AkkU Umweltberatungs GmbH
Rumfordstr. 10, 80469 München
T: (089) 29 08-40 33 **Fax:** 29 08-40 50
Kontaktperson: Michael Lörcher

q 377

UVP-Gesellschaft e.V.
Landesgruppe Niedersachsen/Bremen
Institut für Landesplanung und Raumforschung der Uni Hannover
Herrenhäuser Str. 2, 30419 Hannover
T: (0511) 7 62-2617 **Fax:** 7 62-5219 (d)
Kontaktperson: Dr. Frank Scholles

• Q 378

Landesbüro der Naturschutzverbände NW
Ripshorster Str. 306, 46117 Oberhausen
T: (0208) 88 05 90 **Fax:** 8 80 59 29
Gründung: 1980 (1. April)
Vertretungsbevollm.: Josef Tumbrinck
Je ein Vorsitzender der drei in NW anerkannten Naturschutzverbände im Wechsel.
Mitarbeiter: 11
Jahresetat: DM 0,8 Mio, € 0,41 Mio

Landesverbände

q 379

Landesgemeinschaft Naturschutz und Umwelt Nordrhein-Westfalen e.V. (LNU)
Heinrich-Lübke-Str. 16, 59759 Arnsberg
T: (02932) 42 01 **Fax:** 5 44 91
Vorsitzende(r): Dr. Hermann-Josef Roth

q 380

Landesverband Nordrhein-Westfalen des Naturschutzbundes Deutschland e.V.
Merowingerstr. 88, 40225 Düsseldorf
T: (0211) 15 92 51-0 **Fax:** 15 92 51-15
Vorsitzende(r): Josef Tumbrinck

q 381

Bund für Umwelt und Naturschutz Deutschland (BUND)
Landesverband Nordrhein-Westfalen e.V.
Merowingerstr. 88, 40225 Düsseldorf
E-Mail: bund.nrw@bund.net
Vorsitzende(r): Klaus Brunsmeier (T: (0211) 30 20 05-0)

• Q 382

Landesgemeinschaft Naturschutz und Umwelt Nordrhein-Westfalen e.V. (LNU)
Heinrich-Lübke-Str. 16, 59759 Arnsberg
T: (02932) 42 01 **Fax:** 5 44 91
Gründung: 1976 (11. Mai)
Vorsitzende(r): Prof. Dr. Wilfried Stichmann
Stellvertretende(r) Vorsitzende(r): Dr. Wolfhard von Boeselager
Mark vom Hofe
Geschäftsführer(in): Dipl.-Geogr. Rainer Fischer
Verbandszeitschrift: Natur- und Landschaftskunde
Redaktion: Stefan Kronsbein
Verlag: W. Stichmann, Postf. 19, 59515 Möhnesee
Mitglieder: 75 Verbände mit über 300000 Einzelmitgliedern

• Q 383

Arbeitsgemeinschaft Naturschutz Bodensee
Winterbergstr. 2, 78465 Konstanz
T: (07533) 21 45 **Fax:** (07531) 7 23 83

• Q 384

Natur- und Umweltschutz-Akademie des Landes Nordrhein-Westfalen (NUA)
bei der Landesanstalt für Ökologie, Bodenordnung und Forsten / Landesamt für Agrarordnung NRW (LÖBF/LAfAO NRW)
Postf. 101051, 45610 Recklinghausen
Siemensstr. 5, 45659 Recklinghausen
T: (02361) 3 05-0 **Fax:** 3 05-340
Gründung: 1997 (1. Januar)
Präsident(in): Rolf Kalkkuhl

• Q 385

Gesellschaft für Naturschutz und Ornithologie Rheinland-Pfalz e.V.
Postf. 13 16, 56373 Nassau
Bachgasse 4, 56377 Nassau
T: (02604) 82 61 **Fax:** 61 79
Gründung: 1977 (12. März)
Vorsitzende(r): Prof. Dr. Eberhard Fischer
Stellvertretende(r) Vorsitzende(r): Ansgar van Elst
Schatzmeister: Winfried Schepp
Pressereferent: Heiko Himmler
Verbandszeitschrift: Fauna und Flora in Rheinl.-Pfalz + Beihefte
Redaktion: Dr. M. Niehuis, Im Vorderen Großthal 5, 76857 Albersweiler
Mitglieder: ca. 850
Mitarbeiter: 5, 9 Zivildienstleistende

• Q 386

BUNDSCHUH Verein für Naturschutz, Umweltschutz und Landschaftspflege e.V., Schwabhausen
Kappelholzweg 13, 97944 Boxberg
T: (07930) 22 11 **Fax:** 15 86
Gründung: 1981 (30. September)
Vorsitzende(r): Dr. Dieter Thoma (T: (07930) 5 96)
Geschäftsführer(in): Horst Oellers (T: (07930) 22 11)
Mitglieder: ca. 500
Mitarbeiter: 1

• Q 387

Volksbund Naturschutz e.V.
Königin-Luise-Str. 6-8, 14195 Berlin
T: (030) 84 10 71 31 **Fax:** 83 22 93 21
Internet: http://www.vbnev.de
E-Mail: vbn@vbnev.de
Gründung: 1922
Vorsitzende(r): Annette Pheiffer
Stellvertretende(r) Vorsitzende(r): Andreas Ney
Verbandszeitschrift: Berliner Naturschutzblätter
Redaktion: Vorstand, Organisation R. Branch
Verlag: Berliner-Naturschutzblätter

Natur-, Landschaftsschutz; praktische Landschaftspflege, Tauchsport und Naturschutz, Tierschutz.

• Q 388

Aktionsgemeinschaft Bessere Umwelt e.V. Köln -A.B.U.-
Brunhilde Hoch Stiftung
Mitglied der Arbeitsgemeinschaft für Umweltfragen e. V. Bonn
Geschäftsstelle:
Oberer Weg 4, 51519 Odenthal
T: (02207) 43 00
Internet: http://www.brunhilde-hoch-stiftung.de
Träger des Zeichens des Europäischen Umweltjahres - verliehen vom Nationalen Ausschuß für das Europäische Umweltjahr für Maßnahme "UMWELTLOTTO"(c) -
Gründung: 1973 (März)
1. Vorsitzende(r): Brunhilde Hoch (Publizistin)
Leitung Presseabteilung: Wolfgang P. Lambertz

• Q 389

UnternehmensGrün
Verband zur Förderung umweltgerechten Wirtschaftens
Hermannstr. 5a, 70178 Stuttgart
T: (0711) 6 15 95 10 **Fax:** 6 15 95 40
Internet: http://www.unternehmensgruen.de
E-Mail: info@unternehmensgruen.de
Gründung: 1992 (Juni)
Vorstand: Rolf Bach
Gottfried Härle
Edith Memmel
Frieder Rock
Elmar Sing
Geschäftsführerin: Martina Schwendemann
Verbandszeitschrift: Forum Unternehmens Grün

• Q 390

"Pro Mehrweg"
Verein zur Förderung von Mehrwegverpackungen e.V.
Humboldtstr. 7, 40237 Düsseldorf
T: (0211) 68 39 38 **Fax:** 68 36 02
Internet: http://www.promehrweg.de
E-Mail: gfgh erbaende@compuserve.com
Gründung: 1983 (Mai)
Vorsitzende(r): Dr. Achim R. Strecker
Stellvertretende(r) Vorsitzende(r): Rainer Pott, Oelde
Karl-Otto Becker, Nörten-Hardenberg
Geschäftsführer(in): Günther Guder, Düsseldorf

• Q 391

Umweltstiftung WWF Deutschland (World Wide Fund For Nature)
Postf. 19 04 40, 60091 Frankfurt
Rebstöcker Str. 55, 60326 Frankfurt
T: (069) 7 91 44-0 **Fax:** 61 72 21
Internet: http://www.wwf.de
E-Mail: info@wwf.de
Gründung: 1963
Präsident(in): Carl-Albrecht von Treuenfels
Vorsitzender des Stiftungsrates: Dr. Michael Otto
Leitung Öffentlichkeitsarbeit: Klaus-Henning Groth
Verbandszeitschrift: WWF-Journal (4 mal jährl.)
Redaktion: Dr. Arnd Wünschmann
Verlag: WWF
Mitglieder: ca. 225000 Förderer + Mitglieder
Mitarbeiter: 100
Jahresetat: DM 37,6 Mio, € 19,22 Mio (Spendenaufkommen)

Stiftung für den Schutz und die Gestaltung der natürlichen Umwelt.

• Q 392

Schwäbischer Albverein e.V.
Postf. 10 46 52, 70041 Stuttgart
Hospitalstr. 21b, 70174 Stuttgart
T: (0711) 2 25 85-72 **Fax:** 2 25 85-93 + 92
Gründung: 1888
Präsident(in): Forstpräs. a.D. Peter Stoll
Vizepräsident(in): Günther Hecht
Prof. Dr. Theo Müller
Hauptgeschäftsführer(in): Dieter Klapschuweit
Stellvertretende(r) Geschäftsführer(in): Helmut Pfitzer (Hauptrechner)
Naturschutzref.: Werner Breuninger (T: (0711) 2 25 85-14)
Verbandszeitschrift: Blätter des Schwäbischen Albvereins
Verlag: Eigenverlag
Mitglieder: 120000
Mitarbeiter: 14
Jahresetat: DM 5,5 Mio, € 2,81 Mio
Schriftleiter f. Bücher: Prof. Dr. Theo Müller, Mörikestr. 23, 71711 Steinheim/Murr; Schriftleiter f. Blätter: Thomas Pfündel, Waldburgstr. 48, 70563 Stuttgart

• Q 393

Saarwald-Verein e.V.
c/o Haus Kahn/Landratsamt
Postf. 21 25, 66721 Saarlouis
Kaiser-Friedrich-Ring 31, 66740 Saarlouis
T: (06831) 4 44-353 **Fax:** 4 44-295
Gründung: 1907
Präsident(in): Landrat Dr. Peter Winter
Geschäftsführer(in): Edeltrud Lassotta
Verbandszeitschrift: Der Saarwald
Redaktion: Edeltrud Laßotta
Verlag: Postf. 21 25, 66721 Saarlouis
Mitglieder: ca. 5000
Jahresetat: DM 0,09 Mio, € 0,05 Mio

• Q 394

Verband Deutscher Gebirgs- und Wandervereine e.V. (VDGWV)
Wilhelmshöher Allee 157-159, 34121 Kassel
T: (0561) 9 38 73-0 **Fax:** 9 38 73-10
Gründung: 1883
Präsident(in): Staatsminister a.D. Karl Schneider
Leitung Presseabteilung: Heiner Weidner
Verbandszeitschrift: Ferienwandern
Redaktion: Dagmar Czypulowski
Mitglieder: 650000

• Q 395

Wilhelm-Münker-Stiftung Gemeinnützige Stiftung zur Förderung von Gesundheit, Wandern, Naturschutz und Heimatpflege
Postf. 10 08 44, 57008 Siegen
Sandstr. 1, 57072 Siegen
T: (0271) 5 70 97 **Fax:** 2 44 27
Internet: http://www.wmstiftung.de
E-Mail: wms@wmstiftung.de
Gründung: 1958 (18. Januar)
Vorstand und Geschäftsführer: RA Jost-Peter Weiß
Verbandszeitschrift: Beiträge zur Lebensqualität, Walderhaltung und Umweltschutz, Volksgesundheit, Wandern und Heimatschutz
Redaktion: Jost-Peter Weiß, Siegen
Verlag: Selbstverlag

• Q 396

Schwarzwaldverein e.V.
Hauptgeschäftsstelle:
Schloßbergring 15, 79098 Freiburg
T: (0761) 3 80 53-0 **Fax:** 3 80 53-20
Gründung: 1864
Präsident(in): Eugen Dieterle
Vizepräsident(in): Alfred Heffner
Georg Keller
Hauptgeschäftsführer(in): Dr. Karlheinz Abt
Naturschutzreferent: Peter Lutz
Bildungsreferent: Stephan Seyl
Verbandszeitschrift: Der Schwarzwald (Auflage ca. 60000)
Mitglieder: ca. 90000
Mitarbeiter: 7

• Q 397

Verein Naturschutzpark e.V. (VNP)
OT Niederhaverbeck, 29646 Bispingen
T: (05198) 98 70 30 **Fax:** 98 70 39
Internet: http://home.t-online.de/homevnp-info
E-Mail: vpn-info@t-online.de
Gründung: 1909
Vorsitzende(r): Hans Joachim Röhrs
Geschäftsführer(in): Mathias Zimmermann
Verbandszeitschrift: Naturschutz- und Naturparke
Redaktion: Marga Reetz
Verlag: Eigenverlag
Mitglieder: 4600
Mitarbeiter: 25
Jahresetat: DM 3,2 Mio, € 1,64 Mio

• Q 398

Bundesverband für fachgerechten Natur- und Artenschutz e.V. (BNA)
Postf. 11 10, 76707 Hambrücken
T: (07255) 28 00 **Fax:** 83 55
Internet: http://www.bna-ev.de
E-Mail: gs@bna-ev.de
Gründung: 1985 (25. Januar)
Präsident(in): Prof. Dr. Norbert Rieder
Vizepräsident(in): K.-H. Spitzer
W. Grau
Dr. Clemens Becker
Geschäftsführer(in): Lorenz Haut (Leitung Presseabteilung)
Verbandszeitschrift: BNA-aktuell
Redaktion: Geschäftsstelle
Mitglieder: 130000
Mitarbeiter: 3

Natur- und Artenschutz; Arterhaltung durch Zucht.

• Q 399

Klima-Bündnis der europäischen Städte mit indigenen Völkern der Regenwälder / Alianza del Clima e.V.
European Secretariat
Galvanistr. 28, 60486 Frankfurt
T: (069) 70 79 00 83 **Fax:** 70 39 27
Internet: http://www.klimabuendnis.org
E-Mail: europe@klimabuendnis.org
Gründung: 1990
Vorsitzende(r): José Luis González (Vizekoordinator bei der COICA (Coordinadora de las Organizaciones Indigenas de la Cuenca Amazónica - Koordination der Indianerorganisationen des Amazonasbeckens))
Stellvertretende(r) Vorsitzende(r): Joachim Lorenz (Berufsmässiger Stadtrat für Gesundheit und Umwelt in München)
Geschäftsführerin: Gotelind Alber
Öffentlichkeitsarbeit: Angela Hanisch
Verbandszeitschrift: CLIMAIL europe
Mitglieder: 850 in zehn europäischen Ländern
Mitarbeiter: 10
Jahresetat: ca. DM 1,2 Mio, € 0,61 Mio

• Q 400

Rettet die Elefanten Afrikas e.V.
Rothenbaumchaussee 60, 20148 Hamburg
T: (040) 41 35 00 93 **Fax:** 41 35 00 98
E-Mail: reaer@t-online.de
Gründung: 1989 (9. September)
Vorsitzende(r): Dipl.-Politologe Hans-Helmut Röhring, Hamburg
Stellvertretende(r) Vorsitzende(r): RA Dr. Gerhard Buss, München
Barbara Voigt (Ltg. Presseabt., Journalistin), Hamburg
Margrith Rasch (Kauffrau), Osnabrück
Mitglieder: 310
Mitarbeiter: 1
Jahresetat: DM 0,3 Mio, € 0,15 Mio

Aufklärungsarbeit in Deutschland; Unterstützung konkreter Elefantenschutzprojekte in Afrika, insbesondere in Kenia und Uganda.

• Q 401

Rettet den Regenwald e.V.
Friedhofsweg 28, 22337 Hamburg
T: (040) 4 10 38 04 **Fax:** 4 50 01 44
Internet: http://www.umwelt.org/regenwald
E-Mail: regenwald@umwelt.ecolink.org
Gründung: 1986
Vorsitzende(r): Reinhard Behrend
Verbandszeitschrift: Regenwald Report
Verlag: Pöseldorfer Weg 17, 20148 Hamburg
Mitglieder: 5000
Mitarbeiter: 3
Jahresetat: DM 0,3 Mio, € 0,15 Mio

• Q 402

Arbeitsgemeinschaft Regenwald und Artenschutz e.V. (ARA)
Postf. 10 04 66, 33504 Bielefeld
August-Bebel-Str. 16-18, 33602 Bielefeld
T: (0521) 6 59 43 **Fax:** 6 49 75
Gründung: 1987
Vorsitzende(r): Jürgen Wolters
Stellvertretende(r) Vorsitzende(r): Monika Nolle (Leitung Presseabteilung)
Hauptgeschäftsführer(in): Wolfgang Kuhlmann
Verbandszeitschrift: ARA-aktuell, Ökozidjournal, Chefredaktion: J. Wolters
Verlag: Focus Verlag, Gießen
Mitglieder: 250
Mitarbeiter: 5
Jahresetat: DM 1 Mio, € 0,51 Mio

• Q 403

Urgewald e.V.
Von-Galen-Str. 4, 48336 Sassenberg
T: (02583) 10 31 **Fax:** 42 20
Internet: http://www.urgewald.de
E-Mail: urgewald@koeln.netsurf.de
Präsident(in): Christel Zgaga
Hedwig Tarner
Andrea Soth
Hauptgeschäftsführer(in): Ildiko Schücking
Mitglieder: 30
Mitarbeiter: 6

• Q 404

Aktionsgemeinschaft Artenschutz e.V.
Tulpenstr. 1, 70825 Korntal-Münchingen
T: (07150) 92 22 10 **Fax:** 92 22 11
Gründung: 1986 (11. Oktober)
Geschf. Vorst.: Brigitte Peter
Günther Peter (Ltg. Presseabt., T: (07150) 62 55)
Verbandszeitschrift: AgA-Rundbrief
Mitglieder: z. Zt. ca. 1300 Fördermitglieder
Mitarbeiter: 2
Jahresetat: ca. DM 0,03 Mio, € 0,02 Mio

Zweck des Vereins ist der Schutz und die Bewahrung insbesondere wildlebender Tiere und Pflanzen und deren natürlicher Lebensräume

● Q 405

Arbeitsgruppe Artenschutz Thüringen e.V. (AAT)
Thymianweg 25, 07745 Jena
T: (03641) 61 74 54 **Fax:** 60 56 25
Gründung: 1991 (8. April)
Leitung: Martin Görner

● Q 406

Bund für Umwelt und Naturschutz Deutschland e.V. (BUND)
Am Köllnischen Park 1, 10179 Berlin
T: (030) 27 58 64-0 **Fax:** 27 58 64-40
Internet: http://www.bund.net
E-Mail: bund@bund.net
Gründung: 1975 (20. Juli)
Vorsitzende(r): Dr. Angelika Zahrnt (Hollmuthstr. 2 a, 69151 Neckargemünd, T: (06223) 7 22 26, Telefax: (06223) 86 00 66)
Stellvertretende(r) Vorsitzende(r): Sebastian Schönauer (Setzbornstr. 38, 63860 Rothenbuch, T: (06094) 98 40 22, Fax: 98 40 23)
Stellvertretende(r) Vorsitzende(r): Ralf-Uwe Beck (Barfüßerstr. 26, 99817 Eisenach, T: (03691) 21 28 87, Telefax: (03691) 21 28 86)
Geschäftsführer(in): Dr. Gerhard Timm
Olaf (Politik)
Matthias (Verwaltung)
Manuela (Kommunikation)
Leitung Presseabteilung: Rüdiger Rosenthal (E-Mail: presse@bund.net)
Verbandszeitschrift: BUND magazin
Redaktion: Jürgen Räuschel
Verlag: Natur&Umwelt-Verlag GmbH, Am Köllnischen Park 1, 10179 Berlin, T: (030) 27 58 64-0, Fax: 27 58 64-40
Mitglieder: 250000
Mitarbeiter: 50

Verbesserung des Tier- und Pflanzenschutzes: Naturschutz und Landschaftspflege; Schaffung von Stiftungen und Bereitstellung von Spenden; Mitarbeit bei Gesetzesvorhaben; Entgegentreten bei lebens- oder umweltfeindlichen Planungen oder Maßnahmen bei verantwortlichen Stellen und Organisationen. Öffentlichkeitsarbeit.

Bundesgeschäftsstelle

q 407

BUNDjugend
Jugend im Bund für Umwelt und Naturschutz Deutschland e.V.
Am Köllnischen Park 1a, 10179 Berlin
T: (030) 27 58 64-0 **Fax:** 27 58 64-40
E-Mail: bundjugend@bund.net
Bundesjugendsprecherin: Johanna Heilmann
Geschäftsführer(in): Gisela Enders

Landesgeschäftsstellen des BUND

q 408

Bund für Umwelt und Naturschutz Deutschland (BUND)
Landesverband Baden-Württemberg e.V.
Dunantstr. 16b, 79110 Freiburg
T: (0761) 88 59 50 **Fax:** 8 85 95 90
E-Mail: bund.bawue@bund.net
Geschäftsführer(in): Erhard Schulz

q 409

Bund Naturschutz in Bayern e.V. (BN)
Dr.-Johann-Maier-Str. 4, 93049 Regensburg
T: (0941) 29 72 00 **Fax:** 2 97 20 30
Geschäftsführer(in): Helmut Steininger

q 410

Bund für Umwelt und Naturschutz Deutschland (BUND)
Landesverband Berlin e.V.
Crellestr. 35, 10827 Berlin
T: (030) 7 87 90 00 **Fax:** 78 79 00 18
E-Mail: bund.berlin@bund.net
Geschäftsführer(in): Stefan Bundscherer

q 411

Bund für Umwelt und Naturschutz Deutschland (BUND)
Landesverband Brandenburg
Am Kleistpark 11, 15230 Frankfurt
T: (0335) 5 00 48 86 **Fax:** 5 00 48 87
E-Mail: bund.brandenburg@bund.net
Geschäftsführer(in): Peter Birkner

q 412

Bund für Umwelt und Naturschutz Deutschland (BUND)
Landesverband Bremen e.V.
Am Dobben 44, 28203 Bremen
T: (0421) 79 00 20 **Fax:** 7 90 02 90
E-Mail: bund.bremen@bund.net
Geschäftsführer(in): Joachim Seitz

q 413

Bund für Umwelt und Naturschutz Deutschland (BUND)
Landesverband Hamburg e.V.
Lange Reihe 29, 20099 Hamburg
T: (040) 2 80 19 57 **Fax:** 2 80 19 46
E-Mail: bund.hbg@bund.net
Geschäftsführer(in): Manfred Braasch

q 414

Bund für Umwelt und Naturschutz Deutschland (BUND)
Landesverband Hessen e.V.
Triftstr. 47, 60528 Frankfurt
T: (069) 67 73 76-0 **Fax:** 67 73 76-20
E-Mail: bund.hessen@bund.net
Geschäftsführer(in): Michael Rothkegel

q 415

Bund für Umwelt und Naturschutz Deutschland (BUND)
Landesverband Mecklenburg-Vorpommern e.V.
Karl-Marx-Str. 19a, 19055 Schwerin
T: (0385) 56 54 70 **Fax:** 56 36 61
E-Mail: bund.mv@bund.net
Politische Geschäftsführerin: Corinna Cwielag
Kaufmännische Geschäftsführerin: Dorothee Müller

q 416

Bund für Umwelt und Naturschutz Deutschland (BUND)
Landesverband Niedersachsen e.V.
Goebenstr. 3A, 30161 Hannover
T: (0511) 9 65 69-0 **Fax:** 66 25 36
E-Mail: bund.nds@bund.net
Geschäftsführer(in): Carl-Wilhelm Bodenstein-Dresler

q 417

Bund für Umwelt und Naturschutz Deutschland (BUND)
Landesverband Nordrhein-Westfalen e.V.
Merowingerstr. 88, 40225 Düsseldorf
E-Mail: bund.nrw@bund.net

q 418

Bund für Umwelt und Naturschutz Deutschland (BUND)
Landesverband Rheinland-Pfalz e.V.
Postf. 15 65, 55005 Mainz
Gärtnergasse 16, 55116 Mainz
T: (06131) 23 19 73 **Fax:** 23 19 71
Geschäftsführer(in): Heide von Schütz

q 419

Bund für Umwelt und Naturschutz Deutschland (BUND)
Landesverband Saarland e.V.
Kaiserstr. 73, 66133 Saarbrücken
T: (0681) 81 37 00/01 **Fax:** 81 37 20

q 420

Bund für Umwelt und Naturschutz Deutschland (BUND)
Landesverband Sachsen e.V.
Henriettenstr. 5, 09112 Chemnitz
T: (0371) 30 14 77 **Fax:** 30 14 78
E-Mail: bund.sachsen@bund.net
Geschäftsführer(in): Ulrich Krößin

q 421

Bund für Umwelt und Naturschutz Deutschland (BUND)
Landesverband Sachsen-Anhalt e.V.
Steubenallee 2, 39104 Magdeburg
T: (0391) 54 33 61 **Fax:** 5 41 52 70
E-Mail: bund.sachsen-anhalt@bund.net
Geschäftsführer(in): Oliver Wendenkampf

q 422

Bund für Umwelt und Naturschutz Deutschland (BUND)
Landesverband Schleswig-Holstein e.V.
Lerchenstr. 22, 24103 Kiel
T: (0431) 6 60 60-0 **Fax:** 6 60 60-33
E-Mail: bund.s-h@bund.net
Geschäftsführer(in): Hans-Jörg Lüth

q 423

Bund für Umwelt und Naturschutz Deutschland (BUND)
Landesverband Thüringen e.V.
Trommsdorffstr. 5, 99084 Erfurt
T: (0361) 5 55 03 10 **Fax:** 5 55 03 19
E-Mail: bund.thueringen@bund.net
Geschäftsführer(in): N. N.

● Q 424

Verein für Angewandten Umweltschutz e.V. (VAU)
Berliner Str. 6, 31789 Hameln
T: (05151) 5 15 29
Gründung: 1984
Vorsitzende(r): Ulrich Bomnüter
Verbandszeitschrift: VAU-Info
Mitglieder: 70

● Q 425

BUNDjugend
Jugend im Bund für Umwelt und Naturschutz Deutschland e.V.
Am Köllnischen Park 1a, 10179 Berlin
T: (030) 27 58 64-0 **Fax:** 27 58 64-40
E-Mail: bundjugend@bund.net
Gründung: 1984 (November)
Bundesjugendsprecherin: Johanna Heilmann
Geschäftsführer(in): Gisela Enders
Christian Schirmer
Leitung Presseabteilung: Gundolf Thurm
Mitglieder: 43000
Mitarbeiter: 8
Jahresetat: DM 1,5 Mio, € 0,77 Mio

Landesjugendverbände:

q 426

BUNDjugend Baden-Württemberg
Rotebühlstr. 86l, 70178 Stuttgart
T: (0711) 6 19 70-20, -22 **Fax:** 6 19 70 13

q 427

Jugendorganisation Bund Naturschutz (BUNDjugend Bayern)
Trivastr. 13, 80637 München
T: (089) 15 93 07-34 **Fax:** 15 93 07-43

q 428

BUNDjugend Berlin
Jagowstr. 12, 10555 Berlin
T: (030) 3 92 82 80 **Fax:** 3 92 79 97

q 429

BUNDjugend Brandenburg
Am Luftschiffhafen 2, 14471 Potsdam
T: (0331) 90 27 07 **Fax:** 90 27 07

q 430

BUNDjugend Bremen
Am Dobben 44, 28203 Bremen
T: (0421) 7 29 68 **Fax:** 7 73 64

q 431

BUNDjugend Hamburg
Lange Reihe 29, 20099 Hamburg
T: (040) 24 44 11 **Fax:** 2 80 19 46

q 432

BUNDjugend Hessen
Kelsterbacher Str. 28, 64546 Mörfelden-Walldorf
T: (06105) 94 14 30 **Fax:** 94 14 20

q 433

BUNDjugend Mecklenburg-Vorpommern
Katharinenstr. 62, 17033 Neubrandenburg
T: (0395) 5 66 65 12 **Fax:** 5 66 65 12

q 434

BUNDjugend Niedersachsen
(Jugendumweltnetzwerk Niedersachsen)
Goebenstr. 3a, 30161 Hannover
T: (0511) 3 94 04 15 **Fax:** 62 31 51
E-Mail: JANUN@link-goe.de

q 435

BUNDjugend Nordrhein-Westfalen
Graf-Adolf-Str. 7-9, 40878 Ratingen
T: (02102) 91 06 25 **Fax:** 91 06 26
E-Mail: bundjugend.NW@bundnet

q 436

BUNDjugend Rheinland-Pfalz
Gärtnergasse 16, 55116 Mainz
T: (06131) 23 19 73 **Fax:** 23 19 71

q 437

BUNDjugend Saarland
Kaiserstr. 73, 66133 Saarbrücken
T: (0681) 81 37 00, 81 37 01 **Fax:** 81 37 20

q 438

BUNDjugend Sachsen
c/o Umweltzentrum Dresden
Schützengasse 16-18, 01067 Dresden
T: (0351) 4 94 33 20 **Fax:** 4 94 34 00
E-Mail: BUNDjugend.Sachsen@BUND.net

q 439

BUNDjugend Sachsen-Anhalt
Steubenallee 2, 39104 Magdeburg
T: (0391) 5 43 33 61

q 440

BUNDjugend Schleswig-Holstein
Lerchenstr. 22, 24103 Kiel
T: (0431) 67 39 53 **Fax:** 67 30 33

q 441

BUNDjugend Thüringen
c/o Hubert Wiegand
Uferstr. 1, 99817 Eisenach
T: (03691) 73 24 61 (Wildkatzbüro)

• **Q 442**

Naturschutz-Zentrum Hessen Akademie für Natur- und Umweltschutz e.V.
Friedenstr. 38, 35578 Wetzlar
T: (06441) 9 24 80-0 **Fax:** 9 24 80-48
Gründung: 1976 (26. September)
Vorsitzende(r) des Vorstandes: Otto Wilke
Stellvertretende(r) Vorsitzende(r): Prof. Fritz Jauker
Geschäftsführer(in): Dipl.-Forsting. F. W. Georg
Leitung Presseabteilung: Norbert Lemb
Mitarbeiter: ca. 25
Mitgliedsverbände: 30

• **Q 443**

BNU - Bund für Natur und Umwelt e.V.
Geschäftsstelle Berlin
Schwedter Str. 37-40, 10435 Berlin
T: (030) 4 48 15 90 **Fax:** 4 48 15 90
Gründung: 1949 (Natur- und Heimatfreunde im Kulturbund z. demokr. Erneuerung Deutschlands)
Vorsitzende(r): Annerose Sohler
Stellv. Vors. u. Geschf: Prof. Dr. Hermann Behrens

q 444

BNU - Bund für Natur und Umwelt, Landesverband Sachsen-Anhalt
Umwelthaus
Steubenallee 2, 39104 Magdeburg
T: (0391) 5 41 34 85 **Fax:** 5 41 34 85
Gründung: 1990
1. Vorsitzende(r): Prof. Dr.med. Giselher Schuschke (Erlenweg 2, 39120 Magdeburg)
Geschäftsführer(in): Dr.rer.nat. Uwe Wegener

• **Q 445**

ÖkoLöwe Umweltbund Leipzig e.V.
Bernhard-Göring-Str. 152, 04277 Leipzig
T: (0341) 3 06 51 80 **Fax:** 3 06 51 79
E-Mail: oekoloewe@huk-l.cl.sub.de
Gründung: 1989 (November)
Geschäftsführer(in): Michael Schaaf
Stellvertretende(r) Geschäftsführer(in): Roland Quester
Leitung Presseabteilung: Torsten Kell
Verbandszeitschrift: Löwenmaul
Redaktion: Maike Bellmann
Verlag: Eigenverlag
Mitglieder: 202
Mitarbeiter: 31

• **Q 446**

Umweltinstitut München e.V.
Schwere-Reiter-Str. 35-1b, 80797 München
T: (089) 30 77 49-0 **Fax:** 30 77 49-20
Internet: http://www.umweltinstitut.org
E-Mail: uim@umweltinstitut.org
Gründung: 1986
Leitung Presseabteilung: Hans Ulrich Raithel
Verbandszeitschrift: Umweltnachrichten
Verlag: Eigenverlag
Mitglieder: 1700

• **Q 447**

Münchner Diskussionsforum für Entwicklungsfragen (Münchner Forum) e.V.
Schellingstr. 65, 80799 München
T: (089) 28 20 76 **Fax:** 2 80 55 32
Gründung: 1968
Verbandszeitschrift: "Standpunkte"
Redaktion: Anja Zimmermann
Verlag: Eigenverlag
Mitglieder: 23 (zumeist juristische Personen)
Mitarbeiter: fest angestellt 3 Halbtagskräfte
Jahresetat: ca. DM 0,3 Mio, € 0,15 Mio

• **Q 448**

Schutzgemeinschaft Deutsche Nordseeküste e.V. (SDN)
Neumühlenstr. 1a, 26316 Varel
T: (04451) 8 10 06 **Fax:** 86 07 98
Gründung: 1973 (13. Januar)
Vorsitzende(r): Dr. habil. V. Dethlefsen
Geschäftsführer(in): Hans von Wecheln (Ltg. Presseabt.)
Verbandszeitschrift: SDN Nachrichten
Verlag: Selbstverlag
Mitglieder: 1000
Mitarbeiter: 12
Jahresetat: DM 1,0 Mio, € 0,51 Mio
Landkreise, Städte und Gemeinden, Vereine u. Institutionen, persönliche Mitglieder und Förderer

• **Q 449**

Schutzgemeinschaft Deutsche Ostseeküste e.V.
An der Jägerbäk 2, 18069 Rostock
T: (0381) 8 00 50 70 **Fax:** 8 20 91
Gründung: 1990 (24. November)
Vorsitzende(r): Prof. Dr. Alfred Gomolka (MdEP, Universität Greifswald)
Stellvertretende(r) Vorsitzende(r): Dr. J. Behrens
Geschäftsführer(in): Regina May
Mitglieder: 62
Mitarbeiter: 1

• **Q 450**

Aktionskonferenz Nordsee e.V. (AKN)
Kreuzstr. 61, 28203 Bremen
T: (0421) 7 76 75 **Fax:** 7 89 31
E-Mail: aknev@gmx.net
Verbandszeitschrift: Waterkant (Umwelt + Mensch + Arbeit in der Nordseeregion)
Redaktion: Burkhard Ilschner, Red. Waterkant, Offenwarder Str. 6, 27628 Sandstedt, Telefax: (04702) 92 00 93
Verlag: Selbstverlag

• **Q 451**

Fachvereinigung Betriebs- und Regenwassernutzung e.V. (fbr)
Havelstr. 7a, 64295 Darmstadt
T: (06151) 33 92 57 **Fax:** 33 92 58
Internet: http://www.fbr.de
E-Mail: fbrev@t-online.de
Gründung: 1995 (17. November)
Vorstand: Dipl.-Ing. Martin Bullermann (1. Vors.; Umweltplanung Bullermann, Schneble, Darmstadt)
Gerhard Deltau (2. Vors., Haiger)
Schatzmeister: Torsten Grüter (Kaufmann, Windeck)
Beisitzer: Dipl.-Ing. K.W. König (Freier Innenarchitekt, Überlingen)
Dipl.-Ing. E. Nolde (Nolde & Partner, Berlin)
Karin Beelitz (Kauffrau, Kefenrod)
Dipl.-Ing. Andrea Hofstätter (Umwelttechniking, Bingen)
Verbandszeitschrift: fbr-wasserspiegel
Redaktion: A. Hofstätter, M. Bullermann
Mitglieder: ca. 500
Mitarbeiter: 2

• **Q 452**

Institut für Gewässerschutz
Im Gewerbepark 49, 93059 Regensburg
T: (0941) 44 82 85 **Fax:** 4 08 53
Leitung: Privatdoz. Dr. Joachim Theiß

• **Q 453**

ÖKO-INSTITUT
Institut für angewandte Ökologie e.V.
Geschäftsstelle Freiburg
Postf. 62 26, 79038 Freiburg
Binzengrün 34a, 79114 Freiburg
T: (0761) 4 52 95-0 **Fax:** 47 54 37
Büro Darmstadt
Elisabethenstr. 55-57, 64283 Darmstadt, T: (06151) 8 19 10, Fax: 81 91 33
Büro Berlin
Novalisstr. 10, 10115 Berlin, T: (030) 28 04 86 80, Fax: 28 04 86 88
Gründung: 1977
Vorstandsvorsitzende(r): Hannegret Hönes
Leitung Presseabteilung: Ilka Buchmann
Verbandszeitschrift: Öko-Mitteilungen
Mitglieder: 4000
Mitarbeiter: 80

• **Q 454**

Öko-Sponsoring e.V. (Deutschland)
Zur Vogelstange 3h, 48165 Münster
T: (02501) 26 14 64 **Fax:** 26 14 64
Internet: http://home.t-online.de/home/oeko-sponsoring
E-Mail: oeko-sponsoring@t-online
Gründung: 1992 (25. September)
Ltr. Bundesgeschäftsstelle u. Presseabt.: Horst-Dieter Klose
Präsident(in): H.-D. Klose
Ute Weiß
Verbandszeitschrift: Öko-Sponsoring-News, Öko-Sponsoring-Börse
Mitglieder: 204
Mitarbeiter: 3
Jahresetat: DM 0,23 Mio, € 0,12 Mio

6 Landesgruppen in
Bayern, Baden-Württemberg, Nordrhein-Westfalen, Niedersachsen, Berlin

• **Q 455**

Gesellschaft für Ökologie e.V.
Rothenburgstr. 12, 12165 Berlin
T: (030) 31 47 13 96
Internet: http://www.uni-giessen.de/gfoe
E-Mail: jutta.heimann@tu-berlin.de
Gründung: 1970
Präsident(in): Prof. Dr. J. Pfadenhauer, Weihenstephan
Vizepräsident(in): Prof. Dr. Dr. A. Otte, Gießen
Verbandszeitschrift: Basic and Applied Ecology (4 x jährl., englischspr.)
Redaktion: Prof. Dr. Tscharntke
Verlag: Urban & Fischer, Jena
Mitglieder: 1846

• **Q 456**

Bundesverband Ökologie e.V. (BVÖ)
Postf. 12 38, 56278 Emmelshausen
Kirchstr. 13, 56281 Emmelshausen
T: (06747) 62 91 (Generalsek.) **Fax:** 62 35
Gründung: 1989
Vorsitzende(r): N. N.
Generalsekretär(in): Hans-Joachim Schunack
Leitung Presseabteilung: Michael Flachenäcker
Verbandszeitschrift: Zeitschrift "Ökologie"
Auflage: 98.000
Redaktion: Kirchstr. 13, 56281 Emmelshausen, T: (06747) 62 91, Telefax: (06747) 62 35
Verlag: Condo-Verlag GmbH, Kirchstr. 13, 56281 Emmelshausen, T: (06747) 62 91, Fax: (06747) 62 35

• **Q 457**

Bremer Umweltinstitut e.V.
Wielandstr. 25, 28203 Bremen
T: (0421) 7 60 78 **Fax:** 7 14 04
Internet: http://www.bremer-umweltinstitut.de
E-Mail: mail@bremer-umweltinstitut.de
Vorsitzende(r): Michael Möhler (Leitung Presseabteilung)
Ulrike Siemers

• **Q 458**

UPI - Umwelt- und Prognoseinstitut Heidelberg e.V.
Handschuhsheimer Landstr. 118a, 69121 Heidelberg
T: (06221) 45 50 55 **Fax:** 45 50 56
Internet: http://www.upi-institut.de
E-Mail: upi@upi-institut.de

Gründung: 1986 (September)
Leitung: Dieter Teufel
Mitarbeiter: 8

• Q 459

UWI - Institut für Umweltwissenschaft und Lebensrechte e.V.
Hauptmannsreute 45, 70192 Stuttgart
T: (0711) 29 38 74
Leitung: Dr. Wolfgang Sternstein

• Q 460

iwö - Institut für Wirtschaft und Ökologie e.V.
Kirchfeldstr. 11, 40217 Düsseldorf
T: (0211) 31 39 46 **Fax:** 31 39 46
Gründung: 1985 (Dezember)
Vorsitzende(r) des Vorstandes: Klaus-Dieter Hilbert (Krankenversorgungszentrum Düsseldorf)
Leitung Presseabteilung: N. N.
Verbandszeitschrift: Grünstift - Das Düsseldorfer Umweltmagazin
Mitarbeiter: 5

• Q 461

E.F.-Schumacher-Gesellschaft für politische Ökologie e.V.
Görresstr. 33, 80798 München
T: (089) 52 97 70 **Fax:** 54 21 29 44
Gründung: 1980 (10. Juni)
Präsident(in): Lothar Mayer (Dolmetscher)
Vizepräsident(in): Prof. Dr. Ernst Schrimpff (FH, Weihenstephan)
Verbandszeitschrift: Energiebündel
Redaktion: Doris Rüb
Mitglieder: 200
Mitarbeiter: 8 (mindestens)
Jahresetat: ca. DM 0,05 Mio, € 0,03 Mio

• Q 462

LIFE e.V. Frauen entwickeln Ökotechnik
Ökotechnisches Frauenbildungszentrum
Dircksenstr. 47, 10178 Berlin
T: (030) 30 87 98-0 **Fax:** 30 87 98 25
Gründung: 1989
Kontaktperson: Dr. Barbara Schöler-Macher (T: (030) 30 87 98-15)
Mitarbeiter: 40
Jahresetat: ca. DM 3 Mio, € 1,53 Mio

• Q 463

Bundesverband Altlasten-Betroffener e.V. (BVAB)
Wiesdorfer Platz 3, 51373 Leverkusen
T: (0214) 4 22 72
Vorsitzende(r): Gabriele Rebbe (T: (02327) 8 85 41)
Geschäftsführer(in): Dipl.-Ing. Detlef Stoller (T: (0214) 4 62 74)

• Q 464

Institut für Informations- und Kommunikationsökologie e.V. (IKÖ)
Am Botanischen Garten 8, 47058 Duisburg
T: (0203) 33 21 53 **Fax:** 33 21 53
E-Mail: schicha@ikoe.de
Gründung: 1989
Leitung Presseabteilung: Dr. Christian Schicha
Verbandszeitschrift: Zeitschrift für Kommunikationsökologie
Verlag: LIT-Verlag, Münster
Mitglieder: ca. 200

• Q 465

ÖKOZENTRUM Bonn e.V.
Maxstr. 36, 53111 Bonn
T: (0228) 69 22 20 **Fax:** 9 76 86 15
Internet: http://www.oez-bonn.de
E-Mail: umwelt@oez-bonn.de
Gründung: 1982
Leitung Presseabteilung: Dorit Harms
Verbandszeitschrift: Bonner Umwelt Zeitung
Verlag: Ökozentrum Bonn e.V.
Mitglieder: 20 Aktive, 60 Passive
Mitarbeiter: 1 Zivi, sonst Ehrenamtl.

• Q 466

Bundes-Koordination Studentischer Ökologiearbeit e.V. (BSÖ)
c/o AStA der Universität Münster
Schloßplatz 4, 48149 Münster
T: (0251) 8 32 22 87 **Fax:** 5 19 89
E-Mail: bsoe@uni-muenster.de
Gründung: 1992 (22. November)
Verbandszeitschrift: Hochschul-Umwelt-Info (HUI)
Mitglieder: 150

• Q 467

GRÜNE LIGA e.V.
Greifswalder Str. 4, 10405 Berlin
T: (030) 2 04 47 45 **Fax:** 2 04 44 68
Internet: http://www.grueneliga.de
E-Mail: bundesverband@grueneliga.de
Gründung: 1990 (3. Februar)
Vorsitzende(r): Klaus Schlüter
Stellvertretende(r) Vorsitzende(r): Stefan Richter
Geschäftsführer(in): Katrin Kusche
Verbandszeitschrift: ALLIGATOR
Redaktion: Klaus Schlüter (v.i.S.d.P.)
Verbandszeitschrift Berlin: Der Rabe Ralf
Dirk-Leif Miller (v.i.S.d.P.)
Verlag: Tribüne Druck GmbH
Verbandszeitschrift Brandenburg: Libell
Redaktion: Wolfgang Tworowsky, Ronald Schulz
Verbandszeitschrift Thüringen: „Reizzwecke"
Redaktion: Marco Schrul (V.i.S.d.P.)

Landesgeschäftsstellen

q 468

GRÜNE LIGA Berlin e.V.
Prenzlauer Allee 230, 10405 Berlin
T: (030) 44 33 91-0 **Fax:** 44 33 91-33
E-Mail: berlin@grueneliga.de

q 469

GRÜNE LIGA Brandenburg e.V.
Regionalbüro Potsdam
Waldstr. 1, 14478 Potsdam
T: (0331) 87 13-513 **Fax:** 87 13-572
E-Mail: gl.bb-lgst.potsdam@t-online.de

q 470

GRÜNE LIGA Mecklenburg-Vorpommern e.V.
Wismarsche Str. 190, 19053 Schwerin
T: (0385) 56 29 20 **Fax:** 56 29 22
E-Mail: gl.schwerin@t-online.de

q 471

GRÜNE LIGA Sachsen e.V.
Regionalbüro Oberes Elbtal
Schützengasse 16-18, 01067 Dresden
T: (0351) 4 94 33 50 **Fax:** 4 94 34 50
E-Mail: gl.dresden@link-dd.cl.sub.de

q 472

GRÜNE LIGA Sachsen-Anhalt e.V.
Immermannstr. 36, 39108 Magdeburg
T: (0391) 7 32 97 22 **Fax:** 7 32 97 22
E-Mail: gl.magdeburg@ipn-b.comlink.apc.org

q 473

GRÜNE LIGA Thüringen e.V.
Goetheplatz 9b, 99423 Weimar
T: (03643) 5 31 30 **Fax:** 5 31 30
E-Mail: grueneliga.thuer@real-net.de

• Q 474

Arbeitsgemeinschaft für Umweltfragen e.V. (AGU)
Matthias-Grünewald-Str. 1-3, 53175 Bonn
T: (0228) 37 50 05 **Fax:** 37 11 04
Vorsitzende(r): Jürgen Walter
Geschäftsführerin: Dr. Herlind Gundelach

• Q 475

Institut für ökologische Chemie e.V.
Königstr. 125, 90762 Fürth
T: (0911) 7 49 98 30
Gründung: 1982
Vorsitzende(r): Prof. Günther Grampp
Mitglieder: 60
Mitarbeiter: 3

• Q 476

Arbeitsgemeinschaft Flughafen und Ökologie Essen/Mülheim e.V. (AGFÖ)
Flughafen Essen/Mülheim
Brunshofstr. 3, 45470 Mülheim
Virchowstr. 9, 45147 Essen
T: (0201) 8 74 54 14 **Fax:** 8 74 54 15
Gründung: 1990
Vorstand: Heinz W. Steinforth (Vors.), Essen
Kassiererin: Ulrike Kippenhan, Heiligenhaus
Schriftführer: Dipl.-Ing. Karl Pickhard, Mülheim/Ruhr
Beirat: Prof. Karl Lickfeld, Mülheim/Ruhr
Günter Heubach (Journalist), Mülheim/Ruhr
Dipl.-Ing. Joachim Trabitzsch, Essen
Franz Rüter (Unternehmer), Mülheim
Udo Schmidt, Oberhausen
Leitung Presseabteilung: Heinz Steinforth
Mitglieder: ca. 9800

• Q 477

Aktionszentrum Umweltschutz Berlin
Kaiserdamm 80, 14057 Berlin
T: (030) 3 01 56 44 **Fax:** 3 01 90 16
Internet: http://www.snafu.de/_Ltazu

• Q 478

Gesellschaft für Umweltschutz e.V.
Kaiserdamm 80, 14057 Berlin
T: (030) 3 01 56 44 **Fax:** 3 01 90 16
Internet: http://www.snafu.de/_Ltazu

• Q 479

Wissenschaftliche Gesellschaft für Umweltschutz e.V.
c/o Herrn Prof. Dr. med. Hans J. Einbrodt
Postf. 16 42, 52017 Aachen
T: (0241) 80 40 23 **Fax:** 8 88 81 22

• Q 480

UMWELTZENTRUM e.V.
Arbeitsgruppen und Initiativen zum Umweltschutz
August-Bebel-Str. 16-18, 33602 Bielefeld
T: (0521) 17 90 82 **Fax:** 17 32 94
Gründung: 1984
Vorstand: Schmadel-Dutz
Geschäftsführer(in): Mönig
Verbandszeitschrift: Umwelt-Info
Mitarbeiter: 20

• Q 481

Thüringisches Umweltzentrum e.V.
Uferstr. 1, 99817 Eisenach
T: (03691) 20 38 53 **Fax:** 20 38 66
Gründung: 1990 (26. Februar)
Vorstand: Daniela Hofer
Eberhard Golenia
Sebastian Krieg
Mitglieder: ca. 90
Mitarbeiter: 8

• Q 482

Länderausschuß für Immissionsschutz (LAI)
c/o Ministerium für Umwelt, Raumordnung und Landwirtschaft d. Landes Nordrhein-Westfalen
40190 Düsseldorf
Schwannstr. 3, 40476 Düsseldorf
T: (0211) 45 66-0 **Fax:** 45 66-3 88
Teletex: 2 11709
Vorsitzende(r): LMR Dr. Klaus Hansmann (T: (0211) 45 66-5 91/5 92)
Geschäftsführer(in): OAR Leweling (T: (0211) 45 66-5 95)
Leitung Presseabteilung: Claudia Fasse (T: (0211) 45 66-2 94, Telefax: (0211) 45 66-7 06)

• Q 483

Landesumweltamt Nordrhein-Westfalen
Postf. 10 23 63, 45023 Essen
Wallneyer Str. 6, 45133 Essen
T: (0201) 79 95-0 **Fax:** 79 95-1146, 79 95-1147
Gründung: 1994 (1. April), aus folgenden Vorläuferinstitutionen:
- Landesamt für Wasser und Abfall, Düsseldorf
- Landesanstalt für Immissionsschutz, Essen
- Bodenschutzzentrum, Oberhausen
- Bodenschutzabteilung der Landesanstalt für Ökologie, Düsseldorf
- Fachinformationszentrum für gefährliche und umweltrelevante Stoffe, Duisburg

Präsident(in): Dr.-Ing. Harald Irmer
Ständiger Vertreter des Präs.: Dr.-Ing. Peter Davids
Leitung öffent. Arbeit: Dietrich Plass
Mitarbeiter: 650

• Q 484

Initiative „Beim Halten Motor abschalten"
Itterstr. 24, 41469 Neuss
T: (02137) 1 33 34 **Fax:** 41 49
E-Mail: REGeiling@aol.com
Gründung: 1973
Leitung: Ralf E. Geiling

• Q 485

Verband Deutscher Vereine für Aquarien- und Terrarienkunde e.V. (VDA)
Luxemburger Str. 16, 44789 Bochum
T: (0234) 38 16 50 **Fax:** 38 25 90

Gründung: 1911
Präsident(in): J. D. Matthies
Geschäftsführer(in): Hans Stiller

• **Q 486**

Deutsche Gesellschaft für Herpetologie und Terrarienkunde e.V. (DGHT)
Geschäftsstelle
Postf. 14 21, 53351 Rheinbach
Wormersdorfer Str. 46-48, 53359 Rheinbach
T: (02225) 70 33 33 **Fax:** 70 33 38
Internet: http://www.dght.de
E-Mail: gs@dght.de
Gründung: 1964
1. Vorsitzende(r): Dipl.-Ing. Ingo Pauler
2. Vorsitzender: Dr. Michael Gruschwitz
3. Vorsitzender: Dr. Uwe Fritz
Leitung Presseabteilung: Andreas Mendt
Verbandszeitschrift: "Salamandra", "Mertensiella" und "Elaphe"
Mitglieder: 8000
Mitarbeiter: 3
Jahresetat: DM 0,5 Mio, € 0,26 Mio

• **Q 487**

Deutsche Gesellschaft für Herpetologie u. Terrarienkunde -Landesverband Berlin e.V.- (DGHT)
Geschäftsstelle
Planetenstr. 45, 12057 Berlin
T: (030) 6 84 71 40 **Fax:** 6 84 71 40
Gründung: 1918/1960
Vorsitzende(r): Axel Biehler (Bartschweg 20a, 14089 Berlin)
1. Stellv. Vors.: Klaus-Detlef Kühnel (Am Horst 4, 15741 Bestensee)
2. Stellv. Vors.: Brigitte Bannert (Wichernstr. 18a, 14195 Berlin)
Geschäftsführer(in): Dr. Manfred Buhle (Planetenstr. 45, 12057 Berlin)
Mitglieder: ca. 100 im Landesverband Berlin, ca. 6300 im Mutterverband
Mutterverband: Deutsche Gesellschaft für Herpetologie und Terrarienkunde e.V.
Gesch.-Stelle: Dipl.-Ing. Ingo Pauler, Im Sandgarten 4, 67157 Wachenheim

• **Q 488**

NABU

Naturschutzbund Deutschland (NABU) e.V.
Bundesgeschäftsstelle
Herbert-Rabius-Str. 26, 53225 Bonn
T: (0228) 40 36-0 **Fax:** 40 36-200
Internet: http://www.nabu.de
Gründung: 1899
Präsident(in): Jochen Flasbarth
Geschäftsführer(in): Uwe Hüser
Gerd Billen
Leitung Presseabteilung: Bernd Pieper
Verbandszeitschrift: Naturschutz heute
Redaktion: Chefredakteur Bernd Pieper
Verlag: Herbert-Rabius-Str. 26, 53225 Bonn
Mitglieder: ca. 275000
Mitarbeiter: ca. 50 (Bundesgeschäftsstelle Bonn)
Jahresetat: DM 28,5 Mio, € 14,57 Mio

Schutz und Pflege der Natur und Umwelt mit ihrer Tier- und Pflanzenwelt, Erhaltung unserer natürlichen Lebensgrundlagen Boden, Wasser, Klima, Luft, Pflanzen- und Tierwelt, Sicherung bestehender und Gestaltung neuer Lebensräume, Einflußnahme auf politische Entscheidungen im Natur- und Umweltschutz, Mitwirkung bei Planungen im Rahmen des Paragraph 29 Bundesnaturschutzgesetz, Informations- und Aufklärungsarbeit, Umwelterziehung.

q 489
NABU Bundesvertretung Berlin
Invalidenstr. 112, 10115 Berlin
T: (030) 28 49 84-0 **Fax:** 28 49 84-84

Landesverbände

q 490
Landesverband Baden-Württemberg des Naturschutzbundes Deutschland
Tübinger Str. 15, 70178 Stuttgart
T: (0711) 9 66 72-0 **Fax:** 9 66 72-33

q 491
Landesverband Berlin des Naturschutzbundes Deutschland
Hauptstr. 13, 13055 Berlin
T: (030) 9 86 41 07 **Fax:** 9 86 70 51

Infozentrum
Goltzstr. 5, 10781 Berlin
T: (030) 2 16 67 97 **Fax:** 2 16 96 77

q 492
Landesverband Brandenburg des Naturschutzbundes Deutschland
Heinrich-Mann-Allee 93A, 14478 Potsdam
T: (0331) 81 04 34 **Fax:** 86 08 36

q 493
Landesverband Hamburg des Naturschutzbundes Deutschland
Habichtstr. 125, 22307 Hamburg
T: (040) 6 97 08 90 **Fax:** 69 70 89 19

q 494
Landesverband Hessen des Naturschutzbundes Deutschland
Garbenheimer Str. 32, 35578 Wetzlar
T: (06441) 4 50 43 **Fax:** 4 39 57

q 495
Landesverband Mecklenburg-Vorpommern des Naturschutzbundes Deutschland
Zum Bahnhof 24, 19053 Schwerin
T: (0381) 7 58 94 81 **Fax:** 7 58 94 98

q 496
Landesverband Niedersachsen des Naturschutzbundes Deutschland
Calenberger Str. 24, 30169 Hannover
T: (0511) 9 11 05-0 **Fax:** 9 11 05 40

q 497
Landesverband Nordrhein-Westfalen des Naturschutzbundes Deutschland e.V.
Merowingerstr. 88, 40225 Düsseldorf
T: (0211) 15 92 51-0 **Fax:** 15 92 51-15

q 498
Landesverband Rheinland-Pfalz des Naturschutzbundes Deutschland
Frauenlobstr. 15-19, 55118 Mainz
T: (06131) 1 40 39-20 **Fax:** 1 40 39-28

q 499
Landesverband Saarland des Naturschutzbundes Deutschland
Zum Wildpark, 66709 Weiskirchen
T: (06872) 92 08 60 **Fax:** 92 08 83

q 500
Landesverband Sachsen des Naturschutzbundes Deutschland
Löbauer Str. 68, 04347 Leipzig
T: (0341) 23 33 13-0 **Fax:** 23 33 13-3

q 501
Landesverband Sachsen-Anhalt des Naturschutzbundes Deutschland e.V.
Schleinufer 18a, 39104 Magdeburg
T: (0391) 5 61 93 50 **Fax:** 5 61 93 49

q 502
Landesverband Schleswig-Holstein des Naturschutzbundes Deutschland
Carlstr. 169, 24537 Neumünster
T: (04321) 5 37 34 **Fax:** 59 81

q 503
Landesverband Thüringen des Naturschutzbundes Deutschland
Dorfstr. 15, 07751 Leutra
T: (03641) 60 57 04 **Fax:** 21 54 11

• **Q 504**

Landesbund für Vogelschutz in Bayern e.V. - Verband für Arten- und Biotopschutz (LBV)
Postf. 13 80, 91157 Hilpoltstein
Eisvogelweg 1, 91161 Hilpoltstein
T: (09174) 47 75-0 **Fax:** 47 75-75
E-Mail: info@lbv.de
Gründung: 1909
Vorsitzende(r): Ludwig Sothmann
Stellvertretende(r) Vorsitzende(r): Klaus G. Schulze
Geschäftsführer(in): Gerhard Koller
Ltg. Artenschutz: Dr. Andreas von Lindeiner
Ltg. Freizeit & Umweltpädagogik: Klaus Hübner
Ltg. Landschaftsökologie: Bernd Raab
Marketing: Susanne Koch
Naturschutzjugend im LBV: Geschäftsführung Simone Deubel
Verbandszeitschrift: Vogelschutz
Redaktion: Dr. Gisela Merkel-Wallner (verantw.), Ludwig Sothmann, Dieter Kaus, Klaus Hübner, Susanne Koch
Verlag: Mayr Miesbach, Druckerei und Verlag GmbH, Am Windfeld 15, 83714 Miesbach
Mitglieder: 60000
Mitarbeiter: 48 und 70 Zivildienstleistende
Jahresetat: DM 10 Mio, € 5,11 Mio

• **Q 505**

Naturwissenschaftlicher Verein für Schwaben e.V.
Im Thäle 3, 86152 Augsburg
T: (0821) 3 24 67 30 **Fax:** 3 24 67 41
Gründung: 1846
1. Vorsitzende(r): Dr. Eberhard Pfeuffer
2. Vorsitzende(r): Dr. Michael Gorgas (Dir. des Zoo Augsburg)
Geschäftsführer(in): Dr. Michael Achtelig (Dir. des Naturmuseums Augsburg)
Verbandszeitschrift: Berichte des Naturwissenschaftlichen Vereins für Schwaben
Redaktion: Im Thäle 3, 86152 Augsburg
Mitglieder: 425

• **Q 506**

Dachverband Deutscher Avifaunisten e.V. (DDA)
c/o Forschungs- u. Technologiezentrum
Hafentörn, 25761 Büsum
T: (04834) 6 04-0 **Fax:** 6 04-299
Gründung: 1970 (Januar)
Vorsitzende(r): Dr. Hermann Hötker
Verbandszeitschrift: Die Vogelwelt - Beiträge zur Vogelkunde
Redaktion: Dr. Martin Flade, Dr. Andreas Helbig
Verlag: AULA-Verlag, Postf. 13 66, 65003 Wiesbaden
Mitglieder: 44 Verbände
Jahresetat: DM 0,05 Mio, € 0,03 Mio

• **Q 507**

Komitee gegen den Vogelmord e.V.
Aktionsgemeinschaft Tier- und Artenschutz
Auf dem Dransdorfer Berg 98, 53121 Bonn
T: (0228) 66 55 21 **Fax:** 66 52 80
Gründung: 1976
Vorsitzende(r): Eugen Tönnis
Geschäftsführer(in): Alexander Heyd
Verbandszeitschrift: "Artenschutzbrief"

• **Q 508**

Deutsche Ornithologen-Gesellschaft
c/o. Universität Frankfurt
Siesmayerstr. 70, 60323 Frankfurt
Internet: http://www.rz.uni-frankfurt.de/dog
Gründung: 1850
Präsident(in): Prof. Dr. R. Prinzinger (AK Stoffwechselphysiologie, Universität Frankfurt, Siesmayerstr. 70, 60054 Frankfurt/M., E-Mail: prinzinger@zoology.uni-frankfurt.de)
Vizepräsident(in): Dr. J. Hegelbach (Zoologisches Museum, Universität Irchel, Winterthurerstraße 190, CH-8057 Zürich, E-Mail: hegzm@zoolmus.unizh.ch)
Generalsekretär(in): PD Dr. Hans-Wolfgang Helb (Universität Kaiserslautern, AG Biologie und Ökologie, Postfach 3049, 67653 Kaiserslautern, E-Mail: hhelb@rhrk.uni_kl.de)
Schatzmeister: Wolfgang Stauber (Postfach 1126, 73330 Gingen/Fils)
Verbandszeitschrift: Journal für Ornithologie

• **Q 509**

Ornithologische Gesellschaft in Bayern e.V.
Bibl.: c/o Zoologische Staatssammlung
Münchhausenstr. 21, 81247 München

T: (089) 81 07-161 **Fax:** 81 07-300
Gründung: 1897 (05. Februar)
Vorsitzende(r): Manfred Siering (T: (089) 6 25 33 59)
Generalsekretär(in): Tino Mischler (T: (08825) 95 24 17)
Verbandszeitschrift: Ornithologischer Anzeiger
Redaktion: Ornithologische Gesellschaft in Bayern e.V., Redaktion Anzeiger: Tino Mischler, Gstaudleweg 14, 82494 Krün
Verlag: Dr. E. Pfeil, Postf. 65 00 86, 81214 München

• Q 510

Schutzgemeinschaft Deutscher Wald e.V.
Bund zur Förderung der Landespflege (SDW)
Bundesverband
Meckenheimer Allee 79, 53115 Bonn
T: (0228) 65 84 62, 69 63 60 **Fax:** 65 69 80
Internet: http://www.dainet.de/sdw
E-Mail: sgdwald@AOL.COM
Gründung: 1947 (5. Dezember)
Präsident(in): Dr. Wolfgang von Geldern
Stellvertretende(r) Vorsitzende(r): Prof. Dr. Hans-Joachim Fröhlich
Vorstand: Rudolf Engelhard
Staatssekretär a.D. Ventur Schöttle
OFM Dr. Joachim Bormeister
Wolfgang Pages
Martin Tochtrop (DWJ)
Vorstand: Min.-Dirig Prof. Dr. Hermann Schlagheck
Geschäftsführer(in): Bernd Krebs
Leitung Presseabteilung: Sabine Krömer-Butz
Dr. Burkhard Kape
Verbandszeitschrift: UNSER WALD
Redaktion: Paulheinz Grupe, Parkstr. 17, 41061 Mönchengladbach
Verlag: VerlagsGmbH UNSER WALD, Meckenheimer Allee 79, 53115 Bonn, T: (0228) 65 84 62
Mitglieder: 22000
Mitarbeiter: 5

Schutz des Waldes zur Erhaltung unserer natürlichen Lebensgrundlagen Boden, Wasser, Klima, Luft, Pflanzen- und Tierwelt. Sachliche Informations- und Aufklärungsarbeit. Mitwirkung an Raumordnungs- und Planfeststellungsverfahren, bei Bundes- und Landesgesetzgebung. Zusammenarbeit mit Naturschutzbehörden.

Landesverbände

q 511
Schutzgemeinschaft Deutscher Wald
Landesverband Baden-Württemberg
Königsträßle 74, 70597 Stuttgart
T: (0711) 61 60 32 **Fax:** 61 60 44
Vorsitzende(r): Staatssekretär a.D. Ventur Schöttle
Geschäftsführer(in): Henner Niemann

q 512
Schutzgemeinschaft Deutscher Wald
Landesverband Bayern e.V.
Ludwigstr. 2, 80539 München
T: (089) 28 43 94 **Fax:** 28 19 64
E-Mail: schwbayern@t-online.de
Vorsitzende(r): Johann Böhm (MdL)
Geschäftsführer(in): Lothar Gössinger

q 513
Schutzgemeinschaft Deutscher Wald
Landesverband Berlin
Forstwirtschaftshof im Forstamt Treptow
Clayallee 226A, 14195 Berlin
T: (030) 8 32 91 37 **Fax:** 8 32 92 36
Vorsitzende(r): Prof. Dr. Hartmut Kenneweg

q 514
Schutzgemeinschaft Deutscher Wald
Landesverband Brandenburg
Alfred-Möller-Str., 16225 Eberswalde
T: (03334) 6 55 04 **Fax:** 6 55 04
Vorsitzende(r): Dr. Meinhard Ott
Geschäftsführer(in): Dr. Klaus Spichale

q 515
Schutzgemeinschaft Deutscher Wald
Landesverband Hamburg
Lokstedter Holt 46, 22453 Hamburg
T: (040) 58 69 27 **Fax:** 58 79 52
Vorsitzende(r): Regierungsdirektor Wolfgang Pages
Geschäftsführer(in): Rüdiger Kruse

q 516
Schutzgemeinschaft Deutscher Wald
Landesverband Hessen
Adelheidstr. 33, 65185 Wiesbaden
T: (0611) 30 09 09 **Fax:** 30 22 10
Vorsitzende(r): N. N.
Geschäftsführer(in): Ulrich Köster

q 517
Schutzgemeinschaft Deutscher Wald
Landesverband Mecklenburg-Vorpommern
c/o Forstamt Jasnitz
Lange Str. 21, 19230 Jasnitz
T: (03883) 51 02 09
Vorsitzende(r): MinDirig Helmuth Klaus
Geschäftsführer(in): Arnold Durdel

q 518
Schutzgemeinschaft Deutscher Wald
Landesverband Niedersachsen
Prinzenstr. 17, 30159 Hannover
T: (0511) 36 35 90 **Fax:** 3 63 25 32
Vorsitzende(r): Ltd. FD a.D. Gerd Bosse
Geschäftsführer(in): Dr. Hartmut Berndt

q 519
Schutzgemeinschaft Deutscher Wald
Landesverband Nordrhein-Westfalen
Ripshorster Str. 306, 46117 Oberhausen
T: (0208) 8 83 18 81 **Fax:** 8 83 18 83
Vorsitzende(r): Gerd Wendzinski
Geschäftsführer(in): Gerhard Naendrup

q 520
Schutzgemeinschaft Deutscher Wald
Landesverband Rheinland-Pfalz
Richard-Müller-Str. 11, 67823 Obermoschel
T: (06362) 99 32 00 mit Anrufbeantworter **Fax:** 99 32 02
Vorsitzende(r): Winfried Werner
Geschäftsführer(in): Dr. Gert-Wolfhart Guse

q 521
Schutzgemeinschaft Deutscher Wald
Landesverband Saarland
Stadtverwaltung Sulzbach, Umweltamt
Postf. 13 55, 66274 Sulzbach
T: (06897) 50 81 39 **Fax:** 50 81 02
Vorsitzende(r): Vizepräs. d. Landtages Roswitha Hollinger
Geschäftsführer(in): Dipl.-Biol. Siegbert Anhut

q 522
Schutzgemeinschaft Deutscher Wald
Landesverband Sachsen
Heidestr. 77, 01734 Karsdorf
T: (03504) 61 76 43 **Fax:** 61 76 43
Vorsitzende(r): Dr. Eberhard Lippmann (MdL)
Geschäftsführer(in): Frank Götze

q 523
Schutzgemeinschaft Deutscher Wald
Landesverband Sachsen-Anhalt
Maxim-Gorki-Str. 13, 39108 Magdeburg
T: (0391) 7 39 69 33 **Fax:** 7 39 69 32
Vorsitzende(r): Wolfgang Braun (Innenminister a.D.)
Geschäftsführerin: Sabine Sonnenberg

q 524
Schutzgemeinschaft Deutscher Wald
Landesverband Schleswig-Holstein
Dorfstr. 3a, 24326 Stocksee
T: (04526) 81 05 **Fax:** 6 34
Vorsitzende(r): Axel Graf von Bülow
Geschäftsführer(in): Anne Benett-Sturies

q 525
Schutzgemeinschaft Deutscher Wald
Landesverband Thüringen
Lindenhof 3, 99991 Seebach
T: (03601) 42 70 40 **Fax:** 42 70 40
Vorsitzende(r): Ulrich-Bernd von der Sahl
Kommiss. GeschF: Martin Haberkorn

• Q 526

Deutsche Waldjugend Bundesverband e.V. (DWJ)
Geschäftsstelle
Auf dem Hohenstein 3, 58675 Hemer
T: (02372) 66 08 49 **Fax:** 6 23 61
Gründung: 1957
Bundesleiter: Martin Tochtrop (Herbergsstr. 19, 51570 Windeck, T: (02292) 95 14 60, Fax: (02292) 65 69)
Stellv. Bundesleiter: Sven Heberer (Theodor-Heuss-Str. 29, 63150 Heusenstamm, T: (06104) 10 15 17)
Ralf Bischoff (Taubengasse 10, 67454 Haßloch)
Verbandszeitschrift: DWJ-Info, Führungszeitschrift "FANG"
Redaktion: Christina Mathes, Am Waldeck 27, 65779 Kelkheim, T: (06195) 7 37 85
Verlag: versch. Druckereien
Mitglieder: 4800
Jahresetat: DM 0,1 Mio, € 0,05 Mio

Landesverbände

q 527
Deutsche Waldjugend
Landesverband Baden-Württemberg
Zähringerweg 14, 79843 Löffingen
T: (0761) 27 64 90 **Fax:** 28 73 08
Jürgen Zunftmeister
Anja Renner

q 528
Deutsche Waldjugend
Landesverband Bayern
Geschäftsstelle
Lehenbühlstr. 20, 87764 Legau
T: (08330) 9 33 77 **Fax:** 93 37 78
Georg Maisch

q 529
Deutsche Waldjugend
Landesverband Berlin-Brandenburg e.V.
Heinrich-Mann-Allee 93a, 14478 Potsdam
T: (0331) 8 71 60 04
Tino Kunert

q 530
Deutsche Waldjugend
Landesverband Hamburg
Meldorfer Str. 18, 20251 Hamburg
T: (040) 46 07 02 43 **Fax:** 46 07 02 44
Jan Harder

q 531
Deutsche Waldjugend
Landesverband Hessen
Geschäftsstelle
Hersfelder Str. 25, 34626 Neukirchen
T: (06694) 70 00
Carsten Günther

q 532
Deutsche Waldjugend
Landesverband Nord-Mecklenburg-Vorpommern
Rendsburger Str. 23, 24361 Groß Wittensee
T: (04356) 14 16
Rainer Schramm

q 533
Deutsche Waldjugend
Landesverband Nordrhein-Westfalen
Landrat-Trimborn-Str. 53, 42799 Leichlingen
T: (02175) 88 02 01 **Fax:** 88 02 01
Ulrich Jakesch

q 534
Deutsche Waldjugend
Landesverband Rheinland-Pfalz
Barbarastr. 2, 66709 Weiskirchen
T: (06876) 79 17 94 **Fax:** 79 17 95
Dieter Frank

q 535
Deutsche Waldjugend
Landesverband Saarland
Stadtverwaltung Sulzbach
Postf. 1355, 66274 Sulzbach
T: (06897) 5 08-139 **Fax:** 5 08-102
Dipl.-Biol. Siegbert Anhut

q 536

Deutsche Waldjugend Landesverband Sachsen
Hetzdorfer Str. 4, 01169 Dresden
T: (0351) 4 16 26 13 **Fax:** 4 16 26 13
Manuela Plotz

q 537

Deutsche Waldjugend Landesverband Thüringen
Zellaer Str. 46, 98559 Oberhof
T: (036842) 2 07 35
Claus Peter

• **Q 538**

Deutscher Forstwirtschaftsrat e.V. (DFWR)
Postf. 12 29, 53349 Rheinbach
Münstereifeler Str. 19, 53359 Rheinbach
T: (02226) 23 50 **Fax:** 57 92
Internet: http://www.dfwr.de
E-Mail: dfwr-rheinbach@t-online.de
Gründung: 1950 (12. Januar)
Präsident(in): Hermann Ilaender (Silbergrube 3, 53557 Bad Hönningen)
Geschäftsführer(in): Michael Lammertz (Oberforstrat)
Mitglieder: 65

Aufgabe, die Forstwirtschaft und die Erhaltung und Pflege des deutschen Waldes zu fördern.

• **Q 539**

Deutscher Forstverein e.V.
Geschäftsstelle:
Büsgenweg 1, 37077 Göttingen
T: (0551) 3 79 62 65 **Fax:** 3 79 62 37
Internet: http://www.forstverein.de
E-Mail: info@forstverein.de
Gründung: 1899
Ehren-Präs: F.F. Oberforstdirektor i.R. Dr. Karl Kwasnitschka
Präsident(in): Ministerialdirigent Dr. Wolfgang Dertz (Hessisches Ministerium für Umwelt, Landwirtschaft und Forsten, Hölderlinstr. 1-3, 65187 Wiesbaden)
Vizepräsident(in): Ltd. Forstdir. Günter Kathol
Dr. Klaus Höppner
Bürgermeister Hermann Ilaender
Vors. d. Länderforstvereine
Vorsitzende(r): Forstdir. Dr. Hammer (Baden-Württembergischer Forstverein, Briegelackerstr. 8, 76532 Baden-Baden)
Dr. Joachim Bachler (Bayerischer Forstverein, Am Rothen 7, 63801 Kleinostheim)
Dr. Klaus Höppner (Brandenburgischer Forstverein, Alfred-Möller-Str. 6, 16225 Eberswalde-Finow)
Ministerialrat Jörg Freudenstein (Hessischer Forstverein, Hölderlinstr. 1-3, 65187 Wiesbaden)
Dr. Manfred Schorcht (Forstverein Mecklenburg-Vorpommern, Belscherstr. 11, 19230 Redefin)
Ltd. Forstdirektor Günter Kathol (Forstverein für Nordrhein-Westfalen, Nevinghoff 40, 48177 Münster)
Ludolf Frhr. von Oldershausen (Nordwestdeutscher Forstverein, An der Sägemühle 6, 37589 Düderode)
Forstdirektor Dr. Hermann Bolz (Forstverein Rheinland-Pfalz/Saarland, Am Dicken Stein 27, 67466 Lambrecht)
Hubertus Hlawatsch (Forstverein Sachsen-Anhalt, Zernitz 2, 39345 Bülstringen)
Dr. Herbert Bergmann (Sächsischer Forstverein, Bonnewitzer Str. 34, 01827 Graupa)
Prof. Dr. Martin Heinze (Fachhochschule für Forstwirtschaft, 07427 Schwarzburg)
Geschäftsführer(in): Forstass. Dr. Karsten Schulze
Mitglieder: ca. 7800

Fürsorge für den heimischen Wald; Förderung der forstlichen Wirtschaft und Wissenschaft; Fortbildung der Forstleute, insbesondere durch Vermittlung persönlichen Gedankenaustausches.

Länderforstvereine Geschäftsstellen

q 540

Baden-Württembergischer Forstverein
Kleine Königstr. 11, 70178 Stuttgart
T: (0711) 6 68 43 01 **Fax:** 29 34 51
Geschäftsführer(in): Forstrat Dietmar Gretter

q 541

Bayerischer Forstverein
Cornillstr. 3, 63755 Alzenau
T: (06023) 3 22 32 **Fax:** 3 21 58
Geschäftsführer(in): Bernd Handlbichler

q 542

Brandenburgischer Forstverein
Alfred-Möller-Str. 1, 16225 Eberswalde
T: (03334) 6 51 01 **Fax:** 6 51 17
Geschäftsführer(in): Prof. Dr. Curt Majunke

q 543

Hessischer Forstverein
Reichardtstr. 12, 34537 Bad Wildungen
T: (05621) 80 29 80 **Fax:** 8 02 98 40
Geschäftsführer(in): Forstoberrat Eckhart Kalhöfer

q 544

Forstverein Mecklenburg/Vorpommern
c/o Landwirtschaftsministerium
Paulshöher Weg 1, 19061 Schwerin
T: (0385) 5 88-0 **Fax:** 5 88-6024
Geschäftsführer(in): Ralf Spindler

q 545

Forstverein für Nordrhein-Westfalen
c/o Forstamt Warendorf
Brede 11, 48231 Warendorf
T: (02581) 9 31 50 **Fax:** 93 15-22
Geschäftsführer(in): Jörg Meißner

q 546

Nordwestdeutscher Forstverein
Kleine Drakenburger Str. 19, 31582 Nienburg
T: (05021) 96 47 92 **Fax:** 96 47 55
Geschäftsführer(in): Forstoberrat Bernd Schwietert

q 547

Forstverein Rheinland-Pfalz/Saarland
Südallee 15-19, 56068 Koblenz
T: (0261) 1 20 63 88 **Fax:** 1 20 63 99
Geschäftsführer(in): Martin Grünebaum

q 548

Forstverein Sachsen-Anhalt
Lerchenwuhne 44, 39128 Magdeburg
T: (0391) 5 67 79 13 **Fax:** 5 67 79 17
Geschäftsführer(in): Jörg Borchardt

q 549

Sächsischer Forstverein
Alois-Andritzki-Str. 35, 02625 Bautzen
T: (03591) 20 86 98 **Fax:** 20 86 98
Geschäftsführer(in): Dr. Siegfried Lange

q 550

Thüringer Forstverein
Provinzial-Str. 52a, 37308 Ershausen
T: (036082) 4 05 05 **Fax:** 4 05 06
Geschäftsführer(in): Wolf-Dieter Hermann

• **Q 551**

Forstdirektion Freiburg
Bertoldstr. 43, 79098 Freiburg
T: (0761) 2 04-0 **Fax:** 2 04 46 00
Forstpräs.: Stübler
Vizepräsident(in): Ltd. Forstdir. Verbeek

• **Q 552**

Forstdirektion Stuttgart
Marienstr. 48, 70178 Stuttgart
T: (0711) 66 84-0 **Fax:** 66 84-207

• **Q 553**

Bundesverband Deutscher Jagdaufseher e.V.
Postf. 13 09, 48003 Münster
T: (0251) 1 36 66 65 **Fax:** 39 27 36
Vizepräsident(in): Franz Sundermann
Präsident(in): Siegfried Schierstedt

• **Q 554**

Deutscher Schädlingsbekämpfer-Verband e.V. (DSV)
Geschäftsstelle
Am Bültgraben 10, 39606 Osterburg
T: (03937) 8 17 41 **Fax:** 8 17 42
Gründung: 1950
Internationaler Zusammenschluß: siehe unter izf 156
Bundesvorsitzende(r): Jürgen Dietrich
Verbandszeitschrift: Der praktische Schädlingsbekämpfer
Verlag: Eduard F. Beckmann KG, Postf. 11 20, 31275 Lehrte
Mitglieder: 400

Landesverbände

q 555

Deutscher Schädlingsbekämpfer-Verband Landesverband Südwest
Greschbachstr. 34, 76229 Karlsruhe
T: (0721) 61 19 75 **Fax:** 61 30 59
Vorsitzende(r): Bernd Höllstern

q 556

Deutscher Schädlingsbekämpfer-Verband Landesverband Bayern
Kaltenbergstr. 2, 63768 Hösbach
T: (06021) 5 20 36 **Fax:** 5 73 37
Vorsitzende(r): Horst Daniels

q 557

Deutscher Schädlingsbekämpfer-Verband Landesverband Berlin
Neudecker Weg 143, 12355 Berlin
T: (03379) 44 70 19 **Fax:** 44 58 47
Vorsitzende(r): Jürgen Ksinsik

q 558

Deutscher Schädlingsbekämpfer-Verband Landesverband Brandenburg
Rathenower Str. 14, 14728 Rhinow
T: (033875) 3 05 02 **Fax:** 3 20 92
Vorsitzende(r): Ewald Otto

q 559

Deutscher Schädlingsbekämpfer-Verband Landesverband Hamburg/Schleswig-Holstein
Barsbüttler Landstr. 58, 22885 Barsbüttel
T: (040) 71 09 57 60 **Fax:** 71 09 57 61
Vorsitzende(r): Norbert Kalff

q 560

Deutscher Schädlingsbekämpfer-Verband Landesverband Hessen
Atzelbergstr. 99, 60389 Frankfurt
T: (069) 47 15 99 **Fax:** 47 71 26
Vorsitzende(r): Heinz Dietrich

q 561

Deutscher Schädlingsbekämpfer-Verband Landesverband Mecklenburg-Vorpommern
Gartenstr. 18a, 18528 Bergen
T: (03838) 2 31 90 **Fax:** 2 31 90
Vorsitzende(r): Theodor Wald

q 562

Deutscher Schädlingsbekämpfer-Verband Landesverband Niedersachsen/Bremen
Admiral-Klatt-Str. 23, 26382 Wilhelmshaven
T: (04421) 99 18-0 **Fax:** 99 18 18
Vorsitzende(r): Michael Römer

q 563

Deutscher Schädlingsbekämpfer-Verband Landesverband Nordrhein-Westfalen
Vorsterstr. 94, 47906 Kempen
T: (02152) 23 21 **Fax:** 5 08 96
Vorsitzende(r): Heinz Schürmann

q 564

Deutscher Schädlingsbekämpfer-Verband Landesverband Sachsen
Margaretenstr. 6-8, 09131 Chemnitz
T: (0371) 42 22 67 **Fax:** 42 22 68
Vorsitzende(r): Ursula Baumann

q 565

Deutscher Schädlingsbekämpfer-Verband Landesverband Sachsen-Anhalt
Am Bültgraben 10, 39606 Osterburg
T: (03937) 8 17 41 **Fax:** 8 17 42
Vorsitzende(r): Jürgen Dietrich

q 566

Deutscher Schädlingsbekämpfer-Verband Landesverband Thüringen
Hans-Sailer-Str. 59, 99089 Erfurt
T: (0361) 7 31 28 60 **Fax:** 7 31 28 60
Vorsitzende(r): Volker Koch

● Q 567

ROBIN WOOD Gewaltfreie Aktionsgemeinschaft für Natur und Umwelt e.V.
Geschäftsstelle Bremen:
Postf. 10 21 22, 28021 Bremen
Langemarckstr. 210, 28199 Bremen
T: (0421) 59 82 88 **Fax:** 5 98 28 72
Gründung: 1982 (13. November)
Leiterin: Djoeke Lueken
Pressesprecherin: Ute Bertrand
Robin Wood
Verbandsszeitschrift: Robin Wood-Magazin
Redaktion: Christiane Weitzel
Verlag: Robin Wood e.V., Postf. 10 04 03, 16294 Schwedt, T: (03332) 25 20 10, Fax: (03332) 25 20 11
Mitglieder: 2000
Mitarbeiter: 11 Hauptamtl., 2 ABM
Jahresetat: DM 2 Mio, € 1,02 Mio
14 Regionalgruppen und 12 Unterstützergruppen

● Q 568

Gesellschaft für Ökologische Tierhaltung e.V. (GÖT)
Untergasse 8, 34628 Willingshausen
T: (06697) 91 90 42 **Fax:** 91 90 41
Gründung: 1991 (26. Oktober)
Vorsitzende(r): Dipl.-Ing. agr. Heike Schneider
Stellvertretende(r) Vorsitzende(r): Dr. Christoph Menke
Geschäftsführer(in): Susanne Korte
Mitglieder: 63
Mitarbeiter: 1

● Q 569

Verein für kontrollierte alternative Tierhaltungsformen e.V. (KAT)
Postf. 24 01 34, 53154 Bonn
Hochkreuzallee 72, 53175 Bonn
T: (0228) 9 59 60-0 **Fax:** 9 59 60-50
Internet: http://www.kat-cert.de
E-Mail: info@kat-cert.de
Vorsitzende(r): Herbert Lange
Stellvertretende(r) Vorsitzende(r): Hans Thomas Frhr. von Meerheimb
Geschäftsführer(in): Caspar von der Crone

● Q 570

Verein gegen tierquälerische Massentierhaltung e.V. (VgtM)
Teichtor 10, 24226 Heikendorf
T: (0431) 2 48 28-0 **Fax:** 2 48 28-29
Internet: http://www.vgtm.de
E-Mail: vgtm.bgst@t-online.de
Gründung: 1973 (15.Juni)
Vorsitzende(r): Eckard Wendt (Auf der Geest 4, 21435 Stelle)
Bundesgeschäftsführer(in): Dr. agr. Christiane Gothe
Kontaktbüros und Kontaktpersonen:
Berlin: Ernst Ulich (Baseler Str. 24, 12205 Berlin, T/Fax: (030) 8 33 46 38, e-Mail: krisna@ngi.de)
Mecklenburg: Sabine Rösch (Dorfstr. 22, 18233 Krempin, T/Fax: (038294) 1 37 69)
Landkreis Harburg: Eckard Wendt (Auf der Geest 4, 21435 Stelle, T/Fax: (04174) 51 81)
Hamburg: Elvia Vogt (Alte Hege 15, 21521 Aumühle, T/Fax: (04104) 96 17 94)
Ostwestfalen: Marianne Weirich (T: (05223) 69 94 01, Fax: (05223) 69 94 52)
Ruhrgebiet: Sascha Grosser (Rosenstr. 2, 44534 Lünen, T/Fax: (02306) 78 12 94, Funk: 0172-2 31 76 85, e-Mail: sascha.grosser@t-online.de, vgtm.ruhrgebiet@gmx.de)
Köln: Alfons Maniewski (Loreleystr. 26, 50677 Köln, T/Fax: (0221) 3 76 14 28)
Koblenz: Petra Lorenz (Oberwies 2 A, 56154 Boppard-Holzfeld, T/Fax: (06741) 93 42 28)
Sauerland: Edith Nolzen (Hermann-Löns-Str. 8, 58256 Ennepetal, T/Fax: (02333) 7 22 53)
Stuttgart: Marina Gottschling (Gymnasiumstr. 12 A, 70794 Filderstadt, T/Fax: (0711) 70 53 65)
München/Augsburg: Christa Hülsen (Eichenstr. 9, 86316 Friedberg, T/Fax: (0821) 60 32 57)
Lindau: Karin Ulich (Alte Landstr. 27, 88138 Sigmarszell/OT Thumen, T/Fax: (08389) 5 77)
Oberschwaben: Horst Fallenbeck (Moränenweg 13, 88364 Alttann, T: (07527) 49 10, Fax: (07527) 91 44 15)
Andreas Becker
Salzburger Land: Hubert Hirscher (Obergäu 285, A-5440 Golling, T/Fax: (0043) 62 44-69 74, Funk: 0043-664-3 36 21 69)
Verbandszeitschrift: Rundbrief
Mitglieder: 14000
Mitarbeiter: 5

Ziel ist die art- und verhaltensgerechte Nutztierhaltung in der Landwirtschaft.

● Q 571

Deutscher Tierschutzbund e.V. (DTschB)
Baumschulallee 15, 53115 Bonn
T: (0228) 60 49 60 **Fax:** 6 04 96 40
Internet: http://www.tierschutzbund.de
E-Mail: bg@tierschutzbund.de
Gründung: 1881
Präsident(in): Wolfgang Apel
Vizepräsident(in): Heinz Kourim
Dr. Brigitte Rusche
Mitglieder: 700000
Mitgliedsverbände: Landestierschutzverbände, örtliche Tierschutzvereine, fördernde Mitglieder

● Q 572

Bundesverband Tierschutz e.V.
Walpurgisstr. 40, 47441 Moers
T: (02841) 2 52 44, 2 52 46 **Fax:** 2 62 36
Internet: http://www.bv-tierschutz.de
Präsident(in): Dr. H.-W. Selzer
Vizepräsident(in): Dr. A. Funke
Geschäftsführerin: Jutta Siebers
Verbandszeitschrift: Tierschutz
Redaktion: Hautgeschäftsstelle BVT, Moers
Verlag: Brendow Druck, Gutenbergstr., 47443 Moers
Mitglieder: ca. 15000 Einzelmitglieder (fördernde)
Mitgliedsvereine: 150

● Q 573

BfT Bundesverband für Tiergesundheit e.V.
Aennchenplatz 6, 53173 Bonn
T: (0228) 31 82 96 **Fax:** 31 82 98
Internet: http://www.bft-online.de
E-Mail: bft-animalhealth@t-online.de
Gründung: 1986 (10. September)
Internationaler Zusammenschluß: siehe unter izt 751
Vorsitzende(r): Dr. Horst Geilhausen (Bayer AG, Leverkusen, T: (02173) 38 40 30)
Stellvertretende(r) Vorsitzende(r): Dr. Gerhard Greif (Lilly, Abt. Elanco)
Geschäftsführer(in): Dr. Martin Schneidereit
Mitglieder: 23 Firmen

● Q 574

Weltschutzbund - Bundesverband
Garstedter Weg 173, 22455 Hamburg
T: (040) 5 51 82 70 **Fax:** 5 55 11 84
Gründung: 1973, seit 1981 (21. November) eingetragener Verein
Vorsitzende(r): Prof.Dr.Dr.Dr.h.c. Klaus Sojka
Geschäftsführer(in): Rose Marie Brüggemann

● Q 575

Tierärztliche Vereinigung für Tierschutz e.V. (TVT)
Bramscher Allee 5, 49565 Bramsche
T: (05468) 92 51 56 **Fax:** 92 51 57
E-Mail: tvt@pahlitzsch.de
Gründung: 1985 (30. November)
Vorsitzende(r): Dr. Karl Fikuart
Stellvertretende(r) Vorsitzende(r): Prof. Dr. Ingo Reetz
Geschäftsführer(in): Silke Pahlitzsch
Leitung Presseabteilung: Werner Steinigeweg
Verbandszeitschrift: TVT-Nachrichten
Redaktion: Dr. Christine Kimpfel-Neumaier
Verlag: Eigenverlag, Iltisstieg 5, 22159 Hamburg
Mitarbeiter: 1

● Q 576

Bund gegen Mißbrauch der Tiere e.V.
Viktor-Scheffel-Str. 15, 80803 München
T: (089) 38 39 52-0 **Fax:** 38 39 52-23
Gründung: 1922
BundesVors: RA Jutta Breitwieser
HGesch.-Leiter: Alfred Mutzl
Mitglieder: ca. 30000

● Q 577

Deutscher Jagdschutz-Verband e.V. (DJV)
Vereinigung der deutschen Landesjagdverbände
Johannes-Henry-Str. 26, 53113 Bonn
T: (0228) 9 49 06-0 **Fax:** 9 49 06-30
E-Mail: q.nuy@jagdschutzverband.de
Internationaler Zusammenschluß: siehe unter izq 198
Präsident(in): Constantin Freiherr Heereman von Zuydtwyck (Surenburg 1, 48477 Hörstel-Riesenbeck)
Hauptgeschäftsführer(in): G. von Wülfing
Leitung Presseabteilung: Anke Nuy
Mitglieder: 290000
Mitarbeiter: 15

● Q 578

Schutzgemeinschaft Deutsches Wild e.V.
(Organisation zur Erhaltung der freilebenden Tierwelt)
Postf. 12 03 71, 53045 Bonn
Godesberger Allee 108-112, 53175 Bonn
T: (0228) 2 69 22 17 **Fax:** 2 69 22 53
Gründung: 1948
Vors. d. Präsidiums: Hans-Jürgen Rohr (Staatssekretär a.D.)
Leitung Presseabteilung: Werner Koep (T: (0228) 2 69 22 17)

● Q 579

Deutsche Delegation des Internationalen Jagdrates zur Erhaltung des Wildes (CIC)
Postf. 12 03 69, 53045 Bonn
Fax: (0228) 2 69 22 50-53
Vorstand: Lothar Frhr. von Maltzahn (Vors.)
Dr. Wilhelm Trottzusolz (stellv. Vors.)
Joachim F. Weinlig-Hagenbeck (stellv. Vors.)
Schatzmeister: J. F. Erbgraf zu Castell-Rüdenhausen
Mitglieder: ca. 90

● Q 580

Bundesverband der Tierversuchsgegner Menschen für Tierrechte e.V.
Geschäftsstelle:
Postf. 17 01 10, 53027 Bonn
Roermonder Str. 4a, 52072 Aachen
T: (0241) 15 72 14 **Fax:** 15 56 42
Internet: http://www.tierrechte.de
E-Mail: info@tierrechte.de
Gründung: 1982 (August)
Vorsitzende(r): Dr.jur. Eisenhart von Loeper
Geschäftsführer(in): Dr.-Ing. Kurt W. Simons (Stellv. Vors.)
Leitung Presseabteilung: Dr.jur. Eisenhart von Loeper
Mitglieder: ca. 80000
Landesverbände: in jedem Bundesland

Öffentlichkeitsarbeit, Aufklärung der Bevölkerung über Tierversuche. Ziel: Abschaffung aller Tierversuche.

● Q 581

PHOENIX e.V. - Recht für Tiere
Detmar-Mülher-Str. 7, 44141 Dortmund
T: (0231) 56 17 76 **Fax:** 56 17 76
E-Mail: PHOENIXeV@aol.com
Vorstand: Ursula Buchwald
Heinrich Potthast
Mitglieder: 1000

● Q 582

AKUT e.V. - Aktion Kirche und Tiere
Postf. 10 20 04, 44720 Bochum
Brückstr. 46, 44787 Bochum
T: (0234) 6 40 44 95 **Fax:** 6 56 08
Internet: http://www.dike.de/akut/
E-Mail: akut@ekhn.de
Geschäftsführer(in): Mona Rieg
1. Vorsitzende(r): Dr. Guido Knörzer, Aschaffenburg
2. Vorsitzende(r): Walter Gerhardt, Kronberg
Verbandsschrift: AKUTe Nachrichten
Verlag: biblioviel Verlag, Brückstr. 21, 44787 Bochum
Mitglieder: 630
Mitarbeiter: 4
Jahresetat: DM 0,2 Mio, € 0,1 Mio
Regionalgruppen: Hamburg, Reutlingen, Berlin, Nürnberg, Leonberg, Ruhrgebiet, Schweiz, Holland

AKUT ist ein ökumenischer Zusammenschluß, der sich dafür einsetzt, den Schutz der Mitgeschöpfe als kirchliches Thema nicht zu vergessen. AKUT hat Arbeitsgruppen in Deutschland, Österreich, der Schweiz, Belgien und den Niederlanden und ist Mitglied im Diakonischen Werk der EKHN.

● Q 583

Internationaler Herstellerverband gegen Tierversuche in der Kosmetik e.V. (IHTK)
Feldkircher Str. 4, 71522 Backnang

T: (07191) 98 04 72 **Fax:** 97 05 15
Gründung: 1989
Präs. u. Vors.: Doris Günther
Stellvertretende(r) Vorsitzende(r): Jürgen David
Verbandszeitschrift: "Du und das Tier" sowie alle übrigen Zeitschriften mit Richtung Tier- und Verbraucherschutz, Pressemitteilungen -Gesetzesänderungen
Mitglieder: ca. 60

• Q 584

Zweckverband für Tierkörperbeseitigung Lenz
Staudaer Weg 1, 01561 Lenz
T: (035249) 7 35-0 **Fax:** 7 35-25
Gründung: 1991 (21. Februar)
Vorsitzende(r): Landrat Michael Geisler (Landrat des Landkreises "Sächsische Schweiz")
Stellvertretende(r) Vorsitzende(r): Landrat Rainer Kutschke (Landrat des Landkeises Riesa-Großenhain)
Geschäftsführer(in): Dipl.-Ing. Peter Franke
Leiterin d. Geschäftsstelle: Dipl.-Lw. Elisabeth Piosek
Verbandszeitschrift: Die Fleischmehlindustrie
Redaktion: Harald Niemann, Bonn
Verlag: Wirtschaftsdienst der Fleischmehlindustrie GmbH, Rheinstr. 12, 53179 Bonn
Mitglieder: 17 Land- und Stadtkreise in Sachsen
Mitarbeiter: 46 (Februar)
Jahresetat: DM 14 Mio, € 7,16 Mio

• Q 585

Vereinigung "Ärzte gegen Tierversuche" e.V.
Geschäftsstelle:
Nußzeil 50, 60433 Frankfurt
T: (069) 51 94 11 **Fax:** 51 95 07
Internet: http://www.tierschutz.de/aegt/, http://www.tierrechte.de/datenbank/
E-Mail: aegt@tierschutz.de
Gründung: 1979
1. Vorsitzende(r): Dr. Werner Autenrieth
Mitglieder: 350

• Q 586

Gesellschaft zum Schutz der Meeressäugetiere e.V. (GSM)
Kieler Str. 2, 25451 Quickborn
T: (04106) 47 12 **Fax:** 47 75
Gründung: 1977 (Dezember)
Vorsitzende(r): Dipl.-Biol. Petra Deimer
Mitglieder: ca. 100

• Q 587

Schutzgemeinschaft Alpen e.V.
Altersheimerstr. 16, 81545 München
T: (089) 64 34 52
Gründung: 1981
Vorsitzende(r): Klaus Gerosa
Stellvertretende(r) Vorsitzende(r): Harald Antes
Verbandszeitschrift: Alpen-Journal
Mitglieder: ca. 5000

• Q 588

Deutscher Alpenverein e.V. (DAV)
Postf. 50 02 20, 80972 München
Von-Kahr-Str. 2-4, 80997 München
T: (089) 1 40 03-0 **Fax:** 1 40 03-11
Internet: http://www.alpenverein.de
E-Mail: info@alpenverein.de
Gründung: 1869 (9. Mai)
Vorsitzende(r): Dipl.-Ing. Josef Klenner
Hauptgeschäftsführer(in): Alfred Siegert
Leitung Presseabteilung: Wolfgang Asenhuber
Verbandszeitschrift: DAV Panorama
Redaktion: Lutz Bormann
Mitglieder: 620000 (Stand 31.12.99)
Mitarbeiter: 60

q 589

Landesverband Baden-Württemberg des Deutschen Alpenvereins e.V.
Rotebühlstr. 59a, 70178 Stuttgart
T: (0711) 62 70 04 **Fax:** 6 15 93 87
Dr. Jürgen Christ

q 590

Bayerischer Landesfachverband für Sport- und Wettkampfklettern des DAV e.V.
c/o DAV-Bundesgeschäftsstelle
Von-Kahr-Str. 2-4, 80997 München
T: (089) 1 40 03-0 **Fax:** 1 40 03-11
1. Vorsitzende(r): Christian Semmel

q 591

Landesverband Berlin des Deutschen Alpenvereins e.V.
Kurfürstendamm 125A, 10711 Berlin
Hans-Jörg Gutzler

q 592

Landesverband Hessen des Deutschen Alpenvereins e.V.
Postf. 1442, 35524 Wetzlar
Wilfried Leckel

q 593

Niedersächsischer Landesverband Bergsteigen im DAV e.V.
Friedrich-Ebert-Str. 4, 31137 Hildesheim
T: (0511) 82 05-346, (05121) 4 44 63 (p)
1. Vorsitzende(r): Ludwig Wucherpfennig

q 594

Landesverband Nordrhein-Westfalen des DAV e.V.
Fingscheid 3, 42285 Wuppertal
T: (0202) 5 63 59 15 **Fax:** 5 63 84 53
1. Vorsitzende(r): Erwin Rothgang

q 595

Landesverband Rheinland-Pfalz des Deutschen Alpenvereins e.V.
Postf. 10 03 05, 55134 Mainz
Hermann Kohl

q 596

Landesverband Sachsen des DAV e.V.
Carl-Behrens-Str. 32, 01728 Bannewitz
T: (0351) 4 01 14 52 **Fax:** 4 01 14 55
1. Vorsitzende(r): Dr. Ulrich Voigt

q 597

Landesverband Sachsen-Anhalt des Deutschen Alpenvereins e.V.
Ernst-Eckstein-Str. 8, 06110 Halle
Rudolf Knoblich

q 598

Landesverband Schleswig-Holstein des Deutschen Alpenvereins e.V.
Elsa-Brandström-Str. 4a, 24119 Kronshagen
T: (0431) 54 16 53
Martin Sodtke

q 599

Landesverband Thüringen des Deutschen Alpenvereins e.V.
Kuhlmannstr. 5, 99423 Weimar
Christian Polt

• Q 600

Verein zum Schutz der Bergwelt e.V.
Praterinsel 5, 80538 München
T: (08025) 99 95 75 **Fax:** 45 71
Vorsitzende(r): Dr. Hans-Peter Jürging
Geschäftsführer(in): Ulrich Fuchs

• Q 601

Bayer. Landesamt für Umweltschutz
KommA 21 Bayern
Bürgermeister-Ulrich-Str. 160, 86199 Augsburg
T: (0821) 90 71-5021, 90 71-5121 **Fax:** 90 71-5221
Internet: http://www.bayern.de/lfu/komma21
E-Mail: komma21@lfu.bayern.de
Gründung: 1997 (Oktober)
Mitarbeiter: 3

• Q 602

Bundesverband Gesundes Bauen und Wohnen e.V. (GBW)
Postf. 15 43, 38005 Braunschweig
T: (0531) 35 28 51 **Fax:** 35 52 12
Gründung: 1976
Vorsitzende(r): Klaus Müller
Stellvertretende(r) Vorsitzende(r): Michael Graen
Geschäftsführer(in): Dipl.-Ing. Dipl.-Des. Lothar Gingrich
Mitarbeiter: 3

• Q 603

Deutscher Dachgärtner Verband e.V. (DDV)
Postf. 2025, 72610 Nürtingen
Grabenstr. 33, 72669 Unterensingen
T: (07022) 60 03 59-0 **Fax:** 60 03 59-1
Internet: http://www.dachgaertnerverband.de
E-Mail: contact@dachgaertnerverband.de
Gründung: 1985
Präs. u. Vors.: Hans-Joachim Seeger (Ltg. Presseabteilung)
Mitglieder: 180

• Q 604

INSTITUT WOHNEN UND UMWELT GmbH
Annastr. 15, 64285 Darmstadt
T: (06151) 29 04-0 **Fax:** 29 04 97
Internet: http://www.iwu.de
E-Mail: iwu@iwu.de
Geschäftsführer(in): Dr. Uwe Wullkopf (T: (06151) 29 04-62)

• Q 605

Arbeitsgemeinschaft PVC und Umwelt e.V.
Pleimesstr. 3, 53129 Bonn
T: (0228) 9 17 83-0 **Fax:** 5 38 95 94
Internet: http://www.agpu.de
E-Mail: agpu@agpu.com

• Q 607

Deutsche Umwelthilfe e.V.
Bundesgeschäftsstelle
Güttinger Str. 19, 78315 Radolfzell
T: (07732) 99 95-0 **Fax:** 99 95 77
Vorsitzende(r): Prof. Dr. Gerhard Thielcke
Stellvertretende(r) Vorsitzende(r): Burkhard Jäkel
BGF.: Jürgen Resch
Jörg Dürr-Pucher
Verbandszeitschrift: DUHwelt
Redaktion: Prof. Dr. Gerhard Thielcke
Verlag: DUH Umweltschutz Service GmbH, Güttinger Str. 19, 78315 Radolfzell

q 608

Deutsche Umwelthilfe Regionalverband Süd für Baden-Württemberg, Rheinland-Pfalz, Saarland, Bayern
Güttinger Str. 19, 78315 Radolfzell
T: (07732) 99 95 23
Vorsitzende(r): Dr. Markus Peintinger
Geschäftsführer(in): Tina Hellwig

q 609

Deutsche Umwelthilfe Regionalverband Mitte/Nord für Niedersachsen, Nordrhein-Westfalen, Hessen, Bremen, Hamburg, Schleswig-Holstein
Goebenstr. 3a, 30161 Hannover
T: (0511) 66 34 80 **Fax:** 66 34 81
Vorsitzende(r): Burkhard Jäkel
Geschäftsführer(in): Dagmar Israel

q 610

Deutsche Umwelthilfe Regionalverband Ost für Berlin, Mecklenburg-Vorpommern, Brandenburg, Sachsen-Anhalt, Thüringen, Sachsen
Poststr. 7, 06366 Köthen
T: (03496) 21 00 07 **Fax:** 21 00 08
Geschäftsführer(in): Ines Wittig (Trommsdorffstr. 5, 99084 Erfurt, T: (0361) 5 55 03 40, Fax: 5 55 03 49)
Geschäftsführer(in): Christine Jäger

• Q 611

Deutsche Umweltstiftung
Postf. 13 45, 76713 Germersheim
Schlachthofstr. 6, 76726 Germersheim
T: (07274) 47 67 **Fax:** 7 73 02
Internet: http://www.deutscheumweltstiftung.de
E-Mail: info@deutscheumweltstiftung.de
Vorstandssprecher: Hans Günter Schumacher
Vors.d.Kuratoriums: Mark vom Hofe

• Q 612

ifeu-Institut für Energie- und Umweltforschung Heidelberg GmbH
Wilckensstr. 3, 69120 Heidelberg
T: (06221) 47 67-0 **Fax:** 47 67-19
Internet: http://www.ifeu.de
E-Mail: ifeu@ifeu.de
Gründung: 1978
Geschäftsführer(in): Dr. Dipl.-Chem. Ulrich Höpfner
Mitarbeiter: 30

• Q 613

Unabhängiges Institut für Umweltfragen e.V. (UfU)
Geschäftsstelle
Greifswalder Str. 4, 10405 Berlin

T: (030) 42 84 99 30 **Fax:** 42 80 04 85
E-Mail: ufu@ipn.de
Gründung: 1990 (10. März)
Vorstand: M. Zschiesche
M. Schmidthals
Verbandszeitschrift: UfU-Informationsbrief
Redaktion: Dr. M. Kaasch, Dr. J. Kaasch, M. Zschiesche
Verlag: druck-zuck GmbH, Max-Nenke-Str. 4, 06120 Halle
Mitglieder: 300
Mitarbeiter: 11

q 614

UfU-Büro Halle
Große Klausstr. 11, 06108 Halle
T: (0345) 2 02 65 30 **Fax:** 2 02 65 30
Internet: http://www.ufu.de
E-Mail: ufu.halle@t-online.de

• Q 615

Koordinierungs- und Beratungsstelle für Umweltschäden an Denkmälern (KUD)
Bismarckplatz 1, 14193 Berlin
T: (030) 89 03 21 99 **Fax:** 89 03 22 85

• Q 616

Landesdenkmalamt Berlin
Krausenstr. 38-39, 10117 Berlin
T: (030) 2 03 59-0 **Fax:** 2 03 59-551
Dipl.-Ing. Dr. Jörg Haspel
Mitarbeiter: ca. 50

• Q 617

Landesamt für Denkmalpflege Mecklenburg-Vorpommern
Domhof 4/5, 19055 Schwerin
T: (0385) 5 58 70-0 **Fax:** 56 29 05
Dipl.-Ing. Dieter Zander

• Q 618

Rheinischer Verein für Denkmalpflege und Landschaftsschutz e.V. (RVDL)
Ottoplatz 2, 50679 Köln
T: (0221) 8 09-2804, 8 09-2805 **Fax:** 8 09-2141
Gründung: 1906 (20. Oktober)
Vorsitzende(r): Dr. Norbert Heinen
Stellvertretende(r) Vorsitzende(r): Kurt Busch
Dr. Ingo Ellgering
Ferdinand Esser
Prof. Marie Luise Niewodniczanska
Prof. Dr. Dethard von Winterfeld
Geschäftsführer(in): Dr. Norbert Kühn
Leitung Presseabteilung: Dr. Karl Peter Wiemer
Verbandszeitschrift: Rheinische Heimatpflege
Redaktion: Dr. Norbert Kühn, Dr. Karl Peter Wiemer
Verlag: Rheinland-Verlag, Köln
Mitglieder: etwa 6500 (darunter 350 korporative Mitglieder: Gemeinden, Verbände, Vereine etc.)
Mitarbeiter: 6-7

• Q 619

Deutsche Burgenvereinigung e.V.
zur Erhaltung der historischen Wehr- und Wohnbauten
Marksburg, 56338 Braubach
T: (02627) 5 36
Internet: http://www.deutsche-burgen.org
E-Mail: info@deutsche-burgen.org
Gründung: 1899
Präsidium
Alexander Fürst zu Sayn-Wittgenstein-Sayn (Präsident, 56170 Bendorf-Sayn)
Prof. Dr.phil. Dipl.-Ing. (FH) Barbara Schock-Werner (Vizepräsidentin, Am Hof 23, 50667 Köln)
Dr. Karl Graf von und zu Eltz (Schatzmeister, Gottfried-Keller-Str. 22, 60431 Frankfurt)
Dipl.-Ing. Klaus von Krosigk (Motzstr. 60, 10777 Berlin)
Kristine Glatzel (Löwenhof, 06636 Golzen-Krawinkel, Post Laucha)
Geschäftsführer(in): Architekt Dr.-Ing. Klaus Tragbar
Dr. Busso von der Dollen (Leiter Europäisches Bürgerinstitut)
Verbandszeitschrift: Burgen und Schlösser
Redaktion: Prof. Dr.-Ing.habil. Hartmut Hofrichter
Verlag: Eigenverlag
Mitglieder: ca. 3300
Mitarbeiter: ca. 15
Jahresetat: DM 3,5 Mio, € 1,79 Mio
Erhaltung und Schutz der historischen Wehr- und Wohnbauten als Denkmäler der Kunst, als Zeugnisse der Geschichte und Kultur und als landschaftsgestaltende Faktoren; Förderung der Erforschung der historischen Wehr- und Wohnbauten und die Verbreitung der Forschungsergebnisse; Beratung der Eigentümer von historischen Wehr- und Wohnbauten bei der Wiederherstellung, Erhaltung und sinnvollen Nutzung dieser Baudenkmäler; Trägerschaft des Europäischen Burgeninstituts.

Landesgruppen

q 620

Deutsche Burgenvereinigung Landesgruppe Baden-Württemberg
Schloß Ingersheim, 74379 Ingersheim
Thomas Leibrecht

q 621

Deutsche Burgenvereinigung Landesgruppe Bayern
Altes Schloß, 91788 Pappenheim
Dr. Albrecht Graf von und zu Egloffstein

q 622

Deutsche Burgenvereinigung Landesgruppe Berlin-Brandenburg
Komturei Lietzen, 15306 Lietzen
Gebhard Graf von Hardenberg

q 623

Deutsche Burgenvereinigung Landesgruppe Hessen
Lärchenstr. 12, 36381 Schlüchtern
Hasso Schiefler

q 624

Deutsche Burgenvereinigung Landesgruppe Mecklenburg-Vorpommern
Hahnenhof, 17153 Zettemin
Eckhard Graf Hahn von Burgsdorff

q 625

Deutsche Burgenvereinigung Landesgruppe Niedersachsen
Wendentorwall 24, 38100 Braunschweig
Dipl.-Ing. Hans-Peter Roppel

q 626

Deutsche Burgenvereinigung Landesgruppe Nord
Prinzregentenstr. 81, 81675 München
Hasso Freiherr von Senden

q 627

Deutsche Burgenvereinigung Landesgruppe Rheinland
Haus Langenfeld, 47669 Wachtendonk
Alexander Heckmanns

q 628

Deutsche Burgenvereinigung Landesgruppe Rheinland-Pfalz/Saarland
Eckenheimer Landstr. 288a, 60435 Frankfurt
Ass. jur. Rüdiger Mertens

q 629

Deutsche Burgenvereinigung Landesgruppe Sachsen
Burg Kriebstein, 09648 Kriebstein
Bernd Wippert

q 630

Deutsche Burgenvereinigung Landesgruppe Sachsen-Anhalt
Immenweg 2, 06126 Halle
Dr. Elisabeth Schwarze-Neuß

q 631

Deutsche Burgenvereinigung Landesgruppe Thüringen
Runneburg, 99631 Weißensee
Dipl.-Prähist. Thomas Stolle

q 632

Deutsche Burgenvereinigung Landesgruppe Westfalen-Lippe
Kommende 51a, 48565 Steinfurt
Oskar Prinz zu Bentheim und Steinfurt

• Q 633

Katalyse Institut für angewandte Umweltforschung e.V.
Remigiusstr. 21, 50937 Köln
T: (0221) 9 44 04 80 **Fax:** 9 44 04 89
Internet: http://www.katalyse.de
E-Mail: info@katalyse.de
Gründung: 1978
Vorstand: Regine Rehaag
Frank Waskow
Andreas Glatz
Svend Ulmer
Verbandszeitschrift: KATALYSE NACHRICHTEN
Mitglieder: ca. 500
Mitarbeiter: ca. 20

• Q 634

Deutsche Gesellschaft für Umwelt- und Humantoxikologie e.V. (DGUHT)
Annastr. 28, 97072 Würzburg
T: (0931) 3 54 11-30 **Fax:** 3 54 11-27
Info-Center: T: (09353) 9 99 73, Fax: (09353) 9 99 75
Internet: http://www.wuerzburg.de/dguht-homepage
E-Mail: 0935399973-001@t-online.de
Gründung: 1993 (Mai)
Präsident(in): Prof. Dr. Hans-Jürgen Pesch (Path. Institut der Universität, 91054 Erlangen)

• Q 635

Maritime InformationsGruppe e.V.
Herbartstr. 95, 26384 Wilhelmshaven
T: (04421) 3 42 76 **Fax:** 3 38 90
Gründung: 1982
Vorsitzende(r): Kapt. z. S. a.D. Hans-Friedrich Felmberg
Mitglieder: 85

• Q 636

Arbeitsgemeinschaft zur Reinhaltung der Weser (ARGE Weser)
c/o Senator für Bau und Umwelt der Freien Hansestadt Bremen
Ansgaritorstr. 2, 28195 Bremen
T: (0421) 3 61-5400 **Fax:** 3 61-5128
E-Mail: wohlleben@umwelt.bremen.de

• Q 637

Internationale Kommission zum Schutze des Rheins gegen Verunreinigung
Postf. 20 03 09, 56003 Koblenz
Hohenzollernstr. 18, 56068 Koblenz
T: (0261) 1 24 95 **Fax:** 3 65 72
Internet: http://www.iksr.org
E-Mail: sekretariat@iksr.de
Gründung: 1963
Präsident(in): A. P. R. Jacobovits De Szeged
Geschäftsführer(in): Harm Oterdoom
Mitglieder: Bundesrepublik Deutschland, Frankreich, Luxemburg, Niederlande, Schweiz, EG

• Q 638

Verein zum Schutze des Rheins und seiner Nebenflüsse e.V. (VSR)
Egmondstr. 5, 47608 Geldern
T: (02831) 98 02-81 **Fax:** 98 02-90
E-Mail: VSR@NADESHDA.GUN.DE, VSR-GELDERN@T-ONLINE.DE
Gründung: 1981
Vorsitzende(r): N. N.
Leitung Presseabteilung: Harald Gülzow

• Q 639

Arbeitsgemeinschaft der Länder zur Reinhaltung des Rheins (ARGE Rhein)
c/o Ministerium für Umwelt und Verkehr Baden-Württemberg
Kernerplatz 9, 70182 Stuttgart
T: (0711) 1 26-1535 **Fax:** 1 26-1509
Gründung: 1963
Vorsitz und Geschäftsführung durch das Land Baden-Württemberg im Zeitraum 1997-1999
Vorsitzende(r): Mdgt. Fuhrmann
Geschäftsführer(in): Kons. Barth

• Q 640

Deutsche Kommission zur Reinhaltung des Rheins (DK Rhein)
c/o Ministerium für Umwelt, Raumordnung und Landwirtschaft
Schwannstr. 3, 40476 Düsseldorf
T: (0211) 45 66-914 **Fax:** 45 66-422
E-Mail: geschaeftsstelle-dk@murl.nrw.de
Gründung: 1963
Vorsitz und Geschäftsführung durch das Land Nordrhein-Westfalen im Zeitraum 2000-2002
Vorsitzende(r): Abteilungsleiter Dr. Harald Friedrich
Geschäftsführer(in): RD'in Dr. Ulrike Frotscher-Hoof

• Q 641

Bundesdeutscher Arbeitskreis für umweltbewußtes Management e.V. (B.A.U.M.)
Osterstr. 58, 20259 Hamburg
T: (040) 49 07-1100 **Fax:** 49 07-1199
Internet: http://www.baumev.de
E-Mail: Info@baumev.de
Gründung: 1987 (6. April)
Vorsitzende(r): Dr. Georg Winter
Stellvertretende(r) Vorsitzende(r): Dr. Maximilian Gege (geschäftsf. Vorstandsmitglied)
Leitung Presseabteilung: Dr. Maximilian Gege
Verbandszeitschrift: kostenloser Artikel-Info-Service, "B.A.U.M. aktuell"
Verlag: Osterstr. 58, 20259 Hamburg
Mitglieder: z. Zt. ca. 500 Unternehmen
Mitarbeiter: ca. 25

• Q 642

Deutscher Umweltdienst e.V. (DUD)
Postf. 11 05, 53798 Much
Hauptstr. 65, 53804 Much
T: (02245) 91 30 91 **Fax:** 44 50
Gründung: 1995 (05. Mai)
Vorsitzende(r): Dr. Heinz Brück (Rheinische Fachhochschule Köln)
1. Stellv. Vors.: Dr. Dietmar Zobel (Ing.-Büro für Systemtechnik)
2. Stellv. Vors.: Dr. Roland Rautenstrauch (Geotechnic)
Vorst. Mitgl: Prof. Dr. Hubertus Opalka (Universität Cairo)
Geschäftsführer(in): Ing. P. Eur. Ingo Anders (Vorst.-Mitgl., Untern. Beratung eco-consulting)

• Q 643

Aktionsgemeinschaft Umwelt, Gesundheit, Ernährung e.V. (A.U.G.E.)
Osterstr. 58, 20259 Hamburg
T: (040) 49 07-1302 **Fax:** 49 07-1301
Internet: http://www.auge-umwelt.de
E-Mail: info@auge-umwelt.de
Gründung: 1985 (Dezember)
Vorstand: Dr. Ulrich Kypke (Vors.)
Ingo Falken (stv. Vors.)
Geschäftsführer(in): Dr. Ulrich Küpke
Kuratorium: Dagmar Berghoff
Gisela Dietrich
Dr. Maximilian Gege (Vors.)
Prof. Dr. Jan Hensmann
Egmont R. Koch
Dr. Herrmann Kruse
Marie-Luise Marjan
Dr. Peter C. Mohr
John Neumeier
Prof. Dr.-Ing. E.h. Kurt Oeser
Esther Peter Davis
Barbara Rütting
Hannelore „Loki" Schmidt
Heinz Sielmann
Prof. Dr. O. Wassermann
Prof. Dr. Lutz Wicke
Dr. Georg Winter
Dr. S. Wodarz
Verbandszeitschrift: Emil Grünbär Magazin des Emil Grünbärklub (Umweltklub für Kinder)
Verlag: A.U.G.E. Verlagsgesellschaft mbH, Hamburg
Mitarbeiter: 12

A.U.G.E. ist eine Schwestern-Initiative des Bundesdeutschen Arbeitskreis für umweltbewußtes Management e.V. (B.A.U.M.), Tinsdaler Kirchenweg 211, 22559 Hamburg, T: (040) 81 01 01, Telefax: (040) 81 01 26

• Q 644

Die Umwelt-Akademie e.V.
Münchener Str. 20, 82234 Weßling
T: (08153) 47 51 **Fax:** 48 52
Internet: http://www.Die-Umwelt-Akademie.de
E-Mail: info@die-umwelt-akademie.de
Gründung: 1990 (14. Oktober)
Vorsitzende(r): Prof.Dr. Heinz Häberle
Stellvertretende(r) Vorsitzende(r): Dr. Dieter Schmid
Geschäftsführer(in): Ass.jur. Ina Hönninger
Mitglieder: 171
Mitarbeiter: 5
Jahresetat: DM 0,6 Mio, € 0,31 Mio

• Q 645

Umweltakademie Rheinland-Pfalz
Richard-Müller-Str. 11, 67823 Obermoschel
T: (06362) 99 32 01 **Fax:** 99 32 02
E-Mail: sdw-akademie@t-online.de
Akademieleiter: Dr. Gert-Wolfhart Guse

• Q 646

Saar-Aktion Mensch und Umwelt gegen Zerstörung der Lebensgrundlagen e.V.
Feldmannstr. 40, 66119 Saarbrücken
T: (0681) 5 84 97 79
Gründung: 1972
Vorsitzende(r): Günther Heipp
Verbandszeitschrift: Mensch und Umwelt
Verlag: Umwelt-Verlag, Feldmannstr. 40, 66119 Saarbrücken

• Q 647

Mütter gegen Atomkraft e.V.
Büro:
Frohschammerstr. 14, 80807 München
T: (089) 35 56 53 **Fax:** 35 56 53
Verbandszeitschrift: "Mutter Courage"
Redaktion: Helga Kreuzer

• Q 649

Zentralstelle für Umwelterziehung
Institut im FB 9
Universität GH Essen
Universitätsstr. 15, 45141 Essen
T: (0201) 1 83 24 30 **Fax:** 1 83-39 81
Gründung: 1977
Leitung: Prof. Dr. Reinhold E. Lob
Mitglieder: 7

• Q 650

Deutsche Gesellschaft für Umwelterziehung e.V. (DGU)
Nationaler Fachverband von Umweltdidaktikern aller Bildungsbereiche, u.a.
1. Veranstalter der Umweltauszeichnung „Blaue Europa-Flagge" für Badestellen an Küsten, Binnengewässern und Sportboothäfen, Segelfluggelände und Fußballanlagen
2. Umweltschule in Europa
3. Energiesparen an Schule
4. Schulische Umweltgespräche
Ulmenstr. 10, 22299 Hamburg
T: (040) 4 10 69 21/22 **Fax:** 45 61 29
Gründung: 1982
Vorsitzende(r): Prof. Dr. Gerhard de Haan
Stellvertretende(r) Vorsitzende(r): Herbert Hollmann
Hauptgeschäftsführer(in): Axel Beyer
Verbandszeitschrift: DGU-Nachrichten
Redaktion: DGU, Ulmenstr. 10, 22299 Hamburg
Verlag: DGU, Ulmenstr. 10, 22299 Hamburg
Mitglieder: über 200 national
Mitarbeiter: 13

• Q 651

JAPS Jugend Aktions- und Projektwerkstatt
Schillergäßchen 5, 07745 Jena
T: (03641) 44 93 04 **Fax:** 44 93 04
Gründung: 1992 (Oktober)
Ansprechpartnerinnen: Daniela Schmiemann
Ronny Zeller
Franziska Schmidt
Marco Schrul
Verbandszeitschrift: Reizzwecke - Jugend Umwelt Kultur in Thüringen
Redaktion: JAPS, Fürstengraben 30, 07743 Jena
Mitarbeiter: 35

• Q 652

Arbeitsgemeinschaft Umwelt- und Landschaftspflege e.V.
Postf. 10 08 44, 57008 Siegen
Sandstr. 1, 57072 Siegen
T: (0271) 5 70 97 **Fax:** 2 44 27
Gründung: 1974 (29. Juni)
Vors. u. HGeschf: Jost-Peter Weiß (Sandstr. 1, 57072 Siegen)
Mitglieder: 25
Mitarbeiter: 3

• Q 653

Länderarbeitsgemeinschaft für Naturschutz, Landschaftspflege und Erholung (LANA)
c/o Ministerium für Raumordnung und Umwelt des Landes Sachsen Anhalt - Oberste Naturschutzbehörde
Postf. 37 69, 39012 Magdeburg
Olvenstedter Str. 4, 39108 Magdeburg
T: (0391) 5 67-1554 **Fax:** 5 67-1589
E-Mail: lana.gst@mu.lsa-net.de
LANA-Geschäftsführung: Horst Wollemann

• Q 654

Versuchs- und Beratungsring ökologischer Landbau Niedersachsen e.V. (ÖKORING NDS)
Ernst-August-Str. 9, 29664 Walsrode
T: (05161) 98 65-0 **Fax:** 98 65-55
Internet: http://www.oekoring.de
E-Mail: kontakt@oekoring.de
Gründung: 1982
Vorsitzende(r): M. Bode-Kirchhoff, Stuhr
Geschäftsführer(in): W. Dreyer
Leitung Presseabteilung: Margrit Helberg
Verbandszeitschrift: ÖKORING
Mitarbeiter: 8

• Q 655

Bundesverband für ökologisch-biologische Landprodukte e.V. (BÖLA)
Geschäftsstelle:
Niedermühle 1, 34593 Knüllwald
T: (05681) 63 68, 25 84 **Fax:** 63 68
Gründung: 1988
Vorsitzende(r): Hartmut Laabs
Mitglieder: rd. 100

• Q 656

Prüfverein Verarbeitung ökologische Landbauprodukte e.V.
Kaiser-Wilhelm-Str. 5, 75179 Pforzheim
T: (07231) 35 33 69 **Fax:** 35 30 78
Hauptgeschäftsführerin: Ulrike Behnke
Stellvertretende(r) Geschäftsführer(in): Matthias Stein

• Q 657

Arbeitskreis Verkehr und Umwelt e.V. (Umkehr)
Geschäftsstelle:
Exerzierstr. 20, 13357 Berlin
T: (030) 4 92 74 73 **Fax:** 4 92 79 72
Gründung: 1985
Hauptgeschäftsführer(in): Karl-Heinz Ludewig
Verbandszeitschrift: InformationsDienst Verkehr IDV
Redaktion: Exerzierstr. 20, 13357 Berlin
Verlag: Umkehr-Selbstverlag
Mitglieder: ca. 1500

• Q 658

Gesellschaft für Lärmbekämpfung e.V.
c/o Herrn Detlef Bramigk
Kaiserdamm 80, 14057 Berlin
T: (030) 3 01 56 44 **Fax:** 3 01 90 16
Internet: http://www.snafu.de/_Ltazu

• Q 659

Institut für ökologisches Recycling e.V.
Kurfürstenstr. 14, 10785 Berlin
T: (030) 2 62 80 21, 2 61 68 54 (Redaktion) **Fax:** 2 65 03 66
E-Mail: 101540 (1534)@compuserve.com
Gründung: 1983
Michaela Moser
Verbandszeitschrift: MüllMagazin - Fachzeitschrift für ökologische Abfallwirtschaft, Abfallvermeidung und Umweltvorsorge
Verlag: Rhombos-Verlag, Inh. Bernhard Reiser
Mitglieder: 111
Mitarbeiter: 10

• Q 660

Arbeitskreis Umweltpresse e.V.
c/o Andreas Oberholz
Holbeinstr. 26, 42579 Heiligenhaus
T: (02056) 5 73 77 **Fax:** 6 07 72
Internet: http://www.arbeitskreis-umweltpresse.de
Gründung: 1987 (Juni)
Vorsitzende(r): Andreas Oberholz
Stellvertretende(r) Vorsitzende(r): Dorothea Wessel
Schriftführer(in): Klaus-Peter Beuth (Interseroh AG, Stollwerkstr. 9a, 51149 Köln)
Mitglieder: 90

• Q 661

Ökomedia - Institut für ökologische Medienarbeit e.V.
Habsburgerstr. 9a, 79104 Freiburg
T: (0761) 5 20 24 **Fax:** 55 57 24
Gründung: 1984 (1. Juni)
Vorsitzende(r): Thomas Landsberg
Stellvertretende(r) Vorsitzende(r): Erhard Schulz
Geschäftsführer(in): Günther Kinstler
Mitglieder: 55
Mitarbeiter: 3
Medienkursbuch Ökologie Herausgeber
Verlag: Die Werkstatt, Göttingen

• Q 662

Ökologischer Tourismus in Europa (Ö.T.E.) e.V.
Postf. 20 10 21, 53140 Bonn
Am Michaelshof 8-10, 53177 Bonn
T: (0228) 35 90 08 **Fax:** 35 90 96
Internet: http://www.oete.de

E-Mail: oete-bonn@t-online.de
Gründung: 1991 (1. Juni)
Vorsitzende(r): Klaus Schlüter
Stellvertretende(r) Vorsitzende(r): Walter Sittig
Frank Hofmann
Mitglieder: 8 juristische Personen und
40 Fördermitglieder

Mitgliedsverbände

q 663

Allgemeiner Deutscher Fahrrad-Club (Bundesverband) e.V. (ADFC)
Postf. 10 77 47, 28077 Bremen
Grünenstr. 8-9, 28199 Bremen
T: (0421) 3 46 29-0 **Fax:** 3 46 29-50
Internet: http://www.adfc.de
E-Mail: kontakt@adfc.de

q 664

Deutscher Naturschutzring
Dachverband der deutschen Natur- und Umweltschutzverbände (DNR) e.V.
Postf. 20 04 25, 53134 Bonn
Am Michaelshof 8-10, 53177 Bonn
T: (0228) 35 90 05 **Fax:** 35 90 96
Internet: http://www.dnr.de
E-Mail: dnr-bonn@t-online.de

q 665

Deutsches Jugendherbergswerk
Hauptverband für Jugendwandern u. Jugendherbergen e.V.
Postf. 14 55, 32704 Detmold
Bad Meinberger Str. 1, 32760 Detmold
T: (05231) 99 36-0 **Fax:** 99 36-63, 99 36-90
E-Mail: info@djh.org

q 666

Die Naturfreunde
Verband für Umweltschutz, Touristik und Kultur
Bundesgruppe Deutschland e.V.
Postf. 60 04 41, 70304 Stuttgart
Hedelfinger Str. 17-25, 70327 Stuttgart
T: (0711) 4 09 54-0 **Fax:** 4 09 54-4
Internet: http://www.naturfreunde.de
E-Mail: naturfreunde-cl@t-online.de

q 667

forum anders reisen
Hirschberger Str. 48, 90473 Nürnberg
T: (0911) 8 93 24 54 **Fax:** 8 93 24 55
Internet: http://www.forum-anders-reisen.de
E-Mail: info@forum-anders-reisen.de

q 668

Naturfreunde Internationale (NFI)
International Friends of Nature
Internationale des Amis de la Nature
Diefenbachgasse 36, A-1150 Wien
T: (00431) 8 92 38 77 **Fax:** 8 12 97 89
Internet: http://www.nfi.at
E-Mail: nfi@nfi.at

q 669

Verkehrsclub Deutschland VCD e.V.
Postf. 17 01 60, 53027 Bonn
Eifelstr. 2, 53119 Bonn
T: (0228) 9 85 85-0 **Fax:** 9 85 85-10
Internet: http://www.vcd.org
E-Mail: vcd-bgst@vcd.org

• Q 670

Ökologische Verbraucherberatung e.V.
Humboldtstr. 81, 90459 Nürnberg
T: (0911) 45 90 69 **Fax:** 45 94 29
Gründung: 1989 (10. März)
Vorsitzende: Dipl.-oec. troph. Annegret Hager
Hauptgeschäftsführer(in): Dipl.-oec.troph. Gudrun Englert-Naser
Verbandszeitschrift: ÖVB aktuell
Redaktion: Ökologische Verbraucherberatung e.V.
Verlag: Humboldtstr. 81, 90459 Nürnberg
Mitglieder: 111, davon 31 Firmenfördermitglieder
Mitarbeiter: 3

• Q 671

Union zur Förderung von Oel- und Proteinpflanzen e.V. (UFOP)
Godesberger Allee 142-148, 53175 Bonn
T: (0228) 8 19 82 26 **Fax:** 8 19 82 03
Internet: http://www.ufop.de
Gründung: 1990 (18. Dezember)
Vorsitzende(r): Dr. Klaus Kliem (ADIB GmbH & Co. KG, Wiegleben)
Stellvertretende(r) Vorsitzende(r): Dietmar Brauer (Norddeutsche Pflanzenzucht, Holtsee)
Geschäftsführer(in): Hans-Jürgen Bertram (Ltg. Presseabteilung, T: (0228) 81 98-226)
Verbandszeitschrift: Zeitschrift Raps
Redaktion: Clemens-August-Str. 12-14, 53115 Bonn
Verlag: Verlag Th. Mann KG, Nordring 10, 45894 Gelsenkirchen
Mitglieder: 58
Mitarbeiter: 8

R Sozialpolitische Organisationen

Zum Auffinden einer bestimmten Dienststelle oder Organisation dient das Suchwortverzeichnis, eines Personennamens das Personenverzeichnis.

Arbeitgeberorganisationen

• **R 1**

Bundesvereinigung der Deutschen Arbeitgeberverbände e.V. (BDA)
Breite Str. 29, 10178 Berlin
T: (030) 20 33-0 **Fax:** 30 33-1055
Internationaler Zusammenschluß: siehe unter izf 2064
Ehrenpräsidenten: Otto Esser
Dr. Klaus Murmann
Präsident(in): Dr.sc.techn. Dieter Hundt (Geschäftsführender Gesellschafter der Allgaier-Werke GmbH & Co. KG, Ulmer Str. 75, 73066 Uhingen, Postf. 40, 73062 Uhingen, T: (07161) 30 12 16, Fax: 3 43 53)
Vizepräsident(in): Paul Coenen (Mitglied des Vorstands und Arbeitsdirektor, DEGUSSA AG, Weißfrauenstr. 9, 60387 Frankfurt, Postf. 11 05 33, 60040 Frankfurt, T: (069) 2 18-3112, Fax: 2 18-3832)
Dr. Jürgen Deilmann (Schatzmeister; Geschäftsführer der Deilmann-Montan GmbH, Osterberg 8, 48455 Bad Bentheim, Postf. 12 41, 48443 Bad Bentheim, T: (05922) 7 78-0, Fax: 7 78-40)
Dr. Walter Deuss (Vorstandsvorsitzender Karstadt Warenhaus AG, Postfach, 45119 Essen, T: (0201) 7 27-2028, Fax: (0201) 7 27-4971)
Dr. Manfred Gentz (Mitglied des Vorstandes Finanzen und Personal Daimler-Benz AG, 70546 Stuttgart, T: (0711) 1 79 43 49, Fax: 1 79 43 13)
Dieter Philipp (Bundesvereinigung der Fachverbände des Deutschen Handwerks, Johanniterstr. 1, 53113 Bonn, T: (0228) 5 45-0, Fax: 5 45-333)
Generaldirektor Dipl.-Psych. Hans Schreiber (Vorsitzender des Vorstandes Mannheimer AG Holding, Postfach, 68127 Mannheim, T: (0621) 4 57-4201, Fax: (0621) 4 57-3611)
Dr. Ron Sommer (Vorstandsvorsitzender Deutsche Telekom AG, Postfach 20 00, 53105 Bonn, T: (0228) 1 81-9000, Fax: (0228) 1 81-8970)
Dr. Werner Stumpfe (Präsident Gesamtmetall, Volksgartenstr. 54 A, 50677 Köln, Postf. 25 01 25, 50517 Köln, T: (0221) 33 99-0, Fax: 33 99-233)
Präsidialmitglieder: Dr. rer.pol. Manfred Ahlsdorff (Präsident, Die Unternehmensverbände im Lande Bremen e.V., Postfach 10 07 27, 28007 Bremen, T: (0421) 3 68 02-20, Fax: (0421) 3 68 02-49)
Dr. Doris André (Mitglied des Vorstandes British-American Tobacco (Germany) GmbH, Schöne Aussicht 12, 22085 Hamburg, T: (040) 2 20 58 82)
Prof. Thomas Bauer (Geschäftsführer Bauer Spezialtiefbau GmbH, Postfach 12 60, 86522 Schrobenhausen, T: (08252) 97-1212, Fax: (08252) 97-1213)
Hartmut Bielefeld (wolbo Wilh. Woltering GmbH & Comp. Kommanditgesellschaft, Stenerner Weg 17-19, 46397 Bocholt, Postf. 25 62, 46375 Bocholt, T: (02871) 3 41 21, Fax: 3 41 74)
Berthold Bonekamp (Vorsitzender des Vorstandes Rheinbraun AG, Postfach 41 08 40, 50416 Köln, T: (0221) 4 80-1408, Fax: (0221) 4 80-1443)
Walter Botschatzki (Gesellschafter und Geschäftsführer Multicar Spezialfahrzeuge GmbH, Industriestr. 3, 99880 Waltershausen, Postf. 1 02, 99875 Waltershausen, T: (03622) 64 04 01, Fax: 64 04 02)
Wilfried Brandes (Komplementär der Firma Viktor Buchholz KG, Große Düwel-Str. 28, 30171 Hannover, T: (0511) 85 60 60, Fax: 8 56 06 30)
Dieter Cohrt (Geschäftsführer August Cohrt & Co. Getränke GmbH, Eichkamp 1-9, 24116 Kiel, T: (0431) 1 69 05 20, Fax: (0431) 1 30 29)
RA Dr. Ernst-Gerhard Erdmann (Bundesvereinigung der Deutschen Arbeitgeberverbände, Gustav-Heinemann-Ufer 72, 50968 Köln, Postf. 51 05 08, 50941 Köln, T: (0221) 37 95-0, Fax: 37 95-235)
Dr. Horst Föhr (Deutsche Bahn AG, Stephensonstr. 1, 60326 Frankfurt, Postf. 11 04 23, 60039 Frankfurt, T: (069) 97 33-0, Fax: 97 33-7564)
Dr. Michael Fuchs (Fa. Impex-Electronic HgmbH, Am Metternicher Bahnhof 11, 56072 Koblenz, T: (0261) 92 84-0, Fax: 92 84-1 86)
Erich Gerard (Vorsitzender Verband der Metall- und Elektroindustrie in Berlin und Brandenburg e.V., Bezirksgruppe Berlin, Am Schillertheater 2, 10625 Berlin)
Ulrich Hartmann (Vors. d. Vorstandes d. VEBA Aktiengesellschaft, Bennigsenplatz 1, 40474 Düsseldorf, Postf. 30 10 51, 40410 Düsseldorf, T: (0211) 45 79-0, Fax: 45 79-565)
Dr.-Ing. Claus Hendricks (Vorstandsmitglied Thyssen Krupp Stahl, Kaiser-Wilhelm-Str. 100, 47166 Dortmund, Postf. 11 05 61, 47161 Dortmund, T: (0203) 5 22 50 00, Fax: 5 22 66 99)
Klaus Hering (Geschäftsführer Norddeutsche Hoch- und Tiefbau GmbH, Grimmer Str. 11-14, 17489 Greifswald, T: (03834) 5 56-1 10, Fax: 5 56-112)
Dr. Tessen von Heydebreck (Mitglied des Vorstandes Deutsche Bank AG, Taunusanlage 12, 60325 Frankfurt, T: (069) 9 10 00, Fax: 91 03 51 65)
Dr. Fritz-Heinz Himmelreich (Bundesvereinigung der Deutschen Arbeitgeberverbände, Gustav-Heinemann-Ufer 72, Postf. 51 05 08, 50941 Köln)
Dr. Eckart John von Freyend (Vorsitzender des Vorstandes IVG Holding AG, Zander Str. 5, 53177 Bonn)
Martin Kannegiesser (Geschäftsf. Gesellschafter Herbert Kannegiesser GmbH + Co. Maschinenfabrik, Postfach 17 25, 32591 Vlotho, T: (05733) 12-202, Fax: (05733) 12-380)
Dr.-Ing. Jochen F. Kirchhoff (Vors. d. Geschäftsleitung KIRCHHOFF GRUPPE, Stefanstr. 2, 58638 Iserlohn, Postf. 26 26, 58634 Iserlohn, T: (02371) 2 11-2 60, Fax: 2 11-264)
Dr.-Ing. Walter Koch (Geschäftsf. Gesellschafter Dillinger Fabrik glochter Bleche GmbH, Postfach 12 60, 66745 Dillingen, T: (06831) 7 00 31 19, Fax: (06831) 94 87 50)
Manfred Kreutel (Vereinigung der Sächsischen Wirtschaft (VSW), Postfach 30 02 00, 01131 Dresden, T: (0351) 2 55 93-0, Fax: (0351) 2 55 93-78)
Dr. Heiko Lange (Vorstand Personal, Deutsche Lufthansa Ag, Lufthansa Basis, Flughafen, 60546 Frankfurt, T: (069) 6 94-40 75/76, Fax: 6 94-4118)
Dipl.-Ing. Dr.-Ing. Dr.-Ing. E.h. Manfred Lennings (Westdeutsche Landesbank - Girozentrale, Herzogstr. 15, 40217 Düsseldorf, T: (0211) 8 26-48 00, Fax: 8 26 35 03)
Helmut Lübke (Geschäftsführer Interlübke Gebrüder Lübke GmbH & Co. KG, Postfach, 33373 Rheda-Wiedenbrück, T: (05242) 12-1, Fax: (05242) 12-311)
Hans Georg Michelbach (MdB; Main-Spessart-Kaufhaus, Rhönweg 69, 97737 Gemünden, T: (09351) 33 00, Fax: (09351) 24 79)
Dr. Arend Oetker (Geschäftsf. Gesellschafter der Dr. Arend Oetker Holding GmbH & Co, Gereonstr. 18-30, 50670 Köln, T: (0221) 13 60 91, Fax: 13 60 95)
Peter Pribilla (Vorstandsmitglied der Siemens AG, Wittelsbacherplatz 2, 80333 München)
Dr.rer.pol. Wolfgang Pütz (Geschäftsführender Gesellschafter der J.F. Ziegler KG, Konrad-Adenauer-Str. 2-4, 42853 Remscheid, Postf. 10 07 61, 42807 Remscheid, T: (02191) 9 09-0, Fax: 9 09-182)
Randolf Rodenstock (Pers. Haftender Gesellschafter Optische Werke G. Rodenstock, Postfach 14 04 40, 80454 München, T: (089) 72 02-349, Fax: (089) 72 02-140)
Wilhelm Sandmann (Vors. d. Aufsichtsrates Verlagsgesellschaft Madsack GmbH & Co., Bemeroder Str. 58, 30559 Hannover, T: (0511) 51 80, Fax: 5 18 19 09)
Dr. Volker Schäfer (Mitglied der Geschäftsführung Kali und Salz GmbH, Postfach 10 20 29, 34111 Kassel, T: (0561) 3 01-1372, Fax: (0561) 3 01-2294)
Dipl.-Kfm. Sebastian Schmidt (Inhaber der Firma Reinhard Schmidt GmbH, Industriestr. 77, 42327 Wuppertal, T: (0202) 74 97-0, Fax: 74 97-288)
Gerd Sonnleitner (Präsident des Bauernverbandes Gesamtverband der Deutschen Land- und Forstwirtschaftlichen Arbeitgeberverbände e.V., Godesberger Allee 142-148, 53175 Bonn, T: (0228) 81 98-250, Fax: (0228) 81 98-204)
Dr. Theo Spettmann (Vorstandssprecher Südzucker AG, Mannheim/Ochsenfurt, Postfach 10 28 55, 68025 Mannheim, T: (0621) 42 14 58, Fax: (0621) 42 14 70)
Prof. Dipl.-Ing. Dieter Weidemann (Präsident Vereinigung der hessischen Unternehmerverbände e.V., Emil-von-Behring-Str. 4, 60439 Frankfurt, Postf. 50 05 61, 60394 Frankfurt, T: (069) 9 58 08-0, Fax: 9 58 08-136)
Dr. Klaus Zumwinkel (Vorstandsvors. Deutsche Post AG, Robert-Schumann-Platz, 53175 Bonn, T: (0229) 1 82 90 01, Fax: 1 82 70 60)
Mitglieder: 64+ 4 Gastverbände, unmittelbare Verbände, ca. 800 mittelbare Verbände

Regionale und fachliche Arbeitgeberverbände

Die fachlichen Arbeitgeberverbände der verschiedenen Wirtschaftszweige sind für das Bundesgebiet in Fachspitzenverbänden und auf Landesebene in überfachlichen Landesvereinigungen zusammengeschlossen, die die Arbeitgeberschaft des Landes im Ganzen vertreten. Die z. T. sehr zahlreichen örtlichen Arbeitgeberverbände sind hier nicht aufgeführt. Weitere Auskünfte im Einzelfall gibt die Bundesvereinigung der Deutschen Arbeitgeberverbände.

Landesverbände

r 2

Landesvereinigung Baden-Württembergischer Arbeitgeberverbände e.V.
Postf. 70 05 01, 70574 Stuttgart
Löffelstr. 22-24, 70597 Stuttgart
T: (0711) 76 82-0 **Fax:** 7 65 16 75
Präsident(in): Dr. sc.techn. Dieter Hundt (Geschäftsf. Gesellschafter der Allgaier-WErke GmbH & Co. KG, Ulmer Str. 75, 73066 Uhingen, Postf. 40, 73062 Uhingen, T: (07161) 30 12 16, Telefax: (07161) 3 43 53)
Hauptgeschäftsführer(in): Dr. Ulrich Brocker
Mitgliedsverbände: 44

r 3

vbw

Vereinigung der Bayerischen Wirtschaft e.V.
Postf. 202061, 80020 München
Max-Joseph-Str. 5, 80333 München
T: (089) 5 51 78-0, 5 51 78-200 **Fax:** 5 51 78-201
Präsident(in): Erich Sennebogen (Geschf. Ges. Maschinenfabrik Sennebogen GmbH, Sennebogen Hydraulikbagger GmbH & Co. KG, Hebbelstr. 30, 94315 Straubing, Postf. 02 62, 94302 Straubing, T: (09421) 54 01 02, Telefax: (09421) 5 13 27)
Hauptgeschäftsführer: Dipl.-Kfm. Stephan Götzl
Stellv. HGeschF: Dr.jur. Rainer Will
Stefan Albat
Mitgliedsverbände: 71

r 4

Vereinigung der Unternehmensverbände in Berlin und Brandenburg e.V.
Am Schillertheater 2, 10625 Berlin
T: (030) 3 10 05-0 **Fax:** 3 10 05-1 20
Präsident(in): Erich Gerard (Chef des Berliner Büros der Leitung der Siemens AG, Postf. 13 06 00, 13624 Berlin, T: (030) 3 86-2 90 01, Telefax: (030) 3 86-2 90 15)
Hauptgeschäftsführer(in): RA Dr. Hartmann Kleiner
Stellv. HGeschF: Dipl.-Kfm. Klaus-Dieter Teufel
Geschäftsführer(in): RA Andreas Fleischer
Dr. Friedrich Kästner
Dipl.-Volksw. Christian Amsinck
Leitung Presseabteilung: Dipl.-Pol. Klaus-Hubert Fugger
Mitgliedsverbände: 68

r 5

Die Unternehmensverbände im Lande Bremen e.V.
Postf. 10 07 27, 28007 Bremen
Schillerstr. 10, 28195 Bremen
T: (0421) 3 68 02-0 **Fax:** 3 68 02 49
Präsident(in): Dr. Manfred Ahlsdorff (Vors. d. Vorstandes der GESTRA AG, Hemmstr. 130, 28215 Bremen, Postf. 10 54 60, 28054 Bremen, T: (0421) 35 03-0, Fax: (0421) 35 03-2 92)
Hauptgeschäftsführer(in): RA Eberhard Schodde
Geschäftsführer(in): Ass. Otto Brauch
Dipl.-Volksw. Ortwin Baum (Ltg. Presseabt.)
Mitglieder: 16

r 6

Vereinigung der Unternehmensverbände in Hamburg und Schleswig-Holstein e.V. (UV Nord)
Kapstadtring 10, 22297 Hamburg
T: (040) 63 78-5000 **Fax:** 63 78-5050
Präsident(in): Dr. Hellmut Kruse (Geschäftsführer Wiechers & Helm GmbH & Co., Hamburger Str. 11, 22083 Hamburg, T: (040) 2 29 20 08, TX: 2 162 917, Telefax: (040) 22 55 92)
Hauptgeschäftsführer(in): Jürgen Meineke
Mitglieder: 30 Verbände

r 7

Vereinigung der hessischen Unternehmerverbände e.V. (VhU)
Postf. 50 05 61, 60394 Frankfurt
Emil-von-Behring-Str. 4, 60439 Frankfurt
T: (069) 95 80 80 **Fax:** 9 58 08-1 26
Präsident(in): Prof. Dipl.-Ing. Dieter Weidemann
Hauptgeschäftsführer(in): Volker Fasbender
Verbandssprecher: N.N.
Mitglieder: 51 Verbände

r 8

Vereinigung der Unternehmensverbände für Mecklenburg-Vorpommern e.V.
Eckdrift 93, 19061 Schwerin
T: (0385) 63 56-100 **Fax:** 63 56-151
Präsident(in): Klaus Hering (T: (03834) 55 61 10, Fax: (03834) 55 61 12)
Hauptgeschäftsführer(in): Dr. Thomas Klischan
Volker Steffens
Mitglieder: 29

r 9

Unternehmerverbände Niedersachsen e.V.
Schiffgraben 36, 30175 Hannover
T: (0511) 85 05-0 **Fax:** 85 05-2 68
T-Online ✻815 024✻
Präsident(in): Dr. Peter Haverbeck (Mitgl. d. Vorstandes Continental AG, Vahrenwalder Str. 9, 30165 Hannover, T: (0511) 9 38 01, Fax: 8 39 24 35)
Hauptgeschäftsführer(in): Gernot Preuß

Stellv. HGeschF: Dr. Volker Müller
Leitung Presseabteilung: Stefan Roberg
Mitglieder: 67 Verbände

r 10

Landesvereinigung der Arbeitgeberverbände Nordrhein-Westfalen e.V.
Postf. 30 06 43, 40406 Düsseldorf
Uerdinger Str. 58-62, 40474 Düsseldorf
T: (0211) 45 73-0 **Fax:** 45 73-231
Präsident(in): Dr.-Ing. Jochen F. Kirchhoff (Vors. d. Geschäftsleitung KIRCHHOFF GRUPPE, Stefanstr. 2, 58638 Iserlohn, Postf. 26 26, 58634 Iserlohn, T: (02371) 21 12 60, Telefax: (02371) 21 12 64)
Hauptgeschäftsführer(in): Dr. jur. Hansjörg Döpp
Leitung Presseabteilung: Eberhard Vietinghoff
Mitgliedsverbände: 89

r 11

Landesvereinigung Rheinland-Pfälzischer Unternehmerverbände e.V.
Postf. 29 66, 55019 Mainz
Hindenburgstr. 32, 55118 Mainz
T: (06131) 55 75-0 **Fax:** 55 75 39
Vorsitzende(r): Dr. Eberhard Schwarz (Geschf. Ges. der Zschimmer & Schwarz GmbH & Co., Max-Schwarz-Str. 3-5, 56112 Lahnstein, T: (02621) 1 20, Fax: (02621) 1 24 06)
Hauptgeschäftsführer(in): RA Werner Simon
Geschäftsführer(in): Dr. Uwe Gaßmann
Leitung Presseabteilung: Jürgen Fielstette
Mitglieder: 27

r 12

Vereinigung der Saarländischen Unternehmensverbände e.V.
Postf. 650433, 66143 Saarbrücken
Harthweg 15, 66119 Saarbrücken
T: (0681) 9 54 34-0 **Fax:** 58 47-3 86
Präsident(in): Dr.-Ing. Walter Koch (Geschäftsf. Gesellschafter d. Dillinger Fabrik gelochter Bleche GmbH, Franz-Meguin-Str. 20, 66763 Dillingen, Postf. 12 60, 66745 Dillingen, T: (06831) 7 00 31 19, Telefax: (06831) 7 46 41)
Hauptgeschäftsführer(in): Dipl.-Volksw. Dr. Heiko Jütte
Stellv. HGeschF: RA Klaus Behnisch
Mitglieder: 18 Verbände

r 13

Vereinigung der Sächsischen Wirtschaft (VSW)
Postf. 30 02 00, 01131 Dresden
Washingtonstr. 16/16 a, 01139 Dresden
T: (0351) 2 55 93-0 **Fax:** 2 55 93 78
Präsident(in): Dipl.-Ing. Manfred Kreutel
Hauptgeschäftsführer(in): Dr. Andreas Winkler
Mitglieder: 26

r 14

Landesvereinigung der Arbeitgeber- und Wirtschaftsverbände Sachsen-Anhalt e.V.
Postf. 42 29, 39017 Magdeburg
Humboldtstr. 14, 39112 Magdeburg
T: (0391) 6 25 45-0 **Fax:** 6 25 45-70
Hauptgeschäftsführer(in): Dr. Jochen Steinecke
Leitung Presseabteilung: Manfred Czura
Mitgliedsverbände: 19

r 15

Vereinigung der Schleswig-Holsteinischen Unternehmensverbände e.V.
Adolf-Steckel-Str. 17, 24768 Rendsburg
T: (04331) 14 20-0 **Fax:** 14 20-20
Präsident(in): Prof. Dr. Hans Heinrich Driftmann (Peter Koelln KGaA,Westerstr. 22-24, 25336 Elmshorn, T: (04121) 6 48-0, Telefax: (04121) 6 56 59)
Hauptgeschäftsführer(in): RA Jürgen Meineke
Stellv. HGeschF: Ass. Klaus Haller (MdL)
Mitglieder: 36 Verbände

r 16

Verband der Wirtschaft Thüringens e.V.
Lossiusstr. 1, 99094 Erfurt
T: (0361) 67 59-0 **Fax:** 67 59-2 22
Präsident(in): Walter Botschalzki (Geschäftsführer Multicar Spezialfahrzeuge GmbH, Industriestr. 3, 99880 Waltershausen, Postf. 1 02, 99875 Waltershausen, T: (03622) 64 04 01, Fax: 64 04 02)
Hauptgeschäftsführer(in): Lotar Schmidt
Leitung Presseabteilung: Dr. Inge Schubert
Mitglieder: 34

• **R 17**

Deutscher Arbeitgeber-Verband e.V.
Mittelständischer Unternehmerverband

im Haus der Selbständigen
Schlüterstr. 4, 10625 Berlin
T: (030) 7 84 20 38, 7 84 20 39, 31 86 81-3 **Fax:** 7 87 40 66
Gründung: 1949 (22. Dezember)
Ehrenvors.: Walter Weissig
Vorsitzende(r): Dipl.-Pol. Josef Stingl
Geschäftsführer(in): Ass. jur. Matthias Gröninger
Mitglieder: 12800 und 6 Organisationen

Wahrung der gemeinschaftlichen wirtschaftlichen, sozialpolitischen und arbeitsrechtlichen Belange, Beratung der Mitglieder.

• **R 18**

Unternehmerschaft Düsseldorf und Umgebung e.V.
Postf. 14 01 65, 40071 Düsseldorf
Achenbachstr. 28, 40237 Düsseldorf
T: (0211) 6 69 08-0 **Fax:** 6 69 08-30
Internet: http://www.unternehmerschaft.de
Vorsitzende(r): Horst Markgraf (Geschf. Gesellschafter d. Spranger & Braukmann GmbH, Eichsfelder Str. 9, 40595 Düsseldorf, T: (0211) 90 20 20)
Geschäftsführer(in): RA Karl Heinrich Wilke

• **R 19**

Allgemeiner Arbeitgeberverband Düsseldorf und Umgebung e.V.
Postf. 14 01 65, 40071 Düsseldorf
Achenbachstr. 28, 40237 Düsseldorf
T: (0211) 6 69 08-0 **Fax:** 6 69 08-30
Internet: http://www.unternehmerschaft.de
Geschäftsführer(in): RA Karl Heinrich Wilke
Vorsitzende(r): Dr. Rainer Wessely (Koyemann Werkzeuge GmbH & Co., Postf. 13 53, 40673 Erkrath)

• **R 20**

Düsseldorfer Arbeitgeberverbände e.V.
Postf. 14 01 65, 40071 Düsseldorf
Achenbachstr. 28, 40237 Düsseldorf
T: (0211) 6 69 08-0 **Fax:** 6 69 08-30
Internet: http://www.unternehmerschaft.de
Vorsitzende(r): Dr. Hans-Jürgen Forst (Sprecher der Region NRW der Siemens AG, Zweigniederlassung Düsseldorf, Postf. 10 11 15, 40002 Düsseldorf, T: (0211) 39 90)
Hauptgeschäftsführer(in): RA Karl Heinrich Wilke

• **R 21**

Allgemeiner Arbeitgeberverband Harz e.V. (AGV)
Unterer Triftweg 1, 38640 Goslar
T: (05321) 28 25 **Fax:** 28 26
Gründung: 1949
Vorsitzende(r): Dipl.-Kfm. Ulrich Weiterer
Geschäftsführerin: Ass. Anja Mertelsmann
Mitglieder: 395

• **R 22**

Arbeitgeberverbände Emscher-Lippe
Zeppelinallee 51, 45883 Gelsenkirchen
T: (0209) 9 45 04-0 **Fax:** 9 45 04-50
Internet: http://www.arbeitgeber-ruhr.de/emscher-lippe
E-Mail: agvel@aol.com
Vorsitzende(r): Dipl.-Oec. Ingrid Brand-Friedberg
Hauptgeschäftsführer(in): Michael Grütering

• **R 23**

Unternehmerschaft Niederrhein
Postf. 29 20, 47729 Krefeld
Ostwall 227, 47798 Krefeld
T: (02151) 62 70-0 **Fax:** 62 70-40
Hauptgeschäftsführer(in): Dr. Hans-Günter Fix
Mitglieder: 900

r 24

Allgemeiner Verband niederrheinischer Arbeitgeber
Postf. 29 20, 47729 Krefeld
Ostwall 227, 47798 Krefeld
T: (02151) 62 70-0 **Fax:** 62 70-40
Vorsitzende(r): Dipl.-Kfm. Herbert Kisgen (Balth. Erlenwein & Cie. GmbH, Krefeld-Uerdingen)

r 25

Wirtschaftsvereinigung Bekleidungsindustrie Nordrhein
Postf. 29 20, 47729 Krefeld
Ostwall 227, 47798 Krefeld
T: (02151) 62 70-0 **Fax:** 62 70-40
Internet: http://www.unternehmerschaft-niederrhein.de
Vorsitzende(r): Dipl.-Kfm. Otto Plum (Heinr. Wirtz GmbH, 41844 Wegberg)

r 26

Unternehmerschaft Chemie Niederrhein
Postf. 29 20, 47729 Krefeld
Ostwall 227, 47798 Krefeld
T: (02151) 62 70-0 **Fax:** 62 70-40
Vorsitzende(r): Ralf Schwarz (Lackwerke Peters GmbH & Co.KG, Kempten)

r 27

Unternehmerschaft Metall- und Elektroindustrie Niederrhein
Postf. 29 20, 47729 Krefeld
Ostwall 227, 47798 Krefeld
T: (02151) 62 70-0 **Fax:** 62 70-40
Vorsitzende(r): Dr. Rüdiger Kaspers (Arca-Regler GmbH, 47918 Tönisvorst)

r 28

Unternehmerschaft Nahrungs- und Genußmittelindustrie Niederrhein
Postf. 29 20, 47729 Krefeld
Ostwall 227, 47798 Krefeld
T: (02151) 62 70-0 **Fax:** 62 70-40
Vorsitzende(r): Jochen P. Wirichs (Brauerei Rhenania, R. Wirichs, GmbH & Co.KG, Krefeld)

r 29

Unternehmerschaft Papierverarbeitung Niederrhein
Postf. 29 20, 47729 Krefeld
Ostwall 227, 47798 Krefeld
T: (02151) 62 70-0 **Fax:** 62 70-40
Vorsitzende(r): Klaus Bercker (Bercker Graphischer Betrieb GmbH, Kevelaer)

r 30

Wirtschaftsvereinigung Großhandel-Außenhandel-Dienstleistung Niederrhein
Postf. 29 20, 47729 Krefeld
Ostwall 227, 47798 Krefeld
T: (02151) 62 70-0 **Fax:** 62 70-40
Vorsitzende(r): Jakob Peters-Messer (Joh. Peters sen., Viersen)

Fachverbände

• **R 31**

Arbeitgeberverband freier Architekten und Ingenieure e.V. (AAI)
Herrengraben 31, 20459 Hamburg
T: (040) 36 26 10 **Fax:** 36 28 96-97
Gründung: 1979 (15. Mai)
Vorsitzende(r): Paul-Philipp Masur
Geschäftsführer(in): Dr.jur. Jürgen Brüggemann (M.C.L.)

• **R 32**

ASIA

Arbeitgeberverband Selbständiger Ingenieure und Architekten e.V. (ASIA)
Bundesgeschäftsstelle:
Rheinstr. 129c, 76275 Ettlingen
T: (07243) 3 93 94 **Fax:** 3 93 95
Vorsitzende(r) des Vorstandes: Dipl.-Ing. Dieter Bibinger
Ltr. d. Tarifkommission: Dipl.-Ing. Wolfgang Staubach

Der Verein hat die Aufgabe, Tarifverträge als Arbeitgeber abzuschließen. Darüberhinaus hat er die Mitglieder in arbeits- und tarifrechtlichen Fragen in jeder Hinsicht zu unterstützen. Er kann die Mitglieder in Arbeitsgerichtsverfahren vertreten.

• R 33

Arbeitgeberverband des privaten Bankgewerbes e.V.

Postf. 04 03 05, 10062 Berlin
Burgstr. 28, 10178 Berlin
T: (030) 59 00 11 27-0 **Fax:** 59 00 11 27-9
E-Mail: service@agvbanken.de
Vorsitzende(r): Dr. Tessen von Heydebreck (Vorstandsmitglied der Deutschen Bank AG, Frankfurt)
Stellvertretende(r) Vorsitzende(r): Dr. Paul Siebertz (Vorstandsmitglied der Bayerischen Hypo- und Vereinsbank AG, München)
Joachim von Berenberg-Consbruch (Mitinhaber des Bankhauses Johann Berenberg, Gossler & Co., Hamburg)
Hauptgeschäftsführer(in): Gerd Benrath
Leitung Presseabteilung: Gerd Benrath
Mitglieder: 150

• R 34

DIE DEUTSCHE BAUINDUSTRIE

Hauptverband der Deutschen Bauindustrie e.V.

Sitz:
Kurfürstenstr. 129, 10785 Berlin
T: (030) 2 12 86-0 **Fax:** 2 12 86-240
Internet: http://www.bauindustrie.de
E-Mail: bauind@bauindustrie.de
Büro Bonn:
Godesberger Allee 88, 53175 Bonn
T: (0228) 81 92 301, Fax: 81 92 309
Büro Brüssel:
Rue du Commerce 31, B-1000 Brüssel
T: (00322) 5 12 95 97, Fax: 5 12 50 66
Internationaler Zusammenschluß: siehe unter izf 342, izf 658, izf 880, izf 1912
Präsident(in): Prof. Dr.h.c. Ignaz Walter (Vors. des Vorstandes der Walter Holding - AG)
Vizepräsident(in): Dipl.-Ing. Heinz A. Schüssler (Geschäftsführer der Bauunternehmung Hans Lamers GmbH & Co. KG)
Prof. Dipl.-Kfm. Thomas Bauer (Geschäftsführer der Bauer Spezialtiefbau GmbH)
Dipl.-Ing. Dieter Rappert
Hauptgeschäftsführer(in): RA Michael Knipper
Ltg. Hauptabteilung Volkswirtschaft, Information und Kommunikation: Dr. Heiko Stiepelmann

Der Hauptverband der Deutschen Bauindustrie ist die Spitzenorganisation der Bauindustrie in Deutschland. Als Wirtschaftsverband, Arbeitgeberverband und Fachverband für Technik vertritt er mit seinen 19 ordentlichen und 4 außerordentlichen Mitgliedsverbänden rund 4.500 große und mittelständische Unternehmen gegenüber Bundesregierung, Parlamenten, Behörden und Institutionen auf nationaler, europäischer und internationaler Ebene.

Landesverbände

r 35

Verband der Bauindustrie Nordbaden e.V.

Postf. 31 05 49, 68265 Mannheim
Waldpforte 39, 68305 Mannheim
T: (0621) 7 62 77-0 **Fax:** 7 62 77-44
Vorsitzende(r): Thomas Schleicher (Geschäftsf. Gesellschafter d. Michael Gärtner & Sohn GmbH, Eberbach)
Hauptgeschäftsführer(in): RA Thomas Möller

r 36

Verband der Bauwirtschaft Südbaden e.V. (VBS)

Postf. 1 43, 79001 Freiburg
Holbeinstr. 16, 79100 Freiburg
T: (0761) 7 03 02-0 **Fax:** 7 03 02-30
E-Mail: VBS@bausuedbaden.de
Präs. u. Vors. der Sparte Baugewerbe: Dipl.-Ing. Heinrich Wagner
Vizepräs. u. Vors. der Sparte Bauindustrie: Dipl.-Ing. Rainer Weisenburger
Verb.-Dir: RA Michael Hafner

r 37

Fachverband Bau Württemberg e.V.

Hohenzollernstr. 25, 70178 Stuttgart
T: (0711) 6 48 53-0 **Fax:** 6 48 53 49
Internet: http://www.fachverband-bau.de
E-Mail: info@fachverband-bau.de
Vorsitzende(r): Senator Dipl.-Ing. (FH) Joachim Fahrion
Stellvertretende(r) Vorsitzende(r): Dipl.-Ing. Klaus Stump (Vertreter der Sparte Bauindustrie)
Hauptgeschäftsführer(in): RA Dieter Diener

r 38

Bayerischer Bauindustrieverband e.V.

Hauptgeschäftsstelle
Oberanger 32V, 80331 München
T: (089) 23 50 03-0 **Fax:** 23 50 03-70
TX: 5 213 279 bbiv mchn
Ehrenpräs.: Senator E.h. Paul Brochier (Vors. d. Verwaltungsrates der Brochier-Bau-Gesellschaft mbH & Co., Marthastr. 16, 90482 Nürnberg, T: (0911) 5 97 21)
Präsident(in): Prof. Dipl.-Kfm. Thomas Bauer (Geschäftsführer der Bauer Spezialtiefbau GmbH, Wittelsbacherstr. 5, 86529 Schrobenhausen, T: (08252) 97 12 12, Telefax: (08252) 97 12 13)
Hauptgeschäftsführer(in): RA Gerhard Hess

r 39

Bauindustrieverband Berlin-Brandenburg e.V.

Postf. 60 15 62, 14415 Potsdam
Karl-Marx-Str. 27, 14482 Potsdam
T: (0331) 74 46-0 **Fax:** 74 46-166
Internet: http://www.bauindustrie-bb.de
E-Mail: bauindustrie-bb@t-online.de
Gründung: 1990 (09. Mai)
Präsident(in): Dipl.-Ing. Rainer Eder (Geschf. der Beton -und Rohrbau C.-F. Thymian GmbH & Co.KG Berlin, Westhafenstraße 1, 13353 Berlin, T: (030) 3 97 34 10, Fax: 39 73 41 24)
Vizepräsident(in): Erhard Ostwald (Geschäftsführer Bauunternehmen Ostwalt Frankfurt (Oder) Nuhnenstaße 23, 15234 Frankfurt (Oder), T: (0335) 4 55 43 21, Fax: 4 33 34 26)
Hauptgeschäftsführer(in): RA Axel Wunschel
Leitung Presseabteilung: Thomas Hüne
Mitglieder: ca. 200
Mitarbeiter: 18

r 40

Bauindustrieverband Bremen-Nordniedersachsen e.V.

Bürgermeister-Spitta-Allee 18, 28329 Bremen
T: (0421) 2 03 49-0 **Fax:** 23 48 08
Vorsitzende(r): Dipl.-Ing. Horst Wübben (Geschäftsf. Gesellschafter der B. Wübben + Co. Bauunternehmung GmbH, Zur Siedewurt 2, 27612 Bremerhaven, T: (0471) 7 10 26, Telefax: (0471) 7 58 89)
Hauptgeschäftsführer(in): RA Dr. jur. Wolfgang Bayer

r 41

Bauindustrieverband Hamburg e.V.

Postf. 20 19 55, 20209 Hamburg
Loogestr. 8, 20249 Hamburg
T: (040) 46 86 56-0 **Fax:** 46 86 56-26
Vorsitzende(r): Dr.-Ing. Ulfert Martinsen
Hauptgeschäftsführer(in): RA Klaus Pautzke

r 42

Bauindustrieverband Hessen-Thüringen e.V.

Abraham-Lincoln-Str. 30, 65189 Wiesbaden
T: (0611) 9 74 75-0 **Fax:** 9 74 75-75
Vorsitzende(r): Dipl.-Ing. Dieter Rappert
Hauptgeschäftsführer(in): RA Hans-Rudolf Kehrl

r 43

Bauindustrieverband Mecklenburg-Vorpommern e.V.

Eckdrift 93, 19061 Schwerin
T: (0385) 6 35 63 00 **Fax:** 6 35 63 11
Präsident(in): Dipl.-Ing. Eduard Dewenter (Geschf. d. Eduard Dewenter KG, Am Torney 2, 23970 Wismar, T: (03841) 26 16-0, Telefax: (03841) 26 16-44)
Hauptgeschäftsführer(in): Obering. Hans-Jürgen Langschwager

r 44

Verband der Bauindustrie für Niedersachsen e.V.

Postf. 61 49, 30061 Hannover
Eichstr. 19, 30161 Hannover
T: (0511) 3 48 34-0 **Fax:** 3 48 07 11
Präsident(in): Senator Dipl.-Ing. Michael Munte
Hauptgeschäftsführer(in): Dipl.-Kfm. Michael Sommer

r 45

Wirtschaftsvereinigung Bauindustrie e.V. Nordrhein-Westfalen

Hauptgeschäftsstelle:
Postf. 10 54 62, 40045 Düsseldorf
Uhlandstr. 56, 40237 Düsseldorf
T: (0211) 67 03-0 **Fax:** 67 43 03
Präsident(in): Dr.-Ing. F. C. Trapp
Ver.-Dir.: RA Wolfgang Peters
Leitung Presseabteilung: Winfried Krüger
Mitglieder: 500

r 46

Landesverband Bauindustrie Rheinland-Pfalz e.V.

Postf. 42 24, 55032 Mainz
Am Linsenberg 16, 55131 Mainz
T: (06131) 26 17-0 **Fax:** 26 17-22
Vorsitzende(r): Dipl.-Ing. Walter Schmidt
Hauptgeschäftsführer(in): Rechtsanwalt Dr. Martin Dossmann
Geschäftsführer(in): Ass. Stefan Dausner

r 47

Arbeitgeberverband der Bauwirtschaft des Saarlandes

Kohlweg 18, 66123 Saarbrücken
T: (0681) 38 92 50 **Fax:** 3 89 25 20
Internet: http://www.bau-saar.de
E-Mail: agv@bau-saar.de
Präsident(in): Dipl.-Ing. Hans-Ludwig Bernardi
Hauptgeschäftsführer(in): Dipl.-Volksw. Klaus Ziegler

r 48

Sächsischer Bauindustrieverband e.V.

Niederwaldstr. 36, 01277 Dresden
T: (0351) 3 19 88-0 **Fax:** 3 19 88 25
Präsident(in): Dr. Dr.h.c. Frieder Sieber (Geschäftsführer der Sieber GmbH Baumanagement für Projektentwicklung-Bau-Haus-Boden)
Hauptgeschäftsführer(in): Prof. Dr.sc.techn. Eur.-Ing. Rolf Zimmermann

r 49

Landesverband der Bauindustrie für Sachsen-Anhalt e.V.

Postf. 16 05, 39006 Magdeburg
Julius-Bremer-Str. 10, 39104 Magdeburg
T: (0391) 5 32 21-0 **Fax:** 5 32 21 24
Gründung: 1990 (28. Februar)
Präsident(in): Obering. Dieter Schmidt (Magdeburger Industrie- und Gewerbebau GmbH, Walther-Rathenau-Str. 43, 39106 Magdeburg, T: (0391) 5 91 21 43, Telefax: (0391) 5 91 22 50)
Hauptgeschäftsführer(in): Prof. Dr.-Ing. Eberhard P. Vogt
Mitglieder: 120
Mitarbeiter: 9

r 50

Bauindustrieverband Schleswig-Holstein e.V.

Ringstr. 54, 24103 Kiel
T: (0431) 53 54 80 **Fax:** 5 35 48 14
Vorsitzende(r): Hans-Werner Blöcker (Geschäftsf. Gesellschafter der Baugesellschaft Claus Alpen mbH, Neustadt)
Hauptgeschäftsführer(in): Ass. Gerald Seher

• R 51

Bundesvereinigung der Arbeitgeber im Bundesverband Bekleidungsindustrie e.V.

Postf. 10 09 55, 50449 Köln
Mevissenstr. 15, 50668 Köln
T: (0221) 7 74 41 10-1 11 **Fax:** 7 74 41 18
Internet: http://www.bekleidungsindustrie.de
E-Mail: bbi@bbi-online.de
Präsident(in): Wilfried Brandes (Komplementär d. Fa. Victor Buchholz GmbH & Co. KG Bekleidungsgesellschaft, Postf. 11 65, 30011 Hannover, T: (0511) 85 60 60, Telefax: (0511) 8 56 06 30)
Hauptgeschäftsführer(in): RA Bernd Kemper

Landesverbände

r 52

Arbeitgeberverband der Bekleidungsindustrie Aschaffenburg und Unterfranken e.V.

Postf. 10 04 65, 63703 Aschaffenburg
Frohsinnstr. 15, 63739 Aschaffenburg
T: (06021) 2 29 37 **Fax:** 2 91 13
E-Mail: AGV.Abg@t-online.de
Vorsitzende(r): Dietmar Eser (Josef Reis GmbH & Co. KG, Wallstr. 6, 63839 Kleinwallstadt, T: (06022) 6 62 40, Fax: 2 37 97)
Geschäftsführer(in): Ass. Thomas Rittger

r 53

Verband der bayerischen Textil- und Bekleidungsindustrie e.V.

Haus der Textil- und Bekleidungsindustrie
Postf. 22 15 21, 80505 München
Gewürzmühlstr. 5, 80538 München

T: (089) 2 12 14 90 **Fax:** 29 15 36
Präsident(in): Milan Danek (H.I.-S. sportswear AG, Postf. 13 27, 85739 Garching, Daimlerstr. 15, 85748 Garching, T: (089) 32 90 70, Fax: 32 90 7250)
Geschäftsführer(in): Erwin Haas
Christian Kastner

r 54

Verband der Berliner Bekleidungsindustrie e.V.
Wichmannstr. 20, 10787 Berlin
T: (030) 2 62 10 09 **Fax:** 2 62 10 00
T-Online *676*
Gründung: 1949 (19. Januar)
Vorsitzende(r): Gerhard Pabst (Fa. Creation Mademoiselle, G. Pabst GmbH & Co. KG, Wilhelmsaue 36, 10713 Berlin, T: (030) 8 29 99 70, TX: 184 836, Telefax: (030) 8 21 08 73)
Hauptgeschäftsführer(in): RA Wolfgang Schmidt

r 55

Verband der Bekleidungsindustrie Hessen e.V.
Frohsinnstr. 15, 63739 Aschaffenburg
T: (06021) 1 28 24, 1 28 42 **Fax:** 1 28 11
Vorsitzende(r): Eckart Misch (Goodware Fashion Service GmbH, Hilpertstr. 35, 64295 Darmstadt, T: (06151) 39 43 36, Fax: 39 45 27)
Geschäftsführer(in): RA E. R. Völger

r 56

Wirtschaftsvereinigung Bekleidungsindustrie Nordrhein
Postf. 29 20, 47729 Krefeld
Ostwall 227, 47798 Krefeld
T: (02151) 62 70-0 **Fax:** 62 70-40
Internet: http://www.unternehmerschaft-niederrhein.de
Vorsitzende(r): Dipl.-Kfm. Otto Plum (H. Wirtz GmbH, 41844 Wegberg)
Geschäftsführer(in): Dipl.-Kfm. Friedrich Peschen

r 57

Gesamtvereinigung Bekleidungsindustrie Niedersachsen und Bremen e.V.
Postf. 11 60, 26001 Oldenburg
Bahnhofstr. 14, 26122 Oldenburg
T: (0441) 2 10 27-0 **Fax:** 2 10 27 99
Vorsitzende(r): Wilfried Brandes (Fa. Victor Buchholz, Große Düwelstr. 28, 30171 Hannover, T:(0511) 8 56 06-0, Telefax: (0511) 8 56 06-30)
Hauptgeschäftsführer(in): RA Jürgen Lehmann
Geschäftsführer(in): Horst-Peter Brenneke

r 58

Verband der Nordwestdeutschen Bekleidungsindustrie e.V.
Detmolder Str. 15, 33604 Bielefeld
T: (0521) 96 57 20 **Fax:** (02151) 6 86 36
E-Mail: bekleidungsverband@t-online.de
Vorsitzende(r): Wolfgang Brinkmann (Lord Bekleidungswerke F.W. Brinkmann GmbH, Waltgeristr. 1-3, 32049 Herford, Postf. 13 43, 32044 Herford, T: (05221) 88 40, Fax: (05221) 88 42 22)
Hauptgeschäftsführer(in): RA Jörg Bühler

r 59

Verband der Nordwestdeutschen Bekleidungsindustrie e.V. Landesgeschäftsstelle Hamburg/Schleswig-Holstein
Haus der Wirtschaft
Postf. 60 19 69, 22219 Hamburg
Kapstadtring 10, 22297 Hamburg
T: (040) 63 78 44 00 **Fax:** 63 78 44 44
Geschäftsführer(in): RA'in Evelyn Kiso

r 60

Landesverband der Bekleidungsindustrie Rheinland-Pfalz e.V.
Postf. 10 10 62, 67410 Neustadt
Friedrich-Ebert-Str. 11-13, 67433 Neustadt
T: (06321) 85 20 **Fax:** 85 22 21
Vorsitzende(r): Ignaz Rieder (Ziegeleistr. 2, 76863 Herxheim, T: (07276) 86 15)
Geschäftsführer(in): RA Thomas Gans

r 61

Verband der Südwestdeutschen Bekleidungsindustrie e.V.
Postf. 10 50 32, 70044 Stuttgart
Rößlinweg 4, 70184 Stuttgart
T: (0711) 24 20 41-42 **Fax:** 2 36 94 25
Vorsitzende(r): Hans-Emil Wurster (Fa. Bekleidungswerke Emil Wurster GmbH + Co. KG, Postf. 11 53, 72542 Metzingen, T: (07123) 92 70, Telefax: (07123) 92 72 90)
Geschäftsführer(in): Ass. Thomas Huhn

• R 62

Verband Nordwestdeutscher Bekleidungsbetriebe
Postf. 11 60, 26001 Oldenburg
Bahnhofstr. 14, 26122 Oldenburg
T: (0441) 2 10 27-0 **Fax:** 2 10 27-99
Vorsitzende(r): Klaus Katt (Heinrich Katt GmbH & Co., Gutenbergstr. 7, 26135 Oldenburg, T: (0441) 20 66-0)
Geschäftsführer(in): RA Jürgen Lehmann

• R 63

Wirtschaftsvereinigung Bergbau e.V.
siehe F 122

• R 64

Deutscher Braunkohlen-Industrie-Verein e.V.
siehe f 128

• R 65

Bundesarbeitgeberverband Chemie e.V.
Postf. 12 80, 65002 Wiesbaden
Abraham-Lincoln-Str. 24, 65189 Wiesbaden
T: (0611) 77 88 10 **Fax:** 7 78 81 23
E-Mail: info.bavc@t-online.de
Präsident(in): Paul Coenen (Degussa AG)
Hauptgeschäftsführer(in): Hans Paul Frey

Mitgliedsverbände

r 66

Arbeitgeberverband Chemie Baden-Württemberg e.V.
Postf. 10 00 32, 76481 Baden-Baden
Markgrafenstr. 9, 76530 Baden-Baden
T: (07221) 21 13-0 **Fax:** 2 66 75
Internet: http://www.chemie.com
E-Mail: agv@chemie.com
Gründung: 1971
Vorsitzende(r): Maria Augustin (Fribad Cosmetics GmbH)
Hauptgeschäftsführer(in): RA Klaus Hütig
Leitung Presseabteilung: Ralf Müller
Verbandszeitschrift: agvChemie komprimiert
Redaktion: Andreas C.A. Fehler
Mitglieder: ca. 250 Mitgl. Firmen, Mitarbeiter: ca. 76000

r 67

Verein der Bayerischen Chemischen Industrie e.V.
Postf. 86 08 29, 81635 München
Innstr. 15, 81679 München
T: (089) 92 69 10 **Fax:** 9 26 91 33
Vorsitzende(r): Prof. Dr. Wilhelm Simson (Vors. d. Vorst. VIAG AG, Brienner Str. 40, 80333 München)
Hauptgeschäftsführer(in): Dr. Peter Umfug

Arbeitgeberverband, bearbeitet werden alle Bereiche der Arbeitgeber-, Arbeitnehmerbeziehungen z.B. Tarifverträge, Arbeitstarif- und Sozialrecht, berufliche Bildung, Informations- und Öffentlichkeitsarbeit, Prozessvertretung bei Arbeits- und Sozialgerichten.

r 68

Arbeitgeberverband Nordostchemie e.V.
Postf. 12 01 54, 10591 Berlin
Ernst-Reuter-Platz 8, 10587 Berlin
T: (030) 34 38 16-0 **Fax:** 34 38 19-28
Vorsitzende(r): Horst Huß
Hauptgeschäftsführer(in): RA Rolf Siegert

r 69

ChemieNord - Arbeitgeberverband für die Chemische Industrie in Hamburg und Schleswig-Holstein e.V.
Postf. 60 19 69, 22219 Hamburg
Kapstadtring 10, 22297 Hamburg
T: (040) 63 78-5000 **Fax:** 63 78-5050
E-Mail: arndt@chemienord.de
Vorsitzende(r): Lutz Hübner (Schülke & Mayr GmbH, 22840 Norderstedt)
Hauptgeschäftsführer(in): RA Jürgen Meineke

r 70

Arbeitgeberverband Chemie und verwandte Industrien für das Land Hessen e.V.
Postf. 12 60, 65002 Wiesbaden
Abraham-Lincoln-Str. 24, 65189 Wiesbaden
T: (0611) 7 10 60 **Fax:** 70 21 66
Vorsitzende(r): Karl-Hans Caprano (Technoform Caprano + Brunnhofer OHG, 34277 Fuldabrück)
Hauptgeschäftsführer(in): Dr. Rolf-Achim Eich

r 71

Arbeitgeberverband der Chemischen Industrie Niedersachsen e.V.
Postf. 81 01 52, 30501 Hannover
Güntherstr. 1, 30519 Hannover
T: (0511) 9 84 90-0 **Fax:** 83 35 74
Vorsitzende(r): Dipl.-Kfm. Dirk Brauch (Sprecher des Vorstandes Hagedorn Aktiengesellschaft, Postf. 22 67, 49012 Osnabrück)
Hauptgeschäftsführer(in): Dr. Jochen Wilkens
Stellvertretender Hauptgeschäftsführer: Claus Clementsen

r 72

Landesausschuß der Arbeitgeberverbände der Chemischen Industrie von Nordrhein-Westfalen e.V.
Postf. 23 01 69, 40087 Düsseldorf
Ivo-Beucker-Str. 43, 40237 Düsseldorf
T: (0211) 67 93 10 **Fax:** 6 79 31 88
Vorsitzende(r): Dr. Jürgen Maaß (Henkel KGaA, 40191 Düsseldorf)
Hauptgeschäftsführer(in): Dr. Friedrich Karl Weinspach

r 73

Landesverband Chemische Industrie Rheinland-Pfalz e.V.
Postf. 21 07 69, 67007 Ludwigshafen
Bahnhofstr. 48, 67059 Ludwigshafen
T: (0621) 5 20 56-0 **Fax:** 5 20 56-20
Vorsitzende(r): Dr. Rüdiger Erckel (Bochringer Ingelheim Pharma KG, 55216 Ingelheim)
Hauptgeschäftsführer(in): Peter Eisenlohr
Stellvertretende(r) Geschäftsführer(in): Gregor Disson

r 74

Arbeitgeberverband der Chemischen Industrie Saarland e.V.
Franz-Josef-Röder-Str. 9, 66119 Saarbrücken
T: (0681) 92 65 30 **Fax:** 58 37 23
Vorsitzende(r): Jürgen Eitel (Michelin Reifenwerke KGaA, Postf. 13 56, 66424 Homburg)
Geschäftsführer(in): Dipl.-Kfm. Hans-Jörg Ravené

r 75

Arbeitgeberverband der chemischen Industrie im Unterwesergebiet
Postf. 10 07 27, 28007 Bremen
Schillerstr. 10, 28195 Bremen
T: (0421) 3 68 02-0 **Fax:** 3 68 02 49
Internet: http://www.uvhb.de
E-Mail: mschierloh@uvhb.de
Vorsitzende(r): Claus Hermann Wencke (AUGUST WENCKE OHG, Postf. 77 01 69, 28701 Bremen)
Hauptgeschäftsführer(in): Eberhard Schodde

r 76

Landesausschuß der Arbeitgeberverbände der chemischen Industrie in Westfalen
Postf. 10 01 30, 44701 Bochum
Königsallee 67, 44789 Bochum
T: (0234) 3 72 11 **Fax:** 33 67 17
Vorsitzende(r): Dr. Jochen Plaßmann (Vorstandsmitglied der Ewald Dörken AG, Postfach 1263, 58302 Herdecke)
Geschäftsführer(in): Rechtsanwalt Dirk W. Erlhöfer

• R 77

Arbeitgeberverband der Cigaretteninduѕtrie
Harvestehuder Weg 88, 20149 Hamburg
T: (040) 44 57 39, 44 58 46 **Fax:** 44 30 39
Vorsitzende(r): Dr. Jörg Schappei
Geschäftsführer(in): Ass. Lutz Sannig
Mitglieder: 8

• R 78

Unternehmens- und Arbeitgeberverband für Großhandel und Dienstleistungen e.V. (AGD)
Knesebeckstr. 33-34, 10623 Berlin
T: (030) 8 81 70 83/84 **Fax:** 8 83 72 06
Vorsitzende(r): Peter Breitenbach
Geschäftsführer(in): RA Dietmar von Dippel

• R 79

Hauptverband des Deutschen Einzelhandels e.V. (HDE)
Sozialpolitischer Ausschuß
siehe H 315

• R 80

Arbeitgeberverband Stahl e.V.
Kaiserswerther Str. 115, 40474 Düsseldorf
T: (0211) 4 54 72-0 **Fax:** 4 54 72-50
Internet: http://www.agvstahl.de
E-Mail: agvstahl@t-online.de
Vorsitzende(r): Dr.-Ing. Claus Hendricks
Hauptgeschäftsführer(in): Volker Becher

• R 81

Arbeitgeberverband Deutscher Eisenbahnen e.V. -Eisenbahnen, Berg- und Seilbahnen, Kraftverkehrsbetriebe -
Volksgartenstr. 54a, 50677 Köln
T: (0221) 9 31 84 50 **Fax:** 93 18 45 88
Gründung: 1950
Vorsitzende(r): Eisenbahndirektor Dipl.-Ing. Klaus-Dieter Bollhöfer (Häfen und Güterverkehr Köln AG, Parkgürtel 24, 50823 Köln, T: (0221) 1 78 30 06)
Geschäftsführer(in): Verbandsdirektor RA Dr.jur. Hans-Peter Ackmann (LL.M.)
Mitglieder: 120

Wahrung der Interessen der Mitglieder (nichtbundeseigene Eisenbahnen, Kraftverkehrsbetriebe und Seilbahnen) in ihrer Eigenschaft als Arbeitgeber.

• R 82

Unternehmensverband Eisenerzbergbau e.V.
siehe f 129

• R 83

Arbeitgeberverband Metall- und Elektroindustrie Düsseldorf und Umgebung e.V.
Postf. 14 01 65, 40071 Düsseldorf
Achenbachstr. 28, 40237 Düsseldorf
T: (0211) 6 69 08-0 **Fax:** 6 69 08-30
Internet: http://www.unternehmerschaft.de
Vorsitzende(r): Dr. H.-Jürgen Forst (Sprecher der Region NRW der Siemens AG, Zweigniederlassung Düsseldorf, Postf. 10 11 15, 40002 Düsseldorf, T: (0211) 39 90)
Hauptgeschäftsführer(in): RA Karl Heinrich Wilke

• R 84

Arbeitgeberverband der Eisen- und Metallindustrie Emscher-Lippe e.V.
Zeppelinallee 51, 45883 Gelsenkirchen
T: (0209) 9 45 04-0 **Fax:** 9 45 04-50
Vorsitzende(r): Dipl.-Oec. Ingrid Brand-Friedberg
Hauptgeschäftsführer(in): RA Michael Grütering

• R 85

Vereinigung der Arbeitgeberverbände energie- und versorgungswirtschaftlicher Unternehmungen (VAEU)
Kurt-Schumacher-Str. 24.OG., 30159 Hannover
T: (0511) 91 10 90 **Fax:** 9 11 09 40
Direktor(in): Dir. Udo Cahn von Seelen (Vorstandsvorsitzender der VAEU, Vorstandsvorsitzender der Energie-AG Mitteldeutschland, Monteverdistr. 2, 34131 Kassel, T: (0561) 9 33 (01) 10 00, Fax: (0561) 9 33 25 02)
Willi Gerner (Vorstandsmitglied der VAEU, Vorstandsmitglied der Bayernwerk AG, Nymphenburger Str. 39, 80335 München, T: (089) 12 54 (1) 35 05, Fax: (089) 12 54 31 00)
Ulf Lange (Vorstandmitglied der VAEU, Vorstandsmitglied der Hamburger Hochbau AG, Steinstr. 20, 20095 Hamburg, T: (040) 32 88 (0) 28 01, Fax: (040) 32 88 21 89)
Hauptgeschäftsführer(in): Hermann Dimitri Ströhmberg

Mitgliedsverbände:

r 86

Arbeitgebervereinigung energiewirtschaftlicher Unternehmen e.V. (AVE)
Kurt-Schumacher-Str. 24. OG., 30159 Hannover
T: (0511) 91 10 90 **Fax:** 9 11 09 40
Vorsitzende(r): Udo Cahn von Seelen (Vorstandsvors. der Energie-AG Mitteldeutschland, Monteverdistr. 2, 34131 Kassel, T: (0561) 9 33 01)
Geschäftsführer(in): Hermann Dimitri Ströhmberg

r 87

Arbeitgeberverband Energie Rheinland-Pfalz e.V.
Postf. 11 52, 55001 Mainz
Hindenburgstr. 32, 55118 Mainz
T: (06131) 55 75-0 **Fax:** 55 75-39
Vorsitzende(r): Dir. Dr. Klaus Schmidt (Vorstandsmitglied der Elektrizitätswerk Rheinhessen AG, Lutherring 5, 67547 Worms, Postf. 13 45, 67545 Worms, T: (06241) 84 80, Telefax: (06241) 84 84 13)
Geschäftsführer(in): Dr. Uwe Gaßmann

r 88

Arbeitgebervereinigung Bayerischer Energieversorgungsunternehmen
Akademiestr. 7, 80799 München
T: (089) 38 01 82-55 **Fax:** 38 01 82-59
Vorsitzende(r): Willi Gerner (Vorstandsmitglied der Bayernwerk AG, Nymphenburger Str. 39, 80335 München, T: (089) 12 54-1)
Geschäftsführer(in): RA Dr. Christoph Praël

r 89

Arbeitgeberverband von Gas-, Wasser- und Elektrizitätsunternehmungen e.V. (AGWE)
Kurt-Schumacher-Str. 24. OG., 30159 Hannover
T: (0511) 91 10 90 **Fax:** 9 11 09 40
Vorsitzende(r): Dir. Achim Middelschulte (Vorstandsmitglied der Ruhrgas AG, Huttropstr. 60, 45138 Essen, T: (0201) 1 84 00)
Geschäftsführer(in): Hermann Dimitri Ströhmberg

r 90

Arbeitgebervereinigung öffentlicher Nahverkehrsunternehmen e.V. (AVN)
Kurt-Schumacher-Str. 24. OG., 30159 Hannover
T: (0511) 91 10 90 **Fax:** 9 11 09 40
Vorsitzende(r): Dir. Dr. Ulf Lange (Vorstandsmitgl. der Hamburger Hochbahn AG, Steinstr. 20, 20095 Hamburg, T: (040) 3 28 80)
Geschäftsführer(in): Hermann Dimitri Ströhmberg

r 91

Arbeitgeberverband der Elektrizitätswerke Baden-Württemberg e.V.
Maybachstr. 6, 70469 Stuttgart
T: (0711) 89 97-0 **Fax:** 85 06 21
Vorsitzende(r): Dir. Günter Scheck (Stellv. Vorstandsvors. der Neckarwerke Stuttgart AG, Lautenschlagerstr. 21, 70173 Stuttgart, T: (0711) 2 89-4 26 47, Fax: (0711) 2 89-4 36 69)
Geschäftsführer(in): RA Dr. Jobst-Hubertus Bauer

r 92

Arbeitgeberverband energie- und versorgungswirtschaftlicher Unternehmen e.V. (AVEU)
Kurt-Schumacher-Str. 24, 30159 Hannover
T: (0511) 91 10 90 **Fax:** 9 11 09 40
Vorsitzende(r): Gerhard Bräunlein (Mitglied des Vorstandes der VEAG Vereinigte Energiewerke AG, Chausseestr. 23, 10115 Berlin, T: (030) 51 50-0)
Erster GeschF: Assessor H.-D. Ströhmberg

• R 93

Wirtschaftsverband Erdöl- und Erdgasgewinnung e.V. (WEG)
siehe F 362

• R 94

Arbeitsgemeinschaft der Arbeitgebervereinigungen im ländlichen Genossenschaftswesen
53106 Bonn
Adenauerallee 127, 53113 Bonn
T: (0228) 5 09-2 57 **Fax:** 50 91 05
Gründung: 1952 (5. September)
Vorstand: RA Konrad Bielert-Hagemann (Vors.)
Geschäftsführerin: Ass. Annette Kaiser
Mitglieder: 11
Mitgliedsverbände:
Badischer Genossenschaftsverband
Raiffeisen - Schulze-Delitzsch e. V., Karlsruhe
Arbeitgebervereinigung der genossenschaftlichen Milchwirtschaft in Bayern AGM, München
Genossenschaftlicher Arbeitgeberverband e.V. Niedersachsen/Bremen/Sachsen-Anhalt/Thüringen/Berlin/Brandenburg, Hannover
Genossenschaftsverband Hessen/Rheinland-Pfalz/Thüringen e.V., Frankfurt
Genossenschaftsverband Rheinland e.V., Köln
Saarländischer Genossenschaftsverband e.V., Saarbrücken
Genossenschaftlicher Arbeitgeberverband e.V., Kiel
Genossenschaftsverband Weser-Ems e. V., Oldenburg
Westfälischer Genossenschaftsverband e. V., Münster
Genossenschaftlicher Arbeitgeberverband Württemberg e. V., Stuttgart
Gesamtverband der Deutschen Land- und Forstwirtschaftlichen Arbeitgeberverbände e. V., Bonn-Bad Godesberg

• R 95

Arbeitsgemeinschaft der gärtnerischen Arbeitgeberverbände e.V.
Godesberger Allee 142-148, 53175 Bonn
T: (0228) 8 10 02 17, 8 10 02 18 **Fax:** 8 10 02 48
Vorsitzende(r): Jürgen Mertz (Grünborner Weg 22, 65589 Hadamar, T: (06433) 9 15 20, Fax: (06433) 91 52 50)
Geschäftsführerin: RA Romana Hoffmann

• R 96

Arbeitgeberverband der Deutschen Glasindustrie e.V.
Haus der Bayerischen Wirtschaft
Max-Joseph-Str. 5, 80333 München
T: (089) 5 51 78-400 **Fax:** 5 51 78-444
Gründung: 1946
Präsident(in): Peter Weinmann
Ehrenpräs: Dipl.-Ing. Günther Krüßmann
RA Konrad Vorpeil
Dir. Max W. Staudinger
Hauptgeschäftsführer(in): RA Gernot Steinbacher
Mitglieder: ca. 150 in den neuen und alten Bundesländern

• R 97

Hauptverband der Deutschen Holz und Kunststoffe verarbeitenden Industrie und verwandter Industriezweige e.V. (HDH)
siehe F 545

• R 98

Kaliverein e.V.
siehe f 130

• R 99

Bundesverband der Deutschen Kalkindustrie e.V.
Postf. 51 05 50, 50941 Köln
Annastr. 67-71, 50968 Köln
T: (0221) 93 46 74-0 **Fax:** 93 46 74 10 + 14
Vorsitzende(r): Klaus Schaefer (SCHAEFER KALK, Postfach 1361, 65572 Diez, T: 06432) 50 30, Fax: 50 31 29)
Geschäftsführer(in): Dr.-Ing. Bernhard Oppermann
Dipl.-Volksw. Dietmar Freiherr von Landsberg
Vors. Sozialpolitischer Ausschuß: Dr.-Ing. Hans-Peter Hennecke (Geschäftsführer Rheinkalk GmbH & Co. KG, 42489 Wülfrath, T: (02058) 17-0, TX: 8 591 861, Telefax: (02058) 17 22 10)
Angeschlossen:
Arbeitgeberverband der Industrie der Steine und Erden im Aachener Industriegebiet e.V., Abt. Kalkindustrie, Aachen
Arbeitgeberverband Zement und Baustoffe e.V., Beckum
Arbeitgeberverband der rechtsrheinischen und westfälischen Kalk- und Dolomitindustrie e.V., Wuppertal

• R 100

Arbeitgeberverband der Deutschen Kautschukindustrie (ADK) e.V.
Schiffgraben 36, 30175 Hannover
T: (0511) 85 05-0 **Fax:** 85 05-2 01, 85 05-2 05 (Rechtsabt.), 85 05-2 91 (Presseabt.)
Vorsitzende(r) des Vorstandes: Dir. Dipl.-Volksw. Jürgen Krebaum (Vorstandsvors. Veritas Gummiwerke AG, Stettiner Str., 63571 Gelnhausen, Postf. 18 63, 63558 Gelnhausen)
Hauptgeschäftsführer(in): RA Dietrich Kröncke
Leitung Presseabteilung: Werner Fricke

• R 101

Genossenschaftlicher Arbeitgeberverband e.V.
Raiffeisenstr. 1, 24103 Kiel
T: (0431) 66 42-1 33 **Fax:** 67 59 75
Gründung: 1972
Vorsitzende(r) des Vorstandes: Verbandsdirektor WP Dipl.-Kfm. Horst Mathes
Geschäftsführer(in): RA Jürgen Jeswein
Mitglieder: 148

• R 102

Genossenschaftlicher Arbeitgeberverband e.V.
Niedersachsen/Bremen/Sachsen-Anhalt/Thüringen/Berlin/Brandenburg
Hannoversche Str. 149, 30627 Hannover
T: (0511) 9 57 45 00 **Fax:** 9 57 45 05
Vorsitzende(r) des Vorstandes: Dr. Wolfgang Vonscheidt
Geschäftsführer(in): RA Konrad Bielert-Hagemann
RA Reinhard Dargatz

• R 103

Zentralverband Deutsches Kraftfahrzeuggewerbe (ZDK)
siehe H 628

• R 104

Arbeitgeberverband der Deutschen Volksbanken und Raiffeisenbanken e.V.
Postf. 12 04 40, 53046 Bonn
Heussallee 5, 53113 Bonn
T: (0228) 5 09-2 24/2 66 **Fax:** 50 91 05
Gründung: 1979 (1. Januar)
Vorsitzende(r) des Vorstandes: RA Jochen Lehnhoff
Vorstand: Verbandsdir. RA Prof. Dr. Claus Peter Mossler
Bankdir. Dr. Wolfgang Vonscheidt

Geschäftsführer(in): Ass. Annette Kaiser
RA Andreas Pocha
Mitglieder: ca. 2250
Mitgliedsverbände:
Badischer Genossenschaftsverband Raiffeisen - Schulze-Delitzsch e. V., Karlsruhe
Arbeitgebervereinigung der bayerischen Kredit- und Warengenossenschaften AKW, München
Genossenschaftlicher Arbeitgeberverband e.V. Niedersachsen/Bremen/Sachsen-Anhalt/Thüringen/Berlin/Brandenburg, Hannover
Genossenschaftsverband Hessen/Rheinland-Pfalz/Thüringen e.V., Frankfurt
Genossenschaftlicher Arbeitgeberverband e.V., Kiel
Genossenschaftsverband Rheinland e.V., Köln
Saarländischer Genossenschaftsverband e.V., Saarbrücken
Arbeitgebervereinigung der Genossenschaften Sachsens e.V., Dresden
Genossenschaftsverband Weser-Ems e. V., Oldenburg
Arbeitgeberverband Landwirtschaft und Genossenschaften Weser-Ems e.V., Oldenburg
Westfälischer Genossenschaftsverband e. V., Münster
Genossenschaftlicher Arbeitgeberverband Württemberg e. V., Stuttgart

• R 105

Gesamtverband der Deutschen Land- und Forstwirtschaftlichen Arbeitgeberverbände e.V.
siehe Q 38

• R 106

Gesamtverband der metallindustriellen Arbeitgeberverbände e.V. (Gesamtmetall)
Postf. 25 01 25, 50517 Köln
Volksgartenstr. 54a, 50677 Köln
T: (0221) 33 99-0 **Fax:** 3 39 92 33, 3 39 92 11 (Presse)
Internet: http://www.gesamtmetall.de
Präsident(in): Dr. Werner Stumpfe
Leitung Presseabteilung: Werner Riek
Mitgliedsverbände: 15

r 107

Verband der Metallindustrie Baden-Württemberg e.V.
Postf. 70 05 01, 70574 Stuttgart
Löffelstr. 22-24, 70597 Stuttgart
T: (0711) 76 82-0 **Fax:** 7 68 21 85
Internet: http://www.vmi.de
Vorsitzende(r): Dr. Klaus Fritsche (Mitglied d. Geschäftsführung Alcatel Deutschland GmbH, Lorenzstr. 10, 70435 Stuttgart, Postf. 40 07 49, 70407 Stuttgart, T: (0711) 82 14 26 44, Telefax: (0711) 82 14 55 52)
Hauptgeschäftsführer(in): Dr. Ulrich Brocker
Leitung Presseabteilung: Werner Neitzel
Mitglieder: 890

r 108

SÜDWESTMETALL
Verband der Metall- und Elektroindustrie Südwest e.V.
Postf. 1 26, 79001 Freiburg
Jechtinger Str. 9, 79111 Freiburg
T: (0761) 3 86 69-0 **Fax:** 3 86 69 40
Internet: http://www.suedwestmetall.de
Vorsitzende(r): Dr. Otmar Zwiebelhofer (Gesellschafter u. Geschäftsf. der König Metall GmbH, Postf. 13 60, 76553 Gaggenau, T: (07225) 6 80 30, Telefax: (07225) 68 03 69)
Hauptgeschäftsführer(in): Dr. Arnulf Jagenlauf
Leitung Presseabteilung: Axel Langer
Mitglieder: 645

r 109

Verband der Bayerischen Metall- und Elektro-Industrie e.V.
Postf. 20 20 26, 80020 München
Max-Joseph-Str. 5, 80333 München
T: (089) 55 17 81 00 **Fax:** 55 17 81 11
Vorsitzende(r): Dipl.-Phys. Randolf Rodenstock (Pers. haftender Gesellschafter Optische Werke G. Rodenstock, Isartalstr. 39-43, 80469 München, T: (089) 72 02-3 49, Fax: 72 02-1 40)
Hauptgeschäftsführer(in): Stephan Götzl
Leitung Presseabteilung: Dr. Peter Thelen (Informationszentrale der Bayerischen Wirtschaft)
Mitglieder: 650

r 110

Verband der Metall- und Elektroindustrie in Berlin und Brandenburg e.V.
Am Schillertheater 2, 10625 Berlin
T: (030) 3 10 05-0 **Fax:** 3 10 05-1 20
Vorsitzende(r): Direktor Erich Gerard (Chef des Berliner Büros d. Leitung der Siemens AG, Postf. 13 06 00, 13624 Berlin, Nonnendammallee 101, 13629 Berlin, T: (030) 3 86-2 90 01, Telefax: (030) 3 86-2 90 15)
Hauptgeschäftsführer(in): RA Dr. Hartmann Kleiner
Leitung Presseabteilung: Dipl.-Pol. Klaus-Hubert Fugger
Mitglieder: 300

r 111

METALL UNTERWESER
Verband der Metall-u. Elektro-Industrie e.V.
Postf. 10 07 27, 28007 Bremen
Schillerstr. 10, 28195 Bremen
T: (0421) 36 80 2-0 **Fax:** 3 68 02 49
E-Mail: mschierloh@uvhb.de
Vorsitzende(r): Dipl.-Wirtsch.-Ing. Ingo Kramer (J. H. K. Anlagenbau und Service GmbH, Labradorstr. 5, 27572 Bremerhaven, T: (0471) 97 21-3 21, Fax: 97 21-3 00)
Hauptgeschäftsführer(in): Eberhard Schodde
Geschäftsführer(in): Otto Brauch
Leitung Presseabteilung: Dipl.-Volksw. Ortwin Baum (GeschF)
Mitglieder: 128

r 112

NORDMETALL Verband der Metall- und Elektro-Industrie e.V.
Kapstadtring 10, 22297 Hamburg
T: (040) 63 78-4200 **Fax:** 63 78-4234
Internet: http://www.nordmetall.de
E-Mail: willich@nordmetall.de
Vorsitzende(r): Dr.-Ing. Herbert Müller (Kapstadtring 10, 22297 Hamburg)
Hauptgeschäftsführer(in): Dr. Thomas Klischan
Leitung Presseabteilung: Günter Willich
Mitglieder: 303

r 113

Verband der Metall- und Elektro-Unternehmen Hessen e.V. (HESSEN METALL)
Postf. 50 05 61, 60394 Frankfurt
Emil-von-Behring-Str. 4, 60439 Frankfurt
T: (069) 9 58 08-0 **Fax:** 9 58 08-1 26
Internet: http://www.hessen-metall.de
E-Mail: HM@Unternehmerverbaende.de
Vorsitzende(r): Prof. Dipl.-Ing. Dieter Weidemann (Emil-von-Behring-Str. 4, 60439 Frankfurt)
Hauptgeschäftsführer(in): RA Volker Fasbender
Pressesprecher: Thomas Schulz
Mitglieder: 509

r 114

Verband der Metallindustriellen Niedersachsens e.V.
Schiffgraben 36, 30175 Hannover
T: (0511) 85 05-0 **Fax:** 85 05-2 01
Vorsitzende(r): Fred Stang (Oestbergweg 1 A, 30559 Hannover)
Hauptgeschäftsführer(in): RA Dietrich Kröncke
Leitung Presseabteilung: Werner Fricke

r 115

METALL NRW
Verband der Metall- und Elektro-Industrie Nordrhein-Westfalen e.V.
Postf. 30 10 41, 40410 Düsseldorf
Uerdinger Str. 58-62, 40474 Düsseldorf
T: (0211) 45 73-0 **Fax:** 45 73-2 06
E-Mail: metall.nrw@metall.nrw.de
Präsident(in): Dipl.-Kfm. Martin Kannegiesser (Geschäftsführender Gesellschafter Herbert Kannegiesser GmbH + Co. Maschinenfabrik, Postf. 17 25, 32597 Vlotho, Kannegiesser Ring 7, 32602 Vlotho, T: (05733) 12-0, Telefax: (05733) 12-3 80)
Hauptgeschäftsführer(in): Dr. jur. Hansjörg Döpp
Leitung Presseabteilung: Eberhard Vietinghoff
Mitgliedsverbände: 31

r 116

Verband der Pfälzischen Metall- und Elektroindustrie e.V. (PFALZMETALL)
Postf. 10 10 62, 67410 Neustadt
Friedrich-Ebert-Str. 11-13, 67433 Neustadt
T: (06321) 8 52-0 **Fax:** 85 22 65
Internet: http://www.pfalzmetall.de
Vorsitzende(r): Dipl.-Ing. Hans-Jakob Heger (HegerGuss GmbH, Postf. 12 62, 67673 Enkenbach-Alsenborn, Donnersbergstr. 48, 67677 Enkenbach-Alsenborn, T: (06303) 80 30, Telefax: (06303) 8 03-2 00)
Hauptgeschäftsführer(in): RA Werner Simon
Leitung Presseabteilung: Jürgen Fielstette
Mitglieder: 117

r 117

Verband der Metall- und Elektroindustrie Rheinland-Rheinhessen e.V.
Postf. 30 08 03, 56029 Koblenz
Ferdinand-Sauerbruch-Str. 9, 56073 Koblenz
T: (0261) 4 04 06-0 **Fax:** 4 04 06-26
Internet: http://www.vem.de
E-Mail: vem@rem.de
Vorsitzende(r): Dipl.-Ing. Edgar Georg (Fa. Edgar Georg, Rheinstr. 13, 57638 Neitersen, T: (02681) 8 04-0, Tx: 869 922, Telefax: (02681) 8 04-1 10)
Hauptgeschäftsführer(in): Franz-Josef Mäckler
Leitung Presseabteilung: Siegbert Pinger
Mitglieder: ca. 200

r 118

Verband der Metall- und Elektroindustrie des Saarlandes e.V.
Postf. 650433, 66143 Saarbrücken
Harthweg 15, 66119 Saarbrücken
T: (0681) 9 54 34-0 **Fax:** 9 54 34 74
Internet: http://www.mesaar.de
Vorsitzende(r): Dr.-Ing. Walter Koch (Geschf.Ges. d. Dillinger Fabrik gel. Bleche GmbH, Postf. 12 60, 66745 Dillingen, Franz-Méguin-Str. 20, 66763 Dillingen, T: (06831) 7 00 31 19, Telefax: (06831) 70 03-3 50)
Hauptgeschäftsführer(in): Dipl.-Volksw. Dr. Heiko Jütte
Leitung Presseabteilung: Martin Schlechter
Mitglieder: ca. 145

r 119

Verband der Sächsischen Metall- und Elektroindustrie e.V.
Washingtonstr. 16-16a, 01139 Dresden
T: (0351) 2 55 93 30 **Fax:** 2 55 93 78
E-Mail: vsme-dresden@t-online.de
Vorsitzende(r): Dipl.-Ing. Manfred Kreutel (Washingtonstr. 16-16a, 01139 Dresden, T: (0351) 2 55 93 31, Telefax: (0351) 2 55 93 78)
Hauptgeschäftsführer(in): Dr. Andreas Winkler
Leitung Presseabteilung: Frank Möhrer
Mitglieder: 200 Firmen

r 120

Verband der Metall- und Elektro-Industrie in Thüringen e.V.
Lossiusstr. 1, 99094 Erfurt
T: (0361) 6 75 90 **Fax:** 6 75 92 22
Internet: http://www.vmet.de
E-Mail: vwt-erfurt@t-online.de
Vorsitzende(r): Dipl.-Ing. Walter Botschatzki (Gesellschafter und Geschäftsführer Multicar Spezialfahrzeuge GmbH, Postf. 1 02, 99875 Waltershausen, Industriestr. 3, 99880 Waltershausen, T: (03622) 64 04 01, Telefax: (03622) 64 04 02)
Hauptgeschäftsführer(in): Dipl.-Vw. Lotar Schmidt
Leitung Presseabteilung: Dr. Inge Schubert

r 121

Verband der Metall- und Elektroindustrie Sachsen-Anhalt e.V.
Postf. 42 29, 39017 Magdeburg
Humboldtstr. 14, 39112 Magdeburg
T: (0391) 6 25 44-0 **Fax:** 6 25 44-70
Vorsitzende(r): Peter Kreft (Geschäftsführer Babcock Industrierohrleitungsbau Bitterfeld GmbH, Hallesche Str. 18, 06749 Bitterfeld, T: (03493) 60 99 21, Fax: 60 99 11)
Hauptgeschäftsführer(in): Dr. Jochen Steinecke
Leitung Presseabteilung: Manfred Czura

• R 122

Arbeitgeberverband der Eisen- und Metallindustrie für Bochum und Umgebung e.V.
Postf. 10 01 30, 44701 Bochum
Königsallee 67, 44789 Bochum
T: (0234) 3 72 11-13 **Fax:** 33 67 17
E-Mail: agv-bochum@t-online.de
Geschäftsführer(in): RA Dirk W. Erlhöfer

• R 123

Arbeitgeberverband der Metall- und Elektroindustrie Köln
Postf. 19 01 20, 50498 Köln
Herwarthstr. 18-20, 50672 Köln
T: (0221) 5 79 04-0 **Fax:** 5 79 04-55
E-Mail: agv@koeln.arbeitgebermetall.de
Vorsitzende(r): Michael Jäger (GKN Automotive AG, Hauptstr. 150, 53797 Lohmar, Postf. 11 52, 53784 Lohmar, T: (02246) 12-1, Telefax: (02246) 12-2307)
Geschäftsführer(in): Wolfgang Reß
Peter Nottelmann
Leitung Presseabteilung: Dr. Meinolf E. Sprengelmeier

• R 124

Arbeitgeberverband der Schrott-Recycling -Wirtschaft e.V.
Berliner Allee 48, 40212 Düsseldorf
T: (0211) 82 89 53-0 **Fax:** 82 89 53-20
Vorsitzende(r): Dipl.-Betriebsw. Bernhard Loscha (Personalleiter der HANSA RECYCLING GmbH, Dortmund)
Geschäftsführer(in): Dipl.-Kfm. Rolf Willeke

• R 125

Industrieller Arbeitgeberverband Osnabrück-Emsland e.V.
Verband der Metall- und Elektroindustrie Osnabrück-Emsland e.V.
IAV-Bildungswerk, Außenstelle Osnabrück-Emsland des BNW
Bohmter Str. 11, 49074 Osnabrück
T: (0541) 2 76 78/79 **Fax:** 2 50 61.

• R 126

Arbeitgebervereinigung Nahrung und Genuß e.V.
Godesberger Allee 142-148, 53175 Bonn
T: (0228) 9 37 98 00 **Fax:** 9 37 98 03
Gründung: 1977
Vorsitzende(r): Dieter Cohrt (August Cohrt & Co. Getränke GmbH, Kiel)
Hauptgeschäftsführer(in): Dr. Christian Laack
Mitglieder: 22
Mitarbeiter: 2
Jahresetat: ca. DM 1,5 Mio, € 0,77 Mio

angeschlossene Landesverbände

r 127

Nordernährung Arbeitgeberverband der Ernährungsindustrie Hamburg/ Schleswig-Holstein/ Mecklenburg-Vorpommern e.V.
Hauptgeschäftsstelle:
Postf. 54 07 46, 22507 Hamburg
Reichsbahnstr. 95, 22525 Hamburg
T: (040) 5 47 21 00 **Fax:** 54 50 32

Geschäftsstelle Rostock
Ernst-Barlach-Str. 8 II, 18055 Rostock
T: (0381) 4 93 41 37 **Fax:** 45 40 72

r 128

Verband der Ernährungswirtschaft Niedersachsen/Bremen/Sachsen-Anhalt e.V.
Lortzingstr. 1, 30177 Hannover
T: (0511) 32 69 32 **Fax:** 32 43 63

r 129

Arbeitgeberverband der Ernährungsindustrie Nordrhein-Westfalen e.V.
Postf. 10 23 61, 47723 Krefeld
Ostwall 227, 47798 Krefeld
T: (02151) 6 27 00 **Fax:** 62 70 40
Vorsitzende(r): Dipl.-Betriebsw. Gerhard Keller (Storck Einkaufs- und Service GmbH, Halle)

r 130

Vereinigte Arbeitgeberverbände Nahrung und Genuss Hessen, Rheinland-Pfalz e.V.
Biebricher Allee 112, 65187 Wiesbaden
T: (0611) 80 80 28 **Fax:** 80 70 95

r 131

Arbeitgeberverband der Bayrischen Ernährungswirtschaft
Oskar-von-Miller-Ring 1 (Brauerhaus), 80333 München
T: (089) 28 81 89 60 **Fax:** 2 88 18 96 89

r 132

Arbeitgeberverband der Ernährungsindustrie Baden-Württemberg e.V.
Eduard-Pfeiffer-Str. 48, 70192 Stuttgart
T: (0711) 22 33 30 **Fax:** 2 23 33-99

r 133

Wirtschaftsvereinigung der Ernährungsindustrie in Berlin und Brandenburg e.V.
Am Schillertheater 2, 10625 Berlin
T: (030) 3 10 05-0 **Fax:** 3 10 05-120

r 134

Sächsischer Arbeitgeberverband Nahrung und Genuß e.V.
Bamberger Str. 7, 01187 Dresden
T: (0351) 4 69 83 45 **Fax:** 4 69 83 43
Vorsitzende(r): Martina Lassotta (Riesaer Ölwerke GmbH & Co. KG)
Geschäftsführer(in): Reinhard Zwanzig
Mitglieder: 82

r 135

Arbeitgeberverband Nahrung und Genuß Thüringen e.V.
Postf. 12 53, 37278 Wanfried
Unter der Tränke 1, 37281 Wanfried
T: (05655) 2 66 **Fax:** 85 54

angeschlossene Fachverbände

r 136

Deutscher Brauer-Bund e.V.
Postf. 20 04 52, 53134 Bonn
Annaberger Str. 28, 53175 Bonn
T: (0228) 9 59 06-0 **Fax:** 9 59 06-16
Internet: http://www.brauer-bund.de
E-Mail: dbb@society.de

r 137

Verband Deutscher Großbäckereien e.V.
In den Diken 33, 40472 Düsseldorf
T: (0211) 65 30 86 **Fax:** 65 30 88
Internet: http://www.grossbaecker.com
E-Mail: info@grossbaecker.com

r 138

Bundesverband der Deutschen Erfrischungsgetränke-Industrie e.V. (BDE)
Königswinterer Str. 300, 53227 Bonn
T: (0228) 44 10 72, 44 27 13 **Fax:** 44 00 19
Internet: http://www.bde-online.de
E-Mail: mail@bde-online.de

r 139

Fachverband der Futtermittelindustrie e.V.
Postf. 30 04 45, 53184 Bonn
Beueler Bahnhofsplatz 18, 53225 Bonn
T: (0228) 9 75 68-0 **Fax:** 9 75 68-68
E-Mail: fvfumi@t-online.de

r 140

Milchindustrie-Verband e.V. (MIV)
Adenauerallee 148, 53113 Bonn
T: (0228) 9 59 69-0 **Fax:** 37 15 35
Internet: http://www.milchindustrie.de
E-Mail: info@milchindustrie.de

r 141

Verband Deutscher Mineralbrunnen e.V. (VDM)
Kennedyallee 28, 53175 Bonn
T: (0228) 95 99 00 **Fax:** 37 34 53
Internet: http://www.heilwasser.com, http://www.mineralwasser.com
E-Mail: vdm.bonn@t-online.de

r 142

Verband Deutscher Mühlen e.V.
Postf. 30 01 62, 53181 Bonn
Beueler Bahnhofsplatz 18, 53225 Bonn
T: (0228) 9 76 10-0 **Fax:** 9 76 10-99
Internet: http://www.muehlen.org
E-Mail: vdm@muehlen.org

r 143

Arbeitgebervereinigung Nahrungsfette-Industrie
c/o K. Bussert Union Deutsche Lebensmittelwerke GmbH
Dammtorwall 15, 20355 Hamburg
T: (040) 34 90-3420 **Fax:** 34 90-3450

r 144

Bundesverband der obst-, gemüse- und kartoffelverarbeitenden Industrie e.V.
Von-der-Heydt-Str. 9, 53177 Bonn
T: (0228) 35 40 25 **Fax:** 36 18 89
E-Mail: bogk-vds@t-online.de

r 145

Fachverband der Stärkeindustrie e.V.
Postf. 19 01 65, 53037 Bonn
An der Elisabethkirche 26, 53113 Bonn
T: (0228) 9 14 23-0 **Fax:** 9 14 23-20
E-Mail: verbaende.hess@t-online.de

r 146

Bundesverband der Deutschen Süßwarenindustrie e.V. - BDSI
Schumannstr. 4-6, 53113 Bonn
T: (0228) 2 60 07-0 **Fax:** 2 60 07-89
Internet: http://www.bdsi.de
E-Mail: bdsi@bdsi.de

r 147

Verein der Zuckerindustrie
Postf. 25 45, 53015 Bonn
Am Hofgarten 8, 53113 Bonn
T: (0228) 22 85-0 **Fax:** 2 28 51 00
E-Mail: wvz.wvz@t-online.de
Büro Berlin: Königin-Luise-Str. 29a, 14195 Berlin, T: (030) 83 22 63 43, Fax: (030) 83 22 63 45

Büro Berlin
Königin-Luise-Str. 29a, 14195 Berlin
T: (030) 83 22 63 43 **Fax:** 83 22 63 45

Gastmitglied

r 148

Arbeitgeberverband der Cigarettenindustrie e.V.
Harvestehuder Weg 88, 20149 Hamburg
T: (040) 44 57 39 **Fax:** 44 30 39

• R 149

Arbeitgeberverband Rheinisch-Westfälischer Mühlen e.V.
Postf. 14 01 65, 40071 Düsseldorf
Achenbachstr. 28, 40237 Düsseldorf
T: (0211) 6 69 08-0 **Fax:** 6 69 08-30
Internet: http://www.unternehmerschaft.de
Vorsitzende(r): Johann Andreas Werhahn (Geschäftsleitung Werhahn Mühlen KG, Postf. 10 16 42, 41416 Neuss, T: (02131) 27 95-4 10, Fax: (02131) 27 95-4 12)
Geschäftsführer(in): RA Karl Heinrich Wilke

• R 150

Verband Deutscher Ölmühlen e.V.
siehe F 425
Gründung: 1900

• R 151

VAP

Vereinigung der Arbeitgeberverbände der Deutschen Papierindustrie e.V.
Postf. 17 40, 53007 Bonn
Adenauerallee 55, 53113 Bonn
T: (0228) 26 72 81-0 **Fax:** 21 52 70
Internet: http://www.vap-online.de
Vorsitzende(r): Dipl.-Kfm. Heinrich August Schoeller (Heinrich August Schoeller Söhne, Kreuzauer Str. 18, 52355 Düren, T: (02421) 5 57-0, Telefax: (02421) 5 57-1 10)
Hauptgeschäftsführer(in): Ass. Peter Karthäuser
Mitglieder: 8

Landesverbände

r 152

Arbeitgeberverband der Papierindustrie Baden-Württemberg -AGP- e.V.
Tarifgemeinschaft Fiducia Konzern- u. Beteiligungsgesellschaften - TGF -
Tarifgemeinschaft Badischer Genossenschaften - TBG
Postf. 12 32, 76585 Gernsbach
Scheffelstr. 29, 76593 Gernsbach
T: (07224) 64 01-192 **Fax:** 64 01-114
Vorsitzende(r): Dipl.-Ing. Wolfgang Furler (Fa. August Koehler AG, Hauptstr. 2-4, 77704 Oberkirch, T: (07802) 81-0, Telefax: (07802) 81-3 14)
Hauptgeschäftsführer(in): Dr. Winfried Haible
Stellv. Hauptgeschäftsführer: RA Stephan Meißner
Geschäftsführer(in): RA Axel Stengel

r 153

Arbeitgeberverband Bayerischer Papierfabriken
Oberföhringer Str. 58, 81925 München
T: (089) 21 23 05-0 **Fax:** 21 23 05-55
Vorsitzende(r): Reinhold O. Schadler (SCA Hygiene Products AG, München Airport Center (MAC), Postfach 24 15 40, 85336 München-Flughafen)
Geschäftsführer(in): Dr. Peter Zahn

r 154

Arbeitgeberverband der rheinisch-westfälischen papiererzeugenden Industrie e.V.

Postf. 17 40, 53007 Bonn
Adenauerallee 55, 53113 Bonn
T: (0228) 26 72 82-0 **Fax:** 21 52 70
Gründung: 1947 (12. August)
Vorsitzende(r): Martin Krengel (WEPA Papierfabrik P. Krengel GmbH & Co. KG, Rönkhauser Str. 26, 59757 Arnsberg, T: (02932) 30 70, Fax: 30 779)
Geschäftsführer(in): Ass. Walter Neuhalfen
Mitglieder: 35

r 155

Arbeitgeberverband der Papier erzeugenden Industrie von Düren, Jülich, Euskirchen und Umgebung e.V.

Postf. 10 21 51, 52321 Düren
Tivolistr. 76, 52349 Düren
T: (02421) 4 20 66-68 **Fax:** 4 20 68
Vorsitzende(r): Dipl.-Kfm. Heinrich August Schoeller (i. Fa. Papierfabrik Schoellershammer Heinr. Aug. Schoeller Söhne GmbH & Co KG, Postf., 52348 Düren, T: (02421) 55 70, TX: 833 809, Telefax: (02421) 55 71 10)
Geschäftsführer(in): RA Hans-Harald Sowka
Mitglieder: 20

Abschluß von Tarifverträgen, Beratung und Vertretung der Mitgliedsfirmen in arbeits- und sozialrechtlichen Fragen.

r 156

Verband Papierindustrie Rheinland-Pfalz e.V.

Postf. 10 10 62, 67410 Neustadt
Friedrich-Ebert-Str. 11-13, 67433 Neustadt
T: (06321) 85 22 26 **Fax:** 85 22 72
E-Mail: Papier-Rheinland-Pfalz@t-online.de
Vorsitzende(r): Thomas Stark (Buchmann GmbH Kartonfabrik, Postf. 11 48, 76849 Annweiler)
Geschäftsführer(in): Dipl.-Sozialw. Gerhard Reiner

r 157

Verband der Papier- und Pappenindustrie Hessen e.V.

Abraham-Lincoln-Str. 24, 65189 Wiesbaden
T: (0611) 71 06-0 **Fax:** 70 21 66
Vorsitzende(r): Dr. Marietta Jass-Teichmann (Papierfabrik Adolf Jass GmbH & Co. KG, Postf. 13 40, 36013 Fulda)
Geschäftsführer(in): Dr. Rolf-Achim Eich

r 158

Verband Norddeutscher Papierfabriken e.V.

Bödekerstr. 18, 30161 Hannover
T: (0511) 34 82 66-3 **Fax:** 34 82 66-50
Vorsitzende(r): Dipl.-Kfm. Rainer Habbe (Papierfabrik Meldorf GmbH & Co. KG, Postf. 11 47, 25699 Meldorf)
Geschäftsführer(in): Joachim Heuke

Kooperationsverband

r 159

AGOP Arbeitgeberverband der ostdeutschen Papierindustrie e.V.

Brandenburgische Str. 27, 10707 Berlin
T: (030) 8 82 46 53 **Fax:** 8 83 33 35
Vorsitzende(r): Dipl.-Kfm. Werner Gruß (Papierfabrik Louisenthal GmbH, Werk Königstein, Bielatalstr. 9, 01822 Königstein, T: (08022) 7 60-01, Fax: 7 60-300)
Geschäftsführer(in): Dipl.-Volksw. Monika Bresche

• R 160

Arbeitgeberverband der Papier, Pappe und Kunststoffe verarbeitenden Industrie

Sitz Köln
Postf. 19 01 20, 50498 Köln
Herwarthstr. 18-20, 50672 Köln
T: (0221) 5 79 04-0 **Fax:** 5 79 04-55
Vorsitzende(r): Hans Günther Vollmer-Verheyen (Allpapp Voll- u. Wellpapp-Verpackungen GmbH, Bunsenstr. 13, 51145 Köln, Postf. 90 06 31, 51116 Köln, T: (02203) 3 98 88, Fax: (02203) 3 82 82)
Geschäftsführer(in): Wolfgang Reß
Peter Nottelmann
Leitung Presseabteilung: Dr. Meinolf E. Sprengelmeier

• R 161

Arbeitgeberverband der Papier und Pappe verarbeitenden Industrie und verwandter Industriezweige für Düsseldorf und Umgebung e.V.

Postf. 14 01 65, 40071 Düsseldorf
Achenbachstr. 28, 40237 Düsseldorf
T: (0211) 6 69 08-0 **Fax:** 6 69 08-30
Internet: http://www.unternehmerschaft.de
Vorsitzende(r): Jürgen Reuter (Geschäftsf. Gesellschafter der Merkur Papierverarbeitung GmbH, Niederstr. 41, 40789 Monheim, T: (02173) 5 00 51, Telefax: (02173) 5 00 51)
Geschäftsführer(in): RA Karl Heinrich Wilke

• R 162

Hauptverband der Papier, Pappe und Kunststoffe verarbeitenden Industrie e.V. Sozialpolitischer Hauptausschuß

Strubbergstr. 70, 60489 Frankfurt
T: (069) 97 82 81 20 **Fax:** 97 82 81 30
E-Mail: sh@hpv-ev.org
Vorsitzende(r): Dipl.-Kfm. Sebastian Schmidt (Herberts Katernberg 52 b, 42113 Wuppertal)
Geschäftsführer(in): RA Dietmar Zellner
Sozialpolitische Untergliederungen
Landesverbände:
Verband der Papier, Pappe und Kunststoff verarbeitenden Industrie Baden-Württemberg e.V. (VPI)
Verband der Bayerischen Papier, Pappe und Kunststoff verarbeitenden Industrie e. V.
Verband der Papier, Pappe u. Kunststoffe verarbeitenden Unternehmen in Berlin, Brandenburg u. Mecklenburg-Vorpommern e.V. - VBP Nordost -
Verband Papier, Pappe und Kunststoff verarbeitende Industrie Hessen e.V. (VPI)
Verband Papier, Pappe u. Kunststoff verarbeitende Industrie Norddeutschlands e.V. - VPK Nord -
Verband der Papier, Pappe und Kunststoff verarbeitenden Industrie Rheinland/Pfalz u. Saarland e. V.
Unternehmensverband der Papier, Pappe und Kunststoffe verarbeitenden Industrie Nordrhein e.V.
Verband Papierverarbeitung u. Druck Südbaden e.V. (VPD)
Vereinigung der Papier, Pappe und Kunststoff verarbeitenden Industrie Westfalens e. V. (VPV Westfalen)
Verband der Papier, Pappe und Kunststoffe verarbeitenden Unternehmen Sachsen, Thüringen und Sachsen-Anhalt e.V. - VPU

Sozialpolitisch tätiger Fachspitzenverband.

Fachverbände

r 163

Verband der Deutschen Tapetenindustrie e.V. (VDT)

Postf. 94 02 42, 60460 Frankfurt
Langer Weg 18, 60489 Frankfurt
T: (069) 52 00 33 **Fax:** 52 00 36
Geschäftsführer(in): Dipl.-Volksw. Klaus Kunkel

r 164

Verband Wohnraumleuchten-, Lampenschirm- und Zubehör-Industrie e.V. (VWLZ)

Strubbergstr. 70, 60489 Frankfurt
T: (069) 78 50 46 **Fax:** 97 82 81 30
E-Mail: vwlz@hpv-ev.org
Geschäftsführer(in): RA Dietmar Zellner

• R 165

Verband Deutscher Reeder e.V. (VDR)

siehe M 207

• R 166

Rhein-Ruhr-Hafenbetriebsverband e.V.

Dammstr. 15-17 Haus Rhein, 47119 Duisburg
T: (0203) 8 00 06-31 **Fax:** 8 00 06-28
Gründung: 1918 (19. Dezember)
Vorsitzende(r): Heinz Iffland
Geschäftsführer(in): Gunter Dütemeyer
Mitglieder: 24
Mitarbeiter: 2

• R 167

Arbeitgeberverband der deutschen Binnenschiffahrt e.V.

Dammstr. 15-17 Haus Rhein, 47119 Duisburg
T: (0203) 8 00 06-31 **Fax:** 8 00 06-28
Gründung: 1974 (17. Mai)
Präsident(in): Dr. Wolfgang Hönemann (Mitgl. d. Geschf. der Lehnkering Reederei GmbH, Duisburg)
Geschäftsführer(in): Gunter Dütemeyer
Mitglieder: 130
Mitarbeiter: 7

• R 168

Unternehmensverband Saarbergbau

siehe f 125

• R 169

Sozialpolitische Arbeitsgemeinschaft Steine und Erden

Postf. 15 01 62, 60061 Frankfurt
Friedrich-Ebert-Anlage 38, 60325 Frankfurt
T: (069) 75 60 82-0 **Fax:** 75 60 82-12
Vorsitzende(r): Dr.-Ing. Hans Otto Gardeik (Generalbevollmächtigter der Dyckerhoff AG, Postf. 22 47, 65012 Wiesbaden)
Geschäftsführer(in): RA Dr. Wolfgang Mack

Angeschlossen
Arbeitgeberverbände der Steine- und Erden-Industrie

Behandlung und Koordinierung von sozialpolitischen Angelegenheiten sowie ihre Vertretung im Rahmen der gefaßten Beschlüsse.

• R 170

Verband gewerblicher Tanklagerbetriebe e.V.

Hochallee 60, 20149 Hamburg
T: (040) 4 50 50 88 **Fax:** 4 50 50 90
Vorsitzender des Vorstandes: Walter Dornhof
Mitglieder: 15

Der Verband nimmt die gemeinsamen Interessen seiner Mitglieder wahr, soweit sie gewerbliche Tanklager betreffen. Er wird auch tätig gegenüber Behörden und Wirtschaftsverbänden. Ferner berät er seine Mitglieder und amtliche Stellen auf dem Gebiet des gewerblichen Tanklagerwesens. Der Zweck des Verbandes ist nicht auf einen wirtschaftlichen Geschäftsbetrieb ausgerichtet.

• R 171

BDWS

Bundesverband Deutscher Wach- und Sicherheitsunternehmen Wirtschafts- und Arbeitgeberverband e. V. (BDWS)

Postf. 12 11, 61282 Bad Homburg
Norsk-Data-Str. 3, 61352 Bad Homburg
T: (06172) 94 80 50 **Fax:** 45 85 80
Internet: http://www.bdws.de
E-Mail: mail@bdws.de
Internationaler Zusammenschluß: siehe unter izg 141
Präsident: Rolf Wackerhagen (i. Fa. KWS Kieler Wach- und Sicherheitsgesellschaft mbH & Co. KG, Hamburger Chaussee 6, 24114 Kiel, T: (0431) 64 06 322, Telefax: (0431) 6 40 63 20)
Hauptgeschäftsführer: Dr. Harald Olschok (Leitung Presseabteilung)
Mitglieder: 420

Interessenvertretung und Betreuung der Mitglieder in allen Angelegenheiten ihres Gewerbes; Austausch wirtschaftlicher Nachrichten und Erfahrungen; Unterrichtung der Öffentlichkeit über Aufgaben und Ziele des Verbandes sowie Probleme des Bewachungsgewerbes. Einziger Arbeitgeberverband für das Gewerbe, Abschluss von Tarifverträgen mit der ÖTV und GÖD.

Landesgruppen

Geschäftsstelle für sämtliche Landesgruppen ist der Bundesverband

r 172

Landesgruppe Baden-Württemberg des BDWS

Wilhelm-Raabe-Str. 14, 40470 Düsseldorf
T: (0211) 6 40 03-0 **Fax:** 6 40 03-100
Vorsitzende(r): Wolfgang Waschulewski (i. Fa. SECURITAS Sicherheitsdienste Holding GmbH, Wilhelm-Raabe-Str. 14, 40470 Düsseldorf, T: (0211) 6 40 03-0, Fax: (0211) 6 40 03-100)

r 173

Landesgruppe Bayern des BDWS

Fraunhoferstr. 10, 90409 Nürnberg
T: (0911) 5 19 96-0 **Fax:** 5 19 96-40
Vorsitzende(r): Uwe-Dirk Uhlig (i. Fa. Nürnberger Wach- und Schließgesellschaft mbH, Fraunhoferstr. 10, 90409 Nürnberg, T: (0911) 5 19 96-0, Fax: (0911) 5 19 96-40)

r 174

Landesgruppe Berlin des BDWS

Ebereschenallee 14, 14050 Berlin
T: (030) 30 69 78-0 **Fax:** 30 69 78-22

Vorsitzende(r): Hartmut Noll (i. Fa. ASK Allgemeine Sicherheits- und Kontrollges. mbH Berlin, Ebereschenallee 14, 14050 Berlin)

r 175

Landesgruppe Brandenburg des BDWS
Gerlachstr. 14, 14480 Potsdam
T: (0331) 6 49 99-26 **Fax:** 6 49 99-31
Vorsitzende(r): Michael Bock-Petzolt (i. Fa. GSE Gesellschaft für Sicherheit und Eigentumsschutz mbH & Co. Dienstleistungs KG, Gerlachstr. 14, 14480 Potsdam)

r 176

Landesgruppe Hamburg/Bremen des BDWS
Brinkstr. 9-11, 21680 Stade
T: (04141) 60 67-0 **Fax:** 6 72 69
Vorsitzende(r): Peter Schmidt (i. Fa. Überwachungs- und Sicherheitsdienst Hans H. Henning Nachf., Hamburg)

r 177

Landesgruppe Hessen des BDWS
Kölner Str. 4, 60327 Frankfurt
T: (069) 7 59 92-0 **Fax:** 7 59 92-111
Vorsitzende(r): Peter Bachus (BSG Bahn Schutz & Service GmbH, Kölner Str. 4, 60327 Frankfurt)

r 178

Landesgruppe Niedersachsen des BDWS
Brinkstr. 9-11, 21680 Stade
T: (04141) 60 67-0 **Fax:** 6 72 69
Vorsitzende(r): Peter Schmidt (WAKO Nord GmbH, Brinkstr. 9-11, 21680 Stade)

r 179

Landesgruppe Nordrhein-Westfalen des BDWS
Wilhelm-Beckmann-Str. 7, 45307 Essen
T: (0201) 2 78 82 04 **Fax:** 2 78 81 08
Vorsitzende(r): Fritz Kötter (i. Fa. Kötter Security, Wilhelm-Beckmann-Str. 7, 45307 Essen)

r 180

Landesgruppe Rheinland-Pfalz/Saarland des BDWS
Vopeliusstr. 12, 66280 Sulzbach
T: (06897) 49 99 **Fax:** 5 52 28
Vorsitzende(r): Peter Neuhardt (i. Fa. WUI Werk- und Industrieschutz GmbH, Vopeliusstr. 12, 66280 Sulzbach)

r 181

Landesgruppe Sachsen des BDWS
Zur Wetterwarte 29, 01109 Dresden
T: (0351) 88 36-0 **Fax:** 88 36-2 50
Vorsitzende(r): Dr. Franz Feuerstein (i. Fa. DWSI Dresdner Wach- und Sicherungs-Institut GmbH, Zur Wetterwarte 29, 01109 Dresden)

r 182

Landesgruppe Sachsen-Anhalt des BDWS
Fiete-Schulze-Str. 15, 06116 Halle
T: (0345) 56 76-0 **Fax:** 56 76-110
Vorsitzende(r): Ernst-Joachim Klein (i. Fa. b.i.g. sicherheit gmbH, Fiete-Schulze-Str. 15, 06116 Halle)

r 183

Landesgruppe Schleswig-Holstein des BDWS
Europastr. 11, 24941 Flensburg
T: (0461) 97 94 02 **Fax:** 97 94 10
Vorsitzende(r): Björn Wackerhagen (i. Fa. Sicherheit Nord GmbH, Europastr. 11, 24941 Flensburg)

r 184

Landesgruppe Thüringen des BDWS
Bonifaciusstr. 17, 99084 Erfurt
T: (0361) 5 98 46-0 **Fax:** 5 98 46-20
Vorsitzende(r): Karl Rohrberg (i. Fa. MSD Sicherheitsdienste GmbH, Bonifaciusstr. 17, 99084 Erfurt)

• R 185

Bundesvereinigung Deutscher Geld- und Werttransportunternehmen e. V. (BDGW)
Postf. 14 19, 61284 Bad Homburg
Norsk-Data-Str. 3, 61352 Bad Homburg
T: (06172) 94 80 50 **Fax:** 45 85 80
Internet: http://www.bdgw.de
E-Mail: mail@bdgw.de
Vorsitzende(r): Fritz Kötter (i. Fa. Westdeutscher Wach- und Schutzdienst Fritz Kötter GmbH & Co. KG, Am Zehnthof 66, 45307 Essen, T: (0201) 27 88-00)
Uwe-Dirk Uhlig (i. Fa. Nürnberger Wach- und Schliessgesellschaft mbH, Fraunhoferstr. 10a, 90409 Nürnberg, T: (0911) 5 19 96-0)
Jochen Segler (i. Fa. Geld- und Werttransporte GmbH, Hausmannstr. 6/7, 30159 Hannover, T: (0511) 16 32-0)
Axel Mauersberger (WSO Geld+Wert Logistik GmbH, Eduard-Pestel-Str 2, 49080 Osnabrück, T: (0541) 99 66-0, Fax: 99 66-188)
Reinhard W. Ottens (Securitas Wertdienste Holding GmbH, Wilhelm-Raabe-Str. 14, 40470 Düsseldorf, T: (0211) 96 14-0)
Geschäftsführer(in): Dr. Harald Olschok
Verbandszeitschrift: DSD-Der Sicherheitsdienst
Redaktion: Dr. Harald Olschok
Verlag: BDWS-Service GmbH, Postf. 12 01, 61282 Bad Homburg
Mitglieder: 90

Wahrnehmung der gemeinsamen Interessen derjenigen Unternehmen, die Geld- und Werttransporte durchführen, gegenüber Behörden, Versicherungsgesellschaften und anderen Stellen; Förderung des Erfahrungsaustausches seiner Mitglieder in allen einschlägigen Fachfragen.

• R 186

Arbeitgeberkreis Gesamttextil im Gesamtverband der Textilindustrie in der Bundesrepublik Deutschland e.V.
Frankfurter Str. 10-14, 65760 Eschborn
T: (06196) 9 66-0 **Fax:** 4 21 70
Vorsitzende(r): Hartmut Bielefeld
Geschäftsführer(in): Dr. Klaus Schmidt

Landesverbände
Verband der Baden-Württembergischen Textilindustrie e.V., Stuttgart
Verband der Bayerischen Textil- und Bekleidungsindustrie e.V., Sitz München, Geschäftsstelle in Hof (Saale)
Verband der Nord-Westdeutschen Textilindustrie e.V., Sitz Münster, Geschäftsstellen in Hamburg und Hannover
Verband der Textilindustrie von Hessen und Rheinland-Pfalz e.V., Sitz Neustadt a.d. Weinstraße, Geschäftsstelle in Bad Hersfeld
Arbeitgeberverband der Textilindustrie in Aachen und Umgebung e.V., Aachen
Arbeitgeberverband der Textilindustrie von Düren, Jülich, Euskirchen und Umgebung e.V., Düren
Verband der Rheinischen Textilindustrie e. V., Sitz Wuppertal, Geschäftsstelle in Mönchengladbach
Vereinigung der Textilindustrie von Berlin e. V., Berlin
Verband der Nord-Ostdeutschen Textil- und Bekleidungsindustrie e.V., Chemnitz

• R 187

Arbeitgeberverband Verkehr Baden-Württemberg
Postf. 31 32, 73751 Ostfildern
Zeppelinstr. 39, 73760 Ostfildern
T: (0711) 45 42 03 **Fax:** 4 50 44 16
Vorsitzende(r): Wolfgang Langenberger (Otto Langenberger GmbH & Co. KG, Postf. 10 06, 71610 Ludwigsburg, T: (07141) 23 32-0)
Geschäftsführer(in): RA Michael Hüffner

• R 188

Arbeitgeberverband der Versicherungsunternehmen in Deutschland
Postf. 86 01 20, 81628 München
Arabellastr. 29, 81925 München
T: (089) 92 20 01-0 **Fax:** 92 20 01-50
Internet: http://www.agv-vers.de
E-Mail: agvvers@agv-vers.de
Gründung: 1950 (5. Oktober)
Vorsitzende(r): Hans Schreiber (Vorstandsvors. d. Mannheimer Aktiengesellschaft-Holding)
Geschäftsf. Vorstandsmitgl. u. HGeschF: RA Dr. Jörg Müller-Stein (Ltg. Presseabt.)
Mitglieder: 267
Mitarbeiter: 18

Der Verband hat insbesondere die Aufgabe,
a) alle Verhandlungen mit den Organisationen der Arbeitnehmer zu führen und mit diesen Gesamtvereinbarungen zu treffen,
b) in allen sozialpolitischen Angelegenheiten die Mitglieder zu informieren und ihre Interessen gegenüber Staat, Verbänden und Öffentlichkeit geltend zu machen,
c) zu Fragen der Gesetzgebung des Arbeits- und Sozialrechts Stellung zu nehmen
d)Vertreter der Versicherungswirtschaft für die Arbeits- und Sozialgerichte sowie für die Selbstverwaltung der Sozialversicherung zu benennen, e) die Mitglieder in ihrer personalpolitischen Tätigkeit und Zielsetzung als Arbeitgeber zu unterstützen,
f) Fragen der beruflichen Aus- und Fortbildung zu behandeln.

• R 189

Arbeitgeberverband der Verlage und Buchhandlungen Berlin-Brandenburg e.V.
Lützowstr. 33, 10785 Berlin
T: (030) 26 39 18-0 **Fax:** 26 39 18-18
Vorsitzende(r): Manfred Gast
Geschäftsführer(in): Detlef Bluhm

• R 190

Bundesverband Deutscher Zeitungsverleger e.V. (BDZV)
siehe O 455

• R 191

Verein der Zuckerindustrie
Postf. 25 45, 53015 Bonn
Am Hofgarten 8, 53113 Bonn
T: (0228) 22 85-0 **Fax:** 2 28 51 00
E-Mail: wvz.wvz@t-online.de
Gründung: 1850
Internationaler Zusammenschluß: siehe unter izf 1469
Vorsitzende(r): Dr. Klaus Korn (Vorstandsmitglied Südzucker AG, Mannheim/Ochsenfurt in Ochsenfurt)
Stellvertretende(r) Vorsitzende(r): Dr. Jürgen Kohnke (Geschäftsführung Pfeifer & Langen, Köln)
Hauptgeschäftsführer(in): Dr. Dieter Langendorf
Mitglieder: 6

Regionale Organisationen

r 192

Arbeitgeberverband der Zuckerfabriken Norddeutschlands e.V.
Schiffgraben 36, 30175 Hannover
T: (0511) 85 05-0 **Fax:** 85 05-2 01
Vorsitzende(r): Peter Namuth (Zuckerverbund Nord AG, Hauptverwaltung, Küchenstr. 9, 38100 Braunschweig)
Hauptgeschäftsführer(in): RA Dietrich Kröncke
Geschäftsführer(in): RA Gerrit Wolter

r 193

Arbeitgeberverband der Zuckerindustrie Nordrhein-Westfalens e.V.
Herwarthstr. 18-20, 50672 Köln
T: (0221) 5 79 04-0 **Fax:** 5 79 04 22
Teletex: 172 214 164 **T-Online** 5790415
Vorsitzende(r): Dr. Herbert Müller von Blumencron (Pfeifer & Langen, Hauptverwaltung, Linnicher Str. 48, 50933 Köln, Postf. 45 10 80, 50885 Köln, T: (0221) 49 80-0, TX: 882 818, Telefax: (0221) 4 98 03 48)
Geschäftsführer(in): Wolfgang Reß

r 194

Arbeitgeberverband der Zuckerindustrie Süddeutschlands e.V.
Postf. 10 28 55, 68028 Mannheim
Maximilianstr. 10, 68165 Mannheim
T: (0621) 4 21-0 **Fax:** 42 13 93
Vorsitzende(r): Dr. Theo Spettmann
Geschäftsführer(in): Dr. Norbert Kailich

Sonstige Arbeitgeber- und Unternehmer-Organisationen

• R 195

Arbeitsgemeinschaft Selbständiger Unternehmer e.V. (ASU)
Postf. 19 15 55, 14005 Berlin
Reichsstr. 17, 14052 Berlin
T: (030) 3 00 65-0 **Fax:** 3 00 65-500
Internet: http://www.asu.de
Gründung: 1949
Präsident(in): Dr. Peter Barth
Vizepräsident(in): Dipl.-Kfm. Thomas Selter

Dr. Christoph Ralle
Günter Morsbach
Generalsekretär(in): Ulrich Müller-Oltay
Leitung Presseabteilung: Barbara Vogt
Verbandszeitschrift: Unternehmer Magazin
Redaktion: Dr. Nenzel
Mitglieder: 6500
Mitarbeiter: 14

Förderung der Selbständigkeit, des Eigentumsgedankens und der Selbstverantwortung; Mitarbeit am Ausbau einer offenen Gesellschaft; Vertretung des Standpunktes und der Interessen der selbständigen Unternehmer; Anstreben eines fortschrittlichen Unternehmertums, das sich durch Leistung legitimiert, Förderung der Ausbildung und der Weiterbildung der selbständigen Unternehmer, des Unternehmernachwuchses und der Mitarbeiter. - 50 Regionalkreise.

• R 196

Unternehmerverband Berlin e.V.
Genslerstr. 13, 13055 Berlin
T: (030) 9 81 85 00, 9 81 85 01 **Fax:** 9 82 72 39
Internet: http://www.uv-berlin.de
E-Mail: mail@uv-berlin.de
Gründung: 1991 (2. August)
Präsident(in): Dr. Wilhelm H. Lutz
Hauptgeschäftsführer(in): Michael Bose
Pressesprecher: Michael Büttner
Verbandszeitschrift: "UV-Nachrichten"
Redaktion: Gunter Fiedler
Verlag: Unternehmerverband Berlin e.V.

• R 197

Betreuungsverbund für Unternehmer und Selbständige e.V. (BUS)
Rosenheimer Str. 139/10, 81671 München
T: (089) 45 06 34-0 **Fax:** 45 06 34-31
Internet: http://www.bus-netzwerk.de
E-Mail: infoev@bus-netzwerk.de
Gründung: 1982
Präsident(in): Dipl.-Kfm. Dipl.-Hdl. Hans-Günther Schlembach
Vizepräsident(in): Ass. Dipl.-Betriebsw. Klaus Angerer
Geschäftsführendes Vorstandsmitglied: Dr. Wolfgang Simon
Leitung Presseabteilung: Dr. Claudia Schlembach
Verbandszeitschrift: BID Betriebs-Informations-Dienst

• R 198

BDE

Bundesverband der Deutschen Entsorgungswirtschaft e.V. (BDE)
Wirtschafts- und Arbeitgeberverband
Schönhauser Str. 3, 50968 Köln
T: (0221) 93 47 00-0 **Fax:** 93 47 00-90
Internet: http://www.bde.org
E-Mail: info@bde.org
Gründung: 1961
Internationaler Zusammenschluß: siehe unter izf 281, izf 523
Präsident(in): Bernard Kemper (Altvater & Co. GmbH, Herford)
Vizepräsident(in): Dr. Richard R. Klein (RWE Umwelt AG, Essen)
Dr. Hermann Niehues (Rethmann AG, Selm)
Hauptgeschäftsführer(in): Frank-Rainer Billigmann
Leitung Presseabteilung: Hanskarl Willms
Verbandszeitschrift: ENTSORGA-MAGAZIN
Redaktion: Hanskarl Willms, Bernd Wassmann
Verlag: Deutscher Fachverlag, Mainzer Landstr. 251, 60326 Frankfurt
Mitglieder: 1050
Mitarbeiter: 30

Landesverbände: Nord, West, Südwest, Ost, Mitte-Ost, Mitte-West
Fachbereiche: Logistiksystem, Abfallbeseitigungssysteme, Biologische Behandlungsverfahren, Sonderabfallwirtschaft, Wasserwirtschaft, Naßentsorgung und Kreislaufwirtschaft

Wahrnehmung der gemeinsamen Interessen seiner Mitglieder gegenüber Behörden und sonstigen Stellen; Betreuung der Mitglieder im Rahmen gemeinsamer Aufgaben und Anliegen; Abschluß von Tarifverträgen; Austausch wirtschaftlicher, sozialpolitischer und technischer Erfahrungen. Aus- und Fortbildung durch das Bildungswerk der deutschen Entsorgungswirtschaft (BWDE), Veranstaltung von Fachtagungen in der Entsorgungswirtschaft (ENTSORGA-CONGRESSE); ideeller Träger der Internationalen Fachmesse der Entsorgungswirtschaft ENTSORGA.

• R 199

Bundesverband Junger Unternehmer der Arbeitsgemeinschaft Selbständiger Unternehmer e.V. (BJU)
Postf. 19 15 55, 14005 Berlin
T: (030) 3 00 65-0 **Fax:** 3 00 65-490
Gründung: 1950
Bundesvorsitzender: Dipl.-Volksw., Dipl.-Ing. (FH) Claude Herion (WMH Herion GmbH, Pfaffenhofen)
Stellv. Bundesvorsitzender: lic.oec. Philipp Gross (Peter Gross GmbH & Co. KG, St. Ingbert)
Dr. Christoph Zschocke (Ökotec GbR, Berlin)
Geschäftsführer(in): Dipl.-Volksw. Michael Kauch (Ltg. Presseabteilung)
Mitglieder: ca. 2500
Mitarbeiter: 9

• R 200

A·G·A

AGA Unternehmens- und Arbeitgeberverband Großhandel, Außenhandel, Dienstleistung e.V.
Postf. 10 03 29, 20002 Hamburg
Kurze Mühren 2, 20095 Hamburg
T: (040) 30 80 10 **Fax:** 30 80 11 07
Internet: http://www.aga.de
E-Mail: aga@aga.de
Präsident(in): Dr. Uwe Mehrtens (Heuer-Gruppe, Bremen)
Vorstand: Volker Schmidtchen (Sprecher)
RA Uwe Petzold
RA Norbert Guhl
Mitglieder: 3000

• R 201

Deutscher Unternehmensverband Vermögensberatung e.V. (DUV)
Am Fronhof 1, 53177 Bonn
T: (0228) 36 69 71/72 **Fax:** 35 95 88
Vorsitzende(r): Ministerpräs. a. D. Dr. Walter Wallmann
Geschäftsführer(in): Manfred Schell
Mitglieder: 19 Unternehmen

• R 202

Unternehmensverband Informationssysteme e.V. (UVI) im BITKOM
Geschäftsstelle: c/o KnowLogy GmbH
Albert-Einstein-Str. 14, 12489 Berlin
T: (030) 63 92-1626 **Fax:** 63 92-2452
Internet: http://www.uviev.de
E-Mail: m.weber@bitkom.org
Gründung: 1990 (6. Juni)
Vorstandsvorsitzende(r): Dipl.-Ing. Jaroslav Piálek (COMPAL Datenverarbeitung GmbH, Gustav-Meyer-Allee 25/12.3, 13355 Berlin-Wedding, T: (030) 4 63 07-463, Fax: (030) 4 63 07-649, E-Mail: vorstand@uviev.de)
Stellvertretende(r) Vorsitzende(r): Walter Prokop (SYSCON INFORMATIK GmbH, Sömmerda)
Vorstandsmitglieder: Michael Fritze (SYSECA GmbH, Rostock)
Karsten Noack (SCOPELAND Software GmbH, Birkenwerder)
Klaus-Peter Senkel (beusen Unternehmensgruppe senkel Holding GmbH, Berlin)
Bernd Liske (Liske Informationsmanagementsysteme GmbH, Magdeburg)
Dr.-Ing. Rolf Heinemann (Robotron Datenbank-Software GmbH, Dresden)
Dr. sc. nat. Knut Löschke (PC-WARE Information Technologies AG, Leipzig)
Prof. Dr. Karl-Horst Prochaska, Leipzig
Dr. Erich Steiner (Finanz-DATA GmbH, Gotha)
Geschäftsführer(in): Dr. sc. Matthias Weber (c/o KnowLogy GmbH, Albert-Einstein-Str.14, 12489 Berlin-Adlershof, T: (030) 63 92 16 26, Fax: (030) 63 92-24 52, E-Mail: m.weber@bitkom.org)
Mitglieder: 130 Vollmitgl.
Mitarbeiter: 10
Jahresetat: DM 0,25 Mio, € 0,13 Mio

r 203

Landesbüro Berlin des UVI
c/o beusen unternehmensgruppe senkel Holding GmbH
Landsberger Allee 392, 12681 Berlin
T: (030) 54 99 32-0 **Fax:** 54 99 32-21
Vorstandsmitglied: Klaus-Peter Senkel (E-Mail: klauspeter.senkel@beusen.de)

r 204

Landesbüro Mecklenburg-Vorpommern des UVI
c/o Syseca GmbH
Lange Str. 1a, 18055 Rostock
T: (0381) 4 92 98-0 **Fax:** 4 92 98-15
Vorstandsmitglied: Michael Fritze (E-Mail: michael.fritze@syseca.de)

r 205

Landesbüro Brandenburg des UVI
c/o SCOPELAND Software GmbH
Bergfelder Str. 1, 16547 Birkenwerder
T: (03303) 53 43-0 **Fax:** 50 16-34
Vorstandsmitglied: Karsten Noack (E-Mail: knoack@scopeland.de)

r 206

Landesbüro Sachsen-Anhalt des UVI
c/o Liske Informationsmanagementsysteme
Liebknechtstr. 35, 39108 Magdeburg
T: (0391) 7 44 15-0 **Fax:** 7 44 15 13
Vorstandsmitglied: Bernd Liske (E-Mail: bernd.liske@t-online.de)

r 207

Landesbüro Sachsen Ost des UVI
c/o Robotron Datenbank-Software GmbH
Heidelberger Str. 14, 01189 Dresden
T: (0351) 4 02 16-0 **Fax:** 4 02 16-99
Vorstandsmitglied: Dr.-Ing. Rolf Heinemann (rheinema@de.oracle.com)

r 208

Landesbüro Sachsen West des UVI
c/o PC-Ware Information Technologies AG
Blochstr. 1, 04329 Leipzig
T: (0341) 25 68-698 **Fax:** 25 68-999
Vorstandsmitglied: Dr.sc.nat. Knut Löschke (E-Mail: knut.loeschke@pc-ware.de)

r 209

Landesbüro Thüringen West des UVI
c/o Finanz-Data GmbH
Helenenstr. 3, 99867 Gotha
T: (03621) 45 10-0 **Fax:** 45 10 48
Vorstandsmitglied: Dr. Erich Steiner (E-Mail: fida@fida.de)

r 210

Landesbüro Thüringen Nord des UVI
c/o SYSCON Informatik GmbH
Am Rothenbach 19, 99610 Sömmerda
T: (03634) 68 86-0 **Fax:** 68 86-23
Stellvertretende(r) Vorsitzende(r): Walter Prokop (E-Mail: w.prokop@syscon-informatik.de)

• R 211

Unternehmerverband Brandenburg e.V.
Schillerstr. 71, 03046 Cottbus
T: (0355) 2 26 58 **Fax:** 2 26 59
Präsident(in): Engelhard Judek
1. Vizepräsident: Torsten K. Bork
Vizepräsident(in): Norbert Kelling
Andreas Kleemann
Hauptgeschäftsführer(in): Rolf Schwarzenberger

• R 212

Unternehmerverband Thüringen e.V.
Geschäftsstelle
Wilhelm-Wolff-Str. 1, 99099 Erfurt
T: (0361) 4 26 71 17 **Fax:** 4 26 71 40
Präsident(in): Dr. Hans-Peter Döllekes

• R 213

Unternehmerverband für den Kreis Gütersloh e.V.
Postf. 31 44, 33261 Gütersloh
Kirchstr. 17, 33330 Gütersloh
T: (05241) 98 75-0 **Fax:** 2 65 12
Vorsitzende(r): Rudolf Miele, Gütersloh
Geschäftsführer(in): Ass. Dr. Helmut Klatt
Mitglieder: 180

• R 214

Unternehmerverband Rostock und Umgebung e.V.
Rosa-Luxemburg-Str. 32, 18055 Rostock
T: (0381) 2 42 58-0, 2 42 58-11 **Fax:** 2 42 58-16, 2 42 58-18
Gründung: 1991 (18. Dezember)
Präsident(in): Eberhard Sohr (Stahl- und Maschinenbau GmbH, Langenort 10, Haus 14, 18147 Rostock, T: (0381) 6 70 71 00, Telefax: (0381) 6 70 72 00)

Geschäftsführer(in): Dr. Seidel
Mitglieder: ca. 300
Mitarbeiter: 4

• R 215

Allgemeiner Unternehmensverband Neubrandenburg e.V.
Feldstr. 2, 17033 Neubrandenburg
T: (0395) 56 34-0 **Fax:** 56 34-299
Präsident(in): Hans-Joachim Müller
Hauptgeschäftsführer(in): Dr. Hans Brandt

• R 216

UV.G
UnternehmerverbandsGruppe
Unternehmerverband Umweltschutz und Industrieservice e.V.
Postf. 10 13 63, 47013 Duisburg
Mülheimer Str. 48, 47057 Duisburg
T: (0203) 9 93 67-0 **Fax:** 35 57 14
Präsident(in): Heinz Lison (Geschäftsf. Gesellschafter Neumann Elektronik GmbH, Mainstr. 1, 45478 Mülheim an der Ruhr, T: (0208) 59 95-240, Fax: (0208) 59 95-105)
Geschäftsführendes Vorstandsmitglied: Hans Hermann Westedt

• R 217

Unternehmerverband Sachsen e.V.
Petersstr. 22-24, 04109 Leipzig
T: (0341) 9 64 16-41/ 42 **Fax:** 9 64 16-43
Internet: http://www.uv-sachsen.de
Gründung: 1990
Präsident(in): Wolfgang Topf
Geschäftsführer(in): Dr. Andreas Golbs
Verbandszeitschrift: UV-aktuell
Mitglieder: 1200

• R 218

Unternehmerverband Südhessen e.V.
Postf. 11 01 64, 64216 Darmstadt
Adelungstr. 32, 64283 Darmstadt
T: (06151) 29 85-41 (Geschäftsführung), 29 85-0 (Rechtsabteilung), 29 85-42 (Öffentlichkeitsarbeit) **Fax:** 29 85-21 (Geschäftsführung), 29 85-20 (Rechtsabteilung), 29 85-22 (Öffentlichkeitsarbeit)
Internet: http://www.agvda.de
E-Mail: agvda.gf@t-online.de (Geschäftsführung), agvda.ra@t-online.de (Rechtsabteilung), agvda.pr@t-online.de (Öffentlichkeitsarbeit)
Gründung: 1950
Vorsitzende(r): Dr. Michael Römer
Geschäftsführer(in): RA Wolfgang M. Drechsler
Mitglieder: 300 Unternehmen und Organisationen

• R 219

Vereinigung Trierer Unternehmer im Regierungsbezirk Trier e.V. (VTU)
Dietrichstr. 12, 54290 Trier
T: (0651) 9 75 79-0 **Fax:** 9 75 79-20
E-Mail: info@vtu.trier.de
Vorsitzende(r): Ass. jur. Harry Thiele (Fa. TECTRO Kunststofftechnik GmbH, Thrasoltstr. 40, 54439 Saarburg)
Geschäftsführer(in): RA Ingo Becker

• R 220

Unternehmensverband Westfalen-Mitte e.V.
Postf. 25 87, 59015 Hamm
Marker Allee 90, 59071 Hamm
T: (02381) 9 80 85-0 **Fax:** 88 00 17
Vorsitzende(r): Dipl.-Ing. Dr. Peter Lipphardt (T: (02301) 91 60)
Geschäftsführer(in): Dipl.-Kfm. Dr. Hans H. Becker

• R 221

Wirtschaftliche Gesellschaft für Westfalen und Lippe e.V.
Sentmaringer Weg 61, 48151 Münster
T: (0251) 7 07-312 **Fax:** 7 07-377
Gründung: 1919
Vorsitzende(r): Dr. Ernst F. Schröder, Bielefeld
Stellvertretende(r) Vorsitzende(r): Dr. Horst Annecke, Bielefeld
Leitung Presseabteilung: Jost Springensguth
Mitglieder: 400

Vereinigung von Unternehmern, Unternehmen und unternehmerisch Tätigen, die sich verbands- und parteipolitisch neutral für die europäische Integration einsetzt und den „Westfälischen Friedenspreis" verleiht. Der Verein versteht sich als Interessenvertretung von Westfalen und Lippe.

• R 222

Arbeitskreis mittelständischer Pharmaunternehmen e.V. (AMP)
Kuhloweg 37-39, 58638 Iserlohn
T: (02371) 9 37-0
Vorsitzende(r): Dr. Sigurd Pütter
1. stellv. Vors.: Dr. Michael A. Popp
2. stellv. Vors.: W. Bastian-Kaiser
Leitung Presseabteilung: Gerhard Bourdon
Mitglieder: 45 **Angeschl. Organisationen:** 1
Mitarbeiter: 1-2

• R 223

Unternehmensverband Ratingen e.V. (UVR)
Goethestr. 2, 40878 Ratingen
T: (02102) 84 78 78 **Fax:** 84 78 80
Vorsitzende(r): Josef Gerhard Tünkers (Geschäftsführender Gesellschafter der Tünkers Maschinenbau GmbH, Am Rosenkothen 8, 40880 Ratingen, Postf. 10 18 65, 40838 Ratingen, T: (02102) 45 17-112, Fax: 44 58 08)
Geschäftsführer(in): Rechtsanwalt Burkhard J. Marcinkowski

• R 224

Unternehmensverband Westfalen-Nordwest e.V.
Postf. 25 87, 59015 Hamm
Marker Allee 90, 59071 Hamm
T: (02381) 9 80 85-0 **Fax:** 88 00 17
Vorsitzende(r): Hans-Jürgen Zegula (T: (02389) 78 80)
Geschäftsführer(in): Dipl.-Kfm. Dr. Hans H. Becker

• R 225

Unternehmensverband der Eisen- u. Metallindustrie Westfalen-Mitte e.V.
Postf. 25 87, 59015 Hamm
Marker Allee 90, 59071 Hamm
T: (02381) 9 80 85-0 **Fax:** 88 00 17
Vorsitzende(r): Dipl.-Ing. Dr. Peter Lipphardt (T: (02301) 91 60)
Geschäftsführer(in): Dipl.-Kfm. Dr. Hans H. Becker

• R 226

Verein der Zeitungsverleger in Berlin und Brandenburg e.V. (VZBB)
Wilmersdorfer Str. 58, 10627 Berlin
T: (030) 3 24 34 03 **Fax:** 3 23 68 98
Gründung: 1993 (11. März)
Vorsitzende(r): Peter Asmussen (Märkische Verlags- und Druck GmbH, Friedrich-Engels-Str. 24, 14473 Potsdam)
Geschäftsführer(in): Rechtsanwalt u. Notar Wolfgang Büsch
Mitglieder: 9

Förderung und Schutz der gemeinsamen Interessen der Zeitungsverlage im Gebiet der Bundesländer Berlin und Brandenburg durch freiwillige Vereinigung der auf dem Gebiet der Zeitungsverlage beschäftigten Firmen.

• R 227

Verband deutscher Unternehmerinnen e.V. (VdU)
Breite Str. 29, 10178 Berlin
T: (030) 2 03 08 45-40, 2 03 08 45-41 **Fax:** 2 03 08 45-45
Internet: http://www.vdu.de
E-Mail: info@vdu.de
Gründung: 1954
Internationaler Zusammenschluß: siehe unter izr 58
Geschäftsführer(in): Lisa Heermann (Ltg. Presseabteilung)
Bundesvorstand
Präsidentin: Inge Sandstedt (Sandstedt GmbH & Co., SANCO FEINKOST GmbH, In den Freuen 106, 28719 Bremen, T: (0421) 6 44 17 64, Fax: 6 44 91 15)
Vizepräsidentin und Schatzmeisterin: Charlotte Fell (K. Fell GmbH, Graphischer Betrieb, Am Kirchenhölzl 12, 82166 Gräfelfing, T: (089) 89 80 74-0, Fax: 89 80 74-28, E-Mail: fellgmbh@compuserve.com)
Vizepräsidentin: Elke Weber-Braun (ARTHUR ANDERSEN GmbH, Deutsch-Japanisches Zentrum, Düsternstr. 1, Postfach 30 01 20, 20355 Hamburg, T: (040) 3 76 52-1 00, Fax: 3 76 52-4 93, E-Mail: elke.weber-braun@us.arthurandersen.com)
Mitglieder: Dorothea Haller-Laible (Haller GmbH + Co KG - Internationale Spedition, Raiffeisenstr. 1, 71696 Möglingen, T: (07141) 48 61-0, Fax: 48 61-47, Internet: //www.haller-logistics.com, E-Mail: center@haller-logistics.com)
Dorothea Ossenberg-Engels (Hubert Ossenberg-Engels, Architekten-Ingenieure, Kämpenstr. 2, Postfach 80 30, 58762 Altena, T: (02352) 7 10 43, Fax 7 10 47, E-Mail: post@hoe.ai.com)
Dr.rer Anita Plantikow (NORDUM, Umwelt u. Analytik GmbH & Co. KG, Gewerbepark, Am Weidenbruch 22, 18196 Kessin/Rostock, T: (038208) 6 37-0, Fax: (038208) 6 37-28, E-Mail: nordum@aol.com)
Verbandszeitschrift: Die Unternehmerin
Mitglieder: 1500
Mitarbeiter: 4

Landesverbände/Stützpunkte

r 228

VdU Landesverband Baden
c/o Sachverständigenbüro für Hausrat und Schmuck
Brückenkopfstr. 2, 69120 Heidelberg
T: (06221) 41 15 80 **Fax:** 47 56 06
Vorsitzende(r): Dr. Haidrun Wietler

r 229

VdU Landesverband Bayern-Nord
c/o Weigand GmbH
Goethestr. 19, 97318 Kitzingen
T: (09321) 92 16 01 **Fax:** 92 16 02
Internet: http://www.fetzer.samen.de
E-Mail: info@fetzersamen.de
Vorsitzende(r): Erna-Maria Weigand

r 230

VdU Landesverband Bayern-Süd
c/o Papier-Stein
Landsberger Str. 212, 80687 München
T: (089) 57 20 89 **Fax:** 5 70 69 93
Vorsitzende(r): Dr. rer.pol. Renate Maier-Stein

r 231

VdU Landesverband Berlin
c/o Flemming & Pehrsson GmbH
Ritterstr. 11, 10969 Berlin
T: (030) 61 67 65-0 **Fax:** 6 15 20 12
E-Mail: flemming@t-online.de
Vorsitzende(r): Regina Seidel

r 232

VdU Landesverband Brandenburg
c/o Brandenburgisches Institut GmbH
Otto-Erich-Str. 9-13, 14482 Potsdam
T: (0031) 74 75 30 **Fax:** (00331) 7 47 53 28
Internet: http://www.biaw.de
E-Mail: biaw-potsdam@t-online.de
Vorsitzende(r): Eva-Marie Meißner

r 233

VdU Landesverband Bremen-Weser-Ems
c/o Kanzlei
Lindenstr. 1a, 28755 Bremen
T: (0421) 65 75 50 **Fax:** 65 75 30
Vorsitzende(r): RA Hela Bahr

r 234

VdU Landesverband Hamburg
c/o Ahrons Druck GmbH
Gärtnerstr. 60-62, 20253 Hamburg
T: (040) 40 19 80-20 **Fax:** 40 19 80-19
Vorsitzende(r): Barbara Ahrons

r 235

VdU Landesverband Hessen
c/o Heilwagen GmbH-Spezialgerüste für den Hochbau
Postf. 10 16 69, 34016 Kassel
Angersbachstr. 12, 34127 Kassel
T: (0561) 8 09 91 **Fax:** 89 83 47
E-Mail: heilwagen-kassel@t-online.de
Vorsitzende(r): Dipl.-Ing. Sylvia Heilwagen

r 236
VdU Landesverband Mecklenburg-Vorpommern
c/o Schloßpark-Hotel Hohendorf
Am Park 7, 18445 Hohendorf
T: (038323) 2 50-0 **Fax:** 2 50-61
Vorsitzende(r): Gräfin Petra von Klot-Trautvetter

r 237
VdU Landesverband Niedersachsen
c/o MARGARETHA BOEHM MODEN
Schillerstr. 29, 30159 Hannover
T: (0511) 3 63 17 72 **Fax:** 3 63 23 33
Vorsitzende(r): Margaretha Böhm

r 238
VdU Landesverband Pfalz-Saar
c/o DATEY-Eyrich GmbH, Schulungs-Zentrum
Königsberger Str. 12-16, 66877 Ramstein-Miesenbach
T: (06371) 96 42-0 **Fax:** 96 42-53
E-Mail: datey@t-online.de
Vorsitzende(r): Marianne Eyrich

r 239
VdU Landesverband Rheinland
c/o gebeana - Günter Brücher
Goldlackstr. 24, 42369 Wuppertal
T: (0202) 2 46 54-0 **Fax:** 2 46 54-24
Vorsitzende(r): Dipl.-Kfm. Cornelia Geppert

r 240
VdU Landesverband Ruhrgebiet
c/o Krall & Partner Werbeagentur
Königstr. 64, 47051 Duisburg
T: (0203) 2 03 51 **Fax:** 2 50 23
Internet: http://www.krall-partner.de
E-Mail: krall.partner@p-net.de
Vorsitzende(r): Anne Krall

r 241
VdU Landesverband Sachsen
c/o Steuerbevollmächtigte
Karl-Heine-Str. 27, 04229 Leipzig
T: (0341) 4 87 88 00 **Fax:** 4 87 88 05
Vorsitzende(r): Dipl.-Ing.oec. Anita Böhme

r 242
VdU Landesverband Sachsen-Anhalt
c/o FÖBIS-Institut GmbH, Halle - Querfurt
Krausenstr. 22, 06112 Halle
T: (0345) 2 99 82-0 **Fax:** 2 99 82-22
E-Mail: foebis@t-online.de
Vorsitzende(r): Dr. Gerlinde Kempfer

r 243
VdU Landesverband Schleswig-Holstein
c/o Trave-Recycling-Centrum GmbH & Co.KG
Glashüttenweg 19-29, 23568 Lübeck
T: (0451) 3 55 66 **Fax:** 3 15 14
Vorsitzende(r): Anke Wiek

r 244
VdU Landesverband Thüringen
c/o WI Wirtschaftspsychologisches Institut Dr. B.Topp & T.Piehler
Friedrich-Ebert-Str. 6, 99096 Erfurt
T: (0361) 3 46 05 57 **Fax:** 3 46 05 58
E-Mail: wi.erfurt@t-online.de
Vorsitzende(r): Dr. Barbara Topp

r 245
VdU Landesverband Westfalen-Nord
c/o Firma Cornelia Delius
Albrecht-Delius-Weg 3, 33615 Bielefeld
T: (0521) 6 94 92 **Fax:** 6 72 98
Internet: http://www.antiquax.de, http://www.holick.de
E-Mail: cornelia.delius@t-online.de
Vorsitzende(r): Cornelia Delius

r 246
VdU Landesverband Westfalen-Süd
c/o CONACORD Voigt GmbH & Co. KG
Postf. 13 60, 59523 Lippstadt
Seilerweg 10, 59556 Lippstadt
T: (02941) 9 56-151 **Fax:** 9 56-204
Vorsitzende(r): Gabriele Maria Voigt

r 247
VdU Landesverband Württemberg
c/o JRA - Maschinenteile und Geräte GmbH, Hydraulik/Messtechnik
Postf. 11 69, 73258 Reichenbach
Breslauer Str. 47, 73262 Reichenbach
T: (07153) 98 38-0 **Fax:** 98 38-38
Internet: http://www.jra1.com
E-Mail: jra-gmbh@t-online.de
Vorsitzende: Jngrid R. Beeg

• R 248

Arbeitskreis „Gut beraten, zu Hause gekauft" e.V.
Klugstr. 53, 80638 München
T: (089) 15 46 34 **Fax:** 1 57 66 84
Internet: http://www.ak-gutberaten.de
E-Mail: info@ak-gutberaten.de
Gründung: 1967
Internationaler Zusammenschluß: siehe unter izh 448
Vorsitzende(r): Dr. Hans R. Adelmann (Director External Affairs)
Stellvertretende(r) Vorsitzende(r): Udo Floto (Hauptgeschäftsführer Eismann Tiefkühl-Heimservice GmbH, Mettmann)
Geschäftsführer(in): RA Wolfgang Bohle
Verbandszeitschrift: Bulletin des Direktvertriebs
Redaktion: Arbeitskreis "Gut beraten - zu Hause gekauft" e.V., München
Mitglieder: 29

• R 249
Bund Katholischer Unternehmer e.V. (BKU)
Georgstr. 18, 50676 Köln
T: (0221) 2 40 97 11 **Fax:** 2 40 97 14
Internet: http://www.bku.de
E-Mail: service@bku.de
Gründung: 1949 (27. März)
Internationaler Zusammenschluß: siehe unter izr 56.08
Sprecher des Vorstandes: Erich Gerard
Mechthild Löhr
Ernst Mommertz
Bundesgeschäftsführer: Georg Fell
Verbandszeitschrift: BKU-Journal
Redaktion: Peter Unterberg
Verlag: Druckerei Hans Zimmermann GmbH, Viktoriastr. 4, 50668 Köln
Mitglieder: 1300

• R 250
Arbeitskreis Evangelischer Unternehmer in Deutschland e.V. (AEU)
Klauprechtstr. 2, 76137 Karlsruhe
T: (0721) 81 28 35 **Fax:** 82 60 23
Gründung: 1966 (9. März)
Internationaler Zusammenschluß: siehe unter izr 56.07
Vorsitzende(r): Prof. Dr. Heinz Reichmann (Wietze Aue 64, 30900 Wedemark)
Stellvertretende(r) Vorsitzende(r): Dr. Henning Brekenfeld (VDMA e.V., Postf. 6 20, 14006 Berlin)
Geschäftsführer(in): Ass. jur. Stephan Klinghardt (Klauprechtstr. 2, 76137 Karlsruhe)
Verbandszeitschrift: AEU-Nachrichtendienst
Mitglieder: 450

• R 251
Verband Türkischer Unternehmer und Industrieller in Europa e.V. (ATIAD)
Wiesenstr. 70, 40549 Düsseldorf
T: (0211) 50 21 21 **Fax:** 50 70 70
Internet: http://www.atiad.de
E-Mail: atiad@aol.com
Geschäftsführer(in): Sahin Söylemez

• R 252
Mittelstands- und Wirtschaftsvereinigung der CDU/CSU (MIT)
Mauerstr. 85, 10117 Berlin
T: (030) 2 20 78 90 **Fax:** 22 07 89 22
Internet: http://www.mit-der-cdu-csu.de
Internationaler Zusammenschluß: siehe unter izr 5
Ehrenvorsitzender: Dipl.-Volksw. Elmar Pieroth
Bundesvorsitzender: Dipl.-Ing. Peter Rauen (MdB)
Stellvertretende(r) Vorsitzende(r): Horst Faber (MdA)
Barbara Ahrons (MdHB)
Ernst Hinsken (MdB)
Jürgen Presser (MdL)
Hartmut Schauerte (MdB)
Reinhold Uhl
Bundesschatzmeister: Dipl.-Volksw. Peter Jungen
Stellvertretender Schatzmeister: Hellmut Hausch
Hauptgeschäftsführer(in): Hans-Dieter Lehnen
Verbandszeitschrift: MIT-Magazin
Verlag: Mittelstandsverlags-GmbH, Heussallee 40, 53113 Bonn
Mitglieder: 43000
Mitarbeiter: 6
Jahresetat: DM 3 Mio, € 1,53 Mio

r 253
Mittelstands- u. Wirtschaftsvereinigung der CDU/CSU Baden-Württemberg
c/o Landesgeschäftsstelle der MIT
Augustenstr. 44, 70178 Stuttgart
T: (0711) 6 69 05 25, 62 77 44 **Fax:** 6 69 05 99
Vorsitzende(r): Klaus E. Bregger (Schulze-Delitzsch-Str. 45, 70565 Stuttgart, T: (0711) 7 87 22 20, Fax: 7 80 28 97 (dienstl.))
Geschäftsführer(in): Bernadette Eck (Landesgeschäftsstelle der MIT, Augustenstr. 44, 70178 Stuttgart, T: (0711) 6 69 05-25, Telefax: (0711) 6 69 05-99)

r 254
Mittelstands-Union der CSU (MU)
Mittelstands-Union der CSU (MU), CSU-Landesleitung
Nymphenburger Str. 64, 80335 München
T: (089) 1 24 32 72 **Fax:** 1 24 32 92
Vorsitzende(r): Ernst W. Hinsken (MdB)
Geschäftsführer(in): Dr. Burkhard Leben (Mittelstands-Union der CSU (MU), CSU Landesleitung, Nymphenburger Str. 64, 80335 München, T: (089) 1 24 32 72, Fax: 1 24 32 92)

r 255
Mittelstands- und Wirtschaftsvereinigung der CDU/CSU Berlin
Landesgeschäftsstelle der CDU Berlin
10173 Berlin
Steifensandstr. 8, 14057 Berlin
T: (030) 32 69 04-0, 24 01-2273, 24 01-2271
Fax: 32 69 04 44, 24 01-2202
Vorsitzende(r): Horst Faber (Einzelhandelskaufmann und Vors. des Landesverbandes des Lebensmittelhandels Berlin e.V., Eisenhammer Weg 9, 13507 Berlin, T: (030) 4 34 10 83, Fax: 4 34 28 42 (dienstl.))
Geschäftsführer(in): Christian Michael Runge (Landesgeschäftsstelle der CDU Berlin, Senatskanzlei Berlin, Berliner Rathaus, Steifensandstr. 8, 14057 Berlin, T: (030) 32 69 04-0, Hauptstadt Büro, 10173 Berlin, T: (030) 24 01-2273, 24 01-2271)

r 256
Mittelstands- und Wirtschaftsvereinigung der CDU/CSU Brandenburg
Landesgeschäftsstelle
Rudolf-Breitscheid-Str. 64, 14482 Potsdam
T: (0331) 7 06 37 60 **Fax:** 7 06 37 01
Vorsitzende(r): Andrea Voßhoff (Am Körgraben 1g, 14712 Rathenow, T: (03385) 5 16 60, Fax: 51 66 01)
Geschäftsführer(in): Matthias Blank (Landesgeschäftsstelle MIT)

r 257
Mittelstands- und Wirtschaftsvereinigung der CDU/CSU Bremen
Am Wall 135, 28195 Bremen
T: (0421) 3 08 94-0 **Fax:** 3 08 94-38, 1 89 37
Vorsitzende(r): Henry Wilhelms
Geschäftsführer(in): Margarete Schmidtmann (Landesgeschäftsstelle MIT und Wirtschaftsvereinigung, Am Wall 135, 28195 Bremen, T: (0421) 3 08 94-38, Fax: 1 89 37)

r 258
Mittelstands- und Wirtschaftsvereinigung der CDU/CSU Hamburg
Leinpfad 74, 22299 Hamburg
T: (040) 4 60 22 61 **Fax:** 46 45 00
Vorsitzende(r): Barbara Ahrons (MdHB, Ahron Druck GmbH, Geschäftsführerin, Gärtnerstr. 60-62, 20253 Hamburg, T: (040) 40 19 80-0, ISDN: (040) 40 19 80 19, Fax: 40 19 80 10)
Geschäftsführer(in): Hans Dietrich Kadelbach (Landesgeschäftsstelle MIT, Leinpfad 74, 22299 Hamburg, T: (040) 4 60 22 61, Fax: 46 45 00)

r 259
Mittelstands- und Wirtschaftsvereinigung der CDU/CSU Hessen
Frankfurter Str. 6, 65189 Wiesbaden
T: (0611) 37 21 52 **Fax:** 37 21 53
Vorsitzende(r): Dr. Klaus W. Lippold (MdB)
Geschäftsführer(in): Peter Werz (Mittelstandsvereinigung der CDU Hessen, Frankfurter Str. 6, 65189 Wiesbaden, T: (0611) 8 60 61, Fax: 37 36 11)

r 260

Mittelstands- und Wirtschaftsvereinigung der CDU/CSU Mecklenburg-Vorpommern

Wismarsche Str. 173, 19053 Schwerin
T: (0385) 5 90 04-14 **Fax:** 5 90 04-15
Vorsitzende(r): Mathias Stinnes
Geschäftsführer(in): Rainer Gerhahn

r 261

Mittelstands- und Wirtschaftsvereinigung der CDU/CSU in Niedersachsen

Böttcherstr. 7, 30419 Hannover
T: (0511) 2 79 91-23 **Fax:** 2 79 91-56
Vorsitzende(r): Siegbert Martin (Hotelkaufmann, Am Badepark 7, 26160 Bad Zwischenahn, T: (04403) 92 30 80, Fax: 92 30 08)
Geschäftsführer(in): Andreas Sobotta (Böttcherstr. 7, 30419 Hannover, T: (0511) 2 79 91 23, Fax: 2 79 91 24)

r 262

Mittelstands- und Wirtschaftsvereinigung der CDU/CSU Nordrhein-Westfalen

Wasserstr. 5, 40213 Düsseldorf
T: (0211) 13 60 00 **Fax:** 1 36 00 42
Internet: http://www.cdu-nrw.de/mit
E-Mail: mitnrw@aol.com
Vorsitzende(r): RA Hartmut Schauerte (MdB, Zu den vier Linden 18, 57399 Kirchhundem, T: (0228) 1 68 37 36, Fax: 1 68 62 92 (dienstl.))
Geschäftsführer(in): Klaus Fenske (Landesgeschäftsstelle der MIT Nordrhein-Westfalen, Wasserstr. 5, 40213 Düsseldorf, T: (0211) 13 60 00, Fax: 1 36 00 42)

r 263

Mittelstands- und Wirtschaftsvereinigung der CDU/CSU Rheinland-Pfalz

c/o Landesgeschäftsstelle der CDU Rheinland-Pfalz
Rheinallee 1, 55116 Mainz
T: (06131) 28 47-17 **Fax:** 22 09 85
Vorsitzende(r): Hansjürgen Doss (MdB, Wahlkreisbüro: Carl-Zeiss-Str. 24, 55129 Mainz, T: (06131) 58 24 33, 50 80 06)
Geschäftsführer(in): Hermann-Josef Oppenberg ((komm.), Landesgeschäftsstelle der CDU Rheinland-Pfalz, Rheinallee 1, 55116 Mainz, T: (06131) 28 47-17, Fax: 22 09 85)

r 264

Mittelstands- und Wirtschaftsvereinigung der CDU/CSU Saarland

c/o Landesgeschäftsstelle CDU-Saar
Stengelstr. 5 III, 66117 Saarbrücken
T: (0681) 5 84 53 30
Vorsitzende(r): Jürgen Presser (MdL, Saarland Versicherungen, Büro Landtag: Pasteurstr. 8-10, 66538 Neunkirchen, T: (0681) 5 00 22 31, Fax: 5 00 23 90)
Geschäftsführer(in): Ursula Schulz (Landesgeschäftsstelle der CDU-Saar, Stengelstr. 5/III, 66117 Saarbrücken, T: (0681) 5 84 53 30)

r 265

Mittelstands- und Wirtschaftsvereinigung der CDU/CSU Sachsen

Lortzingstr. 35 2. OG, 01307 Dresden
T: (0351) 4 49 17 00 **Fax:** 4 49 17 50, 4 49 17 60
Vorsitzende(r): Gerhard Schulz (komm.)
Geschäftsführer(in): Konrad Loibl (Landesgeschäftsstelle MIT, Lortzingstr. 35, 2.OG, 01307 Dresden, T: (0351) 4 49 17 00, Fax: 4 49 17 50 (Z), 4 40 17 60)

r 266

Mittelstands- und Wirtschaftsvereinigung der CDU/CSU Sachsen-Anhalt

Postf. 15 08, 39005 Magdeburg
Hegelstr. 23, 39104 Magdeburg
T: (0391) 5 66 68 14 **Fax:** 5 66 68 30
Vorsitzende(r): Detlef Gürth (Hecklinger Str. 7, 06449 Aschersleben, T: (0391) 5 60 20 07, Fax: 5 60 20 34)
Geschäftsführer(in): Tobias Schmidt (Hegelstraße 23, 39104 Magdeburg, T: (0391) 5 66 68 14, Fax: 5 66 68 30)

r 267

Wirtschafts- und Mittelstandsvereinigung der CDU/CSU Schleswig-Holstein

Postf. 45 06, 24044 Kiel
Sophienblatt 44-46, 24114 Kiel
T: (0431) 67 47 47 **Fax:** 67 10 18
Vorsitzende(r): Brita Schmitz-Hübsch (Fraktion: Klaus-Groth-Str. 1, 24937 Flensburg, T: (0461) 58 17 48, Fax: 5 35 19)

r 268

Mittelstands- und Wirtschaftsvereinigung der CDU/CSU Thüringen

Postf. 629, 99012 Erfurt
Heinrich-Mann-Str. 22, 99096 Erfurt
T: (0361) 3 44 92 55 **Fax:** 3 45 92 25
Vorsitzende(r): Hans-Ulrich Köhler (MdB, Bundeshaus, 53113 Bonn, T: (0228) 1 68 29 44, Fax: 1 68 69 44)
Geschäftsführer(in): Eckehard Heiduschka

• R 269

Aktionsgemeinschaft Wirtschaftlicher Mittelstand e.V. (AWM)

Bundesverband der deutschen mittelständischen Dienstleistungswirtschaft e.V.
Bundesgeschäftsstelle:
Luisenstr. 41, 10117 Berlin
T: (030) 28 88 07-0 **Fax:** 28 88 07-10
Präsident(in): Ludger Theilmeier, Gütersloh
Dipl.-Ing. Günter Schmitt-Bosslet, Utting
Vizepräsident(in): Dipl.-Volksw. Konrad Löcherbach, Bonn
Dipl.-Volksw. Rainald Meier, München
Werner Küsters, Neuss
Bundesgeschäftsführer: Martin Matz
Mitglieder: 101 Verbände mit gut 100 000 selbständigen Unternehmen

Landesverbände

r 271

AWM Landesverband Bayern e.V.

Rüdesheimer Str. 15, 80686 München
T: (089) 57 24 65
Vorsitzende(r): Johann Straub (Lerchenauer Str. 147, 80935 München, T: (089) 3 51 52 47)

r 272

AWM-Landesverband Hessen e.V.

Dankmarshäuser Str. 7, 36208 Wildeck
T: (06626) 3 70
Vorsitzende(r): Albert Roth (Dankmarshäuser Str. 7, 36208 Wildeck, T: (06626) 3 70)

r 273

AWM-Landesverband Niedersachsen e.V.

Georgsplatz 12, 30159 Hannover
T: (0511) 32 76 98
Vorsitzende(r): RA Elmar Brehm (Georgsplatz 12, 30159 Hannover, T: (0511) 36 02 30)

r 274

AWM-Landesverband Rheinland-Pfalz-Saar e.V.

Bismarckstr. 42, 67059 Ludwigshafen
T: (0621) 5 95 09 70
Vorsitzende(r): Dieter Grau (Bismarckstr. 42, 67059 Ludwigshafen, T: (0621) 5 95 09 70)

• R 270

Arbeitgeberverband der finanzdienstleistenden Wirtschaft e.V. (AfW)

Mohrenstr. 30 Hilton, 10117 Berlin
Geschäftsführender Vorstand: Alexander Pohle
Vorstand: Siegfried Leifeld
Dr. Ulrich Hinkel
Beirat: Gerd Freude
Dieter Stelloh
Karl Kalb
Mitglieder: 664

Der AfW vertritt die wirtschaftlichen und beruflichen Interessen unabhängiger Vermittler.

• R 275

Mittelstandsvereinigung des Demokratischen Aufbruchs

Die Reihe 2, 07552 Gera
T: (0365) 41 31 82 **Fax:** 41 31 82
Vorsitzende(r): Gerd Winkler

• R 276

Vereinigung Mittelständischer Unternehmer e.V. (VMU)

Bundessekretariat
Elisabethstr. 34, 80796 München
T: (089) 33 41 85 **Fax:** 33 31 86
Internet: http://www.mittelstand-vmu.de
Gründung: 1973
Internationaler Zusammenschluß: siehe unter izr 7
Vorstand:
Präsident(in): Jürgen Bock
Vizepräsident(in): Frido Flade
Vizepräsident(in): Andreas Pfannenberg
Mitglieder: 300

Mitgliedsverbände:

r 278

Industriegemeinschaft Geretsried e.V.

Postf. 14 44, 82525 Geretsried

r 279

UWW-Unternehmervereinigung Wolfratshausen

Akeleistr. 43, 82515 Wolfratshausen
T: (08171) 1 00 41 **Fax:** 48 98 90
E-Mail: wsz-Elektronik@T-online.de
Gründung: 1974
Leitung Presseabteilung: Kurt Greiner
Mitglieder: 2500
Mitarbeiter: 6

• R 277

Unternehmerverband mittelständische Wirtschaft e.V. (UMW)

Rizzastr. 41, 56068 Koblenz
T: (0261) 3 35 41, 1 71 64 **Fax:** 1 76 89
Internet: http://www.umw.org/
E-Mail: umw.mail@t-online.de
Gründung: 1990 (30. Mai)
Vorsitzende(r): Ursula Frerichs (Hauptgeschäftsführerin)
Stellvertretende(r) Geschäftsführer(in): Peter König
Verbandszeitschrift: UMW-Journal
Redaktion: Bundesgeschäftsstelle
Mitarbeiter: 3 (Bundesgeschäftsstelle)

• R 280

Union mittelständischer Unternehmen e.V. (UMU)

Bundesgeschäftsstelle
Edelsbergstr. 8, 80686 München
T: (089) 5 70 07-0 **Fax:** 5 70 07-2 60
Gründung: 1985 (22.Juli)
Internationaler Zusammenschluß: siehe unter izr 6
Präsident(in): Dipl.-Ing. Hermann Sturm (Edelsbergstr. 8, 80686 München)
Vizepräsident(in): Dipl.-Ing. (FH) Johann Straub (Lerchenauer Str. 147, 80935 München)
Ehrenpräsident: Dipl.-Kfm. Hugo Hettich (Burghaldenstr. 56, 72275 Alpirsbach)
Hauptgeschäftsführer(in): UMU-UFB-Geschäftsführungs-GmbH (Edelsbergstr. 8, 80686 München)
Mitglieder: 16100
Mitarbeiter: 4

• R 281

Arbeitsgemeinschaft Mittelständischer Unternehmen e.V. (AMU)

Im Haus der Selbständigen
Schlüterstr. 4, 10625 Berlin
T: (030) 7 84 20 38-39, 31 86 81-3 **Fax:** 7 87 40 66
Internationaler Zusammenschluß: siehe unter izr 30
1. Vorsitzende(r): Dipl.-Pol. Josef Stingl
Geschäftsführer(in): Ass. jur. Matthias Gröninger

• R 282

BVMW

Bundesverband mittelständische Wirtschaft Unternehmerverband Deutschlands e.V. (BVMW)

Mosse-Palais
Leipziger Platz 15, 10117 Berlin
T: (030) 53 32 06-0 **Fax:** 53 32 06-50
Hauptverwaltung Bonn:
Berliner Freiheit 36, 53111 Bonn, T: (0228) 6 04 77-0, Fax: (0228) 6 04 77-50
Gründung: 1975
Vorstand
Präsident(in): Mario Ohoven (Geschäftsführender Gesellschafter Investor Treuhand, Düsseldorf)
Vizepräsident(in): Joachim Kath (Unternehmer), München
Vizepräsident(in): Dr. Jochen Leonhardt (Steuerberater, Wirtschaftsprüfer), Dresden
Dipl.-Kfm. Helmut F. Bachmann (Unternehmensberater), Erftstadt
Andreas Kellner (Unternehmer), Erfurt
Christoph Krämer (Journalist, Verleger), Wiesbaden
Joachim Peters (Unternehmer), Rostock
Dr. Peter Schmidt (Rechtsanwalt, Notar), Münster
Bärbel Thomaß (Unternehmerin), Finsterwalde
Hauptgeschäftsführer(in): Dieter Härthe
Geschäftsführer(in): Heinz Kröse
Presseabt: Stefan von der Heiden
Verbandszeitschrift: Wirtschaftsmagazin "erfolgreich selbständig"
Mitgliederpublikation "BVMW-INTERN"
Verlag: erfolgreich selbständig GmbH & Co. KG, Berliner Freiheit 36, 53111 Bonn, T: (0228) 69 09 89
Mitgliedsunternehmen: 49.585 (Stand 31.12.99)
rund 160 Geschäftsstellen im Bundesgebiet
Angeschlossen: 12 Landesverbände, 44 Interessenverbände der mittelständischen Wirtschaft

Der BVMW bietet als branchen- und berufsübergreifender, parteipolitisch neutraler Zusammenschluß kleiner und mittlerer Unternehmen umfangreiche Serviceleistungen und direkte Interessenvertretung für den unternehmerischen Mittelstand gegenüber Politik, Administration, Gewerkschaften und Großunternehmen auf lokaler, regionaler, nationaler und internationaler Ebene. Hierbei wird das Ziel verfolgt, bestehende Wettbewerbsnachteile gegenüber Großunternehmen zu vermindern und die Diskrepanz zwischen volkswirtschaftlicher Bedeutung der kleinen und mittleren Unternehmen und ihrem Einfluß auf die Gestaltung der wirtschaftlichen Rahmenbedingungen zu überwinden

• R 283

Wirtschaftsforum Partner des Mittelstandes e.V. (WFPM)

Sitz:
Kapellenstr. 6, 76547 Sinzheim
T: (07223) 95 87 40 **Fax:** 95 87 42
Gründung: 1995
Vorstand: Christoph Krämer (Vors., Journalist und Kaufmann, Heidenrod)
Klaus Dold (Unternehmer, Wiesbaden)
Dr. Jewgenija Stantchev (Unternehmerin, Hamburg)
Geschäftsführer(in): Rolf J. Kühn
Presseabteilung: Stefan Rath

• R 284

Deutscher Mittelstands-Bund (DMB)

Schadowstr. 69, 40212 Düsseldorf
T: (0211) 17 92 57-0 **Fax:** 17 92 57-19
Geschf.Vorst.: Dipl.-Kfm. Klaus R. Vogel
Verbandszeitschrift: Der Mittelständler
Mitglieder: 14000

• R 285

Arbeitsgemeinschaft mittelständischer Fachverbände (AMF)

Postf. 30 14 13, 50784 Köln
Vogelsanger Str. 165, 50823 Köln
T: (0221) 9 52 91 70 **Fax:** 95 29 17 20
Sprecher: Michael Bastian

• R 286

Arbeitgeberverband des Saarländischen Handwerks (AGVH)

Postf. 10 02 43, 66002 Saarbrücken
Grülingsstr. 115, 66113 Saarbrücken
T: (0681) 9 48 61-0 **Fax:** 9 48 61-99
Gründung: 1949
Präsident(in): Adalbert Massing
Geschäftsführer(in): Dipl.-Volksw. Martin Weisgerber
Stellvertretende(r) Geschäftsführer(in): Dr. Joachim Faber
GeschF der dem AGVH angeschlossenen saarländischen Handwerks-Innungen:
Dr. Joachim Faber
Ass. Isabel Fabry
Ass. Karl-Heinz Scherschel
Dipl.-Volksw. Martin Weisgerber
Verbandszeitschrift: Der SaarHandwerker
Mitglieder: 5000
Mitarbeiter: 18
Jahresetat: DM 2,1 Mio, € 1,07 Mio

• R 287

Verband Bergbau, Geologie und Umwelt e.V.

Am Köllnischen Park 1, 10179 Berlin
T: (030) 22 33-6610 **Fax:** 22 33-6614
Gründung: 1990 (31. Mai)
Präsident(in): Dr.oec. Wolfgang Haase (GFE GmbH Halle, Köthener Str. 34, 06118 Halle)
Vizepräsident(in): Dr. Manfred Hagen (Wismut GmbH Chemnitz, Jagdschänkenstr. 29, 09117 Chemnitz)
Geschäftsführer(in): Dipl.-Wirtsch. Horst Rohm
Mitglieder: 21
Mitarbeiter: 2

• R 288

Arbeitgeber- und BerufsVerband Privater Pflege e.V. (ABVP)

Bundesgeschäftsstelle
Roscherstr. 13A, 30161 Hannover
T: (0511) 3 38 98-0 **Fax:** 3 38 98-98
Internet: http://www.abvp.net
E-Mail: dialog@abvp.net
Vorsitzende(r): Petra Höhn
Sprecher des Vorstands: Heiner Schülke
Hauptgeschäftsführer(in): Ekkehard Mittelstaedt

• R 289

Tarifgemeinschaft deutscher Länder

Postf. 30 14 65, 53194 Bonn
Hans-Böckler-Str. 3, 53225 Bonn
T: (0228) 9 75 65-0 **Fax:** 9 72 14 22
Internet: http://www.tdl-online.de
E-Mail: tdlbonn@aol.com
Geschäftsführer(in): Dr. Wolf-Dieter Sponer

• R 290

Interessengemeinschaft Nordbayerischer Zeitarbeitunternehmen e.V. (INZ)

Gleißbühlstr. 7, 90402 Nürnberg
T: (0911) 2 20 72 **Fax:** 2 41 90 14
Gründung: 1987 (März)
Geschf. Vorst.: Norbert Grünwald (Geschäftsf. Gesellschafter PERSONALHANSA GmbH)
Stellvertretender Vorstand: Rainer Hilbert
Mitglieder: 14

• R 291

Türkisch-Deutscher Textil- und Bekleidungsverband (TÜDET) e.V.

Wiesenstr. 70, 40549 Düsseldorf
T: (0211) 5 62 87 30 **Fax:** 9 56 08 57
Gründung: 1992
Geschäftsführer(in): Aynur Asik Koç (Ltg. Presseabt.)
Mitglieder: 25
Mitarbeiter: 3

• R 292

Vereinigung der kommunalen Arbeitgeberverbände (VKA)

Postf. 51 10 05, 50946 Köln
Lindenallee 24, 50968 Köln
T: (0221) 9 37 02 10 **Fax:** 93 70 21 26
Vorsitzende(r): Oberbürgermeister Ernst-Otto Stüber, Bochum
Stellvertretende(r) Vorsitzende(r): Stadtrat Horst Hemzal, Frankfurt am Main
Hauptgeschäftsführer(in): N.N.

Landesverbände

r 293

Kommunaler Arbeitgeberverband Baden-Württemberg

Panoramastr. 27, 70174 Stuttgart
T: (0711) 2 22 99 80 **Fax:** 22 29 98 77
Vorsitzende(r): Oberbürgermeister Gerhard Widder, Mannheim
Stellvertretende(r) Vorsitzende(r): N.N.
Hauptgeschäftsführer(in): Hermann Gebert

r 294

Kommunaler Arbeitgeberverband Bayern

Hermann-Lingg-Str. 3, 80336 München
T: (089) 5 30 98 70 **Fax:** 53 09 87 26
Vorsitzende(r): Rechtsk. berufsm. Stadtrat Ulrich Tenzer, Würzburg
Stellvertretende(r) Vorsitzende(r): Berufsm. Stadtrat Dr. Thomas Böhle, München
Geschäftsführer(in): Dr. Armin Augat

r 295

Arbeitsrechtliche Vereinigung Berlin e.V.

Welserstr. 5-7, 10777 Berlin
T: (030) 2 14 58 10 **Fax:** 21 45 81 18
Vorsitzende(r): Senator Dr. Eckhart Werthebach, Berlin
Stellvertretende(r) Vorsitzende(r): Senatsdirigent Dr. Joachim Vetter, Berlin
Geschäftsführer(in): Andreas Klein

r 296

Kommunaler Arbeitgeberverband Brandenburg

Stephensonstr. 4a, 14482 Potsdam
T: (0331) 74 71 80 **Fax:** 7 47 18 30
Vorsitzende(r): Landrat Lothar Koch, Potsdam
Stellvertretende(r) Vorsitzende(r): Verwaltungsdirektor Dr. Lutz Bütow, Potsdam
Geschäftsführer(in): Klaus-Dieter Klapproth

r 297

Kommunaler Arbeitgeberverband Bremen

Postf. 10 15 20, 28015 Bremen
Schillerstr. 1, 28195 Bremen
T: (0421) 3 61 23 41 **Fax:** 36 11 06 51
Vorsitzende(r): Staatsrat Dr. Günter Dannemann, Bremen
Stellvertretende(r) Vorsitzende(r): N.N.
Geschäftsführer(in): Wolfgang Söller

r 298

Arbeitsrechtliche Vereinigung Hamburg e.V.

Bei dem Neuen Krahn 2, 20457 Hamburg
T: (040) 3 74 83 80 **Fax:** 37 48 38 28
Vorsitzende(r): Senator Hartmut Wrocklage, Hamburg
Stellvertretende(r) Vorsitzende(r): Senatsdirektor Dr. Volker Bonorden, Hamburg
Verbandsgeschäftsführer: Hans-Dietrich von Dassel

r 299

Hessischer Arbeitgeberverband der Gemeinden und Kommunalverbände

Postf. 11 09 53, 60044 Frankfurt
Allerheiligentor 2-4, 60311 Frankfurt
T: (069) 9 20 04 70 **Fax:** 28 99 32
Vorsitzende(r): Stadtdezernent Albrecht Glaser (CDU), Frankfurt am Main
Stellvertretende(r) Vorsitzende(r): Landrat Fritz Kramer (CDU), Fulda
Verbandsgeschf.: Hilmar Reissner

r 300

Kommunaler Arbeitgeberverband Mecklenburg-Vorpommern

Bertha-von-Suttner-Str. 5, 19061 Schwerin
T: (0385) 30 31-0 **Fax:** 3 03 14 02
Vorsitzende(r): Landrat Gert Schultz, Waren
Stellvertretende(r) Vorsitzende(r): Bürgermeister Hans-Erich Höpner, Güstrow
Geschäftsführer(in): Hans-Jürgen Langhoff

r 301

Kommunaler Arbeitgeberverband Niedersachsen

Rotermundstr. 11, 30165 Hannover
T: (0511) 35 81 90 **Fax:** 3 58 19 21
Vorsitzende(r): Oberstadtdirektor Arno Schreiber, Wilhelmshaven
Stellvertretende(r) Vorsitzende(r): Oberstadtdirektor Henning Schultz, Wittmund
Hauptgeschäftsführer(in): Bernd Wilkening

r 302

Kommunaler Arbeitgeberverband Nordrhein-Westfalen (KAV NW)

Postf. 20 10 55, 42210 Wuppertal
Werth 79, 42275 Wuppertal
T: (0202) 2 55 13-0 **Fax:** 2 55 13-13, 2 55 13-14
Internet: http://www.kav-nw.de
E-Mail: kav-nw@t-online.de
Vorsitzende(r): Oberbürgermeister Ernst-Otto Stüber, Bochum
Stellvertretende(r) Vorsitzende(r): Dir. Karl-Heinz Lause, Düsseldorf
Hauptgeschäftsführer(in): Dr. Emil Vesper

Abschluß von Tarifverträgen; Interessenwahrnehmung der Mitglieder, Unterstützung in Fragen Arbeits- und Tarifrecht und bei Rechtsstreitigkeiten; Interessenausgleich zwischen den Mitgliedern und den bei ihnen Beschäftigten.

r 303

Kommunaler Arbeitgeberverband Rheinland-Pfalz

Postf. 27 05, 55017 Mainz
Deutschhausplatz 1, 55116 Mainz
T: (06131) 2 89 49-0 **Fax:** 2 89 49 28
Vorsitzende(r): Bürgermeister Harald Seiter, Wörth am Rhein
Stellvertretende(r) Vorsitzende(r): Bürgermeister Wilhelm Zeiser, Ludwigshafen
Verbandsgeschf.: Klaus Beckerle

r 304

Kommunaler Arbeitgeberverband Saar

Talstr. 9, 66119 Saarbrücken
T: (0681) 9 26 43 50 **Fax:** 9 26 43 15
Vorsitzende(r): Oberbürgermeister Hans Netzer, Völklingen
Stellvertretende(r) Vorsitzende(r): Bürgermeisterin Sigrid Morsch, Oberthal
Geschäftsführer(in): Prof. Dr. Wolfgang Knapp

r 305

Kommunaler Arbeitgeberverband Sachsen

Arndtstr. 11, 01099 Dresden
T: (0351) 8 00 80-0 **Fax:** 8 02 43 17
Vorsitzende(r): Bürgermeister Dr. Claus Förster, Oschatz
Stellvertretende(r) Vorsitzende(r): Direktor Wilhelm Hanss, Leipzig
Geschäftsführer(in): Frank Reinhardt

r 306

Kommunaler Arbeitgeberverband Sachsen-Anhalt

Köthener Str. 33a, 06118 Halle
T: (0345) 52 52 20 **Fax:** 5 25 22 22
Vorsitzende(r): Landrat Dr. Wulf Littke, Wittenberg
Stellvertretende(r) Vorsitzende(r): Geschäftsführer Walter Appelbaum, Sangerhausen
Verbandsgeschf.: Heinz Plage

r 307

Kommunaler Arbeitgeberverband Schleswig-Holstein

Reventlouallee 6, 24105 Kiel
T: (0431) 57 92 20 **Fax:** 5 75 90
Vorsitzende(r): Landrat Dr. Burghard Rocke, Itzehoe
Stellvertretende(r) Vorsitzende(r): Oberbürgermeister Hartmut Unterlehberg, Neumünster
Verbandsgeschf.: Klaus Klabunde

r 308

Kommunaler Arbeitgeberverband Thüringen

Alfred-Hess-Str. 31a, 99094 Erfurt
T: (0361) 2 20 11 10 **Fax:** 2 20 11 18
Vorsitzende(r): Landrat Dr.-Ing. Werner Thomas, Saalfeld
Stellvertretende(r) Vorsitzende(r): Sparkassendirektor Dieter Bauhaus, Weimar
Geschäftsführer(in): Wilfried Rosenkranz

Arbeitnehmerorganisationen

Gewerkschaften

• **R 309**

Deutscher Gewerkschaftsbund (DGB)

Hans-Böckler-Haus
Hans-Böckler-Str. 39, 40476 Düsseldorf
T: (0211) 43 01-0 **Fax:** 43 01-471

Geschäftsführender Bundesvorstand:
Vorsitzende(r): Dieter Schulte
Stellvertretende(r) Vorsitzende(r): Dr. Ursula Engelen-Kefer

Weitere Vorstandsmitglieder:
Günter Dickhausen
Heinz Putzhammer
Ingrid Sehrbrock

Vertreter/-innen der Gewerkschaften im Bundesvorstand:
Bundesvorsitzende(r): Klaus Wiesehügel (Ind.-Gew. Bauen-Agrar-Umwelt)
Hubertus Schmoldt (Ind.-Gew. Bergbau, Chemie, Energie)
Norbert Hansen (Transnet Gewerkschaft GdED)
Dr. Eva Maria Stange (Gew. Erziehung und Wissenschaft)
Margret Mönig-Raane (Gew. Handel, Banken und Versicherungen)
Detlef Hensche (Ind.-Gew. Medien)
Klaus Zwickel (Ind.-Gew. Metall)
Franz-Josef Möllenberg (Gew. Nahrung Genuss Gaststätten)
Herbert Mai (Gew. Öffentliche Dienste, Transport und Verkehr)
Norbert Spinrath (Gew. der Polizei)
Kurt van Haaren (Deutsche Postgewerkschaft)
Mitglieder: 8310783 (Stand 31.12.1998)

Landesbezirke des DGB

r 310

DGB-Landesbezirk Baden-Württemberg

Willi-Bleicher-Str. 20, 70174 Stuttgart
T: (0711) 2 02 80 **Fax:** 2 02 82 50
Internet: http://www.dgb-bw.de
E-Mail: info@dgb-bw.de
Landesbezirksvorsitzende(r): Rainer Bliesener
Pressesprecher(in): Jürgen Klose

r 311

DGB-Landesbezirk Bayern

Schwanthalerstr. 64, 80336 München
T: (089) 5 43 30 02 **Fax:** 5 32 83 14
Internet: http://www.dgb-bayern.de
E-Mail: bayern@dgb.de
Landesbezirksvorsitzende(r): Fritz Schösser
Pressesprecher(in): Heide Langguth

r 312

DGB-Landesbezirk Berlin-Brandenburg

Keithstr. 1-3, 10787 Berlin
T: (030) 2 12 40-0 **Fax:** 21 24 01 42
Internet: http://www.berlin-brandenburg.dgb.de
E-Mail: info@berlin-brandenburg.dgb.de
Landesbezirksvorsitzende(r): Dieter Scholz
Pressesprecher(in): Dieter Pienkny

r 313

DGB-Landesbezirk Hessen

Wilhelm-Leuschner-Str. 69-77, 60329 Frankfurt
T: (069) 2 73 00 50 **Fax:** 27 30 05 45, 27 30 05 55
Internet: http://www.hessen.dgb.de
E-Mail: hessen@dgb.de
Landesbezirksvorsitzende(r): Dieter Hooge
Pressesprecher(in): Marita Eilrich

r 314

DGB-Landesbezirk Niedersachsen/Bremen

Dreyerstr. 6, 30169 Hannover
T: (0511) 1 26 01-0 **Fax:** 1 26 01-57
Internet: http://www.nsb.dgb.de
Landesbezirksvorsitzende(r): Heinz-Hermann Witte
Pressesprecher(in): Ulf Birch

r 315

DGB-Landesbezirk Nord

Besenbinderhof 60, 20097 Hamburg
T: (040) 28 58-0 **Fax:** 28 58-299
Internet: http://www.nordmark.dgb.de
E-Mail: info@nord.dgb.de
Landesbezirksvorsitzende(r): Peter Deutschland
Pressesprecher(in): Michael Rittmeier

r 316

DGB-Landesbezirk Nordrhein-Westfalen

Friedrich-Ebert-Str. 34-38, 40210 Düsseldorf
T: (0211) 36 83-0 **Fax:** 36 83-159
Internet: http://www.nrw.dgb.de
Landesbezirksvorsitzende(r): Walter Haas
Pressesprecher(in): Elke Hülsmann

r 317

DGB-Landesbezirk Rheinland-Pfalz

Kaiserstr. 26-30, 55116 Mainz
T: (06131) 28 16-0 **Fax:** 22 57 39
E-Mail: rita.schmitt@dgb.de
Landesbezirksvorsitzende(r): Dieter Kretschmer
Pressesprecher(in): Rita Schmitt

r 318

DGB-Landesbezirk Saar

Fritz-Dobisch-Str. 5, 66111 Saarbrücken
T: (0681) 4 00 01-0 **Fax:** 4 00 01-20
Landesbezirksvorsitzende(r): Eugen Roth (Presseverantwortlich)

r 319

DGB-Landesbezirk Sachsen

Schützenplatz 14, 01067 Dresden
T: (0351) 8 63 31 00 **Fax:** 8 63 31 58
Landesbezirksvorsitzende(r): Hanjo Lucassen
Pressesprecher(in): Markus Schlimbach

r 320

DGB-Landesbezirk Sachsen-Anhalt

Lennestr. 13, 39112 Magdeburg
T: (0391) 6 25 03-0 **Fax:** 6 25 03-27
Landesbezirksvorsitzende(r): Dr. Jürgen Weißbach
Pressesprecher(in): Bernhard Becker

r 321

DGB-Landesbezirk Thüringen

Rudolfstr. 47 Gebäude E 2, 99092 Erfurt
T: (0361) 59 61-399, 59 61-311 **Fax:** 59 61-444
Internet: http://www.dgb-thueringen.de
Landesbezirksvorsitzende(r): Frank Spieth
Pressesprecher(in): Diana Glöckner

Gewerkschaften und Industriegewerkschaften im DGB

• **R 322**

Industriegewerkschaft Bauen-Agrar-Umwelt

Industriegewerkschaft Bauen-Agrar-Umwelt (IG BAU)

Bundesvorstand
Olof-Palme-Str. 19, 60439 Frankfurt
T: (069) 9 57 37-0 **Fax:** 9 57 37-800
Internet: http://www.igbau.de
Gründung: 1949 (August)
Bundesvorsitzende(r): Klaus Wiesehügel
Stellv. Bundesvors.: Ernst-Ludwig Laux
Hans-Joachim Wilms
Leitung Presseabteilung: Michael Knoche
Verbandszeitschrift: Der Grundstein/Der Säemann
Redaktion: Klaus Gabor (verantwortlich), Jörg Herpich
Verlag: IG-Bauen-Agrar-Umwelt, Bundesvorst. Klaus Wiesehügel
Mitglieder: 620000
Mitarbeiter: rd. 1000

Alle Gebiete der Gesellschaftspolitik sowie Wirtschafts-, Sozial-, Kultur- und Bildungspolitik. Der persönliche und fachliche Organisationsbereich umfaßt alle Arbeitnehmer, Beamte, die in der Berufsausbildung Stehenden (z.B. Auszubildende, Anlernlinge und Praktikanten) sowie die nicht mehr im Arbeitsleben stehenden Mitglieder folgender Wirtschaftszweige: Baugewerbe, Bauausbaugewerbe, Bauerhal-

tungsgewerbe, Baustoffindustrie, Fertighausbau, Industrie der Steine und Erden, Städtebau, Umweltschutz, Entsorgung und Recycling, Gebäude-, Industrie- und Städtereinigung, Gebäudemanagement, Wohnungswirtschaft, Architektur- und Ingenieurbüros, Bauforschungsinstitute, Einrichtungen der Tarifvertragsparteien, Berufsbildungseinrichtungen, Landwirtschaft und Forstwirtschaft aller Besitzarten einschließlich der Unternehmen, Organisationen, Einrichtungen und Verbände, die Dienstleistungen für die Landwirtschaft bzw. Forstwirtschaft erbringen, Gartenbau, Garten- und Landschaftsbau, Floristik, Fischerei, Tierwirtschaft, Freizeit und Pferdesporteinrichtungen, Landschafts- und Naturschutz.

Landesverbände:

r 323

IG Bauen-Agrar-Umwelt
Landesverband Baden-Württemberg
Willi-Bleicher-Str. 20, 70174 Stuttgart
T: (0711) 22 83 36 **Fax:** 2 28 33 80
Landesvorsitzende(r): Hanspeter Kern

r 324

IG Bauen-Agrar-Umwelt
Landesverband Bayern
Schwanthalerstr. 64, 80336 München
T: (089) 5 44 28 10 **Fax:** 5 38 91 95
Landesvorsitzende(r): Karl Heinz Strobl

r 325

IG Bauen-Agrar-Umwelt
Landesverband Berlin-Brandenburg
Keithstr. 1-3, 10787 Berlin
T: (030) 2 35 05 60 **Fax:** 23 50 56 23
Landesvorsitzende(r): Klaus Pankau

r 326

IG Bauen-Agrar-Umwelt
Landesverband Hessen
Wilhelm-Leuschner-Str. 69-77, 60329 Frankfurt
T: (069) 2 42 93 50 **Fax:** 23 98 28
Landesvorsitzende(r): Ernst-Ludwig Laux

r 327

IG Bauen-Agrar-Umwelt
Landesverband Niedersachsen-Bremen
Otto-Brenner-Str. 1, 30159 Hannover
T: (0511) 70 07 60 **Fax:** 7 00 76 76
Landesvorsitzender: Peter Ebbrecht

r 328

IG Bauen-Agrar-Umwelt
Landesverband Nord
Jungestr. 1, 20535 Hamburg
T: (040) 2 51 60 70 **Fax:** 2 51 39 77
Landesvorsitzende(r): Christoph Burmester

r 329

IG Bauen-Agrar-Umwelt
Landesverband Nordrhein
Sonnenstr. 10, 40227 Düsseldorf
T: (0211) 9 77 87-0 **Fax:** 9 77 87 20
Landesvorsitzende(r): Frank Wynands

r 330

IG Bauen-Agrar-Umwelt
Landesverband Rheinland-Pfalz-Saar
Kaiserstr. 26-30, 55116 Mainz
T: (06131) 23 24 08 u. 23 04 09 **Fax:** 23 74 09
Landesvorsitzende(r): Irmgard Meyer

r 331

IG Bauen-Agrar-Umwelt
Landesverband Sachsen
Ritzenbergstr. 3, 01067 Dresden
T: (0351) 4 92 99 50 **Fax:** 4 92 99 51
Landesvorsitzende(r): Frank Kunze

r 332

IG Bauen-Agrar-Umwelt
Landesverband Sachsen-Anhalt
Otto-von-Guericke-Str. 6, 39104 Magdeburg
T: (0391) 5 61 61 06/07 **Fax:** 5 61 61 10
Landesvorsitzende(r): Andreas Steppuhn

r 333

IG Bauen-Agrar-Umwelt
Landesverband Thüringen
Rudolfstr. 47 E2, 99092 Erfurt
T: (0361) 5 55 11-0 **Fax:** 5 55 11-14
Landesvorsitzende(r): Achim Stachelhaus

r 334

IG Bauen-Agrar-Umwelt
Landesverband Westfalen
Kreuzstr. 22, 44139 Dortmund
T: (0231) 12 90 47 **Fax:** 12 78 90
Landesvorsitzende(r): Frank Wynands

• R 335

Industriegewerkschaft Bergbau, Chemie, Energie
Hauptvorstand
Königsworther Platz 6, 30167 Hannover
T: (0511) 7 63 10 **Fax:** 7 00 08 91
E-Mail: presse@igbce.de
Gründung: 1996 (1. Januar)
Internationaler Zusammenschluß: siehe unter izr 77
1. Vorsitzende(r): Hubertus Schmoldt
Stellvertretende(r) Vorsitzende(r): Klaus Südhofer
Leitung Presseabteilung: Bernd Leibfried
Verbandszeitschrift: "magazin" - Die Gewerkschaftszeitschrift
Redaktion: Königsworther Platz 6, 30167 Hannover; Anzeigenverwaltung: Buchdruckwerkstättten Hannover GmbH, Postf. 91 13 40, 30433 Hannover
Mitglieder: 953000 (Stand 31.7.99)

Landesbezirke

r 336

IG Bergbau, Chemie, Energie
Landesbezirk Baden-Württemberg
Willi-Bleicher-Str. 20, 70174 Stuttgart
T: (0711) 2 29 16-0 **Fax:** 2 29 16 99
Landesbezirksleiter: Ralf Stockheim

r 337

IG Bergbau, Chemie, Energie
Landesbezirk Bayern
Schwanthalerstr. 64, 80336 München
T: (089) 51 40 41 00 **Fax:** 51 40 41 20
Landesbezirksleiter: Helmut Beer

r 338

IG Bergbau, Chemie, Energie
Landesbezirk Hessen/Thüringen
Wilhelm-Leuschner-Str. 69-77, 60329 Frankfurt
T: (069) 2 38 56 60 **Fax:** 23 85 66 29
Landesbezirksleiter: Rainer Kumlehn

r 339

IG Bergbau, Chemie, Energie
Landesbezirk Nord
Königsworther Platz 6, 30167 Hannover
T: (0511) 76 31-500 **Fax:** 76 31-520
Landesbezirksleiter: Peter Hüttenmeister

r 340

IG Bergbau, Chemie, Energie
Landesbezirk Westfalen
Alte Hattinger Str. 19, 44789 Bochum
T: (0234) 3 19-0 **Fax:** 3 19-325
Landesbezirksleiter: Alfred Geißler

r 341

IG Bergbau, Chemie, Energie
Landesbezirk Nordrhein
Hans-Böckler-Str. 39, 40476 Düsseldorf
T: (0211) 4 30 16 40 **Fax:** 4 30 16 20
Landesbezirksleiter: Detlef Fahlbusch

r 342

IG Bergbau, Chemie, Energie
Landesbezirk Rheinland-Pfalz/Saarland
Kaiserstr. 26-30, 55116 Mainz
T: (06131) 2 87 28-0 **Fax:** 2 87 28 25
Landesbezirksleiter: Gerhard Zibell

r 343

IG Bergbau, Chemie, Energie
Landesbezirk Nordost
Inselstr. 6, 10179 Berlin
T: (030) 27 87 13-3 **Fax:** 27 87 13-44
Landesbezirksleiter: Hans-Jürgen Schmidt

• R 344

Industriegewerkschaft Medien Druck und Papier, Publizistik und Kunst (IG Medien)
Hauptvorstand
Postf. 10 24 51, 70020 Stuttgart
Friedrichstr. 15, 70174 Stuttgart
T: (0711) 2 01 80 **Fax:** 2 01 82 62 Redaktion u. Pressestelle, 2 01 82 82 Vorstandssekretariat, 2 01 81 99 Zentrale
Internet: http://www.igmedien.de
E-Mail: presse@igmedien.de
Gründung: 1985 (Dezember)
Vorsitzende(r): Detlef Hensche
Verbandszeitschrift: "IG Medien FORUM"; "DRUCK UND PAPIER"; "M MENSCHEN-MACHEN-MEDIEN"; "KUNST & KULTUR"
Redaktion: Hermann Zoller, Henrik Müller, Ulrike Maercks-Franzen, Josef Singldinger, Postf. 10 24 51, 70020 Stuttgart, Friedrichstr. 15, 70174 Stuttgart, T: (0711) 20 18-0, Telefax: (0711) 20 18-2 62
Mitglieder: 179100 (Stand Dezember 1999)

Landesbezirke

r 345

IG Medien
Landesbezirk Baden-Württemberg
Willi-Bleicher-Str. 20, 70174 Stuttgart
T: (0711) 29 24 41-0 **Fax:** 29 24 41-49
Landesbezirksvorsitzende(r): Sybille Stamm

r 346

IG Medien
Landesbezirk Bayern
Schwanthalerstr. 64, 80336 München
T: (089) 54 46 40 20 **Fax:** 54 46 40 51
Landesbezirksvorsitzende(r): Walter Eßbauer

r 347

IG Medien
Landesbezirk Berlin-Brandenburg
Dudenstr. 10, 10965 Berlin
T: (030) 78 80 09-0 **Fax:** 78 80 09-20
Landesbezirksvorsitzende(r): Günter Kuttner

r 348

IG Medien
Landesbezirk Hessen
Wilhelm-Leuschner-Str. 69-77, 60329 Frankfurt
T: (069) 24 29 12-0 **Fax:** 25 20 94
Landesbezirksvorsitzende(r): Berthold Balzer

r 349

IG Medien
Landesbezirk Niedersachsen-Bremen
Goseriede 10-12, 30159 Hannover
T: (0511) 7 00 81-0 **Fax:** 1 78 29
Landesbezirksvorsitzende(r): Holger Menze

r 350

IG Medien
Landesbezirk Nord
Besenbinderhof 60, 20097 Hamburg
T: (040) 2 85 85 05 **Fax:** 28 58-5 11
Landesbezirksvorsitzende(r): Günther Metzinger

r 351

IG Medien
Landesbezirk Nordrhein-Westfalen
Hohenzollernring 85-87, 50672 Köln
T: (0221) 95 14 96-0 **Fax:** 52 81 95
Landesbezirksvorsitzende(r): Franz Kersjes

r 352

IG Medien
Landesbezirk Rheinland-Pfalz-Saar
Binger Str. 20, 55122 Mainz
T: (06131) 38 30 04, 38 30 05 **Fax:** 38 58 09
Landesbezirksvorsitzende(r): Hans-Joachim Schulze

r 353

IG Medien
Landesbezirk Südost
Täubchenweg 8, 04317 Leipzig
T: (0341) 6 88 98 17 **Fax:** 6 88 98 22
Landesbezirksvorsitzende(r): Udo Hautmann

• R 354

Transnet Gewerkschaft GdED
Hauptvorstand
Postf. 19 02 60, 60089 Frankfurt
Weilburger Str. 24, 60326 Frankfurt
T: (069) 75 36-0 **Fax:** 7 53 62 22
TGR: Gedelbahn Frankfurt
Gründung: 1948 (25. März)
Vorsitzende(r): Norbert Hansen
Stellvertretende(r) Vorsitzende(r): Günter Ostermann
Lothar Krauß
Leitung Presseabteilung: Hubert Kummer
Verbandszeitschrift: GdED-inform
Mitglieder: 352174 (Stand 31.12.98)
Mitarbeiter: 385

Bezirke

r 355

Gewerkschaft der Eisenbahner Deutschlands Bezirk Berlin/Brandenburg/Mecklenburg-Vorpommern/Nord-Brandenburg
Revaler Str. 100, 10243 Berlin
T: (030) 4 24 39 10 **Fax:** 42 43 91 40
Regionalleiter: Wolfgang Zell

r 356

Gewerkschaft der Eisenbahner Deutschlands Bezirk Sachsen/Sachsen-Anhalt/Thüringen/Halle
Rosa-Luxemburg-Str. 25, 04103 Leipzig
T: (0341) 22 61 60 **Fax:** 2 26 16 23
Regionalleiter: Fritz Ehrecke

r 357

Gewerkschaft der Eisenbahner Deutschlands Bezirk Nord-/Ostbayern/München/Südbayern
Essenweinstr. 4-6, 90443 Nürnberg
T: (0911) 2 14 72-0 **Fax:** 2 14 72-20
Regionalleiter: Rudolf Zellerer

r 358

Gewerkschaft der Eisenbahner Deutschlands Bezirk Köln/Essen/Saar-Mosel-Westpfalz
Postf. 10 15 29, 50455 Köln
Johannisstr. 54, 50668 Köln
T: (0221) 91 27 48-0 **Fax:** 91 27 48 20
Regionalleiter: Heinz van Booven

r 359

Gewerkschaft der Eisenbahner Deutschlands Bezirk Hessen/Rheinhessen/Württemberg/Baden/Rheinpfalz
Güterstr. 1, 60327 Frankfurt
T: (069) 97 58 00-0 **Fax:** 97 58 00-25
Regionalleiter: Rudi Hepf

r 360

Gewerkschaft der Eisenbahner Deutschlands Bezirk Niedersachsen/Bremen/Hamburg
Otto-Brenner-Str. 1, 30159 Hannover
T: (0511) 76 86 60 **Fax:** 7 68 66 33
Regionalleiter: Peter Kuczora

• R 361

Gewerkschaft Erziehung und Wissenschaft (GEW)
Hauptvorstand
Reifenberger Str. 21, 60489 Frankfurt
T: (069) 7 89 73-0 **Fax:** 7 89 73-202
Internet: http://www.gew.de
Vorsitzende(r): Dr. Eva-Maria Stange
Stellvertretende(r) Vorsitzende(r): Norbert Hocke
Geschäftsführer(in): Ulrich Hinz

Landesverbände

r 362

Gewerkschaft Erziehung und Wissenschaft, Landesverband Baden-Württemberg
Lazarettstr. 10, 70182 Stuttgart
T: (0711) 2 10 30-0 **Fax:** 2 10 30-45
Internet: http://www.bawue.gew.de
Vorsitzende(r): Rainer Dahlem

r 363

Gewerkschaft Erziehung und Wissenschaft, Landesverband Bayern
Schwanthalerstr. 64, 80336 München
T: (089) 54 40 81-0 **Fax:** 5 38 94 87
Internet: http://www.bayern.gew.de
Vorsitzende(r): Georg Wiesmaier

r 364

Gewerkschaft Erziehung und Wissenschaft, Landesverband Berlin
Ahornstr. 5, 10787 Berlin
T: (030) 21 99 93-0 **Fax:** 21 99 93-50
Internet: http://www.gew-berlin.de
Vorsitzende(r): Ulrich Thöne

r 365

Gewerkschaft Erziehung und Wissenschaft, Landesverband Bremen
Löningstr. 35, 28195 Bremen
T: (0421) 3 37 64-0 **Fax:** 3 37 64-30
Internet: http://www.gew-hb.de
Vorsitzende: Jürgen Burger
Yasmina Wöbbekind

r 366

Gewerkschaft Erziehung und Wissenschaft, Landesverband Hamburg
Rothenbaumchaussee 15, 20148 Hamburg
T: (040) 41 46 33-0 **Fax:** 44 08 77
Internet: http://www.gew-hamburg.de
E-Mail: info@gew-hamburg.de
Vorsitzende: Anna Ammonn

r 367

Gewerkschaft Erziehung und Wissenschaft, Landesverband Hessen
Postf. 170316, 60077 Frankfurt
T: (069) 97 12 93-0 **Fax:** 97 12 93-93
Internet: http://www.hessen-gew.de
E-Mail: info@hessen.gew.de
Vorsitzende: Gonhild Gerecht

r 368

Gewerkschaft Erziehung und Wissenschaft, Landesverband Niedersachsen
Berliner Allee 16, 30175 Hannover
T: (0511) 3 38 04-0 **Fax:** 3 38 04-46
Internet: http://www.gew-nds.de
E-Mail: info@gew-nds.de
Vorsitzende(r): Torsten Post

r 369

Gewerkschaft Erziehung und Wissenschaft, Landesverband Nordrhein-Westfalen
Nünningstr. 11, 45141 Essen
T: (0201) 2 94 03-01 **Fax:** 2 94 03-51
Internet: http://www.gew-nw.de
E-Mail: info@gew-nw.de
Vorsitzende(r): Dr. Jürgen Schmitter

r 370

Gewerkschaft Erziehung und Wissenschaft Rheinland-Pfalz
Neubrunnenstr. 8, 55116 Mainz
T: (06131) 2 89 88-0 **Fax:** 2 89 88 80
Vorsitzende(r): Tilman Boehlkau

r 371

Gewerkschaft Erziehung und Wissenschaft, Landesverband Saarland
Mainzer Str. 84, 66121 Saarbrücken
T: (0681) 6 68 30-0 **Fax:** 6 68 30-17
Internet: http://www.gew-saarland.de
E-Mail: info@gew-saarland.de
Vorsitzende(r): Klaus Kessler

r 372

Gewerkschaft Erziehung und Wissenschaft, Landesverband Schleswig-Holstein
Legienstr. 22-24, 24103 Kiel
T: (0431) 55 42 20 **Fax:** 55 49 48
Vorsitzende: Rita Wittmaack

r 373

Gewerkschaft Erziehung und Wissenschaft, Landesverband Brandenburg
Postf. 60 07 63, 14407 Potsdam
Lindenstr. 34a, 14467 Potsdam
T: (0331) 2 71 84-0 **Fax:** 2 71 84-30
Internet: http://www.gew-brandenburg.de
Vorsitzende(r): Günther Fuchs

r 374

Gewerkschaft Erziehung und Wissenschaft, Landesverband Mecklenburg-Vorpommern
Lübecker Str. 265a, 19059 Schwerin
T: (0385) 4 85 27-13 **Fax:** 4 85 27 24
Vorsitzende: Heidrun Breyer

r 375

Gewerkschaft Erziehung und Wissenschaft Landesverband Sachsen
Nonnenstr. 58, 04229 Leipzig
T: (0341) 4 94 74 12 **Fax:** 4 94 74 06
Internet: http://www.gew-sachsen.de
E-Mail: gew-sachsen@t-online.de
Vorsitzende: Sabine Gerold

r 376

Gewerkschaft Erziehung und Wissenschaft, Landesverband Sachsen-Anhalt
Tismarstr. 20, 39108 Magdeburg
T: (0391) 7 35 54-0 **Fax:** 7 31 34 05
Internet: http://www.gew-sachsen-anhalt.de
E-Mail: lv@gew-sachsen-anhalt.de
Vorsitzende(r): Thomas Lippmann

r 377

Gewerkschaft Erziehung und Wissenschaft, Landesverband Thüringen
Geschwister-Scholl-Str. 45, 99085 Erfurt
T: (0361) 5 90 95-0 **Fax:** 5 90 95-60
Internet: http://www.gew-thueringen.de
E-Mail: info@gew-thueringen.de
Vorsitzende(r): Jürgen Röhreich

• R 378

Gewerkschaft Handel, Banken und Versicherungen (HBV)
Hauptvorstand
Postf. 33 02 11, 40435 Düsseldorf
Kanzlerstr. 8, 40472 Düsseldorf
T: (0211) 9 04 00 **Fax:** 9 04 08 88
Gründung: 1948
Vorsitzende(r): Margret Mönig-Raane
Vorstand: Jürgen Schatta
Vorstand: Franziska Wiethold
Vorstand: Klaus Carlin
Vorstand: Rüdiger Timmermann
Verbandszeitschrift: "ausblick"
Mitglieder: 480000 (1998)
Mitarbeiter: 700

Landesbezirke

r 379

Gewerkschaft Handel, Banken u. Versicherungen Landesbezirk Baden-Württemberg
Willi-Bleicher-Str. 20, 70174 Stuttgart
T: (0711) 2 02 83 87 **Fax:** 2 26 19 66
Landesbezirksleiter: Werner Wild

r 380

Gewerkschaft Handel, Banken u. Versicherungen Landesbezirk Bayern
Schwanthalerstr. 64, 80336 München
T: (089) 54 46 27-0 **Fax:** 53 67 60
Landesbezirksleiter: Sepp Rauch

r 381

Gewerkschaft Handel, Banken u. Versicherungen Landesbezirk Berlin
Am Köllnischen Park 2, 10179 Berlin
T: (030) 27 87 73-0 **Fax:** 2 78 67 10
Landesbezirksleiter: Manfred Birkhahn

r 382

Gewerkschaft Handel, Banken u. Versicherungen Landesbezirk Hessen
Wilhelm-Leuschner-Str. 69-77, 60329 Frankfurt
T: (069) 2 38 55 40 **Fax:** 23 76 26
Landesbezirksleiter: Hans Kroha

r 383

Gewerkschaft Handel, Banken u. Versicherungen Landesbezirk Niedersachsen/Bremen
Goseriede 10-12, 30159 Hannover
T: (0511) 1 64 94-0 **Fax:** 1 64 94-95
Landesbezirksleiter: Peter Brenner

r 384

Gewerkschaft Handel, Banken u. Versicherungen Landesbezirk Nord
Besenbinderhof 60, 20097 Hamburg
T: (040) 2 85 84 30 **Fax:** 2 85 84 26
Landesbezirksleiter: Hinrich Feddersen

r 385

Gewerkschaft Handel, Banken u. Versicherungen Landesbezirk Nordrhein-Westfalen
Friedrich-Ebert-Str. 59-61, 40210 Düsseldorf
T: (0211) 1 72 93-0 **Fax:** 35 87 50
Landesbezirksleiter: Gerhard Keuchel

r 386

Gewerkschaft Handel, Banken u. Versicherungen Landesbezirk Rheinland-Pfalz
Frauenlobstr. 15-19, 55118 Mainz
T: (06131) 61 82 55 **Fax:** 60 40 70
Landesbezirksleiter: Uwe Klemens

r 387

Gewerkschaft Handel, Banken u. Versicherungen Landesbezirk Saar
Hafenstr. 29, 66111 Saarbrücken
T: (0681) 4 90 33-35 **Fax:** 9 48 22 11
Landesbezirksleiter: Rudolf Pruß

r 388

Gewerkschaft Handel, Banken u. Versicherungen Landesbezirk Mecklenburg-Vorpommern
Lübecker Str. 111-113, 19059 Schwerin
T: (0385) 79 40 12-14 **Fax:** 79 40 15
Landesbezirksleiter: Bernd Fritze

r 389

Gewerkschaft Handel, Banken u. Versicherungen Landesbezirk Brandenburg
Breite Str. 7a, 14467 Potsdam
T: (0331) 2 98 27-11 **Fax:** 2 98 27-33
Landesbezirksleiter: Günther Waschkuhn

r 390

Gewerkschaft Handel, Banken u. Versicherungen Landesbezirk Sachsen-Anhalt
Mittelstr. 12, 39114 Magdeburg
T: (0391) 5 92 21 33 **Fax:** 5 92 21 30
Landesbezirksleiter: Edeltraud Rogée

r 391

Gewerkschaft Handel, Banken u. Versicherungen Landesbezirk Sachsen
Turnstr. 37, 09126 Chemnitz
T: (0371) 5 29 40 **Fax:** 5 47 68
Landesbezirksleiter: Roland Hofmann

r 392

Gewerkschaft Handel, Banken u. Versicherungen Landesbezirk Thüringen
Rudolfstr. 47 E2, 99092 Erfurt
T: (0361) 65 99 80 **Fax:** 6 59 98 99
Landesvorsitzende(r): Angelo Lucifero

• R 393

Industriegewerkschaft Metall
- Vorstand
60519 Frankfurt
Lyoner Str. 32, 60528 Frankfurt
T: (069) 66 93-0 **Fax:** 66 93-2843
Internet: http://www.igmetall.de
E-Mail: vorstand@igmetall.de
Internationaler Zusammenschluß: siehe unter izr 78
1. Vorsitzende(r): Klaus Zwickel
2. Vorsitzende(r): Jürgen Peters
Hauptkassierer: Bertin Eichler
Leitung Presseabteilung: Claus Eilrich
Mitglieder: 2806255 (Stand: 31.01.2000)

Alle Gebiete der Gesellschaftspolitik sowie Wirtschafts-, Sozial-, Kultur- und Bildungspolitik. Der Organisationsbereich umfaßt Produktion und Dienstleistung der Bereiche Metall-Elektro, Textil-Bekleidung sowie Holz-Kunststoff

Bezirke

r 394

Industriegewerkschaft Metall Bezirk Brandenburg-Sachsen
Alte Jakobstr. 148-149, 10969 Berlin
T: (030) 25 37 50-0 **Fax:** 25 37 50 25
E-Mail: bzl.berlin@igmetall.de
Bezirksleiter: Hasso Düvel

r 395

Industriegewerkschaft Metall Bezirk Nordrhein-Westfalen
Roßstr. 94, 40476 Düsseldorf
T: (0211) 4 54 84-0 **Fax:** 4 54 84-101
E-Mail: bezirk.nrw@igmetall.de
Bezirksleiter: Harald Schartau

r 396

Industriegewerkschaft Metall Bezirk Frankfurt
Lyoner Str. 19, 60528 Frankfurt
T: (069) 6 69 09 60 **Fax:** 66 90 96 33 14
E-Mail: bzl.frankfurt@igmetall.de
Bezirksleiter: Klaus Mehrens

r 397

Industriegewerkschaft Metall Bezirk Küste
Kurt-Schumacher-Allee 10, 20097 Hamburg
T: (040) 2 80 09 00 **Fax:** 28 00 90 55
E-Mail: bezirk.kueste@igmetall.de
Bezirksleiter: Frank Teichmüller

r 398

Industriegewerkschaft Metall Bezirk Hannover
Otto-Brenner-Str. 7, 30159 Hannover
T: (0511) 16 40 60 **Fax:** 1 61 22 73
E-Mail: bzl.hannover@igmetall.de
Bezirksleiter: Hartmut Meine

r 399

Industriegewerkschaft Metall Bezirk Bayern
Schwanthalerstr. 64, 80336 München
T: (089) 53 29 49-0 **Fax:** 53 29 05 10
E-Mail: bzl.muenchen@igmetall.de
Bezirksleiter: Werner Neugebauer

r 400

Industriegewerkschaft Metall Bezirk Baden-Württemberg
Hölzelweg 2, 70191 Stuttgart
T: (0711) 16 58 10 **Fax:** 1 65 81 30
E-Mail: bzl.stuttgart@igmetall.de
Bezirksleiter: Berthold Huber

• R 401

Gewerkschaft Nahrung-Genuss-Gaststätten
Hauptvorstand
Haubachstr. 76, 22765 Hamburg
T: (040) 3 80 13-0 **Fax:** 3 89 26 37
Internet: http://www.gewerkschaft-ngg.de
E-Mail: 106020,72@compuserve.com
Gründung: 1865 (26. Dezember)
1. Vorsitzende(r): Franz-Josef Möllenberg
2. Vorsitzende(r): Reiner Wittorf
Leitung Presseabteilung: Dr. Karin Vladimirov
Verbandszeitschrift: "einigkeit"
Redaktion: Hans Plück
Mitglieder: 270000
Mitarbeiter: 362

Alle Gebiete der Gesellschaftspolitik sowie der Tarif-, Wirtschafts-, Sozial-, Kultur- und Bildungspolitik. Der Organisationsbereich umfaßt alle Bereiche von Nahrung, Genuß und Verwaltungsgesellschaften der Nahrungs- und Genußmittelindustrie, Im- und Exportläger der Freihäfen, Hotels, Restaurants, Cafés, Beherbergung, Gaststätten und Kantinenbetriebe, Genossenschaften der Nahrungs- und Genußmittelindustrie und der Landwirtschaft sowie die Hauswirtschaft.

Landesbezirke

r 402

Gewerkschaft Nahrung-Genuss-Gaststätten Landesbezirk Baden-Württemberg
Willi-Bleicher-Str. 20, 70174 Stuttgart
T: (0711) 2 02 83 96 **Fax:** 2 02 83 99
Landesbezirksvorsitzende(r): Herbert Berger

r 403

Gewerkschaft Nahrung-Genuss-Gaststätten Landesbezirk Bayern
Schwanthalerstr. 64, 80336 München
T: (089) 54 41 57-0 **Fax:** 54 41 57-20
Landesbezirksvorsitzende(r): Hans Hartl

r 404

Gewerkschaft Nahrung-Genuss-Gaststätten Landesbezirk Ost
Gotzkowskystr. 8, 10555 Berlin
T: (030) 39 99 15-0 **Fax:** 3 91 20 30
Landesbezirksvorsitzende(r): Edmund Mayer

r 405

Gewerkschaft Nahrung-Genuss-Gaststätten Landesbezirk Nord
Haubachstr. 74, 22765 Hamburg
T: (040) 38 01 31 20-23 **Fax:** 38 01 31 24
Landesbezirksvorsitzende(r): Herbert Grimberg

r 406

Gewerkschaft Nahrung-Genuss-Gaststätten Landesbezirk Hessen/Rheinland-Pfalz/Saar
Wilhelm-Leuschner-Str. 69-77, 60329 Frankfurt
T: (069) 25 35 84 **Fax:** 23 78 83
Landesbezirksvorsitzende(r): Gerhard Herbst

r 407

Gewerkschaft Nahrung-Genuss-Gaststätten Landesbezirk Niedersachsen/Bremen
Otto-Brenner-Str. 1, 30159 Hannover
T: (0511) 7 00 94-0 **Fax:** 7 00 94-20
Landesbezirksvorsitzende(r): Gunold Fischer

r 408

Gewerkschaft Nahrung-Genuss-Gaststätten Landesbezirk Nordrhein-Westfalen
Sonnenstr. 10, 40227 Düsseldorf
T: (0211) 72 02 08/9 **Fax:** 7 26 09 33
Landesbezirksvorsitzende(r): Thomas Gauger

• R 409

Gewerkschaft öffentliche Dienste, Transport und Verkehr (ÖTV)
Hauptvorstand
Theodor-Heuss-Str. 2, 70174 Stuttgart
T: (0711) 20 97-0 **Fax:** 20 97-4 62
Teletex: 7 111 654=oetv
Vorsitzende(r): Herbert Mai
Stellvertretende(r) Vorsitzende(r): Jutta Schmidt
Peter Blechschmidt
Leitung Presseabteilung: Olga Leisinger
Syndikus: Prof. Dr. Otto Ernst Kempen

r 410

Verbindungsbüro des Hauptvorstandes der Gewerkschaft ÖTV
Jägerstr. 6, 10117 Berlin
T: (030) 22 66 35 50 **Fax:** 2 26 63 55 25
Michael Wübbels

Bezirksverwaltungen

r 411

Gewerkschaft ÖTV
Bezirksverwaltung Baden-Württemberg
Calwer Str. 34, 70173 Stuttgart
T: (0711) 2 27 78-0 **Fax:** 2 27 78-37
Teletex: 7 111 638=oetv
Vorsitzende(r): Rudolf Winterholler

r 412

Gewerkschaft ÖTV
Bezirksverwaltung Bayern
Schwanthalerstr. 64, 80336 München
T: (089) 5 14 14-0 **Fax:** 5 14 14-48/51
Vorsitzende(r): Michael Wendl

r 413

Gewerkschaft ÖTV
Bezirksverwaltung Berlin
Engeldamm 70, 10179 Berlin
T: (030) 2 31 21-0 **Fax:** 2 31 21-6 31, 2 31 21-6 13
Vorsitzende(r): Susanne Stumpenhusen

r 414

Gewerkschaft ÖTV
Bezirksverwaltung Brandenburg
Puschkinallee 12, 14469 Potsdam
T: (0331) 2 84 39 80-15 **Fax:** 2 84 39 25
Vorsitzende(r): Werner Ruhnke

r 415

Gewerkschaft ÖTV
Bezirksverwaltung Hamburg
Besenbinderhof 60, 20097 Hamburg
T: (040) 28 58-0 **Fax:** 28 58-1 12
Vorsitzende(r): Wolfgang Rose

r 416

Gewerkschaft ÖTV
Bezirksverwaltung Hessen
Wilhelm-Leuschner-Str. 69-77, 60329 Frankfurt
T: (069) 2 56 12-0 **Fax:** 2 56 12-267
Vorsitzende(r): Gerold Schaub

r 417

Gewerkschaft ÖTV
Bezirksverwaltung Niedersachsen
Goethestr. 19, 30169 Hannover
T: (0511) 3 04 07-0 **Fax:** 3 04 07-40
Teletex: 923 125=oetvd
Vorsitzende(r): Horst Fricke

r 418

Gewerkschaft ÖTV
Bezirksverwaltung Nordrhein-Westfalen I
Postf. 10 25 52, 40016 Düsseldorf
Willi-Becker-Allee 10, 40227 Düsseldorf
T: (0211) 72 09-0 **Fax:** 7 27 01 38
Teletex: 2 114 384
Vorsitzende(r): Heinz Schürheck

r 419

Gewerkschaft ÖTV
Bezirksverwaltung Nordrhein-Westfalen II
Postf. 10 08 49, 44708 Bochum
Universitätsstr. 76, 44789 Bochum
T: (0234) 3 33 08-0 **Fax:** 3 33 08-13
Vorsitzende(r): Hartmut Limbeck

r 420

Gewerkschaft ÖTV
Bezirksverwaltung Nord
Hansestr. 14, 23558 Lübeck
T: (0451) 8 10 06 00 **Fax:** 8 10 06 66
Vorsitzende(r): Bernhard Fischer

r 421

Gewerkschaft ÖTV
Bezirksverwaltung Rheinland-Pfalz
Moselstr. 35, 55118 Mainz
T: (06131) 9 60 96-0 **Fax:** 9 60 96-96
Vorsitzende(r): Dietmar Muscheid

r 422

Gewerkschaft ÖTV
Bezirksverwaltung Weser-Ems
Bahnhofsplatz 22-28, 28195 Bremen
T: (0421) 3 35 67-0 **Fax:** 3 35 67 23
Teletex: 4 212 202=oetv
Vorsitzende(r): Marita Rosenow

r 423

Gewerkschaft ÖTV
Bezirksverwaltung Saar
Brauerstr. 6-8, 66123 Saarbrücken
T: (0681) 9 36 04-0 **Fax:** 9 36 04-88
Vorsitzende(r): Rolf Linsler

r 424

Gewerkschaft ÖTV
Bezirksverwaltung Sachsen
Schützenplatz 14, 01067 Dresden
T: (0351) 86 33-0 **Fax:** 86 33-553
Vorsitzende(r): Wolfgang Anschütz

r 425

Gewerkschaft ÖTV
Bezirksverwaltung Sachsen-Anhalt
Breiter Weg 173, 39104 Magdeburg
T: (0391) 6 25 58-0 **Fax:** 6 25 58-44
Vorsitzende(r): Manfred Bartsch

r 426

Gewerkschaft ÖTV
Bezirksverwaltung Thüringen
Schillerstr. 44, 99096 Erfurt
T: (0361) 3 40 43-51 **Fax:** 3 40 43-0
Vorsitzende(r): Claudia Rühlemann

• **R 427**

Gewerkschaft Pflege
Höllturm-Passage 5-6, 78315 Radolfzell
T: (07732) 5 25 73 **Fax:** 5 32 66
Internet: http://www.gewerkschaft-pflege.de
E-Mail: Gewerkschaft_Pflege@t-online.de
Gründung: 1991 (15. Juni)
Bundesvorsitzende(r): Winfried Mönig (E-Mail: wm@gewerkschaft-pflege.de)
Stellvertretende(r) Vorsitzende(r): Christian Ponocny
Eckart Bolle
Leitung Presseabteilung: N. N.
Verbandszeitschrift: Brennpunkt Pflege
Redaktion: Mirza Sopp
Verlag: Gewerkschaft Pflege, Höllturm-Passage 5/6, 78315 Radolfzell
Mitglieder: 2500

Landesverbände

r 428

Gewerkschaft Pflege
Landesverband Baden-Württemberg
Höllturm-Passage 5-6, 78315 Radolfzell
T: (07732) 5 25 73 **Fax:** (07753) 5 32 66
Landesvorsitzende(r): Maria Pfleghar

r 429

Gewerkschaft Pflege
Landesverband Bayern
Auf der Schanz 1c, 88161 Lindenberg
T: (08381) 32 67
Landesvorsitzende(r): Barbara Schlicht (T: (08381) 32 67)

r 430

Gewerkschaft Pflege
Landesverband Niedersachsen/Bremen
c/o Jörn Seffel
Hedwig-Heyl-Str. 40, 26127 Oldenburg
T: (0441) 6 64 04 35 **Fax:** 6 64 04 34
Landesvorsitzende(r): Jörn Seffel

r 431

Gewerkschaft Pflege
Landesverband Nordrhein-Westfalen
Zeppenheimer Weg 21, 40489 Düsseldorf
T: (0211) 4 08 00 98
Landesvorsitzende(r): Dieter Tillmanns (T: (0211) 28 22 06)

• **R 432**

Gewerkschaft der Polizei
Bundesvorstand
Forststr. 3a, 40721 Hilden
T: (0211) 71 04-0 **Fax:** 71 04-2 22
Gründung: 1950
Vorsitzende(r): Norbert Spinrath
Stellvertretende(r) Vorsitzende(r):
Konrad Freiberg
Helmut Hinsenhofen
Heinz Kiefer
Mitglieder: 196000 (Stand 1997)

Landesbezirke

r 433

Gewerkschaft der Polizei
Landesbezirk Baden-Württemberg
Maybachstr. 2, 71735 Eberdingen
T: (07042) 8 79-0 **Fax:** 8 79-2 11
Landesbezirksvorsitzende(r): Rüdiger May

r 434

Gewerkschaft der Polizei
Landesbezirk Bayern
Hansastr. 17, 80686 München
T: (089) 57 83 88 01 **Fax:** 57 83 88 10
Landesbezirksvorsitzende(r): Gerhard Keller

r 435

Gewerkschaft der Polizei
Landesbezirk Berlin
Viktoria-Luise-Platz 12a, 10777 Berlin
T: (030) 21 00 04-0 **Fax:** 2 18 20 56
Landesbezirksvorsitzende(r): Eberhard Schönberg

r 436

Gewerkschaft der Polizei
Landesbezirk Brandenburg
Rudolf-Breitscheid-Str. 64, 14482 Potsdam
T: (0331) 74 73 20 **Fax:** 7 47 32 99
Landesbezirksvorsitzende(r): Andreas Schuster

r 437

Gewerkschaft der Polizei
Landesbezirk Bremen
Postf. 10 54 66, 28054 Bremen
Altenwall 9 II, 28195 Bremen
T: (0421) 32 32 51 **Fax:** 32 32 79
Landesbezirksvorsitzende(r): Dieter Oehlschläger

r 438

Gewerkschaft der Polizei
Bezirk Bundesgrenzschutz
Industriestr. 180, 50999 Köln
T: (02236) 96 25 50 **Fax:** 96 25 55
Bezirksvors: Hans-Dieter Wimmer

r 439

Gewerkschaft der Polizei
Bezirk Bundeskriminalamt
Sonnenberger Str. 83, 65191 Wiesbaden
T: (0611) 30 93 45 **Fax:** 30 93 45
Bezirksvors: Hans-Georg Fuchs

r 440

Gewerkschaft der Polizei
Landesbezirk Hamburg
Besenbinderhof 60, 20097 Hamburg
T: (040) 2 80 89 60 **Fax:** 28 08 96 18
Landesbezirksvorsitzende(r): Konrad Freiberg

r 441

Gewerkschaft der Polizei
Landesbezirk Hessen
Wilhelmstr. 60a, 65183 Wiesbaden
T: (0611) 9 92 27-0 **Fax:** 9 92 27-27
Landesbezirksvorsitzende(r): Jörg Stein

r 442

Gewerkschaft der Polizei
Landesbezirk Mecklenburg-Vorpommern
Eckdrift 83, 19061 Schwerin
T: (0385) 6 38 31 10 **Fax:** 6 38 31 00
Landesbezirksvorsitzende(r): Michael Silkeit

r 443

Gewerkschaft der Polizei
Landesbezirk Niedersachsen
Berckhusenstr. 133a, 30625 Hannover
T: (0511) 53 03 70 **Fax:** 5 30 37 50
Landesbezirksvorsitzende(r): Bernhard Witthaut

r 444

Gewerkschaft der Polizei
Landesbezirk Nordrhein-Westfalen
Gudastr. 5-7, 40625 Düsseldorf
T: (0211) 29 10 10 **Fax:** 2 91 01 46
Landesbezirksvorsitzende(r): Werner Swienty

r 445

Gewerkschaft der Polizei
Landesbezirk Rheinland-Pfalz
Forsterstr. 31, 55118 Mainz
T: (06131) 96 00 90 **Fax:** 61 10 94
Landesbezirksvorsitzende(r): Helmut Conradt

r 446

Gewerkschaft der Polizei
Landesbezirk Saarland
Kaiserstr. 258, 66133 Saarbrücken
T: (0681) 81 14 98 **Fax:** 81 52 31
Landesbezirksvorsitzende(r): Hugo Müller

r 447

Gewerkschaft der Polizei
Landesbezirk Sachsen
Sachsenallee 16, 01723 Kesselsdorf
T: (035204) 6 87 11 **Fax:** 6 87 50
Landesbezirksvorsitzende(r): Volker Groschupf

r 448

Gewerkschaft der Polizei
Landesbezirk Sachsen-Anhalt
Halberstädter Str. 120, 39112 Magdeburg
T: (0391) 60 03 57 **Fax:** 60 04 22
Landesbezirksvorsitzende(r): Karsten Schmidt

r 449

Gewerkschaft der Polizei
Landesbezirk Schleswig-Holstein
Sedanstr. 14c, 24116 Kiel
T: (0431) 1 70 91 **Fax:** 1 70 92
Landesbezirksvorsitzende(r): Oliver Malchow

r 450

Gewerkschaft der Polizei
Landesbezirk Thüringen
Juri-Gagarin-Ring 153, 99084 Erfurt
T: (0361) 5 98 95-0 **Fax:** 5 98 95 20
Landesbezirksvorsitzende(r): Jürgen Schlutter

● **R 451**

Die Gewerkschaft für Postdienste Postbank und Telekommunikation

Deutsche Postgewerkschaft
Hauptvorstand
60525 Frankfurt
Rhonestr. 2, 60528 Frankfurt
T: (069) 66 95-0 **Fax:** 66 66-941, 66 66-961
Internet: http://www.dpg.org
Gründung: 1949 (30. Juni)
Vorsitzende(r): Kurt van Haaren
Stellvertretende(r) Vorsitzende(r): Michael Sommer
Leitung Presseabteilung: Dr. Sigrun Schmid
Mitglieder: 454000 (Stand: 01.01.00)

Vertretung der Interessen der Beschäftigten im Bereich Postdienste, Telekommunikation und Postbank in gesellschaftlichen, beruflichen, wirtschaftlichen, sozialen und kulturellen Angelegenheiten. Eintreten für Chancengleichheit sowie für eine weitere Demokratisierung in Staat und Wirtschaft.

r 452

Parlamentarische Verbindungsstelle der Deutschen Postgewerkschaft
Jägerstr. 6, 10117 Berlin
T: (030) 2 26 63 56-30 **Fax:** 22 66 35 35

Bezirksverwaltungen

r 453

Deutsche Postgewerkschaft
Bezirksverwaltung Berlin-Brandenburg
Schillstr. 9-10, 10785 Berlin
T: (030) 2 54 80 40 **Fax:** 25 48 04 61
Bezirksvors.: Bernd Lindenau

r 454

Deutsche Postgewerkschaft
Bezirksverwaltung Bremen-Weser-Ems
Rolandstr. 3-7, 28199 Bremen
T: (0421) 59 59 80 **Fax:** 5 95 98 65
Bezirksvors: Siegfried Sauer

r 455

Deutsche Postgewerkschaft
Bezirksverwaltung Dortmund
Prinz-Friedrich-Karl-Str. 5, 44135 Dortmund
T: (0231) 5 50 70 **Fax:** 5 50 72 50
Bezirksvors.: Heinrich Schütte

r 456

Deutsche Postgewerkschaft
Bezirksverwaltung Sachsen
Fiedlerstr. 4, 01307 Dresden
T: (0351) 4 48 49 15 **Fax:** 4 48 49 16
Bezirksvors.: Margitta Jahn

r 457

Deutsche Postgewerkschaft
Bezirksverwaltung Düsseldorf
Bismarckstr. 79, 40210 Düsseldorf
T: (0211) 16 80 50 **Fax:** 1 68 05 88
Bezirksvors.: Ernst-Heinrich Franzen

r 458

Deutsche Postgewerkschaft
Bezirksverwaltung Thüringen
Rudolfstr. 47 E2, 99092 Erfurt
T: (0361) 2 17 07 70 **Fax:** 2 17 07 79
Bezirksvors.: Joachim Jendrzey

r 459

Deutsche Postgewerkschaft
Bezirksverwaltung Hessen/Rheinland-Pfalz
Wilhelm-Leuschner-Str. 69-77, 60329 Frankfurt
T: (069) 2 42 50-0 **Fax:** 24 25 02 50
Bezirksvors.: Karlheinz Häuser

r 460

Deutsche Postgewerkschaft
Bezirksverwaltung Nord
Bürgerweide 80, 20535 Hamburg
T: (040) 25 15 31-0 **Fax:** 25 15 31 35
Bezirksvors.: Werner Schulte

r 461

Deutsche Postgewerkschaft
Bezirksverwaltung Hannover-Braunschweig
Dreyerstr. 6, 30169 Hannover
T: (0511) 9 11 98-0 **Fax:** 9 11 98 98
Bezirksvors.: Siegfried Konrad

r 462

Deutsche Postgewerkschaft
Bezirksverwaltung Nordbaden-Pfalz
Ettlinger Str. 1, 76137 Karlsruhe
T: (0721) 9 31 30-0 **Fax:** 9 31 30-80
Bezirksvors.: Ernst Honig

r 463

Deutsche Postgewerkschaft
Bezirksverwaltung Köln
Weinsbergstr. 190, 50825 Köln
T: (0221) 54 60 20 **Fax:** 5 46 02 77
Bezirksvors.: Hans Ott

r 464

Deutsche Postgewerkschaft
Bezirksverwaltung Sachsen-Anhalt
Erich-Weinert-Str. 30, 39104 Magdeburg
T: (0391) 56 86 90 **Fax:** 5 68 69 99
Bezirksvors.: Hans-Joachim Schuk

r 465

Deutsche Postgewerkschaft
Bezirksverwaltung Bayern
Schwanthalerstr. 64, 80336 München
T: (089) 54 42 00-0 **Fax:** 54 42 00 92
Bezirksvors.: Josef Falbisoner

r 466

Deutsche Postgewerkschaft
Bezirksverwaltung Münster
Lortzingstr. 13, 48145 Münster
T: (0251) 9 33 00-0 **Fax:** 9 33 00 44
Bezirksvors.: Bernhard Beck

r 467

Deutsche Postgewerkschaft
Bezirksverwaltung Bayern
Geschäftsstelle Franken
Marienstr. 2, 90402 Nürnberg
T: (0911) 99 21 80 **Fax:** 2 14 88 63
Stellvertretende(r) Vorsitzende(r): Reinhard Hoch

r 468

Deutsche Postgewerkschaft
Bezirksverwaltung Saar
Fritz-Dobisch-Str. 10, 66111 Saarbrücken
T: (0681) 4 76 76-0 **Fax:** 4 76 76-40
Bezirksvors.: Rolf Pohl

r 469

Deutsche Postgewerkschaft
Bezirksverwaltung Südwest
Landhausstr. 44, 70190 Stuttgart
T: (0711) 16 64-0 **Fax:** 1 66 40 11
Bezirksvors.: Franz Schierer

● **R 470**

Deutsche Angestellten-Gewerkschaft (DAG)
Bundesvorstand
Postf. 30 12 30, 20305 Hamburg
Johannes-Brahms-Platz 1, 20355 Hamburg
T: (040) 3 49 15-01 **Fax:** 3 49 15-4 00
TX: (041) 211 642
Internet: http://www.dag.de
Gründung: 1949 (12./13. April) Vereinigungskongreß in Stuttgart-Bad Cannstatt
Internationaler Zusammenschluß: siehe unter izr 130
Vorsitzende(r): Roland Issen
Stellvertretende(r) Vorsitzende(r): Ursula Konitzer (Ressort Wirtschaftspolitik)
Stellvertretende(r) Vorsitzende(r): Hubert Gartz (Ressort Private Dienste)
Lutz Freitag (Ressort Sozialpolitik)
Gerd Herzberg (Ressort Organisation, Werbung, Finanzen)
Lutz Freitag (Ressort Bildungspolitik)
Uwe Gudowius (Ressort Industrie)
Gerhard Renner (Ressort Banken, Sparkassen, Versicherungen)
Christian Zahn (Ressort Öffentlicher Dienst)
Leitung Presseabteilung: Dipl.-Pol. Ingo Schwope (T: (040) 34 91 53 04)
Verbandszeitschrift: DAG-Journal
Mitglieder: 480225 (Stand 31.12.1998)

Die DAG wahrt und fördert die wirtschaftlichen, sozialen, beruflichen und kulturellen Interessen ihrer Mitglieder.

r 471

Der Bevollmächtigte des Bundesvorstandes am Sitz der Bundesregierung in Berlin
Glinkastr. 25, 10117 Berlin
T: (030) 22 66-35410 **Fax:** 22 66-35415
Bevollmächtigter: Peter David

r 472

Der Bevollmächtigte des Bundesvorstandes der DAG Vertretung Bonn
Adenauerallee 118, 53113 Bonn
T: (0228) 21 43 44-45 **Fax:** 22 35 12
Bevollmächtigter: Jürgen Gromek

Landesverbände

r 473

DAG Landesverband Baden-Württemberg
Jägerstr. 24, 70174 Stuttgart
T: (0711) 2 29 25-0 **Fax:** 2 29 25 60
Landesverbandsleiterin: Gisela Gräber

r 474

DAG Landesverband Bayern
Türkenstr. 9, 80333 München
T: (089) 28 81 22-0 **Fax:** 28 81 22-44
Landesverbandsleiter: Heinz-Georg Harbauer

r 475

DAG Landesverband Berlin/Brandenburg
Blissestr. 2-6, 10713 Berlin
T: (030) 82 96-0 **Fax:** 82 96-2 57
Landesverbandsleiter: Hartmut Friedrich

r 476

DAG Landesverband Hamburg
Holstenwall 5, 20355 Hamburg
T: (040) 3 49 15-02 **Fax:** 3 49 15-5 14
Landesverbandsleiter: Uwe Grund

r 477

DAG Landesverband Hessen
Bockenheimer Landstr. 72-74, 60323 Frankfurt
T: (069) 71 91 16-0 **Fax:** 71 91 16-60
Landesverbandsleiter: Karl Eugen Becker

r 478

DAG Landesverband Niedersachsen/Bremen
Hildesheimer Str. 17, 30169 Hannover
T: (0511) 2 80 93-0 **Fax:** 2 80 93-290
Landesverbandsleiter: Wolfgang Denia

r 479

DAG Landesverband Nordrhein-Westfalen
Bastionstr. 18, 40213 Düsseldorf
T: (0211) 8 64 56-0 **Fax:** 8 64 56-13
Landesverbandsleiter: Dieter Heimann

r 480

DAG Landesverband Rheinland-Pfalz/Saar
Rheinstr. 105-107, 55116 Mainz
T: (06131) 28 19-0 **Fax:** 28 19-16
Landesverbandsleiterin: Dorothea Müller

r 481

DAG Landesverband Sachsen
Blumenstr. 80, 01307 Dresden
T: (0351) 4 47 93-0 **Fax:** 4 41 60 37
Landesverbandsleiter: Karl Menges

r 482

DAG Landesverband Sachsen-Anhalt/Thüringen
Lüneburger Str. 24, 39106 Magdeburg
T: (0391) 5 68 35-0 **Fax:** 5 68 35-20
Landesverbandsleiter: Jürgen Schenk

r 483

DAG Landesverband Schleswig-Holstein/Mecklenburg-Vorpommern
Sophienblatt 74-78, 24114 Kiel
T: (0431) 66 08-01 **Fax:** 66 08-110
Landesverbandsleiter: Dietmar Katzer

• **R 484**

Christlicher Gewerkschaftsbund Deutschlands (CGB)
- Bundesgeschäftsstelle
Konstantinstr. 13, 53179 Bonn
T: (0228) 35 70 62 **Fax:** 35 70 83
E-Mail: cgbbonn@t-online.de
Gründung: 1959 (27. Juni)
Vorsitzende(r): Peter Konstroffer
Verbandszeitschrift: CGB-aktuell
Verlag: Konstantinstr. 13, 53179 Bonn
Mitglieder: 304910 (per 31.12.99)

r 485

Christlicher Gewerkschaftsbund Deutschlands Landesverband Baden-Württemberg
Landhausstr. 9, 69115 Heidelberg
T: (06221) 2 02 90 **Fax:** 2 02 90
Vorsitzende(r): Johann Weber

r 486

Christlicher Gewerkschaftsbund Deutschlands Landesverband Bayern
Goethestr. 28, 80336 München
T: (089) 53 25 50 **Fax:** 53 65 29
Vorsitzende(r): Götz Beyer

r 487

Christlicher Gewerkschaftsbund Deutschlands Landesverband Berlin-Brandenburg
Fechnerstr. 18, 10717 Berlin
T: (030) 86 42 07 12, 86 42 07 13, 86 42 07 14
Vorsitzende(r): Heinz-Jürgen Biedermann

r 488

Christlicher Gewerkschaftsbund Deutschlands Landesverband Bremen
Am Dobben 10, 28203 Bremen
T: (0421) 32 33 31 **Fax:** 32 33 21
Vorsitzende(r): Peter Rudolph

r 489

Christlicher Gewerkschaftsbund Deutschlands Landesverband Hamburg
Postf. 60 06 29, 22206 Hamburg
T: (040) 7 42 68 20

r 490

Christlicher Gewerkschaftsbund Deutschlands Landesverband Hessen (DHV)
Fahrgasse 4, 60311 Frankfurt
T: (069) 28 02 04 **Fax:** 28 04 68
Vorsitzende(r): Leo Brockmann (MdL)

r 491

Christlicher Gewerkschaftsbund Deutschlands Landesverband Niedersachsen
Heinrichstr. 31, 30175 Hannover
T: (05361) 5 14 44 **Fax:** 5 14 44
Vorsitzende(r): Ute Beese

r 492

Christlicher Gewerkschaftsbund Deutschlands Landesverband Nordrhein-Westfalen
Hohe Str. 5, 47051 Duisburg
T: (0203) 2 34 47 **Fax:** 28 76 44
Vorsitzende(r): Wolfgang Jaeger (MdL)

r 493

Christlicher Gewerkschaftsbund Deutschlands Landesverband Rheinland-Pfalz
Ringener Str. 7-9, 53474 Bad Neuenahr-Ahrweiler
T: (02641) 3 12 63 **Fax:** 51 40
Vorsitzende(r): Siegfried Biebel

r 494

Christlicher Gewerkschaftsbund Deutschlands Landesverband Saarland
Eisenbahnstr. 25, 66117 Saarbrücken
T: (0681) 9 27 28-40 **Fax:** 9 27 28-43
Vorsitzende(r): Adalbert Ewen

r 495

Christlicher Gewerkschaftsbund Deutschlands Landesverband Sachsen
Damaschkestr. 22, 01259 Dresden
T: (0351) 2 01 91 76 **Fax:** 2 01 91 50
Vorsitzende(r): Hans-Ullrich Moik

r 496

Christlicher Gewerkschaftsbund Deutschlands Landesverband Sachsen-Anhalt
Walther-Rathenau-Str. 31, 39106 Magdeburg
T: (0391) 5 44 08 15 **Fax:** 5 44 08 15
Vorsitzende(r): Roland Breuer

r 497

Christlicher Gewerkschaftsbund Deutschlands Landesverband Schleswig-Holstein
Rotdornallee 16c, 24536 Neumünster
T: (04321) 3 28 50 **Fax:** 3 28 90
Vorsitzende(r): Rudolf Feuersenger

r 498

Christlicher Gewerkschaftsbund Deutschlands Landesverband Thüringen
Meuselwitzer Str. 22, 07546 Gera
T: (0365) 7 12 03 99 **Fax:** 7 12 03 99
Vorsitzende(r): Heidemarie Kästner

Angeschlossen:

• **R 499**

CGM

Christliche Gewerkschaft Metall
Hauptvorstand:
Alexanderstr. 9b, 70184 Stuttgart
T: (0711) 24 75 69 **Fax:** 2 36 12 56
Internet: http://www.cgm.de
E-Mail: info@cgm.de
Bundesvorsitzende(r): Reinhardt Schiller

Die Christliche Gewerkschaft Metall erstrebt: die Wahrung und Förderung der Arbeits- und Wirtschaftsbedingungen gem. Paragraph 9, Abs. 3 GG, die Schaffung von Eigentum in Arbeitnehmerhand, die Mitbestimmung in der Wirtschaft, eine Staats-, Gesellschafts- und Wirtschaftsordnung nach christlich-sozialen Grundsätzen.

• **R 500**

Christliche Gewerkschaft Bergbau-Chemie-Energie (CGBCE)
Eisenbahnstr. 25, 66117 Saarbrücken
T: (0681) 9 27 28-10 **Fax:** 9 27 28-43
E-Mail: CGB-Saar@t-online.de
Gründung: 1956
Vorsitzende(r): Adalbert Ewen
Stellvertretende(r) Vorsitzende(r): Werner Benedix
Wolfgang Jaeger
Mitglieder: 22500

• **R 501**

Bund der Hotel-, Restaurant- und Café-Angestellten - Union Ganymed -
Konstantinstr. 13, 53179 Bonn
T: (0228) 36 51 51 **Fax:** 36 51 52
Vorsitzende(r): Rainer Burgunder
Geschäftsführer(in): Horst Albers

• **R 502**

Christliche Gewerkschaft Medien (CG-Medien)
Talstr. 1, 71292 Friolzheim
Vorsitzende(r): Martin Lessenthin

• **R 503**

Arbeitnehmerverband land- und ernährungswirtschaftlicher Berufe im CGB (ALEB)
Stöverskamp 4, 27798 Hude
T: (04408) 14 18
Vorsitzende(r): Paul-Heinz Pung

• **R 504**

Christliche Gewerkschaft Deutschlands (CGD)
Ziegelberg 2, 07545 Gera
T: (0365) 2 44 71 **Fax:** 5 46 74
Vorsitzende(r): Gerd Felzmann

• **R 505**

Gesamtverband Deutscher Angestellten-Gewerkschaften (GEDAG)
Postf. 60 06 29, 22206 Hamburg
Cesar-Klein-Ring 40, 22309 Hamburg
T: (040) 63 28 02-0 **Fax:** 63 28 02-18
E-Mail: gedag@dhv-cgb.de
Vorsitzende(r): Jörg Hebsacker

r 506

DHV-Deutscher Handels- und Industrieangestellten-Verband im CGB

Bundesfachgruppe Öffentlicher Dienst
Postf. 60 06 29, 22206 Hamburg
Cesar-Klein-Ring 40, 22309 Hamburg
T: (040) 63 28 02-0 **Fax:** 63 28 02-18
Internet: http://www.dhv-cgb.de
E-Mail: dhv@dhv-cgb.de
Vorsitzende(r): Manfred Raible

r 507

Deutscher Land- und Forstwirtschaftlicher Angestelltenbund

Kirchwehrener Str. 3a, 30989 Gehrden
T: (05108) 57 67
Vorsitzende(r): Herbert Enders

r 508

Arbeitnehmerverband Deutscher Milchkontroll- und Tierzuchtbediensteter (ADM)

Dorfstr. 15, 99510 Kleinromstedt
T: (03641) 62 23 45 **Fax:** 62 23 12
Vorsitzende(r): Günter Hunsicker
Geschäftsführer(in): Petra Kohlmann

r 509

Verband Deutscher Techniker (VDT)

Postf. 60 06 29, 22206 Hamburg
Cesar-Klein-Ring 40, 22309 Hamburg
T: (040) 63 28 02 20 **Fax:** 63 28 02 18
Internet: http://www.dhv-cgb.de/vdt
E-Mail: vdt@dhv-cgb.de
Vorsitzende(r): Bernward Willeke
BGF: Klaus Freund

• **R 510**

Kraftfahrergewerkschaft (KFG)

Hohe Str. 5, 47051 Duisburg
T: (0203) 2 34 47 **Fax:** 28 76 44
E-Mail: cgb-nrw@t-online.de
Gründung: 1992 (April)
Vorsitzende(r): Willy Schieders, Emstek
Verbandszeitschrift: Deutsche Gewerkschaftszeitung
Redaktion: Alexanderstr. 9 B, 70184 Stuttgart
Verlag: SDV-Service Gesellschaft f. Dr., Augustenstr. 44, 70178 Stuttgart
Mitglieder: über 500

• **R 511**

Christliche Gewerkschaft Deutscher Eisenbahner (CGDE)

Eisenbahnstr. 25, 66117 Saarbrücken
T: (0681) 9 27 28 50 **Fax:** 5 20 12
Gründung: 1908
Vorsitzende(r): Theodor Ahr (Am Pfarrgarten 1, 66787 Wadgassen)

• **R 512**

Christliche Gewerkschaft Postservice und Telekommunikation (CGPT)

Konstantinstr. 13, 53179 Bonn
T: (0228) 35 70 61 **Fax:** 35 70 91
Internet: http://www.cgpt.de
E-Mail: CGPTBonn@t-online.de
Verbandszeitschrift: Das Personal
Redaktion: Konstantinstr. 13, 53179 Bonn
Verlag: Bundesdruckerei GmbH, Zweigniederlassung Bonn, Südstr. 119, 53175 Bonn

• **R 513**

Verein katholischer deutscher Lehrerinnen e.V. (VkdL)

Hedwig-Dransfeld-Platz 4, 45143 Essen
T: (0201) 62 30 29 **Fax:** 62 15 87
E-Mail: vkdl-essen@t-online.de
Gründung: 1885
Vorsitzende(r): Nelly Friedrich
Verbandszeitschrift: Katholische Bildung
Redaktion: Elisabeth Peerenboom, Nelly Friedrich (verantwortlich)
Verlag: Ernst Knoth, Melle

• **R 514**

DBB Tarifunion

Peter-Hensen-Str. 5-7, 53175 Bonn
T: (0228) 30 81 70 **Fax:** 3 08 17 23
Gründung: 1969
1. Vorsitzende(r): Robert Dera
2. Vorsitzende(r): Frank Stöhr
Geschäftsstellenleiterin: Manuela Winkler-Odenthal
Leitung Presseabteilung: Ulrich Hohendorf
Verbandszeitschrift: Nachrichtendienst TACHELES
Redaktion: Ulrich Hohndorf, Stephan Schmitz
Mitglieder: 365000
Mitarbeiter: 10

r 515

Verband Deutscher Straßenwärter (VDStra)

Postf. 95 01 67, 51086 Köln
Rösrather Str. 565, 51107 Köln
T: (0221) 9 86 70-0 **Fax:** 9 86 70-6
Vorsitzende(r): Siegfried Damm

r 516

Deutscher Berufsverband für Sozialarbeit, Sozialpädagogik, Heilpädagogik e.V. (DBSH)

Friedrich-Ebert-Str. 30, 45127 Essen
T: (0201) 8 20 78-0 **Fax:** 8 20 78-40
Internet: http://www.dbsh-bund.de
E-Mail: bgst.dbsh@t-online.de
Gründung: 1993 (23. Juli)
Vorsitzende(r): Hille Gosejacob-Rolf
Geschäftsführer(in): Volker Schneider
Mitglieder: 6500
Mitarbeiter: 6

r 517

DHV-Deutscher Handels- und Industrieangestellten-Verband im CGB

Postf. 60 06 29, 22206 Hamburg
Cesar-Klein-Ring 40, 22309 Hamburg
T: (040) 63 28 02-0 **Fax:** 63 28 02-18
Internet: http://www.dhv-cgb.de
E-Mail: dhv@dhv-cgb.de
Vorsitzende(r): Jörg Hebsacker
Verbandszeitschrift: Deutsche Angestellten-Zeitung
Verlag: DHV-Verlags- und Werbe-Gesellschaft mbH, Adresse wie DHV
Mitglieder: 72203

r 518

Gewerkschaft Öffentlicher Dienst und Dienstleistungen (GÖD)

Goethestr. 28, 80336 München
T: (089) 53 25 50 **Fax:** 53 65 29
Vorsitzende(r): Götz Beyer

• **R 519**

dhg

Deutsche Hausfrauengewerkschaft e.V. (dhg)

unabhängig überparteilich
Bundesgeschäftsstelle/Bundesvorsitzende
Berliner Str. 11, 67269 Grünstadt
T: (06359) 8 65 21 **Fax:** 8 65 21
Internet: http://www.dhg-frauen.de
E-Mail: kniehs@aol.com
Gründung: 1979
1. Bundesvors.: Wiltraud Beckenbach (Berliner Str. 11, 67269 Grünstadt, T: (06359) 8 65 21, Telefax: (06359) 8 65 21)
Stellv. Bundesvors.: Sabine Niegel (Siegfriedstr. 28 a, 68199 Mannheim, T: (0621) 85 64 99, Fax: 85 62 01)
Monika Bunte (Keldenichstr. 82, 40629 Düsseldorf, T: (0211) 28 31 84)
Leitung Presseabteilung: Jacqueline Poetschke (Lohengrinstr. 18, 70597 Stuttgart, T/Fax: (0711) 76 02 48)
Verbandszeitschrift: Familienarbeit heute
Redaktion: Helga Vetter
Verlag: Helga Vetter, Probststr. 9, 67283 Obrigheim, T: (06359) 20 58 51
Mitglieder: ca. 4000 bundesweit

Verband zur Förderung der eigenständigen finanziellen und sozialen Sicherung bei Familienarbeit.

Landesverbände:

r 520

Deutsche Hausfrauengewerkschaft Landesverband Baden-Württemberg

Widdersteinstr. 14, 88400 Biberach
T: (07351) 7 65 42 **Fax:** 82 81 40
Ursula Metz

r 521

Deutsche Hausfrauengewerkschaft Landesverband Berlin

Breitensteinweg 17a, 14165 Berlin
T: (030) 88 18 30 74
Christine Klecha

r 522

Deutsche Hausfrauengewerkschaft Landesverband Bremen

Karkmeyerstr. 29, 28277 Bremen
T: (0421) 82 19 37
Ilse Zipper

r 523

Deutsche Hausfrauengewerkschaft Landesverband Hamburg

Kiefernweg 57, 25421 Pinneberg
T: (04101) 85 19 92 **Fax:** 6 21 99
Marita Bergmann

r 524

Deutsche Hausfrauengewerkschaft Landesverband Hessen

Breslauer Str. 20, 65779 Kelkheim
T: (06195) 7 47 55 **Fax:** 88 40

r 525

Deutsche Hausfrauengewerkschaft Landesverband Niedersachsen

Triftstr. 18, 31137 Hildesheim
T: (05121) 6 48 58 **Fax:** 6 48 58
Gerda Becker

r 526

Deutsche Hausfrauengewerkschaft Landesverband Nordrhein-Westfalen

Gneisenaustr. 21, 40477 Düsseldorf
T: (0211) 4 91 15 83
Heidede Morgenbrod

r 527

Deutsche Hausfrauengewerkschaft Landesverband Rheinland-Pfalz

Berliner Str. 11, 67269 Grünstadt
T: (06359) 8 65 21 **Fax:** 8 65 21
Wiltraud Beckenbach

r 528

Deutsche Hausfrauengewerkschaft Landesverband Sachsen

Ebereschenweg 24, 01474 Schönfeld
T: (0351) 2 69 14 81
Birgit Jira-Dietz

r 529

Deutsche Hausfrauengewerkschaft Landesverband Schleswig-Holstein

Masurenring 61, 24149 Kiel
T: (0431) 20 32 45
Marianne Grimm

• **R 530**

Aktion Neue Politik

Die Aktion für Recht, Ordnung und Wahrheit
Roseggerstr. 3, 86179 Augsburg
T: (0821) 81 27 82 **Fax:** 88 07 13
Gründung: 1982
Bundesvorsitzende(r): Albert Gotthold

Sonstige Arbeitnehmer-Organisationen

• **R 531**

Bundesverband der Katholischen Arbeitnehmer-Bewegung Deutschlands (KAB)

Bundesgeschäftsstelle:
Bernhard-Letterhaus-Str. 26, 50670 Köln
T: (0221) 77 22-0 **Fax:** 77 22-116
Gründung: 1971 (29. Mai)
Bundesvorsitzende(r): Hans Pappenheim
Bundes-Präses: Clemens August Haltermann
Bundes-GF: Renate Müller
Verbandszeitschrift: KAB-Impuls
Redaktion: (verantw) Matthias Rabbe
Mitglieder: 300000

• R 532

Katholische Arbeitnehmer-Bewegung / Frauen Westdeutschlands Verbandszentrale (KAB/F)

Bernhard-Letterhaus-Str. 26, 50670 Köln
T: (0221) 7 72 22 18 **Fax:** 7 72 21 16
Internet: http://www.kab.de
E-Mail: kabw@netcologne.de
Gründung: 1927
Frauenreferentinnen: Lucia Schneiders-Adams
Mechthild Hartmann-Schäfers

• R 533

Berufsverband Katholischer Arbeitnehmerinnen in der Hauswirtschaft in Deutschland e.V.

Zwillingstr. 4, 80807 München
T: (089) 3 56 75 94 **Fax:** 3 59 70 95
Gründung: 1907
Vorsitzende: Brigitte Rüb-Hering
Verbandszeitschrift: "bkh-Nachrichten"
Redaktion: Karina Martin
Verlag: Zwillingstr. 4, 80807 München
Mitglieder: 6000
Mitarbeiter: 1

• R 534

Bundesverband Evangelischer Arbeitnehmerorganisationen e.V. (BVEA)

Auguststr. 80, 10117 Berlin
T: (030) 28 39 51 51 **Fax:** 28 39 51 67
Gründung: 1971 (14. Mai)
Bundesvorsitzende(r): Werner Schlegel, Baden
Bundesverbandspräses: Pfarrer Ekkehard Herrmann, Bayern
BundesGeschF: Dipl.-Betriebsw. Matthias Gehlhar
Ltd. Redakteur: Rolf Bartels, Hannover
Verbandszeitschrift: RUNDSCHAU der Evangelischen Arbeitnehmer
Redaktion: Bundesverband Evang. Arbeitnehmerorganisationen, Auguststr. 80, 10117 Berlin
Verlag: Selbstverlag
Mitglieder: 55000 in 20 Landesverbänden
Mitarbeiter: 4

Zusammenführung evangelischer Arbeitnehmer, sozialethisch begründete Beiträge zur Meinungsbildung, insbesondere für die Wirtschafts- und Sozialordnung, Bildungsarbeit für Arbeitnehmer in Seminaren und Vorträgen, Kontakte zu den Arbeitnehmerorganisationen sowie den politschen Parteien. Herausgabe einer eigenen Zeitschrift „Rundschau der evangelischen Arbeinehmer". Vertreter in Selbstverwaltungsorganen, Sozialversicherungsträger; über 100 ehrenamtliche Finanz-, Arbeits- und Sozialrichter.

• R 535

Bundesverband Evangelischer Erzieherinnen und Sozialpädagoginnen e.V.

Kurt-Schumacher-Str. 2, 34117 Kassel
T: (0561) 10 76 96 **Fax:** 10 76 01
Gründung: 1925
1. Vorsitzende: Margret Kern-Bechtold
Verbandszeitschrift: e+s - Nachrichten
Mitglieder: 1700

• R 536

Arbeitsgemeinschaft christl. Arbeitnehmer-Organisationen in der Bundesrepublik Deutschland (ACA)

Bundesvorstand
Ulmer Str. 36a, 86356 Neusäß
T: (0821) 48 16 52
Gründung: 1907
Vorsitzende(r): Erich Schwaiger (Bundesvors.)
Geschäftsführer(in): Bernhard Hennecke (Kolpingplatz 5-11, 50667 Köln, T: (0221) 2 07 01-32, Telefax: (0221) 2 07 01-38)
Mitglieder: 702000

Die Bundes-ACA ist eine selbständige Vereinigung von Arbeitnehmerorganisationen mit sozial- oder berufspolitischer Zwecksetzung, die für die angeschlossenen Arbeitsgemeinschaften christlicher Arbeitnehmerorganisationen der Länder die gemeinsamen sozial- oder berufspolitischen Aufgaben auf Bundesebene übernimmt.

• R 537

CDA Christlich-Demokratische Arbeitnehmerschaft Deutschlands

Johannes-Albers-Allee 3, 53639 Königswinter
T: (02223) 7 30 **Fax:** 2 80 62
E-Mail: info@cda-bund.de
Vorsitzende(r): Rainer Eppelmann (MdB)
Hauptgeschäftsführer(in): Ulrich Hettinger

CDA Verlagsgesellschaft mbH Redaktion Magazin Soziale Ordnung

Johannes-Albers-Allee 3, 53639 Königswinter
T: (02223) 7 31 16 **Fax:** 2 80 62
E-Mail: verlag@cda-bund.de
Herausgeber: Rainer Eppelmann (MdB)
Geschäftsführer(in): Ulrich Hettinger
Marketingleiter: Jürgen F. Wippermann

• R 538

Arbeitsgemeinschaft Berufstätiger Frauen in der Christlich-Demokratischen Arbeitnehmerschaft

Johannes-Albers-Allee 3, 53639 Königswinter
T: (02223) 73-0
Gründung: 1969
Vorsitzende(r): Angelika Riedel
Geschäftsführer(in): Helga Bümmerstede
Mitglieder: ca. 4000
Landesverbände: Baden-Württemberg, Berlin, Brandenburg, Bremen, Hamburg, Hessen, Mecklenburg-Vorpommern, Niedersachsen, Nordrhein-Westfalen, Rheinland-Pfalz, Saarland, Sachsen, Sachsen-Anhalt, Schleswig-Holstein, Thüringen

• R 539

Deutscher Arbeitnehmer-Verband (DAV)

Postf. 13 80, 45743 Marl
Loestr. 28, 45768 Marl
T: (02365) 1 50 59, 1 50 50 **Fax:** 5 61 81
Gründung: 1952
1. Vorsitzende(r): Kurt Stuhlemmer
2. Vorsitzende(r): Werner Sandrock

• R 540

Bundesarbeitsgemeinschaft für Arbeitskammern e.V. (BAAK)

Postf. 60 02 20, 81202 München
Bäckerstr. 59c, 81241 München
T: (089) 8 34 73 72 **Fax:** 8 34 73 72
Gründung: 1972 (Juni)
Vorsitzende(r): Peter Keller
Geschäftsf. Vorst.: Willibald Fink

• R 541

Verband der weiblichen Arbeitnehmer e.V. (VWA)

Konstantinstr. 33, 53179 Bonn
T: (0228) 9 56 39 77 **Fax:** 9 56 39 78
Gründung: 1889
Bundesvorsitzende(r): Christa Becker-Müller (Erftstr. 9, 53175 Bonn, T: (0228) 37 94 30)
Verbandszeitschrift: VWA Spektrum - Nicht nur für Frauen
Verlag: VWA

r 542

VWA im LFR Berlin

Tempelhofer Damm 2, 12101 Berlin
Heike Grützmacher (T: (030) 7 86 92 58)

• R 543

Deutscher Bankangestellten Verband

Oststr. 13, 40211 Düsseldorf
T: (0211) 3 69 45 58 **Fax:** 36 96 79
Internet: http://www.dbv-gewerkschaft.de
E-Mail: webmaster@dbv-gewerkschaft.de
Gründung: 1894
Vorsitzende(r): Lothar Wacker (Vors. d. Bundesvorstandes)
Geschäftsführerin: Sigrid Betzen
Verbandszeitschrift: der bankangestellte
Redaktion: Eigenverlag

Vertretung und Förderung gemeinsamer Belange der Mitglieder. Mitwirkung bei Neuordnung des Arbeits- und Sozialrechts. Verbesserung des Arbeitsschutzes. Fachliche Weiterbildung und Förderung des Berufsnachwuchses.

• R 544

Verband der Bahnkontrolleure

Unkenweg 1, 36282 Hauneck
T: (06621) 7 15 19
1. Vorsitzende(r): Karl Heinz Ortstadt (Unkenweg 1, 36282 Hauneck)
2. Vorsitzende(r): Herbert Schade
Schriftführer(in): Norbert J. Rüth
Schatzmeister: Wilhelm Kaufmann
Mitglieder: 483

• R 545

Verband des PostVertriebspersonals

Bundesvorstand
Bundesgeschäftsstelle
Postf. 16 51, 49466 Ibbenbüren
Bockradener Str. 12, 49477 Ibbenbüren
T: (05451) 1 69 15 **Fax:** 10 72
Internet: http://www.vdpv.de
E-Mail: vdpv.bgst@t-online.de
Bundesvorsitzende(r): Tony Ilg
Stellv. Bundesvors.: Günther Petersen
Geschäftsführer(in): Werner Esch (Ltg. Presseabt.)
Verbandszeitschrift: Die Landpost
Redaktion: Verband des PostVertriebspersonals, Postf. 16 51, 49466 Ibbenbüren
Schriftleiter: Werner Esch
Mitglieder: 2000

• R 546

Vereinigung der Rundfunk-, Film- und Fernsehschaffenden (VRFF)

Bundesvorstand
Geschäftsstelle ZDF-Hochhaus
Postf. 31 01 25, 55062 Mainz
ZDF-Str. 1, 55127 Mainz
T: (06131) 70 46 87 **Fax:** 33 81 52
Gründung: 1965 (Mai)
Vorsitzende(r): Günter Dahlem (T: (0221) 50 61 25 05, Fax: (0221) 50 61 29 00)
Geschäftsführer(in): Karl-Rainer Müller (T: (06131) 70 45 30)

r 547

VRFF Betriebsgruppe ZDF

Postf. 31 01 25, 55062 Mainz
Vorsitzende(r): Dr. Reinhold Ferdinand (T: (06131) 70 95 00)

Landesverbände

r 548

VRFF Landesverband Hessen

c/o Hessischer Rundfunk
Bertramstr. 8, 60320 Frankfurt
Vorsitzende(r): Peter Moosmann (T: (069) 1 55 25 05)

r 549

VRFF Landesverband Saar

Postf. 10 32 18, 66032 Saarbrücken
Vorsitzende(r): Christine Frank (T: (0681) 6 02 22 41)

r 550

VRFF Landesverband West

Postf. 40 06 52, 50836 Köln
Vorsitzende(r): Karl Rink (T: (0221) 50 61 22 98)
Vorsitzender Betriebsgruppe GEZ: Gregor Keller (T: (0221) 50 61 27 21)
Vorsitzender Betriebsgruppe WDR: Marion Maslow (T: (0221) 2 20 62 25)
Vorsitzende Betriebsgruppe DW: Norbert Nix (T: (0221) 3 89 26 59)
Vorsitzender Betriebsgruppe DLR: Hans-Peter Salm (T: (0221) 3 45 42 81)

r 551

VRFF Betriebsgruppe RADIO BREMEN

Postf. 45 01 21, 28295 Bremen
Vorsitzende(r): Dr. Norbert Caspar (T: (0421) 2 46 23 79)

• R 552

Bund der Beauftragten für Rundfunkgebühren e.V. Berlin

An den Drei Pfosten 40, 57072 Siegen
T: (0271) 5 35 31 **Fax:** 2 27 27
Gründung: 1996 (November)
Vorsitzende(r): Johannes Winkler
Stellvertretende(r) Vorsitzende(r): Volker Rinke
Peter Quack
Mitglieder: ca. 350

• R 553

Verband der Führungskräfte Deutscher Bahnen (VGB) e.V.

Bundesgeschäftsstelle
Güterstr. 1, 60327 Frankfurt
T: (069) 74 30 96 71 **Fax:** 74 30 96 72
E-Mail: vgb-geschaeftsstelle@t-online.de
Vorsitzende(r): Dipl.-Verw.-Betriebsw. Hartmut Berntßen (Finkenschlag 1, 47279 Duisburg)

Geschäftsführer und Leiter der Bundesgeschäftsstelle: Dipl.-Verw.-Betriebsw. Lothar Schote (Am Huhlchen 7, 55130 Mainz)
Verbandszeitschrift: VGB-Kurier
Redaktion: Walter Henss, Bouguenais Allee 14, 65462 Ginsheim-Gustavsburg
Verlag: DZS GmbH, Bamlerstr. 20, 45141 Essen
Mitglieder: 5000

Einsatz für die berufsständischen Belange der Mitglieder, Förderung der fachlichen und allgemeinen Weiterbildung, Pflege des gesellschaftlichen Zusammenhalts.

• R 554

ULA
Führungskräfte der Deutschen Wirtschaft

Union der Leitenden Angestellten (ULA)
-Spitzenverband der Führungskräfte der deutschen Wirtschaft
Postf. 19 14 46, 14004 Berlin
Kaiserdamm 31, 14057 Berlin
T: (030) 30 69 63-0 **Fax:** 30 69 63-13
Internet: http://www.ula.de
E-Mail: info@ula.de
Gründung: 1951
Internationaler Zusammenschluß: siehe unter izr 186
Präsident(in): Dr. Peter Weber
Vizepräsident(in): Dr. Karlheinz Messmer
Manfred Göbels
Dr. Norbert Schächter
Geschäftsführer: Ludger Ramme
Leitung Presseabteilung: Kay Uwe Berg
Verbandszeitschrift: ULA-Nachrichten
Redaktion: Kay Uwe Berg
Verlag: GVS-mbH, Kaiserdamm 31, 14057 Berlin
Mitglieder: 52000

Die ULA vertritt die gemeinsamen gesellschaftspolitischen, rechtlichen, wirtschaftlichen und sozialen Interessen der in den Mitgliedsverbänden zusammengeschlossenen Führungskräfte.

Angeschlossene Verbände

r 555

VAA
FÜHRUNGSKRÄFTE-VERBAND CHEMIE

Verband angestellter Akademiker und Leitender Angestellter der chemischen Industrie e.V. (VAA)
Postf. 10 12 10, 50452 Köln
T: (0221) 16 00 10 **Fax:** 16 00 16
Internet: http://www.vaa.de
E-Mail: info@vaa.de
Gründung: 1948 (16. November)
Internationaler Zusammenschluß: siehe unter izt 9
Vorsitzende(r): Dr. Joachim Betz
Hauptgeschäftsführer(in): Ansgar Fischer
Verbandszeitschrift: VAA-Nachrichten
Redaktion: Dr. Reiner Siekerkötter
Verlag: GVS-mbH, Kaiserdamm 31, 14057 Berlin
Mitglieder: 28000

VAA Büro Berlin
Kaiserdamm 31, 14057 Berlin
T: (030) 30 69 84-0 **Fax:** 30 69 84-20

r 556

Verband der Führungskräfte e.V. (VDF)
Postf. 34 02 50, 45074 Essen
Alfredstr. 77-79, 45130 Essen
T: (0201) 77 20 11 **Fax:** 77 20 14
Internet: http://www.vdf.de
E-Mail: vdf@vdf.de
Gründung: 1919
Vorsitzende(r): Dr. Heinz-Norbert Schächter
Geschäftsführende(s) Vorstands-Mitglied(er): Dr. Eberhard Behnke
Geschäftsführer(in): RA Jörg ten Eicken
RA Ulrich Goldschmidt
RA Alfons Bleyleven

Verbandszeitschrift: "Führungskraft"
Redaktion: selbst
Verlag: BEW Verwaltungsgesellschaft mbH, Alfredstr. 77-79, 45130 Essen
Mitglieder: 8500

r 557

VAF
Stahl, Metall, Elektro, Bau, Bank, Handel, Luftfahrt, Medien, Nahrung, Textil, Transport, Versicherung, Holz, Dienstleistung
Verband Angestellter Führungskräfte e.V.

Verband angestellter Führungskräfte e.V. (VAF)
Hohenstaufenring 43, 50674 Köln
T: (0221) 92 18 29-0 **Fax:** 9 21 82 96
Internet: http://www.vaf.de
E-Mail: vaf-koeln@t-online.de
Gründung: 1919
Vorsitzende(r): Manfred Göbels
Hauptgeschäftsführer(in): RA Dr. Wolf-Rüdiger Janert
Verbandszeitschrift: VAF-Perspektiven
Redaktion: selbst
Mitglieder: 12000

Aufgabenbereich: Stahl, Metall- und Elektroindustrie; Bauwirtschaft, Handel, Bank, Telekommunikation, Dienstleistung; weitere Industrien und mittelständische Unternehmen.

r 558

VDL-Bundesverband
Berufsverband Agrar, Ernährung, Umwelt e.V.
- Sparte Privatangestellte
Kasernenstr. 14, 53111 Bonn
T: (0228) 9 63 05-0 **Fax:** 9 63 05-11
Internet: http://www.vdl.de
E-Mail: VDLBV.Bonn@t-online.de
Vorsitzende(r): Dr. Helmut Nieder
Geschäftsführer(in): Dr. Jörg-Friedrich Sander
Mitglieder: ca. 8000

r 559

Vereinigung der höheren Führungskräfte der deutschen Bahnen (VHB)
Mittlerer Hasenpfad 66, 60598 Frankfurt
T: (069) 6 19 92 46-4 **Fax:** 6 19 92 46-5
E-Mail: publicconcept@t-online

kooperierend

r 560

Bundesverband der Assekuranzführungskräfte e.V. (VGA)
- Arbeitgeberverband für das private Versicherungsvermittlungsgewerbe
Kaiser-Wilhelm-Ring 15, 50672 Köln
T: (0221) 9 52 12 80, 9 52 12 81 **Fax:** 9 52 12 82
Internet: http://www.vga-koeln.de
E-Mail: info@vga-koeln.de
Gründung: 1877 (1.April)
Internationaler Zusammenschluß: siehe unter izk 67
Vorsitzende(r): Horst Peil
Geschäftsführer(in): Dipl.-Volksw. Oliver Mathais
Verbandszeitschrift: VGA Nachrichten
Mitglieder: 1200

• R 561

DAB DAB DAB
DEUTSCHER AKADEMIKERINNEN BUND E.V.

Deutscher Akademikerinnenbund e.V. (DAB)
Friedhofstr. 41, 74074 Heilbronn
T: (07131) 17 85 40 **Fax:** 16 69 85
Internet: http://www.dab-ev.org
E-Mail: dabev@t-online.de
Gründung: 1926
Vorsitzende(r): Monika Schmitz (Ltg. Presseabt.)
Verbandszeitschrift: KONSENS
Verlag: Deutscher Akademikerinnenbund e.V., Friedhofstr. 41, 74074 Heilbronn
Mitglieder: rd. 1600
Mitarbeiter: 1 (Mitarbeiterin)

Lobby - Netzwerk - Training.

• R 562

Arbeiterkammer Bremen
Körperschaft des öffentlichen Rechts
Postf. 10 75 06, 28075 Bremen
Hillmannplatz 13-15, 28195 Bremen
T: (0421) 30 50 80 **Fax:** 3 05 08 38
Präsident(in): Manfred Siebert
Hauptgeschäftsführer(in): Heinz Möller

• R 563

Angestelltenkammer Bremen
Bürgerstr. 1, 28195 Bremen
T: (0421) 36 30 10 **Fax:** 3 63 01 89
Internet: http://www.angestelltenkammer.de
E-Mail: ak@angestelltenkammer.de
Gründung: 1921
Präsident(in): Irmtrud Gläser
Hauptgeschäftsführer(in): Dr. Hans-L. Endl
Ltg.Presse- u. Öffentlichkeitsarbeit: Theodor Klinger
Verbandszeitschrift: Bremer Angestellten-Magazin
Mitglieder: 160000
Mitarbeiter: 100
Jahresetat: DM 20 Mio, € 10,23 Mio

Wahrnehmung und Förderung der wirtschaftlichen, sozialen und kulturellen Interessen der Angestellten im Lande Bremen. Schwerpunkte der Arbeit sind Bildungs-, Beratungs- und Informationsdienste sowie kulturelle Aktivitäten.

• R 564

Arbeitskammer des Saarlandes
Fritz-Dobisch-Str. 6-8, 66111 Saarbrücken
T: (0681) 4 00 50 **Fax:** 4 00 54 01
Internet: http://www.arbeitskammer.de
E-Mail: oeffentlichkeitsarbeit@arbeitskammer.de
Gründung: 1951
Vorsitzende(r): Rüdiger Zakrzewski
Pressereferent, Chefredakteur: Peter Riede
Mitglieder: ca. 350000
Mitarbeiter: ca. 160
Jahresetat: DM 23 Mio, € 11,76 Mio
Mitgliedszeitschrift: "arbeitnehmer", Monatszeitschrift

Gesetzliche Vertretung aller im Saarland beschäftigten Arbeitnehmer.

• R 565

Bundesvereinigung der Berufskraftfahrer-Verbände e.V. (BdBV)
c/o Günter Hendrisch Verlag GmbH & Co. KG
Niederstr. 67, 41812 Erkelenz
T: (02164) 40 88 **Fax:** 40 80
Gründung: 1977
Präsident(in): Dr. Günther Rossow (Am Tannenbaum 47, 41066 Mönchengladbach, T: (02161) 66 22 39, Telefax: (02161) 66 22 96)
Vizepräsident(in): Manfred Schäfer (In den Rosengärten 26, 63683 Ortenberg, T: (06046) 23 27)
Mitglieder: ca. 400000

• R 566

Deutscher Archäologen-Verband
c/o Archäologisches Seminar der Universität Mannheim
Schloß, 68131 Mannheim
T: (0621) 1 81-2263 **Fax:** 1 81-3993
Internet: http://www.userpage.fu-berlin.de/_Ltchelone/darv/welcome.html
E-Mail: stupperi@rumms.uni-mannheim.de
Vorsitzender: Prof. Dr. Reinhard Stupperich
Verbandszeitschrift: Mitteilungen des Deutschen Archäologen-Verbandes
Mitglieder: ca. 810

• R 567

Verein deutscher Archivare
c/o Westfälisches Archivamt
48133 Münster
T: (0251) 5 91 38 86 **Fax:** 59 12 69
Internet: http://www.vda.archiv.net
E-Mail: reimann@vda.archiv.net
Gründung: 1946
Vorsitzende(r): Ltd. Landesarchivdirektor Dr. Norbert Reimann
Verbandszeitschrift: "Der Archivar"
Redaktion: Dr. Dohms, Schriftleitung, Hauptstaatsarchiv, Zweigarchiv Schloß Kalkum, Düsseldorf
Mitglieder: 2100

• R 568

Vereinigung deutscher Wirtschaftsarchivare e.V.
DaimlerChrysler AG
Konzernarchiv, HPC G328
Mercedesstr. 137, 70546 Stuttgart
T: (0711) 17-22821 **Fax:** 17-53163
Internet: http://www.wirtschaftsarchive.de
Gründung: 1957
Vorsitzende(r): Dr. Harry Niemann (M.A.; DaimlerChrysler AG, HPC G328, 70546 Stuttgart)
Verbandszeitschrift: Archiv und Wirtschaft
Redaktion: Detlef Krause, M.A., Commerzbank AG, ZKV-Historische Dokumentation, 60261 Frankfurt
Mitglieder: 310

Beratung bei der Einrichtung von Unternehmensarchiven, Aus- und Weiterbildung von Wirtschaftsarchivaren.

• R 569

Stiftung Rheinisch-Westfälisches Wirtschaftsarchiv zu Köln
Büroräume: Unter Sachsenhausen 33
Unter Sachsenhausen 33, 50667 Köln
T: (0221) 16 40-800 **Fax:** 16 40-829
E-Mail: sz@koeln.ihk.de
Gründung: 1906
Vorsitzende(r): Alfred Freiherr von Oppenheim
Stellvertretende(r) Vorsitzende(r): Ass. Eberhard Garnatz
Direktor(in): Dr. Ulrich S. Soénius
Mitarbeiter: 8
Jahresetat: DM 1,1 Mio, € 0,56 Mio

• R 570

Verein Deutscher Bibliothekare e.V.
Geschäftsstelle: Niedersächsische Landesbibliothek
Waterloostr. 8, 30169 Hannover
T: (0511) 1 26 73 01 **Fax:** 1 26 72 02
Gründung: 1900
Vorsitzende(r): Dr. Wolfgang Dittrich (E-Mail: dittrich@zb.nlb-hannover.de)
Schriftführerin: Petra Heermann
Leitung Presseabteilung: Hannelore Benkert
Mitglieder: 1600

• R 571

Verein der Diplom-Bibliothekare an wissenschaftlichen Bibliotheken e.V. (VdDB)
c/o Bundesinstitut für Ostwissenschaftliche und Internationale Studien (BIOST)/Bibliothek
Lindenbornstr. 22, 50823 Köln
T: (0221) 57 47-161 **Fax:** 57 47-110
Internet: http://www.bibliothek.uni-regensburg.de/vddb/index.htm
E-Mail: susanne.oehlschlaeger@koeln.netsurf.de
Gründung: 1948
Vorsitzende(r): Susanne Oehlschläger
Verbandszeitschrift: VdDB/VDB-Rundschreiben
Redaktion: Marianne Groß, Universitätsbibliothek Regensburg
Mitglieder: ca. 3300

Wahrnehmung der berufspolitischen Interessen.

• R 572

... für mehr Erfolg im Beruf.

Bundesverband der Bilanzbuchhalter und Controller e.V. (BVBC)
Postf. 26 55, 53016 Bonn
Am Propsthof 15-17, 53121 Bonn
T: (0228) 7 66 98 11 **Fax:** 7 66 98 13
Internet: http://www.bvbc.de
E-Mail: kontakt@bvbc.de
Gründung: 1976 (30. Januar)
Präsident(in): N. N.
Vizepräsident(in): Heike Kreten-Lenz
Generalsekretärin: Bernhilde Luft
Schatzmeisterin: Martin Wolf
Ehrenpräsident: Udo Binias
Pressesprecher: N. N.
Verbandszeitschrift: Bilanzbuchhalter und Controller
Redaktion: Arnim Franke, Jürgen Kempenich
Verlag: Verlag C. H. Beck, München
Mitglieder: 5000
Mitarbeiter: 6
Jahresetat: DM 1,5 Mio, € 0,77 Mio

Der Bundesverband der Bilanzbuchhalter und Controller e.V. vertritt in erster Linie die wirtschaftlichen und berufspolitischen Interessen seiner Mitglieder. Er fördert berufsspezifische Aus- und Fortbildung, pflegt den Erfahrungsaustausch und berichtet durch seinen Informationsdienst. Der Verband setzt sich für den gesetzlichen Schutz der Berufsbezeichnungen "Bilanzbuchhalter" und "Controller" ein und entwickelt die Berufsbilder gemäß den Bedürfnissen der Wirtschaftspraxis weiter.

Landesverbände

r 573

Bundesverband der Bilanzbuchhalter und Controller e.V. (BVBC)
Landesverband Bayern
Geschäftsstelle
Peter Schmidt
Boschetsrieder Str. 53, 81379 München
T: (089) 78 07 80 35 **Fax:** 78 74 95 13
Internet: http://www.bvbc-bayern.de
E-Mail: bvbc.bayern@t-online.de
Vorsitzende(r): Elfriede Krause

r 574

Bundesverband der Bilanzbuchhalter und Controller e.V. (BVBC) e.V.
Landesverband Berlin/Brandenburg
Geschäftsstelle:
Weinmeisterhornweg 113b, 13593 Berlin
T: (030) 3 61 47 01 **Fax:** 3 61 47 08
E-Mail: lvbcbb@aol.com
Vorsitzende(r): Helmut Gabbert
Kontaktperson: Angelika Merory

r 575

Bundesverband der Bilanzbuchhalter und Controller e.V. (BVBC)
Landesverband Westfalen Lippe
Geschäftsstelle:
Jörg Steding
Wielandstr. 2a, 32758 Detmold
T: (05232) 99 02 24 **Fax:** 99 02 25
E-Mail: Steding-Joerg@t-online.de
Vorsitzende(r): Ernst Erich Rehse

r 576

Bundesverband der Bilanzbuchhalter und Controller e.V. (BVBC)
Landesverband Baden-Württemberg
Geschäftsstelle
Wolfsheck 18, 69254 Malsch
T: (07253) 92 44 46 **Fax:** 02 44 47
E-Mail: uwe.juettner.bvbb@t-online.de
Vorsitzende(r): Uwe Jüttner

r 577

Bundesverband der Bilanzbuchhalter und Controller e.V. (BVBC)
Landesverband Rheinland-Pfalz
Geschäftsstelle
Hauptstr. 1, 56204 Hillscheid
T: (02624) 46 68 **Fax:** 86 22
Vorsitzende(r): Christel Fries

r 578

Bundesverband der Bilanzbuchhalter und Controller e.V. (BVBC)
Landesverband Nordrhein
Geschäftsstelle
Winkelheimer Str. 7, 50181 Bedburg
T: (02272) 93 07 62 **Fax:** 93 07 62
Vorsitzende(r): Hans-Jürgen Bathe

r 579

Bundesverband der Bilanzbuchhalter und Controller e.V. (BVBC)
Landesverband Hessen
Geschäftsstelle:
Tempelstr. 13-15, 63303 Dreieich
T: (06103) 6 31 00, 69 76 44 **Fax:** 6 71 39
E-Mail: wdeissler@t-online.de
Vorsitzende(r): Wolfgang Deißler

r 580

Bundesverband der Bilanzbuchhalter und Controller e.V. (BVBC)
Landesverband Sachsen
Geschäftsstelle
Adolf-Zschiedrich-Str. 4, 01900 Bretnig-Hauswalde
T: (035952) 5 86 04 **Fax:** 3 14 42
Vorsitzende: Christa Jungnickel

r 581

Bundesverband der Bilanzbuchhalter und Controller e.V. (BVBC)
Landesverband Thüringen
Geschäftsstelle
Glauchauer Weg 1, 99085 Erfurt
T: (0361) 6 46 44 44 **Fax:** 6 46 44 00
Vorsitzende(r): Elmar Pließ

r 582

Bundesverband der Bilanzbuchhalter und Controller e.V. (BVBC)
Landesverband Norddeutschland
Geschäftsstelle
Siedlungsweg 19, 24811 Owschlag
T: (04336) 38 78 **Fax:** 12 52
Vorsitzende(r): Georg Klotzke

r 583

Bundesverband der Bilanzbuchhalter und Controller e.V. (BVBC)
Landesverband Sachsen-Anhalt
Geschäftsstelle
Friedrich-Ebert-Str. 17, 06420 Könnern
T: (034691) 2 89 96 **Fax:** 2 89 96
Vorsitzende: Monika Godehardt

• R 584

Buchführungshelfer BFH + Steuerbuchhalter STH e.V.
Postf. 21 07 18, 42357 Wuppertal
Staudenstr. 6, 42369 Wuppertal
T: (0202) 46 20 31 **Fax:** 46 20 29
Internet: http://www.taxius.de
E-Mail: taxius@taxius.ne

• R 585

Verein der Bibliothekare und Assistenten e.V. (vba)
Postf. 13 24, 72703 Reutlingen
Gartenstr. 18, 72764 Reutlingen
T: (07121) 34 91-0 **Fax:** 30 04 33
Internet: http://www.s-line.de/homepages/vba
E-Mail: bub.vba@t-online.de
Vorsitzende(r): Klaus-Peter Böttger
Geschäftsführer(in): Katharina Boulanger
Verbandszeitschrift: Buch und Bibliothek
Redaktion: Buch und Bibliothek, Gartenstr. 18, 72764 Reutlingen
Verlag: Bock + Herchen, Bad Honnef
Mitglieder: 4500
Mitarbeiter: 6

Wahrnehmung der Interessen des Berufstandes, Förderung des Bibliothekswesens. Veranstaltung von Fachtagungen. Herstellung von Verbindungen zu verwandten Fachverbänden und Kulturinstitutionen.

• R 586

Deutscher Bundeswehr-Verband e.V. (DBwV)
Interessenvertretung der Soldaten
-Bundesgeschäftsstelle-
Postf. 20 04 63, 53134 Bonn
Südstr. 123, 53175 Bonn
T: (0228) 38 23-0 **Fax:** 38 23-220
Internet: http://www.dbwv.de
E-Mail: presse@abwv.
Gründung: 1956 (14. Juli)
Bundesvorsitzende(r): Oberst Bernhard Gertz
Leitung Presseabteilung: Wilfried Stolze (Chefredakteur)
Mitglieder: 240000 (Interessenvertretung von Berufssoldaten, Zeitsoldaten, Wehrpflichtigen, ehemaligen Soldaten einschl. Reservisten sowie ihrer Familienangehörigen)
Mitarbeiter: ca. 100
Verbands-Magazin: Die Bundeswehr

Wahrnehmung der allgemeinen ideellen, sozialen

und beruflichen Interessen der Mitglieder sowie ihrer Familienangehörigen und Hinterbliebenen als unabhängige Spitzenorganisation.

• **R 587**

Verband der Reservisten der Deutschen Bundeswehr e.V. (VdRBw)
Provinzialstr. 91, 53127 Bonn
T: (0228) 2 59 09-0 **Fax:** 2 59 09 77
Internet: http://www.vdrbw.de
E-Mail: info@vdrbw.de
Gründung: 1960 (22. Januar)
Präsident: Helmut Rauber (MdB)
Leitung Presseabteilung: Theo Liebel
Verbandszeitschrift: loyal
Mitglieder: über 135000

Verteidigungspolitische Information, militärische Förderung und Wahrnehmung der Interessen der Reservisten der Bundeswehr; außerhalb der Bundeswehr besonders beauftragter Träger der Reservistenarbeit gemäß der vom Parlament (Verteidigungsausschuß) gebilligten Reservistenkonzeption.

• **R 588**

Verband deutscher Soldaten e.V. (VdS)
Rheinallee 55, 53173 Bonn
T: (0228) 36 10 07 **Fax:** 36 10 08
Gründung: 1951 (8. September)
Bundesvorsitzende(r): Generalmajor a.D. Dr. Jürgen Schreiber (Philippsonstr. 16, 53125 Bonn)
Verbandszeitschrift: „Soldat im Volk"
Redaktion: StHptm a.D. Wolfgang Beck
Verlag: Förderungsverein deutscher Soldatenverbände e.V., Rheinallee 55, 53173 Bonn
Mitglieder: ca. 15000
Mitarbeiter: 7

• **R 589**

Verband der Diätassistenten - Deutscher Bundesverband e.V. German Association of Dietitians
Postf. 10 51 12, 40042 Düsseldorf
Bismarckstr. 96, 40210 Düsseldorf
T: (0211) 16 21 75 **Fax:** 35 73 89
Internet: http://www.vdd.de
E-Mail: vdd-duesseldorf@t-online.de
Gründung: 1957 (27. April)
1. Vorsitzende(r): Margit Schade
Geschäftsführer(in): Heidrun Blochwitz
Mitglieder: 4300

Weiterentwicklung einer qualifizierten Ausbildung: breitgefächertes Fortbildungsangebot. Durchsetzung berufsspezifischer Arbeitsbedingungen. Zusammenarbeit mit Krankenhausträgern, Institutionen/Verbänden des Krankenhaus- und des öffentl. Gesundheitswesens, sowie Regierungsstellen.

• **R 590**

Führungskräfte der Druckindustrie und Informationsverarbeitung - FDI - e.V.
Bundesgeschäftsstelle:
Gräfenhäuser Str. 26, 64293 Darmstadt
T: (06151) 89 35 33 **Fax:** 89 34 95
Internet: http://www.fdi-ev.de
E-Mail: fdi.bund@t-online.de
Gründung: 1896
Vorstand:
1. Bundesvorsitzender: Hans-Richard Bießmann
2. Bundesvorsitzender: Werner Buschky
Harald Eberle
Helmut Kohls
Horst Lafontaine
Jürgen Naujoks
Wolfgang Serafin
Boy F. Sühl
Wolfgang Wallowy
Dieter Welz
Verbandszeitschrift: Deutscher Drucker
Verlag: Riedstr. 25, 73760 Ostfildern
Mitglieder: über 6000 in 54 Bezirken
Mitarbeiter: 1

Mitglied der Gutenberg-Gesellschaft in Mainz

Landesverbände

r 591

Führungskräfte d. Druckindustrie Landesverband I: Niedersachsen, Hamburg, Bremen, Schleswig-Holstein
Bispinger Weg 9, 30625 Hannover
T: (0511) 64 60 95 48 (d.) **Fax:** 64 60 91 72 (d.)
1. Vorsitzende(r): Helmut Kohls

r 592

Führungskräfte der Druckindustrie Landesverband II: Nordrhein/Westfalen und Rheinland
Schwalbenweg 9, 53123 Bonn
T: (0228) 1 81 83 51 (d.) **Fax:** 1 81 84 58 (d.)
E-Mail: werner.buschky@telekom.de
1. Vorsitzende(r): Werner Buschkey

r 593

Führungskräfte der Druckindustrie Landesverband III: Hessen u. Thüringen
Geibelstr. 4, 60385 Frankfurt
T: (069) 94 41 95 52 (pr.) **Fax:** 94 41 95 53 (pr.)
1. Vorsitzende(r): Harald Eberle

r 594

Führungskräfte der Druckindustrie Landesverband IV: Baden-Württemberg, Pfalz, Saarland
Hildastr. 7, 69190 Walldorf
T: (06221) 92 48 08 (d.) **Fax:** 92 48 19 (d.)
E-Mail: wolfgang.wallowy@de.heidelberg.com
1. Vorsitzende(r): Wolfgang Wallowy

r 595

Führungskräfte der Druckindustrie Landesverband V: Bayern
Zellinger Str. 3, 97250 Erlabrunn
T: (09364) 14 93
E-Mail: wserafin@main.de
1. Vorsitzende(r): Wolfgang Serafin

r 596

Führungskräfte der Druckindustrie Landesverband VI: Berlin, Brandenburg, Mecklenburg-Vorpommern, Sachsen, Sachsen-Anhalt
Berliner Str. 45, 10713 Berlin
T: (030) 86 42 01 13 (pr.) **Fax:** 86 42 01 13 (pr.)
E-Mail: J.Naujoks@t-online.de
1. Vorsitzende(r): Jürgen Naujoks

• **R 597**

Bundesverband Deutscher Fernsehproduzenten e.V.
Widenmayerstr. 32, 80538 München
T: (089) 21 21 47 10 **Fax:** 2 28 55 62
Vorstand: Bernd Burgemeister (Vors.)
Dagmar Rosenbauer (stellv. Vors.)
Mischa Hofmann
Markus Trebitsch
Prof. Dr. Georg Feil
Alexander Thies
Geschäftsf. Justitiar: Prof. Dr. Johannes Kreile
Ehrenvors.: Claus Hardt
Gründungs- u. Ehrenmitgl.: Konsul Max Gierke
Helmut Ringelmann
Ehrenmitgl.: Mohr von Chamier-Gliszinski
Prof. Gyula Trebitsch
Prof. Otto Meissner
Regina Ziegler
Prof. Dr. Günter Rohrbach
Mitglieder: 140

• **R 598**

Bundesverband der Fernseh- und Filmregisseure in Deutschland e.V. (BVR)
Kaiserstr. 39, 80801 München
T: (089) 34 01 91 09 **Fax:** 34 01 91 10
Gründung: 1975
Geschäftsf. Vorst.: Eberhard Hauff, München
Volker Maria Arend, München
Stefan Meuschel, Hamburg
Mitglieder: 650

• **R 599**

Bundesverband Kamera (BVK)
Kaiserstr. 39, 80801 München
T: (089) 34 01 91 90 **Fax:** 34 01 91 91
Internet: http://www.bvkamera.org
E-Mail: bvk@bvkamera.org
Gründung: 1979
Mitglieder: 390

• **R 600**

Bundesverband der freischaffenden Kameramänner und -frauen in der Bundesrepublik Deutschland e.V.
Kaiserstr. 39, 80801 München
T: (089) 34 01 91 90 **Fax:** 34 01 91 91
Internet: http://www.bvkamera.org
E-Mail: bvK@bvkamera.org
Präsident(in): Falko Ahsendorf
Vorstand: Rolf Coulanges
Rüdiger Laske
Benedict Neuenfels
Uli Schmidt
Gert Stallmann
Markus Ziegler
Geschäftsführer(in): Dr. Michael Neubauer

• **R 601**

Deutscher Zahntechniker Verband e.V. (DZV)
Neustädter Str. 21, 33602 Bielefeld
T: (0521) 9 66 49 66 **Fax:** 9 66 49 11
Internet: http://www.stu.de/dzv-prodent
E-Mail: dzv@stu.de, prodent@stu.de
Gründung: 1972 (3. Juni)
Vorsitzende(r): Zahntechniker Peter Fiedler (Niersteiner Str. 30, 70499 Stuttgart)
Stellvertretende(r) Vorsitzende(r): Ernst Kempkens (Neufelder Weg 89, 47608 Geldern)
Verbandszeitschrift: proDent
Redaktion: Dr. Ulrich Weisemann (Chefredakteur)
Verlag: Neustädter Str. 21, 33602 Bielefeld
Mitglieder: 1400

Freiwillige Vereinigung von Arbeitnehmern, zur Regelung der Arbeitsverhältnisse und Arbeitsbedingungen im zahntechnischen Handwerk.

• **R 602**

Pädagogische Arbeitsgemeinschaft Zahntechnik e.V.
Weimersgasse 19, 34130 Kassel
T: (0561) 6 47 37
Gründung: 1965
Vorsitzende(r): Helmut Rudolph (Weimersgasse 19, 34130 Kassel, T: (0561) 6 47 37)
Stellvertretende(r) Vorsitzende(r): Barbara Kuthe-Behrens (Heidebergenstr. 34, 53229 Bonn)
Mitglieder: ca. 300

• **R 603**

Verband Deutscher Flugleiter e.V. (VDF)
Geschäftsstelle:
Herzogstr. 41, 63263 Neu-Isenburg
T: (06102) 73 37 14 **Fax:** 73 37 15
Gründung: 1951 (3. Juli)
Verbandsvors.: Klaus Formel (T: (04221) 8 20 97, Telefax: (04221) 8 77 08)
Geschf u. Pressesprecher: Hannes Ziegler (T: (0711) 70 14 48, Fax: (0711) 70 14 48)
Verbandszeitschrift: "der flugleiter"
Redaktion: Werner Fischbach
Verlag: Schorndorfer Str. 81, 73730 Esslingen
Mitglieder: 3200

• **R 604**

VEREINIGUNG COCKPIT

Vereinigung Cockpit e.V.
Frankfurter Str. 233, 63263 Neu-Isenburg
T: (0700) 82 62 57 48 (vcockpit)
Internet: http://www.vcockpit.de
E-Mail: vcockpit@compuserve.com

Gründung: 1969
Mitglieder: 5800

Zweck des Vereins ist der Zusammenschluß des Cockpitpersonals im Geltungsbereich Deutschlands; seine Ziele sind Mitwirkung am Wohle der Zivilluftfahrt, Mitwirkung an der Verbesserung der Sicherheit im Luftverkehr, Einflußnahme auf die Qualifikation der Cockpitbesatzungen, Wahrung der Belange der Mitglieder, ihrer Angehörigen und ihrer Hinterbliebenen, Verfolgung berufspolitischer Interessen der Mitglieder, Verfolgung tariflicher Interessen der Mitglieder.

• R 605

Vereinigung Luftfahrt e.V.
Adolf-Kolping-Str. 4, 64521 Groß-Gerau
T: (06152) 8 26 99 **Fax:** 30 49
Vorsitzende(r): Werner Zielina (Stolberger Str. 59 a, 65205 Wiesbaden-Nordernstadt)

• R 606

Industriemeisterverband Deutschland e.V.
Postf. 1 49, 97219 Rimpar
T: (09365) 93 87
Gründung: 1958
1. Vorsitzende(r): Hans Steinhanses (Niederhoferstr. 105, 97222 Rimpar, T: (09365) 93 82)
Verbandszeitschrift: Betrieb+Meister

Förderung und berufliche Weiterbildung der Mitglieder durch Erfahrungsaustausch, Seminare und sonstige Veranstaltungen mit berufsbildendem Charakter in Zusammenarbeit mit Verbänden, Institutionen und Behörden.

Landesverbände

r 607

Industriemeistervereinigung Landesverband Baden-Württemberg e.V.
Basler Str. 1a, 79588 Efringen-Kirchen
T: (07628) 94 05 60
Vorsitzende(r): Johannes Smeets

r 608

Industriemeisterverband Deutschland Landesverband Berlin
Wolfshorst 2F, 13591 Berlin
T: (030) 3 66 42 14
Vorsitzende(r): Peter Müller (Ltr. Personalwirtschaft)

r 609

Industriemeisterverband Deutschland Landesverband Niedersachsen
Bocksbartweg 6a, 30823 Garbsen
T: (05137) 7 39 61
Vorsitzende(r): Hermann Kubis

r 610

Industriemeisterverband Deutschland Landesverband Nordrhein-Westfalen
Bädekerstr. 1, 58636 Iserlohn
T: (02371) 6 37 83
Vorsitzende(r): Jürgen Humme

r 611

Industriemeisterverband Deutschland Landesverband Ost
Leipziger Str. 64, 07743 Jena
T: (03641) 42 38 83
Vorsitzende(r): Walter Hahn

r 612

Industriemeisterverband Deutschland Landesverband Südwest
Sangmeisterweg 5, 35083 Wetter
T: (06423) 73 39
Vorsitzende(r): Günter Evers

r 613

Arbeitsgemeinschaft Bayerischer Industriemeister Regionalvertretung Nord
Vordere Bergstr. 6, 97270 Kist
T: (09306) 98 05 10
Alois Seewald

r 614

Arbeitsgemeinschaft Bayerischer Industriemeister Regionalvertretung Ost
Englschalkinger Str. 160, 81927 München
T: (089) 91 69 07
Herbert Studtrucker

r 615

Arbeitsgemeinschaft Bayerischer Industriemeister Regionalvertretung Süd
Nikolaus-Rüdinger-Str. 11, 80999 München
T: (089) 8 12 13 04
Helmut Kraft

• R 616

Zentralverband Deutscher Schornsteinfeger e.V. Gewerkschaftlicher Fachverband (ZDS)
Postf. 18 49, 53828 Troisdorf
Poststr. 73, 53840 Troisdorf
T: (02241) 7 35 85 **Fax:** 7 39 05
Gründung: 1907
Vorsitzende(r): Frank Weber (Gernsheimer Str. 57, 64319 Pfungstadt, T: (06157) 93 08 19)
Verbandszeitschrift: Schornsteinfeger
Redaktion: Johannes Töx, Sperberweg 7, 66839 Schmelz, T: (06887) 9 26 30
Verlag: ds Verlag GmbH, Postf. 12 19, 53822 Troisdorf
Mitglieder: ca. 7000
Mitarbeiter: 1
Landesverbände: In jedem Bundesland

Zusammenschluß aller Arbeitnehmer des Schornsteinfegerhandwerks im gesamten Bundesgebiet. Vollbeschäftigung und Sicherung der Existenz aller Arbeitnehmer des Schornsteinfegerhandwerks. Vertretung der wirtschaftlichen und sozialen Interessen aller Mitglieder. Förderung des Umweltschutzes und Unterstützung geeigneter Maßnahmen.

• R 617

Verband Deutscher Kapitäne und Schiffsoffiziere e.V. (VDKS)
Palmaille 29, 22767 Hamburg
T: (040) 38 49 81 **Fax:** 3 89 21 14
E-Mail: vdks.office@t-online.de
Mitglied der „International Federation of Shipmasters Associations (IFSMA)"
Mitglied der Confederation of European Shipmasters' Associations (CESMA)
Präsident(in): Kapitän Prof. Werner Huth (T: (040) 7 13 16 16)
Vizepräsident(in): Kapitän Karlheinz Römer
Kapitän Gerhard Kiehne
Schatzmeister: Kapitän Bernd Wilken
Vorstand für Einzelmitglieder: Kapt. Christian Suhr (Dorotheenstr. 29, 22301 Hamburg, T: (040) 2 70 64 93)
Geschäftsführer(in): Kapitän Karlheinz Follert
Justitiar: RA Hans-Helmut Segelken (Baumwall 7, „Überseehaus", 20459 Hamburg, T: (040) 3 76 80 50)
Mitglieder: 1500

• R 618

Bundesarbeitsgemeinschaft Leitender Krankenpflegepersonen e.V. (BALK)
Geschäftsstelle
Postf. 14 46, 65004 Wiesbaden
T: (0611) 59 79 40 **Fax:** 59 79 40
Gründung: 1974
1. Vorsitzende: Marie-Luise Müller
Verbandszeitschrift: BALK-INFO
Redaktion: Eberleinstr. 46-48, 65195 Wiesbaden
Verlag: Urban & Vogel, München
Mitglieder: 1770
Mitgliedsverbände:
ALK Baden-Württemberg e.V.
VdP Bayern e.V.
AGP Berlin e.V.
ALK Bremen e.V.
ALK Thüringen e.V.
ALK Hamburg e.V.
VDP Hessen e.V.
ALK Mecklenburg-Vorpommern e.V.
FALK Niedersachsen e.V.
VPM Nordrhein-Westfalen e.V.
ALK Rheinland-Pfalz e.V.
ALK Saarland e.V.
ALK Sachsen e.V.
VDP Sachsen-Anhalt e.V.
ALK Schleswig-Holstein e.V.
Arbeitsgemeinschaft Leitender Evangelischer Krankenpflegepersonen

• R 619

Fachverband der Krankenpflege e.V. (FDK)
Gerhart-Hauptmann-Ring 396, 60439 Frankfurt
T: (069) 57 00 00 17 **Fax:** 57 16 27
Gründung: 1963
Bundesvorsitzende(r): Hermann Aierstock (Ltd. Krankenpfleger)
Pressesprecher: Wolfgang Jungbluth
Verbandszeitschrift: Rundbriefe alle 2 Monate
Redaktion: Hermann Aierstock
Verlag: Gerhart-Hauptmann-Ring 396, 60439 Frankfurt (Main)
Mitarbeiter: 4 ehrenamtl.

• R 620

Bundesfachvereinigung Leitender Krankenpflegekräfte in der Psychiatrie e.V.
Wilhelm-Breckow-Allee 20, 51643 Gummersbach
T: (02261) 17 15 15 **Fax:** 17 14 26
Gründung: 1974
1. Vorsitzende(r): Heinz Lepper
Leitung Presseabteilung: Friedhelm Berg
Mitglieder: 290

• R 621

Katholischer Berufsverband der Familienpflegerinnen und Dorfhelferinnen e.V.
Geschäftsstelle:
Nordstr. 4, 51379 Leverkusen
T: (02171) 4 19 96
Gründung: 1958
Vorsitzende(r): Ursula Spark (Am Herberg 53, 55413 Weiler-Bingen, T: (06721) 3 56 60, (0177) 7 01 06 56)
Hauptgeschäftsführer(in): Monika Gründer
Diözesangemeinschaften in 20 Diözesen

• R 622

Verband Deutscher Kur- und Tourismus-Fachleute e.V. (VDKF)
Sitz: Berlin
Schlaatzweg 1, 14473 Potsdam
T: (0331) 2 70 62 78 **Fax:** 2 70 62 79
Internet: http://www.touristik-deutschland.de/vdkf/index.htm
E-Mail: info@v-d-k-f.de
Präsident(in): Günter Wagner (Geschäftsführer, Kur-Kongreß-Touristik GmbH, Marktplatz 1, 91438 Bad Windsheim)
Geschäftsführende(s) Vorstands-Mitglied(er): Dieter Hütte (Geschäftsführer, Tourismus-Marketing Brandenburg GmbH, Schlaatzweg 1, 14473 Potsdam)

• R 623

Föderation der Volksvereine türkischer Sozialdemokraten (HDF)
Oranienstr. 40, 47051 Duisburg
T: (0203) 33 64 37 **Fax:** 33 81 59
Gründung: 1977 (29. Oktober)
BundesVors: Ahmet Temel
Stellv. BundesVors: Zerrin Kökdemir
Yildiz Akalin
Generalsekretär(in): Dr. Aydin Sayilan
Kassenwart: Mehmet Erdogan
Geschäftsführer(in): Nuray Tasdemir
Verbandszeitschrift: HDF-Haber Bülteni
Redaktion: Neset Erol, Oranienstr. 40, 47051 Duisburg
Mitglieder: 42 Ortsverbände und 9 Regionalverbände
Mitarbeiter: 2

• R 624

Greenkeeper Verband Deutschland e.V. (GVD)
Viktoriastr. 16, 65189 Wiesbaden
T: (0611) 9 01 87 25
Gründung: 1993 (25. März)
Präsident(in): Claus Detlef Ratjen
Vizepräsident(in): Wilhelm Dieckmann
Geschäftsführer(in): Hartmut Schneider
Verbandszeitschrift: Greenkeepers Journal
Redaktion: Klaus-Jürgen Bleeck

Verlag: Hortus-Zeitschriften Cöllen + Bleeck GbR, Postf. 41 03 54, 53025 Bonn
Mitglieder: 710

• R 625

AJT
Fachverband für touristische Aus- und Weiterbildung e.V.
Siegmundstr. 17, 50739 Köln
T: (0221) 97 45 66-0 **Fax:** 97 45 66-39
E-Mail: info@ajt-fachverband.de
Gründung: 1980
1. Vorsitzende(r): Oliver Hauck
2. Vorsitzende(r): Dirk Aufermann
Geschäftsführer(in): Thomas Oepen
Verbandszeitschrift: Newsletter
Redaktion: Thomas Oepen
Verlag: Verbandsgeschäftsstelle
Mitglieder: ca. 150

• R 626

Arbeitsgemeinschaft Deutscher Schwesternverbände und Pflegeorganisationen e.V. (ADS)
Geschäftsstelle
Reinhäuser Landstr. 19-21, 37083 Göttingen
T: (0551) 5 07 50 10 **Fax:** 5 07 50 42
Gründung: 1951 (9. Mai)
Vorstand: Oberin Ute Herbst (Vors.)
Renate Heinzmann (1. stellv. Vors.)
Oberin Dorothea Geweke (2. stellv. Vors.)
Mitglieder: ca. 40000 indirekte Mitglieder, 9 Mitgliedsverbände
Mitarbeiter: 2 nebenamtl.

• R 627

Deutscher Berufsverband für Pflegeberufe e.V. (DBfK)
Bundesgeschäftsstelle:
Hauptstr. 392, 65760 Eschborn
T: (06173) 60 43 **Fax:** 60 44 99
Internet: http://www.dbfk.de
E-Mail: dbfk@dbfk.de
Gründung: 1903
Internationaler Zusammenschluß: siehe unter izr 243
Vorsitzende(r): Gudrun Gille
Leitung Presseabteilung: Eva-Maria Krampe
Verbandszeitschrift: Pflege aktuell
Redaktion: und Verlag: Hauptstr. 392, 65760 Eschborn, T: (06173) 60 45 00, Fax: (06173) 60 45 99
Mitglieder: ca. 25000
Mitarbeiter: 8

Landesverbände

r 628

Deutscher Berufsverband für Pflegeberufe Landesverband Baden-Württemberg e.V.
Postf. 75 01 43, 70601 Stuttgart
Eduard-Steinle-Str. 9, 70619 Stuttgart
T: (0711) 47 50 61 **Fax:** 4 78 02 39
Internet: http://www.dbfk.de
E-Mail: dbfk_lv_bawue@t-online.de
Geschäftsführerin: Hannelore Stephan

r 629

Deutscher Berufsverband für Pflegeberufe Landesverband Bayern e.V.
Romanstr. 67, 80639 München
T: (089) 17 70 88 **Fax:** 1 78 56 47
Geschäftsführerin: Ilsedore Zopfy

r 630

Deutscher Berufsverband für Pflegeberufe e.V. Landesverbände Mecklenburg-Vorpommern und Berlin-Brandenburg
Koordinierende Geschäftsstelle
Kreuzstr. 7, 14482 Potsdam
T: (0331) 74 88 83 **Fax:** 7 48 88 55
Geschäftsführerin: Marita Bauer

r 631

Deutscher Berufsverband für Pflegeberufe Landesverband Bremen, Hamburg, Schleswig-Holstein e.V.
Hochkamp 14, 23611 Bad Schwartau
T: (0451) 2 92 34-0 **Fax:** 2 92 34-44
Internet: http://www.dbfk.de/bhs
E-Mail: dbfk.nord@t-online.de
Geschäftsführer(in): Gisela Maaß

r 632

Deutscher Berufsverband für Pflegeberufe Landesverband Hessen, Rheinland-Pfalz, Saarland und Thüringen e.V.
Hauptstr. 392, 65760 Eschborn
T: (06173) 32 00 71 **Fax:** 32 00 47
Geschäftsführer(in): Gisela Görisch

r 633

Deutscher Berufsverband für Pflegeberufe Landesverband Niedersachsen e.V.
Lister Kirchweg 45, 30163 Hannover
Geschäftsstelle
T: (0511) 39 00 18-0 **Fax:** 39 00 18-26
Internet: http://www.dbfk.de/nie
E-Mail: dbfk.nie@t-online.de
Institut für Fort- und Weiterbildung
T: (0511) 39 00 18-11, Telefax: (0511) 39 00 18-12

r 634

Deutscher Berufsverband für Pflegeberufe Landesverband Nordrhein-Westfalen e.V.
Altendorfer Str. 97-101, 45143 Essen
T: (0201) 23 71 85 **Fax:** 23 65 80
Internet: http://www.dbfk.de
E-Mail: dbfk.nrw@t-online.de

r 635

Deutscher Berufsverband für Pflegeberufe Landesverband Sachsen-Anhalt/Sachsen e.V.
Koordinierende Geschäftsstelle
Oberaltenburg 7, 06217 Merseburg
T: (03461) 20 09 75 **Fax:** 20 09 76
E-Mail: dbfk/uedost@gmx.de
Geschäftsführer(in): Gisela Vaak

• R 636

DGF

Deutsche Gesellschaft für Fachkrankenpflege e.V. (DGF)
- Geschäftsstelle
Hermann-Simon-Str. 7, 33334 Gütersloh
T: (05241) 53 22 03 **Fax:** 53 22 05
Internet: http://www.dgf-online.de
E-Mail: dgf.guetersloh@t-online.de
1. Vorsitzende(r): Klaus Notz (Albstr. 26, 72581 Dettingen/Erms)
Geschäftsführer(in): Andreas Westerfellhaus
Verbandszeitschrift: DGF-Mitteilungen
Redaktion: Henning Paust
Verlag: Burg 2, 38723 Seesen, T: (05381) 74 12 91

• R 637

Bundesausschuss der Lehrerinnen und Lehrer für Pflegeberufe e.V. (BA)
Sadowastr. 60, 42115 Wuppertal
T: (0202) 3 70 39 43 **Fax:** 3 70 39 44
E-Mail: ba-ev@t-online.de
Gründung: 1972
Geschf. Vorst.: Gertrud Stöcker (T: (0202) 3 70 39 43, Telefax: (0202) 3 70 39 44, E-Mail: ba-ev@t-online.de)
Pressereferentin: Inge Kraus (Unterer Hofanger 17, 87600 Kaufbeuren, T: (08341) 42-297, Fax: 42-200)
Verbandszeitschrift: verbandseigener Mitglieder-Rundbrief
Mitglieder: 700
Korporative Mitglieder: Landesarbeitsgemeinschaft der Lehrerinnen und Lehrer für Pflegeberufe in Brandenburg e.V. Vorsitzende: Frau Dorothea Giese, Diedersdorfer Str. 8, 15306 Seelow, T: (03346) 8 77-7 00, Fax: 808-30
Landesarbeitsgemeinschaft der Lehrerinnen und Lehrer für Pflegeberufe in Rheinland-Pfalz e.V., Vorsitzende: Fr. Käte Roos, Slevogtstr. 2, 67346 Speyer, T: (06232) 22-14 11, Fax: (06232) 22-14 06

Nationale und internationale Interessenvertretung der Lehrerinnen und Lehrer für Pflege(Gesundheits-)berufe; Förderung der Gesundheitspflege, insbesondere Aus-, Fort- und Weiterbildung der gesundheits- und sozialpflegerischen Berufe; Mitwirkung bei der Erarbeitung und Durchführung von Gesetzen und Verordnungen; Förderung der Bildungsforschung, Fortbildung sowie der pflegeberuflichen Selbstverwaltung, Gründungsmitglied im Deutschen Pflegerat (DPR); Mitglied im Bündnis Gesundheit 2000; Mitglied im Beratenden Ausschuß für die Ausbildung in der Krankenpflege bei der EU-Kommission in Brüssel.

r 638

BA e.V. Landesarbeitsgemeinschaft Bayern
Isartalstr. 44, 80469 München
T: (08158) 23-680 **Fax:** 23-140
Sprecherin: Maria Faber (E-Mail: mariafaber@web.de)

r 639

BA e.V. Landesarbeitsgemeinschaft Brandenburg
Scheunhornweg 19, 14542 Werder
T: (03382) 76 86 22 **Fax:** 76 86 24
Sprecher: Reinhold Uebner (E-Mail: reinholduebner@stift-lehnin.de)

r 640

BA e.V. Landesarbeitsgemeinschaft Hessen
Ortsstr. 68, 64646 Heppenheim
T: (06252) 16-316 **Fax:** 16-323
Sprecher: Franz-Josef Beiwinkel

r 641

BA e.V. Landesarbeitsgemeinschaft Niedersachsen
Ludwig-Prandtl-Str. 34a, 37077 Göttingen
T: (0551) 50 34-319 **Fax:** 50 34-230
E-Mail: lag-nds.roth@gmx.de
Sprecherin: Ursula Roth

r 642

BA e.V. Landesarbeitsgemeinschaft Saarland
Uhlandstr. 4, 66578 Schiffweiler
T: (06834) 94 05-206 **Fax:** 94 05-228
Ralf Gergen

r 643

BA e.V. Landesarbeitsgemeinschaft Sachsen-Anhalt
Ernst-Abbe-Str. 24, 06122 Halle
T: (0345) 5 24-2642 **Fax:** 5 24-2644
Sprecherin: Brigitte Rost

r 644

BA e.V. Landesarbeitsgemeinschaft Schleswig-Holstein
Hermann-Ivers-Str. 51, 24340 Eckernförde
T: (04352) 80-6710 **Fax:** 80-8710
E-Mail: lag-schleswig-holstein@t-online.de
Sprecher: Michael Hümmling

• R 645

Bundesverband Sekretariat und Büromanagement e.V. (bSb)
Friedrichstr. 47, 68199 Mannheim
T: (0621) 8 41 48 20 **Fax:** 8 41 48 21
Internet: http://www.bsb-berufsverband.de
E-Mail: geschaeftsstelle@bsb-berufsverband.de
Gründung: 1997 aus Verschmelzung von Bund Deutscher Sekretärinnen e.V. (BDS) und Deutscher Sekretärinnen-Verband e.V. (DSV)
Sprecherinnen des Vorstandes:
Christa Vogel
Antje Barmeyer
Rita Nickel
Geschäftsstellenleiterin: Judith Hobucher
Mitglieder: ca. 4000

• R 646

Deutscher Berufsverband für Sozialarbeit, Sozialpädagogik, Heilpädagogik e.V. (DBSH)
Friedrich-Ebert-Str. 30, 45127 Essen
T: (0201) 8 20 78-0 **Fax:** 8 20 78-40
Internet: http://www.dbsh-bund.de
E-Mail: bgst.dbsh@t-online.de
Gründung: 1993 (23. Juli)
Geschäftsführender Vorstand: Hille Gosejacob-Rolf
Geschäftsführer(in): Volker Schneider
Leitung Presseabteilung: Wilfried Nodes
Verbandszeitschrift: forum Sozial
Redaktion: Wilfried Nodes
Verlag: Eigenverlag
Mitglieder: 6500
Mitarbeiter: 6

Landesverbände

r 647

Landesverband Baden-Württemberg des DBSH
B 1, 9, 68159 Mannheim
T: (06131) 28 26-285 (d), (0621) 1 22 30 56 (p)
Fax: (0621) 1 22 30 57 (p)
1. Vorsitzende(r): Friedrich Maus

r 648

Landesverband Bayern des DBSH
Schloß Spindlhof 3, 93128 Regenstauf
T: (09402) 78 45 17 **Fax:** (04902) 78 45 17
Internet: http://www.dbsh.net
E-Mail: lgst-by@dbsh.net
1. Vorsitzende(r): Franziska Kindl-Feil

r 649

Landesverband Berlin des DBSH
Wittelsbacherstr. 22a, 12309 Berlin
T: (030) 79 04-3558 (d), 7 44 36 66 (p)
1. Vorsitzende(r): Eckhard Weider

r 650

Landesverband Brandenburg des DBSH
Dollenchener Str. 7b, 03238 Sallgast
T: (035329) 5 52 96
1. Vorsitzende: Karin Piatyszek

r 651

Landesverband Bremen des DBSH
Halmstr. 1b, 28717 Bremen
T: (0421) 3 61 68 77 (d), 6 36 07 47 (p)
1. Vorsitzende: Else Klump

r 652

Landesverband Hamburg des DBSH
Langenfelder Damm 12, 20257 Hamburg
T: (040) 40 73 04 (p), 28 08 75-14 (d) **Fax:** 28 08 75-21 (d)
1. Vorsitzende: Silvia Döppenschmitt

r 653

Landesverband Hessen des DBSH
Thiergartenstr. 84 b, 63654 Büdingen
T: (06042) 23 53 (p), 96 31-557 (d) **Fax:** 96 31-551 (d)
1. Vorsitzende(r): Ruth Simon

r 654

Landesverband Mecklenburg-Vorpommern
Vulkanstr. 7, 17489 Greifswald
T: (03834) 79 61 11 (d), 50 45 24 (p) **Fax:** 50 45 24 (p), 79 61 34 (d)
1. Vorsitzende(r): Klaus-Peter Glimm

r 655

Landesverband Niedersachsen
Strindbergstr. 4, 30629 Hannover
T: (0511) 1 68 88 12 (d), 58 08 66 (p) **Fax:** 58 08 66 (p)
1. Vorsitzende: Erika Rautenberg

r 656

Landesverband Nordrhein-Westfalen des DBSH
Paderstr. 21, 33102 Paderborn
T: (05251) 2 36 14 **Fax:** 28 12 78
E-Mail: dbshnrw@aol.com
Landesgeschäftsstelle: Ute Stockhausen

r 657

Landesverband Rheinland-Pfalz des DBSH
Stefan-Andres-Str. 4, 54497 Morbach
T: (06781) 20 08-17 (d), (06533) 39 56 (p)
Fax: (06781) 2 51 02 (d)
1. Vorsitzende: Gertrud Werle

r 658

Landesverband Saar des DBSH
Meisenweg 25, 66538 Neunkirchen
T: (06821) 21 07 14 (p) **Fax:** 2 30 57 (p)
1. Vorsitzende(r): Martin Eisenbeis

r 659

Landesverband Sachsen des DBSH
Landesgeschäftsstelle
Bernhardstr. 19, 01069 Dresden
T: (0351) 4 71 30 63 **Fax:** 4 71 30 63
1. Vorsitzende: Claudia Gansauge
Landesgeschäftsstelle: Edeltraut Seifert

r 660

Landesverband Sachsen-Anhalt des DBSH
Breiter Weg 125, 39317 Güsen
T: (03933) 90 52 33
1. Vorsitzende: Gundi Linnecke

r 661

Landesverband Schleswig-Holstein des DBSH
Waisenhofstr. 29, 24103 Kiel
T: (0431) 9 88 74 65 (d), 97 08 98 (p), 9 70 98 34
Fax: 9 70 98 34
1. Vorsitzende: Elisabeth Seehusen

r 662

Landesverband Thüringen des DBSH
Industriestr. 2, 99091 Erfurt
T: (0361) 7 45 53 02
1. Vorsitzende: Stefanie Eberhardt

• **R 663**

Verband Deutscher Straßenwärter (VDStra)
Bundesgeschäftsstelle:
Postf. 95 01 67, 51086 Köln
Rösrather Str. 565, 51107 Köln
T: (0221) 9 86 70-0 **Fax:** 9 86 70-6
Gründung: 1895
Geschäftsführender Bundesvorstand:
Bundesvorsitzende(r): Siegfried Damm (Im Redelsbach 2, 35088 Battenberg (Eder), T: (06452) 36 76)
Stellv. Bundesvors.: Werner Ege (Zum Sauerbrunnen 1, 54552 Neichen, T: (02692) 89 96)
Konrad Bodden (Heinsberger Str. 103, 41844 Wegberg, T: (02432) 68 29)
Peter Brosch (OT Scheergrund 10b, 04703 Leisnig, T: (034321) 1 24 12)
Klaus Eckl (Ödgarten 6, 94574 Wallerfing, T: (09936) 6 54)
Geschäftsführer(in): Waltraut Becker (Ltg. Presseabt.)

Landesverbände

Landesverband Baden-Württemberg
Landesvorsitzende(r): N. N.
Stellvertretende(r) Vorsitzende(r): Norbert Morgenthaler (Talstr. 20, 77855 Achern, T: (07841) 14 79)

Landesverband Bayern
Landesvorsitzende(r): Klaus Eckl (Ödgarten 6, 94574 Wallerfing, T: (09936) 6 54)
Stellvertretende(r) Vorsitzende(r): Werner Hassel (Endsee 9 1/2, 91628 Steinsfeld, T: (09843) 36 55)

Landesverband Brandenburg
Landesvorsitzende(r): Franz-Josef Benzinger (Robert-Koch-Str. 26, 16225 Eberswalde, T: (03334) 23 55 80)
Komm. Stellv. Landesvors.: Kurt Manig (Am Markt 25, 03238 Finsterwalde T: (03531) 87 04)

Landesverband Hessen
Landesvorsitzende(r): Holger Schmidt (Trift 21, 34281 Gudensberg, T: (05603) 14 58)
Stellvertretende(r) Vorsitzende(r): Harald Heinrich (Im Hasslocher Tann 1, 65428 Rüsselsheim, T: (06142) 5 25 92)

Landesverband Niedersachsen und Bremen
Landesvorsitzende(r): Bernd-Rüdiger Bahl (Warmser Weg 9, 31311 Uetze, T: (05173) 75 97)
Stellvertretende(r) Vorsitzende(r): Erwin Rolf (Albert-Schweitzer-Str. 4, 37170 Uslar, T: (05571) 59 79)

Landesverband Rheinland
Landesvorsitzende(r): Konrad Bodden (Heinsberger Str. 103, 41844 Wegberg, T: (02432) 68 29)
Stellvertretende(r) Vorsitzende(r): Hermann Fischer (An der Waidmaar 28, 50226 Frechen, T: (02234) 5 84 87)

Landesverband Rheinland-Pfalz
Landesvorsitzende(r): Werner Ege (Zum Sauerbrunnen 1, 54552 Neichen, T: (02692) 89 96)
Stellvertretende(r) Vorsitzende(r): Hans-Georg Sauer (Brunnenstr. 9, 56154 Boppard, T: (06754) 14 43)

Landesverband Sachsen
Landesvorsitzende(r): Peter Brosch (OT Scheergrund 10b, 04703 Leisnig, T: (034321) 1 24 12)
Stellv. Landesvors.: Thomas Hirschel (Delitzscher Str. 7f, 04105 Leipzig, T: (0341) 5 64 21 27)

Landesverband Sachsen-Anhalt
Landesvorsitzende(r): N. N.
Stellv. Landesvors.: Lutz Köhler (Jacobstraße 21, 06110 Halle/Saale T: (0345) 2 90 28 29)

Landesverband Schleswig-Holstein, Hamburg und Meckl.-Vorpommern
Landesvorsitzende(r): Hans-Otto Buhmann (Berliner Str. 63, 25421 Pinneberg, T: (04101) 7 22 34)
Stellvertretende(r) Vorsitzende(r): Kay Holtz (Kamper Weg 52, 25524 Itzehoe, T: (04821) 8 66 83)

Landesverband Thüringen
Landesvorsitzende(r): Horst Schwiefert (Hauptstr. 105, 99734 Nordhausen, T: (03631) 97 12 76)
Stellv. Landesvors.: Jens Mondry (Gartenstr. 23, 07950 Triebes, T: (036622) 7 81 35)

Landesverband Westfalen-Lippe
Landesvorsitzende(r): Hermann Harpering (Lünten-Wesker Nr. 12, 48691 Vreden, T: (02564) 61 71)
Stellv. Vors.: Klaus Schlüter (Ondrup 44, 59348 Lüdinghausen, T: (02591) 8 80 54)
Verbandszeitschrift: Straßenwärter
Redaktion: Waltraut Becker
Verlag: Donar Verlag GmbH, Rösrather Str. 565, 51107 Köln, T: (0221) 9 86 70-5, Telefax: (0221) 9 86 70-6
Pflege und Förderung des Straßenwärterberufes; Stärkung des wirtschaftlichen Wohls, Aufbau der sozialen Sicherheit, Interessenvertretung; Fortbildung aller im Straßenbau und Straßenunterhaltungsdienst Beschäftigten.

• **R 664**

BVT

Bundesverband staatlich geprüfter Techniker e.V. (BVT)
Baumschulweg 6, 53639 Königswinter
T: (02244) 9 24 27 **Fax:** 92 42 99
Vorsitzende(r): Fedor E. Mrozek (Hohwachter Weg 19, 24143 Kiel)
Geschäftsführer(in): Harald Schulte (Baumschulweg 6, 53639 Königswinter)
Verbandszeitschrift: tema
Redaktion: Harald Schulte
Verlag: Techniker Institut der BVT GmbH, Baumschulweg 6, 53639 Königswinter
Mitglieder: 15300
Förderung der Ausbildung zum staatlich geprüften Techniker sowie die Förderung der Weiterbildung der im Beruf stehenden Techniker. Aufklärung der Öffentlichkeit über Beruf und Ausbildung des staatlich geprüften Technikers sowie die Vertretung seiner Interessen gegenüber Behörden und Wirtschaftsorganen. Betreuung seiner Mitglieder in allgemeinen beruflichen und sozialen Fragen.

• **R 665**

Verein Deutscher Sicherheitstechniker e.V.
im Bundesverband staatlich geprüfter Techniker e.V.
Baumschulweg 6, 53639 Königswinter
T: (02244) 9 24 27 **Fax:** 92 42 99

• **R 666**

Bundesverband der Bediensteten der Technischen Überwachung
-BTÜ-Bundesverband-
Geschäftsstelle:
Kurfürstenstr. 56, 45138 Essen
T: (0201) 89 87-1 78
Gründung: 1985 (13. Juni)
Vorsitzende(r): Alfred Nagel (BTÜ Landesverband Bayern)
Stellvertretende(r) Vorsitzende(r): G. Hinrich Schaub (BTÜ VdTÜV)
Franz Höng (BTÜ Landesverband Bayern)
Mitglieder: 1500

• **R 667**

AUB
Die Unabhängigen

Arbeitsgemeinschaft unabhängiger Betriebsangehöriger e.V. (AUB)
AUB Die Unabhängigen e.V.
Kontumazgarten 3, 90429 Nürnberg
T: (0911) 2 87 08-0 **Fax:** 2 87 08-20
Gründung: 1986
Vorstand:
BundesVors: Wilhelm Schelsky
Stellv. BundesVors: Ingrid Brand-Hückstädt
Heinz Mayer
weitere VorstMitgl:
Rolf Dittmar
Traute Jäger
Lothar Mahling
Roland Scholz
Rudolf Lutz
BundesGeschF: Dr. Gottfried Linn (Schatzmeister)
Pressesprecher: Lothar Mahling

Verbandszeitschrift: INTERN
Mitglieder: 12000

Die AUB ist eine Vereinigung von Arbeitnehmern mit sozial- und berufspolitischer Zielsetzung. Unter Wahrung betriebs- bzw. standortbezogener Selbständigkeit wirkt sie bei der Schaffung von Arbeitsbedingungen mit, z.B. durch Schulung, Seminare, Rechtsbeistand u.ä.

• **R 668**

Deutscher Verband Technischer Assistenten in der Medizin e.V. (dvta)
Spaldingstr. 110B, 20097 Hamburg
T: (040) 23 14 36 **Fax:** 23 33 73
Gründung: 1969
Geschäftsführer(in): Almuth Never
Mitglieder: 20000

Berufsverband med.-techn. Assistenten zur Wahrnehmung der Berufs- und Standesinteressen durch fachkundige Stellungnahme zur Arbeit des Gesetzgebers, Pflege der fachl. Fort- und beruflichen Weiterbildung und Zusammenarbeit mit Berufsorganisationen im In- und Ausland.

• **R 669**

Bundesverband Pharmazeutisch-technischer Assistenten e.V. (BVPTA)
Bismarckstr. 24, 66111 Saarbrücken
T: (0681) 63 82 00 **Fax:** 63 83 11
E-Mail: bvpta@t-online.de
Gründung: 1980 (Dezember)
1. Vorsitzende(r): Margit Meier
2. Vorsitzende(r): Charlotte Engl
Vorstand: Sabine Steffen
Christine Valks
Hauptgeschäftsführer(in): Margareta Ewers
Kassenwartin: Claudia Edler
Verbandszeitschrift: PTA heute
Redaktion: BVPTA-Info, Margit Meier
Verlag: Deutscher Apotheker Verlag, Postf. 10 10 61, 70009 Stuttgart
Mitglieder: 4000
Mitarbeiter: 4

BVPTA Organisation und Durchführung von Fortbildungen regional und überregional; Konzepte zur Weiterbildung; Vertretung der PTA in der Öffentlichkeit und Politik; Mitwirkung bei PTA-relevanten Gesetzesvorschlägen; Zusammenarbeit mit Apothekerorganisationen in berufsständischen Fragen.
Seit Mai 1995 eigenes Weiterbildungsinstitut pta, Wlpta. Start Herbst 1996, Kurse: Dermopharmazie, Ernährung, Krankenhaus, Industrie

• **R 670**

Bundesverband der Tierzucht- und Besamungstechniker e.V. (BTB)
Postf. 12 04, 91402 Neustadt
Karl Eibl Str. 21-23, 91413 Neustadt
T: (09161) 97 29 **Fax:** 6 18 07
Gründung: 1969
Vorsitzende(r): Heinz Lefers (Ellinghausen 71, 42929 Wermelskirchen, T: (02196) 37 73, Fax: (02196) 97 40 21)
Geschäftsführer(in): Konrad Fröbel (Ltg. Presseabt., Riedfelder Ortsstr. 22, 91413 Neustadt, T: (09161) 97 29, Telefax: (09161) 61 80 7)
Verbandszeitschrift: Informationsblatt der Tierzucht- und Besamungstechniker (BTB)
Redaktion: Konrad Fröbel, Riedfelder Ortsstr. 22, 91413 Neustadt
Mitglieder: 1500
Jahresetat: DM 0,04 Mio, € 0,02 Mio

Landesverbände

r 671

Bundesverband der Tierzucht- u. Besamungstechniker
Landesverband Nordrhein-Westfalen
Schelpstr. 28A, 32107 Bad Salzuflen
Kontaktperson: Johannes Hobrock

r 672

Bundesverband der Tierzucht- u. Besamungstechniker
Landesverband Bayern
Adelsdorf 6, 90616 Neuhof
Kontaktperson: Friedrich Hietz

r 673

Bundesverband der Tierzucht- u. Besamungstechniker
Landesverband Schleswig-Holstein
Brook 10, 24641 Stuvenborn
Kontaktperson: Helmut Steenbuck

r 674

Bundesverband der Tierzucht- u. Besamungstechniker
Landesverband Hessen
Am Born 15, 36151 Burghaun
Kontaktperson: Harald Hochhaus

r 675

Bundesverband der Tierzucht- u. Besamungstechniker
Landesverband Niedersachsen
Berner Str. 15, 27809 Lemwerder
Kontaktperson: Jürgen Rohwohl

r 676

Bundesverband der Tierzucht- u. Besamungstechniker
Landesverband Baden-Württemberg
Gaenzenweiler 4, 88456 Ingoldingen
Kontaktperson: Anton Eisele

r 677

Bundesverband der Tierzucht- u. Besamungstechniker
Landesverband Rheinland-Pfalz
Mühlstr. 19, 67811 Dielkirchen
Kontaktperson: Manfred Selzer

r 678

Bundesverband der Tierzucht- u. Besamungstechniker
Landesverband Thüringen
Humboldtstr. 12, 98693 Ilmenau
Kontaktperson: Andreas Musch

r 679

Bundesverband der Tierzucht- u. Besamungstechniker
Landesverband Sachsen-Anhalt
Achterstr. 2, 39579 Schinne
Kontaktperson: Dieter Vinzelberg

r 680

Bundesverband der Tierzucht- u. Besamungstechniker
Landesverband Sachsen
Zwönitzer Str. 50, 09366 Stollberg
Manfred Viehweger

r 681

Bundesverband der Tierzucht- u. Besamungstechniker
Landesverband Brandenburg
K. Kollwitz Str. 156, 15827 Blankenfelde
Kontaktperson: Rigo Bauer

r 682

Bundesverband der Tierzucht- u. Besamungstechniker
Landesverband Mecklenburg
Andrej-Sacharow-Str. 89, 19061 Schwerin
Kontaktperson: Erich Schröder

Beamten-Organisationen

• **R 683**

DBB-Beamtenbund und Tarifunion
(Bund der Gewerkschaften des öffentlichen Dienstes und des privaten Dienstleistungssektors)
Peter-Hensen-Str. 5-7, 53175 Bonn
T: (0228) 8 11-101 **Fax:** 8 11-171, 8 11-108
Internet: http://www.dbb.de
E-Mail: post@dbb.de

Büro Brüssel: Avenue de la Joyeuse Entrée 1-5 / 2. Etage, B-1040 Bruxelles, T: (00322) 2 82 18 70, Fax: (00322) 2 82 18 71
Gründung: 1918 (4. Dezember), 2. Gründung 1949 (29. Januar)
Internationaler Zusammenschluß: siehe unter izt 858
Bundesvorsitzende(r): Erhard Geyer
Stellvertretende Bundesvorsitzende: Robert Dera
Peter Enders (MdB)
Peter Heesen
Dipl.-Verwaltungswirt Heinz Ossenkamp
Ilse Schedl
Kooptiertes Mitgl.: Frank Stöhr
Bundes-Geschäftsführer: Gerd Eßer
Pressesprecher: Rüdiger von Woikowsky
Leitung Öffentlichkeitsarbeit: Dr. Walter Schmitz
Verbandszeitschrift: DBB-Magazin
Redaktion: Peter-Hensen-Str. 5-7, 53175 Bonn
Mitglieder: rd. 1200000

Interessenvertretung der Einzelmitglieder der Mitgliedsgewerkschaften; Fortentwicklung des Rechts der Beamten und Arbeitnehmer des öffentlichen Dienstes und des privaten Dienstleistungssektors; Festigung des Leistungsprinzips bei Ausgestaltung von Berufsgang, Personalsteuerung und Einkommenslage.

Landesbünde

r 684

Beamtenbund Baden-Württemberg e.V.
Postf. 10 05 22, 70004 Stuttgart
Am Hohengeren 12, 70188 Stuttgart
T: (0711) 1 68 76-0 **Fax:** 1 68 76-76
Gründung: 1949
Vorsitzende(r): Horst Bäuerle (T: (0711) 1 68 76-0 (dienstl.))
Stellvertretende(r) Vorsitzende(r): Christel Dettling (Laufener Str. 15, 79114 Freiburg, T: (0761) 2 01 17 52 (dienstl.), (0761) 49 21 40 (privat), Telefax: (0761) 2 01 17 99)
Emil Huber (Friedenstr. 22 A, 76287 Rheinstetten, T: (0721) 9 18 31 00 (dienstl.), (07242) 14 10 (privat), Telefax: (0721) 2 15 34)
Manfred Schmid (Amselweg 4, 72666 Neckartailfingen, T: (0711) 2 56 00 71 (dienstl.), (07127) 3 21 04 (privat), Telefax: (0711) 2 56 80 13)
Adolf Thoma (Vordere Poche 2, 79104 Freiburg, T: (0761) 55 25 69 (privat), Telefax: (07633) 50 02 92)
Dr. Rainer Ullrich (Im Hörnle 34, 72800 Eningen, T: (0711) 2 79-38 56/7 (dienstl.), (07121) 8 87 63 (privat), Telefax: (07121) 88 03 24)
Geschäftsführer(in): Susanne Hauth (T: (0711) 1 68 76-0 dienstl.)
Wolfgang Steng (T: (0711) 1 68 76-0 (dienstl.))
Verbandszeitschrift: BBW Magazin
Redaktion: Heike Eichmeier, Abraham-Wolf-Str. 50, 70597 Stuttgart
Verlag: VVA Düsseldorf

r 685

Bayerischer Beamtenbund e.V.
Schwanthalerstr. 21, 80336 München
T: (089) 55 25 88-0 **Fax:** 55 25 88-50
Vorsitzende(r): MdS Dieter Kattenbeck
Geschäftsführer(in): Michael Rosch

r 686

Deutscher Beamtenbund Landesbund Berlin
Mommsenstr. 58, 10629 Berlin
T: (030) 32 79 52-0 **Fax:** 32 79 52-20
Vorsitzende(r): Joachim Jetschmann

r 687

Deutscher Beamtenbund Brandenburg
Jägerallee 22, 14469 Potsdam
T: (0331) 2 75 36 00 **Fax:** 2 75 36 02
Vorsitzende(r): Heinz-Egon Müller

r 688
DBB - Landesbund Bremen
Dobbenweg 9, 28203 Bremen
T: (0421) 70 00 43 **Fax:** 70 28 26
Vorsitzende(r): Jürgen Albers
Leitung Presseabteilung: Ingo Riemer

r 689
DBB - Landesbund Hamburg
Axel-Springer-Platz 2, 20355 Hamburg
T: (040) 2 51 39 26 **Fax:** 2 51 38 27
Vorsitzende(r): Valentin Schiedek

r 690
DBB - Landesbund Hessen e.V.
Goetheplatz 7, 60313 Frankfurt
T: (069) 28 17 80 **Fax:** 28 29 46
Vorsitzende(r): Walter Spieß

r 691
DBB - Landesbund Mecklenburg-Vorpommern
Pappelgrund 15a, 19055 Schwerin
T: (0385) 5 81 10 50 **Fax:** 5 81 10 49
Vorsitzende(r): Hermann Warner

r 692
DBB - Landesbund Niedersachsen e.V.
Große Packhofstr. 28, 30159 Hannover
T: (0511) 32 37 07 **Fax:** 36 36 59
Vorsitzende(r): Roland Neßler

r 693
DBB - Landesbund Nordrhein-Westfalen
Postf. 32 02 46, 40417 Düsseldorf
Gartenstr. 22, 40479 Düsseldorf
T: (0211) 49 15 83-0 **Fax:** 49 15 83-10
Vorsitzende(r): Erich Steffen

r 694
DBB Rheinland-Pfalz
Postf. 17 06, 55007 Mainz
Adam-Karrillon-Str. 62, 55118 Mainz
T: (06131) 61 13 56 **Fax:** 67 99 95
T-Online *06131670007*
Gründung: 1949
Vorsitzende(r): Brigitte Stopp
Leitung Presseabteilung: Hans E. Hielscher
Mitglieder: 62000 in Rheinland-Pfalz

r 695
DBB - Landesbund Saar
Postf. 10 06 64, 66006 Saarbrücken
Hohenzollernstr. 41, 66117 Saarbrücken
T: (0681) 5 17 08 **Fax:** 58 18 17
Internet: http://www.saar.dbb.de
E-Mail: post@dbb-saar.de
Vorsitzende(r): Bernd Rupp
Leitung Presseabteilung: Ewald Linn

r 696
Sächsischer Beamtenbund
Hohe Str. 74, 01187 Dresden
T: (0351) 4 71 68 24/5 **Fax:** 4 71 68 27
Vorsitzende(r): Dr. Gerd Drechsler

r 697
DBB - Landesbund Sachsen-Anhalt
Schleinufer 12, 39104 Magdeburg
T: (0391) 5 61 94 50 **Fax:** 5 61 94 59
Vorsitzende(r): Dr. Werner-Eckhard Böhm

r 698
DBB - Landesbund Schleswig-Holstein e.V.
Lerchenstr. 17, 24103 Kiel
T: (0431) 67 50 81 **Fax:** 67 50 84
Vorsitzende(r): Wolfgang Blödorn

r 699
Thüringer Beamtenbund (TBB)
Juri-Gagarin-Ring 68, 99084 Erfurt
T: (0361) 65 99 60 **Fax:** 6 59 96 99
Landesvorsitzende(r): Andreas Witschel (Max-Künstner-Str. 3, Friedrichroda, T: (03623) 30 48 05 (privat); Bildungszentrum der Thüringer Steuerverwaltung Gotha, T: (03621) 2 32 00)
1. Stellv. Landesvorsitzender: Kjell Eberhardt (Nordhäuser Str. 7, Erfurt, T: (0361) 2 11 84 21 (privat), (0361) 3 78 51 12 (dienstl.))
2. Stellv. Landesvorsitzender: Peter Mühlbach (Lessingstr. 36, 99425 Weimar, T: (03643) 85 06 01 (privat), (03643) 45 33 32 (dienstl.))

Bundesbeamtenverbände

• **R 700**

Postf. 17 03 01, 60077 Frankfurt
Westendstr. 52, 60325 Frankfurt
T: (069) 71 40 01-0 **Fax:** 71 40 01-41
Internet: http://www.verkehrsgewerkschaft-gdba.dbb.de
Vorsitzende(r): Robert Dera

Wahrung und Förderung der beruflichen und sozialen Belange der Mitarbeiter im Konzern der Deutschen Bahn AG, in den für die Eisenbahnen des Bundes zuständigen Bundesbehörden sowie in Verkehrsbetrieben.

• **R 701**
Kommunikationsgewerkschaft DPV im DBB (DPVKOM)
Postf. 14 31, 53004 Bonn
Schaumburg-Lippe-Str. 5, 53113 Bonn
T: (0228) 9 11 40-0 **Fax:** 9 11 40-98
Internet: http://www.dpvkom.de
E-Mail: dpvkom-bgst@t-online.de
Gründung: 1890
Bundesvorsitzende(r): Willi Russ
Bundesgeschäftsführer(in): Robert Loosen
Leitung Presseabteilung: Peter Jagst
Verbandszeitschrift: DPV KOM Das Magazin
Redaktion: DPV KOM
Verlag: Wirtschafts GmbH d. DPV, Postf. 14 31, 53004 Bonn
Mitglieder: 53000

• **R 702**
Bund der Deutschen Zollbeamten - Gewerkschaft Zoll und Finanzen - im Deutschen Beamtenbund (BDZ)
Rheinweg 33, 53113 Bonn
T: (0228) 23 00 31-32 **Fax:** 23 70 29
Internet: http://www.bdz.dbb.de
E-Mail: gerner@bdz.dbb.de
Gründung: 1948
Vorsitzende(r): Heinz Schulze
Leitung Presseabteilung: Andreas Meyer
AnzeigenL.: Elke Gerner
Verbandszeitschrift: BDZ Magazin/der deutsche Zollbeamte
Redaktion: ddz
Verlag: BDZ, Rheinweg 33, 53113 Bonn
Mitglieder: rd. 30000
Mitarbeiter: 10

Bezirksverbände in: Baden, Berlin, Brandenburg, Bremen, BMF, Düsseldorf, Hamburg, Hessen, Köln, Mecklenburg-Vorpommern, Niedersachsen, Nürnberg, Rheinland-Pfalz, Saarland, Sachsen, Sachsen-Anhalt, Schleswig-Holstein, Südbayern, Thüringen, Westfalen, Württemberg

Vertretung und Förderung der beruflichen und sozialen Belange der Angehörigen der Bundesfinanzverwaltung.

• **R 703**

Gewerkschaft Deutscher Lokomotivführer im Deutschen Beamtenbund (GDL)
Postf. 10 09 62, 60009 Frankfurt
Baumweg 45, 60316 Frankfurt
T: (069) 40 57 09-0 **Fax:** 40 57 09 40
E-Mail: GDL-HV@t-online.de
Gründung: 1867 (1. Januar)
Vorsitzende(r): Manfred Schell
Leitung Presseabteilung: Gerda Seibert
Verbandszeitschrift: GDL-Magazin VORAUS

• **R 704**
Gewerkschaft der Sozialversicherung (GdS) im DBB
Postf. 33 01 63, 53203 Bonn
Mülldorfer Str. 23, 53229 Bonn
T: (0228) 97 76 10 **Fax:** 9 77 61-46
Vorsitzende(r): Klaus M. Dauderstädt
Geschäftsführer(in): Siglinde Hasse (Stv.)
Wilfried Macke (Stv.)

• **R 705**
Verband der Beamten der Bundeswehr e.V. im Deutschen Beamtenbund (VBB)
Baumschulallee 18a, 53115 Bonn
T: (0228) 65 23 38 **Fax:** 63 99 60
Internet: http://www.vbb.dbb.de
E-Mail: mail@vbb.dbb.de
Vorsitzende(r): Thorolf Schulte
Leitung Presseabteilung: Klaus-Jürgen Achterberg

• **R 706**

Verband der Beschäftigten der obersten und oberen Bundesbehörden e.V. im Deutschen Beamtenbund (VBOB)
Peter-Hensen-Str. 5-7, 53175 Bonn
T: (0228) 9 57 96 53 **Fax:** 9 57 96 54
Internet: http://www.vbob.de
E-Mail: vbob@vbob.de
Gründung: 1951 (21. Juni)
Vorsitzende(r): Rainer Schwierczinski
Verbandszeitschrift: VBOB Magazin
Redaktion: Herbert Müller
Mitglieder: 12000

Verfassungskonforme Fortentwicklung des öffentlichen Dienstrechts - Berufsbeamtentum und Tarifrecht des öffentlichen Dienstes. Vertretung und Förderung der berufsbedingten politischen, rechtlichen und sozialen Belange der Mitglieder.

• **R 707**
Verband der Bundesbankbeamten e.V. (VdB) im Deutschen Beamtenbund
Taunusanlage 5, 60329 Frankfurt
(Landeszentralbank)
T: (069) 23 88 15 50 **Fax:** 23 88 15 55
E-Mail: post@vdb.dbb.de
Gründung: 1956
Vorsitzende(r): Karl-Heinz Schmidt (Ltg. Presseabt.)
Verbandszeitschrift: Der Bundesbankbeamte
Redaktion: K.-H. Schmidt, R. Fink, E. Grün
Verlag: Walhalla u. Praetoria Verlag, Wöhrdstr. 12-14, 93059 Regensburg
Mitglieder: 6500
Mitarbeiter: 1
Jahresetat: DM 0,5 Mio, € 0,26 Mio
Geschäftsstelle: Mahrweg 11, 35440 Linden
T: (06403) 27 75

• **R 708**
Verband der Beamten der Bundesanstalt für Arbeit im Deutschen Beamtenbund (VBBA)
Pellergasse 9A, 90475 Nürnberg
T: (0911) 83 09 87 **Fax:** 83 09 08
Gründung: 1954
Komm. Vorsitzender: VAR Heiner Schwarz (An der Schanze 10, 90547 Stein)
Stellvertretende(r) Vorsitzende(r): Waldemar Dombrowski (Stresemannallee 13, 36251 Bad Hersfeld)
Verbandszeitschrift: VBBA-Zeitung "Beamte in der Bundesanstalt für Arbeit"
Redaktion: Pellergasse 9 A, 90475 Nürnberg
Mitglieder: 8500
Mitarbeiter: 1

Landesgruppen

r 709
VBBA-Landesgruppe Nord
Diestelkamp 140, 24340 Eckernförde
Manfred Langhoff

r 710
VBBA-Landesgruppe Niedersachsen-Bremen
Brühlstr. 4, 30169 Hannover
Klaus-Peter Reinhardt

r 711
VBBA-Landesgruppe Nordrhein-Westfalen
Karl-Arnold-Str. 70, 41352 Korschenbroich
T: (02161) 67 31 74
Claudia Puck

r 712

VBBA-Landesgruppe Hessen
Afföllerstr. 25, 35039 Marburg
Axel Lehmann

r 713

VBBA-Landesgruppe Rheinland-Pfalz-Saarland
Ringstr. 40, 67112 Mutterstadt
Heinrich Dietz

r 714

VBBA-Landesgruppe Baden-Württemberg
Riederstr. 18, 70619 Stuttgart
Manfred Sebald

r 715

VBBA-Landesgruppe Bayern
Wilhelmshavener Str. 92, 90425 Nürnberg
Klaus Zenkel

r 716

VBBA-Landesgruppe Berlin-Brandenburg
(Arbeitsamt)
14462 Potsdam
Horstweg 96, 14482 Potsdam
Horst Wisniewski

r 717

VBBA-Landesgruppe Hauptstelle
Regensburger Str. 104, 90478 Nürnberg
Hermann Lahm

r 718

VBBA-Landesgruppe Fachhochschule
Seckenheimer Landstr. 16, 68163 Mannheim
Dr. Jürgen Schneider

r 719

VBBA-Landesgruppe Sachsen
im Landesarbeitsamt
Paracelsusstr. 12, 09114 Chemnitz
Emanuel Hildebrandt

r 720

VBBA-Landesgruppe Sachsen-Anhalt-Thüringen
Merseburger Str. 196 (LAA), 06110 Halle
Karlheinz Bicker

• R 721

Fachverband Wasser- und Schiffahrtsverwaltung im Deutschen Beamtenbund e.V. (FWSV)
Postf. 18 28, 26588 Aurich
T: (04941) 6 02-0 **Fax:** 60 23 78
Vorsitzende(r): Franz-Josef Mödden

• R 722

Bundesgrenzschutz-Verband -Gewerkschaft der Polizei des Bundes- (bgv)
Mitglied im Deutschen Beamtenbund u. in der Europäischen Polizei Union
Kreuzbergweg 17, 53115 Bonn
T: (0228) 69 20 41 **Fax:** 63 15 92
Vorsitzende(r): Hubertus Grützner
Verbandszeitschrift: DIE BUNDESPOLIZEI
Redaktion: Dipl.-Vw. Horst Berghäuser
Verlag: dpu Verlag und Sozialwerk GmbH, Kreuzbergweg 17, 53115 Bonn
Berufsverband für den Bundesgrenzschutz.

• R 723

Verband der Beschäftigten des gewerblichen Rechtsschutzes im Deutschen Beamtenbund (VBGR)
Morassistr. 2, 80469 München
T: (089) 21 57 84 33 **Fax:** 21 57 84 33
Vorsitzende(r): Dipl.-Ing. Jürgen Mume

• R 724

Verein der Rechtspfleger im Bundesdienst e.V. (VRB)
Am Eschbichl 31, 81929 München
T: (089) 6 99 37-235 **Fax:** 9 57 94 99
E-Mail: KapplT@buerohaus.de
Gründung: 1968 (20. Mai)
Vorsitzende(r): Dipl.-Rpfl. Thomas Kappl (Bundespatentgericht, München, T: (089) 6 99 37-2 35)
Stellv. Vors. u. GeschF: Dirk Eickhoff (Ltg. Presseabt.; Bundespatentgericht, München, T: (089) 6 99 37-2 23)
Verbandszeitschrift: VRB-Aktuell
Mitglieder: 150
Mitarbeiter: 7

• R 725

Deutsche Rechtspflegervereinigung e.V.
Prämienstr. 71, 52076 Aachen
T: (0241) 5 17-5 76
Bundesvorsitzende(r): Hubert Küppers
stellv. Bundesvors.: Rainer Ottke
Vorstand: Hans-Werner Lempke
Rudolf Heidrich
Kirsten Roes
Angeschl. Organisationen: 9

• R 726

Verband der Arbeitnehmer der Bundeswehr - VAB - im Deutschen Beamtenbund
Gewerkschaft der Angestellten, Arbeiter und Auszubildenden
Rochusstr. 178, 53123 Bonn
T: (0228) 61 10 12 **Fax:** 62 46 38
E-Mail: gewerkschaft@vab.dbb.de
Gründung: 1978
Vorsitzende(r): Wolfgang Weiler
Verbandszeitschrift: VAB-aktuell

Bundesfachverbände

• R 727

DSTG
DEUTSCHE STEUER-GEWERKSCHAFT
Fachgewerkschaft der Finanzverwaltung

In der Raste 14 (DSTG-Haus), 53129 Bonn
T: (0228) 5 30 05-0 **Fax:** 23 90 98
Internet: http://www.dstg.de
E-Mail: dstg-bonn@t-online.de
Vorsitzende(r): Dieter Ondracek
BundesGeschF: RA Rafael Zender
Verbandszeitschrift: "Die Steuer-Gewerkschaft" mit "Steuer-Warte"
Redaktion: Dieter Ondracek, Rafael Zender
Verlag: Steuer-Gewerkschaftsverlag, In der Raste 14, 53129 Bonn
Wahrnehmung der berufsbedingten politischen, rechtlichen, wirtschaftlichen und sozialen Belange aller Mitglieder, insbesondere beim Bundestag, Bundesrat, bei der Bundesregierung und bei den Spitzenorganisationen.

• R 728

KOMBA IM DEUTSCHEN BEAMTENBUND
GEWERKSCHAFT
FÜR DEN KOMMUNAL- UND LANDESDIENST

KOMBA
Gewerkschaft für den Kommunal- und Landesdienst im Deutschen Beamtenbund
Godesberger Allee 125-127, 53175 Bonn
T: (0228) 8 10 01-0 **Fax:** 8 10 01-22
Internet: http://www.KOMBA.de
E-Mail: KOMBA.BUND@KOMBA.de
Bundesvorsitzender: Dipl.-Verwaltungswirt Heinz Ossenkamp
Gewerkschaft für den Kommunal- und Landesdienst (KOMBA).

Landesgewerkschaften

r 729

KOMBA-Gewerkschaft Baden-Württemberg
Im Weingarten 17, 79219 Staufen
T: (07633) 50 03 54 **Fax:** 50 02 92
Vorsitzende(r): Rudi Thurn

r 730

KOMBA-Gewerkschaft Bayern
Pfeuferstr. 33, 81373 München
T: (089) 77 02 53 **Fax:** 7 25 09 57
Vorsitzende(r): Gerhard Sixt

r 731

KOMBA-Gewerkschaft Berlin
Uhlandstr. 137, 10717 Berlin
T: (030) 86 42 01 97 **Fax:** 86 42 01 99
Vorsitzende(r): Jörg Wreh

r 732

KOMBA-Gewerkschaft Brandenburg
Hauptstr. 1, 15377 Bollersdorf
T: (03433) 5 60 77 **Fax:** 5 79 74
Vorsitzende(r): Detlef Daubitz

r 733

KOMBA-Gewerkschaft Bremen
Hemmstr. 120, 28215 Bremen
T: (0421) 37 13 60 **Fax:** 3 79 89 61
Vorsitzende(r): Lothar Rühl

r 734

KOMBA-Gewerkschaft Hamburg
Gerstäckerstr. 9, 20459 Hamburg
T: (040) 3 78 63 90 **Fax:** 37 86 39 11
Vorsitzende(r): Gerd Hoffmann

r 735

KOMBA-Gewerkschaft Hessen
Braubachstr. 10, 60311 Frankfurt
T: (069) 28 56 13 **Fax:** 28 56 13
Vorsitzende(r): Reinhard Althanß

r 736

KOMBA-Gewerkschaft Mecklenburg-Vorpommern
Pappelgrund 15A, 19055 Schwerin
T: (0385) 5 50 99 54 **Fax:** 5 50 99 54
Vorsitzende(r): Hans-Jürgen Gülck

r 737

KOMBA-Gewerkschaft Niedersachsen
Postf. 21 26, 30021 Hannover
Wedekindstr. 32, 30161 Hannover
T: (0511) 3 36 03 06 **Fax:** 3 36 03 19
Vorsitzende(r): Rüdiger Dittmann

r 738

KOMBA-Gewerkschaft Nordrhein-Westfalen
Postf. 10 10 54, 50450 Köln
Norbertstr. 3, 50670 Köln
T: (0221) 91 28 52-0 **Fax:** 9 12 85 25
Vorsitzende(r): Ralf Eisenhöfer

r 739

KOMBA-Gewerkschaft Rheinland-Pfalz
Entenpfuhl 32, 56068 Koblenz
T: (0261) 3 57 66 **Fax:** 3 82 57
Vorsitzende(r): Klaus Geiser

r 740

KOMBA-Gewerkschaft Saarland
Rosenstr. 31, 66111 Saarbrücken
T: (0681) 6 13 50 **Fax:** 6 39 10
Vorsitzende(r): Horst Rixecker

r 741

KOMBA-Gewerkschaft Sachsen
Am Bergborn 3, 01848 Hohnstein
T: (035975) 8 04 97 **Fax:** 8 04 97

r 742

KOMBA-Gewerkschaft Sachsen-Anhalt
Kirchberg 11, 06198 Gimritz
T: (034607) 2 05 72
Vorsitzende: Signue Ebert

r 743

KOMBA-Gewerkschaft Schleswig-Holstein
Lerchenstr. 17, 24103 Kiel
T: (0431) 67 33 18 **Fax:** 67 30 00
Vorsitzende(r): Kai Tellkamp

r 744

KOMBA-Gewerkschaft Thüringen
Juri-Gagarin-Ring 68, 99084 Erfurt
T: (0361) 65 99 60 **Fax:** 6 59 96 99
Vorsitzende(r): Peter Mühlbach

• R 745

Deutscher Philologenverband e.V. im DBB (DPhV)
Bahnhofsweg 8, 82008 Unterhaching

T: (089) 6 25 16 19, 6 25 17 19 **Fax:** 6 25 18 18
1. Vorsitzende(r): OStD Heinz Durner, Unterhaching
Leitung Presseabteilung: Dieter Fengels
Verbandszeitschrift: Profil
Redaktion: Dieter Fengels
Verlag: VVA, Vereinigte Verlagsanstalt GmbH, Höherweg 278, 40231 Düsseldorf

• R 746

Bund der Ruhestandsbeamten, Rentner und Hinterbliebenen im Deutschen Beamtenbund (BRH)
Alicenplatz 4, 55116 Mainz
T: (06131) 22 33 71 **Fax:** 22 56 25
Leitung Presseabteilung: Dr. Herbert Bartsch
Verbandszeitschrift: Aktiv im Ruhestand
Redaktion: Dr. Herbert Bartsch
Mitglieder: ca. 70000
Mitarbeiter: 5

• R 747

Bund Deutscher Forstleute (BDF)
Bundesgeschäftsstelle:
Lohmühlenstr. 9, 56422 Wirges
T: (02602) 8 17 03 **Fax:** 7 00 87
Internet: http://www.bdf-online.de
Gründung: 1949
Bundesvorsitzende(r): Ortgies Heider (Heitereweg 15, 79183 Waldkirch, T: (07681) 4 77 85 90/2 38 21, Fax: (07681) 4 77 85 99)
Leitung Presseabteilung: Armin Ristau
Verbandszeitschrift: BDF-Aktuell
Redaktion: Silberborner Str. 1, 37586 Dassel

Landesverbände

r 748

Bund Deutscher Forstleute Landesverband Baden-Württemberg
Pfaffendobel 13, 79256 Buchenbach
T: (07661) 78 74 **Fax:** 9 95 11
Vorsitzende(r): Dieter Thomann (Steigäckerstr. 11, 97877 Wertheim-Waldenhausen)

r 749

Bund Deutscher Forstleute Landesverband Bayern
An der Zeil 2, 97532 Üchtelhausen
T: (09720) 7 43 **Fax:** 6 03
Vorsitzende(r): Gunter Hahner

r 750

Bund Deutscher Forstleute Landesverband Berlin
Koenigsallee 80, 14193 Berlin
T: (030) 89 72 77 95 **Fax:** 89 72 77 96
Vorsitzende(r): Elmar Kilz

r 751

Bund Deutscher Forstleute Landesverband Brandenburg
Landesgeschäftsstelle
Seestr. 7a, 15374 Müncheberg
T: (033432) 5 57 **Fax:** 5 57
Vorsitzende(r): André Jander

r 752

Bund Deutscher Forstleute Landesverband Hessen
Mainzer Str. 36, 65599 Dornburg
T: (06436) 64 24 **Fax:** 64 24
Vorsitzende(r): Peter Schönke

r 753

Bund Deutscher Forstleute Landesverband Mecklenburg-Vorpommern
Dorfstr. 1a, 17379 Rothemühl
T: (039772) 2 03 22 **Fax:** 2 00 11
Vorsitzender: Peter Neumann

r 754

Bund Deutscher Forstleute Landesverband Niedersachsen
Forsthaus Niederhaverbeck 14, 29646 Bispingen
T: (05198) 98 96 94 **Fax:** 98 96 92
Vorsitzende(r): Ernst-August Bergmann

r 755

Bund Deutscher Forstleute Landesverband Nordrhein-Westfalen
Siegfriedstr. 48, 42117 Wuppertal
T: (0202) 7 48 98 19 **Fax:** 7 48 98 20
Vorsitzende(r): Bernhard Dierdorf

r 756

Bund Deutscher Forstleute Landesverband Rheinland-Pfalz
Forsthaus Opel, 55595 Münchwald
T: (06724) 13 85 **Fax:** 12 49
Vorsitzender: Hellmut Scheffer

r 757

Bund Deutscher Forstleute Landesverband Saarland
Kenchinger Flur 35, 66693 Mettlach
T: (06864) 25 93
Vorsitzender: Jörg Thielmann

r 758

Bund Deutscher Forstleute Landesverband Sachsen
Forstweg 4 (Brotenfeld), 08606 Tirpersdorf
T: (037463) 8 47-0 **Fax:** 8 47-20
Vorsitzender: Jan Prignitz

r 759

Bund Deutscher Forstleute Landesverband Sachsen-Anhalt
Querfurter Str. 22, 06268 Ziegelroda
T: (034672) 6 03 57 **Fax:** 6 03 50
Vorsitzende(r): Thomas Roßbach

r 760

Bund Deutscher Forstleute Landesverband Schleswig-Holstein
Bahnhofstr. 5, 23813 Blunk
T: (04557) 7 44 **Fax:** 6 21
Vorsitzende(r): Johannes Röhl

r 761

Bund Deutscher Forstleute Landesverband Thüringen
Waldhaus 7, 07987 Mohlsdorf
T: (03661) 44 06 30 **Fax:** 43 00 38
Vorsitzende(r): Michael Herrmann

r 762

Verband der Bundesforstbediensteten
Berkhoferstr. 14, 30900 Wedemark
T: (05130) 10 02 **Fax:** 10 02
Vorsitzende(r): Gerhard Berges

r 763

BDF - Fachverband Forst e.V.
Geschäftsstelle
Rathausplatz 3, 86420 Diedorf
T: (08238) 90 20 19 **Fax:** 90 20 72
Vorsitzende(r): Dr. Stefan Wagner (Augsburg, T: (0821) 15 95 70)

• R 764

Deutsche Polizeigewerkschaft im DBB (DPolG)
Postf. 10 20, 73010 Göppingen
Hauptstr. 6, 73033 Göppingen
T: (07161) 7 35 17, 7 93 82 **Fax:** 6 96 70
Internet: http://www.dpolg.de
E-Mail: post@dpolg.dbb.de
Vorsitzende(r): Gerhard Vogler
Bundesgeschäftsführer(in): Paul Grimm
Presse- und Öffentlichkeitsarbeit: Sven-Erik Wecker
Verbandszeitschrift: Polizeispiegel
Redaktion: Hermann J. Friederich
Verlag: Biermann-Verlag, Königsberger Str. 1, 42277 Wuppertal

Landesverbände

r 765

Deutsche Polizeigewerkschaft Landesverband Baden-Württemberg
Moserstr. 28, 70182 Stuttgart
T: (0711) 24 51 41 **Fax:** 2 36 10 53
Internet: http://www.dpolg-bw.de
E-Mail: dpolg-bw@t-online.de
Landesvorsitzende(r): Dieter Berberich
Geschäftsführer(in): Dieter Hoffmann

r 766

Deutsche Polizeigewerkschaft Landesverband Bayern
Erzgießereistr. 20b, 80335 München
T: (089) 52 60 04 **Fax:** 52 97 25
E-Mail: dpolg-bayern@t-online.de
Landesvorsitzende(r): Berend Jochem
Geschäftsführer(in): Matthias Godulla

r 767

Deutsche Polizeigewerkschaft Landesverband Berlin
Calvinstr. 5A, 10557 Berlin
T: (030) 3 93 30 73 **Fax:** 3 93 50 92
Landesvorsitzende(r): Rolf Taßler
Geschäftsführer(in): Robert Tarnowski

r 768

Deutsche Polizeigewerkschaft Landesverband Brandenburg
Alleestr. 4, 14469 Potsdam
T: (0331) 2 80 44 55 **Fax:** 2 70 85 39
Landesvorsitzende(r): Frank Domanski
Geschäftsführer(in): Lutz Hausmann

r 769

Deutsche Polizeigewerkschaft Landesverband Bremen
Dobbenweg 9, 28203 Bremen
T: (0421) 6 98 68 13 **Fax:** 6 98 68 69
Landesvorsitzende(r): Thomas Folz
Geschäftsführer(in): Anja Tietjen

r 770

Deutsche Polizeigewerkschaft Landesverband Hamburg
Borgfelder Str. 32-34, 20537 Hamburg
T: (040) 25 40 26-0 **Fax:** 25 40 26-10
E-Mail: dpolg@dpolg-hh.de
Landesvorsitzende(r): Joachim Lenders
Geschäftsführer(in): Jibben Großmann
Geschäftsstellenleiterin: Rita Lefeber

r 771

Deutsche Polizeigewerkschaft Landesverband Hessen
Friedrichstr. 41, 65185 Wiesbaden
T: (0611) 30 16 73 **Fax:** 3 90 89
Landesvorsitzende(r): Bernd Vercruysse
Geschäftsführer(in): Karl-Heinz Höbig

r 772

Deutsche Polizeigewerkschaft Landesverband Mecklenburg-Vorpommern
Dr.-Wilhelm-Külz-Str. 4, 18435 Stralsund
T: (03831) 39 77 16 **Fax:** 39 77 16
Landesvorsitzender: Wolfgang Brinktriene

r 773

Deutsche Polizeigewerkschaft Landesverband Niedersachsen
Sedanstr. 18, 30161 Hannover
T: (0511) 3 40 97-0 **Fax:** 3 40 97-34
E-Mail: dpolg-nds@t-online.de
Landesvorsitzende(r): Dirk Hallmann
Geschäftsführer(in): Petra Ersfeld

r 774

Deutsche Polizeigewerkschaft Landesverband Nordrhein-Westfalen
Dr.-Alfred-Herrhausen-Allee 12, 47228 Duisburg
T: (02065) 70 14 82 **Fax:** 70 14 83
Landesvorsitzende(r): Rainer Wendt

r 775

Deutsche Polizeigewerkschaft Landesverband Rheinland-Pfalz
Alicenplatz 4, 55116 Mainz
T: (06131) 23 44 88 **Fax:** 22 52 67
E-Mail: dpolg@t-online.de
Landesvorsitzende(r): Werner Kasel
Geschäftsführer(in): Paul Skorny

r 776

Deutsche Polizeigewerkschaft Landesverband Saarland
Hohenzollernstr. 41, 66117 Saarbrücken
T: (0681) 5 45 52 **Fax:** 76 84 01
Landesvorsitzende(r): Willi Kummer
Geschäftsführer(in): Stefan Malter

r 777

Deutsche Polizeigewerkschaft Landesverband Sachsen
Hohe Str. 74, 01187 Dresden
T: (0351) 4 71 68 28 **Fax:** 4 71 68 27
Landesvorsitzende(r): Frank Conrad
Geschäftsstelle: Lohmann

r 778

Deutsche Polizeigewerkschaft Landesverband Sachsen-Anhalt
Randauer Str. 52, 39218 Schönebeck
T: (03928) 40 33 15 **Fax:** 40 33 15
Landesvorsitzende(r): Günter Pruvost
Geschäftsführer(in): Wolfgang Klimeczek

r 779

Deutsche Polizeigewerkschaft Landesverband Schleswig-Holstein
Am Kreishafen 2, 24768 Rendsburg
T: (04331) 2 91 31 **Fax:** 5 55 35
Landesvorsitzende(r): Hagen Elger

r 780

Deutsche Polizeigewerkschaft Landesverband Thüringen
Schwerborner Str. 33, 99086 Erfurt
T: (0361) 7 39 72 51 **Fax:** 7 39 72 55
Landesvorsitzende(r): Jürgen Hoffmann
Geschäftsstelle: Andreas Blüml

r 781

Fachgruppe Bundeskriminalamt
Thaerstr. 11, 65193 Wiesbaden
T: (0611) 55-12395
Vorsitzende(r): Dieter Schäfer

r 782

Fachverband Bundespolizei
Am Flugplatz 4, 23560 Lübeck
T: (0451) 50 40-155 **Fax:** 50 40-154
Internet: http://www.dpolg.com
E-Mail: dpolg.bupol@gmx.de
Vorsitzende(r): Hans-Joachim Zastrow
Geschäftsführer(in): Peter Haufler

• **R 783**

Gewerkschaft der Sozialverwaltung im DBB (GdV)
Im Lag 25, 56112 Lahnstein
T: (02621) 6 15 47 **Fax:** 92 63 17
Internet: http://www.gdv.dbb.de
E-Mail: dornbusch@gdv.dbb.de
Gründung: 1949 in Köln
Vorsitzende(r): Adalbert Dornbusch (Im Lag 25, 56112 Lahnstein)
Verbandszeitschrift: Die Versorgungsverwaltung
Redaktion: Arnim Franke, Gildenstr. 1, 53474 Ahrweiler
Verlag: SZ Verlag, Herbert W. Schallowetz GmbH, Postf. 31 29, 53757 St. Augustin

• **R 784**

Deutsche Justiz-Gewerkschaft im Deutschen Beamtenbund (DJG)
c/o Horst Mix
Kohlklinge 6, 69469 Weinheim
T: (06201) 2 24 28 **Fax:** 2 24 28
Bundesvorsitzende(r): Horst Mix

Vertretung und Förderung der beruflichen, wirtschaftlichen und sozialen Interessen der seinen Mitgliedsverbänden angeschlossenen deutschen Justizbediensteten.

• **R 785**

Deutsche Justiz-Gewerkschaft
Fachbereich Soziale Dienste
Fritz-Hirsch-Str. 11, 76646 Bruchsal
T: (07251) 74-24 96 **Fax:** 74-20 55
E-Mail: maeder@djg.dbb.de
Vorsitzende(r): Rudolf Mäder
Stellvertretende(r) Vorsitzende(r): Hartmut Hirsch
Josef Greif
Verbandszeitschrift: DJG Magazin
Redaktion: Horst Mix, Kohlklinge 6, 69469 Weinheim, T: (06201) 2 24 28, Telefax: (06201) 2 24 28
Mitglieder: 450

Der Fachbereich Soziale Dienste ist die gewerkschaftliche Spitzenvertretung der hauptamtlichen Bewährungs- und Gerichtshelfer und der Sozialarbeiter in der Führungsaufsicht in Deutschland. Sein Zweck ist die Vertretung und die Förderung der berufspolitischen, rechtlichen und sozialen Belange seiner Mitglieder. Er ist die gewerkschaftliche Vertretung gegenüber der Bundesregierung und den Parteien des Deutschen Bundestages.

Mitgliedsverbände

r 786

Deutsche Justiz-Gewerkschaft Landesverband Baden-Württemberg
Fachbereich soziale Dienste
Im Schloßhof 3, 76646 Bruchsal
T: (07251) 74-24 96 **Fax:** 74-20 55
Fachbereichsvors: Rudolf Mäder

r 787

Deutsche Justiz-Gewerkschaft Landesverband Bayern
Fachbereich Soziale Dienste
Brennerstr. 106, 96052 Bamberg
T: (0951) 8 33-2405
Fachbereichsvors: Franz Eckert

r 788

Deutsche Justiz-Gewerkschaft Landesverband Hessen
Fachbereich Soziale Dienste
Darmstädter Str. 56, 64625 Bensheim
T: (06251) 6 40 84
Fachbereichsvors: Gerald Bender

r 789

Deutsche Justiz-Gewerkschaft Landesverband Rheinland-Pfalz
Fachbereich Soziale Dienste
Brotstr. 8-9, 54290 Trier
T: (0651) 9 78 53-21 **Fax:** 9 78 53-19
Fachbereichsvors.: Josef Greif

r 790

Deutsche Justiz-Gewerkschaft Landesverband Thüringen
Fachbereich Soziale Dienste
Puschkinplatz 7, 07545 Gera
T: (0365) 8 22 37 43 **Fax:** 8 33 71 10
Fachbereichsvors.: Anke Freitag

r 791

Verband der Sozialarbeiter in der Niedersächsischen Strafrechtspflege e.V.
Bödekerstr. 1, 30161 Hannover
T: (0511) 34 47 47
Vorsitzende(r): Karin-Ingeborg Froese

r 792

Landesverband der Sozialarbeiter in der Strafrechtspflege NW
Kaiserswerther Str. 256, 40474 Düsseldorf
T: (0211) 43 54-143
Vorsitzende(r): Sabine Libuda

r 793

Verband der Bewährungshelfer im Saarland
Saarbrücker Str. 2, 66538 Neunkirchen
T: (06821) 90 97 23 **Fax:** 90 97 97
Vorsitzende(r): Wolfgang Karb

r 794

Deutsche Justiz-Gewerkschaft Fachbereich Soziale Dienste
Altonaer Str. 35, 24534 Neumünster
T: (04321) 4 40 14 **Fax:** 4 17 50
Vorsitzende(r): Burkhard Ertel

• **R 795**

Bund der Strafvollzugsbediensteten Deutschlands e.V. im Deutschen Beamtenbund (BSBD)
Kußmaulstr. 11, 79114 Freiburg
T: (0761) 8 43 84 **Fax:** 8 20 14
Gründung: 1950
Vorsitzende(r): Oberamtsrat Franz Hellstern (Ltg. Presseabt.)
Verbandszeitschrift: Der Vollzugsdienst
Mitglieder: 25000
Mitarbeiter: 7

Vertretung und Förderung der beruflichen, wirtschaftlichen und sozialen Interessen der seinen Mitgliedsverbänden angeschlossenen deutschen Strafvollzugsbediensteten.

• **R 796**

Deutscher Gerichtsvollzieher Bund e.V. im Deutschen Beamtenbund Sitz Bonn (DGVB)
Bundesgeschäftsstelle:
Longericher Str. 225, 50739 Köln
T: (0221) 1 70 35 15
Gründung: 1909 (15. Januar)
Vorsitzende(r): Eduard Beischall
Verbandszeitschrift: Deutsche Gerichtsvollzieher-Zeitung
Verlag: Longericher Str. 225, 50739 Köln
Mitglieder: ca. 3300 in 16 Landesverbänden

• **R 797**

Deutsche Verwaltungs-Gewerkschaft (DVG)
im Deutschen Beamtenbund (DBB)
Postf. 41 23, 55031 Mainz
T: (06135) 12 58 **Fax:** 12 58
E-Mail: emons.h@dvg.dbb.de
Gründung: 1960
Vorsitzende(r): Karl Heinz Baum, Neuss
Geschäftsführer(in): Hermann Emons, Gau-Bischofsheim

• **R 798**

Verband Bildung und Erziehung e.V. (VBE)
Dreizehnmorgenweg 36, 53175 Bonn
T: (0228) 95 99 30 **Fax:** 37 89 34
Internet: http://www.vbe.de
E-Mail: vbe-bund@t-online.de
Gründung: 1974 (11. Oktober)
Vorsitzende(r): Dr. Ludwig Eckinger
Geschäftsführer(in): Michael Zimmermann
Verbandszeitschrift: FORUM E
Redaktion: Hjalmar Brandt
Verlag: Druck- und Verlagshaus Alois Erdl KG, Schließfach, Trostberg
Mitglieder: 140000 (1993)

Der VBE hat die Aufgabe, sich aller Fragen anzunehmen, die den Wirkungskreis der Lehrer und Erzieher und ihre Stellung in Staat und Gesellschaft berühren. Er arbeitet mit an einer zeitgerechten Gestaltung unseres Bildungswesens. Er vertritt die berufspolitischen, rechtlichen und sozialen Interessen der Mitglieder.

Geschäftsstellen der Landesverbände

r 799

VBE-Landesverband Baden-Württemberg e.V.
Am Hohengeren 12, 70188 Stuttgart
T: (0711) 46 18 46 **Fax:** 46 22 99

r 800

Bayerischer Lehrer- und Lehrerinnenverband e.V. (BLLV) im VBE
Bavariaring 37, 80336 München
T: (089) 72 10 01-0 **Fax:** 7 25 03 24
Internet: http://www.bllv.de

r 801

VBE-Landesverband Berlin
Ebersstr. 10, 10827 Berlin
T: (030) 7 87 95 40 **Fax:** 78 79 54 11
Internet: http://members.aol.com/vbeberlin

r 802

Brandenburgischer Pädagogen-Verband (BPV) im VBE

Carl-von-Ossietzky-Str. 1, 03046 Cottbus
T: (0355) 82 11 63 **Fax:** 82 11 64

r 803

VBE-Landesverband Bremen e.V.

Körnerstr. 39, 27576 Bremerhaven
T: (0471) 5 32 80 **Fax:** 50 33 97

r 804

Deutscher Lehrerverband Hamburg e.V. (DL-H) im VBE

Papenstr. 18, 22089 Hamburg
T: (040) 25 52 72 **Fax:** 2 50 59 49

r 805

VBE-Landesverband Hessen

Niedergärtenstr. 9, 63533 Mainhausen
T: (06182) 89 75 10

r 806

VBE-Landesgeschäftsstelle Mecklenburg-Vorpommern

Pappelgrund 15a, 19055 Schwerin
T: (0385) 55 54 97 **Fax:** 55 54 97
Internet: http://www.vbe.mvnet.de

r 807

VBE-Landesverband Niedersachsen e.V.

Prof.-Algermissen-Str. 31, 31177 Harsum
T: (05127) 66 45 **Fax:** 61 81
Internet: http://www.bildungswerk-clp.de/vbe

r 808

VBE-Landesverband Nordrhein-Westfalen

Westfalendamm 247, 44141 Dortmund
T: (0231) 43 38 61 **Fax:** 43 38 64
Internet: http://www.vbe-nrw.de

r 809

VBE-Landesverband Rheinland-Pfalz

Postf. 42 07, 55032 Mainz
T: (06131) 61 64 22 **Fax:** 61 64 25

r 810

Saarländischer Lehrerinnen- und Lehrerverband e.V. (SLLV) im VBE

Lisdorfer Str. 21b, 66740 Saarlouis
T: (06831) 4 94 40 **Fax:** 4 66 01

r 811

VBE-Landesgeschäftsstelle Sachsen

Kaiserstr. 59, 08523 Plauen
T: (03741) 22 61 58 **Fax:** 22 61 58

r 812

VBE-Landesgeschäftsstelle Sachsen-Anhalt

Falladaweg 8 Block 724/8, 06126 Halle
T: (0345) 6 87 21 77 **Fax:** 6 87 21 78

r 813

VBE-Landesverband Schleswig-Holstein

Lerchenstr. 17, 24103 Kiel
T: (0431) 67 47 00 **Fax:** 67 39 78
Internet: http://www.kronas.de/vbe

r 814

Thüringer Lehrerverband (TLV) im VBE

c/o Päd. Hochschule Erfurt
Nordhäuser Str. 63, 99089 Erfurt
T: (0361) 7 37 18 86 **Fax:** 7 37 19 82
Internet: http://www.TLV.de
E-Mail: TLVe.V.@t-online.de

● **R 815**

VDR
Verband Deutscher Realschullehrer

Verband Deutscher Realschullehrer im Deutschen Beamtenbund (VDR)

Bundesgeschäftsstelle:
Dachauer Str. 44b, 80335 München
T: (089) 55 38 76 **Fax:** 55 38 19
E-Mail: gross@vdr.dbb.de
Vorsitzende(r): Hans Thielen
Geschäftsführer(in): Susanne Groß
Verbandszeitschrift: Realschule in Deutschland

● **R 816**

BTE Gewerkschaft Meß- und Eichwesen im Deutschen Beamtenbund
Bund der Technischen Eichbeamten, Angestellten und Arbeiter

(Eichamt)
Postf. 10 03 40, 85003 Ingolstadt
Gerhart-Hauptmann-Str. 69, 85055 Ingolstadt
T: (0841) 9 54 76-0 **Fax:** 9 54 76 34
Internet: http://www.bte.dbb.de
E-Mail: bte@bte.dbb.de, BTE.Gewerkschaft@t-online.de
Gründung: 1954 (24. April)
Vorsitzende(r): Dipl.-Ing. (FH) Horst Krumpholz
Leitung Presseabteilung: Ewald Schmidt
Werner Köhler
Verbandszeitschrift: Informationen zum Eichwesen
Redaktion: Horst Krumpholz; Hans-Friedrich Behrendt; Ewald Schmidt
Verlag: Eigenverlag
Mitgliedsverbände: in sämtlichen Bundesländern Landesverbände

● **R 817**

Bundesverband der Ärzte des öffentlichen Gesundheitsdienstes e.V.

Am Irrgarten 3-9, 21073 Hamburg
T: (040) 4 28 71 23 01 **Fax:** 77 58 99
Gründung: 1950 (30. September)
1. Vorsitzende(r): Ltd.Med.Dir. Dr. Burkhardt Jaeschke (Gesundheits- und Umweltamt Harburg, Am Irrgarten 3-9, 21073 Hamburg, T: (040)4 28 71 23 00, Telefax: (040) 77 58 99, e-mail: dr.jaeschke@aerzte.dbb.de)
2. Vorsitzende(r): Dr. Dietmar Laue (Gesundheitsamt Borna, Pawlowstr. 56, 04552 Borna, T: (03433) 24 15 31, Telefax: (03433) 24 15 88)
Schatzmeister: Ltd.Med.Dir. Dr. Gerhard Reimers (Gesundheitsamt Hildesheim, Ludolfingerstr. 2, 31132 Hildesheim, T: (05121) 30 97 55, Telefax: (05121) 30 98 01)
Schriftführer(in): Ltd.Med.Dir. Dr. Harald Mayer (Gesundheitsamt Wiesbaden, Dotzheimer Str. 38, 65185 Wiesbaden, T: (0611) 31 28 17, Telefax: (0611) 31 39 71)
Verbandszeitschrift: Das Gesundheitswesen
Verlag: Thieme Verlag, Stuttgart

Berufsverband der vorwiegend an Gesundheitsämtern tätigen Ärzte und Zahnärzte des ÖGD.

Landesverbände

r 818

Bundesverband der Ärzte des öffentlichen Gesundheitsdienstes e.V.
Landesverband Baden-Württemberg

Ziegelstr. 27, 73431 Aalen
T: (07361) 93 03 44 **Fax:** 93 03 22
Vorsitzende(r): Dr. Klaus R. Walter

r 819

Bundesverband der Ärzte des öffentlichen Gesundheitsdienstes e.V.
Landesverband Bayern

Gestütring 2, 85435 Erding
T: (08122) 70 74 **Fax:** 4 01 52
Vorsitzende(r): Dr. Lotte Morasch

r 820

Bundesverband der Ärzte des öffentlichen Gesundheitsdienstes e.V.
Landesverband Berlin

Grünstadter Weg 2, 12559 Berlin
T: (030) 98 20 75 07 **Fax:** 98 20 75 15
Vorsitzende(r): Dr. Waltraud Wiesner-Balcke

r 821

Bundesverband der Ärzte des öffentlichen Gesundheitsdienstes e.V.
Landesverband Brandenburg

Bäckerstr. 1, 14467 Potsdam
T: (0331) 2 89 23-79 **Fax:** 2 89 23-53
Vorsitzende(r): Dipl.-Med. Karola Kaiser

r 822

Bundesverband der Ärzte des öffentlichen Gesundheitsdienstes e.V.
Landesverband Bremen

Horner Str. 60-70, 28203 Bremen
T: (0421) 3 61 62 29 **Fax:** 36 11 56 00
Vorsitzende(r): Dr. Eberhard Zimmermann

r 823

Bundesverband der Ärzte des öffentlichen Gesundheitsdienstes e.V.
Landesverband Hamburg

Besenbinderhof 41, 20097 Hamburg
T: (040) 4 28 54 46 26 **Fax:** 4 28 54 25 85
Vorsitzende(r): Dr. Christa-Maria Ruf

r 824

Bundesverband der Ärzte des öffentlichen Gesundheitsdienstes e.V.
Landesverband Hessen

Schwanallee 23, 35037 Marburg
T: (06421) 18 91 00 **Fax:** 18 91 65
Vorsitzende(r): Dr. Claudia Kuhnhen

r 825

Bundesverband der Ärzte des öffentlichen Gesundheitsdienstes e.V.
Landesverband Mecklenburg-Vorpommern

Postf. 11 00, 17192 Waren
T: (03991) 78 23 80 **Fax:** 78 23 82
Vorsitzende(r): Dr. Stefan Merkel

r 826

Bundesverband der Ärzte des öffentlichen Gesundheitsdienstes e.V.
Landesverband Niedersachsen

Theaterplatz 4, 37073 Göttingen
T: (0551) 4 00 48 02 **Fax:** 4 00 49 30
Vorsitzende(r): Dr. Wilhelm-Reinhard Wienecke

r 827

Bundesverband der Ärzte des öffentlichen Gesundheitsdienstes e.V.
Landesverband Nordrhein-Westfalen

Neumarkt 15-21, 50667 Köln
T: (0221) 22 12 60 48 **Fax:** 22 12 47 75
Vorsitzende(r): Dr. Jan Leidel

r 828

Bundesverband der Ärzte des öffentlichen Gesundheitsdienstes e.V.
Landesverband Rheinland-Pfalz

Paulinstr. 60, 54292 Trier
T: (0651) 1 44 31 31 **Fax:** 1 44 31 00
Vorsitzende(r): Dr. Harald Michels

r 829

Bundesverband der Ärzte des öffentlichen Gesundheitsdienstes e.V.
Landesverband Saarland

Mommstr. 31, 66606 Sankt Wendel
T: (06851) 80 14 78 **Fax:** 80 14 70
Vorsitzende(r): Dr. Thomas Lamberty

r 830

Bundesverband der Ärzte des öffentlichen Gesundheitsdienstes e.V.
Landesverband Sachsen

Pawlowstr. 56, 04552 Borna
T: (03433) 24 15 31 **Fax:** 24 15 88
Vorsitzende(r): Dr. Dietmar Laue

r 831

Bundesverband der Ärzte des öffentlichen Gesundheitsdienstes e.V.
Landesverband Sachsen-Anhalt

Nordstr. 5, 06618 Naumburg
T: (03445) 73 23 71 **Fax:** 20 27 82
Vorsitzende(r): Dipl.-Med. Hartmut Wurzbacher

r 832

Bundesverband der Ärzte des öffentlichen Gesundheitsdienstes e.V.
Landesverband Schleswig-Holstein
Viktoriastr. 17, 25524 Itzehoe
T: (04821) 6 93 51 **Fax:** 6 94 03
Vorsitzende(r): Dr. Peter Moritzen

r 833

Bundesverband der Ärzte des öffentlichen Gesundheitsdienstes e.V.
Landesverband Thüringen
Pauritzer Platz 2-3, 04600 Altenburg
T: (03447) 58 68 10 **Fax:** 58 68 44
Vorsitzende(r): Dr. Bernhard Blüher

• **R 834**

VHW

Verband Hochschule und Wissenschaft im Deutschen Beamtenbund (VHW)
Gartenstr. 6, 69493 Hirschberg
T: (06201) 5 11 33 **Fax:** 5 82 97
E-Mail: drepw@aol.com
Gründung: 1973 (18. Juni)
Vorsitzende(r): Prof. Dr. Elke Platz-Waury (Gartenstr. 6, 69493 Hirschberg)
Verbandszeitschrift: VHW Mitteilungen

Mitwirkung an der Hochschul- und Wissenschaftspolitik in Bund und Ländern. Vertretung der berufsbedingten, rechtlichen, sozialen und wirtschaftlichen Belange der Einzelmitglieder. Beratung in berufsbedingten Angelegenheiten. Gewährung nach Maßgabe der Rechtsschutzordnung von Rechtsschutz. Laufende Herausgabe von Informationen.

• **R 835**

vlw

Bundesverband der Lehrer an Wirtschaftsschulen e.V. (VLW)
Geschäftsstelle:
Wehlauer Str. 107, 76139 Karlsruhe
T: (0721) 68 69 75 **Fax:** 6 76 14
Internet: http://www.vlw.de
E-Mail: vlw-bund@vlw.de
Gründung: 1908
Bundesvorsitzende(r): Dipl.rer.pol. (techn.) Manfred Weichhold (Wehlauer Str. 107, 76139 Karlsruhe)
Verbandszeitschrift: Wirtschaft und Erziehung
Redaktion: Helmut Hahn
Verlag: Heckners Verlag, Postf. 15 59, 38285 Wolfenbüttel
Mitglieder: 18000
Mitgliedsverbände: 16 Landesverbände

Mitgestaltung des kaufmännischen Schulwesens und der beruflichen Bildung; gewerkschaftliche Interessenvertretung der Einzelmitglieder unserer Landesverbände; Verbesserung der pädagogischen und der beruflichen Situation.

Landesverbände

r 836

Verband der Lehrer an Wirtschaftsschulen in Baden-Württemberg e.V.
Friedensstr. 4, 68542 Heddesheim
T: (06203) 49 24 14 **Fax:** 40 69 85
Internet: http://www.vlw-bw.de
E-Mail: vlw-bw@t-online.de

r 837

Verband der Lehrer an beruflichen Schulen (VLB)
Dachauer Str. 4, 80335 München
T: (089) 59 52 70 **Fax:** 5 50 44 43
Internet: http://www.vlb-bayern.de
E-Mail: vlbbayern@aol.com

r 838

Verband der Lehrer an Wirtschaftsschulen e.V.
Mommsenstr. 58, 10629 Berlin
T: (030) 32 79 52-0 **Fax:** 32 79 52-20

r 839

Verband der Lehrer an Wirtschaftsschulen e.V.
Schwanenallee 12, 14467 Potsdam
T: (0331) 29 48 66 **Fax:** 2 70 05 30
E-Mail: vlw.bb@t-online.de

r 840

Verband der Lehrer an Wirtschaftsschulen Landesverband Bremen e.V.
Lindenstr. 19, 27721 Ritterhude
T: (0421) 6 36 14 57 **Fax:** 6 36 75 12

r 841

Verband Hamburg der Lehrer an Wirtschaftsschulen e.V.
c/o DL Hamburg
Papenstr. 18, 22089 Hamburg
T: (040) 25 52 72 **Fax:** 2 50 59 49
Internet: http://www.members.aol.com/vlwhh/de
E-Mail: vlwhh@aol.com

r 842

Gesamtverband der Lehrerinnen und Lehrer an beruflichen Schulen in Hessen (GLB)
Wallweg 38, 63450 Hanau
T: (06181) 25 22 78 **Fax:** 25 22 87
Internet: http://home.t-online.de/home/glb.hessen/
E-Mail: glb.hessen@t-online.de

r 843

Verband der Lehrer an Wirtschaftsschulen Landesverband Mecklenburg-Vorpommern
Friedensstr. 4, 19053 Schwerin
T: (0385) 7 85 18 50 **Fax:** 7 85 19 12
E-Mail: bs-wirtschaft-schwerin@t-online.de

r 844

Verband der Lehrerinnen und Lehrer an Wirtschaftsschulen
Landesverband Niedersachsen
Maschhop 38, 38536 Meinersen
T: (05372) 4 11 **Fax:** 97 43 03
E-Mail: vlwn@aol.com

r 845

Verband der Lehrerinnen und Lehrer an Wirtschaftsschulen und Kollegschulen in Nordrhein-Westfalen e.V.
Klever Str. 35, 40477 Düsseldorf
T: (0211) 4 91 02 08 **Fax:** 4 98 34 18
E-Mail: info@vlw.de

r 846

Verband der Lehrerinnen und Lehrer an Wirtschaftsschulen e.V. Landesverband Rheinland-Pfalz
Holbeinstr. 10, 67061 Ludwigshafen
T: (0621) 58 12 50 **Fax:** 58 12 60
Internet: http://www.vlw-rlp.de
E-Mail: jooss@vlw-rlp.de

r 847

Verband der Lehrerinnen und Lehrer an Wirtschaftsschulen im Saarland e.V.
Aehlenbach 31, 66646 Marpingen
T: (06853) 92 29 55 **Fax:** 92 29 56
E-Mail: hahn.vlw@t-online.de

r 848

Verband Sachsen der Lehrer an Wirtschaftsschulen in Sachsen e.V.
Postf. 30 07 12, 02812 Görlitz
Untermarkt 21, 02826 Görlitz
T: (03581) 41 18 18
E-Mail: vlw.wolf@t-online.de

r 849

Verband der Lehrer an Wirtschaftsschulen Sachsen-Anhalt e.V.
BBS IV
Charlottenstr. 15, 06108 Halle
T: (0345) 2 14 68-0 **Fax:** 2 14 68-32

r 850

Verband der Lehrerinnen und Lehrer an Wirtschaftsschulen Landesverband Schleswig-Holstein e.V.
Feldstr. 9-11, 24105 Kiel
T: (0431) 57 97 00 **Fax:** 56 25 68
E-Mail: vlwsh@aol.com

r 851

Verband der Lehrer an Wirtschaftsschulen in Thüringen e.V.
Paradiesstr. 5, 07743 Jena
T: (03641) 45 36 12 **Fax:** 45 36 10
E-Mail: wedre@t-online.de

• **R 852**

Gewerkschaft Technik und Naturwissenschaft im öffentlichen Dienst im Deutschen Beamtenbund Bund der Technischen Beamten, Angestellten und Arbeiter (BTB)
Geschäftsstelle:
Dreizehnmorgenweg 36, 53175 Bonn
T: (0228) 9 57 96 55 **Fax:** 9 57 96 58
Internet: http://193.158.125.177/DBBInteraktiv/Artikel/btb
Gründung: 1962 (1. Juni)
Bundesvorsitzende(r): Bernd Niesen (Maximerweg 10, 54318 Mertesdorf, T.: (0651) 9 95 00 77, Fax: (0651) 9 95 00 78, E-Mail: btb.BerndNiesen@t-online.de)
Stellv. Bundesvors.: Horst Bäuerle
Heribert Bittmann
Wolfgang Draken
Heinrich W. Röhrig
Schatzmeister: Manfred Stutz (Königsberger Str. 17; 74211 Leingarten, T.: (07131) 90 03 04, Fax: (07131) 90 03 05)
Verbandszeitschrift: BTB-Magazin
Redaktion: Dipl.-Ing. Otto Schnabel, Pappelallee 13, 53879 Euskirchen, T.: (02251) 67 92, Fax: (02251) 6 28 05
Verlag: VVA-Vereinigte Verlagsanstalten GmbH, Höherweg 278, 40231 Düsseldorf, T.: (0211) 73 57-0, Fax: (0211) 73 57-223
Mitglieder: 14000

Mitglieds- und Landesverbände

r 853

BTB-Fachgruppe Technische Beamte im VBOB (Oberste Bundesbehörden)
Emanuel-Leutze-Str. 19, 53125 Bonn
T: (0228) 28 43 06
Vorsitzende(r): Joachim Weber

r 854

BTB-Baden-Württemberg
Kalte Gasse 6, 74211 Leingarten
T: (07131) 90 03 04 **Fax:** 90 03 05
Vorsitzende(r): Manfred Stutz

r 855

BTB-Bayern
Bäumlstr. 10-0, 82178 Puchheim
T: (089) 80 52 07
Vorsitzende(r): Dipl.-Ing. (FH) Heribert Bittmann

r 856

BTB-Berlin
Fasanenstr. 87, 10623 Berlin
T: (030) 31 81-404
Vorsitzende(r): Siegfried Wittke

r 857

BTB-Brandenburg
Berliner Str. 30, 14467 Potsdam
T: (0331) 24 07 60 **Fax:** 24 07 59
Internet: http://www.btb-bb.de
E-Mail: btb-bb@gmx.de
Vorsitzende(r): Helmut Hagena

r 858

BTB-Hessen
c/o Jürgen Szablewski
Am Vogelanger 20a, 64572 Büttelborn
T: (06152) 4 01 91 (Jürgen Szablewski)
Vorsitzende(r): Wolfgang M. Wagner

r 859

BTB-Niedersachsen
c/o Wolfgang Draken
Eichenstr. 40, 29664 Walsrode
T: (05161) 91 14 60
Vorsitzende(r): Dipl.-Ing. Wolfgang Draken

r 860

BTB-Nordrhein-Westfalen
Gutenbergstr. 15, 48249 Dülmen
T: (02594) 78 32 34 **Fax:** 78 32 35
E-Mail: BTB-Sander@t-online.de
Vorsitzende(r): Reinhard Sander

r 861

BTB-Rheinland-Pfalz
Gartenweg 2, 57629 Merkelbach
T: (02662) 44 19 **Fax:** 44 19
Vorsitzende(r): Karl-Heinz Boll

r 862

BTB-Saarland
Remsinger Str. 9, 66333 Völklingen
T: (0681) 9 71 22 79
Vorsitzende(r): Hermann Wöstmann

r 863

BTB-Sachsen
c/o Steffen Hornig
Oberpesterwitzer Str. 43, 01705 Freital
T: (0351) 6 41 21 20
Vorsitzende(r): Steffen Hornig

r 864

BTB-Sachsen-Anhalt
c/o Werner Bleßmann
Hasselfelder Str. 26, 38899 Trautenstein
T: (039459) 7 19 51
Vorsitzende(r): Werner Bleßmann

r 865

BTB-Schleswig-Holstein
Heitmannskamp 28, 24220 Flintbek
T: (0431) 3 83 20 45
Vorsitzende(r): Berndt Newe

r 1 049

BTB-Thüringen
Am Rotacker 6, 07557 Köckritz
T: (036603) 6 37 39
Vorsitzende(r): Frank Fielitz

• **R 866**

Bundesverband der Lehrerinnen und Lehrer an beruflichen Schulen e.V. (BLBS) im Deutschen Beamtenbund
Dreizehnmorgenweg 36, 53175 Bonn
T: (0228) 9 57 98 89 **Fax:** 9 57 98 98
Internet: http://www.blbs.de
E-Mail: 02289579889-0001@t-online.de
Gründung: 1948
Vorsitzende(r): Oberstudiendirektor Günter Besenfelder
Geschäftsführer(in): Wilfried Leyhausen (Ltg. Presseabt.)
Verbandszeitschrift: Die berufsbildende Schule
Redaktion: Prof. Dr. Reinhard Bader, Im neuen Roth 4, 47918 Tönisvorst
Verlag: Heckner Druck- und Verlagsgesellschaft mbH u. Co. KG, Postf. 15 59, 38285 Wolfenbüttel
Mitglieder: 35000

Landesverbände Landesgeschäftsstellen

Baden-Württemberg

r 867

Bundesverband der Lehrerinnen und Lehrer an beruflichen Schulen Landesverband Baden-Württemberg e.V. (BLBS)
Charlottenstr. 23, 70182 Stuttgart
T: (0711) 23 29 86 **Fax:** 2 36 08 24
Vorsitzende(r): Rolf Dörflinger (Lortzingstr. 1, 76646 Bruchsal, T: (07251) 8 89 20 (priv.), 78 35 00 (dienstl.), Fax: (07251) 8 89 24 (priv.), 78 35 10 (dienstl.))

Bayern

r 868

Verband der Lehrer an beruflichen Schulen in Bayern e.V.
Dachauer Str. 4, 80335 München
T: (089) 59 52 70 **Fax:** 5 50 44 43
Vorsitzende(r): Hermann Sauerwein (Walther-von-der-Vogelweide Str. 22, 97074 Würzburg, T: (0931) 8 12 10 (priv.), 7 95 30 (dienstl.), Telefax: (0931) 7 95 31 13)

Berlin

r 869

Bundesverband der Lehrer an beruflichen Schulen Landesverband Berlin e.V.
Mommsenstr. 58, 10629 Berlin
T: (030) 32 79 52 15 **Fax:** 32 79 52 20
Vorsitzende(r): Klaus Stephan (Angerburger Allee 53/XII, 14055 Berlin, T: (030) 30 81 02 26 (priv.), Fax: (030) 30 81 02 27 (priv.), T: (030) 4 57 75 10 (dienstl.), Fax: (030) 45 75 75 53 (dienstl.))

Brandenburg

r 870

Verband der Lehrer an berufsbildenden Schulen Landesverband Brandenburg e.V.
Seestr. 11, 14467 Potsdam
T: (033203) 2 22 81 **Fax:** 2 22 81
Vorsitzende(r): Dr. Bernd Bischof (Im Dickicht 28, 14532 Kleinmachnow, T: (033203) 2 48 85 (priv.), T: (0331) 29 15 80 (dienstl.), Fax: (0331) 29 36 17 (dienstl.))

Bremen

r 871

Verband der Lehrerinnen und Lehrer an beruflichen Schulen Landesverband Bremen e.V.
Im Grunde 5, 28790 Schwanewede
T: (0421) 65 19 66 **Fax:** 66 25 24
Vorsitzende(r): Theodor Boerchers (Verdunstr. 15, 28211 Bremen, T: (0421) 4 09 66, Fax: (0421) 4 09 68)

Hamburg

r 872

DL Hamburg Verband der Lehrer an beruflichen Schulen
Papenstr. 18, 22089 Hamburg
T: (040) 25 52 72 **Fax:** 2 50 59 49
Vorsitzende(r): Rolf Sonnenberger (Im Mullsen 15, 21149 Hamburg, T: (040) 70 20 01 46, Fax: (040) 70 20 01 45)

Hessen

r 873

Gesamtverband der Lehrerinnen und Lehrer an beruflichen Schulen in Hessen (GLB)
Wallweg 38, 63450 Hanau
T: (06181) 25 22 78 **Fax:** 25 22 87
Internet: http://home.t-online.de/home/glb.hessen/
E-Mail: glb.hessen@t-online.de
Vorsitzende(r): Barbara Schätz (Berliner Str. 1, 34266 Niestetal, T: (0561) 52 25 74 (priv.), Telefax: (0561) 5 28 08 79 (priv.))

Mecklenburg-Vorpommern

r 874

Bundesverband der Lehrerinnen und Lehrer an beruflichen Schulen Landesverband Mecklenburg-Vorpommern e.V.
Maxim-Gorki-Str. 67, 18106 Rostock
T: (0381) 71 80 47 **Fax:** 71 80 47
Vorsitzende(r): Birger Cleven (Bergstr. 40, 18107 Elmenhorst, T: (0381) 72 32 40 (priv.), 5 19 18 54 (dienstl.), Telefax: (0381) 7 61 21 32 (priv.), Telefax: (0381) 5 19 18 53)

Niedersachsen

r 875

Bundesverband der Lehrerinnen und Lehrer an beruflichen Schulen Landesverband Niedersachsen e.V.
Große Packhofstr. 28, 30159 Hannover
T: (0511) 32 40 73 **Fax:** 3 63 22 03
Vorsitzende(r): Gerhard Lange (Steinberger Str. 56, 31675 Bückeburg, T: (05722) 2 34 33 (priv.); dienstl.: Berufsbildende Schule I der Landeshauptstadt Hannover, Lavesallee 16, 30169 Hannover, T: (0511) 1 68 36 59, Telefax: (0511) 1 68 47 97)

Nordrhein-Westfalen

r 876

Verband der Lehrer an berufsbildenden Schulen und Kollegschulen in Nordrhein-Westfalen e.V.
Klever Str. 35, 40477 Düsseldorf
T: (0211) 4 91 25 95 **Fax:** 4 92 01 82
Vorsitzende(r): Hans-Jürgen Steffens (Uerdinger Str. 299, 47800 Krefeld, T: (02151) 50 55 12 (priv.), Telefax: (02151) 59 39 47 (priv.))

Rheinland-Pfalz

r 877

Verband der Lehrer an berufsbildenden Schulen Rheinland-Pfalz (vlbs)
Adam-Karrillon-Str. 62, 55118 Mainz
T: (06131) 61 24 50 **Fax:** 61 67 05
Vorsitzende(r): Jürgen Klenk (Hubertusweg 16, 54470 Bernkastel-Kues, T: (06531) 79 12 (priv.), 40 46 (dienstl.), Telefax: (06531) 79 12 (priv.), 76 23 (dienstl.))

Saarland

r 878

Verband der Lehrerinnen und Lehrer an beruflichen Schulen Landesverband Saarland e.V.
Tiergartenstr. 24, 66740 Saarlouis
T: (06831) 6 04 59 **Fax:** 6 04 59
Vorsitzende(r): Peter Mertz (Tiergartenstr. 24, 66740 Saarlouis, T: (06831) 6 04 59, Telefax: (06831) 6 04 59)

Sachsen

r 879

Bundesverband der Lehrer an beruflichen Schulen Landesverband Sachsen e.V.
Strehlener Platz 2, 01219 Dresden
T: (0351) 4 73 52 88 **Fax:** 4 73 52 88
Vorsitzende(r): Reinhard Plicka (Kirchstr. 14, 01734 Oelsa, T: (0351) 6 44 52 87 p., Fax: (0351) 6 44 52 87 p.)

Sachsen-Anhalt

r 880

Berufsschullehrerverband Sachsen-Anhalt e.V. Landesverband im BLBS
Albert-Vater-Str. 90, 39108 Magdeburg
T: (0391) 7 26 70 11 **Fax:** 7 26 70 60
Vorsitzende(r): Hans-Jürgen Meier (Humboldtstr. 6a, 39112 Magdeburg, T: (0391) 2 51/68 45)

Schleswig-Holstein

r 881

Bundesverband der Lehrerinnen und Lehrer an berufsbildenden Schulen Landesverband Schleswig-Holstein e.V.
Landesbüro
Lerchenstr. 17, 24103 Kiel
T: (0431) 67 86 86 **Fax:** 67 86 86
Vorsitzende(r): Wolfgang Gaedtke (Mozartstr. 15, 23617 Stockelsdorf, T: (0451) 4 99 28 63 (priv.), Fax: (0451) 4 99 28 63 (dienstl.), T: (04102) 4 24 12 (dienstl.), Fax: (04102) 4 01 85 (dienstl.))

Thüringen

r 882

Thüringer Verband der Berufsschulpädagogen e.V.
Damaschkeweg 4, 07745 Jena
T: (03641) 60 95 02 **Fax:** 6 09 98 43
Vorsitzende(r): Volker Rempke (Am Mühlhügel 5, 07751 Jena-Wogau, T: (03641) 60 75 62 (d), 44 89 33 (p))

• **R 883**

Deutscher Amtsanwaltsverein e.V. im Deutschen Beamtenbund
Tannenbergweg 14, 64853 Otzberg
T: (06151) 70 72 16
Vorsitzende(r): Walter Zimmer, Heidelberg

• **R 884**

Bund Deutscher Rechtspfleger e.V. (BDR)
siehe S 599

Sonstige Einrichtungen

• **R 885**

DEUTSCHE BEAMTEN BUND JUGEND

Deutsche Beamtenbund-Jugend - Bundesjugendleitung- (DBBJ)
Thomas-Mann-Str. 49, 53111 Bonn
T: (0228) 69 30 32 **Fax:** 63 17 20
E-Mail: DeutscheBeamtenbundJugend@t-online.de
Gründung: 1956 (2. November)
Vorsitzende(r): Hannelore Pfeil
Bundesgeschäftsführerin: Sandra Dücker
Leitung Presseabteilung: Ulrich Werth
Verbandszeitschrift: BETREFF
Verlag: Verlagsanstalt des Deutschen Beamtenbundes, Peter-Hensen-Str. 5-7, 53175 Bonn
Mitglieder: ca. 145000
Mitarbeiter: 8

• **R 886**

Deutscher Beamtenbund - Bundesfrauenvertretung - (DBBF)
Peter-Hensen-Str. 5-7, 53175 Bonn
T: (0228) 8 11-1 66 **Fax:** 8 11-1 71
Vorsitzende: Helene Wildfeuer
Geschäftsführerin: Annemarie Wellige

• **R 887**

DBB Akademie Bildungs- und Sozialwerk e.V.
Dreizehnmorgenweg 36, 53175 Bonn
T: (0228) 81 93-0 **Fax:** 81 93-1 06
Internet: http://www.dbbakademie.de
Vorsitzende(r): Peter Heesen
Geschäftsführer(in): Dr. Wilhelm Ilbertz
Jürgen Marchand
Leitung Presseabteilung: Irmhild Plaetrich

r 888

DBB Akademie Bildungs- und Sozialwerk e.V.
Am Karlsbad 11, 10785 Berlin
T: (030) 25 40 05-0 **Fax:** 25 40 05-30

• **R 889**

Vereinigung Deutscher Auslandsbeamten e.V.
c/o Auswärtiges Amt
11013 Berlin
Werderscher Markt 1, 10117 Berlin
T: (01888) 17 33 38 **Fax:** 1 75 33 38
E-Mail: vdab@auswaertiges-amt.de
Gründung: 1919
1. Vorsitzende(r): Hartmut Bauche
Verbandszeitschrift: Auswärtiger Dienst
Redaktion: Claudia Rohde
Verlag: Thenée, Baunscheidtstr. 11, 53113 Bonn
Mitglieder: 800

Förderung der beruflichen Interessen der Mitglieder für einen leistungsfähigen Auswärtigen Dienst und Pflege der Gemeinschaft.

• **R 890**

Arbeitsgemeinschaft der Beamten des gehobenen Dienstes bei den Finanzgerichten (ArgeBFinG)
Postf. 10 23 53, 40014 Düsseldorf
Ludwig-Erhard-Allee 21, 40227 Düsseldorf
T: (0211) 7 77 06 87 **Fax:** 7 77 05 10
Vorsitzende(r): Thomas Zenke (Erich-Klausener-Str. 23, 41466 Neuss)
Mitglieder: 100

• **R 891**

Bund Deutscher Finanzrichter (BDFR)
Warendorfer Str. 70, 48145 Münster
T: (0251) 3 78 40 **Fax:** 3 78 41 00
Internet: http://www.bdfr.de
E-Mail: info@bdfr.de
Gründung: 1954
Vorsitzende(r): Richter am Finanzgericht Ulrich Krömker (Finanzgericht Münster)
Stellvertretende(r) Vorsitzende(r): Richter am Finanzgericht Degenhard Freiherr von Twickel (Finanzgericht Münster)
Stellvertretende(r) Vorsitzende(r): Richter am Finanzgericht Wolfgang Seibel (Finanzgericht Münster)
Kassenwart: Richter am Finanzgericht Erhard Schäfer (Finanzgericht Münster)
Mitglieder: 435
Landesverbände: 15
Bezirksgruppen: 8

• **R 892**

Vereinigung der höheren Führungskräfte der Deutschen Bundespost (VHP)
Bundesgeschäftsstelle
Mittlerer Hasenpfad 66, 60598 Frankfurt
T: (069) 61 00 95 64
Gründung: 1954
Bundesvorsitzende(r): Dr. Hans-Jürgen Hühne
Bundesgeschäftsführer(in): Andreas Zimmer
Verbandszeitschrift: "VHP-Forum"
Redaktion: Frankfurt
Mitglieder: 1900
Bezirksvereine: 23

Interessenvertretung der Führungskräfte vom mittleren Management bis zu den Leitenden Angestellten bei den Unternehmen Deutsche Telekom AG, Deutsche Post AG und Deutsche Postbank AG.

• **R 893**

Bund Deutscher Kriminalbeamter (BDK)
Bundesgeschäftsstelle
Theodor-Storm-Str. 17-18, 16547 Birkenwerder
T: (03303) 50 01 32, 50 29 60 **Fax:** 50 30 70
Internet: http://www.bdk.de
E-Mail: bdk-bgs@bdk.de
Bundesgeschäftsführer(in): Hans-Jürgen Kulik

r 894

Bund Deutscher Kriminalbeamter Büro Bonn
Plittersdorfer Str. 133, 53173 Bonn
T: (0228) 3 67 50-0 **Fax:** 3 67 50-22
Internet: http://www.bdk.de
E-Mail: bdkbuvo@t-online.de
Bundesvorsitzende(r): Eike Bleibtreu
Mitglieder: 14000

Landesverbände

r 895

BDK-Landesverband Baden-Württemberg
Landesgeschäftsstelle BW
Max-Eyth-Str. 23, 71088 Holzgerlingen
T: (07031) 60 51 12 **Fax:** 60 51 75

r 896

BDK-Landesverband Bayern
Landesgeschäftsstelle
Wilhelm-Löhe-Str. 10, 90443 Nürnberg
T: (0911) 42 92 90 **Fax:** 42 92 90

r 897

BDK-Landesverband Berlin
Theodor-Storm-Str. 17-18, 16547 Birkenwerder
T: (03303) 50 02 95 **Fax:** 50 50 68

r 898

BDK-Landesverband Brandenburg
c/o Polizeipräsidium
Bonnaskenplatz 2-3, 03044 Cottbus
T: (0355) 7 89 33 17 **Fax:** 3 24 37

r 899

BDK-Landesverband Bremen
Postf. 11 01 03, 28081 Bremen
T: (0421) 3 62-19102

r 900

BDK-Verband Bundeskriminalamt
c/o Büro Bonn
Plittersdorfer Str. 133, 53173 Bonn
T: (0228) 3 67 50-0 **Fax:** 3 67 50-22

r 901

BDK-Landesverband Hamburg
Alsterdorfer Str. 224, 22297 Hamburg
T: (040) 23 80 89 92 **Fax:** 23 80 89 93

r 902

BDK-Landesverband Hessen
Alt Langenhain 37a, 65719 Hofheim
T: (06192) 2 43 81 **Fax:** 13 70

r 903

BDK-Landesverband Mecklenburg-Vorpommern
LKA
Retgendorfer Str. 4/Haus I, 19067 Rampe
T: (03866) 49 25 94 **Fax:** 49 25 98

r 904

BDK-Landesverband Niedersachsen
Landesgeschäftsstelle Niedersachsen
Postf. 10 64, 30010 Hannover
Richard-Wagner-Str. 23, 30177 Hannover
T: (0511) 62 60 26 **Fax:** 62 60 24

r 905

BDK-Landesverband Nordrhein-Westfalen
Landesgeschäftsstelle NW
Kaiserswerther Str. 145a, 47249 Duisburg
T: (0203) 7 98 13 61 **Fax:** 7 98 13 62

r 906

BDK-Landesverband Rheinland-Pfalz
Birkenstr. 2, 55743 Idar-Oberstein
T: (06781) 9 00-285 **Fax:** 9 00-286

r 907

BDK-Landesverband Saar
Halbergstr. 44, 66121 Saarbrücken
T: (0681) 6 73 19 **Fax:** 63 85 14

r 908

BDK-Landesverband Sachsen
Landesgeschäftsstelle
Postf. BDK
Schießgasse 7, 01067 Dresden
T: (0351) 4 96 10 01 **Fax:** 4 96 10 01

r 909

BDK-Landesverband Sachsen-Anhalt
Krausenstr. 22, 06112 Halle
T: (0345) 5 12 60 60 **Fax:** 5 12 60 80

r 910

BDK-Landesverband Schleswig-Holstein
Brunswiker Str. 50, 24105 Kiel
T: (0431) 5 79 64 56 **Fax:** 5 78 93 18

r 911

BDK-Landesverband Thüringen
Herrn Jörg Scheibe
Am Anger 30, 07743 Jena
T: (03641) 81 14 87 **Fax:** 81 14 99

r 912

BDK-Betreuungsdienst und Konsumgütervermittlung für den BUND DEUTSCHER KRIMINALBEAMTER GMBH
Theodor-Storm-Str. 17, 16547 Birkenwerder
T: (03303) 50 29 61 **Fax:** 50 30 70
Geschäftsführer(in): Hans-Jürgen Kulik

• **R 913**

Vereinigung der technischen Mitglieder des Deutschen Patentamts - Prüfervereinigung - e.V.
Zweibrückenstr. 12, 80331 München
T: (089) 21 95-0 **Fax:** 21 95-22 21
Vorsitzende(r): Dipl.-Ing. Siegfried Günther
Geschäftsführer(in): Dr. Gerhard Eberle
Dipl.-Ing. Hubert Niestroy
Mitglieder: 520

• R 914

Arbeitsgemeinschaft der Polizeipräsidenten der Bundesrepublik Deutschland
Polizeipräsidium Berlin
Platz der Luftbrücke 6, 12101 Berlin
T: (030) 6 99-35023 **Fax:** 6 99-35800
Vorsitzende(r): PolPräs. Hagen Saberschinsky (T: (030) 6 99-3 50 02)
Geschäftsführer(in): Michael Dörr (PD, T: (030) 69 93 50 23, Fax: (030) 69 93 58 00)

• R 915

BFPT-Deutsche Postgilde e.V.
Postf. 34 02 51, 45074 Essen
Alfredstr. 75-79, 45130 Essen
T: (0201) 8 77 62 12 **Fax:** 8 77 62 58
Vorsitzende(r): Werner Kolligs
Geschäftsführer(in): Heidi Engel

• R 916

Verband Deutscher Städtestatistiker
Schwartzstr. 73, 46045 Oberhausen
T: (0208) 8 25 23 87 **Fax:** 8 25 51 20
Gründung: 1879
Vorsitzende(r): Dr. Ernst-Joachim Richter (Ltd. Presseabt.)
Verbandszeitschrift: Stadtforschung und Statistik
Redaktion: Dr. Wienen, c/o Stadt Bochum, Amt 12, Postf. 10 22 70, 44722 Bochum
Verlag: Eigenverlag
Mitglieder: 310

• R 917

Arbeitsgemeinschaft des mittleren vermessungstechnischen Dienstes bei der Deutschen Bahn AG (AMVB)
Sitz: Frankfurt
Geschäftsführung:
Marienstr. 26, 46487 Wesel
Gründung: 1970 (28. Februar)
Geschäftsführer(in): Kurt Seesing
Mitglieder: 200

• R 918

Bundesverband der Verwaltungsbeamten des höheren Dienstes in der Bundesrepublik Deutschland e.V. (Bundesverband der höheren Verwaltungsbeamten)
Odeonsplatz 3, 80539 München
T: (089) 2 80 01 11
Vorsitzende(r): Min.-Dirig. a.D. Dr. Julius Schönhofer

• R 919

Deutscher Beamtenwirtschaftsring e.V.
Hans-Böckler-Str. 39, 40476 Düsseldorf
T: (0211) 4 30 12 55, (0171) 8 36 46 46 **Fax:** 43 01-266
Vorsitzende(r): Egbert Biermann
Peter Heesen
Geschäftsführer(in): Uwe Tillmann
Mitglieder: 34

• R 920

Hauptschul-Lehrer Verband e.V. (HLV)
Am Wellnerberg 3, 32760 Detmold
T: (05231) 4 73 49
Vorsitzende(r): Friedhelm Meyer
Verbandszeitschrift: Die Hauptschule
Verlag: Eigenverlag

• R 921

Berufsverband Deutscher Hörgeschädigtenpädagogen
Borsteler Chaussee 163, 22453 Hamburg
T: (040) 5 53 71 74 **Fax:** 55 77 34 90
E-Mail: christiane.hartmann-boerner@t-online.de
Gründung: 1894
1. Vorsitzende(r): OStRIN Christiane Hartmann-Börner
Verbandszeitschrift: HÖRPÄD
Redaktion: Manfred Breitinger, Schützenhausstr. 34, 69151 Neckargemünd
Verlag: Median Verlag, Hauptstraße 64, 69117 Heidelberg

• R 922

Deutscher Lehrerverband (DL)
Burbacher Str. 8, 53129 Bonn
T: (0228) 21 12 12 **Fax:** 21 12 24
Internet: http://www.lehrerverband.de
E-Mail: info@lehrerverband.de
Gründung: 1969 (3. Juli)
Präsident(in): Josef Kraus (T: (08741) 96 52-0 (dienstl.), (0871) 6 86 74 (priv.))
Mitglieder: ca. 150000 Sekundarlehrer

Angeschlossen

r 923

Deutscher Philologenverband e.V. (DPhV)
Mitglied des Deutschen Beamtenbundes
Bahnhofsweg 8, 82008 Unterhaching
T: (089) 6 25 16 19, 6 25 17 19 **Fax:** 6 25 18 18
Vorsitzende(r): OStD Heinz Durner
Leitung Presseabteilung: Dieter Fengels
Verbandszeitschrift: Profil
Redaktion: Dieter Fengels
Verlag: VVA, Höherweg 278, 40231 Düsseldorf

r 924

Verband Deutscher Realschullehrer (VDR)
Dachauer Str. 44b, 80335 München
T: (089) 55 38 76 **Fax:** 55 38 19
E-Mail: gross@vdr.dbb.de
Vorsitzende(r): Hans Thielen

r 925

Bundesverband der Lehrerinnen und Lehrer an beruflichen Schulen e.V. (BLBS) im Deutschen Beamtenbund
Dreizehnmorgenweg 36, 53175 Bonn
T: (0228) 9 57 98 89 **Fax:** 9 57 98 98
Internet: http://www.blbs.de
E-Mail: 02289579889-0001@t-online.de
Vorsitzende(r): Oberstudiendirektor Günter Besenfelder
Geschäftsführer(in): StD Wilfried Leyhausen

r 926

Bundesverband der Lehrer an Wirtschaftsschulen e.V. (VLW)
Geschäftsstelle:
Wehlauer Str. 107, 76139 Karlsruhe
T: (0721) 68 69 75 **Fax:** 6 76 14
Internet: http://www.vlw.de
E-Mail: vlw-bund@vlw.de
Vorsitzende(r): Dipl.rer.pol. (techn.) Manfred Weichhold

Mitgestaltung des kaufmännischen Schulwesens und der beruflichen Bildung; gewerkschaftliche Interessenvertretung der Einzelmitglieder unserer Landesverbände; Verbesserung der pädagogischen und der beruflichen Situation.

• R 927

Sächsischer Lehrerverband e.V. SLV
Landesgeschäftsstelle
Meißner Str. 69, 01445 Radebeul
T: (0351) 8 39 22-0 **Fax:** 8 39 22-13
Internet: http://www.slv-online.de
E-Mail: slv.ev@t-online.de
Vorsitzende(r): Ingrid Schwaar
Geschäftsführer(in): Claudia Raum
Schatzmeister: Rainer Jehmlich

• R 928

Verband Deutscher Lehrer im Ausland (VDLiA)
Friedrich-Naumann-Str. 17, 34131 Kassel
T: (0561) 3 16 06 58 **Fax:** 31 41 76
Internet: http://www.vdlia.de
E-Mail: vdlia.gries@t-online.de
Vorsitzende(r): Studiendirektor Waldemar Gries
Geschäftsführer(in): Alfred Doster
Mitglieder: 2010

• R 929

Deutscher Altphilologen-Verband (DAV)
Humboldt-Universität Berlin
Unter den Linden 6, 10117 Berlin
Vorsitzende(r): Prof. Dr. Friedrich Maier (Mitterlängstr. 13, 82178 Puchheim, T:(089) 80 38 14)
Leitung Presseabteilung: Dr. Ute Schmidt-Berger
Verbandszeitschrift: FORUM CLASSICUM
Redaktion: Prof. Andreas Fritsch, Wundtstr. 46, 14057 Berlin
Mitglieder: 6500
Landesverbände: 17

• R 930

Bundesverband Deutscher Berufsausbilder e.V. (BDBA)
Hauptgeschäftsstelle:
Kantstr. 10, 85080 Gaimersheim
T: (08458) 54 11 **Fax:** 33 15 78
E-Mail: bdba.thieme@bingo-ev.de
Gründung: 1974 (9.November)
Präsident(in): Dipl.-Vw. Herbert Luckmann (Bergweg 14, 79331 Teningen)
Geschf. Präs.-Mitgl.: Manfred Thieme
Leitung Presseabteilung: Manfred Thieme
Mitglieder: 12 Landesverbände
Mitarbeiter: 5

Landesgeschäftsstellen

r 931

Berufsausbilderverband Baden-Württemberg e.V.
Kardelstr. 4, 88255 Baienfurt
T: (0751) 4 32 51 **Fax:** 4 93 47
Alfred Budde

r 932

Berufsausbilderverband Bayern e.V.
Goldmarkstr. 78, 80937 München
T: (089) 3 16 49 08
Wilhelm Pribyl

r 933

Berufsausbilderverband Hessen e.V.
Fritz-Schubert-Ring 37, 63486 Bruchköbel
Dieter Müller

r 934

Berufsausbilderverband Mecklenburg-Vorpommern e.V.
über Bundesgeschäftsstelle:
Kantstr. 10, 85080 Gaimersheim

r 935

Landesverband der Berufsausbilder Niedersachsen e.V.
Elbinger Weg 22, 29225 Celle
T: (05141) 4 70 40
Detlev Gummert

r 936

Berufsausbilder-Verband Nordrhein-Westfalen e.V.
Am Hofstück 4, 44227 Dortmund
T: (0231) 75 01 01
Heinz-Peter Engler

r 937

Berufsausbilderverband Rheinland-Pfalz e.V.
Londoner Ring 66, 67069 Ludwigshafen
Bernhard Walter

r 938

Berufsausbilderverband Sachsen
c/o Ulrich Jäpel
Dippelsdorfer Str. 10, 01129 Dresden
T: (0351) 8 40 01 42
Ulrich Jäpel

r 939

Berufsausbilderverband Sachsen-Anhalt
Gießerweg 3, 38855 Wernigerode
Dieter Hahnel

r 940

Berufsausbilderverband Schleswig-Holstein e.V.
Tauernweg 12, 24147 Kiel
Hans Thomas Dressler

r 941

Berufsausbilderverband Thüringen
Am Wandervogel 58, 98617 Meiningen
T: (03693) 47 71 93 **Fax:** 47 73 22
Hartmut Werner

r 942

Berufsausbilderverband Berlin/Brandenburg
Dorfaue 28, 16727 Bötzow
Stefan Gollhardt

• R 943

Deutscher Esperanto-Bund e.V. (DEB)
(Germana Esperanto-Asocio r.a.)
Immentalstr. 3, 79104 Freiburg
T: (0761) 28 92 99 **Fax:** 28 92 96
Internet: http://www.esperanto.de
E-Mail: DEB@esperanto.de
Gründung: 1906-1936, 2. Gründung: 1949 (März)
Leitung Presseabteilung: Dr. Ulrich Matthias (Ohmstr. 13, 65199 Wiesbaden, T: (0611) 46 67 12)
Verbandszeitschrift: „Esperanto aktuell"
Redaktion: Alfred Knapp, Tiefengrubener Str. 51, 99438 Bad Berka, T: (036458) 3 02 41
Mitglieder: 4850
Deutsche Esperanto-Jugend (Germana Esperanto-Junularo), Grellstr. 36, 10409 Berlin, T: (030) 42 85 78 99

Verbreitung der internationalen Sprache Esperanto als Beitrag zur Völkerverständigung.

• R 944

Institut für Kybernetik gemeinnützige Forschungs- und Entwicklungsgesellschaft mbH (IfK)
Kleinenberger Weg 16b, 33100 Paderborn
T: (05251) 6 42 00 **Fax:** 16 35 33
Gründung: 1964 (28. August)
Direktor(in): o. Prof. Dr. H. Frank (Kleinenberger Weg 16 A, 33100 Paderborn)
o.Prof. Dr. M. Lánsky
o.Prof. Dr. M. Wettler
Verbandszeitschrift: grkg/Humankybernetik
Verlag: AKADEMIA LIBRO-SERVO, Berlin-Paderborn
Mitglieder: ca. 10

• R 945

Esperanto-Centro e.V.
Rheinstr. 9, 12159 Berlin
T: (030) 85 96 13 83 **Fax:** 85 96 13 83
Internet: http://www.snafu.de/behrmann/
E-Mail: behrmann@snafu.de
Vorsitzende(r): Lehrer Hermann Behrmann

• R 946

Gesellschaft für Pädagogik und Information e.V. (gpi)
Wissenschaftliche Gesellschaft zur Förderung von Mediendidaktik und Bildungstechnologie in Theorie und Praxis c/o Pädagogisches Büro R. Ortner Paderborn
Postf. 22 28, 33052 Paderborn
Rathenaustr. 16, 33102 Paderborn
T: (05251) 3 40 24 **Fax:** 3 14 14
1. u. geschf. Vors.: Prof. Dr. Dr. Gerhard E. Ortner
Mitglieder: 400 Wissenschaftler und Bildungspraktiker aus dem In- und Ausland

• R 947

Arbeitskreis für liberale europäische Sprachpolitik e.V.
Sylter Weg 11, 33102 Paderborn
T: (05251) 48 05 40
Vorsitzende(r): Dipl.-Päd. Günter Lobin (Sylter Weg 11, 33102 Paderborn)
Mitglieder: 30 dem liberalen Lager nahestehende Personen

• R 948

Deutsche Esperanto-Jugend e.V.
Grellstr. 36, 10409 Berlin
T: (030) 42 85 78 99
Internet: http://www.esperanto.de
Gründung: 1951
Geschäftsführer(in): Steffen Pietsch
Vorsitzende(r): Mark Naoki Lins
Leitung Presseabteilung: Britta Loose
Verbandszeitschrift: GEJ-gazeto
Redaktion: Till Schönberner, GEJ-GAZETO, Am Krähenberg 30, 59872 Meschede, T: (0291) 8 25 52, E-Mail: till@cheerful.com
Mitglieder: 3500 (im Alter bis 26 Jahre)
Landesverbände: 12

• R 949

Verband der Fachlehrerinnen und Fachlehrer e.V.
Auf der Kloos 4a, 52224 Stolberg
T: (02402) 7 35 30
Gründung: 1966 (22. Januar)
Vorsitzende(r): Edith Sonntag
Geschäftsführer(in): Birgit Buchholz
Leitung Presseabteilung: Erika Kuckuck
Verbandszeitschrift: Bürowirtschaft im Unterricht
Verlag: Rolandstr. 24, 32312 Lübbecke, T: (05741) 2 08 21, Telefax: (05741) 31 64 57

• R 950

Berufsverband Deutscher Diplom-Pädagogen und Diplom-Pädagoginnen e.V. (BDDP)
Postf. 30 70 67, 28339 Bremen
T: (0421) 34 92 24 **Fax:** 34 35 77
E-Mail: bddpbremen@t-online.de
Präsident(in): Dipl.-Päd. Anke Fuchs
1. Vizepräsidentin: Dipl.-Päd. Heike Haberland
2. Vizepräsident: Dipl.-Päd. Thomas Rupf

• R 951

Verband der Geschichtslehrer Deutschlands e.V.
Kiefernweg 1, 82515 Wolfratshausen
T: (08171) 2 65 66 (pr.), (089) 92 14-2367 (d.)
Fax: (089) 92 14-3600 (d.)
Gründung: 1913 (29. September; Wiederbegründung: München 1949)
Vorsitzende(r): OStD Rolf Ballof (T: (05381) 93 74-0, Telefax: (05381) 93 74 74 (Jacobson-Gymnasium, Seesen i.H.))
Stellvertretende(r) Vorsitzende(r): OStD Anita Mächler (Stubenrauchstr. 2, 12161 Berlin-Friedenau, T/Fax: (030) 8 51 32 07 (pr.), (030) 4 52 78 81 (d.))
Schriftführer(in): OStD Willi Eisele (Kiefernweg 1, 82515 Wolfratshausen, T: (08171) 2 65 66 (pr.) bzw. T: (089) 7 45 50 40 (d.), Fax: (089) 74 55 04 42 (d.))
Schatzmeister: StD Otto Werber (Am Krümmershof 87, 34132 Kassel, T: (0561) 40 13 82)
Beisitzer: OStD Dr. Freya Stephan-Kühn (Ritterstr. 224, 41238 Mönchengladbach, T: (02166) 2 32 47, Fax: (02151) 80 03 17 (d))
Marlies Friedrich (Gr. Weinmeister Str. 21, 14469 Potsdam, T: (0331) 2 70 95 05, dienstl. 64 99 80 20, Fax: 64 99 80 20)
Verbandszeitschrift: GWU - Geschichte in Wissenschaft und Unterricht
Redaktion: Dr. Michael Sauer
Verlag: Erhard Friedrich-Verlag, Postf. 10 01 50, 30917 Seelze
Verbandszeitschrift: GPD - Geschichte, Politik und ihre Didaktik
Redaktion: Dr. Erika Richter, Ulmenweg 8, 59872 Meschede
Verlag: Schöningh Verlag, Paderborn
Verbandszeitschrift: GPS - Geschichte und Politik in der Schule (Selbstverlag)
Redaktion: Dr. Wolfgang Böge, StD, Schlebuschweg 4, 21029 Hamburg
Verbandszeitschrift: Informationen für den Geschichts- und Gemeinschaftskundelehrer
Redaktion: OStD Werner Ripper, Im Waldwinkel 7, 64342 Seeheim-Jugenheim
Verlag: Wochenschau, Schwalbach
Mitglieder: 16 Landesverbände
Jahresetat: DM 0,050 Mio, € 0,03 Mio

Fortbildung für Geschichtslehrer (Seminare), Exkursionen für Fachkollegen.

Landesverbände

r 952

Verband der Geschichtslehrer Deutschlands Landesverband Baden-Württemberg
Albrechtstr. 7, 72072 Tübingen
T: (07071) 7 45 25
StD Hans Woidt (Albrechtstr. 7, 72072 Tübingen, T: (07071) 7 45 25 (Südwestdt. Lehrerverband für Gesch. u. pol. Wissenschaften))

r 953

Verband der Geschichtslehrer Deutschlands Landesverband Bayern
Kiefernweg 1, 82515 Wolfratshausen
T: (08171) 2 65 66 (pr.), (089) 92 14-2367 (d.)
Fax: (089) 92 14-3600 (d.)
Willi Eisele (T: (08171) 2 65 66, T: (089) 92 14-23 67 d., Fax: 92 14-36 00 d.)

r 954

Verband der Geschichtslehrer Deutschlands Landesverband Berlin
Stubenrauchstr. 2, 12161 Berlin
T: (030) 4 51 04 82 **Fax:** 8 51 32 07
OStD Anita Mächler (T: (030) 8 51 32 07 (pr.), (030) 4 52 78 81 (d.))

r 955

Verband der Geschichtslehrer Deutschlands Landesverband Brandenburg
Große Weinmeisterstr. 21, 14469 Potsdam
T: (0331) 2 70 95 05
Marlies Friedrich (Gr. Weinmeister Str. 21, 14469 Potsdam, T: (0331) 2 70 95 05)

r 956

Verband der Geschichtslehrer Deutschlands Landesverband Bremen
Ritter-Raschen-Str. 39, 28219 Bremen
T: (0421) 39 31 48
Dipl.-Hdl. Erwin Faber (Ritter-Raschen-Str. 39, 28219 Bremen, T: (0421) 39 31 48 (Verband Bremischer Lehrerinnen und Lehrer für Geschichte und Politik))

r 957

Verband der Geschichtslehrer Deutschlands Landesverband Hamburg
Schlebuschweg 4, 21029 Hamburg
T: (040) 7 24 37 51
StD Dr. Wolfgang Böge (T: (040) 7 21 50 12 (Verband der Lehrer f. Gesch. u. Pol.))

r 958

Verband der Geschichtslehrer Deutschlands Landesverband Hessen
Auf der Treber 7, 34233 Fuldatal
T: (0561) 81 75 07
StD Manfred Lissek (Auf der Treber 7, 34233 Fuldatal, T: (0561) 81 75 07)

r 959

Verband der Geschichtslehrer Deutschlands Landesverband Niedersachsen
Am Rodelberg 9, 30952 Ronnenberg
T: (0511) 46 48 22 **Fax:** 43 68 02
OStD Brigitte Netzel

r 960

Verband der Geschichtslehrer Deutschlands Landesverband Nordrhein-Westfalen
Ritterstr. 224, 41238 Mönchengladbach
T: (02166) 2 32 47
OStD Dr. Freya Stephan-Kühn (Ritterstr. 224, 41238 Mönchengladbach, T/Fax: (02166) 2 32 47)

r 961

Verband der Geschichtslehrer Deutschlands Landesverband Rheinland-Pfalz
Bettelpfad 46, 55130 Mainz
T: (06131) 83 25 33
StD Dr. Peter Lautzas (Bettelpfad 46, 55130 Mainz, T: (06131) 83 25 33, Fax: (06131) 83 41 46)

r 962

Verband der Geschichtslehrer Deutschlands Landesverband Saarland
Karl-Uhl-Str. 2, 66386 Sankt Ingbert
T: (06894) 8 08 41
StD Klaus Rentzmann

r 963

Verband der Geschichtslehrer Deutschlands Landesverband Schleswig-Holstein
Hölderlinstr. 3, 25451 Quickborn
T: (04106) 42 22
OStD Dr. Reinhard Mischke (T: (04106) 42 22 (pr.))

r 964

Verband der Geschichtslehrer Deutschlands Landesverband Mecklenburg-Vorpommern
Am Wald 9, 18190 Gubkow
T: (038209) 2 90 (d) **Fax:** 8 05 32 (pr.)
Christian Saegebarth

r 965

Verband der Geschichtslehrer Deutschlands Landesverband Sachsen
Breite Str. 5b, 01640 Coswig
T: (03523) 6 13 13 (pr.), 83 80 (d)
Harald Kunath

r 966

Verband der Geschichtslehrer Deutschlands Landesverband Sachsen-Anhalt
Im Schrotetal 24, 39167 Niederndodeleben
T: (039204) 54 04, (03931) 7 13 76 (d)
Dr. Gunnar Möhring

r 967

Verband der Geschichtslehrer Deutschlands Landesverband Thüringen
J.-Kniese-Str. 3, 07646 Stadtroda
Frieder Scharf

• **R 968**

Hochschullehrerbund e.V., Bundesvereinigung (HLB)
Rüngsdorfer Str. 4c, 53173 Bonn
T: (0228) 35 22 71 **Fax:** 35 45 12
Internet: http://www.hlb.de
E-Mail: hlbbonn@aol.com
Gründung: 1972 (Mai)
Präsident(in): Prof. Dr. Siegel (TFH Berlin)
Vizepräsident(in): Prof. Godehart (FH Bund, Brühl)
Prof. Dr. Kulla (FH Regensburg)
Prof. Dr. Winkel (FH Köln, Gummersbach)
Geschäftsführer(in): Dr. Hubert Mücke
Verbandszeitschrift: DIE NEUE HOCHSCHULE
Redaktion: Prof. Dr. Dorit Loos

Landesverbände

r 969

Hochschullehrerbund Landesverband Baden-Württemberg
Buchenländer Str. 60, 70569 Stuttgart
T: (0711) 68 25 08 **Fax:** 6 77 05 96
E-Mail: dorit.loos@stuttgart.de
Vorsitzende(r): Prof. Dr. Dorit Loos (FHöV Ludwigsburg)

r 970

Hochschullehrerbund Landesverband Bayern
Vogelherd 2, 91058 Erlangen
T: (09131) 60 24 26 **Fax:** 60 24 84
E-Mail: dietrich.grille@fh-nuernberg.de
Vorsitzende(r): Prof. Dr. phil. Dietrich Grille (Georg-Simon-Ohm FH Nürnberg)

r 971

Hochschullehrerbund Landesverband Berlin
FHTW Berlin
Blankenburger Pflasterweg 102, 13129 Berlin
T: (0177) 23 33-786
E-Mail: p.kolbe@fhtw-berlin.de
Vorsitzende(r): Prof. Dr. Peter Kolbe (FHTW Berlin)

r 972

Hochschullehrerbund Landesverband Brandenburg
FH Brandenburg
FB Technik
Magdeburger Str. 53, 14770 Brandenburg
T: (03381) 2 69-13 **Fax:** 2 69-99
E-Mail: muendema@fh-brandenburg.de
Vorsitzende(r): Prof. Dr. Friedhelm Mündemann (FH Brandenburg)

r 973

Hochschullehrerbund Landesverband Bremen
Postf. 15 55, 59335 Lüdinghausen
T: (02599) 72 75 **Fax:** 24 86
E-Mail: brinkmann@fbm.hs-bremen.de
Vorsitzende(r): Prof. Dr. Hans-Gerhard Brinkmann (HS Bremen)

r 974

Hochschullehrerbund Landesverband Hamburg
FH Hamburg
FB E+IT und Informatik
Berliner Tor 3, 20099 Hamburg
T: (040) 4 28 59 **Fax:** 24 84-5880
E-Mail: maas@etech.fh-hamburg.de
Vorsitzende(r): Christoph Maas (FH Hamburg)

r 975

Hochschullehrerbund Landesverband Hessen
c/o Anne Eckert
Schlesierstr. 79, 65205 Wiesbaden
T: (06122) 9 41-782 **Fax:** 9 41-781
E-Mail: jwiese@fbe.fh-darmstadt.de
Vorsitzende(r): Prof. Dr. Jürgen Wiese (FH Darmstadt)

r 976

Hochschullehrerbund Landesverband Niedersachsen/Sachsen-Anhalt
Ringstr. 36, 38678 Clausthal-Zellerfeld
T: (05323) 53 99 **Fax:** 52 91
E-Mail: hg.boese@t-online.de
Vorsitzende(r): Prof. Dr.-Ing. Hans-Georg Boese (FH Hannover)

r 977

Hochschullehrerbund Landesverband Nordrhein-Westfalen
hlb-Geschäftsstelle
NRW
Postf. 11 09, 58803 Neuenrade
T: (02392) 6 47 71 **Fax:** 6 47 71
E-Mail: hlb-nrw@t-online.de
Vorsitzende(r): Prof. Dr.-Ing. Peter Renvert (Märk. FH Iserlohn)

r 978

Hochschullehrerbund Landesverband Rheinland-Pfalz
An der Hub 4, 55767 Leisel
T: (06781) 4 60 97
Vorsitzende(r): Prof. Rolf Müller (FH Trier, Standort Idar-Oberstein)

r 979

Hochschullehrerbund Landesverband Saarland
HTW Saarland
FB GIS
Goebenstr. 40, 66117 Saarbrücken
T: (0681) 56 67-238 **Fax:** 56 67-122
E-Mail: schurich@htw.uni-sb.de
Vorsitzende(r): Prof. Dr. Bernd Schurich (HTW Saarland)

r 980

Hochschullehrerbund Landesverband Sachsen
HTWS
Zittau/Görlitz
Theodor-Körner-Allee 16, 02763 Zittau
T: (03583) 6 11-831 **Fax:** 6 11-804
E-Mail: h.theilig@hw-zittau.de
Vorsitzende(r): Prof. Dr. habil. Holger Theilig (HTWS Zittau/Görlitz)

r 981

Hochschullehrerbund Landesverband Schleswig-Holstein
Geschwister-Scholl-Str. 31, 24340 Eckernförde
T: (04351) 82-941
E-Mail: helmut.offermann@fh-kiel.de
Vorsitzende(r): Helmut Offermann (FH Kiel, Standort Eckernförde)

r 982

Hochschullehrerbund Landesverband Thüringen
FH Jena
FB Wirtschafts-Ingenieurwesen
Postf. 10 03 14, 07703 Jena
T: (03641) 9 30-440 **Fax:** 9 30-441
E-Mail: wolfgang.eibner@fh-jena.de
Vorsitzende(r): Prof. Dr. Wolfgang Eibner (FH Jena)

• **R 983**

Verband der Hochschullehrer für Betriebswirtschaft e.V.
c/o Humboldt-Universität zu Berlin, Institut für Industrielles Marketing-Management
Spandauer Str. 1, 10178 Berlin
T: (030) 20 93-5883 **Fax:** 20 93-5775
Internet: http://www.v-h-b.de
Vorsitzende(r): Prof. Dr. Wulff Plinke (Humboldt-Universität zu Berlin, Institut für Industrielles Marketing-Management, Spandauer Str. 1, 10178 Berlin, T: (030) 20 93-57 70, Fax: 20 93-57 75, e-mail: imm@wiwi.hu-berlin.de)
Stellvertretende(r) Vorsitzende(r): Prof. Dr. Theodor Siegel (Humboldt-Universität zu Berlin, Institut für Rechnungswesen und Wirtschaftsprüfung, Spandauer Str. 1, 10178 Berlin, T: (030) 20 93-57 64, Fax: 20 93- 56 70, e-mail: wpruefung@wiwi.hu-berlin.de)
Mitglieder: ca. 1200
16 wissenschaftliche Kommissionen

Der Verband dient der Entwicklung der Betriebswirtschaftslehre als Universitätsdisziplin.

• **R 984**

Verband der Geographen an Deutschen Hochschulen
c/o Institut für Geographie und Geoökologie der Universität Karlsruhe
76128 Karlsruhe
Kaiserstr. 12, 76131 Karlsruhe
T: (0721) 6 08-7850, 6 08-3482 **Fax:** 69 67 61
Internet: http://www.giub.uni-bonn.de/vgdh
E-Mail: vgdh@athos.giub.uni-bonn.de
Bundesgeschäftsstelle: GEO-Büro, Geographische Institute der Universität Bonn, Meckenheimer Allee 166, 53115 Bonn
Gründung: 1925
Vorsitzende(r): Prof. Dr. Manfred Meurer (Institut für Geographie und Geoökologie der Universität Karlsruhe, 76128 Karlsruhe, Tel.: (0721) 608-7850, E-Mail: Manfred.Meurer@bio-geo.uni-karlsruhe.de)
Schriftführer(in): PD Dr. Joachim Vogt (Institut für Geographie und Geoökologie der Universität Karlsruhe, 76128 Karlsruhe, Tel.: (0721) 608-3482, E-Mail: Joachim.Vogt@bio-geo.uni-karlsruhe.de)
Verbandszeitschrift: Rundbrief Geographie
Redaktion: Institut für Länderkunde, Schongauerstr. 9, 04329 Leipzig
Mitglieder: etwa 700

• **R 985**

Deutscher Hochschulverband
Rheinallee 18, 53173 Bonn
T: (0228) 36 40 02 **Fax:** 35 34 03
Präsident(in): Univ.-Prof. Dr. Hartmut Schiedermair
Geschäftsführer(in): RA Dr. Michael Hartmer
Pressesprecher: Dr. Kristijan Domiter
Verbandszeitschrift: Forschung & Lehre
Redaktion: Felix Grigat, M.A.
Verlag: Deutscher Hochschulverband, Bonn
Mitglieder: über 17000 Hochschullehrer an wiss. Hochschulen

Hochschulpolitik, Hochschulrecht, Beamten- und Besoldungsrecht der Hochschullehrer.

• **R 986**

Deutscher Sportlehrerverband e.V. (DSLV)
Bundesgeschäftsstelle
Am Rasselberg 16, 35578 Wetzlar
T: (06441) 92 12 10 **Fax:** 92 12 12
Internet: http://www.DSLV.de
E-Mail: DSLV-Wetzlar@t-online.de
Gründung: 1949
Präsident(in): Claus Umbach (Stettiner Str. 2-4, 34225 Baunatal, T: (05601) 80 55, Fax: (05601) 80 50, E-Mail: clumbach@aol.com)
Geschäftsstelle: Irmgard Rau
Verbandszeitschrift: SPORTUNTERRICHT
Redaktion: DSLV
Verlag: Hofmann Verlag, 73614 Schorndorf
Mitglieder: 18500
16 Landes- und 9 Fachsportlehrerverbände

• **R 987**

Landesinstitut für Schulsport Baden-Württemberg
Reuteallee 42, 71634 Ludwigsburg
T: (07141) 1 40-624 **Fax:** 1 40-639
Leitung: Dir. Wilfried Hurst

• **R 988**

Institut für Lehrerfortbildung
Felix-Dahn-Str. 3, 20357 Hamburg
T: (040) 4 28 01-2360 **Fax:** 4 28 01-2799

• **R 989**

Fachverband Moderne Fremdsprachen (FMF)
(Verbandsorgan: Neusprachliche Mitteilungen aus Wissenschaft und Praxis)
Marconistr. 30B, 86179 Augsburg
T: (0821) 5 98-2745 **Fax:** 5 98-5501
Gründung: 1880
Vorsitzende(r): Prof. Dr. Konrad Schröder
Geschäftsstelle: Prof. Dr. Ulrich Bliesener (T: (0511) 9 52-3736, Fax: 9 52-3756)
Mitglieder: 5000

Landesverbände

r 990

Fachverband Moderne Fremdsprachen Landesverband Baden-Württemberg

Waldstr. 14, 75045 Walzbachtal
T: (07203) 15 43
1. Vorsitzende(r): Prof. Ottmar K. Siegrist

r 991

Fachverband Moderne Fremdsprachen Landesverband Bayern

Beethovenstr. 4, 90513 Zirndorf
T: (0911) 60 41 54
StD Dipl.-Hdl. Walter Christ

r 992

Fachverband Moderne Fremdsprachen Landesverband Berlin

Großbeerenstr. 1, 12209 Berlin
T: (030) 7 72 25 13
StD Dr. Herbert Krüger

r 993

Fachverband Moderne Fremdsprachen Landesverband Brandenburg

K.-Ziolkowski-Ring 65, 15517 Fürstenwalde
Detlef Redmann

r 994

Fachverband Moderne Fremdsprachen Landesverband Bremen

Heidberger Schweiz 18a, 28865 Lilienthal
T: (04298) 3 14 55
StD Henning Scholz

r 995

Fachverband Moderne Fremdsprachen Landesverband Hamburg

Fuchsberg 6, 21217 Seevetal
StD H. Stiller

r 996

Fachverband Moderne Fremdsprachen Landesverband Hessen

K.-Adenauer-Str. 9, 63165 Mühlheim
T: (06108) 7 29 03
Dr. Hans-Christoph Ramm

r 997

Fachverband Moderne Fremdsprachen Landesverband Mecklenburg-Vorpommern

Max-Suhrbier-Str. 17, 19059 Schwerin
T: (0385) 71 61 03
StDin Gabriele Weitendorf

r 998

Fachverband Moderne Fremdsprachen Landesverband Niedersachsen

Soltauer Str. 31, 30625 Hannover
StD Egbert Seifert

r 999

Fachverband Moderne Fremdsprachen Landesverband Nordrhein-Westfalen/Nordrhein

Ronheider Winkel 23, 52066 Aachen
T: (0241) 60 17 57 **Fax:** 9 69 03 00
StD Erwin Klein

r 1 000

Fachverband Moderne Fremdsprachen Landesverband Westfalen-Lippe

Avenstrothsweg 12, 33332 Gütersloh
T: (05241) 1 63 10
StD Max Bracht

r 1 001

Fachverband Moderne Fremdsprachen Landesverband Rheinland-Pfalz

Im Speitel 128, 76229 Karlsruhe
Prof. Dr. Liesel Hermes

r 1 002

Fachverband Moderne Fremdsprachen Landesverband Saarland

Weinbrennerstr. 11, 66123 Saarbrücken
T: (0681) 3 62 69 **Fax:** 3 63 59
StD Peter Geckeis

r 1 003

Fachverband Moderne Fremdsprachen Landesverband Sachsen

Theodor-Kunz-Ring 8, 04451 Althen
Frank Weingarten

r 1 004

Fachverband Moderne Fremdsprachen Landesverband Sachsen-Anhalt

Erste-Fünfte Vereinsstr. 3, 06110 Halle
T: (0345) 50 20 08
Dir. Dr. R. Berthelmann

r 1 005

Fachverband Moderne Fremdsprachen Landesverband Schleswig-Holstein

An dem Lehmkuhl, 25885 Wester-Ohrstedt
T: (04847) 16 85
Hans-Jürgen Doose

• R 1 006

Verband Deutscher Schulgeographen e.V.

Bismarckweg 15, 74821 Mosbach
T: (06261) 72 09 **Fax:** 97 24 40
Internet: http://www.erdkunde.com
Gründung: 1912
Geschäftsführender Vorstand:
1. Vorsitzende(r): StD Dr. Eberhard Schallhorn (Breslauer Str. 34, 75015 Bretten, T: (07252) 95 73 36, Fax: (07252) 95 73 37, E-Mail: schallhorn@erdkunde.com)
2. Vorsitzende(r): StD Dr. Frank-Michael Czapek (Im Moore 25, 30167 Hannover, T/Fax: (0511) 70 42 25, E-Mail: fczapek@t-online.de)
1. Schriftführer: OStD Hans-Peter Haas (Bismarckweg 15, 74821 Mosbach, T: (06261) 72 09, Fax: (06261) 97 24 40 (d), E-Mail: haas@apg-mosbach.de)
2. Schriftführer: OStR Claudia Ninow (Leydenallee 98, 12165 Berlin, T: (030) 7 91 13 63, Fax: (030) 8 31 22 51)
Schatzmeister: OStR Gerhard Könecke (Im Kunfe 14, 35410 Hungen, T/Fax: (06402) 16 93, E-Mail: gkoenecke@aol.com)
kooptiertes Mitglied: Manfred Oschwald (Adolf-Willbrandt-Str. 15, 18055 Rostock, T: (0381) 2 77 63, Fax: (0381) 4 99 66 16, E-Mail: moschwald@t-online.de)
Ehrenvors: OStD a.D. Dr. Heinz W. Friese (Andréezeile 26B, 14165 Berlin, T: (030) 8 15 53 52)
StD Dr. Dieter Richter (Breslauer Str. 26, 30938 Burgwedel, T: (05139) 12 05, Fax: (05139) 26 46)
Mitglieder: ca. 6000

Fachvertretung aller an der Förderung, Intensivierung und Entwicklung des geographischen Unterrichts Interessierten. Einsatz für optimale Präsenz der Geographie in allen Bereichen und Institutionen der allgemeinen, beruflichen und Erwachsenen-Bildung. Aus- und Weiterbildung der Fachkollegen in Zusammenarbeit mit Behörden, Hochschulen und anderen Institutionen.

Landesverbände

r 1 007

Verband Deutscher Schulgeographen Landesverband Baden-Württemberg

Schönbergstr. 32, 79194 Gundelfingen
T: (0761) 58 27 27
1. Vorsitzende(r): OStD Dr. Wilfried Nübler (Schönbergstr. 32, 79194 Gundelfingen, T: (0761) 58 27 27, E-Mail: wnuebler@t-online.de)
Geschäftsführer(in): OStD. Hans-Peter Haas (Bismarckweg 15, 74821 Mosbach, T: (06261) 72 09, E-Mail: haas@apg-mosbach.de)

r 1 008

Verband Deutscher Schulgeographen Landesverband Bayern

Hangstr. 9, 63768 Hösbach
T: (06021) 6 22 07 **Fax:** 6 22 07
1. Vorsitzende(r): StD Dr. Josef Gareis (Hangstr. 9, 63768 Hösbach, T/Fax: (06021) 6 22 07)
Schriftführer(in): RL Eva Gottstein (Pedettistr. 13, 85072 Eichstätt, T: (08421) 32 25, Fax: (08421) 8 06 83)

r 1 009

Verband Deutscher Schulgeographen Landesverband Berlin

Gravensteinstr. 64, 13127 Berlin
T: (030) 4 75 83 01
1. Vorsitzende(r): Jutta Dreßler (Gravensteinstr. 64, 13127 Berlin, T: (030) 4 75 83 01)
Schriftführer(in): Dirk Lehmann (Elberfelder Str. 25, 10555 Berlin, T: (030) 3 45 43 20, E-Mail: dirko.lehmann@t-online.de)

r 1 010

Verband Deutscher Schulgeographen Landesverband Brandenburg

Leipziger Str. 188, 15232 Frankfurt
T: (0335) 5 00 61 29
E-Mail: joergweigelt@aol.com
1. Vorsitzende(r): Jörg Weigelt (Leipziger Str. 188, 15232 Frankfurt/Oder, T: (0335) 5 00 61 29, E-Mail: joergweigelt@aol.com)
Schriftführer(in): Rita Werner (Prager Str. 4, 15234 Frankfurt/Oder, T: (0335) 6 26 83)

r 1 011

Verband Deutscher Schulgeographen Landesverband Bremen

Franklinstr. 101, 28357 Bremen
T: (0421) 27 49 90
1. Vorsitzende(r): OStD Gerd Feller (Franklinstr. 101, 28357 Bremen, T: (0421) 27 49 90, Fax: (0421) 36 11 67 09, E-Mail: szhgy@uni-bremen.de)
1. Schriftführerin: Anke Uhlenwinkel (Postf. 33 04 40, Univ. Bremen, 28334 Bremen, T: (0421) 2 18 49 06)

r 1 012

Verband Deutscher Schulgeographen Landesverband Hamburg

Deelwisch 27, 22529 Hamburg
T: (040) 58 97 87 50
1. Vorsitzende(r): StD Ulrich Brameier (Deelwisch 27, 22529 Hamburg, T: (040) 58 97 87 50)
Schriftführer(in): StR Bernd Kallweit (Goetenkamp 7, 22927 Großhansdorf, T: (04102) 6 46 02)

r 1 013

Verband Deutscher Schulgeographen Landesverband Hessen

Karl-Glöckner-Str. 21, 35394 Gießen
T: (0641) 7 02-9972 **Fax:** 7 02-5300
1. Vorsitzende(r): Prof. Dr. Johann-Bernhard Haversath (Karl-Glöckner-Str. 21, Haus G, 35394 Gießen, T: (0641) 9 93 63 00/02, Fax: (0641) 9 93 63 09, E-Mail: haversath@geo.uni-giessen.de)
Schriftführer(in): StD Dr. Hartmut Schulze (Am unteren Krümmershof 4A, 34132 Kassel, T: (0561) 40 68 68)

r 1 014

Verband Deutscher Schulgeographen Landesverband Mecklenburg-Vorpommern

Lärchenweg 8, 17498 Potthagen
T: (03834) 50 78 10
1. Vorsitzende(r): Prof. Dr. Rolf Meincke (Lärchenweg 8, 17498 Potthagen, T/Fax: (03834) 50 78 10)
1. Schriftführer: Heidemarie Täubert (Goethe-Weg 8a, 17509 Lubmin, T: (038354) 3 01 17)

r 1 015

Verband Deutscher Schulgeographen Landesverband Niedersachsen

Papiermühle 30, 49124 Georgsmarienhütte
T: (05401) 46 03 54 **Fax:** 46 03 55
1. Vorsitzende(r): Günther Palmes (Papiermühle 30, 49124 Georgsmarienhütte, T: (05401) 46 03 54, Fax: (05401) 46 03 55, E-Mail: gpalmes@t-online.de)
Schriftführer(in): Ulrike Lange (Barsinghäuser Str. 41, 30989 Gehrden, T: (05108) 92 43 60, Fax: (05108) 92 43 61, E-Mail: lange.u@t-online.de)

r 1 016

Verband Deutscher Schulgeographen Landesverband Nordrhein-Westfalen

Geschäftsstelle
Heideweg 111, 40470 Düsseldorf
T: (0211) 63 22 35 **Fax:** 63 22 35
1. Vorsitzende(r): StD a.D. Eberhard Lison (Heideweg 111, 40470 Düsseldorf, T/Fax: (0211) 63 22 35)
Schriftführer(in): Wiltrud Seiffert (Gilsingstr. 53, 44789 Bochum, T: (0234) 33 65 26)

r 1 017

Verband Deutscher Schulgeographen Landesverband Rheinland-Pfalz

Am Mühlenberg 41, 56182 Urbar
T: (0261) 6 80 13
1. Vorsitzende(r): OStD i.R. Dr. Dieter Börsch (Am Mühlenberg 41, 56182 Urbar, T: (0261) 6 80 13, Fax: (0261) 6 67 94 43)
Geschäftsführer(In): OStR Georg Mäschig (Im Runnenwieschen 12, 54568 Gerolstein, T: (06591) 45 50)

r 1 018

Verband Deutscher Schulgeographen Landesverband Saarland

Vorm Wäldchen 48, 66571 Eppelborn
T: (06881) 85 66
1. Vorsitzende(r): OStR Uwe Klomann (Vorm Wäldchen 48, 66571 Eppelborn, T: (06881) 85 66, E-Mail: uklomann@t-online.de)
Schriftführer(in): OStR Helmut Recktenwald (An der Ronnhöd 19, 66740 Saarlouis, T: (06831) 6 26 63)

r 1 019

Verband Deutscher Schulgeographen Landesverband Sachsen

Alte Str. 35, 04229 Leipzig
T: (0341) 4 21 64 16 **Fax:** 9 83 21 28 (Schule)
1. Vorsitzende(r): Dr. Wolfgang Gerber (Alte Str. 35, 04229 Leipzig, T: (0341) 4 21 64 16, Fax: (0341) 9 83 21 28 (Schule))
Schriftführer(in): Rene Wiedrich (Lessingstr. 42, 09569 Oederan, T: (037292) 2 03 31)

r 1 020

Verband Deutscher Schulgeographen Landesverband Sachsen-Anhalt

An der Wassermühle 1, 39291 Grabow
T: (03921) 98 93 13 **Fax:** 98 48 24
E-Mail: geo.kopf@t-online.de
1. Vorsitzende(r): Heike Kopf (An der Wassermühle 1, 39291 Grabow, T: (03921) 98 93 13, Fax: (03921) 98 48 24, E-Mail: geo.kopf@t-online.de)
Schriftführer(in): Sylvia Gemeiner (Johannesbrunnen 25, 38835 Halberstadt, T: (03941) 2 52 35)

r 1 021

Verband Deutscher Schulgeographen Landesverband Schleswig-Holstein

Weidenstieg 6, 25337 Kölln-Reisiek
T: (04121) 43 84 79 **Fax:** 43 84 79
1. Vorsitzende(r): OStR Rolf Krüger (Weidenstieg 6, 25337 Kölln-Reisiek, T/Fax: (04121) 43 84 79, E-Mail: rolf_krueger@t-online.de)
Schriftführer(in): Adelheid Rasch (Arnimstr. 61d, 23566 Lübeck, T: (0451) 6 45 03, Fax: (0451) 62 19 08)

r 1 022

Verband Deutscher Schulgeographen Landesverband Thüringen

Eichenstr. 9, 99334 Riechheim
T: (036200) 6 15 22 **Fax:** 6 15 24
E-Mail: p.koehler@t-online.de
1. Vorsitzende(r): Peter Köhler (Eichenstr. 9, 99334 Riechheim, T: (036200) 6 15 22, Fax: (036200) 6 15 24, E-Mail: p.koehler@t-online.de)
Schriftführer(in): Fred Thiem (Am Untertor 1, 99869 Mühlberg)

• **R 1 023**

Verband Deutscher Schulmusiker e.V. (VDS)

Weihergarten 5, 55116 Mainz
T: (06131) 23 40 49 **Fax:** 23 40 06
Gründung: 1949
Vorsitzende(r): Prof. Dr. Hans Bäßler
Bundesgeschäftsführer(in): Monika Heinrich
Leitung Presseabteilung: OStR Rainer Koppenhöfer (Schönblickstr. 21, 75015 Bretten-Büchig, T: (07252) 35 32)
Verbandszeitschrift: Musik und Bildung, Praxis Musikerziehung
Verlag: Schott Musik International, Weihergarten 5, 55116 Mainz
Mitglieder: ca. 5500
Mitarbeiter: 2

Landesverbände

r 1 024

Verband Deutscher Schulmusiker Landesverband Baden-Württemberg

Hamberweg 54, 71120 Grafenau
T: (07033) 4 47 92, (0172) 6 23 58 61 **Fax:** (07033) 4 47 92
Vorsitzende(r): Dr. Hermann Wilske

r 1 025

Verband Deutscher Schulmusiker Landesverband Bayern

Berliner Allee 26h, 86153 Augsburg
T: (0821) 51 18 44 **Fax:** 5 08 24 14
Vorsitzende(r): StR Markus Köhler

r 1 026

Verband Deutscher Schulmusiker Landesverband Berlin

Rheinbabenallee 48, 14199 Berlin
T: (030) 8 23 14 16 **Fax:** 8 24 68 46
Vorsitzende(r): StD Astrid Roedel

r 1 027

Verband Deutscher Schulmusiker Landesverband Brandenburg

Maxim-Gorki-Str. 27, 15711 Königs Wusterhausen
T: (03375) 20 10 50
Vorsitzende(r): Reinhard Höhlig

r 1 028

Verband Deutscher Schulmusiker Landesverband Bremen

Metzer Str. 16b, 28211 Bremen
T: (0421) 44 43 42
Sprecher: Hans F. Jaspers

r 1 029

Verband Deutscher Schulmusiker Landesverband Hamburg

Kulenwisch 14, 22339 Hamburg
T: (040) 5 38 47 03
Vorsitzende(r): StD Uve Urban

r 1 030

Verband Deutscher Schulmusiker Landesverband Hessen

Heuchelheimer Str. 27, 61350 Bad Homburg
T: (06172) 93 71 50 **Fax:** 93 71 73
E-Mail: heukaeufer@aol.com
Vorsitzende(r): OStR Norbert Heukäufer

r 1 031

Verband Deutscher Schulmusiker Landesverband Mecklenburg-Vorpommern

Franz-Wessel-Str. 9, 18439 Stralsund
T: (03831) 29 14 03 **Fax:** 29 77 43 (dienstlich)
Vorsitzende(r): Werner Buxot

r 1 032

Verband Deutscher Schulmusiker Landesverband Niedersachsen

Drohnenweg 6, 21397 Barendorf
T: (04137) 13 24 **Fax:** 13 63
E-Mail: kuk.miezie@t-online.de
Vorsitzende(r): OStR Karl-Friedrich Mielke

r 1 033

Verband Deutscher Schulmusiker Landesverband Nordrhein-Westfalen

Rinkerodeweg 37a, 48163 Münster
T: (0251) 7 62 40 24 **Fax:** 7 62 40 25
Vorsitzende(r): Walter Lindenbaum (walter@lindenbaum.de)

r 1 034

Verband Deutscher Schulmusiker Landesverband Rheinland-Pfalz

Kurt-Schumacher-Str. 110, 56626 Andernach
T: (02632) 3 12 32 (priv.), (02602) 36 01 (dienstl.)
Fax: (02602) 18 04 48
Vorsitzende(r): OStD Jürgen Setzkorn

r 1 035

Verband Deutscher Schulmusiker Landesverband Saarland

Gebr. Grimm-Str. 1, 66583 Spiesen-Elversberg
T: (06821) 7 38 81 **Fax:** 7 38 81
Vorsitzende(r): Josef Thull

r 1 036

Verband Deutscher Schulmusiker Landesverband Sachsen

Waldstr. 5a, 08412 Königswalde
T: (03761) 8 19 07
Vorsitzende(r): Prof. Dr. Hans-Herbert Fehske

r 1 037

Verband Deutscher Schulmusiker Landesverband Sachsen-Anhalt

Bernburger Str. 31, 06369 Großpaschleben
T: (03496) 55 82 21
Vorsitzende(r): Dr. Hans-Peter Wolf

r 1 038

Verband Deutscher Schulmusiker Landesverband Schleswig-Holstein

Friedenskamp 15, 24119 Kronshagen
T: (0431) 58 82 77
Vorsitzende(r): Irmentraud Gehl

r 1 039

Verband Deutscher Schulmusiker Landesverband Thüringen

Am Hirzberg 18, 99887 Georgenthal
T: (036253) 4 49 87 **Fax:** 4 47 06
E-Mail: 03625344987@t-online.de
Vorsitzende(r): Martin Müller Schmied

• **R 1 040**

Deutsche Gesellschaft für Sprechwissenschaft u. -erziehung e.V. (DGSS)

c/o Johann-Wolfgang-Goethe-Universität
Sprechwissenschaftliche Arbeitsbereich
Senckenberganlage 27, 60325 Frankfurt
T: (069) 7 98-22276
1. Vorsitzende(r): Dr.habil. Freyr Roland Varwig
2. Vorsitzende(r): Dr. Marita Pabst-Weinschenk
Verbandszeitschrift: Reihe: Sprache u. Sprechen
Verlag: Reinhardt-Verlag, München
Mitglieder: 800

• **R 1 041**

Deutsche Gesellschaft für Sprachheilpädagogik e.V. (dgs)

Goldammerstr. 34, 12351 Berlin
T: (030) 6 61 60 04 **Fax:** 6 61 60 24
Gründung: 1927
1. Bundesvorsitzender: Kurt Bielfeld
2. Bundesvorsitzender: Theo Borbonus
Bundesgeschäftsführer: Gerhard Zupp
Verbandszeitschrift: Die Sprachheilarbeit
Redaktion: Prof. Dr. Grohnfeldt, Köln
Verlag: Verlagmodernes Lernen, Hohe Str. 39, 44139 Dortmund
Mitglieder: 6500

• **R 1 042**

Deutscher Bundesverband für Logopädie e.V. (dbl)

Augustinusstr. 11a, 50226 Frechen
T: (02234) 69 11 53 **Fax:** 96 51 10
Internet: http://www.dbl-ev.de
E-Mail: info@dbl-ev.de
Gründung: 1964
Präsident(in): Dietlinde Schrey-Dern
Vizepräsident(in): Karen Grosstück
Geschäftsführer(in): Lucas Rosenthal
Verbandszeitschrift: FORUM Logopädie
Redaktion: M. Wilhelm
Verlag: Schulz-Kirchner-Verlag, Postf. 9, 65505 Idstein
Mitglieder: 7000
Mitarbeiter: 8
Jahresetat: DM 2 Mio, € 1,02 Mio

• **R 1 043**

Deutscher Verband der Lehrer für Bürokommunikation e.V. (DVLB)

Charlottenburger Str. 3, 14169 Berlin
T: (030) 8 01 22 68, 80 90 36 08 **Fax:** 80 90 46 09
E-Mail: 0308012268@t-online.de
Gründung: 1946
Präsident(in): Reinhard Rickertsen (Charlottenburger Str. 3, 13086 Berlin, (030) 8 01 22 68)

r 1 044

Deutscher Verband der Lehrer für Bürokommunikation e.V. Landesverband Bayern

Treustr. 22, 96050 Bamberg
T: (0951) 1 53 22

r 1 045

Deutscher Verband der Lehrer für Bürokommunikation e.V. Landesverband Norddeutschland

Liegnitzer Str. 2, 38642 Goslar
T: (05321) 8 36 15

r 1 046

Deutscher Verband der Lehrer für Bürokommunikation e.V. Landesverband Rheinland-Pfalz/Hessen/Saarland

Wilhelmstr. 21a, 53474 Bad Neuenahr-Ahrweiler
T: (02641) 3 63 29

r 1 047

Deutscher Verband der Lehrer für Bürokommunikation e.V.
Landesverband Baden-Württemberg
Am Hockenloch 7, 72574 Bad Urach
T: (07125) 93 30 99 **Fax:** 93 32 98
1. Vorsitzende(r): Norbert Schimanski

r 1 048

Deutscher Verband der Lehrer für Bürokommunikation e.V.
Landesverband Nordrhein-Westfalen
Bruktererweg 12, 58509 Lüdenscheid
T: (02351) 2 08 91 **Fax:** 39 09 99

S Freie Berufe und andere Berufsverbände

Zum Auffinden einer bestimmten Dienststelle oder Organisation dient das Suchwortverzeichnis, eines Personennamens das Personenverzeichnis.

Bundesverband der Freien Berufe

● S 1

Bundesverband der Freien Berufe (BFB)
Postf. 04 03 02, 10062 Berlin
Reinhardtstr. 34, 10117 Berlin
T: (030) 28 44 44-0 **Fax:** 28 44 44-40
Internet: http://www.freie-berufe.de
E-Mail: info-bfb@freie-berufe.de
Internationaler Zusammenschluß: siehe unter izs 21
Präsident(in): Dr.med. Ulrich Oesingmann
Hauptgeschäftsführer: RA Arno Metzler
Verbandszeitschrift: „der freie beruf"
Redaktion: E. Roemer, Barbara Kienle
Verlag: dfb - Dienstleistungs + Verlags GmbH, Godesberger Allee 54, 53175 Bonn
Mitglieder: 16 Landesverbände; 64 Berufsorganisationen

Berufsorganisationen

Freie heilkundliche Berufe
Bundesärztekammer (Arbeitsgemeinschaft der Deutschen Ärztekammern)
Kassenärztliche Bundesvereinigung (Körperschaft des öffentlichen Rechts)
Bundesverband der Knappschaftsärzte e.V.
HARTMANNBUND - Verband der Ärzte Deutschlands e.V.
Verband der Privatärztlichen Verrechnungsstellen e.V.
Ludwig Sievers Stiftung - Stiftung zur Förderung der wissenschaftlichen Forschung über Wesen und Bedeutung der Freien Berufe
Bundeszahnärztekammer - Arbeitsgemeinschaft der Deutschen Zahnärztekammern
Kassenzahnärztliche Bundesvereinigung (Körperschaft des öffentlichen Rechts)
Bundesverband praktischer Tierärzte e.V.
Bundesvereinigung Deutscher Apothekerverbände -ABDA
Deutscher Verband für Physiotherapie - Zentralverband der Krankengymnasten/Physiotherapeuten (ZVK) e.V.
Bundesverband selbständiger PhysioterapeutInnen IFK e.V.
Deutscher Bundesverband für Logopädie e.V.
Verband freiberuflicher Betreuer/innen
Deutscher Psychotherapeutenverband (DPTV) e.V.
Deutscher Verband der Ergotherapeuten (Beschäftigungs- und Arbeitstherapeuten) e.V.
Deutscher Berufsverband der MotopädInnen/Mototherapeu-tInnen DBM e.V.

Freie rechts- und wirtschaftsberatende Berufe
Bundesrechtsanwaltskammer (Körperschaft des öffentlichen Rechts)
Deutscher Anwaltsverein e.V. (DAV)
Bundesverband der Rentenberater e.V.
Patentanwaltskammer (Körperschaft des öffentlichen Rechts)
Bundesverband Deutscher Patentanwälte e.V.
Bundesnotarkammer (Körperschaft des öffentlichen Rechts)
Wirtschaftsprüferkammer (Körperschaft des öffentlichen Rechts)
Bundessteuerberaterkammer (Körperschaft des öffentlichen Rechts)
Deutscher Steuerberaterverband e.V.
Bundesverband der Steuerberater e.V.
HLBS Hauptverband der landwirtschaftlichen Buchstellen und Sachverständigen e.V.
Bundesverband der Wirtschaftsberater BVW e.V.
Bundesverband Deutscher Unternehmensberater BDU e.V.
Deutscher Notarverein
Vereinigung der unabhängigen freiberuflichen Aktuare e.V.
Deutsche Sektion der I.A.C.A.

Freie technische und naturwissenschaftliche Berufe
Bundesarchitektenkammer
Bund Deutscher Architekten BDA
Vereinigung Freischaffender Architekten Deutschlands e.V. - VFA
Bund Deutscher Landschafts-Architekten BDLA e.V.
Bund Deutscher Innenarchitekten BDIA e.V.
Verband Beratender Ingenieure VBI e.V.
Verband Selbständiger Ingenieure VSI e.V.
Bund der öffentlich bestellten Vermessungsingenieure e.V. (BDVI)
Bundesvereinigung der Prüfingenieure für Baustatik
Bundesverband freiberuflicher Sicherheitsingenieure und überbetrieblicher Dienste e.V. - BFSI
INGEWA Ingenieurverband Wasser- und Abfallwirtschaft e.V.
AHO Ausschuß d. Ingenieurverbände u. Ingenieurkammern für die Honorarordnung e.V.
Bundesverband öffentlich bestellter und vereidigter sowie qualifizierter Sachverständiger e.V.
Technische Organisation von Sachverständigen e.V. (TOS)
Bundeslotsenkammer
Fachgruppe "Freiberufliche Chemiker und Inhaber Freier Unabhängiger Laboratorien" in Gesellschaft Dt. Chemiker
Bundesverband Deutscher Geologen e.V. - Bund Deutscher Geowissenschaftler e.V. (BDG)
Verband Deutscher Biologen e.V. Fachsektion Freiberuflicher Biologen
Institut der Umweltgutachter und -berater in Deutschland (IdU)
UVB-Verband der Umweltbetriebsprüfer und -gutachter e.V. (UBV)
Gesellschaft für Informatik - Fachgruppe Selbständige Bundesingenieurkammer

Freie Kulturberufe
Deutsches Institut für Tiefenpsychologische Tanztherapie und Ausdruckstherapie e.V. (DITAT)
Bundesverband für Tanztherapie Deutschland e.V.
Berufsverband Deutscher Diplom-Pädagogen und Diplom Pädagoginnen e.V. (BDDP)
Bundesverband der Dolmetscher und Übersetzer e.V. (BDÜ) - Berufsgruppe Freiberufler -
Internationaler Verband der Konferenzdolmetscher (AIIC) - Regionalgruppe Deutschland -
Freier Deutscher Autorenverband (FDA) e.V.
Bundesverband Deutscher Schriftsteller-Ärzte e.V.
Deutscher Verband Freiberuflicher Restauratoren DVFR
Deutscher Restauratoren Verband e.V. (DRV)
Deutsche Ocularistische Gesellschaft (DOG) e.V.

Landesverbände

s 2

Landesverband der Freien Berufe Baden-Württemberg
Hegelstr. 33, 70174 Stuttgart
T: (0711) 6 19 48-405 **Fax:** 6 19 48-703
Internet: http://www.freie-berufe-bw.de
E-Mail: info@freie-berufe-bw.de
Gründung: 1949
Präsident(in): WP/StB Franz Longin
Geschäftsführer(in): Ass.jur. Ute Kemmann

s 3

Verband Freier Berufe in Bayern e.V.
Türkenstr. 55, 80799 München
T: (089) 2 72 34 24 **Fax:** 2 72 34 13
E-Mail: vfb-bayern@t-online.de
Präsident(in): Dipl.-Ing. Peter Lanz
Geschäftsführer(in): Hannelore Kreuter

s 4

Verband der Freien Berufe in Berlin e.V.
Joachimstaler Str. 15, 10719 Berlin
T: (030) 88 71 93 15 **Fax:** 88 71 93 20
Präsident(in): Dipl.-Vw. Dr. Peter Runge (WP, StB, RB)
Geschäftsführer(in): Dipl.-Kfm. Wolfgang Wehmeier

s 5

Landesverband Brandenburg der Freien Berufe
c/o Verband der Freien Berufe in Berlin e.V.
Joachimstaler Str. 15, 10719 Berlin
T: (030) 88 71 93 15 **Fax:** 88 71 93 20

s 6

Landesverband der Freien Berufe in der Freien Hansestadt Bremen
Dobbenweg 6, 28203 Bremen
T: (0421) 7 40 96
Präsident(in): Dr. med. Hermann Holzhüter

s 7

Verband Freier Berufe in der Freien und Hansestadt Hamburg e.V.
Neuer Wall 44, 20354 Hamburg
T: (040) 36 30 54
Vorsitzende(r): RA Gabriele Voltz
Geschäftsführer(in): RA Dr. Axel Holtz

s 8

Verband Freier Berufe in Hessen
Merianstr. 12, 61476 Kronberg
T: (06173) 16 31 **Fax:** (069) 7 95 02-599
Präsident(in): RA Hans-Wolfgang Pfeifer
Geschf. Präsidiumsmitgl.:
Ass. Rolf Zaengler

s 9

Landesverband der Freien Berufe Mecklenburg-Vorpommern
Wilhelm-Stahl-Allee 2, 18196 Dummerstorf
T: (038208) 6 02 46 **Fax:** 6 02 44
E-Mail: lfb-mv@t-online.de
Präsident(in): Dr.habil. Jost Bergfeld

s 10

Verband der Freien Berufe im Lande Niedersachsen e.V.
Rathenaustr. 9, 30159 Hannover
T: (0511) 36 37 17 **Fax:** 3 07 62 12
Präsident(in): Dipl.-Kfm. Prof. Dr. Hans Michael Korth
Hauptgeschäftsführer(in): Dipl.-Kfm. Dieter Gattermann

s 11

Verband Freier Berufe im Lande Nordrhein-Westfalen e.V.
Am Bonneshof 2, 40474 Düsseldorf
T: (0211) 4 54 21 67 **Fax:** 4 54 21 57
Internet: http://www.vfb-nw.de
E-Mail: info@vfb-nw.de
Vorsitzende(r): Dipl.-Kfm. Dr. Horst Vinken (StB/WP)
Geschäftsführer(in): RA'in Annekathrin Diemer

s 12

Landesverband der Freien Berufe Rheinland-Pfalz e.V.
Postf. 37 49, 55027 Mainz
Hölderlinstr. 8, 55131 Mainz
T: (06131) 9 52 10 14 **Fax:** 9 52 10 40
Präsident(in): Steuerberater/vBP Friedrich L. Jacob
Geschäftsführer(in): Elfriede Friesenhahn

s 13

Verband der Freien Berufe des Saarlandes e.V.
Faktoreistr. 4, 66111 Saarbrücken
T: (0681) 40 03-0 **Fax:** 40 03-360
Vorsitzende(r): Dr.-med. Klaus Giese

s 14

Landesverband der Freien Berufe Sachsen e.V.
Arndtstr. 11, 01099 Dresden
T: (0351) 8 04 84 33 **Fax:** 8 02 31 07
Präsident(in): Dr. Sylvia Heyser

s 15

Landesverband der Freien Berufe Sachsen-Anhalt
Porsestr. 8, 39104 Magdeburg
T: (0391) 40 55 40 **Fax:** 4 05 54 20
Vorsitzende(r): Michael Rösch
Geschäftsführer(in): Dipl. oec. Detlef Pilz

s 16

Landesverband der Freien Berufe in Schleswig-Holstein
Düsternbrooker Weg 71, 24105 Kiel
T: (0431) 9 27 33 **Fax:** 9 27 33
Vorsitzende(r): Dipl.-Ing. Hans Jungjohann
Geschäftsführer(in): Reimer Bracker

s 17

Landesverband der Freien Berufe Thüringen
Zum Hospitalgraben 8, 99425 Weimar
T: (03643) 55 98 30 **Fax:** 55 98 33
E-Mail: lfb-thueringen@t-online.de
Präsident(in): Dr.med. Wolf Höpker

● **S 18**

Arbeitsgemeinschaft berufsständischer Versorgungseinrichtungen e.V. (ABV)
siehe K 393

● **S 19**

Union Freier Berufe e.V. (UFB)
Edelsbergstr. 8, 80686 München
T: (089) 5 70 07-0 **Fax:** 5 70 07-260
E-Mail: verband@t-online.de
Vorsitzende(r): Dipl.-Ing. Hermann Sturm
Stellvertretende(r) Vorsitzende(r): Dipl.-Ing. Herbert Lorz
Hauptgeschäftsführer(in): UMU-UFB-Geschäftsführungs-GmbH (Edelsbergstr. 8, 80686 München)

Sektionen:

Sektion I: Freie Heilberufe
Sektion II: Freie rechts- und wirtschaftsberatende, pädagogische, psychologische, übersetzende, künstlerische, publizierende und sonstige Freie Berufe
Sektion III: Freie technische und naturwissenschaftliche Berufe

Fachverbände:

Zentralverband Deutscher Ingenieure e.V. - ZDI
Bundesverband Freiberuflicher Ingenieure e.V. - BFI
Union Beratender Ingenieure e.V. - U.B.I.-D.
Berufsverband Freischaffender Ingenieure und Architekten

e.V. - BFIA
Berufsverband der Apotheker e.V. - BDA
Union Deutscher Zahnärzte - UDZ
Union Freier Ärzte e.V. - UFÄ
Union Deutscher Unternehmensberater e.V. - UDU
Union Deutscher Personalberater e.V. - UDP
Unabhängige Vereinigung der Steuerberater e.V. - UDS
Unabhängige Vereinigung der Rechtsanwälte e.V. - UDR

• S 20

Arbeitgeberverband Freier Berufe e.V. (AFB)
Edelsbergstr. 8, 80686 München
T: (089) 5 70 07-0 **Fax:** 57 00 72 60
E-Mail: verband@t-online.de
Vorstand: Dipl.-Ing. Hermann Sturm (Vors.)
Dipl.-Ing. Herbert Lorz (stellv. Vors.)
Hauptgeschäftsführer(in): VM Verbands-Management GmbH (Edelsbergstr. 8, 80686 München)
Mitglieder: 6300
Anzahl der angeschlossenen Organisationen: 9

Sektionen:
Sektion I: Freie Heilberufe
Sektion II: Freie rechts- u. wirtschaftsberatende, pädagogische, psychologische, übersetzende, künstlerische, publizierende und sonstige Freie Berufe
Sektion III: Freie technische und naturwissenschaftliche Berufe

• S 21

Bundesverband der Frau im freien Beruf und Management e.V. (B.F.B.M.)
Bundesgeschäftsstelle:
Monheimsallee 21, 52062 Aachen
T: (0241) 4 01 84 58 **Fax:** 4 01 84 63
Internet: http://www.bfbm.de
Gründung: 1992
Vors. d. Bundesvorst: Andrea Pfundstein
Stellv. Vors. d. Bundesvorst.: Vera Nentwich
Verbandszeitschrift: B.F.B.M.-Newsletter
Redaktion: Ursula I. Meyer
Verlag: ein-FACH-verlag, Monheimsallee 21, 52062 Aachen
Mitglieder: 300
Der B.F.B.M. ist durch dreizehn Regionalgruppen vertreten in: Aachen, Bonn, Dortmund, Düsseldorf, Hamburg, Hannover, Köln, Märkischer Kreis, Mönchengladbach, Regensburg, Rhein-Main, Ruhrgebiet-Ost, Ruhrgebiet-West

Ärzte, Zahnärzte, Tierärzte, Apotheker, Medizinische Hilfsberufe

• S 22

Bundesärztekammer (Arbeitsgemeinschaft der deutschen Ärztekammern)
Postf. 41 02 20, 50862 Köln
Herbert-Lewin-Str. 1, 50931 Köln
T: (0221) 40 04-0 **Fax:** 4 00 43 88
Internet: http://www.bundesaerztekammer.de
E-Mail: baek@dgn.de
Präsident(in): Prof. Dr.med. Jörg-Dietrich Hoppe
Hauptgeschäftsführer(in): Prof. Dr.med. Christoph Fuchs
Pressestelle: Alexander Dückers

Landesärztekammern

s 23

Landesärztekammer Baden-Württemberg
Postf. 70 03 61, 70573 Stuttgart
Jahnstr. 40, 70597 Stuttgart
T: (0711) 7 69 89-0 **Fax:** 7 69 89 50
E-Mail: laek-baden-wuerttemberg@dgn.de
Präsident(in): Prof. Dr.med. Friedrich-Wilhelm Kolkmann
Hauptgeschäftsführer(in): Dr. jur. Kurt Seizinger
Geschäftsführer(in): Ulrike Hespeler
Ludwig Ehrly

s 24

Bayerische Landesärztekammer
Mühlbaurstr. 16, 81677 München
T: (089) 41 47-1 **Fax:** 4 14 72 80
Internet: http://www.blaek.de
E-Mail: blaek@blaek.de
Präsident(in): Dr.med. Hans Hellmut Koch
Hauptgeschäftsführer(in): Dr. med. Enzo Amarotico
Dr. med. Horst Frenzel
Geschf. Arzt: Dr. Rudolf Burger
Thomas Schellhase
Dr. Joh. Wilh. Weidringer
Kaufmännischer Geschäftsführer: Dipl.-Vw. Frank Estler

s 25

Ärztekammer Berlin
Flottenstr. 28-42, 13407 Berlin
T: (030) 4 08 06-0 **Fax:** 40 80 61 26
Internet: http://www.aerztekammer-berlin.de
E-Mail: kammer@aerztekammer-berlin.de
Präsident(in): Dr.med. Günther Jonitz
Geschäftsführer(in): Dr. Gerhard Andersen

s 26

Landesärztekammer Brandenburg
Dreifertstr. 12, 03044 Cottbus
T: (0355) 78 01 00 **Fax:** 7 80 10 36
E-Mail: laek-brandenburg@dgn.de
Präsident(in): Dr. med. Udo Wolter
Hauptgeschäftsführer(in): Dr. R. Heiber

s 27

Ärztekammer Bremen
Postf. 10 77 29, 28077 Bremen
Schwachhauser Heerstr. 30, 28209 Bremen
T: (0421) 34 04-2 00 **Fax:** 34 04-2 09
Präsident(in): Dr.med. Ursula Auerswald
HGeschF u. Presse: Gerd Wenzel

s 28

Ärztekammer Hamburg
Humboldtstr. 56 (Ärztehaus), 22083 Hamburg
T: (040) 2 28 02-0 **Fax:** 2 20 99 80
E-Mail: aekhh@aerztekammer-hamburg.de
Präsident(in): Dr.med. Frank Ulrich Montgomery
Geschf. Arzt: PD Dr. Klaus-H. Damm
Kaufmännischer Geschäftsführer: Dipl.-Volksw. Donald Horn

s 29

Landesärztekammer Hessen
Im Vogelsgesang 3, 60488 Frankfurt
T: (069) 97 67 20 **Fax:** 97 67 21 28
E-Mail: laek.hessen@dgn.de
Präsident(in): Dr.med. Alfred Möhrle
HGeschF u. Geschf. Arzt: Dr. med. Michael F.R. Popović
Kaufmännischer Geschäftsführer: Hans Schweikart
Justitiar: RA Christian J. Neupel

s 30

Ärztekammer Mecklenburg-Vorpommern
Humboldtstr. 6, 18055 Rostock
T: (0381) 49 28 00 **Fax:** 4 92 80 44
E-Mail: aek-mecklenburg-vorpommern@dgn.de
Präsident(in): Dr. Andreas Crusius
Geschäftsführer(in): Dr. jur. Karl-Heinz Moritz

s 31

Ärztekammer Niedersachsen
Postf. 3 07, 30003 Hannover
Berliner Allee 20, 30175 Hannover
T: (0511) 3 80-02 **Fax:** 3 80-22 40
Internet: http://www.aekn.de
E-Mail: info@aekn.de
Präsident(in): Prof. Dr. med. Heyo Eckel
HGeschF u. Justitiar: Dr. jur. Ulrich Kirchhoff
Hauptgeschäftsführer(in): Klaus Labuhn

s 32

Ärztekammer Nordrhein
Tersteegenstr. 31, 40474 Düsseldorf
T: (0211) 4 30 20 **Fax:** 4 30 22 00
E-Mail: aeknoweb@www.aekno.de
Präsident(in): Prof. Dr. med. Jörg-Dietrich Hoppe
Geschf. Arzt: Dr. med. Robert D. Schäfer
Geschäftsführer(in): Dr.rer.pol. Wolfgang Klitzsch
Leitung Presseabteilung: Horst Schumacher

s 33

Landesärztekammer Rheinland-Pfalz
Deutschhausplatz 3, 55116 Mainz
T: (06131) 28 82 20 **Fax:** 2 88 22 88
Internet: http://www.laek-rlp.de
E-Mail: laek.rlp@t-online.de
Präsident(in): Dr. med. Dieter Everz
Hauptgeschäftsführer(in): Dr.med. Jochen Wimmenauer

s 34

Ärztekammer des Saarlandes
Faktoreistr. 4, 66111 Saarbrücken
T: (0681) 4 00 30 **Fax:** 4 00 33 40
E-Mail: aerztekammer-saarland@t-online.de
Präsident(in): Dr.med. Franz Gadomski
Hauptgeschäftsführer(in): Assessor Heinz-Jürgen Lander

s 35

Sächsische Landesärztekammer
Postf. 10 05 10, 01075 Dresden
Schützenhöhe 16-18, 01099 Dresden
T: (0351) 82 67-0 **Fax:** 82 67-412
E-Mail: dresden@slaek.de
Präsident(in): Prof. Dr.med. Jan Schulze
Hauptgeschäftsführer(in): Dr.jur. Verena Diefenbach

s 36

Ärztekammer Sachsen-Anhalt
Doctor-Eisenbart-Ring 2, 39120 Magdeburg
T: (0391) 6 05 46 **Fax:** 6 05 47 00
E-Mail: aeksa@aerztekammer-sa.de
Präsident(in): Dr.med. Henning Friebel
Hauptgeschäftsführer(in): Dr. Jutta Synowitz
Kaufmännische Geschäftsführerin: Gisela Schmidt

s 37

Ärztekammer Schleswig-Holstein
Bismarckallee 8-12, 23795 Bad Segeberg
T: (04551) 80 30 **Fax:** 80 31 80
Internet: http://www.aeksh.de
E-Mail: Aerztekammer_SH@t-online.de
Präsident(in): Dr. med. Eckhard Weisner
HGeschF. u. Geschf. Arzt: Dr. med. Karl-Werner Ratschko
Geschäftsführer(in): Horst Borchert

s 38

Landesärztekammer Thüringen
Postf. 10 07 40, 07707 Jena
T: (03641) 6 14-0 **Fax:** 6 14-199
E-Mail: lak_thuer@t-online.de
Präsident(in): Prof. Dr.med. Eggert Beleites
Ärztin i. GeschF: Dr. med. Christiane Becker
Kaufmännischer Geschäftsführer: Dr.rer.pol. Wolfgang Thöle
Jurist. GeschF: RA Helmut Heck

s 39

Ärztekammer Westfalen-Lippe
Postf. 40 67, 48022 Münster
Gartenstr. 210-214, 48147 Münster
T: (0251) 92 90 **Fax:** 9 29 29 99
Internet: http://www.aekwl.de
E-Mail: aek-westfalen-lippe@dgn.de
Präsident(in): Dr. med. Ingo Flenker
Hauptgeschäftsführer(in): Ass. Jörg-E. Speth
Geschäftsführer(in): Dr. Michael Schwarzenau

• S 40

Bundesvereinigung Deutscher Ärzteverbände e.V. (BDÄ)
Belfortstr. 9, 50668 Köln
T: (0221) 9 73 00 50 **Fax:** 7 39 12 39
Generalsekretär(in): Dr.med. Erwin Hirschmann

• S 41

Berufsverband Deutscher Anästhesisten
Geschäftsstelle:
Roritzerstr. 27, 90419 Nürnberg
T: (0911) 93 37 80 **Fax:** 3 93 81 95
Gründung: 1961
Präsident(in): Prof. Dr. med. Bernd Landauer (Chefarzt der Abt. für Anästhesiologie und operative Intensivmedizin, Städt. Krankenhaus München-Bogenhausen, Englschalkinger Str. 77, 81925 München)
Schriftführer(in): Prof. Dr. med. Klaus Fischer (Chefarzt der Abteilung für Anästhesiologie und Operative Intensivmedizin, Ev. Diakonie-Krankenhaus gGmbH Bremen, Gröpelinger Heerstr. 406-408, 28239 Bremen)
Kassenführer: Dr. med. Jan-Peter Wittenburg (Am Oelzepark 9, 21335 Lüneburg)
Mitglieder: 12800

• S 42

Hartmannbund
Verband der Ärzte Deutschlands e.V.
Postf. 26 01 25, 53153 Bonn
Godesberger Allee 54, 53175 Bonn
T: (0228) 81 04-0 **Fax:** 81 04-1 55
Internet: http://www.hartmannbund.de

E-Mail: hb-info@hartmannbund.de
Internationaler Zusammenschluß: siehe unter izs 73
Vorsitzende(r): Dr.med. Hans-Jürgen Thomas
Hauptgeschäftsführer(in): Komm. Dipl.-Volksw. Dr. Bernd Hügle

Vertretung der politischen und wirtschaftlichen Interessen aller Ärzte gegenüber Parlamenten, Regierungen und anderen staatlichen Einrichtungen sowie gegenüber Parteien und gesellschaftlichen Organisationen.

Landesverbände

s 43

Hartmannbund
Landesverband Baden-Württemberg
Albstadtweg 4, 70567 Stuttgart
T: (0711) 73 10 24 **Fax:** 73 16 96
E-Mail: lv.bw@hbmail.hartmannbund.de

s 44

Hartmannbund
Landesverband Bayern
Mühlbaurstr. 16, 81677 München
T: (089) 47 08 70 34 **Fax:** 47 08 70 36
E-Mail: lv.by@hbmail.hartmannbund.de

s 45

Hartmannbund
Landesverband Berlin
Eichkampstr. 106, 14055 Berlin
T: (030) 30 82 04 11 **Fax:** 30 82 04 12
E-Mail: lv.be@hbmail.hartmannbund.de

s 46

Hartmannbund
Landesverband Brandenburg
Erlenbusch 1, 14913 Jüterbog
T: (03372) 40 46 97 **Fax:** 40 43 79
E-Mail: lv.bb@hbmail.hartmannbund.de

s 47

Hartmannbund
Landesverband Bremen
Schwachhauser Heerstr. 26-28, 28209 Bremen
T: (0421) 3 40 41 80 **Fax:** 3 40 41 89
E-Mail: lv.br@hbmail.hartmannbund.de

s 48

Hartmannbund
Landesverband Hamburg
Humboldtstr. 57-59, 22083 Hamburg
T: (040) 22 71 72 57 **Fax:** 22 71 72 58
Internet: http://www.hartmannbund-HH.de
E-Mail: lv.hh@hbmail.hartmannbund.de

s 49

Hartmannbund
Landesverband Hessen
Mendelssohnstr. 59, 60325 Frankfurt
T: (069) 97 40 96 98 **Fax:** 97 40 95 99
E-Mail: lv.he@hbmail.hartmannbund.de

s 50

Hartmannbund
Landesverband Mecklenburg-Vorpommern
Humboldtstr. 57-59, 22083 Hamburg
T: (040) 22 71 72 57 **Fax:** 22 71 72 58
Internet: http://www.hartmannbund.de
E-Mail: lv.mv@hbmail.hartmannbund.de

s 51

Hartmannbund
Landesverband Niedersachsen
Berliner Allee 20, 30175 Hannover
T: (0511) 34 49 00 **Fax:** 3 48 18 33
E-Mail: lv.ns@hbmail.hartmannbund.de

s 52

Hartmannbund
Landesverband Nordrhein
Godesberger Allee 54, 53175 Bonn
T: (0228) 81 04-1 38 **Fax:** 81 04-1 39
E-Mail: lv.nr@hbmail.hartmannbund.de

s 53

Hartmannbund
Landesverband Rheinland-Pfalz
Wallstr. 11, 55122 Mainz
T: (06131) 38 75 00 **Fax:** 38 58 15
E-Mail: lv.rp@hbmail.hartmannbund.de

s 54

Hartmannbund
Landesverband Saarland
Gartenstr. 49, 66459 Kirkel
T: (06841) 8 04 33 **Fax:** 8 04 43
E-Mail: lv.sl@hbmail.hartmannbund.de

s 55

Hartmannbund
Landesverband Sachsen und Sachsen-Anhalt
William-Zipperer-Str. 146, 04179 Leipzig
T: (0341) 4 41 68 20 **Fax:** 4 41 78 95
E-Mail: lv.sa@hbmail.hartmannbund.de (Sachsen-Anhalt), lv.sc@hbmail.hartmannbund.de (Sachsen)

s 56

Hartmannbund
Landesverband Schleswig-Holstein
Humboldtstr. 57-59, 22083 Hamburg
T: (040) 22 71 72 57 **Fax:** 22 71 72 58
Internet: http://www.hartmannbund.de
E-Mail: lv.sh@hbmail.hartmannbund.de

s 57

Hartmannbund
Landesverband Thüringen
Zum Hospitalgraben 8, 99425 Weimar
T: (03643) 55 98 50 **Fax:** 55 98 52
E-Mail: lv.th@hbmail.hartmannbund.de

s 58

Hartmannbund
Landesverband Westfalen-Lippe
Westfalendamm 81, 44141 Dortmund
T: (0231) 43 37 97 **Fax:** 41 61 37
E-Mail: lv.wl@hbmail.hartmannbund.de

• S 59

Deutscher Ärztinnenbund e.V.
Sekretariat:
Herbert-Lewin-Str. 1, 50931 Köln
T: (0221) 40 04-5 40 **Fax:** 40 04-5 41
Internet: http://www.aerztinnenbund.de
E-Mail: gsdaeb@ad.com
Gründung: 1924
Präsident(in): Dr.med. Astrid Bühren (Hagener Str. 31, 82418 Murnau, T: (08841) 27 03, Fax: 27 08)
Leitung Presseabteilung: Gabriele Juvan
Verbandszeitschrift: "Ärztin"
Redaktion: Gabriele Juvan, Luisenstr. 63, 63067 Offenbach, T: (069) 82 36 52 18, Fax: 82 36 52 19
Verlag: WWF-Verlags GmbH, Postf. 17 49, 48256 Greven, T: (02571) 5 50 51, Telefax: (02571) 5 47 61
Mitglieder: 2000

• S 60

marburger bund

Verband der angestellten und beamteten Ärztinnen und Ärzte Deutschlands e.V.
(Bundesverband)
Riehler Str. 6, 50668 Köln
T: (0221) 97 31 68-0 **Fax:** 9 73 16 78
Internet: http://www.marburger-bund.de
E-Mail: bundesverband@marburger-bund.de
Gründung: 1947 (11. Juni)
1. Vorsitzende(r): Dr. med. Frank Ulrich Montgomery
2. Vorsitzende(r): Rudolf Henke
Hauptgeschäftsführer(in): Dr. Dieter Boeck
Stellv.HGeschF: Lutz Hammerschlag (Tarifpolitik)
Geschäftsführer(in): Dr. Magdalena Heuwing
Presse und Öffentlichkeitsarbeit: Anna von Borstell
Auslandsabteilung: Wally Esch
Verbandszeitschrift: marburger bund - Ärztliche Nachrichten
Verlag: Joh. Heider Verlag GmbH, Paffrather Str. 102-116, 51465 Berg. Gladbach
Mitglieder: 68038 (Stand: 01.01.2000)

Gesundheits- und Sozialpolitik, insbesondere Krankenhauswesen, ärztliche Aus- und Weiterbildung sowie öffentlicher Gesundheitsdienst. Der Marburger Bund ist der einzige Ärzteverband, der als tariffähige Gewerkschaft die Arbeitsbedingungen und die Bezahlung der angestellten und beamteten Ärztinnen und Ärzte aushandelt.

Landesverbände

s 61

Marburger Bund
Landesverband Baden-Württemberg
Stuttgarter Str. 72, 73230 Kirchheim
T: (07021) 9 23 90 **Fax:** 92 39 23
E-Mail: marburger_bund_bw@t-online.de
Vorsitzende(r): Dr. Josef Ungemach
Geschäftsführer(in): RA Bernhard Resemann
Mitglieder: 8617

s 62

Marburger Bund
Landesverband Bayern
Bavariaring 42, 80336 München
T: (089) 7 25 30 56-59 **Fax:** 7 21 19 08
E-Mail: geschaeftsstelle@marburger-bund-bayern.de
Vorsitzende(r): Prof. Dr. med. Detlef Kunze
Geschäftsführer(in): Dr. V. Saurwein
Stellvertretende(r) Geschäftsführer(in): Kurt Ossoinig
Mitglieder: 9668

s 63

Marburger Bund
Landesverband Berlin/Brandenburg
Schloßstr. 28, 12163 Berlin
T: (030) 7 92 00 25 **Fax:** 7 92 88 12
E-Mail: wvdberlin@aol.com
Vorsitzende(r): Dr. Udo Wolter
Geschäftsführer(in): Ann-Margret Baumann
Mitglieder: 4807

s 64

Marburger Bund
Landesverband Bremen
Schwachhauser Heerstr. 30, 28209 Bremen
T: (0421) 34 04-2 80 **Fax:** 34 04-2 89
E-Mail: marburger-bund-bremen@t-online.de
Vorsitzende(r): Dr. med. Heidrun Gitter
Geschäftsführer(in): Eliese Temmen
Mitglieder: 531

s 65

Marburger Bund
Landesverband Hamburg
Humboldtstr. 57-59, 22083 Hamburg
T: (040) 2 29 80 03 **Fax:** 2 27 94 28
Vorsitzende(r): Dr. med. Frank Ulrich Montgomery
Geschäftsführer(in): Brigitte Kietzmann
Mitglieder: 2731

s 66

Marburger Bund
Landesverband Hessen
Praunheimer Landstr. 32, 60488 Frankfurt
T: (069) 76 80 01-0 **Fax:** 7 68 25 45
Internet: http://www.mbhessen.de
E-Mail: mail@mbhessen.de
Vorsitzende(r): Priv.-Doz. Dr. Roland Wönne
Geschäftsführer(in): RA Udo Rein
Mitglieder: 4517

s 67

Marburger Bund
Landesverband Mecklenburg-Vorpommern
Paulstr. 48/Ärztehaus, 18055 Rostock
T: (0381) 24 28 00 **Fax:** 2 42 80 10
E-Mail: marburger_bund_mvp@t-online.de
Vorsitzende(r): Dr. Thomas Jäckle
Geschäftsführer(in): Dr. Jörg-Peter Vandrey
Mitglieder: 976

s 68

Marburger Bund
Landesverband Niedersachsen
Berliner Allee 20, 30175 Hannover
T: (0511) 3 80-22 03 **Fax:** 3 80-22 00
E-Mail: mb-lvniedersachsen@t-online.de
Vorsitzende(r): Dr.med. Jörg Zimmermann
Geschäftsführer(in): Wolfgang Boss
Mitglieder: 6068

s 69

Marburger Bund
Landesverband Nordrhein-Westfalen/Rheinland-Pfalz
Postf. 10 25 44, 50465 Köln
T: (0221) 7 20 03 73 **Fax:** 7 20 03 86
E-Mail: marburger-bund.nw-rp@netcologne.de
Vorsitzende(r): Rudolf Henke (MdL)
Geschäftsführer(in): RA Rolf Lübke
Mitglieder: 20128

s 70

Marburger Bund
Landesverband Saarland
Talstr. 44, 66119 Saarbrücken
T: (0681) 58 11 00 **Fax:** 5 41 86
Vorsitzende(r): Hans-Jürgen Jesberger
Geschäftsführer(in): Horst Kammal
Mitglieder: 1046

s 71

Marburger Bund
Landesverband Sachsen
Schützenhöhe 16, 01099 Dresden
T: (0351) 8 26 72 06 **Fax:** 8 26 72 08
Vorsitzende(r): Dr. Thomas Fritz
Geschäftsführer(in): Dipl.-Jur. Bernhard Schlotmann
Mitglieder: 1563

s 72

Marburger Bund
Landesverband Sachsen-Anhalt
Doctor-Eisenbart-Ring 2, 39120 Magdeburg
T: (0391) 6 28 41-0 **Fax:** 6 28 41-23
E-Mail: marburgerbund.lvsa@t-online.de
Vorsitzende(r): Dr. med. Dieter Hoffmeyer
Geschäftsführer(in): Dr. Detlef Joswig
Mitglieder: 1228

s 73

Marburger Bund
Landesverband Schleswig-Holstein
Kurhausstr. 29, 23795 Bad Segeberg
T: (04551) 20 80 **Fax:** 9 39 94
Vorsitzende(r): Dr. Hannelore Machnik
Geschäftsführer(in): Roswitha Pietzsch
Mitglieder: 2616

s 74

Marburger Bund
Landesverband Thüringen
Damaschkestr. 25, 99096 Erfurt
T: (0361) 3 45 41 52, 3 45 41 53 **Fax:** 3 45 41 52
E-Mail: marburgth@aol.com
Vorsitzende(r): Dr.med. Winfried Bertram
Geschäftsführer(in): Dipl.-Ökon. Christian Witzenhausen
Mitglieder: 1015

• **S 75**

Arzneimittelkommission der deutschen Ärzteschaft
Postf. 41 01 25, 50861 Köln
Aachener Str. 233-237, 50931 Köln
T: (0221) 40 04-528 **Fax:** 40 04-539
Gründung: 1951
Vorsitzende(r): Prof. Dr.med. Bruno Müller-Oerlinghausen
Stellvertretende(r) Vorsitzende(r): Prof. Dr.med. Dietrich Höffler
Geschäftsführer(in): Dr.med. Karl-Heinz Munter
Verbandszeitschrift: Arzneiverordnung in der Praxis (AVP)
Mitglieder: ca. 140
Mitarbeiter: 12

• **S 76**

Verband der Krankenhausdirektoren Deutschlands e.V. (VKD)
Geschäftsstelle
Kaiserstr. 20, 45468 Mülheim
T: (0208) 3 88-2215 **Fax:** 3 88-2217
E-Mail: vkdgs@vkd-online.de
Gründung: 1903 (5. Juli)
Präsident(in): Heinz Kölking (Geschf. Diakoniekrankenhaus, Elise-Averdieck-Str. 17, 27356 Rotenburg/Wümme, T: (04261) 77 22 05, Telefax: (04261) 77 20 02)
1. Vizepräs: Manfred Gotthardt (Leitender Verwaltungsdirektor, Verwaltung der Medizinischen Einrichtungen der Wilhelms-Universität, Domagkstr. 5, 48149 Münster, T: (0251) 8 35 58 02, Fax: 8 35 58 03)
2. Vizepräs.: Peter Löbus (Krankenhausdirektor, Klinikum Bernburg, Kustrenaer Str. 98, 06406 Bernburg, T: (03471) 34 10 01, Fax: 34 10 03)
Schatzmeister: Bernhard Unkel (Kaufmännischer Direktor, St.-Elisabeth-Krankenhaus, Ostallee 3, 56112 Lahnstein, T: (02621) 1 71 10 02, Fax: 1 71-10 09)
Referent f. Fort- u. Weiterbildung: Paul Dörr (Vors. des Vorstandes Saarländischer Schwesternverb., Im Eichenwäldchen, 66564 Ottweiler, T: (06824) 90 91 23, Telefax: (06824) 90 91 40)
Referent f. Öffentlichkeitsarbeit: Dr. Rudolf Hartwig (Geschf. Alfried Krupp Krankenhaus, Alfried-Krupp-Str. 21, 45117 Essen, T: (0201) 4 34-2330, Telefax: (0201) 4 34-2397)
Schriftführer: Günter Schigulski (Geschäftsführung, St. Hedwig Kliniken Berlin GmbH, Große Hamburger Str. 5-11, 10115 Berlin, T: (030) 23 11-25 38, Fax: (030) 23 11-24 52)
Geschäftsführerin: Gabriele Kirchner (Kaiserstr. 20, 45468 Mülheim/R., T: (0208) 3 88-2215 , Telefax: (0208) 3 88-2217)
Verbandszeitschrift: Krankenhausumschau (KU)
Redaktion: Angelika Beyer-Rehfeld, Heiligenberger Str. 30, 10318 Berlin, T: (030) 50 81 34 8, Telefax: (030) 50 89 88 85
Verlag: Verlag E.C. Baumann KG, Postf. 11 49, 95301 Kulmbach
Mitglieder: 3600

• **S 77**

Berufsverband der Augenärzte Deutschlands e.V. (BVA)
Geschäftsstelle:
Tersteegenstr. 12, 40474 Düsseldorf
T: (0211) 4 30 37-00 **Fax:** 4 30 37-20
Internet: http://www.augeninfo.de
E-Mail: bva-duesseldorf@t-online.de
1. Vorsitzende(r): Dr.med. Uwe Kraffel (Kantstr. 75, 10627 Berlin, T: (030) 3 23 83 85, Fax: 4 33 77 38)
Leitung: Ingrid Niebel
Geschäftsführer(in): Ursula Hahn
Pressereferent: Dr. med. G. Mehrle (Stuttgarter Str. 54, 74321 Bietigheim-Bissingen, T: (07142) 6 36 30, Telefax: (07142) 6 26 23)

• **S 78**

Verband Deutscher Badeärzte e.V.
Elisabethstr. 7, 32545 Bad Oeynhausen
T: (05731) 2 12 03 **Fax:** 26 08 80
Gründung: 1947 (20. August)
Präsident(in): Dr.med. Wolfram Enders
Schriftführer(in): Dr.med. Dirk Kühn (Arzt für Allgemeinmedizin, Kurstr. 5, 18181 Graal-Müritz)
Mitglieder: 1100
Mitarbeiter: 3
Jahresetat: DM 0,4 Mio, € 0,2 Mio

• **S 79**

Berufsverband der Deutschen Dermatologen e.V.
Geschäftsstelle
Hofstr. 5 Ärztehaus, 97070 Würzburg
T: (0931) 3 53 47 33 **Fax:** 3 53 47 35
Präsident: Dr. med. Erich Schubert (T: (0931) 3 53 47 33), Würzburg
Verbandszeitschrift: Der Deutsche Dermatologe
Mitglieder: ca. 3300

• **S 80**

Bundesberufsverband der Fachkosmetiker(-innen) in Deutschland e.V. (BfD)
Postf. 15 36, 58244 Ennepetal
Voerder Str. 61, 58256 Ennepetal
T: (02333) 7 66 97 **Fax:** 7 14 44
Internet: http://www.bfd-ev.com
E-Mail: info@bfd-ev.com
Gründung: 1969 (14. Mai)
Präsident(in): Brigitte Sterz
Mitarbeiter: 3
siehe auch: CIDESCO Sektion Deutschland

Der BfD ist die offizielle Berufsorganisation der Kosmetikerinnen und Kosmetiker aller Branchen, Betriebsgrößen und Betriebsformen in Deutschland, die berufsständische Interessenvertretung gegenüber Parteien, Parlamenten, Ministerien, Behörden und Verbänden. Der sachkundige Berater und Ansprechpartner bei allen fachlichen und betrieblichen Problemen.

s 81

BfD-Fortbildungszentrum Rheinland
Siegburger Str. 77-79, 53229 Bonn
T: (0228) 47 04 40
Leitung: John Herfs

s 82

BfD-Fortbildungszentrum Bayern Nord
Ludwigstr. 67, 90402 Nürnberg
T: (0911) 22 26 27
Leitung: Helga Holland

• **S 83**

Gemeinschaft Fachärztlicher Berufsverbände (GFB)
Zermatter Str. 21-23, 28325 Bremen
T: (0421) 4 09 88 09 **Fax:** 42 97 40
E-Mail: dr.rueggeberg@t.online.de
Internationaler Zusammenschluß: siehe unter izs 87
Präsident(in): Dr. med. Jörg-Andreas Rüggeberg (Arzt für Chirurgie)
Vizepräsident(in): Dr. Klaus Schalkhäuser
Prof. Dr. Werner Schlaake
Geschäftsführung: Dr. Rüggeberg
Mitglieder: 100000

• **S 84**

Berufsverband der Frauenärzte e.V.
Postf. 20 03 63, 80003 München
Pettenkoferstr. 35, 80336 München
T: (089) 5 32 84 32 **Fax:** 5 38 91 10
Internet: http://www.bvf.de
E-Mail: bvfev@t-online.de
Präsident(in): Dr.med. Armin Malter
Hauptgeschäftsführer(in): Dr. med. Burkhard Scheele
Verbandszeitschrift: FRAUENARZT
Redaktion: Berufsverband der Frauenärzte e.V.
Verlag: pro service & verlag GmbH, Kapuzinerstr. 25, 80337 München
Mitglieder: ca. 12500

• **S 85**

BUND DEUTSCHER HEBAMMEN e.V. (BDH)
Postf. 17 24, 76006 Karlsruhe
Steinhäuserstr. 22, 76135 Karlsruhe
T: (0721) 9 81 89-0 **Fax:** 9 81 89-20
Internet: http://www.bdh.de
E-Mail: info@bdh.de, info@hebammenverband.de
Gründung: 1885
Präsident(in): Magdalene Weiß
Geschäftsführer(in): Ingrid Pellin
Verbandszeitschrift: Hebammenforum
Redaktion: und Herausgeber: BDH
Verlag: Böhm-Mediendienst, Köln
Mitglieder: ca. 12000
Mitarbeiter: 7 Vollzeit, 1 Teilzeit

Vertretung der Belange und Interessen der angestellten Hebammen, der freiberuflich tätigen Hebammen, der Lehrerinnen für Hebammenwesen und der Hebammenschülerinnen. Sicherung der Hebammenhilfe in Vorsorge, Geburt und Wochenbettbetreuung, Fort- und Weiterbildung der Hebammen, partnerschaftliche Zusammenarbeit mit allen in der Schwangerschaft und Geburt beteiligten Berufsgruppen. Zusammenarbeit auf internationaler Ebene mit den Hebammenverbänden.

Landesverbände

s 86

Hebammenverband Baden-Württemberg e.V.
Alte Doblerstr. 2, 75323 Bad Wildbad
T: (07081) 37 87
1. Vorsitzende: Ursula Jahn-Zöhrens

s 87

Bayerischer Hebammenverband e.V.
Am Kastanienbaum 1, 86720 Nördlingen
1. Vorsitzende: Karen Brandl

s 88

Berliner Hebammenverband e.V.
Furkastr. 42, 12107 Berlin
T: (030) 7 41 00 50
1. Vorsitzende: Marion Brüssel

s 89

Hebammenverband Brandenburg
Potsdamer Str. 32, 14712 Rathenow
T: (03385) 50 18 50
1. Vorsitzende(r): Manuela Neubüser

s 90

Hebammenlandesverband Bremen e.V.
Friedrich-Karl-Str. 11, 28205 Bremen
T: (0421) 49 82 90
1. Vorsitzende: Antje Kehrbach

s 91

Hebammenverband Hamburg e.V.
Nissenstr. 12, 20251 Hamburg
T: (040) 48 54 31
1. Vorsitzende: Rita Hülsmann

s 92

Landesverband der Hessischen Hebammen e.V.
Elisabethenstr. 1, 63579 Freigericht
T: (06055) 57 81
1. Vorsitzende: Anke Wiemer

s 93

Landeshebammenverband Mecklenburg-Vorpommern e.V.
Seehofer Str. 22, 19055 Schwerin
T: (0385) 56 37 72
1. Vorsitzende: Sigrid Ehle

s 94

Landeshebammenschaft Niedersachsen e.V.
Dalldorf Nr. 19, 29562 Suhlendorf
T: (05820) 3 77
1. Vorsitzende: Elmire Frick

s 95

Landesverband der Hebammen Nordrhein-Westfalen e.V.
Im Cäcilienbusch 12, 53340 Meckenheim
T: (02225) 1 59 56
1. Vorsitzende: Angelika Josten

s 96

Hebammen-Landesverband Rheinland-Pfalz e.V.
Bensheimer Ring 15c, 67227 Frankenthal
T: (06233) 6 37 99
1. Vorsitzende: Inge Kohlhaupt

s 97

Saarländischer Hebammenverband e.V.
Friedhofstr. 9, 66636 Tholey
T: (06853) 62 63
1. Vorsitzende: Renate Legroux

s 98

Sächsischer Hebammenverband e.V.
Rosa-Menzer-Str. 13, 01309 Dresden
T: (0351) 3 10 12 63
1. Vorsitzende: Brigitte Borrmann

s 99

Hebammenverband Sachsen-Anhalt
Fröbelstr. 9, 39110 Magdeburg
T: (0391) 7 31 10 71
1. Vorsitzende: Sabine Beneke

s 100

Hebammenlandesverband Schleswig-Holstein e.V.
Up'n Knust 27, 23619 Rehhorst
T: (04533) 38 65 **Fax:** 79 83 38
Vorsitzende(r): Elke Poppinga
Anne Reichmuth (Virchowring 56, 24558 Henstedt-Ulzburg, T: (04193) 9 35 39, Fax: 96 76 46)

s 101

Hebammenverband Thüringen e.V.
In der Salschge 3, 07751 Zöllnitz
T: (03641) 37 28 37
1. Vorsitzende(r): Anke Carl

• S 102

BfHD

Bund freiberuflicher Hebammen Deutschlands e.V. (BFHD)
Geschäftsstelle
Am Alten Nordkanal 9, 41748 Viersen
T: (02162) 35 21 49 **Fax:** 35 85 92
Internet: http://www.bfhd.de
E-Mail: bfhd@hebamme.de
Gründung: 1984
Leiterin: Clea Nuss-Troles
1. Vorsitzende(r): Ina Mailänder
Rechtsstelle: Katja Arend
Verbandszeitschrift: Hebammeninfo
Mitglieder: 750

Interessenvertretung der freiberuflichen Hebammen bei Volksvertretern, Behörden usw.; Aufklärung und Mitarbeit in der Gesundheitserziehung der Bevölkerung; Fortbildung der Hebammen.

• S 103

Deutscher Berufsverband für Altenpflege e.V. (DBVA)
Sonnenwall 15, 47051 Duisburg
T: (0203) 29 94 27 **Fax:** 2 74 68
Internet: http://www.altenpflege.nu/dbva/verband/htm
Gründung: 1974 (01. Dezember)
Bundesvorsitzende: Gudrun Dill
Vorstand: Annie Oorthuis (geschäftsführendes Vorstandsmitglied, 1. Stellvertretung)
Christina Kaleve (geschäftsführendes Vorstandsmitglied, 2. Stellvertretung)
Christian Breitenbach
Dr. Thea Hoedt
Carmen Nemitz
Sonja Rupp
Verbandszeitschrift: Altenpflegerin + Altenpfleger (A + A)
Redaktion: Bundesgeschäftsstelle DBVA e.V., Sonnenwall 15, 47051 Duisburg, T: (0203) 29 94 27, Fax: (0203) 2 74 68
Mitglieder: 2000

Landesverbände

s 104

DBVA Landesverband Baden-Württemberg
Sonnenwall 15, 47051 Duisburg
T: (0203) 29 94 27 **Fax:** 2 74 68
Vorsitzende: Nina Willige-Witte

s 105

DBVA Landesverband Bayern
Wilhelm-Busch-Str. 33, 94535 Eging
T: (08544) 77 13 **Fax:** 77 13
Vorsitzende(r): Monika Richter

s 106

DBVA Landesverband Berlin
Fichtestr. 30, 10967 Berlin
T: (030) 6 94 66 88 **Fax:** 25 29 95 41
Vorsitzende(r): Beate Swoboda

s 107

DBVA Regionalverband Ost
Lärchenweg 2, 14641 Falkenrehde
T: (033233) 8 05 75 **Fax:** 8 05 75
Vorsitzende: Dr. Thea Hoedt

s 108

DBVA Regionalverband Hamburg/Schleswig-Holstein
Hein-Baxmann-Stieg 8, 22113 Hamburg
T: (040) 78 27 53
Vorsitzende(r): Helmut Cordes

s 109

DBVA Landesverband Hessen
Lindenallee 6, 61350 Bad Homburg
T: (06172) 30 46 87 **Fax:** 30 46 87
Vorsitzende(r): Patrick Welsch

s 110

DBVA Regionalverband Niedersachsen/Bremen
Haimarer Str. 20, 31319 Sehnde
T: (05138) 61 44 84 **Fax:** 61 44 86
Vorsitzende(r): Gudrun Dill (Geschäftsstelle)
Stellv. Vors.: Martin Petzold (Akazienallee 10, 31832 Springe, T: (05041) 21 57, Fax: (05041) 51 12)

s 111

DBVA Landesverband Nordrhein-Westfalen
Sonnenwall 15, 47051 Duisburg
T: (0203) 29 94 27 **Fax:** 2 74 68

s 112

DBVA Landesverband Rheinland-Pfalz
Kirchstr. 18, 54657 Badem
T: (06563) 21 69
Vorsitzende(r): Bernhard Bruch

s 113

DBVA Landesverband Saarland
In der Röth 7, 66115 Saarbrücken
T: (0681) 4 38 36
Vorsitzende: Anna Oorthuis

s 114

DBVA Landesverband Sachsen
Theodor-Kunzemann-Str. 8, 04720 Döbeln
T: (03431) 6 63 60

• S 115

Bundesverband der Ärzte des öffentlichen Gesundheitsdienstes e.V.
siehe "Bundesfachverbände des Deutschen Beamtenbundes, DBB" R 817

• S 116

VDP

VERBAND DEUTSCHER PRÄPARATOREN e.V.
Hauptstr. 22, 55283 Nierstein
T: (06131) 12 26 48 dienstl., 5 75 33 privat
Gründung: 1953
Vors. und GeschF: Bettina Henrich (Zoologie, Naturhistorisches Museum, Reichklarastr. 1+10, 55116 Mainz)
1. Stellv. Vors.: Carsten Wortmann (Biologie, Natur- und Artenschutz, Niedersächsisches Landesmuseum, Naturkunde-Abteilung, Willy-Brandt-Allee 5, 30169 Hannover)
2. Stellv. Vors.: Jens Cordes (Medizin, Institut für Anatomie und Zellbiologie der Universität, Robert-Koch-Str. 6, 35033 Marburg)
Verbandszeitschrift: "Der Präparator"
Redaktion: Schriftleitung: Carsten Wortmann
Mitglieder: 700

Landesgruppen:
Baden-Württemberg
Bayern
Berlin/Brandenburg
Hessen
Niedersachsen/Bremen
Nordrhein-Westfalen
Rheinland/Pfalz- Saarland
Sachsen-Anhalt
Thüringen

Vertritt die Interessen aller in der Bundesrep. lebenden Präparatoren u. Sektionsassistenten der Fachbereiche: Biologie, Medizin u. Geowissenschaft im öffentl. Dienst (Instituten u. Museen) u. der Privatwirtschaft (Lehrmittelindustrie).

• S 117

Deutscher Berufsverband der Hals-Nasen-Ohrenärzte e.V.
Bundesgeschäftsstelle:
Haart 221, 24539 Neumünster
T: (04321) 97 25-0 **Fax:** 97 26-11
Internet: http://www.hno-aerzte.de
E-Mail: bv@hno-aerzte.de
Gründung: 1951
1. Vorsitzende(r): Prof. Dr. med. Klaus Seifert (Haart 221, 24539 Neumünster, T: (04321) 97 25-0, Telefax: (04321) 97 25 41)
2. Vorsitzende(r): Dr. med. Klaus Otto (Viktoriastr. 20, 68165 Mannheim, T: (0621) 41 13 86)
3. Vors: Dr. med. Just Meißner (Lindenauer Markt 18, 04177 Leipzig, T: (0341) 4 80 20 74)
Geschäftsführer(in): Renate Burghard
Verbandszeitschrift: HNO-Mitteilungen
Verlag: Deutscher Ärzte-Verlag GmbH, Dieselstr. 2, Köln
Mitglieder: 4000
Mitarbeiter: 6

Landesverbände

s 118

Deutscher Berufsverband der Hals-Nasen-Ohrenärzte Landesverband Baden
Viktoriastr. 20, 68165 Mannheim
T: (0621) 41 13 86 **Fax:** 41 13 08
Vorsitzende(r): Dr. med. Klaus Otto

s 119

Deutscher Berufsverband der Hals-Nasen-Ohrenärzte Landesverband Bayern
Mathildenstr. 1, 80336 München
T: (089) 59 68 61 **Fax:** 5 50 16 11
Vorsitzende(r): Dr.med. Kim Caroline Schmitz

s 120

Deutscher Berufsverband der Hals-Nasen-Ohrenärzte Landesverband Berlin
Müllerstr. 139, 13353 Berlin
T: (030) 4 53 40 53 **Fax:** 4 53 35 00
Vorsitzende(r): PD Dr. med. Josef Thoma

s 121

Deutscher Berufsverband der Hals-Nasen-Ohrenärzte Landesverband Brandenburg
Lange Str. 27, 03130 Spremberg
T: (03563) 43 07 **Fax:** 60 20 10
Vorsitzende(r): Prof. Dr. med. Fritz Bockmühl

s 122

Deutscher Berufsverband der Hals-Nasen-Ohrenärzte Landesverband Bremen
Gerhard-Rohlfs-Str. 19, 28757 Bremen
T: (0421) 65 00 94 **Fax:** 65 35 02
Vorsitzende(r): Dr. med. Hans-Udo Homoth

s 123

Deutscher Berufsverband der Hals-Nasen-Ohrenärzte Landesverband Hamburg
Tornquiststr. 55, 20259 Hamburg
T: (040) 4 91 74 74 **Fax:** 4 91 00 82
Vorsitzende(r): Dr. med. Bruno Schmolke

s 124

Deutscher Berufsverband der Hals-Nasen-Ohrenärzte Landesverband Hessen
Marktstr. 34, 65183 Wiesbaden
T: (0611) 3 34 42-0 **Fax:** 3 34 42-49
Vorsitzende(r): Dr. med. Jörg Hempel

s 125

Deutscher Berufsverband der Hals-Nasen-Ohrenärzte Landesverband Mecklenburg/Vorpommern
HNO-Klinik
19049 Schwerin
Wismarsche Str. 393, 19055 Schwerin
T: (0385) 5 20 30 40 **Fax:** 5 20 30 38
Vorsitzende(r): Dr.med. Henning Wiegels

s 126

Deutscher Berufsverband der Hals-Nasen-Ohrenärzte Landesverband Niedersachsen
Am Hogen Hagen 11, 26160 Bad Zwischenahn
T: (04403) 44 28 **Fax:** 34 24
Vorsitzende(r): Dr.med. Gerd-Rainer Burmeister

s 127

Deutscher Berufsverband der Hals-Nasen-Ohrenärzte Landesverband Nordrhein
Luegallee 33, 40545 Düsseldorf
T: (0211) 57 21 67 **Fax:** 55 34 60
Vorsitzende(r): Dr.med. Hans-Michael Strahl

s 128

Deutscher Berufsverband der Hals-Nasen-Ohrenärzte Landesverband Rheinland-Pfalz
Danziger Str. 25, 76887 Bad Bergzabern
T: (06343) 21 75 **Fax:** 95 03 55
Vorsitzende(r): Dr. med. Hans Werner Mollenhauer

s 129

Deutscher Berufsverband der Hals-Nasen-Ohrenärzte Landesverband Saarland
Stummstr. 1, 66538 Neunkirchen
T: (06821) 2 20 20 **Fax:** 2 70 20
Vorsitzende(r): Dr. med. Harald Seidler

s 130

Deutscher Berufsverband der Hals-Nasen-Ohrenärzte Landesverband Sachsen
Lindenauer Markt 18, 04177 Leipzig
T: (0341) 4 80 20 74 **Fax:** 4 80 20 76
Vorsitzende(r): Dr. med. Just Meißner

s 131

Deutscher Berufsverband der Hals-Nasen-Ohrenärzte Landesverband Sachsen-Anhalt
Fasanenweg 31, 38820 Halberstadt
T: (03941) 2 42 60 **Fax:** 61 48 14
Vorsitzende(r): Dr. med. Martin Podzun

s 132

Deutscher Berufsverband der Hals-Nasen-Ohrenärzte Landesverband Schleswig-Holstein
Haart 221, 24539 Neumünster
T: (04321) 97 25-0 **Fax:** 97 25-41
Vorsitzende(r): Prof. Dr. med. Klaus Seifert

s 133

Deutscher Berufsverband der Hals-Nasen-Ohrenärzte Landesverband Thüringen
Schillerstr. 15, 99817 Eisenach
T: (03691) 20 36 61 **Fax:** 74 61 05
Vorsitzende: Dr. med. Christine Schulz

s 134

Deutscher Berufsverband der Hals-Nasen-Ohrenärzte Landesverband Westfalen
Tannenstr. 1, 44225 Dortmund
T: (0231) 71 88 89 **Fax:** 71 26 98
Vorsitzende(r): Dr. med. Frank Ebach

s 135

Deutscher Berufsverband der Hals-Nasen-Ohrenärzte Landesverband Württemberg
Marktstr. 25, 73033 Göppingen
T: (07161) 7 00 11 **Fax:** 1 47 76
Vorsitzende(r): Dr.med. Michael Peter Jaumann

• S 136

Berufsverband Deutscher Internisten e.V. (BDI)
Geschäftsstelle:
Schöne Aussicht 5, 65193 Wiesbaden
T: (0611) 1 81 33-0 **Fax:** 1 81 33-50
Internet: http://www.bdi.de
E-Mail: info@bdi.de
Gründung: 1959 (07. April)
Präsident(in): Dr. med. Gerd Guido Hofmann (Isen-schmidtstr. 19, 81545 München, T: (089) 62 27 72 00, Fax: 62 27 71 94)
Hauptgeschäftsführer(in): RA Max Broglie
Ärztlicher Geschäftsführer: Prof. Dr.med. Peter Knuth
Mitglieder: 29000

• S 137

Berufsverband Deutscher Laborärzte e.V.
Geschäftsstelle:
Berliner Allee 32, 40212 Düsseldorf
T: (0211) 13 23 63 **Fax:** 13 25 22
1. Vorsitzende(r): Prof. Dr. med. H. Rodt (Happinger Str. 98, 83026 Rosenheim)
Schriftführer(in): PD Dr. med. Dr. rer. nat. A. Pickert (Inst. f. Laboratoriumsmed. u. Blutbank Klinikum Heilbronn GmbH, Am Gesundbrunnen 20, 74078 Heilbronn)
Geschäftsführer(in): RA H. Reineck
Verbandszeitschrift: LaboratoriumsMedizin
Verlag: Blackwell Wissenschafts-Verlag GmbH, Kurfürstendamm 57, 10707 Berlin
Mitglieder: 319

• S 138

Vereinigung Deutscher Staatlicher Gewerbeärzte e.V.
c/o Amt für Arbeitsschutz Staatlicher Gewerbearzt
Adolph-Schönfelder-Str. 5, 22083 Hamburg
T: (040) 4 28 63-3164 **Fax:** 4 28 63-4116
1. Vorsitzende(r): Dr. Ursula Weinssen
2. Vorsitzende(r): Dr. med. Jürgen Otto (Landesgewerbearzt Sachsen-Anhalt, Postf. 18 02, 06815 Dessau, T: (0340) 50 23-0, Fax: 50 23-1 51)
Geschäftsführer(in): Helma Stahlkopf

• S 139

Kassenärztliche Bundesvereinigung (Körperschaft des öffentlichen Rechts)
Postf. 41 05 40, 50865 Köln
Herbert-Lewin-Str. 3, 50931 Köln
T: (0221) 40 05-0 **Fax:** 40 80 39
1. Vorsitzende(r): Dr. med. Manfred Richter-Reichhelm
2. Vorsitzende(r): Eckhard Weisner
Hauptgeschäftsführer(in): Dr. jur. Rainer Hess

Bayern

s 140

Kassenärztliche Vereinigung Bayern
Postf. 81 05 60, 81905 München
Arabellastr. 30, 81925 München
T: (089) 9 20 96-0 **Fax:** 9 20 96-105
TX: 52 36 45 aehby d
1. Vorsitzende(r): Dr.med. Lothar Wittek
Stellvertretende(r) Vorsitzende(r): Dr.med. Klaus Ottmann
Hauptgeschäftsführer(in): N.N.
Jur.: Dr.jur. Gerhard Till
Dr. jur. Herbert Schiller

Berlin

s 141

Kassenärztliche Vereinigung Berlin
Bismarckstr. 95-96, 10625 Berlin
T: (030) 3 10 03-0 **Fax:** 3 10 03-302
Vorsitzende(r): Dr. med. Manfred Richter-Reichhelm
Stellvertretende(r) Vorsitzende(r): Dr.med. Rita Kielhorn
Hauptgeschäftsführer(in): Dusan Tesic
Jur.: Ernst Jolitz

Brandenburg

s 142

Kassenärztliche Vereinigung Brandenburg
Gregor-Mendel-Str. 10-11, 14469 Potsdam
T: (0331) 28 68-0 **Fax:** 28 68-126, 28 68-191
Vorsitzende(r): Dr.med. Hans-Joachim Helming
Stellvertretende(r) Vorsitzende(r): MU Dr./CS Peter Noack
Hauptgeschäftsführer(in): Dr. Hans-Jörg Wilsky
Jur.: Frank Fischer

Bremen

s 143

Kassenärztliche Vereinigung Bremen
Postf. 10 43 29, 28043 Bremen
Schwachhauser Heerstr. 26-28, 28209 Bremen
T: (0421) 34 04-0 **Fax:** 34 04-108 (Vorstand und Geschäftsführung), 34 04-109
Vorsitzende(r): Dr.med. Jürgen Grote
Stellvertretende(r) Vorsitzende(r): Ulrich Weigeldt
Geschäftsführer(in): Klaus Stratmann
Jur.: Andrea Schulz

Hamburg

s 144

Kassenärztliche Vereinigung Hamburg
Postf. 76 06 20, 22056 Hamburg
Humboldtstr. 56, 22083 Hamburg
T: (040) 2 28 02-0 **Fax:** 2 28 02-420
Vorsitzende(r): Dr.med. Michael Späth
Stellvertretende(r) Vorsitzende(r): Dr.med. Wolfgang Wesiack
Hauptgeschäftsführer(in): Dieter Bollmann
Jur.: Ass. Gert Filler

Hessen

s 145

Kassenärztliche Vereinigung Hessen
Postf. 15 02 04, 60062 Frankfurt
Georg-Voigt-Str. 15, 60325 Frankfurt
T: (069) 7 95 02-0 **Fax:** 7 95 02-500, 7 95 02-585 (Vorstandssekretariat)
1. Vorsitzende(r): Dr. med. Jürgen Bausch
2. Vorsitzende(r): Dr.med. Hans-Friedrich Spies
Kaufmännischer Geschäftsführer: Dieter Gerlich
Jur. Geschäftsführer(in): Dr. jur. Karin Hahne-Reulecke
Verbandszeitschrift: Hessisches Ärzteblatt
Redaktion: Im Vogelsgesang 3, 60488 Frankfurt
Verlag: Verlag Kirchheim & Co., Mainz

Koblenz

s 146

Kassenärztliche Vereinigung Koblenz
Postf. 20 08 55, 56008 Koblenz
Emil-Schüller-Str. 14-16, 56073 Koblenz
T: (0261) 3 90 02-0 **Fax:** 3 90 02-111
Vorsitzende(r): Sanitätsrat Dr.med. Egon Walischewski
Stellvertretende(r) Vorsitzende(r): Dr.med. Gernot Nick
Hauptgeschäftsführer(in): Helmut Schmidt
Jur.: Ass. Joachim Mentzel

Mecklenburg-Vorpommern

s 147

Kassenärztliche Vereinigung Mecklenburg-Vorpommern
Postf. 16 01 45, 19091 Schwerin
Neumühler Str. 22, 19057 Schwerin
T: (0385) 74 31-0 **Fax:** 74 31-222
Vorsitzende(r): Dr. med. Wolfgang Eckert
Stellvertretende(r) Vorsitzende(r): Dr.med. Lothar Wilke
Geschäftsführer(in): Dr. Jürgen Grümmert
Jur.: Ass. Thomas Schmidt

Niedersachsen

s 148

Kassenärztliche Vereinigung Niedersachsen
Postf. 31 67, 30031 Hannover
Berliner Allee 22, 30175 Hannover
T: (0511) 3 80-03 **Fax:** 3 80-3236, 3 80-3200 (Vorstandssekretariat)
Vorsitzende(r): Dr. med. Bodo Strahl
Stellvertretende(r) Vorsitzende(r): Dr.med. Wolf-Dieter Kirsten
Berater des Vorstandes: Dr. med. Achim Wahlen
Kaufm. Geschäftsführer: Wolfgang Schaepers
Jur.: Mark Barjenbruch

Nordbaden

s 149

Kassenärztliche Vereinigung Nordbaden

Postf. 38 06, 76023 Karlsruhe
Keßlerstr. 1, 76185 Karlsruhe
T: (0721) 59 61-0 **Fax:** 5 96 11 88
Internet: http://www.kvnb.de
Vorsitzende(r): Hans-Jürgen Schmidt
Stellvertretende(r) Vorsitzende(r): Dr.med. Axel de Rossi
Hauptgeschäftsführer(in): Dipl.-Kfm. Norbert Bonauer
Jur.: Ass. Andreas Hoffmann
Ass. Ulrich Krämer
Leitung Presseabteilung: Silvia Herzinger (E-Mail: presse@kvnb.de)

Nordrhein

s 150

Kassenärztliche Vereinigung Nordrhein
Postf. 11 06 49, 40506 Düsseldorf
Emanuel-Leutze-Str. 8, 40547 Düsseldorf
T: (0211) 59 70-0 **Fax:** 59 70-287
1. Vorsitzende(r): Dr. med. Leonhard Hansen
2. Vorsitzende(r): Dr. med. Peter Potthoff
Hauptgeschäftsführer(in): Bernhard Brautmeier
Jur.: Dr. jur. Horst Bartels

Nord-Württemberg

s 151

Kassenärztliche Vereinigung Nord-Württemberg
Postf. 80 06 08, 70506 Stuttgart
Albstadtweg 11, 70567 Stuttgart
T: (0711) 78 75-0 **Fax:** 78 75-274, 78 75-330 (Vorstand)
1. Vorsitzende(r): Dr. med. Werner Baumgärtner
Stellvertretende(r) Vorsitzende(r): Dr.med. Norbert Metke
Hauptgeschäftsführer(in): Dr.rer.pol. Thomas Zalewski
Jur.: RA Bernhard Schmidbauer

Pfalz

s 152

Kassenärztliche Vereinigung Pfalz
67429 Neustadt
Postf. 10 06 64, 67406 Neustadt
Maximilianstr. 22, 67433 Neustadt
T: (06321) 8 93-0 **Fax:** 89 31 19
Vorsitzende(r): Dr.med. Anton Coressel
Stellvertretende(r) Vorsitzende(r): Dr.med. Peter Athen
Hauptgeschäftsführer(in): Dipl.-Bw. Martin Schönung
Jur.: Dr. Jan Harenburg

Rheinhessen

s 153

Kassenärztliche Vereinigung Rheinhessen
Postf. 25 67, 55015 Mainz
Isaac-Fulda-Allee 14, 55124 Mainz
T: (06131) 3 26-0 **Fax:** 3 26-150
Vorsitzende(r): Dr.med. Günter Gerhardt
Stellvertretende(r) Vorsitzende(r): Rainer Hinterberger
Hauptgeschäftsführer(in): Gerhard Roth
Jur.: RA Ralf Luckhaupt

Saarland

s 154

Kassenärztliche Vereinigung Saarland
Postf. 10 16 43, 66016 Saarbrücken
Faktoreistr. 4, 66111 Saarbrücken
T: (0681) 40 03-0 **Fax:** 40 03-350
Vorsitzende(r): Dr.med. Winfried Lawall
Stellvertretende(r) Vorsitzende(r): Dr. med. Hans-Peter Linnig
Geschäftsführer(in): Dipl.-Kfm. Hans Jürgen Oettgen
Jur.: Ass. Andreas Geraldy

Sachsen

s 155

Kassenärztliche Vereinigung Sachsen
Postf. 10 06 36, 01076 Dresden
Schützenhöhe 12, 01099 Dresden
T: (0351) 82 90 50 **Fax:** 8 29 05 63
Vorsitzende(r): SR Dr.med.habil. Hans-Jürgen Hommel
Stellvertretende(r) Vorsitzende(r): Dr.med. Klaus Heckemann
Hauptgeschäftsführer(in): Günther Einer
Jur.: Ass. Wilhelm Zwingmann

Sachsen-Anhalt

s 156

Kassenärztliche Vereinigung Sachsen-Anhalt
Postf. 16 64, 39006 Magdeburg
Doctor-Eisenbart-Ring 2, 39120 Magdeburg
T: (0391) 6 27 60 00, 6 27 64 03 **Fax:** 6 27 84 03
Vorsitzende(r): Dr.med. Klaus Penndorf
Stellvertretende(r) Vorsitzende(r): Dipl.-med. Karl-Heinz Weitsch
Hauptgeschäftsführer(in): Dipl.-Vw. Hans-Günter Spanuth
Jur.: Ass. Christian Hens

Schleswig-Hostein

s 157

Kassenärztliche Vereinigung Schleswig-Holstein
Bismarckallee 1-3, 23795 Bad Segeberg
T: (04551) 8 83-0 **Fax:** 8 83-209
1. Vorsitzende(r): Dr.med. Klaus Bittmann
Stellvertretende(r) Vorsitzende(r): Dr. med. Hans Köhler
Hauptgeschäftsführer(in): Dr.phil. Bodo Kosanke
Jur.: Ass. Bernd Schulz-Dusenschön
RA Klaus-Henning Sterzik

Südbaden

s 158

Kassenärztliche Vereinigung Südbaden
Postf. 62 69, 79038 Freiburg
Sundgauallee 27, 79114 Freiburg
T: (0761) 8 84-0 **Fax:** 8 41 07
Vorsitzende(r): Dr. med. Gerhard Dieter
Stellvertretende(r) Vorsitzende(r): Dr.med. Jan Geldmacher
Hauptgeschäftsführer(in): Siegfried Jaitner
Jur.: RA Dr. Christoph Rosset

Südwürttemberg

s 159

Kassenärztliche Vereinigung Südwürttemberg
Postf. 41 51, 72772 Reutlingen
Haldenhaustr. 11, 72770 Reutlingen
T: (07121) 9 17-0 **Fax:** 9 17-100
E-Mail: burckhard.szidat@kvsw.de
1. Vorsitzende(r): Prof. Dr.med. Wolfgang Brech
2. Vorsitzende(r): Dr.med. Achim Hoffmann-Goldmayer
Hauptgeschäftsführer(in): Burckhard Szidat
Jur.: Prof. Dr. jur. Hans Kamps

Thüringen

s 160

Kassenärztliche Vereinigung Thüringen
Postf. 20 19, 99401 Weimar
Zum Hospitalgraben 8, 99425 Weimar
T: (03643) 5 59-0 **Fax:** 5 59-191
1. Vorsitzende(r): Dr.med. Wolf-Rüdiger Rudat
2. Vorsitzende(r): Dr.med. Thomas Schröter
Hauptgeschäftsführer(in): Dipl.-Jur. Udo Sydow
Kaufm. Geschäftsführer: Dipl.-Ing. Sven Auerswald
Jur.: Ass. Bettina Jäger

Trier

s 161

Kassenärztliche Vereinigung Trier
Postf. 23 08, 54213 Trier
Balduinstr. 10-14, 54290 Trier
T: (0651) 46 03-0 **Fax:** 46 03-171
Vorsitzende(r): Sanitätsrat Peter Sauermann
Stellvertretende(r) Vorsitzende(r): Dr.med. Volkhard Bangert
Hauptgeschäftsführer(in): Erich Maucolin
Jur.: RA Alfred Spaetgens

Westfalen-Lippe

s 162

Kassenärztliche Vereinigung Westfalen-Lippe
Postf. 10 50 38, 44047 Dortmund
Robert-Schimrigk-Str. 4-6, 44141 Dortmund
T: (0231) 94 32-0 **Fax:** 94 32-130 (Vorstand), 94 32-197 (Hauptgeschäftsf.)
1. Vorsitzende(r): Dr.med. Ulrich Oesingmann
2. Vorsitzende(r): Dr.med. Wolfgang Aubke
Hauptgeschäftsführer(in): Dr.rer.pol. Rüdiger Balthasar
Jur.: Dr. jur. Gernot Steinhilper

● **S 163**

Deutscher Kassenarztverband e.V.
Am Rain 4, 86845 Großaitingen
T: (08203) 9 02 02 **Fax:** 56 69
Gründung: 1959 (10. Sept.)
Vorsitzende(r): Dr.med. Hans-Peter Krepp (Am Rain 4, 86845 Großaitingen)
Mitglieder: 16000
Mitarbeiter: 6

• S 164

Vereinigung der Kassenpsychotherapeuten
Geschäftsstelle
Riedsaumstr. 4a, 67063 Ludwigshafen
T: (0621) 63 70 15 **Fax:** 63 70 16
Internet: http://www.vereinigung.de
E-Mail: kassenpsychotherapeuten@t.online.de
Gründung: 1984 (25. Oktober)
Bundesvorsitzende(r): Dipl.-Psych. Hans-Jochen Weidhaas
Stellv. Bundesvors.:
Dipl.-Psych. Dieter Best
Mitglieder: 3200

• S 165

Berufsverband der Kinder- und Jugendärzte
Geschäftsstelle:
Mielenforster Str. 2, 51069 Köln
T: (0221) 6 89 09-0 **Fax:** 68 32 04
E-Mail: bvkj-buero@talknet.de
Gründung: 1970
Präsident(in): Dr. Klaus Gritz
Hauptgeschäftsführer(in): Dipl.-Kfm. Stephan Eßer
Mitglieder: ca. 10000

• S 166

Bundesverband der Knappschaftsärzte e.V.
Uechtingstr. 128, 45881 Gelsenkirchen
T: (0209) 8 49 30 **Fax:** 81 68 62
E-Mail: knappschaftsaerzte@t-online.de
Vorsitzende(r): Dr. med. Ulrich Oesingmann

• S 167

Kneippärztebund e.V.
Gesellschaft für Naturheilverfahren
Postf. 14 36, 86817 Bad Wörishofen
Hahnenfeldstr. 21, 86825 Bad Wörishofen
T: (08247) 9 01 10 **Fax:** 9 01 11
Gründung: 1894
1. Vorsitzende(r): Dr.med. Heinz Leuchtgens (Kaufbeurer Str. 10, 86825 Bad Wörishofen)
Geschäftsführer(in): Ute Ammerpohl (Hahnenfeldstr. 21, 86825 Bad Wörishofen)
Schriftführer(in): Dr.med. Claudia Detmar, Bad Wörishofen
Verbandszeitschrift: KneippARZT
Mitglieder: ca. 750
Mitarbeiter: 5

Zeitgemäße Interpretation und wissenschaftliche Untermauerung der von Kneipp begründeten Lebens- und Heilweise in der Ärzteschaft und Bevölkerung. Ärztliche Fortbildungsveranstaltungen (Kurse, Seminare, Kongresse, etc.).

• S 168

Verband der leitenden Krankenhausärzte Deutschlands e.V.
Tersteegenstr. 9, 40474 Düsseldorf
T: (0211) 45 49 90 **Fax:** 45 18 34
Gründung: 1912
Präsident(in): Prof. Dr.Dr.med. Hermann Hoffmann (44287 Dortmund)
Hauptgeschäftsführer(in): Dipl.-Volksw. Gerd Norden
Leitung Presseabteilung: Rüdiger Bisping
Mitglieder: ca. 5300

Organisation und Förderung der gemeinsamen Betätigung der Mitglieder auf dem Gebiete des Gesundheits- und Sozialwesens.

• S 169

Berufsverband Deutscher Pathologen e.V.
Bundesgeschäftsstelle:
Postf. 10 03 38, 45803 Gelsenkirchen
Rotthauser Str. 19, 45879 Gelsenkirchen
T: (0209) 1 55 63-0 **Fax:** 1 55 63-15
E-Mail: bundesgeschaeftsstelle@bv-pathologie.dgn.de

• S 170

Bundesverband der Pneumologen (Ärzte für Lungen- und Bronchialheilkunde) Dachverband der Landesverbände der Pneumologen Deutschlands (BdP)
Sudetenstr. 35, 89518 Heidenheim
T: (07321) 94 99 19
Vorsitzende(r): Dr.med. Dietrich Rohde

• S 171

Bundesverband Deutscher Ärzte für Mund-Kiefer-Gesichtschirurgie e.V.
Richmodstr. 10, 50667 Köln
T: (0221) 2 57 07 42
Präsident(in): Dr. Dr.med.habil. Peter Karl
Generalsekretär(in): Dr.Dr. Elisabeth Schwipper

• S 172

ZÄN

Zentralverband der Ärzte für Naturheilverfahren e.V.
Am Promenadenplatz 1, 72250 Freudenstadt
T: (07441) 9 18 58-0 **Fax:** 9 18 58-22
Internet: http://www.zaen.org
E-Mail: ZAEN-Freudenstadt@t-online.de
Gründung: 1951
Verbandszeitschrift: Arztzeitschrift für Naturheilverfahren
Mitglieder: ca. 8500

• S 173

BDY® EYU

Berufsverband der Yogalehrenden in Deutschland e.V.
Jüdenstr. 37, 37073 Göttingen
T: (0551) 4 88 38 08 **Fax:** 4 88 38 60
Internet: http://www.yoga.de, http://www.bdy.de
E-Mail: info@bdy.de
Gründung: 1967 (1. Mai)
Vorstand: Cornelia Galland
Thomas Bannenberg
Doris Schaeffer
Dr. Christian Fuchs (Ltg. Presseabt.)
Geschäftsführer(in): Horst Willems
Verbandszeitschrift: Deutsches Yoga-Forum
Redaktion: Margret Distelbarth
Verlag: Selbstverlag
Mitglieder: 1700
Mitarbeiter: 4
Jahresetat: DM 0,75 Mio, € 0,38 Mio

Ausbildung, Weiterbildung, Kontakte, Zeitschrift, Interessenvertretung.

• S 174

Berufsverband Deutscher Neurochirurgen e.V. (BDNC)
Geschäftsstelle
Postf. 10 10 20, 50450 Köln
Kreuzgasse 2-4, 50667 Köln
T: (0221) 92 54 82-50 **Fax:** 92 54 82-82
1. Vorsitzende(r): Prof. Dr. Michael Schirmer

• S 175

Deutsche Ärztegesellschaft für Akupunktur e.V.
Würmtalstr. 54, 81375 München
T: (089) 7 10 05-0

• S 176

NAV VIRCHOW-BUND

NAV-Virchow-Bund (Verband der niedergelassenen Ärzte Deutschlands Virchow-Bund, DAZ) e.V.
Postf. 10 26 61, 50466 Köln
Belfortstr. 9, 50668 Köln
T: (0221) 9 73 00 50 **Fax:** 7 39 12 39
Internet: http://www.nav-virchowbund.de
E-Mail: info@nav-virchowbund.de
Gründung: 1949
Bundes-Vors.: Dr.med. Maximilian Zollner
Stellv. Bundesvors.: Prof. Dr. Dr. Rainer Rix
Dr.med. Martin Junker
Hauptgeschäftsführer(in): Hartwig Lange
Geschäftsführer(in): Karl-Heinz Henke
Dr. Klaus Gebuhr
Irmgard Krämer
Leitung Presseabteilung: Ingrid Drexler
Verbandszeitschrift: Der niedergelassene Arzt
Verlag: WPV-Verlag, Riehler Str. 36, 50668 Köln
Mitglieder: 19310

Ziel des Verbandes ist die Sicherung und Förderung der freiberuflichen Tätigkeit niedergelassener Ärzte und Zahnärzte, Niederlassungsfreiheit, des freien Zugangs zur Kassenzulassung und der freien Arztwahl der Bevölkerung.

Landesverbände

s 177

NAV-Virchow-Bund Landesverband Baden-Württemberg
Möwenstr. 21a, 88045 Friedrichshafen
T: (07541) 2 46 00
Vorsitzende(r): Dr. med. Maximilian Zollner (Möwenstr. 21 a, 88045 Friedrichshafen, T: (07541) 2 46 00, Telefax: (07541) 3 27 35)

s 178

NAV-Virchow-Bund Landesverband Bayern
Bahnstr. 8, 89278 Nersingen
T: (07308) 38 98 **Fax:** 4 21 72
Vorsitzende(r): Hartmut Dethloff (Bahnstr. 8, 89278 Nersingen)

s 179

NAV-Virchow-Bund Geschäftsstelle Berlin
Chausseestr. 99, 10115 Berlin
T: (030) 2 85 26 90 **Fax:** 28 52 69 15
Geschäftsführer(in): Dr. Klaus Gebuhr

s 180

NAV-Virchow-Bund Landesverband Berlin-Brandenburg
Chausseestr. 99, 10115 Berlin
T: (030) 2 85 26 90 **Fax:** 28 52 69 15
Vorsitzende(r): Prof. Dr. Harald Mau (Chausseestr. 99, 10115 Berlin, T: (030) 28 52 69-0, Telefax: (030) 28 52 69-15)

s 181

NAV-Virchow-Bund Landesverband Hamburg
Chrysanderstr. 20, 21029 Hamburg
T: (040) 7 24 28 28
Vorsitzende(r): Dr. med. Klaus-Otto Allmeling (Chrysanderstr. 20, 21029 Hamburg, T: (040) 7 24 28 28, Telefax: (040) 7 21 38 20)

s 182

NAV-Virchow-Bund Landesverband Hessen
Ferdinand-Dirichs-Str. 16, 65549 Limburg
T: (06431) 67 00 **Fax:** 67 87
Vorsitzende(r): Dr. Jürgen Martin (Ferdinand-Dirichs-Str. 16, 65549 Limburg, T: (06431) 67 00, Fax: 67 87)

s 183

NAV-Virchow-Bund Landesverband Mecklenburg-Vorpommern
Schützenstr. 9, 17489 Greifswald
T: (03834) 8 93 60
Vorsitzende(r): Dr. Andreas Donner (Schützenstr. 9, 17489 Greifswald, T: (03834) 8 93 60, Telefax: (03834) 89 36 66)

s 184

NAV-Virchow-Bund Landesverband Niedersachsen/Bremen
Nadorster Str. 81, 26123 Oldenburg
T: (0441) 8 23 12
Vorsitzende(r): Dr.med. Enno Giencke (Nadorster Str. 81, 26123 Oldenburg, T: (0441) 8 23 12, Telefax: (0441) 8 23 27)

s 185

NAV-Virchow-Bund Landesverband Nordrhein e.V.
Belfortstr. 9V, 50668 Köln
T: (0221) 9 73 00 50 **Fax:** 7 39 12 39
Vorsitzende(r): Dr. Lutz Kindt (Leineweberplatz 6, 47506 Neukirchen-Vluyn, T: (02845) 23 15, Telefax: (02845) 70 19)

s 186

NAV-Virchow-Bund Landesverband Rheinland-Pfalz
Im Klostergarten 2, 67161 Gönnheim
T: (06322) 12 89
Vorsitzende(r): Dr. med. Gudrun von Thun-Blaul (Im Klostergarten 2, 67161 Gönnheim, T: (06322) 12 89, Telefax: (06322) 6 60 60)

s 187

NAV-Virchow-Bund Landesverband Saarland

Holzer Platz 4, 66265 Heusweiler
T: (06894) 50 24
Vorsitzende(r): Dr.med. Wolfgang Holz (Holzerplatz 4, 66265 Heusweiler, T: (06894) 5024, Telefax: (06894) 50 29)

s 188

NAV-Virchow-Bund Landesverband Sachsen

Ferdinandstr. 3, 04838 Eilenburg
T: (03423) 60 52 22 **Fax:** 60 52 25
Vorsitzende(r): Dr. med. Carola Paul (Ferdinandstr. 3, 04838 Eilenburg, T: (03423) 60 52 22, Telefax: (03423) 60 52 25)

s 189

NAV-Virchow-Bund Landesverband Sachsen-Anhalt

Große Steinstr. 12, 06108 Halle
T: (0345) 2 08 05 73
Vorsitzende(r): Dr. med. Kerstin Jäger (Gr. Steinstr. 12, 06108 Halle, T: (0345) 2 08 05 73, Telefax: (0345) 2 08 05 74)

s 190

NAV-Virchow-Bund Landesverband Schleswig-Holstein

Kücknitzer Hauptstr. 53, 23569 Lübeck
T: (0451) 30 23 10 **Fax:** 30 41 79
Vorsitzende(r): Peter H. Volkmann (Kücknitzer Hauptstr. 53, 23569 Lübeck, T: (0451) 30 23 10, Telefax: (0451) 30 41 79)

s 191

NAV-Virchow-Bund Landesverband Thüringen

Riegenstr. 7, 04600 Altenburg
T: (03447) 46 58 **Fax:** 46 58
Vorsitzende(r): Dr. Michael Schleusing (Riegenstr. 7, 04600 Altenburg, T: (03447) 46 58, Fax: 46 58)

s 192

NAV-Virchow-Bund Landesverband Westfalen-Lippe

Martinstr. 8, 57462 Olpe
T: (02761) 30 73 **Fax:** 6 33 26
Vorsitzende(r): Dr. Martin Junker (Martinstr. 8, 57462 Olpe, T: (02761) 30 73, Telefax: (02761) 6 33 26)

• **S 193**

Bundesvereinigung der Arbeitsgemeinschaften Notärzte Deutschlands (BAND)

Geschäftsstelle
Axel-Springer-Str. 52, 10969 Berlin
T: (030) 56 81 31 40 **Fax:** 56 81 32 50
E-Mail: band@ukb.de
Gründung: 1984 (Mai)
Vorsitzende(r): Dr.med. Dieter Stratmann (Klinik für Anaesthesiologie, Klinikum Minden, Friedrichstr. 4, 32429 Minden)
Verbandszeitschrift: Der Notarzt
Verlag: Georg Thieme Verlag, Stuttgart
Mitglieder: 10000

Mitgliedsverbände

s 194

Arbeitsgemeinschaft der in Bayern tätigen Notärzte e.V. (agbn)

Josef-Schneider-Str. 2, 97080 Würzburg
T: (0931) 2 01-5124 **Fax:** 2 01-3354
Vorsitzende(r): Prof. Dr.med. Peter Sefrin (Klinik f. Anaesthesiologie, Josef-Schneider-Str. 2, 97080 Würzburg, T: (0931) 201-51 24, Fax: 201 33 54)

s 195

Arbeitsgemeinschaft Notarzt Berlin e.V. (AGNB)

Augustenburger Platz 1, 13353 Berlin
T: (030) 4 50-53555 **Fax:** 4 50-53909
E-Mail: frank.martens@charite.de
Vorsitzende(r): PD Dr. med. Frank Martens (c/o Charité, Campus Virchow Klinikum, Nephrologie/Intensivmedizin, Augustenburger Platz 1, 13353 Berlin, T: (030) 4 50-53555, Fax: 4 50-53909, E-mail: frank.martens@charite.de)
Mitglieder: 200

s 196

Arbeitsgemeinschaft in Brandenburg tätiger Notärzte e.V. (AGBrN)

c/o Landkreis Oberspreewald-Lausitz, Rettungsamt, Dr. Hartmut Handschak
Krankenhausstr. 11, 01968 Senftenberg
T: (03573) 3 70 50
Vorsitzende(r): Dr. H. J. Briest

s 197

Arbeitsgemeinschaft in Hessen tätiger Notärzte e.V. (AGHN)

c/o Städtische Kliniken Frankfurt a.M.-Höchst
T: (06196) 34 08 **Fax:** 34 50
Vorsitzende(r): Dr. Klaus Böhme, Kassel
Stellvertretende(r) Vorsitzende(r): Dr. med. Hilmar Herbst (Schlesienstr. 9, 65824 Schwalbach, T: (06196) 34 08, Fax: (06196) 34 50)

s 198

Arbeitsgemeinschaft der in Mecklenburg-Vorpommern tätigen Notärzte (AGMN)

Klinik für Anaesthesiologie und Intensivtherapie, Städt. Krankenhaus Wismar
Postf. 12 44, 23952 Wismar
Vorsitzende(r): PD Dr. Tanja Rosolski

s 199

Arbeitsgemeinschaft in Norddeutschland tätiger Notärzte e.V. (AGNN)

c/o Allgemeines Krankenhaus Barmbek
Abt. für Anästhesie und operative Intensivmedizin
22291 Hamburg
Rübenkamp 148, 22307 Hamburg
Vorsitzende(r): Dr. med. Heinzpeter Moecke

s 200

Arbeitsgemeinschaft der in Nordrhein-Westfalen tätigen Notärzte e.V. (AGN-NW)

Geschäftsstelle: Städt. Krankenhaus
Reckenberger Str. 19, 33332 Gütersloh
T: (05241) 83-2260 **Fax:** 83-2260
Vorsitzende(r): Dr.med. A. Bartsch
Geschäftsstelle: Prof. Dr. D. Paravicini

s 201

Arbeitsgemeinschaft der in Sachsen tätigen Notärzte e.V. (AGSN)

Dr.-Schmincke-Allee 14, 01445 Radebeul
T: (0351) 8 36 42 90
Vorsitzende(r): Dr. Kerstin Winkler

s 202

Arbeitsgemeinschaft in Sachsen-Anhalt tätiger Notärzte (AGSAN)

Kreiskrankenhaus Osterburg-Seehausen
Lindenstr. 32, 39615 Seehausen
T: (039386) 5 25 76
Vorsitzende(r): Dr.med. W. Fiedler

s 203

Arbeitsgemeinschaft Südwestdeutscher Notärzte e.V. (AGSWN)

Klinik für Anaesthesiologie und operative Intensivmedizin, Saarbrücker Winterberg-Kliniken
Theodor-Heuss-Str. 124-128, 66119 Saarbrücken
Vorsitzende(r): Prof. Dr. K.-H. Altemeyer (Saarbrücker Winterberg-Kliniken, 66129 Saarbrücken)

s 204

Arbeitsgemeinschaft der in Thüringen tätigen Notärzte e.V. (AGTN)

St.-Florian-Str. 4, 99092 Erfurt
Vorsitzende(r): Dr.med. E. Schneider (T: (0361) 5 90 59 30)

• **S 205**

Vereinigung der Ärzte der Medizinaluntersuchungsämter

c/o Landesgesundheitsamt Baden-Württemberg
Postf. 10 29 42, 70025 Stuttgart
Wiederholdstr. 15, 70174 Stuttgart
T: (0711) 18 49-2 47 **Fax:** 18 49-2 42
E-Mail: poststelle@lga.bwl.de
Vorsitzende(r): Prof. Dr.med.habil. Volker Hingst

• **S 206**

Berufsverband der Ärzte für Orthopädie e.V. (BVO)

Donaustr. 26, 89231 Neu-Ulm
T: (0731) 97 07 91-0 **Fax:** 97 07 91-16
E-Mail: bvo@bvonet.de
Stellv. 1. Vorsitzender: Dr. med. Siegfried Götte (Albert-Schweitzer-Str. 9a, 82008 Unterhaching, T: (089) 61 87 83, Fax: (089) 6 11 11 54)
2. Vorsitzende(r): Dr. med. Siegfried Götte, München
3. Vorsitzender: PD Dr. Josef Zacher, Berlin
Mitglieder: 6300

• **S 207**

Berufsverband der Allgemeinärzte Deutschlands - Hausärzteverband - e.V. (BDA)

Theodor-Heuss-Ring 14, 50668 Köln
T: (0221) 16 06 70 **Fax:** 1 60 67-35
Bundesvorsitzende(r): Prof. Dr. Klaus-Dieter Kossow (Am alten Mühlenberg 3, 28832 Achim, T: (04202) 97 90 87)
1. Stellv. Bundesvors.: Sanitätsrat Peter Sauermann (Sonnenweg 1, 54472 Veldenz, T: (06534) 3 59)
2. Stellv. Bundesvors.: Dr. Diethard Sturm (Vorsitzender des BDA-Landesverbandes Sachsen)
3. Stellv. Bundesvors.: Ulrich Weigeldt (Vorsitzender des BDA-Landesverbandes Bremen)
Schriftführer(in): Dr. Heinz Jarmatz (Vorsitzender des BDA-Landesverbandes Niedersachsen, Mühlenkamp 1, 21397 Barendorf, T: (04137) 71 77)
Schatzmeister: Wolfgang Meunier (Handwerkerstr. 1, 66740 Saarlouis, T: (06831) 22 61)
Beisitzer: Dr. Lothar Wittek (Postfach 14 29, 84130 Dingolfing, T: (08731) 77 29)
Dr. Eckhard Brüggemann (Neustr. 20, 44623 Herne, T: (02323) 5 00 43)
Dr. Gerd W. Zimmermann (Hauptstr. 42, 65719 Hofheim, T: (06192) 2 88 85)
Verbandszeitschrift: Zeitschrift für den Hausarzt
Redaktion: Dr. Monika Dielmann (Chefredakteurin)
Verlag: MED.KOMM. Gesellschaft für medizinische Kommunikation mbH, Neumarkter Str. 43, 81673 München, T: (089) 43 72 13 62, Fax: (089) 43 72 13 60

Landesverbände

s 208

BDA-Landesverband Baden-Württemberg

Geschäftsstelle
Austr. 107, 70376 Stuttgart
T: (0711) 59 30 78
1. Vorsitzende(r): Dr. M. Schmid

s 209

BDA-Landesverband Bayern

Geschäftsstelle
Seybothstr. 17, 81545 München
T: (089) 6 42 10 88
1. Vorsitzende(r): Dr. Wolfgang Hoppenthaller

s 210

BDA-Landesverband Berlin-Brandenburg

Geschäftsstelle
Bismarckstr. 97, 10625 Berlin
T: (030) 3 12 92 43
1. Vorsitzende(r): Dr. Hans-Dieter Bachmann

s 211

BDA-Landesverband Braunschweig

Geschäftsstelle
Hagenring 20, 38106 Braunschweig
T: (0531) 33 43 66
1. Vorsitzende(r): Dr. Ehrhard Kellner

s 212

BDA-Landesverband Bremen

Geschäftsstelle
Sonneberger Str. 2a, 28329 Bremen
T: (0421) 4 36 60 11
1. Vorsitzende(r): U. Weigeldt

s 213

BDA-Landesverband Hamburg

Geschäftsstelle
Fuhlsbüttler Str. 118, 22305 Hamburg
T: (040) 69 70 24 77
1. Vorsitzende(r): Dr. Friedrich Hach

s 214

BDA-Landesverband Hessen
Geschäftsstelle
Karlshafener Str. 22, 34128 Kassel
T: (0561) 6 02 52 55
1. Vorsitzende(r): Dr. Wolfgang Weber

s 215

BDA-Landesverband Mecklenburg-Vorpommern
Geschäftsstelle
Mecklenburgstr. 77, 19053 Schwerin
T: (0385) 5 57 42 01
1. Vorsitzende(r): Dr. Lothar Wilke

s 216

BDA-Landesverband Niedersachsen
Geschäftsstelle
Berliner Allee 20, 30175 Hannover
T: (0511) 3 80 24 30
1. Vorsitzende(r): Dr. Heinz Jarmatz

s 217

BDA-Landesverband Nordrhein
Geschäftsstelle
Theodor-Heuss-Ring 14, 50668 Köln
T: (0221) 1 60 67-15
1. Vorsitzende(r): Dr. Jost Reermann

s 218

BDA-Landesverband Rheinland-Pfalz
Geschäftsstelle
Bendorfer Str. 45a, 56191 Weitersburg
T: (02622) 1 59 99
1. Vorsitzende(r): Dr.med. Gernot Nick

s 219

BDA-Landesverband Saarland
Geschäftsstelle, Haus der Ärzte
Faktoreistr. 4, 66111 Saarbrücken
T: (0681) 4 00 32 83
1. Vorsitzende(r): Wolfgang Meunler

s 220

BDA-Landesverband Sachsen
SBA-Geschäftsstelle
Weinkellerstr. 20, 09337 Hohenstein-Ernstthal
T: (03723) 79 63 **Fax:** 41 11 97
1. Vorsitzende(r): Dr. Diethard Sturm

s 221

BDA-Landesverband Sachsen-Anhalt
Geschäftsstelle
Margaretenstr. 3, 39218 Schönebeck
T: (03928) 6 91 70
1. Vorsitzende(r): Dr. B. John

s 222

BDA-Landesverband Schleswig-Holstein
Geschäftsstelle
Schloßstr. 6, 25876 Schwabstedt
T: (04884) 90 33 90
1. Vorsitzende(r): Dr. Nicolay Breyer

s 223

BDA-Landesverband Thüringen
Geschäftsstelle
Klosterstr. 22, 99831 Creuzburg
T: (036926) 8 22 33
1. Vorsitzende(r): Dr. S. Freier

s 224

BDA-Landesverband Westfalen-Lippe
Geschäftsstelle
Schillerstr. 41, 44147 Dortmund
T: (0231) 82 11 75
1. Vorsitzende(r): Dr. W.-A. Dryden

• **S 225**

Berufsverband der Sozialversicherungsärzte Deutschlands e.V.
Gablonzer Str. 35, 61440 Oberursel
T: (06171) 6 34-202 **Fax:** 6 34-155
Vorsitzende(r): Dr.med. Gert von Mittelstaedt (MDK Hessen)
Generalsekretär(in): Dr.med. Christian Alex

• **S 226**

Verein der leitenden Ärzte Deutscher Privatkrankenanstalten e.V.
Bonn-Center
Bundeskanzlerplatz 2-10, 53113 Bonn
T: (0228) 21 10 01 **Fax:** 21 22 11
E-Mail: BDPK@bonn-online.com
Vorsitzende(r): Dr. Christoph Smolenski (Dr.v. Ehrenwall'sche Klinik, Walporzheimer Str. 2, 53474 Bad Neuenahr-Ahrweiler)
Geschäftsführer(in): Dipl.-Volksw. Wolfram L. Boschke, Bonn

• **S 227**

Verband der Privatärztlichen VerrechnungsStellen e.V.
Tieckstr. 37, 10115 Berlin
T: (030) 28 04 96 30 **Fax:** 28 04 96 35
Internet: http://www.pvs.de
E-Mail: info@pvs.de
Vorsitzende(r): Dr.med. Harald Titze
Geschäftsführer(in): Stefan Tilgner

• **S 228**

Berufsverband der Deutschen Radiologen e.V. (BDR)
Gottfried-Keller-Str. 20, 81245 München
T: (089) 89 62 36 10 **Fax:** 89 62 36 12
Internet: http://www.radiologenverband.de
E-Mail: bdr-muc@radiologenverband.de
Geschäftsführer(in): RA Dipl.-Kfm. Udo H. Cramer
Gerd Schumacher
1. Vorsitzende(r): Dr.med. Jürgen Fischer
Leitung Presseabteilung: Dipl.-Betriebsw. (FH) Bärbel Zeller (Walter-Sartorius-Str. 9, 82152 Planegg)
Verbandszeitschrift: Der Radiologe mit Mitglieder-Info
Redaktion: Frau B. Zeller
Verlag: Springer, Heidelberg
Mitglieder: ca. 1600
Landesverbände
Berufsverband der Bayerischen Radiologen und Nuklearmediziner
Verband der Berliner Radiologen und Nuklearmediziner
Verband der Radiologen und Nuklearmediziner Brandenburg
Verband der Radiologen und Nuklearmediziner in Hamburg
Berufsverband der Hessischen Radiologen und Nuklearmediziner
Verband der Niedersächsischen Radiologen und Nuklearmediziner
Verband der Rheinland-Pfälzischen Radiologen und Nuklearmediziner
Fachgruppe der Radiologen und Nuklearmediziner im Saarländischen Ärztesyndikat
Verband der Sächsischen Radiologen und Nuklearmediziner
Verband der Radiologen und Nuklearmediziner Sachsen-Anhalt
Verband der Schleswig-Holsteinischen Radiologen und Nuklearmediziner
Verband Thüringischen Radiologen und Nuklearmediziner
Landesgruppen:
Mecklenburg-Vorpommern
Baden-Württemberg
Nordrhein
Westfalen-Lippe

• **S 229**

Vereinigung Deutscher Strahlenschutzärzte e.V. (VDSÄ)
c/o Radiologische Klinik, Knappschafts-Krankenhaus
Wieckesweg 27, 44309 Dortmund
T: (0231) 9 22-1601 **Fax:** 20 17 21
E-Mail: K.G.Hering@t-online.de
Gründung: 1958
Vorsitzende(r): Dr. Kurt Georg Hering (Ltg. Presseabt.)
Stellvertretende(r) Vorsitzende(r): Prof. Dr. Th. Herrmann
Geschäftsführer(in): Dr. Th. Magin
Verbandszeitschrift: Buchserie "Strahlenschutz in Forschung und Praxis"
Redaktion: Prof. Dr. O. Messerschmidt, Mortonstr. 13, 80937 München
Verlag: Gustav Fischer Verlag, Wollgrasweg 49, 70599 Stuttgart
Mitglieder: 350

• **S 230**

Bundes-Arbeitsgemeinschaft der Gesundheitsaufseher und Hygiene-Inspektoren e.V. (bag)
Neumarkt 15-21, 50667 Köln
Gründung: 1977 (25. August)
Bundes-GeschF: Wolfgang Wegener (Gesundheitsamt Köln, Neumarkt 15-21, 50667 Köln)
Vorsitzende(r): Oskar G. Weinig (Am Sand 9, 97828 Marktheidenfeld, T: (09391) 35 18)
1. Stellv. Vors.: Bernd Nagel (Staatl. Gesundheits-Amt, Mommstr. 31, 66606 St. Wendel, T: (06851) 93 00-10)
2. Stellv. Vors.: Fritz Hörner (Staatl. Gesundheits-Amt, Friedenstr. 29, 67292 Kirchheimbolanden, T: (06352) 35 44)
Schatzmeister: Udo Riemel (Gesundheits-Amt Main-Kinzig-Kreis, Ludovica-von-Stumm-Str. 3, 36381 Schlüchtern, T: (06661) 97 01 02)
Erweiterter Vorstand (Vorsitzende der Landesverbände)
Baden-Württemberg Michael Gaßner (Staatl. Ges. Amt., Starkenstr. 44, 79104 Freiburg/Brsg., T:(0761) 2 04 28 73)
Bayern N. N.
Berlin Amadeus Schubert (Ges. Amt Tempelhof, Rathausstr. 27, 12105 Berlin, T: (030) 7 02 23 56-3 51)
Bremen Ralf Stelling (Kontaktadresse: Delmestr. 144, 28199 Bremen, T:(0421) 59 16 01)
Hamburg Manfred Lante (Bez. Amt Hamburg-Nord, Ges.- u. Umweltamt, Kümmellstr. 5-7, 20243 Hamburg, T: (040) 46 67-29 23)
Hessen Thomas Schmidt (Ges. Amt Main-Kinzig-Kreis, Barbarossastr. 24, 63571 Gelnhausen, T: (06051) 8 53 65, Telefax: (06051) 8 53 73)
Niedersachsen Rolf Grimme (Ges. Amt Landkrs. Helmstedt, Elzweg 19, 38350 Helmstedt, T:(05351) 1 21-4 77)
Nordrhein-Westfalen N. N.
Rheinland-Pfalz Fritz Hörner (Staatl. Ges. Amt, Friedenstr. 29, 67292 Kirchheimbolanden, T:(06352) 35 44)
Saarland Bernd Nagel (Staatl. Ges. Amt, Mommstr. 31, 66606 St. Wendel, T:(06851) 93 00-10)
Schleswig-Holstein Ingo Pittelkow (Ges. Amt Storman, Reimer-Hansen-Str., 23843 Bad Oldesloe, T:(04531) 80 02 86)
Bundeswehr Gisbert Müller (Zentr. Inst. d. San. Dienstes Abt. 1, Postfach 73 40, 56065 Koblenz, T:(0261) 4 00-69 48)

• **S 231**

Verband Deutscher Betriebs- und Werksärzte e.V. - Berufsverband Deutscher Arbeitsmediziner -
Sitz: Raunheim
Geschäftsstelle:
Friedrich-Eberle-Str. 4a, 76227 Karlsruhe
T: (0721) 3 36 60 **Fax:** 3 02 45
Vorsitzende(r): Dr. Wolfgang Panter
Mitglieder: 3190

• **S 232**

Arbeitsgemeinschaft hauptamtlicher Werksärzte e.V.
c/o Thyssen Krupp Stahl AG
Kaiser-Wilhelm-Str. 100, 47166 Duisburg
T: (0203) 5 22 43 59 **Fax:** 5 22 68 37
E-Mail: baed@tks.thyssenkrupp.com
Gründung: 1996 (09. März)
Sprecher: Dr.med. Klaus Etzler
Stellv. Sprecher: Prof. Dr.med. Claus Piekarski
Dr. med. Klaus-Joachim Koffler
Mitglieder: 22

• **S 233**

Unabhängiger Ärzteverband Deutschlands e.V. "Der freie Arzt"
Christianstr. 11, 50259 Pulheim
T: (02238) 8 14 39 **Fax:** 84 08 18
Gründung: 1961 (8. November)
Bundesvorsitzende(r): Dr.med. Wolfgang Grote (Bunzlauer Str. 4, 50858 Köln)

• **S 234**

Arbeitsgemeinschaft für Arztrecht
Postf. 41 01 65, 76201 Karlsruhe
Schinnrainstr. 15, 76227 Karlsruhe
T: (0721) 49 45 90 **Fax:** 49 63 20
Internet: http://www.arztr.de
E-Mail: arbeitsgemeinschaft@arztr.de
Gründung: 1984 (25. Oktober)
Vorsitzende(r): Prof. Dr.med. K. Junghanns
Verbandszeitschrift: Arztrecht
Verlag: Verlag für Arztrecht, Schinnrainstr. 15, 76227 Karlsruhe
Mitglieder: 11

• **S 235**

KVDA - Kraftfahrverband Deutscher Aerzte e.V.
"arzt und auto"
Langer Weg 18, 60489 Frankfurt
T: (069) 97 84 32 51 **Fax:** 97 84 32 53
E-Mail: kvda.de@t-online.de
Gründung: 1907
Präsident(in): Prof. Dr. med. Eckart Wernicke (65812 Bad Soden-Neuenhain/Ts.)
Vizepräsident(in): Apotheker Ulfert Uken (26419 Schortens)
Leitung Presseabteilung: Prof. Dr. med. Eckart Wernicke
Verbandszeitschrift: arzt + auto
Redaktion: KVDA-Verlag, Langer Weg 18, 60489 Frankfurt a. Main
Mitglieder: 6000
Mitarbeiter: 3

Landesverbände

s 236

KVDA-Landesverband Berlin-Brandenburg
Kaiser-Wilhelm-Str. 89, 12247 Berlin
T: (030) 7 74 13 13 **Fax:** 7 74 86 37
Dr. Albri

s 237

KVDA-Landesverband Hansa
Am Markt 11, 25355 Barmstedt
T: (04123) 25 82 **Fax:** 13 56
Apotheker Muenstedt

s 238

KVDA-Landesverband Hannover-Braunschweig
Am Buchhorn 19, 30890 Barsinghausen
T: (05105) 10 88 **Fax:** 51 53 52
ZA B. Schwarzer

s 239

KVDA-Landesverband Westfalen-Lippe
Im Flothfeld 164, 48329 Havixbeck
T: (02507) 73 28
Dr. Pfeiffer

s 240

KVDA-Landesverband Niederrhein
Grafenberger Allee 49, 40237 Düsseldorf
T: (0211) 67 34 09 **Fax:** 67 34 08
Dr. Serger

s 241

KVDA-Landesverband Ruhrgebiet
Holteystr. 25, 44267 Dortmund
T: (0231) 46 22 20
Dr. Hermann

s 242

KVDA-Landesverband Hessen
Langer Weg 18, 60489 Frankfurt
T: (069) 97 84 32 51, 97 84 32 53
Prof. Dr. E. Halberstadt

s 243

KVDA-Landesverband Baden-Württemberg
Birkheckenstr. 11, 70599 Stuttgart
T: (0711) 45 39 39 **Fax:** 45 39 39
Dr. Mattis

s 244

KVDA-Landesverband Bayern-Nord
Postf. 100214, 95402 Bayreuth
T: (0921) 6 52 33
Dr. S. Borns

s 245

KVDA-Landesverband Bayern-Süd
Krankenh.-München Bogenhausen
Englschalkinger Str. 77, 81925 München
T: (089) 92 70 23 10, 7 14 62 76 **Fax:** 92 70 20 67
Dr. Keiditsch

s 246

KVDA-Landesverband Rhein-Saar-Pfalz
Eichenstr. 46, 67067 Ludwigshafen
T: (0621) 55 99 11
S. Meyer

s 247

KVDA-Landesverband Köln-Aachen
Martin-Luther-Str. 11, 52477 Alsdorf
T: (02404) 2 10 15 **Fax:** 46 31
Dr. Kempen

s 248

KVDA-Landesverband Schleswig-Holstein
Parsevalstr. 7, 24943 Flensburg
T: (0461) 1 82 60 02 **Fax:** 1 82 60 95
Dr. Joachim Paul

s 249

KVDA-Landesverband Nordsee
Menkestr. 10, 26419 Schortens
T: (04461) 88 66 (d), 88 34 (p) **Fax:** 8 35 81
Apotheker U. Uken

s 250

KVDA-Landesverband Sachsen
Gletschersteinstr. 34, 04299 Leipzig
T: (0341) 8 61 68 68 (d), 8 78 19 94 (p) **Fax:** 8 62 03 78
Dr. M. Burgkhardt

s 251

KVDA-Landesverband Hansa
Ernst-Albers-Str. 14A, 22043 Hamburg
T: (040) 6 56 51 00
Dr. Helmut Kuehn

s 252

KVDA-Landesverband Düsseldorf
Mörsenbroicher Weg 73, 40470 Düsseldorf
T: (0211) 63 36 50 **Fax:** 63 36 50
Dr. W. Schoeldgen

• **S 253**

Kongreßgesellschaft für ärztliche Fortbildung e.V.
c/o Airport-Bureau Center
Riedemannweg 58, 13627 Berlin
T: (030) 45 07 87 97, 45 07 88 07 **Fax:** 45 07 89 27
Vorst. u. Geschf.: Prof. Dr. R. Gotzen
Leitung Presseabteilung: Klaus Hechler

• **S 2 54.10**

Ärztebund für Umwelt- und Lebensschutz e.V.
Am Knüll 8, 23881 Koberg
Gründung: 1979 (26. August)
Vorsitzende(r): N. N.
Hauptgeschäftsführer(in): Siegfried von Wedel
Mitglieder: 250

• **S 2 54.20**

Ökologischer Ärztebund e.V.
Fedelhören 88, 28203 Bremen
T: (0421) 4 98 42 51 **Fax:** 4 98 42 52
Internet: http://www.bremen.de/info/oekoaerztebund
E-Mail: oekologischer.aerztebund@t-online.de
Gründung: 1987
Vorsitzende(r): Dr.med. Alexander Mauckner
Dr.med. Joachim Hensel
Dr. med. Jürgen Bilger
Geschäftsführer(in): Erik Petersen (Ltg. Presseabt.)
Verbandszeitschrift: Umwelt·Medizin·Gesellschaft
Verlag: UMG Verlagsges. mbH, Fedelhören 88, 28203 Bremen
Mitglieder: ca. 500
Mitarbeiter: 1 hauptamtl., 10 ehrenamtl.

• **S 254**

Deutsche Ärztegemeinschaft für medizinische Zusammenarbeit e.V.
Anerkannte zentrale Beschaffungsstelle für Arzneimittel (DÄZ)
Prenzlauer Allee 90, 10409 Berlin
T: (030) 4 21 38 28/29 **Fax:** 4 21 38 28/29
E-Mail: daez.berlin@t-online.de
Gründung: 1951
Vorsitzende(r): Dr. Rainer Kniebel
Mitglieder: 49
Mitarbeiter: 3 voll- u. teilzeit
Jahresetat: DM 0,3 Mio, € 0,15 Mio

Zahnärztliche Berufsvertretungen in Deutschland

• **S 255**

Bundeszahnärztekammer
Arbeitsgemeinschaft der Deutschen Zahnärztekammern e.V.
Postf. 41 01 68, 50861 Köln
Universitätsstr. 71-73, 50931 Köln
T: (0221) 40 01-0 **Fax:** 40 40 35
Gründung: 1953 (31. März)
Internationaler Zusammenschluß: siehe unter izs 189
Präsident(in): Dr. Fritz-Josef Willmes (Auf dem Kreuz 23, 89073 Ulm, T: (0731) 2 29 80 (Praxis), Telefax: (0731) 2 49 71)
Vizepräsident(in): Dr. Wolfgang Sprekels (Johnsallee 19, 20148 Hamburg, T: (040) 44 29 18, Telefax: (040) 44 94 43)
Dr. Jobst-Wilken Carl (Meller Str. 164-166, 49082 Osnabrück, T: (0541) 57 33 10 (Praxis), Telefax: (0541) 58 77 25)
Verb.-Dir: Dr. Detlef Schulze-Wilk
Abteilungsleiter: Dipl.-Volksw. Hartmut Friel
Dr. Peter Kurz
Michael Krone
Uwe Stohner
Barbara Bergmann-Krauss
Chefredakteur d. Zahnärztlichen Mitteilungen: Dipl.-Volksw. Hartmut Friel
Informationsstelle der Deutschen Zahnärzte: Christof Schumacher

Baden-Württemberg

• **S 256**

Landeszahnärztekammer Baden-Württemberg
Postf. 10 29 40, 70025 Stuttgart
Herdweg 59, 70174 Stuttgart
T: (0711) 2 28 45-0 **Fax:** 2 28 45-40
Präsident(in): Dr. Rüdiger Engel (Bunsenstr. 18, 76135 Karlsruhe, T: (0721) 81 76 22, Telefax: (0721) 81 32 17)
Stellvertretende(r) Vorsitzende(r): Dr. Udo Lenke (Radbrunnengasse 1, 71665 Vaihingen, T: (07042) 1 62 77, Fax: (07042) 9 88 96)
Geschäftsführer(in): Dir. Johann Glück

Bayern

• **S 257**

Bayerische Landeszahnärztekammer
Fallstr. 34, 81369 München
T: (089) 7 24 80-0 **Fax:** 7 24 80-113
Präsident(in): Dr. Dr. Joseph Kastenbauer (Bahnhofstr. 14, 84503 Altötting, T: (08671) 54 77, Telefax: (08671) 54 34)
Vizepräsident(in): Dr. Wolfgang Heubisch (Rosenkavalierplatz 9, 81925 München, T: (089) 91 94 93, Telefax: (089) 91 12 19)
Hauptgeschäftsführer(in): Peter Knüpper

Berlin

• **S 258**

Zahnärztekammer Berlin
Stallstr. 1, 10585 Berlin
T: (030) 3 48 08-0 **Fax:** 3 48 08-100
Präsident(in): Dr. Christian Bolstorff (Habelschwerdter Allee 27, 14195 Berlin, T: (030) 84 10 88 50, Fax: (030) 84 10 88 52)
Vizepräsident(in): Dr. Jürgen Gromball (Pichelsdorfer Str. 63, 13595 Berlin, T: (030) 3 62 08 30, Fax: (030) 36 20 83 25)
Geschäftsführer(in): Assessor jur. Reinhard Biker

Brandenburg

• **S 259**

Landeszahnärztekammer Brandenburg
Parzellenstr. 94, 03046 Cottbus
T: (0355) 3 81 48-0 **Fax:** 3 81 48-48
Präsident(in): Jürgen Herbert (Karl-Liebknecht-Str. 3, 03046 Cottbus, T: (0355) 2 49 57, Telefax: (0355) 79 43 43)
Vizepräsident(in): Dr. Eberhard Steglich (Märkischer Ring 1, 03172 Guben, T: (03561) 5 20 48, Telefax: (03561) 5 20 48)
Geschäftsführer(in): Maria-Luise Decker

Bremen

• **S 260**

Zahnärztekammer Bremen
Postf. 33 03 69, 28333 Bremen
Universitätsallee 25, 28359 Bremen
T: (0421) 2 20 07-0 **Fax:** 2 20 07-31
Präsident(in): Dr. Brita Petersen (Kirchhuchtinger Landstr. 31, 28259 Bremen, T: (0421) 58 40 30, Telefax: (0421) 58 40 94)
Vizepräsident(in): Eugen Dawirs (Bismarckstr. 22, 27570 Bremerhaven, T: (0471) 9 22 00 22, Fax: (0471) 9 22 00 11)
Geschäftsführer(in): Andreas Scholz

Hamburg

• **S 261**

Zahnärztekammer Hamburg
Postf. 74 09 25, 22099 Hamburg
Möllner Landstr. 31, 22111 Hamburg
T: (040) 73 34 05-0 **Fax:** 7 32 58 28
Präsident(in): Dr. Wolfgang Sprekels (Johnsallee 19, 20148 Hamburg, T: (040) 44 29 18 od. 4 10 59 08, Telefax: (040) 44 94 43)
Vizepräsident(in): Dr. Helmut Pfeffer (Weidenbaumsweg 6, 21029 Hamburg, T: (040) 7 24 28 09, Telefax: (040) 7 24 02 98)
Geschäftsführer(in): Dipl.-Kfm. Edgar Oelrich

Hessen

• S 262

Landeszahnärztekammer Hessen
Postf. 39 40, 65029 Wiesbaden
Aarstr. 1, 65195 Wiesbaden
T: (0611) 40 80-0
Präsident(in): Dr. Michael Frank (Alte Viernheimer Str. 2, 68623 Lampertheim, T: (06206) 24 42, Fax: (06206) 21 72)
Vizepräsident(in): Dr. Giesbert Schulz-Freywald (Holbeinstr. 56, 60596 Frankfurt, T: (069) 63 64 85, Fax: (069) 63 72 17)
Hauptgeschäftsführer(in): Ass. Joachim Garth

Mecklenburg-Vorpommern

• S 263

Zahnärztekammer Mecklenburg-Vorpommern
Wismarsche Str. 304, 19055 Schwerin
T: (0385) 5 91 08-0 **Fax:** 5 91 08-20
Präsident(in): Dr. Dietmar Oesterreich (Schultetusstr. 22, 17153 Stavenhagen, T: (039954) 2 21 85, Telefax: (039954) 2 21 85)
Vizepräsident(in): Dr. Harald Möhler (EKZ Hamburger Allee A 1, 19063 Schwerin, T: (0385) 3 94 20 68, (03867) 74 96 (privat), Telefax: (0385) 3 94 20 40)
Geschäftsführer(in): Dr. Peter Berg

Niedersachsen

• S 264

Zahnärztekammer Niedersachsen
Postf. 81 06 61, 30506 Hannover
Zeißstr. 11a, 30519 Hannover
T: (0511) 8 33 91-0 **Fax:** 8 33 91-116, 81 12-106 (Presseabt.)
Präsident(in): Dr. Dr. Henning Borchers (Sallstr. 6, 30171 Hannover, T: (0511) 81 63 65, Fax: (0511) 28 25 02)
Vizepräsident(in): Dr. Joachim Wömpner (Weserstr. 22, 31737 Rinteln, T: (05751) 95 75 00, Fax: (05751) 4 41 55)
Hauptgeschäftsführer(in): Ass. Alexa A. Becker (T: (0511) 8 33 71-110)

Nordrhein

• S 265

Zahnärztekammer Nordrhein
Körperschaft des öffentlichen Rechts
Postf. 10 55 15, 40046 Düsseldorf
Emanuel-Leutze-Str. 8, 40547 Düsseldorf
T: (0211) 52 60 50 **Fax:** 5 26 05 21
Präsident(in): Dr. Paul Schöning (Apollinarisstr. 28, 40227 Düsseldorf, T: (0211) 72 21 59, Fax: (0211) 78 00 77)
Vizepräsident(in): Dr. Erhard Ricken (Nibelungenweg 21, 50996 Köln, T: (0221) 39 15 60, Fax: (0221) 39 46 00)
Zahnärztl. Dir.: Dr. Peter Dierks

Rheinland-Pfalz

• S 266

Landeszahnärztekammer Rheinland-Pfalz
Frauenlobplatz 2, 55118 Mainz
T: (06131) 9 61 36 60 **Fax:** 9 61 36 89
Präsident(in): Dr. Rüdiger Krebs (Schillerplatz 3, 55232 Alzey, T: (06731) 25 32, Telefax: (06731) 21 69)
Stellv. Präs.: Dr. Otto W. Müller (Johannes-Str.7, 67346 Speyer, T: (06232) 7 33 22, Fax: 2 40 44)
Hauptgeschäftsführer(in): Dr. Markus Schulte
Stellv. Hauptgeschäftsführerin: Archibald Salm

Saarland

• S 267

Ärztekammer des Saarlandes
- Abt. Zahnärzte -
Haus der Zahnärzte
Postf. 10 16 61, 66016 Saarbrücken
Puccinistr. 2, 66119 Saarbrücken
T: (0681) 58 60 80 **Fax:** 5 84 61 53
Vorsitzende(r): Dr. Wolfgang Weis (Eisenbahnstr. 25, 66117 Saarbrücken, T: (0681) 5 61 26, Telefax: (0681) 5 89 89 50)
Stellvertretende(r) Vorsitzende(r): Dr. Manfred Grub (Hochwaldstr. 10, 66679 Losheim, T: (06872) 20 30, Telefax: (06872) 83 51)
Geschäftsführer(in): Ass. Bernhard Kuntz

Sachsen

• S 268

Landeszahnärztekammer Sachsen
Geschäftsstelle:
Schützenhöhe 11, 01099 Dresden
T: (0351) 8 06 60 **Fax:** 8 06 62 41
Internet: http://www.zahnaerzte-in-sachsen.de
Präsident(in): Dr. Joachim Lüddecke
1. Vizepräs.: Dr. Jürgen Knepper
2. Vizepräs.: Dr. Stephan Albani
Geschäftsführer(in): Dipl.-Ing. Sabine Dudda

Sachsen-Anhalt

• S 269

Zahnärztekammer Sachsen-Anhalt
Geschäftsstelle:
Postf. 43 09, 39018 Magdeburg
Große Diesdorfer Str. 162, 39110 Magdeburg
T: (0391) 73 93 90 **Fax:** 7 39 39 20
Präsident(in): Dr. Frank Dreihaupt (Bismarckstr. 10, 39517 Tangerhütte, T: (03935) 2 84 24, Fax: (03935) 2 82 66)
1. Vizepräsident: Burkhard Labs (Krumme Str. 25 a, 39221 Welsleben, T: (039296) 2 02 37, Fax: (039296) 2 08 72)
2. Vizepräsident: Dr.Dr. Gerhard Rehmann (H.-Löns-Weg 22, 38855 Wernigerode, T: (03943) 63 29 14, Fax: (03943) 90 60 16)
Geschäftsführer(in): RA Hans-Hugo Rau

Schleswig-Holstein

• S 270

Zahnärztekammer Schleswig-Holstein KdöR
Westring 498, 24106 Kiel
T: (0431) 3 89 72 00 **Fax:** 3 89 72 10
Internet: http://www.zahnaerztekammer-sh.de
E-Mail: central@zaek-sh.de
Gründung: 1946 (27. April)
Präsident(in): Dr. Tycho Jürgensen (Friesische Str. 84, 24937 Flensburg, T: (0461) 5 90 50, Fax: (0461) 5 39 18)
Vizepräsident(in): ZA. Hans-Peter Küchenmeister (Daldorfer Str. 15, 24635 Rickling, T: (04328) 2 08, Telefax: (04328) 15 16)
Geschäftsführer(in): Dr.med.dent. Thomas Ruff

Thüringen

• S 271

Landeszahnärztekammer Thüringen
Mittelhäuser Str. 76-79, 99089 Erfurt
T: (0361) 7 43 20 **Fax:** 7 43 21 50
E-Mail: lzkth@t-online.de
Präsident(in): Dr. Lothar Bergholz (Sophienstraße 41, 99817 Eisenach, T: (03691) 7 52 19, Fax: 74 66 86)
Vizepräsident(in): Dr. Andreas Wagner (Bonifaciusstr. 4, 99084 Erfurt, T: (0361) 2 25 19 30, Telefax: (0361) 2 25 19 36)
Geschäftsführer(in): Ass.jur. Dipl.-Betriebsw. Jürgen W.F. Kohlschmidt

Westfalen-Lippe

• S 272

Zahnärztekammer Westfalen-Lippe
Postf. 88 43, 48047 Münster
Auf der Horst 29, 48147 Münster
T: (0251) 5 07-0 **Fax:** 5 07-5 70
Präsident(in): Dr. Dr. Jürgen Weitkamp (Osnabrücker Str. 30, 32312 Lübbecke, T: (05741) 56 66, Telefax: (05741) 9 02 74)
Vizepräsident(in): Dr. Klaus Bartling (Wambeler Hellweg 110, 44143 Dortmund, T: (0231) 59 00 81, Fax: 51 63 30)
Direktor(in): Dr. jur. Jochen Neumann-Wedekindt

Kassenzahnärztliche Vereinigungen in Deutschland

• S 273

Kassenzahnärztliche Bundesvereinigung
Universitätsstr. 71-73, 50931 Köln
T: (0221) 40 01-0 **Fax:** 40 40 35
Internet: http://www.kzbv.de
Gründung: 1953
Leitung:
Dr. Karl Horst Schirbort (Vors.)
Dr. Peter Kuttruff (stellv. Vors.)
Dr. Michael Weber (Geschäftsführer)
Prof. Dr. Burkhard Tiemann (Vorstandsbevollmächtigter)
Geschäftsbereichsleitung: Ass. Holger Tadsen
Dr. Thomas Muschallik
Institut der Deutschen Zahnärzte: Dr. Wolfgang Micheelis (wissenschaftl. Leiter)
Informationsstelle der Deutschen Zahnärzte: Christof Schumacher (Leiter)
Zahnärztliche Mitteilung: Dipl.-Volksw. Hartmut Friel (Chefredakteur)
Vertretung der KZBV am Regierungssitz: Dipl.-Vw. Elfi Schmidt-Garrecht (Leiterin)
Mitgliedsverbände: 22 Kassenzahnärztliche Vereinigungen (KZVen)

Die KZBV erfüllt die Aufgaben, die sich aus den gesetzlichen Vorschriften ergeben. Dazu zählen insbesondere:
Die nach dem SGB V den Krankenkassen obliegende zahnärztliche Versorgung entsprechend den gesetzlichen und vertraglichen Erfordernissen sicherzustellen; der Abschluß der Bundesmantelverträge mit den Spitzenverbänden der Krankenkassen und dem VdAK/AEV sowie der Gesamtverträge mit Kostenträgern, deren Zuständigkeit sich über den Bereich einer Kassenzahnärztlichen Vereinigung heraus erstreckt; die Mitwirkung im Bundesausschuß der Zahnärzte und Krankenkassen zur Aufstellung von Richtlinien; die Regelung der überbezirklichen Durchführung der kassenzahnärztlichen Versorgung und des Zahlungsausgleichs zwischen den Kassenzahnärztlichen Vereinigungen; die Aufstellung von Richtlinien über die Betriebs-, Wirtschafts- und Rechnungsführung der kassenzahnärztlichen Vereinigungen; Mitwirkung im Bundesschiedsamt für die kassenzahnärztliche Versorgung, im Bewertungsausschuß der Zahnärzte und Krankenkassen und in den Vertragsausschüssen; die Führung des Bundeszahnarztregisters; die statistische Erfassung und Auswertung der Abrechnungsergebnisse aus der zahnärztlichen Vertragstätigkeit.

Baden-Württemberg

• S 274

Kassenzahnärztliche Vereinigung für den Regierungsbezirk Karlsruhe
Postf. 10 18 62, 68018 Mannheim
Joseph-Meyer-Str. 8-10, 68167 Mannheim
T: (0621) 3 80 00-0 **Fax:** 3 80 00-100
E-Mail: kzvbzkka@widat.de
Vorsitzende(r): Dr. Wolfgang Gutermann (Dossenheimer Landstr. 56, 69121 Heidelberg, T: (06221) 41 18 88, Telefax: (06221) 41 01 63)
Stellvertretende(r) Vorsitzende(r): Dr. Uwe Lückgen (Hauptstr. 100, 69207 Sandhausen, T: (06224) 59 91 00)
Hauptgeschäftsführer(in): Dir. Dipl.-Volksw. Klaus Schlechtweg

• S 275

Kassenzahnärztliche Vereinigung für den Regierungsbezirk Freiburg
Merzhauser Str. 114-116, 79100 Freiburg
T: (0761) 45 06-0 **Fax:** 45 06-4 00,
Vorst. u. Geschf.: (0761) 45 06-4 30
Internet: http://www.zahn-forum.de
E-Mail: info@kzv-freiburg.de
1. Vorsitzende(r): Dr. Konrad Hartmann (Appenweierer Str. 10, 77704 Oberkirch, T: (07802) 23 27, Fax: 58 37)
2. Vorsitzende(r): Dr. Konstantin Baer (Hauptstr. 70, 77855 Achern, T: (07841) 62900, Fax: 2 85 97)
Hauptgeschäftsführer(in): Dipl.-Volksw. Karl Schönenberger
Geschäftsführer(in): Dipl.-Volksw. Christoph Besters

• S 276

Kassenzahnärztliche Vereinigung für den Regierungsbezirk Stuttgart
Postf. 80 06 23, 70506 Stuttgart
Albstadtweg 9, 70567 Stuttgart
T: (0711) 78 77-0 **Fax:** 7 87 72 65
1. Vorsitzende(r): Horst Raff (Österfeldstr. 22, 70563 Stuttgart, T: (0711) 73 12 73, Telefax: (0711) 73 12 12)
2. Vorsitzende(r): Dr. Peter Kuttruff (Solitudestr. 237, 70499 Stuttgart, T: (0711) 88 12 60/69, Telefax: (0711) 8 87 36 57)
Hauptgeschäftsführer(in): Dir. Dipl.-Kfm. Karl-Heinz Wissing

• S 277

Kassenzahnärztliche Vereinigung für den Regierungsbezirk Tübingen
Postf. 41 55, 72772 Reutlingen
Bismarckstr. 96, 72072 Tübingen
T: (07071) 91 10 **Fax:** 91 11 31/32

1. Vorsitzende(r): Dr. Wolfgang Rumetsch (Postf. 50 42, 72731 Reutlingen-Gönningen, T: (07072) 23 16)
2. Vorsitzende(r): Dr. Friedrich Vollmer (Hohenstaufenstr. 3, 72800 Eningen u.A., T: (07121) 8 21 06)
Hauptgeschäftsführer(in): Dir. Horst Cox (Telefax: (07071) 91 11 12)

Bayern

• S 278

Kassenzahnärztliche Vereinigung Bayerns (KZVB)
Postf. 70 10 68, 81310 München
Fallstr. 34, 81369 München
T: (089) 7 24 01-0 **Fax:** 72 40 12 76 od. 2 91
1. Vorsitzende(r): Dr. Rolf-Jürgen Löffler (Salzburger Str. 52, 83071 Schloßberg, T: (08031) 7 29 99, Telefax: (08031) 7 10 31)
2. Vorsitzende(r): Dr. Manfred Kinner (Udalrichstr. 2, 80933 München, T: (089) 3 13 30 59, Telefax: (089) 3 13 58 43)
Geschäftsführer(in): Dipl.-Kfm. Dr. Walter Donhauser
GeschF u. Justitiar: Dr. Christian Freund
Bereich Abrechnungsstelle der KZVB
Bereich d. Bereiches Abrechnungsstelle: Dr. Dieter Kloß (Klingerstr. 16/4, 81369 München, T: (089) 76 91 68)
Ltr. d. Hauptabt. Ausschüsse u. Gutachten: Dr. Wilhelm Kaspar (Fallstr. 34, 81369 München, T: (089) 7 24 01-4 01)

Berlin

• S 279

Kassenzahnärztliche Vereinigung Berlin -Körperschaft des öffentlichen Rechts -
10702 Berlin
Georg-Wilhelm-Str. 16, 10711 Berlin
T: (030) 8 90 04-0 **Fax:** 8 90 04-1 02
Vorsitzende(r): Dr. Jürgen Seligmann (Hauptstr. 68a, 12159 Berlin, T: (030) 8 52 75 30, Telefax: (030) 8 33 35 77; Postanschrift: Weddingenweg 71, 12205 Berlin (Lichterfelde))
Stellvertretende(r) Vorsitzende(r): Dr. Jörg-Peter Husemann (Mittelstr. 22, 12167 Berlin, T: (030) 7 91 16 66, Telefax: (030) 7 91 16 86)
Hauptgeschäftsführer(in): Peter Herzog

Brandenburg

• S 280

Kassenzahnärztliche Vereinigung Land Brandenburg
Helene-Lange-Str. 4-5, 14469 Potsdam
T: (0331) 29 77-0 **Fax:** 29 77-318
Vorsitzende(r): Dr. Gerhard Bundschuh (Tristanstr. 47, 14476 Groß Glienicke, T: (033201) 3 12 33 (Praxis), (033201) 3 13 10 (privat), Telefax: (033201) 3 18 96 (privat))
Stellvertretende(r) Vorsitzende(r): ZA Thomas Schmidt (Schönfließer Str. 4, 16540 Hohen Neuendorf, T: (03303) 50 07 45, Fax: 50 21 22)
Hauptgeschäftsführer(in): Rainer Linke (T: (0331) 2 97 73 11)
Kaufmännischer Geschäftsführer: Helmut Faulstroh (T: (0331) 2 97 73 13)

Bremen

• S 281

Kassenzahnärztliche Vereinigung im Lande Bremen
- Körperschaft des öffentlichen Rechts -
Postf. 33 03 69, 28333 Bremen
Universitätsallee 25, 28359 Bremen
T: (0421) 2 20 07-0 **Fax:** 2 20 07-31
Internet: http://www.bremer-zahnaerztehaus.de
E-Mail: info@bremer-zahnaerztehaus.de
Vorsitzende(r): Dr. Gerd Knauerhase (Wachmannstr. 121, 28209 Bremen, T: (0421) 34 45 45, Telefax: (0421) 3 49 95 20 (Praxis), (0421) 3 47 70 07 (privat))
Stellvertretende(r) Vorsitzende(r): Dr. Dirk Mittermeier (Alte Wede 2a, 28325 Bremen, T: (0471) 40 07 87, Telefax: (0471) 40 66 77)
Hauptgeschäftsführer(in): Karlheinz Siegert (T: (0421) 2 20 07-25/26 (Sekretariat))
Geschäftsführer(in): Andreas Scholz (T: (0421) 2 20 07-0)

Hamburg

• S 282

Kassenzahnärztliche Vereinigung Hamburg -Körperschaft des öffentlichen Rechts -
Zahnärztehaus
Postf. 11 12 13, 20412 Hamburg
Katharinenbrücke 1, 20457 Hamburg
T: (040) 36 14 70 **Fax:** 36 44 70
Vorsitzende(r): Dr. Wolfgang Klenke (Große Bleichen 32, 20354 Hamburg, T: (040) 34 44 99, Telefax: (040) 35 34 50)
Stellvertretende(r) Vorsitzende(r): Dr. Klaus-Peter Buhtz (Kleekamp 6, 22339 Hamburg, T: (040) 59 91 64, Telefax: (040) 50 25 60)
Geschäftsführer(in): Wolfgang Leischner

Hessen

• S 283

Kassenzahnärztliche Vereinigung Hessen - Körperschaft des öffentlichen Rechts -
Postf. 71 05 52, 60495 Frankfurt
Lyoner Str. 21, 60528 Frankfurt
T: (069) 66 07-0 **Fax:** 66 07-3 44
Vorsitzende(r): Dr. Jürgen Fedderwitz (Dotzheimer Str. 178, 65197 Wiesbaden, T: (0611) 42 07 30, Telefax: (0611) 42 16 77)
Stellvertretende(r) Vorsitzende(r): Dr. Ulf Utech (Lyoner Str. 44-48, 60528 Frankfurt, T: (069) 6 66 72 42, Telefax: (069) 6 66 89 34)
Geschäftsführer(in): Dipl.-Betriebsw. Günter Gerlach
Klaus Dieter Meyer

Mecklenburg-Vorpommern

• S 284

Kassenzahnärztliche Vereinigung Mecklenburg-Vorpommern
Postf. 16 02 43, 19092 Schwerin
Wismarsche Str. 302, 19055 Schwerin
T: (0385) 54 92-0 **Fax:** 54 92-498
Vorsitzende(r): Dr. Wilfried Kopp (Niklotstr. 39, 18273 Güstrow, T: (03843) 21 45 53, Telefax: (03843) 2 22 72)
Stellvertretende(r) Vorsitzende(r): Dr. Torsten Albrecht (Friedrich-Engels-Str. 12 b, 18435 Stralsund, T: (03831) 39 26 94, Telefax: (03831) 39 21 03)
Hauptgeschäftsführer(in): Dipl.-Betriebsw. Wolfgang Abeln (T: (0385) 54 92-0)

Niedersachsen

• S 285

Kassenzahnärztliche Vereinigung Niedersachsen -Körperschaft des öffentlichen Rechts -
Postf. 81 03 64, 30503 Hannover
Zeißstr. 11, 30519 Hannover
T: (0511) 84 05-0 **Fax:** 34 93-300
1. Vorsitzende(r): Dr. Karl Horst Schirbort (Peiner Weg 13a, 31303 Burgdorf, T: (05136) 20 39, Telefax: (05136) 36 73)
2. Vorsitzende(r): Dr. Hans-Hermann Liepe (Mendelssohnstr. 10, 30173 Hannover, T: (0511) 8 80 819, Fax: 8 80 882)
Geschäftsführer(in): Rudolf Theinert (T: (0511) 84 05-2 12)

Nordrhein

• S 286

Kassenzahnärztliche Vereinigung Nordrhein - Körperschaft des öffentlichen Rechts -
Postf. 14 03 52, 40073 Düsseldorf
Lindemannstr. 34-42, 40237 Düsseldorf
T: (0211) 96 84-0 **Fax:** 96 84-3 33
Vorsitzende(r) des Vorstandes: Ralf Wagner
Stellv. Vors. d. Vorst.: Dr. H.-G. Bußmann
Geschäftsführer(in): Dipl.-Vw. Manfred P. Ingenhoven
Assessor jur. Rolf Hehemann

Rheinland-Pfalz

• S 287

Kassenzahnärztliche Vereinigung Koblenz-Trier - Körperschaft des öffentlichen Rechts -
Bahnhofstr. 12, 56068 Koblenz
T: (0261) 91 20-0 **Fax:** 91 20-2 60
Vorsitzende(r): Dr. Rudolf Hegerl (Waldenbungert 3, 54550 Daun, T: (06592) 25 02, Telefax: (06592) 75 90)
Stellvertretende(r) Vorsitzende(r): Dr. Wolfgang Witzenhausen (Schloßstr. 34a, 56068 Koblenz, T: (0261) 3 23 87, Telefax: (0261) 3 52 44 23)
Geschf. Dir.: Dr. jur. Mirko Steudle

• S 288

Kassenzahnärztliche Vereinigung Pfalz - Körperschaft des öffentlichen Rechts -
Postf. 21 73 20, 67073 Ludwigshafen
Brunhildenstr. 1, 67059 Ludwigshafen
T: (0621) 59 69-0 **Fax:** 62 29 72
Vorsitzende(r): Dr. Helmut Stein (Hauptstr. 2, 66978 Clausen, T: (06333) 26 72, Telefax: (06333) 31 33)
Stellvertretende(r) Vorsitzende(r): Dr. Ludwig Brokamp (Alleestr. 4, 67697 Otterberg, T: (06301) 21 95, Telefax: (06301) 3 14 20)
Hauptgeschäftsführer(in): Ass. Joachim Stöbener

• S 289

Kassenzahnärztliche Vereinigung Rheinhessen - Körperschaft des öffentlichen Rechts -
Postf. 26 04, 55016 Mainz
Eppichmauergasse 1, 55116 Mainz
T: (06131) 28 77 60 **Fax:** 22 57 06
Vorsitzende(r): Dr. Jürgen Braun-Himmerich (Bleichweg 18, 55283 Nierstein, T: (06133) 53 07, Telefax: (06133) 53 73)
Stellvertretende(r) Vorsitzende(r): ZA Helmut Conrad (Heinrichstr. 10, 55411 Bingen, T: (06721) 1 50 25, Telefax: (06721) 1 50 58)
Geschäftsführer(in): Ass. Maxim Hasselwander

Saarland

• S 290

Kassenzahnärztliche Vereinigung Saarland - Körperschaft des öffentlichen Rechts -
Haus der Zahnärzte
Puccinistr. 2, 66119 Saarbrücken
T: (0681) 58 60 80 **Fax:** 5 86 08 14
Präsident(in): Sanitätsrat Dr. Manfred Grub (Hochwaldstr. 10, 66679 Losheim, T: (06872) 20 30, Telefax: (06872) 83 51)
Vorsitzende(r): Dr. Frank Arenz (Rheinstr. 37, 66113 Saarbrücken, T: (0681) 74 04 66, Telefax: (0681) 7 48 41)
Geschäftsführer(in): Peter Schuler
Stellvertretende(r) Geschäftsführer(in): Ass. Bernhard Kuntz

Sachsen

• S 291

Kassenzahnärztliche Vereinigung Sachsen K.d.ö.R.
Postf. 10 09 54, 01079 Dresden
Schützenhöhe 11, 01099 Dresden
T: (0351) 80 53-620 **Fax:** 80 53-621
Vorsitzende(r): Dr. Dieter Natusch
Stellvertretende(r) Vorsitzende(r): Dr. Holger Weißig
Hauptgeschäftsführer(in): Dr. Ralph Nikolaus (KZV Sachsen, Schützenhöhe 11, 01099 Dresden)
Geschäftsführer(in): N. N.

Sachsen-Anhalt

• S 292

Kassenzahnärztliche Vereinigung Sachsen-Anhalt
Postf. 18 80, 39008 Magdeburg
Doctor-Eisenbart-Ring 1, 39120 Magdeburg
T: (0391) 62 93-000 **Fax:** 62 93-234
1.Vorsitzende(r): Dr. Hans Hünecke (Halberstädter Str. 143, 39112 Magdeburg, T: (0391) 6 20 95 91, Fax: 6 20 95 92 (Praxis))
2.Vorsitzender: Dr. Peter Schmidt (Fischereiweg 24, 06846 Dessau, T: (0340) 61 47 58, Fax: (0340) 61 90 42 (Praxis))
Hauptgeschäftsführer(in): Werner Kleiner
Kaufm. Geschäftsführerin: Tilla Machner

Schleswig-Holstein

• S 293

Kassenzahnärztliche Vereinigung Schleswig-Holstein - Körperschaft des öffentlichen Rechts -
Westring 498, 24106 Kiel
T: (0431) 38 97-0 **Fax:** 38 97-1 00
Vorsitzende(r): Dr. Peter Kriett (Kurhausstr. 56, 23795 Bad Segeberg, T: (04551) 37 73, Telefax: (04551) 8 17 58)

Stellvertretende(r) Vorsitzende(r): Dr. Gernot Seher (Markt 14, 24211 Preetz, T: (04342) 15 10, Fax: 71 51 22)
Kaufm. Geschäftsführer: Dipl.-Volksw. Helmut Steinmetz (T: (0431) 3 89 71 23)

Thüringen

• S 294

Kassenzahnärztliche Vereinigung Thüringen
Theo-Neubauer-Str. 14, 99085 Erfurt
T: (0361) 67 67-0 **Fax:** 67 67-104, 67 67-108
Vorsitzende(r): Dr. med. Karl-Friedrich Rommel (Schulhög 2, 99880 Mechterstädt, T: (03622) 90 72 04, Fax: (03622) 90 71 94 - Praxis)
Stellvertretende(r) Vorsitzende(r): Dipl.-Stom. Klaus-Dieter Panzner (Hoffmann-von-Fallersleben-Str. 6, 99423 Weimar, T: (03643) 90 19 76, Fax: (03643) 90 19 78 - Praxis)
Hauptgeschäftsführer(in): Michael Werner (T: (0361) 67 67-112)
Stellv. Hauptgeschäftsführer: Roul Rommeiß (T: (0361) 67 67-106)

Westfalen-Lippe

• S 295

Kassenzahnärztliche Vereinigung Westfalen-Lippe - Körperschaft des öffentlichen Rechts -
Postf. 42 20, 48023 Münster
Auf der Horst 25, 48147 Münster
T: (0251) 5 07-0 **Fax:** 5 07-117
Vorsitzende(r): Dr. Dietmar Gorski (Eiserfelder Str. 429, 57080 Siegen, T: (0271) 35 60 50, Telefax: (0271) 38 32 40)
Stellvertretende(r) Vorsitzende(r): Dr. Günther E. Buchholz (Bassfeld 14, 48291 Telgte, T: (02504) 30 28, Telefax: (02504) 7 20 42)
Geschäftsführer(in): Peter Schmidt

• S 296

Freier Verband Deutscher Zahnärzte e.V.
Bundesgeschäftsstelle
Mallwitzstr. 16, 53177 Bonn
T: (0228) 85 57-0 **Fax:** 34 79 67, 34 06 71
Bundesvorstand
Bundesvorsitzende(r): Dr. Wilfried Beckmann (Praxisanschrift: Susannenstr. 7 a, 33335 Gütersloh, T: (05241) 97 05 16, Fax: 9 70 59, e-mail: wilfried.beckmann@beckmann.notes-net.de)
1. Stellvertreter: Dr. Peter Kind (Praxisanschrift: Leipziger Str. 9-11, 04425 Taucha, T: (034298) 6 47 70, Fax: 6 47 71, e-mail: peter.kind@fvdzmail.fvdz.de)
2. Stellvertreter: Dr. Karl-Heinz Sundmacher (Hebelstr. 6, 68766 Hockenheim, T: (06205) 92 39 10, Fax: 92 39 11, e-mail: Heinz.Sundermacher@fvdzmail.fvdz.de)
Vorstand: Dr. Julius Beischer (Praxisanschrift: Vogteistr. 34, 29683 Fallingbostel, T: (05162) 30 06, Fax: 30 63)
Dr. Jürgen Braun-Himmerich (Praxisanschrift: Bleichweg 18, 55283 Nierstein, T: (06133) 53 07, Fax: 53 73, e-mail: juergen.braun-himmerich@fvdzmail.fvdz.de)
ZA Peter Eichinger (Praxisanschrift: Grünaustr. 13, 94032 Passau, T: (0851) 95 55 00, Fax: 7 03 71, e-mail: peter.eichinger@fvdzmail.fvdz.de)
Dr. Kurt-Josef Gerritz (Praxisanschrift: Voshalsfeld 63, 46552 Voerde, T: (02855) 41 41, Fax: 1 64 06)
Dipl.-Stom. Peter Luthardt (Praxisanschrift: Weimarische Str. 50a, 99326 Stadtilm, T: (03629) 34 37, Telefax: (03629) 34 37, e-mail: peter.luthardt@fvdzmail.fvdz.de)
Dr. Volker Plitz (Praxisanschrift: Theresienstr. 29, 94032 Passau, T: (0851) 3 50 39, Fax: 3 22 00, e-mail: volker.plitz@fvdzmail.fvdz.de)
Dr. Jörg Seeger (Neuer Weg 2, 24568 Kaltenkirchen, T: (04191) 33 66, Fax: 8 80 50, e-mail: joerg.seeger@fvdzmail.fvdz.de)
Dr. Franz-Josef Wilde (von-Alpen-Str. 8, 48720 Rosendahl, T: (02547) 76 26, Fax: 9 82 12, e-mail: franz-josef.wilde@fvdzmail.fvdz.de)
Verbandsdirektor: Manfred Gilles (e-mail: mg@fvdz.de)
Geschäftsführer(in): Hanspeter Schultze (e-mail: hps@fvdz.de)
Leiter der Rechtsabteilung: RA Michael Lennartz (e-mail: ml@fvdz.de)
Presse-Referent: Dipl.-Germ. Johannes Eissing (e-mail: joe@fvdz.de)
Verbandszeitschrift: Der Freie Zahnarzt
Redaktion: Pressestelle-Chefredaktion: Dr. Peter Kind, Leipziger Str. 9-11, 04425 Taucha, T: (034298) 6 47 70, Fax: (034298) 6 47 71
Verlag: Kern & Birner GmbH & Co., Postf. 90 05 80, 60445 Frankfurt
Mitglieder: 24000
Vertretung und Förderung der beruflichen Interessen der deutschen Zahnärzte.

Landesverbände

s 297

Freier Verband Deutscher Zahnärzte Landesverband Baden-Württemberg
Albstadtweg 9, 70567 Stuttgart
T: (0711) 7 80 30 90 **Fax:** 7 80 30 92
Vorsitzende(r): Dr.Dr. Heinrich Schneider (kommissarisch, Innere Heerstr. 3, 72555 Metzingen, T: (07123) 47 47, Fax: 2 01 21)
Stellvertretende(r) Vorsitzende(r): Dr. Thomas Walther (Johannes-Daur-Str. 2, 70825 Korntal, T: (0711) 8 39 97 10, Fax: 83 99 71 33)

s 298

Freier Verband Deutscher Zahnärzte Landesverband Bayern
Fallstr. 36, 81369 München
T: (089) 7 23 42 90 **Fax:** 7 23 19 07
Vorsitzende(r): Dr. Wolfgang Heidenreich (Marktplatz 1, 91166 Georgensgmünd, T: (09172) 69 52 11/12, Fax: 69 52 14)
Stellvertretende(r) Vorsitzende(r): Dr. Eugen Endstrasser (Leoprechtingstr. 27, 81739 München, T: (089) 60 37 27, Fax: 6 01 39 85)
Dr. Michael Schmiz (Fünfzehnerstr. 1, 86633 Neuburg, T: (08431) 4 10 17, Fax: 31 77)

s 299

Freier Verband Deutscher Zahnärzte Landesverband Berlin
Scharnweberstr. 138, 13405 Berlin
T: (030) 41 70 34 61 **Fax:** 41 70 00 04
Vorsitzende(r): ZA Albert Essink
Stellvertretende(r) Vorsitzende(r): Karsten Geist (Gustav-Adolf-Str. 156, 13086 Berlin, T: (030) 4 71 30 34, Fax: 47 30 03 24)
Dr. Marius Radtke (Pistoriusstr. 8, 13086 Berlin, T: (030) 9 25 05 32, Fax: 50 89 84 26)

s 300

Freier Verband Deutscher Zahnärzte Landesverband Brandenburg
Klosterstr. 2a, 16775 Gransee
T: (03306) 21 36 94 **Fax:** 21 36 95
Vorsitzende(r): Dr. Kerstin Löwe (Prenzlauer Allee 71 a, 17268 Templin, T: (03987) 62 18, Fax: 34 42 privat)
Stellvertretende(r) Vorsitzende(r): Dr. Matthias Müller (Leibnizstr. 1 B, 16225 Eberswalde, T: (03334) 23 82 42, Fax: 23 82 43)
Dr. Wolfram Sadowski (Geschäftsführer, Templiner Str. 4, 16775 Gransee, T: (03306) 2 14 93, Fax: 2 15 55)

s 301

Freier Verband Deutscher Zahnärzte Landesverband Bremen
c/o Dr. Roger Alten
Nedderland 1, 28355 Bremen
T: (0421) 25 30 46 **Fax:** 25 11 08
Vorsitzende(r): Dr. Peter Warnecke (Bremerhavener Str. 17, 28217 Bremen, T: (0421) 39 30 20, Fax: 3 99 51 51)
Stellvertretende(r) Vorsitzende(r): Dr. Klaus-Jürgen Blanck (Morgenlandstr. 15, 28237 Bremen, T: (0421) 61 19 00, Fax: 61 29 86)
Martin Sztraka (Lindenstr. 25, 28755 Bremen, T: (0421) 66 66 17, Fax: 6 58 88 98)
Geschäftsführer(in): Dr. Roger Alten

s 302

Freier Verband Deutscher Zahnärzte Landesverband Hamburg
Humboldtstr. 57-59, 22083 Hamburg
T: (040) 2 27 92 79 **Fax:** 22 26 53
Vorsitzende(r): Dr. Henning Baumbach (Harburger Rathausstr. 37, 21073 Hamburg, T: (040) 77 69 50, Fax: 7 65 20 04)
Stellvertretende(r) Vorsitzende(r): ZA Peter Helms (Eppendorfer Landstr. 108, 20249 Hamburg, T: (040) 4 60 78-110, Fax: 4 60 78-141)
ZA Hans-Bernhard Heldmann (Schweriner Str. 8, 22143 Hamburg, T: (040) 6 77 39 11, Fax: 6 77 39 45)

s 303

Freier Verband Deutscher Zahnärzte Landesverband Hessen
Lyoner Str. 21, 60528 Frankfurt
T: (069) 6 60 72 86 **Fax:** 6 60 73 63
Vorsitzende(r): Dr. Ernst-J. Otterbach (Obergasse 1, 61250 Usingen, T: (06081) 30 71, Fax: 36 78)
Stellvertretende(r) Vorsitzende(r): Dr. Christoph Schlachter (Elisabethenstr. 2, 61462 Königstein, T: (06174) 71 24, Fax: 93 04 42)
Dr. Olaf Winzen (Pfannmüllerstr. 48, 60488 Frankfurt, T: (069) 7 89 30 88, Fax: 78 71 57)

s 304

Freier Verband Deutscher Zahnärzte Landesverband Mecklenburg-Vorpommern
c/o Dr. Holger Garling
Körnerstr. 15, 19055 Schwerin
T: (0385) 51 27 76 **Fax:** 51 27 72
Vorsitzende(r): Dr. Rolf Schulz (Kirchenstr. 2, 18292 Krakow am See, T: (038457) 2 23 17, Fax: 2 23 17)
Stellvertretende(r) Vorsitzende(r): ZA Karsten Lüder (Bergstr. 6, 17429 Seebad Bansin, T: (038378) 2 94 85, Fax: 2 94 30)
Dr. Peter Bührens (Geschwister-Scholl-Str. 9, 19055 Schwerin, T: (0385) 5 50 74 41, Fax: 5 50 74 42)
Geschäftsführer(in): Dr. Holger Garling

s 305

Freier Verband Deutscher Zahnärzte Landesverband Niedersachsen
Geschäftsstelle
Zeißstr. 14, 30519 Hannover
T: (0511) 8 44 17 70 **Fax:** 8 44 17 72
Vorsitzende(r): Dr. Julius Beischer (Vogteistr. 34, 29683 Fallingbostel, T: (05162) 30 05, Fax: 30 63)
Stellvertretende(r) Vorsitzende(r): Dr. Ulrich Keck (Neue Straße 41, 26826 Weener, T: (04951) 80 90, Fax: 18 84)
Dr. Karl-Uwe Mahnken (Scheideweg 272 A, 26127 Oldenburg, T: (0441) 30 32 31, Fax: 30 35 00)
Geschäftsführer(in): Dr. Eckhard Jung (Vogteistr. 34, 29683 Fallingbostel, T: (05162) 30 05, Fax: 30 63)

s 306

Freier Verband Deutscher Zahnärzte Landesverband Nordrhein
Geschäftsstelle:
Emanuel-Leutze-Str. 17, 40547 Düsseldorf
T: (0211) 59 50 08 **Fax:** 59 50 04
Vorsitzende(r): Dr. Jürgen Strakeljahn (Grafenberger Allee 135, 40237 Düsseldorf, T: (0211) 66 50 37 Praxis, (0211) 67 87 89 Priv., Fax: (0211) 66 25 96)
Stellvertretende(r) Vorsitzende(r): ZÄ Beate Emunds (Rathausstr. 2, 52525 Heinsberg, T: (02452) 2 14 77, Fax: 2 33 84)
ZA Klaus-Peter Haustein (Raiffeisenstr. 132-136, 47259 Duisburg, T: (0203) 78 55 45, Fax: 78 35 57)
Geschäftsführer(in): Dr. Harald Holzer (Pippelstein 7, 51427 Bergisch Gladbach, T: (02204) 6 42 75, Fax: 4 16 17)

s 307

Freier Verband Deutscher Zahnärzte Landesverband Rheinland-Pfalz
Geschäftsstelle:
Ehrenhof 117er 3, 55118 Mainz
T: (06131) 61 20 66 **Fax:** 63 89 29
Vorsitzende(r): Dr. Otto Walter (Stromberger Str. 34, 55411 Bingen, T: (06721) 3 20 14, Fax: 99 27 03)
Stellvertretende(r) Vorsitzende(r): Dr. Marianne Biermeyer (Hauptstr. 33, 53567 Asbach, T: (02683) 4 33 28, Fax: 4 27 26)
Dr. Michael Herget (Granastr. 38, 54329 Konz, T: (06501) 30 73, Fax: 63 36)

s 308

Freier Verband Deutscher Zahnärzte Landesverband Saarland
Holzer Platz 4, 66265 Heusweiler
T: (06806) 8 35 35 **Fax:** 8 62 42
Vorsitzende(r): Dr. Hans-Joachim Tascher (Holzer Platz 4, 66265 Heusweiler, T: (06806) 8 35 35, Fax: 8 62 42)
Stellvertretende(r) Vorsitzende(r): ZA Werner Dietz (Hohenzollernring 8, 66740 Saarlouis, T: (06831) 12 44 80, Fax: 12 44 81)
Dr. Jörn Kessler (Mühlenstr. 38, 66809 Nalbach, T: (06838) 70 21, Fax: 8 35 80)
Geschäftsführer(in): Dr. Hans-Joachim Tascher (kommissarisch)

s 309

Freier Verband Deutscher Zahnärzte Landesverband Sachsen
c/o Regina Voß
Kohlenstr. 2, 04107 Leipzig
T: (0341) 9 60 21 39 **Fax:** 9 60 21 40
Vorsitzende(r): Dr. Hans-Lutz Erler (Frauensteiner Str. 14 h, 09600 Weißenborn, T u. Fax: (03731) 20 42 07 Praxis, T u. Fax: (03731) 20 41 87 privat)
Stellvertretende(r) Vorsitzende(r): Dr. Detlef Beyer (Großolbersdorfer Str. 43, 09435 Scharfenstein, T: (03725) 7 07 10, Fax: 70 71 18)
Peter John (Neundorfer Str. 102, 08523 Plauen, T: (03741) 13 71 71, Fax: 13 71 72)

s 310

Freier Verband Deutscher Zahnärzte Landesverband Sachsen-Anhalt
c/o Frau Sommerfeld
Raumerstr. 18, 06842 Dessau
T: (0340) 2 20 29 45 **Fax:** 2 20 29 42
Vorsitzende(r): Dr. Jochen Schmidt (Fischereiweg 24, 06846 Dessau, T: (0340) 61 47 58 Praxis, 61 92 31 Privat, Fax: (0340) 61 90 42)
Stellvertretende(r) Vorsitzende(r): Dr. Uwe Woytinas (Promenade 32, 06667 Weißenfels, T: (03443) 30 65 97, Fax: 30 30 98)

s 311

Freier Verband Deutscher Zahnärzte Landesverband Schleswig-Holstein
Geschäftsstelle:
Theodor-Heuss-Ring 107, 23795 Bad Segeberg
T: (04551) 8 45 03 **Fax:** 8 45 03
Vorsitzende(r): Dr. Ulrich Rubehn (Kaltenweide 84, 25335 Elmshorn, T: (04121) 8 88 81, Fax: 8 10 20)
Stellvertretende(r) Vorsitzende(r): Dr. Jörg Seeger (Neuer Weg 2, 24568 Kaltenkirchen, T: (04191) 33 66, Fax: 8 80 50)
ZA Ruth Schröder (Mühlenstr. 1, 24619 Bornhöved, T: (04323) 9 67 76, Fax: 68 30)

s 312

Freier Verband Deutscher Zahnärzte Landesverband Thüringen
Blücherstr. 38, 99099 Erfurt
T: (0361) 41 61 75 **Fax:** 4 17 02 43
Vorsitzende(r): Dr. Martina Radam (Blücherstr. 38, 99099 Erfurt, T: (0361) 41 61 75, Fax: 4 17 02 43)
Stellvertretende(r) Vorsitzende(r): Dr. Gunder Merkel (Welgerstal 37, 98574 Schmalkalden, T: (03683) 60 17 04)

s 313

Freier Verband Deutscher Zahnärzte Landesverband Westfalen-Lippe
c/o Dr. Cord Michaelis
Herner Str. 1, 45657 Recklinghausen
T: (02361) 1 39 28 **Fax:** 10 97 91
Vorsitzende(r): Dr. Burkhard Branding (Friedrich-Ebert-Str. 112, 32760 Detmold, T: (05231) 8 89 00, Fax: 87 06 34)
Stellvertretende(r) Vorsitzende(r): Dr. Konrad Koch (Bekkestr. 1, 58239 Schwerte, T: (02304) 1 30 54, Fax: 2 24 48)
N.N.
Geschäftsführer(in): Dr. Cord Michaelis

• S 314

Institut der Deutschen Zahnärzte (IDZ)
Postf. 41 01 68, 50861 Köln
Universitätsstr. 71-73, 50931 Köln
T: (0221) 40 01-0 **Fax:** 40 48 86
Internet: http://www.idz-koeln.de
E-Mail: idz@kzbv.de
Vorsitzende(r): Dr. Fritz-Josef Willmes
Stellvertretende(r) Vorsitzende(r): Dr. Karl Horst Schirbort (im jährlichen Wechsel)
Geschäftsführender Direktor: Prof. Dr. Burkhard Tiemann
Wissenschaftlicher Leiter: Dr. Wolfgang Micheelis
Trägerorganisationen:
Bundeszahnärztekammer - Arbeitsgemeinschaft der Deutschen Zahnärztekammern e.V.
Kassenzahnärztliche Bundesvereinigung K.d.ö.R.

• S 315

Aktion zahnfreundlich e.V.
Feldbergstr. 40, 64293 Darmstadt
T: (06151) 89 48 87 **Fax:** 89 51 98
Gründung: 1985 (16. September)
Vorsitzende(r): Prof. Dr. Klaus Bößmann (Zentrum Zahn-, Mund- und Kieferheilkunde, Arnold-Heller-Str. 16, 24105 Kiel)
Leitung Presseabteilung: Helga Römer
Mitglieder: ca. 250

• S 316

Bundesverband der Zahnärzte des Öffentlichen Gesundheitsdienstes e.V.
Ibergstr. 12, 37308 Heilbad Heiligenstadt
T: (03606) 61 39 25 **Fax:** 61 39 24
Gründung: 1954
Vorsitzende(r): Marc Van Steenkiste (M.Sc. DPH, Leibnitzweg 3, 71332 Waiblingen)
Geschäftsführer(in): Dr. Martina Kröplin (Ltg. Presseabteilung)
Leitung Presseabteilung: Dr. Christoph Hollinger (Hesterstr. 43, 58135 Hagen)
Verbandszeitschrift: Zahnärztlicher Gesundheitsdienst
Redaktion: Dr. Hollinger
Verlag: Gerhardts Verlag, 64686 Lautertal
Mitglieder: 550

• S 317

BNZ
BUNDESVERBAND DER NATURHEILKUNDLICH TÄTIGEN ZAHNÄRZTE IN DEUTSCHLAND E.V.

Bundesverband der naturheilkundlich tätigen Zahnärzte in Deutschland e.V. (BNZ)
Von-Groote-Str. 30, 50968 Köln
T: (0221) 3 76 10 05 **Fax:** 3 76 10 09
Internet: http://www.bnz.de
E-Mail: bnz.de@t-online.de
Gründung: 1991 (21. Juli)
Präsident(in): Prof. (RO) Dr. Werner Becker
Vizepräsident(in): Dr. Heinz-Werner Feldhaus
Verbandszeitschrift: "Der freie Arzt"
Redaktion: Dr.med.dent. Christoph Herrmann
Verlag: M+M Verlag (Medicine Management), Schlehenstr. 15, 59063 Hamm
Mitglieder: 600
Mitarbeiter: 2
Jahresetat: DM 0,5 Mio, € 0,26 Mio
Der BNZ vertritt den naturheilkundlich/ganzheitlich arbeitenden Zahnarzt mit dem Ziel, im Rahmen europäischer Richtlinien die berufliche Ausübung der Natur- und Erfahrungsheilkunde innerhalb der Zahnheilkunde sicherzustellen. Er leistet u.a. Lobbyarbeit in Deutschland und Europa, Aufklärungsarbeit und vermittelt Zahnärzte an den suchenden Patienten. Die Aus- und Fortbildung auf dem Gebiet der Natur- und Erfahrungsheilkunde wird gefördert sowie die Qualifikation der Mitglieder konsequent überprüft.

• S 318

Verband Niedergelassener Zahnärzte Land Brandenburg
Helene-Lange-Str. 4-5, 14469 Potsdam
T: (0331) 2 97 71 04 **Fax:** 2 97 71 65
Gründung: 1990 (8. Mai)
Vorsitzende(r): Dr. Klaus Markula (Petzoldstr. 16, 03042 Cottbus)
2. Stellv. Vors: Dr. Gerhard Bundschuh (Hechtsprung 19, 14476 Groß Glienicke)
Geschäftsstellenleiterin: Dr. med. dent. Irmgard Buske (Auf der Drift 13a, 14532 Kleinmachnow)
Verbandszeitschrift: Mitteilungsblatt des Verbandes Niedergelassener Zahnärzte
Verlag: Quintessenz Verlag GmbH, Ifenpfad 2-4, 12107 Berlin
Mitglieder: 180
Mitarbeiter: 1

Tierärztevereinigungen

• S 319

Bundestierärztekammer e.V. (BTK)
Gemeinschaft der deutschen Tierärztekammern und tierärztlichen Vereinigungen
Oxfordstr. 10, 53111 Bonn
T: (0228) 7 25 46-0 **Fax:** 7 25 46 66
Internet: http://www.vetline.de/btk
E-Mail: btk.atf@t-online.de
Gründung: 1954
Internationaler Zusammenschluß: siehe unter izs 114.28
Präsident(in): Prof. Dr. Günter Pschorn
Vizepräsident(in): Dr. U. Landsiedel
Dr. D. Beier
Geschäftsführer(in): Eberhardt Rösener
Verbandszeitschrift: Deutsches Tierärzteblatt
Chefredaktion: Dr. Margund Mrozek, E-Mail: btk-dtbl@t-online.de
Redaktion: Dr. Ralf B. Unna, E-Mail: atf-dtbl@t-online.de
Verlag: Schlütersche Verlagsanstalt und Druckerei GmbH, Postf. 54 40, 30054 Hannover
Verbandszeitschrift: Deutsches Tierärzteblatt
Redaktion: Dr. M. Mrozek
Mitglieder: 17 Tierärztekammern, 14 Vereinigungen
Mitarbeiter: 10
Jahresetat: DM 2 Mio, € 1,02 Mio

Landestierärztekammern

s 320

Landestierärztekammer Baden-Württemberg
Plieninger Str. 73, 70567 Stuttgart
T: (0711) 7 22 86 32-0 **Fax:** 7 22 86 32 20
E-Mail: info@ltk-bw.de
Präsident(in): Prof. Dr. Dr.h.c. O.C. Straub

s 321

Bayerische Landestierärztekammer
Theatinerstr. 42 II, 80333 München
T: (089) 21 99 08-0 **Fax:** 21 99 08-33
E-Mail: bayltk@t-online.de
Präsident(in): Prof.Dr. Günter Pschorn

s 322

Tierärztekammer Berlin
Herderstr. 6, 10625 Berlin
T: (030) 3 12 18 75 **Fax:** 3 12 60 52
Präsident(in): Dr. Klaus Lüdcke

s 323

Tierärztekammer Bremen
St.-Jürgen-Str. 13, 28205 Bremen
T: (0421) 3 61 81 06
Präsident(in): Dr. Franz Christian Lenz

s 324

Tierärztekammer Hamburg
Lagerstr. 36, 20357 Hamburg
T: (040) 4 39 16 23 **Fax:** 4 39 16 23
Präsident(in): Dr. Barbara Schöning

s 325

Landestierärztekammer Hessen
Bahnhofstr. 13, 65527 Niedernhausen
T: (06127) 90 75-0 **Fax:** 90 75-23
Präsident(in): Prof. Dr. Alexander Herzog

s 326

Tierärztekammer Niedersachsen
Postf. 69 02 39, 30611 Hannover
Fichtestr. 13, 30625 Hannover
T: (0511) 55 50 91 **Fax:** 55 02 97
Präsident(in): Wilfried Cossmann

s 327

Tierärztekammer Nordrhein
Postf. 10 07 23, 47884 Kempen
St.-Töniser-Str. 15, 47906 Kempen
T: (02152) 2 05 58-0 **Fax:** 2 05 58-50
Präsident(in): Dr. Hans-Joachim Bieniek

s 328

Tierärztekammer Westfalen-Lippe
Goebenstr. 50, 48151 Münster
T: (0251) 5 35 94-0 **Fax:** 5 35 94-24
Präsident(in): Ltd. KVD a.D. Dr. Karl Boesing

s 329

Landestierärztekammer Rheinland-Pfalz
Im Weiherhölzchen 15, 56727 Mayen
T: (02651) 10 04 **Fax:** 7 64 43
Präsident(in): Dr. Wolfgang Luft

s 330

Tierärztekammer des Saarlandes
Henri-Dunant-Weg 7, 66564 Ottweiler
T: (06824) 66 40 **Fax:** 66 40
Präsident(in): VOR Dr. Arnold Ludes

s 331

Tierärztekammer Schleswig-Holstein
Hamburgerstr. 99a, 25746 Heide
T: (0481) 55 42 **Fax:** 8 83 35
Präsident(in): Dr. Siegfried Fickel

s 332

Landestierärztekammer Brandenburg
Ringstr. 1010, 15236 Frankfurt
T: (0335) 52 17-750 **Fax:** 52 17-752
Präsident(in): Dr. Hubertus Simon

s 333

Landestierärztekammer Mecklenburg-Vorpommern
Griebnitzer Weg 2, 18196 Dummerstorf
T: (038208) 6 05 41 **Fax:** 8 03 16
Präsident(in): Dr. habil. Hermann Seils

s 334

Sächsische Landestierärztekammer
Schützenhöhe 16-18, 01099 Dresden
T: (0351) 82 67-200 **Fax:** 82 67-202
Präsident(in): Dr. Hans-Georg Möckel

s 335

Tierärztekammer Sachsen-Anhalt
Postf. 20 12 26, 06013 Halle
Freiimfelder Str. 66-68, 06112 Halle
T: (0345) 5 60 05 54 **Fax:** 5 60 05 54
Präsident(in): Dr. Reinhard Fritzsch

s 336

Landestierärztekammer Thüringen
Erfurter Str. 23, 99423 Weimar
T: (03643) 90 46 53 **Fax:** 90 46 56
Präsident(in): Dr. Uwe Landsiedel

• **S 337**

Bundesverband der beamteten Tierärzte
Vereinigung der Tierärztinnen und Tierärzte im öffentlichen Dienst
Postf. 13 40, 96203 Lichtenfels
T: (09571) 1 82 34 u. 1 82 32 **Fax:** 1 81 23
Präsident(in): Veterinärdirektor Dr. Herbert Wohn (Vet. Wesen u. Verbraucher. Lichtenfels, Postf. 13 40, 96203 Lichtenfels, T: (09571) 1 82 34 u. 1 82 32, Fax: 1 81 23, Privat: Am Goldberg 18, 96215 Lichtenfels, T: (09571) 56 76)
1. Vizepräs.: LVD Dr. Arthur v. Maydell (Privat: Strindbergstr. 22, 30629 Hannover, T: (0511) 58 19 86, Fax: (0511) 9 58 42 17)
2. Vizepräs.: Dr. Ralf Schönherr (Veterinäramt, Kraatzer Weg 11 b, 16775 Gransee, T: (03306) 22 25, Fax: 79 98 13, Privat: Dorfstr. 58, 16775 Zabelsdorf, T: (033080) 6 03 25)
Schatzmeister: VD Dr. Otto Gaudlitz (VuLMÜ, Wilhelmstr. 24, 53474 Bad Neuenahr-Ahrweiler, T: (02641) 97 53 48, Fax: 97 55 06, Privat: Grafschafterstr. 28, 53474 Bad Neuenahr-Ahrweiler, T: (02641) 3 68 82)
Protokollführerin: Dr. Cornelia Rossi (VLA Schöneberg, Erfurter Str. 7a, 10825 Berlin, T: (030) 78 76-29 57, Fax: (030) 78 76-89 27, Privat: Nicolaistr. 19, 12247 Berlin, T./Fax: (030) 7 71 97 79)
Ehrenmitgl.: Ltd. KVD a.D. Dr. Rainer Schieren (Geilenkirchener Str. 39, 52525 Heinsberg, T: (02452) 28 75)
VD a.D. Dr. Kurt Rupprecht (Seidmannsdorfer Str. 139, 96450 Coburg, T: (09561) 1 00 52)
Prof. Dr. Helmut Scheunemann (Hagenstr. 35 A, 14193 Berlin, T: (030) 8 26 34 54)
Prof. Dr. Hermann Trautwein (Justinus-Kerner-Str. 25, 72622 Nürtingen, T: (07022) 3 70 37, Telefax: (07022) 3 71 70)
VD a. D. Dr. Wendelin Janson (Großer Ring 22, 65550 Limburg, T: (06431) 4 13 33)
Verbandszeitschrift: "AMTSTIERÄRZTLICHER DIENST und Lebensmittelkontrolle"
Redaktion: ALPHA-Verlag, Finkenstr. 10, 68623 Lampertheim

• **S 338**

Bundesverband Praktischer Tierärzte e.V.
Hahnstr. 70, 60528 Frankfurt
T: (069) 66 98 18-0 **Fax:** 6 66 81 70
Gründung: 1951
Präsident(in): Dr. Karlheinz Simon
Vizepräsident(in): Dr. Heinrich Grußendorf
Geschäftsführer(in): Jürgen Neubrand
Mitglieder: 6000

• **S 339**

Verband Deutscher Tierarztfrauen und Tierärztinnen e.V. (VDTT)
Franklinstr. 46a, 40479 Düsseldorf
Gründung: 1961
Präsident(in): Susanne Ostendorf (Bismarckstr. 4, 26316 Varel, T: (04451) 8 27 95, Fax: 86 15 01)
Vizepräsident(in): Vet.Dir. Dr. Ilona Sänger (Franklinstr. 46 a, 40479 Düsseldorf, T: (0211) 8 99 32 28)
Schriftführer(in): Dr. Dörthe Pittermann (Schwarzbachstr. 33, 40625 Düsseldorf, T: (0211) 28 27 66)
Schatzmeisterin: Ute Meyer-Buchtien (Heidhofstr. 134, 27257 Sudwalde, T: (04247) 13 13)
Leitung Presseabteilung: Susanne Ostendorf

Apothekervereinigungen

• **S 342**

Arbeitsgemeinschaft Deutscher Apothekerkammern - Bundesapothekerkammer - (BAK)
Postf. 57 22, 65732 Eschborn
T: (06196) 9 28-0 **Fax:** 9 28-5 56
E-Mail: ABDA@ABDA.DE
Präsident(in): Apotheker Dr. Hartmut Schmall, Trier
Sprecher d. GeschF.: Dr.iur. Johannes Pieck

Landesapothekerkammern

s 343

Landesapothekerkammer Baden-Württemberg - Körperschaft des öffentlichen Rechts -
Am Kräherwald 219, 70193 Stuttgart
T: (0711) 9 93 47-0 **Fax:** 9 93 47-43
E-Mail: karin.wahl@apothekerkammer-bw.de, baldur.kohm@apothekerkammer-bw.de
Präsident(in): Karin Wahl
Vizepräsident(in): Karin Graf
Geschäftsführer(in): Apotheker Baldur Kohm

s 344

Bayerische Landesapothekerkammer - Körperschaft des öffentlichen Rechts -
Maria-Theresia-Str. 28, 81675 München
T: (089) 92 62-0 **Fax:** 92 62-22
E-Mail: geschaeftsstelle@blak.aponet.de
Präsident(in): Apotheker Johannes Metzger
Stellvertretende(r) Vorsitzende(r): Dr. Ulrich Krötsch
Dr. Jens Schneider
Geschäftsführer(in): Dr. jur. Michael Platzer
Stellvertretende(r) Geschäftsführer(in): Dr. Gerhard Gensthaler

s 345

Apothekerkammer Berlin - Körperschaft des öffentlichen Rechts -
Kantstr. 44-45, 10625 Berlin
T: (030) 31 59 64-0 **Fax:** 31 59 64-30
Präsident(in): Norbert Bartetzko
Vizepräsident(in): Annette Dunin von Przychowski
Geschäftsführer(in): Ass. iur. Rainer Auerbach
Stellvertretende(r) Geschäftsführer(in): Dr. Stefan Wind

s 346

Landesapothekerkammer Brandenburg
Am Buchhorst 18, 14478 Potsdam
T: (0331) 8 88 66-0 **Fax:** 8 88 66-20
Präsident(in): Apotheker Dr. Jürgen Kögel
Vizepräsident(in): Stephan Creuzburg
Karla Meyer
Geschäftsführer(in): Barbara Dunke

s 347

Apothekerkammer Bremen - Körperschaft des öffentlichen Rechts -
Bürgermeister-Smidt-Str. 16, 28195 Bremen
T: (0421) 17 09 17 **Fax:** 17 09 18
E-Mail: geschaeftsstelle@ak-bremen.aponet.de
Präsident(in): Apotheker Dr. Richard Klämbt
Vizepräsident(in): Klaus Hofmann
Geschäftsführer(in): Dr. Michael Gramer

s 348

Apothekerkammer Hamburg - Körperschaft des öffentlichen Rechts -
Alte Rabenstr. 11a, 20148 Hamburg
T: (040) 44 80 48-0 **Fax:** 44 38 68
E-Mail: geschaeftsstelle@ak-hamburg.aponet.de
Präsident(in): Apotheker Dr. Hans-Jochen Gelberg
Vizepräsident(in): Jutta Bewernitz
Geschäftsführer(in): Apotheker Dr. Reinhard Hanpft

s 349

Landesapothekerkammer Hessen - Körperschaft des öffentlichen Rechts -
Postf. 90 06 43, 60446 Frankfurt
Am Leonhardsbrunn 5, 60487 Frankfurt
T: (069) 97 95 09-15 (U. Funke), 97 95 09-16 (U. Laut)
Fax: 97 95 09-22
E-Mail: geschaeftsstelle@lak-hessen.aponet.de
Präsident(in): Apotheker Heribert Daume
Vizepräsident(in): Dr. Klaus Hultzsch
Geschäftsführer(in): Ulrich Laut (Recht und Verwaltung)
Apothekerin Ursula Funke (Pharmazie)

s 350

Apothekerkammer Mecklenburg-Vorpommern
Wismarsche Str. 304, 19055 Schwerin
T: (0385) 5 92 54-0 **Fax:** 5 92 54-12
E-Mail: apothekerkammerMV@t-online.de
Präsident(in): Apotheker Wilhelm Soltau
Vizepräsident(in): Christel Johanns
Geschäftsführer(in): Dr. Heide Köster

s 351

Apothekerkammer Niedersachsen - Körperschaft des öffentlichen Rechts -
Postf. 11 09 52, 30103 Hannover
An der Markuskirche 4, 30163 Hannover
T: (0511) 3 90 99-0 **Fax:** 3 90 99-36, 3 90 99-46
E-Mail: k.diers@lak-nds.aponet.de
Präsident(in): Dr. Herbert Gebler
Vizepräsident(in): Magdalene Linz
Geschäftsführer(in): Götz Schütte
Stellv. Geschf., Just.: Hansjörg Mogwitz

s 352

Apothekerkammer Nordrhein - Körperschaft des öffentlichen Rechts -
Poststr. 4, 40213 Düsseldorf
T: (0211) 83 88-0 **Fax:** 83 88-222
E-Mail: kammer@apotheker-nordrhein.de
Präsident(in): Apotheker Karl-Rudolf Mattenklotz
Vizepräsident(in): Harald Schmitz
Geschäftsführer(in): Dr. Franz-Josef Schulte-Löbbert
Betriebsw. grad. Peter Weidinger

s 353

Landesapothekerkammer Rheinland-Pfalz - Körperschaft des öffentlichen Rechts -
Am Gautor 15, 55131 Mainz
T: (06131) 2 70 12-0 **Fax:** 2 70 12-22
E-Mail: geschaeftsstelle@lak-rlp.aponet.de
Präsident(in): Apotheker Dr. Hartmut Schmall
Vizepräsident(in): Peter Heilmann
Geschäftsführer(in): Ass. Arnulf Klein
Stellvertretende(r) Geschäftsführer(in): Dr. Elvira Scharfenberger

s 354

Apothekerkammer des Saarlandes - Körperschaft des öffentlichen Rechts -
Zähringerstr. 5, 66119 Saarbrücken
T: (0681) 5 84 06-0 **Fax:** 5 84 06-20
E-Mail: geschaeftsstelle@ak-saarland.aponet.de
Präsident(in): Apotheker Dr. Horst Kiefer
Vizepräsident(in): Wolfgang Bertram
Geschäftsführer(in): Ass. Wolfdieter Brinkmann

s 355

Apothekerkammer Sachsen-Anhalt
Doctor-Eisenbart-Ring 2, 39120 Magdeburg
T: (0391) 6 09 04-0 **Fax:** 6 09 04-35
E-Mail: geschaeftsstelle@aksa.aponet.de
Präsident(in): Apotheker Gerd Haese
Vizepräsident(in): Marianne Reich
Martin Kuminek
Geschäftsführer(in): Apothekerin Dr. Friedgart Scholz
Stellvertretende(r) Geschäftsführer(in): Dr. Christine Heinrich

s 356

Sächsische Landesapothekerkammer
Pillnitzer Landstr. 10, 01326 Dresden
T: (0351) 2 63 93-0 **Fax:** 2 63 93-500
Präsident(in): Apotheker Hans Knoll
Vizepräsident(in): Dr. Brigitte Schilling
Geschäftsführer(in): Dr. Roswitha Grießmann

s 357

Apothekerkammer Schleswig-Holstein - Körperschaft des öffentlichen Rechts -
Düsternbrooker Weg 75, 24105 Kiel
T: (0431) 5 79 35 10 **Fax:** 5 79 35 20
Präsident(in): Apotheker Ernst-Heinrich Wehle
Vizepräsident(in): Dr. Peter Heerklotz
geschf. Apotheker: Frank Jaschkowski
Dr. Karl Stefan

s 358

Landesapothekerkammer Thüringen
Thälmannstr. 6, 99085 Erfurt
T: (0361) 2 44 08-0 **Fax:** 2 44 08-69
Präsident(in): Apotheker Dr. Egon Mannetstätter

Vizepräsident(in): Dr. Siegfried Schellin
Dr. Lutz Gebert
Geschäftsführer(in): Dr. Jörg Jacob

s 359

Apothekerkammer Westfalen-Lippe - Körperschaft des öffentlichen Rechts -
Bismarckallee 25, 48151 Münster
T: (0251) 52 00 50 **Fax:** 52 16 50
Präsident(in): Apotheker Hans-Günter Friese
Vizepräsident(in): Günther Bartels
Geschäftsführer(in): Dipl.-Volksw. Jochen Stahl
Dr. Andreas Walter (Pharmazie)

• **S 360**

ABDA - Bundesvereinigung Deutscher Apothekerverbände
Postf. 57 22, 65732 Eschborn
T: (06196) 9 28-0 **Fax:** 9 28-556
Internet: http://www.abda.de
E-Mail: abda@abda.de
Internationaler Zusammenschluß: siehe unter izs 207
Präsident(in): Apotheker Hans-Günter Friese, Fröndenberg
Sprecher d. GeschF: Dr.iur. Johannes Pieck
Leitung Presseabteilung: Elmar Esser
Verbandszeitschrift: Pharmazeutische Zeitung
Verlag: Govi Verlag, Postf. 57 22, 65732 Eschborn

Verhandlungen über Fragen der Arzneiversorgung mit Behörden, Körperschaften, Vereinigungen, Einrichtungen und sonstigen Stellen, die über den Bereich der einzelnen Mitgliedsorganisationen hinausgehen; Schaffung einheitlicher Grundsätze für die Tätigkeit der Apotheker in öffentlichen Apotheken, Krankenhausapotheken, Hochschulen, Industrie und Behörden, für das Apothekenwesen und den Arzneimittelverkehr sowie für die Beziehungen der Apotheker zu den Trägern der Sozialversicherung; Beratung und Information der Mitgliedsorganisationen über alle für die Apotheker wichtigen Vorgänge auf dem Gebiet des Gesundheits- und Arzneimittelwesens, des wirtschaftlichen und sozialen Lebens; Pflege des Meinungs- und Erfahrungsaustausches zwischen den Mitgliedsorganisationen, zur wissenschaftlichen Pharmazie und zu weiteren pharmazeutischen Organisationen des In- und Auslandes; Durchführung des Deutschen Apothekertages.

• **S 361**

Deutscher Apothekerverband e.V. (DAV)
Postf. 57 22, 65732 Eschborn
T: (06196) 9 28-0 **Fax:** 9 28-5 56
T-Online *0619641111*
Vorsitzende(r): Apotheker Hermann Stefan Keller (Mainz)
Sprecher d. GeschF.: Dr.iur. Johannes Pieck

Apothekervereine/-verbände

s 362

Landesapothekerverband Baden-Württemberg e.V.
Postf. 10 29 34, 70025 Stuttgart
Hölderlinstr. 12, 70174 Stuttgart
T: (0711) 2 23 34-0 **Fax:** 2 23 34-97, 2 23 34-98, 2 23 34-99
E-Mail: info@lav-bw.aponet.de
Präsident(in): Apotheker Fritz Becker
Vizepräsident(in): Uwe Geiß
Christoph Gulde
Geschäftsführer(in): RA Ina Hofferberth

s 363

BAV Bayerischer Apothekerverband e.V.
Maria-Theresia-Str. 28, 81675 München
T: (089) 99 83 82-0 **Fax:** 99 83 82-28
E-Mail: geschaeftsstelle@bav.aponet.de
Vorsitzende(r): Apotheker Gerhard Reichert
Stellvertretende(r) Vorsitzende(r): Peter Vanselow
Geschäftsführer(in): Dr. jur. Stefan Weber

s 364

Berliner Apotheker-Verein Apotheker-Verband Berlin (BAV) e.V.
Carmerstr. 3, 10623 Berlin
T: (030) 31 59 42-0 **Fax:** 3 12 30 81
Vorsitzende(r): Apotheker Dr. Rainer Bienfait
Stellvertretende(r) Vorsitzende(r): Norbert Bartetzko
Geschäftsführer(in): Apotheker Friedrich-Wilhelm Wagner

s 365

Apothekerverband Brandenburg e.V.
Am Buchhorst 18, 14478 Potsdam
T: (0331) 8 88 65-0 **Fax:** 8 88 65-40
Vorsitzende(r): Dr. Andrea Lorenz
Stellvertretende(r) Vorsitzende(r): Ines Socha
Steffen Noeske-Heisinger
Geschäftsführer(in): Michael Klauß

s 366

Bremer Apothekerverein e.V. Verband der Apothekenleiter im Lande Bremen
Bürgermeister-Smidt-Str. 16, 28195 Bremen
T: (0421) 1 43 84 **Fax:** 30 24 41
Vorsitzende(r): Apotheker Gerd Welge
Stellvertretende(r) Vorsitzende(r): Christiane Lutter

s 367

Hamburger Apothekerverein e.V.
Alte Rabenstr. 11a, 20148 Hamburg
T: (040) 44 80 48-0 **Fax:** 44 38 68
Vorsitzende(r): Apotheker Dr. Jörn Graue
Stellvertretende(r) Vorsitzende(r): Traute Köhler
Götz Sickmann
Geschäftsführer(in): Peter Brinkmann

s 368

Hessischer Apothekerverband e.V.
Am Leonhardsbrunn 13, 60487 Frankfurt
T: (069) 79 20 05-10 **Fax:** 79 20 05-20, 79 20 05-22
E-Mail: geschaeftsstelle@lav-hessen.aponet.de
Vorsitzende(r): Apotheker Dr. Peter Homann
Stellvertretende(r) Vorsitzende(r): Dr. Herbert Roos
Geschäftsführer(in): Jürgen Schneider

s 369

Apothekerverband Mecklenburg-Vorpommern e.V.
Wismarsche Str. 304, 19055 Schwerin
T: (0385) 51 25 67 **Fax:** 51 25 32
Vorsitzende(r): Apotheker Dr. Gerhard Behnsen
Stellvertretende(r) Vorsitzende(r): Heiner Sellmann
Dr. Günter Kuhnke
Geschäftsführer(in): Dr. Heinz Weiß

s 370

Landesapothekerverband Niedersachsen e.V.
Rendsburger Str. 24, 30659 Hannover
T: (0511) 6 15 73-0 **Fax:** 6 15 73-30, 6 15 73-31
Vorsitzende(r): Apotheker Heinz-Günter Wolf
Stellvertretende(r) Vorsitzende(r): Günther Borcherding
Peter Braem
Geschäftsführer(in): Dr. Peter Moormann

s 371

Apothekerverband Nordrhein e.V.
Tersteegenstr. 12, 40474 Düsseldorf
T: (0211) 4 39 17-0 **Fax:** 4 39 17-17
Vorsitzende(r): Apotheker Thomas Preis
Stellvertretende(r) Vorsitzende(r): Werner Heuking
Geschäftsführer(in): Dipl.-Math. Uwe Hüsgen

s 372

Apothekerverband Rheinland-Pfalz e.V. (LAV)
Weißliliengasse 3, 55116 Mainz
T: (06131) 2 04 91-0 **Fax:** 2 04 91-15
Vorsitzende(r): Apotheker Hermann Stefan Keller
Stellvertretende(r) Vorsitzende(r): Dr. Hans Althoff
Hildegard Dressino
Geschäftsführender Syndikus: RA Gunter Vogelsberger

s 373

Saarländischer Apothekerverein e.V.
Zähringerstr. 5, 66119 Saarbrücken
T: (0681) 5 84 06-0 **Fax:** 5 84 06-20
E-Mail: geschaeftsstelle@av-saarland.aponet.de
Vorsitzende(r): Apotheker Werner Trockel
Stellvertretende(r) Vorsitzende(r): Eva-Maria Schmitt
Geschäftsführer(in): Ass. Wolfdieter Brinkmann

s 374

Sächsischer Apothekerverband e.V.
Thomaskirchhof 12, 04109 Leipzig
T: (0341) 3 36 52-0 **Fax:** 3 36 52-10
Vorsitzende(r): Apothekerin Monika Koch
Stellvertretende(r) Vorsitzende(r): Friedemann Schmidt
Geschäftsführer(in): Dr. Ulrich Bethge

s 375

Landesapothekerverein Sachsen-Anhalt e.V.
Doctor-Eisenbart-Ring 2, 39120 Magdeburg
T: (0391) 6 09 65-0 **Fax:** 6 09 65-27
Vorsitzende(r): Apotheker Knut Vocke
Stellvertretende(r) Vorsitzende(r): Konrad Riedel
Dr. Bärbel Pfeiffer
Geschäftsführer(in): RA Matthias Clasen

s 376

Apothekerverein Schleswig-Holstein e.V.
Steekberg 11, 24107 Kiel
T: (0431) 3 19 36-0 **Fax:** 3 19 36-15
Vorsitzende(r): Apotheker Volker Articus
Stellvertretende(r) Vorsitzende(r): Dieter Koch
Dr. Peter Froese
Geschäftsführer(in): Dr. Thomas Friedrich

s 377

Thüringer Apothekerverband e.V.
Thälmannstr. 6, 99085 Erfurt
T: (0361) 2 44 08 70 **Fax:** 2 44 08 99
Vorsitzende(r): Apotheker Dr. Helmut Wittig
Stellvertretende(r) Vorsitzende(r): Michael Karow
Harald Brandt
Geschäftsführer(in): Dr. Reinhard Giese

s 378

Apothekerverband Westfalen-Lippe e.V.
Bismarckallee 25, 48151 Münster
T: (0251) 5 39 38-0 **Fax:** 5 39 38-13
E-Mail: geschaeftsstelle@avwl.aponet.DE
Vorsitzende(r): Apotheker Dr. Horst-Lothar Müller
Stellvertretende(r) Vorsitzende(r): Dr. Klaus Michels
Geschäftsführer(in): Dr. jur. Rötger Frhr. von Dellingshausen

• **S 379**

Apotheker in Wissenschaft, Industrie und Verwaltungen (Fachgruppe WIV-Apotheker)
c/o Merck KGaA
64271 Darmstadt
T: (06151) 72 28 73 **Fax:** 72 68 03
E-Mail: ursula.vierkotten@merck.de
Geschäftsführer(in): Dr. Ursula Vierkotten

• **S 380**

Berufsverband Medizinischer Informatiker e.V. (BVMI)
Postf. 10 13 08, 69003 Heidelberg
T: (06221) 56-2642 **Fax:** (06224) 95 08 55
Internet: http://www.bvmi.de
Gründung: 1983
Vorsitzende(r): Prof. Dr. D.P. Pretschner
Geschäftsführer(in): Dr. Karl-Heinz Ellsässer
Verbandszeitschrift: Forum der Medizin_Dokumentation und Medizin_Informatik
Verlag: Eigenverlag

• **S 381**

Gemeinschaft aktiver deutscher Apotheker und Apothekerinnen e.V. (GADA)
Liederbacher Str. 97, 65929 Frankfurt
T: (069) 31 24 64, 31 44 53 **Fax:** 31 33 35
Gründung: 1967
1. Vorsitzende(r): Apotheker Hans Möller (Stettenstr. 39, 60322 Frankfurt)
Geschäftsführer(in): RA Dr. Heinz Otto (Ltg. Presseabt.)
Verbandszeitschrift: Apotheke Aktuell

• **S 382**

Bundesverband Deutscher Apotheker e.V. (BVDA)
Geschäftsstelle:
Liederbacher Str. 97, 65929 Frankfurt
T: (069) 31 24 64, 31 44 53 **Fax:** 31 33 35
Gründung: 1954
Präsident(in): Barbara Frank (Ltg. Presse; 82131 Buchendorf)
Justitiar: RA Dr. Heinz Otto (Liederbacher Str. 97, 65929 Frankfurt, T: (069) 31 24 64)
Verbandszeitschrift: Apotheke Aktuell

Redaktion: Barbara Frank
Verlag: Medienservice Mack, Robert-Koch-Str. 3a, 82152 Planegg

● **S 383**

Arzneimittelkommission der Deutschen Apotheker

Postf. 57 22, 65732 Eschborn
Carl-Mannich-Str. 26, 65760 Eschborn
T: (06196) 9 28-170
Vorsitzende(r): Prof. Dr. Volker Dinnendahl
Leitung Presseabteilung: Elmar Esser

● **S 384**

Bundesverband Deutscher Krankenhausapotheker e.V. (ADKA)

Geschäftsstelle:
Apotheke des Städtischen Krankenhauses München-Bogenhausen
Englschalkinger Str. 77, 81925 München
T: (089) 92 70-23 20 **Fax:** 92 70-23 16
Präsident(in): Ltd. Pharmaziedirektor Dr. Hugo Krämer (Apotheke des Städtischen Krankenhauses München-Bogenhausen, Englschalkinger Str. 77, 81925 München, T: (089) 92 70-23 20, Telefax: (089) 92 70-23 16)
1. Vizepräs: Chefapothekerin Dr. Irene Krämer (Apotheke des Klinikums der Johannes Gutenberg-Universität, Langenbeckstr. 1, 55131 Mainz, T: (06131) 17-72 09, Telefax: (06131) 17-22 62)
2. Vizepräs: Chefapotheker Werner Lüttgen (Apotheke des Krankenhauses gGmbH, Roonstr. 30, 52351 Düren, T: (02421) 30 12 50-12 51, Telefax: (02421) 30 12 56)
Schriftführer(in): Chefapotheker Dr. Torsten Hoppe-Tichy (Apotheke des Klinikums der Universität Heidelberg, Im Neuenheimer Feld 670, 69120 Heidelberg, T: (06221) 56 67 60-67 64, Telefax: (06221) 56 49 73)
Schatzmeister: Apotheker Dr. Steffen Amann (Apotheke des Klinikums Rechts der Isar der TU München, Ismaninger Str. 22, 81675 München, T: (089) 41 40-2219, Fax: (089) 41 40-4836)

Pflege und Weiterentwicklung der Krankenhauspharmazie in wissenschaftlicher und praktischer Hinsicht; Wahrung und Förderung der beruflichen, sozialen und sonstigen Interessen der Krankenhausapotheker; Vertretung in der Öffentlichkeit.

● **S 385**

Bundesverband krankenhausversorgender Apotheker e.V. (BVKA)

Geschäftsstelle
Hans-Lorenser-Str. 30, 89079 Ulm
T: (0731) 40 15-9 55
Gründung: 1986 (22. November)
Vorsitzende(r): Walter Schneider
Stellvertretende(r) Vorsitzende(r): Klaus Grimm

● **S 386**

Bundesverband der Apotheker im Öffentlichen Dienst e.V. (BApÖD)

Geschäftsstelle:
Postf. 20 02 25, 47422 Moers
T: (02841) 6 28 17 **Fax:** 65 90 49
Gründung: 1981 (7. Oktober)
Vorsitzende(r): Dr. Wolfgang Butz
Mitglieder: 200
Jahresetat: DM 0,020 Mio, € 0,01 Mio

● **S 387**

Arzneimittelkommission der Deutschen Heilpraktiker (AMK)

Max-Planck-Str. 1, 53177 Bonn
T: (0228) 9 52 78 26 **Fax:** 9 52 78 23
Gründung: 1976
Sprecher: Dieter Fendt
1. Stellv. Sprecher: Karl Liebau
2. Stellv. Sprecher: Dr. W. Widmaier

Vereinigungen der Heilpraktiker, Physiotherapeuten und anderer med. Berufe

● **S 388**

Kooperation Deutscher Heilpraktikerverbände e.V.

Glück-Auf-Str. 7, 50169 Kerpen
T: (02273) 45 15
Gründung: 1981 (6. März)
Vorstand: Peter Abels
Werner Sandrock (Generalsekretär)
Ernst Weidinger
Bernd Riemer
Heinz Wesner
Mitglieder: ca. 8000

● **S 389**

Fachverband Deutscher Heilpraktiker e.V.

Maarweg 10, 53123 Bonn
T: (0228) 61 10 49 **Fax:** 62 73 59
Internet: http://www.heilpraktiker.org
E-Mail: fdh-bonn@t-online.de
Geschf. Präsident: Peter A. Zizmann
Vizepräsident(in): Karl-Fritz König
Christian Wilms
Adelheid Henke
Verbandszeitschrift: Der Heilpraktiker + Volksheilkunde
Mitglieder: ca. 6200

Der FACHVERBAND DEUTSCHER HEILPRAKTIKER e.V. mit seinen 16 Landesverbänden hat als bundesweit tätiger Berufsverband mit Sitz in Bonn den satzungsmäßigen Zweck die Förderung der deutschen Heilpraktiker in fachlicher, rechtlicher und berufsständischer Hinsicht zu pflegen, sowie die Mitwirkung an der Verbesserung der Gesundheitspflege durch Zusammenarbeit mit anderen Heil- und Gesundheitsberufen und deren Vertretungen zu gestalten.

● **S 390**

Bund Deutscher Heilpraktiker e.V. (BDH)

Geschäftsstelle
Südstr. 11, 48231 Warendorf
T: (02581) 6 15 50 **Fax:** 6 15 08
Internet: http://www.bdh-online.de
E-Mail: BundDeutscherHeilpraktiker@t-online.de
Gründung: 1972
Leitung Presseabteilung: Ulrich Sümper
Verbandszeitschrift: HP-Heilkunde
Verlag: Art + Image, Gewerbepark Meißen 10, 32423 Minden

● **S 391**

Freier Verband Deutscher Heilpraktiker e.V. (F.V.D.H.)

HGF - Bundesgeschäftsstelle:
Erphostr. 23, 48145 Münster
T: (0251) 13 68 86, 52 46 76 Info-Hotline **Fax:** 39 27 36
Internet: http://www.fvdh-ev.de
E-Mail: info@fvdh-ev.de
Gründung: 1982
Vorstand: HP Berthold A. Mülleneisen (Schillerstr. 3, 85521 Ottobrunn, T: (089) 6 01 47 45, Fax: (089) 6 01 46 69)
Vorstand: HP Siegfried H.W. Schierstedt (Geschäftsstellenltr., Geschäftsstelle: Erphostr. 23, 48145 Münster, T: (0251) 13 68 86, Fax: (0251) 39 27 36, E-Mail: sschierstedt@fvdh-ev.de)
Mitglieder: 8600

Landesverbände: Bayern, Baden-Württemberg, Berlin, Bremen, Hamburg, Hessen, Mecklenburg-Vorpommern, Niedersachsen, Nordrhein-Westfalen, Rheinland-Pfalz, Saarland, Sachsen, Sachsen-Anhalt, Schleswig-Holstein, Thüringen, Schweiz und Österreich

● **S 392**

Freie Heilpraktiker e.V. (FH)

Sternwartstr. 42, 40223 Düsseldorf
T: (0211) 90 17 29-0 **Fax:** 3 98 27 10
T-Online *3982710*
Internet: http://www.freieheilpraktiker.com
E-Mail: BRSFH@t-online.de
Gründung: 1982 (15. September)
Vorsitzende(r): Heilpraktiker selbständig Bernd R. Schmidt (Sternwartstr. 42, 40223 Düsseldorf, T: (0211) 90 17 29-0, Telefax: (0211) 3 98 27 10)
Stellvertretende(r) Vorsitzende(r): Heilpraktikerin Irmgard Wenzel (Uhlandstr. 52, 40237 Düsseldorf, T: (0211) 67 13 81)
Hauptgeschäftsführer(in): Bernd R. Schmidt (Ltg. Presseabt.)
Verbandszeitschrift: WIR - Heilpraktiker-Organ
Redaktion: Bernd R. Schmidt
Verlag: Eigenverlag
Mitglieder: 3300
Mitarbeiter: 5
Jahresetat: DM 1 Mio, € 0,51 Mio

Interessenvertretung von standes-, medizinal- und berufspolitischen Belangen der Heilpraktiker. Wahrnehmung der rechtlichen und fachlichen Interessen. Mitwirkung an einer naturgemäßen Gesundheitsfürsorge der Bevölkerung.

● **S 393**

Verband Deutscher Heilpraktiker e.V.

Ernst-Grote-Str. 13, 30916 Isernhagen
T: (0511) 6 16 98-0 **Fax:** 6 16 98-20
Gründung: 1963
Präs. u. Geschf. Vors.: Ekkehard S. Scharnick (Lindenallee 15, 30657 Hannover)
Vizepräs. u. Stellv. Vors: Margitta Engler
Mitglieder: 3384
Mitarbeiter: 4

● **S 394**

Deutscher Verband für Physiotherapie - Zentralverband der Physiotherapeuten/Krankengymnasten (ZVK) e.V.

Postf. 21 02 80, 50528 Köln
Deutzer Freiheit 72-74, 50679 Köln
T: (0221) 98 10 27-0 **Fax:** 98 10 27-25
Internet: http://www.zvk.org
E-Mail: info@zvk.org
Gründung: 1949 (Oktober)
Internationaler Zusammenschluß: siehe unter izs 156
Vorstand: Eckhardt Böhle, Köln
Gabriele Boie, Handewitt
Gerd Richter, Arnstadt
Bodo Schlag, Bochum
Dieter Welsink, Dormagen
Hauptgeschäftsführer(in): RA Heinz Christian Esser
Verbandszeitschrift: Krankengymnastik
Verlag: Pflaum Verlag, Lazarettstr. 4, 80636 München
Mitglieder: 34000

Staatl. anerk. Weiterbildung, Fortbildung; Förderung der Krankengymnastikausbildung; Kontakt mit med.-wiss. Gesellschaften und Verbänden im In- und Ausland; Empfehlungen an Gesetzgeber; Gebührenverträge für freiber. Krankengymnasten; Interessenvertretung der angest. Krankengymna-

sten; Hilfe bei Stellen- und Vertretungsangeboten u. Nachfragen im In- und Ausland.

Landesverbände

s 395

Deutscher Verband für Physiotherapie (ZVK) e.V.
Landesverband Baden-Württemberg e.V.
Metzstr. 1, 70190 Stuttgart
T: (0711) 9 25 41-0 **Fax:** 9 25 41 44
Vorstand: E. Zeisig
M. Austrup
W. Bodendorf
Geschäftsführer(in): RA Roland Hein

s 396

Deutscher Verband für Physiotherapie
Landesverband Bayern
Ludwig-van-Beethoven-Str. 17, 85540 Haar
T: (089) 46 23 23-0 **Fax:** 4 60 31 44
1. Vorsitzende(r): Rüdiger von Esebeck
Geschäftsstelle: Ica Scheider

s 397

Deutscher Verband für Physiotherapie
Landesverband Berlin
Müllerstr. 56-58, 13349 Berlin
T: (030) 4 51 79 57 **Fax:** 4 51 82 31
Vorstand: John Elser
Olaf Seifert
Wolfgang Schäfer
Gabriele Hanne-Behnke
Christa Heyne
Geschäftsstelle: Beate Lange

s 398

Deutscher Verband für Physiotherapie
Landesverband Brandenburg
Fohrder Landstr. 11, 14772 Brandenburg
T: (03381) 75 32 30 **Fax:** 75 32 30
Vorsitzende(r): Dörte van de Kamp
Geschäftsstelle: Erika Fritze

s 399

Deutscher Verband für Physiotherapie
Landesverband Bremen
Schwachhauser Heerstr. 15, 28203 Bremen
T: (0421) 7 94 98 70 **Fax:** 7 94 98 71
1. Vorsitzende(r): Sibylle Görg
Geschäftsstelle: Karin Eisenbarth

s 400

Deutscher Verband für Physiotherapie
Landesverband Hamburg und Schleswig-Holstein
Sierichstr. 157, 22299 Hamburg
T: (040) 47 74 08 **Fax:** 47 37 82
Vorstand: Thomas Ilse
Elisabeth Budczies
Karin Recklies
Angelika Welske
Geschäftsstelle: Hanne Torres

s 401

Deutscher Verband für Physiotherapie
Landesverband Hessen
Niederräder Landstr. 66, 60528 Frankfurt
T: (069) 67 94 67 **Fax:** 6 77 13 01
1. Vorsitzende(r): Ferdinand De Paoli
Geschäftsstelle: Viktoria Schmitt

s 402

Deutscher Verband für Physiotherapie
Landesverband Mecklenburg-Vorpommern
Roald-Amundsen-Str. 24, 18106 Rostock
T: (0381) 1 21 41 35 **Fax:** 1 21 41 35
Vorstand: Gisela Klein
Bodo Clemens
Dörte Steinfeld
Maren Bohland
Geschäftsstelle: Gudrun Mielke

s 403

Deutscher Verband für Physiotherapie
Zentralverband der Physiotherapeuten/Krankengymnasten (ZVK) e.V.
Landesverband Niedersachsen e.V.
Bismarckstr. 65, 26384 Wilhelmshaven
T: (04421) 3 78 78 **Fax:** 3 37 89
1. Vorsitzende(r): Helgard Schodde
Geschäftsstelle: Heike Bruns

s 404

Deutscher Verband für Physiotherapie
Landesverband Nordrhein-Westfalen
Im Sionstal 29, 50678 Köln
T: (0221) 93 18 78-0 **Fax:** 93 18 78-5
1. Vorsitzende(r): Christel Flügge
Geschäftsstelle: Jürgen Querbach

s 405

Deutscher Verband für Physiotherapie
Landesverband Rheinland-Pfalz
Hauptstr. 67, 67305 Ramsen
T: (06351) 27 38 **Fax:** 32 43
1. Vorsitzende(r): Reiner Jochem
Geschäftsstelle: Stephanie Douglas

s 406

Deutscher Verband für Physiotherapie
Landesverband Saarland
Mainzer Str. 172, 66121 Saarbrücken
T: (0681) 81 79 03 **Fax:** 81 28 74
Vorstand: Eva Jacob-Wiemann
Ulrike Wolf
Ralf Anstätt
Geschäftsstelle: Bettina Bär

s 407

Deutscher Verband für Physiotherapie
Landesverband Sachsen
Heinrich-Zille-Str. 1, 01219 Dresden
T: (0351) 4 72 11 75 **Fax:** 4 72 11 76
Vorsitzende(r): Louise Schumann
Geschäftsstelle: Karin Franzel

s 408

Deutscher Verband für Physiotherapie
Landesverband Sachsen-Anhalt
Große Brauhausstr. 17, 06108 Halle
T: (0345) 2 02 16 72 **Fax:** 2 02 16 74
Vorsitzende(r): Barbara Popp

s 409

Deutscher Verband für Physiotherapie
Landesverband Thüringen
Dammweg 1, 99310 Arnstadt
T: (03628) 7 61 91 **Fax:** 64 00 04
Vorstand: Gerd Richter
Geschäftsstelle: Barbara Teichmann

● S 410

VDB-Physiotherapieverband e.V.
Berufs- und Wirtschaftsverband der Selbständigen in der Physiotherapie
Bundesgeschäftsstelle:
Prinz-Albert-Str. 41, 53113 Bonn
T: (0228) 21 05 06 **Fax:** 21 05 52
Gründung: 1903
Bundesvorstand:
Vorstand: Horst Trelenberg, Freiburg
Wilfried Hofmann, Dortmund
Rolf Methe, Bad Bevensen
Heike Scheffler, Chemnitz
Bundes-GeschF: RA Jörg Zenthöfer
Verbandszeitschrift: Therapie + Praxis
Redaktion: Jörg Zenthöfer
Verlag: VDB Wiko GmbH, Prinz-Albert-Str. 41, 53113 Bonn
Mitglieder: 3500
Mitarbeiter: 4
Landesverbände: 13

Berufs- und Wirtschaftsverband der Selbständigen in der Physiotherapie, Veranstalter von Fortbildungsveranstaltungen, Seminaren und Kongressen, Interessenvertretung und Betreuung von Personen oder Gesellschaften, die in der Physiotherapie selbständig sind Verhandlungen mit den gesetzlichen Krankenkassen; Qualitätssicherung in der Physiotherapie, Informationen der Mitglieder über aktuelle Entwicklungen.

Landesverbände VDB

s 411

VDB-Physiotherapieverband
Landesverband Baden-Württemberg
Geschäftsstelle:
Marienstr. 10d, 70178 Stuttgart
T: (0711) 61 02 90 **Fax:** 61 03 74
Vorsitzende(r): Ludwig Blankenhorn

s 412

VDB-Physiotherapieverband
Landesverband Bayern
Geschäftsstelle:
Albert-Roßhaupter-Str. 65, 81369 München
T: (089) 7 60 70 57 **Fax:** 7 60 31 42
Vorsitzende(r): Horst Theuer
Geschäftsführer(in): Walter Suhr

s 413

VDB-Physiotherapieverband
Landesverband Berlin
Lipschitzallee 20-22, 12351 Berlin
T: (030) 60 25 83 51 **Fax:** 60 25 83 52
Vorstand: Bernd Lasch

s 414

VDB-Physiotherapieverband
Landesverband Brandenburg
Geschäftsstelle:
Dresdener Str. 18, 03050 Cottbus
T: (0355) 47 13 55 **Fax:** 47 13 56
Vorsitzende(r): Renate Walter

s 415

VDB-Physiotherapieverband
Landesverband Hamburg und Schleswig-Holstein
Geschäftsstelle:
Wahmstr. 59, 23552 Lübeck
T: (0451) 70 40 06 **Fax:** 70 55 54
Vorsitzende(r): Uwe-Jens Jacobsen

s 416

VDB-Physiotherapieverband
Landesverband Hessen
Geschäftsstelle:
Stephanstr. 44, 35390 Gießen
T: (0641) 7 66 27 **Fax:** 7 73 76
Vorsitzende(r): Karl-Heinz Engel
Geschäftsführer(in): Dr. Lagemann

s 417

VDB-Physiotherapieverband
Landesverband Mecklenburg-Vorpommern
Geschäftsstelle:
Pfahlweg 1, 18273 Güstrow
T: (03843) 84 34 18 **Fax:** 84 34 18
Vorsitzende(r): Angret Constien

s 418

VDB-Physiotherapieverband
Landesverband Niedersachsen-Bremen
Geschäftsstelle:
Bahnhofstr. 14, 29549 Bad Bevensen
T: (05821) 4 26 42 **Fax:** 4 25 41
Vorsitzende(r): Rolf Methe
Geschäftsführer(in): Gerda Meyer

s 419

VDB-Physiotherapieverband
Landesverband Nordrhein-Westfalen
Geschäftsstelle:
Wambeler Hellweg 36, 44143 Dortmund
T: (0231) 56 14 60 **Fax:** 56 14 93
Vorsitzende(r): Wilfried Hofmann
Dieter Warmbold

s 420

VDB-Physiotherapieverband
Landesverband Rheinland-Pfalz und Saar
Geschäftsstelle:
Dierdorfer Str. 4, 56564 Neuwied
T: (02631) 2 98 05 **Fax:** 3 29 98
Vorsitzende(r): Engelbert Hoischen

s 421

VDB-Physiotherapieverband
Landesverband Sachsen
Geschäftsstelle:
Gerader Steg 12, 01277 Dresden

T: (0351) 2 54 97 67 **Fax:** 2 54 97 69
Vorsitzende(r): Heike Scheffler
GeschL: Roselotte Schöne

s 422

VDB-Physiotherapieverband Landesverband Sachsen-Anhalt
Geschäftsstelle:
Karl-Marx-Str. 30, 29410 Salzwedel
T: (03901) 3 87 15 **Fax:** 3 87 15
Vorsitzende(r): Manfred Gunder

s 423

VDB-Physiotherapieverband Landesverband Thüringen
Kurpromenade 5, 99947 Bad Langensalza
T: (03603) 39 76 13 **Fax:** 39 76 41
Vorsitzende(r): Norbert Hehtke

• S 424

Bund der selbständigen Masseure e.V.
Reichsstr. 105, 14052 Berlin
T: (030) 3 06 25 81 **Fax:** 3 06 25 81

• S 425

Berufsverband der Pharmaberater e.V. Deutschland
Postf. 18 30, 67508 Worms
Wilhelm-Leuschner-Str. 2, 67547 Worms
T: (06241) 2 42 39 **Fax:** 2 42 39
E-Mail: BDP-WO@t-online.de
Gründung: 1973 (Oktober)
1. Vorsitzende(r): Hans-Joachim Goersch
Leitung Presseabteilung: E. Jörgens
Verbandszeitschrift: BdP - Nachrichten
Redaktion: E. Jörgens
Mitglieder: 1500
Mitarbeiter: 5
Landesverbände in: Baden-Württemberg, Bayern, Rheinland-Pfalz/Saar, Nordrhein-Westfalen, Schleswig

Der Berufsverband der Pharmaberater e. V. Deutschland versteht sich als Standesorganisation der Pharmaberater. Das Hauptziel ist die Erhaltung und Förderung des Berufsstandes der Pharmaberater.

• S 426

Deutscher Verband der Ergotherapeuten (Beschäftigungs- und Arbeitstherapeuten) e.V.
Mittelweg 8, 76307 Karlsbad
T: (07248) 91 81-0 **Fax:** 91 81-71
Gründung: 1954
Geschäftsführer(in): Wolfgang Schränkler
Vorsitzende: Reinhild Ferber
Verbandszeitschrift: Ergotherapie und Rehabilitation
Verlag: Schulz-Kirchner Verlag, Postf. 9, 65505 Idstein
Mitglieder: 10000

Für den gesamten Berufsstand sprechende berufsständische Vertretung.

• S 427

BERUFSVERBAND DER
BHP HEILPÄDAGOGEN
e.V.

Berufsverband der Heilpädagogen e.V. (BHP)
Andreas-Gayk-Str. 13, 24103 Kiel
T: (0431) 9 71 04 00 **Fax:** 9 71 04 01
Gründung: 1985 (22. November)
Vorstand: Dr. Martin Korte (Vors.)
Frank-Johannes Lemke (stellv. Vors.)
Wolfgang van Gulijk (Geschäftsführer)
Sybille Lenk (Redaktionsleitung)
Doris Albert (Aus- und Fortbildung)
Petra-Sisko Juckel (Freipraktizierende Heilpädagogin)
Robert Thürmer (Tarif- und Arbeitsrecht)
Jean-Paul Muller (Jugendhilfe)
Verbandszeitschrift: BHP-Informationen
Redaktion: Sybille Lenk, Steubenstr. 36, 99423 Weimar
Verlag: Eigenverlag
Mitglieder: 4000
Mitarbeiter: 4 (hauptamtl.)

Information seiner Mitglieder durch Rundbriefe, Verbandszeitschriften, Fachveröffentlichungen; Beratung und -Unterstützung in Ausbildungs- und Fachfragen, Tarif- und Eingruppierungsfragen, Arbeitsrechtsfragen; Stellungnahmen zu Fachfragen, Ausbildungsfragen, Gesetzesvorhaben

s 428

Berufsverband der Heilpädagogen Land Baden-Württemberg
Max-Reger-Str. 2, 69245 Bammental
T: (06223) 4 09 11
Landesbeauftragte: Monika Muth
Stellvertretende Landesbeauftragte: Doris Albert (Wolfschlugener Str. 31, 70597 Stuttgart, T: (0711) 7 65 18 57)

s 429

Berufsverband der Heilpädagogen Land Bayern
Bahnhofstr. 37, 95236 Stammbach
T: (09256) 9 51 91
Landesbeauftragte: Gertrud Gutmann
Stellvertretende Landesbeauftragte: Heidi Herold-Lange (Waldstr. 19, 95191 Leupoldsgrün, T: (09292) 68 51)

s 430

Berufsverband der Heilpädagogen Land Berlin und Brandenburg
Dietrich-Bonhoeffer-Str. 3, 10407 Berlin
T: (030) 4 30 66 06 **Fax:** 4 23 62 41
Landesbeauftragter: Andreas Breuer
Stellvertretende Landesbeauftragte: Friederike Wiedemann (Elisabethkirchstr. 10, 10115 Berlin, T: (030) 4 48 71 74)

s 431

Berufsverband der Heilpädagogen Land Hessen
Stolzwiese 8, 65510 Idstein
T: (06126) 35 98
Landesbeauftragter: Hubertus Braun
Stellvertretender Landesbeauftragter: Franz-Josef Hartkemeyer (Hauptstr. 9, 35789 Weilmünster, T: (06472) 24 54)

s 432

Berufsverband der Heilpädagogen Land Niedersachsen
Wahner Str. 1, 49762 Renkenberge
T: (05933) 44 93
Landesbeauftragter: Klaus Brands
Stellvertretende Landesbeauftragte: Cornelia Oetken (Wilhelmshavener Str. 501, 26180 Rastede/Bekhausen, T: (04454) 12 80)

s 433

Berufsverband der Heilpädagogen Land Nordrhein-Westfalen
Wilhelminenstr. 68, 45881 Gelsenkirchen
T: (0209) 49 31 47
Landesbeauftragter: Dieter Grigo
Stellvertretende Landesbeauftragte: Barbara Hüsecken (Husterstr. 15, 58093 Hagen)

s 434

Berufsverband der Heilpädagogen Land Rheinland-Pfalz
Weinstr. 31, 76829 Ranschbach
T: (06345) 74 02
Landesbeauftragte: Ute Schwager
Stellvertretender Landesbeauftragter: Franz Stefan Laag (Speyererstr. 45, 67376 Harthausen, T: (06344) 43 70)

s 435

Berufsverband der Heilpädagogen Land Saarland
Zu den Hütten 23, 66265 Heusweiler
T: (06806) 8 26 22 **Fax:** 6 15 66
Landesbeauftragter: Dietmar Finkler
Stellvertretende Landesbeauftragte: Kornelia Sinner (Max-Planck-Str. 1, 66386 St. Ingbert, T: (06894) 57 03 84)

s 436

Berufsverband der Heilpädagogen Land Schleswig-Holstein
Domstag 57, 24340 Eckernförde
T: (04351) 4 55 86
Landesbeauftragte: Ines Trautrims
Stellvertretender Landesbeauftragter: Giuseppe Castiglione (Hexenberg 1, 24361 Lehmsiek, T: (04351) 71 24 57)

s 437

Berufsverband der Heilpädagogen Land Thüringen
Am Sportplatz 6, 99998 Bollstedt
T: (03601) 81 43 16
Landesbeauftragter: Dr. Matthias Bickel
Stellvertretender Landesbeauftragter: Jochen Jahn (Wanfrieder-Landstr. 3b, 99974 Mühlhausen)

• S 438

Vereinigung Analytischer Kinder- und Jugendlichen-Psychotherapeuten e.V.
Geschäftsstelle
Tullastr. 16, 68161 Mannheim
T: (0621) 4 18 64 44 **Fax:** 41 31 69
Gründung: 1953
1. Vorsitzende(r): Renate Höhfeld
Geschäftsführer(in): Hartmut Gerlach
Vorstand: Angela Proschwitz
Bernhard Moors
Peter Lehndorfer (Ltg. Presseabt.)
Verbandszeitschrift: INFO
Redaktion: Peter Lehndorfer, Bernhard Moors
Mitglieder: ca. 1300

• S 439

Berufsverband für Kinderkrankenschwestern und Kinderkrankenpfleger e.V.
Geschäftsstelle
c/o Kinderkrankenhaus auf der Bult
Janusz-Korczak-Allee 12, 30173 Hannover
T: (0511) 28 26 08 **Fax:** 85 15 16
Vorsitzende(r): Andreas Kray
Stellvertretende(r) Vorsitzende(r): Elfriede Zoller
Verbandszeitschrift: Die Kinderkrankenschwester
Redaktion: Die Kinderkrankenschwester, Krefeld
Verlag: Schmidt-Römhild, Mengstr. 16, 23552 Lübeck
Mitglieder: 2450
Mitarbeiter: 1
Jahresetat: DM 0,350 Mio, € 0,18 Mio

• S 440

Deutsche Vereinigung für Gestalttherapie e.V. (DVG)
Grupellostr. 30, 40210 Düsseldorf
T: (0211) 3 69 46 38 **Fax:** 1 64 07 48
Internet: http://www.dvg-gestalt.de
E-Mail: dvggestl@aol.com
Gründung: 1986 (9. Juni)
1.Vorsitzende: Cordula Zimmermann
Verbandszeitschrift: Gestalttherapie
Redaktion: Dr. Renate Becker, Berlin
Verlag: Edition Humanistische Psychologie, Am Haselbusch 16, 50827 Köln
Mitglieder: 1000

• S 441

DGKT Deutsche Gesellschaft für künstlerische Therapieformen e.V.
Berufs- und Dachverband
c/o Kölner Schule für Kunsttherapie
Plankgasse 42, 50668 Köln
T: (0221) 1 39 38 83 **Fax:** 13 76 19
Gründung: 1981
Verbandszeitschrift: Kunst und Therapie
Verlag: Claus Richter Verlag, Rennbahnstr. 117, 50737 Köln
Mitglieder: 205
Mitarbeiter: 1

• S 442

Berufsverband für Beratung, Pädagogik & Psychotherapie (BVPPT)
Schubbendenweg 4, 52249 Eschweiler
T: (02403) 83 90 59 **Fax:** 2 04 47
Internet: http://www.bvppt.de
E-Mail: kontakt@bvppt.de
Gründung: 1986
Vorstand: Dagmar Lumma
Gerhard Kern
Wolfgang Röttsches
Leitung Presseabteilung: Dagmar Lumma
Verbandszeitschrift: „Halbjahrbuch Humanistische Psychologie"
Redaktion: IHP Bücherdienst
Verlag: Schubbendenweg 4, 52249 Eschweiler
Mitglieder: 350
Jahresetat: DM 0,050 Mio, € 0,03 Mio

• S 443

Deutscher Bundesverband der Atem-, Sprech- und Stimmlehrer/innen (dba) Lehrervereinigung Schlaffhorst-Andersen e.V.
Holstenwall 12, 20355 Hamburg
T: (040) 35 71 38 00, 35 71 38 01 **Fax:** 35 71 38 03
Gründung: 1949
1. Bundesvorsitzende: Marion Walke (Pressesprecherin)
Mitglieder: 600

• S 444

Verband Physikalische Therapie - Vereinigung für die physiotherapeutischen Berufe (VPT) e.V.

Bundesgeschäftsstelle:
Hofweg 15, 22085 Hamburg
T: (040) 22 72 32 22 **Fax:** 22 72 32 29
Präsident(in): Bruno Blum (Rosenkavalierplatz 18/II, 81925 München, T: (089) 99 99 74-3)
BGeschF: Ass. Karin Lübberstedt
Mitglieder: ca. 22000

Wahrnehmung der Interessen der Masseure und medizinischen Bademeister sowie der Physiotherapeuten/Krankengymnasten in berufsrechtlichen, arbeitsrechtlichen, vergütungs- und gebührensowie sozialrechtlichen Fragen; Aus-, Fort-und Weiterbildung.
Förderung der wissenschaftlichen Erkenntnisse auf dem Gebiet der Physikalischen Therapie/ Physiotherapie, ihrer praktischen Anwendung und interdisziplinären Bedeutung.

Landesgruppen

s 445

Verband Physikalische Therapie Landesgruppe Hamburg-Schleswig-Holstein

An der Alster 26 II., 20099 Hamburg
T: (040) 24 55 90 **Fax:** 2 80 24 63
Vorsitzende(r): Uwe Espersen
Geschäftsführer(in): Renate Drönner

s 446

Verband Physikalische Therapie Landesgruppe Weser-Ems

Kirchhuchtinger Landstr. 3, 28259 Bremen
T: (0421) 57 06 62 **Fax:** 58 22 70
Vorsitzende(r): Manfred Nordbrink
Geschäftsführer(in): Waltraud Honschopp

s 447

Verband Physikalische Therapie Landesgruppe Niedersachsen

Lavesstr. 71, 30159 Hannover
T: (0511) 30 60 25 **Fax:** 30 60 19
Vorsitzende(r): Friedhelm Lüßmann
Geschäftsführer(in): Petra Eberhard

s 448

Verband Physikalische Therapie Landesgruppe Westfalen-Niederrhein

Hafenweg 19, 59192 Bergkamen
T: (02389) 98 82 50 **Fax:** 98 82 58
Vorsitzende(r): Helmut Tadeusz
Geschäftsführer(in): Gerlinde Heppelmann

s 449

Verband Physikalische Therapie Landesgruppe Mittelrhein

An der Alten Eiche 10, 53340 Meckenheim
T: (02225) 92 19-0 **Fax:** 92 19-7
Vorsitzende(r): Georg Zabawa
Geschäftsführer(in): Renate Schmitz

s 450

Verband Physikalische Therapie Landesgruppe Rheinland-Pfalz-Saar

Thebäerstr. 51, 54292 Trier
T: (0651) 2 99 90 **Fax:** 2 44 21
Vorsitzende(r): Stefan Schmitt
Geschäftsführer(in): Herbert Schneider

s 451

Verband Physikalische Therapie Landesgruppe Hessen

Postf. 11 31, 61268 Wehrheim
T: (06081) 5 73 48 **Fax:** 5 73 41
Vorsitzende(r): Hans-Heinrich Hübbe
Geschäftsführer(in): Sylvia Nevermann

s 452

Verband Physikalische Therapie Landesgruppe Baden-Württemberg

Stauferstr. 13, 70736 Fellbach
T: (0711) 95 19 10-0 **Fax:** 51 90 12
Vorsitzende(r): Hans Hartogh
Geschäftsführer(in): Dorothee Althans

s 453

Verband Physikalische Therapie Landesgruppe Bayern

Rosenkavalierplatz 18, 81925 München
T: (089) 99 99 74-3 **Fax:** 91 04 96 27
Vorsitzende(r): Bruno Blum
Geschäftsführer(in): Ulrike Weicher

s 454

Verband Physikalische Therapie Landesgruppe Mecklenburg-Vorpommern

Grunthalplatz 2, 19053 Schwerin
T: (0385) 5 50 79 89 **Fax:** 5 81 00 33
Vorsitzende(r): Matthias T. Paulsen
Geschäftsführerin: Christine Schäfer

s 455

Verband Physikalische Therapie Landesgruppe Berlin-Brandenburg

Rennbahnallee 110, 15366 Dahlwitz-Hoppegarten
T: (03342) 30 20 74, 30 20 75 **Fax:** 30 20 79
Vorsitzende(r): Barbara Michalski
Geschäftsführerin: Doris Tuchel

s 456

Verband Physikalische Therapie Landesgruppe Sachsen-Anhalt

Coquistr. 19, 39104 Magdeburg
T: (0391) 4 01 17 15 **Fax:** 4 01 41 06
Vorsitzende(r): Karl-Heinz Kellermann
Geschäftsführer(in): Jutta Hermann

s 457

Verband Physikalische Therapie Landesgruppe Thüringen

Frankenweg 24, 07318 Saalfeld
T: (03671) 51 06 50 **Fax:** 52 04 19
Vorsitzende(r): Andrea Brakutt
Geschäftsführer(in): Heike Scholz

s 458

Verband Physikalische Therapie Landesgruppe Sachsen

Kändlerstr. 30, 01129 Dresden
T: (0351) 8 58 33 68 **Fax:** 8 58 48 87
Vorsitzende(r): Elke Schliedermann
Geschäftsführer(in): Uta Zetzl

• S 459

Bundesverband selbständiger PhysiotherapeutInnen - IFK e.V.

Königsallee 178a, 44799 Bochum
T: (0234) 9 77 45-0 **Fax:** 9 77 45-45
E-Mail: ifk.bundesverband@t-online.de
Gründung: 1981 (28. April)
1. Vorsitzende: Marita Wagner
Verbandszeitschrift: KG-Intern
Redaktion: Dr. Frank Dudda
Mitglieder: 2600
Mitarbeiter: 15

Die Vertretung der Interessen freiberuflich tätiger Krankengymnasten/Physiotherapeuten.

• S 460

Zentralverband der Medizinischen Fußpfleger / Podologen Deutschlands e.V. (ZFD)

Hauptgeschäftsstelle:
Schaumburgstr. 14-16, 45657 Recklinghausen
T: (02361) 18 59-60 **Fax:** 18 59-61
Vorsitzende(r): Alfons Pöppinghaus
Syndikus: Dr. Horstdieter Niejahr
Verbandszeitschrift: der fuss
Mitglieder: 2000

Vertretung der berufsständischen Interessen der Medizinischen Fußpfleger und Fußpflegerinnen und Förderung ihrer gemeinschaftlichen Berufsbelange.

Landesverbände

s 461

Zentralverband der Med. Fußpfleger / Podologen Landesverband Baden-Württemberg

Geschäftsstelle:
Kurpromenade 38, 76332 Bad Herrenalb
T: (07083) 79 84 **Fax:** 5 19 81
1. Vorsitzende(r): Renate Lorberg (Anschrift: Geschäftsstelle)

s 462

Zentralverband der Med. Fußpfleger / Podologen Landesverband Bayern

Geschäftsstelle:
Bodenseestr. 228, 81243 München
T: (089) 8 71 43 65 **Fax:** 8 71 46 58
1. Vorsitzende(r): Christa Stranak (Kazmairstr. 47, 80339 München, T: (089) 5 02 27 32)

s 463

Zentralverband der Med. Fußpfleger / Podologen Landesverband Berlin-Brandenburg

Geschäftsstelle:
Bundesallee 78, 12161 Berlin
T: (030) 8 52 00 11
1. Vorsitzende(r): Ingo Hansen (Bundesallee 78, 12161 Berlin, T: (030) 8 52 42 27)

s 464

Zentralverband der Med. Fußpfleger / Podologen Landesverband Hamburg und Schleswig-Holstein

Geschäftsstelle:
Wandsbeker Chaussee 28, 22089 Hamburg
T: (040) 86 30 05
1. Vorsitzende(r): Helga Uhrbrock (Anschrift: Geschäftsstelle)

s 465

Zentralverband der Med. Fußpfleger / Podologen Landesverband Hessen

Geschäftsstelle:
Frankfurter Str. 12, 35647 Waldsolms
T: (06085) 29 50 **Fax:** 28 59
1. Vorsitzende(r): Angelika Baumhakl (Anschrift: Geschäftsstelle)

s 466

Zentralverband der Med. Fußpfleger / Podologen Landesverband Mecklenburg-Vorpommern

Geschäftsstelle:
Schloßstr. 5, 18273 Güstrow
T: (03843) 68 13 45 **Fax:** 68 13 45
1. Vorsitzende(r): Manfred Vogt (Schloßstr. 5, 18273 Güstrow, T: (03843) 68 13 45, Fax: (03843) 68 13 45)

s 467

Zentralverband der Med. Fußpfleger / Podologen Landesverband Niedersachsen und Bremen

Geschäftsstelle:
Schillerstr. 46, 38440 Wolfsburg

T: (05361) 2 11 00 **Fax:** 1 65 75
1. Vorsitzende(r): Wolfgang Heuberger (Porschestr. 47, 38440 Wolfsburg, T: (05361) 2 11 00)

s 468

Zentralverband der Med. Fußpfleger / Podologen Landesverband Nordrhein-Westfalen
Geschäftsstelle:
Drosselweg 10, 59348 Lüdinghausen
T: (02591) 89 15 53 **Fax:** 89 15 53
1. Vorsitzende(r): Mechthild Geismann (Anschrift: Geschäftsstelle)

s 469

Zentralverband der Med. Fußpfleger / Podologen Landesverband Rheinland-Pfalz
Geschäftsstelle:
Forsterstr. 29, 55118 Mainz
T: (0621) 40 93 56
1. Vorsitzende(r): Ulrike Fuhrmann (Anschrift: Geschäftsstelle)

s 470

Zentralverband der Med. Fußpfleger / Podologen Landesverband Saar
Geschäftsstelle:
Poststr. 19, 66333 Völklingen
T: (06898) 2 61 65
1. Vorsitzende(r): Mechthild Köhl (Poststr. 19, 66333 Völklingen)

s 471

Zentralverband der Med. Fußpfleger / Podologen Landesverband Sachsen
Geschäftsstelle:
Wolkensteiner Str. 3, 09496 Marienberg
T: (03735) 2 20 86 **Fax:** 2 24 02
1. Vorsitzende(r): Ingolf Nestler (Wolkensteiner Str. 3, 09496 Marienberg, T: (03735) 2 20 86)

s 472

Zentralverband der Med. Fußpfleger / Podologen Landesverband Sachsen-Anhalt
Geschäftsstelle:
Gutenbergstr. 9, 39106 Magdeburg
T: (0391) 5 43 65 85
1. Vorsitzende(r): Rolf Daßler (Gutenbergstr. 9, 39106 Magdeburg, T: (0391) 5 43 65 85)

s 473

Zentralverband der Med. Fußpfleger / Podologen Landesverband Thüringen
Geschäftsstelle:
Geschwister-Scholl-Str. 3, 07749 Jena
T: (03641) 44 56 66
1. Vorsitzende(r): Irene Dorn

• S 474

Berufsverband für den Rettungsdienst e.V.
Generalsekretariat:
Gießener Str. 42, 35423 Lich
T: (06404) 95 00 65 **Fax:** 95 00 66
Gründung: 1979
Präsident(in): Dr. med. Thomas A. Violka
Geschäftsführer(in): Martin Ritter
Öffentlichkeitsarbeit: Generalsekretariat
Verbandszeitschrift: "Rettungsdienst-Journal"
Mitglieder: ca. 3000
Organisationsstruktur: Landes- und Ortsverbände

• S 475

Verband Deutscher Rettungsassistenten und -sanitäter e.V. (VDRS)
Postf. 10 22 11, 63268 Dreieich
T: (06103) 8 83 44 **Fax:** 96 39 53
Internet: http://www.vdrs.de
E-Mail: info@vdrs.de
Gründung: 1986
Vorsitzende(r): Hans Neukirchinger
Verbandszeitschrift: subcutan
Redaktion: H. Neukirchinger
Verlag: VDRS, Postf. 10 22 11, 63268 Dreieich
Mitglieder: 1564

• S 476

Berufsverband der Arzt-, Zahnarzt- und Tierarzthelferinnen e.V. (BdA)
Postf. 10 04 64, 44004 Dortmund
Bissenkamp 12-16, 44135 Dortmund
T: (0231) 55 69 59-0 **Fax:** 55 35 59
Internet: http://www.bda-online.com
Gründung: 1963
Bundesvorsitzende: Bärbel Keim-Meermann
Geschäftsführer(in): Dagmar Wolff
Verbandszeitschrift: praxisnah
Mitglieder: 32000
Landesverbände:
Baden-Württemberg, Bayern, Berlin, Brandenburg, Bremen, Hamburg, Hessen, Mecklenburg-Vorpommern, Niedersachsen, Nordrhein, Rheinland-Pfalz, Saarland, Sachsen, Sachsen-Anhalt, Schleswig-Holstein, Thüringen, Westfalen-Lippe

Wahrnehmung und Vertretung der Interessen der Mitglieder auf gewerkschaftlicher Ebene, Informationsarbeit, Beratung der Mitglieder, Förderung der persönlichen Kontakte und des Meinungsaustausches, Überwachung der Arbeitsbedingungen, Mitwirkung bei Ausbildungsfragen.

• S 477

Verband freiberuflicher Betreuer/innen e.V. (VfB)
Sachsendorfer Str. 7, 03058 Groß Gaglow
T: (0355) 5 26 55 47 **Fax:** 53 64 59
Gründung: 1995 (27. November)
1. Vorsitzende(r): Dipl.-Soz.Arb. Gerold Oeschger
2. Vorsitzende(r): Dipl.-Oeconom Helge Wittrodt
Dipl.-Philosoph Klaus Uhlig
Geschäftsführer(in): N.N.
Leitung Presseabteilung: Dipl.-Soz.Arb. Gerold Oeschger
Verbandszeitschrift: bt-info
Redaktion: VfB e.V.
Verlag: Eigenverlag
Mitglieder: 600
Mitarbeiter: 8
Jahresetat: DM 0,14 Mio, € 0,07 Mio

• S 478

Verband der Elektrologisten Deutschlands e.V. (VdE)
Friedrichstr. 40a, 58300 Wetter
T: (02335) 40 15
Internet: http://www.elektrologisten.de
E-Mail: info@elektrologisten.de
Gründung: 1991
Präsident(in): Ruth Heinen-Schütz
Vizepräsident(in): Sybille Böhme

Anwälte, Notare, Richter, Staatsanwälte, Rechtsbeistände u. a.

• S 479

Bundesrechtsanwaltskammer
Körperschaft des öffentlichen Rechts
Joachimstr. 1, 53113 Bonn
T: (0228) 91 18 60 **Fax:** 26 15 38
Internet: http://www.brak.de
E-Mail: brak-bonn@t-online.de
Büro Brüssel: Avenue de Tervuren 142-144, B-1150 Brüssel, T: (00322) 7 43 86 46, Fax: (00322) 7 43 86 56, E-Mail: brak.bruessel@skynet.be
Präsident(in): RA u. Notar Dr. Bernhard Dombek
Hauptgeschäftsführer(in): RA Anton Braun
Geschäftsführer(in): RA Uwe Scherf
RA Frank Johnigk
RAin Dr. Heike Lörcher
Verbandszeitschrift: BRAK-Mitteilungen
Redaktion: RA Uwe Scherf, RA Anton Braun, RA Frank Johnigk
Verlag: Dr. Otto Schmidt Verlag, Unter den Ulmen 96-98, 50968 Köln
Mitglieder: 28 regionale Mitgliedskammern mit ca. 105 000 Mitgliedern

Rechtsanwaltskammern:

s 480

Rechtsanwaltskammer bei dem Bundesgerichtshof
Herrenstr. 45d Zi. 211/213, 76133 Karlsruhe
T: (0721) 2 26 56 **Fax:** 20 35 03
Präsident(in): RA Prof. Dr. Hans Erich Brandner

s 481

Rechtsanwaltskammer Bamberg
Friedrichstr. 7, 96047 Bamberg
T: (0951) 98 62 00 **Fax:** 20 35 03
Präsident(in): RA Karlheinz Röschert
Geschäftsführer(in): RA Gregor Böhnlein

s 482

Rechtsanwaltskammer Berlin
Heerstr. 2, 14052 Berlin
T: (030) 3 06 93 10 **Fax:** 30 69 31 99
Präsident(in): RA u. N. Kay-Thomas Pohl
Geschäftsführer(in): RAin Marion Pietrusky

s 483

Rechtsanwaltskammer des Landes Brandenburg
Grillendamm 2, 14776 Brandenburg
T: (03381) 2 53 30 **Fax:** 25 33 23
Präsident(in): RA Ulf Schulze (Geschäftsführer)

s 484

Rechtsanwaltskammer Braunschweig
Bruchtorwall 12, 38100 Braunschweig
T: (0531) 4 52 31 **Fax:** 40 02 62
Präsident(in): RAinuN Regina Wüstenhagen
Geschäftsführer(in): Bettina Schindler

s 485

Hanseatische Rechtsanwaltskammer Bremen
Knochenhauerstr. 36-37, 28195 Bremen
T: (0421) 1 51 30 **Fax:** 1 54 95
Präsident(in): RAuN Dr. Henning Hübner
Geschäftsführer(in): RAinu.'Nin Petra Schulze-Grönda

s 486

Rechtsanwaltskammer für den Oberlandesgerichtsbezirk Celle
Postf. 12 11, 29202 Celle
Bahnhofstr. 5, 29221 Celle
T: (05141) 92 82-0 **Fax:** 92 82-42
Präsident(in): RAuN Dr. Ulrich Scharf
Hauptgeschäftsführer(in): RA'in Gerlinde Fischedick
Geschäftsführer(in): RA'in Marianne Bereska

s 487

Rechtsanwaltskammer Düsseldorf
Scheibenstr. 17, 40479 Düsseldorf
T: (0211) 49 50 2-0 **Fax:** 4 95 02 28
Präsident(in): RA Alfred Ulrich
Hauptgeschäftsführer(in): RA Dr. Thomas Holl
Geschäftsführer(in): RAin Sabine Marie Ecker

s 488

Rechtsanwaltskammer Frankfurt am Main
Bockenheimer Anlage 36, 60322 Frankfurt
T: (069) 17 00 98 01 **Fax:** 17 00 98 50
Präsident(in): RAuN Dr. Klaus Schmalz
Geschäftsführer(in): RA u. Notar Lutz Tauchert
RAin Dr. Andrea Müller-Freienfels
RA Dr. Rudolf Lauda

s 489

Rechtsanwaltskammer Freiburg
Gartenstr. 21, 79098 Freiburg
T: (0761) 3 25 63 **Fax:** 28 62 61
Präsident(in): RA Dr. Paul Selbherr
Geschäftsführer(in): RA Dr. Hans Klees

s 490

Hanseatische Rechtsanwaltskammer
Bleichenbrücke 9, 20354 Hamburg
T: (040) 3 57 44 10 **Fax:** 35 74 41 41
Präsident(in): RA Axel C. Filges
Geschäftsführer(in): RA Ove Simonsen
RA Hartmut Scharmer

s 491

Rechtsanwaltskammer für den Oberlandesgerichtsbezirk Hamm
Ostenallee 18, 59063 Hamm
T: (02381) 98 50 00 **Fax:** 98 50 50
Präsident(in): RAuN Dieter Finzel
Geschäftsführer(in): RA Dr. Ralf Büring
RA Christoph Podszun
RA Stefan Peitscher
RA Dr. Dag Weyland

s 492

Rechtsanwaltskammer Karlsruhe
Reinhold-Frank-Str. 72, 76133 Karlsruhe
T: (0721) 2 53 40 **Fax:** 2 66 27
Präsident(in): RA Dr. Jobst Wellensiek
Geschäftsführer(in): Maria Renner

s 493

Rechtsanwaltskammer Kassel
Karthäuserstr. 5A, 34117 Kassel
T: (0561) 1 20 21 **Fax:** 1 20 27
Präsident(in): RAuN Rolf Dieter Brämer
Geschäftsführer(in): Marianne Moser

s 494

Rechtsanwaltskammer Koblenz
Rheinstr. 24, 56068 Koblenz
T: (0261) 30 33 50 **Fax:** 3 03 35-22
Internet: http://koblenz.rechtsanwaltskammer.de
E-Mail: rak-koblenz@t-online.de
Präsident(in): RA Dr.JR. Norbert Westenberger
Geschäftsführer(in): RAin Marga Buschbell-Steeger

s 495

Rechtsanwaltskammer Köln
Riehler Str. 30, 50668 Köln
T: (0221) 9 73 01 00 **Fax:** 97 30 10 50
Präsident(in): RA Dr. Constantin Privat
Geschäftsführer(in): RAin Dr. Susanne Offermann-Burckart
RA Albert Vossebürger
Verbandszeitschrift: Mitteilungen der Rechtsanwaltkammer Köln
Redaktion: RAin Dr. Susanne Offermann-Burckart
Verlag: Dr. Otto Schmidt Verlag, Unter den Ulmen 96-98, 50968 Köln

s 496

Rechtsanwaltskammer Mecklenburg-Vorpommern
Bornhövedstr. 12, 19055 Schwerin
T: (0385) 5 57 43 85 **Fax:** 5 57 43 88
Präsident(in): RA Dietrich Schümann
Geschäftsführer(in): RA Franz-Joachim Hofer

s 497

Rechtsanwaltskammer für den Oberlandesgerichtsbezirk München
Landwehrstr. 61, 80336 München
T: (089) 53 29 44-0 **Fax:** 53 29 44 28
Präsident(in): RA Dr. Jürgen F. Ernst
Geschäftsführer(in): RA Dr. Wieland Horn
RA Stephan Kopp
RAin Elisabeth Schwärzer

s 498

Rechtsanwaltskammer Nürnberg
Zi. 236/II
Fürther Str. 115, 90429 Nürnberg
T: (0911) 92 63 30 **Fax:** 9 26 33 33
Präsident(in): RA Dr. Christian Bissel
Geschäftsführer(in): RAin Petra Röder
RA'in Gabriele Jungmeier

s 499

Rechtsanwaltskammer für den Oberlandesgerichtsbezirk Oldenburg
Staugraben 5, 26122 Oldenburg
T: (0441) 92 54 80 **Fax:** 9 25 43 29
Präsident(in): RAuN Herbert Moritz
Geschäftsführer(in): Theo Berling

s 500

Rechtsanwaltskammer des Saarlandes
Am Schloßberg 5, 66119 Saarbrücken
T: (0681) 58 82 80 **Fax:** 58 10 47
Präsident(in): RA JR Eberhard Gelzleichter
Geschäftsführer(in): RA Rainer Wierz

s 501

Rechtsanwaltskammer Sachsen
Glacisstr. 6, 01099 Dresden
T: (0351) 3 18 59-0 **Fax:** 3 36 08 99
Präsident(in): RA Dr. Gerhard Baatz
Geschäftsführer(in): Jörg Zepnek

s 502

Rechtsanwaltskammer Sachsen-Anhalt
Gerhart-Hauptmann-Str. 5, 39108 Magdeburg
T: (0391) 2 52 72 10, 2 52 72 11 **Fax:** 2 52 72 03
Präsident(in): RA Dr. Joachim Sattler
Geschäftsführer(in): Brigitte Worg

s 503

Schleswig-Holsteinische Rechtsanwaltskammer
Postf. 20 49, 24830 Schleswig
Gottorfstr. 13, 24837 Schleswig
T: (04621) 9 39 10 **Fax:** 93 91 26
Präsident(in): RAuN Dr. Wolfram Schröder
Geschäftsführer(in): RA Elmar Berendes
RAin Birgit Freystatzky

s 504

Rechtsanwaltskammer Stuttgart
Werastr. 23, 70182 Stuttgart
T: (0711) 24 64 66-67 **Fax:** 24 63 96
Präsident(in): RA Peter Ströbel
Geschäftsführer(in): RA Claus Benz
Stellvertretende(r) Geschäftsführer(in): RA Mario Axmann

s 505

Rechtsanwaltskammer Thüringen
Bahnhofstr. 27, 99084 Erfurt
T: (0361) 5 66 85 26 **Fax:** 5 66 85 28
Präsident(in): RA Jürgen Czernitzky
Geschäftsführer(in): RA Dr. Matthias Hechler

s 506

Rechtsanwaltskammer Tübingen
Pfrondorfer Str. 2/1, 72074 Tübingen
T: (07071) 8 41 94 **Fax:** 8 41 95
Präsident(in): RA Michael Praefcke
Geschäftsführer(in): RA Rudolf Stumpf

s 507

Pfälzische Rechtsanwaltskammer Zweibrücken
Landauer Str. 17, 66482 Zweibrücken
T: (06332) 8 00 30 **Fax:** 80 03 19
E-Mail: pfaelz.rechtsanwaltskammer@t-online.de
Präsident(in): RA JR. Dr. Matthias Weihrauch
Geschäftsführer(in): RAin Sabine Wagner

• S 508

DeutscherAnwaltVerein

DeutscherAnwaltVerein e.V. (DAV)
Adenauerallee 106, 53113 Bonn
T: (0228) 26 07-0 **Fax:** 26 07-46, 26 07-51, 26 07-57, 26 07-66
E-Mail: dav@anwaltverein.de
Gründung: 1871
Präsident(in): RA Dr. Michael Streck
Hauptgeschäftsführer(in): Dr. Dierk Mattik
Geschäftsführer(in): RAin Tanja Albert
RAin Stefanie Brettin
RA Dr. Peter Hamacher
RA Udo W. Henke
RAin Heidemarie Haack-Schmahl
RA Andreas Klein
RAin Angelika Rüstow
RA Swen Walentowski (Ltg. Presseabt.)
Mitglieder: 234 Anwaltvereine in der BR Deutschland, ca. 52000 Einzelmitglieder
Verbandszeitschrift: Anwaltsblatt
Schriftleitung: RA Dr. P. Hamacher u. RA Udo W. Henke, DeutscherAnwaltVerein, Adenauerallee 106, 53113 Bonn
Wahrung, Pflege und Förderung aller beruflichen und wirtschaftlichen Interessen der Rechtsanwaltschaft, einschließlich des Anwaltsnotariats, insbesondere durch Förderung von Rechtspflege und Gesetzgebung, Aus- und Fortbildung, Pflege des Gemeinsinnes und des wissenschaftlichen Geistes der Rechtsanwaltschaft. Sein Ziel ist die Zusammenfassung aller Rechtsanwältinnen und Rechtsanwälte in Deutschland. Der Verein ist parteipolitisch und konfessionell neutral.

Büro Berlin
Schiffbauerdamm 17, 10117 Berlin
T: (030) 2 80 80 04 **Fax:** 2 80 80 05
E-Mail: berlin@anwaltverein.de
Geschäftsführer(in): RA Andreas Hagenkötter

Büro Brüssel
Avenue de la Joyeuse, Entrée 1, B-1040 Brüssel
T: (00322) 2 80 28 12 **Fax:** 2 80 28 13
E-Mail: bruessel@anwaltverein.de
Geschäftsführer(in): RA Andreas Klein

DeutscheAnwaltAkademie Gesellschaft für Aus- und Fortbildung sowie Serviceleistungen mbH
Ellerstr. 48, 53119 Bonn
T: (0228) 9 83 66-0 **Fax:** 9 83 66-66
Geschäftsführer(in): Eva Isabel Spilker

DeutscherAnwaltverlag & Institut der Anwaltschaft GmbH
Wachsbleiche 7, 53111 Bonn
T: (0228) 9 19 11-0 **Fax:** 9 19 11-23
Geschäftsführer(in): Dr. Alfred Hoffmann

Landesverbände

s 509

Anwaltsverband Baden-Württemberg im Deutschen Anwaltverein e.V.
Birkenwaldstr. 151, 70191 Stuttgart
T: (0711) 2 55 26 50 **Fax:** 2 55 26 55
Vorsitzende(r): RA Dr. Peter Kothe

s 510

Bayerischer Anwaltsverband
Maxburgstr. 4, 80333 München
T: (089) 29 50 86 **Fax:** 29 16 10 46
Präsident(in): RA Werner Kästle (Sophienstr. 5 I, 80333 München, T: (089) 55 82 88, Telefax: (089) 59 35 60)

s 511

Berliner Anwaltsverein e.V.
Obentrautstr. 27, 10963 Berlin
T: (030) 2 51 38 46 **Fax:** 2 51 32 63
Vorsitzende(r): RA u. Notar Uwe Kärgel (Kurfürstendamm 207-208, 10719 Berlin, T: (030) 88 57 71-0, Telefax: (030) 88 57 71-245)
Geschäftsführer: RA Mirko Röder

s 512

Anwaltverband Brandenburg im Deutschen Anwaltverein e.V.
Gregor-Mendel-Str. 14, 14469 Potsdam
T: (03546) 81 23 **Fax:** 81 23
Vorsitzende(r): RA Frank-W. Hülsenbeck

s 513

Landesverband Bremen im Deutschen Anwaltverein
Gerichtshaus-Neubau, Zimmer 10
Postf. 10 69 45, 28069 Bremen
Ostertorstr. 25-29, 28195 Bremen
T: (0421) 32 17 78
Vorsitzende(r): RA Dieter Janßen (Marktstr. 3 - Börsenhof C, 28195 Bremen, T: (0421) 36 60 00, Telefax: (0421) 36 60 04 44)

s 514

Hamburgischer Anwaltverein e.V.
Sievekingplatz 1, Zimmer 700, 20355 Hamburg
T: (040) 34 20 68 **Fax:** 35 42 31
E-Mail: hamburgischer.anwaltverein@t-online.de
1. Vorsitzende(r): RA Gerd Uecker (Jungfernstieg 30, 20354 Hamburg, T: (040) 35 74 72-0, Fax: 35 74 72-24)
Geschäftsführer(in): RA'in Anne C. Kloth
Verbandszeitschrift: HAV-Info

s 515

Landesverband Hessen im Deutschen Anwaltverein e.V.
Gerichtsstr. 2, 60313 Frankfurt
T: (069) 28 30 83 **Fax:** 28 74 84
Vorsitzende: RAin Heide Krönert-Stolting (Ricarda-Huch-Str. 7, 61476 Kronberg, T: (06173) 6 81 47, Telefax: (06173) 6 83 47)

s 516

Landesverband Mecklenburg-Vorpommern im Deutschen Anwaltsverein
Strohstr. 5, 18507 Grimmen
T: (038326) 8 02 05/06 **Fax:** 8 02 07
E-Mail: eggert-richter@t-online.de
Vorsitzende(r): RA Rolf-Michael Eggert

s 517

Niedersächsischer Anwalt- und Notarverband im Deutschen Anwaltverein e.V.
Leisewitzstr. 28, 30175 Hannover
T: (0511) 8 56 09-0 **Fax:** 8 56 09-11
Vorsitzende(r): RA u. Notar Hanspeter Grimke (Königstr. 26, 30175 Hannover, T: (0511) 3 40 94-0, Fax: (0511) 3 40 94-70)

s 518

Landesverband Nordrhein-Westfalen im Deutschen Anwaltverein e.V.
Mühlenstr. 34, 40213 Düsseldorf

T: (0211) 83 06 29 53 **Fax:** 13 43 43
Vorsitzende(r): RA Dr. Klaus Böhm (Burgplatz 21-22, 40213 Düsseldorf, T: (0211) 86 51 00, Telefax: (0211) 8 65 10 20)

s 519

Rheinland-Pfälzischer Anwaltsverband im Deutschen Anwaltverein e.V.
Epplergasse 3, 67657 Kaiserslautern
T: (0631) 3 66 52-0 **Fax:** 3 66 52-99
Vorsitzende(r): RA Reinhard J. Matissek

s 520

Saarländischer Anwaltverein e.V.
Landgericht Saarbrücken, Zi. 120
Franz-Josef-Röder-Str. 15, 66119 Saarbrücken
T: (0681) 5 12 02 **Fax:** 5 12 59
Vorsitzende(r): RA Dr. Bernd Luxenburger (Faktoreistr. 4, 66111 Saarbrücken, T: (0681) 4 10 12 44, Telefax: (0681) 4 10 12 79)

s 521

Anwaltsverband Sachsen im Deutschen Anwaltverein
Barfußgäßchen 11, 04109 Leipzig
T: (0341) 4 79 62 16 **Fax:** 4 79 62 46
E-Mail: rakappel@aol.com
Vorsitzende(r): RA Horst Kappel

s 522

Landesanwaltverein Sachsen-Anhalt
Kleine Märkerstr. 10, 06108 Halle
T: (0345) 50 13 68 **Fax:** 2 02 32 35
Vorsitzende(r): RA Dr. Siegfried Brandt

s 523

Schleswig-Holsteinischer Anwalts- und Notarverband e.V.
Beselerallee 28, 24105 Kiel
T: (0431) 8 10 13, 8 10 33 **Fax:** 80 36 87
Vorsitzende(r): RA u. Notar Manfred Goerke

s 524

Landesverband Thüringen im Deutschen Anwaltverein e.V.
Cyriakstr. 16, 99094 Erfurt
T: (0361) 2 21 69-0 **Fax:** 2 21 69-20
Vorsitzende(r): RAin Ulrike Mendel

• **S 525**

Strafverteidigervereinigungen
Organisationsbüro
Immanuelkirchstr. 3, 10405 Berlin
T: (030) 44 67 92 17 **Fax:** 4 44 95 36
Geschäftsführer(in): Rechtsanwalt Volker Ratzmann
Landesverbände:
Baden-Württembergische Strafverteidiger e.V.
Initiative Bayerischer Strafverteidigerinnen und Strafverteidiger e.V.
Vereinigung Berliner Strafverteidiger e.V.
Hamburger Arbeitsgemeinschaft für Strafverteidiger e.V.
Vereinigung Hessischer Strafverteidiger e.V.
Strafrechtsausschuß des Kölner Anwaltvereins e.V.
Vereinigung Niedersächsischer und Bremer Strafverteidigerinnen und Strafverteidiger e.V.
Initiative Nordrhein-Westfälischer Strafverteidigerinnen und Strafverteidiger e.V.
Vereinigung Rheinland-Pfälzischer Strafverteidigerinnen und Strafverteidiger e.V.
Strafverteidiger Sachsen/Sachsen-Anhalt e.V.
Thüringer Strafverteidigerverein e.V.

• **S 526**

Deutsche Strafverteidiger e.V.
Wolfsgangstr. 92, 60322 Frankfurt
T: (069) 95 91 90-0 **Fax:** 55 84 00
Vorsitzende: RAin Regina Michalke (Wolfsgangstr. 92, 60322 Frankfurt/M., T: (069) 95 91 90-0, Fax: (069) 55 84 00)
Kontaktperson: RA Dr. Eckhard Küter (Siekerwall 21, 33602 Bielefeld, T: (0521) 6 10 00, Telefax: (0521) 17 49 17)

• **S 527**

Bundesnotarkammer
Burgmauer 53, 50667 Köln
T: (0221) 25 68 23 **Fax:** 25 68 08
Internet: http://www.bnotk.de
E-Mail: bnotk@bnotk.de
Internationaler Zusammenschluß: siehe unter izs 236
Präsident(in): Notar Dr. Hans-Dieter Vaasen (Aachen)
1. Vizepräs: RA u. Notar Johannes Stockebrand, Hamm
2. Vizepräs: Notar Dr. Helmut Keidel (München)
Hauptgeschäftsführer(in): Notar a.D. Dr. Timm Starke
Geschäftsführer(in): Notarin a.D. Sigrun Erber-Faller
Notar a.D. Dr. Gregor Rieger
Mitglieder: 21 Notarkammern

s 528

Landesnotarkammer Bayern
Ottostr. 10 III, 80333 München
T: (089) 55 16 60 **Fax:** 55 16 62 34
Präsident(in): Notar Dr. Helmut Keidel
Vizepräsident(in): Notar Dr. Jürgen Vollhardt
Notar Dr. Tilman Götte
Geschäftsführer(in): Notar a.D. Dr. Hans-Joachim Vollrath

s 529

Notarkammer Berlin
Lietzenburger Str. 46, 10789 Berlin
T: (030) 8 82 78 81 **Fax:** 8 82 21 95
Präsident(in): RA u. Notar Klaus Mock
Vizepräsidentin: RA'in, Notarin Brigitte Wagner
Geschäftsführer(in): RA Peter M. Gläser

s 530

Notarkammer Brandenburg
Dortustr. 71, 14467 Potsdam
T: (0331) 2 80 37 02 **Fax:** 2 80 37 05
Präsident(in): Notar Dietmar Böhmer
Vizepräsident(in): Notar Peter Arntz
Geschäftsführerin: Notarin a.D. Karin Bencze

s 531

Notarkammer Braunschweig
Bruchtorwall 12, 38100 Braunschweig
T: (0531) 4 52 31 **Fax:** 40 02 62
Präsident(in): RA u. Notar Dieter Schulte, Braunschweig
Vizepräsident(in): RA u. Notar Bernd Uhde, Braunschweig
Geschäftsführer(in): Bettina Schindler

s 532

Bremer Notarkammer
Knochenhauerstr. 36-37, 28195 Bremen
T: (0421) 1 51 30 **Fax:** 1 54 95
Präsident(in): RA u. Notar Axel Adamietz
Vizepräsident(in): RA u. Notar Dr. Henning Hübner
Geschäftsführerin: RAin u. Notarin Petra Schulze-Grönda

s 533

Notarkammer Celle
Bahnhofstr. 6, 29221 Celle
T: (05141) 9 92 93 80 **Fax:** 9 92 93 99
Präsident(in): RA u. Notar Dr. Ekkehard Harupa
Vizepräsident(in): RA u. Notar Burkhard Scherrer
Geschäftsführer(in): RA u. Notar Diethard Heinemann

s 534

Notarkammer Frankfurt
Bockenheimer Anlage 36, 60322 Frankfurt
T: (069) 17 00 98-02 **Fax:** 17 00 98 25
Präsident(in): RA u. Notar Dr. Klaus-Dieter Hartmann
Vizepräsident(in): RA u. Notar Peter Haack
RA u. Notar Dr. Ernst Wolfgang Schäfer
RA u. Notar Dr. Klaus-R. Wagner
Hauptgeschäftsführer(in): RA u. Notar Lutz Tauchert
Geschäftsführer(in): RA Dr. Christian Strunz

s 535

Hamburgische Notarkammer
Große Theaterstr. 7, 20354 Hamburg
T: (040) 3 55 21 44 **Fax:** 35 52 14 50
Präsident(in): Notar Dr. Jens Röh
Geschäftsführerin: Notarassessorin Ursula Geßner

s 536

Notarkammer Hamm
Ostenallee 18, 59063 Hamm
T: (02381) 98 50-01 **Fax:** 98 50-51
Präsident(in): RA u. Notar Johannes Stockebrand
Vizepräsident(in): RA u. Notar Wolfgang Grebe
RA u. Notar Dr. Franzjosef Zacharias
Geschäftsführer(in): RA Christoph Sandkühler

s 537

Notarkammer Kassel
Karthäuserstr. 5a, 34117 Kassel
T: (0561) 1 20 21 **Fax:** 1 20 27
Präsident(in): RA u. Notar Wolf Nottelmann
Vizepräsident(in): RA u. Notar Rolf Dieter Brämer
Geschäftsführerin: Marianne Moser

s 538

Notarkammer Koblenz
Postf. 20 11 54, 56011 Koblenz
Hohenzollernstr. 18, 56068 Koblenz
T: (0261) 9 15 88-0 **Fax:** 9 15 88-20
Präsident(in): Notar JR Willi Decku
Vizepräsident(in): Notar JR Hanns Dieter Lohnes
Geschäftsführer(in): Notarassessor Dr. Andree Adler

s 539

Notarkammer Mecklenburg-Vorpommern
Weinbergstr. 17, 19061 Schwerin
T: (0385) 5 81 25 75 **Fax:** 5 81 25 74
Präsidentin: Notarin Hannelore Gamm
Vizepräsident(in): Notar Gerhard Heinze
Geschäftsführer(in): Notaranwärter Dr. Moritz von Campe

s 540

Notarkammer Oldenburg
Staugraben 5, 26122 Oldenburg
T: (0441) 9 25 43-0 **Fax:** 9 25 43-29
Präsident(in): RA u. Notar Hermann Meiertöns
Vizepräsident(in): RA u. Notar Dr. Wolfgang Bischoff
RA u. Notar Uwe Miermeister
Geschäftsführer(in): Theo Berling

s 541

Notarkammer Pfalz
Am Altenhof 17, 67655 Kaiserslautern
T: (0631) 9 33 62 **Fax:** 6 41 78
Präsident(in): Notar JR Dr. Dieter Wischermann
Vizepräsident(in): Notar Klaus-Peter Seiberth
Geschäftsführer(in): Notarass. Dr. Bastian Endrulat

s 542

Rheinische Notarkammer
Burgmauer 53, 50667 Köln
T: (0221) 2 57 52 91 **Fax:** 2 57 53 10
Präsident(in): Notar Dr. Walter Schmitz-Valckenberg
Vizepräsident(in): Notar Dr. Hans-Dieter Vaasen
RA u. Notar Wolfgang Heinser
Geschäftsführer(in): Notarassessor Dr. Marc Hermanns

s 543

Saarländische Notarkammer
Rondell 3, 66424 Homburg
T: (06841) 9 31 20 **Fax:** 93 12 31
Präsident(in): Notar Prof. Dr. Rolf Dieter Zawar
Vizepräsident(in): Notar Lothar Schoenes
Geschäftsführer(in): Hartmut Pfeifer

s 544

Notarkammer Sachsen
Königstr. 3, 01097 Dresden
T: (0351) 8 07 27-0 **Fax:** 8 07 27-50
Präsidentin: Notarin Bettina Sturm
Vizepräsident(in): Notar Dr. Alfons Hueber
Geschäftsführer(in): Notar a.D. Dr. Marcus Sommer

s 545

Notarkammer Sachsen-Anhalt
Postf. 14 04, 39004 Magdeburg
Winckelmannstr. 24, 39108 Magdeburg
T: (0391) 56 89 70 **Fax:** 5 68 97 20
Internet: http://www.bnotk.de/sachsen_anhalt/default.htm
E-Mail: notarkammer.sachsen-anhalt@t-online.de
Präsident(in): Notar Uwe Glöckner
Vizepräsident(in): Notarin Dr. Barbara Lilie
Geschäftsführer(in): Notaranwärter Burkhard Lischka

s 546

Schleswig-Holsteinische Notarkammer
Gottorfstr. 13, 24837 Schleswig
T: (04621) 9 39 10 **Fax:** 93 91 26
Präsident(in): RA u. Notar Diethard Koch
Vizepräsident(in): RA u. Notar Gerd-Walter Jung
Geschäftsführer(in): RA Elmar Berendes

s 547

Notarkammer Stuttgart
Königstr. 21, 70173 Stuttgart
T: (0711) 29 19 34 **Fax:** 2 26 58 02
Präsident(in): Notar Siegfried Schmidt
Vizepräsident(in): RA u. Notar Dr. Rolf Jauch
Geschäftsführer(in): Stefan Schmittner
Mark Lindenmaier

s 548

Notarkammer Thüringen
Schlösserstr. 8, 99084 Erfurt
T: (0361) 55 50 40 **Fax:** 5 55 04 44
Präsident(in): Notar Dr. Thomas Renner
Vizepräsident(in): Notar Klaus-Dietmar Schmidt
Geschäftsführer(in): Dipl.-Jur. Jürgen Fenske

• S 549

Deutscher Notarverein - Bundesverband der Notare im Hauptberuf
Kronenstr. 73/74, 10117 Berlin
T: (030) 20 45 42 84 **Fax:** 20 45 42 90
Gründung: 1991
Präsident(in): Notar Dr. Stefan Zimmermann
Vizepräsident(in): Notarin Eleonore Lohr
Notar Dr. Hans Wolfsteiner
Geschäftsführer(in): Notarass. Markus Riemenschneider
Verbandszeitschrift: notar
Verlag: DNotV Verlag & Service GmbH, Kronenstr. 73/74, 10117 Berlin
Mitglieder: 2200

• S 550

Verein der Richterinnen und Richter am Bundesfinanzhof
Postf. 86 02 40, 81629 München
Ismaninger Str. 109, 81675 München
T: (089) 9 23 12 31 **Fax:** 9 23 12 01
Vorsitzende(r): Richter am Bundesfinanzhof Dr. Heinrich Weber-Grellet
Stellvertretende(r) Vorsitzende(r): Richter am Bundesfinanzhof Kurt Rainer Kilches
Schatzmeister: Richter am Bundesfinanzhof Bernd Thürmer
Mitglieder: 90

• S 551

Deutsche Vereinigung der Rechtsanwalts- und Notariatsangestellten e.V. (RENO)
Paulistr. 10, 40597 Düsseldorf
T: (0211) 3 84 94 94 **Fax:** 3 85 01 54
Gründung: 1954
Vorsitzende(r): Waltraud Rövekamp
Stellvertretende(r) Vorsitzende(r): Klaus Roos
Schatzmeisterin: Ingrid Urban
Schriftführerin: Kirsten Venus
Referent Bildung/Öffentlichkeitsarbeit: Michael Reinhard
Verbandszeitschrift: Reno-Report
Redaktion: Paulistr. 10, 40597 Düsseldorf
Mitglieder: 4500

Landesverbände:

s 552

Deutsche Vereinigung der Rechtsanwalts- und Notariatsangestellten
Landesverband Baden-Württemberg
Kleine Gasse 1, 77799 Ortenberg
Vorsitzende(r): Paul Bahr (Kleine Gasse 1, 77799 Ortenberg)

s 553

Deutsche Vereinigung der Rechtsanwalts- und Notariatsangestellten
Landesverband Bayern
Wilhelm-Düll-Str. 13, 80638 München
Vorsitzende(r): Ina Saffran

s 554

Deutsche Vereinigung der Rechtsanwalts- und Notariatsangestellten
Landesverband Bremen
Lesmonastr. 56b, 28717 Bremen
Vorsitzende(r): Dieter Wittke (Lesmonastr. 96, 28717 Bremen)

s 555

Deutsche Vereinigung der Rechtsanwalts- und Notariatsangestellten
Landesverband Hamburg
In der Ahe 9, 27356 Rotenburg
Vorsitzende(r): Mario Martens

s 556

Deutsche Vereinigung der Rechtsanwalts- und Notariatsangestellten
Landesverband Niedersachsen
c/o ReNo
Postf. 14 28, 26304 Varel
Vorsitzende(r): Gerhard Lambertus (Am Sande 27, 26316 Varel, T: (04451) 95 96 90, Telefax: (04451) 95 96 92)

s 557

Deutsche Vereinigung der Rechtsanwalts- und Notariatsangestellten
Landesverband Nordrhein-Westfalen
Blücherstr. 15, 44147 Dortmund
Vorsitzende(r): Joachim Kraß (Blücherstr. 15, 44147 Dortmund)

s 558

Deutsche Vereinigung der Rechtsanwalts- und Notariatsangestellten
Landesverband Rheinland-Pfalz
Römerstr. 10, 54332 Wasserliesch
T: (0651) 9 78 11-0 **Fax:** (06501) 18 06 06
Vorsitzende(r): Klaus Roos (Römerstr. 10, 54332 Wasserliesch)

s 559

Deutsche Vereinigung der Rechtsanwalts- und Notariatsangestellten
Landesverband Saarland
Alleestr. 140, 66126 Saarbrücken
T: (06898) 85 16 42 **Fax:** 85 16 42
Internet: http://www.renosaar.de
Vorsitzende(r): Wolfgang Lüdecke (Alleestr. 140, 66126 Saarbrücken)

s 560

Deutsche Vereinigung der Rechtsanwalts- und Notariatsangestellten
Landesverband Sachsen-Anhalt
c/o RAe Grohmann pp.
Liliencronstr. 7, 39108 Magdeburg
T: (0391) 74 46 59 15 **Fax:** 74 46 59 19
Präsident(in): Dirk-Michael Nanke

s 561

Deutsche Vereinigung der Rechtsanwalts- und Notariatsangestellten
Landesverband Schleswig-Holstein
Friedrichsorter Str. 3, 24214 Gettorf
T: (0436) 70 82 **Fax:** 86 01
Vorsitzende(r): Kay Schmidt (Friedrichsorter Str. 3, 24214 Gettorf)

• S 562

Vereinigung Demokratischer Juristinnen und Juristen e.V. (VDJ)
Bundessekretariat:
Palisadenstr. 40, 10243 Berlin
T: (030) 42 78 08 55 **Fax:** 42 78 08 56
Internet: http://www.vdj.de
E-Mail: Bundessekretaer@vdj.de
Gründung: 1972
Bundessekretär: RA Ulf Wende
Verbandszeitschrift: Ansprüche - Forum demokratischer Juristinnen und Juristen
Redaktion: Redaktion Ansprüche: c/o Thomas Fruth, Oranienstr. 25, 10999 Berlin
Verlag: Selbstverlag
Mitglieder: ca. 1000
Regionalgruppen:
Berlin, Bonn, Bremen, Darmstadt, Dortmund, Dresden, Düsseldorf, Duisburg, Essen, Frankfurt, Hamburg, Hannover, Kassel, Mannheim/Heidelberg, München, Nürnberg, Oldenburg, Stuttgart und Tübingen
(Die jeweiligen Adressen sind beim Bundessekretariat zu erfragen)

• S 563

Republikanischer Anwältinnen- und Anwälteverein e.V.
- Geschäftsstelle
Hohenzollernstr. 7, 30161 Hannover
T: (0511) 31 28 09 **Fax:** 3 48 16 59
Internet: http://www.rav.de
E-Mail: RAVeV@t-online
Gründung: 1979
Vorsitzende(r): RAin Doris Dierbach
Stellvertretende(r) Vorsitzende(r): RA, Notar Kay-Thomas Pohl
Geschäftsführer(in): RA Rainer Ahues
Verbandszeitschrift: RAV-Info
Redaktion: Rainer Ahues

Einflußnahme auf Gesetzgebungsorgane und anwaltliche Standesorganisationen; Öffentlichkeitsarbeit; Organisierung öffentlicher Diskussionsveranstaltungen und Anwaltstage; Unterstützung von Bürgerinitiativen und Bürgerrechtsvereinigungen; Beistand bei Ehrengerichts- und Strafverfahren gegen Kollegen/innen; Prozeßbeobachtungen/Solidarität mit verfolgten ausl. Kollegen/innen und Privatpersonen; Fortbildungsveranstaltungen für Rechtsanwälte/innen.

• S 564

Deutscher Juristinnenbund (Vereinigung der Juristinnen, Volkswirtinnen und Betriebswirtinnen) e.V. (DJB)
Geschäftsstelle:
Reuterstr. 241, 53113 Bonn
T: (0228) 91 51 00 **Fax:** 21 10 09
Internet: http://www.djb.de
E-Mail: geschaeftsstelle@djb.de
Gründung: 1948 (28. August)
1. Vorsitzende(r): Prof. Dr. Ursula Nelles (Institut f. Kriminalwissenschaften, Westfälische-Wilhelms-Universität Münster, Bispinghof 24-25, 48143 Münster, T: (0251) 8 32 27 53, Fax: 8 32 23 76)
Stellvertretende(r) Vorsitzende(r): RA Margret Diwell (Unter den Eichen 96, 12205 Berlin, T: (030) 83 13-680, Fax: 83 12-688)
Senatsrätin Maria-Luise Löper (257 Avenue Paul Deschanel, B 1030 Brüssel, T: (0032) 2 73 80 07-0,-2(d), Fax: 2 73 24 746(d))
Geschäftsführer(in): RA Martina Bosch
Schatzmeisterin: Finanzbeamtin Sigrid Brucker-Maschke (Oberhauser Str. 27, 72379 Hechingen, T: (07031) 13 26 27(d))
Schriftführer(in): Ass. Dr. Katja Buchwald (Rudolf-Breitscheid-Str. 124, 14482 Potsdam, T: (030) 84 36-1672(d), Fax: 71 99 78(p))
Mitglieder: ca. 2750

Der DJB will beitragen zur Fortentwicklung des nationalen und internationalen Rechts, insbes. zur weltweiten Verwirklichung der Gleichberechtigung und Gleichstellung der Frau in Gesellschaft, Beruf und Familie auch in Zusammenarbeit mit gleichartigen nationalen und internationalen Vereinigungen.

• S 565

Juristen-Vereinigung Lebensrecht e.V.
Postf. 50 13 30, 50973 Köln
Grimmelshausenstr. 24, 50996 Köln
T: (0221) 13 44 78 **Fax:** 2 22 59 57
Internet: http://www.shuttle.de/jvl
E-Mail: jvl@jvl.k.shuttle.de
Gründung: 1984 (08. Juni)
Vorsitzende(r): Bernward Büchner (Vors; Vorsitzender Richter am Verwaltungsgericht), Freiburg
Stellvertretende(r) Vorsitzende(r): Prof. Dr. Herbert Tröndle, Waldshut
Staatsanwalt Rainer Beckmann, Würzburg
Sekretär: Notar a.D. Dr. Werner Esser, Köln
Verbandszeitschrift: Zeitschrift für Lebensrecht
Redaktion: RA Rudolf Repgen, Neuhauser Str. 3 a, 80331 München
Verlag: Eigenverlag
Mitglieder: rd. 800
Mitarbeiter: 2

• S 566

Arbeitsgemeinschaft der Fachanwälte für Steuerrecht e.V.
Universitätsstr. 140, 44799 Bochum
T: (0234) 97 06 40 **Fax:** 70 35 07
Vorsitzende(r): RA, Notar u. Fachanwalt für Steuerrecht Franz Josef Haas

• S 567

Deutsches Anwaltsinstitut e.V.
Universitätsstr. 140, 44799 Bochum
T: (0234) 97 06 40 **Fax:** 70 35 07
Vorsitzende(r): RA, Notar u. Fachanwalt für Steuerrecht Franz Josef Haas

• S 568

Deutsche Bewährungshilfe e.V. (DBH)
siehe T 3449

• S 569

Deutscher Richterbund
Bund der Richterinnen und Richter, Staatsanwältinnen und Staatsanwälte
Kronenstr. 73-74, 10117 Berlin
T: (030) 20 61 25-0 **Fax:** 20 61 25-25
Gründung: 1909 (1. Januar)
Vorsitzende(r): Rainer Voss (Vorsitzender Richter am Landgericht Düsseldorf)
Geschäftsführer(in): Peter Marqua
Verbandszeitschrift: Deutsche Richterzeitung
Redaktion: c/o Deutscher Richterbund
Verlag: Carl-Heymanns-Verlag, Köln
Mitglieder: 25 Verbände

• S 570

Arbeitsgemeinschaft erstinstanzlicher Richter im Bundesdienst
(c/o Bundesdisziplinargericht)
Gervinusstr. 5-7, 60322 Frankfurt
T: (069) 15 30 00 01 **Fax:** 15 30 00 99
Geschäftsführer(in): Horst Klein (Vors. Richter am BDiG)
Stellvertretende(r) Geschäftsführer(in): Jürgen Karst (Vors. Richter am BDiG)

• S 571

Bund Deutscher Verwaltungsrichter und Verwaltungsrichterinnen (BDVR)
(Oberverwaltungsgericht)
Aegidiikirchplatz 5, 48143 Münster
T: (0251) 5 05-224 **Fax:** 5 05-224
Vorsitzende(r): ROV Hans-Jörg Lieberoth-Leder

Förderung der Verwaltungsrechtspflege und der beruflichen Belange der Verwaltungsrichter.

• S 572

Vereinigung deutscher, italienischer und französischer Verwaltungsrichterinnen und Verwaltungsrichter
Schloßplatz 10, 26122 Oldenburg
T: (0441) 2 20 61 01 **Fax:** 2 20 61 04
Präsident(in): Dr. Werner Hanisch

• S 573

Deutsche Richterakademie
- Erste Tagungsstätte und Sitz der Direktorin
Berliner Allee 7, 54295 Trier
T: (0651) 93 61-0 **Fax:** 30 02 10
E-Mail: DRA-Trier@t-online.de
Gründung: 1973 (12. Januar); Erweiterung um zweite Tagungsstätte 1993 (1. Januar)
Direktor(in): Kerstin Lossin-Weimer
Mitarbeiter: 57
Jahresetat: DM 5,5 Mio, € 2,81 Mio

s 574

Deutsche Richterakademie Zweite Tagungsstätte
Am Schloß 1, 16818 Wustrau
T: (033925) 8 97-0 **Fax:** 7 02-09
E-Mail: DRA-Wustrau@t-online.de

• S 575

Bundesverband Deutscher Patentanwälte e.V.
Deichmannhaus am Dom
Postf. 10 22 41, 50462 Köln
T: (0221) 91 65 20 **Fax:** 13 42 97
Gründung: 1974
Vorstand: Patentanwalt Dr. Karl-Ernst Müller (Präsident), Ratingen
Patentanwalt Jürgen Klinghardt (Schatzmeister), Bremen
Patentanwalt Dr. Thomas Weber (Schriftführer), Köln
Patentanwalt Dr. Thomas Mütschele, Stuttgart
Patentanwältin Bettina Auerbach, Zwickau
Patentanwalt Dr. Reimar König, Düsseldorf
Patentanwalt Gerd Koepe, München
Patentanwalt Dr. Christof Keussen, Hamburg
Patentanwalt Dr. Gerhard Schmitt-Nilson, München
Mitglieder: ca. 470

• S 576

PJ-Patentdienst Jakwerth
Lehmannstr. 12, 30455 Hannover
T: (0511) 49 15 63 **Fax:** 49 25 62
Kontaktperson: Dipl.-Ing. Erwin C. Jakwerth

• S 577

Patentanwaltskammer
- Körperschaft des öffentlichen Rechts -
Postf. 26 01 08, 80058 München
Tal 29, 80331 München
T: (089) 2 42 27 80 **Fax:** 24 22 78 24
Internet: http://www.patentanwalt.de
Präsident(in): Dipl.-Ing. Prof. Dr.jur. Uwe Dreiss (M.Sc)
Geschäftsführer(in): RA'in Elisabeth Reinhard

Selbstverwaltungsorganisation der deutschen Patentanwälte mit gesetzlich zugewiesenen Aufgaben, z. B. im Rahmen der Ausbildung zum Patentanwalt, Prüfung der Auszubildenden, Gutachtenerstattung etc. Mitwirkung bei Gesetzesvorhaben auf dem Gebiet des gewerblichen Rechtsschutzes, Mitarbeit in internationalen Gremien.
Die Patentanwaltskammer hat die Aufgabe, die Belange des Berufsstandes zu wahren und zu fördern sowie die Einhaltung der Berufspflichten zu überwachen (Paragraph 54 PAO).

• S 578

Neue Richtervereinigung e.V.
- Zusammenschluß von Richterinnen und Richtern, Staatsanwältinnen und Staatsanwälten -
Sekretariat
Wahmstr. 71, 23552 Lübeck
T: (0451) 39 20 92
E-Mail: info.nrv@t-online.de
Gründung: 1987 (7. März)
Vorstand: Ingo Hurlin (Vors.)
Inken Gallner
Eva Koch
Peter Vonnahme
Eike Weißenfels
Werner Sack
Leitung Presseabteilung: Wolfgang Neskovic
Mitglieder: ca. 600

Die Demokratisierung der Justiz und die Transparenz der Justiz für die Öffentlichkeit fördern.

• S 579

Bundesverband Deutscher Rechtsbeistände e.V. (BDR)
Hauptgeschäftsstelle
Rheinweg 24, 53113 Bonn
T: (0228) 92 39 91 20 **Fax:** 92 39 91 26
Internationaler Zusammenschluß: siehe unter izs 20
Präsident: Walter Heinze
Mitglieder: rd. 1000

• S 580

Deutsche Vereinigung für Jugendgerichte und Jugendgerichtshilfen e.V. (DVJJ)
Lützerodestr. 9, 30161 Hannover
T: (0511) 3 48 36 40 **Fax:** 3 18 06 60
E-Mail: dvjjev@t-online.de
Gründung: 1917
Vorsitzende(r): Prof. Dr. Bernd-Rüdeger Sonnen, Hamburg
Verbandszeitschrift: DVJJ-Journal
Redaktion: Geschäftsstelle der DVJJ
Verlag: DVJJ, Lützerodestr. 9, 30161 Hannover
Mitglieder: 2000
Mitarbeiter: 2 1/2

Regional- u. Landesgruppen

s 581

Deutsche Vereinigung für Jugendgerichte Landesgruppe Baden-Württemberg
Institut für Kriminologie der Ruprecht-Karls-Universität
Friedrich-Ebert-Anlage 6-10, 69117 Heidelberg
T: (06221) 54 74-89
Prof. Dr. Dieter Dölling, Heidelberg

s 582

Deutsche Vereinigung für Jugendgerichte Landesgruppe Berlin
Duisburger Str. 7, 10707 Berlin
T: (030) 3 24 40 31
RiAG Wolfgang Herrlinger

s 583

Deutsche Vereinigung für Jugendgerichte Regionalgruppe Bremen
Amt für Soziale Dienst - Ost, Abschnitt Jugenddelinquenz
Hans-Böckler-Str. 9, 28217 Bremen
T: (0421) 3 61-8007
Dipl.-Sozialpädagoge Bernd Rein

s 584

Deutsche Vereinigung für Jugendgerichte Regionalgruppe Hessen
Jugendvollzugsanstalt Wiesbaden
Holzstr. 29, 65197 Wiesbaden
T: (0611) 41 41-27
RD Gernot Kirchner

s 585

Deutsche Vereinigung für Jugendgerichte Landesgruppe Mecklenburg-Vorpommern
Universität Greifswald, Jur. Fakultät
Domstr. 20, 17489 Greifswald
T: (03834) 86-2137
Prof. Dr. Frieder Dünkel

s 586

Deutsche Vereinigung für Jugendgerichte Landesgruppe Niedersachsen
Lützerodestr. 9, 30161 Hannover
T: (03641) 9 30-417
Prof. Dr. Thomas Trenczek, Jena

s 587

Deutsche Vereinigung für Jugendgerichte Regionalgruppe Nord
Amtsgericht Hamburg
Sievekingplatz 3, 20355 Hamburg
T: (040) 34 97-3131
Jugendrichter: Joachim Katz

s 588

Deutsche Vereinigung für Jugendgerichte Regionalgruppe Nordbayern
Institut für Strafrecht, Strafprozeßrecht und Kriminologie der Friedrich-Alexander-Universität Erlangen-Nürnberg
Schillerstr. 1, 91054 Erlangen
T: (09131) 85-47 55
Prof.Dr. Franz Streng

s 589

Deutsche Vereinigung für Jugendgerichte Regionalgruppe Nordrhein
Universität Köln, Kriminologische Forschungsstätte
50923 Köln
Albertus-Magnus-Platz, 50931 Köln
T: (0221) 4 70-4281
Prof. Dr. Michael Walter

s 590

Deutsche Vereinigung für Jugendgerichte Landesgruppe Saarland
Staatsanwaltschaft Saarbrücken, Jugendabteilung
Franz-Josef-Röder-Str. 15, 66119 Saarbrücken
T: (0681) 5 05-1
Wendel Wintrich

s 591

Deutsche Vereinigung für Jugendgerichte Landesgruppe Sachsen
Verein sozialpäd. Erziehungs- u. Familienhelfer
Am Quirlbusch 7, 09212 Limbach-Oberfrohna
T: (03722) 9 36 63
Siegfried Riedel, Limbach-Oberfrohna

s 592

Deutsche Vereinigung für Jugendgerichte Landesgruppe Sachsen-Anhalt
Staatsanwaltschaft Magdeburg
Liebknechtstr. 75, 39110 Magdeburg
T: (0391) 6 06-4978
OStA Klaus Breymann

s 593

Deutsche Vereinigung für Jugendgerichte Regionalgruppe Südbayern
Amtsgericht, Jugendgericht
Nymphenburger Str. 16, 80335 München
T: (089) 55 97-4371
Ri'in AM Sophie von Ballestrem

s 594

Deutsche Vereinigung für Jugendgerichte Landesgruppe Thüringen
Fachhochschule Jena Fachbereich Sozialwesen
Tatzendpromenade 1b, 07745 Jena
T: (03641) 9 30-402
Prof. Dr. Heike Ludwig

s 595

Deutsche Vereinigung für Jugendgerichte Regionalgruppe Westfalen-Lippe
Amtsgericht Dortmund
Gerichtsstr. 22, 44135 Dortmund
T: (0231) 54 05-361
Ri'in Dagmar Vieten-Gross

s 596

Deutsche Vereinigung für Jugendgerichte Landesgruppe Brandenburg
Soziale Dienste der Justiz
Berliner Str. 78, 14641 Nauen
T: (03321) 44 12 34
Dipl.-Sozialarb. Anett Petatz

• S 597

Bundesvereinigung der Anstaltsleiter im Strafvollzug e.V.
Limburgerstr. 122, 65582 Diez
T: (06432) 60 91 00 **Fax:** 60 91 13
Gründung: 1971
1. Vorsitzende(r): LtdRegDir Dr. Dieter Bandell
2. Vorsitzende(r): LtdRegDir'in Barbara Salewski
3. Vors.: LtdRegDir Klaus Winchenbach
Schatzmeister: RegDir Josef Paintner
Geschäftsführer(in): RegDir Günter Simon
Mitglieder: 300

• S 598

BAG - Bundesarbeitsgemeinschaft der Sozialarbeiter im Vollzug
Wilhelmallee 49, 47198 Duisburg
T: (02066) 50 11 96
Vorsitzende(r): Brigitte Schultz (Ltg. Presseabteilung; Wilhelmallee 49, 47198 Duisburg, T./Fax: (02066) 50 11 96, Tel. (01772) 42 10 04)
2. Vorsitzende(r): Detlef Gasse
Schatzmeister: Andreas Bassendowski

Eintreten für die Belange der Sozialarbeit in den Justizvollzugsanstalten. Zusammenarbeit mit anderen Arbeitsgemeinschaften der Strafrechtspflege.

• S 599

Bund Deutscher Rechtspfleger e.V. (BDR)
Südergraben 22, 24937 Flensburg
Internet: http://www.bdr-online.de
Bundesvorsitzender: Dipl.-Rechtspfleger Hinrich Clausen (T: (0461) 89-1 16, Fax: (0461) 89-4 34)
Stellv. Bundesvors: Dipl.-Rechtspfleger Wolfgang Mathias (Geschäftsführer, T: (0261) 1 02-15 10, Fax: (0261) 1 02-15 03 , eMail: mathias.bdr@online.de)
Dipl.-Rechtspfleger Mario Blödtner (Pressereferent)
Verbandszeitschrift: Rechtspflegerblatt
Redaktion: Dipl.-Rpfl. Rolf Scheffler
Verlag: Werner Gieseking Verlag, Deckertstr. 30, 33617 Bielefeld
Mitglieder: ca. 10000
Mitarbeiter: 7
Jahresetat: DM 0,2 Mio, € 0,1 Mio

Mitgliedsverbände

s 600

Bund Deutscher Rechtspfleger Landesverband Baden Württemberg
Amtsgericht Mannheim
68149 Mannheim
T: (0621) 2 92-2318 **Fax:** 2 92-2876
Vorsitzende(r): Jürgen Geisler (Mannheim, AG)
Geschäftsführer(in): Silvia Just (Mannheim AG)

s 601

Verband Bayer. Rechtspfleger e.V.
Prielmayerstr. 7, 80335 München
T: (089) 55 97-2243
Vorsitzende(r): Gerhard Detter (München AG)
Geschäftsführer(in): N. N.

s 602

Bund Deutscher Rechtspfleger Landesverband Berlin
Invalidenstr. 52, 10557 Berlin
Vorsitzende(r): Auenhammer-Freidank (AG Pankow-Weissensee)
Schriftführerin: Susanne Eberle (AG Schöneberg)

s 603

Bund Deutscher Rechtspfleger Landesverband Brandenburg
c/o Martina Flüß, Ministerium der Justiz, für Bundes- u. Europaangelegenheiten
Heinrich-Mann-Allee 107, 14473 Potsdam
T: (0331) 8 66-3252 **Fax:** 8 66-3080
Vorsitzende(r): Martina Flüß (MdJ Potsdam)
Geschäftsführer(in): Michael Glombitza (AG Strausberg)

s 604

Bund Deutscher Rechtspfleger Landesverband Bremen
Ostertorstr. 25-32, 28195 Bremen
T: (0421) 3 61-4866 **Fax:** 3 61-2820
Vorsitzende(r): Jürgen Schrader (AG Bremen)
Geschäftsführer(in): Armin Schlake (AG Bremen)

s 605

Bund Deutscher Rechtspfleger Landesverband Hamburg
Sievekingplatz 1, 20355 Hamburg
T: (040) 34 97-2863 **Fax:** 34 97-2999
Vorsitzende(r): Gerd Lindenau (AG Hamburg)
Geschäftsführer(in): Volker Laedtke (AG Hamburg)

s 606

Bund Deutscher Rechtspfleger Landesverband Hessen
Gerichtsstr. 2, 60313 Frankfurt
Vorsitzende(r): Karl Heinz Fischer (LG Darmstadt)
Geschäftsführer(in): Hans Burster (LG Frankfurt)

s 607

Bund Deutscher Rechtspfleger Landesverband Mecklenburg-Vorpommern
Amtsgericht Schwerin
Demmlerplatz, 19053 Schwerin
T: (0385) 74 15-645 **Fax:** 74 15-666
Vorsitzende(r): Uwe Mälck (AG Schwerin)
Geschäftsführerin: Dagmar Bänsch (AG Schwerin)

s 608

Bund Deutscher Rechtspfleger Landesverband Nordrhein-Westfalen
Koloniestr. 72, 47057 Duisburg
T: (0203) 99 38-836 **Fax:** 99 38-888
Vorsitzende(r): Paul Thater (Duisburg, StA)
Geschäftsführer(in): Ulrich Kämpf (Justizakademie Recklinghausen)

s 609

Bund Deutscher Rechtspfleger Landesverband Rheinland-Pfalz
Amtsgericht Koblenz
56065 Koblenz
T: (0261) 1 02-1510 **Fax:** 9 73 18 48
Vorsitzende(r): Wolfgang Mathias (Koblenz, LG)
Geschäftsführer(in): Gerd Neuhäuser (Koblenz, AG)

s 610

Bund Deutscher Rechtspfleger Landesverband Saarland e.V.
Amtsgericht Saarbrücken
66104 Saarbrücken
T: (0681) 60 03-269, 5 01-5019 **Fax:** 5 01-6941
Vorsitzende(r): Axel Hahn (AG Saarbrücken)
Geschäftsführer(in): Antje Altmayer (StA Saarbrücken)

s 611

Verband Sächsischer Rechtspfleger
Amtsgericht Zwickau
Platz der Deutschen Einheit 1, 08056 Zwickau
Vorsitzende(r): Jan Förster (AG Zwickau)
Geschäftsführer(in): Peter Kripp (Justizschule Radebeul)

s 612

Bund Deutscher Rechtspfleger Sachsen-Anhalt e.V.
Lindenplatz 11, 39326 Hermsdorf
T: (0391) 6 06-6099 **Fax:** 6 06-6005
Vorsitzende(r): Peter Damm (AG Magdeburg)
Geschäftsführer(in): Silvio Gentsch (ArbG Stendal)

s 613

Bund Deutscher Rechtspfleger Landesverband Schleswig-Holstein
Südergraben 22, 24937 Flensburg
T: (0461) 8 91 16 **Fax:** 8 94 34
Vorsitzende(r): Dipl.-Rechtspfleger Hinrich Clausen (Flensburg, AG)
Geschäftsführer(in): Nicole Lotz (Rendsburg, AG)

s 614

Bund Deutscher Rechtspfleger Landesverband Thüringen
Amtsgericht Erfurt
Johannesstr. 23, 99084 Erfurt
Vorsitzende(r): Peter Schirmer (AG Mühlhausen)
Geschäftsführer(in): Karin Meszner (MdJ Erfurt)

s 615

Verein der Rechtspfleger im Bundesdienst e.V. (VRB)
Am Eschbichl 31, 81929 München
T: (089) 6 99 37-235 **Fax:** 9 57 94 99
E-Mail: KapplT@buerohaus.de
Vorsitzende(r): Dipl.-Rpfl. Thomas Kappl (Bundespatentgericht), München
Stellv. Vors. u. GeschF: Dagmar Breitwieser (Bundespatentgericht), München

• S 616

Arbeitskreis der Landschaftsanwälte (ADL)
Platanenhof 23, 30659 Hannover
T: (0511) 9 05 59 96 **Fax:** 9 05 59 83
E-Mail: ADL.Wille@t-online.de
Gründung: 1951
Vorsitzende(r): Dipl.-Ing. Sabine Webersinke
Geschäftsführer(in): Dr. Volker Wille
Mitglieder: 112 (Stand 13.08.98)

Umweltschutz, Naturschutz, Vertreten der Belange der landschaftspflegerischen Erfordernisse in der Entwicklung und Planung.

• S 617

Bundessprecherkonferenz der Rechtsreferendarinnen und Rechtsreferendare e.V.
c/o RAe Eller & Ohly
Gabelsbergerstr. 9, 80333 München
T: (089) 28 98 65 65 **Fax:** 2 80 22 65
Internet: http://www.jumag.de/ju.3100.htm
Gründung: 1992 (10. November)
Vorsitzende(r): Daniel Eichmann
Stellvertretende(r) Vorsitzende(r): Thomas Stein
Leitung Presseabteilung: Manuela Kraus
Verbandszeitschrift: jumag
Redaktion: Gabelsbergerstr. 9, 80333 München
Verlag: medialog Verlag, Kapellenweg 6, 82340 Feldafing
Mitglieder: 55

• S 618

Deutsch-Amerikanische Juristen-Vereinigung e.V. (DAJV)
Postf. 20 04 42, 53134 Bonn
Alte Bahnhofstr. 10, 53173 Bonn
T: (0228) 36 13 76 **Fax:** 35 79 72
Partnerorganisation:
GERMAN AMERICAN Lawyers ASSOCIATION (GALA), New York, N.Y.
Gründung: 1975
Vorstand: Dr. Hans-Peter Ackmann (Vorsitzender)
Prof. Dr. Heribert Hirte (1. stellv. Vorsitzender)
Dr. Ludwig Leyendecker (2. stellv. Vorsitzender)
Micaela Dresen (Schatzmeisterin)
Dr. Michael R. Fischer (GALA-Koordinator)
Priv.-Doz. Dr. Karsten Otte (Newsletter)
Dr. Marc Eumann
Carsten Flaßhoff
Werner Hein
Sabine Kewlitsch
Dr. Christa Pfeil-Kammerer
Alexander Ressos
Augsburg: Prof. Dr. Thomas M. J. Möllers
Berlin: Dr. Margarete Mühl-Jäckel
Prof. Reimer von Borries
Bochum: Prof. Dr. Daniel Zimmer
Bonn: Prof. Dr. Gerhard Wagner
Chemnitz: Dr. Christian Westerhausen
Dresden: Prof. Dr. Wolfgang Lüke
Düsseldorf: Dr. Rainer Velten
Erlangen-Nürnberg: Prof. Dr. Wolfgang Blomeyer
Frankfurt (Main): Rudolf du Mesnil de Rochemont
Freiburg: Prof. Dr. Rolf Stürner
Hamburg: Prof. Dr. Jürgen Basedow
Gabriele Renken-Röhrs
Hannover: Prof. Dr. Thomas E. Abeltshauser
Dr. Jutta Stender-Vorwachs
Heidelberg: Prof. Dr. Winfried Brugger
Jena: Prof. Dr. Sharon Byrd
Prof. Dr. Karl Matthias Meessen
Köln: Dr. Ludwig Leyendecker
Leipzig: Prof. Dr. Thomas Rauscher
München: Dr. Peter Nussbaum
Gebhard Rehm
Münster: Prof. Dr. Heinz-Dietrich Steinmeyer
Rostock: Prof. Dr. Harald Koch
Stuttgart: Dr. Rolf M. Winkler
Verbandszeitschrift: DAJV-Newsletter
Redaktion: Priv.-Doz. Dr. Karsten Otte
Verlag: Selbstverlag
Mitglieder: 3800
Mitarbeiter: 3

• S 619

Deutsch-Britische Juristenvereinigung
Neuer Wall 42, 20354 Hamburg
T: (040) 37 86 87-11 **Fax:** 37 86 87-20

E-Mail: bollmann-hamburg@t-online.de
Vorsitzende(r): Dr. Helmut Plambeck (Präs. a.D. des Hamburgischen Verfassungsgerichts und des Hanseatischen Oberlandesgerichts Hamburg)
Generalsekretär(in): Rechtsanwalt Dr. Knut Suhr (LL.M.)

• S 620

Deutsch-Griechische Juristenvereinigung e.V.
Stadthausbrücke 1-3, 20355 Hamburg
T: (040) 37 63 00 **Fax:** 37 63 03 00
Gründung: 1984 (5. September)
1. Vorsitzende(r): VRiOLG Dr. Jürgen Daniels (Hans. Oberlandesgericht - 8. Zivilsenat -, Sievekingplatz, 20355 Hamburg)
1. Stellv. Vors.: Prof. Dr. Spiros Simitis (Johann-Wolfgang-Goethe-Universität, Institut für Arbeits-, Wirtschafts- und Zivilrecht, Senckenberganlage 31, 60325 Frankfurt)
2. Stellv. Vors.: RA Dr. Constantin Iliopoulos (A. Metaxa 2, GR-Athen 10681, Griechenland)
3. Stellv. Vors.: Prof. Dr. Gert Nicolaysen (Fachbereich Rechtswissenschaften I, Universität Hamburg, Schlüterstr. 28, 20146 Hamburg)
Generalsekretär(in): RA Dr. Jürgen Sparr (Schlutius, Espey und Partner, Spitalerstr. 4, 20095 Hamburg, T: (040) 33 40 10, Fax: (040) 33 68 69)
Schatzmeister: RA Ion Makris (Goltsteinstr. 22, 40211 Düsseldorf, T: (0211) 17 33 50, Fax: (0211) 35 94 12)
Mitglieder: 216

• S 621

Deutsch-Japanische Juristenvereinigung e.V.
Neuer Wall 54, 20354 Hamburg
T: (040) 37 21 35 **Fax:** 36 35 69
Internet: http://www.djjv.org
E-Mail: DrScheer@aol.com
Gründung: 1988 (7. Juni)
Präsident(in): Dr. Jan Grotheer (Präs. des Finanzgerichts Hamburg)
Vizepräsident(in): RA Hironaga Kaneko
RA Dr. Harald Baum
Generalsekretär(in): RA Prof. Dr. Matthias K. Scheer (LL.M. (Harvard))
Verbandszeitschrift: Zeitschrift für japanisches Recht
Redaktion: Dr. Harald Baum, Dr. Matthias K. Scheer, Neuer Wall 54, 20354 Hamburg
Mitglieder: 720
Jahresetat: DM 0,07 Mio, € 0,04 Mio

• S 622

Deutsch-Rumänische Juristen-Vereinigung e.V.
Asociatia germano-româna a juriştilor
c/o RA Dr. Gisbert Stalfort
Bogotastr. 21, 14163 Berlin
T: (030) 80 19 96-0 **Fax:** 80 19 96-25
Internet: http://www.drjv.de
E-Mail: berlin@stalfort.de
Gründung: 1997 (Februar)
Vorsitzende(r): RA Dr. Gisbert Stalfort
Stellvertretende(r) Vorsitzende(r): Ioan Somesan
Schatzmeister: RA Klaus Jakubowski
Verbandszeitschrift: DRJV Newsletter

• S 623

Deutsch-Spanische Juristenvereinigung e.V.
Sant Pere mes Alt, 16, principal, E-08003 Barcelona
T: (003493) 3 19 01 85 **Fax:** 3 19 01 85
Internet: http://www.schwebs.de/jurist.dsjv
E-Mail: dsjv@retemaiil.es
Gründung: 1984 (April)
Präsident(in): Prof. Dr. Peter Gantzer (Frauenstr. 9, 80469 München)
Generalsekretär(in): RA Stefan Meyer (Barbara de Braganza, 11, E-28004 Madrid)
Mitglieder: 850

• S 624

Deutsch-Türkische Juristenvereinigung e.V.
c/o Prof. Dr. T. Ansay
Magdalenenstr. 35, 20148 Hamburg
T: (040) 41 78 73, 4 19 00-234 **Fax:** 41 78 73
Gründung: 1986 (29. April)
Vorsitzende(r): Prof. Dr. Jürgen Basedow (Direktor am Max-Planck-Institut für ausländisches u. internationales Privatrecht, Hamburg)
Stellv. Vors. u. GeschF: Prof. Dr. Tuğrul Ansay (Hamburg/Ankara)
Prof. Dr. Kurt Siehr (Universität Zürich)
Prof. Dr. Hilmar Krüger (Regierungsdirektor, bfai - Bundesstelle für Außenhandelsinformationen, Köln)
Rechtsanwalt Dr. Christian Rumpf, Stuttgart
Rechtsanwältin Bergü Ercan, Dortmund
Mitglieder: 290

Wirtschaftsprüfer, Steuerberater und -bevollmächtigte, Buchprüfer u. a.

• S 625

Wirtschaftsprüferkammer
- Körperschaft des öffentlichen Rechts -
Postf. 32 11 47, 40426 Düsseldorf
Tersteegenstr. 14, 40474 Düsseldorf
T: (0211) 45 61-0 **Fax:** 45 61-212
E-Mail: admin@wpk.de
Gründung: 1961
Präsident(in): WP/StB/RA Dr. Adalbert Wahl, München
1. Vizepräs.: WP/StB Dipl.-Kfm. Hubert Graf von Treuberg, Stuttgart
2. Vizepräs.: vBP/StB Dipl.-Volksw. Dieter Reinhard, Schönaich
Geschäftsführung: RA Peter Maxl
Dr. Reiner J. Veidt
Leitung Presseabteilung: David Thorn
Verbandszeitschrift: Wirtschaftsprüferkammer-Mitteilungen
Verlag: Verlag Dr. Otto Schmidt KG, Unter den Ulmen 96-98, 50968 Köln
Mitglieder: 16881
Mitarbeiter: 55

Die Wirtschaftsprüferkammer hat die Aufgabe, die beruflichen Belange der Gesamtheit der Mitglieder zu wahren und die Erfüllung der beruflichen Pflichten zu überwachen.

s 626

Wirtschaftsprüferkammer
Landesgeschäftsstelle Baden-Württemberg
Eugenstr. 9, 70182 Stuttgart
T: (0711) 2 39 77-0 **Fax:** 2 39 77-12

s 627

Wirtschaftsprüferkammer
Landesgeschäftsstelle Bayern
Landwehrstr. 61, 80336 München
T: (089) 54 46 16-0 **Fax:** 54 46 16-12

s 628

Wirtschaftsprüferkammer
Landesgeschäftsstelle Berlin
Johann-Sigismund-Str. 2, 10711 Berlin
T: (030) 8 93 66 90 **Fax:** 89 36 69 22

s 629

Wirtschaftsprüferkammer
Landesgeschäftsstelle Hessen, Rheinland-Pfalz, Saarland und Thüringen
Steinweg 7, 60313 Frankfurt
T: (069) 28 26 67 **Fax:** 28 89 61

s 630

Wirtschaftsprüferkammer
Landesgeschäftsstelle Norddeutschland
Fehlandtstr. 50, 20354 Hamburg
T: (040) 34 53 94 **Fax:** 34 55 16
Zuständigkeit: Bremen, Hamburg, Mecklenburg-Vorpommern, Niedersachsen, Schleswig-Holstein

s 631

Wirtschaftsprüferkammer
Landesgeschäftsstelle Nordrhein-Westfalen
Tersteegenstr. 14, 40474 Düsseldorf
T: (0211) 45 61-0 **Fax:** 45 61-2 12
E-Mail: admin@wpk.de

s 632

Wirtschaftsprüferkammer
Landesgeschäftsstelle Sachsen
Pohlandstr. 2, 01309 Dresden
T: (0351) 3 17 95 62 **Fax:** 3 17 95 76

• S 633

INSTITUT DER WIRTSCHAFTSPRÜFER IDW

Institut der Wirtschaftsprüfer in Deutschland e.V. (IDW)
Postf. 32 05 80, 40420 Düsseldorf
Tersteegenstr. 14, 40474 Düsseldorf
T: (0211) 45 61-0 **Fax:** 4 54 10 97
Internet: http://www.idw.de
E-Mail: info@idw.de
Gründung: 1932 (15. Februar)
Internationaler Zusammenschluß: siehe unter izs 345
Vorsitzende(r) des Vorstandes: WP/StB Dr. Siegfried Zitzelsberger
Geschäftsführer(in): WP Dipl.-Kfm. Horst Kaminski
Stellvertretende(r) Geschäftsführer(in): Dipl.-Kfm. Dr. Gerhard Gross
WP/StB Dipl.-Kfm. Peter Marks
WP/StB Prof. Dr. Klaus-Peter Naumann
Verbandszeitschrift: Fachnachrichten (Verantwortlich: GeschF WP Dipl.-Kfm. Horst Kaminski)
Redaktion: StB Dipl.-Kfm. Dr. Helmut Klaas, Dipl.-Volksw. Cornelia Schrage
Verlag: Selbstverlag, Postf. 32 05 80, 40420 Düsseldorf, T: (0211) 45 61 (0)
Verbandszeitschrift: Die Wirtschaftsprüfung (Hauptschrift-Ltg.: WP/StB Dipl.-Kfm. Günter Siepe)
Verlag: IDW-Verlag GmbH, Tersteegenstr. 14, 40474 Düsseldorf, T: (0211) 45 61 (0)
Mitglieder: 9593 (Stand 01.04.99)
Landesgeschäftsstellen in: Berlin, Düsseldorf, Hamburg, Frankfurt, Leipzig, München und Stuttgart

Das Institut hat die Fachgebiete des Wirtschaftsprüfers (wie die Bilanzierung, Prüfung, Beratung einschl. der Steuerberatung und das Treuhandwesen) sowie seine Mitglieder und den beruflichen Nachwuchs zu fördern und für die Interessen des Wirtschaftsprüferberufs einzutreten.

• S 634

Bundessteuerberaterkammer
- Körperschaft des öffentlichen Rechts -
Postf. 13 40, 53003 Bonn
Poppelsdorfer Allee 24, 53115 Bonn
T: (0228) 7 26 39-0 **Fax:** 7 26 39-52
Internet: http://www.bstbk.de
E-Mail: BStBK-Bonn@t-online.de
Internationaler Zusammenschluß: siehe unter izs 319
Vorsitzende(r): StB/WP Volker Fasolt
Hauptgeschäftsführer(in): StB Dipl.-Volksw. Dr. Heinrich Weiler
Stellv. HGeschF: StB Katrin Schulz
RA Thomas Hund
Geschäftsführer(in): Brigitte Fenner
Ass. Gerhard Gaudig
Dipl.-Rom. Claudia Jasper
Mitglieder: 21 Steuerberaterkammern mit ca. 65 000 Berufsangehörigen (Stand 1.1.99)

Gesetzliche Berufsvertretung des steuerberatenden Berufs auf Bundesebene; wird gebildet von den 21 Steuerberaterkammern im Bundesgebiet. Zu ihren Aufgaben gehört insbesondere, in Fragen, welche die Gesamtheit der Berufskammern angehen, die Auffassung der einzelnen Kammern zu ermitteln und im Wege gemeinschaftlicher Aussprache die Auffassung der Mehrheit festzustellen; die allgemeine Auffassung über Fragen der Ausübung des Steuerberaterberufs in Richtlinien festzustellen; die Berufsordnung als Satzung zu erlassen und zu ändern; die Gesamtheit der Kammern gegenüber Behörden und Organisationen zu vertreten; Gutachten für Bundesgesetzgeber, Bundesbehörden und Bundesgerichte zu erstatten, sowie die berufliche Fortbildung im steuerberatenden Beruf zu fördern. Alljährlich führt sie den DEUTSCHEN STEUERBERATER KONGRESS durch.

Steuerberaterkammern

s 635

Steuerberaterkammer Berlin
- Körperschaft des öffentlichen Rechts
Meierottostr. 7, 10719 Berlin
T: (030) 8 83 50 84/85 **Fax:** 8 83 24 83
Präsident(in): Steuerberater/Wirtschaftsprüfer Volker Fasolt
Hauptgeschäftsführer(in): Brigitte Hallmann

s 636

Steuerberaterkammer Brandenburg
- Körperschaft des öffentlichen Rechts
Tuchmacherstr. 48b, 14482 Potsdam
T: (0331) 8 88 52-0 **Fax:** 8 88 52-22
Präsident(in): StB Reinhard Satory

s 637

Hanseatische Steuerberaterkammer Bremen
- Körperschaft des öffentlichen Rechts
Am Wall 192, 28195 Bremen
T: (0421) 3 65 07-0
Präsident(in): Steuerberater Bodo Schenk
Geschäftsführer(in): RA Monika Will-Brinkmann

Berufskammer aller im Bezirk der Oberfinanzdi-

rektion Bremen ansässigen Steuerberater, Steuerbevollmächtigten, Steuerberatungsgesellschaften und Personen gemäß Paragraph 74 Abs. 2 Steuerberatungsgesetz; Berufsaufsicht.

s 638

Steuerberaterkammer Düsseldorf
- Körperschaft des öffentlichen Rechts
Uhlandstr. 11, 40237 Düsseldorf
T: (0211) 6 69 06-0 **Fax:** 6 69 06-60
Präsident(in): Dipl.-Kfm. Dr. Horst Vinken (Steuerberater, Wirtschaftsprüfer)
Hauptgeschäftsführer(in): Dipl.-Kfm. Dieter Müller
Geschäftsführer(in): Dipl.-Fw. RA Günter Koslowski

s 639

Steuerberaterkammer Hamburg
- Körperschaft des öffentlichen Rechts
Brahmsallee 48, 20144 Hamburg
T: (040) 44 80 43-0 **Fax:** 44 58 85
Präsident(in): StB/vBP Dipl.-Kfm. Bernd Janssen
Geschäftsführer(in): RA Günter Reimann

Berufsvertretung der Steuerberater, Steuerbevollmächtigten und Steuerberatungsgesellschaften in Hamburg gem. Paragraphen 73 ff. Steuerberatungsgesetz.

s 640

Steuerberaterkammer Hessen
- Körperschaft des öffentlichen Rechts
Gutleutstr. 175, 60327 Frankfurt
T: (069) 15 30 02-0 **Fax:** 15 30 02-60
Präsident(in): Steuerberater/Wirtschaftsprüfer Dipl.-Kfm. Dr. Hans Günter Senger
Geschäftsführer(in): Ass. Georg Hartmann

s 641

Steuerberaterkammer Köln
- Körperschaft des öffentlichen Rechts
Volksgartenstr. 48, 50677 Köln
T: (0221) 3 36 43-0 **Fax:** 3 36 43-43
Präsident(in): StB/vBP Dipl.-Vw. Ernst-Dieter Grafe
Hauptgeschäftsführer(in): RA Clemens Kuhls
Stellv. HGeschF: Ass. Theo Meurers
Geschäftsführer(in): Dipl.-Kfm./Dipl.-Hdl. Hartmut Demel

s 642

Steuerberaterkammer Mecklenburg-Vorpommern
- Körperschaft des öffentlichen Rechts
Ostseeallee 40, 18107 Rostock
T: (0381) 7 76 76 76 **Fax:** 7 76 76 77
Präsident(in): StB Dipl.-Ing. oec. Ing. Dieter Breitsprecher
Geschäftsführer(in): RA Jörg Hähnlein

s 643

Steuerberaterkammer München
- Körperschaft des öffentlichen Rechts
Nederlinger Str. 9, 80638 München
T: (089) 15 79 02-0 **Fax:** 15 79 02 19
Internet: http://www.stbka.org
E-Mail: info@stbka.org
Gründung: 1961 (Dezember)
Präsident(in): Dipl.-Volksw. Erwin Stein (Steuerberater)
Geschäftsführer(in): RA Bernd Meggendorfer
RA'in Marianne Dollinger (Ltg. Presseabt.)
Verbandszeitschrift: Kammermitteilungen
Redaktion: Fr. Dollinger
Mitglieder: 8000
Mitarbeiter: 18

s 644

Steuerberaterkammer Niedersachsen
- Körperschaft des öffentlichen Rechts
Detmoldstr. 10, 30171 Hannover
T: (0511) 2 88 90-0 **Fax:** 2 83 40 32
Präsident(in): Steuerberater, vereidigter Buchprüfer, Dipl.-Kfm. Dr. Harald Grürmann
Hauptgeschäftsführer(in): RA Franz Keil
Geschäftsführer(in): Dipl.-Bw. Norbert Gilbeau
RA'in Ursula Habig-Meier

s 645

Steuerberaterkammer Nordbaden
- Körperschaft des öffentlichen Rechts
Poststr. 11, 69115 Heidelberg
T: (06221) 18 30 77, 18 30 78 **Fax:** 16 51 05
Präsident(in): Steuerberater Wirtschaftsprüfer Dipl.-Volksw. Dr. Klaus Heilgeist
Geschäftsführer(in): Dipl.-Volksw. Gerhard Hanno-Igels
Ass. Heinrich Winkler
Ass. Petra Brechter
Mitglieder: 2500

s 646

Steuerberaterkammer Nürnberg
- Körperschaft des öffentlichen Rechts
Dürrenhofstr. 4, 90402 Nürnberg
T: (0911) 9 46 26-0 **Fax:** 49 33 98
Präsident(in): Steuerberater, vereidigter Buchprüfer/Rechtsbeistand Manfred Dehler
Geschäftsführer(in): RA'in Veronika von Bülow

s 647

Steuerberaterkammer Rheinland-Pfalz
- Körperschaft des öffentlichen Rechts
Hölderlinstr. 8, 55131 Mainz
T: (06131) 9 52 10-0 **Fax:** 9 52 10 40
Präsident(in): Steuerberater, vereidigter Buchprüfer, Dipl.-Volksw. Edgar Wilk
Geschäftsführer(in): Ass. jur. Anne Ueberfeldt

s 648

Steuerberaterkammer Saarland
- Körperschaft des öffentlichen Rechts
Am Kieselhumes 15, 66123 Saarbrücken
T: (0681) 6 68 32-0 **Fax:** 6 68 32-32
Präsident(in): Dipl.-Kfm. Dr. Wilfried Dann (Steuerberater, vereidigter Buchprüfer)
Geschäftsführer(in): Norbert Hillen

s 649

Steuerberaterkammer des Freistaates Sachsen
- Körperschaft des öffentlichen Rechts
Emil-Fuchs-Str. 2, 04105 Leipzig
T: (0341) 56 33 60 **Fax:** 5 63 36 20
Präsident(in): Steuerberater Uwe Ronneberger
Geschäftsführer(in): RA Marga Künne

s 650

Steuerberaterkammer Sachsen-Anhalt
- Körperschaft des öffentlichen Rechts
Kroatenweg 71, 39116 Magdeburg
T: (0391) 6 11 62-0 **Fax:** 6 11 62-16
Präsident: Steuerberater Dieter Kunze
Geschäftsführer(in): Lutz Stucke

s 651

Steuerberaterkammer Schleswig-Holstein
- Körperschaft des öffentlichen Rechts
Holtenauer Str. 82, 24105 Kiel
T: (0431) 5 70 49-0 **Fax:** 5 70 49-10
Präsident(in): Dipl.-Vw., StB/WP Gerhard Flock
Geschäftsführer(in): RA Knut Henze

s 652

Steuerberaterkammer Stuttgart
- Körperschaft des öffentlichen Rechts
Hegelstr. 33, 70174 Stuttgart
T: (0711) 6 19 48-0 **Fax:** 6 19 48-702, 6 19 48-703
Internet: http://www.steuerberaterkammer-stuttgart.de
E-Mail: mail@steuerberaterkammer-stuttgart.de
Präsident(in): Steuerberater/Wirtschaftsprüfer Franz Longin
Geschäftsführer(in): Ass. Thomas Kürner
Detlef Radtke

s 653

Steuerberaterkammer Südbaden
- Körperschaft des öffentlichen Rechts
Kronenstr. 2, 79100 Freiburg
T: (0761) 7 05 26-0 **Fax:** 7 05 26-26
Präsident(in): StB WP RA Dr. Raoul Riedlinger
Geschäftsführer(in): Assessor Carl-Maria Best
RA Michael Klaeren

s 654

Steuerberaterkammer Thüringen
- Körperschaft des öffentlichen Rechts
Kartäuserstr. 27a, 99084 Erfurt
T: (0361) 5 76 92-0 **Fax:** 5 76 92-19
Präsident(in): Steuerberater Günter Baumgarten
Geschäftsführer(in): Gerd Wagner

s 655

Steuerberaterkammer Westfalen-Lippe
- Körperschaft des öffentlichen Rechts
Urbanstr. 1, 48143 Münster
T: (0251) 4 17 64-0 **Fax:** 5 54 84, 4 17 64-27
E-Mail: StBK.Westf.-Lippe@t-online.de
Präsident(in): Steuerberater, vBP, RB Helmut Messing
Hauptgeschäftsführer(in): Dipl.-Volksw. Georg Richter

• **S 656**

DStV

Deutscher Steuerberaterverband e.V. (DStV)
Bertha-von-Suttner-Platz 6, 53111 Bonn
T: (0228) 9 85 94-0 **Fax:** 9 85 94 20
Internet: http://www.dstv.de
E-Mail: dstv.bonn@dstv.de
Internationaler Zusammenschluß: siehe unter izs 321
Präsident(in): Steuerberater/vBP Jürgen Pinne
Hauptgeschäftsführer(in): RA/FAStR Dr. Axel Pestke
Geschäftsführer(in): RA Wolfgang Strothe
Verbandszeitschrift: DIE STEUERBERATUNG
Verlag: Stollfuß Verlag GmbH & Co. KG, Dechenstr. 7-11, 53115 Bonn (auch Redaktion)
Mitglieder: 15 Verbände, über 29.000 Angehörige des steuerberatenden und wirtschaftsprüfenden Berufs

Spitzenverband der Angehörigen des steuerberatenden Berufs in der Bundesrepublik Deutschland; Wahrung und Förderung der berufsständischen und berufspolitischen Interessen der Berufsangehörigen; Vertretung der Mitgliedsverbände bei allen Behörden sowie allen öffentlichen und privaten Stellen, deren Tätigkeit über den Bereich eines Bundeslandes hinausgeht; Unterstützung der fachlichen Unterrichtung und Förderung der Berufsangehörigen über die Mitgliedsverbände; Mitarbeit an der Fachgesetzgebung einschließlich des Berufsrechts; Zusammenarbeit mit in- und ausländischen Berufsorganisationen; Unterstützung bei der Gründung neuer Regionalverbände.

s 657

Deutsches Steuerberaterinstitut e.V. (DStI)
- Fachinstitut des Deutschen Steuerberaterverbandes
Bertha-von-Suttner-Platz 6, 53111 Bonn
T: (0228) 9 85 94-50 **Fax:** 9 85 94-60
Internet: http://www.dstv.de/dsti.htm
E-Mail: dsti.bonn@dstv.de
Präsident(in): Steuerberater/vBP Jürgen Pinne
Direktor(in): RA/FAStR Dr. Axel Pestke
Geschäftsführer(in): RA Wolfgang Strothe

s 658

Landesverband der steuerberatenden und wirtschaftsprüfenden Berufe Baden-Württemberg e.V.
Hegelstr. 33, 70174 Stuttgart
T: (0711) 61 94 80 **Fax:** 61 94 87 03
E-Mail: info@stb-wpverband-bw.de
1. Vorsitzende(r): StB Heinz Euchner
Geschäftsführer(in): Ass. jur. Ute Kemmann

s 659

Landesverband der steuerberatenden und wirtschaftsprüfenden Berufe in Bayern e.V.
Isabellastr. 13, 80798 München
T: (089) 2 73 21 40 **Fax:** 2 73 06 56
Internet: http://www.stbverband-bayern.de
E-Mail: lswb_mchn@t-online.de
Präsident(in): StB Dipl.-Fw.(FH) Elfriede Bittner-Voigt
Geschäftsführer(in): RA Erich Alexander Helm

Fachliche Fortbildung, Fachauskünfte, Informationsdienst, Fachbibliothek, Betreuung der Mitglieder in fachlichen u. rechtlichen Fragen.

s 660

Steuerberaterverband Berlin-Brandenburg Verband der steuerberatenden und wirtschaftsprüfenden Berufe e.V.
Joachimstaler Str. 15, 10719 Berlin
T: (030) 88 71 93-0 **Fax:** 88 71 93-20
Internet: http://www.stbverband-berlin-bb.de
E-Mail: stbverband-berlin-bb@t-online.de
1. Vorsitzende(r): StB/vBP/RB Marlene Großkreutz
Geschäftsführer(in): Dipl.-Kfm., Wirtsch.-Ing. Wolfgang Wehmeier

s 661

Steuerberaterverband im Lande Bremen e.V.
Am Deich 57, 28199 Bremen
T: (0421) 5 95 84-0 **Fax:** 5 95 84-22
E-Mail: stbverband-bremen@t-online.de
Vorsitzende(r): StB/vBP Karl-Heinz Meyer
Geschäftsführer(in): Helke Mähr

Wahrung und Förderung der gemeinsamen Interessen der im Lande Bremen und angrenzenden Gebiete ansässigen Steuerberater, Steuerbevollmächtigten, Steuerberatungsgesellschaften und weiterer Angehöriger steuerberatender Berufe. Fortbildungsveranstaltungen für Kollegen: Vorträge, Seminare; auch Spezialseminare für Fachgehilfen und Auszubildende.

s 662

Steuerberaterverband Düsseldorf e.V. Verband der steuerberatenden und prüfenden Berufe

Uhlandstr. 11, 40237 Düsseldorf
T: (0211) 66 90 60 **Fax:** 6 69 06 80
Internet: http://www.stbverband-duesseldorf.de
E-Mail: mail@stbverband-duesseldorf.de
1. Vorsitzende(r): StB Volker Humeny
Hauptgeschäftsführer(in): Dipl.-Kfm. Dieter Müller
Geschäftsführer(in): RA Dipl.-Fw. Günter Koslowski

s 663

Steuerberaterverband Hamburg e.V.

Fontenay 1d, 20354 Hamburg
T: (040) 41 34 47-0 **Fax:** 41 34 47-59
E-Mail: steuerberaterverband-hamburg@t-online.de
Präsident(in): StB/vBP Manfred Marcks
Geschäftsführer(in): Edith Blohm

s 664

Steuerberaterverband Hessen e.V. Verband der steuerberatenden und wirtschaftsprüfenden Berufe

Mannheimer Str. 15, 60329 Frankfurt
T: (069) 97 57 45-0 **Fax:** 97 57 45-25
Internet: http://www.stbverband-hessen.de
E-Mail: stbverbandhessen@t-online.de
Präsident(in): StB/WP/RB Rolf Kugelstadt
Geschäftsführer(in): RA Dipl.-Bw.(BA) Rainer von Borstel

s 665

Steuerberater-Verband e.V. Köln

- Verband der steuerberatenden und wirtschaftsprüfenden Berufe
Weißhausstr. 23, 50939 Köln
T: (0221) 9 44 20 40 **Fax:** 94 42 04 22
Internet: http://www.stbverband-koeln.de
E-Mail: stb-verband-koeln@t-online.de
Präsident(in): StB Helmut Schmitz
Hauptgeschäftsführer(in): RA Manfred Hofstede
Geschäftsführer(in): Lieselotte Herion

s 666

Steuerberaterverband Mecklenburg-Vorpommern e.V.

Ostseeallee 40, 18107 Rostock
T: (0385) 7 76 76-50 **Fax:** 7 76 76-22
Internet: http://www.steuerberaterverband.de/mv
E-Mail: stbvm-v@t-online.de
1. Vorsitzende(r): StB Undine Moltmann
Geschäftsführer(in): Birgid Felter

s 667

Steuerberaterverband Niedersachsen · Sachsen-Anhalt e.V. Geschäftsstelle Niedersachsen

Rathenaustr. 9, 30159 Hannover
T: (0511) 3 07 62-0 **Fax:** 3 07 62-12
Internet: http://www.steuerberater-verband.de
E-Mail: stbv-nds-sachsen-anhalt-e.v.@t-online.de
Präsident(in): StB/WP Dipl.-Kfm. Prof. Dr. Hans Michael Korth
Hauptgeschäftsführer(in): StB Dipl.-Kfm. Dieter Gattermann
Geschäftsführer(in): StB Dipl.-Vw. Dr. Anne Bader

s 668

Steuerberaterverband Niedersachsen · Sachsen-Anhalt e.V. Geschäftsstelle Sachsen-Anhalt

Porsestr. 8, 39104 Magdeburg
T: (0391) 40 55-40 **Fax:** 4 05 54-20
Internet: http://www.steuerberater-verband.de
E-Mail: stbv.sa-anh.sam@t-online.de
Geschäftsführer(in): Dipl.-oec. Detlef Pilz

s 669

Steuerberaterverband Rheinland-Pfalz e.V.

Hölderlinstr. 8, 55131 Mainz
T: (06131) 5 12 25 **Fax:** 5 37 93
Internet: http://www.steuerberaterverband.de/rhein-pf
E-Mail: stb-verband-rlp@t-online.de
Präsident(in): StB/WP Dipl.-Kfm. Dr. Fritz Vogt
Geschäftsführer(in): Brunhilde Lingler

s 670

Steuerberaterverband Sachsen e.V. Verband der steuerberatenden und wirtschaftsprüfenden Berufe

Bertolt-Brecht-Allee 24, 01309 Dresden
T: (0351) 31 99-3025 **Fax:** 31 99-3022
E-Mail: stbverband-sachsen@t-online.de
Präsident(in): StB Dr. Andreas Zönnchen
Geschf.Mitgl.d.Präs: RA Manfred Hofstede

s 671

Steuerberaterverband Schleswig-Holstein e.V. - Verband des steuer- und wirtschaftsberatenden Berufs -

Holstenstr. 100-102, 24103 Kiel
T: (0431) 99 79 70 **Fax:** 9 97 97 17
Internet: http://www.steuerberater-in.de/verband/vbsho.htm
E-Mail: steuerberaterverband_sh@t-online.de
Vorsitzende(r): StB/vBP Ingrid Lenk
Geschäftsführer(in): Helga Hein

s 672

Steuerberaterverband Thüringen e.V.

Kartäuserstr. 27a, 99084 Erfurt
T: (0361) 5 58 33-0 **Fax:** 5 58 33-10
Internet: http://www.stbverband-thueringen.de
E-Mail: steuerberaterverband-thuer@t-online.de
Präsident(in): StB Dr. Herbert Becherer
Geschäftsführer(in): Dipl.-Wirtsch. Inge Kramer

s 673

Steuerberaterverband Westfalen-Lippe e.V.

Scharnhorststr. 46, 48151 Münster
T: (0251) 53 58 60 **Fax:** 5 35 86 60
Internet: http://www.stbv.de
E-Mail: info@stbv.de
Vorsitzende(r): StB/WP/RB Hans W. Haubruck
Geschäftsführer(in): RA Hans-Günther Gilgan

• S 674

Bundesverband der Steuerberater e.V.

Ludwigstr. 2, 50667 Köln
T: (0221) 9 25 36 37 **Fax:** 9 25 36 38
E-Mail: bv.steuerberater@t-online.de
Gründung: 1949 (21. Dezember)
Internationaler Zusammenschluß: siehe unter izs 320
Präsident(in): Dipl.-Kfm. Josef Sauerwald (Steuerberater/Wirtschaftsprüfer), Bensberg
1. Vizepräs.: Steuerberater/Wirtschaftsprüfer Prof. Dr. Werner Schülen, Stuttgart
2. Vizepräs.: Steuerberater/Wirtschaftsprüfer Dipl.-Kfm. Reinhard Weiser, Berlin
Ehrenvizepräs.: Steuerberater Heinz Henkel, Hannover
Verbandszeitschrift: Der Steuerberater
Verlag: Verlag Recht und Wirtschaft, Heidelberg

Wahrung und Förderung der berufsständischen und berufspolitischen Interessen der Steuerberater; Zusammenarbeit mit in- und ausländischen Berufsorganisationen; Vertretung der Mitgliedsverbände.

s 675

Berlin-Brandenburger Verband der Steuerberater, Wirtschaftsprüfer und vereidigten Buchprüfer e.V.

Uhlandstr. 97, 10715 Berlin
T: (030) 84 47 85-20 **Fax:** 84 47 85-55
Vorsitzende(r): WP/StB Dipl.-Kfm. Reinhard Weiser (T: (030) 84 47 85-0, Fax: (030) 84 47 85-55)

s 676

Institut der Steuerberater in Bayern e.V.

Universität Regensburg
Geschäftsstelle: Lehrstuhl Prof. Dr. Dirk Meyer-Scharenberg
93040 Regensburg
T: (0941) 9 43-2678 **Fax:** 9 43-4988
Vorsitzende(r): Steuerberater Prof. Dr. Dirk Meyer-Scharenberg

s 677

Institut der Steuerberater in Hamburg e.V.

Tinsdaler Kirchenweg 275A, 22559 Hamburg
T: (040) 81 40 77 **Fax:** 81 88 25
Vorsitzende(r): Steuerberater/Wirtschaftsprüfer Heinz H. Sdrenka

s 678

Niedersächsischer Verein der Steuerberater, vereidigten Buchprüfer und Wirtschaftsprüfer e.V.

Hannoversche Str. 36, 31134 Hildesheim
T: (05121) 17 88-0 **Fax:** 17 88 44
Gründung: 1954 (23. Januar)
Vorstand: StB/WP Dipl.-Kfm. Gerhard Krause

s 679

Steuerberaterverein Nordrhein-Westfalen e.V.

Postf. 32 11 47, 40426 Düsseldorf
Tersteegenstr. 14, 40474 Düsseldorf
T: (0211) 4 56 11 94 **Fax:** 4 56 12 12
Gründung: 1946 (13. Mai)
Vorsitzende(r) des Vorstandes: StB/WP Dipl.-Kfm. Gerd-Rudolf Volck
Geschäftsführer(in): RA Dr. Hans Wilhelm Korfmacher
Mitglieder: 368

s 680

Verein der Steuerberater, Wirtschaftsprüfer, vereidigten Buchprüfer Köln e.V.

Ludwigstr. 2, 50667 Köln
T: (0221) 9 25 36 36 **Fax:** 9 25 36 38
Gründung: 1945 (15. Oktober)
Vorsitzende(r): Steuerberater/Wirtschaftsprüfer Dipl.-Kfm. Josef Sauerwald

s 681

Vereinigung der Wirtschaftsprüfer, vereidigten Buchprüfer und Steuerberater in Baden-Württemberg e.V.

Eugenstr. 9, 70182 Stuttgart
T: (0711) 2 36 12 00 **Fax:** 2 39 77 12
Gründung: 1946
Vorsitzende(r): StB/WP Prof. Dr. Werner Schülen
Geschäftsführer(in): Josef Wroblewski
Mitglieder: 804

• S 682

BDL

Bundesverband der Lohnsteuerhilfevereine e.V. (BDL)

Limpericher Str. 6, 53225 Bonn
T: (0228) 42 10 30 **Fax:** 4 21 03 22
E-Mail: info@bdl-online.de
Gründung: 1973 (18. Oktober)
Vorsitzende(r): StB Werner Lenk
Stellvertretende(r) Vorsitzende(r): Joachim Bernhart
Harald Hafer
RA Michael Schmitt-Walter
Manfred Ziesenіß
Geschäftsführer(in): RA Erich Nöll
Mitglieder: 110
Mitarbeiter: 2

Ausübung einer Berufsaufsicht über die angeschlossenen Lohnsteuerhilfevereine, Wahrnehmung der Interessen der angeschlossenen Vereine und deren Mitglieder gegenüber Gesetzgeber, Finanzverwaltung und Gerichtsbarkeit sowie gegenüber anderen berufsständischen Organisationen, Betätigung auf steuerpolitischem Sektor.

• S 683

Neuer Verband der Lohnsteuerhilfevereine e.V. (NVL)

Oranienburger Chaussee 51, 13465 Berlin
T: (030) 4 01 29 25 **Fax:** 4 01 36 75
Internet: http://www.nvl.de
E-Mail: nvl-e.V.@t-online.de
Gründung: 1993 (1. August)
Vorsitzende(r): Ernst Strötzel
Stellvertretende(r) Vorsitzende(r): Wolfgang Eck
Andreas Jorgs
Geschäftsführer(in): Uwe Rauhöft
Mitglieder: ca. 75 Vereine

• S 684

BvB - Bundesverband der vereidigten Buchprüfer e.V.

Postf. 32 01 43, 40416 Düsseldorf
Tersteegenstr. 14, 40474 Düsseldorf
T: (0211) 4 56 12 34 **Fax:** 4 56 12 69
Internet: http://www.bvb.org

E-Mail: office@bvb.org
1. Vorsitzende(r): Heinz Raschdorf (vereidigter Buchprüfer/ Steuerberater, Reutlingen)
Geschäftsführer(in): Steuerberater, Dipl.-Kfm. Dr. Helmut Klaas

• S 685

DATEV
Datenverarbeitung und Dienstleistung für den steuerberatenden Beruf, eG
90329 Nürnberg
Paumgartnerstr. 6-14, 90429 Nürnberg
T: (0911) 2 76-0 **Fax:** 2 76-3196
Internet: http://www.datev.de
E-Mail: info@datev.de
Gründung: 1966
Vorsitzende(r): Dipl.-Kfm. Dieter Kempf
Stellvertretende(r) Vorsitzende(r): Dipl.-Betriebsw. (FH) Siegbert Rudolph
Dipl.-Kfm. Wolfgang Stegmann
Leitung Presseabteilung: Peter Willig
Verbandszeitschrift: DSWR - Datenverarbeitung, Steuer, Wirtschaft, Recht
Redaktion: DATEV eG, C.H. Beck, München
Verlag: C. H. Beck Verlag, Wilhelmstr. 9, 80801 München
Mitglieder: 36856 (31.12.98)
Mitarbeiter: 4831

Förderung des steuerberatenden Berufes durch ein umfassendes EDV-Dienstleistungssystem aus Software-, Service- und Rechenzentrumsangeboten für die Mandantenberatung.

• S 686

Hauptverband der landwirtschaftlichen Buchstellen und Sachverständigen e.V. (HLBS)
Kölnstr. 202, 53757 Sankt Augustin
T: (02241) 92 80 81-84 **Fax:** 92 80 80
Gründung: 1922
Präsident(in): Dr. Rüdiger Wesche
1. Vizepräs.: StB Walter Stalbold
2. Vizepräs.: DI agr. Dr. Dieter Wenzl
Geschäftsführer(in): RA Hans-Josef Hartmann
DI agr. Dr. Peter Meinhardt
Verbandszeitschrift: HLBS-Report
Mitglieder: ca. 1500

Fachwissenschaftliche Förderung und Fortbildung der Mitglieder; Wahrnehmung und Förderung der fachlichen und wirtschaftlichen Berufsinteressen der Mitglieder; Förderung der Aus- und Fortbildung des Berufsnachwuchses.

• S 687

Verband der Buchstellen für Gewerbe und freie Berufe e.V.
Vorgebirgsstr. 43, 53119 Bonn
T: (0228) 9 85 84-35 **Fax:** 9 85 84-10
Vorstand: Dipl.-Kfm. StB Rolf Soltau
StB Dipl.-Finanzw. (FH) Wilhelm Horn
Dipl.-Kfm. vereidigter Buchprüfer StB Klaus Arning
Dipl.-Volksw., StB Reinhard Garbe
Geschäftsführer(in): Dipl.-Volksw. Dr. Wolfgang Servet

Unternehmens- und Wirtschaftsberater, Volks- und Betriebswirte, Marktforscher u. a.

• S 688

BDU

Bundesverband Deutscher Unternehmensberater BDU e.V.
Friedrich-Wilhelm-Str. 2, 53113 Bonn
T: (0228) 91 61-0 **Fax:** 91 61-26
Internet: http://www.bdu.de
E-Mail: info@bdu.de
Gründung: 1954
Internationaler Zusammenschluß: siehe unter izs 267
Präsident(in): Jochen Kienbaum
Geschäftsführer(in): Christoph Weyrather
PR Klaus Reiners
Mitglieder: 463 Firmen mit 13500 Beratern

Zusammenschluß der qualifizierten Unternehmensberater; enge Zusammenarbeit mit Behörden, Organisationen, Wirtschaftsgruppen und Fachverbänden.

s 689

Bundesverband Deutscher Unternehmensberater BDU e.V.
Büro Berlin
Kronprinzendamm 1, 10711 Berlin
T: (030) 8 93 10 70 **Fax:** 8 93 47 46

• S 690

Union Deutscher Unternehmensberater e.V. (UDU)
Edelsbergstr. 8, 80686 München
T: (089) 5 70 07-0 **Fax:** 5 70 07-260
E-Mail: verband@t-online.de
Präsident(in): Dipl.-Wirtsch.-Ing. Hatto Brenner
Geschf. Präs.: Dipl.-Kfm. Dieter Ibielski
Vizepräsident(in): Dipl.-Ing. Thomas Knoche
Ulrike Kleinschnittger
Mitglieder: 52

• S 691

difu

Deutsches Institut für Unternehmensberatung e.V. (difu)
Bruchhäuser Str. 19, 68723 Schwetzingen
T: (06202) 47 58 **Fax:** 1 44 54
Gründung: 1969 Namensergänzung 1976
Vorsitzende(r): lic.es.sc.pol. Herta Terzidis (Bruchhäuser Str. 19, 68723 Schwetzingen)
Stellvertretende(r) Vorsitzende(r): Betriebswirt (FH) Wolfgang Schneider (Oberbrunner Str. 1, 82319 Starnberg)
Schatzmeister: Dipl.-Betriebsw. Rolf Utz (Karlsruher Str. 9, 70376 Stuttgart)
Mitglieder: 76 (geprüft)

Objektive Beratung von Behörden, Verbänden, Unternehmen und Organisationen der Wirtschaft und Umsetzung der Vorschläge durch geprüfte Sachverständige (DIN ISO 9000ff). Schwerpunkte: Unternehmensführung, Organisationsentwicklung, Informationsmanagement, Personalentwicklung, Kommunikation, Vertrieb, Außenhandel. Weiterbildung qualifizierter interner, externer Nachwuchsberater zum Qualitätsbeauftragten. Qualifikationsprüfung nach DIN ISO 9000ff. Beraterforen. Betriebswirtschaftliche u. technische Beratung, Management auf Zeit.

• S 692

Bundesverband der Wirtschaftsberater BVW e.V.
Geschäftsstelle:
Lerchenweg 14, 53909 Zülpich
T: (02252) 8 13 61 **Fax:** 29 10
Internet: http://www.bvw.ev.de
E-Mail: info@bvw.ev.de
Gründung: 1976 (Oktober)
Präsident(in): Wirtsch.-Berater Claus Walter Schmitz (Lerchenweg 14, 53909 Zülpich, T: (02252) 8 13 61, Telefax: (02252) 29 10)
Vizepräsident(in): Wirtsch.-Berater Prof. Dr. sc. Eberhard Drechsel (Pablo-Neruda-Str. 22, 12559 Berlin)
Wirtsch.-Berater R. Hans-Dieter Görres (An der Fuchshecke 4, 50127 Bergheim)
Ehrenpräs.: Wirtsch.-Berater Otto Keller (Danziger Str. 22, 78052 VS-Villingen)

• S 693

VRW - Bundesverband Rechts- und Wirtschaftsdienste e.v. Bonn
Karmeliterstr. 14, 67547 Worms
T: (06241) 2 48 52 **Fax:** 2 59 58
Gründung: 1966 (24. April)
Präsident(in): Hilmar Densau (Wirtschaftsberater)
Vizepräsident(in): RA Paul Nagel
Norbert Schott (Rechtsbeistand)
Hauptgeschäftsführer(in): Norbert Schott
Geschäftsführer(in): Dipl.-Kfm. Ralf Hammer
Verbandszeitschrift: Verbandsrundschreiben
Mitglieder: 8 Berufsverbände
Mitarbeiter: 2

• S 694

LIGA-Oeconomica
Europaverband Wirtschaftsberatender Berufe e.V.
Kurzes Geländ 7, 86156 Augsburg
T: (0821) 2 40 95 19 **Fax:** 2 40 95 50
Gründung: 1989
Internationaler Zusammenschluß: siehe unter IZS 313
Präsident(in): Lothar Kühne (Stieglitzsteig 4, 16348 Groß Schönebeck)
Vizepräsident(in): Rechtsanwalt Ulrich S. Müller
Leiter der Geschäftsstelle: Rechtsanwalt Jörg Gaißmayer
Verbandszeitschrift: LO-Kurier
Redaktion: Ulrich S. Müller
Verlag: Eigenverlag
Mitglieder: 60
Mitarbeiter: 1

• S 695

BundesVerband Deutscher Investmentberater e.V. (BVDI)
Kieler Str. 357-359, 22525 Hamburg
T: (040) 54 54 52 **Fax:** 54 53 55
Internet: http://www.bvdi-ev.de
Gründung: 1994 (08. September)
Präsident(in): Burkhard Baye (BIV-GmbH)
Vizepräsident(in): Peter Ludewig (F&V Investmentcenter)
Thorsten Pörschmann (Nordtreuhand)
Matthias Reinhardt (Fonds-Shop-Freiburg)
Schriftführer(in): Andreas Böker (Fonds Agentur Böker)
Mitglieder: 30

Hauptziel: Unabhängige, qualitativ hochwertige Investmentberatung sicherstellen. (Interessenten können den qualifizierten unabhängigen Investmentberater in Wohnortnähe erfragen).

• S 696

Bundesverband öffentlich bestellter und vereidigter sowie qualifizierter Sachverständiger e.V. (BVS)
Bundesgeschäftsstelle:
Lindenstr. 76, 10969 Berlin
T: (030) 25 59 38-0 **Fax:** 25 59 38 14
Internet: http://www.bvs-ev.de
E-Mail: bvs-ev@t-online.de
Präsident(in): Dipl.-Ing. Michael Heidl
Geschäftsführer(in): RA Wolfgang Jacobs
Syndikus: Dr. Wolf Grill
Bevollm. f. Berlin: Dietrich W. Rollmann
Verbandszeitschrift: "Der Sachverständige"
Redaktion: Michel Friedrichs
Verlag: Wißner-Verlag, Im Tal 12, 86179 Augsburg, T: (0821) 2 59 89 40, Fax: (0821) 57 60 33

Landesverbände

s 697

Landesverband Baden-Württemberg öffentlich bestellter und vereidigter Sachverständiger e.V.
Friedrichshaller Str. 11-1, 74177 Bad Friedrichshall
T: (07136) 2 55 03 **Fax:** 2 54 23
Vorsitzende(r): Dipl.-Ing. Volker Altmann

s 698

Landesverband Bayern öffentlich bestellter und vereidigter Sachverständiger e.V.
Arcostr. 5, 80333 München
T: (089) 55 45 95 **Fax:** 5 50 39 38
Präsident(in): Dipl.-Ing. (FH) Michael Staudt (Marienplatz 11, 96142 Hollfeld)

s 699

Landesverband Berlin und Brandenburg öffentlich bestellter und vereidigter Sachverständiger e.V.
Sachtlebenstr. 5, 14165 Berlin
T: (030) 8 15 84 40 **Fax:** 8 15 92 93
Vorsitzende(r): Dipl.-Ing. Baldur Ubbelohde (Kuno-Fischer-Str. 18, 14057 Berlin, T: (030) 3 21 49 44, Telefax: (030) 3 21 32 36)

s 700

Landesverband Hamburg öffentlich bestellter und vereidigter Sachverständiger
Baurstr. 70, 22607 Hamburg
T: (040) 89 16 60 **Fax:** 89 16 33
Vorsitzende(r): Dipl.-Ing. Harald Lange

s 701

Landesverband Hessen öffentlich bestellter und vereidigter Sachverständiger e.V.
Eschersheimer Landstr. 1, 60322 Frankfurt
T: (069) 28 78 50
Vorsitzende(r): Dipl.-Ing. Dipl.-Kfm. Dietmar Jürgs (Eschersheimer Landstr. 1, 60322 Frankfurt, T: (069) 59 02 00, Telefax: (069) 59 02 00)

s 702

Landesverband Niedersachsen-Bremen öffentlich bestellter und vereidigter Sachverständiger e.V.
Nonnenweg 4, 38640 Goslar
T: (05321) 2 99 60 **Fax:** 2 21 74
Vorsitzende(r): Dipl.-Ing. Claus-Michael Kinzer

s 703

Landesverband Nordrhein-Westfalen öffentlich bestellter und vereidigter Sachverständiger e.V.
Moerser Str. 310, 47803 Krefeld
T: (02151) 95 06 71 **Fax:** 5 80 45
Vorsitzende(r): Dipl.-Ing. Klaus-Peter Gentgen

s 704

Landesverband Rheinland-Pfalz-Saar öffentlich bestellter und vereidigter Sachverständiger e.V.
St.-Josef-Str. 8, 56068 Koblenz
T: (0261) 3 57 84 **Fax:** 1 69 41
Vorsitzende(r): Dipl.-Volksw. Hans Jörg Altmeier

s 705

Landesverband Sachsen öffentlich bestellter und vereidigter Sachverständiger
Preußerstr. 3, 01445 Radebeul
T: (0351) 8 36 46 66 **Fax:** 8 36 46 66
Vorsitzende(r): Dr.-Ing. Volker Blechschmidt (Werkstr. 7, 08144 Ebersbrunn, T: (037607) 62 81, Telefax: (037607) 62 89)

s 706

Landesverband Sachsen-Anhalt öffentlich bestellter und vereidigter Sachverständiger
Rudolf-Breitscheid-Str. 12, 06110 Halle
T: (0345) 2 02 98 76 **Fax:** 2 02 58 31
Vorsitzende(r): Dipl.-Ing. Volker Pieloth

s 707

Landesverband Schleswig-Holstein öffentlich bestellter und vereidigter Sachverständiger e.V.
Am Spargelhof 4, 23554 Lübeck
T: (0451) 4 80 04-0 **Fax:** 4 80 04-40
Vorsitzende(r): Dipl.-Ing. Axel Staisch

s 708

Landesverband Thüringen öffentlich bestellter und vereidigter Sachverständiger
Schillerstr. 18, 99423 Weimar
T: (03643) 90 39 64 **Fax:** 50 55 11
Vorsitzende(r): Dr. Siegfried Biskop

• S 709

Strategie Team Unternehmenssteuerung e.V. (STU)
Fachbereich für Institutionen des Gesundheitswesens
Postf. 10 59 29, 69049 Heidelberg
Mannheimer Str. 1, 69115 Heidelberg
T: (06221) 16 81 23 **Fax:** 18 23 53
Internet: http://www.stu-ev.de
E-Mail: info@stu-ev.de
Gründung: 1993
Bundesvorsitzende(r): Wolfram A. Candidus (Leitung Presseabteilung)
Stellvertretende(r) Vorsitzende(r): Dipl.-Ing. Dietrich Auer
Schatzmeister: Rainer Brutzer
Mitglieder: 45
Jahresetat: DM 0,1 Mio, € 0,05 Mio

• S 710

Bundesverband Deutscher Studentischer Unternehmensberatungen e.V. (BDSU)
Adelungstr. 41, 64283 Darmstadt
T: (06151) 29 57 54 **Fax:** 2 84 05
Internet: http://www.bdsu.de
E-Mail: info@bdsu.de

• S 711

Bundesverband der vereidigten Sachverständigen für Raum und Ausstattung e.V. (BSR)
Kaiserstr. 41, 44135 Dortmund
T: (0231) 52 21 13 **Fax:** 52 98 04
Gründung: 1980 (8. November)
Vorsitzende(r): Winfried Withöft (Trapphofstr. 119, 44287 Dortmund, T: (0231) 45 11 16 i. Fa. Withöft + Sohn, Kaiserstr. 41, 44135 Dortmund)
Stellvertretende(r) Vorsitzende(r): Günter Hahn (Kleiststr. 8, 91074 Herzogenaurach, T: (09132) 94 79, i. Fa. Gutachterbüro Günter Hahn, Kleiststr. 8, 91074 Herzogenaurach)
Heinz Hahn (Merianstr. 42, 60316 Frankfurt, T: (069) 43 15 97, i. Fa. Albert + Heinz Hahn, Friedberger Landstr. 60, 60316 Frankfurt)
Mitglieder: 220

Aus- und Weiterbildung von Sachverständigen, Gerichtssachverständigen und Schiedsgutachtern. Erstellung von neutralen Obergutachten.

• S 712

Deutsche Weinanalytiker e.V. Verband der amtlich zugelassenen Weinlaboratorien
Naheweinstr. 10, 55559 Bretzenheim
T: (0671) 2 88 04 **Fax:** 4 61 79
Gründung: 1978/1991
Vorsitzende(r): Günter Neitzer
Geschäftsführer(in): Wolfgang Vogt
Mitglieder: 102

• S 713

IBWF Institut für Betriebsberatung, Wirtschaftsförderung und -forschung e.V.
Beraternetzwerk für die mittelständische Wirtschaft, bestehend aus:
Unternehmensberatern, Steuerberatern/Wirtschaftsprüfern und Rechtsanwälten/Notaren
eine Einrichtung des BVMW Bundesverband mittelständische Wirtschaft e.V.
Berliner Freiheit 36, 53111 Bonn
T: (0228) 6 04 77-12 **Fax:** 6 04 77 50
Internet: http://www.ibwf.org
E-Mail: ibwf@ibwf.org
Geschäftsführender Vorstand: Dipl.-Kfm. Helmut F. Bachmann (Präsident, Unternehmensberater)
Dipl.-Volksw. Dr. Dorothee Böttges-Papendorf (Steuerberaterin)
Betriebsw. (VWA) Ralf Caspary (Unternehmensberater)
Jochen Konicek (Rechtsanwalt)
Dipl.-Kfm. Martin Wagner (Rechtsanwalt)

• S 714

Bundesverband Finanzdienstleistungen e.V. (FiFa)
Kaiser-Friedrich-Höfe
Kaiser-Friedrich-Str. 90, 10585 Berlin
T: (030) 2 61 79 99 **Fax:** 2 61 85 58
Internet: http://www.fifa.de
Gründung: 1985 (Juni)
Präsident(in): Dipl.-Verwaltungswirt Carsten Lucht
Stellv. Präs.: Manuel Fernandes-Stacke
Daniel Dormann
Schatzmeister: Karl-Ludwig Jänicke
Geschäftsführer(in): Dipl.-Verwaltungswirt Carsten Lucht (Ltg. Presseabteilung)
Vorstand: Carsten Lucht (Kaiser-Friedrich-Höfe, Kaiser-Friedrich-Str. 90, 10585 Berlin, T: (030) 2 61 79 99, Fax: (030) 2 61 85 58)
Daniel Dormann (Trabener Str. 21-23, 14193 Berlin, T: (030) 8 92 90 40, Fax: (030) 8 92 90 74 (privat), T: (030) 24 06 40, Fax: (030) 24 06 43 74 (dienstl.), Frau Hartisch verlangen)
Manuel Fernandes-Stacke (Kaiserin-Auguste-Allee 83, 10589 Berlin, T: (030) 34 90 13 53, Fax: (030) 34 90 13 54)
Karl-Ludwig Jänicke (Markt 19, 23611 Bad Schwartau, T: (0451) 7 79 15, Fax: (0451) 70 46 23)
Claus-D. (Ottweiler Str. 11, 24114 Kiel, T: (0431) 68 69 15, Fax: (0431) 64 22 14)
Prof. Dr. Norbert (Schwalbenweg 13, 57482 Wenden, T: (0271) 7 40 32 01, Fax: (0271) 7 40 23 10)
Gerhard L. (Postfach 33 42, 23582 Lübeck, T: (0451) 8 99 50 00, Fax: (0451) 8 99 50 20)
Jürgen (Kluckstr. 36, 10785 Berlin, T: (030) 2 61 14 37, Fax: (030) 2 62 92 01)
Hans-Jürgen (Radickestr. 28, 21079 Hamburg, T: (040) 7 64 16 40, Fax: (040) 7 63 79 95)
Bernd (Müllerstr. 39, 13353 Berlin, T: (030) 24 06 40, Fax: (030) 24 06 43 74)
Volker (Kaiser-Wilhelm-Ring 24, 50672 Köln, T: (0221) 23 23 23-24, Fax: (0221) 12 49 82)
Ullrich (An der Wiesenmühle 1, 09224 Grüna/Sa., T: (0371) 8 74 43 03, Fax: (0371) 8 74 43 90)
Hans-Peter (Hohenzollerndamm 111, 14199 Berlin, T: (030) 8 25 40 77, Fax: (030) 8 26 31 53)
Cathy (Hainstr. 2, 61476 Kronberg/Ts., T: (06173) 28 97, Fax: (06173) 44 97)
Richard (Prinz-Handjery-Str. 25, 14167 Berlin, T: (030) 81 29 51 00, Fax: (030) 81 29 51 01)
Verbandszeitschrift: FINANZ FORUM
Redaktion: Carsten Lucht
Verlag: FiFa e.V., Kaiser-Friedrich-Str. 90, 10585 Berlin
Mitglieder: rd. 800 mit rd. 6000 Außendienstmitarbeitern
Mitarbeiter: 14
Jahresetat: DM 1,9 Mio, € 0,97 Mio

Landesverbände

s 715

Bundesverband Finanzdienstleistungen Landesverband Berlin-Brandenburg
Büro Frankfurt/Oder
Nuhnenstr. 23, 15234 Frankfurt
T: (0335) 4 00 39 13 **Fax:** 4 00 39 14
Kontaktperson: Frank Golz (Sprecher der LV)

s 716

Bundesverband Finanzdienstleistungen Landesverband Mecklenburg-Vorpommern
Büro Rostock
Postweg 9, 18239 Clausdorf
T: (038207) 7 38 87 **Fax:** 7 38 78
Kontaktperson: Eckhard Lentzner (Sprecher der LV)

s 717

Bundesverband Finanzdienstleistungen Landesverband Hamburg/Schleswig-Holstein
Büro Hamburg
Radickestr. 28, 21079 Hamburg
T: (040) 7 64 16 40 **Fax:** 7 63 79 95
Kontaktperson: Hans-Jürgen Darboven (Sprecher der LV)

s 718

Bundesverband Finanzdienstleistungen Landesverband Sachsen-Anhalt
Büro Magdeburg
Klausenerstr. 5, 39112 Magdeburg
T: (0391) 61 13 60 **Fax:** 6 11 36 29
Kontaktperson: Herbert Schmitz von Hülst (Sprecher der LV)

s 719

Bundesverband Finanzdienstleistungen Landesverband Niedersachsen/Bremen Nordrhein-Westfalen
Büro Groß-Escherde
Schulstr. 7 (Groß-Escherde), 31171 Nordstemmen
T: (05069) 9 61 81 **Fax:** 9 61 82
Kontaktperson: Udo Köchy
Klaus Rode

s 720

Bundesverband Finanzdienstleistungen Landesverband Niedersachsen/Bremen Nordrhein-Westfalen
Büro Düsseldorf
Erftweg 20, 47807 Krefeld
T: (02151) 30 40 79 **Fax:** 30 62 48
Kontaktperson: Manuel Blomen (Sprecher der LV)

s 721

Bundesverband Finanzdienstleistungen Landesverband Bayern
Büro Wilder Süden
Kemptener Str. 91, 87600 Kaufbeuren
T: (08341) 7 40 01 **Fax:** 1 51 00
Kontaktperson: Ralf Wachter

s 722

Bundesverband Finanzdienstleistungen Landesverband Bayern
Büro Bayern Nord
Schweinauer Str. 54, 90439 Nürnberg
T: (0911) 6 58 88 01 **Fax:** 61 75 56
Kontaktperson: Erich Sembritzki

s 723

Bundesverband Finanzdienstleistungen Landesverband Bayern
Büro Bayern Süd
Straßbergerstr. 2, 80809 München
T: (089) 3 51 70 63 **Fax:** 3 51 55 03
Kontaktperson: Gerd A. Wilfling

s 724

Bundesverband Finanzdienstleistungen Landesverband Sachsen
Büro Grüna/Chemnitz
An der Wiesenmühle 1, 09224 Grüna
T: (0371) 8 74 43 03 **Fax:** 8 74 43 90
Kontaktperson: Ullrich Förster

s 725

Bundesverband Finanzdienstleistungen Landesverband Thüringen
Büro Hildburghausen
Unteres Kleinodsfeld 15, 98646 Hildburghausen
T: (03685) 79 78 26 **Fax:** 79 78 25
Kontaktperson: Eberhard Wiener

s 726

Bundesverband Finanzdienstleister Landesverband Thüringen
Büro Eisenberg
Klosterlausnitzer Str. 13, 07607 Eisenberg
T: (036691) 4 21 56 **Fax:** 5 22 18
Kontaktperson: Monika Schamun

s 727

Bundesverband Finanzdienstleistungen Landesverband Baden-Württemberg Rheinland-Pfalz/Saarland
Büro Baden
Wingertsgasse 20, 69168 Wiesloch
T: (06222) 58 04-0 **Fax:** 58 04 11
Kontaktperson: Manfred Brenneisen (Sprecher der LV)

• S 728

Deutscher Finanzdienstleistungsverband für Finanz- und Vermögensberater, Makler und Mehrfachagenten e.V (DEFIMA)
Postf. 14 45, 82504 Wolfratshausen
T: (08171) 7 64 79 **Fax:** 7 80 91
Gründung: 1989 (12. Oktober)
Vorsitzende(r) des Vorstandes: Alexander F. Solya (Inhaber d. Fa. ALLFINANZ-GRUPPE Solya & Partner, Wolfratshausen)
2. Vorst.: Helmut Hoffmann (Geschäftsf. Gesellschafter d. CAPITAL-Beratungsgesellschaft Hoffmann mbH)
3. Vorst.: Bernd Eckenbach (Inh. des Instituts für Finanzdienstleistungen, Freiburg i. Br.)
Mitglieder: 450

Bundesverband zur Wahrnehmung der Interessen der unabhängigen Finanzdienstleister.

• S 729

Bundesverband unabhängiger Baufinanzberater (BuB) e.V.
Bundesgeschäftsstelle
c/o Klaus Dieter Girnt
Reichspräsidentenstr. 21-25, 45470 Mülheim
T: (0208) 3 08 95-32 **Fax:** 3 08 95-55
Gründung: 1987
Vorsitzende(r): Klaus Dieter Girnt
1. stellv. Vors.: Gerhard Kleinbauer
2. stellv. Vors.: Wolfgang Morlock
Finanzen: Gerda Christensen
Schriftführer(in): Dietmar Glöckner

• S 730

Bundesverband Finanz-Planer e.V. (BFP)
Verband der unabhängigen FINANZ-EXPERTEN
-Geschäftsstelle
Pferdsweide 11, 65232 Taunusstein
T: (06128) 7 55 20, 97 50 10 **Fax:** 97 05 05
Internet: http://www.finanzplatz-online.de/bfb/
E-Mail: bvbfp@t-online.de
Gründung: 1984
Vorsitzende(r): Prof. Heinrich Bockholt
Stellvertretende(r) Vorsitzende(r): Gisela Heising
Schatzmeister: Helmut Weigt (Leiter der Geschäftsstelle)
Vorstand: Peter Edinger
Yan C. Steinschen
Mitglieder: 78

• S 731

DEVFP Deutscher Verband Financial Planners e.V.
Kranenstr. 19, 65375 Oestrich-Winkel
T: (06723) 99 50 21 **Fax:** 99 83 91
Internet: http://www.devfp.de
E-Mail: info@devfp.de
Gründung: 1997 (14. Oktober)
Vorsitzende(r): Dr. Wolfgang J. Reittinger (CFP)
Stellvertretende(r) Vorsitzende(r): Dr. Gerold F. Engenhardt (CFP)
Geschäftsführer(in): Peter Schaubach
Jutta Gerbracht
Leitung Presseabteilung: Matthias von Debschitz
Verbandszeitschrift: CFP-News
Redaktion: M. von Debschitz
Mitglieder: 349

• S 732

DVFA

DVFA Deutsche Vereinigung für Finanzanalyse und Asset Management e.V.
Postf. 10 10 30, 63264 Dreieich
Einsteinstr. 5, 63303 Dreieich
T: (06103) 58 33-0 **Fax:** 58 33-33
Internet: http://www.dvfa.de
E-Mail: info@dvfa.de
Gründung: 1960
Vorstand: Klaus M. Geiger
Dr. Michael Jean Gschrei
Andreas Heinrichs
Dr. Hans-Dieter Klein
Günter Laubner
Jürgen Pöllmann
Fritz H. Rau (Vorstandssprecher)
Hans-Dieter Runte
Margot Schoenen
Geschäftsführer(in): Ass.jur. Ulrike Diehl
Verbandszeitschrift: Beiträge zur Wertpapieranalyse
Redaktion: DVFA e.V.
Verlag: Einsteinstr. 5, 63303 Dreieich
Mitglieder: 1200

Internationalen Standards entsprechende Professionalisierung von Finanzanalyse und Assetmanagement; Stärkung des Vertrauens nationaler und internationaler Anleger; Standesrichtlinien zur Gewährleistung von professionellen Mindeststandards; international anerkannte Aus- und Weiterbildung; umfassender Mitgliederservice.

• S 733

ERFOM-Schulungs-Systeme e.V. Erfolg im Mittelstand durch Weiterbildung
Löbstedter Str. 50, 07749 Jena
T: (03641) 42 06 74 **Fax:** 42 06 75
E-Mail: 03641420602-0001@t-online.de
1. Vorsitzende(r): Anita Kaiser
2. Vorsitzende(r): Detlef Arndt
Geschäftsführer(in): Michael Kaiser

• S 734

Venture Capital Club e.V.
Maximilianstr. 35, 80539 München
T: (089) 21 63 60 **Fax:** 21 63 61 33
Vorsitzende(r): Dr. Wilhelm Haarmann
Stellvertretende(r) Vorsitzende(r): Dr. Werner Schauerte
Falk F. Strascheg, München

Kommunikationsforum aller am Thema Venture Capital Interessierter.

• S 735

Akademie Finanz-Marketing
Am Brüngersbroich 12, 40764 Langenfeld
T: (02173) 2 30 47/48 **Fax:** 2 35 75
Internet: http://www.finplan.de
E-Mail: finplan-akademie@t-online.de
Gründung: 1984 (1. Juni)
Präsident(in): Harold D. Kraemer (Ltg. Presseabt.)
Vizepräsident(in): Prof. Heinrich Bockholt
Verbandszeitschrift: Der Finanzberater
Mitglieder: 2300

• S 736

Berufsverband Deutscher Markt- und Sozialforscher e.V. (BVM)
Bundesgeschäftsstelle:
Postf. 10 03 12, 63003 Offenbach
Frankfurter Str. 22, 63065 Offenbach
T: (069) 8 00 15 52 **Fax:** 8 00 31 43
Internet: http://www.bvm.org
E-Mail: bvm.blos@t-online.de
Gründung: BVM 1965 (Vorgängerverband VBM 1955 (Verein betriebl. MF)
Bundesvorstand
Vorsitzende(r) des Vorstandes: Dr. Gerhard Breunig (Lange Stücken 7, 14109 Berlin)
Stellv. Vorstandsvorsitzende(r): Heinz-Jürgen Bock (zuständig f. Geschäftsstelle u. Finanzen, c/o MERCK Produkte Vertriebsgesellschaft & Co., Rößlerstr. 96, 64293 Darmstadt)
Vorstand: Stephan Götze
Dr. Holger Liljeberg
Walter W. Lulay
Dr. Jürgen Pitlinski
Geschäftsstellen-Sekretärin: Gwendolin Hübner-Blos
Mitglieder: ca. 900
Jahresetat: DM 0,5 Mio, € 0,26 Mio

Regionalgruppen:
Nord, Niedersachsen, Rhein-Ruhr, Köln-Bonn, Rhein-Main, Rhein-Neckar, Baden-Württemberg, Berlin, Leipzig, München, Franken (Nbg.)

Förderung der beruflichen Karriere durch fachliche Informationen und persönliche Kontakte zu Fachleuten aus Praxis und Theorie, zu Managern und Forschern. Vertretung der Interessen des Berufsstandes gegenüber der Öffentlichkeit.

• S 737

B'VM

B'VM Berater- und Service-Gruppe für Verbände und Nonprofit-Organisationen (B'VM AG)
Postgasse 17, CH-3011 Bern
T: (004131) 3 12 05 12 **Fax:** 3 12 12 50
Internet: http://www.bvm.ch
E-Mail: bvm.bern@bvm.ch
Gründung: 1983
Chefberater: Prof. Dr. Peter Schwarz
Geschäftsführer(in): Dr. Charles Giroud
Mitarbeiter: 24

Wir sind eine auf Verbände und Nonprofit-Organisationen (NPO) spezialisierte Beratergruppe. Unser Tätigkeitsgebiet liegt im gesamten deutschsprachigen Raum.

s 738

B'VM GmbH
Landstr. 84, A-4020 Linz
T: (0043732) 60 45 65 **Fax:** 60 45 65-13
E-Mail: bvm.linz@bvm.at
Gründung: 1992
Geschäftsführer(in): Dr. Gerlinde Stöbich
Mitarbeiter: 3

s 739

B'VM GmbH
Esslinger Str. 40, 70182 Stuttgart
T: (0711) 2 37 35 38 **Fax:** 24 73 48
E-Mail: bvm-stuttgart@t-online.de
Gründung: 1997
Geschäftsführer(in): Dipl.-Psych. Claus Philippi
Mitarbeiter: 3

• S 740

Deutscher Marketing-Verband e.V. (DMV)
Haroldstr. 14, 40213 Düsseldorf
T: (0211) 8 64 06-0 **Fax:** 8 64 06-40
Internet: http://www.marketingverband.de
E-Mail: info@marketingverband.de
Geschäftsführer(in): Dipl. oec Brigitte Pfeiffer

Präsidium
Präsident(in): Prof. Dr.Dr.h.c. Klaus E. Goehrmann (Vorsitzender des Vorstands Deutsche Messe AG, Messegelände, 30521 Hannover, T: (0511) 8 93 10 00, Fax: (0511) 8 93 26 47, Autotel.: (0161) 2 54 62 99, Sekretärin: Helga Kanapin, E-Mail: helga.kanapin@messe.de)
Vizepräsident(in): Gerd Bise (Vorsitzender des Vorstands Spielwarenmesse e.G., Münchener Str. 330, 90471 Nürnberg, T: (0911) 9 98 13 14, Fax: (0911) 8 14 80 54, Sekretärin: Marion Ewald, Handy: (0172) 6 70 75 22, E-Mail: info@spielwarenmesse.de)

Vizepräsident(in): Martina Busch (Geschäftsbereichsleitung Marketing & Organisationsentwicklung, KulturManagement Bremen GmbH, Knochenhauerstr. 20-35, 28195 Bremen, T: (0421) 1 60 89 19, Fax: (0421) 1 60 89 40, Handy: (0173) 3 40 79 23, E-Mail: mbusch@kmb.bremen.de)
Vizepräsident(in): Dipl.-Ing. Dieter Gertler (Geschäftsführer REA Reinigungssysteme u. Warmlufttechnik GmbH, Gewerbeallee 1, 09224 Mittelbach, T: (0371) 81 55 90, Fax: (0371) 8 15 59 99, E-Mail: rea-chemnitz@t-online.de)
Vizepräsident(in): Prof. Dr. Franz-Rudolf Esch (Justus-Liebig-Universität, Marketing-Betriebswirtschaftslehre I, Licher Str. 66, 35394 Gießen, T: (0641) 9 92 24 01, Fax: (0641) 9 92 24 09, Sekretärin: Yvonne Jakob, E-Mail: marketing@wirtschaft.uni-giessen.de)
Vizepräsident(in): Prof. Dipl.-Vw. Ingeborg Henzler (Fachhochschule Koblenz, Gesellschafterin Jac. Brien Söhne Nachf. 4 Türme GmbH & Co., Post an privat: Koblenz-Olper-Str. 24, 56170 Bendorf-Sayn, T: (02622) 73 09, Fax: (02622) 28 30)
Vizepräsident(in): Uwe Hoch (Geschäftsführer Verlagsgruppe Handelsblatt GmbH, Postfach 10 11 02, 40002 Düsseldorf, Kasernenstr. 67, 40213 Düsseldorf, T: (0211) 8 87 14 01, Fax: (0211) 8 87 14 10, Sekretärin: Christiane Schröder, E-Mail: c.schroeder@vhb.de)
Vizepräsident(in): Dr. Rüdiger Kapitza (Vorsitzender des Vorstands Gildemeister AG, Gildemeisterstr. 60, 33689 Bielefeld, T: (05205) 74 30 10, Fax: (05205) 74 30 78, Sekretärin: Konstanze Kühl, E-Mail: ruediger.kapitza@gildemeister.com)
Vizepräsident(in): Dr. Klaus Mangold (Vorsitzender des Vorstands DaimlerChrysler Services (debis) AG, debis Haus am Potsdamer Platz, 10875 Berlin, T: (030) 25 54 10 00, Fax: (030) 25 54 10 09)
Vizepräsident(in): Dipl.-Kfm. Rüdiger Wiechers (Mitglied des Vorstands Dresdner Bauspar AG, Am Sonnenplatz 1, 61118 Bad Vilbel, T: (069) 2 63 44 47, Fax: (069) 2 63 78 87, Autotel.: (0172) 6 50 14 32, Sekretärin: Ute Haas, T: (069) 2 63 22 35, E-Mail: ruediger.wiechers@dresdner-bauspar.com)
Vizepräsident(in): Dr. Herbert Wieneke (stellvertr. Vorsitzender des Vorstands Die Sparkasse Bremen, Am Brill 1-3, 28195 Bremen, T: (0421) 1 79 20 07 od. 1 79 36 17, Fax: (0421) 1 79 36 27, Sekretärin: Angela Kattner, E-Mail: dr.wieneke@sparkasse-bremen.de)

Der Deutsche Marketing-Verband ist Berufsverband des Marketing-Management. Ihm gehören in 57 angeschlossenen Marketing-Clubs 10000 Unternehmensleiter und Marketing-Verantwortliche als Mitglieder in Deutschland an. In jährlich 600 Fachvorträgen, Diskussionen und Seminaren werden Marketingwissens- und Erfahrungs-Transfer für das Management vermittelt.
Publikationen: Fachzeitschrift "absatzwirtschaft" (Handelsblatt-Verlag). Veranstaltungen: Jahreskongreß Deutscher Marketing-Tag, Marketing-Foren auf den Hannover-Messen Industrie und CeBIT.
Preise: Deutscher Marketing-Preis. Wissenschaftspreis des Deutschen Marketing-Verbandes.

• **S 741**

DDV

Deutscher Direktmarketing Verband e.V. (DDV)

Hasengartenstr. 14, 65189 Wiesbaden
T: (0611) 9 77 93-0 **Fax:** 9 77 93-99
Internet: http://www.ddv.de
E-Mail: info@ddv.de
Gründung: 1948
Internationaler Zusammenschluß: siehe unter izo 139
Vorstand:
Präsident(in): Prof. Bernd Kracke (iXL Germany GmbH, Dienerreihe 2, 20457 Hamburg, T: (040) 30 97 81-68, Fax: (040) 30 97 81-82)
Vizepräsident(in): Controlling & Geschäftsstelle: Horst Friedewald (W&V Werbung und Vertrieb GmbH & Co., Absatzförderungsgesellschaft, Oststr. 41-43, 22844 Norderstedt, T: (040) 5 26 60 61, Fax: (040) 5 26 46 53)
Vizepräsident(in): Distribution: Bodo Mann (INM - Internet & Neue Medien, Marketing & Vertriebs GmbH, Am Sandfeld 11b, 76149 Karlsruhe, T: (0721) 7 81 93-04, Fax: (0721) 7 81 93-06)
Vizepräsident(in): eCommerce & Neue Medien: Patrick Palombo (WWL Internet AG, Südwestpark 60, 90449 Nürnberg, T: (0911) 68 86 67-15, Fax: (0911) 68 86 67-18)
Vizepräsident(in): Bildung & Forschung: Kerstin Plehwe (SPECTRUM GMBH, Marketing Services und Consulting, Feringastr. 6, 85774 München-Unterföhring, T: (089) 99 21 64 21, Fax: (089) 99 21 64 54)
Vizepräsident(in): International Networking: Sabine Wimmer (Lettershop Schonard GmbH & Co., Kelterstr. 69, 73265 Dettingen/Teck, T: (07021) 8 06-234, Fax: (07021) 8 06-98)
Council-Vorsitzende und Stellvertreter:
Council Dialogmarketing-Agenturen:
Michael Horlacher (Energy Werbung GmbH, Ostendstr. 106-110, 70188 Stuttgart, T: (0711) 2 39 52-11, Fax: (0711) 2 39 52-18)
Peter Wendt (PUBLICS DIALOG Marketing GmbH, Große Elbstr. 39, 22767 Hamburg, T: (040) 3 81 07 01, Fax: (040) 38 10 71 00)
Council Consultants:
Gottlieb Lehr (Gottlieb Lehr Direktmarketingberatung, Albrecht-Dürer-Platz 4, 90403 Nürnberg, T: (0911) 20 88 37, Fax: (0911) 20 88 37)
Dr. Peter Schotthöfer (Schotthöfer, Jennes, Scharrer Rechtsanwälte, Grillparzerstr. 38/1, 81675 München, T: (089) 4 70 50 70, Fax: (089) 47 32 71)
Council DirectMail Services:
Gabriella Clauter-Schmitt (Dun & Bradstreet Deutschland GmbH, Hahnstr. 31-35, 60528 Frankfurt, T: (069) 66 09-2211, Fax: (069) 66 09-2302)
Marc Howland (ABIS AG, Adalbertstr. 64, 60486 Frankfurt, T: (069) 79 20 09-0, Fax: (069) 79 20 09-20)
Council Direktmarketing-Anwender:
Michael Muth (alsecco GmbH & Co. KG, Kupferstr. 50, 36208 Wildeck, T: (036922) 88-226, Fax: (036922) 88-214)
Daniela Zimmer (Zimmer GmbH, Sonnenberger Str. 9, 65193 Wiesbaden, T: (0611) 1 80 91-12, Fax: (0611) 1 80 91-20)
Council Interactive Media:
Christian Petersen (eprofessinal GmbH, Friedensallee 50, 22765 Hamburg, T: (040) 39 92 78-71, Fax: (040) 39 92 78-78)
Andreas Lehr (Lehr & Brose, Erste Dialogagentur GmbH & Co. KG, Gänsemarkt 35, 20354 Hamburg, T: (040) 35 75 33-0, Fax: (040) 35 75 33-33)
Council Listbroker:
Klaus Arnold (Arnold, Demmerer & Partner, Ges. f. creatives Zielgruppenmarketing mbH, Mittlerer Pfad 26, 70499 Stuttgart, T: (0711) 8 87 13-11, Fax: (0711) 8 87 13-44)
Ulrich Braunbach (pro:tagon directmarceting GmbH, Lustheide 66, 51427 Bergisch-Gladbach, T: (02204) 30 34-0, Fax: (02204) 30 34-80)
Council Print und Service:
Claes Friman (Moore Response Marketing, Oberbilker Allee 165, 40227 Düsseldorf, T: (0211) 7 79 05-11, Fax: (0211) 7 79 05-22)
Rainer Rindfleisch (Kern GmbH, Max-Planck-Str. 16, 63303 Dreieich, T: (06103) 38 91-45, Fax: (06103) 38 91-50)
Council TeleMedien- und CallCenter-Services:
Gerald Schreiber (defacto marketing GmbH, Am Pestalozziring 1, 91058 Erlangen, T: (09131) 7 72-0, Fax: (09131) 77 21 88)
Christoph von Gleichen (MARKETFORCE Gesellschaft für Business Marketing mbH, Adickesallee 63-65, 60322 Frankfurt, T: (069) 9 59 30-0, Fax: (069) 9 59 30-333)
Council Zustellung:
Arnold Janssen (Werbeagentur Janssen GmbH, Ronsdorfer Str. 126, 40233 Düsseldorf, T: (0211) 7 33-5757, Fax: (0211) 7 33-3388)
Armin Fay (EGRO Direktwerbung GmbH, Bieberer Str. 137, 63179 Obertshausen, T: (06104) 49 70-0, Fax: (06104) 49 70-15)
Die Präsidiumsmitglieder und die Council-Vorsitzenden bilden den DDV-Vorstand.
Verbandszeitschrift: DIALOG DDV-Report
Mitglieder: 908
Mitarbeiter: 14
Jahresetat: DM 4,4 Mio, € 2,25 Mio

Der Deutsche Direktmarketing Verband vertritt die Interessen von Direktmarketing-Dienstleistern und -Anwendern. Diese sind in neun verschiedenen Councils und in zehn Foren (eCommerce, Online-Werbung, Database-Marketing, Kundenbindung, Business-to-Business, Call Center Praxis, Response-Management, Die Junioren, Beschäftigungs- und Vertragsverhältnisse, Customer Relationship Management) organisiert. Mitgliedsunternehmen sind Direktmarketing-Agenturen, Hersteller (z.B. Druckereien, Papierumschlaghersteller etc.), Adressverlage, Adressbroker und Lettershops, Datenverarbeitungsunternehmen, Haushaltwerber (Prospektverteilunternehmen), Dienstleister im Bereich Interactive Media, Telefonmarketing-Agenturen sowie Anwender des Direktmarketing aus verschiedenen Branchen. Außerdem versteht sich der Verband als Schnittstelle zwischen der Direktmarketing-Branche und dem Verbraucher. Die Gesamtaufwendungen für Direktmarketing in Deutschland betrugen 1999 rund 39 Milliarden Mark.

• **S 742**

Deutsche Public Relations-Gesellschaft e.V. (DPRG)

Sankt Augustiner Str. 21, 53225 Bonn
T: (0228) 9 73 92 87 **Fax:** 9 73 92 89
Internet: http://www.dprg.de
E-Mail: dprg@newsaktuell.de, dprg-ev@t-online.de
Gründung: 1958 (8. Dezember)
Internationaler Zusammenschluß: siehe unter izs 292
Vorstand der DPRG:
Vorstand: Stephan Becker-Sonnenschein (Präsident; RWE AG, Opernplatz 1, 45128 Essen, T: (0201) 12-1 55 28)
Franz Hermann (Vizepräsident; Sebaldus Druck und Verlag GmbH, Äußerer Laufer Platz 22, 90403 Nürnberg, T: (0911) 53 96-6 07/8)
Monika Prött (Vizepräsidentin; PRÖTT & PARTNER, Presse & Kommunikation, Sertürnerstr. 18, 30559 Hannover, T: (0511) 9 53 94-0)
Jürgen Pitzer (Schatzmeister, Landesbank Rheinland-Pfalz, Grosse Bleiche 54-56, 55098 Mainz, T: (06131) 13 28 16)
Reinhold Fuhrberg (Ebersstr. 5, 10827 Berlin, T: (030) 7 82 14 73)
Prof. Manfred Harnischfeger (Bertelsmann AG, Carl-Bertelsmann-Str. 270, 33311 Gütersloh, T: (05241) 80 27 65)
Hans-Christian Lohmann (Bundesministerium der Verteidigung, Presse- und Informationsstab, Referat Öffentlichkeitsarbeit, Postfach 1328, 53001 Bonn, T: (0228) 12 91 58)
Stephan Naundorf (Wendl-Dietrich-Str. 16, 80634 München, T: (089) 5 02 96 13)
Volker Northoff (Northoff.Com Public Relations Beratung, Eschersheimer Landstr. 560, 60433 Frankfurt/Main, T: (069) 95 29 77-20)
Leiterin d. Geschäftsstelle: Rosemarie Büschel

Die Vorstände der Landesgruppen:

Baden-Württemberg:
Vorstand: Bernd Krause (Vors.; MEDIEN-ANALYSE PR Evaluations-Methoden, Kornbergstr. 23, 70176 Stuttgart, T: (0711) 2 22 60-0, Fax: 2 22 60-11)
Hans Eisele (Stellv. Vors. und Hauptausschuß)
Johannes J. Graf von Saurma (Stellv. Vors. u. Hauptausschuß)
Detlef Hoppe (Presse)
Felicitas Steck (Junioren)
Ansprechpartner Region Südbaden:
Ansprechpartner: Detlef Hoppe (Region Südbaden; Detlef Hoppe Medienkontor, Gymnasiumstr. 2a, 77652 Offenburg, T: (0781) 9 70 99 51, Fax: (0781) 2 20 36)
Ansprechpartner Region Rhein-Neckar:
Ansprechpartner: Hans Eisele (Region Rhein-Neckar; Eisele & Partner PR, Agentur für Kommunikation, Kaiserstr. 36, 69115 Heidelberg, T: (06221) 16 30 65, Fax: (06221) 16 42 97)
Ansprechpartner Region Württemberg:
Ansprechpartner: Johannes J. Graf von Saurma (Region Württemberg; Redaktions-Kontor, PR + Medien-Gvs, Zeppelinstr. 17/1, 73760 Ostfildern, T: (0711) 4 57 06 84, Fax: (0711) 4 51 55 99)

Bayern:
Vorstand: Christina Kahlert (Vors.; INDOC Industrie- und Fernsehfilm GmbH, Waldhornstr. 4, 80997 München, T: (089) 8 11 46 19, Fax: (089) 8 11 01 73)
Michael Bürker (Stellv. Vors.)
Peter Frank (Stellv. Vors.)
Catharina Wilhelm (Stellv. Vors. und Hauptausschuß)
Annette Wilkes (Hauptausschuß)
Dr. Peter J. Thelen (Hauptausschuß)
Hans-Peter Meier (Presse)
Sabine Novy (Junioren)

Berlin/Brandenburg:
Vorstand: Matthias Koch (Designierter Vors.; Bundesratufer 5, 10555 Berlin, T: (030) 77 39 28 87, Fax: (030) 77 39 28 89)
Dr. Maria Borgmann (Stellv. Vors.)
Christian E. Fürstenwerth (Hauptausschuß)
Astrid Nelke (Junioren)

Hessen/Rheinland-Pfalz/Saarland:
Vorstand: Jürgen Pitzer (Vors.; Landesbank Rheinland-Pfalz, Große Bleiche 54-56, 55098 Mainz, T: (06131) 13 28 16, Fax: (06131) 13 25 60)
Hannelore Kröter (Stellv. Vors. und Hauptausschuß und Presse)
Stephan M. Cremer (Stellv. Vors.)
Christine Geißler-Schild (Hauptausschuß)
Volker Northoff (Hauptausschuß)
N. N. (Junioren)

Regionalgruppe Saarland:
Vorstand: N. N.

Niedersachsen/Bremen:
Vorstand: Monika Prött (Vors.; PRÖTT & PARTNER Presse & Kommunikation, Sertürnerstr. 18, 30559 Hannover, T: (0511) 9 53 94-0, Fax: (0511) 9 53 94-9)
Andreas Brandtner (Stellv. Vors.)
Armin Pollehn (Stellv. Vors.)
Sabine Hillmer (Hauptausschuß u. Presse)
Anne Schneller (Presse)
Gudrun M. Sobottka (Presse)
Christian Gundlach (Junioren)

Norddeutschland:
Vorstand: Carmen Golz (Vors.; Hohenkamp 51, 22143 Hamburg, T: (040) 6 47 15 13)
Frank Laurich (Stellv. Vors.)
Gesa Zimmermann (Stellv. Vors.)
Hans Peter Wehrle (Hauptausschuß)
N. N. (Presse)
Kai-Achim Jach (Junioren)
Harm Dallmeyer (Stellv. Junioren)

Nordrhein-Westfalen:
Vorstand: Joachim Römer (Vors.; roemerpresse Joachim Römer, Konrad-Adenauer-Ufer 31, 50668 Köln, T: (0221) 9 12 60 00, Telefax: (0221) 9 12 60 09)
Marie Therese Junkers (Stellv. Vors. u. Hauptausschuß)
Hans-Christian Lohmann (Stellv. Vors. und Hauptausschuß)
Hans-Jürgen Goller (Presse und Hauptausschuß)
Regine Hellwig-Raub (Hauptausschuß)
Udo Seidel (Hauptausschuß)
Eva Sunderbrink (Hauptausschuß)
Aristidis Selalmazidis (Hauptausschuß)
Bernd Berheide (Junioren Rheinland)
Adrian Schaffranietz (Junioren Ruhrgebiet)

Regionalgruppe Düsseldorf/Bergisches Land/Niederrhein:
Sprecher: Aristidis Selalmazidis (Team A.S. Marketing & Communication GmbH, Düsseldorferstr. 90, 40545 Düsseldorf, T: (0211) 57 92 02, Fax: (0211) 57 92 51)
Stellv. Sprecherin: Sabine Bredemeyer

Regionalgruppe Köln/Bonn:
Sprecher: Udo Seidel (Mühlhaus & Moers Agentur für Kommunikation GmbH, Moltkestr. 123-131, 50674 Köln, T: (0221) 95 15 33 28, Fax: (0221) 95 15 33 20)
Stellv. Sprecher: Bernd Berheide
Gregor Faßbender

Regionalgruppe Ruhr plus Westfalen:
Sprecher: Günter Blocks (Heinickestr. 26, 45128 Essen, T: (0201) 22 87 06 (p.), (0201) 8 81 53 06 (d.), Fax: (0201) 8 81 50 05 (d))
Stellv. Sprecher: Regine Hellwig-Raub
Benno Justfelder
Eva Sunderbrink

Sachsen:
Vorstand: Dr. Roswitha Kerbus (Vors.; Grunaer Str. 12/1005, 01069 Dresden, T: (0351) 4 95 43 64, Fax: (0351) 4 95 43 64)
Frank Woida (Stellv. Vors. und Hauptausschuß)
Folkhard Bremer (Stellv. Vors. u. Hauptausschuß)

Regionalgruppe Chemnitz:
Sprecherin: Bettina Schuster (c/o envia Energie Sachsen Brandenburg AG, Postfach 2 47, 09002 Chemnitz, T: (0371) 4 82 20 60, Fax: (0371) 4 82 20 65)
Stellv. Sprecher: N.N.

Regionalgruppe Dresden:
Sprecher: N. N.
Stellv. Sprecher: Dr. Siegfried Seibt

Regionalgruppe Leipzig:
Sprecher: Heiko Leske (c/o Stadt- und Kreissparkasse Leipzig, Postf. 10 08 40, 04008 Leipzig, T: (0341) 9 86 16 20, Fax: (0341) 9 86 16 09)
Stellv. Sprecher: N.N.

Regionalgruppe Thüringen:
Sprecherin: Annedore Munde (skript - Thüringer PR-Büro, Heinrichstr. 13, 99092 Erfurt, T: (0361) 7 46 31 94, Fax: (0361) 7 46 31 95)

Die Sprecher/innen der Juniorenforen:

Baden-Württemberg:
Sprecherin: Felicitas Steck (Kriegsstr. 93, 76133 Karlsruhe, T: (0721) 85 33 16, Fax: (0721) 9 81 28 36)

Bayern:
Sprecherin: Sabine Novy (Rottmannstr. 26, 80333 München, T: (089) 52 76 45, Fax: (089) 63 02 02 61)

Berlin/Brandenburg:
Sprecherin: Astrid Nelke (Steinhellenweg 16, 12109 Berlin, T: (030) 7 03 74 12, Fax: (030) 7 03 26 68)

Hessen/Rheinland-Pfalz/Saarland:
Sprecher: N.N.

Niedersachsen:
Sprecher: Christian Gundlach (Königsberger Ring 194, 30559 Hannover, T: (0511) 9 52 34 96, Fax: (0511) 9 52 34 95)

Norddeutschland:
Sprecher: Kai-Achim Jach (Lesserstr. 34, 22049 Hamburg, T: (040) 69 64 24 50)

Rheinland:
Sprecher: Bernd Berheide (Riehler Str. 73, 50668 Köln, T: (0221) 2 22 04 69, Fax: (0221) 2 44 31 82 03)

Ruhrgebiet:
Sprecher: Adrian Schaffranietz (Dellmannsweg 59A, 45277 Essen, T: (0201) 58 47 84, Fax: (0201) 8 58 66 75)
Verbandszeitschrift: PUBLIC RELATIONS Forum
Herausgeber u. Redaktion: Peter M. Gregor, Dr. Kurt, Hesse, Werner Wunder
Verlag: ERMA-Verlag, Breite Gasse 38, 90402 Nürnberg
Mitglieder: 1656

• S 743

Deutscher Rat für Public Relations (DRPR)
c/o Deutsche Public Relations-Gesellschaft e.V. (DPRG) Berufsverband Öffentlichkeitsarbeit
Sankt Augustiner Str. 21, 53225 Bonn
T: (0228) 9 73 92 87 **Fax:** 9 73 92 89
Internet: http://www.dprg.de
E-Mail: dprg-ev@t-online.de
Gründung: 1987 (1. Mai)
Vorsitzende(r): Dr. Horst Avenarius
Leiterin d. Geschäftsst.: Rosemarie Büschel
Mitglieder: 9

• S 744

Förderkreis der DPRG für Öffentlichkeitsarbeit e.V.
Sankt Augustiner Str. 21, 53225 Bonn
T: (0228) 9 73 92 87 **Fax:** 9 73 92 89
E-Mail: dprg-ev@t-online.de

• S 745

Gesellschaft Public Relations Agenturen e.V. (GPRA)
Schillerstr. 4, 60313 Frankfurt
T: (069) 2 06 28 **Fax:** 2 07 00
Internet: http://www.gpra.de
E-Mail: info@gpra.de
Gründung: 1973
Präsident(in): Rupert Ahrens (Geschf.Ges. Ahrens & Behrent, Agentur für Kommunikation GmbH (GPRA), Frankfurt am Main)
Vizepräsident(in): Olaf Arndt (Geschf. Partner Kohtes Klewes Kommunikation GmbH (GPRA), Hamburg)
Mitgliedsagenturen: 33

• S 746

Vereinigung zur Förderung der Public Relations-Forschung e.V.
Postf. 1563, 50379 Wesseling
Dreilindenstr. 4, 50389 Wesseling
T: (02236) 94 79 29 **Fax:** 84 28 79
Gründung: 1979 (2. Juli)
Vorsitzende(r): Wolfgang Reineke
Geschäftsführer(in): MA Jutta Flieger

• S 747

PR Akademie e.V.
Erwinstr. 29, 79102 Freiburg
T: (0761) 70 90 23 **Fax:** 70 90 84
Gründung: 1989 (19. April)
Vorsitzende(r): Dr. Burghard Flieger

• S 748

Bund Deutscher Verkaufsförderer und Trainer e.V. (BDVT)
Bundesgeschäftsführung:
Hohenzollernring 48, 50672 Köln
T: (0221) 92 07 60 **Fax:** 9 20 76 10
Internet: http://www.bdvt.com
E-Mail: BDVT.Koeln@t-online.de
Gründung: 1964 (September)
Präsident(in): Dipl.-Betriebsw. Peter Schmitt (Training, Consulting, Coaching, Barghof 7, 22850 Norderstedt, T: (040) 52 98 37 67, Fax: 52 98 37 69, e-mail: PeterSchmitt.BDVT@t-online.de)
Mitglieder: 1500
Regionalclubs: 15
Mitarbeiter: 3
Jahresetat: DM 0,85 Mio, € 0,43 Mio
Mitgliederzeitschrift: BDVT-Intern, Redaktion Renate Richter
Redaktion: mit Anzeigen-Annahme Bundesgeschäftsstelle, Hohenzollernring 48, 50672 Köln, T: (0221) 25 31 21, Telefax: (0221) 25 31 34

• S 749

Marketing-Business-Academy Berufsverbandsakademie des BDV e.V.
Postf. 12 06 04, 53048 Bonn
T: (02224) 9 40-313 **Fax:** 9 40-314
Gründung: 1986 in Luxemburg, 1991 in Deutschland
Präsidium: Prof. Dr. Rubin Goldstein (F)
Wolfgang M. Nitsche (BDV-Präs. (D))
Heribert-Gaston Blondiau (AESA-Präs. (B))
Dieter Schmieder (BDV-Vors. (D))
Mitglieder: 10 Akademien in EU
Mitarbeiter: 52
Jahresetat: DM 1,7 Mio, € 0,87 Mio

S 750

Marketing-Business-Akademie Frankfurt e.V.
Postf. 12 06 04, 53048 Bonn
T: (02224) 9 40-313 **Fax:** 9 40-314
Vorstand: Wolfgang M. Nitsche (Vorsitzender)
Gerd Meier (Verkaufstrainer/BDV)
Uwe Kriegeskotte (Verkaufstrainer/BDV)

S 751

Marketing-Business-Akademie München e.V.
Postf. 12 06 04, 53048 Bonn
T: (02224) 9 40-313 **Fax:** 9 40-314
Vorstand: Wolfgang M. Nitsche (Vorsitzender)
Gerd Meier (Verkaufstrainer/BDV)
Uwe Kriegeskotte (Verkaufstrainer/BDV)

S 752

Marketing-Business-Akademie Stuttgart e.V.
Postf. 10 07 11, 70006 Stuttgart
T: (0711) 23 60-450 **Fax:** 23 60-460
Vorstand: Thomas Schillinger (Vorsitzender)
Peter Baatz (Verkaufstrainer/BDV)
Wolfgang M. Nitsche (BDV-Präsident)
Dipl.-Psych. Antje Schuck

S 753

Marketing-Business-Akademie Köln e.V.
An Hähnchen 6, 51545 Waldbröl
T: (02291) 30 62 **Fax:** 9 00 00 83
Vorstand: Peter Wisser (Vorsitzender)
Manuela Krampe (BDV)
Wolfgang M. Nitsche (BDV-Präsident)

• S 754

Bundesverband Deutscher Verkaufs- und Vertriebskräfte BDV e.V.
Postf. 12 06 04, 53048 Bonn
T: (02224) 94 03 13 **Fax:** 94 03 14
Gründung: 1982
Präs. (h.c.): Wolfgang M. Nitsche
Vorstand: Heribert-Gaston Blondiau
Peter Baatz
Verbandszeitschrift: Verkaufen
Verbandsblatt: BDVreport intern
Verlag: Verkaufen- Werbe- & Verlagsges. mbH, Postf. 12 06 04, 53048 Bonn
Mitglieder: 17429
Mitarbeiter: 3
Jahresetat: DM 0,7 Mio, € 0,36 Mio

• S 755

Bundesverband Werbegemeinschaften & Gewerbetreibende BWG e.V.
Geschäftsstelle
Postf. 12 06 04, 53048 Bonn
T: (02224) 94 03 13 **Fax:** 94 03 14
Gründung: 1991
Präs. h.c.: Wolfgang M. Nitsche
Vorstand: Peter Wisser
Heribert-Gaston Blondiau
Verlag: Verkaufen, Werbe- u. Verlagsges. mbH, Postf. 12 06 04, 53048 Bonn
Mitglieder: 11800
Mitarbeiter: 3
Jahresetat: DM 0,2 Mio, € 0,1 Mio
12 Landesverbände: Berlin/Brandenburg, Hamburg/Schleswig-Holstein/Mecklenburg-Vorpommern, Niedersachsen/Bremen, Sachsen-Anhalt/Thüringen, Westfalen/Lippe, Ruhrgebiet, Rheinland, Rheinland-Pfalz/Saarland, Hessen, Baden-Württemberg, Bayern, Sachsen
Verbandsblatt: GeWERBE intern, Verbandsmagazin: Verkaufen

• S 756

Bundesvereinigung Deutscher Betriebswirte e.V. (BDB)

-Geschäftsstelle c/o Dipl.-Kfm. Jürgen H. Hinzmann
Karl-Schwering-Platz 3, 50931 Köln
T: (0221) 40 78 78
Vorstand: Dipl.-Betriebsw. Günter Groß (Vors., Postf. 12 01 85, 42331 Wuppertal)
Dipl.-Betriebsw. Wolfgang Franke (Franzstr. 52, 50935 Köln)
Dipl.-Kfm. Jürgen H. Hinzmann (Karl-Schwering-Platz 3, 50931 Köln)

• S 757

Bundesverband Deutscher Volks- und Betriebswirte e.V. (bdvb)

Geschäftsführung:
Florastr. 29, 40217 Düsseldorf
T: (0211) 37 10 22 **Fax:** 37 94 68
Internet: http://www.bdvb.de
E-Mail: info@bdvb.de
Gründung: 1901 (15. Dezember)
Präsident(in): Dipl.-Kfm. Dr. Klaus Bierle
GeschF, Vizepräs: Dipl.-Volksw. Dieter Schädiger
Leitung Presseabteilung: Gisela Hartmann-Kötting
Verbandszeitschrift: bdvb-aktuell
Redaktion: Dipl.-Volksw. Gisela Hartmann-Kötting
Mitglieder: 4050

Der bdvb vertritt über Teildisziplinen hinweg die Interessen aller Wirtschafts- und Sozialwissenschaftler und steht seinen Mitgliedern unterstützend und fördernd in Beruf und Studium zur Seite.

• S 758

Forschungsinstitut der Deutschen Volks- und Betriebswirte e.V.

Florastr. 29, 40217 Düsseldorf
T: (0211) 37 10 22 **Fax:** 37 94 68
Internet: http://www.bdvb.de
E-Mail: info@bdvb.de
Vorsitzende(r): Prof. Dr. Fritz Bisani, Essen

• S 759

Bundesverband der Betriebswirte des Handwerks e.V.

Postf. 10 21 55, 70017 Stuttgart
Heilbronner Str. 43, 70191 Stuttgart
T: (0711) 16 57-2 78 **Fax:** 16 57-222
Internet: http://www.bv-bdh.de
E-Mail: info@bv-bdh.de
Gründung: 1986 (15. März)
Vorsitzende(r): Thomas Schepelmann, Bielefeld
Stellvertretende(r) Vorsitzende(r): Klaus Schmorleiz, Hamburg
Geschäftsführer(in): Bernd-Michael Hümer
Mitglieder: ca. 2500

Landesverbände:
Baden-Württemberg, Landesvorsitzender Alfred Schaumann, Zeppelinstr. 92, 70193 Stuttgart
Bayern, Landesvorsitzende Marianne Wenninger, Hauenstetter Str. 8, 86343 Königsbrunn
Hamburg, Landesvorsitzender Günter Niehuus, Krochmannstr. 20, 22299 Hamburg
Nordrhein-Westfalen, Landesvorsitzende Jutta Deichmann, Johaniskirchstr. 94, 45329 Essen
Schleswig-Holstein, Landesvorsitzender Hans-Christian Damerow, Mohrweg 1, 24855 Sieverstedt

• S 760

Vereinigung beratender Betriebs- u. Volkswirte e.V. (VBV)

Holstenstr. 15, 25335 Elmshorn
T: (04121) 2 52 52 **Fax:** 2 58 67
Internet: http://www.vbv.de
E-Mail: 0412125252-0001@t-online.de
Vorsitzende(r): Dr. Gunter Riechey
Stellvertretende(r) Vorsitzende(r): Dipl.-Vw. Wolfram Müller

• S 761

Evangelische Akademien in Deutschland e.V.

Geschäftsstelle
Akademieweg 11, 73087 Bad Boll
T: (07164) 79-203, 79-248 **Fax:** 79-410
Internet: http://www.ekd.de/akademien/welcome.html
E-Mail: 100120.1275@compuserve.com
Gründung: 1947
Vorsitzende(r): Dr. Rolf Hanusch (Ev. Akademie zu Berlin, Charlottenstr. 53/54, 10117 Berlin)
Generalsekretär(in): Dr. Franz Grubauer
Geschäftsführer(in): Dr. Wolfgang Beer
Mitglieder: Evangelische Akademien

Mitglieder

s 762

Evangelische Akademie Arnoldshain

T: (06084) 9 44-0 **Fax:** 9 44-1 38
Internet: http://www.evangelische-akademie.de
E-Mail: office@evangelische-akademie.de
Akademiedirektor: Dr. Hermann Düringer
Geschäftsführer(in): Ulrich Täuber

s 763

Evangelische Akademie Bad Boll

Akademieweg 11, 73087 Bad Boll
T: (07164) 79-0 **Fax:** 79-4 40
Internet: http://www.ev-akademie-boll.de
E-Mail: post@ev-akademie-boll.de
Direktor(in): Jo Krummacher (geschäftsführender Direktor)
Godlind Bigalke
Albrecht Daur
Geschäftsführer(in): Volker Rendler-Bernhardt

Kirchliche und gesellschaftspolitische Jugend- und Erwachsenenbildung.

s 764

Evangelische Akademie Baden

Postf. 22 69, 76010 Karlsruhe
Blumenstr. 1, 76133 Karlsruhe
T: (0721) 91 75-358 **Fax:** 91 75-350
Internet: http://www.ev-akademie-baden.de
E-Mail: info@ev.akademie-baden.de
Gründung: 1947
Geschf. Akademiedirektor: Dr. Ullrich Lochmann
Pressereferent: Ralf Stieber

s 765

Evangelische Akademie zu Berlin

Charlottenstr. 53-54, 10117 Berlin
T: (030) 20 35 55 00 **Fax:** 2 03 55-550
Internet: http://www.eaberlin.de
E-Mail: akademie@eaberlin.de
Akademiedirektor: Dr. Rolf Hanusch
Geschäftsführer(in): Ralf Eilers

s 766

Evangelische Akademie Görlitz

Schlaurother Str. 11, 02827 Görlitz
T: (03581) 74 42 55 **Fax:** 74 42 99
Geschäftsführer(in): Dr. Hans-Wilhelm Pietz

s 767

Evangelische Akademie Kurhessen-Waldeck

Schlößchen Schönburg, 34369 Hofgeismar
T: (05671) 8 81-0 **Fax:** 8 81-1 54
Internet: http://ekkw.de/akademie.hofgeismar
E-Mail: ev.akademie.hofgeismar@ekkw.de
Direktor(in): Dr. Matthias Viertel
Christa Joedt
Geschäftsführer(in): Anne Petrosson

s 768

Evangelische Akademie Iserlohn

Institut für Kirche u. Gesellschaft
Berliner Platz 12, 58638 Iserlohn
T: (02371) 3 52-0 **Fax:** 3 52-169
E-Mail: akademie@kircheundgesellschaft.de
Direktor(in): Prof. Dr. Günter Ebbrecht
Geschäftsführer(in): Ulrich Schneider

s 769

Evangelische Akademie Loccum

T: (05766) 81-0 **Fax:** 81-1 88
Internet: http://www.loccum.de
E-Mail: eal@evlka.de
Akademiedirektor: Dr. Fritz Erich Anhelm
Studienleiter: Dr. Jörg Calließ

s 770

Evangelische Akademie Mecklenburg-Vorpommern

Am Ziegenmarkt 4, 18055 Rostock
T: (0381) 2 52 24-30 **Fax:** 2 52 24-59
Internet: http://www.evakad-mv.de
E-Mail: info@evakad-mv.de
Leitung: Dr. Fred Mahlburg

s 771

Evangelische Akademie Mülheim/Ruhr

Uhlenhorstweg 29, 45479 Mülheim
T: (0208) 5 99 06-0 **Fax:** 5 99 06-600
Internet: http://www.ekir.de/akademie.htm
E-Mail: evakademie.mh@t-online.de
Leitung: Klaus Heienbrock
Dr. Wolf-Dieter Just

s 772

Evangelische Akademie Nordelbien

Marienstr. 31, 23795 Bad Segeberg
T: (04551) 80 09-0 **Fax:** 80 09-50
E-Mail: ev-akademie-badsegeberg@kirnet.de
Leitung: Wolfgang Teichert
Heinke Heesch

s 773

Ev. Akademie Nordelbien Tagungsstätte Hamburg

Esplanade 15-16, 20354 Hamburg
T: (040) 35 50 56-0 **Fax:** 35 50 56-16
E-Mail: ev-akademie-hamburg@kirnet.de
Leitung: Wolfgang Teichert
Leitung: Heinke Heesch

s 774

Evangelische Akademie der ev.-luth. Kirche in Oldenburg

T: (04402) 92 84-0 **Fax:** 8 21 38
Leitung: Dieter Qualmann
Geschäftsführer(in): Waltraud Willeke

s 775

Evangelische Akademie Pfalz

Domplatz 5, 67346 Speyer
T: (06232) 60 20-0 **Fax:** 2 53 07
Leitung: Volker Hörner

s 776

Evangelische Akademie Sachsen-Anhalt e.V.

Schloßstr. 1d, 06886 Lutherstadt Wittenberg
T: (03491) 49 88-0 **Fax:** 40 07 06
Internet: http://home.t-online.de/home/0349149880
E-Mail: 0349149880@t-online.de
Geschäftsführer(in): Silke Kotzsch

s 777

Evangelische Akademie Meißen

Freiheit 16, 01662 Meißen
T: (03521) 47 06-0 **Fax:** 47 06-99
Internet: http://www.meiland.de/ev-akademie-meissen
E-Mail: ev-akademie-meissen@t-online.de
Leitung: Peter Vogel
Geschäftsführer(in): Grita Reim

s 778

Evangelische Akademie Thüringen

Zinzendorfhaus, 99192 Neudietendorf
T: (036202) 9 84-0 **Fax:** 9 84-22
E-Mail: ev-akademie-thuer@t-online.de
Leitung: Thomas Seidel
Geschäftsführer(in): Monika Gräf (f. Akademie)
Cornelia Schreiber (f. Zinzendorfhaus)

s 779

Evangelische Akademie Tutzing

Schloßstr. 2-4, 82327 Tutzing
T: (08158) 2 51-0 **Fax:** 2 51-1 33
Internet: http://www.ev-akademie-tutzing.de
E-Mail: info@ev-akademie-tutzing.de
Akademiedirektor: Dr. Friedemann Greiner
Stellv. Akademiedirektor: Dr. Christoph Meier
Geschäftsführer(in): Martin Kurz

• S 780

Bund der Diplom-Inhaber der Verwaltungs- und Wirtschafts-Akademien-Bundesverband e.V. (BDIVWA)

Bundesgeschäftsstelle:
Von-Bar-Str. 16, 37075 Göttingen
T: (0551) 4 39 50 **Fax:** 5 94 25
Vorsitzende(r): Alois Schwarzfischer (Bergäcker Weg 1, 93149 Nittenau-Bodenstein, T: (0941) 79 65-142, 7 95 92-52 (d))
Stellvertretende(r) Vorsitzende(r): Hans-Dieter Metternich (Markenbildchenweg 32, 56068 Koblenz)
Werner Finke (Alsweder Str. 16, 32312 Lübbecke, T: (0521) 51 20 81 (d))
Bundesgeschäftsführerin: Ursula Lüdemann (Am Teimenort 12, 44894 Bochum, T: (0172) 2 83 97 81 (Funk))
Bundesschatzmeisterin: Ilse Göhmann (v.-Bar-Str. 16, 37075 Göttingen)
Pressereferent: Max-Udo Quiske (Kirchstr. 8, 47918 Tönisvorst, T: (02151) 82 26 20 (d))
Verbandszeitschrift: Akademie

Redaktion: Prof.Dr. Helmut Brede
Verlag: Schürmann & Klagges, Postf. 102370, 44723 Bochum

• **S 781**

CA Controller Akademie AG
Postf. 11 68, 82116 Gauting
Leutstettener Str. 2, 82131 Gauting
T: (089) 89 31 34-0 **Fax:** 89 31 34 25
Internet: http://www.controllerakademie.de
E-Mail: akademie@controllerakademie.de
Gründung: 1972 (21. Oktober)
Gründer: Dipl.-Kfm. Dr. Albrecht Deyhle
Vorstand: RA Conrad Günther
Dipl.-Volkswirt Dr. Martin Hauser
Mitarbeiter: 28

• **S 782**

Controller Verein e.V.
Postf. 11 68, 82116 Gauting
Leutstettener Str. 2, 82131 Gauting
T: (089) 89 31 34 20 **Fax:** 89 31 34 31
Internet: http://www.controllerverein.de
E-Mail: verein@controllerverein.de
Gründung: 1975 (Februar)
Vorstand: Dr. Wolfgang Berger-Vogel (Vorstandmitglied, Österr. Brau AG, Poschacherstr. 35, A-4020 Linz, T: (0043732) 69 79-5 55)
Beat Steigmeier (Mock, Steigmeier & Partner AG, Unternehmensberatung, Lindenstr. 22, CH-8034 Zürich, T: (00411) 3 87 40 20)
Dipl.-Wirtsch.-Ing. Manfred Remmel (Vorstandsvorsitzender RWE Energie AG, Opernplatz 1, 45128 Essen, T: (0201) 1 22 10 00)
2. Vorsitzende(r): Dipl.-Wirtsch.-Ing. Ragnar Nilsson (Direktor, Karstadt AG, Theodor-Althoff-Str. 2, 45133 Essen, T: (0201) 7 27-45 01)
Geschäftsführer(in): RA Conrad Günther (Controller Akademie, Leutstettener Str. 2, 82131 Gauting, T: (089) 89 31 34 19)
Leitung Presseabteilung: Hans-Peter Sander
Verbandszeitschrift: Controller magazin
Redaktion: Verlag für ControllingWissen AG
Verlag: Münchner Str. 6, 82237 Wörthsee
Mitglieder: 2700

• **S 783**

Bundesverband Zeitarbeit Personal-Dienstleistungen e.V. (BZA)
Prinz-Albert-Str. 73, 53113 Bonn
T: (0228) 7 66 12-0 **Fax:** 7 66 12-26
Internet: http://www.bza.de
E-Mail: info-bza@t-online.de
Präsident(in): RA Ernst Vollbracht
Geschäftsf. Präsidialmitgl.: RA Gert Denkhaus
Leitung Presseabteilung: Markus Saga

• **S 784**

Bundesverband Personalvermittlung e.V. (BPV)
Prinz-Albert-Str. 73, 53113 Bonn
T: (0228) 63 00 78 **Fax:** 7 66 12 26
Gründung: 1994 (03. März)
Vorsitzende(r): Diethelm Bender
Stellvertretende(r) Vorsitzende(r): Anke Peiniger
Geschäftsführer(in): RA Gert Denkhaus
Mitglieder: 679 Büros

• **S 785**

Verband Deutscher Honorarberater
Kapellenbruch 225, 41372 Niederkrüchten
T: (02163) 8 07 28 **Fax:** 8 30 82
Vorstand: Karlheinz Ihl

• **S 786**

Bundesverband Business Center e.V.
Postanschrift: Eichenkampstr. 13, 58135 Hagen
Billstr. 28, 20539 Hamburg
T: (0180) 5 25 51-92 **Fax:** 5 25 51-93
Internet: http://www.buero-service.de
Gründung: 1984
Vorsitzende(r): Bram Eldering
Schriftführer(in): Petra Hevemeyer
Schatzmeisterin: Cornelia Weber
Verbandszeitschrift: Präsenz
Redaktion: Cornelia Weber
Verlag: Bundesgeschäftsstelle
Mitglieder: 98 Betriebe

Architekten, Ingenieure, Chemiker, Designer, Technische Sachverständige, Lotsen, Wissenschaftler u.a.

• **S 787**

Bundesarchitektenkammer (Bundesgemeinschaft der Architektenkammern, Körperschaften des öffentlichen Rechts) e.V.
Postf. 61 03 28, 10925 Berlin
Askanischer Platz 4, 10963 Berlin
T: (030) 26 39 44-0 **Fax:** 26 39 44-90
Internet: http://www.bak.de
E-Mail: info@bak.de
Präsident(in): Dipl.-Ing. Peter Conradi
Vizepräsident(in): Dipl.-Ing. Alfred Schlüter
Prof. Dipl.-Des. Hans Rollmann
Dipl.-Ing. Winfried Sziegoleit
BGeschF: Dr. Christoph Münzer
Justitiar: RA Thomas Maibaum
Ref. Öffentlichkeitsarbeit: Dipl.-Komm. Wirtin Susanne Boehncke
Verbandszeitschrift: Deutsches Architektenblatt (DAB)
Verlag: Forum Verlag, Schrempfstr. 8, 70597 Stuttgart, T: (0711) 7 67 27 16 oder -17, Fax: 7 67 27 28, E-Mail: info@forumverlag.de, I-Net: forumverlag.de
Mitglieder: 16

Die Bundesarchitektenkammer ist die Dachorganisation von 16 Architektenkammern. Sie koordiniert die berufspolitische Arbeit auf Bundes- und Europaebene. Die Bundesarchitektenkammer repräsentiert z. Zt. ca. 102.500 freischaffende, angestellte, beamtete und gewerblich tätige Architekten aller Fachrichtungen.

Baden-Württemberg

• **S 788**

Architektenkammer Baden-Württemberg
Danneckerstr. 54, 70182 Stuttgart
T: (0711) 21 96-0 **Fax:** 2 19 61 03
Gründung: 1958
Präsident(in): Dipl.-Ing. Wolfgang Riehle
Geschäftsführer(in): Just. RA Alfred Morlock
Mitglieder: 17500

Bayern

• **S 789**

Bayerische Architektenkammer
Waisenhausstr. 4, 80637 München
T: (089) 13 98 80-0 **Fax:** 13 98 80-99
Gründung: 1971 (1. Januar)
Präsident(in): Prof. Dipl.-Ing. Peter Kaup
Hauptgeschäftsführer(in): Ass. Wolfgang Pöschl
Verbandszeitschrift: Deutsches Architektenblatt Regionalteil Bayern
Verlag: Forum Verlag GmbH, 70597 Stuttgart
Mitglieder: 16500

Berlin

• **S 790**

Architektenkammer Berlin
Karl-Marx-Allee 78, 10243 Berlin
T: (030) 2 93 30 70 **Fax:** 29 33 07 16
Internet: http://www.AK-Berlin.BauNetz.de
E-Mail: ak-Berlin@BauNetz.de
Präsident(in): Dipl.-Ing. Cornelius Hertling
Geschäftsführer(in): Dipl.-Ing. Ingrid Kuldschun
Justitiar: RA Jürgen Becker
Mitglieder: 6500

Brandenburg

• **S 791**

Brandenburgische Architektenkammer
Landesgeschäftsstelle
Kurfürstenstr. 52, 14467 Potsdam
T: (0331) 2 75 91-0 **Fax:** 29 40 11
E-Mail: bbgak@T-online.de
Präsident(in): Prof. Dr.-Ing. Hans-Georg Vollmar
Geschäftsführer(in): Dipl.-Ing. Hans-Gert Wilbricht
Mitglieder: 1109

Freie Hansestadt Bremen

• **S 792**

Architektenkammer der Freien Hansestadt Bremen
Geeren 41-43, 28195 Bremen
T: (0421) 17 00 07 **Fax:** 30 26 92
Präsident(in): Dipl.-Ing. Wilfried Turk
Geschäftsführer(in): Dipl.-Verwaltungsw. Ralf Körtge
Justitiar: RA Dr. Günter Wagner (T: (0421) 33 58 10)
Mitglieder: 1000

Hamburg

• **S 793**

Hamburgische Architektenkammer
Grindelhof 40, 20146 Hamburg
T: (040) 44 18 41-0 **Fax:** 44 18 41-44
Präsident(in): Dipl.-Ing. Konstantin Kleffel
Geschäftsführer(in): Dr. Ullrich Schwarz
Justitiar: RA Dr. Holger Matuschak
Mitglieder: 2975 Architekten

Hessen

• **S 794**

Architektenkammer Hessen
Mainzer Str. 10, 65185 Wiesbaden
T: (0611) 1 73 80 **Fax:** 17 38 40
Internet: http://www.akh.de
E-Mail: info@akh.de
Gründung: 1969 (1. Januar)
Präsident(in): Prof. Gerhard Bremmer
Hauptgeschäftsführer(in): RA'in Dr.jur. Evelin Portz
Geschäftsführer(in): Architekt Dipl.-Ing. Wolfgang Haack
Leitung Presseabteilung: Paul-Gerhard Lichtenthäler
Verbandszeitschrift: Deutsches Architektenblatt
Redaktion: Regionalteil Hessen
Verlag: Forum Verlag, Schrempfstr. 8, 70597 Stuttgart
Mitglieder: 10000
Mitarbeiter: 29

Mecklenburg-Vorpommern

• **S 795**

ARCHITEKTENKAMMER
Mecklenburg-Vorpommern
Körperschaft des öffentlichen Rechts

Architektenkammer Mecklenburg-Vorpommern
Karl-Marx-Str. 32, 19055 Schwerin
T: (0385) 5 90 79-0 **Fax:** 5 90 79-30
E-Mail: ak-mv@t-online.de
Gründung: 1991 (25. Mai)
Präsident(in): Dipl.-Ing. Joachim Brenncke
Vizepräsident(in): Dipl.-Ing. Christiane Falck-Steffens
Dipl.-Ing. Jörg Frank (FH)
Geschäftsführer(in): Dr.-Ing. Frank Horn
Mitglieder: 1172 (Stand: 31.12.99)
Mitarbeiter: 4

Niedersachsen

• **S 796**

Architektenkammer Niedersachsen
Körperschaft des öffentlichen Rechts
Laveshaus
Friedrichswall 5, 30159 Hannover
T: (0511) 2 80 96-0 **Fax:** 2 80 96 19
Internet: http://www.aknds.de
E-Mail: info@aknds.de
Präsident(in): Dipl.-Ing. Peter Stahrenberg
Geschäftsführer(in): Prof. Eike Schlömilch
Mitglieder: 9300 Architekten

Nordrhein-Westfalen

• S 797

Architektenkammer Nordrhein-Westfalen
Postf. 32 01 28, 40416 Düsseldorf
Inselstr. 27, 40479 Düsseldorf
T: (0211) 49 67-0 **Fax:** 4 91 14 75
Internet: http://www.aknw.de
E-Mail: Info@aknw.de
Präsident(in): Dipl.-Ing. Hermannjosef Beu
Hauptgeschäftsführer(in): Dipl.-Ing. Hans-Ulrich Ruf
Geschäftsführer(in): Ass. Joachim Hoffmüller
Leitung Presseabteilung: Dipl.-Journ. Christof Rose
Verbandszeitschrift: Deutsches Architekenblatt - Regionalteil NRW
Mitglieder: 27000 (Stand: Januar 2000)

Rheinland-Pfalz

• S 798
Architektenkammer Rheinland-Pfalz
Postf. 11 50, 55001 Mainz
Hindenburgplatz 2-6, 55118 Mainz
T: (06131) 99 60-0 **Fax:** 61 49 26
Internet: http://www.architekten-rheinland-pfalz.de
E-Mail: lgs@akrp.de
Präsident(in): Architekt Günther Franz
Hauptgeschäftsführer(in): Dr. rer. pol. Michael E. Coridaß
Justitiar: RA Valentin Fett
Mitglieder: 4300

Saarland

• S 799
Architektenkammer des Saarlandes
Neumarkt 11, 66117 Saarbrücken
T: (0681) 5 43 43 **Fax:** 58 36 68
Präsident(in): Prof. Dipl.-Des. Hans Rollmann
Geschäftsführer(in): Rainer Christ
Justitiar: RA Herbert Beigel
Mitglieder: 820 Architekten

Sachsen

• S 800
Architektenkammer Sachsen
HAUS DER ARCHITEKTEN
Goetheallee 37, 01309 Dresden
T: (0351) 3 11 12 75, 3 10 53 01 **Fax:** 3 11 12 86
Internet: http://www.AKSachsen.org
E-Mail: dresden@AKSachsen.de
Präsident(in): Dr.-Ing. Volker Benedix
Geschäftsführer(in): Dipl.-Ing. Olaf Doehler
Mitglieder: 2950

Sachsen-Anhalt

• S 801
Architektenkammer Sachsen-Anhalt
Fürstenwall 3, 39104 Magdeburg
T: (0391) 5 61 92 97 **Fax:** 5 61 92 96
Präsident(in): Prof. Ralf Niebergall
Geschäftsführer(in): Petra Heise
Mitglieder: 1000

Schleswig-Holstein

• S 802
Architekten- und Ingenieurkammer Schleswig-Holstein
Düsternbrooker Weg 71, 24105 Kiel
T: (0431) 5 79 61 66
Präsident(in): Dipl.-Ing. Uwe Ferdinand
Geschäftsführende(s) Vorstands-Mitglied(er): Dr. Klaus Alberts
Mitglieder: 2529

Thüringen

• S 803
Architektenkammer Thüringen
Bahnhofstr. 39, 99084 Erfurt
T: (0361) 21 05 00 **Fax:** 2 10 50 50
Internet: http://www.architekten-thueringen.org
E-Mail: info@architekten-thueringen.org
Gründung: 1991 (März)
Präsident(in): Dipl.-Ing. Hartmut Strube
Geschäftsführer(in): Michael Beier
Verbandszeitschrift: Deutsches Architektenblatt
Verlag: Forum Verlag, Schrempfstr. 8, 70597 Stuttgart
Mitglieder: 1710
Mitarbeiter: 5

• S 804
Bund Deutscher Architekten BDA
Bundessekretariat
Köpenicker Str. 48/49, 10179 Berlin
T: (030) 2 78 79 90 **Fax:** 27 87 99 15
Internet: http://www.architekten-bda.de
E-Mail: bda@baunetz.de
Gründung: 1903
Präsident(in): Dipl.-Ing. Heinrich Pfeffer (Friesenstr. 50, 50670 Köln, T:(0221) 9 12 66 00, Fax: 91 26 60 33, E-Mail: pfefferarch@baunetz.de)
Bundesgeschäftsführer(in): Dipl.-Volksw. Carl Steckeweh
Stellvertretende Bundesgeschäftsführerin: Nicolette Baumeister
Verbandszeitschrift: "Der Architekt"
Redaktion: Andreas Denk, Alice Sarosi-Schönmetz
Verlag: Rudolf Müller Verlag, Stolberger Str. 84, 50933 Köln
Mitglieder: ca. 4550 freiberufl. Architekten

Landesverbände

Baden-Württemberg

s 805
Bund Deutscher Architekten BDA Landesverband Baden-Württemberg e.V.
Zellerstr. 82, 70180 Stuttgart
T: (0711) 6 40 40 39 **Fax:** 60 29 50
Vorsitzende(r): Prof. Dipl.-Ing. Rainer Zinsmeister (Schönbergstr. 29 A, 70599 Stuttgart, T: (0711) 4 79 38 85, Fax: 4 79 26 81)
Geschäftsführer(in): Lo Hammer-Gann

Bayern

s 806
Bund Deutscher Architekten BDA in Bayern e.V.
Blutenburgstr. 88, 80636 München
T: (089) 18 60 61 **Fax:** 18 41 48
Vorsitzende(r): Dipl.-Ing. J. P. Meier-Scupin (Gabelsbergerstr. 85, 80333 München, T: (089) 5 42 64 30, Fax: 5 42 84 37, E-Mail: msp85@aol.com)
Geschäftsführer(in): Christa Weissenfeldt

Berlin

s 807
Bund Deutscher Architekten BDA Berlin e.V.
Mommsenstr. 64, 10629 Berlin
T: (030) 88 68 32 06 **Fax:** 88 68 32 16
Vorsitzende(r): Prof. Dipl.-Ing. Rainer W. Ernst (Mommsenstr. 6, 10629 Berlin, T: (030) 88 03 29 50, Fax: 88 03 29 59)
Geschäftsführer(in): Petra Zillich

Brandenburg

s 808
Bund Deutscher Architekten BDA Landesverband Brandenburg e.V.
Kurfürstenstr. 52, 14467 Potsdam
T: (0331) 2 70 27 07 **Fax:** 2 70 27 07
Vorsitzende(r): Dipl.-Ing. Hans Albeshausen (Logenstr. 13a, 15230 Frankfurt/Oder, T: (0335) 50 08 01 07, Fax: 50 08 01 13, E-Mail: albeshausen-haensel@t-online.de)
Geschäftsstelle: Monika Mehlhorn-Puff

Bremen

s 809
Bund Deutscher Architekten BDA im Lande Bremen e.V.
Altenwall 7/8, 28195 Bremen
T: (0421) 32 54 76 **Fax:** 32 13 78
Vorsitzende(r): Dipl.-Ing. Thomas Klumpp (Schlachte 21, 28195 Bremen, T: (0421) 17 17 22, Telefax: (0421) 17 17 91)
Justitiar: RA Dr. Eberhard Groscurth

Hamburg

s 810
Bund Deutscher Architekten BDA der Hansestadt Hamburg e.V.
Architektur Centrum
Stephansplatz 5, 20354 Hamburg
T: (040) 4 13 33 10 **Fax:** 41 33 31 23
E-Mail: bda-hamburg@t-online.de
Vorsitzende(r): Dipl.-Ing. Alexandra Czerner (Bei der Johanniskirche 3, 22767 Hamburg, T: (040) 4 31 38 30, Fax: 43 13 83 11)
Geschäftsführer(in): Dipl.-Ing. Volker Roscher

Hessen

s 811
Bund Deutscher Architekten BDA im Lande Hessen e.V.
Braubachstr. 12, 60311 Frankfurt
T: (069) 28 31 56 **Fax:** 28 91 18
Vorsitzende(r): Dipl.-Ing. Jürgen Engel (Hanauer Landstr. 287-289, 60314 Frankfurt, T: (069) 9 44 39 40, Telefax: (069) 44 99 61)
Geschäftsführer(in): Dr. Manuel Cuadra

Mecklenburg-Vorpommern

s 812
Bund Deutscher Architekten BDA Landesverband Mecklenburg-Vorpommern e.V.
Wokrenterstr. 40, 18055 Rostock
T: (0381) 4 59 08 64 **Fax:** 4 59 08 63
Vorsitzende(r): Dipl.-Ing. Jürgen Putzger (Charles-Darwin-Ring 2, 18059 Rostock, T: (0381) 44 50 69, Telefax: (0381) 44 81 79)

Niedersachsen

s 813
Bund Deutscher Architekten BDA in Niedersachsen e.V.
Alleehof 4, 30167 Hannover
T: (0511) 7 01 03 28 **Fax:** 7 01 11 44
Vorsitzende(r): Dipl.-Ing. Wolfgang Schneider (Wilh.-Busch-Str. 12, 30167 Hannover, T: (0511) 7 01 14 43, Fax: 7 00 03 88)

Nordrhein-Westfalen

s 814
Bund Deutscher Architekten BDA Landesverband Nordrhein-Westfalen e.V.
Marktplatz 10, 40213 Düsseldorf
T: (0211) 32 88 49 **Fax:** 32 59 51
Vorsitzende(r): Dipl.-Ing. Heinrich Pfeffer (Friesenstr. 20, 50670 Köln, T: (0221) 9 12 66 00, Telefax: (0221) 91 26 60 33)
Geschäftsführer(in): Dr. Uta Joeressen

Rheinland-Pfalz

s 815
Bund Deutscher Architekten BDA Landesverband Rheinland-Pfalz e.V.
Im Glockenschall 19, 56235 Ransbach-Baumbach
T: (02623) 40 71 **Fax:** 40 99
Vorsitzende(r): Prof. Dipl.-Ing. Horst Ermel (Fischerstr. 11, 67655 Kaiserslautern, T: (0631) 36 23 20, Telefax: (0631) 6 49 11)
Geschäftsführer(in): Dipl.-Ing. Stefan Musil

Saarland

s 816

Bund Deutscher Architekten BDA
Landesverband Saarland e.V.
Nell-Breuning-Allee 8, 66115 Saarbrücken
T: (0681) 9 92 63-0 **Fax:** 9 92 63-25
Vorsitzende(r): Dipl.-Ing. Wolfgang Lorch (Dolomitenweg 19, 66119 Saarbrücken, T: (0681) 92 65 50, Fax: 9 26 55 95)
Geschäftsführer(in): Dipl.-Ing. Henning Freese

Sachsen

s 817

Bund Deutscher Architekten BDA
Landesverband Sachsen e.V.
Karl-Liebknecht-Str. 19, 09111 Chemnitz
T: (0371) 41 56 64 **Fax:** 4 66 95 13
Vorsitzende(r): Dr.phil. Dipl.-Arch. Karl-Heinz Barth (Karl-Liebknecht-Str. 19, 09111 Chemnitz, T: (0371) 41 56 64, Telefax: (0371) 4 66 95 13)

Sachsen-Anhalt

s 818

Bund Deutscher Architekten BDA
Landesverband Sachsen-Anhalt e.V.
Fürstenwall 3, 39104 Magdeburg
T: (0391) 5 61 75 96 **Fax:** 5 61 75 96
Vorsitzende(r): Dipl.-Ing. Peter Schube (Mozartstr. 5, 39106 Magdeburg, T: (0391) 56 80 00, Telefax: (0391) 5 68 00 37)
Geschäftsführer(in): Marlies Hoff

Schleswig-Holstein

s 819

Bund Deutscher Architekten BDA
Landesverband Schleswig-Holstein e.V.
Herderstr. 2, 24116 Kiel
T: (0431) 55 45 77 **Fax:** 5 16 65
Vorsitzende(r): Prof. Dr.-Ing. Jörg Werner (Hafenstr. 2 a, 24226 Heikendorf, T: (0431) 24 39 69, Telefax: (0431) 5 90 04-10)

Thüringen

s 820

Bund Deutscher Architekten BDA
Landesverband Thüringen e.V.
Bahnhofstr. 39, 99084 Erfurt
T: (0361) 5 61 73 83 **Fax:** 5 61 73 83
Vorsitzende(r): Dipl.-Ing. Ulrich Junk (Nordstr. 21, 99427 Weimar, T: (03643) 4 82 00, Telefax: (03643) 48 20 20)
Geschäftsstelle: Heike Schieke

• S 821

Verband Deutscher Architekten e.V. (VDA)
Bundesgeschäftsstelle
Edelsbergstr. 8, 80686 München
T: (089) 57 00 7-0 **Fax:** 57 00 72 60
E-Mail: verband@t-online.de
Gründung: 1972
Präsident(in): Dipl.-Ing. Architekt Günter Schmitt-Bosslet (Hofstattstr. 14, 86919 Utting)
Hauptgeschäftsführer(in): UMU-UFB Geschäftsführungs GmbH (Edelsbergstr. 8, 80686 München)
Mitglieder: 3100
Mitarbeiter: 4

Landesverbände

s 822

Verband Deutscher Architekten
Landeskammergruppe Baden-Württemberg
Schillerweg 12, 76547 Sinzheim
Vorsitzende(r): Dipl.-Ing. (FH) Alexander Huck

s 823

Verband Deutscher Architekten
Landeskammergruppe Bayern
Staudenfeldweg 12, 83624 Otterfing
T: (08024) 9 13 85
Vorsitzende(r): Architekt Dipl.-Ing. Gerhard Zach

s 824

Verband Deutscher Architekten
Landeskammergruppe Berlin
Motzener Str. 5, 12277 Berlin
T: (030) 72 32 01 83 **Fax:** 7 22 60 09
Vorsitzende(r): Dipl.-Ing. Günter Nossinske

s 825

Verband Deutscher Architekten
Landeskammergruppe Hamburg
Duisburger Str. 218, 22419 Hamburg
Vorsitzende(r): Architekt Horst Alisch

s 826

Verband Deutscher Architekten
Landeskammergruppe Nordrhein-Westfalen
Pappelweg 13, 50126 Bergheim
T: (02271) 4 26 84
Vorsitzende(r): Dipl.-Ing. Wilfried Kopitzke

s 827

Verband Deutscher Architekten
Landeskammergruppe Rheinland-Pfalz
Büngertsweg 58, 56070 Koblenz
T: (0261) 8 46 86 **Fax:** 80 37 62
Vorsitzende(r): Dipl.-Ing. (FH) Rolf Jahner

s 828

Verband Deutscher Architekten
Landeskammergruppe Sachsen
Plattleite 15, 01324 Dresden
T: (0351) 2 68 64 24
Vorsitzende(r): Prof. Gerhard Guder

• S 829

Vereinigung Freischaffender Architekten Deutschlands e.V. - VFA -
Bundesgeschäftsstelle
Oxfordstr. 20-22, 53111 Bonn
T: (0228) 63 15 68 **Fax:** 63 46 16
Gründung: 1958
Präsident(in): Dipl.-Ing. M. Irmscher
Vizepräsident(in): Dipl.-Ing. L. Grübe
Geschäftsführer(in): Astrid Schobries-Wilhelm
Presseabteilung: Christoph Koch (Publicom, Muffendorfer Hauptstr. 39, 53177 Bonn, T: (0228) 9 53 48 48, Telefax: (0228) 9 53 48 20)
Verbandszeitschrift: DBZ (VFA-press), VFA-Profil
Verlag: Bertelsmann Fachzeitschriften GmbH, Postf. 1 20, 33311 Gütersloh; Bauzeitschriften Verlags-GmbH, Stolberger Str. 84, 50933 Köln
Mitglieder: 1400

Landesgruppen

s 830

Vereinigung Freischaffender Architekten Deutschlands e.V.
Landesgruppe Baden-Württemberg
Kniebisstr. 25, 71254 Ditzingen
T: (07156) 3 93 33 **Fax:** 3 91 46
Vorsitzende(r): Dipl.-Ing. Norbert Beier-Xanke (T: (0721) 20 52 53, Fax: 9 20 35 60)
LandesGeschF: Dipl.-Ing. Bernhard Seitter

s 831

Vereinigung Freischaffender Architekten Deutschlands e.V.
Landesgruppe Bayern
Nachtigalstr. 29, 80638 München
T: (089) 7 73 85 **Fax:** 17 71 53
Vorsitzende(r): Dipl.-Ing. Lutz Heese (T: (089) 9 22 00 40, Telefax: (089) 92 20 04 10)
Landesgeschäftsführer: Dipl.-Ing. Peter Poppitz

s 832

Vereinigung Freischaffender Architekten Deutschlands e.V.
Landesgruppe Berlin-Brandenburg
Geschäftsstelle:
Dominicusstr. 38, 10827 Berlin
T: (030) 7 82 35 40 **Fax:** 7 82 84 65
Vorsitzende(r): Dipl.-Ing. Jürgen Schulz
LandesGeschF: Dipl.-Ing. Dieter Bormann

s 833

Vereinigung Freischaffender Architekten Deutschlands e.V.
Landesgruppe Hessen
An der Hexeneiche 9, 63538 Großkrotzenburg
T: (06186) 79 50 **Fax:** 79 51
Vorsitzende(r): Dipl.-Ing. Helmut-Horst Schmidt (T: (06151) 37 23 23, Telefax: (06151) 37 54 34)
Geschäftsführer(in): Dipl.-Ing. Peter C. Meinhardt

s 834

Vereinigung Freischaffender Architekten Deutschlands e.V.
Landesgruppe Mecklenburg-Vorpommern
Gerhart-Hauptmann-Str. 12, 19053 Schwerin
T: (0385) 73 42 53 **Fax:** 71 30 75
Geschf. Vors: Dr.-Ing. Henry Männich

s 835

Vereinigung Freischaffender Architekten Deutschlands e.V.
Landesgruppe Niedersachsen
Maximilian-Kolbe-Str. 8, 49076 Osnabrück
T: (0541) 66 96 60 **Fax:** 6 69 66 68
Geschf. u. Vors.: Dipl.-Des. Ralf D. Hantschel

s 836

Vereinigung Freischaffender Architekten Deutschlands e.V.
Landesgruppe Nord
Boytinstr. 25, 22143 Hamburg
T: (040) 67 56 22-0 **Fax:** 6 77 68 83
Vorsitzende(r): Dipl.-Ing. Klaus Demtröder (Pfarrstr. 13, 22149 Hamburg, T: (040) 6 72 57 47, Fax: (040) 6 72 57 18)
Geschäftsführer(in): Dipl.-Ing. Horst Reincke

s 837

Vereinigung Freischaffender Architekten Deutschlands e.V.
Landesgruppe Nordrhein-Westfalen
Kipdorf 35, 42103 Wuppertal
T: (0202) 45 08 18 **Fax:** 45 07 17
Vorsitzende(r): Dr.-Ing. Christian Schramm (Albertstr. 36, 45894 Gelsenkirchen, T: (0209) 9 33 11 40, Fax: 39 03 78)
Geschäftsführer(in): Dipl.-Ing. Günter Schnur

s 838

Vereinigung Freischaffender Architekten Deutschlands e.V.
Landesgruppe Rheinland-Pfalz
Geschäftsstelle
Am Schützenhaus 5, 55743 Idar-Oberstein
T: (06781) 4 36 42 **Fax:** 4 27 20
Vorsitzende(r): Jörg Bill
Geschäftsführer(in): Helmut Bill

s 839

Vereinigung Freischaffender Architekten Deutschlands e.V.
Landesgruppe Sachsen
Schneeberger Str. 38, 08121 Weißbach
T: (037603) 82 97
Vorsitzende(r): Dipl.-Ing. Michael Gronemann
Geschäftsführer(in): Bau.-Ing. agr. Heinz Döhler

s 840

Vereinigung Freischaffender Architekten Deutschlands e.V.
Landesgruppe Thüringen
Goldbacher Str. 24a, 99867 Gotha
T: (03621) 8 50 26-0 **Fax:** 8 50 26-0
Vorsitzende(r): Dipl.-Ing. Roland Kummer
Geschäftsführer(in): Dipl.-Ing. Clemens Hahn

• S 841

Bund der Freunde und Förderer junger Architekten e.V. (BFF)
Kipdorf 35, 42103 Wuppertal
T: (0202) 45 08 18 **Fax:** 45 07 17
E-Mail: vfa.lg.nw@kdt.de
Gründung: 1986 (3. November)
Präsident(in): Dipl.-Ing. Günter Schnur, Wuppertal
Vizepräsident(in): Dipl.-Des. Ernst-Heribert Linke, Mönchengladbach
Dipl.-Ing. Holger W. Kruse, Lippstadt
Schatzmeister: Dipl.-Ing. Hans-Gerd Körfer, Mönchengladbach
Hauptgeschäftsführer(in): Dipl.-Ing. Christoph Kruppa, Aachen
Referat Recht: RA P.M. Kranzbühler, Wuppertal
Referat Steuern: Jochen Rudorf, Wuppertal

Referat Seminare u. Veranstaltungen: Dipl.-Ing. Karl-Heinz Friedrich, Dortmund
Referat EDV-Beratung: Dipl.-Ing. F. Hempel, Aachen
Verbandszeitschrift: praxis kontakt
Verlag: Eigenverlag

• S 842

Baugewerbliche Architekten und Ingenieure
Postf. 61 01 49, 30601 Hannover
Baumschulenallee 12, 30625 Hannover
T: (0511) 9 57 57-0 **Fax:** 9 57 57-40
Vorsitzende(r): Dipl.-Ing. Ralf Jünemann (Osterfeldstr. 1, 30890 Barsinghausen)
Geschäftsführer(in): RA Carsten Woll
Mitglieder: ca. 500

• S 843

Bund Deutscher Baumeister, Architekten und Ingenieure e.V. (BDB)
Willdenowstr. 6, 12203 Berlin
T: (030) 84 18 97-0 **Fax:** 84 18 97-22
Internet: http://www.baumeister-online.de
E-Mail: info@baumeister-online.de
Gründung: 1951 (Neugründung)
Internationaler Zusammenschluß: siehe unter izs 445
Präsident(in): Dipl.-Ing. Hans Georg Wagner (MdB, Architekt BDB, Zum Mühlenberg 6, 66571 Eppelborn, Fax: (06827) 36 11, Deutscher Bundestag, Luisenstr. 35, 10117 Berlin, T: (030) 2 27-7 38 33, Fax: 2 27-7 66 83)
Vizepräsident(in): Dr.-Ing. Wilfried Mollenhauer (Bauingenieur BDB, Stahnsdorfer Damm 63, 14532 Kleinmachnow, T: (033203) 2 41 85, Fax: 7 88 70)
Vizepräsident für Finanzen: Dipl.-Ing. (FH) Rudolf Miller (Architekt BDB, Mozartstraße 5, 86150 Augsburg, T: (0821) 51 40 78, Fax 5 02 74-22)
Präsidialmitgl.: Dipl.-Ing. Heidi Aschl (Beratende Ingenieurin BDB, Schöppingstraße 9, 81247 München, T: (089)8 11 23 13, Fax: 8 11 03 39)
Dipl.-Ing. Hartmut Miksch (Architekt BDB, Zimmerstraße 19, 40215 Düsseldorf, T: (0211) 31 20 77, Fax: 34 24 21)
Christoph Schild (Seestraße 159, 25469 Halstenbek, T: (04101) 29 36)
Dipl.-Ing. (FH) Helmut Zenker (Bauingenieur BDB, Frankenstr. 17, 79211 Denzlingen, T: (0761) 2 01 47 06 Fax: 2 01 46 99)
Ehrenpräs.: Dipl.-Ing. Heinz Kieselack (Baumeister BDB, Tönninger Weg 142, 22609 Hamburg, T: (040) 80 39 04)
Hauptgeschäftsführer(in): RA Peter S. Greiner
Leitung Presseabteilung: Dipl.-Volksw. Marianne LeGans
Verbandszeitschrift: deutsche bauzeitung
Verlag: Deutsche Verlags-Anstalt, Stuttgart
Mitglieder: 23000

Er vertritt die gesellschafts- und berufspolitischen Belange aller Architekten und Ingenieure des Bauwesens. Beteiligung bei der das Bauwesen und die Umweltgestaltung berührenden Gesetzgebung auf Bundes-, Landes-, kommunaler sowie auf internationaler Ebene.

Geschäftsstellen-Landesverbände

s 844

BDB-Landesverband Baden-Württemberg e.V.
LV-Geschäftsstelle:
Werastr. 33, 70190 Stuttgart
T: (0711) 24 08 97 **Fax:** 2 36 04 55
Vorsitzende(r): Dipl.-Ing. (FH) Karl Heinz Besemer

s 845

BDB-Landesverband Bayern
Mozartstr. 5 1/2, 86150 Augsburg
T: (0821) 51 40 78 **Fax:** 51 83 11
Vorsitzende(r): Dipl.-Ing. (FH) Rudolf Miller (Architekt BDB)

s 846

BDB-Landesverband Berlin
Nassauische Str. 15, 10717 Berlin
T: (030) 8 61 57 47 **Fax:** 86 42 21 40
Vorsitzende(r): Dipl.-Ing. Hugo Milsch

s 847

BDB-Landesverband Brandenburg
Stahnsdorfer Damm 63, 14532 Kleinmachnow
T: (033203) 2 41 85 **Fax:** 7 88 70
Vorsitzende(r): Dr. Wilfried Mollenhauer (Dipl.-Bauing., Dipl.-Agraring.)

s 848

BDB-Landesverband Bremen
Borgfelder Deich 17d, 28357 Bremen
T: (0421) 4 36 36 93 **Fax:** 25 55 14
E-Mail: triebold@STB-Bremen.de
Dipl.-Ing. Josten Triebold (Beratender Ingenieur BDB)

s 849

BDB-Landesverband Hamburg
Johnsallee 53, 20148 Hamburg
T: (040) 45 03 77 47, 45 03 77 48 **Fax:** 45 03 77 49
Vorsitzende(r): Dipl.-Arch. Mahmood Sairally

s 850

BDB-Landesverband Hessen
Wingertstr. 66, 63477 Maintal
T: (06181) 4 86 39 **Fax:** 4 86 29
Vorsitzende(r): Architekt Hans-Werner Fuss

s 851

BDB-Landesverband Mecklenburg/Vorpommern
Geschäftsstelle: Architekturbüro Uwe Wahrmann
Am Teufelsbruch 18, 17094 Burg Stargard
T: (0395) 5 58 14 56 **Fax:** 5 58 14 10
Dipl.-Ing. Uwe Wahrmann

s 852

BDB-Landesverband Niedersachsen
Gellertstr. 7, 30175 Hannover
T: (0511) 81 02 07 **Fax:** 81 08 63
Vorsitzende(r): Dipl.-Ing. Uve Kühl

s 853

BDB-Landesverband Nordrhein-Westfalen
Friedrich-Ebert-Str. 9, 40210 Düsseldorf
T: (0211) 36 31 71 **Fax:** 35 61 41
Internet: http://www.bdb-nrw.de
Vorsitzende(r): Dipl.-Ing. Hartmut Miksch
Landesgeschäftsführer: Reiner Stracke

s 854

BDB-Landesverband Rheinland-Pfalz
Burgunderstr. 4, 67598 Gundersheim
T: (06244) 90 50 91 **Fax:** 90 50 92
E-Mail: Ernst.Storzum@t-online.de
1. Vorsitzende(r): Dipl.-Ing. Ernst J. Storzum
Mitglieder: ca. 2000

s 855

BDB-Landesverband Saarland
Lehmkaulweg 29, 66119 Saarbrücken
T: (0681) 85 54 58
Vorsitzende(r): Dipl.-Ing. Hans-Georg Wagner (MdB)

s 856

BDB-Landesverband Sachsen
Steglichstr. 34, 01324 Dresden
T: (0351) 2 68 30 93 **Fax:** 2 68 30 93
Vorsitzende(r): Prof. Dr.-Ing. habil. Horst Peter Mosch

s 857

BDB-Landesverband Sachsen-Anhalt
Im Langen Feld 21, 06128 Halle
T: (0345) 4 78 72 26 **Fax:** 5 52 71 00
Vorsitzende(r): Dipl.-Ing. Horst Dieter Foerster

s 858

BDB-Landesverband Schleswig-Holstein
Semmelweisstr. 8, 24537 Neumünster
T: (04321) 95 34 76
Vorsitzende(r): Dipl.-Ing. Wolfgang Fehrs

s 859

BDB-Landesverband Thüringen
Uthmannstr. 9, 99867 Gotha
T: (03621) 21 41 24 **Fax:** 21 41 25
Vorsitzende(r): Dipl.-Ing. Klaus Exner

• S 860

Bund Deutscher LandschaftsArchitekten e.V. (BDLA)
Bundesgeschäftsstelle
Köpenicker Str. 48/-49, 10179 Berlin
T: (030) 27 87 15-0 **Fax:** 27 87 15-55
Internet: http://www.bdla.de
E-Mail: info@bdla.de
Internationaler Zusammenschluß: siehe unter izq 34
Präsident(in): Teja Trüper
Geschäftsführer(in): Ingeborg Paland

Landesgruppen

s 861

Bund Deutscher LandschaftsArchitekten Landesgruppe Baden-Württemberg
Gaisburgstr. 12 B, 70182 Stuttgart
T: (0711) 24 07 92 **Fax:** 24 11 39
Internet: http://www.bw.bdla.de
E-Mail: bw@bdla.de
Vorsitzende(r): Dipl.-Ing. Hubert Möhrle
Geschäftsführer(in): Dipl.-Ing. Jürgen Pfaff

s 862

Bund Deutscher LandschaftsArchitekten Landesgruppe Bayern
Prinz-Ludwig-Str. 27, 85354 Freising
T: (08161) 6 43 29 **Fax:** 2 19 76
Internet: http://www.bayern.bdla.de
E-Mail: bayern@bdla.de
Vorsitzende(r): Irene Burkhardt
Geschäftsführer(in): Dipl.-Ing. Ursula Schwertl

s 863

Bund Deutscher LandschaftsArchitekten Landesgruppe Berlin-Brandenburg
Tuchmacherstr. 48 B, 14482 Potsdam
T: (0331) 74 98 40 **Fax:** 7 49 84 99
Internet: http://www.bdla-bb.bdla.de
E-Mail: bdla-bb@bdla.de
Vorsitzende(r): Dipl.-Ing. Martin Seebauer
Geschäftsführer(in): Dipl.-Ing. Johannes Grothaus

s 864

Bund Deutscher LandschaftsArchitekten Landesgruppe Hamburg
c/o Büro Bielfeld und Berg
Virchowstr. 18, 22767 Hamburg
T: (040) 3 89 39 39 **Fax:** 3 89 39 00
Internet: http://www.hh.bdla.de
E-Mail: bdla-hh@bdla.de
Vorsitzende(r): N.N.
Geschäftsführer(in): Dipl.-Ing. Vera Kroog

s 865

Bund Deutscher LandschaftsArchitekten Landesgruppe Hessen
Schützenstr. 26, 65195 Wiesbaden
T: (0611) 40 63 55 **Fax:** 40 58 19
Internet: http://www.hessen.bdla.de
E-Mail: hessen@bdla.de
Vorsitzende(r): Dipl.-Ing. Rainer Mühlinghaus
Geschäftsführer(in): Ulrike Schneider

s 866

Bund Deutscher LandschaftsArchitekten Landesgruppe Mecklenburg-Vorpommern
c/o Büro S & D
Obotritenring 17, 19053 Schwerin
T: (0385) 7 60 14 50 **Fax:** 73 42 96
Vorsitzende(r): Dipl.-Ing. Petra-Christiane Krija
Geschäftsführer(in): Dipl.-Ing. Ulrich Kache

s 867

Bund Deutscher LandschaftsArchitekten Landesgruppe Niedersachsen + Bremen
Hallerstr. 28, 30161 Hannover
T: (0511) 34 56 89 **Fax:** 3 36 04 05
Internet: http://www.bdlanb.bdla.de
E-Mail: bdlanb@bdla.de
Vorsitzende(r): Andreas J. Ackermann

s 868

Bund Deutscher Landschafts Architekten Landesgruppe Nordrhein-Westfalen
Neue Bruchstr. 8, 58640 Iserlohn
T: (02304) 5 00 04 **Fax:** 5 17 38
Internet: http://www.bdlanw.bdla.de
E-Mail: bdlanw@bdla.de
Vorsitzende(r): Dipl.-Ing. Rainer Schmidt
Geschäftsführer(in): Margarete Dahmen

s 869

Bund Deutscher LandschaftsArchitekten Landesgruppe Rheinland-Pfalz und Saarland
c/o Büro Ernst
Mühlenstr. 80, 54296 Trier
T: (0651) 9 10 42-0 **Fax:** 9 10 42-30
Internet: http://www.rps.bdla.de
E-Mail: bdla-rps@bdla.de
Vorsitzende(r): Dipl.-Ing. Hermann-Josef Ehrenberg
Geschäftsführer(in): Dipl.-Ing. Birgit Dahms

s 870

Bund Deutscher LandschaftsArchitekten Landesgruppe Sachsen
Umweltzentrum Dresden
Schützengasse 18, 01067 Dresden
T: (0351) 4 94 33 46 **Fax:** 4 94 34 00

Internet: http://www.sachsen.bdla.de
E-Mail: sachsen@bdla.de
Vorsitzende(r): Dipl.-Ing. Claudia Petzold
Geschäftsführer(in): Annette Dubbers

s 871

Bund Deutscher LandschaftsArchitekten Landesgruppe Sachsen-Anhalt
FH-Anhalt, Abt. Bernburg
Jakobstr. 43, 39218 Schönebeck
T: (03928) 7 61 67 **Fax:** 7 61 68
Vorsitzende(r): Dipl.-Ing. Hans-Jürgen Klutzny
Geschäftsführer(in): N. N.

s 872

Bund Deutscher LandschaftsArchitekten Landesgruppe Schleswig-Holstein
Klosterkamp 24, 24111 Kiel
T: (0431) 6 91 28 12 **Fax:** 69 72 17
Internet: http://www.sh.bdla.de
Vorsitzende(r): Dr. Florian Liedl
Geschäftsführer(in): Dipl.-Ing. Gabriele Amelung

s 873

Bund Deutscher LandschaftsArchitekten Landesgruppe Thüringen
Goethestr. 47, 99096 Erfurt
T: (0361) 3 45 64 71 **Fax:** 3 45 64 71
Vorsitzende(r): Dipl.-Ing. Wolfram Stock
Geschäftsführer(in): Kati Schuchert
BA DipLA ALI Michael Dane

• S 874

Bund Deutscher Innenarchitekten e.V. (BDIA)
Bundesgeschäftsstelle:
Königswinterer Str. 675, 53227 Bonn
T: (0228) 44 24 14 **Fax:** 44 43 87
Gründung: 1952
Präsident(in): Dipl.-Ing. Rainer Hilf (Schedelstr. 5, 90480 Nürnberg, T: (0911) 40 68 01, Telefax: (0911) 40 23 02)
Vizepräsident(in): Dipl.-Ing. Beate Döring (Bonner Talweg 24, 53113 Bonn, T: (0228) 21 78 00, Telefax: (0228) 21 78 05)
Dipl.-Ing. Axel Schulschenk (Auf der Gathe 11, 45259 Essen, T: (0201) 46 88 10, Fax: 4 68 81 10)
Prof. Dipl.-Ing. Rudolf Schricker (Lauterburgstr. 7, 70469 Stuttgart, T: (0711) 81 71 53, Telefax: (0711) 8 17 99 86)
Präs.-Mitgl: Dipl.-Ing. Vera Bettina Lenz (Noldenkothen 32a, 40882 Ratingen, T:(02102) 84 36 25, Telefax: (02102) 87 36 80)
Schatzmeister: Dipl.-Ing. Wolfgang Mayer (Stafflenbergstr. 26, 70184 Stuttgart, T: (0711) 24 56 65, Telefax: (0711) 2 36 92 41)
Geschäftsführerin: Dipl.-Ing. Elke Kaiser (Bundesgeschäftsstelle, Königswinterer Str. 675, 53227 Bonn, T: (0228) 44 24 14, Fax: 44 43 87)
Verbandszeitschrift: AIT
Verlag: Alexander Koch Verlag, Fasanenweg 18, 70771 Leinfelden-Echterdingen
Mitglieder: 2200
Mitarbeiter: 3

Landesverbände

s 875

Bund Deutscher Innenarchitekten Landesverband Baden-Württemberg
Lauterburgstr. 7, 70469 Stuttgart
T: (0711) 81 71 53 **Fax:** 8 17 99 86
Vorsitzende(r): Prof. Dipl.-Ing. Rudolf Schricker

s 876

Bund Deutscher Innenarchitekten Landesverband Bayern
Rosenaustr. 35, 86150 Augsburg
T: (0821) 54 47 37 **Fax:** 52 71 75
Vorsitzende(r): Dipl.-Ing. Margarete Kolb

s 877

Bund Deutscher Innenarchitekten Landesverband Berlin/Brandenburg
Am Goldmannpark 12, 12587 Berlin
T: (030) 64 48 83 19, 64 48 83 20 **Fax:** 64 48 83 21
Vorsitzende(r): Dr.-Ing. Karlheinz Wendisch

s 878

Bund Deutscher Innenarchitekten Landesverband Bremen/Niedersachsen
Wegenerstr. 18, 30175 Hannover
T: (0511) 28 23 04 **Fax:** 28 23 55
Vorsitzende(r): Dipl.-Ing. Holger Hempel

s 879

Bund Deutscher Innenarchitekten Landesverband Hamburg/Schleswig-Holstein
Ruwoldtweg 1, 22309 Hamburg
T: (040) 6 30 00 70 **Fax:** 6 30 00 90
Vorsitzende(r): Dipl.-Ing. Axel Dürr

s 880

Bund Deutscher Innenarchitekten Landesverband Hessen
Alt Schwanheim 18, 60529 Frankfurt
T: (069) 35 93 25 **Fax:** 35 62 60
Vorsitzende(r): Dipl.-Ing. Edith Heuser

s 881

Bund Deutscher Innenarchitekten Landesverband Mecklenburg-Vorpommern
Eickhöferweg 2, 18209 Bad Doberan
T: (038203) 6 25 33
Vorsitzende(r): Prof. Hans Meyer

s 882

Bund Deutscher Innenarchitekten Landesverband Nordrhein-Westfalen
Fischerstr. 77, 40477 Düsseldorf
T: (0211) 49 07 39 **Fax:** 4 98 10 75
Vorsitzende(r): Dipl.-Ing. Birgit Schwarzkopf

s 883

Bund Deutscher Innenarchitekten Landesverband Rheinland-Pfalz/Saarland
Guerickestr. 65, 66123 Saarbrücken
T: (0681) 3 65 16 **Fax:** 3 57 05
Vorsitzende(r): Dipl.-Des. Pierre P. Gruen

s 884

Bund Deutscher Innenarchitekten Landesverband Sachsen
Rungestr. 45, 01217 Dresden
T: (0351) 4 76 33 22 **Fax:** 4 76 33 22
Vorsitzende(r): Prof. Dr.-Ing.habil. Siegfried Hausdorf

s 885

Bund Deutscher Innenarchitekten Landesverband Sachsen-Anhalt
Mühlweg 38, 06114 Halle
T: (0345) 5 23 35 27 **Fax:** 5 23 35 27
Vorsitzende(r): Dipl.-Arch. Dieter Schaller

s 886

Bund Deutscher Innenarchitekten Landesverband Thüringen
Hochheimer Str. 48, 99094 Erfurt
T: (0361) 5 66 87 50 **Fax:** 5 66 87 39
Vorsitzende(r): Dipl.-Ing. Jutta Kehr

• S 887

Zentralverband der Ingenieurvereine e.V. (ZBI)
Bismarckstr. 33, 10625 Berlin
T: (030) 34 78 13 16
Präsident(in): Christian Müller (MdB)
Bundesgeschäftsführer(in): Dipl.-Ing. Theo Hunfeld
Mitglieder: 100000

Mitgliedsverbände

s 888

Bund Deutscher Baumeister, Architekten und Ingenieure e.V. (BDB)
Willdenowstr. 6, 12203 Berlin
T: (030) 84 18 97-0 **Fax:** 84 18 97-22
Internet: http://www.baumeister-online.de
E-Mail: info@baumeister-online.de
Internationaler Zusammenschluß: siehe unter izs 445
Präsident(in): Dipl.-Ing. Hans Georg Wagner (MdB, Architekt BDB, Zum Mühlenberg 6, 66571 Eppelborn, Deutscher Bundestag, Luisenstr. 35, 10117 Berlin, T: (030) 2 27-73833, Fax: 2 27-76683)
Bundesgeschäftsführer(in): N.N.
Geschäftsführer(in): Dipl.-Volksw. Marianne LeGans

s 889

Bund der Ingenieure für Wasserwirtschaft, Abfallwirtschaft und Kulturbau e.V. (BWK)
Pappelweg 31, 40489 Düsseldorf
T: (0211) 15 90-2212, 15 90-0 **Fax:** (0203) 74 25 21
Vorsitzende(r): Dr.-Ing. E.h. Dietrich Ruchay
Bundesgeschäftsführer(in): Dipl.-Ing. Horst-Sigurd Schelp

s 890

Verband Deutscher Eisenbahn-Ingenieure E.V. (VDEI)
Kaiserstr. 61, 60329 Frankfurt
T: (069) 23 61 71 **Fax:** 23 12 19
Internationaler Zusammenschluß: siehe unter izs 607
Bundesvorsitzende(r): Dipl.-Ing. Gregor Janßen (Hatterather Weg 17, 52511 Geilenkirchen)
Bundesgeschäftsführer(in): Christa Wolff

s 891

Verband Deutscher Vermessungsingenieure e.V. (VDV)
Weyerbuschweg 23, 42115 Wuppertal
T: (0202) 7 16 05 79 **Fax:** 7 16 05 79
Internet: http://vdv-online.de
E-Mail: kreuter@vdv-online.de
Präsident(in): Dipl.-Ing. Wilfried Grunau
Geschäftsführer(in): Dipl.-Ing. Burkhard Kreuter

s 892

Ingenieurverband Wasser- und Schiffahrtsverwaltung e.V. (IWSV)
Sürser Weg 38, 30974 Wennigsen
T: (05103) 4 02
Vorsitzende(r): Dipl.-Ing. Paul Schmidtke
Geschäftsführer(in): Dipl.-Ing. Bernd Wallheinke

s 893

Bund der Ingenieure des Gartenbaues und der Landespflege e.V. (BIG)
Godesberger Allee 142-148, 53175 Bonn
T: (0228) 8 10 02-31 **Fax:** 8 10 02-48
E-Mail: info@gartenbauingenieure.de
Vorsitzende(r): Dipl.-Ing. (FH) Erwin Beyer
Geschäftsführer(in): Dipl.-Ing. (FH) Jörg Freimuth

s 894

Zentralverband der Ingenieure des Öffentlichen Dienstes in Deutschland e.V. (ZVI)
Hacketäuerstr. 41, 42651 Solingen
T: (0212) 4 26 26
Vorsitzende(r): Dipl.-Ing. Peter Köpcke, Hamburg
Stellvertretende(r) Vorsitzende(r): Dipl.-Ing. Peter-Georg Manuth, Bielefeld
Vorstand:
Schatzmeister: Dipl.-Ing. Werner Lindenberg (NRW, Wiederwahl)
Schriftführer(in): Dipl.-Ing. Jörg Jung
Pressereferent: Dipl.-Ing. Dieter Günther
Beisitzer: Dipl.-Ing. Lothar Deppe

s 895

Bundesverband der Agraringenieure e.V. (BAI)
Bundesgeschäftsstelle: Dieter Wittner
Albrecht-Dürer-Str. 126, 97204 Höchberg
T: (0931) 90 24 14 **Fax:** 90 24 20
Gründung: 1965 (1. Januar)
Vorsitzende(r) des Vorstandes: Dr. Roland Fischer (Am Osterbach 15, 84079 Bruckberg, T: (08765) 6 19, Fax: (08765) 84 57)

s 896

Vereinigung der Straßenbau- und Verkehrsingenieure in Niedersachsen e.V.
Windmühlenstr. 3, 30159 Hannover
T: (0511) 32 53 60 **Fax:** 32 56 53
Präsident(in): Dipl.-Ing. Karl-Hermann Fastenau
Mitglieder: rd. 2700

s 897

Vereinigung der Straßenbau- und Verkehrsingenieure in Berlin e.V. (VSVI)
Westhafenstr. 1, 13353 Berlin
T: (030) 3 96 50 02 **Fax:** 3 95 15 59
Präsident(in): Dipl.-Ing. Bernd Frischgesell
Mitglieder: rd. 560

s 898

Berufsverband der Architekten und Ingenieure e.V. (BAI)
Frauentorstr. 49, 86152 Augsburg
T: (0821) 51 36 00 **Fax:** 15 80 90
Vorsitzende(r): Dipl.-Ing. Alfred Schwendtner

s 899

Hochschullehrerbund e.V., Bundesvereinigung (HLB)
Rüngsdorfer Str. 4c, 53173 Bonn
T: (0228) 35 22 71 **Fax:** 35 45 12
Internet: http://www.hlb.de

E-Mail: hlbbonn@aol.com
Präsident(in): Prof. Werner Kuntze
Geschäftsführer(in): Dr. Hubert Mücke

s 900

Technischer Cartell Verband e.V. (TCV)
Grenzwehr 2d, 28325 Bremen
T: (0421) 40 22 72 **Fax:** 40 58 71
Vorsitzende(r): Dipl.-Ing. Klaus-Peter Sporleder

s 901

Ingenieurvereinigung Darmstadt e.V.
Alsbacher Str. 30, 64673 Zwingenberg
T: (06251) 7 13 01
Vorsitzende(r): Dipl.-Ing. Hans Hauck

s 902

Altherrenschaft der Ingenieurakademie Hannover e.V.
Danziger Ring 7, 30900 Wedemark
T: (05130) 29 68
Vorsitzende(r): Dipl.-Ing. Willy Ernst

s 903

Elektrotechnische Vereinigung der Fachhochschule Köln E.V. (ETV)
Geschäftsstelle
Postf. 19 04 32, 50501 Köln
Vorsitzende(r): Dipl.-Ing. Klaus Kleinfeld

s 904

Landes-Mittelbau-Vereinigung an Fachhochschulen (LMV-NRW e.V.)
Josef-Gockeln-Str. 9, 40474 Düsseldorf
Vorsitzende(r): Dipl.-Ing. Josef Fuchs (FH Düsseldorf)

• S 905

Verband Selbständiger Ingenieure e.V. (VSI)
Bundesgeschäftsstelle
Schinkelstr. 7, 45138 Essen
T: (0201) 27 43 35 **Fax:** 27 46 00
Geschäftsführer(in): Dipl.-Ing. Herbert Michel
Präsident(in): Dipl.-Ing. Rainer Warnholz

Landesverbände

s 906

Verband Selbständiger Ingenieure Landesverband Berlin
Nachtweideweg 32, 13589 Berlin
T: (030) 3 75 20 61
1. Vorsitzende(r): Ing. Günter Krüger

s 907

Verband Selbständiger Ingenieure Landesverband Hamburg
Hochallee 44, 20149 Hamburg
T: (040) 44 94 91
1. Vorsitzende(r): Dipl.-Ing. Rainer Warnholz

s 908

Verband Selbständiger Ingenieure e.V. (VSI) Region Süd-Ost Bayern-Hessen-Sachsen-Thühringen-Baden-Württemberg-Rheinland-Pfalz-Saarland
Postf. 13 06, 63804 Haibach
Johann-Schneider-Str. 9, 63808 Haibach
T: (06021) 61 05 11 **Fax:** 61 05 14
Internet: http://www.schliessmann.de
E-Mail: vsi@schliessmann.de
1. Vorsitzende(r): Dipl.-Ing. Alois W. Schließmann

s 909

Verband Selbständiger Ingenieure Landesverband Niedersachsen
Petritorwall 16, 38118 Braunschweig
T: (0531) 40 01 24
1. Vorsitzende(r): Dipl.-Ing. Erhard Beyerl

s 910

Verband Selbständiger Ingenieure Landesverband Nordrhein-Westfalen
Schinkelstr. 7, 45138 Essen
T: (0201) 27 43 35 **Fax:** 27 46 00
1. Vorsitzende(r): Dipl.-Ing. Herbert Michel

• S 911

Fachgruppe Vermessung im VBI - Verband Beratender Ingenieure
Rosa-Luxemburg-Str. 3a, 17291 Prenzlau
T: (03984) 85 75-0 **Fax:** 85 75-49
Vorsitzende(r): Dipl.-Ing. Robby Scholz

• S 912

Zentralverband Deutscher Ingenieure e.V. (ZDI)
Bundesgeschäftsstelle:
Edelsbergstr. 8, 80686 München
T: (089) 57 00 7-0 **Fax:** 57 00 72 60
Gründung: 1969 (11. Januar)
Präsident(in): Dipl.-Ing. Architekt Herbert Lorz (Nordendstr. 36, 82178 Puchheim)
Vizepräsident(in): Dipl.-Ing. Architekt Günter Schmitt-Bosslet (Hofstattstr. 14, 86919 Utting)
Dipl.-Kfm. Friedrich Marx
Dr.-Ing. Olaf Hinz
Michael Straub
Dipl.-Ing. Hermann Sturm (Edelsbergstr. 8, 80686 München)
Geschäftsf. Vizepräs.: Elfriede Biedermann (Kömpelstr. 9, 82340 Feldafing)
Ehrenpräsident: Architekt Heinz Naumann (Schleißheimer Str. 274/V, 80809 München)
Hauptgeschäftsführer(in): VM Verbands-Management GmbH (Edelsbergstr. 8, 80686 München)
Mitarbeiter: 4

Tochterverband

s 913

Hilfswerk akademischer Berufe e.V.
Geschäftsstelle:
Edelsbergstr. 8, 80686 München
T: (089) 57 00 7-0 **Fax:** 5 70 07-260
Vorsitzende(r): Dipl.-Ing. Herbert Lorz

• S 914

VSIA

Verband Selbständiger Ingenieure und Architekten e.V. (VSIA)
Sitz Karlsruhe
Bundesgeschäftsstelle:
Rheinstr. 129c, 76275 Ettlingen
T: (07243) 3 93 94 **Fax:** 3 93 95
Vorstand: Dipl.-Ing. Wolfgang Staubach (Beratender Ingenieur. Am Schwalbenloch 7, 76229 Karlsruhe (Vorstandsvorsitzender))

• S 915

Verband unabhängiger Medizin- und Labortechnik-Planer e.V. (VMLP)
Edelsbergstr. 8, 80686 München
T: (089) 5 70 07-0 **Fax:** 5 70 07-260
E-Mail: verband@t-online.de
Vorstand: Renate Peuker-Kiefl
Mitglieder: 30

• S 916

Verband für Fassadentechnik e.V. (VFT) Ganzheitliche Technik der Gebäudehülle
Sitz: Frankfurt am Main
Geschäftsstelle:
Luisenstr. 10-12, 64832 Babenhausen
T: (06073) 71 26 50 **Fax:** 71 26 51
Internet: http://www.v-f-t.de
E-Mail: v-f-t@t-online.de
Gründung: 1992 (16. Juni)
Präsident(in): Roland Schrodt
Pressesprecher: Hugo Philipp
Verbandszeitschrift: VFT - Nachrichten
Jahresetat: DM 0,15 Mio, € 0,08 Mio

Mitglieder sind die unabhängigen, selbständig tätigen Ingenieur-, Planungs- und Konstruktionsbüros, welche sich mit der Beratung, Projektierung, Planung und Statik auf dem Gebiet der Fassadentechnik (Alu, Stahl, Glas, Stein, Keramik etc.) und Metallbau befassen.

• S 917

deutscher ingenieurinnenbund e.V. (dib)
Postf. 11 03 05, 64218 Darmstadt
T: (0700) 34 23 83 42 **Fax:** 34 23 83 42
Internet: http://www.dibev.de
E-Mail: info@dibev.de
Gründung: 1986
Verbandszeitschrift: Rundbrief
Mitglieder: ca. 300
Ortsgruppen in:
Aachen, Berlin, Bremen, Darmstadt, Hamburg, Hannover, Karlsruhe, München, Nürnberg/Fürth/Erlangen, Stuttgart, Frankfurt, Kassel, Rheinland, Rhön, Wiesbaden

• S 919

Bundesverband der Agraringenieure e.V. (BAI)
Bundesgeschäftsstelle
Albrecht-Dürer-Str. 126, 97204 Höchberg
T: (0931) 90 24 14 **Fax:** 90 24 20
Gründung: 1965 (1. Januar)
Vorstand:
Vorsitzende(r) des Vorstandes: Dr. Roland Fischer (Vors., Am Osterbach 15, 84079 Bruckberg, T: (08765) 6 19, Fax: (08765) 84 57)
Vorstand: Michael Noll-Berchthold (stellv. Vors., Mühlbachstr. 18a, 85391 Allershausen, T: (08166) 83 42, Fax: (08161) 2 14 23)
Dipl.-Ing. Dieter Wittmer (Geschäftsführer, Albrecht-Dürer Str. 126, 97204 Höchberg, T: (0931) 90 24 14, Fax: 90 24 20)
Fritz Lehner (Bundesschatzmeister, Freihaslach 14, 96152 Burghaslach, T u. Fax: (09552) 75 56)
Johannes Thomsen (Vertreter der Verbände, Amrum 8, 24783 Osterrönfeld, T: (04331) 85 45, Dienst: (0431) 9 79 72 62)
Albert Münz (BAI-Verlagsgeschäftsführer, Konrad-Adenauer-Str. 18, 34317 Habichtswald, T: (05606) 5 66 75, Fax: (05606) 5 66 74)
Ehrenmitglieder: Rudolf Fischer (Im Mosenborn 19, 67169 Kallstadt, T: (06322) 6 81 19)
Prof. Dr. Siegfried Sandner (Herzogstr. 95, 80796 München, T: (089) 3 00 70 55)
Dipl.-Ing. Heinz Heber (Bachstr. 45, 24389 Süderbrarup)
Heinrich Höpken (Danziger Str. 1, 25693 St. Michaelisdonn)
Leitung Presseabteilung: Albert Münz
BAI-Stellenanzeigen-Ausschnittdienst (SAD): Albert Münz (Konrad-Adenauer-Str. 18, 34317 Habichtswald, T: (05606) 5 66 75, Fax: (05606) 5 66 74)
BAI-Bildungswerk: Dipl.-Ing. Dieter Wittmer (Albrecht-Dürer Str. 126, 97204 Höchberg, T: (0931) 90 24 14, Fax: 90 24 20)
Landesbeauftragte des BAI
Baden-Württemberg: Dipl.-Ing. Uwe Lamparter (Stockach 1, 72525 Münsingen-Dottingen)
Bayern: Prof. Dr. Siegfried Sandner (Herzogstr. 95, 80796 München)
Bremen und Niedersachsen: Kurt Stoermer (Reihermoorweg 19, 30938 Burgwedel, T: (0511) 1 66 51, privat (05139) 83 52)
Hamburg: Hans-Joachim Otto (Weidenkoppel 23, 22399 Hamburg, T: (040) 6 02 14 19)
Hessen: Wolfgang H. Schneider (Donaustr. 3, 63667 Nidda, T: (06043) 85 70)
Nordrhein-Westfalen: C. von der Crone (Auf der Heite 23, 53604 Bad Honnef)
Rheinland-Pfalz: Rudolf Fischer (Im Mosenborn 19, 67169 Kallstadt, T: (06322) 6 81 19)
Saarland: Karl Kopp (Max-Müller-Str. 30, 66606 St. Wendel, T: (06851) 80 12 63)
Schleswig-Holstein: Dipl.-Ing. Heinz Heber (Bachstr. 45, 24392 Süderbrarup, T: (04641) 9 31 14, Fax: (04641) 9 31 15)
Verbandszeitschrift: Agraringenieur + Agrarmanager
Redaktion: BAI-Verlag GmbH, Konrad-Adenauer-Str. 18, 34317 Habichtswald, T: (05606) 5 66 75, Telefax: (05606) 5 66 74
Verlag: C. H. Mettker + Söhne, Wangerstr. 14, 26441 Jever

• S 920

Verband unabhängiger Energie- und Umweltberater e.V. (V.U.E.)
Mühlenweg 9, 29439 Lüchow
T: (05841) 62 68 **Fax:** 68 86
Gründung: 1985
Vorsitzende(r): Dipl.-Ing. Reinhold Waßmuth
Stellvertretende(r) Vorsitzende(r): Dr. Petra Rabe
Geschäftsführer(in): Dipl.-Ing. Rosemarie Waßmuth
Mitglieder: ca. 500

• S 921

Erd- und Altlastlabor Schlieben
Gartenstr. 43, 04936 Schlieben
T: (035361) 6 24 u. 5 33 **Fax:** 7 22
Gründung: 1992 (1. Januar)
Geschäftsführer(in): Dipl.-Ing. Jost Ulrich Kügler
Dr. Wolfgang Zahn
Mitarbeiter: 11

• S 922

BAI-Bildungswerk e.V.

Geschäftsstelle:
Albrecht-Dürer-Str. 126, 97204 Höchberg
T: (0931) 90 24 14 **Fax:** 90 24 20
Vorsitzende(r): Dr. Roland Fischer (Am Osterbach 15, 84079 Bruckberg, T: (08765) 6 19, Fax: (08765) 84 57)
Schatzmeister: Fritz Lehner (Freihaslach 4, 96152 Burghaslach)
Leitung Presseabteilung: Albert Münz
Verbandszeitschrift: agraringenieur, agrarmanager
Redaktion: Albert Münz
Verlag: BAI-Verlag GmbH, Konrad-Adenauer-Str. 18, 34317 Habichtswald

• S 923

VBI

Verband Beratender Ingenieure e.V. (VBI)
Interessenvertretung der unabhängigen Ingenieurunternehmen
Budapester Str. 31, 10787 Berlin
T: (030) 2 60 62-0 **Fax:** 2 60 62-100
Internet: http://www.vbi.de
E-Mail: vbi@vbi.de
Gründung: 1903 (Berlin)
Internationaler Zusammenschluß: siehe unter izs 442
Präsident(in): Dipl.-Ing. Martin Aßmann (Nordstr. 23, 38106 Braunschweig, T: (0531) 39 01-0, Telefax: (0531) 39 01-1 10)
Hauptgeschäftsführer(in): Dipl.-Ing. Klaus Rollenhagen
GeschF Öffentlichkeitsarbeit: Hiltrud Relecker
Verbandszeitschrift:
- VBI-Nachrichten, Redaktion, Pressesprecher Dirk Wolske
- Zeitschrift des internationalen Consulting BERATENDE INGENIEURE, Redakteurin Ines Bronowski, Verlag: Springer - VDI-Verlag, Düsseldorf

Mitglieder: 4000
Mitarbeiter: 20
Jahresetat: DM 4,8 Mio, € 2,45 Mio

Der Verband Beratender Ingenieure VBI ist die repräsentative Berufsorganisation unabhängig beratender und planender Ingenieure und Ingenieurunternehmen in Deutschland. Mit seinen rund 3000 Mitgliedsunternehmen ist er einer der weltweit größten Consultingverbände. Für Politik, Wirtschaft und Verwaltung ist der VBI kompetenter und wichtiger Ansprechpartner. Unternehmensübergaben.

s 924

VBI-Außenstelle Brüssel
Place des Chasseurs Ardennais 20, B-1030 Brüssel
Leiter(in): Dr. Reinhard Honert

Landesverbände

s 925

Verband Beratender Ingenieure Landesverband Baden-Württemberg
Lange Str. 4, 76199 Karlsruhe
T: (0721) 98 82 60 **Fax:** 9 88 26 36
Vorsitzende(r): Dipl.-Ing. Heinz Tomaschewski

s 926

Verband Beratender Ingenieure Landesverband Bayern
Geschäftsstelle:
Pacellistr. 2, 80333 München
T: (089) 29 86 47 **Fax:** 2 91 33 66
Vorsitzende(r): Dipl.-Ing. Dieter Rübel (Hansastr. 40, 80686 München, T: (089) 5 79 90, Fax: (089) 5 79 95 55)

s 927

Verband Beratender Ingenieure Landesverband Berlin-Brandenburg
Langobardenallee 12, 14052 Berlin
T: (030) 3 06 93 40 **Fax:** 30 69 34 40
Vorsitzende(r): Dr.-Ing. Manfred Flohrer
Geschäftsstelle: Dipl.-Ing. Jürgen Mickley (c/o Bundesgeschäftsstelle)

s 928

Verband Beratender Ingenieure Landesverband Bremen
Contrescarpe 132, 28195 Bremen
T: (0421) 17 46 30 **Fax:** 1 74 63 33
Vorsitzende(r): Prof. Dipl.-Ing. Horst Bellmer

s 929

Verband Beratender Ingenieure Landesverband Hamburg
Mühlenkamp 59, 22303 Hamburg
T: (040) 27 15 50 **Fax:** 2 70 41 63
Vorsitzende(r): Dr.-Ing. Martin Weber

s 930

Verband Beratender Ingenieure Landesverband Hessen
Marienburgstr. 27, 64297 Darmstadt
T: (06151) 94 15 15 **Fax:** 59 62 31
Vorsitzende(r): Dr.-Ing. Volker Cornelius

s 931

Verband Beratender Ingenieure Landesverband Mecklenburg-Vorpommern
Rostocker Str. 5, 18311 Ribnitz-Damgarten
T: (03821) 8 86 60 **Fax:** 88 66 44
Vorsitzende(r): Dr.-Ing. Bernd Neubüser

s 932

Verband Beratender Ingenieure Landesverband Niedersachsen
Geschäftsstelle:
Schützenallee 5, 30519 Hannover
T: (0511) 98 49 40 **Fax:** 9 84 94 20
Vorsitzende(r): Dipl.-Ing. Hans-U. Böckler

s 933

Verband Beratender Ingenieure Landesverband Nordrhein-Westfalen
Auf der Bucht 29, 45259 Essen
T: (0201) 46 00 55 **Fax:** 46 00 58
Vorsitzende(r): Dipl.-Ing. Bernhard Spitthöver

s 934

Verband Beratender Ingenieure Landesverband Rheinland-Pfalz
Lämmchesbergstr. 14, 67663 Kaiserslautern
T: (0631) 1 70 11 **Fax:** 2 55 51
Vorsitzende(r): Dipl.-Ing. Karl Jagsch

s 935

Verband Beratender Ingenieure Landesverband Saarland
Königsbahnstr. 5, 66538 Neunkirchen
T: (06821) 90 62-0 **Fax:** 90 62 62
Vorsitzende(r): Dipl.-Ing. Werner Kohns

s 936

Verband Beratender Ingenieure Landesverband Sachsen
Geschäftsstelle
Alträcknitz 8, 01217 Dresden
T: (0351) 4 72 45 65, 4 72 45 66 **Fax:** 4 72 45 67
Vorsitzende(r): Dr.-Ing. Siegfried Lepenies

s 937

Verband Beratender Ingenieure Landesverband Sachsen-Anhalt
c/o Bautra GmbH Dieter Drüg
Herderstr. 31, 39108 Magdeburg
T: (0391) 7 39 60 **Fax:** 7 39 61 02
Vorsitzende(r): Dieter Drüg

s 938

Verband Beratender Ingenieure Landesverband Schleswig-Holstein
Sehestedter Str. 81, 24340 Eckernförde
T: (04351) 7 11 50 **Fax:** 71 15 91
Vorsitzende(r): Dipl.-Ing. Klaus Reichenberger

s 939

Verband Beratender Ingenieure Landesverband Thüringen
Dichterweg 2, 99425 Weimar
T: (03643) 85 04 72 **Fax:** 85 04 73
Vorsitzende(r): Prof. Dr.sc.techn. Frank Werner

• S 940

Bundesingenieurkammer (BIngK)
Bundesgemeinschaft der Ingenieurkammern
Körperschaft des öffentlichen Rechts e.V.
Kochstr. 22, 10969 Berlin
T: (030) 25 34-2900 **Fax:** 25 34-2903
Gründung: 1989
Präsident(in): Prof. Dipl.-Ing. Karl Kling
Vizepräsident(in): Dipl.-Ing. Heinz Peter Funcke
Doz. Dr.-Ing. Klaus Hoppe
Vorstandsmitglieder: Dipl.-Ing. Volkmar Müller
Dr. sc.techn. Reinhard Erfurth
Dipl.-Ing. Wolfgang Weber
Dipl.-Ing. Karsten Zill
Geschäftsführer(in): RA Thomas Noebel
RA Dr. Hans Rudolf
Leitung Presseabteilung: Dr. Hans Meyer-Hesseln
Verbandszeitschrift: Deutsches Ingenieurblatt
Redaktion: Klaus Werwath
Verlag: Vogel Baumedien GmbH, Blücherstr. 31A, 10961 Berlin, T: (030) 69 59 50-0, Fax: 95 99 50-10
Mitglieder: 36000
16 Angeschlossene Organisationen

• S 941

Ingenieurkammer Baden-Württemberg Körperschaft des öffentlichen Rechts
Zellerstr. 26, 70180 Stuttgart
T: (0711) 6 49 71-0 **Fax:** 6 49 71-55
Internet: http://www.ingenieure.de
E-Mail: ingkbw@ingenieure.de
Präsident(in): Dipl.-Ing. Gert Kordes
1. Vizepräs: Dipl.-Ing.(FH) Volkmar Müller
2. Vizepräs: Ing.grad. Horst Bäuerle
Schatzmeister: Dipl.-Ing. Alfred Hils
Beisitzer: Dr.-Ing. Peter Geis
Prof. Dr.-Ing. Werner Sobek
Dipl.-Ing.(FH) Günther Volz
Dipl.-Ing.(FH) Helmut Zenker
Hauptgeschäftsführer(in): Manfred Pfaus
GeschF Recht u. Organisationsfragen/Justitiariat: RA Reinhard Weng
Verbandszeitschrift: "DIB" mit Beilage, „ingkamm"
Redaktion: Klaus Werwath, DIB
Mitglieder: ca. 1400 Pflichtmitglieder, ca. 800 freiwill. Mitglieder
Mitarbeiter: 9
Jahresetat: ca. DM 2,4 Mio, € 1,23 Mio

Förderung der Ingenieurtätigkeit zum Schutze der Allgemeinheit und der Umwelt; Förderung der berufl. Belange der Kammermitglieder und des Ansehens des Berufsstandes; Führung der Liste der Beratenden Ingenieure und Führung von Fachlisten.

s 942

Ingenieurversorgung Baden-Württemberg Einrichtung der Ingenieurkammer Baden-Württemberg
Zellerstr. 26, 70180 Stuttgart
T: (0711) 60 72 23-12 **Fax:** 60 72 23-25
E-Mail: ingversorgung@t-online.de
Geschäftsführer(in): Ingrid Urban

• S 943

Bayerische Ingenieurekammer Bau
Einsteinstr. 1-3, 81675 München
T: (089) 41 94 34-0 **Fax:** 41 94 34-20
Gründung: 1990 (25. Juli)
Präsident(in): Prof. Dipl.-Ing. Karl Kling
1. Vize-Präs: Dipl.-Ing. Rolf Sennewald
2. Vize-Präs: Ministerialrat Dipl.-Ing. Josef Poxleitner
Geschäftsführer(in): Torsten Knopp
Verbandszeitschrift: Deutsches Ingenieurblatt DIB
Mitglieder: z.Zt. ca. 4800
Mitarbeiter: 11

• S 944

Baukammer Berlin Körperschaft des öffentlichen Rechts (BKB)
Gutsmuthsstr. 24, 12163 Berlin
T: (030) 79 70 14 80 **Fax:** 79 70 14 81
Internet: http://www.ingenieur.de/baukammer-berlin
E-Mail: baukammer-berlin@t-online.de
Gründung: 1985 (23. April)
Präsident(in): Dr.-Ing. Horst Fanke
Vizepräsident(in): Dipl.-Ing. Dieter Krüger
Prof. Dipl.-Ing. Axel C. Rahn
Vorstandsmitgl.: Dipl.-Ing. Ronald Berndt
Dipl.-Ing. Elfi Koch
Dipl.-Ing. Hans J. Wanderer
Dipl.-Ing. Joachim Wanjura
Geschäftsführer(in): RA Peter Traichel (Ltg. Presseabt.)
Verbandszeitschrift: BAUKAMMER BERLIN

Verlag: CB-Verlag Carl Boldt, Baseler Str. 80, 12205 Berlin
Mitglieder: 1631 Pflichtmitglieder, (davon 1242 Beratende Ingenieure), 775 Freiwillige Mitglieder

• S 945

Brandenburgische Ingenieurkammer
Körperschaft des öffentlichen Rechts

Brandenburgische Ingenieurkammer
Geschäftsstelle
Stephensonstr. 4, 14482 Potsdam
T: (0331) 74 31 80 **Fax:** 7 43 18 30
Internet: http://www.ingenieur.de/brandenburg
E-Mail: brandenburg@ingenieur.de
Präsident(in): Dr. Wilfried Mollenhauer
Vizepräsident(in): Obering. Joachim Mösch
Dipl.-Ing. Bernd Herberger
Dr.-Ing. Heinz Humpal
Geschäftsführer(in): Dipl.-Wirtsch., Dipl.-Ing. (FH) Wieland Sommer
Mitglieder: 2214 (per 31.12.1999)

• S 946

Ingenieurkammer der Freien Hansestadt Bremen
Geeren 41-43, 28195 Bremen
T: (0421) 17 00 90 **Fax:** 30 26 92
Präsident(in): Dipl.-Ing. Karsten Zill
Geschäftsführer(in): Dipl.-Verwaltungsw. Ralf Körtge
Justitiar: RA Dr. Günter Wagner (T: (0421) 33 58 10)

• S 947

Hamburgische Ingenieurkammer-Bau
Grindelhof 40, 20146 Hamburg
T: (040) 4 13 45 46-0 **Fax:** 4 13 45 46-1
E-Mail: hamburg.ingkammer@on-line.de
Gründung: 1998 (15. Juni)
Präsident(in): Dr.-Ing. Karl H. Schwinn
Verbandszeitschrift: Deutsches Ingenieur Blatt
Verlag: Vogel Baumedien GmbH, Blücherstr. 31 A, 10961 Berlin
Mitglieder: 304
Mitarbeiter: 4

• S 948

Ingenieurkammer Mecklenburg-Vorpommern
Karl-Marx-Str. 32, 19055 Schwerin
T: (0385) 5 58 36-0 **Fax:** 5 58 36-30
Internet: http://www.ingenieur.de/ikmv
E-Mail: info@ikmv.ingenieur.de
Gründung: 1994
Präsident(in): Dr. Wilfried Haker
Geschäftsführer(in): Dietmar Zänker
Öffentlichkeitsarbeit: Frank Düsterhöft
Verbandszeitschrift: Kammerreport
Mitglieder: 1951
Mitarbeiter: 5

• S 949

Ingenieurkammer Niedersachsen, K.d.ö.R.
Hohenzollernstr. 52, 30161 Hannover
T: (0511) 3 97 89-0 **Fax:** 3 97 89-34
Gründung: 1990
Präsident: Univ.-Prof. Dr.-Ing. Victor Rizkallah
Vizepräsidenten: Dr.-Ing. Peter Martens
Dipl.-Ing. Kurt G. Vogel
Geschäftsführer: RA Jens Leuckel
Verbandszeitschrift: Deutsches IngenieurBlatt
Redaktion: Klaus Werwath, Königswinter
Verlag: Vogel Baumedien GmbH, Berlin
Mitglieder: 4950
Mitarbeiter: 13

• S 950

Ingenieurkammer-Bau Nordrhein-Westfalen
Körperschaft des öffentlichen Rechts
Alfredstr. 61, 45130 Essen
T: (0201) 4 35 05-0 **Fax:** 4 35 05-55
Internet: http://www.ikbaunrw.de
E-Mail: info@ikbaunrw.de
Vorstand:
Präsident(in): Dipl.-Ing. Heinz Peter Funcke, Essen
Vizepräsident(in): Dipl.-Ing. Peter Dübbert, Köln
Dipl.-Ing. Hans Haderer, Düsseldorf
Beisitzer:
Dipl.-Ing. Axel Conrads, Stolberg
Dipl.-Ing. Robert Dorff, Bonn
Dr.-Ing. Michael Fastabend, Duisburg
Dipl.-Ing. Stefan Hansdorfer, Köln
Dipl.-Ing. Horst Herrmann, Leverkusen
Dipl.-Ing. Stephan Müller, Köln
Dipl.-Ing. Michael Püthe, Dorsten
Dipl.-Ing. Wolfram Schlüter, Wenden
Dipl.-Ing. Jochen Uhlenberg, Düsseldorf/Leverkusen
Dipl.-Ing. Elmar Wennekamp, Oberhausen
Hauptgeschäftsführer(in): Dr. Wolfgang Appold

• S 951

Kammer der Beratenden Ingenieure des Landes Rheinland-Pfalz (KBI-RP)
-Körperschaft des öffentlichen Rechts-
Geschäftsstelle:
Im Euler 9, 55129 Mainz
T: (06131) 5 94 94 **Fax:** 59 20 90
Gründung: 1980 (25. April)
Präsident(in): Dr.-Ing. Hubert Verheyen
Vizepräsident(in): Dipl.-Ing. (FH) Gerd Juhre
Vorstand: Dipl.-Ing. Ulrich Bretschneider
Dipl.-Ing. Rolf Kittelberger
Dipl.-Ing. Guido Thiel
Geschäftsführer(in): Annelie Knab
Mitglieder: 800

• S 952

Ingenieure in Deutschland

Kammer der Beratenden Ingenieure des Saarlandes (KBI-S)
-Körperschaft des öffentlichen Rechts
Franz-Josef-Röder-Str. 9, 66119 Saarbrücken
T: (0681) 58 53 13 **Fax:** 58 53 90
Gründung: 1975
Präsident: Dipl.-Ing. Werner M. Schmehr
Vizepräsident: Dipl.-Ing. Jörg Mühlhäusler
Vorst.-Mitgl.: Dipl.-Ing. Albert Eich
Dipl.-Ing. Karl-Heinz Günther
Dipl.-Ing. Werner Weisang
Mitglieder: 233

Die Kammer ist die erste und somit älteste deutsche Ingenieurkammer. Die Kammermitglieder sind unabhängig, frei von eigenen und fremden Produktions-, Handels- und Lieferinteressen, die im Zusammenhang mit der Berufstätigkeit stehen. Die Berufsaufgabe des Beratenden Ingenieurs ist die freiberufliche Ausübung von Ingenieurleistungen. Die Kammer führt außer der Liste der Beratenden Ingenieure auch die Liste der bauvorlageberechtigten Ingenieure und die Liste der Aufsteller von Standsicherheitsnachweisen.

• S 953

Ingenieurkammer Sachsen
Postf. 4 37, 09004 Chemnitz
An der Markthalle 4, 09111 Chemnitz
T: (0371) 6 90 21-0 **Fax:** 6 90 21-30
Internet: http://www.ingenieure-sachsen.de
E-Mail: ingksn@ingenieure-sachsen.de
Präsident(in): Dr. sc. techn. Reinhard Erfurth
Geschäftsführerin: Dipl.-Jur. Kerstin Rößler

• S 954

Ingenieurkammer Sachsen-Anhalt
Förderstedter Str. 9, 39112 Magdeburg
T: (0391) 6 28 89-0 **Fax:** 6 28 89-99
E-Mail: ingenieurkammer.sachsen-anhalt@t-online.de
Präsident(in): Doz. Dr.-Ing. Klaus Hoppe
Geschäftsführer(in): Doz. Dr. Rainer Berger

• S 955

Ingenieurkammer Thüringen
Körperschaft öffentlichen Rechts
Postf. 9 48, 99019 Erfurt
Flughafenstr. 4, 99092 Erfurt
T: (0361) 2 28 73-0 **Fax:** 2 28 73-50
Internet: http://www.ingenieure-thueringen.de
E-Mail: ingkth@t-online.de
Gründung: 1994 (28. Mai)
Präsident(in): Dr.-Ing. Dieter Brose
Geschäftsführer(in): Dipl.-Ing. (FH) Hans Fellmer (Ltg. Presseabteilung)
Verbandszeitschrift: Deutsches Ingenieurblatt (DIB)
Redaktion: Bundesingenieurkammer Berlin
Verlag: Vogel-Bau-Medien-Verlag GmbH, Blücherstr. 31a, 10961 Berlin
Mitglieder: ca. 1800
Mitarbeiter: 4,5

• S 956

Verband Unabhängig Beratender Ingenieurfirmen e.V. (VUBI)
Wallstr. 23/24, 10179 Berlin
T: (030) 27 87 32-0 **Fax:** 27 87 32-20
Internet: http://www.vubi.com
E-Mail: info@vubi.com
Am Köllnischen Park 1, 10179 Berlin, T: (030) 27 87 32-0, Telefax: (030) 27 87 32 20
Schnorrstraße 70, 01069 Dresden, T./Fax: (0531) 4 65 12 95
Gründung: 1954
Internationaler Zusammenschluß: siehe unter izs 444
Vorstand: Dr.-Ing. Friedrich Steiger (BGS Ingenieursozietät, Hanauer Landstraße 135-137, 60314 Frankfurt/Main, Postf. 18 01 28, 60318 Frankfurt/Main, T: (069) 9 59 21-0, Fax: 9 59 21-204)
Dipl.-Ing. Günter Thiele (IPROPLAN Chemnitz Planungsgesellschaft mbH, Bernhardstr. 68, 09126 Chemnitz, T: (0371) 5 26 50, Fax: 5 26 55 56)
Dipl.-Ing. Klaus Mätzold (OBERMEYER Planen + Beraten, Hansastraße 40, 80686 München, Postfach 12 11 29, 80035 München, T: (089) 57 99-0, Fax: 57 99-9 10)
Dr. Martin Güldner (GOPA Consultants, Hindenburgring 18, 61348 Bad Homburg, Postfach 15 41, 61285 Bad Homburg, T: (06172) 93 00, Fax: 3 50 46)
Beirat: Prof. Hannsjörg Ahrens (Prof. Ahrens & Seibert Sicherheitsplanung GmbH, Rosenstr. 46, 50678 Köln, T: (0221) 93 18 43-0, Fax: 93 18 43-10)
Dipl.-Kfm. Jürgen Kocks (KOCKS CONSULT GMBH Beratende Ingenieure, Postfach 10 60, 56010 Koblenz, Stegemannstr. 32-38, 56068 Koblenz, T: (0261) 13 02-0, Fax: 13 02-1 52)
Dipl.-Ing. Herbert Kreibich (Cottbuser Planungs- und Ingenieurbüro GmbH (CoPi), Postf. 10 03 64, 03003 Cottbus, Vetschauer Str. 13/2, 03048 Cottbus, T: (0355) 4 99 23 20, Fax: 42 40 94)
Dipl.-Ing. Peter Litzkow (INROS Planungsgesellschaft Rostock mbH, Postf. 10 11 09, 18002 Rostock, Rosa-Luxemburg-Str. 16-18, 18055 Rostock, T: (0381) 4 56 78-0, Fax: 4 56 78-88)
Dipl.-Ing. Hans-Peter Müller (Hallesches Planungs- und Ingenieurbüro GmbH, Postf. 20 06 42, 06007 Halle, Landsberger Str. 1, 06112 Halle, T: (0345) 57 06-5 ISDN, Fax: 57 06-6 26 ISDN)
Dipl.-Ing. Heinz-Werner Paulick (AIG Leinefelde - Architektur- und Ingenieur-Gesellschaft mbH (AIG mbH) Moritz, Paulick, Eckardt, Huschenbeth & Partner, Postf. 1 30, 37321 Leinefelde, Birkunger Str. 1 a, 37327 Leinefelde, T: (03605) 5 55-0, Fax: 55 51 11)
Dr. Thomas Richter (IFB Dr. Braschel GmbH Planungsgruppe, Postfach 40 01 24, 70401 Stuttgart, Schwieberdinger Straße 5, 70435 Stuttgart, T: (0711) 13 64-0, Fax: 13 64-1 99)
Dipl.-Ing. Behnam Sadeghian (Weidleplan Consulting GmbH, Postf. 30 08 09, 70448 Stuttgart, Maybachstraße 33, 70469 Stuttgart, T: (0711) 13 58-0, Fax: 13 58-3 22)
Dr. Jens J. Schnieders (GOPA - Consultants, Postf. 15 41, 61285 Bad Homburg v.d.H., Hindenburgring 18, 61348 Bad Homburg v.d.H., T: (06172) 93 00, Fax: 3 50 46)
Dipl.-Ing. Rainer Tepasse (Degas Deutsche gesellschaft für Altlastensanierung und Anlagensicherheit mbH, Adlergestell 129, 12439 Berlin, T: (030) 6 70 92-2 05, Fax: 6 70 92-4 12)
Dipl.-Ing. Geradus van Wissen (AHT GROUP Management Services Agrar- und Hydrotechnik GmbH, Postf. 10 01 32, 45001 Essen, Huyssenallee 66 - 68, 45128 Essen, T: (02 01) 20 16-1 00, Fax: 20 16-1 11)
HGeschf Geschäftsstelle Bonn: Dr. Jürgen Assmann
GeschF Geschäftsstelle Berlin: Dipl.-Oek. Uwe Donath
GeschF Geschäftsstelle Dresden: Dipl.-Ing. Jürgen Schmidt
Verbandszeitschrift: info Consulting
Redaktion: Claudia Rechten
Verlag: Winston-Churchill-Str. 1, 53113 Bonn, Postf. 12 04 64, 53046 Bonn
Mitglieder: 260 Mitgliedsfirmen

Der VUBI ist der Interessenverband der führenden deutschen, national und international tätigen

Consultingunternehmen, die eine große Bandbreite an Beratungsleistungen auf den Gebieten der Technik und Wirtschaft anbieten.

• S 957

Union Beratender Ingenieure e.V.
Bundesverband Freiberuflicher Ingenieure
Bundesgeschäftsstelle
Edelsbergstr. 8, 80686 München
T: (089) 5 70 07-0 **Fax:** 5 70 07-260
E-Mail: verband@t-online.de
Gründung: 1982
Vorsitzende(r): Dipl.-Ing. Hermann Sturm
Hauptgeschäftsführer(in): UMU-UFB Geschäftsführungs GmbH (Edelsbergstr. 8, 80686 München)
Mitglieder: 2000
Mitarbeiter: 4

Landesverbände

s 958

Union Beratender Ingenieure
Landeskammergruppe Baden-Württemberg
Boschstr. 8, 89079 Ulm
Vorsitzende(r): Dipl.-Ing. Franz Bauer

s 959

Union Beratender Ingenieure
Landeskammergruppe Bayern
Bräuhausstr. 2, 82152 Planegg
T: (089) 89 93 43-0 **Fax:** 8 59 85 76
Vorsitzende(r): Ing. (grad) Erwin Binegger

s 960

Union Beratender Ingenieure
Landeskammergruppe Berlin
Kurfürstendamm 37, 10719 Berlin
Vorsitzende(r): Joachim Schürch

s 961

Union Beratender Ingenieure
Landeskammergruppe Niedersachsen und Bremen
Petritorwall 16, 38118 Braunschweig
T: (0531) 40 01 24 **Fax:** 40 02 70
Vorsitzende(r): Dipl.-Ing. Erhard Beyerl

s 962

Union Beratender Ingenieure
Landeskammergruppe Nordrhein-Westfalen
Jülicher Str. 22, 52249 Eschweiler
T: (02403) 3 26 01 **Fax:** 2 47 05
Vorsitzende(r): Dr. Carl-August Günther

• S 963

Ring Deutscher Bergingenieure e.V. (RDB)
Juliusstr. 9, 45128 Essen
T: (0201) 23 22 38 **Fax:** 23 45 78
Gründung: 1949 (Mai)
1. Vorsitzende(r): Dipl.-Ing. Heinz Marbach (Paschacker 46, 47228 Duisburg, T: (02065) 6 19 96)
Geschäftsführer(in): Dipl.-Ing. Hans Franke (Lunekenweg 10, 59174 Kamen, T: (02307) 3 84 27)
Leitung Presseabteilung: Hans Niemöller
Verbandszeitschrift: bergbau
Redaktion: Eigenredaktion
Mitglieder: 11500
Mitarbeiter: 5

Der Zweck des Ringes ist: 1.) Fachliche Fortbildung in technischen und gesellschaftspolitischen Bereichen, 2.) Erfahrungsaustausch angewandter Techniken und Arbeitsverfahren, 3.) Wahrung der berufsständischen Interessen, 4.) Erhaltung und Pflege des bergmännischen Brauchtums, 5.) Förderung der bergmännischen Kameradschaft. Der RDB ist parteipolitisch, gewerkschaftlich und konfessionell neutral.

• S 964

Verein Deutscher Druckingenieure e.V.
Lyoner Str. 18, 60528 Frankfurt
T: (069) 66 03 14 54 **Fax:** 66 03 16 75
Gründung: 1956
Vorsitzende(r): Dipl.-Ing. Sibylle Goelling
Leitung Presseabteilung: Dipl.-Ing. Siegbert Holderried
Mitglieder: 140

• S 965

Arbeitsgemeinschaft Deutscher Aufbereitungs-Ingenieure von 1935 e.V.
Postf. 13 01 40, 45291 Essen
Am Technologiepark 1, 45307 Essen
T: (0201) 1 72-15 94 **Fax:** 1 72-15 75
Gründung: 1935
Vorsitzende(r): Dipl.-Ing. H. Latsch (DSK: Deutsche Steinkohle AG, Shamrockring 1, 44623 Herne)
Geschäftsführer(in): Dr.-Ing. R.G. Jung (DMT: Deutsche Montan Technologie GmbH, Am Technologiepark 1, 45307 Essen)
Mitglieder: ca. 500

• S 966

Verband Deutscher Eisenbahn-Ingenieure E.V. (VDEI)
Kaiserstr. 61, 60329 Frankfurt
T: (069) 23 61 71 **Fax:** 23 12 19
Gründung: 1949 (10. Dezember)
Internationaler Zusammenschluß: siehe unter izs 607
Bundesvorsitzende(r): Dipl.-Ing. Gregor Janßen
Geschäftsführer(in): Christa Wolff
Verbandszeitschrift: DER EISENBAHNINGENIEUR
Eisenbahn Ingenieur Kalender
Verlag: Tetzlaff Verlag GmbH im Deutschen Verkehrs Verlag, Nordkanalstr. 36, 20097 Hamburg, T: (040) 23 71 41 94
Mitglieder: 8000

Mitgestaltung des Berufsbildes des Eisenbahningenieurs; Vertretung der berufspolitischen Belange der Eisenbahningenieure. Förderung der fachlichen Weiterbildung im Rahmen des technischen Fortschritts.

• S 967

Bund der Ingenieure des Gartenbaues und der Landespflege e.V. (BIG)
siehe Q 127

• S 968

Arbeitskreis selbständiger Kunststoff-Ingenieure und -Berater e.V. (K.I.B.)
registriert beim Gesamtverband kunststoffverarbeitende Industrie e. V.
Am Hauptbahnhof 12, 60329 Frankfurt
T: (069) 2 71 05 24 **Fax:** 23 27 99
E-Mail: sbrendgen@gkv.de
Gründung: 1963
Vorsitzende(r): Gerhard Bambach, Ludwigshafen
Geschäftsführer(in): Sigrid Brendgen
Mitglieder: 35

• S 969

Bund Deutscher Verpackungsingenieure e.V. (BDVI)
Gustav-Meyer-Allee 25, 13355 Berlin
T: (030) 4 63 07-4 01 **Fax:** 4 63 07-4 00
Internet: http://www.verpackung.org
E-Mail: info@verpackung.org
Vorstand: Eckhart Thomas (Vors.; Geschäftsführer d. Keppler Verlag GmbH, Industriestr. 2, 63150 Heusenstamm, Tel.: (06104) 6 06-0, Fax: (06104) 6 06-323)

• S 970

Bundesverband der Lebensmittelkontrolleure e.V.
Herder Str. 1a, 38350 Helmstedt
T: (05351) 59 53 01 **Fax:** 59 53 02
Internet: http://www.lebensmittelkontrolle.de
E-Mail: lebensmittelkontrolleure@t-online.de
Gründung: 1978
Vorsitzende(r): Hans-Henning Viedt
Stellvertretende(r) Vorsitzende(r): Martin Müller
Andrea Zimmermann
Schriftführer(in): Wilfried Kuck
Schatzmeister: Alfred Bohl
Vorsitzende der Landesverbände:
Landesverband Bayern:
Vorsitzende(r): Robert Fischer (Am Kreuzstein 1, 95326 Kulmbach, T: (09221) 7 68 17 (priv.), (09221) 70 73 18 (dienstl.))
Landesverband Berlin/Brandenburg:
Vorsitzende(r): Andrea Zimmermann (Schillerstr. 38, 16515 Friedrichsthal, T: (03301) 80 72 34 (priv.), (03301) 60 16 82 (dienstl.))
Landesverband Bremen:
Vorsitzende(r): Martin Maue (Große Weidestr. 7, 28195 Bremen, T: (0421) 1 69 17 01 (priv.), (0421) 36 11 56 19 (dienstl.))
Landesverband Hamburg:
Vorsitzende(r): Rainer Rackwitz (Ringstr. 71, 22145 Hamburg, T: (040) 6 78 29 89 (priv.), (040) 42 81 15 54 (dienstl.))
Landesverband Hessen:
Vorsitzende(r): Dietrich Fischer (In den Biegen 1, 60437 Frankfurt, T: (06101) 4 18 94 (priv.), (069) 79 58 65 64 (dienstl.))
Landesverband Mecklenburg-Vorpommern:
Vorsitzende(r): Peter Kjulbassanhoff (Leninstr. 87, 19370 Parchim, T: (03871) 44 28 91 (priv), T: (03871) 72 22-74 oder -31 (dienstl.))
Landesverband Niedersachsen:
Vorsitzende(r): Karl-Heinz Kauczor (Försterweg 12, 38642 Goslar, T: (05321) 6 49 48 (priv.), (05321) 70 45 40 (dienstl.))
Landesverband Nordrhein-Westfalen:
Vorsitzende(r): Norbert Prinz (Schürenheck 15, 45711 Datteln, T: (023263) 73 46 68 (priv.), (02323) 16 27 60 (dienstl.))
Landesverband Rheinland-Pfalz:
Vorsitzende(r): Dieter Hausmann (Liliengarten 105, 56564 Neuwied, T: (02631) 2 65 41 (priv.), (02603) 97 21 48 (dienstl.))
Landesverband Saar:
Vorsitzende(r): Harry Sauer (Forststraße 26, 66793 Saarwellingen, T: (06838) 8 36 37 (priv.), T: (0681) 50 68 91 (dienstl.))
Landesverband Sachsen:
Vorsitzende(r): Dunja Junghans (Hauptstr. 47, 08393 Waldsachsen Post Meerane,T: (03764) 4 82 53 (priv.), T: (03761) 18 28 16 (dienstl.))
Landesverband Sachsen-Anhalt:
Vorsitzende(r): Barbara Charlie (Merseburger Str. 222, 06130 Halle, T: (0345) 4 44 32 63 (priv.), (0345) 5 14 26 54 (dienstl.))
Landesverband Schleswig-Holstein:
Vorsitzende(r): Alfred Bohl (Rosenweg 9, 25524 Itzehoe, T: (04821) 4 17 01 (priv.), (04821) 6 92 36 (dienstl.))
Landesverband Thüringen:
Vorsitzende(r): Gudrun Jaintsch (August-Bebel-Str. 10, 98527 Suhl, T: (03681) 72 88 68 (priv.), (03681) 38 62 51 (dienstl.))
Verbandszeitschrift: Der Lebensmittelkurier
Redaktion: Bundesverband der Lebensmittelkontrolleure e.V.
Mitglieder: 1800

• S 971

Ingenieure für Kommunikation e.V. (IfKom)
An der Windmühle 2, 53111 Bonn
T: (0228) 9 83 58-0 **Fax:** 9 83 58-74
Internet: http://www.ifkom.de
E-Mail: bundesgeschaeftsstelle@ifkom.de
Gründung: 1923
Bundesvorsitzende(r): Dipl.-Ing. Horst Peters (Dachsweg 4, 41542 Dormagen)
Bundesgeschäftsführer(in): Dipl.-Ökon. Benedikt Jerusalem (Willbecker Str. 80, 40699 Erkrath)
Verbandszeitschrift: NET
Mitglieder: 12000

Serviceleistungen zur Karriereförderung von Kommunikationsingenieuren und deren Interessenvertretung

• S 972

Verband Deutscher Flugsicherungs-Techniker und -Ingenieure e.V. (FTI)
Geschäftsstelle
Hofweg 12a, 64625 Bensheim
T: (06251) 6 39 55 **Fax:** 6 39 28
Gründung: 1960
Vorsitzende(r): Klaus P. Horbelt (T: (0931) 46 45 13, (069) 80 54-48 93 (dienstl.), Telefax: (0931) 46 35 05)
Geschäftsführer(in): Klaus Reifel

Wahrung, Pflege und Förderung aller beruflichen und wirtschaftlichen Interessen fachspezifischer Art. Gemeinsame Arbeit zur Erreichung optimaler Arbeitsbedingungen. Erfahrungsaustausch mit Gewerkschaften und Fachverbänden. Förderung der Zusammenarbeit und des Gemeinwohls der Mitglieder Aufgabe des Verbandes ist u.a., die berufsständischen Interessen seiner Mitglieder zu wahren und zu fördern und die entsprechenden Berufsbilder mitzugestalten.

• S 973

Deutscher Verband der Patentingenieure und Patentassessoren e.V. (VPP)
c/o BASF AG
Abteilung Patente, Marken u. Lizenzen
ZDX - C 6
67056 Ludwigshafen
T: (0621) 60-49009 **Fax:** 60-46491
Geschäftsstelle:
Uhlandstr. 1, 47239 Duisburg, T: (0211) 8 20-2658, 46 66 88, Telefax: 40 66 88
Gründung: 1955
Präsident(in): Pass Dr. K. P. Höller (c/o BASF AG, Abt. Patente, Marken u. Lizenzen, ZDX-C 6, 67056 Ludwigshafen, T: (0621) 60-49009, Fax: 60-46491)
Vizepräsident(in): Pass Dipl.-Ing. B. Feldmann
Leiterin d. Gesch.-Stelle: Sigrid Schilling
Verbandszeitschrift: Rundbrief
Redaktion: Pass. Dipl.-Ing. B. Feldmann
Mitglieder: 1200

• S 974

Ausschuß der Ingenieurverbände und Ingenieurkammern für die Honorarordnung e.V. (AHO)
Spandauer Damm 73, 14059 Berlin
T: (030) 32 60 78-70 **Fax:** 32 60 78-71
Gründung: 1923 (AGO), 1993 (AHO)
Vorsitzende(r): Dipl.-Ing. Jürgen Horstmann
Stellvertretende(r) Vorsitzende(r): Dipl.-Ing. Karsten Zill
Vorstand: Dipl.-Ing. Martin Aßmann
Dipl.-Ing. Ronald Berndt
Dipl.-Ing. Uwe Blechschmidt
Dipl.-Ing. Hartmut Herrmann
Dipl.-Ing. Dipl.-Kfm. (FH) Paulus Müller
Dipl.-Ing. Horst F. Rademacher
Dipl.-Ing. Michael Zurhorst
Hauptgeschäftsführer(in): RA Dr. Norbert Küper
Verbandszeitschrift: AHO-Informationen
Mitglieder: 33 Kammern und Verbände
Mitarbeiter: 4

• S 975

Deutscher Verband der Projektsteuerer DVP e.V.
Pauluskirchstr. 7, 42285 Wuppertal
T: (0202) 2 80 13 30 **Fax:** 2 80 13 32
Internet: http://www.dvpev.de
E-Mail: diederic@uni-wuppertal.de
Gründung: 1984 (10. Juli)
Präsident(in): Prof. Dr.-Ing. Claus Jürgen Diederichs (BUW-FB 11, Pauluskirchstr. 7, 42285 Wuppertal)
Vizepräsident(in): Dr.-Ing. Wolfgang H. Müller
Verbandszeitschrift: DVP-Informationen
Mitglieder: 142
Mitarbeiter: 3
Jahresetat: DM 0,35 Mio, € 0,18 Mio
Förderung der Aus- und Weiterbildung auf dem Gebiet der Projektsteuerung; Erstellung von Leitlinien für die Aus- und Weiterbildung; Festlegung von Qualifikationsmerkmalen für Projektsteuerer; Förderung des Verständnisses von Projektsteuerungsaufgaben; Austausch von Wissen und Erfahrung auf nationaler und internationaler Ebene; Herausgabe von Publikationen; Zusammenarbeit mit anderen nationalen und internationalen Vereinigungen; Ausrichten von Fachtagungen und Kongressen; Vertretung der Ziele des Vereins, insbesondere gegenüber den gesetzgebenden Institutionen.

• S 976

vpi Bundesvereinigung der Prüfingenieure für Bautechnik e. V.

Ferdinandstr. 38-40, 20095 Hamburg
T: (040) 3 03 79 50-0 **Fax:** 35 35 65
Gründung: 1950
Ehrenpräsident: Prof. Dr.-Ing. Heinrich Bechert (Teckstr. 44, 70190 Stuttgart, T: (0711) 16 63-3, Fax: (0711) 16 63-500)
Präsident(in): Dr.-Ing. Günter Timm (Ballindamm 17, 20095 Hamburg, T: (040) 3 50 09-0, Fax: (040) 3 50 09-100)
Vizepräsident(in): Dr.-Ing. Klaus Kunkel (Tußmannstr. 61, 40477 Düsseldorf, T: (0211) 94 88-0, Fax: (0211) 94 88-111)
Dipl.-Ing. Fritz Mönnig (Anna-Seghers-Str. 147, 12489 Berlin, T: (030) 6 70 98 50, Fax: (030) 67 09 85 50)
Geschäftsführer(in): Dr.-Ing. Hans-Jürgen Meyer (Ferdinandstr. 38-40, 20095 Hamburg, T: (040) 3 03 79 50-0, Fax: (040) 35 35 65)
Mitglieder: 880
Bautechnische Prüfung und Überwachung baulicher Anlagen im Rahmen des Baugenehmigungsverfahrens und nichtgenehmigungsbedürftiger Anlagen.

Landesverbände

s 977

Vereinigung der Prüfingenieure für Baustatik Landesvereinigung Baden-Württemberg e.V.
Leibnizstr. 7, 68165 Mannheim
T: (0621) 4 19 49-0 **Fax:** 4 19 49-75
Vorsitzende(r): Dipl.-Ing. Josef Steiner
Mitglieder: 104

s 978

Vereinigung der Prüfingenieure für Baustatik in Bayern e.V.
Jägerweg 10, 85521 Ottobrunn
T: (089) 60 80 92-0 **Fax:** 60 80 92-10
Vorsitzende(r): Dr.-Ing. Jürgen Braun
Mitglieder: 81

s 979

Vereinigung der Prüfingenieure für Baustatik in Berlin e.V.
Podbielskiallee 25-27, 14195 Berlin
T: (030) 84 19 16-0 **Fax:** 84 19 16 22
Vorsitzende(r): Dipl.-Ing. Traugott Rostalski
Mitglieder: 60

s 980

Vereinigung der Prüfingenieure für Baustatik Land Brandenburg
Glasmeisterstr. 5-7, 14482 Potsdam
T: (0331) 7 47 61 40 **Fax:** 7 47 61 80
Vorsitzende(r): Dr.-Ing. Dieter Zauft
Mitglieder: 52

s 981

Vereinigung der Prüfingenieure für Baustatik Landesvereinigung Bremen
Alfred-Balzer-Str. 5, 27570 Bremerhaven
T: (0471) 9 31 57 31 **Fax:** 9 31 57 57
Vorsitzende(r): Dipl.-Ing. Gerhard Feld
Mitglieder: 15

s 982

Vereinigung der Prüfingenieure für Baustatik Landesvereinigung Hamburg
Ballindamm 17, 20095 Hamburg
T: (040) 3 50 09-0 **Fax:** 3 50 09-100
Vorsitzende(r): Dr.-Ing. Karl Morgen
Mitglieder: 42

s 983

Vereinigung der Prüfingenieure für Baustatik in Hessen
Oskar-Sommer-Str. 15-17, 60596 Frankfurt
T: (069) 63 00 08-0 **Fax:** 63 00 08-66
Vorsitzende(r): Dr.-Ing. Michael Heunisch
Mitglieder: 90

s 984

Vereinigung der Prüfingenieure für Baustatik in Mecklenburg-Vorpommern
Technologie- und Gewerbezentrum Schwerin/Wismar
Lübsche Str. 131, 23966 Wismar
T: (03841) 72 86-0 **Fax:** 72 86 20
Vorsitzende(r): Dipl.-Ing. Karl Seehase
Mitglieder: 24

s 985

Vereinigung der Prüfingenieure für Baustatik in Niedersachsen
Theodor-Heuss-Str. 158, 30853 Langenhagen
T: (0511) 77 84 33 **Fax:** 73 64 96
Vorsitzende(r): Dr.-Ing. Peter Martens
Mitglieder: 48

s 986

Vereinigung der Prüfingenieure für Baustatik Landesvereinigung Nordrhein-Westfalen
Hohenstaufenallee 56, 52074 Aachen
T: (0241) 7 14 04 **Fax:** 70 71 46
Vorsitzende(r): Dipl.-Ing. Otto Lennertz
Mitglieder: 112

s 987

Vereinigung der Prüfingenieure für Baustatik in Rheinland-Pfalz e.V.
Viktoriastr. 36, 55543 Bad Kreuznach
T: (0671) 8 44 00-0 **Fax:** 8 44 00 50
Vorsitzende(r): Dr.-Ing. Hubert Verheyen
Mitglieder: 29

s 988

Vereinigung der Prüfingenieure für Baustatik im Saarland
Dürerstr. 33, 66424 Homburg
T: (06841) 7 90 31 **Fax:** 7 91 59
Vorsitzende(r): Dipl.-Ing. Gerhard Schaller
Mitglieder: 21

s 989

Vereinigung der Prüfingenieure für Baustatik in Sachsen
Hübnerstr. 27, 01187 Dresden
T: (0351) 4 71 11 35 **Fax:** 4 72 47 81
Vorsitzende(r): Prof. Dr.-Ing. habil. Bernd Dressel
Mitglieder: 76

s 990

Vereinigung der Prüfingenieure für Baustatik Landesvereinigung Sachsen-Anhalt
Humboldtstr. 3, 39112 Magdeburg
T: (0391) 6 21 96 94 **Fax:** 6 21 96 95
Vorsitzende(r): Dipl.-Ing. Ulrich Beyer
Mitglieder: 35

s 991

Vereinigung der Prüfingenieure für Baustatik des Landes Schleswig-Holstein e.V.
Bojestr. 31, 25541 Brunsbüttel
T: (04852) 96 05-0 **Fax:** 96 05-19
Vorsitzende(r): Dipl.-Ing. Gerhard Böhme
Mitglieder: 27

s 992

Vereinigung der Prüfingenieure für Baustatik in Thüringen
Futterstr. 17, 99084 Erfurt
T: (0361) 5 90 76-0 **Fax:** 5 66 00 04
Vorsitzende(r): Dipl.-Ing. Harald Baumgarten
Mitglieder: 29

• S 993

Verein Selbständiger Revisionsingenieure e.V. (VSR)
Ferdinandstr. 38-40, 20095 Hamburg
1. Vorsitzende(r): Dr.-Ing. Harald Bitter (Kapuzinerweg 7, 70374 Stuttgart)
Geschäftsführer(in): Dipl.-Ing. Walter Sturm
Mitglieder: 120

• S 994

Bundesverband freiberuflicher Sicherheitsingenieure und überbetrieblicher Dienste e.V. (BFSI)
Straße am Heizhaus 1, 10318 Berlin
T: (030) 50 10 72 40 **Fax:** 50 10 72 10
Internet: http://www.bfsi.de
E-Mail: info@bfsi.de
Gründung: 1982 (13. Oktober) in Berlin
Vorsitzende(r): Obering. Dipl.-Ing. (FH) Rainer Siebert
Stellvertretende(r) Vorsitzende(r): Dipl.-Ing. Hans Piter
Leitung Presseabteilung: Hubert Lucks (Bundesgeschäftsstelle)
Mitglieder: 128

Landesverbände:
Baden-Württemberg, Bayern, Berlin/Brandenburg, Hamburg/Schleswig-Holstein, Hessen/Saarland/Rheinland-Pfalz, Mecklenburg-Vorpommern, Niedersachsen, Nordrhein-Westfalen, Sachsen, Sachsen-Anhalt, Thüringen

• S 995

Verband Deutscher Sicherheitsingenieure e.V. (VDSI)
Geschäftsstelle:
Albert-Schweitzer-Allee 33, 65203 Wiesbaden
T: (0611) 60 04 00 **Fax:** 6 78 07
Gründung: 1951 (24. Mai)
Geschäftsführer(in): Dr.-Ing. Dieter Szewczyk
Geschäftsführender Vorstand
Ressort Vorsitzender: Dipl.-Ing. Christoph Huf (Asea Brown Boveri AG, FSU, Eppelheimer Str. 82, 69123 Heidelberg, T: (06221) 7 01-831)
Ressort Bezirksgruppen: Dipl.-Ing. (FH) Margrit Stuhr (Daimler Chrysler Ludwigsfelde GmbH, Postf. 51, 14961 Ludwigsfelde, T: (03378) 83-20 14, Telefax: (03378) 83-21 47)

Ressort Grundsatzarbeit/Fachgruppen: Dr.-Ing. Rainer von Kiparski (IAS Institut für Arbeits- und Sozialhygiene Stiftung, Steinhäuser Str. 19, 76135 Karlsruhe, T: (0721) 82 04-3 11, Telefax: (0721) 82 04-4 30)
Ressort Finanzen: Dipl.-Ing. (FH) Detlef Schwarze (Preussag AG, Hauptverwaltung, Postf. 61 02 09, 30602 Hannover, T: (0511) 5 66-17 95, Telefax: (0511) 5 66-11 53)
Ressort Aus- und Weiterbildung: Dipl.-Ing. (FH) Heinrich Wolf (Bayerische Motorenwerke AG, Abt. Sicherheit u. Umwelt TD 61, Postf. 11 20, 84122 Dingolfing, T: (08731) 76-7435, Telefax: (08731) 76-7429)
Ressort Öffentlichkeitsarbeit: Rudolf Dertinger (Hauptverband d. gewerbl. Berufsgenossenschaften, Alte Heerstr. 111, 53754 St. Augustin, T: (02241) 2 31-11 54, Telefax: (02241) 2 31-13 91)
Ressort Nationale Zusammenarbeit: Dipl.-Ing. Gottfried Gehrmann (Siemens AG, KWU Ref. UAS 2, Postf. 10 17 55, 45466 Mülheim, T: (0208) 4 56-25 55, Telefax: (0208) 4 56-20 62)
Ressort Internationale Zusammenarbeit: Dipl.-Ing. Rolf Maas (Braun AG, Umweltschutz u. Arbeitssicherheit, Postf. 11 20, 61466 Kronberg, T: (06173) 30-28 04, Fax: (06173) 30-14 15)
Mitglieder: ca. 4700 in 30 Bezirksgruppen

• S 996

Bundesverband unabhängiger deutscher Sicherheitsberater und -Ingenieure e.V. (BdSI)
Weißdornstr. 3, 15827 Blankenfelde
T: (0700) 23 74 23 74 **Fax:** 23 74 23 75
Internet: http://www.bdsi-ev.de
Vorsitzende(r): Rainer A. H. von zur Mühlen (von zur Mühlen'sche Unternehmensberatung GmbH Sicherheitsberatung, Alte Heerstr. 1, 53121 Bonn)
Stellvertretende(r) Vorsitzende(r): Hermann Feuerlein (ISMB Industrie, Security Management, Beratungs GmbH Hermann Feuerlein + Partner, Kleinreuther Weg 58, 90408 Nürnberg)
Geschäftsstellenleiter: Rochus Zalud (RZ-Plan GmbH, Dörpfeldstr. 12, 12489 Berlin)

• S 997

Kuratorium hessischer Ingenieurverbände
Kirchgasse 15, 65185 Wiesbaden
T: (0611) 30 76 79 **Fax:** 37 99 46
E-Mail: info@ingkh.de
Gründung: 1978
Vorsitzende(r): Dipl.-Ing. Otto Traute
Mitglieder: 14

Landesverbände:
AIV, ATV, BDB, BDVI, BWK, DAIH, INGEWA, VBI, VDE, VDEI, VDI, VDV, VPIH, VSVI

• S 998

Ingenieurkammer des Landes Hessen (IngKH)
- Körperschaft des öffentlichen Rechts
Kirchgasse 15, 65185 Wiesbaden
T: (0611) 30 76 79 **Fax:** 37 99 46
E-Mail: info@ingkh.de
Gründung: 1986 (1. Oktober)
Präsident(in): Dipl.-Ing. Herbert Riehl
Vizepräsident(in): Dipl.-Ing. Karlheinz Martin
Geschäftsführer(in): Dipl.-Ing. Helmut Geyer
Mitglieder: 1400

Führung der Liste der Beratenden Ingenieure, Aufnahme anderer Ingenieure als freiwillige Mitglieder, Vertretung der Ingenieure gegenüber hess. Landtag, hess. Landesregierung, hess. Behörden bei Gesetzesvorhaben u. Behördenmaßnahmen, Wahrnehmung der Berufsinteressen der Ingenieure, Verbraucherschutz, Fortbildung, Qualitätsmanagement.

• S 999

Bundesvereinigung der Straßenbau- und Verkehrsingenieure e.V. (BSVI)
Geschäftsstelle:
Eichstr. 19, 30161 Hannover
T: (0511) 31 26 04 **Fax:** 3 88 51 42
Präsident(in): Dipl.-Ing. Peter Reuter (Erster Baudirektor Baubehörde Hamburg, Leiter des Tiefbauamtes)
Vizepräsident(in): Ministerialdirigent Dr.-Ing. Bernd Rohde (Sächsisches Staatsministerium für Wirtschaft und Arbeit, Dresden Abteilungsleiter der Abteilung Straßenbau, Straßenverkehr)
Schatzmeister: Dipl.-Oec. Stefan Eisenblätter (Niederlassungsleiter der Ilseder Mischwerke - Süd, Bad Harzburg)
Geschäftsstellenleiterin: Rosemarie Hollrotter

Arbeitsausschuss der Bundesvereinigung

Koordinierungsausschuss
Vorsitzende(r): Dipl.-Ing. Christiane Ehrhardt, Jena
Mitglieder: rd. 19000
Mitarbeiter: 1

Die 15 Landesvereinigungen der BSVI setzen sich ein für einen hohen technischen Leistungsstand ihrer Mitglieder durch vielfältige Seminare und Vortragsveranstaltungen, Betriebs- und Baustellenbesichtigungen sowie Studienreisen ins In- und Ausland; für eine angemessene Stellung der Ingenieure in der Gesellschaft durch Berufspolitik; umweltgerechte Straßen und vernünftige Verkehrspolitik.
Die BSVI koordiniert Ziele und Aufgaben ihrer Landesvereinigungen, pflegt und fördert technische, wissenschaftliche, berufs- und verkehrspolitische Bestrebungen der Straßenbau- und Verkehrsingenieure auf nationaler und internationaler Ebene.
Sie arbeitet insbesondere auf dem Feld der Berufspolitik für die Belange aller deutschen Ingenieure eng mit anderen großen deutschen Ingenieurverbänden zusammen.

Landesverbände

s 1 000

Vereinigung der Straßenbau- und Verkehrsingenieure in Baden-Württemberg e.V.
Geschäftsstelle:
Schloßstr. 94, 70176 Stuttgart
T: (0711) 62 54 04 **Fax:** 6 16 39 13
Präsident(in): Min.-Dirigent Peter Neher
Mitglieder: rd. 3050

s 1 001

Vereinigung der Straßenbau- und Verkehrsingenieure in Bayern e.V.
Geschäftsstelle:
Seidlstr. 9, 80335 München
T: (089) 5 45 52-309
Vorsitzende(r): Ministerialdirigent Dipl.-Ing. Hans Zillenbiller
Mitglieder: rd. 1800

s 1 002

Vereinigung der Straßenbau- und Verkehrsingenieure in Berlin e.V. (VSVI)
Geschäftsstelle:
Westhafenstr. 1, 13353 Berlin
T: (030) 3 96 50 02 **Fax:** 3 95 15 59
Vorsitzende(r): Dipl.-Ing. Bernd Frischgesell
Mitglieder: rd. 560

s 1 003

Vereinigung der Straßenbau- und Verkehrsingenieure in Brandenburg e.V.
Geschäftsstelle:
Karl-Marx-Str. 27, 14482 Potsdam
T: (0331) 7 44 61 21
Vorsitzende(r): Dr.-Ing. Hans-Reinhard Reuter
Mitglieder: ca. 760

s 1 004

Vereinigung der Straßenbau- und Straßenverkehrsingenieure der Freien Hansestadt Bremen e.V.
Geschäftsstelle:
Bürgermeister-Spitta-Allee 18, 28329 Bremen
T: (0421) 2 03 49 33
Vorsitzende(r): Dipl.-Ing. Jürgen Mitz
Mitglieder: rd. 275

s 1 005

Vereinigung der Straßenbau- und Verkehrsingenieure in Hamburg e.V.
Alter Zollweg 99, 22147 Hamburg
T: (040) 3 49 13 29 45 **Fax:** 3 49 13 28 42
Vorsitzende(r): Erster Baudir. Dipl.-Ing. Peter Reuter
Mitglieder: rd. 510

s 1 006

Vereinigung der Straßenbau- und Verkehrsingenieure in Hessen e.V.
Geschäftsstelle:
Wilhelmstr. 10, 65185 Wiesbaden
T: (0611) 3 66-3363 **Fax:** 3 66-3435
Vorsitzende(r): Ltd. Baudir. Dipl.-Ing. G. Gumprecht
Mitglieder: rd. 1500

s 1 007

Vereinigung der Straßenbau- und Verkehrsingenieure in Mecklenburg-Vorpommern e.V.
Geschäftsstelle:
MJV Schwerin
Ludwigsluster Chaussee 72, 19061 Schwerin
T: (0385) 3 99 64 20 **Fax:** 3 97 71 27
Vorsitzende(r): Dipl.-Ing. C. Gerloff (MdL)
Mitglieder: rd. 350

s 1 008

Vereinigung der Straßenbau- und Verkehrsingenieure in Niedersachsen e.V.
Geschäftsstelle:
Windmühlenstr. 3, 30159 Hannover
T: (0511) 32 53 60 **Fax:** 32 56 53
Präsident(in): Dipl.-Ing. Karl-Hermann Fastenau
Mitglieder: rd. 2700

s 1 009

Vereinigung der Straßenbau- und Verkehrsingenieure in Nordrhein-Westfalen e.V.
Geschäftsstelle: c/o Hans-Ewald Lutter
Bussardweg 5, 50858 Köln
T: (0221) 48 92 97 **Fax:** 48 92 97
Präsident(in): Dipl.-Ing. Helmut F. Nikolaus
Mitglieder: rd. 2760

s 1 010

Vereinigung der Straßenbau- und Verkehrsingenieure Rheinland-Pfalz und Saarland e.V.
- Landesgeschäftsstelle
Südstr. 14, 56422 Wirges
T: (02602) 67 18 99 **Fax:** 93 63 30
Vorsitzende(r): Dipl.-Ing. Horst Oltersdorf
Mitglieder: rd. 1710

s 1 011

Vereinigung der Straßenbau- und Verkehrsingenieure e.V. im Freistaat Sachsen
Geschäftsstelle:
Wilhelm-Buck-Str. 2, 01097 Dresden
T: (0351) 5 64 87 02 **Fax:** 5 64 87 09
Präsident(in): MinDir Dr.-Ing. Bernd Rohde
Mitglieder: rd. 560

s 1 012

Vereinigung der Straßenbau- und Verkehrsingenieure in Sachsen-Anhalt e.V.
Geschäftsstelle:
Königsborner Str. 19, 39175 Heyrothsberge
T: (039292) 76 10 **Fax:** 7 61 99
Vorsitzende(r): Dipl.-Ing. Werner Kaleschky
Mitglieder: rd. 845

s 1 013

Vereinigung der Straßenbau- und Verkehrsingenieure in Schleswig-Holstein e.V.
Geschäftsstelle:
c/o Wölfinger GmbH & Co. KG
Bundesstraße 13, 24878 Jagel
T: (04624) 9 57 **Fax:** 20 13
Vorsitzende(r): Dr.-Ing. Heinz Dressel, Pinneberg
Mitglieder: rd. 1170

s 1 014

Vereinigung der Straßenbau- und Verkehrsingenieure in Thüringen e.V.
Geschäftsstelle:
Steinplatz 1, 99085 Erfurt
T: (0361) 6 55 31 03 **Fax:** 6 55 31 78
Vorsitzende(r): Dr.-Ing. Horst Straßburger
Mitglieder: rd. 600

• S 1 015

Deutsche Maschinentechnische Gesellschaft (DMG)
c/o Deutsche Bahn AG
Kaiserstr. 3, 55116 Mainz
T: (06131) 15 51 00
Gründung: 1881
1. Vorsitzende(r): Dipl.-Ing. Werner Görlitz (Krauss Maffei Verkehrstechnik GmbH)
2. Vorsitzende(r): Dipl.-Ing. Roland Heinisch (Mitglied des Vorstandes Deutsche Bahn AG)
Geschäftsführer(in): Dipl.-Ing. Hermann Wolters (Deutsche Bahn AG)
Leitung Presseabteilung: Dipl.-Ing. Axel Güldenpenning (Deutsche Bahn AG)
Verbandszeitschrift: ZEV-DET Glasers Annalen
Redaktion: Dipl.-Ing. Manfred Benzenberg, Deutsche Bahn AG
Verlag: Georg-Siemens-Verlag, Postf. 45 01 69, 12171 Berlin
Mitglieder: 400 (35 korporativ, 365 persönlich)

• S 1 016

Verband Deutscher Vermessungsingenieure e.V. (VDV)
Weyerbuschweg 23, 42115 Wuppertal
T: (0202) 7 16 05 79 **Fax:** 7 16 05 79
Internet: http://vdv-online.de
E-Mail: kreuter@vdv-online.de
Gründung: 1949
Präsident(in): Dipl.-Ing. Wilfried Grunau (Hainbuchenstr. 9, 26188 Edewecht)
Ehrenpräs.: Dipl.-Ing. Wolfgang Beicken (Brahmsstr. 4, 42289 Wuppertal)
Geschäftsführer(in): Dipl.-Ing. Burkhard Kreuter (Weyerbuschweg 23, 42115 Wuppertal)
Mitglieder: 6500
Der Verband gliedert sich in 14 Landesverbände und 42 Bezirke
Herausgeber der Fachzeitschrift „DER VERMESSUNGSINGENIEUR" erscheint 6 x im Jahr
Verbandseigenes Bildungswerk des Verbandes Deutscher Vermessungsingenieure e.V.
Stiftung: VDV-Preis für herausragende Diplomarbeiten im Vermessungswesen

Mitglied im "Zentralverband der Ingenieurvereine e.V. (ZBI)"
Mitglied im "Ausschuß für Honorarordnung e.V. (AHO)" Mitglied in der "Deutschen Hydrographischen Gesellschaft e.V. (DHyG)"
Mitglied im Förderkreis Vermessungstechnisches Museum e.V.
Mitglied der Gauß-Gesellschaft e.V.
Mitglied im Deutschen Dachverband für Geoinformation e.V. (DDGI)
Mitglied im Deutschen Institut für Normung e.V. (DIN)
Mitglied in der Deutschen Gesellschaft für Verbandsmanagement e.V. (DGVM)
Mitglied in der "Arbeitsgemeinschaft der europäischen anerkannten Sachverständigen (AEXEA) e.V."
Mitglied in "European Group of Surveyors" (EGOS)

• S 1 017

Bund der Öffentlich bestellten Vermessungsingenieure e.V. (BDVI)
Geschäftsstelle:
Lindenstr. 14, 50674 Köln
T: (0221) 92 18 39-300 **Fax:** 92 18 39-399
Internet: http://www.bdvi.de
E-Mail: bdvi@gebig.com
Internationaler Zusammenschluß: siehe unter izs 630
Präsident(in): Dipl.-Ing. Volkmar Teetzmann (Oher Weg 2 a, 21509 Glinde)
1. Vizepräsident: Dipl.-Ing. Peter Dübbert (Graf-Geßler-Str. 5, 50679 Köln)
2. Vizepräsident: Dipl.-Ing. Gunter Lencer (Margarethenstr. 39, 99867 Gotha)
3. Vizepräsident: Dipl.-Ing. Ulrich Schicke (Taunusstr. 7 a, 65183 Wiesbaden)
Mitglieder des Präsidiums: Dr.-Ing. Andreas Drees (Hohenzollernring 47, 48145 Münster)
Dipl.-Ing. Michael Rohardt (Heuerstr. 6, 30519 Hannover)
Dr.-Ing. Walter Schwenk (Maxstr. 3 a, 13347 Berlin)
Dipl.-Ing. Dieter Seitz (Amalie-Hofer-Str. 4, 77656 Offenburg)
Dipl.-Ing. Diethild Noormann-Wachs (Pfalzburger Str. 43-44, 10717 Berlin)
Dr. Ing. Hubertus Brauer (Am Brüll 19, 40878 Ratingen)
Geschäftsführer(in): Dipl.-Soz. Wiss. Bernhard Jacobs
Verbandszeitschrift: BDVI-Forum
Redaktion: Mosaik: Dipl.-Soz. Wiss. Bernhard Jacobs, Lindenstr. 14, 50674 Köln
Schriftltg.: Dr.-Ing. Walter Schwenk, Maxstr. 3a, 13347 Berlin
Mitglieder: 1313

Landesgruppen

s 1 018
Bund der öffentl. bestellten Vermessungsingenieure
Landesgruppe Baden-Württemberg
Amalie-Hofer-Str. 4, 77656 Offenburg
T: (0781) 9 65 00 **Fax:** 96 50 33
Vorsitzende(r): ÖbVI/Dipl.-Ing. Dieter Seitz

s 1 019
Bund der öffentl. bestellten Vermessungsingenieure
Landesgruppe Berlin
Breite Str. 9, 12167 Berlin
T: (030) 79 70 61 92 **Fax:** 79 70 61 93
Vorsitzende(r): Dipl.-Ing. Rudolf Darenberg

s 1 020
Bund der öffentl. bestellten Vermessungsingenieure
Landesgruppe Brandenburg
Madlower Hauptstr. 7, 03050 Cottbus
T: (0355) 58 44 30 **Fax:** 5 84 43 44
Vorsitzende(r): ÖbVI Dipl.-Ing. Wolfgang Schultz

s 1 021
Bund der öffentl. bestellten Vermessungsingenieure
Landesgruppe Bremen
Vegesacker Heerstr. 140, 28757 Bremen
T: (0421) 62 32 23 **Fax:** 62 16 76
Vorsitzende(r): ÖbVI Dipl.-Ing. Herbert Horst

s 1 022
Bund der öffentl. bestellten Vermessungsingenieure
Landesgruppe Hamburg
Langenhorst 1, 22453 Hamburg
T: (040) 55 49 16-0 **Fax:** 58 10 41
Vorsitzende(r): ÖbVI Dipl.-Ing. Walter Hanack

s 1 023
Bund der öffentl. bestellten Vermessungsingenieure
Landesgruppe Hessen
Taunusstr. 7a, 65183 Wiesbaden
T: (0611) 1 80 81-0 **Fax:** 1 80 81-50
Vorsitzende(r): ÖbVI Dipl.-Ing. Ulrich Schicke

s 1 024
Bund der öffentl. bestellten Vermessungsingenieure
Landesgruppe Mecklenburg-Vorpommern
Mühlenstr. 10, 18069 Rostock
T: (0381) 7 76 49-0 **Fax:** 7 76 49-30
Vorsitzende(r): ÖbVI Dipl.-Ing. Werner Stechert

s 1 025
Bund der öffentl. bestellten Vermessungsingenieure
Landesgruppe Niedersachsen
Geschäftsstelle:
Eichstr. 19, 30161 Hannover
T: (0511) 8 42 40-0 **Fax:** 8 42 40 40
Vorsitzende(r): ÖbVI Dipl.-Ing. Michael Rohardt

s 1 026
Bund der öffentl. bestellten Vermessungsingenieure
Landesgruppe Nordrhein-Westfalen
Geschäftsstelle:
Lindenstr. 14, 50674 Köln
T: (0221) 92 18 15-0 **Fax:** 92 18 42-6
Vorsitzende(r): Dr.-Ing. Hubertus Brauer

s 1 027
Bund der öffentl. bestellten Vermessungsingenieure
Landesgruppe Rheinland-Pfalz
Ravenestr. 11, 56812 Cochem
T: (02671) 30 03 **Fax:** (2671) 30 02
Vorsitzende(r): ÖbVI Dipl.-Ing. Hans-Ulrich Esch

s 1 028
Bund der öffentl. bestellten Vermessungsingenieure
Landesgruppe Saarland
Neunkircher Str. 56, 66583 Spiesen-Elversberg
T: (06821) 97 01-0 **Fax:** 97 01-40
Vorsitzende(r): ÖbVI Dipl.-Ing. Volker Werny

s 1 029
Bund der öffentl. bestellten Vermessungsingenieure
Landesgruppe Sachsen
Schlüterstr. 19, 01277 Dresden
T: (0351) 31 55 70 **Fax:** 3 15 57 90
Vorsitzende(r): ÖbVI Dipl.-Ing. Wolfgang Heide

s 1 030
Bund der öffentl. bestellten Vermessungsingenieure
Landesgruppe Sachsen-Anhalt
Hermannstr. 1, 06108 Halle
T: (0345) 23 25 10 **Fax:** 2 32 51 30
Vorsitzende(r): ÖbVI Dipl.-Ing. Wilfried Borchers

s 1 031
Bund der öffentl. bestellten Vermessungsingenieure
Landesgruppe Schleswig-Holstein
Lise-Meitner-Str., 24941 Flensburg
T: (0461) 9 03 22-0 **Fax:** 9 03 22-20
Vorsitzende(r): ÖbVI Dipl.-Ing. Klaus Günter Nebel

s 1 032
Bund der öffentl. bestellten Vermessungsingenieure
Landesgruppe Thüringen
Margaretenstr. 39, 99867 Gotha
T: (03621) 4 51 90 **Fax:** 45 19-19
Vorsitzende(r): ÖbVI Dipl.-Ing. Gunter Lencer

• S 1 033

Ingenieure der Versorgungstechnik e.V. (IDV)
Fachhochschule München
Lothstr. 34, 80335 München
T: (089) 12 65-15 01 **Fax:** 12 65-15 02
Gründung: 1974 (November)
Vorsitzende(r): Prof. Dr. Pietsch
Schatzmeister: Prof. K. Weckerlein
Mitglieder: 250

• S 1 034

INGEWA Ingenieurverband Wasser- und Abfallwirtschaft e.V.
Walramstr. 9, 53175 Bonn
T: (0228) 37 30 97 **Fax:** 37 30 90
Internet: http://www.ingewa.de
E-Mail: info@ingewa.de
Internationaler Zusammenschluß: siehe unter izs 443
Vorsitzende(r): Dipl.-Ing. Ulrich Welter
Geschäftsführer(in): Ralf Engelhardt
Mitglieder: ca. 390
Berufsständische Vertretung der unabhängig tätigen Ingenieure/Ingenieurgesellschaften in der Wasser- und Abfallwirtschaft.

s 1 035
INGEWA Ingenieurverband Wasser- und Abfallwirtschaft Landesverband Baden-Württemberg
Am Storrenacker 13, 76139 Karlsruhe
T: (0721) 9 62 32-0 **Fax:** 62 15 42

s 1 036
INGEWA Ingenieurverband Wasser- und Abfallwirtschaft Landesverband Bayern
Scharnhorststr. 6, 93049 Regensburg
T: (0941) 3 50 41 **Fax:** 3 75 58

s 1 037
INGEWA Ingenieurverband Wasser- und Abfallwirtschaft Landesverband Hessen, Rheinland-Pfalz, Saarland
Erzbergerstr. 81, 55120 Mainz
T: (06131) 96 84 40 **Fax:** 96 84 41

s 1 038
INGEWA Ingenieurverband Wasser- und Abfallwirtschaft Landesverband Nordrhein-Westfalen
Im Derdel 17-19, 48161 Münster
T: (02534) 6 13-0 **Fax:** 6 13-33

s 1 039
INGEWA Ingenieurverband Wasser- und Abfallwirtschaft Landesverband Nord
Marxsenweg 1, 22605 Hamburg
T: (040) 82 28 06-0 **Fax:** 82 98 56

s 1 040
INGEWA Ingenieurverband Wasser- und Abfallwirtschaft Landesverband Sachsen/Thüringen
Reisewitzer Str. 71, 01159 Dresden
T: (0351) 4 29 03-0 **Fax:** 4 29 03 24

s 1 041

INGEWA Ingenieurverband Wasser- und Abfallwirtschaft Landesverband Nord/Ost
Goethestr. 1, 16259 Bad Freienwalde
T: (03344) 41 65-0 **Fax:** 41 65-44

• **S 1 042**

Bund der Ingenieure für Wasserwirtschaft, Abfallwirtschaft und Kulturbau e.V. (BWK)
Bundesverband:
Pappelweg 31, 40489 Düsseldorf
T: (0211) 15 90-2212, 15 90-0 **Fax:** (0203) 74 25 21
Vorsitzende(r): Präs. Dr.-Ing. E.h. Dietrich Ruchay (Jahnstr. 19, 40789 Monheim, T: (02173) 5 47 24 (privat), (0228) 3 05-25 00/01 (dienstl.))
Bundes-GeschF: Dipl.-Ing. Horst-Sigurd Schelp (Pappelweg 31, 40489 Düsseldorf, T: (0203) 74 78 65 (privat), (0211) 15 90-(0)-22 12 (dienstl.))

s 1 043

BWK - Landesverband Baden-Württemberg e.V.
Oberkircher Str. 7, 71034 Böblingen
T: (07031) 27 80 70 (privat), (0711) 9 70-26 17 (dienstl.)
Vorsitzende(r): Prof. Dr.-Ing. Ulrich Rott (Institut für Siedlungswasserbau, Wassergüte und Abfallwirtschaft, Bandtäle 1, 70569 Stuttgart, T: (0711) 6 85-37 11 (dienstl.), (07033) 4 24 99 (privat))
Geschäftsführer(in): Dipl.-Ing. Klaus Probst (Fraunhofer-Informationszentrum Raum und Bau (IRB), Nobelstr. 12, 70569 Stuttgart, T: (0711) 9 70-26 17 (dienstl.), (07031) 27 80 70 (privat))

s 1 044

BWK - Landesverband Bayern e.V.
Holbeinweg 2, 93051 Regensburg
T: (0941) 9 45 55 77 **Fax:** 9 45 55 77
Vorsitzende(r): Dr.-Ing. Helmut Steinlein (Frillenseestr. 11, 81379 München, T: (089) 78 97 88)
Geschäftsführer(in): Dipl.-Ing. Hans-Peter Plank (Holbeinweg 2, 93051 Regensburg, T: (0941) 9 45 55 77, Fax: (0941) 9 45 55 77)

s 1 045

BWK - Landesverband Brandenburg und Berlin e.V.
Weverstr. 27, 13595 Berlin
T: (030) 31 50 60 97 **Fax:** 31 50 60 98
Vorsitzende(r): Dipl.-Ing. Ulrich Blüher (Friedrich-Richter-Str. 51, 13125 Berlin, T: (030) 9 49 73 88 (privat), (030) 6 41 25 34 (dienstl.))
Geschäftsführer(in): Dipl.-Ing. Ulf Lammert (Weverstr. 27, 13595 Berlin, T: (030) 31 50 60 97, Fax: (030) 31 50 60 98)

s 1 046

BWK - Landesverband Hessen e.V.
Rumpenheimer Str. 28, 63165 Mühlheim
T: (06108) 7 35 95 (privat), (069) 21 23 48 85 (dienstl.)
Vorsitzende(r): Dipl.-Ing. Walther Holtschmidt (Friedrich-Ebert-Str. 3, 64297 Darmstadt, T: (06151) 5 91 81 (priv.), (06151) 12-1 (dienstl.))
Geschäftsführer(in): Dipl.-Ing. Peter Postleb (Rumpenheimerstr. 28, 63165 Mühlheim, T: (06108) 7 35 95 (privat), (069) 21 23 48 85 (dienstl.))

s 1 047

BWK - Landesverband Mecklenburg/Vorpommern e.V.
Mudder-Schulten-Str. 21, 17034 Neubrandenburg
T: (0395) 4 69 03 18 (privat), (0395) 5 68 71 04 (dienstl.)
Vorsitzende(r): Dipl.-Ing. Hans-Joachim Meier (Gartenstr. 7, 18209 Heiligendamm, T: (038203) 29 60 (privat), (0381) 5 47 (0) 2 04 (dienstl.))
Geschäftsführer(in): Dipl.-Ing. Günter Halberstadt (Mudder-Schulten-Str. 21, 17034 Neubrandenburg, T: (0395) 4 69 03 18 (privat), (0395) 5 68 71 04 (dienstl.))

s 1 048

BWK - Landesverband Niedersachsen und Bremen e.V.
Memelstr. 15, 27308 Kirchlinteln
T: (04231) 8 82 (0)-1 29 (dienstl.), (04236) 6 03 (privat)
Vorsitzende(r): Dipl.-Ing. Jörg Müller (Birkenstr. 31, 31892 Springe, T: (05045) 72 61 (priv.), (0511) 1 04-33 68 (dienstl.))
Geschäftsführer(in): Werner Kochta (Memelstr. 15, 27308 Kirchlinteln, T: (04236) 6 03 (privat), (04231) 8 82-(0)-1 29 (dienstl.))

s 1 049

BWK - Landesverband Nordrhein-Westfalen e.V.
Schwannstr. 3, 40476 Düsseldorf
T: (0211) 45 66 (0)-3 86
Vorsitzende(r): Dr.-Ing. Harald Irmer (Landesumweltamt NRW, Wallneyer Str. 6, 45113 Essen, T: (0201) 79 95-0)
Stellvertretende(r) Vorsitzende(r): Dipl.-Ing. Wolfgang Sowa (Ingenieurbüro Sowa, Beckumer Str. 280, 59556 Lippstadt, T: (02941) 40 54)
Geschäftsführer(in): Dipl.-Ing. Dieter Klähn (Ministerium für Umwelt, Raumordnung und Landwirtschaft des Landes NRW, Schwannstr. 3, 40476 Düsseldorf, T: (0211) 45 66-(0)-3 86)

s 1 050

BWK - Landesverband Rheinland-Pfalz und Saarland e.V.
Am Nußbaum 5, 56077 Koblenz
T: (06131) 16 26 61 (dienstl.)
Vorsitzende(r): Dipl.-Ing. Heinz Dieter Scharenberg (St. Michaelisweg 6, 57577 Hamm, T: (02682) 44 88 (privat), (02742) 93 16 10/11 (dienstl.))
Geschäftsführer(in): Dipl.-Ing. (FH) Johannes Werner (Am Nußbaum 5, 56077 Koblenz, T: (06131) 16 26 61 (dienstl.))

s 1 051

BWK - Landesverband Sachsen e.V.
c/o MELIOR GmbH
Unabhängig Beratende Ingenieure
Zur Wetterwarte 62/Haus 263, 01109 Dresden
T: (0351) 8 84 78-0
Vorsitzende(r): Prof. Dr.-Ing. habil. Michael Kinze (Neugersdorfer Str. 21, 01324 Dresden, T: (0351) 36 51-5 (privat), (0351) 89 28-1 00 (dienstl.))
Geschäftsführer(in): Volker Hinke (Augustusweg 74a. 01445 Radebeul, T: (0351) 8 30 33 00 (privat))

s 1 052

BWK - Landesverband Sachsen-Anhalt e.V.
Wacholderweg 21, 06118 Halle
T: (0345) 5 22 90 54 (privat), 5 24 02 00 (dienstl.)
Vorsitzende(r): Dipl.-Ing. Manfred Simon (Johannes-Göderitz-Str. 33, 39130 Magdeburg, T: (0391) 71 29 52 (privat), (0391) 34 31 55 (dienstl.))
Geschäftsführer(in): Dr.-Ing. Hans-Werner Uhlmann (Wacholderweg 21, 06118 Halle/S., T: (0345) 5 22 90 54 (privat), (0345) 5 24 02 00 (dienstl.))

s 1 053

BWK - Landesverband Schleswig-Holstein und Hamburg e.V.
Wiesenstr. 10, 23847 Rethwisch
T: (04539) 2 31 (privat), (04531) 16 0 (0) 4 23 (dienstl.)
Vorsitzende(r): Dipl.-Ing. Peter Steiner (Katenhof 6, 24245 Großbarkau, Tel: (04302) 93 12 (privat), (0431) 9 88 73 05 (dienstl.), Telefax: (0431) 21 92 39)
Geschäftsführer(in): Dipl.-Ing. Manfred Tabken (Wiesenstr. 10, 23847 Rethwischdorf, T: (04539) 2 31 (privat), (04531) 1 60 (0) 4 23 (dienstl.))

s 1 054

BWK - Landesverband Thüringen e.V.
Am alten Berg 1, 99102 Waltersleben
T: (0361) 66 99 85 (privat), 3 45 99 85
Vorsitzende(r): Dipl.-Ing. Gunnar Kämmer (Jakob-Kaiser-Ring 35, 99087 Erfurt, T: (0361) 71 42 64 (privat), (0361) 2 14 40 (dienstl.))
Geschäftsführer(in): Dr.-Ing. Wolfram Thiele (Am alten Berg 1, 99102 Erfurt-Waltersleben, T: (0361) 66 99 85 (privat), (0361) 3 45 99 85 (dienstl.))

• **S 1 055**

Verband unabhängiger bayerischer Ingenieurbüros für Wasserwirtschaft e.V. (VIWA)
Nigglstr. 15, 80999 München
T: (089) 89 21 12 25 **Fax:** 8 12 52 57
Gründung: 1967 (31. Mai)
Vorsitzende(r): Dipl.-Ing. Robert Kacerovsky
Stellvertretende(r) Vorsitzende(r): Dipl.-Ing. Günther Riepl
Mitglieder: 11 Ingenieurbüros

• **S 1 056**

Ingenieurtechnischer Verband Altlasten e.V. (ITVA)
Pestalozzistr. 5-8, 13187 Berlin
T: (030) 48 63 82 80 **Fax:** 48 63 87 46
Internet: http://home.snafu.de/itva
E-Mail: itva@snafu.de
1. Vorsitzende(r): Prof. Dipl.-Ing. Harald Burmeier
2. Vors.: Dr.-Ing. Volker Franzius
Schriftführer(in): Dr. Haekel
Schatzmeister: Prof. Dr.-Ing. Horst Görg
Geschäftsführer(in): Dipl.-Geogr. Sabine Gier

• **S 1 057**

Bund Deutscher Oenologen e.V. (BDO)
Von-Lade-Str. 1, 65366 Geisenheim
T: (06722) 5 02 73 82 **Fax:** 5 02 73 84
Internet: http://www.oenologie.de
E-Mail: bernhard.gaubatz@oenologie.de
Gründung: 1955 (1. Februar)
Vorsitzende(r): Dipl.-Ing. Wolfgang Heeß (Carl-Orff-Str. 7, 55576 Sprendlingen, T: (06701) 70 23)
Verbandszeitschrift: Der Oenologe
Redaktion: H.J. Eisenbarth
Verlag: Kreuzweg 7, 65366 Geisenheim, T: (06722) 88 42, E-Mail: eisenbarth@oenologie.de
Mitglieder: 1380

Der BDO setzt sich für die Förderung der ideellen, fachlichen und wirtschaftlichen Interessen seiner Mitglieder ein und steht in fördernder Zusammenarbeit mit den Verbänden der Weinwirtschaft.

• **S 1 058**

Verband Deutscher Wirtschaftsingenieure e.V. (VWI)
Institut für Unternehmensplanung
Hardenbergstr. 4-5, 10623 Berlin
T: (030) 31 50 57 77 **Fax:** 31 50 58 88
E-Mail: vwi@aol.com
Gründung: 1932
Verbandszeitschrift: technologie & management
Verlag: Springer-Verlag
Mitglieder: ca. 4000

• **S 1 059**

Gesellschaft Deutscher Chemiker Fachgruppe Freiberufliche Chemiker und Inhaber freier unabhängiger Laboratorien
Ernst-Simon-Str. 2-4, 72072 Tübingen
T: (07071) 70 07-0 **Fax:** 70 07-77
E-Mail: Institut@InstitutDrJaeger.de
Vorsitzende(r): Prof. Dr. Walter Jäger
Verbandszeitschrift: Mitteilungsblatt
Redaktion: Prof. Dr. Walter Jäger
Mitglieder: 150
Verwaltung: Gesellschaft Deutscher Chemiker, Varrentrappstr. 40-42, 60486 Frankfurt

• **S 1 060**

Verein demokratischer Pharmazeutinnen und Pharmazeuten (VDPP)
c/o Thomas Hammer Fleming Apotheke
Grindelallee 182, 20144 Hamburg
T: (040) 45 87 68 **Fax:** 45 87 68
Internet: http://www.vdpp.de
E-Mail: eMail@vdpp.de
Gründung: 1989
Geschäftsführender Vorstand: Thomas Hammer
Jürgen Grosse
Isabella Sulger
Verbandszeitschrift: VDPP-Rundbrief
Redaktion: Dr. Christa Augustin
Verlag: Alsterdorfer Str. 18, 22299 Hamburg
Mitglieder: 160

• **S 1 061**

Bundesverband der öffentlich angestellten und vereidigten Chemiker (Handelschemiker) e.V.
Sitz Hamburg
St. Anscharplatz 10, 20354 Hamburg
T: (040) 35 51 18-0 **Fax:** 35 51 18-55
Vorsitzende(r): Dr. W. Winkelmann

• **S 1 062**

Verband Deutscher Chemotechniker und Chemisch-technischer Assistenten e.V.
Breitscheidstr. 127, 70176 Stuttgart
T: (0711) 63 74 60 **Fax:** 6 37 46 18
Vorsitzende(r): Barbara Enke (Pappelweg 16, 42489 Wülfrath, T: (02058) 32 08)
Geschäftsführer(in): Bernhard Ruf
Mitglieder: ca. 1000

• **S 1 063**

Verein der Textilchemiker und Coloristen e.V. (VTCC)
Weinbrennerstr. 4, 68723 Schwetzingen
T: (06202) 2 63 55 **Fax:** 2 63 55
Gründung: 1948 (5. Oktober)
Präsident(in): Prof. Dr. Karl Bredereck (Feuerbacher Weg 45, 70192 Stuttgart)
Geschäftsführer(in): Dr. Wolfgang Möck
Mitglieder: 1107

s 1 064

Verein der Textilchemiker und Coloristen Sektion Nord
c/o FH Niederrhein
Webschulstr. 31, 41065 Mönchengladbach
Sekt. Leiter: Prof. Dr. Joachim Hilden (FH Niederrhein, Webschulstr. 31, 41065 Mönchengladbach)

s 1 065

Verein der Textilchemiker und Coloristen Sektion Süd

Kreuzem 9, 72762 Reutlingen
T: (07121) 2 26 56
Sekt. Leiter: Prof. Dr. Jörg Wurster (Kreuzem 9, 72762 Reutlingen)

• **S 1 066**

Vereinigung der Destillateurmeister e.V.

Schneckenbergstr. 29, 37603 Holzminden
T: (05531) 1 38 29 **Fax:** 14 07 62
Vorsitzende(r): Dieter Wiese

• **S 1 067**

Bundesverband der Lebensmittelchemiker/-innen im öffentlichen Dienst e.V. (BLC)

c/o Volker Charné
Ludwig-Wucherer-Str. 86, 06108 Halle
T: (0345) 2 83 21 02
Gründung: 1990 (8. Dezember)
Vorsitzende(r): Helmut Streit
Stellvertretende(r) Vorsitzende(r): Gundula Thomas
Annette Neuhaus
Schatzmeister: Bernfried Glück
Schriftführer(in): Volker Charné
Verbandszeitschrift: Lebensmittelchemiker Mitteilungen
Redaktion: Bärbel Kowarsch, Wendel-Hippler-Str. 66, 01159 Dresden
Mitglieder: ca. 500

• **S 1 068**

IDZ
Internationales
Design
Zentrum
Berlin

Internationales Design Zentrum Berlin e.V. (IDZ Berlin)

Rotherstr. 16, 10245 Berlin
T: (030) 29 33 51-0 **Fax:** 29 33 51-11
Internet: http://www.idz.de
E-Mail: idz@idz.de
Gründung: 1969
Vorsitzende(r) des Vorstandes: Rudolf Stilcken
Geschäftsführer(in): Dr. Angela Schönberger
Mitglieder: 500
Mitarbeiter: 6

• **S 1 069**

Design Zentrum München (DZM)

Richard-Strauss-Str. 82, 81679 München
T: (089) 92 21-2311 **Fax:** 92 21-2349
E-Mail: info@d-z-m.de
Vorsitzende(r): Herbert H. Schultes
Geschäftsführer(in): Hans Hermann Wetcke

• **S 1 070**

DesignZentrum Mecklenburg-Vorpommern e.V.

Werderstr. 69-71, 19055 Schwerin
T: (0385) 56 52 75 **Fax:** 56 52 75
E-Mail: dz-mv@t-online.de

• **S 1 071**

Verband Deutscher Industrie-Designer e.V. (VDID)

Businesspark
Gelsenkirchener Str. 181, 45309 Essen
Internationaler Zusammenschluß: siehe unter izs 656
Präsident(in): Prof. Stefan Lengyel
Geschäftsführer(in): RA Klaus Haid

s 1 072

Verband Deutscher Industrie-Designer e.V. (VDID) Geschäftsstelle Essen

Gelsenkirchener Str. 181, 45309 Essen
T: (0201) 8 30 40 10 **Fax:** 8 30 40 19
E-Mail: ddv@germandesign.de
Geschäftsführer(in): Prof. Dr. Peter Zec

• **S 1 073**

Selbständige Design-Studios e.V. (SDSt)

Stobenstr. 13, 38100 Braunschweig
T: (0531) 4 41 24 **Fax:** 4 43 34
Gründung: 1978
1. Vorsitzende(r): Peter Riefenstahl (Stobenstr. 13, 38100 Braunschweig)
Mitglieder: 12
Mitgliedsverbände: BFB, DDT, Deutscher Kulturrat

• **S 1 074**

Bund Freischaffender Foto-Designer e.V.

Postf. 75 03 30, 70603 Stuttgart
T: (0711) 47 34 22, (0172) 9 37 36 21 **Fax:** (0711) 47 52 80
Internet: http://bff-pilot.igd.fhg.de, http://www.bffjunioren.de
E-Mail: bff_de@compuserve.com
Gründung: 1969
Geschäftsführer(in): Norbert Waning
Verbandszeitschrift: BFF-Spots
Mitglieder: 500
Redaktion und Verlag: Bund Freischaffender Foto-Designer, Postf. 75 03 30, 70603 Stuttgart

• **S 1 075**

Arbeitsgemeinschaft Selbständige Industrie-Designer e.V. (ASID)

Schulplatz 2, 39343 Beendorf
T: (039050) 9 95 94 **Fax:** 9 95 96
Internet: http://www.asid.de
E-Mail: asidev@aol.com
Gründung: 1986
Vorsitzende(r): Christoph Kuri (GeschF)
Stellvertretende(r) Vorsitzende(r): Wolfgang Hesse
Hans-Werner Mattis
Mitglieder: 30 Designstudios

• **S 1 076**

Design Zentrum Nordrhein Westfalen

Gelsenkirchener Str. 181, 45309 Essen
T: (0201) 3 01 04-0 **Fax:** 3 01 04-40
Internet: http://www.design-germany.de
E-Mail: dz_info@compuserve.com
Gründung: 1954
Vorsitzende(r) des Vorstandes: Markus Ferstera
Geschf.Vorst.: Prof. Dr. Peter Zec
Presse- und Öffentlichkeitsarbeit: Birgit Steinbock
Verbandszeitschrift: red dot
Redaktion: Dagmar Ostermann
Verlag: Design Zentrum Nordrhein Westfalen, Essen
Mitglieder: 31
Mitarbeiter: 21
Jahresetat: DM 7,1 Mio, € 3,63 Mio

• **S 1 077**

Design Center Stuttgart

Landesgewerbeamt BW
Willi-Bleicher-Str. 19, 70174 Stuttgart
T: (0711) 1 23-26 86 **Fax:** 1 23-25 77
Leitung: Henning Horn
Presse: Sigrid Hofmann

• **S 1 078**

Bund Technischer Experten e.V. (BTE)

Geschäftsstelle:
Postf. 34 01 02, 45073 Essen
Christophstr. 11, 45130 Essen
T: (0201) 77 70 77 **Fax:** 78 23 25
Vorstand:
Vorsitzende(r): Michael Heidl (Heckenrosenstr. 5, 82031 Grünwald, T: (089) 64 18 29-0, Telefax: (089) 6 41 14 23)
Stellv. Vors. u. Geschäftsstelle: Dipl.-Ing. Architekt Klaus G. Cors, Essen
Stellv. Vors. u. Verwaltungsstelle: Dipl.-Kfm. Uwe Adolph, Köln
Stellv. Vorsitzende(r): Dr.-Ing. Günter Schäffler, Stuttgart
Ehrenvors.: Dipl.-Ing. Architekt Wilhelm Klocke, Bremen
Fachgruppenleiter: Dipl.-Ing. Reinhold R. Urban (Maschinenwesen; München-Stockdorf)
Dipl.-Ing. Helmut Timmerbeil (FG Bauwesen), Mülheim/Ruhr
Dipl.-Kfm. Dieter Götz (FG Betriebswirtschaft; Planegg b. München)
Dr. Dieter Rackwitz (Naturwissenschaft u. Sondergebiete; Kürten b. Köln)

• **S 1 079**

TIB Verein Technischer Umweltschutz-Berater e.V.

Bischofsholer Damm 58, 30173 Hannover
T: (0511) 81 40 41 **Fax:** 81 40 43
Gründung: 1974
Geschäftsführer(in): Dipl.-Ing. Volkmar Volker

s 1 080

Verein Technischer Umweltschutz-Berater Geschäftsstelle Koblenz

Waldstr. 2, 56579 Bonefeld
T: (02634) 98 01 93, 98 01 95 **Fax:** 98 01 94
Dipl.-Ing. F. J. Becker

s 1 081

Verein Technischer Umweltschutz-Berater Geschäftsstelle Stuttgart

Hedelfinger Str. 14, 70327 Stuttgart
T: (0711) 42 30 40 **Fax:** 4 20 25 40
Dipl.-Ing. Günther Koch

s 1 082

Verein Technischer Umweltschutz-Berater Geschäftsstelle München

Heßstr. 4, 80799 München
T: (089) 28 63 33 71, 68 35 56 **Fax:** 28 63 32 57
Dipl.-Ing. August Burkei

• **S 1 083**

Verband der Betriebsbeauftragten für Umweltschutz e.V. (VBU)

Postf. 34 02 50, 45074 Essen
Alfredstr. 77-79, 45130 Essen
T: (0201) 77 20 11 **Fax:** 77 20 14
Gründung: 1988 (Mai)
Vorsitzende(r): Prof. Dr.-Ing. Hubert-Peter Johann
Stellvertretende(r) Vorsitzende(r): Prof. Dr. Herwig Hulpke
Geschäftsführer(in): Dr. Eberhard Behnke
Jörg ten Eicken
Verbandszeitschrift: Umwelt-Magazin
Verlag: Vogel-Verlag, Würzburg
Mitglieder: 1000

Regionalgruppen

s 1 084

Verband der Betriebsbeauftragten für Umweltschutz Regionalgruppe Berlin, Brandenburg

c/o Geologisches Landesamt
Hubertusdamm 46, 14480 Potsdam
T: (0331) 61 28 35
Ansprechpartner: Gerd Weichelt (Hubertusdamm 46, 14480 Potsdamm, T: (0331) 61 28 35)
Reinald Strempel (Reifträgerweg 9d, 14129 Berlin, T/Fax: (030) 8 03 49 63)
Dr. Claus Hemmer (Pampower Str. 66-68, 19061 Schwein, T: (0385) 6 43 33 80)

s 1 085

Verband der Betriebsbeauftragten für Umweltschutz Regionalgruppe Süd-Ost (Thüringen und Sachsen)

c/o ENVIA
Friedrich-Ebert-Str. 26, 04416 Markkleeberg
T: (0341) 1 20 79 70 **Fax:** 1 20 95 70 20
Ansprechpartner: Rolf Thamm (Energie Sachsen Brandenburg AG)

s 1 086

Verband der Betriebsbeauftragten für Umweltschutz Regionalgruppe Sachsen-Anhalt

Bahnhofstr. 26, 39249 Barby
T: (039298) 32 12
Ansprechpartner: Michael Kobitsch-Meyer

s 1 087

Verband der Betriebsbeauftragten für Umweltschutz Regionalgruppe Hamburg

Ordulfstr. 78, 22459 Hamburg
T: (040) 2 79 83 90 **Fax:** 27 87 88 82
E-Mail: wolfganghansen.vdf@t-online.de
Ansprechpartner: Dipl.-Ing. Wolfgang Hansen

s 1 088

Verband der Betriebsbeauftragten für Umweltschutz Regionalgruppe Schleswig-Holstein

Müllerweide 9d, 22391 Hamburg
T: (040) 5 36 27 23
Ansprechpartner: Andreas Hoppe

s 1 089

Verband der Betriebsbeauftragten für Umweltschutz Regionalgruppe Osnabrück/Ems

Widum 9, 49504 Lotte
T: (05404) 67 58
Ansprechpartner: Dipl.-Ing. Jörg Kiel

s 1 090

Verband der Betriebsbeauftragten für Umweltschutz
Regionalgruppe Niedersachsen
c/o Brunk & Partner
Zuckerbergweg 42, 38124 Braunschweig
T: (0531) 68 29 30
Ansprechpartner: Michael Brunk (c/o Brunk & Partner, Zukkerbergweg 42, 38124 Braunschweig, T: (0531) 68 29 30)

s 1 091

Verband der Betriebsbeauftragten für Umweltschutz
Regionalgruppe Ruhr
Mathilde-Kaiser-Str. 31, 45138 Essen
T: (0201) 25 12 60
Ansprechpartner: Hans F. Becker

s 1 092

Verband der Betriebsbeauftragten für Umweltschutz
Regionalgruppe Niederrhein
Postf. 14 66, 47714 Krefeld
T: (02151) 56 43 05
Ansprechpartner: Georg Janssen (Ingenieurbüro)

s 1 093

Verband der Betriebsbeauftragten für Umweltschutz
Regionalgruppe Bergisch Land
c/o Schwarz Pharma AG
Alfred-Nobel-Str. 10, 40789 Monheim am Rhein
T: (02173) 48-11 83
Ansprechpartner: Dr. Klaus Sandrock

s 1 094

Verband der Betriebsbeauftragten für Umweltschutz
Regionalgruppe Rhein-Main
c/o VDO Adolf Schindling AG
Sodener Str. 9, 65760 Eschborn
T: (06196) 87 28 39
Ansprechpartner: Dr. H. H. Oppermann

s 1 095

Verband der Betriebsbeauftragten für Umweltschutz
Regionalgruppe Rheinland-Pfalz/Saarland
Gartenstr. 27b, 67433 Neustadt
T: (06321) 8 11 50
Ansprechpartner: Dieter Wasmuth

s 1 096

Verband der Betriebsbeauftragten für Umweltschutz e.V.
Regionalgruppe Baden-Württemberg
c/o Wasser Boden Luft - Gesellschaft für Umweltfragen mbH
Porschestr. 6, 70736 Fellbach
T: (0711) 5 17 44-70 **Fax:** 5 17 44-69
Ansprechpartner: Dipl.-Ing. R. Artischewski

s 1 097

Verband der Betriebsbeauftragten für Umweltschutz
Regionalgruppe Bayern und Österreich
c/o Linde AG, Werksgruppe VA,
Abt. Arbeitssicherheit und Umweltschutz
Dr.-Carl-von-Linde-Str. 6, 82049 Höllriegelskreuth
T: (089) 74 45-2255, 74 45-3141 **Fax:** 74 45-4938
Ansprechpartner: Otto J. Brandmaier

• S 1 098

Bundesverband Freier Sachverständiger e.V. (BVFS)
Goethestr. 11, 40237 Düsseldorf
T: (0211) 66 11 11 **Fax:** 68 11 61
Gründung: 1988 (1. April)
Präsident(in): Prof. Dr. (EC) Franz Kanehl
Mitglieder: ca. 3500

• S 1 099

Union Freier Sachverständiger e.V. (UFS)
Bundesgeschäftsstelle
Edelsbergstr. 8, 80686 München
T: (089) 5 70 07-0 **Fax:** 57 00 72 60
E-Mail: verband@t-online.de
Präsident(in): Dipl.-Ing. (FH) Johann Straub
Hauptgeschäftsführer(in): RA Dr. Peter von Borch (Geschäftsführer RA, UMU-UFB-Geschäftsführungs-GmbH, Edelbergstr. 8, 80686 München)
Mitglieder: 81

• S 1 100

Bundesverband öffentlich bestellter und vereidigter Kfz-Sachverständiger e.V. (BVK)
Am Sonnenberg 43-45, 44879 Bochum
T: (0234) 4 78 38 **Fax:** 47 03 09
Gründung: 1982
Geschäftsführer(in): Dipl.-Ing. Winfried Schimankowitz (Werkstr. 27, 45739 Oer-Erkenschwick, T: (02368) 6 00 45)
Dipl.-Ing. Harald Rasche (Ltg. Presseabt.)
Verbandszeitschrift: BVK-Telegramm, Sachverständigen-Praxis
Mitglieder: ca. 50
Mitarbeiter: 6
Redaktion u. Verlag: Bundesverband öffentlich bestellter u. vereidigter KFz-Sachverständiger e.V., Am Sonnenberg 43-45, 44879 Bochum

• S 1 101

Bundesverband der freiberuflichen und unabhängigen Sachverständigen für das Kraftfahrzeugwesen e.V. (BVSK)
Geschäftsstelle:
Lindenstr. 76, 10969 Berlin
T: (030) 25 37 85-0 **Fax:** 25 37 85-10
Internet: http://www.BVSK.de
E-Mail: BVSK-Berlin@t-online.de
Internationaler Zusammenschluß: siehe unter izs 715
Präsident(in): Dipl.-Ing. Wolfgang Küßner
Vizepräsident(in): Stefan W. Hamlock
Ing. (FH) Wolfgang Schrickel
Geschäftsführer(in): RA Elmar Fuchs
Wahrnehmung der berufsständischen Interessen der freiberuflichen und unabhängigen Kfz.-Sachverständigen.

• S 1 102

Kraftfahrzeug-Überwachungsorganisation freiberuflicher Kfz.-Sachverständiger e.V. (KÜS)
Ahlenweg 1-3, 66679 Losheim
T: (06872) 9 01 60 **Fax:** 84 81
Geschäftsführer(in): Dipl.-Ing. Peter Schuler

• S 1 103

Zertifizierte und Anerkannte hauptberufliche Kfz-Sachverständige e.V.
Kantering 57, 53639 Königswinter
T: (02223) 30 18
Präsident(in): Albert Krauthahn
Geschäftsführer(in): Dipl.-Volksw. A. Seidel, Königswinter

• S 1 104

Bundesverband Deutscher Sachverständiger und Fachgutachter e.V. (BDSF)
Postf. 12 27, 79547 Weil am Rhein
T: (07621) 79 92 52 **Fax:** 79 92 51
E-Mail: 07621799250-0001@t-online.de
Gründung: 1985
Vorsitzende(r): Ob. Ing. i.R. Werner Höferlin (79576 Weil a. Rhein)
Stellvertretende(r) Vorsitzende(r): G. Sick (79539 Lörrach)

• S 1 105

Bundesverband Deutscher Bausachverständiger e.V. (BBauSV)
Bundesgeschäftsstelle
Edelsbergstr. 8, 80686 München
T: (089) 5 70 07-0 **Fax:** 57 00 72 60
E-Mail: verband@t-online.de
Präsident(in): Dipl.-Ing. (Univ.) Dietrich Hinz
Prof. Dr.-Ing. Heinz Klopfer
Hauptgeschäftsführer(in): Peter von Borch (Geschäftsführer UMU-UFB-Geschäftsführungs-GmbH, Edelbergstr. 8, 80686 München)

• S 1 106

Bundesverband Deutscher Grundstückssachverständiger e.V. (BDGS)
Bundesgeschäftsstelle
Edelsbergstr. 8, 80686 München
T: (089) 5 70 07-0 **Fax:** 57 00 72 60
E-Mail: verband@t-online.de
Präsident(in): Dipl.-Ing. (FH) Johann Straub
Hauptgeschäftsführer(in): RA Dr. Peter von Borch (Geschäftsführer UMU-UFB-Geschäftsführungs-GmbH, Edelbergstr. 8, 80686 München)
Verbandszeitschrift: GuG Grundstücksmarkt und Grundstückswert
Verlag: Hermann Luchterhand Verlag GmbH
Mitglieder: 310

• S 1 107

Vereinigung der Orgelsachverständigen Deutschlands
Postf. 22 69, 76010 Karlsruhe
Blumenstr. 1-7, 76133 Karlsruhe
T: (0721) 91 75-305 **Fax:** 91 75-306
E-Mail: martin.kares@ekiba.de
Gründung: 1971
Vorsitzende(r): Dr. Martin Kares
Stellvertretende(r) Vorsitzende(r): Martin Herrmann (KMD)
Verbandszeitschrift: VOD-Info
Mitglieder: 200

• S 1 108

Rat von Sachverständigen für Umweltfragen
65180 Wiesbaden
T: (0611) 75 42 10 **Fax:** 73 12 69
Internet: http://www.umweltrat.de
E-Mail: sru@uba.de
Generalsekretär: Dir. Prof. Dr. Hubert Wiggering

• S 1 109

Bundesverband für Umweltberatung e.V. (bfub)
Bornstr. 12-13, 28195 Bremen
T: (0421) 34 34 00 **Fax:** 3 47 87 14
Internet: http://www.umweltberatung.org
E-Mail: bfubev@t-online.de
Gründung: 1989 (20. September)
Vorsitzende(r): Karl Petersen
Stellvertretende(r) Vorsitzende(r): Dr. Leo Haenlein
Geschäftsführer(in): Gerd Adelmann
Verbandszeitschrift: Umweltberatung im Dialog
Redaktion: Renate Havlik M.A.
Mitglieder: 600
Mitarbeiter: 4
Jahresetat: DM 0,6 Mio, € 0,31 Mio

Landesverbände

s 1 110

Landesverband für Umweltberatung Hamburg (LAUB) e.V.
Sibylle Ahrens
Osterstr. 58, 20259 Hamburg
T: (040) 49 07-1520 **Fax:** 49 07-1521

s 1 111

Landesverband für Umweltberatung in Niedersachsen NUB e.V.
c/o Umweltzentrum
Hausmannstr. 9-10, 30159 Hannover
T: (0511) 1 64 03-29

s 1 112

Verein für Umwelt- und Abfallberatung in Baden-Württemberg e.V.
Eckartshaldenweg 39, 70191 Stuttgart
T: (0711) 2 57 89 73 **Fax:** 2 57 28 23
Christa Hermann

s 1 113

Verband für Umweltberatung in Nordrhein-Westfalen VUB e.V.
Evinger Platz 11, 44339 Dortmund
T: (0231) 85 54 81 **Fax:** 85 55 18
E-Mail: vub@umis.de
Klaus Tschorn

s 1 114

Landesverein der Umweltberaterinnen in Berlin/Brandenburg LaUB e.V.
c/o Kubus der TU Berlin
Steinplatz 1 HH 8, 10623 Berlin
T: (030) 31 42 65 44
Dr. Wolfgang Endler

s 1 115

Umweltberatung Nordost e.V.
Verein der UmweltberaterInnen in den neuen Bundesländern
Lothar Hauser
Greifswalder Str. 4, 10405 Berlin
T: (030) 2 04 44 16 **Fax:** 2 04 44 16
Regionalverband für die neuen Bundesländer

s 1 116

Umweltberatungsverbund Saar
c/o Ministerium für Umwelt, Energie und Verkehr
Halbergstr. 50, 66121 Saarbrücken
T: (0681) 5 01-2297 **Fax:** 5 01-4522
Dr. Andrea Ludwig

s 1 117

Landesverband für Umweltberatung LVUB S-H e.V.
c/o ÖKOPARTNER
Eggerstedtstr. 11, 24103 Kiel
T: (0431) 97 94 02-60
Heike Hackmann

s 1 118

Umweltberatung und Kommunaler Umweltschutz in Hessen und Rheinland-Pfalz e.V.
c/o ECOSCOP
Am Knieberg 29, 54293 Trier
T: (0651) 6 97 96
Matthias Gebauer

• S 1 119

Institut für integrierte Umweltforschung und -beratung
Schuhwiese 6, 23858 Heidekamp
T: (04533) 41 10 **Fax:** 21 93
Kontaktperson: Dr. Birgit Grahl

• S 1 120

ERV - Elektrotechnischer Revisions-Verein e.V.
- Geschäftsstelle
Reetzstr. 58, 76327 Pfinztal
T: (07240) 63-0 **Fax:** 63-11
Internet: http://www.erg.de
E-Mail: harald.piontek@erg.de
Gründung: 1989 (7. Juli)
Vorsitzende(r): Dipl.-Ing. Dr. Kurt Zingraff (Ltg. Presseabt. Rittnerstr. 46, 76227 Karlsruhe, T: (0721) 40 53 96)
Stellvertretende(r) Vorsitzende(r): Dr.-Ing. Hermann Krug (Julius-Bender-Str. 8, 76139 Karlsruhe, T: (0721) 68 52 95)
Geschäftsführer(in): Dipl.-Ing. Harald Piontek (Reetzstr. 58, Pfinztal)
Mitglieder: 34
Mitarbeiter: 4 (ehrenamtl.) u. 1 Angestellte (Teilzeit)
Jahresetat: DM 0,02 Mio, € 0,01 Mio (plus Umlagen nach Bedarf)

Zusammenfassung von Sachverständigen auf dem Gebiete der techn. Überwachung und des techn. Prüfwesens in einer Organisation; die Koordinierung der Tätigkeit von Sachverständigen zur Wahrnehmung v. Überwachungs-, Prüf- u. gutachterlichen Aufgaben für Betreiber, Errichter und Hersteller technischer Anlagen sowie zuständigen Behörden mit fachspezifischer Unterstützung und Beratung. Sammlung und Auswertung sicherheitsrelevanter Tatbestände und Erfahrungswerte sowie ihre Weiterleitung an die Mitglieder und beteiligte Stellen; Gewährleistung einer kontinuierlichen Aus-, Fort- und Weiterbildung auf der Grundlage der einschlägigen Verordnungen, sicherheitstechnischen Normen und techn. Regelwerke unter Berücksichtigung deren Fortschreibung: Erfüllung der Organisationsvoraussetzung gemäß Paragraph 18 Abs. 1 - 6 Aufzugsverordnung.

• S 1 121

Vereinigung für Stadt-, Regional- und Landesplanung e.V. (SRL)
Köpenicker Str. 48-49, 10179 Berlin
T: (030) 30 86 20 60 **Fax:** 30 86 20 62
Gründung: 1969 (April)
Internationaler Zusammenschluß: siehe unter izs 471
Vorstand: Dr.-Ing. Jörg Forßmann (Vors.; Christophstr. 60, 40225 Düsseldorf, T: (0231) 43 41-2 43, Fax: (0231) 43 41-3 25)
Vorstand: Dr.-Ing. Marta Doehler (stellv. Vors.; Büro für urbane Projekte, Erich-Zeigner-Allee 13, 04229 Leipzig, T: (0341) 4 80 30 91, Fax: 4 80 30 92)
Schatzmeister: Dipl.-Ing. Wolfgang Voegele (Voegele + Partner, Fr. Architekten-Stadtplaner, Weinbrennerstr. 13, 76135 Karlsruhe, T: (0721) 83 10 30 (d), Fax: 85 34 10)
Beisitzer: Dr.-Ing. Hartmut E. Arras (SYNTROPIE-Stiftung für Zukunftsgestaltung, Murbacher Str. 34, CH-4056 Basel, T: (004161) 3 83 24 25, Fax: 3 83 24 27)
Dipl.-Ing. Urs Kohlbrenner (Arch. HBK, Planergemeinschaft Hannes Dubach, Kurfürstendamm 35, 10719 Berlin, T: (030) 88 59 14-0, Fax: (030) 88 59 14-99)
Dipl.-Ing. Gisela Kraft (Bonnaskenstr. 18/19, 03040 Cottbus, T: (0355) 26 00, Fax: 6 12-2603)
Dipl.-Ing. Gisela Stete (Frank und Stete Partnerinnen und Partner, Sandbergstr. 65, 64285 Darmstadt, T: (06151) 6 52 33, Telefax: (06151) 66 20 35)
Geschäftsführer(in): Dipl.-Ing. Rainer Bohne (Köpenicker Str. 48/49, 10179 Berlin, T: (030) 30 86 20 60, Telefax: (030) 30 86 20 62)

Regionalgruppen

Regionalgruppe Baden-Württemberg
Sprecherin: Dipl.-Ing. Kerstin Gothe (Relenbergstr. 46, 70174 Stuttgart, T: (0711) 2 26 04 46, Telefax: (0711) 2 26 24 47)
Dipl.-Ing. Arch. Ulrich W. Hüls (Zum Engelberg 3, 79249 Erzhausen, T:(0761) 4 09 84 81)
Dipl.-Ing. Hans Martin Mader (Büro für Stadt- und Regionalplanung, Straifstr. 2-4, 70597 Stuttgart, T: (0711) 7 65 38 69, Fax: 7 65 38 44)

Regionalgruppe Bayern
Sprecher: Dipl.-Geogr. Claus Sperr (PLANWERK, Königstr. 69, 90402 Nürnberg, T: (0911) 47 64 04, Fax: 47 16 32)
Dipl.-Ing. Werner Schaffner (Hedwig-Dransfeld-Allee 38, 80637 München, T: (089) 1 57 63 75, Telefax: (089) 15 19 86)
Dipl.-Ing. Veit Sipos (Königstr. 3, 91126 Schwabach, T: (09122) 83 25-0, Telefax: (09122) 83 25-50)
Dipl.-Ing. Johannes G. Dragomir (Maistr. 31, 80337 München, T: (089) 5 43 88 80, Fax: 5 43 88 82)

Regionalgruppe Berlin-Brandenburg
Dipl.-Ing. Anne Fellner (Gubener Str. 23 b, 15230 Frankfurt (Oder), T: (03361) 55 72 21, Fax: (0335) 54 17 79)
Dipl.-Ing. Claudia Lenk (Martin-Luther-Str. 18, 10777 Berlin, T: (030) 90 25 16 41 (d))
Dipl.-Ing. Christian Voigt (Stadt-Land-Fluss, Schlesische Str. 29-30, 10997 Berlin, T: (030) 61 28 08 48, Fax: 61 28 08 55)
Dipl.-Ing. Theo Winters (S.T.E.R.N., Schwedter Str. 263, 10119, Berlin, T: (030) 44 36 36 37, Fax: 44 36 36 31)
Dipl.-Ing. Dogan Yurdakul (Gesellschaft für Planung, Kottusser Damm 79, 10967 Berlin, T: (030) 69 59 95 50, Fax: 69 59 94 00)

Regionalgruppe Hessen/Rheinland-Pfalz/Saarland
Sprecher: Dipl.-Ing. Antje Hammer (Wilhelm-Leuschner-Str. 38, 64293 Darmstadt, T: (06151) 17 78 18)
Dipl.-Ing. Ursula Stein (c/o Büro für Raumplanung und Kommunikation, Sommerringstr. 11, 60322 Frankfurt, T: (069) 95 52 41 62, Fax: 95 52 41 63)
Dipl.-Ing. Michael Volpert (Planungsgruppe Nord PGN, Dörnbergstr. 12, 34119 Kassel, T: (0561) 80 75 80, Fax: 80 75 858)

Regionalgruppe Mecklenburg-Vorpommern
Sprecher: Dr. Peter Hajny (Ministerium für Bau, Landesentw. und Umwelt, Schloßstr. 6-8, 19048 Schwerin, T: (0385) 5 88 38 20, Fax: 5 88 80 42)
Dipl.-Ing. Christoph Kaufmann (Kleine Wollweberstr. 10, 17033 Neubrandenburg, T: (0395) 3 80 29 73, Fax: 3 80 29 70)

Regionalgruppe Nord
Sprecher: Prof. Dr.-Ing. Dieter-J. Mehlhorn (FH-Kiel, FB Bauwesen, Lorenz-von-Stein-Ring 1, 24340 Eckernförde, T: (04351) 4 73-0, Fax: (04351) 4 73-14)
Dipl.-Ing. Wolfgang Oehler (Rübenhofstr. 20, 22335 Hamburg, T: (040) 59 89 52, Fax: 38 61 28 72)
Dr.-Ing. Rolf Grave (Steinbergstr. 7, 30559 Hannover, T./Fax: (0511) 9 52 60 07)

Regionalgruppe Nordrhein-Westfalen
Sprecherin: Dipl.-Ökol. Veronika Mook (Environment, Ruschenstr. 8, 45133 Essen, T: (0201) 42 55 48, Fax: 42 55 52)
Prof. Dipl.-Ing. Dietmar Castro (Büro für Kommunal- und Regionalplanung, Dumatstr. 8, 52064 Aachen, T: (0241) 47 05 80, Fax: 4 70 58 15)

Regionalgruppe Sachsen/Sachsen-Anhalt/Thüringen
Sprecherin: Dipl.-Ing. Ursel Grigutsch (Hellerweg 9, 99425 Weimar, T: (03643) 76 23 12, Fax: 76 23 92)
Dipl.-Ing. Boris Krmela (Büro für Stadtplanung, Kirschberg 12, 06846 Dessau, T: (0340) 61 37 07, Fax: 61 74 21)
Dipl.-Ing. Hans Klaus Kummer (Löbauer Str. 1, 01099 Dresden, T: (0351) 4 88 32 80, Fax: 4 88 34 56)
Verbandszeitschrift: Planerin
Verlag: Eigenverlag
Mitglieder: 2000
Mitarbeiter: 3
Jahresetat: DM 0,5 Mio, € 0,26 Mio

s 1 122

Vereinigung für Stadt-, Regional- u. Landesplanung Fachgruppe Forum Mensch und Verkehr
c/o SRL
Köpenicker Str. 48-49, 10179 Berlin
T: (030) 30 86 20 60 **Fax:** 30 86 20 62
Sprecher: Dipl.-Ing. Joachim Bier-Kruse (Marjosser Weg 8, 36396 Steinau, T. u. Fax: (069) 80 65 21 61, Fax: 80 65 35 29)
Dipl.-Ing. Siegfried Dittrich (Johann-Georg-Str. 18/IV.re, 10709 Berlin, T: (030) 89 54 01 08)
Dipl.-Ing. Antje Janßen (Uhlandstr. 12, 34119 Kassel, T: (0561) 8 07 58-0, Fax: 8 07 58 58)
Dipl.-Ing. Juliane Krause (Plan & Rat, Georg-Westermann-Allee 23a, 38104 Braunschweig, T: (0531) 79 82 03, Telefax: (0531) 7 78 43)
Thomas Mager (Kreuzbergweg 20, 53115 Bonn, T: (02251) 1 41 40, Fax: 1 41 41 59)
Prof. Dr.-Ing. Hans-Henning von Winning (Westring 63, 34127 Kassel, T: (0561) 8 58 40, Fax: 89 80 10)

s 1 123

Vereinigung für Stadt-, Regional- u. Landesplanung Fachgruppe Frauen in der Planung
c/o SRL
Köpenicker Str. 48-49, 10179 Berlin
T: (030) 30 86 20 60 **Fax:** 30 86 20 62
Sprecherinnen: Dipl.-Ing. Christine Grüger (Im Tann 11, 82166 Gräfelfing, T: (089) 89 89 01 05, Fax: 89 89 01 06)
Dipl.-Ing. Monika Kunz (Hauffstr. 6, 70829 Korntal-Münchingen, T: (0711) 8 38 51 47)

• S 1 124

Verband Deutscher Schiffahrts-Sachverständiger e.V. (V.D.S.S.)
Postf. 12 16, 22871 Wedel
Spitzerdorfstr. 16, 22880 Wedel
T: (04103) 1 70 90 **Fax:** 1 72 93
1. Vorsitzende(r): Dipl.-Ing. Jürgen Altstaedt
Mitglieder: 130

• S 1 125

Verband Deutscher Schiffsexperten e.V.
Straße des 17.Juni 110, 10623 Berlin
T: (030) 31 50 50 16 **Fax:** 31 50 50 17
Geschäftsführer(in): Werner Schillow (Kapitän, Bonhoeffer Ufer 14, 10589 Berlin)
Mitglieder: 37

• S 1 126

Bundeslotsenkammer
Körperschaft des öffentlichen Rechts
Nikischstr. 8, 22761 Hamburg
T: (040) 8 90 34 35 **Fax:** 8 90 52 50
Vorsitzende(r): Kapitän Hein Mehrkens

• S 1 127

Bundesverband der See- und Hafenlotsen e.V. (BSHL Hamburg)
Geschäftsstelle
Georgstr. 10, 27570 Bremerhaven
T: (0471) 2 50 26 **Fax:** 20 70 21
Internet: http://www.bshl.de
E-Mail: bshl-verb@t-online.de
Gründung: 1990 (29. Mai)
Präsident(in): Kpt. Kurt Steuer
Mitglieder: 453

• S 1 128

Freie Vereinigung von Fachleuten öffentlicher Verkehrsbetriebe (FV)
c/o Betriebe der Stadt Mülheim an der Ruhr
Duisburger Str. 78, 45479 Mülheim
T: (0208) 4 51-1001 **Fax:** 4 51-1009
Gründung: 1950 (3. April)
Vorsitzende(r): Dipl.-Ing. Werner Foerster-Baldenius
Mitglieder: 247 (Stand: 1.1.2000)

• S 1 129

Verband Deutscher Fernmeldetechniker (VDFP) e.V.
(vormals Vereinigung Deutscher Fernmeldetechniker Post e.V.)
Bundesgeschäftsstelle
Postf. 10 22 25, 60022 Frankfurt
Stuttgarter Str. 11, 60329 Frankfurt
T: (069) 24 24 94 65 **Fax:** 24 24 94 66
Gründung: 1899 als Bund mittlerer technischer Reichs-Telegraphenbeamten E.V., Wiedergründung 1957 (17. März). Durch Beschluß des Bundesdelegiertentages 1996 umbenannt in: "Verband Deutscher Fernmeldetechniker (VDFP)".
Bundesvorsitzender: Franz Roschkowski (Erdestr. 10, 44388 Dortmund, T: (0231) 69 21 11)
Stellv. Bundesvors.: Martin Saupp (Hölderlinstr. 1, 74177 Bad Friedrichshall, T: (07136) 2 66 65)
Hermann Muth (Tannstr. 10, 78628 Rottweil, T: (0741) 4 10 03)
Verbandszeitschrift: VDFP-Nachrichten
Redaktion: Waldemar Hörle, Pr & PR, Gerh.-Hauptmann-Ring 137, 60439 Frankfurt am Main, T: (069) 57 16 55, Fax: (069) 58 98 66
Druck & Verlag: Druck- und Verlagshaus Daniel, Grünewaldstr. 15, 72366 Balingen
Mitglieder: rd. 8000

• **S 1 130**

Vereinigung Deutscher Wissenschaftler (VDW)
Geschäftsstelle:
Schopenhauerstr. 26, 14129 Berlin
T: (030) 80 30 88 66 **Fax:** 80 30 88 88
E-Mail: vdw@vossnet.de
Gründung: 1959 (1. Oktober)
Mitglieder: 450

• **S 1 131**

Berufsverband Deutscher Soziologen e.V. (BDS)
Geschäftsstelle:
c/o Institut f. Soziologie
Babelsberger Str. 14-16, 10715 Berlin
T: (030) 8 50 02-230 **Fax:** 8 50 02-138
Internet: http://www.bds-soz.de
E-Mail: bds-berlin@bds-soz.de
Gründung: 1976 (14. März)
1. Vorsitzende(r): Dr. Erich Behrendt, Recklinghausen
Verbandszeitschrift: Sozialwissenschaften und Berufspraxis
Redaktion: Dr. Jens Luedtke
Mitglieder: 520

Ethik-Kommission (zus. mit Deutsche Gesellschaft für Soziologie)

Erfahrungsaustausch und Interessenvertretung außeruniversitär arbeitender Soziologen(inn)en.

Bildende Künstler, Grafik-Designer, Schriftsteller, Komponisten, Kritiker, Journalisten, Dolmetscher, Übersetzer u. a.

• **S 1 132**

Bundesverband Bildender Künstlerinnen und Künstler (BBK) e.V.
Bundesgeschäftsstelle:
Weberstr. 61, 53113 Bonn
T: (0228) 21 61 07, 21 61 08 **Fax:** 21 61 05
Internet: http://members.aol.com/bbkigbk/bbk.htm
E-Mail: bbkigbk@aol.com
Gründung: 1971
Geschäftsf. Vorstand:
Bundesvors. u. Sprecher: Hans Wilhelm Sotrop
Bundesvorsitzender: Werner Schaub
Geschäftsführer(in): Dr. Ursula Cramer
Beauftr. für Kunst und Bauen: Manfred Kohlhaas (Ltg. Presseabteilung)
Verbandszeitschrift: „kultur politik"
Redaktion: Hans Wilhelm Sotrop, Werner Schaub
Mitglieder: 13500
Mitarbeiter: 3

Gesamt-Berufsvertretung der bildenden Künstler den überregionalen deutschen Regierungs- und Verwaltungsstellen und dem Ausland gegenüber; Regelung aller über den regionalen Bereich seiner Mitgliedsverbände hinausgehenden Fragen, insbesondere: Vertretung der Belange der bildenden Künstler gegenüber dem Staat und in der Gesellschaft; Gewährung von Schutz vor unlauterem Wettbewerb; Sicherung der rechtlichen Stellung der bildenden Künstler durch den Ausbau des Berufsrechts; als Verwaltungs-und Nachrichtenstelle für alle Mitgliederverbände untereinander und auch zu anderen kulturellen Verbänden des In- und Auslandes zu dienen.

Landesverbände

S 1 133

Landesverband Bildender Künstler und Künstlerinnen Baden-Württemberg e.V.
Hermann-Walker-Str. 3, 69151 Neckargemünd
T: (06223) 7 35 92 **Fax:** 7 35 92

S 1 134

Berufsverband Bildender Künstler Bayern e.V.
Isabellastr. 49, 80796 München
T: (089) 2 72 15 79 **Fax:** 2 71 52 13

S 1 135

Berufsverband Bildender Künstler Berlins e.V.
Köthener Str. 44, 10963 Berlin
T: (030) 2 30 89 90 **Fax:** 23 08 99 19

S 1 136

Brandenburgischer Verband Bildender Künstler e.V.
Geschäftsstelle
Am Alten Markt 9, 14467 Potsdam
T: (0331) 2 70 65-38 **Fax:** 2 70 65-39
E-Mail: bvbk.ev@arcormail.de

S 1 137

Bremer Verband Bildender Künstlerinnen und Künstler e.V.
Am Deich 68, 28199 Bremen
T: (0421) 50 04 22 **Fax:** 5 97 95 15

S 1 138

Berufsverband Bildender Künstler Hamburgs e.V.
Klosterwall 15, 20095 Hamburg
T: (040) 33 65 14 **Fax:** 32 17 32

S 1 139

Bundesverband Bildender Künstlerinnen und Künstler
Landesverband Hessen e.V.
Chattenpfad 7, 65232 Taunusstein
T: (06128) 7 37 33 **Fax:** 7 54 94

S 1 140

Künstlerbund Mecklenburg und Vorpommern e.V.
Puschkinstr. 12, 19055 Schwerin
T: (0385) 56 50 09 **Fax:** 56 50 09

S 1 141

Bund Bildender Künstlerinnen und Künstler für Niedersachsen e.V.
Sophienstr. 2, 30159 Hannover
T: (0511) 32 38 20 **Fax:** 32 38 20

S 1 142

Bundesverband Bildender Künstlerinnen und Künstler
Landesverband Nordrhein-Westfalen e.V.
Kapellstr. 24, 40479 Düsseldorf
T: (0211) 4 92 13 24 **Fax:** 4 92 13 24

S 1 143

Berufsverband Bildender Künstler Rheinland-Pfalz e.V.
Am Judensand 57, 55122 Mainz
T: (06131) 3 71-424 **Fax:** 3 71-425

S 1 144

Bundesverband Bildender Künstler
Landesverband Saar e.V.
Dr.-Eckener-Str. 10, 66117 Saarbrücken
T: (0681) 5 57 38 **Fax:** 5 89 69 02

S 1 145

Sächsischer Künstlerbund e.V.
Pulsnitzer Str. 6, 01099 Dresden
T: (0351) 8 01 55 16 **Fax:** 8 01 55 16
E-Mail: skb-kbd@dresden-art.de

S 1 146

Verband Bildender Künstler Sachsen-Anhalt e.V.
Markt 13, 06108 Halle
T: (0345) 2 02 68 21 **Fax:** 2 02 68 21

S 1 147

Bundesverband Bildender Künstler
Landesverband Schleswig-Holstein e.V.
Brunswiker Str. 13, 24103 Kiel
T: (0431) 55 46 50 **Fax:** 5 16 91

S 1 148

Verband Bildender Künstler Thüringen e.V.
Krämerbrücke 4, 99084 Erfurt
T: (0361) 6 42 25 71 **Fax:** 6 42 25 63

• **S 1 149**

Internationale Gesellschaft der Bildenden Künste
- Sektion der Bundesrepublik Deutschland - (IGBK)
Weberstr. 61, 53113 Bonn
T: (0228) 21 61 41 **Fax:** 21 61 05
Internet: http://www.igbk.de
E-Mail: art@igbk.de
Gründung: 1957
Sprecher d. Vorst.: Andreas Schmid
Geschäftsführer(in): Thomas Weis

Fachverbände:

S 1 150

Bundesverband Bildender Künstlerinnen und Künstler (BBK) e.V.
Weberstr. 61, 53113 Bonn
T: (0228) 21 61 07, 21 61 08 **Fax:** 21 61 05
Internet: http://members.aol.com/bbkigbk/bbk.htm
E-Mail: bbkigbk@aol.com
Gründung: 1971
Verbandszeitschrift: kultur politik, vtj.
Mitglieder: 13500
Mitarbeiter: 3

S 1 151

Deutscher Künstlerbund e.V.
Köthener Str. 44, 10963 Berlin
T: (030) 26 55 22 81 **Fax:** 26 55 22 83
Internet: http://www.kuenstlerbund.de
E-Mail: info@kuenstlerbund.de
Mitglieder: 400

S 1 152

GEDOK - Verband der Gemeinschaften der Künstlerinnen und Kunstfreunde e.V.
c/o Frau Dr. Renate Massmann
Einern 29, 42279 Wuppertal
T: (0202) 52 46 42, 52 02 23, 52 55 51 **Fax:** 52 25 39
Internet: http://www.gedok.de
E-Mail: gedok.ma.wpt@t-online.de
Präsident(in): Dr. Renate Massmann (Einern 29, 42279 Wuppertal)
Verbandszeitschrift: GEDOK-Rundbriefe
Redaktion: Einern 29, 42279 Wuppertal
Mitglieder: ca. 4500 Einzelmitglieder in 23 örtlichen Gruppen in der Bundesrepublik Deutschland und der Sektion Österreich

• **S 1 153**

Deutscher Tonkünstlerverband e.V. (DTKV)
Geschäftsstelle:
Linprunstr. 16 Rgb., 80335 München
T: (089) 54 21 20-63 **Fax:** 54 21 20-64
Gründung: 1847
Präsidentin: Prof. Dr. Inka Stampfl (80331 München, Zweibrückenstr. 10 oder Universität Passau, 94030 Passau; Mitglied d. Fachausschüsse d. Bundesministerien und des Deutschen Kulturrates, Präsidiumsmitglied d. Deutschen Musikrates)
1. Vizepräs: Prof. Rolf Hempel (73733 Esslingen, Arnikastr. 49/1)
2. Vizepräs: Prof. Jürgen Ulrich (32756 Detmold, Papenbergweg 33)
Schriftführer(in): Wolfgang Büssenschütt (28195 Bremen, Altenwall 28; Mitglied im Beirat d. Künstlersozialkasse)
Schatzmeister: Wilhelm Mixa (94036 Passau, Hunostr. 44; Mitglied d. Fachausschusses Musikberufe im Deutschen Musikrat)
Rechtsabteilung: RA Thomas Krekeler (81479 München, Dr. Carl v. Linde-Str. 11)
Verbandszeitschrift: Neue Musikzeitung, Musik & Bildung, Musikforum (Deutscher Musikrat)
Mitglieder: 6500

DTKV - Landesverbände

S 1 154

Tonkünstlerverband Baden-Württemberg e.V.
Kernerstr. 2a, 70182 Stuttgart
T: (0711) 2 23 71 26 **Fax:** 2 23 73 31
1. Vorsitzende(r): Prof. Rolf Hempel (73733 Esslingen, Arnikastr. 49/1)

S 1 155

Landesverband Bayerischer Tonkünstler e.V.
Linprunstr. 16, 80335 München
T: (089) 5 29 25 93, 54 21 20-80 **Fax:** 54 21 20-81
1. Vorsitzende: Prof. Dr. Inka Stampfl (c/o Universität Passau, 94032 Passau, Postf. 25 40, T: (0851) 5 09 28 80 Fax:(0851) 5 09 28 81)

S 1 156

Deutscher Tonkünstlerverband Landesverband Berlin
An der Rehwiese 24b, 14129 Berlin
T: (030) 8 03 69 96 **Fax:** 8 03 69 96
1. Vorsitzende: Dr. Adelheid Krause-Pichler (14197 Berlin, Landauer Str. 12, T: (030) 8 22 33 13, Telefax: (030) 8 22 33 13)

s 1 157

Deutscher Tonkünstlerverband Landesverband Brandenburg e.V.
Anni-von-Gottberg-Str. 14, 14480 Potsdam
T: (0331) 6 26 33 98 **Fax:** 6 26 33 98
1. Vorsitzende(r): Prof. Klaus Bäßler (Am Weinberg 5, 14532 Kleinmachnow, T: (033203) 2 06 41)

s 1 158

Deutscher Tonkünstlerverband Landesverband Bremen
Am Wall 74, 28195 Bremen
T: (0421) 17 08 09
1. Vorsitzende(r): Markus Menke (Waller Ring 8, 28219 Bremen, T: (0421) 3 80 96 88)

s 1 159

Deutscher Tonkünstlerverband Landesverband Hamburg
Waitzstr. 63, 22607 Hamburg
T: (040) 82 75 74
1. Vorsitzende(r): Detlef Saßmannshausen (Waitzstr. 63, 22607 Hamburg, T: (040) 82 75 74)

s 1 160

Landesverband Hessen Deutscher Tonkünstler und Musiklehrer e.V.
Kirchweg 65, 34119 Kassel
T: (0561) 1 73 48 **Fax:** 31 44 16
1. Vorsitzende(r): Thomas Krug (Kirchweg 65, 34119 Kassel, T: (0561) 1 73 48)

s 1 161

Deutscher Tonkünstlerverband Landesverband Mecklenburg-Vorpommern e.V.
c/o Hochschule für Musik und Theater
Am Bussebart 11, 18055 Rostock
T: (0381) 2 02 06 21 **Fax:** 2 02 06 25
1. Vorsitzende(r): Prof. Wilfrid Jochims (Am Bussebart 11, 18055 Rostock, T: (0381) 2 02 06 21, Telefax: (0381) 2 02 06 25)

s 1 162

Deutscher Tonkünstlerverband Landesverband Niedersachsen e.V.
Lützowstr. 5, 30159 Hannover
T: (0511) 1 31 97 99 **Fax:** 1 59 01
1. Vorsitzende(r): Prof. Bernd Goetzke (31234 Edemissen, Kochsweg 27, T: (05176) 12 89)

s 1 163

Deutscher Tonkünstlerverband Landesverband Nordrhein-Westfalen e.V.
c/o Ang. Ruckdeschel
Pappenstr. 4, 47057 Duisburg
T: (0203) 35 92 55 **Fax:** 35 92 55
1. Vorsitzende(r): Prof. Jürgen Ulrich (32756 Detmold, Papenbergweg 33, T: (05231) 30 09 66, Telefax: (05231) 3 89 91)

s 1 164

Deutscher Tonkünstlerverband Landesverband Rheinland-Pfalz e.V.
Mühlenweg 1, 57648 Unnau
T: (02661) 6 35 29 **Fax:** 6 12 54
1. Vorsitzende(r): Annerose Baab (67292 Kirchheimbolanden, Goethestr. 1, T: (06352) 26 25)

s 1 165

Deutscher Tonkünstlerverband Landesverband Saar e.V.
Annastr. 27, 66386 Sankt Ingbert
T: (06894) 9 66 21-8 **Fax:** 9 66 21-9
1. Vorsitzende(r): Everard Sigal (66386 St. Ingbert, Annastr. 27, T: (06894) 9 66 21-8, Telefax: (06894) 9 66 21-9)

s 1 166

Deutscher Tonkünstlerverband Landesverband Sachsen e.V.
Erikenweg 1, 04416 Markkleeberg
T: (0341) 3 58 17 20
1. Vorsitzende(r): Matthias Hübner (04416 Markkleeberg, Erikenweg 1, T:(0341) 3 58 17 20)

s 1 167

Deutscher Tonkünstlerverband Landesverband Sachsen-Anhalt
Institut für Musik der Otto von Guericke-Universität Magdeburg
Kaiser-Otto-Ring 6, 39106 Magdeburg
T: (0391) 6 71 48 84 **Fax:** 6 71 48 55
Vorsitzende(r): Wilhelmine Unger (Hermannstr. 34, 06108 Halle/S., T: (0345) 3 88 19 42)
Dr. Sigrid Hansen (Hermann-Löns-Str. 21, 39116 Magdeburg, T: (0391) 63 120 86, Fax: 63 120 86)

s 1 168

Deutscher Tonkünstlerverband Landesverband Schleswig-Holstein e.V.
Mühlenstr. 91, Haus 6, 23552 Lübeck
T: (0451) 7 98 28 43 **Fax:** 7 07 00 34
1. Vorsitzende(r): Prof. Albert Aigner (23552 Lübeck, Mühlenstr. 91, Haus 6, T: (0451) 7 98 28 43, Telefax: (0451) 7 07 00 34)

s 1 169

Deutscher Tonkünstlerverband Landesverband Thüringen e.V.
Bauhausstr. 5, 99423 Weimar
T: (03643) 40 22 30 **Fax:** 40 22 30
1. Vorsitzende(r): Almut Auerswald (Brandström-Str. 41, 07749 Jena, T: (03641) 44 61 90, Fax: 82 86 86)

● S 1 170

GEMA Gesellschaft für musikalische Aufführungs- und mechanische Vervielfältigungsrechte
Gen.-Direktion:
Bayreuther Str. 37, 10787 Berlin
T: (030) 2 12 45-00, Telefax: 2 12 45-950
Rosenheimer Str. 11, 81667 München
T: (089) 4 80 03-00 **Fax:** 4 80 03-969
Internet: http://www.gema.de
E-Mail: gema@gema.de
Gründung: 1903
Vorsitzender des Aufsichtsrates: Christian Bruhn
Stellvertretende(r) Vorsitzende(r): Hans Hee
Prof. Dr. Hans W. Sikorski
Vorstand: Prof. Dr. Reinhold Kreile (Vorsitzender des Vorstands u.Generaldirektor)
Prof. Dr. Jürgen Becker (Mitglied des Vorstands und Chefsyndikus)
Dipl.-Oec. Rainer Hilpert (Mitglied des Vorstands)
Leiter Kommunikation: Dr. Hans-Herwig Geyer
Verbandszeitschrift: GEMA-Nachrichten, GEMA-News, GEMA-Brief, Redaktion: Dr. Hans-Herwig Geyer, Dr. Elfriede Oberhofer;
GEMA Jahrbuch, Redaktion: Dr. Hans-Herwig Geyer, Burghard Weißhuhn, Stefan Wohlgemuth
Mitarbeiter: 1139

Urheberrechtliche Verwertungsgesellschaft. Wahrnehmung von Nutzungsrechten an musikalischen Werken in Deutschland.

GEMA-Bezirksdirektionen

s 1 171

GEMA Bezirksdirektion Augsburg
Stettenstr. 6-8, 86150 Augsburg
T: (0821) 50 30 80 **Fax:** 5 03 08-88

s 1 172

GEMA-Bezirksdirektion Berlin
Keithstr. 7, 10787 Berlin
T: (030) 2 12 92-0 **Fax:** 2 12 92-7 95

s 1 173

GEMA Bezirksdirektion Nordrhein-Westfalen
Südwall 17-19, 44137 Dortmund
T: (0231) 5 77 01-0 **Fax:** 5 77 01-120

s 1 174

GEMA Bezirksdirektion Dresden
Zittauer Str. 31, 01099 Dresden
T: (0351) 81 84-60 **Fax:** 81 84-700

s 1 175

GEMA Bezirksdirektion Hamburg
Schierenberg 66, 22145 Hamburg
T: (040) 6 79 09 30 **Fax:** 67 90 93-11

s 1 176

GEMA Bezirksdirektion Hannover
Blücherstr. 6, 30175 Hannover
T: (0511) 28 38-0 **Fax:** 81 74 10

s 1 177

GEMA Bezirksdirektion München
Rosenheimer Str. 11, 81667 München
T: (089) 4 80 03-01 **Fax:** 4 80 03-9 40

s 1 178

GEMA Bezirksdirektion Nürnberg
Johannisstr. 1, 90419 Nürnberg
T: (0911) 9 33 59-0 **Fax:** 9 33 59-254

s 1 179

GEMA Bezirksdirektion Stuttgart
Herdweg 63, 70174 Stuttgart
T: (0711) 22 52-6 **Fax:** 22 52-8 00

s 1 180

GEMA Bezirksdirektion Wiesbaden
Abraham-Lincoln-Str. 20, 65189 Wiesbaden
T: (0611) 79 05-0 **Fax:** 79 05-197

● S 1 181

ZPÜ Zentralstelle für private Überspielungsrechte
Postf. 80 07 67, 81607 München
Rosenheimer Str. 11, 81667 München
T: (089) 4 80 03-00 **Fax:** 4 80 03-9 69
Geschäftsführer(in): GEMA, diese vertreten durch ihren Vorstand:
Prof. Dr. Reinhold Kreile
Prof.Dr. Jürgen Becker
Dipl.-Oec. Rainer Hilpert

● S 1 182

Zentralstelle für Video-Vermietung (ZVV)
c/o Gema, Direktion Inkassomandate
Rosenheimer Str. 11, 81667 München
T: (089) 4 80 03-00 **Fax:** 4 80 03-9 69
Geschäftsführer(in): GEMA, diese vertreten durch ihren Vorstand:
Prof. Dr. Reinhold Kreile
Prof. Dr. Jürgen Becker
Dipl.-Oec. Rainer Hilpert

● S 1 183

Staatliche Akademie der Bildenden Künste Karlsruhe
Reinhold-Frank-Str. 67, 76133 Karlsruhe
T: (0721) 8 50 18-0 **Fax:** 84 81 50
(Bildhauerei Stephanienstr. 80/82, Außenstelle Schloß Scheibenhardt,
T: (0721) 86 11 00;
Außenstelle Fuchsstr. 7a, 79102 Freiburg, T: (0761) 7 27 25
Rektor: Prof. Dr. Andreas Franzke
Prorektor: Prof. Harald Klingelhöller
Verwaltung: OAR Rüdiger Weis
Prüfungsamt: Marianne Gröger-Schaffer
Gerlinde Friedl-Dutt
Studiensekretariat: Ingrid Tavernier-Durm

● S 1 184

Freie Akademie der Künste in Hamburg e.V.
Klosterwall 23, 20095 Hamburg
T: (040) 32 46 32 **Fax:** 32 69 29
Internet: http://www.hamburg.de/freie-akademie-der-kuenste
E-Mail: gustke@hamburg.de
Gründung: 1950
Präsident(in): Prof. Armin Sandig
Vizepräsident(in): Peter Striebeck
Leitung Presseabteilung: Marc-André Gustke
Mitglieder: 170
Mitarbeiter: 2

● S 1 185

Erich-Bödeker-Gesellschaft für naive Kunst e.V. Hannover
Wietzendiek 10, 30657 Hannover
T: (0511) 65 22 64
Vorsitzende(r): Dr. Volker Dallmeier
Mitglieder: 20 und zahlreiche Freunde

● S 1 186

Bund Deutscher Buchkünstler e.V. (BDB)
Sitz: Museum für Druckkunst Leipzig
Nonnenstr. 38, 04229 Leipzig
T: (0341) 49 04 90 **Fax:** 4 90 49 49
Gründung: 1927 (Leipzig, 3.4.1955 München)

1. Vorsitzende(r): Prof. Karl-Georg Hirsch (Kleiststr. 121, 04157 Leipzig, T: /0341) 9 01 67 10)
2. Vorsitzende(r): Sabine Golde (Brandvorwerkstr. 89, 04275 Leipzig, T. u. Fax: (0341) 5 90 12 47)
Mitglieder: 100, förd. Mitgl. 8, korresp. Mitgl. 50

• **S 1 187**

Bund bildender Künstlerinnen Württembergs e.V. (BBK)
Eugenstr. 17, 70182 Stuttgart
T: (0711) 24 01 80
Gründung: 1893
Vorsitzende(r): Ulli Heyd (Ltg. Presseabteilung)
Mitglieder: 112 aktive Künstlerinnen, 19 Fördermitgl.
Jahresetat: ca. DM 0,013 Mio, € 0,01 Mio

• **S 1 188**

Verein Berliner Künstler
Schöneberger Ufer 57, 10785 Berlin
T: (030) 2 61 23 99 **Fax:** 2 61 53 31
Gründung: 1841
Vorsitzende(r): Hans-Jürgen Gabriel
Stellvertretende(r) Vorsitzende(r): Dietmar Spiller
Galerieleitung: Elvira Scheide
Mitglieder: 97
Mitarbeiter: 1

• **S 1 189**

GEDOK - Verband der Gemeinschaften der Künstlerinnen und Kunstfreunde e.V.
Einern 29, 42279 Wuppertal
T: (0202) 52 46 42, 52 02 23, 52 55 51 **Fax:** 52 25 39
Internet: http://www.gedok.de
E-Mail: gedok.ma.wpt@t-online.de
Gründung: 1926
Präsident(in): Dr. Renate Massmann (Einern 29, 42279 Wuppertal)
Stellv. Vorsitzende: Nanna Zernack
Margrit Schulz aus dem Kahmen
Leitung Presseabteilung: Ursula Müller (T: (0202) 70 25 52)
Verbandszeitschrift: GEDOK-Rundbriefe
Redaktion: Einern 29, 42279 Wuppertal
Mitglieder: ca. 4500 Einzelmitglieder in 23 örtlichen Gruppen in der Bundesrepublik Deutschland und der Sektion Österreich
Mitglied der IGBK - Internationale Gesellschaft der Bildenden Künste Sektion Bundesrepublik Deutschland e.V.-(IAA/AIAP-UNESCO), Mitglied im Deutschen Musikrat, Mitglied im Deutschen Kulturrat, Mitglied im Deutschen Frauenrat, Gründungsmitglied des Kunstfonds, Gründungsmitglied des Kunstfonds, der VG-Bild-Kunst, des Künstlersozialwerks, Vertreten in der Künstlersozialkasse (KSK)

Spartenübergreifende Förderung von Künstlerinnen der Bildenden Kunst, Kunsthandwerk, Musik, Komposition, Literatur, Rezitation, Darstellende Kunst Gruppe Kunstfreunde.

• **S 1 190**

FJK Fördergemeinschaft Junger Kunst e.V.
Hauptstr. 25, 53604 Bad Honnef
T: (02224) 7 04 94 **Fax:** 94 92-20
Gründung: 1986
Vorsitzende(r): Ingo Maas
Leitung Presseabteilung: Birgit Schenk
Verbandszeitschrift: Junge Kunst
Verlag: Verlagsgesellschaft Ritterbach, Frechen
Mitglieder: 400

• **S 1 191**

Neuer Berliner Kunstverein e.V.
mit Artothek und Video-Forum
Chausseestr. 128-129, 10115 Berlin
T: (030) 2 80 70 20/22 **Fax:** 2 80 70 19
Gründung: 1969
Direktor(in): Dr. Alexander Tolnay
Vorsitzende(r): Arnold Heidemann
Geschäftsführer(in): Dr. Inken Nowald
Mitglieder: 650
Mitarbeiter: 8
Jahresetat: DM 1,4 Mio, € 0,72 Mio

Vermittlung von aktueller Kunst.

• **S 1 192**

Künstlerhilfe-Sozialwerk e.V. (KSW)
Konrad-Adenauer-Ring 28, 65187 Wiesbaden
T: (0611) 80 19 99 **Fax:** 8 41 09 84
Gründung: 1974 (April)
Geschf. Vors.: Prof. hc. Dr. hc. Rudolf A. Bräuker
Stellvertretende Vorsitzende: Dipl.-Betriebsw. Gabriele Bräuker
Leitung Presseabteilung: Marcus A. Bräuker
Mitglieder: 550

• **S 1 193**

Bundesverband Deutscher Kunstverleger e.V.
Postf. 70 02 10, 60552 Frankfurt
T: (069) 61 99 55 85 **Fax:** 62 91 20
E-Mail: BDK.Sturm@t-online.de
Gründung: 1989 (13. Oktober)
Vorsitzende(r): Klaus Gerrit Friese, Stuttgart
Stellvertretende(r) Vorsitzende(r): Ruth Leuchter
Schatzmeister: Hargen Depelmann
Beisitzer: Wolfgang Grätz
Peter Post
Ernst Hilger
Gesch.-Stellen-Ltr: Birgit Maria Sturm
Mitglieder: 80
Mitarbeiter: 1

Interessenvertretung deutscher Verleger von Originaldruckgrafik und Auflagenobjekten.

• **S 1 194**

Gesellschaft für Kunst und Gestaltung e.V.
Hochstadenring 22, 53119 Bonn
T: (0228) 69 41 44
Vorstand: Dr. Walfried Pohl
Dagmar Weste
Horst Rave
Jacques Breuer
Ulli Kreißig
Walter Vitt
Geschäftsführer(in): Horst Rave

• **S 1 195**

Deutscher Verein für Kunstwissenschaft e.V.
Jebensstr. 12, 10623 Berlin
T: (030) 3 13 99 32 **Fax:** 3 13 99 32
Gründung: 1908
Vorsitzende(r): Prof. Dr. Rainer Kahsnitz (München)
Stellvertretende(r) Vorsitzende(r): Prof. Dr. Peter-Klaus Schuster (München)
Verbandszeitschrift: Zeitschrift des Deutschen Vereins für Kunstwissenschaft
Redaktion: Prof. Dr. Rainer Kahsnitz
Verlag: Deutscher Verlag für Kunstwissenschaft, Charlottenstr. 13, Berlin
Mitglieder: 1050
Mitarbeiter: 2

• **S 1 196**

Deutsche Orchestervereinigung e.V. in der DAG
Postf. 13 02 63, 20102 Hamburg
Heimhuder Str. 5, 20148 Hamburg
T: (040) 4 10 60 61 **Fax:** 4 10 60 34
Internet: http://www.dov.org
E-Mail: kontakt@dov.org
Vorsitzende(r): Rolf Becker
Geschäftsführer(in): Prof. Dr.jur. Rolf Dünnwald

• **S 1 197**

Das Orchester
Organ der Deutschen Orchestervereinigung Zeitschrift für Orchesterkultur und Rundfunk-Chorwesen
Postf. 13 02 63, 20102 Hamburg
Heimhuder Str. 5, 20148 Hamburg
T: (040) 4 10 60 61 **Fax:** 4 10 60 34
E-Mail: kontakt@dov.org

• **S 1 198**

Bund Deutscher Liebhaberorchester e.V.
Schlegelstr. 14, 90491 Nürnberg
T: (0911) 59 13 09
Gründung: 1924
Vorsitzende(r): Dr. Joachim Conradi
Stellvertretende(r) Vorsitzende(r): Helge Lorenz
Dr. Günter Sauer
Geschäftsführer(in): Sabine Conradi
Verbandszeitschrift: Das Liebhaberorchester
Redaktion: Michael Goldbach, Talstr. 18, 96120 Bischberg, T: (0951) 60 16 53, Fax: 8 63 49 37
Mitglieder: 450 Orchester

Landesvertretungen

s 1 199

Landesverband Baden-Württembergischer Liebhaberorchester e.V.
Primus-Truber-Str. 68, 72072 Tübingen
T: (07071) 7 52 45 **Fax:** (07433) 33 42
Präsident: Eckart Materna
Mitglieder: 125 Orchester

s 1 200

Landesverband Bayerischer Liebhaberorchester e.V
Ratoldstr. 32, 80995 München
T: (089) 3 14 89 45 **Fax:** 3 14 89 45
Präsident(in): Karin Grohmann

s 1 201

Landesverband Berliner Liebhaberorchester e.V.
c/o Rainer Vogt
Calandrellistr. 18 F, 12247 Berlin
T: (030) 7 71 97 01 **Fax:** 7 71 97 01
Gründung: 1992 (29. Februar)
Vorsitzende(r): Rainer Vogt (Ltg. Presseabt.)
Mitglieder: 16 korporative Mitglieder (Orchester)
Jahresetat: ca. DM 0,005 Mio, € 0 Mio

s 1 202

Bund Deutscher Liebhaberorchester e.V. Landesvertretung Bremen
Moorweg 2, 27612 Loxstedt
T: (04744) 34 29 **Fax:** 82 08 50
Landeswalter: Ursula von Lienen (Moorweg 2, 27612 Loxstedt-Düring, T: (04744) 34 29, Fax: 82 08 50)

s 1 203

Bund Deutscher Liebhaberorchester e.V. Landesvertretung Hamburg
Berner Heerweg 183, 22159 Hamburg
T: (040) 64 55 84 22, 60 31 57 85 **Fax:** 64 55 84 84
Landeswalter: Wulf Hilbert

s 1 204

Bund Deutscher Liebhaberorchester e.V. Landesvertretung Hessen
Westring 46, 65824 Schwalbach
T: (06196) 10 88
Landeswalter: Erast v. Jasienicki

s 1 205

Bund Deutscher Liebhaberorchester e.V. Landesvertretung Mecklenburg-Vorpommern
Dalberger Weg 45, 19057 Schwerin
T: (0385) 4 23 07
Landeswalter: Wolfram Perlick

s 1 206

Bund Deutscher Liebhaberorchester e.V. Landesverband Nordrhein-Westfalen
Weissenstein 11a, 51491 Overath
T: (02206) 57 51
Vorsitzende(r): Eberhard Maibaum
Leitung Presseabteilung: Meike Schulz
Mitglieder: 67
Mitarbeiter: 6

s 1 207

Landesverband Sächsischer Liebhaberorchester e.V.
Kleinsteinstr. 9, 01219 Dresden
T: (0351) 4 76 56 50
Präsident(in): Dipl.-Ing. Peter Ringel

s 1 208

Landesverband Thüringer Laienorchester e.V.
Südring 15, 98693 Ilmenau
T: (03677) 87 75 70
E-Mail: mueller-poerlitz@t-online.de
Gründung: 1991 (6. April)
Präsident(in): Dr. Wolfgang Müller
Mitglieder: 240, davon 13 Orchester bzw. Kammervereinigungen
Jahresetat: DM 0,04 Mio, € 0,02 Mio

• **S 1 209**

Genossenschaft Deutscher Bühnen-Angehöriger (GDBA)
Postf. 13 02 70, 20102 Hamburg
Feldbrunnenstr. 74, 20148 Hamburg
T: (040) 44 51 85, 44 38 70 **Fax:** 45 93 52
Gründung: 1871 (17. Juli)
Präsident(in): Hans Herdlein
Verbandszeitschrift: "bühnengenossenschaft"
Redaktion: Hans Herdlein
Verlag: Bühnenschriften-Vertriebs-GmbH, Postf. 13 02 70, 20102 Hamburg
Mitglieder: rd. 8000

• S 1 210

Kartellverband deutschsprachiger Bühnenangehöriger
Johann-von-Werth-Str. 4, 80639 München
T: (089) 16 95 01 **Fax:** 16 98 30
Präsident(in): Hans Herdlein (Ltg. Presse)
Vizepräsident(in): Hans-Joachim Frick
Sekretär: Ingo Harms

• S 1 211

Gesellschaft für Literatur in Nordrhein-Westfalen e.V.
Wilmergasse 12-13, 48143 Münster
T: (0251) 4 68 77 **Fax:** 4 68 77
Gründung: 1977
Vorsitzende(r): Harry Böseke, Marienheide
Geschäftsführer(in): Marlis Damwerth, Münster

• S 1 212

Deutsches Jugendmedienwerk e.V.
Geschäftsstelle:
Fischtorplatz 23, 55116 Mainz
T: (06131) 2 88 90 18 **Fax:** 23 03 33
Vorstand: Heinrich Kreibich
Hermann Übelherr
Dr. Karl-Josef Schaltenberg
Wolfgang Frenken
Geschäftsführer(in): Günter Bergmann

• S 1 213

Jugendmedienzentrum
Zentrales Marketingbüro für Jugendmedienarbeit in Deutschland
Haus der Jugend
Hammacherstr. 33, 45127 Essen
T: (0201) 24 80-358 **Fax:** 24 80-348
Internet: http://www.junge-presse.de/jmz
E-Mail: JMZentrum@aol.com
Gründung: 1996
Vorstand: Christian Kolb
Geschäftsführer(in): Rüdiger van Hal
Leitung Presseabteilung: Florian Neuhann
Mitarbeiter: ca. 50
Publikation: CONCEPT - Informationsdienst für junge Multiplikatoren

• S 1 214

Deutsche Schillergesellschaft e.V.
Schillerhöhe 8-10, 71672 Marbach
T: (07144) 8 48-0 **Fax:** 8 48-2 99
Internet: http://www.dla-marbach.de
E-Mail: dsg@dla-marbach.de
Gründung: 1895
Präsident(in): Prof. Dr. Eberhard Lämmert
Stellv. Präs.: Dr. Walter Seuferle
Geschäftsführer(in): Prof. Dr. Ulrich Ott
Leitung Presseabteilung: Dr. h.c. Friedrich Pfäfflin
Verbandszeitschrift: Jahrbuch der Deutschen Schillergesellschaft
Redaktion: Albrecht Bergold
Verlag: Alfred Kröner-Verlag, Stuttgart
Mitglieder: 3950
Mitarbeiter: 150
Jahresetat: DM 15 Mio, € 7,67 Mio

• S 1 215

Gesellschaft zur Förderung der Literatur aus Afrika, Asien und Lateinamerika e.V.
Postf. 10 01 16, 60001 Frankfurt
Reineckstr. 3, 60313 Frankfurt
T: (069) 21 02-2 47/2 50 **Fax:** 21 02-2 27
E-Mail: litprom@book-fair.com
Gründung: 1980
Vorstand: Peter Weidhaas (Direktor der Frankfurter Buchmesse, Vors.)
Dr. Ray-Güde Mertin (Literarische Agentur, stellv. Vors.)
Verleger Hermann Schulz
Daniel Cohn-Bendit (MdEP)
Prof. Hilmar Hoffmann
Juan Villoro (Schriftsteller)
Geschäftsführer(in): Peter Ripken
Verbandszeitschrift: LITERATURNACHRICHTEN - Afrika, Asien, Lateinamerika
Redaktion: Peter Ripken
Verlag: Eigenverlag
Mitglieder: 70
Mitarbeiter: 4
Jahresetat: DM 0,600 Mio, € 0,31 Mio

• S 1 216

Arbeitskreis für Jugendliteratur e.V.
Metzstr. 14c, 81667 München
T: (089) 4 58 08 06 **Fax:** 45 80 80 88
Internet: http://www.bkj.de/akj
E-Mail: a.k.j@t-online.de
Gründung: 1955 (22. Januar)
Vorsitzende(r): Renate Raecke
Geschäftsführer(in): Franz Meyer
Verbandszeitschrift: JuLit
Mitglieder: 36 Mitgliedsverbände, 207 Einzelpersonen
Mitarbeiter: 5

• S 1 217

Deutsches Literaturarchiv
Postf. 11 62, 71666 Marbach
Schillerhöhe 8-10, 71672 Marbach
T: (07144) 8 48-0 **Fax:** 8 48-2 99
Internet: http://www.dla-marbach.de
E-Mail: dsg@dla-marbach.de
Gründung: 1895
Direktor(in): Prof. Dr. Ulrich Ott
Verwaltungs-Ltr.: Friedbert Sommer
Leitung Presseabteilung: Dr.h.c. Friedrich Pfäfflin
Verbandszeitschrift: Jahrbuch der DSG
Redaktion: Albrecht Bergold
Verlag: Deutsche Schillergesellschaft, Schillerhöhe 8-10, 71672 Marbach
Mitglieder: 4000
Mitarbeiter: 150
Jahresetat: DM 15 Mio, € 7,67 Mio

• S 1 218

Deutsche Literaturkonferenz e.V.
Köthener Str. 44, 10963 Berlin
T: (030) 2 61 27 51 **Fax:** 23 00 36 29
E-Mail: literaturkonferenz.bueroberlin@t-online.de
Gründung: 1986
Mitglieder: 23

Aufgabe der Literaturkonferenz ist es, die Belange der Literatur gemeinsam gegenüber der Öffentlichkeit sowie gegenüber Parlamenten, Behörden und Institutionen zu vertreten. Dazu gehören insbesondere Wahrung der Literaturfreiheit, medienpolitische Fragen, das Urheberrecht sowie Literatur- und Autorenförderung.

• S 1 219

Hessisches Literaturbüro
c/o Künstlerhaus Mousonturm
Waldschmidtstr. 4, 60316 Frankfurt
T: (069) 40 58 95 23 **Fax:** 40 58 95 62
Redaktion: Paulus Böhmer, Harry Oberländer
Literaturzeitschrift: Der Literaturbote
Herausgegeben vom Hessischen Literaturbüro im Mousonturm e.V. in Zusammenarbeit mit dem Hessischen Ministerium für Wissenschaft und Kunst, mit finanzieller Unterstützung der Sparkassen-Kulturstiftung Hessen-Thüringen in Frankfurt am Main
Redaktion:
Ulrike Albert-Kucera, Paulus Böhmer, Frank Jakubzik, Harry Oberländer (verantwortlich), Werner Söllner
Junges Literaturforum Hessen/Thüringen:
Dr. Dieter Betz, Alban Nikolai Herbst, Renate Wiggershaus

• S 1 220

Humboldt-Gesellschaft für Wissenschaft, Kunst und Bildung e.V.
Hinter der Kapelle 30, 55128 Mainz
T: (06131) 57 71 01 **Fax:** 57 71 11 Akademie
Gründung: 1962 (12. Mai)
Präsident(in): Prof. Dr. Herbert Kessler
Vizepräsident(in): Prof. Dr. Gudrun Höhl (em. o. Professor der Geographie an der Universität Mannheim)
Prof. Dr.-Ing. Dr. h.c. Dr. h.c. Wolfgang Weber (Universität Bochum)
Vorstand: Dr. Wulf Thommel (Vors.)
Dr. Hanna Jordan (Vertreter)
Prof. Dr. Hanno Beck
Prof. Dr. Gudrun Höhl
Dr. Detlef Haberland
Mariam Freifrau von Homboldt (Pressesekretärin)
Dipl.-Kfm. Dr. Wilfried Detzel (Schriftführer)
Udo Smid (Schatzmeister)
Prof. Dr.-Ing.Dr.h.c.Dr.h.c. Wolfgang Weber (Ständiger Sekretär d. Akademischen Rates)
Kuratorium: Nico Israel
Mitglieder: 650

• S 1 221

DDV Deutscher Designer-Verband e.V.
Gelsenkirchener Str. 181, 45309 Essen
T: (0201) 8 30 40 10 **Fax:** 8 30 40 19
E-Mail: ddv@germadesign.de
Generalsekretär(in): Klaus Haid

• S 1 222

VDMD Verband Deutscher Mode- und Textil-Designer e.V.
Gelsenkirchener Str. 181, 45309 Essen
Präsidentin: Mara Michel
Geschäftsführer(in): RA Klaus Haid

s 1 223

VDMD Verband Deutscher Mode- und Textil-Designer e.V. Geschäftsstelle München
Rottmannstr. 24, 80333 München
T: (089) 52 83 90 **Fax:** 52 83 90
E-Mail: kuehner.reissschmidt@t-online.de
Geschäftsführer(in): Nora Kühner

• S 1 224

VDGD Verband Deutscher Grafik-Designer e.V.
Gelsenkirchener Str. 181, 45309 Essen
Präsident(in): Fried Hoven
Geschäftsführer(in): RA Klaus Haid

• S 1 225

Deutscher Designertag e.V.
Dachverband deutscher Designerverbände, Interessenverband deutsche Designer
Postf. 13 03 33, 20103 Hamburg
Grindelberg 15a, 20144 Hamburg
T: (040) 45 48 34 **Fax:** 45 48 32
Internet: http://www.designertag.de
Gründung: 1975
Präsident(in): Kai Ehlert (geschäftsführend; Postf. 13 03 33, 20103 Hamburg, T: (040) 45 48 30/34, Fax: (040) 45 48 32)
Vizepräsident(in): Gisa Höber
K. Michael Kühne
Verbandszeitschrift: DT Informationen
Redaktion: Kai Ehlert

s 1 226

Arbeitsgemeinschaft Selbständige Industrie-Designer e.V. (ASID)
Schulplatz 2, 39343 Beendorf
T: (039050) 9 95 94 **Fax:** 9 95 96
Internet: http://www.asid.de
E-Mail: asidev@aol.com
1. Vorsitzende(r): Christoph Kuri
Vorst. u. Geschäftsstelle: Christoph Kuri

s 1 227

Arbeitsgemeinschaft Weiterbildende Seminare für Creative Berufe e.V. (AWSC)
Oelkersallee, 22769 Hamburg
T: (040) 3 90 10 35 **Fax:** 3 90 64 05
1. Vorsitzende(r): K. Michael Kühne

s 1 228

Bund Deutscher Grafik-Designer e.V. (BDG)
Flurstr. 30, 22549 Hamburg
T: (040) 83 29 30 43 **Fax:** 83 29 30 42
Internet: http://www.bdg-deutschland.de
E-Mail: info@bdg-deutschland.de
Internationaler Zusammenschluß: siehe unter izs 655
Präsident(in): Martin Curilla
Geschäftsstellenleiterin: Johanna Wunderlich
Geschäftsführendes Präsidium:
Martin Curilla
Jack Eichert
Michael Müller

s 1 229

Deutsches Archiv für Grafik-Design e.V.
Johann-Werner-Str. 19, 82131 Gauting
T: (089) 8 50 56 66 **Fax:** 47 55 58
1. Vorsitzende(r): Wolfgang Baum

s 1 230

Selbständige Design-Studios e.V. (SDSt)
Stobenstr. 13, 38100 Braunschweig
T: (0531) 4 41 24 **Fax:** 4 43 34
1. Vorsitzende(r): Peter Riefenstahl

s 1 231

Verband der Grafik-Designer e.V. (VGD)
Rykestr. 2, 10405 Berlin
T: (030) 4 41 13 13 **Fax:** 4 41 13 15
Geschäftsführer(in): Dr. Wilfried Karger
Vorsitzende(r): Prof. Alex Jordan

s 1 232

PYRAMIDE(Deutschland) e.V.
c/o RA Dr. Wolfgang Maaßen
Kreuzbergstr. 1, 40489 Düsseldorf
T: (0211) 40 40 37 **Fax:** 40 78 01
Präsidentin: Margot Klingsporn
Geschäftsführer(in): Dr. Wolfgang Maaßen

• **S 1 233**

Allianz deutscher Designer e.V. (AGD)
Steinstr. 3, 38100 Braunschweig
T: (0531) 1 67 57 **Fax:** 1 69 89
Internet: http://www.agd.de
E-Mail: info@agd.de
Gründung: 1976 (25. November)
1. Vorsitzende(r): Peter Ritter
2. Vorsitzende(r): Lenz Lampertsdörfer
Hauptgeschäftsführer(in): Lutz Hackenberg
Leitung Presseabteilung: Heide Hackenberg
Verbandszeitschrift: AGD Quartal
Redaktion: Heide Hackenberg
Verlag: Steinstr. 3, 38100 Braunschweig
Mitglieder: 2600
Mitarbeiter: 4
Jahresetat: DM 1,2 Mio, € 0,61 Mio

• **S 1 234**

DESIGNFORUM NÜRNBERG e.V.
Luitpoldstr. 3, 90402 Nürnberg
T: (0911) 2 40 22-30 **Fax:** 2 40 22-39
Internet: http://www.designforum-nbg.de
E-Mail: info@designforum-nbg.de
Gründung: 1987
Träger: DESIGNFORUM NÜRNBERG e.V.
Geschäftsführerin: Dipl.-Designerin Iris Laubstein
Vorsitzende(r): Anton-Wolfgang Graf von Faber-Castell
Stellvertretende(r) Vorsitzende(r): Elke Dauphin (Dauphin Office Interiors GmbH & Co. KG)
Schatzmeister: Dipl.-Wirtsch. Ing. Hermann Ueffing (Mitglied des Direktoriums der Landesgewerbeanstalt Bayern)
Verbandszeitschrift: BAYERN DESIGN
Redaktion: Designforum Nürnberg
Mitglieder: 160
Mitarbeiter: 3
Mitglieder u.a.:
Georg-Simon-Ohm-Fachhochschule Nürnberg
Germanisches Nationalmuseum
Handwerkskammer für Mittelfranken
Landesgewerbeanstalt Bayern
Stadt Nürnberg
IHK Nürnberg
IHK Aschaffenburg
IHK für Oberfranken Bayreuth
IHK Coburg
IHK Würzburg-Schweinfurt
BDG Bund Deutscher Grafik-Designer, Gruppe Franken
Deutscher Werkbund Bayern
VDID Verband Deutscher Industrie-Designer e.V., Regionalgruppe Bayern und Franken u.a.

Förderung des Designs durch Veranstaltungen (Ausstellungen, Wettbewerbe, Tagungen, Seminare u. Vorträge) und Publikationen (Ausstellungskataloge u. Broschüren)

• **S 1 235**

Bund Deutscher Grafik-Designer e.V. (BDG)
Bundesgeschäftsstelle:
Flurstr. 30, 22549 Hamburg
T: (040) 83 29 30 43 **Fax:** 83 29 30 42
Internet: http://www.bdg-deutschland.de
E-Mail: info@bdg-deutschland.de
Gründung: 1919 (3. Mai)
Internationaler Zusammenschluß: siehe unter izs 655
Präsident(in): Martin Curilla
Vizepräsident(in): Jack Eichert
Schatzmeister: Michael Müller
Syndikus: RA Dr. Paul Lange
Dr. Peter Wilbert (Mitgl.-Beratung T: (0211) 43 43 24)
Verbandszeitschrift: BDG intern
Redaktion: Bundesgeschäftsstelle
Mitglieder: ca. 1700
Mitarbeiter: 2

Geschäftsstellen der BDG-Gruppen:

s 1 236

BDG-Gruppe Baden-Württemberg
Lehrstr. 2, 72401 Haigerloch
T: (07474) 91 69 40 **Fax:** 91 69 41
E-Mail: eichert@bdg-deutschland.de
1. Vorsitzende(r): Jack Eichert

s 1 237

BDG-Gruppe Bayern
Hartstr. 63a, 82110 Germering
T: (089) 89 43 52 11 **Fax:** 89 43 52 52
1. Vorsitzende(r): Gert Schülke

s 1 238

BDG-Gruppe Berlin
Halberstädter Str. 7, 10711 Berlin
T: (030) 8 91 13 51 **Fax:** 8 93 28 94
E-Mail: CStammnitz@t-online.de
1. Vorsitzende(r): Christa Stammnitz (T: (030) 8 91 13 51)

s 1 239

BDG-Gruppe Braunschweig/Niedersachsen
c/o wir design GmbH
Frankfurter Str. 4, 38122 Braunschweig
T: (0531) 2 80 88 51 **Fax:** 2 80 88 52
E-Mail: unruh@artmax.de
Vorsitzende(r): Alwina Unruh

s 1 240

BDG-Gruppe Bremen
Sunnenbrink 21, 48629 Metelen
T: (02556) 99 75 15 **Fax:** 99 75 16
Vorsitzende(r): Dieter Blase

s 1 241

BDG-Gruppe Düsseldorf
Oststr. 119, 40210 Düsseldorf
T: (0211) 32 66 27 **Fax:** 32 22 77
Vorsitzende(r): Ljiljana Vokovic

s 1 242

BDG-Gruppe Franken
Am Adlersberg 7, 92275 Hirschbach
T: (09151) 87 53 **Fax:** (09152) 8 98 32
Vorsitzende(r): Herbert Carl Traue

s 1 243

BDG-Gruppe Hansa
Niels ter Heide
Stolpmünder Str. 31, 22147 Hamburg
T: (040) 64 86 06 41 **Fax:** 64 89 19 99
Vorsitzende(r): Martin Curilla

s 1 244

BDG-Gruppe Köln
Rektoratsstr. 18, 47839 Krefeld
T: (02151) 74 85 11 **Fax:** 74 85 31
E-Mail: steffen.schauberger@mail.niederrhein.de
Vorsitzende(r): Steffen Schauberger

s 1 245

BDG-Gruppe Ostwestfalen-Lippe
Spiegelstr. 13, 33602 Bielefeld
T: (0521) 17 82 18 **Fax:** 17 29 51
1. Vorsitzende(r): Michael Müller
Geschäftsstelle: Hubertus Adam

s 1 246

BDG-Gruppe Rhein-Neckar
Schauinslandstr. 23, 75239 Eisingen
T: (07232) 87 85
Vorsitzende(r): Wolfgang Roß

s 1 247

BDG-Gruppe Rheinland-Pfalz
Eckenbertstr. 7, 67549 Worms
T: (06241) 9 56 63-0 **Fax:** 9 56 63-44
1. Vorsitzende(r): Axel Gottschall

s 1 248

BDG-Gruppe Sachsen
Bahnhofstr. 64, 04509 Krostitz
T: (034295) 7 12 95
Vorsitzende(r): Jürgen Kunstmann

s 1 249

BDG-Gruppe Dresden
c/o CCP
Westendstr. 3, 01187 Dresden
T: (0351) 4 72 61 56 **Fax:** 4 71 93 46
E-Mail: ccp@imagic.de
Vorsitzende(r): Wolfgang Riedel
Geschäftsstelle: Matthias Kummer

• **S 1 250**

Art Directors Club für Deutschland (ADC) e.V.
Melemstr. 22, 60322 Frankfurt
T: (069) 5 96 40 09 **Fax:** 5 96 46 02
Internet: http://www.adc.de
E-Mail: adc@adc.de
Gründung: 1964
Geschäftsführer(in): Elly Koszytorz
Sprecher d. Vorst.: Carlos Obers
Mitglieder: 270
Mitarbeiter: 3
Publikationen: ADC Jahrbuch, Nachwuchsbroschüre, 'sushi' (Jahresheft des ADC-Nachwuchswettbewerbs)

• **S 1 251**

Gestalt-Institut Frankfurt e.V.
Wilhelm-Hauff-Str. 5, 60325 Frankfurt
T: (069) 74 06 99 **Fax:** 74 87 22
Internet: http://www.gestalt-institut-frankfurt.de
E-Mail: info@gestalt-institut-frankfurt.de
Geschäftsführer(in): Rolf Heinzmann
Verbandszeitschrift: Gestalt Zeitung
Redaktion: Gestalt-Institut

• **S 1 252**

Type Directors Club of New York
Deutsches Komittee
Robert-Koch-Str. 8, 55129 Mainz
T: (06131) 50 60-0 **Fax:** 50 60 80
Gründung: 1946
Vorsitzende(r): Bertram Schmidt-Friderichs (German Liaison Chairman)
Mitglieder: 280

• **S 1 253**

VS Verband deutscher Schriftsteller in der IG Medien
- Bundesgeschäftsstelle
Postf. 10 24 51, 70020 Stuttgart
Friedrichstr. 15, 70174 Stuttgart
T: (0711) 20 18-237 **Fax:** 20 18-300
E-Mail: vs@igmedien.de
Gründung: 1969 (8. Juni)
Vorsitzende(r): Prof. Dr. Fred Breinersdorfer
Stellvertretende(r) Vorsitzende(r): Regine Möbius
Till Sailer
Jutta Sauer
Geschäftsführer(in): Sabine Herholz
Verbandszeitschrift: Kunst & Kultur
Redaktion: Josef Singldinger
Verlag: IG Medien, Postf. 10 24 51, 70020 Stuttgart
Mitglieder: 3800

s 1 254

Verband deutscher Schriftsteller Landesbezirk Baden-Württemberg
Theodor-Heuss-Str. 16, 70174 Stuttgart
T: (0711) 29 24 41 **Fax:** 2 26 19 56
1. Vorsitzende(r): Imre Török

s 1 255

Verband deutscher Schriftsteller Landesbezirk Bayern
Schwanthalerstr. 64, 80336 München
T: (089) 5 30 90 27 **Fax:** 5 38 96 29
1. Vorsitzende(r): Robert Stauffer

s 1 256

Verband deutscher Schriftsteller Landesbezirk Berlin
Dudenstr. 10, 10965 Berlin
T: (030) 78 80 09-43 **Fax:** 78 80 09-20
1. Vorsitzende(r): Hans Müncheberg

s 1 257

Verband deutscher Schriftsteller Landesbezirk Brandenburg
Am Alten Markt 9, 14467 Potsdam
T: (0331) 29 14 88 **Fax:** 29 14 88
Dr. Ingrid Protze

s 1 258

Verband deutscher Schriftsteller Landesverband Hamburg
Besenbinderhof 60, 20097 Hamburg
T: (040) 28 58-5 08 **Fax:** 28 58-5 11
1. Vorsitzende(r): Dr. Reimer Eilers

s 1 259

Verband deutscher Schriftsteller Landesbezirk Hessen
Wilhelm-Leuschner-Str. 69-77, 60329 Frankfurt
T: (069) 24 29 12 18 **Fax:** 25 20 94
1. Vorsitzende(r): Hadayatullah Hübsch

s 1 260
Verband deutscher Schriftsteller Landesbezirk Mecklenburg-Vorpommern
Besenbinderhof 50, 20097 Hamburg
T: (040) 28 58-508 **Fax:** 28 58-511
1. Vorsitzende(r): Manfred Kubowsky

s 1 261
Verband deutscher Schriftsteller Landesbezirk Niedersachsen-Bremen
Sophienstr. 2, 30159 Hannover
T: (0511) 32 90 88 **Fax:** 32 90 88
1. Vorsitzende(r): Volker Erhardt

s 1 262
Verband deutscher Schriftsteller Landesbezirk Nordrhein-Westfalen
Hohenzollernring 85-87, 50672 Köln
T: (0221) 95 14 96 66 **Fax:** 52 81 95
Vorsitzende(r): Harry Böseke
Anna Dünnebier
Antje Dertinger

s 1 263
Verband deutscher Schriftsteller Landesbezirk Rheinland-Pfalz
Binger Str. 20, 55122 Mainz
T: (06131) 38 30 04 **Fax:** 38 58 09
1. Vorsitzende(r): Thomas Krämer

s 1 264
Verband deutscher Schriftsteller Landesbezirk Saarland
Binger Str. 20, 55122 Mainz
T: (06131) 38 30 04 **Fax:** 38 58 09
1. Vorsitzende(r): Klaus Behringer

s 1 265
Verband deutscher Schriftsteller Landesbezirk Sachsen
Täubchenweg 8, 04317 Leipzig
T: (0341) 6 88 98 17 **Fax:** 6 88 98 22
1. Vorsitzende(r): Regine Möbius

s 1 266
Verband deutscher Schriftsteller Landesbezirk Sachsen-Anhalt
Kleiner Berlin 2, 06108 Halle
T: (0345) 2 02 49 03 **Fax:** 2 02 49 03
1. Vorsitzende(r): Bernd-Dieter Hüge

s 1 267
Verband deutscher Schriftsteller Landesbezirk Schleswig-Holstein
Legienstr. 22, 24103 Kiel
T: (0431) 55 40 87 **Fax:** 55 14 33
1. Vorsitzende(r): Hannes Hansen

s 1 268
Verband deutscher Schriftsteller Landesbezirk Thüringen
Juri-Gagarin-Ring 150, 99084 Erfurt
T: (0361) 6 44 24 40 **Fax:** 6 44 24 41
1. Vorsitzende(r): Landolf Scherzer

s 1 269
Verband deutscher Schriftsteller Bundessparte Übersetzer
Friedrichstr. 15, 70174 Stuttgart
T: (0711) 20 18-237 **Fax:** 20 18-300
1. Vorsitzende(r): Helga Pfetsch

s 1 270
Verband deutscher Schriftsteller Auslandsgruppe
Friedrichstr. 15, 70174 Stuttgart
T: (0711) 20 18-237 **Fax:** 20 18-300
1. Vorsitzende(r): Axel Thormählen

• S 1 271
P.E.N.-Zentrum Deutschland
Kasinostr. 3, 64293 Darmstadt
T: (06151) 2 31 20 **Fax:** 29 34 14
Geschäftsführer(in): Ursula Setzer
Vorstand:
Präsident(in): Christoph Hein
Generalsekretär(in): Johano Strasser
Schatzmeister: Dr. Sigfrid Gauch
Vizepräsident(in): Elsbeth Wolffheim
Joochen Laabs

• S 1 272
PEN-Zentrum Deutschland
Büro Berlin
Chausseestr. 125, 10115 Berlin
T: (030) 4 41 39 04 **Fax:** 4 41 39 04
Gründung: 1948
Präsident(in): Said
Generalsekretär(in): Johano Strasser
Mitglieder: ca. 650

• S 1 273
Bundesverband Deutscher Schriftsteller-Ärzte e.V.
Carl-Oelemann-Weg 7, 61231 Bad Nauheim
T: (06032) 22 14 **Fax:** 22 16
Gründung: 1970
Präsident(in): Prof. Dr.med. Horst Joachim Rheindorf
1. Vizepräs.: Dr.med. Alfred Rottler
2. Vizepräs.: Dr. med. Rolf Lachner
Verbandszeitschrift: Rundbrief Deutscher Schriftsteller-Ärzte
Mitglieder: 203
Landesgruppen: Baden-Württemberg, Bayern, Hamburg, Hessen, Nordrhein-Westfalen, Schleswig-Holstein

• S 1 274
Kulturwerk deutscher Schriftsteller e.V.
Postf. 10 24 51, 70020 Stuttgart
Friedrichstr. 15, 70174 Stuttgart
T: (0711) 20 18-2 36 **Fax:** 20 18-3 00
Vorsitzende(r): Prof. Dr. Fred Breinersdorfer
Stellvertretende(r) Vorsitzende(r): Detlef Hensche
Geschäftsführer(in): Sabine Herholz (Ltg. Presse)

• S 1 275
Bundesverband Deutscher Autoren e.V. (B.A.)
Braunlager Str. 19, 12347 Berlin
T: (030) 6 25 54 49 **Fax:** 6 25 54 49
Gründung: 1977
Vorsitzende(r): Elisa-Christa Baneth
Stellvertretende(r) Vorsitzende(r): Hella Kasten
Pater Paulos

Angeschlossene Verbände

s 1 276
Deutscher Autoren-Verband e.V.
Geschäftsstelle:
Sophienstr. 2, 30159 Hannover
T: (0511) 32 20 68
Vorsitzende(r): Dr. Hans Becher
Geschf. u. StVors: Margarete Röder (Alte Rathausstr. 5, 30880 Laatzen, T: (0511) 86 58 46)

s 1 277
Westdeutscher Autorenverband e.V. (WAV)
mit Vereinigung Oberschlesischer Autoren
Postf. 10 53 39, 40044 Düsseldorf
T: (0211) 62 76 82 **Fax:** 62 76 82
Vorsitzende(r): Mgr. Joachim G. Görlich
Geschäftsführer(in): P. Paulos

s 1 278
Züricher Schriftsteller-Verband (ZSV)
und Verband Ostschweizer Autoren
Sekretariat:
Postf. 31, CH-8047 Zürich
T: (00411) 4 92 81 00
Präsident(in): Oscar Stucky (Im Freihamsb, CH-8184 Bachenbülach, T: (00411) 86 03 149)

s 1 279
Verband Ungarndeutscher Autoren und Künstler e.V. (VUdAK)
mit der Filiale "Temeswar und Banat"
c/o Neue Zeitung
Postf. 224, H-1391 Budapest
T: (00361) 3 32 63 34
Vorsitzende(r): Johann Schuth (c/o Neue Zeitung, Postf. 2 24, H-1391 Budapest, T: (00361) 3 32 63 34)

s 1 280
Deutsche Sektion im rumänischen Schriftsteller-verband
Filiale "Temeswar"
Demokratisches Forum der Deutschen aus dem BANAT
Str. Berthelot Nr. 41, R-70749 Bucuresti 1-145
T: (00400) 15 91 75 + 15 90 99

s 1 281
Kreis deutschschreibender Autoren in der Tschechischen Republik
Deutsch-Böhmischer Verein
c/o Prager Zeitung
Klimenská 30, CZ-11015 Prag 1
T: (004202) 2 31 46 05
Stellvertretende(r) Vorsitzende(r): Felix Seebauer (priv.: Vitkovická 373, CZ-19900 Prag 9, T: (00422) 89 85 71, Fax: (00422) 89 85 71)

• S 1 282
Berliner Autorenvereinigung e.V.
Braunlager Str. 19, 12347 Berlin
T: (030) 3 94 46 97 **Fax:** 3 94 46 97
Gründung: 1973
Vorsitzende(r): Elisa-Christa Baneth
Stellvertretende(r) Vorsitzende(r): Helmut Eikermann (Jan Eik)
Günther Odemann-Nöring
Kassenwart: Till-Torsten Klöpping

• S 1 283
Deutsche Ocularistische Gesellschaft e.V. (DOG)
Heumarkt 52, 50667 Köln
T: (0221) 25 52 36 **Fax:** 25 33 47
Vorsitzende(r): Wolfgang Trester
Geschäftsführer(in): Friedrich Geusen

• S 1 284
Hamburger Autorenvereinigung e.V.
Postf. 55 04 30, 22564 Hamburg
T: (040) 87 08 20 18
Internet: http://www.hamburg.de/behoerden/kulturbehoerde/autorenvereinigung/
Gründung: 1977 (November)
1. Vorsitzende(r): Rosemarie Fiedler-Winter
2. Vorsitzende(r): Jürgen Serke
Mitglieder: 125

• S 1 285
Bund Niederdeutscher Autoren e.V.
Mecklenburg-Vorpommern Uckermark
Seestr. 23, 17111 Verchen
T: (039994) 1 04 47 **Fax:** 1 04 47
Gründung: 1990 (22. Februar)
Vorsitzende(r): Gerhard Diekelmann
Stellvertretende(r) Vorsitzende(r): Dieter Lockenvitz
Mitglieder: 35

• S 1 286
Arbeitsgemeinschaft deutschsprachiger Autoren (ADA)
Von-Schildeck-Str. 12, 36043 Fulda
T: (0661) 2 32 74 **Fax:** 2 32 74
Gründung: 1981
Leitung: Wolfgang G. Schulze
Verbandszeitschrift: "adagio" Literaturzeitschrift der ADA
Verlag: VfA-Verlag freier Autoren, von-Schildeck-Str. 12, 36043 Fulda
Mitglieder: ca. 300
Mitarbeiter: 2

• S 1 287
Interessengemeinschaft deutschsprachiger Autoren e.V. (IGdA)
Geschäftsstelle:
c/o Jutta Miller-Waldner
Müllerstr. 22e, 12207 Berlin
T: (030) 7 12 74 77
Gründung: 1966
1. Vorsitzende(r): Grete Weber-Wassertheurer (Jahnstr. 22, 71384 Weinstadt, T: (07151) 6 11 14 + 61 03 19)
Verbandszeitschrift: IGdA - aktuell
Redaktion: Roswitha Martell
Verlag: aktuell-Verlag für Literatur der Gegenwart, Margarete Weber, Postf. 22 29, 71371 Weinstadt
Mitglieder: 260

• S 1 288
Fördererkreis deutscher Schriftsteller in Niedersachsen und Bremen e.V.
Künstlerhaus
Dreyerstr. 6, 30169 Hannover
T: (0511) 32 90 88 **Fax:** 32 90 88
Gründung: 1974 (15. August)
Vorsitzende(r): Klaus Seehafer
Geschäftsführer(in): Matthias Wesslowski
Mitglieder: 31
Mitarbeiter: 2
Jahresetat: DM 0,3 Mio, € 0,15 Mio

• S 1 289

Schriftsteller in Schleswig-Holstein e.V.
Meisenweg 18, 24147 Klausdorf
T: (0431) 79 07 42
1. Vorsitzende(r): Karin Kleemann-Strehlow
2. Vorsitzende(r): Dr. Manfred Wedemeyer (Skelinghörn 18, 25980 Morsum/Sylt, T: (04651) 89 05 61)
Schriftführerin: Antje Thietz-Bartram (Stavenhagenstr. 11, 22453 Hamburg, T: (040) 5 53 78 50)
Schatzmeisterin: Lotte Brügmann-Eberhardt (Schillerstr. 3, 24116 Kiel, T: (0431) 55 31 91)
Mitglieder: 130

• S 1 290

Freier Deutscher Autoren-Verband Schutzverband Deutscher Schriftsteller e.V. (FDA)
Eibenweg 5, 53757 Sankt Augustin
T: (02241) 34 15 36, (0179) 6 92 74 10 (Funk)
Fax: (02241) 20 60 40
Internet: http://www.fda.de
E-Mail: datz46@aol.com
Präsident(in): Senator h.c. Klaus Jentzsch (Weilerhalde 41, 72070 Tübingen, T+Fax: (07071) 4 51 06)

Landesverbände

s 1 291

Freier Deutscher Autoren-Verband Landesverband Baden-Württemberg
Tannenstr. 78, 73037 Göppingen
T: (07161) 99 04 32 **Fax:** 99 04 34
Vorsitzende(r): Jutta Schöps-Körber

s 1 292

Freier Deutscher Autoren-Verband Landesverband Bayern e.V.
Bergstr. 4, 96123 Litzendorf
T: (09505) 8 02 76 **Fax:** 8 02 76
E-Mail: fdabayern@aol.com
Vorsitzende(r): Céline B. Davis

s 1 293

Freier Deutscher Autorenverband Landesverband Berlin e.V.
Soester Str. 25a, 12207 Berlin
T: (030) 7 12 22 67
1. Vorsitzende(r): Dipl.-Kfm. Lutz Fischer

s 1 294

Freier Deutscher Autoren-Verband Landesverband Brandenburg
Franz-Mehring-Str. 2, 02977 Hoyerswerda
T: (03571) 2 32 85
Vorsitzende(r): Waltraud Skoddow

s 1 295

Freier Deutscher Autoren-Verband Landesverband Hessen
Liebknechtstr. 99, 63303 Dreieich
T: (06103) 6 13 65 **Fax:** 6 47 82
Vorsitzende(r): Wolfgang H. Müller

s 1 296

Freier Deutscher Autorenverband Landesverband Mecklenburg-Vorpommern
Dr. Albanstr. 24, 19395 Plau
T: (038735) 4 16 66
Vorsitzende(r): Ingeburg Baier

s 1 297

Freier Deutscher Autoren-Verband Landesverband Niedersachsen
Jahnstr. 6, 27798 Hude
T: (04408) 17 16 **Fax:** 80 87 10
Vorsitzende(r): Krimhild Stöver (M.A.)

s 1 298

Freier Deutscher Autoren-Verband Landesverband Nordrhein-Westfalen
Auf dem Kreuzbüchel 16, 53572 Unkel
T: (02224) 32 63 **Fax:** 7 94 33
Vorsitzende(r): Dr. Detlef Gojowy

s 1 299

Freier Deutscher Autoren-Verband Landesverband Rheinland-Pfalz
Dantestr. 7, 55128 Mainz
T: (06131) 36 94 36
Vorsitzende(r): Dr. Jan Cattepoel

s 1 300

Freier Deutscher Autoren-Verband Landesverband Saarland
Warndtstr. 50, 66352 Großrosseln
T: (06898) 4 06 09 **Fax:** 4 06 09
Vorsitzende(r): Irene Siegwart-Bierbrauer

s 1 301

Freier Deutscher Autoren-Verband Landesverband Sachsen
Kanzlerstr. 36, 09112 Chemnitz
T: (0371) 31 19 87 **Fax:** 31 19 87
Vorsitzende(r): Hans-Dietrich Lindstedt

s 1 302

Freier Deutscher Autorenverband Landesverband Sachsen-Anhalt
Zur Residenz 4, 39179 Barleben
T: (039203) 6 12 19 **Fax:** 6 12 19
Vorsitzende(r): Elisabeth Graul

s 1 303

Freier Deutscher Autoren-Verband Landesverband Thüringen
Tieckstr. 52, 07747 Jena
T: (03641) 33 52 37
Vorsitzende(r): Dr. Albrecht Börner

s 1 304

Freier Deutscher Autoren-Verband Landesverband Hamburg
Fruchtallee 34b, 20259 Hamburg
T: (041) 49 95 21
Vorsitzende(r): Heidrun Schaller

• S 1 305

Bundesverband junger Autoren und Autorinnen e.V.
Kannenbäcker Str. 9, 53340 Meckenheim
T: (02225) 78 89 **Fax:** 78 89
Internet: http://www.bvja-online.de
E-Mail: bvjaa@t-online.de
Gründung: 1987 (15. April)
Vorsitzende(r): Tatjana Flade
Leitung Presseabteilung: Ralf Paprotta
Verbandszeitschrift: Federwelt
Redaktion: Titus Müller
Verlag: Federwelt Verlag, Albrechtstr. 107, 12167 Berlin
Mitglieder: ca. 700
Jahresetat: DM 0,04 Mio, € 0,02 Mio

• S 1 306

Bundesverband der Friedrich-Bödecker-Kreise e.V.
Sitz: Hannover
Bundesgeschäftsstelle:
Fischtorplatz 23, 55116 Mainz
T: (06131) 2 88 90 18 **Fax:** 23 03 33
Gründung: 1981 (5. Oktober)
Vorsitzende(r): Hans Bödecker
Geschäftsführer(in): Günter Bergmann

• S 1 307

Unabhängige Schriftsteller-Assoziation Dresden e.V.
Omsewitzer Ring 26, 01169 Dresden
T: (0351) 4 17 89 49
Gründung: 1990 (9. Juli)
Vorsitzende(r): Norbert Weiß (Liliengasse 18, 01067 Dresden, T: (0351) 4 95 43 56)
Hauptgeschäftsführer(in): Wolfram Kanis (Omsewitzer Ring 26, 01169 Dresden)
Öffentlichkeitsarbeit: Anett Ramisch (Bischofsweg 72, 01099 Dresden)
Mitglieder: 40

• S 1 308

Dramatiker-Union e.V. (Schriftsteller und Komponisten von Bühne und Film, Funk und Fernsehen)
Babelsberger Str. 43, 10715 Berlin
T: (030) 8 53 90 01 **Fax:** 8 53 90 04
Gründung: 1871
Präsident(in): Prof. Curth Flatow
Prof. Giselher Klebe
Geschäftsführer(in): Eckhard Schulz
Verbandszeitschrift: Der Autor
Redaktion: Eckhard Schulz
Verlag: Dramatiker-Union e.V., Babelsberger Str. 43, 10715 Berlin
Mitglieder: ca. 400

• S 1 309

Deutscher Laienspielverband (DELAV)
- Sekretariat
Holzstr. 2, 55116 Mainz
T: (06131) 22 23 27 u. 22 15 75
Gründung: 1952 (20. Juni)
Präsident(in): Hermannjosef Junglas
Geschäftsführer(in): Ing. Hans Geschka
Leitung Presseabteilung: Ing. Emil Hügenell
Verbandszeitschrift: UNSER VERBAND
Redaktion: Emil Hügenell
Verlag: "Unser Verband", Holzstr. 2, 55116 Mainz, T: (06131) 22 15 75
Mitglieder: 7000 in 136 Vereinen
Bezirksverbände: 7

• S 1 310

IDKV - Bundesverband der Veranstaltungswirtschaft e.V.
Lenhartzstr. 15, 20249 Hamburg
T: (040) 4 60 50 28 **Fax:** 48 44 43
Internet: http://www.idkv.com
E-Mail: idkv@idkv.com
Vorstand: Jens Michow (Präs. u. GeschF)
Michael Bisping
Elke Fleing
Roland Forster
Joachim Rudolf
Hans Steinle
Dieter Weidenfeld
Mitglieder: 226

• S 1 311

Deutscher Komponisten-Interessenverband e.V.
Kadettenweg 80b, 12205 Berlin
T: (030) 84 31 05 80/81 **Fax:** 84 31 05 82
Internet: http://dkiv.allmusic.de
Gründung: 1954 (4. Januar)
Vorstand: Karl Heinz Wahren (Präsident), Berlin
Prof. Harald Banter (stellv. Präsident), Köln
Maria de Alvear, Köln
Christian Bruhn, München
Prof. Dr. Wolfgang Rihm, Karlsruhe
Prof. Manfred Schoof, Lohmar
Lothar Voigtländer, Berlin
Marianne Augustin (ständ. beratendes Mitglied), Berlin
Geschäftsführer(in): Manuel Neuendorf
Mitglieder: ca. 1500

Landesverbände des Deutschen Komponisten-Interessenverbandes: Baden-Württemberg

s 1 312

Deutscher Komponisten-Interessenverband Landesverband Baden-Württemberg
Im Lohr 19, 68199 Mannheim
T: (0621) 81 52 74 **Fax:** 82 44 80
Vorsitzende(r): Peter Seiler (Im Lohr 19, 68199 Mannheim, T: (0621) 81 52 74, Fax: (0621) 82 44 80, Funk: 0172/6 23 52 45)
Stellvertretende(r) Vorsitzende(r): Prof. Dr. Alexander Sumski (Waldeckstr. 12, 72074 Tübingen, T: (07071) 5 1175, Fax: (07071) 55 02 68)

Bayern

s 1 313

Deutscher Komponisten-Interessenverband Landesverband Bayern
Am Mitterfeld 13, 85622 Weißenfeld
T: (089) 90 46 88 45 **Fax:** 90 46 88 45
Vorsitzende(r): Werner Theisen (Am Mitterfeld 13, 85622 Weißenfeld b. München, T/Fax: (089) 90 46 88 45)
Stellvertretende(r) Vorsitzende(r): Jörg Evers (Kanalstr. 10 A, 85774 Unterföhring, T: (089) 9 50 44 16, Fax: (089) 9 50 30 57, Funk: 0171/3 43 22 76)

Berlin

s 1 314

Deutscher Komponisten-Interessenverband Landesverband Berlin
Ifflandstr. 1, 10179 Berlin
T: (030) 2 41 94 39 **Fax:** 2 41 94 39
Vorsitzende(r): Hannes Zerbe (Ifflandstr. 1, 10179 Berlin, T/Fax: (030) 2 41 94 39, Funk: 0172/3 92 41 29)
Stellvertretende(r) Vorsitzende(r): Lutz Gerlach (Kietz 24, 12557 Berlin, T: (030) 6 51 15 42)
Raimond Erbe (Mellenseestr. 13, 10319 Berlin, T: (030) 5 12 25 47)

Brandenburg

s 1 315

Deutscher Komponisten-Interessenverband Landesverband Brandenburg
Frauendorfer Weg 2, 03051 Cottbus
T: (0355) 53 20 26 **Fax:** 53 20 26
Vorsitzende(r): Harald Lorscheider (Frauendofer Weg 2, 03051 Cottbus/Kahren, T/Fax: (0355) 53 20 26)
Ulrich Pogoda (Erfurter Str. 1, 03042 Cottbus, T: (0355) 3 81 44 10)

Hessen/Rheinland-Pfalz und Saarland

s 1 316

Deutscher Komponisten-Interessenverband Landesverband Hessen, Rheinland-Pfalz u. Saarland
Park Rosenhöhe 15 Engelweg, 64287 Darmstadt
T: (06151) 7 79 79
Vorsitzende(r): Prof. Dr. Hans Ulrich Engelmann (Engelweg 15, 64287 Darmstadt, T: (06151) 7 79 79)
Stellvertretende(r) Vorsitzende(r): Michael Sell (Erbsengasse 12, 60439 Frankfurt/M., T: (069) 58 63 14, Fax: (069) 57 65 79)

Mecklenburg-Vorpommern

s 1 317

Deutscher Komponisten-Interessenverband Landesverband Mecklenburg-Vorpommern
Hans-Beimler-Str. 66, 17491 Greifswald
T: (03834) 82 04 27
Vorsitzende(r): Prof. Burkhard Meier (Hans-Beimler-Str. 66, 17491 Greifswald, T: (03834) 82 04 27)
Stellvertretende(r) Vorsitzende(r): Thomas Ehricht (An den Bleichen 1, 18435 Stralsund, T: (03831) 39 40 40)

Norddeutschland

s 1 318

Deutscher Komponisten-Interessenverband Landesverband Norddeutschland
Heinrich-Barth-Str. 9, 20146 Hamburg
T: (040) 4 10 44 83 **Fax:** 43 89 54
Vorsitzende(r): Ladislav Geisler (Heinrich-Barth-Str. 9, 20146 Hamburg, T: (040) 4 10 44 83, Fax: (040) 43 89 54)
Stellvertretende(r) Vorsitzende(r): Prof. Helmut W. Erdmann (Fortbildungszentrum f. Neue Musik, An der Münze 7, 21335 Lüneburg, T/Fax: (04131) 30 93 90, E-mail: erdmann@uni-lueneburg.de)
Prof. h.c. Siegrid Ernst (Hodenberger Str. 10, 28355 Bremen, T: (0421) 25 93 58)
Hartmut Kiesewetter (Bahrenfelder Marktplatz 19, 22761 Hamburg, T: (040) 89 11 13)

Nordrhein/Westfalen

s 1 319

Deutscher Komponisten-Interessenverband Landesverband Nordrhein-Westfalen
Thomas-Mann-Str. 20, 41068 Mönchengladbach
T: (02161) 5 25 61 **Fax:** 95 28 52
Vorsitzende(r): Hermann Große-Schware (Thomas-Mann-Str. 20, 41068 Mönchengladbach, T: (02161) 5 25 61, Fax: (02161) 95 28 52, E-mail: grosseschw@aol.com)
Stellvertretende(r) Vorsitzende(r): Manfred Niehaus (Simrockstr. 18, 50823 Köln, T/Fax: (0221) 52 54 01)
Gerhard Jussenhoven (Ehrenvors., Viktor-Schnitzler-Str. 10, 50935 Köln, T: (0221) 43 51 23)

Sachsen

s 1 320

Deutscher Komponisten-Interessenverband Landesverband Sachsen
Beipertstr. 5, 04229 Leipzig
T: (0341) 4 79 07 80 **Fax:** 4 79 07 80
Vorsitzende(r): Günter Neubert (Beipertstr. 5, 04229 Leipzig, T/Fax: (0341) 4 79 07 80)
Stellvertretende(r) Vorsitzende(r): Prof. Wilfried Krätzschmar (Röhrsdorfer Str. 12, 01257 Dresden, T: (0351) 4 92 36 41, Fax: (0351) 4 95 40 80)

Sachsen-Anhalt

s 1 321

Deutscher Komponisten-Interessenverband Landesverband Sachsen Anhalt
Robert-Blum-Str. 8/9, 06114 Halle
T: (0345) 5 21 19 86 **Fax:** 5 21 19 87
Vorsitzende(r): Johannes Reiche (Robert-Blum-Str. 8/9, 06114 Halle, T: (0345) 5 21 19 86, Fax: (0345) 5 21 19 87)
Stellvertretende(r) Vorsitzende(r): Warnfried Altmann (Am Grünnigkengraben 4, 39326 Lindhorst, T: (039207) 8 01 33, Fax: (039207) 8 19 18)

Thüringen

s 1 322

Deutscher Komponisten-Interessenverband Landesverband Thüringen
Untergraben 1, 99423 Weimar
T: (03643) 50 27 20 **Fax:** 50 27 20
Vorsitzende(r): Johannes K. Hildebrandt (Untergraben 1, 99423 Weimar, T/Fax: (03643) 50 27 20, Funk: 0171/ 6 86 35 45)
Stellvertretende(r) Vorsitzende(r): Prof. Karl Dietrich (Auf dem Dürbache 10, 99438 Weimar-Legefeld, T: (03643) 84 98 84)

• S 1 323

Verein der Komponisten und Musikwissenschaftler (VKM) e.V.
(vormals: Verband Deutscher Komponisten)
Lanker Str. 23, 16359 Biesenthal
T: (03337) 49 06 75
Vorsitzende(r): Thomas Heyn
Stellvertretende(r) Vorsitzende(r): Hans J. Wenzel
Geschäftsführer(in): Dr. Andreas Damm

• S 1 324

Fachverband Deutscher Berufschorleiter e.V. (FDB)
Märker Str. 29, 47169 Duisburg
T: (0203) 59 27 08 **Fax:** 59 01 15
Vorsitzende(r): Gerhard Wind
Stellvertretende(r) Vorsitzende(r): Michael Rinscheid
Hauptgeschäftsführer(in): Fritz Greis

• S 1 325

Verband der deutschen Kritiker e.V.
Geschäftsstelle
c/o Ute Grundmann
Volbedingstr. 31, 04357 Leipzig
T: (0341) 6 01 76 39 **Fax:** 6 01 76 39
Gründung: 1950
Vorsitzende(r): Dieter Schnabel
Geschäftsführer(in): Ute Grundmann
Verbandszeitschrift: Kritische Korrespondenz
Redaktion: Ute Grundmann
Mitglieder: 120

• S 1 326

Kunstwissenschaftler und Kunstkritiker Verband e.V. (K-K-V)
Postf. 5 40, 10149 Berlin
T: (030) 39 07 61 57 **Fax:** 44 05 14 55
Internet: http://www.itaw.hu-berlin.de/kkv.htm
Gründung: 1990
Stellvertretende(r) Vorsitzende(r): Hartmut Pätzke
Vorsitzende(r): Dipl.-Kuwi. Hans-Jörg Schirmbeck
Verbandszeitschrift: Jahresberichte des Kunst- und Informationszentrums
Redaktion: Hans-Jörg Schirmbeck
Verlag: kkv e.V., Postf. 5 40, 10149 Berlin
Mitglieder: 150

Überregionale Fachverbände und Landesverbände

s 1 327

Brandenburgischer Verband Bildender Künstler e.V.
Potsdam/Cottbus/Frankfurt
Am Alten Markt 9, 14467 Potsdam
T: (0331) 2 70 65-38 **Fax:** 2 70 65-39
E-Mail: bvbk.ev@arcormail.de
Michael Wegener

s 1 328

Sächsischer Künstlerbund e.V.
Regionalverband Dresden
Pulsnitzer Str. 6, 01099 Dresden
T: (0351) 8 01 55 16 **Fax:** 8 01 55 16
E-Mail: skb-kbd@dresden-art.de
Geschäftsführer(in): K. du Vinage

s 1 329

Verband Bildender Künstler Sachsen-Anhalt e.V.
Halle/Magdeburg
Markt 13, 06108 Halle
T: (0345) 2 02 68 21 **Fax:** 2 02 68 21

s 1 330

Verband Bildender Künstler Thüringen e.V.
Landesgeschäftsstelle
Krämerbrücke 4, 99084 Erfurt
T: (0361) 6 42 25 71 **Fax:** 6 42 25 63
Geschäftsführer(in): Elvira Franz (98701 Willmersdorf, T: (036781) 93 52)

s 1 331

Künstlerbund Mecklenburg und Vorpommern e.V.
BBK-Landesverband
Puschkinstr. 12, 19055 Schwerin
T: (0385) 56 50 09 **Fax:** 56 50 09
Brehl

s 1 332

Kunst und Form e.V.
Rykestr. 2, 10405 Berlin
T: (030) 4 41 13 13 **Fax:** 4 41 13 15
Geschäftsführende(s) Vorstands-Mitglied(er): Dr. Wilfried Karger

s 1 333

Verband der Grafik-Designer e.V. (VGD)
Rykestr. 2, 10405 Berlin
T: (030) 4 41 13 13 **Fax:** 4 41 13 15
Geschäftsführer(in): Dr. Wilfried Karger

• S 1 334

Verband Deutscher Tonmeister e.V. (VDT)
Am Zaarshäuschen 9, 51427 Bergisch Gladbach
T: (02204) 2 35 95 **Fax:** 2 15 84
Internet: http://www.tonmeister.de
E-Mail: vdt@tonmeister.de
Gründung: 1950
Vorstand: Günter Griewisch (Am Kiefernhang 26, 14089 Berlin, T: (030) 3 65 51 11, Telefax: (030) 3 65 60 88)
Gisela Bruns (Amundsenstr. 11, 53881 Euskirchen, T: (02251) 7 55 11, Fax: (02251) 7 53 97)
Roland Kistner (Elbestr. 34, 70374 Stuttgart, T: (0711) 59 10-405, Fax: 59 10-406)
Albrecht Krieger (Eichbuschstr. 12, 12526 Berlin, T: (030) 6 76 77 10, Fax: (030) 6 76 92 07)
Theodor Przybilla (Schillerpromenade 6, 12049 Berlin, T. u. Fax: (030) 6 22 47 76)
Frank Schneider (Mommsenstr. 99, 50935 Köln, T: (0221) 9 43 59 83, Fax: (0221) 9 43 59 82)
Walter Schales (Redaktion TMI: Derfflinger Str. 26, 12249 Berlin, T./Fax: (030) 76 80 36 76)

Regionale Gruppen
Bayern
(München)
Tobias R. Prager (Einsteinstr. 30, 85748 Garching, T: (089) 32 92 86 41, Fax: 32 92 86 42)
Hans-Joachim Röhrs (Steinsdorfstr. 18, 80538 München, T: (089) 29 16 27 33)
Berlin
Theodor Przybilla (Schillerpromenade 6, 12049 Berlin, T: (030) 6 22 47 76, Fax: (030) 6 22 47 76)
Matthias Stolte (Straße 5 Nr. 4, 13125 Berlin, T: (030) 9 49-39 90, Fax: (030) 9 41 67 56)
Nordrhein-Westfalen
Christian Schmitt (Am Bodethof 1, 50259 Pulheim, T: (02238) 5 44 48, Fax: 84 02 21)
Rhein-Main
(Frankfurt, Mainz etc.)
Thomas Göttel (Bayernstr. 61, 67061 Ludwigshafen, T: (0621) 58 29 42, Fax: 58 27 56)
Karl Rudolf Gloss (Auf der Schloßweide 23, 44271 Stadeken-Elsheim, T: (06130) 63 97)
Südwest
(Stuttgart, Baden-Baden etc.)
Andreas Priemer (Nauheimer Str. 57, 70372 Stuttgart, T: (0711) 56 47 19)
Reiner Oppelland (Hauffstr. 30, 71696 Möglingen, T: (07141) 24 12 80)
Verbandszeitschrift: "Tonmeisterinformationen"
Redaktion: Walter Schales
Mitglieder: 1297
Mitarbeiter: 1

• S 1 335

Verband für Professionelle Licht- und Tontechnik e.V. (VPLT)
Walsroder Str. 159, 30853 Langenhagen
T: (0511) 9 66 68 89 **Fax:** 9 66 68 90
Internet: http://www.vplt.org

E-Mail: info@vplt.org
Gründung: 1981
Präsident(in): Peter Klotz (Fa. Klotz ais, Haar)
Vizepräsident(in): Harald Meidt (Fa. G&D Eventmarketing, Wuppertal)
Geschäftsführer(in): Florian von Hofen (Ltg. Presseabt.)
Schatzmeister: Michael Polten (Fa. Sennheiser, Wedemark)
Pressereferent: Gerd Gruss (Fa. Rock Shop GmbH, Karlsruhe)
Schriftführer(in): Detlev Koal (Amptown, Hamburg)
Verbandszeitschrift: VPLT-NEWS
Redaktion: F. von Hofen
Verlag: wie Verband
Mitglieder: 635
Mitarbeiter: 3
Jahresetat: DM 0,8 Mio, € 0,41 Mio

• S 1 336

Fachverband Lichtkuppeln, Lichtband und RWA e.V.
Heumarkt 14, 50667 Köln
T: (0221) 2 40 15 67 **Fax:** 2 05 07 90

• S 1 337

Arbeitsgemeinschaft der Liedermacher aus der Bundesrepublik Deutschland (AG Song)
Mailänder Str. 14/92, 60598 Frankfurt
T: (069) 68 62 69
Gründung: 1974 (15. April)
Geschäftsführer(in): Presseabt. Martin Winter
Leitung Presseabteilung: Stephan Rögner
Mitglieder: 1200

• S 1 338

Deutscher Akkordeonlehrer-Verband e.V. (DALV)
Postf. 11 35, 78635 Trossingen
T: (07425) 2 02 12
Gründung: 1953 (12. April)
Präsident(in): Dr. Wolfgang Eschenbacher (Ltg. Presse; Bärenweg 26, 76149 Karlsruhe, Postf. 31 12 65, 76142 Karlsruhe)
Geschäftsführer(in): Matthias Keller
Verbandszeitschrift: Das Akkordeon
Redaktion: Dr. Wolfgang Eschenbacher, Bärenweg 26, 76149 Karlsruhe, Postf. 31 12 65, 76142 Karlsruhe, Telefax: (0721) 78 24 25
Beschäftigte: ehrenamtlich
Mitglieder: ca. 480

• S 1 339

Vereinigung Deutscher Tanzlehrer und Tanzschulen e.V. (VDT)
Postf. 18 08, 53708 Siegburg
T: (02241) 6 14 74 **Fax:** 59 22 13
E-Mail: g.scholz@dsonile.de
Gründung: 1985 (20. November)
Präsident(in): Günter Scholz
Leitung Presseabteilung: Fred Birkel
Verbandszeitschrift: VDT-Infobrief
Mitglieder: 120
Mitarbeiter: 2
Jahresetat: DM 0,060 Mio, € 0,03 Mio

• S 1 340

Berufsverband der Tanz- und Ausdruckstherapeutinnen Deutschland/Österreich e.V.
Marienburg
Hofstr. 16, 40789 Monheim am Rhein
T: (02173) 93 66 94
Gründung: 1984 (26. Februar)
Vorsitzende(r): Marianne Eberhard
Ltg. Presse u. PR: Wally Kaechele
Gisela Obst
Verbandszeitschrift: Tanz & Therapie
Redaktion: G. Obst
Verlag: Eigenverlag

• S 1 341

Bundesverband für Tanztherapie Deutschland e.V.
Marienburg
Hofstr. 16, 40789 Monheim am Rhein
T: (02173) 93 66 94 **Fax:** 93 66 95
Gründung: 1980 (9. Dezember)
Vorsitzende(r): Wally Kaechele
Ltg. Presse u. PR: Gisela Obst
Fortbildung: Marianne Eberhard
Verbandszeitschrift: Tanz & Therapie
Redaktion: G. Obst
Verlag: Eigenverlag

• S 1 342

Deutscher Berufsverband für Tanzpädagogik e.V.
Hollestr. 1, 45127 Essen
T: (0201) 22 88 83 **Fax:** 22 64 44
Gründung: 1975
1. Vorsitzende(r): Ulrich Roehm
2. Vorsitzende(r): Prof. Martin Puttke
Stellvertretende(r) Vorsitzende(r): Prof. Egbert Strolka
Verbandszeitschrift: BALLETT INTERN
Redaktion: Horst Vollmer, Ulrich Roehm
Verlag: Deutscher Berufsverband für Tanzpädagogik e.V.

• S 1 343

Deutscher Journalisten-Verband e.V. (DJV)
Bennauerstr. 60, 53115 Bonn
T: (0228) 2 01 72-0 **Fax:** 2 01 72-33
Internet: http://www.djv.de
E-Mail: djv@djv.de
Gründung: 1949
Vorstand:
1. Vorsitzende(r): Siegfried Weischenberg
Rolf Lautenbach, Gelsenkirchen
Gustl Glattfelder, Rheinmünster
Volker Hummel (Schatzmeister), Kronberg
Karin Stemmler, Berlin
Renate Wolf-Götz, München
Klaus Meßenzehl, Nürnberg
Hauptgeschäftsführer(in): Hubert Engeroff
Presseabteilung: Gesine Dähn
Verbandszeitschrift: journalist - Das deutsche Medienmagazin
Mitglieder: ca. 35000

Landesverbände

s 1 344

DJV - Landesverband Baden-Württemberg
Gewerkschaft der Journalistinnen und Journalisten
Herdweg 63, 70174 Stuttgart
T: (0711) 2 22 49 54-0 **Fax:** 2 22 49 54-44
Gründung: 1986
Vorsitzende(r): Karl Geibel
Geschäftsführer(in): Thomas Schelberg
Verbandszeitschrift: DJV-Blickpunkt
Mitglieder: ca. 3000
Mitarbeiter: 4

s 1 345

Bayerischer Journalisten-Verband e.V.
Seidlstr. 8 VI. Stock, 80335 München
T: (089) 5 45 04-180 **Fax:** 5 45 04-1818
Internet: http://www.bjv.de
E-Mail: info@bjv.de
Gründung: 1946 (Juni)
Vorsitzende(r): Dr. Wolfgang Stöckel
Geschäftsführer(in): RA Frauke Ancker
Verbandszeitschrift: BJV-Report
Mitglieder: 7300
Mitarbeiter: 6

s 1 346

Journalisten-Verband Berlin e.V.
Lietzenburger Str. 77, 10719 Berlin
T: (030) 8 82 66 88 **Fax:** 8 85 23 05
Internet: http://www.jvb.org
E-Mail: JVBerlin@t-online.de
Vorsitzende(r): Alexander Kulpok
Geschäftsführer(in): Jürgen Grimming
Mitglieder: 3000

s 1 347

DJV - Landesverband Brandenburg - Gewerkschaft der Journalisten -
Konrad-Wolf-Allee 1-3, 14480 Potsdam
T: (0331) 29 33 66 **Fax:** 29 35 11
Vorsitzende(r): Wilfried Specht
Geschäftsführer(in): Monika Morgenstern
Mitglieder: 166 (per 28.02.2000)

s 1 348

DJV - Landesverband Bremen e.V. - Gewerkschaft der Journalistinnen und Journalisten -
Schnoor 27/-28, 28195 Bremen
T: (0421) 32 54 50 **Fax:** 3 37 81 20
E-Mail: DJVBremen@aol.com
Vorsitzende(r): Theodor Klinger
Mitglieder: 350

s 1 349

DJV-Landesverband Hamburg - Gewerkschaft der Journalistinnen und Journalisten -
Mattentwiete 2, 20457 Hamburg
T: (040) 36 97 10-0 **Fax:** 36 97 10 22
E-Mail: DJVHAMBURG@AOL.COM
Vorsitzende: Dr. Annegret Witt-Barthel
Geschäftsführer(in): RA Stefan Endter
Mitglieder: ca. 2800

s 1 350

Hessischer Journalisten-Verband e.V.
Liebigstr. 24, 60323 Frankfurt
T: (069) 72 10 09 **Fax:** 17 28 78
Vorsitzende(r): Hans-U. Heuser
Geschäftsführer(in): RA Achim Wolff
Mitglieder: ca. 2300

s 1 351

Deutscher Journalisten-Verband e.V. Landesverband Mecklenburg-Vorpommern
Schusterstr. 3, 19055 Schwerin
T: (0385) 56 56 32, 5 50 83 88 **Fax:** 5 50 83 89
Vorsitzende(r): Reinhard Sobiech
Geschäftsführer(in): Sibylle Ekat
Mitglieder: 660

s 1 352

DJV - Landesverband Niedersachsen - Gewerkschaft der Journalistinnen u. Journalisten -
Hinüberstr. 3, 30175 Hannover
T: (0511) 3 18 08 08 **Fax:** 3 18 08 44
Internet: http://www.djv.de
E-Mail: djv.nds@t-online.de
Gründung: 1946 (24. Juli)
Vorsitzende(r): Michael Konken
Geschäftsführer(in): Elisabeth Harries
Verbandszeitschrift: Thema
Mitglieder: 1700

s 1 353

DJV - Landesverband Nordrhein-Westfalen e.V. - Gewerkschaft der Journalistinnen und Journalisten -
Kronprinzenstr. 16 IV, 40217 Düsseldorf
T: (0211) 3 84 46 20 **Fax:** 38 44 62 22
Gründung: 1946
Vorsitzende(r): Michael Kroemer
Geschäftsführer(in): Karl-Josef Döhring
Heike Lambertus
Mitglieder: 7000
Mitarbeiter: 6

s 1 354

DJV-Landesverband Rheinland-Pfalz e.V.
Adam-Karrillon-Str. 17, 55118 Mainz
T: (06131) 97 75 75 **Fax:** 97 75 97
E-Mail: DJVRPL@aol.com
Vorsitzende(r): Manfred Letzelter
Geschäftsführer(in): Gisela Schmoldt
Mitglieder: 1500
Mitarbeiter: 3

s 1 355

Saarländischer Journalistenverband
St. Johanner Markt 5, 66111 Saarbrücken
T: (0681) 3 90 86 68 **Fax:** 3 90 86 56
Vorsitzende(r): Hans-Georg Klein
Sekr.: Wilma Oettinger
Mitglieder: 567

s 1 356

DJV - Landesverband Sachsen e.V.
Hospitalstr. 4, 01097 Dresden
T: (0351) 2 52 74 64 **Fax:** 2 52 30 93
Internet: http://www.djv-sachsen.de
E-Mail: djv-sachs@t-online.de
Gründung: 1990
Vorsitzende(r): Sabine Bachert-Mertz von Quirnheim
Geschäftsführer(in): Michael Hiller
Verbandszeitschrift: DJV-Kurier
Mitglieder: 1550
Mitarbeiter: 3

s 1 357

Journalistenverband Sachsen-Anhalt - Gewerkschaft der Journalisten -
Merseburger Str. 106, 06110 Halle
T: (0345) 21 21 90 **Fax:** 2 12 19 13
Internet: http://www.djv-sachsen-anhalt.de
E-Mail: buero@djv-sachsen-anhalt.de
Vorsitzende(r): Uwe Gajowski
Geschäftsführer(in): Manfred Behrend
Mitglieder: 807

s 1 358

Schleswig-Holsteinischer Journalistenverband
Andreas-Gayk-Str. 7-11, 24103 Kiel
T: (0431) 9 58 86 **Fax:** 97 83 61
1. Vorsitzende(r): Hans Joachim Kürtz
Geschäftsführer(in): Bettina Neitzel
Mitglieder: 469

s 1 359

DJV - Landesverband Thüringen
Anger 44, 99084 Erfurt
T: (0361) 5 66 05 29 **Fax:** 5 62 69 39
Internet: http://www.djv-thueringen.de
E-Mail: djvthuer@t-online.de
Vorsitzende(r): Wolfgang Marr
Geschäftsführer(in): Ralf Leifer
Mitglieder: ca. 850
Mitgliederzeitschrift: DJV in Thüringen

• **S 1 360**

DJV-Fachausschuß Rundfunk
Bennauerstr. 60, 53115 Bonn
T: (0228) 2 01 72-27 **Fax:** 2 01 72-33
Vorsitzende(r): Friedrich Franz Sackenheim
Hauptgeschäftsführer(in): Hubert Engeroff
Leitung Presseabteilung: Gesine Dähn

• **S 1 361**

Journalistinnenbund e.V.
In der Maar 10, 53175 Bonn
T: (0228) 31 27 47 **Fax:** 31 27 47
Internet: http://www.journalistinnen.de
E-Mail: journalistinnenbund@t-online.de
Gründung: 1987 (31. Oktober)
1.Vorsitzende: Ulrike Helwerth, Berlin
Geschäftsführerin: Marlies Hesse, Köln
Verbandszeitschrift: JOURNALISTINNEN
Verlag: Eigenverlag
Mitglieder: ca. 500

Netzwerk der im Journalismus tätigen Frauen, Forum zu Fragen, die sowohl die Stellung der Frau in den Medien als auch die Darstellung der Frau durch die Medien betreffen.

• **S 1 362**

Club Berliner Wirtschaftsjournalisten
Fasanenstr. 85, 10623 Berlin
T: (030) 31 51 02 76
Gründung: 1968
Sprecher: Dipl.-Volksw. Egbert Steinke (Chefredakteur „Berliner Wirtschaft" (IHK Berlin))
Geschäftsführer(in): Dieter Jaspert (Red. „Berliner Wirtschaft" (IHK Berlin))
Mitglieder: 65 + 59 Gastmitglieder

• **S 1 363**

Journalistischer Arbeitsring e.V. (JAR)
Postf. 13 61, 31253 Lehrte
Heidering 17, 31275 Lehrte
T: (05132) 46 66 **Fax:** 46 66
Gründung: 1960
Vorsitzende(r): Friedel Bödeker (Ltg. Presseabt.)
Verbandszeitschrift: JAR-Report
Redaktion: Heidering 17, 31275 Lehrte
Mitglieder: 300
Mitarbeiter: 3

• **S 1 364**

Fachgruppe Journalismus (dju/SWJV) in der IG Medien
Geschäftsstelle:
Postf. 10 24 51, 70020 Stuttgart
Friedrichstr. 15, 70174 Stuttgart
T: (0711) 20 18-238 **Fax:** 20 18-199
Internet: http://www.igmedien.de
E-Mail: munz@igmedien.de, journalismus@igmedien.de
Gründung: 1951 (1. April)
Geschäftsführer(in): Rudi Munz
Vorsitzende(r): Franziska Hundseder
Leitung Presseabteilung: Hermann Zoller
Verbandszeitschrift: "M-MENSCHEN MACHEN MEDIEN" sowie "IG Medien Forum"
Redaktion: Uli Maercks-Franzen, Hermann Zoller
Mitglieder: 20000

Landesbezirke

s 1 365

Fachgruppe Journalismus Landesbezirk Baden-Württemberg
Theodor-Heuss-Str. 16, 70174 Stuttgart
T: (0711) 29 24 86
Vorsitzende(r): Ulrich Schreyer (Theodor-Heuss-Str. 16, 70174 Stuttgart, T: (0711) 29 24 86)

s 1 366

Fachgruppe Journalismus Landesbezirk Bayern
Schwanthalerstr. 64, 80336 München
T: (089) 53 19 10
Vorsitzende(r): Veronika Mirschel (Schwanthaler Str. 64, 80336 München, T: (089) 53 19 10)

s 1 367

Fachgruppe Journalismus Landesbezirk Berlin-Brandenburg
Dudenstr. 10, 10965 Berlin
T: (030) 78 80 09-33
Vorsitzende(r): Karin Wenk (T: (030) 78 80 09-33)

s 1 368

Fachgruppe Journalismus Landesbezirk Hessen
Wilhelm-Leuschner-Str. 69-77, 60329 Frankfurt
T: (069) 25 20 92 /3
Vorsitzende(r): Michaela Böhm (Wilhelm-Leuschner-Str. 69-77, 60329 Frankfurt, T: (069) 25 20 92/3)

s 1 369

Fachgruppe Journalismus Landesbezirk Niedersachsen/Bremen
Goseriede 10, 30159 Hannover
T: (0511) 1 31 86 83
Vorsitzende(r): Hartmut Dirks (Goseriede 10, 30159 Hannover, T: (0511) 1 31 86 83)

s 1 370

Fachgruppe Journalismus Landesbezirk Nord
Besenbinderhof 60, 20097 Hamburg
T: (040) 2 85 85 05
Vorsitzende(r): Sigrid Meißner (Besenbinderhof 60, 20097 Hamburg, T: (040) 2 85 85 05)

s 1 371

Fachgruppe Journalismus Landesbezirk Nordrhein-Westfalen
Hohenzollernring 85-87, 50672 Köln
T: (0221) 95 14 96 44
Vorsitzende(r): Peter Schröder-Metz

s 1 372

Fachgruppe Journalismus Landesbezirk Rheinland-Pfalz/Saar
Binger Str. 20, 55122 Mainz
T: (06131) 38 30 04
Vorsitzende(r): Herbert Steins (Binger Str. 20, 55122 Mainz, T: (06131) 38 30 04)

s 1 373

Fachgruppe Journalismus Landesbezirk Südost
Täubchenweg 8, 04317 Leipzig
T: (0341) 6 88 98-17 **Fax:** 6 88 98 22
Vorsitzende(r): Gundula Lasch
Landesbezirkssekretär: Bernd Ackermann (E-Mail: ackermann@igmedien.de)

• **S 1 374**

Vereinigung Europäischer Journalisten - Deutsche Gruppe e.V. -
Sitz: Maximilian-Kolbe-Str. 15, 53343 Wachtberg
Sekretariat:
Krumbeckstr. 21, 42553 Velbert
T: (02053) 39 23 **Fax:** 5 07 66
Gründung: 1963
Präsident(in): Rotger H. Kindermann
Generalsekretär(in): Heide Ringhand (Leitung Presseabteilung; Krumbeckstr. 21, 42553 Velbert)
Verbandszeitschrift: Eurosignal
Mitglieder: 300 national, 3000 international

Aktive Mitwirkung an der Herausbildung eines europäischen Bewußtseins in den Medien. Journalistenseminare, Presse- und Informationsgespräche, Informationsreisen, Kongresse

• **S 1 375**

Verband Deutscher Agrarjournalisten e.V. - VDAJ - Kommunikation Agrar
Bundesgeschäftsstelle:
Kasernenstr. 14, 53111 Bonn
T: (0228) 69 48 13 **Fax:** 9 63 05-11
Internet: http://www.vdaj.de
E-Mail: info@vdaj.de
1. Vorsitzende(r): Hans-Heinrich Matthiesen
2. Vorsitzende(r): Friedrich A. Pratz
Geschf. Vors.: Ilona Busch
Mitglieder: 700

• **S 1 376**

Arbeitsgemeinschaft der Filmjournalisten e.V.
Mitglied der Fédération Internationale de la Presse Cinématographique (FIPRESCI)
Im Brunnenhof 30, 50999 Köln
T: (02236) 96 75 73 **Fax:** 96 75 73
Gründung: 1956/1957
Vorstand: Rolf-Rüdiger Hamacher
Peter Kremski
Vorstand: Jörg H.B. von Gass
Leitung Presseabteilung: Rolf-Rüdiger Hamacher
Verbandszeitschrift: AG-Rundbrief
Redaktion: AG-Vorstand
Verlag: Eigenverlag
Mitglieder: ca. 240
Jahresetat: DM 0,0012 Mio, € 0 Mio

• **S 1 377**

Journalisten-Vereinigung der Deutschen Handwerkspresse e.V.
Handwerkskammer Münster
Bismarckallee 1, 48151 Münster
T: (0251) 52 03-111 **Fax:** 52 03-130
Gründung: 1956
Vorsitzende(r): Hubertus Kost
Stellvertretende(r) Vorsitzende(r): Rudolf Baier
Mitglieder: 240

• **S 1 378**

Arbeitsgemeinschaft der Hochschulpressestellen in Deutschland
c/o Universität Mannheim
Presse- und Öffentlichkeitsarbeit
68131 Mannheim
T: (0621) 2 92-5109 **Fax:** 2 92-5768
Vorsitzende(r): Heiner Stix (Pressesprecher der Universität Mannheim)
Verbandszeitschrift: Newsletter der AG Hochschulpresse
Redaktion: Gerhard Schmücker
Verlag: FH Nürtingen, Presse- u. Öffentlichkeitsarbeit, Gerhard Schmücker, M.A., Neckarsteige 6, 72622 Nürtingen, T: (07022) 20 13 03
Mitglieder: 300

• **S 1 379**

Gesellschaft Katholischer Publizisten Deutschlands e.V.
Breite Str. 106, 50667 Köln
T: (0221) 2 57 61 11 **Fax:** 25 54 62
Vorsitzende(r): Michaela Pilters
Geschäftsführer(in): Hans Deckers

• **S 1 380**

Food Editors Club
Deutschland e. V.

Arbeitskreis kulinarischer Fachjournalisten Food Editors Club Deutschland e.V.
c/o Bernd Neuner-Duttenhofer
Gut Neunthausen, OT Hopfau, 72172 Sulz
T: (07454) 96 97 98 **Fax:** 96 97 96
Internet: http://www.fec-online.de
E-Mail: info@fec-online.de
Gründung: 1968
Präsident(in): Bernd Neuner-Duttenhofer
Stellvertretende(r) Vorsitzende(r): Roswitha Schneider (Papenkamp 30, 22607 Hamburg)
Mitglieder: 122
Jahresetat: DM 0,02 Mio, € 0,01 Mio

• **S 1 381**

Luftfahrt-Presse-Club e.V. (LPC)
Geschäftsstelle
c/o FAG, VS-P
Flughafen Frankfurt/Main AG
60547 Frankfurt
T: (069) 6 90-7 16 71 **Fax:** 6 90-5 50 71
Präsident(in): Peter Pletschacher, Oberhaching
Geschäftsführer(in): Klaus J. Busch, Frankfurt

● S 1 382

Kollegium der Medizinjournalisten
Fürstenackerstr. 20, 81477 München
T: (089) 7 80 90 20, 7 80 98 50 **Fax:** 7 80 90 50
E-Mail: lagev@aol.com
Gründung: 1965 (9. Februar)
Vorsitzende(r) des Vorstandes: Maria-E. Lange-Ernst (Fürstenackerstr. 20, 81477 München)
Sekretäre: Dr. Heike Kovács
Dr. Frank Schwebke
Mitglieder: 85

● S 1 383

Vereinigung der Deutschen Medizinischen Fach- und Standespresse e.V.
Löffelstr. 1, 70597 Stuttgart
T: (0711) 7 65 14 54 **Fax:** 76 69 92
E-Mail: gs@medicacongress.de
1. Vorsitzende(r): Prof. Dr. med. Peter Sefrin (Inst. f. Anaesthesiologie d. Univ. Würzburg, Josef-Schneider-Str. 2, 97080 Würzburg, T: (0931) 2 01-51 24)
2. Vorsitzende(r): Christian Staehr (Georg-Thieme-Verlag, Rüdigerstr. 14, 70469 Stuttgart, T: (0711) 89 31-2 36)
Schriftführer(in): Gerd G. Fischer (Medica e.V. Löffelstr. 1, 70597 Stuttgart)
Mitglieder: 570

● S 1 384

Arbeitskreis Medizinpublizisten - Klub der Wissenschaftsjournalisten e.V. -
Löffelstr. 1, 70597 Stuttgart
T: (0711) 7 65 14 54 **Fax:** 76 69 92
E-Mail: gs@medicacongress.de
Gründung: 1975 (2. September)
Vorstand: Dr.med. Andreas Priefler (Ansbacher Str. 73, 10777 Berlin)
Vorstand: Dr.med. Klaus Fleck (Brandtstr. 2A, 13467 Berlin)
Mitglieder: 78

● S 1 385

Verband der Motorjournalisten e.V. (VdM) -Sitz Berlin-
Bünningstedter Feldweg 27, 22949 Ammersbek
T: (04532) 66 36 **Fax:** 2 56 38
Gründung: 1952
Vorsitzende(r): Karl H. Menke
Geschf. Vors.: Karl H. Menke (komm.)
Verbandszeitschrift: Der Motorjournalist
Redaktion: Niederstr. 67, 41812 Erkelenz
Mitglieder: 450

● S 1 386

Motor-Presse-Club e.V. (MPC)
Siemensstr. 17, 50170 Kerpen
T: (02203) 35 72 24 **Fax:** 35 72 50
Gründung: 1950 (18. März)
Vorsitzende(r): Jürgen Lewandowski
Geschf. Vors.: Barbara Schürmann-Arends
Mitglieder: 237

● S 1 387

Dokumentationsstelle Internationale Motor-Fachpresse
(Euro Journalisten- und Mediendatenbank)
Postf. 11 53, 82224 Seefeld
Bergstr. 10, 82229 Seefeld
T: (08152) 98 04 20 **Fax:** 7 92 22
Leitung: Dr. Jens M. Kroll
Geschäftsstelle u. Datenbank: Björn Kroll

● S 1 388

Dachverband der Jugendpresse - Bundesring Jugendarbeit und Medien in der AFF e.V.
Postf. 96 01 29, 51085 Köln
T: (0234) 23 50 22 od. (07144) 1 80 01 **Fax:** 26 56 29
Internet: http://home.t-online.de/home/dachverband-der-jugendpresse
E-Mail: DdJ@uni.de
Gründung: 1981 (Mai)
Vorsitzende(r): Ralf Mischke
Stellvertretende(r) Vorsitzende(r): Regina Lessenthin
Michael Esken
Mitglieder: 1500

Landesverbände
Dachverband der Jugendpresse in Baden-Württemberg e.V.
Dachverband der Jugendpresse in Berlin und Brandenburg e.V.
Dachverband der Jugendpresse Rheinland-Pfalz e.V.

Landesgliederungen
DdJ Nordrhein-Westfalen, DdJ Bayern, DdJ Schleswig-Holstein, DdJ Hamburg, DdJ Bremen/Niedersachsen, DdJ Hessen, DdJ Thüringen, DdJ Saarland, DdJ Sachsen, DdJ Sachsen-Anhalt, DdJ Mecklenburg-Vorpommern
Mitgliedsorganisationen
-Jugendpressezentrum
-Studienzentrum für publizistische Bildung
-Landesring Junge Presse e.V.
Fachverbände
Bundesring junger Autoren im DdJ (BjA)

Mitgliedsorganisation
Förderverein der freiheitlichen deutschen Jugendpresse e.V.

● S 1 389

Bundesverband Jugendpresse e.V. (BVJ)
Lessingstr. 7, 04109 Leipzig
T: (0341) 9 60 32 52 **Fax:** 9 60 32 62
Internet: http://www.jugendpresse.de
E-Mail: bvj@jugendpresse.de
Gründung: 1987 (13. Februar)
Bundesvorsitzender: Ralf Geißler (Lessingstr. 7, 04109 Leipzig, T: (0341) 9 60 32 52, Fax: 9 60 32 62, E-Mail: r.geissler@jugendpresse.de)
Stellvertretender Bundesvorsitzender: Nils Winkler (Postf. 38 27, 24073 Kiel, T: (0431) 5 45 96 00, Fax: 5 45 96 01, e-mail: shjp@jugendpresse.de)
Bundesschatzmeister: Sebastian Knoppik
Verbandszeitschrift: MJM
Verlag: BVJ, Lessingstr. 7, 04109 Leipzig
Mitglieder: 4500
Jahresetat: DM 0,20 Mio, € 0,1 Mio
Anzahl der angeschlossenen Organisationen: 1 Fachverband (Bundesverband junger Autoren), 16 Landesverbände, 1 Regionalverband

● S 1 390

Club der Tourismus-Journalisten Berlin-Brandenburg (CTOUR)
Krokussteg 28, 16321 Ladeburg
T: (03338) 76 35 01 **Fax:** 76 35 01
E-Mail: bulgpiet@aol.com
Vorstand:
Richard Blumenthal
Hans-Peter Gaul
Helga Ernst
Christel Seifert
Manfred Knoll
Wolfgang Richter
Siegmar Krause

● S 1 391

Vereinigung Deutscher Reisejournalisten (VDRJ)
c/o Geschäftsstelle
Christa Helmschrodt
Nibelungenstr. 11, 80639 München
T: (089) 16 02 95 **Fax:** 1 67 97 30
Gründung: 1956 (Oktober)
Sprecher: Hans-Werner Rodrian (Bürgermeister-Graf-Ring 10, 82538 Gelting, T: (08171) 1 04 78, Telefax: (08171) 1 69 67)
Geschäftsführer(in): Christa Helmschrodt, München
Schatzmeister: Rolf Lohberg (71084 Holzgerlingen)
Mitglieder: unter 200

● S 1 392

Vereinigung der Caravan- und Touristik-Journalisten e.V. (CTJ)
Gellertweg 63, 42115 Wuppertal
T: (0202) 71 45 13 **Fax:** 71 45 13
1. Vorsitzende(r): Karl-Hugo Dierichs
2. Vorsitzende(r): Wolfgang Wuthe
Geschäftsführer(in): Oskar Woronowicz (Schatzmeister)
Ehrengerichts-Vors.: Dr. Gerold Lingnau

● S 1 393

Arbeitskreis Nordbayerischer Wirtschafsjournalist(inn)en (ANW)
c/o Dr. Wolf R. Scharff
Postf. 10 22, 90001 Nürnberg

● S 1 394

Verband Deutscher Sportjournalisten e.V. (VDS)
Postf. 10 09 06, 63009 Offenbach
Bernardstr. 77 1/10, 63067 Offenbach
T: (069) 82 36 48 66 **Fax:** 82 36 48 84
Internet: http://www.vds-press.de
E-Mail: info@vds-press.de
Gründung: 1927 (21. April) in Berlin und 1950 (18. Oktober) in Frankfurt am Main (Wiedergründung)
Präsident(in): Erich Laaser (privat: Knobelsdorffstr. 39, 14059 Berlin, T: (030) 3 21 51 11, Fax: (030) 3 21 51 22, dienstl.: SAT.1 Sport, Jägerstr. 32, 10117 Berlin, T: (030) 20 90 37 80, Fax: (030) 20 90 37 23)
1. Vizepräsident: Hans-Joachim Zwingmann (Hermann-Hesse-Str. 26, 30539 Hannover, T: (0511) 5 29 59 99 (p), (0511) 12 40 51 44 (d), Fax: (0511) 12 40 51 42 (d))
2. Vizepräsident: Hans-Reinhard Scheu (Pestalozziweg 15, 76530 Baden-Baden, T: (07221) 2 65 52 (p), T: (07221) 9 29 30 77 (d), Fax: (07221) 9 29 20 35 (d))
Schatzmeister: Werner Kirschstein (Sternbusch 22, 59399 Olfen, T: (02054) 10 12 70 (d), Fax: (02054) 10 14 78 (d))
Beisitzer: Uwe Jentzsch (Eduard-Rosenthal-Str. 36, 99423 Weimar, T: (03643) 90 42 04 (p), (0361) 5 66 80 05 (d), Fax: (0361) 6 42 21 49 (d))
Markus Gilliar (Fotografensprecher, Am Herrenacker 5, 76706 Dettenheim, T: (07247) 8 54 83, Fax: (07247) 8 56 82)
Ehrenpräsidenten: Günter Weise (Delpzeile 5, 13627 Berlin, T: (030) 3 81 50 74)
Karl-Heinz Cammann (Hochkamp 9, 25451 Quickborn, T: (04106) 29 45, Fax: (04106) 6 80 84)
Geschäftsführer(in): Jürgen R. Sülzbrück
Verbandszeitschrift: Der Sportjournalist
Herausgeber: Verband Deutscher Sportjournalisten e.V. (VDS), Bernardstr. 77 1/10, 63067 Offenbach, Postf. 10 09 06, 63009 Offenbach, T: (069) 82 36 48 66, Fax: (069) 82 36 48 84
Redaktion: Jürgen R. Sülzbrück (ViSdP), Jörg Hahn
Herstellung und Versand: Druckerei Köster GmbH, Im Heetwinkel 100, 46514 Schermbeck
Mitglieder: 3100 (Stand 31.12.1999)
VDS-Vereine: in Augsburg/Allgäu, Baden, Berlin, Bremen, Frankfurt (Main), Hamburg, Kurpfalz, Mittelrhein, München, Niedersachsen, Nordbayern, Osnabrück, Saarland, Schleswig-Holstein, West (Nordrhein-Westfalen), Württemberg, Mecklenburg-Vorpommern, Sachsen-Anhalt, Sachsen, Thüringen

Berufsständische Interessenvertretung der hauptberuflichen Sportjournalisten bei Printmedien, Rundfunk und Fernsehen.

VDS-Vereine:

s 1 395

Verein Augsburg-Allgäuer Sportpresse
Hubertusweg 13, 86424 Dinkelscherben
T: (08292) 12 14 (p) **Fax:** 35 22 (p)
Vorsitzende(r): Karl Luckner

s 1 396

Sportjournalistenverein Baden-Pfalz
Pestalozziweg 15, 76530 Baden-Baden
T: (07221) 9 29 30 77 (d) **Fax:** 9 29 20 35 (d)
Vorsitzende(r): Hans-Reinhard Scheu

s 1 397

Verband der Sportjournalisten Berlin/Brandenburg
Jenaer Str. 20, 10717 Berlin
T: (030) 30 31-2913 (d) **Fax:** 30 31-2900 (d)
Vorsitzende(r): Lothar Hinze

s 1 398

Verein Bremer Sportjournalisten
Karl-Marx-Str. 166, 28279 Bremen
T: (0421) 36 71-416 (d) **Fax:** 32 83 27 (d)
Vorsitzende(r): Heinz Fricke

s 1 399

Verein Frankfurter Sportpresse
Jahnstr. 18, 65843 Sulzbach
T: (069) 67 00-228 (d) **Fax:** 6 70 23 17 (d)
Vorsitzende(r): Walter Mirwald

s 1 400

Verein Hamburger Sportjournalisten
Graf-Anton-Weg 14, 22459 Hamburg
T: (040) 3 47-24224 **Fax:** 3 47-24551
Vorsitzende(r): Carsten Harms

s 1 401

Verein Sportpresse Kurpfalz
Wimpfener Str. 13, 68259 Mannheim
T: (0621) 79 33 50 (p)
Vorsitzende(r): Ekkehard Etz

s 1 402

Verein Mittelrheinische Sportjournalisten
Talweg 48, 53498 Bad Breisig
T: (0261) 8 92-146 (d) **Fax:** 8 92-476 (d)
Vorsitzende(r): Peter Armitter

s 1 403

Verein Münchner Sportjournalisten
Agnes-Miegel-Str. 37, 81927 München
T: (089) 9 29 40 33
Vorsitzende(r): Hans Eiberle

s 1 404

Verein Niedersächsische Sportpresse
Hermann-Hesse-Str. 26, 30539 Hannover
T: (0511) 1 24 05-44 (d) **Fax:** 1 24 05-42 (d)
Vorsitzende(r): Hans-Joachim Zwingmann

s 1 405

Verein Nordbayerischer Sportjournalisten
Klopstockweg 7, 90547 Stein
T: (0911) 23 51-60 (d) **Fax:** 2 41 82 95
Vorsitzende(r): Dieter Bracke

s 1 406

Verein Osnabrücker Sportpresse
Dolfenstr. 1, 49084 Osnabrück
T: (0541) 3 10-237 (d) **Fax:** 3 10-234 (d)
Vorsitzende(r): Harald Pistorius

s 1 407

Verein Saarländische Sportjournalisten
Farrenbergstr. 3, 66386 Sankt Ingbert
T: (0681) 6 02-3263 (d) **Fax:** 6 02-3226 (d)
Vorsitzende(r): Roman Bonnaire

s 1 408

Vereinigung Schleswig-Holsteinischer Sportjournalisten
Dorfstr. 43, 24220 Böhnhusen
T: (04347) 70 86 44 (p) **Fax:** 70 86 45 (p)
Vorsitzende(r): Andreas Kling

s 1 409

Verband Westdeutscher Sportjournalisten e.V.
Postf. 13 01 35, 53061 Bonn
T: (0228) 61 62 73 **Fax:** 62 30 52
Präsident(in): Addi Furler

s 1 410

Verein Sportpresse Württemberg
Stuttgarter Str. 133, 70771 Leinfelden-Echterdingen
T: (0711) 7 54 55 72 **Fax:** 7 54 55 73
Vorsitzende(r): Klaus-Joachim Dobbratz

s 1 411

Sportjournalisten-Verein Mecklenburg-Vorpommern
Drosselweg 9, 19069 Rugensee
T: (0385) 59 59-281 (d) **Fax:** 59 59-368 (d)
Vorsitzende(r): André Keil

s 1 412

Sportpresse-Club Wiesbaden-Mainz
c/o ZDF
Essenheimer Str., 55128 Mainz
T: (06131) 70-1 **Fax:** 70 48 25
Vorsitzende: Sissy de Mas

s 1 413

Verein Sportjournalisten Sachsen-Anhalt
Straßburger Weg 2, 06120 Halle
T: (0345) 5 50 65 81 (p)
Vorsitzende(r): Horst Pohle

s 1 414

Sächsischer Sportjournalisten-Verein
Rudolf-Liebold-Str. 7, 09131 Chemnitz
T: (0351) 4 79 04 47 (d) **Fax:** 48 64 27 93 (d)
Vorsitzende(r): Uwe Wicher

s 1 415

Thüringer Sportjournalisten-Club
Eduard-Rosenthal-Str. 36, 99423 Weimar
T: (0361) 5 66 80 05 (d) **Fax:** 6 42 21 49 (d)
Vorsitzende(r): Uwe Jentzsch

• S 1 416

TELI Technisch-Literarische Gesellschaft e.V.
- Journalistenvereinigung für technisch - wissenschaftliche Publizistik -
Sitz Berlin
Geschäftsstelle:
Nonnendammallee 101, 13629 Berlin
T: (030) 38 62 40 01 **Fax:** 38 62 40 11
Gründung: 1929
Vorsitzende(r): Dipl.-Volksw. Klaus Goschmann
Stellvertretende(r) Vorsitzende(r): Gerhard Kirsch
Mitglieder: 270

• S 1 417

Deutscher Literaturfonds e.V.
Alexandraweg 23, 64287 Darmstadt
T: (06151) 4 09 30 **Fax:** 40 93-33
Gründung: 1980 (Oktober)
Geschäftsführende(s) Vorstands-Mitglied(er): Dr. Uwe Timm
Vorstand: Friedhelm von Notz
Dr. Dieter Wellershoff
Geschäftsführer(in): Dr. Gerhard Dette
Mitglieder:
Börsenverein des Deutschen Buchhandels e.V.
Deutsche Akademie für Sprache und Dichtung e.V.
Deutscher Bibliotheksverband e.V.
Freier Deutscher Autorenverband e.V.
Kulturwerk deutscher Schriftsteller e.V. im Schriftstellerverband
PEN-Zentrum Bundesrepublik Deutschland e.V.
Verwertungsgesellschaft Wort e.V.

• S 1 418

Neue Gesellschaft für Literatur e.V. (NGL)
Rosenthaler Str. 6, 10119 Berlin
T: (030) 2 82 91 40 u. 2 83 39 83 **Fax:** 2 83 39 84
Internet: http://www.ngl-berlin.de
E-Mail: ngl@ngl-berlin.de
Gründung: 1973 (27. April)
Vorsitzende(r): Henry Kersting
Stellvertretende(r) Vorsitzende(r): Rolf Dürr
Kathrin Külow
Ltr. der Geschäftsstelle: Mareike Röper (Ltg. Presseabt.)
Verbandszeitschrift: Der Kulturbeutel
Redaktion: Dietrich Fobbe, Mareike Röper
Mitglieder: 700
Mitarbeiter: 12
Jahresetat: ca. DM 0,8 Mio, € 0,41 Mio

• S 1 419

Arbeitsgemeinschaft Jugendliteratur und Medien in der Gewerkschaft Erziehung und Wissenschaft (AJuM)
Netzwerk Leseförderung
Geschäftsstelle: GEW Hauptvorstand, VB Schule
Postf. 90 04 09, 60444 Frankfurt
T: (08161) 8 13 32 **Fax:** 8 13 32
Gründung: 1893
Vorstand:
1. Vorsitzende(r): Dr. Jörg Knobloch, Freising
Stellvertretende(r) Vorsitzende(r): Dr. Gabriele Binroth, Leipzig
Regina Pantos, Berlin
Verbandszeitschrift: Beiträge Jugendliteratur und Medien
Redaktion: Prof. Dr. Malte Dahrendorf, Hamburg, Dr. Steffen Peltsch, Eberswalde, Dr. Gudrun Stenzel, Wohldorf
Verlag: Juventa Verlag GmbH, Ehretstr. 3, 69469 Weinheim

• S 1 420

Bundesverband der Dolmetscher und Übersetzer e.V. (BDÜ)
Bundesgeschäftsstelle:
Rüdigerstr. 79a, 53179 Bonn
T: (0228) 85 81 51 **Fax:** 85 81 45
Gründung: 1955
Bundesvorstand
Präsident(in): Prof.h.c. Dr. Ulrich Daum (Karl-Schmolz-Str.3, 80997 München, T: (089) 2 88 10 20, Fax: 28 84 40, E-Mail: dr.ulrich.daum@t-online.de)
Vizepräsident(in): Klaus Knoppe (Merowingerstr. 52, 97249 Eisingen, T: (09306) 82 55, Fax: 82 75, E-Mail: bdue@knoppe.de)
Dr. Christiane-J. Driesen (Kanalstr. 16, 22085 Hamburg, T: (040) 2 29 84 73, Fax: 2 29 91 83, E-Mail: Christianedriesen@compuserve.com)
Norbert Zänker (Lietzenburger Str. 102, 10707 Berlin, T: (030) 88 43 02 70, Fax: 88 43 02 71, E-Mail: post@zaenker.de)
Bundesschatzmeisterin: Barbara Böer Alves (Tillystr. 25, 76669 Bad Schönborn, T: (07253) 41 13, Fax: 3 26 44, E-Mail: boer.alves@t-online.de)
Bundesgeschäftsstelle: Brigitte Siermann (Rüdigerstr. 79a, 53179 Bonn, T: (0228) 85 81 51, Fax: 85 81 45, E-Mail: bdue-bgs@t-online.de)
Bundesgeschäftsführer(in): Katharina Trifterer (Rüdigerstr. 79 a, 53179 Bonn, T: (0228) 85 81 18, Fax: 85 81 45, E-Mail: bdue-trifterer@t-online.de)
Verbandszeitschrift: Mitteilungen für Dolmetscher und Übersetzer
Redaktion: Bundesgeschäftsstelle, Rüdigerstr. 79a, 53179 Bonn, T: (0228) 85 81 51, Fax: 85 81 45
Mitglieder: 5000

Vertretung der berufsständischen Interessen der Dolmetscher, Übersetzer und verwandter sprachmittelnder Berufe.

Landesverbände

s 1 421

Bundesverband der Dolmetscher und Übersetzer Landesverband Baden-Württemberg
Geschäftsstelle: Kamal Hayek
Akademiestr. 48, 76133 Karlsruhe
T: (0721) 9 21 14 30 **Fax:** 9 21 14 31
E-Mail: BDUE-LV-BW@t-online.de
1. Vorsitzende(r): Isa Höflich (Postf. 11 01 44, 69071 Heidelberg, T: (06221) 78 02 92, Fax: 78 03 15, E-Mail: ih@icsi.fv.de)

s 1 422

Bundesverband der Dolmetscher und Übersetzer Landesverband Bayern
Geschäftsstelle:
Postf. 34 02 32, 80099 München
Amalienstr. 45/1. Rgb., 80799 München
T: (089) 28 33 30 **Fax:** 2 80 54 51
1. Vorsitzende(r): Francisco Ludovice-Moreira (Hinterm Bahnhof 26, 90459 Nürnberg, T: (0911) 44 55 64, Fax: (0911) 45 92 40, E-Mail: moreira@t-online.de)

s 1 423

Bundesverband der Dolmetscher und Übersetzer Landesverband Berlin-Brandenburg e.V.
Geschäftsstelle:
Elberfelder Str. 27, 10555 Berlin
T: (030) 3 99 66 34 **Fax:** 3 99 67 31
E-Mail: bdue-lvb@t-online.de
1. Vorsitzende(r): Carmen v. Samson-Himmelstjerna (Bleibtreustr. 8-9, 10623 Berlin, T: (030) 88 55 47 00, Fax: (030) 88 55 47 01, E-Mail: carmen.samson@usa.net)

s 1 424

Bundesverband der Dolmetscher und Übersetzer Landesverband Bremen und Niedersachsen
Geschäftsstelle:
Akazienweg 56a, 37083 Göttingen
T: (0551) 7 73 41 **Fax:** 7 73 41
E-Mail: bduebn@aol.com
1. Vorsitzende(r): Anja Casties-Bergfeld (Hüttenweg 2, 38685 Langelsheim, T: (05326) 9 39 26, Fax: 9 39 27, E-Mail: acasties@compuserve.com)
Referat Bremen: Enrique López-Ebri (Violenstr. 37, 28195 Bremen, T: (0421) 32 46 50, Fax: 3 36 56 33, E-Mail: elopezebri@aol.com)

s 1 425

Bundesverband der Dolmetscher und Übersetzer Landesverband Hessen
Geschäftsstelle:
Taunusstr. 63b, 65183 Wiesbaden
T: (0611) 52 30 00 **Fax:** 52 20 11
E-Mail: bdue.hessen@t-online.de
1. Vorsitzende(r): Regina Simmes (Kleiner Holzweg 7, 32121 Kassel, T: (0561) 8 04 35 79, Fax: 9 20 92 00 96, E-Mail: simmes@hrz.uni-kassel.de)

s 1 426

Bundesverband der Dolmetscher und Übersetzer Landesverband Mecklenburg-Vorpommern
Geschäftsstelle:
Haus 3, 17166 Neu Ziddorf
T: (039933) 7 08 71 **Fax:** 7 08 75
1. Vorsitzende(r): Christian Flechtenmacher (Haus 3, 17166 Neu Ziddorf, T: (039933) 7 06 52, Telefax: (039933) 7 08 75, E-Mail: bdü_m-v@t-online.de)

s 1 427

Bundesverband der Dolmetscher und Übersetzer e.V. (BDÜ)
Dolmetscher- und Übersetzer-Verband Nordrhein-Westfalen e.V.
1. Vorsitzender und Geschäftsstelle:
Christopher McPartlin
Dechenstr. 40, 40699 Erkrath
T: (02104) 4 82 81 **Fax:** 4 82 81

s 1 428

Bundesverband der Dolmetscher und Übersetzer Landesverband Rheinland-Pfalz
Geschäftsstelle:
Druslachstr. 18, 67360 Lingenfeld
T: (06344) 93 76 60 **Fax:** 93 76 61
E-Mail: ratzeldolm@t-online.de
1. Vorsitzende(r): Kurosh Nekouvi (Am Rosssprung 90, 67346 Speyer, T: (06232) 29 07 87, Fax: 7 85 47, E-Mail: kn@branek.com)

s 1 429

Bundesverband der Dolmetscher und Übersetzer Landesverband Saar
Geschäftsstelle: Heiko Hegewisch
Dudweilerstr. 20, 66111 Saarbrücken
T: (0681) 9 38 81 11 **Fax:** 9 38 81 00
1. Vorsitzende(r): Ingrid Schreiber (Collingstr. 114, 66242 Homburg, T: (06841) 6 75 05, Fax: 6 77 98, E-Mail: Ingrid Schreiber@t-online.de)

s 1 430

Bundesverband der Dolmetscher und Übersetzer Landesverband Sachsen
Geschäftsstelle: Dr. Stanislaw Gierlicki
Grauwackeweg 66, 04249 Leipzig
T: (0341) 9 40 43 70 **Fax:** 9 40 43 71
E-Mail: bduesachsen@topmail.de
Vorsitzende(r): Karin Pobbig (Hermannstädter Str. 31, 01279 Dresden, T: (0351) 2 57 10 03, Fax: (0351) 2 57 10 02, e-mail: kpobbig@t-online.de)

s 1 431

Bundesverband der Dolmetscher und Übersetzer Landesverband Sachsen-Anhalt
Geschäftsstelle
Robinienstr. 14, 39126 Magdeburg
T: (0391) 5 41 48 45 **Fax:** 5 41 09 95
1. Vorsitzende(r): Veronika Bekele (Robinienstr. 14, 39126 Magdeburg, T: (0391) 5 41 48 45, Fax: 5 41 09 95)

s 1 432

Bundesverband der Dolmetscher und Übersetzer Landesverband Thüringen
Geschäftsstelle: Christine Bauer
Dorfstr. 13, 07646 Tautendorf
T: (036426) 5 08 03 **Fax:** 5 08 03
E-Mail: bauer.tau@t-online.de
1. Vorsitzende(r): Dietrich Hucke (Otto-Schott-Str. 13, Gebäude 56, 07745 Jena, T/Fax: (03641) 68 18 44, E-Mail: fujara@gtc.ibu.de)

• S 1 433

Arbeitsgemeinschaft Frankfurter Konferenzdolmetscher (AFK)
Mitglieder des Internationalen Verbandes der Konferenzdolmetscher (AIIC)
Kontaktadresse:
I. Schütz
Waldstr. 72, 60528 Frankfurt
T: (069) 6 66 27 32 **Fax:** 6 66 78 81
Leitung Presseabteilung: Irmentraud Schütz
Mitglieder: 11

• S 1 434

Universität Heidelberg Institut für Übersetzen und Dolmetschen
Plöck 57a, 69117 Heidelberg
T: (06221) 54 75 60
Geschf. Direktor: Giovanni Rovere (T: (06221) 54 72 43, Fax: (06221) 54 75 61)

• S 1 435

Verband der Übersetzungsbüros e.V.
Heerstr. 33, 53111 Bonn
T: (0228) 63 24 61 **Fax:** 69 60 26
Präsident(in): Rudolf Pernar
Generalsekretär(in): Gitta Höhner-Kayser

Sonstige Berufsverbände

• S 1 436

Deutscher Verband für Berufsberatung e.V. (dvb)
Bergstr. 9, 55595 Roxheim
T: (0671) 4 55 92 **Fax:** 4 55 92
Internet: http://www.berufsberater.de
E-Mail: dvb1.haas@t-online.de
Gründung: 1956 (28.September)
Vorsitzende(r): Dipl.-Verw.-wirt. Hubert Haas
Leitung Presseabteilung: Birgit Lohmann
Verbandszeitschrift: dvb-forum
Redaktion: Birgit Lohmann, Eschenweg 68, 58239 Schwerte (auch Verlag), T: (02304) 4 10 07
Mitglieder: 1000

Landesgruppen

s 1 437

Deutscher Verband für Berufsberatung Landesgruppe Baden-Württemberg
Hundsbergstr. 13, 74076 Heilbronn
T: (07131) 16 16 71
E-Mail: gauch.heilbronn@t-online.de
Ansprechpartner: Peter Gauch

s 1 438

Deutscher Verband für Berufsberatung Landesgruppe Bayern
Dreherstr. 31 1/2, 87439 Kempten
T: (0831) 9 72 18 **Fax:** 5 90 23 07
E-Mail: degenbusch@allgaeu.org
Ansprechpartnerin: Dr. Christine Buschbeck

s 1 439

Deutscher Verband für Berufsberatung Landesgruppe Berlin/Brandenburg
Linienstr. 31, 10178 Berlin
T: (030) 24 72 09 44
Ansprechpartnerin: Monika Rogge-Meißner

s 1 440

Deutscher Verband für Berufsberatung Landesgruppe Hessen
Im Sandfeld 12, 36093 Künzell
T: (0661) 60 71 76
Ansprechpartnerin: Jutta Rothmeier

s 1 441

Deutscher Verband für Berufsberatung Landesgruppe Niedersachsen/Bremen
Am Popendorf 3, 37124 Rosdorf
T: (05509) 25 07
Ansprechpartnerin: Bastienne Raacke-Kottlorz

s 1 442

Deutscher Verband für Berufsberatung Landesgruppe Nordrhein-Westfalen
Dürerring 4, 40878 Ratingen
T: (02102) 2 18 71 **Fax:** 2 18 71
Ansprechpartnerin: Susanne Twardy

s 1 443

Deutscher Verband für Berufsberatung Landesgruppe Rheinland-Pfalz/Saarland
Siebenpfeifferstr. 4, 66424 Homburg
T: (06841) 15 05 01 **Fax:** 15 05 02
E-Mail: hans-peter_koch@t-online.de
Ansprechpartner: Hans-Peter Koch

s 1 444

Deutscher Verband für Berufsberatung Landesgruppe Schleswig-Holstein/Hamburg/ Mecklenburg-Vorpommern
Yorckstr. 2, 24105 Kiel
T: (0431) 3 00 39 40
Ansprechpartner: Ingo Kulle

s 1 445

Deutscher Verband für Berufsberatung Landesgruppe Sachsen/ Sachsen-Anhalt/Thüringen
Stiftstr. 15, 08056 Zwickau
T: (0375) 29 86 94 **Fax:** 3 60 33-68222
E-Mail: noehring@hotmail.com
Ansprechpartnerin: Bärbel Nöhring

• S 1 446

Berufsverband der Datenschutzbeauftragten Deutschlands (BvD) e.V.
Geschäftsstelle
Ehinger Str. 19, 89077 Ulm
T: (0731) 6 02 62 65 **Fax:** 9 60 85 11
Internet: http://www.bvdnet.de
E-Mail: bvd@fh-ulm.de
Gründung: 1989 (30. Sept.)
Bundesvorsitzende(r): Prof. Dr. Gerhard Kongehl (FHU-Hochschule f. Technik, Ulm)
Stellvertretende(r) Vorsitzende(r): Dipl.-Ing. (FH) Markus Mix
Justitiar: Dr. Armin Herb (Südwestdeutscher Rundfunk)
Finanzreferent: Dieter Gusenbauer (PC GmbH)
Dr. Alwin Baumeister (AAI Neu-Ulm)
DV-Sicherheitsreferent: Dr.-Ing. Hannes Federrath (Universität Dresden)
Verbandszeitschrift: Datenschutz und Datensicherung (DUD)
Redaktion: Dr. J. Bizer, Hanau
Verlag: Vieweg Verlag, Wiesbaden
Mitglieder: 170

• S 1 447

Verband der Campingplatzhalter
Camping Clausensee, 67714 Waldfischbach-Burgalben
T: (06333) 37 71 **Fax:** 57 47
Vorsitzende(r): U. Dauenhauer
Stellvertretende(r) Vorsitzende(r): Ch. Kopper

• S 1 448

Deutsche Discotheken Unternehmer (DDU)
Postf. 42 02 48, 52037 Aachen
Kaiser-Friedrich-Allee 1-3, 52074 Aachen
T: (0241) 9 20 92 77 **Fax:** 9 20 92 78
Internet: http://www.ddu.de
E-Mail: verband@ddu.de
Ansprechpartner: Helga Quirini
Klaus Quirini

• S 1 449

Deutsche Disc-Jockey Organisation (DDO)
Postf. 42 02 48, 52037 Aachen
Kaiser-Friedrich-Allee 1-3, 52074 Aachen
T: (0241) 9 20 92 77 **Fax:** 9 20 92 78
Internet: http://www.ddo.de
E-Mail: verband@ddo.de
Ansprechpartner: Klaus Quirini

• S 1 450

Kundendienst-Verband Deutschland e.V. (KVD)
Pliesterbecker Str. 167, 46284 Dorsten
T: (02362) 98 73-0 **Fax:** 98 73-98
Gründung: 1982 (August)
Vorstandssprecher: Michael Grzenkowitz
Vorstand: Jürgen Hartz
Werner Ziemann
Geschäftsführer(in): Werner Fischer
Verbandszeitschrift: Service Today
Redaktion: KVD
Mitglieder: 1200

• S 1 451

Bundesvereinigung der Fahrlehrerverbände e.V.
Postf. 71 09 69, 81459 München
Hofbrunnstr. 13, 81479 München
T: (089) 74 91 49 41 **Fax:** 74 91 49 44
Vorsitzende(r): Gerhard von Bressensdorf
Mitglieder: ca. 16000

Mitgliederverbände

s 1 452

Fahrlehrerverband Baden-Württemberg e.V.
Postf. 12 60, 70808 Korntal-Münchingen
T: (0711) 83 98 75-0 **Fax:** 8 38 02 11
Vorsitzende(r): Peter Tschöpe

s 1 453

Landesverband Bayerischer Fahrlehrer e.V.
Postf. 71 09 69, 81459 München
Hofbrunnstr. 13, 81479 München
T: (089) 74 91 49-30 **Fax:** 74 91 49-55
Vorsitzende(r): Gerhard von Bressensdorf

s 1 454

Fahrlehrer-Verband Berlin e.V.
Magirusstr. 5, 12103 Berlin
T: (030) 75 49 18-0 **Fax:** 75 49 18 22
Vorsitzende(r): Peter Glowalla

s 1 455

Fahrlehrer-Verband Land Brandenburg e.V.
Semmelweisstr. 40, 14482 Potsdam
T: (0331) 70 50 89 **Fax:** 7 40 80 69
Vorsitzende(r): Alfred Claus

s 1 456

Landes-Fahrlehrerverband Bremen e.V.
Alfelder Str. 62, 28207 Bremen
T: (0421) 4 99 20 31 **Fax:** 44 14 95
Vorsitzende(r): Rüdiger Grollmann

s 1 457

Fahrlehrer-Verband Hamburg e.V.
Spaldingstr. 64, 20097 Hamburg
T: (040) 23 33 40 **Fax:** 23 07 52
Vorsitzende(r): Hans-Detlef Engel

s 1 458

Landesverband der Hessischen Fahrlehrer e.V.
Bert-Brecht-Str. 2, 63069 Offenbach
T: (069) 84 63 97 **Fax:** 84 65 80
Vorsitzende(r): Willy Heisch

s 1 459

Fahrlehrerverband Mecklenburg/Vorpommern e.V.
Consrader Weg 52, 19063 Schwerin
T: (0385) 2 00 03 10 **Fax:** 2 00 03 10
Vorsitzende(r): Klaus-Peter Kaufmann

s 1 460

Fahrlehrerverband Niedersachsen e.V.
Postf. 61, 29553 Bienenbüttel
T: (05823) 70 11 **Fax:** 72 06
Vorsitzende(r): Ernst Templin

s 1 461

Fahrlehrerverband Nordrhein e.V.
Berrenrather Str. 342, 50937 Köln
T: (0221) 44 35 34 **Fax:** 41 27 71
Vorsitzende(r): Arnold Wymar

s 1 462

Fahrlehrerverband Pfalz e.V.
Wiesenstr. 1, 67433 Neustadt
T: (06321) 3 44 62 **Fax:** 3 41 53
Vorsitzende(r): Rudolf Ebel

s 1 463

Fahrlehrer-Verband Rheinland e.V.
Hans-Böckler-Str. 2, 56070 Koblenz
T: (0261) 8 30 64 **Fax:** 8 68 47
Vorsitzende(r): Heinrich Haas

s 1 464

Landesverband der Fahrlehrer Saar e.V.
Bliesstr. 32, 66271 Kleinblittersdorf
T: (06805) 61 54 40 **Fax:** 61 54 41
Vorsitzende(r): Winfried Schwaben

s 1 465

Fahrlehrer-Verband Sachsen/Anhalt
Gutenbergstr. 20, 39106 Magdeburg
T: (0391) 5 41 54 06 **Fax:** 5 61 93 05
Vorsitzende(r): Georg Lisewitzki

s 1 466

Landesverband Sächsischer Fahrlehrer e.V.
Bernhardstr. 35, 01187 Dresden
T: (0351) 4 78 68-0 **Fax:** 4 78 68-66
Vorsitzende(r): Horst Richter

s 1 467

Fahrlehrer-Verband Schleswig-Holstein e.V.
Postf. 50 66, 24062 Kiel
T: (0431) 3 07 48 **Fax:** 33 66 45
Vorsitzende(r): Wolfgang Bentzien

s 1 468

Thüringer Fahrlehrerverband e.V.
Lagerstr. 2, 99086 Erfurt
T: (0361) 7 31 52 70 **Fax:** 7 31 52 71
Vorsitzende(r): Rüdiger Brandes

s 1 469

Fahrlehrer-Verband Westfalen e.V.
Erlbruch 19, 45657 Recklinghausen
T: (02361) 2 69 88 **Fax:** 1 75 49
Vorsitzende(r): Alfons Wahlich

• S 1 470

Bundesverband Ferienfahrschulen e.V. (Guide)
Praunheimer Weg 39, 60439 Frankfurt
T: (069) 58 20 91 **Fax:** 58 82 19
Vorsitzende(r): Hans Joachim Herold (Praunheimer Weg 39, 60439 Frankfurt)
Leitung Presseabteilung: Claus-Dieter Herold (Konrad Adenauer Str. 62, 63322 Rödermark)

• S 1 471

Bund Deutscher Feuerwerker und Wehrtechniker e.V. (BDFWT)
Zum Nöchel 2, 56479 Stein-Neukirch
T: (02667) 3 09 **Fax:** 15 74
Internet: http://www.eod-ied-bdfwt.de
Gründung: 1965 (3. Juli)
Vorsitzende(r): Gerhard Schmitt (Zum Nöchel 2, 56479 Stein Neukirch, T: (02667) 3 09, Telefax: (02667) 3 09)
Geschäftsführer(in): Thorsten Heyer (Mainstr. 25 a, 65203 Wiesbaden, T./Fax: (0611) 60 34 94)
Verbandszeitschrift: Mitteilungen
Redaktion: und Verlag: Roland Glöckner, Kreuzstr. 20, 53489 Sinzig-Löhndorf, T: (02642) 4 36 30
Mitglieder: 1600
Jahresetat: DM 0,08 Mio, € 0,04 Mio
Landesgruppen: Berlin, Hamburg, Saar, Schleswig-Holstein, Thüringen
Ortsgruppen: Aachen, Bad Neuenahr, Baumholder, Berchtesgadener Land, Dresden, Dülmen, Frankfurt, Hammelburg, Hannover, Karlsruhe, Kaufbeuren, Koblenz, Laage, Lorup-Hümmling, Magdeburg, Mannheim, Munster, Neuburg/Donau, Nürnberg, Ohrdruf, Rehden, Rheine-Saerbeck, Sankt Augustin/Bonn/Köln, Schwarzenborn, Ulm, Unterlüß, Weißwasser/Nochten, Wiesbaden, Wilhelmshaven, Laage

• S 1 472

Unabhängige Flugbegleiter Organisation e.V. (UFO)
Nordendstr. 24, 64546 Mörfelden-Walldorf
T: (06105) 9 71 30 **Fax:** 9 71 30
Internet: http://www.twinwave.net/home/ufo
E-Mail: ufo@twinwave.net
Gründung: 1992 (7. Juli)
Vorsitzende(r): Mirco A. Vorwerk
Stellvertretende(r) Vorsitzende(r): Thomas Klappert
Geschäftsführer(in): Dr. Otto W. Ziegelmeier
Verbandszeitschrift: UFO-Report
Redaktion: UFO-intern
Mitglieder: ca. 3700
Mitarbeiter: 3

• S 1 473

Vereinigung Deutscher Pilotinnen e.V.
Diltheystr. 48, 41239 Mönchengladbach
T: (02166) 37 07 01 **Fax:** 37 07 01
E-Mail: VDPeV@t-online.de
Präsident(in): Heidi Galland

• S 1 474

Deutscher Verband für Angewandte Geographie e.V. (DVAG)
Geschäftsstelle:
Adenauerallee 13c, 53111 Bonn
T: (0228) 9 14 88 11 **Fax:** 9 14 88 49
Internet: http://www.giub.uni-bonn.de/dvag
E-Mail: dvag@uni-bonn.de
Gründung: 1950 (29. Juli)
Vorstand: Dipl.-Geogr. Klaus Mensing (Vors.; Ottenser Hauptstr. 26, 22765 Hamburg, T: (040) 39 39 64, E-Mail: convent@poweronline.de)
Prof. Dr. Klaus Greve (stellv. Vors.; Ippendorfer Allee 57, 53127 Bonn, T: (0228) 28 30 22, Fax: 28 30 93, E-Mail: klaus.greve@uni-bonn.de)
Dipl.-Geogr. A. Bela Bergemann (Leonard-Nelson-Str. 24, 37073 Göttingen, T: (0551) 4 66 41, E-Mail: bela.bergemann@t-online.de)
Prof. Dr. Klaus Kost (Ostpreußenstr. 108, 45259 Essen, T: (0201) 46 75 49, Fax: 1 05 92 79, E-Mail: prco@compuserve.com)
Dipl.-Geogr. Mathias M. Lehmann (Körner Hellweg 47, 44143 Dortmund, T: (0231) 51 57 03, Fax: 51 57 39, E-Mail: lehmann-dvag@infrastruktur-consult.de)
Dr. Anke Matuschewski (Gerhardstr. 91, 24105 Kiel, T: (0431) 8 06 53 54, Fax: 8 06 53 54, E-Mail: matuschewski@geographie.uni-kiel.de)
Dipl.-Geogr., RA Holger Schmitz (Kluckstr. 33, 10785 Berlin, T: (030) 2 62 13 90, E-Mail: ggs@ggs2.P.uunet.de)
Dr. Andreas Spaeth (Galgenberg 5, 35638 Leun, T/Fax: (06473) 16 38, E-Mail: psc-gmbh@t-online.de)
Sonja Vieten (Peter-Rosegger-Str. 19a, 40699 Erkrath, T: (0170) 5 44 90 01, Fax: 8 11 34 64, E-Mail: vieten@uni-duesseldorf.de)
Schriftleiter: Dipl.-Geogr. Arnulf Marquardt-Kuron (Lessingstr. 38, 53113 Bonn, T: (0228) 21 21 23, Fax: (0228) 9 14 88 49; Stadt Bonn, Amt für Wirtschaftsförderung und Tourismus, Rathausgasse 5-7, 53103 Bonn, T: (0228) 77 20 53, fax: (0228) 77 31 00, E-Mail: arnulf.marquardt-kuron@bonn.de)
Stellv. Schriftleiter: Dr. Peter M. Klecker (Halfmannswiese 53 d, 44879 Bochum, T: (0234) 49 66 27, E-Mail: peter.m.klecker@ruhr-uni-bochum.de)
Verbandszeitschrift: STANDORT-Zeitschrift für Angewandte Geographie
Verlag: Springer-Verlag, Heidelberger Platz 3, 14197 Berlin
Mitglieder: ca. 1800
Der DVAG vertritt die Interessen der Angewandten Geographie. Der DVAG engagiert sich für ein angemessenes Image der Angewandten Geographie in der Öffentlichkeit. Er bietet aktive und berufsfeldbezogene Mitarbeit in verschiedenen Arbeitsgruppen, ist Herausgeber von Schriftenreihen, organisiert Fachtagungen und Vorträge und bietet Service- und Beratungsleistungen in allen Fragen der Angewandten Geographie.

Arbeitskreise

s 1 475

Deutscher Verband für Angewandte Geographie e.V.
Arbeitskreis Bauen · Wohnen · Immobilien
Am Bieberbach 12, 63128 Dietzenbach
T: (06074) 40 46 15 **Fax:** 40 46 15
1. Sprecher: Dipl.-Geogr. Peter J.J. Elspaß (Am Bieberbach 12, 63128 Dietzenbach, T: (06074) 40 46 15, Fax: 40 46 15)
2. Sprecher: Dipl.-Geogr. Jan Dirk Poppinga (Jonasstr. 4, 10551 Berlin, T: (030) 39 03 45 38, E-Mail: poppinga@haberent.com)

s 1 476

Deutscher Verband für Angewandte Geographie e.V.
Arbeitskreis Europäische Integration
Elsa-Brändström-Str. 53, 53225 Bonn
T: (0228) 46 15 03
1. Sprecher: Roman Noetzel (Elsa-Brändström-Str. 53, 53225 Bonn, T: (0228) 46 15 03, E-Mail: noetzel_r@aol.com)
2. Sprecher: Dipl.-Geogr. Juan-J. Carmona-Schneider (Postkutschenweg 4, 44803 Bochum, T: (0234) 35 23 49, E-Mail jcarmona@isa-consult.de)

s 1 477

Deutscher Verband für Angewandte Geographie e.V.
Arbeitskreis Feministische Geographie
Lohmeyerstr. 19, 10587 Berlin
T: (030) 3 42 16 14
1. Sprecher: M.A. Katharina Fleischmann (Lohmeyerstr. 19, 10587 Berlin, T: (030) 3 42 16 14)
2. Sprecher: Dipl.-Geogr. Ulrike Meyer-Hanschen (Naunynstr. 46, 10999 Berlin, T: (030) 6 14 18 14)

s 1 478

Deutscher Verband für Angewandte Geographie e.V.
Arbeitskreis GIS
Marienhöhe 23, 53424 Remagen
Sprecherin: Dipl.-Geogr. Ruth Claus (T: (02228) 91 09 70, Fax: 91 09 71, E-Mail: claus.r@claus-projektmanagement.de)

s 1 479

Deutscher Verband für Angewandte Geographie e.V.
Arbeitskreis Naturschutz
Kleine Heeg 2, 53359 Rheinbach
T: (02226) 1 78 66 **Fax:** 1 78 66
1. Sprecher: Dipl.-Geogr. Günter Mitlacher (Naturschutz Consultant, Büro Mitlacher, Kleine Heeg 2, 53359 Rheinbach, T: (02226) 1 78 66, Fax: (02226) 1 78 66, E-Mail: mitlacher-consulting@t-online.de)
2. Sprecher: Christine Ewert (Rottes 40, 41564 Kaarst, T: (02131) 98 95 24, Fax: 98 95 25, E-Mail: ewertc@uni-duesseldorf.de)

s 1 480

Deutscher Verband für Angewandte Geographie e.V.
Arbeitskreis Regionalentwicklung
Blumenstr. 29, 26121 Oldenburg
T: (0441) 7 68 46 **Fax:** 7 68 46
1. Sprecher: Dr. Rainer Danielzyk (Technische Universität Dresden, Institut für Geographie, Lehrstuhl Raumordnung, Mommsenstr. 13, 01062 Dresden, T: (0351) 4 63-6060, Fax: (0351) 4 63-7745, E-Mail: danielzyk@mailbox.tu-dresden.de)
2. Sprecher: Dr. Axel Priebs (Walter-Gieseking-Str. 1, 30159 Hannover, T: (0511) 2 83 14 70, Fax: (0511) 2 83 14 70, E-Mail: a.priebs@hannover-region.de)

s 1 481

Deutscher Verband für Angewandte Geographie e.V.
Arbeitskreis Stadtplanung
Alter Teichweg 49, 22049 Hamburg
T: (040) 69 79 71 79
E-Mail: hschote@gmx.de

Sprecher: Dipl.-Geogr. Heiner Schote (Alter Teichweg 49, 22049 Hamburg, T: (040) 69 79 71 79, E-Mail: hschote@gmx.de)

s 1 482

Deutscher Verband für Angewandte Geographie e.V.
Arbeitskreis Tourismus
Pro T In Projektbüro für Tourismus und Infrastruktur
Esterfelder Stiege 21, 49716 Meppen
T: (05931) 97 00 97 **Fax:** 97 00 98
1. Sprecher: Dipl.-Geogr. Claudia Averbeck (dienstl: Pro T In, Esterfelde Stiege 21, 49716 Meppen, T: (05931) 97 00 97, Fax: 97 00 98, E-Mail: pro-t-in@t-online.de)
2. Sprecher: Dipl.-Geogr. Daniela Möller (dienstl.: Fremdenverkehrsverband Münsterland Touristik Grünes Band e.V., Hohe Schulte 13, 48565 Steinfurt, T: (02551) 93 92 27, Fax: 93 92 93, E-Mail: touristik@muensterland.com)

s 1 483

Deutscher Verband für Angewandte Geographie e.V.
Arbeitskreis Umweltplanung und Ressourcenmanagement
Cottastr. 35, 88048 Friedrichshafen
T: (07541) 4 10 07
Sprecher: Burghard Rauschelbach (Deutsche Gesellschaft für Technische Zusammenarbeit GmbH, Postf. 51 80, 65760 Eschborn, T: (06196) 79-1174, Fax: (06196) 79-7151, E-Mail: burghard.rauschelbach@gtz.de)

s 1 484

Deutscher Verband für Angewandte Geographie e.V.
Arbeitskreis Verkehr
Infrastruktur-Consult
Postf. 11 02 99, 44058 Dortmund
T: (0231) 51 57 03 **Fax:** 51 57 39
E-Mail: ak-verkehr@infrastruktur.de
Sprecher: Dipl.-Geogr. Mathias M. Lehmann

s 1 485

Deutscher Verband für Angewandte Geographie e.V.
Arbeitskreis Wirtschaftsförderung
Robert-Koch-Str. 4, 58453 Witten
T: (02302) 96 34 26 **Fax:** 96 34 27
1. Sprecher: Dipl.-Geogr. Oliver Reitz (Wirtschaftsförderungs- und Stadtentwicklungsgesellschaft Hagen, Feithstr. 142, 58097 Hagen, T: (02331) 80 99 38, Fax: 80 99 30, E-Mail: reitz@wfg-hagen.de)
2. Sprecher: Frank Osterhoff (Hugo-Schultz-Str. 36, 44789 Bochum, T: (0234) 30 95 75, E-Mail: frank.osterhoff@ruhr-uni-bochum.de)

Regionale Foren

s 1 486

Deutscher Verband für angewandte Geographie e.V.
Forum Aachen-Dreiländereck
Wallstr. 22/24, 52064 Aachen
T: (0241) 2 71 26 **Fax:** 2 71 26
Sprecher: Dr. Rudolf Juchelka (RWTH Aachen, Geographisches Institut, Templergraben 55, 52056 Aachen, T: (0241) 80-6057, Fax: (0241) 8 88 83 09, E-Mail: rudolf.juchelka@geo.rwth-aachen.de)

s 1 487

Deutscher Verband für Angewandte Geographie e.V.
Forum Berlin/Brandenburg
Delbrückstr. 35, 12051 Berlin
T: (030) 6 26 94 95
Sprecher: Dr. Christof Ellger (Freie Universität Berlin, Institut für Geographische Wissenschaften, Malteserstr. 74-100, 12249 Berlin, T:(030) 7 79 22 26, Fax: (030) 76 70 64 36, E-Mail: cellger@geog.fu-berlin.de)

s 1 488

Deutscher Verband für Angewandte Geographie e.V.
Forum Bonn/Rhein-Sieg/Ahr
Kreuzbergweg 20, 53115 Bonn
T: (0228) 69 30 06 **Fax:** 69 30 08
E-Mail: t.mager@t-online.de
Sprecher: Dipl.-Geogr. Thomas J. Mager (Stadtverkehr Euskirchen GmbH, Bahnhofstr. 23, 53879 Euskirchen, T: (02251) 1 41 40, Fax: (02251)1 41 41 59, E-Mail: stadtverkehr-euskirchen@t-online.de)
Thomas Nielsen (Rheinallee 21, 53173 Bonn, T: (0228) 35 93 46)
Bodo Sakowski (Sternenburgstr. 45, Zi. 242, 53115 Bonn, T: (0228) 22 03 05, E-Mail: uzszz0@uni-bonn.de)

s 1 489

Deutscher Verband für Angewandte Geographie e.V.
Forum Dresden/Ostsachsen
Am Steinbruch 16, 01900 Großröhrsdorf
T: (035952) 4 85 30
Sprecher: Dr. Peter Wirth (Institut für ökologische Raumentwicklung e.V. Dresden, Weberplatz 1, 01217 Dresden, T: (0351) 46 79-232, Fax: (0351) 46 79-212)

s 1 490

Deutscher Verband für Angewandte Geographie e.V.
Forum Halle/Leipzig
Rotfuchsstr. 21, 04329 Leipzig
T: (0341) 2 52 09 71
E-Mail: dietmar.roehl@t-online.de
Sprecher: Dr. Dietmar Röhl (Regierungspräsidium Leipzig, Referat Raumordnung, Braustr. 2, 04107 Leipzig, T: (0341) 9 77-6600, Fax: (0341) 9 77-6099, E-Mail: dietmar.roehl@a6.rpl.sachsen.de)

s 1 491

Deutscher Verband für Angewandte Geographie e.V.
Forum Hamburg
Hansestr. 130, 23558 Lübeck
T: (0451) 8 97 34 09 **Fax:** 8 97 43 09
Sprecher: Florian Kurt (urbanus GbR, Strukturentwicklung - Raumplanung - Verkehrsgestaltung - Marketing, An der Untertrave 81-83, 23552 Lübeck, T: (0451) 70 62-666, Fax: (0451) 70 62-667)
Matthias Winkler (Pogwischrund 10g, 22149 Hamburg, T: (040) 6 72 37 67, E-Mail: winkler@atlantis.geowiss.uni-hamburg.de)

s 1 492

Deutscher Verband für Angewandte Geographie e.V.
Forum Köln
Im Sonnenpütz 4, 53129 Bonn
T: (0228) 9 10 75 02
E-Mail: tokesson@t-online.de
Sprecherin: Dipl.-Geogr. Anja Wellhausen (International Mail Services, Bundeskanzlerplatz 2-10, 53113 Bonn, E-Mail: a.wellhausen@deutschepost.de)

s 1 493

Deutscher Verband für Angewandte Geographie e.V.
Forum Kurpfalz
Ladenburger Str. 7, 68723 Plankstadt
T: (06202) 1 81 07
Sprecher: Götz Junk

s 1 494

Deutscher Verband für Angewandte Geographie e.V.
Forum Region Magdeburg
Pestalozzistr. 1, 39110 Magdeburg
T: (0391) 7 33-9366
Sprecher: Dipl.-Geogr. Burkhard Rönick (Landeshauptstadt Magdeburg, Stadtplanungsamt, Lorenzweg 77-87, 39090 Magdeburg, T: (0391) 5 40 53 71, Fax: (0391) 5 40 52 92)

s 1 495

Deutscher Verband für Angewandte Geographie e.V.
Forum Mittelhessen
Rastebergweg 4, 34123 Kassel
T: (0561) 5 29 67 36
Sprecher: Dipl.-Geogr. Joachim Kothe (Hessische Landgesellschaft (HLG), Wilhelmshöher Allee 157-159, 34121 Kassel, T: (0561) 30 85-147, Fax: (0561) 30 85-153, E-Mail: kothe@hlg.org)

s 1 496

Deutscher Verband für Angewandte Geographie e.V.
Forum Region München
Pestalozzistr. 40c, 80469 München
T: (089) 26 72 04 **Fax:** 26 72 04
E-Mail: r.popien@t-online.de
Sprecher: Dipl.-Geogr. Dr. Ralf Popien (Technische Universität München, Geographisches Institut, 80290 München, T: (089) 2 89-25439, 2 89-25438, Fax: (089) 2 89-22804, E-Mail: ralf.popien@ws.tum.de)

s 1 497

Deutscher Verband für Angewandte Geographie e.V.
Forum Münsterland
Esterfelder Stiege 21, 49716 Meppen
T: (05931) 1 30 00
E-Mail: sorge@t-online.de
Sprecher: Dipl.-Geogr. Christian Sorge (Amt für Wirtschaftsförderung, Ordeniederung 1, 49716 Meppen, T: (05931) 4 43 32, Fax: (05931) 4 42 45, E-Mail: emsland@t-online.de)
Bereich Osnabrück:
Dipl.-Geogr. Uwe Noetzel (Klusstr. 8, 49074 Osnabrück, T: (0541) 25 84 89, E-Mail: uwe.noetzel@geographie.uni-osnabrueck.de)

s 1 498

Deutscher Verband für Angewandte Geographie e.V.
Forum Nordbayern/Franken
Mittlerer Steinbachweg 13, 97082 Würzburg
T: (0931) 8 24 23 **Fax:** 8 88 55 56
Sprecher: Dr. Konrad Schliephake (Universität Würzburg, Geographisches Institut, Am Hubland, 97074 Würzburg, T: (0931) 8 88-5548, 8 88-5553, E-Mail: k.schliephake@mail.uni-wuerzburg.de)

s 1 499

Deutscher Verband für Angewandte Geographie e.V.
Forum Oberfranken
Ludwig-Crößmann-Str. 7, 95326 Kulmbach
T: (09221) 47 17 **Fax:** 47 17
E-Mail: pbelina@yahoo.de
Sprecher: Dipl.-Geogr. Peter Belina (Industrie- und Handelskammer für Oberfranken, Abt. Struktur, Statistik, Öffentlichkeitsarbeit, Bahnhofstr. 25-27, 95444 Bayreuth, T: (0921) 8 86-102, 8 86-121, Fax: (0921) 1 27 78, E-Mail: belina@bayreuth.ihk.de)

s 1 500

Deutscher Verband für Angewandte Geographie e.V.
Forum Rhein-Main
Flensburger Str. 5, 60435 Frankfurt
T: (069) 56 68 06 **Fax:** 56 68 06
E-Mail: gutfleis@stud.uni-frankfurt.de
Sprecher: Dipl.-Geogr. Ralf Gutfleisch

s 1 501

Deutscher Verband für Angewandte Geographie e.V.
Forum Ruhrgebiet
Infrastruktur-Consult
Robert-Koch-Str. 4, 58453 Witten
T: (02302) 96 34 26 **Fax:** 25 57 73 27
E-Mail: reitz@hagener-tgz.de
Sprecher: Dipl.-Geogr. Oliver Reitz (Wirtschaftsförderung Hagen GmbH, Feithstr. 142, 58097 Hagen, T: (02331) 80 99 38, Fax: (02331) 80 99 30, E-Mail: reitz@wfg-hagen.de)
Dipl.-Geogr. Mathias M. Lehmann (Körner Hellweg 47, 44143 Dortmund, T: (0231) 51 57 03, Fax: (0231) 51 57 39; Infrastruktur-Consult, Mathias M. Lehmann, Postf. 11 03 20, 44058 Dortmund, T: (0231) 51 57 03, Fax: (0231) 51 57 39, E-Mail: forum-ruhrgebiet@infrastruktur-consult.de)

s 1 502

Deutscher Verband für Angewandte Geographie e.V.
Forum Saar/Mosel/Pfalz
Saarbrücker Str. 141, 66292 Riegelsberg
T: (06806) 30 69 80
Sprecher: Rüdiger Bär (M.A.; Ministerium für Umwelt, Energie und Verkehr, Halbergstr. 50, 66121 Saarbrücken, T: (0681) 5 01-4185, Fax: (0681) 5 01-4299, E-Mail: baer@muev.x400.saarland.de)
Dipl.-Geogr. Frank Hömme (Hauptstr. 20, 54340 Pölich, T: (06507) 80 26 70, Fax: (06507) 80 26 73; Büro für Raumanalyse + Raumentwicklung, Schloßstr. 2, 54340 Bekond, T: (06502) 98 82 01, Fax: (06502) 98 82 02, E-Mail: frank.hoemme@t-online.de)

s 1 503

Deutscher Verband für Angewandte Geographie e.V.
Forum Schleswig-Holstein
Von-der-Horst-Str. 4, 24118 Kiel
T: (0431) 8 25 46 **Fax:** 8 25 46
Sprecher: Stephan Anemüller (Olshausenstr. 17, 24118 Kiel, T/Fax: (0431) 8 25 46)

s 1 504

Deutscher Verband für Angewandte Geographie e.V.
Forum Südliches Niedersachsen
Friedrich-Ebert-Str. 4, 38350 Helmstedt
T: (05351) 72 67
E-Mail: melanie.klotzsche@t-online.de
Braunschweig:
Sprecherin: Dipl.-Geogr. Melanie Klotzsche
Göttingen:
Sprecher: Henrike Neuenfeldt (Obere Maschstr. 21, 37073 Göttingen, T: (0551) 4 19 62, E-Mail: hneuenfeldt@hotmail.com)
Dipl.-Geogr. A. Bela Bergemann (Leonard-Nelson-Str. 24, 37073 Göttingen, T: (0551) 4 66 41 oder (0721) 5 31 51 70, E-Mail: bela.bergemann@t-online.de; Transport Technologie - Consult Karlsruhe GmbH (TTK), Gerwigstr. 53, 76131 Karlsruhe, T: (0721) 6 25 03 30, Fax: (0721) 6 25 03 33)
Hannover:
Sprecherin: Dipl.-Geogr. Katrin Wolter (Dieckmannstr. 7A, 30171 Hannover, T: (0511) 2 83 43 05, E-Mail: kwwolter@aol.com)

s 1 505

Deutscher Verband für Angewandte Geographie e.V.
Forum Weser-Ems
Struthoffs Kamp 27, 26127 Oldenburg
T: (0441) 6 34 48
Sprecher: Peter Spengemann
Andreas Gräfe (Blumenstr. 25, 26121 Oldenburg, T: (0441) 9 73 88 34, E-Mail: a.graefe@redseven.de)

s 1 506

Deutscher Verband für Angewandte Geographie e.V.
Forum Württemberg
Völkerweg 15, 72072 Tübingen
T: (07071) 36 73 73
E-Mail: ralf.lattner@bigfoot.de
Sprecher: Dipl.-Geogr. Ralf Lattner (Universität Tübingen, Geographisches Institut, Hölderlinstr. 12, 72074 Tübingen, T: (07071) 2 97 75 24, E-Mail: ralf.lattner@uni-tuebingen.de)
Dipl.-Geogr. Dirk Eisenreich (Engelfriedshalle 102, 72076 Tübingen, T: (07071) 65 01 89)

• S 1 507

Deutsche Graphologische Vereinigung e.V. - Berufsverband gepr. Deutscher Graphologen - (DGV)
Geschäftsstelle:
Gottfried-Böhm-Ring 24, 81369 München
T: (089) 7 85 49 93
Gründung: 1950
1. Vorsitzende(r): Gepr. Graphologin DGV Ingeborg Rudolph (Gottfried-Böhm-Rg. 24, 81369 München)
2. Vorsitzende(r): Gepr. Graphologin Renate Kümmell (Droselhörn 4, 24226 Heikendorf/Kitzeberg)
Verbandszeitschrift: "Verbandsmitteilungen"
Mitglieder: 60
Mitarbeiter: 6

• S 1 508

Fachverband Deutsche Graphologen e.V.
Sitz Celle
Am Rodelberg 20, 30952 Ronnenberg
T: (0511) 46 52 45
Vorsitzende(r): Egon Schulze
Mitglieder: 43

• S 1 509

Dachverband Deutscher Immobilienverwalter e.V. (DDIV)
Karlstr. 53, 80333 München
T: (089) 55 39 16 **Fax:** 5 50 12 07
Internet: http://www.immobilienverwalter.de
Präsident(in): Dr. Wolf-Rüdiger Bub, München
Präsidiumsmitglied(er): Hans-Jürgen Wapler, Stuttgart
Joachim Schmidt, Frankfurt/M.
Geschäftsführer(in): Edgar Oswald, München
Verbandszeitschrift: Der Immobilienverwalter (DIV)

s 1 510

Verband der Immobilienverwalter Bayern e.V.
Karlstr. 53, 80333 München
T: (089) 55 39 16 **Fax:** 5 50 12 07
Internet: http://www.immobilienverwalter-bayern.de
Vorsitzende(r): Brigitte Stenders
Geschäftsführer(in): Edgar Oswald

s 1 511

Verband der Immobilienverwalter Berlin-Brandenburg e.V.
Friedbergstr. 47, 14057 Berlin
T: (030) 8 84 69 30 **Fax:** 88 42 89 10
Vorsitzende(r): Wolfgang Kruse
Geschäftsführer(in): Monika Schultze

s 1 512

Verband der Immobilienverwalter Hessen e.V.
Böhmerstr. 9, 60322 Frankfurt
T: (069) 95 91 43 14 **Fax:** 95 91 43 88
Internet: http://www.hausverwalter.de
Vorsitzende(r): Stephan Kiehl
Geschäftsführer(in): Joachim Schmidt

s 1 513

Verband der Immobilienverwalter Niedersachsen/Bremen e.V.
Sonnenweg 35, 30171 Hannover
T: (0511) 8 38 66 60 **Fax:** 8 38 66 61
Vorsitzende(r): Horst Rabbe
Geschäftsführer(in): Dietrich Heidelauf

s 1 514

Verband der nordrhein-westfälischen Immobilienverwalter e.V.
Hafenweg 46-48, 48155 Münster
T: (0251) 23 01-225 **Fax:** 23 01-132
Geschäftsf. Vorst.: Hans-Joachim Mergen

s 1 515

Verband der Immobilienverwalter Rheinland-Pfalz/Saarland e.V.
Fischerstr. 18, 76726 Germersheim
T: (07274) 70 11-0 **Fax:** 70 11-50
Internet: http://www.info-x.de/vdiv-rp
Vorsitzende(r): Karlheinz Körner
Geschäftsführer(in): Achim Roloff

s 1 516

Verband der Immobilienverwalter Sachsen e.V.
Zschopauer Str. 216, 09126 Chemnitz
T: (0371) 5 35 38 00 **Fax:** 5 35 38 88
Vorsitzende(r): Dietmar Strunz

s 1 517

Verband der Immobilienverwalter Sachsen-Anhalt e.V.
Frauentorplatz 2, 39261 Zerbst
T: (03923) 78 04 93 **Fax:** 78 84 83
Vorsitzende(r): Dieter Kaselow
Geschäftsführer(in): Herbert Metzker

s 1 518

Verband der Immobilienverwalter Schleswig-Holstein/Hamburg/Mecklenburg-Vorpommern e.V.
Düppelstr. 71, 24105 Kiel
T: (0431) 8 47 57 **Fax:** 8 47 25
Vorsitzende(r): Holger Zychski
Geschäftsführer(in): Wolfgang Mattern

s 1 519

Verband der Immobilienverwalter Baden-Württemberg
Berliner Str. 19, 74321 Bietigheim-Bissingen
T: (07142) 76-296 **Fax:** 76-297
Vorsitzende(r): Wolfgang D. Heckeler

s 1 520

Verband der Hausverwalter Thüringen e.V.
Thälmannstr. 24, 99085 Erfurt
T: (0361) 6 43 83 36 **Fax:** 5 58 10 44
Vorsitzende(r): Jens Fickenscher
Geschäftsführer(in): Uwe Dubiel

• S 1 521

Hoteldirektorenvereinigung Deutschland e.V. (HDV)
Talstr. 48, 53545 Linz
T: (02644) 8 03 92 **Fax:** 86 02
Gründung: 1981
Vorsitzende(r): Olaf Feuerstein
Verbandszeitschrift: HDV Depesche
Redaktion: G. E. Boness
Verlag: Hoteldirektorenvereinigung Deutschland e.V.
Mitglieder: 180

• S 1 522

Berufsverband hauswirtschaftlicher Fach- und Führungskräfte e.V. (bhf)
Waiblinger Str. 11/3, 71384 Weinstadt
T: (07151) 4 37 70 **Fax:** 4 76 25
Internet: http://www.bhfev.de
E-Mail: bhf@bhfev.de
Gründung: 1971
1. Vorsitzende(r): Maria Fink
2. Vorsitzende(r): Marie Christine Klöber
Hauptgeschäftsführer(in): Beate Imhof-Gildein
Verbandszeitschrift: "INFODIENST"
Verlag: bhf, Waiblinger Str. 11/3, 71384 Weinstadt (auch Redaktion)
Mitglieder: ca. 2200
Mitarbeiter: 4

Landesverbände: Baden-Württemberg, Bayern, Berlin-Brandenburg, Nordrhein-Westfalen, Rheinland-Pfalz, Saarland, Schleswig-Holstein/Hamburg, Hessen

• S 1 523

Gesellschaft für Forensische Schriftuntersuchung (GFS) e.V.
Branichstr. 8, 69198 Schriesheim
T: (06203) 6 32 44, (0621) 2 92-8486 **Fax:** (06203) 6 32 44, (0621) 2 92-8487
E-Mail: pebaier@aol.com
Gründung: 1951 (14. Oktober)
Präsident(in): Dr. Cornelia Tollkamp-Schierjott (Ostring 27, 45711 Datteln, E-Mail: cts@soft.imaging.de)
Geschäftsführer(in): Dr. Peter E. Baier (Branichstr. 8, 69198 Schriesheim, T: (06203) 6 32 44, (0621) 1 81-3538, Telefax: (06203) 6 32 44, (0621) 1 81-3948, E-Mail: pebaier@aol.com)
Mitglieder: 68
Die Gesellschaft ist hervorgegangen aus dem "Fachverband der Sachverständigen für gerichtliche Schriftuntersuchung e. V.".

Aus- und Fortbildung, Berufsaufsicht, Forschung; Unterstützung von Staatsanwaltschaften, Gerichten, Industrie- und Handelskammern etc. bei der Benennung von Schriftsachverständigen.

• S 1 524

Bund für deutsche Schrift und Sprache e.V.
Sitz Hannover, Geschäftsstelle:
Postf. 11 10, 26189 Großenkneten
T: (04435) 13 13 **Fax:** 36 23
Internet: http://www.bfds.de
E-Mail: schriftleiter@bfds.de
Gründung: 1918 (1. April) und 1951 (15. Februar) nach Zwangsauflösung durch NS 1941
Vorsitzende(r): Helmut Delbanco
Stellvertretende(r) Vorsitzende(r): Hanno Blohm
Geschäftsführer(in): Helmut Delbanco
Verbandszeitschrift: Die deutsche Schrift
Redaktion: Harald Rösler
Verlag: Selbstverlag
Mitglieder: 900
Mitarbeiter: 10 (ehrenamtl.)

• S 1 525

Deutscher Fachverband für Meister im Schwimmbad e.V. (DFMS)
Postf. 20 02 03, 70751 Leinfelden-Echterdingen
T: (0711) 7 97 80 04 **Fax:** 7 97 80 04
E-Mail: fisherman@t-online.de
Präsident(in): Walter-V. Marquardt
Bundesgeschäftsführer(in): Karl-Gustav Gies
Mitglieder: 104

• S 1 526

Bundesvereinigung Liberaler Kommunalpolitiker e.V. (VLK)
Postf. 04 03 49, 10062 Berlin
Reinhardtstr. 14, 10117 Berlin
T: (030) 28 49 58-51 **Fax:** 28 49 58-52
Gründung: 1982 (Juli)

Vorsitzende(r): Bürgermeister Werner Becker-Blonigen (Hauptstr. 40, 51674 Wiehl, T: (02262) 9 92 54 (d))
Geschäftsführer(in): Gabriele Renatus
Ehrenvors: Wolfgang Knoll
Verbandszeitschrift: "das rathaus" Zeitschrift für Kommunalpolitik
Redaktion: Rathaus Verlagsgesellschaft mbH, Kronprinzenstr. 13, 45128 Essen
Verlag: Uwe Nabersberg, Solseifen Nr. 5, 51597 Morsbach, T: (02294) 63 36

• S 1 527

Berufsverband Deutscher Psychologinnen und Psychologen e.V., Bonn (BDP)
Bundesgeschäftsstelle:
Heilsbachstr. 22, 53123 Bonn
T: (0228) 9 87 31-0 **Fax:** 9 87 31-70
Gründung: 1946
Internationaler Zusammenschluß: siehe unter izs 19
Präsident(in): Dipl.-Psych. Lothar J. Hellfritsch
Vizepräsident(in): Dipl.-Psych. Gertraud Richardt
Dipl.-Psych. Harald Ackerschott
Beisitzer im Präsidium: Dipl.-Psych. Inge Neiser
Dipl.-Psych. Laszlo Pota
Bundes-GeschF: N. N.
Leitung Presseabteilung: Hans-Werner Drewe
Verbandszeitschrift: Report Psychologie
Redaktion: Prof. Dr. Günter Krampen, Hans-Werner Drewe, Petra Walkenbach
Verlag: Deutscher Psychologen Verlag, Bonn
Mitglieder: ca. 21000

• S 1 528

Berufsverband Deutscher Psychologen Sektion Markt- und Kommunikationspsychologie (BdP)
Geschäftsstelle:
Hedwig-Dransfeld-Str. 16, 60487 Frankfurt
T: (069) 77 66 05 **Fax:** 77 69 73
1. Vorsitzende(r): Prof. Dr. Henning Haase (Universität Frankfurt)

• S 1 529

Soroptimist International, Deutsche Union
Seelhorststr. 51, 30175 Hannover
T: (0511) 2 88 03 26 **Fax:** 2 88 03 27
Internet: http://www.Soroptimist.de.
Gründung: 1921 (3. Oktober) Oakland/Californien
Präsidentin: Marlies Hampel (1999-2001), Düsseldorf
Leitung Presseabteilung: Christine Cromwell-Ahrens
Verbandszeitschrift: soroptimist intern
Redaktion: Dr. Hildegard Koehler
Mitglieder: 118 Clubs mit 3450 Mitgliedern in Deutschland, weltweit 3000 Clubs mit fast 100000 Mitgliedern
Als NGO gehört Soroptimist International zahlreichen Unterorganisationen der Vereinten Nationen an.

• S 1 530

Deutscher Hausfrauen-Bund e.V. (DHB)
Berufsverband der Haushaltsführenden
Coburger Str. 19, 53113 Bonn
T: (0228) 23 77 99, 23 77 18 **Fax:** 23 88 58
Präsident(in): Pia Gaßmann, Köln
Mitglieder: ca. 100000
Landesverbände: 17

• S 1 531

Katholischer Deutscher Frauenbund e.V.
Kaesenstr. 18, 50677 Köln
T: (0221) 31 49 30 **Fax:** 32 29 54
Internet: http://www.frauenbund.de
E-Mail: bundesverband@frauenbund.de
Gründung: 1903
Präsident(in): Prof. Dr. Hanneliese Steichele
Geschäftsführer(in): Kriemhild Ramms
Verbandszeitschrift: DIE CHRISTLICHE FRAU
Redaktion: Gabriele Klöckner, Rayendonk 1, 47608 Geldern
Mitglieder: 220000
Mitarbeiter: 10

• S 1 532

Rastatter Kreis Chef International Vereinigung der Küchenchefs und Restaurateure in Deutschland
Verwaltungsbüro:
Aichgasse 3, 65239 Hochheim
T: (06146) 40 71-72 **Fax:** 29 76
Gründung: 1978 (April)
Leiter d. Verwaltungsbüros: Arne Krüger (Aichgasse 3, 65239 Hochheim, T: (06146) 40 71-72, Telefax: (06146) 29 76)
Verbandszeitschrift: INTERNATIONALER CHEF-BRIEF
Verlag: Arne-Verlag, Aichgasse 3, 65239 Hochheim
Mitglieder: 600

• S 1 533

Deutscher Verband freiberuflicher Restauratoren e.V. (DVFR)
Gutshof 3, 24802 Emkendorf
T: (04330) 2 40 **Fax:** 7 25
Gründung: 1981 (März)
Vorsitzende(r): Jochen Seebach
Stellvertretende(r) Vorsitzende(r): Andreas Scheideck (Kindlebildstr. 5, 78467 Konstanz, T: (07531) 7 21 06)
Geschäftsführer(in): Peter Rau (Burgauer Weg 19 (Wiblingen), 89079 Ulm, T: (0731) 4 52 84, Telefax: (07346) 21 42)
Verbandszeitschrift: Der freiberufliche Restaurator
Redaktion: Jochen Seebach
Verlag: 2371 Emkendorf
Mitglieder: 120

• S 1 534

Restauratoren Fachverband e.V. (RFV)
Geschäftsstelle
Erika Rediner
Schulstr. 25, 13187 Berlin
T: (030) 48 09 62 42 **Fax:** 4 85 54 55
E-Mail: r.f.v.@gmx.de
Gründung: 1991 (25. Februar)
Vorsitzende(r): Prof. Thomas Staemmler
Stellvertretende(r) Vorsitzende(r): Holger Reinhardt
Verbandszeitschrift: "Beiträge zur Erhaltung von Kunstwerken"
Redaktion: Ingo Timm
Mitglieder: 180

• S 1 535

Verband der Restauratoren im Zimmererhandwerk e.V.
Hackländerstr. 43, 70184 Stuttgart
T: (0711) 2 39 96-50 **Fax:** 2 39 96-60
Internet: http://www.restauratoren-verband.de
E-Mail: info@restauratoren-verband.de
Geschäftsführer(in): Dipl.-Betriebsw. Joachim Hörrmann
Vorsitzende(r): Jürgen Lauffer (i. Fa. Lauffer, Renningen)
Leitung Presseabteilung: Peter Mackowiack
Mitglieder: ca. 85

• S 1 536

Arbeitsgemeinschaft der Restauratoren e.V. (AdR)
Im Großacker 28, 79252 Stegen
T: (07661) 6 10 35 **Fax:** 6 21 50
Gründung: 1956
Vorsitzende(r): Kornelius Götz
Stellvertretende(r) Vorsitzende(r): Heidemarie Farke
Schriftführer(in): Monika Lehmann
RechnF: Rolf-Dieter Blumer
Verbandszeitschrift: "Abeitsblätter der Restauratoren"
Redaktion: Römisch-German. Zentralmuseum
Verlag: Ernst-Ludwig-Platz 2, 55116 Mainz
Mitglieder: 1750
Mitarbeiter: 1

• S 1 537

Deutscher Restauratoren Verband e.V. (DRV)
Bischofsgartenstr. 1, 50667 Köln
T: (0221) 25 64 55 **Fax:** 9 25 21 26
Gründung: 1957
Vorsitzende(r): Andreas Menrad
Geschäftsstelle: Ingrid Di Lieto
Kassenwart: Pater Volkmer
Verbandszeitschrift: Zeitschrift für Kunsttechnologie und Konservierung
Redaktion: DRV
Verlag: Wernersche Verlagsanstalt, Worms
Mitglieder: 950

• S 1 538

Sommelier-Union Deutschland e.V. Fachvereinigung der Weinfachleute in der Gastronomie
Sekretariat:
Aichgasse 10, 65239 Hochheim
T: (06146) 40 71-73 **Fax:** 29 76
Internet: http://www.sommelier-union.de
Präsident(in): Karl Koniarski (Rest. Kirchmühle, Kirchstr. 31, 64319 Pfungstadt)
Verwaltungsbüro: Arne Krüger
Mitglieder: 400

• S 1 539

Gesellschaft Deutscher Lebensmitteltechnologen e.V. (GDL)
Godesberger Allee 142-148, 53175 Bonn
T: (0228) 37 90 80 **Fax:** 37 64 01
Internet: http://www.gdl-ev.de
E-Mail: gdl@gdl-ev.bn.shuttle.de
Gründung: 1954 (2. Januar)
Vorsitzende(r): Prof. Dr. D. Lehmann
Stellvertretende(r) Vorsitzende(r): Dr. H.-U. Endreß
Prof. Dr. W. Lorig
Vorst.-Mitglied: Dipl.-Ing. U. Florin
Geschäftsführende(s) Vorstands-Mitglied(er): Dipl.-oec.-troph. Hans-Peter Walbröl
Leitung Presseabteilung: V. Herrmann
Verbandszeitschrift: Lebensmitteltechnik
Verlag: LT Food Medien-Verlag GmbH & Co. KG, Bugdahnstr. 5, 22767 Hamburg
Mitglieder: 2800
Mitarbeiter: 2
Jahresetat: DM 0,4 Mio, € 0,2 Mio

• S 1 540

Verband Freier Deutscher Markenimporteure e.V. (VFDM)
Gotenstr. 21, 20097 Hamburg
T: (040) 23 60 16-0 **Fax:** 23 60 16-10, -11, -40
E-Mail: vfdm@wga-hh.de
Gründung: 1997 (6. November)
Vorsitzende(r): Jürgen Lorenz
Geschäftsführer(in): RA Lutz Düshop
Ass. Raven Karalus

• S 1 541

Verband der Parlaments- und Verhandlungsstenographen e.V.
Postf. 30 95 07, 10762 Berlin
T: (030) 30 81 53 53 **Fax:** 30 81 53 54
E-Mail: wolfbehm@aol.com
Gründung: 1953 Vorgängerverband 1908-1933
Vorsitzende(r): Dr. Wolfgang Behm (Bayernallee 25, 14052 Berlin)
Verbandszeitschrift: Neue Stenographische Praxis
Mitglieder: 190
Jahresetat: DM 0,02 Mio, € 0,01 Mio

Vertretung der Belange der in den Parlamenten angestellten Parlamentsstenographen sowie der freiberuflichen Verhandlungsstenographen.

• S 1 542

Arbeitsgemeinschaft der Sozialdemokratinnen und Sozialdemokraten im Gesundheitswesen
Wilhelmstr. 141, 10963 Berlin
T: (030) 2 59 91-470 **Fax:** 2 59 91-287
Vorsitzende(r): Prof. Dr. Martin Pfaff

• S 1 543

Deutsche Fotografische Akademie e.V.
Sitz: Leinfelden-Echterdingen
Schloßstr. 39, 75245 Neulingen
T: (07237) 94 08 **Fax:** 54 78
Gründung: 1919
Präsidium:
Präsident(in): Prof. Manfred Schmalriede (Schloßstr. 39, 75245 Neulingen-Bauschlott, T: (07237) 94 08)
Vizepräsident(in): Prof. Charles Compère (Hittorfstr. 117, 50735 Köln, T: (0221) 76 85 55)
Geschäftsführer(in): Günter Hildenhagen (Weseler Str. 356, 48163 Münster, T: (0251) 75 45 61)
Präsidiumsmitglied(er): Hansi Müller-Schorp (Wilhelmstr. 21, 70771 Leinfelden-Echterdingen, T: (0711) 7 54 31 29)
Präsidiumsmitglied(er): Wolfgang Zurborn (Steinbergerstr. 21, 50733 Köln, T: (0221) 72 91 49)
Leitung Presseabteilung: Dipl.-Ing. Birgit Bursch
Verbandszeitschrift: BULLETIN - Mitteilungen der Deutschen Fotografischen Akademie
Redaktion: Birgit Bursch, Hittorfstr. 17, 50735 Köln, T: (0221) 76 85 55
Verlag: Stadt Leinfelden-Echterdingen
Mitglieder: 120

• S 1 544

VDEB - Verband der EDV-Berater e.V.
Borchersstr. 2, 52072 Aachen
T: (0241) 8 89 55 58 **Fax:** 8 79 40 42
Internet: http://www.vdeb.de
E-Mail: vdeb@vdeb.de
Gründung: 1989 (Mai)
Vorsitzende(r) des Vorstandes: Oliver Grün (Grün Software GmbH, Aachen)
Stellvertretende(r) Vorsitzende(r): Dipl.-Kfm. Thomas Ebbinghaus (Ebbinghaus Team GmbH, Würzburg)
Leitung Presseabteilung: Oliver Grün
Verbandszeitschrift: VDEB aktuell

Redaktion: Stefan Mantl
Mitglieder: 50
Mitarbeiter: 1

• S 1 545

Microcomputer Managers Association Germany e.V. (MMA)
Erikastr. 8c, 82194 Gröbenzell
T: (08142) 59 72 06
Gründung: 1992 (17. November)
Präsident(in): Dipl.-Wirtschaftsing. (FH) Dietrich Lüben
Vizepräsident(in): Dipl.-Ing. Ernst Schindler (Pulverturmstr. 58, 80935 München)
Mitglieder: 20 (BRD); 2000 (USA)

• S 1 546

DeGefest.

Deutsche Gesellschaft zur Förderung und Entwicklung des Seminar- und Tagungswesens e.V. (DeGefest)
Karl-Liebknecht-Str. 5, 10178 Berlin
T: (030) 23 82 69 90 **Fax:** 23 82 69 92
Internet: http://www.degefest.de
E-Mail: info@degefest.de
Gründung: 1984
Vorsitzende(r): Dr. Bernhard Odenkirchen (PALATIN, Ringstr. 17-19, 69168 Wiesloch, T: (06222) 58 26 20, Telefax: (06222) 58 26 21)
1. stellv. Vors.: Dietmar Hennig
Verbandszeitschrift: DeGefest. Journal
Redaktion: H. Urban
Mitglieder: 190

Die branchenübergreifende Vereinigung von Tagungsfachleuten, Weiterbildnern, Hoteliers und Ausstattern.

• S 1 547

Vereinigung Deutscher Executive-Search-Berater (VDESB)
Frankfurt Airport Center I
Hugo-Eckener-Ring, 60549 Frankfurt
T: (069) 69 35 40
Vorstand:
Vorsitzende(r): Herbert Bechtel (i.Fa. Heidrick & Struggles-Mülder & Partner, Frankfurt Airport Center 1, 60549 Frankfurt)
Kassenwart: Jon N. Nedelcu (i.Fa. Leaders Trust, 81679 München)
Schriftführer(in): Werner Schwab (i. Fa. Ray & Berndtson, 60393 Frankfurt)
Public Relations: Dr. Hubert Stampler (i.Fa. H. Neumann International, 40474 Düsseldorf)
Mitglieder: 20

• S 1 548

Verband der GmbH-Geschäftsführer e.V.
Simonshofer Str. 7, 91207 Lauf
T: (09123) 8 25 28 **Fax:** 8 29 97
Gründung: 1988 (6. Mai)
1.Vors. u. GeschF: Eric Mommer
Mitglieder: 1800
Mitarbeiter: 4
Jahresetat: DM 1 Mio, € 0,51 Mio

• S 1 549

Bund Deutscher Geschäftsführer und Vorstandsmitglieder e.V. (BGV)
Hauptgeschäftsführer:
VM VERBANDS-MANAGEMENT GmbH
Edelsbergstr. 8, 80686 München
T: (089) 5 70 07-0 **Fax:** 57 00 72 60
Präsident(in): Dipl.-Kfm. Karlernst Kalkbrenner

• S 1 550

Vereinigte Inhaber optischer Geschäfte e.V.
Ecke Cremon/4. Etage
Bei dem Neuen Krahn 2, 20457 Hamburg
T: (040) 36 98 12-0
Vorsitzende(r): Hans-Jürgen Unger
Geschäftsführer(in): Dipl.-Kfm. Ulf Kalkmann

• S 1 551

Verband der Geschäftsführer deutscher Industrie- und Handelskammern
c/o IHK für die Pfalz
Postf. 21 07 44, 67007 Ludwigshafen
Ludwigsplatz 2-4, 67059 Ludwigshafen
T: (0621) 59 04-229 **Fax:** 59 04-288
Gründung: 1890
Vorsitzende(r): Dr. Hans-Jörg Schmidt-Trenz
Mitglieder: 598 (Stand: Februar '98)

• S 1 552

Fachverband der Kommunalkassenverwalter e.V.
Stadtkasse Villingen-Schwenningen
Postf. 12 60, 78002 Villingen-Schwenningen
T: (07721) 82 13 30 **Fax:** 82 13 37
Gründung: 1889 (Juni)
Bundesvorsitzender: Albert Kärcher
Stellv. Bundesvorsitzender: Jürgen Lelanz (Stadtkasse Dresden, Postf. 1 20 02, 01001 Dresden, T: (0351) 4 88 26 28, Fax: (0351) 4 88 29 84)
Bundesgeschäftsführer(in): Henry Kolb (Rathaus/Stadtkasse, Postf. 21 20, 91111 Schwabach, T: (09122) 86 02 51, Telefax: (09122) 86 03 96)
Bundesschatzmeister: Rondo Beckmann (Rathaus/Finanzverwaltung, 30890 Barsinghausen, T: (05105) 77 42 60, Telefax: (05105) 51 43 61)
Verbandszeitschrift: KKZ (Kommunale-Kassen-Zeitschrift)
Redaktion: Schriftleiter H.-J. Glotzbach, Bgmstr.-Klingler-Str. 35, 64546 Mörfelden-Walldorf, T: (06105) 93 82 37, Fax: (06105) 93 82 22
Verlag: Reckinger u. Co., Postf. 17 54, 53707 Siegburg
Mitglieder: 3200

• S 1 553

VDL-Bundesverband Berufsverband Agrar, Ernährung, Umwelt e.V.
Kasernenstr. 14, 53111 Bonn
T: (0228) 9 63 05-0 **Fax:** 9 63 05-11
Internet: http://www.vdl.de
E-Mail: VDLBV.Bonn@t-online.de
Vorsitzende(r): Dr. Helmut Nieder
Geschäftsführer(in): Dr. Jörg-Friedrich Sander
Verbandszeitschrift: VDL-Journal
Redaktion: Dr. Dieter Barth
Verlag: Landwirtschaftsverlag GmbH, Hülsebrockstr. 2, 48165 Münster
Mitglieder: ca. 8000

Landesverbände

s 1 554

Berufsverband Agrar, Ernährung, Umwelt e.V. Landesverband Baden-Württemberg
Kernerplatz 10, 70182 Stuttgart
T: (0711) 1 26-2413 **Fax:** 1 26-2413
Vorsitzende(r): Ursula Hiller
Geschäftsführende(s) Vorstands-Mitglied(er): Hannjörg Fastnacht

s 1 555

Berufsverband Agrar, Ernährung, Umwelt e.V. Landesverband Bayern
Freisingerstr. 22, 85417 Marzling
Vorsitzende(r): Dr. Hans Pfister (Bayerische Hauptversuchsanstalt, Freising-Weihenstephan)
Geschäftsführer(in): Dr. Ludwig Nätscher

s 1 556

Berufsverband Agrar, Ernährung, Umwelt e.V. Landesverband Berlin-Brandenburg
Rosenorter Steig 10, 13503 Berlin
T: (030) 4 31 59 20 **Fax:** 43 67 34 90
Vorsitzende(r): Dr. Horst Hübl

s 1 557

Verband Deutscher Diplomlandwirte Landesverband Hamburg e.V.
Brennerhof 121, 22113 Hamburg
T: (040) 78 12 91-20 **Fax:** 78 76 93
Vorsitzende(r): Dlagr. Hans-Peter Pohl

s 1 558

Berufsverband Agrar, Ernährung, Umwelt e.V. Landesverband Hannover
Umläufer 6a, 30890 Barsinghausen
T: (05105) 8 26 03 **Fax:** 8 10 63
Vorsitzende(r): Dirk Rentel
Geschäftsführer(in): Dr. Harry Jansing

s 1 559

Berufsverband Agrar, Ernährung, Umwelt e.V. Landesverband Hessen
Schwarzacker 45, 35392 Gießen
T: (0641) 9 20 35 51 **Fax:** 9 20 35 52
Gründung: 1949 (7. April)
Vorsitzende(r): Dr. Markus W. Ebel-Waldmann
Geschäftsführer(in): Dr. Thomas Bodensohn
Mitglieder: 600

s 1 560

Berufsverband Agrar, Ernährung, Umwelt e.V. Landesverband Nordrhein-Westfalen
Heerstr. 73, 53111 Bonn
Vorsitzende(r): Dr. Wilhelm Diekmann
Geschäftsführer(in): Dipl.-Ing.agr. Monika Baaken

s 1 561

Berufsverband Agrar, Ernährung, Umwelt e.V. Landesverband Rheinland-Pfalz
Breitenweg 71, 67435 Neustadt
T: (06321) 67 12 21 **Fax:** 67 12 22
E-Mail: wback.slva-nw@agrarinfo.rpl.de
Vorsitzende(r): Otto Doppler
Geschäftsführer(in): Werner Back

s 1 562

Berufsverband Agrar, Ernährung, Umwelt e.V. Landesverband Sachsen
Rathausstr. 21, 01809 Heidenau
T: (0351) 56 40
Geschäftsführer(in): Peter Leichsenring

s 1 563

Berufsverband Agrar, Ernährung, Umwelt e.V. Landesverband Sachsen-Anhalt
Wartenberger Chaussee 1, 39629 Bismark
T: (039089) 24 78
Vorsitzende(r): Birgit Braun
Geschäftsführer(in): Friedhelm Ruths

s 1 564

Berufsverband Agrar, Ernährung, Umwelt e.V. Landesverband Schleswig-Holstein
Wilhelm-Harz-Str. 36, 24783 Osterrönfeld
T: (04331) 85 23
Vorsitzende(r): Prof. Dr. Hans-Heinrich Kohnke (Wilhelm-Harz-Str. 36, 24783 Osterrönfeld)
Geschäftsführer(in): Dipl.-Ing. agr. Anne Katrin Kittmann

s 1 565

Berufsverband Agrar, Ernährung, Umwelt e.V. Landesverband Thüringen
Ortsstr. 27, 07985 Noßwitz
T: (03641) 42 49 12
Gründung: 1990 (6. September)
Vorsitzende(r): Friedmar Müller
Geschäftsführende(s) Vorstands-Mitglied(er): Dr. Wolfgang Thämert (T: (03641) 42 49 12)
Mitglieder: 180

s 1 566

Berufsverband Agrar, Ernährung, Umwelt e.V. Landesverband Weser-Ems
Brandsweg 43a, 26131 Oldenburg
T: (0441) 5 15 69
Vorsitzende(r): Gustav Wehner
Geschäftsführer(in): Dipl.-Landw. Otto Nolte

• S 1 567

Bundesverband der Diplom-Ingenieure Gartenbau und Landespflege e.V. (BDGL)
Kasernenstr. 14, 53111 Bonn
T: (0228) 9 63 05-0 **Fax:** 9 63 05-11
Präsident(in): Dipl.-Ing. agr. Dieter Aust (Ernastr. 22, 53881 Euskirchen)
Geschäftsführer(in): Dr. Jörg-Friedrich Sander (Kasernenstr. 14, 53111 Bonn, T: (0228) 9 63 05-0, Fax: (0228) 9 63 05-11)
Mitglieder: 600

• S 1 568

Arbeitskreis Forstliches Berufsbild (AKFB) e.V.
Postf. 56 32, 79023 Freiburg
Gründung: 1983 (25. Juli)
1. Vorsitzende(r): Thomas Schneider (Neue Eisenbahnstr. 9, 77716 Haslach i.K., T: (07832) 41 75, Telefax: (07832) 51 35)
2. Vorsitzende(r): Reinhard Feisel (Am Steinbühl 7, 97337 Dettelbach, T: (09324) 52 39, Telefax: (09324) 53 58)
Kassierer: Raymund Ball (Fellhornstr. 2, 86833 Ettringen, T:

(08249) 96 22 39)
Mitglieder: 1011

Arbeitsgemeinschaften

s 1 569

Arbeitsgemeinschaft Forstsachverständige im Arbeitskreis Forstliches Berufsbild (AKFB) e.V.
Hinterm Ziel 6, 79227 Schallstadt
T: (07664) 83 47 **Fax:** 62 71
Leitung: Jens-Peter Stadle

s 1 570

Arbeitsgemeinschaft Forstsachverständige, Landesvertretung Bayern
Mischenrieder Weg 14, 82234 Weßling
T: (08153) 95 26 86 **Fax:** 95 26 87 20
Ass. d. FD.: Robby Reißig

s 1 571

Arbeitsgemeinschaft Entwicklungshilfe
An der Aula 2, 36280 Oberaula
T: (06628) 83 73
Leitung: Dipl.-Forstw. Cornelia Sepp

s 1 572

Arbeitsgemeinschaft Angewandter Naturschutz und Umweltpflege
Laubacher Str. 3, 63679 Schotten
T: (06044) 16 77
Leitung: FR Dr. Manfred Johann

• **S 1 573**

Verband der Diplom-Oecotrophologen e.V.
Sitz
Giershausener Weg 15a, 50767 Köln
T: (0221) 79 93 43 **Fax:** 79 94 01
Internet: http://www.vdoe.de
E-Mail: vdoe@netcologne.de
Gründung: 1973
Vorstand: Dr. Ulrike Günther
Leitung Presseabteilung: Dr. Andrea Jahnen
Verbandszeitschrift: VDOE-Position
Mitglieder: ca. 2800
Mitarbeiter: 5

• **S 1 574**

Vereinigung umweltwissenschaftlicher Berufsverbände Deutschlands e.V. (VUBD)
Hessestr. 4, 90443 Nürnberg
T: (0911) 2 87 29-49 **Fax:** 2 87 29-64
E-Mail: boeb.vubd@t-online.de
Gründung: 1989
Vorstand: Franz Moder (1.Vors., c/o OPUS, Alexanderstr., 95444 Bayreuth)
Vorstand: Michael Grossmann (2.Vors., Höhenbrunn 127, 94568 St. Oswald)
Verbandszeitschrift: VUBD-Rundbrief
Redaktion: W. Pustal, Uhlandstr. 26, 72793 Pfullingen
Mitglieder: 1200
Jahresetat: DM 0,012 Mio, € 0,01 Mio

• **S 1 575**

Bundesverband der Rentenberater e.V.
Postf. 26 01 50, 50514 Köln
Hohenstaufenring 17, 50674 Köln
T: (0221) 2 40 66 42 **Fax:** 2 40 69 46
Gründung: 1958/1976
Präsident(in): Rolf Ponzelet
Geschäftsstelle: RA Karl-Dieter Lorenzen
Leitung Presseabteilung: Rolf Ponzelet (Benrodestr. 41, 40597 Düsseldorf)
Verbandszeitschrift: Die Rentenversicherung
Verlag: Asgard Dr. Hippe KG, St. Augustin
Mitglieder: 263

• **S 1 576**

Deutscher Stenografenbund E. V. (DStB)
Zentralverband für Kurzschrift, Maschinenschreiben und Bürokommunikation
Postf. 67, 34623 Neukirchen
Nieder-Mörler-Str. 12, 61239 Ober-Mörlen
T: (06002) 55 06 **Fax:** 55 06
Gründung: 1868 (12. August)
Präsident(in): Horst Diehl (Uhlandstr. 6, 34626 Neukirchen, T: (06694) 18 05, Fax: 18 64, E-Mail: Horst Diehl@t-online.de, Internet: http://www.dstb.homepages.de)
Verbandszeitschrift: Deutsche Stenografenzeitung
Redaktion: Peter Flühr, Postf. 30 04 15, 53184 Bonn
Verlag: Heckners Verlag, Postf. 13 63, 38283 Wolfenbüttel
Mitglieder: 260 Stenografen-Vereine

Mitgliedsverbände

s 1 577

Verband für Informationsverarbeitung NRW E.V.
Schwalbenstr. 8, 59494 Soest
T: (02921) 6 10 92
Vorsitzende(r): Karl Wilhelm Henke

s 1 578

Norddeutscher Stenografenverband e. V.
Hans-Holbein-Str. 23, 31515 Wunstorf
T: (05031) 45 05
Vorsitzende(r): Gerhard Meinel

s 1 579

Hessischer Stenografenverband E. V.
Sonnenring 12, 65520 Bad Camberg
T: (06434) 89 11 **Fax:** 90 20 68
Internet: http://www.hessen-steno.de
E-Mail: senzig@t-online.de
Gründung: 1879
Vorsitzende(r): Stephan Senzig
Leitung Presseabteilung: Helmut Körner
Verbandszeitschrift: Mitteilungen
Verlag: Selbstverlag, Druck bei Sauer, Friedberg
Mitglieder: 38 Stenografenvereine
Mitarbeiter: Vorstand mit 13 Personen
Jahresetat: DM 0,045 Mio, € 0,02 Mio

s 1 580

Bayerischer Stenografenverband e.V.
Amperstr. 1, 93057 Regensburg
T: (0941) 4 78 04 **Fax:** 4 24 47
Vorsitzende(r): Wolfgang Klein

s 1 581

Südwestdeutscher Stenografenverband e.V.
Wattkopfstr. 60, 76189 Karlsruhe
T: (0721) 2 59 56
Vorsitzende(r): Gerd Huber

s 1 582

Nordwestdeutscher Stenografenverband E. V.
Donnerschweer Str. 166a, 26123 Oldenburg
T: (0441) 8 59 31 **Fax:** 8 59 31
Vorsitzende(r): Hannelore Schindelasch

s 1 583

Berliner Stenografenverband E. V.
Billstedter Pfad 17c, 13591 Berlin
T: (030) 3 66 76 32 **Fax:** 3 66 49 73
Vorsitzende(r): Ingolf Weber

s 1 584

Stenografenverband Rhein-Mosel e.V.
Marienholzstr. 35, 54292 Trier
T: (0651) 5 25 78
Vorsitzende(r): Klaus Lenzen

s 1 585

Pfälzischer Stenografenverband E. V.
Postf. 12 19 14, 68070 Mannheim
T: (0621) 2 45 47
Gründung: 1904 (29. Februar)
Vorsitzende: Gertrud Thaumüller

s 1 586

Forschungs- und Ausbildungsstätte für Kurzschrift und Textverarbeitung in Bayreuth E.V.
Bernecker Str. 11, 95448 Bayreuth
T: (0921) 2 34 45 **Fax:** 7 85 74 75
Internet: http://www.forschungsstaette.de
Vorsitzende(r): Dr. Hans-Jürgen Bäse
Mitglieder: 270

s 1 587

Thüringer Stenografenverband 1882 e.V.
Allersheimer Kirchweg 14, 37603 Holzminden
T: (05531) 44 41
Vorsitzende(r): Konrad Weber

s 1 588

Ostdeutscher Stenografenverband e.V.
Stralsunder Str. 44c, 18445 Altenpleen
T: (038323) 8 08 71
Vorsitzende(r): Regina Hofmann

s 1 589

Verband der Parlaments- und Verhandlungsstenographen e.V.
Postf. 30 95 07, 10762 Berlin
T: (030) 30 81 53 53 **Fax:** 30 81 53 54
E-Mail: wolfbehm@aol.com
Gründung: 1953 Vorgängerverband 1908-1933
Vorsitzende(r): Dr. Karl Gutzler
Verbandszeitschrift: Neue Stenographische Praxis
Verlag: Merler Allee 97, 53125 Bonn

• **S 1 590**

Deutscher Terminologie-Tag e.V.
Am Flutgraben 22, 47198 Duisburg
T: (02066) 3 33 18 **Fax:** 37 09 99
Internet: http://translation.uibk.ac.at/dtt.html
E-Mail: johndgraham@t-online.de
Gründung: 1987
Vorsitzende(r): John D. Graham
Stellvertretende(r) Vorsitzende(r): Dr. Felix Mayer, Bozen Prof. Dr. Klaus-Dirk Schmitz, Köln
Geschäftsführer(in): Katharina Schmalenbach (kommissarisch), Duisburg
Mitglieder: üb. 200

Der Vereinszweck wird erfüllt insbesondere durch das Abhalten von terminologiebezogenen Tagungen und Kongressen; durch Förderung und Verbreitung von Fachinformationen; Beratung, Schulung und Fortbildung auf dem Gebiet der Terminologie und ihrer praktischen Anwendung in der fachsprachlichen Kommunikation; Förderung der interkulturellen Kommunikation.

• **S 1 591**

Deutscher Terminhandel Verband e.V. (DTV)
Bockenheimer Landstr. 92, 60323 Frankfurt
T: (069) 74 50 26 **Fax:** 7 41 16 16
Internet: http://www.dtv-terminhandel.de
E-Mail: DTVeV@aol.com
Gründung: 1986 (September)
Vorstand: Bruno Herbst
René Strittmatter
Mitglieder: ca. 40
Mitarbeiter: 2 (hauptamtl.)

Förderung und Vertretung der berufsständischen Belange der Terminmakler und Vermittler von Termingeschäften in der BRD und die Wahrung der gemeinsamen Interessen seiner Mitglieder. Zu seinen Aufgaben gehören insbesondere: die Vertretung der Rechte und Interessen des Berufstandes, d.h. Erteilung von Rat und Hilfe in Rechtsangelegenheiten seiner Mitglieder; die Zusammenstellung von Regeln im Hinblick auf Wettbewerbsverhalten, Werbung und Kundenberatung; die Beratung und Unterstützung von Behörden; die Auswahl und Benennung von Gutachtern; die Einrichtung und Unterhaltung eines Schiedsgerichts; die Schulung von Mitarbeitern der Mitgliedsfirmen; die Aufklärung der Öffentlichkeit über den Terminhandel; die Sammlung von Informationen über den internationalen Terminhandel.

• **S 1 592**

Stenografenverband Stolze-Schrey
Tinkrathstr. 83, 45472 Mülheim
T: (0208) 37 11 16
Gründung: 1897; Wiederbegründung: 1953
Vorsitzende(r): Ernst-August Jost (Tinkrathstr. 83, 45472 Mülheim)
Stellvertretende(r) Vorsitzende(r): Dietrich Kluge (Paul-Engelhard-Weg 26, 48167 Münster)
Verbandszeitschrift: Stolze-Schrey Post
Mitglieder: unter 1000

Pflege und Verbreitung des Kurzschriftsystems Stolze-Schrey; Zusammenschluß aller Vereine und einzelner Systemanhänger in der gesamten Bundesrepublik.

Landesverbände

s 1 593

Westbund Stolze-Schrey
Oststr. 60, 59065 Hamm
T: (02381) 2 41 16
Vorsitzende(r): Dr. Walter Kruschewski (Oststr. 60, 59065 Hamm)

s 1 594

Schriftwechselbund Stolze-Schrey
Hangstr. 11, 33659 Bielefeld
T: (0521) 49 10 16
Vorsitzende(r): Erika Schwedes (Hangstr. 11, 33659 Bielefeld)

• S 1 595

Allgemeiner Deutscher Tanzlehrerverband e.V. (ADTV)
Obenhauptstr. 3, 22335 Hamburg
T: (040) 50 02 09-0 **Fax:** 50 02 09-20
Internet: http://www.adtv.de
E-Mail: info@gs.adtv.de
Präsident(in): Heiko Feltens
Geschäftsführer(in): Elke Veldhoen
Leitung Presseabteilung: Helmuth Schäfer (Am Dietersberg 2, 75337 Enzklösterle)
Verbandszeitschrift: ADTV-News
Redaktion: Wolfgang Steuer, Schützenstr. 8, 80335 München
Verlag: Busch Druck Medien Verlag, 33659 Bielefeld
Mitglieder: 2300

• S 1 596

Arbeitsgemeinschaft der Testamentsvollstrecker (AGT) e.V
Postf. 30 01 05, 53181 Bonn
Am Hofgarten 7, 53113 Bonn
T: (0228) 2 42 67 72 **Fax:** 2 42 67 73
E-Mail: agt-bonn@t-online.de
Gründung: 1997
Vorsitzender: Dr. iur. Christian Borris (LL.M.)
stellv. Vors.: WP StB Dipl.-Volksw. Konrad Löcherbach
Notar Dr. iur. Karl Winkler
Hauptgeschäftsführer: GenSekr. Dr. rer. oec. Wolfgang Deuker

• S 1 597

Bundesverband der Orientteppich-Importeure e.V.
Borsteler Chaussee 85-99a, 22453 Hamburg
T: (040) 5 11 60 77 **Fax:** 5 11 60 78
E-Mail: info@bvoi.de
Geschäftsführer(in): K. R. Beekmann
Mitglieder: ca. 70
Mitarbeiter: 2
Förderung der wirtschaftlichen und beruflichen Belange der Mitglieder, Vertretung der gemeinschaftlichen Interessen bei Landes-, Bundes- und EU-Behörden, Werbung für den Orientteppich, Verbesserung der Qualitäten, Stärkung der deutschen Position im Import- und Transithandel, Aufklärung und Information der Mitglieder über Fragen der Einfuhr-, Steuer- und Zollpolitik.

• S 1 598

Vereinigung der Saarländischen Versicherungs-Generalagenten e.V.
siehe K 59

• S 1 599

Versicherungs-Makler-Verband e.V.
Vereinsregister München 11270

Versicherungs-Makler-Verband e.V. (VMV)
Amalienburgstr. 32, 81247 München
T: (089) 89 16 16-02 **Fax:** 89 16 16 04
E-Mail: vmvev@t-online.de
Gründung: 1984 (6. November)
Internationaler Zusammenschluß: siehe unter izk 68
Vorsitzende(r): Wolfgang Staun (Grundsatzfragen, Verbandspolitik, Kontakte, Koordination, Sitzungen und Versammlungen; Staun GmbH Versicherungsmakler, Fürstenrieder Str. 281, 81337 München, T: (089) 74 11 54-10, Fax:(089) 74 11 54 90)
Stellvertretende(r) Vorsitzende(r): Heinrich W. Grassl (BIPAR, Recht; VIVA Versicherungsmakler GmbH, Sohnckestr. 17, 81479 München, T: (089) 74 85 35-0, Telefax: (089) 74 85 35 35)
Vorstand: Herbert Richthammer (Gesch.-Bereich Mitglieder (Aufnahme, Register, Betreuung); Herbert Richthammer Versicherungsmakler, Zum Burgstall 40, 92637 Weiden, T: (0961) 4 81 01-0, Telefax: (0961) 4 81 01-99)
Uwe-Jörg Beckmann (Schatzmeister und Finanzen; Versicherungsbüro Beckmann, Bahnstr. 4, 65205 Wiesbaden, T: (0611) 9 77 29-0, Fax: (061) 9 77 29-29)
Peter Schützler (Regionalkreise, Aus- und Fortbildung, Seminare; Schützler & Partner Versicherungsmakler, Narzissenweg 6, 51061 Köln, T: (0221) 35 45-0, Telefax: (0221) 96 35 45 45)
Friedrich Behr (Pressearbeit; Behr GmbH, Versicherungsbüro, Spöttinger Str. 2 b, 86899 Landsberg, T: (08191) 92 98-0, Fax: (08191) 92 98 48)
Frank Müller (EDV-Themen; Frank Müller Versicherungsmakler GmbH, Berliner Str.104, 04910 Elsterwerda, T: (03533) 47 21, Fax: (03533) 47 22)
Geschäftsführer(in): Reinhold Friele

Geschäftsstelle:
Ingrid Wesner
Rita Tiffe
Christiane Abmayr (Amalienburgstr. 32, 81247 München, T: (089) 89 16 16 02, Fax: (089) 89 16 16 04)
Verbandszeitschrift: VMV-Mitteilungen
Redaktion: F. Behr
Verlag: Eigenverlag
Mitglieder: ca. 270
Mitarbeiter: 4
Vertretung der berufsständischen Interessen mittelständischer Versicherungsmakler.

• S 1 600

Verband der Umweltbetriebsprüfer und -gutachter e.V. (UBV)
Geschäftsstelle
Maria-Eich-Str. 50, 82166 Gräfelfing
T: (089) 89 89 24 24
Gründung: 1994 (6. Dezember)
Vorsitzende(r): Dr. rer. nat. Lutz Schimmelpfeng (c/o Umweltinstitut Offenbach GmbH)
Stellvertretende(r) Vorsitzende(r): Dipl.-Ing. Thomas Binggeli-Wüthrich
Geschäftsführer(in): Dr. Wolfgang Henry (Ltg. Presseabt., c/o Ing.-Büro Henry, Maria-Eich-Str. 50, 82166 Gräfelfing, T: (089) 89 89 14 14, Fax: (089) 89 89 14 24, e-mail: Dr.Henry@compuserve.com)
Verbandszeitschrift: UBV Nachrichten, UBV aktuell
Redaktion: Dr. Henry (Pressestelle)
Verlag: Eigenverlag
Umwelttechnik, Verlag moderne Industrie, Landsberg/Lech
Mitglieder: 230

• S 1 601

Verband der Fachwirte Mittelhessen e.V. (VdFM)
Talstr. 27, 35112 Fronhausen
T: (06426) 12 49
Gründung: 1983 (Berufsverb. Handels- u. Industriefachwirte)
Vorsitzende(r): Reiner Krausch (Talstr. 27, 35112 Fronhausen)
Stellvertretende(r) Vorsitzende(r): Manuela Thurm (Nolweg 2, 35415 Pohlheim)
Mitglieder: ca. 140

• S 1 602

Vereinigung der unabhängigen freiberuflichen Aktuare e.V. (I.A.C.A.)
(Deutsche Sektion der International Association of Consulting Actuaries)
Kanalstr. 44, 22085 Hamburg
T: (040) 22 71 11-0 **Fax:** 22 71 11-22
E-Mail: IACA.DE@T-ONLINE.DE
Vorsitzende(r) des Vorstandes: Dr. Horst-Günther Zimmermann, Hamburg
Vorstand: Dipl.-Math. Dr. Joachim Bode, Grünwald
Dipl.-Math. Hans-Dieter Oberer, Stuttgart
Mitglieder: 17
Die Vereinigung strebt für ihre Mitglieder einheitliche Berufsgrundsätze, die fachliche Weiterbildung sowie die öffentliche und behördliche Anerkennung des Berufsstandes an. Kollegiale Zusammenarbeit in Bezug auf Wissenschaft und Praxis; sie pflegt die Verbindung zu den Hochschulen und zu den entsprechenden ausländischen Berufsorganisationen. Information der Mitglieder über Entwicklungen auf dem Gebiet der betrieblichen, berufsständischen und privaten Altersversorgung im In- und Ausland und bei der Gestaltung, Überprüfung und Neuregelung von betrieblichen und sonstigen Versorgungseinrichtungen.

• S 1 603

Verband Verbraucherorientierter Versicherungs- und Finanzmakler e.V. (VVV)
Otto-Brenner-Str. 38, 33607 Bielefeld
T: (0521) 2 70 02 23
Vorsitzende(r) des Vorstandes: Hartmut Goebel
Geschäftsführer(in): Hans-Uwe Klaß

• S 1 604

Zentralverband des Deutschen Pfandkreditgewerbes e.V.
Alexanderstr. 22, 40210 Düsseldorf
T: (0211) 13 20 97 **Fax:** 32 69 30
Vorsitzende(r): Dipl.-Kfm. Joachim Struck, Düsseldorf
Stellvertretende(r) Vorsitzende(r): Jörg Walther, München
Geschäftsführer(in): RA Dr. Klaus Germann (Oberdorfstr. 26, 70567 Stuttgart, T: (0711) 16 16 10, Telefax: (0711) 1 61 61 61)
Mitglieder: 100
Sitz: Oberdorfstr. 26, 70567 Stuttgart

Landesverbände

s 1 605

Pfandkreditbetriebe Mitteldeutschland e.V.
Müllerstr. 164, 13353 Berlin
T: (030) 46 50 77 61
Vorsitzende(r): Guntram Goebel

s 1 606

Pfandkreditverband Nord e.V.
Osterstr. 84, 20259 Hamburg
T: (040) 4 91 20 32 **Fax:** 40 01 24
Vorsitzende(r): Thomas Struck, Hamburg

s 1 607

Vereinigung Privater Pfandkreditbetriebe Westdeutschlands e.V.
Zülpicher Str. 221, 50937 Köln
T: (0221) 41 61 29 **Fax:** 23 20 09
Vorsitzende(r): Günter Kemp

s 1 608

Vereinigung Süddeutscher Privater Pfandleihanstalten e.V.
Tübinger Str. 22-26, 70178 Stuttgart
T: (0711) 60 85 40
Vorsitzende(r): Helga Germann

• S 1 609

Vereinigung der Versicherungs-Betriebswirte e.V.
Geschäftsstelle:
Uhlandstr. 22, 50171 Kerpen
T: (02237) 5 21 45 **Fax:** 26 51
Internet: http://www.vvb-koeln.de
E-Mail: gs@vvb-koeln.de
Gründung: 1951
Vorsitzende(r): Wolfgang Franke, Köln
Stellvertretende(r) Vorsitzende(r): Hans-Theo Multhaup, München
Hans-Dieter Vosen, Oberursel
Schriftführer(in): Monika Barth, Köln
Schatzmeister: Karola Kurtze, Köln
Leitung Presseabteilung: Kai K. Waldmann, Düsseldorf
Sonderbeauftragte: Michael Kugelmeier, Köln
Stefan Blawth, München
Jürgen H. Hinzmann, Köln
Hartmut W. Stein, Köln
Geschäftsstelle: Frank Ackermann, Kerpen
Verbandszeitschrift: Versicherungs Betriebswirt
Mitglieder: 1800
Jahresetat: DM 0,3 Mio, € 0,15 Mio
Anzeigenverwaltung: Grit Stein, Göttinger Str. 21, 50858 Köln, T: (02234) 94 27 10, Fax: 94 27 11

• S 1 610

ARGE GL in Bayern e.V.
Arbeitsgemeinschaft der Geschäftsstellenleiter von Verwaltungsgemeinschaften und geschäftsleitenden Beamten von Einheitsgemeinden e.V.
Pfr.-Sales-Baur-Str. 3, 86866 Mickhausen
T: (08204) 10 55 **Fax:** 10 54
E-Mail: ARGE-GL.Bayern@t-online.de
1. Vorsitzende(r): Rainer Waschke

• S 1 611

Vereinigung der Vertragsfußballspieler e.V. (VdV)
Schmidtstr. 12, 60326 Frankfurt
T: (069) 7 39 38 50 **Fax:** 7 39 38 52
Gründung: 1987 (15. Juni)
Präsident(in): Florian Gothe

Vizepräsident(in): Michael Preetz
Schatzmeister: Heinz Pudell
Geschäftsführer(in): Ernst Thoman (kommissarisch)
Verbandszeitschrift: Wir Profis
Mitglieder: 900
Mitarbeiter: 14

● S 1 612

Unternehmerverband "Historische Baustoffe" e.V.
Dreihäusle 3, 78112 Sankt Georgen
T: (07724) 35 89 **Fax:** 32 85
E-Mail: verband@historische-baustoffe.de
Gründung: 1992 (Oktober)
Vorstand: Renate Krause
Thomas Knapp
Christian Metzeroth
Geschäftsführer(in): Hans-Christoph Freudenberger
Mitglieder: 60
Mitarbeiter: 2

● S 1 613

Verein Berliner Buchbindermeister 1849 e.V.
Geschäftsstelle: Reinhart & Wasser GmbH
Paul-Lincke-Ufer 39-40, 10999 Berlin
T: (030) 6 12 65 17 **Fax:** 6 11 32 80
Gründung: 1849
Vorsitzende(r): Hubert Lolk (Deutschtaler Str. 61, 12355 Berlin, T: (030) 6 64 32 56)
Mitglieder: ca. 170

● S 1 614

Deutscher Sprengverband e.V.
Postf. 21 24, 57241 Netphen
Feldwasserstr. 28, 57250 Netphen
T: (0271) 7 65 66 **Fax:** 79 08 05
E-Mail: deutscher-sprengverband@t-online.de
Gründung: 1978
Präsident(in): Berging. (grad.) Günther Moseler (Bahnhofsallee 29, 53919 Weilerswist, Sprengingenieur)
Vizepräsident(in): Manfred Dax (Mozartstr. 1, 89075 Ulm)
Olaf Hoyer (Ludwig-Geiger-Str. 24, 87474 Kempten-Buchenberg)
Verbandszeitschrift: Sprenginfo
Redaktion: Dipl.-oec. Siegfried Rosemann, 17349 Schönbeck/Elbe
Mitglieder: 1300
Jahresetat: DM 0,03 Mio, € 0,02 Mio

● S 1 615

Deutscher Tarifeur-Verein e.V. (DTV)
Kolpingstr. 9, 55270 Zornheim
T: (06136) 4 31 27
Gründung: 1972 (7. September)
Präsident(in): Ernst-Günther Prang (Die Rappenwiesen 25, 61350 Bad Homburg)
Vorsitzende(r): Gerhard Oswald (Kolpingstr. 9, 55270 Zornheim)

Stellvertretende(r) Vorsitzende(r): Paul Urban (Heinrichstr. 56, 40239 Düsseldorf)
Mitglieder: 277

● S 1 616

ACI Deutschland e.V.
The Financial Markets Association
c/o Bankges. Berlin AG
Alexanderplatz 2, 10178 Berlin
T: (030) 24 56-3000 **Fax:** 24 56-3050
Internet: http://www.aci-germany.de
President: Helmut Konrad (HypoVereinsbank AG, Arabellastr. 12, 81925 München, Tel.: (089) 37 81-8634, Fax: (089) 37 81-2850)
Secretary: Jochen Zimmermann

● S 1 617

FORUM für Automatenunternehmer in Europa e.V.
Welckerstr. 20, 53113 Bonn
T: (0228) 22 29 47 **Fax:** 21 38 86
Gründung: 1990 (März)
1. Vorsitzende(r): Elvira Winter
2. Vorsitzende(r): Peter Albinger
Werner H. Jacobs
Stefan Knüpling
Hans-Dieter Pohlkötter
Geschäftsführer(in): Jürgen Constroffer (Ltg. Presseabt.)
Mitarbeiter: 3

T Technisch-wissenschaftliche Vereinigungen

Zum Auffinden einer bestimmten Dienststelle oder Organisation dient das Suchwortverzeichnis, eines Personennamens das Personenverzeichnis.

Forschungsvereinigungen

● T 1

Wissenschaftsrat
Brohler Str. 11, 50968 Köln
T: (0221) 37 76-0 **Fax:** 38 84 40
Internet: http://www.wissenschaftsrat.de
E-Mail: post@wissenschaftsrat.de
Gründung: 1957
Vorsitzende(r): Prof. Dr. Winfried Schulze
Generalsekretär(in): Dr. Winfried Benz
Leitung Presseabteilung: Dr. Dietmar Goll
Mitarbeiter: rd. 65 Mitarbeiter, davon ca. 25 wissenschaftliche Mitarbeiter

● T 2

Deutsche Forschungsgemeinschaft (DFG)
Kennedyallee 40, 53175 Bonn
T: (0228) 8 85-1 **Fax:** 8 85 27 77, 8 85 21 80 PR
Internet: http://www.dfg.de
Internationaler Zusammenschluß: siehe unter izr 236, izt 54
Vorstand: Prof. Dr. Ernst-Ludwig Winnacker
Generalsekretär Dr. Reinhard Grunwald
Präsidium
Präsident(in): Prof. Dr. Ernst-Ludwig Winnacker (Biologe)
Vizepräsident(in): Prof. Dr.-Ing. Wolfram Boeck (Lehrstuhl für Hochspannungs- und Anlagentechnik der Technischen Universität, Arcisstr. 21, 80333 München, T: (089) 28 92-20 01, Fax: 28 92-50 89)
Prof. Dr. Johannes Dichgans (Neurologische Universitätsklink, Kliniken Scharrenberg, Hoppe-Seyler-Str.3, 72076 Tübingen, T: (07071) 2 98-20 49, Fax: 29-52 60)
Prof. DR.-Ing. Gerhart Eigenberger (Institut für Chemische Verfahrenstechnik, Universität Stuttgart, Böblinger Str. 72, 70199 Stuttgart, T: (0711) 6 41-22 29/30, Fax: 6 41-22 42)
Prof. Dr. Gerhard Ertl (Fritz-Haber-Institut der Max-Planck-Gesellschaft, Faradayweg 4-6, 14195 Berlin, T: (030) 84 13-51 00/04, Fax: 84 13-51 06)
Prof. Dr. Bärbel Friedrich (Institut für Biologie, Humboldt-Universität zu Berlin, Chausseestr. 117, 10115 Berlin, T: (030) 20 93-81 00/01, Fax: 20 93-81 02)
Prof. Dr. Jürgen Mlynek (Fakultät für Physik der Universität Konstanz, Universitätsstr. 10, 78464 Konstanz)
Prof. Dr. Ursula Peters (Institut für Deutsche Sprache und Literatur, Universität zu Köln, Albertus-Magnus-Platz, 50931 Köln)
Prof. Dr. Rüdiger Wolfrum (Max-Planck-Institut für ausländisches, öffentliches Recht und Völkerrecht, Im Neuenheimer Feld 535, 69120 Heidelberg)
Vorsitzender des Vorstandes Stifterverband für die Deutsche Wissenschaft: Dr. Arend Oetker (z.Hd. Herrn Generalsekretär Prof. Dr. M. Erhardt, Barkhovenallee 1, 45239 Essen, T: (0201) 84 01-0, Fax: 84 01-3 01)
Leitung Presseabteilung: Dr. Eva-Maria Streier

Mitglieder:

I. Wissenschaftliche Hochschulen

t 3

Rheinisch-Westfälische Technische Hochschule Aachen
52056 Aachen
Templergraben 55, 52062 Aachen
T: (0241) 80-1 (Zentrale) **Fax:** 88 88-100
Internet: http://www.rwth-aachen.de
Rektor: Univ. Prof. Dr. Roland Walter
Kanzler: Jürgen Keßler
Pressestelle: Toni Wimmer (M.A., T: (0241) 80 43 22, Telefax: (0241) 8 88 83 24)

t 4

Universität Augsburg
86135 Augsburg
Universitätsstr. 2, 86159 Augsburg
T: (0821) 5 98-1 **Fax:** 5 98-5505
Internet: http://www.uni-augsburg.de/
Gründung: 1970
Mitglieder: 11272
Mitarbeiter: 1200
Jahresetat: DM 124 Mio, € 63,4 Mio (1999)

t 5

Otto-Friedrich-Universität Bamberg
96045 Bamberg
Kapuzinerstr. 16, 96047 Bamberg
T: (0951) 8 63-1021 **Fax:** 8 63-4021
Internet: http://www.uni-bamberg.de
E-Mail: pressestelle@zuv.uni-bamberg.de
Leiter(in): Günter Barthenheier (M.A., Referat Presse- und Öffentlichkeitsarbeit)

t 6

Universität Bayreuth
95440 Bayreuth
Universitätsstr. 30, 95447 Bayreuth
T: (0921) 55-0 **Fax:** 55-5290
Internet: http://www.uni-bayreuth.de
E-Mail: poststelle@uvw.uni-bayreuth.de
Gründung: 1972 (01. Januar)
Mitglieder: 6800 Studenten
Mitarbeiter: ca. 1000

t 7

Freie Universität Berlin
Kaiserswerther Str. 16-18, 14195 Berlin
T: (030) 8 38-1 **Fax:** 8 38-6463
Internet: http://www.fu-berlin.de

t 8

Humboldt-Universität zu Berlin
10099 Berlin
Unter den Linden 6, 10117 Berlin
T: (030) 20 93-0 **Fax:** 20 93-2770
Internet: http://www.hu-berlin.de

t 9

Technische Universität Berlin
Straße des 17.Juni 135, 10623 Berlin
T: (030) 3 14-23922 **Fax:** 3 14-23909
Internet: http://www.tu-berlin.de
E-Mail: pressestelle@tu-berlin.de

t 10

Universität Bielefeld
Postf. 10 01 31, 33501 Bielefeld
Universitätsstr. 25, 33615 Bielefeld
T: (0521) 1 06-00 **Fax:** 1 06-5844, -2964
Internet: http://www.uni-bielefeld.de
E-Mail: post@uni-bielefeld.de
Gründung: 1969
Mitarbeiter: 777 wiss. Personal, 873 nichtwiss. Personal
Jahresetat: DM 241 Mio, € 123,22 Mio

t 11

Ruhr-Universität Bochum
Postf. 10 21 48, 44721 Bochum
Universitätsstr. 150, 44801 Bochum
T: (0234) 32-201 **Fax:** 32-14201
Internet: http://www.ruhr-uni-bochum.de
E-Mail: Birgit.Gremski@uv.ruhr-uni-bochum.de

t 12

Rheinische Friedrich-Wilhelms-Universität
Postf. 22 20, 53012 Bonn
Regina-Pacis-Weg 3, 53113 Bonn
T: (0228) 73-1 **Fax:** 73 55 79
Internet: http://www.uni-bonn.de
E-Mail: carr.presse@uni-bonn.de

t 13

Technische Universität Braunschweig
Postf. 33 29, 38023 Braunschweig
Pockelsstr. 14, 38106 Braunschweig
T: (0531) 3 91-0 **Fax:** 3 91-4577
Internet: http://www.tu-bs.de
E-Mail: president@tu-bs.de
Gründung: 1745

t 14

Universität Bremen
Postf. 33 04 40, 28334 Bremen
Bibliothekstr. 1, 28359 Bremen
T: (0421) 2 18-1 **Fax:** 2 18-4259
Internet: http://www.uni-bremen.de
E-Mail: ugundrum@presse.uni-bremen.de
Gründung: 1971
Mitarbeiter: 2800 (davon 1700 Wissenschaftler)
Jahresetat: DM 300 Mio, € 153,39 Mio

t 15

Technische Universität Chemnitz
09107 Chemnitz
Straße der Nationen 62, 09111 Chemnitz
T: (0371) 5 31-0 **Fax:** 5 31-1342
Internet: http://www.tu-chemnitz.de
E-Mail: pressestelle@tu-chemnitz.de
Gründung: 1836 (2. Mai)

t 16

Technische Universität Clausthal
Postf. 12 53, 38670 Clausthal-Zellerfeld
Adolph-Roemer-Str. 2A, 38678 Clausthal-Zellerfeld
T: (05323) 72-0 **Fax:** 72-3500
Internet: http://www.tu-clausthal.de
E-Mail: amtsberg@tu-clausthal.de

t 17

Technische Universität Darmstadt
Karolinenplatz 5, 64289 Darmstadt
T: (06151) 16-0 **Fax:** 16-4128
Internet: http://www.tu-darmstadt.de
E-Mail: presse@pvw.tu-darmstadt.de

t 18

Universität Dortmund
44221 Dortmund
August-Schmidt-Str. 4, 44227 Dortmund
T: (0231) 7 55-0 **Fax:** 7 55-2050
Internet: http://www.uni-dortmund.de
Mitglieder: 28000
Mitarbeiter: 3000

t 19

Technische Universität Dresden
01062 Dresden
Mommsenstr. 13, 01069 Dresden
T: (0351) 4 63-0 **Fax:** 4 71 02 94
Internet: http://www.tu-dresden.de
E-Mail: b_berg@rcs.urz.tu-dresden.de

t 20

Heinrich-Heine-Universität Düsseldorf
Universitätsstr. 1, 40225 Düsseldorf
T: (0211) 81-00 **Fax:** 34 22 29
Internet: http://www.uni-duesseldorf.de

t 21

Gerhard-Mercator-Universität Duisburg
47048 Duisburg
Lotharstr. 65, 47057 Duisburg
T: (0203) 37 90 **Fax:** 3 79 33 33
Internet: http://www.uni-duisburg.de
E-Mail: kanzler@uni-duisburg.de

t 22

Friedrich-Alexander-Universität Erlangen-Nürnberg
Postf. 35 20, 91023 Erlangen
Schloßplatz 4, 91054 Erlangen
T: (09131) 85-0 **Fax:** 85-22131
Internet: http://www.uni-erlangen.de
E-Mail: pressestelle@zuv-uni-erlangen.de

t 23

Universität-Gesamthochschule Essen
45117 Essen
Universitätsstr. 2, 45141 Essen
T: (0201) 1 83-1 **Fax:** 1 83-3536, 1 83-2151
Internet: http://www.uni-essen.de
E-Mail: universität@uni.essen.de
Gründung: 1972 (1.August , Gründung d. Uni Essen)

t 24

Johann Wolfgang Goethe-Universität Frankfurt am Main
Postf. 11 19 32, 60054 Frankfurt
Senckenberganlage 31, 60325 Frankfurt
T: (069) 7 98-1 **Fax:** 7 98-28383
Internet: http://www.uni-frankfurt.de
E-Mail: presse@pvw.uni-frankfurt.de

t 25

Technische Universität - Bergakademie Freiberg
09596 Freiberg
Akademiestr. 6, 09599 Freiberg
T: (03731) 39-0 **Fax:** 2 21 95
Internet: http://www.tu-freiberg.de
E-Mail: transfer@zuv.tu-freiberg.de

t 26

Albert-Ludwigs-Universität Freiburg im Breisgau
79085 Freiburg
Fahnenbergplatz, 79098 Freiburg
T: (0761) 2 03-0 **Fax:** 2 03-4369
Internet: http://www.uni-freiburg.de
E-Mail: rektor@uni-freiburg.de

t 27

Justus-Liebig-Universität Gießen
Postf. 11 14 40, 35359 Gießen

Ludwigstr. 23, 35390 Gießen
T: (0641) 99-0 **Fax:** 99-12659
Internet: http://www.uni-giessen.de

t 28

Georg-August-Universität Göttingen
Postf. 37 44, 37027 Göttingen
Goßlerstr. 5-7, 37073 Göttingen
T: (0551) 39-0 **Fax:** 39-9612
Internet: http://www.Uni-Goettingen.de
E-Mail: pressestelle@ZVW.uni-goettingen.de

t 29

Ernst-Moritz-Arndt-Universität Greifswald
Domstr. 11, 17489 Greifswald
T: (03834) 86-0 **Fax:** 86-1248
Internet: http://www.uni-greifswald.de
E-Mail: rektor@uni-greifswald.de

t 30

Martin-Luther-Universität Halle-Wittenberg
06099 Halle
Universitätsplatz 10, 06108 Halle
T: (0345) 55-20 **Fax:** 55-27077
Internet: http://www.uni-halle.de

t 31

Universität Hamburg
Edmund-Siemers-Allee 1, 20146 Hamburg
T: (040) 4 28 38-0 **Fax:** 4 28 38-2449
Internet: http://www.uni-hamburg.de
E-Mail: presse@rrz.uni-hamburg.de

t 32

Technische Universität Hamburg-Harburg
21071 Hamburg
Schwarzenbergstr. 95, 21073 Hamburg
T: (040) 4 28 78-0 **Fax:** 4 28 78-2040
Internet: http://www.tu-harburg.de

t 33

Universität Hannover
Postf. 6009, 30060 Hannover
Welfengarten 1, 30167 Hannover
T: (0511) 7 62-0 **Fax:** 7 62-3456
Internet: http://www.uni-hannover.de
E-Mail: praesidialamt@uni-hannover.de

t 35

FernUniversität - Gesamthochschule Hagen
58084 Hagen
T: (02331) 9 87-01 **Fax:** 9 87-27 63
Internet: http://www.fernuni-hagen.de
E-Mail: Rektorat@FernUni-Hagen.de

t 34

Medizinische Hochschule Hannover
30623 Hannover
T: (0511) 5 32-1 **Fax:** 5 32-6003
Internet: http://www.mh-hannover.de

t 36

Tierärztliche Hochschule Hannover
Postf. 71 11 80, 30545 Hannover
Bünteweg 2, 30559 Hannover
T: (0511) 9 53-6 **Fax:** 9 53-8050
Internet: http://www.tiho-hannover.de
E-Mail: mflachs@vw.tiho-hannover.de
Gründung: 1778
Mitarbeiter: 1000

t 37

Ruprecht-Karls-Universität Heidelberg
Postf. 10 57 60, 69047 Heidelberg
Grabengasse 1, 69117 Heidelberg
T: (06221) 54-0 **Fax:** 54-2618
Internet: http://www.uni-heidelberg.de
E-Mail: gb@zuv.uni-heidelberg.de

t 38

Universität Hohenheim
70593 Stuttgart
Schloß Hohenheim, 70599 Stuttgart
T: (0711) 4 59-0 **Fax:** 4 59-3960
Internet: http://www.uni-hohenheim.de
E-Mail: post@uni-hohenheim.de
Gründung: 1818
Presse und Forschungsinformation: Dr. Klaus H. Grabowski (T: (0711) 4 59 20 01/3, Telefax: (0711) 4 59 32 89)
Präsident(in): Prof. Dr. Klaus Macharzina
Kanzler: Elgar Rödler
Dekan: Fakultät I: Allgemeine und Angewandte Naturwissenschaften Prof. Dr. K. Bosch
Dekan: Fakultät II: Biologie Prof. Dr. A. Preiss
Dekan: Fakultät III: Pflanzenproduktion und Landschaftsökologie Prof. Dr. A. E. Melchinger
Dekan: Fakultät IV: Agrarökonomie, Agrartechnik und Tierproduktion Prof. Dr. T. Jungbluth
Dekan: Fakultät V: Wirtschafts- und Sozialwissenschaften Prof. Dr. B. Seel
Mitarbeiter: 2000, davon 140 Professoren, zusätzlich gut 5000 Studierende

t 39

Friedrich-Schiller-Universität Jena
07740 Jena
Fürstengraben 1, 07743 Jena
T: (03641) 93-00 **Fax:** 93-1682
Teletex: 331 506 uni d
Internet: http://www.uni-jena.de

t 40

Universität Kaiserslautern
67653 Kaiserslautern
Gottlieb-Daimler-Str., 67663 Kaiserslautern
T: (0631) 2 05-1 **Fax:** 2 05-3200
Internet: http://www.uni-kl.de
Gründung: 1970
Mitarbeiter: 1600
Jahresetat: DM 200 Mio, € 102,26 Mio

t 41

Universität Fridericiana zu Karlsruhe
76128 Karlsruhe
Kaiserstr. 12, 76131 Karlsruhe
T: (0721) 6 08-0 **Fax:** 6 08-4290
Internet: http://www.uni-karlsruhe.de
E-Mail: posteingang@verwaltung.uni-karlsruhe.de

t 42

Universität Gesamthochschule Kassel
34109 Kassel
Mönchebergstr. 19, 34125 Kassel
T: (0561) 8 04-0 **Fax:** 8 04-2330
Internet: http://www.uni-kassel.de
E-Mail: praesident@verwaltung.uni-kassel.de

t 43

Christian-Albrechts-Universität zu Kiel
24098 Kiel
Olshausenstr. 40, 24118 Kiel
T: (0431) 8 80-00 **Fax:** 8 80-2072
TX: 292 979 ifkki
Internet: http://www.uni-kiel.de
E-Mail: pressestelle@zentr-verw.uni-kiel.de, rektorat@verwaltung.uni-kiel.de

t 44

Universität zu Köln
50923 Köln
Albertus-Magnus-Platz, 50931 Köln
T: (0221) 4 70-1 **Fax:** 4 70-5151

t 45

Universität Konstanz
78457 Konstanz
Universitätsstr. 10, 78464 Konstanz
T: (07531) 88-0 **Fax:** 88-3688
Internet: http://www.uni-konstanz.de
Rektor: Prof. Dr. phil. Gerhart von Graevenitz
Kanzler: Jens Apitz (T: (07531) 88-2294, Fax: 88-4077)
Pressestelle: Dr. Manuela Müller-Windisch (T: (07531) 88-2662, Fax: 88-3766)

t 46

Universität Leipzig
04081 Leipzig
Postf. 10 09 20, 04009 Leipzig
Ritterstr. 26, 04109 Leipzig
T: (0341) 97-108, 97-109 **Fax:** 97-30099
TX: 311 153 uni d
Internet: http://www.uni-leipzig.de/

t 47

Medizinische Universität zu Lübeck
Ratzeburger Allee 160, 23562 Lübeck
T: (0451) 5 00-0 **Fax:** 5 00-3016
Internet: http://www.mu-luebeck.de
E-Mail: presse@zuv.mu-luebeck.de
Gründung: 1964 (3. November)
Mitarbeiter: 5107 (einschließlich Klinikum)

t 48

Otto-von-Guericke-Universität Magdeburg
Postf. 41 20, 39016 Magdeburg
Universitätsplatz 2, 39106 Magdeburg
T: (0391) 67-01 **Fax:** 67-11156
Internet: http://www.uni-magdeburg.de

t 49

Johannes Gutenberg-Universität Mainz
55099 Mainz
Saarstr. 21, 55122 Mainz
T: (06131) 39-0 **Fax:** 39-22919
Internet: http://www.uni-mainz.de
E-Mail: ldpb@verwaltung.uni-mainz.de

t 50

Universität Mannheim
68131 Mannheim
Postf. 10 34 62, 68034 Mannheim
T: (0621) 1 81-0 **Fax:** 1 81-1050
Internet: http://www.uni-mannheim.de
E-Mail: presse@.uni-mannheim.de

t 51

Philipps-Universität
35032 Marburg
Biegenstr. 10-12, 35037 Marburg
T: (06421) 2 82-0 **Fax:** 2 82-2500
Internet: http://www.uni-marburg.de

t 52

Ludwig-Maximilians-Universität München
Geschwister-Scholl-Platz 1, 80539 München
T: (089) 21 80-0 **Fax:** 21 80-2322, 33 82 97
Internet: http://www.uni-muenchen.de

t 53

Technische Universität München
80290 München
Arcisstr. 21, 80333 München
T: (089) 2 89-01 **Fax:** 2 89-22000
Internet: http://www.tum.de
E-Mail: pressestelle@tum.de

t 54

Westfälische Wilhelms-Universität Münster
Schloßplatz 2, 48149 Münster
T: (0251) 83-0 **Fax:** 83-24831
Internet: http://www.uni-muenster.de

t 55

Carl von Ossietzky Universität Oldenburg
26111 Oldenburg
Ammerländer Heerstr. 114-118, 26129 Oldenburg
T: (0441) 7 98-0 **Fax:** 7 98-3000
Internet: http://www.uni-oldenburg.de

t 56

Universität Osnabrück
49069 Osnabrück
Neuer Graben Schloß, 49074 Osnabrück
T: (0541) 9 69-0 **Fax:** 9 69-4570
Internet: http://www.uni-osnabrueck.de
E-Mail: pressestelle@uni-osnabrueck.de

t 57

Universität Paderborn
Postf. 16 21, 33046 Paderborn
Warburger Str. 100, 33098 Paderborn
T: (05251) 60-1 **Fax:** 60-2519
Internet: http://www.uni-paderborn.de
E-Mail: rektorat@zv.uni-paderborn.de
Gründung: 1972 (1. August)
Mitarbeiter: 1700
Jahresetat: DM 200 Mio, € 102,26 Mio

t 58

Universität Passau
94030 Passau
Dr.-Hans-Kapfinger-Str. 22, 94032 Passau
T: (0851) 5 09-0 **Fax:** 5 09-1005
Internet: http://www.uni-passau.de
E-Mail: pressestelle@fsuni.rz.uni-passau.de

t 59

Universität Potsdam
Postf. 60 15 53, 14415 Potsdam
Am Neuen Palais 10, 14469 Potsdam
T: (0331) 9 77-0 **Fax:** 97 21 63
Internet: http://www.uni-potsdam.de
E-Mail: bresti@rz.uni-potsdam.de

t 60

Universität Regensburg
93040 Regensburg
Universitätsstr. 31, 93053 Regensburg
T: (0941) 9 43 01 **Fax:** 9 43 23 05
Internet: http://www.uni-regensburg.de
E-Mail: walburga.bender@verwaltung.uni-regensburg.de

t 61

Universität Rostock
Universitätsplatz 1, 18055 Rostock
T: (0381) 4 98-0 **Fax:** 4 98-1006
Internet: http://www.uni-rostock.de
E-Mail: rektor@rektorat.uni-rostock.de
Gründung: 1419

t 62

Universität des Saarlandes
Am Stadtwald, 66123 Saarbrücken
T: (0681) 3 02-0 **Fax:** 3 02-2609
Internet: http://www.uni-saarland.de
E-Mail: wwwadm@uni-saarland.de
Gründung: 1948
Jahresetat: DM 307 Mio, € 156,97 Mio

t 63

Universität-Gesamthochschule Siegen
57068 Siegen
Herrengarten 3, 57072 Siegen
T: (0271) 7 40-1 **Fax:** 7 40-4911
Internet: http://www.uni-siegen.de
E-Mail: Georgi@vrz.uni-siegen.de
Gründung: 1972
Mitarbeiter: 1100
Jahresetat: DM 183 Mio, € 93,57 Mio

t 64

Universität Stuttgart
Postf. 10 60 37, 70049 Stuttgart
Keplerstr. 7, 70174 Stuttgart
T: (0711) 1 21-0 **Fax:** 1 21-2271
Internet: http://www.uni-stuttgart.de
E-Mail: post@verwaltung.uni-stuttgart.de
Gründung: 1829

t 65

Universität Trier
54286 Trier
Universitätsring 15, 54296 Trier
T: (0651) 2 01-0 **Fax:** 2 01-4247
Internet: http://www.uni-trier.de
Mitarbeiter: 2-4

t 66

Eberhard-Karls-Universität Tübingen
Wilhelmstr. 7, 72074 Tübingen
T: (07071) 29-0 **Fax:** 29-5990
Internet: http://www.uni-tuebingen.de

t 67

Universität Ulm
89069 Ulm
Albert-Einstein-Allee, 89081 Ulm
T: (0731) 5 02-01 **Fax:** 5 02-2038
Internet: http://www.uni-ulm.de
Gründung: 1967

t 68

Bergische Universität Gesamthochschule Wuppertal
42097 Wuppertal
Gaußstr. 20, 42119 Wuppertal
T: (0202) 4 39-1 **Fax:** 4 39-2899
Internet: http://www.uni-wuppertal.de
E-Mail: presse@uni-wuppertal.de
Gründung: 1972 (1. August)
Mitarbeiter: 1400
Jahresetat: DM 180 Mio, € 92,03 Mio

t 69

Bayerische Julius-Maximilians-Universität Würzburg
Sanderring 2, 97070 Würzburg
T: (0931) 31-0 **Fax:** 31-2600
Internet: http://www.uni-wuerzburg.de
E-Mail: universitaet@zv.uni-wuerzburg.de

II. Andere Forschungseinrichtungen

t 70

Deutsches Archäologisches Institut
Podbielskiallee 69-71, 14195 Berlin
T: (01888) 77 11-0 **Fax:** 77 11-168
Internet: http://www.dainst.de
E-Mail: info@dainst.de

t 71

Deutsches Zentrum für Luft- und Raumfahrt e.V. (DLR)
51170 Köln
Linder Höhe, 51147 Köln
T: (02203) 6 01-0 **Fax:** 6 73 10
Internet: http://www.dlr.de/

t 72

Deutsches Elektronen-Synchrotron (DESY)
Notkestr. 85, 22607 Hamburg
T: (040) 8 99 80 **Fax:** 89 98-32 82
Internet: http://www.desy.de
E-Mail: desyinfo@desy.de
Gründung: 1959 (18. Dezember)

t 73

Deutsches Krebsforschungszentrum (dkfz)
Im Neuenheimer Feld 280, 69120 Heidelberg
T: (06221) 42-0 **Fax:** 42-2995
Internet: http://www.dkfz-heidelberg.de

t 74

Fraunhofer-Gesellschaft zur Förderung der angewandten Forschung e.V.
Leonrodstr. 54, 80636 München
T: (089) 12 05-01 **Fax:** 12 05-317
Internet: http://www.fhg.de
E-Mail: info@zv.fhg.de

t 75

Gesellschaft für Schwerionenforschung mbH (GSI)
Postf. 11 05 52, 64220 Darmstadt
Planckstr. 1, 64291 Darmstadt
T: (06159) 71-0 **Fax:** 71-2785
Internet: http://www.gsi.de

t 76

GSF-Forschungszentrum für Umwelt und Gesundheit GmbH
85758 Neuherberg
Postf. 11 29, 85758 Oberschleißheim
Ingolstädter Landstr. 1 OT Neuherberg, 85764 Oberschleißheim
T: (089) 31 87-0 **Fax:** 31 87-3322
Internet: http://www.gsf.de
E-Mail: buff@gsf.de

t 77

Hahn-Meitner-Institut Berlin GmbH
Glienicker Str. 100, 14109 Berlin
T: (030) 80 62-0 **Fax:** 80 62-2181
TX: 1 85 763
Internet: http://www.hmi.de
E-Mail: postmaster@hmi.de

t 78

Forschungszentrum Jülich GmbH
52425 Jülich
Leo-Brandt-Str., 52428 Jülich
T: (02461) 6 10 **Fax:** 61 81 00
Internet: http://www.fz-juelich.de
E-Mail: fzj@fz-juelich.de

t 79

Forschungszentrum Karlsruhe GmbH
Postf. 36 40, 76021 Karlsruhe
Hermann-von-Helmholtz-Platz 1, 76344 Eggenstein-Leopoldshafen
T: (07247) 82-0 **Fax:** 82-5070
Internet: http://www.fzk.de
E-Mail: info@fzk.de

t 80

Max-Planck-Gesellschaft zur Förderung der Wissenschaften e.V.
Postf. 10 10 62, 80084 München
Hofgartenstr. 8, 80539 München
T: (089) 21 08-0 **Fax:** 21 08-1111
Gründung: 1948 (26. Februar)
Internationaler Zusammenschluß: siehe unter izt 56
Mitglieder: ca. 900 Fördernde Mitgl.
ca. 240 Wissenschaftl. Mitgl.
Mitarbeiter: ca. 11500
Jahresetat: DM 2172 Mio, € 1110,53 Mio (1999)

t 81

Physikalisch-Technische Bundesanstalt (PTB)
Postf. 33 45, 38023 Braunschweig
Bundesallee 100, 38116 Braunschweig
T: (0531) 5 92-1 **Fax:** 5 92-4006
Internet: http://www.ptb.de
E-Mail: presse@ptb.de

t 82

Museum Europäischer Kulturen - Staatliche Museen zu Berlin
Stauffenbergstr. 41, 10785 Berlin
T: (030) 8 39 01-01 **Fax:** 8 39 01-283

III. Akademien der Wissenschaften

t 83

Berlin-Brandenburgische Akademie der Wissenschaften
Jägerstr. 22/23, 10117 Berlin

t 84

Akademie der Wissenschaften zu Göttingen
Theaterstr. 7, 37073 Göttingen
T: (0551) 39-5362 **Fax:** 39-5365
Internet: http://www.adw-goettingen.gwdg.de

t 85

Nordrhein-Westfälische Akademie der Wissenschaften
Palmenstr. 16, 40217 Düsseldorf
T: (0211) 34 20 51 **Fax:** 34 14 75

t 86

Akademie der Wissenschaften und der Literatur
Geschwister-Scholl-Str. 2, 55131 Mainz
T: (06131) 5 77-0 **Fax:** 5 77-111
Präsident(in): Prof. Dr. Clemens Zintzen

t 87

Bayerische Akademie der Wissenschaften
Marstallplatz 8, 80539 München
T: (089) 2 30 31-0 **Fax:** 2 30 31-100, 2 30 31-141
Internet: http://www.badw.de
Gründung: 1759
Vorstand
Präsident(in): Prof. Dr. Dr.h.c.mult. Heinrich Nöth (Chemiker)
Prof. Dr. Dr.h.c.mult. Horst Fuhrmann (Historiker)
Sekretär der Philosophisch-historischen Klasse: Prof. Dr. Klaus Albert Strunk (Sprachwissenschaftler)
Prof. Dr. Dr.h.c.mult. Peter Landau (Jurist)
Sekretär der Mathematisch-naturwissenschaftlichen Klasse: Prof. Dr. Dr.h.c.mult. Hubert Ziegler (Botaniker)
Prof. Dr. Dr.h.c. Roland Bulirsch (Mathematiker)
Syndika: Monika Stoermer
Leitung Presseabteilung: Myriam Hönig
Mitarbeiter: ca. 320

t 88

Heidelberger Akademie der Wissenschaften, Körperschaft des öffentlichen Rechts
Postf. 10 27 69, 69017 Heidelberg
Karlstr. 4, 69117 Heidelberg
T: (06221) 54-32 65 **Fax:** 54-33 55
Internet: http://www.haw.baden-wuerttemberg.de
E-Mail: haw@baden-wuerttemberg.de

t 89

Sächsische Akademie der Wissenschaften zu Leipzig
Karl-Tauchnitz-Str. 1, 04107 Leipzig
T: (0341) 7 11 53 13 **Fax:** 7 11 53 44

IV. Wissenschaftliche Verbände

t 90

Arbeitsgemeinschaft industrieller Forschungsvereinigungen "Otto von Guericke" e.V. (AiF)
Bayenthalgürtel 23, 50968 Köln
T: (0221) 3 76 80-0 **Fax:** 3 76 80 27
Internet: http://www.aif.de
E-Mail: info@aif.de
Gründung: 1954

Präsident: Dipl.-Ing. Hans Wohlfart
Hauptgeschäftsführer(in): Dr.-Ing. Michael Maurer
Öffentlichkeitsarbeit: Alexandra Dick

t 91

Deutscher Verband technisch-wissenschaftlicher Vereine (DVT)
Postf. 10 11 39, 40002 Düsseldorf
Graf-Recke-Str. 84, 40239 Düsseldorf
T: (0211) 62 14-499 **Fax:** 62 14-172
E-Mail: dvt@vdi.de

t 92

Gesellschaft Deutscher Naturforscher und Ärzte e.V.
Hauptstr. 5, 53604 Bad Honnef
T: (02224) 92 32-37 **Fax:** 92 32-40
Internet: http://www.gdnae.de
E-Mail: gdnae@gdnae.de

t 93

MDC Max-Delbrück-Centrum
Robert-Rössle-Str. 10, 13125 Berlin
T: (030) 94 06-0 **Fax:** 9 49-4161

t 94

Alfred-Wegener-Institut für Polar- und Meeresforschung (AWI)
Postf. 12 01 61, 27515 Bremerhaven
T: (0471) 4 83 10 **Fax:** 48 31 11 49
Internet: http://www.awi-bremerhaven.de
E-Mail: awi-pr@awi-bremerhaven.de

• T 95

Stifterverband
für die Deutsche Wissenschaft

Stifterverband für die Deutsche Wissenschaft e.V. (Stifterverband)
Hauptverwaltung:
Postf. 16 44 60, 45224 Essen
Barkhovenallee 1, 45239 Essen
T: (0201) 84 01-0 **Fax:** 8 40 13 01
Internet: http://www.stifterverband.de
E-Mail: mail@stifterverband.de
Gründung: 1920
Präsident(in): Dr. Arend Oetker
Schatzmeister: Klaus Schweickart
Generalsekretär(in): Prof. Dr.jur. Manfred Erhardt
Leitung Presse- und Öffentlichkeitsarbeit: Dr. Angela Lindner
Geschäftsleitung:
Dr. Ekkehard Winter
Dr. Wilhelm Ahrens
Dr. Ambros Schindler
Heidi Schädlich
Finanzen, Personal, Organisation:
Dr. Wilhelm Ahrens
Peter Anders
Rainer Platzek
Volker Malcharek
Klaus Komp
Ulrike Lenk
Jürgen Neuroth
Martina Spaan-Cordes
Programm und Förderung:
Dr. Ekkehard Winter
Dr. Heinz-Rudi Spiegel
Dr. Volker Meyer-Guckel
Dr. Heide Radlanski
Marketing und Akquisition:
Heidi Schädlich
Thomas Reiniger
Evelin Manteuffel
Stiftungszentrum:
Dr. Ambros Schindler (Geschäftsführer)
Dr. Wilhelm Ahrens (Geschäftsführer)
Erich Steinsdörfer
Helen Wild
Peter Beck
Ute Berkel
Markus Heuel
Dr. Marilen Macher
Dr. Kai de Weldige
Wissenschaftsstatistik GmbH:
Dr. Christoph Grenzmann (Geschäftsführer)
Dr. Wilhelm Ahrens (Geschäftsführer)
Joachim Wudtke
Rüdiger Marquardt
Christa Revermann
Wissenschaftszentrum Bonn:
Dipl.-Kfm. Heinz Rüdiger Grunewald (Geschäftsführer)
Presse- und Öffentlichkeitsarbeit:
Dr. Angela Lindner
Michael Sonnabend
Verbandszeitschrift: „Wirtschaft & Wissenschaft"
Redaktion: Michael Sonnabend (verantw.), Cornelia Herting
Verlag: Verwaltungsges. f. Wissenschaftspflege, Barkhovenallee 1, 45239 Essen
Mitglieder: 4000
Mitarbeiter: 80
Jahresetat: DM 171 Mio, € 87,43 Mio

• T 96

Wissenschaftsstatistik GmbH im Stifterverband für die Deutsche Wissenschaft
Postf. 16 44 60, 45224 Essen
Barkhovenallee 1, 45239 Essen
T: (0201) 84 01-0, 84 01-400 **Fax:** 84 01-431
E-Mail: Wissenschaftsstatistik@Compuserve.com
Gründung: 1982
Geschäftsführer(in): Dr. Christoph Grenzmann
Dr. Wilhelm Ahrens
Mitarbeiter: 9
Jahresetat: DM 1,5 Mio, € 0,77 Mio

Durchführung von statistischen Erhebungen, insbesondere im Bereich von Wissenschaft und Forschung.

• T 97

Max-Planck-Gesellschaft zur Förderung der Wissenschaften e.V.
Generalverwaltung:
Postf. 10 10 62, 80084 München
Hofgartenstr. 8, 80539 München
T: (089) 21 08-0 **Fax:** 21 08-1111
Gründung: 1948 (26. Februar)
Internationaler Zusammenschluß: siehe unter izt 56
Verwaltungsrat
Präs. u. Vors: Prof. Dr. Hubert Markl (Hofgartenstr. 8, 80539 München, T: (089) 21 08-12 12, Telefax: (089) 21 08-11 12)
Vizepräsident(in): Prof. Dr. Jochen A. Frowein (Wissenschaftl. Mitglied des Max-Planck-Instituts für ausländisches öffentliches Recht und Völkerrecht, Direktor am Institut, Im Neuenheimer Feld 535, 69120 Heidelberg, T: (06221) 4 82-257, Fax: (06221) 4 82-677)
Prof. Dr. Klaus Hahlbrock (Wissenschaftl. Mitgl. des Max-Planck-Inst. für Züchtungsforschung, Direktor am Institut, Carl-von-Linné-Weg 10, 50829 Köln, T: (0221) 50 62-3 01, Telefax: (0221) 50 62-3 13)
Dr.h.c. Tyll Necker (Geschäftsführer und Gesellschafter der HAKO-Werke GmbH & Co., Hamburger Str. 209-239, 23843 Bad Oldesloe, T: (04531) 8 06-2 00, Telefax: (04531) 8 06-3 90)
Prof. Dr. Gerhard Wegner (Wissenschaftl. Mitglied des Max-Planck-Instituts für Polymerforschung, Direktor am Institut, Ackermannweg 10, 55128 Mainz, T: (06131) 3 79-1 31, Telefax: (06131) 3 79-3 30)
Schatzmeister: Dr. Hans-Jürgen Schinzler (Vors. des Vorstands der Münchener Rückversicherungs-Gesellschaft, Königstr. 107, 80802 München, T: (089) 38 91-2779, Fax: (089) 38 91-2300)
Weitere Mitglieder:
Prof. Dr. Hans-Jürgen Quadbeck-Seeger (BASF AG, 67056 Ludwigshafen, T: (0621) 60-4 84 88, Telefax: (0621) 60-4 59 76)
Prof. Dr. Günter Stock (Mitgl. d. Vorst. der Schering AG, Müllerstr. 170-178, 13353 Berlin, T: (030) 4 68-1 50 92, Telefax: (030) 4 68-1 53 09)
Generalsekretärin: Dr. Barbara Bludau
Leitung Pressereferat: Dr. Bernd Wirsing
Verbandszeitschrift: MaxPlanckForschung
Redaktion: Hofgartenstr. 8, 80539 München
Verlag: Generalverwaltung der MPG
Mitglieder: ca. 900 Fördernde Mitgl.
ca. 240 Wissenschaftl. Mitgl.
Mitarbeiter: ca. 11500
Jahresetat: DM 2172 Mio, € 1110,53 Mio (1999)

Forschungseinrichtungen der Max-Planck-Gesellschaft

t 98

Max-Planck-Institut für Aeronomie
Max-Planck-Str. 2, 37191 Katlenburg-Lindau
T: (05556) 9 79-0 **Fax:** 9 79-2 40
E-Mail: user@linmpi.mpg.de
Geschf. Dir.: Prof. Dr. Vytenis M. Vasyliunas
Wissenschaftliche Mitglieder, Direktoren:
Prof. Sir Ian Axford (FRS)
Dr.-Ing. Helmut Rosenbauer
Prof. Dr. Sami K. Solanki
Prof. Dr. Vytenis M. Vasyliunas

Max-Planck-Institut für evolutionäre Anthropologie
Inselstr. 22, 04103 Leipzig
T: (0341) 99 52-0 **Fax:** 99 52-119
E-Mail: info@eva.mpg.de
Geschf. Dir.: Prof. Dr. Bernard Comrie
Wissenschaftliche Mitglieder, Direktoren:
Prof. Dr. Christophe A. Boesch
Prof. Dr. Bernard Comrie
Prof. Dr. Svante Pääbo
Prof. Dr. Michael Tomasello

t 99

Max-Planck-Institut für Astronomie
Königstuhl 17, 69117 Heidelberg
T: (06221) 5 28-0 **Fax:** 52 82 46
E-Mail: user@mpia-hd.mpg.de
Komm. Leiter, Geschf. Dir.: Prof. Dr. Immo Appenzeller
Wiss. Mitglied, Direktor: Prof. Dr. Hans-Walter Rix
Weiteres Wiss. Mitglied: Prof. Dr. Steven V.W. Beckwith (beurlaubt)

Außenstelle:

Observatorium Calar Alto/Centro Astronómico Hispano-Alemán (Deutsch-Spanisches Astronomisches Zentrum)
Büro Almeria
c/Jesus Durban Remon 2,2, E-04004 Almeria
Apartado Corres 511, E-04080 Almeriá
T: (0034950) 2 30-988 **Fax:** 2 30-373
E-Mail: gredel@caha.es

t 100

Max-Planck-Institut für Astrophysik
Postf. 15 23, 85740 Garching
Karl-Schwarzschild-Str. 1, 85748 Garching
T: (089) 32 99-00 **Fax:** 32 99 32 35
E-Mail: user@mpe.mpg.de
Geschf. Dir: Prof. Dr. Wolfgang Hillebrand
Wissenschaftliche Mitglieder, Direktoren:
Prof. Dr. Rashid Sunyaev
Prof. Dr. Simon D. M. White
Weiteres Wissenschaftliches Mitglied:
Prof. Dr. Rolf-Peter Kudritzki

t 101

Bibliotheca Hertziana - Max-Planck-Institut
Palazzo Zuccari, via Gregoriana 28, I-00187 Rom
T: (003906) 6 99 93-1 **Fax:** 6 99 93-3 33
E-Mail: user@biblhertz.it
Geschf. Dir.: Prof. Dr. Elisabeth Kieven
Wissenschaftliches Mitglied, Direktor:
Prof. Dr. Christoph Luitpold Frommel

t 102

Max-Planck-Institut für Bildungsforschung
Lentzeallee 94, 14195 Berlin
T: (030) 8 24 06-0 ISDN **Fax:** 8 24 99 39
Geschf. Dir.: Prof. Dr. Gerd Gigerenzer
Wissenschaftliche Mitglieder, Direktoren:
Prof. Dr. Paul B. Baltes
Prof. Dr. Jürgen Baumert
Prof. Dr. Gerd Gigerenzer
Prof. Dr. Karl Ulrich Mayer

t 103

Max-Planck-Institut für Biochemie
Am Klopferspitz 18a (Martinsried), 82152 Planegg
T: (089) 85 78-1 **Fax:** 85 78-37 77
E-Mail: user@biochem.mpg.de
Geschf. Leitung: Prof. Dr. Dieter Oesterhelt (Geschf. Direktor)
Prof. Dr. Wolfgang Baumeister
Prof. Dr. Franz-Ulrich Hartl
Wissenschaftliche Mitglieder, Direktoren:
Prof. Dr. Wolfgang Baumeister
Prof. Dr. Peter Fromherz
Prof. Dr. Franz-Ulrich Hartl
Prof. Dr. Robert Huber
Dr. Stefan Jentsch
Prof. Dr. Erich A. Nigg
Prof. Dr. Dieter Oesterhelt
Dr. Rupert Timpl
Dr. Axel Ullrich

Max-Planck-Institut für Biogeochemie
Postf. 10 01 64, 07701 Jena
Carl-Zeiss-Promenade 10, 07745 Jena
T: (03641) 64-0 **Fax:** 64-3710
E-Mail: user@bgc-jena.mpg.de
Geschf. Dir.: Prof. Dr. Colin Prentice
Wissenschaftliche Mitglieder, Direktoren:
Prof. Dr. Colin Prentice
Prof. Dr. David Schimel
Prof. Dr. Ernst-Detlef Schulze

t 104

Max-Planck-Institut für Biologie
Verwaltung:
Spemannstr. 32, 72076 Tübingen
T: (07071) 6 01-7 50 **Fax:** 6 01-7 59
Geschf. Dir.: Prof. Dr. Jan Klein
Wissenschaftliche Mitglieder, Direktoren:
Prof. Dr. Jan Klein
Prof. Dr. Thomas F. Meyer
Prof. Dr. Peter Overath

t 105

Max-Planck-Institut für Biophysik
Kennedyallee 70, 60596 Frankfurt
T: (069) 63 03-1 **Fax:** 63 03-2 44
E-Mail: user@mpibp-frankfurt.mpg.de
Geschf. Dir.: Prof. Dr. Hartmut Michel
Wissenschaftliche Mitglieder, Direktoren:
Prof. Dr. Ernst Bamberg
Prof. Dr. Werner Kühlbrandt
Prof. Dr. Hartmut Michel

t 106

Max-Planck-Institut für Chemie (Otto-Hahn-Institut)
Postf. 30 60, 55020 Mainz
Joh.-Joachim-Becher-Weg 27, 55128 Mainz
T: (06131) 3 05-0 **Fax:** 3 05-388
Internet: http://www.mpch-mainz.mpg.de
Geschf. Dir.: Prof. Dr. Albrecht W. Hofmann
Wissenschaftliche Mitglieder, Direktoren:
Prof. Dr. Meinrat O. Andreae
Prof. Dr. Paul J. Crutzen
Prof. Dr. Albrecht W. Hofmann
Prof. Dr. Günter W. Lugmair

t 107

Max-Planck-Institut für biophysikalische Chemie (Karl-Friedrich-Bonhoeffer-Institut)
Am Faßberg 11, 37077 Göttingen
T: (0551) 2 01-0 **Fax:** 2 01-1222
E-Mail: user@mpibpe.mpg.de
Geschf. Dir.: Prof. Dr. Herbert Jäckle
Wissenschaftliche Mitglieder, Direktoren:
Prof. Dr. Dieter Gallwitz
Prof. Dr. Christian Griesinger
Prof. Dr. Peter Gruss
Prof. Dr. Herbert Jäckle
Prof. Dr. Reinhard Jahn
Dr. Thomas M. Jovin
Prof. Dr. Reinhard Lührmann
Prof. Dr. Erwin Neher
Prof. Dr. Jürgen Troe
Prof. Dr. Klaus Weber

Max-Planck-Institut für demografische Forschung
Doberaner Str. 114, 18057 Rostock
T: (0381) 20 81-0 **Fax:** 2 00 81-219
E-Mail: user@demogr.mpg.de
Geschf. Dir.:
Prof. Dr. James W. Vaupel
Wissenschaftliche Mitglieder, Direktoren:
Prof. Dr. Jan M. Hoem
Prof. Dr. James W. Vaupel

Max-Planck-Institut für Dynamik komplexer technischer Systeme
Leipziger Str. 44, 39120 Magdeburg
T: (0391) 61 17-502 **Fax:** 61 17-501
Wissenschaftliches Mitglied, Geschf. Direktor:
Prof. Dr.-Ing. Ernst Dieter Gilles

t 108

Max-Planck-Institut für Eisenforschung GmbH
Postf. 14 04 44, 40074 Düsseldorf
Max-Planck-Str. 1, 40237 Düsseldorf
T: (0211) 67 92-1 **Fax:** 67 92-268
E-Mail: mpi@mpie-duesseldorf.mpg.de
Hauptgeschäftsführer(in): Prof. Dr. Peter Neumann
Geschäftsführer(in): Dipl.-Kfm. Herbert Wilk
Wissenschaftliche Mitglieder, Direktoren:
Prof. Dr. Peter Neumann
Priv.-Doz. Dr.-Ing. Dierk Raabe
Prof. Dr. Martin Stratmann

t 109

Max-Planck-Institut für experimentelle Endokrinologie
Postf. 61 03 09, 30603 Hannover
Feodor-Lynen-Str. 7, 30625 Hannover
T: (0511) 53 59-0 **Fax:** 53 59-148
Direktor, Wiss. Mitglied: Prof. Dr. Gregor Eichele

t 110

Max-Planck-Institut für Entwicklungsbiologie
Postf. 21 09, 72011 Tübingen
Spemannstr. 35, 72076 Tübingen
T: (07071) 6 01-374 **Fax:** 6 01-3 00
Internet: http://www.eb.tuebingen.mpg.de
Geschf. Dir.: Prof. Dr. Christiane Nüsslein-Volhard
Wissenschaftliche Mitglieder, Direktoren:
Prof. Dr. Friedrich Bonhoeffer
Prof. Dr. Peter Hausen
Prof. Dr. Christiane Nüsslein-Volhard
Prof. Dr. Uli Schwarz
Dr. Ralf J. Sommer

Forschungsstelle "Enzymologie der Proteinfaltung" der Max-Planck-Gesellschaft
Weinbergweg 22, 06120 Halle
T: (0345) 5 52-2801 **Fax:** 5 51 19 72
E-Mail: user@enzyme-halle.mpg.de
Wissenschaftliches Mitglied, Direktor: Prof. Dr. Gunter S. Fischer

t 111

Max-Planck-Institut für ethnologische Forschung
Postf. 11 03 51, 06017 Halle
Leipziger Str. 91, 06108 Halle
T: (0345) 29 27-0 **Fax:** 29 27-102
E-Mail: user@eth.mpg.de
Geschf. Dir.: Prof. Dr. Günther Schlee
Wissenschaftliche Mitglieder, Direktoren:
Prof. Dr. Christopher M. Hann
Prof. Dr. Günther Schlee

t 112

Max-Planck-Institut für Festkörperforschung
Postf. 80 06 65, 70506 Stuttgart
Heisenbergstr. 1, 70569 Stuttgart
T: (0711) 6 89-0 **Fax:** 6 89-10 10
E-Mail: irs@gsfkf.mpi-stuttgart.mpg.de
Geschf. Dir.: Prof. Dr. Michele Parrinello
Wissenschaftliche Mitglieder, Direktoren:
Prof. Dr. Ole Krogh Andersen
Prof. Dr. Martin Jansen
Prof. Dr. Bernhard Keimer
Prof. Dr. Klaus Kern
Prof. Dr. Klaus von Klitzing
Prof. Dr. Joachim Maier
Prof. Dr. Michele Parrinello
Prof. Dr. Arndt Simon
Prof. Dr. Peter R. Wyder

Außenstelle:

Hochfeld-Magnetlabor Grenoble
Postf. 166, F-38042 Grenoble-Cedex 9
avenue des Martyrs 25, F-38042 Grenoble-Cedex 9
T: (0033476) 85 56 00 **Fax:** (003476) 85 56 10
Leitung: Prof. Dr. Peter R. Wyder

t 113

Friedrich-Miescher-Laboratorium für biologische Arbeitsgruppen in der Max-Planck-Gesellschaft
Postf. 21 09, 72011 Tübingen
Spemannstr. 37-39, 72076 Tübingen
T: (07071) 6 01-4 60 **Fax:** 6 01-4 55
Selbständige Nachwuchsgruppen:
Leitung: Dr. Andreas Mayer
Dr. Christoph M. Schuster (Sprecher)
Dr. Anne Spang

t 114

Fritz-Haber-Institut der Max-Planck-Gesellschaft
Faradayweg 4-6, 14195 Berlin
T: (030) 84 13-30 **Fax:** 84 13-3155
E-Mail: user@fhi-berlin.mpg.de
Geschf. Dir.: Prof. Dr. Gerhard Ertl
Wissenschaftliche Mitglieder, Direktoren:
Prof. Dr. Gerhard Ertl
Prof. Dr. Hans-Joachim Freund
Prof. Dr. Matthias Scheffler
Prof. Dr. Robert Schlögl
Weiteres Wiss. Mitglied: Prof. Dr. A. M. Bradshaw (beurlaubt)

t 115

Max-Planck-Institut für molekulare Genetik
Ihnestr. 63-73, 14195 Berlin
T: (030) 84 13-0 **Fax:** 84 13-1394
E-Mail: user@mpimg-berlin-dahlem.mpg.de
Geschf. Dir.: Prof. Dr. Hans-Hilger Ropers
Wissenschaftliche Mitglieder, Direktoren:
Prof. Dr. Hans Lehrach
Prof. Dr. Hans-Hilger Ropers
Prof. Dr. Thomas A. Trautner

t 116

Max-Planck-Institut für Geschichte
Postf. 28 33, 37018 Göttingen
Hermann-Föge-Weg 11, 37073 Göttingen
T: (0551) 49 56-0 **Fax:** 49 56-170
E-Mail: mpi-g@gwdg.de
Geschf. Dir.: Prof. Dr. Otto Gerhard Oexle
Wissenschaftliche Mitglieder, Direktoren:
Prof. Dr. Hartmut Lehmann
Prof. Dr. Otto Gerhard Oexle

t 117

Max-Planck-Institut für Gesellschaftsforschung
Paulstr. 3, 50676 Köln
T: (0221) 27 67-0 **Fax:** 27 67-555
Internet: http://www.mpi-fg-koeln.mpg.de
E-Mail: info@mpi-fg-koeln.mpg.de
Geschf. Dir.: Prof. Dr. Wolfgang Streeck
Wissenschaftliche Mitglieder, Direktoren:
Prof. Dr. Fritz W. Scharpf
Prof. Dr. Wolfgang Streeck

t 118

Max-Planck-Institut für Gravitationsphysik (Albert-Einstein-Institut)
Am Mühlenberg 5, 14476 Golm
T: (0331) 5 67-70 **Fax:** 5 67-7699
Geschf. Dir.: Prof. Dr. Bernard Frederick Schutz
Wissenschaftliche Mitglieder, Direktoren:
Prof. Dr. Hermann Nicolai
Prof. Dr. Bernard Frederick Schutz

t 119

Max-Planck-Institut für Hirnforschung
Postf. 71 06 62, 60496 Frankfurt
Deutschordenstr. 46, 60528 Frankfurt
T: (069) 9 67 69-0 **Fax:** 96 76 94 33
Geschf. Dir.: Prof. Dr. Wolf Singer
Wissenschaftliche Mitglieder, Direktoren:
Prof. Dr. Heinrich Betz
Prof. Dr. Wolf Singer
Prof. Dr. Heinz Wässle

t 120

Max-Planck-Institut für Immunbiologie
Postf. 11 69, 79011 Freiburg
Stübeweg 51, 79108 Freiburg
T: (0761) 51 08-0 **Fax:** 51 08-2 21
Geschf. Dir.: Prof. Dr. Klaus Eichmann
Wissenschaftliche Mitglieder, Direktoren:
Prof. Dr. Thomas Boehm
Prof. Dr. Klaus Eichmann
Prof. Dr. Rolf Kemler
Prof. Dr. Davor Solter

t 121

Max-Planck-Institut für Infektionsbiologie
Monbijoustr. 2, 10117 Berlin
T: (030) 2 84 60-140 **Fax:** 2 84 60-141
E-Mail: sek@mpiib-berlin.mpg.de
Wissenschaftliche Mitglieder, Direktoren:
Prof. Dr. Stefan H.E. Kaufmann
Prof. Dr. Thomas F. Meyer

t 122

Max-Planck-Institut für Informatik
Im Stadtwald, 66123 Saarbrücken
T: (0681) 93 25-0 **Fax:** 93 25-999
Internet: http://www.mpi-sb.mpg.de
E-Mail: mpi@mpi-sb.mpg.de
Geschf. Dir.: Prof. Dr. Kurt Mehlhorn
Wissenschaftliche Mitglieder, Direktoren:
Prof. Dr. Harald Ganzinger
Prof. Dr. Thomas A. Henzinger
Prof. Dr. Kurt Mehlhorn
Prof. Dr. Hans-Peter Seidel

t 123

Max-Planck-Institut für Kernphysik
Postf. 10 39 80, 69029 Heidelberg
Saupfercheckweg 1, 69117 Heidelberg
T: (06221) 51 60 **Fax:** 5 16-601
E-Mail: user@mpi-hd.mpg.de
Geschf. Dir.: Prof. Dr. Werner Hofmann
Wissenschaftliche Mitglieder, Direktoren:
Prof. Dr. Werner Hofmann
Prof. Dr. Konrad Mauersberger
Prof. Dr. Bogdan Povh

Prof. Dr. Dirk Schwalm
Prof. Dr. Heinrich J. Völk
Prof. Dr. Hans A. Weidenmüller

t 124

Max-Planck-Institut für Kohlenforschung
(rechtsfähige Stiftung)
Postf. 10 13 53, 45413 Mülheim
Kaiser-Wilhelm-Platz 1, 45470 Mülheim
T: (0208) 3 06-1 **Fax:** 3 06-29 80
Direktor(in): Prof. Dr. Manfred T. Reetz
Wissenschaftliche Mitglieder, Direktoren:
Prof. Dr. Alois Fürstner
Prof. Dr. Manfred T. Reetz
Prof. Dr. Ferdi Schüth
Prof. Dr. Walther Thiel

t 125

Max-Planck-Institut für Kolloid- und Grenzflächenforschung
Am Mühlenberg 2, 14476 Golm
T: (0331) 5 67-90 **Fax:** 5 67-9102
E-Mail: info@mpikg-golm.mpg.de
Geschf. Dir: Prof. Dr. Reinhard Lipowsky
Wissenschaftliche Mitglieder, Direktoren:
Prof. Dr. Markus Antonietti
Prof. Dr. Reinhard Lipowsky
Prof. Dr. Helmuth Möhwald

t 126

Max-Planck-Institut für biologische Kybernetik
Spemannstr. 38, 72076 Tübingen
T: (07071) 6 01-5 00 **Fax:** 6 01-520
Geschf. Dir.: Prof. Dr. Heinrich H. Bülthoff
Wissenschaftliche Mitglieder, Direktoren:
Prof. Dr. Heinrich H. Bülthoff
Prof. Dr. Kuno Kirschfeld
Prof. Dr. Nikos K. Logothetis

t 127

Max-Planck-Institut für Limnologie
Postf. 1 65, 24302 Plön
August-Thienemann-Str. 2, 24306 Plön
T: (04522) 7 63-0 **Fax:** 7 63-3 10
E-Mail: user@mpil-ploen.mpg.de
Geschf. Dir.: Prof. Dr. Winfried Lampert
Wissenschftliche Mitglieder, Direktoren:
Prof. Dr. Winfried Lampert
Prof. Dr. Manfred Milinski

Außenstelle Manaus/Amazonas:

Instituto Nacional de Pesquisas da Amazonia (INPA)
c/o INPA
Caixa Postal 478, BR-69011970 Manaus/Amazonas (Brasilien)
Fax: (005592) 2 44 14 71

t 128

Max-Planck-Institut für Mathematik
Vivatsgasse 7, 53111 Bonn
T: (0228) 4 02-0 **Fax:** 4 02-277
E-Mail: user@mpim-bonn.mpg.de
Geschf. Dir.: Prof. Dr. Yuri I. Manin
Wissenschaftliche Mitglieder, Direktoren:
Prof. Dr. Gerd Faltings
Prof. Dr. Günter Harder
Prof. Dr. Yuri I. Manin
Prof. Dr. Don B. Zagier

t 129

Max-Planck-Institut für Mathematik in den Naturwissenschaften
Inselstr. 22-26, 04103 Leipzig
T: (0341) 99 59-50 **Fax:** 99 59-658
Internet: http://www.mis.mpg.de
Geschf. Dir: Prof. Dr. Eberhard Zeidler
Wissenschaftliche Mitglieder, Direktoren:
Prof. Dr. Wolfgang Hackbusch
Prof. Dr. Jürgen Jost
Prof. Dr. Stefan Müller
Prof. Dr. Eberhard Zeidler

t 130

Max-Delbrück-Laboratorium in der Max-Planck-Gesellschaft
Carl-von-Linne-Weg 10, 50829 Köln
T: (0221) 50 62-601 **Fax:** 50 62-613
Selbständige Nachwuchsgruppen:
Leitung:
Dr. Nils Johnsson
Dr. Norbert Lehming (Sprecher)
Dr. Renate Schmidt

t 131

Max-Planck-Institut für experimentelle Medizin
Hermann-Rein-Str. 3, 37075 Göttingen
T: (0551) 38 99-0 **Fax:** 38 99-389
Geschf. Dir.: Prof. Dr. Walter Stühmer
Wissenschaftliche Mitglieder, Direktoren:
Prof. Dr. Klaus-Armin Nave
Dr. Dr. Joachim Spiess (Adj. Prof. (UCSD u. Salk Inst.))
Prof. Dr. Walter Stühmer

t 132

Max-Planck-Institut für medizinische Forschung
Postf. 10 38 20, 69028 Heidelberg
Jahnstr. 29, 69120 Heidelberg
T: (06221) 4 86-0 **Fax:** 4 86-3 51
E-Mail: user@mpimf-heidelberg.mpg.de
Geschf. Dir.: Prof. Dr. Kenneth C. Holmes
Wissenschaftliche Mitglieder, Direktoren:
Dr. Winfried Denk
Prof. Dr. Kenneth C. Holmes
Prof. Dr. Bert Sakmann
Prof. Dr. Peter H. Seeburg
Weiteres Wissenschaftliches Mitglied:
Prof. Dr. Eckhard Mandelkow

t 133

Max-Planck-Institut für Metallforschung
Seestr. 92, 70174 Stuttgart
T: (0711) 20 95-0 **Fax:** 20 95-320
Geschf. Dir.: Prof. Dr. Fritz Aldinger
Wissenschaftliche Mitglieder, Direktoren:
Prof. Dr. Fritz Aldinger
Prof. Dr. Eduard Arzt
Prof. Dr. Helmut Dosch
Prof. Dr. Eric Jan Mittemeijer
Prof. Dr. Manfred Rühle

t 134

Max-Planck-Institut für Meteorologie
Bundesstr. 55, 20146 Hamburg
T: (040) 4 11 73-0 **Fax:** 4 11 73-298
E-Mail: user@dkrz.de
Geschf. Dir.: Prof. Dr. Hartmut Graßl
Wissenschaftliche Mitglieder, Direktoren:
Prof. Dr. Lennart Bengtsson
Prof. Dr. Guy P. Brasseur
Prof. Dr. Hartmut Graßl

t 135

Max-Planck-Institut für marine Mikrobiologie
Celsiusstr. 1, 28359 Bremen
T: (0421) 20 28-50 **Fax:** 20 28-580
E-Mail: contact@mpi-bremen.de
Geschf. Dir.: Prof. Dr. Bo Barker Jørgensen
Wissenschaftliche Mitglieder, Direktoren:
Prof. Dr. Bo Barker Jørgensen
Prof. Dr. Friedrich Widdel

t 136

Max-Planck-Institut für terrestrische Mikrobiologie
Karl-von-Frisch-Str., 35043 Marburg
T: (06421) 1 78-0 **Fax:** 1 78-999
E-Mail: user@uni-marburg.de
Geschf. Dir.: Prof. Dr. Ralf Conrad
Wissenschaftliche Mitglieder, Direktoren:
Prof. Dr. Ralf Conrad
Prof. Dr. Regine Kahmann
Prof. Dr. Rudolf K. Thauer

t 137

Max-Planck-Institut für Mikrostrukturphysik
Weinberg 2, 06120 Halle
T: (0345) 55 82-50 **Fax:** 55 11-223
E-Mail: user@mpi-halle.de
Geschf. Dir.: Prof. Dr. Patrick Bruno
Wissenschaftliche Mitglieder, Direktoren:
Prof. Dr. Patrick Bruno
Prof. Dr. Ulrich M. Gösele
Prof. Dr. Jürgen Kirschner

t 138

Arbeitsgruppen für strukturelle Molekularbiologie der Max-Planck-Gesellschaft am DESY
c/o DESY
Notkestr. 85 Gebäude 25 b, 22607 Hamburg
T: (040) 89 98-2801 **Fax:** 89 71 68-10
Internet: http://www.mpasmb-hamburg.mpg.de
E-Mail: office@mpasmb.desy.de

Arbeitsgruppe Proteindynamik
(Außenstelle des Max-Planck-Instituts für Biochemie)
Leitung: Dr. Hans-Dieter Bartunik

Arbeitsgruppe Ribosomenstruktur der Max-Planck-Gesellschaft am DESY
Leitung: Prof. Dr. Ada E. Yonath

Arbeitsgruppe Zytoskelett
(Außenstelle des Max-Planck-Instituts für medizinische Forschung)
Leitung: Prof. Dr. Eckhard Mandelkow (Sprecher)

t 139

Max-Planck-Institut für Neurobiologie
Am Klopferspitz 18a (Martinsried), 82152 Planegg
T: (089) 85 78-1 **Fax:** 85 78-3541
Internet: http://www.neuro.mpg.de
E-Mail: user@vw.neuro.mpg.de
Geschf. Dir.: Dr. Tobias Bonhoeffer
Wissenschaftliche Mitglieder, Direktoren:
Prof. Dr. Yves-Alain Barde
Dr. Tobias Bonhoeffer
Prof. Dr. Georg W. Kreutzberg
Prof. Dr. Hartmut Wekerle

t 140

Max-Planck-Institut für neurologische Forschung
Postf. 41 06 29, 50866 Köln
Gleueler Str. 50, 50931 Köln
T: (0221) 47 26-0 **Fax:** 47 26-298
E-Mail: user@mpin-koeln.mpg.de
Geschf. Dir.: Prof. Dr. Konstantin-Alexander Hossmann
Wissenschaftliche Mitglieder, Direktoren:
Prof. Dr. Wolf-Dieter Heiss
Prof. Dr. Konstantin-Alexander Hossmann

t 141

Max-Planck-Institut für neuropsychologische Forschung
Postf. 50 03 55, 04303 Leipzig
Stephanstr. 1a, 04103 Leipzig
T: (0341) 99 40-00 **Fax:** 99 40-104
E-Mail: user@cns.mpg.de
Wissenschaftliche Mitglieder, Direktoren:
Prof. Dr. D. Yves von Cramon
Prof. Dr. Angela D. Friederici

Max-Planck-Institut für chemische Ökologie
Carl-Zeiss-Promenade 10, 07745 Jena
T: (03641) 64-3633 **Fax:** 64-3671
E-Mail: user@ice.mpg.de
Geschf. Dir: Prof. Dr. Wilhelm Boland
Wissenschaftliche Mitglieder, Direktoren:
Prof. Dr. Ian Baldwin
Prof. Dr. Wilhelm Boland
Prof. Dr. Jonathan Gershenzon
Prof. Dr. Thomas Mitchell-Olds

t 142

Forschungsstelle für Ornithologie der Max-Planck-Gesellschaft
Von-der-Tann-Str. 7, 82346 Andechs
T: (08152) 3 73-111 **Fax:** 3 73-133
Wissenschaftliche Mitglieder, Direktoren:
Prof. Dr. Peter Berthold
Geschf. Dir.: Prof. Dr. Eberhard Gwinner

t 143

Max-Planck-Institut für ausländisches und internationales Patent-, Urheber- und Wettbewerbsrecht
Marstallplatz 1, 80539 München
T: (089) 2 42 46-0 **Fax:** 2 42 46-501
E-Mail: user@intellecprop.mpg.de
Geschf. Dir., Wissenschaftliches Mitglied:
Prof. Dr. Gerhard Schricker

t 144

Max-Planck-Institut für molekulare Pflanzenphysiologie
Am Mühlenberg 1, 14476 Golm
T: (0331) 56 78-0 **Fax:** 56 78-408
Geschäftsführender Direktor, Wissenschaftliches Mitglied:
Prof. Dr. Lothar Willmitzer

t 145

Max-Planck-Institut für Physik (Werner-Heisenberg-Institut)
Postf. 40 12 12, 80712 München
Föhringer Ring 6, 80805 München
T: (089) 3 23 54-0 **Fax:** 3 22 67 04

Komm. Leiter, Geschf. Dir.: Prof. Dr. Volker Soergel
Wissenschaftliche Mitglieder, Direktoren:
Prof. Dr. Siegfried Bethke
Prof. Dr. Gerd Buschhorn
Prof. Dr. Norbert Schmitz
Dr. Leo Stodolsky
Prof. Dr. Julius Wess

t 146

Max-Planck-Institut für Physik komplexer Systeme
Nöthnitzer Str. 38, 01187 Dresden
T: (0351) 8 71-0 **Fax:** 8 71-1999
Geschäftsführender Direktor:
Prof. Dr. Peter Fulde
Wissenschaftliche Mitglieder, Direktoren:
Prof. Dr. Peter Fulde
Dr. Jan-Michael Rost

Max-Planck-Institut für chemische Physik fester Stoffe
Bayreuther Str. 40 Haus 16, 01187 Dresden
T: (0351) 4 63-6361 **Fax:** 4 63-7279
E-Mail: user@cpfs.mpg.de
Geschf. Dir.: Prof. Dr. Frank Steglich
Wissenschaftliche Mitglieder, Direktoren:
Prof. Dr. Rüdiger Kniep
Prof. Dr. Frank Steglich

t 147

Max-Planck-Institut für extraterrestrische Physik
Postf. 16 03, 85740 Garching
Gießenbachstr., 85748 Garching
T: (089) 32 99-00 **Fax:** 32 99-35 69
E-Mail: user@mpe.mpg.de
Geschf. Dir.: Prof. Dr. Joachim E. Trümper
Wissenschaftliche Mitglieder, Direktoren:
Prof. Dr. Reinhard Genzel
Prof. Dr. Gerhard Haerendel
Prof. Dr. Gregor Eugen Morfill
Prof. Dr. Joachim E. Trümper

t 148

Max-Planck-Institut für molekulare Physiologie
Postf. 50 02 47, 44202 Dortmund
Otto-Hahn-Str. 11, 44227 Dortmund
T: (0231) 1 33-0 **Fax:** 1 33-2699
E-Mail: acting.director@mpi-dortmund.mpg.de
Geschf. Dir.: Prof. Dr. Rolf K. H. Kinne
Wissenschaftliche Mitglieder, Direktoren:
Prof. Dr. Roger S. Goody
Prof. Dr. Rolf K. H. Kinne
Prof. Dr. Herbert Waldmann
Prof. Dr. Alfred Wittinghofer

t 149

Max-Planck-Institut für physiologische und klinische Forschung, W. G. Kerckhoff-Institut
Parkstr. 1, 61231 Bad Nauheim
T: (06032) 7 05-1 **Fax:** 7 05-2 11
E-Mail: user@kerckhoff.mpg.de
Geschf. Dir.: Prof. Dr. Wolfgang Schaper
Wissenschaftliche Mitglieder, Direktoren:
Prof. Dr. Wolfgang Schaper
Prof. Dr. Dietmar Vestweber

t 150

Max-Planck-Institut für Plasmaphysik
Boltzmannstr. 2, 85748 Garching
T: (089) 32 99-01 **Fax:** 32 99-2200
Internet: http://www.ipp.mpg.de
Direktorium: Prof. Dr. A. M. Bradshaw (Vorsitzender, Wissenschaftl. Dir.)
Prof. Dr. Karl Lackner
Prof. Dr. Friedrich Wagner
Dr.-Ing. Karl Tichmann (Geschäftsführer)
Wissenschaftliche Mitglieder, Direktoren:
Prof. Dr. Kurt Behringer
Prof. Dr. Dr. Hans-Harald Bolt
Prof. Dr. Alexander Marian Bradshaw
Prof. Dr. Volker Dose
Prof. Dr. Gerd Fußmann
Prof. Dr. Michael Kaufmann
Prof. Dr. Jürgen Küppers
Prof. Dr. Karl Lackner
Prof. Dr. Jürgen Nührenberg
Prof. Dr. Friedrich Wagner
Prof. Dr. Rolf Wilhelm
Prof. Dr. Hartmut Zohm

Teilinstitut Greifswald
Walther-Rathenau-Str. 49a, 17489 Greifswald
T: (03834) 5 15-401 **Fax:** 5 15-444

t 151

Max-Planck-Institut für Polymerforschung
Postf. 31 48, 55021 Mainz
Ackermannweg 10, 55128 Mainz
T: (06131) 3 79-0 **Fax:** 3 79-1 00
Geschf. Dir.: Prof. Dr. Hans Wolfgang Spiess
Wissenschaftliche Mitglieder, Direktoren:
Prof. Dr. Wolfgang Knoll
Prof. Dr. Kurt Kremer
Prof. Dr. Klaus Müllen
Prof. Dr. Hans Wolfgang Spiess
Prof. Dr. Gerhard Wegner

t 152

Max-Planck-Institut für ausländisches und internationales Privatrecht
Mittelweg 187, 20148 Hamburg
T: (040) 4 19 00-0 **Fax:** 4 19 00-2 88
E-Mail: user@mpipriv-hh.mpg.de
Geschf. Dir.: Prof. Dr. Hein Kötz
Wissenschaftliche Mitglieder, Direktoren:
Prof. Dr. Jürgen Basedow
Prof. Dr. Dr. Klaus J. Hopt
Prof. Dr. Hein Kötz

Max-Planck-Institut für Psychiatrie (Deutsche Forschungsanstalt für Psychiatrie)
Postf. 40 12 40, 80712 München
Kraepelinstr. 2 u.10, 80804 München
T: (089) 3 06 22-1 **Fax:** 3 06 22-605
Wissenschaftliches Mitglied, Geschf. Direktor:
Prof. Dr. Dr. Florian Holsboer

t 153

Max-Planck-Institut für Psycholinguistik
Postf. 310, NL-6500 AH Nijmwegen
Wundtlaan 1, NL-6525 XD Nijmwegen
T: (003124) 35 21-911 **Fax:** 35 21-213
E-Mail: general@mpi.nl
Geschf. Dir.: Prof. Dr. Stephen C. Levinson
Wissenschaftliche Mitglieder, Direktoren:
Prof. Dr. Anne Cutler
Prof. Dr. Wolfgang Klein
Prof. Dr. Willem J. M. Levelt
Prof. Dr. Stephen C. Levinson

t 154

Max-Planck-Institut für psychologische Forschung
Postf. 34 01 21, 80098 München
Amalienstr. 33, 80799 München
T: (089) 3 86 02-0 **Fax:** 3 86 02-199
E-Mail: user@mpipf-muenchen.mpg.de
Geschf. Dir.: Prof. Dr. Wolfgang Prinz
Wissenschaftliche Mitglieder, Direktoren:
Prof. Dr. Wolfgang Prinz
N.N.

t 155

Max-Planck-Institut für Quantenoptik
Postf. 15 13, 85740 Garching
Hans-Kopfermann-Str. 1, 85748 Garching
T: (089) 3 29 05-0 **Fax:** 3 29 05-2 00
Geschf. Dir.: Prof. Dr. Herbert Walther
Wissenschaftliche Mitglieder, Direktoren:
Prof. Dr. Theodor W. Hänsch
Prof. Dr. Karl-Ludwig Kompa
Prof. Dr. Gerhard Rempe
Prof. Dr. Herbert Walther

Außenstelle Hannover
Callinstr. 38, 30167 Hannover
T: (0511) 7 62-2356 **Fax:** 7 62-5861
Örtl. Ltg: Prof. Dr. Karsten Danzmann

t 156

Max-Planck-Institut für Radioastronomie
Postf. 20 24, 53010 Bonn
Auf dem Hügel 69, 53121 Bonn
T: (0228) 5 25-0 **Fax:** 52 52 29
E-Mail: postmaster@mpifr-bonn.mpg.de
Geschf. Dir.: Prof. Dr. Richard Wielebinski
Wissenschaftliche Mitglieder, Direktoren:
Dr. Karl M. Menten
Prof. Dr. Gerd Weigelt
Prof. Dr. Richard Wielebinski
Dr. J. Anton Zensus

Außenstelle:

Radio-Observatorium Effelsberg
T: (02257) 3 01-100 **Fax:** 3 01-105

Projektgruppe "Recht der Gemeinschaftsgüter" der Max-Planck-Gesellschaft
Poppelsdorfer Allee 45, 53115 Bonn
T: (0228) 9 14 16-0 **Fax:** 9 14 16-55
Leitung: Prof. Dr. Christoph Engel
Prof. Dr. Adrienne Héritier

t 157

Max-Planck-Institut für europäische Rechtsgeschichte
Postf. 93 02 27, 60457 Frankfurt
Hausener Weg 120, 60489 Frankfurt
T: (069) 7 89 78-0 **Fax:** 78 97 81 69
Geschf. Dir.: Prof. Dr. Michael Stolleis
Wissenschaftliche Mitglieder, Direktoren:
Prof. Dr. Dieter Simon
Prof. Dr. Michael Stolleis

t 158

Max-Planck-Institut für ausländisches und internationales Sozialrecht
Postf. 34 01 21, 80098 München
Amalienstr. 33, 80799 München
T: (089) 3 86 02-0 **Fax:** 3 86 02-490
Geschäftsführender Direktor, Wiss. Mitglied:
Prof. Dr. Bernd Baron von Maydell

t 159

Max-Planck-Institut für ausländisches und internationales Strafrecht
Günterstalstr. 73, 79100 Freiburg
T: (0761) 70 81-1 **Fax:** 7 08 12 94
E-Mail: user@iuscrim.mpg.de
Wissenschaftliche Mitglieder, Direktoren:
Prof. Dr. Hans-Jörg Albrecht
Prof. Dr. Albin Eser

t 160

Max-Planck-Institut für Strahlenchemie
Postf. 10 13 65, 45413 Mülheim
Stiftstr. 34-36, 45470 Mülheim
T: (0208) 3 06-0 **Fax:** 3 06-39 51
E-Mail: user@mpi-muelheim.mpg.de
Geschf. Dir.: Prof. Dr. Karl Wieghardt
Wissenschaftliche Mitglieder, Direktoren:
Prof. Dr. Wolfgang Lubitz
Prof. Dr. Karl Wieghardt

t 161

Max-Planck-Institut für Strömungsforschung
Postf. 28 53, 37018 Göttingen
Bunsenstr. 10, 37073 Göttingen
T: (0551) 51 76-0 **Fax:** 51 76-669
E-Mail: mpisf@gwdg.de
Geschf. Dir.: Prof. Dr. Theo Geisel
Wissenschaftliche Mitglieder, Direktoren:
Prof. Dr. Theo Geisel
N. N.

t 162

Max-Planck-Institut für Verhaltensphysiologie (in Liquidation)
Postf. 15 64, 82305 Starnberg
Post Starnberg, 82319 Seewiesen
T: (08157) 9 32-0 **Fax:** 9 32-209
E-Mail: user@mpi-seewiesen.mpg.de
Komm. Leiter: Prof. Dr. Wolfgang Wickler
Wissenschaftliches Mitglied: Prof. Dr. Karl-Ernst Kaißling

t 163

Max-Planck-Institut für ausländisches öffentliches Recht und Völkerrecht
Im Neuenheimer Feld 535, 69120 Heidelberg
T: (06221) 4 82-1 **Fax:** 4 82-2 88
E-Mail: information@mpiv-hd.mpg.de
Geschf. Dir.: Prof. Dr. Rüdiger Wolfrum
Wissenschaftliche Mitglieder, Direktoren:
Prof. Dr. Jochen A. Frowein
Prof. Dr. Rüdiger Wolfrum

t 164

Max-Planck-Institut zur Erforschung von Wirtschaftssystemen
Kahlaische Str. 10, 07745 Jena
T: (03641) 6 86-5 **Fax:** 6 86-990
Internet: http://www.mpiew-jena.mpg.de
Geschf. Dir.: Prof. Dr. Ulrich Witt

Wissenschaftliche Mitglieder, Direktoren:
Prof. Dr. Manfred E. Streit
Prof. Dr. Ulrich Witt

t 165

Max-Planck-Institut für Wissenschaftsgeschichte
Wilhelmstr. 44, 10117 Berlin
T: (030) 2 26 67-0 **Fax:** 2 26 67-2 99
Geschf. Dir: Prof. Dr. Lorraine Daston
Wissenschaftliche Mitglieder, Direktoren:
Prof. Dr. Lorraine Daston
Prof. Dr. Jürgen Renn
Prof. Dr. Hans-Jörg Rheinberger

t 166

Max-Planck-Institut für Zellbiologie
Rosenhof, 68526 Ladenburg
T: (06203) 1 06-0 **Fax:** 10 61 22
Geschf. Direktor, Wissenschaftliches Mitglied:
Prof. Dr. Peter Traub

Max-Planck-Institut für molekulare Zellbiologie und Genetik, Dresden
Verwaltung:
Im Eichwald 18-33, 69126 Heidelberg
T: (06221) 3 59 09-0 **Fax:** 35 90 98
Geschf. Dir.: Prof. Dr. Kai L. Simons
Wissenschaftliche Mitglieder, Direktoren:
Prof. Dr. Jonathon Howard (z. Zt. Seattle/USA)
Prof. Dr. Wieland B. Huttner (z.Z. Uni Heidelberg)
Dr. Anthony A. Hyman (z.Z. EMBL)
Prof. Dr. Kai L. Simons (z. Z. EMBL)
Dr. Marino Zerial (z.Z. EMBL)

t 167

Max-Planck-Institut für Züchtungsforschung
Carl-von-Linne-Weg 10, 50829 Köln
T: (0221) 50 62-0 **Fax:** 5 06 25 13
E-Mail: user@mpiz-koeln.mpg.de
Geschf. Dir.: Prof. Dr. Francesco Salamini
Wissenschaftliche Mitglieder, Direktoren:
Prof. Dr. Klaus Hahlbrock
Prof. Dr. Heinz Saedler
Prof. Dr. Francesco Salamini
Prof. Dr. Jozef Schell
Prof. Dr. Paul Schulze-Lefert

Tochtergesellschaften, Beteiligungen weitere Einrichtungen

t 168

Archiv zur Geschichte der Max-Planck-Gesellschaft
Otto-Warburg-Haus
Boltzmannstr. 14, 14195 Berlin
T: (030) 84 13-3701 **Fax:** 84 13-3700
E-Mail: archiv@mpg-archiv.mpg.de
Direktor(in): Prof. Dr. Eckart Henning

t 169

Berliner Elektronenspeicherring-Gesellschaft für Synchrotronstrahlung mbH (BESSY)
Albert-Einstein-Str. 15, 12489 Berlin
T: (030) 63 92-2900 **Fax:** 63 92-2920
Geschäftsführer(in): Prof.Dr. Wolfgang Gudat (Wissenschaftlicher Geschäftsführer)
Prof. Dr. Eberhard Jaeschke (Technischer Geschäftsführer)
Dr. Walter Dörhage (Administrativer Geschäftsführer)

t 170

Deutsches Klimarechenzentrum GmbH
Bundesstr. 55, 20146 Hamburg
T: (040) 4 11 73-334 **Fax:** 4 11 73-270
Geschäftsführer(in): Prof.Dr. Klaus Hasselmann (Wissenschaftlicher Geschäftsführer)
Wolfgang Sell (Technisch-Administrativer Geschäftsführer)
Leitung Presseabteilung: Dr. Joachim Biercamp

t 171

European Incoherent Scatter Scientific Association (EISCAT Scientific Association)
Postf. 812, S-98128 Kiruna
T: (0046980) 7 91 53 **Fax:** 7 91 61
Direktor(in): Dr. Tauno Turunen

t 172

Garching Innovation GmbH
Hofgartenstr. 8, 80539 München
T: (089) 29 09 19-0 **Fax:** 29 09 19-99
Internet: http://www.garching-innovation.mpg.de
E-Mail: gi@ipp.mpg.de
Geschäftsführer(in): Dr. Bernhard Hertel

t 173

Gesellschaft für wissenschaftliche Datenverarbeitung mbH Göttingen
Am Faßberg, 37077 Göttingen
T: (0551) 2 01 15 10 **Fax:** 2 11 19
Internet: http://www.gwdg.de
E-Mail: gwdg@gwdg.de
Wiss. Geschäftsführer: Prof. Dr. Gerhard Schneider

t 174

Institut de Radio Astronomie Millimétrique (IRAM)
300, rue de la Piscine, Domaine Univ., F-38406 St. Martin d'Hères, Cedex
T: (0033476) 82 49 00 **Fax:** 51 59 38
Direktor(in): Prof. Dr. Michael Grewing
Stellvertretender Direktor: Dr. Michel Guelin

Außenstellen:

Observatoire du Plateau de Bure
T: (003392) 52 53 60 **Fax:** 52 53 61

IRAM-Granada
Núcleo Central
Av. Divina Pastora 7, E-18012 Granada
T: (003458) 29 95 08/16 **Fax:** 22 23 63

Estación Radioastronómica IRAM-IGN del Pico Veleta
Sierra Nevada, E-18012 Granada
T: (003458) 48 80 00 **Fax:** 48 80 82

t 175

MINERVA Stiftung - Gesellschaft für die Forschung mbH
Postf. 10 10 62, 80084 München
Hofgartenstr. 8, 80539 München
T: (089) 21 08-1270 **Fax:** 21 08-1451
Geschäftsführer(in): Dr. Berthold Neizert

t 176

Submillimeter Telescope Observatory (SMTO)
Steward Observatory
University of Arizona, USA-Tucson, AZ 85721
T: (001602) 6 21-52 90 **Fax:** 6 21-55 54
Direktor(in): Dr. Thomas L. Wilson

t 177

Tagungsstätte Harnack-Haus
Ihnestr. 16-20, 14195 Berlin
T: (030) 84 13-3804, -3802 **Fax:** 84 13-3801
Leiterin: Nicole Bendig

t 178

Tagungsstätte Max-Planck-Haus Heidelberg
Berliner Str. 10, 69120 Heidelberg
T: (06221) 48 63 76/77 **Fax:** 48 63 94

t 179

Tagungsstätte Schloß Ringberg
Gemeinde Kreuth, Ortsteil Oberhof, 83700 Rottach-Egern
T: (08022) 2 79-0 **Fax:** 27 92 59
E-Mail: axh@sat.rzg.mpg.de
Leitung: Dipl.-Kfm. Axel Hörmann

t 180

Tagungs- und Gästehaus Max-Planck-Haus Tübingen
Spemannstr. 36, 72076 Tübingen
T: (07071) 6 01-765 **Fax:** 6 01-790
E-Mail: max-planck-haus@tuebingen.mpg.de
Geschf. Dir.: Prof. Dr. Christiane Nüsslein-Volhard
Geschäftsführer(in): Dr. Roland Hengstenberg

● **T 181**

FhG

Fraunhofer Gesellschaft

Fraunhofer-Gesellschaft zur Förderung der angewandten Forschung e.V.
Zentrale
Leonrodstr. 54, 80636 München
T: (089) 12 05-01 **Fax:** 12 05-317
Internet: http://www.fhg.de
E-Mail: info@zv.fhg.de
Vorstand: Prof. Dr.-Ing. Dr.h.c.mult. Dr.-Ing. E.h. Hans-Jürgen Warnecke (Präsident)
Dr.rer.pol. Hans-Ulrich Wiese
Dr. jur. Dirk Meints Polter
Öffentlichkeitsarbeit: Birgit von zur Mühlen
Presse: Franz Miller

Die Fraunhofer-Gesellschaft ist mit 47 Forschungsinstituten und einem Forschungsvolumen von rund 700 Millionen Euro die führende Organisation für Forschungsdienstleistungen in Europa. Rund 9000 Mitarbeiter setzen ihr Know-how dafür ein, differenzierte Forschungsaufgaben und akute technische Probleme aus nahezu allen natur- und ingenieurwissenschaftlichen Bereichen im Auftrag von Wirtschaft und Staat zu lösen. Die Fraunhofer-Gesellschaft ist als gemeinnützig anerkannt. Ihre Aufgabe ist es, Ergebnisse der Grundlagenforschung möglichst rasch in die industrielle Praxis umzusetzen. Sie berechnet in der Auftragsforschung nur die Selbstkosten. Neben den Forschungsleistungen, die Entwicklungen bis zum Prototyp beinhalten können, bietet die Fraunhofer-Gesellschaft ihren Auftraggebern vielfältige Dienstleistungen wie Finanzierungsberatung für Forschungsvorhaben mittelständischer Unternehmen, Prüfdienste, Machbarkeitsstudien, Innovationsberatungen, Demonstrationszentren und Anwenderschulungen.
Die Schwerpunkte der Vertragsforschung: Werkstofftechnik/Bauteilverhalten, Produktionstechnik/Fertigungstechnologie, Informations- und Kommunikationstechnik, Mikroelektronik/Mikrosystemtechnik, Sensorsysteme, Prüftechnik, Verfahrenstechnik, Energie- und Bautechnik, Umwelt- und Gesundheitsforschung, Technisch-Ökonomische Studien/Informationsvermittlung.

t 182

IAF

Fraunhofer Institut Angewandte Festkörperphysik

Fraunhofer-Institut für Angewandte Festkörperphysik IAF
Tullastr. 72, 79108 Freiburg
T: (0761) 51 59-0 **Fax:** 51 59-400
Internet: http://www.iaf.fhg.de
E-Mail: info@iaf.fhg.de
Gründung: 1957
Leitung: Prof. Dr. Günter Weimann
Leitung Presseabteilung: Dr. Roland Diehl
Mitarbeiter: 200
Jahresetat: DM 30 Mio, € 15,34 Mio

Schwerpunkte: Bauelemente- und Schaltkreisentwicklung auf dem Gebiet der GaAs-Mikroelektronik und -Optoelektronik; Materialforschung an Verbindungshalbleitern (GaN, GaSb, etc.); Hochleistungsdiodenlaser; Physik und Technologie aktiver und passiver Komponenten für Wärmebildsysteme; Abscheidung von Diamantschichten für optische Anwendungen sowie als Wärmesenken für Hochleistungsdiodenlaser.

t 183

Fraunhofer Einrichtung Systeme der Kommunikationstechnik

Fraunhofer Einrichtung für Systeme der Kommunikationstechnik ESK

Hansastr. 32, 80686 München
T: (089) 54 70 88-0 **Fax:** 54 70 88-20
Gründung: 1999
Leitung: Prof. Dr. Ingolf Ruge
Leitung Presseabteilung: Susan Hauptvogel
Mitarbeiter: 35
Jahresetat: DM 5,4 Mio, € 2,76 Mio

Schwerpunkte: Teilnehmeranschluß- und Inhouse-Kommunikation, Übertragungstechniken für moderne breitbandige Netzstrukturen, Kommunikationsprotokolle/-komponenten und Endgeräte, System- und Diensteintegration im Bereich Sprach-und Datenkommunikation, Systementwicklung/Fast Prototyping für Demonstratoren und Prototypen, Umsetzung der Ergebnisse im Rahmen von Demozentren und Pilotvorhaben, Dienstleistungen und Studien.

t 184

Fraunhofer-Institut für Integrierte Schaltungen IIS

Bereich Angewandte Elektronik
Am Weichselgarten 3, 91058 Erlangen
T: (09131) 7 76-0 **Fax:** 7 76-9 99
Internet: http://www.iis.fhg.de
E-Mail: info@iis.fhg.de
Gründung: 1985 (1. Juli)
Leitung: Prof. Dr.-Ing. H. Gerhäuser
Mitarbeiter: 350

t 185

Fraunhofer-Institut für Integrierte Schaltungen IIS Außenstelle für Automatisierung des Schaltkreis- und Systementwurfs

Zeunerstr. 38, 01069 Dresden
T: (0351) 46 40-700 **Fax:** 46 40-703
Internet: http://www.eas.iis.fhg.de
E-Mail: info@eas.iis.fhg.de
Prof. Dr.-Ing. Günter Elst

t 186

Fraunhofer Institut für Integrierte Schaltungen IIS Schulungszentrum für IC-Anwendungen

Am Weichselgarten 3, 91058 Erlangen
T: (09131) 7 76-777 **Fax:** 7 76-499
Dipl.-Ing. Karlheinz Ronge

t 187

Fraunhofer-Institut für Integrierte Schaltungen IIS Bereich Bauelementetechnologie

Schottkystr. 10, 91058 Erlangen
T: (09131) 7 61-0 **Fax:** 7 61-3 90
Gründung: 1985
Leitung: Prof. Dr.-Ing. Heiner Ryssel
Kontakt: Dr. Claus Schneider
Mitarbeiter: 60

Arbeitsgebiete: Halbleiter-Prozeßtechnik, Halbleiter-Prozeßsimulation, Halbleiterfertigungsgeräte

t 188

Fraunhofer-Institut für Mikroelektronische Schaltungen und Systeme IMS Duisburg

Finkenstr. 61, 47057 Duisburg
T: (0203) 37 83-0 **Fax:** 37 83-2 66
Leitung: Prof. Dr. Günter Zimmer
PR-Beauftragte(r): Dr. Andreas Höch

t 189

Fraunhofer-Institut für Mikroelektronische Schaltungen und Systeme IMS Dresden

Grenzstr. 28, 01109 Dresden
T: (0351) 88 23-0 **Fax:** 88 23-2 66
Leiter(in): Prof. Dr. Günter Zimmer
PR-Beauftragte(r): Dr. Andreas Höch

t 190

Fraunhofer-Institut für Mikroelektronische Schaltungen und Systeme IMS München

Hansastr. 27d, 80686 München
T: (089) 5 47 59-000 **Fax:** 5 47 59-100
Leitung: Prof. Dr. Günter Zimmer

t 191

Fraunhofer-Institut für Siliziumtechnologie ISIT

Fraunhoferstr. 1, 25524 Itzehoe
T: (04821) 17-4211 (Sekretariat) **Fax:** 17-4250
Internet: http://www.isit.fhg.de
E-Mail: info@isit.fhg.de
Gründung: 1984
Leitung: Prof. Dr. Anton Heuberger
Mitarbeiter: 150
Jahresetat: DM 32 Mio, € 16,36 Mio

Das Fraunhofer-Institut für Siliziumtechnologie ISIT beschäftigt sich mit dem Entwurf, der Entwicklung und der Fertigung von Bauelementen der Mikroelektronik sowie von Mikrosensoren, -aktuatoren und weiteren Komponenten der Mikrosystemtechnik. Die Bauelemente können sowohl als Prototypen als auch in kundenspezifischen Serien geliefert werden. Als Auftragsforschungsinstitut wendet sich das Institut mit seinem Dienstleistungsangebot an technologieorientierte Unternehmen. Das Institut kooperiert eng mit der Firma Vishay Semiconductor Itzehoe GmbH. Vishay nutzt Teile der Einrichtung des Instituts für die Produktion von mikroelektronischen Bauelementen (PowerMOS) und entwickelt mit ihm neue Halbleitertechnologien. Darüber hinaus bietet das Fraunhofer ISIT weitere Dienstleistungen an: Analyse und Technologieentwicklung zur Qualität und Zuverlässigkeit von elektronischen Baugruppen sowie Gehäuse- und Aufbautechnik für Mikrosysteme, Sensoren und Multichip-Module. Einen Schwerpunkt bilden hierbei neue Gehäusetechniken für großflächige Mikrosysteme. Ein neues Arbeitsgebiet ist die Entwicklung fortschrittlicher Energieversorgungskomponenten für elektronische Systeme.

t 192

Fraunhofer Institut für Zuverlässigkeit und Mikrointegration IZM

Gustav-Meyer-Allee 25, Geb. 17.2, 13355 Berlin
T: (030) 4 64 03-1 00 **Fax:** 4 64 03-1 11
Leitung: Prof. Dr.-Ing. Dr. E.h. Herbert Reichl (T: (030) 4 64 03-122)
Leitung Presseabteilung: Ortrud Hinkel (M.A., T: (030) 4 64 03-178)

t 193

Fraunhofer Institut für Zuverlässigkeit und Mikrointegration IZM Dienstleistungszentrum für Schadensanalyse bei mikroelektronischen Aufbauten

Gustav-Meyer-Allee 25 Geb. 17.2, 13355 Berlin
T: (030) 46 07 31 03 **Fax:** 46 07 31 05
Leitung: Dr.-Ing. Klaus Halser

t 194

Fraunhofer Institut Projektgruppe Chemnitz Mechanische Zuverlässigkeit in der Mikrotechnik

Reichenhainer Str. 88, 09126 Chemnitz
T: (0371) 5 62 44 62 **Fax:** 5 62 44 63
Prof. Dr. Bernd Michel

t 195

Fraunhofer-Institut für Angewandte Optik und Feinmechanik IOF

Schillerstr. 1, 07745 Jena
T: (03641) 8 07-201 **Fax:** 8 07-600
Leitung: Prof.Dr. Wolfgang Karthe

t 196

Fraunhofer Institut Arbeitswirtschaft und Organisation

Fraunhofer-Institut für Arbeitswirtschaft und Organisation

Postf. 80 04 69, 70504 Stuttgart
Nobelstr. 12, 70569 Stuttgart
T: (0711) 9 70-01 **Fax:** 9 70-22 99
Internet: http://www.iao.fhg.de
E-Mail: info@iao.fhg.de
Gründung: 1981 (1. Januar)
Leitung: Univ. Prof. Dr.-Ing. habil. Prof.E.h. Dr.h.c. Hans-Jörg Bullinger
Leitung Presseabteilung: Dipl.-Ing. Henning Hinderer (E-Mail: henning.hinderer@iao.fhg.de)
Mitarbeiter: 125
Jahresetat: DM 33,2 Mio, € 16,97 Mio

Schwerpunkte: Dienstleistungswirtschaft, FuE-Management, Human Engineering, Personalmanagement, Produktionsmanagement, Informationssysteme, Softwaretechnik, Softwaremanagement, Rapid Product Development, Virtuelle Realität

t 197

Fraunhofer-Institut für Fabrikbetrieb und -automatisierung IFF

Sandtorstr. 22, 39106 Magdeburg
T: (0391) 40 90-100 **Fax:** 40 90-102
Internet: http://www.iff.fhg.de
E-Mail: info@iff.fhg.de
Leitung: Prof. Dr.-Ing. Hermann Kühnle (geschäftsführend) Prof. Dr.-Ing. habil. Michael Schenk

t 198

Fraunhofer-Institut für Informations- und Datenverarbeitung IITB

Fraunhoferstr. 1, 76131 Karlsruhe
T: (0721) 60 91-0 **Fax:** 60 91-4 13
Internet: http://www.iitb.fhg.de
E-Mail: info@iitb.fhg.de
Gründung: 1956
Leitung: Prof. Dr. Hartwig Steusloff (geschäftsführend)
Leitung: Dr. Hans-Achim Kuhr
Leitung Presseabteilung: Ute Brödner
Verbandszeitschrift: IITB Mitteilungen, Jahresbericht
Mitarbeiter: 220
Jahresetat: DM 33 Mio, € 16,87 Mio

t 199

Fraunhofer-Institut für Verkehrs- und Infrastruktursysteme - IVI

Teilinstitut des Fraunhofer IITB
(ehemals Außenstelle für Prozeßsteuerung)
Zeunerstr. 38, 01069 Dresden
T: (0351) 46 40-610 **Fax:** 46 40-613
Internet: http://www.ivi.fhg.de
E-Mail: schuette@ivi.fhg.de
Leitung: Prof. Dr. Jörg Schütte

t 200

Fraunhofer-Anwendungszentrum Systemtechnik AST

TU Ilmenau
Am Ehrenberg 8, 98693 Ilmenau
T: (03677) 6 69-4000 **Fax:** 6 69-4001
E-Mail: wst@ast.iitb.fhg.de
Prof. Dr. Jürgen Wernstedt

t 201

Fraunhofer-Institut für Graphische Datenverarbeitung

Rundeturmstr. 6, 64283 Darmstadt
T: (06151) 1 55-0 **Fax:** 1 55-199
Gründung: 1987
Leitung: Prof. Dr.-Ing. Dr.h.c. Dr.E.h. José L. Encarnação
Leitung Presseabteilung: Bernad Lukacin
Mitarbeiter: 148 (Darmstadt u. Rostock)
Jahresetat: ca. DM 35 Mio, € 17,9 Mio (Darmstadt u. Rostock)

t 202

Fraunhofer Center for Research in Computer Graphics, Inc.

321 S. Main Street, USA-Providence, Rhode Island 02903
T: (001401) 4 53-63 63 **Fax:** 4 53-04 44
Internet: http://www.crcg.edu/
E-Mail: bherzog@crcg.edu
Ansprechpartner: Dr. Bertram Herzog

t 203

Fraunhofer-Institut für Graphische Datenverarbeitung Institutsteil Rostock

Fraunhofer Institute für Computer Graphics
Joachim-Jungius-Str. 11, 18059 Rostock
T: (0381) 40 24-110 **Fax:** 40 24-199

Internet: http://www.rostock.igd.fhg.de
E-Mail: urban@rostock.igd.fhg.de
Ansprechpartner: Prof. Dr. Bodo Urban

t 204

Centre for Advanced Media Technology

Nanyang Technological University
c/o School of Applied Science
Block N4 2A-32, Nanyang Avenue, SGP-Singapur 639798
T: (0065790) 69 88, -6949 **Fax:** (0065792) 41 17
Internet: http://www.camtech.ntu.edu.sg/
E-Mail: info@camtech.ntu.edu.sg
Ansprechpartner: Dr. Wolfgang Felger

t 205

Fraunhofer-Institut für Materialfluß und Logistik IML

Joseph-von-Fraunhofer-Str. 2-4, 44227 Dortmund
T: (0231) 97 43-274 **Fax:** 97 43-215
Internet: http://www.iml.fhg.de
E-Mail: info@iml.fhg.de
Gründung: 1980
Leiter des IML: Univ.-Prof. Dr.-Ing. Axel Kuhn (geschäftsführend)
Dr. Michael ten Hompel
Leitung Presseabteilung: Ralf Neuhaus
Mitarbeiter: 160 + 240 studentische Hilfskräfte
Jahresetat: DM 30 Mio, € 15,34 Mio

Schwerpunkte: Materialfluß: Planung, Simulation, Automation; fördertechnische Geräte und Anlagen: Konstruktion und Entwicklung, Erprobung, Zuverlässigkeitsuntersuchungen; Materialflußsteuerung; Einsatz neuer Technologien und Entwicklung neuer Strukturen, Sensoren, Leittechnik; DV in der Disposition; Verpackungstechnik und Ladeeinheitenbildung; Standortplanung, Distributionslogistik, Kreislaufwirtschaft, Informationslogistik, Supply Chain Management; Mobilität und Verkehr; Aus-und Weiterbildung.

t 206

Fraunhofer-Institut für Produktionsanlagen und Konstruktionstechnik IPK

Pascalstr. 8-9, 10587 Berlin
T: (030) 3 90 06-0 **Fax:** 3 91 10-37, 3 92 29-37
Leitung: Prof. Dr.-Ing. Eckart Uhlmann

t 207

Fraunhofer-Institut für Physikalische Messtechnik IPM

Heidenhofstr. 8, 79110 Freiburg
T: (0761) 88 57-0 **Fax:** 88 57-2 24
Internet: http://www.ipm.fhg.de
E-Mail: info@ipm.fhg.de
Gründung: 1973
Leitung: Prof. Dr. Elmar Wagner
Leitung Presseabteilung: Doris Banzhaf
Mitarbeiter: 130

Schwerpunkte: Entwicklung neuer Messverfahren und Systeme in Kombination von Optik, Elektronik und Datenverarbeitung auf der Basis moderner Sensorprinzipien (z.B. Laserspektroskopie, Integrierte Optik, dünnschichttechnische Sensoren) für Bioanalytik, Produktions- und Prozesskontrolle, Verkehr, Weltraumforschung. Optische Systeme und Komponenten für Druck und Medien.

t 208

Fraunhofer-Institut für Produktionstechnik und Automatisierung (IPA)

Postf. 80 04 69, 70504 Stuttgart
Nobelstr. 12, 70569 Stuttgart
T: (0711) 9 70-00 **Fax:** 9 70-1399
Internet: http://www.ipa.fhg.de
Gründung: 1959
Leitung: Prof. Dr.-Ing. Dr.h.c. Engelbert Westkämper
Prof. Dr.-Ing. Dr. h.c. mult. Rolf Dieter Schraft
Leitung Presseabteilung: Hubert Grosser (M.A.)
Mitarbeiter: 250
Jahresetat: DM 45 Mio, € 23,01 Mio

Unternehmensentwicklung und Logistik, Produktionsplanung, Informationssysteme: Strategische Planung - Produktion der Zukunft, Fabrikplanung - Fraktale Fabrik. Logistikplanung, Materialflußsysteme für die ganzheitliche Erfüllung logistischer Aufgaben. Integrierte Informations- und Planungssysteme, Simulationsunterstützung der Produktionssteuerung und Terminierung. Produkt- und Technologiemanagement, Produktion, Logistik und Informationssysteme, Umweltmanagement, Recycling. Instandhaltungsmanagement, Organisations- und Informationssysteme im Instandhaltungsbereich, Personaleinsatzkonzepte, Montageorganisation. Produktionsverfahren und Oberflächentechnik, Qualitätstechnik: Beratungszentrum für Oberflächentechnik und Umweltschutz, Mikrofügen, mechanische Oberflächenreinigung, Aufdampfen, Sputtern, Galvanisieren, industrielle und handwerkliche Lackierverfahren, Spritz- und Sprühsysteme für Flüssiglacke und Pulvermaterialien.
TQM-Methoden, Unterstützung bei der Einführung und Dokumentation von QS-Systemen rechnerunterstützte Systeme zur Qualitätskontrolle, generative Fertigung. Rapid Prototyping, Koordinatenmeßtechnik, optische Meß- und Prüftechnik, Bildverarbeitung, akustische Qualitätsprüfung.
Montage-und Handhabungssysteme, Anwendung von Industrierobotern: Simulation und Einsatzplanung von Handhabungsgeräten. Planungsverfahren für automatische Fertigungs- und Montagesysteme. Sensoranwendung in der Montage. Programmierbare Montagesysteme. Montagegerechte Produktgestaltung. Flexible Zubring- und Magazinsysteme. Prüfung von Industrierobotern. Beratungsstelle für flexible Montageautomatisierung, Technologiestudien.
Fertigungstechnik im Reinraum-Halbleiter-Fertigungsgeräte: Abluftanalytik, Reinraumplanung, Medienver- und -entsorgung, strömungstechnische Meßgeräte, Mikromechanik, Montage in der Halbleitertechnik, Halbleiter-Fertigungsgeräte, Entwicklung und Erprobung, Beratung für Anwendung Mikrosystemtechnik.

t 209

Fraunhofer-Institut für Software- und Systemtechnik ISST

Mollstr. 1, 10178 Berlin
T: (030) 2 43 06-100 **Fax:** 2 43 06-199
Leitung: Prof. Dr. Herbert Weber

t 210

Institutsteil Dortmund
Fraunhofer ISST Dortmund

Joseph-von-Fraunhofer-Str. 20, 44227 Dortmund
T: (0231) 97 00-7 00, -7 01 **Fax:** 97 00-7 99
Leitung: Prof. Dr. Herbert Weber

t 211

Fraunhofer-Institut für Experimentelles Software Engineering IESE

Sauerwiesen 6, 67661 Kaiserslautern
T: (06301) 7 07-100 **Fax:** 7 07-200
Leitung: Prof. Dr. Dieter Rombach

t 212

TEG
Fraunhofer Technologie-Entwicklungsgruppe

Fraunhofer-Technologie-Entwicklungsgruppe TEG

Nobelstr. 12, 70569 Stuttgart
T: (0711) 9 70-3500 **Fax:** 9 70-3999
Internet: http://www.teg.fhg.de
Gründung: 1980
Leitung: Dipl.-Ing. Dieter Maier
Leitung Presseabteilung: Hubert Flaig
Beatrice Diana Schomber
Mitarbeiter: 65
Jahresetat: DM 18 Mio, € 9,2 Mio

Schwerpunkte: Fertigungstechnik, Materialflußtechnik, Recycling, Handhabung, Montage, Produktentwicklung QFD, Medizintechnik, Organisation, Mechatronik, Meß- und Prüftechnik.
Die Fraunhofer TEG erarbeitet kundenspezifische, praxisnahe und innovative Lösungen in den Bereichen Fertigungstechnik, Materialfluß, Logistik sowie in der Produktentwicklung und Organisation. Das Leistungsangebot erstreckt sich von Machbarkeits- und Ratiopotentialstudien bis zum Bau von Prototypen und Produktionsanlagen.
Unter Einbindung des fachspezifischen Know-hows weiterer Fraunhofer Institute werden insbesondere auch interdisziplinäre Lösungen und Systeme realisiert. Weitere Schwerpunkte sind die methodengestützte Produktentwicklung und die Unterstützung bei Patentverwertungen und Finden neuer Produktideen. Ergänzt wird das Spektrum durch Betriebs- und Qualitätsmanagement für die Bereiche Produktion und Entwicklung.

t 213

Fraunhofer-Institut für Fertigungstechnik und Angewandte Materialforschung (IFAM)

Wiener Str. 12, 28359 Bremen
T: (0421) 22 46-400 **Fax:** 22 46-430
Gründung: 1968
Leitung: Prof. Dr.-Ing. Hans-Dieter Kunze
Prof. Dr. Otto-Diedrich Hennemann
Leitung Presseabteilung: Dipl.-Ing. Uwe Echterhoff
Mitarbeiter: 130
Jahresetat: DM 25 Mio, € 12,78 Mio

t 214

Fraunhofer-Institut für Fertigungstechnik und Angewandte Materialforschung - IFAM

Bereich Klebtechnik und Polymere
Wiener Str. 12, 28359 Bremen
T: (0421) 22 46-400 **Fax:** 22 46-430
Institutsleiter: Prof. Dr. Otto-Diedrich Hennemann

t 215

Fraunhofer-Institut für Angewandte Polymerforschung IAP

Geiselbergstr. 69, 14476 Golm
T: (0331) 5 68-0 **Fax:** 5 68-3000
Gründung: 1992 (01. Januar)
Leitung: Dr. Ulrich Buller
Stellv. Leiter: Dipl.-Ing. Jürgen Koehler
Leitung Presseabteilung: Dr. Andreas Holländer
Mitarbeiter: 80

t 216

Fraunhofer-Institut für Betriebsfestigkeit LBF

Bartningstr. 47, 64289 Darmstadt
T: (06151) 7 05-1 **Fax:** 7 05-214
Internet: http://www.lbf.fhg.de
E-Mail: info@lbf.fhg.de
Gründung: 1938
Leitung: Prof. Dr. Gerd Müller
Leitung Presseabteilung: Anke Zeidler-Finsel
Mitarbeiter: etwa 72

t 217

Fraunhofer-Institut für Elektronenstrahl- und Plasmatechnik FEP

Winterbergstr. 28, 01277 Dresden
T: (0351) 25 86-0 **Fax:** 25 86-105
Internet: http://www.fep.fhg.de
E-Mail: info@fep.fhg.de
Institutsleiter: Prof. Dr. Günter Bräuer
Stellv. Institutsleiter: Dr. Volker Kirchhoff

Schwerpunkte: Entwicklung von Elektronenstrahlkanonen; Einsatzvorbereitung von Elektronenstrahltechnologien, Quellen und Verfahren zum Magnetronsputtern; Herstellung dünner Schichten durch Hochrate-PVD-Techniken; Oberflächenmodifikation mit Elektronenstrahlen und Plasmen; Prozeßführung, Modellierung, Aufskalierung, Qualitätssicherung; Industrienahe Problemlösungen und Wirtschaftlichkeitsbetrachtungen

t 218

Fraunhofer-Institut für Keramische Technologien und Sinterwerkstoffe IKTS

Winterbergstr. 28, 01277 Dresden
T: (0351) 25 53-5 19 **Fax:** 25 53-6 00
Gründung: 1992 (1. Januar)
Leitung: Prof. Dr. rer. nat. habil Waldemar Hermel
PR-Beauftragte(r): Dipl.-Chem. Katrin Schwarz (T: (0351) 25 53-720)
Priv.-Doz. Dr. rer. nat. habil Udo Gerlach
Mitglieder: ca. 100
Jahresetat: ca. DM 14 Mio, € 7,16 Mio

t 219

Fraunhofer-Institut für Kurzzeitdynamik "Ernst-Mach-Institut" EMI

Eckerstr. 4, 79104 Freiburg
T: (0761) 27 14-0 **Fax:** 27 14-3 16
E-Mail: info@emi.fhg.de
Leitung: Prof. Dr.rer.nat. Klaus Thoma
Leitung Presseabteilung: Evelyn Adam

t 220

Fraunhofer-Institut für Kurzzeitdynamik Institutsteil Efringen-Kirchen

Am Klingelberg 1, 79588 Efringen-Kirchen
T: (07628) 90 50-0 **Fax:** 90 50-77

t 221

Fraunhofer Institut Lasertechnik

Fraunhofer-Institut für Lasertechnik
Steinbachstr. 15, 52074 Aachen
T: (0241) 89 06-0 **Fax:** 89 06-1 21
Internet: http://www.ilt.fhg.de
E-Mail: info@ilt.fhg.de
Gründung: 1985
Leitung: Prof. Dr. rer. nat. Reinhart Poprawe (M.A.)
Ltg. Marketing u. Kommunikation: Dipl.-Phys. Axel Bauer
Mitarbeiter: 232 (1998)
Jahresetat: DM 29,5 Mio, € 15,08 Mio (1998)

Das Institut führt F & E-Aufträge aus den Bereichen der Laseranwendung und der Laseranlagenentwicklung durch. Schwerpunkte sind neben der Entwicklung von Laserstrahlquellen und peripheren Systemen, die Optimierung von lasergestützten Fertigungsverfahren wie Schneiden, Bohren, Abtragen, Schweißen, Löten und Oberflächenveredeln und deren Integration in industrielle Fertigungsumgebungen. Zur Produktionssicherheit werden Prozeßregelungssysteme entwickelt. Qualitätssicherung durch lasergestützte Meß- und Prüftechnik ist ebenso Bestandteil der F&E-Arbeiten, wie Stoffanalyse und Bauteilprüfungen. Die Verbreitung der Lasertechnik wird durch Beratung, Ausbildungsprogramme sowie Unterstützung beim Produktionsanlauf gefördert. Zusätzlich entwickelt das Institut Plasma-unterstützte Reinigungsverfahren für Abgase.

t 222

Fraunhofer-Institut für Produktionstechnologie IPT
Steinbachstr. 17, 52074 Aachen
T: (0241) 89 04-0 **Fax:** 89 04-1 98
Leitung: Prof. Dr.-Ing. Fritz Klocke
Leitung Presseabteilung: Dipl.-Inform. Anne Spielberg-Schweinitz

t 223

Fraunhofer-Institut für Schicht- und Oberflächentechnik IST
Bienroder Weg 54E, 38108 Braunschweig
T: (0531) 21 55-0 **Fax:** 21 55-900
Internet: http://www.ist.fhg.de
E-Mail: info@ist.fhg.de
Leitung: Prof. Dr. Günter Bräuer
Leitung Presseabteilung: Dr. Simone Kondruweit

t 224

Fraunhofer-Institut für Silicatforschung ISC
Neunerplatz 2, 97082 Würzburg
T: (0931) 41 00-0 **Fax:** 41 00-199
Internet: http://www.isc.fhg.de
Leitung: Prof. Dr. Gerd Müller

Die Forschungs- und Entwicklungsarbeiten des Instituts umfassen den Bereich der nichtmetallischen anorganischen Werkstoffe, wobei insbesondere Systemlösungen mit neuen Werkstoffen im Vordergrund stehen. Das Spektrum reicht von Fragen der Rohstoffverarbeitung über Werkstoffprüfung und -charakterisierung bis zur Synthese und Applikation neuer Materialien. Schwerpunkte: Glas, Keramik, anorganisch-organische Polymere (ORMOCER®).

t 225

Fraunhofer-Institut für Werkzeugmaschinen und Umformtechnik IWU
Reichenhainer Str. 88, 09126 Chemnitz
T: (0371) 53 97-400 **Fax:** 53 97-404
Internet: http://www.iwu.fhg.de
E-Mail: info@iwu.fhg.de
Gründung: 1992 (1. Januar)
Institutsleiter: Prof. Dr.-Ing. habil. Reimund Neugebauer
Kontaktperson u. PR-Beauftragte: Dipl.-Ing. Daniela López
Mitarbeiter: 130

t 226

Fraunhofer-Institut für Werkstoffmechanik IWM
Wöhlerstr. 11, 79108 Freiburg
T: (0761) 51 42-0 **Fax:** 51 42-1 10
Internet: http://www.iwm.fhg.de
E-Mail: info@iwm.fhg.de
Gründung: 1971
Leitung: Prof. Dr. Erwin Sommer
Presse u. Öffentlichkeitsarbeit: Thomas Götz
Mitarbeiter: 100
Jahresetat: DM 16 Mio, € 8,18 Mio

t 227

Fraunhofer-Institut für Werkstoffmechanik IWM Institutsteil Halle
Heideallee 19, 06120 Halle
T: (0345) 55 89-0 **Fax:** 55 89-101

t 228

Fraunhofer-Institut für Werkstoff- und Strahltechnik IWS
Winterbergstr. 28, 01277 Dresden
T: (0351) 25 83-3 24 **Fax:** 25 83-300
Internet: http://www.iws.fhg.de
E-Mail: info@iws.fhg.de
Institutsleiter: Prof. Dr.-Ing. habil. Eckhard Beyer

t 229

Fraunhofer-Institut für Zerstörungsfreie Prüfverfahren IZFP
Universität Gebäude 37, 66123 Saarbrücken
T: (0681) 93 02-0 **Fax:** 93 02-5901
Gründung: 1972
Leitung: Prof. Dr. Michael Kröning
Mitarbeiter: 229

t 230

Fraunhofer-Institut für Zerstörungsfreie Prüfverfahren IZFP
Außenstelle für Akustische Diagnose und Qualitätssicherung
Krügerstr. 22, 01326 Dresden
T: (0351) 2 64 82-0 **Fax:** 2 64 82-18
Leitung: Dr. Eckhard Pridöhl

t 231

Fraunhofer-Institut für Bauphysik IBP
Postf. 80 04 69, 70504 Stuttgart
Nobelstr. 12, 70569 Stuttgart
T: (0711) 9 70-00 **Fax:** 9 70-33 95
Institutsleiter: Prof. Dr.-Ing.habil. Dr.h.c.mult. Dr.E.h.mult. Karl Gertis (In Personalunion Inhaber des Lehrstuhls Konstruktive Bauphysik an der Uni Stuttgart)

t 232

Fraunhofer Institut für Bauphysik IBP Institutsteil Holzkirchen
Postf. 11 52, 83601 Holzkirchen
Fraunhoferstr. 10, 83626 Valley
T: (08024) 6 43-0 **Fax:** 6 43-66

t 233

Fraunhofer-Institut für Chemische Technologie ICT
Joseph-von-Fraunhofer-Str. 7, 76327 Pfinztal
T: (0721) 46 40-0 **Fax:** 46 40-1 11
Internet: http://www.ict.fhg.de
E-Mail: info@ict.fhg.de
Leitung: Prof. Dr.-Ing. Eyerer

t 234

Fraunhofer-Institut für Grenzflächen- und Bioverfahrenstechnik (IGB)
Nobelstr. 12, 70569 Stuttgart
T: (0711) 9 70-4001 **Fax:** 9 70-4200
Internet: http://www.igb.fhg.de
E-Mail: info@igb.fhg.de
Leitung: Prof. Dr. techn. Herwig Brunner

Umwelt-Bioverfahrenstechnik: Altlastensanierung, Produktion von Massenchemikalien und Energie aus Abfallstoffen, Bioreaktoren. Bio-/Gentechnik und Zellbiologie: Biokatalysatoren, Biomaterialien, Pharmaproteine (Interferone, MIF), DNA-Diagnostik, Zellkulturen als Test-Systeme und für Transplantation. Membrantechnik: Mikro-, Ultra-, Nanofiltration, Gastrennung, Pervaporation, bipolare Membranen, Elektrodialyse, Membranmodule, Lösemittelrückgewinnung, Abluftreinigung. Grenzflächenverfahrenstechnik: Reinigung und Beschichtung von Bauteilen, Plasmaverfahren, Oberflächencharakterisierung.

t 235

Fraunhofer-Institut für Holzforschung Wilhelm-Klauditz-Institut WKI
Bienroder Weg 54E, 38108 Braunschweig
T: (0531) 21 55-0 **Fax:** 35 15 87
Internet: http://www.wki.fhg.de
E-Mail: info@wki.fhg.de
Leitung: Prof. Dr. Rainer Marutzky
Umwelt und Gesundheit

Schwerpunkte: Werkstoffentwicklung und Verfahrenstechnik (Holzwerkstoffe, Zellstoffe); Vergütung von Holz und Holzwerkstoffen; chemische Technologie und Umweltschutz; Analyse der Gebrauchseigenschaft und Einsatzmöglichkeit hölzerner Bauelemente; Verbesserung der Rohstoffnutzung; Prozeßautomatisierung.

t 236

Fraunhofer-Institut für Verfahrenstechnik und Verpackung IVV
Giggenhauser Str. 35, 85354 Freising
T: (08161) 4 91-0 **Fax:** 4 91-491
Leitung: Dr.-Ing. Wolfgang Holley
Leitung Presseabteilung: Regina Walz
Mitarbeiter: 120

Umwelttechnik; Störstoffanalytik in Stoffkreisläufen; Raffination und Verwertung von Polymeren; Entwicklung verwertungsfähiger polymerer Funktionswerkstoffe; Verfahrenstechnik; Materialentwicklung Polymere; Analytik; Technische Veredelung nachwachsender Rohstoffe; Packstoffveredelung; Lebensmittelprozeßtechnik; Entwicklung von Packmitteln; Analytik funktionaler Eigenschaften von Verpackungen; Lebensmitteltechnologie; Qualitätserhalt/-analytik

t 237

Fraunhofer-Institut für Solare Energiesysteme ISE
Oltmannsstr. 5, 79100 Freiburg
T: (0761) 45 88-0 **Fax:** 45 88-1 00
Gründung: 1981 (Mai)
Leitung: Prof. Dr. Joachim Luther
Leitung Presseabteilung: Karin Schneider (M.A.)
Mitarbeiter: ca. 300
Jahresetat: ca. DM 30 Mio, € 15,34 Mio

Solarthermie, Solares Bauen, Solarzellen, Elektrische Energieversorgung, chemische Energiewandlung und Speicherung sowie rationelle Energienutzung

t 238

Fraunhofer-Institut für Atmosphärische Umweltforschung IFU
Kreuzeckbahnstr. 19, 82467 Garmisch-Partenkirchen
T: (08821) 1 83-0 **Fax:** 7 35 73
Gründung: 1964
Leitung: Prof.Dr. Wolfgang Seiler
Pressesprecher: Dr. Hans Papen
Verbandszeitschrift: Fraunhofer Magazin
Redaktion: Franz Miller
Verlag: Fraunhofer-Gesellschaft, Abt. Presse, Leonrod-Str. 54, 80636 München
Mitglieder: 55
Mitarbeiter: 85
Jahresetat: DM 15 Mio, € 7,67 Mio

t 239

Fraunhofer-Institut für Biomedizinische Technik IBMT
Ensheimer Str. 48, 66386 Sankt Ingbert
T: (06894) 9 80-0 **Fax:** 9 80-4 00
Internet: http://www.ibmt.fhg.de
E-Mail: info@ibmt.fhg.de
Gründung: 1987
Leitung: Prof. Dr. Klaus Gersonde
Leitung Presseabteilung: Dipl.-Phys. Annette Eva Maurer
Mitarbeiter: 120
Technisch-wirtschaftliche Studien, Fachinformationen

t 240

Fraunhofer Institut Toxikologie und Aerosolforschung
Pharmaforschung und Klinische Inhalation

Fraunhofer-Institut für Toxikologie und Aerosolforschung, Pharmaforschung und klinische Inhalation (ITA)
Nikolai-Fuchs-Str. 1, 30625 Hannover
T: (0511) 53 50-0 **Fax:** 53 50-1 55
Internet: http://www.ita.fhg.de
E-Mail: info@ita.fhg.de
Leitung: Prof.Dr. Uwe Heinrich

Schwerpunkte; Toxikologie von Umweltchemika-

lien und Pharmaka in vitro und in vivo, Biochemie und Pathologie, Inhalationstoxikologie, Schadstoffwirkungen in Zell- und Gewebekulturen, physikalische und chemische Analytik von Luft, Boden, Wasser; Staubmeßtechnik, Medizinische Biotechnologie, rekombinante Proteine, transgene Tiere, Gefahrstoffdokumentation, molekulare Toxikologie, Metabolismusstudien, Bioanalytik, Pharmako-Toxikokinetik, Wirkungsmechanismen luftgetragener Stoffe, molekulare Mechanismen, Pharmakogenetik, Genpolymorphismen, Pharmaforschung, biologische F + E

t 241

Fraunhofer-Arbeitsgruppe für Toxikologie und Umweltmedizin ATU
Vogt-Kölln-Str. 30, 22527 Hamburg
Kontaktperson: Prof. Dr. Hans Marquardt

t 242

Fraunhofer-Institut für Umweltchemie und Ökotoxikologie (IUCT)
Auf dem Aberg 1, 57392 Schmallenberg
T: (02972) 3 02-0 **Fax:** 3 02-319
Internet: http://www.iuct.fhg.de
E-Mail: info@iuct.fhg.de
Gründung: 1959
Institutsleitung: Prof. Dr. Werner Klein
Leitung Presseabteilung: Dr. Ulrich Fritsche
Mitarbeiter: ca. 80

t 243

Fraunhofer-Institut für Naturwissenschaftlich-Technische Trendanalysen INT
Appelsgarten 2, 53879 Euskirchen
T: (02251) 18-1 **Fax:** 18-2 77
Internet: http://www.int.fhg.de
E-Mail: info@int.fhg.de
Gründung: 1974
Leitung: Dr. habil. Klaus-Dieter Leuthäuser
Mitarbeiter: 51
Jahresetat: DM 8,5 Mio, € 4,35 Mio

t 244

Fraunhofer-Institut für Systemtechnik und Innovationsforschung (ISI)
Breslauer Str. 48, 76139 Karlsruhe
T: (0721) 68 09-0 **Fax:** 68 91 52
Internet: http://www.isi.fhg.de
Gründung: 1972
Leitung: Prof. Dr.rer.pol. Frieder Meyer-Krahmer
Presse: Dipl.-Phys. Gerhard Samulat
Mitarbeiter: 135
Jahresetat: DM 20,9 Mio, € 10,69 Mio

t 245

Fraunhofer-Informationszentrum Raum und Bau IRB
Postf. 80 04 69, 70504 Stuttgart
Nobelstr. 12, 70569 Stuttgart
T: (0711) 9 70-2500, 9 70-2600 **Fax:** 9 70-2507, 9 70-2508, 9 70-2900, 9 70-2599
Internet: http://www.irb.fhg.de
E-Mail: irb@irb.fhg.de
Gründung: 1941
Leitung: Dr.-Ing. Wilhelm Wissmann
Leitung Presseabteilung: Hans Kindt (M.A.)
Verlag: Fraunhofer IRB Verlag, Fraunhofer-Informationszentrum Raum und Bau, Postf. 80 04 69, 70504 Stuttgart
Mitarbeiter: 93
Datenbanken (CD-ROM und online), Fachbücher, -Zeitschriften, Forschungsveröffentlichungen, Bearbeitung individueller Anfragen, Literaturservice

t 246

Fraunhofer-Patentstelle für die Deutsche Forschung PST
Leonrodstr. 68, 80636 München
T: (089) 12 05-404 **Fax:** 12 05-498
Internet: http://www.pst.fhg.de
E-Mail: info@pst.fhg.de
Leiter: Dr.-Ing. Manfred Paulus
Presse: Dr.rer.nat. Gabriele Kannen
Schwerpunkte: Schutzrechte und Lizenzen der Fraunhofer-Gesellschaft; Förderung von Erfindungen Freier Erfinder; Lizenzvermittlung; Technologieberatung für Unternehmen.

t 247

Fraunhofer-Institut für Umwelt-, Sicherheits- und Energietechnik UMSICHT
Osterfelder Str. 3, 46047 Oberhausen
T: (0208) 85 98-0 **Fax:** 85 98-290
Internet: http://www.umsicht.fhg.de
E-Mail: info@umsicht.fhg.de
Gründung: 1990 Juni
Geschäftsführer(in): Prof. Dr.-Ing. Paul-Michael Weinspach
Prof. Dr.-Ing. Hans Fahlenkamp
Mitarbeiter: 150

• T 248

Informationszentrum Benchmarking (IZB)
Pascalstr. 8-9, 10587 Berlin
T: (030) 3 90 06-171, 3 90 06-168
Internet: http://www-izb.ipk.fhg.de/
E-Mail: izb@ipk.fhg.de

• T 249

Gesellschaft für Umweltsimulation e.V. (GUS)
Joseph-von-Fraunhofer-Str. 7, 76327 Pfinztal
T: (0721) 46 40-0/-3 91 **Fax:** 46 40-345/111
Internet: http://www.gus-ev.de
E-Mail: ht@ict.fhg.de
Gründung: 1969
Präsident(in): Prof. Dr. Hiltmar Schubert (Fraunhofer ICT)
Vizepräsident(in): Prof. Dr.-Ing. Klaus Grefen (KRdL im VDI und DIN e.V.)
Geschäftsführer(in): Dr.-Ing. Diether Schmitt
Sekretariat: Sonja Holatka
Leitung Presseabteilung: Dr.-Ing. Karl-Friedrich Ziegahn
Verbandszeitschrift: Der Versuchs- und Forschungsingenieur (VFI)
Verlag: Baltz-Verlag, München
Mitglieder: 300
Förderung der Entwicklung der Umweltsimulation, z. B. durch fachlichen Austausch. Zu diesem Zweck werden Tagungen, Seminare veranstaltet und Arbeitskreise gebildet. Vermittlung von Kontakten zu Umweltlabors, sowie zwischen Anwendern und Herstellern von Umweltsimulationseinrichtungen und der damit verbundenen Meßtechnik.

• T 250

Deutsches Asphaltinstitut e.V.
Schieffelingsweg 6, 53123 Bonn
T: (0228) 9 79 65-0 **Fax:** 9 79 65-11
Gründung: 1979 (7. Juni)
Vorsitzende(r): Dr. Volker Potschka, Köln
Geschäftsführer(in): Dipl.-Ing. Horst Erhardt
RA Jürgen Reifig (Ltg. Presseabt.)
Dr.-Ing. Heinrich Els
Mitglieder: 323
Mitarbeiter: 4
Jahresetat: DM 1,2 Mio, € 0,61 Mio

• T 251

Hermann von Helmholtz - Gemeinschaft Deutscher Forschungszentren (HGF)
Postf. 201448, 53144 Bonn
Ahrstr. 45, 53175 Bonn
T: (0228) 3 08 18-0 **Fax:** 3 08 18-30
Internet: http://www.helmholtz.de
E-Mail: hgf@helmholtz.de
Gründung: 1970
Internationaler Zusammenschluß: siehe unter izt 57
Vorsitzende(r): Prof. Dr.med. Detlev Ganten
Geschäftsführer(in): Dr. Klaus Fleischmann
Pressereferat: Cordula Tegen
Verbandszeitschrift: HGF-Jahresheft
Redaktion: HGF-Pressereferat
Mitglieder: 16
Mitarbeiter: 22500
Jahresetat: DM 39000 Mio, € 19940,38 Mio
Stiftung Alfred-Wegener-Institut für Polar- und Meeresforschung (AWI)
Stiftung Deutsches Elektronen-Synchrotron (DESY)
Stiftung Deutsches Krebsforschungszentrum (DKFZ)
Deutsches Zentrum für Luft- und Raumfahrt e.V. (DLR)
Forschungszentrum Jülich GmbH (FZJ)
Forschungszentrum Karlsruhe (FZK)
Gesellschaft für Biotechnologische Forschung mbH (GBF)
Stiftung GeoForschungsZentrum Potsdam (GFZ)
GKSS-Forschungszentrum Geesthacht GmbH (GKSS)
GMD-Forschungszentrum Informationstechnik GmbH (GMD)
GSF-Forschungszentrum für Umwelt und Gesundheit (GSF)
Gesellschaft für Schwerionenforschung mbH (GSI)
Hahn-Meitner-Institut Berlin GmbH (HMI)
Max-Planck-Institut für Plasmaphysik (IPP)
Stiftung Max-Delbrück-Centrum für Molekulare Medizin (MDC)
Umweltforschungszentrum Leipzig-Halle (UFZ)

• T 252

Forschungsgesellschaft für Angewandte Naturwissenschaften e.V. (FGAN)
Neuenahrer Str. 20, 53343 Wachtberg
T: (0228) 94 35-0 **Fax:** 94 35-617
Internet: http://www.fgan.de
E-Mail: dornhaus@fgan.de
Gründung: 1955 (9. Dezember)
Vorsitzende(r) des Vorstandes: Dr. Ralf Dornhaus
Geschäftsführende(s) Vorstands-Mitglied(er): Horst Heger
Leitung Presseabteilung: Gloria Post
Mitglieder: 13
Mitarbeiter: ca. 450
Jahresetat: DM 72 Mio, € 36,81 Mio

• T 253

Deutsche Gesellschaft für Kristallwachstum und Kristallzüchtung e.V. (DGKK)
Max-Born-Str. 2, 12489 Berlin
T: (030) 63 92 30 76 **Fax:** 63 92 30 03
Internet: http://www.dgkk.de
E-Mail: luedge@ikz-berlin.de
Gründung: 1970 (01. Januar)
Schriftführer(in): Dr. Anke Lüdge
Verbandszeitschrift: Mitteilungsblatt
Redaktion: Dr. F. Ritter
Verlag: Eigenverlag (2x jährlich)
Mitglieder: 460

• T 254

Wissenschaftskolleg zu Berlin
Wallotstr. 19, 14193 Berlin
T: (030) 8 90 01-0 **Fax:** 8 90 01-3 00
Internet: http://www.wiko-berlin.de
E-Mail: wiko@wiko-berlin.de
Gründung: 1981
Rektor: Prof. Dr. Wolf Lepenies
Sekretär: Dr. Joachim Nettelbeck
Presse/Information: Iris Helene Angerer

• T 255

Alfred-Wegener-Institut für Polar- und Meeresforschung (AWI)
Postf. 12 01 61, 27515 Bremerhaven
T: (0471) 4 83 10 **Fax:** 48 31 11 49
Internet: http://www.awi-bremerhaven.de
E-Mail: awi-pr@awi-bremerhaven.de
Gründung: 1980
Direktor(in): Prof. Dr. Jörn Thiede
Leitung Presseabteilung: Dipl.-Ing. Margarete Pauls (T: (0471) 48 31-11 80)
Mitarbeiter: 700
Jahresetat: ca. DM 160 Mio, € 81,81 Mio

• T 256

Deutsche Gesellschaft für Polarforschung e.V.
c/o Alfred-Wegener-Institut für Polar- und Meeresforschung
Postf. 12 01 61, 27515 Bremerhaven
Columbusstr. 3, 27568 Bremerhaven
T: (0471) 48 31-1210 **Fax:** 48 31-1149
Vorsitzende(r): Univ.-Prof. Dr. Georg Kleinschmidt (Geologisch-Paläontologisches Institut, Johann-Wolfgang Goethe Universität, Postf. 11 19 32, 60054 Frankfurt, T: (069) 7 98-2 23 18, Fax: (069) 7 98-2 87 55)
Geschäftsführer(in): Prof. Dr. Heinz Miller (Alfred-Wegener Institut für Polar- und Meeresforschung, Columbusstr. 3, 27568 Bremerhaven, T: (0471) 48 31-12 10)

• T 257

Wissenschaftsgemeinschaft Gottfried Wilhelm Leibniz e.V. (WGL)
Ahrstr. 45, 53175 Bonn
T: (0228) 3 08 15-0 **Fax:** 3 08 15-55
Internet: http://www.wgl.de
E-Mail: wgl@wgl.de
Gründung: 1995
Geschäftsführer: Dr. Jörg Schneider
Vorstand:
Präsident: Prof. Dr. Frank Pobell (Forschungszentrum Rossendorf, Postfach 510119, 01314 Dresden)
Wissensch. Vizepräs: Prof. Dr. Henning Scheich (Leibniz-Institut für Neurobiologie, Brenneckestr. 6, 39118 Magdeburg)
Prof. Dr. Ekkehard Nuissl von Rein (Deutsches Institut für Erwachsenenbildung, Hansaallee 150, 60320 Frankfurt/M.)
Administr. Vizepräs: Christiane Neumann (Wissenschaftszentrum Berlin für Sozialforschung, Reichpietschufer 50, 10785 Berlin)
Verbandszeitschrift: WGL-Journal
Redaktion: Redaktionsausschuss WGL, Ahrstr. 45, 53175 Bonn
Mitglieder: 78 Institute
Mitarbeiter: 8

• T 258

Arbeitsgemeinschaft industrieller Forschungsvereinigungen "Otto von Guericke" e.V. (AiF)
Bayenthalgürtel 23, 50968 Köln
T: (0221) 3 76 80-0 **Fax:** 3 76 80 27
Internet: http://www.aif.de
E-Mail: info@aif.de
Gründung: 1954
Präsident(in): Dipl.-Ing. Hans Wohlfart
Hauptgeschäftsführer(in): Dr.-Ing. Michael Maurer
Leitung Presseabteilung: Alexandra Dick
Verbandszeitschrift: AiF aktuell
Redaktion: Alexandra Dick
Dachverband der Forschungsvereinigungen der gewerblichen Wirtschaft. Verwaltungs- und Beratungsstelle für Maßnahmen der öffentlichen Forschungsförderung.

AiF-Geschäftsstelle Berlin
Tschaikowskistr. 49, 13156 Berlin
T: (030) 4 81 63-3 **Fax:** 4 81 63-401, -402
E-Mail: asb@aif.de
Leitung: Dr. Wolfgang Hergarten (Geschäftsführer der AiF)

Ordentliche Mitglieder

t 259
Forschungsvereinigung Antriebstechnik e.V.
Postf. 71 08 64, 60498 Frankfurt
Lyoner Str. 18, 60528 Frankfurt
T: (069) 6 60 30 (VDMA) **Fax:** 66 03 14 59

t 260
Forschungsvereinigung der Arzneimittel-Hersteller e.V. (FAH)
Kranzweiher Weg 10, 53489 Sinzig
T: (02642) 98 37-00 **Fax:** 98 37-20
E-Mail: fah@za-sinzig.de
Gründung: 1992
Vorsitzende(r): Ap. Yvonne Proppert
Geschäftsführer(in): Dr. Elmar Kroth
Dr. Ernst-Adolf Niediek

t 261
Deutsches Asphaltinstitut e.V.
Schieffelingsweg 6, 53123 Bonn
T: (0228) 9 79 65-0 **Fax:** 9 79 65-11
Gründung: 1979 (7. Juni)
Vorsitzende(r): Dr. Volker Potschka, Köln
Geschäftsführer(in): RA Jürgen Reifig (Ltg. Presseabt.)
Dipl.-Ing. Horst Erhardt
Dr.-Ing. Heinrich Els

t 262
Forschungsvereinigung Automobiltechnik e.V. (FAT)
Postf. 17 05 63, 60079 Frankfurt
Westendstr. 61, 60325 Frankfurt
T: (069) 97 50 70 **Fax:** 9 75 07-261

t 263
Forschungsgemeinschaft Bekleidungsindustrie e.V.
Mevissenstr. 15, 50668 Köln
T: (0221) 77 44-144, 77 44-145 **Fax:** 77 44-141
Internet: http://www.fb-network.de
E-Mail: fb@bbi-online.de
Gründung: 1964

t 264
Deutscher Beton- und Bautechnik-Verein E.V. (DBV)
Postf. 11 05 12, 10835 Berlin
Kurfürstenstr. 129, 10785 Berlin
T: (030) 23 60 96-0 **Fax:** 23 60 96-23
Internet: http://www.betonverein.de
E-Mail: dbv.berlin@t-online.de
Gründung: 1898
Internationaler Zusammenschluß: siehe unter izf 1865

t 265
Forschungsvereinigung der deutschen Beton- und Fertigteilindustrie e.V.
Schloßallee 10, 53179 Bonn
T: (0228) 9 54 56-0 **Fax:** 9 54 56 90

t 266
Forschungsvereinigung der Rheinischen Bimsindustrie e.V. Neuwied
Sandkauler Weg 1, 56564 Neuwied
T: (02631) 2 22 27-8 **Fax:** 3 13 36

t 267
Versuchsanstalt für Binnenschiffbau e.V. Duisburg (VBD)
Klöcknerstr. 77-77a, 47057 Duisburg
T: (0203) 9 93 69-0 **Fax:** 36 13 73

t 268
Europäische Forschungsgesellschaft für Blechverarbeitung e.V.
Welfengarten 1A, 30167 Hannover
T: (0511) 9 71 75-0 **Fax:** 97 17-519
Gründung: 1949 (1980)
Vorsitzende(r): Prof. Dr.-Ing. E. F. Wend
Geschäftsführer(in): Dr.-Ing. H. D. Stenzel

t 269
Versuchs- und Lehranstalt für Brauerei in Berlin (VLB)
Seestr. 13, 13353 Berlin
T: (030) 4 50 80-0 **Fax:** 4 53 60 69
Internet: http://www.vlb-berlin.org
E-Mail: brewmaster@vlb-berlin.org
Gründung: 1883

t 270
Wissenschaftsförderung der Deutschen Brauwirtschaft e.V.
Postf. 20 04 52, 53134 Bonn
Annaberger Str. 28, 53175 Bonn
T: (0228) 9 59 06-0 **Fax:** 9 59 06-18
Gründung: 1957
Geschäftsführer(in): Dipl.-Ing.,Dipl.-Wirtsch.-Ing. Hansjörg Bosch

t 271
Forschungsgemeinschaft Deutsche Braunkohlen-Industrie e.V.
Postf. 40 02 52, 50832 Köln
Max-Planck-Str. 37, 50858 Köln
T: (02234) 18 64-0 **Fax:** 18 64-18
Internet: http://www.braunkohle.de

t 272
DECHEMA Gesellschaft für Chemische Technik und Biotechnologie e.V.
Postf. 15 01 04, 60061 Frankfurt
Theodor-Heuss-Allee 25, 60486 Frankfurt
T: (069) 75 64-0 **Fax:** 75 64-201
Internet: http://www.dechema.de
E-Mail: info@dechema.de

t 273
Forschungsgesellschaft Druckmaschinen e.V.
Postf. 71 08 64, 60498 Frankfurt
Lyoner Str. 18, 60528 Frankfurt
T: (069) 66 03-1451 **Fax:** 66 03-1675

t 274
Forschungsgesellschaft Druck e.V. FOGRA
Postf. 80 04 69, 81604 München
Streitfeldstr. 19, 81673 München
T: (089) 4 31 82-0 **Fax:** 4 31 82-100
Internet: http://www.fogra.org
E-Mail: fogra@fogra.org

t 275
Fördergemeinschaft Dünne Schichten e.V.
Transferzentrum Oberflächen- und Schichttechnologien
Gostritzer Str. 61-63, 01217 Dresden
T: (0351) 8 71 83 70 **Fax:** 8 71 84 31
Internet: http://www.fds.tz-dd.de
E-Mail: tos@fds.tz-dd.de

t 276
Verein für das Forschungsinstitut für Edelmetalle und Metallchemie e.V. (FEM)
Katharinenstr. 17, 73525 Schwäbisch Gmünd
T: (07171) 10 06-0 **Fax:** 10 06-54
Internet: http://www.fem-online.de
E-Mail: fem@fem-online.de
Gründung: 1922
Mitarbeiter: 51

t 277
VDEh-Gesellschaft zur Förderung der Eisenforschung mbH
Postf. 10 51 45, 40042 Düsseldorf
Sohnstr. 65, 40237 Düsseldorf
T: (0211) 67 07-0 **Fax:** 67 07-3 10
TX: 8 582 512 ste d

t 278
Forschungsvereinigung Elektrotechnik beim ZVEI e.V.
Stresemannallee 19, 60596 Frankfurt
T: (069) 63 02 (0) 2 18 **Fax:** 6 30 23 17
Gründung: 1972 (12.10.)

t 279
Forschungsvereinigung Räumliche Elektronische Baugruppen 3-D MID e.V.
Egerlandstr. 7, 91058 Erlangen
T: (09131) 8 52 71 77 **Fax:** 30 25 28
Internet: http://www.3dmid.de
E-Mail: info@3dmid.de
Vorsitzende(r): Prof. Dr. K. Feldmann
Geschäftsführer(in): Dipl.-Ing. R. Meier

t 280
Deutscher Email Verband e.V. (DEV)
Zehlendorfer Str. 24, 58097 Hagen
T: (02331) 10 88-0 **Fax:** 2 26 62
E-Mail: dev.hagen@t-online.de
Gründung: 1996

t 281
Deutsche Wissenschaftliche Gesellschaft für Erdöl, Erdgas und Kohle e.V. (DGMK)
Postf. 60 05 49, 22205 Hamburg
Kapstadtring 2, 22297 Hamburg
T: (040) 63 90 04-0 **Fax:** 6 30 07 36
Internet: http://www.dgmk.de
E-Mail: dgmk@online.de
Gründung: 1933
Vorsitzende(r): Dr.-Ing. G. von Hantelmann
Geschäftsführer(in): Dr. Gisa Teßmer

t 282
Forschungskreis der Ernährungsindustrie e.V. (FEI)
Godesberger Allee 142-148, 53175 Bonn
T: (0228) 37 20 31 **Fax:** 37 61 50
Geschäftsführender Vorsitz: Dr. Jürgen Kohnke
Geschäftsführer(in): Dr. Volker Häusser

t 283
Forschungsvereinigung Feinmechanik und Optik e.V.
Kirchweg 2, 50858 Köln
T: (0221) 94 86 28-0 **Fax:** 48 34 28
Internet: http://www.feinoptik.de
E-Mail: info@feinoptik.de

t 284
Fernwärme-Forschungsinstitut in Hannover e.V.
Max-von-Laue-Str. 23, 30966 Hemmingen
T: (0511) 9 43 70-0 **Fax:** 9 43 70-70
Internet: http://www.fernwaerme.de
E-Mail: ffi@fernwaerme.de
Gründung: 1980 (4. Juli)
Institutsleitung: Dipl.-Ing. Thomas Grage
Leitung Presseabteilung: Dipl.-Ing. Holger Pareidt
Mitglieder: ca. 100

t 285

Forschungsgemeinschaft Feuerfest e.V.
An der Elisabethkirche 27, 53113 Bonn
T: (0228) 9 15 08-0 **Fax:** 9 15 08-55

t 286

Internationale Forschungsgemeinschaft Futtermitteltechnik e.V.
Frickenmühle, 38110 Braunschweig
T: (05307) 92 22-0 **Fax:** 46 87

t 287

Deutsche Gesellschaft für Galvano- und Oberflächentechnik e.V. (DGO)
Horionplatz 6, 40213 Düsseldorf
T: (0211) 13 23 81 **Fax:** 32 71 99
Internet: http://www.dgo-online.de
E-Mail: DGO.AGG.Duesseldorf@t-online.de

t 288

DVGW Deutsche Vereinigung des Gas- und Wasserfaches e.V.
- Technisch-Wissenschaftlicher Verein
Postf. 14 03 62, 53058 Bonn
Josef-Wirmer-Str. 1-3, 53123 Bonn
T: (0228) 91 88-5 **Fax:** 91 88-990
Internet: http://www.dvgw.de
E-Mail: dvgw@dvgw.de
Internationaler Zusammenschluß: siehe unter izl 99
Präsident(in): Prof. Dipl.-Ing. Jürgen Ulmer
Geschäftsführer(in): Dr.-Ing. Walter Thielen

Der Verein hat den Zweck, das Gas- und Wasserfach in technischer und technisch-wissenschaftlicher Hinsicht unter besonderer Berücksichtigung der Sicherheit, des Umweltschutzes und der Hygiene zu fördern. Zur Erfüllung dieses Vereinszweckes dienen folgende Aufgabenfelder: Regelsetzung und Normung, Prüfung und Zertifizierung, Forschung und Entwicklung, Berufsbildung, Information, Beratung.

t 289

Gaswärme-Institut Essen e.V. (GWI)
Postf. 27 01 52, 45342 Essen
Hafenstr. 101, 45356 Essen
T: (0201) 36 18-0 **Fax:** 36 18 18
Gründung: 1937
Geschäftsführer(in): Dr. rer.nat. H.-W. Etzkorn

t 290

Forschungskuratorium Textil e.V.
Postf. 53 40, 65728 Eschborn
Frankfurter Str. 10-14, 65760 Eschborn
T: (06196) 9 66-0 **Fax:** 4 21 70

t 291

Verein Deutscher Giessereifachleute
Sohnstr. 70, 40237 Düsseldorf
T: (0211) 68 71-0 **Fax:** 68 71-3 33
Gründung: 1909 (10. Juli)

t 292

Forschungsvereinigung der Gipsindustrie e.V.
Birkenweg 13, 64295 Darmstadt
T: (06151) 3 66 82-0 **Fax:** 3 66 82 22

t 293

Hüttentechnische Vereinigung der Deutschen Glasindustrie e.V. (HVG)
Mendelssohnstr. 75-77, 60325 Frankfurt
T: (069) 97 58 61-0 **Fax:** 97 58 61-99
Internet: http://www.hvg-dgg.de
E-Mail: hvg@hvg-dgg.de
Gründung: 1920
Mitglieder: 90 einzelne Unternehmen
Mitarbeiter: 19

t 294

Forschungsgemeinschaft Technik und Glas e.V.
Bronnbach 28, 97877 Wertheim
T: (09342) 91 23 90 **Fax:** (03942) 91 23 92
Gründung: 1951 (20.04.)
Vorstand: P. Hahmann
Geschäftsführer(in): K.-J. Hermann

t 295

VGB - Forschungsstiftung (Gemeinschaftsforschung-Organisation der VGB Technische Vereinigung der Großkraftwerksbetreiber e.V.)
Klinkestr. 27-31, 45136 Essen
T: (0201) 81 28-216 **Fax:** 81 28-345
Gründung: 1970
Vorsitzende(r): Prof. Dr.-Ing. Werner Hlubek
Geschäftsführer(in): Dr.-Ing. Karl A. Theis

t 296

Hahn-Schickard-Gesellschaft für angewandte Forschung e.V.
Institut für Mikro- und Informationstechnik
Wilhelm-Schickard-Str. 10, 78052 Villingen-Schwenningen
T: (07721) 9 43-0 **Fax:** 9 43-2 10
Vorsitzende(r): Dr. Harald Stallforth

t 297

Versuchsanstalt der Hefeindustrie e.V.
Seestr. 13, 13353 Berlin
T: (030) 4 50 80-0 **Fax:** 4 53 60 67

t 298

Verein der Förderer der Forschung im Bereich Heizung, Lüftung, Klimatechnik Stuttgart e.V. (HLK)
Pfaffenwaldring 6A, 70569 Stuttgart
T: (0711) 6 85 20 90 **Fax:** 6 85 20 96

t 299

Forschungsgemeinschaft für Elektrische Anlagen und Stromwirtschaft e.V. (FGH)
Postf. 81 01 69, 68201 Mannheim
Hallenweg 40, 68219 Mannheim
T: (0621) 80 47-0 **Fax:** 80 47-112
E-Mail: fgh@fgh-ma.de

t 300

Deutsche Gesellschaft für Holzforschung e.V. (DGfH)
Bayerstr. 57-59, 80335 München
T: (089) 51 61 70-0 **Fax:** 53 16 57
Internet: http://www.dgfh.de
E-Mail: mail@dgfh.de
Gründung: 1931
Präsident(in): Dipl.-Ing. Karl Moser
Geschäftsführer(in): Dipl.-Ing. Joachim Tebbe

t 301

Verein für Technische Holzfragen e.V.
Bienroder Weg 54E, 38108 Braunschweig
T: (0531) 21 55-0 **Fax:** 21 55-3 34
TX: 952 942 wkibs d
Gründung: 1946

t 302

GFal Gesellschaft zur Förderung angewandter Informatik e.V.
Albert-Einstein-Str. 16, 12489 Berlin
T: (030) 63 92 16 00 **Fax:** 63 92 16 02

t 303

Forschungsrat Kältetechnik e.V.
Postf. 71 08 64, 60498 Frankfurt
Lyoner Str. 18, 60528 Frankfurt
T: (069) 66 03-12 77 **Fax:** 66 03-22 76
Geschäftsführer(in): Dr. Karin Jahn

t 304

Forschungsgemeinschaft Kalk und Mörtel e.V.
Annastr. 67-71, 50968 Köln
T: (0221) 93 46 74-0 **Fax:** 93 46 74-14

t 305

Forschungsvereinigung "Kalk-Sand" e.V.
Postf. 21 01 60, 30401 Hannover
Entenfangweg 15, 30419 Hannover
T: (0511) 2 79 54-0 **Fax:** 2 79 54-54
Internet: http://www.kalksandstein.de
E-Mail: info@kalksandstein.de
Vorsitzende(r): Dipl.-Kfm. Frank Fugmann (Union Norddeutscher Kalksandsteinwerke (UNK) GmbH & Co. KG, 24790 Schacht-Audorf)
Geschäftsführer(in): Dr. jur. Walter Erasmy
Dr.-Ing. Dieter Kasten

Grundlagenforschung im Bereich Technologie dampfgehärteter Kalkkieselsäuremassen, Optimierung der Produkteigenschaften.

t 306

Gemeinschaftsausschuß Kaltformgebung e.V.
Kaiserswerther Str. 137, 40474 Düsseldorf
T: (0211) 45 64-258 **Fax:** 45 64-246

t 307

Deutsche Kautschuk-Gesellschaft e.V. (DKG)
Postf. 90 03 60, 60443 Frankfurt
Zeppelinallee 69, 60487 Frankfurt
T: (069) 7 93 61 53 **Fax:** 7 93 61 55
Internet: http://www.rubber-dkg.de
E-Mail: rubber.dkg@t-online.de
Gründung: 1926 (25. September)
Vorsitzende(r): Prof. Dr. R. Casper
Geschäftsführer(in): Dipl.-Volksw. F. Katzensteiner

Förderung wissenschaftlicher Erkenntnisse über die Herstellung und das chemische, physikalische und technische Verhalten von Kautschuk und gummielastischen Stoffen.

t 308

Deutsche Keramische Gesellschaft e.V. (DKG)
Am Grott 7, 51147 Köln
T: (02203) 9 66 48-0 **Fax:** 6 93 01
Internet: http://www.dkg.de
E-Mail: info@dkg.de

t 309

GfKORR - Gesellschaft für Korrosionsschutz e.V.
Hauptgeschäftsstelle:
Theodor-Heuss-Allee 25, 60486 Frankfurt
T: (069) 75 64-359 **Fax:** 75 64-391
Internet: http://www.gfkorr.de
E-Mail: gfkorr@dechema.de

t 310

Forschungsgemeinschaft für die kosmetische Industrie e.V.
Husumer Str. 37, 20249 Hamburg
T: (040) 48 69 55 **Fax:** 46 47 04

t 311

Forschungsgesellschaft Kunststoffe e.V.
Schloßgartenstr. 6, 64289 Darmstadt
T: (06151) 16 21 04 **Fax:** 29 28 55

t 312

Vereinigung zur Förderung des Instituts für Kunststoffverarbeitung in Industrie und Handwerk an der Rhein.-Westf. Technischen Hochschule Aachen e.V.
Pontstr. 49, 52062 Aachen
T: (0241) 80 38 06 **Fax:** 8 88 82 62
Internet: http://www.rwth-aachen.de/ikv/
E-Mail: zentrale@ikv.rwth-aachen.de

t 313

Fördergemeinschaft für das Süddeutsche Kunststoff-Zentrum e.V.
Frankfurter Str. 15-17, 97082 Würzburg
T: (0931) 41 04-0 **Fax:** 41 04-1 77
Gründung: 1961 (1. März)
Vorsitzende(r): Dr. U. Guhr
Geschäftsführer(in): Prof. Burghard Schmitt

t 314

Industrievereinigung für Lebensmitteltechnologie u. Verpackung e.V.
Schragenhofstr. 35, 80992 München
T: (089) 1 49 00 90 **Fax:** 14 90 09 80
Gründung: 1978

t 315

Forschungsgemeinschaft Leder e.V.
Fuchstanzstr. 61, 60489 Frankfurt
T: (069) 97 84 31 41 **Fax:** 78 80 00 09
Internet: http://www.vdl-web.de
E-Mail: info@vdl-web.de

Organisation und Koordinierung der vorwettbewerblichen Gemeinschaftsforschung der Lederindustrie und Förderung des Lederinstituts Gerberschule Reutlingen als Ausbildungs-, Forschungs- und Prüfinstitut der deutschen Lederwirtschaft.

t 316

Verein zur Förderung des Forschungsinstitutes für Leder- und Kunstledertechnologie (FILK) Freiberg/Sachsen e.V.
Meißner Ring 1, 09599 Freiberg
T: (03731) 3 66-0 **Fax:** 3 66-1 30
E-Mail: filkfreiberg@t-online.de
Vorsitzende(r) des Vorstandes: Dipl.-Ing. J. Holzapfel

t 317

Deutsche Gesellschaft für Logistik e.V. (DGfL)
Joseph-von-Fraunhofer-Str. 20, 44227 Dortmund

T: (0231) 97 00-121 **Fax:** 97 00-464
Internet: http://www.dgfl.de
E-Mail: dgflev@t-online.de
Gründung: 1973
Geschäftsführerin: Dipl.-Ing. Kerstin Burkant

t 318

Forschungsvereinigung für Luft- und Trocknungstechnik e.V. (FLT)
Postf. 71 08 64, 60498 Frankfurt
Lyoner Str. 18, 60528 Frankfurt
T: (069) 66 03-12 89 **Fax:** 66 03-12 18
Gründung: 1964 (8.10.)
Vorsitzende(r): Dr.-Ing. Horst-Rüdiger Hupe
Geschäftsführer(in): Dipl.-Ing. Franz A. Kitzerow

Förderung der wissenschaftlichen Erkenntnis- und Zweckforschung und deren praktische Auswirkungen auf den Bau und die Anwendung von Maschinen, Geräten u. techn. Zubehör für die Luft-, Lüftungs- und Trocknungstechnik.

t 319

Gesellschaft für Maritime Technik e.V.
c/o HSVA
Bramfelder Str. 164, 22305 Hamburg
T: (040) 69 20 30 **Fax:** 69 20 33 45

t 320

Forschungskuratorium Maschinenbau e.V.
Postf. 71 08 64, 60498 Frankfurt
Lyoner Str. 18, 60528 Frankfurt
T: (069) 66 03-1821 **Fax:** 66 03-1673
Internet: http://www.vdma.org
E-Mail: goericke_fkm@vdma.org
Gründung: 1968
Vorsitzende(r): Prof. Dr.-Ing. habil. Helmut Kipphan
Geschäftsführer(in): Dipl.-Ing. Dietmar Goericke

Förderung und Pflege der Gemeinschaftsforschung im Bereich des gesamten Maschinenbaus; Forschungsförderberatung.

t 321

Deutsche Forschungsvereinigung für Meß-, Regelungs- und Systemtechnik e.V. (DFMRS)
Postf. 10 63 64, 28063 Bremen
T: (0421) 35 03-247, 2 18-9468, (04232) 34 82
Fax: (0421) 35 03-531, 2 18-2934, (04232) 34 82

t 322

Forschungsgesellschaft für Meß- und Sensortechnik e.V., Dresden
c/o DECHEMA
Theodor-Heuss-Allee 25, 60486 Frankfurt
T: (069) 75 64-374 **Fax:** 75 64-201

t 323

Stifterverband Metalle - Gesellschaft zur Förderung der Metallforschung -
Postf. 10 54 63, 40045 Düsseldorf
Am Bonneshof 5, 40474 Düsseldorf
T: (0211) 47 96-0 **Fax:** 47 96-4 00

t 324

Deutsche Forschungsgesellschaft für die Anwendung der Mikroelektronik e.V. (DFAM)
Postf. 71 08 64, 60498 Frankfurt
Lyoner Str. 18, 60528 Frankfurt
T: (069) 66 03-1315 **Fax:** 66 03-1463
Vorsitzende(r): Dr. G. Dittrich

t 325

Forschungsgemeinschaft Musikinstrumente e.V.
Tennelbachstr. 25, 65193 Wiesbaden
T: (0611) 95 45-8 86 **Fax:** 95 45-8 85
Geschäftsführer(in): Winfried Baumbach
Vorsitzende(r): Hanns-Peter Wagner

t 326

Forschungsgemeinschaft Naturstein-Industrie e.V.
Postf. 51 06 65, 50942 Köln
Annastr. 67-71, 50968 Köln
T: (0221) 93 46 74-63 **Fax:** 93 46 74-64
E-Mail: bv-naturstein@netcologne.de
Vorsitzende(r): Dipl.-Ing. Günter Sauer
Geschäftsführer(in): Dr.-Ing. Ulrich Hahn

t 327

Deutsche Forschungsgesellschaft für Oberflächenbehandlung e.V. (DFO)
Adersstr. 94, 40215 Düsseldorf
T: (0211) 37 04 57/58 **Fax:** 37 04 59

Gründung: 1949
Vorsitzende(r): Dipl.-Ing. Klaus Werner Thomer
Geschäftsführer(in): Dipl.-Ing. H. Vesper

t 328

PTS München
Heßstr. 134, 80797 München
T: (089) 1 21 46-0 **Fax:** 1 21 46 36
E-Mail: info@pts-papertech.de
Pirnaer Str. 37, 01809 Heidenau, T: (03529) 55 16-0, Telefax: (03529) 55 18 99
Gründung: 1951 (Dezember)
Vorsitzender des Stiftungsrates: Dr. Alois-Bernhard Kerkhoff
GeschF u. Institutsleiter: Dr. Paul W. Rizzi

t 329

Gemeinschaft zur Förderung der privaten deutschen Pflanzenzüchtung e.V. (GFP)
Kaufmannstr. 71, 53115 Bonn
T: (0228) 9 85 81-40 **Fax:** 9 85 81-49
Vorsitzende(r): Dr. Andreas J. Buchting
Geschäftsführer(in): Dr. Carl Bulich

t 330

Forschungsinstitut für Pigmente und Lacke e.V.
Allmandring 37, 70569 Stuttgart
T: (0711) 6 87 80-0 **Fax:** 6 87 80 79
E-Mail: fpl@fpl.uni-stuttgart.de
Vorsitzende(r): Dr. W.-D. Griebler (c/o Sachtleben Chemie GmbH, Duisburg)
Stellvertretende(r) Vorsitzende(r): Dr. T. Engbert (c/o Bayer AG, Leverkusen)
Inst. Leiter: Prof. Dr. C. D. Eisenbach
Geschäftsführer(in): Dr. W. Ph. Öchsner

t 331

Forschungsvereinigung Porenbetonindustrie e.V.
Dostojewskistr. 10, 65187 Wiesbaden
T: (0611) 8 50 86-7 **Fax:** 80 97 07
Vorsitzende(r): Erwin Zech

t 332

Forschungsvereinigung Programmiersprachen für Fertigungseinrichtungen e.V.
Postf. 5 87, 52006 Aachen
Peterstr. 17, 52062 Aachen
T: (0241) 47 79 40 **Fax:** 4 85 71

t 333

FQS-Forschungsgemeinschaft Qualität e.V.
Postf. 50 07 63, 60395 Frankfurt
August-Schanz-Str. 21A, 60433 Frankfurt
T: (069) 9 54 24-0 **Fax:** 9 54 24-133

t 334

Forschungsinstitut für Rationalisierung e.V.
Pontdriesch 14/16, 52062 Aachen
T: (0241) 4 77 05-0 **Fax:** 4 77 05-199
Internet: http://www.fir.rwth-aachen.de
E-Mail: info@fir.rwth-aachen.de
Gründung: 1953
Vorstand: Prof. Dr.-Ing. Dipl.-Wirt.-Ing. Holger Luczak
Geschäftsführer(in): Dr.-Ing. Volker Stich

t 335

Forschungsgemeinschaft Reinigungs- und Pflegetechnologie e.V. (FRT)
Adlerstr. 42, 47798 Krefeld
T: (02151) 77 80 42 **Fax:** 77 00 75
Internet: http://www.frt.de
E-Mail: info@frt.de
Geschäftsführer(in): Dr. Helmut Krüßmann

t 336

Forschungszentrum des Deutschen Schiffbaus e.V.
Bramfelder Str. 164, 22305 Hamburg
T: (040) 6 91 99 47, 6 91 99 64 **Fax:** 6 91 99 73

t 337

Forschungsvereinigung für angewandte Schloß-, Beschlag- und präventive Sicherheitstechnik e.V.
Offerstr. 12, 42551 Velbert
T: (02051) 9 50 60 **Fax:** 95 06 20
Gründung: 1980
Vorsitzende(r): Dipl.-Wirtsch.-Ing. Dieter Wunderlich (komm.)
Geschäftsführer(in): Dipl.-Kfm. Karlheinz Kemminer
Mitglieder: 40

t 338

Prüf- und Forschungsinstitut für die Schuhherstellung e.V. (PFI)
Postf. 22 25, 66930 Pirmasens
Hans-Sachs-Str. 2, 66955 Pirmasens
T: (06331) 24 90-0 **Fax:** 24 90-60
E-Mail: pfi-ps@t-online.de

t 339

Forschungsvereinigung Schweißen und verwandte Verfahren e.V. (DVS)
Postf. 10 19 65, 40010 Düsseldorf
Aachener Str. 172, 40223 Düsseldorf
T: (0211) 1 59 10 **Fax:** 1 59 12 00

t 340

Versuchs- und Lehranstalt für Spiritusfabrikation und Fermentationstechnologie in Berlin (VLSF)
Seestr. 13, 13353 Berlin
T: (030) 4 50 80-0 **Fax:** 4 53 60 67
Präsident(in): Administrator Gerhard Richter

t 341

Studiengesellschaft Stahlanwendung e.V.
Postf. 10 48 42, 40039 Düsseldorf
Sohnstr. 65, 40237 Düsseldorf
T: (0211) 67 07-856 **Fax:** 67 07-840
Internet: http://www.stahl-online.de, http://www.stahlforschung.de
E-Mail: stud.ges@stahlforschung.de

t 342

Deutscher Ausschuß für Stahlbau (DASt)
Sohnstr. 65, 40237 Düsseldorf
T: (0211) 6 70 78-00 **Fax:** 6 70 78-20

t 343

Forschungsgesellschaft Stahlverformung e.V. (FSV)
Postf. 40 09, 58040 Hagen
Goldene Pforte 1, 58093 Hagen
T: (02331) 95 88-41 **Fax:** 5 10 46
Internet: http://www.ids.wsu.de/internet/portrait/fsv.html
E-Mail: swidderm@ids.wsu.de
Gründung: 1958
Vorsitzende(r): Dr.-Ing. Thomas Herlan
Geschäftsführer(in): Dipl.-Math. Sabine Widdermann

t 344

Forschungsgesellschaft Steinzeugindustrie e.V.
Postf. 40 02 62, 50832 Köln
Max-Planck-Str. 6, 50858 Köln
T: (02234) 5 07-261 **Fax:** 5 07-204

t 345

Forschungsgesellschaft für Straßen- und Verkehrswesen e.V. (FGSV)
Postf. 50 13 62, 50973 Köln
Konrad-Adenauer-Str. 13, 50996 Köln
T: (0221) 9 35 83-0 **Fax:** 9 35 83-73
Internet: http://www.fgsv.de
E-Mail: koeln@fgsv.de
Präsident(in): Dipl.-Ing. P. Holm
Geschäftsführer(in): Dipl.-Ing. Hans Walter Horz

t 346

Forschungsvereinigung Styropor e.V.
Kurpfalzring 100a, 69123 Heidelberg
T: (06221) 77 60 71 **Fax:** 77 51 06
Gründung: 1990 (8. Mai)
Vorsitzende(r): Dipl.-Ing. Michael Rygol
Geschäftsführer(in): Dipl.-Ing. Claus W. Doppler

t 347

Forschungsgemeinschaft Transportbeton e.V. (FTB)
Am Jostenhof 25, 47441 Moers
T: (02841) 9 08 17 22

t 348

Forschungsgemeinschaft Ultrapräzisionstechnik e.V.
Steinbachstr. 17, 52074 Aachen
T: (0241) 89 04-1 12 **Fax:** 89 04-1 98
E-Mail: hmm@ipt.rwth-aachen.de

t 349

Verein zur Förderung der Energie- und Umwelttechnik e.V.
Bliersheimer Str. 60, 47229 Duisburg

T: (02065) 4 18-0 **Fax:** 4 18-211
Gründung: 1989
Vorsitzende(r): Dr.rer.nat. Günther Holtmeyer
Geschäftsführer(in): Dipl.-Volksw. Günter Schöppe
Dr.-Ing. Stefan Haep

t 350

Institut für Unternehmenskybernetik e.V.
Zeppelinstr. 301, 45470 Mülheim
T: (0208) 99 25-479 **Fax:** 99 25-406
Vorstand: Dipl. rer.pol.techn. Helmut Schulte
Prof. Dr.-Ing. Klaus Henning

t 352

Deutsche Vereinigung für Verbrennungsforschung e.V. (DVV) Geschäftsstelle c/o DMT-Ges. für Forschung u. Prüfung mbH
Franz-Fischer-Weg 61, 45307 Essen
T: (0201) 1 72 13 86 **Fax:** 1 72 17 79
Gründung: 1962

t 353

Forschungsvereinigung Verbrennungskraftmaschinen e.V.
Postf. 71 08 64, 60498 Frankfurt
Lyoner Str. 18, 60528 Frankfurt
T: (069) 66 03-1345 **Fax:** 66 03-1673
Internet: http://www.vdma.org
E-Mail: geisendorf_fvv@vdma.org
Gründung: 1956
Vorsitzende(r): Horst Marchart
Geschäftsführer(in): Dipl.-Ing. Hartmut Geisendorf

t 354

Forschungs-Gesellschaft Verfahrens-Technik e.V. (GVT)
Postf. 10 11 39, 40002 Düsseldorf
Graf-Recke-Str. 84 VDI-Haus, 40239 Düsseldorf
T: (0211) 62 14-553 **Fax:** 62 14-159
E-Mail: gvt@vdi.de
Vorsitzende(r): Dipl.-Phys. Helmut Becks
Geschäftsführer(in): Prof. Dr.-Ing. Helmut Cremer

t 355

Gesellschaft für Verkehrsbetriebswirtschaft und Logistik (GVB) e.V.
Theodorstr. 1, 90489 Nürnberg
T: (0911) 53 21 12 **Fax:** 53 02-460

t 356

DVEU - Deutscher Forschungsverbund Verpakkungs-, Entsorgungs- und Umwelttechnik e.V.
Hauert 12, 44227 Dortmund
T: (0231) 9 75 21 98 **Fax:** 7 27 43 70
Gründung: 1990
Hauptgeschäftsführer(in): Prof. Dr. Rolf Jansen

t 357

Gemeinschaftsausschuß Verzinken e.V. (GAV)
Sohnstr. 70, 40237 Düsseldorf
T: (0211) 68 58 52 **Fax:** 68 95 99
Vorsitzende(r): Dipl.-Wirtsch.-Ing. Klaus Schuster
Geschäftsführer(in): Dipl.-Ing. Jürgen Marberg

t 358

Arbeitsgemeinschaft Wärmebehandlung und Werkstoff-Technik e.V.
Geschäftsstelle:
Rosenstr. 11, 65388 Schlangenbad
T: (06129) 5 90 43 **Fax:** 5 90 45

t 359

Forschungsinstitut für Wärmeschutz e.V. München (FIW)
Postf. 15 25, 82157 Gräfelfing
Lochhamer Schlag 4, 82166 Gräfelfing
T: (089) 8 58 00-0 **Fax:** 8 58 00 40
E-Mail: info@fiw.m.shuttle.de
Gründung: 1918 (Oktober)
Vorsitzende(r): Peter Hefter
Direktorium: Dr.-Ing. Joachim Achtziger
Dipl.-Ing. Horst Zehendner

t 360

Forschungsgemeinschaft Werkzeuge und Werkstoffe e.V. (FGW)
Berghauser Str. 62, 42859 Remscheid
T: (02191) 90 03 00 **Fax:** 90 03 20
Internet: http://www.fgw.de
E-Mail: fgw@fgw.de

t 361

Verein Deutscher Werkzeugmaschinenfabriken e.V. (VDW)
Corneliusstr. 4, 60325 Frankfurt
T: (069) 75 60 81-0 **Fax:** 75 60 81-11

t 362

Forschungsvereinigung Recycling und Wertstoffverwertung im Bauwesen e.V. (RWB)
Paul-Feller-Str. 1, 28199 Bremen
T: (0421) 5 37 08 24 **Fax:** 5 37 08 10

t 363

Kuratorium für Forschung und Technik der Zellstoff- und Papierindustrie im Verband Deutscher Papierfabriken e.V. (VDP)
Adenauerallee 55, 53113 Bonn
T: (0228) 2 67 05-0 **Fax:** 2 67 05 68

t 364

Verein Deutscher Zementwerke e.V.
Postf. 30 10 63, 40410 Düsseldorf
Tannenstr. 2, 40476 Düsseldorf
T: (0211) 45 78-1 **Fax:** 45 78-296
Internet: http://www.vdz-online.de
E-Mail: info@vdz-online.de

t 365

Forschungsvereinigung Ziegelindustrie
Schaumburg-Lippe-Str. 4, 53113 Bonn
T: (0228) 9 14 93-0 **Fax:** 9 14 93-28
Geschäftsführer(in): RA Martin Roth

t 366

Forschungsgemeinschaft ZINK e.V.
Vagedesstr. 4, 40479 Düsseldorf
T: (0211) 35 08 67 **Fax:** 35 08 69
Geschäftsführer(in): Dr.-Ing. W. E. Kallenberger

• T 367

Deutsches Forschungsnetz Verein zur Förderung eines Deutschen Forschungsnetzes (DFN-Verein)
Anhalter Str. 1, 10963 Berlin
T: (030) 88 42 99-23/24 **Fax:** 88 42 99 70
Internet: http://www.dfn.de
E-Mail: dfn-verein@dfn.de
Gründung: 1984 (1. Januar)
Vorsitzende(r) des Vorstandes: Prof. Dr. E. Jessen (TU-München)
Stellv. Vors. d. Vorst.: Prof. Dr. H.-G. Hegering (Leibniz-Rechenzentrum der Bayer. Akademie der Wissenschaften)
Dr. Bernhard Raiser (GeoForschungsZentrum Potsdam)
Verwaltungsratsmitglieder:
Kornelia Hartmann (Fachhochschule Magdeburg)
Dr. Bruno Lix (Universität-GH-Essen)
Prof. Dr. Manfred Paul (Universitaet Trier)
Prof. Dr. Gerhard Peter (Fachhochschule Heilbronn)
Dr. Wolfgang Slaby (Katholische Universitaet Eichstaett)
Guenter Springer (Technische Universitaet Ilmenau)
Prof. Dr. Friedel Hossfeld (Forschungszentrum Jülich)
Prof. Dr. Gerhard Schneider (Gesellschaft für Wissenschaftliche Datenverarbeitung Goettingen)
Dr. Heinz-Georg Sundermann (GMD-FZ Informationstechnik St. Augustin)
Dr. Karl-Ulrich Stein (Siemens AG München)
Geschäftsführer(in): Dr. K.-E. Maass (administr. Geschf., T: (030) 88 42 99-23)
K. Ullmann (wiss.-techn. Geschf., T: (030) 88 42 99-24)
Leitung Presseabteilung: Dr. Gudrun Quandel
Verbandszeitschrift: DFN Mitteilungen
Redaktion: Dr. Gudrun Quandel
Verlag: DFN-Verein
Mitglieder: 393
Mitarbeiter: 30
Jahresetat: ca. DM 100 Mio, € 51,13 Mio
Förderung des Aufbaus, des Betriebs und der Nutzung des rechnergestützten Kommunikationssystems Deutsches Forschungsnetz als Infrastruktureinrichtung für die Wissenschaft in Deutschland.

• T 368

Forschungsgemeinschaft Ultrapräzisionstechnik e.V.
Steinbachstr. 17, 52074 Aachen
T: (0241) 89 04-1 12 **Fax:** 89 04-1 98
E-Mail: hmm@ipt.rwth-aachen.de
Gründung: 1986
Vorsitzende(r): Prof. Dr.-Ing. M. Weck
Hauptgeschäftsführer(in): Dipl.-Ing. J. Hümmler
Mitglieder: 25
Jahresetat: DM 0,5 Mio, € 0,26 Mio

• T 369

Deutsch-Französisches Institut für Automation und Robotik (IAR)
Teilinstitut Duisburg
c/o Gerhard-Mercator-Universität -GH Duisburg
Bismarckstr. 81, 47057 Duisburg
T: (0203) 3 79-33 86 **Fax:** 3 79-2928
Internet: http://hcm.uni-duisburg.de/mrt/de/iar.htm
E-Mail: p.m.frank@uni-duisburg.de
Gründung: 1988
Sprecher: Prof. Dr.-Ing. Dr.h.c.mult. Paul M. Frank
Verlag: Forschung & Entwicklung (Automatisierungstechnik, Meß- und Regelungstechnik)

• T 370

Forschungszentrum Borstel
Zentrum für Medizin und Biowissenschaften
Parkallee 1-40, 23845 Borstel
T: (04537) 1 88-0 **Fax:** 1 88-404
E-Mail: kschwindt@fz-borstel.de
Vorstand:
Geschf. Dir: Prof. Dr.rer.nat. E. Th. Rietschel
Vors. d. Stiftungsversammlung: Regierungdirektor Michael Wagner
Vors. d. Kuratoriums: Staatssekretär Dr. Ralf Stegner
Direktorium:
Direktorium: Prof. Dr.med. Hans-Dieter Flad (Immunologie und Zellbiologie)
Prof. Dr.rer.nat. Ernst-Theodor Rietschel (Immunchemie u. Biochemische Mikrobiologie)
Prof. Dr.med. Max Schlaak (Klinische Medizin u. zugl. Ärztl. Direktor d. Medizinischen Klinik)
Verwaltungsdirektor: Klaus Schwindt (T: (04537) 1 88-220, Telefax: (04537) 1 88-721)
Bibliothek und Dokumentation: Leiter PD Dr. Stefan Uhlig (T: (04537) 1 88-276, -478)

• T 371

Johann-Gottfried-Herder-Forschungsrat (JGHF)
Domerschulstr. 16, 97070 Würzburg
T: (0931) 31 23 63 **Fax:** 31 23 17
Gründung: 1950
Präsident(in): Prof. Dr. Dietmar Willoweit
Mitglieder: 92 (Stand: Juli 97)

• T 372

Deutscher Dachverband für Geoinformation (DDGI)
Geschäftsstelle:
GeoForschungsZentrum Potsdam
Telegrafenberg A 3, 14473 Potsdam
T: (0331) 2 88-1681 **Fax:** 2 88-1703
Internationaler Zusammenschluß: siehe unter izt 172
Präsident(in): Dr. rer. nat. Joachim Wächter (GeoForschungsZentrum Potsdam, Telegrafenberg A3, T.: (0331) 2 88 16 80, Fax: (0331) 2 88 17 03, E-Mail: wae@gfz-potsdam.de)
Vizepräsident(in): Dipl.-Ing. Volker Weidemann (Wirtschaftsministerium Baden-Württemberg, Theodor-Heuss-Str. 4, T.: (0711) 1 23 20 70, Fax: (0711) 1 23 20 94, E-Mail: volker.weidemann@wm.bwl.de; Aufgabenbereich: Öffentlichkeitsarbeit)
Vizepräsident(in): Dipl.-Ing. Helmut Lebeau (Vereinigung Deutscher Elektrizitätswerke e.V., Stresemannallee 23, 60596 Frankfurt, T.: (069) 63 04-240, Fax: (069) 63 04-367, E-Mail: hlebeau@t-online.de; Aufgabenbereich: Facharbeit)
Vizepräsident(in): Dr. rer.pol. Jürgen Born (born & partner Informationstechnologie für Menschen, Postf. 13 02 38, 64297 Darmstadt-Eberstadt, T.: (06151) 94 12-0, Fax: (06151) 94 12-20, E-Mail: j.born@bornundpartner.com; Aufgabenbereich: Finanzen)
Geschäftsführer(in): Dipl.-Ing. Martin Knabenschuh (Landesvermessungsamt Nordrhein-Westfalen, E-Mail: knabenschuh@lverma.nrw.de)
Fachberater d. Vorstandes: Dipl.-Ing. Klaus Barwinski (Landesvermessungsamt Nordrhein-Westfalen, Muffendorferstr. 19-21, 53177 Bonn, T: (0228) 8 46-50 00/50 01, Fax: (0228) 8 46- 50 02, e-mail: barwinski@verma.nrw.de)
Berliner Bevollmächtigter: Dietrich Rollmann (Lindenstr. 76, 10969 Berlin, T: (030) 25 29 54 29, Fax: (030) 25 29 54 31)
EUROGI-Beauftragter: Dr. rer.nat. Wolfgang Steinborn (Deutsches Zentrum f. Luft- u. Raumfahrt e.V. (DLR), Königswinterer Str. 522-524, 53227 Bonn, T: (0228) 4 47-5 99, Fax: (0228) 4 47-7 13, e-mail: wolfgang.steinborn@dlr.de)
Verbandszeitschrift: DDGI aktuell, erscheint als Beilage zur Zeitschrift GIS
Redaktion: Dipl.-Ing. Volker Weidemann, Wirtschaftministerium Baden-Württemberg und Elke Adolph, DDGI
Verlag: Herbert Wichmann Verlag

• T 373

Forschungszentrum für marine Geowissenschaften der Christian-Albrechts-Universität Kiel (GEOMAR)
Wischhofstr. 1-3, 24148 Kiel

T: (0431) 6 00-0 **Fax:** 6 00-2900, 6 00-2928
Internet: http://www.geomar.de
Gründung: 1987 (2. Juli)
Geschf.-Direktor: Prof. Dr. Wolf-Christian Dullo
Verwaltungsleitung: Oberamtsrat Horst Heyn
Pressereferent: Bibliotheksrat Gerhard Haaß
Mitarbeiter: ca. 250
Jahresetat: DM 25 Mio, € 12,78 Mio

• T 374

GFZ GeoForschungsZentrum Potsdam
Postf. 60 07 51, 14407 Potsdam
Telegrafenberg, 14473 Potsdam
T: (0331) 2 88-0 **Fax:** 2 88 10-02
Internet: http://www.gfz-potsdam.de
E-Mail: postmaster@gfz-potsdam.de
Gründung: 1992 (1. Januar)
Wissenschaftl. Vorst. u. Vorst.-Sprecher: Prof. Dr. Rolf Emmermann
Administrativer Vorst: Dr. Bernhard Raiser
Leitung Öffentlichkeitsarbeit: Franz Ossing (T: (0331) 2 88 10 40)
Jahresetat: DM 72 Mio, € 36,81 Mio

• T 375

Geothermische Vereinigung e.V.
Gartenstr. 36, 49744 Geeste
T: (05907) 5 45 **Fax:** 73 79
E-Mail: geothermische-vereinigung@t-online.de
Gründung: 1991 (4. Dezember)
1. Vorsitzende(r): Dipl.-Geol. Helmut Tenzer (Stadtwerke - Erdwärmeforschung, Postf. 12 40, 72563 Bad Urach)
1. Stellv. Vors: Dr. Burkhardt Sanner (Institut für Angewandte Geowissenschaften, Diezstr. 15, 35390 Gießen)
Leitung Presseabteilung: Werner Bußmann (Gartenstr. 36, 49744 Geeste)
Verbandszeitschrift: Geothermische Energie
Redaktion: Werner Bußmann, Gartenstr. 36, 49744 Geeste, T: (05907) 5 45, Fax: (05907) 73 79
Mitglieder: 300
Jahresetat: DM 0,2 Mio, € 0,1 Mio

Erforschung, Erkundung, Bewertung, Gewinnung und Nutzung der Erdwärme und Förderung deren Träger, Zusammenführung aller auf diesem Gebiet tätigen Fachleute.

• T 376

Institut für Maschinenkonstruktion der Technischen Universität Berlin
Fachgebiet Verbrennungskraftmaschinen
Carnotstr. 1A, 10587 Berlin
T: (030) 31 42 33 53 **Fax:** 3 14-2 61 05
Internet: http://www.tu-berlin.de
E-Mail: vkm@tu-berlin.de
Direktor(in): Prof. Dr.-Ing. Helmut Pucher

• T 377

FPH Forschungs- und Prüfgemeinschaft Holzbearbeitungsmaschinen e.V.
Postf. 71 08 64, 60498 Frankfurt
Lyoner Str. 18, 60528 Frankfurt
T: (069) 66 03-13 40 **Fax:** 66 03-16 21
Internet: http://www.wood.vdma.org
E-Mail: infoholz@vdma.org
Geschäftsführer(in): Dr. Werner Neubauer
Vorsitzende(r): Dipl.-Ing. Jürgen Heesemann (Karl Heesemann Maschinenfabrik GmbH & Co. KG, Postf. 10 05 52, 32505 Bad Oeynhausen)

• T 378

Deutsches National-Komitee für die Welt-Erdöl-Kongresse (DNK)
Postf. 60 05 49, 22205 Hamburg
Kapstadtring 2, 22297 Hamburg
T: (040) 63 90 04-0 **Fax:** 6 30 07 36
Internet: http://www.dgmk.de
E-Mail: dgmk@online.de
Vorsitzende(r): Dipl.-Ing. Wilhelm Bonse-Geuking
Sekretär: Dr. Gisa Teßmer

• T 379

Institut für Maschinenkonstruktionslehre und Kraftfahrzeugbau der Universität Karlsruhe
76128 Karlsruhe
Kaiserstr. 12, 76131 Karlsruhe
T: (0721) 6 08-2371, 6 08-2372 **Fax:** 6 08-6051
E-Mail: Sekretariat@mkl-mail.mach.uni-karlsruhe.de
Gründung: 1825
Leitung: Prof. Dr.-Ing. Albert Albers
Prof. Dr.-Ing. Rolf Gnadler
Mitarbeiter: 50

• T 380

Institut für Thermodynamik und Wärmetechnik
70550 Stuttgart
Pfaffenwaldring 6, 70569 Stuttgart
T: (0711) 6 85 35 36 **Fax:** 6 85 35 03
TX: 7 255 445 univ d
E-Mail: pm@itw.uni-stuttgart.de
Leitung: Prof. Dr.-Ing. H. Müller-Steinhagen

• T 381

Pfleiderer-Institut für Strömungsmaschinen der Technischen Universität Braunschweig
Langer Kamp 6, 38106 Braunschweig
T: (0531) 3 91-29 28 **Fax:** 3 91-57 69
Internet: http://www.pfi.ing.tu-bs.de/
E-Mail: g.kosyna@tu-bs.de
Leitung: Prof. Dr.-Ing. Günter Kosyna

• T 382

Forschungsverband für Immobilien-, Hypotheken- u. Baurecht e.V.
Mönckebergstr. 27, 20095 Hamburg
T: (040) 32 56 48-0
Gründung: 1968
Vorsitzende(r): Otto Stöben (Schülperbaum 31, 24103 Kiel)
Geschäftsführer(in): RA Hans-Eberhard Langemaack (Mönckebergstr. 27, 20095 Hamburg)
Mitglieder: 90

Zweck des Vereins ist die wissenschaftliche Forschung auf dem Gebiet des Immobilien-, Hypotheken- und Baurechtes, insbesondere durch Vergabe von Forschungsaufträgen, deren Auswertung und Veröffentlichung der Ergebnisse.

• T 383

Verband der Wissenschaftler an Forschungsinstituten e.V. (VWF)
c/o Gerhard König
Lauenburger Str. 45, 76139 Karlsruhe
T: (0721) 86 51 03
E-Mail: GK@fiz-karlsruhe.de

• T 384

Forschungsinstitut für öffentliche Verwaltung
Postf. 14 09, 67324 Speyer
Freiherr-vom-Stein-Str. 2, 67346 Speyer
T: (06232) 6 54-3 86 **Fax:** 6 54-2 90
E-Mail: foev@dhv-speyer.de
Geschf. Dir.: Univ.-Prof. Dr. Karl-Peter Sommermann (T: (06232) 6 54-3 85)
Institutsreferent: Privatdozent Dr. Matthias Niedobitek (T: (06232) 6 54-3 87)

• T 385

Gesellschaft zur Förderung pädagogischer Forschung e.V. (GFPF)
Schloßstr. 29, 60486 Frankfurt
T: (069) 7 07 38 90 **Fax:** 24 70 84 44
Gründung: 1950
Präsident(in): Staatsmin. a.D. Hans Krollmann
Vizepräsident(in): Prof. Dr. Hermann Avenarius (DIPF)
Geschäftsführer(in): Peter Döbrich (DIPF)
Mitglieder: 360

• T 386

Lebensmittelinstitut-KIN e.V. (KIN)
Postf. 1820, 24508 Neumünster
Wasbeker Str. 324, 24537 Neumünster
T: (04321) 6 01-0 **Fax:** 6 01-40
Internet: http://www.kin.de
E-Mail: info(@)kin.de
Gründung: 1965
Vorstand: T. Buckenberger
R. Hornig
G. Wolf
Institutsleitung: H. Lingelbach
Forschung u.Entwicklung: Dipl.oec.troph. T. Pruter
Berufliche Bildung: Dipl.-Ing. E. Hoffmann
Qualitätssicherung: Med.-vet. M. Benner
Fachschule: G. Apfelt
Leitung Presseabteilung: Dipl.-oec. troph. G. Albertsen
Verbandszeitschrift: KIN-Mitteilungen
Redaktion: G. Albertsen
Mitglieder: 300
Mitarbeiter: 46
Jahresetat: DM 4,8 Mio, € 2,45 Mio

• T 387

Forschungsvereinigung der Arzneimittel-Hersteller e.V. (FAH)
Kranzweiher Weg 10, 53489 Sinzig
T: (02642) 98 37-00 **Fax:** 98 37-20
E-Mail: fah@za-sinzig.de

Gründung: 1992
Vorsitzende: Ap. Yvonne Proppert
Geschäftsführung: Dr. Elmar Kroth
Dr. Ernst-Adolf Niediek
Mitglieder: 114

• T 388

Säurefliesner-Vereinigung e.V.
Untersuchungs- u. Beratungsinstitut für Wand- und Bodenbeläge
Postf. 12 54, 30928 Burgwedel
Im Langen Felde 4, 30938 Burgwedel
T: (05139) 99 82-0 **Fax:** 99 82-40
Gründung: 1941
Vorsitzende(r): Karl Heddenhausen
Stellvertretende(r) Vorsitzende(r): Mathias Grimm
Geschäftsführer(in): Dr.-Ing. Erich-H. Nolting
Stellvertretende(r) Geschäftsführer(in): Dipl.-Ing. Hansjürgen Kaufhold
Mitglieder: 130

• T 389

Gesellschaft Information Bildung e.V. (GIB)
Ostbahnhofstr. 13, 60314 Frankfurt
T: (069) 43 03 13 **Fax:** 4 90 90 96
E-Mail: botte@dipf.de
Gründung: 1991 (1. Dezember)
Vorsitzende(r): Ralf Theers
Verbandszeitschrift: GIB news
Redaktion: Alexander Botte
Verlag: DIPF, Schloßstr. 29, 60486 Frankfurt am Main
Mitglieder: 75

Universitäten und Hochschulen

• T 390

Hochschulrektorenkonferenz (HRK)
Ahrstr. 39, 53175 Bonn
T: (0228) 8 87-0 **Fax:** 8 87-110
Internet: http://www.hrk.de/
E-Mail: sekr@hrk.de
Gründung: 1949
Präsident(in): Prof. Dr. Klaus Landfried (Politikwissenschaft, Universität Kaiserslautern)
Vizepräsident(in): Prof. Dr.-Ing. Klaus Borchard ((Städtebau und Siedlungswesen) Rheinische Friedrich-Wilhelms-Universität Bonn, Sprecher der Mitgliedergruppe Universitäten)
Prof. Dr. Peter Frankenberg ((Geographie) Rektor der Universität Mannheim, Vorsitzender der Ständigen Kommission für Forschung und wissenschaftlichen Nachwuchs)
Prof. Dr. Rupert Huth ((Marketing, Kommunikation) Rektor der Fachhochschule Pforzheim, Vorsitzender der Ständigen Kommission für Studentische Angelegenheiten)
Prof. Clemens Klockner ((Gesellschaftswissenschaften) Rektor der Fachhochschule Wiesbaden, Sprecher der Mitgliedergruppe Fachhochschulen)
Prof. Dr.rer.pol. Rainer Künzel ((Wirtschaftstheorie), Präsident der Universität Osnabrück, Vorsitzender der Ständigen Kommission für Internationale Angelegenheiten)
Prof. Dr. Werner Schaal ((Mathematik), Präsident der Universität Marburg, Vorsitzender der Ständigen Kommission für Planung und Organisation)
Ing. Gerd Zimmermann ((Entwerfen u. Architekturtheorie), Bauhaus Universität Weimar, Vorsitzender der Ständigen Kommission für Lehre und Studium)
Generalsekretär(in): Dr. Josef Lange
Ltg. Pressereferat: Susanne Schilden
Mitglieder: 258 (Universitäten und gleichgestellte wissenschaftl. Hochschulen, Fachhochschulen, Kunst- und Musikhochschulen, Kirchliche Hochschulen, sonstige Hochschulen)

Aachen

• T 391

Fachhochschule Aachen
Kalverbenden 6, 52066 Aachen
T: (0241) 60 09-0 **Fax:** 60 09-1090
Internet: http://www.fh-aachen.de
E-Mail: rektor@fh-aachen.de
Rektor: Prof. Dipl.-Phys. Hermann-Josef Buchkremer
Prorektor I: Prof. Dr.-Ing. Norbert Winkler
Prorektorin II: Prof. Dr.rer.nat. Gisela Engeln-Müllges
Prorektor III: Prof. Dr.-Ing. Manfred Schulte-Zurhausen
Kanzler: Peter Michael Reusch
Leitung Presseabteilung: N. N.

• T 392

Rheinisch-Westfälische Technische Hochschule Aachen
52056 Aachen
Templergraben 55, 52062 Aachen
T: (0241) 80-1 (Zentrale) **Fax:** 88 88-100

Internet: http://www.rwth-aachen.de
Rektor: Univ.-Prof. Dr. Roland Walter

Aalen

• T 393

**Fachhochschule Aalen
Hochschule für Technik und Wirtschaft**
73428 Aalen
Beethovenstr. 1, 73430 Aalen
T: (07361) 5 76-0 **Fax:** 5 76-250
Internet: http://www.fh-aalen.de
E-Mail: eherin@rzws-fh-aalen.de
Gründung: 1962
Rektor: Prof. Dr. Dr. Ekbert Hering (Ltg. Presseabteilung)
Prorektoren: Prof. Dr. Gerhard Schneider
Prof. Dr. Ulrich Klauck

Amberg

• T 394

**Fachhochschule Amberg-Weiden
Hochschule für Technik und Wirtschaft**
Postf. 1462, 92204 Amberg
Kaiser-Wilhelm-Ring 23, 92224 Amberg
T: (09621) 4 82-0 **Fax:** 4 82-110
Internet: http://www.fh-amberg-weiden.de
E-Mail: amberg@fh-amberg-weiden.de, weiden@fh-amberg-weiden.de
Hetzenrichter Weg 15, 92637 Weiden
T: (0961) 3 82-0, Fax: 3 82-110
Gründung: 1994 (1. Mai)
Präsident(in): Prof. Dr.rer.nat. August W. Behr
Vizepräsident(in): Prof. Dr. Alfred Meiser
Prof. Dr. Johann Hauer
Kanzler: Norbert Gärtner
Stellv. Kanzler: Josef Duschner
Leitung Presseabteilung: Prof. Dr. Erich Bauer
Dr. Wolfgang Weber
Mitarbeiter: 43 Professoren, 47 Verwaltung/Zentrale Einrichtungen

Ansbach

• T 395

Fachhochschule Ansbach
Postf. 16 16, 91507 Ansbach
Residenzstr. 8, 91522 Ansbach
T: (0981) 48 77-0 **Fax:** 48 77-188
Internet: http://www.fh-ansbach.de
Gründung: 1996 (1. Mai)
Präsident(in): Prof. Dipl.-Kfm. Bernhard Krämer
Kanzler: Hans-Peter Smolka
Leitung Presseabteilung: Dieter Amon
Mitglieder: 623
Mitarbeiter: 56

Augsburg

• T 396

Fachhochschule Augsburg
Baumgartnerstr. 16, 86161 Augsburg
T: (0821) 55 86-0 **Fax:** 55 86-222
Internet: http://www.fh-augsburg.de
E-Mail: praes@verwaltung.fh-augsburg.de
Gründung: 1971
Präsident(in): Prof. DSc. Dipl.-Ing. Hans Benedikt
Vizepräsident(in): Prof. Hans-Jürgen Körner (Ltg. Presseabteilung)
Prof. Hans-Eberhard Schurk
Hochschulzeitschrift: FHA-Nachrichten + Berichte
Verlag: Eigenverlag

• T 397

Universität Augsburg
86135 Augsburg
Universitätsstr. 2, 86159 Augsburg
T: (0821) 5 98-1 **Fax:** 5 98-5505
Internet: http://www.uni-augsburg.de/
Gründung: 1970
Rektor: Prof. Dr. Wilfried Bottke
Prorektoren: Prof. Dr. Gunther Gottlieb
Prof. Dr. Ulrich Eckern
Prof. Dr. Hanspeter Heinz
Kanzler: Dr. Dieter Köhler
Leitung Presseabteilung: Klaus P. Prem
Mitglieder: 11272
Mitarbeiter: 1200
Jahresetat: DM 124 Mio, € 63,4 Mio (1999)
Zeitschrift: UniPress
Redaktion: Pressestelle der Univ. Augsburg, 86135 Augsburg

Bad Münstereifel

• T 398

Fachhochschule für Rechtspflege Nordrhein-Westfalen
Schleidtalstr. 3, 53902 Bad Münstereifel
T: (02253) 31 80 **Fax:** 31 81 46
Internet: http://www.fhr.nrw.de
E-Mail: fhr@mail.fhr.nrw.de
Direktor(in): Hanno Allolio

Bamberg

• T 399

Otto-Friedrich-Universität Bamberg
96045 Bamberg
Kapuzinerstr. 16, 96047 Bamberg
T: (0951) 8 63-1021 **Fax:** 8 63-4021
Internet: http://www.uni-bamberg.de
E-Mail: pressestelle@zuv.uni-bamberg.de
Gründung: 1972/1647
Rektor: Prof. Dr. Alfred Hierold
Prorektoren: Prof. DDr. Godehard Ruppert
Prof. Dr. Hans-Peter Frey
Hauptgeschäftsführer(in): N. N.
Leitung Presseabteilung: Günter Barthenheier (M.A.)
Verbandszeitschrift: Dialog-Universitätszeitung
Mitarbeiter: 2

Bayreuth

• T 400

Universität Bayreuth
95440 Bayreuth
Universitätsstr. 30, 95447 Bayreuth
T: (0921) 55-0 **Fax:** 55-5290
Internet: http://www.uni-bayreuth.de
E-Mail: poststelle@uvw.uni-bayreuth.de
Präsident(in): Prof. Dr.Dr.h.c. Helmut Ruppert
Leitung Presseabteilung: Jürgen Abel (M.A.)

Benediktbeuern

• T 401

Philosophisch-Theologische Hochschule der Salesianer Don Boscos Benediktbeuern (PTH)
Theologische Fakultät
Don-Bosco-Str. 1, 83671 Benediktbeuern
T: (08857) 88-201 **Fax:** 88-249
Internet: http://www.pth-bb.de
E-Mail: pth.benediktbeuern@t-online.de
Gründung: 1931
Präsident(in): Prof. P. Dr. Otto Wahl (SDB)
Vizepräsident(in): Prof. P. Dr. Karl Bopp (SDB)
Mitarbeiter: 67

Bergisch Gladbach

• T 402

Fachhochschule der Wirtschaft (FHDW)
Staatlich anerkannte Fachhochschule für das Duale Studium
Hauptstr. 2, 51465 Bergisch Gladbach
T: (02202) 9 52 72 20 **Fax:** 9 52 72 00
Internet: http://www.FHDW.de
E-Mail: FHDW@bg.bib.de
Leiter: Prof. Dr. Hubert Schäfer

Berlin

• T 403

Alice-Salomon-Fachhochschule für Sozialarbeit und Sozialpädagogik Berlin
Alice-Salomon-Platz 5, 12627 Berlin
T: (030) 9 92 45-0 **Fax:** 9 92 45-245
Internet: http://www.asfh-berlin.de
E-Mail: asfh@sonett.asfh-berlin.de
Gründung: 1908 als "Soziale Frauenschule"
Rektorin: Prof. Dr. Christine Labonté-Roset
Prorektor: Prof. Ph. D. David Kramer
Kanzler: N. N.
Leitung Presseabteilung: Nils Rosenberg
Verbandszeitschrift: ASFH-Info
Redaktion: Nils Rosenberg
Mitarbeiter: 53

• T 404

EAP Europäische Wirtschaftshochschule Berlin
Heubnerweg 6, 14059 Berlin
T: (030) 3 20 07-0 **Fax:** 3 20 07-111
Internet: http://www.eap.net
E-Mail: hdunger@eap.net
Gründung: 1973
Rektor: Prof. Dr. Jürgen Weitkamp
Wissenschaftl. Dir.: Prof. Dr. Herwig Haase
Leitung Presseabteilung: Hella Dunger-Löper (M.A.)

• T 405

**Evangelische Fachhochschule Berlin
Fachhochschule für Sozialarbeit und Sozialpädagogik**
Teltower Damm 118-122, 14167 Berlin
T: (030) 8 45 82-0 **Fax:** 8 45 82-450
Internet: http://www.evfh-berlin.de
E-Mail: info@evfh-berlin.de
Gründung: 1971
Rektorin: Prof. Dr. Marianne Meinhold

• T 406

Fachhochschule für Technik und Wirtschaft Berlin
Treskowallee 8, 10318 Berlin
T: (030) 50 19-0 **Fax:** 5 09 01 34
Internet: http://www.fhtw-berlin.de
Gründung: 1994 (1. April)
Präsident(in): Prof.Dr.-Ing. Helmut Schmidt
1. Vizepräs: Prof.Dr. Bernd Reissert
Verbandszeitschrift: FHTW-Informationsblatt
Verlag: FHTW Berlin, Treskowallee 8, 10318 Berlin

• T 407

Fachhochschule für Verwaltung und Rechtspflege Berlin (FHVR)
Alt-Friedrichsfelde 60, 10315 Berlin
T: (030) 90 21 40 05 **Fax:** 90 21 40 06
Internet: http://www.fhvr.berlin.de
E-Mail: fhvr.berlin@fhv.verwalt-berlin.de
Gründung: 1973
Rektor: Prof. Dr. Peter Heinrich
Prorektor: Prof. Joachim Ciupka
Leitung Presseabteilung: Dr. Brigitte Thiem-Schräder

• T 408

Fachhochschule für Wirtschaft Berlin
Badensche Str. 50-51, 10825 Berlin
T: (030) 8 57 89-0 **Fax:** 8 57 89-199
Internet: http://www.fhw-berlin.de
E-Mail: fhwbln@fhw-berlin.de
Gründung: 1971
Rektor: Prof.Dr. Jürgen Kunze
Leitung Presseabteilung: Petra Schubert
Verbandszeitschrift: Semester Journal

• T 409

Freie Universität Berlin
Kaiserswerther Str. 16-18, 14195 Berlin
T: (030) 8 38-1 **Fax:** 8 38-6463
Internet: http://www.fu-berlin.de
Präsident(in): Prof. Dr.iur. Johann Wilhelm Gerlach

• T 410

Hochschule der Künste Berlin
Postf. 12 05 44, 10595 Berlin
Ernst-Reuter-Platz 10, 10587 Berlin
T: (030) 31 85-0 **Fax:** 31 85-2635, 31 85-2758
Internet: http://www.hdk-berlin.de
E-Mail: presse@hdk-berlin.de
Gründung: 1975
Präsident(in): Prof. Lothar Romain
Vizepräsident(in): Prof. Peter Bayerer
Leitung Presseabteilung: Verena Tafel

• T 411

Hochschule für Musik "Hanns Eisler" Berlin
Charlottenstr. 55, 10117 Berlin
T: (030) 2 03 09-2411 **Fax:** 2 03 09-2408
Internet: http://www.hfm-berlin.de
E-Mail: rektorat.hfm@berlin.de, haushalt.hfm@berlin.de, personal.hfm@berlin.de, bibliothek.hfm@berlin.de, studieninfo.hfm@berlin.de, auslandsinfo.hfm@berlin.de, veranstaltungen.hfm@berlin.de, abteilung.a@berlin.de, abteilung.b@berlin.de, abteilung.c@berlin.de, abteilung.d@berlin.de, abteilung.e@berlin.de, ikm.hfm@berlin.de, komposition.hfm@berl in.de, licht.hfm@berlin.de, pr@hfm-berlin.de

Gründung: 1950 (1. Oktober)
Rektor: Prof. Christhard Gössling
Prorektor: Prof. Eberhard Grünenthal
Kanzler: Günter Schwarz
Leitung Presseabteilung: Dr. Pamela Steiner

● T 412

Hochschule für Schauspielkunst "Ernst Busch" Berlin
Schnellerstr. 104, 12439 Berlin
T: (030) 63 99 75-0 **Fax:** 63 99 75 75
Rektor: Prof. Klaus Völker
Prorektor: Prof. Bernd Kunstmann
Kanzler: Caspar Graf von Rex

● T 413

Humboldt-Universität zu Berlin
10099 Berlin
Unter den Linden 6, 10117 Berlin
T: (030) 20 93-0 **Fax:** 20 93-2770
Internet: http://www.hu-berlin.de
Präsident(in): Prof. Dr. Dr. h.c. Hans Meyer
Vizepräsident(in): Prof. Dr. Richard Schröder
Prof. Dr. Elmar Kulke
Prof. Dr. Wolfgang Presber
Kanzler: Frank Everlage (amt.)
Pressesprecherin: Susann Morgner

● T 414

Katholische Fachhochschule Berlin Staatlich anerkannte Fachhochschule für Sozialwesen
Köpenicker Allee 39-57, 10318 Berlin
T: (030) 50 10 10-0 **Fax:** 50 10 10-88
Internet: http://www.kfb-berlin.de
E-Mail: rektorat@kfb-berlin.de
Gründung: 1991
Rektor: Prof. Dr. Andreas Lob-Hüdepohl (Ltg. Presseabt., Fax: (030) 50 10 10-94)
Prorektor: Prof. Dr. Ralf-Bruno Zimmermann
Mitglieder: 657 (Studierende)
Mitarbeiter: 47 (Lehre, Verwaltung)
Jahresetat: DM 7 Mio, € 3,58 Mio

● T 415

Kunsthochschule Berlin-Weißensee Hochschule für Gestaltung
Bühringstr. 20, 13086 Berlin
T: (030) 4 77 05-0 **Fax:** 4 77 05-290
Internet: http://www.kh-berlin.de
E-Mail: khb.presse@rz.hu-berlin.de
Gründung: 1946
Präsident(in): Prof. Rainer W. Ernst (Rektor)
Leitung Presseabteilung: Birgit Fleischmann

● T 416

Technische Fachhochschule Berlin (TFH)
University of Applied Sciences
Luxemburger Str. 10, 13353 Berlin
T: (030) 45 04-0 **Fax:** 45 04-2705
Internet: http://www.tfh-berlin.de
E-Mail: presse@tfh-berlin.de
Gründung: 1971 (01. April)
Präsident(in): Prof. Dr. Gerhard Ackermann
Vizepräsident(in): Prof. Dr.-Ing. Reinhard Thümer
Kanzlerin: Gisela Krieg
Leitung Presseabteilung: Monika Jansen

● T 417

Technische Universität Berlin
Straße des 17.Juni 135, 10623 Berlin
T: (030) 3 14-23922 **Fax:** 3 14-23909
Internet: http://www.tu-berlin.de
E-Mail: pressestelle@tu-berlin.de
Präsident(in): Prof. Dr. rer.pol. Hans-Jürgen Ewers
Leitung Presseabteilung: Dr. Kristina Zerges
Verbandszeitschrift: TU intern

Biberach

● T 418

Fachhochschule Biberach
Postf. 12 60, 88382 Biberach
Karlstr. 11, 88400 Biberach
T: (07351) 5 82-0 **Fax:** 5 82-109
Internet: http://www.fh-biberach.de
E-Mail: fissenewert@fh-biberach.de
Gründung: 1964
Präsident(in): Prof. Dr.rer.pol. Horst Fissenewert (Rektor)

Bielefeld

● T 419

Fachhochschule Bielefeld
Postf. 10 11 13, 33511 Bielefeld
Kurt-Schumacher-Str. 6, 33615 Bielefeld
T: (0521) 1 06-01 **Fax:** 1 06-2600
Internet: http://www.fh-bielefeld.de
Gründung: 1971
Präsident(in): Prof. Dr.Dr.h.c.rer.nat. Dipl.-Phys. Heinrich Ostholt (Rektor)

● T 420

Kirchliche Hochschule Bethel
Postf. 13 01 40, 33544 Bielefeld
Remterweg 45, 33617 Bielefeld
T: (0521) 1 44-3948 **Fax:** 1 44-4700, 1 44-3961
Internet: http://www.bethel.de/kiho
E-Mail: studsek.kihobethel@uni-bielefeld.de
Gründung: 1905
Rektor: Prof. Dr. Alfred Jäger

● T 421

Universität Bielefeld
Postf. 10 01 31, 33501 Bielefeld
Universitätsstr. 25, 33615 Bielefeld
T: (0521) 1 06-00 **Fax:** 1 06-5844, -2964
Internet: http://www.uni-bielefeld.de
E-Mail: post@uni-bielefeld.de
Rektor: Prof. Dr. Gert Rickheit
Kanzler: Karl Hermann Huvendick
Leitung Presseabteilung: Dr. Gerhard Trott
Verbandszeitschrift: Bielefelder Universitätszeitung
Redaktion: Dr. Gerhard Trott

Bingen

● T 422

Fachhochschule Bingen
Berlinstr. 109, 55411 Bingen
T: (06721) 4 09-0 **Fax:** 4 09-100
Internet: http://www.fh-bingen.de
E-Mail: sekretariat@fh-bingen.de
Gründung: 1897
Präsident(in): Dr.rer.pol. Bärbel Sorensen
Vizepräsident(in): Prof. Dr.-Ing. Klaus Lang
Kanzlerin: Ass.iur. Astrid Clesius
Vertreter der Kanzlerin: Dipl.-Verw.-Wirt (FH) W. Steinbrecher
Mitglieder: 1450
Mitarbeiter: 150

Bochum

● T 423

Evangelische Fachhochschule Rheinland-Westfalen-Lippe
Immanuel-Kant-Str. 18-20, 44803 Bochum
T: (0234) 3 69 01-0 **Fax:** 3 69 01-100
Internet: http://www.efh-bochum.de
E-Mail: efh@efh-bochum.de
Rektor: Prof. Dr. Ernst-Ulrich Huster

● T 424

Fachhochschule Bochum
Postf. 10 07 41, 44707 Bochum
Universitätsstr. 150, 44801 Bochum
T: (0234) 7 00-7136 **Fax:** 7 09 43 12
Internet: http://www.fh-bochum.de
E-Mail: kit@fh-bochum.de
Gründung: 1972
Rektor: Prof. Dr. rer.pol. Martin Grote
Prorektoren: Prof. Dr.-Ing. Bernhard Haber (Lehre, Studium und Studienreform)
Prof. Dr.-Ing. Reiner Dudziak (Forschungs- und Entwicklungsaufgaben)
Prof. Dr.-Ing. Frank Schneeberger (Planung und Finanzen)
Kanzler: Dr. Rainer Ambrosy
Dez. 3 KIT Kommunikation, Innovation, Transfer: Dipl.-Geogr. Norbert Dohms
Verbandszeitschrift: FH BO Journal
Mitarbeiter: ca. 320
Jahresetat: ca. DM 33 Mio, € 16,87 Mio

● T 425

Ruhr-Universität Bochum
Postf. 10 21 48, 44721 Bochum
Universitätsstr. 150, 44801 Bochum
T: (0234) 32-201 **Fax:** 32-14201
Internet: http://www.ruhr-uni-bochum.de
E-Mail: Birgit.Gremski@uv.ruhr-uni-bochum.de
Gründung: 1961 (18. Juli)
Rektor: Prof. Dr. Dietmar Petzina
Prorektoren: Prof. Dr. Volker Nienhaus
Prof. Dr. Hans-Joachim Trampisch
Prof. Dr. Roland Fischer
Kanzler: Gerhard Möller
Vertreter des Kanzlers: N. N.
Leitung Presseabteilung: Dr. Josef König
Mitarbeiter: 6627
Jahresetat: DM 500 Mio, € 255,65 Mio

● T 426

Technische Fachhochschule Georg Agricola zu Bochum
Herner Str. 45, 44787 Bochum
T: (0234) 9 68-02 **Fax:** 9 68-3359
Internet: http://www.tfh-bochum.de
E-Mail: Rektor@tfh-bachum.de
Rektor: Prof. Hans-J. Großekemper

Bonn

● T 427

Fachhochschule für das öffentliche Bibliothekswesen Bonn (FHÖBB)
Postf. 12 67, 53002 Bonn
Wittelsbacherring 9, 53115 Bonn
T: (0228) 72 58-0 **Fax:** 72 58-189
E-Mail: fhoebb@borro.de
Gründung: 1921
Leitung: Rolf Pitsch

● T 428

Rheinische Friedrich-Wilhelms-Universität
Postf. 22 20, 53012 Bonn
Regina-Pacis-Weg 3, 53113 Bonn
T: (0228) 73-1 **Fax:** 73 55 79
Internet: http://www.uni-bonn.de
E-Mail: carr.presse@uni-bonn.de
Gründung: 1818
Rektor: Prof. Dr.-Ing. Klaus Borchard
Leitung Presseabteilung: Dorothea Carr

Brandenburg

● T 429

Fachhochschule Brandenburg
Postf. 2132, 14737 Brandenburg
Magdeburger Str. 50, 14770 Brandenburg
T: (03381) 3 55-0 **Fax:** 3 55-199
Internet: http://www.fh-brandenburg.de
E-Mail: info@fh-brandenburg.de
Gründung: 1992
Rektor: Prof. Dr.-Ing. Werner Hofacker
Prorektoren: Prof. Dr. sc.nat. K.-P. Möllmann
Prof. Dr.rer.nat. Friedhelm Mündemann
Referentin für Presse- und Öffentlichkeitsarbeit: Aurora Angelina Miano (M.A.)

Braunschweig

● T 430

Hochschule für Bildende Künste Braunschweig
Postf. 25 38, 38015 Braunschweig
Johannes-Selenka-Platz 1, 38118 Braunschweig
T: (0531) 3 91-9122 **Fax:** 3 91-9292
Internet: http://www.hbk-bs.de
Gründung: 1963
Präsident(in): Prof. Dr. Michael Schwarz
Referat für Öffentlichkeitsarbeit und Weiterbildung: T: (0531) 3 91-9123, Fax: (0531) 3 91-9292, E-Mail: c.preissler@hbk-bs.de

● T 431

Technische Universität Braunschweig
Postf. 33 29, 38023 Braunschweig
Pockelsstr. 14, 38106 Braunschweig
T: (0531) 3 91-0 **Fax:** 3 91-4577
Internet: http://www.tu-bs.de
E-Mail: president@tu-bs.de
Präsident(in): Prof. Dr.rer.nat. Jochen Litterst
Leitung Presseabteilung: Dr. Elisabeth Hoffmann

Bremen

● T 432

Hochschule Bremen
Neustadtswall 30, 28199 Bremen
T: (0421) 59 05-0 **Fax:** 59 05-292, -150

Internet: http://www.hs-bremen.de
E-Mail: www@hs-bremen.de
Gründung: 1982
Präsident(in): Prof. Dr.h.c. Ronald Mönch (Rektor)
Vizepräsident(in): Prof. Heinz-Hermann Albers
Prof. Dr. Karl-Marten Barfuß
Leitung Presseabteilung: Ulrich Berlin

• **T 433**
Hochschule für Künste
Am Wandrahm 23, 28195 Bremen
T: (0421) 3 01 91 00 **Fax:** 3 01 91 09
Gründung: 1873
Präsident(in): Prof. Jürgen Waller (Rektor)
Vizepräsident(in): Prof. Dr. Peter Rautmann
Prof. Dr. Nicolaus Schalz
Kanzler: Klaus Güse
Leitung Presseabteilung: Ralf Schneider
Mitarbeiter: 83

• **T 434**
Hochschule für Öffentliche Verwaltung
Doventorscontrescarpe 172, 28195 Bremen
T: (0421) 3 61 52 06 **Fax:** 3 61 51 73
Gründung: 1979 (1. August)
Rektor: Prof. Bernd Wesche
Mitarbeiter: 14

• **T 435**
Universität Bremen
Postf. 33 04 40, 28334 Bremen
Bibliothekstr. 1, 28359 Bremen
T: (0421) 2 18-1 **Fax:** 2 18-4259
Internet: http://www.uni-bremen.de
E-Mail: ugundrum@presse.uni-bremen.de
Rektor: Prof. Dr.rer.nat. Jürgen Timm
Leitung Presseabteilung: Uwe Gundrum
Verbandszeitschrift: Impulse aus der Forschung
Redaktion: Uni-Pressestelle
Verlag: Universität Bremen, Pressestelle

Bremerhaven

• **T 436**
Hochschule Bremerhaven
An der Karlstadt 8, 27568 Bremerhaven
T: (0471) 48 23-0 **Fax:** 48 23-199
Internet: http://www.hs-bremerhaven.de
E-Mail: rektorat@hs-bremerhaven.de
Gründung: 1975
Rektor: Prof. Dr.-Ing. Hans-Albert Kurzhals (T: (0471) 48 23-100)
Konrektoren: Prof. Dr.-Ing. Wolfgang Schwanebeck (T: (0471) 48 23-110)
Prof. Dr.-Ing. Uwe Großmann (T: (0471) 48 23-110)
Kanzler: Dipl.-Volksw. Heinz Feldmann (T: (0471) 48 23-120)
Marketing u. Öffentlichkeitsarbeit: Dipl.-Pol. Daniela Krause-Behrens (T: (0471) 48 23-132)
Verbandszeitschrift: Karlsburg intern
Redaktion: Daniela Krause-Behrens
Mitglieder: 1400
Mitarbeiter: 125
Jahresetat: DM 14 Mio, € 7,16 Mio

Brühl

• **T 437**
Fachhochschule des Bundes für öffentliche Verwaltung
Zentralbereich
Postf. 16 60, 50306 Brühl
Willy-Brandt-Str. 1, 50321 Brühl
T: (02232) 9 29-0 **Fax:** 9 29-5100
Internet: http://www.fhbund.de
E-Mail: postzb@fhbund.de
Gründung: 1979
Präsident(in): Dr. Olaf Koglin
Ltg. Presseref.: Dr. Uta Gräfin zu Dohna-Lauck
Verbandszeitschrift: Rechtsgrundlagen der Fachhochschule des Bundes für öffentliche Verwaltung. Kurzdarstellung der FH Bund. Jahresbericht.
Mitarbeiter: 150
Jahresetat: DM 25 Mio, € 12,78 Mio (nur Zentralbereich und Fachbereich Allgemeine Innere Verwaltung, zehn weitere Fachbereiche mit je eigenem Etat)
Ausbildung des gehobenen nichttechn. und Fortbildung des gehobenen und mittleren Bundesdienstes.

Chemnitz

• **T 438**
Technische Universität Chemnitz
09107 Chemnitz
Straße der Nationen 62, 09111 Chemnitz
T: (0371) 5 31-0 **Fax:** 5 31-1342
Internet: http://www.tu-chemnitz.de
E-Mail: pressestelle@tu-chemnitz.de
Gründung: 1836 (2. Mai)
Rektor: Prof. Dr. Christian von Borczyskowski
Prorektoren: Prof. Dr. Klaus-Jürgen Matthes (Forschung)
Prof. Dr. Bernd Stöckert (Lehre und Studium)
Prof. Dr. Josef Schmied (Internationale Entwicklung)
Kanzler: Regierungsdirektor Eberhard Alles (m.d.W.d.G.b.)
Leitung Presseabteilung: Dipl.-Ing. Mario Steinebach
Verbandszeitschrift: TU-Spektrum
Redaktion: Presse-, Öffentlichkeitsarbeit und Marketing
Verlag: TU Chemnitz, 09107 Chemnitz

Clausthal-Zellerfeld

• **T 439**
Technische Universität Clausthal
Postf. 12 53, 38670 Clausthal-Zellerfeld
Adolph-Roemer-Str. 2A, 38678 Clausthal-Zellerfeld
T: (05323) 72-0 **Fax:** 72-3500
Internet: http://www.tu-clausthal.de
E-Mail: amtsberg@tu-clausthal.de
Rektor: Prof. Dr. Peter Dietz

Coburg

• **T 440**
Fachhochschule Coburg
Postf. 16 52, 96406 Coburg
Friedrich-Streib-Str. 2, 96450 Coburg
T: (09561) 3 17-0 **Fax:** 3 17-273
Internet: http://www.fh-coburg.de
E-Mail: poststelle@fh-coburg.de
Gründung: 1971
Präsident(in): Dr.rer.nat.habil. Gerhard Lindner

Cottbus

• **T 441**
Brandenburgische Technische Universität Cottbus
Postf. 10 13 44, 03013 Cottbus
Karl-Marx-Str. 17, 03044 Cottbus
T: (0355) 69-0 **Fax:** 69-2156
Internet: http://www.tu-cottbus.de
E-Mail: mmueller@tu-cottbus.de
Gründung: 1991
Präsident(in): Prof. Dr. Ernst Sigmund (Rektor)
Leitung Presseabteilung: Dr. Marita Müller
Verbandszeitschrift: Forum der Forschung (Wissenschaftsmagazin)
Redaktion: Dr. Marita Müller
Verlag: BTU, Cottbus, Pressestelle i.H.
Mitarbeiter: 1100
Jahresetat: DM 137 Mio, € 70,05 Mio

Darmstadt

• **T 442**
Evangelische Fachhochschule Darmstadt
Zweifalltorweg 12, 64293 Darmstadt
T: (06151) 87 98-0 **Fax:** 87 98-58
E-Mail: efhd@efh-darmstadt.de
Gründung: 1971 (15. Juli)
Rektorin: Prof. Dr. Alexa Köhler-Offierski
Verbandszeitschrift: Hochschulbrief der Evangelischen Fachhochschulen Darmstadt, Freiburg, Ludwigshafen, Reutlingen
Mitarbeiter: 32 Professoren/innen, 23 Verwaltungsmitarbeiter/innen

• **T 443**
Fachhochschule Darmstadt
Haardtring 100, 64295 Darmstadt
T: (06151) 16-02 **Fax:** 16-8949
Internet: http://www.fh-darmstadt.de
Gründung: 1971
Präsident(in): Prof. Dr.rer.pol. Christoph Wentzel

• **T 444**
Technische Universität Darmstadt
Karolinenplatz 5, 64289 Darmstadt
T: (06151) 16-0 **Fax:** 16-4128
Internet: http://www.tu-darmstadt.de
E-Mail: presse@pvw.tu-darmstadt.de
Präsident(in): Prof. Dr.-Ing. Johann-Dietrich Wörner

Deggendorf

• **T 445**
Fachhochschule Deggendorf
Postf. 13 20, 94453 Deggendorf
Edlmairstr. 6u-8, 94469 Deggendorf
T: (0991) 36 15-0 **Fax:** 36 15-297
Internet: http://www.fh-deggendorf.de
E-Mail: praesident@fh-deggendorf.de, pressestelle@fh-deggendorf.de
Präsident(in): Prof. Dr. Reinhard Höpfl

Detmold

• **T 446**
Hochschule für Musik Detmold
Neustadt 22, 32756 Detmold
T: (05231) 97 55 **Fax:** 97 59 72
Internet: http://www.hfm-detmold.de
E-Mail: kontakt@hfm-detmold.de
Gründung: 1947
Rektor: Prof. Martin Christoph Redel

Dortmund

• **T 447**
Fachhochschule Dortmund
Postf. 10 50 18, 44047 Dortmund
Sonnenstr. 96, 44139 Dortmund
T: (0231) 91 12-0 **Fax:** 91 12-313
Internet: http://www.fh-dortmund.de
Gründung: 1890/1971
Rektor: Prof. Dr. Hans-Jürgen Kottmann
Prorektoren: Prof. Dr. Herbert Heiderich
Prof. Annette Fink
Prof. Dr. Ingo Kunold
Kanzler: Hans-Joachim von Buchka
Leitung Presseabteilung: Jürgen Andrae
Redaktion: Sonnenstr. 96, 44139 Dortmund
Mitarbeiter: 500
Jahresetat: DM 67 Mio, € 34,26 Mio
Hochschulzeitschrift: FH-presse

• **T 448**
International School of Management ISM Dortmund
Otto-Hahn-Str. 37, 44227 Dortmund
T: (0231) 97 51 39-0 **Fax:** 97 51 39-39
Internet: http://www.ism-dortmund.de
E-Mail: ism@ism-dortmund.de
Gründung: 1990 (1. September)
Präsident(in): Prof. Dr. Klaus Evard
Geschäftsführer(in): Pierre Semidei
Dr. Thoralf Held
Leitung Presseabteilung: Dipl.-Päd. Jutta Haug
Mitarbeiter: 25
Jahresetat: DM 6,5 Mio, € 3,32 Mio

• **T 449**
Universität Dortmund
44221 Dortmund
August-Schmidt-Str. 4, 44227 Dortmund
T: (0231) 7 55-0 **Fax:** 7 55-2050
Internet: http://www.uni-dortmund.de
Eröffnung: 16.12.1968
Rektor: Prof. Dr. Dr. h.c. Albert Klein
Pressesprecher: Klaus Commer **Hochschulzeitung:** Unizet
Redaktion: Dr. Sabine Kirchhoff
Mitglieder: 28000
Mitarbeiter: 3000

Dresden

• T 450

Evangelische Hochschule für Soziale Arbeit Dresden (FH)
Postf. 20 01 43, 01191 Dresden
Semperstr. 2a, 01069 Dresden
T: (0351) 4 69 02-0 **Fax:** 4 71 59 93
E-Mail: rektorat@ehs-dresden.de
Gründung: 1991
Rektor: Prof. Ulfrid Kleinert

• T 451

Hochschule für Bildende Künste Dresden
T: (0351) 4 92 67-0 **Fax:** 4 95 20 23
Gründung: 1764
Rektor: Prof. Dipl.-Rest. Dr. Ulrich Schießl
Prorektoren: Prof. Ralf Kerbach
Prof. Dr. Wolfgang Rother
Dekan: Prof. Jens Büttner (FB II)
Prof. Klaus-Michael Stephan (FB I)
Prof. Helmut Wagner (FB II)
Leitung Presseabteilung: Andrea Weippert (M.A.)
Verbandszeitschrift: Akt
Redaktion: Hochschule für Bildende Künste Dresden, Pressestelle

• T 452

Hochschule für Kirchenmusik der Evangelisch-Lutherischen Landeskirche Sachsens
Käthe-Kollwitz-Ufer 97, 01309 Dresden
T: (0351) 3 18 64-0 **Fax:** 3 18 64-22
E-Mail: hfkimudd@t-online.de
Gründung: 1949
Rektor: Prof. Dr. Dr.h.c. Christfried Brödel

• T 453

Hochschule für Musik "Carl Maria von Weber"
Postf. 12 00 39, 01001 Dresden
Wettiner Platz 13, 01067 Dresden
T: (0351) 49 23-60 **Fax:** 49 23-657
Internet: http://www.hfmdd.de
E-Mail: rektorat@hfmdd.de
Gründung: 1856
Rektor: Prof. Wilfried Krätzschmar
Prorektor: Prof. Gunnar Nauck
Kanzler: Peter Neuner
Dezernentin Öffentlichkeitsarbeit: Dr. Katrin Bauer
Verbandszeitschrift: Jahrbuch
Redaktion: Prof. Dr. Ingo Zimmermann
Dr. Katrin Bauer
Verlag: Eigenverlag
Mitarbeiter: 700 Studenten, 283 Lehrkräfte im Honorarvertrag, 82 hauptamtlich Beschäftigte

• T 454

Hochschule für Technik und Wirtschaft Dresden (FH)
Postf. 12 07 01, 01008 Dresden
Friedrich-List-Platz 1, 01069 Dresden
T: (0351) 4 62 31 02 **Fax:** 4 62 21 85
Internet: http://www.htw-dresden.de
E-Mail: rektor@htw-dresden.de
Gründung: 1992
Rektor: Prof. Dr.-Ing. Dr. h.c. Günther Otto
Leitung Presseabteilung: Dr. Dieter Preuß
Verbandszeitschrift: Berichte und Informationen
Redaktion: Pressestelle
Verlag: Eigenverlag

• T 455

Technische Universität Dresden
01062 Dresden
Mommsenstr. 13, 01069 Dresden
T: (0351) 4 63-0 **Fax:** 4 71 02 94
Internet: http://www.tu-dresden.de
E-Mail: b_berg@rcs.urz.tu-dresden.de
Präsident(in): Prof. Dr.rer.nat.habil. Achim Mehlhorn (Rektor)

Düsseldorf

• T 456

Fachhochschule Düsseldorf
Universitätsstr. 1 Geb. 2332, 40225 Düsseldorf
T: (0211) 81-00 **Fax:** 81-14916
Internet: http://www.fh-duesseldorf.de
Gründung: 1971
Präsident(in): Prof. Dr.-Ing. Sabine Staniek (Rektorin)

• T 457

Heinrich-Heine-Universität Düsseldorf
Universitätsstr. 1, 40225 Düsseldorf
T: (0211) 81-00 **Fax:** 34 22 29
Internet: http://www.uni-duesseldorf.de
Rektor: Prof. Dr.phil. DLitt h.c. Gert Kaiser (T: (0211) 81-10000, Fax: 81-15193)
Kanzler: Ulf Pallme König (T: (0211) 81-11000, Fax: 81-14534)
Pressereferent: Rolf Willhardt (T: (0211) 81-12439, Fax: 81-15279)

• T 458

Kunstakademie Düsseldorf
Eiskellerstr. 1, 40213 Düsseldorf
T: (0211) 13 96-0 **Fax:** 13 96-225
E-Mail: kwheinri@uni-duesseldorf.de
Gründung: 1773
Präsident(in): Prof. Markus Lüpertz (Rektor)

• T 459

Robert-Schumann-Hochschule
Fischerstr. 110, 40476 Düsseldorf
T: (0211) 49 18-0 **Fax:** 4 91 16 18
Gründung: 1987
Präsident(in): Prof. Claus Reichardt (Rektor)

Duisburg

• T 460

Gerhard-Mercator-Universität Duisburg
47048 Duisburg
Lotharstr. 65, 47057 Duisburg
T: (0203) 37 90 **Fax:** 3 79 33 33
Internet: http://www.uni-duisburg.de
E-Mail: kanzler@uni-duisburg.de
Gründung: 1972
Rektor: Prof. Dr.-Ing. Ingo Wolff
Prorektoren: Prof. Dr.rer.soc. Heinz Ulrich Hoppe (Forschung u. wissenschaftl. Nachwuchs)
Prof. Dr.-Ing. Axel Hunger (Lehre, Studium u. Studienreform)
Prof. Dr. Soz. Wiss. Dieter Grunow (Planung u. Finanzen)
Kanzler: Carl-Friedrich Neuhaus
Leitung Presseabteilung: Thomas Friedenberger

Eberswalde

• T 461

Fachhochschule Eberswalde
Postf. 10 03 26, 16203 Eberswalde
Alfred-Möller-Str. 1, 16225 Eberswalde
T: (03334) 65-420 **Fax:** 65-425
Internet: http://www.fh-eberswalde.de
E-Mail: rektorat@fh-eberswalde.de
Gründung: 1992
Präsident(in): Prof. Dr.habil. Wilhelm-Günther Vahrson
Vizepräsident: Prof. Dr.habil. Herbert Grüner
Leitung Presseabteilung: Dr. Dietmar Felden
Verbandszeitschrift: Beiträge für Forstwirtschaft u. Landschaftsökologie
Redaktion: Chefredakteur Dr. Dietmar Felden
Verlag: DLV Deutscher Landwirtschaftsverlag Berlin GmbH, Grabbeallee 41, 13156 Berlin
Mitglieder: 1200
Mitarbeiter: ca. 150
Jahresetat: DM 12,0 Mio, € 6,14 Mio

Edenkoben

• T 462

Fachhochschule für Finanzen
Luitpoldstr. 33, 67480 Edenkoben
T: (06323) 94 60 **Fax:** 94 62 00
Gründung: 1981
Direktor(in): Wolfgang Lemmert (LRD)
Geschäftsstellenleiter: StAR Hans-Dieter Beek

Eichstätt

• T 463

Katholische Universität Eichstätt
85071 Eichstätt
Ostenstr. 26, 85072 Eichstätt
T: (08421) 93-0 **Fax:** 93-1788
Internet: http://www.ku-eichstaett.de/
E-Mail: info@ku-eichstaett.de
Gründung: 1972
Präsident(in): Prof. Dr. Ruprecht Wimmer
Leitung Presseabteilung: Dr. Thomas Pleil

Emden

• T 464

Fachhochschule Oldenburg/Ostfriesland/Wilhelmshaven
Constantiaplatz 4, 26723 Emden
T: (04921) 8 07-0 **Fax:** 8 07-1000
Internet: http://www.fho-emden.de, http://www.fh-oldenburg.de, http://www.fh-wilhelmshaven.de
E-Mail: praesident@fho-emden.de
Gründung: 2000 (1. Jan)
Präsident(in): Prof. Dr. Arno Jaudzims
Vizepräsident(in): Prof. Dipl.-Ing. Wolf-Dieter Haaß (Standort Emden)
Prof. Dipl.-Ing. Klaus-Peter Hämmerling (Standort Oldenburg)
Prof. Dr. Peter Urban (Standort Wilhelmshaven)
Kanzler: Dr. Christian Blomeyer
Pressesprecherin: Andrea Meinen (Assn. d. LA; T: (04921) 8 07-66 12, e-mail: andrea.meinen@fho-emden.de)
Verbandszeitschrift: blickpunkt
Redaktion: Pressestelle der FH
Mitarbeiter: ca 800 in Lehre, Forschung und Verwaltung
Weitere Standorte:
Weserstr. 52, 26931 Elsfleth
T: (04404) 92 88-0, Fax: 92 88-41
Bergmannstr. 36, 26789 Leer
T: (0491) 9 28 17-0, Fax: 9 28 17-11
Ofener Str. 16-19, 26121 Oldenburg
T: (0441) 77 08-0, Fax: 77 08-100
Friedrich-Paffrath-Str. 101, 26389 Wilhelmshaven
T: (04421) 9 85-0, Fax: 9 85-304

Erfurt

• T 465

Fachhochschule Erfurt
Postf. 6 83, 99013 Erfurt
Altonaer Str. 25a, 99085 Erfurt
T: (0361) 67 00-0 **Fax:** 67 00-703
Internet: http://www.fh-erfurt.de
E-Mail: rektorat@fh-erfurt.de
Gründung: 1991 (1. Oktober)
Rektor: Prof. Dr. Wolfgang Storm
Kanzler: Rudolf Tilly
Leitung Presseabteilung: Roland Hahn
Verbandszeitschrift: Quadratmeter
Redaktion: Pressestelle
Mitarbeiter: 3600 Studierende, ca. 130 Professoren u. 170 Mitarb.

• T 466

Pädagogische Hochschule Erfurt
Postf. 3 07, 99006 Erfurt
Nordhäuser Str. 63, 99089 Erfurt
T: (0361) 7 37-0 **Fax:** 7 37-00
Internet: http://www.ph-erfurt.de
Gründung: 1969
Rektor: Univ.-Prof. Dr. phil. habil. Dr. h.c. Hans-Wolfgang Schaller
Prorektoren: Univ.-Prof. Dr. phil. habil. Winfried Franzen
Univ.-Prof. Dr. phil. habil. Erich Renner
Kanzler: Martin Henkel-Ernst
Leitung Presseabteilung: Dr. Gerd Krizsmanek
Verbandszeitschrift: Campus
Redaktion: Ref. Öffentlichkeitsarbeit
Mitarbeiter: 233

• T 467

Universität Erfurt
Nordhäuser Str. 63, 99089 Erfurt
T: (0361) 7 37-0 **Fax:** 7 37-5009
Internet: http://www.uni-erfurt.de
E-Mail: rektorat@uni-erfurt.de
Gründung: 1994 (1. Januar)
Präsident(in): Dr. habil. Wolfgang Bergsdorf
Pressesprecher: Jens Panse

Erlangen

• T 468

Friedrich-Alexander-Universität Erlangen-Nürnberg
Postf. 35 20, 91023 Erlangen
Schloßplatz 4, 91054 Erlangen
T: (09131) 85-0 **Fax:** 85-22131
Internet: http://www.uni-erlangen.de
E-Mail: pressestelle@zuv-uni-erlangen.de
Gründung: 1743

Rektor: Prof. Dr.phil. Gotthard Jasper
Leitung Presseabteilung: Dr. Ragnwolf H. Knorr

Essen

• T 469

Fachhochschule für Oekonomie und Management (FOM)
Staatlich anerkannte Fachhochschule für Berufstätige
Herkulesstr. 32, 45127 Essen
T: (0201) 8 10 04-400 **Fax:** 8 10 04-410
Internet: http://www.fom.de
Präsident(in): Prof. Dr. Franz Peter Lang (Rektor)

• T 470

Folkwang-Hochschule Essen
Klemensborn 39, 45239 Essen
T: (0201) 49 03-0 **Fax:** 49 03-288
Internet: http://www.folkwang.uni-essen.de
Präsident(in): Prof. Edmund Illerhaus (Rektor)

• T 471

Universität-Gesamthochschule Essen
45117 Essen
Universitätsstr. 2, 45141 Essen
T: (0201) 1 83-1 **Fax:** 1 83-3536, 1 83-2151
Internet: http://www.uni-essen.de
E-Mail: universität@uni.essen.de
Rektor: Prof. Dr. Dr. h.c. Karl Rohe
Ltg. Pressestelle: Monika Rögge
Verbandszeitschrift: CAMPUS
Redaktion: Monika Rögge
Verlag: Druck- u. Verlagszentrum GmbH + Co. KG, Postf. 39 28, 58039 Hagen

Esslingen

• T 472

Fachhochschule Esslingen
Hochschule für Sozialwesen
Flandernstr. 101, 73732 Esslingen
T: (0711) 3 97-49 **Fax:** 3 97-4595
Internet: http://www.hfs-esslingen.de
E-Mail: verw@vw.hfs-esslingen.de
Rektor: Prof. Dr. Falk Roscher

• T 473

Fachhochschule Esslingen
Hochschule für Technik
Kanalstr. 33, 73728 Esslingen
T: (0711) 3 97-49 **Fax:** 3 97-3100
Internet: http://www.fht-esslingen.de
E-Mail: presse@fht-esslingen.de
Gründung: 1868
Rektor: Prof. Dr.-Ing. Jürgen van der List
Prorektor: Prof. Dr.-Ing. Manfred Stilz
Prof. Dipl.-Ing. Richard Aubele
Presse u. Öffentlichkeitsarbeit: Dipl. Übers. Cornelia Mack (Referentin)
Mitarbeiter: 350

Flensburg

• T 475

Universität Flensburg
Mürwiker Str. 77, 24943 Flensburg
T: (0461) 31 30-0 **Fax:** 3 85 43
Internet: http://www.uni-flensburg.de
E-Mail: info@uni-flensburg.de
Gründung: 1946 (21. März)
Rektor: Prof. Dr. Gerd Jürgen Müller
Leitung Presseabteilung: Ute Burbach-Tasso
Mitarbeiter: 180

• T 476

Fachhochschule Flensburg
Hochschule für Technik und Wirtschaft
Kanzleistr. 91-93, 24943 Flensburg
T: (0461) 8 05-1 **Fax:** 8 05-300
Internet: http://www.fh-flensburg.de
E-Mail: presse@fh-flensburg.de
Gründung: 1969
Präsident(in): Prof. Dr. Werner Schurawitzki (Rektor)
Leitung Presseabteilung: Katrin Lindow-Schröder (M.A.; T: (0461) 8 05-3 04, Telefax: (0461) 8 05-3 00)

Frankfurt (am Main)

• T 477

Bibliotheksschule in Frankfurt am Main
Fachhochschule für Bibliothekswesen
Ohmstr. 48, 60486 Frankfurt
T: (069) 21 23 92 03 **Fax:** 21 23 90 84
Internet: http://www.fhsbib.uni-frankfurt.de
E-Mail: fhsbib@stub.uni-frankfurt.de
Gründung: 1946
Direktor(in): Berndt Dugall
Studienleiter: Dr. Herbert Buck

• T 478

Fachhochschule Frankfurt am Main
University of Applied Sciences
Nibelungenplatz 1, 60318 Frankfurt
T: (069) 15 33-0 **Fax:** 15 33-2400
Internet: http://www.fh-frankfurt.de
E-Mail: post@fh-frankfurt.de
Gründung: 1971 (1. August)
Präsident(in): Prof. Rolf Kessler
Leitung Presseabteilung: Gaby von Rauner
Verbandszeitschrift: Frankfurter Fachhochschulzeitung
Redaktion: Barbara Faller
Verlag: FH FFM, Referat Presse- und Öffentlichkeitsarbeit
Mitglieder: ca. 10000 Studierende

• T 479

Hochschule für Bankwirtschaft (HfB)
Private Fachhochschule der Bankakademie e.V.
Postf. 10 03 41, 60003 Frankfurt
Sternstr. 8, 60318 Frankfurt
T: (069) 9 59 46-35 **Fax:** 9 59 46-28
Internet: http://www.hfb.de
E-Mail: info@hfb.de
Gründung: 1990
Rektor: Prof. Dr. Udo Steffens
Dekan: Prof. Dr. Thomas Heimer
Leitung Presseabteilung: Thomas Krause

• T 480

Hochschule für Musik und Darstellende Kunst Frankfurt am Main
Eschersheimer Landstr. 29-39, 60322 Frankfurt
T: (069) 15 40 07-0 **Fax:** 15 40 07-108
Gründung: 1878
Präsident(in): N.N.
Vizepräsident(in): Prof. Hubert Buchberger

• T 481

Johann Wolfgang Goethe-Universität Frankfurt am Main
Postf. 11 19 32, 60054 Frankfurt
Senckenberganlage 31, 60325 Frankfurt
T: (069) 7 98-1 **Fax:** 7 98-28383
Internet: http://www.uni-frankfurt.de
E-Mail: presse@pvw.uni-frankfurt.de
Gründung: 1914
Präsident(in): Prof. Dr. Werner Meißner

• T 482

Philosophisch-Theologische Hochschule Sankt Georgen
Theologische Fakultät
Offenbacher Landstr. 224, 60599 Frankfurt
T: (069) 60 61-0 **Fax:** 60 61-307
Internet: http://www.st-georgen.uni-frankfurt.de
E-Mail: stegmeyer@em.uni-frankfurt.de
Gründung: 1926
Rektor: Prof. Dr. Michael Sievenich
Hochschulsekretär: Jürgen Stegmeyer

• T 483

Staatliche Hochschule für Bildende Künste (Städelschule) Frankfurt am Main
Dürerstr. 10, 60596 Frankfurt
T: (069) 60 50 08-0 **Fax:** 60 50 08-66
Präsident(in): Prof. Kasper König (Rektor)

Frankfurt (Oder)

• T 484

Europa-Universität Viadrina Frankfurt (Oder)
Große Scharrnstr. 59, 15230 Frankfurt
T: (0335) 55 34-0 **Fax:** 55 34-305
Internet: http://www.euv-frankfurt-o.de
E-Mail: presidents@euv-frankfurt-o.de
Gründung: 1991 (15. Juli)
Präsidentin: Prof. Dr. Gesine Schwan
Kanzler: Peter Stahl
Leitung Presseabteilung: Annette Bauer
Verbandszeitschrift: Universitätszeitung "Uni on"
Redaktion: Referat Presse- u. Öffentlichkeitsarbeit
Mitarbeiter: 414

Freiberg

• T 485

Technische Universität - Bergakademie Freiberg
09596 Freiberg
Akademiestr. 6, 09599 Freiberg
T: (03731) 39-0 **Fax:** 2 21 95
Internet: http://www.tu-freiberg.de
E-Mail: transfer@zuv.tu-freiberg.de
Rektor: Prof. Dr.-Ing. Georg Unland

Freiburg

• T 486

Albert-Ludwigs-Universität Freiburg im Breisgau
79085 Freiburg
Fahnenbergplatz, 79098 Freiburg
T: (0761) 2 03-0 **Fax:** 2 03-4369
Internet: http://www.uni-freiburg.de
E-Mail: rektor@uni-freiburg.de
Gründung: 1457 (21. September)
Rektor: Prof. Dr. Dr.h.c. Wolfgang Jäger
Prorektoren: Prof. Dr. Klaus-W. Benz
Prof. Dr. Gerhard Oesten
Prof. Dr. Dr.h.c. Stefan Pollak
Kanzler: Dr. Jürgen Heß
Leiter Kommunikation und Presse: Rudolf-Werner Dreier

• T 487

Evangelische Fachhochschule Freiburg
Hochschule für soziale Arbeit, Diakonie und Religionspädagogik
Bugginger Str. 38, 79114 Freiburg
T: (0761) 4 78 12-0 **Fax:** 4 78 12-30
Gründung: 1972
Präsident(in): Prof. Dr. Joachim Walter (Rektor)

• T 488

Katholische Fachhochschule Freiburg
Hochschule für Sozialwesen, Religionspädagogik und Pflege
Karlstr. 63, 79104 Freiburg
T: (0761) 2 00-486 **Fax:** 2 00-444
E-Mail: KFHVerDir@aol.com
Rektor: Prof. Helmut Schwalb

• T 489

Pädagogische Hochschule Freiburg
Kunzenweg 21, 79117 Freiburg
T: (0761) 6 82-1 **Fax:** 6 82-402
Internet: http://www.ph-freiburg.de
Rektor: Prof. Dr. Wolfgang Schwark
Prorektoren: Prof. Dr. Uwe Bong
Prof. Dr. Ingelore Oomen-Welke

• T 490

Staatliche Hochschule für Musik Freiburg im Breisgau
79095 Freiburg
Schwarzwaldstr. 141, 79102 Freiburg
T: (0761) 3 19 15-0 **Fax:** 3 19 15-42

Internet: http://www.mh-freiburg.de
E-Mail: info@mh-freiburg.de
Rektorin: Prof. Dr. Mirjam Nastasi

Freising

• T 491

Fachhochschule Weihenstephan
85350 Freising
Weihenstephaner Berg, 85354 Freising
T: (08161) 71-4428 **Fax:** 71-4428
Internet: http://www.fh-weihenstephan.de
E-Mail: praesidialbuero@fh-weihenstephan.de
Gründung: 1971 (1. August)
Präsident(in): Prof. Dr. Dr. h.c. Josef Herz
Vizepräsident(in): Prof. Dr. Donnchadh Mac Cárthaigh
Prof. Hermann Heiler
Kanzler: Dr. Burkhard von Urff
Mitarbeiter: 393
Jahresetat: DM 33 Mio, € 16,87 Mio

Friedensau

• T 492

Theologische Hochschule Friedensau
An der Ihle 19, 39291 Friedensau
T: (03921) 9 16-0 **Fax:** 9 16-120
Internet: http://www.thh-friedensau.de
E-Mail: hochschule@thh-friedensau.de
Gründung: 1899
Präsident(in): Prof. Dr. Udo Worschech (Rektor)
Vizepräsident(in): Prof. Wolfgang Kabus
Kanzler: Dipl. f. Wirtsch. Roland Nickel
Leitung Presseabteilung: Harald Stegmann

Fulda

• T 493

Fachhochschule Fulda
Marquardstr. 35, 36039 Fulda
T: (0661) 96 40-0 **Fax:** 96 40-199
Internet: http://www.fh-fulda.de
Gründung: 1974
Präsident(in): Prof. Dr. Roland Schopf

• T 494

Theologische Fakultät Fulda
Domplatz 2, 36037 Fulda
T: (0661) 87-220 **Fax:** 87-224
Gründung: 1734
Rektor: Msgr. Prof. Dr. Aloysius Winter

Furtwangen

• T 495

Fachhochschule Furtwangen Hochschule für Technik und Wirtschaft
Postf. 1152, 78113 Furtwangen
Gerwigstr. 11, 78120 Furtwangen
T: (07723) 9 20-0 **Fax:** 9 20-610
Internet: http://www.fh-furtwangen.de
E-Mail: fhf@fh-furtwangen.de
Gründung: 1850/1947/1971
Präsident(in): Prof. Dr. Rainer Scheithauer (Rektor)
Vizepräsident(in): Prof. Dr. Heinz Meinholz (Prorektor)
Prof. Dipl.-Ing. Werner Ruoss (Prorektor, Ltg. Presseabteilung)
Verwaltungsdirektor: Dipl.-Vw.Wirt (FH) Helmut Köstermenke
Leitung Presseabteilung: Prof. Dipl.-Ing. Werner Ruoss
Mitarbeiter: 125 Professoren, 180 feste sonstige Mitarbeiter und ca. 100 Projektmitarbeiter
Jahresetat: ca. DM 35 Mio, € 17,9 Mio

Gelsenkirchen

• T 496

Fachhochschule Gelsenkirchen
45877 Gelsenkirchen
Neidenburger Str. 10/43, 45897 Gelsenkirchen
T: (0209) 95 96-0 **Fax:** 95 96-445
Internet: http://www.fh-gelsenkirchen.de
E-Mail: public.relations@fh-gelsenkirchen.de
Gründung: 1992 (1. August)
Rektor: Prof. Dr. Peter Schulte
Leitung Presseabteilung: Dr. Barbara Laaser
Verbandszeitschrift: Trikon
Redaktion: i. Hs. Fachhochschule Gelsenkirchen, 45877 Gelsenkirchen
Mitglieder: ca. 3200
Mitarbeiter: 345

• T 497

Fachhochschule für öffentliche Verwaltung Nordrhein-Westfalen
Postf. 10 07 42, 45807 Gelsenkirchen
Haidekamp 73, 45886 Gelsenkirchen
T: (0209) 16 59-0 **Fax:** 16 59-300
Internet: http://www.fhoev.nrw.de
Gründung: 1976
Präsident(in): Dr. Dieprand von Richthofen

Gießen

• T 498

Fachhochschule Gießen-Friedberg Hochschule für Technik und Wirtschaft
Wiesenstr. 14, 35390 Gießen
T: (0641) 3 09-0 **Fax:** 3 09-2901
Internet: http://www.fh-giessen.de
Gründung: 1971
Präsident(in): Prof. Dr.-Ing. Burkhard Kampschulte
Vizepräsident(in): Prof. Christian Vogel

• T 499

Justus-Liebig-Universität Gießen
Postf. 11 14 40, 35359 Gießen
Ludwigstr. 23, 35390 Gießen
T: (0641) 99-0 **Fax:** 99-12659
Internet: http://www.uni-giessen.de
Gründung: 1607
Präsident(in): Prof. Dr. S. Hormuth
Vizepräsident(in): Prof. Dr. Hannes Neumann
Kanzler: Dr. Michael Breitbach
Leitung Presseabteilung: Christel Lauterbach
Verbandszeitschrift: Spiegel der Forschung, UNI-FORUM
Redaktion: Christel Lauterbach, Charlotte Brückner-Ihl (UF)
Verlag: Pressestelle d. Universität Gießen, Ludwigstr. 23, 35390 Gießen
Mitarbeiter: ca. 3300 JLU, ca. 5500 Klinikum
Jahresetat: DM 857,9 Mio, € 438,64 Mio, davon JLU: DM 305,3 Mio, Klinikum: DM 582,3 Mio

Göttingen

• T 500

Georg-August-Universität Göttingen
Postf. 37 44, 37027 Göttingen
Goßlerstr. 5-7, 37073 Göttingen
T: (0551) 39-0 **Fax:** 39-9612
Internet: http://www.Uni-Goettingen.de
E-Mail: pressestelle@ZVW.uni-goettingen.de
Gründung: 1737
Präsident: Prof. Dr. Horst Kern

• T 501

Private Fachhochschule Göttingen
Weender Landstr. 3-7, 37073 Göttingen
T: (0551) 5 47 00-0 **Fax:** 5 47 00-1901
Internet: http://www.pfh-goettingen.de
E-Mail: Studieninfo@pfh-goettingen
Präsident(in): Prof. Dr. Bernd Sierke (R.A.)
Geschäftsführer(in): Martin Löwer

Greifswald

• T 502

Ernst-Moritz-Arndt-Universität Greifswald
Domstr. 11, 17489 Greifswald
T: (03834) 86-0 **Fax:** 86-1248
Internet: http://www.uni-greifswald.de
E-Mail: rektor@uni-greifswald.de
Gründung: 1456
Präsident(in): Prof. Dr.jur. Jürgen Kohler (Rektor)

Güstrow

• T 503

Fachhochschule für öffentliche Verwaltung und Rechtspflege
Goldberger Str. 12, 18273 Güstrow
T: (03843) 2 83-0 **Fax:** 33 40 97
E-Mail: fh-guestrow@t-online.de
Gründung: 1991
Direktor(in): Dr. Stefan Rudolph
Stellv. Direktor(en):
Dr. Eckart Wehser (Fachbereichsleiter Allgemeine Verwaltung)
Verwaltungsleiter: Eckart Siemer
Fachbereichsleiter Rechtspflege: Manfred Pander
Fachbereichsleiter FB Polizei:
Rolf Sievers
Fachbereichsleiter FB Steuerverwaltung:
Ulrich Neumann
Ausbildungsinstitut für die Kommunal- und Landesverwaltung M-V
Fortbildungsinstitut für die Landesverwaltung M-V

Hachenburg

• T 504

Fachhochschule der Deutschen Bundesbank
Postf. 11 71, 57620 Hachenburg
T: (02662) 8 31 **Fax:** 8 34 99
Gründung: 1980
Rektor: Dr. Dietrich Schönwitz
Stellv. d. Rektors: Dr. Hans-Jürgen Weber

Hagen

• T 505

FernUniversität - Gesamthochschule Hagen
58084 Hagen
T: (02331) 9 87-01 **Fax:** 9 87-27 63
Internet: http://www.fernuni-hagen.de
E-Mail: Rektorat@FernUni-Hagen.de
Gründung: 1974 (1. Dezember)
Rektor: Prof. Dr.-Ing. Helmut Hoyer
Ltg. Pressestelle: N. N.
Mitglieder: 56000
Mitarbeiter: 1200
Jahresetat: DM 120 Mio, € 61,36 Mio

Halle

• T 506

Burg Giebichenstein - Hochschule für Kunst und Design Halle
Postf. 20 02 52, 06003 Halle
Neuwerk 7, 06108 Halle
T: (0345) 77 51-50 **Fax:** 77 51-569
Internet: http://www.burg-halle.de
E-Mail: burgpost@burg-halle.de
Gründung: 1915
Rektor: Prof. Ludwig Ehrler
Leitung Presseabteilung: Dr. Renate Luckner-Bien

• T 507

Evangelische Hochschule für Kirchenmusik Halle an der Saale
Emil-Abderhalden-Str. 10, 06108 Halle
T: (0345) 2 19 69-0 **Fax:** 2 19 69-29
Gründung: 1926
Rektor: KMD Wolfgang Kupke

• T 508

Martin-Luther-Universität Halle-Wittenberg
06099 Halle
Universitätsplatz 10, 06108 Halle
T: (0345) 55-20 **Fax:** 55-27077
Internet: http://www.uni-halle.de
Rektor: Prof. Dr. Reinhard Kreckel

Hamburg

• T 509

Evangelische Fachhochschule für Sozialpädagogik Diakonenanstalt des Rauhen Hauses
Horner Weg 170, 22111 Hamburg
T: (040) 6 55 91-180 **Fax:** 6 55 91-228
Gründung: 1834/35
Rektorin: Prof.i.K. Barbara Rose

• T 510

Fachhochschule Hamburg
Postf. 760380, 22053 Hamburg
Winterhuder Weg 29, 22085 Hamburg
T: (040) 4 28 63-0 **Fax:** 4 28 63-3905
Internet: http://www.fh-hamburg.de
E-Mail: praesident@fh-hamburg.de
Gründung: 1970 (1. April)
Präsident(in): Dr. Hans-Gerhard Husung
Leitung Presseabteilung: Marion Hintloglou (T: (040) 4 28 63 35 89, Fax: (040) 4 28 63-43 87)
Verbandszeitschrift: Fachhochschulzeitung
Redaktion: Marion Hintloglou
Mitarbeiter: 1400

• T 511

Fachhochschule für Öffentliche Verwaltung Hamburg
Schwenckestr. 100, 20255 Hamburg
T: (040) 4 28 01 36 30 **Fax:** 4 28 01 25 00
Gründung: 1978
Präsident(in): Prof. Dr. Thomas Weise
Vizepräsident(in): Prof. Dieter Kück

• T 512

Hochschule für Musik und Theater
Harvestehuder Weg 12, 20148 Hamburg
T: (040) 4 28 48-0 **Fax:** 4 28 48-2666
Internet: http://www.rrz.uni-hamburg.de/hfmt/
E-Mail: hfm-pressestelle-bastians@uni-hamburg.de
Gründung: 1950
Präsident(in): Prof. Dr. Hermann Rauhe
Leitung Presseabteilung: Gabriele Bastians

• T 513

Hochschule für Bildende Künste Hamburg
Lerchenfeld 2, 22081 Hamburg
T: (040) 4 28 32-3255 **Fax:** 4 28 32-2279
Gründung: 1972
Präsident(in): Adrienne Goehler
Vizepräsident(in): Werner Büttner
Leitender Verwaltungsbeamter: Jörn Müller-Ruhnau

• T 514

Hochschule für Wirtschaft und Politik
Von-Melle-Park 9, 20146 Hamburg
T: (040) 4 28 38-2181 **Fax:** 4 28 38-4150
Internet: http://www.hwp.uni-hamburg.de
Gründung: 1948
Präsident(in): Dr. Dorothee Bittscheidt
Vizepräsident(in): Prof. Dr. Karl-Jürgen Bieback (bieback@hwp.uni-hamburg.de)
Leitung Presseabteilung: Anne Ernst (ErnstA@hwp.uni-hamburg.de)
Verbandszeitschrift: HWP-Magazin, HWP-Forschung
Ausbildungsziele: Dipl. Betriebswirt, Dipl. Sozialwirt, Dipl. Volkswirt, Dipl. in Wirtschafts- u. Arbeitsrecht, Dipl. Sozialökonom, Master in europäischer Unternehmensführung, Master in internationaler Unternehmensführung

• T 515

Technische Universität Hamburg-Harburg
21071 Hamburg
Schwarzenbergstr. 95, 21073 Hamburg
T: (040) 4 28 78-0 **Fax:** 4 28 78-2040
Internet: http://www.tu-harburg.de
Präsident(in): Prof. Dr.-Ing. Christian Nedeß

• T 516

Universität Hamburg
Edmund-Siemers-Allee 1, 20146 Hamburg
T: (040) 4 28 38-0 **Fax:** 4 28 38-2449
Internet: http://www.uni-hamburg.de
E-Mail: presse@rrz.uni-hamburg.de
Präsident(in): Dr. Jürgen Lüthje
Leitung Presseabteilung: Dr. Jörg Lippert

• T 517

Universität der Bundeswehr Hamburg
Postf. 70 08 22, 22008 Hamburg
Holstenhofweg 85, 22043 Hamburg
T: (040) 65 41-1 **Fax:** 65 41-2702
Internet: http://www.unibw-hamburg.de
E-Mail: dietmar.strey@unibw-hamburg.de
Gründung: 1973 (29. September)
Präsident(in): Dr.jur. Hans-Georg Schultz-Gerstein
Vizepräsident(in): Prof. Dr. phil. Eckardt Opitz
Leitung Presseabteilung: Dietmar Strey
Verbandszeitschrift: Uniforum, Uniforschung
Redaktion: Dietmar Strey/Pressestelle
Verlag: Verlag für Marketing u. Kommunikation, Hafenstr. 99, 67547 Worms

Hannover

• T 518

Evangelische Fachhochschule Hannover
Postf. 690363, 30612 Hannover
Blumhardtstr. 2, 30625 Hannover
T: (0511) 53 01-0 **Fax:** 53 01-203, 53 01-195
Gründung: 1971
Rektorin: Prof. Dr. Christiane Burbach
Prorektor: Prof. Dr. Jan Tillmann

• T 519

Fachhochschule Hannover (FHH)
Postf. 92 02 51, 30441 Hannover
T: (0511) 92 96-0 **Fax:** 92 96-120
Internet: http://www.fh-hannover.de
E-Mail: pressestelle@fh-hannover.de
Gründung: 1971 (1. August)
Besucheradresse: Ricklinger Stadtweg 118
Präsident(in): Prof. Dr.-Ing. Werner Andres (T: (0511) 92 96-1 01)
Vizepräsident(in): Prof. Dr.-Ing. Peter Blumendorf (T: (0511) 92 96-1 13)
Kanzler: Christoph Wiedemann (T: (0511) 92 96-1 00)
Leiterin d. Präsidialbüros, Pressesprecherin: Dagmar Thomsen (M.A., T: (0511) 92 96-1 22, Fax: (0511) 92 96-1 20)
Verbandszeitschrift: Spectrum
Mitarbeiter: ca. 550
Jahresetat: ca. DM 50 Mio, € 25,56 Mio

• T 520

Hochschule für Musik und Theater Hannover
Emmichplatz 1, 30175 Hannover
T: (0511) 31 00-1 **Fax:** 31 00-200
Internet: http://www.hmt-hannover.de
Gründung: 1950
Präsident(in): Dr. Klaus-Ernst Behne
Vizepräsident(in): Prof. Martin Brauß
Prof. Gudrun Schröfel-Gatzmann
Kanzlerin: Karin Vehrenkamp
Leitung Presseabteilung: Bernd Schabbing

• T 521

Fachhochschule für die Wirtschaft Hannover (FHDW)
Staatlich anerkannte Fachhochschule für das Duale Studium
Freundallee 15, 30173 Hannover
T: (0511) 2 84 83 70 **Fax:** 2 84 83 72
Gründung: 1996
Präsident(in): Prof. Dr. Karl Müller-Siebers
Studiengang Betriebswirtschaft: Prof. Dr. Karl Müller-Siebers

• T 522

Medizinische Hochschule Hannover
30623 Hannover
T: (0511) 5 32-1 **Fax:** 5 32-6003
Internet: http://www.mh-hannover.de
Rektor: Prof. Dr.med. Horst von der Hardt
Prorektoren: Prof. Dr. Wolfram Knapp (Studium u. Lehre)
Dr. R. Pabst (Forschung, Wissensch. Nachwuchs u. Weiterbildung)
Leitung Presseabteilung: Möller

• T 523

Tierärztliche Hochschule Hannover
Postf. 71 11 80, 30545 Hannover
Bünteweg 2, 30559 Hannover
T: (0511) 9 53-6 **Fax:** 9 53-8050
Internet: http://www.tiho-hannover.de
E-Mail: mflachs@vw.tiho-hannover.de
Gründung: 1778
Rektor: Prof. Dr. Volker Moennig
Leitung Presseabteilung: Dr. Annette Wegner
Mitarbeiter: 1000

• T 524

Universität Hannover
Postf. 6009, 30060 Hannover
Welfengarten 1, 30167 Hannover
T: (0511) 7 62-0 **Fax:** 7 62-3456
Internet: http://www.uni-hannover.de
E-Mail: praesidialamt@uni-hannover.de
Präsident(in): Prof. Dr. oec.publ. Ludwig Schätzl
Vizepräsident(in): Prof. Dr. phil. Liselotte Glage
Prof. Dr.-Ing. Peter Pirsch
Kanzler: Jan Gehlsen
Leitung Presseabteilung: Monika Brickwedde

Heide

• T 525

Fachhochschule Westküste Hochschule für Wirtschaft und Technik
Fritz-Thiedemann-Ring, 25746 Heide
T: (0481) 85 55-0 **Fax:** 85 55-820
Internet: http://www.fh-westkueste.de
E-Mail: rektorat@fh-westkueste.de
Gründung: 1994
Präsident(in): Prof. Dr.-Ing. Jürgen Teifke
Leitung Pressestelle: Michael Engelbrecht

Heidelberg

• T 526

Fachhochschule Heidelberg
Postf. 10 14 09, 69004 Heidelberg
Bonhoefferstr. 1, 69123 Heidelberg
T: (06221) 88-2567 **Fax:** 88-2787
Internet: http://www.fh-heidelberg.de
E-Mail: methner@fh-heidelberg.de
Gründung: 1969
Präsident(in): Prof. Dipl.-Ing. Horst Methner (Rektor)

• T 527

Hochschule für Jüdische Studien
Friedrichstr. 9, 69117 Heidelberg
T: (06221) 2 25 76 **Fax:** 16 76 96
Gründung: 1979
Rektor: Prof. Dr. Michael Graetz

• T 528

Hochschule für Kirchenmusik der Evangelischen Landeskirche in Baden
Hildastr. 8, 69115 Heidelberg
T: (06221) 2 70 62 **Fax:** 2 18 76
Internet: http://www.hfk-heidelberg.de
E-Mail: hfk_heidelberg@t-online.de
Gründung: 1931
Präsident(in): Prof. Hermann Schäffer (Rektor)

• T 529

Pädagogische Hochschule Heidelberg
Keplerstr. 87, 69120 Heidelberg
T: (06221) 4 77-0 **Fax:** 4 77-433
Internet: http://www.ph-heidelberg.de
E-Mail: ph@ph-heidelberg.de
Gründung: 1962
Rektor: Prof. Dr. Ludwig Schwinger

• T 530

Ruprecht-Karls-Universität Heidelberg
Postf. 10 57 60, 69047 Heidelberg
Grabengasse 1, 69117 Heidelberg
T: (06221) 54-0 **Fax:** 54-2618
Internet: http://www.uni-heidelberg.de
E-Mail: gb@zuv.uni-heidelberg.de
Rektor: Prof. Dr.rer.pol. Jürgen Siebke
Prorektoren: Prof. Dr.rer.nat. Heinz Horner
Prof. Dr.med. Jochen Tröger
Prof. Dr.phil. Susanne Weigelin-Schwiedrzik
Kanzlerin: Romana Gräfin von Hagen
Leitung Pressestelle: Dr. Michael Schwarz

Heilbronn

• T 531

Fachhochschule Heilbronn Hochschule für Technik und Wirtschaft
Max-Planck-Str. 39, 74081 Heilbronn
T: (07131) 5 04-0 **Fax:** 25 24 70
Internet: http://www.fh-heilbronn.de
Gründung: 1971
Rektor: Prof. Dr. Otto Grandi
Prorektoren: Prof. Dr. Christian Schrödter
Prof. Dr. Burkhard Lohrengel
Leitung Presseabteilung: Gudrun Heller

Fachhochschule Heilbronn Standort Künzelsau
Daimlerstr. 35, 74653 Künzelsau
T: (07940) 13 06-0 **Fax:** 13 06-20

Herford

• **T 532**

Hochschule für Kirchenmusik der Evangelischen Kirche von Westfalen
Parkstr. 6, 32049 Herford
T: (05221) 99 14 50 **Fax:** 83 08 09
Präsident(in): KMD Prof. Rolf Schönstedt (Rektor)

Hildesheim

• **T 533**

Fachhochschule Hildesheim-Holzminden-Göttingen
Hohnsen 4, 31134 Hildesheim
T: (05121) 8 81-0 **Fax:** 8 81-125
Internet: http://www.fh-hildesheim.de
Gründung: 1971
Präsident(in): Prof. Dr. Johannes Kolb
Vizepräsident(in): Prof. Dr. Hermann Hettche
Prof. Dr. Hubert Merkel
Kanzler: Gerd Sutor
Leitung Presseabteilung: Dipl. journ. Regine Buhmann

• **T 534**

Niedersächsische Fachhochschule für Verwaltung und Rechtspflege
Goslarsche Str. 3, 31134 Hildesheim
T: (05121) 1 63-183 **Fax:** 1 63-207
Gründung: 1979
Rektor: Prof. Wilfried Abel
Prorektor: Prof. Jens Martens
Verwaltungsleiter: Wolfgang Volling

• **T 535**

Universität Hildesheim
Postf. 10 13 63, 31113 Hildesheim
Marienburger Platz 22, 31141 Hildesheim
T: (05121) 8 83-0 **Fax:** 8 83-177
Internet: http://www.uni-hildesheim.de
E-Mail: presse@rz.uni-hildesheim.de
Gründung: 1978
Präsident(in): Dr. Ursula Bosse
Leitung Presseabteilung: Iris Klaßen
Mitarbeiter: 358; Studierende: 3600

Hof

• **T 536**

Fachhochschule Hof
Alfons-Goppel-Platz 1, 95028 Hof
T: (09281) 40 93-00 **Fax:** 40 94-00
Internet: http://www.fh-hof.de
E-Mail: post@fh-hof.de
Präsident(in): Prof. Dr. Georg Nagler
Stellv. Präsident: Prof. Dr. Maximilian Walter
Prof. Dr. Hartmut Wunderatsch
Kanzler: RD Dr. Franz-Rudolf Herber

Idstein

• **T 537**

Europa Fachhochschule Fresenius
Limburger Str. 2, 65510 Idstein
T: (06126) 93 52-0 **Fax:** 93 52-10
Internet: http://www.fh-fresenius.de
E-Mail: info@fh-fresenius.de
Gründung: 1848
Präsident(in): Dipl.-Ing.Päd. Hans-Jörg Bähr
Marketing: Corinna Glenz
Mitarbeiter: 40

Ilmenau

• **T 538**

Technische Universität Ilmenau
Postf. 100565, 98684 Ilmenau
Max-Planck-Ring 14, 98693 Ilmenau
T: (03677) 69-0 **Fax:** 69-1701
TX: 338 423 tuil d
Internet: http://www.tu-ilmenau.de
E-Mail: pressestelle.org@zv.tu-ilmenau.de
Rektor: Univ.-Prof. Dr.-Ing. habil. Heinrich Kern
Leitung Presseabteilung: Wilfried Nax (M.A.)

Ingolstadt

• **T 539**

Fachhochschule Ingolstadt
Postf. 210454, 85019 Ingolstadt
Goldknopfgasse 7, 85049 Ingolstadt
T: (0841) 93 48-0 **Fax:** 93 48-200
Internet: http://www.fh-ingolstadt.de
E-Mail: praesident@fh-ingolstadt.de
Gründung: 1994
Präsident(in): Prof. Dr. Gunter Schweiger
Prof. Dr. Horst-Joachim Jaeck (stellv.)
Kanzler: N. N.

Iserlohn

• **T 540**

Märkische Fachhochschule Iserlohn
Postf. 20 61, 58590 Iserlohn
Frauenstuhlweg 31, 58644 Iserlohn
T: (02371) 5 66-0 **Fax:** 5 66-274
Internet: http://www.mfh-iserlohn.de
E-Mail: MFH@mfh-iserlohn.de
Gründung: 1988 (1. April)
Rektor: Prof. Dr.rer.nat. Michael Teusner
Kanzler: Hellmut Cramer
Mitarbeiter: 305 (1998)
Jahresetat: rd. DM 29 Mio, € 14,83 Mio, DM 5,7 Mio. eingeworbene Dritt- und Forschungsmittel, DM 6,6 Mio Zentralmittel (1998)
Hochschulzeitung: MFH-Forum
Redaktion: Presse- u. Informationsstelle
Verlag: Selbstverlag

Isny

• **T 541**

Fachhochschule und Berufskollegs NTA Prof. Dr. Grübler, gemeinn. GmbH, Isny
Seidenstr. 12-35, 88316 Isny
T: (07562) 97 07-0 **Fax:** 97 07-71
Internet: http://www.fh-isny.de
E-Mail: bergler@server3.fh-isny.de
Gründung: 1945
Präsident(in): Prof. Dr. Friedrich Bergler

Jena

• **T 542**

Fachhochschule Jena
Postf. 10 03 14, 07703 Jena
Carl-Zeiss-Promenade 2, 07745 Jena
T: (03641) 20 50 (Zentrale Vermittlung), 20 51 00 (Rektorat), 20 51 30 (Öffentlichkeitsarbeit) **Fax:** 20 51 01 (Rektorat), 20 51 31 (Öffentlichkeitsarbeit)
Internet: http://www.fh-jena.de
E-Mail: rektor@fh-jena.de
Gründung: 1991 (01. Oktober)
Rektor: Prof. Dr.-Ing. Werner Bornkessel
Prorektoren: Prof. Dr. sc. oec. Gabriele Beibst
Prof. Dr. rer. nat. Ellen Hansen
Öffentlichkeitsarbeit: Annette Sell
Mitarbeiter: ca. 290 Mitarb./Prof., ca. 3000 Studierende

• **T 543**

Friedrich-Schiller-Universität Jena
07740 Jena
Fürstengraben 1, 07743 Jena
T: (03641) 93-00 **Fax:** 93-1682
Teletex: 331 506 uni d
Internet: http://www.uni-jena.de
Gründung: 1558
Rektor: Prof. Dr.med.habil. Georg Machnik
Prorektoren: Prof. Dr. Klaus Dicke
Prof. Dr. Konrad Goetz
Kanzler: Dr. Klaus Kübel
Referat Öffentlichkeitsarbeit: Dr. Wolfgang Hirsch
Mitarbeiter: 6515
Uni-Zeitschrift: Uni-Journal Jena
Redaktion: Fürstengraben 1, 07743 Jena

Kaiserslautern

• **T 544**

Fachhochschule Kaiserslautern
Postf. 15 73, 67604 Kaiserslautern
Morlauterer Str. 31, 67657 Kaiserslautern
T: (0631) 37 24-0 **Fax:** 37 24-105
Internet: http://www.FH-KL.DE
E-Mail: PRESSE@VERW-KL.FH-KL.DE (Öffentlichkeitsarbeit)
Gründung: 1996
Präsident(in): Prof. Dr. Richard Herbrik
Vizepräsident(in): Prof. Kurt Neumeier
Kanzler: Kurt Kühr
Stellvertretender Kanzler: Rudolf Becker
Leitung Presseabteilung: Hubert H. Grimm
Mitarbeiter: 120
Jahresetat: DM 22 Mio, € 11,25 Mio

• **T 545**

Universität Kaiserslautern
67653 Kaiserslautern
Gottlieb-Daimler-Str., 67663 Kaiserslautern
T: (0631) 2 05-1 **Fax:** 2 05-3200
Internet: http://www.uni-kl.de
Präsident(in): Prof. Dr.-Ing. Günter Warnecke
Vizepräsident(in): Prof. Dr. Helmut J. Schmidt
Prof. Dr. Hartmut Hofrichter
Leitung Presseabteilung: Elmar Hein
Verbandszeitschrift: UNI-SPECTRUM
Verlag: Alpha, Postf. 14 80, 68604 Lampertheim

Karlsruhe

• **T 546**

Fachhochschule Karlsruhe Hochschule für Technik
Postf. 24 40, 76012 Karlsruhe
Moltkestr. 30, 76133 Karlsruhe
T: (0721) 9 25-0 **Fax:** 9 25-2000
Internet: http://www.fh-karlsruhe.de
E-Mail: mailbox@fh-karlsruhe.de
Gründung: 1878
Rektor: Prof. Dr.-Ing. Werner Fischer
Prorektoren: Prof. Dr.-Ing. Wolfgang Fritz
Prof. Dr.rer.nat. Karl-Heinz Meisel
Verwaltungsdirektor: N.N.
Geschäftsstelle f. Öffentlichkeitsarb.: Holger Gust (M.A.)
Institut für Innovation und Transfer (IIT): Dipl.-Ing. Arno Lagaly

• **T 547**

Pädagogische Hochschule Karlsruhe
Postf. 49 60, 76032 Karlsruhe
Bismarckstr. 10, 76133 Karlsruhe
T: (0721) 9 25-3 **Fax:** 9 25-4000
Internet: http://www.uni-karlsruhe.de
E-Mail: Info@PH-Karlsruhe/PH.de
Gründung: 1962
Präsident(in): Prof. Dr. Jürgen Nebel (Rektor)

• **T 548**

Staatliche Hochschule für Gestaltung Karlsruhe
Durmersheimer Str. 55, 76185 Karlsruhe
T: (0721) 95 41-0 **Fax:** 95 41-206
Internet: http://www.hfg-karlsruhe.de
Gründung: 1992
Rektor: Prof. Gunter Rambow
Leitung Presseabteilung: Dr. Michael Schuster

• **T 549**

Staatliche Hochschule für Musik Karlsruhe
Postf. 60 40, 76040 Karlsruhe
Wolfartsweierer Str. 7a, 76131 Karlsruhe
T: (0721) 66 29-0 **Fax:** 66 29-266
Internet: http://www.karlsruhe.de/Kultur/Musikhochschule
Gründung: 1929
Präsident(in): Prof. Fany Solter (Rektorin)
Vizepräsident(in): Prof. Wolfgang Meyer (Prorektor)
Leitung Presseabteilung: Heinrich Funk

• **T 550**

Universität Fridericiana zu Karlsruhe
76128 Karlsruhe
Kaiserstr. 12, 76131 Karlsruhe
T: (0721) 6 08-0 **Fax:** 6 08-4290
Internet: http://www.uni-karlsruhe.de
E-Mail: posteingang@verwaltung.uni-karlsruhe.de
Gründung: 1825
Rektor: Prof. Dr.-Ing. Sigmar Wittig

Kassel

• T 551

Universität Gesamthochschule Kassel
34109 Kassel
Mönchebergstr. 19, 34125 Kassel
T: (0561) 8 04-0 **Fax:** 8 04-2330
Internet: http://www.uni-kassel.de
E-Mail: praesident@verwaltung.uni-kassel.de
Präsident(in): N.N.

Kehl

• T 552

Fachhochschule Kehl
Hochschule für öffentliche Verwaltung
Postf. 1549, 77675 Kehl
Kinzigallee 1, 77694 Kehl
T: (07851) 8 94-0 **Fax:** 8 94-120
E-Mail: spraul@fh-kehl.de
Gründung: 1971
Präsident(in): Prof. Hans-Jürgen Sperling

Kempten

• T 553

Fachhochschule Kempten
Hochschule für Technik und Wirtschaft
Postf. 16 80, 87406 Kempten
Immenstädter Str. 69, 87435 Kempten
T: (0831) 25 23-0 **Fax:** 25 23-104
Internet: http://www.fh-kempten.de
E-Mail: post@fh-kempten.de
Gründung: 1978
Rektor: Prof. Dr.-Ing. Klaus Seidel

Kiel

• T 554

Christian-Albrechts-Universität zu Kiel
24098 Kiel
Olshausenstr. 40, 24118 Kiel
T: (0431) 8 80-00 **Fax:** 8 80-2072
TX: 292 979 ifkki
Internet: http://www.uni-kiel.de
E-Mail: pressestelle@zentr-verw.uni-kiel.de, rektorat@verwaltung.uni-kiel.de
Gründung: 1665
Rektor: Prof. Dr.rer.nat. Reinhard Demuth
Syndikus: Claus Frömsdorf
Leitung Presseabteilung: Susanne Schuck-Zöller
Verbandszeitschrift: CHRISTIANA ALBERTINA
Redaktion: Pressestelle
Verlag: Univ. Kiel, Pressestelle, 24098 Kiel
Mitglieder: ca. 21000 (Stud.) + 2500 Mitarbeiter
Mitarbeiter: ca. 2500
Jahresetat: DM 265 Mio, € 135,49 Mio
Die Universität ist Mitglied folgender Organisationen und Vereinigungen:
Hochschulrektorenkonferenz
Ständige Konferenz der Rektoren und Vizekanzler der Europäischen Universitäten
Association Internationale des Universités
Konferenz der Baltischen Universitäts-Rektoren
Landesrektoren-Konferenz Schleswig-Holstein
Deutsche Forschungsgemeinschaft
Deutscher Akademischer Austauschdienst

• T 555

Fachhochschule Kiel
Sokratesplatz 1, 24149 Kiel
T: (0431) 2 10-0 **Fax:** 2 10-1900
Internet: http://www.fh-kiel.de
Gründung: 1969
Rektor: Prof. Dr. Walter Reimers
Prorektoren: Prof. Dr. Gerd Stock
Prof. Dr. Bodo Biedermann
Kanzler: Dietmar Wabbel
Leitung Presseabteilung: Klaus Nilius (T: (0431) 2 10 10 20, Fax: (0431) 2 10-6-1030)

• T 556

Muthesius-Hochschule
Fachhochschule für Kunst und Gestaltung
Lorentzendamm 6-8, 24103 Kiel
T: (0431) 51 98-400 **Fax:** 51 98-408
Internet: http://www.muthesius.de
E-Mail: presse@muthesius.de
Gründung: 1907
Rektor: Prof. Dr. Ludwig Fromm
Prorektor: Prof. Hannes Brunner
Leitung Presseabteilung: Ursula Schmitz-Bünder

Koblenz

• T 557

Fachhochschule Koblenz
Finkenherd 4, 56075 Koblenz
T: (0261) 95 28-0 **Fax:** 95 28-567
Internet: http://www.fh-koblenz.de
E-Mail: verwaltung@fh-koblenz.de
Präsident(in): Prof. Dr.-Ing. Hans-Dieter Kirschbaum
Vizepräsident(in): Prof. Dr.jur. Joachim Voigt
Kanzler: Werner Dörr
Stellvertretender Kanzler: Arno Kreck

Köln

• T 558

Deutsche Sporthochschule Köln
50927 Köln
Carl-Diem-Weg 6, 50933 Köln
T: (0221) 49 82-0 **Fax:** 49 82-833
Internet: http://www.dshs-koeln.de
Gründung: 1947
Rektor: Prof. Dr.rer.pol. Walter Tokarski
Leitung Presseabteilung: Elke Klein

• T 559

Fachhochschule Köln
Claudiusstr. 1, 50678 Köln
T: (0221) 82 75-1 **Fax:** 82 75-3131
Internet: http://www.fh-koeln.de
E-Mail: pressestelle@fh-koeln.de
Gründung: 1971
Rektor: Prof. Dr.phil. Joachim Metzner

• T 560

Hochschule für Musik Köln
Dagobertstr. 38, 50668 Köln
T: (0221) 91 28 18-0 **Fax:** 13 12 04
Internet: http://www.mhs-koeln.de
E-Mail: heike.sauer@uni-koeln.de
Gründung: 1925
Rektor: Prof. Dr. Werner Lohmann
Kanzlerin: N. N.
Leitung Presseabteilung: Dr. Heike Sauer
Verbandszeitschrift: Journal
Redaktion: Dr. Heike Sauer

• T 561

Katholische Fachhochschule Nordrhein-Westfalen
Wörthstr. 10, 50668 Köln
T: (0221) 97 31 47-0 **Fax:** 97 31 47-13
Internet: http://www.kfhnw.de
Gründung: 1971
Präsident(in): Prof. Dr. Peter Berker (Rektor)
Vizepräsident(in): Prof. Dr. Angelika Schmidt-Koddenberg (Prorektorin)
Geschäftsführer(in): Karl Heinz Müller (Kanzler)
Pressereferent: Bernhard Schorn
Verbandszeitschrift: forum KFH NW
Redaktion: Bernhard Schorn

• T 562

Kunsthochschule für Medien Köln
Peter-Welter-Platz 2, 50676 Köln
T: (0221) 2 01 89-0 **Fax:** 2 01 89-17
Internet: http://www.khm.de
E-Mail: gr@khm.de
Gründung: 1990
Rektor: Prof. Dr. Siegfried Zielinski
Kanzler: Hans Horst Rossa
Leitung Presseabteilung: Regina Maas

• T 563

Rheinische Fachhochschule Köln
Hohenstaufenring 16-18, 50674 Köln
T: (0221) 2 03 02-0 **Fax:** 2 03 02-49
Internet: http://www.rfh-koeln.de
E-Mail: verw@rfh-koeln.de
Gründung: 1971
Präsident(in): Prof. Dr. Bernd Harjes (Rektor)

• T 564

Universität zu Köln
50923 Köln
Albertus-Magnus-Platz, 50931 Köln
T: (0221) 4 70-1 **Fax:** 4 70-5151
Präsident(in): Prof. Dr. Jens-Peter Meincke (Rektor)

Königs Wusterhausen

• T 565

Fachhochschule für Finanzen des Landes Brandenburg
Bildungszentrum der Finanzverwaltung
Schillerstr. 6, 15711 Königs Wusterhausen
T: (03375) 67 20 **Fax:** 67 23 00
Gründung: 1991
Direktor(in): Rudolf Oehmen

Köthen

• T 566

Hochschule Anhalt
Postf. 1458, 06354 Köthen
Bernburger Str. 55, 06366 Köthen
T: (03496) 67-0 **Fax:** 21 21 52
Internet: http://www.hs-anhalt.de
E-Mail: rektorat@hs-anhalt.de
Gründung: 1993 (1. Oktober)
Rektor: Prof. Dr.habil. Dieter Orzessek
Kanzler: Dipl.-Verwaltungswirt Wolf-G. Rasche
Presse- u. Öffentlichkeitsarbeit: Petra Becker

Konstanz

• T 567

Fachhochschule Konstanz
Hochschule für Technik, Wirtschaft und Gestaltung
Postf. 10 05 43, 78405 Konstanz
Brauneggerstr. 55, 78462 Konstanz
T: (07531) 2 06-0 **Fax:** 2 06-400
Internet: http://www.fh-konstanz.de
Gründung: 1906
Rektor: Prof. Olaf Harder
Mitarbeiter: 280
Hochschulzeitschrift: FHK-JOURNAL
Redaktion: Dr. Adrian Ciupuliga
Verlag: Labhard-Verlag, Zum Hussenstein 7, 78462 Konstanz

• T 568

Universität Konstanz
78457 Konstanz
Universitätsstr. 10, 78464 Konstanz
T: (07531) 88-0 **Fax:** 88-3688
Internet: http://www.uni-konstanz.de
Präsident(in): Prof. Dr.phil. Gerhart von Graevenitz (Rektor)

Krefeld

• T 569

Fachhochschule Niederrhein
Postf. 10 07 62, 47707 Krefeld
Reinarzstr. 49, 47805 Krefeld
T: (02151) 8 22-0 **Fax:** 8 22-555
Internet: http://www.fh-niederrhein.de
E-Mail: rektor@fh-niederrhein.de
Gründung: 1971 (01. August)
Präsident(in): Prof. Dr. Hermann Ostendorf (Rektor)
Leitung Presseabteilung: Rudolf Haupt
Verbandszeitschrift: FHN-REPORT
Redaktion: R. Haupt
Verlag: Reinarzstr. 49, 47805 Krefeld
Mitglieder: 8200 (Studenten)
Mitarbeiter: 543,5
Jahresetat: DM 67,7 Mio, € 34,61 Mio

Lahr

• T 570

Süddeutsche Hochschule für Berufstätige
Staatlich anerkannte Fachhochschule der AKAD
Hohbergweg 15-17, 77933 Lahr
T: (07821) 91 49-0 **Fax:** 2 34 13
Gründung: 1991
Rektor: Dr. Josef Foschepoth
Prorektor: Dr. Rainer Paulic

Landshut

• T 571

Fachhochschule Landshut
Hochschule für Wirtschaft - Sozialwesen - Technik
Am Lurzenhof 1, 84036 Landshut

T: (0871) 5 06-0 **Fax:** 5 06-506
Internet: http://www.fh-landshut.de
Gründung: 1978
Präsident(in): Prof. Dr. Erwin Blum
Kanzler: Hansgeorg Falterer
Leitung Presseabteilung: Judith Meier
Verbandszeitschrift: Studienführer
Redaktion: FH Landshut
Verlag: Context-Verlag, Brühlstr. 9, 63179 Obertshausen
Mitarbeiter: 123
Jahresetat: ca. DM 11 Mio, € 5,62 Mio

Leipzig

• **T 572**

Deutsche Telekom Fachhochschule Leipzig
Gustav-Freytag-Str. 43-45, 04277 Leipzig
Postf. 71, 04251 Leipzig
T: (0341) 30 62-0 **Fax:** 3 01 50 69
T-Online ✻191134✻
Internet: http://www.fh-telekom-leipzig.de
Gründung: 1991
Rektor: Prof. Dr.sc.nat. Volkmar Brückner
Leitung Presseabteilung: Dipl.-Verwaltungswirtin (FH) Hilke Michaelis (T: (0341) 30 62-120)

• **T 573**

Handelshochschule Leipzig (HHL)
Jahnallee 59, 04109 Leipzig
T: (0341) 98 51-60 **Fax:** 4 77 32 43
Internet: http://www.hhl.de
E-Mail: hhl@hhl.de
Gründung: 1992
Präsident(in): Dr. h.c. Friedel Neuber
Rektor: Prof. Gert Assmus (Ph. D.)
Leitung Presseabteilung: Michael Kirschke
Mitarbeiter: 38

• **T 574**

Hochschule für Grafik und Buchkunst Leipzig
Postf. 100805, 04008 Leipzig
Wächterstr. 11, 04107 Leipzig
T: (0341) 21 35-0 **Fax:** 21 35-166
Internet: http://www.hgb-leipzig.de
E-Mail: hgb@hgb-leipzig.de
Gründung: 1764
Rektor: Prof. Ruedi Baur
Prorektoren: Prof. Rolf Kuhrt
Prof. Timm Rautert
Kanzlerin: Martina Petermann
Öffentlichkeitsarbeit: Susanne Schuck
Mitarbeiter: 85

• **T 575**

Hochschule für Musik und Theater "Felix Mendelssohn Bartholdy" Leipzig
Postf. 10 08 09, 04008 Leipzig
Grassistr. 8, 04107 Leipzig
T: (0341) 21 44 55 **Fax:** 2 14 45 03
Internet: http://www.hmt-leipzig.de
Gründung: 1843
Rektor: Prof. Dr. Christoph Krummacher

• **T 576**

Hochschule für Technik, Wirtschaft und Kultur Leipzig (FH)
Karl-Liebknecht-Str. 132, 04277 Leipzig
T: (0341) 3 07-60 **Fax:** 3 07-6456
Internet: http://www.htwk-leipzig.de
E-Mail: rektor@htwk-leipzig.de
Gründung: 1992
Rektor: Prof. Dr.-Ing. Klaus Steinbock
Prorektoren: Prof. Dr.rer.nat. Klaus Dibowski (Bildung)
Prof. Dr.-Ing. Manfred Nietner (Wissenschaftsentwicklung)
Kanzler: Prof. Dr.rer.nat. Ulrich Ziegler
Referent f. Auslands- u. Öffentlichkeitsarb.: Dr. Bernd Ebert
Hochschulzeitschrift: "Podium" - Beiträge zu Lehre und Forschung
Redaktionskomm., Vors.: Prof. Dr. phil. Thomas Fabian

• **T 577**

Ostdeutsche Hochschule für Berufstätige Staatlich anerkannte Fachhochschule der AKAD
Gutenbergplatz 1e, 04103 Leipzig
T: (0341) 2 26 19 30 **Fax:** 2 26 19 39
Internet: http://www.akad.de
E-Mail: akad-leipzig@akad-online.de
Gründung: 1992
Präsident(in): Prof. Dr. Kurt W. Schönherr (Rektor)

• **T 578**

Universität Leipzig
04081 Leipzig
Postf. 10 09 20, 04009 Leipzig
Ritterstr. 26, 04109 Leipzig
T: (0341) 97-108, 97-109 **Fax:** 97-30099
TX: 311 153 uni d
Internet: http://www.uni-leipzig.de/
Rektor: Prof. Dr. Volker Bigl
Prorektor für Lehre und Studium: Prof. Dr. Christoph Kähler
Prorektor für Forschung: Prof. Dr. Tilman Butz
Prorektor für Universitätsentwicklung: Prof. Dr. Andreas Blaschczok
Kanzler: Peter Gutjahr-Löser
Pressestelle: Volker Schulte

Fakultäten:

Theologische Fakultät
Dekan: Prof. Dr. Dr. Kurt Nowak

Juristenfakultät
Dekan: Prof. Dr. Franz Häuser
Fakultät für Geschichte, Kunst- und Orientwissenschaften
Dekan: Prof. Dr. Holger Preißler

Philologische Fakultät
Dekan: Prof. Dr. Wolfgang F. Schwarz

Erziehungswissenschaftliche Fakultät
Dekan: Prof. Dr. Dieter Schulz

Fakultät für Sozialwissenschaften und Philosophie
Dekan: Prof. Dr. Georg Vobruba

Wirtschaftswissenschaftliche Fakultät
Dekan: Prof. Dr. Hans Günter Rautenberg

Sportwissenschaftliche Fakultät
Dekan: Prof. Dr. Helmut Kirchgässner

Medizinische Fakultät
Dekan: Prof. Dr. Joachim Mössner

Fakultät für Mathematik und Informatik
Dekan: Prof. Dr. Matthias Günther

Fakultät für Biowissenschaften, Pharmazie und Psychologie
Dekan: Prof. Dr. Martin Schlegel

Fakultät für Physik und Geowissenschaften
Dekan: Prof. Dr. Gerd Tetzlaff

Fakultät für Chemie und Mineralogie
Dekan: Prof. Dr. Peter Welzel

Veterinärmedizinische Fakultät
Dekan: Prof. Dr. Jürgen Gropp

Lemgo

• **T 579**

Fachhochschule Lippe
Liebigstr. 87, 32657 Lemgo
T: (05261) 7 02-0 **Fax:** 7 02-222
Internet: http://www.fh-lippe.de
E-Mail: rektorat@mail.fh-lippe.de
Gründung: 1971
Rektor: Prof. Dr.sc.agr. Dietrich Lehmann
Kanzler: Helmuth Hoffstetter
Leitung Presseabteilung: Grewe-König

Ludwigsburg

• **T 580**

Evang. Fachhochschule Reutlingen - Ludwigsburg Hochschule für Soziale Arbeit, Religionspädagogik und Diakonie
- staatlich anerkannte Fachhochschule der Evang. Landeskirche in Württemberg - mit Sitz in Ludwigsburg
Paulusweg 24, 71638 Ludwigsburg
T: (07141) 9 65-0 **Fax:** 9 65-234
Rektor: Prof. Roland Ensinger

• **T 581**

Fachhochschule Ludwigsburg Hochschule für öffentliche Verwaltung und Finanzen
Reuteallee 36, 71634 Ludwigsburg
T: (07141) 14 00 **Fax:** 14 05 44
Internet: http://www.fh-ludwigsburg.de
E-Mail: Goller@rz.fHoV-Ludwigsburg.de
Rektor: Prof. Jost Goller

• **T 582**

Pädagogische Hochschule Ludwigsburg
Postf. 2 20, 71602 Ludwigsburg
Reuteallee 46, 71634 Ludwigsburg
T: (07141) 1 40-0 **Fax:** 1 40-434
Internet: http://www.ph-ludwigsburg.de
Gründung: 1962
Rektor: Prof. Dr. Hartmut Melenk
Prorektor: Prof. Dr. Iris Füssenich
Prof. Dr. Philipp Mayring
Pressereferent: Dr. Gottfried Deetjen

Ludwigshafen

• **T 583**

Evangelische Fachhochschule Ludwigshafen
Hochschule für Sozial- und Gesundheitswesen
Postf. 21 06 28, 67006 Ludwigshafen
Maxstr. 29, 67059 Ludwigshafen
T: (0621) 5 91 13-0 **Fax:** 5 91 13-59
Internet: http://www.evpfalz.de/efh-ludwigshafen
E-Mail: efh-ludwigshafen@t-online.de
Gründung: 1971
Präsident(in): Prof. Dr. Dieter Wittmann (Rektor)

• **T 584**

Fachhochschule Ludwigshafen Hochschule für Wirtschaft
Ernst-Boehe-Str. 4, 67059 Ludwigshafen
T: (0621) 52 03-0 **Fax:** 6 22-467
Internet: http://www.fh-ludwigshafen.de
E-Mail: presse@fh-ludwigshafen.de
Gründung: 1971
Präsident(in): Prof. Dr. Wolfgang Anders
Vizepräsident(in): Prof. Dr. Johannes Kals
Kanzler: Dirk Grüner
Stellvertretender Kanzler: Willi Kästel
Leitung Presseabteilung: Dr. Andrea Cnyrim
Mitarbeiter: 2 in der Presseabteilung

Lübeck

• **T 585**

Fachhochschule Lübeck
Stephensonstr. 3, 23562 Lübeck
T: (0451) 5 00-0 **Fax:** 5 00-5100
Internet: http://www.fh-luebeck.de
E-Mail: rektorat@fh-luebeck.de
Gründung: 1969
Rektor: Prof. Dr.-Ing. H. W. Orth
Prorektor: Prof. Dr.-Ing. J. Litz
Kanzler: Carsten Riege

• **T 586**

Medizinische Universität zu Lübeck
Ratzeburger Allee 160, 23562 Lübeck
T: (0451) 5 00-0 **Fax:** 5 00-3016
Internet: http://www.mu-luebeck.de
E-Mail: presse@zuv.mu-luebeck.de
Rektor: Prof. Dr. med. Hans Arnold
Leitung Presseabteilung: Rüdiger Labahn
Verbandszeitschrift: Focus MUL
Redaktion: MUL-Pressestelle
Verlag: Schmidt-Römhild, Lübeck
Mitarbeiter: 5107 (einschließlich Klinikum)

• **T 587**

Musikhochschule Lübeck
Große Petersgrube 17-29, 23552 Lübeck
T: (0451) 15 05-0 **Fax:** 15 05-300
Internet: http://www.mh-luebeck.de
E-Mail: info@mh-luebeck.de
Gründung: 1933
Präsident(in): Prof. Inge-Susann Römhild (Rektorin)

Lüneburg

• **T 588**

Fachhochschule Nordostniedersachsen
Volgershall 1, 21339 Lüneburg
T: (04131) 6 77-0 **Fax:** 6 77-511
Internet: http://www.fh-lueneburg.de
E-Mail: FHN@zv.fh-lueneburg.de
Gründung: 1971
Präsident(in): Prof. Dr. Christa Cremer-Renz
Vizepräsidenten: Prof. Dr. Hartmut Wittenberg

Prof. Dr. Horst Meyer-Wachsmuth
Kanzler: Roland Schmidt
Leitung Presseabteilung: Kathleen Battke
Mitarbeiter: ca. 336

● **T 589**

Universität Lüneburg
21332 Lüneburg
Scharnhorststr. 1, 21335 Lüneburg
T: (04131) 78-0 **Fax:** 78-1091
Internet: http://www.uni-lueneburg.de
E-Mail: praesident@uni-lueneburg.de
Gründung: 1946
Präsident(in): Prof. Dr. Hartwig Donner
Vizepräsident(in): Prof. Dr. Joachim Heilmann
Prof. Dr. Edgar Kreilkamp
Kanzler: Frank Chantelau
Leitung Presseabteilung: Henning Zühlsdorff
Mitarbeiter: 389
Jahresetat: DM 40 Mio, € 20,45 Mio
Zeitschrift: Universität Lüneburg
Redaktion: H. Zühlsdorff, Uni Lüneburg

Magdeburg

● **T 590**

Fachhochschule Magdeburg
Breitscheidstr. 2, 39114 Magdeburg
T: (0391) 8 86 30 **Fax:** 8 86 41 04
Internet: http://www.fh-magdeburg.de
Gründung: 1991
Rektor: Prof. Dr. Andreas Geiger
Leitung Presseabteilung: Norbert Doktor

● **T 591**

Otto-von-Guericke-Universität Magdeburg
Postf. 41 20, 39016 Magdeburg
Universitätsplatz 2, 39106 Magdeburg
T: (0391) 67-01 **Fax:** 67-11156
Internet: http://www.uni-magdeburg.de
Gründung: 1993 (3. Oktober)
Präsident(in): Prof. Dr. Klaus Erich Pollmann (Rektor)
Vizepräsident(in): Prof. Dr. Stefan C. Müller (Prorektor für Planung und Haushalt)
Hauptgeschäftsführer(in): Wolfgang Lehnecke (Kanzler)
Leitung Presseabteilung: Waltraud Rieß
Zeitschrift: Magdeburger Wissenschaftsjournal, Preprint-Reihe

Mainz

● **T 592**

Fachhochschule Mainz
Zentrale Verwaltung
Postf. 19 67, 55009 Mainz
Seppel-Glückert-Passage 10, 55116 Mainz
T: (06131) 23 92-0 **Fax:** 23 92-12
Internet: http://www.fh-mainz.de
E-Mail: zentrale@fh-mainz.de
Gründung: 1996
Präsident(in): Dr. Michael Morath
Vizepräsident(in): Prof. Dr. Dietrich Goldenbaum
Kanzler: Franz Pfadt
Leitung Presseabteilung: Bettina Augustin (M.A.)
Hochschulzeitschrift: "FH Mainz-Forum"
Redaktion: B. Augustin

● **T 593**

Johannes Gutenberg-Universität Mainz
55099 Mainz
Saarstr. 21, 55122 Mainz
T: (06131) 39-0 **Fax:** 39-22919
Internet: http://www.uni-mainz.de
E-Mail: ldpb@verwaltung.uni-mainz.de
Gründung: 1476
Präsident(in): Prof. Dr.phil. Josef Reiter

● **T 594**

Katholische Fachhochschule Mainz
Postf. 23 40, 55013 Mainz
Saarstr. 3, 55122 Mainz
T: (06131) 2 89 44-0 **Fax:** 2 89 44-50
Gründung: 1972
Rektor: Prof. Dr. Hans Zeimentz
Leitung Presseabteilung: Winfried Piel

● **T 595**

Universität Koblenz-Landau
Präsidialamt
Postf. 18 64, 55008 Mainz
Isaac-Fulda-Allee 3, 55124 Mainz
T: (06131) 3 74 60-0 **Fax:** 3 74 60-40
Internet: http://www.uni-koblenz-landau.de
Gründung: 1990
Präsident(in): Prof. Dr. Hermann Saterdag
Vizepräsident(in): Prof. Dr. Gerhard Fieguth
Prof. Dr. Peter Pottinger
Leitung Presseabteilung: Bernd Hegen
Mitarbeiter: 600

Mannheim

● **T 596**

Fachhochschule Mannheim
Hochschule für Sozialwesen
Ludolph-Krehl-Str. 7-11, 68167 Mannheim
T: (0621) 39 26-0 **Fax:** 39 26-222
E-Mail: rektorat@alpha.fhs-mannheim.de
Präsident(in): Prof. Joachim Auer (Rektor)

● **T 597**

Fachhochschule Mannheim
Hochschule für Technik und Gestaltung
Windeckstr. 110, 68163 Mannheim
T: (0621) 2 92-6111 **Fax:** 2 92-6420
Internet: http://www.fh-mannheim.de
E-Mail: hoy@fh-mannheim.de
Gründung: 1971
Rektor: Prof. Dr.h.c. Dipl.-Ing. Dietmar v. Hoyningen-Huene
Prorektoren: Prof. Dr.rer.nat. Georg Winterstein
Prof. Dr.rer.nat. Harald Hoffmann
Verw. Dir: Eckardt Grunewald

● **T 598**

Staatliche Hochschule für Musik und Darstellende Kunst Mannheim
N 7 18, 68161 Mannheim
T: (0621) 2 92-0 **Fax:** 2 92-2072
Internet: http://www.muho-mannheim.de
E-Mail: rektorat@muho-mannheim.de, verwaltungsdirektor@muho-mannheim.de
Rektor: Prof. Rudolf Meister

● **T 599**

Universität Mannheim
68131 Mannheim
Postf. 10 34 62, 68034 Mannheim
T: (0621) 1 81-0 **Fax:** 1 81-1050
Internet: http://www.uni-mannheim.de
E-Mail: presse@.uni-mannheim.de
Rektor: Prof. Dr. Dr.h.c. Peter Frankenberg (T: (0621) 1 81-1000, Fax: (0621) 1 81-1010, E-Mail: rektor@rektorat.uni-mannheim.de)
Prorektoren: Prof. Dr. Meinhard Winkgens
Prof. Dr. Eibe Riedel
Prof. Dr. Walter A. Oechsler
Leitung Presseabteilung: Achim Fischer (T: (0621) 1 81-1013, Fax: (0621) 1 81-1014, E-Mail: presse@rektorat.uni-mannheim.de)

Marburg

● **T 600**

Archivschule Marburg
Institut für Archivwissenschaft
Fachhochschule für Archivwesen
Bismarckstr. 32, 35037 Marburg
T: (06421) 1 69 71-0 **Fax:** 1 69 71-10
Internet: http://www.archivschule.de
E-Mail: archivschule@mailer.uni-marburg.de
Gründung: 1949 (2. Juni)
Leiterin: PD Dr. Angelika Menne-Haritz (Ltg. Presseabteilung)
Mitarbeiter: 13
Jahresetat: DM 1,3 Mio, € 0,66 Mio

● **T 601**

Philipps-Universität
Der Präsident
35032 Marburg
Biegenstr. 10-12, 35037 Marburg
T: (06421) 2 82-0 **Fax:** 2 82-2500
Internet: http://www.uni-marburg.de
Gründung: 1527
Präsident(in): Prof. Dr.Dr.h.c. Werner Schaal
Vizepräsident(in): Prof. Dr. Theo Schiller
Kanzler: Bernd Höhmann

Mayen

● **T 602**

Fachhochschule für öffentliche Verwaltung
Zentrale Verwaltungsschule Rheinland-Pfalz
Postf. 20 53, 56710 Mayen
St.-Veit-Str. 26-28, 56727 Mayen
T: (02651) 98 30 **Fax:** 7 64 88
Gründung: 1981
Direktor(in): Christian Kaiser
Stellv. Dir: Hans Holbach
Verwaltungsleiter: Peter Wilbert
Fritz Specht (stellv.)

Merseburg

● **T 603**

Fachhochschule Merseburg
Geusaer Str., 06217 Merseburg
T: (03461) 46-0 **Fax:** 46-2370
Internet: http://www.fh-merseburg.de
E-Mail: postmaster@fh-merseburg.de
Gründung: 1992
Rektorin: Prof. Dr.rer.nat. Johanna Wanka
Stabsstelle Presse- u. Öffentlichkeitsarb.: Sabine Arndt (T: (03461) 46-29 09)

Mittweida

● **T 604**

Hochschule Mittweida (FH)
University of Applied Sciences
Technikumplatz 17, 09648 Mittweida
T: (03727) 58-0 **Fax:** 58-1379
Internet: http://www.htw-mittweida.de
E-Mail: info@htwm.de
Gründung: 1867
Rektor: Prof. Dr.-Ing. habil. Werner Totzauer
Prorektoren: Prof. Dr.-Ing. habil. Gerhard Thiem (Forschung)
Prof. Dr.rer.comm. Rainer Jesenberger (Studium und Bildung)
Leitung Presseabteilung: Dipl.-Ing. Klaus Saß (T: (03727) 58 12 26, Fax: (03727) 58 13 14)
Dekane: Prof. Dr.-Ing. habil. Reinhard Sporbert (FB Medien & Elektrotechnik)
Prof. Dr.-Ing. Eckhard Wißuwa (FB Maschinenbau/Feinwerktechnik)
Prof. Dr.rer.nat. Andreas Fischer (FB Mathematik/Physik/Informatik)
Prof. Dr.rer.pol. René-Claude Urbatsch (FB Wirtschaftswissenschaften)
Prof. Dr. phil. Matthias Pfüller (FB Soziale Arbeit)

Moritzburg

● **T 605**

Evangelische Fachhochschule für Religionspädagogik und Gemeindediakonie Moritzburg
Bahnhofstr. 9, 01468 Moritzburg
T: (035207) 8 43 00 **Fax:** 8 43 10
Gründung: 1992
Rektor: Prof. Dr. Peter Meis

München

● **T 606**

Akademie der Bildenden Künste
Akademiestr. 2, 80799 München
T: (089) 38 52-0 **Fax:** 38 52-203
Internet: http://www.adbk.mhn.de
Gründung: 1808
Präsident(in): Prof. Ben Willikens (Rektor)
Vizepräsident(in): Prof. Dr. Walter Grasskamp
Kanzlerin: Bianca Marzocca
Leitung Presseabteilung: Dr. Jutta Tezmen-Siegel

● **T 607**

Fachhochschule München
Postf. 20 01 13, 80001 München
Lothstr. 34, 80335 München
T: (089) 12 65-0 **Fax:** 12 65-1490

Internet: http://www.fh-muenchen.de
E-Mail: schoellm@rz.fh-muenchen.de
Gründung: 1971
Präsident(in): Prof. Gerhard Röhrl
Leitung Presseabteilung: Dr. Traute Schoellmann
Verbandszeitschrift: FHM-Journal

• T 608

Hochschule für Musik und Theater
Arcisstr. 12, 80333 München
T: (089) 2 89-03 **Fax:** 2 89-27419
Gründung: 1846
Rektor: Prof. Robert M. Helmschrott
Mitarbeiter: ca. 390
Studenten: ca. 900 (1998)

• T 609

Hochschule für Philosophie
Philosophische Fakultät S.J.
Kaulbachstr. 31a, 80539 München
T: (089) 23 86-2300 **Fax:** 23 86-2302
Internet: http://www.hfph.mwn.de
E-Mail: admin@hfph.mwn.de
Gründung: 1925
Präsident(in): Prof. Dr. Norbert Brieskorn S. J. (Rektor)

• T 610

Hochschule für Politik München
Ludwigstr. 8, 80539 München
T: (089) 28 50 18 **Fax:** 28 37 05
Gründung: 1950
Rektor: Prof. Dr. Franz Knöpfle
Prorektor: Prof. Dr. Peter Cornelius Mayer-Tasch
Syndikus: Elmar R. Schiecke

• T 611

Katholische Stiftungsfachhochschule München
Abteilung Benediktbeuern
Don-Bosco-Str. 1, 83671 Benediktbeuern
T: (08857) 88-501 **Fax:** 88-599
Internet: http://www.ksfh.de
E-Mail: verwaltung.bb@ksfh.de
Abteilung München
Preysingstr. 83, 81667 München
T: (089) 4 80 92-271, **Fax:** 4 80 19 07
E-Mail: ksfh@ksfh.de
Gründung: 1971
Präsident(in): Prof. Karljörg Schäflein

• T 612

Ludwig-Maximilians-Universität München
Geschwister-Scholl-Platz 1, 80539 München
T: (089) 21 80-0 **Fax:** 21 80-2322, 33 82 97
Internet: http://www.uni-muenchen.de
Gründung: 1472
Rektor: Prof. Dr.jur. Andreas Heldrich
Leitung Presseabteilung: Dietmar Schmidt
Verbandszeitschrift: Münchner Uni Magazin
Redaktion: Franziska Müller-Härlin
Verlag: Eigenverlag
Mitarbeiter: ca. 13000
Jahresetat: DM 1400 Mio, € 715,81 Mio

• T 613

Technische Universität München
80290 München
Arcisstr. 21, 80333 München
T: (089) 2 89-01 **Fax:** 2 89-22000
Internet: http://www.tum.de
E-Mail: pressestelle@tum.de
Präsident(in): Prof. Dr.rer.nat. Dr.h.c.mult. Wolfgang A. Herrmann
Vizepräsident(in): Prof. Dr.-Ing. Joachim Heinzl
Prof. Dr. Arnulf Melzer
Prof. Dr. Arndt Bode
Kanzler: Dr. Ludwig Kronthaler
Ltg. Öffentlichkeitsarb.-Pressestelle: Dieter Heinrichsen

Münster

• T 614

Fachhochschule Münster
Postf. 30 20, 48016 Münster
Hüfferstr. 27, 48149 Münster
T: (0251) 83-64000 **Fax:** 83-64015
Internet: http://www.FH-Muenster.DE
E-Mail: Verwaltung@FH-Muenster.DE
Gründung: 1971
Rektor: Prof. Dr.rer.nat. Klaus Niederdrenk
Kanzler: Dr. Werner Jubelius
Leitung Presseabteilung: Christoph Hachtkemper

• T 615

Kunstakademie Münster
Hochschule für Bildende Künste
Postf. 42 47, 48024 Münster
Scheibenstr. 109, 48153 Münster
T: (0251) 9 72 17-0 **Fax:** 79 16 74
Internet: http://www.kunstakademie-muenster.de
E-Mail: kunstakademie@muenster.de
Gründung: 1971
Rektor: Prof. Dr. Manfred Schneckenburger
Kanzler: Hans Lesener
Leitung Presseabteilung: Hans-Peter Kipp
Mitarbeiter: 45

• T 616

Philosophisch-Theologische Hochschule Münster
Hörsterplatz 4, 48147 Münster
T: (0251) 4 82 56-0 **Fax:** 4 82 56-19
E-Mail: pth@muenster.org
Gründung: 1971
Rektor: Prof. Dr. Franz-Josef Bäumer
Studiengang:
Kathol. Theologie Diplom/Lizentiat

• T 617

Westfälische Wilhelms-Universität Münster
Schloßplatz 2, 48149 Münster
T: (0251) 83-0 **Fax:** 83-24831
Internet: http://www.uni-muenster.de
Gründung: 1780
Präsident(in): Prof. Dr.jur. Jürgen Schmidt (Rektor)
Leitung Presseabteilung: Norbert Frie
Mitglieder: ca. 45000 Studenten
Mitarbeiter: ca. 10000
Jahresetat: DM 1170 Mio, € 598,21 Mio

Neubiberg

• T 618

Universität der Bundeswehr München
85577 Neubiberg
Werner-Heisenberg-Weg 39, 85579 Neubiberg
T: (089) 60 04-1 **Fax:** 60 04-3560
Internet: http://www.unibw-muenchen.de
E-Mail: h11cpost@unibw-muenchen.de
Gründung: 1973
Präsident(in): Dr. theol. Hans Georg Lößl
Leitung Presseabteilung: Norbert Hörpel
Verbandszeitschrift: Hochschulkurier
Redaktion: Pressestelle
Verlag: VMK-Verlag, Hafenstr. 99, 67547 Worms

Neubrandenburg

• T 619

Fachhochschule Neubrandenburg
Postf. 11 01 21, 17041 Neubrandenburg
Brodaer Str. 2, 17033 Neubrandenburg
T: (0395) 56 93-0 **Fax:** 56 93-199
Internet: http://www.fh-nb.de
E-Mail: refoe@fh-nb.de
Gründung: 1991
Präsident(in): Prof. Dr. jur. Dipl.-Psych. Robert Northoff (Rektor)
Leitung Presseabteilung: Dipl.-Päd. Christine Manthe

Neuendettelsau

• T 620

Augustana-Hochschule Neuendettelsau
Theologische Hochschule der Evangelisch-Lutherischen Kirche in Bayern
Postf. 20, 91561 Neuendettelsau
Waldstr. 11, 91564 Neuendettelsau
T: (09874) 50 90 **Fax:** 5 09 95
Internet: http://www.augustana.de
E-Mail: augustana@t-online.de
Gründung: 1947
Rektor: Prof. Dr. Wolfgang Stegemann

Neu-Ulm

• T 621

Fachhochschule Neu-Ulm
Steubenstr. 17, 89231 Neu-Ulm
T: (0731) 97 62-0 **Fax:** 97 62-299
Internet: http://www.fh-neu-ulm.de
E-Mail: webmaster@fh-neu-ulm.de

Präsident(in): Prof. Dr. Gerhard Hack
Kanzler: Maximilian Simon

Nordkirchen

• T 622

Fachhochschule für Finanzen Nordrhein-Westfalen
Schloß, 59394 Nordkirchen
T: (02596) 93 30 **Fax:** 93 33 44
Direktor(in): N. N.

Nürnberg

• T 623

Akademie der Bildenden Künste in Nürnberg
Bingstr. 60, 90480 Nürnberg
T: (0911) 94 04-0 **Fax:** 94 04-150
Gründung: 1662
Präsident(in): Prof. Dr. Karlheinz Lüdeking
Vizepräsident(in): Prof. Rolf-Gunter Dienst
Leitung Presseabteilung: Gerold Kniper (kommissarisch)

• T 624

Evangelische Fachhochschule Nürnberg
Bärenschanzstr. 4, 90429 Nürnberg
T: (0911) 2 72 53-6 **Fax:** 2 72 53-799
Gründung: 1971
Präsident(in): Prof. Dr.jur. Roland Proksch
Vizepräsident(in): Prof. Günter Braun
Kanzler: Dipl. Soz. Päd. (FH), Betriebsw. Uwe Reißmann

• T 625

Georg-Simon-Ohm-Fachhochschule Nürnberg
Postf. 21 03 20, 90121 Nürnberg
Keßlerplatz 12, 90489 Nürnberg
T: (0911) 58 80-0 **Fax:** 5 88 08-309
Internet: http://www.fh-nuernberg.de
E-Mail: presse@fh-nuernberg.de (Presseabt.)
Gründung: 1971
Rektor: Prof. Dr. Herbert Eichele
Leitung Presseabteilung: Ebba Schiel (M.A.)
Verbandszeitschrift: FH-Nachrichten
Redaktion: Ebba Schiel M.A.
Verlag: Fachhochschule Nürnberg, Keßlerplatz 12, 90489 Nürnberg
Mitglieder: 7300 Studierende

Nürtingen

• T 626

Fachhochschule für Kunsttherapie Nürtingen
Sigmaringer Str. 15, 72622 Nürtingen
T: (07022) 9 33 36-0 **Fax:** 9 33 36 23
Internet: http://apollo.fh-nuertingen.de/_Ltfhkt/
E-Mail: fhkt@fh-nuertingen.de
Gründung: 1987
Präsident(in): Prof. Fritz Marburg (Rektor)

• T 627

Fachhochschule Nürtingen
Hochschule für Wirtschaft, Landwirtschaft und Landespflege
Postf. 13 49, 72603 Nürtingen
Neckarsteige 6-10, 72622 Nürtingen
T: (07022) 2 01-0 **Fax:** 2 01-303
Internet: http://www.fh-nuertingen.de
E-Mail: info@fh-nuertingen.de
Gründung: 1949
Rektor: Prof. Dr. Eduard Mändle
Prorektoren: Prof. Dr. Michael Lerchenmüller
Prof. Dr. Karl-Heinz Kappelmann
Verwaltungsdirektor: ORR Roland Bosch
Leitung Presseabteilung: Gerhard Schmücker (M.A.)
Verbandszeitschrift: "journal"
Redaktion: Gerhard Schmücker
Verlag: FH Nürtingen
Mitarbeiter: 192
Jahresetat: DM 18,0 Mio, € 9,2 Mio

Oberursel

• T 628

Lutherische Theologische Hochschule Oberursel
Altkönigstr. 150, 61440 Oberursel
T: (06171) 2 43 40 **Fax:** 92 61 78
Internet: http://www.selk.de/lthh
E-Mail: lthh@selk.de
Gründung: 1947
Rektor: Prof. Dr. Werner Klän

Offenbach

● **T 629**

Hochschule für Gestaltung Offenbach am Main
Postf. 10 08 23, 63008 Offenbach
Schloßstr. 31, 63065 Offenbach
T: (069) 8 00 59-0 **Fax:** 88 07 91
Internet: http://www.hfg-offenbach.de
Präsident(in): Prof. Wolfgang Luy

Offenburg

● **T 630**

Fachhochschule Offenburg
Hochschule für Technik und Wirtschaft
- University of Applied Sciences
Badstr. 24, 77652 Offenburg
T: (0781) 2 05-0 **Fax:** 2 05-214
Internet: http://www.fh-offenburg.de
E-Mail: info@fh-offenburg.de
Gründung: 1964
Rektor: Prof. Dr. Winfried Lieber
Prorektoren: Prof. Dr. Rainer Bender
Prof. Dr. Arthur Ihnen
Verwaltungsdirektor: Thomas Wiedemer
Presse- und Öffentlichkeitsarbeit: Sibylle Mäntele
Mitarbeiter: 193 festangest., 76 Lehrbeauftragte
Jahresetat: DM 16 Mio, € 8,18 Mio
Hochschulzeitschrift: Campus

Oldenburg

● **T 631**

Carl von Ossietzky Universität Oldenburg
26111 Oldenburg
Ammerländer Heerstr. 114-118, 26129 Oldenburg
T: (0441) 7 98-0 **Fax:** 7 98-3000
Internet: http://www.uni-oldenburg.de
Gründung: 1973
Präsident(in): Prof. Dr. Siegfried Grubitzsch
Leitung Presseabteilung: Gerhard Harms
Verbandszeitschrift: Uni-Info
Redaktion: Pressestelle
Mitarbeiter: 4

Osnabrück

● **T 632**

Fachhochschule Osnabrück
Postf. 19 40, 49009 Osnabrück
Albrechtstr. 30, 49076 Osnabrück
T: (0541) 9 69-0 **Fax:** 9 69-2066
Internet: http://www.fh-osnabrueck.de
E-Mail: pressestelle@fh-osnabrueck.de
Gründung: 1971
Präsident(in): Prof. Dr. Erhard Mielenhausen

● **T 633**

Katholische Fachhochschule Norddeutschland
Staatliche anerkannte Hochschule für Sozialwesen und Gesundheitspflege
Detmarstr. 2-8, 49074 Osnabrück
T: (0541) 35 88 50 **Fax:** 3 58 85 35
E-Mail: rektor@kath-fh-nord.de
Driverstr. 23, 49377 Vechta
T: (04441) 92 26-0, Fax: 51 40
Gründung: 1971
Rektor: Prof. Dr. Wittstruck
Dekan: Prof. Dr. Harthogh (Sozialwesen)
Dekanin: Prof. Dr. Busch (Gesundheitspflege)

● **T 634**

Universität Osnabrück
49069 Osnabrück
Neuer Graben Schloß, 49074 Osnabrück
T: (0541) 9 69-0 **Fax:** 9 69-4570
Internet: http://www.uni-osnabrueck.de
E-Mail: pressestelle@uni-osnabrueck.de
Präsident(in): Prof. Dr. Rainer Künzel
Vizepräsident(in): Prof. Dr. Klaus Busch
Prof. Dr. Gunnar Borstel
Kanzler: Christoph Ehrenberg
Leitung Presseabteilung: Marietta Fuhrmann-Koch

Ottersberg

● **T 635**

Freie Kunst-Studienstätte Ottersberg
Fachhochschule für Kunsttherapie, Kunstpädagogik und Kunst
Am Wiestebruch 66-68, 28870 Ottersberg
T: (04205) 39 49-0 **Fax:** 39 49 79
Internet: http://www.fh-ottersberg.de
Gründung: 1967
Rektor: Prof. Peer de Smit
Prorektor: Johannes Maurer
Vorsitzende(r) des Vorstandes: Siegfried Neumann
Stellvertretende(r) Vorsitzende(r): Prof. Dr. Anna Dorothea Brockmann
Kurator: Albrecht Lampe
Verbandszeitschrift: Parität
Mitglieder: ca. 60
Mitarbeiter: ca. 30
Jahresetat: ca. DM 3,0 Mio, € 1,53 Mio

● **T 636**

Hochschulverein Ottersberg für das soziale Wirken der Kunst e.V.
Am Wiestebruch 66-68, 28870 Ottersberg
T: (04205) 3 94 90 **Fax:** 39 49 79
Internet: http://www.fh-ottersberg.de

Paderborn

● **T 637**

Fachhochschule der Wirtschaft
Staatlich anerkannte Fachhochschule für das Duale Studium
Fürstenallee 3-5, 33102 Paderborn
T: (05251) 3 01-02 **Fax:** 3 01-188
Gründung: 1993
Leiter d. FHDW: Prof. Dr. Franz Wagner
Stellv. Leiter: Prof. Dr. Wilbert

● **T 638**

Theologische Fakultät Paderborn
Kamp 6, 33098 Paderborn
T: (05251) 1 21-6 **Fax:** 1 21-700
Gründung: 1615
Präsident(in): Prof. Dr. Libero Gerosa (Rektor)

● **T 639**

Universität Paderborn
Postf. 16 21, 33046 Paderborn
Warburger Str. 100, 33098 Paderborn
T: (05251) 60-1 **Fax:** 60-2519
Internet: http://www.uni-paderborn.de
E-Mail: rektorat@zv.uni-paderborn.de
Gründung: 1972 (1. August)
Präsident(in): Prof. Dr.rer.pol. Wolfgang Weber
Verwaltungsleiterin: Dr. Beate Wieland
Leiter Presse- und Informationsstelle: Tibor Werner Szolnoki
Verbandszeitschrift: Paderborner Universitätszeitschrift
Redaktion: Ramona Wiesner
Verlag: Univ. Paderborn
Studenten: 15.000

Passau

● **T 640**

Universität Passau
94030 Passau
Dr.-Hans-Kapfinger-Str. 22, 94032 Passau
T: (0851) 5 09-0 **Fax:** 5 09-1005
Internet: http://www.uni-passau.de
E-Mail: pressestelle@fsuni.rz.uni-passau.de
Rektor: Prof. Dr. Walter Schweitzer
Prorektoren: Prof. Dr. Michael Schweitzer
Prof. Dr. Klaus Dirscherl
Kanzler: Dr. Karl August Friedrichs
Vizekanzler: Ludwig Bloch
Leitung Presseabteilung: Dr. Horst Kämmerer

Pforzheim

● **T 641**

Fachhochschule Pforzheim
Hochschule für Gestaltung, Technik und Wirtschaft
Tiefenbronner Str. 65, 75175 Pforzheim
T: (07231) 28-6005 **Fax:** 28-6006
Internet: http://www.fh-pforzheim.de
Gründung: 1992
Rektor: Prof. Dr.-Ing. Norbert Höptner
Prorektoren: Prof. Klaus Limberg (Gestaltung)
Prof. Alfred Schätter (Technik)
Prof. Dr. Fritz Wegner (Wirtschaft)
Leitung Presseabteilung: Regina Dehning
Verbandszeitschrift: Konturen
Redaktion: Prof. Dr. Christa Wehner
Mitarbeiter: ca. 300

Potsdam

● **T 642**

Fachhochschule Potsdam
Postf. 60 06 08, 14406 Potsdam
Pappelallee 8-9, 14469 Potsdam
T: (0331) 5 80-00 **Fax:** 5 80-2999
Internet: http://www.fh-potsdam.de
E-Mail: presse@fh-potsdam.de
Gründung: 1991 (1. August)
Rektor: Prof. Dr. Helmut Knüppel
Prorektoren: Prof. Dr. Harry Hermanns (Lehr Studium und Studienreform)
Prof. Dr. Dagmar Jank (Forschung u. Entwicklung)
Prof. Klaus Landwehrs (Planung u. Finanzen)
Kanzler: Volker Bley
Leitung Presseabteilung: Patrizia Reicherl
Redaktion: Pressestelle
Verlag: Eigenverlag
Mitarbeiter: 246
Jahresetat: DM 25 Mio, € 12,78 Mio
Organisationen, denen die Fachhochschule Potsdam angeschlossen ist:
HRK - Hochschulrektorenkonferenz
DJH - Deutscher Jugendherbergsverband
DAAD - Deutscher Akademischer Austauschdienst
DFN-Verein
Deutscher Bibliotheksverbund
FBT Sozialwesen
Allgemeiner Deutscher Hochschulverband
DPRG - Deutsche Gesellschaft für Public Relations
DGD - Deutsche Gesellschaft für Dokumentation
Deutscher Verein Frankfurt
wissenschaftliche Buchgesellschaft
BAK Information
DiG
Pro Hochschul-PR e.V.
Europäische Rektorenkonferenz
International Association Work
European Association for International Education
EUPRIO - European Universities Public Relations and Information Officer's Association

● **T 643**

Universität Potsdam
Am Neuen Palais 10, 14469 Potsdam
T: (0331) 9 77-0 **Fax:** 97 21 63

● **T 644**

Hochschule für Film und Fernsehen "Konrad Wolf" Potsdam-Babelsberg
Postf. 90 01 31, 14437 Potsdam
Marlene-Dietrich-Allee 11, 14482 Potsdam
T: (0331) 62 02-0 **Fax:** 62 02-549
Internet: http://www.hff-potsdam.de
Gründung: 1954
Präsident(in): Prof. Dr. Dieter Wiedemann (Rektor)
Leitung Presseabteilung: Angela Brendel-Herrmann

● **T 645**

Universität Potsdam
Postf. 60 15 53, 14415 Potsdam
Am Neuen Palais 10, 14469 Potsdam
T: (0331) 9 77-0 **Fax:** 97 21 63
Internet: http://www.uni-potsdam.de
E-Mail: bresti@rz.uni-potsdam.de
Gründung: 1991 (15. Juli)
Rektor: Prof. Dr.jur. Wolfgang Loschelder
Kanzler: Alfred Klein
Leitung Presseabteilung: Janny Glaesmer
Verbandszeitschrift: PUTZ-Die Potsdamer Universitätszeitung
Verlag: Universität Potsdam, Referat für Presse-, Öffentlichkeits- und Kulturarbeit, Postf. 60 15 53, 14415 Potsdam, T: (0331) 9 77-14 96, -14 74, Telefax: (0331) 9 77-11 45, -11 30
Mitarbeiter: 1732 hauptberufl., 1078 nebenberufl.
Jahresetat: Haushaltsmittel 1998: DM 144 Mio, € 73,63 Mio
Drittmittel 1998: DM 28 Mio

Regensburg

• T 646

Fachhochschule Regensburg
Hochschule für Technik, Wirtschaft und Sozialwesen
Postf. 12 03 27, 93025 Regensburg
Prüfeninger Str. 58, 93049 Regensburg
T: (0941) 9 43-02 **Fax:** 9 43-1422
Internet: http://www.fh-regensburg.de
E-Mail: poststelle@fh-regensburg.de
Gründung: 1971
Präsident(in): Prof. Dr. Erich Kohnhäuser
1. Vizepräsident: Prof. Dr. Josef Eckstein
2. Vizepräsidentin: Prof. Dr. Christine Süß-Gebhard
Kanzler: Ltd. RD Karlheinz Kreppmeier
Leitung Presseabteilung: Claudia Feldmeier

• T 647

Universität Regensburg
93040 Regensburg
Universitätsstr. 31, 93053 Regensburg
T: (0941) 9 43 01 **Fax:** 9 43 23 05
Internet: http://www.uni-regensburg.de
E-Mail: walburga.bender@verwaltung.uni-regensburg.de
Rektor: Prof. Dr.rer.nat. Helmut Altner
Pressestelle: Dr. Rudolf F. Dietze (M.A.)

Rendsburg

• T 648

Hochschule für Berufstätige Rendsburg
Staatlich anerkannte Fachhochschule der AKAD
Kieler Str. 53, 24768 Rendsburg
T: (04331) 52 27 **Fax:** 2 86 12
Internet: http://www.akad.de
E-Mail: akad@akad.de
Gründung: 1980
Präsident(in): Dipl.-Volksw. Ernst Kunz

Reutlingen

• T 649

Evangelische Fachhochschule für Sozialwesen
Ringelbachstr. 221, 72762 Reutlingen
T: (07121) 24 14-0 **Fax:** 24 14-29
Gründung: 1972
Rektor: Prof. Jost Bauer
Prorektorin: Prof. Dr. Monika Barz
Verwaltungsdirektor: Manfred Möller
Mitarbeiter: 42
Studierende: 420

• T 650

Fachhochschule Reutlingen
Hochschule für Technik und Wirtschaft
Alteburgstr. 150, 72762 Reutlingen
T: (07121) 2 71-0 **Fax:** 2 71-224
Internet: http://www.fh-reutlingen.de
E-Mail: winfried.hermanutz@fh-reutlingen.de
Gründung: 1855
Präsident(in): Prof. Dr.-Ing. Georg Obieglo (Rektor)

Rosenheim

• T 651

Fachhochschule Rosenheim
Marienbergerstr. 26, 83024 Rosenheim
T: (08031) 8 05-0 **Fax:** 8 05-105
Internet: http://www.fh-rosenheim.de
Gründung: 1971
Präsident(in): Prof. Dr. Hans Zang

Rostock

• T 652

Hochschule für Musik und Theater Rostock
Am Bussebart 11, 18055 Rostock
T: (0381) 2 02 06 21 **Fax:** 2 02 06 25
Internet: http://www.hmt-rostock.de
E-Mail: hmt@hmt.uni-rostock.de
Gründung: 1994 (1. Januar)
Rektor: Prof. Wilfrid Jochims
Prorektor: Prof. Thomas Vallentin
Kanzler: Sebastian Schröder
Leitung Presseabteilung: Gabriele Struck
Mitglieder: 450
Mitarbeiter: 50

• T 653

Universität Rostock
Universitätsplatz 1, 18055 Rostock
T: (0381) 4 98-0 **Fax:** 4 98-1006
Internet: http://www.uni-rostock.de
E-Mail: rektor@rektorat.uni-rostock.de
Gründung: 1419
Rektor: Prof. Dr. Günther Wildenhain
Kanzler: Joachim Wittern
Leitung Presseabteilung: Dr. Karl-Heinz Kutz
Verbandszeitschrift: RUZ - Rostocker Universitätszeitung, Forschungsmagazin, Traditio et Innovatio

Rotenburg

• T 654

Verwaltungsfachhochschule Rotenburg
Postf. 11 20, 36187 Rotenburg
Josef-Durstewitz-Str. 2-6, 36199 Rotenburg
T: (06623) 9 32-0 **Fax:** 9 32-555
Gründung: 1980 (1. Januar)
Rektor: Dir. Rolf Wolkewitz
Stellv. Rektor: Richter am OLG Dr. Jochen Bengsohn
Kanzler: RegDir Werner Knöß
Mitarbeiter: 109
Jahresetat: DM 10,5 Mio, € 5,37 Mio

Rottenburg

• T 655

Fachhochschule Rottenburg
Hochschule für Forstwirtschaft
Schadenweilerhof, 72108 Rottenburg
T: (07472) 9 51-0 **Fax:** 9 51-200
Internet: http://www.fh-rottenburg.de
E-Mail: fhr@fh-rottenburg.de
Gründung: 1954
Rektor: Prof. Dr. Wolfgang Tzschupke
Prorektor: Prof. Ulrich Bort
Verwaltungsdirektor: OAR D. Kienzle
Leitung Presseabteilung: Prof. Roland Irslinger
Mitarbeiter: 38

Saarbrücken

• T 656

Fachhochschule für Bergbau Saarbrücken
Trierer Str. 4, 66111 Saarbrücken
T: (0681) 4 05-2544 **Fax:** 4 05-1085
Gründung: 1991
Rektor: Dr. Mathias Bauer (PD, T: (0681) 4 05-2001)

• T 657

Fachhochschule für Verwaltung
Beethovenstr. 26, 66125 Saarbrücken
T: (06897) 79 08 40 **Fax:** 79 08 32
E-Mail: fhsv@innen.saarland.de
Gründung: 1981
Rektor: Reg.-Direktor Klaus-Ludwig Haus
Stellvertretender Rektor: Ltd. Polizeidirektor Dietmar Hünefeld
Hauptgeschäftsführer(in): Reg.-Amtsrat Paul Hans
Mitarbeiter: 32

• T 658

Hochschule der Bildenden Künste Saar
Keplerstr. 3-5, 66117 Saarbrücken
T: (0681) 9 26 52-0 **Fax:** 58 47-287
Internet: http://www.hbks.uni-sb.de
E-Mail: info@hbks.uni-sb.de
Rektor: Prof. Horst Gerhard Haberl
Prorektor: Prof. Andreas Brandolini
Verwaltungsleiter: Heinrich Scherber

• T 659

Hochschule des Saarlandes für Musik und Theater
Bismarckstr. 1, 66111 Saarbrücken
T: (0681) 9 67 31-0 **Fax:** 9 67 31-30
Internet: http://www.hmt.uni-sb.de
E-Mail: t.wolter@hmt.uni-sb.de
Gründung: 1947
Präsident(in): Prof. Thomas Krämer (Rektor)
Leitung Presseabteilung: Thomas Wolter
Verbandszeitschrift: alla breve
Redaktion: Thomas Wolter
Mitarbeiter: ca. 480

• T 660

Hochschule für Technik und Wirtschaft des Saarlandes
Goebenstr. 40, 66117 Saarbrücken
T: (0681) 58 67-0 **Fax:** 58 67-122
Internet: http://www.htw.uni-sb.de
E-Mail: pressestelle@htw.uni-sb.de
Gründung: 1971
Rektor: Prof. Rudolf Warnking
Leitung Presseabteilung: Ulrike Reimann

• T 661

Katholische Hochschule für Soziale Arbeit Saarbrücken
Rastpfuhl 12a, 66113 Saarbrücken
T: (0681) 9 71 32-0 **Fax:** 9 71 32-40
E-Mail: khsa@dioezese-trier.de
Rektor: Prof. Reiner Feth

• T 662

Universität des Saarlandes
Am Stadtwald, 66123 Saarbrücken
T: (0681) 3 02-0 **Fax:** 3 02-2609
Internet: http://www.uni-saarland.de
E-Mail: wwwadm@uni-saarland.de
Gründung: 1948
Präsident(in): Prof. Dr.jur. Günther Hönn
1. Vizepräs.: Prof. Dr. Reinhard Daugs
Vizepräs. für Forschung u. Technologietransfer: Prof. Dr. Raimund Seidel (Ph.D.)
Vizepräs. für Lehre u. Studium: Prof. Dr. Walter Hoffmann
Kanzler: Dr. jur. Hartwig Cremers
Leitung Presseabteilung: Dr. Manfred Leber
Jahresetat: DM 307 Mio, € 156,97 Mio
Studenten: ca. 18 000
Universitätszeitschrift: campus
Red.: Claudia Brettar, Dr. Manfred Leber
Verlag: Ottweiler Druckerei + Verlag, Postf. 12 61, 66564 Ottweiler

Sankt Augustin

• T 663

Fachhochschule Bonn-Rhein-Sieg
53754 Sankt Augustin
Grantham-Allee 20, 53757 Sankt Augustin
T: (02241) 8 65-0 **Fax:** 8 65-609
Internet: http://www.fh-rhein-sieg.de
E-Mail: eva.tritschler@fh-rhein-sieg.de
Gründung: 1995 (1. Januar), noch im Aufbau
Gründungsrektor: Prof. Dr. rer. nat. Wulf Fischer
Kanzler: Hans Stender
Leitung Presseabteilung: Eva Tritschler
Mitarbeiter: Verwaltung: ca. 50; Bibliothek: ca. 15; Forschung & Lehre: ca. 100; Sprachenzentrum: 4

t 664

Fachhochschule Bonn-Rhein-Sieg
Abteilung Rheinbach
von-Liebig-Str. 20, 53359 Rheinbach
T: (02226) 9 09 82-0

• T 665

Philosophisch-Theologische Hochschule SVD St. Augustin
53754 Sankt Augustin
Arnold-Janssen-Str. 30, 53757 Sankt Augustin
T: (02241) 2 37-222 **Fax:** 2 37-204
Internet: http://www.steyler.de/hochschule.htm
E-Mail: philtheol-augustin@t-online.de
Gründung: 1932
Rektor: Prof. Dr. Joachim Piepke
Prorektor: Doz. Josef Rieger
Studiensekretär: Prof. Dr. Anton Quack

Schmalkalden

• T 666

Fachhochschule Schmalkalden
Postf. 10 04 52, 98564 Schmalkalden
Blechhammer 4, 98574 Schmalkalden
T: (03683) 6 88-0 **Fax:** 6 88-1999
Internet: http://www.fh-schmalkalden.de
E-Mail: info@fh-schmalkalden 1991
Rektor: Prof. Dr. Jürgen Müller
Prorektoren: Prof. Dr. Wolf Rieck
Prof. Hartmut Hoffmann
Kanzler: Dipl.-Sozialw. Thomas Losse
Leitung Presseabteilung: Carsten Feller (M.A.)
Verbandszeitschrift: fhs-Journal, Das Magazin der FH Schmalkalden

Redaktion: Carsten Feller, M.A.
Mitarbeiter: 205

Schwäbisch Gmünd

• T 667
Fachhochschule Schwäbisch Gmünd - Hochschule für Gestaltung
Postf. 13 08, 73503 Schwäbisch Gmünd
Rektor-Klaus-Str. 100, 73525 Schwäbisch Gmünd
T: (07171) 60 26 00 **Fax:** 6 92 59
Gründung: 1971
Rektor: Prof. Dr. Wilfried Reinke
Prorektoren: Prof. Jürgen Hoffmann
Prof. Frank Hess
Mitarbeiter: 50
Jahresetat: DM 5,0 Mio, € 2,56 Mio

• T 668
Pädagogische Hochschule Schwäbisch Gmünd
Oberbettringer Str. 200, 73525 Schwäbisch Gmünd
T: (07171) 9 83-0 **Fax:** 9 83-212
Internet: http://www.ph-gmuend.de
Gründung: 1825/1962
Rektor: Prof. Dr. Manfred Wespel
Prorektorin: Prof'in Margarete Schmid
Mitarbeiter: 168

Schwetzingen

• T 669
Fachhochschule Schwetzingen - Hochschule für Rechtspflege
Postf. 17 40, 68707 Schwetzingen
T: (06202) 8 13 91 **Fax:** 8 13 24
Rektor: Dr. Jost Jung

Senftenberg

• T 670
Fachhochschule Lausitz
Postf. 15 38, 01958 Senftenberg
Großenhainer Str. 57, 01968 Senftenberg
T: (03573) 85-0 **Fax:** 85-209
Internet: http://www.fh-lausitz.de
E-Mail: rektor-office@fh-lausitz.de
Gründung: 1991
Rektor: Prof. Dr.rer.nat.habil. Johannes Kruscha

Siegen

• T 671
Universität-Gesamthochschule Siegen
57068 Siegen
Herrengarten 3, 57072 Siegen
T: (0271) 7 40-1 **Fax:** 7 40-4911
Internet: http://www.uni-siegen.de
E-Mail: Georgi@vrz.uni-siegen.de
Rektor: Prof. Dr.rer.nat. Albert H. Walenta
Leitung Presseabteilung: Dipl.-Pol. Ullrich Georgi
Verbandszeitschrift: Hochschulzeitung "Uni-Aktuell"
Redaktion: Pressestelle
Verlag: Zentrale Vervielfältigung

Sigmaringen

• T 672
Fachhochschule Albstadt-Sigmaringen Hochschule für Technik und Wirtschaft
Postf. 12 54, 72481 Sigmaringen
Anton-Günther-Str. 51, 72488 Sigmaringen
T: (07571) 7 32-0 **Fax:** 7 32-229
Internet: http://www.fh-albsig.de
Gründung: 1971
Rektor: Prof. Dr.rer.nat. Lutz Ringwelski
Prorektoren: Prof. Otmar Amrhein
Dr.agr. Dipl.-Oec.troph. Moiken Boßung-Amzar
Verwaltungsdirektorin: Bernadette Boden
Stellvertretender Verwaltungsdirektor: Manfred Riedißer
Presseabt.: Silvia Failer

Speyer

• T 673
Deutsche Hochschule für Verwaltungswissenschaften Speyer
Postf. 14 09, 67324 Speyer
Freiherr-vom-Stein-Str. 2, 67346 Speyer
T: (06232) 6 54-0 **Fax:** 6 54-2 08
E-Mail: rektorat@dhv-speyer.de
Gründung: 1947
Rektor: Univ.-Prof. Dr. Hermann Hill
Prorektor: Univ.-Prof. Dr. Siegfried Magiera
Leitung Presseabteilung: Beate Klehr
Verbandszeitschrift: SpeyerBrief
Redaktion: Beate Klehr

Stendal

• T 674
Fachhochschule Altmark
Am Dom 13, 39576 Stendal
T: (03931) 21 72 14 **Fax:** 79 47 00
Internet: http://www.stendal.fh-magdeburg.de
Präsident(in): Prof. Hans-J. Kaschade (Rektor)

Stralsund

• T 675
Fachhochschule Stralsund
Zur Schwedenschanze 15, 18435 Stralsund
T: (03831) 45-5 **Fax:** 4 56-680
Internet: http://www.fh-stralsund.de
Gründung: 1991 (1. September)
Rektor: Prof. Dr. oec. Ulrich Schempp
Prorektoren: Prof. Dr.math. Josef Meyer-Fujara
Prof. Dr.-Ing. Wolfgang Schikorr
Kanzler: Dipl.-Verwaltungsw. Manfred Hülsmann
Leitung Presseabteilung: Dr.-Ing. Rudi Wendorf
Verbandszeitschrift: Hochschulanzeiger
Redaktion: Technologie- u. Informationstransferstelle
Verlag: Fachhochschule Stralsund
Mitarbeiter: ca. 200

Stuttgart

• T 676
Fachhochschule Stuttgart Hochschule für Bibliotheks- und Informationswesen (HBI)
Wolframstr. 32 u. 34, 70191 Stuttgart
T: (0711) 2 57 06-0 **Fax:** 2 57 06-47
Internet: http://www.hbi-stuttgart.de
E-Mail: office@hbi-stuttgart.de
Gründung: 1942
Verwaltungsdirektor: Peter Marquardt
Cornelia Klaus (stellv.)
Rektor: Prof. Dr. Peter Vodosek
Prorektor: Prof. Askan Blum
Dekanin: Prof. Ingeborg Spribille (Fachbereich Bibliothek u. Inform.; Studiengangleitung öffentl. Bibliotheken)
Studiengangleitung: Prof. Dr. Alexander Roos (Informationsmanagement)
Prof. Dr. Wolfgang von Keitz (Master-Studiengang Informationswirtschaft)
Prof. Klaus Sailer (wissenschaftl. Bibliotheken)
Prof. Dr. Wolfgang Krueger (Musikbibliothek, Zusatzstudium)
Verbandszeitschrift: HBI aktuell
Redaktion: Prof. Dr. Stefan Grudowski
Verlag: HBI, Wolframstr. 32 u. 34, 70191 Stuttgart
Mitarbeiter: 30 Professorinnen u. Professoren, 24 Sonstige Mitarbeiterinnen
Jahresetat: DM 5 Mio, € 2,56 Mio

• T 677
Fachhochschule Stuttgart Hochschule für Druck und Medien
Nobelstr. 10, 70569 Stuttgart
T: (0711) 6 85-28 07 **Fax:** 6 85-66 50
Vorsitzende(r): Rektor Prof. Dr. Uwe Schlegel (T: (0711) 6 85-28 05)
Stellvertretende(r) Vorsitzende(r): Prorektor Prof. Dr. Erich Steiner (T: (0711) 6 85-2806)
Hauptgeschäftsführer(in): Ltd. Verwaltungsbeamter, Regierungsrat Gerold Müller (T: (0711) 6 85-28 01)
Landesverband: Verband der Druckindustrie in Baden-Württemberg e.V.

• T 678
Fachhochschule Stuttgart Hochschule für Technik
Postf. 10 14 52, 70013 Stuttgart
Schellingstr. 24, 70174 Stuttgart
T: (0711) 1 21-0 **Fax:** 1 21-2666
Internet: http://www.fht-stuttgart.de
Präsident(in): Prof. Dr. Martin Stohrer (Rektor)

• T 679
Merz Akademie - Hochschule für Gestaltung Stuttgart Staatlich anerkannte Fachhochschule
Teckstr. 58 Kulturpark Berg, 70190 Stuttgart
T: (0711) 2 68 66-0 **Fax:** 2 68 66-21
Internet: http://www.merz-akademie.de
E-Mail: info@merz-akademie.de
Gründung: 1918
Präsident(in): Markus Merz (Geschf. (gGmbH))
Leitung Presseabteilung: Maren Schmohl
Hochschulausbildung (Mediengestaltung)

• T 680
Staatliche Akademie der Bildenden Künste
Am Weißenhof 1, 70191 Stuttgart
T: (0711) 25 75-0 **Fax:** 25 75-102
Internet: http://www.abk-stuttgart.de
Gründung: 1761
Rektor: Prof. Paul Uwe Dreyer
Prorektor: Prof. Fritz Auer
Verwaltungsdirektor: Günter Oelberger
Leitung Presseabteilung: Wolfgang Heger

• T 681
Staatliche Hochschule für Musik und Darstellende Kunst Stuttgart
Urbanstr. 25, 70182 Stuttgart
T: (0711) 2 12-4636, -46 31 **Fax:** 2 12-4639
Gründung: 1922
Präsident(in): Prof. Rainer Wehinger (Rektor)

• T 682
Universität Hohenheim
70593 Stuttgart
Schloß Hohenheim, 70599 Stuttgart
T: (0711) 4 59-0 **Fax:** 4 59-3960
Internet: http://www.uni-hohenheim.de
E-Mail: post@uni-hohenheim.de
Gründung: 1818
Präsident(in): Prof. Dr. Klaus Macharzina
Vizepräsident(in): Prof. Dr. H. Breer
Prof. Dr. K. Hurle
Kanzler: Elgar Rödler
Presse u. Forschungsinfo: Dr. Klaus H. Grabowski
Mitarbeiter: 2000, davon 140 Professoren, zusätzlich gut 5000 Studierende

• T 683
Universität Stuttgart
Postf. 10 60 37, 70049 Stuttgart
Keplerstr. 7, 70174 Stuttgart
T: (0711) 1 21-0 **Fax:** 1 21-2271
Internet: http://www.uni-stuttgart.de
E-Mail: post@verwaltung.uni-stuttgart.de
Gründung: 1829
Rektor: Prof. Dr.-Ing. Günter Pritschow
Leitung Presseabteilung: Ursula Zitzler

Trier

• T 684
Fachhochschule Trier
Hochschule für Technik, Wirtschaft und Gestaltung
Postf. 18 26, 54208 Trier
Schneidershof, 54293 Trier
T: (0651) 81 03-0 **Fax:** 81 03-333
Internet: http://www.fh-trier.de
E-Mail: info@fh-trier.de
Präsident(in): Dr. Adelheid Ehmke
Kanzler: Detlef Jahn
Referat für Öffentlichkeitsarbeit, Wirtschaftskontakte und Forschungsförderung: Dorothee Moll
Prof. Dr. Hartmut Zoppke

• T 685
Theologische Fakultät Trier
Universitätsring 19, 54296 Trier
T: (0651) 2 01-3520 **Fax:** 2 01-3951
Internet: http://www.uni-trier.de/uni/theo
E-Mail: theofak@uni-trier.de

Rektor: Prof. Dr. Wolfgang Lentzen-Deis
Dekan: Prof. Dr. Gerhard Krieger
Pressereferat: Prof. Dr. Reinhold Bohlen

• T 686
Universität Trier
54286 Trier
Universitätsring 15, 54296 Trier
T: (0651) 2 01-0 Fax: 2 01-4247
Internet: http://www.uni-trier.de
Präsident(in): Prof. Dr. Peter Schwenkmezger
Vizepräsident(in): Prof. Dr. Helga Schnabel-Schüle
Prof. Dr. Roland Baumhauer
Kanzler: Ignaz Bender
Leitung Presseabteilung: Heidi Neyses (M.A., e-mail: neyses@olewig.uni-trier.de)
Verbandszeitschrift: Unijournal
Redaktion: Pressestelle Heidi Neyses
Verlag: Universität Trier, 54286 Trier

Trossingen

• T 687
Staatliche Hochschule für Musik Trossingen
Schultheiß-Koch-Platz 3, 78647 Trossingen
T: (07425) 94 91-0 Fax: 94 91-48
E-Mail: presse@MH-Trossingen.de
Rektor: Prof. Jürgen Weimer
Prorektor: Prof. Helmut Cromm
Leitung Presseabteilung: Christine Mannhardt

• T 6 88.10
Hochschule für Kirchenmusik der Evangelischen Landeskirche in Württemberg
Gartenstr. 12, 72074 Tübingen
T: (07071) 92 59-97 Fax: 92 59-98
Internet: http://www.kirchenmusikhochschule.de
E-Mail: hkm.tuebingen@t-online.de
Gründung: 1945
Rektor: Prof. Ingo Bredenbach

Tübingen

• T 688
Eberhard-Karls-Universität Tübingen
Wilhelmstr. 7, 72074 Tübingen
T: (07071) 29-0 Fax: 29-5990
Internet: http://www.uni-tuebingen.de
Gründung: 1477
Präsident(in): Prof. Dr. Eberhard Schaich (Rektor)
Leitung Presseabteilung: Michael Seifert

Ulm

• T 689
Fachhochschule Ulm Hochschule für Technik
Postf. 38 60, 89028 Ulm
Prittwitzstr. 10, 89075 Ulm
T: (0731) 50-208 Fax: 50-28270
Internet: http://www.fh-ulm.de
E-Mail: info@fh-ulm.de
Gründung: 1960 (27. Mai)
Rektor: Prof. Dr. Günther Hentschel
Prorektoren: Prof. Dipl.-Ing. Gerhard Bauer
Prof. Dipl.-Ing. Fritz Krien
Verwaltungsdirektor: Herbert Jarosch (ORR)
Leitung Presseabteilung: Dr. Ingrid Horn

• T 690
Universität Ulm
89069 Ulm
Albert-Einstein-Allee, 89081 Ulm
T: (0731) 5 02-01 Fax: 5 02-2038
Internet: http://www.uni-ulm.de
Gründung: 1967
Präsident(in): Prof. Dr.rer.nat. Hans Wolff (Rektor)
Verbandszeitschrift: uni ulm intern
Redaktion: Pressestelle Uni Ulm
Verlag: Universitätsverlag Ulm GmbH, Postf. 42 04, 89032 Ulm

Vallendar

• T 691
Philosophisch-Theologische Hochschule Vallendar der Gesellschaft des Katholischen Apostolates (Pallottiner) - Theologische Fakultät -
Postf. 14 06, 56174 Vallendar
Pallottistr. 3, 56179 Vallendar
T: (0261) 64 02-0 Fax: 64 02-300
Gründung: 1979
Rektor: Prof. Dr.theol. Heribert Niederschlag

• T 692
WHU Wissenschaftliche Hochschule für Unternehmensführung Otto-Beisheim-Hochschule
Burgplatz 2, 56179 Vallendar
T: (0261) 65 09-540 Fax: 65 09-549
Internet: http://www.whu-koblenz.de
E-Mail: info@whu-koblenz.de
Gründung: 1984
Rektor: Prof. Dr. Klaus Brockhoff
Leitung Presseabteilung: Dipl.-Volksw. Jürgen Neumann

Vechta

• T 693
Hochschule Vechta
Postf. 15 53, 49364 Vechta
Driverstr. 22, 49377 Vechta
T: (04441) 15-1 Fax: 15-444
Internet: http://www.uni-vechta.de
Gründung: 1995
Rektor: Prof. Dr. Jürgen Howe
Pressesprecher: Sven Pieper

• T 694
Katholische Fachhochschule Norddeutschland
Postf. 13 65, 49362 Vechta
Driverstr. 23, 49377 Vechta
T: (04441) 92 26-0 Fax: 51 40
Internet: http://www.kath-fh-nord.de
E-Mail: rektor@kath-fh-nord.de, kfh.vechta@t-online.de (Verwaltung)
Präsident(in): Prof. Dr. Wilfried Wittstruck (Rektor)

Villingen-Schwenningen

• T 695
Fachhochschule Villingen-Schwenningen Hochschule für Polizei
Sturmbühlstr. 250, 78054 Villingen-Schwenningen
T: (07720) 30 90
E-Mail: ThomasFeltes@fhpol-vs.de
Gründung: 1979
Rektor: Prof. Dr. Thomas Feltes
Leitung Presseabteilung: Wolfgang Kupper
Mitarbeiter: 140
Studenten: 1300

Wedel

• T 696
Fachhochschule Wedel
Feldstr. 143, 22880 Wedel
T: (04103) 80 48-0 Fax: 80 48-39
Internet: http://www.fh-wedel.de
E-Mail: sekretariat@fh-wedel.de
Gründung: 1969
Präsident(in): Prof. Dr. Dirk Harms (Rektor)

Weilheim

• T 697
Gustav-Siewerth-Akademie Staatlich anerkannte wissenschaftliche Hochschule
Bierbronnen, 79809 Weilheim
T: (07755) 3 64 Fax: 8 01 09
Internet: http://www.siewerth-akademie.de
E-Mail: Gustav-Siewerth-Akademie@t-online.de
Gründung: 1985/1993
Präsident(in): Albrecht Graf von Brandenstein-Zeppelin (Rektor)

Weimar

• T 698
Bauhaus-Universität Weimar
99421 Weimar
Geschwister-Scholl-Str. 8, 99423 Weimar
T: (03643) 58-0 Fax: 58-1120
Internet: http://www.uni-weimar.de
Gründung: 1860
Rektor: Prof. Dr.-Ing. Gerd Zimmermann
Prorektoren: Prof. Dr. Karl Beuchke
Prof. Liz Bachhaber
Leitung Presseabteilung: Reiner Bensch (M.A.)
Verbandszeitschrift: "Thesis"-wissenschaftl. Zeitschrift
Redaktion: Frau Dr. Schirmer
Verlag: Universitätsverlag, 99421 Weimar
Mitarbeiter: ca. 500

• T 699
Hochschule für Musik "Franz Liszt" Weimar
Postf. 25 52, 99406 Weimar
Platz der Demokratie 2/-3, 99423 Weimar
T: (03643) 5 55-0 Fax: 5 55-199
Internet: http://www.uni-weimar.de/hfm
Gründung: 1872
Rektor: Prof. Dr. Wolfram Huschke
Leitung Presseabteilung: Dr. Stefan Brück

Weingarten

• T 700
Fachhochschule Ravensburg-Weingarten
Postf. 12 61, 88241 Weingarten
Doggenriedstr., 88250 Weingarten
T: (0751) 5 01-0 Fax: 4 92 40
Internet: http://www.fh-weingarten.de
E-Mail: info@fh-weingarten.de
Präsident(in): Prof. Dr.-Ing. Peter Jany
Prorektor: Prof. Dr.-Ing. Hans-Jürgen Adermann

• T 701
Pädagogische Hochschule Weingarten
Kirchplatz 2, 88250 Weingarten
T: (0751) 5 01-0 Fax: 5 01-200
Internet: http://www.PH-Weingarten.de/PH/welcome.htm
E-Mail: Rektor@ph-weingarten.de
Präsident(in): Prof. Dr. Rudolf Meissner (Rektor)
Vizepräsident(in): Prof. Dr. Norbert Feinäugle (Prorektor)

Wernigerode

• T 702
Hochschule Harz Hochschule für angewandte Wissenschaften (FH)
Friedrichstr. 57-59, 38855 Wernigerode
T: (03943) 6 59-0 Fax: 6 59-109
Internet: http://www.hs-harz.de
Gründung: 1991
Rektorin: Prof. Dr. Marianne Assenmacher
Mitarbeiter: 151

Wiesbaden

• T 703
Fachhochschule Wiesbaden
Kurt-Schumacher-Ring 18, 65197 Wiesbaden
T: (0611) 94 95-01 Fax: 44 46 96
Internet: http://www.fh-wiesbaden.de
E-Mail: emstiegler@rz.fh-wiesbaden.de
Präsident(in): Prof. Dr.h.c. Clemens Klockner
Vizepräsident(in): Prof. Dr. Michael Stawicki
Leitung Presseabteilung: Dr. E.-Michael Stiegler

Wildau

• T 704
Technische Fachhochschule Wildau
Bahnhofstr., 15745 Wildau
T: (03375) 5 08-0 Fax: 50 03 24
Internet: http://www.tfh-wildau.de
E-Mail: arlt@rkt.tfh-wildau.de
Präsident(in): Prof. Dr. László Ungvári (T: (03375) 50 81 01, Fax: (03375) 50 03 24, E-Mail: ungvari@wi-bw.tfh-wildau.de)

Wismar

● **T 705**

Hochschule Wismar - Fachhochschule für Technik, Wirtschaft und Gestaltung
Postf. 12 10, 23952 Wismar
Philipp-Müller-Str., 23966 Wismar
T: (03841) 7 53-0 **Fax:** 7 53-383
Internet: http://www.hs-wismar.de/
E-Mail: postmaster@hs-wismar.de
Rektor: Prof. Dr.-Ing. Burckhard Simmen
Kanzler: Bernd Klöver
Öffentlichkeitsarbeit: Klaus Schimmel

Witten

● **T 706**

Private Universität Witten/Herdecke gGmbH
58448 Witten
Alfred-Herrhausen-Str. 50, 58455 Witten
T: (02302) 9 26-0 **Fax:** 9 26-407
Internet: http://www.uni-wh.de
E-Mail: public@uni-wh.de
Präsident(in): Prof. Dr. Walther Ch. Zimmerli
Kaufm. Geschäftsführer: Dr. Ulla-Christiane Kopp
Geschäftsführer(in): Michael Bleks (Leiter d. Bereichs Universitätsentwicklung)
Koordination Öffentlichkeitsarbeit: N. N.

Wolfenbüttel

● **T 707**

Fachhochschule Braunschweig/Wolfenbüttel
Salzdahlumer Str. 46/48, 38302 Wolfenbüttel
T: (05331) 9 39-0 **Fax:** 9 39-118
Internet: http://www.fh-wolfenbuettel.de
E-Mail: e.meyer@fh-wolfenbuettel.de
Gründung: 1971 (1. August)
Präsident(in): Prof. Dr.rer.nat. Wolf-Rüdiger Umbach
Vizepräsident(in): Prof. Dr. jur. Winfried Huck
Dipl.-Ing. Volker Küch
Kanzler: Dipl.-Volksw. Wilfried Kroll
Leitung Presseabteilung: Evelyn Meyer
Mitarbeiter: 500
Studenten: ca. 5000

Worms

● **T 708**

Fachhochschule Worms
Erenburgerstr. 19, 67549 Worms
T: (06241) 5 09-0 **Fax:** 5 09-222
Internet: http://www.fh-worms.de
E-Mail: kontakt@fh-worms.de
Gründung: 1996 (1. September)
Präsident(in): Prof. Dr. Norbert Varnholt
Vizepräsident(in): Prof. Dr. Jutta Binder-Hobbach
Kanzlerin: Erika Rudel
Leitung Presseabteilung: Stefan Nickel

Würzburg

● **T 709**

Bayerische Julius-Maximilians-Universität Würzburg
Sanderring 2, 97070 Würzburg
T: (0931) 31-0 **Fax:** 31-2600
Internet: http://www.uni-wuerzburg.de
E-Mail: universitaet@zv.uni-wuerzburg.de
Gründung: 1402 (Erstgründung; Neugründung 1582)
Präsident(in): Prof. Dr. Theodor Berchem
Leitung Presseabteilung: Adolf Käser

● **T 710**

Fachhochschule Würzburg - Schweinfurt - Aschaffenburg
Münzstr. 12, 97070 Würzburg
T: (0931) 35 11-0 **Fax:** 35 11-159
Internet: http://www.fh-wuerzburg.de
E-Mail: p-amt@fh-wuerzburg.de
Präsident(in): Prof. Dr. Heribert Weber
Vizepräsident(in): Prof. Dr. Fritz Schmidt
N. N.
Kanzler: Dr. Jürgen Herzog
Ltg. Präsidialamt: RAR Roland Weigand

● **T 711**

Hochschule für Musik Würzburg
Hofstallstr. 6-8, 97070 Würzburg
T: (0931) 3 21 87-0 **Fax:** 3 21 87-40
Präsident(in): Prof. Dieter Kirsch

Wuppertal

● **T 712**

Bergische Universität Gesamthochschule Wuppertal
42097 Wuppertal
Gaußstr. 20, 42119 Wuppertal
T: (0202) 4 39-1 **Fax:** 4 39-2899
Internet: http://www.uni-wuppertal.de
E-Mail: presse@uni-wuppertal.de
Gründung: 1972 (1. August)
Rektor: Prof. Dr.rer.pol. Volker Ronge
Leitung Presseabteilung: Michael Kroemer
Studenten: 18 000

● **T 713**

Kirchliche Hochschule Wuppertal
Missionsstr. 9b, 42285 Wuppertal
T: (0202) 28 20-0 **Fax:** 28 20-101
Internet: http://www.uni-wuppertal.de/inst.kiho
E-Mail: ua0051@uni-wuppertal.de
Rektor: Prof. Dr. Hellmut Zschoch

Zittau

● **T 714**

Hochschule Zittau/Görlitz (FH)
Postf. 14 54, 02754 Zittau
Theodor-Körner-Allee 16, 02763 Zittau
T: (03583) 61-0 **Fax:** 51 06 26
Internet: http://www.hs-zigr.de
E-Mail: h.trillenberg@hs-zigr.de
Gründung: 1992
Rektor: Prof. Dr.-Ing. Dietmar Reichel
Prorektoren: Prof. Dr. phil. Jutta Blin (Bildung)
Prof. Dr.-Ing. habil. Manfred Schmidt (Forschung)
Kanzler: Dr.-Ing. Peter Reinhold
Leitung Presseabteilung: Hella Trillenberg

● **T 715**

Internationales Hochschulinstitut Zittau (IHI)
Markt 23, 02763 Zittau
T: (03583) 77 15-0 **Fax:** 77 15-34
E-Mail: markert@ihi-zittau.de
Direktor(in): Univ.-Prof. Dr.rer.nat.habil. Bernd Markert
Verwaltungs-Ltg: RD'in Dr.-Ing. Rosemarie Konschak

Zwickau

● **T 716**

Westsächsische Hochschule Zwickau (FH)
Postf. 20 10 37, 08012 Zwickau
Dr.-Friedrichs-Ring 2A, 08056 Zwickau
T: (0375) 5 36-0 **Fax:** 5 36-1127
Internet: http://www.fh-zwickau.de
E-Mail: Rektorat@fh-zwickau.de
Gründung: 1992
Rektor: Prof. Dr.-Ing. habil. Karl-Friedrich Fischer (Tel: (0375) 5 36-10 00, Fax: (0375) 5 36-10 11, e-mail: karl.friedrich.fischer@fh-zwickau.de)
Prorektor für Lehre und Studium: Prof. Dr.-Ing. habil. Dieter Sperling (Tel: (0375) 5 36-10 20, Fax: (0375) 5 36-10 33, e-mail: dieter.sperling@fh-zwickau.de)
Prorektor für Wissenschaftsentwicklung u. Forschung: Prof. Dr. oec.habil. Gerhard Sommerer (Tel: (0375) 5 36-10 30, Fax: (0375) 5 36-10 33, e-mail: gerhard.sommerer@fh-zwickau.de)
Kanzler: Dr.oec.habil. Joachim Körner (Tel: (0375) 5 36-11 00, Fax: (0375) 5 36-11 03, e-mail: joachim.koerner@fh-zwickau.de)
Studienwerbung/Öffentlichkeitsarbeit: Dr. rer.nat. Detlef Solondz (Tel: (0375) 5 36-10 50, Fax: 5 36-10 07, e-mail: pressestelle@fh-zwickau.de)
Dezernat Studienangelegenheiten: Dezernentin Siglinde Meier (Tel: (0375) 5 36-11 80, Fax: (0375) 5 36-16 32, e-mail: dezernat.studienangelegenheiten@fh-zwickau.de)
Dezernat Forschung, Wissens- u. Technologietransfer: Dezernent Dr.-Ing. Wolfram Melzer (Tel: (0375) 5 36-11 90, Fax: (0375) 5 36-11 93, e-mail: wolfram.melzer@fh-zwickau.de)
Fachbereich Maschinenbau u. Kraftfahrzeugtechnik: Dekan Prof. Dr.-Ing. Wolfgang Foken (Tel: (0375) 5 36-17 00, Fax: (0375) 5 36-17 54, e-mail: maschinenbau.kraftfahrzeugtechnik@fh-zwickau.de)
Fachbereich Elektrotechnik: Dekan Prof. Dr.-Ing. habil. Manfred Schulze (Tel: (0375) 5 36-14 00, Fax: (0375) 5 36-14 03, e-mail: elektrotechnik@fh-zwickau.de)
Fachbereich Physikalische Technik/Informatik: Dekan Prof. Dr.rer.nat.habil. Gunter Krautheim (Tel: (0375) 5 36-15 00, Fax: (0375) 5 36-15 03, e-mail: physikalische.technik.informatik@fh-zwickau.de)
Fachbereich Wirtschaftswissenschaften: Dekan Prof. Dr. oec. Matthias Schwarz (Tel: (0375) 5 36-32 41, Fax: (0375) 5 36-31 04, e-mail: wirtschaftswissenschaften@fh-zwickau.de)
Fachbereich Angewandte Kunst: Dekan Prof. Dipl.-Designer (FH) Gerd Kaden (Sitz: Hochschulteil Schneeberg, Goethestr. 1, 08289 Schneeberg; Studiengang Musikinstrumentenbau, Adorfer Str. 38, 08258 Markneukirchen, Tel: (03772) 3 50 70, Fax: (03772) 2 89 42, e-mail: angewandte.kunst.schneeberg@fh-zwickau.de)
Fachbereich Textil- und Ledertechnik i.G.: Gründungsdekan Dr.-Ing. Frank Anders (Sitz: Hochschulteil Reichenbach, Klinkhardtstr. 30, 08468 Reichenbach, Tel: (03765) 55 21-0, Fax: (03765) 55 21-11, e-mail: textil.ledertechnik@fh-zwickau.de)
Fachbereich Architektur: Dekan Prof. Dipl.-Ing. Architekt Christian Knoche (Sitz: Hochschulteil Reichenbach, Klinkhardstr. 10, 08468 Reichenbach, Tel: (03765) 55 21-41, Fax: (03765) 55 21-42, e-mail: architektur@fh-zwickau.de)
Fachbereich Gesundheits- und Pflegewissenschaften i.G.: Gründungsdekan Prof. Dr.rer.pol. Michael Klausing (Tel: (0375) 5 36-32 59, Fax: (0375) 5 36-32 60, e-mail: gesundheits.pflegewissenschaften@fh-zwickau.de)
Fachbereich Sprachen: Dekanin Prof. Dr. phil. Susanne Bleich (M.A., Tel: (0375) 5 36-35 01, Fax: (0375) 5 36-35 61, e-mail: sprachen@fh-zwickau.de)
Hochschulrechenzentrum: Dir. Dipl.-Ing. Alfred Brunner (Tel: (0375) 5 36-12 00, Fax: (0375) 5 36-12 02, e-mail: hochschulrechenzentrum@fh-zwickau.de)
Hochschulbibliothek: Dir. Dr. Steffi Leistner (Tel: (0375) 5 36-12 50, Fax: (0375) 5 36-12 52, e-mail: hochschulbibliothek@fh-zwickau.de)
Akademisches Auslandsamt: Leiter Dr. phil. Lothar Wolf (Tel: (0375) 5 36-10 60, Fax: (0375) 5 36-10 33, e-mail: akademisches.auslandsamt@fh-zwickau.de, interstud@fh-zwickau.de)
Hochschulsportzentrum: Leiterin Dipl.-Sportlehrerin Marianne Müller (Tel: (0375) 5 36-13 55, e-mail: hochschulsportzentrum@fh-zwickau.de)
Hochschularchiv: Leiterin Dipl.-Lehrerin Sabine Körner (Tel: (0375) 5 36-12 61, e-mail: hochschularchiv@fh-zwickau.de)
Zentrum für neue Studienformen: Dir. Prof. Dr.-Ing.habil. Christian-Andreas Schumann (Tel: (0375) 5 36-31 03, Fax: (0375) 5 36-31 04, e-mail: zns@fh-zwickau.de)

Stiftungen

● **T 717**

Bertha von Suttner Stiftung der DFG-VK
Braunschweiger Str. 22, 44145 Dortmund
T: (0231) 81 80 32 **Fax:** 81 80 31
Gründung: 1993
Vorsitzende(r): Erwin Eisenhardt
Stellvertretende(r) Vorsitzende(r): Thomas Rödl

● **T 718**

Bundesverband Deutscher Stiftungen e.V.
Alfred-Krupp-Haus
Binger Str. 40, 14197 Berlin
T: (030) 89 79 47-0 **Fax:** 89 79 47-11
Internet: http://www.stiftungen.org
E-Mail: bundesverband@stiftungen.org
Gründung: 1948 (20. September)
Vorstand: Prof. Dr. Axel Frhr. von Campenhausen (Erster Vorsitzender)
(Staatssekretär a.D.; Präsident der Klosterkammer Hannover i.R.; seit 1993 Mitglied des Vorstandes des Bundesverbandes; seit 1996 Erster Vorsitzender; Oppenbornstr. 5, 30559 Hannover, T: (0511) 5 10 60 56, Fax: (0511) 5 10 60 57)
Vorstand: Ulrich Voswinckel (Zweiter Vorsitzender) (seit 1987 Vorstandsvorsitzender der Körber-Stiftung (Hamburg); seit 1991 Beiratsmitglied; 1996 Mitglied des Vorstandes; Körber-Stiftung, Kurt-A.-Körber-Chaussee 10, 21033 Hamburg; T: (040) 72 50-2457, Fax: (040) 72 50-3645, Internet: http://www.koerber.de, E-Mail: info@stiftung.koerber.de)
Vorstand: Fritz Brickwedde (Generalsekretär der Deutschen Bundesstiftung Umwelt; seit 1994 Beiratsmitglied, seit 1999 Mitglied des Vorstandes; Deutsche Bundesstiftung Umwelt, An der Bornau 2, 49090 Osnabrück, T: (0541) 96 33-0, Fax: (0541) 96 33-190, Internet: http://www.dbu.de, E-Mail: dbu@umweltschutz.de)
Vorstand: RA Dr. Peter Lex (Vorstandsvorsitzender der Dr. Leo Mohren-Stiftung (München); seit 1993 Mitglied des Vorstandes; Sozietät Dr. Mohren & Partner, Max-Joseph-Str. 7b, 80333 München, T: (089) 55 17 08-0, Fax: (089) 55 17 08-10)
Vorstand: Birte Toepfer (Vorstandsvorsitzende der Alfred Toepfer Stiftung F.V.S.; seit 1993 Mitglied des Beirates Verband Deutscher Wohltätigkeitsstiftungen, seit 1999 Mitglied des Vorstandes; Alfred Toepfer Stiftung F.V.S., Georgsplatz 10, 20095 Hamburg, Postf. 10 60 25, 20041 Hamburg, T:

(040) 3 34 02 12, Fax: (040) 33 58 60, Internet: http://www.toepfer-fvs.de, E-Mail: mail@toepfer-fvs.de)
Ehrenvorsitzender: Dr. Rolf Hauer (Ministerialdirigent a.D.) (Präsident der Klosterkammer Hannover i.R.; von 1970-1990 Mitglied des Vorstands des Bundesverbandes, zunächst als Zweiter Vorsitzender, ab 1975 als Erster Vorsitzender, seit 1990 Ehrenvorsitzender; 1998 Medaille für Verdienste um das Stiftungswesen; Lindemannallee 34, 30173 Hannover, T: (0511) 81 01 48)
Geschäftsführer(in): RA Dr. Christoph Mecking (seit 1997 Geschäftsführer des Bundesverbandes Deutscher Stiftungen (Berlin); seit 1998 Geschäftsführer der Deutschen Stiftungs-Akademie (Berlin))
Verbandszeitschrift: Deutsche Stiftungen: Mitteilungen
Redaktion: Janine Maurer M.A.
Verlag: Bundesverband Deutscher Stiftungen
Mitglieder: 1171 Stiftungen und Stiftungsverwaltungen mit über 4000 Stiftungen
Mitarbeiter: 11

• T 719

Deutsche StiftungsAkademie
Alfred-Krupp-Haus
Binger Str. 40, 14197 Berlin
T: (030) 89 79 47-0 **Fax:** 89 79 41-11
Internet: http://www.stiftungen.org
E-Mail: bundesverband@stiftungen.org
Gründung: 1998 (5. Februar)
Geschäftsführer(in): RA Dr. Christoph Mecking
RA Erich Steinsdörfer
Pressearbeit: Ulrich F. Brömmling (M.A.)
Cornelia Herting
Michael Sonnabend (M.A.)

• T 720

Bayerische Landesstiftung
Kardinal-Döpfner-Str. 4, 80333 München
T: (089) 28 60 68 **Fax:** 28 06 94
Gründung: 1972
Vorsitzende(r) des Vorstandes: Staatsminister a.D. Hans Maurer
Jahresetat: rd. DM 45 Mio, € 23,01 Mio

• T 721

Deutsche Stiftung für internationale rechtliche Zusammenarbeit e.V.
Postf. 20 04 09, 53134 Bonn
Ubierstr. 92, 53173 Bonn
T: (0228) 95 55-0 **Fax:** 95 55-1 00
Gründung: 1992 (11. Mai)
Vors. d. Kuratoriums: Dr. Franz Schoser (Hauptgeschäftsführer des DIHT)
Geschäftsführer(in): Dr. Irene Pakuscher
Mitglieder: 37 natürliche und juristische Personen
Mitarbeiter: 18

Beratungshilfe auf dem Gebiet des Rechts für Staaten Mittel- und Osteuropas (MOE) sowie der Neuen Unabhängigen Staaten (NUS) der ehemaligen Sowjetunion.

• T 722

Bertelsmann Stiftung
33311 Gütersloh
Carl-Bertelsmann-Str. 256, 33335 Gütersloh
T: (05241) 81 70 **Fax:** 81 66 77
Internet: http://www.stiftung.bertelsmann.de
E-Mail: ulrike.osthus@bertelsmann.de
Gründung: 1977 (14. März)
Vorstand: Dr. Mark Wössner (Vorsitzender)
Reinhard Mohn (Stifter)
Prof. Dr. Dr.h.c. Werner Weidenfeld
Geschäftsführer(in): Dr. Andreas Schlüter (Erster Geschäftsführer)
Wolfgang Koeckstadt (Zweiter Geschäftsführer)
Dr. Hans D.
Caio K.
Liz
Reinhard
Dr. Andreas
Gerd
Prof. Dr. h.c. Dieter
Dr. Jürgen
Prof. Dr. Rita
Prof. Dr. Dr. h.c. mult. Hans-Jürgen
Prof. Dr. Dr. h.c. Werner
Dr. Mark
Ltg. Information u. Kommunikation: Tim Arnold
Leitung Presseabteilung: Andreas Henke
Verbandszeitschrift: FORUM (deutsch und englisch)
Redaktion: Bettina Neuenhofer
Mitarbeiter: 200
Jahresetat: DM 80,2 Mio, € 41,01 Mio (1998/99)

Die Bertelsmann Stiftung ist eine selbständige Stiftung des privaten Rechts im Sinne von Paragraph 2 Absatz 1 des Stiftungsgesetzes für das Land Nordrhein-Westfalen und verfolgt ausschließlich und unmittelbar gemeinnützige Zwecke. Ihre Förderungsschwerpunkte liegen u.a. auf den Gebieten "Wirtschaft", "Staat und Verwaltung", "Öffentliche Bibliotheken", "Medien", "Politik", "Kultur", "Medizin und Gesundheitswesen", "Hochschule" und "Stiftungswesen".

• T 723

Ludwig-Bölkow-Stiftung
Daimlerstr. 15, 85521 Ottobrunn
T: (089) 60 81 10-0 **Fax:** 6 09 97 31
Gründung: 1983 (22. Dezember)
Vors. d. Stiftungsrates: Dipl.-Ing. Dr.-Ing. E.h.mult. Ludwig Bölkow
Stiftungsvorstand: Rupert Graf Strachwitz

• T 724

Verband Deutscher Wohltätigkeitsstiftungen e.V.
Binger Str. 40, 14197 Berlin
T: (030) 89 79 47-0 **Fax:** 89 79 47-11
Internet: http://www.stiftungen.org
Gründung: 1948 (20. September)
1. Vorsitzende(r): Prof. Dr. Axel Frhr. von Campenhausen (Präsident der Klosterkammer Hannover i.R.)
2. Vorsitzende: Dr. Julia Dingwort-Nusseck (Landeszentralbankpräsidentin i.R.)
Vorst.-Mitgl.: RA Dr. Peter Lex
Dr. W. Frhr. von Pölnitz-Egloffstein (Administrator der Fürstl. u. Gräfl. Fuggerschen Stiftungen a.D.)
Dipl.-Volksw. Ulrich Voswinckel (Vorstandsvors. der Körber-Stiftung)
Geschäftsführer(in): RA Dr. Christoph Mecking
Leitung Presseabteilung: Ulrich F. Brömmling (M.A.)
Verbandszeitschrift: Deutsche Stiftungen: Mitteilungen
Redaktion: Janine Maurer M.A.
Verlag: Bundesverband Deutscher Stiftungen
Mitarbeiter: 11

Wahrung, Sicherung und Vertretung der Interessen deutscher Wohltätigkeitsstiftungen, Publikationen, Veranstaltungen, Bibliothek, Datenbank

• T 725

Deutsche Stiftung für UNO-Flüchtlingshilfe e.V.
Rheinallee 4a, 53173 Bonn
T: (0228) 35 50 57-58 **Fax:** 35 50 59
E-Mail: Stiftung.UNO-Fluechtlingshilfe@t-online.de
Gründung: 1980 (1. September)
1. Vorsitzende: Editha Limbach
Stellvertretende(r) Vorsitzende(r): Ruprecht von Arnim
Ilse Bueren
Geschäftsführer(in): Johannes Bausch
Mitglieder: 160
Mitarbeiter: 5
Jahresetat: DM 3-10 Mio, € 1,53-5,11 Mio (je nach Spendenaufkommen)

t 726

Geschäftsstelle Hamburg/Niedersachsen
Abendrothsweg 32, 20251 Hamburg
T: (040) 4 80 87 33
Leitung: Dr. Reinhold Friedl (T. u. Fax: (040) 4 80 87 33)

• T 727

Deutsche Afrika Stiftung e.V.
Afrika-Haus
Hauptstr. 487, 53639 Königswinter
T: (02223) 7 06 24 **Fax:** 90 50 40
E-Mail: deutsche.afrika.stiftung@t-online.de
Gründung: 1978 (20.Juni)
Vorsitzende(r): Prof. Dr. Karl-Heinz Hornhues (MdB, Deutscher Bundestag, 11011 Berlin)
Stellvertretende(r) Vorsitzende(r): Dr. Volkmar Köhler (PSts. a.D., Schulenburgallee 110, 38448 Wolfsburg)
Hans-Günther Toetemeyer (Am Pferdemarkt 12, 54290 Trier)
Geschäftsführer(in): Gero Schmitz (Tannenallee 8, 53179 Bonn)
Dr. Wolfgang (Am Düsterbäumchen 8, 53340 Meckenheim)
Schatzmeister: Werner Kuhn (Neue Reihe 8 d, 18374 Zingst)
Beisitzer: Prof. Dr. Hans-Gert Braun (DEG, Belvederestr. 40, 50933 Köln)
Dr. Ursula Eid (MdB, Deutscher Bundestag, 11011 Berlin)
Ulrich Irmer (MdB, Deutscher Bundestag, 11011 Berlin)
Dr.-Ing. Dietmar Kansy (MdB, Deutscher Bundestag, 11011 Berlin)
Eduard Lintner (MdB, Deutscher Bundestag, 11011 Berlin)
Joachim Tappe (MdB, Deutscher Bundestag, 11011 Berlin)
Mitglieder: 60
Mitarbeiter: 3
Herausgeber des Magazins: Afrika-Post

• T 728

Stiftung Diakonie e.V.
Postf. 10 11 42, 70010 Stuttgart
Stafflenbergstr. 76, 70184 Stuttgart
T: (0711) 21 59-230
TGR: Diakonie Stiftung Stuttgart
Gründung: 1983 (7.6.)
Vorstand: Landespfarrer Manfred Berner (Haus der Diakonie, Klostergang 66, 38104 Braunschweig, T: (0531) 3 70 30 00)
Geschäftsführer(in): Direktor Dr. Wolfgang Teske
Mitglieder: 20

• T 729

Fürst Donnersmarck-Stiftung

Fürst Donnersmarck-Stiftung zu Berlin
Dalandweg 19, 12167 Berlin
T: (030) 7 69 70 00 **Fax:** 7 69 70-0 30
Internet: http://www.fdst.de
E-Mail: post.fdst@fdst.de
Gründung: 1916
Vorsitzende(r): Dr.jur. Guidotto Graf Henckel Fürst von Donnersmarck
Stellvertretende(r) Vorsitzende(r): Pastor Eckhard Kutzer
Geschäftsführer(in): Wolfgang Schrödter
Mitarbeiter: ca. 550
Fachverbände:
Diakonisches Werk Berlin-Brandenburg
Bundesverband Deutscher Stiftungen

Rehabilitation, Betreuung, Unterstützung und Förderung von Körperbehinderten und Mehrfachbehinderten.

• T 730

Europa-Kolleg Hamburg
Windmühlenweg 27, 22607 Hamburg
T: (040) 82 27 27-0 **Fax:** 82 75 20
Gründung: 1953
Vors.d.Kuratoriums: Dr. Günter Burghardt
Vorsitzende(r) des Vorstandes: Dr. Hans-Joachim Seeler
Geschäftsführerin: Sabina Kuhlmann

• T 731

Institut für Integrationsforschung der Stiftung Europa-Kolleg Hamburg
Windmühlenweg 27, 22607 Hamburg
T: (040) 82 27 27-0 **Fax:** 82 75 20
Gründung: 1977
Direktor(in): Prof. Dr. Peter Behrens
Prof. Dr. Thomas Straubhaar
Prof. Dr. Karl-Ernst Schenk
Prof. Dr. Gert Nicolaysen
Prof. Dr. Thomas Bruha

• T 732

Stiftung Freiheit der Presse
Graf-Vollrath-Weg 6, 60489 Frankfurt
T: (069) 97 84 54-0 **Fax:** 97 84 54-54
E-Mail: vhzv@ffh.de
Vorstand: Dr. Peter Udo Bintz
Geschf. Vorstand: RA Gebhard Ohnesorge

• T 733

Friedrich Flick Förderungsstiftung
Postf. 10 23 61, 40014 Düsseldorf
Inselstr. 18, 40479 Düsseldorf
T: (0211) 4 38 22 50
Vorstand: Fritz Wacker (Vors.)
Dr. Manfred Kiesewetter
Dieter Koenen
Vors. d. Kuratoriums: Dr. Friedrich Karl Flick

• T 734

Stiftung PRIX JEUNESSE
(Prix Jeunesse International / Wettbewerbe / Seminare für Kinder- und Jugendfernsehprogramme)
Bayerischer Rundfunk
80300 München
T: (089) 59 00 20 58 **Fax:** 59 00 30 53
Internet: http://www.prixjeunesse.de
E-Mail: uvz@prixjeunesse.de, info@prixjeunesse.de
Vors.d.Präsidiums: Staatsministerin Monika Hohlmeier
Geschäftsführer(in): Ursula von Zallinger

• T 735

Alfred Toepfer Stiftung F.V.S.
Postf. 10 60 25, 20041 Hamburg
Georgsplatz 10, 20099 Hamburg
T: (040) 3 34 02-0 **Fax:** 33 58 60
Internet: http://www.toepfer-fvs.de
E-Mail: mail@toepfer-fvs.de
Gründung: 1931
Vorstand: Birte Toepfer (Vors.)
Dr. Ulrich-Christian Pallach
Helmut Schmidt
Jahresetat: DM 4 Mio, € 2,05 Mio

• T 736

GEERS-STIFTUNG
Gemeinnützige und rechtsfähige Stiftung des privaten Rechts
Zur Förderung wissenschaftlicher Vorhaben zum Wohle der Hörbehinderten, insbesondere dem der hörbehinderten Kinder
c/o Stifterverband für die deutsche Wissenschaft
Barkhovenallee 1, 45239 Essen
T: (0201) 84 01-0 **Fax:** 84 01-301
Vorsitzende(r) des Vorstandes: Prof. Dr.rer.nat Hellmut von Specht
Kuratoriumsvors.: Dr. Volker J. Geers, Dortmund

• T 737

Alfons Goppel-Stiftung
Oberanger 32 VI, 80331 München
T: (089) 26 40 18 **Fax:** 26 90 00
Gründung: 1980 (8.1.)
Vors. d. Stiftungsrates: Senator E.h. Gerhart Klamert
Vorsitzende(r) des Vorstandes: Ernst Michl (MdL)

Hilfsprojekte für Kinder in Ländern der Dritten Welt.

• T 738

Gerda Henkel Stiftung
Malkastenstr. 15, 40211 Düsseldorf
T: (0211) 35 98 53 **Fax:** 35 71 37
E-Mail: gerda.henkel.stiftung@t-online.de
Gründung: 1976 (Juni)
Vors. d. Kuratoriums: Julia Schulz-Dornburg
Vorstand: E. Hemfort

Förderung der historischen Geisteswissenschaften.

• T 739

Alfried Krupp von Bohlen und Halbach-Stiftung
Postf. 23 02 45, 45070 Essen
Hügel 15, 45133 Essen
T: (0201) 1 88-1 **Fax:** 41 25 87
E-Mail: info@krupp-stiftung.de
Gründung: 1967
Vorstand: Prof. Dr. h.c. mult. Berthold Beitz
Horst Dieter Marheineke

Die Stiftung fördert Wissenschaft in Forschung und Lehre einschließlich des wissenschaftlichen Nachwuchses, das Erziehungs- und Bildungswesen, das Gesundheitswesen, den Sport, Literatur, Musik und bildende Kunst im In- und Ausland.

• T 740

Peter Klöckner-Stiftung
Neudorfer Str. 3-5, 47057 Duisburg
T: (0203) 33 10 14 **Fax:** 3 07-51 30
Vorsitzende(r): J. A. Henle
Geschäftsstellen-Ltg.: Dipl.-Betriebsw. Regina Rex-Strater

• T 741

IMPULS-Stiftung für den Maschinenbau, den Anlagenbau und die Informationstechnik
Lyoner Str. 18, 60528 Frankfurt
T: (069) 66 03-0
Gründung: 1989
Vorstand: Ulrich P. Hermani

• T 742

Brillat Savarin-Stiftung e.V.
Geschäftsstelle:
Postf. 20 04 55, 53134 Bonn
Kronprinzenstr. 46, 53173 Bonn
T: (0228) 82 00 80 **Fax:** 8 20 08 46
Präsident(in): Karl Theodor Walterspiel
Mitglieder: 350

• T 743

Heinrich-Böll-Stiftung e.V.
Rosenthaler Str. 40/41, Hackesche Höfe, 10178 Berlin
T: (030) 28 53 40 **Fax:** 28 53 41 09
Internet: http://www.boell.de
E-Mail: info@boell.de
Gründung: 1997 (1.Juli)
Vorstand: Ralf Fücks
Dr. Claudia Neusüß
Petra Streit
Leitung Presseabteilung: Albert Eckert
Verbandszeitschrift: www.boell.de
Mitarbeiter: ca. 140
Jahresetat: DM 62 Mio, € 31,7 Mio

• T 744

Friedrich-Naumann-Stiftung
Alt Nowawes 67, 14482 Potsdam
T: (0331) 70 19-0
Internet: http://www.fnst.org
Gründung: 1958 (19.5.)
Vorsitzende(r): Dr. Otto Graf Lambsdorff
Geschäftsführende(s) Vorstands-Mitglied(er): Rolf Berndt
Leitung Stab Presse- und Öffentlichkeitsarbeit: Walter Klitz
Verbandszeitschrift: liberal
Redaktion: Liberal
Verlag: liberal Verlag, Eifelstr. 14, 53757 Sankt Augustin

• T 745

Heinz-Naumann-Stiftung
Edelsbergstr. 8, 80686 München
T: (089) 57 00 7-0 **Fax:** 57 00 72 60
Kuratorium:
Vorsitzende(r): Dr. Achim Kann (Generaldir., stv. Vors. d. Aufsichtsrats der ERC FRANKONA-Rückversicherungs-AG, München; Vors. d. Aufsichtsrats der Vereinigten Haftpflichtversicherung V.a.G., Hannover)
Stellvertretende(r) Vorsitzende(r): Prof. Gerhard Röhrl (Präsident der Fachhochschule München)
Kuratoriums-Mitgl.: Prof. Dr.jur. Andreas Heldrich (Rektor der Ludwig-Maximilians-Universität München)
Prof. Dr.rer.nat. Dres.h.c. Wolfgang A. Herrmann (Präsident der Technischen Universität München)
Dipl.-Kfm. Dieter Maßberg (Geschäftsführer des Studentenwerkes München)
Dr. Gerhard Merkl (MdL, Staatssekretär, a.D.)
Dipl.-Ing. Hermann Sturm (Beratender Ingenieur, Vorsitzender der UNION BERATENDER INGENIEURE- U.B.I.-D., München)
Ehrenmitglieder d. Kuratoriums: Architekt Heinz Naumann (Ehrenpräsident des Zentralverbandes Deutscher Ingenieure-ZDI)
Dir. i.R. Josef Metz
Dipl.-Kfm. Karlernst Kalkbrenner (Mitglied des Vorstandes a.D. AEG AG, Vors. d. Vorstandes a.D. OLYMPIA AG)
Prof. Dipl.-Ing. Hans Koch (Ministerialdir. a.D.)
Dipl.-Ing. (FH) Hans Metz (Architekt und Baumeister Prokurist a.D. der Fa. Fritz Hummel Heizungsbau GmbH)
Stiftungs-Vorstand:
Vorsitzende(r): Dipl.-Ing. Günter Schmitt-Bosslet (Freier Architekt, Präsident des VERBANDES DEUTSCHER ARCHITEKTEN-VDA, 86919 Utting)
Stellvertretende(r) Vorsitzende(r): Michael Straub, München
Schriftführer(in): Ass. jur. Ulrike Biebelmann, München

• T 746

Jürgen Ponto-Stiftung zur Förderung junger Künstler
60301 Frankfurt
Jürgen-Ponto-Platz 1, 60329 Frankfurt
T: (069) 2 63 23 96 **Fax:** 2 63 47 32
Internet: http://www.dresdner-bank.de
E-Mail: ponto.stiftung@dresdner-bank.com
Gründung: 1977
Vorstand: Dr. Bernhard Frhr. Loeffelholz von Colberg
Dr. Helge Gondesen
Karin Heyl
Mitarbeiter: 6
Mitglieder: Kuratorium 9; Vorstand 3

• T 747

Friedrich-Wilhelm-Murnau-Stiftung
Postf. 51 29, 65041 Wiesbaden
Kreuzberger Ring 56, 65205 Wiesbaden
T: (0611) 9 77 08-0 **Fax:** 9 77 08-19
Internet: http://www.murnaustiftung.de
E-Mail: technik@murnaustiftung.de, rechtsabteilung@murnaustiftung.de
Vorstand: Peter Franz

Die Stiftung hat die Aufgabe, im Hinblick auf die kulturhistorische Bedeutung des deutschen Films die Filmstöcke des sog. ehemaligen reichseigenen Filmvermögens und die Rechte sowie das Filmmaterial aus Nachkriegsproduktionen bis 1962 und sonstige Rechte und Filmmaterialien von Filmen mit kultureller und historischer Bedeutung zu erhalten, zu verwalten und auszuwerten zu lassen.

• T 748

Heinz Daemen-Stiftung für Jugend- und Erwachsenenbildung
Darmstädter Str. 30, 64385 Reichelsheim
T: (06164) 30 24 **Fax:** 58 26
Vorsitzende(r): Dr. Heinrich Werner
Geschäftsführer(in): R. A. Norbert Meyer

• T 749

Arbeitsgemeinschaft Partnerschaft in der Wirtschaft e.V. (AGP)
Landgraf-Karl-Str. 2, 34131 Kassel
T: (0561) 3 60 44 **Fax:** 3 38 50
Internet: http://www.agpev.de
E-Mail: info@agpev.de
Gründung: 1950
1. Vorsitzende(r): Gerhard Schuler (Homag AG)
Geschäftsführer(in): Dipl.-Kfm. Michael Lezius
Mitglieder: 500

• T 750

Grundig Akademie für Wirtschaft und Technik Gemeinnützige Stiftung e.V.
Beuthener Str. 45, 90471 Nürnberg
T: (0911) 4 09 05 01 **Fax:** 4 09 05-33
Gründung: 1978
Vorstand: Hermann Riethmann (Ltg. Presseabt.)

• T 751

Hypo-Kulturstiftung
Theatinerstr. 15, 80333 München
T: (089) 37 84 28 09 **Fax:** 37 84 85 94
Gründung: 1983
Vorsitzende(r): Dr. Johann Georg Prinz von Hohenzollern
Geschäftsführer(in): Hans-Dieter Eckstein

• T 752

Dr. Mildred Scheel Stiftung für Krebsforschung
Postf. 14 67, 53004 Bonn
Thomas-Mann-Str. 40, 53111 Bonn
T: (0228) 7 29 90-0 **Fax:** 7 29 90-11
Internet: http://www.krebshilfe.de
E-Mail: deutsche@krebshilfe.de
Gründung: 1976 (16. Februar)
Vorsitzende(r) des Vorstandes: Dr. Hans-Joachim Möhle
Geschäftsführer(in): Dipl.-Kfm. Achim Ebert

• T 753

Stiftung Deutsche Schlaganfall-Hilfe
33311 Gütersloh
T: (05241) 97 70-0 **Fax:** 70 20 71
Gründung: 1993 (31. Januar)
Schirmherrin: Liz Mohn
Vorsitzende(r): Prof. Michael Hennerici
1. Stellv. Vors.: Dr. Klaus Eierhoff
Geschäftsführer(in): Jan Wiegels
Leitung Presseabteilung: Norbert Osterwinter
Verbandszeitschrift: Das Schlaganfallmagazin
Mitarbeiter: 23
Jahresetat: DM 8 Mio, € 4,09 Mio

• T 754

Stiftung Phönikks
Psychosoziale Hilfe und Nachbetreuung Krebskranker Kinder, junger Erwachsener und deren Sozialen Umfeld
Mittelweg 121, 20148 Hamburg
T: (040) 44 54 71 **Fax:** 44 88 87
Internet: http://www.mediadeck.de/phoenikks
E-Mail: phoenikks@mediadeck.de
Gründung: 1986 (15. Oktober)
Geschäftsf. Vorsitzende: Christl Rehmenklau-Bremer
Vorstand: Irene Görtitz
Dr. Klaus Günzel
Priv.-Doz. Dr. Thomas Küchler
Mitarbeiter: 6

Die Stiftung hat die Aufgabe, psychosoziale Hilfe

krebskranken Kindern, Jugendlichen, jungen Erwachsenen und deren Angehörigen zu gewähren. Ein weiterer ausschließlicher und unmittelbarer Zweck ist die Betreibung eines Beratungs-und Hilfszentrums.

• T 755

Stiftung Sozialpädagogisches Institut
Gemeinnützige Stiftung des bürgerlichen Rechts
Müllerstr. 74, 13349 Berlin
T: (030) 45 97 93-0 **Fax:** 45 97 93-66
Internet: http://www.spiftung-spi.de
E-Mail: info@stiftung-spi.de
Direktor(in): Hartmut Brocke
Stellvertretender Direktor: Karl-Friedrich Schnur
Stellvertretende Direktorin: Prof. Dr. Birgit Hoppe

• T 756

GEMA-Stiftung
Sitz München
Öffentliche Stiftung des bürgerlichen Rechts
Rosenheimer Str. 11, 81667 München
T: (089) 4 80 03-00 **Fax:** 4 80 03-450
Vorstand: Prof. Dr. Reinhold Kreile
Prof. Dr. Jürgen Becker
Dipl. Oec. Rainer Hilpert
Geschäftsführer(in): Prof. Dr. Michael Karbaum
Beiratsvorsitzender: Hans-Jürgen Radecke

• T 757

DEUTSCHE STIFTUNG
MUSIKLEBEN

Herrengraben 3, 20459 Hamburg
T: (040) 37 67 71 50 **Fax:** 37 67 71 51
Internet: http://www.dsm@dsm-hamburg.de
E-Mail: dsm@dsm-hamburg.de
Gründung: 1962 (25. Oktober)
Präsident(in): Erhard Bouillon
Präsidium: Prof. Dr. Richard Jakoby
Jobst Plog
Gerd Schulte-Hillen
Prof. Dr. Hans W. Sikorski
Vorsitzende des Vorstands: Irene Schulte-Hillen (geschäftsführend)
Geschäftsstelle: Saskia Egger
Programmleitung: Heike Siebel
Öffentlichkeitsarbeit: Esther Schulte
Mitglieder: 49 (Präsidium, Kuratorium, Vorstand)
Mitarbeiter: 5
Jahresetat: ca. DM 1,6 Mio, € 0,82 Mio (Angabe aus 1998)

Bundesweite Hochbegabtenförderung:
1.Instrumentenverleih über den Deutschen Musikinstrumentenfonds
2.Konzertreihe "Foyer Junger Künstler"
3.Preise, Patenschaften
4.Kooperation mit dem Deutschen Musikrat (Bundeswettbewerb Jugend musiziert, Bundesjugendorchester, Deutscher Musikwettbewerb, BundesjugendJazzOrchester).

• T 758

Bundesstiftung "Mutter und Kind - Schutz des ungeborenen Lebens"
53107 Bonn
T: (0228) 9 30-0 **Fax:** 9 30-2221
Gründung: 1984 (13. Juli)

• T 759

Erwin-von-Steinbach-Stiftung
Mendelssohnstr. 70, 60325 Frankfurt
T: (069) 9 75 83 90 **Fax:** 97 58 39 19
Gründung: 1960
Vors. des Stiftungsrates: Hans-Jürgen Sick (Mendelssohnstr. 70, 60325 Frankfurt)
Jahresetat: DM 1,1 Mio, € 0,56 Mio

Elsass-Lothringen Bibliothek; Förderung wissenschaftlicher und kultureller Interessen und Arbeiten zu Elsass und Lothringen.

• T 760

Konrad
-Adenauer-
Stiftung

Konrad-Adenauer-Stiftung e.V.
Rathausallee 12, 53757 Sankt Augustin
T: (02241) 2 46-0 **Fax:** 2 46-591
Internet: http://www.kas.de
E-Mail: zentrale@kas.de
Gründung: 1964
Vorsitzende(r): Prof. Dr. Günter Rinsche (MdEP)
Generalsekretär(in): Wilhelm Karl Staudacher
Leiterin Presse- und Öffentlichkeitsarbeit: Elke Tonscheidt

Vermittlung politischer Bildung, Begabtenförderung, wissenschaftliche Forschung, Internationale Zusammenarbeit, Förderung von Kunst und Künstlern, Herausgabe von Publikationen.

t 761

Konrad-Adenauer-Stiftung e.V.
Politische Bildung
Urfelder Str. 221, 50389 Wesseling
T: (02236) 70 72 11
Leitung: Dr. Günther Rüther

t 762

Konrad-Adenauer-Stiftung e.V.
Forschung und Beratung
Rathausallee 12, 53757 Sankt Augustin
T: (02241) 24 62 30
Leitung: Dr. Hans-Joachim Veen

t 763

Konrad-Adenauer-Stiftung e.V.
Wissenschaftliche Dienste
Rathausallee 12, 53757 Sankt Augustin
T: (02241) 24 62 10
Leitung: Dr. Günter Buchstab

t 764

Konrad-Adenauer-Stiftung e.V.
Internationale Zusammenarbeit
Rathausallee 12, 53757 Sankt Augustin
T: (02241) 24 63 30
Leitung: Dr.h.c. Josef Thesing

Presse- u. Öffentlichkeitsarbeit
Rathausallee 12, 53757 Sankt Augustin
T: (02241) 24 64 35/6, Telefax: (02241) 24 65 91
Leiterin: Elke Tonscheidt

• T 765

Hans **Böckler**
Stiftung

Hans-Böckler-Stiftung
Mitbestimmungs-, Forschungs- und Studienförderungswerk des Deutschen Gewerkschaftsbundes
Bertha-von-Suttner-Platz 1, 40227 Düsseldorf
T: (0211) 77 78-0 **Fax:** 77 78-120
Internet: http://www.boeckler.de
Vorsitzende(r) des Vorstandes: Dieter Schulte
Geschäftsführer(in): Prof. Dr. Heide Pfarr
Nikolaus Simon
Leitung Presseabteilung: Ditmar Gatzmaga (T: (0211) 7 77 81 50, Telefax: (0211) 7 77 82 25)

Mitbestimmungs-, Forschungs- und Studienförderungswerk des DGB.

• T 766

Waldemar-Bonsels-Stiftung
Gemeinnützige rechtsfähige öffentliche Stiftung des bürgerlichen Rechts
Geschäftsstelle:
Von-der-Tann-Str. 5, 80539 München
T: (089) 7 90 11 90 **Fax:** 7 90 14 19
Gründung: 1977 (31. Juli)
Stiftungs-Vorstand: Prof. Dr. Ludwig Delp

• T 767

Gottlieb Daimler- und Karl Benz-Stiftung
Dr.-Carl-Benz-Platz 2, 68526 Ladenburg
T: (06203) 10 92-0 **Fax:** 10 92-5
Internet: http://www.daimler-benz-stiftung.de
E-Mail: info@daimler-benz-stiftung.de
Gründung: 1986
Vorstand: Prof. Dr. Gisbert Frhr. zu Putlitz (Vors.)
Dr.-Ing. Diethard Schade

• T 768

Deutsche Bundesstiftung Umwelt
Postf. 17 05, 49007 Osnabrück
An der Bornau 2, 49090 Osnabrück
T: (0541) 96 33-0 **Fax:** 96 33-190
Internet: http://www.dbu.de
Gründung: 1990 (18.Juli)
Vors. d. Kuratoriums: Prof. Dr. Dr.h.c.mult. Hans Tietmeyer (Präsident der Deutschen Bundesbank i.R.)
Generalsekretär der Deutschen Bundesstiftung Umwelt: Fritz Brickwedde
Ltg. Presseref.: Franz-Georg Elpers
Mitarbeiter: ca. 100
Fördermittel pro Jahr: ca. DM 155 Mio
Jahresbericht 1999: "Deutsche Bundesstiftung Umwelt"

• T 769

Stiftung Ökologie & Landbau
Postf. 15 16, 67089 Bad Dürkheim
Weinstr. Süd 51, 67098 Bad Dürkheim
T: (06322) 86 66 **Fax:** 98 97 01
Internet: http://www.soel.de
E-Mail: info@soel.de
Gründung: 1961
Präsident(in): Dagi Kieffer (Vors. des Stiftungsrats), Bad Dürkheim
Vorstand: Dipl.-Kfm. Peter Kieffer
Dipl.-Ing. agr. Immo Lünzer (Ltg. Presseabt.)
Verbandszeitschrift: Ökologie & Landbau
Redaktion: Immo Lünzer (verantwortl. Redakteur)
Verlag: Stiftung Ökologie & Landbau, Weinstr. Süd 51, 67098 Bad Dürkheim
Mitarbeiter: 10
Jahresetat: DM 1 Mio, € 0,51 Mio

• T 770

Stiftung Hessischer Naturschutz
c/o Hessisches Ministerium des Innern und für Landwirtschaft, Forsten und Naturschutz
Hölderlinstr. 1-3, 65187 Wiesbaden
T: (0611) 8 17-2998 **Fax:** 8 17-2181
Gründung: 1978 (29. August)
Vors. d. Stiftungsrates: Prof. Goerlich
Geschäftsführer(in): Albert Langsdorf
Mitarbeiter: 2
Stiftungsvermögen: DM 7 Mio

Die Stiftung fördert materiell und ideell den Schutz von Natur und von Landschaft und soll damit zur Erhaltung der natürlichen Umwelt und der natürlichen Lebensgrundlagen beitragen. Besonders Förderung von Maßnahmen zu Schutz, Pflege von Natur und Landschaft; Förderung der Verbreitung des Naturschutzgedankens; Erwerb, Veräußerung oder Anpachtung von Grundstücken zu Zwecken des Naturschutzes.

• T 771

Nordrhein-Westfalen-Stiftung Naturschutz, Heimat- und Kulturpflege
Roßstr. 133, 40476 Düsseldorf
T: (0211) 4 54 85-0 **Fax:** 4 54 85-22
Gründung: 1986
Präs. d. Vorst.: Landesdirektor i.R. Herbert Neseker
Vize-Präs. d. Vorst.: Prof. Dr. Eberhard Weise
Vors. d. Stiftungsrates: Ministerpräsident Wolfgang Clement
Geschäftsführer(in): Hartmut Schulz
Stellvertretende(r) Geschäftsführer(in): Werner Stulier
Verbandszeitschrift: Die NRW-Stiftung
Redaktion: Nordrhein-Westfalen Stiftung Naturschutz, Heimat u. Kulturpflege, Roßstr. 133, 40476 Düsseldorf

• T 772

Internationale Bachakademie Stuttgart
Johann-Sebastian-Bach-Platz, 70178 Stuttgart
T: (0711) 6 19 21-0 **Fax:** 6 19 21-23
Internet: http://www.bachakademie.de
E-Mail: office@bachakademie.de
Gründung: 1981 (November)
Präsident(in): KMD Prof. D. Dr.h.c. mult. Helmuth Rilling (Künstl. Leiter)
Vorsitzende(r): Senator Prof. Dr.-Ing. E.h. Berthold Leibinger (Trumpf GmbH & Co.)
Stellvertretende(r) Vorsitzende(r): Prof. Dr. Marcus Bierich (Robert Bosch GmbH)
Geschäftsführer(in): Andreas Keller
Presse- und Öffentlichkeitsarbeit: Rita Püpcke
Verbandszeitschrift: Forum Bachakademie

Redaktion: Rita Püpcke
Verlag: Selbstverlag
Mitarbeiter: 20

• **T 773**

Stiftung politische und christliche Jugendbildung e.V.
Kottenforststr. 20, 53340 Meckenheim
T: (02225) 9 14 64-0 **Fax:** 91 46 90
Vorsitzende(r): R.A. Norbert Meyer
Vors. d. Beirats: Dipl.-Psych. Reinhard Werner

• **T 774**

Stiftung für ehemalige politische Häftlinge
Wurzerstr. 106, 53175 Bonn
T: (0228) 3 68 93-70
Gründung: 1970
Vors. d. Stiftungsvorst.: Heinz Lehmann
Geschäftsführer(in): Dr. Klaus Ludwig
Mitarbeiter: 9

• **T 775**

Thomas-Dehler-Stiftung
Agnesstr. 47, 80798 München
T: (089) 18 31 84 **Fax:** 18 02 55
Gründung: 1979
Präsident(in): Hermann Rind
Vizepräsident(in): Bundesminister a.D. Josef Ertl
Geschäftsführer(in): Günter Meuschel
Mitarbeiter: 10
Jahresetat: DM 1 Mio, € 0,51 Mio

• **T 776**

Ludwig-Delp-Stiftung
Gemeinnützige rechtsfähige öffentliche Stiftung des bürgerlichen Rechts
Geschäftsstelle:
Von-der-Tann-Str. 5, 80539 München
T: (089) 7 90 11 90 **Fax:** 7 90 14 19
Gründung: 1985 (1. Oktober)
Stiftungs-Vorstand: Prof. Dr. Ludwig Delp

• **T 777**

Ludwig-Erhard-Stiftung e.V.
Johanniterstr. 8, 53113 Bonn
T: (0228) 5 39 88-0 **Fax:** 5 39 88-49
Internet: http://www.ludwig-erhard-stiftung.de
E-Mail: bonn@les.deu.net
Gründung: 1967
Vorsitzende(r): Prof. Dr. Otto Schlecht
Stellvertretende(r) Vorsitzende(r): Dr. Hans D. Barbier
Dr. Otmar Franz
Dr. Michael Fuchs
Prof. Dr. Christian Watrin
Geschäftsführer(in): Dr. Horst Friedrich Wünsche
Schatzmeister: Martin Grüner
Verbandszeitschrift: Orientierungen zur Wirtschafts- und Gesellschaftspolitik
Mitarbeiter: ca. 10

• **T 778**

Hermann-Ehlers-Stiftung e.V.
Gurlittstr. 3, 24106 Kiel
T: (0431) 38 92-0 **Fax:** 38 92 38
Gründung: 1968

• **T 779**

Rettungsstiftung Jürgen Pegler e.V.
Schellengasse 8, 74072 Heilbronn
T: (07131) 8 00 80 **Fax:** 8 12 19
Gründung: 1976 (17. April)
Vorsitzende(r): Wolfgang Pegler (Eulenbergstr. 45, 74248 Ellhofen)
Leitung Presseabteilung: Wolfgang Pegler
Verbandszeitschrift: Die Antwort
Redaktion: Schellengasse 8, 74072 Heilbronn
Mitglieder: ca. 50
Mitarbeiter: 7
Jahresetat: DM 1,6 Mio, € 0,82 Mio

• **T 780**

Jakob-Kaiser-Stiftung e.V.
Jakob-Kaiser-Haus Weimar
Wilhelm-Külz-Str. 22, 99423 Weimar
T: (03643) 2 46 30 **Fax:** 24 63 15
Jakob-Kaiser-Haus Weimar
Wilhelm-Külz-Str. 22, 99423 Weimar
T: (03643) 24 63-0, Fax: (03643) 24 63-15
Vorsitzende(r): Karl-Heinz Hoffmann
Stellvertretende(r) Vorsitzende(r): Staatssekretär Dr. Walter Priesnitz
Geschäftsführer(in): Richard Blömer (MdL)

Zweck des Vereins ist a) die Förderung der Volks- und Berufsbildung im berufs-, sozial- und staatspolitischen Sinne b) die Förderung der Jugendpflege und Jugendfürsorge c) die Förderung des europäischen Integrationsprozesses und einer europäischen Friedensordnung.

• **T 781**

Körber-Stiftung
Kurt-A.-Körber-Chaussee 10, 21033 Hamburg
T: (040) 72 50 24 57 **Fax:** 72 50 36 45
Internet: http://www.stiftung.koerber.de
E-Mail: info@stiftung.koerber.de
Gründung: 1959
Vorsitzende(r): Dipl.-Volksw. Ulrich Voswinckel
Jahresetat: DM 20 Mio, € 10,23 Mio

Stiftungsprojekte in den Bereichen Wissenschaft und Forschung, Bildung und Erziehung, kulturelle Vorhaben und Einrichtungen, Fürsorge für ältere und kranke Menschen, Völkerverständigung.

• **T 782**

Deutsche Kunststiftung der Wirtschaft e.V.
Denninger Str. 110, 81925 München
T: (089) 91 30 58
Vorsitzende(r): Karl Günther Stempel
Geschäftsführer(in): Gisela Wunderlich-Stempel

• **T 783**

Wilhelm Sander-Stiftung
Sandweg 11, 93333 Neustadt
T: (09445) 6 54 **Fax:** 97 02 42
Gründung: 1974 (11. Dezember)
Vorsitzender des Stiftungsrates: Dr. Dr. h.c. Christian Schelter
Stellv. Vorsitzender des Stiftungsrates: Prof. Dr. Udo Löhrs
Geschäftsführer(in): Dr. Jörg Koppenhöfer
Mitarbeiter: 30
Jahresetat: DM 18 Mio, € 9,2 Mio

Förderung der medizinischen Forschung

• **T 784**

Hans-Sauer-Stiftung
Fichtenstr. 5, 82041 Deisenhofen
T: (089) 6 13 67 20 **Fax:** 61 36 72 16
E-Mail: sauer@hanssauerstiftung.m.uunet.de
Gründung: 1989

• **T 785**

Hanns Martin Schleyer-Stiftung
Bachemer Str. 312, 50935 Köln
T: (0221) 38 40 85 **Fax:** 34 46 97
Gründung: 1977
Vors. d. Kuratoriums: Dr. Jürgen Deilmann
Vorsitzende(r) des Vorstandes: Dr. Manfred Gentz
Geschäftsführer(in): Dipl.-Kfm. Wolfgang Bruncken

• **T 786**

Wilhelm und Else Heraeus-Stiftung
Heraeusstr. 12-14, 63450 Hanau
T: (06181) 92 32 50 **Fax:** 9 23 25 15
Internet: http://www.we-heraeus-stiftung.de
E-Mail: lang@we-heraeus-stiftung.de
Vorstand: Prof. Dr. Dieter Röss
Wilhelm Ernst Heraeus
Prof. Dr. Joachim Treusch
Geschäftsführer(in): Dr. Ernst Dreisigacker

Stiftungszweck: Förderung der Forschung und Ausbildung auf dem Gebiet der Naturwissenschaften, insbesondere der Physik.

• **T 787**

Jakob Wilhelm Mengler Stiftung
Postf. 11 10 31, 64225 Darmstadt
Im Carree 1, 64283 Darmstadt
T: (06151) 3 84-0 **Fax:** 3 84-101

• **T 788**

Heimkehrerstiftung
Stiftung für ehemalige Kriegsgefangene
Bundesunmittelbare Stiftung des öffentlichen Rechts
Postf. 20 06 53, 53136 Bonn
Konstantinstr. 56, 53179 Bonn
T: (0228) 9 35 76-0 **Fax:** 9 35 76-99
E-Mail: heimkehrerstiftung@t-online.de
VdVorst: Heinz Oppermann
Dienststellen-Ltr: Frank Levien
Mitarbeiter: ca. 25

• **T 789**

Walter Scheel-Stiftung
Barkhovenallee 1, 45239 Essen
T: (0201) 84 01-183 **Fax:** 84 01-255
Gründung: 1974
Vorsitzende(r): Drs. Walter Scheel (Alt-Bundespräsident)
Stellvertretende(r) Vorsitzende(r): Rolf Berndt (Geschäftsführendes Vorstandsmitgl. der Friedrich-Naumann-Stiftung, Bonn)
Geschäftsführung: Stifterverband für die Deutsche Wissenschaft

• **T 790**

Deutschland-Stiftung e.V.
Kampenwandstr. 16, 83209 Prien
T: (08051) 30 41 **Fax:** 6 24 97
Gründung: 1966
Ehrenpräsidium: Dr. Max Adenauer
Prof. Rupert Scholz
Dr. Bernhard Vogel
Prof. Dr. Gertrud Höhler
Vorsitzende(r): Adelbert Reif
Stellvertretende(r) Vorsitzende(r): Alexander Klein
Eugen Spindler
Hauptgeschäftsführer(in): Elisabeth Hager
Leitung Presseabteilung: Nadira Hurnaus
Verbandszeitschrift: Deutschland-Magazin
Verlag: Kampenwandstr. 16, 83209 Prien
Mitarbeiter: 8

• **T 791**

Hanns-Seidel-Stiftung e.V.
Lazarettstr. 33, 80636 München
T: (089) 12 58-0 **Fax:** 12 58 356 Siemens
Internet: http://www.hss.de
E-Mail: info@hss.de
Gründung: 1967
Vorsitzende(r): Alfred Bayer
Hauptgeschäftsführer(in): Manfred Baumgärtel
Leitung Presseabteilung: Burkhard Haneke
Mitarbeiter: 285 (1999)
Jahresetat: DM 84 Mio, € 42,95 Mio (1999)

• **T 792**

AGNES-GWIZDALSKI-STIFTUNG (AGS)
Postf. 12 06 04, 53048 Bonn
T: (02224) 94 03 13 **Fax:** (0228) 94 03 14
Gründung: 1983, staatlich anerkannt 1991 als rechtsfähige öffentliche Stiftung
Präsidentin: Brigitte Nitsche-Pooth
Vize-Präsidentin: Ingrid Paul-Hollstein
Vors., Beirätin: RA Ursula Nelson

• **T 793**

Deutsche Stiftung für Umweltpolitik
Postf. 12 03 69, 53045 Bonn
T: (0228) 2 69 22 16-17 **Fax:** 2 69 22 50-53
Leitung Presseabteilung: Werner Koep
Verbandszeitschrift: "Hinweise"

• **T 794**

Alcatel SEL Stiftung für Kommunikationsforschung
Postf. 40 07 49, 70407 Stuttgart
Lorenzstr. 10, 70435 Stuttgart
T: (0711) 8 21-4 50 02 **Fax:** 8 21-4 22 53
Gründung: 1979
Vorsitzende(r): Prof. Dr. Jürgen Mittelstraß
Geschäftsführer(in): Dr. Dieter Klumpp

Förderung der Kommunikationsforschung durch Vergabe von Preisen und Auszeichnungen sowie Veranstaltungen und Publikationen.

• **T 795**

Stiftung Stahlanwendungsforschung
c/o Stifterverband für die Deutsche Wissenschaft
Postf. 16 44 60, 45224 Essen
Barkhovenallee 1, 45239 Essen
T: (0201) 8 40 11 47 **Fax:** 8 40 12 55
Gründung: 1986 (10. Januar)
Vorsitzende(r): Dr.-Ing. Lothar Albano-Müller (Geschäftsführer der Schwelm Anlagenbau GmbH, Loher Str. 1, 58332 Schwelm)
Geschäftsführer(in): Dr. Ambros Schindler
Jahresetat: DM 8 Mio, € 4,09 Mio

• T 796

Deutsche Stiftung für Verbrechensverhütung und Straffälligenhilfe (DVS)
Aachener Str. 1064, 50858 Köln
T: (0221) 94 86 51 40 **Fax:** 94 86 51 41
E-Mail: 101502.1160@compuserve.com
Gründung: 1993
Vorsitzende(r): Prof. Dr. Hans-Jürgen Kerner
Präsident d. Stiftungsrates: Prof. Dr. Hans-Dieter Schwind
Vors. d. Kuratoriums: Jürgen Mutz
Geschäftsführer(in): Erich Marks

• T 797

Stiftung Buchkunst
Adickesallee 1, 60322 Frankfurt
T: (069) 15 25-1800 **Fax:** 15 25-1805
Gründung: 1966
Vorsitzende(r): Dieter Beuermann
Hauptgeschäftsführer(in): Wolfgang Rasch
Mitarbeiter: 4

• T 798

Stiftung Europäisches Naturerbe
Konstanzer Str. 22, 78315 Radolfzell
T: (07732) 92 72-0 **Fax:** 92 72-22
Internet: http://www.euronatur.org
E-Mail: info@euronatur.org
Gründung: 1987
Präsident(in): Claus-Peter Hutter
Vizepräsident(in): Dr. Fedor Strahl
Geschäftsführer(in): Gabriel Schwaderer
Verbandszeitschrift: EURONATUR
Redaktion: Gabriel Schwaderer
Verlag: Euronatur Service GmbH
Mitarbeiter: 21 Angest. u. ca. 5-10 Honorarempf.
Jahresetat: ca. DM 4,5 Mio, € 2,3 Mio

• T 799

Eurocentres, Stiftung für europäische Sprach- und Bildungszentren
Sedanstr. 31-33, 50668 Köln
T: (0221) 9 73 09 20 **Fax:** 7 20 09 19
Geschäftsführer(in): Frank Heyworth
Schulleitung: Dr. Wieland Raatz
Ltg. Marketing/PR: Karla Wieland

• T 800

Stiftung FrauenMediaTurm Das Feministische Archiv und Dokumentationszentrum
Am Bayenturm, 50678 Köln
T: (0221) 93 18 81-0 **Fax:** 93 18 81-18
Internet: http://www.frauenmediaturm.de
E-Mail: womeninfo@frauenmediaturm.de
Gründung: 1984 (5. April)
Vorsitzende des Vorstands: Alice Schwarzer
Stellvertretende Vorsitzende: Ursula Scheu

• T 801

Stiftung zur Förderung der wissenschaftlichen Forschung über Wesen und Bedeutung der Freien Berufe - Ludwig Sievers Stiftung
Herbert-Lewin-Str. 3, 50931 Köln
T: (0221) 4 00 53 41
Vors. d. Kuratoriums: Dr.med. Ulrich Oesingmann

• T 802

Stiftung zur Förderung der innovativen Systemergonomie und Gesundheit im Büro (Stiftung ISG gem.)
Heilbronner Str. 67, 70191 Stuttgart
T: (0711) 2 59 82 63 **Fax:** 2 59 82 99
Internet: http://www.isg-systemergonomie.org
E-Mail: isg.lorenz@t-online
Gründung: 1997
Geschäftsführer(in): Markus Lorenz

• T 803

Stiftung Wissenschaft und Politik - Forschungsinstitut für internationale Politik und Sicherheit -
Zeller Weg 27, 82067 Ebenhausen
T: (08178) 70-0 **Fax:** 70-3 12
E-Mail: swp@swp.extern.lrz-muenchen.de
Gründung: 1962
Direktor(in): Dr. Christoph Bertram
Presse: Dr. Albrecht Zunker
Mitarbeiter: ca. 120
Jahresetat: DM 15 Mio, € 7,67 Mio
Wissenschaftliche Untersuchungen auf dem Gebiet der Außen- und Internationalen Politik, der internationalen Wirtschaftsentwicklung und der modernen Technologie.

• T 804

Herbert Quandt Stiftung
Hanauer Str. 46, 80992 München
T: (089) 3 82-11630 **Fax:** 3 82-11636
Gründung: 1970 (22. Juni)
Vorsitzende(r): Dr. Horst Teltschik (BMW)
Hauptgeschäftsführer(in): Dr. Kai Schellhorn (BMW)
Mitarbeiter: 8

• T 805

Verband Deutscher Naturlandstiftungen e.V.
Niebuhrstr. 16c, 53113 Bonn
T: (0228) 9 49 06-31
Gründung: 1991 (20. Februar)
Vorsitzende(r): Dr. Erhard Jauch
Schatzmeister: Bernhard Bottermann
Schriftführer: Dr. Armin Winter
Verbandszeitschrift: Lebensraum - Zeitschrift für Naturschutz in der Kulturlandschaft
Redaktion: Dr. Christof Nüsse
Verlag: Landwirtschaftsverlag Hessen GmbH, Postf. 13 29, 61364 Friedrichsdorf

Mitglieder

t 806

Naturland Baden-Württemberg
Kernerstr. 9, 70182 Stuttgart
T: (0711) 26 84 36 14

t 807

Wildland Bayern GmbH
Hohenlindner Str. 12, 85622 Feldkirchen
T: (089) 99 02 34 17 **Fax:** 99 02 34 37

t 808

Verein zur Förderung des Naturschutzes e.V. (VFN)
Hansastr. 5, 20149 Hamburg
T: (040) 44 77 12 **Fax:** 44 61 03

t 809

Naturlandstiftung Hessen e.V.
Postf. 13 29, 61364 Friedrichsdorf
Taunusstr. 151, 61381 Friedrichsdorf
T: (06172) 7 10 61 67 **Fax:** 71 06 10
Geschäftsführer(in): Ass.agr. Dr. Nüsse Christof
Verbandszeitschrift: Lebensraum - Zeitschrift für Naturschutz in der Kulturlandschaft
Redaktion: Christof Nüsse
Verlag: Landwirtschaftsverlag Hessen GmbH, Postf. 13 29, 61364 Friedrichsdorf

t 810

Verein Stiftung Lebensraum Thüringen e.V.
Halle-Kasseler-Str. 27, 37327 Leinefelde
T: (03605) 51 26 90

t 812

Wildtier- und Biotopschutz-Stiftung Nordrhein-Westfalen
Erphostr. 56, 48145 Münster
T: (0209) 7 52 91 **Fax:** 7 52 91

• T 811

Stiftung Wald in Not
Gemeinschaftswerk zur Rettung des Waldes
Herrn Dr. Christoph Abs
Godesberger Allee 142-148, 53175 Bonn
T: (0228) 81 98-191 **Fax:** 81 98-192
Internet: http://www.wald-in-not.de
E-Mail: stiftung@wald-in-not.de
Gründung: 1984
Vors.d.Stiftungsrates: Ministerpräsident Dr. Bernhard Vogel
Vorsitzende(r) des Vorstandes: Dr. Hedda von Wedel (Präsidentin des Bundesrechnungshofes)
Geschäftsführer(in): Dr. Christoph Abs (Ltg. Presseabt.)
Mitglieder: 75 (im Stifungsrat)
Mitarbeiter: 2
Jahresetat: ca. DM 0,5 Mio, € 0,26 Mio

• T 813

ORO VERDE - Stiftung zur Rettung der Tropenwälder
Radilostr. 17-19, 60489 Frankfurt
T: (069) 60 91 95-0 **Fax:** 62 09 79
Internet: http://www.oroverde.de
E-Mail: info@oroverde.de
Gründung: 1989 (8. Mai)
Präsident(in): Prof. Dr. Wolfgang Engelhardt (Generaldir. der Staatl. Naturwiss. Sammlungen Bayerns i.R.)
Vorsitzende(r): Eduard Graf von Westphalen-Fürstenberg
Generalsekretär(in): Frieder Stede (M.A.)
Mitarbeiter: 5, 1-2 Praktikanten und zahlr. feste Ehrenamtl.
Jahresetat: ca. DM 2 Mio, € 1,02 Mio
Pilotprojekte vor Ort, Bildungsarbeit zum Tropenwaldschutz, individuell zugeschnittene Konzepte für Spender, Sponsoren, Politik und Wissenschaft.

t 814

ORO VERDE - Stiftung zur Rettung der Tropenwälder
Vorstand:
c/o Eduard Graf von Westphalen
Widenmayerstr. 5, 80538 München
T: (089) 16 77 99

• T 815

Stiftung Reichspräsident-Friedrich-Ebert-Gedenkstätte
Geschäftsführung und Verwaltung:
Untere Str. 27, 69117 Heidelberg
T: (06221) 9 10 70 **Fax:** 91 07 10
Internet: http://www.ebert-gedenkstaette.de
E-Mail: friedrich@ebert-gedenkstaette.de
Museum: Pfaffengasse 18, 69117 Heidelberg
Unterhaltung einer für die Öffentlichkeit zugänglichen Gedenkstätte.

• T 816

RUEFACH-Stiftung
Eberhard-Finckh-Str. 55, 89075 Ulm
T: (0731) 92 72-0 **Fax:** 92 72-1 60
Gründung: 1988
Geschäftsführer(in): Dr. Karl-Bernh. Hillen

• T 817

Stiftung Werner-von-Siemens-Ring
Postf. 10 11 39, 40002 Düsseldorf
Graf-Recke-Str. 84, 40239 Düsseldorf
T: (0211) 62 14-499 **Fax:** 62 14-172
Gründung: 1916 (13. Dezember)
Vorsitzende(r): Prof. Dr. Ernst O. Göbel
Geschäftsführer(in): Dr. J. Debelius

• T 818

Stiftung MITARBEIT
Bornheimer Str. 37, 53111 Bonn
T: (0228) 6 04 24-0 **Fax:** 6 04 24 22
E-Mail: info@mitarbeit.de
Stiftungsrat:
Dr. Diemut Schnetz (Vorsitzende des Stiftungsrates)
Marianne Birthler (Landesministerin a.D.)
Stojan Gugutschkow (Ausländerbeauftragter der Stadt Leipzig)
Gerald Häfner (Mitglied des Deutschen Bundestages a. D.)
Roland Koch (Vors. der CDU-Fraktion des Hessischen Landtages)
Michael Lingenthal (Konrad-Adenauer-Stiftung)
Dr. Winfried Nacken (Wirtschafts- und Unternehmensberater)
Ulrike Poppe (Studienleiterin an der Ev. Akademie Berlin-Brandenburg)
Dr.-Ing. Heinrich Richard (Erster Stadtrat der Stadt Limburg)
Ulrike Rietz (Beraterin für Personal- und Organisationsentwicklung)
Prof. Dr. Lothar Rolke (Fachhochschule Mainz)
Klaus Steinke (Dozent für Kommunikation und Rhetorik)
Dr. Henning von Vieregge (Hauptgeschäftsführer GWA Gesamtverband Werbeagentur e.V.)
Vorstand: Prof.Dr. Karl-Heinz Boeßenecker (Fachhochschule Düsseldorf/Universität Siegen)
Joachim Ropertz (Journalist)
Rosi Wolf-Almanasreh (Leiterin des Amtes für mulitkulturelle Angelegenheiten Stadt Frankfurt/Main)

Kuratorium:
Msgr. Dr. Karl-Heinz Ducke (Pfarrer)
Ulf Fink (Mitglied des Deutschen Bundestages)
Liselotte Funcke (Staatsministerin a. D.)
Prof. Dr. Walter Hildebrandt (Vorstand des Europäischen Studienwerkes a. D.)
Prof. Dr. Helmut Klages (Hochschule für Verwaltungswissenschaften Speyer)
Eberhard Köhler (European Foundation for the Improvement of Living and Working Conditions)
Christine Lieberknecht (Präsidentin des Thüringer Landtages)
Prof. Dr. Christian Pfeiffer (Leiter des Kriminologischen Forschungsinstitutes Niedersachsen e.V.)
Fritz Pleitgen (Intendant des Westdeutschen Rundfunks)
Karl Heinz Potthast (Landeskirchenrat a.D.)
Walter Scheel (Bundespräsident a.D.)
Cornelia Schmalz-Jacobsen (Beauftragte der Bundesregierung für Ausländerfragen a.D.)
Renate Schmidt (Vorsitzende der SPD Fraktion im Bayrischen Landtag)
Dr. Dr.h.c. Helmut Simon (Bundesverfassungsrichter a.D.)
Prof. Dr. Uwe Thaysen (Universität Lüneburg, Chefredakteur der Zeitschrift für Parlamentsfragen)
Dr. Wolfgang Ullmann (Mitglied des Europäischen Parlaments a.D.)
Beate Weber (Oberbürgermeisterin der Stadt Heidelberg)
Dr. Richard von Weizsäcker (Bundespräsident a.D)
Prof. Dr. Horst Zilleßen (Carl von Ossietzky Universität Oldenburg)
Geschäftsführer(in): Dr. Dipl.-Sozialw. Adrian Reinert (Bundeszentrale Geschäftsführung, Gesamtplanung, Koordination)

• **T 819**

Stiftung Lesen
Fischtorplatz 23, 55116 Mainz
T: (06131) 2 88 90-0 **Fax:** 23 03 33
Internet: http://www.StiftungLesen.de
Gründung: 1987 (2. November)
Schirmherr: Dr.h.c. Johannes Rau (Bundespräsident)
Vorstand: Frank Wössner (Vors.)
Prof. Dr.h.c. Hilmar Hoffmann (Vors.)
Dr. Georg Ruppelt (stellv. Vors.)
Dr. Heinz Dürr
Helmut Heinen
Prof. Britta Naumann
Rolf Pitsch
Werner Schoenicke
Geschäftsführung: Prof. Dr. Klaus Ring (Geschäftsführer/Sprecher)
Heinrich Kreibich (Geschäftsführer)
Hans Braun (Geschäftsstelle)
Vors. d. Kuratoriums: J. Jürgen Jeske
Stifterrat:
Stadt Mainz (Vors.)
Bertelsmann AG
Börsenverein des Deutschen Buchhandels e.V.
Bundesministerium des Inneren
Bundesverband Deutscher Zeitungsverleger e.V.
Commerzbank AG
Daimler Chrysler AG
Deutsche Bahn AG
Dresdner Bank AG
Frankfurter Allgemeine Zeitung GmbH
Freistaat Sachsen
Freunde der Stiftung Lesen e.V.
Gruner+Jahr AG & Co.
Heinrich Hugendubel
Kinowelt Medien AG
Kultur-Stiftung der Deutschen Bank
Land Hessen
Land Niedersachsen
Land Rheinland-Pfalz
Otto Maier Verlag Ravensburg
MITSUBISHI MOTORS
Julius-Springer-Verlag
Stiftergemeinschaft Land Baden-Württemberg/Baden-Württembergische Bank AG
Stiftung Pressehaus NRZ
STUDIENKREIS
Twentieth Century Fox of Germany
Ullstein Verlag GmbH
Velber Verlag GmbH
Verband Deutscher Papierfabriken
Verband Deutscher Zeitschriftenverleger e.V.
Verlagsgruppe Georg von Holtzbrinck
Stiftungsrat:
Deutsche Bischofskonferenz (Vors.)
Arbeitsgemeinschaft von Jugendbuchverlegern in der BRD e.V.
Arbeitskreis für Jugendliteratur e.V.
Bundeselternrat
Bundesverband der Friedrich-Bödecker-Kreise e.V.
Deutsche Akademie für Kinder- und Jugendliteratur e.V.
Deutscher Bibliotheksverband e.V.
Deutscher Gewerkschaftsbund
Deutscher Paritätischer Wohlfahrtsverband e.V.
Deutscher Philologenverband
Deutscher Sportbund
Deutscher Volkshochschulverband e.V.
Deutsches Jugendmedienwerk e.V.
Friedrich-Naumann-Stiftung
Gewerkschaft Erziehung und Wissenschaft
Goethe-Institut
Hochschul-Rektoren-Konferenz
Kulturkreis der Deutschen Wirtschaft im Bundesverband der Deutschen Industrie e.V.
Rat der Evangelischen Kirche in Deutschland
Verband Bildung und Erziehung
Leitung Presseabteilung: Christoph Schäfer
Thomas Kurtenbach
Verbandszeitschrift: Forum Lesen
Verlag: Stiftung Lesen

• **T 820**

Stiftung Naturschutz Berlin (SNB)
Gemeinnützige Stiftung öffentlichen Rechts
Potsdamer Str. 68, 10785 Berlin
T: (030) 2 63 94-0 **Fax:** 2 61 52 77
Internet: http://www.stiftung-naturschutz.de
E-Mail: snb@mail.blinx.de
Gründung: 1981
Stiftungsrat: Dr. Norbert Meisner (Senator a.D. (Vors.))
Stiftungsrat: Dr. Hartwig Berger (MdA (Stellv.))
Vorstand: Dr. Johann-Wolfgang Landsberg-Becher (Vors.)
Reinhard Schubert (Stellv.)
Geschäftsführer(in): Holger Wonneberg
Leitung Presseabteilung: Heidrun Grüttner
Verbandszeitschrift: GRÜNSTIFT - Das regionale Umweltmagazin für Berlin & Brandenburg
Redaktion: Jürgen Herrmann
Verlag: Stiftung Naturschutz Berlin
Mitarbeiter: 35

• **T 821**

Stiftung Niedersachsen
Ferdinandstr. 4, 30175 Hannover
T: (0511) 9 90 54-0 **Fax:** 31 44 99
Präsident(in): Dr. Ernst Albrecht
Generalsekretär(in): Dr. Dominik v. König
Jahresetat: DM 6 Mio, € 3,07 Mio

• **T 822**

Stiftung Naturschutz Hamburg und Stiftung zum Schutze gefährdeter Pflanzen
Stiftung bürgerlichen Rechts
Steintorweg 8 II, 20099 Hamburg
T: (040) 24 34 43 **Fax:** 24 31 75
Gründung: 1979/1986/Fusion 1991
Stiftungsratvors.: Senator a.D. Wolfgang Curilla
Vorstand: Dr. Eberhard Schürmann (Vors.)
Karl G. Lindenlaub
Hannelore „Loki" Schmidt
Werner Kruspe
Horst Bertram
Geschäftsführer(in): Dr. Johannes Martens

• **T 824**

Kuratorium Deutsche Altershilfe - Wilhelmine-Lübke-Stiftung e.V.
An der Pauluskirche 3, 50677 Köln
T: (0221) 93 18 47-0 **Fax:** 93 18 47-6
Internet: http://www.kda.de
E-Mail: publicrelations@kda.de
Gründung: 1962
Vorsitzende(r): Dr. Hartmut Dietrich
Geschäftsführer(in): Klaus Großjohann
Leitung Presseabteilung: Dipl.-Volksw. Hans Nakielski
Verbandszeitschrift: Pro ALTER
Redaktion: Eigenverlag
Verlag: Kuratorium Deutsche Altershilfe, An der Pauluskirche 3, 50677 Köln
Mitarbeiter: rund 50
Jahresetat: DM 14 Mio, € 7,16 Mio

Das Kuratorium entwickelt und fördert zeitgemäße Konzepte der Altenhilfe, berät Fachleute bei Altenhilfe-Planung, Altenwohnbau und Pflegeorganisation und informiert in über 100 Publikationen. Ziel: mehr Lebensqualität im Alter.

• **T 825**

Helga Stödter-Stiftung zur Förderung von Frauen für Führungspositionen
Golfstr. 7, 21465 Wentorf
T: (040) 7 20 10 99 **Fax:** 7 20 49 83
E-Mail: helga.stoedter.stiftung@planet-interkom.de
Gründung: 1988 (15. April)
Vorsitzende(r) des Vorstandes: Rechtsanwältin Dr. Helga Stödter (Golfstr. 7, 21465 Wentorf)

• **T 826**

Stiftung Haus der Geschichte der Bundesrepublik Deutschland
Postf. 12 06 15, 53048 Bonn
Willy-Brandt-Allee 14, 53113 Bonn
T: (0228) 91 65-0 **Fax:** 91 65-302
Internet: http://www.hdg.de
E-Mail: post@hdg.de
Gründung: 1994 (14. Juni)
Direktor(in): Prof. Dr. Hermann Schäfer
Mitarbeiter: 129

• **T 827**

Studienstiftung des deutschen Volkes
Mirbachstr. 7, 53173 Bonn
T: (0228) 82 09 60 **Fax:** 8 20 96 67
Präsident(in): Prof. Dr. Helmut Altner
Generalsekretär(in): Dr. Gerhard Teufel
Leitung Presseabteilung: Marius Böger

• **T 828**

Stiftung Deutsche Sporthilfe
Burnitzstr. 42, 60596 Frankfurt
T: (069) 6 78 03-0 **Fax:** 67 65 68
Gründung: 1967 (26. Mai)
Vorsitzende(r): Hans-Ludwig Grüschow
Stellvertretende(r) Vorsitzende(r): Erika Dienstl
Hemjö Klein
Prof. Walther Tröger
Prof. Jürgen Hubbert
Generalsekretär(in): Dr. Peter-Claus Burens
Stv. Generalsekr.: Gerd Klein
Leitung Presseabteilung: Dieter Eckardt

Ideelle und materielle Förderung von Sportlerinnen und Sportlern zum Ausgleich für ihre Inanspruchnahme durch die Gesellschaft bei internationalen Meisterschaften und bei nationaler Repräsentation.

• **T 829**

VolkswagenStiftung
Postf. 81 05 09, 30505 Hannover
Kastanienallee 35, 30519 Hannover
T: (0511) 83 81-0 **Fax:** 83 81-344
Internet: http://www.volkswagenstiftung.de
E-Mail: mail@volkswagenstiftung.de
Gründung: 1961 (19.5.)
Vors. d. Kuratoriums: Min. a.D. Helga Schuchardt
Generalsekretär(in): Dr. Wilhelm Krull
Presse- und Öffentlichkeitsarbeit: Dr. Werner Boder

Unabhängige Stiftung zur Förderung von Wissenschaft und Technik in Forschung und Lehre. Stiftungskapital rund 3,7 Mrd. DM. Vergabe von zweckgebundenen Fördermitteln an wissenschaftliche Einrichtungen.

• **T 830**

Stiftung Öffentlichkeitsarbeit für die Wissenschaft e.V.
53170 Bonn
Ahrstr. 45, 53175 Bonn
T: (0228) 37 38 66 **Fax:** 30 22 70
Gründung: 1984
Vorsitzende(r): Karl-Heinz Preuß
Stellvertretende(r) Vorsitzende(r): Dietrich Zimmermann

• **T 831**

Stiftung Preußischer Kulturbesitz
Von-der-Heydt-Str. 16-18, 10785 Berlin
T: (030) 2 54 63-0 **Fax:** 2 54 63-2 68
Gründung: 1961 (25. September)
Präsident(in): Prof. Klaus-Dieter Lehmann
Vizepräsident(in): Norbert Zimmermann
Leitung Presseabteilung: Wolfgang Kahlcke
Verbandszeitschrift: Jahrbuch Preußischer Kulturbesitz
Verlag: Gebr. Mann Verlag, Berlin

• **T 832**

Stiftung Mitteldeutscher Kulturrat
Graurheindorfer Str. 79, 53111 Bonn

T: (0228) 65 51 38 **Fax:** 69 77 10
Präsident(in): Prof. Dr. Dr. Hermann Heckmann, Hamburg
Vizepräsident(in): Dr. Christof Römer, Braunschweig
Ratsvors.: Harro Kieser, Bad Homburg
Beiratsvors.: Dr. Heinz Schönemann, Potsdam
Geschäftsführer(in): Elfriede Stoffels, Bonn
Verbandszeitschrift: Kultur-Report
Redaktion: Franz Heinz, T: (0228) 69 54 54

• T 833

SFIAI - Stiftungs- und Forschungsverband internationaler akademischer Institute

Malerwinkel 4, 81479 München
T: (089) 79 19 91 79 **Fax:** 79 19 91 03
1. Vorsitzende(r): Dipl.-Betriebsw. Heinz Johann Schwaiger
Mitglieder: 61

• T 834

Stiftung Deutscher Architekten

Inselstr. 27, 40479 Düsseldorf
T: (0211) 49 67-24 **Fax:** 4 91 14 75
Gründung: 1985

• T 835

Stiftung Wissenschaftliche Hochschule für Unternehmensführung

Burgplatz 2, 56179 Vallendar
T: (0261) 65 09-100 **Fax:** 65 09-109

• T 836

Deutsches Diamant Institut, Stiftung (DDI)

Poststr. 1, 75172 Pforzheim
T: (07231) 3 22 11 **Fax:** 14 08 78
Vorstand: Dr. Alfred Schneider
Geschäftsführer(in): Jeanette Fiedler-Schwab

• T 837

Stiftung Jugend forscht e.V.

Baumwall 5, 20459 Hamburg
T: (040) 37 47 09-0 **Fax:** 37 47 09-99
Internet: http://www.jugend-forscht.de
E-Mail: info@jugend-forscht.de
Gründung: 1965
Kuratoriumsvorsitz: Edelgard Bulmahn
Geschäftsführer(in): Dr. soz. wiss. Uta Krautkrämer-Wagner
Presseabt.: Inga Kruskop
Verbandszeitschrift: jugend forscht - das Magazin

• T 838

Stiftung Technologiezentrum Freiburg

Rathausplatz 2-4, 79098 Freiburg
T: (0761) 38 81-826 **Fax:** 2 02 04 74
Gründung: 1985
Stiftungsratsvors.: Oberbürgermeister Dr. Rolf Böhme
Vorsitzende(r) des Vorstandes: Dr. Bernd Dallmann

• T 839

Stiftung BioMed Freiburg

Rotteckring 14, 79098 Freiburg
T: (0761) 38 81-826 **Fax:** 2 02 04 74
Gründung: 1996
Stiftungsratsvors.: Dr. Rolf Böhme
Vorstand: Dr. Bernd Dallmann
Vorstand: Dr. Thea Siegenführ (stellv. Vors.)

• T 840

Technologiestiftung Schleswig-Holstein

Lorentzendamm 21, 24103 Kiel
T: (0431) 5 19 37-10 **Fax:** 5 19 37-37
Internet: http://www.tsh.de
E-Mail: info@tsh.de
Gründung: 1991 (1. Dezember)
Direktor(in): Klaus P. Friebe
Leitung Presseabteilung: Michael Fornahl
Mitarbeiter: 7
Jahresetat: DM 5,7 Mio, € 2,91 Mio

• T 841

Dräger-Stiftung

Moislinger Allee 53-55, 23558 Lübeck
T: (0451) 8 82 21 51 **Fax:** 8 82 30 50
E-Mail: draeger-stiftung@draeger.com
Gründung: 1974
Vorstand: Dr. Christian Dräger
Prof. Dr. Dieter Feddersen
Direktor(in): Dipl.-Vw. Petra Pissulla

• T 842

Die SRH-Gruppe

Postf. 10 14 09, 69004 Heidelberg
Bonhoefferstr. 1, 69123 Heidelberg
T: (06221) 82 23-0 **Fax:** 82 23-109
Internet: http://www.srh-gruppe.de
Vorsitzende(r) des Vorstandes: Klaus Hekking

17 Dienstleistungsunternehmen des Gesundheits-, Bildungs- und Sozialwesens.

• T 843

Stiftung des Landes Niedersachsen für berufliche Rehabilitation Behinderter Berufsförderungswerk Bad Pyrmont

Winzenbergstr. 43, 31812 Bad Pyrmont
T: (05281) 60 10 **Fax:** 6 01-1 06
Internet: http://www.bfw-badpyrmont.de
E-Mail: info@bfw-badpyrmont.de

• T 844

Deutsche Bank Stiftung Alfred Herrhausen "Hilfe zur Selbsthilfe"

Bockenheimer Landstr. 42, 60323 Frankfurt
T: (069) 72 09 11 **Fax:** 91 03-88 36

• T 845

Stiftung Deutsches Hilfswerk

Harvestehuder Weg 88, 20149 Hamburg
T: (040) 41 41 04-0 **Fax:** 41 41 04-14
E-Mail: info@ard-fernsehlotterie.de
Gründung: 1967
Vorsitzende(r): Dr. Wolfgang Hamberger
Geschäftsführer(in): Ingo Meyer
Leitung Presseabteilung: Miguel-Pascal Schaar

t 846

Stiftung Deutsches Hilfswerk Geschäftsstelle Köln

Lindenallee 13-17, 50968 Köln
T: (0221) 37 50 23 **Fax:** 37 84 45
Vorsitzende(r): Dr. Wolfgang Hamberger
Geschäftsführer(in): Dr. Stephan Articus
Pressestelle: Miguel-Pascal Schaar

• T 847

Stiftung Hilfswerk Berlin

Neue Kräme 32, 60311 Frankfurt
T: (069) 29 40 65 **Fax:** 28 91 97

Technisch-wissenschaftliche Vereine, Gesellschaften und Institute

• T 848

Alfred-Wegener-Stiftung zur Förderung der Geowissenschaften (AWS)

Arno-Holz-Str. 14, 12165 Berlin
T: (030) 7 90 13 74-0
Errichtung: 25. Februar 1980
20 Trägergesellschaften
Gründung: 1980 (28. Februar)

Geschäftsführendes Präsidium:
Präsident(in): Prof. Dr. Rolf Emmermann (GeoForschungs-Zentrum Potsdam, Telegrafenberg A 17, 14473 Potsdam, T: (0331) 2 88-1000, Fax: (0331) 2 88-1002)
Vizepräsident(in): Prof. Dr. D. Fütterer (Alfred-Wegener-Institut für Polar- und Meeresforschung, Columbusstr. 26, 27568 Bremerhaven, T: (0471) 48 31-200, Fax: (0471) 48 31-149)
Vizepräsident(in): Prof. Dr.-Ing. Friedrich Wilhelm Wellmer (Bundesanstalt für Geowissenschaften und Rohstoffe, Postf. 51 01 53, 30631 Hannover, T: (0511) 6 43-2354/-2353, Fax: (0511) 6 43-3676)
Vizepräsident(in): Prof. Dr. H. Voßmerbäumer (Institut für Geologie der Universität Würzburg, Pleicherwall 1, 97070 Würzburg, T: (0931) 31-2567, Fax: (0931) 31-2378)
Geschäftsführer(in): Prof. Dr.-Ing. Jochen Steudel (Ravensberger Str. 5, 52428 Jülich, T: (02461) 5 62 27)
Geschäftsführer(in): Dipl.-Geogr. Peter Krückel (AW-Förder-GmbH, - als ständiger Gast -, Weyerstr. 34-40, 50676 Köln, T: (0221) 92 18 25 10, Fax: (0221) 9 21 82 54)
Schatzmeister: Steuerberater Wolfgang Dorsel (Rondorfer Str. 32, 50354 Hürth, T: (02233) 96 36 20, Fax: (02233) 9 63 62 50)
Sachverständiger für Stiftungsfragen: MinDir. a.D. Kurt Kreuser (Leonardusstr. 42, 53175 Bonn, T: (0228) 37 56 71, Fax: (0228) 37 18 76)
Sachverständiger für AWS-Veröffentlichungen: Prof. Dr. Heinrich Ristedt (Institut für Paläontologie, Universität Bonn, Nussallee 8, 53115 Bonn, T: (0228) 7 32-935, Fax: (0228) 7 32-508)

Mitglieder des Präsidiums:

1. Vertreter der Trägergesellschaften:
Deutsche Bodenkundliche Gesellschaft: Prof. Dr. W. Burghardt (Univ. Gesamthochschule Essen, FB 9, Universitätsstr. 15, 45141 Essen, T: (0201) 1 83-3754, Fax: (0201) 1 83-2390)
Deutsche Geodätische Kommission an der Bay. Akademie der Wissenschaften: Prof. Dr. H. Pelzer (Geodätisches Institut der TU, Nieburgerstr. 1, 30167 Hannover, T: (0511) 7 62-2461)
Deutsche Geologische Gesellschaft: Prof. Dr. Hubert Miller (Institut für Allgemeine und Angewandte Geologie, Luisenstr. 37, 80333 München, T: (089) 52 03-210, Fax: (089) 52 03-293)
Deutsche Geophysikalische Gesellschaft: Dr. habil. Christoph Clauser (Geowissen. Gemeinschaftsaufgaben, Stilleweg 2, 30655 Hannover, T: (0511) 6 43-3538, Fax: (0511) 6 43-3665, E-Mail: c.clauser@bgr.de)
Deutsche Gesellschaft für Kartographie: Prof. Dr. Theodor Wintges (FH München Fachbereich VK 08, Karlstr. 6, 80333 München, T: (089) 12 65-2635, Fax: (089) 12 65-2698)
Deutsche Gesellschaft für Photogrammetrie und Fernerkundung e.V.: Dr.-Ing. H. Kuhn (Oldenburger Str. 73, 26203 Wardenburg, T: (04407) 22 35, Fax: (04407) 22 35)
Deutsche Hydrographische Gesellschaft: Dipl.-Met. M. Hecht (Bundesamt für Seeschiffahrt und Hydrographie, Bernhard-Nocht-Str. 78, 20359 Hamburg, T: (040) 31 90-4000, Fax: (040) 31 90-5000)
Deutsche Meteorologische Gesellschaft: Prof. Dr. G. Tetzlaff (Institut für Meteorologie der Universität Leipzig, Stephanstr. 3, 04103 Leipzig, T: (0341) 9 73 28 50, Fax: (0341) 2 11 09 37)
Deutsche Mineralogische Gesellschaft: Prof. Dr. R. Altherr (Institut für Mineralogie und Petrographie, Universität Heidelberg, Im Neuenheimer Feld 234, 69120 Heidelberg)
Deutscher Markscheider-Verein e.V.: Prof. Dr.-Ing. Jochen Steudel (Ravensburger Str. 5, 52428 Jülich, T: (02461) 5 62 27)
Deutsche Quartärvereinigung: Prof. Dr. H. Müller-Beck (Institut für Ur- und Frühgeschichte, Ältere Abteilung, Schloß, Burgsteige 11, 72070 Tübingen, T: (07071) 2 97 24 16, Fax: (07071) 29-4995)
Deutscher Verein für Vermessungswesen: Dipl.-Ing. Eberhard Ziem (Landeshauptstadt Düsseldorf, Vermessungs- und Katasteramt, Brinckmannstr. 5, 40200 Düsseldorf, T: (0211) 8 99-4221, Fax: (0211) 8 92-9076)
Deutsche Gesellschaft für Polarforschung e.V.: Prof. Dr. Georg Kleinschmidt (Geologisch-Paläontologisches Institut Johann-Wolfgang-Goethe-Universität, Senckenberganlage 32-34, 60054 Frankfurt, T: (069) 7 98-22318, Fax: (069) 7 98-28383)
Forschungskollegium Physik des Erdkörpers: Prof. Dr. P. Giese (Freie Universität Berlin, Fachrichtung Geophysik, Malteserstr. 74-100, 12249 Berlin, T: (030) 7 79 28 00/8 30, Fax: (030) 7 75 80 56)
Geologische Vereinigung: Dr. C.-D. Cornelius (Vulkanstr. 23, 56743 Mendig, T: (02652) 98 93-60, Fax: (02652) 98 93-61)
Gesellschaft für Bergbau, Metallurgie, Rohstoff- und Umwelttechnik e.V. (GDMB): Prof. Dr. K. Fesefeldt (Fachsektion Lagerstättenforschung, Bundesanstalt für Geowissenschaften und Rohstoffe, Postf. 51 01 53, 30631 Hannover, T: (0511) 6 43-2374, Fax: (0511) 6 43-2304)
Paläontologische Gesellschaft: Prof. Dr. F. Strauch (Geolog.-Paläontologisches Institut der Universität Münster, Corrensstr. 24, 48149 Münster, T: (0251) 83-3-3951, Fax: (0251) 83-3-3968)
Deutsche Gesellschaft für Geographie: Prof. Dr. Dieter Wolf Blümel (Institut für Geographie der Universität Stuttgart, Azenberg Str. 12, 70174 Stuttgart, T: (0711) 1 21-1410, Fax: (0711) 1 21-1472)
Gesellschaft für Geowissenschaften e.V. (GGW): Dr. K. Hoth (Halsbrückerstr. 31 a, 09599 Freiberg, T: (03731) 2 94-0, Fax: (03731) 2 29 18)
Ministerialdirektor a.D. Kurt Kreuser (Sachverständiger für Stiftungsfragen, Leonardusstr. 42, 53175 Bonn, T: (0228) 37 56 71, Fax: (0228) 37 18 76)

2. Kooptierte Mitglieder:

Steuerberater Wolfgang Dorsel (Rondorfer Str. 32, 50354 Hürth, T: (02233) 96 36 20, Fax: (02233) 9 63 62 50)
Prof. Dr. R. Meißner (Institut für Geophysik der Universität Kiel, Olshausenstr. 40, 24098 Kiel, T: (0431) 8 80-3908, Fax: (0431) 8 80-4432)
Prof. Dr. G. Müller (Institut für Sedimentforschung der Universität Heidelberg, Im Neuenheimer Feld 236, 69120 Heidelberg, T: (06221) 56 48 03, Fax: (06221) 56 52 28)
Prof. Dr. J.F.W. Negendank (GeoForschungsZentrum Potsdam, Telegrafenberg A 26, 14473 Potsdam, T: (0331) 2 88-1300, Fax: (0331) 2 88-1302)
Prof. Dr. Rolf Emmermann (GeoForschungsZentrum Potsdam, Telegrafenberg A 17, 14473 Potsdam, T: (0331) 2 88-1000, Fax: (0331) 2 88-1002, E-Mail: emmermann@gfz-potsdam.de)

Kuratorium:
Prof. Dr. Dr. h.c. E. Althaus (Institut für Mineralogie, Universität Fridericiana Karlsruhe, Kaiserstr. 12, 76131 Karlsruhe, T: (0721) 6 08-3316, Fax: (0721) 69 76 82)
Prof. Dr. D. Betz (Buchenweg 6, 30916 Isernhagen; UB GmbH, Im langen Felde 3-5, 30933 Burgwedel)
Prof. Dr. Rolf Emmermann (GeoForschungsZentrum Potsdam, Telegrafenberg A 17, 14473 Potsdam, T: (0331) 2 88-1000, Fax: (0331) 2 88-1002)
Dipl.-Met. Udo Gärtner (Präsident des Deutschen Wetterdienstes, Frankfurter Str. 135, 63067 Offenbach, T: (069) 80 62-2305, Fax: (069) 80 62-2483 oder 80 62-2481)
Rechtsanwalt G. Glattes (Höhenring 66, 53913 Swisttal)
Dr. F. Goerlich (Drachenfelsstr. 5, 53343 Wachtberg-Niederbachem, T: (0228) 34 49 99)
Rechtsanwalt P. Hanemann (Direktor der Holsten-Brauerei AG, Grasweg 2, 24118 Kiel)
Prof. Dr. K.-H. Heitfeld (Heitfeld-Schetelig GmbH, Reimser Str. 76, 52074 Aachen, T: (0241) 7 63 07, Fax: (0241) 70 94 36)
Regierungsdirektor a.D. Dr. O. Höflich (Blumenau 61, 22089 Hamburg)
Dr. R. Homrighausen (Celler Brunnenbau GmbH, Postfach 11 71, 29201 Celle, T: (05141) 8 84 40)
Prof. Dr. M. Kürsten (Tiefe Trift 11, 30916 Isernhagen, T: (05139) 8 76 71, Fax: (05139) 8 71 42)
Prof. Dr. H.-J. Pickel (HARRESS PICKEL CONSULT GmbH, Niedervellmarsche Str. 30, 34233 Fuldatal, T: (0561) 9 81 83 10, Fax: (0561) 9 81 83 82)
Klaus Reichenbach (Geschäftsführer der Alfred-Wegener-Stiftung, Alte Bohle 28, 50321 Brühl, T: (02232) 2 27 44, Fax: (02232) 92 53 98)
Prof. Dr. W. Ziegler (Forschungsinstitut Senckenberg, Senckenberganlage 25, 60325 Frankfurt)
Verbandszeitschrift: GEOspektrum
Redaktion: Ralf Immendorf
Mitarbeiter: 1
Jahresetat: DM 0,2 Mio, € 0,1 Mio

• T 849

Deutscher Wissenschafter-Verband (DWV)
Kaiser-Karl-Ring 26, 53111 Bonn
T: (0228) 21 41 40
Gründung: 1910 (14. Oktober)
Sprecher: Bernhard Smolarz
Stefan Ayachi

• T 850

Görres-Gesellschaft zur Pflege der Wissenschaft
Postf. 10 16 18, 50456 Köln
Belfortstr. 9, 50668 Köln
T: (0221) 73 83 17 **Fax:** 73 70 63
Gründung: 1876
Präsident(in): Prof. Dr.Dr.h.c.mult. Paul Mikat

• T 851

Joachim-Jungius-Gesellschaft der Wissenschaften
Edmund-Siemers-Allee 1, 20146 Hamburg
T: (040) 41 74 44 **Fax:** 4 48 07 52
Gründung: 1947
Präsident(in): Prof. Dr. O. Kraus (Zoologisches Institut, Universität Hamburg, Martin-Luther-King-Pl. 3, 20146 Hamburg)
Vizepräsident(in): Prof. Dr. E. Kantzenbach (Hilgendorfweg 3, 22587 Hamburg)
Verbandszeitschrift: Veröff. Joachim-Jungius-Ges. d. Wissensch.; Ber. Sitz. Joachim Jungius-Ges. d. Wissensch.
Redaktion: Edmund-Siemers-Allee 1, 20146 Hamburg
Verlag: Vandenhoeck & Ruprecht, Theaterstr. 13, 37073 Göttingen
Mitglieder: 105
Mitarbeiter: 5

• T 852

Friedrich-Deich-Stiftung zur Förderung des Wissenschaftsjournalismus
Karlstr. 21, 60329 Frankfurt
T: (069) 25 56-1245 **Fax:** 25 56-1603
Internet: http://www.bpi.de
E-Mail: TPostina@bpi.de
Vors. d. Kuratoriums: Dr. Rainer Flöhl (Frankfurter Allgemeine Zeitung, Hellerhofstr. 2-4, 60327 Frankfurt)
Geschäftsführer(in): Stifterverband für die Deutsche Wissenschaft (45224 Essen, T: (0201) 84 01-163)

• T 853

Forschungsinstitut für anwendungsorientierte Wissensverarbeitung (FAW)
Postf. 20 60, 89010 Ulm
Helmholtzstr. 16, 89081 Ulm
T: (0731) 5 01-0 **Fax:** 5 01-9 99
Internet: http://www.faw.uni-ulm.de
E-Mail: info@faw.uni-ulm.de
Gründung: 1987 (27. Oktober)
Vorsitzende(r) des Vorstandes: Prof. Dr. Dr. F.J. Radermacher
Stellv. Vorstandsvorsitzende(r): Dipl.-Betriebsw. P. Spiertz
Mitarbeiter: 80

• T 854

Wissenschaftliche Gesellschaft Freiburg im Breisgau
Hermann-Herder-Str. 7, 79104 Freiburg
T: (0761) 38 14 88 **Fax:** 38 14 88

• T 855

Deutscher Verband technisch-wissenschaftlicher Vereine (DVT)
Postf. 10 11 39, 40002 Düsseldorf
Graf-Recke-Str. 84, 40239 Düsseldorf
T: (0211) 62 14-499 **Fax:** 62 14-172
E-Mail: dvt@vdi.de
Internationaler Zusammenschluß: siehe unter izs 503
Vorsitzende(r): Prof. Dr. Joachim Treusch
Geschäftsführende(s) Vorstands-Mitglied(er): Dr. J. Debelius
Mitglieder: 80

• T 856

KOLLEGIUM DER TECHNIKER, INGENIEURE UND WIRTSCHAFTLER IN DEUTSCHLAND e.V.
Postf. 6 68, 10128 Berlin
Ribnitzer Str. 39, 13051 Berlin
T: (030) 9 28 61 11 **Fax:** 9 28 61 11
Gründung: 1994 (24. Juni)
Vorsitzende(r): Dozent Dipl.-Wirtsch. Dipl.-Ing. Hans Rolf Besser
Stellvertretende(r) Vorsitzende(r): Prof. Dr. Gerhard Müller
Schatzmeister: Dipl.-Wirtsch. Wolfgang Hammer
Verbandszeitschrift: Ingenieur-Nachrichten
Redaktion: Dietrich Wolf
Verlag: Desotron Verlagsgesellschaft, Dr. Günter Hartmann & Partner GbR, Liebknechtstr. 42, 99086 Erfurt, T: (0361) 5 62 18 65, Fax: 5 62 18 76
Mitglieder: 35 u. 8 koop. Partner

• T 857

Gesellschaft für Verantwortung in der Wissenschaft (GVW)
Ahornweg 6, 35043 Marburg
T: (06421) 74 76 **Fax:** 74 76
Gründung: 1965 (27. Dezember)
Vorsitzende(r): Prof. Dr.Dr.h.c. Werner Luck
Stellvertretende(r) Vorsitzende(r): Prof. Dr. Otten
Verbandszeitschrift: Wissenschaftler und Verantwortung
Redaktion: Werner Luck
Mitglieder: 250

• T 858

Union der deutschen Akademien der Wissenschaften e.V.
Geschäftsstelle:
Geschwister-Scholl-Str. 2, 55131 Mainz
T: (06131) 57 37 35 od. 57 89 46 **Fax:** 5 13 16
Internet: http://www.akademienunion.de
E-Mail: uaw@mail.uni-mainz.de
Gründung: 1973
Internationaler Zusammenschluß: siehe unter izt 55
Vorsitzende(r): Prof. Dr. Clemens Zintzen
Stellvertretende(r) Vorsitzende(r): Prof. Dr. Gottfried Seebaß
Geschäftsführer(in): Dr. Dieter Herrmann
Leitung Presseabteilung: N.N.
Verbandszeitschrift: Akademie-Journal
Verlag: ALPHA, Finkenstr. 10, 68623 Lampertheim
Mitglieder: 7 Akademien der Wissenschaften
Mitarbeiter: 5
Jahresetat: DM 2 Mio, € 1,02 Mio

• T 859

Heidelberger Akademie der Wissenschaften, Körperschaft des öffentlichen Rechts
Postf. 10 27 69, 69017 Heidelberg
Karlstr. 4, 69117 Heidelberg
T: (06221) 54-32 65 **Fax:** 54-33 55
Internet: http://www.haw.baden-wuerttemberg.de
E-Mail: haw@baden-wuerttemberg.de
Gründung: 1909
Präsident(in): Prof. Dr. Gottfried Seebaß
Sekretar d. Math.-nat. Klasse: Prof. Dr. Willi Jäger
Stellv. Sekretar: Prof. Dr. Dr.h.c. Friedrich Vogel
Sekretar der Phil.-hist. Klasse: Prof. Dr. Eike Wolgast
Stellv. Sekretar: Prof. Dr. Dr. h.c.mult. Géza Alföldy
Geschäftsführer(in): Gunther Jost (M.A.)
Mitglieder: 235

• T 860

Sächsische Akademie der Wissenschaften zu Leipzig
Karl-Tauchnitz-Str. 1, 04107 Leipzig
T: (0341) 7 11 53 13 **Fax:** 7 11 53 44
Präsident(in): Prof. Dr. Gotthard Lerchner (Universität Leipzig)
Vizepräsident(in): Prof. Dr. Heinz Penzlin (Universität Jena)
Generalsekretär(in): Dr. Gunter Bergmann

• T 861

Deutsche Gesellschaft für Zerstörungsfreie Prüfung e.V. (DGZfP)
Geschäftsstelle
Max-Planck-Str. 6, 12489 Berlin
T: (030) 6 78 07-0 **Fax:** 6 78 07-109
Internet: http://www.dgzfp.de
E-Mail: mail@dgzfp.de
Gründung: 1933
Geschäftsführer(in): Dr. Rainer Link
Verbandszeitschrift: ZfP-Zeitung
Redaktion: Dipl.-Journ. H. Rienecker
Mitglieder: 1500
Mitarbeiter: 40

Erforschung, Entwicklung, Anwendung, Verbreitung der zerstörungsfreien Prüfverfahren durch Tagungen, Ausbildung, Prüfungen, Personalzertifizierung, Veröffentlichungen, Richtlinien, Vorträge, Literaturdokumentation, Mitgliederzeitung, Internet.

• T 862

WissPrax
Verein zur Förderung der Zusammenarbeit von Wissenschaft und Praxis sowie der Region Südniedersachsen e.V.
Wilhelmsplatz 1, 37073 Göttingen
T: (0551) 39 43 41 **Fax:** (05593) 39 42 51
Gründung: 1985
1. Vors. d. Vorst.: Andrea Ruhstrat (T: (0551) 6 94 04-0)
2. Vors. d. Vorst.: Jürgen Haese (T: (05508) 9 74-0)
Vors. d. Beirats: Prof. Dr. Herbert C. Freyhardt (T: (0551) 39 44 92)
Mitglieder: 94
Mitarbeiter: 2
Jahresetat: DM 0,1 Mio, € 0,05 Mio

• T 863

Wissenschaftliches Institut der AOK (WIdO)
Postf. 20 03 44, 53133 Bonn
Kortrijker Str. 1, 53177 Bonn
T: (0228) 8 43-393 **Fax:** 8 43-144
E-Mail: wido@wido.bv.aok.de
Gründung: 1976 (14. Juli)
Institutsleiter: Martin Litsch
Stellv. Institutsleiter: Jürgen Klauber
Mitarbeiter: 33

• T 864

Gesundheitstechnische Gesellschaft e.V. Techn.-wissenschaftl. Vereinigung (GG)
Postf. 27 04 40, 13474 Berlin
T: (030) 7 22 60 46 **Fax:** 7 22 60 46
Gründung: 1949 (01.11.)
Vorsitzende(r): Dr.-Ing. Axel Jahn (KLIMASYSTEMTECHNIK Esdorn Jahn GmbH)
Geschäftsführer(in): Dipl.-Ing. Marek Samp
Schatzmeister: Dipl.-Kfm. Gunter Goetz
Verbandszeitschrift: GG-Nachrichten
Mitglieder: 650

• T 865

Arbeitsgemeinschaft Staub- und Silikosebekämpfung Nordrhein-Westfalen
Haroldstr. 4, 40213 Düsseldorf
T: (0211) 8 37 02 **Fax:** 8 37 22 00
Gründung: 1954
Vorsitzende(r): MR Friedrich Wilhelm Wagner (Ministerium für Wirtschaft und Mittelstand, Technologie und Verkehr Nordrhein-Westfalen, 40190 Düsseldorf)
Geschäftsführer(in): RAnge'r Gerhard Peter (Ministerium für Wirtschaft und Mittelstand, Technologie und Verkehr Nordrhein-Westfalen, 40190 Düsseldorf)

Hoppenstedt

Verbandszeitschrift: Silikosebericht Nordrhein-Westfalen
Redaktion: Steinkohlenbergbauverein, Franz-Fischer-Weg 61, 45307 Essen
Mitglieder: 9

• T 866

ATV-DVWK Deutsche Vereinigung für Wasserwirtschaft, Abwasser und Abfall e.V.
Postf. 11 65, 53758 Hennef
Theodor-Heuss-Allee 17, 53773 Hennef
T: (02242) 8 72-0 **Fax:** 8 72-1 35
Internet: http://www.atv.de
Gründung: 1948
Internationaler Zusammenschluß: siehe unter izt 593
Präsident(in): Prof. Hermann H. Hahn
Hauptgeschäftsführer(in): Dr.-Ing. Sigurd van Riesen
Leitung Presseabteilung: Dr. Frank Bringewski
Verbandszeitschrift: KORRESPONDENZ ABWASSER
Redaktion: Dr. Bringewski
Mitglieder: 14000
Mitarbeiter: 60

Die ATV-DVWK ist der deutsche Repräsentant der in Abwasser, Abfall und Wasserwirtschaft tätigen Fachleute. Zu den Haupttätigkeitsgebieten des Verbandes zählen technisch-wissenschaftliche Themen und die wirtschaftlichen sowie rechtlichen Belange des Umweltschutzes. Die politisch und wirtschaftlich unabhängige Vereinigung arbeitet national und international in den Bereichen Gewässerschutz, Abwasser, wassergefährdende Stoffe, Abfall, Wasserbau, Wasserkraft, Hydrologie, Bodenschutz und Altlasten. Die ca. 16.000 Mitglieder sind in Kommunen, Ingenieurbüros, Behörden, Unternehmen und Hochschulen tätig. Davon besteht bei 10.000 Fachleuten eine persönliche Mitgliedschaft; dies sind Ingenieure, Naturwissenschaftler, Betriebspersonal, Techniker, Juristen und Kaufleute. Über die fördernde Mitgliedschaft in der ATV-DVWK werden ca. 160.000 Fachleute erreicht. Jedes ATV-DVWK Mitglied ist einer der sieben Landesverbände zugeordnet. Zentrale Aufgaben sind die Erarbeitung und Fortschreibung des ATV-DVWK Regelwerkes, die Durchführung der beruflichen Bildung und die umfassende Information der Mitglieder.

Landesgruppen

t 867

ATV-Landesverband Baden-Württemberg
Wilhelm-Geiger-Platz 10, 70469 Stuttgart
T: (0711) 89 66 31-0 **Fax:** 89 66 31-11
E-Mail: atv-lg-bw@t-online.de
Geschäftsführer(in): Dipl.-Verwaltungsw. (FH) Klaus-D. Sommer
Landesverbandsvorsitzender: Bürgermeister Dipl.-Ing. Franz Albrecht

t 868

ATV-Landesverband Bayern
Lazarettstr. 67, 80636 München
T: (089) 92 14 13 97 **Fax:** 92 14 16 48
E-Mail: ATV-Bayern@compuserve.com
Geschäftsführer(in): Dipl.-Ing. agr. Martina Dzienian-Barta
Landesverbandsvorsitzender: Ltd. Baudirektor Dipl.-Ing. Kurt Wittmann

t 869

ATV-Landesverband Hessen/Rheinland-Pfalz/Saarland
Frauenlobplatz 2, 55118 Mainz
T: (06131) 60 47 12 **Fax:** 60 47 14
E-Mail: atv-mainz@-online.de
Geschäftsführerin: Dipl.-Ing. (FH) Vera Heckeroth
Landesverbandsvorsitzender: Ltd. MR a.D. Dipl.-Ing. Hermann Fischer

t 870

ATV-Landesverband Nordrhein-Westfalen
Postf. 20 01 20, 42201 Wuppertal
T: (0202) 72 39 05 **Fax:** 72 39 07
Landesverbandsvorsitzender: Dr.-Ing. Christian Baumgart

t 871

ATV-Landesverband Nord
An der Scharlake 39, 31135 Hildesheim
T: (05121) 5 09-8 00, 5 09-801 **Fax:** 5 09-8 02
E-Mail: atv-lg-nord@-online.de
Geschäftsführer(in): Dipl.-Ing. Ralf Hilmer
Landesverbandsvorsitzender: Dipl.-Ing. Fritz Tolle

t 872

ATV-Landesverband Nord-Ost
Große Diesdorfer Str. 4, 39108 Magdeburg
T: (0391) 7 34 88 15 **Fax:** 7 34 88 17
Geschäftsführer(in): Dr. Dieter Bauer
Landesverbandsvorsitzender: Martin Döring

t 873

ATV-Landesverband Sachsen/Thüringen
Lockwitztalstr. 20, 01259 Dresden
T: (0351) 2 03 20 25 **Fax:** 2 03 20 26
E-Mail: lang.atv@t-online.de
Geschäftsführer(in): Dr. Gabriele Lang
Landesverbandsvorsitzender: Prof. Dr.-Ing. Klaus Lützner

t 874

GFA-Gesellschaft zur Förderung der Abwassertechnik e.V.
Postf. 11 65, 53758 Hennef
Theodor-Heuss-Allee 17, 53773 Hennef
T: (02242) 8 72-0 **Fax:** 8 72-100
Internet: http://www.gfa-verlag.de
E-Mail: lumma@atv.de
Gründung: 1970
Leitung Presseabteilung: Dr. Frank Bringewski
Verbandszeitschrift: KORRESPONDENZ ABWASSER (KA) (monatl.) inkl. der regelmäßigen Beilagen KA-Betriebs-Info, gewässer-info und abfall-brief.
Herausgabe des ATV-Regelwerkes Abwasser-Abfall, der ATV-Schriftenreihe und sonstiger Veröffentlichungen der ATV-DVWK
Redaktion: Dr. Bringewski
Verlag: GFA, Theodor-Heuss-Allee 17, 53773 Hennef

• T 875

Fachvereinigung Arbeitssicherheit e.V. (FASI)
Geschäftsstelle
Albert-Schweitzer-Allee 33, 65203 Wiesbaden
T: (0611) 60 04 00 **Fax:** 6 78 07
Gründung: 1983 (21. November)
Präsident(in): MinDirig Dipl.-Chem. Gerd Albracht (Hessisches Sozialministerium, Abt. III Arbeitsschutz, Postf. 31 40, 65021 Wiesbaden, T: (0611) 8 17-33 48)
Vizepräsident(in): Dipl.-Ing. Christoph Huf (Asea Brown Boveri AG, FSU, Eppelheimer Str. 82, 69123 Heidelberg, T: (06221) 7 01-831)
Vizepräsident(in): Dr.-Ing. Klaus Scheuermann (BG Nahrungsmittel- und Gaststätten, Bereich Prävention, Dynamostr. 7-11, 68165 Mannheim, T: (0621) 44 56-3403)
Die Fachvereinigung Arbeitssicherheit - FASI e.V. ist der Dachverband der drei technisch-wissenschaftlichen Vereine:
Verein Deutscher Gewerbeaufsichtsbeamten (VDGAB e.V.), Mitglieder sind die technischen Aufsichtsbeamten der Gewerbeaufsichtsämter
Verein Deutscher Revisionsingenieure (VDRI e.V.), Mitglieder sind die technischen Aufsichtsbeamten der Berufsgenossenschaften
Verband Deutscher Sicherheitsingenieure (VDSI e.V.) Mitglieder sind betrieblich und freiberuflich Tätige auf dem Gebiet der Sicherheit und des Gesundheitsschutzes bei der Arbeit.

• T 876

Deutsche Gesellschaft für Arbeitshygiene e.V. (DGAH)
Geschäftsstelle: c/o Michael Masuth
Kolberger Str. 43, 50997 Köln
T: (02233) 25 56 **Fax:** 25 06
Gründung: 1990 (22. Mai)
Geschäftsführer(in): Michael Masuth (Ford Werke AG, Abt. NM/IRG-2, Henry-Ford-Str. 1, 50735 Köln, T: (0221) 9 01 45 81, Telefax: (0221) 9 01 52 97)
Vorsitzende(r): Dr. Hans-Richard Pfeil (Ford Werke AG, Abt. NG/IRG-3, Henry-Ford-Str. 1, 50725 Köln, T: (0221) 9 01 30 90, Telefax: (0221) 9 01 32 68)
Stellvertretende(r) Vorsitzende(r): Dipl.-Ing. Kurt Leichnitz (Am Waldrand 42, 23627 Groß-Grönau, T: (04509) 16 55, Telefax: (04509) 22 95)
Heinz G. Kretz (Rue des Azalees 6, L-6413 Echternach/Luxemburg, T: (00) 3 52 72 05 79, Telefax: (00) 3 52 72 63 37)
Pressesprecher: Manfred Speier (InfraServ GmbH & Co. Höchst KG, Arbeitsmedizinisches Zentrum D 810, 65926 Frankfurt/Main, T: (069) 30 51 42 33, Telefax: (069) 30 58 17 30)
Mitglieder: 105

• T 877

IAS Institut für Arbeits- und Sozialhygiene Stiftung
Steinhäuserstr. 19, 76135 Karlsruhe
T: (0721) 82 04-0 **Fax:** 82 04-400
Internet: http://www.ias-stiftung.de
E-Mail: ias@ias-stiftung.de
Gründung: 1976
Vorstand: Dipl.rer.pol. Karl Hoppe
Prof. Dr. Michael Kentner
Leitung Presseabteilung: Malte Klemusch
Verbandszeitschrift: IAS impulse; Ihre Gesundheit
Redaktion: Malte Klemusch
Verlag: Eigenverlag
Mitarbeiter: 515

Niederlassungen: 76, u. a. in: Berlin, Chemnitz, Dessau, Dresden, Düsseldorf, Erfurt, Frankfurt/M., Freiburg, Gera, Hamburg, Karlsruhe, München, Mannheim, Offenburg, Pforzheim, Stuttgart, Zwickau

Arbeitsmedizinische Betreuung, Manager-Check-ups, sicherheitstechnische Betreuung, Umweltschutz, Betriebs- und Krankenhaushygiene, Messtechnik, Verkehrsmedizin und Verkehrspsychologie, Betriebs-, und Organisationspsychologie, Reisemedizin.

• T 878

Bundesarbeitsgemeinschaft für Sicherheit und Gesundheit bei der Arbeit (Basi) e.V.
Alte Heerstr. 111, 53757 Sankt Augustin
T: (02241) 2 31-6000 **Fax:** 2 31-6111
Internet: http://www.basi.de
E-Mail: basi@hvbg.de
Gründung: 1961
Geschäftsführer(in): Bruno Zwingmann
Verbandszeitschrift: Basi-Infoprint
Redaktion: Wolfgang Rau
Mitglieder: 54 Institutionen und Verbände

• T 879

Deutsche Gesellschaft für Recht und Informatik e.V. (DGRI)
Sitz: Berlin
Geschäftsstelle:
Schöne Aussicht 30, 61348 Bad Homburg
T: (06172) 92 09 30 **Fax:** 92 09 33
Gründung: 1992
Vorstand: Prof. Dr. Alfred Büllesbach (Vors.; DaimlerChrysler AG, HPC 0179, Bereich Datenschutz, 70546 Stuttgart, T: (0711) 9 72-2584, Fax: (0711) 9 72-1918, E-Mail: alfred.buellesbach@daimlerchrysler.com)
RA Dr. Wolfgang Büchner (stellv. Vors.; Marstallstr. 8, 80539 München, T: (089) 2 90 12-0, Fax: (089) 2 90 12-222, E-Mail: buechner@muc.boesebeck-droste.com)
Prof. Dr. Gerald Spindler (stellv. Vors.; Georg-August-Universität Göttingen, Platz der Göttinger Sieben 6, 37073 Göttingen, T: (0551) 39-7374, Fax: (0551) 39-4633, E-Mail: gspindl@wdg.de)
RA Thomas Heymann (Oberlindau 54-56, 60323 Frankfurt/M., T: (069) 9 71 55-150, Fax: (069) 9 71 55-555, E-Mail: thomas.heymann@cliffordchance.com)
Marit Köhntopp (DS Schleswig-Holstein, Düsternbrooker Weg 82, 24105 Kiel, T: (0431) 9 88-1214, Fax: (0431) 9 88-1223, E-Mail: marit@koehntopp.de)
RAin Dr. Irini Vassilaki (Herzberger Landstr. 1, 37085 Göttingen, T: (0551) 55 36-0, Fax: (0551) 55 36-1, E-Mail: ivassill@gwdg.de)
Ulrike Weinbrenner (Hanselmannstr. 34, 80809 München, T: (089) 3 59 72 37, Fax: (089) 35 65 32 53, E-Mail: uweinbrenner@t-online.de)
Dr. Andreas Wiebe (Wördenfeldstr. 29, 30890 Barsinghausen, T: (0511) 76 28-166, Fax: (0511) 76 28-290, E-Mail: a_wiebe@t-online.de)
Dr. Bernd Wißner (Im Tal 12, 86159 Augsburg, T: (0821) 25 98 10, Fax: (0821) 59 49 32, E-Mail: wissner@wissner.com)
Geschäftsführer(in): RA Dr. Jürgen W. Goebel (Schöne Aussicht 30, 61348 Bad Homburg, T: (06172) 92 09-30, Fax: (06172) 92 09-33, E-Mail: xgoebel@aol.com)
Kassenprüfer: RA Walter Trickl (Biebricher Allee 175, 65203 Wiesbaden, T: (0611) 6 50-77, Fax: (0611) 6 50-86, E-Mail: waltertrickl@compuserve.com)
RA Wolfgang Zimmermann (Wuelpensand 1, 22559 Hamburg, T: (040) 81 87-83, Fax: (040) 81 87-90, E-Mail: rawoziham@csi.com)
Mitglieder: ca. 400

• T 880

Förderkreis der Angewandten Informatik e.V.
Mendelstr. 11, 48149 Münster
T: (0251) 9 81 35-0 **Fax:** 8 85 90
Gründung: 1985
Vorstand: Wilhelm Füting (GAD Ges. für Automatische Datenverarbeitung eG)
Michael Rohé (Deutsche Telekom AG, Niederlassug Münster)
Wieland Pieper (Industrie- und Handelskammer zu Münster)
Dieter Pahlen (Westdeutsche Genossenschafts-Zentralbank eG)
Direktorium: Prof. Dr. Wolfram-Manfred Lippe (Institut für Numerische und Instrumentelle Mathematik der WWU)
Prof. Dr. Heinz Lothar Grob (Institut für Wirtschaftsinformatik der WWU)
Dr. Wilhelm Held (Rechenzentrum der WWU Münster)
Mitglieder: 42
Mitarbeiter: 3

● T 881

Zentrum für angewandte Informatik e.V. (ZAI)

Schöfferstr. 8b, 64295 Darmstadt
T: (06106) 1 44 78 **Fax:** 1 44 78
Internet: http://www.zai.fh-darmstadt.de
E-Mail: info@zai.fh-darmstadt.de
Vorsitzende(r): Prof. Dr. U. Bleimann

● T 882

Verein regionaler Informationstechnik-Zentren e.V. (itz)

Gottbillstr. 34a, 54294 Trier
T: (0651) 8 27 09-11
Gründung: 1993 (15. November)
Vorsitzende(r) des Vorstandes: Ralf Maxheim (ttt Technologie Transfer Trier GmbH, Gottbillstr. 34a, 54294 Trier)
Vorstand: Klaus Echtermeyer (BIT Korbach, Kreis-VHS Waldeck-Frankenberg, Klosterstr. 11, 34497 Korbach, T: (05631) 9 77-30, Fax: 9 77-3 22)
Dr. Bernd Göde (InKom MV Rostock im Technikzentrum Warnemünde, Richard-Wagner-Str. 31, 18199 Warnemünde, T: (0381) 51 96-1 05, Fax: 51 96-1 54)
Klaus Lach (Memeler Str. 11, 23879 Mölln, T: (04542) 47 13, Fax: 47 13)
Bernd Müller (PC-Labor Uni Bremen, Postf. 33 04 40, 28334 Bremen, T: (0421) 2 18-48 49, Fax: 2 18-27 20)
Geschäftsführer(in): Ralf Maxheim (ttt Technologie Transfer Trier GmbH, Gottbillstr. 34 a, 54294 Trier, T: (0651) 8 27 09-11, Fax: 8 27 09-33)
Schatzmeister: Peter Eisenburger (Gesellschaft für Informations- und Kommunikationstechnik Schotten mbH, Vogelsbergstr. 137 a, 63679 Schotten, T: (06044) 7 27, Fax: 7 29)
Mitglieder: Volker Brühl (Telehaus Adlershof im IGZ, Rudower Chaussee 5, 12489 Berlin, T: (030) 63 92 61 30, Fax: 6 77 41 81)
Uwe Christen (wfm Wirtschaftsförderung Müritz GmbH, Seebadstr. 25, 17207 Röbel, T: (039931) 5 74-0, Fax: 5 74-21)
Gabi Fladung (Telehaus Wetter, Verein für Frauenförderung, Alter Graben 2, 35083 Wetter, T: (06423) 35 10, Telefax: 39 54)
Hans Förstemann (Telekommunikationszentrum Oberfranken e.V., Bürgerreuther Str. 7, 95444 Bayreuth, T: (0921) 7 21 00 40, Fax: 7 21 00 44)
Ulrich Graumann (KITZ-Kieler Innovations- und Technologiezentrum GmbH, Schauenburger Str. 114-116, 24103 Kiel, z. Zt. T: (0431) 9 01-10 72, Telefax: 9 01-23 40)
Günter Kroës (Universität Dortmund, FB Raumplanung, August-Schmidt-Str. 10, 44221 Dortmund, T: (0231) 7 55-22 47, Fax: 7 55-25 08; priv.: Pater-Kolbe-Str. 47, 48163 Münster, T: (02501) 5 83 30, Fax: 5 81 25)
Anne-Dore Lutze (Telehaus Wetter, Verein für Frauenförderung, Alter Graben 2, 35083 Wetter, T: (06423) 35 10, Fax: 39 54)
Winfried Piezonka (ttz sh Technologie Transfer Zentrale Schleswig-Holstein GmbH, Lorentzendamm 22, 24103 Kiel, T: (0431) 5 19 62-29, Telefax: 5 19 62-33)
Eberhard Richter (BIT Sachsen, AGIL GmbH Leipzig, Goerdelerring 5, 04109 Leipzig, T: (0341) 12 67-4 60, Fax: 12 67-4 62)
Prof. Dr. Rainer Schlegel (Infratel Sachsen-Anhalt e.V., Gewerbehof, Wasserkunststr. 27 a, 39124 Magdeburg, T: (0391) 2 55 68 90, Telefax: 27 32 71 <2 55 68 98_z)
Rudolf Veldscholten (Telematikzentrum der GAG Norden, Uffenstr. 1, 26506 Norden, T: (04931) 92 22 68, Fax: 92 21 50)
Mitglieder: 14
Jahresetat: ca. DM 0,01 Mio, € 0,01 Mio

● T 883

Konrad-Zuse-Zentrum für Informationstechnik (ZIB)

Takustr. 7, 14195 Berlin
T: (030) 8 41 85-0 **Fax:** 8 41 85-125
Internet: http://www.zib.de
E-Mail: leitung@zib.de
Gründung: 1984
Präsident(in): Prof. Dr. Peter Deuflhard
Vizepräsident(in): Prof. Dr. Martin Grötschel
Mitarbeiter: 150

● T 884

BundesVerband InformationsTechnologien BVIT e.V.

Adenauerallee 18-22, 53113 Bonn
T: (0228) 2 01 36-0 **Fax:** 2 01 36-99
Internet: http://www.bvit.de
E-Mail: info@bvit.de
Gründung: 1993 (6. Oktober)
Präsident(in): Gerhard Jörg
Vizepräsident(in): Elisabeth Liebig-Stöckigt
Georg Spiewok
Geschäftsführer(in): Dipl.-Ing. Alexander Bojanowsky
Leitung Presseabteilung: Iris Köpke
Verbandszeitschrift: BVIT-Newsletter
Redaktion: Iris Köpke
Verlag: BVIT Service + Verlags GmbH, Adenauerallee 18-22, 53113 Bonn

Mitglieder: 160
Mitarbeiter: 7
Jahresetat: DM 1 Mio, € 0,51 Mio

● T 885

REFA Bundesverband e.V.

Wittichstr. 2, 64295 Darmstadt
T: (06151) 88 01-0 **Fax:** 88 01-27
Internet: http://www.REFA.de

t 886

REFA-Informatik-Center Dortmund

Emil-Figge-Str. 43, 44227 Dortmund
T: (0231) 97 96-0 **Fax:** 9 79 61 97

● T 887

DAI-Verband Deutscher Architekten- und Ingenieurvereine e.V.

Keithstr. 2-4, 10787 Berlin
T: (030) 21 47 31 74 **Fax:** 21 47 31 82
Gründung: 1871
Präsident(in): Dipl.-Ing. Jens Krause, Berlin
Verbandszeitschrift: Baukultur
Verlag: E. Wiederspahn, Biebricher Allee 11 b, 65187 Wiesbaden
Mitglieder: 5000

● T 888

Astronomische Gesellschaft

c/o Astrophysikalisches Institut und Universitäts-Sternwarte Jena
Schillergäßchen 2, 07745 Jena
T: (03641) 94 75 26 **Fax:** 94 75 02
Internet: http://www.astro.uni-jena.de/Astron_Ges/
E-Mail: schie@astro.uni-jena.de
Gründung: 1863
Vorsitzende(r): Prof. Dr. Erwin Sedlmayr (Institut für Astronomie und Astrophysik der Technischen Universität Berlin, Hardenbergstraße 36, 10623 Berlin, T: (030) 31 42 37 83, Fax: 31 42 48 85)
Schriftführer(in): Dr. Reinhard E. Schielicke
Mitglieder: 800

● T 889

Kerntechnische Gesellschaft e.V. (KTG)

Heussallee 10, 53113 Bonn
T: (0228) 50 72 59 **Fax:** 50 72 58
Internet: http://www.ktg.org
Gründung: 1969
Internationaler Zusammenschluß: siehe unter izl 12
Vorsitzende(r): Prof. Dr. Jürgen Knorr
Stellvertretende(r) Vorsitzende(r): Dr. Wolf-Dieter Krebs, Bubenreuth
Geschäftsführer(in): Dr. Peter Haug, Bonn
Mitglieder: 2400
Sektionen: Berlin/Brandenburg/Greifswald, Erlangen/Nürnberg, Frauen in der Kerntechnik, Hannover/Braunschweig, Junge Generation, Karlsruhe/Mannheim/Stuttgart, München, Norddeutschland, Rheinland, Rhein/Main, Rhein/Ruhr, Sachsen, Senioren
Fachgruppen:
Betrieb kerntechnischer Anlagen
Brennelemente
Chemie und Entsorgung
Energiesysteme - Energiewirtschaft
Kernfusion
Nutzen der Kerntechnik
Reaktorphysik und Berechnungsmethoden
Reaktorsicherheit
Stillegung
Strahlenschutz
Thermo- und Fluiddynamik

● T 890

Deutsches Atomforum e.V. (DAtF)

Heussallee 10, 53113 Bonn
T: (0228) 5 07-215 **Fax:** 5 07-219
Gründung: 1959 (26.05.)
Internationaler Zusammenschluß: siehe unter izl 34
Präsident(in): Dr. Otto Majewski
Generalbevollmächtigter: Dr. Peter Haug
Leitung Presseabteilung: Clemens Range
Mitglieder: 240

● T 891

Wissenschaftliche Vereinigung für Augenoptik und Optometrie e.V. (WVAO)

Adam-Karrillon-Str. 32, 55118 Mainz
T: (06131) 61 30 61 **Fax:** 61 48 72
Internet: http://www.WVAO.org
E-Mail: wvao-mainz@t-online.de
1. Vorsitzende(r): Malte Volz (Rohrbacherstr. 8, 69117 Heidelberg, T: (06221) 2 77 78)
Geschäftsführer(in): RA Hartmut Glaser

Verbandszeitschrift: Optometrie
Mitglieder: 2400; 26 Landesgruppen

Fachwissenschaftliche Organisation der Augenoptiker.

● T 892

VDI-Gesellschaft Bautechnik (VDI-Bau)

Postf. 10 11 39, 40002 Düsseldorf
Graf-Recke-Str. 84, 40239 Düsseldorf
T: (0211) 62 14-5 31 **Fax:** 62 14-575 u. 177
Internet: http://www.vdi.de/bau/bau.htm
Vorsitzende(r): Prof. Dr.-Ing. E.h. Manfred Nußbaumer (M.Sc)
Geschäftsführer(in): Dipl.-Ing. R. Jesorsky

● T 893

Länderausschuß Bergbau

c/o Bundesministerium für Wirtschaft und Technologie
Postf. 14 02 60, 53057 Bonn
T: (0228) 6 15-34 53 **Fax:** 6 15-3502
Vorsitzende(r): MinR Hartmut Schneider
Geschäftsführer(in): MinR Dr. Ulrich Kullmann

● T 894

BWI Bau

Betriebswirtschaftliches Institut der Bauindustrie GmbH (BWI-Bau)

Postf. 10 15 54, 40006 Düsseldorf
Schillerstr. 33, 40237 Düsseldorf
T: (0211) 67 03-276 **Fax:** 67 03-282
Internet: http://www.BWI-Bau.de
E-Mail: Info@BWI-Bau.de
Gründung: 1964
Leitung: Prof. Dr. Bruno Refisch
Verbandszugehörigkeit: Tochtergesellschaft der Wirtschaftsvereinigung Bauindustrie e.V. NRW, Düsseldorf

Informationsdienste (Bau), Fachliteratur (Bau), Datenservice (Bau), Fernkurse (Bau), Betriebs- u. Unternehmensberatung (Bau), Fortbildungsmaßnahmen (Bau)

● T 895

Deutsche Montan Technologie für Rohstoff, Energie, Umwelt e.V. (DMT e.V.)

Sitz: Essen
Postanschrift:
Shamrockring 1, 44623 Herne
T: (02323) 15-20 40 **Fax:** 15-23 43
Gründung: 1990
Vorsitzende(r) des Vorstandes: Bergwerksdirektor Wilhelm Beermann
Geschäftsführer(in): Dr.-Ing. Hans-Jürgen Czwalinna
Dr. Richard Müllendorff

● T 896

Deutsche Montan Technologie GmbH

Postanschrift:
Postf. 13 01 01, 45291 Essen
Am Technologiepark 1, 45307 Essen
T: (0201) 1 72-01 **Fax:** 1 72-1462
Internet: http://www.dmt.de
E-Mail: dmt@dmt.de
Gründung: 1990 (01. Januar)
Geschäftsführung: Dr.-Ing. Rolf Petry (Vors.)
Dr.-Ing. Reinhard Bassier
Heinz-Gerd Körner
Dipl.-Kfm. Udo Scheer
Ltg. Öffentlichkeitsarbeit: Dr. Michael Beyer
Mitarbeiter: 868
Jahresetat: DM 146 Mio, € 74,65 Mio

Ingenieurleistungen aller Art einschließlich Forschung und Entwicklung auf allen Gebieten der Rohstoff-, Energie- und Umwelttechnik sowie die Durchführung von technischen Prüfungen, Abnahmen und Beratungen, vor allem aufgrund von Rechtsvorschriften, insbesondere im Sinne des Paragraph 65 Nr. 3 und Nr. 4 BBergG, einschließlich der hierfür erforderlichen sicherheitstechnischen Forschung.

● T 897

DMT-Gesellschaft für Lehre und Bildung mbH

Postanschrift:
Herner Str. 45, 44787 Bochum
T: (0234) 9 68-01 **Fax:** 9 68-3606

Internet: http://www.lehre.dmt.de
E-Mail: info@lehre.dmt.de
Gründung: 1991
Geschäftsführung: Willi Kaminski (Sprecher)
Dieter Sehrt
Leitung Öffentlichkeitsarbeit: Ulrich Bäumer

Förderung der Aus-, Fort- und Weiterbildung und die Pflege des bergbaulichen Kulturgutes.

• T 898

TÜV Akademie Westfalen GmbH
Steubenstr. 53, 45138 Essen
T: (02303) 9 61 10-0 **Fax:** 9 61 10-19
Gründung: 1989
Geschäftsführer(in): Jürgen Braun (Sprecher)
Frank Müller
Leitung Presseabteilung: Fabian Rau
Mitarbeiter: 130

• T 899

Verein für die bergbaulichen Interessen
Postf. 10 36 63, 45036 Essen
Rellinghauser Str. 1-11, 45128 Essen
T: (0201) 1 77-08 **Fax:** 1 77-4288
Gründung: 1858 (20. November)
Vorsitzende(r): Dr.rer.pol. Klaus Rüdiger Trützschler
Stellvertretende(r) Vorsitzende(r): RA Wilfried Beimann
Geschäftsführer(in): Dr. rer.pol. Bruno Kühn
Dipl.-Ök. Rainer Platzek
Dipl.-Volksw. Wolfgang Reichel

• T 900

Deutscher Beton- und Bautechnik-Verein E.V. (DBV)
Postf. 11 05 12, 10835 Berlin
Kurfürstenstr. 129, 10785 Berlin
T: (030) 23 60 96-0 **Fax:** 23 60 96-23
Internet: http://www.betonverein.de
E-Mail: dbv.berlin@t-online.de
Gründung: 1898
Internationaler Zusammenschluß: siehe unter izf 1865
Vorsitzende(r): Dipl.-Ing. Dieter Rappert
Hauptgeschäftsführer(in): Dr.-Ing. Hans-Ulrich Litzner
Presseabteilung: Ralf Gigerich (M.A.)
Verbandszeitschrift: DBV-Rundschreiben
Verlag: Eigenverlag
Mitglieder: 1600
Mitarbeiter: 25

• T 901

Verband Deutscher Biologen und biowissenschaftlicher Fachgesellschaften e.V. (VDBiol)
Zentrale Geschäftsstelle
Corneliusstr. 6, 80469 München
T: (089) 26 02 45 73 **Fax:** 26 02 45 74
Internet: http://www.vdbiol.de
E-Mail: vdbiol.zentrale@lrz.uni-muenchen.de
Gründung: 1954
Präsident(in): Prof. Dr. Karl Daumer (Hochschule, Schule; Corneliusstr. 6, 80469 München, T: (089) 26 02 45 73, Fax: 26 02 45 74, e-mail: vdbiol.zentrale@lrz.uni-muenchen.de)
Vizepräsident(in): Prof. Dr. Hans-Jörg Jacobsen (Hochschule; LG Molekulargenetik, Uni Hannover, Herrenhäuserstr. 2, 30419 Hannover, T: (0511) 7 62 40 82, Fax: (0511) 7 62 40 88, e-mail: jacobsen@mbox.lgm.uni-hannover.de)
Prof. Dr. Jochen Oehler (neue Bundesländer; TU Uniklinikum, AG Neurobiologie, Fetscherstr. 74, 01307 Dresden, T: (0351) 4 58 44 50, Fax: (0351) 4 58 53 50, e-mail: jochen.oehler@mailbox.tu-dresden.de)
Prof. Dr. Rainer Klee (Biologiedaktik, Naturschutz; Inst. für Biodidaktik, Uni Gießen, Karl-Glöckner-Str. 21 c, 35394 Gießen, T: (0641) 9 93 55 10, Fax: (0641) 9 93 55 09, e-mail: rainer.klee@didaktik.bio.uni-giessen.de)
Dr. Rüdiger Marquardt (Biotechnologie; DECHEMA e.V., Informationssekretariat Biotechnologie, Theodor-Heuss-Allee 25, 60486 Frankfurt/M., T: (069) 75 64-163, Fax: (069) 75 64-169, e-mail: marquardt@dechema.de)
Geschäftsführer(in): Dr. Georg Kääb (Leitung Presseabteilung)
Geschäftsführer(in): Dr. Carsten Roller
Verbandszeitschrift: Biologen heute
Redaktion: Dr. Georg Kääb, Zentrale Geschäftsstelle, München
Mitglieder: 5700

t 902

Verband Deutscher Biologen und biowissenschaftlicher Fachgesellschaften e.V.
Landesverband Baden-Württemberg
c/o Botanisches Institut der Universität Tübingen
Auf der Morgenstelle 1, 72076 Tübingen
T: (07071) 2 97-3086 **Fax:** 29 30 86
E-Mail: hdfrey@uni-tuebingen.de
Kontakt: Prof. Dr. Hans-Dieter Frey

t 903

Verband Deutscher Biologen und biowissenschaftlicher Fachgesellschaften e.V.
Landesverband Bayern
Geschäftsstelle:
Corneliusstr. 6, 80469 München
T: (089) 5 32 82 93 **Fax:** 51 39 92 22
Kontakt: Oberstudienrat Johann Staudinger (Holbein Gymnasium, Hallstr. 10, 86150 Augsburg, Tel.: (0821) 3 24 16 11, Fax: (0821) 3 24 16 06, E-Mail: staudinger.vdbiol@gmx.de)

t 904

Verband Deutscher Biologen und biowissenschaftlicher Fachgesellschaften e.V.
Landesverband Berlin
Waldowstr. 14, 13403 Berlin
T: (030) 49 89 35 66 **Fax:** 66 61 74 90 56
E-Mail: bertsch@berlin.snafu.de
Kontakt: Detlev Bertsch

t 905

Verband Deutscher Biologen und biowissenschaftlicher Fachgesellschaften e.V.
Landesverband Brandenburg
Brodberg 38, 14532 Kleinmachnow
T: (033203) 7 91 66 (privat)
Kontakt: Dr. Edelgard Pohlheim

t 906

Verband Deutscher Biologen und biowissenschaftlicher Fachgesellschaften e.V.
Landesverband Bremen
c/o Landesinstitut für Schule
Am Weidedamm 20, 28215 Bremen
T: (0421) 37 06 69 (privat) **Fax:** 3 50 90 78 (privat)
Kontakt: Dr. Hans-Udo Graf

t 907

Verband Deutscher Biologen und biowissenschaftlicher Fachgesellschaften e.V.
Landesverband Hamburg
c/o Institut für Allgemeine Botanik,
Universität Hamburg
Ohnhorststr. 18, 22609 Hamburg
T: (040) 4 28 16-290 **Fax:** 4 28 16-254
E-Mail: muehlbach@botanik.uni-hamburg.de
Kontakt: Prof. Dr. Hans-Peter Mühlbach

t 908

Verband Deutscher Biologen und biowissenschaftlicher Fachgesellschaften e.V.
Landesverband Hessen
c/o Institut für Biologiedidaktik,
Universität Gießen
Karl-Glöckner-Str. 21c, 35394 Gießen
T: (0641) 9 93 55 04 **Fax:** 9 93 55 09
E-Mail: dittmar.graf@didaktik.bio.uni-giessen.de
Kontakt: Dr. Dittmar Graf

t 909

Verband Deutscher Biologen und biowissenschaftlicher Fachgesellschaften e.V.
Landesverband Mecklenburg-Vorpommern
c/o FB Biologie, Universität Rostock
18051 Rostock
Wismarsche Str. 8, 18057 Rostock
T: (0381) 4 98 19 96 **Fax:** 4 98 19 80
E-Mail: frank.horn@biologie.uni-rostock.de
Kontakt: Prof. Dr. Frank Horn

t 910

Verband Deutscher Biologen und biowissenschaftlicher Fachgesellschaften e.V.
Landesverband Niedersachsen
Blumenhaller Weg 26, 49078 Osnabrück
T: (0541) 43 42 84 **Fax:** 4 09 50 23
E-Mail: hoegermann@t-online.de
Kontakt: Dr. Christiane Högermann

t 911

Verband Deutscher Biologen und biowissenschaftlicher Fachgesellschaften e.V.
Landesverband Nordrhein-Westfalen
c/o Institut für Biologie IV, RWTH Aachen
52056 Aachen
Worringerweg, 52074 Aachen
T: (0241) 80 66 01 **Fax:** 8 88 81 80
E-Mail: klaus.wolf@rwth-aachen.de
Kontakt: Prof. Dr. Klaus Wolf

t 912

Verband Deutscher Biologen und biowissenschaftlicher Fachgesellschaften e.V.
Landesverband Rheinland-Pfalz
Mittelstr. 7, 56412 Großholbach
T: (02602) 1 75 20 (privat)
Kontakt: Dr. Peter Sabel

t 913

Verband Deutscher Biologen und biowissenschaftlicher Fachgesellschaften e.V.
Landesverband Saarland
Lützowstr. 3, 66119 Saarbrücken
T: (0681) 85 32 65
E-Mail: wolfgang.kirsch@t-online.de
Kontakt: Studienrat Dipl.-Biol. Wolfgang Kirsch

t 914

Verband Deutscher Biologen und biowissenschaftlicher Fachgesellschaften e.V.
Landesverband Sachsen
August-Böckstiegel-Str. 8, 01326 Dresden
T: (0351) 2 61 08 68 **Fax:** 2 61 08 68
E-Mail: vdbiol.kempe@t-online.de
Kontakt: Renate Kempe

t 915

Verband Deutscher Biologen und biowissenschaftlicher Fachgesellschaften e.V.
Landesverband Sachsen-Anhalt
c/o FB Biologie, Institut für Zoologie
Martin-Luther-Universität
Domplatz 4, 06108 Halle
T: (0345) 5 52 64 66 **Fax:** 5 52 71 52
E-Mail: weinandy@zoologie.uni-halle.de
Kontakt: Dr. René Weinandy

t 916

Verband Deutscher Biologen und biowissenschaftlicher Fachgesellschaften e.V.
Landesverband Schleswig-Holstein
c/o IPN-Abt. Biologie
24098 Kiel
Olshausenstr. 62, 24118 Kiel
T: (0431) 8 80 31 37 **Fax:** 8 80 31 32
E-Mail: lucius@ipn.uni-kiel.de
Kontakt: Dr. Eckhard R. Lucius

t 917

Verband Deutscher Biologen und biowissenschaftlicher Fachgesellschaften e.V.
Landesverband Thüringen
c/o AG Fachdidaktik, Biologisch-Pharmazeutische Fakultät
Universität Jena
Dornburger Str. 159, 07743 Jena
T: (03641) 94 94 94 **Fax:** 94 94 92
E-Mail: b6rowo@rz.uni-jena.de
Kontakt: Dr. Wolfgang Rödiger

• T 918

Union Deutscher Biologischer Gesellschaften e.V. (UDBio)
Universitätsstr. 1 Gebäude 26.03, 40225 Düsseldorf
T: (0211) 8 11 30 52 **Fax:** 8 11 44 99
Internet: http://www.biologie.fu-berlin.de/udbio/index.html
E-Mail: mehlhorn@uni-duesseldorf.de
Gründung: 1991
Präsident(in): Prof. Dr. Heinz Mehlhorn (Inst. f. Zoomorphologie, Zellbiol. und Parasitologie Heinrich-Heine-Universität Düsseldorf, Universitätsstr. 1, 40225 Düsseldorf)
Leitung Presseabteilung: Monika Möller
Mitglieder: 20000

Zusammenschluß von 21 biowissenschaftlichen Fachgesellschaften mit 20000 Mitgliedern. Ziele sind Förderung der biologischen Forschung und des wissenschaftlichen Erfahrungsaustausches und Förderung des Einflusses der Biologen auf Politik und Gesellschaft (z.B. Bildungsfragen, Gesetzgebung etc.). Vertritt die Deutsche Biologie bei der IUBS.

• T 919

Deutsche Forschungsgesellschaft für Oberflächenbehandlung e.V. (DFO)
Adersstr. 94, 40215 Düsseldorf
T: (0211) 37 04 57-58 **Fax:** 37 04 59
Gründung: 1949
Vorsitzende(r): Dipl.-Ing. Klaus Werner Thomer
Geschäftsführer(in): Dipl.-Ing. H. Vesper
Verbandszeitschrift: DFO-Kurzmitteilungen für Mitglieder

Vereinigung für Gemeinschaftsforschung, Erfah-

rungsaustausch, Aus- und Weiterbildung und Technologieberatung auf dem Gebiet der industriellen Lackiertechnik.

• T 920

WETTI Westbayerisches Technologie-Transfer-Institut e.V.
Schäufelinstr. 14, 86720 Nördlingen
T: (09081) 90 83 **Fax:** 2 27 51
E-Mail: wetti@t-online.de
Gründung: 1987 (19. Dezember)
Vorsitzende(r) des Vorstandes: Senator Wolfgang C.-O. Kurz
Stellvertretende(r) Vorsitzende(r): Regierungspräs. Karl Inhofer (Regierung von Mittelfranken)
Geschäftsführer(in): Dipl.-Ing. Jörg Führmann
Kontaktperson: Maria Schäble
Mitarbeiter: 8

Fachgebiete: Know-how-Träger für Computer-Techniken, Elektrotechnik, Maschinenbau; technische Umfeldgebiete zusammen mit Kooperationspartnern. Leistungsangebot: Allg. Technologie-Transfer; Innovationsberatung und -betreuung; Auftragsforschung und -entwicklung; Informationsvermittlung; Förderungsberatung; Ausbildung techn.-wiss. Nachwuchskräfte (Praktika, Diplomarbeiten); Seminare.

• T 921

Deutsche Botanische Gesellschaft e.V.
c/o Institut für Pflanzenphysiologie
Freie Universität Berlin
Geschäftsstelle
Königin-Luise-Str. 12-16, 14195 Berlin
T: (030) 8 38-53128 **Fax:** 8 38-54357
Internet: http://132.180.60.32/dbg/homepage.htm
E-Mail: haschke@mail.zedat.fu-berlin.de
Gründung: 1882
Vorsitzende(r): Prof. Dr. Erwin Beck (Universität Bayreuth, Lehrstuhl für Pflanzenphysiologie, Universitätsstr. 30, 95440 Bayreuth, Tel.: (0921) 55 26 30, Fax: (0921) 55 26 42, E-Mail: erwin.beck@uni-bayreuth.de)
Schatzmeister: Dr. Hans-Peter Haschke (Freie Universität Berlin, Institut für Pflanzenphysiologie und Mikrobiologie), Berlin
Generalsekretär(in): PD Dr. E. Ehwald (Humboldt-Universität Berlin, Institut für Biologie und Zellbiologie, Invalidenstr. 43, 10115 Berlin, Tel.: (030) 20 93 88 16, Fax: (030) 20 93 88 35, E-Mail: rudolf=ewald@biologie.hu-berlin.de)
Schriftführer: Prof. Dr. U. Maier (Philipps-Universität Marburg, FB Biologie, Angewandte Botanik und Zellbiologie, Karl-von-Frisch-Straße, 35032 Marburg, Tel.: (06421) 28 15 43, Fax: (06421) 28 20 57, E-Mail: maier@mailer.uni-marburg.de)
Verbandszeitschrift: Actualia
Redaktion: Prof. Dr. Christian Wilhelm, Institut für Botanik, Universität Leipzig, Johannisallee 19-21, 04103 Leipzig, Tel.: (0341) 9 73 68 74, Fax: (0341) 9 73 68 99, E-Mail: cwilhelm@rz.uni-leipzig.de
Mitglieder: 1000

• T 922

Bayerische Botanische Gesellschaft e.V. (BBG)
Menzinger Str. 67, 80638 München
T: (089) 1 78 61-2 64, -2 57 **Fax:** 1 78 61-193
Gründung: 1890
Vorsitzende(r): Dr. Wolfgang Lippert
Verbandszeitschrift: Berichte der Bayerischen Botanischen Gesellschaft
Redaktion: Dr. Wolfgang Lippert
Verlag: Eigenverlag
Mitglieder: 915

• T 923

Vereinigung für Angewandte Botanik e.V.
Grisebachstr. 6, 37077 Göttingen
T: (0551) 39 37 48-52 **Fax:** 39-37 59
E-Mail: hkoch@gwdg.de
Gründung: 1902
Präsident(in): Prof. Dr. Reinhard Lieberei
Schriftführer(in): Prof. Dr. Hans-Jürgen Jäger, Gießen
Verbandszeitschrift: Angewandte Botanik/Journal of Applied Botany
Redaktion: Prof. Dr. Hans-Jürgen Jäger
Mitglieder: ca. 290

• T 924

Deutscher Braumeister- und Malzmeister-Bund (Techn.-wissenschaftl. Vereinigung) e.V. (DBMB)
Arndtstr. 47, 44135 Dortmund
T: (0231) 57 11 21 **Fax:** 52 42 61
Präsident(in): Dipl.-Ing. Betriebsw. (VWA) Fritz Michael Klein (Geschäftsführer der Bavaria-St. Pauli-Brauerei GmbH, Hamburg)
Dipl.-Ing. Peter Düll (Techn. Direktor Löwenbräu AG & Co., München)
Geschäftsführer(in): Dipl.-Braum. Gregor Schneider
Mitglieder: 2800

Landesgruppen

t 925

Deutscher Braumeister- und Malzmeister-Bund e.V. Landesgruppe Baden
Am Kehler Tor 3, 76437 Rastatt
T: (07222) 7 65 50
1. Vorsitzende(r): Dipl.-Braum. Michael Riedl

t 926

Deutscher Braumeister- und Malzmeister-Bund e.V. Landesgruppe Berlin-Brandenburg
Schloßallee 8, 13156 Berlin
T: (030) 9 60 95 28
1. Vorsitzende(r): Dipl.-Ing. Peter Weichenhain

t 927

Deutscher Braumeister- und Malzmeister-Bund e.V. Landesgruppe Hamburg/Schleswig-Holstein
Diesterwegstr. 34, 25421 Pinneberg
T: (040) 54 00 20
1. Vorsitzende(r): Dipl.-Ing. Gebhard Ludwig (Geschäftsführer Tivoli-Malz GmbH, Hamburg)

t 928

Deutscher Braumeister- und Malzmeister-Bund e.V. Landesgruppe Hessen
Danziger Str. 9, 34260 Kaufungen
T: (0561) 57 00 76-0
1. Vorsitzende(r): Dipl.-Braum. Klaus Jahn (Mitglied d. Geschäftsleitung, Binding-Brauerei AG, NL Kassel)

t 929

Deutscher Braumeister- und Malzmeister-Bund e.V. Landesgruppe Kurpfalz
Kalckreuthstr. 6, 67659 Kaiserslautern
T: (0631) 9 78 44
1. Vorsitzende(r): Dipl.-Braum. Elmar Bohm

t 930

Deutscher Braumeister- und Malzmeister-Bund e.V. Landesgruppe Mecklenburg/Vorpommern
John-Brinkmann-Str. 17, 18233 Neubukow
T: (038294) 1 41 58
1. Vorsitzende(r): Michael Doetsch (Techn. Leiter, Mecklenburgische Brauerei Lübz GmbH)

t 931

Deutscher Braumeister- und Malzmeister-Bund e.V. Landesgruppe Niedersachsen
Luisenstr. 34a, 31224 Peine
T: (05171) 95 92-0
1. Vorsitzende(r): Dipl.-Braum. Betriebsw. Klaus Schoknecht (Geschäftsführer u. Gesellschafter der W. Heine Malzfabrik, Peine)

t 932

Deutscher Braumeister- und Malzmeister-Bund e.V. Landesgruppe Nordbayern
Brunnenstr. 6, 90562 Heroldsberg
T: (089) 29 40 86
1. Vorsitzende(r): Dipl.-Ing. Manfred Unkel (Hauptgeschäftsführer Verband mittelständischer Privatbrauereien in Bayern e.V., München)

t 933

Deutscher Braumeister- und Malzmeister-Bund e.V. Landesgruppe Nordrhein-Westfalen
Arndtstr. 47, 44135 Dortmund
T: (0231) 57 11 21 **Fax:** 52 42 61
1. Vorsitzende(r): Dipl.-Braum. Herbert Groppe (Betriebsleiter Brauerei Iserlohn AG)

t 934

Deutscher Braumeister- und Malzmeister-Bund e.V. Landesgruppe Saar
Karlsbergstr. 77, 66424 Homburg
T: (06841) 10 53 80
1. Vorsitzende(r): Dr.-Ing. Gerd Bender (Produktionsleiter, Karlsberg-Brauerei AG, Weber, Homburg-Saar)

t 935

Deutscher Braumeister- und Malzmeister-Bund e.V. Landesgruppe Sachsen
Cunnersdorfer Str. 25, 01189 Dresden
T: (0351) 40 83-444
1. Vorsitzende(r): Dipl.-Braum. Heinz-Joachim Marre

t 936

Deutscher Braumeister- und Malzmeister-Bund e.V. Landesgruppe Sachsen-Anhalt
Auerhahnring 1, 38855 Wernigerode
T: (03943) 93 61 20
1. Vorsitzende(r): Dipl.-Br.-Ing. Stephan Gimpel-Henning (Geschäftsführer, Hasseröder Brauerei GmbH)

t 937

Deutscher Braumeister- und Malzmeister-Bund e.V. Landesgruppe Südbayern
Siedlerweg 4, 87600 Kaufbeuren
T: (08341) 43 04 25
1. Vorsitzende(r): Dipl.-Braum. Horst Hubner (Techn. Betriebsleiter Aktienbrauerei Kaufbeuren)

t 938

Deutscher Braumeister- und Malzmeister-Bund e.V. Landesgruppe Thüringen
Am Stadtfeld 31, 99869 Boilstädt
T: (03621) 46 70
1. Vorsitzende(r): Dipl.-Ing. Richard Wenig (Techn. Betriebsleiter Brauerei Gotha GmbH)

t 939

Deutscher Braumeister- und Malzmeister-Bund e.V. Landesgruppe Weser/Ems
Am Schweersort 3, 28197 Bremen
T: (0421) 50 94 43 14
1. Vorsitzende(r): Dr.-Ing. Hans-Georg Eils (Hauptabteilungsleiter Brautechnik Brauerei Beck & Co., Bremen)

t 940

Deutscher Braumeister- und Malzmeister-Bund e.V. Landesgruppe Württemberg
Zeisigweg 6, 73529 Schwäbisch Gmünd
T: (07171) 40 11 66
1. Vorsitzende(r): Dipl.-Ing. Dr. Albrecht Kunz (Dortmunder Aktien-Brauerei AG)

• T 941

Braunschweigische Wissenschaftliche Gesellschaft
Fallersleber-Tor-Wall 16, 38100 Braunschweig
T: (0531) 1 44 66 **Fax:** 1 44 60
Präsident(in): Prof. Dr.rer.nat. J. Klein

• T 942

Technische Informationsbibliothek (TIB)
Postf. 60 80, 30060 Hannover
Welfengarten 1B, 30167 Hannover
T: (0511) 7 62-22 68 **Fax:** 71 59 36
Internet: http://www.tib.uni-hannover.de
E-Mail: ubtib@tib.uni-hannover.de
Gründung: 1959
Direktor(in): Dipl.-Math. Uwe Rosemann
Kontaktperson: Dipl.-Bibl. Dorothee Nürnberger
Mitarbeiter: 148
Jahresetat: DM 26,27 Mio, € 13,43 Mio

Literaturversorgung. Die TIB ist die deutsche Zentrale Fachbibliothek für Technik und deren Grundlagenwissenschaften, insbesondere Chemie, Informatik, Mathematik und Physik. Sie bildet mit der Universitätsbibliothek Hannover einen engen räumlichen und organisatorischen Verbund.

• T 943

Die Deutsche Bibliothek Bundesunmittelbare Anstalt des öffentlichen Rechts
(Deutsche Bücherei Leipzig, Deutsche Bibliothek Frankfurt am Main, Deutsches Musikarchiv Berlin)
Adickesallee 1, 60322 Frankfurt
T: (069) 15 25-0 **Fax:** 15 25-1010
Internet: http://www.ddb.de

E-Mail: info@dbf.ddb.de
Gründung: 1912
VdVR: Dr. Knut Nevermann
Leitung: Gen.-Dir. Dr. Elisabeth Niggemann
Beiräte: Prof. Dr.h.c.mult. Klaus Gerhard Saur
Dr. Hartmut Schaefer
Leitung Presseabteilung: Kathrin Ansorge
Verbandszeitschrift: "Dialog mit Bibliotheken"
Redaktion: Die Deutsche Bibliothek
Verlag: Die Deutsche Bibliothek, Adickesallee 1, 60322 Frankfurt
Mitarbeiter: 616,5
Jahresetat: DM 67 Mio, € 34,26 Mio
Kundenzeitschrift: Dialog mit Bibliotheken
Redaktion: Deutsche Bibliothek, Frankfurt am Main

t 944

Deutsche Bücherei

Deutscher Platz 1, 04103 Leipzig
T: (0341) 22 71-0 **Fax:** 22 71-4 44
E-Mail: info@dbl.ddb.de

t 945

Deutsches Musikarchiv

Gärtnerstr. 25-32, 12207 Berlin
T: (030) 7 70 02-0 **Fax:** 7 70 02-2 99
E-Mail: info@dma.ddb.de

• T 946

Deutscher Bibliotheksverband e.V. (DBV)

Straße des 17.Juni 114, 10623 Berlin
T: (030) 39 00-1480, 39 00-1481 **Fax:** 39 00-1484
Internet: http://www.bibliotheksverband.de
E-Mail: dbv@bibliotheksverband.de
Gründung: 1949
Präsident(in): Dr. Christof Eichert (Oberbürgermeister, Stadtverwaltung, Wilhelmstr. 11, 71638 Ludwigsburg, T: (07141) 9 10 28 20, Fax: 9 10 22 20, E-Mail: dr.eichert@stadt.ludwigsburg.de)
Vizepräsident(in): Ministerialdirigent Jürgen Schlegel (Generalsekretär der Bund-Länder-Kommission (BLK) für Bildungsplanung und Forschungsförderung, Hermann-Ehlers-Str. 10, 53113 Bonn, T: (0228) 5 40 21 12, Fax: 5 40 21 60, E-Mail: schlegel@blk-bonn.de)
Geschäftsstelle des DBV: Elke Dämpfert (Straße des 17.Juni 114, 10623 Berlin, T: (030) 39 00 14 80, Fax: 39 00 14 84, E-Mail: dbv@bdbibl.de)
Judith Gärtner (Straße des 17. Juni 114, 10623 Berlin, T: (030) 39 00 14 81, Fax: 39 00 14 84, E-Mail: dbv@bdbibl.de)
Geschäftsführer(in): Prof. Günter Beyersdorff (Ehem. Deutsches Bibliotheksinstitut, Kurt-Schumacher-Damm 12-16, 13405 Berlin, T: (030) 41 03 44 20, Fax: 41 03 41 00, E-Mail: beyersdorff@dbi-berlin.de)
Vorsitzende(r) des Vorstandes: Dr. Arend Flemming (Direktor der Städtischen Bibliotheken Dresden, Postfach 120737, 01008 Dresden, Freiberger Straße 33, 01067 Dresden, T: (0351) 8 64 81 01, Fax: 8 64 81 02, E-Mail: flemming@bibo-dresden.de)
Vorstandsmitglied der wissenschaftlichen Bibliotheken: Ltd. Bibl.Dir Albert Bilo (Direktor der Universitätsbibliothek Essen, Universitätsstraße 9, 45141 Essen, Tel: (0201) 1 83 36 99, Fax: 1 83 32 31, E-Mail: bilo@bibl.uni-essen.de)
Vorstandsmitglied der wissenschaftlichen Bibliotheken: Dr. Hermann Leskien (Generaldirektor der Bayerischen Staatsbibliothek, Kaiserstraße 12, 80328 München, Ludwigstr. 16, 80539 München, T: (089) 2 86 38 22 06 / 2 86 38 23 22 Fax: 2 86 38 22 93, E-Mail: leskien@bsb.badw-muenchen.de)
Vorstandsmitglied der wissenschaftlichen Bibliotheken: Christoph-Hubert Schütte (Ltd. Bibliotheksdirektor der Universitätsbibliothek Karlsruhe, Postfach 6920, 76049 Karlsruhe, Tel: (0721) 6 08 31 01, Fax: 6 08 48 86, E-Mail: ub@ubka.uni-karlsruhe.de)
Vorstandsmitgl. der Öffentlichen Bibliotheken des DBV: Brigitte Krompholz-Roehl (Leiterin der Stadtbibliothek Göttingen, Postfach 3842, 37028 Göttingen, Gotmarstraße 8, 37037 Göttingen, Tel: (0551) 4 00 28 23, Fax: 4 00 27 60, E-Mail: krompholz@goettingen.de)
Vorstandsmitgl. der Öffentlichen Bibliotheken des DBV: Dr. Claudia Lux (Generaldirektorin der Zentral- und Landesbibliothek Berlin, Postfach 610179, 10922 Berlin, Breite Straße 36, 10178 Berlin, Tel: (030) 90 22 64 50, Fax: 90 22 64 94, E-Mail: lux@zlb.de)
Vorstandsmitgl. der Öffentlichen Bibliotheken des DBV: Jürgen Seefeldt (Leiter der Landesbüchereistelle Rheinland-Pfalz - Görreshaus -, Eltzerhofstr. 6a, 56068 Koblenz, Tel: (0261) 3 01 22 04, Fax: 3 01 22 50, E-Mail: seefeldt@landesbuechereistelle.de)
Verbandszeitschrift: DBV-Jahrbuch
Mitglieder: 1820
Mitarbeiter: 2

Landesverbände

t 947

Deutscher Bibliotheksverband e.V. Landesverband Baden-Württemberg

Badische Landesbibliothek
Postf. 14 29, 76003 Karlsruhe
Erbprinzenstr. 15, 76133 Karlsruhe
T: (0721) 1 75-0, 1 75-201, 1 75-202 **Fax:** 1 75-333
Vorsitzende(r): Oberbürgermeister Gerhard Stratthaus (68723 Schwetzingen, T: (06202) 8 72 01, Fax: 8 72 02)
Geschäftsführer(in): Dr. Michael Ehrle

t 948

Deutscher Bibliotheksverband e.V. Landesverband Bayern

Stadtbücherei Erlangen
Postf. 31 60, 91019 Erlangen
Marktplatz 1, 91054 Erlangen
T: (09131) 86 22 82 **Fax:** 86 24 31
Geschäftsführer(in): Joachim Bahler

t 949

Deutscher Bibliotheksverband e.V. Landesverband Berlin

Stiftung Zentral- und Landesbibliothek Berlin -Berliner Stadtbibliothek
Postf. 2 79, 10124 Berlin
Breite Str. 30-36, 10178 Berlin
T: (030) 90 22 63 50 **Fax:** 90 22 64 94
Internet: http://dbv-berlin.zlb.de
E-Mail: beger@zlb.de
Vorsitzende(r): Dr. Dieter Biewald (Zietenstr. 32 b, 12249 Berlin, T: (030) 7 72 60 60)
Geschäftsführer(in): Gabriele Beger

t 950

Deutscher Bibliotheksverband e.V. Landesverband Brandenburg

Stadt- und Landesbibliothek Potsdam
Postf. 60 14 64, 14414 Potsdam
Am Kanal 47, 14467 Potsdam
T: (0331) 2 84 21 11 **Fax:** 2 84 21 02
Vorsitzende(r): Karen Falke
Rosemarie Spatz
Verbandszeitschrift: Weitblick, Mitteilungsblatt der Bibliotheken in Berlin und Brandenburg

t 951

Deutscher Bibliotheksverband e.V. Landesverband Bremen

Stadtbibliothek Bremen
Friedrich-Ebert-Str. 101-105, 28199 Bremen
T: (0421) 3 61 40 46 **Fax:** 3 61 69 03
E-Mail: bali@edvserv.stabi.uni-bremen.de
Vorsitzende(r): Horst von Hassel (Delbrückstr. 9, 28209 Bremen, T: (0421) 3 47 80 50)
Geschäftsführer(in): Barbara Lison

t 952

Deutscher Bibliotheksverband e.V. Landesverband Hamburg

TU-Hamburg-Harburg, Universitätsbibliothek
20347 Hamburg
Denickestr. 22, 21073 Hamburg
T: (040) 77 18 30 04 **Fax:** 77 18 25 27
Vorsitzende(r): Dipl.-Ing. Inken Feldsien-Sudhaus (E-Mail: feldsien-sudhaus@tu-harburg.de)

t 953

Deutscher Bibliotheksverband e.V. Landesverband Hessen

Universitätsbibliothek Marburg
Postf. 19 20, 35008 Marburg
Wilhelm-Röpke-Str. 4, 35039 Marburg
T: (06421) 28-21319 **Fax:** 28-26506
Vorsitzende(r): Landtagsabgeordneter Aloys Lenz (Haingärten 6, 63538 Großkrotzenburg, T: (06186) 27 37, Fax: (06186) 27 43)
Geschäftsführer(in): Dr. Dirk Barth

t 954

Landesverband Mecklenburg-Vorpommern im Deutschen Bibliotheksverband e.V.

c/o Landesbibliothek Mecklenburg-Vorpommern
Am Dom 2, 19055 Schwerin
T: (0385) 5 58 44-0 **Fax:** 5 58 44 24
Vorsitzende(r): Dr. Enoch Lemcke (Senator der Hansestadt Rostock, Senatsverw. f. Schule, Kultur u. Sport)
Geschäftsführer(in): Dr. Rolf-Jürgen Wegener (Landesbibliothek Mecklenburg-Vorpommern)

t 955

Deutscher Bibliotheksverband e.V. Landesverband Niedersachsen

Niedersächsische Landesbibliothek
Waterloostr. 8, 30169 Hannover
T: (0511) 1 26 73 46 **Fax:** 1 26 72 02
Vorsitzende(r): RA Winfried Hartmann (Nds. Justizministerium, Am Waterlooplatz 1, 30169 Hannover, T: (0511) 20 52 21, Fax: (0511) 20 52 22)
Geschäftsführer(in): Gerhard Hopf

t 956

Deutscher Bibliotheksverband e.V. Landesverband Nordrhein-Westfalen

Universitätsbibliothek
Postf. 16 21, 33046 Paderborn
Warburger Str. 100, 33098 Paderborn
T: (05251) 60 20 48 **Fax:** 60 38 29
Vorsitzende(r): Ltd. Bibl.Dir Klaus Barckow
Geschäftsführer(in): Klaus-Peter Hommes (Hochschulbibliothekszentrum d. Landes NRW)

t 957

Deutscher Bibliotheksverband e.V. Landesverband Rheinland-Pfalz

Landesbüchereistelle Rheinland-Pfalz
Eltzerhofstr. 6a, 56068 Koblenz
T: (0261) 3 01 22 04 **Fax:** 3 01 22 50
Vorsitzende(r): RA Axel Redmer (MdL, Rechtsanwalt in Idar-Oberstein,)
Geschäftsführer(in): Jürgen Seefeldt (E-Mail: seefeldt@landesbuechereistelle.de)

t 958

Deutscher Bibliotheksverband e.V. Landesverband Saarland

Stadtbücherei
Lutherstr. 10, 66538 Neunkirchen
T: (06821) 2 36 78
Vorsitzende(r): Reinhard Klimmt (Bundesminister f. Verkehr, Bau- u. Wohnungswesen, Krausenstr. 17-20, 10117 Berlin, T: (030) 20 97 20 31, Fax: (030) 20 97 20 39)
Stellvertretende(r) Vorsitzende(r): Prof. Dr. Bernd Hagenau (Dir. d. Saarl. Univ. u. Landesbibliothek, Postf. 15 11 41, 66041 Saarbrücken, T: (0681) 3 02 25 10, Fax: (0681) 3 02 27 96, E-Mail: sulb@rz.uni-sb.de)
Geschäftsführer(in): Rosemarie Schneider (stellv. Leiterin d. Stadtbücherei/Mediothek Neunkirchen, Lutherstr. 10, 66538 Neunkirchen, T: (06821) 2 36 78, Fax: (06821) 2 36 02)

t 959

Deutscher Bibliotheksverband e.V. Landesverband Sachsen

Postf. 10 09 27, 04009 Leipzig
Wilhelm-Leuschner-Platz 10, 04107 Leipzig
T: (0341) 1 23 53 00, 1 23 53 09 **Fax:** 1 23 53 05
Vorsitzende(r): Reinhard Stridde (Amtsleiter der Leipziger Städtischen Bibliotheken, E-Mail: rstidde@leipzig.de)

t 960

Deutscher Bibliotheksverband e.V. Landesverband Sachsen-Anhalt

c/o Hochschulbibliothek FHS Anhalt
Bernburger Str. 52, 06366 Köthen
T: (03496) 6 72 30 **Fax:** 21 66 11
E-Mail: schlenter@hsb.hs.anhalt.de
Vorsitzende(r): Siegfried Schlenter (Direktor der Hochschulbibliothek FHS Anhalt)
Geschf. Vors: Prof. Dr. Klaus Krug (Fachhochschule Merseburg/Hochschulbibliothek, Geusaer Str. 88, 06217 Merseburg, T: (03461) 46 22 69)
Geschäftsführerin: Dr. Monika Kohlmann

t 961

Deutscher Bibliotheksverband e.V. Landesverband Schleswig-Holstein e.V.

Büchereizentrale Schleswig-Holstein
Postf. 6 80, 24752 Rendsburg
Wrangelstr. 1, 24768 Rendsburg
T: (04331) 1 25-3, 1 25-526 **Fax:** 1 25-522
Geschäftsführer(in): Dr. Heinz-Jürgen Lorenzen

t 962

Deutscher Bibliotheksverband e.V. Landesverband Thüringen

Stadt- und Regionalbibliothek
Postf. 2 43, 99005 Erfurt
Domplatz 1, 99084 Erfurt
T: (0361) 6 55 15 90 **Fax:** 6 55 15 99
Geschäftsführer(in): Heidemarie Trenkamnn

• **T 963**

Bundesvereinigung Deutscher Bibliotheksverbände e.V.
Straße des 17.Juni 114, 10623 Berlin
T: (030) 39 00 14 80 **Fax:** 39 00 14 84
Internet: http://www.bdbibl.de
E-Mail: dbv@dbi-berlin.de
Gründung: 1989 (20. September)
Sprecher: Dr. Georg Ruppelt (Herzog August Bibliothek, Schloßplatz 2, 38304 Wolfenbüttel, T: (05331) 80 83 00, Fax: 80 82 48)
Ltg. Geschäftsstelle: Elke Dämpfert
Verbandszeitschrift: Bibliotheksdienst (monatl.)
Redaktion: EDBI
Mitglieder:
DBV, VdDB, VDB, ekz, vba

Förderung der Zusammenarbeit zwischen den bibliothekarischen Personalverbänden und dem Institutionenverband und konzentrierte Interessenvertretung der Bibliotheken und der Bibliothekare.

• **T 964**

Ehemaliges Deutsches Bibliotheksinstitut (EDBI)
Kurt-Schumacher-Damm 12-16, 13405 Berlin
T: (030) 4 10 34-0 **Fax:** 4 10 34-100
Internet: http://www.dbi-berlin.de
E-Mail: thun@dbi-berlin.de
Gründung: 1978
Direktor(in): Hans-Peter Thun
Presseabteilung: Katharina Schleef
Verbandszeitschrift: Bibliotheksdienst
Redaktion: Deutsches Bibliotheksinstitut, Kurt-Schumacher-Damm 12-16, 13405 Berlin, T: (030) 4 10 34-1 80, Telefax: (030) 4 10 34-1 00
Mitarbeiter: 101
Jahresetat: rd. DM 14 Mio, € 7,16 Mio

• **T 965**

Verband Deutscher Werkbibliotheken e.V. (VDW)
Geschäftsstelle:
Lesehalle Bayer AG
Nobelstr. 33b, 51373 Leverkusen
Fax: (0214) 4 43 86
Gründung: 1956
1. Vorsitzende(r): Detlef Geissler
2. Vorsitzende(r): Susanne Diehl

• **T 966**

Deutscher Verband Evangelischer Büchereien e.V. -Zentralstelle der Büchereiarbeit in der Evangelischen Kirche in Deutschland-
Bürgerstr. 2a, 37073 Göttingen
T: (0551) 7 49 17, 7 52 00 **Fax:** 70 44 15
Vorsitzende(r): Dr. Eckhart von Vietinghoff
Geschäftsführer(in): Gabriele Kassenbrock
Verbandszeitschrift: Der Evangelische Buchberater
Verlag: Deutscher Verband Ev. Büchereien, Bürgerstr. 2 a, 37073 Göttingen

• **T 967**

Verband der Bibliotheken des Landes Nordrhein-Westfalen e.V.
c/o Stadtbüchereien Düsseldorf
Bertha-von-Suttner-Platz 1, 40227 Düsseldorf
T: (0211) 8 99 44 01 **Fax:** 8 93 44 01
Gründung: 1948
Geschäftsführer(in): Klaus Peter Hommes
Verbandszeitschrift: ProLibris
Redaktion: Universitätsbibliothek Bonn
Verlag: Pomp, Bottrop
Mitglieder: 332 Bibliotheken und Büchereien in NRW

• **T 968**

Borromäusverein e.V.
Wittelsbacherring 9, 53115 Bonn
T: (0228) 72 58-0 **Fax:** 72 58-1 89
Gründung: 1844 (20. März)
Präsident(in): Prof.Dr. Norbert Trippen
Direktor(in): Rolf Pitsch (M.A.)
Verbandszeitschrift: KöB - Die Katholische öffentliche Bibliothek; Rezensionszeitschrift: Buchprofile für die Katholische Büchereiarbeit"
Mitglieder: 365918
Mitarbeiter: 70

• **T 969**

Deutsches Bucharchiv München - Institut für Buchwissenschaften
Bibliothek:
Salvatorplatz 1, 80333 München, T: (089) 29 19 51-0, Fax: (089) 29 19 51-95
Geschäftsstelle:
Von-der-Tann-Str. 5/1, 80539 München
T: (089) 7 90 12 20 **Fax:** 7 90 14 19
Internet: http://www.muenchen.de/bucharchiv.
Gründung: 1948 (01. Januar)
Leitung: Prof. Dr. Ludwig Delp

Fachverbände

t 970

Verband Bayerischer Verlage und Buchhandlungen e.V.
Salvatorplatz 1, 80333 München
T: (089) 29 19 42-0 **Fax:** 29 19 42-49
Internet: http://www.buchhandel.de/bayern
E-Mail: buchhandelsverband.bay@buchhandel.de
Vorsitzende(r): Dr. Christoph Wild
Geschäftsführer(in): Rose Backes

t 971

Börsenverein des Deutschen Buchhandels e.V.
Postf. 10 04 42, 60004 Frankfurt
T: (069) 13 06-0 **Fax:** 13 06-2 01
Internet: http://www.boersenverein.de
E-Mail: info@boev.de

• **T 972**

Arbeitsgemeinschaft der Parlaments- und Behördenbibliotheken
c/o Hessischer Landtag, Bibliothek
T: (0611) 3 50-380 **Fax:** 3 50-379
Gründung: 1957
1. Vorsitzende(r): Dr. Jürgen Kaestner (e-mail: j.kaestner@ltg.hessen.de)
Verbandszeitschrift: Mitteilungen
Redaktion: Martin Jansen
Verlag: Selbstverlag
Mitglieder: ca. 500

• **T 973**

Arbeitsgemeinschaft für juristisches Bibliotheks- und Dokumentationswesen (AjBD)
(Deutschsprachige Sektion der International Association of Law Libraries)
Ismaninger Str. 109, 81675 München
T: (089) 92 31-228 **Fax:** 92 31-201
Gründung: 1971 (2. Juni)
Vorsitzende(r): Dr. Hans-Peter Ziegler (Bibliothek des Bundesfinanzhofs)
Verbandszeitschrift: Recht-Bibliothek-Dokumentation
Redaktion: H.-G. Black, UB Regensburg, Teilbibliothek Recht, 93042 Regensburg
Mitglieder: 178

• **T 974**

Universität Freiburg Bibliothek für Rechtswissenschaft
79085 Freiburg
T: (0761) 2 03-21 54 **Fax:** 2 03-21 44
Gründung: 1889
Ltd. Dir.: Prof. Dr. Rainer Frauk
Geschf. Dir.: Akademischer Dir. Günter Franz Paschek
Mitglieder: 4000 Benutzer

• **T 975**

Freunde und Förderer der Hochschule für Bibliotheks- und Informationswesen Stuttgart e.V.
Wolframstr. 32, 70191 Stuttgart
T: (0711) 2 57 06-0 **Fax:** 2 57 06-47
Gründung: 1987 (2. Juni)
Vorsitzende(r): Prof. Andreas Papendieck
Hauptgeschäftsführer(in): Verw. Dir. P. Marquardt
Mitglieder: 155

• **T 976**

ASpB Arbeitsgemeinschaft der Spezialbibliotheken e.V. Sektion 5 im DBV
Geschäftsstelle: E.Salz
Forschungszentrum Jülich GmbH, Zentralbibliothek
Postf. 69 20, 76049 Karlsruhe
T: (02461) 61-2907 **Fax:** 61-6103
Internet: http://www.aspb.de
E-Mail: geschaeftsstelle@aspbide
Gründung: 1946
Vorsitzende(r): Dr. Rafael Ball (Forschungszentrum Jülich GmbH/Zentralbibliothek, 52425 Jülich)
Mitglieder: 668
Tagungsberichte erhältlich über die Geschäftsstelle

• **T 977**

Deutsche Bunsen-Gesellschaft für Physikalische Chemie e.V.
Geschäftsstelle: Varrentrappstr. 40-42, 60486 Frankfurt
Varrentrappstr. 40-42, 60486 Frankfurt
T: (069) 79 17-201 **Fax:** 79 17-450
Internet: http://www.bunsen.de
E-Mail: H.Behret@bunsen.de
Gründung: 1894
Internationaler Zusammenschluß: siehe unter izt 112
Vorsitzende(r): Prof. Dr. Jürgen Troe
Geschäftsführer(in): Dr. H. Behret, Frankfurt
Verbandszeitschrift: Bunsen-Magazin, Physical Chemistry Chemical Physics PCCP
Mitglieder: 1800

• **T 978**

GDCh

Gesellschaft Deutscher Chemiker e.V.
Carl Bosch-Haus
Postf. 90 04 40, 60444 Frankfurt
Varrentrappstr. 40-42, 60486 Frankfurt
T: (069) 79 17-1 **Fax:** 79 17-322
Internet: http://www.gdch.de
E-Mail: gdch@gdch.de
Internationaler Zusammenschluß: siehe unter izt 8, izt 114
Präsident(in): Prof. Dr. Gerhard Erker
Geschäftsführer(in): Prof. Dr. Dr.h.c. Heindirk tom Dieck
Leitung Presseabteilung: Dr. Kurt Begitt
Mitglieder: ca. 30000, 61 Ortsverbände, 22 Fachgruppen
Mitgliederzeitschrift: Nachrichten aus der Chemie

Zu den Aufgaben der GDCh zählen neben der Förderung der Chemie die Beratung staatlicher, politischer und anderer öffentlicher bzw. dem Gemeinwohl verpflichteter Institutionen, die Fortbildung, die Organisation von Tagungen, Herausgabe von Fachzeitschriften (WILEY-VCH, Weinheim), Studien- und Berufsfragen sowie die fachorientierte internationale Kooperation. Die GDCh vergibt für herausragende Leistungen eine Reihe höchst angesehener Auszeichnungen.

• **T 979**

Institut für Chemie-Information, Pharma, Umwelt, Patente (IFC)
Klingmoosweg 1, 83139 Söchtenau
T: (08055) 90 46 96 **Fax:** 90 46 89
Dr. Reiner Schwarz-Kaske (e-mail: Schwarz-Kaske@t-online.de)

• **T 980**

Deutscher Zentralausschuß für Chemie
Carl-Bosch-Haus
Postf. 90 04 40, 60444 Frankfurt
Varrentrappstr. 40-42, 60486 Frankfurt
T: (069) 7 91 73 23 **Fax:** 7 91 75 13
Internet: http://www.gdch.de
E-Mail: j.broell@gdch.de
Vorsitzende(r): Prof. Dr. Dr.h.c. Lutz F. Tietze
Geschäftsführer(in): Prof. Dr.Dr.h.c. Heindirk tom Dieck
Mitgliedsverbände:
DECHEMA, Deutsche Gesellschaft für Chem. Apparatewesen e.V.
Deutsche Bunsen-Gesellschaft für Physikal. Chemie
Deutsche Kautschuk-Gesellschaft e.V.
Deutsche Wissenschaftliche Gesellschaft für Erdöl, Erdgas und Kohle e.V.
Gesellschaft Deutscher Chemiker e.V.
Kolloid-Gesellschaft e.V.
Verband der Chemischen Industrie e.V.

Dachverband für Verbände in der BRD auf dem Gebiet der Chemie; Vertretung dieser Vereinigungen. Der Zentralausschuß ist National Adhering Organization der Bundesrepublik Deutschland in der Internationalen Union für Reine und Angewandte Chemie (IUPAC).

• **T 981**

Institut für Energie- und Umwelttechnik e.V. (IUTA)
Bliersheimer Str. 60, 47229 Duisburg
T: (02065) 4 18-0 **Fax:** 4 18-2 11
Internet: http://www.iuta.de
E-Mail: iuta@t-online.de
Gründung: 1989
Wiss. Geschäftsführer: Prof. Dr.-Ing. K.G. Schmidt
Kaufm. Geschäftsführer: Dipl.-Volksw. Günter Schöppe

Mitglieder: 50
Mitarbeiter: 85
Jahresetat: DM 10 Mio, € 5,11 Mio

• **T 982**

Verbundzentrum für Oberflächen- und Mikrobereichsanalyse (V.O.M.)
Wilhelm-Klemm-Str. 10, 48149 Münster
T: (0251) 83-39099 **Fax:** 83-39089
Gründung: 1987 (1. August)
Leitung u. Koordination: Prof. Dr. Gerald Sicking
Mitglieder: ca. 35

• **T 983**

Bund/Länder-Ausschuß Chemikaliensicherheit (BLAC)
c/o Ministerium für Umwelt, Raumordnung und Landwirtschaft NRW
40190 Düsseldorf
Schwannstr. 3, 40476 Düsseldorf
T: (0211) 45 66-645 **Fax:** 45 66-451
Vorsitzende(r): Dr. H. Friedrich
Mitglieder: 16 Länder und Bund

• **T 984**

Chemie und Umwelt e.V.
Hausmannstr. 9-10, 30159 Hannover
T: (0511) 1 64 03-22 **Fax:** 1 64 03-91
Gründung: 1984 (10. Oktober)
Vorsitzende(r): Rafael Grella
Dr. Herta Gerdes
Bernd Rosenthal
Mitglieder: 30

• **T 985**

Chemisches Institut im Amt für Umweltschutz der Landeshauptstadt Stuttgart
Stafflenbergstr. 81, 70184 Stuttgart
T: (0711) 2 16-71 83 **Fax:** 2 16-65 99
E-Mail: Chem.Institut@Stuttgart.de
Leiter(in): Chemieoberrat Dr. Reiner Amend

• **T 986**

DECHEMA

DECHEMA Gesellschaft für Chemische Technik und Biotechnologie e.V.
Postf. 15 01 04, 60061 Frankfurt
Theodor-Heuss-Allee 25, 60486 Frankfurt
T: (069) 75 64-0 **Fax:** 75 64-201
Internet: http://www.dechema.de
E-Mail: info@dechema.de
Gründung: 1926
Internationaler Zusammenschluß: siehe unter izt 10
Vorsitzende(r): Prof. Dr.rer.nat.Dr.h.c. Utz-Hellmuth Felcht
Geschäftsführer(in): Prof. Dr.rer.nat. Dr.-Ing. E.h. Gerhard Kreysa
Leitung Presseabteilung: Dr.rer.nat. Christina Hirche
Mitglieder: 4800
Mitarbeiter: 170

Förderung der Chemischen Technik, des Umweltschutzes, der Biotechnologie und deren wissenschaftlichen Grundlagen. Veranstaltung von nationalen und internationalen Kongressen und Ausstellungstagungen. Veranstalter der ACHEMA-Ausstellungstagung in Frankfurt am Main und der ACHEMASIA in China. Verwaltung der Max-Buchner-Forschungsstiftung, Aus- und Weiterbildung, Informationsdienste und Datenbanken, Forschungsförderung.

• **T 987**

Arbeitsgemeinschaft Biotechnologie
c/o DECHEMA e.V.
Postf. 15 01 04, 60061 Frankfurt
T: (069) 75 64-163 **Fax:** 75 64-201
Internet: http://www.dechema.de
Gründung: 1978 (20. Februar)
Vorsitzende(r): Prof. Dr.rer.nat. A. Pühler (Universität Bielefeld, Bielefeld)
Geschäftsführer(in): Prof. Dr.rer.nat. Gerhard Kreysa (DECHEMA e.V.)
Mitglieder: 12 Mitgliedsvereine + 1 korrespondierender Mitgliedsverein

Koordinierung der deutschen Beteiligung an der Arbeit der Europäischen Föderation Biotechnologie, Veranstaltung gemeinsamer Vortragstagungen in Deutschland, Bildung von Arbeitsausschüssen, Dokumentation und Information, Fortbildung.

• **T 988**

Verein für Kommunalwissenschaften e.V. (VfK)
Straße des 17.Juni 112, 10623 Berlin
T: (030) 3 90 01-0 **Fax:** 3 90 01-1 00
Internet: http://www.vfk.de
E-Mail: loehr@vfk.de
Gründung: 1951
Geschäftsführer(in): Prof. Dr. Heinrich Mäding
Dr. jur. Rolf-Peter Löhr

Rechtsträger des Deutschen Instituts für Urbanistik sowie von Projekten zur Jugendhilfe (Fachtagungen u. Fortbildung)

• **T 989**

GfKORR – Gesellschaft für Korrosionsschutz e.V.
Hauptgeschäftsstelle:
Theodor-Heuss-Allee 25, 60486 Frankfurt
T: (069) 75 64-359 **Fax:** 75 64-391
Internet: http://www.gfkorr.de
E-Mail: gfkorr@dechema.de
Regionalsektionen:
Süd: Prof. Dr.-Ing. habil. Ulf Nürnberger, Stuttgart, T: (0711) 6 85 27 45
West: Prof. Dr. rer. nat. habil. Günter Schmitt, Iserlohn, T: (02371) 56 61 60
Ost: Dr. W.-D. Schulz, Dresden, T: (0351) 8 71-71 01
Nord: z. Zt. unbesetzt
Gründung: 1995; Hervorgegangen aus den technischen Vereinigungen AGK-Ges.KKs und VDKORR
Vorsitzende(r): Prof. Dr.rer.nat.habil. Günter Schmitt, Iserlohn
Geschäftsführer(in): Dipl.-Betriebsw. Thomas Schwab, Frankfurt/Main
Mitglieder: 555 (497 persönliche Mitglieder; 20 Vereine, Verbände, Institute; 38 Firmenmitgliedschaften; Stand: 01.01.2000)

Förderung der technischen und wissenschaftlichen Entwicklung auf dem Gebiet der Korrosion und des Korrosionsschutzes.

• **T 990**

Arbeitskreis "Computer im Chemieunterricht"
Ringstr. 81, 48165 Münster
T: (02501) 2 80 18 **Fax:** 2 80 87
Internet: http://www.kappenberg.com
Vorsitzende(r): Dr. Franz Kappenberg
Mitglieder: 80

• **T 991**

Zentralstelle für Computer im Unterricht
Schertlinstr. 9, 86159 Augsburg
T: (0821) 57 30 11 **Fax:** 2 58 90 95
Gründung: 1989 (1. Januar)
Leitung: Werner Liessel

• **T 992**

Industrie-Gemeinschaft Aerosole e.V. (IGA)
Karlstr. 21, 60329 Frankfurt
T: (069) 25 56-15 08 **Fax:** 25 56-16 08
1. Vorsitzende(r): Franz Guck
Geschäftsführer(in): Matthias Ibel
Mitglieder: 83

• **T 993**

Deutsche Gesellschaft für Chronometrie e.V.
Diegelsberger Str. 30, 73061 Ebersbach
T: (07163) 53 28 23 **Fax:** 53 28 24
Internet: http://www.dg-chrono.de
E-Mail: dg-chrono@aol.com
Präsident(in): Klaus Schlaefer

• **T 994**

Verein Deutscher Eisenhüttenleute (VDEh)
Postf. 10 51 45, 40042 Düsseldorf
Sohnstr. 65, 40237 Düsseldorf
T: (0211) 67 07-0 **Fax:** 67 07-3 10
Internet: http://www.vdeh.de, http://www.stahl-online.de
E-Mail: vdeh@vdeh.de
Gründung: 1860
Vorsitzende(r): Prof. Dr.-Ing. Dieter Ameling
Stellvertretende(r) Vorsitzende(r): Dr.-Ing. Helmut Hadrys
Mitglieder: 10000
Mitarbeiter: 55

• **T 995**

Studiengesellschaft für Eisenerzaufbereitung GbR
Grubenstr. 5, 38704 Liebenburg
T: (05346) 99 01-0 **Fax:** 57 34
E-Mail: sga_liebenburg@t-online.de
Gründung: 1922 (10. November)
Vorsitzende(r): Dr.-Ing. Claus Hendricks (Thyssen Krupp Stahl AG, Duisburg)
Stellvertretende(r) Vorsitzende(r): Dipl.-Ing. Klaus-Henning Großpietsch (Salzgitter AG, Salzgitter)
Hauptgeschäftsführer(in): Dr.-Ing. Volker Ritz
Geschäftsführer(in): Dr.-Ing. Ekkehart Mertins
Mitglieder: 7 Gesellschafter
Mitarbeiter: 19,5 (Jan. 2000)
Jahresetat: DM 3 Mio, € 1,53 Mio

• **T 996**

Studiengesellschaft Stahlanwendung e.V.
Stahl-Zentrum
Postf. 10 48 42, 40039 Düsseldorf
Sohnstr. 65, 40237 Düsseldorf
T: (0211) 67 07-856 **Fax:** 67 07-840
Internet: http://www.stahl-online.de, http://www.stahlforschung.de
E-Mail: stud.ges@stahlforschung.de
Gründung: 1968
Vorsitzende(r): Dr.rer.oec. Jürgen Kolb
Geschäftsführer(in): Dr.-Ing. Richard A. Weber
Dr. Reinhard Winkelgrund
Mitglieder: 10

Zweck der Studiengesellschaft ist die Förderung von Forschung und Entwicklung der Stahlanwendung auf unmittelbar und ausschließlich gemeinnütziger Grundlage.

• **T 997**

Deutsche Gesellschaft für Elektronenmikroskopie e.V.
Priv. Doz. Dr. U.-R. Heinrich
Ziegelhofstr. 27a, 79110 Freiburg
T: (0761) 8 68 82 **Fax:** 2 03 50 16
Gründung: 1949
Geschf. Vors.: Priv.Doz.Dr. Ulf-Rüdiger Heinrich
1. Vorsitzende(r): Prof. Dr. Harald Rose (Institut für Angewandte Physik, Hochschulstr. 6, Technische Hochschule Darmstadt, 64289 Darmstadt, T: (06151) 16 24 81, Fax: (06151) 16 60 53)
Stellvertretende(r) Vorsitzende(r): Prof. Dr. Rudolf Reichelt (Institut für Medizinische Physik und Biophysik, Robert-Koch-Str. 31, 48149 Münster, T: (0251) 8 35 51 01, Fax: (0251) 8 35 51 44)
Schatzmeister: Dr. Bernd Tesche (Max-Planck-Inst. f. Kohlenforschung, Kaiser-Wilhelm-Platz 1, 45470 Mülheim (Ruhr))
Verbandszeitschrift: Elektronenmikroskopie
Redaktion: Dr. Bernd Tesche
Verlag: S. Hirzel, Birkenwaldstr. 44, 70191 Stuttgart
Mitglieder: 900

• **T 998**

Arbeitsgemeinschaft für Elektronenoptik e.V.
Robert-Koch-Str. 31, 48149 Münster
T: (0251) 8 35 51 13/8 35 51 34 **Fax:** 8 35 51 44
E-Mail: kreftin@uni-muenster.de
Geschäftsführer(in): Dr. E.-R. Krefting
Vorsitzende(r): Dr. Harald Hantsche
Stellvertretende(r) Vorsitzende(r): Dr. H.-P. Wiesmann
Mitglieder: 30

Förderung der Elektronenmikroskopie/-optik. Aus- und Weiterbildungskurse in Raster-Elektronenmikroskopie und Mikrobereichsanalyse.

• **T 999**

Deutsches Elektronen-Synchrotron (DESY)
(Mitglied in der Hermann von Helmholtz-Gemeinschaft Deutscher Forschungszentren HGF
22603 Hamburg
Notkestr. 85, 22607 Hamburg
T: (040) 8 99 80 **Fax:** 89 98-32 82
Internet: http://www.desy.de
E-Mail: desyinfo@desy.de
Gründung: 1959 (18. Dezember)
Leitung Presseabteilung: Petra Folkerts
Mitarbeiter: 1370
Jahresetat: DM 260 Mio, € 132,94 Mio

t 1 000

DESY Zeuthen
Platanenallee 6, 15738 Zeuthen
T: (033762) 77-0 **Fax:** 77-2 82
E-Mail: desyinfo@ifh.de
Mitarbeiter: 185
Jahresetat: DM 26 Mio, € 13,29 Mio

• T 1 001

VDE Verband der Elektrotechnik Elektronik Informationstechnik e.V.
Stresemannallee 15, 60596 Frankfurt
T: (069) 63 08-0 **Fax:** 6 31 29 25
Internet: http://www.vde.com
E-Mail: service@vde.com
Gründung: 1893
Vorsitzende(r): Dr.-Ing. Rolf Windmöller
Stellvertretende(r) Vorsitzende(r): Dipl.-Ing. Gerd Tenzer
Dipl.-Ing. Hermann Wolters
Generalsekretär(in): Dr.-Ing. Friedrich Dankward Althoff
Leiter Presse u. Öffentlichkeitsarbeit: Dr. Walter Börmann
Verbandszeitschrift: dialog - VDE-Mitgliederzeitschrift
Redaktion: Abteilung Presse- und Öffentlichkeitsarbeit
Mitglieder: 34000

Fachgesellschaften

t 1 002

Informationstechnische Gesellschaft im VDE (ITG)
Stresemannallee 15, 60596 Frankfurt
Vorsitzende(r): Prof. Dr.-Ing. Jörg Eberspächer
Geschäftsführer(in): Dr.-Ing. Volker Schanz (VDE-Haus, T: (069) 63 08-360, E-Mail: itg@vde.com, Internet: http://www.vde.com/efg)

t 1 003

Energietechnische Gesellschaft im VDE (ETG)
Stresemannallee 15, 60596 Frankfurt
Vorsitzende(r): Prof. Dr.-Ing. Hans-Jürgen Haubrich
Geschäftsführer(in): Dr.rer.nat. Gerhard Jesse (VDE-Haus, T: (069) 63 08-345, E-Mail: etg@vde.com, Internet: http://www.vde.com/efg)

t 1 004

VDE/VDI-Gesellschaft Mikroelektronik, Mikro- und Feinwerktechnik (GMM)
Stresemannallee 15, 60596 Frankfurt
Vorsitzende(r): Prof. Dr.-Ing. Peter M. Knoll
Geschäftsführer(in): Dipl.-Ing. Rainer Theobald (VDE-Haus, T: (069) 63 08-330, E-Mail: gmm@vde.com, Internet: http://www.vde.com/gmm)

t 1 005

VDI/VDE-Gesellschaft Mess- und Automatisierungstechnik (GMA)
Postf. 10 11 39, 40002 Düsseldorf
Graf-Recke-Str. 84, 40239 Düsseldorf
T: (0211) 62 14-224 **Fax:** 62 14-161
Internet: http://www.vdi.de/gma/gma.htm, http://www.vde.com/gma
E-Mail: gma@vdi.de
Vorsitzende(r): Prof. Dr.-Ing. habil. Georg Bretthauer
Geschäftsführer(in): Dipl.-Ing. (FH) Manfred Schatz

Geschäftsstellen

t 1 006

VDE-Bezirk Regio Aachen e.V.
i.H. Siemens AG
Kurbrunnenstr. 22, 52066 Aachen
T: (0241) 4 51-323 **Fax:** 4 51-224
Internet: http://www.vde-aachen.de
E-Mail: vde.aachen@t-online.de

t 1 007

Elektrotechnischer Verein (ETV) e.V.
Bezirksverein Berlin-Brandenburg im VDE
Bismarckstr. 33, 10625 Berlin
T: (030) 3 41 45 66 **Fax:** 3 42 07 17
E-Mail: etv-berlin@t-online.de

t 1 008

VDE Ostwestfalen-Lippe e.V.
im VDE e.V.
Postf. 10 29 50, 33529 Bielefeld
T: (0521) 8 28 89 **Fax:** 8 28 89
Internet: http://www.vde-owl.de
E-Mail: vdeowl@gmx.de

t 1 009

VDE-Bezirksverein Braunschweig e.V.
c/o Siemens AG
Ackerstr. 22, 38126 Braunschweig
T: (0531) 2 26 25 59 **Fax:** 2 26-4100
E-Mail: Gundula.Isensee@vt.siemens.de

t 1 010

VDE-Bezirksverein Bremen e.V.
i.H. Deutsche Telekom, NL 1
Utbremer Str. 90, 28217 Bremen
T: (0421) 3 80-9910 **Fax:** 3 80-9913
Internet: http://www.item.uni-bremen.de/staff/vde/home/vde-hb.htm
E-Mail: vde-bremen@t-online.de

t 1 011

VDE-Bezirksverein Chemnitz e.V.
c/o Technische Universität Chemnitz
Fakultät Elektro und Informationstechnik
Reichenhainer Str. 70, 09126 Chemnitz
T: (0371) 5 31-33 40 **Fax:** 5 31-33 76
Internet: http://www.tu-chemnitz.de/vde/
E-Mail: thomas.hiller@e-technik.tu-chemnitz.de

t 1 012

VDE-Bezirksverein Lausitz e.V.
c/o Städtische Werke Spremberg (Lausitz) GmbH
Lustgartenstr. 4a, 03130 Spremberg
T: (03563) 39 07 17 **Fax:** 39 07 99
Internet: http://www.lausitz.net/vde/
E-Mail: VDE-Lausitz@lausitz.net

t 1 013

VDE-Bezirksverein Dresden e.V.
c/o TU Dresden
Institut für Elektroenergieversorgung
01062 Dresden
T: (0351) 4 63-4374 **Fax:** 4 63 70 36
Internet: http://www.tu-dresden.de/vde/
E-Mail: vde@eev.et.tu-dresden.de

t 1 014

VDE-Bezirk Düsseldorf e.V.
c/o Stadtwerke Düsseldorf AG
Luisenstr. 105, 40215 Düsseldorf
T: (0211) 8 21 82 62 **Fax:** 8 21 30 47
Internet: http://www.vde-duesseldorf.de
E-Mail: vde@vde-duesseldorf.de

t 1 015

VDE-Bezirksverein Thüringen e.V.
c/o Alstom Energietechnik GmbH
Arnstädter Str. 28, 99096 Erfurt
T: (0361) 3 45 49 94 **Fax:** 3 45 49 95

t 1 016

VDE-Bezirksverein Rhein-Ruhr e.V.
Altenessener Str. 32, 45141 Essen
T: (0201) 1 86 22 75 **Fax:** 1 86 27 74
Internet: http://www.vde.energie.rwe.de/

t 1 017

VDE Rhein-Main e.V.
Stresemannallee 15, 60596 Frankfurt
T: (069) 63 93 22 **Fax:** 63 98 16
Internet: http://www.vde.com/rhein.main
E-Mail: vde.rhein-main@t-online.de

t 1 018

VDE-Bezirksverein Land Brandenburg-Ost e.V.
c/o BIC Frankfurt (Oder)
Im Technologiepark 1, 15236 Frankfurt
T: (0335) 5 57-1720 **Fax:** 5 57-1050

t 1 019

VDE-Bezirksverein Südbaden e.V.
Renate Scheffel
Geschäftsstelle
Drei-Ähren-Str. 17, 79115 Freiburg
T: (0761) 4 70 39 30 **Fax:** 47 22 23
Internet: http://www.fh-furtwangen.de/_Lthel/vde.htm
E-Mail: vde_suedbaden@t-online.de

t 1 020

VDE-Bezirk Hamburg e.V.
Stadtbahnstr. 114, 22391 Hamburg
T: (040) 2 70 27 21 **Fax:** 2 79 40 84

t 1 021

VDE-Bezirksverein Hannover e.V.
Hamburger Allee 27, 30161 Hannover
T: (0511) 34 20 81 **Fax:** 34 20 88
Internet: http://www.vde.fh-hannover.de/
E-Mail: vde-hannover@t-online.de

t 1 022

VDE-Bezirksverein Mittelbaden e.V.
c/o Stadtwerke Karlsruhe
Daxlander Str. 72, 76185 Karlsruhe
T: (0721) 55 62 52 **Fax:** 55 62 52
Internet: http://www.vde-mittelbaden.de/
E-Mail: vde-mittelbaden@t-online.de

t 1 023

VDE-Bezirksverein Kassel e.V.
c/o ALSTOM Energietechnik GmbH, Hochspannungstechnik
Lilienthalstr. 150, 34123 Kassel
T: (0561) 5 02-2410 **Fax:** 5 02-2403

t 1 024

VDE/Landesverband Schleswig-Holstein e.V.
i.H. FH Kiel Frau Burckardt
Legienstr. 35, 24103 Kiel
T: (0431) 5 45 84-85 **Fax:** 5 45 84 85
E-Mail: vde.sh@t-online.de

t 1 025

VDE-Bezirk Köln e.V.
Parkgürtel 24, 50823 Köln
T: (0221) 1 78-3300 **Fax:** 1 78-2346
E-Mail: m.angenend@gewkoelnag.de

t 1 026

VDE-Bezirk Niederrhein e.V.
Auf dem Haspel 51, 47918 Tönisvorst
T: (02151) 79 17 79 **Fax:** 70 94 68
E-Mail: vde-niederrhein@t-online.de

t 1 027

VDE-Bezirksverein Leipzig/Halle e.V.
c/o i.H. envia Energie Sachsen Brandenburg AG
Friedrich-Ebert-Str. 26, 04416 Markkleeberg
T: (0341) 1 20 74 92 **Fax:** 1 20 74 93
Internet: http://www.vde-leipzig-halle.de/
E-Mail: vde-leipzig-halle@vde-leipzig-halle.de

t 1 028

VDE-Bezirksverein Magdeburg e.V.
c/o Otto-von-Guericke-Universität, Institut Elektroantriebstechnik
Postf. 41 20, 39016 Magdeburg
T: (0391) 67-12434 **Fax:** 67-12481
Internet: http://comserv.urz.uni-magdeburg.de/-ieat/vde/vde001.html
E-Mail: klaus.liemekasten@e-technik.uni-magdeburg.de

t 1 029

VDE-Bezirk Kurpfalz e.V.
S 1, 5, 68161 Mannheim
T: (0621) 2 26 57 **Fax:** 2 02 85
Internet: http://www.vde-kurpfalz.de/
E-Mail: vde-kurpfalz@t-online.de

t 1 030

VDE-Bezirksverein Südbayern e.V.
80286 München
T: (089) 91 07-2110 **Fax:** 91 07-2309
Internet: http://home.t-online.de/home/vde-sbay
E-Mail: vde-sbay@t-online.de

t 1 031

VDE-Bezirksverein Nordbayern e.V.
c/o Fachhochschule
Keßlerplatz 12, 90489 Nürnberg
T: (0911) 53 53 20 **Fax:** 53 32 24
Internet: http://www.vde.ea.fh.nuernberg.de/n-bay

t 1 032

VDE-Bezirksverein Oldenburg e.V.
c/o EWE Aktiengesellschaft
Tirpitzstr. 39, 26122 Oldenburg
T: (0441) 8 03-21 12 **Fax:** 8 03-39 99
Internet: http://www.vde-oldenburg.de/
E-Mail: vde-service@vde-oldenburg.de

t 1 033

VDE/Osnabrück-Emsland e.V.
c/o FH Osnabrück
Postf. 19 40, 49009 Osnabrück
T: (0541) 9 69-3241 **Fax:** 9 69-3242
Internet: http://vde2.sow.fh-osnabrueck.de/
E-Mail: winfried.pinninghoff@esn.siemens.de

t 1 034

VDE-Bezirk Mecklenburg/Vorpommern
c/o TZW
Friedrich-Barnewitz-Str. 3, 18119 Rostock
T: (0381) 51 96-219 **Fax:** 51 96-219

t 1 035

VDE-Bezirk Saar e.V.
c/o VSE Kraftwerk Ensdorf
Kurt-Kessler-Str. 1, 66806 Ensdorf
T: (06831) 5 02-6600 **Fax:** 5 02-6300
Internet: http://www.vde-saar.de
E-Mail: kontakt@vde-saar.de

t 1 036

VDE-Bezirksverein Württemberg e.V.
Kriegsbergstr. 32, 70174 Stuttgart
T: (0711) 22 34 10 **Fax:** 2 23 41 55
E-Mail: vde_wuerttemberg@t-online.de

t 1 037

VDE-Bezirk Trier e.V.
c/o RWE Energie AG, Netzregion Südwest
Eurener Str. 33, 54294 Trier
T: (0651) 8 12-2348 **Fax:** 8 12-2673
E-Mail: vde-trier@t-online.de

t 1 038

VDE-Bezirksverein Wilhelmshaven-Ostfriesland e.V.
c/o Gas- und Elektrizitätswerke Wilhelmshaven GmbH
Postf. 25 36, 26365 Wilhelmshaven
T: (04421) 4 04-902 **Fax:** 4 04-909

t 1 039

VDE-Bezirksverein Bergisch Land e.V.
Siegelberg 135, 42399 Wuppertal
T: (0202) 2 61 12 01 **Fax:** 2 61 12 02
Internet: http://www.dasp.uni-wuppertal.de/vde
E-Mail: vdebergland@t-online.de

• **T 1 040**

Deutsche Gesellschaft für Akustik e.V. (DEGA)
c/o Universität Oldenburg
FB Physik/Akustik
26111 Oldenburg
T: (0441) 7 98-35 72 **Fax:** 7 98-36 98
Internet: http://www.dega.itap.de
E-Mail: dega@aku.physik.uni-oldenburg.de
Präsident(in): Dr. Joachim Scheuren
Präsident(in): Prof. Dr. Jürgen Meyer
Verbandszeitschrift: ACUSTICA/ACTA ACUSTICA
Mitglieder: 860

• **T 1 041**

Deutsches Komitee der Internationalen Hochspannungskonferenz beim VDE (DK-CIGRE)
Stresemannallee 15, 60596 Frankfurt
T: (069) 63 08-480 **Fax:** 6 31 29 25
Internet: http://www.vde.de
E-Mail: cigre@vde.com
Vorsitzende(r): Dr.-Ing. Jürgen Schwarz (Deutsche Verbundgesellschaft e.V., Heidelberg)
Geschäftsführer(in): Dr.-Ing. Carsten Rusteberg

• **T 1 042**

Informationstechnische Gesellschaft im VDE (ITG)
Stresemannallee 15, 60596 Frankfurt
T: (069) 63 08-3 60 **Fax:** 63 12-9 25
Gründung: 1954 (6. April)
Vorsitzende(r): Prof. Dr.-Ing. Jörg Eberspächer
Geschäftsführer(in): Dr.-Ing. Volker Schanz, Frankfurt
Mitglieder: 13000

• **T 1 043**

VDI-Gesellschaft Energietechnik (VDI-GET)
Postf. 10 11 39, 40002 Düsseldorf
Graf-Recke-Str. 84, 40239 Düsseldorf
T: (0211) 6 21 44 16 **Fax:** 6 21 41 61
Internet: http://www.vdi.de
E-Mail: get@vdi.de
Vorsitzende(r): Prof. Dr.-Ing. Herrmann-Josef Wagner
Geschäftsführer(in): Dr.-Ing. Ernst-Günter Hencke

• **T 1 044**

Fusions-Energie-Forum e.V.
Postf. 70 06 46, 81306 München
T: (089) 50 19 83
Gründung: 1976
Verbandszeitschrift: FUSION - Wissenschaft und Technik für das 21. Jahrhundert
Redaktion: Fusions-Energie-Forum eV, Postf. 24 48, 65014 Wiesbaden
Mitglieder: 200
Mitarbeiter: 8

• **T 1 045**

Deutsche Energie-Gesellschaft e.V. (DEG)
Geschäftsstelle:
Würmtalstr. 25, 81375 München
T: (089) 7 19 11 97 **Fax:** (08208) 18 11
TGR: Deutsche Energiegesellschaft München
Gründung: 1979 (17. Oktober)
Präsident(in): Peter Hettich (Würmtalstr. 25, 81375 München, T: (0171) 3 65 03 05)
Vizepräsident(in): Axel Urbanek (Sarreiterweg 79, 85560 Ebersberg)
Mitglieder: 350

• **T 1 046**

ARBEITSGEMEINSCHAFT FÜR SPARSAMEN UND UMWELTFREUNDLICHEN ENERGIEVERBRAUCH E.V.

Postf. 25 47, 67613 Kaiserslautern
Bismarckstr. 16, 67655 Kaiserslautern
T: (0631) 3 60 90 70 **Fax:** 3 60 90 71
Internet: http://www.asue.de
E-Mail: ASUE@compuserve.com
Gründung: 1977
Präsident(in): Reinhard Schüler (Mitglied des Vorstands der Gasanstalt Kaiserslautern AG)
Geschäftsführer(in): Dr. Klaus Telges
Bernd Utesch
Mitglieder: 39 Firmen der deutschen Gaswirtschaft

Der Verein fördert die sparsame und umweltschonende Energieanwendung, vor allem auf der Basis von Erdgas, z.B. Brennwerttechnik im häuslichen Bereich, über Blockheizkraftwerke im kommunalen und gewerblichen Bereich bis hin zu Gasturbinen, im industriellen Bereich.

• **T 1 047**

Zentrum für Energie-, Wasser- und Umwelttechnik (ZEWU)
Buxtehuder Str. 76, 21073 Hamburg
T: (040) 3 59 05-0 **Fax:** 3 59 05-842
Internet: http://www.hwk-hamburg.de
E-Mail: ufenger@hwk-hamburg.de
Gründung: 1985 (25. April)
Präsident(in): Peter Becker (Handwerkskammer Hamburg, Holstenwall 12, 20355 Hamburg, T: (040) 3 59 05-1)
Hauptgeschäftsführer(in): Dr. Jürgen Hogeforster (Handwerkskammer Hamburg)
Geschäftsführer(in): Rolf de Vries (Leiter des ZEWU)
Leitung Presseabteilung: Ulrich Fenger
Mitglieder: ca. 13000 Betriebe mit ca. 100 000 Beschäftigten

• **T 1 048**

Zentrum für Energie- und Umwelttechnik Wismar e.V. (ZEUT)
Postf. 12 10, 23952 Wismar
Philipp-Müller-Str., 23966 Wismar
T: (03841) 75 35 22 **Fax:** 75 33 21
Gründung: 1991 (18. Oktober)
Vorsitzende(r): Prof. Dr.-Ing. habil. H. Müller
Stellv. Vors., Schatzmeister: Prof. Dr. A. Platzhoff
Stellvertretende(r) Vorsitzende(r): Dr. Hans-Georg Porep
Prof. Dr. Winfried Schauer
VorstMitgl: Prof. Dr.-Ing. habil. Kurt W. Helbing
Dr. Dieter Grey
Mitglieder: 30
Mitarbeiter: 8

Wissenstransfer, Forschung und Beratung auf den Gebieten: Energietechnik, Umwelttechnik, Recyclingtechnik, Abfalltechnik, Ökologie und Naturschutz, Baustoffe

• **T 1 049**

Deutsche Vereinigung für Raumenergie e.V. (DVR)
DVR-Geschäftsstelle:
58084 Hagen
Postf. 9 40, 58009 Hagen
T: (02331) 9 87-2615 **Fax:** 9 87-350
Internet: http://www.fernuni-hagen.de/statistik/dvr
E-Mail: elke.greber@fernuni-hagen.de
Präsident: Prof. Dr.Dr. Dr.h.c Josef Gruber (FernUniversität, 58084 Hagen, T: (02331) 9 87-26 15, Fax: (02331) 98 7-3 50, e-mail: josef.gruber@fernuni-hagen.de)
1. Vizepräsident: Dr.-Ing. Gerd Harms (E-Mail: harms@iee.uni-hannover.de), Hannover
2. Vizepräsident: Prof. Dr. Konstantin Meyl (E-Mail: meyl@fh-furtwangen.de)
Mitglieder: 350

• **T 1 050**

Deutscher Email Verband e.V. (DEV)
Zehlendorfer Str. 24, 58097 Hagen
T: (02331) 10 88-0 **Fax:** 2 26 62
E-Mail: dev.hagen@t-online.de
Gründung: 1996
Vorsitzende(r): Karl Heinz Moritz (c/o Pemco Emailtechnik GmbH, Köln)
Geschäftsführer(in): Dipl.-Kfm. Horst Völker
Verbandszeitschrift: Mitteilungen des DEV
Redaktion: Prof. Dr. P. Hellmold
Verlag: Verlag des DEV, Zehlendorfer Str. 24, 58097 Hagen
Mitglieder: 280

• **T 1 051**

Deutsches Entomologisches Institut
Schicklerstr. 5, 16225 Eberswalde
T: (03334) 58 98 18 **Fax:** 21 23 79
Gründung: 1976
Präsident(in): Prof. Dr. Konrad Dettner
Schriftführerin: PD Dr. Wolfgang Völker (Leitung Presseabteilung)
Verbandszeitschrift: DGaaE Nachrichten, Mitteilungen der Deutschen Gesellschaft für allgemeine u. angew. Entomologie
Mitglieder: 850

• **T 1 052**

Deutsche Gesellschaft für Geotechnik e.V. (DGGT)
eingetragen beim AG Berlin-Charlottenburg
Geschäftsstelle:
Hohenzollernstr. 52, 45128 Essen
T: (0201) 78 27 23 **Fax:** 78 27 43
Gründung: 1950
Vorsitzende(r): Prof. Dr.-Ing. Dr.-Ing.E.h. W. Wittke
Geschäftsführer(in): Dipl.-Ing. R. Thiel
Verbandszeitschrift: Geotechnik
Redaktion: Dr.-Ing. Richter
Verlag: Verlag GLÜCKRUF, Montebruchstr. 2, 45219 Essen
Mitglieder: 2000
Mitarbeiter: 3

• **T 1 053**

Deutsche Forschungsgesellschaft für Bodenmechanik an der Techn. Universität
Ackerstr. 76, 13355 Berlin
T: (030) 3 14-72610, 3 14-72855 **Fax:** 3 14-72857
Gründung: 1928 (05. April)
Stellvertretender Direktor: Dipl.-Ing. Peter Raimund
Mitglieder: 21

• **T 1 054**

Forschungsstelle für Energiewirtschaft der Gesellschaft für praktische Energiekunde e.V.
Am Blütenanger 71, 80995 München
T: (089) 15 81 21-0 **Fax:** 15 81 21-10
E-Mail: gfpe@ffe.de
Gründung: 1949 (29. März)
Wiss. Leiter: Prof. Dr.-Ing. Ulrich Wagner
Geschäftsführer(in): Dr.-Ing. Wolfgang Mauch
Mitglieder: 144
Mitarbeiter: 25

• **T 1 055**

Gesellschaft für Energiewissenschaft und Energiepolitik e.V. (GEE)
Deutsche Sektion der International Association for Energy Economics (IAEE)
c/o Bremer Energie-Institut
Fahrenheitstr. 8, 28359 Bremen
T: (0421) 2 01 43 50 **Fax:** 2 01 43 77
Internet: http://www.gee.de
E-Mail: gee@bei.uni-bremen.de
Gründung: 1981 (Frühjahr)
Vorsitzende(r): Prof. Dr. Georg Erdmann (Technische Universität Berlin)
Stellvertretende(r) Vorsitzende(r): Dr. Claudia Eßer-Scherbeck (SE Scherbeck Energy GmbH, stellv. Vors.)
Prof. Dr. Wolfgang Pfaffenberger (Carl-von-Ossietzky Universität, bremer energie institut)
Schriftführer(in): Prof. Dr.-Ing. Hermann-Josef Wagner (Universität Essen)
Geschäftsstelle: c/o bremer energie institut
Mitglieder: 213

• **T 1 056**

Verband Deutscher Energie-Manager e.V. (VDEM)
Edelsbergstr. 8, 80686 München
T: (089) 5 70 07-0 **Fax:** 57 00 72 60
E-Mail: verband@t-online.de
Gründung: 1994 (6. Juni)
Präsident(in): Karl Heinrich Maier
Vizepräsident(in): Prof. Dr.-Ing. Peter Herberholz
Dr. Wolfgang Horrighs

Dipl.-Ing. (FH) Werner Lutsch
Dr.-Ing. Arnold Tolle
Geschf. Präsident: Helmut Sendner (Chefredakteur)
Hauptgeschäftsführer(in): VM Verbands-Management GmbH
Verbandszeitschrift: Energie & Management
Mitglieder: 21 incl. Verbände
Mitarbeiter: 1 Mitarb./Teilzeit

• T 1 057

Forum für Zukunftsenergien e.V.
Godesberger Allee 90, 53175 Bonn
T: (0228) 9 59 55-0 **Fax:** 9 59 55-50
Internet: http://www.zukunftsenergien.de
E-Mail: energie.forum@t-online.de
Gründung: 1989 (15. Juni)
Vorsitzende(r): Prof. Dr. Dietmar Winje
Stellvertretende(r) Vorsitzende(r): Prof. Dr.-Ing. Carl-Jochen Winter
Dr.-Ing. Sigfrid Michelfelder
Dr. Friedrich Quissek
Prof. Dr. Fritz Vahrenholt
Geschäftsführer(in): Dr.rer.nat. Wolf Rasch
Mitglieder: 244
Mitarbeiter: 10

Das Forum ist eine interessenneutrale Plattform des energiepolitischen Dialogs.

• T 1 058

Internationales Wirtschaftsforum Regenerative Energien (IWR)
Robert-Koch-Str. 26-28, 48149 Münster
T: (0251) 83-33995 **Fax:** 83-38352
Internet: http://www.iwr.de
E-Mail: iwr@uni-muenster.de
Gründung: 1996
Präsident(in): Dr. Norbert Allnoch
Mitarbeiter: 15

• T 1 059

Deutsche Gemmologische Gesellschaft (Deutsche Gesellschaft für Edelsteinkunde) e.V.
Postf. 12 22 60, 55714 Idar-Oberstein
Prof.-Schloßmacher-Str. 1, 55743 Idar-Oberstein
T: (06781) 4 30 11 **Fax:** 4 16 16
Gründung: 1932
Präsident(in): Prof.Dr. Hermann Bank
Geschäftsführer(in): Dr. Ulrich Henn
Verbandszeitschrift: "GEMMOLOGIE" Zeitschrift der Deutschen Gemmologischen Gesellschaft
Redaktion: Dr. U. Henn
Mitglieder: 2000

• T 1 060

Deutsche Stiftung Edelsteinforschung Zentrales Laboratorium für Edelsteinprüfungen (DSEF)
Postf. 12 22 60, 55714 Idar-Oberstein
Prof.-Schloßmacher-Str. 1, 55743 Idar-Oberstein
T: (06781) 4 30 12 **Fax:** 4 16 16
Vorsitzende(r) des Vorstandes: Prof.Dr. Hermann Bank
Geschäftsführer(in): Dr. Claudio C. Milisenda

• T 1 061

GEMOLOGISCHES INSTITUT - GIE JUWELEN-TEST-INSTITUT Gilde Internationaler Edelsteinexperten
Institutssitz:
Kaiserfeld 2, 55758 Hettenrodt
Postf. 12 23 06, 55715 Idar-Oberstein
T: (06781) 3 61 61 **Fax:** 3 61 62
Chairman: Peter O. Reiter, Basel
Geschäftsführer(in): Peter O. Reiter (Edelstein- u. Juwelen-Spezialist, Gemologie-Experte, Privat-Dozent)

• T 1 062

Institut für Fahrzeuglackierung
Vilbeler Landstr. 255, 60388 Frankfurt
T: (06109) 72 28 20 **Fax:** 72 28-50
Gründung: 1988
Vorsitzende(r): Georg Fluck
Institutsleiter: Jürgen Müller

• T 1 063

VDI-Gesellschaft Fahrzeug- und Verkehrstechnik (VDI-FVT)
Postf. 10 11 39, 40002 Düsseldorf
Graf-Recke-Str. 84, 40239 Düsseldorf
T: (0211) 62 14-264 **Fax:** 62 14-163
Internet: http://www.vdi.de/fvt/fvt.htm
E-Mail: fvt@vdi.de
Vorsitzende(r): Dipl.-Ing. Detlef Frank
Geschäftsführer(in): Dr.-Ing. Armin Simbürger

• T 1 064

Institut für Straßen- und Schienenverkehr der Technischen Universität Berlin
Gustav-Meyer-Allee 25, 13355 Berlin
T: (030) 3 14-7 29 70, 3 14-7 29 71 **Fax:** 3 14-7 25 05
Gründung: 1903
Fachgebiet Kraftfahrzeuge:
N. N.
Fachgebiet Kraftfahrwesen:
Prof. Dr.-Ing. Hans-Peter Willumeit
Fachgebiet Spurgebundene Fahrzeuge:
N. N.
Mitarbeiter: 100

• T 1 065

Institut für Fahrzeugtechnik der Technischen Universität Braunschweig
Hans-Sommer-Str. 4, 38106 Braunschweig
T: (0531) 3 91-2610 **Fax:** 3 91-2601
Internet: http://www.tu-bs.de/institute/iff
E-Mail: f.kuecuekay@tu-bs.de
Leitung: Univ.-Prof. Dr.-Ing. Ferit Küçükay

• T 1 066

Forschungsvereinigung Feinmechanik und Optik e.V.
Kirchweg 2, 50858 Köln
T: (0221) 94 86 28-0 **Fax:** 48 34 28
Internet: http://www.feinoptik.de
E-Mail: info@feinoptik.de
Vorsitzende(r): Prof. Dr. Manfred Jacksch (Leica Mikrosysteme Wetzlar GmbH, 35530 Wetzlar)
Geschäftsführer(in): Dr. E. Pohlen

• T 1 067

Ausschuß für Wirtschaftliche Fertigung e.V. (AWF)
Ackerstr. 76, 13355 Berlin
T: (030) 46 30 71 58 **Fax:** 46 30 76 46
Vorsitzende(r): Prof. Dr.-Ing. habil. Michael Schenk

• T 1 068

Deutsche Gesellschaft für Fettwissenschaft e.V.
Postf. 90 04 40, 60444 Frankfurt
Varrentrappstr. 40-42, 60486 Frankfurt
T: (069) 7 91 75 29 **Fax:** 7 91 75 64
Internet: http://www.gdch.de/dgf
E-Mail: f.amoneit@gdch.de
Gründung: 1936
Präsident(in): Prof. Dr. Friedrich Spener (Universität Münster)
Geschäftsführer(in): Dr. Frank Amoneit
Verbandszeitschrift: European Journal of Lipid Science and Technology
Redaktion: Ines Chyla
Verlag: Wiley-VCH-Verlag, Pappelallee 3, 69469 Weinheim
Mitglieder: 250 persönliche Mitglieder und 100 Firmen

• T 1 069

Landesanstalt für Arbeitsschutz Nordrhein-Westfalen
Ulenbergstr. 127-131, 40225 Düsseldorf
T: (0211) 31 01-0 **Fax:** 31 01 11 89
Internet: http://www.arbeitsschutz.nrw.de
E-Mail: poststelle@lafa.nrw.de
Gründung: 1994 (1. April)
Präsidentin: Dr. E. Lehmann
Bedienstete: 200

• T 1 070

Wissenschaftliche Gesellschaft für Produktionstechnik e.V., Berlin (WGP)
c/o Universität Karlsruhe, Institut für Werkzeugmaschinen und Betriebstechnik
76128 Karlsruhe
Postf. 69 80, 76049 Karlsruhe
T: (0721) 6 08-2441 **Fax:** 69 68 32
Gründung: 1986 (15. Oktober)
Vorsitzende(r): Prof. Dr.-Ing. H. Wenle (Institut für Werkzeugmaschinen und Betriebstechnik, Universität Karlsruhe, Postfach 69 80, 76128 Karlsruhe, T: (0721) 6 08-2441, Fax: (0721) 69 68 32)
Leitung Presseabteilung: Dipl.-Ing. Tomislav Peleš
Verbandszeitschrift: wt-Produktion und Management
Verlag: Springer-VDI-Verlag GmbH + Co. KG, Verlag für techn. Zeitschriften, Heinrichstr. 24, 40239 Düsseldorf
Mitglieder: 38

• T 1 071

Wissenschaftliche Gesellschaft an der Johann Wolfgang Goethe-Universität
Postf. 11 19 32, 60054 Frankfurt
Kettenhofweg 135, 60325 Frankfurt
T: (069) 7 98-22139

• T 1 072

Rat für Formgebung German Design Council
Messegelände
Postf. 15 03 11, 60063 Frankfurt
Ludwig-Erhard-Anlage 1, 60327 Frankfurt
T: (069) 74 79 19 **Fax:** 7 41 09 11
E-Mail: info@german-design-council.de
Gründung: 1953
Geschäftsführer(in): Andrej Kupetz
Leitung Presseabteilung: Stephan Ott
Verbandszeitschrift: Design Report
Mitglieder: 100
Mitarbeiter: 7
Jahresetat: DM 1,6 Mio, € 0,82 Mio

Förderung und Kommunikation bedeutender Segmente des deutschen Designgeschehens auf nationaler und internationaler Ebene.

• T 1 073

Deutsche Gesellschaft für Galvano- und Oberflächentechnik e.V. (DGO)
Horionplatz 6, 40213 Düsseldorf
T: (0211) 13 23 81 **Fax:** 32 71 99
Internet: http://www.dgo-online.de
E-Mail: DGO.AGG.Duesseldorf@t-online.de
Vorsitzende(r): W. Huber (c/o Atotech Deutschland GmbH, Industriestr. 69, 90537 Feucht)
Geschäftsführer(in): Dr. H.-P. Wilbert
Mitglieder: 2000

• T 1 074

Deutscher Verband für Oberflächenvergütung e.V. (DVO)
Postf. 12 20, 25772 Lunden
Brunnenstr. 10b, 25774 Lunden
T: (04882) 8 20 **Fax:** 3 50
Gründung: 1987
Präs. u. Vors: Helmut Müller-Greven
Vizepräsident(in): Collin Heap
Stellvertretende(r) Vorsitzende(r): I. Müller-Greven
Leitung Presseabteilung: Bodo Greif
Mitglieder: 72
Mitarbeiter: 2

Härtung, Beschichtung, Beschriftung duch Laser oder Funkenerosion. Praxisnahe Entwicklungsprojekte, besonders für Klein- und Mittelbetriebe. Gütesicherung, Ausbildungsförderung

• T 1 075

DVGW Deutsche Vereinigung des Gas- und Wasserfaches e.V.
- Technisch-wissenschaftlicher Verein
Postf. 14 03 62, 53058 Bonn
Josef-Wirmer-Str. 1-3, 53123 Bonn
T: (0228) 91 88-5 **Fax:** 91 88-990
Internet: http://www.dvgw.de
E-Mail: dvgw@dvgw.de
Gründung: 1859
Internationaler Zusammenschluß: siehe unter izl 99
Präsident(in): Prof. Dipl.-Ing. Jürgen Ulmer
Hauptgeschäftsführer(in): Dr.-Ing. Walter Thielen
Vizepräsident Gas: Dipl.-Ing. Olaf Schabow
Vizepräsident Wasser: Dr.-Ing. Hanno Hames
Stellv. Vizepräsident Gas: Dr.-Ing. Werner Hauenherm
Stellv. Vizepräsident Wasser: Prof. Dr.-Ing. Dieter Flinspach
Altpräsident: Dipl.-Ing. Rolf Günnewig
Referentin Öffentlichkeitsarbeit: Dr. Susanne Hinz
Verbandszeitschrift: DVGW PRAXIS, gwf Das Gas- und Wasserfach, Ausgaben Gas/Erdgas und Wasser/Abwasser
Verlag: R. Oldenbourg-Verlag, München

Mitglieder: ca. 12500
Mitarbeiter: ca. 90

Förderung des Gas- und Wasserfachs in technischer und technisch-wissenschaftlicher Hinsicht unter besonderer Berücksichtigung der Sicherheit, der Hygiene und des Umweltschutzes. Zur Erfüllung dieses Vereinszweckes dienen folgende Aufgabenfelder: Regelsetzung und Normung, Prüfung und Zertifizierung, Forschung und Entwicklung, Berufsbildung, Information, Beratung.

Landesgruppen

t 1 076

DVGW Landesgruppe Baden-Württemberg
Stöckachstr. 48, 70190 Stuttgart
T: (0711) 2 62 29 80 **Fax:** 2 62 41 75

t 1 077

DVGW Landesgruppe Bayern
Akademiestr. 7, 80799 München
T: (089) 3 81 58 70 **Fax:** 38 15 87 11

t 1 078

DVGW Landesgruppe Berlin/Brandenburg
Bismarckstr. 63, 12169 Berlin
T: (030) 79 47 36-11 **Fax:** 79 47 36-20

t 1 079

DVGW Landesgruppe Hessen
Bahnstr. 8, 65205 Wiesbaden
T: (0611) 70 00 61 **Fax:** 70 00 65

t 1 080

DVGW Landesgruppe Niedersachsen/Bremen
Glockseestr. 33, 30169 Hannover
T: (0511) 1 33 34 **Fax:** 1 33 84

t 1 081

DVGW Landesgruppe Nordost
Heidenkampsweg 101, 20097 Hamburg
T: (040) 23 00 15 **Fax:** 23 00 99

t 1 082

DVGW Landesgruppe Nordrhein-Westfalen
Josef-Wirmer-Str. 3, 53123 Bonn
T: (0228) 2 59 84 50 **Fax:** 2 59 84 59

t 1 083

DVGW Landesgruppe Ost
Sachsenallee 24, 01723 Kesselsdorf
T: (035204) 7 02-0 **Fax:** 7 02-99

t 1 084

DVGW Landesgruppe Rheinland-Pfalz
Josefsstr. 54-56, 55118 Mainz
T: (06131) 61 30 35 **Fax:** 61 25 31

t 1 085

DVGW Landesgruppe Saarland
Schlachthofstr. 11a, 66280 Sulzbach
T: (06897) 21 71 **Fax:** 22 28

• T 1 086

Bundesvereinigung der Firmen im Gas- und Wasserfach e.V. (FIGAWA)
Marienburger Str. 15, 50968 Köln
T: (0221) 3 76 68 20 (Wasser-Rohrleitungen), 3 76 48 30 (Gas, Gas- und Wassermessung)
Fax: 3 76 68 62 (Wasser-Rohrleitungen), 3 76 48 61 (Gas, Gas- und Wassermessung)
E-Mail: figawa@t-online.de. (Gas), figawa@compuserve.com (Wasser)
Präsident(in): Dr.-Ing. Thomas Wagner
Geschäftsführer(in): Gas, Gas- und Wassermessung: Dr.-Ing. Friedrich Tillmann
Wasser Rohrleitungen: Dipl.-Ing. Arnd Böhme
Mitglieder: 1300

• T 1 087

Frontinus-Gesellschaft e.V.
c/o GEW-Werke Köln AG
Parkgürtel 24, 50823 Köln
T: (0221) 1 78-2991 **Fax:** 1 78-2258
Gründung: 1976 (16. Oktober)
Präsident(in): Dipl.-Kfm. Herbert Oster (Hauptgeschäftsführer a.D., Heerstr. 25, 53340 Meckenheim)
Mitglieder: 400

• T 1 088

Landesvermessungsamt Nordrhein-Westfalen
Muffendorfer Str. 19-21, 53177 Bonn
T: (0228) 8 46-0 **Fax:** 8 46-5002
Internet: http://www.lverma.nrw.de
E-Mail: shop@lverma.nrw.de
Gründung: 1949 (1. April)
Direktor(in): Dipl.-Ing. Barwinski
Stellvertretender Direktor: Dipl.-Ing. Harbeck
Leitung Presseabteilung: Dipl.-Ing. Jürgen Kremers
Mitarbeiter: 420
Jahresetat: DM 44 Mio, € 22,5 Mio

• T 1 090

Deutsche Gesellschaft für Kartographie (DGfK)
Karlstr. 6, 80333 München
Geschäftsstelle: T/Fax: (089) 54 50 68 20
T: (089) 12 65-2619 **Fax:** 12 65-2635
Gründung: 1950
Präsident(in): Prof. Dr. Theodor Wintges (FH München, Fachb. 08: Vermessung u. Kartographie, Karlstr. 6, 80333 München, T: (089) 54 50 68 20, 12 65-2619, Fax: (089) 54 50 68 20, 12 65-2698, e-mail: wintges@vm.fh-muenchen.de)
Vizepräsident(in): Prof. Dr.-Ing. Martina Müller (Hochschule f. Technik u. Wirtschaft Dresden, Fachb. Vermessungswesen u. Kartographie, Friedrich-List-Platz 1, 01069 Dresden, T: (0351) 4 62-31 49, Fax: (0351) 4 62-21 91, E-Mail: muellerm@vermessung.htw.dresden.de)
Vizepräsident(in): Dipl.-Ing. (FH) Reiner Buzin (Bundesamt f. Strahlenschutz (BfS), Ingolstädter Landstr. 1, 85764 Oberschleißheim-Neuherberg, T: (089) 3 16 03-335, Fax: (089) 3 16 03-331, e-mail: rbuzin@bfs.de)
Schatzmeister: Dipl.-Ing. (FH) Uwe G.F. Kleim (Univ. d. Bundeswehr München (UniBwM), Fakultät Bauingenieur- u. Vermessungswesen, Inst. 10: Photogrammetrie u. Kartographie, Werner-Heisenberg-Weg 39, 85577 Neubiberg, T: (089) 60 04-3548, Fax: (089) 60 04-4090, e-mail: uwe.kleim@rz.unibw-muenchen.de)
Sekretär: Dipl.-Geogr. Carsten Recknagel (IVU-Ges. f. Informatik, Verkehrs- u. Umweltplanung mbH, Bundesallee 88, 12161 Berlin, T: (030) 85 90 61-33, Fax: (030) 85 90 61-11, e-mail: re@ivu.de)
Sprecher der Sektionen: Dr. Peter Aschenberner (Ingenieurbüro f. Kartographie E. Hornung/Dr. P. Aschenbrenner, Bergkammstr. 13, 30453 Hannover, T: (0511) 4 87 80-0, Fax: (0511) 4 87 80-99, e-mail: dr.aschenberner@t-online.de)
Sprecher der Kommissionen: Univ.-Prof. Dr. Wolfgang Scharfe (FU Berlin, Institut f. Geographische Wissenschaften, Fachrichtung Kartographie, Malteserstr. 74-100, 12249 Berlin, T: (030) 77 92-330, Fax: (030) 76 70 64 51, E-Mail: scharfe@geog.fu-berlin.de)
Verbandszeitschrift: Kartographische Nachrichten
Redaktion: Univ.-Prof. Dr. Dodt
Verlag: Kirschbaum Verlag, Postf. 21 02 09, 53157 Bonn
Mitglieder: ca. 2100

Sektionen

t 1 091

Deutsche Gesellschaft für Kartographie Sektion Südbayern
Hubertusweg 13, 85540 Haar
T: (089) 4 60 56 38
Leitung: Jürgen H.L. Sailler

t 1 092

Deutsche Gesellschaft für Kartographie Sektion Berlin-Brandenburg
Döberitzer Str. 51, 14476 Fahrland
T: (033208) 5 24 13
Leitung: Dr.-Ing. Anita Neupert

t 1 093

Deutsche Gesellschaft für Kartographie Sektion Braunschweig
Nußbergstr. 23, 38104 Braunschweig
T: (0531) 7 71 24
Leitung: Dipl.-Ing. (FH) Gesa Wolff

t 1 094

Deutsche Gesellschaft für Kartographie Sektion Dresden
Steinbachstr. 7, 01445 Radebeul
T: (0351) 8 30 57 86
Leitung: Univ.-Prof. Dr.-Ing. Ingeborg Wilfert

t 1 095

Deutsche Gesellschaft für Kartographie Sektion Halle-Leipzig
Buchfinkenweg 38, 04159 Leipzig
T: (0341) 4 61 73 09
Leitung: Dipl.-Ing. Achim Hoppe

t 1 096

Deutsche Gesellschaft für Kartographie Sektion Hamburg
Lärchenstieg 19, 22850 Norderstedt
T: (040) 5 23 63 33 **Fax:** 5 23 94 79
Leitung: Dipl.-Ing. (FH) Detlef Maiwald

t 1 097

Deutsche Gesellschaft für Kartographie Sektion Hannover
Bergkammstr. 13, 30453 Hannover
T: (0511) 4 87 80-0 **Fax:** 4 87 80-99
E-Mail: dr.aschenberner@t-online.de
Leitung: Dr. Peter Aschenberner

t 1 098

Deutsche Gesellschaft für Kartographie Sektion Hessen
Henricusstr. 33, 61440 Oberursel
T: (06171) 5 45 46
Leitung: Dr. Werner-Francisco Bär

t 1 099

Deutsche Gesellschaft für Kartographie Sektion Karlsruhe
c/o FHS Karlsruhe, FB Geoinformationswesen
Rotensoler Str. 32 (Schielberg), 76359 Marxzell
T: (07248) 9 31 25
Leitung: Prof., Dipl.-Math. Hans F. Kern

t 1 100

Deutsche Gesellschaft für Kartographie Sektion Mittelrhein
Zedernweg 173b (Niederpleis), 53757 Sankt Augustin
T: (02241) 33 49 87
Leitung: Dipl.-Ing. Manfred Oster

t 1 101

Deutsche Gesellschaft für Kartographie Sektion Münster
Sophienstr. 45, 48145 Münster
T: (0251) 3 63 80 **Fax:** 13 18 45
Leitung: Helmut Staudinger

t 1 102

Deutsche Gesellschaft für Kartographie Sektion Rhein-Neckar
Etzwiesenweg 14, 69226 Nußloch
T: (06224) 91 90 53
Leitung: Dipl.-Geogr. Gerold Olbrich

t 1 103

Deutsche Gesellschaft für Kartographie Sektion Rhein-Ruhr
Aggerstr. 58, 44807 Bochum
T: (0234) 50 25 75
Leitung: Dr. Werner Herzog

t 1 104

Deutsche Gesellschaft für Kartographie Sektion Saar
Heuduckstr. 86, 66117 Saarbrücken
T: (0681) 58 57 21
Leitung: Dipl.-Ing. (FH) Wolfgang Augst

t 1 105

Deutsche Gesellschaft für Kartographie Sektion Schleswig-Holstein
Schaarberg 3, 24211 Wahlstorf
T: (04342) 88 96 95
Leitung: Univ.-Prof. Dr. Eckart Dege

t 1 106

Deutsche Gesellschaft für Kartographie Sektion Schwerin
Dorfstr. 1a, 19069 Seehof
T: (0385) 56 82 23
Leitung: Dipl.-Ing. (FH) Heidi Rick

t 1 107

Deutsche Gesellschaft für Kartographie Sektion Stuttgart
Schirmerstr. 28, 70378 Stuttgart
T: (0711) 53 35 08
E-Mail: morhard@gmx.net
Leitung: Dipl.-Ing. (FH) Heinz Morhard

t 1 108

Deutsche Gesellschaft für Kartographie Sektion Südbaden

Löffeltalweg 65, 79856 Hinterzarten
T: (07652) 52 14
Leitung: Dipl.-Ing. Wolfgang Schlüter

t 1 109

Deutsche Gesellschaft für Kartographie Sektion Thüringen

Arndtstr. 33, 99867 Gotha
T: (03621) 2 04 74
Leitung: Dipl.-Ing. (FH) Rainer Jahn

t 1 110

Deutsche Gesellschaft für Kartographie Sektion Weser-Ems

Nerzweg 27, 26131 Oldenburg
T: (0441) 50 28 54
Leitung: Dipl.-Ing. (FH) Sigrid Napierala

• T 1 111

Deutsche Geodätische Kommission (DGK)

Marstallplatz 8, 80539 München
T: (089) 23 03 11 13 **Fax:** 2 30 31-100
Vorsitzende(r): Univ.-Prof. Dr.-Ing. Hans-Peter Bähr (TU Karlsruhe)
Ständ. Sekr.: Univ.-Prof.Dr.-Ing. Reinhard Rummel (TU München)

• T 1 112

Deutsche Gesellschaft für Geographie (DGfG)

c/o Institut für Geographie und Geoökologie der Universität Karlsruhe
76128 Karlsruhe
Kaiserstr. 12, 76131 Karlsruhe
T: (0721) 6 08-7850, 6 08-3482 **Fax:** 69 67 61
Internet: http://www.geographie.de
Präsident(in): Prof. Dr. Manfred Meurer (Institut für Geographie und Geoökologie der Universität Karlsruhe, 76128 Karlsruhe, Tel.: (0721) 608-7850, E-Mail: Manfred.Meurer@bio-geo.uni-karlsruhe.de)
Vizepräsidenten: Prof. Dr. Eberhard Schallhorn (Breslauer Str. 34, 75015 Bretten)
Prof. Dr. Eberhard Kroß (Geographisches Institut der Ruhr-Universität Bochum, 44801 Bochum)
Schriftführer(in): PD Dr. Joachim Vogt (Institut für Geographie und Geoökologie der Universität Karlsruhe, 76128 Karlsruhe, Tel.: (0721) 608-3482, E-Mail: Joachim.Vogt@bio-geo.uni-karlsruhe.de)
Dachverband für folgende geographische Teilverbände:
1) Verband der Geographie an Deutschen Hochschulen (VGDH)
2) Hochschulverband für Geographie und ihre Didaktik (HGD)
3) Verband Deutscher Schulgeographen (VDSG)
4) Deutscher Verband für Angewandte Geographie (DVAG)

• T 1 113

Deutsche Gesellschaft für Volkskunde e.V.

Friedländer Weg 2, 37085 Göttingen
T: (0551) 39-94 89, 53 52 **Fax:** 39-2232
Internet: http://www.gwdg.de/_Ltuhvs/dgv
E-Mail: awitte@gwdg.de
Vorsitzende(r): Prof. Dr. Silke Göttsch
Geschäftsführer(in): Albrecht Witte
Mitglieder: 1150 (persönliche und korporative)

• T 1 114

GERMANWATCH e.V. - Nord-Süd Initiative

Kaiserstr. 201, 53113 Bonn
T: (0228) 6 04 92-0 **Fax:** 6 04 92-19
Internet: http://www.germanwatch.org
E-Mail: germanwatch@germanwatch.org
Gründung: 1991
1. Vorsitzende(r): Michael Windfuhr
Stellvertretende(r) Vorsitzende(r): Dörte Bernhardt
Geschäftsführer(in): Dr. Rainer Engels
Verbandszeitschrift: Germanwatch
Redaktion: Peter Manstein
Verlag: Selbstverlag
Mitglieder: 500
Mitarbeiter: 7
Jahresetat: DM 0,8 Mio, € 0,41 Mio

• T 1 115

Deutsche Gesellschaft für Völkerkunde e.V.

Institut für Ethnologie
Sandgasse 7, 69117 Heidelberg
T: (06221) 54 22 36 **Fax:** 54 35 56
Gründung: 1929
Vorsitzende(r): Prof. Dr. Jürg Wassmann
Stellvertretende(r) Vorsitzende(r): Prof. Dr. Peter Köpping
Leitung Presseabteilung: Dr. Shahnaz Nadjmabadi
PD Dr. Burkhard Schnepel
Verbandszeitschrift: Mitteilungen der Deutschen Gesellschaft für Völkerkunde
Verlag: Museum für Völkerkunde
Mitglieder: ca. 850
Jahresetat: DM 0,013 Mio, € 0,01 Mio

• T 1 116

Gesellschaft für Völkerkunde

(Verein zur Förderung des Rautenstrauch-Joest-Museums der Stadt Köln)
Ubierring 45, 50678 Köln
T: (0221) 3 36 94-0 **Fax:** 3 36 94-10
Internet: http://www.museenkoeln.de
E-Mail: rjm@rjm.museenkoeln.de
Gründung: 1906
Vorsitzende(r): Ludwig Theodor von Rautenstrauch
Geschäftsführer(in): Prof. Dr. Gisela Völger
Mitglieder: ca. 500
Mitarbeiter: 1
Verbandspublikation: Ethnologica (Buchserie)
Redaktion: Rautenstrauch-Joest-Museum, Prof. Dr. Gisela Völger, Ubierring 45, 50678 Köln

• T 1 117

Rheinische Vereinigung für Volkskunde

Am Hofgarten 22, 53113 Bonn
T: (0228) 73 76 18 **Fax:** 73 94 40
Vorsitzende(r): Prof. Dr. H. L. Cox
Verbandszeitschrift: Rheinisches Jahrbuch für Volkskunde; Bonner kleine Reihe zur Alltagskultur
Verlag: F. Schmitt, Siegburg, Waxmann-Verlag, Münster

• T 1 118

Gesellschaft für Erd- und Völkerkunde zu Stuttgart e.V.

c/o Linden-Museum
Hegelplatz 1, 70174 Stuttgart
T: (0711) 20 22-3 **Fax:** 20 22-590
E-Mail: sekretariat@lindenmuseum.de

• T 1 119

Gesellschaft für Erdkunde zu Berlin

Arno-Holz-Str. 14, 12165 Berlin
T: (030) 79 00 66-0 **Fax:** 79 00 66-12
Internet: http://www.gfe-berlin.de, http://www.die-erde.de
E-Mail: mail@gfe-berlin.de, redaktion@die-erde.de
Gründung: 1828 (April)
Vorsitzende(r): Dr. Dieter Biewald
Hauptgeschäftsführer(in): Dr. Kirsten Gehrenkemper (Ltg. Presseabt.)
Verbandszeitschrift: DIE ERDE
Redaktion: Dr. Kirsten Gehrenkemper
Verlag: Gesellschaft für Erdkunde zu Berlin, Arno-Holz-Str. 14, 12165 Berlin
Mitglieder: 550
Mitarbeiter: 7

Förderung und Verbreitung der Geographie.

• T 1 120

Gesellschaft für Erdkunde zu Köln

c/o Geographisches Institut der Universität
Albertus-Magnus-Platz, 50931 Köln
T: (0221) 4 70 22 61 **Fax:** 4 70 49 17
Internet: http://www.uni-koeln.de/themen/geographie
Gründung: 1887
Vorsitzende(r): PD Dr. Manfred Nutz (Uni Köln)

• T 1 121

Gesellschaft für Erd- und Völkerkunde

Meckenheimer Allee 166, 53115 Bonn
T: (0228) 73 74 80
Vorsitzende(r): Prof. Dr. Eberhard Mayer
Geschäftsführer(in): Dr. Karl-Heinz Kapala

• T 1 122

Fränkische Geographische Gesellschaft

Kochstr. 4, 91054 Erlangen
T: (09131) 8 52 26 45 **Fax:** 8 52 20 13
Gründung: 1954
Präsident(in): Prof. Dr. Horst Kopp (Institut f. Geographie d. Uni)
Vizepräsident(in): Dipl.-Ing. Helmut Mai (Siemens AG)
Leitung Presseabteilung: Akad. Dir. Dr. Manfred Schneider
Verbandszeitschrift: Mitteilungen der Fränkischen Geographischen Ges.
Redaktion: Prof. Dr. Hilmar Schröder
Verlag: im Selbstverlag; in Kommission bei Palm + Enke, Erlangen
Mitglieder: 1000
Mitarbeiter: nur ehrenamtliche Mitarbeiter

• T 1 123

Geographische Gesellschaft in Hamburg e.V.

Bundesstr. 55, 20146 Hamburg
T: (040) 4 10 17 14
Gründung: 1873
Vorsitzende(r): Prof. Dr. Dieter Jaschke
Stellvertretende(r) Vorsitzende(r): Prof. Dr. Dietbert Thannheiser
Verbandszeitschrift: Mitteilungen der Geographischen Gesellschaft in Hamburg
Redaktion: Prof. Dr. Frank N. Nagel
Verlag: Franz Steiner Verlag, Stuttgart
Mitglieder: 487

• T 1 124

Geographische Gesellschaft zu Hannover

Schneiderberg 50, 30167 Hannover
T: (0511) 7 62 43 90 **Fax:** 7 62 35 33
Gründung: 1878
Vorsitzende(r): Prof. Dr. H. J. Buchholz
Stellvertretende(r) Vorsitzende(r): StDir. a.D. E. Steinmeyer
Hauptgeschäftsführer(in): Prof. Dr. A. Arnold
Mitglieder: 600

• T 1 125

Geographische Gesellschaft Würzburg e.V.

Am Hubland, 97074 Würzburg
T: (0931) 8 88 55 81 **Fax:** 8 88 55 56
Gründung: 1925
Vorsitzende(r): Prof. Dr. Horst Hagedorn
Stellvertretende(r) Vorsitzende(r): Georg Münzhuber
Generalsekretär(in): Dr. Wolfgang Pinkwart
Verbandszeitschrift: Würzburger Geographische Arbeiten
Redaktion: Geogr. Institut der Universität Würzburg
Verlag: Böhler-Verlag GmbH, Seilerstr. 10, 97084 Würzburg
Mitglieder: 140

• T 1 126

Berufsverband Deutscher Geowissenschaftler e.V. (BDG)

Oxfordstr. 20-22, 53111 Bonn
T: (0228) 69 66 01 **Fax:** 69 66 03
Internet: http://www.geopager.de/bdg
E-Mail: BDGBonn@t-online.de
Gründung: 1984 (23. Juni)
Vorsitzende(r): Prof. Dr. D. Doherr (Panoramaweg 6, 77723 Gengenbach)
1. stellv. Vors.: Dr. Bernd Vels (In der Roten Kanne 3, 53127 Bonn)
Geschäftsführer(in): Dr. Hans-Jürgen Weyer (52134 Herzogenrath)
Verbandszeitschrift: Mitteilungsblatt des BDG
Mitglieder: 2600 (Stand 1.1.1999)
Mitarbeiter: 3
Fachverbände: Mitglied der European Federation of Geologists (EFG/FEG), Affiliated Society der American Association of Petroleum Geologists (AAPG), Bundesverband Freier Berufe (BFB)

Berufsständische Vertretung von Geologen, Geophysikern und Mineralogen in der BRD.

• T 1 127

Verband für Geoökologie in Deutschland e.V. (VGöD)

Hauptgeschäftsstelle
Alexanderstr. 9, 95444 Bayreuth
T: (0921) 8 22 34 **Fax:** 85 14 97
Internet: http://www.geooekologie.de
E-Mail: vgoed@geooekologie.de
Gründung: 1986 (20. Juni) als Verein der Geoökologen e.V. (VdG); Umbenennung in VGöD im Dezember 1991
1. Vorsitzende(r): Dieter Schäfer (AGREVO Umweltforschung G 836, Werk Höchst, Brüningstr. 50, 65926 Frankfurt)
2. Vorsitzende(r): Till Bachmann (Inst. f. Energiewirtschaft Univ. Stuttgart, 70550 Stuttgart)
Geschäftsführer(in): Holger Ciglasch
Verbandszeitschrift: Forum der Geoökologie
Redaktion: Michael Süßer, Alexanderstr. 9, 95444 Bayreuth

• T 1 128

Deutsche Geologische Gesellschaft (D.G.G.)

Alfred-Bentz-Haus
Postf. 51 01 53, 30631 Hannover

Stilleweg 2, 30655 Hannover
T: (0511) 6 43-2507 **Fax:** 6 43-2695
Gründung: 1848
Vorsitzende(r): Prof. Dr. Josef Klostermann, Krefeld
Verbandszeitschrift: Zeitschrift, Schriften und Nachrichten der Deutschen Geologischen Gesellschaft
Mitglieder: 2700

• **T 1 129**

Geologische Vereinigung e.V.
Geschäftsstelle:
Vulkanstr. 23, 56743 Mendig
T: (02652) 98 93 60 **Fax:** 98 93 61
Internet: http://www.g-v.de
E-Mail: geol.ver@t-online.de
Gründung: 1910
Kassenführer: Dr. C.-D. Cornelius, Hessisch Lichtenau
Vorsitzende(r): Prof. Dr. W. Franke, Gießen
Verbandszeitschrift: GEOLOGISCHE RUNDSCHAU
Redaktion: Prof. Dr. W.-C. Dullo, Kiel
Verlag: Springer-Verlag, Heidelberg
Mitglieder: 2200

• **T 1 130**

Frauen in Naturwissenschaft und Technik e.V. (NUT)
Haus der Demokratie
Greifswalder Str. 4, 10405 Berlin
T: (030) 2 04 44 58
E-Mail: finut@cs.tu.berlin.de
Gründung: 1988
Mitglieder: 310

• **T 1 131**

Deutsche Quartärvereinigung
Geschäftsstelle:
Postf. 51 01 53, 30631 Hannover
Stilleweg 2, 30655 Hannover
T: (0511) 6 43-2487 **Fax:** 6 43-3668
Gründung: 1948
Präsident(in): Prof. Dr. Wolfgang Schirmer (Universität Düsseldorf, Abt. Geologie, Universitätsstr. 1, 40225 Düsseldorf, T: (0211) 8 11 20 42, e-mail: schirmer@uni-duesseldorf.de)
Schatzmeister: Prof.Dr. E.-R. Look (Stilleweg 2, 30655 Hannover, T: (0511) 6 43 24 87, Telefax: (0511) 6 43 36 68)
Schriftleitung: "Eiszeitalter und Gegenwart" Dr. J. Klostermann (Geolog. Landesamt Nordrhein-Westfalen, De-Greiff-Str. 195, 47803 Krefeld, T: (02151) 89 73 00, Telefax: (02151) 89 75 05)

• **T 1 132**

Deutsche Geophysikalische Gesellschaft e.V. (DGG)
c/o GeoForschungsZentrum
Telegrafenberg, 14473 Potsdam
T: (0331) 2 88 12 32 **Fax:** 2 88 12 35
Gründung: 1922
Vorsitzende(r): Prof. Dr. Horst Rüter
Schriftführer(in): Dr. Wigor Webers (GeoForschungsZentrum, Telegrafenberg, 14473 Potsdam)
Kassenwart: Dr. Martin Pätzold
Verbandszeitschrift: Mitteilungen, Geophysical Journal International
Mitglieder: 950

• **T 1 133**

Forschungsanstalt der Bundeswehr für Wasserschall und Geophysik
Klausdorfer Weg 2-24, 24148 Kiel
T: (0431) 6 07-0 **Fax:** 6 07-4150
E-Mail: FWG@FWG-KIEL.DE
Gründung: 1960
Direktor(in): Prof. Dr. Peter C. Wille
Vertreter: Dr. Rolf Thiele

• **T 1 134**

Nationales Komitee für Geodäsie und Geophysik (NKGG)
Stephanstr. 3, 04103 Leipzig
T: (0341) 9 73-2851
Vorsitzende(r): Prof. Dr. G. Tetzlaff (Institut für Meteorologie, Stephanstr. 3, 04103 Leipzig)
Mitglieder: 16

Mitgliedsverbände:
Deutsche Geodätische Kommission
Deutscher Verein für Vermessungswesen
Deutsche Gesellschaft für Photogrammetrie
Deutsche Meteorologische Gesellschaft e.V.
Deutsche Geophysikalische Gesellschaft
Deutsche Mineralogische Gesellschaft
Deutscher Verband für Wasserwirtschaft und Kulturbau e.V.

• **T 1 135**

Wissenschaftliche Gesellschaft für Gefahrguttransport e.V. (WGGT)
c/o Dr. E. Schmidt
Moritzburger Str. 79d, 01640 Coswig
T: (03523) 6 70 23 **Fax:** 6 70 23
Gründung: 1991 (12. April)
Vorsitzende(r): Dr. Dr. Elmar Schmidt
Geschäftsführende(s) Vorstands-Mitglied(er): Dipl.-Ing. Gernot Paul
Mitglieder: 50
Jahresetat: DM 0,005 Mio, € 0 Mio

• **T 1 136**

Verein für Gerberei-Chemie und -Technik e.V. (VGCT)
c/o Institut für Biochemie
Petersenstr. 22, 64287 Darmstadt
1. Vorsitzende(r): Dr. H. Francke (Westerwaldstr. 14, 56335 Neuhäusel)
2. Vorsitzende(r): Fritz Schweizer (Maienweg 14, 71540 Murrhardt)
Schriftführer(in): Dipl.-Ing. Kiene (Lortzingstr. 2, 55127 Mainz)

• **T 1 137**

Deutsches Verpackungsinstitut e.V.
Gustav-Meyer-Allee 25, 13355 Berlin
T: (030) 4 63 07-401 **Fax:** 4 63 07-400
Internet: http://www.verpackung.org
E-Mail: info@verpackung.org
Gründung: 1990
Vorstand: Prof. Dieter Berndt (Vors.; TFH Berlin, Studiengang Verpackungstechnik, Kurfürstenstr. 141, 10785 Berlin, T.: (030) 45 04-4128, Fax: (030) 2 61 54 84)
Schriftführer: Prof. Dr. Dr. Günter Grundke (Leiter der DVI Arbeitsstelle Leipzig, Baaderstr. 29, 04157 Leipzig, T.: (0341) 9 11 93 35, Fax: (0341) 9 12 72 00)
Kassenwart: Thomas Reiner (GeschF. der Berndt & Partner GmbH, Gustav-Meyer-Allee 25, 13355 Berlin, T.: (030) 4 63 07-272, Fax: (030) 4 63 07-270)
Geschäftsführer(in): Christine Burgard

• **T 1 138**

Arbeitskreis Moderne Getränkeverpackung (der Deutschen Erfrischungsgetränke-Industrie) e.V. (AMG)
Königswinterer Str. 300, 53227 Bonn
T: (0228) 44 27 13 **Fax:** 44 00 19
Gründung: 1964
Geschäftsführer(in): Dipl.-Volksw. Carl Jakob Bachem
Mitglieder: 7 Verbände

t 1 139

POOL AMG 2000 e.V.
Königswinterer Str. 300, 53227 Bonn
T: (0228) 44 27 13 **Fax:** 44 01 15
Gründung: 1995
Geschäftsführer(in): Dipl.-Volksw. Gottfried Meier

• **T 1 140**

VEREINIGUNG DEUTSCHER GEWÄSSERSCHUTZ E.V.

Vereinigung Deutscher Gewässerschutz e.V. (VDG)
Matthias-Grünewald-Str. 1-3, 53175 Bonn
T: (0228) 37 50 07 **Fax:** 37 55 15
Internet: http://www.gewaesserschutz-ev.de
E-Mail: info@gewaesserschutz-ev.de
Präsident(in): Prof. Dr.-Ing. Dieter Flinspach
Geschäftsführer(in): Dipl.-Volksw. Arnim Schmülling

Bundesweiter Dachverband für alle am Gewässerschutz interessierten Kreise. Öffentlichkeitsarbeit für den Gewässerschutz. Mitwirkung im vorparlamentarischen Raum.

• **T 1 141**

Institut für Gewässerökologie und Binnenfischerei im Forschungsverbund Berlin e.V.
- Abteilung Ökohydrologie
Rudower Chaussee 30 Haus 21.2, 12489 Berlin
T: (030) 63 92 44 80 **Fax:** 63 92 44 82
Gründung: 1992 (1. Januar)
Mitarbeiter: 11

• **T 1 142**

Verein Deutscher Giessereifachleute
Postf. 10 51 44, 40042 Düsseldorf
Sohnstr. 70, 40237 Düsseldorf
T: (0211) 68 71-0 **Fax:** 68 71-3 33
Gründung: 1909 (10. Juli)
Präsident(in): Dipl.-Ing. Wilhelm Kuhlgatz
Hauptgeschäftsführer(in): Dr.-Ing. Niels Ketscher
Leitung Presseabteilung: Dipl.-Ing. Peter Haensel
Verbandszeitschrift: GIESSEREI
Verlag: Giesserei-Verlag GmbH, Postf. 10 25 32, 40016 Düsseldorf
Mitglieder: 637 Firmen, 2 505 persönl. Mitglieder

Förderung von Forschung und Entwicklung; Fortbildungsseminare; Bibliothek und Literaturdokumentation; Herausgabe von Informationsdiensten, VDG-Merkblättern, Fachzeitschriften und Fachbüchern; Fachausschüsse, Kongresse und Studienreisen.

• **T 1 143**

Deutsche Glastechnische Gesellschaft e.V. (DGG)
Mendelssohnstr. 75-77, 60325 Frankfurt
T: (069) 97 58 61-0 **Fax:** 97 58 61-99
Internet: http://www.hvg-dgg.de
E-Mail: dgg@hvg-dgg.de
Gründung: 1922
Vorsitzende(r): Prof. Dr.rer.nat. Gerd Müller (Fraunhofer-Institut für Silicatforschung, Würzburg)
Geschäftsführer(in): Prof. Dr. Helmut A. Schaeffer
Schriftleiter: Dr. Dieter Kaboth
Mitglieder: 1400
Mitarbeiter: 8

Förderung der technischen und wissenschaftlichen Arbeit auf den Gebieten der Herstellung, der Verarbeitung, der Veredelung und der Anwendung von Glas. Koordinierung praxisbezogener Forschungsarbeiten; Zusammenarbeit mit nationalen und internationalen Institutionen und Verbänden; Glastechnische Tagungen, Fachausschüsse, Verlag, Zeitschrift GLASS SCIENCE AND TECHNOLOGY-Glastechnische Berichte (Originalarbeiten auf Englisch), Dokumentation, Fachbibliothek, Literaturdienst.

• **T 1 144**

Hüttentechnische Vereinigung der Deutschen Glasindustrie e.V. (HVG)
Mendelssohnstr. 75-77, 60325 Frankfurt
T: (069) 97 58 61-0 **Fax:** 97 58 61-99
Internet: http://www.hvg-dgg.de
E-Mail: hvg@hvg-dgg.de
Gründung: 1920
Vorsitzende(r): Prof. Dr. Jürgen Petzoldt (ehem. Vorstandsmitgl. der Schott Glaswerke, Mainz)
Geschäftsführer(in): Prof.Dr. Helmut A. Schaeffer
Mitglieder: 90 einzelne Unternehmen
Mitarbeiter: 19

Glastechnische Forschung und Entwicklung (Mitglied der AiF). Emissionsmessungen hinter Glasschmelzöfen; wärme- und schmelztechnische Untersuchungen; technische Beratung; Schriftreihen; Kurse; Kolloquien; Niels-von-Bülow-Stiftung (Stipendien an Studenten).

• **T 1 145**

Gesellschaft für Goldschmiedekunst e.V.
Deutsches Goldschmiedehaus
Altstädter Markt 6, 63450 Hanau
T: (06181) 25 65 56 **Fax:** 25 65 54
Gründung: 1932
Präsident(in): Dipl.-Kfm. Walter Behning
Ehrenvors. d. Präsidiums: Altbundespräs. Walter Scheel
Geschäftsführer(in): Dr. Christianne Weber-Stöber
Mitglieder: 500

● T 1 146

Forschungsgesellschaft Druck e.V. FOGRA
Postf. 80 04 69, 81604 München
Streitfeldstr. 19, 81673 München
T: (089) 4 31 82-0 **Fax:** 4 31 82-100
Internet: http://www.fogra.org
E-Mail: fogra@fogra.org
Gründung: 1951
Vorsitzende(r): Dipl.-Ing. Jan te Neues
Institutsleiter: Dr.habil. Hans-Joachim Falge
Datenbank: Dipl.-Ing. (FH) Wolfgang Hergl (T: (089) 4 31 82-4 12)
Leitung Presseabteilung: Rainer Pietzsch
Verbandszeitschrift: FOGRA-Aktuell
Redaktion: Rainer Pietzsch
Verlag: Streitfeldstr. 19, 81673 München
Mitglieder: 600
Mitarbeiter: 53
Jahresetat: DM 9,5 Mio, € 4,86 Mio

● T 1 147

Institut für Technologie und Planung Druck an der Hochschule der Künste Berlin
Einsteinufer 43-53, 10587 Berlin
T: (030) 31 85-0 **Fax:** 31 85-2685
TX: 308 066 hdkbin
E-Mail: webmaster@komm.HDK-Berlin.de
Gründung: 1975 Hochschule der Künste Berlin; Institut für Technologie und Planung Druck: 1982
Präsident(in): Prof. Lothar Romain (Ernst-Reuter-Platz 10, 10587 Berlin, T: (030) 31 85 26 47/48)
Vorsitzende(r): geschf. Dir. Prof. Dr.-Ing. Henning Schreyer (T: (030) 31 85 21 41-44)
Stellvertretende(r) Vorsitzende(r): Prof. Dr.-Ing. Helmut Rech (T: (030) 31 85 21 32)
Mitglieder: 13 Professoren und Dozenten, 9 wissenschaftl. Mitarbeiter, 20 technische Angestellte, 300 Studenten

● T 1 148

VGB TECHNISCHE VEREINIGUNG DER GROSSKRAFTWERKSBETREIBER E.V.
Postf. 10 39 32, 45039 Essen
Klinkestr. 27-31, 45136 Essen
T: (0201) 81 28-1 **Fax:** 8 12 83 06
Internet: http://www.vgb-power.de
Gründung: 1920
Vorsitzende(r): Prof. Dr.-Ing. Werner Hlubek, Essen
Geschäftsführer(in): Dr. Karl A. Theis
Leitung Presseabteilung: Helmut Bleßmann
Verbandszeitschrift: VGB-KraftwerksTechnik
Redaktion: H. Bleßmann
Verlag: VGB-KraftwerksTechnik GmbH, Klinkestr. 27-31, 45136 Essen
Mitglieder: 450
Mitarbeiter: 90
Jahresetat: DM 19 Mio, € 9,71 Mio

Förderung und Hebung der Betriebssicherheit. Verfügbarkeit und Umweltfreundlichkeit der bei den Mitgliedern bestehenden und neu zu errichtenden Wärmekraftanlagen. Mitarbeit an Normung und Aufstellung technischer Richtlinien und Regeln. Mitwirkung bei der Interessenvertretung der Mitglieder gegenüber Behörden, Organisationen und Öffentlichkeit.

● T 1 149

Bundesverband Motorkraftwerke e.V. (BVMKW)
Geisnangstr. 3, 71640 Ludwigsburg
T: (07141) 38 07 01 **Fax:** 38 07 05
Vorsitzende(r): Dipl.-Ing. Gottfried Rössle

● T 1 150

Arbeitsgemeinschaft Wärmebehandlung und Werkstoff-Technik e.V.
Rosenstr. 11, 65388 Schlangenbad
T: (06129) 5 90 43 **Fax:** 5 90 45
Ltg. Geschäftsst.: D. V. Krämer
Vorsitzende(r): Dipl.-Ing. H. Mallener
Arbeitskreise in: Berlin, Bremen, Chemnitz/Freiberg, Düsseldorf, Frankfurt, Friedrichshafen, Hagen, Hamburg, Hannover, Homburg/Saar, Kassel, Mannheim, München, Nürnberg, Offenburg, Schweinfurt, Stuttgart, Suhl, Ulm sowie 24 Fachausschüsse

● T 1 151

Hafenbautechnische Gesellschaft e.V.
Dalmannstr. 1, 20457 Hamburg
T: (040) 4 28 47-2178 **Fax:** 4 28 47-2179
Internet: http://www.htg-online.de
E-Mail: service@htg-online.de
Gründung: 1914 (22. Mai)
Vorsitzende(r): Staatsrat Prof. Dr.-Ing. Heinz Giszas, Hamburg
Geschäftsführer(in): Dipl.-Ing. Karlheinz Pröpping, Hamburg
Mitglieder: 1600

● T 1 152

Forschungsgemeinschaft für Elektrische Anlagen und Stromwirtschaft e.V. (FGH)
Postf. 81 01 69, 68201 Mannheim
Hallenweg 40, 68219 Mannheim
T: (0621) 80 47-0 **Fax:** 80 47-112
E-Mail: fgh@fgh-ma.de
Präsident(in): Dipl.-Ing. Rolf Warncke, Kassel
Vorstand: Dr.-Ing. Wolfram H. Wellßow, Ketsch

● T 1 153

Union der Hörgeräte-Akustiker e.V. (UHA)
Postf. 40 06, 55030 Mainz
Neubrunnenstr. 3, 55116 Mainz
T: (06131) 28 30-0 **Fax:** 28 30-30
Internet: http://www.uha.de
E-Mail: uhamainz@t-online.de
1. Vorsitzende(r): Dr. Bernd Hähle (Berliner Str. 97, 03046 Cottbus, T: (0355) 79 79 88, Fax: (0355) 79 28 74, e-mail: Dr.Bernd_Hähle@t-online.de)
Geschäftsführer(in): Sigrid Weissgerber
Mitglieder: 800

Fachwissenschaftliche Organisation des Hörgeräte-Akustiker-Handwerks.

● T 1 154

Verein für Technische Holzfragen e.V.
Bienroder Weg 54E, 38108 Braunschweig
T: (0531) 21 55-0 **Fax:** 35 15 87
Internet: http://www.wki.fhg.de
E-Mail: info@wki.fhg.de
Gründung: 1946
Mitglieder: 140
Jahresetat: DM 1,9 Mio, € 0,97 Mio

Der Verein für Technische Holzfragen fördert vorrangig das Wilhelm-Klauditz-Institut (WKI) Fraunhofer-Institut für Holzforschung, das angewandte Forschung durchführt.

● T 1 155

Studiengesellschaft Holzschwellenoberbau in der DGfH e.V.
Bayerstr. 57-59 V. Stock, 80335 München
T: (089) 51 61 70-0 **Fax:** 53 16 57
Gründung: 1906 (12. Juni)
Geschäftsführer(in): Dipl.-Ing. Joachim Tebbe

● T 1 156

Forschungsgemeinschaft Industrieofenbau e.V. (FOGI)
Postf. 71 08 64, 60498 Frankfurt
Lyoner Str. 18, 60528 Frankfurt
T: (069) 66 03-14 13 **Fax:** 66 03-16 92
Internet: http://www.tpt.vdma.org
E-Mail: habig_tpt@vdma.org
Vorsitzende(r): Dr. Bernd Edenhofer
Geschäftsführer(in): Dr. Gutmann Habig

● T 1 157

Bundesverband Telearbeit e.V. (BVTA)
Graf-Arbo-Str. 18, 82284 Grafrath
Internet: http://www.telearbeit.org
E-Mail: presse@telearbeit.org
Gründung: 1995 (30. März)
Präsident(in): Meinrad Müller
Hauptgeschäftsführer(in): Doris Müller
Verbandszeitschrift: Telearbeit
Redaktion: Telearbeit aktuell, Bahnhofstr. 91, 82284 Grafrath (auch Verlag)
Mitglieder: 8700
Jahresetat: DM 0,24 Mio, € 0,12 Mio

● T 1 158

Institut für Software, Elektronik, Bahntechnik (ISEB) in der TÜV InterTraffic GmbH
51101 Köln
Am Grauen Stein 1, 51105 Köln
T: (0221) 8 06-21 25 **Fax:** 8 06-3940
Internet: http://www.iseb.com
E-Mail: jansen@iseb.com
Gründung: 1986 (1. Januar)
Direktor(in): Dr.-Ing. Herbert Jansen
Mitglieder: 8000 (TÜV Rheinland gesamt)

● T 1 159

AS-International Association e.V. Verein zur Förderung busfähiger Interfaces für binäre Aktuatoren und Sensoren e.V.
Auf dem Broich 4a, 51519 Odenthal
T: (02174) 4 07 56 **Fax:** 4 15 71
Internet: http://www.as-interface.com
E-Mail: AS-Interface@t-online.DE
Gründung: 1991
Vorsitzende(r): Ing. grad. Heinz Walker (c/o Siemens AG, Gerätewerk Amberg)
Geschäftsführer(in): Dr.rer.nat. Otto W. Madelung (Auf dem Broich 4 a, 51519 Odenthal, T: (02174) 4 07 56, Telefax: (02174) 4 15 71)
Mitglieder: 80

● T 1 160

Institut für Mikroelektronik Stuttgart
Allmandring 30A, 70569 Stuttgart
T: (0711) 6 85-7333 **Fax:** 6 85-5930
E-Mail: salzmann@mikro.uni-stuttgart.de
Gründung: 1983
Vorsitzende(r): Dir.Prof.Dr.rer.nat. Bernd Höfflinger
Stellvertretende(r) Vorsitzende(r): Dr. Horst Fischer (Fa. Siemens AG, München)
Mitglieder: Vorstand: 5 Mitglieder, Kuratorium: 25 Mitglieder
Mitarbeiter: 72

Stiftungszweck: Die Stiftung hat die Aufgabe, Forschung u. Entwicklung auf dem Gebiet mikroelektronischer Schaltungen und Systeme zu betreiben u. für die Umsetzung der Arbeitsergebnisse in die industrielle Praxis zu sorgen.

● T 1 161

TZM Transferzentrum Mikroelektronik e.V.
In den Weiden 7, 99099 Erfurt
T: (0361) 44 20 66-0 **Fax:** 44 20 66-6
Internet: http://www.tzm.de
E-Mail: tzm.erfurt@t-online.de
Gründung: 1993 (08. März)
Vorsitzende(r): Dr. Wolfgang Hecker (MAZeT GmbH)
Stellvertretende(r) Vorsitzende(r): Dr. Claus Dittrich (GEMAC mbH)
Prof. Dr. Gerd Scarbata (IMMSG mbH)
Geschäftsführer(in): Dipl.-Phys. Wolfram Männel
Mitglieder: 18

● T 1 162

Deutsche Forschungsgesellschaft für die Anwendung der Mikroelektronik e.V. (DFAM)
Postf. 71 08 64, 60498 Frankfurt
Lyoner Str. 18, 60528 Frankfurt
T: (069) 66 03-1315 **Fax:** 66 03-1463
Gründung: 1990
Vorstand: Dr. Dittrich (GEMAC GmbH, Chemnitz)
Dr. Dittrich (Endress + Hauser GmbH & Co, Maulburg)
Dr. Herbst (ht-Mikroelektronik, Duisburg)
Dipl.-Ing. Rauen (VDMA, Frankfurt)
Dipl.-Ing. Rüsch (ZVEI, Frankfurt)
Dr. Müller (Heidelberger Druckmaschinen AG)
Prof. Gerhäuser (FhG-IIS, Erlangen)

● T 1 163

ZAM Zentrum für angewandten Wissenstransfer und Innovationen der Bayerischen Fachhochschulen e.V.
Sitz des Vereins: Nürnberg
Grünbeckstr. 10, 93049 Regensburg
T: (0941) 29 93 77 **Fax:** 29 93 76
Gründung: 1985
Vorstand: Prof. Dr. Erich Kohnhäuser, Regensburg
Mitglieder: ca. 50
Mitarbeiter: ca. 10 (Gesamtverein)

t 1 164

ZAM e.V.- Arbeitsgruppe Institut Burghausen
Mautnerstr. 268, 84489 Burghausen
T: (08677) 98 80 37 **Fax:** 9 88 09
Leitung: Prof. Dr.-Ing. Axel Richter

t 1 165

ZAM e.V. - Arbeitsgruppe Anwenderzentrum Nürnberg
Am Weichselgarten 7, 91058 Erlangen
T: (09131) 69 11 40 **Fax:** 69 11 66
Leitung: Prof. Dr. Johann Siegl

t 1 166

ZAM e.V. -Anwenderzentrum Memmingen
In der Neuen Welt 10, 87700 Memmingen
T: (08331) 30 99 **Fax:** 8 78 97
Leitung: Prof. Dr.-Ing. Dieter König

t 1 167

ZAM e.V. Anwendergruppe Fachhochschule Ingolstadt
Goldknopfgasse 7, 85049 Ingolstadt
T: (0841) 93 48-191 **Fax:** 93 48-200
Leitung: Prof. Dr. Jürgen Schröder

t 1 168

ZAM e.V. Arbeitsgruppe Systems Engineering Coburg
Fachhochschule Coburg
Friedrich-Streib-Str. 2, 96450 Coburg
T: (09561) 3 17-253 **Fax:** 3 17-171
Leitung: Prof. Dr. Schorr

t 1 169

ZAM e.V. - Arbeitsgruppe Fachhochschule Regensburg
Grünbeckstr. 10, 93049 Regensburg
T: (0941) 29 93 77 **Fax:** 29 93 76
Leitung: Prof. Dr. Hopfenmüller

• T 1 170

VDE/VDI - Gesellschaft Mikroelektronik, Mikro- und Feinwerktechnik (VDE/VDI-GMM)
Stresemannallee 15 VDE-Haus, 60596 Frankfurt
T: (069) 63 08-330, 63 08-227 **Fax:** 6 31 29 25
E-Mail: gmm@vde.com
Vorsitzende(r): Prof. Dr.-Ing. Peter M. Knoll
Geschäftsführer(in): Dipl.-Ing. Rainer Theobald

• T 1 171

Dachverband für Medizinische Technik (DVMT)
VDE-Haus
Stresemannallee 15, 60596 Frankfurt
T: (069) 63 08-208 **Fax:** 96 31 52 19
Internet: http://www.dvmt.de
E-Mail: dvmt@vde.com
Gründung: 1992 (November)
Vorsitzende(r): Prof. Dr.-Ing. H. Ermert
Stellvertretende(r) Vorsitzende(r): Dr.-Ing. J. Nippa
Geschäftsführer(in): Dr.-Ing. T. Becks
Leitung Presseabteilung: Dr. W. Börmann

• T 1 172

VDI

VEREIN DEUTSCHER INGENIEURE

Postf. 10 11 39, 40002 Düsseldorf
Graf-Recke-Str. 84, 40239 Düsseldorf
T: (0211) 62 14-0 **Fax:** 62 14-575
Internet: http://www.vdi.de
Gründung: 1856
Präsident(in): Prof. Dr.-Ing. Hubertus Christ
Direktor(in): Dr.-Ing. Willi Johannes Fuchs
Leitung Presse- und Öffentlichkeitsarbeit: Peter Herrmann
Mitglieder: ca. 130 000
Struktur:
-regional: 45 VDI-Bezirksvereine
-technisch-wissenschaftlich: 17 VDI-Fachgliederungen und Interdisziplinäre Gremien
-berufspolitisch: VDI-Hauptgruppe
dazu:
-VDI-Technologiezentrum Physikalische Technologien, Düsseldorf
-VDI/VDE-Technologiezentrum Informationstechnik GmbH, Teltow
-VDI-Bildungswerk GmbH
-VDI-Ingenieurhilfe e.V.
-VDI-Versicherungsdienst GmbH
-VDI-Projekt und Service GmbH
-VDI Verlag GmbH
-Springer-VDI-Verlag GmbH + Co

VDI-Hauptgruppe - Der Ingenieur in Beruf und Gesellschaft
Vorsitzende(r): Prof. Dr.-Ing. Klaus Henning
Geschäftsführer(in): Dipl.-Ing. Karl-Heinz Simsheuser

Bereich Berufs- und Standesfragen
Vorsitzende(r): Prof. Dr.-Ing. Moniko Greif
Ref.: Dr.rer.pol. Holger Hillmer (Ing. M.A.)

Bereich Ingenieuraus- und -weiterbildung
Vorsitzende(r): Dr.-Ing. Kruno Hernaut
Ref.: Dipl.-Ing. Kathrin Pieper

Bereich Mensch und Technik
Vorsitzende(r): Prof. Dr. Christoph Hubig
Ref.: Dr. Volker Brennecke

Bereich Technikgeschichte
Vorsitzende(r): Prof. Dr. Ulrich Wengenroth
Ref.: Dr.rer.pol. Holger Hillmer (Ing. M.A.)

Bereich Technik und Recht
Vorsitzende(r): Dipl.-Ing. Helge B. Cohausz
Ref.: Ass. Dieter Anders

Bereich Technik und Wirtschaft
Vorsitzende(r): Prof. Dr. Dr.h.c. Ralf Reichwald
Ref.: Dr. Volker Brennecke

Bereich Technikbewertung
Vorsitzende(r): Prof. Dr. Herwig Hulpke
Ref.: Dr. Volker Brennecke

Bereich Technik und Bildung
Vorsitzende(r): Prof. Dr. Hans Schulte
Ref.: Michael Kussmann

Bereich Frauen im Ingenieurberuf
Vorsitzende(r): Prof. Dr.-Ing. Burghilde Wieneke-Tautaoui
Ref.: Dipl.-Ing. Kathrin Pieper

Bereich Studenten und Jungingenieure
Vorsitzende(r): Mark Scherr
Ref.: Dr. Susanne Ihsen (M.A.)

VDI-Auskunftsstelle für berufspolitische Fragen
Ref.: Dr. Susanne Ihsen (M.A.)

Fachgliederungen des VDI
Vorsitzender des Wissenschaftlichen Beirates: Ing.(grad.) Helmut Petri
Leiter d. VDI-Fachgl.: Dr.-Ing. Ulrich Bellmann

Max-Eyth-Gesellschaft Agrartechnik im VDI
Vorsitzende(r): Dr. Jens-Peter Ratschow
Geschäftsführer(in): Dr.-Ing. Armin Simbürger

VDI-Gesellschaft Bautechnik
Vorsitzende(r): Prof. Dr.-Ing. E.h. Manfred Nußbaumer (M.Sc.)
Geschäftsführer(in): Dipl.-Ing. R. Jesorsky

VDI-Gesellschaft Energietechnik
Vorsitzende(r): Prof. Dr.-Ing. Hermann-Josef Wagner
Geschäftsführer(in): Dr.-Ing. Ernst-Günter Hencke

VDI-Gesellschaft Fahrzeug- und Verkehrstechnik
Vorsitzende(r): Prof. Dr.-Ing. Uwe Loos
Geschäftsführer(in): Dr.-Ing. Armin Simbürger

VDI-Gesellschaft Entwicklung Konstruktion Vertrieb
Vorsitzende(r): Dr.-Ing. Günter-Hans Feier
Geschäftsführer(in): Dipl.-Ing. Volker Wanduch

VDI-Gesellschaft Kunststofftechnik
Vorsitzende(r): Dr.rer.nat. Alf Löffler
Geschäftsführer(in): Dr.-Ing. Ludwig Vollrath

VDI-Gesellschaft Fördertechnik Materialfluß Logistik
Vorsitzende(r): Dipl.-Wirtsch.-Ing. Heimo Thomas
Geschäftsführer(in): Dr.-Ing. Kurt Redeker

VDI/VDE-Gesellschaft Mess- und Automatisierungstechnik
Vorsitzende(r): Prof. Dr.-Ing.habil. Georg Bretthauer
Geschäftsführer(in): Dipl.-Ing. (FH) Manfred Schatz

VDE/VDI-Gesellschaft Mikroelektronik, Mikro- und Feinwerktechnik
Vorsitzende(r): Prof. Dr.-Ing. Peter Knoll
Geschäftsführer(in): Dipl.-Ing. Rainer Theobald

VDI-Gesellschaft Produktionstechnik (ADB)
Vorsitzende(r): Dr.-Ing. W. Hans Engelskirchen
Geschäftsführer(in): Dr.-Ing. Kurt Redeker

VDI-Gesellschaft Technische Gebäudeausrüstung
Vorsitzende(r): Dipl.-Ing. Bernd Pasterkamp
Geschäftsführer(in): Dipl.-Ing. Undine Stricker-Berghoff (CEng MinstE)

VDI-Gesellschaft Verfahrenstechnik und Chemieingenieurwesen
Vorsitzende(r): Dipl.-Phys. Helmut Becks
Geschäftsführer(in): Prof. Dr.-Ing. H. Cremer

VDI-Gesellschaft Werkstofftechnik
Vorsitzende(r): Prof. Dr.-Ing. Karl-Heinz Habig
Geschäftsführer(in): Dr.-Ing. Ludwig Vollrath

Normenausschuß Akustik, Lärmminderung und Schwingungstechnik im DIN und VDI
Vorsitzende(r): Dr.-Ing. Ulrich J. Kurze
Geschäftsführer(in): Dipl.-Ing. Hans-Peter Grode
Stellvertretende(r) Geschäftsführer(in): Dipl.-Ing. Siegfried Jud

Kommission Reinhaltung der Luft (KRdL) im VDI und DIN - Normenausschuß
Vorsitzende(r): Dr.-Ing. Peter Davids
Geschäftsführer(in): Prof. Dr.-Ing. Klaus Grefen

VDI Koordinierungsstelle Umwelttechnik
Vorsitzende(r): Prof. Dr.-Ing. Eberhard Stief
Geschäftsführer(in): Dipl.-Ing. Rüdiger Wolfertz

VDI-Gesellschaft Systementwicklung und Projektgestaltung
Vorsitzende(r): Prof. Dr.-Ing. Udo Lindemann
Geschäftsführer(in): Dipl.-Ing. Volker Wanduch

Die VDI-Hauptgruppe und alle VDI-Fachgliederungen sowie die Gremien und Bereiche sind zu erreichen über die Adresse:
VDI Verein Deutscher Ingenieure, Graf-Recke-Str. 84, 40239 Düsseldorf, Postf. 10 11 39, 40002 Düsseldorf, T: (0211) 62 14-0, Fax: (0211) 62 14-5 75, Internet: http://www.vdi.de, E-Mail: vdi@vdi.de

Aufgaben: Wissens- und Erfahrungsaustausch unter Ingenieuren sowie mit Vertretern anderer Wissenschafts- und Berufsbereiche; Erstellen von Richtlinien, Dokumentationen u. ä.; Durchführung von Tagungen, Kongressen, Seminaren etc.; beratende Mitwirkung im Bildungswesen und im Vorfeld technologie-politischer Entscheidungen (VDI-Büro Berlin/Bonn); Kooperation mit anderen technisch-wissenschaftlichen Institutionen, Ausbildungs- und Forschungsstätten, Ministerien und Behörden des In- und Auslandes; Projektbezogene Technologieberatung im Rahmen von Förderprogrammen der Bundesregierung; Publikationen (Wochenzeitung "VDI nachrichten", Fachbücher und -zeitschriften Berichte, Stellungnahmen etc.); Serviceleistungen (z. B. individuelle Auskünfte, Expertenvermittlung, Fachinformationsschauen); Öffentlichkeitsarbeit "in Sachen Technik und Ingenieure". Behandelt werden nahezu alle Gebiete der Technik unter Einbezug gesellschaftlich relevanter Fragen, unabhängig von Einzelinteressen, politisch neutral.

Regionale Gliederungen des VDI

Region Bayern

t 1 173

VDI Augsburger Bezirksverein
Siemens Technopark
Werner-von-Siemens-Str. 6, 86159 Augsburg
T: (0821) 59 50 53 **Fax:** 59 50 54
Vorsitzende(r): Dipl.-Ing. Klaus-Peter Mellwig

t 1 174

VDI Bezirksverein München, Ober- und Niederbayern
TÜV Süddeutschland Holding AG
Westendstr. 199, 80686 München
T: (089) 57 91-22 00 **Fax:** 57 91-21 61
Vorsitzende(r): Dipl.-Ing. Eckart Naumann

t 1 175

VDI Nürnberger Bezirksverein
Keßlerplatz 12, 90489 Nürnberg
T: (0911) 55 40 30 **Fax:** 53 32 24
Vorsitzende(r): Dr.-techn. Robert Kugler

t 1 176

VDI Unterfränkischer Bezirksverein e.V.
Postf. 15 27, 97405 Schweinfurt

T: (09721) 80 14 77 **Fax:** 8 36 04
Vorsitzende(r): Dr.-Ing. Klaus Büdicker

Region Berlin

t 1 177

VDI Bezirksverein Berlin-Brandenburg
Bismarckstr. 12, 10625 Berlin
T: (030) 3 41 01 77 **Fax:** 3 41 02 61
Vorsitzende(r): Dr.-Ing. Jürgen Krupski

Region Hannover

t 1 178

VDI Braunschweiger Bezirksverein
Langer Kamp 19b, 38106 Braunschweig
T: (0531) 2 33 82 73 **Fax:** 2 33 79 74
E-Mail: vdi@iwf.ing.tu-bs.de
Vorsitzende(r): Prof. Dr.-Ing. Jürgen Hesselbach

t 1 179

VDI Hannoverscher Bezirksverein
Am TÜV 1, 30519 Hannover
T: (0511) 9 86-2120 **Fax:** 9 86-2121
Vorsitzende(r): Dipl.-Ing. Rolf Schüler

t 1 180

VDI Osnabrücker Bezirksverein
Postf. 42 28, 49032 Osnabrück
T: (0541) 25 86 94 **Fax:** 25 86 82
Vorsitzende(r): Dipl.-Ing. Dieter Arndt

Region Hessen

t 1 181

VDI Bezirksverein Frankfurt-Darmstadt
i. Hs. TÜV Hessen
Mergenthaleralle 27, 65760 Eschborn
T: (06196) 9 48-943 **Fax:** 94 89 45
Vorsitzende(r): Prof. Dr.-Ing. Kurt Landau

t 1 182

VDI Bezirksverein Lahn-Dill
Heinrich-Ziegler-Str. 21, 35619 Braunfels
T: (06442) 63 86 **Fax:** 63 85
Vorsitzende(r): Dr.rer.nat. Claus Gunkel

t 1 183

VDI Nordhessischer Bezirksverein
Resotec GmbH
Eisenstr. 7, 34225 Baunatal
T: (0561) 9 49 87-27 **Fax:** 49 80 89
Internet: http://www.vdi-nh.com
E-Mail: resotec@t-online.de
Vorsitzende(r): Dipl.-Ing. Ulrich Jonas

t 1 184

VDI Rheingau-Bezirksverein
Christian-Lechleitner-Str. 22, 55128 Mainz
T: (06131) 36 97 22 **Fax:** 36 97 22
Vorsitzende(r): Dipl.-Wirt.-Ing. Dieter Münk

t 1 185

VDI Thüringer Bezirksverein
Prüssingstr. 41, 07745 Jena
T: (03641) 65 26 36 **Fax:** 65 26 37
Internet: http://www.vdi.de/bvs/thr/bv-thr.htm
E-Mail: VDI.Thueringen@t-online.de
Vorsitzende(r): Dr.-Ing. Peter Vogel

Region Mitte

t 1 186

VDI Dresdner Bezirksverein
Wettiner Platz 7, 01067 Dresden
T: (0351) 8 60 84 46 **Fax:** 8 60 84 46
Vorsitzende(r): Dr.-Ing. Manfred Bergmann

t 1 187

VDI Hallescher Bezirksverein
Weinbergweg 23, 06120 Halle
T: (0345) 55 83-6 91 **Fax:** 55 83-691
Vorsitzende(r): Dr.-Ing. Franz Wege

t 1 188

VDI Bezirksverein Leipzig
Maxico M Euro-Asia Business-Center
Messe-Allee 2, 04356 Leipzig
T: (0341) 6 02 18 42 **Fax:** 6 02 18 45
Vorsitzende(r): Prof. Dr.-Ing.habil. Dagmar Hentschel

t 1 189

VDI Magdeburger Bezirksverein
Breitscheidstr. 51, 39114 Magdeburg
T: (0391) 8 10 73 33 **Fax:** 8 10 73 31
Vorsitzende(r): Dr.-Ing. Horst Lewy

t 1 190

VDI Westsächsischer Bezirksverein Chemnitz
TU Chemnitz/Rühlmannbau
Reichenhainer Str. 70, 09126 Chemnitz
T: (0371) 5 31-3290 **Fax:** 5 31-3290
Vorsitzende(r): Prof. Dr.-Ing.habil. Christian A. Schumann

Region Nord

t 1 191

VDI Bremer Bezirksverein
IFAM
Wiener Str. 12, 28359 Bremen
T: (0421) 17 16 13 **Fax:** 17 15 13
Vorsitzende(r): Dipl.-Ing. (Univ.) Dietrich Seelmann-Eggebert

t 1 192

VDI Hamburger Bezirksverein
Stadtbahnstr. 114, 22391 Hamburg
T: (040) 2 70 28 07 **Fax:** 27 87 70 28
Vorsitzende(r): Dr.-Ing. Joachim Knoop

t 1 193

VDI Lübecker Bezirksverein
Postf. 24 29, 23512 Lübeck
T: (0451) 3 88 59 88 **Fax:** 3 88 59 80
Vorsitzende(r): Dr.-Ing. Klaus Knaack

t 1 194

VDI Ostfriesischer Bezirksverein
Ingenieurbüro R. Schnieders
Ruhrstr. 10, 26382 Wilhelmshaven
T: (04421) 9 40 00 **Fax:** 94 00 94
Vorsitzende(r): Prof. Dipl.-Ing. Manfred G. Siegle

t 1 195

VDI Bezirksverein Mecklenburg-Vorpommern
Friedrich-Barnewitz-Str. 3, 18119 Rostock
T: (0381) 51 96-148 **Fax:** 51 96-148
Vorsitzende(r): Prof. Dr.-Ing. Ulf Hansen

t 1 196

VDI Schleswig-Holsteinischer Bezirksverein
FH Kiel / FB Maschinenwesen
Legienstr. 35, 24103 Kiel
T: (0431) 55 17 59 **Fax:** 55 17 59
Vorsitzende(r): Prof. Dipl.-Ing. Ernst Gottfried Schmidt

t 1 197

VDI Unterweser Bezirksverein
Postf. 10 10 43, 27510 Bremerhaven
T: (04703) 18 08 **Fax:** 18 75
Vorsitzende(r): Ing. Günter Albers

Region Westfalen-Ruhr

t 1 198

VDI Bergischer Bezirksverein
Postf. 20 19 54, 42219 Wuppertal
Müngstener Str. 10, 42285 Wuppertal
T: (0202) 2 58 11 12 **Fax:** 2 58 11 09
Vorsitzende(r): Obering. Gero Panskus

t 1 199

VDI Bochumer Bezirksverein
TZ an der Ruhr-Universität
Universitätsstr. 142, 44799 Bochum
T: (0234) 9 71 94 94 **Fax:** 9 71 94 96
Vorsitzende(r): Dr.-Ing. Siegfried Müller

t 1 200

VDI Emscher-Lippe Bezirksverein
Hüls AG, PB 16, Bau 1231
Paul-Baumann-Str. 1, 45772 Marl
T: (02365) 49-51 85 **Fax:** 49-62 10
Vorsitzende(r): Dipl.-Ing. Horst Werner Möller

t 1 201

VDI Lenne-Bezirksverein
Körnerstr. 80, 58095 Hagen
T: (02331) 18 25 39 **Fax:** 18 25 41
Vorsitzende(r): Prof. Dr.-Ing. Fritz Mehner

t 1 202

VDI Münsterländer Bezirksverein
Technologie-Hof Münster
Mendelstr. 11, 48149 Münster
T: (0251) 9 80-1209 **Fax:** 9 80-1210
Vorsitzende(r): Dipl.-Ing. Hubertus Kopatschek

t 1 203

VDI Ruhrbezirksverein
ABB Gebäudetechnik AG, Niederlassung Essen
45116 Essen
Kronprinzenstr. 5-7, 45128 Essen
T: (0201) 10 04-2 32
Vorsitzende(r): Prof. Dr.-Ing. Dieter Elbracht

t 1 204

VDI Teutoburger Bezirksverein
Postf. 10 28 07, 33528 Bielefeld
Krackser Str. 12, 33659 Bielefeld
T: (0521) 40 33 56 **Fax:** 42 99 56
Vorsitzende(r): Prof. Dr.-Ing. Gerhard Zenke

t 1 205

VDI Westfälischer Bezirksverein
Fachhochschule Dortmund
Sonnenstr. 96, 44139 Dortmund
T: (0231) 12 84 06
Vorsitzende(r): Dr.-Ing. Jürgen-Peter Voigt

Region Südwest

t 1 206

VDI Bodensee-Bezirksverein
Postf. 24 64, 88014 Friedrichshafen
T: (07541) 7 51 80 **Fax:** 37 19 60
Vorsitzende(r): Dipl.-Ing. (FH) Johann Heitzmann

t 1 207

VDI Karlsruher Bezirksverein
LGA
Karl-Friedrich-Str. 17, 76133 Karlsruhe
T: (0721) 9 26-4011 **Fax:** 37 92 11
Vorsitzende(r): Dipl.-Ing. Berthold Best

t 1 208

VDI Nordbadisch-Pfälzischer Bezirksverein
S 1 5, 68161 Mannheim
T: (0621) 2 26 57 **Fax:** 2 02 85
E-Mail: vdi-mannheim@t-online.de
Vorsitzende(r): Dr.-Ing. Gerwig Köster

t 1 209

VDI Bezirksverein Schwarzwald
Mitscherlichstr. 5, 79108 Freiburg
T: (0761) 50-137 **Fax:** 50-529
Vorsitzende(r): Dr.-Ing. Hans Georg Scheerer

t 1 210

VDI Württembergischer Ingenieurverein
Hamletstr. 11, 70563 Stuttgart
T: (0711) 1 31 63-0 **Fax:** 1 31 63-60
Vorsitzende(r): Dipl.-Ing. Klaus-Dieter Vöhringer

t 1 211

VDI Bezirksverein Saar
Kerlinger Weg 1a, 66798 Wallerfangen
T: (06837) 9 17 20 **Fax:** 9 17 21
Vorsitzende(r): Prof. Dr.-Ing. Jürgen Althoff

Region West

t 1 212

VDI Aachener Bezirksverein
Kasernenstr. 34-36, 52064 Aachen
T: (0241) 3 16 53
Vorsitzende(r): Prof. Dr.-Ing. Hubertus Murrenhoff

t 1 213

VDI Kölner Bezirksverein
Fachhochschule Köln
Betzdorfer Str. 2, 50679 Köln
T: (0221) 88 19 09 **Fax:** 8 80 08 67
Vorsitzende(r): Dipl.-Ing. Peter Zschernack

t 1 214

VDI Mittelrheinischer Bezirksverein
(KEWAG)
Postf. 20 11 40, 56011 Koblenz
T: (0261) 3 92 12 10 **Fax:** 3 92 12 05
Vorsitzende(r): Prof. Dr.-Ing. Wolfgang Slowak

t 1 215

VDI Moselbezirksverein
Stadtwerke Trier
Ostallee 7-13, 54290 Trier
T: (0651) 7 17-1203 **Fax:** 7 17-1299
Vorsitzende(r): Dipl.-Ing. (FH) Wolfgang Reiland

t 1 216

VDI Niederrheinischer Bezirksverein
Postf. 10 11 39, 40002 Düsseldorf
T: (0211) 62 14-439 **Fax:** 62 14-575
Vorsitzende(r): Dipl.-Ing. Norbert Schüssler

t 1 217

VDI Siegener Bezirksverein
Ostlandstr. 3, 57234 Wilnsdorf
T: (02737) 31 36 **Fax:** 59 18 06
Vorsitzende(r): Dipl.-Ing. Willi Hempelmann

VDI-Landesvertretungen

t 1 218

VDI Landesvertretung Niedersachsen
Am TÜV 1, 30519 Hannover
T: (0511) 9 86-2120 **Fax:** 9 86-2121
Landesvertreter: Dipl.-Ing. Rolf Schüler

t 1 219

VDI Landesvertretung Sachsen-Anhalt
Breitscheidstr. 51, 39114 Magdeburg
T: (0391) 8 10 73 33 **Fax:** 8 10 73 31
Landesvertreter: Doz. Dr.-Ing. Klaus Hoppe

t 1 220

VDI Landesvertretung Berlin und Brandenburg
Bismarckstr. 12, 10625 Berlin
T: (030) 34 70 31 89 **Fax:** 34 70 91 62
Landesvertreter: Dr.-Ing. Jürgen Krupski

t 1 221

VDI Landesvertretung Hessen
Landesvertretung Hessen
Paul-Friedländer-Str. 1, 65203 Wiesbaden
T: (0611) 1 82 49-0 **Fax:** 1 82 49-10
Landesvertreter: Prof. Dr.-Ing. Rainer Hirschberg

t 1 222

VDI Landesvertretung Bayern
TÜV Süddeutschland Holding AG
Westendstr. 199, 80686 München
T: (089) 57 91-2226 **Fax:** 57 91-2161
Landesvertreter: Dr.-Ing. Kurt A. Detzer

Tochtergesellschaften und Einrichtungen

t 1 223

VDI/VDE-Technologiezentrum Informationstechnik GmbH
Rheinstr. 10b, 14513 Teltow
T: (03328) 4 35-0 **Fax:** 4 35-141
Internet: http://www.vdivde-it.de
E-Mail: vdivde-it@vdivde-it.de
Geschäftsführer(in): Peter Dortans
Dr. Werner Wilke

t 1 224

VDI-Technologiezentrum Physikalische Technologien, Düsseldorf
Postf. 10 11 39, 40002 Düsseldorf
Graf-Recke-Str. 84, 40239 Düsseldorf
T: (0211) 62 14-401 **Fax:** 62 14-147, 62 14-484
Internet: http://www.vdi.de/tz-pt/tz-pt.htm
E-Mail: vditz@vdi.de
Geschäftsführer(in): Dr. Ralph Jürgen Peters

t 1 225

VDI Verlag GmbH
Postf. 10 10 54, 40001 Düsseldorf
Heinrichstr. 24, 40239 Düsseldorf
T: (0211) 61 88-0 **Fax:** 61 88-112
Internet: http://www.vdi-verlag.de, http://www.vdi-nachrichten.com
Vors. d. Verwaltungsrates: Prof. Dr.-Ing. Hubertus Christ
Stellv. Vors. d. Verwaltungsrates: Dr. Heinz-Werner Nienstedt
Geschäftsführer(in): Raymond Johnson-Ohla

t 1 226

VDI-Bildungswerk GmbH
Postf. 10 11 39, 40002 Düsseldorf
Graf-Recke-Str. 84, 40239 Düsseldorf
T: (0211) 62 14-201 **Fax:** 62 14-154
Internet: http://www.vdi.de/bw
E-Mail: bildungswerk@vdi.de
Vorsitzender des Beirates:
Prof. Dr.-Ing. Christian Nedeß
Geschäftsführer(in): Dipl.-Oec. Dipl.-Ing. Joachim Neuerburg

t 1 227

VDI-Versicherungsdienst GmbH
Postf. 10 11 39, 40002 Düsseldorf
Graf-Recke-Str. 84, 40239 Düsseldorf
T: (0211) 62 14-543 **Fax:** 62 14-170
Internet: http://www.vdi.de/versich
E-Mail: versicherungen@vdi.de
Geschäftsführer(in): Ass. Wolfgang Schröter

t 1 228

VDI-Ingenieurhilfe e.V.
Postf. 10 11 39, 40002 Düsseldorf
Graf-Recke-Str. 84, 40239 Düsseldorf
T: (0211) 62 14-282 **Fax:** 62 14-169
Internet: http://www.vdi.de
Vorsitzende(r): Dipl.-Ing. Heinrich Grothaus
Geschäftsführer(in): Dipl.-Ing. (FH) Walter Hechinger

t 1 230

VDI-Projekt und Service GmbH
Postf. 10 11 39, 40002 Düsseldorf
Graf-Recke-Str. 84, 40239 Düsseldorf
T: (0211) 62 14-431 **Fax:** 62 14-164
Internet: http://www.vdi.de/gps/
E-Mail: gps@vdi.de
Geschäftsführer(in): Dr. Ralph Jürgen Peters

t 1 231

VDI Büro Berlin
Bismarckstr. 10-12, 10625 Berlin
T: (030) 34 70 89 56 **Fax:** 34 70 89 57
E-Mail: vdiberlin@vdi.de
Leitung: Klaus Siebertz

t 1 232

VDI Büro Brüssel
Rue du Commerce 31, B-1000 Brüssel
T: (00322) 500 89 65 **Fax:** 500 89 67
E-Mail: bruxelles@vdi.de
Leitung: Dr. Jörg Niehoff
Senior Consultant: Dr. Manfred Raisch

• **T 1 229**

Deutsch-Französische Gesellschaft für Wissenschaft und Technologie e.V. (DFGWT)
-Deutsche Sektion
Postf. 20 14 48, 53144 Bonn
Ahrstr. 45, 53175 Bonn
T: (0228) 30 22 41 **Fax:** 37 63 07
E-Mail: info@dfgwt.bn.shuttle.de
Gründung: 1981
Präsident(in): Dr. Hermann Krämer
Stellvertretende(r) Vorsitzende(r): Staatssekretär a.D. Dr.h.c. Hans-Hilger Haunschild
Hartmut Grübel
Geschäftsführer(in): Ulrich Muth
Mitglieder: 130

Vertiefung von Kontakten und Zusammenarbeit in Wissenschaft u. Technik zwischen Wirtschaft/ Wissenschaft/öffentlicher Verwaltung in Frankreich und Deutschland; Schlüsselbereiche vor allem: Neue Technologien, Biotechnologie, neue Werkstoffe, Informationstechnik; Verbesserung der bilateralen Zusammenarbeit der kleinen und mittleren Unternehmen; Verbesserung der wechselseitigen Information in Wissenschafts- und Technologiepolitik.

AFAST-französische Sektion:

t 1 233

Association Franco-Allemande pour la Science et la Technologie
1 rue Descartes, F-75005 Paris
T: (00331) 55 55 88 73 (Secr.) **Fax:** 55 83 62
Vorsitzende(r): Prof. Pierre Laffitte (Sénateur des Alpes-Maritimes, Prés. du Comité de Coordination des Ecoles des Mines, 60 Boulevard Saint-Michel, 75006 Paris)
Stellvertretende(r) Vorsitzende(r): Roger Pagezy (Délégué Général A.N.R.T., 101 Ave. Raymond Poincaré, 75016 Paris)
Jean-Pierre Chevillot (Dir. de Recherche au CNRS, Commission de l'Union Européenne DG XII, Rue de la Loi 200 B, 1049 Bruxelles)
Geschäftsführer(in): Jacqueline Mirabel (Ministère de l'Education Nationale de la Recherche et de la Technologie/DRIC, 1 Rue Descartes, 75231 Paris Cedex 05)

• **T 1 234**

Deutsch-Französisches Forschungsinstitut Saint-Louis (ISL)
Postf. 12 60, F-79574 Weil am Rhein
5, Rue du Général Cassagnou, F-68300 Saint Louis
T: (00333) 89 69 50 00 **Fax:** 89 69 50 02
Direktion: Dipl.-Ing. Hermann Sitterberg
Ing. Gén. Yves de Longueville

• **T 1 235**

Deutscher Kälte- und Klimatechnischer Verein e.V. (DKV)
Pfaffenwaldring 10, 70569 Stuttgart
T: (0711) 6 85 32 00 **Fax:** 6 85 32 42
Gründung: 1909
Vorsitzende(r): Dr.-Ing. Rainer Jakobs
Geschäftsführer(in): Irene Reichert (Ltg. Presseabt.)
Arbeitsabt. I: Kryotechnik
Arbeitsabt. II.1: Grundlagen und Stoffe der Kälte- und Wärmepumpentechnik
Arbeitsabt. II.2: Anlagen und Komponenten der Kälte und Wärmepumpentechnik
Arbeitsabt. III: Kälteanwendung
Arbeitsabt. IV: Klimatechnik und Wärmepumpenanwendung
Mitglieder: 1300

• **T 1 236**

Potsdam-Institut für Klimafolgenforschung e.V.
Postf. 60 12 03, 14412 Potsdam
Telegrafenberg Gebäude C4, 14473 Potsdam
T: (0331) 2 88-2500 **Fax:** 2 88-2600
Gründung: 1992 (1. Januar)
Direktor(in): Prof. Dr. Hans Joachim Schellnhuber (T: 2 88-2501, Fax: 2 88-2510)
Stellv. Dir: Dr. Manfred Stock (T: 2 88-2506, Fax: 2 88-2510)
Jur. Berater im Nebenamt: Dr. Bernd-Uwe Jahn
Abteilungsleiter:
Prof. Dr. Wolfgang Cramer (Abt. Globaler Wandel & Natürliche Systeme)
Prof. Dr. Juri Svirezhev (Abt. Integrierte Systemanalyse)
Prof. Dr. Ferenc Tóth (Abt. Globaler Wandel & Soziale Systeme)
Prof. Dr. Martin Claußen (Abt. Klima-System)
Prof. Dr. Rupert Klein (Abt. Data & Computation)
Verwaltungsleiterin: Kerstin Heuer (T: 288-25 08)
Public Relations: Margret Boysen (T: 2 88-2507, Fax: 2 88 25 52)
Mitarbeiter: 118
Jahresetat: DM 19,7 Mio, € 10,07 Mio

• **T 1 237**

DKG
Deutsche Kautschuk-Gesellschaft e.V.

Deutsche Kautschuk-Gesellschaft e.V. (DKG)
Postf. 90 03 60, 60443 Frankfurt
Zeppelinallee 69, 60487 Frankfurt
T: (069) 7 93 61 53 **Fax:** 7 93 61 55
Internet: http://www.rubber-dkg.de
E-Mail: rubber.dkg@t-online.de
Gründung: 1926 (25. September)

Vorsitzende(r): Prof. Dr. R. Casper
Geschäftsführer(in): Dipl.-Volksw. F. Katzensteiner
Mitglieder: 1300 persönliche, 114 Firmen

• **T 1 238**

Deutsches Institut für Kautschuktechnologie e.V. (DIK)
Eupener Str. 33, 30519 Hannover
T: (0511) 8 42 01-0 **Fax:** 8 38 68 26
Internet: http://home.t-online.de/home/dikautschuk
E-Mail: info@dikautschuk.de
Gründung: 1981 (14. Dezember)
Vorstand: Prof. Dr. Robert H. Schuster (Institutsleitung)
Vorstand: Dr. Manfred Grothe
Prof. Dr. Manfred L. Hallensleben
Prof. Dr. Hartmut Louis
Mitglieder: 70
Mitarbeiter: 40

• **T 1 239**

Deutsche Keramische Gesellschaft e.V. (DKG)
Am Grott 7, 51147 Köln
T: (02203) 9 66 48-0 **Fax:** 6 93 01
Internet: http://www.dkg.de
E-Mail: info@dkg.de
Gründung: 1919
Präsident(in): Dr.-Ing. Hannes Walter (01662 Meißen)
Geschäftsführer(in): Dr. Markus Blumenberg
Mitglieder: 1370

• **T 1 240**

Forschungsgemeinschaft der Deutschen Keramischen Gesellschaft e.V.
Am Grott 7, 51147 Köln
T: (02203) 9 66 48-0 **Fax:** 6 93 01
Präsident(in): Dr.-Ing. Hannes Walter (01662 Meißen)
Geschäftsführer(in): Dr. Markus Blumenberg

• **T 1 241**

Keramik-Institut

Verein zur Förderung von Innovationen in der Keramik e.V. Keramik-Institut
Ossietzkystr. 37a, 01662 Meißen
T: (03521) 4 63-515 **Fax:** 4 63-516
Internet: http://www.keramikinstitut.de
E-Mail: ivs-meissen@t-online.de
Gründung: 1992 (14. Oktober)
Vorstandsvorsitzender: W. Schulle (Bergakademie Freiberg)
Institutsleiter: Dr. Joachim Uebel
Mitglieder: 16
Mitarbeiter: 25

Forschung und Forschungsleistungen auf dem Keramiksektor.

• **T 1 242**

Forschungszentrum Rossendorf e.V.
Postf. 51 01 19, 01314 Dresden
Sitz: Bautzner Landstr. 128, 01474 Schönfeld-Weißig
T: (0351) 2 60-0 **Fax:** 2 69 04 61
Gründung: 1992 (1. Januar)
Wissenschaftl. Dir.: Prof. Dr. Frank Pobell
Kaufm. Dir.: Gerd Parniewski
Öffentlichkeitsarbeit: Gudrun Zwicker
Mitarbeiter: ca. 600

• **T 1 243**

Kerntechnischer Ausschuß (KTA)
Geschäftsstelle: beim Bundesamt für Strahlenschutz
Postf. 10 01 49, 38201 Salzgitter
Willy-Brandt-Str. 5, 38226 Salzgitter
T: (05341) 8 85-0 **Fax:** 8 85-905
E-Mail: AHihn@BfS.DE
Gründung: 1972 (01. September)
Vorsitzende(r): MinDirig Dr. A. Matting (Bundesministerium für Umwelt, Naturschutz und Reaktorsicherheit (BMU), Postfach 120629, 53048 Bonn)
Stellvertretende(r) Vorsitzende(r): Dipl.-Ing. W. Bürkle (Siemens AG-Energieerzeugun KWU, Postfach 3220, 91050 Erlangen)
Geschäftsführer(in): Dr. Ivar Kalinowski

• **T 1 244**

Länderausschuß für Atomkernenergie (Hauptausschuss)
c/o Bundesministerium für Umwelt, Naturschutz und Reaktorsicherheit
Postf. 12 06 29, 53048 Bonn
T: (0228) 3 05-2812
Vorsitzende(r): MinDir. Wolfgang Renneberg
Geschäftsführer(in): MR Dr. Horst Schneider

• **T 1 245**

Institut für Kernenergetik und Energiesysteme der Universität Stuttgart (IKE)
70550 Stuttgart
Pfaffenwaldring 31, 70569 Stuttgart
T: (0711) 6 85 21 38 **Fax:** 6 85-20 10
Internet: http://www.ike.uni-stuttgart.de
E-Mail: HOLDER@IKE.UNI-STUTTGART.DE
Leitung: Prof. G. Lohnert (PhD)
Geschäftsführer(in): Dipl.-Phys. P. Holder

• **T 1 246**

VDI-Gesellschaft Entwicklung Konstruktion Vertrieb (VDI-EKV)
Postf. 10 11 39, 40002 Düsseldorf
Graf-Recke-Str. 84, 40239 Düsseldorf
T: (0211) 62 14-239 **Fax:** 62 14-171
Internet: http://www.vdi.de/ekv/ekv.htm
E-Mail: ekv@vdi.de
Vorsitzende(r): Dr.-Ing. Günter-Hans Feier
Geschäftsführer(in): Dipl.-Ing. V. Wanduch

• **T 1 247**

Forschungsgesellschaft Kunststoffe e.V.
Schloßgartenstr. 6, 64289 Darmstadt
T: (06151) 16 21 04 **Fax:** 29 28 55
Gründung: 1953
Vorsitzende(r): Dr. Winfried Wunderlich
Stellvertretende(r) Vorsitzende(r): Dr. Dietrich Fleischer (Ticona GmbH, Frankfurt/M.)
Schatzmeister: Dr. Uwe Eisenlohr, Worms
Mitglieder: 100
Mitarbeiter: 100
Jahresetat: DM 8 Mio, € 4,09 Mio

Forschung und Dokumentation auf dem Kunststoffsektor; Nachwuchsausbildung; Beratung und Unterstützung bei der Lösung wissenschaftlicher und technischer Probleme auf dem Kunststoffsektor.

• **T 1 248**

Gesellschaft für Kunststoffe im Landbau e.V. (GKL)
c/o KTBL
Godesberger Allee 142-148, 53175 Bonn
T: (0228) 8 10 02 20 **Fax:** 8 10 02 48
Internet: http://www.ktbl.de
E-Mail: gkl@g-net.de
Gründung: 1971
Präsident(in): Prof. Dr. Christian von Zabeltitz (Institut für Technik im Gartenbau, Univ. Hannover)
Geschäftsführer(in): Dr. Hans-Joachim Lobowsky (KTBL Bonn)

• **T 1 249**

VDI-Gesellschaft Kunststofftechnik (VDI-K)
Postf. 10 11 39, 40002 Düsseldorf
Graf-Recke-Str. 84, 40239 Düsseldorf
T: (0211) 62 14-527 **Fax:** 62 14-1 60
Internet: http://www.vdi.de/kunststoffe
E-Mail: kunststoffe@vdi.de
Vorsitzende(r): Dr.rer.nat. Alf Löffler
Geschäftsführer(in): Dr.-Ing. L. Vollrath

• **T 1 250**

Deutsche farbwissenschaftliche Gesellschaft (DfwG)
Hardyweg 16, 14055 Berlin
T: (030) 30 81 15 12 **Fax:** 30 81 15 13
E-Mail: Heinz.Terstiege@t-online.de
Gründung: 1974 (24. Oktober)
Präsident(in): Prof. Dr.-Ing. Heinz Terstiege (Hardyweg 16, 14055 Berlin)
Stellvertretende(r) Vorsitzende(r): Dr. Gerhard Rösler (Bleichenanger 5, 82256 Fürstenfeldbruck)
Geschäftsführer(in): Dipl.-Ing. Frank Rochow (LMT Lichtmeßtechnik GmbH Berlin, Helmholtzstr. 9, 10587 Berlin)
Mitglieder: 350

• **T 1 251**

Deutsches Farbenzentrum e.V. - Zentralinstitut für Farbe in Wissenschaft und Gestaltung
Bozener Str. 11-12, 10825 Berlin
T: (030) 8 54 63 61 **Fax:** 8 54 63 61
Gründung: 1962
Vorstand: Prof. Klaus Palm (Presse), Berlin
Prof. Dr. Klaus Richter, Berlin
Mitarbeiter: 3 (ehrenamtl.)

• **T 1 252**

Deutsche Gesellschaft für Lackforschung e.V.
c/o Forschungsinstitut für Pigmente und Lacke e.V.
Allmandring 37, 70569 Stuttgart
T: (0711) 6 87 80-0 **Fax:** 6 87 80 79
Vorstand
Vorsitzende(r): Dr. Rolf-Dieter Henkler (c/o ICI Lacke Farben GmbH, Hilden)
Stellvertretende(r) Vorsitzende(r): Dr. Fritz Sadowski (c/o Herberts GmbH, Köln)
Fachwart: Dipl.-Chem.Dr. Helmut Haagen (Schwabstr. 100, 71032 Böblingen)
Kassenverwalter: Dipl.-Chem. Dr. Joachim F. Engemann (c/o Forschungsinstitut für Pigmente und Lacke e. V., Stuttgart)

• **T 1 253**

Bundesvereinigung gegen Fluglärm e.V. (BVF)
Westendstr. 26, 64546 Mörfelden-Walldorf
T: (06105) 2 22 69, 93 82 83 **Fax:** 93 82 38
Internet: http://www.fluglaerm.de
E-Mail: joachimhans.beckers@t-online.de
Gründung: 1967 (November)
Vorsitzende(r): Prof. Dr.-Ing. E.h. Kurt Oeser (Westendstr. 26, 64546 Mörfelden-Walldorf, Pfarrer)
Stellvertretende(r) Vorsitzende(r): Dipl.-Ing. Joachim Hans Beckers, Ratingen
Stellvertretende(r) Vorsitzende(r): Helmut Breidenbach, Köln

• **T 1 254**

Deutscher Arbeitsring für Lärmbekämpfung e.V. (DAL)
Bundesgeschäftsstelle:
Frankenstr. 25, 40476 Düsseldorf
T: (0211) 48 84 99 **Fax:** 44 26 34
Internet: http://www.dalaerm.de
E-Mail: izlaerm@dalaerm.de
Gründung: 1952 (03. Dezember)
Vorsitzende(r): Dr. R. Guski
Geschäftsführer(in): L. H. Visse
Verbandszeitschrift: Zeitschrift für Lärmbekämpfung, Lärm Report
Verlag: Springer VDI-Verlag
Mitglieder: 600

t 1 255

Landesverband Sachsen-Anhalt
Umwelthaus Magdeburg
Steubenallee 2, 39104 Magdeburg
T: (0391) 5 41 34 85
Gründung: 1994 (25. Oktober)
Vorsitzende(r): Prof. Dr.med. Giselher Schuschke
Landessprecher: Dipl.-Phys. Günther Brüdigam

• **T 1 256**

Normenausschuß Akustik, Lärmminderung und Schwingungstechnik (NALS) im DIN und VDI
Postf. 10 11 39, 40002 Düsseldorf
Graf-Recke-Str. 84, 40239 Düsseldorf
T: (0211) 62 14-250/261 **Fax:** 62 14-149
Internet: http://www.vdi.de/nals/nals.htm
Vorsitzende(r): Dr.-Ing. U. J. Kurze
Geschäftsführer(in): Dipl.-Ing. Hans-Peter Grode
Stellvertretende(r) Geschäftsführer(in): Dipl.-Ing. Siegfried Jud

• **T 1 257**

Deutsche Akademie für Landeskunde e.V.
Geschäftsstelle:
Institut für Länderkunde
Schongauerstr. 9, 04329 Leipzig
T: (0341) 25 65 10 **Fax:** 2 55 65 98
1. Vorsitzende(r): Prof. Dr. Hans Gebhardt, Heidelberg
Verbandszeitschrift: Berichte zur deutschen Landeskunde
Redaktion: Dr. Ute Wardenga
Verlag: Selbstverlag der Deutschen Akademie für Landes-

kunde e.V., Bildungswissenschaftliche Hochschule Flensburg, Mürwiker Str. 77, 24943 Flensburg, T: (0461) 5 70 13 20, Telefax: (0461) 5 70 13 12

• T 1 258

Kommission für geschichtliche Landeskunde in Baden-Württemberg

Eugenstr. 7, 70182 Stuttgart
T: (0711) 2 12 42 66 **Fax:** 2 12 42 69
E-Mail: Poststelle@Kommission.belwue.de
Gründung: 1954 (03. Dezember)
Vorsitzende(r): Dr. Gerhard Taddey (Eugenstr. 7, 70182 Stuttgart)
Stellvertretende(r) Vorsitzende(r): Prof.Dr. Dieter Mertens, Freiburg
Geschäftsführer(in): Dr. Uwe Sibeth
Verbandszeitschrift: Zeitschrift für die Geschichte des Oberrheins, Zeitschrift für Württembergische Landesgeschichte
Verlag: Kohlhammer, Heßbrühlstr. 69, 70565 Stuttgart
Mitglieder: 90 ordentliche, 62 korrespondierende, 2 Ehrenmitglieder
Mitarbeiter: 8
Jahresetat: DM 1,0 Mio, € 0,51 Mio

• T 1 259

Arbeitskreis für Siebenbürgische Landeskunde e.V. Heidelberg

Schloß Horneck, 74831 Gundelsheim
T: (06269) 4 21 00, 4 21 50 **Fax:** 42 10 10
E-Mail: institut@sb-gun1.bib-bw.de
Gründung: 1840, Wiedergründung 1962
Vorsitzende(r): Dr. Günther H. Tontsch (Univ. Hamburg)
Stellvertretende(r) Vorsitzende(r): Dr. Konrad G. Gündisch (Bundesinstitut für ostdt. Gesch. Oldenburg)
Hauptgeschäftsführer(in): Dr. Harald Roth
Verbandszeitschrift: Zeitschrift für Siebenbürgische Landeskunde
Redaktion: Dr. Ralf Göllner, Dr. Konrad G. Gündisch, Dr. Stefan Mazgareanu, Dr. Harald Roth
Verlag: Schloß Horneck, 74831 Gundelsheim
Mitglieder: 850
Mitarbeiter: 4

• T 1 260

Max-Eyth-Gesellschaft Agrartechnik im VDI (VDI-MEG)

Postf. 10 11 39, 40002 Düsseldorf
Graf-Recke-Str. 84, 40239 Düsseldorf
T: (0211) 62 14-264 **Fax:** 62 14-163
Internet: http://www.vdi.de/meg/meg.htm
E-Mail: meg@vdi.de
Vorsitzende(r): Dr. Jens-Peter Ratschow
Geschäftsführer(in): Dr.-Ing. Armin Simbürger

• T 1 261

Kuratorium für Technik und Bauwesen in der Landwirtschaft e.V. (KTBL)

(Institutszentrum)
Bartningstr. 49, 64289 Darmstadt
T: (06151) 7 00 10 **Fax:** 7 00 11 23
T-Online *7001*
Internet: http://www.dainet.de/ktbl
E-Mail: ktbl@ktbl.de
Gründung: 1927
Präsident(in): Prof. Dr. Dr.h.c.(AE) Hans Schön
Hauptgeschäftsführer(in): Dipl.-Landw. Harald Kühner (T: (06151) 7 00 11 20)
Leitung Presseabteilung: Dr. Rainer Metzner (T: (06151) 7 00 11 27)
Verbandszeitschrift: LANDTECHNIK
Redaktion: Dr. Metzner
Mitglieder: ca. 360
Mitarbeiter: ca. 70
Jahresetat: DM 9,6 Mio, € 4,91 Mio

mit

t 1 262

KTBL-Versuchsstation Dethlingen

T: (05192) 22 82
Leitung: Dr. Rolf Peters

t 1 263

KTBL-Fachgruppe Technik und Bauwesen im Gartenbau

Godesberger Allee 142-148, 53175 Bonn
T: (0228) 81 00 20
Leitung: Dr. Hans-Joachim Labowsky (T: (0228) 8 10 02 20)

• T 1 264

Arbeitsgemeinschaft für Landtechnik und ländliches Bauwesen Nordrhein-Westfalen e.V. (ALB-NRW)

Postf. 19 69, 53009 Bonn

Vermittlung zwischen Wissenschaft und Praxis auf dem Gebiete des landwirtschaftlichen Bauwesens, der Technik in der Landwirtschaft und der städtebaulichen Entwicklung im ländlichen Raum.

• T 1 265

Deutsche Lichttechnische Gesellschaft e.V. (LiTG)

Geschäftsstelle:
Burggrafenstr. 6, 10787 Berlin
T: (030) 26 01-2439 **Fax:** 26 01-1255
Gründung: 1912
Vorsitzende(r): Dipl.-Ing. Ha.-Jo. Richter (TRILUX-LENZE GmbH + Co KG, Heidestraße, 59759 Arnsberg)
Geschäftsführer(in): Dr.-Ing. M. Seidl (Deutsche Lichttechnische Ges. e.V. LiTG, Burggrafenstr. 6, 10787 Berlin)
Verbandszeitschrift: Licht
Redaktion: Regina Welk
Verlag: Richard Pflaum Verlag GmbH & Co. KG, Postf. 19 07 37, 80607 München
Mitglieder: 2600

• T 1 266

Licensing Executive Society Deutsche Landesgruppe e.V.

Sekretariat: Dr. Bernhard H. Geissler, Bardehle, Pagenberg, Dost, Altenburg, Frohwitter, Geissler, Isenbruck
Galileiplatz 1, 81679 München
T: (089) 92 80-50 **Fax:** 92 80-5444
Gründung: 1977
Präsident(in): Dipl.-Ing. Rolf W. Einsele (DaimlerChrysler AG, Intellectual Property Management (FTP), HPC 0533, 70546 Stuttgart, T: (0711) 1 79 31 19, Fax: (0711) 1 79 41 91)
28 Landesgruppen

• T 1 267

Deutsches Zentrum für Luft- und Raumfahrt e.V. (DLR)

51170 Köln
Linder Höhe, 51147 Köln
T: (02203) 6 01-0 **Fax:** 6 73 10
Internet: http://www.dlr.de/
Gründung: 1969
Vorstand: Prof.Dr. Walter Kröll (Vors.)
Prof. Dr. Jürgen Blum (stellv. Vors.)
Prof. Dr. Achim Bachem
Prof. Volker von Tein

Abteilung Presse und Öffentlichkeitsarbeit
Dr. Kratzenberg-Annies (Linder Höhe, 51147 Köln, T: (02203) 6 01 21 16, Telefax: (02203) 6 73 10)

Institut für Flugsystemtechnik
Prof. P. Hamel (Lilienthalplatz 7, 38108 Braunschweig, T: (0531) 2 95-26 00, Telefax: (0531) 35 26 41)

Institut für Flugführung
Dr. U. Völckers (Lilienthalplatz 7, 38108 Braunschweig, T: (0531) 2 95-25 00, Telefax: (0531) 3 95 25 50)

Institut für Robotik und Mechatronik
Prof. Dr. Jürgen E. Ackermann (Oberpfaffenhofen, 82234 Weßling (Obb.), T: (08153) 2 82-4 23, Telefax: (08153) 28-11 34)

Institut für Luft- und Raumfahrtmedizin
Prof. Dr. R. Gerzer (Linder Höhe, 51147 Köln, T: (02203) 6 01-31 15, Telefax: (02203) 6 73 10)

Verkehrsforschung
N. N. (Linder Höhe, 51147 Köln, T: (02203) 6 01-21 80, Telefax: (02203) 6 73 10)

Institut für Strömungsmechanik
Prof. Dr. G. E. A. Meier (Bunsenstr. 10, 37073 Göttingen, T: (0551) 7 09-21 78, Telefax: (0551) 7 09-28 70)

Institut für Antriebstechnik
Prof. Dr. H. Weyer (Linder Höhe, 51147 Köln, T: (02203) 6 01-22 50, Telefax: (02203) 6 01-23 53)

Institut für Entwurfsaerodynamik
Prof. Dr. H. Körner (Lilienthalplatz 7, 38108 Braunschweig, T: (0531) 2 95-24 00, Telefax: (0531) 35 26 95)

Institut für Werkstoff-Forschung
Prof. Dr. Wolfgang A. Kaysser (Linder Höhe, 51147 Köln, T: (02203) 6 01-24 50, Telefax: (02203) 6 01-24 55)

Institut für Strukturmechanik
Prof. Dr. E. Breitbach (Lilienthalplatz 7, 38108 Braunschweig, T: (0531) 2 95-23 00, Telefax: (0531) 35 26 95)

Institut für Bauweisen- und Konstruktionsforschung
Prof. R. Kochendörfer (Pfaffenwaldring 38/40, 70569 Stuttgart, T: (0711) 68 62-4 43, Telefax: (0711) 68 62-2 27)

Institut für Aeroelastik
Dr. H. Hönlinger (Bunsenstr. 10, 37073 Göttingen, T: (0551) 7 09-23 41, Telefax: (0551) 7 09-28 62)

Institut für Raumsimulation
Prof. Dr.rer.nat. B. Feuerbacher (Linder Höhe, 51147 Köln, T: (02203) 6 01-21 76, Telefax: (02203) 6 01-20 94)

Institut für Hochfrequenztechnik und Radarsysteme
Dr. W. Keydel (Oberpfaffenhofen, 82234 Weßling (Obb.), T: (08153) 2 82-3 06, Telefax: (08153) 28-11 35)

Institut für Physik der Atmosphäre
Prof. Dr. U. Schumann (Oberpfaffenhofen, 82234 Weßling (Obb.), T: (08153) 2 82-5 07 (5 21), Telefax: (08153) 28-2 43)

Institut für Kommunikation und Navigation
Dr. F. Kühne (Oberpfaffenhofen, 82234 Weßling (Obb.), T: (08153) 2 82-8 11, Telefax: (08153) 28-14 42)

Institut für Methodik der Fernerkundung
N. N. (Oberpfaffenhofen, 82234 Weßling (Obb.), T: (08153) 2 82-7 86, Telefax: (08153) 28-13 49)

Institut für Weltraumsensorik und Planetenerkundung
Prof. Dr. Gerhard Neukum (Rudower Chaussee 5, 12489 Berlin, T: (030) 6 70 75-5 00, Telefax: (030) 6 70 75-3 03)
Prof. Dr. Hans-Peter Röser (Rudower Chaussee 5, 12489 Berlin, T: (030) 6 70 75-5 00, Telefax: (030) 6 70 75-5 02)

Institut für Technische Physik
Prof. Dr. H. Opower (Pfaffenwaldring 38-40, 70569 Stuttgart, T: (0711) 68 62-7 70, Telefax: (0711) 68 62-3 49)

Institut für Technische Thermodynamik
Prof. Hans Müller-Steinhagen (Pfaffenwaldring 38-40, 70569 Stuttgart, T: (0711) 68 62-3 58, Telefax: (0711) 68 62-3 49)

Institut für Verbrennungstechnik
Prof.Dr. Manfred Aigner (Pfaffenwaldring 38-40, 70569 Stuttgart, T: (0711) 68 62-3 09, Telefax: (0711) 68 62-3 49)

Raumfahrtantriebe
Prof.Dr. Wolfgang Koschel (Lampoldshausen, Langer Grund, 74239 Hardthausen, T: (06298) 28-203, Telefax: (06298) 28-190)

Deutsches Fernerkundungsdatenzentrum (DFD)
Dr. Bamler (Oberpfaffenhofen, 82234 Weßling (Obb.), T: (08153) 2 82-6 72, Telefax: (08153) 28-14 46)
Dr. Dech (Oberpfaffenhofen, 82234 Weßling (Obb.), T: (08153) 2 82-6 72, Telefax: (08153) 28-14 46)

Flugbetrieb
Dipl.-Wirtsch.-Ing. V. Harbers (Oberpfaffenhofen, 82234 Weßling (Obb.), T: (08153) 2 82-9 71, Telefax: (08153) 28-2 43)

Windkanäle
Dr. Eitelberg (Bunsenstr. 10, 37073 Göttingen, T: (0551) 70 91-21 44, Telefax: (0551) 7 09-21 01)

Raumflugbetrieb
Prof. K. Wittmann (Oberpfaffenhofen, 82234 Weßling (Obb.), T: (08153) 2 82-7 00, Telefax: (08153) 28-2 43, GSOC (08153) 14 38/2 44)

Hauptabteilung Qualität und Sicherheit
Dr. R. Wieynk (Linder Höhe, 51147 Köln, T: (02203) 6 01-28 88, Telefax: (02203) 6 73 10)

Finanzen und Personal
K. Hamacher (Linder Höhe, 51147 Köln, T: (02203) 6 01-23 95, Telefax: (02203) 6 73 10)

Projektträgerschaften
Dr. H. Klein (Südstr. 125, 53175 Bonn, T: (0228) 3 82 11 00, Telefax: (0228) 3 82-12 29)
Mitarbeiter: ca. 4600
Publikationen: DLR Nachrichten
Jahresbericht
DLR-Forschungsberichte und -Mitteilungen

• T 1 268

Flughistorische Forschungsgemeinschaft Gustav Weißkopf

Bahnhofstr. 20, 91578 Leutershausen
T: (09823) 3 84 **Fax:** 3 84
Internet: http://www.weisskopf.de
E-Mail: 101505.3145@compuserve.com
Gründung: 1973

1. **Vorsitzende(r):** Hermann Betscher
Stellvertretende(r) Vorsitzende(r): Matthias Lechner
Mitglieder: 100

● **T 1 269**

Astrophysikalisches Institut Potsdam (AIP)
Stiftung Privaten Rechts
Mitglied der Wissenschaftsgemeinschaft Gottfried Wilhelm Leibniz
An der Sternwarte 16, 14482 Potsdam
T: (0331) 74 99-0 **Fax:** 7 49 92 67, 7 49 93 62
Internet: http://www.aip.de:8080
Gründung: 1992
Vorstand: Prof. Dr. Günther Hasinger (E-Mail: ghasinger@aip.de)
Peter A. Stolz (E-Mail: pastolz@aip.de)
Mitarbeiter: 130

● **T 1 270**

Deutsche Gesellschaft für Luft- und Raumfahrt - Lilienthal-Oberth e.V. (DGLR)
-Wissenschaftlich-Technische Vereinigung
Godesberger Allee 70, 53175 Bonn
T: (0228) 3 08 05-0 **Fax:** 3 08 05-24
Internet: http://www.dglr.de
E-Mail: geschaeftsstelle@dglr.de
Gründung: 1912 (3. April)
Vorsitzende(r): Prof. Dr.-Ing. Hans J. Rath
Generalsekretär(in): Hans Lüttgen
Leitung Presseabteilung: Ferdi Olbert
Mitglieder: 3000
Verbandszeitschrift:
„Luft- und Raumfahrt",
AVIATIC-VERLAG Peter Pletschacher, 82041 Oberhaching

● **T 1 271**

Parlamentsgruppe Luft- und Raumfahrt
Geschäftsstelle:
11011 Berlin
T: (030) 22 77 48 25 **Fax:** 22 77 68 25
Gründung: 1985 (6. November)
Ehrenamtl. Geschf: Bruno Wiefel
Vorsitzende(r): Kurt J. Rossmanith (MdB, T: (0228) 16-8 48 25)
Stellvertretende(r) Vorsitzende(r): Horst Friedrich (MdB, T: (030) 22 77 32 59)
Lothar Fischer (MdB, T: (030) 22 77 34 33)
Dr. Peter Danckert (MdB, T: (030) 22 77 33 24)
Norbert Königshofen (MdB, T: (030) 22 77 65 23)

● **T 1 272**

Kuratorium der Mensch und der Weltraum e.V.
Dresdenerstr. 6, 53359 Rheinbach
T: (02226) 43 25, 37 28
Verbandsdir: Senator E.h. Herbert Knierim
Vors. d. Vorstandsbeir.: Wissenschaft Technik: Dipl.-Ing. Oscar Bauschinger
Vors. d. Vorstandsbeir: Literatur Geisteswissenschaften: Dr. Johannes Sobotta
Beratendes Vorst.-Mitgl. f. Wirtschaft u. Finanzen: Senator Günther Klinge (Geschf.Ges. d. Chemisch-Pharmazeutischen Fabrik Adolf Klinge & Co.)
Beratendes Vorst.-Mitgl. f. Politik, Kultur, Erziehung: Staatssekretär a.D. Erwin Lauerbach
Collegium Astronauticum: Prof. Dr. Felix Schmeidler (Universitätssternwarte München)
Stellv.: Prof. Dr. H. Ruppe (Techn. Universität München)
Collegium Oecologicum: Prof. Dr.med. Albers (Lehrstuhl für Physiologie, Universität Regensburg)
Stellv.: Dipl.-Ing. Oscar Bauschinger, München
Collegium Mare Nostrum: Dr. Jaques Piccard, Genf
Stellv.: ORR Dr. Dorschel, Kiel
Vors. Collegium Urbs Humana: Prof. Dr. A. K. Boesler (Universität Bonn)

● **T 1 273**

GPM Deutsche Gesellschaft für Projektmanagement e.V.
Roritzerstr. 27, 90419 Nürnberg
T: (0911) 3 93 14 99 **Fax:** 3 93 14 98
Gründung: 1979
Vorsitzende(r) des Vorstandes: Dr. Ulrich Wolff
Vorstand: Prof. Dr. Nino Grau
Jürgen Blume
Dipl.-Ing. Walter Eschwei
Dipl.-Betrw. Roland Ottmann
Dipl.-Kfm. Günter Rackelmann
Verbandszeitschrift: Projektmanagement
Verlag: TÜV Rheinland, Viktoriastr. 26, 51149 Köln
Mitglieder: 1225
Mitarbeiter: 2

Zweck des Vereins ist die Förderung des Projektmanagements, insbesondere der Aus- und Weiterbildung sowie der Forschung und Information auf diesem Gebiet.

● **T 1 274**

Sternwarte der Stadt Bochum mit Zeiss Planetarium
44777 Bochum
Castroper Str. 67, 44791 Bochum
T: (0234) 5 16 06-0, 5 16 06-13 **Fax:** 5 16 06-51
Internet: http://www.planetarium-bochum.de
E-Mail: planetarium@bochum.de
Gründung: 1947
Direktor(in): Prof. Dr. J. V. Feitzinger

● **T 1 275**

Sternwarte der Stadt Nürnberg
90317 Nürnberg
Regiomontanusweg 1, 90491 Nürnberg
T: (0911) 26 54 67 **Fax:** 9 29 65 54
E-Mail: planetarium@osn.de

● **T 1 276**

Nicolaus-Copernicus-Planetarium
90317 Nürnberg
Am Plärrer 41, 90429 Nürnberg
T: (0911) 26 54 67 **Fax:** 9 29 65 54
E-Mail: planetarium@osn.de
Gründung: 1961

● **T 1 277**

Arbeitskreis Sternfreunde Lübeck e.V.
Postf. 22 09, 23510 Lübeck
T: (0451) 60 24 96
Gründung: 1977 (1. April)
Vorsitzende(r): Uwe Freitag
Geschäftsführer(in): Michael Kremin
Schriftführer(in): Felicitas Rose
Verbandszeitschrift: Polaris
Redaktion: Dennis Boller
Verlag: Eigenverlag
Mitglieder: 81
Jahresetat: DM 0,005 Mio, € 0 Mio

● **T 1 278**

Planetarium
Hindenburgstr. 1, 22303 Hamburg
T: (040) 5 14 98-0 **Fax:** 5 14 98 10
Internet: http://www.hamburg.de/planetarium
E-Mail: planetarium@kulturbehoerde.hamburg.de
Gründung: 1930 (22. April)
Leitung: Dr. Erich Übelacker
Mitarbeiter: 11

Kulturbehörde, Volksbildungsstätte.

● **T 1 279**

Bayerische Volkssternwarte München e.V.
Rosenheimer Str. 145a, 81671 München
T: (089) 40 62 39 **Fax:** 49 49 87
Gründung: 1947 (31. Mai)
Präsident(in): Peter Stättmayer
Vorsitzende(r): Josef Anzer
Geschäftsführer(in): V. Wichmann
Mitglieder: 500

● **T 1 280**

Richard-Fehrenbach-Planetarium
Friedrichstr. 51, 79098 Freiburg
T: (0761) 27 60 99
Gründung: 1975 (März)
Leitung: Otto Wöhrbach

● **T 1 281**

Planetarium Stuttgart
Mittlerer Schloßgarten, 70173 Stuttgart
T: (0711) 1 62 92 15 **Fax:** 2 16 39 12
Internet: http://www.s.shuttle.de/hk1000plan.html
E-Mail: HUKPLAN@planetarium.s.shuttle.de
Gründung: 1977 (22. April)
Direktor(in): Prof. Dr. Hans-Ulrich Keller
Mitarbeiter: 14
Jahresetat: DM 2,0 Mio, € 1,02 Mio

● **T 1 282**

Wilhelm-Foerster-Sternwarte e.V.
Munsterdamm 90, 12169 Berlin
T: (030) 79 00 93-0
Gründung: 1947
1. **Vorsitzende(r):** Dr. Karl-Friedrich Hoffmann
Wiss. Ltr: Dipl.-Phys. Jochen Rose (Ltg. Presseabt.)
Verbandszeitschrift: Veranstaltungs- und Mitteilungsheft "ALL-ZEIT"
Redaktion: Jochen Rose
Verlag: Wilhelm-Foerster-Sternwarte, Munsterdamm 90, 12169 Berlin
Mitglieder: 2500
Mitarbeiter: 10

● **T 1 283**

Landessternwarte Heidelberg
Königstuhl 12, 69117 Heidelberg
T: (06221) 50 90 **Fax:** 50 92 02
Internet: http://www.lsw.uni-heidelberg.de
E-Mail: postmaster@lsw.uni-heidelberg.de
Direktor(in): Prof. Dr. Immo Appenzeller (69117 Heidelberg-Königstuhl, T: (06221) 50 90)

● **T 1 284**

Astronomisches Rechen-Institut
Mönchhofstr. 12-14, 69120 Heidelberg
T: (06221) 4 05-0 **Fax:** 40 52 97
Gründung: 1700
Direktor(in): Prof. Dr. Roland Wielen (Ltg. Presseabt.)
Stellvertretender Direktor: Prof. Dr. Heiner Schwan
GeschF. u. Ltr. d. Verwaltung: Diana Schwalbe
Mitglieder: 50
Jahresetat: ca. DM 4,0 Mio, € 2,05 Mio

● **T 1 285**

Deutscher Markscheider-Verein e.V. (DMV)
Shamrockring 1, 44623 Herne
T: (02323) 15-2977 **Fax:** 15-3980, 15-2380
Gründung: 1879 (20. Juli)
Geschäftsführer(in): Ass. d. Markscheidefachs Jörg Glocker
Vorsitzende(r): Ass. d. Markscheidefachs Prof. Dr. Klaus-Peter Gilles
Stellvertretende(r) Vorsitzende(r): Ass. d. Markscheidefachs Michael Meisen
Schatzmeister: Ass. d. Markscheidefachs Dietrich Wanke
Schriftleiter: Markscheider Prof. Dr. Carl Walther
Verbandszeitschrift: Das Markscheidewesen
Redaktion: Markscheider Prof. Dr. Carl Walther
Verlag: Verlag Glückauf GmbH, Postf. 10 39 45, 45039 Essen
Mitglieder: 500

● **T 1 286**

Gesellschaft zur Förderung des Maschinenbaues mbH
Postf. 71 08 64, 60498 Frankfurt
Lyoner Str. 18, 60528 Frankfurt
T: (069) 66 03 14 08, 6 66 18 86 **Fax:** 66 03 16 28
Gründung: 1951 (15. Dezember)
Mitarbeiter: 60

Gegenstand des Unternehmens sind alle Maßnahmen, die der Förderung des deutschen Maschinenbaues dienen, insbesondere die Beteiligung des deutschen Maschinenbaues an Messen und Ausstellungen im In- und Ausland. Die GmbH ist eine Dienstleistungsgesellschaft des VDMA Verband Deutscher Maschinen- und Anlagenbau e.V., Frankfurt/M.

● **T 1 287**

VDI-Gesellschaft Fördertechnik Materialfluß Logistik (VDI-FML)
Postf. 10 11 39, 40002 Düsseldorf
Graf-Recke-Str. 84, 40239 Düsseldorf
T: (0211) 62 14-300 **Fax:** 62 14-155
Internet: http://www.vdi.de/fml/fml.htm
Vorsitzende(r): Dipl.-Wirtsch.-Ing. Heimo Thomas
Geschäftsführer(in): Dr.-Ing. Kurt Redeker

● **T 1 288**

Deutscher Verband für Materialforschung und -prüfung e.V. (DVM)
Unter den Eichen 87, 12205 Berlin
T: (030) 8 11 30 66 **Fax:** 8 11 93 59
Internet: http://www.dvm-berlin.de
E-Mail: office@dvm-berlin.de
Gründung: 1896
Internationaler Zusammenschluß: siehe unter izt 473
Vorsitzende(r): Prof. Dr.-Ing. Joachim W. Bergmann
Geschäftsführer(in): Ingrid Maslinski
Verbandszeitschrift: Materialprüfung
Verlag: Carl Hanser Verlag, Kolbergerstr. 22, 81679 München
Mitglieder: 350

● **T 1 289**

Materialforschungs- und Prüfungsanstalt für das Bauwesen Leipzig e.V. (MFPA)
Richard-Lehmann-Str. 19, 04275 Leipzig
T: (0341) 39 04-0 **Fax:** 3 02 60 70
Internet: http://www.mfpa-leipzig.com
E-Mail: mfpa.leitung@t-online.de
Gründung: 1992 (2. Januar)

Wissenschaftlicher Direktor: Univ.-Prof. Dr.-Ing. habil. R. Thiele
Geschäftsführer(in): Dr.-Ing. H. Meichsner
Mitarbeiter: 130

• **T 1 290**

Bund zur Förderung der Menschenerkenntnis e.V.
Richard-Strauß-Allee 35, 42289 Wuppertal
T: (0202) 62 17 69
Gründung: 1919 (09. Dezember)
Geschäftsführer(in): Roswitha Nöthling

• **T 1 291**

VDI/VDE-Gesellschaft Mess- und Automatisierungstechnik (GMA)
Postf. 10 11 39, 40002 Düsseldorf
Graf-Recke-Str. 84, 40239 Düsseldorf
T: (0211) 62 14-224 **Fax:** 62 14-161
Internet: http://www.vdi.de/gma/gma.htm, http://www.vde.com/gma
E-Mail: gma@vdi.de
Vorsitzende(r): Prof. Dr.-Ing.habil. G.H. Bretthauer
Geschäftsführer(in): Dipl.-Ing. (FH) Manfred Schatz

• **T 1 292**

Institut für Werkzeugmaschinen und Fertigungstechnik der Technischen Universität Braunschweig
Postf. 33 29, 38023 Braunschweig
Langer Kamp 19b, 38106 Braunschweig
T: (0531) 3 91-7601 **Fax:** 3 91-5842
Internet: http://www.iwf.ing.tu-bs.de
E-Mail: iwf@tu-bs.de
Dr.-Ing. Hanfried Kerle (Leiter der Zentralabteilung Technik und Verwaltung, stellv. Leiter Fertigungsautomatisierung und Handhabungstechnik (IFH), E-Mail: h.kerle@tu-bs.de)
Mitarbeiter: 65

• **T 1 293**

Gesellschaft für Fertigungstechnik und Entwicklung e.V. (GFE)
Postf. 10 01 61, 98561 Schmalkalden
Am Bad 2, 98574 Schmalkalden
T: (03683) 6 90 00 **Fax:** 6 90 00 16
Internet: http://www.gfe-schmalkalden.de
E-Mail: info@GFE-net.de
Gründung: 1992 (17. Juni), Rechtsvorgänger 1978
Vorsitzende(r): Dipl.-Ing. (FH) Edgar Wilhelm (Rennsteig Werkzeuge GmbH, Altersbach)
Stellvertretende(r) Vorsitzende(r): Prof. Dr.-Ing. Walter Lehmann (FH Schmalkalden)
Mitglieder: Dipl.-Kfm. Günther Heim (Fa. August Beck GmbH & Co. Winterlingen)
Dr.-Ing. habil Wolfgang Horn (Fa. Hüller-Hille GmbH, Ludwigsburg)
Schatzmeister: Dipl.-Betriebsw. Hans-Peter Kämpfer, Herborn/Essen
Geschäftsführer(in): Dr.rer.nat. Klaus Holland-Letz
Mitglieder: 54
Mitarbeiter: 70
Jahresetat: ca. DM 8 Mio, € 4,09 Mio
Förderung und Durchführung von Grundlagen- und angewandter Forschung auf dem Gebiet der Fertigungstechnik im allgemeinen sowie der Werkzeugtechnik, der Schichtverbundtechnik und des Qualitätsmanagements im besonderen.

t 1 294

GFE - Institut für Werkzeugtechnik und Qualitätsmanagement (IWQ)
Am Bad 2, 98574 Schmalkalden
T: (03683) 69 00 20 **Fax:** 69 00 16
Leitung: Dipl.-Ing. Frank Barthelmä
Anwendungsorientierte Grundlagenforschung, angewandte Forschung (Verbund- und Gemeinschaftsforschung) und Auftragsforschung sowie Beratungs- und Dienstleistungen auf den Gebieten der Werkzeug- und Zerspanungstechnik (u.a. Hochgeschwindigkeitszerspanung) und des Qualitätsmanagements.

t 1 295

GFE e.V. - Institut für Physikalische und Mechanische Technologien (IPMT)
Lassallestr. 14, 09117 Chemnitz
T: (0371) 2 71 04 26 **Fax:** 2 71 04 28
Internet: http://www.gfe-ipmt.de
E-Mail: info@gfe-ipmt.de
Leitung: Dr.-Ing. habil. Dieter Rathjen

• **T 1 296**

AMA Fachverband für Sensorik e.V.
Geschäftsstelle:
Hannoversche Str. 47, 37075 Göttingen
T: (0551) 2 16 95 **Fax:** 2 51 55
Internet: http://www.ama-sensorik.de
E-Mail: ama-sensorik@t-online.de
Gründung: 1981 (1. Januar)
Vorsitzende(r): Peter A. Vizenetz (c/o MEGATRON Elektronik AG & Co., Herm.-Oberth-Str. 7, 85640 Putzbrunn, T: (089) 4 60 94-233, Fax: 4 60 94-2 23)
Stellvertretende(r) Vorsitzende(r): Reinhold Rösemann (c/o Kipp & Zonen B.V., Röntgenweg 1, NL-2624 BD Delft, T: (0031) 15 2 69 80 00)
Schriftführer(in): Jochem Kreutzer (c/o ENVEC Mess- und Regeltechnik GmbH + Co., Colmarer Straße 6, 79576 Weil am Rhein, T: (07621) 9 75-508, Fax: 9 75-975)
Schatzmeister: Dr. Peter Klemm (c/o electrotherm GmbH, Elgersburger Straße 1, 98716 Geraberg, T: (03677) 7 95 60, Fax: 79 75 70)
Beisitzer: Prof. Dr. Hans-Rolf Tränkler (c/o Universität der Bundeswehr München, Institut f. Mess- u. Automatisierungstechnik, Werner-Heisenberg-Weg 39 (Geb. 33a), 85579 Neubiberg, T: (089) 60 04-37 40, Fax: 60 04-25 57)
Geschäftsführung: Dr. Dirk Rein (Leitung Presseabteilung)
Verbandszeitschrift: SENSORIK aktuell
Redaktion: Dr. Dirk Rein
Mitglieder: 362 Firmen und Institute

• **T 1 297**

GDMB Gesellschaft für Bergbau, Metallurgie, Rohstoff- und Umwelttechnik
Postf. 10 54, 38668 Clausthal-Zellerfeld
Paul-Ernst-Str. 10, 38678 Clausthal-Zellerfeld
T: (05323) 9 37 90 **Fax:** 93 79 37
Internet: http://region.tu-clausthal.de/gdmb
E-Mail: GDMB@tu-clausthal.de
Gründung: 1912
1. Vorsitzende(r): Dr.-Ing. Gernot Hänig, Duisburg
Geschäftsführer(in): Dipl.-Ing. Detlev Dornbusch
Verbandszeitschrift: Erzmetall
Redaktion: GDMB
Verlag: GDMB, Postf. 10 54, 38668 Clausthal-Zellerfeld
Mitglieder: 2000
Mitarbeiter: 7
Jahresetat: DM 0,9 Mio, € 0,46 Mio

Bezirksgruppen:
Nord, Ruhr, West, Mitte, Harz, Süd, Freiberg/Sachsen, Berlin, Saar-Lor-Lux

• **T 1 298**

Deutsche Gesellschaft für Materialkunde e.V. (DGM)
Geschäftsstelle:
Hamburger Allee 26, 60486 Frankfurt
T: (069) 7 91 77 50 **Fax:** 7 91 77 33
Internet: http://www.dgm.de
E-Mail: dgm@dgm.de
Gründung: 1919
Internationaler Zusammenschluß: siehe unter izt 472
Vorsitzende(r): Dr. Jürgen Heraeus
Geschäftsführer(in): Dr. Peter Paul Schepp
Verbandszeitschrift: Advanced Engineering Materials
Redaktion: Gregory, Ritterbusch, Schepp
Verlag: Wiley-VCH, Weinheim
Mitglieder: 3000

• **T 1 299**

Deutsche Meteorologische Gesellschaft e.V. (DMG)
c/o Institut für Meteorologie der FU Berlin
Carl-Heinrich-Becker-Weg 6-10, 12165 Berlin
T: (030) 8 38-71197 **Fax:** 7 91-9002
Gründung: 1883
Vorsitzende(r): Prof. Dr. Werner Wehry
Verbandszeitschrift: Mitteilungen der Deutschen Meteorologischen Gesellschaft
Verlag: Mont Royal, 56841 Traben-Trarbach
Mitglieder: 1620
Jahresetat: DM 0,2 Mio, € 0,1 Mio

• **T 1 300**

Deutsche Wissenschaftliche Gesellschaft für Erdöl, Erdgas und Kohle e.V. (DGMK)
Postf. 60 05 49, 22205 Hamburg
Kapstadtring 2, 22297 Hamburg
T: (040) 63 90 04-0 **Fax:** 6 30 07 36
Internet: http://www.dgmk.de
E-Mail: dgmk@online.de
Gründung: 1933
Vorsitzende(r): Dr.-Ing. G. von Hantelmann
Geschäftsführer(in): Dr. Gisa Teßmer
Verbandszeitschrift: Erdöl Erdgas Kohle
Verlag: Urban Verlag, Hamburg
Mitglieder: 1738
Mitarbeiter: 9

Bezirksgruppen

t 1 301

DGMK Bezirksgruppe Bayern
Dipl.-Ing. V. Woyke, Bayernoil, Raffinerieges. mbH
Postf. 10 08 58, 85008 Ingolstadt
T: (08457) 8 22 00 **Fax:** 8 22 07

t 1 302

DGMK Bezirksgruppe Berlin-Brandenburg
Lindenallee 40, 16303 Schwedt
T: (03332) 2 23 93
Prof. Dr. D. Bohlmann

t 1 303

DGMK-Bezirksgruppe Hamburg-Bremen
Deutsche Shell AG, Werk Grasbrook/WDP
Worthdamm 32, 20457 Hamburg
T: (040) 78 10 82 30 **Fax:** 78 10 82 18
Dr.-Ing. Ch. Diederichsen

t 1 304

DGMK-Bezirksgruppe Hannover Bundesanstalt für Geowissenschaften und Rohstoffe (BGR)
Stilleweg, 30655 Hannover
T: (0511) 6 43 23 74 **Fax:** 6 43 36 61
Prof. Dr.rer.nat. P. Kehrer

t 1 305

DGMK Bezirksgruppe Mitteldeutschland
Maienweg 1, 06237 Spergau
T: (03461) 48 12 23 **Fax:** 48 12 26
Dipl.-Chem. K.-D. Ebster (Mitteldeutsche Erdoel-Raffinerie GmbH)

t 1 306

DGMK Bezirksgruppe Oberrhein
c/o MIRO Mineralölraffinerie Oberrhein GmbH + Co. KG
Nördliche Raffineriestr. 1, 76187 Karlsruhe
T: (0721) 9 58-3266 **Fax:** 9 58-3268
Dipl.-Ing. H. Göbel

t 1 307

DGMK Bezirksgruppe Ruhr
Rheinische Str. 24, 45770 Marl
T: (02365) 4 75 97
Dr.rer.nat. R. Müller (OXENO Olefinchemie GmbH)

• **T 1 308**

Deutsche Mineralogische Gesellschaft e.V.
Sitz: Bonn
Poppelsdorfer Schloß, 53115 Bonn
T: (0228) 73 27 33
E-Mail: stephan.hoernes@uni-bonn.de
Gründung: 1908
Vorsitzende(r): Prof. Dr. F. Seifert (Bayerisches Geoinstitut, Postf. 10 12 51, 95440 Bayreuth, T: (0921) 55 37 10, Fax: (0921) 55 37 69)
Schriftführer(in): Prof. Dr. Stephan Hoernes (Mineralogisch-Petrologisches Institut, Poppelsdorfer Schloß, 53115 Bonn, T: (0228) 73 27 33)
Leitung Presseabteilung: Dr. Renate Schumacher (Mineralogisch-Petrologisches Institut und Museum, Poppelsdorfer Schloß, 53115 Bonn, T: (0228) 73 27 64)
Verbandszeitschrift: Berichte der Deutschen Mineralog. Gesellschaft
Redaktion: Prof. Dr. R. Altherr, Heidelberg
Verlag: E. Schweizerbart'sche Verlagsbuchhandlung, Johannesstr. 3A, 70176 Stuttgart
Mitglieder: ca. 1650
Zusammenschluß der in Hochschulen, Behörden und Wirtschaft tätigen Mineralogen.

• **T 1 309**

Stifterverband Metalle, Gesellschaft zur Förderung der Metallforschung
Postf. 10 54 63, 40045 Düsseldorf
Am Bonneshof 5, 40474 Düsseldorf
T: (0211) 47 96-0 **Fax:** 47 96-4 00

• **T 1 310**

Deutsche Rheologische Gesellschaft (DRG) e.V.
c/o Bundesanstalt für Materialforschung und -prüfung (BAM)
Unter den Eichen 87, 12205 Berlin

T: (030) 81 04 16 10 **Fax:** 81 04 16 17
Gründung: 1951 (5. Oktober)
Vorsitzende(r): Prof. Dr. M. H. Wagner (TU Berlin)
Stellvertretende(r) Vorsitzende(r): Prof. Dr. H. Münstedt (Universität Erlangen)
Prof. Dr. R. Schnabel (M-L-Universität Halle Wittenberg)
Geschäftsführer(in): Dr. W. Mielke (BAM Berlin)
Mitglieder: ca. 230

• T 1 311

DIN

DIN Deutsches Institut für Normung e.V.
10772 Berlin
Burggrafenstr. 6, 10787 Berlin
T: (030) 26 01-0 **Fax:** 26 01-1231
TGR: deutschnormen berlin
Internet: http://www.din.de
E-Mail: X.400:c=DE; ADMD=D400; PRMD=DIN; S=POSTMASTER, RFC-822:POSTMASTER@DIN.DE
Zweigstelle Köln: Kamekestr. 8, 50672 Köln, T: (0221) 57 13-0, Telefax: (0221) 5 71 34 14
Gründung: 1917
Internationaler Zusammenschluß: siehe unter izt 452
Präsident(in): Dr.-Ing. Gerd Weber
Direktor(in): Dr.-Ing. Torsten Bahke
Leitung Presseabteilung: Dipl.-Pol.,Ing. Albrecht Geuther

NA Akustik, Lärmminderung und Schwingungstechnik (NALS) im DIN und VDI; NA Beschichtungsstoffe und Beschichtungen (NAB); NA Armaturen (NAA); NA Bauwesen (NABau); NA Bergbau (FABERG); NA Bibliotheks- und Dokumentationswesen (NABD); NA Bild und Film (photokinonorm); Kom. Bildungswesen (KBw); NA Bühnentechnik in Theatern und Mehrzweckhallen (FNTh); NA Bürowesen (NBü); NA Chemischer Apparatebau (FNCA); NA Daten- und Warenverkehr in der Konsumgüterwirtschaft (NDWK); NA Dental; Deutsche
Elektrotechnische Kommission im DIN und VDE (DKE); Deutscher Rat für Konformitätsbewertung im DIN (DIN KonRat); Deutsches Informationszentrum für technische Regeln (DITR); NA Druckgasanlagen (NDG); NA Druck- und Reproduktionstechnik (NDR); NA Eisen-, Blech- und Metallwaren (NA EBM); NA Eisen und Stahl (FES); N Elektrotechnik (NE); NA Erdöl- u. Erdgasgewinnung (NÖG); NA Ergonomie (FNErg); NA Farbe (FNF); A Federn; NA Feinmechanik und Optik (NAFuO); NA Feuerwehrwesen (FNFW); NA Gastechnik
(NAGas); NA Gebrauchstauglichkeit und Dienstleistungen (NAGD); A Gefahrstoffe/Arbeitsschutz (AGSA); Kom. Gesundheitswesen (KGw); NA Gießereiwesen (GINA); NA Gleitlager (NGL); NA Grundlagen der Normung (NG); NA Grundlagen des Umweltschutzes (NAGUS); NA Heiz-, Koch- und Wärmgerät (FNH); NA Heiz- und Raumlufttechnik (NHRS) mit GAA Reinraumtechnik im DIN und VDI (GAA-RR); NA Holzwirtschaft und Möbel (NHM); Kom. Informationsgesellschaft (KIG); NA Informationstechnik (NI); NA Instandhaltung (NIN);
NA Kältetechnik (FNKä); NA Kautschuktechnik (FAKAU); NA Kommunale Technik (NKT); NA Kraftfahrzeuge (FAKRA); NA Kunststoffe (FNK); NA Laborgeräte und Laboreinrichtungen (FNLa); Kom. Lasertechnik (KL); NA Lebensmittel- und landwirtschaftliche Produkte (NAL); NA Lichttechnik (FNL); N Luftfahrt (NL); NA Maschinenbau (NAM); NA Materialprüfung (NMP) mit FA Mineralöl-und Brennstoffnormung des NMP (FAM); NA Mechanische Verbindungselemente (FMV); NA Medizin (NAMed); NA Nichteisenmetalle (FNNE); A Normenpraxis (ANP); A Normungsgrundsätze (ANG); NA Papier und Pappe (NPa); NA Persönliche Schutzausrüstung (NPS); NA Pigmente und Füllstoffe (NPF); NA Qualitätsmanagement, Statistik u. Zertifizierungsgrundlagen (NQSZ); NA Radiologie (NAR); Kom. Reinhaltung der Luft im VDI und DIN - Normenausschuß (KRdL); NA Rettungsdienst und Krankenhaus (NARK); NA Rohrleitungen und Dampfkesselanlagen (NARD); A Rohrverschraubungen (AR); NA Rundstahlketten (NRK); NA Sachmerkmale (NSM); NA Schienenfahrzeuge (FSF); N Schiffs- und Meerestechnik (NSMT); NA Schweißtechnik (NAS); Kom. Sicherheitstechnik (KS); NA Sicherheitstechnische Grundsätze (NASG); NA Sport- und Freizeitgerät (NASport); NA Stahldraht und Stahldrahterzeugnisse (NAD); NA Tankanlagen (NATank); NA Technische Grundlagen (NATG); NA Terminologie (NAT); NA Textil und Textilmaschinen (Textilnorm); Kom. Transportkette (KTK); Koordinierungsstelle Umweltschutz (KU); Verbraucherrat (VR); NA Verpackungswesen (NAVp); A Wälzlager (AWL); NA Werkstofftechnologie (NWT); NA Wasserwesen (NAW); NA Werkzeuge und Spannzeuge (FWS); NA Werkzeugmaschinen
(NWM)
NA=Normenausschuß
A=Selbständiger Arbeitsausschuß
Kom=Kommission
N=Normenstelle
Verbandszeitschrift: DIN-Mitteilungen + elektronorm (mit ständiger Beilage DIN-Anzeiger für technische Regeln)
Redaktion: R. Schulz
Verlag: Beuth Verlag GmbH, 10772 Berlin; Burggrafenstr. 6, 10787 Berlin
Mitglieder: 5794

Beteiligungen des DIN:
Beuth Verlag GmbH (BV)
Deutsche Akkreditierungsstelle Chemie GmbH (DACH)
DIN CERTCO Gesellschaft für Konformitätsbewertung mbH
DQS Deutsche Gesellschaft zur Zertifizierung von Managementsystemen mbH
DIN Software GmbH
DIN GOST TÜV Berlin-Brandenburg Gesellschaft für Zertifizierung in Europa mbH
DIN/DQS Technorga GmbH
Verlag für Technische Regelwerke GmbH (VTR)

Aufstellung und Veröffentlichung von Deutschen Normen, die der Rationalisierung, der Qualitätssicherung, der Sicherheit und der Verständigung in der Wirtschaft, Technik, Wissenschaft, Verwaltung und Öffentlichkeit dienen. Förderung und Vertretung der Deutschen Normung im In- und Ausland. Information und Beratung der Bundesregierung und der einzelnen Bundesministerien auf dem Gebiet der Normung.

• T 1 312

Deutsche Elektrotechnische Kommission im DIN und VDE (DKE)
Stresemannallee 15, 60596 Frankfurt
T: (069) 63 08-0 **Fax:** 6 31 29 25
Internet: http://www.dke.de
E-Mail: dke@vde.com
Internationaler Zusammenschluß: siehe unter izt 432
Geschäftsführer(in): Dipl.-Ing. E. Liess

• T 1 313

Deutsches Informationszentrum für technische Regeln (DITR)
im DIN Deutsches Institut für Normung e.V.
Burggrafenstr. 6, 10787 Berlin
T: (0190) 88 26 00 **Fax:** (030) 2 62 81 25
Gründung: 1979 (1. Oktober)
Hauptgeschäftsführer(in): Dipl.-Pol. Horst-Werner Marschall
Öffentlichkeitsarbeit: Andrea Hillers (M.A.)
Mitarbeiter: 37
Jahresetat: DM 11 Mio, € 5,62 Mio

• T 1 314

RAL Deutsches Institut für Gütesicherung und Kennzeichnung e.V.
siehe U 539

• T 1 315

Arbeitsgemeinschaft Energiebilanzen
Königin-Luise-Str. 5, 14195 Berlin
T: (030) 8 97 89-696 **Fax:** 8 97 89-200
Internet: http://www.ag-energiebilanzen.de
Gründung: 1971 (26. März)
Geschäftsführer(in): Dipl.-Volksw. Uwe Maaßen (Postf. 4 02 52, 50832 Köln)
Dr. Hans-Joachim Ziesing (Deutsches Institut für Wirtschaftsforschung (DIW), Königin-Luise-Str. 5, 14195 Berlin)
Mitglieder: 8

• T 1 316

IWO
Institut für wirtschaftliche Oelheizung e.V.

Süderstr. 73a, 20097 Hamburg
T: (040) 2 35 11 30 **Fax:** 23 51 13 29
Internet: http://www.IWO.de
E-Mail: IWOeV@aol.com
Gründung: 1984 (August)
Geschäftsführer(in): Dr. Christian Küchen
Dr. Jürgen Schmid

Publikation von Sachinformationen zu den Themen Wirtschaftlichkeit und Umweltverträglichkeit moderner Ölheizungstechnik, Heizöl Extra Leicht (Produkt und Anwendung). Energieberatung zur Heizungstechnik für Endverbraucher. Forschungs-und Entwicklungsarbeiten im Bereich der Ölfeuerung.

• T 1 317

Deutsches Optisches Komitee
c/o DLR-Oberpfaffenhofen Institut für Optoelektronik
Postf. 11 16, 82230 Weßling
T: (08153) 28-27 86 **Fax:** 28-13 49
Präsident(in): Prof.Dr.rer.nat. F. Lanzl (DLR, FZ Oberpfaffenhofen, Dir. d. Inst. f. Optoelektronik, 82234 Oberpfaffenhofen, T: (08153) 28-27 86, Telefax: (08153) 28-13 49)

• T 1 318

Verband Optische Informationssysteme e.V. (VOI)
Bismarckstr. 59, 64293 Darmstadt
T: (06151) 6 68 45-20 **Fax:** 6 68 45-71
Internet: http://www.voi.de
E-Mail: voi@voi.de
Vorstand: Lothar Leger (Vors.)
Thomas Decker
Bernd Liske
Jörg Rogalla
Andreas Reineke
Geschäftsführer(in): Karl-Heinz Klönne

• T 1 319

Deutsche Gesellschaft für angewandte Optik e.V.
Sitz Heidenheim (Brenz)
c/o Carl Zeiss, Oberkochen
GB Weltraumtechnik/Sonderoptik
73446 Oberkochen
T: (07364) 20 34 28
Gründung: 1923
Vorsitzende(r): Dr. Fritz Merkle (c/o Carl Zeiss, GB Weltraumtechnik/Sonderoptik, 73446 Oberkochen, T: (07364) 20 34 28)
Stellvertreter: Prof. Dr. Theo Tschudi (Institut für Angewandte Physik, Hochschulstr. 6, 64289 Darmstadt, T: (06151) 16 20 22)
Schriftführer(in): Dr. Christel Budzinski (Straße 12, Nr. 14, 15827 Dahlewitz, T: (033) 70 83 05 21)
Schatzmeister: Dr. Wolfgang Vollrath (c/o Leica Mikroskopie und Systeme GmbH, Postf. 20 40, 35530 Wetzlar, T: (06441) 29 26 51)
Mitglieder: 700

• T 1 320

Vereinigung zur Förderung der technischen Optik e.V.
c/o LINOS Photonics GmbH
Königsallee 23, 37081 Göttingen
T: (0551) 69 35-1 90 **Fax:** 69 35-1 66
Internet: http://www.linos-photonics.de
E-Mail: Schuhmann@linos-photonics.de
Vorsitzende(r): H.-J. Preuß (c/o Leica Mikrosystems GmbH, Postf. 20 40, 35530 Wetzlar, T: (06441) 29 22 38)
Schriftführer(in): Dr.-Ing. R. Schuhmann (c/o LINOS Photonics GmbH, Königsallee 23, 37081 Göttingen, T: (0551) 69 35-1 90, Telefax: (0551) 69 35-1 66)

• T 1 321

Gesellschaft für Organisation e.V. (GfürO)
Kaiserstr. 3, 53113 Bonn
T: (0228) 21 00 21 **Fax:** 21 88 58
E-Mail: GfuerO@GfuerO.Org
Gründung: 1922
1. Vorsitzende(r): Peter Quirin (Rathjensdorf 21, 25709 Kronprinzenkoog)
Geschäftsführer(in): Dipl.-Kfm. Dr. Reiner Chrobok
Verbandszeitschrift: zfo (Zeitschrift Führung + Organisation)
Redaktion: Schäffer Poeschel-Verlag, Stuttgart
Verlag: Stuttgart
Weiterbildungsorgan: Akademie Führung + Organisation (afo)
Mitglieder: ca. 800
Mitarbeiter: 8

• T 1 322

Gesellschaft für Instandhaltung e.V. (GfIN)
Geschäftsstelle
Haus-Endt-Str. 134, 40593 Düsseldorf
T: (0211) 71 49 93 **Fax:** (02195) 6 78 24
Internet: http://www.gfin.de
Gründung: 1981
Vorsitzende(r): Dipl.-Ing. Manfred Wünnenberg
Stellvertretende(r) Vorsitzende(r): Prof. Dr. Georg-Wilhelm Werner
Geschäftsführer(in): Dipl.-Ing. Helmut Winkler
Vorstand: Prof. Dr.-Ing. Götz Ihle
Dipl.-Ing. Klaus Huttelmaier
Prof. Dr.-Ing. Dieter Troppens
Dr.-Ing. Jürgen Unser
Verbandszeitschrift: GFIN - Information
Redaktion: Dr.-Ing. Manfred Böhm
Mitglieder: 200

t 1 323

GfIN - Magdeburg

Hormayrstr. 3, 80997 München

• **T 1 324**

Deutsche Gesellschaft für Ortung und Navigation e.V.

Geschäftsstelle:
Adenauerallee 118, 53113 Bonn
T: (0228) 2 01 97-0 **Fax:** 2 01 97-19
Vorsitzende(r): Dr. Boucke (Senior Consulting, Ulm)
Stellvertretende(r) Vorsitzende(r): Dr.-Ing. Vörsmann (Aerodata Flugmeßtechnik GmbH, Braunschweig)
Schatzmeister: Dipl.-Ing. Schick (ELNA GmbH, Rellingen)
Geschäftsführer(in): H.D. Maurer
Schriftleiter: K. Tzschiesche

• **T 1 325**

PTS München

Heßstr. 134, 80797 München
T: (089) 1 21 46-0 **Fax:** 1 21 46 36
E-Mail: info@pts-papertech.de
Gründung: 1951 (Dezember)
Vorstand: Dr. Paul W. Rizzi (Vors.)
Dr.-Ing. H. Großmann (F&E)
Ressortleiter: Dr. J. Murr (Faserstofftechnik)
H. Runge (Papiererzeugung und Streichtechnik)
Dr. rer. nat. R. Wilken (Papierverarbeitung)
Dipl.-Ing. I. Demel (Umwelttechnik)
A. Kant (Unternehmensberatung)
S. Reisch (Wissensmanagement)
Leitung Presseabteilung: Dipl.-Ing. Erwin Polmann
Mitarbeiter: 140 (31.09.)

t 1 326

PTS Heidenau

Pirnaer Str. 37, 01809 Heidenau
T: (03529) 5 51 60 **Fax:** 55 18 99
E-Mail: info@pts-papertech.de
Gründung: 1951 (Dezember)
Vorstand: Dr. Paul W. Rizzi (Vors.)
Dr.-Ing. H. Großmann (F&E)
Ressortleiter: Dr. J. Murr (Papierhalbstoff-Technik, Zellstoff- und Holzstoff-Technik, Faserstoffveredelung)
Dipl.-Ing. R. Ocken (Meß- und Prüftechnik)

• **T 1 327**

Deutsches Pelz Institut e.V.

Niddastr. 66-68, 60329 Frankfurt
T: (069) 24 26 35-0 **Fax:** 24 26 35 21
Internet: http://www.pelzinstitut.de
E-Mail: info@pelzinstitut.de
Gründung: 1987 (29. September)
Vorsitzende(r): Andreas Lenhart (c/o Rosenberg & Lenhart)
Geschäftsführer(in): Susanne Kolb-Wachtel
Presseabteilung: Hans-Peter Lemm
Mitglieder: 155

• **T 1 328**

Deutscher Pelzverband e.V.

Niddastr. 66-68, 60329 Frankfurt
T: (069) 24 26 35-0 **Fax:** 24 26 35-21
Internet: http://www.deutscherpelzverband.de
E-Mail: bs@fur-fashion-frankfurt.de
Gründung: 1950 (4. April)

Fachgruppe Pelzveredlung:
Vorsitzende(r): Ulrich Fleig

Fachgruppe Manipulation:
Vorsitzende(r): Dietmar Linke

Fachgruppe Konfektion:
Vorsitzende(r): Peter Funke

Fachgruppe Kommission:
Vorsitzende(r): Hans-Josef Braun
Geschäftsführer(in): Dr. Barbara Sixt
Präsident(in): Herbert Würker

• **T 1 329**

Deutsche Pharmazeutische Gesellschaft e.V. (DPhG)

Sitz: Berlin-Charlottenburg
Geschäftsstelle
Postf. 90 04 40, 60444 Frankfurt
T: (069) 79 17-555 **Fax:** 70 17-553
Präsident(in): Prof. Dr. rer.nat. Theodor Dingermann (Johann Wolfgang Goethe-Universität, Institut für Pharmazeutische Biologie, Biozentrum Niederursel, Marie-Curie-Str. 9, 60439 Frankfurt a.M., T: (069) 7 98-29650, Fax: (069) 7 98-29662)

• **T 1 330**

Deutsche Gesellschaft für Photogrammetrie und Fernerkundung e.V. (DGPF)

c/o Fachgebiet Photogrammetrie und Kartographie
Technische Universität Berlin
Straße des 17.Juni 135, 10623 Berlin
T: (030) 31 42 33 31 **Fax:** 31 42 11 04
Internet: http://www.dgpf.tu-berlin.de
Gründung: 1909
Präsident(in): Prof. Dr.-Ing. Jörg Albertz
Vizepräsident(in): Dr. Klaus-Ulrich Komp
Sekretär: Dr.-Ing. Manfred Wiggenhagen
Schatzmeister: Dr.-Ing. H. Krauß
Verbandszeitschrift: Photogrammetrie - Fernerkundung - Geoinformation (PFG)
Redaktion: Prof. Dr. Klaus Szangolies
Verlag: Schweizerbart'sche Verlagsbuchhandlung Stuttgart
Mitglieder: ca. 900
Angeschlossen an: International Society for Photogrammetry and Remote Sensing (ISPRS)

• **T 1 331**

Deutsche Gesellschaft für Photographie e.V.

Overstolzenhaus
Rheingasse 8-12, 50676 Köln
T: (0221) 9 23 20 69 **Fax:** 9 23 20 70
Internet: http://www.dgph.photographie.com
E-Mail: dgph@dgph.photographie.com
Gründung: 1951 (April)
Präsident(in): N.N.
Vizepräsident(in): Prof. Gottfried Jäger, Bielefeld
Geschäftsführender Vorstand:
Hans Aisenbrey
Dr. Marlene Schnelle-Schneyder
Verbandszeitschrift: DGPh-Intern
Mitglieder: 1236
Mitarbeiter: 1

• **T 1 332**

Interessengemeinschaft Photographica e.V.

Schumannstr. 22, 71034 Böblingen
T: (07031) 67 19 88 **Fax:** 67 46 88
T-Online *0703167 4699*
Gründung: 1989 (25. November)
Vorst. u. GeschF: Axel Bretzler (Presse)
Verbandszeitschrift: Color Foto
Verlag: Heinrich-Vogl-Str. 22, 81479 München
Mitglieder: 200
Mitarbeiter: 4
Jahresetat: DM 0,02 Mio, € 0,01 Mio

• **T 1 333**

Deutsche Physikalische Gesellschaft e.V. (DPG)

Geschäftsstelle:
Hauptstr. 5, 53604 Bad Honnef
T: (02224) 92 32-0 **Fax:** 92 32-50
Internet: http://www.dpg-physik.de
E-Mail: dpg@dpg-physik.de
Präsident(in): Dr. Dirk Basting (Lambda Physik AG, Hans-Böckler-Str. 12, 37079 Göttingen, T: (0551) 69 38-100, Fax: (0551) 69 38-104, E-Mail: basting@lambdaphysik.com)
Hauptgeschäftsführer(in): Dr. Volker Häselbarth

Regionale Untergliederungen

t 1 334

Deutsche Physikalische Gesellschaft Regionalverband Bayern e.V.

Lehrstuhl für Festkörperphysik, Universität Erlangen-Nürnberg
Staudtstr. 7, 91058 Erlangen
T: (09131) 8 52-8402 **Fax:** 8 52-8400
E-Mail: fauster@fkp.physik.uni-erlangen.de
Vorsitzende(r): Prof. Dr. Thomas Fauster (Lehrstuhl für Festkörperphysik, Universität Erlangen-Nürnberg, Staudtstr. 7, Bau A3, 91058 Erlangen, T: (09131) 8 52-84 02, Fax: 8 52-84 00, e-mail: fauster@fkp.physik.uni-erlangen.de)
Geschäftsführer(in): Dr. Lutz Hammer (Lehrstuhl für Festkörperphysik, Universität Erlangen-Nürnberg, Staudtstr. 7, 91058 Erlangen, T: (0911) 8 52-84 04, Fax: 8 52-84 00)

t 1 335

Regionalverband Physikalische Gesellschaft zu Berlin e.V.

Institut f. Festkörperphysik, Technische Universität
Hardenbergstr. 36, 10623 Berlin
T: (030) 3 14-22078 **Fax:** 3 14-21769
E-Mail: wolfgang.richter@tu-berlin.de
Vorsitzende(r): Prof. Dr. Wolfgang Richter (Institut für Festkörperphysik, Sekr. PN 6-1/Technische Universität, Hardenbergstr. 36, 10623 Berlin, T: (030) 3 14-2 20 78, Fax: 3 14-2 17 69, email: wolfgang.richter@tu-berlin.de)
Geschäftsführer(in): Dr. Heinz-Detlef Kronfeldt (Optisches Institut der TU Berlin, Sekr. PNo-1, Hardenbergstr. 36, 10623 Berlin, T: (030) 31 42 48 07/8, Fax: (030) 31 42 68 88, email: kf.@mail.physik.tu-berlin.de)

t 1 336

Deutsche Physikalische Gesellschaft Regionalverband Hessen-Mittelrhein e.V.

Schloßgartenstr. 7, 64289 Darmstadt
T: (06151) 16 23 22 **Fax:** 16 30 22
Vorsitzende(r): Dr. Eberhard Schultheiss (Institut für Mikrostrukturtechnologie und Optoelektronik (IMO), Im Amtmann 6, 35578 Wetzlar, T:(06441) 97 88-0, Fax 97 88-17, E-Mail: imo@lahn-dill-net.de)
Schriftführer(in): Dipl.-Phys. Peter Daab (Inst. f. Angewandte Physik der Techn. Hochschule, Schloßgartenstr. 7, 64289 Darmstadt, T: (06151) 16 23 22, Fax: 16-30 22)

• **T 1 337**

VDI-Gesellschaft Produktionstechnik (ADB)

Postf. 10 11 39, 40002 Düsseldorf
Graf-Recke-Str. 84, 40239 Düsseldorf
T: (0211) 62 14-2 31/2 32 **Fax:** 62 14-155
Internet: http://www.vdi.de/adb/adb.htm
Vorsitzende(r): Dr.-Ing. W. Hans Engelskirchen
Geschäftsführer(in): Dr.-Ing. Kurt Redeker

• **T 1 338**

Arbeitsgemeinschaft der Wirtschaft für Produktdesign und Produktplanung e.V. (AW produktplanung)

Sitz Stuttgart
Geschäftsstelle:
Holteyer Str. 6, 45289 Essen
T: (0201) 57 02 94
Geschäftsführende(s) Vorstands-Mitglied(er): Prof. Dipl. rer. pol. (techn.) Erich Geyer (Universität Essen)

• **T 1 339**

Deutsche Gesellschaft für Qualität e.V.

German Society for Quality
Postf. 50 07 63, 60395 Frankfurt
August-Schanz-Str. 21A, 60433 Frankfurt
T: (069) 9 54 24-0 **Fax:** 9 54 24-1 33
Internet: http://www.dgq.de
E-Mail: info@dgq.de
Gründung: 1952 (Oktober)
Internationaler Zusammenschluß: siehe unter izt 343
Präsident(in): Dr. Friedrich Clever
Geschäftsführer(in): Dr. Wolfgang Kaerkes
Ltg. PR: Rolf Henning
Verbandszeitschrift: Qualität und Zuverlässigkeit
Verlag: Carl Hanser Verlag, Kolbergerstr. 22, 81679 München
Mitglieder: 8200 (Stand 1.1.99)
Mitarbeiter: 61
Jahresetat: DM 23 Mio, € 11,76 Mio

Förderung der Qualität und der entsprechenden wissenschaftlichen Forschung, Weiterentwicklung der wirtschaftlichen Methoden des Qualitätsmanagements, Durchführung von Lehrgängen und Seminaren, Erarbeiten und Herausgeben der DGQ-Fachliteratur.

t 1 340

Deutsche Gesellschaft für Qualität Landesgeschäftsstelle Ost

Unter den Eichen 128, 12203 Berlin
T: (030) 8 44 91 70 **Fax:** 84 49 17 22

t 1 341

Deutsche Gesellschaft für Qualität Landesgeschäftsstelle Mitte

August-Schanz-Str. 21a, 60433 Frankfurt
T: (069) 9 54 24-124 **Fax:** 9 54 24-133

t 1 342

Deutsche Gesellschaft für Qualität Landesgeschäftsstelle Nord

Rahestr. 29, 49525 Lengerich
T: (05481) 8 10 00 **Fax:** 8 22 11

t 1 343

Deutsche Gesellschaft für Qualität Landesgeschäftsstelle Süd
Taubenheimstr. 24, 70372 Stuttgart
T: (0711) 9 56 11 60 **Fax:** 9 56 11 62

• **T 1 344**

Verband der Datenverarbeiter e.V. (VDD)
Hauptgeschäftsstelle
Wandalenweg 26, 20097 Hamburg
T: (040) 23 52 04 99 **Fax:** 23 17 68
Gründung: 1967
Vorsitzende(r): Fritz Schmidt

• **T 1 345**

Bundesverband Offene Kanäle e.V. (BOK)
Voltastr. 5, 13355 Berlin
T: (030) 46 40 05-0 **Fax:** 46 40 05 98

• **T 1 346**

Kommission Reinhaltung der Luft (KRdL) im VDI und DIN - Normenausschuss
Postf. 10 11 39, 40002 Düsseldorf
Robert-Stolz-Str. 5, 40470 Düsseldorf
T: (0211) 62 14-532 **Fax:** 62 14-157
Internet: http://www.vdi.de, http://www.din.de
E-Mail: krdl@vdi.de
Gründung: 1957
Vorsitzende(r): Dr.-Ing. Peter Davids
Geschäftsführer(in): Prof. Dr.-Ing. Klaus Grefen
Mitarbeiter: 26

• **T 1 347**

Studiengruppe Bildschirmtext e.V.
Am Wolfsbach 13a, 53229 Bonn
T: (0228) 48 15 24 **Fax:** 43 21 06
Gründung: 1981 (02. Januar)
Vorsitzende(r): Dr. Falk v. Bornstaedt
Stellvertretende(r) Vorsitzende(r): Dipl.-Kfm. Stefanie Glees
Leitung Öffentlichkeitsarbeit: Stephan Vollmer
Mitglieder: 100

• **T 1 348**

ZKM / Zentrum für Kunst und Medientechnologie Karlsruhe
Postf. 69 09, 76049 Karlsruhe
T: (0721) 81 00-0 **Fax:** 81 00-1139
Internet: http://www.zkm.de
E-Mail: info@zkm.de
Gründung: 1989 (Juli)
Leiter: Peter Weibel
Geschäftsführer(in): Dr. Gerd Schwandner
Leitung Presseabteilung: Sibylle Peine
Mitarbeiter: 63

• **T 1 349**

Gesellschaft zur Förderung der Kunst und Medientechnologie e.V.
Lorenzstr. 19, 76135 Karlsruhe
T: (0721) 81 00-1260 **Fax:** 81 00-1269
E-Mail: FOERDERE@ZKM.DE
Gründung: 1988 (25. Oktober)
Vorsitzende(r): Hans Bretz
Stellvertretende(r) Vorsitzende(r): Prof. Dr. Hellmut Wagner
Mitglieder: ca. 450

• **T 1 350**

Gesellschaft für elektronische Kunst e.V. (GeK)
Fördergesellschaft für Computer-, Licht-, Video- und Medienkunst
Gemarkenweg 1, 51467 Bergisch Gladbach
T: (02202) 8 15 66
Gründung: 1987
Vorsitzende(r) des Vorstandes: Dipl.-Ing. Wolfgang Blobel (Ltg. Presse)
Vorstand: Prof. Dr. Hans Dehlinger
Dr. Wolfgang Schneider
Gerd Struwe
Dipl.-Des. Helmuth Tholen
Beratendes Mitgl.: Helmut Jakobs
Prof. Gerd Mathias
Verbandszeitschrift: Kunst & Elektronik

• **T 1 351**

Institut zur Förderung von Wissenschaft und Ausbildung im Bereich der Neuen Medien e.V. (IFM)
"Radio aus Bruchsal", Lernradio
Postf. 17 64, 76607 Bruchsal
T: (07251) 9 12 30 **Fax:** 91 23 50
1.Vorsitzende: Edith Zimmermann (Medienpädagogin, Doktorandin)

• **T 1 352**

Institut für Informationsvermittlung e.V.
Postf. 56 26, 79023 Freiburg
T: (0761) 6 01 94 **Fax:** 6 56 66
E-Mail: m.hassler@geist-soz.uni-karlsruhe.de
Gründung: 1988 (Dezemb.)
Kontaktperson: Michael Haßler
Sachgebiete: Neue Medien, Wirtschaftsinformationen, Umwelt

• **T 1 353**

Verband der Anbieter von Telekommunikations- und Mehrwertdiensten e.V. (VATM)
Oberländer Ufer 180-182, 50968 Köln
T: (0221) 3 76 77-25 **Fax:** 3 76 77-26
Internet: http://www.vatm.de
E-Mail: vatm@vatm.de
Gründung: 1998 (1. Januar)
Präsident(in): Dr. Joachim Dreyer (debitel AG)
Vizepräsident(in): Harald Stöber (Mannesmann Arcor AG & Co.)
Geschäftsführer(in): Jürgen Grützner
Leitung Presseabteilung: Eva Maria Schreiter
Mitglieder: 46
Mitarbeiter: 5

• **T 1 354**

Call Center Forum Deutschland e.V.
Kronacher Str. 60, 96052 Bamberg
T: (0180) 52 66-422 **Fax:** 52 66-423
Internet: http://www.call-center-forum.de
Präsident(in): Ursula Steinmetz (Leitung Call Center der Firma Walter Günther, T.: (0951) 9 42 41 98, Fax: (0951) 9 42 42 99, E-Mail: U.Steinmetz@guenther.de)
Vizepräsident: Ralf Stark (Geschäftsführer von conTakt, T.: (04121) 26 98 77, Fax: (04121) 26 98 76, E-Mail: ralf.stark@contakt-callcenter.de)
Schatzmeister: Hans Geißelmeier (Leiter Kundenbetreuung bei Mannesmann Mobilfunk, T.: (03329) 6 06 43 81, Fax: (03329) 6 06 43 98, E-Mail: hans.geisselmeier@d2privat.de)
Mitglieder: 265 aus den Branchen Handel, Banken, Versicherungen, Industriegüter, Dienstleistungsunternehmen, Agenturen, Telekommunikation, Tourismus, Unternehmensberatungen und TK- und Software-Hersteller

• **T 1 355**

Pfarrer & PC e.V.
Brunnenstr. 40, 61191 Rosbach
T: (06003) 9 20 27 **Fax:** 9 20 28
E-Mail: 106055.76@compuserve.com
Gründung: 1986 (7. August) in Frankfurt
1. Vorsitzende(r): Pfr. Johann Margazyn (Pfarrhausstr. 4, 86154 Augsburg, T: (0821) 41 30 09)
2. Vorsitzende(r): Kurt Hilgert (Voßnackerstr. 58, 42555 Velbert)
Geschäftsführer(in): Joachim Michalik (Brunnenstr. 40, 61191 Rosbach)
Verbandszeitschrift: Pfarrer & PC
Redaktion: Georg Dlugosch
Mitglieder: 510 Seelsorger/innen + kirchl. Mitarbeiter/innen sowie Firmen mit kirchenspezifischer Software

• **T 1 356**

Verein für Computergeneologie e.V. - zur Förderung EDV-gestützter familienkundlicher Forschungen -
Dieter God
Schorlemmers Kamp 20, 44536 Lünen
T: (02306) 2 37 77 **Fax:** 20 60 63
Internet: http://www.genealogy.net/vereine/CompGen
E-Mail: compgen@genealogy.net
Gründung: 1989 (26. Oktober)
Vorsitzende(r): Arthur Teschler (Dorffeldstr. 18, 48161 Münster)
2.Vorsitzender: Reinhold Herrmann (Am Rott 23, 50171 Kerpen)
Schriftführer(in): Hartmut Schuessler
Schatzmeister: Stefan Nickel
Mitglieder: 187
Jahresetat: ca. DM 0,01 Mio, € 0,01 Mio

• **T 1 357**

TELECOM e.V.
Vereinigung von Anwendern der geschäftlichen Telekommunikation
Schnitzbüchel 27a, 51491 Overath
T: (02204) 97 02 48 **Fax:** 97 04 12
Gründung: 1978
Vorsitzende(r) des Vorstandes: Dipl.-Wirtschaftsing. Erwin H. Schäfer
Mitglieder: ca. 300

• **T 1 358**

Telecommunication Akademie e.V. (telak)
Schnitzbüchel 27a, 51491 Overath
T: (02204) 97 02 50
Vorsitzende(r) des Vorstandes: Dipl.-Wirtsch.-Ing. Erwin H. Schäfer
Mitglieder: ca. 50

• **T 1 359**

Telekommunikationszentrum Oberfranken e.V.
(Telehaus)
Bürgerreuther Str. 7a, 95444 Bayreuth
T: (0921) 7 26 76-0 **Fax:** 7 26 76-22
Gründung: 1989 (14. Dezember)
Vorsitzende(r): Dr. rer. pol. Bodo Schultheiß (IHK)
Stellvertretende(r) Vorsitzende(r): Heinz Eggers (HWK)
Landrat Dr. Klaus-Günter Dietel, Bayreuth
Dr. Rittich (Telekom)
Geschäftsführer(in): Dr. Hans F. Trunzer (IHK)
Schatzmeister: Karlheinz Löbl
Mitglieder: 40
Mitarbeiter: 5
Jahresetat: DM 0,8 Mio, € 0,41 Mio

• **T 1 360**

Interdisziplinäre Arbeitsgruppe Kabelkommunikation Berlin (IKB)
c/o Institut für Zukunftsstudien und Technologiebewertung gemeinn. GmbH
Schopenhauerstr. 26, 14129 Berlin
T: (030) 80 30 88-0 **Fax:** 80 30 88-88
T-Online ✻6590✻
Gründung: 1978
Geschäftsführer(in): Prof. Dr.phil.Dipl.-Phys. Rolf Kreibich
Beteiligte: ca. 30 Personen

• **T 1 361**

Gesellschaft für Informatik e.V. (GI)
Wissenschaftszentrum
Ahrstr. 45, 53175 Bonn
T: (0228) 3 02-145 **Fax:** 3 02-167
Internet: http://www.gi-ev.de
E-Mail: gs@gi-ev.de
Gründung: 1969
Präsident(in): o.Univ.-Prof. Dr. Heinrich C. Mayr (Universität Klagenfurt, Institut für Wirtschaftsinformatik und Anwendungssysteme, Universitätsstr. 65-67, A-9022 Klagenfurt, T: (0043463) 27 00-578, Fax: (0043463) 27 00-505, E-Mail: mayr@ifi.uni-klu.ac.at)
Vizepräsident(in): Dr. Andrea Grimm (IBM Deutschland GmbH, Application Management Services Executive, Europe, Middle East & Africa, Pascalstr. 100, 70569 Stuttgart, T: (0711) 7 85-3987, Fax: (0711) 7 85-1415, E-Mail: agrimm@de.ibm.com)
Prof. Dr. Matthias Jarke (RWTH Aachen, Informatik V (Informationssysteme) Ahornstr. 55, 52056 Aachen, T: (0241) 80 21-500, Fax: (0241) 88 88-321, E-Mail: jarke@informatik.rwth-aachen.de)
Dipl.-Math. Andreas Stöckigt (LIST Unternehmensberatung GmbH, Finkenstr. 5, 58239 Schwerte, T: (02304) 78 91 66, Fax: (02304) 7 43 32, E-Mail: as@list-ub.de)
Geschäftsführer(in): Dipl.-Pol. Jörg Maas
Leitung Presseabteilung: Ruth Steinacker
Verbandszeitschrift: Informatik-Spektrum
Redaktion: Hermann Engesser
Verlag: Springer-Verlag, Postfach 10 52 80, 69042 Heidelberg
Mitglieder: 20000
Mitarbeiter: 9
Jahresetat: DM 4,4 Mio, € 2,25 Mio

• **T 1 362**

Akademie für Datenverarbeitung (ADV)
Danziger Str. 6, 71034 Böblingen
T: (07031) 6 27-0 **Fax:** 6 27-101
E-Mail: verwaltg@adv-boeblingen.de
Leitung: OStD Rainer Kurz
Stellvertretende Leiterin: StD'in Ingrun Brah

• T 1 363

Fakultätentag Informatik
c/o Universität Rostock, Fachbereich Informatik
Albert-Einstein-Str. 21, 18059 Rostock
T: (0381) 4 98-3400 **Fax:** 4 98-3399
E-Mail: hantzschmann@informatik.uni-rostock.de
Vorsitzende(r): Prof. Dr. Karl Hantzschmann

• T 1 364

Informatik-Verbund-Stuttgart (IVS)
Pfaffenwaldring 47, 70569 Stuttgart
T: (0711) 6 85-7292, 6 85-7301 **Fax:** 6 85-7302
Internet: http://www.informatik.uni-stuttgart.de/ivs/ivs.html
E-Mail: ivs@informatik.uni-stuttgart.de
Gründung: 1987 (28. Oktober)
Vorstand: Prof. Dr.-Ing. B. Mitschang
Prof. Dr.-Ing. habil. D. Fritsch
Prof. Dr.-Ing. P. Göhner (Sprecher)
Ltg. der Geschäftsstelle: Dipl.-Ing. Th. Strobel
Mitglieder: 26 Institute und Teilinstitute
Mitarbeiter: 1

• T 1 365

FZI Forschungszentrum Informatik
Haid-und-Neu-Str. 10-14, 76131 Karlsruhe
T: (0721) 96 54-0 **Fax:** 96 54-9 39
Gründung: 1985 (01. Januar)
Vorstand: Prof. Dr. P. Lockemann
Prof. Dr.-Ing. K. Müller-Glaser
Geschäftsführer(in): Dipl.-Wirtsch.-Ing. Michael Flor
Mitarbeiter: 100

• T 1 366

Forum InformatikerInnen für Frieden und Gesellschaftliche Verantwortung e.V. (FIFF)
Medemstade 64, 21775 Ihlienworth
T: (04755) 91 11 54 **Fax:** 91 10 26
Internet: http://www.fiff.de
E-Mail: fiff@fiff.de
Gründung: 1984
Vorsitzende(r): Prof. Dr. Reinhard Keil-Slawik
Stellvertretende(r) Vorsitzende(r): Ute Bernhardt
Vorstand: Peter Bittner
Dagmar Boedicker
Prof. Dr. Leonie Dreschler-Fischer
Eva Hornecker
Werner Hülsmann
Ingo Ruhmann
Prof. Dr. Britta Schinzel
Ralf E. Streibl
Verbandszeitschrift: FIFF - Kommunikation
Redaktion: Verlag
Verlag: FIfF e.V., Medemstade 64, 21775 Ihlienworth
Mitglieder: 920
Mitarbeiter: 1

• T 1 367

Deutsche Gesellschaft für Säugetierkunde e.V. (Sitz Berlin)
c/o Fachbereich Biologie/Chemie
Universität Osnabrück
49069 Osnabrück
Barbarastr. 11, 49076 Osnabrück
T: (0541) 9 69-2847 **Fax:** 9 69-2862
Internet: http://www.biologie.uni-osnabrueck.de/etholdid/dgs/index.html
E-Mail: schroepfer@biologie.uni-osnabrueck.de
Geschäftsführer(in): Prof. Dr. Rüdiger Schröpfer
Verbandszeitschrift: Zeitschrift für Säugetierkunde
Redaktion: Prof. Dr. D. Kruska, Institut für Haustierkunde, Kiel
Mitglieder: 600

Förderung der Erforschung und des Schutzes der Säugetiere.

• T 1 368

Schiffbautechnische Gesellschaft e.V.
Lämmersieth 72, 22305 Hamburg
T: (040) 6 90 49 10 **Fax:** 6 90 03 41
Internet: http://www.stg-online.de
E-Mail: stg-schiffbau@t-online.de
Gründung: 1899 (23.Mai)
Vorsitzende(r): Prof. Dr.mult. E. Lehmann
Geschäftsführer(in): Dipl.-Ing. H. Schmidt
Verbandszeitschrift: Organ:"Schiff u. Hafen"; Jahrbuch
Verlag: Seehafen Verlag, Hamburg; Springer Verlag, Berlin
Mitglieder: 1700
Mitarbeiter: 4

Vereinigung in der Schiffs- und Meerestechnik sowie in der Schiffahrt Tätiger oder daran Interessierter zur Erörterung und Förderung technisch-wissenschaflicher und praktischer Aufgaben der Schiffs- und Meerestechnik.

• T 1 369

DVS - Deutscher Verband für Schweißen und verwandte Verfahren e.V.
Postf. 10 19 65, 40010 Düsseldorf
Aachener Str. 172, 40223 Düsseldorf
T: (0211) 15 91-0 **Fax:** 15 91-2 00
Internet: http://www.dvs-ev.de
E-Mail: dvs_hg@compuserve.com
Internationaler Zusammenschluß: siehe unter izg 57
Präsident(in): Dr. Adolf Gärtner, Ratingen
Hauptgeschäftsführer(in): Prof. Dr.-Ing. Detlef von Hofe
Mitglieder: 21000
Bezirksverbände: 93
Landesverbände: 14
Ausbildungsstätten: 545

• T 1 370

Schweisstechnische Lehr- und Versuchsanstalt Fellbach gemeinn. GmbH (SLV)
Stuttgarter Str. 86, 70736 Fellbach
T: (0711) 5 75 44-0 **Fax:** 5 75 44-33
Internet: http://www.slv-fellbach.de
E-Mail: slv-fellbach@t-online.de
Gründung: 1978 (1. Januar)
Leitung: Dipl.-Ing. H. Roth
Mitarbeiter: 29

• T 1 371

Naturhistorischer Verein der Rheinlande und Westfalens e.V. (NHV)
Postf. 24 60, 53014 Bonn
T: (0228) 73 55 25 **Fax:** 69 23 77
1. Vorsitzende(r): Prof. Dr. W. Schumacher, Bonn
2. Vorsitzende(r): Dr. U. Wasner, Dülmen
Schatzmeister: Dr. Th. Schönert, Bonn
1. GeschF: Dr. G. Matzke-Hajek, Bonn
2. GeschF: Dr. B. M. Möseler, Bonn

• T 1 372

Senckenbergische Naturforschende Gesellschaft (Naturmuseum und Forschungsinstitut)
Senckenberganlage 25, 60325 Frankfurt
T: (069) 75 42-0 **Fax:** 74 62 38
Gründung: 1817
Direktor(in): Prof. Dr. Fritz F. Steininger
Leitung Presseabteilung: Dr. Peter Königshof
Verlag: Eigenverlag
Mitgliederzeitschrift: Natur und Museum

• T 1 373

Rheinische Naturforschende Gesellschaft e.V.
c/o Naturhistorisches Museum Mainz
Reichklarastr. 10, 55116 Mainz
T: (06131) 12 26 47
1. Vorsitzende(r): Prof. Dr. D. E. Berg (Joh. Gutenberg-Universität Mainz)
Stellvertretende(r) Vorsitzende(r): Prof. Dr. A. Siegert (Universität Mainz)
Dr. U. Schmidt (Naturhistor. Museum Mainz)
Verbandszeitschrift: Mitteilungen der RNG
Verlag: Naturhistor. Museum Mainz, Reichklarastr. 10, 55116 Mainz
Mitglieder: ca. 330

• T 1 374

Naturforschende Gesellschaft Freiburg im Breisgau
c/o Geologisches Institut der Universität
Albertstr. 23B, 79104 Freiburg
T: (0761) 2 03-64 84 **Fax:** 2 03-64 83
Gründung: 1821
Präsident(in): Prof. Dr. R. Mäckel
Kassenführerin: Dr. Ursula Leppig
Bibliothekar: Dr. H. Kowark
Dr. F. Reimers
Verbandszeitschrift: Berichte der Naturforschenden Gesellschaft Freiburg i. Br.
Verlag: Selbstverlag
Mitglieder: ca. 300

• T 1 375

Naturwissenschaftlicher Verein in Hamburg
Martin-Luther-King-Platz 3, 20146 Hamburg
T: (040) 41 23-56 35, 51 66 77 **Fax:** 41 23-39 37
Gründung: 1837 (18. November)
Vorsitzende(r): Prof. Dr. N. Peters (Gernotstr. 10, 22559 Hamburg)
Stellvertretende(r) Vorsitzende(r): Prof. Dr. L. Kies (Sassenburger Weg 16a, 22147 Hamburg)
Hauptgeschäftsführer(in): Dr. J. Villwock (Zoologisches Institut der Universität, Martin-Luther-King-Platz 3, 20146 Hamburg)
Verbandszeitschrift: Verhandlungen des naturwissenschaftl. Vereins in Hamburg
Abhandlungen des naturwissenschaftl. Vereins in Hamburg
Redaktion: Prof. Dr. Otto Kraus
Verlag: Goecke & Evers, Sportplatzweg 5, 75210 Keltern-Weiler
Mitglieder: 480
Mitarbeiter: 6 (ehrenamtl.)

• T 1 376

Naturwissenschaftlicher Verein zu Bremen
c/o Überseemuseum
Bahnhofsplatz 13, 28195 Bremen
T: (0421) 3 61-11988 **Fax:** 3 61-9291
Präsident(in): Heinrich Kuhbier (Vors.)
Vizepräsident(in): Dr. Hans-Konrad Nettmann (Stellv. Vors.)
Hauptgeschäftsführer(in): Matthias Albers
Verbandszeitschrift: Abhandlungen des Naturwissenschaftlichen Vereins
Redaktion: Dipl.-Biol. D. Metzing
Verlag: Eigenverlag

• T 1 377

Arbeitskreis für die Nutzbarmachung von Siedlungsabfällen e.V. (ANS)
Ernst-Moritz-Arndt-Str. 2, 40822 Mettmann
T: (02104) 95 88 74 **Fax:** 95 88 75
Gründung: 1966
Vorstand
Vorsitzender (Geschäftsführung):
Hans-Werner Leonhardt (Abfallwirtschaft Region Rhein-Wupper, Henkelstr. 164, 40589 Düsseldorf)
1. Stellv. Vors.: Dr. Helmut Rasp (Am Renngraben 89, 67346 Speyer)
2. Stellv. Vors: Hermann Otto Hangen (ABW Landkreis Bad Kreuznach, Salinenstr. 47, 55543 Bad Kreuznach)
Vorst.-Mitgl: Klaus Beckenbach (Kassierer, Kompostwerk, Justus-von-Liebig-Str. 5-7, 55232 Alzey)
Hartlieb Euler (TBW, Baumweg 10, 60316 Frankfurt/Main)
Hans-Jürgen Kewitz (Zweckverband Abfallwirtschaft Kaiserslautern, Kapiteltal, 67657 Kaiserslautern)
Georg Kosak (RPS Altvater, In der Nauroth 2, 67158 Ellerstadt)
Dr. R. Mach (Umweltbundesamt, Postf. 33 00 22, 14191 Berlin)
Joachim Müsken (Reinsburgstr. 110, 70197 Stuttgart)
Ehrenvorst.: Anne Loesche (Mühlenbergweg 22, 40629 Düsseldorf)
Mitglieder: 300
Mitarbeiter: 1

• T 1 378

Gesellschaft für Sicherheitswissenschaft (GfS)
Geschäftsstelle:
Prof. Dr.-Ing. Peter C. Compes,
Bergische Universität-Gesamthochschule
Wuppertal - FB 14
Falkenberg 19d, 42113 Wuppertal
T: (0202) 71 45 67 **Fax:** 7 16 09 29
Gründung: 1978 (Febr.)
Vorstand:
Präsident(in): Univ.-Prof. Dr.-Ing. Peter C. Compes (BU - GH Wuppertal -FB 14-, Gaußstr. 20, 42119 Wuppertal, T: (0202) 4 39-20 60, -20 61, Telefax: (0202) 4 39 20 57)
Vizepräsident(in): Prof. Dr.-Ing. Siegfried Radant (BG Nahrungsmittel u. Gaststätten, Dynamostr. 7-11, 68165 Mannheim, T: (0621) 44 56-4 01, -4 00, Telefax: (0621) 44 56-6 45)
Geschäftsführende(s) Vorstands-Mitglied(er): Dr.rer.nat. Karl-W. Thiem (BAYER AG, PN-P/Ökologie und Sicherheit, Geb. 54, Friedrich-Ebert-Str. 217-333, 42096 Wuppertal, T: (0202) 36 77 01, 36 75 57, Telefax: (0202) 36 25 51)
Stellv. Geschf. Vorst.Mitgl.: Dr.rer.nat. Hans-Peter Musahl (Gerhard-Mercator-Universität - Gesamthochschule Duisburg Fachbereich 2 - Psychologie, Bismarckstr. 90, 47048 Duisburg, T: (0203) 3 79-25 43, -25 48, Telefax: (0203) 3 79-25 54)

Schatzmeister: Dipl.-Ing. Thomas Wörmann (EWK Edelstahl Witten-Krefeld GmbH, Abt. Arbeitssicherheit, Auestr. 4, 58452 Witten, T: (02302) 29-22 92, -22 93, Telefax: (02302) 29-42 36)
Weitere Vorst.-Mitglieder: Gernot Kettler (Geschäftsführer, Barmer Ersatzkasse, Hauptverwaltung, Lichtscheider Str. 89, 42285 Wuppertal, T: (0202) 5 68 24 04, 5 68 24 03, Telefax: (0202) 5 68 25 02)
Dr. Christoph Heger (TÜV Rheinland e.V., Am grauen Stein, 51105 Köln, T: (0221) 8 06-24 18, 8 06-13 34, Telefax: (0221) 8 06-13 57)
Prof. Dr.med. H. D. Schlumberger (BAYER AG, Geschäftsbereich Pharma Forschung und Entwicklung, Postf. 10 17 09, 42096 Wuppertal, T: (0202) 36 84 09, Telefax: (0202) 36 40 62)
Dr.-Ing. Rainer Wittenbecher (Deutsche Lufthansa AG, Arbeitsschutz (Lufthansawerft), 22313 Hamburg, T: (040) 50 70-27 51, -27 52, Telefax: (040) 50 70-37 94)
Mitglieder: ca. 250

• T 1 379

Wissenschaftliches Forum für Internationale Sicherheit e.V. (WIFIS)
Blomkamp 61, 22549 Hamburg
T: (040) 8 00 54 16 **Fax:** 8 00 56 88
Gründung: 1991 (1. April)
1. Vorsitzende(r): Prof. Dr. Eckardt Opitz
2. Vorsitzende(r): Dr. Heinz Magenheimer
Geschäftsführer(in): Oberst a.D. Jürgen Würfel

• T 1 380

Deutsche Gesellschaft für Sonnenenergie e.V. (DGS)
Deutsche Sektion der International Solar Energy Society (ISES)
Augustenstr. 79, 80333 München
T: (089) 52 40 71 **Fax:** 52 16 68
Gründung: 1975 (Oktober)
Internationaler Zusammenschluß: siehe unter izl 123
1. Vorsitzende(r): Prof. Dr. Sigrid Jannsen (Schubertstr. 20, 79104 Freiburg)
2. Vorsitzende(r): Dr. Uwe Hartmann (Mauschbacher Steig 12, 13437 Berlin)
3. Vorsitzender: Dr. Konrad Schreitmüller (Ostpreussenweg 10, 31840 Hessisch Oldendorf)
4. Vorsitzender: Horst Rödiger (Langestr. 16, 06255 Schafstädt)
5. Vorsitzender: Hartmut Will (Orthstr. 44, 81245 München)
Verbandszeitschrift: SONNENENERGIE (zweimonatlich erscheinend)
Redaktion: Joachim Berner
Verlag: Solar Promotion GmbH, Augustenstr. 79, 80333 München
Mitglieder: 3600
Mitarbeiter: 3

• T 1 381

Zentrum für Sonnenenergie- und Wasserstoff-Forschung Baden-Württemberg (ZSW)
Heßbrühlstr. 21c, 70565 Stuttgart
T: (0711) 78 70-0 **Fax:** 78 70-1 00
Internet: http://www.zsw-bw.de
Gründung: 1988
Geschäftsf. Vorst.: Dr.rer.nat. Thomas Schott
Verbandszeitschrift: Jahresbericht
Redaktion: Frietsch
Mitarbeiter: 105
Jahresetat: DM 20 Mio, € 10,23 Mio

• T 1 382

Deutscher Wasserstoff-Verband e.V. (DWV)
Unter den Eichen 87, 12205 Berlin
T: (030) 81 04-4402, 81 04-1244, 81 04-1249 **Fax:** 81 04-3433, 81 04-1247
Internet: http://www.dwv-info.de
E-Mail: h2@dwv-info.de
Gründung: 1996 (12. Juni)
Vorstand: Dr. Rolf Ewald
Dr. Ulrich Schmidtchen
Eberhard Behrend
Dr. Oliver Weinmann
Reinhold Wurster
Verbandszeitschrift: Wasserstoff-Spiegel

• T 1 383

Arbeitsgemeinschaft Solartechnik Bergstrasse e.V. (AGSB)
Geschäftsstelle
Siegfriedstr. 19, 64653 Lorsch
T: (06251) 58 73 53
Gründung: 1978 (November)
Vorsitzende(r): Dipl.-Ing. (FH) Peter Tampe

• T 1 384

SOLAR e.V., Stuttgart
Mittelstr. 17, 70180 Stuttgart
T: (0711) 6 40 09 07 **Fax:** 6 40 64 38
E-Mail: SOLAR-STUTTGART@GAIA.DE
Gründung: 1989 (6. Juni)
Vorsitzende(r): Dipl.-Ing. Holger Grimrath (Ltg. Presseabt., T: (0711) 65 16 87, Telefax: (0711) 6 57 20 90)
Stellvertretende(r) Vorsitzende(r): Dieter Gudjons
Geschäftsführer(in): Dipl.-Ing. Elektrotech. (FH) Jörg Bammert
Verbandszeitschrift: solar+, solar+intern, SolarCalender
Verlag: Eigenverlag
Mitglieder: 300
Mitarbeiter: 1
Jahresetat: DM 0,2 Mio, € 0,1 Mio

• T 1 385

Bundesverband Solarmobil e.V.
Reifenberg 85, 91365 Weilersbach
T: (09194) 89 00 **Fax:** 42 62
E-Mail: solarmobil@t-online.de
Gründung: 1989
1. Vorsitzende(r): Roland Reichel
2. Vorsitzender: Thomic Ruschmeyer
Verbandszeitschrift: Solarmobil Mitteilungen
Redaktion: Roland Reichel
Mitglieder: 52

• T 1 386

Institut für Solare Energieversorgungstechnik e.V. (ISET)
Königstor 59, 34119 Kassel
T: (0561) 72 94-0 **Fax:** 72 94-1 00
Gründung: 1988 (11. Februar)
Vorstand: Prof. Dr.-Ing. Franz-Bernd Frechen
Prof. Dr.-Ing. Jürgen Schmid
Dr.rer.nat. Oliver Führer
Mitglieder: 13 (u.a. Vertretungen aus den Hess. Ministerien für Wissenschaft u. Kunst; Wirtschaft u. Technik)
Mitarbeiter: 70
Jahresetat: DM 14,1 Mio, € 7,21 Mio

Fachverband

t 1 387

FORSCHUNGSVERBUND SONNENENERGIE
c/o DLR
Linder Höhe, 51147 Köln
T: (02203) 6 01-3625 **Fax:** 6 01-4740
E-Mail: fvs@dlr.de
Gründung: 1990
Sprecher: Dr. Gerd Eisenbeiß
Geschäftsführer(in): Dr.-Ing. Hansmartin P. Hertlein
Mitglieder: 7 (3 Forschungszentren, 1 Fraunhofer-Institut, 3 Solarforschungsinstitute)

• T 1 388

Fördergesellschaft Windenergie e.V. (FGW)
Flotowstr. 41-43, 22083 Hamburg
T: (040) 27 80 91 82 **Fax:** 27 80 91 76
Internet: http://www.wind-fgw.de
E-Mail: fgw-hh@t-online.de
Gründung: 1985
Mitglieder: z. Z. 85

• T 1 389

Gesellschaft zur Förderung der Spektrochemie und angewandten Spektroskopie e.V.
Bunsen-Kirchhoff-Str. 11, 44139 Dortmund
T: (0231) 13 92-0 **Fax:** 1 39 21 20
Internet: http://www.isas-dortmund.de
E-Mail: infomaster@isas-dortmund.de
Gründung: 1952
Vorstand: Prof. Dr. H. Hartig (Emingstr. 50, 46284 Dorsten (Vors.))
Vorstand: Prof. Dr. K. H. Koch (Auf dem Mühlenhofe 40, 44267 Dortmund, Rektor der Universität Dortmund)
Mitglieder: 46
Mitarbeiter: 153

• T 1 390

Institut für Spektrochemie und Angewandte Spektroskopie (ISAS)
Bunsen-Kirchhoff-Str. 11, 44139 Dortmund
T: (0231) 13 92-0 **Fax:** 1 39 21 20
Internet: http://www.isas-dortmund.de
E-Mail: postmaster@isas-dortmund.de
Gründung: 1952
Direktor(in): Prof. Dr. Kay Niemax
Mitglieder: 49
Mitarbeiter: 153

Institutsteil Berlin

t 1 391

ISAS Institutsteil Berlin
Albert-Einstein-Str. 9, 12489 Berlin
T: (030) 63 92 35 30 **Fax:** 63 92 35 44
Internet: http://berlin.isas-dortmund.de
E-Mail: info@isas-berlin.de

• T 1 392

Deutscher Ausschuß für Stahlbau (DASt)
Sohnstr. 65, 40237 Düsseldorf
T: (0211) 6 70 78-00 **Fax:** 6 70 78-20
Gründung: 1908
Vorsitzende(r): Prof. Dr.-Ing. Horst Bossenmayer (Präsident des Deutschen Instituts für Bautechnik DIBt, Kolonnenstr. 30, 10829 Berlin)
Geschäftsführer(in): Dipl.-Ing. Volker Hüller
Mitglieder: 28

• T 1 393

Studiengesellschaft für Stahlschutzplanken e.V.
Spandauer Str. 25, 57072 Siegen
T: (0271) 5 30 39 **Fax:** 5 67 69
E-Mail: ivs-siegen@t-online.de
Vorsitzende(r): Manfred Bongard (c/o Bongard GmbH & Co. KG, Nentershausen)
Geschäftsführer(in): Dipl.-Ing. Volker Goergen

• T 1 394

Steinbeis-Stiftung für Wirtschaftsförderung
Haus der Wirtschaft
Postf. 10 43 62, 70038 Stuttgart
Willi-Bleicher-Str. 19, 70174 Stuttgart
T: (0711) 18 39-5 **Fax:** 2 26 10 76
Internet: http://www.stw.de
E-Mail: stw@stw.de
Vorsitzende(r) des Vorstandes: Prof. Dr. Johann Löhn (Regierungsbeauftragter für Technologietransfer)
Vorstand: Josef Pfeffer

Steinbeis-Transferzentren

t 1 395

Steinbeis-Transferzentrum Angewandtes Management
Postf. 17 28, 73407 Aalen
T: (07361) 94 30 20 **Fax:** 94 30 22
Internet: http://www.fh-aalen.de/fh_aa/zent_ein/transfer/stz_am/stz_am.htm
E-Mail: holzbaur@t-online.de
Leitung: Prof. Dr. U. Holzbaur

t 1 396

Steinbeis-Transferzentrum Arbeitsgemeinschaft Metallguß an der Fachhochschule Aalen
Gartenstr. 131, 73430 Aalen
T: (07361) 92 74-0 **Fax:** 92 74 99
Internet: http://www.fh-aalen.de/arge/HTML/DEUTSCH/Arge-2SP.html
E-Mail: thecke@rzws.fh-aalen.de
Leitung: Prof. Dr. F. Klein

t 1 397

Steinbeis-Transferzentrum Institut für Augenoptik
Gartenstr. 133, 73430 Aalen
T: (07361) 56 01 60 **Fax:** 56 01 69
E-Mail: ifaa@rzws.fh-aalen.de, blinge@rzws.fh-aalen.de
Leitung: Prof. Dr. B. Lingelbach

t 1 398

Steinbeis-Transferzentrum Kunststofftechnik an der Fachhochschule Aalen
Postf. 17 28, 73407 Aalen
T: (07361) 5 76-244, 5 76-260 **Fax:** 5 76-270
E-Mail: pwippe@rzws.fh-aalen.de
Leitung: Prof. Dipl.-Ing. P. Wippenbeck

t 1 399

Steinbeis-Transferzentrum Oberflächentechnik und Umwelttechnik
Gemsweg 15, 73434 Aalen
T: (07361) 4 42 08 **Fax:** 4 42 65
Leitung: Prof. Dr.-Ing. Karl-Helmut Tostmann

t 1 400

Steinbeis-Transferzentrum
Technische Beratung an der Fachhochschule Aalen
Postf. 17 28, 73407 Aalen
T: (07361) 5 76-1 43 **Fax:** 94 30 04
Internet: http://www.fh-aalen.de/fh_aa/zent_ein/transfer/stz_bs/steinbeO.html
E-Mail: guenter.dittmar@fh-aalen.de
Leitung: Prof. Dr. G. Dittmar

t 1 401

Steinbeis-Transferzentrum
Korrosion und Korrosionsschutz
Jakobstr. 1, 72458 Albstadt
T: (07431) 5 79-186 **Fax:** 5 79-169
Leitung: Prof. Dr.-Ing. R. Holbein

t 1 402

Steinbeis-Transferzentrum
Technische Beratung an der Fachhochschule Sigmaringen
Postweg 6, 72458 Albstadt
T: (07431) 5 84 83, 5 79-221 **Fax:** 5 84 48
E-Mail: liekweg@fh-albsig.de
Leitung: Prof. Dipl.-Ing. D. Liekweg

t 1 403

Steinbeis-Transferzentrum
Textil- und Bekleidungstechnik
Poststr. 6, 72458 Albstadt
T: (07431) 5 79-221, 5 84 83, (07571) 7 32-0
Fax: (07431) 5 84 48
E-Mail: liekweg@fh-albsig.de
Leitung: Prof. Dipl.-Ing. D. Liekweg

t 1 404

Steinbeis-Transferzentrum
Organisation und Produktion
Auf dem Hagenbach 43, 71522 Backnang
T: (07191) 8 81 19, (0171) 3 34 38 46 **Fax:** (07191) 8 81 26
Leitung: Prof. Dr.-Ing. W. Schwalbe

t 1 405

Steinbeis-Transferzentrum
Aktorik und moderne Prozeßvisualisierung
Willmannstr. 26, 78073 Bad Dürrheim
T: (07726) 67 39 **Fax:** 14 16
Leitung: Prof. Dr.-Ing. F.-D. Küstermann

t 1 406

Steinbeis-Transferzentrum
Maschinenbau
Königsberger Str. 10, 78073 Bad Dürrheim
T: (07726) 44 42 **Fax:** (07720) 3 07-207
E-Mail: kub@fh-furtwangen.de
Leitung: Prof. Dr.-Ing. J. Kubisch

t 1 407

Steinbeis-Transferzentrum
Bad Hersfeld
Leinenweberstr. 1, 36251 Bad Hersfeld
T: (06621) 9 44-122 **Fax:** 9 44-101
Leitung: Dipl.-Ing. (FH) S. Walter

t 1 408

Steinbeis-Transferzentrum
Unternehmensführung, Marketing und Gesundheitsökonomie
Johanniterhof 7, 97980 Bad Mergentheim
T: (0171) 3 33 88 67, (07129) 6 02 40 **Fax:** (07129) 50 36
E-Mail: ditmar.hilpert@fh-reutlingen.de
Leitung: Prof. Dr. D. Hilpert

t 1 409

Steinbeis-Transferzentrum
Design und Produktentwicklung
Untere Ortsstr. 31, 64743 Beerfelden
T: (06068) 91 26 21 **Fax:** 91 26 20
Internet: http://www.wzf.de
E-Mail: thierling@wzf.de
Leitung: Dipl.-Ing. Arch./Design Ulrich Thierling

t 1 410

Steinbeis-Transferzentrum
Medien, Marketing, Marktforschung
Oberer Sonnenberg 32, 88368 Bergatreute
T: (0751) 8 06-2790, (07527) 12 81 **Fax:** (0751) 8 06-2798
Leitung: Prof. Dr. J.-P. Benzinger

t 1 411

Steinbeis-Transferzentrum
Energie-Umwelt-Information
Hellriegelstr. 6, 14195 Berlin
T: (030) 31 47 13 14, (03723) 68 10 33
Fax: (030) 8 24 50 31, (03723) 68 10 33
Leitung: Prof. Dr. sc.techn. Uwe Schmidt

t 1 412

Max-Biedermann-Institut - Berlin
Gürtelstr. 29a/30, 10247 Berlin
T: (0711) 18 39-789 **Fax:** 2 26 10 76
Leitung: Prof. Dr. Johann Löhn

t 1 413

Steinbeis-Transferzentrum
Technische Beratung und Technologiemarketing
Treskowallee 8, 10318 Berlin
T: (030) 50 19-2283 **Fax:** 50 19-2477
Internet: http://www.fhtw-berlin.de
E-Mail: steinbeis@vb.fhtw-berlin.de
Leitung: Dipl.-Kfm. A. Keller

t 1 414

Steinbeis-Transferzentrum
Umwelt und Wirtschaft
Josef-Orlopp-Str. 54-56, 10365 Berlin
T: (030) 55 68 88-20 **Fax:** 55 68 88-21
E-Mail: sekretariat@dr-lausch.de
Leitung: Dr.sc.nat. W. Lausch

t 1 415

Steinbeis-Transferzentrum
Wirtschaftsinformatik
Strenzfelder Allee 28, 06406 Bernburg
T: (03471) 3 55-443, 3 55-615 **Fax:** 35 55 44
E-Mail: schlegel@hrz-bbg.irw.fh-anhalt.de
Leitung: Prof. Dr. Dipl.-Math. P. Kaufmann
Prof. Dr. R. Schlegel

t 1 416

Steinbeis-Transferzentrum
Bauwirtschaft
Karpfengasse 11, 88400 Biberach
T: (07351) 91 68 **Fax:** 7 35 17
Leitung: Prof. E. Klett

t 1 417

Steinbeis-Transferzentrum
Wasser-Abfall-Boden
Nickeleshalde 35, 88400 Biberach
T: (07351) 2 37 45, (07355) 9 11 75 **Fax:** (07355) 9 11 73
Leitung: Prof. Dr.-Ing. G. Schmidt
Dipl.-Ing. (FH) M. Huchler

t 1 418

Steinbeis-Transferzentrum
Pharmatechnik
Schillerstr. 65, 71229 Leonberg
T: (07152) 93 79-76 **Fax:** 93 79-77
Leitung: Prof. R. Ziegler

t 1 419

Steinbeis-Transferzentrum
Öffentliche Verwaltung
Beethovenstr. 12, 71032 Böblingen
T: (07031) 23 01 30 **Fax:** 23 01 31
Leitung: B. K. Räder

t 1 420

Steinbeis-Transferzentrum
Innovative Systemgestaltung und personale Kompetenzentwicklung - Bremen
Hochschulring 20, 28359 Bremen
T: (0421) 2 18-5594 **Fax:** 2 18-5510
E-Mail: zsek@biba.uni-bremen.de
Leitung: Prof. Dr.-Ing. F.-J. Heeg

t 1 421

Steinbeis-Transferzentrum
Technische Beratung und Konversion
Werner-von-Siemens-Str. 47a, 76646 Bruchsal
T: (07251) 7 16-101, 7 16-105 **Fax:** 7 16-111
Internet: http://www.bruchsal.de/Wirtsch/Steinb/
E-Mail: a.rupalla@rac.de
Leitung: Dipl.-Inform. A. Rupalla

t 1 422

Steinbeis-Transferzentrum
Advanced Engineering Technology
Haurihofweg 14, 79256 Buchenbach
T: (07661) 15 93 **Fax:** 15 83
Leitung: Prof. Dr.-Ing. Taghi Tawakoli

t 1 423

Steinbeis-Transferzentrum
Antriebs- und Handhabungstechnik im Maschinenbau
Albert-Jentzsch-Str. 75, 09127 Chemnitz
T: (0371) 5 31-22 97 **Fax:** 5 31-22 83
Leitung: Prof. Dr. E. Köhler

t 1 424

Steinbeis-Transferzentrum
Energie- und Umwelttechnik
Postf. 63, 09054 Chemnitz
T: (0371) 5 31-2320 **Fax:** 5 31-2349
Leitung: Prof. Dr.-Ing. H. Herwig
Dr.-Ing. U. Schirmer

t 1 425

Steinbeis-Transferzentrum
Fabrikplanung, -ökologie und automatisierter Fabrikbetrieb
Erfenschlager Str. 73, 09125 Chemnitz
T: (0371) 5 31 53 09 **Fax:** 5 31 53 27
Leitung: Prof. Dr.-Ing. S. Wirth

t 1 426

Steinbeis-Transferzentrum
Logische Systeme
Nelkentor 7, 09126 Chemnitz
T: (03731) 39 25 68, (0371) 51 22 03 **Fax:** (03731) 39 26 45, (0371) 51 22 03
Internet: http://www.informatik.de/lstuhl2/index.html
E-Mail: steinb@informatik.tu-freiberg.de
Leitung: Prof. Dr.-Ing. D. Bochmann
Prof. Dr.-Ing. B. Steinbach

t 1 427

Steinbeis-Transferzentrum
Qualität und Umwelt
Neefestr. 82, 09119 Chemnitz
T: (0371) 30 05 13 ISDN **Fax:** 30 03 81
Leitung: Doz. Dr.-Ing. habil. R. Ehnert

t 1 428

Steinbeis-Transferzentrum
Wärme- und Verarbeitungstechnik, Systemanalyse
Kesselgarten 3, 09113 Chemnitz
T: (0371) 3 30 28 10, 77 25 87 **Fax:** 77 25 87
Leitung: Prof. Dr.-Ing. E. Löser
Prof. Dr.-Ing. J. Jentzsch

t 1 429

Steinbeis-Transferzentrum
Biokraftstoffe und Umweltmeßtechnik
Draesekestr. 10, 96450 Coburg
T: (09561) 3 17-127 **Fax:** 3 17-273
Leitung: Prof. Dr. J. Krahl

t 1 430

Steinbeis-Transferzentrum
Umwelt- und Verfahrenstechnik
Heimatring 35d, 96450 Coburg
T: (09561) 3 17-1 89, 3 09 66 **Fax:** 3 17-2 73
Leitung: Prof. Dr. R. Konrad

t 1 431

Steinbeis-Transferzentrum
Unternehmens- und Projektcoaching
Schießbergstr. 37, 74564 Crailsheim
T: (07951) 4 27 85
Leitung: Dr. W. Klapdor

t 1 432

Steinbeis-Transferzentrum
OST-WEST-Kooperationen
Königstr. 8, 73326 Deggingen
T: (07334) 92 21 12, (0171) 2 25-8087 **Fax:** (07334) 50 07
E-Mail: steinbeis-raizner@t-online.de
Leitung: Dipl.-Betrw. (FH) J. Raizner

t 1 433

Steinbeis-Transferzentrum
Business Consulting
Ditzenbrunner Str. 118, 71254 Ditzingen
T: (07156) 64 86 **Fax:** 64 86
Leitung: Prof. D. Böddicker
Dr. C. Füser

t 1 434

Steinbeis-Transferzentrum
Biomedizinische Technik
An der Halde 9, 78166 Donaueschingen
T: (0771) 1 21 91, (07720) 30 73 78 **Fax:** (0771) 1 28 13
Leitung: Prof. Dr.-Ing. B. Vondenbusch

t 1 435

Steinbeis-Transferzentrum
Betriebliches Informations Management (BIM)
01062 Dresden
Mommsenstr. 13, 01069 Dresden
T: (0351) 4 71-6660 **Fax:** 4 71-6660
Leitung: Prof. Dr. E. Schoop

t 1 436

Steinbeis-Transferzentrum
Produktionstechnik und Entsorgungslogistik
Zeunerbau Zi. 111
01062 Dresden
Mommsenstr. 13, 01069 Dresden
T: (0351) 4 63-3492, 4 63-3343 **Fax:** 4 63-2485
Leitung: Dr.-Ing. U. Günther
Prof. Dr.-Ing. R. Koch

t 1 437

Steinbeis-Transferzentrum
Technologie und Management
(Staatliche Studienakademie Dresden)
Heideparkstr. 8, 01099 Dresden
T: (0351) 81 33-420 **Fax:** 81 33-429
Leitung: Prof. Dr. D. Kröppelin

t 1 438

Steinbeis-Transferzentrum
Osthessen
Fasaneriestr. 35, 36124 Eichenzell
T: (06659) 52 95, (05602) 9 10 02 **Fax:** (06659) 52 91
Leitung: Dipl.-Betriebsw. A. Weber

t 1 439

Steinbeis-Transferzentrum
Eisenach
Am Goldberg 2, 99817 Eisenach
T: (03691) 6 21-0 **Fax:** 6 21-104
Leitung: Dipl.-Kfm. A. Meier
Dipl.-Ing. (FH) R. Lohse

t 1 440

Steinbeis-Transferzentrum
Produktentwicklung
Grunbacher Weg 16, 75331 Engelsbrand
T: (07235) 32 79, (07231) 28-6606 **Fax:** (07231) 28-7606
Leitung: Prof. Dr. R. Scherr

t 1 441

Steinbeis-Transferzentrum
Marketing und Vertriebsplanung
Ginsterweg 6, 91058 Erlangen
T: (09131) 30 32 20 **Fax:** 30 31 45
Leitung: Prof. Dr. Hertrich

t 1 442

Steinbeis-Transferzentrum
Automatisierungstechnik
Alemannenstr. 49, 73457 Essingen
T: (07365) 52 88 **Fax:** (07361) 52 88
Leitung: Prof. Dr. D. Schmid

t 1 443

Steinbeis-Transferzentrum
Computergestützte Simulation
Flandernstr. 101, 73732 Esslingen
T: (0711) 3 97-4354 **Fax:** 3 97 43 42
Leitung: Prof. Dr.-Ing. E. Theuer

t 1 444

Steinbeis-Transferzentrum
Fahrzeugtechnik
Kanalstr. 33, 73728 Esslingen
T: (0711) 3 97-3301 **Fax:** 3 97-3301
Leitung: Prof. Dipl.-Ing. G. Walliser

t 1 445

Steinbeis-Transferzentrum
Physikalische Oberflächenmodifikation
Grüner Weg 8, 73728 Esslingen
T: (0711) 3 70 17 56 **Fax:** 3 70 17 56
E-Mail: d.rueck@gst.de
Leiterin: Dr. D. M. Rück

t 1 446

Steinbeis-Transferzentrum
Rechnereinsatz
Flandernstr. 101, 73732 Esslingen
T: (0711) 9 32 58-70, 3 97-4485 **Fax:** 9 32 58-71
Leitung: Prof. Dr.-Ing. N. Kappen

t 1 447

Steinbeis-Transferzentrum
Softwaretechnik
Im Gaugenmaier 20, 73730 Esslingen
T: (0711) 36 63 58, 3 97-4164 **Fax:** 36 69 53
Leitung: Prof. Dr.rer.nat. J. Goll

t 1 448

Steinbeis-Transferzentrum
System- und Simulationstechnik/Automotive
Flandernstr. 101, 73732 Esslingen
T: (0711) 37 10 11 **Fax:** 3 70-5329
Leitung: Prof. Dr.-Ing. H. Kull

t 1 449

Steinbeis-Transferzentrum
Technische Beratung an der Fachhochschule Esslingen - Hochschule für Technik
Kanalstr. 33, 73728 Esslingen
T: (0711) 3 97-31 70 **Fax:** 3 97-31 70
Leitung: Prof. Dr.-Ing. E. Birkel

t 1 450

Steinbeis-Transferzentrum
Umformtechnik und Arbeitsorganisation
Kanalstr. 33, 73728 Esslingen
T: (0711) 3 97-3002 **Fax:** 3 97-3271
E-Mail: manfred stilz@fht-esslingen.de
Leitung: Prof. Dr.-Ing. Manfred Stilz

t 1 451

Steinbeis-Transferzentrum
Physikalische Sensorik
Büsägestr. 14, 77955 Ettenheim
T: (07822) 89 57 88, 26 50 **Fax:** 89 57 88
Leitung: Prof. Dr. W. Schröder

t 1 452

Steinbeis-Transferzentrum
Innovations- und Umweltmanagement
Rems-Murr
Cannstatter Str. 132, 70736 Fellbach
T: (0711) 5 78 33-33 **Fax:** 5 78 33-34
E-Mail: stz-fellbach@t-online.de
Leitung: Prof. Dr.rer.nat. J. Feßmann
Dipl.-Wirtsch.-Ing. (FH) H. Hauke

t 1 453

Steinbeis-Transferzentrum
Informationssysteme
Schieferstein 8, 65439 Flörsheim
T: (06145) 5 94-50 **Fax:** 5 94-44
Leitung: Dipl.-Phys. Dipl.-Wirtsch.-Ing. Thomas Müller

t 1 454

Steinbeis-Transferzentrum
ForsTrans
Tennenbacher Str. 4, 79106 Freiburg
T: (0761) 2 03-8641, 2 03-3764, 2 03-3694 **Fax:** 2 03-3701
E-Mail: stz@uni-freiburg.de
Leitung: Prof. Dr. Gero Becker
Prof. Dr. Barbara Koch

t 1 455

Steinbeis-Transferzentrum
Immobilienleasing/Investormodelle
Im Glaser 7, 79111 Freiburg
T: (0761) 48 22 02, (0171) 4 54 64 22
Fax: (0761) 4 76 22 39
Leitung: Prof. Dr.rer.pol. D. Kiefer

t 1 456

Steinbeis-Transferzentrum
Informations- und Kommunikationsmanagement
Tullastr. 87, 79108 Freiburg
T: (0761) 50 70 38 **Fax:** 5 05 16
Leitung: Prof. M. Bues
Prof. R. M. Katzsch

t 1 457

Steinbeis-Transferzentrum
Strömungsberechnungen und Strukturanalyse/HTCO
Wippertstr. 2, 79100 Freiburg
T: (0761) 4 09 88 83 **Fax:** 4 09 88 81
Leitung: Dr. Dipl.-Phys. A. Müller

t 1 458

Steinbeis-Transferzentrum
Atmosphärische Umweltmeßtechnik
Postf. 15 68, 88005 Friedrichshafen
T: (07541) 2 02-5 71 **Fax:** 2 02-5 70
Leitung: Dr. W. Hans

t 1 459

Steinbeis-Transferzentrum
Medizin-Elektronik
Reibschenberg 1, 78120 Furtwangen
T: (0761) 80 68 72, (07723) 79 10 **Fax:** (07723) 30 54
E-Mail: kuntz@informatik.uni-freiburg.de
Leitung: Prof. Dr.-Ing. W. Kuntz

t 1 460

Steinbeis-Transferzentrum
Automatisierungstechnik
Sommerbergstr. 22, 78120 Furtwangen
T: (07723) 53 70, 32 49, 49 83 **Fax:** 49 83
Leitung: Prof. Dipl.-Ing. M. Kühne

t 1 461

Steinbeis-Transferzentrum
Mikroelektronik und Systemtechnik
Ziriakenhofstr. 1, 78120 Furtwangen
T: (07723) 93 16-0 **Fax:** 93 16-20
Leitung: Prof. Dr.-Ing. W. Kuntz
Dipl.-Ing. B. Schmid

t 1 462

Steinbeis-Transferzentrum
Online Marketing und
Elektronische Märkte
Josef-Dorer-Str. 54, 78120 Furtwangen
T: (07723) 5 02 66 **Fax:** 5 02 67
E-Mail: illik@ai-lab.fh-furtwangen.de
Leitung: Prof. Dipl.-Inform. J. A. Illik

t 1 463

Steinbeis-Transferzentrum
Optoelektronik und industrielle Meßtechnik
Bismarckstr. 9, 78120 Furtwangen
T: (07723) 53 70, 49 83, 32 49, 9 20-213 **Fax:** 49 83
Internet: http://home.t-online.de/home/stz.federle
E-Mail: stz.federle@t-online.de
Leitung: Prof. Dipl.-Ing. M. Kühne
Prof. Dr.-Ing. H. Federle

t 1 464

Steinbeis-Transferzentrum
Prozeßmanagement und Systemlösungen
Zur Langeck 1, 78120 Furtwangen
T: (07723) 17 87, 9 20-459 **Fax:** 17 87
E-Mail: sauerburger@fh-furtwangen.de
Leitung: Prof. Dr.-Ing. H. Sauerburger

t 1 465

Steinbeis-Transferzentrum
Systemtheorie und Anwendungen
Zur Langeck 1, 78120 Furtwangen
T: (07723) 17 87, 92 03 39 **Fax:** 92 06 10
Leitung: Prof. Dr.-Ing. H. Sauerburger

t 1 466

Steinbeis-Transferzentrum
Technische Beratung an der Fachhochschule Furtwangen
Gerwigstr. 11, 78120 Furtwangen
T: (07723) 9 20-0, 9 20-150 **Fax:** 9 20-610
Leitung: Prof. Dr.-Ing. G. Dinius

t 1 467

Steinbeis-Transferzentrum
Fertigungsautomatisierung und EMV
Südmährer Str. 13, 73312 Geislingen
T: (07331) 96 17-24 **Fax:** 96 17-66
Internet: http://www.power-e.de
E-Mail: kolb@power-e.de, kolb@fh-ulm.de
Leitung: Prof. Dipl.-Ing. Ludwig Kolb

t 1 468

Steinbeis-Transferzentrum
Marketing und Unternehmensanalyse an der FH Nürtingen
Außenstelle Geislingen
Bahnhofstr. 62, 73312 Geislingen
T: (07331) 22-484, 94 72 71 **Fax:** 22-500
Leitung: Prof. Dr. K. Hanke
Prof. Dr. W. Ziegler

t 1 469

Steinbeis-Transferzentrum
Innovationsmanagement
Willi-Lohmann-Str. 10, 06507 Gernrode
T: (03948) 53 19 **Fax:** 53 19
Leitung: Dipl.-Ing. B. Sternal

t 1 470

Fachschule für Technik der Steinbeis-Stiftung
staatlich anerkannte Ersatzschule
Auestr. 1-3, 08371 Glauchau
T: (03763) 18 48-1 **Fax:** 18 48-0
Leiterin: Dipl.-Lehrerin I. Reinhold

t 1 471

Steinbeis-Transferzentrum
Logistik und Fabrikplanung
Terry-Allen-Avenue 274, 73037 Göppingen
T: (07161) 96 87 30 **Fax:** 96 87 35
Internet: http://www.stw.de/stz-logistik
E-Mail: stz-logistic@t-online.de
Leitung: Dipl.-Betriebsw. (FH) D. Ausländer

t 1 472

Steinbeis-Transferzentrum
Management + Qualifizierung
Terry-Allen-Avenue 274, 73037 Göppingen
T: (07161) 96 46 60 **Fax:** 9 64 66 50
Leitung: Prof. Dipl.-Ing. R. Geilsdörfer
R. Seybold
Prof. Dipl.-Ing. P. Thole

t 1 473

Steinbeis-Transferzentrum
Mikroelektronik
Robert-Bosch-Str. 1, 73037 Göppingen
T: (07161) 6 79-180 **Fax:** 6 79-108
Leitung: Prof. Dr.-Ing. Jürgen van der List

t 1 474

Steinbeis-Transferzentrum
Lack-, Oberflächen- und Umwelttechnologie
Robert-Bosch-Str. 1, 73037 Göppingen
T: (07161) 6 79-0, 6 79-129 **Fax:** 6 79-129
Leitung: Prof. Dr.rer.nat. J. Feßmann

t 1 475

Steinbeis-Transferzentrum
Wärme- und Strömungstechnik
Robert-Bosch-Str. 1, 73037 Göppingen
T: (07161) 6 79-195, 6 79-148, (07123) 3 59 84
Fax: (07161) 6 79-195, (07123) 3 59 84
Leitung: Prof. Dr.-Ing. U. Gärtner

t 1 476

Steinbeis-Zentrum
Qualitätswesen
TQU
Daimlerstr. 8, 78559 Gosheim
T: (07426) 94 96-0 **Fax:** 94 96-13
Leitung: Prof. Dr.-Ing. J. Bläsing

t 1 477

Steinbeis-Transferzentrum
CIM-Gottmadingen
Im Strickmann 210, 78244 Gottmadingen
T: (07731) 90 58-0 **Fax:** 90 58-13
E-Mail: haupenthal@t-online.de
Leitung: Dipl.-Wirtsch.-Ing. E. Haupenthal

t 1 478

Steinbeis Transfer Center
Contact Office Haifa
28 Shoham St., IL-34679 Haifa
T: (009724) 82 42-278 **Fax:** 83 43-066
Leitung: Dr.-Ing. J. Mantel

t 1 479

Steinbeis-Transferzentrum
Elektrochemische Untersuchungsverfahren
Sonnenblumenweg 15, 06116 Halle
T: (0345) 5 63 01 89, 5 52 57 60 **Fax:** 5 63 01 91
Leitung: Prof. Dr. W. Schäfer

t 1 480

Steinbeis-Transferzentrum
Industrie-Design
Burg Giebichenstein
Neuwerk 7, 06108 Halle
T: (0345) 7 75 18 93 **Fax:** 7 75 18 93
Leitung: Prof. P. Jung

t 1 481

Steinbeis-Transferzentrum
Umweltbiotechnologie und Umwelthygiene
Schulenbrooksweg 37, 21029 Hamburg
T: (040) 72 52-2664 **Fax:** 72 52-2681
Leitung: Prof. Dr. Scherer

t 1 482

Steinbeis-Transferzentrum
Design
Ewige Weide 1, 30659 Hannover
T: (0511) 6 49 88 50 **Fax:** 6 49 88 60
E-Mail: rahedesign@compuserve.com
Leitung: Prof. Dipl.-Des. (FH) D. Rahe (MFA)
Prof. Dipl.-Des. (FH) U. Rahe (MFA)

t 1 483

Steinbeis-Transferzentrum
Integriertes Organisations- und Prozeßmanagement
Vahrenwalder Str. 7, 30165 Hannover
T: (0511) 93 57-368 **Fax:** 93 57-368
Leitung: Prof. Dr.-Ing. H.-F. Binner

t 1 484

Steinbeis-Transferzentrum
Analyseverfahren der Molekularen Zytogenetik
Friedrich-Ebert-Anlage 51e, 69117 Heidelberg
T: (0172) 7 64 94 81 **Fax:** (089) 5 99 66 18
E-Mail: stz-zyto@iwr.uni-heidelberg.de
Leitung: Dr. R. Eils

t 1 485

Steinbeis-Transferzentrum
Genominformatik
Im Neuenheimer Feld 519, 69120 Heidelberg
T: (06221) 42 23 69, 43 96 63, 43 96 65 **Fax:** 43 96 33
Leitung: Dr. S. Suhai

t 1 486

Steinbeis-Transferzentrum
Glycokonjugate - Struktur, Funktion und Molecular Modelling
Im Neuenheimer Feld 280, 69120 Heidelberg
T: (06221) 42 33 74 **Fax:** 42 33 75
E-Mail: stz-glycokonjugate@dkfz-heidelberg.de
Leitung: Prof. Dr. M. Wießler

t 1 487

Steinbeis-Transferzentrum
für Angewandte biologische Chemie
DKFZ - F0900
Im Neuenheimer Feld 242, 69120 Heidelberg
Leitung: Dr.rer.nat. M. Frey

t 1 488

Steinbeis-Transferzentrum
Kommunales Management
Hauptstr. 102, 69117 Heidelberg
T: (06221) 9 05 42-11 **Fax:** 9 05 42-22
Leitung: Dr. G. Pfreundschuh

t 1 489

Steinbeis-Transferzentrum
Laser Processing und Diagnostik
Physikalisch-Chemisches Institut
Im Neuenheimer Feld 253, 69120 Heidelberg
T: (06221) 54-5205 **Fax:** 54-4255
Leitung: Prof. Dr.rer.nat. P. Hess (Physikalisch-Chemisches Institut)

t 1 490

Steinbeis-Transferzentrum
Medizinische Informatik
Technologiezentrum Heidelberg
Im Neuenheimer Feld 517, 69120 Heidelberg
T: (06221) 6 41 11 **Fax:** 6 41 13
Leitung: Dr. H.-P. Meinzer

t 1 491

Steinbeis-Transferzentrum
Oberflächentechnik und Analytik an der Universität Heidelberg
Im Neuenheimer Feld 500, 69120 Heidelberg
T: (06221) 54 85 05, 54 85 11 **Fax:** 54 60 82
E-Mail: cc2@ix.urz.uni.heidelberg.de
Leitung: Prof. G. K. Wolf

t 1 492

Steinbeis-Transferzentrum
Simulation reaktiver Strömungen
c/o Dr. Frank Behrend
Römerstr. 53, 69115 Heidelberg
T: (0171) 5 06 49-11, 5 06 49-16 **Fax:** (06221) 60 19 70
E-Mail: behrendt@iwr.uni-heidelberg.de, warnatz@iwr.uni-heidelberg.de
Leitung: Prof. Dr. J. Warnatz
Dr. F. Behrendt

t 1 493

Steinbeis-Transferzentrum
Intermedia
Wilhelmstr. 10, 89518 Heidenheim
T: (0171) 8 13 65 40 **Fax:** (07321) 4 84 00
Leitung: Dipl.-Ing. (BA) G. Aigle

t 1 494

Steinbeis-Transferzentrum
Management für die mittelständische Wirtschaft
Wilhelmstr. 10, 89518 Heidenheim
T: (07321) 38-1955, 4 05 23, (0171) 3 05 55 81, 5 25 00 08
Fax: (07321) 38 19 59
Internet: http://www.steinbeis.de
E-Mail: juergen.plaschke@steinbeis.de
Leitung: Prof. U. Hummel
Prof. Dr. Dr. J. Plaschke
Prof. Dr. W. Sauter

t 1 495

Steinbeis-Transferzentrum
Personal- und Unternehmensentwicklung
Bahnhofplatz 4, 89518 Heidenheim
T: (07321) 38-1950, 38-1951 **Fax:** 2 53 25
Leitung: Prof. Dr. H.-J. Merk

t 1 496

Steinbeis-Transferzentrum
Wirtschaftsinformatik
Wilhelmstr. 10, 89518 Heidenheim
T: (07321) 38 19 10 **Fax:** 94 98 18
E-Mail: bappert@ba-heidenheim.de
Leitung: Prof. E. Bappert

t 1 497

Steinbeis-Transferzentrum
Produkt- und Verfahrensbewertung
Heidenfahrt 31, 55262 Heidesheim
T: (06132) 5 69 24 **Fax:** 5 69 34
Leitung: Dr. Dipl.-Phys. K. Hasenburg

t 1 498

Steinbeis-Transferzentrum
Angewandte Elektronik
Robert-Bosch-Str. 32, 74081 Heilbronn
T: (07131) 5 80 89-0 **Fax:** 5 80 89-3
Leitung: Prof. Dipl.-Ing. M. Dorsch

t 1 499

Steinbeis-Transferzentrum
Angewandte Informatik
Robert-Bosch-Str. 32, 74081 Heilbronn
T: (07131) 58 04 06 **Fax:** 58 04 07
E-Mail: stz-al@t-online.de
Leitung: Prof. Dipl.-Ing. H. Krayl

t 1 500

Steinbeis-Transferzentrum
Betriebswirtschaft
Robert-Bosch-Str. 32, 74081 Heilbronn
T: (07131) 58 96-10, 58 96-11 **Fax:** 58 96-18
Leitung: Prof. Dr. K. Haberlandt

t 1 501

Steinbeis-Transferzentrum
Bildverarbeitung, Mikroelektronik, Systemtechnik
Robert-Bosch-Str. 32, 74081 Heilbronn
T: (07131) 50 78 92 **Fax:** 50 78 94
Leitung: Prof. Dr. U. Jäger

t 1 502

Steinbeis-Transferzentrum
Industrielle Meßtechnik
Robert-Bosch-Str. 32, 74081 Heilbronn
T: (07131) 5 80-370, 5 80-371, 5 80-373 **Fax:** 5 80-372
Internet: http://home.t-online.de/home/stz-industrielle-messtechnik
E-Mail: stz-industrielle messtechnik@t-online.de
Leitung: Prof. Dr. G. Bucher

t 1 503

Steinbeis-Transferzentrum
Technische Beratung an der Fachhochschule Heilbronn
Robert-Bosch-Str. 32, 74081 Heilbronn
T: (07131) 25 70 02 **Fax:** 25 70 03
Leitung: Prof. Dr.-Ing. K. Boelke

t 1 504

Steinbeis-Transferzentrum
Verfahrens-, Energie- und Umwelttechnik
Robert-Bosch-Str. 32, 74081 Heilbronn
T: (07131) 58 64-0 **Fax:** 58 64-30
Leitung: Prof. Dr.-Ing. E. Pruckner

t 1 505

Steinbeis-Transferzentrum
Vernetzte Informatiksysteme - Verteilte Anwendungen
Robert-Bosch-Str. 32, 74081 Heilbronn
T: (07131) 5 89 14-0 **Fax:** 5 89 14-19
Leitung: Prof. Dr. G. Peter

t 1 506

Steinbeis-Transferzentrum
Licht
Schlehenweg 36, 24558 Henstedt-Ulzburg
T: (04193) 99-3660 **Fax:** 99-3661
E-Mail: 100767.2647@compuserve.com
Leitung: Prof. Dr.-Ing. R. Greule

t 1 507

Steinbeis-Transferzentrum
Akademie für Unternehmensführung
Haus der Ingenieure
Benzstr. 33, 71083 Herrenberg
T: (07032) 94 58-0 **Fax:** 94 58-58
Leitung: Dr. W. G. Faix

t 1 508

Steinbeis-Transferzentrum
Markt und Wachstum
Benzstr. 33, 71083 Herrenberg
T: (07032) 94 58-0 **Fax:** 94 58-58
Leitung: Dr. W. G. Faix
Dipl.-Ing. (FH) P. Wittmann

t 1 509

Steinbeis-Transferzentrum
Betriebswirtschaft und Wirtschaftsinformatik
Außenstelle Rhein/Main
Schwedenstr. 16, 65239 Hochheim
T: (09561) 31 72 61 **Fax:** 31 72 61
E-Mail: 061468359150001@t-online.de
Leitung: Prof. Dipl.-Vw. G. E. Jakob

t 1 510

Steinbeis-Transferzentrum
Wiener Neustadt
Strittberg 68, 79862 Höchenschwand
T: (0711) 18 39-5 **Fax:** 2 26 10 76
Leitung: Dipl.-Wirtsch.-Ing. (FH) G. Villinger

t 1 511

Steinbeis-Transferzentrum
Entwicklungstechnik an der Berufsakademie in Horb
Florianstr. 15, 72160 Horb
T: (07451) 5 21-131 **Fax:** 5 21-111
Leitung: Prof. Dr.-Ing. J. Gundrum

t 1 512

Steinbeis-Transferzentrum
Mechatronik
Ehrenbergstr. 11, 98693 Ilmenau
T: (03677) 69 24 86, 66 85 00 **Fax:** 66 85 01
Leitung: Prof. Dr.-Ing. E. Kallenbach

t 1 513

Steinbeis-Transferzentrum
Diagnosesysteme in Technik und Umwelt
Zweigstelle Fachhochschule Jena
Grenzhammer 53, 98693 Ilmenau
T: (03677) 89 42 08, (0172) 3 61 52 14
Fax: (03677) 69 18 02, 89 42 08
Leitung: Prof. Dr.-Ing. D. Heinze

t 1 514

Steinbeis-Transferzentrum
Management Internationaler Kooperationen
Hersbergweg 10, 88090 Immenstaad
T: (07545) 9 11-095 **Fax:** 9 11-096
Leitung: Dipl.-Ing. (FH) H. Boche
Dipl.-Ing., Dipl.-Wirtsch.-Ing. K. Fettelschoß

t 1 515

Steinbeis-Transferzentrum
Fügetechnik
Am Kochersgraben 2, 07749 Jena
T: (03641) 33 52 94 **Fax:** 33 52 94
Leitung: Prof. Dr.-Ing. G. Köhler

t 1 516

Steinbeis-Transferzentrum
Qualitätssicherung und Qualitätsmeßtechnik
Erfurter Str. 11, 07743 Jena
T: (03641) 44 87 35 **Fax:** 82 93 11
E-Mail: 100 531,3061@compuserve.com
Leitung: Prof. Dr.-Ing. D. Hofmann

t 1 517

Steinbeis-Transferzentrum
Systemanalyse und Automatisierungstechnik
Fachhochschule Jena FB Elektrotechnik
Tatzendpromenade 1b, 07745 Jena
T: (03641) 2 05 70-2 **Fax:** 2 05 70-1
Leitung: Prof. Dr.-Ing. K.-D. Morgeneier

t 1 518

Steinbeis-Transferzentrum
Technische Beratung an der Fachhochschule Jena
Postf. 10 03 14, 07703 Jena
T: (03641) 64 34 85 **Fax:** 64 34 50
Leitung: Prof. Dr.-Ing. P. Dittrich

t 1 519

Steinbeis-Transferzentrum
Automatisierungstechnologien- und Telematikdienste an der Universität Karlsruhe
Haid-und-Neu-Str. 7, 76131 Karlsruhe
T: (0721) 6 08-3898, 9 66-3920 **Fax:** 66 17 32
E-Mail: irmi_lenz@ira.uka.de
Leitung: Prof. Dr.-Ing. G. Schweizer
Prof. Dr.rer.nat. U. Brinkschulte

t 1 520

Steinbeis-Transferzentrum
Industrielle Datenverarbeitung und Automation an der Hochschule für Technik (FH) Karlsruhe
Postf. 62 08, 76042 Karlsruhe
T: (0721) 9 25-1486 **Fax:** 9 25-1488
E-Mail: meisel@fh-karlsruhe.de
Leitung: Prof. Dr. K.-H. Meisel

t 1 521

Steinbeis-Transferzentrum
Kälte-Klimatechnik
Postf. 24 40, 76012 Karlsruhe
T: (0721) 2 21 84 **Fax:** 2 02 30
Leitung: Prof. Dr.-Ing. J. Reichelt

t 1 522

Steinbeis-Transferzentrum
Design & Workflow
Unterer Dammweg 3, 76149 Karlsruhe
T: (0721) 9 70 50-0 **Fax:** 9 70 50-19
Internet: http://www.tdw.de
E-Mail: 100013.3631@compuserve.com
Leitung: Prof. Dipl.-Ing. Dipl.-Ing. Hans-J. Zebisch

t 1 523

Steinbeis-Transferzentrum
Digitale Signalverarbeitung und Meßtechnik an der FH Karlsruhe
Erzbergerstr. 121, 76133 Karlsruhe
T: (0721) 97 35-831 **Fax:** 97 35-600
E-Mail: stz.dsv@fh-karlsruhe.de
Leitung: Prof. Dr.-Ing. Joachim Stöckle

t 1 524

Steinbeis-Transferzentrum
Kunststofftechnologie
Bismarckstr. 45, 76133 Karlsruhe
T: (0721) 9 12 31-26 **Fax:** 2 81 44
Leitung: Prof. Dr.-Ing. K. Heitel

t 1 525

Steinbeis-Transferzentrum
Mikrocontroller und Industrie-Elektronik
Erzbergerstr. 121, 76133 Karlsruhe
T: (0721) 97 35-802, 97 35-803, 97 35-823, 97 35-804
Fax: 97 35-600
E-Mail: hilpert@ba-karlsruhe.de
Leitung: Prof. Dr.-Ing. J. Hilpert

t 1 526

Steinbeis-Transferzentrum
Mikro- und Systemtechnik
Zur Schmalzwies 10a, 76228 Karlsruhe
T: (0721) 4 52 83 **Fax:** 9 25-1753
E-Mail: yb51@rz.uni-karlsruhe.de
Leitung: Prof. J. Walter

t 1 527

Steinbeis-Transferzentrum
Optoelektronik und Sensorik
Moltkestr. 30, 76133 Karlsruhe
T: (0721) 9 25-1352, 9 25-1244, 9 25-1242 **Fax:** 9 25-1351
Leitung: Prof. Dr.-Ing. G. Krieg

t 1 528

Steinbeis-Transferzentrum
Prozeßorientierte Organisationsentwicklung
Erzbergerstr. 121, 76133 Karlsruhe
T: (0721) 9 70 36 30, 9 73 59 12 **Fax:** 9 70 36 31
Leitung: Prof. Dr. R. Schäfer

t 1 529

Steinbeis-Transferzentrum
Rechnereinsatz im Maschinenbau
Bismarckstr. 45, 76133 Karlsruhe
T: (0721) 2 57 13 **Fax:** 2 81 44
Leitung: Prof. Dr.-Ing. W. Hoheisel

t 1 530

Steinbeis-Transferzentrum
Technische Beratung an der Fachhochschule Karlsruhe
Postf. 62 08, 76042 Karlsruhe
T: (0721) 9 25-1468, 21 72 **Fax:** 9 25-2172
E-Mail: adler@fh-karlsruhe.de, tillhon@fh-karlsruhe.de
Leitung: Prof. Dr.-Ing. D. K. Adler
Dipl.-Ing. (FH) I. Tillhon

t 1 531

Steinbeis-Transferzentrum KommunalBeratung
Postf. 15 49, 77675 Kehl
T: (07851) 8 94-101 **Fax:** 8 94-100
Leitung: Prof. H. Kübler

t 1 532

Steinbeis-Transferzentrum Technische Beratung an der Fachhochschule Kempten
Bahnhofstr. 61-63, 87435 Kempten
T: (0831) 25 23-205, 25 23-201 **Fax:** 25 23-229
Leitung: Prof. Dr.-Ing. P. Schindele

t 1 533

Steinbeis-Transferzentrum Technische Akustik
Kohlstattstr. 8a, 83088 Kiefersfelden
T: (08033) 9 81 81 **Fax:** 9 81 82
Leitung: Dr.-Ing. J. Mantel

t 1 534

Steinbeis-Transferzentrum Statistische Datenanalyse und Visualisierung
Reichenberger Str. 35, A-9020 Klagenfurt
T: (0043463) 27 00-8 36 **Fax:** 27 00-8 34
E-Mail: juergen.pilz@uni-klu.ac.at
Leitung: Prof. Dr. J. Pilz

t 1 535

Steinbeis-Transferzentrum Raumfahrt-Nutzung und -Technologie
Linder Höhe, 51147 Köln
T: (02203) 6 01-4565, 6 01-2422 **Fax:** 6 14 71
Leitung: Prof. Dr.rer.nat. B. Feuerbacher
Prof. Dr. K. Wittmann

t 1 536

Steinbeis-Transferzentrum Betriebliche Weiterbildung & Qualifizierung am BBZ Augsburg
Enzianstr. 36 c, 86343 Königsbrunn
T: (08231) 8 88 49, (0821) 2 57 68-0 **Fax:** (08231) 9 06 59
E-Mail: dr.michael.kaufeld@t-online.de
Leitung: Dipl.-Päd. Klingenstein
Prof. Dr.-Ing. Kaufeld

t 1 537

Steinbeis-Transferzentrum Betriebliche Systemforschung
Postf. 10 05 43, 78405 Konstanz
T: (07531) 2 06-398, (0171) 2 72 01 18 **Fax:** (07531) 2 06-559
Leitung: Prof. Dr. M. Grütz

t 1 538

Steinbeis-Transferzentrum Bilddatenverarbeitung
Lohnerhofstr. 2, 78467 Konstanz
T: (07531) 99 43-0 **Fax:** 99 43-44
Leitung: Prof. Dr.-Ing. R. Massen

t 1 539

Steinbeis-Transferzentrum Biomolekulare Medizin an der Universität Konstanz
Universitätsstr. 10 (M 613), 78464 Konstanz
T: (07531) 59 64-13, (0171) 3 21 62-11 **Fax:** (07531) 59 64-72
Leitung: Prof. Dr.med. R.-D. Hesch
Prof. Dr.med. R. Knippers

t 1 540

Steinbeis-Transferzentrum Energieversorgungstechnik
Reichenaustr. 81c, 78467 Konstanz
T: (07531) 98 36 44 **Fax:** 98 36 44
Leitung: Prof. Dr.-Ing. K. Krüger

t 1 541

Steinbeis-Transferzentrum Informationsmärkte und Management Consulting/ IMAC an der Universität Konstanz
Blarerstr. 56, 78462 Konstanz
T: (07531) 90 39-0 **Fax:** 90 39-47
Internet: http://www.emb.net/imac
E-Mail: josef.herget@uni-konstanz.de, rainer.kuhlen@uni-konstanz.de
Leitung: Prof. Dr. R. Kuhlen
Dr. J. Herget

t 1 542

Steinbeis-Transferzentrum In-Vitro Pharmakologie und Toxikologie an der Universität Konstanz
Universitätsstr. 10, 78464 Konstanz
T: (07531) 88-4116 **Fax:** 88-4117
E-Mail: stz.input@uni-konstanz.de
Leitung: Prof. Dr. A. Wendel

t 1 543

Steinbeis-Transferzentrum Maschinendynamik, Ölhydraulik und Pneumatik
Brauneggerstr. 55, 78462 Konstanz
T: (07531) 2 06-289, 2 06-320, 2 06-197, 69 35 53
Fax: 2 06-294
Leitung: Prof. Dr.-Ing. F. Ionescu

t 1 544

Steinbeis-Transferzentrum System- und Software-Engineering
Reichenaustr. 81c, 78467 Konstanz
T: (07531) 5 75 01 **Fax:** 5 06 60
Leitung: Prof. Dr.-Ing. F. W. Arndt

t 1 545

Steinbeis-Transferzentrum Technische Beratung an der Fachhochschule Konstanz
Brauneggerstr. 55, 78462 Konstanz
T: (07531) 2 06-0, 2 06-275, 2 06-277 **Fax:** 2 06-312
Leitung: Prof. Dr.-Ing. A. Willige

t 1 546

Steinbeis-Transferzentrum Umwelttechnik
Technologiezentrum Konstanz
Blarerstr. 56, 78462 Konstanz
T: (07531) 20 05 67 **Fax:** 20 05 22
Leitung: Prof. Dr. B. Wurster

t 1 547

Steinbeis-Transferzentrum Design
Maleviksbacken 7, S-42935 Kullavik
T: (004631) 93 28 35 **Fax:** 93 29 65
Leitung: Prof. Dipl.-Des. (FH) D. Rahe (MFA)
Prof. Dipl.-Des. (FH) U. Rahe (MFA)

t 1 548

Steinbeis-Transferzentrum Automatisierungs-, Informations- und Elektrosysteme
Wächterstr. 13, 04107 Leipzig
T: (0341) 97 86-152, 97 86-178, 97 86-136 **Fax:** 97 86-131
E-Mail: stz@e-technik.htwk-leipzig.de
Leitung: Prof. Dr. W. Kriesel
Prof. Dr. H.-G. Woschni

t 1 549

Steinbeis-Transferzentrum Ideen-Produkte-Märkte
Brandvorwerkstr. 68, 04275 Leipzig
T: (0341) 3 91 69 41 **Fax:** 3 91 69 41
E-Mail: stzleipzi@aol.com
Leiterin: Dipl.-Ing. (FH) A. Hauptmann-Gerland

t 1 550

Steinbeis-Transferzentrum Pharmatechnik
Schillerstr. 65, 71229 Leonberg
T: (07152) 93 79 76, (07571) 73 24 05
Fax: (07152) 93 79 77, (07571) 73 22 50
E-Mail: stz.pharma@fh-albsig.de
Leitung: Prof. R. Ziegler

t 1 551

Steinbeis-Transferzentrum Limburg-Weilburg-Diez
Dr.-Wolff-Str. 4, 65549 Limburg
T: (06431) 91 79-0, 91 79-11, 91 79-12, 91 79-13
Fax: 91 79-20
Leitung: Dipl.-Ing. (FH) S. Walter

t 1 552

Steinbeis-Transferzentrum C/S Business Consulting
Hangstr. 48, 79539 Lörrach
T: (07621) 16 41 75, 20 71-160 **Fax:** 1 34 40
Internet: http://www.ba-loerrach.de/stzcs/
E-Mail: stzcs@ba-loerrach.de
Leitung: Prof. Dr. J. Treffert

t 1 553

Steinbeis-Transferzentrum Industrie-Elektronik und Sensorik
Berufsakademie
Hangstr. 48, 79539 Lörrach
T: (07621) 4 90 10, 20 71-122 **Fax:** 1 24 08, 20 71-139
E-Mail: droege@ba-loerrach.de
Leitung: Prof. Dipl.-Ing. K.-H. Dröge

t 1 554

Steinbeis-Transferzentrum Klimaschutz
Monrepossstr. 49, 71634 Ludwigsburg
T: (07141) 23 18 21, (0172) 9 30 20 24
Fax: (07141) 23 18 10
E-Mail: 100662.1712@compuserve.com
Leitung: Dr. Manfred Baumgärtner

t 1 555

Steinbeis-Transferzentrum Antriebstechnik und Logistik
Braunschweiger Str. 88, 39112 Magdeburg
T: (0391) 6 10 67-60 **Fax:** 6 10 67-77
E-Mail: sys.md@pc.mdlink.de
Leitung: Dr.-Ing. H. Leistner

t 1 556

Steinbeis-Transferzentrum Integrierte Produktentwicklung
Postf. 41 20, 39016 Magdeburg
T: (0391) 67-18794 **Fax:** 67-11167
Leitung: Prof. Dr.-Ing. S. Vajna

t 1 557

Steinbeis-Transferzentrum Leistungselektronik - Elektrothermische Verfahren
Am Deichwall 5, 39126 Magdeburg
T: (0391) 6 71 85 94, 50 33 05 **Fax:** 6 71 24 08, 50 33 05
Leitung: Prof. Dr.-Ing. habil. H. Mecke

t 1 558

Steinbeis-Transferzentrum Magdeburg
Beimsstr. 89a, 39110 Magdeburg
T: (0391) 7 36 02 33 **Fax:** 7 36 02 34
Leitung: Dipl.-Ing. K.-J. Magarin

t 1 559

Steinbeis-Transferzentrum Materialflußtechnik und-logistik
Universitätsplatz 2, 39106 Magdeburg
T: (0391) 6 71 26 27 **Fax:** 6 71 26 46
Leitung: Dr.-Ing. K. Richter

t 1 560

Steinbeis-Transferzentrum Konstruktion, Tribologie und Prototypenbau
Postf. 41 20, 39016 Magdeburg
Universitätsplatz 2, 39106 Magdeburg
T: (0391) 6 71 86 94 **Fax:** 6 71 27 06
E-Mail: ruediger.kluge@mb.uni-magdeburg.de
Leitung: Doz. Dr.-Ing. R. Kluge

t 1 561

Steinbeis-Transferzentrum Vakuumphysik und -technik
Virchowstr. 25c/0402, 39104 Magdeburg
T: (0391) 6 71 85 56 **Fax:** 6 71 81 09
Leitung: Prof. Dr.rer.nat. Ch. Edelmann

t 1 562

Steinbeis-Transferzentrum Gasreinigungsprozesse und Thermische Verfahrenstechnik (STV)
Marktplatz 11/3, 71106 Magstadt
T: (07159) 90 42 00 **Fax:** 90 42 01
Leitung: Dr.-Ing. T. Weimer

t 1 563

Steinbeis-Transferzentrum Anwenderorientierte CIM-Technologie
Coblitzweg 7, 68163 Mannheim
T: (0621) 41 05-1 38 **Fax:** 41 05-1 38
E-Mail: weinert@ba-mannheim.de, werner-weinert@t-online.de
Leitung: Prof. Dr.-Ing. W. Weinert

t 1 564

Steinbeis-Transferzentrum Mikroelektronik, Sensorik und Softwaretechnik an der Fachhochschule Mannheim
Windeckstr. 110, 68163 Mannheim
T: (0621) 2 92-6344 **Fax:** 2 92-6311
Leitung: Prof. G. Albert

t 1 565

Steinbeis-Transferzentrum Technische Beratung an der Fachhochschule für Technik Mannheim
Windeckstr. 110, 68163 Mannheim
T: (0621) 2 92-6316 **Fax:** 2 92-6452
E-Mail: h.trasch@bic.fh-mannheim.de
Leitung: Prof. Dr. H. Trasch

t 1 566

Steinbeis-Transferzentrum Verfahrenstechnik, Bio- und Umwelttechnik an der Fachhochschule Mannheim
Windeckstr. 110, 68163 Mannheim
T: (0621) 2 92-63 82 **Fax:** 2 92-64 19
Leitung: Prof. Dr. J. Hagen

t 1 567

Steinbeis-Transferzentrum Angewandte Verfahrens- und Umwelttechnik
Geusaer Str. Bau 1300, 06217 Merseburg
T: (03461) 55 55 23 **Fax:** 55 55 24
Leitung: Prof. Dr.-Ing. E. Pruckner

t 1 568

Steinbeis-Transferzentrum Umweltverfahrenstechnik und Wasserwirtschaft
Peter-Wiese-Str. 1, 59872 Meschede
T: (0291) 5 13 18 **Fax:** 5 13 20
Leitung: Prof. Dr.-Ing. C. Schuster

t 1 569

Steinbeis-Transferzentrum Bauökologie, Abfallmanagement und Umweltberatung
Odenwaldstr. 3, 74821 Mosbach
T: (06261) 3 89 72 **Fax:** 3 89 73
Leitung: Dipl.-Ing. (FH) M. Weigler

t 1 570

Steinbeis-Transferzentrum Design und Kommunikation
Lohrtalweg 10, 74821 Mosbach
T: (06261) 8 75 52 **Fax:** 8 75 04
Internet: http://www.stz.de
E-Mail: schlusnus@stz.de
Leitung: Dipl.-Ing. (FH) M. Schlusnus

t 1 571

Steinbeis-Transferzentrum Kunststoffprüfung
Lohrtalweg 10, 74821 Mosbach
T: (06261) 8 75 95, 8 75 03 **Fax:** 8 75 04
Internet: http://www.stz.de
E-Mail: gd@ba-mosbach.de
Leitung: Dr. K.-H. Moos

t 1 572

Steinbeis-Transferzentrum Technologie und Management
Lohrtalweg 10, 74821 Mosbach
T: (06261) 8 75 03 **Fax:** 8 75 33
Internet: http://stz.de
E-Mail: gd@ba-mosbach.de
Leitung: Prof. Dipl.-Ing. R. Geilsdörfer

t 1 573

Steinbeis-Transferzentrum Regionalentwicklung München
Bodenseestr. 29, 81241 München
T: (089) 89 60 06 15 **Fax:** 89 60 06 72
Leitung: Dipl.-Kfm. Franz Dietrich

t 1 574

Steinbeis-Transferzentrum Fabrikplanung
Memminger Str. 72/205, 89231 Neu-Ulm
T: (0731) 9 80 62-80, 9 80 62-81 **Fax:** 9 80 62-82
E-Mail: tzfabrik@gewerbe.prodata.de
Leitung: Dipl.-Ing. (FH) K. Danksagmüller

t 1 575

Steinbeis-Transferzentrum Marketing und Finanzierung
Hauptstr. 3, 63843 Niedernberg
T: (06028) 99 65 70 **Fax:** 84 87
Leiterin: Dipl.-Kfm. A. Meier
Leitung: P. Wache

t 1 576

Steinbeis-Transferzentrum Fuzzy-Systemtechniken
Ernst-Thälmann-Str. 19, 98590 Niederschmalkalden
T: (03683) 6 88-545 **Fax:** 6 88-599
E-Mail: h.-p.lipp@e-technik.fh-schmalkalden.de
Leitung: Prof. Dr.-Ing. H.-P. Lipp

t 1 577

Steinbeis-Transferzentrum Technische Beratung an der Fachhochschule Nürtingen
Postf. 13 49, 72603 Nürtingen
T: (07022) 4 04-0, 4 04-157, 4 80 00 **Fax:** 4 04-166, 47 02 46
E-Mail: fischer@fh-nuertingen.de
Leitung: Prof. Dipl.-Ing. K. Fischer

t 1 578

Steinbeis-Transferzentrum Energie-, Umwelt- und Reinraumtechnik Offenburg
Badstr. 24a, 77652 Offenburg
T: (0781) 7 83 52 **Fax:** 7 83 53
E-Mail: stz.er@t-online.de
Leitung: Prof. Dr.-Ing. S. Hesslinger

t 1 579

Steinbeis-Transferzentrum Meß- und Verfahrenstechnik
Zur Kinzigau 5, 77652 Offenburg
T: (0781) 2 24 48 **Fax:** 9 70 99 06
Leitung: Dipl.-Ing. (FH) F. Knopf

t 1 580

Steinbeis-Transferzentrum Schwingungs- und Biomechanik
Badstr. 24a, 77652 Offenburg
T: (0781) 7 60 71, 7 60 72 **Fax:** 7 60 71
Leitung: Prof. Dr.-Ing. H. Müller-Storz

t 1 581

Steinbeis-Transferzentrum System- und Regelungstechnik
Robert-Bosch-Str. 3, 77656 Offenburg
T: (0781) 96 54-0 **Fax:** 96 54-11
Leitung: Prof. Dipl.-Ing. F. Kolb

t 1 582

Steinbeis-Transferzentrum Technische Beratung
Badstr. 24a, 77652 Offenburg
T: (0781) 7 01 17 **Fax:** 7 01 17
Leitung: Prof. Dr. U. Coehne

t 1 583

Steinbeis-Transferzentrum Umweltinformatik und Bildverarbeitung
c/o Fachhochschule Offenburg
Badstr. 24, 77652 Offenburg
T: (0781) 3 69 66 **Fax:** 3 69 67
Internet: http://members.aol.com/ddoherr
E-Mail: ddoherr@aol.com
Leitung: Prof. Dr. D. Doherr

t 1 584

Steinbeis-Transferzentrum Wirtschaftsinformatik
Mühleckle 10, 77797 Ohlsbach
T: (07803) 60 16 11 **Fax:** 60 16 13
E-Mail: riese@fh-offenburg
Leitung: Prof. Dr. G. Riese

t 1 585

Steinbeis-Transferzentrum Integrierter Pflanzenschutz und Ökosysteme
Untere Kirchstr. 6, 07952 Pausa
T: (037432) 76 30 **Fax:** 2 26 88
Leitung: Prof. Dr.rer.nat.habil. Th. Wetzel

t 1 586

Steinbeis-Transferzentrum Betriebswirtschaft und Arbeitsmedizin an der FH Pforzheim
Kronprinzenstr. 24, 75177 Pforzheim
T: (07231) 10 54 00 **Fax:** 35 88 36
Leitung: Prof. Dr. G. Bergmann
Dr. Dr. G. Mall

t 1 587

Steinbeis-Transferzentrum Design-Innovation
Lindenstr. 46, 75175 Pforzheim
T: (07231) 6 69 09 **Fax:** 35 21 84
Leitung: Prof. Dipl.-Ing. K. Limberg

t 1 588

Steinbeis-Transferzentrum Information und Kommunikation
(Hochschule für Wirtschaft)
Tiefenbronner Str. 65, 75175 Pforzheim
T: (07231) 28-6637 **Fax:** 28-6080
Leitung: Prof. K. Vejsada

t 1 589

Steinbeis-Transferzentrum Marketing, Logistik und Unternehmensplanung
Tiefenbronner Str. 65, 75175 Pforzheim
T: (07231) 28-6158 **Fax:** 28-6159
Internet: http://www.fh-pforzheim.de
E-Mail: dittmann@fh-pforzheim.de
Leitung: Prof. U. Dittmann

t 1 590

Steinbeis-Transferzentrum Signalverarbeitungssysteme an der Fachhochschule Pforzheim
Tiefenbronner Str. 65, 75175 Pforzheim
T: (07231) 28-6064 **Fax:** 28-6571
E-Mail: stw-svs@fh-pforzheim.de
Leitung: Prof. Dr.-Ing. N. Höptner

t 1 591

Steinbeis-Transferzentrum Wertanalyse für Kosten- und Produktivitätssteuerung
Tiefenbronner Str. 65, 75175 Pforzheim
T: (07041) 4 22 50 **Fax:** 4 22 50
Leitung: Prof. Dipl.-Ing. Mühlbrandt

t 1 592

Steinbeis-Transferzentrum Regenerative Energien, Umwelt-, Werkstofftechnik
c/o Institut für Berufspädagogik/Elektro-Metalltechnik - Universität Potsdam
Postf. 60 15 53, 14415 Potsdam
T: (0331) 9 77-2407, 9 77-2019 **Fax:** 9 77-2077
E-Mail: schmeer@rz.uni-potsdam.de
Leitung: Prof. Dr. E. Schmeer

t 1 593

Steinbeis-Transferzentrum Digitale Signalverarbeitung
Ländlestr. 8, 78315 Radolfzell
T: (07732) 91 01 20 **Fax:** 91 01 21
E-Mail: STZ_DSV@T-online.de
Leitung: Prof. Dr.-Ing. R. Reiß

t 1 594

Steinbeis-Transferzentrum Unternehmens- u. Verwaltungsmanagement
Schlosserstr. 4, 76437 Rastatt
T: (07222) 93 65-0 **Fax:** 93 65-20
Leitung: Prof. Dr. P. Dohm
Dipl.-Wirtsch.-Ing. (FH) K. Manzke

t 1 595

Steinbeis-Transferzentrum Tourismus und Hotellerie
Marienplatz 2, 88212 Ravensburg
T: (0751) 1 42 24 **Fax:** 35 23 33
Leitung: Prof. Dipl.-Hdl. K.-H. Hänssler

t 1 596

Steinbeis-Transferzentrum Werkzeug- & Formenbau
Greutweg 2, 73098 Rechberghausen
T: (07161) 5 80 41, (0711) 3 18 01 33 **Fax:** (07161) 5 77 46
Leitung: Prof. Dr.-Ing. Th. Garbrecht

t 1 597

Steinbeis-Transferzentrum
Angewandte und Umweltchemie an der Fachhochschule Reutlingen
Alteburgstr. 150, 72762 Reutlingen
T: (07121) 2 71-469, 2 71-478, 2 71-494 **Fax:** 2 71-491
Internet: http://www.fh-reutlingen.de
E-Mail: wolfgang.honnen@fh-reutlingen.de
Leitung: Prof. Dr. W. Honnen

t 1 598

Steinbeis-Transferzentrum
Bioanalytik und Produktentwicklung
Alteburgstr. 150, 72762 Reutlingen
T: (07121) 2 71-541 **Fax:** 2 71-537
E-Mail: reinhard.kuhn@fh-reutlingen.de
Leitung: Prof. Dr. R. Kuhn

t 1 599

Steinbeis-Transferzentrum
CAD/CAM
Alteburgstr. 150, 72762 Reutlingen
T: (07121) 2 71-376 **Fax:** 2 71-605
E-Mail: norbert.fieles-kahl@fh-reutlingen.de
Leitung: Prof. Dipl.-Phys. N. Fieles-Kahl

t 1 600

Steinbeis-Transferzentrum
Energie-, Prozeß- und Umwelttechnik
Lange Äcker 4, 72768 Reutlingen
T: (07121) 61 02 45 **Fax:** 61 02 06
Leitung: Dr.-Ing. G. Gaiser

t 1 601

Steinbeis-Transferzentrum
Euro-Management-Institut
Alteburgstr. 150, 72762 Reutlingen
T: (07121) 2 71-410, 2 71-428 **Fax:** 24 09 71
E-Mail: hans-werner.stahl@fh-reutlingen.de
Leitung: Prof. Dr. H.-W. Stahl

t 1 602

Steinbeis-Transferzentrum
Laser- und Wasserstrahltechnik
Alteburgstr. 150, 72762 Reutlingen
T: (07121) 2 71-319, 1 74 81 **Fax:** 2 71-224
Leitung: Prof. Dipl.-Ing. H. Sigloch

t 1 603

Steinbeis-Transferzentrum
Raumfahrtsysteme
Der Schöne Weg 6, 72766 Reutlingen
T: (07121) 49 32 18, (07032) 99 40 44
Fax: (07121) 49 32 18, (07032) 99 40 46
Leitung: Prof. Dr.rer.nat. Ernst Messerschmid

t 1 604

Steinbeis-Transferzentrum
Automatisierung (STA)
Alteburgstr. 150, 72762 Reutlingen
T: (07121) 2 58 13, 2 71-612, 2 71-327 **Fax:** 2 57 13
Internet: http://www.fh-reutlingen.de/-www-sta
E-Mail: sta@fh-reutlingen.de
Leitung: Prof. Dr.-Ing. W. Eißler
Prof. Dr.-Ing. G. Gruhler

t 1 605

Steinbeis-Transferzentrum
Technische Beratung an der Fachhochschule Reutlingen
Alteburgstr. 150, 72762 Reutlingen
T: (07121) 2 71-4 75 **Fax:** 2 71-2 24
Leitung: Prof. Dr. J. Wurster

t 1 606

Steinbeis-Transferzentrum
Technische Chemie
Hans-Böckler-Str. 14, 72770 Reutlingen
T: (07121) 56 52-0 **Fax:** 56 52-55
Leitung: Dipl.-Chem. U. Schekulin

t 1 607

Steinbeis-Transferzentrum
Technische Elektronik
Hans-Böckler-Str. 14, 72770 Reutlingen
T: (07121) 56 52 20 **Fax:** 56 52-55
Leitung: Dipl.-Ing. D. Schekulin

t 1 608

Steinbeis-Transferzentrum
Textilveredlung
Postf. 16 22, 72706 Reutlingen
T: (07128) 27 76, (07121) 2 71-519 **Fax:** (07128) 13 88
Leitung: Prof. Dipl.-Chem. G. Grüninger

t 1 609

Steinbeis-Transferzentrum
Verfahrensentwicklung
Hans-Böckler-Str. 14, 72770 Reutlingen
T: (07121) 56 52-0 **Fax:** 56 52-55
Leitung: Prof. Dipl.-Ing. K. Schekulin

t 1 610

Steinbeis-Transferzentrum
Ressourcenmanagement, Forst- und Holzwirtschaft
Schadenweilerhof 1, 72108 Rottenburg
T: (07472) 9 51-236 **Fax:** 9 51-200
Internet: http://www.fh-rottenburg.de
E-Mail: wagelaar@fh-rottenburg.de
Leitung: Prof. Rainer Wagelaar

t 1 611

Steinbeis-Transferzentrum
Internationales Marketing
Kapellenhof 6, 78628 Rottweil
T: (0741) 5 11-80 **Fax:** 5 11-91
E-Mail: 100066.1537@compuserve.com
Leitung: Dipl.-Ing. (FH), Dipl.-Expw. E. A. Zeutschel

t 1 612

Steinbeis-Transferzentrum
Innovations- und Technologie-management
U1, OF 10, SLO-62342 Ruse/Maribor
T: (00386) 62-660215, 62-224611, 62-224258 **Fax:** 62-26681
Leitung: Mag. Oek. Blaz Rafolt

t 1 613

Steinbeis-Transferzentrum
Industrieelektronik
Poetengang 30, 06526 Sangerhausen
T: (03464) 61 27 28
Leitung: Dr.-Ing. H. Kempf

t 1 614

Steinbeis-Transferzentrum
Antriebstechnik
Leopoldstr. 1, 78112 Sankt Georgen
T: (07724) 17 70 **Fax:** 53 69
Leitung: Prof. Dr.-Ing. K. Meyl

t 1 615

Steinbeis-Transferzentrum
Neue Medien - Marketing - Kommunikation
Leopoldstr. 1, 78112 Sankt Georgen
T: (07721) 5 87 41 **Fax:** 5 14 78
E-Mail: steimer@t-online.de
Leitung: Prof. F. Steimer
Dipl.-Inform. (FH) T. Ackermann
Dipl.-Inform. (FH) D. Friedrich

t 1 616

Steinbeis-Transferzentrum
Technische Beratung an der Fachhochschule Schmalkalden
Blechhammer, 98574 Schmalkalden
T: (03683) 6 88-130 **Fax:** 6 88-199
Internet: http://www.fh-schmalkalden.de
E-Mail: heide@vere.fh-schmalkalden.de
Leitung: Dipl.-Ing. H. Eckardt Blechhammer

t 1 617

Steinbeis-Transferzentrum
Intersoft
Postf. 19, 39212 Schönebeck
T: (03928) 6 62 23, 80 39 28, 8 07 51 **Fax:** 6 62 23, 8 07 51
Leitung: Dr. Bernd Feuerstein

t 1 618

Steinbeis-Transferzentrum
Unternehmensmanagement
Wernigeröder Str. 6, 39218 Schönebeck
T: (03928) 40 38 04 **Fax:** 40 38 04
Leitung: Dipl.-Ing. (FH) P. W. Rasch

t 1 619

Steinbeis-Transferzentrum
Recyclingtechnik
Hauptstr. 5, 09569 Schönerstadt
T: (0371) 5 31-2297, 5 31-2545, (037292) 2 11 45
Fax: (0371) 5 31-2283
Leitung: Dr.-Ing. W. Nendel
Prof. Dr.-Ing. E. Köhler

t 1 620

Steinbeis-Transferzentrum
Konstruktionsoptimierung und Rationalisierung
Angelwasen 15/1, 78713 Schramberg
T: (07402) 12 27 **Fax:** 12 27
Leitung: Prof. Dipl.-Ing. M. Vogel

t 1 621

Steinbeis-Transferzentrum
Industrial Design
Universitätspark (Gebäude 2), 73525 Schwäbisch Gmünd
T: (0711) 58 01 86 **Fax:** (07171) 6 87 59, 58 01 97
Leitung: Prof. G. Burden (MSc.)

t 1 622

Steinbeis-Transferzentrum
Technische Beratung
Postf. 13 08, 73503 Schwäbisch Gmünd
T: (07171) 6 02-614, 6 02-600 **Fax:** 6 92 59
E-Mail: stz.industrial.design@t-online.de
Leitung: Prof. G. Burden (MSc.)

t 1 623

Steinbeis-Transferzentrum
Produktionsmanagement
Birlenbacher Str. 14, 57078 Siegen
T: (02751) 95 83 84 **Fax:** 95 83 84
E-Mail: Steinbeis-TZSiegen@compuserve.com
Leitung: Dr. Dipl.-Ing. P. Hüttebräuker

t 1 624

Steinbeis-Transferzentrum
Mechanische Verfahrenstechnik und Abluftreinigung an der FH Albstadt-Sigmaringen
Anton-Günther-Str. 51, 72488 Sigmaringen
T: (07571) 7 32-264, 7 32-252 **Fax:** 7 32-250
E-Mail: schwarz@fh-albsig.de
Leitung: Prof. Dr.-Ing. P. Schwarz

t 1 625

Steinbeis-Transferzentrum
Qualifizierung und Unternehmensführung
Schmeienstr. 50, 72510 Stetten
T: (07573) 9 59-59 **Fax:** 9 59-60
Leitung: Roland Lindner

t 1 626

Steinbeis-Transferzentrum
Bildverarbeitung und Medizininformatik
Zur Schwedenstr. 15, 18435 Stralsund
T: (03831) 45-6674 **Fax:** 45-6678
Leitung: Prof. Dr. H.-H. Ehricke

t 1 627

Steinbeis-Transferzentrum
Aerodynamik, Flugzeug- und Leichtbau (AFL)
Ruppmannstr. 41, 70565 Stuttgart
T: (0711) 78 19 26-0 **Fax:** 78 19 26-19
Leitung: Prof. Dipl.-Ing. R. Voit-Nitschmann
Dipl.-Ing. B. Karrais

t 1 628

Steinbeis-Transferzentrum
Agrar-, Umwelt- und Energietechnik an der Universität Hohenheim
Garbenstr. 9, 70599 Stuttgart
T: (0711) 4 59-3281 **Fax:** 4 59-3281
Leitung: Prof. Dr.-Ing. W. Mühlbauer

t 1 629

Steinbeis-Transferzentrum
Angewandte Biomechanik
Allmandring 28, 70569 Stuttgart
T: (0711) 6 85-3186, 6 85-3187 **Fax:** 6 85-3165
E-Mail: albert.gollhofer@sport.uni-stuttgart.de
Leitung: Prof. Dr. A. Gollhofer

t 1 630

Steinbeis-Transferzentrum
Angewandte Systemanalyse
Rotwiesenstr. 22, 70599 Stuttgart
T: (0711) 4 79 01 81 **Fax:** 47 81 83
Internet: http://www.theo2.physik.uni-stuttgart.de/stasa
E-Mail: haag@sofo.uni-stuttgart.de
Leitung: Prof. Dr.rer.nat. G. Haag

t 1 631

Steinbeis-Transferzentrum
Angewandte Thermodynamik, Energie- und Verbrennungstechnik (ATEV) - Stuttgart
Elbering 15, 95445 Bayreuth
Leitung: Prof. Dr.-Ing. Dieter Brüggemann

t 1 632

Steinbeis-Transferzentrum
Büromanagement -Qualifizierung und Training -
Hessenwiesenstr. 14, 70565 Stuttgart
T: (0711) 7 45 69 72 **Fax:** 7 45 69 73
Leitung: R. Kulpe

t 1 633

Steinbeis-Transferzentrum
Business-Service International
Willi-Bleicher-Str. 19, 70174 Stuttgart
T: (0711) 18 39-5, (0171) 5 51 66 34 **Fax:** (0711) 2 26 10 76
Leitung: S. Friedrichs

t 1 634

Steinbeis-Transferzentrum
China-Projekte
Nobelstr. 10, 70569 Stuttgart
T: (0711) 6 85 66 19, 24 44 91 **Fax:** 6 85-6634
E-Mail: china-projekt@fhd-stuttgart.de
Leitung: Prof. E. Wüst

t 1 635

Steinbeis-Transferzentrum
Computergrafik, -animation und Video
Nobelstr. 10, 70569 Stuttgart
T: (0711) 6 85-28 30 **Fax:** 6 85-28 50
Leitung: Prof. Dr. U. Schlegel

t 1 636

Steinbeis-Transferzentrum
Computerunterstützte Gruppenarbeit
Wollgrasweg 23, 70599 Stuttgart
T: (0711) 4 59-3345 **Fax:** 4 59-3145
E-Mail: krcmar@uni-hohenheim.de
Leitung: Prof. Dr. H. Krcmar

t 1 637

DFTA-TZ
Flexodruck-Technologiezentrum an der Hochschule für Druck und Medien
Nobelstr. 10, 70569 Stuttgart
T: (0711) 67 89 60 **Fax:** 6 78 96-10
E-Mail: dfta-tz@fhd-stuttgart.de
Leitung: Prof. Dipl.-Ing. K.-H. Meyer

t 1 638

Steinbeis-Transferzentrum
Druck und Verpackung
Nobelstr. 10, 70569 Stuttgart
T: (0711) 6 85-2888, 6 85-2807, (07032) 2 85 39
Fax: (07032) 2 85 39
E-Mail: ritz@fhd-stuttgart.de
Leitung: Prof. Dipl.-Phys. A. Ritz

t 1 639

Steinbeis-Transferzentrum
Energie-, Gebäude- und Solartechnik
Heßbrühlstr. 15, 70565 Stuttgart
T: (0711) 9 90 07-5 **Fax:** 9 90 07-99
Leitung: Prof. Dr.-Ing. M. Norbert Fisch
Dipl.-Ing. Rainer Kübler

t 1 640

Steinbeis-Europa-Zentrum
EU-Verbindungsbüro für Forschung und Technologie
Willi-Bleicher-Str. 19, 70174 Stuttgart
T: (0711) 1 23-40 10 **Fax:** 1 23-40 11
Leitung: Prof. Dr.-Ing. P. S. Nieß

t 1 641

Steinbeis-Transferzentrum
Ibero-Amerika
Postf. 10 43 62, 70038 Stuttgart
T: (0711) 18 39-631 **Fax:** 2 26 10 76
E-Mail: ibercenter@aol.com
Leitung: A. Gomez

t 1 642

Steinbeis-Transferzentrum
Innovative Unternehmensführung
Melonenstr. 61, 70619 Stuttgart
T: (0711) 47 42 36 **Fax:** 47 42 36
Leitung: Prof. Dr. D. Vahs
Prof. Dr. B. P. Pietschmann

t 1 643

Steinbeis-Transferzentrum
Internationale Technologische Zusammenarbeit
Postf. 10 43 62, 70038 Stuttgart
T: (0711) 18 39-652, 18 39-672 **Fax:** 18 39-685
Leitung: Dipl.-Ing. J. E. Bandera

t 1 644

ISW-Institut für südwestdeutsche Wirtschaftsforschung der Steinbeis-Stiftung
Baumreute 12, 70199 Stuttgart
T: (0711) 6 49 84 07 **Fax:** 6 49 20 40
Leitung: Dipl.-Volksw. B. Volkert

t 1 645

Steinbeis-Transferzentrum
Investitionsgüter - Design
Am Weißenhof 1, 70191 Stuttgart
T: (0711) 25 75-236 **Fax:** 25 75-235
Leitung: Prof. Dipl.-Ing. Arch. G. Teodorescu

t 1 646

Steinbeis-Transferzentrum
Kommunikationstechnik
Libanonstr. 35, 70184 Stuttgart
T: (0711) 4 60 99-0 **Fax:** 4 60 99-99
Leitung: Prof. Dipl.-Ing. E. Herter
Dipl.-Ing. J. W. Arendt

t 1 647

Steinbeis-Transferzentrum
Kraftwerks- und Feuerungstechnik, Luftreinhaltung
Pfaffenwaldring 23, 70569 Stuttgart
T: (0711) 6 77 30 07 **Fax:** 6 77 30 07
Leitung: Univ. Prof. Dr. hrg. K. R. G. Hein

t 1 648

Steinbeis-Transferzentrum
Finanzierung und Controlling
Vaihinger Landstr. 101, 70195 Stuttgart
T: (0711) 69 64 22 **Fax:** 69 64 28
Leitung: Dipl.-Kfm., lic.oec. R. Kraus

t 1 649

Steinbeis-Transferzentrum
Marketing und Vertriebsmanagement
Postf. 10 43 62, 70038 Stuttgart
T: (0711) 18 39-674, (0172) 7 30 36 10
Fax: (0711) 2 26 10 76
E-Mail: gehrung.rainer@t-online.de
Leitung: Dipl.-Ing. (FH) R. Gehrung

t 1 650

Steinbeis-Transferzentrum
Marktorientierte Unternehmensführung an der Universität Hohenheim
Schloß Osthof-Ost, 510 D
70593 Stuttgart
T: (0711) 4 59-4080 **Fax:** 4 59-4080
E-Mail: hoerschg@uni-hohenheim.de
Leitung: Prof. Dr. H. Hörschgen

t 1 651

Steinbeis-Transferzentrum
Medientechnik
Nobelstr. 10, 70569 Stuttgart
T: (0711) 6 85-6725, (0172) 7 64 89 45 **Fax:** (0711) 6 85-2850
Leitung: Prof. Dr.-Ing. L. G. Lichtenau

t 1 652

Steinbeis-Transferzentrum
Produktion & Management
Kienestr. 37, 70174 Stuttgart
T: (0711) 18 39-705, (07152) 7 55 73 **Fax:** (0711) 18 39-706, (07152) 7 55 73
Leitung: Prof. Dipl.-Wirtsch.-Ing. A. Voegele
Prof. Dipl.-Ing. D. Knobloch

t 1 653

Steinbeis-Transferzentrum
Rationelle Energienutzung und Solartechnik
ITW
Pfaffenwaldring 6 ITW, 70569 Stuttgart
T: (0711) 6 85-3536 **Fax:** 6 85-3503
Leitung: Prof. Dr.-Ing. E. Hahne

t 1 654

Steinbeis-Transferzentrum
Systemische Qualifizierung
Willi-Bleicher-Str. 19, 70174 Stuttgart
T: (0711) 18 39-650, 18 39-634 **Fax:** 18 39-687
Leitung: Dipl.-Ing. (BA) W. Beck

t 1 655

Steinbeis-Transferzentrum
Technische Beratung an der Fachhochschule für Technik Stuttgart
Postf. 10 14 52, 70013 Stuttgart
T: (0711) 1 21-2686, 1 21-0, 47 11 96 **Fax:** 1 21-2666
Leitung: Prof. Dr.-Ing. P. Breuer

t 1 656

Steinbeis-Transferzentrum
Technologiemanagement
Kienestr. 37, 70174 Stuttgart
T: (0711) 18 39-704 **Fax:** 18 39-706
Leitung: Dipl.-Ing. (FH) P. Wittmann

t 1 657

Steinbeis-Transferzentrum
Technologiemarketing
Postf. 10 43 62, 70038 Stuttgart
T: (0711) 18 39-5, 18 39-656, 18 39-680 **Fax:** 2 26 10 76
E-Mail: 100442.2714@compuserve.com
Leitung: Dipl.-Ing. Product Eng. H. Blanke
Dipl.-Ing. Product Eng. U. Fritsch

t 1 658

Steinbeis-Transferzentrum
Technologie- und Umweltmanagement
Willi-Bleicher-Str. 19, 70174 Stuttgart
T: (0711) 18 39-666 **Fax:** 2 26 10 76
Leitung: Dipl.-Ing. (FH) R. Lohse

t 1 659

Steinbeis-Transferzentrum
Unternehmensmanagement
Kienestr. 37, 70174 Stuttgart
T: (0711) 18 39-704, (08321) 35 49 **Fax:** (08321) 2 65 75
Leitung: Prof. Dr. H. Zott

t 1 660

Steinbeis-Transferzentrum
Verkehrssysteme an der Berufsakademie Stuttgart
Postf. 10 05 63, 70004 Stuttgart
T: (0711) 18 49-6 34 **Fax:** 18 49-6 51
Leitung: Prof. Dipl.-Math. B. Neumayer

t 1 661

Steinbeis-Transferzentrum
Wirtschaftlicher und sozialer Wandel
Azenbergstr. 12, 70174 Stuttgart
T: (0711) 1 21-1450, 1 21-1451 **Fax:** 1 21-1455
Leitung: Prof. Dr. Wolf Gaebe
Prof. Dr. D. Urban

t 1 662

Steinbeis-Transferzentrum
Produktion und Qualität
Talhauserstr. 27/1, 78647 Trossingen
T: (07723) 9 20-0, 9 20-175, (07425) 2 15 80
Fax: (07425) 3 24 11, 2 15 80
Leitung: Prof. Dr.-Ing. J. Schmidt

Hoppenstedt

t 1 663

Steinbeis-Transferzentrum
Biomedizinische Optik und Funktionsprüfung
Universität Tübingen, Augenklinik
Schleichstr. 12-16, 72076 Tübingen
T: (07071) 2 98-4786 **Fax:** 29-5038
E-Mail: ezrenner@uni-tuebingen.de
Leitung: Prof. Dr. med. E. Zrenner

t 1 664

Steinbeis-Transferzentrum
Bioorganische Chemie an der Universität Tübingen
Auf der Morgenstelle 18, 72076 Tübingen
T: (07071) 2 97-6925 **Fax:** 29 69 25
E-Mail: guenther.jung@uni-tübingen.de
Leitung: Prof. Dr. Günther Jung

t 1 665

Steinbeis-Transferzentrum
Dental Products-Clinical Testing/Certification (DCTC)
ZZMK
Osianderstr. 2-8, 72076 Tübingen
T: (07071) 2 98 51 52 **Fax:** 29 59 67
E-Mail: heiner.weber@uni-tuebingen.de
Leitung: Prof. Dr.med.dent. H. Weber

t 1 666

Steinbeis-Transferzentrum
Dentalmedizin an der Universität Tübingen
Osianderstr. 2-8, 72076 Tübingen
T: (07071) 29-6180, 5 23 73 **Fax:** 29-7525
Leitung: Prof. Dr.med.dent. C. Löst

t 1 667

Steinbeis-Transferzentrum
Graphische Datenverarbeitung und Bildverarbeitung (G+B) an der Universität Tübingen
Auf der Morgenstelle 10, C9, 72076 Tübingen
T: (07071) 2 97 63 56 **Fax:** 64 04 99
Internet: http://www.gris.uni-tuebingen.de
E-Mail: strasser@gris.uni-tuebingen.de
Leitung: Prof. Dr.-Ing. W. Straßer

t 1 668

Steinbeis-Transferzentrum
Grenzflächenanalytik und Sensorik an der Universität Tübingen
Auf der Morgenstelle 8, 72076 Tübingen
T: (07071) 2 97 69 04 **Fax:** 29 69 10
Internet: http://www.ipc.uni-tuebingen.de
E-Mail: wg@ipc.uni-tuebingen.de
Leitung: Prof. Dr. W. Göpel

t 1 669

Steinbeis-Transferzentrum
Minimal Invasive Chirurgie an der Universität Tübingen
Zentrum für medizinische Forschung
Waldhörnlestr. 22, 72072 Tübingen
T: (07071) 2 98-6583, 2 98-1237 **Fax:** 2 98-5569
Leitung: Prof. Dr. G. F. Bueß
M. O. Schurr

t 1 670

Steinbeis-Transferzentrum
Molekulare Pathophysiologie und -pharmakologie
Gmelinstr. 5, 72076 Tübingen
T: (07071) 29-72194 **Fax:** 29-3073
E-Mail: florian.lang@uni-tuebingen.de
Leitung: Prof. Dr. med. F. Lang

t 1 671

Steinbeis-Transferzentrum
Multimediale Kommunikation und Maschinelle Sprachverarbeitung an der Universität Tübingen
Wilhelmstr. 50, 72074 Tübingen
T: (07071) 29-77970 **Fax:** 29-4282
Leitung: Prof. Dr. E. W. Hinrichs
Dr. N. Hofmann
Prof. Dr. U. Mönnich

t 1 672

Steinbeis-Transferzentrum
Softwaretechnologie an der Universität Tübingen
Wilhelm-Schickard-Institut für Informatik
Sand 13, 72076 Tübingen
T: (07071) 2 97-5457 **Fax:** 61 07 84
Leitung: Prof. Dr.rer.nat. H. Klaeren

t 1 673

Steinbeis-Transferzentrum
Computergeführte Antriebs- und Steuerungssysteme (C.A.S.)
Karlstr. 36, 89073 Ulm
T: (0731) 9 68 87-0 **Fax:** 9 68 87-10
Leitung: Prof. Dipl.-Ing. P. Fleischauer

t 1 674

Steinbeis-Transferzentrum
Energietechnik
Eberhard-Finckh-Str. 11, 89075 Ulm
T: (0731) 9 26 60 81 **Fax:** 9 26 60 83
Leitung: Prof. Dipl.-Ing. P. Obert

t 1 675

EQ ZERT
Europäisches Institut zur Zertifizierung von Managementsystemen und Personal
Ein Institut der Steinbeis-Stiftung für Wirtschaftsförderung
Auchertwiesenweg 5, 89081 Ulm
T: (0731) 9 36 64-0 **Fax:** 9 36 64-40
Internet: http://www.eqzert.de
E-Mail: eqzert@t-online.de
Leitung: Dipl.-Ing. (FH) J. G. Kerner

t 1 676

Steinbeis-Transferzentrum
Europäisches Software Design
Postf. 38 60, 89028 Ulm
T: (0731) 5 02-8265 **Fax:** 5 02-8290
E-Mail: backes@fh-ulm.de
Leitung: Prof. Dipl.-Math. S. Backes

t 1 677

Steinbeis-Transferzentrum
Halbleiterbauelemente an der Universität Ulm
Albert-Einstein-Allee 45, 89081 Ulm
T: (0731) 5 02-6151 **Fax:** 5 02-6155
Leitung: Prof. Dr.-Ing. E. Kohn
Prof. Dr.-Ing. H. Schumacher

t 1 678

Steinbeis-Transferzentrum
High Speed Prototyping & Manufacturing an der FH Ulm
Prittwitzstr. 10, 89075 Ulm
T: (08231) 8 88 49 **Fax:** 9 06 59
Internet: http://www.cad.fh-ulm.de/ftla
E-Mail: dr.michael kaufeld@t-online.de
Leitung: Prof. Dr. M. Kaufeld

t 1 679

Steinbeis-Transferzentrum
Medizintechnik an der Fachhochschule Ulm
Postf. 38 60, 89028 Ulm
T: (0731) 50-28259, 50-28252 **Fax:** 50-28258
Leitung: Prof. Dr. K. Paulat

t 1 680

Steinbeis-Transferzentrum
Mikroelektronik
Postf. 38 60, 89028 Ulm
T: (0731) 50-28247, 50-28338, 50-28261 **Fax:** 9 21 77 18
Leitung: Prof. A. Führer

t 1 681

Steinbeis-Transferzentrum
Neue Technologien in der Verkehrstechnik
Postf. 38 60, 89028 Ulm
T: (07325) 33 06, 91 94 70, 91 94 71, 91 94 72 **Fax:** 49 92
Leitung: Prof. Dr.-Ing. G. Willmerding

t 1 682

Steinbeis-Transferzentrum
Qualität und Umwelt
Riedwiesenweg 6, 89081 Ulm
T: (0731) 9 37 62-0 **Fax:** 9 37 62-62
Leitung: Prof. Dr.-Ing. J. Bläsing

t 1 683

Steinbeis-Transferzentrum
Technische Beratung an der Fachhochschule Ulm
Postf. 38 60, 89028 Ulm
T: (0731) 50-28247, 2 86 58 **Fax:** 9 21 77 18
Leitung: Prof. Dipl.-Ing. P. Leifeld

t 1 684

Steinbeis-Transferzentrum
Managementsysteme
Frauenstr. 47, 89073 Ulm
T: (0731) 9 68-920 **Fax:** 9 68-9222
E-Mail: tmsef@t-online.de
Leitung: Dipl.-Ing. E. Frey

t 1 685

Steinbeis-Transferzentrum
Werkstofftechnik an der Fachhochschule Ulm
Postf. 38 60, 89028 Ulm
T: (0731) 5 02-8266, 5 02-8247 **Fax:** 9 21 77 18
Leitung: Prof. Dr.-Ing. E. Frank

t 1 686

Steinbeis-Transferzentrum
Werkzeugmaschinen und Roboter
Postf. 38 60, 89028 Ulm
T: (0731) 5 02-8186, 5 02-8203, 5 02-8122, 5 02-8247
Fax: 5 02-8270, 6 02 24 11
Leitung: Prof. Dipl.-Ing. P. Leifeld

t 1 687

Steinbeis-Transferzentrum
Technologiemarketing - Vechta
Rombergstr. 40, 49377 Vechta
T: (04441) 92 18 27 **Fax:** 92 18 29
Leitung: Dipl.-Ing. Product Eng. H. Blanke

t 1 688

Steinbeis-Transferzentrum
Angewandte Mathematik, Datenverarbeitung und Rechnernetze
Jakob-Kienzle-Str. 17, 78054 Villingen-Schwenningen
T: (07720) 3 07-278, 3 07-65914 **Fax:** 3 07-210
Leitung: Prof. Dr.rer.nat. E. Jäger

t 1 689

Steinbeis-Transferzentrum
Infothek
Schwedendammstr. 6, 78050 Villingen-Schwenningen
T: (07721) 2 86 83, 2 40 39 **Fax:** 2 86 22
E-Mail: Steinbeis-infothek@t-online.de
Leitung: Dipl.-Ing. (FH) W. Müller
Dipl.-Ing. (FH) N. Schmidt

t 1 690

Steinbeis-Transferzentrum
Neue Produkte
Schwedendammstr. 6, 78050 Villingen-Schwenningen
T: (07721) 2 86 83, 2 40 39 **Fax:** 2 86 22
E-Mail: 100557.1372@compuserve.com
Leitung: Prof. Dr. W. Bornholdt
Dipl.-Ing. (FH) N. Schmidt

t 1 691

Steinbeis-Transferzentrum
Oberflächentechnik
Schwedendammstr. 6, 78050 Villingen-Schwenningen
T: (07721) 2 89 65, 2 40 39 **Fax:** 2 86 22
Leitung: Prof. Dr. I. Munder
Dipl.-Ing. (FH) H. Hoffmann

t 1 692

Steinbeis-Transferzentrum
Prozeßautomatisierung in der Papier- und Folienindustrie
Am Felsen 1, 78147 Vöhrenbach
T: (07727) 9 10 81 **Fax:** 9 10 80
E-Mail: stz.federle@t-online.de
Leitung: Prof. Dr.-Ing. H. Federle

t 1 693

Steinbeis-Transferzentrum
Angewandte Tribologie
Bahnhofstr. 4, 71332 Waiblingen
T: (07151) 5 20 63 **Fax:** 5 20 63
Leitung: Dipl.-Kfm. M. Dornheim
Dr. D. Rück
Dr.-Ing. E. Sonntag

t 1 694

Steinbeis-Transferzentrum
Angewandte Rechner- und Softwaretechnologie (ARS)
Postf. 12 61, 88241 Weingarten
T: (0751) 4 85 42 **Fax:** 4 85 23
E-Mail: schi@ars.fh-weingarten.de,

roth@fbe.fh-weingarten.de
Leitung: Prof. Dr. K. Schilling
Prof. Dr.-Ing. H. Roth

t 1 695

Steinbeis-Transferzentrum für Industrieelektronik und Kommunikationstechnik
Doggenriedstr. 40, 88250 Weingarten
T: (0751) 5 01-630, 5 21 20 **Fax:** 4 92 40
E-Mail: klbr@rz-nov4.rz.fh-weingarten.de
Leitung: Prof. Dr. K. Klotzbücher

t 1 696

Steinbeis-Transferzentrum Leuchtentechnik
Kirchplatz 2, 88250 Weingarten
T: (0751) 5 01-412 **Fax:** 5 01-424
Leitung: Prof. Dr.rer.nat. E. Hamer

t 1 697

Steinbeis-Transferzentrum Meßdatenverarbeitung
Doggenriedstr. 42, 88250 Weingarten
T: (0751) 5 01-728, 5 01-729, 5 01-708 **Fax:** 5 01-735
Leitung: Prof. Dipl.-Math. W. Georgi

t 1 698

Steinbeis-Transferzentrum Prozeßautomatisierung
Doggenriedstr. 40, 88250 Weingarten
T: (0751) 5 61-460 **Fax:** 5 61-4629
E-Mail: stzp@fh-weingarten.de
Leitung: Prof. Dr.-Ing. K. Etschberger

t 1 699

Steinbeis-Transferzentrum Sozialplanung, Qualifizierung und Innovation
Postf. 12 61, 88241 Weingarten
T: (0751) 5 43 55, 5 01-444 **Fax:** 5 43 55
Leitung: Prof. Dr. S. Kallfass

t 1 700

Steinbeis-Transferzentrum Technische Beratung an der Fachhochschule Ravensburg-Weingarten
Postf. 12 61, 88241 Weingarten
T: (0751) 4 47 72 **Fax:** 4 92 40
E-Mail: griesser@fbm.fh-weingarten.de
Leitung: Prof. Dipl.-Ing. W. Grießer

t 1 701

Steinbeis-Transferzentrum Werkstofftechnik
Doggenriedstr. 40, 88250 Weingarten
T: (0751) 5 01-698, 5 01-695 **Fax:** 5 01-696
Leitung: Prof. Dipl.-Ing. K. Ernsberger

t 1 702

Steinbeis-Transferzentrum Neue Technologien und Werkstoffe
Eichenstr. 24, 71384 Weinstadt
T: (07151) 6 42 64 **Fax:** 6 42 64
Leitung: Dr. H. Bühl

t 1 703

Steinbeis-Transferzentrum Betriebswirtschaft und Controlling
Breiter Weg 15, 96479 Weitramsdorf
T: (09561) 3 17-119 **Fax:** 8 69-299
Leitung: Prof. Dr. R. Kalwait

t 1 704

Steinbeis-Transferzentrum Mittelstandsberatung
Silcherstr. 16, 71364 Winnenden
T: (07195) 7 57 58 **Fax:** 7 57 58
Leitung: Dipl.-Kfm. (T.O.) O. Hettmer

t 1 705

Steinbeis-Transferzentrum Winterthur
Postf. 1 17, CH-8406 Winterthur
T: (004152) 2 03-1238, (00411) 9 23 76 04
Fax: (004152) 2 03-1726
Leitung: S. Friedrichs

t 1 706

Steinbeis-Transferzentrum Integrierte Fertigung an der Hochschule Wismar
Philipp-Müller-Str., 23966 Wismar
T: (03841) 7 51-219 **Fax:** 7 53-561
Leitung: Prof. Dr. G. Müller

t 1 707

Steinbeis-Transferzentrum Kunststoff- und Recycling-Technik an der Hochschule Wismar
TGZ
Philipp-Müller-Str. 12, 23966 Wismar
T: (03841) 7 58-392 **Fax:** 7 58-392
Leitung: Prof. Dr.-Ing. H. Hansmann

t 1 708

Steinbeis-Transferzentrum Beschichtungstechnik und -technologie
Puschkinplatz Gebäude 60, 06766 Wolfen
T: (03494) 63 68 32 **Fax:** 63 60 95
Leitung: Dipl.-Ing. (FH) H. Rönnicke

t 1 709

Steinbeis-Transferzentrum Innovatives Qualitäts- und Umweltmanagement für kleine und mittelständische Unternehmen
Industriepark Wolfen-Thalheim, 06766 Wolfen
T: (03494) 63 68 32 **Fax:** 63 60 95
Leitung: Dipl.-Chem. J. Reh

t 1 710

Steinbeis-Transferzentrum Automation & Information Systems
Münzstr. 19, 97070 Würzburg
T: (0931) 3 53 51 32 **Fax:** 3 53 51 33
E-Mail: grötsch@acm.org
Leitung: Prof. E. Grötsch (M.Sc.)

t 1 711

Steinbeis-Transferzentrum Qualitätssicherung und Bildverarbeitung
Postf. 1 42, 98501 Suhl
Industriestr. 27, 98544 Zella-Mehlis
T: (03682) 4 51-0, 4 51-133, 4 51-135 **Fax:** 4 51-233
Internet: http://www.rz.tu-ilmenau.de/-stz/index.html
E-Mail: stz@shl.tu-ilmenau.de
Leitung: Prof. Dr.-Ing. G. Linß
Dr.-Ing. P. Brückner

• T 1 712

GSF – Forschungszentrum für Umwelt und Gesundheit

GSF-Forschungszentrum für Umwelt und Gesundheit GmbH
Postf. 11 29, 85758 Oberschleißheim
Ingolstädter Landstr. 1 OT Neuherberg, 85764 Oberschleißheim
T: (089) 31 87-0 **Fax:** 31 87-3322
Internet: http://www.gsf.de
E-Mail: buff@gsf.de
Gründung: 1964
Aufsichtsr.-Vors.: Ministerialdirektor Dr. Ludwig Baumgarten
Wiss.-Techn. GeschF: Prof. Dr.Dr. Ernst-Günter Afting
Kfm. GeschF: Dr. Hans Jahreiß
Leitung Presseabteilung: Heinz-Jörg Haury
Mitglieder: 1600
In der Umweltforschung liegt ein Schwerpunkt der Untersuchungen in der Erfassung, Bewertung und Prognose der Belastung von Ökosystemen mit Chemikalien (z.B. persistente Xenobiotika, Schwermetalle, Radionuklide), Strahlung (auch UV-B) sowie durch nutzungsbedingte Eingriffe.
In der Gesundheitsforschung steht der Mensch im Zentrum der Forschungsaktivitäten, die sich von klinisch-experimenteller Grundlagenforschung im Bereich Hämato-Onkologie über epidemiologische Untersuchungen bis hin zur medizinischen Informatik und Gesundheitssystemforschung erstrecken.

• T 1 713

BIFAU e.V.
Berliner Institut für Analytik und Umweltforschung e.V.
Obentrautstr. 60-62, 10963 Berlin
T: (030) 2 17 29 02 **Fax:** 2 16 60 33
Internet: http://www.inter-networks.com/bifau
E-Mail: bifau@berlin.snafu.de
Gründung: 1986
Geschäftsführer(in): Dipl.-Ing. Sylvia Lehmann
Dr. Frank Selke
Jürgen Steinke
Techn. Ltg.: Dr. Christian Moerler
Qualitätssicherung: Bettina Strauß
Weiterbildung: Marianne Rappolder

• T 1 714

Institut für Umweltforschung Schlieben e.V.
Gartenstr. 43, 04936 Schlieben
T: (035361) 5 34 **Fax:** 7 22
Gründung: 1992 (5. Oktober)
Vorsitzende(r) des Vorstandes: Dr. Wolfgang Zahn
Stellvertretende(r) Vorsitzende(r): Dipl.-Ing. Jost Ulrich Kügler
Mitarbeiter: 12

• T 1 715

Umweltinstitut Leipzig e.V. (UIL)
Wilhelm-Leuschner-Platz 12, 04107 Leipzig
T: (0341) 3 91 20 83 **Fax:** 3 91 10 06
Internet: http://www.uil.de
E-Mail: info@uil.de
Gründung: 1990 (26. April)
Vorsitzende(r): Dipl.-Ing. Lutz Prager
Stellvertretende(r) Vorsitzende(r): Dipl.-Phys. Dieter Marlow
Geschäftsführer(in): Dipl.-Chem. Matthias Wolf
Mitglieder: 30
Mitarbeiter: 6

• T 1 716

VDI-Gesellschaft Technische Gebäudeausrüstung (VDI-TGA)
Postf. 10 11 39, 40002 Düsseldorf
Graf-Recke-Str. 84, 40239 Düsseldorf
T: (0211) 62 14-251 **Fax:** 62 14-177
Internet: http://www.vdi.de
Internationaler Zusammenschluß: siehe unter izf 132
Vorsitzende(r): Dipl.-Ing. Bernd Pasterkamp
Geschäftsführer(in): Dipl.-Ing. (TU) Undine Stricker-Berghoff (CEng MInstE)

• T 1 717

Gesellschaft für Tribologie e.V.
Ernststr. 12, 47443 Moers
T: (02841) 5 42 13 **Fax:** 5 94 78
E-Mail: tribologie@gft.inl.de
Vorsitzende(r): Dr.-Ing. R. Stelzer
Geschäftsführer(in): Dr.-Ing. R.W. Schmitt

• T 1 718

VDI-Gesellschaft Verfahrenstechnik und Chemieingenieurwesen (VDI-GVC)
Postf. 10 11 39, 40002 Düsseldorf
Graf-Recke-Str. 84, 40239 Düsseldorf
T: (0211) 62 14-0 **Fax:** 62 14-162
Internet: http://www.vdi.de/gvc/gvc.htm
Vorsitzende(r): Dipl.-Phys. Helmut Becks
Geschäftsführer(in): Prof. Dr.-Ing. H. Cremer

• T 1 719

Wissenschaftlich-technische Gesellschaft für Verfahrenstechnik FIA e.V.
Chemnitzer Str. 40, 09599 Freiberg
T: (03731) 79 72 09 **Fax:** 79 72 21
E-Mail: uvr-fia@t-online.de
Gründung: 1990 (September)
Geschäftsführer(in): Dr. Scheibe
Vorsitzende(r) des Vorstandes: Prof. Dr. H. Heegn
Mitglieder: 30
Mitarbeiter: 19

• T 1 720

VTI Thüringer Verfahrenstechnisches Institut für Umwelt und Energie e.V.
Postf. 20 05, 07306 Saalfeld
Wittmannsgereuther Str. 101, 07318 Saalfeld
T: (03671) 8 22-0 **Fax:** 8 22-180
Internet: http://www.vti-saalfeld.de
E-Mail: vti-saalfeld@t-online.de
Gründung: 1992 (8. Juli)
Geschäftsführender Direktor: Dr.-Ing. Ulrich Knopf
Stellv. Geschäftsf. Dir.: Dipl.-Ing. Bernd Noack
Vorstand: Prof. Dr. Jürgen Pfotenhauer (Vorsitzender)
Mitarbeiter: 21

• T 1 721

Energieagentur Nordrhein-Westfalen
Morianstr. 32, 42103 Wuppertal
T: (0202) 2 45 52-0 **Fax:** 2 45 52-30
Internet: http://www.ea-nrw.de
Außenstelle: Bismarckstr. 142, 47057 Duisburg, T: (0203) 3 06 12 60, Fax: (0203) 3 06 12 99
Gründung: 1990
Geschäftsführer(in): Dr.-Ing. Dipl.-Phys. Norbert Hüttenhölscher
Leitung Presseabteilung: Dr. Joachim Frielingsdorf
Verbandszeitschrift: Brennpunkt Energie
Mitarbeiter: 52

Unentgeltliche Beratung von Kommunen, kleinen und mittelständischen Unternehmen in Nordrhein-Westfalen, rationellere bzw. ökonomische Energie-Verwendung und Nutzung unerschöpflicher Energiequellen, Fortbildung.

• T 1 722

Studiengesellschaft für den kombinierten Verkehr e.V. (SGKV)
Börsenplatz 1, 60313 Frankfurt
T: (069) 28 35 71 u. 28 35 72 **Fax:** 28 59 20
E-Mail: postmaster@sgkv.de
Gründung: 1928
Vorstand: Dr.rer.pol. K.-H. Schmidt
Dipl.-Ing. Johannes Ebner
Geschf. Vorst.-Mitgl. u. wiss. Ltr.: Dr.rer.pol. Christoph Seidelmann
Mitglieder: 100

Arbeitsgebiete
Logistik und kombinierter Verkehr
Palettentransport
Containertransport
Huckepacktransport
Kombinierter Verkehr bei Luftfracht
Elektronischer Datenaustausch im Güterverkehr
Recht des kombinierten Verkehrs
Technik des kombinierten Verkehrs
Transportbeanspruchungen
Dokumentation des kombinierten Verkehrs

• T 1 723

Studiengesellschaft für unterirdische Verkehrsanlagen e.V. (STUVA)
Mathias-Brüggen-Str. 41, 50827 Köln
T: (0221) 5 97 95-0 **Fax:** 5 97 95-50
Gründung: 1960 (15. Juni)
Präsident(in): Prof. Dr.-Ing. Walter Rodatz
Geschäftsführende(s) Vorstands-Mitglied(er): Prof. Dr.-Ing. Alfred Haack
Geschäftsführer(in): Dr.-Ing. Friedhelm Blennemann
Verbandszeitschrift: Tunnel
Verlag: Bertelsmann Fachzeitschriften GmbH, Gütersloh
Mitglieder: 250

• T 1 724

Deutscher Verein für Vermessungswesen e.V. (DVW)
c/o Landeshauptstadt Düsseldorf, Vermessungs- u. Katasteramt
40200 Düsseldorf
Brinckmannstr. 5, 40225 Düsseldorf
T: (0211) 8 99 42 21 **Fax:** 8 92 90 82
E-Mail: dvwziem@dland.de
Gründung: 1871 (16.Dezember)
Vorsitzende(r): Dr.-Ing. Hans-Josef Platen (Berliner Allee 25, 47906 Kempen, T: (02152) 51 83 83, Telefax: (02152) 51 89 87)
Geschäftsführer(in): Dipl.-Ing. Eberhard Ziem
Verbandszeitschrift: Zeitschrift für Vermessungswesen
Redaktion: Univ. Prof. Dr.-Ing. Wolfgang Torge und Dr.-Ing. Hartmut Fritzsche
Verlag: Konrad Wittwer GmbH, Nordbahnhofstr. 16, 70191 Stuttgart, Postf. 10 53 43, 70046 Stuttgart, T: (0711) 25 07-0
Mitglieder: 8000

Landesvereine

t 1 725

Deutscher Verein für Vermessungswesen e.V. Landesverein Baden-Württemberg
c/o Wirtschaftsministerium B-W
Postf. 10 34 51, 70029 Stuttgart
T: (0711) 1 23 20 30
Vorsitzende(r): Dipl.-Ing. Volker Schäfer

t 1 726

Deutscher Verein für Vermessungswesen e.V. Landesverein Bayern
c/o Landesvermessungsamt
Alexandrastr. 4, 80538 München
T: (089) 21 29 15 22
Vorsitzende(r): Dipl.-Ing. Andreas Hennemann (Bauoberrat)

t 1 727

Deutscher Verein für Vermessungswesen e.V. Landesverein Berlin-Brandenburg
c/o Senatsverwaltung für Bau- u. Wohnungswesen
Mansfelder Str. 16, 10713 Berlin
T: (030) 2 78 79 60
Vorsitzende(r): Dr.-Ing. Horst Borgmann

t 1 728

Deutscher Verein für Vermessungswesen e.V. Landesverein Hamburg/Schleswig-Holstein
Postf. 10 18 20, 20012 Hamburg
T: (040) 4 28 26-5317
Vorsitzende(r): Dipl.-Ing. Berend Döhle

t 1 729

Deutscher Verein für Vermessungswesen e.V. Landesverein Hessen
Postf. 22 40, 65012 Wiesbaden
T: (0611) 53 53 72
Vorsitzende(r): Dipl.-Ing. Jürgen Knab

t 1 730

Deutscher Verein für Vermessungswesen e.V. Landesverein Mecklenburg-Vorpommern
c/o Landesvermessungsamt
Lübecker Str. 289, 19059 Schwerin
T: (0385) 7 44 44 45
Vorsitzende(r): Dipl.-Ing. Carsten Kleinfeldt

t 1 731

Deutscher Verein für Vermessungswesen e.V. Landesverein Niedersachsen/Bremen
c/o Bezirksregierung Weser-Ems
Postf. 24 47, 26014 Oldenburg
T: (0441) 7 99 24 85
Vorsitzende(r): Verm.-Dir. Dipl.-Ing. Klaus Kertscher

t 1 732

Deutscher Verein für Vermessungswesen e.V. Landesverein Nordrhein-Westfalen
c/o Kreis Unna - Vermessungs- u. Katasteramt
Postf. 21 12, 59411 Unna
T: (02303) 27 10 62
Vorsitzende(r): Univ. Prof. Dr.-Ing. Wilhelm Benning

t 1 733

Deutscher Verein für Vermessungswesen e.V. Landesverein Rheinland-Pfalz
c/o Ministerium des Innern u. für Sport
Schillerplatz 3-5, 55116 Mainz
T: (06131) 16 33 95
Vorsitzende(r): Dipl.-Ing. Hans Gerd Stoffel

t 1 734

Deutscher Verein für Vermessungswesen e.V. Landesverein Saarland
c/o Landesamt für Kataster-, Vermessungs- u. Kartenwesen
Von-der-Heydt 22, 66115 Saarbrücken
T: (0681) 97 12-240
Vorsitzende(r): Dipl.-Ing. Herbert Simon

t 1 735

Deutscher Verein für Vermessungswesen e.V. Landesverein Sachsen
c/o Sächsisches Staatsministerium des Innern
Wilhelm-Buck-Str. 2, 01097 Dresden
T: (0351) 56 43-463
Vorsitzende(r): Dipl.-Ing. Dietmar Schenk

t 1 736

Deutscher Verein für Vermessungswesen e.V. Landesverein Sachsen-Anhalt
c/o Katasteramt
Hallesche Str. 78, 06366 Köthen
T: (03496) 42 32 00
Vorsitzende(r): Dipl.-Ing. Rainer Warpakowski

t 1 737

Deutscher Verein für Vermessungswesen e.V. Landesverein Thüringen
c/o Flurneuordnungsamt
Am Nützleber Feld 2, 99867 Gotha
T: (03621) 35 82 21
Vorsitzende(r): Dipl.-Ing. (FH) Peter Albert

• T 1 738

VDI/VDE-Technologiezentrum Informationstechnik GmbH
Rheinstr. 10b, 14513 Teltow
T: (03328) 4 35-0 **Fax:** 4 35-141
Internet: http://www.vdivde-it.de
E-Mail: vdivde-it@vdivde-it.de
Geschäftsführer(in): Peter Dortans
Dr. Werner Wilke

• T 1 739

Gemeinschaftsausschuß Verzinken e.V. (GAV)
Sohnstr. 70, 40237 Düsseldorf
T: (0211) 68 58 52 **Fax:** 68 95 99
Vorsitzende(r): Dipl.-Wirtsch.-Ing. Klaus Schuster
Geschäftsführer(in): Dipl.-Ing. Jürgen Marberg
(siehe auch Unterabschnitt „Forschungsvereinigungen")

• T 1 740

Deutsches Video Institut e.V.
Auguststr. 34, 10119 Berlin
T: (030) 23 08 96-0 **Fax:** 23 08 96-21
Internet: http://www.dvi.de
E-Mail: info@dvi.de
Gründung: 1980 (Aug.)
Geschäftsführende(s) Vorstands-Mitglied(er): Dr. Klaus Müller-Neuhof
Stellvertretende(r) Geschäftsführer(in): Marietta Puder
Leitung Presseabteilung: Marietta Puder
Verbandszeitschrift: Tips & Trends
Redaktion: Marietta Puder
Mitglieder: 5104
Mitarbeiter: 3

• T 1 741

Verband Der Videoanwender VCM e.V.
Postf. 75 09 79, 81339 München
T: (089) 7 55 32 08 **Fax:** 7 80 98 87
Gründung: 1979
Präsident(in): Georg Höhenleitner
Vizepräsident(in): Rudolf Hillebrand
Leitung Presseabteilung: Heinz Wolfgang Köhler
Mitglieder: 170
Mitarbeiter: 4

• T 1 742

Interessenverband des Video- und Medien-Fachhandels in Deutschland e.V. (IVD)
Hartwichstr. 15, 40547 Düsseldorf
T: (0211) 57 73 90-0 **Fax:** 57 73 90-69
Internet: http://www.ivd-online.de
E-Mail: ivdev@aol.com
Gründung: 1983 (13. August)
Vorsitzende(r): Hans-Peter Lackhoff
Stellvertretende(r) Vorsitzende(r): Rainer Ordegel
Michael Schwerdtfeger
Hauptgeschäftsführer(in): Hans-Peter Lackhoff
Leitung Presseabteilung: Ulrich Mahne (Feldstr. 263 b, 45701 Herten, T: (02366) 58 46 06, Telefax: (02366) 58 46 07)
Verbandszeitschrift: IVD-News
Mitglieder: 1600
Landesverbände: Norddeutschland, NRW, Baden-Württemberg, Bayern, Ost Mitte

• T 1 743

MEDIOPOLIS BERLIN e.V.
Bülowstr. 66, 10783 Berlin
T: (030) 23 55 60-0 **Fax:** 23 55 60-66
E-Mail: office@mediopolis.de
Gründung: 1977
Vorsitzende(r): Pim Richter
Mitglieder: 7
Mitarbeiter: 12

• T 1 744

ITVA Deutschland e.V. Forum für Medien & Kommunikation
Lindenschmitstr. 34, 81371 München
T: (089) 7 47 00 31 **Fax:** 77 47 57
E-Mail: info@itva.de
Gründung: 1983 (Februar)
Präs./Manager Intern. Realisations: Peter Hielscher (Film- und Videoproduktion GmbH, Drudhardstr. 14 A, 80995 München, T: (089) 3 12 14 40, Telefax: (089) 31 21 44 10, email:

peter@hielscher.de)
Vizepräs.,Fachtagungen, Videofestival: Susanne Stramm
Finanzen, Mitgliederwerbung, -betreuung: Siegfried Nestle (MSS Medien System Service GmbH, Zeppelinstr. 1, 73274 Notzingen, T: (07021) 92 30-0, Telefax: (07021) 92 30 30 od. 92 30 40, email: sn@mss-medien.de)
Presse- u. Öffentlichkeitsarbeit: Walter H. Spohn (Spohn Vision, Lindenschmitstr. 34, 81371 München, T: (089) 7 25 73 91, Fax: 7 25 72 45, email: WSphnl@compuserve.com)
Verbandszeitschrift: ITVA Insider
Redaktion: Walter H. Spohn
Mitglieder: 150, über 13.000 weltweit
Zweigorganisation der ITVA International Television Association/USA

• T 1 745

Deutsche Gesellschaft für Warenkunde und Technologie e.V. (DGWT)

Carl-Peters-Str. 11, 36251 Bad Hersfeld
T: (06621) 36 63 **Fax:** 36 63
Gründung: 1971
Geschäftsführendes Präsidium:
Präsident(in): OStD, Dipl.-Hdl. Günter Otto (Carl-Peters-Str. 11, 36251 Bad Hersfeld, T: (06621) 36 63)
Vizepräsident(in): o.Prof. Dr.rer.nat. Otto E. Ahlhaus (Köhlerwaldweg 2, 69259 Wilhelmsfeld, T: (06220) 91 34 68, Fax: (06220) 91 34 68)
Vizepräsident(in): Studiendirektor Dipl.-Hdl. Dr. Reinhard Löbbert (Bredeneyer Str. 64 C, 45133 Essen, T: (0201) 47 39 09)
Vizepräsident(in): Prof. Dr. Dietlind Hanrieder (Fachhochschule Anhalt, Abt. Bernburg, Strenzfelder Allee 28, 06406 Bernburg, T: (03471) 43-6 27, Telefax: (03471) 2 38 47)
Vizepräsident(in): Dr. habil. Heidrun Niemann (Hochschullehrerin an der Universität Leipzig, Studienprogramm Handelshochschule Leipzig, Marschnerstr. 31, 04109 Leipzig, T: (0341) 4 94 11 10, Dorfstr. 15, 17168 Tenze, T: (039976) 4 37)
Schriftführer(in): Oberstudienrätin Ulrike Koeppe (Schweidnitzweg 7, 91058 Erlangen, T: (09131) 1 48 27)
Schatzmeister: Studienrat Joachim Beck (Albert-Einstein-Str. 17/4, 74357 Bönnigheim, T: (07143) 2 34 02)
Wissenschaftlicher Beirat: Dipl.-Hdl. Dr. Helmut Lungershausen (Oberstudiendirektor der Berufsbildenden Schule 12 in 30169 Hannover, Brühlstr. 7, T: (0511) 1 68-39 21)
Prof. Dr. Heinrich Schanz (Schlesierstr. 19, 67134 Birkenheide, T: (06237) 27 31)
Dipl.-Hdl. Reimer Schmidtpott (Leitender Regierungsschuldirektor i.R., Hasenburger Weg 69, 21335 Lüneburg, T: (04131) 40 14 62)
Dr. Ingrid Wagner (Akademische Oberrätin an der Wirtschaftsuniversität, Institut für Technologie und Warenwirtschaftslehre, Augasse 2-4, A-1090 Wien, T: (00431) 3 13 36-48 06, Telefax: (00431) 3 13 36-17 06)
Verbandszeitschrift: Forum Ware
Redaktion: Günter Otto
Verlag: Carl-Peters-Str. 11, 36251 Bad Hersfeld, T: (06621) 36 63, Telefax: (06621) 36 63
Mitglieder: 210
Mitglied der IGWT - Internationale Gesellschaft für Warenkunde und Technologie e.V., Wien
Präsidialstelle: DGWT, Günter Otto, Carl-Peters-Str. 11, 36251 Bad Hersfeld, T: (06621) 36 63, Telefax: (06621) 4 12 27 u. 36 63

• T 1 746

Verein für Wasser-, Boden- und Lufthygiene E.V.

Postf. 31 14 20, 10644 Berlin
T: (030) 4 14 67 08 **Fax:** 4 14 58 00
Gründung: 1902
Vorsitzende(r): Dr. Helmut Eiteneyer, Gelsenkirchen
Schriftführer(in): Dipl.-Ing. Ludwig Pawlowski, Berlin
Geschäftsführer(in): Dipl.-Ing. Heiner Nobis-Wicherding
Mitglieder: ca. 140

• T 1 747

Forschungs- und Entwicklungszentrum Sondermüll (FES)

Postf. 14 69, 91104 Schwabach
Siemensstr. 3-5, 91126 Rednitzhembach
T: (09122) 63 13-0 **Fax:** 63 13-11
Internet: http://www.fes-schwabach.de
E-Mail: kontakt@fes-schwabach.de
Vorstand: Dr. Frank-Michael Müller (T: (09122) 63 13-20)

• T 1 748

Münchener Arbeitsgemeinschaft für Luftschadstoffe (MAGL)

c/o GSF
Postf. 11 29, 85758 Oberschleißheim
T: (089) 31 87 24 52 **Fax:** 31 87 44 31
Teletex: 898 942 stral
E-Mail: m.moser@gsf.de
Gründung: 1983
Vorsitzende(r): Prof. Dr. J. C. Munch (GSF - Forschungszentrum für Umwelt und Gesundheit GmbH, Inst. Bodenökologie Neuherberg, Postf. 11 29, 85758 Oberschleißheim)
Sekretariat: Dr. Hans-D. Payer (GSF Expositionskammern)
Leitung Presseabteilung: Heinz-Jörg Haury (c/o GSF)
Mitarbeiter: ca. 100 (von ca. 1700 der GSF-Forschungszentrum)

Erforschung der biologischen/biochemischen Wirkung von Luftschadstoffen auf Pflanzen.

• T 1 750

Arbeitsgemeinschaft ökologischer Forschungsinstitute e.V. (AGÖF)

Geschäftsstelle:
Im Energie- und Umweltzentrum
Am Elmschenbruch, 31832 Springe
T: (05044) 97 57-5 **Fax:** 97 57-7
Internet: http://www.agoef.de
E-Mail: agoef@t-online.de

• T 1 751

Gesellschaft für Militärökonomie e.V.

- Gemeinnütziger Verein -
(Sitz Koblenz)
Postf. 13 44, 85203 Dachau
Pollnstr. 3a, 85221 Dachau
T: (08131) 1 08 07 **Fax:** 2 67 37
Internet: http://www.militaeroekonomie.de
E-Mail: Info@militaeroekonomie.de
Gründung: 1981 (26. März)
Ehrenvors.: Generalmajor a.D. Dipl.-Kfm. Dr.rer.pol. Johannes Gerber (Kaiserin-Augusta-Anlagen 10, 56068 Koblenz)
1. Vorsitzende(r): Prof. Dipl.-Kfm.Dr.oec.publ. Günter Kirchhoff (Pollnstr. 3 a, 85221 Dachau)
2. Vorsitzende(r): N. N.
1. Stellv. Vors.: Oberst a.D. Dr.oec. Ing. Rolf Wagner (Hauptstr. 57, 98587 Bermbach)
2. Stellv. Vors.: Dipl.-Verww. Johann Saalbaum (Am Steinfeld 13, 91710 Gunzenhausen)
Verbandszeitschrift: Infodienst - Sicherheit und Ökonomie
Verlag: Gesellschaft für Militärökonomie e.V., Postf. 13 44, 85203 Dachau
Mitglieder: ca. 200
Mitarbeiter: 8 ehrenamtlich
Angeschlossen:
Forschungsinstitut für Militärökonomie und angewandte Konversion der Gesellschaft für Militärökonomie e.V.

• T 1 752

Deutsche Gesellschaft für Wehrtechnik e.V. (DWT)

Bertha-von-Suttner-Platz 1-7, 53111 Bonn
T: (0228) 7 66 82 82 **Fax:** 65 63 66
Internet: http://www.dwt-sgw.de
E-Mail: dwt.sgw@t-online.de
Gründung: 1957
Präsident(in): Dr. Norbert Servatius
Vizepräsident(in): MdB Helmut Wieczorek
Vorsitzende(r): GenLt. a.D. Bernhard Mende
Verbandszeitschrift: Soldat und Technik
Verlag: Umschau Zeitschriftenverlag, Frankfurt/Main

Fördergesellschaft:
Studiengesellschaft der Deutschen Gesellschaft für Wehrtechnik mbH

Förderung der Wehrtechnik und Wehrwirtschaft in Staat und Öffentlichkeit, Wissenschaft und Wirtschaft.

• T 1 753

Bundesakademie für Wehrverwaltung und Wehrtechnik (BAkWVT)

Seckenheimer Landstr. 8-10, 68163 Mannheim
T: (0621) 42 95-0 **Fax:** 42 95-463
E-Mail: bakwvt@bwb.org
Gründung: 1961 (5. Mai)
Präsident(in): Peter J. George
Leitung Presse- u. Öffentlichkeitsarbeit: Hans-Peter Löcherer

• T 1 754

Deutscher Werkbund e.V.

Kirschenallee 88, 64293 Darmstadt
T: (06151) 67 02 50 **Fax:** 67 02 60
Gründung: 1907 (5. Oktober)
Vorsitzende(r): Dipl.-Ing. Hans-Rudolf Güdemann
Publikationen: werk und zeit
Verlag und Redaktion: Ardenku-Verlag, Brunnenhausstraße, 58089 Hagen

Landesverbände

t 1 755

Deutscher Werkbund Baden-Württemberg e.V.

Gluckstr. 18, 76185 Karlsruhe
T: (0721) 55 25 47 **Fax:** 55 34 71
Vorsitzende(r): Hans-Rudolf Güdemann
Geschäftsführer(in): Yvonne Endes

t 1 756

Deutscher Werkbund Hessen e.V.

Varrentrappstr. 40-42, 60486 Frankfurt
T: (069) 28 55 80 **Fax:** 2 97 99 91
Vorsitzende(r): Wilhelm H. Krahn
Geschäftsführer(in): Lutz Dietzold

t 1 757

Deutscher Werkbund Nordrhein-Westfalen e.V.

Graf-Adolf-Str. 49, 40210 Düsseldorf
T: (0211) 3 84 09 20 **Fax:** 3 84 03 74
Vorsitzende(r): Hanns Uelner
Geschäftsführer(in): Maria Heidenheim

t 1 758

Deutscher Werkbund Saarland e.V.

Saarbrücker Str. 160, 66130 Saarbrücken
T: (0681) 87 84 57 **Fax:** 87 84 58
Vorsitzende(r): Marlen Dittmann
Geschäftsführer(in): Dr. Wolf Heer

t 1 759

Deutscher Werkbund Rheinland-Pfalz e.V.

Am Pulverturm 1, 55131 Mainz
T: (06131) 23 59 10 **Fax:** 23 59 11
1. Vorsitzende(r): Rolf Peter Hennes
Geschäftsführer(in): Gabriele Führ

t 1 760

Deutscher Werkbund Sachsen

Karl-Liebknecht-Str. 56, 01109 Dresden
T: (0351) 8 80 20 07 **Fax:** 8 84 80 16
Vorsitzende(r): Bernd Sikora

• T 1 761

Deutscher Werkbund Bayern e.V.

Nikolaiplatz 1b, 80802 München
T: (089) 34 65 80 **Fax:** 39 76 40
Vorsitzende(r): Peter Bohn
Geschäftsführer(in): Antoinette Cherbuliez

• T 1 762

Deutscher Werkbund Berlin e.V.

Goethestr. 13, 10623 Berlin
T: (030) 3 13 85 75 **Fax:** 3 13 49 35
Vorsitzende(r): Helga Schmidt-Thomsen
Geschäftsführer(in): Angelika Günter

• T 1 763

Deutscher Werkbund Nord e.V.

Am Holzgraben 1-2, 30161 Hannover
T: (0511) 32 61 97 **Fax:** 32 77 46
Vorsitzende(r): Prof. Herbert Lindinger
Geschäftsführerin: Rita Lohr

• T 1 764

VDI-Gesellschaft Werkstofftechnik (VDI-W)

Postf. 10 11 39, 40002 Düsseldorf
Graf-Recke-Str. 84, 40239 Düsseldorf
T: (0211) 62 14-556 **Fax:** 62 14-160
Internet: http://www.vdi.de/werk/werk.htm
E-Mail: werkstoffe@vdi.de
Vorsitzende(r): Prof. Dr.-Ing. Karl-Heinz Habig
Geschäftsführer(in): Dr.-Ing. L. Vollrath

• T 1 765

Forschungsgemeinschaft Werkzeuge und Werkstoffe e.V. (FGW)

Berghauser Str. 62, 42859 Remscheid
T: (02191) 90 03 00 **Fax:** 90 03 20
Internet: http://www.fgw.de
E-Mail: fgw@fgw.de
Gründung: 1952 (13.11.)
Vorsitzende(r): Henner Blecher
Stellvertretende(r) Vorsitzende(r): Dipl.-Ing. Harald Wüst-

hof
Geschäftsführer(in): Dr.-Ing. A. R. Rosenthal
Mitglieder: 120

• **T 1 766**

Institut für Werkzeugforschung und Werkstoffe (IFW)
Berghauser Str. 62, 42859 Remscheid
T: (02191) 90 03 00 **Fax:** 90 03 20
Internet: http://www.fgw.de
E-Mail: fgw@fgw.de
Gründung: 1952
Institutsleiter: Dr.-Ing. A. R. Rosenthal
Stellv. Ltr.: Dipl.-Ing. (FH) U. V. Münz

• **T 1 767**

Verein der Zellstoff- und Papier-Chemiker und -Ingenieure e.V. (ZELLCHEMING)
Berliner Allee 56, 64295 Darmstadt
T: (06151) 3 32 64, 3 32 65 **Fax:** 31 10 76
Gründung: 1905
Vorsitzende(r): Dr. techn. Hartmut Wurster (Lechfeldstr. 36A, 86316 Friedberg, i. Fa. Haindl Papier GmbH & CoKG, 86153 Augsburg)
Geschäftsführer(in): Dr.-Ing. Wilhelm Busse
Zeitschrift: ipw-featuring: Das Papier
Fachredaktion: Dipl.-Ing. (FH) Gertraud Bouillon, Berliner Allee 56, 64295 Darmstadt
Verlag: dpw-Verlagsgesellschaft mbH, Borsigstr. 1-3, 63150 Heusenstamm, T: (06104) 6 06-350, Fax: (06104) 6 06-317, E-Mail: ipw@kepplermediengruppe.de
Mitglieder: 1920
Mitarbeiter: 5

• **T 1 768**

Verein Deutscher Zementwerke e.V.
Forschungsinstitut der Zementindustrie
Postf. 30 10 63, 40410 Düsseldorf
Tannenstr. 2, 40476 Düsseldorf
T: (0211) 45 78-1 **Fax:** 45 78-296
Internet: http://www.vdz-online.de
E-Mail: info@vdz-online.de
Gründung: 1877 (24. Januar)
Vorsitzende(r): Dr. K. Kroboth (Heidelberger Zement AG, Heidelberg)
Hauptgeschäftsführer(in): Dr.rer.nat. Martin Schneider
Geschäftsführer(in): Prof. Dr.-Ing. Gerd Thielen
Leitung des Forschungsinstituts: Dr.rer.nat. Martin Schneider (Vors.)
Prof. Dr.-Ing. Gerd Thielen
Mitglieder: 34 ordentl. und 33 außerordentl.

Hauptaufgaben: Weiterentwicklung der Zemente, Verbesserung ihrer Herstellverfahren, sachgemäße und erweiterte Anwendung von Zement und Beton in der Praxis, Güteüberwachung, Baustoffökologie, Förderung von Umweltschutz- und Arbeitssicherheitsmaßnahmen.

• **T 1 769**

Verein Deutscher Zuckertechniker (VDZ)
Mitglied Deutscher Verband Technisch-Wissenschaftlicher Vereine, Dvt, UNION-ZUCKER SÜDHANNOVER GMBH
T: (05069) 88-2 02 **Fax:** 88-2 95
Gründung: 1891
Vorsitzende(r): Dir. Dr.rer.nat. Arnd Reinefeld
Geschäftsf. Dir.: Dipl.-Ing. Jürgen Seidel
Mitglieder: 663

• **T 1 770**

Institut für Zweiradsicherheit e.V.
Postf. 12 04 04, 45314 Essen
T: (0201) 8 35 39-0 **Fax:** 36 85 14
Internet: http://www.ifz.de
E-Mail: ifz.essen@t-online.de
Gründung: 1981
Institutsleiter: Reiner Brendicke

• **T 1 771**

Bauhaus-Archiv, Museum für Gestaltung
Klingelhöferstr. 14, 10785 Berlin
T: (030) 25 40 02-0 **Fax:** 25 40 02 10
E-Mail: bauhaus@bauhaus.de
Leitung: Dr. Peter Hahn
Presseabteilung: Bärbel Mees
Mitglieder: ca. 600
Mitarbeiter: 16

• **T 1 772**

Bund Architektur und Baubiologie e.V.
Geschäftsstelle
Cronestr. 3, 48653 Coesfeld
T: (02541) 7 11 10 **Fax:** 8 52 74
Leitung Presseabteilung: Dipl.-Ing. Architekt Klaus-Dieter Luckmann

• **T 1 773**

Bauhaus-Universität Weimar
Dezernat Forschungstransfer und Haushalt
99421 Weimar
Geschwister-Scholl-Str. 8, 99423 Weimar
T: (03643) 58 11 12 Sekretariat **Fax:** 58 11 20
Gründung: 1860
Referent für Öffentlichkeit und Medien: Reiner Bensch (MA)

Wissenschafts- und Technologievermittlung an Firmen, Verbände etc. aller Wissenschaftsbereiche der Hochschule.

• **T 1 774**

Institut für Regionalentwicklung und Strukturplanung e.V.
Flakenstr. 28-31, 15537 Erkner
T: (03362) 7 93-0 **Fax:** 7 93-111
Internet: http://www.los.shuttle.de/irs
E-Mail: regional@irs.los.shuttle.de
Öffentlichkeitsarbeit: Gerhard Mahnken (T: (03362) 7 93-1 13)
Verbandszeitschrift: Newsletter"IRS AKTUELL,
Redaktion: Gerhard Mahnken

• **T 1 775**

Institut für Bauforschung e.V.
An der Markuskirche 1, 30163 Hannover
T: (0511) 96 51 60 **Fax:** 9 65 16 26
Internet: http://www.bauforschung.de
E-Mail: office@bauforschung.de
Gründung: 1946 (23. Mai)
Direktor(in): Prof. Dr.-Ing. Joachim Arlt
Mitglieder: 30

• **T 1 776**

Institut für das Bauen mit Kunststoffen e.V.
IBK seit 1957
Das Bau-, Architekten- und Ingenieur-Institut

Institut für das Bauen mit Kunststoffen e.V. (IBK Darmstadt)
unabhängig - gemeinnützig
Osannstr. 37, 64285 Darmstadt
T: (06151) 4 80 97 **Fax:** 42 11 01, 42 15 60
E-Mail: IBK-Darmstadt@t-online.de
Gründung: 1957
Vorsitzende(r) des Vorstandes: Dr. Volker Benz (Röhm GmbH Darmstadt)
Stellvertretende(r) Vorsitzende(r): Dipl.-Ing. Gerhart Dieterich (Beratender Ingenieur, Mainz)
Heino Zeller (Strabag AG, Hamburg)
Geschäftsführer(in): Dipl.-Ing. Dieter Arlt (IBK, Osannstr. 37, 64285 Darmstadt)
Mitglieder: 420 aus allen Bereichen der Bauwirtschaft
Mitarbeiter: 12
Offizielles Organ: Fachzeitschrift das bauzentrum
Redaktion: BmK im IBK Darmstadt, Osannstr. 37, 64285 Darmstadt
Verlag: Das Beispiel, Darmstadt

Organisation von Tagungen, Kongressen, Events etc., Bau-Forschung, Marktanalysen, Produktentwicklungsstudien, Gutachten, Beratungen, Kontaktvermittlung, Bau-Fachredaktion, Fachliteratur, Recherchen etc.

t 1 777

IBK-Zweigstelle Brandenburg
Grabenstr. 16, 14776 Brandenburg
T: (03381) 30 85 90 **Fax:** 30 85 76
Leiterin: Dr.rer.nat. Monika Jennes

• **T 1 778**

Institut für Baustoffprüfung und Fußbodenforschung (IBF)
Industriestr. 19, 53842 Troisdorf
T: (02241) 4 20 42 **Fax:** 4 17 98
E-Mail: ibf_troisdorf@t-online.de
Leitung: Dipl.-Ing. Werner Schnell

• **T 1 779**

Deutsches Institut für Bautechnik (DIBt)
Anstalt des öffentlichen Rechts
Kolonnenstr. 30 L, 10829 Berlin
T: (030) 7 87 30-0 **Fax:** 7 87 30-320
Internet: http://www.dibt.de
E-Mail: dibt@dibt.de
Gründung: 1968
Internationaler Zusammenschluß: siehe unter izt 368
Präsident(in): Prof. Dr.-Ing. Horst Bossenmayer
Leitung Presseabteilung: Renate Schmidt-Staudinger
Verbandszeitschrift: DIBt Mitteilungen
Verlag: Ernst & Sohn Verlag, Bühringstr. 10, 13086 Berlin

• **T 1 780**

Institut für Fenstertechnik e.V.
Postf. 10 04 51, 83004 Rosenheim
Theodor-Gietl-Str. 7-9, 83026 Rosenheim
T: (08031) 2 61-0 **Fax:** 2 61-2 90
Internet: http://www.ift-rosenheim.de
E-Mail: info@ift-rosenheim.de
Gründung: 1966
Vorsitzende(r) des Vorstandes: Erwin Losch (Hocoplast Bauelemente GmbH, Eggenfelden)
Sprecher des Beirates: Dr.-Ing. Harald Schulz (Ing.-Büro Pitscheider)
Geschäftsführer(in): Dr. Helmut Hohenstein (Institutsleitung)
Karl H. Huber
Stellvertretender Leiter: Dipl.-Ing. (FH) Ulrich Sieberath
Leitung Presseabteilung: Dipl.-Ing. (FH) Gaby Tengler
Verbandszeitschrift: i.f.t. Forum
Redaktion: Dipl.-Ing. (FH) Gaby Tengler
Verlag: Eigenverlag (Hauszeitschrift)
Mitarbeiter: 75

• **T 1 781**

Institut für Bildungsmedien e.V.
Postf. 90 05 40, 60445 Frankfurt
Zeppelinallee 33, 60325 Frankfurt
T: (069) 70 90 46 **Fax:** 70 79 01 69
E-Mail: 0697078727-0001@t-online.de
Gründung: 1971 (14. Januar)
Vorstand: Andreas Baer (M. A., Ltg. Presseabt.)

Sammlung und Verbreitung von wissenschaftlichen, schulpolitischen und allgemeinen Informationen über Unterrichtsmittel, besonders Schulbücher, Arbeitsmittel, Lernprogramme sowie über Medienkunde, Unterrichtstechnologie und damit zusammenhängende Gebiete.

• **T 1 782**

Deutsche Aktionsgemeinschaft Bildung-Erfindung-Innovation e.V. (DABEI)
An der Bruchspitze 50, 55122 Mainz
T: (06131) 68 52 50 **Fax:** 68 52 56
Internet: http://www.dabei.org
E-Mail: info@dabei.org
Gründung: 1982
Präsidium:
Präsident(in): N.N.
Vizepräsident(in): Dr. Alexander Kantner

Vorstand:
Vorsitzende(r): Prof. Dr. Matthias Eickhoff (BWL-Marketing-Innovationsmanagement, FH Mainz)
Stellvertretende(r) Vorsitzende(r): Dr. Wolfgang Ziegler (Leiter der Patentinformationsstelle Jena)
Schatzmeister: Daniel König (Unternehmensberater, Nekkarhausen)
Schriftführer(in): Lars Thomsen (Geschäftsführender Gesellschafter Thomsen & Thomsen Mediaintegration GmbH, München)

Kuratorium:
Dipl.-Ing. Joachim Bader (Unternehmer, Vorsitzender des Deutschen Erfinderverbandes, Nürnberg)
Dr. Rolf Berth (Leiter der Akademie für Innovation, Düsseldorf)
Dr. Helga Breuninger (Brenninger Stiftung GmbH, Stuttgart)
Dr. Willi Fuchs (Direktor des Vereins Deutscher Ingenieure, Düsseldorf)
Prof. Dr. Horst Geschka (Unternehmensberater, Präsident des VWI)
Heinz Grüne (Geschäftsführender Gesellschafter von rheingold, Institut für qualitative Markt- und Medienanalysen)
Dr. Alexander Kantner (Geschäftsführer der Wickeder Westfalenstahl GmbH)
em. Prof. Dr. Gert von Kortzfleisch (Universität Mannheim, Mannheim)
Dr. Wolfgang Lerch (Vorstand d. Stiftung Industrieforschung, Köln)
MinDirig. a.D. Manfred Sauer (ehem. Unterabteilungsleiter im Bundesministerium für Wirtschaft und Kurator der Stiftung Industrieforschung, Bonn)
MinDirig. Jürgen Schlegel (Generalsekretär der Bund-Länder

Kommission für Bildungsplanung und Forschungsförderung, Bonn)
Dr. Tom Sommerlatte (Vice President Arthur D. Little, Chairman Management Consulting Worldwide)
Prof. Dr. Hans-Jürgen Warnecke (Präsident der Fraunhofer Gesellschaft, München)
Dr. habil. Dietmar Zobel (Unternehmensberater, Wittenberg-Lutherstadt)
Prof. Dr. Reinhard Zulauf (FH Gießen Friedberg, Vorsitzender der Stiftung Innovation und Initiator der Aktion Ideenfieber)

Ehrenmitglieder
Prof. Dr.rer.nat. Gerd Binnig (Ludwig-Maximilians-Universität, München (Nobelpreis f. Physik 1986) IBM Research Division Zürich, Research Laboratory)
Dipl.-Ing. Dr.-Ing. E.h.mult. Ludwig Bölkow (Erfinder und Firmengründer, Grünwald)
Honorargeneralkonsul Prof. Dr. h.c. Viktor Dulger (Prominent Dosiertechnik GmbH)
Prof. Dr. Manfred Eigen (Direktor der Abt. f. Biochem. Kinetik am Max-Planck-Institut für biophysikalische Chemie, Göttingen (Nobelpreis für Chemie 1967))
Prof. Dr. Ernst O. Fischer (Ordinarius für Anorganische Chemie an der Universität München (Nobelpreis für Chemie 1973))
Senator E.h. Prof. Dr. phil. h.c. Artur Fischer (fischerwerke GmbH & Co KG)
Dr.rer.pol. Matthias Heister (Stv. Generalsekretär der Bund-Länder Kommission für Bildungsplanung + Forschungsförderung a. D., Bonn)
Dr.-Ing. Reinhard Menger (ehem. Direktor des Vereins Deutscher Ingenieure (VDI), Chieming)
Prof. Dr. Dr. h.c. mult. Ilya Prigogine (Professeur Ordinaire en Chemie Physique an der Freien Universität Brüssel (Nobelpreis für Chemie 1977))
Dr.rer.nat. Günter Schuster (ehem. Generaldirektor der EG-Kommission Brüssel, Bonn)
Dr. h.c. Lothar Späth (Vorsitzender der Geschäftsführung Jenoptik GmbH, Jena)
Richard Vetter (Veritherm-Heizungstechnik GmbH)
Verbandszeitschrift: DABEI-Aktuell
Mitglieder: ca. 300

• T 1 783

Arbeitsgemeinschaft Deutscher Patentinformationszentren e.V.
c/o Handelskammer Hamburg
Postf. 11 14 49, 20414 Hamburg
T: (040) 3 61 38-249 **Fax:** 3 61 38-270
Gründung: 1992 (Mai)
Vorstand: Dr. Michael Kuckartz (Vors.)
Gesine Kluge (Schriftführerin)
Dipl.-Ing. Heidrun Krestel (Schatzmeisterin)

• T 1 784

Vereinigung für Technologietransfer und Lizenzwesen e.V. (VTL)
Brucknerstr. 9b, 01309 Dresden
T: (0351) 4 71 37 69 **Fax:** 4 71 37 69
Gründung: 1990 (1. März)
Vorsitzende(r): Dr.rer.oec.habil. Rudolf Pätzold
Stellvertretende(r) Vorsitzende(r): Patentanwältin Dipl.-Jur. Eva Pfeiffer
Mitglieder: 45
Mitarbeiter: 1

• T 1 785

Forschungs- und Technologietransfer Universität Regensburg (FUTUR)
93040 Regensburg
Universitätsstr. 31, 93053 Regensburg
T: (0941) 9 43-20 99 **Fax:** 9 43-24 00
Internet: http://www.uni-regensburg.de/Einrichtungen/FUTUR
E-Mail: schnell.futur@physik.uni-regensburg.de
Gründung: 1989
Hauptgeschäftsführer(in): Dr. Harald Schnell

• T 1 786

Carl-Cranz-Gesellschaft e. V.
Postf. 11 12, 82230 Weßling
T: (08153) 28-24 13 **Fax:** 28-13 45
Internet: http://www.ccg.dlr.de
E-Mail: ccg@dlr.de
Gründung: 1960 (November)
Vorsitzende(r): Univ.-Prof. Dr. F. Jondral
Geschäftsführer(in): Karlheinz Steffek
Mitglieder: 100

Fachverbände:
DVT Deutscher Verband Technisch-Wissenschaftlicher Vereine
Gesellschaft für Informatik e. V.

Aufgaben und Ziele: Wissenschaftlich-technische Weiterbildung für Führungskräfte, Wissenschaftler und Ingenieure.
Themen und Dozenten: Wissenschaftler und Praktiker aus Forschung, Hochschule, Industrie und Streitkräften tragen Forschungsergebnisse und Entwicklungen vor auf den Gebieten: Informations- und Kommunikationstechnik, Luft- und Raumfahrt, Regelungstechnik, Sensorik, Umwelttechnik, Verifikation und Navigation, Wehrtechnik und Werkstoffe.

• T 1 787

Institut für Sozialökonomische Strukturanalysen e.V. (SÖSTRA)
Torstr. 178, 10115 Berlin
T: (030) 2 80 71 67 **Fax:** 2 80 71 66
E-Mail: soestra@soestra.de
Gründung: 1990 (21. Oktober)
Vorsitzende(r): Dr. Udo Papies
Geschäftsführer(in): Dr. Heidrun Fritzsche
Verbandszeitschrift: SÖSTRA - Berichte und Informationen
Mitglieder: 22

• T 1 788

Institut für angewandte Innovationsforschung Bochum e.V.
Buscheyplatz 13, 44801 Bochum
T: (0234) 97 11 70 **Fax:** 9 71 17 20
Internet: http://www.ruhr-uni-bochum.de/iai/
E-Mail: iai@ruhr-uni-bochum.de
Gründung: 1986
Geschäftsführer(in): Michael Krause
Markus Schroll
Mitarbeiter: 20

• T 1 789

Gesellschaft zur Erforschung des UFO-Phänomens e.V.
Postf. 23 61, 58473 Lüdenscheid
Luisenstr. 4, 58511 Lüdenscheid
T: (02351) 2 33 77 **Fax:** 2 33 35
Internet: http://www.ufo-forschung.de
E-Mail: gep.eV@t-online.de
Gründung: 1972
Vorsitzende(r): Hans-Werner Peiniger
Geschäftsführer(in): Gerald Mosbleck
Verbandszeitschrift: Journal für UFO-Forschung
Mitglieder: ca. 140
Mitarbeiter: ca. 10

• T 1 790

Heinrich-Pette-Institut für Experimentelle Virologie und Immunologie an der Universität Hamburg (HPI)
Martinistr. 52, 20251 Hamburg
T: (040) 4 80 51-0 **Fax:** 4 80 51-180

• T 1 791

Zentrum für Molekulare Biologie der Universität Heidelberg (ZMBH)
Im Neuenheimer Feld 282, 69120 Heidelberg
T: (06221) 56 68 00 **Fax:** 56 55 07
Gründung: 1982
Direktor(in): Prof. Dr.Dr.h.c. Konrad Beyreuther
Mitarbeiter: 250

• T 1 792

Fachbereich Chemie der Universität
Martin-Luther-King-Platz 6, 20146 Hamburg
T: (040) 4 28 38-2511 **Fax:** 4 28 38-2893
Internet: http://www.chemie.uni-hamburg.de
Dekan: Prof. Dr. Jürgen Heck
Fachbereichsplaner: Dipl.-Chem. Dietrich Helling
Verwaltung der Institute für Chemie und Pharmazie:
Leitung: Frank Schröder
Bibliothek:
Leitung: Dipl.-Bibl. Gerda Oetken
Institut für Anorganische und Angewandte Chemie:
Geschf. Dir.: Prof. Dr. Rainer D. Fischer
Institut für Organische Chemie:
Geschf. Dir.: Prof. Dr. W.A. König
Institut für Biochemie und Lebensmittelchemie:
Geschf. Dir.: Prof. Dr. Dr. Hans Steinhart
Abt. f. Organomeereschemie:
Leitung: Prof. Dr. Dr.h.c. W. Francke
Abt. f. Biochemie:
Leitung: Prof. Dr. R. Bredehorst (i.V.)
Abt. f. Lebensmittelchemie:
Leitung: Prof.Dr.Dr. Hans Steinhart
Institut für Gewerblich-Technische Wissenschaften:
Geschf. Dir.: Prof. Dr. Udo Beier
Mitarbeiter: 600+ 1200 Studenten

t 1 793

Institut für Pharmazie
Bundesstr. 45, 20146 Hamburg
T: (040) 4 28 38-3491 **Fax:** 4 28 38-6573
Internet: http://www.chemie.uni-hamburg.de/pac
Geschf. Dir.: Prof. Dr. Detlef Geffken

t 1 794

Institut für Physikalische Chemie
Bundesstr. 45, 20146 Hamburg
T: (040) 4 28 38-3459 **Fax:** 4 28 38-3452
Internet: http://www.chemie.uni-hamburg.de/pc
Geschf. Dir.: Prof. Dr. Horst Weller

t 1 795

Institut für Technische und Makromolekulare Chemie
Bundesstr. 45, 20146 Hamburg
T: (040) 4 28 38-3164, 4 28 38-3169, 4 28 38-6002
Fax: 4 28 38-6008
Internet: http://www.chemie.uni-hamburg.de/tmc
Geschf. Dir.: Prof. Dr. W. Kaminsky

• T 1 796

Institut für Makromolekulare Chemie der Universität Freiburg i.Br.
Hermann-Staudinger-Haus
Stefan-Meier-Str. 31, 79104 Freiburg
T: (0761) 2 03-6273 **Fax:** 2 03-6319
E-Mail: Mulhaupt@fmf.uni-freiburg.de
Direktor(in): Prof. Dr. H. Finkelmann
Prof. Dr. R. Mülhaupt

• T 1 797

Institut für Polymerforschung Dresden e.V.
Postf. 12 04 11, 01005 Dresden
Hohe Str. 6, 01069 Dresden
Sitz: Hohe Str. 6, 01069 Dresden
T: (0351) 46 58-0 **Fax:** 46 58-284
Internet: http://www.ipfdd.de
E-Mail: ipf@ipfdd.de
Gründung: 1992 (1. Januar)
Wissenschaftl. Dir.:
Prof.Dr.rer.nat.habil. Klaus Lunkwitz
Kaufm. Dir.: G. Mateika
Presse- und Öffentlichkeitsarbeit: Dipl.-Sprachmittler Kerstin Wustrack
Mitarbeiter: 268 (31.12.99)

• T 1 798

Institut für Angewandte Chemie Berlin-Adlershof e.V.
Richard-Willstätter-Str. 12, 12489 Berlin
T: (030) 63 92 44 44 **Fax:** 63 92 44 54
Internet: http://www.aca-berlin.de/
Gründung: 1994 (1. Januar)
Wissenschaftl. Direktor: Prof. Dr. Manfred Baerns (T: (030) 63 92 44 44, Telefax: (030) 63 92 44 54)
Administrativer GeschF: Dipl.-Finw. Rolf Pfrengle (T: (030) 63 92 40 01, Telefax: (030) 63 92 40 04)
Mitarbeiter: 140

Katalytische Reaktionen, Reaktionstechnik, Herstellung und Charakterisierung anorganischer Funktionsmaterialien (Katalysatoren)

• T 1 799

Deutsche Gesellschaft für Informationswissenschaft und Informationspraxis (DGI)
Ostbahnhofstr. 13, 60314 Frankfurt
T: (069) 43 03 13 **Fax:** 4 90 90 96
Internet: http://www.dgd.de
E-Mail: dgd@darmstadt.gmd.de
Gründung: 1948
Vizepräsident(in): Dr. Klaus-Steffen Dittrich
Dr. Karl Südekum
Vorstand und Geschäftsführer: Dr. Horst Neißer (Präsident)
Prof. Dr. Robert Funk (Schatzmeister)
Leitung Presseabteilung: Hans Nerlich

Verbandszeitschrift: nfd Information-Wissenschaft und Praxis
Redaktion: Marlies Ockenfeld, GMD Forschungszentrum Informationstechnik GmbH, Dolivostr. 15, 64293 Darmstadt
Mitglieder: 2000
Mitarbeiter: 5

Förderung der Informationswissenschaft und -praxis. Erarbeitung von Grundlagen und Arbeitsmethoden auf allen Gebieten der Informationswissenschaften und -praxis, Vereinheitlichung der Terminologie der Informationswissenschaft und -praxis. Fortbildung von Fachkräften. Pflege der internationalen Zusammenarbeit.

• T 1 800

Gesellschaft für angewandte Informationswissenschaft Konstanz e.V.
c/o Universität Konstanz
Informationswissenschaft
Postf. 55 60, 78434 Konstanz
T: (07531) 88-3595, -37 04 **Fax:** 88-2048
E-Mail: marc.rittberger@uni-konstanz.de
Gründung: 1989 (24. November)
Kontaktperson: Prof. Dr. R. Kuhlen
Dr. Marc Rittberger

• T 1 801

Zentralstelle für Psychologische Information und Dokumentation (ZPID), Universität Trier
54286 Trier
Universitätsring 15, 54296 Trier
T: (0651) 2 01 28 77 **Fax:** 2 01 20 71
Internet: http://www.zpid-psychologie.de
E-Mail: info@zpid.de

• T 1 802

Institut für Information und Dokumentation
Friedrich-Ebert-Str. 4, 14467 Potsdam
T: (0331) 5 80-2411 **Fax:** 5 80-2419
Gründung: 1992
Mitarbeiter: 6

Ausbildung zum/zur Wissenschaftlichen Dokumentar/in sowie Fort- und Weiterbildungsangebote.

• T 1 803

Forschungsinstitut für Edelmetalle und Metallchemie (FEM)
Katharinenstr. 17, 73525 Schwäbisch Gmünd
T: (07171) 10 06-0 **Fax:** 10 06-54
Internet: http://www.fem-online.de
E-Mail: fem@fem-online.de
Gründung: 1922
Leitung: Dr.rer.nat. H. Jehn
Mitarbeiter: 51

Entwicklung und Forschung auf dem Gebiet der Edelmetalle und weniger gebräuchlichen Metalle sowie der Elektrochemie, Korrosion; Fragen des Umweltschutzes, Oberflächenbeschichtung von Aluminium, Physikalische Oberflächen- und Dünnschichttechnologie.

• T 1 804

Engler-Bunte-Institut der Universität Karlsruhe
76128 Karlsruhe
Engler-Bunte-Ring 1, 76131 Karlsruhe
T: (0721) 6 08 25 56 **Fax:** 69 91 55
Leiter(in): Prof. Dr.-Ing. R. Reimert (Bereich I)

Prof. Dr. A. Braun (kommissarisch Bereich II)

Prof. Dr.-Ing. H. Bockhorn (Bereich III)

Prof. Dr.rer.nat. F. Frimmel (Bereich IV, Sprecher)

Prof. Dr. A. Braun (Bereich V)

Bereich I: Gas, Erdöl und Kohle
Bereich II: Petrochemie
Bereich III: Verbrennungstechnik
Bereich IV: Wasserchemie
Bereich V: Umweltmeßtechnik
DVGW-Forschungsstelle (Bereiche I,III u. IV)

• T 1 805

Fachausschuß Mineralöl- und Brennstoffnormung (FAM)
Kapstadtring 2, 22297 Hamburg
T: (040) 63 90 04-61 **Fax:** 6 30 07 36
Vorsitzende(r): Dr. H.-H. Giere (Aral AG, 44776 Bochum)
Stellvertretende(r) Vorsitzende(r): Dipl.-Ing. A. Barsch (ESSO Deutschland GmbH, Bargteheide)
Geschäftsführer(in): Dr. H. T. Feuerhelm
Mitglieder: ca. 600 ehrenamtliche Mitarbeiter

Der FAM (Fachausschuß Mineralöl- und Brennstoffnormung) ist ein Organ des DIN und ist für die Erstellung und Bearbeitung von DIN-Normen des Fachgebietes Mineralöle und verwandte Erzeugnisse verantwortlich.

• T 1 806

Technische Vereinigung für Mineralöl-Additive in Deutschland e.V. (TAD)
Postf. 10 01 46, 52301 Düren
T: (02421) 49 23 22 **Fax:** 49 23 70
Gründung: 1989
Vorsitzende(r): Dr. M. Volkholz
Stellvertretende(r) Vorsitzende(r): Dr. G. Renner
Schatzmeister: Jürgen H. Raddatz
Mitglieder: 13

• T 1 807

Hannoversches Forschungsinstitut für Fertigungsfragen e.V. (HFF)
Welfengarten 1A, 30167 Hannover
T: (0511) 7 62-2264 **Fax:** 7 62-3007
Vorstand: Prof. Dr.-Ing. Eckart Doege

Entwicklung neuer Technologien im Bereich Umformtechnik durch Auftragsforschung, praktische Versuche, theoretische Studien, Komplettlösungen.

• T 1 808

Institut für Neue Technische Form
Eugen-Bracht-Weg 6, 64287 Darmstadt
T: (06151) 4 80 08 **Fax:** 4 65 53
Gründung: 1952
Geschäftsführer(in): Michael Schneider
1. Vorsitzende(r): Landgraf Moritz von Hessen
Mitglieder: 103

• T 1 809

Stiftung Institut für Werkstofftechnik
Badgasteiner Str. 3, 28359 Bremen
T: (0421) 2 18 00 **Fax:** 2 18 53 33
Internet: http://www.produktionstechnik.uni-bremen.de/iwt
E-Mail: iwt@iwt.uni-bremen.de
Gründung: 1986
Geschf. Dir.: Prof. Dr.-Ing.habil. Peter Mayr
Leitung Presseabteilung: Dipl.-Ing. Sascha Laue
Mitglieder: z.Z. 155 Industrieunternehmen
Mitarbeiter: ca. 150

• T 1 810

Gesellschaft zur Förderung Angewandter Verbindungstechnik e.V. (GFAV)
Postf. 17 03 49, 60077 Frankfurt
Unterlindau 16, 60323 Frankfurt
T: (069) 72 29 38 **Fax:** 17 26 47
Gründung: 1981
Präsident(in): Dipl.-Volksw. Klaus Jehring

• T 1 811

ALPHA

ALPHA
Gesellschaft zur Prüfung und Zertifizierung von Niederspannungsgeräten e.V.
Sitz der Gesellschaft
Gartenstr. 34a, 60596 Frankfurt
T: (069) 96 20 63 43 **Fax:** 96 20 63 44
Internet: http://www.alpha-cert.de
E-Mail: office@alpha-cert.de
Gründung: 1990
Vorsitzende(r) des Vorstandes: Dipl.-Ing. Paul Wey
Verbandszeitschrift: ALPHA-INFO
Redaktion: ALPHA-Geschäftsstelle
Mitglieder: 28

Die Gesellschaft ist tätig auf dem Fachgebiet der industriellen Niederspannungsgeräte. Sie unterstützt über Arbeitskreise die Konformitätserklärung der Hersteller und zertifiziert aufgrund von Testergebnissen in akkreditierten Labors. ALPHA ist akkreditiert bei der Deutschen Akkreditierungsstelle Technik und ist Mitglied bei LOVAG zur gegenseitigen Anerkennung von Zertifizierungen in der EU.

• T 1 812

Deutsches Kunststoff-Institut

Schloßgartenstr. 6, 64289 Darmstadt
T: (06151) 16 21 04 **Fax:** 29 28 55
Internet: http://www.dki.tu-darmstadt.de/
E-Mail: dkibib@dki.tu-darmstadt.de
Gründung: 1957
Institutsleiter: Prof. Dr. M. Rehahn
Ltr. Abt. Chemie: Prof. Dr. M. Rehahn
Ltr. Abt. Physik: Dr. I. Alig
Ltr. Abt. Technologie: Dr. M. Bastian
Ltr. Abt. Dokumentation: Dr. R. Kiwus
Ltr. Abt. Anwendungstechnik: Dr.-Ing. R. Disselhoff
Ltr. Abt. Analytik: Dr. H. Pasch
Mitarbeiter: 90

• T 1 813

Thüringisches Institut für Textil- und Kunststoff-Forschung e.V.
Breitscheidstr. 97, 07407 Rudolstadt
T: (03672) 3 79-100 **Fax:** 3 79-379
Internet: http://www.titk.de
E-Mail: management-TITK-OMPG@TITK.de
Vorstand: Direktor Bernhard Haug (Bayerische Hypo- und Vereinsbank AG, Erfurt)
Dipl.-Ing. Richard Beetz (Bürgermeister Saalfeld)
Dipl.-Ing. Siegfried Roth, Salem
Dr. rer. nat. Ties Karstens (Vors. des wissenschaftlichen Beirates, Rhodia Acetow AG, Freiburg)
Dr. Günter Link (Thüringer Landesentwicklungsgesellschaft, Erfurt)
Vorstand und geschäftsführender Direktor: Dr.-Ing. Horst Bürger, Rudolstadt
Mitglieder: 86 (dav. 75 Unternehmen, Institute, Verbände etc.; 11 persönliche Mitglieder)

• T 1 814

Süddeutsches Kunststoff-Zentrum (SKZ)
Zertifiziertes Institut (ISO 9001) und akkreditiertes Prüflabor für die Kunststoffbranche (ISO Guide 25)
Frankfurter Str. 15-17, 97082 Würzburg
T: (0931) 41 04-0 **Fax:** 41 04-1 77
Internet: http://www.skz.de
E-Mail: info@skz.de
Gründung: 1961 (1.März)
Mitglieder: 200
Mitarbeiter: 120

Fortbildung von Fach- und Führungskräften der Industrie, Ausbildern und Lehrern, Ausbildung von Industriemeistern der Fachrichtung Kunststoff und Kautschuk, Fortbildung von ausländischen Fach- und Führungskräften. Prüfung von Kunststoffen und Kunststofferzeugnissen, Gutachten, Überwachung, Zulassungsprüfungen Forschungs- und Entwicklungsarbeiten zur Verarbeitungs- und Anwendungstechnik, Beratung und Information. Akkreditierte Prüfanstalt für Kunststoffe und Kunststofferzeugnisse.

Zweigstellen

t 1 815

SKZ Zweigstelle Dresden
Hohe Str. 6, 01069 Dresden
T: (0351) 47 19-3 77

t 1 816

SKZ Zweigstelle Halle
Köthener Str. 33a, 06118 Halle
T: (0345) 5 30 45-0 **Fax:** 5 30 45-22
E-Mail: halle@skz.de

t 1 817

SKZ Zweigstelle Peine
Unternehmenspark II
Woltorfer Str. 77, 31224 Peine
T: (05171) 4 89 35 **Fax:** 1 84 26
E-Mail: peine@skz.de

t 1 818

SKZ Zweigstelle Stuttgart
Holderäckerstr. 37, 70499 Stuttgart
T: (0711) 13 81 20-0 **Fax:** 13 81 20-20
E-Mail: stuttgart@skz.de

• **T 1 819**

Institut für Kunststoffverarbeitung in Industrie und Handwerk an der Rheinisch-Westf. Techn. Hochschule Aachen
Lehrstuhl für Kunststoffverarbeitung
RWTH Aachen, 52056 Aachen
Hausanschrift:
Pontstr. 49, 52062 Aachen
T: (0241) 80 38-06 **Fax:** 8 88 82 62
Internet: http://www.ikv-aachen.de
E-Mail: zentrale@ikv.rwth-aachen.de
Gründung: 1950 (28. Oktober)
Institutsleiter u. Inhaber des Lehrstuhls Kunststoffverarbeitung: Prof. Dr.-Ing. Dr.-Ing. E.h. Walter Michaeli
Lehr- und Forschungsgebiet Kautschuktechnologie: Prof. Dr.-Ing. Edmund Haberstroh
Leitung Presseabteilung: Bernd Lauer
Mitglieder: 312
Mitarbeiter: ca. 332 (Stand: 01.01.00)

• **T 1 820**

Deutscher Verein zur Förderung des Mathematischen und Naturwissenschaftlichen Unterrichts e.V. (MNU)
Walter-Frahm-Stieg 30, 22041 Hamburg
T: (040) 6 57 01 62 **Fax:** 6 57 01 62
Internet: http://www.mnu.de
Gründung: 1891 (5. Oktober)
1. Vorsitzende(r): Wolfgang Asselborn
Geschäftsführer(in): Karsten Reckleben
Verbandszeitschrift: Der Mathematische und Naturwissenschaftliche Unterricht
Redaktion: Prof. Dr. Bernd Ralle
Verlag: Dümmlers Verlag, Postf. 14 80, 53004 Bonn
Mitglieder: 6100

• **T 1 821**

Mathematisches Forschungsinstitut Oberwolfach
Geschäftsstelle:
Lorenzenhof, 77709 Oberwolfach
T: (07834) 9 79-50 **Fax:** 9 79-55
Internet: http://www.mfo.de
E-Mail: admin@mfo.de
Leitung: Prof. Dr. Matthias Kreck

• **T 1 822**

Deutsche Mathematiker Vereinigung e.V. (DMV)
c/o WIAS
Mohrenstr. 39, 10117 Berlin
T: (030) 2 03 72-306 **Fax:** 2 03 72-307
E-Mail: dmv@wias-berlin.de
Gründung: 1890
Präsident(in): Prof. Dr. Gernot Stroth
Schriftführer(in): Prof. Dr. Ehrhard Behrends
Schatzmeister: Prof. Dr. J. Brüning
Mitglieder: 3250

Förderung der Mathematik, insbesondere in Forschung und Lehre.

• **T 1 823**

Gesellschaft für Angewandte Mathematik und Mechanik (GAMM)
c/o Technische Universität Dresden, Fakultät Maschinenwesen, Institut für Festkörpermechanik
01062 Dresden
Mommsenstr. 13, 01069 Dresden
T: (0351) 4 63-4285 **Fax:** 4 63-7061
Gründung: 1922
Präsident(in): Prof. Dr. G. Alefeld
Vizepräsident(in): Prof. Dr. techn. Franz Ziegler
Sekretär: Prof. Dr.-Ing. V. Ulbricht
Vizesekretär: Prof. Dr.-Ing. L. Gaul
Verbandszeitschrift: Mitteilungen der GAMM
Redaktion: Prof. Dr. R. Mennicken, Regensburg
Mitglieder: ca. 2500

• **T 1 824**

Forschungsinstitut für Diskrete Mathematik
Lennestr. 2, 53113 Bonn
T: (0228) 73 87 70 **Fax:** 73 87 71
Gründung: 1988 (1. Januar)
Direktor(in): Prof. Dr.Dr.h.c. Bernhard Korte

• **T 1 825**

Gauß-Gesellschaft e.V. Göttingen
c/o Wohnstift Göttingen
Charlottenburger Str. 19, 37085 Göttingen
T: (0551) 7 99 26 27
Gründung: 1962 (21. September)
Geschäftsführer(in): Prof. Dr. H. H. Voigt (Charlottenburgerstr. 19, 37085 Göttingen, T: (0551) 7 99 26 27)
Verbandszeitschrift: Mitteilungen der Gauß-Gesellschaft
Redaktion: H. H. Voigt
Mitglieder: ca. 180
Jahresetat: DM 0,01 Mio, € 0,01 Mio

• **T 1 826**

Physikalischer Verein
Robert-Mayer-Str. 2-4, 60325 Frankfurt
T: (069) 70 46 30, 7 98-2 34 97 **Fax:** 97 98 13 42
Internet: http://www.physikalischer-verein.de
E-Mail: info@physikalischer-verein.de
Gründung: 1824
Vorsitzende(r): Dr. phil. nat. Gerd Sandstede
Stellvertretende(r) Vorsitzende(r): Prof. Dr. Wilhelm Kegel
Geschäftsführer(in): Dr. Bruno Deiss
Mitglieder: ca. 700

Verbreitung naturwissenschaftlicher Kenntnisse und Forschungsergebnisse (besonders Physik, Chemie, Technik, Umwelt) in der Bevölkerung. Betreibt die VOLKSSTERNWARTE FRANKFURT. Arbeitsbereich: populär wissenschaftliche Astronomie.

• **T 1 827**

Kiepenheuer-Institut für Sonnenphysik
Schöneckstr. 6, 79104 Freiburg
T: (0761) 31 98-0 **Fax:** 31 98-1 11
Internet: http://www.kis.uni-freiburg.de
E-Mail: hw@kis.uni-freiburg.de
Gründung: 1942/43
Direktor(in): Prof. Dr. Oskar von der Lühe
Stellvertretender Direktor: Prof. Dr. M. Stix
Leitung Presseabteilung: Dr. Hubertus Wöhl
Mitarbeiter: 40

Das Kiepenheuer-Institut ist eine Forschungseinrichtung des Landes Baden-Württemberg. Es untersteht dem Ministerium für Wissenschaft und Forschung des Landes B.-W. in Stuttgart.

• **T 1 828**

Universität Hamburg
II. Institut für Experimentalphysik
Luruper Chaussee 149, 22761 Hamburg
T: (040) 89 98-0 **Fax:** 89 98 21 96
Geschf. Dir.: Prof. Dr. W. Schmidt-Parzefall
Stellv.: Prof. Dr. R. Klanner
Verwaltungsltr.: RA S.-Th. Bonath

• **T 1 829**

Institut für Strahlen- und Kernphysik der Universität Bonn
Nußallee 14-16, 53115 Bonn
T: (0228) 73-2203 **Fax:** 73 25 05
Internet: http://www.iskp.uni-bonn.de
E-Mail: maschuw@iskp.uni-bonn.de
Direktor(in): Prof. Dr. R. Maschuw

• **T 1 830**

Forschungsinstitut für Pigmente und Lacke e.V.
Allmandring 37, 70569 Stuttgart
T: (0711) 6 87 80-0 **Fax:** 6 87 80 79
E-Mail: fpl@fpl.uni-stuttgart.de
Gründung: 1951
Vorsitzende(r): Dr. Wolf-Dieter Griebler (c/o Sachtleben Chemie GmbH, Duisburg)
Stellvertretende(r) Vorsitzende(r): Dr. Theodor Engbert (c/o Bayer AG, Leverkusen)
Institutsleiter: Prof. Dr. C. D. Eisenbach
Geschäftsführer(in): Dr. W. Ph. Öchsner

• **T 1 831**

Gesellschaft für Anlagen- und Reaktorsicherheit (GRS) mbH
Schwertnergasse 1, 50667 Köln
T: (0221) 20 68-0 **Fax:** 20 68-888
Internet: http://www.grs.de
Aufsichtsratsvors.: Staatssekretär Rainer Baake (BMU)
Geschäftsführer(in): Prof. Dr. Dr.-Ing.E.h. Adolf Birkhofer
Dr. Walter Leder
Leitung Presseabteilung: Dr. H.-P. Butz (but@grs.de)

• **T 1 832**

Bundesamt für Strahlenschutz
RSK-Geschäftsstelle
Postf. 12 06 29, 53048 Bonn
T: (0228) 3 05-37 25 **Fax:** 67 03 88
Gründung: 1958
Vorsitzende(r): Dipl.-Phys. Lothar Hahn
1. Stellv. Vorsitzender: Dipl.-Ing. Edmund Kersting
2. Stellv. Vorsitzender: Dipl.-Ing. Rudolf Wieland
Mitglieder: 15

• **T 1 833**

Strahlenschutzkommission beim Bundesminister für Umwelt, Naturschutz und Reaktorsicherheit (SSK)
Postf. 12 06 29, 53048 Bonn
Heinrich-von-Stephan-Str. 1, 53175 Bonn
T: (0228) 3 05-0 **Fax:** 67 64 59
Internet: http://www.ssk.de
Vorsitzende(r): Prof. Dr. Maria Blettner
Stellvertretende(r) Vorsitzende(r): Prof. Dr. Köhnlein
Prof. Dr. Dietze
Geschäftsführer(in): Dr. Detlef Gumprecht (SSK-Geschäftsstelle)

• **T 1 834**

Gesellschaft für Strahlenschutz e.V.
Geschäftsstelle: Bettina Dannheim,
Universität Bremen, FB 1
Postf. 33 04 40, 28334 Bremen
T: (0421) 2 18-45 31 **Fax:** 2 18-36 01
Präsident(in): Prof. Dr. Wolfgang Köhnlein
Vizepräsident(in): Dr.med. Gerhard Schneider

• **T 1 835**

Deutsch-Schweiz. Fachverband für Strahlenschutz e.V. (FS)
Postf. 66 02 20, 10267 Berlin
T: (030) 5 09 22-531 **Fax:** 5 09 22-332
Internet: http://www.fs.fzk.de
E-Mail: rczarwinski@bfs.de
Präsident(in): Dr. Klaus Henrichs
Hauptgeschäftsführer(in): Dipl.-Phys. Renate Czarwinski (Geschf.)
Informationsleiter u. Schriftleiter: Dr. R. Maushart
Verbandszeitschrift: Strahlenschutz Praxis
Redaktion: Dr. Maushart, Pappelweg 38, 75334 Straubenhardt
Verlag: Verlag TÜV Rheinland GmbH
Mitglieder: ca. 1400

• **T 1 836**

Zentralstelle des Bundes für die Überwachung der Umweltradioaktivität
Bundesamt für Strahlenschutz
Institut für Strahlenhygiene
Postf. 11 08, 85758 Oberschleißheim
Ingolstädter Landstr. 1, 85764 Oberschleißheim
T: (089) 31 60 32 40 **Fax:** 31 60 33 31
Leitung: Dir. u. Prof. Dr. Horst Braun

• **T 1 837**

Hans-Bredow-Institut für Medienforschung an der Universität Hamburg
Heimhuder Str. 21, 20148 Hamburg
T: (040) 45 02 17-0 **Fax:** 45 02 17-77
Internet: http://www.hans-bredow-institut.de
E-Mail: info@hans-bredow-institut.de
Gründung: 1950 (30. Mai)
Direktorium: Prof. Dr. Otfried Jarren
Dr. Uwe Hasebrink
Prof. Dr. Wolfgang Hoffmann-Riem
Referenten: Dr. Uwe Hasebrink (Geschäftsf.)
Dr. Hardy Dreier
Dr. Friedrich Krotz
Benjamin Korte
Claudia Lampert
Swaantje Leopoldt
Hermann-Dieter Schröder
Dr. Wolfgang Schulz
Dr. Ralph Weiß
Wiss. Redakteurin: Christiane Matzen (Presseabt.)
Verbandszeitschrift: Medien & Kommunikationswissenschaft
Redaktion: im HBI
Verlag: NOMOS Verlag, Postf. 6 10, 76484 Baden-Baden

• **T 1 839**

Fernseh- und Kinotechnische Gesellschaft FKTG e.V.
Malvenstr. 12, 12203 Berlin
T: (030) 8 31 28 10 **Fax:** 8 31 25 65
Internet: http://www.fktg.de
E-Mail: bolewski@t-online.de
Gründung: 1972 (9. Oktober)
Vorsitzende(r): Prof. Dr.-Ing. Ulrich Reimers (Institut für Nachrichtentechnik der TU Braunschweig)
Stellvertretende(r) Vorsitzende(r): Horst Przybyla
Hauptgeschäftsführer(in): Norbert Bolewski, Berlin
Verbandszeitschrift: Fernseh- und Kino-Technik
Chefredakteur: Norbert Bolewski
Verlag: Hüthig GmbH, Im Weiher 10, 69121 Heidelberg
Mitglieder: 1300

Regionalgruppen in: Berlin, Dresden, Erfurt, Hamburg, Köln, Mainz, München, Stuttgart, Wien, Zürich

• T 1 840

Georg-Eckert-Institut für internationale Schulbuchforschung -Anstalt des öffentlichen Rechts-
Celler Str. 3, 38114 Braunschweig
T: (0531) 5 90 99-0 **Fax:** 5 90 99 99
Internet: http://www.gei.de
E-Mail: GEInst@gei.de
Direktor(in): Prof. Dr. Ursula A.J. Becher

• T 1 841

Deutsches Textilforschungszentrum Nord-West e.V.
Institut an der Gerhard Mercator Universität Duisburg Gesamthochschule
Adlerstr. 1, 47798 Krefeld
T: (02151) 8 43-0 **Fax:** 8 43-1 43
E-Mail: dtnw@uni-duisburg.de
Geschf. Dir.: Prof. Dr. Eckhard Schollmeyer

• T 1 842

Öffentliche Prüfstelle und Textilinstitut für Vertragsforschung e.V.
Adlerstr. 1, 47798 Krefeld
T: (02151) 84 31 50 **Fax:** 84 31 43
E-Mail: 101654.21@compuserve.com
Leitung: Prof. Dr. Eckhard Schollmeyer (T: (02151) 8 43-1 50)

• T 1 843

Öffentliche Prüfstelle für das Textilwesen
Rheydter Str. 291, 41065 Mönchengladbach
T: (02161) 1 86-761 (phys. Abteilung), 1 86-764 (chem. Abteilung) **Fax:** 20 88 47
Internet: http://www.fh-niederrhein.de
E-Mail: oeffentliche.textilpruefstelle@fh-niederrhein.de
Leitung: Prof. Dr. Joachim Hilden
Prof. Dr. Marie-Louise Klotz

• T 1 844

Verein Textildokumentation und -information e.V. (VTDI)
Postf. 53 40, 65728 Eschborn
Frankfurter Str. 10-14, 65760 Eschborn
T: (06196) 9 66-2 29 **Fax:** 4 21 70
Gründung: 1980 (17. November)
Vorsitzende(r): Dr. Walter Begemann (Gesamttextil)
Stellvertretende(r) Vorsitzende(r): Dipl.-Wirtsch.-Ing. Thomas Waldmann (VDMA Fachgruppe Textilmaschinen)
Prof. Dr. Eckhard Schollmeyer (Deutsches Textilforschungszentrum Nord-West)
Geschäftsführer(in): Birgit Großmeier

• T 1 845

Deutsche Institute für Textil- und Faserforschung Stuttgart
Körschtalstr. 26, 73770 Denkendorf
T: (0711) 93 40-0 **Fax:** 93 40-2 97

• T 1 846

Sächsisches Textilforschungsinstitut e.V.
Postf. 13 25, 09072 Chemnitz
Annaberger Str. 240, 09125 Chemnitz
T: (0371) 52 74-0 **Fax:** 52 74-153
Internet: http://www.stfi.de
E-Mail: stfi@stfi.de
Gründung: 1992
Geschäftsf. Dir: Prof. Dr.-Ing. Hilmar Fuchs
Verbandszeitschrift: tt-information
Redaktion: Dipl.-Ing. Sigrun Adler
Mitarbeiter: 80

Technische Textilien, Vliesstoffe/Folien, Gewirke/Gewebe, Veredlung/Ökologie, Textilrecycling, Schutztextilien, Technische Netze und Stränge, Textile Materialforschung, Nachwachsende Rohstoffe; Transferzentrum Textiltechnologie: Prüf- und Zertifizierungsstelle (DIN-EN 45001, 45011, 45012); Prüfungen nach Öko-Tex Standard 100; Prüf- und Zertifizierungsstelle für Persönliche Schutzausrüstungen (CE-Zeichen).

• T 1 847

Textilforschungsinstitut Thüringen-Vogtland e.V.
Zeulenrodaer Str. 42, 07973 Greiz
T: (03661) 6 11-0 **Fax:** 6 11-222
Internet: http://www.titv-greiz.de
E-Mail: titv.greiz@t-online.de
Gründung: 1992 (18. Februar)
Vorsitzende(r): Ing. Werner Kick
Geschäftsführender Direktor: Dipl.-Ing. (FH) Dieter Obenauf
Wissenschaftlicher Leiter: Dr.rer.nat. Walter Müller-Litz
Mitarbeiter: ca. 50

• T 1 848

FASERINSTITUT BREMEN e.V.
Postf. 10 58 07, 28058 Bremen
Wachtstr. 17-24, 28195 Bremen
T: (0421) 3 60 89-0 **Fax:** 3 39 84 99
Internet: http://www.fb4.uni-bremen.de/fibre/
E-Mail: harig@fibre.uni-bremen.de
Gründung: 1969
Vorstand: Wolfgang Vogt-Jordan
Rüdiger Ruppert
Hauptgeschäftsführer(in): Prof. Dr.-Ing. H. Harig
Mitgliedsverbände:
Bremer Baumwollbörse
Bremer Verein der Baumwollhändler
Verband des Baumwollabfall- und Lintershandels e.V.
Forschungskuratorium Textil e.V. Frankfurt
Vereinigung des Wollhandels e.V.
Industrieverband Garne & Gewebe

• T 1 849

Deutsches Wollforschungsinstitut an der RWTH Aachen e.V.
Veltmanplatz 8, 52062 Aachen
T: (0241) 44 69-0 **Fax:** 44 69-1 00
Internet: http://www.dwi.rwth-aachen.de
E-Mail: contact@dwi.rwth-aachen.de
Gründung: 1952 (1. April)
Vorsitzende(r): Dipl.-Ing. Hans Wohlfart
Stellvertretende(r) Vorsitzende(r): Dr. Rainer Hoffmann (Rektor der RWTH Aachen)
Prof. Dr. Burkhard Rauhut
Hauptgeschäftsführer(in): Prof. Dr. Hartwig Höcker
Geschäftsführer(in): Ute Schloßmacher
Stellvertretende(r)-Hauptgeschäftsführer: Dr.-Ing. Karl-Heinz Lehmann
Leitung Presseabteilung: Dipl.-Biol., Dr.rer.nat. Brigitte Küppers
Verbandszeitschrift: DWI-Roports
Redaktion: Deutsches Wollforschungsinstitut, B. Küppers, Veltmanplatz 8, 52062 Aachen
Mitglieder: 114
Mitarbeiter: ca. 130
Jahresetat: ca. DM 7 Mio, € 3,58 Mio

• T 1 850

Institut für Textil- und Verfahrenstechnik Denkendorf
der Deutschen Institute für Textil- und Faserforschung Stuttgart
Körschtalstr. 26, 73770 Denkendorf
T: (0711) 93 40-0 **Fax:** 93 40-297
Internet: http://www.itvd.uni-stuttgart.de
Gründung: 1921
Direktor(in): Prof. Dr.-Ing. Heinrich Planck

• T 1 851

Institut für Textiltechnik der Rhein.-Westf. Technischen Hochschule Aachen
Eilfschornsteinstr. 18, 52062 Aachen
T: (0241) 80 56 21 **Fax:** 88 88-1 49
Internet: http://www.ita.rwth-aachen.de/_Ltvth/
E-Mail: buero@itantserver1.ita.rwth-aachen.de
Gründung: 1934
Institutsdir.: Univ. Prof. Dr.-Ing. Burkhard Wulfhorst

• T 1 852

Fachverband Textilunterricht e.V.
c/o Heidi Büngeler
Höhenweg 13A, 49082 Osnabrück
T: (0541) 5 10 09 **Fax:** 5 10 09
Gründung: 1975
Vorstand: Romana Schweizer (Schönblick 19, 76275 Ettlingen-Schluttenbach, T: (07243) 52 60 77, Telefax: (07243) 52 60 79, E-Mail: schweizer@ba-karlsruhe.de)
Heidi Büngeler (Höhenweg 13a, 49082 Osnabrück, T: (0541) 5 10 09, Telefax: (0541) 5 10 09)
Prof. Dr. Waltraud Rusch (Am Kirchfeld 5, 84431 Heldenstein, T: (08636) 6 61 44, Telefax: (08636) 6 61 44)
Christiane Trunz (Spiekerskamp 20, 59348 Lüdinghausen, T: (02591) 8 81 10, Telefax: (02591) 8 88 65)
Leitung Presseabteilung: Prof. Dr. W. Rusch
Beiratsmitglieder/Landesverbände:
Baden-Württemberg:
Romana Schweizer (Schönblick 19, 76275 Ettlingen-Schluttenbach, T: (07243) 52 60 77, Telefax: (07243) 52 60 79, E-Mail: schweizer@ba-karlsruhe.de)
Ulrike Frank (Saarlandstr. 47, 76187 Karlsruhe, T: (0721) 56 71 28, Telefax: (0721) 56 71 28)

Bayern:
Ulrike Kirchner (Dietersheimer Str. 21, 85716 Unterschleißheim, T: (089) 3 10 53 27, Telefax: (089) 32 10 01 30, E-Mail: kirchner.ush@t-online.de)
Dr. Waltraud Rusch (Am Kirchfeld 5, 84431 Heldenstein, T: (08636) 6 61 44)

Berlin:
Ruth Fiedler (Bedkbergstr. 6h, 12359 Berlin, T: (030) 6 06 93 45)
Rosemarie Fechteler-Borchert (Weddigenweg 55a, 12205 Berlin, T: (030) 8 33 30 25)

Brandenburg:
Jutta Lademann (Forststr. 8, 14471 Potsdam, T: (0331) 97 37 40)
Brigitte Kollin (Goethestr. 28, 15372 Eichwalde, T: (030) 6 75 84 00)

Bremen:
Helga Helmich (Auf den Hornstücken 61, 28359 Bremen, T: (0421) 23 36 75)
Christian Becker (Ph.-Scheidemann-Str. 33, 28329 Bremen, T: (0421) 46 51 11)

Hessen (ohne Landesgruppe):
Helga Boss (Walltorstr. 8, 35390 Gießen, T: (0641) 38 93 50)

Niedersachsen: Konstanze Kaufmann (Damm 39, 26135 Oldenburg, T: (0441) 1 50 89)
Ute Nehring (Eibenweg 17, 26131 Oldenburg, T/F: (0441) 50 86 54, E-Mail: ute.nehring@nwn.de)

Nordrhein-Westfalen:
Christiane Trunz (Spiekerskamp 20, 59348 Lüdinghausen, T: (02591) 8 81 10, Fax: 8 88 65)
Ursula Steffens (Frankfurter Str. 51, 59425 Unna, T: (02303) 6 22 59)

Rheinland-Pfalz/Saarland:
Hella Helfrich (Hussongstr. 18, 67657 Kaiserslautern, T: (0631) 7 24 32, Telefax: (0631) 9 58 01)
Dorothea Didlaukies (Amselpfad 1, 55590 Meisenheim, T: (06753) 36 03)

Sachsen/Sachsen-Anhalt: Katrin Brückner (Oeserstr. 15, 04229 Leipzig, T: (0341) 4 80 91 77)
Sabine Seydel (Dorfhainer Str. 20, 01189 Dresden, T: (0351) 40 32534)

Schleswig-Holstein/Hamburg:
Karin Voss (Schulstr. 5-7, 23843 Travenbrück, T: (04531) 51 75, Telefax: (04531) 51 75)
Ingrid Höft (Bokholm 22, 24960 Glücksburg, T: (04631) 76 25)
Verbandszeitschrift: ...textil... Wissenschaft - Forschung - Unterricht
Redaktion: Prof. Dr. Waltraud Rusch, Am Kirchfeld 5, 84431 Heldenstein, T/F: (08636) 6 61 44
Verlag: Schneider Verlag Hohengehren GmbH, Wilhelmstr. 13, 73666 Baltmannsweiler
Mitglieder: 740

• T 1 853

Bekleidungsphysiologisches Institut Hohenstein e.V.
Schloß Hohenstein, 74357 Bönnigheim
T: (07143) 27 10 **Fax:** 2 71 51
Internet: http://www.hohenstein.de
E-Mail: info@hohenstein.de
Gründung: 1961
Vorsitzende(r): Hanns A. Pielenz (Amann & Söhne, 74357 Bönnigheim)
Stellvertretende(r) Vorsitzende(r): Dieter Braun (73540 Heubach)
Werner zu Jeddeloh (Büsing & Fasch, 26123 Oldenburg)
Geschäftsführer(in): Dr. Stefan Mecheele
Leitung Presseabteilung: Dipl.-Journalistin Petra Knecht
Mitglieder: ca. 50
Mitarbeiter: 50

Grundlagenforschung auf den Gebieten Textilveredlung, Bekleidungstechnik, Bekleidungsphysiologie, Materialeigenschaften und Textilpflege.

• T 1 854

Bekleidungstechnisches Institut e.V.
Kaiserstr. 133, 41061 Mönchengladbach
T: (02161) 1 30 29 **Fax:** 20 08 80
E-Mail: info@bti-gmbh.de
Gründung: 1948
Geschäftsführer(in): Dipl.-Ing. Heinz-Peter Werminghaus
Leitung Presseabteilung: Jürgen Schnitzler
Mitglieder: 100
Mitarbeiter: 9

• T 1 855

Forschungsinstitut Hohenstein
Schloß Hohenstein, 74357 Bönnigheim
T: (07143) 27 10 **Fax:** 2 71 51

Internet: http://www.hohenstein.de
E-Mail: info@hohenstein.de
Gründung: 1946
Internationaler Zusammenschluß: siehe unter izt 277
Geschäftsführer(in): Dr. Stefan Mecheels
Leitung Presseabteilung: Dipl.-Journalistin Petra Knecht
Mitarbeiter: 160

• T 1 856

Forschungsinstitut u. Naturmuseum Senckenberg der Senckenbergischen Naturforschenden Gesellschaft (SNG)

Senckenberganlage 25, 60325 Frankfurt
T: (069) 75 42-213 **Fax:** 75 42-242
E-Mail: fsteinin@sng.uni-frankfurt.de
Gründung: 1817 (22. November)
Präsident(in): Wolfgang Strutz
Vizepräsident(in): Prof. Dr. Ernst Schadow
Direktor(in): Prof. Dr. Fritz F. Steininger
Geschäftsführer(in): Paul Casper
Stellvertretende(r) Geschäftsführer(in): Gerd Fritz
Leitung Presseabteilung: Dr. Peter Königshof
Verbandszeitschrift: "Natur und Museum"
Verlag: selbst
Mitglieder: ca. 4100
Mitarbeiter: ca. 200
Jahresetat: DM 30 Mio, € 15,34 Mio

• T 1 857

Forschungsstelle Textilreinigung e.V. (FTR)

Schloß Hohenstein, 74357 Bönnigheim
T: (07143) 2 71-0 **Fax:** 2 71-51
Internet: http://www.textilecare.de
Gründung: 1953
Vorsitzende(r): Ludwig Egelhof (Gerock-Reinigung, Charlottenstr. 10, 74074 Heilbronn)
Stellvertretende(r) Vorsitzende(r): Anna Nieß (Willy Bogner GmbH & Co KG, Sankt-Veit-Str. 4, 81673 München)
Hans-Wilhelm Strothotte (Textilpflege Strothotte, Nordwall 7, 47608 Geldern)
Geschäftsführer(in): Dr. Stefan Mecheels
Dipl.-Ing. Josef Kurz
Leitung Presseabteilung: Dipl.-Journalistin Petra Knecht
Verbandszeitschrift: Akt. FTR-Informationen u. Warenkundl. Berichte; Textilreiniger in den Medien
Mitglieder: ca. 1100
Mitarbeiter: 20

Gemeinnütziger Verein von Textilreinigern, der seine Mitglieder in allen fachlichen, technischen, umwelt- und textilbezogenen Fragen berät und unterstützt. Die FTR Hohenstein ist eine anerkannte Meßstelle der Textilreinigungen. Ziel der FTR: Forschungs-, Entwicklungs- und Beratungsarbeit.

• T 1 858

Deutsches Teppich-Forschungsinstitut e.V.

Charlottenburger Allee 41, 52068 Aachen
T: (0241) 96 79-00 **Fax:** 9 67 92 00
Internet: http://www.tfi-online.de
E-Mail: postmaster@tfi-online.de
Gründung: 1964 (1. Dezember)
Vorsitzende(r): Klaus Hölzel (Vorwerk & Co., Hameln)
Geschäftsführer(in): Dr. Ernst Schröder (Deutsches Teppich-Forschungsinstitut, Charlottenburger Allee 41, 52068 Aachen, E-Mail: eschroeder@tfi-online.de)
Mitglieder: 52 (Mitglieder u. Fördermitglieder)

• T 1 859

WALTHER-MEISSNER-INSTITUT für Tieftemperaturforschung der Bayer. Akademie der Wissenschaften

Walther-Meißner-Str. 8, 85748 Garching
T: (089) 28 91 42 02 **Fax:** 28 91 42 06

• T 1 860

Forschungsinstitut für Wärmeschutz e.V. München (FIW)

Postf. 15 25, 82157 Gräfelfing
Lochhamer Schlag 4, 82166 Gräfelfing
T: (089) 8 58 00-0 **Fax:** 8 58 00 40
E-Mail: info@fiw.m.shuttle.de
Gründung: 1918 (Oktober)
Vorsitzende(r): Dir. Peter Hefter (München)
Direktorium:
Dr.-Ing. Joachim Achtziger
Dipl.-Ing. Horst Zehendner
Verbandszeitschrift: FIW-Mitteilungen
Redaktion: FIW, Gräfelfing
Mitglieder: 140
Mitarbeiter: 45

Forschungsarbeiten, Prüfungen, Berechnungen und Gutachten auf dem Gebiet des Wärme- und Kälteschutzes von Gebäuden und industriellen Anlagen.

• T 1 861

Gaswärme-Institut e.V. Essen

Postf. 27 01 52, 45342 Essen
Hafenstr. 101, 45356 Essen
T: (0201) 36 18-0 **Fax:** 36 18 18
Gründung: 1937
Institutsleitung: Dr. rer.nat. H.-W. Etzkorn (Ltg. Presseabt.)
Wissenschaftliche-Ltg.: Prof.Dr.-Ing. H. Kremer
Kaufm. Ltg.: Dr.rer.pol. R. Gzuk
Verbandszeitschrift: "GASWÄRME International"
Verlag: Vulkan Verlag, Hollestr. 1, 45127
Mitglieder: 99
Mitarbeiter: 57
Jahresetat: DM 8 Mio, € 4,09 Mio
Mitglieder des Institutes: AVU AG für Versorgungs-Unternehmen, Badenwerk Aktiengesellschaft, Bayerngas GmbH, BEB Erdgas und Erdöl GmbH, GASAG Berliner Gaswerke Aktiengesellschaft, Buderus Heiztechnik GmbH, Contigas, Deutsche Energie-Aktiengesellschaft, Dechema e.V., Dessauer Gasgeräte GmbH, DVGW Deutscher Verein des Gas- und Wasserfaches e.V., Deutsche Glastechnische Gesellschaft e.V., Deutscher Verband Flüssiggas e.V., Dresden Gas GmbH, DVFG, Deutsche Vereinigung für Verbrennungsforschung e.V., Dortmunder Energie- und Wasserversorgung GmbH, EMB Erdgas Mark Brandenburg GmbH, EWAG Energie- und Wasserversorgung AG, Energieversorgung Leverkusen GmbH, Energieversorgung Mittelrhein GmbH, Erdgas Südbayern GmbH, Erdgas-Verkaufs-Gesellschaft mbH, Erdgasversorgungsgesellschaft Thüringen-Sachsen mbH, EWE Aktiengesellschaft, Ferngas Nordbayern GmbH, Ferngas Salzgitter GmbH, FIGAWA-Bundesvereinigung der Firmen im Gas- und Wasserfach e.V., Gas-, -Elektrizitäts- u. Wasserwerke Köln AG, Gas-Union GmbH, Gasanstalt Kaiserslautern AG, Gasversorgung Euskirchen GmbH, Gasversorgung Sachsen Ost GmbH, egm Erdgas Mitteldeutschland GmbH, Gasversorgung Westerwald GmbH, Gasversorgung Westfalica GmbH, Gasversorgungsgesellschaft mbH Rhein-Erft, Gaz de France Deutschland GmbH, Seppelfricke Haus- und Küchentechnik GmbH, Gogas Goch GmbH u. Co., GSA Gasversorgung Sachsen-Anhalt GmbH, Gaspower Coenergy Systems GmbH, Hamburger Gaswerke GmbH, Industrieverband Haus-, Heiz- und Küchentechnik HKI e.V., Innung für Sanitär- und Heizungstechnik Essen, Joh. Vaillant GmbH u. Co., Kromschröder AG, Krupp Uhde GmbH, Landesgasversorgung Niedersachsen AG, Main-Kraftwerke Aktiengesellschaft, Maingas AG, Mannheimer Versorgungs- und Verkehrsgesellschaft mbH, Neckarwerke Stuttgart AG, NGT, Neue Gebäudetechnik GmbH, Niederrheinische Gas- und Wasserwerke GmbH, Niederrheinische Licht- und Kraftwerke AG, Nordharzer Kraftwerke GmbH, Norsk Hydro Deutschland GmbH, Pfalzgas GmbH, Pipeline Engineering GmbH, Progas GmbH u. Co. KG, Regel u. Meßtechnik GmbH, Rohrleitungsbauverband e.V., RGW Rechtsrheinische Gas- u. Wasserversorgung AG, rhenag, Rheinische Energie Aktiengesellschaft, Richter und Weinberg GmbH, Robert Bosch GmbH, Geschäftsbereich Thermotechnik, Ruhrgas AG, Saar-Ferngas AG, Schwank GmbH, Siegener Versorgungsbetriebe GmbH, SpreeGas GmbH, Städtische Werke Krefeld AG, Stadtwerke Aachen AG, Stadtwerke Bochum GmbH, Stadtwerke Bremen AG, Stadtwerke Chemnitz AG, Stadtwerke Düsseldorf AG, Stadtwerke Essen AG, Stadtwerke Gelsenkirchen GmbH, Stadtwerke Hagen AG, Stadtwerke Hannover AG, Stadtwerke Herne AG, Stadtwerke Lübeck, Stadtwerke Mainz AG, Stadtwerke Mönchengladbach GmbH, Stadtwerke Neuss GmbH, Stadtwerke Osnabrück AG, Stadtwerke Reutlingen, Stadtwerke Velbert, Hydrotherm Gerätebau GmbH (vorm. Stiebel Eltron), Südhessische Gas- und Wasser AG, Thüga Aktiengesellschaft, Thyssengas GmbH, VNG Verbundnetz Gas AG, VEW Energie Aktiengesellschaft, Viessmann Werke GmbH & Co., WFG Westfälische Ferngas AG, Wolf Klimatechnik GmbH, Wuppertaler Stadtwerke AG, zebra GmbH

• T 1 862

Technische Universität München Lehrstuhl und Versuchsanstalt für Wasserbau und Wasserwirtschaft

Oskar von Miller-Institut
Walchensee, 82432 Obernach
T: (08858) 92 03-0, 92 03-22 **Fax:** 92 03-33
E-Mail: vao@vao.gaponline.de

• T 1 863

Institut für Wasserchemie und Chemische Balneologie d. Techn. Universität München

Marchioninistr. 17, 81377 München
T: (089) 70 95-79 80/81/82 **Fax:** 70 95-79 99
E-Mail: R.Niessner@ws.chemie.tu-muenchen.de
Leitung: Prof. Dr. Reinhard Niessner

• T 1 864

Forschungsstelle der Deutschen Ziegelindustrie e.V.

Schaumburg-Lippe-Str. 4, 53113 Bonn
T: (0228) 9 14 93-0 **Fax:** 9 14 93-28
E-Mail: forschungsstelle.bvziegel@t-online.de
Geschäftsführer(in): RA Martin Roth, Bonn

• T 1 865

Institut für Ziegelforschung Essen e.V. (IZF)

Am Zehnthof 197-203, 45307 Essen
T: (0201) 5 92 13 01 **Fax:** 5 92 13 20
Vorsitzende(r) des Vorstandes: Rüdiger Sattler
Geschäftsführer(in): Dr.-Ing. Karsten Junge

Technische Überwachungsvereine, Materialprüfungsämter, Vermessungsverwaltungen

• T 1 866

Verband der Technischen Überwachungs-Vereine e.V. (VdTÜV)

Postf. 10 38 34, 45038 Essen
Kurfürstenstr. 56, 45138 Essen
T: (0201) 89 87-0 **Fax:** 89 87-120
Internet: http://www.vdtuev.de
E-Mail: vdtuev.essen@t-online.de
Gründung: 1884 (14. Juni)
Internationaler Zusammenschluß: siehe unter izt 401
Vorsitzende(r): Prof. Dr.-Ing. Ernst Schadow (Hoechst AG, Frankfurt a.M.-Hoechst)
Hauptgeschäftsführer(in): Dr.jur. Lutz K. Wessely
Leitung Presseabteilung: N.N.
Verbandszeitschrift: TÜ - Technische Überwachung
Redaktion: Dr. Elisabeth Zimmermann
Verlag: Springer-VDI-Verlag GmbH, Postf. 10 10 22, 40001 Düsseldorf
Mitglieder: 14
Mitarbeiter: 37

Wahrnehmung der gemeinsamen überregionalen Angelegenheiten und Aufgaben der Mitglieder; Beratung der Behörden bei der einschlägigen Gesetz- und Vorschriftengebung; Herbeiführung der Einheitlichkeit in der Handhabung der Technischen Überwachung; Mitarbeit an der Gestaltung von Normen, Regeln und Richtlinien der Technik auf den Arbeitsgebieten der Technischen Überwachungs-Vereine.

VdTÜV Büro Berlin

Albrechtstr. 10, 10117 Berlin
T: (030) 76 00 95-30 **Fax:** 76 00 95-40
E-Mail: vdtuev.berlin@t-online.de

VdTÜV Büro Brüssel

Rue de la Bonté 4a, B-1000 Bruxelles
T: (00322) 5 34 82 77 **Fax:** 5 34 31 10
E-Mail: vdtuev.bruessel@t-online.de

TÜV Nord Gruppe

● **T 1 867**

TÜV Hannover/Sachsen-Anhalt e.V.
Postf. 81 05 51, 30505 Hannover
Am TÜV 1, 30519 Hannover
T: (0511) 9 86-0 **Fax:** 9 86-1237
Internet: http://www.tuev-nord.de
E-Mail: hannover@tuev-nord.de
Gründung: 1873
Vors. d. Aufsichtsrates: Dr. Jürgen Brüggemann
Vorstand: Dr. Klaus-D. Röker (Vors.)
Dipl.-Ing. Hans Wolfgang Wimmer
Dr.-Ing. Werner Witt
Dipl.-Ing. Volker Drube
Dr.rer.nat. Klaus Kleinherbers
Dr.-Ing. Guido Rettig
Dipl.-Kfm. Holger W. Sievers
Verbandszeitschrift: TÜV direkt
Verlag: TÜV Hannover/Sachsen-Anhalt

t 1 868

TÜV Hannover/Sachsen-Anhalt e.V.
Niederlassung Bielefeld
Böttcherstr. 11, 33609 Bielefeld
T: (0521) 7 86-0 **Fax:** 7 86-244

t 1 869

TÜV Hannover/Sachsen-Anhalt e.V.
Geschäftsstelle Braunschweig
Schmalbachstr. 8, 38112 Braunschweig
T: (0531) 23 90-0 **Fax:** 23 90-234

t 1 870

TÜV Hannover/Sachsen-Anhalt e.V.
Geschäftsstelle Göttingen
Rudolf-Diesel-Str. 5, 37075 Göttingen
T: (0551) 38 55-0 **Fax:** 38 55-121

t 1 871

TÜV Hannover/Sachsen-Anhalt e.V.
Niederlassung Halle
Saalfelder Str. 33-34, 06116 Halle
T: (0345) 56 86-5 **Fax:** 56 86-617

t 1 872

TÜV Hannover/Sachsen-Anhalt e.V.
Zentrale Hannover
Postf. 81 05 51, 30505 Hannover
Am TÜV 1, 30519 Hannover
T: (0511) 9 86-0 **Fax:** 9 86-1237

t 1 873

TÜV Hannover/Sachsen-Anhalt e.V.
Geschäftsstelle Paderborn
An der Talle 7, 33102 Paderborn
T: (05251) 1 41-0 **Fax:** 1 41-101

t 1 874

TÜV Hannover/Sachsen-Anhalt e.V.
Landesgeschäftsstelle Magdeburg
Adelheidring 16, 39108 Magdeburg
T: (0391) 73 66-0 **Fax:** 73 66-366

t 1 875

TÜV Hannover/Sachsen-Anhalt e.V.
Geschäftsstelle Osnabrück
Mindener Str. 108, 49084 Osnabrück
T: (0541) 7 11-0 **Fax:** 7 11-110

TÜV NORD GRUPPE

● **T 1 876**

TÜV Nord e.V.
Postf. 54 02 20, 22502 Hamburg
Große Bahnstr. 31, 22525 Hamburg
T: (040) 85 57-0 **Fax:** 85 57-2295
Internet: http://www.tuev-nord.de
E-Mail: hamburg@tuev-nord.de
Gründung: 1869
Vors. d. Aufsichtsrates: Dr. Jürgen Brüggemann
Vorstand: Dr.-Ing. Werner Witt (Vors.)
Dr. Klaus-D. Röker
Dipl.-Ing. Volker Drube
Dr.rer.nat. Klaus Kleinherbers
Dr.-Ing. Guido Rettig
Dipl.-Kfm. Holger W. Sievers
Dipl.-Ing. Hans Wolfgang Wimmer
Verbandszeitschrift: TÜV direkt
Mitarbeiter: 2000

t 1 877

TÜV Nord e.V.
Niederlassung Bremen
Postf. 11 03 09, 28083 Bremen
Bei den Drei Pfählen 41, 28205 Bremen
T: (0421) 44 98-0 **Fax:** 44 98-144

t 1 878

TÜV Nord e.V.
Zentrale Hamburg
Postf. 54 02 20, 22502 Hamburg
Große Bahnstr. 31, 22525 Hamburg
T: (040) 85 57-0 **Fax:** 85 57-2655

t 1 879

TÜV Nord e.V.
Niederlassung Kiel
Segeberger Landstr. 2b, 24145 Kiel
T: (0431) 73 07-0 **Fax:** 73 07-142

t 1 880

TÜV Nord e.V.
Geschäftsstelle Greifswald
Brandteichstr. 19, 17489 Greifswald
T: (03834) 57 54-0 **Fax:** 57 54-11

t 1 881

TÜV Nord e.V.
Geschäftsstelle Neubrandenburg
Adolf-Kolping-Str. 17, 17034 Neubrandenburg
T: (0395) 4 29 63-0 **Fax:** 4 29 63-26

t 1 882

TÜV Nord e.V.
Niederlassung Rostock
Trelleborger Str. 15, 18107 Rostock
T: (0381) 77 03-3 **Fax:** 77 03-462

● **T 1 883**

TÜV Pfalz e.V.
Postf. 13 60, 67603 Kaiserslautern
Merkurstr. 45, 67663 Kaiserslautern
T: (0631) 35 45-0 **Fax:** 35 45-1 81
Internet: http://www.tuev-pfalz.de
E-Mail: tap@tuev-pfalz.de
Gründung: 1871 (6. August)
Leitung Presseabteilung: Klaus Schildwächter
Mitarbeiter: 392

t 1 884

TÜV Pfalz e.V.
Geschäftsstelle Kaiserslautern
Merkurstr. 45, 67663 Kaiserslautern
T: (0631) 35 45-0 **Fax:** 35 45-181

t 1 885

TÜV Pfalz e.V.
Geschäftsstelle Ludwigshafen
Achtmorgenstr. 5, 67065 Ludwigshafen
T: (0621) 5 70 07-0 **Fax:** 5 70 07-20

● **T 1 886**

RWTÜV

Rheinisch-Westfälischer Technischer Überwachungsverein e.V. (RWTÜV)
Postf. 10 32 61, 45032 Essen
Steubenstr. 53, 45138 Essen
T: (0201) 8 25-0 **Fax:** 8 25-2517
Gründung: 1872
Vorstand: Dipl.-Ing. Ulrich Potthast (Vors.)
Vorstand: Dr.-Ing. Claus Wolff (stellv. Vors.)
Dr. Elmar Legge
Vors.d.VR: Dr.-Ing. Joachim Adams (Mitglied d. Vorstandes der VEW Energie AG, Dortmund)
Dipl.-Ing. Volker Goerger (Stellv. Vors.; Geschf. d. Verbandes Deutscher Boiler- und Druckkessel-Hersteller e.V., Siegen)
Leitung Presseabteilung: Gabriele Schimmel
Mitglieder: 2700

RWTÜV e.V. Dienststelle Dortmund
Berliner Str. 2, 44143 Dortmund
T: (0231) 51 86-0 **Fax:** 51 86-260

RWTÜV e.V. Dienststelle Duisburg
Meidericher Str. 14-16, 47058 Duisburg
T: (0203) 3 04-0 **Fax:** 3 04-220

RWTÜV e.V. Dienststelle Hagen
Feithstr. 188, 58097 Hagen
T: (02331) 8 03-0 **Fax:** 8 03-202

RWTÜV e.V. Dienststelle Siegen
Leimbachstr. 227, 57074 Siegen
T: (0271) 33 78-0 **Fax:** 33 78-113

t 1 887

RWTÜV Anlagentechnik GmbH
Sitz der Gesellschaft: Essen
Postf. 10 32 61, 45032 Essen
Steubenstr. 53, 45138 Essen
T: (0201) 8 25-0 **Fax:** 8 25-2517
Internet: http://www.rwtuev-at.de
E-Mail: info@rwtuev-at.de
Außenstellen in Essen:
Richard-Wagner-Str. 5, 45128 Essen
Kurfürstenstr. 58, 45138 Essen
Im Teelbruch 116, 45219 Essen
Gründung: 1992 (13. November)
Vors. d. Aufsichtsrates: Dr. Elmar Legge
Geschäftsführer(in): Dipl.-Ing. Dieter Födisch
Dr.-Ing. Udo Haß (Sprecher)
Dipl.-Ing. Dipl.-Kfm. Rainer Wielpütz
Mitarbeiter: 673
Dienststellen siehe RWTÜV e.V.

t 1 888

RWTÜV IQM-Integratives Qualitätsmanagement GmbH
Kurfürstenstr. 58, 45138 Essen
T: (0201) 8 25-2521 **Fax:** 8 25-2458

t 1 889

RWTÜV Fahrzeug GmbH
Postf. 10 32 61, 45032 Essen
Adlerstr. 7, 45307 Essen
T: (0201) 8 25-0 **Fax:** 8 25-2517
Internet: http://www.fahrzeug.rwtuv.de
Gründung: 1992 (13. November)
Vors. d. Aufsichtsrates: Dr. Elmar Legge
Geschäftsführer(in): Dr.-Ing. Claus Wolff (Vors.)
Dipl.-Ing. Dieter Födisch
Geschäftsführer(in): Dipl.-Kfm. Friedo Schäfer
Dienststellen siehe RWTÜV e.V.

● **T 1 890**

TÜV Rheinland / Berlin-Brandenburg TÜV

TÜV Rheinland/Berlin-Brandenburg e.V.
51101 Köln
Postf. 10 17 50, 50457 Köln
Am Grauen Stein, 51105 Köln
T: (0221) 8 06-0 **Fax:** 8 06-114
TX: 8 873 659
Internet: http://www.tuev-rheinland.de
Gründung: 1872 (Fusion TÜV Rheinland e.V. mit TÜV Berlin-Brandenburg e.V. am 1.01.1997)
Vorstand: Prof. Dr.-Ing. habil. Bruno Braun (Honorarkonsul der Republik Lettland, (Vors.))
Dr.-Ing. Günter Wawer
Verwaltungsrat: Dr.jur. Heinz Malangré
Presse- u. Öffentlichkeitsarbeit: Rainer Strang
Mitarbeiter: 7300

t 1 891

TÜV Rheinland/Berlin-Brandenburg e.V.
Geschäftsstelle Berlin
10882 Berlin
Magirusstr. 5, 12103 Berlin
T: (030) 75 62-0 **Fax:** 75 62-1298
Internet: http://www.tuev-berlin.de

t 1 892

TÜV-Rheinland Holding Aktiengesellschaft
51101 Köln
Postf. 10 17 50, 50457 Köln
Am Grauen Stein, 51105 Köln
T: (0221) 8 06-0 **Fax:** 8 06-114
Internet: http://www.tuev-rheinland.de
Vorstand: Prof. Dr.-Ing. habil. Bruno Braun (Honorarkonsul der Republik Lettland, Vors.)
Gottfried G. Schega (Finanzen, Controlling)
Dr.-jur. Christoph Hack (Personal und Recht)
AR: Dr.rer.nat. Eberhard Schwarz
Mitarbeiter: 296

t 1 893

TÜV Anlagentechnik GmbH - Unternehmensgruppe TÜV Rheinland/Berlin-Brandenburg

51101 Köln
Am Grauen Stein, 51105 Köln
T: (0221) 8 06-2339 **Fax:** 8 06-1753
E-Mail: anlagent@tuev-rheinland.de
Geschäftsführer(in): Dr.-Ing. Wolfram Oppermann
Dipl.-Ing. Peter Tolls
Dr. Bernd Joachim Müller
Ulrich Fietz
Mitarbeiter: 1437

t 1 894

TÜV Kraftfahrt GmbH - Unternehmensgruppe TÜV Rheinland/Berlin-Brandenburg

51101 Köln
Am Grauen Stein, 51105 Köln
T: (0221) 8 06-1780 **Fax:** 8 06-3458
Geschäftsführer(in): Dipl.-Ing. Falk Kurt Börsch
Dipl.-Ing. Hans-Peter Brumm
Dr. Oliver Wittmann
Dipl.-Ing. Hans-Bernhard Port
Mitarbeiter: 1440

t 1 895

TÜV Rheinland Product Safety GmbH -Unternehmensgruppe TÜV Rheinland/Berlin-Brandenburg

51101 Köln
Am Grauen Stein, 51105 Köln
T: (0221) 8 06-2211 **Fax:** 8 06-1358
Internet: http://www.tuv.com/safety
E-Mail: safety@tuv.com
Gründung: 1995
Geschäftsführer(in): Dipl.-Ing. Michael Jungnitsch
Mitarbeiter: 172

t 1 896

TÜV Akademie GmbH - Unternehmensgruppe TÜV Rheinland/Berlin-Brandenburg

10882 Berlin
Magirusstr. 5, 12103 Berlin
T: (030) 75 62-1740 **Fax:** 75 62-1744
Gründung: 1990
Geschäftsführer(in): Friedrich Wilhelm Winskowski (Sprecher)
Dipl.-Ing. Klaus Emde
Mitarbeiter: 1194

t 1 897

TÜV-Akademie Rheinland GmbH

51101 Köln
Am Grauen Stein, 51105 Köln
T: (0221) 8 06-3002 **Fax:** 8 06-3003
Gründung: 1987
Geschäftsführer(in): Dipl.-Ing. Klaus Emde (Sprecher)
Friedrich Wilhelm Winskowski
Mitarbeiter: 232

• **T 1 898**

TÜV Saarland e.V.

Postf. 13 61, 66274 Sulzbach
Am Tüv 1, 66280 Sulzbach
T: (06897) 5 06-0 **Fax:** 5 06-1 02

• **T 1 899**

TÜV
SÜDDEUTSCHLAND

TÜV Süddeutschland Holding Aktiengesellschaft

Sitz:
Westendstr. 199, 80686 München
T: (089) 57 91-0 **Fax:** 57 91-1551
Internet: http://www.tuevs.de
Vorstand: Dr. Wolfhart Hauser (Vors.)
Dr.-Ing. Peter Hupfer
Dipl.-Volksw. Hermann Mund
Dr.-ing. Karsten Puell
Prof. Dr.-Ing. Manfred Schlagenhauf
Aufsichtsrat: Prof. Dr.-Ing. Karl Eugen Becker (Vors.)
Mitarbeiter: 9000

t 1 900

TÜV Bayern Hessen Sachsen Südwest e.V.

Sitz:
Dudenstr. 28, 68167 Mannheim
T: (0621) 3 95-0 **Fax:** 3 95-454
Gründung: 1866

• **T 1 901**

TÜV Thüringen e.V.

Postf. 9 98, 99021 Erfurt
Melchendorfer Str. 64, 99096 Erfurt
T: (0361) 42 83-0 **Fax:** 4 28 32 42
Internet: http://www.tuev-thueringen.de
E-Mail: info@tuev-thueringen.de
Gründung: 1990 (27. April)
Vorstand: Dipl.-Ing. Dieter Födisch (Vors.)
Wilhelm Deibel (stellv. Vors.)
Bernd Moser
Leitung Presseabteilung: Wolfram Liebscher
Mitglieder: 313

• **T 1 902**

DEKRA e.V.

Handwerkstr. 15, 70565 Stuttgart
T: (0711) 78 61-0 **Fax:** 78 61-22 40
Vorstand: Prof. Dr.-Ing. Gerhard Zeidler (Vors.)
Dipl.-Kfm. Klaus Schmidt

• **T 1 903**

Dokumentation Kraftfahrwesen e.V. (DKF)

Ulrichstr. 14, 74321 Bietigheim-Bissingen
T: (07142) 5 40 11 **Fax:** 6 58 98
Internet: http://www.dkf-ev.de
E-Mail: info@dkf-ev.de
Gründung: 1974 (12. November)
Vorsitzende(r) des Vorstandes: Dipl.-Ing. Gerald Liegl
Vorstand: Dipl.-Ing. Volker Plogmann
Dr. Jörg Schweikhardt
Geschäftsführer(in): Erich Feldhaus
Leitung Presseabteilung: Wolfram Schürmann
Mitglieder: 60
Mitarbeiter: 6

• **T 1 904**

Institut für Verbrennungsmotoren und Kraftfahrwesen Universität Stuttgart

Pfaffenwaldring 12, 70569 Stuttgart
T: (0711) 6 85-56 00 **Fax:** 6 85-57 10
Geschf. Dir: Prof. Dr.-Ing. Jochen Wiedemann

• **T 1 905**

Institut für Verbrennungskraftmaschinen der Technischen Universität Braunschweig

Langer Kamp 6, 38106 Braunschweig
T: (0531) 3 91 29 29 **Fax:** 3 91 29 49
E-Mail: E.Mueller@tu-bs.de
Vorstand: Prof. Dr.-Ing. Eckart Müller

• **T 1 906**

Verband der Materialprüfungsämter e.V. (VMPA)

Geschäftsstelle:
Müggelseedamm 109, 12587 Berlin
T: (030) 6 41 86-115 **Fax:** 6 41 86-119
Internet: http://www.vmpa.de
E-Mail: berlin@vmpa.de
1. Vorsitzende(r): Univ.-Prof. Dr.-Ing. habil. Kurt Ziegler (Müggelseedamm 109, 12587 Berlin, T: (030) 6 41 86-151, Fax: 6 41 86-177)
2. Vorsitzende(r): Univ.-Prof. Dr.-Ing. Joachim Bergmann (Amalienstr. 13, 99423 Weimar, T: (03643) 5 64-309, Fax: 5 64-201)
Geschäftsführer(in): Dipl.-Ing. Dipl.-Volksw. Günther Schwarz (Müggelseedamm 109, 12587 Berlin, T: (030) 6 41 86-1 15)

Der Verband tritt für die Neutralität und Unabhängigkeit seiner Mitglieder, der Qualitätserhaltung im Wettbewerb sowie der Erhaltung und der Vergabe von Prüf- und überwachungszeichen ein. Verzeichnisführung für Schallschutz- und Betonprüfstellen. Vergabe von Zertifikaten für die Prüfstellen. Förderung des Erfahrungsaustausches und der Nützung von Forschungsmitteln. Beratung von Mitgliedern, Organisationen, Körperschaften und sonstigen Einrichtungen. Interessenvertretung der Mitglieder nach außen. Kooperation mit nationalen, europäischen und internationalen Organisationen.

Ordentliche Mitglieder

t 1 907

Bundesanstalt für Materialforschung und -prüfung (BAM)

Unter den Eichen 87, 12205 Berlin
T: (030) 81 04-0 **Fax:** 8 11 20 29
Internet: http://www.bam.de/
E-Mail: info@bam.de
Gründung: 1870
Präsident(in): Prof. Dr.-Ing. Dr.h.c. Horst Czichos
Pressesprecher: Dr.-Ing. Jürgen Lexow
Verbandszeitschrift: Materialprüfung
Redaktion: Dr. Frauke Zbikowski
Verlag: Carl Hanser Verlag, Kolbergerstr. 22, 81679 München
Mitarbeiter: ca. 1700
Jahresetat: ca. DM 190 Mio, € 97,15 Mio

t 1 908

Institut für Werkstoffkunde und Schweißtechnik Fachhochschule Hamburg

Berliner Tor 21, 20099 Hamburg
T: (040) 4 28 59-3096 **Fax:** 4 28 59-2654
Leitung: Prof. Dr. Horn

t 1 909

Amtliche Materialprüfanstalt der Freien Hansestadt Bremen

Paul-Feller-Str. 1, 28199 Bremen
T: (0421) 5 37 08-0 **Fax:** 5 37 08-10
Leitung: Prof. Dr.-Ing.habil. Peter Mayr

t 1 910

Materialprüfanstalt für Werkstoffe des Maschinenwesens und Kunststoffe beim Institut für Werkstoffkunde der Universität Hannover

Appelstr. 11A, 30167 Hannover
T: (0511) 7 62-4362 **Fax:** 7 62-52 45
E-Mail: ampa@iw.uni-hannover.de
Leitung: Prof.Dr.-Ing.Dr.-Ing.E.h.mult. Heinz Haferkamp

t 1 911

Materialprüfanstalt für das Bauwesen Hannover

Nienburger Str. 3, 30167 Hannover
T: (0511) 7 62-3104 **Fax:** 7 62-4001
E-Mail: office@mpa-bau.de
Leitung: Prof. Dr.-Ing. Eckart Doege

t 1 912

Materialprüfanstalt für Werkzeuge, Werkzeugmaschinen und Fertigungstechnik

Welfengarten 1A, 30167 Hannover
T: (0511) 7 62-2155 **Fax:** 7 62-3002
Direktor(in): Prof. Dr.-Ing. Eckart Doege

t 1 913

Landesmaterialprüfamt Sachsen-Anhalt

Große Steinernetischstr. 4, 39104 Magdeburg
T: (0391) 56 92-310 **Fax:** 56 92-111
E-Mail: info@lmpa.mw.lsa.net.de
Leitung: Direktor Dipl.-Ing. Thiele

t 1 914

Materialprüfanstalt für das Bauwesen MPA, Institut für Baustoffe, Massivbau und Brandschutz iBMB

Beethovenstr. 52, 38106 Braunschweig
T: (0531) 3 91-5431 **Fax:** 3 91-4573
Internet: http://www.mpa.tu-bs.de
E-Mail: mpa@tu-bs.de
Leiter(in): Prof. Dr.-Ing. H. Falkner
Prof. Dr.-Ing. H. Budelmann

t 1 915

Materialprüfanstalt für Nichtmetallische Werkstoffe

Landesbetrieb
Zehntnerstr. 2a, 38678 Clausthal-Zellerfeld
T: (05323) 72 22 90 **Fax:** 72 35 10
Internet: http://www.tu-clausthal.de/naw/ampa.html
E-Mail: amse@tu-clausthal.de
Leitung: Prof. Albrecht Wolter
Stellvertretender Leiter: RD Dr.-Ing. Wilfried Hinrichs

t 1 916

Materialprüfungsamt Nordrhein-Westfalen (MPA NRW)

Marsbruchstr. 186, 44287 Dortmund
T: (0231) 45 02-0 **Fax:** 45 85 49
Internet: http://www.mpanrw.de

E-Mail: info@mpanrw.de
Gründung: 1947 (20. Mai)
Leitung: Jens-Peter Steuck

t 1 917

Staatliche Materialprüfungsanstalt an der Technischen Universität Darmstadt
Postf. 11 14 52, 64229 Darmstadt
Grafenstr. 2, 64283 Darmstadt
T: (06151) 16 23 51 **Fax:** 16 61 18
Leiterin: Prof. Dr.-Ing. C. Berger

t 1 918

Institut für Statik an der Technischen Universität Darmstadt
Alexanderstr. 7, 64283 Darmstadt
T: (06151) 16 25 37 **Fax:** 16 23 38
Prof. Dr.-Ing. Johann-Dietrich Wörner

t 1 919

Universität Kaiserslautern -Materialprüfamt-
Gottlieb-Daimler-Str. 60, 67663 Kaiserslautern
T: (0631) 2 05-3003 **Fax:** 2 05-30 57
Leitung: Akad. Dir. Dr.-Ing. K. Grünter

t 1 920

Forschungs- und Materialprüfungsanstalt Baden-Württemberg (FMPA)
- Otto-Graf-Institut
Pfaffenwaldring 4, 70569 Stuttgart
T: (0711) 6 85-3323 **Fax:** 6 85-7681
Leitung: Univ.-Prof. Dr.-Ing. H.-W. Reinhardt

t 1 921

Staatliche Materialprüfungsanstalt (MPA) Universität Stuttgart
Pfaffenwaldring 32, 70569 Stuttgart
T: (0711) 6 85-2604 **Fax:** 6 85-26 35
Internet: http://www.mpa.uni-stuttgart.de
E-Mail: Kosthaus@mpa.uni-stuttgart.de
Leitung: Prof. Dr.-Ing. habil. E. Roos

t 1 922

Universität Karlsruhe
Institut für Massivbau u. Baustofftechnologie
76128 Karlsruhe
T: (0721) 6 08-2262, 6 08-3891 **Fax:** 69 30 75, 66 12 50
E-Mail: gd11@rz.uni-karlsruhe.de
Leitung: Prof. Dr.-Ing. Dr.-Ing. E.h. Dr.techn.h.c. Josef Eibl
Prof. Dr.-Ing. H. S. Müller
Mitglieder: 100

t 1 923

Versuchsanstalt für Stahl, Holz und Steine
Amtl. Materialprüfungsanstalt
Universität Karlsruhe
76128 Karlsruhe
Kaiserstr. 12, 76131 Karlsruhe
T: (0721) 6 08-22 05
Gründung: 1921
Kollegiale Leitung:
Prof. Dr.-Ing H. J. Blaß (T: (0721) 6 08-22 11, Fax: (0721) 6 98-1 16)
Prof. Dr.-Ing. Saal (T: (0721) 6 08-22 05, Telefax: (0721) 6 08 40 78)

t 1 924

Materialprüfungsamt für das Bauwesen der Techn. Universität München
Theresienstr. 90, 80333 München
T: (089) 2 89-23039 **Fax:** 2 89-23057
Leitung: Prof. Dr.-Ing. G. Albrecht
Prof. Dr.-Ing. P. Schießl
Prof. Dr.-Ing. K. Zilch

t 1 925

Staatliches Materialprüfamt für den Maschinenbau der Technischen Universität München
Boltzmannstr. 15, 85748 Garching
T: (089) 2 89-15259 **Fax:** 2 89-15248
E-Mail: mpa@lam.mw.tu-muenchen.de
Gründung: ca. 1925
Leitung: Prof. Dr.mont. E. Werner
Dr. V. Mannl
Mitarbeiter: ca. 10

t 1 926

Baustoffinstitut - Prüfamt für bituminöse Baustoffe und Kunststoffe der TU München
Baumbachstr. 7, 81245 München
T: (089) 2 89-27061 **Fax:** 2 89-27064
E-Mail: bituminoese@baustoffe.bauwesen.tu-muenchen.de
Leitung: Prof. Dr.-Ing. P. Schießl

t 1 927

Wehrwissenschaftliches Institut für Werk-, Explosiv- und Betriebsstoffe (WIWEB)
Landshuter Str. 70, 85435 Erding
T: (08122) 57-2 20 **Fax:** 57-3 12
Leitung: Direktor u. Professor Johann Kunz

t 1 928

LGA Landesgewerbeanstalt Bayern

LGA Landesgewerbeanstalt Bayern
Postf. 30 22, 90014 Nürnberg
Tillystr. 2, 90431 Nürnberg
T: (0911) 6 55-4234 **Fax:** 6 55-4235
Internet: http://www.lga.de
E-Mail: lga@lga.de
Gründung: 1869 (28. April)
Geschäftsf. Direktor: Prof. Dr.-Ing. Reiner Gast
Leitung Presseabteilung: Anne Brunner
Verbandszeitschrift: LGA-Rundschau
Redaktion: D. Balzer
Mitglieder: 833
Mitarbeiter: 868

Die LGA ist ein modernes und leistungsfähiges Prüf- und Dienstleistungsunternehmen. In über 70 Labors und Testeinrichtungen lassen Kunden aus aller Welt ihre Produkte und Systeme prüfen. Zeitgemäße und praxisnahe Prüfungen sowie kompetente Beratung und Gutachten bietet die LGA insbesondere zu Qualitäts-, Umwelt- und Technologiefragen.

t 1 929

Versuchs- und Forschungsanstalt der Stadt Wien
- Magistratsabteilung 39
11, Rinnböckstr. 15, A-1110 Wien
T: (00431) 74 36 31 **Fax:** 74 33 51
Leitung: Dr.-techn. Miedler

t 1 930

Eidgenössische Materialprüfungs- und Forschungsanstalt (EMPA)
Überlandstr. 129, CH-8600 Dübendorf
T: (00411) 8 23 55 11 **Fax:** 8 21 62 44
Leitung: Direktionspräsident Prof. Dr. F. Eggimann

t 1 931

MFPA Materialforschungs- und Prüfanstalt an der Bauhaus-Universität Weimar
Postf. 23 10, 99404 Weimar
Amalienstr. 13, 99423 Weimar
T: (03643) 5 64-0 **Fax:** 5 64-201
Direktor(in): Prof. Dr. J. Bergmann

t 1 932

Materialprüfanstalt Eckernförde (MPA)
Öffentliche Baustoffprüfstelle
Lorenz-vom-Stein-Ring 1, 24340 Eckernförde
T: (04351) 4 71 62 00 **Fax:** 4 71 62 01
Leiterin: Prof. Dr.-Ing. Haase
Leiter: Prof. Dr.-Ing. Bausch

t 1 933

Materialprüfungsanstalt für das Bauwesen
MPA Dresden
Georg-Schumann-Str. 7, 01187 Dresden
T: (0351) 46 41-2 42 **Fax:** 46 41-2 14
Geschäftsf. Leiter: Dipl.-Ing. Malsch

t 1 934

Materialforschungs- und Prüfungsanstalt für das Bauwesen Leipzig e.V. (MFPA)
Richard-Lehmann-Str. 19, 04275 Leipzig
T: (0341) 39 04-0 **Fax:** 3 02 60 70
Internet: http://www.mfpa-leipzig.com
E-Mail: mfpa.leitung@t-online.de
Leiter(in): Univ.-Prof. Dr.-Ing. habil. R. Thiele
Dr.-Ing. H. Meichsner

t 1 935

Materialprüfungsamt des Landes Brandenburg
Müggelseedamm 109, 12587 Berlin
T: (030) 6 41 86-0 **Fax:** 6 41 86-177
Direktor(in): Prof. Dr.-Ing. K. Ziegler

t 1 936

Berliner Betrieb für Zentrale Gesundheitliche Aufgaben (BBGes)
Invalidenstr. 60, 10557 Berlin
T: (030) 3 97 84-30 **Fax:** 3 97 84-380
Leitender Direktor: Dieter Lullies (kaufm.)
Geschäftsführer(in): Dr.rer.nat. Gerhard Kunz (wiss.)

t 1 937

Universität Gesamthochschule Kassel
Amtliche Baustoff- und Betonprüfstelle
34109 Kassel
Mönchebergstr. 7, 34125 Kassel
T: (0561) 8 04-2601 **Fax:** 8 04-2662
Internet: http://www.uni-kassel.de/fb14/baustoffkunde/Welcome.html
E-Mail: baupruef@hrz.uni-kassel.de

t 1 938

MPA Materialprüfamt für Bauwesen Fachhochschule Wiesbaden
Kurt-Schumacher-Ring 18, 65197 Wiesbaden
T: (0611) 94 95-470 **Fax:** 94 95-472
Leitung: Prof. Dr. Schäper

Außerordentliche Mitglieder

t 1 939

Verband der Technischen Überwachungs-Vereine e.V. (VdTÜV)
Postf. 10 38 34, 45038 Essen
Kurfürstenstr. 56, 45138 Essen
T: (0201) 89 87-0 **Fax:** 89 87-120
Internet: http://www.vdtuev.de
E-Mail: vdtuev.essen@t-online.de
Internationaler Zusammenschluß: siehe unter izt 401
Mitgl. d. Geschäftsführung: Dr.-Ing. Höhne

t 1 940

Süddeutsches Kunststoff-Zentrum (SKZ)
Weiterbildungs- und Technologieforum, Akkreditierte und amtl. anerkannte Prüfanstalt, Anwendungsbezogene Entwicklung
Frankfurter Str. 15-17, 97082 Würzburg
T: (0931) 41 04-0 **Fax:** 41 04-1 77
Internet: http://www.skz.de
E-Mail: info@skz.de
Leitung: Prof. Dr. Burghard Schmitt

t 1 941

Institut für Bauforschung (ibac) Rheinisch-Westfälische Technische Hochschule
Schinkelstr. 3, 52062 Aachen
T: (0241) 80 51 00 **Fax:** 88 88-139
E-Mail: postmaster@ibac.rwth-aachen.de
Leitung: Prof. Dr.-Ing. Sasse

t 1 942

Institut für Kunststoffprüfung und Kunststoffkunde Universität Stuttgart
Pfaffenwaldring 32, 70569 Stuttgart
T: (0711) 6 85-2660 **Fax:** 6 85-2066
Internet: http://www.ikp.uni-stuttgart.de
E-Mail: ikp@ikp.uni-stuttgart.de
Leitung: Prof. Dr.-Ing. Eyerer
Prof. Dr.rer.nat.habil. Busse

t 1 943

DVS - Deutscher Verband für Schweißen und verwandte Verfahren e.V.
Aachener Str. 172, 40223 Düsseldorf
T: (0211) 15 91-0 **Fax:** 15 91-2 00
Internet: http://www.dvs-ev.de
E-Mail: dvs_hg@compuserve.com
Internationaler Zusammenschluß: siehe unter izg 57
Hauptgeschäftsführer(in): Prof. Dr.-Ing. Detlef von Hofe

t 1 944

Germanischer Lloyd Aktiengesellschaft (GL)
Postf. 11 16 06, 20416 Hamburg
Vorsetzen 32, 20459 Hamburg
T: (040) 3 61 49-0 **Fax:** 3 61 49-200
Internet: http://www.germanlloyd.org
E-Mail: headoffice@germanlloyd.org

Gründung: 1867 (16. März)
Vorstand: Dr.tech. Hans G. Payer
Prof. Dr.-Ing. Dr.-Ing. E.h. Dr. h.c. Eike Lehmann
Konsul Rainer Schöndube
Leitung Presseabteilung: Claus Peter Davenport
Mitarbeiter: 1342 in der AG

t 1 945

Kunststoff-Zentrum in Leipzig
Technologie-, Prüf- und Demonstrationszentrum
Erich-Zeigner-Allee 44, 04229 Leipzig
T: (0341) 4 94 15 00 **Fax:** 4 94 15 55
Gründung: 1990
Leitung: Dr.-Ing. Herbert Patzschke
Mitarbeiter: 60

t 1 946

SGS Controll-Co. mbH
Postf. 10 54 80, 20037 Hamburg
Raboisen 28, 20095 Hamburg
T: (040) 30 10 1-0 **Fax:** 32 63 31
TX: 2 12 263
TGR: Controllco oder Supervise
T-Online *30101*
Geschäftsführer(in): Michael Witthöft

t 1 947

muva kempten
Qualitäts- und Laborzentrum für Milchprodukte, Lebensmittel und Umwelt
Postf. 20 25, 87410 Kempten
Hirnbeinstr. 10, 87435 Kempten
T: (0831) 52 90-0 **Fax:** 52 90-100
Internet: http://www.muva.de
E-Mail: muva@muva.de
Leitung: Dr. Werner Schmolck

t 1 948

Österreichisches Forschungsinstitut für Chemie und Technik
Arsenal, Objekt 213
Franz-Grill-Str. 5, A-1030 Wien
T: (00431) 78 16 01-0 **Fax:** 7 81 60 18
Leitung: Prof. Dr. Hinterhofer

t 1 949

DIN CERTCO Gesellschaft für Konformitätsbewertung mbH
Postf. 30 11 07, 10722 Berlin
Burggrafenstr. 6, 10787 Berlin
T: (030) 26 01-2108 **Fax:** 26 01-1610
E-Mail: neun@gl.din.de
Geschäftsführer(in): Dipl.-Ing. Jürgen Neun
Dr.-Ing. Torsten Bahke
Gesellschafter: DIN Deutsches Institut für Normung e.V.

Konformitätsbewertung und Zertifizierung von Produkten und Dienstleistungen auf der Grundlage von Normen und anderen Festlegungen, Registrierung der Kennzeichnung mit den Verbandszeichen DIN und DIN EN, von der Europäischen Kommission benannte Prüf- und Zertifizierungsstelle.

t 1 950

POLYMER INSTITUT Forschungsinstitut für polymere Baustoffe Dr. R. Stenner GmbH
Quellenstr. 3, 65439 Flörsheim
T: (06145) 5 97 10 **Fax:** 5 97 19
Leitung: Dr. rer.nat. R. Stenner

t 1 951

Technický a Skúsobný Ústav Stavebný SKTC-105
Technisches Prüfinstitut für Bauwesen
Studená 3, SK-82634 Bratislava
T: (00427) 29 08-100, -110 **Fax:** 27 11 34
Leitung: Generaldir. Dr.-Ing. M. Nič

t 1 952

DEKRA - ETS Gesellschaft für Technische Sicherheit mbH
Untertürkheimer Str. 25, 66117 Saarbrücken
T: (0681) 50 01-0 **Fax:** 50 01-666
Leitung: Dr.-Ing. Busse

t 1 953

Bundesanstalt für Geowissenschaften und Rohstoffe (BGR)
Postf. 51 01 53, 30631 Hannover
Stilleweg 2, 30655 Hannover
T: (0511) 6 43-0 **Fax:** 6 43-2304
Internet: http://www.bgr.de
E-Mail: public.relations.bgr-nlfb@bgr.de
Gründung: 1958
Präsident(in): Prof. Dr.-Ing. Dr.h.c. Friedrich-Wilhelm Wellmer
Leitung Presseabteilung: Dr. Arnt Müller
Mitarbeiter: 709

t 1 954

Institut für Standardisierung und Dokumentation im Medizinischen Laboratorium e.V. (INSTAND)
Postf. 25 02 11, 40093 Düsseldorf
Ubierstr. 20, 40223 Düsseldorf
T: (0211) 15 92 13-0 **Fax:** 15 92 13 30
Internet: http://www.uni-duesseldorf.de/WWW/INSTAND/instand.htm
Vorsitzende(r): Prof. Dr.med. Hans Reinauer

t 1 955

Gesellschaft für Toxikologische und Forensische Chemie (GTFCh)
Institut für Rechtsmedizin an der Universität Düsseldorf
40225 Düsseldorf, T: (0211) 8 11 93 75
Geschäftsstelle:
Landgrabenstr. 74, 61118 Bad Vilbel
T: (06101) 5 00-780 **Fax:** 5 00-781
Gründung: 1978 (4. Dezember)
Präsident: Prof. Dr. Thomas Daldrup (Institut für Rechtsmedizin, Heinrich-Heine-Universität, Moorenstr. 5, 40225 Düsseldorf, T: (0211) 81 19-382/-170, Fax: 81 19-366)
Geschäftsstelle: Karl Schmidt
Verbandszeitschrift: Toxichem + Krimtech
Redaktion: Prof. Pragst Berlin
Verlag: Geschäftsstelle
Mitglieder: 460

t 1 956

Universität für Bauwesen und Architektur Materialprüfanstalt
Wosduchofflostkij Prospekt 31, UA-252037 Kiew
T: (0038044) 2 71 74 59 **Fax:** 2 76 74 15
Leitung: Prof. Krivenko

t 1 957

DIFK Deutsches Institut für Feuerfest und Keramik GmbH
An der Elisabethkirche 27, 53113 Bonn
T: (0228) 9 15 08-23 **Fax:** 9 15 08-55
Internet: http://www.feuerfest-bonn.de
E-Mail: DIFK-Bonn@t-online.de
Gründung: 1949
Leitung: Prof. Dr. J. Pötschke
Mitarbeiter: 20

Persönlich korrespondierende Mitgliedschaft

t 1 958

Deutsche Gesellschaft für Zerstörungsfreie Prüfung e.V. (DGZfP)
Max-Planck-Str. 6, 12489 Berlin
T: (030) 6 78 07-0 **Fax:** 6 78 07-109
Internet: http://www.dgzfp.de
E-Mail: mail@dgzfp.de
Gründung: 1933
Leitung: Prof. Dr.-Ing. D. Schnitger
Mitglieder: 1500
Mitarbeiter: 40

t 1 959

igi Niedermeyer Institute Untersuchen Beraten Planen GmbH
Hohentrüdinger Str. 11, 91747 Westheim
T: (09082) 73-0 **Fax:** 84 60, 7 32 26
Internet: http://www.igi-niedermeyer.de
E-Mail: igi@igi-niedermeyer.de
Gründung: 1960
Leitung: Dr. Niedermeyer
Mitarbeiter: ca. 230 (Sept.)

• T 1 960

LGA
Landesgewerbeanstalt Bayern

Postf. 30 22, 90014 Nürnberg
Tillystr. 2, 90431 Nürnberg
T: (0911) 6 55-4234 **Fax:** 6 55-4235
Internet: http://www.lga.de
E-Mail: lga@lga.de
Gründung: 1869 (28. April)

Direktorium:
Geschäftsf. Dir.: Prof. Dr.-Ing. Reiner Gast
Kaufm. Dir.: Dipl.-Wirtsch. Ing. Hans-Hermann Ueffing
Pressestelle: Anne Brunner

Aufgabengebiete der LGA:

BEREICH STATIK:
Leitung: Dr. Tuercke (T: (0911) 6 55-47 00, Prüfämter für Baustatik in Augsburg, Hof, Landshut, München, Nürnberg, Regensburg und Würzburg)

BEREICH BAUEN UND UMWELT:
Leitung: Ellner (T: (0911) 6 55-55 72, Bau-Produkt-Zertifizierung, CAD u. Zeichenbüro)
Bauprodukte:
Leitung: Höllein (T: (0911) 6 55-53 01, Baustoffe, Betontechnologie, Bauteile u. Konstruktionen, mineralische und bituminöse Straßenbaustoffe, Betonzuschlagstoffe, Metallbauprodukte, Güteschutz Schweißtechnik, Betonstahl, SV f. Gewässerschutz)
Geotechnik:
Leitung: Knappe (T: (0911) 6 55-55 51, Grundbauinstitut, Institut f. Kunststoffbauteile, Deponiebauwerke, Rohre, Messtechnik, Geologie und Hydrologie, Erd- und Wasserbau, Verkehrswegebau)
Bautechnik:
Leitung: Dr. Weißmantel (T: (0911) 6 55-55 42, Bauphysik, Beweissicherung, Bauschäden, Bewertung, Sonderstatiken, Werkstofflabore, Brückenerhalt, Baudynamik)
Umweltschutz:
Leitung: Dr. Krieger (T: (0911) 6 55-54 40, Immissionsschutz, Lärmschutz u. Geräuschemission, Umweltberatung, Gewässerschutz, Ökologische Produktprüfung, Altlasten und Umweltgeologie, Raumluftmessungen, Energiemanagement)

BEREICH LABORZENTRUM BAU:
Leitung: Helmprobst (T: (0911) 6 55-41 20, Bindemittellabor, Prüfhalle Baukonstruktionen, Brandlabor, Bitumenlabor, Korrosionslabor, Prüfmaschinen, Sanitär- und Abscheidetechnik, Feldversuche, Boden u. Felsmechanik, Zuschlagstoffe)

BEREICH PRODUKTPRÜFUNG:
Leitung: Dr. Oelmayer (T: (0911) 6 55-58 00)

Institut für Warenprüfung u. Qualitätsüberwachung:
Leitung: Schwarz (T: (0911) 6 55-58 11, Möbelprüfung, Spielwaren, Sport- u. Freizeitgeräte, Haus-, Haushalts- u. Gartengeräte, Gebrauchsanweisungen, ökologische Produktprüfung)
Medizin- u. Biotechnische Produkte:
Leitung: Dr. Franke (T: (0911) 6 55-58 58, Getränke, Lebensmittel u. Bedarfsgegenstände, Medizinprodukte, Strahlenschutz und Strahlenphysik, Mikrobiologie und Hygiene, Prüf- u. Analytikzentrum)
Elektro-, Maschinen- u. Anlagetechnik:
Leitung: Dr. Schubert (T: (0911) 6 55-57 61, Elektrotechnik, Kalibrierung u. Beglaubigung, Sicherheits-, Material- und Gebrauchsprüfungen, EMV, Zertifizierungsstelle, Elektroanlagen Landshut, Analytikzentrum)

Information und Innovation:
Leiterin: Dipl.-Ing. Auflegger-Sigl (T: (0911) 6 55-49 00, Technisches Informationszentrum, Technologietransfer und Innovation, Marktforschung, Fachschule für Umweltschutz, Galvano- u. Biotechnik, Meisterschule für das Bauhandwerk, Süddeutsches Baustoff-Forum Würzburg)
Seminarwesen:
Leiterin: Dr. Bias (T: (0911) 6 55-49 60)
Innovationsberatungsstelle Nordbayern:
Innovationsberatung- und -förderung
Leitung: Dipl.-Ing. Kartmann (T: (0911) 6 55-41 40)
Verbandszeitschrift: LGA-Rundschau
Redaktion: Balzer
Mitglieder: 833
Mitarbeiter: 868
Umsatz: DM 122 Mio

Technische Prüfung und Beratung, Gutachten für Firmen, Behörden und Verbraucher.

• T 1 961

GTÜ Gesellschaft für Technische Überwachung mbH
Jahnstr. 12 (Degerloch), 70597 Stuttgart
T: (0711) 9 76 76-0 **Fax:** 9 76 76-99
Internet: http://www.gtue.de
E-Mail: info@gtue.de
Geschäftsführer(in): Dr. Henner Hörl
Gesellschafter: AGS-DAT
BVS
BVSK
Kundenzeitschrift: Auto Mobil Expert

• T 1 962

Elektrotechnisches Prüfamt
Museumsplatz 1, 67657 Kaiserslautern
T: (0631) 36 47-0, -2 29 (Sekretariat) **Fax:** 36 47-2 23

Internet: http://www.bv-pfalz.de
E-Mail: etp-kl@t-online.de
Leitung: Dipl.-Ing. (FH) Günther Busch

• **T 1 963**

Holz- und Feuerschutz-Überwachungsverband e.V.
Alexandersfeld 27A, 26127 Oldenburg
T: (0441) 6 32 44 **Fax:** 6 23 06
Gründung: 1973 (09. März)
Geschf. Präs.: Ing. Heinz Stöckigt (Alexandersfeld 27 A, 26127 Oldenburg, T: (0441) 6 32 44, Fax: (0441) 6 23 06)
Stellv. Präs: Bertram Stötzel (Prischoßstr. 14, 63755 Alzenau)
Christian Böhme (Bäkenkamp 46, 26131 Oldenburg)
Mitglieder: 676

• **T 1 964**

Überwachungsgemeinschaft Polyurethan-Hartschaum e.V. (ÜGPU)
Kriegerstr. 17, 70191 Stuttgart
T: (0711) 29 17 16 **Fax:** 29 49 02
Internet: http://www.ugpu.de
E-Mail: ugpu@ugpu.de
Geschäftsführer(in): Dipl.-Ing. P. Kindermann

• **T 1 965**

ÜWG - Überwachungsgemeinschaft Kälte- und Klimatechnik e.V. (ÜWG)
Postf. 19 12, 53709 Siegburg
Bahnhofstr. 27, 53721 Siegburg
T: (02241) 6 71 81 **Fax:** 6 91 76
E-Mail: UEWG-Kaelte@t-online.de
Gründung: 1988
Vorstand: Kurt Jeske (1. Vors.)
Dirk Rauschenbach (stellv. Vors.)
Dipl.-Ing. Lutz Auschner
Geschäftsführer(in): Herbert Trachte
Mitglieder: 570

Überwachung von Fachbetrieben nach _@ 19 I WHG. Verleihung und Führung des Überwachungszeichens im Überwachungsverfahren gem. Wasserhaushaltsgesetz.

• **T 1 966**

Überwachungsgemeinschaft Heizung - Klima - Sanitär - Technische Gebäudeausrüstung e.V. (ÜHKS-TGA)
Bonner Talweg 42, 53113 Bonn
T: (0228) 21 46 26 **Fax:** 26 50 82
Internet: http://www.uehks.de
E-Mail: info@uehks.de
Gründung: 1987 (27. März)
Vorsitzende(r): Dipl.-oec. Reinhard Veneman (Veneman GmbH & Co. KG, Iserlohn)
Geschäftsführer(in): Heino Müller
Mitglieder: 330

Erteilung der gesetzlich vorgeschriebenen Fachbetriebsqualifikation nach Paragraph 19 I des Wasserhaushaltsgesetzes.

• **T 1 967**

Nordwestdeutsches Institut für Möbel- und Materialprüfung (NIMM)
Klingenbergstr. 2, 32758 Detmold
T: (05231) 60 83 00 **Fax:** 60 83 78
Gründung: 1981 (11. September)
Geschäftsführer(in): Dr.-Ing. Bernd Meyer
Mitarbeiter: 2

• **T 1 968**

EAB
Allgemeine Bauüberwachungs-Gemeinschaft Bayern e.V.
Postf. 10 05 53, 80079 München
Malerwinkel 4, 81479 München
T: (089) 79 19 91 19 **Fax:** 79 19 91 03
1. Vorsitzende(r): Dipl.-Betriebsw. Heinz Johann Schwaiger (Bausachverständiger)
Leitung Presseabteilung: Klaus Dabrowski
Mitglieder: 32

• **T 1 969**

Bau-Überwachungsverein e.V. (BÜV)
Ferdinandstr. 38-40, 20095 Hamburg
T: (040) 3 03 79 50-0 **Fax:** 35 35 65
Gründung: 1986 (18. Februar)
1. Vorsitzende(r): Dr.-Ing. Günter Timm (Ballindamm 17, 20095 Hamburg, T: (040) 3 50 09-0, Telefax: (040) 3 50 09-100)
Stellv.: Dr.-Ing. Klaus Kunkel (Tußmannstr. 61, 40477 Düsseldorf, T: (0211) 94 88-0, Telefax: 94 88-111)
Dipl.-Ing. Fritz Mönnig (Anna-Seghers-Str. 147, 12489 Berlin, T: (030) 6 70 98 50, Telefax: (030) 67 09 85 50)
Geschäftsführer(in): Dr.-Ing. Hans-Jürgen Meyer (Ferdinandstr. 38-40, 20095 Hamburg, T: (040) 3 03 79 50-0, Telefax: (040) 35 35 65)
Mitglieder: 180

• **T 1 970**

Forschungs- und Materialprüfungsanstalt für das Bauwesen
(Otto-Graf-Institut)
Pfaffenwaldring 4, 70569 Stuttgart
T: (0711) 6 85-3323 **Fax:** 6 85-7681
Gründung: 1884
Direktor(in): Univ.-Prof. Dr.-Ing. H.-W. Reinhardt

Tätigkeitsgebiete: Forschung und Materialprüfung auf allen Gebieten des Bauwesens (incl. Chemie/ Umweltschutz).

• **T 1 971**

Bundesüberwachungsverband Kies, Sand und Splitt e.V. (BÜV KSS)
Düsseldorfer Str. 50, 47051 Duisburg
T: (0203) 99 23 90 **Fax:** 9 92 39 97
Vorsitzende(r): Christoph Holemanns (Niederrheinische Kies- u. Sandbaggerei GmbH, Vor dem Rheintor 17, 46459 Rees)
Hauptgeschäftsführer(in): RA Hans-Peter Braus

Mitglieder:

t 1 972

Baustoffüberwachungs- u. Zertifizierungsverband Baden-Württemberg e.V.
Abt. Kies und Sand (BÜVZERT BaWü)
Robert-Bosch-Str. 30, 73760 Ostfildern
T: (0711) 3 48 37-0 **Fax:** 3 48 37-27
E-Mail: ISTE-BW@compuserve.com
Gründung: 1968
Vorsitzende(r): Karl Ulrich Epple (i.Fa. Karl Epple GmbH & Co. KG, Baustoffwerke, Transporte, Tiefbau, Brückenstr. 23, 70376 Stuttgart, T: (0711) 5 03 00, Fax: (0711) 54 68 48)
Geschäftsführer(in): Dipl.-Ing. Karl-Heinz Lawatsch

t 1 973

Güteschutzgemeinschaft Alpine-Moräne-Edelsplitt Baden-Württemberg e.V.
Robert-Bosch-Str. 30, 73760 Ostfildern
T: (0711) 3 48 37-0 **Fax:** 3 48 37-27
Gründung: 1966
Vorsitzende(r): Hans Peter (i. Fa. Hermann Peter KG, Rheinstr. 120, 77866 Rheinau, T: (07844) 40 50, Telefax: (07844) 4 05 15)
Geschäftsführer(in): Dipl.-Ing. Karl-Heinz Lawatsch

t 1 974

GÜTEÜBERWACHUNG KIES · SAND · SPLITT — RECYCLING-BAUSTOFF ÜBERWACHUNG

Überwachungs- und Zertifizierungsverein Sand, Kies, Splitt und Recycling-Baustoffe Bayern e.V.
Beethovenstr. 8, 80336 München
T: (089) 51 40 30 **Fax:** 53 48 32
Vorsitzende(r): Dipl.-Ing. Siegfried Moßandl (i.Fa. Karl Mossandl GmbH & Co KG, 84130 Dingolfing)
Geschäftsführer(in): Dr. Fritz Johann Dingethal
Dipl.-Ing. R. Mertin

t 1 975

Baustoffüberwachungs- und Zertifizierungsverband Nord-Ost e.V. (BÜV NO)
Abteilung Kies, Sand, Splitt und Recyclingbaustoffe
Prinzessinnenstr. 8, 10969 Berlin
T: (030) 61 69 57-0 **Fax:** 61 69 57 40
Vorsitzende(r): Dipl.-Ing. Jürgen Haase
Geschäftsführer(in): Dipl.-Ing. Reinhard Kieslich

t 1 976

Güteüberwachung Kies und Sand Niedersachsen-Bremen e.V.
Raiffeisenstr. 8, 30938 Burgwedel
T: (05139) 50 58 **Fax:** 55 97
Vorsitzende(r): Dr.-Ing. Ulf-Ekhard Dorstewitz (i. Fa. Gropengießer Sand-Kies-Baustoffe GmbH, 38723 Seesen)
Geschäftsführer(in): Dr.-Ing. Franz Blume

t 1 977

Baustoffüberwachungs- und Zertifizierungsverein Nord e.V. (Hamburg/Schleswig-Holstein) (BÜV N)
Abteilung Kies und Sand
Eiffestr. 462, 20537 Hamburg
T: (040) 25 17 29-0 **Fax:** 25 17 29-20
Vorsitzende(r): Dipl.-Ing. Wilh. Ludwig Andresen (Kieswerke Andresen GmbH, Tarbeker Landtsr. 7, 23824 Damsdorf)
Geschäftsführer(in): Dipl.-Volksw. Rüdiger Pabst
Dipl.-Ing. Detlef Zeh

t 1 978

Baustoffüberwachung Kies und Sand Hessen/ Rheinland-Pfalz e.V.
Friedrich-Ebert-Str. 11-13, 67433 Neustadt
T: (06321) 85 20 **Fax:** 85 22 16
Vorsitzende(r): Reinhard Waibel jun. (Flettner & Co. GmbH Kiesvertriebsgesellschaft mbH, Franziusstr. 24, 60314 Frankfurt/M.)
Geschäftsführer(in): RA Heinrich Klotz

t 1 979

Baustoffüberwachungsverein NW e.V. (BÜV NW)
Abteilung Kies, Sand und Splitt
Düsseldorfer Str. 50, 47051 Duisburg
T: (0203) 99 23 90 **Fax:** 9 92 39 97
Vorsitzende(r): Christoph Holemanns (Niederrheinische Kies- u. Sandbaggerei GmbH, Vor dem Rheintor 17, 46459 Rees)
Hauptgeschäftsführer(in): RA Hans-Peter Braus
Geschäftsführer(in): Dr. Karl-Uwe Voß

t 1 980

Güteschutzvereinigung Baustoffe Saar e.V.
Franz-Josef-Röder-Str. 9V, 66119 Saarbrücken
T: (0681) 5 35 21 **Fax:** 58 42 47
Vorsitzende(r): Michael Arweiler (Gebr. Arweiler KG, Mittelstr. 2, 66763 Dillingen)
Geschäftsführer(in): RA Armin Dietzen

t 1 981

Baustoffüberwachungs- und Zertifizierungsverein Sachsen e.V. (BÜV S)
Abteilung Kies und Sand pp.
Uhlandstr. 39, 01069 Dresden
T: (0351) 4 70 58-0 **Fax:** 4 70 58-20
Vorsitzende(r): Dr.-Ing. Claus Rüter (i. Fa. Bilfinger + Berger Baustoffe GmbH, Leipzig)
Geschäftsführer(in): Dr.-Ing. Steffen Wiedenfeld

t 1 982

Baustoffüberwachungs- und Zertifizierungsverein Thüringen und Sachsen-Anhalt e.V. (BÜV TSA)
Abteilung: Sand, Kies u. Splitt
Postf. 2 80, 99725 Nordhausen
August-Bebel-Platz 29, 99734 Nordhausen
T: (03631) 99 03 25, 99 03 24 **Fax:** 99 03 32
Vorsitzende(r): Dipl.-Ing. Georg Teubner (i.Fa. Kies- und Beton GmbH Erfurt, Schwerborner Straße, 99086 Erfurt)
Geschäftsführer(in): RA Gert-Dietrich Reuter
Dr. P. König

• **T 1 983**

Gütegemeinschaft Membranbau e.V.
Sitz Frankfurt
Geschäftsstelle:
Postf. 27, 83251 Rimsting
Nordstr. 1, 83253 Rimsting
T: (08051) 69 09-0
Vorsitzende(r): Klaus-Michael Koch (Nordstr. 1, 83253 Rimsting)

• **T 1 984**

Bundesüberwachungsverband Recycling-Baustoffe e.V. (BÜV RB)
Postf. 10 04 64, 47004 Duisburg
Düsseldorfer Str. 50, 47051 Duisburg
T: (0203) 9 92 39-0 **Fax:** 9 92 39-97/98
Vorsitzende(r): Dipl.-Volksw. Eberhard Manzke (Manzke GmbH & Co., Postfach 22 04, 21312 Lüneburg)
Hauptgeschäftsführer(in): RA Hans-Peter Braus
TGeschF: Dr. Karl-Uwe Voß

Regionale Mitgliedsverbände

t 1 985

Abteilung Recycling-Baustoffe im Überwachungsverein Sand, Kies, Splitt und Recycling-Baustoffe Bayern e.V.
Beethovenstr. 8, 80336 München
T: (089) 5 14 03-0 **Fax:** 53 48 32

t 1 986

Baustoffüberwachungs- und Zertifizierungsverband Nord-Ost (BüV NO) e.V.
Abt. Kies, Sand und Recyclingbaustoffe
Prinzessinnenstr. 8, 10969 Berlin
T: (030) 61 69 57-0
Vorsitzende(r): Dipl.-Ing. Jürgen Haase
Geschäftsführer(in): Dipl.-Ing. Reinhard Kieslich

t 1 987

Abteilung Recycling-Baustoffe in Güteüberwachung Kies und Sand Niedersachsen-Bremen e.V.
Raiffeisenstr. 8, 30938 Burgwedel
T: (05139) 99 94-40

t 1 988

Baustoffüberwachungs- und Zertifizierungsverein Kies, Sand und Splitt Hessen - Rheinland-Pfalz e.V.
Fachabteilung Recyclingbaustoffe
Friedrich-Ebert-Str. 11-13, 67433 Neustadt
T: (06321) 85 20 **Fax:** 85 22 16
Vorsitzende(r): Erich Freyer (i.Fa. Freyer GmbH, Philippsburger Str. 3-7, 76726 Germersheim)
Geschäftsführer(in): Dipl.-Ing. Armin Neunast

t 1 989

Abteilung Recycling-Baustoffe im Baustoffüberwachungsverein Nordrhein-Westfalen e.V.
Düsseldorfer Str. 50, 47051 Duisburg
T: (0203) 9 92 39-0 **Fax:** 9 92 39-98
Vorsitzende(r): Fritz Möller (i. A.S.D. Augustdorfer Sandgruben und Deponie GmbH, Postfach 80 80, 32736 Detmold)
Hauptgeschäftsführer(in): RA Hans-Peter Braus
Geschäftsführer(in): Dr. Karl-Uwe Voß

t 1 990

Abteilung Recycling-Baustoffe in Güteschutzvereinigung Baustoffe Saar e.V.
Franz-Josef-Röder-Str. 9V, 66119 Saarbrücken
T: (0681) 5 35 21 **Fax:** 58 42 47

t 1 991

Abteilung Recycling-Baustoffe im Baustoffüberwachungsverein Sachsen e.V.
Uhlandstr. 39, 01069 Dresden
T: (0351) 4 70 58-0

t 1 992

Abteilung Recycling-Baustoffe im Baustoffüberwachungsverein Thüringen und Sachsen-Anhalt e.V.
August-Bebel-Platz 29, 99734 Nordhausen
T: (03631) 99 03 25, 99 03 24 **Fax:** 99 03 32

• T 1 993

Bundesüberwachungsverband Mörtel e.V. (BÜV M)
Postf. 10 04 64, 47004 Duisburg
Düsseldorfer Str. 50, 47051 Duisburg
T: (0203) 9 92 39-0 **Fax:** 9 92 39 97
Vorsitzende(r): Kurt Bischof (Beton-Union Köln-Bonn GmbH, An der Wachsfabrik 17, 50996 Köln)
Hauptgeschäftsführer(in): RA Hans-Peter Braus

Mitglieder

t 1 994

Baustoffüberwachungs- und Zertifizierungsverband Baden-Württemberg e.V. (BÜVZERT BaWü)
Industriegebiet, Schertlenswald IV
Schuckertstr. 22, 71277 Rutesheim
T: (07152) 5 20 37 **Fax:** 5 83 99
Vorsitzende(r): Dipl.-Ing. Manfred Lehmann (c/o Betonwerk Feuerbach GmbH & Co. KG, Steiermärker Str. 48, 70469 Stuttgart)
Geschäftsführer(in): Dipl.-Ing. Günter Schade

t 1 995

Überwachungs- und Zertifizierungsverein Trockenmörtel Land Bayern e.V.
Beethovenstr. 8, 80336 München
T: (089) 51 40 30 **Fax:** 5 32 83 59
Vorsitzende(r): Wolfgang Franz (i. Fa. Porphyr-Werke GmbH, Porphyrweg 10, 92271 Freihung)
Geschäftsführer(in): Dipl.-Ing. Guntram Zanker

t 1 996

Überwachungsverein Transportbeton und Werk-Frischmörtel Land Bayern e.V.
Beethovenstr. 8, 80336 München
T: (089) 51 40 30 **Fax:** 53 48 32
Vorsitzende(r): Gerhard Uhl (Readymix Beton Nordbayern-Thüringen GmbH, Christian-Ritter-von-Langheinrich-Str. 7, 95448 Bayreuth)
Geschäftsführer(in): Dipl.-Kfm. Rainer Hohenwarter

t 1 997

Baustoffüberwachungs- und Zertifizierungsverband Nord-Ost e.V. (BÜV NO)
Abteilung Mörtel/Trockenbaustoffe
Prinzessinnenstr. 8, 10969 Berlin
T: (030) 61 69 57-0 **Fax:** 61 69 57 40
Vorsitzende(r): Dipl.-Ing. Werner Theis
Geschäftsführer(in): Dipl.-Ing. Reinhard Kieslich

t 1 998

Baustoffüberwachungs- und Zertifizierungsverein Nord e.V. (Hamburg/Schleswig-Holstein) (BÜV N)
Abteilung Mörtel
Eiffestr. 462, 20537 Hamburg
T: (040) 25 17 29-0 **Fax:** 25 17 29-20
Vorsitzende(r): Dipl.-Ing. Dipl.-Wirtschafts-Ing. Michael Jester (WIKA Beton GmbH & Co. KG, Auf der Halloh 1, 21684 Stade-Wiepenkathen)
Geschäftsführer(in): Dipl.-Volksw. Rüdiger Pabst
Dipl.-Ing. Detlef Zeh

t 1 999

Baustoffüberwachung und Zertifizierung Transportbeton-Mörtel Mitte e.V.
Friedrich-Ebert-Str. 11-13, 67433 Neustadt
T: (06321) 85 20 **Fax:** 85 22 16
Gründung: 1968 (12. Dezember)
Vorsitzende(r): Heinz Lauermann (i. Kann Beton GmbH & Co. KG, Bendorfer Str. 180, 56170 Bendorf)
Geschäftsführer(in): Dipl.-Ing. Armin Neunast
Mitglieder: 125 Firmen mit 264 Transportbetonwerken, 36 Firmen mit 75 Mörtelwerken

t 2 000

Baustoffüberwachungsverein NW e.V. (BÜV NW)
Abteilung Mörtel
Düsseldorfer Str. 50, 47051 Duisburg
T: (0203) 99 23 90 **Fax:** 9 92 39 97
Vorsitzende(r): Kurt Bischof (i. Fa. Beton-Union Köln-Bonn GmbH, An der Wachsfabrik 17, 50996 Köln)
Hauptgeschäftsführer(in): RA Hans-Peter Braus
Geschäftsführer(in): Dr. Karl-Uwe Voß

t 2 001

Baustoffüberwachungs- und Zertifizierungsverein Sachsen e.V. (BÜV S)
Abteilung Mörtel
Uhlandstr. 39, 01069 Dresden
T: (0351) 4 70 58-0 **Fax:** 4 70 58-20
Vorsitzende(r): Dr. Ing. Michael Zocher (i. Readymix Beton Sachsen GmbH & Co. KG, Niedersedlitzerstr. 54-62, 01239 Dresden)
Geschäftsführer(in): Dr.-Ing. Steffen Wiedenfeld

t 2 002

Baustoffüberwachungs- und Zertifizierungsverein Thüringen und Sachsen-Anhalt e.V. (BÜV TSA)
Abteilung Mörtel
Postf. 2 80, 99725 Nordhausen
August-Bebel-Platz 29, 99734 Nordhausen
T: (03631) 99 03 25, 99 03 24 **Fax:** 99 03 32
Vorsitzende(r): Dipl.-Kfm. Oskar Aulich (i. Fa. sibobeton Thüringen GmbH & Co. KG)
Geschäftsführer(in): RA Gert-Dietrich Reuter
Dr. Peter König

• T 2 003

Bundesüberwachungsverband Transportbeton e.V. (BÜV TB)
Düsseldorfer Str. 50, 47051 Duisburg
T: (0203) 99 23 90 **Fax:** 9 92 39 97
Vorsitzende(r): Johann-Heinrich Frankenfeld (i. Fa. Emsland Transportbeton GmbH & Co KG, Avenwedder Str. 64, 33335 Gütersloh)
Hauptgeschäftsführer(in): RA Hans-Peter Braus

Mitglieder:

t 2 004

Baustoffüberwachungs- und Zertifizierungsverband Baden-Württemberg e.V. (BÜVZERT BaWü)
Industriegebiet
Schuckertstr. 22, 71277 Rutesheim
T: (07152) 5 20 37 **Fax:** 5 83 99
Vorsitzende(r): Dipl.-Ing. Manfred Lehmann (i. Fa. Frischbeton West GmbH & Co. KG, Steiermärker Str. 48, 70469 Stuttgart, T: (0711) 81 05-1 13, Telefax: (0711) 8 10 52 23)
Geschäftsführer(in): Dipl.-Ing. Günter Schade

t 2 005

Überwachungsverein Transportbeton und Werk-Frischmörtel Land Bayern e.V.
Beethovenstr. 8, 80336 München
T: (089) 51 40 30 **Fax:** 53 48 32
Vorsitzende(r): Gerhard Uhl (Readymix Beton Nordbayern-Thüringen, Christian-Ritter-von-Langheinrich-Str. 7, 95448 Bayreuth)
Geschäftsführer(in): Dipl.-Kfm. Rainer Hohenwarter

t 2 006

Baustoffüberwachungs- und Zertifizierungsverband Nord-Ost e.V. (BÜV NO)
Abt. Transportbeton
Prinzessinnenstr. 8, 10969 Berlin
T: (030) 61 69 57 30
Vorsitzende(r): Dipl.-Ing. Burkhard Lichtner (i. Fa. Lichtner Beton GmbH & Co. Betriebs-KG, Sitz Velten, Südhafen, 13597 Berlin)
Geschäftsführer(in): Dipl.-Ing. Reinhard Kieslich

t 2 007

Baustoffüberwachungs- und Zertifizierungsverein Nord e.V. (Hamburg/Schleswig-Holstein) (BÜV N)
Abt. Transportbeton
Eiffestr. 462, 20537 Hamburg
T: (040) 25 17 29-0 **Fax:** 25 17 29-20
Vorsitzende(r): Dipl.-Kfm. Oskar Aulich (i. Fa. Sibo-Gruppe GmbH & Co. KG, 49090 Osnabrück)
Geschäftsführer(in): Dipl.-Volksw. Rüdiger Pabst
Dipl.-Ing. Detlef Zeh

t 2 008

Baustoffüberwachung und Zertifizierung Transportbeton-Mörtel Mitte e.V.
Friedrich-Ebert-Str. 11-13, 67433 Neustadt
T: (06321) 85 20 **Fax:** 85 22 16
Gründung: 1968 (12. Dezember)
Vorsitzende(r): Heinz Lauermann (i. Kann Beton GmbH & Co. KG, Bendorfer Str. 180, 56170 Bendorf)
Geschäftsführer(in): Dipl.-Ing. Armin Neunast
Mitglieder: 125 Firmen mit 264 Transportbetonwerken, 36 Firmen mit 75 Mörtelwerken

t 2 009

Baustoffüberwachungsverein NW e.V. (BÜV NW)
Abteilung Transportbeton
Düsseldorfer Str. 50, 47051 Duisburg
T: (0203) 99 23 90 **Fax:** 9 92 39 97
Vorsitzende(r): Johann-Heinrich Frankenfeld (i. Emsland Transportbeton GmbH & Co. KG, Avenwedder Str. 64, 33335 Gütersloh)
Hauptgeschäftsführer(in): RA Hans-Peter Braus
Geschäftsführer(in): Dr. Karl-Uwe Voß

t 2 010

Baustoffüberwachungs- und Zertifizierungsverein Sachsen e.V. (BÜV S)
Abteilung Transportbeton
Uhlandstr. 39, 01069 Dresden
T: (0351) 4 70 58-0 **Fax:** 4 70 58-20
Vorsitzende(r): Dipl.-Ing. Ulrich Gebhardt (i. Fa. SARI-Betonpumpendienst GmbH & Co.KG, Obere Hauptstr. 228, 09228 Wittgensdorf)
Geschäftsführer(in): Dr.-Ing. Steffen Wiedenfeld

t 2 011

Baustoffüberwachungs- und Zertifizierungsverein Thüringen und Sachsen-Anhalt e.V. (BÜV TSA)
Abteilung Transportbeton
Postf. 2 80, 99725 Nordhausen
August-Bebel-Platz 29, 99734 Nordhausen
T: (03631) 99 03 25, 99 03 24 **Fax:** 99 03 32
Vorsitzende(r): Dipl.-Ing. Olaf Heinicke (sibobeton Thüringen GmbH & Co. KG, Thälmannstr. 17, 99869 Wechmar)
Geschäftsführer(in): RA Gert-Dietrich Reuter
Dr. Peter König

• **T 2 012**

MFPA Materialforschungs- und Prüfanstalt an der Bauhaus-Universität Weimar
Postf. 23 10, 99404 Weimar
Amalienstr. 13, 99423 Weimar
T: (03643) 5 64-0 **Fax:** 5 64-201
Gründung: 1992 (1. Januar)
Direktor(in): Prof. Dr.-Ing. J. Bergmann
Leitung Marketing: Dr. Konrad Nitsche
Mitarbeiter: ca. 90
Jahresetat: DM 11 Mio, € 5,62 Mio
Forschung; Baustoff- und Werkstoffprüfung

• **T 2 013**

Güteüberwachungsverein von Betonzuschlagstoffen e.V. (Gübet)
Güterbahnhofstr. 1b, 63450 Hanau
T: (06181) 9 33 90 **Fax:** 93 39 19
Vorsitzende(r): Hans-Gotthard Lorch, 63667 Nidda

• **T 2 014**

Güteüberwachung Beton BII-Baustellen E.V. (GÜBII)
Postf. 11 06 12, 10836 Berlin
Kurfürstenstr. 130, 10785 Berlin
T: (030) 23 60 96-64 **Fax:** 23 60 96-73
Internet: http://gueb2.web.com
E-Mail: gueb2.berlin@gmx.de
Gründung: 1970
Vorsitzende(r): Dr.-Ing. Hans Luber
Geschäftsführung: Dipl.-Ing. Wolfgang Schild (Leiter der ÜZ-Stelle)
Verbandszeitschrift: Rundschreiben
Mitglieder: 470
Mitarbeiter: 26

• **T 2 015**

Bundesarbeitskreis Altbauerneuerung e.V. (BAKA)
Godesberger Allee 91, 53175 Bonn
T: (0228) 35 90 01 **Fax:** 35 90 04
Internet: http://www.altbauerneuerung.de
E-Mail: baka-bonn@t-online.de
Gründung: 1969 (19. März)
Vorsitzende(r): Dipl.-Ing. Ulrich Zink
Stellvertretende(r) Vorsitzende(r): Prof. Dr. Karl Robl
Geschäftsführer(in): Joachim Kuschfeldt
Leitung Presseabteilung: Gisela Kuschfeldt
Mitglieder: 100
Mitarbeiter: 3

• **T 2 016**

Arbeitsgemeinschaft der Vermessungsverwaltungen der Länder der Bundesrepublik Deutschland (AdV)
Podbielskistr. 331, 30659 Hannover
T: (0511) 6 46 09-0 **Fax:** 6 46 09-162
Internet: http://www.adv-online.de
Vorsitzende(r): Heinrich Tilly (Ministerium des Innern des Landes Brandenburg, Referate III/2 u. III/3, Henning-von-Tresckow-Str. 9-13, 14467 Potsdam)
Geschäftsführer(in): Peter Creuzer (Landesvermessung + Geobasisinformation Niedersachsen LGN, Podbielskistr. 331, 30659 Hannover)

• **T 2 017**

Deutscher Verband unabhängiger Überwachungsgesellschaften für Umweltschutz e.V. (DVÜ)
Gyrenkampstr. 5, 45239 Essen
T: (0201) 49 71 12 **Fax:** 49 72 12
Internet: http://www.dvue.de
Gründung: 1988 (28. Mai)
Geschäftsführer(in): Dr. M. Buck
Vorstand: Prof. Dr. W. Jäger (1. Vors.)
Dr. S. Biernath-Wüpping
Dipl.-Ing. H. Feldbaum
Mitglieder: 18

• **T 2 018**

Berufsverband Prüfer von Luftfahrtgerät e.V. (BPvL)
Frauenstr. 298, 53819 Neunkirchen-Seelscheid
T: (02247) 64 95 **Fax:** 7 50 97
E-Mail: bpvl.hkarich@t-online.de
Gründung: 1985 (22. Juli)
Vorstand:
1. Vorsitzende(r): Ulrich Wirtz (Schützheiderweg 25, 51465 Bergisch-Gladbach, T: (02202) 3 93 56)
Stellvertretende(r) Vorsitzende(r): Stephan Wahl (Meisenburgstr. 267, 45133 Essen, T: (0172) 2 90 09 78)
Schriftführer(in): Herbert Karich (Frauenstr. 298, 53819 Neunkirchen-Seelscheid, T: (02247) 64 95, Fax: (02247) 7 50 97)
Schatzmeister: Holger Diefenbacher (Seestücken 6, 22952 Lütjensee, T: (030) 9 93 25 73)
Leitung Presseabteilung: Herbert Karich, Neunkirchen-Seelscheid
Verbandszeitschrift: "PRÜFER-INFO"
Redaktion: Herbert Karich, Frauenstr. 298, 53819 Neunkirchen-Seelscheid
Mitglieder: 351
Jahresetat: ca. DM 0,031 Mio, € 0,02 Mio
Förderung der allgemeinen Luftfahrt, beratende Einflußnahme auf die Tätigkeiten der Luftfahrtbehörden des Bundes und der Länder, die Aus- und Weiterbildung der Prüfer von Luftfahrtgerät, Beratung in prüfertechnischen Belangen, Aufklärung der Öffentlichkeit über prüftechnische Fragen.

Akkreditierte QM-Zertifizierer und Personalzertifizierer

• **T 2 019**

DEKRA ITS Certification Services GmbH
Handwerkstr. 15, 70565 Stuttgart
T: (0711) 78 61 25 66 **Fax:** 78 61 26 15
Gründung: 1996 (1. Januar)
Leitung Presseabteilung: Nicola Baus
Mitarbeiter: 45
Umsatz: DM 21 Mio

• **T 2 020**

Dasa-Zert
Zertifizierungsstelle der Daimler-Chrysler Aerospace
81663 München
T: (089) 6 07-2 30 60 **Fax:** 6 07-2 37 66
Gründung: 1993 (1. Januar)
Geschäftsführer(in): Dipl.-Ing. Werner Eberle
Stellvertretende(r) Geschäftsführer(in): Dr. Rainer Hornischer
Mitarbeiter: 30

• **T 2 021**

DQS Deutsche Gesellschaft zur Zertifizierung von Managementsystemen mbH, Qualitäts- und Umweltgutachter
August-Schanz-Str. 21, 60433 Frankfurt
T: (069) 9 54 27-0, **Fax:** (069) 9 54 27-111
Burggrafenstr. 6, 10787 Berlin
T: (030) 26 01 25 44 **Fax:** 26 01 19 72
Internet: http://www.dqs.de
Gründung: 1985 (1. Februar)
Vors. d. AR: Prof. Dr.-Ing. Helmut Reihlen
Geschäftsführer(in): Dipl.-Ing. Joachim Pärsch
Dr. Klaus Petrick
Pressestelle: Dagmar Blaha
Mitarbeiter: 140
Kundenzeitschrift: DQS im Dialog
Redaktion: DQS
Verlag: Selbstverlag

• **T 2 022**

DVS ZERT e.V.
Postf. 10 19 65, 40010 Düsseldorf
Aachener Str. 172, 40223 Düsseldorf
T: (0211) 15 91-2 03 **Fax:** 15 91-2 00
Internet: http://www.dvs-ev.de
E-Mail: dvs_hg@compuserve.com
Gründung: 1994 (13. Januar)
Vorsitzende(r): Dipl.-Ing. H. Hesse
Stellvertretende(r) Vorsitzende(r): Dr. Köstermann
Prof. Dr. Böhme
Geschäftsführer(in): H. Kempgen (stellv. Hauptgeschf. des Deutschen Verbandes für Schweißen und verwandte Verfahren e.V.)
Leitung Presseabteilung: Dipl.-Ing. Martin Lehmann
Mitglieder: 13 korporative Mitglieder, 14 persönliche Mitglieder

• **T 2 023**

AGQS Qualitäts- und Umweltmanagement GmbH (AGQS)
Postf. 10 03 70, 42503 Velbert
Offerstr. 12, 42551 Velbert
T: (02051) 9 50 60 **Fax:** 95 06 25
Geschäftsführer(in): Dipl.-Kfm. Karlheinz Kemminer
Karl-Heinz Ruberg
Mitarbeiter: 13
Zertifizierung von QM- und UM-Systemen.

• **T 2 024**

EQ ZERT
Europäisches Institut zur Zertifizierung von Managementsystemen und Personal
Ein Institut der Steinbeis-Stiftung für Wirtschaftsförderung
Auchertwiesenweg 5, 89081 Ulm
T: (0731) 9 36 64-0 **Fax:** 9 36 64-40
Internet: http://www.eqzert.de
E-Mail: eqzert@t-online.de
Gründung: 1993
Leitung: Jürgen G. Kerner
Stellvertretender Leiter: Bernd Kentner

• **T 2 025**

DIN GOST TÜV Berlin-Brandenburg Gesellschaft für Zertifizierung in Europa mbH
Budapester Str. 31, 10787 Berlin
T: (030) 26 01-2110 **Fax:** 26 01-1210
E-Mail: din-gost@snafu.de
Mitarbeiter: 13

• **T 2 026**

Allianz Cert Zertifizierungsgesellschaft mbH
Kraussstr. 14, 85737 Ismaning
T: (089) 9 69 89 58-0 **Fax:** 9 69 89 58-9
Gründung: 1994 (09. Januar)
Geschäftsführer(in): Dipl.-Ing. (FH) Ernst Christoph
Dr. Lutz Cleemann
Mitarbeiter: z. Zt. 3 und ca. 20 freie Mitarbeiter
Jahresetat: DM 0,6 Mio, € 0,31 Mio

• **T 2 027**

Gesellschaft für Fertigungstechnik und Entwicklung e.V. (GFE)
Postf. 10 01 61, 98561 Schmalkalden
Am Bad 2, 98574 Schmalkalden
T: (03683) 6 90 00 **Fax:** 69 00 16
Internet: http://www.gfe-schmalkalden.de
E-Mail: info@GFE-net.de
Gründung: 1992 (17. Juni), Rechtsvorgänger 1978
Vorsitzende(r): Dipl.-Ing. (FH) Edgar Wilhelm (Rennsteig-Werkzeuge GmbH, Altersbach)
Stellvertretende(r) Vorsitzende(r): Prof. Dr.-Ing. Walter Lehmann (FH Schmalkalden)
Mitglieder: Dipl.-Kfm. Günther Heim (Fa. August Beck GmbH & Co. Winterlingen)
Dr.-Ing. Wolfgang Horn (Fa. Hüller Hille GmbH Ludwigsburg)
Schatzmeister: Dipl.-Betriebsw. Hans-Peter Kämpfer, Herborn/Essen
Geschäftsführer(in): Dr.rer.nat. Klaus Holland-Letz
Förderung und Durchführung von Grundlagen- und angewandter Forschung auf dem Gebiet der Fertigungstechnik im allgemeinen sowie der Werkzeugtechnik, der Schichtverbundtechnik und des Qualitätsmanagements im besonderen.

• **T 2 028**

Germanischer Lloyd Certification GmbH Qualitäts-, Umwelt-, Sicherheitsgutachter
Postf. 11 16 06, 20416 Hamburg
Vorsetzen 32, 20459 Hamburg
T: (040) 3 61 49-2 88 **Fax:** 3 61 49-6 50
TX: 212 828 glhh d
Internet: http://www.glc.de
E-Mail: glc@germanlloyd.org
Gründung: 1993 (1. Januar)
Geschäftsführer(in): Dr. Weber
Mitarbeiter: 25

• **T 2 029**

ifta-CERT
Zertifizierungsstelle der ifta Institut für Tiergesundheit und Agrarökologie AG
Neukirchstr. 26, 13089 Berlin
T: (030) 4 78 80 30 **Fax:** 47 88 03 20
Internet: http://www.ifta-ag.de
E-Mail: info@ifta-ag.de
Gründung: 1991 (April)
Leitung: Prof. Dr. habil. Eberhard Karge
Mitarbeiter: 12

Akkreditierte Zertifizierungsstelle für Qualitäts- und Umweltmanagementsysteme, Validierung von Umwelterklärungen.

• T 2 030

VDE Prüf- und Zertifizierungsinstitut
Merianstr. 28, 63069 Offenbach
T: (069) 83 06-0 **Fax:** 83 06-5 55
Internet: http://www.vde.de
E-Mail: vde-info@vde-institut.com
Gründung: 1920
Geschäftsführer(in): Dr.-Ing. Gerhard Dreger
Dipl.-Kfm., Dipl.-Ing. Wilfried Jäger
Leitung Presseabteilung: Dr. Walter Börmann
Mitarbeiter: 430
Informationsdienst: VDE-geprüft

• T 2 031

Zertifizierungsstelle im Materialprüfungsamt für das Bauwesen der Techn. Univ. München
80290 München
Theresienstr. 90 (Geb. N6), 80333 München
T: (089) 2 89-23000 (MPA-Zentrale), 2 89-23022 (ZQ-Leitung), 2 89-23010 (ZQ-Sekretariat) **Fax:** 2 89-23057
E-Mail: barlet@mpa-bau.bauwesen.tu-muenchen.de
Gründung: 1870 (MPA), 1993 (ZQ)
Mitarbeiter: 3

Zertifizierung nach DIN EN ISO 9001 bis 3 und den Produktnormen bei Baustoff- und Bauteilherstellern, Baufirmen und Bauhandwerksbetrieben und bei Ingenieurbüros.

• T 2 032

MPA NRW
Materialprüfungsamt Nordrhein-Westfalen
PRÜFEN • ÜBERWACHEN • ZERTIFIZIEREN

Materialprüfungsamt Nordrhein-Westfalen (MPA NRW)
Marsbruchstr. 186, 44287 Dortmund
T: (0231) 45 02-0 **Fax:** 45 85 49
Internet: http://www.mpanrw.de
E-Mail: info@mpanrw.de
Gründung: 1947 (20. Mai)
Leiter(in): Jens-Peter Steuck
Ständiger Vertreter: Dr. Jürgen Froh
Öffentlichkeitsarbeit: Sebastian Dinkloh
Redaktion: Öffentlichkeitsarb. im MPA NRW
Mitarbeiter: 300
Zeitschrift: Gesamtprospekt MPA NRW

Intensiver und vorrangiger Einsatz auf den Gebieten der Bausicherheit, der Energieeinsparung, des Brandschutzes, der Grubensicherheit, der Dosimetrie und des Strahlenschutzes, sowie des Umweltschutzes, des Verbraucherschutzes und der Verkehrssicherheit.

• T 2 033

NIS Zertifizierungs- und Umweltgutachter GmbH
Dörnigheimer Str. 2, 63452 Hanau
T: (06181) 99 37-0 **Fax:** 99 37-99
E-Mail: info@nis-zert.de
Geschäftsführer(in): Manfred Kruschel
Franz Kaiser
Dr. Hartmut Heyn

• T 2 034

Prüf- und Forschungsinstitut für die Schuhherstellung e.V. (PFI)
Postf. 22 25, 66930 Pirmasens
Hans-Sachs-Str. 2, 66955 Pirmasens
T: (06331) 24 90-0 **Fax:** 24 90-60
E-Mail: pfi-ps@t-online.de
Gründung: 1956
Vorsitzende(r): Klaus Dobelmann (Salamander, Kornwestheim)
Stellvertretende(r) Vorsitzende(r): Franz Panhofer (Gabor, Rosenheim)
Geschäftsführer(in): Dr.-Ing. Gerd-Georg Kwauka (Ltg. Presseabt.)
Verbandszeitschrift: Aktuelle Information
Redaktion: PFI
Mitglieder: 134
Mitarbeiter: 34
Jahresetat: DM 4,5 Mio, € 2,3 Mio

• T 2 035

Q-Zert Zertifizierungsgesellschaft für Qualitäts- und Umwelt-Managementsysteme mbH
Bleichstr. 19, 75173 Pforzheim
T: (07231) 92 96-0 **Fax:** 92 96-20
Internet: http://www.qzert.de
E-Mail: info@qzert.de
Gründung: 1993 (26. April)
Geschäftsführer(in): Dietfried Baier
Stellvertretende(r) Geschäftsführer(in): Dr. Hans Eberhardt
Mitarbeiter: 5
Jahresetat: DM 2 Mio, € 0,51 Mio

• T 2 036

SGS-ICS Gesellschaft für Zertifizierungen m.b.H. und Umweltgutachter
Postf. 10 55 24, 20038 Hamburg
Raboisen 28, 20095 Hamburg
T: (040) 3 01 01-361 **Fax:** 33 04 08
E-Mail: sgsics.germany@sgsgroup.com
Gründung: 1993 (August)
Geschäftsführer(in): Dr. Karen Schulze-Bergmann
Leitung Presseabteilung: Dipl.-Ing. Stefan Ziehm

• T 2 037

SKZ-Cert GmbH
Zertifizierungen
Frankfurter Str. 15, 97082 Würzburg
T: (0931) 41 04-310 **Fax:** 41 04-320
Internet: http://www.skz-cert.de
E-Mail: zertis@skz-cert.de
Gründung: 1994 (1. Juli)
Vorsitzende(r): Dr. Guhr
Hauptgeschäftsführer(in): Dipl.-Ing. Robert Schmitt (Ltg. Presseabt.)

Fachgerechte Zertifizierung von QMS und UMS in der Kunststoff-Branche

• T 2 038

TÜV-Zertifizierungsgemeinschaft e.V. (TÜV CERT)
Reuterstr. 159, 53113 Bonn
T: (0228) 2 01 22-0 **Fax:** 2 01 22-20
Internet: http://www.tuev-cert.de
E-Mail: tuev-cert@t-online.de

• T 2 039

TÜV Rheinland Anlagentechnik GmbH
TÜV CERT - Zertifizierungsstelle für QM-Systeme
51101 Köln
Am Grauen Stein, 51105 Köln
T: (0221) 8 06-2218 **Fax:** 8 06-1573
Internet: http://www.tuev-rheinland.de
E-Mail: zertst@tuev-rheinland.de
Mitarbeiter: ca. 700

• T 2 040

VdS Schadenverhütung GmbH (VdS-Zert)
Zertifizierungsstelle
Postf. 10 37 53, 50477 Köln
Amsterdamer Str. 174, 50735 Köln
T: (0221) 77 66-0 **Fax:** 77 66-466
Internet: http://www.vds.de
E-Mail: zert@vds.de
Gründung: 1995 (1. Januar)
Geschäftsführer(in): Dipl.-Betrw. Gero F. Poppe
Hans Schüngel
Leitung: Reinhard Conrads
Stellvertretender Leiter: Günter Molt

• T 2 041

ZAID Zertifizierungsstelle für Architektur- und Ingenieurbüros GmbH Deutschland
Viktoriastr. 27, 65189 Wiesbaden
T: (0611) 9 91 94-0 **Fax:** 9 91 94-20
Internet: http://www.zaid.de
E-Mail: ZAIDGmbH@t-online.de
Gründung: 1995 (3. April)
Geschäftsführer(in): Dr.-Ing. Gerhard Rinn
Mitarbeiter: 4

• T 2 042

Deutsche Gesellschaft für Qualität e.V. (DGQ)
German Society for Quality
siehe T 1339

• T 2 043

DGZfP-Personalzertifizierungsstelle (DPZ)
Max-Planck-Str. 6, 12489 Berlin
T: (030) 6 78 07-140 **Fax:** 6 78 07-149
Gründung: 1993
Vorsitzende(r): Dipl.-Ing. Hans Aisenbrey
Geschäftsführer(in): Dr.rer.nat. Rainer Link

Zertifizierung von Personal der zerstörungsfreien Prüfung.

• T 2 044

EdDE-Entsorgergemeinschaft der Deutschen Entsorgungswirtschaft e.V.
Schönhauser Str. 3, 50968 Köln
T: (0221) 93 47 00-45 **Fax:** 93 47 00-49
Internet: http://www.entsorgergemeinschaft.de
Gründung: 1996 (7. September)
Vorsitzende(r): Karl-Joachim Neuhaus
stellv. Vors.: Bernd Schönmackers
Geschäftsführer(in): Dr. Markus Weyers
Geschäftsführer(in): Ulrich Cronauge
Verbandszeitschrift: EdDE-Infobrief
Mitglieder: 450

Rationalisierungsgemeinschaften

• T 2 045

RKW

RKW - Rationalisierungs- und Innovationszentrum der Deutschen Wirtschaft e.V.
Postf. 58 67, 65733 Eschborn
Düsseldorfer Str. 40, 65760 Eschborn
T: (06196) 4 95-272 **Fax:** 4 95-391
Internet: http://www.rkw.de
E-Mail: asw@rkw.de
Gründung: 1921
Internationaler Zusammenschluß: siehe unter izu 5
Vorsitzende(r) des Vorstandes: Dr. Otmar Franz
Stellvertretende(r) Vorsitzende(r): Manfred Schallmeyer (Gesch.Vorst.Mitgl. der IG Metall, Frankfurt/M)
Günter Schwank
Geschäftsführer(in): Dr. Herbert Müller
Verbandszeitschrift: Wirtschaft & Produktivität
Redaktion: RKW, Eschborn
Verlag: pwd Presseverlag GmbH, Goethestr. 21, 80336 München
Mitglieder: 6000
Mitarbeiter: ca. 360
Jahresetat: DM 176 Mio, € 89,99 Mio

Aufgabe des RKW ist die Förderung des deutschen Mittelstandes, insbesondere in den Bereichen Innovation und Rationalisierung. Arbeitsschwerpunkte sind die Beratung, Weiterbildung und Forschung sowie Informationsbeschaffung und -vermittlung

Landesgruppen

t 2 046

RKW Baden-Württemberg Rationalisierungs- und Innovationszentrum der Deutschen Wirtschaft e.V.
Postf. 10 40 62, 70035 Stuttgart
Königstr. 49 (Passage), 70173 Stuttgart
T: (0711) 2 29 98-0 **Fax:** 2 29 98 10
Internet: http://www.rkw-bw.de
E-Mail: info@rkw-bw.de
Vorsitzende(r): Sen. e.h. Richard G. Hirschmann

t 2 047

RKW Bayern, Rationalisierungs- und Innovationszentrum der Bayerischen Wirtschaft e.V.
Postf. 83 07 49, 81707 München
Gustav-Heinemann-Ring 212, 81739 München
T: (089) 67 00 40-0 **Fax:** 67 00 40-40
Internet: http://www.rkw-bayern.de
E-Mail: info@rkw-bayern.de
Gründung: 1947
Dipl.-Bw. Günther Wässerle
Mitarbeiter: 25

t 2 048

RKW Berlin, Rationalisierungs- und Innovationszentrum der Deutschen Wirtschaft e.V.
Rankestr. 5-6, 10789 Berlin
T: (030) 8 84 48 00 **Fax:** 88 44 80 25
Internet: http://www.rkw-berlin.de
E-Mail: info@rkw-berlin.de
Vorsitzende(r): Ernst-Henning Graf von Hardenberg

t 2 049

RKW Brandenburg Rationalisierungs- und Innovationszentrum der Deutschen Wirtschaft e.V.
Zeppelinstr. 136, 14471 Potsdam
T: (0331) 9 67 45-0 **Fax:** 9 67 45-20
Internet: http://www.rkw-brandenburg.de
E-Mail: info@rkw-brandenburg.de
Vorsitzende(r): Reinhard Oehler

t 2 050

RKW Bremen, Rationalisierungs- und Innovationszentrum der Deutschen Wirtschaft e.V.
Postf. 10 24 62, 28024 Bremen
Balgebrückstr. 3-5, 28195 Bremen
T: (0421) 3 23 46 40 **Fax:** 32 62 18
Internet: http://www.rkw-bremen.de
E-Mail: info@rkw-bremen.de
Vorsitzende(r): Dipl.-Kfm. Wolfgang Deter Lüken

t 2 051

RKW Nord Rationalisierungs- und Innovationszentrum der Deutschen Wirtschaft Landesgruppe Hamburg
Hammer Steindamm 40, 22089 Hamburg
T: (040) 20 94 16-0 **Fax:** 20 94 16-50
Internet: http://www.rkw-nord.de
E-Mail: info@rkw-nord.de
Leitung: Dipl.-Verwaltungsw. Alois Vilgis

t 2 052

RKW Hessen, Rationalisierungs- und Innovationszentrum der Deutschen Wirtschaft e.V.
Postf. 58 67, 65733 Eschborn
Düsseldorfer Str. 40, 65760 Eschborn
T: (06196) 4 95-3 58 **Fax:** 4 95-3 68
Internet: http://www.rkw-hessen.de
E-Mail: eschborn@rkw-hessen.de
Leitung: Dipl.-Kauff. Bettina Ardelt

t 2 053

RKW Nord Rationalisierungs- und Innovationszentrum der Deutschen Wirtschaft Landesgruppe Niedersachsen
Postf. 49 46, 30049 Hannover
Friesenstr. 14, 30161 Hannover
T: (0511) 3 38 03-0 **Fax:** 3 38 03 38
Internet: http://www.rkw-nord.de
E-Mail: info@rkw-nord.de
Leitung: Dipl.-Verwaltungsw. Alois Vilgis

t 2 054

RKW Nord Rationalisierungs- und Innovationszentrum der Deutschen Wirtschaft Landesgruppe Schleswig-Holstein
Geschäftsstelle Schleswig-Holstein
Dammstr. 32, 24103 Kiel
T: (0431) 5 57 37-0 **Fax:** 5 57 37-70
Internet: http://www.rkw-nord.de
E-Mail: schleswig-holstein@rkw-nord.de
Leitung: Dipl.-Verwaltungsw. Alois Vilgis

t 2 055

RKW-Rationalisierungs- und Innovationszentrum NRW e.V.
Sohnstr. 70, 40237 Düsseldorf
T: (0211) 6 80 01-0 **Fax:** 6 80 01 68
Internet: http://www.rkw-nrw.de
E-Mail: info@rkw-nrw.de
Leitung: Dipl.-Phys. Wilfried Hedderich

t 2 056

RKW Geschäftsstelle Saarland Zentrale für Produktivität und Technologie Saar e.V. ZPT
Franz-Josef-Röder-Str. 9, 66119 Saarbrücken
Postf. 13 61 37, 66104 Saarbrücken
T: (0681) 95 20-0 **Fax:** 9 52 08 88
Internet: http://www.saarland.ihk.de
E-Mail: giersch@zpt.de
Leitung: Dipl.-Volksw. Volker Giersch

t 2 057

RKW Sachsen Rationalisierungs- und Innovationszentrum e.V.
Postf. 02 01 66, 01439 Radebeul
Ledenweg 2, 01445 Radebeul
T: (0351) 83 22 30 **Fax:** 83 22-400
Internet: http://www.rkw-sachsen.de
E-Mail: gf@rkw-sachsen.de
Vorsitzende(r): Günter Haferkorn

t 2 058

RKW Sachsen-Anhalt Rationalisierungs- und Innovationszentrum der Deutschen Wirtschaft e.V.
Tismarstr. 20, 39108 Magdeburg
T: (0391) 7 33 57 55, 7 33 29 04, 7 33 13 65
Fax: 7 33 57 54
Internet: http://www.rkw.de
E-Mail: rkwsaxanh@aol.com
Vorsitzende(r): Dipl.-Ing. Hartmut Röglin

t 2 059

RKW Thüringen Rationalisierungs- und Innovationszentrum der Deutschen Wirtschaft e.V.
Postf. 7 49, 99014 Erfurt
Europaplatz 5, 99091 Erfurt
T: (0361) 74 47-300 **Fax:** 74 47-302
Internet: http://www.rkw-thueringen.de
E-Mail: rkw.thueringen@t-online.de
Vorsitzende(r): Dr. Franz-Ferdinand von Falkenhausen

• **T 2 060**

RG-Bau im RKW · Rationalisierungs-Gemeinschaft „Bauwesen" im Rationalisierungs- und Innovationszentrum der Deutschen Wirtschaft e.V.
Postf. 58 67, 65733 Eschborn
Düsseldorfer Str. 40, 65760 Eschborn
T: (06196) 4 95-313 **Fax:** 4 95-393
Internet: http://www.rkw.de
E-Mail: rgb@rkw.de
Geschäftsführer(in): Dipl.-Ing. Erwin W. Marsch
Verbandszeitschrift: Informationen Bau-Rationalisierung (ibr)
Redaktion: Richard Michalski, Hans Mahlstedt, Günter Blochmann, Erwin W. Marsch
Verlag: Selbstverlag

• **T 2 061**

Rationalisierungsverband des Steinkohlenbergbaus - Körperschaft des öffentlichen Rechts -
Postf. 10 36 63, 45036 Essen
Friedrichstr. 1, 45128 Essen
T: (0201) 18 05-1 **Fax:** 18 05-437, 18 05-444
Vorstand: Friedhelm Teusch
Wolfgang Reichel

• **T 2 062**

R G VERPACKUNG (RGV) im Rationalisierungs- und Innovationszentrum der Deutschen Wirtschaft e.V.
Postf. 58 67, 65733 Eschborn
Düsseldorfer Str. 40, 65760 Eschborn
T: (06196) 4 95-202 **Fax:** 4 95-301
Internet: http://www.rkw.de
E-Mail: rgv@rkw.de
Vorsitzende(r): Erich Krämer
Geschäftsführer(in): Dipl.-Ing. Erwin W. Marsch
Mitarbeiter: 5

• **T 2 063**

Rationalisierungs-Kuratorium für Landwirtschaft e.V.
Am Kamp 13, 24768 Rendsburg
T: (04331) 84 79 40 **Fax:** 84 79 50
Internet: http://www.rkl-info.de
E-Mail: mail@rkl-info
Vorsitzende(r): Eberhard Herweg, Roklum
Leiter: Dr. Hardwin Traulsen (Am Waldbach, 24582 Hoffeld, Post Bordesholm)

• **T 2 064**

Studiengemeinschaft für Fertigbau e.V.
Parkstr. 71-73, 65191 Wiesbaden
T: (0611) 56 21 91 **Fax:** 56 46 99
Internet: http://www.sg-fertigbau.de
E-Mail: info@sg.fertigbau.de
Gründung: 1959
Vorsitzende(r): Dipl.-Ing. Günter Schäfer, Biedenkopf
Vorstand: G. Knees, Neuhaus
Dipl.-Ing. G. Schrader, Groß-Gerau
K. Walter, Geseke
Prof. Dr.-Ing. T. Bock, München
Geschäftsführer(in): Dipl.-Ing. Peter Bohlen

• **T 2 065**

Gesellschaft des Bauwesens e.V. (GdB)
Düsseldorfer Str. 40, 65760 Eschborn
T: (06196) 4 31 43
Vorsitzende(r): Dipl.-Ing. Wolfram Zeller
Geschäftsleitung: Dipl.-Ing. Erwin W. Marsch

• **T 2 066**

Institut für rationale Unternehmensführung in der Druckindustrie IRD e.V. (IRD)
Fasaneriestr. 12, 63456 Hanau
T: (06181) 9 64 06-0 **Fax:** 9 64 06-19
Internet: http://www.ird-online.de
E-Mail: hotline@ird-online.de
Gründung: 1965 (April)
Vorsitzende(r): Dieter Lipp (Lipp GmbH Graphische Betriebe, Meglinger Str. 60, 81477 München)
Stellvertretende(r) Vorsitzende(r): Karl-Heinz Weinbrenner (Karl Weinbrenner & Söhne GmbH & Co., Fasanenweg 18, 70771 Leinfelden)
Angelo Eberle (A.K. Eberle Holding AG, CH-3122 Kehrsatz)
Dipl.-Volksw. Hellmut Buchroithner (Wagnersche Univers. Buchdr., A-6010 Innsbruck)
Institutsleiter: Dipl.-Ing. Eckhard Bölke
Dipl.-Wirt.-Ing. (FH) Frank Freudenberg
Mitglieder: über 700 Produktionsbetriebe in der Druckindustrie, Verbände und Lieferfirmen in Deutschland, in der Schweiz und in Österreich

• **T 2 067**

Forschungsinstitut für Rationalisierung e.V.
Pontdriesch 14/16, 52062 Aachen
T: (0241) 4 77 05-0 **Fax:** 4 77 05-199
Internet: http://www.fir.rwth-aachen.de
E-Mail: info@fir.rwth-aachen.de
Gründung: 1953
Institutsdirektoren: Univ.-Prof. Dr.-Ing. Dipl.-Wirt.-Ing. Holger Luczak
Univ.-Prof. Dr.-Ing. Dr.h.c. Dipl.-Wirt.-Ing. Walter Eversheim
Geschäftsführer(in): Dr.-Ing. Volker Stich
Leitung Presseabteilung: Bruno Kloubert (M.A.)
Verbandszeitschrift: Unternehmen der Zukunft (Fir + Iaw Zeitschrift für Organisation und Arbeit in Produktion und Dienstleistung)
Verlag: Eigenverlag
Mitglieder: 123
Mitarbeiter: 130
Jahresetat: DM 9,2 Mio, € 4,7 Mio

• **T 2 068**

ccg

Centrale für Coorganisation GmbH
Postf. 30 02 51, 50772 Köln
Maarweg 133, 50825 Köln
T: (0221) 9 47 14-0 **Fax:** 9 47 14-990
Internet: http://www.ccg.de
E-Mail: info@ccg.de
Gründung: 1974
Vors. d. Aufsichtsrats: Knut Weinke (Henkel KGaA)
Stellv. Vors. d. Aufsichtsrats: Günter Lerch (Kaufring AG)
Geschäftsführer(in): Erich Hagel
Verbandszeitschrift: Coorganisation
Rationalisierungsverband
Erarbeitung und Veröffentlichung von Empfehlungen oder anderen Arbeitsergebnissen, die der Rationalisierung des Daten- und Warenverkehrs und der Organisationsabläufe zwischen Herstellern und Handel dienen
Förderung der Anwendung dieser Ergebnisse ('Coorganisation'). Mitglied und Nummernvergabestelle der "International Article Numbering Association" (EAN), Brüssel.
Nummernvergabestelle für Identifikationskarten nach DIN 33 859.
Normenausschuß Daten- und Warenverkehr in der Konsumgüterwirtschaft im DIN (NDWK).

Wirtschafts- und sozialwissenschaftliche Vereinigungen und Institute, Markt- und Meinungsforschung

• **T 2 069**

Sachverständigenrat zur Begutachtung der gesamtwirtschaftlichen Entwicklung
65180 Wiesbaden
Gustav-Stresemann-Ring 11, 65189 Wiesbaden
T: (0611) 75 23 90 **Fax:** 75 25 38
Internet: http://www.sachverstaendigenrat-wirtschaft.de
E-Mail: Sachverst.-Rat_Wirtschaft@t-online.de
Gründung: 1963

Vorsitzende(r): Prof. Dr. Juergen B. Donges
Prof. Dr. Jürgen Kromphardt
Prof. Dr. Horst Siebert
Prof. Dr. Rolf Peffekoven
Prof. Dr. Bert Rürup
Geschäftsführer(in): Ltd.RegDir. Ulrich Maurer
Generalsekretär(in): Dr. Jens Weidmann

• **T 2 070**

Absatzwirtschaftliche Gesellschaft e.V. (AWG)
Postf. 91 02 66, 90260 Nürnberg
T: (0911) 5 27 29 30 **Fax:** 5 27 29 31
Gründung: 1950
1. Vorsitzende(r): Prof. Dr. L. Berekoven
Geschäftsführer(in): Dipl.-Kfm. B.-R. Riedmüller
Mitglieder: 250

• **T 2 071**

Wirtschaftsministerkonferenz der Länder
c/o Bundesrat
53106 Bonn
T: (0228) 91 00-2 00 **Fax:** 91 00-2 28
E-Mail: 203.schlegel@br.bund400.de
Vorsitzende(r): Staatsminister Dr. Kajo Schommer
Stellvertretende(r) Vorsitzende(r): Minister Hans-Artur Bauckhage
Geschäftsführer(in): Ministerialdirig. Dr. Karlheinz Oberthür
Stellvertretende(r) Geschäftsführer(in): Regierungsdirektor N.N.

• **T 2 072**

Institut der deutschen Wirtschaft Köln (IW)
Postf. 51 06 69, 50942 Köln
Gustav-Heinemann-Ufer 84-88, 50968 Köln
T: (0221) 49 81-1 **Fax:** 49 81-592
Internet: http://www.iwkoeln.de
E-Mail: iwd@iwkoeln.de
Gründung: 1951
Präsident(in): Dipl.-Ing. Dr.-Ing. Dr.-Ing. E.h. Manfred Lennings
Direktor(in): Prof. Dr. Gerhard Fels
Leitung Presseabteilung: M. Sc. Axel Rhein
Verbandszeitschrift: iwd Informationsdienst des Instituts der deutschen Wirtschaft
Redaktion: Andreas Wodok
Verlag: Deutscher Instituts-Verlag GmbH, Gustav-Heinemann-Ufer 84-88, 50968 Köln
Mitglieder: 38 Wirtschafts- und Arbeitgeberverbände (ordentl. Mitglieder), 70 Fach- und Regionalverbände sowie Unternehmen (außerordentl. Mitglieder)
Mitarbeiter: rd. 110
Jahresetat: DM 18 Mio, € 9,2 Mio

t 2 073

Institut der deutschen Wirtschaft Köln (IW) Büro Berlin
Wallstr. 15/15a, 10179 Berlin
T: (030) 2 78 77-0 **Fax:** 2 78 77-150
Ltg.: Prof. Dr. Hans-Joachim Beyer

• **T 2 074**

Europäisches Beratungs-Zentrum der Deutschen Wirtschaft (EBZ)
-Euro Info Centre
Breite Str. 29, 10178 Berlin
T: (030) 20 28-1623, 20 28-1491 **Fax:** 20 28-2623, 20 28-2491
Leitung: Fabian Wehnert

• **T 2 075**

Bundesarbeitsgemeinschaft Schule Wirtschaft
Postf. 51 06 69, 50942 Köln
Gustav-Heinemann-Ufer 84-88, 50968 Köln
T: (0221) 49 81-723 **Fax:** 49 81-592
Internet: http://www.schule-wirtschaft.de
E-Mail: schule-wirtschaft@iwkoeln.de
Gründung: 1965
Vorsitzende(r): OStD Ulrich Wiethaup
Dr. Roland Delbos
Geschäftsführer(in): Hans-Jürgen Brackmann
Marion Hüchtermann (Ltg. Presseabt.)
Verbandszeitschrift: Informationsdienst SCHULE WIRTSCHAFT
Redaktion: Marion Hüchtermann (verantw.)

• **T 2 076**

wir.
Wirtschafts-Initiativen für Deutschland e.V.
c/o Dr. Jürgen Bauer
Rudolf-Harbig-Str. 7, 56179 Vallendar
T: (0261) 9 62 21 80
Gründung: 1993 (Januar)
Geschäftsführer(in): Dr. Jürgen Bauer
Mitglieder: 45
Mitarbeiter: 5

• **T 2 077**

Deutsche Gesellschaft für Agrar- und Umweltpolitik e.V. (D.G.A.U.)
Meckenheimer Allee 128, 53115 Bonn
T: (0228) 63 23 25 **Fax:** 63 17 34
Präsident(in): Peter Harry Carstensen (MdB)
Geschäftsführer(in): M.A. Birgit Hensen
Mitglieder: 136

• **T 2 078**

Verein zur Förderung des Internationalen Transfers von Umwelttechnologie (ITUT e.V.)
Euro-Asia Business Center
Messe-Allee 2, 04356 Leipzig
T: (0341) 6 08 72 00 **Fax:** 6 08 72 10
Internet: http://www.itut.de
E-Mail: itutverein@itut.de
Gründung: 1996
Geschäftsführer(in): Dr.-Ing. Klaus-Christian Fischer
Mitarbeiter: 11

• **T 2 079**

Gesellschaft zur Förderung anwendungsorientierter Betriebswirtschaft und Aktiver Lehrmethoden in Hochschule und Praxis e.V. (GABAL)
Budenheimer Weg 67, 55262 Heidesheim
T: (06132) 50 95 90 **Fax:** 50 95 99
E-Mail: gabalev@t-online.de
Gründung: 1976 (11. Juli)
Vorstand: Dipl.-Ökon. Wolfgang Neumann
Iris Brünjes
Dr. Werner Siegert
Wolfgang Sutterluti
Mitglieder: ca. 1100

• **T 2 080**

Arbeitskreis Hauptschule e.V.
Förderverein des Hauptschulbildungsgangs
Westfalendamm 247, 44141 Dortmund
T: (0231) 43 38 61 **Fax:** 43 38 64
Internet: http://www.servicenetz-nrw.com/akh
E-Mail: ghswerthstr@t-online.de
Gründung: 1975 (1. Juli)
1. Vorsitzende(r): Dietmar J. Bronder
Stellvertretende(r) Vorsitzende(r): Horst Seidel
Alfred Kruft
Verbandszeitschrift: Schulmagazin 5 bis 10
Redaktion: Prof. Dr. H.J. Ipfling
Verlag: Oldenbourg-Verlag, Rosenheimer Str. 145, 81671 München
Mitglieder: 250
Standardwerk der Lehrerausbildung: Handbuch Hauptschulbildungsgang, Verlag Julius Klinkhardt

• **T 2 081**

Gesellschaft für Arbeitswissenschaft e.V.
Ardeystr. 67, 44139 Dortmund
T: (0231) 12 42 43 **Fax:** 7 21 21 54
Internet: http://www.gfa-online.de
E-Mail: gfa@arb-phys.uni-dortmund.de
Gründung: 1953 (16. Oktober)
Internationaler Zusammenschluß: siehe unter izt 204
Präsident(in): Prof. Dr. H. Bubb
Stellvertretende(r) Vorsitzende(r): Prof. Dr.habil. Klaus. J. Zink
Leitung Presseabteilung: G. Offergeld
Verbandszeitschrift: Zeitschrift für Arbeitswissenschaft
Redaktion: Prof. Dr.-Ing. Kurt Landau, Inst. f. Arbeitswissenschaft TU Darmstadt, Petersenstr. 30, 64287 Darmstadt
Verlag: Verlag Dr. Otto Schmidt KG, Köln
Mitglieder: 670
Mitarbeiter: 1

• **T 2 082**

Institut für angewandte Arbeitswissenschaft e.V. (IfaA)
Marienburger Str. 7, 50968 Köln
T: (0221) 93 46 14-0 **Fax:** 93 46 14-37
Vorsitzende(r) des Vorstandes: Prof. Dr. Heinrich Kürpick (Benteler AG, Postf. 13 40, 33043 Paderborn, T: (05254) 81 10 30, Fax: (05254) 81 10 39)
Direktor(in): Dipl.-Ing. Wolfgang Schultetus *Thematische Schwerpunkte Arbeitsorganisation, Arbeitszeitgestaltung, Arbeitsplatzgestaltung, Belastung/Beanspruchung am Arbeitsplatz, Datenermittlung, Kennzahlen, Benchmarking, Entgeltgestaltung, Qualifizierung.*

• **T 2 083**

Arbeitskreis für Organisationskultur, Teamarbeit und Persönlichkeitsbildung e.V. (OTP)
Luckenwalder Str. 9, 15837 Schöbendorf
T: (033704) 6 54 10 **Fax:** 6 54 12
Gründung: 1992 (18. Juni)
Vorsitzende(r): Dr. Thomas Kornbichler
Verbandszeitschrift: Veröffentlichung zur Organisationskultur, Teamarbeit und Persönlichkeitsbildung

• **T 2 084**

ASB Management - Zentrum - Heidelberg e.V.
Postf. 10 11 08, 69001 Heidelberg
Gaisbergstr. 11-13, 69115 Heidelberg
T: (06221) 98 88 **Fax:** 98 86 82
Internet: http://www.asb-hd.de
E-Mail: info@asb-hd.de
Gründung: 1948
Geschäftsführer(in): Heinz-Jürgen Kochann
Leitung Presseabteilung: Bettina Kapahnke
Mitglieder: 103

• **T 2 085**

Arbeitsgemeinschaft für angewandte Forschung und Entwicklung von Mitgliedern der Fachhochschule Wiesbaden e.V. (AGAFE)
Am Brückweg 26, 65428 Rüsselsheim
T: (06142) 8 23 31 **Fax:** 8 23 31
E-Mail: agafe@e-technik.fh-wiesbaden.de
Gründung: 1979
Vorsitzende(r): Prof. S. Schulien
Stellvertretende(r) Vorsitzende(r): Prof. Dr. E. Lertes
Prof. Dahlinger
Verbandszeitschrift: AGAFE-Mitteilungen
Redaktion: Prof. S. Schulien, Prof. Dr. Lertes, Prof. Dahlinger
Verlag: AGAFE e.V., Am Brückweg 26, 65428 Rüsselsheim
Mitglieder: 95
Mitarbeiter: 5
Jahresetat: DM 0,65 Mio, € 0,33 Mio

• **T 2 086**

Bundesausschuß Betriebswirtschaft (BBW)
Postf. 58 67, 65733 Eschborn
Düsseldorfer Str. 40, 65760 Eschborn
T: (06196) 4 95-255 **Fax:** 4 95-392
Internet: http://www.rkw.de
Vorsitzende(r): Dr. Hannspeter Neubert, Bad Mergentheim
Geschäftsführer(in): Dipl.-Kfm. Bernhard Feldhaar, Eschborn

• **T 2 087**

Forschungsstelle für Betriebswirtschaft und Sozialpraxis e.V. (FBS)
68131 Mannheim
Postf. 10 34 62, 68034 Mannheim
T: (0621) 1 81-1502 **Fax:** 1 81-1505
Gründung: 1951
Vorsitzende(r): Prof.Dr.Dres.h.c. Eduard Gaugler

• **T 2 088**

Schmalenbach-Gesellschaft für Betriebswirtschaft e.V.
Bunzlauer Str. 1, 50858 Köln
T: (02234) 48 00 97 **Fax:** 48 00 05
Internet: http://www.sg-dgfb.de
E-Mail: dr.fuchs-wegner@sg-dgfb.de
Präsident(in): Dr. Klaus Esser (Vorsitzender des Vorstandes der Mannesmann AG, Düsseldorf)
Vizepräsident(in): Prof. Dr. Dr.h.c. Adolf G. Coenenberg (Universität Augsburg)
Geschäftsführer(in): Dr. Gertrud Fuchs-Wegner
Verbandszeitschrift: Zeitschrift für betriebswirtschaftliche Forschung/Schmalenbach Business Review (zfbf/sbr)
Verlag: Handelsblatt Verlag, Postf. 10 11 02, 40002 Düsseldorf
Mitglieder: 2000

Bearbeitung aktueller betriebswirtschaftlicher Fragen in Gemeinschaft von Wirtschaftswissenschaft und -praxis; Erfahrungsaustausch über die Anwendung neuer betriebswirtschaftlicher Erkenntnisse in der Praxis; Veranstaltung des Deutschen Betriebswirtschafter-Tages.

• T 2 089

Deutsches Institut für Betriebswirtschaft e.V. (dib)
Friedrichstr. 10-12, 60323 Frankfurt
T: (069) 9 71 65-0 **Fax:** 9 71 65-25
Teletex: 69 97 175 ÖA **T-Online** 9 6902 5254
Internet: http://www.dib-ev.de
E-Mail: dib-info@dib-ev.de
Gründung: 1943
Geschäftsführer(in): Dipl.-Volksw. Wolfgang Werner

Weiterbildungsseminare für Fach- und Führungskräfte der Wirtschaft.

• T 2 090

Akademische Gesellschaft für Finanzwirtschaft e.V. (AGF)
Verwaltung
Postf. 15 67, 78005 Villingen-Schwenningen
Margarethe-Scherb-Str. 48, 78050 Villingen-Schwenningen
T: (07721) 2 68 63 **Fax:** 2 84 28
Vorsitzende(r) des Vorstandes: RB, Justitiar Karl-Otto Kersting

• T 2 091

Gesellschaft für Finanzwirtschaft in der Unternehmensführung e.V. (GEFIU)
Geschäftsstelle: GEFIU per Adresse KPMG Deutsche Treuhand-Gesellschaft AG
Barbarossaplatz 1a, 50674 Köln
Sitz: Frankfurt
T: (0221) 20 73-348 **Fax:** 20 73-2 18
Vorsitzende(r): Dr. Klaus von Lindelner-Wildau
Geschäftsführer(in): Guido Mager
Mitglied der International Association of Financial Executives Institutes (IAFEI)
International Group of Treasury Associations (IGTA)

Praxisorientierte Erörterung von Problemen und Methoden der finanzwirtschaftlichen Unternehmensführung. Erfahrungsaustausch der Mitglieder- unter anderem in Form von Arbeitskreisen auf neutraler, sachbezogener Ebene, Information der Mitglieder und gegebenenfalls der Öffentlichkeit über erarbeitete Problemlösungen, Zusammenarbeit mit Organisationen ähnlicher Art im In- und Ausland

• T 2 092

Gesellschaft für Sozialen Fortschritt e.V.
Stockenstr. 19, 53113 Bonn
T: (0228) 69 68 28 **Fax:** 63 49 48
E-Mail: sozialerfortschritt@t-online.de
Vorstand und Geschäftsführer: Prof. Dr. Frank Schulz-Nieswandt (Vors., Universität zu Köln)
Dipl.-Kfm. Achim Seffen (stellv. Vors., Köln)
Dr. Erich Standfest (stellv. Vors., Deutscher Gewerkschaftsbund, Bundesvorstand, Düsseldorf)
Dipl.-Pol. Harald Eichner (Berufsgenossenschaftliche Akademie, Hennef; Schatzmeister)
Prof. Dr. Jürgen Wasem (Universität Greifswald)
Erweiterter Vorstand: Prof. Dr. Gerhard Bäcker (Fachhochschule Niederrhein, Mönchengladbach)
Prof. Dr. Diether Döring (Akademie der Arbeit in der Universität Frankfurt/M.)
Elisabeth Haines (MinRn, Bundesministerium für Familie, Senioren, Frauen und Jugend, Bonn)
Dr. Ute Klammer (Wirtschafts- und Sozialwissenschaftliches Institut in der Hans Böckler Stiftung, Düsseldorf)
Franz Knieps (Leiter Verbandspolitik, AOK-Bundesverband, Bonn)
Dr. Anne Meurer (Direktorin der Bundesversicherungsanstalt für Angestellte, Berlin)
Dipl.-Volksw. Eugen Müller (Bundesvereinigung der Deutschen Arbeitgeberverbände, Berlin)
Dr. Franz Josef Oldiges (Hauptgeschäftsführer a.D. des AOK-Bundesverbandes, Bonn)
Dr. Robert Paquet (Leiter der Außenstelle Berlin, Bundesverband der Betriebskrankenkassen, Berlin)
Dr. Doris Pfeiffer (Verband der Angestellten-Krankenkassen e.V., Siegburg)
Dr. Peter Rosenberg (Min.-Dir., Bundesministerium für Arbeit und Sozialordnung, Bonn)
Prof. Dr. Franz Ruland (Geschäftsführer, Verband Deutscher Rentenversicherungsträger, Frankfurt a.M.)
Prof. Dr. Stefan Sell (Fachhochschule Koblenz, Rhein Ahr Campus Remagen)
Peter Sochacki (Mitglied des Verwaltungsrates, BKK-Bundesverband, Düsseldorf)
Prof. Dr. Gert Wagner (Deutsches Institut für Wirtschaftsforschung, Berlin/Europa-Universität Viadrina, Frankfurt (Oder))
Ehrenvorstand: Dieter Schewe (Min.Dir. a.D., Oberwinter, Ehrenvors.)
Werner Steinjan (Min.Dirig. a.D., Ehrenmitglied des Vorstands)
Prof. Dr. Max Wingen (Min.Dir. a.D., Bonn, Ehrenmitglied des Vorstands)
Prof. Dr. Detlev Zöllner (Min.Dir. a.D., Bonn, Ehrenmitglied des Vorstands)
Leitung Presseabteilung: Prof. Dr. Stefan Sell
Verbandszeitschrift: Sozialer Fortschritt
Redaktion: N.N., Stockenstr. 19, 53113 Bonn, T: (0228) 69 68 28, Telefax: (0228) 63 49 48, e-mail: sozialerfortschritt@t-online.de
Verlag: Duncker & Humblot, Berlin

• T 2 093

Studienkreis für Staatsbürgerliche Arbeit e.V.
Peter-Schwingen-Str. 11, 53177 Bonn
T: (0228) 32 10 00 **Fax:** 9 32 42 33
Gründung: 1957
Vorsitzende(r): Dipl.-Pol. Heinz J. H. Fleischhauer (Ltg. Presseabt.)
Stellvertretende(r) Vorsitzende(r): Teja G. J. Schöps
Hauptgeschäftsführer(in): Renate Fleischhauer

• T 2 094

Forschungsverband für den Handelsvertreter- und Handelsmaklerberuf
Geleniusstr. 1 (CDH-Haus), 50931 Köln
T: (0221) 51 40 43-44 **Fax:** 52 57 67
Internet: http://www.cdh.de
E-Mail: CDH.Clentralvereinigung@t-online.de
ab 28.08.2000 neue Anschrift:
Am Weidendamm 1 d, 10117 Berlin
Gründung: 1952
Vorsitzende(r): Eberhard Runge
Geschäftsführer(in): Dipl.-Kfm. Dr. Andreas Paffhausen
Mitglieder: 400

• T 2 095

Hans-Böckler-Stiftung
Mitbestimmungs-, Forschungs- und Studienförderungswerk des Deutschen Gewerkschaftsbundes
Bertha-von-Suttner-Platz 1, 40227 Düsseldorf
T: (0211) 77 78-0 **Fax:** 77 78-120
Internet: http://www.boeckler.de
Vorsitzende(r): Dieter Schulte
Geschäftsführer(in): Prof. Dr. Heide Pfarr
Nikolaus Simon
Leitung Presseabteilung: Ditmar Gatzmaga (T: (0211) 7 77 81 50/1 48, Telefax: (0211) 7 77 82 25)

Mitbestimmungs-, Forschungs- und Studienförderungswerk des DGB. Stipendiaten- und Graduiertenförderung; Beratung der Mitbestimmungsträger; arbeitnehmer- und mitbestimmungsorientierte Forschungsförderung; Wirtschafts- und sozialwissenschaftliches Institut (WSI); Herausgabe der Monatszeitschriften "Die Mitbestimmung" und WSI-Mitteilungen.

• T 2 096

Hermann Lindrath Gesellschaft e.V. Hannover -Internationale Vereinigung für Gesellschaftspolitik-
Am Südbahnhof 2, 30171 Hannover
T: (0511) 81 09 06
Gründung: 1960 (11. November)
Vorsitzende(r) des Vorstandes: Sparkassendir.a.D. Carl Doehring, Hannover
Vorst.-Mitgl.: RA Dieter Lüft, München
Vorst.-Mitgl.: Journalistin Barbara Kosler, München
Leitung Presseabteilung: Carl Doehring
Mitglieder: ca. 150 einschl. Förderkreis und Gastmitglieder

• T 2 097

Freundeskreis internationaler Begegnungen -Internationaler Club von Hannover-
Am Südbahnhof 2, 30171 Hannover
T: (0511) 81 09 06
Gründung: 1940
Präsident(in): Bankdir.a.D. Carl Doehring (Ltg. Presseabteilung)
Mitglieder: 100 (einschl. Gastmitglieder)
Mitarbeiter: 2-3

• T 2 098

List Gesellschaft e.V.
Westfälische Wilhelms-Universität Münster
Am Stadtgraben 9, 48143 Münster
T: (0251) 8 32 29 04 **Fax:** 8 32 83 95
Internet: http://www.list-gesellschaft.de
E-Mail: mail@list-gesellschaft.de
Gründung: 1954
Vorstand:
Dr. Friedrich Janssen (Vors.)
Prof. Dr.rer.pol. Norbert Berthold (stellv. Vors.)
Prof. Dr. Karl-Hans Hartwig (Schriftführer)
Dr. Joachim Donath (Schatzmeister)
Dr. Karlheinz Blessing
Dr. Siegfried C. Cassier
Dr. Kurt Demmer
Prof. Dr. Gerhard Fels
Prof. Dr. Wolfgang Harbrecht
Dr. Michael Heise
Prof. Dr. Bernhard Pellens
Dr. Udo Siepmann
Prof. Dr.jur. Dr.-Ing. E.h. Dieter Spethmann
Prof. Dr. Dr. h.c. Joachim Starbatty
Prof. Dr. Norbert Walter
Prof. Dr. Werner Zohlnhöfer
Verbandszeitschrift: List Forum für Wirtschafts- und Finanzpolitik

Wissenschaftliche Behandlung von international, insbesondere europäisch bedeutsamen Problemen auf sozialem, wirtschaftlichem und wirtschaftspolitischem Gebiet unter Beteiligung aller gesellschaftlich relevanten Gruppen mittels Publikationen sowie Zusammenkünften von Vertretern aus Wirtschaft, Wissenschaft, Verwaltung und Politik.

• T 2 099

Aktionsgemeinschaft Soziale Marktwirtschaft e.V.
Mohlstr. 26, 72074 Tübingen
T: (07071) 55 06 00 **Fax:** 55 06 01
E-Mail: ASM-eV@t-online.de
Gründung: 1953 (23. Januar)
Vorsitzende(r): Prof. Dr. Dr.h.c. Joachim Starbatty (Ordinarius für Volkswirtschaftslehre an der Universität Tübingen)
Geschäftsführer(in): Dipl.-Vw. Axel Stühmer
Verbandszeitschrift: ASM - Bulletin

Der Verein bezweckt entschiedene Beiträge zur Erhaltung und Weiterentwicklung der Sozialen Marktwirtschaft als freier Wettbewerbsordnung. Dabei geht er davon aus, daß das Privateigentum und die rechtsstaatlichen Normen als Grundlagen dieser Ordnung zu schützen, die unternehmerische Entscheidungsfreiheit als Äquivalent des Risikos und Voraussetzung der Innovation zu sichern und der freie Leistungswettbewerb zu fördern sind. Insbesondere wird der Verein den unauflösbaren Zusammenhang zwischen Sozialer Marktwirtschaft und individuellen Freiheiten sowie persönlichem Wohlstand aufzeigen. In diesem Sinne wird er verständlich zu machen haben, daß Soziale Marktwirtschaft die Voraussetzung erfolgreicher und dauerhafter sozialer Sicherung ist. Der Verein wird im Interesse und zur Förderung seiner Mitglieder Politiker, politisch Verantwortliche und die öffentliche Meinung für eine solche freiheitliche Ordnungspolitik zu gewinnen suchen.

• T 2 100

Gesellschaft zur Förderung der Entbürokratisierung e.V. (- GFE -)
Postf. 12 02 01, 53044 Bonn
Welckerstr. 16, 53113 Bonn
T: (0228) 26 11 68 **Fax:** 21 07 09
E-Mail: GFE-Bonn@t-online.de
Gründung: 1982 (11. März)
Vorstand: Herbert Helmrich (Vorsitzender, Minister a.D.)
Georg-Berndt Oschatz (stellv. Vorsitzender, Direktor des Bun-

desrates)
Dr. Jürgen Bornecke (Schatzmeister)
Geschäftsführerin: RAin Martina Oschatz

• T 2 101

Deutsche MTM-Vereinigung e.V.
Elbchaussee 352, 22609 Hamburg
T: (040) 82 30 11 **Fax:** 82 65 94
Internet: http://www.dmtm.com
E-Mail: email@dmtm.com
Vorsitzende(r): Dipl.-Ing. Christian Vogt (Siemens AG, München)
Stellvertretende(r) Vorsitzende(r): Dipl.-Ing. Reiner Lehr (DaimlerChrysler AG, Stuttgart)
Ing. Peter Sladek (Unseld und Partner, Wien)
Geschäftsführer(in): Dr. Hans Fischer
Mitglieder: ca. 700

Verbreitung und Weiterentwicklung des MTM-Verfahrens und des Industrial Engineering durch öffentliche und innerbetriebliche Ausbildungen

• T 2 102

DGFP
Deutsche Gesellschaft für Personalführung e.V.
Postf. 11 03 47, 40503 Düsseldorf
Niederkasseler Lohweg 16, 40547 Düsseldorf
T: (0211) 5 97 80 **Fax:** 5 97 81 99
Internet: http://www.dgfp.de
E-Mail: Zentralakademie@dgfp.de
Vorsitzende(r): Dr. Heiko Lange
Geschäftsführer(in): Dr. Hans Böhm
Mitglieder: 1600

• T 2 103

DGP

Deutsche Gesellschaft für Personalwesen e.V. (DGP)
Stammestr. 40D, 30459 Hannover
T: (0511) 9 43 93-0 **Fax:** 9 43 93-43
Internet: http://www.dgp.de
E-Mail: dgpersonal@aol.com

Ziel der Gesellschaft ist es, am Aufbau und Ausbau eines sachorientierten, leistungsfähigen Personalwesens in Verwaltung und Wirtschaft mitzuwirken. Die Gesellschaft bietet dazu psychologische Eignungsuntersuchungen für Personalauswahl-und -plazierungsentscheidungen an, die auf den Erkenntnissen eigener wissenschaftlicher Forschung und der Forschungsergebnisse aus dem In- und Ausland aufgebaut sind. Außerdem bietet sie Fortbildungsveranstaltungen für Mitarbeiter aller Ebenen zu psychologischen und arbeitsplatzbezogenen Themen an.

t 2 104

Deutsche Gesellschaft für Personalwesen e.V. Zweigstelle Berlin
Straße des 17.Juni 114, 10623 Berlin
T: (030) 3 90 01-470 **Fax:** 3 90 01-472

t 2 105

Deutsche Gesellschaft für Personalwesen e.V. Zweigstelle Düsseldorf
Konrad-Adenauer-Platz 12, 40210 Düsseldorf
T: (0211) 36 09 91/92 **Fax:** 36 52 67

t 2 106

Deutsche Gesellschaft für Personalwesen e.V. Zweigstelle Leipzig
Grassistr. 12, 04107 Leipzig
T: (0341) 9 78 22 23 **Fax:** 9 78 22 25
Gründung: 1948 (1. April) in Frankfurt

Vorsitzende(r) des Vorstandes: Ltd. Stadtverwaltungsdirektor K.-H. Hagen, Mönchengladbach
Ltd. Psych.: Dr. Bernd Wolf

• T 2 107

Forschungsstelle für Umweltpolitik (FFU)
Freie Universität Berlin Fachbereich Politik und Sozialwissenschaften
Ihnestr. 22, 14195 Berlin
T: (030) 8 38-55098, 8 38-55585 **Fax:** 8 38-56685
Internet: http://www.fu-berlin.de/ffu
E-Mail: ffu@zedat.fu-berlin.de
Leitung: Prof. Dr. Martin Jänicke
Geschäftsführer(in): Dr. Lutz Mez
Presse: Dipl.-Pol. Harriet Hauptmann

• T 2 108

AGPLAN Gesellschaft für Planung e.V.
Neckarstr. 5, 41469 Neuss
T: (02137) 33 63 **Fax:** 45 70
Vorsitzende(r): Dir. W. Seiff, Nümbrecht

• T 2 109

Bund demokratischer Wissenschaftlerinnen und Wissenschaftler (BdWi)
Gisselberger Str. 7, 35037 Marburg
T: (06421) 2 13 95 **Fax:** 2 46 54
E-Mail: bdwi@bdwi.de
Reuterstr. 44, 53113 Bonn, T: (0228) 21 99 46, Fax: 21 49 24, E-Mail: bdwi.bonn@bdwi.de
Eichendorffstr. 16, 10115 Berlin, T: (030) 28 38 43 58, Fax: 28 38 43 58, E-Mail: bdwi.berlin@bdwi.de
Gründung: 1968 (Wiedergründung am 05.07.1972)
Vorstand: Dr. Monika Gibas
Ulrike Gonzales
Christina Kaindl
Dr. Rolf Weitkamp
Erweiterter Vorstand: Dr. Wolfgang Adamczak
Marcus Gottsleben
Barbara Hoffmann
Andreas Keller
Sabine Kiel
Prof. Dr. Reinhard Kühnl
Dr. Morus Markard
Emilija Mitrovic
Prof. Dr. Wolfgang Nitsch
Barbara Nohr
Dieter Plehwe
Heike Weinbach
Peter Wolter
Geschäftsführer(in): Torsten Bultmann
Vera Klier
Dr. Klaus Labsch
Leitung Presseabteilung: N.N.
Verbandszeitschrift: Forum Wissenschaft
Redaktion: Martina Koelschtzky
Verlag: BdWI-Verlag
Ltg. Verlag: Sabine Reilmann
Mitglieder: 1300
Mitarbeiter: 9
Jahresetat: DM 0,4 Mio, € 0,2 Mio

• T 2 110

Deutsche Vereinigung für Politische Wissenschaft (DVPW)
c/o Universität Osnabrück
FB Sozialwissenschaften
49069 Osnabrück
T: (0541) 9 69-6264 **Fax:** 9 69-6266
Internet: http://www.dvpw.de
E-Mail: dvpw@uos.de
Gründung: 1951 (10. Februar)
Vorstand: Prof. Dr. Christine Landfried (Vors.), Hamburg
Prof. Dr. Ulrich von Alemann (Stellv. Vors.), Düsseldorf
Prof. Dr. Jürgen Falter (Stellv. Vors.), Mainz
Prof. Dr. Arthur Benz, Hagen
Prof. Dr. Max Kaase (IPSA-Vertreter), Berlin
Prof. Dr. Gesine Schwan, Berlin
Prof. Dr. Wolfgang Seibel (PVS-Redaktion), Konstanz
Prof. Dr. Klaus-Dieter Wolf, Darmstadt
Prof. Dr. Reinhard Zintl, Bamberg
Beirat: Prof. Dr. Roland Czada, Hagen
Prof. Dr. Michael Th. Greven, Hamburg
Prof. Dr. Ursula Lehmkuhl, Erfurt
Prof. Dr. Birgit Meyer, Esslingen
Prof. Dr. Hans Rattinger, Bamberg
Dr. Birgit Sauer, Wien
Dr. Nicola Staeck, Bielefeld
Geschäftsführer(in): Dipl.-Soz. Wiss. Felix W. Wurm (M.A. (USA))
Verbandszeitschrift: Politische Vierteljahresschrift (PVS)
Verlag: Westdeutscher Verlag, Postf. 58 29, 65048 Wiesbaden
Mitglieder: 1300

• T 2 111

Deutscher-Politologen-Verband e.V.
Sitz Berlin
Peter-Schwingen-Str. 11, 53177 Bonn
T: (0228) 32 65 00 **Fax:** 9 32 42 33
Vorstand
Vorsitzende(r) des Vorstandes: Dipl.-Pol. Heinz J. H. Fleischhauer (Ltg. Presseabt.; Journalist), Bonn
Dipl.-Pol. Klaus Golombek (Unternehmer), Meerbusch
Prof. Dr. Roman Herzog (Bundespräsident), a.D.Dachau
Dr. Waldemar Ritter (stellv. Vors., Ministerialdirigent), Bonn
Dr. Annemarie Renger (Bundestagspräsidentin a.D.), Berlin
Geschäftsführer(in): Renate Fleischhauer

• T 2 112

Gottfried-Wilhelm-Leibniz-Gesellschaft e.V.
Waterloostr. 8, 30169 Hannover
T: (0511) 12 67-3 31 **Fax:** 12 67-2 02
Gründung: 1966
Präsident(in): Prof. Dr. Ernst Gottfried Mahrenholz
Verbandszeitschrift: Studia Leibnitiana
Redaktion: Jürgen Herbst
Verlag: Franz Steiner Verlag Wiesbaden GmbH, Sitz Stuttgart, Birkenwaldstr. 44, 70191 Stuttgart
Mitglieder: 385

• T 2 113

Institut für Sachverständigenwesen e.V.
Gereonstr. 50, 50670 Köln
T: (0221) 91 27 71-0 **Fax:** 91 27 71-99
Internet: http://www.ifsforum.de
E-Mail: info@ifsforum.de
Gründung: 1974
Vorsitzende(r): Ass. Michael Swoboda
Geschäftsführende(s) Vorstands-Mitglied(er): Dipl.-Betriebsw. Bernhard Floter
Verbandszeitschrift: IfS-Informationen
Redaktion: Dr. Peter Bleutge
Mitglieder: ca. 306

Förderung des Sachverständigenwesens, insbesondere dessen wirtschaftliche Erforschung sowie die Auswertung der Forschungsergebnisse für die Praxis, die Förderung der Zusammenarbeit und des Meinungsaustausches unter den Sachverständigen sowie zwischen Sachverständigen und ihren Auftraggebern, Institutionen und Zusammenschlüssen die Zusammenarbeit mit öffentlichen und privaten Einrichtungen auf dem Gebiet des Gutachten- und Sachverständigenwesens, die Planung und Durchführung von Aus- und Fortbildungsmaßnahmen für Sachverständige.

• T 2 114

Verein für Socialpolitik - Gesellschaft für Wirtschafts- und Sozialwissenschaften
c/o CES, Universität München
Schackstr. 4, 80539 München
T: (089) 21 80-2740 **Fax:** 39 73 03
Gründung: 1873
Vorsitzende(r): Prof. Dr. Hans-Werner Sinn
Stellvertretende(r) Vorsitzende(r): Prof. Dr. Arnold Picot
Schriftführer(in): Dr. Marcel Thum
Schatzmeister: Prof. Dr. Hermann Remsperger
Geschäftsführer(in): Dr. Ronnie Schöb
Verbandszeitschrift: German Economic Review und Perspektiven der Wirtschaftspolitik
Redaktion: Prof. Dr. Bernhard Felderer und Prof. Dr. Friedrich Schneider
Verlag: Blackwell Publ., 108 Cowley Rd., UK-Oxford, OX4 1JF
Mitglieder: ca. 2800 (Stand Januar 2000)
Mitarbeiter: 3

• T 2 115

Deutscher Bundesverband für Steuer-, Finanz- und Sozialpolitik e.V. (DBSFS)
Brahmsstr. 24a, 81677 München
T: (089) 41 60 07-41 **Fax:** 41 60 07-25
Gründung: 1988 (8. August)
Präsident(in): Hans-Wolff Graf (Ltg. Presseabt.)
Vizepräsident(in): Frank Amann
Willy H. Liesner
Verbandszeitschrift: Zeitreport
Redaktion: München (Zentrale) und lokal in Berlin und Sindelfingen
Mitglieder: 600
Jahresetat: ca. DM 0,1 Mio, € 0,05 Mio

• T 2 116

MONTAG-CLUB für politische und gesellschaftliche Kontakte
Herderstr. 53, 53173 Bonn
T: (0228) 35 69 27 **Fax:** 35 69 27
Gründung: 1967 (11. Dezember)

Geschäftsführende(s) Vorstands-Mitglied(er): Hannelore Fuchs
Mitglieder: 500
Jahresetat: ca. DM 0,06 Mio, € 0,03 Mio
Präsidium: 5-köpfiger Kollegialvorstand

Freie und ungebundene Vereinigung zum Zwecke der Emanzipation der Gesellschaft.

• T 2 117

Sozialwissenschaftliche Gesellschaft 1950 e.V.
Postf. 15 50, 37145 Northeim
T: (05503) 32 05 **Fax:** 32 05
Vorsitzende(r): Prof. Dr. Dirk Löhr
Vors. u. GeschF: Ekkehard Lindner
Verbandszeitschrift: Zeitschrift für Sozialökonomie
Redaktion: Dipl.-Ökonom Werner Onken, Varel
Verlag: Gauke Verlag, Postf. 13 20, 24319 Lütjenburg

• T 2 118

Forschungsinstitut für Gesellschaftspolitik und beratende Sozialwissenschaften e.V.
Spitalwiesenstr. 5, 73337 Bad Überkingen
T: (07331) 6 86 77 **Fax:** 6 86 65
Vorsitzende(r): Prof. Dr. Lothar F. Neumann
Prof. Dr. Heinrich Henkel (WissDir.)
Dipl.-Volksw. Wolfgang Mudra

• T 2 119

Verein für Sozialpolitik, Bildung und Berufsförderung e.V.
Postf. 10 02 49, 34002 Kassel
Karthäuserstr. 23, 34117 Kassel
T: (0561) 10 91 53 **Fax:** 71 33 92
Geschäftsführer(in): Reinhard Friedrichs
Leiterin Weiterbildung u. Beratung: Silvia Schröder
Leiter Bereich Berufsbildung: Hans-Ulrich Hummel
Mitarbeiter: 49

• T 2 120

Wirtschafts- und Sozialwissenschaftlicher Fakultätentag
c/o Universität Mannheim
68131 Mannheim
T: (0621) 2 92-5684 **Fax:** 2 92-3331
Gründung: 1950 (Wiedergr.)
Vorsitzende(r): Prof. Dr. Dr. h.c. Alfred Kieser (Universität Mannheim, Schloß, 68131 Mannheim, T: (0621) 2 92 56 84, Telefax: (0621) 2 92 33 31)
Mitglieder: 74 Fakultäten

• T 2 121

ORDO SOCIALIS - Wissenschaftliche Vereinigung zur Förderung der christlichen Gesellschaftslehre e.V.
Georgstr. 18, 50676 Köln
T: (0221) 2 40 97 11 **Fax:** 2 40 97 14
Vorstand: Werner Then (Vors.)
Cornelius G. Fetsch (stellv. Vors.)
Dr. Erwin Müller (stellv. Vors.)
Dr. Johannes Stemmler (GeschF)
Mitglieder: 16

• T 2 122

Sozialwissenschaftliches Institut der Evangelischen Kirche in Deutschland
Postf. 25 05 63, 44743 Bochum
Querenburger Höhe 294, 44801 Bochum
T: (0234) 7 09 92 60 **Fax:** 7 09 92 77
E-Mail: swi-ekd-bochum@tmr-online.de
Geschf. Leiter: Dr. Hartmut Przybylski

• T 2 123

Deutsche Gesellschaft für Soziologie (DGS)
c/o Institut für Soziologie der Universität
Konradstr. 6, 80801 München
T: (089) 21 80-2923 **Fax:** 21 80-2922
E-Mail: ls.allmendinger@lrz.uni-muenchen.de
Gründung: 1909
Vorsitzende(r): Prof. Jutta Allmendinger
Verbandszeitschrift: "Soziologie"
Redaktion: Prof. Dr. Johannes Weiß, Universität/GH Kassel
Verlag: Leske + Budrich, Postf. 30 05 51, 51334 Leverkusen
Mitglieder: 1200

Erörterung von soziologischen und sozialwissenschaftlichen Problemen in Wort und Schrift. Förderung des Gedankenaustausches ihrer Mitglieder. Mitwirkung an der Verbreitung und Vertiefung soziologischer Denkweise. Beteiligung an der Klärung von Fach- und Studienfragen der Soziologie. Pflege der Beziehungen zur Soziologie des Auslandes.

• T 2 124

Deutsche Statistische Gesellschaft Universität Bielefeld
Postf. 10 01 31, 33501 Bielefeld
T: (0521) 1 06-48 74
Gründung: 1911
Vorsitzende(r): Prof. Dr. Joachim Frohn (Universität Bielefeld)
Stellvertretende(r) Vorsitzende(r): Prof. Dr. Siegfried Heiler
Marianne Jäger (Abt. Präsn., Statistisches Bundesamt)
Geschäftsführer(in): Ulrich Leuchtmann
Verbandszeitschrift: Allgemeines Statistisches Archiv
Redaktion: Prof. Dr. Horst Rinne, Gießen
Verlag: Vandenhoeck & Ruprecht, Theaterstr. 13, 37073 Göttingen
Mitglieder: 850

• T 2 125

Gesellschaft für Strategische Planung e.V. (GSP)
Heppenheimer Str. 78, 68519 Viernheim
T: (06204) 83 74 **Fax:** 15 04
E-Mail: gsp.e.V.@gmx.net
Gründung: 1983 (10. Mai)
Vorstand: Prof. Dr. J. M. Ruhland (Friedrich-Schiller-Universität, Jena)
Dr. A. Schweiger (Kath. Univ. Eichstätt)
Dr. A. Maringer (Siemens AG)
Geschäftsführer(in): Helga Hölzl
Mitglieder: ca. 80

• T 2 126

Statistik der Kohlenwirtschaft e.V.
siehe F 144

• T 2 127

GESELLSCHAFT ZUM STUDIUM STRUKTURPOLITISCHER FRAGEN E.V.
Breite Str. 29, 10178 Berlin
T: (030) 20 45 16 33
Gründung: 1959 (26. Februar)
Vorstand: Dr. Ludolf von Wartenberg (Vors.)
Dr. Jens Odewald (stellv. Vors.)
RA Peter Schmidhuber (stellv. Vors.)
Friedrich Merz (stellv. Vors.; MdB)
Dr. Wolfgang Bötsch (MdB)
Walter Hirche (MdB)
Dipl.-Volksw. Hans-Hermann Lutzke (Gf. Vorstandsmitglied)
Staatsmin. Prof. Dr. Kurt Falthauser
Rainer Funke (MdB)
Dr. Friedrich-Leopold Frhr. von Stechow
Vors. d. wiss. Beirats: Prof. Dr. Juergen Donges
Verbandszeitschrift: Die strukturpolitische Information
Redaktion: Hans-Hermann Lutzke
Verlag: Dokumentation GmbH, Postf. 20 03 30, 53133 Bonn
Mitglieder: 173

Wissenschaftliche Behandlung von strukturpolitischen Problemen. Beratung zur Gesetzgebung.

• T 2 128

AWI
Anwenderverband Wirtschaftsinformatik in Europa e.V.

AWI Anwenderverband Wirtschaftsinformatik in Europa e.V.
AWI-Geschäfts- und Pressestelle:
Marcusstr. 7, 97070 Würzburg
T: (0931) 3 55 59-0 **Fax:** 3 55 59-20
Gründung: 1974 (14. Januar), zum 1.1.99 Zusammenschluß mit dem Wirtschaftsinformatik Verband für Forschung und Praxis e.V. in Europa
Vorsitzende(r): Prof. Dr.rer.pol. Rainer Thomé
Stellvertretende(r) Vorsitzende(r): Dr. Dagmar Schimansky-Geier
Heinz Vierthaler
Mitglieder: 300

• T 2 129

Arbeitsgemeinschaft für wirtschaftliche Verwaltung e.V. (AWV)
Postf. 51 29, 65726 Eschborn
Düsseldorfer Str. 40, 65760 Eschborn
T: (06196) 4 95-3 88 **Fax:** 49 53 51
Internet: http://www.awv-net.de
E-Mail: info@awv-net.de
Gründung: 1926
Präsident(in): Dr. Winfried Materna, Dortmund
Geschäftsführer(in): Roland Wirth
Leitung Presseabteilung: Sigrid Pistorius-Lorenzen

• T 2 130

Wirtschaftliche Vereinigung Bergedorf e.V.
Bergedorfer Str. 162, 21029 Hamburg
T: (040) 7 21 30 18 **Fax:** 7 21 19 35
Gründung: 1919
Vorsitzende(r): Carsten Buhck (Geschf. Gesellschafter der Richard Buhck Verwaltungsges. mbH & Co. KG, Südring 38, 21465 Wentorf)
Geschäftsführer(in): Dipl.-Kfm. Joachim Wagner
Mitglieder: 130

• T 2 131

Gesellschaft für öffentliche Wirtschaft e.V. (GÖW)
Sponholzstr. 11, 12159 Berlin
T: (030) 8 52 10 45 **Fax:** 8 52 51 11
Gründung: 1951
Präsident(in): Felix Zimmermann
Vors.d.Wiss.Beirates: Prof.Dr. Peter Eichhorn
Geschäftsführer(in): Dipl.-Volksw. Wolf Leetz
Mitglieder: ca. 100

• T 2 132

Deutsches Institut für Urbanistik (Difu)
Postf. 12 03 21, 10593 Berlin
Straße des 17.Juni 112, 10623 Berlin
T: (030) 3 90 01-0 **Fax:** 39 00 11 00
Internet: http://www.difu.de
E-Mail: difu@difu.de
Abteilung Köln: Lindenallee 11, 50968 Köln, T: (0221) 37 71-1 44, Fax: 3 77 11 46
Gründung: 1973
Institutsleiter: Prof. Dr. Heinrich Mäding
Leitung Presse- und Öffentlichkeitsarbeit: Sybille Wenke-Thiem (T: (030) 3 90 01-208/209, Fax: 3 90 01-130, E-Mail: pressestelle@difu.de)
Verbandszeitschrift: Berichte
Redaktion: Sybille Wenke-Thiem
Verlag: Deutsches Institut für Urbanistik, Straße des 17. Juni 112, 10623 Berlin
Mitglieder: rund 140 (Mitgliedsstädte - genannt: Zuwenderstädte, Kommunalverbände sowie Planungsgemeinschaften)
Mitarbeiter: rund 100
Jahresetat: DM 13 Mio, € 6,65 Mio

Praxisorientierte Forschungs-, Fortbildungs- & Beratungseinrichtung der deutschen Städte. Arbeitsschwerpunkte: Stadt- und Regionalentwicklung, Recht, Wirtschaft, Finanzen, Umwelt, Verkehr, Soziales, Kultur, Kommunalverwaltung.

• T 2 133

Akademie für Kommunalpolitik e.V.
Rößlerstr. 7, 65193 Wiesbaden
T: (0611) 52 30 45 **Fax:** 52 07 40
Internet: http://www.politik-training.de
E-Mail: afk@politik-training.de
Vorsitzende(r): Peter Benz
Geschäftsführer(in): Achim Moeller

• T 2 134

Staatliche Zentralstelle für Fernunterricht (ZFU)
Peter-Welter-Platz 2, 50676 Köln
T: (0221) 92 12 07-0 **Fax:** 92 12 07-20
Internet: http://www.zfu.de
Gründung: 1971 (01. Januar)
Vors. d. Verw.-Ausschusses: Min.-Dirig. K. Rauber (Kultusministerium d. Landes Sachsen-Anhalt, Turmschanzenstr. 32, 39114 Magdeburg)
Stellv.Vors.d.Verw.-Ausschusses: LMR Dr. Gerhard Stroh (Ministerium für Schule und Weiterbildung, Wissenschaft und Forschung NRW, Völklinger Str. 49, 40221 Düsseldorf)
Ltr. der Zentralstelle: Michael Vennemann (Ltd. Regierungsdirektor)
Der Verwaltungsausschuss: 16 Ländervertreter - Baden-Württemberg, Bayern, Berlin, Brandenburg, Bremen, Hamburg, Hessen, Mecklenburg-Vorpommern, Niedersachsen, Nordrhein-Westfalen, Rheinland-Pfalz, Saarland, Sachsen, Sachsen-Anhalt, Schleswig-Holstein, Thüringen
Verbandszeitschrift: Amtliches Mitteilungsblatt; Informationsbroschüren: Ratgeber für Fernunterricht/Rechtsgrundlagen zur Ordnung des Fernunterrichts
Redaktion: Michael Vennemann
Verlag: Selbstverlag
Mitglieder: Der Verwaltungsausschuss hat 16 Mitglieder. Jede Landesregierung benennt ein ständiges Mitglied und dessen Stellvertreter
Mitarbeiter: 19

Zulassungsbehörde für alle Fernlehrgänge in der Bundesrepublik Deutschland (Durchführung des Fernunterrichtsschutzgesetzes des Bundes für die Länder). Kontrollbehörde zur Qualitätssicherung von Weiterbildungsangeboten im Rahmen des Fernunterrichts/Fernstudiums

• T 2 135

Volks- und Betriebswirtschaftliche Vereinigung im Rheinisch-Westfälischen Industriegebiet e.V.
Postf. 10 15 08, 47015 Duisburg
Mercatorstr. 22-24, 47051 Duisburg
T: (0203) 28 21-2 88 **Fax:** 2 65 33 (Niederrh. Industrie- u. Handelsk.)
Gründung: 1920 (01. Januar)
Vorsitzende(r): Dipl.-Volksw. Hans-Jürgen Reitzig
Geschäftsführer(in): Dipl.-Ök. Theodor Friedhoff

Zusammenführung aller an den Problemen von Ballungsräumen interessierten Persönlichkeiten in Wirtschaft, Politik, Verwaltung und Wissenschaft. Vorträge, Symposien; wissenschaftliche Untersuchungen.

• T 2 136

Deutsche Weltwirtschaftliche Gesellschaft e.V. (DWG)
Kurfürstendamm 188, 10707 Berlin
T: (030) 8 81 55 62 **Fax:** 8 81 75 62
Präsident(in): Hartwig Piepenbrock
Ehrenpräs: Senator h.c. Horst Elfe (CBE, Ehrenpräs. d. Industrie- u. Handelsk. zu Berlin)
Geschäftsführende(s) Vorstands-Mitglied(er): K. M. Roscher

• T 2 137

Deutsche Werbewissenschaftliche Gesellschaft e.V. (DWG)
Adenauerallee 118, 53113 Bonn
T: (0228) 9 49 13-0 **Fax:** 9 49 13-13
Gründung: 1919
Präsident(in): Prof. Dr. Volker Trommsdorff
Geschäftsführer(in): Lutz E. Weidner
Mitglieder: 125

• T 2 138

Forschungsinstitut für Wirtschaftsverfassung und Wettbewerb e.V.
Theodor-Heuss-Ring 26, 50668 Köln
T: (0221) 12 20 51/52 **Fax:** 12 20 52
E-Mail: schwirten,fiw@t-online.de
Gründung: 1960
Vorsitzende(r): Dr. Hans-Dietrich Winkhaus (Vors. d. Geschäftsführung d. Henkel KGaA, Düsseldorf)
Stellvertretende(r) Vorsitzende(r): Dr. Ludolf von Wartenberg (Hauptgeschf. d. Bundesverbandes der Deutschen Industrie, Köln)
Geschäftsführer(in): RA Dr. Friedrich Kretschmer
Stellvertretende(r) Geschäftsführer(in): Dipl.-Vw. Lioba Jüttner-Kramny
Mitglieder: 27 Unternehmensverbände des In- und Auslandes zuzügl. Förderer aus Unternehmen, Verbänden, Sozietäten

Wissenschaftl. Forschungen auf den Gebieten der Wettbewerbsordnung und des deutschen und europäischen Kartellrechts, Vortragsveranstaltungen, Seminare, Schriftenreihe, Rundschreiben.

• T 2 139

Wirtschaftspolitischer Club Berlin/Bonn e.V. (WPC)
Sekretariat:
Hobsweg 172a, 53125 Bonn
T: (0228) 91 91 91 **Fax:** 91 91 99
Präsident(in): Dr. Franz Josef Rumler, Köln
Vizepräsident(in): Dr. Eberhard Luetjohann, Bonn
Dipl.-Ing. Ludwig-Udo Kontz, Bonn
Volkmar W. Kübler, Berlin
Dr. Michael Lippert, Bonn
Generalsekretär(in): Peter Sattler, Bonn
Schatzmeister: Werner Kleine, Bonn
Mitglieder: 280

• T 2 140

Wirtschaftspolitische Gesellschaft von 1947 e.V.
Hindenburgring 44, 61348 Bad Homburg
T: (06172) 93 69 01 **Fax:** 93 69 02
E-Mail: wipog@t-online.de
Gründung: 1947 (9. Nov.)
Vorstand
Ehrenvorsitzender: Dr. Harti Schwarz
Geschf. Vors.: Prof. Dr. Siegfried Blasche
Stellv. Geschf. Vors.: Dr. Jens Harms
Prof. Dr. Michael v. Hauff
Gründungsmitglied: Ludwig Erhard
Mitglieder: 200

• T 2 141

Institut für Entwicklungsforschung und Entwicklungspolitik der Ruhr-Universität Bochum
Postf. 10 21 48, 44721 Bochum
T: (0234) 32-22418 **Fax:** 32 14-294
Internet: http://www.ruhr-uni-bochum.de/iee
E-Mail: ieeoffice@ruhr-uni-bochum.de
Gründung: 1966
Geschf. Dir.: Prof. Dr. Uwe Andersen
GeschF u. Forschungskoord.: Dr. Wilhelm Löwenstein

• T 2 142

Institut für Außenhandel und Wirtschaftsintegration
Universität Hamburg
Von-Melle-Park 5, 20146 Hamburg
T: (040) 4 28 38-0, 4 28 38-46 22 **Fax:** 4 28 38-62 51
Prof. Dr. Wolfgang Maennig
Mitarbeiter: 8

t 2 143

Institut für Verkehrswissenschaft
Universität Hamburg
Von-Melle-Park 5, 20146 Hamburg
Geschf. Dir: Prof. Dr. Wolfgang Maennig
Prof. Dr. Hautau
Mitarbeiter: 5

• T 2 144

FRANKFURTER INSTITUT Stiftung Marktwirtschaft und Politik
Kisseleffstr. 10, 61348 Bad Homburg
T: (06172) 66 47-0 **Fax:** 2 22-92
Internet: http://www.frankfurter-institut.de
E-Mail: institut@frankfurter-institut.de
Gründung: 1993 (1. Mai; Institut gegr. 1982)
Vorstand: Dr. Gert Dahlmanns
Presseabteilung: Mechthild Brenner

• T 2 145

Wissenschaftszentrum - Gemeinsame Dienste e.V.
Postf. 20 14 48, 53144 Bonn
Ahrstr. 45, 53175 Bonn
T: (0228) 3 02-0 **Fax:** 302 270
TGR: Wissenschaftszentrum
Gründung: 1976 (20. Januar)
Vorsitzende(r): Prof. Dr.jur. Manfred Erhardt (Senator a.D., Generalsekretär, Stifterverband für die Deutsche Wissenschaft, Barkhovenallee 1, 45239 Essen)
Stellvertretende(r) Vorsitzende(r): Dr. Wilhelm Ahrens (Stifterverband für die Deutsche Wissenschaft, Barkhovenallee 1, 45239 Essen)
Geschäftsführer(in): Dipl.-Kfm. Heinz Rüdiger Grunewald
Mitglieder: 7

Bereitstellung von Einrichtungen und Diensten im Wissenschaftszentrum zur Förderung der Wissenschaft und ihrer Selbstverwaltungsorganisationen, zur Förderung der nationalen und internationalen wissenschaftlichen Beziehungen, zur Förderung der Wissenschaft und Technik in Forschung und Lehre sowie zur Förderung des wissenschaftlichen und technischen Nachwuchses.

• T 2 146

NETZ für Selbstverwaltung und Selbstorganisation e.V. (NETZ)
Schildstr. 12-19, 28203 Bremen
T: (0421) 7 94 90 44 **Fax:** 7 94 90 46
Internet: http://www.aries.de
E-Mail: netz@aries.de

• T 2 147

Organisationsforum Wirtschaftskongress e.V.
Salierring 48, 50677 Köln
T: (0221) 92 18 26-0 **Fax:** 92 18 26-9
Internet: http://www.ofw.de
Gründung: 1985 (Januar)
1. Vorsitzende(r): Andreas Langner
2. Vorsitzende(r): Stefan Menden
3. Vorsitzender: Daniel Wolf
Verbandszeitschrift: KEY-Die OFW Semesterzeitschrift
Mitglieder: ca. 30

• T 2 148

Die Internationale Studentenorganisation Dt. Komitee der AIESEC e.V. (AIESEC)
siehe IZT 964

• T 2 149

bonding-studenteninitiative e.V.
Hochschulgruppe Aachen
Mauerstr. 110, 52064 Aachen
T: (0241) 40 33 52 **Fax:** 3 74 75
Internet: http://www.bonding.de
E-Mail: aachen@bonding.de
Gründung: 1988 (Februar)
1. Vereinsvorstand: Hauke Timm
2. Vereinsvorstand: Christof Rymarczyk
3. Vereinsvorstand: Bianka Stumpe
4. Vereinsvorstand: Ivo Fischer
Mitglieder: 10 Hochschulgruppen, ca. 300

t 2 150

bonding-studenteninitiative e.V.
Hochschulgruppe Berlin
Sekretariat B 12
Straße des 17. Juni, 10623 Berlin
T: (030) 3 15 06 84-0 **Fax:** 3 15 06 84-1
E-Mail: berlin@bonding.de

t 2 151

bonding-studenteninitiative e.V.
Hochschulgruppe Braunschweig
Spielmannstr. 13, 38106 Braunschweig
T: (0531) 34 42 67 **Fax:** 34 42 85
E-Mail: braunschweig@bonding.de

t 2 152

bonding-studenteninitiative e.V.
Hochschulgruppe Bochum
44780 Bochum
Universitätsstr. 150, 44801 Bochum
T: (0234) 97 19-600 **Fax:** 97 19-602
Internet: http://www.bonding.de/bochum
E-Mail: bochum@bonding.de

t 2 153

bonding-studenteninitiative e.V.
Hochschulgruppe Dresden
Haus der Jugend, Zi. 15, TU-Gelände
c/o TU Dresden, 01064 Dresden
Postf. 32 01 14, 01013 Dresden
T: (0351) 4 71 11 47 **Fax:** 4 71 11 57
E-Mail: dresden@bonding.de

t 2 154

bonding-studenteninitiative e.V.
Hochschulgruppe Erlangen
Schenkstr. 166, 91052 Erlangen
T: (09131) 12 79 01 **Fax:** 12 79 02
E-Mail: erlangen@bonding.de

t 2 155

bonding-studenteninitiative e.V.
Hochschulgruppe Hamburg
Grindelallee 188, 20144 Hamburg
T: (040) 45 03 80-21 **Fax:** 45 03 80-41
E-Mail: hamburg@bonding.de

t 2 156

bonding-studenteninitiative e.V.
Hochschulgruppe Karlsruhe
Rintheimer Str. 50, 76131 Karlsruhe
T: (0721) 96 16 50 **Fax:** 9 61 65 55
E-Mail: karlsruhe@bonding.de

t 2 157

bonding-studenteninitiative e.V.
Hochschulgruppe Stuttgart
Postf. 80 02 44, 70502 Stuttgart
Endelbangstr. 18, 70569 Stuttgart
T: (0711) 6 87 30 60 **Fax:** 6 87 30 61
E-Mail: stuttgart@bonding.de

t 2 158

bonding-studenteninitiative e.V.
67653 Kaiserslautern
T: (0631) 2 05 46 51 **Fax:** 2 05 46 52

● T 2 159

Arbeitsgemeinschaft deutscher wirtschaftswissenschaftlicher Forschungsinstitute e.V.
Königin-Luise-Str. 5, 14195 Berlin
T: (030) 8 97 89-550 **Fax:** 8 97 89-100
Gründung: 1949 (April)
Vorstand: Prof. Dr. Paul Klemmer (Vors.), Essen
Prof. Dr. Johann Eckhoff (stellv. Vors.), Köln
Prof. Dr. Rüdiger Pohl (stellv. Vors.), Halle
Prof. Dr. Horst Siebert (stellv. Vors.), Kiel
Prof. Dr. Dr. h.c. Hans-Werner Sinn (stellv. Vors.), München
Prof. Dr. Thomas Straubhaar (stellv. Vors.), Hamburg
Prof. Dr. Klaus F. Zimmermann (stellv. Vors.), Berlin
Generalsekretär(in): Ralf Messer (e-mail: rmesser@diw-berlin.de), Bonn

t 2 160

Deutsches Institut für Wirtschaftsforschung (DIW)
14191 Berlin
Königin-Luise-Str. 5, 14195 Berlin
T: (030) 8 97 89-212 **Fax:** 8 97 89-100
E-Mail: praesident@diw.de
Gründung: 1925
Internationaler Zusammenschluß: siehe unter izt 533
Präsident(in): Prof. Dr. Klaus F. Zimmermann
Mitarbeiter: ca. 200
Jahresetat: ca. DM 31 Mio, € 15,85 Mio

t 2 161

Forschungsinstitut der Internationalen Wissenschaftlichen Vereinigung Weltwirtschaft und Weltpolitik e.V. (IWV WW)
Waltersdorfer Str. 51, 12526 Berlin
T: (030) 6 76 33 87, 67 68 98 55 **Fax:** 6 76 33 87
E-Mail: iwvww@t-online.de
Direktor(in): Prof. Dr. habil. Dr. sc. K.-H. Domdey

t 2 162

Institut für ökologische Wirtschaftsforschung (IÖW) gGmbH
Potsdamer Str. 105, 10785 Berlin
T: (030) 88 45 94-0 **Fax:** 8 82 54 39
Internet: http://www.ioew.de
E-Mail: mailbox@ioew.de
Geschäftsführer(in): Thomas Korbun (wiss.)
Marion Wiegand (kaufm.)
Ansprechpartner für ARGE: Heinz Kottmann

t 2 163

Wirtschafts- und sozialpolitisches Forschungs- und Beratungszentrum der Friedrich-Ebert-Stiftung
Godesberger Allee 149, 53175 Bonn
T: (0228) 8 83-220 **Fax:** 8 83-299
Leiter(in): Dr. Jochem Langkau

t 2 164

Forschungsinstitut zur Zukunft der Arbeit (IZA)
Postf. 72 40, 53072 Bonn
Schaumburg-Lippe-Str. 9, 53113 Bonn
T: (0228) 38 94-201 **Fax:** 38 94-210
E-Mail: iza@iza.org
Direktor(in): Prof. Dr. Klaus F. Zimmermann
Geschäftsführer(in): Ralf Messer
Pressesprecher: Holger Hinte
Ansprechpartner für ARGE: Dr. Michael Vogler

t 2 165

Institut für Wirtschaft und Gesellschaft Bonn e.V. (IWG-BONN)
Wissenschaftszentrum
Ahrstr. 45, 53175 Bonn
T: (0228) 37 20 44-45 **Fax:** 37 58 69
Internet: http://www.iwg-bonn.de
E-Mail: iwg.bonn@t-online.de
Gründung: 1977
Vorstand: Prof. Dr. Meinhard Miegel (geschäftsführend)
Prof. Dr. Kurt H. Biedenkopf
Wiss. Leiter: Prof. Dr. Meinhard Miegel
Leitung Öffentlichkeitsarbeit: Stefanie Wahl
Mitarbeiter: 10

t 2 166

Institut für Mittelstandsforschung Bonn
Maximilianstr. 20, 53111 Bonn
T: (0228) 7 29 97-0 **Fax:** 7 29 97-34/90
E-Mail: post@ifm-bonn.org
Vorstand: Prof. Dr. Dr. Dieter Bös
Prof. Dr. Uschi Backes-Gellner
Wiss. GeschF: Gunter Kayser (Ansprechpartner für die ARGE)

t 2 167

Institut für Marktanalyse und Agrarhandelspolitik der Bundesforschungsanstalt für Landwirtschaft (FAL)
Bundesallee 50, 38116 Braunschweig
T: (0531) 5 96-1 (Zentr.), 5 96-5 66 (Durchwahl) **Fax:** 5 96-3 67
Internet: http://www.ma.fal.de
E-Mail: martina.brockmeier@fal.de
Direktor(in): Dr. Martina Brockmeier

t 2 168

BAW Institut für Wirtschaftsforschung GmbH (BAW)
Wilhelm-Herbst-Str. 5, 28359 Bremen
T: (0421) 2 06 99 20 **Fax:** 2 06 99 99 61
E-Mail: baw@uni-bremen.de
Geschäftsführende(r) Direktor(en): Prof. Dr. Frank Haller
Dr. Martha Pohl

t 2 169

Wirtschafts- und Sozialwissenschaftliches Institut in der Hans-Böckler-Stiftung
Bertha-von-Suttner-Platz 1, 40227 Düsseldorf
T: (0211) 77 78-186, 77 78-187 **Fax:** 77 78-190
Internet: http://www.boeckler.de
Geschäftsführer(in): Prof. Dr. Heide Pfarr (Wiss. Direktorin, E-Mail: heide-pfarr@boeckler.de)
Ansprechpartner für ARGE: Dr. Arne Heise (Tel.: (0211) 77 78-233)
Bernd Mülhaupt (Tel.: (0211) 77 78-234)

t 2 170

Rheinisch-Westfälisches Institut für Wirtschaftsforschung (RWI)
Hohenzollernstr. 1-3, 45128 Essen
T: (0201) 81 49-0 **Fax:** 81 49-2 00
Internet: http://www.rwi-essen.de
E-Mail: doehrn@rwi-essen.de
Gründung: 1926, selbständig seit 1943
Internationaler Zusammenschluß: siehe unter izt 534
Vorstand: Prof. Dr. Paul Klemmer (Präsident)
Prof. Dr. Ullrich Heilemann
Leitung Presseabteilung: Dipl.-Volksw. Joachim Schmidt
Ansprechpartner für ARGE: Roland Döhrn (Tel.: (0201) 81 49-262)

t 2 171

Walter Eucken Institut e.V.
Goethestr. 10, 79100 Freiburg
T: (0761) 7 90 97-0 **Fax:** 7 90 97-97
E-Mail: wei@ruf.uni-freiburg.de
Direktor(in): Dr.habil. Lüder Gerken

t 2 172

Institut für Wirtschaftsforschung Halle (IWH)
Postf. 11 03 61, 06017 Halle
Kleine Märkerstr. 8, 06108 Halle
T: (0345) 7 75 37 00 **Fax:** 7 75 38 20
Internet: http://www.iwh.uni-halle.de
E-Mail: mpk@iwh.uni-halle.de
Gründung: 1992 (1. Januar)
Präsident(in): Prof. Dr. Rüdiger Pohl
Mitarbeiter: 74, davon 41 Wissenschaftler
Jahresetat: DM 8,1 Mio, € 4,14 Mio

t 2 173

Hamburgisches Welt-Wirtschafts-Archiv (HWWA)
Hamburg Institute of International Economics
20347 Hamburg
Neuer Jungfernstieg 21, 20354 Hamburg
T: (040) 4 28 34-0 **Fax:** 4 28 34-451
Internet: http://www.hwwa.uni-hamburg.de
E-Mail: weinert@hwwa.uni-hamburg.de
Gründung: 1908
Internationaler Zusammenschluß: siehe unter izt 535
Präsident(in): Prof. Dr. Thomas Straubhaar
Vizepräsident(in): Prof. Dr. Hans-Eckhart Scharrer
Ltg. Abt. f. Öffentlichk.: Dipl.-Kfm. H.-G. Schoop
Ansprechpartner für ARGE: Dr. Otto G. Mayer (Tel.: (040) 4 28 34-352, E-Mail: mayer@hwwa.uni-hamburg.de)

t 2 174

Niedersächsisches Institut für Wirtschaftsforschung e.V.
Schiffgraben 33, 30175 Hannover
T: (0511) 34 13 92 **Fax:** 3 18 04 00
Internet: http://www.niw.de
E-Mail: niw@niw.de
Gründung: 1981 (12. August)
Vorsitzende(r): Prof. Dr. oec. publ. Ludwig Schätzl
Geschäftsführer(in): Dr. Rainer Ertel

t 2 175

Institut für Weltwirtschaft an der Universität Kiel (IfW)
24100 Kiel
Düsternbrooker Weg 120, 24105 Kiel
T: (0431) 88 14-1 **Fax:** 8 58 53
Internet: http://www.uni-kiel.de:8082/ifw
E-Mail: jscheide@ifw.uni-kiel.de, gern@ifw.uni-kiel.de
Gründung: 1914
Internationaler Zusammenschluß: siehe unter izt 536
Präsident(in): Prof. Dr. Horst Siebert (T: (0431) 88 14-2 36, Fax: 88 14-5 01)
Vizepräsident(in): Prof. Dr. Rolf J. Langhammer
Verwaltungsleiter: Hans Uwe Vieth (T: (0431) 88 14-239, Fax: 88 14-528)
Prof. Dr. Harmen Lehment (Information, Redaktion und Außenbeziehungen, T: (0431) 88 14-2 32)
Horst Thomsen (Deutsche Zentralbibliothek für Wirtschaftswissenschaften (ZBW), T: (0431) 88 14-444)
Prof. Dr. Joachim Scheide (Ltg. Forschungsabteilung Konjunktur)
Prof. Dr. Henning Klodt (Ltg. Forschungsabteilung Wachstum, Strukturwandel und internationale Arbeitsteilung)
Prof. Gernot Klepper (Ltg. Forschungsabteilung Umwelt- und Ressourcenökonomie)
Prof. Dr. Rüdiger Soltwedel (Ltg. Forschungsabteilung Raumwirtschaft)
Prof. Dr. Rolf J. Langhammer (Ltg. Forschungsabteilung Entwicklungsökonomie und weltwirtschaftliche Integration)
Mitarbeiter: 295, davon 90 Wissenschaftler

t 2 176

Energiewirtschaftliches Institut an der Universität Köln
Sitz: Meister-Ekkehard-Str. 11
50923 Köln
Albertus-Magnus-Platz, 50931 Köln
T: (0221) 4 70 22 58 **Fax:** 44 65 37
Direktor(in): Prof. Dr. Carl Christian von Weizsäcker
Geschäftsführer(in): Prof. Dr. Walter Schulz (E-Mail: schulz@wiso.uni-koeln.de)

t 2 177

Institut der deutschen Wirtschaft Köln (IW)
Postf. 51 06 69, 50942 Köln
Gustav-Heinemann-Ufer 84-88, 50968 Köln
T: (0221) 49 81-1 **Fax:** 49 81-592
Internet: http://www.iwkoeln.de
E-Mail: iwd@iwkoeln.de
Gründung: 1951
Präsident(in): Dipl.-Ing. Dr.-Ing. Dr.-Ing. E.h. Manfred Lennings
Direktor(in): Prof. Dr. Gerhard Fels
Leitung Presseabteilung: Axel Rhein (M. Sc.)

t 2 178

Institut für Handelsforschung an der Universität zu Köln (IfH)
Säckinger Str. 5, 50935 Köln
T: (0221) 94 36 07-0 **Fax:** 94 36 07-99
Internet: http://www.ifhkoeln.de
E-Mail: ifh-koeln@t-online.de
Direktor(in): Prof. Dr. Lothar Müller-Hagedorn
Geschäftsführer(in): Andreas Kaapke (Ansprechpartner für ARGE)

Betriebsvergleiche für rund 100 Branchen des Großhandels, des Einzelhandels, der Handelsvermittlung sowie der Dienstleistungs- und Herstellungsbetriebe und Markt- und Unternehmensanalysen

t 2 179

Institut für Wirtschaftspolitik an der Universität zu Köln
Pohligstr. 1, 50969 Köln
T: (0221) 4 70-53 47 **Fax:** 4 70-53 50
Internet: http://www.uni-koeln.de/wiso-fak./iwp/
E-Mail: weiss@wiso-r10.wiso.uni-koeln.de
Direktor(in): Prof. Dr. Juergen Donges (T: (0221) 4 70-34 48)
Prof. Dr. Johann Eekhoff (T: (0221) 4 70-23 19)
Geschäftsführer(in): Dr. Andreas Freytag (Ansprechpartner für ARGE, T: (0221) 4 70-53 48, E-Mail: andreas.freytag@uni-koeln.de)
Bartel (Redaktion Zeitschrift für Wirtschaftspolitik, T: (0221) 4 70- 53 49)
Prof. Dr. H. Willgerodt (T: (0221) 4 70-53 53)
Prof. Dr. Chr. Wadrin (T: (0221) 4 70-53 53)

t 2 180

Schmalenbach-Gesellschaft für Betriebswirtschaft e.V.
Köln
Bunzlauer Str. 1, 50858 Köln
T: (02234) 48 00 97 **Fax:** 48 00 05
Internet: http://www.sg-dgfb.de
E-Mail: dr.fuchs-wegner@sg-dgfb.de
Präsident(in): Dr. Klaus Esser
Vizepräsident(in): Prof. Dr. Dr.h.c. Adolf G. Coenenberg
Geschäftsführer(in): Dr. Gertrud Fuchs-Wegner

t 2 181

Forschungsinstitut für Wirtschaftspolitik an der Universität Mainz e.V. (FfW)
Haus Recht und Wirtschaft II
55099 Mainz
Jakob-Welder-Weg 4, 55128 Mainz
T: (06131) 3 74 77-0 **Fax:** 37 23 23
Vorstand: Prof.Dr. H. Bartling
Prof. Dr. Werner Zohlnhöfer
Wiss. Ltg.: Prof. Dr. H. Bartling
Prof. Dr. H. Diederich
Prof. Dr. W. Hamm
Prof. Dr. Werner Zohlnhöfer
Geschäftsführer(in): Dr. Frank Fichert

t 2 182

Zentrum für Europäische Wirtschaftsforschung GmbH (ZEW)
Postf. 10 34 43, 68034 Mannheim
L 7 1, 68161 Mannheim
T: (0621) 12 35-01 **Fax:** 12 35-224
Internet: http://www.zew.de
Präsident(in): Prof. Dr. Wolfgang Franz (E-Mail: info@zew.de)
Ansprechpartner für ARGE: Dr. Herbert Buscher (Tel.: (0621) 12 35-135, E-Mail: buscher@zew.de)

t 2 183

IFO-INSTITUT für Wirtschaftsforschung e.V.
Postf. 86 04 60, 81631 München
Poschingerstr. 5, 81679 München
T: (089) 92 24-0 **Fax:** 98 53 69
Internet: http://www.ifo.de
E-Mail: kuntze@ifo.de
Gründung: 1949
Internationaler Zusammenschluß: siehe unter izt 537
Präsident(in): Prof. Dr. Dr.h.c. Hans-Werner Sinn
Leitung Presseabteilung: Dr. Heidemarie Sherman
Mitglieder: 700

t 2 184

Osteuropa-Institut München
Scheinerstr. 11, 81679 München
T: (089) 98 83 96-0 **Fax:** 9 81 01 10
Gründung: 1952
Direktor(in): Prof. Dr. G. Hedtkamp
Leitung Presseabteilung: Dr. Hermann Clement (E-Mail: hclement@lrz-uni-muenchen.de)
Mitarbeiter: 26

t 2 185

Forschungsstelle für allgemeine und textile Marktwirtschaft an der Universität Münster (FATM)
Fliednerstr. 21, 48149 Münster
T: (0251) 8 32 29 39 **Fax:** 83-31438
Direktor(in): Prof. Dr. rer. pol. Gustav Dieckheuer
Prof. Dr. rer. pol. Dieter Ahlert
Geschäftsführer(in): Dipl.-Volksw. Friedrich Aumann (E-Mail: 22fatm@wiwi.uni-muenster.de)

t 2 186

GfK-Nürnberg e.V.
90319 Nürnberg
Nordwestring 101, 90419 Nürnberg
T: (0911) 3 95-2368, 3 95-2231 **Fax:** 3 95-2715
E-Mail: gfk erein@gfk.de
Präsidium: Peter Zühlsdorff
Helga Haub
Prof. Dr. Frank Wimmer
Geschäftsführer(in): Dr. Raimund Wildner
Ansprechpartner für ARGE: Rolf Bürkl (Tel.: (0911) 3 95-3056)
Claudia Gaspar (Tel.: (0911) 3 95-2624)

t 2 187

Institut für Arbeitsmarkt- und Berufsforschung der Bundesanstalt für Arbeit (IAB)
90327 Nürnberg
T: (0911) 1 79-0 **Fax:** 1 79-3258
Teletex: 9 118 197 BA nbg
Internet: http://www.iab.de
E-Mail: iab.ba@t-online.de
Gründung: 1967
Direktor(in): Prof. Dr. Gerhard Kleinhenz
Stellv. Dir: Dr. Werner Karr
Mitglieder: 108 Planstellen
Hauszeitschrift: Mitteilungen aus der Arbeitsmarkt- und Berufsforschung
Verlag: Kohlhammer, Stuttgart

t 2 188

IAW Institut für Angewandte Wirtschaftsforschung

Institut für Angewandte Wirtschaftsforschung (IAW)
Ob dem Himmelreich 1, 72074 Tübingen
T: (07071) 98 96-0 **Fax:** 98 96-99
Internet: http://www.uni-tuebingen.de/iaw
E-Mail: iaw@oe.uni.tuebingen.de, iaw@iaw.edu
Gründung: 1957
Direktor(in): Prof. Dr. Gerd Ronning
Geschäftsführung: Dr. Jürgen Volkert
Günther Klee (M.A.)
Verbandszeitschrift: IAW-Mitteilungen
Redaktion: Dr. Ulrike Batz
Mitglieder: 50
Mitarbeiter: 20 (einschl. Berater)
Jahresetat: DM 2,5 Mio, € 1,28 Mio

Anwendungsbezogene Forschung in den wichtigsten Bereichen der theoretischen und empirischen Wirtschaftsforschung; Politikberatung.

t 2 189

Statistisches Bundesamt
Gustav-Stresemann-Ring 11, 65189 Wiesbaden
T: (0611) 75-1 (Zentrale), 75-2405 (Info Allgemein), 75-3444 (Info Presse) **Fax:** 72-4000
Internet: http://www.statistik-bund.de
E-Mail: pressestelle@statistik-bund.de
Präsident(in): Johann Hahlen
Pressestelle: Angela Schaff
Ansprechpartner für ARGE: Jürgen Chlumsky (Tel.: (0611) 75-2325, E-Mail: juergen.chlumsky@statistik-bund.de)
Mitarbeiter: 3008

• **T 2 190**

Institut für Wirtschaftsforschung Halle (IWH)
Postf. 11 03 61, 06017 Halle
Kleine Märkerstr. 8, 06108 Halle
T: (0345) 7 75 37 00 **Fax:** 7 75 38 20
Internet: http://www.iwh.uni-halle.de
E-Mail: mpk@iwh.uni-halle.de
Gründung: 1992 (1. Januar)
Präsident(in): Prof. Dr. Rüdiger Pohl
Geschäftsführer(in): Frowin Gensch
Leitung Öffentlichkeitsarbeit: Dr. Manfred Packeiser
Mitarbeiter: 74, davon 41 Wissenschaftler
Jahresetat: DM 8,1 Mio, € 4,14 Mio

• **T 2 191**

VERBAND INNOVATIVER UNTERNEHMEN E.V. (VIU)
c/o IMA Materialforschung und Anwendungstechnik GmbH
Postf. 80 01 44, 01101 Dresden
T: (0351) 88 37-3 40 **Fax:** 88 37-3 42
Gründung: 1992 (12. März)
Vorsitzende(r) des Vorstandes: Prof. Dr.rer.nat. Christian Wegerdt
Geschäftsführer(in): Dr. Helmut Rösner
Verbandszeitschrift: Informationsblatt (4x jährl.) Innovation & Markt
Verlag: Eigenverlag
Mitglieder: 139 (Stand 12/1999)

Politische Handlungsempfehlungen zum Erhalt des industrienahen Forschungspotentials; Anpassung der FuE-Förderprogramme an die Gegebenheiten der industrienahen Forschungseinrichtungen; Erarbeitung regionaler Entwicklungskonzepte; Unterstützung bei der Festigung der Marktposition und Findung von Arbeitsfeldern; Beitrag zur Gestaltung des gesamtdeutschen Forschungsmarktes.

• **T 2 192**

Der Übersee-Club e.V.
Neuer Jungfernstieg 19, 20354 Hamburg
T: (040) 35 52 90-0 **Fax:** 34 53 14
E-Mail: ueberseeclub@t-online.de
Gründung: 1922
Präsident(in): Dr. Peter von Foerster
Geschäftsführer(in): Klaus D. Dettweiler
Mitglieder: 1950
Mitarbeiter: 6
Jahresetat: DM 1,5 Mio, € 0,77 Mio

• **T 2 193**

Deutsches Übersee-Institut (DÜI)
Neuer Jungfernstieg 21, 20354 Hamburg
T: (040) 4 28 34-5 93 **Fax:** 4 28 34-5 47
Internet: http://www.rrz.uni-hamburg.de/duei
E-Mail: duei@uni-hamburg.de
Gründung: 1964
Vorsitzende(r) des Vorstandes: Dr. Werner Draguhn
Verwaltungsltr: Ingo Luplow
Ltr. d. Übersee-Dokumentation: Dr. Gottfried Reinknecht (E-Mail: duei-dok@hwwa.uni-hamburg, Internet: http://www.rrz.uni-hamburg.de/duei-dok)
Mitarbeiter: 101
Der Vorstand der Stiftung Deutsches Übersee-Institut wird von den Direktoren der nachfolgenden Institute gebildet:

t 2 194

Institut für Allgemeine Überseeforschung
Neuer Jungfernstieg 21, 20354 Hamburg
T: (040) 4 28 34-5 93 **Fax:** 4 28 34-5 47
E-Mail: duei@uni-hamburg.de
Gründung: 1964
Direktor(in): Dr. Werner Draguhn

t 2 195

Institut für Asienkunde
Rothenbaumchaussee 32, 20148 Hamburg
T: (040) 44 30 01-03 **Fax:** 4 10 79 45
Internet: http://www.rrz.uni-hamburg.de/ifa
E-Mail: ifahh@uni-hamburg.de
Vorsitzende(r): Dr.Dr. Wilhelm Röhl
Direktor(in): Dr. Werner Draguhn

t 2 196

Deutsches Orient-Institut
Mittelweg 150, 20148 Hamburg
T: (040) 4 13 20 50 **Fax:** 44 14 84
Internet: http://www.rrz.uni-hamburg.de/doi
E-Mail: doihh@rrz.uni-hamburg.de
Vorsitzende(r) des Vorstandes: Dr. Hanns Kippenberger
Direktor(in): Prof. Dr. Udo Steinbach

t 2 197

Institut für Iberoamerika-Kunde
Alsterglacis 8, 20354 Hamburg
T: (040) 41 47 82-01 **Fax:** 41 47 82-41
Internet: http://www.rrz.uni-hamburg.de
E-Mail: iikhh@uni-hamburg.de
Direktor(in): Dr. Klaus Bodemer
Vorsitzende(r) des Vorstandes: Dr. Georg Engelbrecht

t 2 198

Institut für Afrika-Kunde
Neuer Jungfernstieg 21, 20354 Hamburg
T: (040) 4 28 34-5 23 **Fax:** 4 28 34-5 11
Internet: http://www.rrz.uni-hamburg.de/iak
E-Mail: iak@uni-hamburg.de
Vorsitzende(r) des Vorstandes: Prof.Dr. Friedrich Mühlenberg
Direktor(in): Dr. Rolf Hofmeier

• **T 2 199**

Bremer Gesellschaft für Wirtschaftsforschung e.V.
Am Brill 21-23, 28195 Bremen
T: (0421) 50 08 07
Vorsitzende(r) des Vorstandes: Dr. Jürgen Fischer
Stellvertretende(r) Vorsitzende(r): Carlos A.C. Landmark
Dipl.-Kfm. Horst-Günter Lucke

Forschung über Wirtschaft d. Auslands, Welthandel, Entwicklungspolitik und andere internationale Wirtschaftsfragen.

• T 2 200

Deutsches Institut für Wirtschaftsforschung (DIW)
14191 Berlin
Königin-Luise-Str. 5, 14195 Berlin
T: (030) 8 97 89-0 **Fax:** 8 97 89-200
Internet: http://www.diw-berlin.de
E-Mail: jvolz@diw-berlin.de
Gründung: 1925
Internationaler Zusammenschluß: siehe unter izt 533
Präsident(in): Prof. Dr. Klaus F. Zimmermann
Leitung Presseabteilung: Dr. Bernhard Seidel
Verbandszeitschrift: DIW-Wochenberichte
Redaktion: Michaela Engelmann
Mitarbeiter: ca. 200
Jahresetat: ca. DM 31 Mio, € 15,85 Mio

• T 2 201

Hamburgisches Welt-Wirtschafts-Archiv (HWWA)
Hamburg Institute of International Economics
20347 Hamburg
Neuer Jungfernstieg 21, 20354 Hamburg
T: (040) 4 28 34-0 **Fax:** 4 28 34-451
Internet: http://www.hwwa.uni-hamburg.de
E-Mail: weinert@hwwa.uni-hamburg.de
Gründung: 1908
Internationaler Zusammenschluß: siehe unter izt 535
Präsident(in): Prof. Dr. Thomas Straubhaar
Ltg. Abt. f. Öffentlichk.: Dipl.-Kfm. H.-G. Schoop

• T 2 202

Vereinigung für ökologische Wirtschaftsforschung e.V. (VÖW)
Potsdamer Str. 105, 10785 Berlin
T: (030) 8 85 18 00 **Fax:** 8 82 54 39
Internet: http://www.snafu.de/_Ltvoew/
E-Mail: VOEW@berlin.snafu.de
Gründung: 1985
Vorsitzende(r): Prof. Dr. Uwe Schneidewind (Universität Oldenburg)
Leitung Presseabteilung: Dieter Wunderlich
Verbandszeitschrift: Ökologisches Wirtschaften; Rundbrief des Studierendenkreises der VÖW
Redaktion: Jan Nill
Verlag: ÖKOM, München
Mitglieder: 400 Einzelpersonen u. 60 Initiativen
Mitarbeiter: 2
Jahresetat: DM 0,07 Mio, € 0,04 Mio

• T 2 203

Deutsches Institut für Interne Revision e.V. (IIR)
Ohmstr. 59, 60486 Frankfurt
T: (069) 71 37 69-0 **Fax:** 71 37 69-69
Internet: http://www.iir-ev.de
E-Mail: info@iir-ev.de
Gründung: 1958 (8. November)
Sprecher d. Vorstandes: Dipl.-Kfm. Hanns Grögler
Geschäftsführer(in): Dipl.-Kfm. Winfried Hohloch
Verbandszeitschrift: Zeitschrift Interne Revision (ZIR)
Redaktion: Dipl.-Kfm. Winfried Hohloch
Verlag: Erich-Schmidt-Verlag GmbH, Genthiner Str. 30G, 10785 Berlin
Mitglieder: 1250

• T 2 204

Institut für Auslandsbeziehungen e.V.
Postf. 10 24 63, 70020 Stuttgart
Charlottenplatz 17, 70173 Stuttgart
T: (0711) 22 25-0 **Fax:** 2 26 43 46
Gründung: 1917
Präsident(in): Alois Graf von Waldburg-Zeil
Generalsekretär(in): Dr. Kurt-Jürgen Maaß ("sz")
Presse: Georg Scholl
Redaktion: Sebastian Körber
Verlag: Institut für Auslandsbeziehungen, Postf. 10 24 63, 70020 Stuttgart
Mitglieder: 63
Mitarbeiter: 77 (Mitarbeiter/innen)
Zeitschrift: Zeitschrift für Kulturaustausch

• T 2 205

Institut für Deutsche Sprache
Postf. 10 16 21, 68016 Mannheim
R 5 6-13, 68161 Mannheim
T: (0621) 15 81-0 **Fax:** 15 81-2 00
Internet: http://www.ids-mannheim.de
Gründung: 1964 (19. April)
Vorstand: Prof. Dr. Gerhard Stickel
Leitung Presseabteilung: Dr. Annette Trabold
Verbandszeitschrift: Sprachreport - Informationen und Meinungen zur deutschen Sprache
Redaktion: Dr. Heidrun Kämper, Prof. Dr. D. Herberg, E. Teubert, Dr. Karl-Heinz Bausch, Dr. A. Trabold
Verlag: Institut für Deutsche Sprache
Mitarbeiter: 105
Jahresetat: DM 14,8 Mio, € 7,57 Mio

• T 2 206

Mediävistenverband e.V.
c/o Institut für Deutsche Sprache und Literatur II
Postf. 11 19 32, 60054 Frankfurt
T: (069) 7 98-1
Internet: http://viadrina.euv-frankfurt-o.de/_4medvb/mvbhome.html
Gründung: 1983
Präsident(in): Prof. Dr. Wilhelm G. Busse (Universität Düsseldorf)
Vizepräsident(in): Prof. Dr. Hans-Werner Goetz (Universität Hamburg)
Schriftführer(in): Dr. Frank Fürbeth (Universität Frankfurt)
Schatzmeisterin: Prof. Dr. Ursula Schaefer (Humboldt-Universität zu Berlin)
Verbandszeitschrift: Das Mittelalter - Perspektiven mediävistischer Forschung
Redaktion: Vivien Hacker
Mitglieder: ca. 700

• T 2 207

INTER NATIONES e.V.
Kennedyallee 91-103, 53175 Bonn
T: (0228) 8 80-0 **Fax:** 8 80-4 57
Internet: http://www.inter-nationes.de
E-Mail: presse@inter-nationes.de
Gründung: 1952
Vorstand: Peter Sötje
Mitarbeiter: 141

• T 2 208

Auslandsgesellschaft Nordrhein-Westfalen e.V.
Postf. 10 33 34, 44033 Dortmund
Steinstr. 48, 44147 Dortmund
T: (0231) 8 38 00-0 **Fax:** 8 38 00-55
E-Mail: sowa@auslandsgesellschaft.org
mit Tagungszentrum Ackerscheune: Alter Markt 5, 34439 Willebadessen, T: (05646) 9 81-0, Telefax: (05646) 9 81-2 99
Gründung: 1946
Internationaler Zusammenschluß: siehe unter izu 614
Präsident(in): Jürgen Alexander Fischer
Stellvertretende(r) Vorsitzende(r): Erich Fritz (MdB)
Solweig Heil
Prof. Theo Uhlmann
Schatzmeister: Alfred Bußmann
Beisitzer: Ministerin Ilse Brusis (MdL)
Magdalene Hoff (MdEP)
Dr. Fritz Hofmann
Prof. Dr. Wolfgang Laurig
Geschäftsführer(in): Norbert Althofen
Verbandszeitschrift: Brücken
Redaktion: Pascale Gauchard (Presseabteilung)
Verlag: Auslandsgesellschaft Nordrhein-Westfalen e.V., Steinstr. 48, 44147 Dortmund, T: (0231) 8 38 00 12
Mitglieder: 2500
Mitarbeiter: 57
Jahresetat: DM 12,0 Mio, € 6,14 Mio

Vermittlung von landeskundlichen Informationen, fremdsprachlichen Kenntnissen und politisch-gesellschaftlichem Problemverständnis im Rahmen internationaler Beziehungen und im kulturellen und wirtschaftlichen Bereich. Förderung des Verständnisses für andere Völker und deren Lebensart durch Begegnungen, Dolmetscher-/Übersetzerdienst, Studienfahrten

• T 2 209

Walter Eucken Institut e.V.
Goethestr. 10, 79100 Freiburg
T: (0761) 7 90 97-0 **Fax:** 7 90 97-97
E-Mail: wei@ruf.uni-freiburg.de
Gründung: 1954 (11. Januar)
Vorsitzende(r): Prof. Dr. Helmut Gröner
Prof. Dr. Wernhard Möschel
Prof. Dr. Alfred Schüller
Direktor(in): Dr.habil. Lüder Gerken
Mitglieder: 36

• T 2 210

Europa-Institut der Universität des Saarlandes
Sektion Rechtswissenschaft
Postf. 15 11 50, 66041 Saarbrücken
T: (0681) 3 02-3653, 3 02-2253 **Fax:** 3 02-4369
Internet: http://www.europainstitut.de
E-Mail: llm@europainstitut.de
Direktor(in): Prof. Dr. Werner Meng
Prof.Dr. Torsten Stein
Mitarbeiter: ca. 30

• T 2 211

Institut für Exportforschung an der Fakultät Wirtschafts- und Sozialwissenschaften der Friedrich-Alexander-Universität Erlangen-Nürnberg
Lange Gasse 20, 90403 Nürnberg
T: (0911) 53 02-2 14 **Fax:** 5 30 22 10
Internet: http://www.marketing.wiso.uni-erlangen.de/index.html
E-Mail: wsma01@wiso.uni-erlangen.de
Leitung: Prof. Dr. H. Diller

• T 2 213

Förderkreis für Regional- und Tourismusforschung e.V. Greifswald (FFTF)
c/o Geograph. Institut Universität Greifswald
Friedrich-Ludwig-Jahn-Str. 16, 17489 Greifswald
T: (03834) 86 45 36, 86 45 37 **Fax:** 86 45 37
Vorsitzende(r): Prof. Dr. Wilhelm Steingrube
Geschäftsführer(in): Dr. Martin Bütow (E-Mail: fftf@rz.uni-greifswald.de)

• T 2 214

Forschungsinstitut für Balneologie und Kurortwissenschaft
Lindenstr. 5, 08645 Bad Elster
T: (037437) 31 82 u. 55 70 **Fax:** 5 57 77
E-Mail: fbk@kureha.de
Direktor(in): Prof. Dr.med. Karl-Ludwig Resch

• T 2 215

Vereinigung für Bäder- und Klimakunde e.V.
(ACADEMY of Balneology and Climatology)
An den Heilquellen 4, 79111 Freiburg
T: (0761) 4 90 59-0 **Fax:** (07961) 4 90 59-70
Gründung: 1911
Präsident(in): Priv.-Doz. Dr. B. Hartmann
Vizepräsident(in): Priv.-Doz. Dr. A. Falkenbach, Bad Gastein
Leitung Presseabteilung: Herbert Renn
Mitglieder: 321
Mitarbeiter: 6
Jahresetat: DM 0,8 Mio, € 0,41 Mio
Sektionen: Naturwissenschaft und Technik, KurOrtMedizin/PhysioMedizin, MedizinMeteorologie und Umwelt/Evidence/Competence/Sp

• T 2 216

Deutsches Wirtschaftswissenschaftliches Institut für Fremdenverkehr e.V. an der Universität München (DWIF)
Hermann-Sack-Str. 2, 80331 München
T: (089) 26 70 91 **Fax:** 26 76 13
Internet: http://www.dwif.de
E-Mail: dwif@lrz.uni-muenchen.de
Wissenschaftlicher Vorstand: Uni.-Prof. Dr. Hans-Dieter Haas
Univ.-Prof. Dr. Anton Meyer
Geschäftsführender Vorstand: Dr. Joachim Maschke

t 2 217

DWIF-Büro Berlin
Werderstr. 14, 12105 Berlin
T: (030) 7 57 94 90 **Fax:** 7 51 65 10
E-Mail: dwif@berlin.snafu.de
Leitung: Dr. Mathias Feige

• T 2 218

Contakt e.V.
(Contakte akademischer Touristiker e.V.)
Max-Planck-Str. 39, 74081 Heilbronn
T: (07134) 1 41 28, (07141) 28 48 22 **Fax:** (07141) 28 48 25
Gründung: 1990 (1. März)
Vorsitzende(r): Ute Messerschmidt
Stellvertretende(r) Vorsitzende(r): André Haußmann
Leitung Presseabteilung: Rainer Nuyken (Touristikrepräsentanz GmbH, Schafgrund 13, 74199 Untergruppenbach, T: (07131) 97 01 58, Fax: 97 01 59)
Verbandszeitschrift: Contakt-Linse
Mitarbeiter: z. Zt. 104

• T 2 219

Institut "Finanzen und Steuern" e.V.
Postf. 72 69, 53072 Bonn
Markt 10 und 14, 53111 Bonn
T: (0228) 98 22 10 **Fax:** 9 82 21 50

Gründung: 1949
Geschäftsführende(s) Vorstands-Mitglied(er): Dr. Adalbert Uelner

● **T 2 220**

Forschungsinstitut für Genossenschaftswesen an der Universität Erlangen-Nürnberg e.V.
Königstorgraben 11, 90402 Nürnberg
T: (0911) 2 05 55 90 **Fax:** 20 55 59 20
Internet: http://www.wiso.uni-erlangen.de/WiSo/VWI/iw/geno/geno.html
E-Mail: geno-institut.nbg@t-online.de
Vorsitzende(r) des Vorstandes: Prof. Dr. Wolfgang Harbrecht
Geschäftsführer(in): Dr. Wolfgang Vogel

● **T 2 221**

Institut für Genossenschaftswesen der Westfälischen Wilhelms-Universität Münster
Am Stadtgraben 9, 48143 Münster
T: (0251) 8 32 28 91/2 28 01 **Fax:** 8 32 28 04
Internet: http://www.wiwi.uni-muenster.de/_Lt06/ifg_leit.htm
E-Mail: rolf.greve@uni-muenster.de
Gründung: 1947
Leitung: Prof. Dr. Theresia Theurl
Geschäftsführer(in): Dr. Rolf Greve

● **T 2 222**

Verein zur Förderung des Genossenschaftsgedankens e.V.
Wernerstr. 24, 42653 Solingen
T: (0212) 2 54 19 46 **Fax:** 2 54 19 47
Gründung: 1986 (März)
Vorsitzende(r): Dr. Christoph Zöpel (MdB)
Stellvertretende(r) Vorsitzende(r): Dr. Burghard Flieger
Jan Kuhnert
Schatzmeister: Wolfram Püschel
Mitglieder: 180
Mitarbeiter: 1 ehrenamtl.

● **T 2 223**

Institut für Kooperation in Entwicklungsländern der Philipps-Universität Marburg
35032 Marburg
Am Plan 2, 35037 Marburg
T: (06421) 2 82 37 30 **Fax:** 2 82 89 12
Internet: http://www.wiwi.uni-marburg.de
E-Mail: ICDC@wiwi.Uni-Marburg.De
Geschf. Dir.: Prof. Dr. M. Kirk

● **T 2 224**

Institut für ländliches Genossenschaftswesen an der Justus-Liebig-Universität Giessen
Senckenbergstr. 3, 35390 Gießen
T: (0641) 9 93 70 82 **Fax:** 9 93 72 79
E-Mail: ilgeno@agrar.uni-giessen.de
Geschäftsführender Direktor: Prof. Dr. Hermann Boland
Geschäftsführer(in): Dipl.-Ing. agr. Thorsten Michaelis

● **T 2 225**

Forschungsgemeinschaft für Außenwirtschaft, Struktur- und Technologiepolitik e.V. (FAST)
Schöneberger Str. 19, 10963 Berlin
T: (030) 26 55 02 13 **Fax:** 26 55 02 15
Gründung: 1986
Vorstand: Dr. Ulrich Bochum
Christoph Dörrenbächer
Dr. Heinz-Rudolf Meißner
Michael Wortmann
Verlag: Eigenverlag
Mitarbeiter: 6
Vereinszeitschrift: FAST-Studien

● **T 2 226**

Institut für Strukturpolitik und Wirtschaftsförderung Halle-Leipzig e.V. (isw)
Heinrich-Heine-Str. 10, 06114 Halle
T: (0345) 52 13 60 **Fax:** 5 17 07 06
Internet: http://www.isw-online.org
E-Mail: isw.Halle-Leipzig@t-online.de
Gründung: 1991 (20. Juni)
Geschäftsführende(s) Vorstands-Mitglied(er): Dr. habil. Gunthard Bratzke
Dr. habil. Lothar Abicht
Dr. Michael Schädlich
Leitung Presseabteilung: Dr. Rainer Lüdigk
Verbandszeitschrift: isw-report; isw-akzente
Redaktion: Dr. Bratzke, Dr. Schädlich, Dr. Lüdigk, Dr. Abicht, Dr. Bock
Verlag: GSW GmbH, Fischer-von-Erlach-Str. 25, 06114 Halle
Mitglieder: 30
Mitarbeiter: 35
Jahresetat: DM 3,5 Mio, € 1,79 Mio

● **T 2 227**

Deutsches Handwerksinstitut (DHI)
Mohrenstr. 20-21, 10117 Berlin
T: (030) 2 06 19-401 **Fax:** 2 06 19 59-401
Internet: http://www.dhi.zdh.de
E-Mail: dhi@zdh.de
Vorsitzende(r) des Vorstandes: Hanns-Eberhard Schleyer (Generalsekretär des ZDH)
Stellv. Vors. d. Vorst.: Präs. Paul Schnitker
Bernd Lenze (HGF der HK für München und Oberbayern)
Geschäftsführer(in): Dr. Wolf-Hermann Böcker (GF des DHKT)
Dr. Frank P.

Institute im Deutschen Handwerksinstitut

t 2 228

Institut für Kunststoffverarbeitung in Industrie und Handwerk an der Rheinisch-Westf. Techn. Hochschule Aachen
Pontstr. 49, 52062 Aachen
T: (0241) 80 38-06 **Fax:** 8 88 82 62
Internet: http://www.ikv-aachen.de
E-Mail: zentrale@ikv.rwth-aachen.de
Leitung: Prof. Dr.-Ing. Dr.-Ing. E.h. Walter Michaeli
Leitung: Dipl.-Ing. Leo Wolters (Abteilung Handwerk)

t 2 229

Seminar für Handwerkswesen an der Universität Göttingen (SFH)
Postf. 37 44, 37027 Göttingen
Goßlerstr. 12, 37073 Göttingen
T: (0551) 39 48 82-48 86 **Fax:** 39 95 53
Internet: http://gwdu19.gwdg.de/_Ltuwhw/
E-Mail: sfhgoe@uni-goettingen.de
Direktor(in): Prof. Dr. W. König
Prof. Dr. G. Kucera

t 2 230

Heinz-Piest-Institut für Handwerkstechnik an der Universität Hannover (HPI)
Wilhelm-Busch-Str. 18, 30167 Hannover
T: (0511) 7 01 55-0 **Fax:** 7 01 55 32
Internet: http://www.unics.uni-hannover.de/hpi
E-Mail: handwerkstechnik@mbox.hpi-uni-hannover.de
Leitung: Dr.-Ing. G. Schilling

t 2 231

Institut für Technik der Betriebsführung im Handwerk (itb)
Postf. 33 24, 76019 Karlsruhe
Karl-Friedrich-Str. 17, 76133 Karlsruhe
T: (0721) 9 31 03-0 **Fax:** 9 31 03-50
Internet: http://www.itb.de
E-Mail: info@itb.de
Gründung: 1919 (24. Oktober)
Leitung: Dr. G. Hantsch

t 2 232

Forschungsinstitut für Berufsbildung im Handwerk an der Universität zu Köln (FBH)
Herbert-Lewin-Str. 2, 50931 Köln
T: (0221) 4 70 25 82 **Fax:** 40 11 83
Internet: http://www.uni-koeln.de/wiso-fak/fbh/
E-Mail: forschungsinstitut.berufsbildung@uni-koeln.de
Leitung: Prof. Dr. M. Twardy

t 2 233

Ludwig-Fröhler-Institut für Handwerkswissenschaften (HRI)
Max-Joseph-Str. 4, 80333 München
T: (089) 59 43 30 **Fax:** 5 50 11 77
Internet: http://www.dhi.zdh.de/hri
E-Mail: hri.mchn@t-online.de
Leiter(in): Prof. Dr. H.-U. Küpper
Wissenschaftlicher Leiter: Min.Dir. Dr. Joachim Kormann (Abt. Handwerksrecht)

● **T 2 234**

EHI EuroHandelsinstitut e.V.

Spichernstr. 55, 50672 Köln
T: (0221) 5 79 93-0 **Fax:** 5 79 93 45
Präsident u. Vors.: Karl-Heinz Schmidt
Geschäftsführer(in): Dr. Bernd Hallier
Dipl.-Kfm. Michael Gerling
Verbandszeitschrift: "Dynamik im Handel", mit den Specials stores + shops, retail technology journal
Verlag: EHI-Euro Handelsinstitut GmbH, Spichernstr. 55, 50672 Köln, T: (0221) 57 99 30, Fax: (0221) 5 79 93 45

● **T 2 235**

Deutsche Steuerjuristische Gesellschaft e.V.
Bayenthalgürtel 13, 50968 Köln
T: (0221) 9 37 38-06 **Fax:** 9 37 38-969
Gründung: 1975
Vorsitzende(r): Prof. Dr. Paul Kirchhof (Institut für Finanz- und Steuerrecht der Universität Heidelberg, Zeppelinstr. 151, 89121 Heidelberg)
Stellvertretende(r) Vorsitzende(r): RA u. Notar Franz Josef Haas (Kurt-Schumacher-Platz 11-12, 44787 Bochum)
Schatzmeister, Ltr. d. Geschäftsstelle: Karl-Peter Winters (Verlag Dr. Otto Schmidt)
Mitglieder: 851 (Januar 2000)

● **T 2 236**

Internationales Fachinstitut für Steuer- und Wirtschaftsrecht e.V. (IFS)
Sitz: Frankfurt/Main
Geschäftsstelle:
Dotzheimer Str. 118, 65197 Wiesbaden
T: (0611) 44 24 64 **Fax:** 4 70 48
Internet: http://www.IFS-info.de
Gründung: 1981 (26. März)
Vorsitzende(r): Dr. jur. Jochen Merkel (Ministerialrat a.D. Bundeswirtschaftsministerium Bonn)
Vize-Vors.: Senatorin u. Generalkonsulin Hannetraud Schultheiß (M.O.M. (Steuerberaterin, Mainz))
Schatzmeister: Klaus-Joachim Eichhorn (Wirtschaftsprüfer und Steuerberater, Garmisch-Partenkirchen)
Geschäftsführer(in): RA'in Brigitte Brunnett
Mitglieder: 200
Mitarbeiter: 5

● **T 2 237**

Fachinstitut des Verbandes der steuerberatenden Berufe Westfalen-Lippe e.V.
Postf. 80 28, 48043 Münster
Scharnhorststr. 46, 48151 Münster
T: (0251) 5 35 86 20 **Fax:** 5 35 86 60
Vors. d. Kuratoriums: WP/StB/RB Hans W. Haubruck
Geschäftsführer(in): Monika Rose

● **T 2 238**

Deutsche Sektion des Internationalen Instituts für Verwaltungswissenschaften
Graurheindorfer Str. 198, 53117 Bonn
T: (01888) 6 81-1918, 6 81-3442 **Fax:** 6 81-2029
Präsident(in): Oberbürgermeisterin Beate Weber, Heidelberg
Generalsekretär(in): Dr. Christoph Hauschild (BMI, Graurheindorfer Str. 198, 53117 Bonn, T: (01888) 6 81-1918)

● **T 2 239**

ISW-Institut für südwestdeutsche Wirtschaftsforschung der Steinbeis-Stiftung
Baumreute 12, 70199 Stuttgart
T: (0711) 6 49 84 07 **Fax:** 6 49 20 40
Gründung: 1950
Leitung: Dipl.-Volksw. Bernd Volkert
Mitarbeiter: 4

● **T 2 240**

Institut für Zukunftsstudien und Technologiebewertung Gemeinnützige GmbH (IZT)
Schopenhauerstr. 26, 14129 Berlin
T: (030) 80 30 88-0 **Fax:** 80 30 88-88
E-Mail: m.woelk@izt.de
Gründung: 1981 (28. August)
Aufsichtsratsvors.: Prof.Dr. Dietrich Goldschmidt
Geschäftsführer(in): Prof. Dr.phil.Dipl.-Phys. Rolf Kreibich
Mitglieder: 32
Forschung u. Entwicklung, Durchführung von Forschungsaufträgen und Gutachten: Beratung politischer, wirtschaftlicher, technischer, sozialer und kultureller Institutionen und Entscheidungsträger; Zukunftsstudien, Technologiefolgeabschätzung, Technologiebewertung. Ökologische Wirtschaftsforschung und Infrastrukturen, Informations- und Kommunikationsforschung, Telematik.

● **T 2 241**

Institut für Umwelt- und Zukunftsforschung e.V. (IUZ)
Sternwarte Bochum
Blankensteiner Str. 200 A, 44797 Bochum
T: (0234) 4 77 11 **Fax:** 46 15 04
Internet: http://www.iuz-bochum.de
E-Mail: office@iuz-bochum.de
Vorsitzende(r): Heinrich Klosterkamp (Kommissarisch)

Hauptgeschäftsführer(in): Prof. Heinz Kaminski
Leitung Presseabteilung: Martin Fliegner
Mitglieder: 245
Mitarbeiter: 14

• T 2 242

Forschungsinstitut zur Zukunft der Arbeit (IZA)
Postf. 72 40, 53072 Bonn
Schaumburg-Lippe-Str. 9, 53113 Bonn
T: (0228) 38 94-0 **Fax:** 38 94-210
E-Mail: iza@iza.org
Leitung: Prof. Dr. Klaus F. Zimmermann

• T 2 243

Seniorenkreis Wirtschaft Braunschweig e.V.
Rebenring 33, 38106 Braunschweig
T: (0531) 3 80 41 20 **Fax:** 3 80 11 52
Teletex: 5 318 216=TECHP BS
Gründung: 1988
Vorsitzende(r): Dipl.-Ing. H. P. Kaeding
Stellvertreter: Dipl.-Ing. W. Bense
Mitglieder: 24

• T 2 244

Arbeitskreis Europäische Integration e.V. (AEI)
Bachstr. 32, 53115 Bonn
T: (0228) 7 29 00 20 **Fax:** 69 84 37
E-Mail: AEI_BONN@compuserve.com
Gründung: 1969
Präsident(in): Dr. Karl-Heinz Narjes, Bonn
Vorsitzende(r): Prof. Dr. Rudolf Hrbek, Tübingen
Stellvertretende(r) Vorsitzende(r): Prof. Dr. Rolf Caesar, Stuttgart-Hohenheim
Prof. Dr. Peter-Christian Müller-Graff, Heidelberg
Prof. Dr. Wulfdiether Zippel, München
Schatzmeister: Dr. Michèle Knodt, Mannheim
Geschäftsführerin: Meike Leube
Mitglieder: 430

• T 2 245

Europäischer Bund für Bildung und Wissenschaft (EBB/AEDE)
Sektion Deutschland
Weinstr. 8b, 60435 Frankfurt
T: (069) 95 40 30 40 **Fax:** 95 40 30 40
Internet: http://www.aede.org/ebb.html
E-Mail: ebb.aede@t-online.de
Gründung: 1956
Bundesvorsitzender: Bundesvorsitzender a.i. und Geschäftsführender Bundesvorsitzender: Oberstudienrat Jürgen Kummetat
Bundesschriftführer(in): Beatrix Palt (Henriettenstr. 20, 20259 Hamburg, Tel.: (040) 43 18 01 02, Fax: (040) 43 18 01 03, E-Mail: beatrix.palt@t-online.de)
Bundesschatzmeister: Dirk Hanschke (Pfeffinger Str. 26, 04277 Leipzig, Tel.: (0341) 6 88 25 48, E-Mail: dhanschke@web.de)
Verbandszeitschrift: Europäische Erziehung; Bildung für Europa
Redaktion: Jürgen Kummetat
Landesverbände: In allen Bundesländern

• T 2 246

Institut für Wirtschafts- und Sozialwissenschaften der Universität Münster
Universitätsstr. 14-16, 48143 Münster
T: (0251) 8 32 28 32
E-Mail: 23albr@wiwi.uni-muenster.de
Geschf. Dir.: Prof.Dr. Wolfgang von Zwehl

• T 2 247

Fachbereichsbibliothek Wirtschaftswissenschaften an der Johann Wolfgang Goethe-Universität Frankfurt (Main)
Mertonstr. 17, 60325 Frankfurt
T: (069) 7 98, App. 22217 **Fax:** 7 98-28979
Internet: http://www.wiwi.uni-frankfurt.de/fbb/
E-Mail: junkes-kirchen@em.uni-frankfurt.de
Leitung: Dr. Klaus Junkes-Kirchen

• T 2 248

Institut für angewandte Wirtschaftswissenschaften e.V. (iaw)
Nibelungenplatz 1, 60318 Frankfurt
T: (069) 15 33-2951 **Fax:** 15 33-2903
Internet: http://www.fbw.fh-frankfurt.de
E-Mail: hewel@fbw.fh-frankfurt.de
Direktor(in): Prof. Dr. Brigitte Hewel

• T 2 249

Institut Neue Wirtschaft e.V.
Postf. 10 03 29, 20002 Hamburg
Kurze Mühren 2, 20095 Hamburg
T: (040) 3 08 01-0 **Fax:** 30 80 11 07

• T 2 250

Wirtschaftswissenschaftliche Fakultät der Bayerischen Julius-Maximilians-Universität Würzburg
Sanderring 2 Zi. 187, 97070 Würzburg
T: (0931) 31 29 01
Dekanin: Prof. Dr.rer.pol. Margit Meyer
Prodekan: Prof. Norbert Schulz (Ph.D.)
Dekanat: Neue Universität, Sanderring 2, Zi. 187, 97070 Würzburg, T: (0931) 31 29 01
Fachbereichsrat
Vertreter der Professoren:
Prof. Dr.rer.pol. Norbert Berthold
Prof. Dr.rer.pol. Margit Meyer
Prof. Dr.rer.pol. Hans G. Monissen
Prof. Dr.rer.pol. Peter Bofinger
Prof. Dr.rer.pol. Rainer Thome
Prof. Norbert Schulz (Ph.D.)
Prof. Dr.rer.pol. Ekkehard Wenger
Vertreter der wissenschaftlichen und künstlerischen Mitarbeiter: Dipl.-Wirt.-Math. Kai Kirchhof
Dipl.-Kfm. Dr. Heiko Schinzer
Vertreterin der sonstigen Mitarbeiter: Bettina Wagner
Vertreter der Studenten: Andrea Granja Kuchler
Bernhard Reiter
Honorarprofessoren: Prof. Dr.rer.pol. Kurt Nagel
Prof. Dr.h.c.mult. Otmar Issing
Privatdozenten: Dr.rer.pol. Andreas M. Bouveret
Institute
Neue Universität, Sanderring 2, 97070 Würzburg
Teilbibliothek der Wirtschaftswissenschaftlichen Fakultät:
Diplom-Bibliothekarin Beatrix Bruch (T: (0931) 31 29 05)
Diplom-Bibliothekarin Johanna Helfrich
Volkswirtschaftliches Institut:
Lehrstuhl für Volkswirtschaftslehre, Geld und internationale Wirtschaftsbeziehungen:
Prof. Dr.rer.pol. Peter Bofinger (T: (0931) 31 29 44)
Lehrstuhl für Volkswirtschaftslehre, insbesondere Allgemeine Wirtschaftspolitik:
Prof. Dr.rer.pol. Hans G. Monissen (T: (0931) 31 29 50)
Lehrstuhl für Volkswirtschaftslehre, insbesondere Industrieökonomik:
Prof. Norbert Schulz (Ph.D., T: (0931) 31 29 60)
Lehrstuhl für Volkswirtschaftslehre, insbesondere Wirtschaftsordnung und Sozialpolitik:
Prof. Dr.rer.pol. Norbert Berthold (T: (0931) 31 29 24)
Lehrstuhl für Finanzwissenschaft:
N.N. (T: (0931) 31 29 72)
Universitätsprofessoren:
Prof. Dr.rer.pol. Horst Entorf
Prof. Dr.rer.nat. Elart von Collani
Prof. Dr.rer.pol. Jürgen Kopf

Betriebswirtschaftliches Institut:
Lehrstuhl für Betriebswirtschaftslehre, insbesondere Marketing:
Prof. Dr.rer.pol. Margit Meyer (Josef-Stangl-Platz 2, T: (0931) 31 29 18)
Lehrstuhl für Betriebswirtschaftslehre und Industriebetriebslehre:
N.N. (T: (0931) 31 29 36)
Lehrstuhl für Betriebswirtschaftslehre, Wirtschaftsprüfungs- und Beratungswesen:
Prof. Dr. Hansrudi Lenz (T: (0931) 31 29 40)
Lehrstuhl für Betriebswirtschaftslehre, Bank- und Kreditwirtschaft:
Prof.Dr.rer.pol. Ekkehard Wenger (T: (0931) 31 29 30)
Lehrstuhl für Betriebswirtschaftslehre und Betriebswirtschaftliche Steuerlehre:
Prof.Dr.rer.pol. Wolfgang Freericks (T: (0931) 31 29 62)
Lehrstuhl für Betriebswirtschaftslehre und Wirtschaftsinformatik: Josef-Stangl-Platz 2
Prof. Dr.rer.pol. Rainer Thome (T: (0931) 31 29 49 u. 3 50 10)
Lehrstuhl für Betriebswirtschaftslehre, Personalwesen und Organisation:
N.N. (T: (0931) 31 27 55)

• T 2 251

Arbeitsgemeinschaft Sozialwissenschaftlicher Institute e.V. (ASI)
Sitz: Bonn, Geschäftsstelle:
Lennestr. 30, 53113 Bonn
T: (0228) 22 81-0 **Fax:** 2 28 11 20
Internet: http://www.bonn.iz-soz.de
E-Mail: sl@bonn.iz-soz.de
Gründung: 1949
Vorstand:
Prof. Dr. Heinz Sahner (Vors.; Martin-Luther-Universität Halle-Wittenberg, Institut für Soziologie, Emil-Abderhaldenstr. 7, 06099 Halle, T: (0345) 5 52 42 52, Fax: 5 52 71 50)
Prof. Dr. Nils Diederich (1. stellv. Vors.; Freie Universität Berlin, Fachbereich Politische Wissenschaft Institut für Ökonomische Analysen politischer Systeme und Politikfeldanalysen (WEZ), Ihnestr. 22, 14195 Berlin, T: (030) 8 38 50 39, Fax: 8 38 49 60, 12249 Berlin, T: (030) 77 92-202 dienstl., Fax: 7 75 96 85)
Prof. Dr. Heiner Meulemann (2. stellv. Vors.; Institut für Angewandte Sozialforschung der Universität zu Köln (IfAS), Greinstr. 2, 50939 Köln, T: (0221) 4 70-56 58 Sekr. -57 14, Fax: 4 70-51 69, e-mail: Meulemann@wis)
Prof. Dr. Heinrich Best (Direktor d. Instituts für Soziologie, Friedrich-Schiller-Universität Jena, Otto-Schott-Str. 41, 07740 Jena, T: (03641) 63 10 88, Fax: 63 10 75, e-mail: best@soziologie.uni-jena.de)
Prof. Dr. Uwe Engel (Universität Potsdam, Wirtschafts- und Sozialwissenschaftliche Fakultät, Professor für Sozialstrukturanalyse, August-Bebel-Str. 89, 14482 Potsdam, T: (0331) 9 77 34 19, Fax: 9 77 37 02, E-Mail: engel@rzuni-potsdam.de)
Prof. Dr. Uta Gerhardt (Ruprechts-Karls-Universität, Institut für Soziologie, Sandgasse 9, 69117 Heidelberg, T: (06221) 54 29 75/6, Fax: 54 29 96)
Dipl.-Vw. Wolfgang G. Gibowski (Steubenring 17, 53175 Bonn, T:+Fax: (0228) 37 38 39)
Prof. Dr. H. J. Hummell (Gerhard Mercator Universität Duisburg, Fachbereich 1 Gesellschafts- u. Geisteswissenschaften, Lothar Str. 65, 47057 Duisburg, T: (0203) 3 79 27 33, Fax: 3 79 43 50, E-Mail: hummell@uni-duisburg.de)
Prof. Dr. Erwin K. Scheuch (Vorstandsvors. Kölner Gesellschaft für Sozialforschung e.V., Liliencronstr. 6, 50931 Köln, T: (0221) 4 76 94-62 dienstl., Fax: 4 76 94-98)
Geschäftsführer(in): Dipl.-Volksw. Matthias Stahl
Verbandszeitschrift: Soziale Welt, Zeitschrift für sozialwissenschaftliche Forschung und Praxis
Redaktion: Dr. André Kieserling, Institut für Soziologie, Konradstr. 6, 80801 München, T: (089) 21 80-32 21/32 20
Mitglieder: 77 korporative, 27 persönliche

Förderung und Intensivierung der sozialwissenschaftlichen Forschung; Anregung wissenschaftlicher Kommunikation und Kooperation; Rechtlicher Träger des Informationszentrums Sozialwissenschaften; Veröffentlichungen: jährliche Tagungsberichte.

Verein ist Rechtsträger des:

t 2 252

IZ InformationsZentrum Sozialwissenschaften

INFORMATIONSZENTRUM SOZIALWISSENSCHAFTEN der Arbeitsgemeinschaft Sozialwissenschaftlicher Institute e.V.
Mitglied der Gesellschaft Sozialwissenschaftlicher Infrastruktureinrichtungen e.V. (GESIS)
Lennestr. 30, 53113 Bonn
T: (0228) 22 81-0 **Fax:** 2 28 11 20
Internet: http://www.bonn.iz-soz.de
E-Mail: iz@bonn.iz-soz.de
Gründung: 1969
Verw.-Rat: Prof. Dr. Nils Diederich (Vors., Freie Universität Berlin, FB Politikwissenschaften (Otto-Stammer-Zentrum), Ihnestr. 26, 14195 Berlin, T: (030) 83 85-5039, Fax: (030) 83 85-4960, E-Mail: ndieosz@zedat.fu-berlin.de)
Prof. Dr. Heinz Sahner (1. stv. Vors., Martin-Luther-Universität Halle, Institut für Soziologie, Emil-Abderhalden-Str. 7, 06099 Halle, T: (0345) 5 52 42 52, Fax: (0345) 5 52 71 50, e-mail: sahner@soziologie.uni-halle.de)
Prof. Dr. Uwe Engel (2. stv. Vors., Universität Potsdam, LS für Sozialstrukturanalyse, Komplex III/1, Haus 1, Raum 124, August-Bebel-Str. 89, 14482 Potsdam, T: (0331) 9 77 34 19, Fax: (0331) 9 77 32 16, E-Mail: engel@rz.uni-potsdam.de)
Prof. Dr. Hans J. Hummell (Gerhard-Mercator-Universität, Gesamthochschule Duisburg, FB 1/Soziologie, 47048 Duisburg, T: (0203) 3 79-2738/2733, Fax: (0203) 3 79-4350, E-Mail: hummell@uni-duisburg.de)
Prof. Dr. Gerhard Knorz (Fachhochschule Darmstadt, FB Information und Dokumentation, Haardtring 100, 64295 Darmstadt, T: (06151) 16-8499, Fax: (06151) 16-8980, E-Mail: knorz@iud.fh-darmstadt.de)
Prof. Dr. Hermann Saterdag (Präsident der Universität Koblenz-Landau, Isaac-Fulda-Allee 3, 55124 Mainz, T: (06131) 3 74 60-14, Fax: (06131) 3 74 60-40, E-Mail: saterdag@uni-ko-ld.de)
Prof. Dr. Wolfgang Sodeur (Universität-Gesamthochschule Essen, Universitätsstr. 12, 45141 Essen, T: (0201) 1 83-3629/-3627 dienstl., (02234) 94 29 48 priv., Fax: (0201) 1 83-3621, E-Mail: wolfgang.sodeur@uni-koeln.de)
Wiss. Direktor: Prof. Dr. Jürgen Krause

Gemeinnütziges Dienstleistungsunternehmen; Anbieter allgemein zugänglicher und kostengünstiger Informationsdienste zu sozialwissenschaftlicher Forschung und Literatur in den deutschsprachigen Ländern.

Korporative Mitglieder der ASI:

t 2 253

Institut für Soziologie der RWTH Aachen
Eilfschornsteinstr. 7, 52062 Aachen
T: (0241) 80 60 94
Leitung: Prof. Dr. Karl H. Hörning

t 2 254

Staatsinstitut für Familienforschung an der Universität Bamberg
Heinrichsdamm 4, 96047 Bamberg
T: (0951) 9 65 25-0 **Fax:** 9 65 25-29
Prof. Dr. Laszlo A. Vaskovics

t 2 255

Humboldt-Universität zu Berlin Institut für Sozialwissenschaften
10099 Berlin
Unter den Linden 6, 10117 Berlin
Prof. Dr. Bernd Wegener

t 2 256

Bundesinstitut für Berufsbildung (BiBB)
Hermann-Ehlers-Str. 10, 53113 Bonn
T: (0228) 1 07-0
Internet: http://www.bibb.de
E-Mail: zentrale@bibb.de
Gründung: 1970
Generalsekretär(in): Dr. Helmut Pütz
Stellv. Gen.s., Ltr. d. Forschungsbereichs: Walter Brosi
PR-Ltr: Dr. Ilona Zeuch-Wiese
Mitarbeiter: ca. 400

t 2 257

Gesellschaft für Sozialwissenschaftliche Forschung und Publizistik mbH (GSFP)
Erich-Weinert-Str. 19, 10439 Berlin
T: (030) 44 65 13 56 **Fax:** 44 65 13 58
Geschäftsführer(in): Dr. Erhard Crome
Dr. Rainer Land

t 2 258

ISDA Institut für Sozialdatenanalyse e.V. Berlin
Rhinstr. 53, 10315 Berlin
T: (030) 5 45 55 06 **Fax:** 5 45 55 06
Gründung: 1990 (27. April)
Geschäftsführer(in): Dr. Dietmar Wittich

t 2 259

Max-Planck-Institut für Bildungsforschung
Lentzeallee 94, 14195 Berlin
T: (030) 8 24 06-0 ISDN **Fax:** 8 24 99 39
Geschf. Dir.: Prof. Dr. Jürgen Baumert
Erforschung der Bildungsprozesse und des Bildungswesens.

t 2 260

Wissenschaftszentrum Berlin für Sozialforschung gGmbH (WZB)
Reichpietschufer 50, 10785 Berlin
T: (030) 2 54 91-0 **Fax:** 2 54 91-684
Internet: http://www.wz-berlin.de
E-Mail: presse@medea.wz-berlin.de
Gründung: 1969
Präsident(in): Prof. Dr. Friedhelm Neidhardt
Administrativ GeschF: Christiane Neumann
Leitung Presseabteilung: Burckhard Wiebe
Verbandszeitschrift: WZB-Mitteilungen
Redaktion: Burckhard Wiebe
Mitarbeiter: 145,5 Planstellen
Jahresetat: rd. DM 24 Mio, € 12,27 Mio

t 2 261

Ruhr-Universität Bochum Psychologisches Institut
Postf. 10 21 48, 44721 Bochum
Universitätsstr. 150, 44801 Bochum
Prof. Dr. Heinrich Wottawa

t 2 262

Wirtschafts- und sozialpolitisches Forschungs- und Beratungszentrum der Friedrich-Ebert-Stiftung
Godesberger Allee 149, 53175 Bonn
T: (0228) 88 32 28 **Fax:** 8 83-6 25
Leitung: Dipl.-Kfm. Gerhard Stümpfig
Leitung Presseabteilung: Klaus-Peter Schneider

t 2 263

Universität Bonn Seminar für Soziologie
Adenauerallee 98a, 53113 Bonn
Prof. Dr. Friedrich Fürstenberg

t 2 264

Institut für Wirtschaft und Gesellschaft Bonn e.V. (IWG-BONN)
Wissenschaftszentrum
Ahrstr. 45, 53175 Bonn
T: (0228) 37 20 44/45 **Fax:** 37 58 69
Gründung: 1977
Leitung: Prof.Dr. Meinhard Miegel
Stefanie Wahl

t 2 265

Institut für Empirische und Angewandte Soziologie (EMPAS)
Universität Bremen
Postf. 33 04 40, 28334 Bremen
T: (0421) 2 18-3033/-2041 **Fax:** 2 18-7058
Internet: http://www.uni-bremen.de/-empas
E-Mail: AWeymann@Sfb186.uni-bremen.de
Prof. Dr. Ansgar Weymann

t 2 266

Technische Universität Chemnitz-Zwickau Institut für Soziologie
Postf. 9 64, 09009 Chemnitz
T: (0371) 5 31 24 02 **Fax:** 5 31 23 87
Leitung: Prof. Dr. Bernhard Nauck
Prof. Dr. Dietmar Brock

t 2 267

Institut für Soziologie der Technischen Universität Darmstadt
Residenzschloß
Marktplatz 15, 64283 Darmstadt
T: (06151) 16-5266 **Fax:** 16-60 42
E-Mail: schmiede@ifs.tu-darmstadt.de
Prof. Dr. Rudi Schmiede
Mitarbeiter: 20

t 2 268

Landesinstitut Sozialforschungsstelle Dortmund
Evinger Platz 17, 44339 Dortmund
T: (0231) 85 96-0
Geschf. Dir.: Dr. Gerd Peter

t 2 269

Wirtschafts- und Sozialwissenschaftliches Institut in der Hans-Böckler-Stiftung
Bertha-von-Suttner-Platz 1, 40227 Düsseldorf
T: (0211) 77 78-186, 77 78-187 **Fax:** 77 78-190
Internet: http://www.boeckler.de

t 2 270

Brandenburgisches Institut für Arbeitsmarkt- und Beschäftigungsentwicklung e.V.
Semnonenring 40, 15537 Erkner
Dr. habil. Horst Miethe

t 2 271

Institut für Soziologie der Universität Erlangen-Nürnberg
Kochstr. 4, 91054 Erlangen
T: (09131) 8 52 23 78, 8 52 23 87 **Fax:** 8 52 20 87
E-Mail: instfsoz@phil.uni-erlangen.de
Kollegiale Leitung: Prof. Dr. Elisabeth Beck-Gernsheim
Prof. Dr. Johann Handl
Prof. Dr. Michael von Engelhardt
Prof. Dr. Gert Schmidt (Geschäftsführender Vorstand 1999/2000)
Prof. Dr. Ilja Srubar

t 2 272

Johann-Wolfgang-Goethe-Universität WBE Methodologie
Senckenberganlage 15, 60325 Frankfurt
Prof. Dr. Klaus Allerbeck

t 2 273

Freiburger Institut für angewandte Sozialwissenschaft e.V. (FIFAS)
Wannerstr. 33, 79106 Freiburg
T: (0761) 28 83 64 **Fax:** 2 03 34 93
Internet: http://www.fifas.de
E-Mail: fifas@gmx.de
Gründung: 1983

Vorstand: Dr. Baldo Blinkert
Prof. Dr. Heinrich Popitz
Johannes Stock

t 2 274

Gesellschaft für sozialwissenschaftliche Forschung in der Medizin mbH (GESOMED)
St.-Erentrudis-Str. 14, 79112 Freiburg
T: (07664) 4 01 44 **Fax:** 5 99 06
Gründung: 1979 (24. Juli)
Geschäftsführer(in): Klaus Riemann

t 2 275

Justus-Liebig-Universität Gießen Med. Zentrum f. Psychosomatische Medizin Abt. für Medizinische Soziologie
Friedrichstr. 24, 35392 Gießen
T: (0641) 7 02 24 95
Dipl.-Soz. Bernhard Borgetto

t 2 276

Soziologisches Forschungsinstitut Göttingen an der Georg-August-Universität Göttingen e.V. -Gemeinnütziger Verein- (SOFI)
Friedländer Weg 31, 37085 Göttingen
T: (0551) 52 20 50 **Fax:** 5 22 05 88
Internet: http://www.gwdg.de/sofi
E-Mail: dgsf@gwdg.de
Geschäftsführer(in): Prof. Dr. Martin Baethge

t 2 277

Soziologisches Seminar der Georg-August-Universität
Platz der Göttinger Sieben 3, 37073 Göttingen
T: (0551) 39 72 01, 72 05, 71 70, 97 82, 93 44

t 2 278

Martin-Luther-Universität Halle-Wittenberg Institut für Soziologie
06099 Halle
Emil-Abderhalden-Str. 7, 06108 Halle
T: (0345) 55-24252 **Fax:** 55-27150
E-Mail: sahner@soziologie.uni-halle.de
Prof. Dr. Heinz Sahner

t 2 279

Sozialwissenschaftliche Bibliothek des FB 05 der Universität Hamburg
Allende-Platz 1, 20146 Hamburg
T: (040) 4 28 38-3550
Lakota-Hansen
Mitarbeiter: 7
Jahresetat: DM 0,135 Mio, € 0,07 Mio

t 2 280

Forschungsstelle der Hochschule für Wirtschaft und Politik
Von-Melle-Park 9, 20146 Hamburg
Präsident(in): Norbert Aust

t 2 281

Hans-Bredow-Institut für Medienforschung an der Universität Hamburg
Heimhuder Str. 21, 20148 Hamburg
T: (040) 45 02 17-0 **Fax:** 45 02 17-77
Internet: http://www.hans-bredow-institut.de
E-Mail: info@hans-bredow-institut.de
Gründung: 1950 (30. Mai)
Direktor(in): Prof. Dr. Otfried Jarren
Dr. Uwe Hasebrink
Prof. Dr. Wolfgang Hoffmann-Riem

t 2 282

HIS Hochschul-Informations-System GmbH
Postf. 29 20, 30029 Hannover
Goseriede 9, 30159 Hannover
T: (0511) 12 20-0 **Fax:** 12 20-250
T-Online *94 0994*
Gründung: 1969
Leiter u. GeschF: Dr. Jürgen Ederleh
Mitglieder: 95

t 2 283

Institut für Entwicklungsplanung und Strukturforschung GmbH (IES)
an der Universität Hannover
Lister Str. 15, 30163 Hannover
T: (0511) 39 97-0 **Fax:** 39 97-229
Geschäftsführer(in): Prof. Dr.-Ing. Werner Schramm

t 2 284

Kriminologisches Forschungsinstitut Niedersachsen e.V. (KFN)
Lützerodestr. 9, Hs. 4, 30161 Hannover
T: (0511) 34 83 60 **Fax:** 3 48 36 10
Sylvia Christochowitz

t 2 285

Institut für Soziologie der Universität Heidelberg
Sandgasse 9, 69117 Heidelberg
T: (06221) 54 29 76 **Fax:** 54 29 96
Internet: http://www.soz.uni-heidelberg.de
E-Mail: soziologie@urz.uni-heidelberg.de
Leitung: Prof. Dr. Jürgen Kohl
Prof. Dr. Christiane Bender
Prof. Dr. Uta Gerhardt
Prof. Dr. Thomas Klein
Prof. Dr. Wolfgang Schluchter
Prof. Dr. Hansjörg Weitbrecht

t 2 286

Friedrich-Schiller-Universität Jena Institut für Soziologie
Otto-Schott-Str. 41, 07745 Jena
T: (03641) 63 10 88 **Fax:** 63 10 75
Gründung: 1993 (13. Mai)
Leitung: Prof. Dr. Heinrich Best
Prof. Dr. Rudi Schmidt
Verbandszeitschrift: Jenaer Beiträge zur Soziologie
Mitarbeiter: 20

t 2 287

Programmgruppe Mensch, Umwelt, Technik (MUT) Forschungszentrum Jülich GmbH
52425 Jülich
T: (02461) 61-48 06 **Fax:** 61-29 50
Internet: http://www.kfa-juelich.de/mut/mut.html
E-Mail: p.wiedemann@fz-juelich.de
Leitung: Dr. Peter M. Wiedemann
Dr. Hans Peter Peters

t 2 288

Fraunhofer-Institut für Systemtechnik und Innovationsforschung (ISI)
Breslauer Str. 48, 76139 Karlsruhe
T: (0721) 68 09-0 **Fax:** 68 91 52
Internet: http://www.isi.fhg.de
Gründung: 1972
Leitung: Prof. Dr.rer.pol. Frieder Meyer-Krahmer
Presse: Gerhard Samulat
Mitarbeiter: 135
Jahresetat: DM 20,9 Mio, € 10,69 Mio

t 2 289

Institut für Soziologie der Christian-Albrechts-Universität
Olshausenstr. 40, 24118 Kiel
T: (0431) 8 80-21 67 **Fax:** 8 80 34 67
Gründung: 1972
Direktor(in): Prof. Dr. Lars Clausen
Prof. Dr. Günter Endruweit
Mitarbeiter: 10

t 2 290

Forschungsinstitut für Sozialpolitik der Universität zu Köln
Klosterstr. 79b, 50931 Köln
T: (0221) 4 70-4486 **Fax:** 4 70-2151
E-Mail: zerche@wiso.uni-koeln.de
Leitung: Prof. Dr.Dr.h.c. Jürgen Zerche

t 2 291

Forschungsinstitut für Soziologie der Universität zu Köln
Greinstr. 2, 50939 Köln
T: (0221) 47 01-2341, 47 01-2409 **Fax:** 4 70 51 80
E-Mail: fisoz@wiso.uni-koeln.de
Gründung: 1919
Leitung: Prof. Dr. Jürgen Friedrichs
Dr. Robert Kecskes
Dr. Heine von Alemann (Lindenburger Allee 15, 50931 Köln)
Mitarbeiter: 20

t 2 292

Forschungsstelle für Empirische Sozialökonomik (Prof. Dr. G. Schmölders) e.V.
Klosterstr. 1, 50931 Köln
T: (0221) 40 26 48 **Fax:** 40 70 95
Gründung: 1958 (1. Januar)
Mitarbeiter: 10

t 2 293

Institut der deutschen Wirtschaft Köln (IW)
Postf. 51 06 69, 50942 Köln
Gustav-Heinemann-Ufer 84-88, 50968 Köln
T: (0221) 49 81-1 **Fax:** 49 81-592
Internet: http://www.iwkoeln.de
E-Mail: iwd@iwkoeln.de
Gründung: 1951
Präsident(in): Dipl.-Ing. Dr.-Ing. Dr.-Ing. E.h. Manfred Lennings
Direktor(in): Prof.Dr. Gerhard Fels
Ansprechpartner: Dr.rer.pol. Bernd Meier
Leitung Presseabteilung: Dr. Franz Josef Link

t 2 294

Institut für Angewandte Sozialforschung der Univ. zu Köln (IfAS)
Greinstr. 2, 50939 Köln
T: (0221) 4 70/5658, 45 08 **Fax:** 4 70 51 69
Internet: http://www.uni-koeln.de/wiso-fak/ifas/
Gründung: 1965
Leitung: Prof. Dr. Heiner Meulemann (E-Mail: Meulemann@wiso.uni-koeln.de)
Prof. Dr. Wolfgang Jagodzinski (E-Mail: Jagodzinski@wiso.uni-koeln.de)
Geschäftsführer(in): Dipl.-Volksw. Karl-Wilhelm Grümer (E-Mail: Gruemer@wiso.uni-koeln.de)
Mitarbeiter: 20

Familiensoziologie; Methoden der empirischen Sozialforschung; Methodenprobleme; Politische Soziologie; Religionssoziologie; Bildungssoziologie.

t 2 295

IFAV

Institut für angewandte Verbraucherforschung e.V. (IFAV)
Aachener Str. 1089, 50858 Köln
T: (02234) 4 07 70 **Fax:** 40 77 22
T-Online *53 9000*
E-Mail: ifav.koeln@t-online.de
Vorstand: Prof.Dr. Gerhard Scherhorn
Dipl.-Kfm. Dr. Tilmann Höhfeld

Grundlagenforschung; Informationssysteme; Preisvergleiche; Bildschirmtextprogramme.

t 2 296

Institut zur Erforschung sozialer Chancen (Berufsforschungsinstitut) e.V. (ISO)
Kuenstr. 1b, 50733 Köln
T: (0221) 97 30 43-0 **Fax:** 97 30 43-10
Internet: http://www.iso-koeln.de
E-Mail: renate.schneider@iso-koeln.de
Gründung: 1971
Leitung: Prof. Dr. Walter R. Heinz
Geschäftsführer(in): Dr. Hermann Groß
Leitung Presseabteilung: Renate Schneider
Verbandszeitschrift: ISO-Informationen
Mitarbeiter: 30

t 2 297

Max-Planck-Institut für Gesellschaftsforschung
Max Planck Institute for the Study of Societies
Paulstr. 3, 50676 Köln
T: (0221) 27 67-0 **Fax:** 27 67-555
Internet: http://www.mpi-fg-koeln.mpg.de
E-Mail: info@mpi-fg-koeln.mpg.de
Geschf. Dir.: Prof. Dr. Wolfgang Streeck
Direktor(in): Prof. Dr. Fritz W. Scharpf
Öffentlichkeitsarbeit: Christel Schommertz

t 2 298

Institut für Sozialforschung und Gesellschaftspolitik e.V.
Postf. 26 02 44, 50515 Köln
Barbarossaplatz 2, 50674 Köln
T: (0221) 23 54 73-76 **Fax:** 21 52 67
Gründung: 1952
Vorstand: Prof. Dr. Lothar F. Neumann
Dr. Wilhelm Breuer
Dr. Werner Friedrich
Dr. Dietrich Engels

t 2 299

Universität zu Köln Institut für Wirtschafts- und Sozialpsychologie
Herbert-Lewin-Str. 2, 50931 Köln
T: (0221) 4 70-25 00 **Fax:** 4 70-51 75
Leitung: Prof. Dr. Günter Wiswede
Prof. Dr. Lorenz Fischer

t 2 300

Zentralarchiv für Empirische Sozialforschung an der Univ. zu Köln
Mitglied der Gesellschaft sozialwissenschaftlicher Infrastruktureinrichtungen e.V. (GESIS)
Postf. 41 09 60, 50869 Köln
Bachemer Str. 40, 50931 Köln
T: (0221) 4 76 94-0 **Fax:** 4 76 94 44
Internet: http://www.za.uni-koeln.de
E-Mail: za@za.uni-koeln.de
Gründung: 1960
Leitung: Prof. Dr. Wolfgang Jagodzinski
Geschäftsführer(in): Dipl.-Kfm. Ekkehard Mochmann
Verbandszeitschrift: Hauszeitschrift: ZA-Information
Redaktion: Franz Bauske
Mitarbeiter: 52

t 2 301

Universität Leipzig Institut für Soziologie
Augustusplatz 9, 04109 Leipzig
Prof. Dr. Karl Dieter Opp

t 2 302

FB Wirtschafts- und Sozialwissenschaften Institut für Sozialwissenschaften Universität Lüneburg
Postfachanschrift:
21332 Lüneburg
Scharnhorststr. 1, 21335 Lüneburg (Besucheranschrift)
T: (04131) 78-25 01 **Fax:** 78-25 07
Prof.Dr. Lutz Zündorf

t 2 303

Universität Lüneburg Fachbereich Wirtschafts- und Sozialwissenschaften Forschungsinstitut Freie Berufe (FFB)
FB Wirtschafts- und Sozialwissenschaften
21332 Lüneburg
Scharnhorststr. 1 Geb. 4, 21335 Lüneburg
T: (04131) 78-20 51 **Fax:** 78-20 59
Internet: http://www.uni-lueneburg.de/fb2/ffb/ffbhome.htm
E-Mail: merz@uni-lueneburg.de
Direktor(in): Prof. Dr. Joachim Merz

t 2 304

Forschungsgruppe Wahlen e.V. Institut für Wahlanalysen und Gesellschaftsbeobachtung
Postf. 10 11 21, 68011 Mannheim
N 7 13-15, 68161 Mannheim
T: (0621) 1 23 30 **Fax:** 1 23 31 99
Gründung: 1974
Vorstand: Dipl.-Volksw.Dr. Dieter Roth
Dipl.-Volksw. Matthias Jung
Dipl.-Kfm. Manfred Berger
Mitarbeiter: 30

t 2 305

Mannheimer Zentrum für Europäische Sozialforschung (MZES) Universität Mannheim
Besucheradresse:
68131 Mannheim
L 7 1, 68161 Mannheim
T: (0621) 1 81-2868 **Fax:** 1 81-2866
Internet: http://www.mzes.uni-mannheim.de
E-Mail: direkt@mzes.uni-mannheim.de
Gründung: 1989
Direktor(in): Prof. Dr. Jan W. van Deth
Geschäftsführer(in): Dr. Reinhart Schneider
Mitarbeiter: 70

t 2 306

Zentrum für Umfragen, Methoden und Analysen (ZUMA)
Postf. 12 21 55, 68072 Mannheim
B 2 1, 68159 Mannheim
T: (0621) 12 46-0 **Fax:** 12 46-1 00
Direktor(in): Prof. Dr. Peter Ph. Mohler

t 2 307

Institut für Medizinische Soziologie und Sozialmedizin FB Humanmedizin
35033 Marburg
Bunsenstr. 2, 35037 Marburg
T: (06421) 6 62 44 **Fax:** 6 56 60

Internet: http://www.med.uni-marburg.de/medsozio/
E-Mail: harmsa@mailer.uni-marburg.de
Prof. Dr. Dr. Ulrich Mueller

t 2 308

Institut für Soziologie
FB Gesellschaftswissenschaften und Philosophie der Philipps-Universität Marburg
35032 Marburg
Wilhelm-Röpke-Str. 6, 35039 Marburg
T: (06421) 28 47 20 **Fax:** 28 66 42
Geschf. Direktorin: Dr. Gabriele Sturm

t 2 309

IMU-Institut für Medienforschung und Urbanistik e.V.
Hermann-Lingg-Str. 10, 80336 München
T: (089) 54 41 26-0 **Fax:** 54 41 26-11
Internet: http://www.imu-institut.de
E-Mail: imu-muenchen@imu-institut.de, imu-muenchen@t-online.de
Leiter(in): Dr. Gerhard Richter
Leiter(in): Dr. Detlev Stratär

t 2 310

Institut für Soziologie
Universität München
Konradstr. 6, 80801 München

t 2 311

Lehrstuhl für Soziologie
Lothstr. 17, 80335 München
T: (089) 289-24303 **Fax:** 2 89-24302
E-Mail: soziologie@lrz.tu-muenchen.de
Leitung: Prof. Dr. Rainer Trinczek (TU München)

t 2 312

Deutsches Jugendinstitut e.V. (DJI)
Postf. 90 03 52, 81503 München
Nockherstr. 2, 81541 München
T: (089) 6 23 06-0 **Fax:** 62 30 61 62
Internet: http://www.dji.de
Gründung: 1961
Direktor(in): Prof. Dr. Ingo Richter (Nockherstr. 2, 81541 München, Postf. 90 03 52, 81503 München, T: (089) 6 23 06-2 80, Telefax: (089) 62 30 61 62)
Verwaltungsdirektor: Wolfgang Müller
Öffentlichkeitsarbeit: Dipl.-Soz. Barbara Keddi
Mitarbeiter: ca. 140
Mitglieder des DJI-Vereins: 40

t 2 313

Institut für Sozialwissenschaftliche Forschung e.V. (ISF)
Jakob-Klar-Str. 9, 80796 München
T: (089) 2 72 92 10 **Fax:** 27 29 21 60
Internet: http://www.isf-muenchen.de
E-Mail: isf@lrz.uni-muenchen.de
Vorsitzende(r) des Vorstandes: Prof. Dr. Fritz Böhle
Forschung in den Bereichen Unternehmensreorganisation, Entwicklung von Arbeit, Aus- und Weiterbildung, industrielle Beziehungen u.ä.

t 2 314

Institut für Christliche Sozialwissenschaften
Hüfferstr. 27, 48149 Münster
T: (0251) 8 33 26 40 **Fax:** 8 32 50 52
E-Mail: ics@uni-muenster.de
Gründung: 1957
Leitung: Prof. Dr. Dr. Karl Gabriel
Verbandszeitschrift: Jahrbuch für Christliche Sozialwissenschaften
Redaktion: Prof. Dr. Dr. Karl Gabriel
Verlag: Regensberg, Daimlerweg 58, 48163 Münster

t 2 315

Institut für Politikwissenschaft der Westfälischen Wilhelms-Universität Münster
Scharnhorststr. 100, 48151 Münster
T: (0251) 8 32 43 70, 8 32 43 71 **Fax:** 8 32 43 72
Internet: http://www.uni-muenster.de/politikwissenschaft/
E-Mail: Kevenh@uni-muenster.de
Direktor(in): Prof. Dr. Paul Kevenhörster (c/o Westfälische Wilhelms-Universität, Institut für Politikwissenschaft, Scharnhorststr. 100, 48151 Münster, T: (0251) 8 32 43 70/1)

t 2 316

Institut für soziale Arbeit e.V. (ISA)
Fortbildung, Praxisberatung, Forschung
Studtstr. 20, 48149 Münster
T: (0251) 92 53 60
Vorsitzende(r): Dr. Erwin Jordan

t 2 317

Institut für Arbeitsmarkt- und Berufsforschung der Bundesanstalt für Arbeit (IAB)
90327 Nürnberg
Dienstgebäude: Platenstr. 46
T: (0911) 1 79-0 **Fax:** 1 79-3258
Teletex: 9 118 197 BA nbg
Internet: http://www.iab.de
E-Mail: iab.ba@t-online.de
Gründung: 1967
Leitung: Prof. Dr. Gerhard Kleinhenz
Mitglieder: 108 Planstellen

t 2 318

Sozialwissenschaftliches Forschungszentrum (SFZ) der Universität Erlangen-Nürnberg
Ludwig-Erhard-Gebäude
Findelgasse 7-9, 90402 Nürnberg
T: (0911) 53 02-604 **Fax:** 53 02-637
Internet: http://www.wiso.uni-erlangen.de/WiSo/SFZ
E-Mail: sfz@wiso.uni-erlangen.de
Direktorium: Prof. Dr. Günter Buttler
Prof. Dr. Hanns-Dieter Dann
Prof. Dr. Gert Schmidt
Geschäftsführer(in): Prof. Dr. Manfred Stosberg

t 2 319

Institut für Sozialforschung und Sozialwirtschaft e.V. (ISO)
Trillerweg 68, 66117 Saarbrücken
T: (0681) 9 54 24-0 **Fax:** 9 54 24-27
Internet: http://www.iso-institut.de
E-Mail: iso-institut@hit.handshake.de
Geschäftsführer(in): Priv.-Doz. Dr. Hermann Kotthoff (Institutsleiter)

t 2 320

Konrad-Adenauer-Stiftung e.V.
Rathausallee 12, 53757 Sankt Augustin
T: (02241) 2 46-0 **Fax:** 2 46-591
Internet: http://www.kas.de
E-Mail: zentrale@kas.de
Gründung: 1964
Vorsitzende(r): Prof. Dr. Günter Rinsche (MdEP)
Generalsekretär(in): Dr. Ottfried Hennig
Leiterin Presse- und Öffentlichkeitsarbeit: Elke Tonscheidt

t 2 321

Internationales Institut für Empirische Sozialökonomie (INIFES)
Haldenweg 23 OT Leitershofen, 86391 Stadtbergen
T: (0821) 43 10 52/53/54 **Fax:** 43 25 31
E-Mail: inifes@t-online.de
Gründung: 1975
Leitung: Prof.Dr. Martin Pfaff

t 2 322

Sozialwissenschaftliches Institut der Bundeswehr (SOWI)
Prötzeler Chaussee 20, 15344 Strausberg
T: (03341) 58 18 30 **Fax:** 58 18 02
E-Mail: mackewitsch@swinstbw.de
Gründung: 1974
Oberstleutnant Reinhard Mackewitsch (Ltg. Presseabteilung)
Mitarbeiter: 29

t 2 323

Institut für Sozialwissenschaften des Agrarbereichs (430) Universität Hohenheim
70593 Stuttgart
T: (0711) 4 59-2640 **Fax:** 4 59-2652
E-Mail: maulbets@uni-hohenheim.de
Prof. Dr.Dr.habil. Franz Kromka

t 2 324

Institut für Politikwissenschaft der Eberhard-Karls Universität Tübingen
Melanchthonstr. 36, 72074 Tübingen
T: (07071) 2 97 54 45 **Fax:** 29 24 17
Internet: http://www.uni-tuebingen.de/uni/spi
Direktor(in): Prof. Dr. Volker Rittberger
Prof. Dr. Rudolf Hrbek
Prof. Dr. Andreas Boeckh

t 2 325

Institut für Soziologie der Universität Tübingen
Wilhelmstr. 36, 72074 Tübingen
T: (07071) 2 97 68 92
Geschäftsführer(in): Prof. Dr. W. M. Sprondel

• T 2 326

Wissenschaftszentrum Nordrhein-Westfalen
40190 Düsseldorf
Reichsstr. 45, 40217 Düsseldorf
T: (0211) 3 87 90-0 **Fax:** 37 05 86
Internet: http://www.wz.nrw.de
E-Mail: pr@mail.wz.nrw.de
Präsident(in): Dr. DLitt h.c. Gert Kaiser
Geschäftsführer(in): Dr. Dirk Matejkovski
Leitung Presseabteilung: Carolin Grape
Verbandszeitschrift: Das MAGAZIN
Redaktion: Dr. Sabine Schmidt

t 2 327

Institut für Arbeit und Technik im Wissenschaftszentrum Nordrhein-Westfalen
Munscheidstr. 14, 45886 Gelsenkirchen
T: (0209) 17 07-0 **Fax:** 17 07-110
Internet: http://www.iatge.de

t 2 328

Kulturwissenschaftliches Institut im Wissenschaftszentrum Nordrhein-Westfalen
Goethestr. 31, 45128 Essen
T: (0201) 72 04-0 **Fax:** 72 04-111
Internet: http://www.kwi-nrw.de
E-Mail: presse@kwi-nrw.de

t 2 329

Wuppertal-Institut für Klima, Umwelt, Energie GmbH im Wissenschaftszentrum Nordrhein-Westfalen
Döppersberg 19, 42103 Wuppertal
T: (0202) 24 92-0 **Fax:** 24 92-108
Internet: http://www.wupperinst.org
E-Mail: info@wupperinst.org

• T 2 330

Bund Freiheit der Wissenschaft e.V.
Postf. 20 02 11, 53132 Bonn
T: (0228) 35 20 83 **Fax:** 35 86 58
Gründung: 1970 (18. November)
Vorsitzende(r): Dr. Winfried Holzapfel, Kevelaer
Prof. Dr. Günter Püttner, Tübingen
Christian Wagner, Berlin
Schatzmeister: Dr. Walter Kuna, Frankfurt
Geschäftsführer(in): lic.iur. Birgit Harz (Ltg. Presseabt.)
Verbandszeitschrift: Freiheit der Wissenschaft
Redaktion: lic. iur. Birgit Harz
Verlag: Vereinigte Verlagsanstalten GmbH, Höherweg 278, 40231 Düsseldorf
Mitglieder: ca. 7000 (incl. Förderer)

• T 2 331

Gesellschaft Sozialwissenschaftlicher Infrastruktureinrichtungen e.V. (GESIS)
Sitz: Mannheim
Geschäftsstelle:
Bachemer Str. 40, 50931 Köln
T: (0221) 4 76 94-0 **Fax:** 4 76 94-44
Gründung: 1986 (08. Dezember)
Direktorium: Prof. Dr. Wolfgang Jagodzinski (Zentralarchiv für Empirische Sozialforschung, Bachemer Str. 40, 50931 Köln, T: (0221) 4 70 45 08)
Prof. Dr. Jürgen Krause (Informationszentrum Sozialwissenschaften, Lennéstr. 30, 53113 Bonn, T: (0228) 22 81-(0)-1 45)
Dipl.-Kfm. Ekkehard Mochmann (Zentralarchiv für Empirische Sozialforschung, Bachemer Str. 40, 50931 Köln, T: (0221) 4 76 94-12)
Geschäftsführender Direktor: Prof. Dr. Peter Ph. Mohler (Zentrum für Umfragen, Methoden und Analysen (ZUMA), Postf. 12 21 55, 68072 Mannheim, T: (0621) 12 46-1 73)
Verbandszeitschrift: IZ-Telegramm, ZA-Information, Historical Social Research (HSR), ZUMA-Nachrichten, Informationsdienst soziale Indikatoren
Mitglieder: 3 korporative
Mitarbeiter: ca. 230

• T 2 332

Hauptverband für den Ausbau der Infrastrukturen in den Neuen Bundesländern (INFRANEU) e.V.
Kurfürstenstr. 72, 10787 Berlin
T: (030) 25 48 06-63, 25 48 06-42 **Fax:** 25 48 06 62
Internet: http://www.infraneu.de
E-Mail: infraneu@infraneu.de
Vorsitzende(r): Dr. Peter von Dierkes (Berliner Stadtreinigungsbetriebe)
Stellvertretende(r) Vorsitzende(r): Dr. Dieter Flämig (geschäftsführend; STRATEGY Wirtschaftsberatungsgesellschaft mbH)
Dr. Rudolf Schulten (GASAG Berliner Gaswerke AG)

Jörg Simon (Berliner Wasser Betriebe)
Prof. Rainer Tepasse (ATD Überbetrieblicher Sicherheits-, Umwelttechnischer und Arbeitsmedizinischer Dienst mbH)

• **T 2 333**

Institut für Siedlungs- und Wohnungswesen der Westf.-Wilhelms-Universität Münster
Am Stadtgraben 9, 48143 Münster
T: (0251) 83-22971 **Fax:** 83-22970
E-Mail: 17wimi@wiwi.uni-muenster.de
Gründung: 1929
Leiter: Dir. Prof. Dr. Ulrich van Suntum
Geschäftsführer(in): AOR Dr. Winfried Michels

• **T 2 334**

Gesellschaft für empirische soziologische Forschung e.V.
Marienstr. 2 IV, 90402 Nürnberg
T: (0911) 22 43 33/20 37 12 **Fax:** 22 56 85
Gründung: 1950
Vorsitzende(r): Dr. Walter Schusser
Geschäftsführer(in): Dr. Rainer Wasilewski
Mitglieder: 10

• **T 2 335**

Institut für empirische Soziologie
Marienstr. 2 IV, 90402 Nürnberg
T: (0911) 22 43 33/20 37 12 **Fax:** 22 56 85
Gründung: 1950
Direktor(in): Prof. Dr. Günter Büschges
Geschäftsführer(in): Dr. Rainer Wasilewski
Forschung/ Beratung: Rehabilitation, Sozial-, Gesundheitsökonomie, Altenhilfe, Betriebssoziologie, Verkehrssicherheit, Kriminologie

• **T 2 336**

Institut für Freie Berufe an der Friedrich-Alexander-Universität Erlangen-Nürnberg e.V.
Marienstr. 2 IV, 90402 Nürnberg
T: (0911) 20 37 12, 2 07 05 **Fax:** 22 56 85
Internet: http://www.uni-erlangen.de/ifb
E-Mail: ifb@rzmail.uni-erlangen.de
Gründung: 1964
Vorsitzende(r): Dipl.-Ing. Peter Lanz
Direktor(in): Prof. Dr. Günter Büschges
Prof. Dr. Günter Buttler
Dr. Rainer Wasilewski (Geschäftsf.)
Mitglieder: 36
Mitarbeiter: 10
Politikberatung; Berufsforschung

• **T 2 337**

Studiengruppe für Sozialforschung e.V.
Postf. 12 65, 83248 Marquartstein
Staudacher Str. 14, 83250 Marquartstein
T: (08641) 71 30 **Fax:** 6 32 42
E-Mail: sfs@chiemsee-net.de
Gründung: 1972 (20. Juli)
Wiss. Dir.: Prof. Albrecht Goeschel
Stv. Wiss. Dir.: Dipl.Soz. Gerd-Uwe Watzawczik

• **T 2 338**

Wissenschaftliche Gesellschaft zur Förderung der Psychologie e.V. (WiGFaP)
Aloys-Schulte-Str. 22, 53129 Bonn
T: (0228) 9 14 06 15 **Fax:** 9 14 06 14
E-Mail: wigfap@intelligenz.de
Gründung: 1994 (2. Juni)
Vorstand: Dipl.-Psych. Harald Ackerschott (1. Vors., Bonn)
Dipl.-Psych. Gabriele Bertram (Geschf. Ges. Intelligenz System Transfer GmbH, Bonn)
Dipl.-Psych. Norbert Gantner (Geschf. Ges. teme GmbH, Wien)
Geschäftsführer(in): N. N.
Förderung der Anwendung wissenschaftlicher Psychologie in Gesellschaft, Wirtschaft und Politik sowie Förderung eines realistischen Bildes von der Psychologie und ihren Dienstleistungen in der Öffentlichkeit durch: 1. Psychologische Expertendatenbank mit Presseservice, 2. Ausschreibung eines Preises für Diplomarbeiten in angewandter Psychologie, 3. Special events.

• **T 2 339**

Forschungsstelle Mensch + Arbeit im Betrieb e.V. (FMAB)
Schulberg 11, 85301 Schweitenkirchen
T: (08441) 50 69 **Fax:** 50 71
Gründung: 1949
Geschäftsführende(s) Vorstands-Mitglied(er): Peter J. Worsch (PWU - Peter Worsch Unternehmensberatung, Schulberg 11, 85301 Geisenhausen)
Mitglieder: 15

• **T 2 340**

Forschungsgesellschaft für Arbeitsphysiologie und Arbeitsschutz e.V.
Rechtsträger des Instituts f. Arbeitsphysiologie
Ardeystr. 67, 44139 Dortmund
T: (0231) 10 84-0 **Fax:** 10 84-326
Gründung: 1969 (2. Juli)
Vorsitzende(r): Dr. Fritz-Jürgen Kador
Stellvertretende(r) Vorsitzende(r): Prof. Dr. A. Klein
Geschäftsführer(in): Wolfdieter Homann
Mitglieder: 30
Mitarbeiter: 200
Jahresetat: DM 15,0 Mio, € 7,67 Mio

• **T 2 341**

Kriminologische Zentralstelle e.V. (KrimZ)
Viktoriastr. 35, 65189 Wiesbaden
T: (0611) 1 57 58-0 **Fax:** 1 57 58-10
Internet: http://www.krimz.de
E-Mail: krimz@aol.com
Gründung: Vereinsgründung 1981 (21.Sept.), Arbeitsaufnahme 1986 (1.Jan.)
Vors. d. wissenschaftl. Beirats: Prof. Dr.jur. Heinz Schöch (Universität München)
Direktor(in): Prof. Dr. Rudolf Egg
Mitglieder: 16 (Bundesrepublik Deutschland, Bundesländer ohne Niedersachsen)
Dokumentation kriminologisch relevanter Literatur; Erfassung aktueller Projekte und Modelle; Durchführung eigener Forschung; Beratung von forschenden Stellen und Einrichtungen.

• **T 2 342**

Deutsches Zentralinstitut für soziale Fragen (Archiv für Wohlfahrtspflege)
Bernadottestr. 94, 14195 Berlin
T: (030) 83 90 01-0 **Fax:** 8 31 47 50
Internet: http://www.dzi.de
E-Mail: sozialinfo@dzi.de
Gründung: 1893
GeschF u. wiss. Leiter: Burkhard Wilke
Verbandszeitschrift: Fachzeitschrift Soziale Arbeit
Redaktion: Heidi Koschwitz, Burkhard Wilke
Verlag: DZI, Bernadottestr. 94, 14195 Berlin

• **T 2 343**

Institut für Ethnologie der Freien Universität Berlin
Drosselweg 1-3, 14195 Berlin
T: (030) 83 85 65 05 (Regionalbereich Asien/Ozeanien), 83 85 67 25 (Regionalbereich Afrika) **Fax:** 83 85 67 28, 5 23 82
Mitarbeiter: 21

• **T 2 344**

Institut für Gesellschaftswissenschaften Walberberg e.V.
Simrockstr. 19, 53113 Bonn
T: (0228) 21 68 52 **Fax:** 22 02 44
Gründung: 1951
Vorsitzende(r): P.Dr. Heinrich B. Streithofen
Verbandszeitschrift: DIE NEUE ORDNUNG
Redaktion: Prof.DDr. W. Ockenfels, Dr. H.B. Streithofen, Dr. Bernd Kettern

• **T 2 345**

Hannah-Arendt-Institut für Totalitarismusforschung e.V. an der Technischen Universität Dresden
01062 Dresden
Helmholtzstr. 6, 01069 Dresden
T: (0351) 4 63-2802 **Fax:** 4 63-6079
Internet: http://www.tu-dresden.de/hait
E-Mail: hait@rcs.urz.tu-dresden.de
Direktor: Prof. Dr. Klaus-Dietmar Henke
Stellvertretende Direktoren: PD Dr. Uwe Backes
Dr. Clemens Vollnhals (M.A.)
Vorsitzender des Kuratoriums: Matthias Rößler (Sächsischer Staatsminister für Kultus)
Wissenschaftlicher Beirat:
Prof. Dr. Günter Hockerts (Vorsitzender)
Prof. Dr. Saul Friedländer (Stellv. Vors.)

• **T 2 346**

Förderverein Espenhain e.V.
Margarethenhain 7, 04579 Espenhain
T: (034206) 6 33 33 **Fax:** 6 33 30
E-Mail: campus-espenhain@t-online.de
Vorsitzende(r): Walter Christian Steinbach (Regierungspräsident RB Leipzig)
Stellvertretende(r) Vorsitzende(r): Dr.-Ing. Otto Schlorb (GLOBANA Teleport GmbH)
Mitglieder: 40

• **T 2 347**

Campus Espenhain gGmbH
Margarethenhain 7, 04579 Espenhain
T: (034206) 6 33 00 **Fax:** 6 33 30
E-Mail: campus-espenhain@t-online.de
Gründung: 1997 (26. November)
Geschäftsführer(in): Hansjörg Großert
Mitarbeiter: 4

• **T 2 348**

Institut für Gesellschafts- und Wirtschaftswissenschaften der Universität Bonn
Adenauerallee 24-42, 53113 Bonn
T: (0228) 73 92 63 **Fax:** 73 50 50
Direktor(in): Prof.Dr. Dieter Sondermann (geschäftsführend)
Ph.D.Prof.Dr.Dr. Dieter Bös
Prof. Dr. Wolfgang Breuer
Prof. Dr. J. Frerich
Prof.Dr. Werner Hildenbrand
Prof. Dr.Dr.h.c. Bernhard Korte
Prof.Dr.Dres.h.c. Wilhelm Krelle
Prof.Dr.Dr.h.c. Hans-Jacob Krümmel
Prof.Dr. Manfred J. M. Neumann
Prof. Dr. Hermann Sabel
Prof.Dr. Peter Schönfeld
Prof. Dr. Klaus Schürger
Prof.Dr. Urs Schweizer
Prof.Dr. Reinhard Selten
Prof. Aver Shaked (Ph.D.)
Prof. Dr. Axel Weber

• **T 2 349**

Gesellschaft für Sozial- und Wirtschaftsgeschichte
c/o Universität Jena
Carl-Zeiss-Str. 3, 07743 Jena
T: (03641) 94 33 20
Gründung: 1961
Vorsitzende(r): Prof. Dr. Jürgen Schneider (Universität Bamberg, Postf. 15 49, 96045 Bamberg)
Stellvertretende(r) Vorsitzende(r): Prof.Dr. Rainer Gömmel (Universität Regensburg, Wirtschaftswiss. Fakultät, Lehrstuhl für Wirtschaftsgeschichte, Universitätsstr. 31, 93053 Regensburg)
Schriftführer(in): Prof. Dr. Rolf Walter (Universität Jena, Wirtschaftswissenschaftliche Fakultät, Lehrstuhl für Wirtschafts- und Sozialgeschichte, Carl-Zeiss-Str. 3, 07743 Jena)
Mitglieder: 220

• **T 2 350**

Arbeitskreis für moderne Sozialgeschichte e.V.
Hauptstr. 113, 69117 Heidelberg
T: (06221) 16 56 65 **Fax:** 16 56 65
Vorsitzende(r): Prof. Dr.Dr.h.c. Wolfgang Schieder
Geschäftsführer(in): Prof. Dr. Ulrich Engelhardt

• **T 2 351**

Forschungsstelle Anthropoökonomie im USD
(Wirtschaftswissenschaftliche Kulturforschungsaufgaben)
Im Geigersberg 11, 74348 Lauffen
T: (07133) 79 56 **Fax:** 96 28 58
E-Mail: auerbachdr@t-online.de
Gründung: 2000 (April)
Leitung: Dipl.-Betriebsw. Klaus Peter Auerbach
Angeschlossene Partner: anwendungswissenschaftliche und forschungswissenschaftliche Facheinrichtungen im In- und Ausland

• **T 2 352**

Institut für Mittelstandsforschung Bonn
Maximilianstr. 20, 53111 Bonn
T: (0228) 7 29 97-0 **Fax:** 7 29 97-34/90
E-Mail: post@ifm-bonn.org
Vorstand: Prof.Dr.Dr. Dieter Bös
Prof. Dr. Uschi Backes-Gellner
Wiss. GeschF: Dr. Gunter Kayser

• **T 2 353**

Gesellschaft für Controlling e.V. (GfC)
c/o Universität Dortmund
Otto-Hahn-Str. 6a, 44227 Dortmund
T: (0231) 7 55-31 40 **Fax:** 7 58 97 33
Gründung: 1986
Vorsitzende(r): Prof. Dr. Thomas Reichmann
Stellvertretende(r) Vorsitzende(r): Dr. Hermann Richter
Verbandszeitschrift: Zeitschrift für Controlling
Redaktion: Dipl.-Kfm. Volker Busch
Verlag: Beck-Verlag, Wilhelmstr. 9, 80801 München
Mitglieder: ca. 180

• T 2 354

Katholisch-Soziales Institut der Erzdiözese Köln

Kardinal-Frings-Haus
Selhofer Str. 11, 53604 Bad Honnef
T: (02224) 9 55-0 **Fax:** 9 55-100
Internet: http://www.ksi.de
Vorsitzende(r): Dompropst Bernard Henrichs
Direktor(in): Joachim Sikora

• T 2 355

KKV-Bundesverband der Katholiken in Wirtschaft und Verwaltung e.V.

Postf. 34 02 52, 45074 Essen
Bismarckstr. 61, 45128 Essen
T: (0201) 8 79 23-0 **Fax:** 8 79 23-33
Internet: http://www.kkv-bund.de
E-Mail: info@kkv-bund.de
Gründung: 1877 (8.-10. September in Mainz)
Vorsitzende(r): Georg Konen (Bundesvorsitzender)
Geistl. Beirat: Prälat Prof. Dr. F. Janssen (Feldmannskamp 1, 49377 Vechta)
Geschäftsführer(in): Alfons Scholten (Leitung Presseabteilung)
Verbandszeitschrift: KKV-Forum/Neue Mitte
Redaktion: KKV-Bundesverband
Verlag: Gebr. Wilke GmbH, Postf. 27 67, 59017 Hamm
Mitglieder: 12500
Mitarbeiter: 5
Jahresetat: DM 0,5 Mio, € 0,26 Mio
Landesverbände:
Diözesanverband Aachen
Landesverband Bayern
Diözesanverband Essen
Diözesanverband Freiburg
Diözesanverband Fulda
Diözesanverband Hildesheim
Diözesanverband Köln
Diözesanverband Limburg
Diözesanverband Mainz
Diözesanverband Münster
Diözesanverband Osnabrück-Hamburg
Diözesanverband Paderborn
Diözesanverband Speyer
Diözesanverband Trier
Regionalverband Ost

• T 2 356

Lehrstuhl für Volkswirtschaftslehre, insb. Wirtschaftsordnung und Sozialpolitik an der Universität Würzburg

Sanderring 2, 97070 Würzburg
T: (0931) 31 29 24 **Fax:** 31 27 74
E-Mail: norbert.berthold@mail.uni-wuerzburg.de
Vorstand: Prof. Dr.rer.pol. Norbert Berthold

• T 2 357

Universität zu Köln Wirtschafts- und Sozialgeographisches Institut

50923 Köln
Albertus-Magnus-Platz, 50931 Köln
T: (0221) 4 70/23 72 **Fax:** 4 70 50 09
Gründung: 1950
Direktor(in): Prof. Dr. R. Sternberg
Mitarbeiter: 10

• T 2 358

Institut für Markt- und Motivforschung

Hennchstr. 3, 86159 Augsburg
T: (0821) 2 58 66-0 **Fax:** 2 58 66-50
E-Mail: 100721.446@Compuserve.Com
Gründung: 1959
Institutsltg.: Dipl.-Soz. Axel Wellhoener

• T 2 359

AIK - Kohlhaas & Partner

Wirtschafts-Informationen
Rheinstr. 17, 47799 Krefeld
T: (02151) 80 25 77 **Fax:** 80 25 79
Internet: http://www.aik-online.de
E-Mail: aik-krefeld@t-online.de
Gründung: 1988
Kontaktperson: Dipl.-Oec. Edgar E. Kohlhaas
Mitarbeiter: 8
Sachgebiete: Marktforschung/Marktstudien; Verpackungstechnik; Wirtschaftsinformationen

Branchenreporte, Datenbank-Recherchen.

• T 2 360

ADM Arbeitskreis Deutscher Markt- und Sozialforschungsinstitute e.V.

Geschäftsstelle
Langer Weg 18, 60489 Frankfurt
T: (069) 97 84 31 36 **Fax:** 97 84 31 37
Internet: http://www.adm-ev.de
Gründung: 1955 (20.Juni)
Vorstand: Dr. Rudolf Sommer (Vors.)
Dr. Klaus L. Wübbenhorst
Hella Glagow
Geschäftsführer(in): Erich Wiegand
Mitglieder: 42 Mitgliedsinstitute

Mitglieds-Institute

t 2 361

Alpha-Institut GmbH

Kaiserstr. 29, 55116 Mainz
T: (06131) 6 30 68-0 **Fax:** 6 30 68-50
Internet: http://www.alpha-institut.de
Geschäftsführer(in): Heinz R. Kuntzsch (M.A.)
Dipl.-Psych. Petra Schöneberger

t 2 362

AMR Advanced Market Research GmbH

Bilker Str. 27, 40213 Düsseldorf
T: (0211) 8 65 87-0 **Fax:** 8 65 87-15
E-Mail: amrgmbh@aol.com
Geschäftsführer(in): Ulrich Buchholz
Theresa Gibson

t 2 363

ASK Gesellschaft für Sozial- und Konsumforschung mbH

Mönckebergstr. 10, 20095 Hamburg
T: (040) 32 56 72-0 **Fax:** 32 56 72-99
Internet: http://www.ask-de.com
Geschf. Ges.: Dipl.-Psych. B. Borgmann
Dipl.-Soz. R. Plette

t 2 364

Roland Berger Forschungs-Institut für Markt- u. Systemforschung GmbH

Postf. 81 01 40, 81901 München
Arabellastr. 33, 81925 München
T: (089) 92 23-231 **Fax:** 92 23-338
Internet: http://www.rolandberger.com
E-Mail: rb_research@de.rolandberger.com
Geschäftsführer(in): Roland Berger
Hela Prosteder
Peter Miller
Mitarbeiter: 29

Bedarfsprognosen, Potentialerhebungen, psychologische und repräsentative Erhebungen, Telefonscreenings, Szenariotechniken, Kreativ-Workshops, Typologien, Produktpositionierungen, Conjoint-Analysen, Kommunikations- und Werbemittelforschung, Personalforschung/Corporate Identity und Imageforschung, Sekundäranalysen, strategische Kommunikationskonzepte, Wettbewerbsanalysen, etc. für fast alle Branchen im internationalen Ansatz.

t 2 365

BIK ASCHPURWIS + BEHRENS GmbH

Feldbrunnenstr. 7, 20148 Hamburg
T: (040) 4 14 78 70 **Fax:** 41 47 87 15
Internet: http://www.bik-gmbH.de
Geschäftsführer(in): K. Behrens

t 2 366

Marmas Bonn - Bonner Institut für Markt-, Meinungs-, Absatz- und Sozialforschung GmbH

Plittersdorfer Str. 106, 53173 Bonn
T: (0228) 36 48 32, 9 55 95-0 **Fax:** 36 48 46
E-Mail: marmasbonn@gmx.de
Geschäftsführer(in): Wilhelm H. Ennemann

t 2 367

C.M.R. Institut für Communication - & Marketing-Research

Rastatter Str. 12, 68239 Mannheim
T: (0621) 2 22 69 **Fax:** 2 27 15
E-Mail: c.m.r.@t-online.de
Geschäftsführer(in): Werner Dieing
Claudia Muff

t 2 368

Compagnon Marktforschungs-Institut GmbH & Co. KG

Institut für psychologische Markt- und Werbeforschung
Nöllenstr. 11, 70195 Stuttgart
T: (0711) 6 99 18-0 **Fax:** 6 99 18-10
Internet: http://www.compagnon.de
Geschäftsführer(in): Marina Klusendick
Franz Liebel
Mitarbeiter: 19 (März)

Psychologische Grundlagen- und Zielgruppenforschung: Einstellung, Wahrnehmung, Wirkung, Motivation, Marketingorientierte Unternehmensforschung: Corporate Identity, Image, Kundenzufriedenheit. Produkt- und Packungsforschung. Werbemittel-und Kommunikationsforschung. Pre- und Posttests.

t 2 369

Czaia Marktforschung GmbH / Tecum

Kleiner Ort 1, 28357 Bremen
T: (0421) 20 71 30-0 **Fax:** 2 07 13 30
Internet: http://www.tecum.de
E-Mail: info@czaia-marktforschung.de, info@tecum.de
Geschäftsführer(in): Uwe Czaia

t 2 370

TNS EMNID GmbH & Co.

Markt-, Media- und Meinungsforschung
Stieghorster Str. 90, 33605 Bielefeld
T: (0521) 92 57-0 **Fax:** 92 57-333
Internet: http://www.emnid.tnsofres.com
E-Mail: info@emnid.tnsofres.com
Geschäftsführer(in): Claude Bénazeth
Gunter Bierbaum
Hartmut Scheffler
Klaus-Peter Schöppner

t 2 371

ENIGMA Institut für Markt- und Sozialforschung Jürgen Ignaczak GmbH

Burgstr. 3, 65183 Wiesbaden
T: (0611) 9 99 60-0 **Fax:** 9 99 60-60
Geschäftsführer(in): Jürgen Ignaczak

t 2 372

facit Marketing-Forschung GmbH

Kaiser-Ludwig-Platz 6, 80336 München
T: (089) 54 46 17-0 **Fax:** 54 46 17-12
Internet: http://www.facit-mafo.de
E-Mail: info@facit-mafo.de
Geschäftsführer(in): Dr. Otto Maran

t 2 373

FORSA Gesellschaft für Sozialforschung und statistische Analysen mbH

Max-Beer-Str. 2-4, 10119 Berlin
T: (030) 62 88 20 **Fax:** 6 26 51 38
E-Mail: forsaberlin@compuserve.com
Niederlassung
Am Kaiserhain 19, 44139 Dortmund
T: (0231) 9 02 20, Telefax: (0231) 9 02 22 70
Gründung: 1984 (3. Juli)
Geschäftsführer(in): Manfred Güllner
Mitarbeiter: 45

t 2 374

GfK Aktiengesellschaft

GfK Gruppe Gesellschaft für Konsum-, Markt- und Absatzforschung
90319 Nürnberg
Nordwestring 101, 90425 Nürnberg
T: (0911) 3 95-0 **Fax:** 3 95-2209
Internet: http://www.gfk.de, http://www.gfk.com
E-Mail: public.affairs@gfk.de, investor.relations@gfk.de
Vorstand: Dr. Klaus L. Wübbenhorst
Dr. Gérard Hermet
Bernhard Jackel
Gerhard Kirschner
Wilhelm Wessels

t 2 375

Ipsos Deutschland Marketing-, Medien- und Sozialforschung

Langelohstr. 134, 22549 Hamburg
T: (040) 8 00 96-0 **Fax:** 8 00 96-100
Internet: http://www.ipsos.de
E-Mail: hoppe@ipsos.de
Geschäftsführer(in): Dr. Michael Hoppe (Vors.)
Ulrich Boes
Harald Hasselmann
Rüdiger Fritz
Leitung Presseabteilung: Daniela Weingärtner

t 2 376

IFAK Institut GmbH & Co, Markt- und Sozialforschung

Postf. 13 51, 65221 Taunusstein
Georg-Ohm-Str. 1, 65232 Taunusstein
T: (06128) 7 47-0 **Fax:** 7 35 18
TGR: ifak taunusstein
Internet: http://www.ifak.de
E-Mail: mailto@ifak.de
Geschf. Ges.: Jens Winicker
Geschäftsführer(in): Martina Winicker

t 2 377

Impulse Forschungsgesellschaft für Marketing und Organisation mbH

Mannheimer Str. 1, 69115 Heidelberg
T: (06221) 14 88-0 **Fax:** 14 88-14
Geschäftsführer(in): Jürgen Häussler
Alfred Schmitt
Bernd Siegert

t 2 378

infas Institut für angewandte Sozialwissenschaft GmbH

Postf. 24 01 01, 53154 Bonn
Margarethenstr. 1, 53175 Bonn
T: (0228) 38 22-0 **Fax:** 31 00 71
Internet: http://www.infas.de
Geschäftsführer(in): Menno Smid

t 2 379

NFO Europe GmbH & Co. KG

Infratest Burke/Info Europe
Landsberger Str. 338, 80687 München
T: (089) 56 00-0 **Fax:** 56 00-313
Internet: http://www.infratest-burke.com
E-Mail: ib@hqde.infrabrk.com
Vorstand: Dr. Hartmut Kiock
Werner Hampf
Mitarbeiter: 1200

t 2 380

INRA Deutschland GmbH

Markt- und Sozialforschung
Papenkamp 2-6, 23879 Mölln
T: (04542) 8 01-0 **Fax:** 8 01-201
Internet: http://www.inra.de
E-Mail: mailbox@inra.de
Geschäftsführer(in): Hella Glagow

t 2 381

Institut für Demoskopie Allensbach Gesellschaft zum Studium der öffentlichen Meinung mbH (IfD)

Radolfzeller Str. 8, 78476 Allensbach
T: (07533) 8 05-0 **Fax:** 30 48
Internet: http://www.ifd-allensbach.de
E-Mail: ifd@allensbach.de
Geschäftsführer(in): Prof.Dr.Dr.h.c. Elisabeth Noelle-Neumann
Dr. Renate Köcher

Repräsentative Befragungen (allgemeine Bevölkerung, Spezialquerschnitte bei Industrieunternehmen, Handel, Handwerk, freien Berufen, Meinungsführern). Psychologische Studien; Sozialwissenschaftliche Experimente; Markt- und Meinungsforschung; Mediaforschung; Produkt- und Werbetests; Copytests; Umfragen im Dienst der Rechtspraxis, Betriebsumfragen; Soziologische und politische Studien.

t 2 382

Institut für Marktforschung GmbH - IM Leipzig

Markt 10, 04109 Leipzig
T: (0341) 99 50-0 **Fax:** 99 50-111
Internet: http://www.imleipzig.de
E-Mail: imleipzig@t-online.de
Geschäftsführer(in): Hans-R. Günther

t 2 383

Intermarket Gesellschaft für internationale Markt- und Meinungsforschung mbH

Lindemannstr. 82, 40237 Düsseldorf
T: (0211) 67 04-0 **Fax:** 66 00 02
Internet: http://www.rsg-ddf.de
E-Mail: rsg-ddf@t-online.de
Geschäftsführer(in): Dr. Rudolf Sommer
Elke Wilkesmann

t 2 384

IRES Gesellschaft für Unternehmens-, Marketing- und Kommunikationsforschung m.b.H.

Hunsrückenstr. 54, 40213 Düsseldorf
T: (0211) 32 50 93, 32 50 94, 32 50 95, 32 50 96
Fax: 32 56 56
Geschäftsführer(in): Dieter Franke
Jürgen Kersjes
H. Jochen Steiner
Michael Ströhle

t 2 385

@Dr. von @Keitz GmbH

Große Bleichen 16, 20354 Hamburg
T: (040) 35 53 80-0 **Fax:** 35 53 80-20
Gründung: 1983
Geschäftsführer(in): Dr. Beate von Keitz
Mitarbeiter: 8

t 2 386

Krämer Marktforschung GmbH

Hansestr. 69, 48165 Münster
T: (0250) 8 02-0 **Fax:** 8 02-100
Internet: http://www.kraemer-germany.com
E-Mail: kraemer@kraemer-mafo.de
Geschäftsführer(in): Michael Krämer

t 2 387

LINK + Partner GMBH Institut für computergesteuerte Befragungen - CATI

Burgstr. 106, 60389 Frankfurt
T: (069) 9 45 40-0 **Fax:** 9 45 40-105
Internet: http://www.linkundpartner.de
E-Mail: info@linkp.rhein-main.com
Geschäftsführer(in): Johannes Klass
Mitarbeiter: 26 Festangest.

t 2 388

M & E Deutsche Gesellschaft für Markt- und Engpaßforschung mbH

Waidmannstr. 2, 60596 Frankfurt
T: (069) 96 36 47-0 **Fax:** 96 36 47-10
E-Mail: novaction_ffm@compuserve.com, mue%retesting@compuserve.com
Geschäftsführer(in): Karl Ludwig Börtzler

t 2 389

Mafo-Institut GmbH & Co. KG

Altkönigstr. 2, 65824 Schwalbach
T: (06196) 5 03 90 **Fax:** 8 51 88
E-Mail: mafo-institut@t-online.de
Geschäftsführer(in): Dr. Emil Bruckert
Andreas Bruckert
Dr. Reinhard Deimer

t 2 390

Marplan Forschungsgesellschaft mbH

Marktplatz 9, 63065 Offenbach
T: (069) 80 59-0 **Fax:** 80 59-243
Geschäftsführer(in): Klaus Stumpf

t 2 391

mc Markt-Consult Institut für Stukturforschung und Marketingberatung GmbH

Blücherstr. 11, 22767 Hamburg
T: (040) 38 60 42-0 **Fax:** 38 52 38
Internet: http://www.markt-consult.de
E-Mail: info@markt-consult.de
Geschäftsführer(in): Arnd von Romatowski
Mitarbeiter: 11 (März)

t 2 392

Media Markt Analysen GmbH & Co. KG

Lyoner Str. 11a, 60528 Frankfurt
T: (069) 6 10 04-0 **Fax:** 6 10 04-150
Internet: http://www.mma-frankfurt.de
E-Mail: info@mma-frankfurt.de
Geschäftsführer(in): Dr. Eva-Maria Hess

t 2 393

Millward Brown Germany GmbH

Postf. 19 01 90, 60088 Frankfurt
Kleyerstr. 90, 60326 Frankfurt
T: (069) 7 39 44-0 **Fax:** 7 39 44-100
Internet: http://www.millwardbrown.com
E-Mail: millwardbrown@millwardbrown.com
Geschäftsführer(in): Michael Kühnl

t 2 394

polis Gesellschaft für Politik- und Sozialforschung mbH

Dessauerstr. 6, 80992 München
T: (089) 14 36 97 10 **Fax:** 14 36 97 40
Geschäftsführer(in): Horst Becker
Dr. Walter Ruhland

t 2 395

psyma

psyma - arbeitsgruppe für psychologische marktanalysen GmbH

Fliedersteig 17, 90607 Rückersdorf
T: (0911) 9 95 74-0 **Fax:** 9 95 74-33
Internet: http://www.psyma.com
Geschäftsführer(in): Christian Ryssel
Ralf Maser
Bernd Wachter

t 2 396

result medienforschung GmbH

Im Mediapark 5a, 50670 Köln
T: (0221) 95 29 71-0 **Fax:** 95 29 71-396
E-Mail: result@result.de
Geschäftsführerin: Sabine Haas

t 2 397

Rheingold Institut für qualitative Markt- und Medienanalysen

Kaiser-Wilhelm-Ring 46, 50672 Köln
T: (0221) 91 27 77-0 **Fax:** 91 27 77-55
Internet: http://www.rheingold-online.de
Geschäftsführer(in): Heinz Grüne
Stephan Grünewald
Jens Lönneker

t 2 398

RMM Marketing Research International GmbH

Uhlandstr. 68, 22087 Hamburg
T: (040) 25 15 82-00 **Fax:** 25 15 82-22
E-Mail: rmm@rmm.de
Geschäftsführer(in): John Attfield

t 2 399

Schaefer Marktforschung GmbH

Warnstedtstr. 57, 22525 Hamburg
T: (040) 54 73 49-0 **Fax:** 54 73 49 34
Geschf. Gesellschafter: Felix Schaefer

t 2 400

SINUS Sociovision GmbH

Ezanvillestr. 59, 69118 Heidelberg
T: (06221) 80 89-0 **Fax:** 80 89-25
E-Mail: sinus@sociovision.de
Geschäftsführer(in): Dorothea Nowak
Berthold Flaig
Dr. Joachim Heuser

t 2 401

Umfrageninstitut Klaus Peinelt GmbH

Leopoldstr. 32, 80802 München
T: (089) 34 75 14 **Fax:** 34 92 82
E-Mail: kpeinelt@t-online.de
Geschäftsführer(in): Klaus Peinelt
Helmut Aumüller

t 2 402

USUMA GmbH - Markt-, Meinungs- und Sozialforschung

Berliner Allee 96, 13088 Berlin
T: (030) 9 27 02 81-0 **Fax:** 9 27 02 81-1
Internet: http://www.usuma.com
Geschäftsführer(in): Wolfgang Reymann
Rainer Schwarz

• T 2 403

Betriebswirtschaftliches Institut für empirische Gründungs- und Organisationsforschung e.V. (bifego)

c/o EUROPEAN BUSINESS SCHOOL
Schloß Reichartshausen, 65375 Oestrich-Winkel
T: (06723) 69-231 **Fax:** 69-235
Internet: http://www.bifego.de
E-Mail: heinz.klandt@ebs.de
Gründung: 1985
Geschäftsführer(in): Dipl.-Kfm. Dirk Daniels
Direktor(in): Prof.Dr. Detlef Müller-Böling (Fachgebiet Empirische Wirtschafts- und Sozialforschung, Universität Dortmund)
Direktor(in): Prof. Dr. Heinz Klandt (Stiftungslehrstuhl für Gründungsmanagement und Entrepreneurship EUROPEAN BUSINESS SCHOOL)
Mitglieder: 85

• T 2 404

MMM-Club (Moderne Markt-Methoden) e.V.

Ludwig-Dürr-Str. 10, 82057 Icking
T: (08178) 12 15 **Fax:** 13 75
E-Mail: mmm-club@t-online.de
Gründung: 1962
Mitglieder: 1010

• T 2 405

LAVES CHEMIE
Consulting

Königsteiner Str. 80, 65812 Bad Soden
T: (06196) 6 20 57 **Fax:** 2 78 37
E-Mail: laveschemie@t-online.de
Geschäftsführer(in): Dipl.-Chem. Dr. Gerhard Wallenwein

Einzelstudien, Mehrklientenstudien in den Bereichen Marketing, Geschäftsentwicklung, Akquisitionen, Technologie-Transfer.

• T 2 406

Freie Universität Berlin
Arbeitsbereich MEDIENFORSCHUNG

Malteserstr. 74-100, 12249 Berlin
T: (030) 77 92-5 32 **Fax:** 7 76 11 31
E-Mail: Issing@zedat.fu-berlin.de
Gründung: 1972
Leitung: Prof. Dr. Ludwig J. Issing
Mitarbeiter: 7

• T 2 407

Arbeitsgemeinschaft Media-Analyse e.V. (AG.MA)

Am Weingarten 25, 60487 Frankfurt
T: (069) 15 68 05-0 **Fax:** 15 68 05-40
E-Mail: AGMA@agma-mmc.de
Gründung: 1954 (12. Januar)
Vorstand: Kurt Ludwig (Vors.)
Margret Buhse
Werner Isenbügel
Dieter K. Müller
Dr. Walter Neuhauser
Michael Walter
Geschäftsführer(in): Jürgen Wiegand
Mitglieder: 235

• T 2 408

Deutsches Werbemuseum e.V.
Forum für Marketing und Kommunikation

Löwengasse 27, 60385 Frankfurt
T: (069) 96 86 01 52 **Fax:** 96 86 01 53
E-Mail: nmk-r.scholze@t-online.de
Vorsitzende(r): Werner Lippert
Geschäftsführer(in): Rainer Scholze

• T 2 409

Institut für Marktorientierte Unternehmensführung

68131 Mannheim
L 5 1, 68161 Mannheim
T: (0621) 1 81-1755 **Fax:** 1 81-1556
Internet: http://www.bwl.uni-mannheim.de/IMU/
E-Mail: imu@bwl.uni-mannheim.de
Direktor(in): Prof. Dr. Hans H. Bauer (Tel.: (0621) 1 81-1572, Fax: (06121) 1 81-1571, E-Mail: hans.bauer@bwl.uni.mannheim.de)
Prof. Dr. Christian Homburg (Tel.: (0621) 1 81-1551, Fax: (0621) 1 81-1556, E-Mail: prof.homburg@bwl.uni-mannheim.de)

• T 2 410

Fördergemeinschaft für Absatz- und Werbeforschung e.V.

c/o GWA
Friedensstr. 11, 60311 Frankfurt
T: (069) 2 56 00 80 **Fax:** 23 68 83

• T 2 411

Rhein-Neckar-Dreieck e.V.

P 7 20-21, 68161 Mannheim
T: (0621) 10 30 84, 10 30 85 **Fax:** 10 30 86
Internet: http://www.rnd.de
E-Mail: info@rnd.de
Gründung: 1989
Vorsitzende(r): Prof. Dr. Dr.h.c. Peter Frankenberg
Stellvertretende(r) Vorsitzende(r): Dr. Hans Joachim Bremme
Geschäftsführer(in): Edelgard Seitz
Mitglieder: 160
Jahresetat: DM 1,2 Mio, € 0,61 Mio

• T 2 412

TECHNOMAR GMBH
Gesellschaft für Investitionsgütermarktforschung und Unternehmensberatung

Ismaninger Str. 68, 81675 München
T: (089) 41 94 18-0 **Fax:** 4 70 50 08
Internet: http://www.technomar.de
E-Mail: technomar@t-online.de
Gründung: 1978
Geschäftsführer(in): Dipl.-Ing. Volkmar Ebert
Dipl.-Ing.Dipl.-Wirtsch.-Ing. Bernd Stulz
Mitarbeiter: 16

Marktanalysen und Marketingberatung für die Investitionsgüterindustrie.

Niederlassung Rhein/Main

Kirchstr. 29, 69514 Laudenbach
T: (06201) 49 22 26

• T 2 413

FGM Fördergesellschaft Marketing e.V.

c/o Univ.-Prof. Dr. Anton Meyer, LMU München, Fakultät für Betriebswirtschaftslehre
Ludwigstr. 28 RG, 80539 München
T: (089) 21 80-33 21 **Fax:** 21 80-33 22
E-Mail: mmaiu@bwl.uni-münchen.de
Gründung: 1972
Vorstand: Univ.-Prof. Dr. Anton Meyer (Sprecher)
Dipl.-Kfm. Robert Ertl
Dipl.-Kfm. Michael Maier (Geschäftsführer)
Dipl.-Kfm. Christian Blümelhuber
Dipl.-Kffr. Brigitte Fiala
Dipl.-Kfm. Lars Feud
Leitung Presseabteilung: Markus Pfeiffer
Verbandszeitschrift: FGM aktuell
Mitglieder: 407
Mitarbeiter: 2 Festangestellte, 7 frei berufl., 30 Interviewer

• T 2 414

M.F.G.
Marktforschungsgemeinschaft Stuttgart e.V.

Eugenstr. 9, 70182 Stuttgart
T: (0711) 2 36 78 78 **Fax:** 2 36 78 99
Gründung: 1955 (1. Oktober)
Vorstand: Prof. Dr. Uwe Swoboda
Dipl.-Kfm. Thomas Thudium
PR: Dipl.-Phys. Claudia Wallenwein
Mitglieder: 25

• T 2 415

Junior Comtec Darmstadt e.V.

Adelungstr. 41, 64283 Darmstadt
T: (06151) 2 86 14 **Fax:** 2 84 05
Internet: http://www.junior-comtec.de
E-Mail: info@junior-comtec.de
Gründung: 1988
Vorstand: Rolf Schäfer (Vors.)

• T 2 416

item Institut für Markt- und Verbraucherforschung e.V.

Bonner Str. 224, 50968 Köln
T: (0221) 37 34 37 **Fax:** 37 40 00
E-Mail: itemmafo@aol.com
Gründung: 1986
Geschäftsführer(in): Wolfgang Uhle
Wiss. Beirat: Dipl.-Oec. I. Abel
Prof. Dr. K.-Chr. Bergmann (Facharzt für Lungenheilkunde und Allergologie)
Dipl.-agr. Dr. M. Böhmer
Dr. U. Boikat (Radioökologin)
Dipl.-Phys. Prof. Dr. L. Magloire
Dipl.-Ing. L. Pohl
Dr. K. Schulze-Hennings (Arzt für Allgemeinmedizin)
RA S. Schuster
Dipl.-Phys. Dr. K. Uhle
Dipl.-Chem. Dr. G. Zwiener
Mitarbeiter: 17 und 60 Interviewer

• T 2 417

HEINS + PARTNER GmbH

Deciusstr. 6, 33611 Bielefeld
T: (0521) 9 82 16-0 **Fax:** 8 58 12
Gründung: 1984
Geschäftsführer(in): Dipl.-Betriebsw. Peter Heins
Dipl.-Soz. Raimund Ukas
Mitarbeiter: 10 Angest.

Marktanalysen für Elektrotechnik/Elektronik, Kommunikations- und Datentechnik, Meß- u. Regeltechnik, Sicherheitstechnik.

• T 2 418

IMA - Institut für Marktpsychologie und Absatzforschung (IMA)

Willistr. 36, 22299 Hamburg
T: (040) 47 60 26
Gründung: 1971
Leitung: Dipl.-Psych. Helmuth R. Müller
Mitarbeiter: 1 fest angest., 3 freiberufl., 250 Interviewer

Durchführung von Marktforschungsprojekten.

• T 2 419

GMF Vereinigung Getreide-, Markt- und Ernährungsforschung GmbH

Postf. 30 01 65, 53181 Bonn
T: (0228) 42 12 50 **Fax:** 4 79 75 59
Geschäftsführer(in): Dr. Heiko Zentgraf

• T 2 420

IFAV

Institut für angewandte Verbraucherforschung e.V. (IFAV)

Aachener Str. 1089, 50858 Köln
T: (02234) 4 07 70 **Fax:** 40 77 22
T-Online ∗53 9000∗
E-Mail: ifav.koeln@t-online.de
Vorstand: Prof.Dr. Gerhard Scherhorn
Dipl.-Kfm. Dr. Tilmann Höhfeld

• T 2 421

Deutsche Gesellschaft für Erziehungswissenschaft e.V.

c/o Prof. Dr. Ingrid Gogolin
Universität Hamburg, FB Erziehungswissenschaft, Institut für Schulpädagogik
Von-Melle-Park 8, 20146 Hamburg
T: (040) 4 28 38-2127 **Fax:** 4 28 38-4298
Vorstand: Prof. Dr. Ingrid Gogolin (Vors.; Universität Hamburg, FB Erziehungswissenschaft, Institut für Schulpädagogik, Von-Melle-Park 8, 20146 Hamburg, T: (040) 4 28 38-21 27, Telefax: (040) 4 28 38-42 98, E-Mail: gogolin@erzwiss.uni-hamburg.de, Privat: Maria-Louisen-Str. 65, 22301 Hamburg, T: (040) 48 88 50)
Prof. Dr. Elisabeth Fuhrmann (Privat: Liebstadter Gang 4, 12587 Berlin, T/Fax: (030) 6 45 24 79)
Prof. Dr. Margret Kraul (Universität Koblenz/Landau Abteilung Koblenz, FB Erziehungswissenschaften, Rheinau 1, 56075 Koblenz, T: (0261) 91 19-1 32, Telefax: (0261) 91 19-1 37 od. 1 36, E-Mail: oeser@uni-koblenz.de, Privat: Schwarzer Weg 24, 33824 Werther, T: (05203) 63 03, Telefax: (05203) 58 24)
Prof. Dr. Winfried Marotzki (Otto-von-Guericke-Universität Magdeburg, Allgemeine Pädagogik, Stresemannstr. 23, 39104 Magdeburg, T: (0391) 6 71 47-18 (Sek.), Telefax: (0391) 6 71 47-03, Privat: Lockkoppel 7, 22391 Hamburg, T: (040) 53 69 36 14, Telefax: (040) 53 69 36 16, E-Mail: marotzki@compuserve.com, Funk: (0172) 4 51 99 37)
Prof. Dr. Hans Merkens (Freie Universität Berlin, FB Erziehungswissenschaft, Psychologie und Sportwissenschaft, Institut f. Allgemeine Pädagogik (WE 1), Fabeckstr. 13, 14195 Berlin, T: (030) 8 38 52 24-52 26, Telefax: (030) 8 38 47 96, E-Mail: merken@fub46.zedat.fu-berlin.de, Privat: Kapau-

nenstr. 11, 12355 Berlin, T: (030) 6 63 72 02)
Prof. Dr. Jan-Hendrik Olbertz (Martin-Luther-Universität Halle-Wittenberg, FB Erziehungswissenschaften, Institut für Pädagogik, Franckeplatz 1, Haus 7, 06110 Halle (Saale), T: (0345) 55-2 37 88, Telefax: (0345) 55-2 71 81, E-Mail: olbertz@paedagogik.uni-halle.de, Privat: Uhuweg 4, 06120 Halle, T: (0345) 5 50 77 02)
Prof. Dr. Hans-Uwe Otto (Universität Bielefeld, Fakultät für Pädagogik, Universitätsstr. 24, 33501 Bielefeld, T: (0521) 1 06-33 08/33 09, Telefax: (0521) 1 06-80 47 od. 60 28, E-Mail: hansuwe.otto@uni-bielefeld.de, Privat: Rahnsdorfer Weg 25, 33619 Bielefeld, T: (0521) 10 54 05)
Geschäftsstelle: Claudia Lemke (Universität Hamburg, FB Erziehungswissenschaft, Institut für Schulpädagogik, Von-Melle-Park 8, 20146 Hamburg, T: (040) 4 28 38-4299, Telefax: (040) 4 28 38-4298, Privat: Eppendorfer Landstr. 92, 20249 Hamburg, e-mail: Lemke-M'Kinlay@erzwiss.uni-hamburg.de)
Verbandszeitschrift: Mitteilungsblatt „Erziehungswissenschaft"
Redaktion: Prof. Dr. W. Marotzki, Otto-von-Guericke-Universität Magdeburg, Stresemannstr. 23, 39104 Magdeburg
Mitglieder: 1900

Förderung der erziehungswissenschaftlichen Forschung und Theorieentwicklung; Klärung von Strukturfragen der erziehungswissenschaftlichen Studiengänge; Pflege von Kontakten zu internationalen erziehungswissenschaftlichen Gesellschaften und benachbarten Disziplinen; Eintreten für die Förderung des erziehungswissenschaftlichen Nachwuchses; Förderung des wissenschaftlichen Informationsaustausches durch Kongresse, Tagungen von Sektionen und Kommissionen sowie durch Schriftenreihen und durch das Mitteilungsblatt "Erziehungswissenschaft".

Bank- und versicherungswissenschaftliche Vereinigungen und Institute

• T 2 422

Vereinigung für Bankbetriebsorganisation e.V.
Postf. 70 11 52, 60561 Frankfurt
Darmstädter Landstr. 125, 60598 Frankfurt
T: (069) 96 22 03-0 **Fax:** 96 22 03-21
Geschf.Vorst.: Manfred Gogolin

• T 2 423

Institut für bankhistorische Forschung e.V.
Kennedyallee 89, 60596 Frankfurt
T: (069) 6 31 41 67 **Fax:** 6 31 11 34
E-Mail: info@ibf-frankfurt.de
Vorstand: Dr. Joachim Harbou (Vors.)
Dr. Kurt Hochheuser
Theo Meinz
Prof.Dr. Hans Pohl
Dr. Michael Heise
Geschäftsführer(in): Hanna Floto-Degener (M.A.)

• T 2 424

Arbeitskreis der Länder -Sparkassen, Girozentralen, Landesbausparkassen-
c/o Finanzministerium Nordrhein-Westfalen
Jägerhofstr. 6, 40479 Düsseldorf
T: (0211) 49 72-2720 **Fax:** 49 72-2765
Vorsitzende(r): MinR Dr. Reinhart Schmitt

• T 2 425

Informationsring Kreditwirtschaft (IK)
Sekretariat:
Merkurhaus
Am Hauptbahnhof 12, 60329 Frankfurt
T: (069) 27 10 02 17 **Fax:** 27 10 02 10
Teletex: 6 997 352 merkur
Internet: http://www.ik-info.de
Gründung: 1978/1987
Vorsitzende(r): Bruno Kesseler (Westdeutsche Landesbank, Düsseldorf)
Stellvertretende Vorsitzende: Annelie Gabriel (Landesbank Rheinland-Pfalz, Mainz)
Mitglieder: 50

• T 2 426

Institut für Kredit- und Finanzwirtschaft e.V. (IKF)
c/o Ruhr-Universität Bochum,
Gebäude GC 4/129
44780 Bochum
T: (0234) 32-23320 **Fax:** 32-14699
Gründung: 1974 (7. Juni)
Vors. d. VR: Fritz Bahlo
Vorstand: Prof. Dr. Wim Kösters
Dieter Wenserski
Leitung Presseabteilung: Dipl.-Volksw. Jens M. Heine
Verbandszeitschrift: Semesterbericht des Instituts für Kredit- und Finanzwirtschaft
Verlag: Institut für Kredit- u. Finanzwirtschaft, Ruhr-Universität Bochum, 44780 Bochum
Mitglieder: 91
Hrsg.: Prof. Dr. W. Kösters, Dr. St. Paul, Prof. (em.) Dr. Dr.h.c. J. Süchting, Ruhr-Universität Bochum

• T 2 427

Deutsche Gesellschaft für Versicherungsmathematik e.V.
Unter Sachsenhausen 33, 50667 Köln
T: (0221) 9 12 55 40 **Fax:** 91 25 54 44
Gründung: 1948
Vorsitzende(r): Dr. Martin Balleer, Göttingen
Geschäftsführerin: Barbara Schneider, Köln
Mitglieder: 1446 pers., 140 förd.

t 2 428

Deutsche Aktuarvereinigung (DAV) e.V.
Unter Sachsenhausen 33, 50667 Köln
T: (0221) 9 12 55 40 **Fax:** 91 25 54 44
Gründung: 1993
Internationaler Zusammenschluß: siehe unter izt 572
Vorstand: Dr. Martin Balleer, Göttingen
Geschäftsführer(in): Barbara Schneider, Köln
Mitglieder: 1414 pers.

• T 2 429

Gesellschaft für Versicherungswissenschaft und -gestaltung e.V. (GVG)
Hansaring 43, 50670 Köln
T: (0221) 91 28 67-0 **Fax:** 91 28 67-6
E-Mail: hansa 1@gvg-koeln.de
Gründung: 1947
Vorsitzende(r): Dr. Herbert Rische
Geschäftsführer(in): Dr. Volker Leienbach (Ltg. Presseabt.)
Verbandszeitschrift: Informationsdienst
Schriftenreihe
Mitglieder: 166
Mitarbeiter: 15

• T 2 430

Deutscher Verein für Versicherungswissenschaft e.V.
Johannisberger Str. 31, 14197 Berlin
T: (030) 8 21 20 31 **Fax:** 8 22 28 75
Gründung: 1899
Vorsitzende(r) des Vorstandes: Dr. Georg Büchner
Geschäftsführer(in): Dr. Ulrich Schlie, Berlin
Mitglieder: 230 körperschaftliche, 1270 persönliche
Herausgeber: Zeitschrift für die gesamte Versicherungswissenschaft
Redaktion: Prof. Dr. J.-Matthias Graf v.d. Schulenburg, Hannover

Fachabteilungen im Deutschen Verein für Versicherungswissenschaft:
Abt. für Versicherungswirtschaft
Abt. für Sozialversicherung
Abt. für Privatversicherungsrecht
Abt. für Versicherungsmathematik
Abt. für Versicherungsmedizin
Abt. für Versicherung und Technik
Abt. für Versicherungslehre
Arbeitsgemeinschaft für internationales Versicherungsrecht (zugleich deutsche Landesgruppe der Internationalen Vereinigung von Versicherungsjuristen)

• T 2 431

Bundesarbeitsgemeinschaft Deutscher Kommunalversicherer (BADK)
Postf. 40 01 54, 50831 Köln
Aachener Str. 1040, 50858 Köln
T: (0221) 48 90-0 **Fax:** 4 89 07-77
Gründung: 1978
Vorsitzende(r): Direktor Kollig (KSA, Berlin)
Stellvertretende(r) Vorsitzende(r): Geschäftsf. Direktor Oschmann (KSA westdt. Städte Bochum)
Geschäftsführer(in): Dr. Jürgen Meier (BADK)
Stellvertretende(r) Geschäftsführer(in): Walter Brensing (BADK)
Verbandszeitschrift: BADK-Information
Redaktion: Bernhard Wolf
Verlag: Eigenvertrieb
Mitglieder: 10
Mitarbeiter: 17

Wahrnehmung, Förderung und Koordination der gemeinsamen Interessen der deutschen Kommunalversicherer; Vertretung und Beratung der deutschen Kommunalversicherer in allen fachlichen, wirtschaftlichen, wirtschaftspolitischen, rechtlichen, rechtspolitischen, technischen und organisatorischen Fragen.

t 2 432

Badischer Gemeinde-Versicherungs-Verband
Postf. 1549, 76004 Karlsruhe
Durlacher Allee 56, 76131 Karlsruhe
T: (0721) 6 60-0 **Fax:** 6 60-1688

t 2 433

Haftpflichtschadenausgleich der Deutschen Großstädte
Hans-Böckler-Str. 19 (RC), 44787 Bochum
T: (0234) 9 10-0 **Fax:** 9 10-3074
Gründung: 1924
Vorstand: Dieter Kunze (Vors.; Landeshauptstadt Hannover)
Vorstand: Regina Rüpke (stellv. Vors.; Freie Hansestadt Bremen)
Geschäftsführer(in): Günter Oschmann
Stellvertretende(r) Geschäftsführer(in): Dr. Heinz Taschke
Mitglieder: 6
Mitarbeiter: 31 (s. a. Kommunaler Schadenausgleich westdeutscher Städte)

t 2 434

Kommunaler Schadenausgleich der Länder Brandenburg, Mecklenburg-Vorpommern, Sachsen, Sachsen-Anhalt und Thüringen
Konrad-Wolf-Str. 91/92, 13055 Berlin
T: (030) 4 21 52-0 **Fax:** 4 21 52-111

t 2 435

Kommunaler Schadenausgleich Hannover
Marienstr. 11, 30171 Hannover
T: (0511) 3 04 01-0 **Fax:** 3 04 01-99

t 2 436

Kommunaler Schadenausgleich Schleswig-Holstein
Reventlouallee 6, 24105 Kiel
T: (0431) 5 79 25-0 **Fax:** 5 79 25-30

t 2 437

Kommunaler Schadenausgleich westdeutscher Städte
Hans-Böckler-Str. 19 (RC), 44787 Bochum
T: (0234) 9 10-0 **Fax:** 9 10-3074
Gründung: 1910
Vorstand: Beate Zielke (Vors.; Stadt Mönchengldbach)
Vorstand: Harald Heinze (stellv. Vors.; Dortmunder Stadtwerke AG)
Geschäftsführer(in): Günter Oschmann
Stellvertretende(r) Geschäftsführer(in): Dr. Heinz Taschke
Mitglieder: 111
Mitarbeiter: 31

t 2 438

OKV-Ostdeutsche Kommunalversicherung auf Gegenseitigkeit
Konrad-Wolf-Str. 91/92, 13055 Berlin
T: (030) 4 21 52-0 **Fax:** 4 21 52-456

t 2 439

Versicherungskammer Bayern Versicherungsanstalt des öffentlichen Rechts
80530 München
Maximilianstr. 53, 80538 München
T: (089) 21 60-0 **Fax:** 21 60-2714
Internet: http://www.vkb.de
E-Mail: service@vkb.de

t 2 440

GVV-Kommunalversicherung, Versicherungsverein auf Gegenseitigkeit
Postf. 40 06 51, 50836 Köln
Aachener Str. 1040, 50858 Köln
T: (0221) 48 93-0 **Fax:** 48 93-777
Internet: http://www.gvv.de

t 2 441

Württembergische Gemeinde-Versicherung a.G.
70164 Stuttgart
Tübinger Str. 43, 70178 Stuttgart
T: (0711) 16 95-0 **Fax:** 16 95-520, 16 95-494, 16 95-599
Internet: http://www.wgv-online.de

● T 2 442

Institut für Versicherungswissenschaft an der Universität zu Köln
50923 Köln
Kerpener Str. 30, 50937 Köln
T: (0221) 47 01 **Fax:** 42 83 49
Bibliothek: T: (0221) 4 70 22 34, Fax: (0221) 4 70 50 88, e-Mail: Maria.Odendahl@uni-koeln.de, Internet: www.uni-koeln.de/wiso-falk/versich/index.htm/
Abteilung Versicherungswirtschaft
Direktor(in): Prof.Dr. Heinrich R. Schradin (T: (0221) 4 70 23 08)
Abteilung Versicherungsrecht
Direktor(in): Prof. Dr.jur. Ulrich Hübner (T: (0221) 4 70 24 33)
Abteilung Versicherungsmathematik
Direktor(in): Prof. Dr.phil. Hartmut Milbrodt (T: (0221) 4 70 33 64)

● T 2 443

Institut für Versicherungswissenschaft der Universität Mannheim
Schloß
68131 Mannheim
T: (0621) 1 81-0 **Fax:** 1 81-1364
Internet: http://www.uni-mannheim.de/i3v/00000700/00099491.htm
Geschf. Dir.: Prof. Dr. Egon Lorenz
Abteilung I: Versicherungsbetriebslehre
Direktor(in): Prof. Dr. Peter Albrecht (T: (0621) 1 81-16-82, Fax: (0621) 1 81-16-81)
Abteilung II: Deutsches, ausländisches und internationales Versicherungsrecht
Direktor(in): Prof.Dr. Egon Lorenz (T: (0621) 1 81-1362, Fax: (0621) 1 81-1364)
Abteilung III: Versicherungsmathematik
Direktor(in): Prof. Dr. Hans-Jochen Bartels (T: (0621) 1 81-2450)

● T 2 444

Institut für Versicherungswissenschaft
Postf. 39 31, 90020 Nürnberg
Lange Gasse 20, 90403 Nürnberg
T: (0911) 53 02-2 67 **Fax:** 5 30 21 77
Internet: http://www.wiso.uni-erlangen.de
E-Mail: herrmann@wiso.uni-erlangen.de
Vorsitzende(r): Prof. Dr. Harald Herrmann

● T 2 445

Seminar für Versicherungswissenschaft der Universität Hamburg
Schlüterstr. 28 IV, 20146 Hamburg
T: (040) 4 28 38-4584 **Fax:** 4 28 38-6706
Geschf. Dir.: Prof. Dr. Manfred Werber
Stellv. Geschf. Dir.: Prof. Dr. Gerrit Winter

● T 2 446

Verein zur Förderung der Versicherungswissenschaft in Hamburg e.V.
20352 Hamburg
Neue Rabenstr. 28, 20354 Hamburg
T: (040) 41 19-1202 (Hanse-Merkur Versicherungsgruppe)
Vorstand: Dr. Gerd-Winand Imeyer (Vors.)
Wolfgang Poppelbaum (stellv. Vors.)
Günter Kutz (Schriftführer)
Beratende Vorst.-Mitglieder: Prof. Dr. Walter Karten
Prof. Dr. Dietmar Pfeifer
Prof. Dr. Manfred Werber
Prof. Dr. Gerrit Winter
Mitglieder: 35 Versicherungsunternehmen, 3 Versicherungsmakler, 7 persönliche Mitglieder

● T 2 447

Versicherungswissenschaftlicher Verein in Hamburg e.V.
Schlüterstr. 28 IV (Rechtshaus, 20146 Hamburg
T: (040) 4 28 38-2629 **Fax:** 4 28 38-6706
Vorsitzende(r) des Vorstandes: Prof. Dr. Manfred Werber
Mitglieder: 737

● T 2 448

VDI-Versicherungsdienst GmbH
Postf. 10 11 39, 40002 Düsseldorf
Graf-Recke-Str. 84, 40239 Düsseldorf
T: (0211) 62 14-543 **Fax:** 62 14-170
Internet: http://www.vdi.de/versich
E-Mail: versicherungen@vdi.de
Geschäftsführer(in): Ass. Wolfgang Schröter

● T 2 449

Institut für Betriebswirtschaftliche Risikoforschung und Versicherungswirtschaft (INRIVER)
Ludwig-Maximilians-Universität München
Institutsgebäude:
Schackstr. 4, 80539 München
Postanschrift:
Geschwister-Scholl-Platz 1, 80539 München
T: (089) 21 80-21 71 **Fax:** 21 80-20 92
Internet: http://www.inriver.bwl.uni-muenchen.de
Gründung: 1987
Vorstand: Prof. Dr. Elmar Helten

Ernährungs-, land- und forstwissenschaftliche Vereinigungen, Institute und Versuchsanstalten

● T 2 450

Deutsche Gesellschaft für Ernährung e.V. (DGE)
Postf. 93 02 01, 60457 Frankfurt
Im Vogelsgesang 40, 60488 Frankfurt
T: (069) 97 68 03-0 **Fax:** 97 68 03-99
Gründung: 1953 (4. November)
Präsident(in): Prof. Dr.med.vet. Helmut Erbersdobler (Institut für Humanernährung und Lebensmittelkunde der Universität Kiel, 24105 Kiel)
Vizepräsident(in): Prof. Dr.med. Günther Wolfram (Institut für Ernährungswissenschaft der Technischen Universität München, 85350 Freising-Weihenstephan)
Prof. Dr.rer.nat. Peter Stehle (Universität Bonn, Instit. f. Ernährungswissenschaft, 53117 Bonn)
Geschäftsführer(in): Dr. Helmut Oberritter (Wiss.-Leiter)
Karl-Heinz Sölter (Verw.-Leiter)
Leitung Presseabteilung: Annette Braun
Verbandszeitschrift: Ernährung-Umschau
Verlag: Umschau Verlag, Frankfurt
Mitglieder: 3500

● T 2 451

Verein zur Förderungen der gesunden Ernährung und Diätetik e.V. (VFED)
St. Franziskus-Hospital
Morillenhang 27, 52074 Aachen
T: (0241) 50 73 00, 4 09 19 95 **Fax:** 50 73 11, 4 09 19 95
Internet: http://www.vfed.de
E-Mail: vfed@rmi.de
Gründung: 1992 (Februar)
Präsident(in): Sven-David Müller (Presseabteilung)
1. Vizepräsident: Axel-Günther Hugot
2. Vizepräsidentin: Birgit Tollkühn-Prott
Hauptgeschäftsführer(in): Hedwig Hugot
Wiss. Leiter: Dr. Volker Steudle
Leitung Presseabteilung: Sven-David Müller
Verbandszeitschrift: VFEDaktuell, VitaMinSpur und Kochpraxis und Gemeinschaftsverpflegung
Redaktion: Sven-David Müller, Gegorstr. 16, 52066 Bad Aachen; Hanno Kretschmer, Rüdigerstr. 14, Stuttgart; Martin Schneider, Olgastr. 87, Stuttgart
Verlag: VFED e.V.; Hippokrates Verlag GmbH, Stuttgart und Matthaes Verlag GmbH, Stuttgart
Mitglieder: 2000
Mitarbeiter: 2
Jahresetat: DM 1 Mio, € 0,51 Mio
Landesverbände:
Hessen und Rheinland-Pfalz: Martin Gorny, Klinikum Darmstadt, Grafenstr. 9, 64276 Darmstadt, T: (06151) 31 91 14
Nordrhein-Westfalen: Mechthild Wellmeier, Klinikum Aachen, Pauwelsstr. 30, 52074 Aachen, T: (0241) 8 08 84 30
Berlin und neue Bundesländer: Frau B. Werblow, Frau A. Rimmelspacher, T: (030) 28 02 36 49, Fax: (030) 28 02 35 16
Niedersachsen, Schleswig Holstein, Bremen und Hamburg: Frau K. Borgwardt, T/Fax: (04144) 47 97, Frau F. Doehring, T: (04141) 6 84 14, E-Mail: buuushido@t-online.de
Österreich: Manuela Kopriva, Löblweg 6, A-1220 Wien, T: (00431) 2 02 40 81, E-Mail: manuela_kopriva@yahoo.de
Fachverbände:
Wissenschaft: Sprecher Prof. Dr. Walter Feldheim
Fortbildung: Tagungspräsident Prof. Dr. Klaus-Dieter Jany
Freiberufliche Tätigkeit: Esther Linker, Am Talacker 32a, 61137 Schöneck-B, T: (06187) 86 37, Fax: (06187) 95 90 98
Tag der gesunden Ernährung: Margret Tacke, Deichstr. 26, 46414 Rhede, T/Fax: (02872) 98 03 47
Mangelernährung: Bärbel Wigge, Bulksmühle 12, 44809 Bochum, T (privat): (0234) 53 84 83, T (dienstlich): (0234) 3 04 79 26, Fax: (0234) 3 04 79 30, ARGE, Universitätsstr. 140, 44799 Bochum
Diabetes mellitus: Birgit Schumacher, c/o Schröder, Börnestr. 5, 50829 Köln, E-Mail: b.schumi@hotmail.com
Internationale Kontakte: Cécile Voss, 2653 route de Vanasque, F-84380 Mazan, T: (00336) 14 82 08 79

● T 2 452

Gesellschaft für Ernährungsbiologie e.V. München
Veterinärstr. 13, 80539 München
E-Mail: geb@hnhyg.vetmed.uni-muenchen.de
Präsident(in): Prof.Dr.med. Günther Wolfram (Veterinärstr. 13, 80539 München, T: (089) 21 80 25 26)
Geschäftsführer(in): Dr.med.vet. Hans Marx (Ltg. Presse)
Mitglieder: ca. 200

● T 2 453

Leibniz-Institut für Pflanzenbiochemie (IPB)
Am Weinberg 3, 06120 Halle
T: (0345) 55 82-0 **Fax:** 55 82-161
Gründung: 1992 (1. Januar)
Geschäftsf. Dir.: Prof. Dr. Dierk Scheel
Administr. Leiter: Verw.-Dipl. Lothar Franzen
Mitarbeiter: 160
Jahresetat: DM 18,5 Mio, € 9,46 Mio
Mitglied der Wissenschaftsgemeinschaft Gottfried Wilhelm Leibniz (WGL)

● T 2 454

Arbeitsgemeinschaft Gentechnik in Darmstadt
Institut für Biochemie/TH Darmstadt
Petersenstr. 22, 64287 Darmstadt
T: (06151) 16 36 57 **Fax:** 16 53 99
Gründung: 1986 (23. Oktober)
Vorsitzende(r): Prof.Dr. H. G. Gassen

● T 2 455

Bundesarbeitsgemeinschaft Gentechnologie und Recht (BGR)
Rebenweg 16, 61348 Bad Homburg
T: (06172) 45 09 78 **Fax:** 45 09 78
Gründung: 1987
Vorsitzende(r): RA Dr. jur. Franz J. Vogel

● T 2 456

Gen-ethisches Netzwerk e.V. (GeN)
Brunnenstr. 4, 10119 Berlin
T: (030) 6 85 70 73 **Fax:** 6 84 11 83
Internet: http://www.gen-ethisches-netzwerk.de
E-Mail: gen@gen-ethisches-netzwerk.de
Gründung: 1986
Vorstandssprecher: Gregor Bornes
Leitung Presseabteilung: Sabine Riewenherm
Verbandszeitschrift: Gen-ethischer Informationsdienst (GID)
Redaktion: Sabine Riewenherm
Verlag: Brunnenstr. 4, 10119 Berlin, T: (030) 6 85 60 88
Mitglieder: 500
Mitarbeiter: 7

● T 2 457

Deutsche Forschungsanstalt für Lebensmittelchemie Stiftung des öffentl. Rechts München
Chemiegebäude
Lichtenbergstr. 4, 85748 Garching
T: (089) 2 89-14170 **Fax:** 2 89-14183
Teletex: 898 174
Internet: http://dfa.leb.chemie.tu-muenchen.de
E-Mail: lebchem.schieberle@lrz.tu-muenchen.de
Gründung: 1918 (3. April)
Direktor(in): Prof. Dr. Peter Schieberle
Stellvertreter: Dr. rer.nat. habil Thomas Hofmann
Mitarbeiter: 38
Jahresetat: DM 5,0 Mio, € 2,56 Mio

● T 2 458

Forschungskreis der Ernährungsindustrie e.V. (FEI)
Godesberger Allee 142-148, 53175 Bonn
T: (0228) 37 20 31 **Fax:** 37 61 50
Gründung: 1953
Vorsitzende(r): Dr. Jürgen Kohnke
Geschäftsführer(in): Dr. Volker Häusser (Ltg.-Presseabt.)
Verbandszeitschrift: "FEI-Diskussionstagung"; "FEI-Projekte"; "FEI- Handbuch"
Verlag: Selbstverlag
Mitglieder: 44 Fachverbände, 50 Unternehmen, 90 Forschungsinstitute
Jahresetat: DM 6 Mio, € 3,07 Mio (Fördermitteletat 1995)

● T 2 459

Deutscher Verband Neutraler Klassifizierungs- und Kontrollunternehmen (DVK) e.V.
- Geschäftsstelle
Rudolf-Kinau-Str. 42, 26188 Edewecht
T: (04486) 9 40-12 **Fax:** 9 40-20
E-Mail: dvk.bonn@t-online.de
Gründung: 1989

Vorsitzende(r): Dr. Hermann-J. Nienhoff (SGS Controll-Co m.b.H., Raboisen 28, 20095 Hamburg)
Stellvertretende(r) Vorsitzende(r): Karl Zimmermann (NKV-Treuhand GmbH, Reetzestr. 7, 79353 Bahlingen)
Geschäftsführer(in): Christoph Schildmann (Ltg. Presseabt.)
Mitglieder: 14
Mitarbeiter: 1

• T 2 460

Gesellschaft für Informatik in der Land-, Forst- u. Ernährungswirtschaft (GIL)
c/o Dr. U Birkner
Am Tierpark 66, 10319 Berlin
Gründung: 1980
1. Vorsitzende(r): Prof. Dr. Manfred Precht, Freising
2. Vorsitzende(r): Prof. Dr. Reiner Doluschitz
Geschäftsführer(in): Dr. Angelika Loeper (Schroufstr. 81 d, 52078 Aachen, T: (0241) 9 20 99 03, Telefax: (0241) 9 20 99 05)
Verbandszeitschrift: Zeitschrift für Agrarinformatik
Verlag: Landwirtschaftsverlag GmbH, Hülsebrockstr. 2, 48165 Münster, T: (02501) 80 10, Telefax: (02501) 80 12 04
Mitglieder: 750
Buchreihen: AGRARINFORMATIK, Berichte der GIL

• T 2 461

Deutsche Gesellschaft für Qualitätsforschung (Pflanzl. Nahrungsmittel) e.V. (DGQ)
Geschäftsstelle: Fachgebiet für Obstbau der Technischen Universität München
85350 Freising
Sitz: 65366 Geisenheim (Rheingau)
T: (08161) 71 37 53 **Fax:** 71 53 85
Gründung: 1966 (Okt.)
Präsident(in): Dr. Dieter Treutter (Technische Universität München)
Vizepräsident(in): Dr. Torsten Nilsson (Univ. Alnarp/Schweden)
Mitglieder: 140

• T 2 462

Bund für Lebensmittelrecht und Lebensmittelkunde e.V.
Godesberger Allee 142-148, 53175 Bonn
T: (0228) 81 99 30 **Fax:** 37 50 69
Internet: http://www.bll-online.de
E-Mail: bll@bll-online.de
Gründung: 1955 (10. März)
Internationaler Zusammenschluß: siehe unter izf 2492
Präsident(in): Dr. Manfred Nekola (Mitglied des Vorstandes Nestlé Deutschland AG, 60523 Frankfurt)
Hauptgeschäftsführer(in): RA Prof. Dr. Matthias Horst
Geschäftsführer(in): RA Michael Welsch
RA'in Angelika Mrohs
Bettina Muermann
Mitglieder: 550

Mitwirkung an der Vereinheitlichung und Fortbildung des Lebensmittelrechts und der Lebensmittelkunde in Anpassung an die Entwicklung von Wissenschaft und Technik.

• T 2 463

Backmittelinstitut, Informationszentrale für Backmittel und Backgrundstoffe zur Herstellung von Brot und Feinen Backwaren e.V.
Markt 9, 53111 Bonn
T: (0228) 96 97 70 **Fax:** 9 69 77 77
Internet: http://www.backmittelinstitut.de
E-Mail: backmittelinstitut@t-online.de
Gründung: 1983
1. Vorsitzende(r): Prof. Dr. Bärbel Kniel (Meister Marken GmbH, Theodor-Heuss-Allee 8, 28215 Bremen)
Geschäftsführer(in): RA Amin Werner (Markt 9, Bonn; Ltg. Presseabteilung)
Mitglieder: 41
Mitarbeiter: 2

• T 2 464

Forschungsinstitut für Kinderernährung Dortmund (FKE)
Heinstück 11, 44225 Dortmund
T: (0231) 7 92 21 00 **Fax:** 71 15 81

• T 2 465

DIL Deutsches Institut für Lebensmitteltechnik e.V.
Postf. 11 65, 49601 Quakenbrück
Prof.-von-Klitzing-Str. 7, 49610 Quakenbrück
T: (05431) 1 83-0 **Fax:** 18 31 14
E-Mail: dil-eV@t-online.de
Gründung: 1985
Vors. u. Instituts-Ltg: Dr.-Ing. H.-D. Jansen
Verbandszeitschrift: DIL-Mitteilungen
Verlag: Selbst-Verlag
Mitglieder: 150
Mitarbeiter: 60

• T 2 466

Institut für Lebensmitteltechnologie und Verpackung e.V.
siehe t 236
siehe Unterabschnitt "Forschungsvereinigungen" unter "Fraunhofer-Gesellschaft zur Förderung der angewandten Forschung e.V. (FhG)."

• T 2 467

Institut für Ernährungswissenschaft der Justus-Liebig-Universität
Wilhelmstr. 20, 35392 Gießen
Goethestr. 55, 35390 Gießen
T: (0641) 99-39040 **Fax:** 99-39049
Geschf.-Direktor: Prof. Dr. Ingrid-Ute Leonhäuser

• T 2 468

Deutsche Gesellschaft für Fettwissenschaft e.V.
siehe T 1068

• T 2 469

Institut für Gärungsgewerbe und Biotechnologie zu Berlin
Seestr. 13, 13353 Berlin
T: (030) 4 50 80-0 **Fax:** 4 53 60 67, 4 53 60 69
Geschäftsführer(in): Dipl.-Volksw. Rolf Beckmann
Dipl.-Ing. Klaus Beyer
Dr. rer.nat. Jutta Rahn

• T 2 470

Arbeitsgemeinschaft PhysioMedizin - Health Resort Science
An den Heilquellen 4, 79111 Freiburg
Gründung: 1911 (Wiedergründung: 1957)
Präsident(in): PD Dr. B. Hartmann
Vizepräsident(in): PD Dr. A. Falkenbach
Vorsitzende(r): PD Dr. M. Berliner
Stellvertretende(r) Vorsitzende(r): Dir. Mag. H. Remm (Ltg. Presseabt.)
Mitglieder: 240
Mitarbeiter: 8
Jahresetat: DM 0,4 Mio, € 0,2 Mio

• T 2 471

Leibniz-Institut für Neurobiologie
Brenneckestr. 6, 39118 Magdeburg
T: (0391) 6 26 32 19 **Fax:** 61 61 60

• T 2 472

Institut für Angewandte Mikrobiologie Justus Liebig-Universität Giessen
Senckenbergstr. 3, 35390 Gießen
T: (0641) 9 93 73 50 **Fax:** 9 93 73 59
E-Mail: Johannes.C.Ottow@agrar.uni-giessen.de
Gründung: 1952
Präsident(in): Prof. Dr. S. Hormuth
Abteilungen:
GD Prof. Dr. J.C.G. Ottow (M.Sc., Allgemeine Mikrobiologie, Biologie von Böden und Gewässern)
Prof. Dr. Dr.-Ing. P. Kämpfer (Mikrobiologie der Recycling Prozesse)
Doz. Dr. M. Weidenbörner (Lebensmittelmikrobiologie, Vorratshaltung)
Leitung Presseabteilung: Dr. I. Dienstbach (Ludwigstr. 27, Gießen)
Verbandszeitschrift: Biology and Fertility of Soils
Redaktion: J.C.G. Ottow, Editor-in-Chief
Verlag: Springer Verlag GmbH, Tiergartenstr. 17, 69121 Heidelberg
Mitglieder: 30
Landesverband: Universität des Landes Hessen

Mikrobiologie von Böden und Gewässern, Abfallbiologie und -Biotechnologie.

• T 2 473

VAAM - Vereinigung für Allgemeine und Angewandte Mikrobiologie e. V.
Ringstr. 2, 06120 Lieskau
T: (0345) 5 50 93 18 **Fax:** 5 50 93 19
Internet: http://www.vaam.uni-halle.de
E-Mail: mail@vaam.uni-halle.de
Gründung: 1985 (bzw. 1974 der rechtliche Vorläufer)
Präsident(in): Prof. Dr. Klaus-Peter Koller, Frankfurt
Vizepräsident(in): Prof. Dr. Wolfgang Hillen, Erlangen
Prof. Dr. Michael Hecker, Greifswald
Schriftführer(in): Prof. Dr. Hubert Bahl, Rostock
Schatzmeister: Prof. Dr. Jan R. Andreesen, Halle
Prof. Dr. Karlheinz (Bioenergetik), Osnabrück
Dr. Uwe (Qualitätskontrolle), Taunusstein
Dr. Harald (angewandte und industrielle Mikrobiologie), Gatersleben
Prof. Dr. Regine (Molekulare Mikrobiologie), Berlin
Prof. Dr. Rudolf (Biochemie der Mikroorganismen), Marburg
Prof. Dr. Harald (Medizinische Mikrobiologie), Wuppertal
Prof. Dr. Achim (Altpräsident), Frankfurt a. M.
Prof. Dr. Bernhard (FEMS und IUMS-Delegierter), Konstanz
Verbandszeitschrift: BIOspektrum
Redaktion: Dr. Anja Störiko, Herderstr. 48, 65719 Hofheim, Tel. u. Fax: (06192) 2 36 05
Verlag: Spektrum Akademischer Verlag, Heidelberg
Mitglieder: 3300

• T 2 474

Arbeitsgemeinschaft Getreideforschung e.V.
Postf. 13 54, 32703 Detmold
Schützenberg 10, 32756 Detmold
T: (05231) 2 55 30 **Fax:** 2 05 05
Gründung: 1946
Präsident(in): Dr. G. Kröner, Ibbenbüren
Geschäftsführer(in): Dipl.-Volksw. K. Niebuhr
Verbandszeitschrift: Getreide, Mehl und Brot
Redaktion: Prof. Dr. W. Seibel
Verlag: Deutscher Bäcker-Verlag, Postf. 10 20 50, 44702 Bochum
Mitglieder: 600
Fachausschüsse: Ausschuß f. Müllerei-Technologie, Ausschuß f. Bäckerei-Technologie, Ausschuß für Getreidechemie, Stärkeausschuß, Getreideausschuß, Durum- u. Teigwarenausschuß, Getreidenährmittel-Ausschuß und Ausschuß für Ausbildung, Ausschuß für Lebensmittelrheologie

• T 2 475

Arbeitsgemeinschaft Kartoffelforschung e.V.
Postf. 13 54, 32703 Detmold
Schützenberg 10, 32756 Detmold
T: (05231) 2 55 30 **Fax:** 2 05 05
Präsident(in): Dr. W. Wolf, Goch
Geschäftsführer(in): Dipl.-Volksw. K. Niebuhr, Detmold
Fachausschuß: Kartoffelfachausschuß

• T 2 476

Bundeslehranstalt Burg Warberg e.V.
An der Burg 3, 38378 Warberg
T: (05355) 9 61-0 **Fax:** 9 61-200
Lehranstalt des deutschen Getreide-, Futter- und Düngemittelhandels und Kartoffelhandels, Ausbildungswerk des Fachverbandes der Futtermittelindustrie e. V.
Gründung: 1937
Geschäftsführer(in): Dipl.-Ing.agr. Peter Link
Verbandszeitschrift: Warberger Merkur

• T 2 477

Bundesvereinigung der Deutschen Kartoffelwirtschaft e.V. (BDK)
Godesberger Allee 142-148, 53175 Bonn
T: (0228) 81 98-2 24 **Fax:** 81 98-2 03
E-Mail: u.meiners@bauernverband.de
Vorsitzende(r): Werner Hilse
Geschäftsführer(in): Uta Meiners

• T 2 478

Margarine-Institut für gesunde Ernährung
bis zum 31. Juni 2000 Adresse:
Gasstr. 18 Haus 4, 22761 Hamburg
T: (040) 89 40 04, Fax: 89 40 06
ab 01. Juli 2000:
Adenauerallee 148, 53113 Bonn
T: (0228) 2 61 81 48 **Fax:** 9 10 74 28
Internet: http://www.margarine-institut.de
E-Mail: margarine@mediscape.de
Vorsitzende(r): Dr. Ortwin Klang
Geschäftsführer(in): Dr. Ingo Witte
Leitung Presseabteilung: Doris Rüsch

Informationsmaterial für Multiplikatoren (Ernährungsberater, Lehrer, Ärzte, Journalisten) zum Thema "Die Rolle der Fette in der gesunden Ernährung".

• T 2 479

Eltern für unbelastete Nahrung e.V.
Bundesgeschäftsstelle
Königsweg 7, 24103 Kiel
T: (0431) 67 20 41 **Fax:** 6 19 17
Gründung: 1986 (5. Juni)
Bundesvorsitzende: Marion Lewandowski
Stellvertretende(r) Vorsitzende(r): Mathilde Hurst
Bundesgeschäftsführer(in): Helga E. Rommel
Verbandszeitschrift: EfuN-Info
Mitglieder: ca. 4000

● T 2 480

Forschungszentrum für Milch und Lebensmittel Weihenstephan

Weihenstephaner Berg 1, 85354 Freising
T: (08161) 71 35 12 **Fax:** 71 50 29
Internet: http://www.weihenstephan.de/blm/fml
Geschäftsführer(in): Prof. Dr. Siegfried Scherer
Stellvertretende(r) Geschäftsführer(in): Prof. Dr. Heinrich H. D. Meyer (T: (08161) 71 35 08)
I. Institut für Physiologie
Inst.-Dir.: Prof. Dr. Heinrich H. D. Meyer (T: (08161) 71 35 08)
II. Institut für Mikrobiologie
Inst.-Dir.: Prof. Dr. Siegfried Scherer (T: (08161) 71 35 16)
III. Institut für Chemie und Physik
Inst.-Dir.: Prof. Dr. Henning Klostermeyer (T: (08161) 71 35 00, Telefax: (08161) 71 44 04)
IV. Institut für Betriebswirtschaftslehre
Inst.-Dir.: Prof. Dr. Hannes Weindlmaier (T: (08161) 71 35 40)
V. Institut für Lebensmittelverfahrenstechnik
Inst.-Dir.: Prof. Dr. Ulrich Kulozik (T: (08161) 71 42 05)

● T 2 481

Technische Universität Berlin Institut für Lebensmitteltechnologie Getreidetechnologie

Seestr. 11, 13353 Berlin
T: (030) 31 42 75 50-51 **Fax:** 31 42 75 57
E-Mail: meus1533@mailszrz.zrz.TU-Berlin.DE
Leitung: Prof. Dr. Dr.e.h. Friedrich Meuser
Vertreter: Dr. Peter Suckow

● T 2 482

Technische Universität München, Dekanat der Fakultät für Brauwesen, Lebensmitteltechnologie und Milchwissenschaft, Weihenstephan

Ab 01.10.2000 Wissenschaftszentrum Weihenstephan für Ernährung, Landnutzung und Umwelt (Life and Food Sciences Center)
85350 Freising
T: (08161) 71 32 60 **Fax:** 71 32 59
Gründung: 1865
Dekan: Univ.-Prof. Dr. rer.nat. Rudi F. Vogel
Prodekan: Univ.-Prof. Dr.-Ing. W. Back

● T 2 483

Gesellschaft für die Geschichte und Bibliographie des Brauwesens e.V. (GGB)

Seestr. 13, 13353 Berlin
T: (030) 4 50 80-267, 4 50 80-264 **Fax:** 45 36-0 69
Internet: http://www.vlb-berlin.org/ggb
E-Mail: ggb@vlb-berlin.org
Gründung: 1913
Vorstand
Dr. Heinrich Brand (Vors.), Dortmund
Dr.-Ing. Axel Th. Simon (stellv. Vors.), Bitburg
Uwe Hieber, München
Dr. Friedrich Georg Hoepfner, Karlsruhe
Dipl.-Br.-Ing. Martin Hürlimann, Zürich/Schweiz
Brauereibesitzer Jean Martens, Bocholt/Belgien
Dr. Wilfried Rinke, Hamburg
Dipl.-Br.-Ing. Gino Späth, Celerina/Schweiz
Dipl.-Ing. Michael Weidner, Berlin
Geschäftsführer(in): Dipl.-Ing. Klaus Beyer
Verbandszeitschrift: Jahrbuch der GGB
Mitglieder: 285
Jahresetat: DM 0,04 Mio, € 0,02 Mio

● T 2 484

Staatliche Milchwirtschaftliche Lehr- und Forschungsanstalt - Dr.-Oskar-Farny-Institut-

Postf. 15 52, 88231 Wangen
Am Maierhof 7, 88239 Wangen
T: (07522) 71-501 **Fax:** 71-502
Internet: http://www.landwirtschaft-mlr.baden-wuerttemberg.de/la/mlf
E-Mail: poststelle@mlf.bwl.de
Gründung: 1911
Direktor(in): Dr. Richard Gerlach
Stellv. Dir.: E. Hirschle
Abt.-Ltg. Hygiene u. Mikrobiologie: Dr. J. Buck
Abt.-Ltg. Chemie: Dr. W. Strohmar
Abt.-Ltg. Fachschule f. d. Molkereiwesen: E. Hirschle
Abt.-Ltg. Verwaltung: J. Boneberger
Techn.-Ltg. Lehr- u. Versuchsmolkerei: P. Rädler

● T 2 485

Institut für Rurale Entwicklung der Georg-August-Universität Göttingen

Waldweg 26, 37073 Göttingen
T: (0551) 39 39 02 **Fax:** 39-30 76
Gründung: 1963
Mitarbeiter: 40

● T 2 486

Institut für Landwirtschaftliche Betriebslehre 410 der Universität Hohenheim

70593 Stuttgart
T: (0711) 4 59-2541 (Dw.) **Fax:** 4 59-2555
E-Mail: dabbert@uni-hohenheim.de
Geschf. Dir.: Prof. Dr. Stephan Dabbert

● T 2 487

Forschungsstelle für internationale Agrar- und Wirtschaftsentwicklung e.V. (FIA)

Ringstr. 19, 69115 Heidelberg
T: (06221) 18 30 56 **Fax:** 16 74 82
Internet: http://www.rzuser.uni-heidelberg.de/-t08
E-Mail: fia@urz.uni-heidelberg.de
Gründung: 1965
Leitung: Prof.Dr. Oskar Gans (Direktor)
Dr. Ottfried C. Kirsch (Geschäftsführer)
Mitglieder: 70
Mitarbeiter: 12
Jahresetat: DM 1 Mio, € 0,51 Mio
Verbandszeitschrift/Schriftenreihe: Heidelberg Studies in Applied Economics and Rural Institutions
Verlag: Verlag für Entwicklungspolitik, Saarbrücken

Analysen zur Effizienz wirtschafts- und agrarpolitischer Systeme in Entwicklungs- und Transformationsländern: Sozio-ökonomische Analyse ländlicher Institutionen (u. a. Selbsthilfegruppen); Angepaßte quantitativ-ökonomische Planungsmethoden (in Zusammenarbeit mit dem Lehrstuhl für Internationale Wirtschafts- und Entwicklungspolitik der Universität Heidelberg).

● T 2 488

Humboldt-Universität zu Berlin Landwirtschaftlich-Gärtnerische Fakultät Institut für Wirtschafts- und Sozialwissenschaften des Landbaus

10099 Berlin
Luisenstr. 56, 10117 Berlin
T: (030) 20 93 63 17 **Fax:** 20 93 64 74
Geschäftsführender Direktor: Prof. Dr. K. Jaster
Stellv. geschäftsf. Direktor: Prof. Dr. H. von Witzke

● T 2 489

Institut für Marktanalyse und Agrarhandelspolitik der Bundesforschungsanstalt für Landwirtschaft (FAL)

Bundesallee 50, 38116 Braunschweig
T: (0531) 5 96-1 (Zentr.), 5 96-5 66 (Durchwahl) **Fax:** 5 96-3 67
Internet: http://www.ma.fal.de
E-Mail: martina.brockmeier@fal.de
Direktorin: Dr. Martina Brockmeier

● T 2 490

Landesanstalt für Entwicklung der Landwirtschaft und der ländlichen Räume mit Landestelle für landwirtschaftliche Marktkunde

Oberbettringer Str. 162, 73525 Schwäbisch Gmünd
T: (07171) 91 71 00 **Fax:** 91 71 01
E-Mail: Poststelle@LALELSG.BWL.DE
Leitung: Dir. W. Messner (Oberbettringer Str. 162, 73525 Schwäbisch Gmünd, T: (07171) 91 72 30, Fax: (07171) 91 71 01)

● T 2 491

Institut für Agrarökonomie der Universität Göttingen

Platz der Göttinger Sieben 5, 37073 Göttingen
T: (0551) 39 48 03 **Fax:** 39-48 23, -48 12, -20 30

● T 2 492

Universität Hohenheim Institut f. Agrar- und Sozialökonomie in den Tropen und Subtropen (490)

70593 Stuttgart
T: (0711) 4 59-2581 **Fax:** 4 59-2582
E-Mail: www490a@uni-hohenheim.de
Geschäftsführender Direktor: Prof. Dr. M. von Oppen

● T 2 493

Forschungsgesellschaft für Agrarpolitik und Agrarsoziologie e.V.

Meckenheimer Allee 125, 53115 Bonn
T: (0228) 63 47 81 +88 **Fax:** 63 47 88
Internet: http://www.dainet.de/faa
E-Mail: faabonn@t-online.de
Vorsitzende(r): Prof.Dr. Wilhelm Henrichsmeyer (53115 Bonn)
GeschF u. wiss. Ltg. der Forschungsstelle: Dr. R. Struff (53115 Bonn)

● T 2 494

Institut für Agrarpolitik und Marktforschung der Justus-Liebig-Universität

Professur für Marktlehre der Agrar- und Ernährungswirtschaft; Professur für Agrar- und Umweltpolitik
Senckenbergstr. 3, 35390 Gießen
T: (0641) 99-37020 **Fax:** 99-37029
Leitung: Prof. Dr. R. Herrmann
Professur für Agrar- und Entwicklungspolitik
Leitung:
Prof. Dr. P. M. Schmitz (Diezstr. 15, 35390 Gießen, T: (0641) 99-3 70 60, Fax: (0641) 99-3 70 69)

● T 2 495

Institut für Agrarökonomie der Christian-Albrechts-Universität Kiel

24098 Kiel
Olshausenstr. 40, 24118 Kiel
T: (0431) 8 80-4416 **Fax:** 8 80-2044
Internet: http://www.agric-econ.uni-kiel.de
Lehrstuhlinhaber: Prof. Dr. R. v. Alvensleben (Agrarmarketing; T: (0431) 8 80 44 15, Fax: (0431) 8 80 44 14, E-Mail: valvensleben@agric-econ.uni-kiel.de)
Prof. Dr. W. Scheper (Agrarpolitik; T: (0431) 8 80 44 43, Fax: (0431) 8 80 13 97, E-Mail: wscheper@agric-econ.uni-kiel.de)
Prof. Dr. C.-H. Hanf (Agrarunternehmenslehre; T: (0431) 8 80 44 16, Fax: (0431) 8 80 20 44, E-Mail: chanf@agric-econ.uni-kiel.de)
Prof. Dr. C. Langbehn (Angewandte Landwirtschaftliche Betriebslehre; T: (0431) 8 80 44 00, Fax: (0431) 8 80 44 21)
Prof. Dr. R. A. E. Müller (Innovation und Information; T: (0431) 8 80 44 18, Fax: (0431) 8 80 20 44, E-Mail: raem@agric-econ.uni-kiel.de)
Prof. Dr. U. Koester (Marktlehre; T: (0431) 8 80 44 36, Fax: (0431) 8 80 45 92, E-Mail: ukoester@agric-econ.uni-kiel.de)

● T 2 496

Lehrstuhl für Agrarpolitik der Technischen Universität München

85350 Freising
T: (08161) 71 34 90
E-Mail: urff@weihenstephan.de
Leitung: N. N.

● T 2 497

Agrarsoziale Gesellschaft e.V. (ASG)

Kurze Geismarstr. 33, 37073 Göttingen
T: (0551) 49 70 90 **Fax:** 4 97 09 16
Internet: http://www.asg-goe.de
E-Mail: asggoe@gwdg.de
Gründung: 1947
Präsident(in): Dipl.-Ing. Landwirt Heinz Christian Bär
Vorsitzende(r): Staatssekretär Dr. Hans-Hermann Bentrup (Ministerium für Ernährung, Landwirtschaft und Forsten des Landes Brandenburg, Heinrich-Mann-Allee 107, 14473 Potsdam)
Geschäftsführer(in): Dr. Dieter Czech
Verbandszeitschrift: Ländlicher Raum
Redaktion: Dipl.-Ing. agr. Ines Fahning
Mitglieder: 405 Einzelmitglieder
Korporative Mitglieder: 160

● T 2 498

Institut für ländliche Strukturforschung an der Johann-Wolfgang Goethe-Universität (IfIS)

Zeppelinallee 31, 60325 Frankfurt
T: (069) 77 50 01 **Fax:** 77 77 84
Internet: http://www.wiwi.uni-frankfurt.de/professoren/IfLS
E-Mail: ifls@em.uni-frankfurt.de
Vors. d. Kuratoriums: Prof. Dr. Otmar Seibert (FH Weihenstephan, Abt. Triesdorf)
Vorsitzende(r) des Vorstandes: Prof. Dr. Winfried von Urff (TU München)
Direktor(in): Prof.Dr. Dieter Biehl

● T 2 499

Bundesverband der gemeinnützigen Landgesellschaften (BLG)

Meckenheimer Allee 128, 53115 Bonn
T: (0228) 63 33 14 **Fax:** 63 17 34
E-Mail: blg-bonn@t-online.de
Internationaler Zusammenschluß: siehe unter izq 57
Vorsitzende(r): Dr. Waldemar Endter
Stellvertretende(r) Vorsitzende(r): Roland Albrecht
Geschäftsführende(s) Vorstands-Mitglied(er): Karl-Heinz Goetz
Vorstandsmitglied: Roland Albrecht
Carl-Ulrich Siemund
Hans-Thomas Sönnichsen
Karl-Heinz Unverricht

• T 2 500

Institut für Umweltgeschichte und Regionalentwicklung e.V.

Schwedter Str. 37-40, 10435 Berlin
T: (030) 4 48 15 90 **Fax:** 4 48 15 90
Gründung: 1991
Vorsitzende(r): Dr. Thomas Hartmann
Geschäftsführer(in): Prof. Dr. Hermann Behrens
Verbandszeitschrift: Studienarchiv Umweltgeschichte
Redaktion: Prof. Dr. Hermann Behrens, Regine Auster
Verlag: Eigenverlag

• T 2 501

Lehrstuhl für Wirtschaftslehre des Landbaus der Technischen Universität München

85350 Freising
T: (08161) 71-34 10 **Fax:** 71-4426
Vorstand: Prof. Dr. Alois Heißenhuber

• T 2 502

Gesellschaft für Wirtschafts- und Sozialwissenschaften des Landbaues e.V. (GEWISOLA)

Breite-Heide-Str. 23, 53619 Rheinbreitbach
T: (02224) 69 73
Gründung: 1959 (23. Oktober)
Vorsitzende(r): Prof. Dr. Dr.h.c. F. Kuhlmann
Stellvertretende(r) Vorsitzende(r): Prof. Dr. S. Tangermann
Hauptgeschäftsführer(in): Dr.agr. Günther Fratzscher

• T 2 503

Institut für Lebensmitteltechnologie der Universität Hohenheim (150)

70593 Stuttgart
Garbenstr. 25, 70599 Stuttgart
T: (0711) 4 59-0 **Fax:** 4 59 41 10

Fachgebiete:
Allgemeine Lebensmitteltechnologie und -mikrobiologie:
Prof. Dr. Hammes (T: (0711) 4 59-23 05)
Biotechnologie:
Prof. Dr. L. Fischer (T: (0711) 4 59-23 13)
Lebensmittelverfahrenstechnik:
Prof. Dr. Kottke (T: (0711) 4 59-32 58)
Fleischtechnologie:
Prof. Dr. A. Fischer (T: (0711) 4 59-22 88)
Gärungstechnologie:
N.N. (T: (0711) 4 59-23 10)
Lebensmittel pflanzlicher Herkunft:
Prof. Dr. Carle (Geschäftsf. Dir., T: (0711) 4 59-23 14)
Getreidetechnologie:
Prof. Dr. Kuhn (T: (0711) 4 59-32 84)
Lebensmittel tierischer Herkunft:
N. N. (T: (0711) 4 59-23 19)
Arbeitsbereich Lebensmittelanalytik:
Prof. Dr. Isengard (T: (0711) 4 59-32 85)

• T 2 504

Deutscher Verband unabhängiger Institute für Lebensmittelanalytik und Qualitätssicherung e.V.

Florianstr. 13, 70188 Stuttgart
T: (0711) 2 85 28-0 **Fax:** 2 85 28 55
Gründung: 1989 (21. Januar)
Vorsitzende(r): Wulf Bostel (Lebensmittelchemiker Analytisches Institut Wulf Bostel, Florianstr. 13, 70188 Stuttgart)
Stellvertretende(r) Vorsitzende(r): Dietrich Gorny (Ziegelhüttenweg 43, 60598 Frankfurt/Main)
Kassierer: Dr. Hans-Jürgen Hofsommer (Landgrafenstr. 16, 10787 Berlin)
Mitglieder: 19

Zweck des Verbandes ist die aktive Förderung der Qualitätssicherung allgemein und insbesondere in lebensmittelanalytischen Laboratorien zur Erlangung eines festzulegenden Qualitätsstandards.

• T 2 505

Verband Deutscher Landwirtschaftlicher Untersuchungs- und Forschungsanstalten e.V. (VDLUFA)

Bismarckstr. 41A, 64293 Darmstadt
T: (06151) 9 55 84-0 **Fax:** 29 33 70
Internet: http://www.vdlufa.de
E-Mail: info@vdlufa.de
Gründung: 1888
Präsident(in): Prof. Dr.habil. Gerhard Breitschuh
Geschäftsführer(in): Dr. Hans-Georg Brod
Mitglieder: 700

• T 2 506

Deutsches Institut für Ernährungsforschung (DIfE)

Arthur-Scheunert-Allee 114-116, 14558 Bergholz-Rehbrücke
T: (033200) 88-0 **Fax:** 88-444
Internet: http://www.dife.de
E-Mail: barth@www.dife.de
Gründung: 1992 (1. Januar)
Vorstand: Prof. Dr. C. A. Barth (Wiss. Direktor)
Dr. H. Schulz (Administr. Direktor)
Leitung Presseabteilung: Dr. Andrea Dittrich
Mitarbeiter: ca. 185 (Stand Jan. 1998)
Jahresetat: DM 19,3 Mio, € 9,87 Mio (1997)

• T 2 507

Biochemischer Bund Deutschlands e.V. (BBD)

In der Kuhtrift 18, 41541 Dormagen
T: (02133) 7 20 03 **Fax:** 73 91 38
Präsident(in): Dierk Schildt
Mitglieder: 17000

• T 2 508

Dachverband wissenschaftlicher Gesellschaften der Agrar-, Forst-, Ernährungs-, Veterinär- und Umweltforschung e.V.

Eschborner Landstr. 122, 60489 Frankfurt
T: (069) 2 47 88-306 **Fax:** 2 47 88-114
E-Mail: l.hoevelmann@dlg-frankfurt.de
Präsident(in): Prof.Dr.Dr.h.c. Wilfried Werner (Inst. f. Agrikulturchemie der Univ. Bonn, Meckenheimer Allee 176, 53115 Bonn, T: (0228) 73 28 50, Telefax: (0228) 73 24 89)
Geschäftsführer(in): Dr. Lothar Hövelmann
Verbandszeitschrift: AGRARSPECTRUM
Redaktion: Dr. Lothar Hövelmann
Verlag: DLG-Verlag, Eschborner Landstr. 122, 60489 Frankfurt
Angeschlossen: 29 wissenschaftliche Gesellschaften

• T 2 509

Zentrum für Agrarlandschafts- und Landnutzungsforschung (ZALF) e.V.

Eberswalder Str. 84, 15374 Müncheberg
T: (033432) 8 22 00 **Fax:** 8 22 23, 8 22 12
Internet: http://www.zalf.de/
E-Mail: zalf@zalf.de
Gründung: 1992 (2. Januar)
Komm. Direktor: Dr. sc. Wolfgang Seyfarth
Leiter der Verwaltung: Dr. Heinz Socher
Wiss. Sekretärin: Dr. Sigrid Baur (T: (033432) 8 22 01)
Wiss. Koordinator: Dr. Claus Dalchow (T: (033432) 8 22 02)
Mitarbeiter: 250

F/E-Arbeiten auf den Gebieten Bodenlandschaftsforschung, Landschaftssystemanalyse, Landschaftswasserhaushalt, Landnutzungssysteme u. Landschaftsökologie, Sozioökonomie sowie Primärproduktion u. Mikrobielle Ökologie

t 2 510

Institut für Bodenlandschaftsforschung

Eberswalder Str. 84, 15374 Müncheberg
T: (033432) 8 22 82 **Fax:** 8 22 80
Leitung: Prof. Dr. Monika Frielinghaus

t 2 511

Institut für Landschaftswasserhaushalt

Eberswalder Str. 84, 15374 Müncheberg
T: (033432) 8 23 00 **Fax:** 8 23 01
Leitung: Prof. Dr. Joachim Quast

t 2 512

Institut für Landschaftssystemanalyse

Eberswalder Str. 84, 15374 Müncheberg
T: (033432) 8 23 79 **Fax:** 8 23 34
Leitung: Dr. Karl-Otto Wenkel

t 2 513

Institut für Landnutzungssysteme und Landschaftsökologie

Eberswalder Str. 84, 15374 Müncheberg
T: (033432) 8 23 10 **Fax:** 8 23 87
Leitung: Dr. Armin Werner

t 2 514

Institut für Sozioökonomie

Eberswalder Str. 84, 15374 Müncheberg
T: (033432) 8 22 07 **Fax:** 8 23 08
Leitung: PD Dr. Klaus Müller

t 2 515

Institut für Primärproduktion und Mikrobielle Ökologie

Eberswalder Str. 84, 15374 Müncheberg
T: (033432) 8 22 62 **Fax:** 8 23 43
Leitung: Dr. Wolfgang Seyfarth

• T 2 516

Deutsche Gesellschaft für Züchtungskunde e.V.

Adenauerallee 174, 53113 Bonn
T: (0228) 21 34 11 **Fax:** 22 34 97
Gründung: 1905
Präsident(in): Philipp R. Fürst zu Solms, Lich
Geschäftsführer(in): Dr. Klaus Wemken
Verbandszeitschrift: Züchtungskunde
Redaktion: Prof. Dr. F. Schmitten, Bonn
Verlag: Eugen Ulmer, Stuttgart
Mitglieder: 1000

• T 2 517

Institut für Organischen Landbau Rheinische Friedrich-Wilhelms-Universität Bonn

Katzenburgweg 3, 53115 Bonn
T: (0228) 73 56 15/16 **Fax:** 73 56 17
Internet: http://www.uni-bonn.de/iol/
E-Mail: iol@uni-bonn.de
Direktor(in): Prof. Dr. U. Köpke

• T 2 518

Institut für Angewandte Botanik Universität Hamburg

Marseiller Str. 7, 20355 Hamburg
T: (040) 4 28 38-23 31 **Fax:** 4 28 38-65 93
Internet: http://www.physnet.uni-hamburg.de/botany
E-Mail: iangbot@iangbot.uni-hamburg.de
Geschf. Dir: Prof. Dr. G. Adam

t 2 519

Universität Hamburg Institut für Angewandte Botanik Amtliche Pflanzenbeschau

Versmannstr. 4, 20457 Hamburg
T: (040) 4 28 38-6873 **Fax:** 4 28 38-6879

• T 2 520

Zentralstelle für Pilzforschung und Pilzverwertung

Alte Landstr. 72, 69488 Birkenau
T: (06201) 29 22 52 **Fax:** 29 22 52
Dr. B. Bötticher (staatl. gepr. Lebensmittelchemiker, Arzt, vereidigter Sachverständiger)
Fachverband:
G.D.Ch. (Gesellschaft Deutscher Chemiker), Fachgruppe: Lebensmittelchemie u. Selbständige Chemiker

• T 2 521

Deutsche Gesellschaft für Mykologie e.V. (DGfM)

Postf. 11 19, 85378 Eching
Edith-Stein-Str. 2, 85386 Eching
T: (089) 31 97 99 90 **Fax:** 3 19 22 57
Internet: http://www.dgfm-ev.de
Gründung: 1921
1. Vorsitzende(r): Dr. Helmuth Schmid
Stellvertretende(r) Vorsitzende(r): Dr. H. Dörfelt
Schatzmeister: P. Dobbitsch
Pressespr.: H. Ebert (T. u. Fax: (06574) 2 75)
Verbandszeitschrift: Zeitschrift für Mykologie
Verlag: IHW-Verlag, Postfach 11 19, 85378 Eching (auch Redaktion)
Mitglieder: 1520
Jahresetat: DM 0,1 Mio, € 0,05 Mio

• T 2 522

Institut für Pflanzenbau und Tierproduktion in den Tropen und Subtropen der Georg-August-Universität Göttingen

Grisebachstr. 6, 37077 Göttingen
T: (0551) 39 37 52 **Fax:** 39 37 59
E-Mail: hkoch@gwdg.de
Gründung: 1967
Vorstand: Prof. Dr. H. Böhnel
Prof. Dr. J.M. King
Dr. U. ter Meulen

• T 2 523

Arbeitsgemeinschaft für Tropische und Subtropische Agrarforschung (ATSAF) e.V.

Thomas-Mann-Str. 52, 53111 Bonn
T: (0228) 98 46-10 **Fax:** 98 46-99
Internet: http://www.dainet.de/atsaf/atsaf.htm
Gründung: 1976
Vorsitzende(r): Prof. Dr. Volker Hoffmann (Universität

Hohenheim)
Mitglieder: ca. 100
Mitarbeiter: ca. 2

• T 2 524

Universität Hohenheim
Pflanzenproduktion und Agrarökologie in den Tropen und Subtropen
70593 Stuttgart
Kirchnerstr. 5, 70599 Stuttgart
T: (0711) 4 59-24 38 **Fax:** 4 59 23 04
Internet: http://www.uni-hohenheim.de/_4www380
E-Mail: inst380@uni-hohenheim.de
Korrespondenzadresse: Universität Hohenheim (380), 70593 Stuttgart
Leitung: Prof.Dr. Dietrich E. Leihner

• T 2 525

Gesellschaft für Arzneipflanzenforschung e.V.
c/o Institut für Pharm. Biologie, Geb. 26.23
Universitätsstr. 1, 40225 Düsseldorf
T: (0211) 8 11 41 80 **Fax:** 8 11 30 85
Internet: http://www.uni-duesseldorf.de/ga/
E-Mail: ga@kneipp.de
1. Vorsitzende(r): Prof. Dr. J.J.C. Scheffer (Division of Pharmacognosy, Gorleaus Laboratories, P.O. Box 9502, NL-2300 RA Leiden, T: (0031/71) 5 27 44 74, Fax: 5 27 45 11, E-Mail: scheffer@chem.LeidenUniv.nl)
Stellvertretende(r) Vorsitzende(r): Prof. Dr. Brigitte Kopp (Institut f. Pharmakognosie, Pharmazie-Zentrum, Althanstr.14, A-1090 Wien, T: (00431) 3 13 36-83 67, Fax: 3 13 36-772, E-Mail: Brigitte.KOPP@UNIVIE.AC.AT)
Prof. Dr. R. Bauer (Institut f. Pharm. Biologie, Geb.26.23, Universitätsstr. 1, 40225 Düsseldorf, T: (0211) 81-1 41 80, Fax: 81-1 30 85, E-Mail: rudolf.bauer@uni-duesseldorf.de)
Schriftführer (Secretary): Dr. B. Frank (c/o Kneipp-Werke, Steinbachtal 43, 97082 Würzburg, T: (0931) 8 00 22 70)
Schatzmeister (Treasurer): PD. Dr. Gudrun Abel (Plantamed Arzneimittel GmbH, Kerschensteinerstr. 11-15, D-92318 Neumarkt, T: (09181) 2 31-250, Fax: 2 31-2 55, E-Mail: 113166.1237@compuserve.com)
Verbandszeitschrift: Planta medica
Redaktion: Prof. Dr. A. Nahrstedt, Münster
Verlag: Thieme, Stuttgart
Förderung der Arzneipflanzenforschung und Arzneipflanzenanwendung.

• T 2 526

Arbeitsgemeinschaft Grünland und Futterbau in der Gesellschaft für Pflanzenbauwissenschaften
Atzenberger Weg 99, 88326 Aulendorf
T: (07525) 94 23 51
Gründung: 1956
Vorsitzende(r): P.D. Dr. sc. agr. Martin Elsäßer
Verbandszeitschrift: Tagungsbericht mit Vorträgen u. Postern, jährlich
Mitglieder: ca. 220

• T 2 527

Verein zur Förderung des Heil- und Gewürzpflanzenanbaus in Bayern e.V.
Max-Joseph-Str. 9, 80333 München
T: (089) 5 58 73-1 01 **Fax:** 5 58 73-5 05
Gründung: 1985 (7. Mai)
1. Vorsitzende(r): Hans Fischer (Hadergasse 23, 97525 Schwebheim)
2. Vorsitzende(r): Dr. Hans-Jürgen Hannig (91487 Vestenbergsgreuth)
Geschäftsführer(in): Dipl.-Ing. agr. Theo Däxl (Max-Joseph-Str. 9, 80333 München)
Mitglieder: 145

• T 2 528

Deutsche Gesellschaft für Hopfenforschung e.V.
Postf. 11 48, 85279 Wolnzach
Hüll 5 1/3, 85283 Wolnzach
T: (08442) 35 97 **Fax:** 28 71
Vorstandsvorsitzende(r): Dipl.-Ing. Georg Balk, München
Geschäftsführer(in): Hermann Schlicker (Josef-Reindl-Str. 22, 85283 Wolnzach)
Mitglieder: 142

• T 2 529

Institut für Pflanzenbauwissenschaften Landwirt.-Gärtnerische Fakultät der Humboldt-Universität zu Berlin
Albrecht-Thaer-Weg 5, 14195 Berlin
T: (030) 31 47 13 60 **Fax:** 31 47 12 11
E-Mail: herzog@elster.iae.tu-berlin.de
Leitung: Prof. Dr. H. Herzog (Fachgebiet Pflanzenbau in den Tropen und Subtropen)

• T 2 530

Institut für Pflanzenbauwissenschaften
Humbold Universität zu Berlin
Landwirtschaftlich-Gärtnerische Fakultät
Geschäftsstelle
Invalidenstr. 42, 10115 Berlin
T: (030) 20 93 88 26 **Fax:** 20 93 83 69
Geschäftsf. Dir.: Prof. Dr. H. Peschke

• T 2 531

Landesanstalt für Pflanzenbau Forchheim
Kutschenweg 20, 76287 Rheinstetten
T: (0721) 95 18-30 **Fax:** 95 18-2 02
E-Mail: lapis@plannet.de
Direktor(in): Dr. P. Schweiger

• T 2 532

Staatliches Weinbauinstitut Versuchs- und Forschungsanstalt für Weinbau und Weinbehandlung
(mit Staatsweingut Freiburg & Blankenhornsberg)
Merzhauser Str. 119, 79100 Freiburg
T: (0761) 40 16 50 **Fax:** 4 01 65 70
Gründung: 1920
Leitung: Dir. Dr. K. Rühl (Merzhauser Str. 119, 79100 Freiburg, T: (0761) 4 01 65 12)

• T 2 533

Staatliche Lehr- und Versuchsanstalt für Landwirtschaft, Weinbau und Gartenbau
Berufsbildende Schule Ahrweiler/Mayen
mit Staatlicher Weinbaudomäne Marienthal
Walporzheimer Str. 48, 53474 Bad Neuenahr-Ahrweiler
T: (02641) 97 86-0 **Fax:** 97 86-66
E-Mail: poststelle.slva-aw@agrarinfo.rpl.de

• T 2 534

Staatliche Lehr- und Versuchsanstalt für Landwirtschaft, Weinbau und Gartenbau, Berufsbildende Schule Oppenheim
Wormser Str. 111, 55276 Oppenheim
T: (06133) 9 30-0 **Fax:** 93 01 03
Gründung: 1885
Leiter: Dr. Fuchß
Mitarbeiter: 140
Jahresetat: DM 14 Mio, € 7,16 Mio

• T 2 535

Staatliche Lehr- und Versuchsanstalt für Landwirtschaft, Weinbau und Gartenbau
- Berufsbildende Schule - Oppenheim
Fachbereich Rebenzüchtung
Postf. 1269, 55220 Alzey
Georg-Scheu-Str. 1, 55232 Alzey
T: (06731) 95 75-0 **Fax:** 95 75-20
Gründung: 1909
Direktor(in): Dr. W. Hofäcker
Mitarbeiter: 15

• T 2 536

Forschungsanstalt Geisenheim
Postf. 11 54, 65358 Geisenheim
Von-Lade-Str. 1, 65366 Geisenheim
T: (06722) 5 02-0 **Fax:** 50 22 12
Internet: http://www.mnd.fh-wiesbaden.de
Gründung: 1872
Direktor(in): Prof. Dr. Klaus Schaller (NSt 201)

1. Institut für Weinbau und Rebenzüchtung
Leitung: Prof. Dr. M. Christmann (NSt 171)
Fachgebiete:
- Rebenzüchtung und Rebenveredlung
- Weinbau
- Kellerwirtschaft

2. Institut für Oenologie und Getränkeforschung
Leitung: Prof. Dr. M. Großmann (NSt 331)
Fachgebiete:
- Weinanalytik und Getränkeforschung
- Mikrobiologie und Biochemie

3. Institut für Gartenbau und Landschaftsbau
Leitung: Prof. Dr. H. Jacob (NSt 561)
Fachgebiete:
- Gemüsebau
- Obstbau
- Zierpflanzenbau
- Landschaftsbau

4. Institut für Biologie
Leitung: Prof. Dr. O. Löhnertz (NSt 431)
Fachgebiete:
- Botanik
- Bodenkunde und Pflanzenernährung
- Phytomedizin

5. Institut für Betriebswirtschaft und Technik
Leitung: Prof. Dr. D. Hoffmann (NSt 381)
Fachgebiete:
- Betriebswirtschaft und Marktforschung
- Technik
Mitarbeiter: 341
Jahresetat: DM 28 Mio, € 14,32 Mio

• T 2 537

Deutsche Gesellschaft für Pflanzenernährung e.V. (DGP)
Institut für Bodenkunde und Pflanzenernährung
Adam-Kuckhoff-Str. 17b, 06108 Halle
T: (0345) 5 52 24 21
Vorsitzende(r): Prof. Dr. Wolfgang Merbach (Institut für Bodenkunde und Pflanzenernährung, Adam-Kuckhoff-Str. 17b, 06108 Halle/Saale, T: (0345) 5 52 24 21)
Stellvertretende(r) Vorsitzende(r): Prof. Dr. Sven Schubert (Institut für Pflanzenernährung, Südanlage 6, 35390 Gießen, T: (0641) 9 93 91 60)
Verbandszeitschrift: Zeitschrift für Pflanzenernährung und Bodenkunde
Redaktion: Bodenkunde: Prof. Dr. P. Leinweber, J.-v.-Liebig-Weg 6, 19051 Rostock; Pflanzenernährung: Prof. Dr. H. Beringer, Zur Hünschen Burg 10, 34369 Hofgeismar
Förderung der Lehre, Forschung und des wissenschaflichen Nachwuchses des Fachgebietes Pflanzenernährung, Pflege wissenschaftlicher Beziehungen, Beratung von Behörden.

• T 2 538

PRO RIESLING e.V.
Am Augustinerhof Rathaus, 54290 Trier
T: (0651) 7 18-3025 **Fax:** 7 18-4100
TX: 472 712
T-Online ✻718 (Stadt Trier)✻
Gründung: 1985 (25. April)
Vorsitzende(r): Dipl.-Ing. Georg Raquet (67157 Wachenheim)
Stellvertretende(r) Vorsitzende(r): Claus Piedmont (Weingut Piedmont, Saartal 1, 54329 Konz-Filzen)
Geschäftsführer(in): Walter Degenhardt
Mitglieder: 385
Mitarbeiter: 1
Jahresetat: DM 0,060 Mio, € 0,03 Mio

• T 2 539

Staatliche Lehr- und Versuchsanstalt für Wein- und Obstbau Weinsberg
-Staatsweingut
Traubenplatz 5, 74189 Weinsberg
T: (07134) 5 04-0 **Fax:** 5 04-133
Gründung: 1868
Dir. u. HGeschF: Dr. Günter Bäder
Mitarbeiter: 100
Mitglied im Weinbauverband Württemberg
Mitglied im Verband deutscher Prädikatsweingüter (VdP)

• T 2 540

Versuchs- und Lehranstalt für Spiritusfabrikation und Fermentationstechnologie in Berlin (VLSF)
Seestr. 13, 13353 Berlin
T: (030) 4 50 80-0 **Fax:** 4 53 60 67
Präsident(in): Administrator Gerhard Richter
Verbandszeitschrift: Branntweinwirtschaft
Verlag: Eigenverlag

• T 2 541

Universität Hannover
Institut für Zierpflanzenbau, Baumschule und Pflanzenzüchtung
Herrenhäuser Str. 2, 30419 Hannover
T: (0511) 7 62 26 61 **Fax:** 7 62 26 54
Geschäftsführender Direktor: Univ.-Prof. Dr. K. Zimmer

• T 2 542

Institut für Zierpflanzenzüchtung
Bornkampsweg 31, 22926 Ahrensburg
T: (04102) 8 02-0 **Fax:** 5 11 24
Gründung: 1993 (1. Januar)

Leitung: Prof. Dr. Jürgen Grunewaldt (Ltg. Presseabt.)
Verbandszeitschrift: Jahresbericht
Mitarbeiter: 74

• T 2 543

Institut für Zuckerrübenforschung
Postf. 40 51, 37030 Göttingen
Holtenser Landstr. 77, 37079 Göttingen
T: (0551) 5 05 62-0 **Fax:** 5 05 62-99
E-Mail: mail@ifz-goettingen.de
Direktor(in): Prof. Dr. B. Märländer

• T 2 544

Institut für Pflanzenernährung der Universität Hannover
Herrenhäuser Str. 2, 30419 Hannover
T: (0511) 7 62-26 26 **Fax:** 7 62-36 11
Teletex: 923 868 unihu d
Geschf. Dir.: Prof. Dr. W. J. Horst

• T 2 545

Institut für Pflanzenernährung und Bodenkunde der Christian-Albrechts-Universität Kiel
Olshausenstr. 40 Haus S 20, 24118 Kiel
T: (0431) 8 80/25 73 + 8 80/32 55 **Fax:** 8 80 29 40
Gründung: 1948
Geschäftsführender Direktor: Prof. Dr. Burhard Sattelmacher (Inst. f. Pflanzenernähr. u. Bodenkunde, Olshausenstr. 40, 24118 Kiel, T: (0431) 8 80-3189)
Verbandszeitschrift: Schriftenreihe Inst. f. Pflanzenernährung und Bodenkunde
Redaktion: H.-P. Blume, R. Horn, B. Sattelmacher
Verlag: Eigenverlag, Olshausenstr. 40-60, Haus S 20 a, 24118 Kiel 1
Mitarbeiter: 60

Fachverband

t 2 546

Deutsche Bodenkundliche Gesellschaft (DBG)
Wilhelmstr. 19, 26121 Oldenburg
T: (0441) 2 57 00 **Fax:** 2 48 98 28
E-Mail: dbges@AOL.com
Präsident(in): Prof. Dr. Karl Stahr

• T 2 547

Deutsche Gartenbau-Gesellschaft 1822 e.V.
Webersteig 3, 78462 Konstanz
T: (07531) 1 52 88 **Fax:** 2 65 30
E-Mail: dgg1822ev@t-online.de
Gründung: 1822 (4. Juli)
Präsidentin: Gräfin Sonja Bernadotte
Geschäftsführerin: Dr. Inge Schenk
Verbandszeitschrift: Garten-Pavillon
Redaktion: DGG
Verlag: DGG
Mitglieder: 650
Mitarbeiter: 3

• T 2 548

Deutsche Gartenbauwissenschaftliche Gesellschaft e.V.
Geschäftsstelle:
Herrenhäuser Str. 2, 30419 Hannover
T: (0511) 1 69 09-55 **Fax:** 1 69 09-56
Internet: http://www.ifgb.uni-hannover.de/gabainfo/dgg/index.htm
E-Mail: dgg.schulpin@t-online.de
Gründung: 1961 (11. Juli)
Präsident(in): Prof. Dr. M. Schenk, Hannover
Verbandszeitschrift: Gartenbauwissenschaft
Verlag: Ulmer-Verlag, Wollgrasweg 41, 70599 Stuttgart
Mitglieder: knapp 400

• T 2 549

Deutsche Dendrologische Gesellschaft e.V.
Hünstollenstr. 32, 37136 Waake
T: (05507) 91 38 7/ 89 **Fax:** 9 13 88
Gründung: 1892
Präsident(in): Dr. Ulrich Hecker (Bentzelweg 9, 55099 Mainz, T: (06131) 39 26 28, Telefax: (06131) 39 35 24)
Stellv. Präs.: Dipl.-Ing. Andreas Bärtels (Hünstollenstr. 32, 37136 Waake, T: (05507) 9 13 87/89, Telefax: (05507) 9 13 88)
Geschäftsführer(in): Dipl.-Ing. Hubertus Nimsch
Schatzmeister: Rainer Jansen (Lehmkaule 2, 53773 Hennef, T: (02248) 23 92)
Verbandszeitschrift: Mitteilungen der DDG
Redaktion: Dr. H. Hieter
Verlag: E. Ulmer, Stuttgart
Mitglieder: 1500

• T 2 550

Institut für Gartenbauökonomie der Universität Hannover
Herrenhäuser Str. 2, 30419 Hannover
T: (0511) 7 62/26 66 **Fax:** 7 62/26 67
Prof. Dr. Erich Schmidt (Marktlehre, Agrarpolitik)
Prof. Dr. Ernst-Wilhelm Schenk (Entscheidungslehre, Rechnungswesen)
Prof. Dr. Michael Giesecke (Kommunikationslehre)
Prof. Dr. Herrman Waibel (Betriebslehre)
Geschf. Ltr: Prof. Dr. Ernst-Wilhelm Schenk

• T 2 551

Universität Hohenheim Staatsschule für Gartenbau und Landwirtschaft
70593 Stuttgart
T: (0711) 4 59-27 26 **Fax:** 4 59-27 30
E-Mail: sgartbau@uni-hohenheim.de
Leitung: R. Eichin

• T 2 552

Gesellschaft für Agrargeschichte
c/o Deutsches Landwirtschaftsmuseum (650)
70593 Stuttgart
Schloß Hohenheim Universität Hohenheim, 70599 Stuttgart
T: (0711) 4 59-2146 **Fax:** 4 59-3404
Vorsitzende(r): Dipl.-Kfm. Uwe Zimpelmann
Geschäftsführer(in): Dr. Klaus Herrmann
Verbandszeitschrift: Zeitschrift für Agrargeschichte und Agrarsoziologie
Verlag: DLG-Verlag, Eschborner-Land-Str. 122, 60489 Frankfurt

• T 2 553

Lehrstuhl für Gemüsebau der Technischen Universität München
85350 Freising
T: (08161) 71 34 27 **Fax:** 71 44 91
E-Mail: veginst@edv.agrar.tu-muenchen.de
Leitung: Prof. Dr. Wilfried H. Schnitzler

• T 2 554

Institut für Obstbau und Gemüsebau der Universität Bonn
Auf dem Hügel 6, 53121 Bonn
T: (0228) 73 51 35 **Fax:** 73 57 64
E-Mail: nogag@uni-bonn.de
Prof. Dr. G. Noga

• T 2 555

Bayreuther Institut für Terrestrische Ökosystemforschung (BITÖK)
Universität Bayreuth
95440 Bayreuth
T: (0921) 55 57 00 **Fax:** 55 57 09
Internet: http://www.bitoek.uni-bayreuth.de
E-Mail: gollan@bitoek.uni-bayreuth.de
Gründung: 1990
Vorsitzende(r): Prof. Dr. Egbert Matzner
Leitung Presseabteilung: Dr. Thomas Gollan
Verbandszeitschrift: Bayreuther Forum Ökologie (bfö)
Mitarbeiter: 80

• T 2 556

Deutsche Rasengesellschaft e.V.
Postf. 20 14 63, 53144 Bonn
Godesberger Allee 142-148, 53175 Bonn
T: (0228) 8 10 02-0 **Fax:** 8 10 02-48
Gründung: 1964 (April)
Vorsitzende(r): Dr. Heinz Schulz (Scheffelstr. 10, 70794 Filderstadt)
Geschäftsführer(in): Anna Maria Euler
Verbandszeitschrift: Rasen
Redaktion: Klaus-Jürgen Bleeck
Verlag: Hortus-Verlag GmbH, Postf. 41 03 54, 53025 Bonn
Mitglieder: 200
Jahresetat: DM 0,060 Mio, € 0,03 Mio

• T 2 557

Institut für Pflanzenkrankheiten der Rheinischen Friedrich-Wilhelms-Universität
Nußallee 9, 53115 Bonn
T: (0228) 73 24 43 **Fax:** 73 24 42
Vorstand: Prof. Dr. H.-W. Dehne
Prof. Dr. C. Sengonça
Prof. Dr. R. Sikora
Prof. Dr. J. Krämer

• T 2 558

Floristisch-Soziologische Arbeitsgemeinschaft e.V.
Wilhelm-Weber-Str. 2, 37073 Göttingen
T: (0551) 39 57 00/05 **Fax:** 39 22 87
Gründung: 1927
Präsident(in): Prof. Dr. Hartmut Dierschke
Verbandszeitschrift: Tuexenia
Redaktion: Prof. Dr. H. Dierschke
Verlag: Selbstverlag
Mitglieder: ca. 1400

• T 2 559

Landwirtschaftskammer Westfalen-Lippe Landbau und Pflanzenschutz
Nevinghoff 40, 48147 Münster
T: (0251) 23 76-6 26 **Fax:** 23 76-6 44
Internet: http://www.lk-wl.de
E-Mail: refer.31_muenster@t-online.de
Leiter(in): Dr. Johann Frahm (Referatsleiter 31)

• T 2 560

Institut für Nutztierwissenschaften Humboldt-Universität zu Berlin
Philippstr. 13, 10115 Berlin
T: (030) 20 93 60 39 **Fax:** 20 93 63 25
Geschäftsführender Direktor: Prof. Dr. O. Kaufmann

Fachgebiete:
Züchtungsmethodik u. Züchtungsplanung: Prof. Dr. G. Seeland (Invalidenstr. 42, 10115 Berlin, T: (030) 20 93 84 46, Fax: 20 93 85 56)
Nutztierökologie: Prof. Dr. Horst Jürgen Schwartz (Lentzeallee 75, 14195 Berlin, T: (030) 31 47 11 03)
Populationsgenetik: Prof. Dr. Werner Schlote (Lentzeallee 75, 14195 Berlin, T: (030) 31 47 11 20)
Züchtungsbiologie u. molekulare Tierzüchtung: Prof. Dr. Gottfried Leuthold (Philippstr. 13, 10115 Berlin, T: (030) 20 93-6449)
Tierernährung: Prof. Dr. Horst Münchow (Philippstr. 13, 10115 Berlin, T: (030) 20 93-6079)
Futtermittelkunde: Prof. Dr. Ehrengard Kaiser (Invalidenstr. 42, 10115 Berlin, T: (030) 20 93-8370)
Tierhaltungssysteme: Prof. Dr. E. Lindemann (Philippstr. 13, 10115 Berlin, T: (030) 20 93 60 39, Fax: 20 93 63 25)
Technik i.d. Tierhaltung: Prof. Dr. O. Kaufmann (Philippstr. 15, 10115 Berlin, T: (030) 20 93 60 39, Fax: 20 93 63 25)
Tierzucht in den Tropen und Subtropen: Prof. Dr. K.J. Peters (Philippstr. 13, 10115 Berlin, T: (030) 20 93 63 62, Fax: 20 93 63 70)
Landwirtschaftliches Bauwesen: Doz. Dr.-Ing. Th. Lüpfert (Philippstr. 13, 10115 Berlin, T: (030) 20 93 60 39, Fax: 20 93 65 25)

• T 2 561

Forschungsinstitut für die Biologie landwirtschaftlicher Nutztiere
Wilhelm-Stahl-Allee 2, 18196 Dummerstorf
T: (038208) 6 85 **Fax:** 6 86 02
Internet: http://www.fbn-dummerstorf.de
E-Mail: fbn@fbn-dummerstorf.de
Gründung: 1939 Inst. f. Tierzuchtforschung; seit 1970 Forschungszentrum; 1993 Neugründung
Kommissarischer Vorstand: Prof. Dr. habil. K. Ender
Verbandszeitschrift: Archiv für Tierzucht
Mitarbeiter: 237

Grundlagenforschung zu den Fachgebieten: Genetik und Biometrie, Molekularbiologie, Fortpflanzungsbiologie, Physiologische Grundlagen der Tierhaltung, Muskelbiologie und Wachstum, Ernährungsphysiologie

• T 2 562

Gesellschaft für Tierzuchtwissenschaften
Olshausenstr. 40, 24118 Kiel
T: (0431) 8 80 25 86 **Fax:** 8 80 25 88
Internet: http://www.tierzucht.uni-kiel.de
E-Mail: ekalm@tierzucht.uni-kiel.de
Vorsitzende(r): Prof. Dr. Dr.h.c. Ernst Kalm (Institut für Tierzucht und Tierhaltung der Christian-Albrechts-Universität zu Kiel, 24098 Kiel)
Stellvertretende(r) Vorsitzende(r): Prof. Dr. G. von Lengerken (Institut für Tierzucht und Tierhaltung der Martin-Luther-Universität Halle-Wittenberg, 06108 Halle)
Prof. Dr.Dr.h.c. G. Brem (Institut für Tierzucht und Genetik, Linke Bahnengasse, A-1030 Wien)
Mitglieder: 102

• T 2 563

Gesellschaft für Ernährungsphysiologie
Eschborner Landstr. 122, 60489 Frankfurt
T: (069) 2 47 88-3 20 **Fax:** 24 78 81 14
E-Mail: w.staudacher@dlg-frankfurt.de
Gründung: 1953 (11. März)
Vorsitzende(r): Prof. Dr. Josef Pallauf
Geschäftsführer(in): Dr. Walter Staudacher
Verbandszeitschrift: Proceedings of the Society of Nutrition Physiology
Mitglieder: 159

Mitarbeiter: 1
Herausgeber: Josef Pallauf, Gießen
Redaktion: Walter Staudacher, Frankfurt
Verlag: DLG Verlag, Frankfurt

Zusammenarbeit auf nationaler und internationaler Ebene; Beratung von Behörden und Organisationen, Nachwuchsförderung.

• T 2 564

Institut für Tierernährung der Rheinischen Friedrich-Wilhelms-Universität
Endenicher Allee 15, 53115 Bonn
T: (0228) 73-22 87/22 92 **Fax:** 73 22 95
Leitung: Prof.Dr. Ernst Pfeffer

Forschung und Lehre auf dem Gebiet der Tierernährung.

• T 2 565

Institut für Tierphysiologie und Tierernährung der Universität Göttingen
Kellnerweg 6, 37077 Göttingen
T: (0551) 39 33 30, 39 33 32 **Fax:** 39 33 43
Direktor(in): Prof. Dr. F. Liebert
Prof. Dr. Hj. Abel
Prof. Dr. U. ter Meulen
Prof. Dr. K. D. Günther (emer.)
Prof. Dr. S. Molnar (I. Ruhestand)

• T 2 566

Kuratorium für Technik und Bauwesen in der Landwirtschaft e.V. (KTBL)
siehe T 1261
siehe unter Technisch-wissenschaftliche Vereine und Institute

• T 2 567

Technische Universität Berlin Fachbereich 7 - Umwelt und Gesellschaft Institut für Landschaftsentwicklung
ehem. Institut für Kulturtechnik u. Grünlandwirtschaft
Lentzeallee 76, 14195 Berlin
T: (030) 31 47 12 30 **Fax:** 31 47 12 26
E-Mail: bmwilke@ile.tu-berlin.de
Geschf. Dir.: Prof. Dr. Dr. B.-M. Wilke

• T 2 568

Forschungsgesellschaft Landschaftsentwicklung - Landschaftsbau e.V. (FLL)
Colmantstr. 32, 53115 Bonn
T: (0228) 69 00 28 **Fax:** 69 00 29
Internet: http://www.fll.de
E-Mail: info@fll.de
Gründung: 1975
Präsident(in): Dipl.-Ing. Prof. Albert Schmidt
Geschäftsführer(in): Dipl.-Ing. agr. Jürgen Rohrbach
Verbandszeitschrift: Schriftenreihe der Forschungsgesellschaft Landschaftsentwicklung Landschaftsbau e.V.
Mitglieder: 270
Mitarbeiter: 6
Jahresetat: DM 0,7 Mio, € 0,36 Mio

• T 2 569

Fachvereinigung Bauwerksbegrünung e.V. (FBB)
Barbarossastr. 7, 83435 Bad Reichenhall
Gründung: 1990 (Februar)
Vorsitzende(r): Konrad Ben Köthner
Stellvertretende(r) Vorsitzende(r): Rudolf Harzmann
Leiterin Geschäftsstelle: Cornelia Stelzmann-Liebert (Ltg. Presseabt.)
Mitglieder: 68
Mitarbeiter: 1

• T 2 570

Agrikulturchemisches Institut der Universität Bonn
Karlrobert-Kreiten-Str. 13, 53115 Bonn
T: (0228) 73 28 50/51 **Fax:** 73 24 89
Internet: http://www.uni-bonn.de/akci
E-Mail: aci@uni-bonn.de, h.goldbach@uni-bonn.de
Geschäftsf. Dir.: Prof. Dr. Heiner Goldbach

• T 2 571

Institut für Agrikulturchemie der Georg-August-Universität Göttingen
Von-Siebold-Str. 6, 37075 Göttingen
T: (0551) 39 55 68 **Fax:** 39 55 70
Teletex: 96 703 unigoe
E-Mail: uaac@gwdg.de
Prof. Dr. N. Claassen (Email: nclaass@gwdg.de)
Prof. Dr. Elke Pawelzik (Email: epawelz@gwdg.de, Direktorin)
Prof. Dr. E. Przemeck (a.D., Email: eprzeme@gwdg.de)
Prof. Dr. W. Römer (Email: uaac@gwdg.de)
Prof. Dr. E. Welte (em.)
Prof. Dr. A. Jungk (a.D.)

• T 2 572

Institut und Bayer. Landesanstalt für Landtechnik der Technischen Universität München-Weihenstephan
Vöttinger Str. 36, 85354 Freising
T: (08161) 71 34 40 **Fax:** 71 40 48
Teletex: 5 270 905 Ltd **T-Online** 081 61710 0007
Internet: http://www.tec.agrar.tu-muenchen.de
E-Mail: postmaster@tec-agrar.tu-muenchen.de
Direktor(in): Prof. Dr. Dr.h.c.(AE) Hans Schön

• T 2 573

Institut für Agrartechnik der Universität Göttingen
Gutenbergstr. 33, 37075 Göttingen
T: (0551) 39 55 92 **Fax:** 39 55 95
Internet: http://www.gwdg.de/_Ltuaat
E-Mail: uaat@gwdg.de
Direktor(in): Prof. Dr. W. Lücke

• T 2 574

Institut für Agrartechnik Bornim e.V.
Max-Eyth-Allee 100, 14469 Potsdam
T: (0331) 56 99-0 **Fax:** 56 99-849, 5 49 63-0
Internet: http://www.atb-potsdam.de
E-Mail: atb@atb-potsdam.de
Gründung: 1992 (01.Januar)
Wissensch.Dir.: Prof. Dr.-Ing. Zaske (T: (0331) 56 99-100)
Mitarbeiter: 135

• T 2 575

Institut für Landwirtschaftliche Verfahrenstechnik der Universität Kiel
Neue Univ. Ha
24098 Kiel
Olshausenstr. 40, 24118 Kiel
T: (0431) 8 80 (1) 23 55 **Fax:** 8 80-42 83
Direktor(in): Prof.Dr. Isensee

• T 2 576

Deutsche Gesellschaft für Hydrokultur e.V.
Berger 14, 59394 Nordkirchen
T: (02596) 93 73 83
Gründung: 1954 (14. Juli)
Präsident(in): Günter Gregg

• T 2 577

Institut für Umwelt-Analyse e.V. (IFUA)
Milser Str. 37, 33729 Bielefeld
T: (0521) 9 77 10-17 **Fax:** 9 77 10-20
Gründung: 1983 (Februar)
Mitglieder: ca. 150

• T 2 578

Beratung und Analyse Verein für Umweltchemie e.V. (B.A.U.CH.)
Wilsnacker Str. 15, 10559 Berlin
T: (030) 3 94 49 08 **Fax:** 3 94 73 79

• T 2 579

Fachverband Hydrokultur
Raumbegrünung-Fachhandel-Produktion
Postf. 20 14 63, 53144 Bonn
Godesberger Allee 142-148, 53175 Bonn
T: (0228) 8 10 02 31 **Fax:** 8 10 02 48
Vorstand: Hans-Martin Ruof
Wilhelm Höfer (stellv. Vors.)
Geschäftsführer(in): Dipl.-Ing. (FH) Jörg Freimuth
Mitglieder: 120

• T 2 580

Landesanstalt für Ökologie, Bodenordnung und Forsten/Landesamt für Agrarordnung Nordrhein-Westfalen
Postf. 10 10 52, 45610 Recklinghausen
Leibnizstr. 10, 45659 Recklinghausen
T: (02361) 3 05-0 **Fax:** 3 05-215
Gründung: 1994 (1. April)
Präsident(in): Rolf Kalkkuhl
Leitung Presseabteilung: Carolin König
Mitarbeiter: rd. 400

• T 2 581

Institut für ökologische Raumentwicklung e.V.
Weberplatz 1, 01217 Dresden
T: (0351) 46 79-0 **Fax:** 46 79-2 12
Internet: http://www.tu-dresden.de/ioer/ioer.htm
E-Mail: Raumentwicklung@POP3.tu-dresden.de
Gründung: 1992 (1. Januar)
Dir. u. Vorst.: Univ.-Prof. Dr.rer.nat. Dr.rer.hort.habil. Bernhard Müller
Stellvertretender Direktor: Dipl.-Ing. Bernd Hirsemann
Verwaltungs-Leiterin: Dipl.-Ing. oec. Sabine Sandvoß
Verbandszeitschrift: IÖR-Schriften
Redaktion: Jörg Rathmann
Verlag: Selbstverlag
Mitarbeiter: 78
Jahresetat: DM 7,5 Mio, € 3,83 Mio

• T 2 582

Institut für Sozialökologie und interdisziplinäre Studien e.V. (ISIS)
Badener Str. 4, 76227 Karlsruhe
T: (0721) 9 41 53 97 **Fax:** 9 41 53 98

• T 2 583

Gemeinnützige Förder- und Forschungsgesellschaft für Weltökologie e.V.
Türkenlouisstr. 7, 77815 Bühl
T: (07223) 2 47 40 **Fax:** 2 47 40
Gründung: 1988
Präsident(in): Dipl.-Ing. Heinrich Kirrwald (auch Ltg. Presseabt.)
Verbandszeitschrift: JWÖK journal
Mitglieder: 200 wissenschaftl. Mitglieder
Mitarbeiter: 8
Jahresetat: DM 0,06 Mio, € 0,03 Mio

• T 2 584

Gesellschaft für ökologische Forschung e.V.
Frohschammerstr. 14, 80807 München
T: (089) 3 59 85 86 **Fax:** 3 59 66 22
Gründung: 1977 (10. August)
Vorsitzende(r): Sylvia Hamberger
Stellvertretende(r) Vorsitzende(r): Hellmut Ambos
Mitglieder: 15

• T 2 585

Lehrstuhl und Institut für Wasserbau und Wasserwirtschaft, Rheinisch-Westfälische Technische Hochschule Aachen
Univ.-Prof. Dr.-Ing. Jürgen Köngeter
Mies-van-der-Rohe-Str. 1, 52074 Aachen
T: (0241) 80 52 62-63 **Fax:** 8 88 83 48

• T 2 586

Technische Universität Braunschweig Hydromechanik und Küsteningenieurwesen
Postf. 33 29, 38023 Braunschweig
Beethovenstr. 51a, 38106 Braunschweig
T: (0531) 3 91-39 30 **Fax:** 3 91-82 17
Internet: http://www.tu-bs.de/institute/lwi/german/hyku.html
E-Mail: H.Oumeraci@tu-bs.de
Leitung: Prof. Dr.-Ing. Hocine Oumeraci

• T 2 587

Institut für Wasserbau und Wasserwirtschaft
Rundeturmstr. 1, 64283 Darmstadt
T: (06151) 16 25 23
E-Mail: wabau@hrzl.hrz.tu-darmstadt.de
Fachgebiet Wasserbau: Prof. Dr.-Ing. habil. U. Zanke (Rundeturmstr. 1, 64283 Darmstadt, T: (06151) 16 25 23, Fax: (06151) 16-3223)
Fachgebiet Ingenieurhydrologie und Wasserbewirtschaftung: Prof. Dr.-Ing. M. Ostrowski (Petersenstr. 13, 64287 Darmstadt, T: (06151) 16 21 43, Telefax: (06151) 16 32 43)
Fachgebiet Hydromechanik und Hydraulik: N. N. (Petersenstr. 13, 64287 Darmstadt, T: (06151) 16 21 43, Telefax: (06151) 16 32 43)
Verbandszeitschrift: Wasserbau - Mitteilungen der TU Darmstadt
Verlag: Eigenverlag des Inst. f. Wasserbau u. Wasserwirtsch.

• T 2 588

Institut für Wasserbau der Universität Stuttgart
70550 Stuttgart
Pfaffenwaldring 61, 70569 Stuttgart

T: (0711) 6 85-4715, 6 85-4753 **Fax:** 6 85-7020, 6 85-4681, 6 85-4746
E-Mail: iws@iws.uni-stuttgart.de
Direktor(in): o. Prof. Dr.-Ing. habil. J. Giesecke
o. Prof. Dr. H. Kobus
Ltr. d. Versuchsanstalt: Prof. Dr.-Ing. habil. B. Westrich (Akad. Oberrat)

t 2 589

VEGAS Versuchseinrichtung zur Grundwasser- und Altlastensanierung
70550 Stuttgart
Pfaffenwaldring 61, 70569 Stuttgart
T: (0711) 6 85-4717, 6 85-7018 **Fax:** 6 85-7020
E-Mail: vegas@iws-uni-stuttgart.de
Wissenschaftlicher Leiter: Dr.-Ing. B. Barczewski
Technischer Leiter: Dr.-Ing. H.-P. Koschitzky

• T 2 590

Institut für Wasserwirtschaft, Hydrologie und landwirtschaftlichen Wasserbau, Universität Hannover
Appelstr. 9A, 30167 Hannover
T: (0511) 7 62-22 37 **Fax:** 7 62-37 31
Internet: http://www.wawi.uni-hannover.de
Gründung: 1901
Geschf. Leiter: Prof. Dr.-Ing. Rolf Mull
Leitung Presseabteilung: Prof. Dr. Max Billib
Verbandszeitschrift: Mitteilungen
Verlag: Eigenverlag
Mitarbeiter: 30
Jahresetat: DM 3 Mio, € 1,53 Mio

• T 2 591

Institut für Wasserwirtschaft und Landschaftsökologie der Christian-Albrechts-Universität
Olshausenstr. 40, 24118 Kiel
T: (0431) 8 80-2989 **Fax:** 8 80-4121
E-Mail: bruhn@wundl.uni-kiel.de
Geschäftsführender Vorstand: Prof. Dr. Hartmut Roweck (T: (0431) 8 80 29 88)
Lehrstuhl Wasserwirtschaft und Meliorationswesen: N. N.
Wiss. Mitarbeiter: Dr.habil. Bernd Lennartz (App. 26 69)
Lehrstuhl Landschaftsökologie:
Prof. Dr. Hartmut Roweck (App. 29 88)
Wiss. Mitarbeiter: Dr.habil. Wolfgang Schütz (App. 29 87)
Dr. Heinrich Reck (App. 32 94)
Techniker: Dipl.-Ing. Gerd Klose (App. 34 99)

• T 2 592

IWM Institut für Wasserwirtschaft GmbH
Winckelmannstr. 24, 39108 Magdeburg
T: (0391) 7 31 66 66 **Fax:** 7 31 66 69
E-Mail: iwm.magdeburg@t-online.de
Gründung: 1994
Geschäftsführer(in): Dr.-Ing. Dirk-Th. Kollatsch
Mitarbeiter: 8

• T 2 593

Deutsche Hydrographische Gesellschaft e.V.
Geschäftsstelle:
c/o Dipl.-Ing. H. Neumann
Parkstr. 8, 21682 Stade
T: (04141) 4 53 53 **Fax:** 4 53 43
Internet: http://www.dhyg.de
E-Mail: neumann@dhyg.de
Gründung: 1984
Vorstand: Dipl.-Met. Horst Hecht
Verbandszeitschrift: Hydrographische Nachrichten
Mitglieder: 230

• T 2 594

Deutsche Bodenkundliche Gesellschaft (DBG)
Wilhelmstr. 19, 26121 Oldenburg
T: (0441) 2 57 00 **Fax:** 2 48 98 28
E-Mail: dbges@AOL.com
Präsident(in): Prof. Dr. Karl Stahr
Stellvertretende(r) Vorsitzende(r): Prof. Dr. M. Körschens
Geschäftsführer(in): Dr. P. Hugenroth
Mitglieder: 2300

• T 2 595

Institut für Geowissenschaftliche Gemeinschaftsaufgaben (GGA)
Postf. 51 01 53, 30631 Hannover
Stilleweg 2, 30655 Hannover
T: (0511) 6 43-0 **Fax:** 6 43-3665
Internet: http://www.gga-hannover.de/gga/home.htm
E-Mail: s.herzberg@gga-hannover.de
Direktor(in): Prof. Dr. H.-J. Dürbaum (komm.)
Mitarbeiter: 70
Jahresetat: DM 8,5 Mio, € 4,35 Mio

• T 2 596

Arbeitskreis Bodenschutz
Babelsberger Str. 17-18, 10715 Berlin
T: (030) 8 54 41 53
Martin Böhme

• T 2 597

Deutsche Landeskulturgesellschaft (DLKG)
c/o Zentrum für Agrarlandschafts- und Landnutzungsforschung (ZALF)
Eberswalder Str. 84, 15374 Müncheberg
T: (033432) 8 23 10 **Fax:** 8 23 87
Gründung: 1976
Vorsitzende(r): Dr. A. Werner (ZALF in Müncheberg)
Stellvertretende(r) Vorsitzende(r): Prof. Dr. Ulrike Grabski-Kieron (Institut f. Geographie, Universität Münster, Robert-Koch-Str. 26, 48149 Münster)
Schriftführer(in): Dr. W. Haberstock (ZALF Müncheberg)
Verbandszeitschrift: Zeitschrift für Kulturtechnik und Landentwicklung
Verlag: Blackwell Wissenschafts-Verlag GmbH, Berlin
Mitglieder: 250

• T 2 598

Institut für Städtebau, Bodenordnung und Kulturtechnik der Rheinischen Friedrich-Wilhelms-Universität Bonn
Nußallee 1, 53115 Bonn
T: (0228) 73 37 05 **Fax:** 73 37 08
Lehrstuhl für Städtebau und Siedlungswesen Prof.Dr.-Ing. Klaus Borchard (T: (0228) 73 26 10/26 12, Telefax: (0228) 73 37 08, e-mail: uls100@uni-bonn.de, Internet: http://www.uni-bonn.de/isbk z.Zt. Rektor d. Univ. Bonn)
Prof. Dr.-Ing. Bernd Streich (Vertreter)
Lehrstuhl für Bodenordnung und Bodenwirtschaft Prof. Dr.-Ing. Erich Weiß (T: (0228) 73 74 98/74 99)
Abteilung Landeskultur (Wasserwirtschaft, Kulturtechnik, Landschaftspflege) Prof. Dr.-Ing. Helmut Eggers (T: (0228) 73 31 18, 73 21 59, Fax: (0228) 73 26 19)

• T 2 600

aid

Auswertungs- und Informationsdienst für Ernährung, Landwirtschaft und Forsten e.V. (aid)
Friedrich-Ebert-Str. 3, 53177 Bonn
T: (0228) 84 99-0 **Fax:** 84 99-177
Gründung: 1950
Vors. d. Verwaltungsrates: MinDirig K.-W. Schulze-Weslarn
Geschäftsführender Vorstand: Dr. Regina Wollersheim
Presseinfo: Friederike Eversheim
Pressesprecherin: Eva Weißen
Chefredaktion:
Verbraucherdienst: Eva Weißen
Ausbildung und Beratung: Britta Ziegler
Mitglieder: 55
Mitarbeiter: 43

• T 2 601

Deutsche Agrarwissenschaftliche Gesellschaft e.V. (awig)
Palmnicken, 15517 Fürstenwalde
T: (03361) 26 49 **Fax:** 26 49
Gründung: 1990 (24. Oktober)
Präsident(in): Dr.sc. Ulrich Steffin (Universitätsdozent)
Vizepräsident(in): Dr. Siegfried Pfannkuchen (Gutsverwalter)
Dr. Horst Schando (Vorstandsvors.)
Geschäftsführer(in): DL Gerhard Stegemann (Ltg. Presseabt.)
Verbandszeitschrift: awig-Mitteilungen
Redaktion: G. Stegmann
Mitglieder: 600
Mitarbeiter: 4

• T 2 602

Arbeitskreis Ernährungswirtschaft in Baden-Württemberg (AKE)
Eduard-Pfeiffer-Str. 48, 70192 Stuttgart
T: (0711) 2 23 33-0 **Fax:** 2 26 57 00
Gründung: 1984 (April)
Vorsitzende(r): Michael Rendlen (Geschf. d. Gewürzmüller Dr. E. Rendlen GmbH & Co. OHG, Klagenfurter-Str. 1-3, 70469 Stuttgart)
Geschäftsführer(in): RA Dr.jur. Axel B. Stemmer
Mitglieder: 15

• T 2 603

Deutsche Gesellschaft für Hauswirtschaft e.V. (DGH)
Mühlenstr. 8, 52080 Aachen
T: (0241) 16 64 29 **Fax:** 96 24 46
Gründung: 1952 (Juni)
Vorsitzende(r): Prof. Dr. Michael-Burkhard Piorkowsky (Universität Bonn)
Stellvertretende(r) Vorsitzende(r): Prof. Dr. Barbara Seel (Universität Stuttgart-Hohenheim)
Birgit Bornemann (Abteilungsdirektorin Geld und Haushalt/ Beratungsdienst der Sparkassen, Sparkassen und Giroverband, Bonn)
Dipl.-Päd. Klaus Werner (Referent, Verbraucherinstitut Berlin)
Geschäftsführende(s) Vorstands-Mitglied(er): Ursula Wilkens
Rechnungsführendes Vorst. Mitgl.: Dipl. oectroph. Fritz Kropholler, Reinbek
Verbandszeitschrift: Hauswirtschaft und Wissenschaft
Mitglieder: 650

• T 2 604

Deutscher Verband Forstlicher Forschungsanstalten
Sekretariat:
Schloss, 67705 Trippstadt
Forstliche Versuchsanstalt Rheinland-Pfalz
T: (06306) 91 11 11 **Fax:** 28 21
Gründung: 1951
Präsident(in): Prof. Dr. A. Roeder
Mitglieder: 70

• T 2 605

Forstwissenschaftliche Fakultät der Albert-Ludwigs-Universität
Dekanat
79085 Freiburg
Tennenbacher Str. 4, 79106 Freiburg
T: (0761) 2 03-3601 **Fax:** 2 03-3600
Internet: http://www.forst.uni-freiburg.de
E-Mail: dekforst@uni-freiburg.de
Dekan: Prof. Dr. Michel Becker
Prodekan: Prof. Dr. Heinz Rennenberg

• T 2 606

Lehrstuhl für Waldwachstumskunde Universität München
Am Hochanger 13, 85354 Freising
T: (08161) 71-47 11 **Fax:** 71-47 21
Vorstand: Prof. Dr. Hans Pretzsch

• T 2 607

Lehrstuhl für Forstliche Arbeitswissenschaft und Angewandte Informatik
Am Hochanger 13, 85354 Freising
T: (08161) 71 47 61 **Fax:** 71 47 67
Internet: http://www.forst.tu-muenchen.de
E-Mail: warkotsch@forst.tu-muenchen.de
Vorstand: Prof. Dr. W. Warkotsch

• T 2 608

Institut für Forstbenutzung und Forstl. Arbeitswissenschaft der Albert-Ludwigs-Universität Freiburg
79085 Freiburg
Werderring 6, 79098 Freiburg
T: (0761) 2 03-37 64 **Fax:** 2 03-37 63
E-Mail: fobawi@ruf.uni-freiburg.de
Gründung: 1958
Direktor(in): Prof. Dr.Dr.h.c. Gero Becker

• T 2 609

Institut für Forstökonomie der Georg-August-Universität Göttingen
Büsgenweg 5, 37077 Göttingen
T: (0551) 39-3421, 39-3422 **Fax:** 39-3420
Internet: http://www.uni-forst.gwdg.de/forst/ufbl/forstoek.htm
E-Mail: forecon@uni-forst.gwdg.de
Vorstand: Prof. Dr. V. Bergen
Prof. Dr. B. Möhring (Direktor)

• T 2 610

Lehrstuhl für Bodenkunde und Standortslehre der Ludwig-Maximilians-Universität München
Hohenbachernstr. 22, 85354 Freising
T: (08161) 71 47 28 **Fax:** 71 47 38
Vorstand: Prof.Dr. K. E. Rehfuess

• T 2 611

Institut für Forstbotanik und Forstzoologie
Pienner Str. 7, 01737 Tharandt
T: (035203) 38 12 02 **Fax:** 38 12 72
Internet: http://www.tu-dresden.de/fgh/forst_de/Botanik/index
E-Mail: forstbot@forst.tu-dresden.de
Gründung: 1816
Direktor(in): Prof. Dr. Andreas Roloff
Mitarbeiter: 30

• T 2 612

Institut für Forstgenetik und Forstpflanzenzüchtung der Universität Göttingen
Büsgenweg 2, 37077 Göttingen
T: (0551) 39 35 32 **Fax:** 39 83 67
Internet: http://www.uni-forst.gwdg.de
E-Mail: sfehrma@gwdg.de
Gründung: 1966
Leitung: Prof.Dr. Hans H. Hattemer
Prof.Dr. H.-R. Gregorius
Dr. Reiner Finkeldey (PD)
Dr. Sven Herzog (PD)
Dr. Martin Ziehe (PD)

• T 2 613

Lehrstuhl für Bioklimatologie und Immissionsforschung der Universität München
Am Hochanger 13, 85354 Freising
T: (08161) 71 47 40 **Fax:** 71 47 53
Internet: http://www.forst.uni-muenchen.de/lst/meteor/index.html
E-Mail: fabian@met.forst.uni-muenchen.de
Gründung: 1973
Vorstand: Prof.Dr.Dr.h.c. Peter Fabian
Mitglieder: 15

• T 2 614

Lehrstuhl für Forstliche Wirtschaftslehre der Technischen Universität München
Am Hochanger 13, 85354 Freising
T: (08161) 71 46-30 **Fax:** 71 46-31
Internet: http://www.forst.tu-muenchen.de
E-Mail: fwl@forst.uni-muenchen.de
Gründung: 1878
Geschäftsführer(in): Prof. Dr. M. Moog
Mitglieder: 6

• T 2 615

Lehrstuhl für Forstpolitik und Forstgeschichte der Ludwig-Maximilians-Universität München
Am Hochanger 13, 85354 Freising
T: (08161) 71-46 25 **Fax:** 71-46 23
Internet: http://www.forst.uni-muenchen.de/LGP/LST/index.html
E-Mail: beck@forst.uni-muenchen.de
Leitung: Prof. Dr. Michael Suda

• T 2 616

Forstliche Versuchs- und Forschungsanstalt Baden-Württemberg
Wonnhaldestr. 4, 79100 Freiburg
T: (0761) 40 18-0 **Fax:** 40 18-3 33
Internet: http://fva.forst.uni-freiburg.de
E-Mail: poststelle@fva.bwl.de
Leitung: Dir.Prof. W. Schumacher

• T 2 617

Hessische Landesanstalt für Forsteinrichtung, Waldforschung und Waldökologie
Dienststelle Gießen
Europastr. 10-12, 35394 Gießen
T: (0641) 49 91-0 **Fax:** 49 91-101
Dienststelle Hann. Münden: Prof.-Oelkers-Str. 6, 34346 Hann. Münden, T: (05541) 70 04-0, Telefax: (05541) 70 04-73
Gründung: 1946
Leiter d. Gesamtdienststelle: Direktor Dr. Grundmann
Stellv.: FD Hocke (Dienststelle Gießen)
Stellv.: N. N. (Dienststelle Hann.Münden)
Verbandszeitschrift: Jahresbericht
Mitarbeiter: 195
Jahresetat: DM 17,5 Mio, € 8,95 Mio

• T 2 618

Kuratorium für Waldarbeit und Forsttechnik e.V. (KWF)
Spremberger Str. 1, 64823 Groß-Umstadt
T: (06078) 7 85-0 **Fax:** 7 85-50
Internet: http://www.kwf-online.de
E-Mail: kwf.info@t-online.de
Gründung: 1962
Vorsitzende(r) des Vorstandes: Ministerialdirigent Gerd Janßen (Calenberger Str. 2, 30169 Hannover)
Zentralstelle:
Geschäftsf. Dir.: FD Dr. Klaus Dummel
Fachbereich Prüfwesen und Normung
Fachbereichs-Leiter: Dipl.-Ing. Jochen Graupner
Fachbereich Verfahrens- u. Systemuntersuchungen
Fachbereichs-Leiter: Forstrat Andreas Forbrig
Fachbereich Forsttechnische Informationszentrale
Fachbereichs-Leiter: Forstass. Dr. Reiner Hofmann
Fachbereich Mensch und Arbeit/Aus- u. Fortbildung
Fachbereichs-Leiter: Forstoberrat Jörg Hartfiel
Fachbereichs-Leiter: Forstass. Joachim Morat
Arbeits- und Prüfausschüsse
Leitung Presseabteilung: Dr. Reiner Hofmann
Verbandszeitschrift: "Forsttechnische Informationen"
Mitglieder: 1400
Mitarbeiter: 30

• T 2 619

Institut für Forstliche Arbeitswissenschaft und Verfahrenstechnologie der Georg-August-Universität
Büsgenweg 4, 37077 Göttingen
T: (0551) 39-3571, 39-3572 **Fax:** 39-3510
Leitung: Prof. Dr. Siegfried Häberle (bis 30.09.97)
Prof. Dr. Dr.h.c. B. Sloboda (kommissarisch ab 1.10.97)

• T 2 620

Deutsche Zoologische Gesellschaft (DZG)
c/o Zoologisches Institut
Universität München
Luisenstr. 14, 80333 München
T: (089) 5 90 22 73 **Fax:** 5 90 24 74
Internet: http://www.uni-marburg.de/_4dzg
Gründung: 1890
Präsident(in): Prof. Dr. A. Fischer (Inst. f. Zoologie, Universität Mainz, Tel.: (06131) 39 25 77, Fax: (06131) 39 38 35, E-Mail: gfischer@mail.uni-mainz.de)
1. Schriftführer: Prof. Dr. W. Schartau (Zoologisches Institut, Universität München)
Verbandszeitschrift: Verhandlungen der DZG
Verlag: G.-Fischer-Verlag, Stuttgart
Mitglieder: 1800

• T 2 621

Lehrstuhl für Angewandte Zoologie der Technischen Universität München
Am Hochanger 13, 85354 Freising
T: (08161) 71 45 89 **Fax:** 71 45 98
Internet: http://www.forst.uni-muenchen.de/LST/ZOO
E-Mail: schopf@zoo.forst.uni-muenchen.de
Leitung: Prof. Dr. R. Schopf

• T 2 622

Zoologisches Forschungsinstitut und Museum Alexander Koenig (ZFMK)
Adenauerallee 160, 53113 Bonn
T: (0228) 91 22-0 **Fax:** 9 12 22 02, 21 69 79
Gründung: 1934
Direktor: Prof. Dr. Clas M. Naumann
Stellvertretender Direktor: Prof. Dr. Wolfgang Böhme
Leitung Presseabteilung: Dipl.-Biol. Sabine Heine
Mitarbeiter: 50 feste Mitarbeiter, ca. 10 Zeitstellen
Jahresetat: DM 6,5 Mio, € 3,32 Mio
Fachzeitschriften: Bonner Zoologische Beiträge; Bonner Zoologische Monographien; Myotis

• T 2 623

Verein für Naturkunde e.V.
Geschäftsstelle:
Karolingerallee 4, 81545 München
T: (089) 64 07 85
Gründung: 1898
Vorsitzende(r): OStD Dr. Peter Wiesend (Ltg. Presseabt.)
Stellvertretende(r) Vorsitzende(r): Prof. Dr. Otto Siebeck
Hauptgeschäftsführer(in): Ingrid Wiesend
Mitglieder: 252
Mitarbeiter: 3 ehrenamtl.
Jahresetat: ca. DM 0,010 Mio, € 0,01 Mio

• T 2 624

Gesellschaft für Naturkunde in Württemberg e.V.
Rosenstein, Gewann 1, 70191 Stuttgart
T: (0711) 89 36-0
Gründung: 1844
Vorsitzende(r): Prof. Dr. Volkmar Wirth
Geschäftsführer(in): Dr. Horst Janus
Verbandszeitschrift: Jahreshefte der Gesellschaft für Naturkunde in Württemberg
Verlag: Selbstverlag
Mitglieder: 850

• T 2 625

Deutscher Holzwirtschaftsrat
Postf. 61 28, 65051 Wiesbaden
Bahnstr. 4, 65205 Wiesbaden
T: (0611) 9 77 06-0 **Fax:** 9 77 06-22
E-Mail: dhwr@saegeindustrie.de
Sprecher: Albert Lüghausen (Otto Albert Lüghausen KG, Postf. 16 53, 53706 Siegburg, T: (02241) 54 32 51, Telefax: (02241) 54 31 23)
Geschäftsführer(in): Dipl.-Volkswirt Gerhard Heider
Der Deutsche Holzwirtschaftsrat ist ein Gremium aller holzwirtschaftlichen Verbände, das im Bedarfsfalle zusammentritt
Mitglieder
Vereinigung Deutscher Sägewerksverbände e. V.
Bundesverband Deutscher Fertigbau e.V.
Hauptverband der Deutschen Holz und Kunststoffe verarbeitenden Industrie und verwandter Industriezweige e.V.
Verband der Deutschen Holzwerkstoffindustrie e. V.
Verband Deutscher Papierfabriken e. V.
Bundesverband des holz- und kunststoffverarbeitenden Handwerks
Zentralverband des Deutschen Baugewerbes
Centralvereinigung Deutscher Handelsvertreter- und Handelsmakler-Verbände (C.D.H.)
Deutscher Holzschutzverband für großtechnische Imprägnierung e. V.

• T 2 626

Deutsche Gesellschaft für Holzforschung e.V. (DGfH)
siehe t 300
siehe unter Technisch-wissenschaftliche Vereine und Institute

• T 2 627

Verein für Technische Holzfragen e.V.
siehe T 1154
siehe Unterabschnitt "Technisch-wissenschaftliche Vereine und Institute".

• T 2 628

Wilhelm-Klauditz-Institut für Holzforschung (WKI)
siehe t 235
siehe Unterabschnitt "Forschungsvereinigungen" unter "Fraunhofer-Gesellschaft zur Förderung der angewandten Forschung e. V. (FhG)".

• T 2 629

Wildbiologische Gesellschaft München e.V.
Linderhof 2, 82488 Ettal
T: (08822) 92 12-0 **Fax:** 92 12-12
Gründung: 1977
Vorsitzende(r): Prof. Dr. Wolfgang Schröder (Universität München)
Geschäftsführer(in): Dipl.-Forstw. Kai Elmauer
Mitglieder: 100
Mitarbeiter: 10 plus freie Mitarbeiter
Vereinszeitschrift: WGM-Notizen

• T 2 630

Arbeitsgemeinschaft wildbiologischer und jagdkundlicher Forschungsstätten
Prof. Dr. A. Herzog
Institut für veterinärmedizinische Genetik und Zytogenetik der Justus-Liebig-Universität Gießen
Hofmannstr. 10, 35392 Gießen
T: (0641) 99-37700 **Fax:** 99-37709
Gründung: 1968
Mitglieder: 26 Institutionen

• T 2 631

Landwirtschaftskammer Rheinland Landwirtschaftliche Untersuchungs- und Forschungsanstalt
Postf. 30 08 64, 53188 Bonn
Siebengebirgsstr. 200, 53229 Bonn
T: (0228) 43 42 00 **Fax:** 43 42 02, 43 44 27
Direktor(in): Dr. V. Potthast

• T 2 632

Landwirtschaftskammer Hannover Landwirtschaftliche Untersuchungs- und Forschungsanstalt
Postf. 10 06 55, 31756 Hameln
Finkenborner Weg 1A, 31787 Hameln
T: (05151) 98 71-0 **Fax:** 98 71 11
Internet: http://www.lwk-hannover.de
E-Mail: lufa.hameln-lwkh@t-online.de
Gründung: 1862
Ltd. Dir: Dr. D. Möhring (T: (05151) 98 71-13)
Mitarbeiter: 65

• T 2 633

Staatl. Landw. Untersuchungs- und Forschungsanstalt Augustenberg
Postf. 43 02 30, 76217 Karlsruhe
Neßlerstr. 23, 76227 Karlsruhe

T: (0721) 94 68-0 **Fax:** 94 68-112
T-Online ✻4802 0001/0001✻
Gründung: 1859 (7. Juli)
Direktor(in): Prof. Dr. F. Timmermann
Mitglieder: 134
Jahresetat: DM 11 Mio, € 5,62 Mio

• **T 2 634**

Landwirtschaftliche Untersuchungs- und Forschungsanstalt und Institut für Tiergesundheit und Lebensmittelqualität
Postf. 30 67, 24029 Kiel
Gutenbergstr. 75-77, 24116 Kiel
T: (0431) 12 28-0 **Fax:** 12 28-498
E-Mail: iz@lufa-itl.de
Leiter: Dir. Dr. Achim Jacob

• **T 2 635**

Bayerische Landesanstalt für Bodenkultur und Pflanzenbau Freising-München
Vöttinger Str. 38, 85354 Freising
T: (08161) 7 10 **Fax:** 71-41 02
Internet: http://www.lbp.bayern.de
E-Mail: webmail@lbp.bayern.de
Menzinger Str. 54, 80638 München, T: (089) 1 78 00-0, Fax: (089) 1 78 00-313
Präsident(in): Dr. W. Ruppert
Presseref.: Dr. Heinzpeter Kienzl
Mitarbeiter: 560

• **T 2 636**

Staatliche Lehr- und Forschungsanstalt für Landwirtschaft, Weinbau und Gartenbau, Berufsbildende Schule
Breitenweg 71, 67435 Neustadt
T: (06321) 67 11 **Fax:** 67 12 22
Internet: http://www.slfa-neustadt.de
E-Mail: poststelle.slfa-nw@agrarinfo.rpl.de
Gründung: 1899
Präsident(in): Dr. Hans-Peter Lorenz
Vizepräsident(in): Dr. Fritz Schumann
Hauptgeschäftsführer(in): Bernhard Hoffmann
Leitung Presseabteilung: Dr. Hans-Peter Lorenz
Verbandszeitschrift: Forschung-Schule-Praxis
Mitarbeiter: 250

• **T 2 637**

Gesellschaft für Pflanzenbauwissenschaften e.V.
85350 Freising
Alte Akademie 12, 85354 Freising
Präsident(in): Prof. Dr. W. Diepenbrock (Institut für Acker- und Pflanzenbau, Martin-Luther-Universität Halle, Ludwig-Wucherer-Str. 2, 06108 Halle/Saale)
Geschäftsführer(in): Akad. Dir. Dr. F. X. Maidl (Lehrstuhl für Pflanzenbau und Pflanzenzüchtung, Alte Akademie 12, 85350 Freising-Weihenstephan)
Mitglieder: 590

• **T 2 638**

Landwirtschaftliche Untersuchungs- und Forschungsanstalt Speyer
Obere Langgasse 40, 67346 Speyer
T: (06232) 1 36-0 **Fax:** 62 95 44
E-Mail: lufa@lufa-sp.vdlufa.de
Gründung: 1875
Direktor(in): Prof.Dr. Rudolf Aldag
Mitarbeiter: ca. 100

• **T 2 639**

Landwirtschaftliche Untersuchungs- und Forschungsanstalt -Joseph-König-Institut - der Landwirtschaftskammer Westfalen-Lippe
Nevinghoff 40, 48147 Münster
T: (0251) 23 76-0 **Fax:** 23 76-5 97
Leitung: Dr. G. Crößmann

• **T 2 640**

Bayerische Hauptversuchsanstalt für Landwirtschaft der Technischen Universität München
85350 Freising
Alte Akademie 10, 85354 Freising
T: (08161) 71 33 81/33 82 **Fax:** 71 42 16
E-Mail: bayhva@weihenstephan.de
Direktorium: Prof. Dr. J. Bauer
Prof. Dr. E. Graßmann
Prof. Dr. G. Wolfram

• **T 2 641**

Hessische Landwirtschaftliche Versuchsanstalt
Am Versuchsfeld 11-13, 34128 Kassel
T: (0561) 98 88-0 **Fax:** 98 88-300
Leitung: Dr. Enno Janßen
Am Versuchsfeld 11-13, 34128 Kassel
T: (0561) 98 88-0, Fax: 98 88-300

• **T 2 642**

Landesanstalt für landw. Chemie (710) der Universität Hohenheim
70593 Stuttgart
Emil-Wolf-Str. 14, 70599 Stuttgart
T: (0711) 4 59-26 71 **Fax:** 4 59-34 95
Leitung: Prof. Dr. Hans Schenkel

Untersuchung von Böden, Düngemittel, Futtermittel, Zusatz- und Schadstoffe, Müllkomposte, Klärschlämme, Siedlungsabfälle, gärtnerische Erden u.a.m., Qualitätsuntersuchungen bei Weizen und Zuckerrüben sowie Brauerei- und Brennereitechnologische Untersuchungen.

• **T 2 643**

Landesanstalt für Pflanzenschutz
Reinsburgstr. 107, 70197 Stuttgart
T: (0711) 66 42-400 **Fax:** 66 42-499
Gründung: 1955 (1. April)
Leitung: Dir. Dr. Georg Meinert
Mitarbeiter: 53

• **T 2 644**

Praxiswissenschaftliches Institut für erneuerbare Energie und Rohstoffe e.V. (PIER)
Kochstr. 1 B, 04275 Leipzig
T: (0341) 6 89 61 49 **Fax:** 6 89 61 49
Gründung: 1991
Vors. u. GeschF: Dr.-Ing. Michael Herrlich (Innovations- und Unternehmensberater)
Mitglieder: 29
Mitarbeiter: 3
Jahresetat: DM 0,2 Mio, € 0,1 Mio

• **T 2 645**

FACHAGENTUR NACHWACHSENDE ROHSTOFFE e.V. (FNR)
Hofplatz 1, 18276 Gülzow
T: (03843) 69 30-0 **Fax:** 69 30-102
Internet: http://www.fnr.de
E-Mail: info@fnr.de
Gründung: 1993 (25. Oktober)
Vorstand: Dr. Klaus Kliem (Vors.; Präs. des Thüringischen Bauernverbandes)
F. Heinz Fochem (stellv. Vors.; Henkel KGaA)
Dr. Paul Breloh (Abt.-Ltr. im Bundesministerium für Ernährung, Landwirtschaft und Forsten)
Karsten Pellnitz (Ministerium für Landwirtschaft und Naturschutz Mecklenburg-Vorpommern)
Dr. Albert Deß (MdB)
Karl Eigen (Ehrenvors.)
Geschäftsführer(in): Dr. Andreas Schütte
Stellvertretende(r) Geschäftsführer(in): Dr. Steffen Daebeler
Leitung Presseabteilung: Torsten Gabriel
Mitglieder: 60
Mitarbeiter: 24
Jahresetat: DM 50 Mio, € 25,56 Mio

Medizinisch-wissenschaftliche Vereinigungen und Institute, Gesundheitswesen, Veterinärmedizin

• **T 2 646**

Marfan Hilfe (Deutschland) e.V.
Vereinsbüro
Auestr. 15, 23701 Eutin
T: (0700) 22 33 40 00 **Fax:** (04521) 7 32 02
E-Mail: kontakt@marfan.de
Gründung: 1991
Stellvertretende(r) Vorsitzende(r): Dirk Braackmann
Verbandszeitschrift: V.i.S.d.P.
Redaktion: Wolfgang Crummenauer, Staufenstr. 16, 65817 Eppstein
Mitglieder: 350

• **T 2 647**

Robert Koch-Institut Infektionsepidemiologie und AIDS-Zentrum, Hygiene
Stresemannstr. 90-102, 10963 Berlin
T: (030) 45 47-3400, 45 47-3401 **Fax:** 45 47-3555
Internet: http://www.rki.de
E-Mail: FOCKR@RKI.DE
Gründung: 1988
Leitung: Dr. Rüdiger Fock
Mitarbeiter: 40

• **T 2 648**

Deutsche AIDS-Stiftung SdbR
Markt 26, 53111 Bonn
T: (0228) 6 04 69-0 **Fax:** 6 04 69-99
Gründung: 1987 (20. April Vorgängerstiftung)
Stiftungsrat/Vorsitzender: Dr. Hans Karl Jäkel
Stiftungsrat/stellv. Vors.: Rainer Jarchow
Kuratorium/Vorsitzende: Prof. Dr.phil. Rita Süssmuth
Vorstand: Prof. Dr. Rudolf Kopf
Dr. Ulrich Heide
Harriet Langanke
Leitung Presseabteilung: Dr. Volker Mertens
Mitarbeiter: 14

• **T 2 649**

Bundesausschuß der Ärzte und Krankenkassen
Postf. 41 05 40, 50865 Köln
Herbert-Lewin-Str. 3, 50931 Köln
T: (0221) 40 05-0 **Fax:** 4 00 51 77
Vorsitzende(r): Karl Jung
Geschäftsführer(in): Dr. Kerstin Kamke

• **T 2 650**

Nationaler AIDS-Beirat
c/o Bundesministerium für Gesundheit, Ref. 321
Am Propsthof 78A, 53121 Bonn
T: (0228) 9 41-0 (Zentrale) **Fax:** 9 41-49 32
Referatsleiterin: Dorle Miesala-Edel

• **T 2 651**

AIDS-AUFKLÄRUNG e.V.
Verein zur Förderung von Informationen über die HIV-Infektion
Heddernheimer Kirchstr. 14, 60439 Frankfurt
T: (069) 76 29 33 **Fax:** 76 10 55
Internet: http://www.hivnet.de
E-Mail: info@hivnet.de
Gründung: 1986 (8. Dezember)
Vorsitzende(r): Dr.med. Dagmar Charrier (Ärztin)
Stellvertretende(r) Vorsitzende(r): Prof. Dr.med. Wolfgang Stille
Dr. med. Karl Becker
Geschäftsführer(in): Dipl.-Päd. Britta Jacobs (M.A.)
Mitglieder: 118
Mitarbeiter: 3 fest, 2 Honorar, ca. 16 Ehrenamtliche
Jahresetat: ca. DM 0,2 Mio, € 0,1 Mio
Mitglied ist Aliud Pharma, Laichingen, die Landesärztekammer Hessen, die Landeszahnärztekammer Hessen, die Frankfurter Sparkasse, ÖVA Versicherung, Landesapothekerkammer, Landesverband der Betriebskrankenkassen in Hessen, Müller Ratiolab, limes datentechnik, Mendel Pharma

Aufgabe und Ziel des Vereins ist es, bundesweit sachgerecht über AIDS zu informieren und der Diskriminierung Betroffener entgegenzuwirken.

• **T 2 652**

Institut für Arbeits- und Sozialmedizinische Allergiediagnostik
im Erich-Schütz-Forschungsinstitut an der Westf. Wilhelms-Univ. Münster
Parkstr. 46 u. 40, 32105 Bad Salzuflen
T: (05222) 6 12 96, 1 07 99 **Fax:** 1 29 88
Gründung: 1980
Ärztlicher Direktor: Prof. Dr. E. Stresemann
Mitarbeiter: 25

• **T 2 653**

Verband arbeits- und berufsbedingt Erkrankter e.V. (abekra)
Industriestr. 17, 63674 Altenstadt
T: (06047) 9 52 66-0 **Fax:** 9 52 66-2
E-Mail: abekra@t-online.de
Gründung: 1992 (05. April)
Vorsitzende(r): Dr. Werner Neumann
Stellvertretende(r) Vorsitzende(r): Dr. Angela Vogel
Mitglieder: 630

• **T 2 654**

Gesellschaft für biologische Anthropologie, Eugenik und Verhaltensforschung e.V.
Postf. 55 03 80, 22563 Hamburg
T: (040) 86 39 86 **Fax:** 86 46 07
Gründung: 1972
Vorsitzende(r): Jürgen Rieger
Stellvertretende(r) Vorsitzende(r): Dr. Siegward Knof
Verbandszeitschrift: Neue Anthropologie
Mitglieder: 300
Mitarbeiter: 2
Jahresetat: DM 0,03 Mio, € 0,02 Mio

• T 2 655

Berliner Gesellschaft für Anthropologie, Ethnologie und Urgeschichte e.V.
Schloß Charlottenburg
Langhansbau
Spandauer Damm, 14059 Berlin
T: (030) 32 67 48 16 **Fax:** 32 67 48 12
Gründung: 1869
Vorsitzende(r): Dr. Heidi Peter-Röcher
Stellvertretende(r) Vorsitzende(r): Dr. Herbert Ullrich
Prof. Dr. Georg Pfeffer
Schriftführer(in): Dr. Claudius Müller
Schatzmeister: Dr. Alix Hänsel
Verbandszeitschrift: Mitteilungen der Berliner Gesellschaft für Anthropologie, Ethnologie und Urgeschichte
Mitglieder: 225

• T 2 656

Wissenschaftliche Gesellschaft für Arthroskopische Chirurgie e.V.
Holzhausenstr. 21, 60322 Frankfurt
T: (069) 15 20 03-0 **Fax:** 15 20 03-33
TGR: HUNZINGER FRANKFURT MAIN
Gründung: 1984
Präsident(in): Dr.med. Jürgen Toft (Asgardstr. 5, 81925 München)
Vizepräsident(in): Moritz Hunzinger (Ltg. Presseabt.; Geschäftsführer Hunzinger PR GmbH, 60322 Frankfurt, T:(069) 15 20 03-0)
Mitglieder: 70

• T 2 657

Deutsche Gesellschaft Venen e.V.
Postf. 18 10, 90007 Nürnberg
Dr.-Carlo-Schmid-Str. 204, 90491 Nürnberg
T: (0911) 5 98 86 00 **Fax:** 59 12 19
E-Mail: DGVenen@bigfoot.de
Gründung: 1990 (18. Juni)
Präsident(in): Prof. Dr.med. Dirk A. Loose, Hamburg
Vizepräsident(in): Priv.-Doz. Dr.med. Thomas Klyscz, Neukirchen b. Hl. Blut
Dr.med.vet. Brigitte Müller-Kaulen, Bremen
Generalsekretär(in): Christian M. Silinsky (Ltg. Presseabt.), Nürnberg
Verbandszeitschrift: VenenJournal
Verlag: Verlag Christian M. Silinsky, Postf. 48 08, 90026 Nürnberg, Dr.-Carlo-Schmid-Str. 204, 90491 Nürnberg, T: (0911) 5 98 00 14, Telefax: (0911) 59 12 19, E-Mail: cmsilinsky@t-online.de

• T 2 658

Deutsche Gesellschaft für Lymphologie
Lindenstr. 8, 79877 Friedenweiler
T: (07651) 97 16 11 **Fax:** 97 16 12
Internet: http://www.dgl-lymphologie.de
E-Mail: lymphdgl@t-online.de
Gründung: 1977
Präsident(in): Prof. Dr.med. H. Weissleder
Generalsekretär(in): Dr.med. U. Herpertz
Verbandszeitschrift: "Lymphologie in Forschung und Praxis"
Redaktion: Prof. Dr.med. H. Weissleder
Verlag: Viavital Verlag GmbH, Postfach 130363, 50497 Köln
Mitglieder: ca. 850
Mitarbeiter: 1

Förderung der Forschung, Aus- und Fortbildung in lymphologischer Medizin; Vermittlung von Forschungsergebnissen.

• T 2 659

Deutsche Diabetes Union e.V. (DDU)
Dachverband für den Deutschen Diabetiker Bund, für die Deutsche Diabetes Gesellschaft, für den Bund diabetischer Kinder und Jugendlicher
Danziger Str. 10, 49610 Quakenbrück
T: (05431) 15 28 30 **Fax:** 15 28 33
E-Mail: diabetesquakenbrueck@t-online.de
Gründung: 1990 (28. September)
Präsident(in): Prof. Dr. med. Helmut R. Henrichs
Vizepräsident(in): Jutta Bürger-Büsing
Dr. oec. Klaus Fehrmann
Schatzmeister: Dietmar Simoneit
Schriftführer: Wolfgang Fraas
Prof. Dr. Peter Bottermann
Prof. Dr. Hermann Liebermeister
Verbandszeitschrift: Diabetes Journal
Redaktion: Prof. Dr. med. Helmut R. Henrichs
Verlag: Kirchheim-Verlag, Kaiserstr. 41, 55116 Mainz, Postf. 25 24, 55015 Mainz
Mitglieder: ca. 50000

• T 2 660

Deutscher Diabetiker-Verband E.V.
Hahnbrunner Str. 46, 67659 Kaiserslautern
T: (0631) 7 64 88 **Fax:** 9 72 22
Präsident(in): Dr.Dr.med.h.c. Heinz Bürger-Büsing (Hahnbrunner Str. 46, 67659 Kaiserslautern, T: (0631) 7 64 88 u. (06308) 13 96)
Geschäftsführer(in): Jutta Bürger-Büsing (M.A.)
Verbandszeitschrift: "Diabetes aktuell"

• T 2 661

Bund diabetischer Kinder und Jugendlicher e.V. (BdKJ)
Hahnbrunner Str. 46, 67659 Kaiserslautern
T: (0631) 7 64 88 **Fax:** 9 72 22
E-Mail: diabeteskl@aol.com
Präsident u. Leitung Presseabt.: Dr.Dr.med.h.c. Heinz Bürger-Büsing (Rehabilitations- und Schulungszentrum für diabetische Kinder u. Jugendl., Hahnbrunner Str. 46, 67659 Kaiserslautern, T: (0631) 7 64 88 u. (06308) 3 96)
Geschäftsführer(in): Jutta Bürger-Büsing (M.A.)
Verbandszeitschrift: "Diabetes aktuell/Hallo, Du auch"

• T 2 662

MEDICA Deutsche Gesellschaft zur Förderung der Medizinischen Diagnostik e.V.
Postf. 70 01 49, 70571 Stuttgart
Löffelstr. 1, 70597 Stuttgart
T: (0711) 7 65 14 54 und 76 34 43 **Fax:** 76 69 92
Generalsekretär(in): Gerd G. Fischer (Löffelstr. 1, 70597 Stuttgart)

• T 2 663

Deutsches Yoga-Institut
Steinlachallee 34, 72072 Tübingen
Gründung: 1962 (1. April)
Vorsitzende(r): Wolfgang Seel
Geschäftsführer(in): Klaus-Rüdiger Müller

• T 2 664

Gesellschaft für Epilepsieforschung e.V.
Saronweg 46, 33617 Bielefeld
Vorsitzende(r): Pastor Friedrich Schophaus (Königsweg 1, 33617 Bielefeld)
Geschäftsführer(in): Rolf Eickholt (Saronweg 46, 33617 Bielefeld)
Mitglieder: 52

• T 2 665

Gesellschaft für wissenschaftliche Gesprächspsychotherapie e.V. (GwG)
Postf. 27 01 65, 50508 Köln
Richard-Wagner-Str. 12, 50674 Köln
T: (0221) 92 59 08-0 **Fax:** 25 12 76
E-Mail: gwg-koeln@netcologne.de
Gründung: 1970
Verbandszeitschrift: Gesprächspsychotherapie und Personzentrierte Beratung
Verlag: GwG (Geschäftsstelle)
Mitglieder: ca. 7500
Mitarbeiter: 15

• T 2 666

Bundesverband der Ärzte des öffentlichen Gesundheitsdienstes e.V.
siehe R 817

• T 2 667

Deutsche Gesellschaft für Gesundheitsvorsorge e.V. (DGG)
Driescher Hecke 19, 51375 Leverkusen
T: (0214) 5 67 44 **Fax:** 5 76 26
Gründung: 1968
Vorstand: Dr.med. Michael Eberlein (Vors.)
Prof. Dr. Dr.med. Uwe Stocksmeier
Privatdozent Dr. Sven Tönnies

• T 2 668

Verband für Unabhängige Gesundheitsberatung Deutschland e.V. (UGB)
Keplerstr. 1, 35390 Gießen
T: (0641) 7 77 85 **Fax:** 7 85 68
Gründung: 1981 (13. Oktober)
Präsident(in): Gisela Fritzen
Vizepräsident(in): Dr. Kurt Zimmermann
Hauptgeschäftsführer(in): Thomas Männle
Stellvertretende(r) Geschäftsführer(in): Elisabeth Klumpp
Leitung Presseabteilung: Stefan Weigt
Verbandszeitschrift: UGB-Forum, Fachzeitschrift für Gesundheitsförderung
Redaktion: UGB, Keplerstr. 1, 35390 Gießen
Verlag: UGB-Verlags GmbH, Keplerstr. 1, 35390 Gießen
Mitglieder: 1700
Mitarbeiter: 10

• T 2 669

Deutsches Grünes Kreuz -Gemeinnützige Vereinigung für Gesundheitsprophylaxe und Gesundheitsaufklärung-
Postf. 12 07, 35002 Marburg
Schuhmarkt 4, 35037 Marburg
T: (06421) 2 93-0 **Fax:** 2 29 10
Internet: http://www.Kilian.de, http://www.dgk.de
E-Mail: DGK@Kilian.de
Gründung: 1948
Präsident(in): Prof. Dr.med. Burghard Stück, Berlin
Vorstand: Dr. Hans H. von Stackelberg, Marburg
Mitarbeiter: 52

Gemeinnützige Vereinigung für Gesundheitsaufklärung, Gesundheitserziehung und Schadenverhütung.

• T 2 670

Gesellschaft für Gesundheitsberatung (GGB)
Taunusblick 1a, 56112 Lahnstein
T: (02621) 91 70 10 **Fax:** 91 70 33
Gründung: 1978
Vorsitzende(r): Dr. med. M. O. Bruker
Geschäftsführerin: Ilse Gutjahr (Ltg. Presseabt.)
Verbandszeitschrift: Der Gesundheitsberater
Verlag: emu-Verlags GmbH, 56112 Lahnstein
Mitglieder: 3900
Mitarbeiter: 10

• T 2 671

Deutsche Gruppenpsychotherapeutische Gesellschaft e.V. (DGG)
Kantstr. 120-121, 10625 Berlin
T: (030) 3 13 28 93, 3 13 26 98 **Fax:** 3 13 69 59
Präsident(in): Dr.med. Dorothea Doldinger
Verbandszeitschrift: Dynamische Psychiatrie/Dynamic Psychiatry
Redaktion: Hauptschriftltg.: Dipl.-Psych. Maria Ammon
Verlag: »PINEL« Verlag für humanistische Psychiatrie und Philosophie GmbH, Kantstr. 120/121, 10625 Berlin

• T 2 672

Verband der Osteopathen Deutschland e.V. (VOD)
Kirchgasse 68, 65183 Wiesbaden
T: (0611) 9 10 36 61 **Fax:** 9 10 36 62
Internet: http://www.osteopathie.de
E-Mail: sekretariat@osteopathie.de
Gründung: 1994 (7. Mai)
Präsident(in): Marina Ch. Fuhrmann (D.O. M.R.O.)
Vizepräsident(in): Albrecht Kaiser
Geschäftsführer(in): Martin J. Firniss
Mitglieder: ca. 500
Mitarbeiter: 1

• T 2 673

Deutsche Medizinische Arbeitsgemeinschaft für Herd- und Regulationsforschung e.V. (DAH)
Sekretariat:
Kuhtor 1, 47051 Duisburg
T: (0203) 28 66 80 **Fax:** 2 63 61
Vorsitzende(r): Dr.med.dent. Hans Jürgen Klose (Kuhtor 1, 47051 Duisburg, T: (0203) 28 66 80)

• T 2 674

Deutscher Zentralverein Homöopathischer Ärzte e.V. (DZVhÄ)
Am Hofgarten 5, 53113 Bonn
T: (0228) 2 42 53 30 **Fax:** 2 42 53 31
Internet: http://www.homeopathy.de
E-Mail: dzvhaepr@aol.com
Gründung: 1829
1. Vorsitzende(r): Dr. med. Lucia Zekorn (Mittelweg 20, 20148 Hamburg, T+Fax Praxis: (040) 4 50 04 80, e-mail: zekorn@yahoo.com)
2. Vorsitzende(r): Gerhard Bleul (Alt-Oranischer Platz 6, 65520 Bad Camberg, T: (06434) 72 07 (Praxis), Fax: (06434) 3 71 99 (Praxis), e-mail: gerhard.bleul@t-online.de)
Ärztl. Geschäftsführer: Dr. med. Thomas Röhrig (Lagerstr. 6, 59872 Meschede, T: (0291) 36 89 (Praxis), Fax: (0291) 9 08 18 66 (Praxis), e-mail: dr.thomasroehrig@cityweb.de)
Schatzmeister: Peter Großgott (Schubertstr. 3, 99423 Weimar, T: (03643) 90 31 01 (Praxis), Fax: (03643) 90 31 02 (Praxis), e-mail: praxis_grossgott@t-online.de)
Beisitzer: Dr. med. Gisela Steinhoff (Knüllstr. 30, 37671 Höxter, T: (05271) 3 74 74 (Praxis), Fax: (05271) 18 04 61

(Praxis), e-mail: fam.steinhoff@t-online.de)
Beisitzer: Dr. med. Ulrich Fischer (Grünwälder Str. 10-14, 79098 Freiburg, T:(0761) 3 48 31 (Praxis), Fax: (0761) 3 09 60 (Praxis), e-mail: aufischer.wittnau@t-online.de)
Pressestelle: Christoph Trapp (Am Hofgarten 5, 53113 Bonn, T: (0228) 63 92 30 (Büro), Fax: (0228) 63 92 70 (Büro), e-mail: dzvhaepr@aol.com)
Geschäftsstelle: Elke Gold-Beckmann (Am Hofgarten 5, 53113 Bonn, T: (0228) 2 42 53 30 (Büro), Fax: (0228) 2 42 53 31 (Büro), e-mail: dzvhae@aol.com)
Verbandszeitschrift: Homöopathische Nachrichten, Allg. Homöop. Zeitung (AHZ), Homöopathie direkt
Redaktion: Pressestelle
Mitglieder: 3500

Landesverbände

t 2 675

Deutscher Zentralverein Homöopathischer Ärzte e.V. Landesverband Baden-Württemberg

Schlierbacher Str. 43, 73095 Albershausen
T: (07161) 93 47 93 **Fax:** 93 47 94
1. Vorsitzende(r): Andreas Gärtner (Schlierbacher Str. 43, 73095 Albershausen, T: (07161) 93 47 93, Fax: (07161) 93 47 94)

t 2 676

Deutscher Zentralverein Homöopathischer Ärzte e.V. Landesverband Bayern

Marktplatz 13, 83607 Holzkirchen
T: (08024) 9 32 32 **Fax:** 9 32 34
1. Vorsitzende(r): Renate Grötsch (Marktplatz 13, 83607 Holzkirchen, T: (08024) 9 32 32, Fax: 9 32 34)

t 2 677

Berliner Verein homöopathischer Ärzte e.V. Landesverband Berlin-Brandenburg im DZVhÄ

Geschäftsstelle:
Im Schwarzen Grund 14, 14195 Berlin
T: (030) 8 31 49 50
1. Vorsitzende: Dr. Karin Bandelin (Im Schwarzen Grund 14, 14195 Berlin, T: (030) 8 31 49 50)

t 2 678

Deutscher Zentralverein Homöopathischer Ärzte e.V. Landesverband Hessen, Rheinland-Pfalz, Saarland

Am Fasanenhof 35, 34125 Kassel
T: (0561) 87 20 96 **Fax:** 87 20 97
1. Vorsitzende(r): K.-W. Steuernagel (Am Fasanenhof 35, 34125 Kassel, T: (0561) 87 20 96, Telefax: (0561) 87 20 97)

t 2 679

Deutscher Zentralverein Homöopathischer Ärzte Landesverband Mecklenburg-Vorpommern

Asbacher Str. 47, 53545 Linz
T: (02644) 80 70 41
1. Vorsitzende: Dr. Martha Schütte (Asbacher Str. 47, 53545 Linz, T: (02644) 80 70 41)

t 2 680

Deutscher Zentralverein Homöopathischer Ärzte e.V. Landesverband Niedersachsen

Straßburger Str. 2a, 26123 Oldenburg
T: (0441) 8 73 02 **Fax:** 8 73 03
1. Vorsitzende(r): Dr. Wilhelm Tasche (Straßburger Str. 2 a, 26123 Oldenburg, T: (0441) 8 73 02, Telefax: (0441) 8 73 03)

t 2 681

Deutscher Zentralverein Homöopathischer Ärzte e.V. Landesverband Nordrhein-Westfalen

Rüschhausweg 3, 48161 Münster
T: (0251) 86 82 28 **Fax:** 86 82 29
1. Vorsitzende(r): Dr. Michael Mertner (Rüschhausweg 3, 48161 Münster, T: (0251) 86 82 28, Telefax: (0251) 86 82 29)

t 2 682

Deutscher Zentralverein Homöopathischer Ärzte e.V. Landesverband Schleswig-Holstein und Hansestädte

Eggerstedtstr. 56/-58, 22765 Hamburg
T: (040) 38 58 20 **Fax:** 38 58 20
1. Vorsitzende(r): Curt Kösters (Eggerstedtstr. 56/58, 22765 Hamburg, T: (040) 38 58 20, Telefax: (040) 38 58 20)

t 2 683

Deutscher Zentralverein Homöopathischer Ärzte e.V. Landesverband Thüringen

Gartenweg 5, 07973 Greiz
T: (03661) 67 09 67 **Fax:** 68 74 93
1. Vorsitzende(r): Dr. med. Uwe Reuter (Gartenweg 5, 07973 Greiz, T: (03661) 67 09 67, Telefax: (03661) 68 74 93)

t 2 684

Deutscher Zentralverein Homöopathischer Ärzte e.V. Landesverband Sachsen-Anhalt

Reilstr. 22, 06114 Halle
T: (0345) 5 32 05 91
1. Vorsitzende: Dr. Ingrid Bockholt (Reilstr. 22, 06114 Halle, T: (0345) 5 32 05 91)

t 2 685

Deutscher Zentralverein Homöopathischer Ärzte e.V. Landesverband Sachsen

Schillerstr. 12, 09366 Stollberg
T: (037296) 8 44 55 **Fax:** 8 44 55
1. Vorsitzende: Dr.med. Katharina Tost (Schillerstr. 12, 09366 Stollberg, T/Fax: (037296) 8 44 55)

t 2 686

Wolfgang-Schweitzer-Bibliothek Homöopathische Bibliothek Hamburg des DZVHÄ

Von-Melle-Park 3, 20146 Hamburg
T: (040) 4 10 14 69 **Fax:** 4 10 14 69
Bibliotheksleiter: Dr. Conrad Frevert (T: (040) 7 22 25 55)

● T 2 687

Homöopatische Vertragsärzte Bundesverband e.V.

Wallstr. 11, 79098 Freiburg
T: (0761) 3 44 21 **Fax:** 28 67 23
Gründung: 1997 (16. März)
Vorsitzende: Dr.med. Sylvia Lusser-Brady
Stellv. Vorsitzende: Dr.med. Sonja Reitz
Hauptgeschäftsführer(in): Dr.med. Dipl.-psych. Helmut Cubasch
Verbandszeitschrift: Vertragsärztliche Homöopath. Nachrichten, Mitgliederrundbriefe
Redaktion: Dr. S. Reitz
Verlag: selbst
Mitglieder: 120
Mitarbeiter: 4
Jahresetat: DM 0,051 Mio, € 0,03 Mio

● T 2 688

Deutsche Liga für das Kind in Familie und Gesellschaft e.V.

Geschäftsführung
Chausseestr. 17, 10115 Berlin
T: (030) 28 59 99 70 **Fax:** 28 59 99 71
Internet: http://www.liga-kind.de
E-Mail: liga.kind@liga-kind.de
Gründung: 1977
Präsident(in): Prof. Franz Resch, Heidelberg
Geschäftsführer(in): Dr. Jörg Maywald
Leitung Presseabteilung: Dr. Jörg Maywald
Verbandszeitschrift: frühe Kindheit
Redaktion: Dr.Jörg Maywald
Mitglieder: 750
Mitarbeiter: 2
Jahresetat: DM 0,5 Mio, € 0,26 Mio

● T 2 689

Deutsche Akademie für Kinderheilkunde und Jugendmedizin e.V.

Geschäftsstelle:
Mielenforstér Str. 2, 51069 Köln
T: (0221) 6 80 56 27 **Fax:** 68 32 04
Internet: http://www.kinderheilkunde.org, http://www.jugendmedizin.org
E-Mail: kontakt@kinderheilkunde.org
Gründung: 1989 (4. Dezember)
Generalsekretär(in): Prof. Dr.med. Johannes Brodehl
Geschäftsführer(in): Monika Benigni

Gesundheit und Wohlergehen von Kindern und Jugendlichen und deren medizinischen Versorgung.

● T 2 690

Deutsche Vereinigung zur Bekämpfung der Viruskrankheiten e.V. (DVV)

Geschäftsstelle:
c/o Institut für Med. Virologie d. Uni Frankfurt, Klinikumsabt. i. Zentrum d. Hygiene-Medizinaluntersuchungsamt
Paul-Ehrlich-Str. 40, 60596 Frankfurt
T: (069) 63 01 52 19 **Fax:** 63 01 64 77
Präsident(in): Prof. Dr. med. H. W. Doerr
Verbandszeitschrift: Infektion u. Prävention
Redaktion: Dr. Ley, Dipl.-Biol. Thienemann-Reith
Verlag: Deutsches Grünes Kreuz, Schuhmarkt 4, 35037 Marburg
Mitglieder: 25 (juristische Mitglieder)
Mitarbeiter: 2

● T 2 691

Genesendenhilfe e.V.

Steindamm 87, 20099 Hamburg
T: (040) 24 69 76 **Fax:** 24 99 64
Gründung: 1956 (13. September)
Vorsitzende(r): Herbert Bienk
Geschäftsführer(in): Wolfram G. Boye
Mitglieder: 40
Mitarbeiter: ca. 130
Jahresetat: DM 11 Mio, € 5,62 Mio

Landesverband

t 2 692

Deutscher Paritätischer Wohlfahrtsverband Landesverband Hamburg e.V.

Mittelweg 115a, 20149 Hamburg
T: (040) 41 52 01 51 **Fax:** 41 52 01 90
Vorsitzende(r): Manfred Klee
Geschäftsführer(in): Richard Wahser
340 Mitgliedsorganisationen mit rund 800 Einrichtungen im Bereich frei-gemeinnütziger Sozialarbeit

● T 2 693

Deutsche Krebshilfe e.V.

Postf. 14 67, 53004 Bonn
Thomas-Mann-Str. 40, 53111 Bonn
T: (0228) 7 29 90-0 **Fax:** 7 29 90-11
Internet: http://www.krebshilfe.de
E-Mail: deutsche@krebshilfe.de
Gründung: 1974 (25. September)
Präsident(in): Prof. Dr. Dagmar Schipanski
Vorsitzende(r) des Vorstandes: Dr. Hans-Joachim Möhle
Ehrenpräsident: Dr.h.c. Helmut Geiger
Geschäftsführer(in): Dipl.-Kfm. Achim Ebert
Victor Oehm (M.A.)
Mitglieder: 36

● T 2 694

Gesellschaft zur Förderung der Krebstherapie e.V.

Am Eichhof, 75223 Niefern-Öschelbronn
T: (07233) 6 84 10 **Fax:** 6 84 13
Gründung: 1967 (1. Januar)
Vorstand: Dr. Matthias Woernle
Thomas-Christoph Götte
Dr. Armin Scheffler
Mitglieder: 300

● T 2 695

Gesellschaft für Biologische Krebsabwehr e.V.

Hauptgeschäftsstelle:
Postf. 10 25 49, 69015 Heidelberg
Hauptstr. 44, 69117 Heidelberg
T: (06221) 1 38 02-0 **Fax:** 1 38 02-20
Gründung: 1982 (Oktober)
Präsident(in): Prof. Dr. K. F. Klippel
Vizepräsident(in): Dr. Heinz Mastall
Leitung Presseabteilung: Dietrich Beyersdorff
Verbandszeitschrift: „Biologische Krebsabwehr"
Mitglieder: 5000

Arbeitskreise

t 2 696

Beratungsstelle Nord der GfBK

Werfelring 40, 22175 Hamburg
T: (040) 6 40 46 27 **Fax:** 6 40 46 27

t 2 697

Beratungsstelle Berlin der GfBK

Zillestr. 102, 10585 Berlin
T: (030) 3 42 50 41 **Fax:** 3 42 50 41

t 2 698

Beratungsstelle Nordrhein der GfBK
Auf dem Hochfeld 11, 40699 Erkrath
T: (0211) 24 12 19 **Fax:** 24 12 19

t 2 699

Beratungsstelle West der GfBK
Luisenstr. 18, 65185 Wiesbaden
T: (0611) 37 61 98 **Fax:** 9 57 09 73

t 2 700

Beratungsstelle Süd der GfBK
Pestalozzistr. 40b, 80469 München
T: (089) 26 86 90 **Fax:** 26 33 81

t 2 701

Beratungsstelle Dresden der GfBK
Schlesischer Platz 2, 01097 Dresden
T: (0351) 8 02 60 93 **Fax:** 8 02 60 95

t 2 702

Beratungsstelle Chemnitz der GfBK
Ringstr. 3, 09247 Röhrsdorf
T: (03722) 9 83 16 **Fax:** 9 83 17

t 2 703

Beratungsstelle Thüringen der GfBK
Thomas-Müntzer-Str. 2, 07407 Rudolstadt
T: (03672) 34 70 00 **Fax:** 34 70 01

t 2 704

Beratungsstelle Lüdenscheid
Tecklenburger Str. 34, 48565 Steinfurt
T: (02551) 83 31 84

• **T 2 705**

FÖRDERKREIS KREBSKRANKE KINDER E.V.

Förderkreis Krebskranke Kinder e.V.
Geschäftsstelle
Büchsenstr. 22, 70174 Stuttgart
T: (0711) 29 73 56 **Fax:** 29 40 91
Gründung: 1982 (3. Juni)
1. Vorsitzende(r): Dr. Klaus-Peter Baatz
2. Vorsitzende(r): Georg Rummel
Schriftführer(in): Eberhard Lüdemann
Kassierer: Helmut Meyer
Mitglieder: 764 ordentliche Mitglieder, 58 fördernde Mitglieder
Mitarbeiter: 5

Mitglied der Arbeitsgemeinschaft baden-württembergischer Förderkreise krebskranker Kinder e.V.

Betreuung krebskranker Kinder und deren Familien.

• **T 2 706**

Deutsche Herzstiftung e.V.
Postf. 18 01 71, 60082 Frankfurt
Vogtstr. 50, 60322 Frankfurt
T: (069) 95 51 28-0 **Fax:** 95 51 28-313
Internet: http://www.herzstiftung.de
E-Mail: herzstiftung@compuserve.com
Gründung: 1979
Vorsitzende(r): Prof. Dr.med. Hans-Jürgen Becker
Stellvertretende(r) Vorsitzende(r): Harald C. Bieler
Geschäftsführerin: Renate Geus
Stellvertretende(r) Geschäftsführer(in): Martin Vestweber (Ltg. Presseabt.)
Verbandszeitschrift: Herz heute, Zeitschrift der Deutschen Herzstiftung e.V.
Redaktion: Dr. Irene Oswalt
Verlag: VOD Vereinigte Offsetdruckereien, Postf. 10 58 49, 69048 Heidelberg
Mitglieder: 31000
Mitarbeiter: 20
Jahresetat: DM 8 Mio, € 4,09 Mio

• **T 2 707**

Deutsche Sektion der Internationalen Liga gegen Epilepsie e.V.
Herforder Str. 5-7, 33602 Bielefeld
T: (0521) 12 41 92 (10.00-12.00 Uhr) **Fax:** 12 41 72
Gründung: 1957
1. Vorsitzende(r): Prof. Dr.med. U. Runge (Neurologische Universitätsklinik, Epilepsiezentrum, Ellernholzstr. 1-2, 17487 Greifswald, T: (03834) 8 66-827, Fax: 8 66-875, Email: runge@neurologie.uni-greifswald.de)
2. Vorsitzende(r): Prof. Dr. G. Groß-Selbeck (Kinderneurologisches Zentrum, Khs Gerresheim, Gräulinger Str. 120, 40625 Düsseldorf, T: (0211) 28 00-35 57)
1. Sekretär: Prof. Dr.med U. Stephani (Univ.-Kinderklinik, Klinik für Neuropädiatrie, Schwanenweg 20, 24105 Kiel, T: (0431) 5 97 17 61, Fax: 5 97 17 69, Email: stephani@pedneuro.uni-kiel.de)
2. Sekretär: PD Dr.med J. Bauer (Klinik für Epileptologie d. Univ. Bonn, Sigmund-Freud-Str. 25, 53105 Bonn, T: (0228) 2 87-69 54, Fax: 62 94, Email: elger@mailer.meb.uni-bonn.de)
Schatzmeister: Dr.med. D. Dennig (Seelbergstr. 9, 70372 Stuttgart, T: (0711) 56 18 98, Fax: 56 18 97)
ILAE-Delegierte: Dr. I. Tuxhorn (Epilepsie-Zentrum Bethel, Klinik f. Anfallkranke Mara I, 33617 Bielefeld, Maraweg 21, T: (0521) 1 44-46 07-8, Fax: 1 44-35 53, Email: tux@neuro.mara.de)
Verbandszeitschrift: Epilepsie-Blätter
Redaktion: Dr.med. M. Hoppe
Herausgeber der Epilepsie-Blätter: Professor Dr. med P. Wolf, Epilepsie-Zentrum Bethel, Klinik f. Anfallkranke Mara I, 33617 Bielefeld, Maraweg 21, T. (0521) 1 44-36 86, Fax: 1 44-35 53, Email: pwo@neuro.mara.de
Verlag: Bethel-Verlag, 33617 Bielefeld
Mitglieder: 1626

• **T 2 708**

Deutsche Gesellschaft für Lichtforschung
Moorenstr. 5, 40225 Düsseldorf
T: (0211) 8 11-7627 **Fax:** 8 11-8830
Präsident(in): Prof. Dr. E. Hölxle (Hautklinik Universitäts Krankenhaus Hamburg-Eppendorf, Martinistr. 52, 20251 Hamburg)
Generalsekretär(in): Prof. Dr. J. Krutmann (Universitäts-Hautklinik, Moorenstr. 5, 40225 Düsseldorf, T: (0211) 8 11 76 27)
Schatzmeister: Dr. P. Bocionek (Cosmedico Licht GmbH, Kölner Str. 8, 70376 Stuttgart)

• **T 2 709**

Deutsche Gesellschaft für Luft- und Raumfahrtmedizin e.V. (DGLRM)
c/o Institut für Luft- und Raumfahrtmedizin des DLR
Linder Höhe, 51147 Köln
T: (02203) 6 01-0
Gründung: 1961 (Dezember)
Präsident(in): Prof. Dr. med. R. Gerzer (Leiter Institut für Luft- und Raumfahrtmedizin der DLR, Linder Höhe (Porz-Wahnheide), 51147 Köln)
Vizepräsident(in): Prof. Dr. med. H. Landgraf (Wenckebach-Krankenhaus, Berlin)
Dipl.-Ing. Dr. med H. Pongratz (Leiter Abt. III des Flugmedizinischen Instituts der Luftwaffe)
Sekretär: Dr. med. C. Stern (Institut für Luft- und Raumfahrtmedizin des DLR, Köln)
Schatzmeister: Dr. med. A. Samel (Institut für Luft- und Raumfahrtmedizin des DLR, Köln)
Verbandszeitschrift: Journal für Flug- und Reisemedizin (enthält Mitteilungen der DGLRM)
Verlag: UPE GmbH, Bahnstr. 8, 50181 Bedburg
Mitglieder: 700
Jahresetat: DM 0,05 Mio, € 0,03 Mio

• **T 2 710**

Gesamtdeutsche Gesellschaft für manuelle Medizin e.V. (GGMM)
Robert-Koch-Platz 7, 10115 Berlin
T: (030) 28 38-7097 **Fax:** 28 38-7099
Präsident(in): MR Dr. med. Wolfgang Bartel
Vizepräsident(in): Dr. med. Joachim Barthels

• **T 2 711**

Ärztevereinigung für Manuelle Medizin - Ärzteseminar Berlin e.V. (ÄMM)
Frankfurter Allee 263, 10317 Berlin
E-Mail: AEMM.Berlin@t-online
Gründung: 1990 (15. Oktober)
Vorsitzende(r): Dr.med. Hermann Tlusteck
Stellvertretende(r) Vorsitzende(r): Dr.med. Johannes Buchmann
Geschäftsführer(in): Prof. Dr.med. Lothar Beyer
Verbandszeitschrift: Manuelle Medizin
Redaktion: Dr. Baumgartner, Dr. Fröhlich, Prof.Dr. Graf-Baumann
Verlag: Springer Verlag, Postf. 10 52 80, 69042 Heidelberg
Mitglieder: 897
Mitarbeiter: 5

• **T 2 712**

Deutsche Gesellschaft für Manuelle Medizin -Ärzteseminar Hamm-Boppard (FAC) e.V.
Obere Rheingasse 3, 56154 Boppard
T: (06742) 80 01-0 **Fax:** 80 01-27
Internet: http://www.dgmm.de
E-Mail: dgmm-fac@aerzteseminar.de
1. Vorsitzende(r): Dr. med. M. Psczolla (Loreley Kliniken, Gründelbach 38, 56329 St. Goar, T: (06741) 9 20 10, Telefax: (06741) 8 00-2 07)

• **T 2 713**

Deutsche Gesellschaft für Manuelle Medizin Dr. Karl-Sell-Ärzteseminar Neutrauchburg (MWE) e.V.
Riedstr. 5, 88316 Isny
T: (07562) 97 18-0 **Fax:** 97 18-22
Internet: http://www.aerzteseminar-mwe.de
E-Mail: info@aerzteseminar-mwe.de
1. Vorsitzende(r): Dr. H.-P. Bischoff (Argentalklinik, 88316 Isny-Neutrauchburg)

• **T 2 714**

CF-SELBSTHILFE BUNDESVERBAND E.V. Cystische Fibrose (Mucoviscidose)

Cystische Fibrose (CF)/Mucoviscidose - Selbsthilfe Bundesverband e.V.
Meyerholz 3, 28832 Achim
T: (04202) 8 22 80 **Fax:** 60 73
Internet: http://www.cf-bv.de
E-Mail: cf-selbsthilfe-bv@t-online.de
Gründung: 1981
1. Vorsitzende(r): Harro Bossen (Meyerholz 3, 28832 Achim, T: (04202) 8 22 80, Telefax: (04202) 60 73 (priv.), T: (0421) 3 64 20 93, Telefax: (0421) 3 64 21 07 (dienstl.))
Stellvertreter: Helmut Fritzen (Auf der Höhe 16, 53859 Niederkassel, T: (02208) 51 35 (priv.))
Elke Pötschke (Polenzstr. 3, 01277 Dresden, T: (0351) 3 11 31 95 (priv.))
Kassierer: Ralf Wagner (Weißdornstr. 26, 01257 Dresden, T: (0351) 2 03 98 30 (priv.))
Beisitzer: Helmut Plum (Bendenweg 4, 52146 Würselen T:(02405) 7 10 65)
Margrit Habick (Zeppelinstr. 165/25, 14471 Potsdam, T: (0331) 90 35 22)
Ingo Sparenberg (Wolfgang-Wilhelm-Platz 167, 86633 Neuburg, T: (08431) 61 71 12)
Thomas Malenke (Bamberger Str. 50, 10777 Berlin, T: (030) 2 11 35 79)
Margarete Brenner (Würzburger Str. 10, 64850 Schaafheim, T: (06073) 83 17 (priv.))
Wiltrud Fastabend (Adenauerallee 15b, 61440 Oberursel, T: (06171) 5 61 35)
Klaus Jeschag (Kastanienstr. 12, 07747 Jena T: (03641) 37 00 08)
Andrea Bosse (Lengericher Str. 62, 49479 Ibbenbüren, T: (05451) 7 33 20 (priv.))
Peter Pfeiffer (Am Hasenkamp 18, 26759 Hinte, T: (04925) 99 07 18)
Schirmherrin: Regina Schmidt-Zadel (MdB, Düsseldorfer Str. 86, 40878 Rathingen)
Verbandszeitschrift: Klopfzeichen
Redaktion: Eva Bode, Fliederstr. 5, 30167 Hannover, T: (0511) 71 56 03
Mitglieder: 1200
Jahresetat: DM 0,15 Mio, € 0,08 Mio

Bundesweite Interessenvertretung der an Cystischer Fibrose/Mucoviscidose erkrankter Menschen und ihrer Angehörigen.

Regionale Vereine

t 2 715

CF-Selbsthilfe Aachen e.V.
Geschäftsstelle:
Lothringerstr. 105, 52070 Aachen
T: (0241) 40 96 09 **Fax:** 6 54 69
Vorsitzende(r): Helga Brands-Schlusche

t 2 716

MUKO AKTIV Augsburg e.V.
Rentmeisterstr. 3, 86179 Augsburg
T: (0821) 8 15 67 15
Vorsitzende(r): Manfred Riedel

t 2 717

CF-Selbsthilfe Bochum e.V.
Marktstr. 266, 44866 Bochum
T: (0234) 77 26 75
Vorsitzende(r): Mechthild Hovemann

t 2 718

Mukoviszidose-Selbsthilfe-Verein Brandenburg
Schönwalder Str. 36, 14612 Falkensee
T: (03322) 20 03 09 **Fax:** 20 03 09
Vorsitzende(r): Volker Krengel

t 2 719

CF-Selbsthilfe Braunschweig e.V.
Mühlenstr. 13, 29393 Groß Oesingen
T: (05838) 5 71
Vorsitzende(r): Hermann Prietzsch

t 2 720

CF-Selbsthilfe Bremen e.V.
Vorstr. 30b, 28359 Bremen
T: (0421) 46 26 47
Vorsitzende(r): Harro Bossen

t 2 721

CF-Selbsthilfe Dresden e.V.
Polenzstr. 3, 01277 Dresden
T: (0351) 3 11 31 95 **Fax:** 3 11 31 95
Vorsitzende(r): Elke Pötschke

t 2 722

CF-Selbsthilfe Duisburg e.V.
Hoffeldstr. 112, 40721 Hilden
T: (02103) 4 74 84 **Fax:** 36 07 12
Vorsitzende(r): Ingeburg Grote

t 2 723

CF-Selbsthilfe Frankfurt e.V.
Marktplatz 4, 64385 Reichelsheim
T: (06164) 40 65
Vorsitzende(r): Walter Ripper

t 2 724

CF-Selbsthilfe Halle (Saale) e.V.
Clara-Zetkin-Str. 9, 06862 Roßlau
T: (034901) 8 44 42
Vorsitzende(r): Annette Dornburg

t 2 725

CF-Selbsthilfe Hannover e.V.
Ginsterweg 12, 30880 Laatzen
T: (0511) 82 29 98
Vorsitzende(r): Dirk Schostack

t 2 726

CF-Selbsthilfe Koblenz e.V.
Hospitalstr. 26, 56072 Koblenz
T: (0261) 40 96 09
Vorsitzende(r): Brigitte Ternes

t 2 727

CF-Selbsthilfe Köln e.V.
Altonaer Str. 17, 50737 Köln
T: (0221) 74 61 30
Vorsitzende(r): Enno Buss

t 2 728

CF-Selbsthilfe Leipzig e.V.
Windmühlenweg 5a, 04849 Bad Düben
T: (034243) 2 38 87 **Fax:** 2 38 87
Vorsitzende(r): Rainer Winkelmann

t 2 729

CF-Selbsthilfe Magdeburg e.V.
Am Seeufer 5, 39126 Magdeburg
T: (0391) 2 53 08 58
Vorsitzende(r): Olaf Welzer

t 2 730

CF-Selbsthilfe Osnabrück e.V.
Laerschestr. 2, 49219 Glandorf
T: (05426) 39 58
Vorsitzende(r): Georg Wigge

t 2 731

CF-Selbsthilfe Potsdam e.V.
Zeppelinstr. 165/25, 14471 Potsdam
T: (0331) 90 35 22 **Fax:** 90 35 22
Vorsitzende(r): Margrit Habick

t 2 732

Förderkreis Pro Mukoviszidose e.V.
Frühlingstr. 4, 73119 Zell
T: (07164) 1 23 78 **Fax:** 14 63 57
Internet: http://www.muko.net/promuko
E-Mail: bandelfinger@t-online.de
Vorsitzende(r): Ulrich Andelfinger

t 2 733

Klinikpädagogik e.V.
Hoppe-Seyler-Str. 1, 72076 Tübingen
T: (07071) 2 98 13 71 **Fax:** 29 52 54
Vorsitzende(r): Michael Klemm

t 2 734

Mukoviszidose e.V.
Bendenweg 101, 53121 Bonn
T: (0228) 9 87 80-0 **Fax:** 9 87 80-77
Internet: http://www.meb.uni-bonn.de/mukoviszidose
E-Mail: Mukoviszidose@t-online.de

t 2 735

Christiane Herzog Stiftung für Mukoviszidose-Kranke
Postf. 86 04 49, 81631 München
T: (089) 4 70 27-122 **Fax:** 4 70 27-120
Vorsitzende(r): Christiane Herzog

t 2 736

Selbsthilfegruppe Erwachsene mit CF
Rhenusallee 25, 53227 Bonn
T: (0228) 4 22 35 33

• T 2 737

Deutsche Myasthenie Gesellschaft e.V.
Geschäftsstelle
Langemarckstr. 106, 28199 Bremen
T: (0421) 59 20 60 **Fax:** 50 82 26
E-Mail: dmg-info@t-online.de
Gründung: 1986
1. Vorsitzende(r): Rosemarie Amann
Leitung Presseabteilung: K. P. Leitner
Verbandszeitschrift: DMG-AKTUELL
Redaktion: Klaus Peter Leitner
Verlag: DPWV + BAGH, Hans-Brühlmann-Weg 8, 72793 Pfullingen, T: (07121) 79 84 14, Telefax: (07121) 70 46 14
Mitglieder: 2000
Mitarbeiter: 3
Jahresetat: DM 0,06 Mio, € 0,03 Mio

• T 2 738

Gemeinnützige Hertie-Stiftung zur Förderung von Wissenschaft, Erziehung, Volks- und Berufsbildung
Lyoner Str. 15 Im ATRICOM, 60528 Frankfurt
T: (069) 6 65 62-100 **Fax:** 6 65 62-119
Gründung: 1974
Vorsitzende(r): Reginald Graf v. Norman
Anträge zur Förderung sind nur im Bereich der Multiplen Sklerose möglich.

• T 2 739

Gesellschaft Deutscher Naturforscher und Ärzte e.V.
Hauptstr. 5, 53604 Bad Honnef
T: (02224) 92 32-37 **Fax:** 92 32-40
Internet: http://www.gdnae.de
E-Mail: gdnae@gdnae.de
Gründung: 1822
Präsident(in): Prof. Dr. Ernst-Ludwig Winnacker
Generalsekretär(in): Dr. Wolfgang T. Donner
Mitglieder: 5400

• T 2 740

Berufsverband Deutscher Nervenärzte e.V. (BVDN)
Geschäftsstelle
Hammer Landstr. 1a, 41460 Neuss
T: (02131) 2 20 99 20 **Fax:** 2 20 99 22
Gründung: 1962
1. Vorsitzende(r): Dr. Gunther Carl (Friedenstr. 7, 97318 Kitzingen, T: (09321) 53 55, Fax: (09321) 89 30)
2. Vorsitzende(r): Dr. Arne Brosig (Röntgenstr. 9-15, 41515 Grevenbroich, T: (02181) 2 33 99 33, Fax: (02181) 2 33 99 11)
Schatzmeister: Dr. Ralf Bodenschatz (Albert-Schweitzer Str. 22, 09648 Mittweida, T: (03727) 94 18 11, Fax: 94 18 13)
Schriftführer(in): Dr. Roland Urban (Turmstr. 76 a, 10551 Berlin, T: (030) 3 92 20 21, Telefax: (030) 8 13 53 17)
Beisitzer: PD Dr. Albert Zacher (Watmarkt 9, 93047 Regensburg, T: (0941) 56 16 72, Fax: 5 27 04)
PD Dr. Paul Reuther (Jesuitenstr. 11, 53474 Bad Neuenahr)
Dr. Frank Bergmann (Theaterplatz 17, 52062 Aachen, T: (0241) 36 33-0, Fax: (0241) 40 49 72)
Verbandszeitschrift: Neuro Transmitter
Redaktion: Hammer Landstr. 1 a, 41460 Neuss
Verlag: Urban + Vogel, Neumarkter Str. 43, 81673 München
Mitglieder: ca. 3000

Landesverbände in:
Baden-Württemberg Nord, Baden-Süd, Bayern, Berlin, Brandenburg, Bremen, Hamburg, Hessen, Mecklenburg-Vorpommern Niedersachsen, Nordrhein, Rheinland-Pfalz, Saarland, Sachsen, Sachsen-Anhalt, Schleswig-Holstein, Thüringen, Westfalen, Württemberg-Süd

• T 2 741

Bundesverband Neurodermitiskranker in Deutschland e.V.
Postf. 11 65, 56135 Boppard
Oberstr. 171, 56154 Boppard
T: (06742) 87 13-0 **Fax:** 27 95
Internet: http://www.neurodermitis.net
E-Mail: Bvneuro@aol.com
Gründung: 1985 (2. Februar)
Vors.u.Bundes-Geschf: Jürgen Pfeifer (Ltg. Presseabt.), Boppard
Verbandszeitschrift: neurodermitis
Redaktion: Bundesverband, Oberstr. 171, 56154 Boppard
Mitglieder: ca. 15000
Mitarbeiter: 13
Jahresetat: DM 0,6 Mio, € 0,31 Mio
3 Landesverbände,
58 Selbsthilfe-Gruppen in der ganzen BRD (Kreis-, Stadt- und Ortsverbände)

• T 2 742

Gesellschaft für Primatologie e.V.
Tierärztliche Hochschule Hannover
Institut für Zoologie
Postf. 71 11 80, 30545 Hannover
T: (0511) 9 53 87 40 **Fax:** 9 53 85 86
E-Mail: ezimmer@zoologie.tiho-hannover.de
Gründung: 1988
Vorstand: Prof. Dr. Elke Zimmermann (Vors.)
Dr. Signe Preuschoft (Schriftführerin)
Dr. Angela Meder (Schatzmeisterin)
Dr. Thomas Geissmann (1. Beisitzer)
Dr. Kurt Hammerschmidt (2. Beisitzer)
Sachverständige, Beauftragte: Dr. Paul Winkler
Dr. Jutta Küster
Mitglieder: 250

• T 2 743

Deutsche Vereinigung für Orthopädische Sporttraumatologie (DVOST)
c/o Prof. Dr. Wolfgang Pförringer
Vilshofener Str. 6a, 81679 München
T: (0172) 2 38 21 40 **Fax:** (089) 98 78 88
Gründung: 1994 (November)
Präsident(in): Prof. Dr. med. Rainer Neugebauer, Regensburg
Schriftführer(in): Dr. Alfons Pfister (Werinherstr. 3, 81541 München, T: (089) 6 97 00 02, Telefax: (089) 6 97 09 11)
Verbandszeitschrift: Sportverletzung-Sportschaden
Redaktion: Thieme Verlag
Herausgeber: Prof. Scharf, Ulm
Mitglieder: 200

• T 2 744

Institut für Med. Parasitologie der Universität Bonn
Sigmund-Freud-Str. 25, 53127 Bonn
T: (0228) 2 87 56 73/74 **Fax:** 2 87 43 30
Direktor: Prof.Dr.med. H. M. Seitz

• T 2 745

Institut für Parasitologie
Justus-Liebig-Universität Gießen
Rudolf-Buchheim-Str. 2, 35392 Gießen
T: (0641) 9 93 84 60 **Fax:** 9 93 84 69
Geschf.-Direktor: Prof. Dr. H. Zahner

• T 2 746

Hufelandgesellschaft für Gesamtmedizin e.V.
Vereinigung der Ärztegesellschaften für biologische Medizin
Ortenaustr. 10, 76199 Karlsruhe
T: (0721) 88 62 76/77 **Fax:** 88 62 78
Gründung: 1974
Präsident(in): Dr.med. Karl-Heinz Gebhardt
Vizepräsident(in): Dr.med. Karl Buchleitner
Justitiar: Dr. Gernot Baur
Verbandszeitschrift: Erfahrungsheilkunde
Verlag: Medizin-Verlag Heidelberg, Fritz-Frey-Str. 21, 69121 Heidelberg
Mitglieder: ca. 15000

• **T 2 747**

Verein für Anthroposophisches Heilwesen e.V.
Postf. 11 10, 75374 Bad Liebenzell
Johannes-Kepler-Str. 56, 75378 Bad Liebenzell
T: (07052) 93 01-0 **Fax:** 93 01-10
Internet: http://www.heilwesen.de
E-Mail: verein@heilwesen.de
Vorstand: Felicitas Vogt
Claudia McKeen
Wolfram Schlegel
Geschäftsführer(in): Felicitas Vogt

• **T 2 748**

Deutsche Gesellschaft für Perinatale Medizin
c/o Universitäts-Frauenklinik
Schanzenstr. 46, CH-4031 Basel
T: (004161) 325 90 12 **Fax:** 325 90 31
Gründung: 1967
Vorsitzende(r): Prof. Dr. Dr.h.c. W. Holzgreve, Basel
Schriftführer(in): Prof.Dr. K. T. M. Schneider (Frauen- u. Poliklinik des Klinikums rechts der Isar der TU, Ismaninger Str. 22, 81675 München)
Verbandszeitschrift: Geburtshilfe und Neonatologie
Redaktion: Prof. Dr.Dr.h.c. W. Holzgreve, Universitäts-Frauenklinik, Schanzenstr. 46, CH-4031 Basel
Verlag: Enke Verlag
Mitglieder: ca. 1100

Das Ziel der Deutschen Gesellschaft für Perinatale Medizin ist, die Fortschritte der Wissenschaft über das Kind in der Schwangerschaft und während der ersten Lebenstage zu fördern und wichtige Erkenntnisse der Grundlagenforschung der Klinik sowie der Praxis durch Veranstaltung wissenschaftlicher Sitzungen oder Fortbildungstagungen nahezubringen. Sie verfolgt damit ausschließlich und unmittelbar gemeinnützige Zwecke im Sinne der Gemeinnützigkeit vom 24. Dezember 1953.

• **T 2 749**

Psychodiagnostisches Zentrum e.V. (PdZ)
Konsumhof 1-5, 14482 Potsdam
T: (0331) 7 47 00 19 **Fax:** 7 47 00 99
Gründung: 1996 (3. April)
Vorstand: Dr. Gerd Reimann

• **T 2 750**

Arbeitsgemeinschaft für Pharmazeutische Verfahrenstechnik e.V. (APV)
Kurfürstenstr. 59, 55118 Mainz
T: (06131) 97 69-0 **Fax:** 97 69-69
E-Mail: apv@apv-mainz.de
Gründung: 1954
Präsident(in): Dr. Günther Hanke
Vizepräsident(in): Dr. Arnim Laicher
Schriftführer(in): Dr. Hartmut Morck
Verbandszeitschrift: European Journal of Pharmaceutics and Biopharmaceutics
Redaktion: Prof.Dr. Robert Gurny, Université de Genève, Section de Pharmacie, 30, Quai Ernest-Ansermet, CH-1211 Genève 4
Verlag: Elsevier Science, P.O. Box 211, 1000 AE Amsterdam
Mitglieder: 2300

• **T 2 751**

Institut für Pharmazeutische Biologie an der Albert-Ludwigs-Universität
Schänzlestr. 1, 79104 Freiburg
T: (0761) 2 03-28 01 **Fax:** 2 03-28 03
Direktor(in): Prof.Dr. Horst Rimpler

• **T 2 752**

Interdisziplinäre Gesellschaft für Umweltmedizin e.V. (IGUMED)
Bergseestr. 57, 79713 Bad Säckingen
T: (07761) 91 34 90 **Fax:** 91 34 91
Gründung: 1992 (22. November)
Vorsitzende(r): Dr. A. Dohmen
Verbandszeitschrift: Umwelt, Medizin, Gessellschaft
Redaktion: Erik Petersen, 28205 Bremen; Till Bastian, 88316 Isny
Verlag: Ökologischer Ärztebund e.V., Braunschweiger Str. 53 b, 28205 Bremen

• **T 2 753**

Deutsche Gesellschaft für Biomedizinische Technik e.V.
Geschäftsstelle
Markgrafenstr. 11, 10969 Berlin
T: (030) 25 37 52-37 **Fax:** 2 51 72 48
Gründung: 1961
Vorsitzende(r): Prof. Dr. Armin Bolz
Stellvertretende(r) Vorsitzende(r): Prof. Dr. E.G. Hahn
Geschäftsführer(in): Peter Schön
Verbandszeitschrift: Biomedizinische Technik-Biomedical Engineering
Redaktion: Prof. Boenick, Berlin
Verlag: Fachverlag Schiele & Schön GmbH, Markgrafenstr. 11, 10969 Berlin
Mitglieder: ca. 600

• **T 2 754**

Aktion für Biologische Medizin e.V.
Goethestr. 15, 75173 Pforzheim
T: (07231) 14 78-0 **Fax:** 14 78-29
Vorsitzende(r): Dr.med. Karl Buchleitner
Geschäftsführer(in): Ursula Garncarz-Buchleitner

• **T 2 755**

Verein für Medizinische Frührehabilitation Osnabrück-Bad Iburg e.V.
Charlottenburger Ring 16, 49186 Bad Iburg
T: (05403) 43 40
Gründung: 1976 (03. Mai)
Vorsitzende(r): Heiner Thyssen
Geschäftsführer(in): Heinz Köhne
Mitglieder: 19
Mitarbeiter: 30
Jahresetat: DM 1,2 Mio, € 0,61 Mio

Schulträgerschaft der Professor-Grewe-Schule Lehranstalt für Physiotherapie.

• **T 2 756**

Arbeitskreis der Pankreatektomierten e.V. (AdP)
Zentrale Beratungsstelle
Krefelder Str. 52, 41539 Dormagen
T: (02133) 4 23 29 **Fax:** 4 26 91
Internet: http://www.adp-dormagen.de
Gründung: 1976 (25. September)
Vorsitzende(r): Dieter Prey
1. Stellv. Vors.: Hartmut Kotyrba
2. Stellv. Vors.: Adelheid Feil
Schatzmeister: Anton Nowak
Beisitzer: Manfred Lechner
Günter Bykowski
Wolfgang Heyden
Verbandszeitschrift: Handbuch für Pankreatektomierte (Loseblattsammlung)
Redaktion: Arbeitskreis der Pankreatektomierten e.V.
Verlag: Zentrale Beratungsstelle, Krefelder Str. 52, 41539 Dormagen
Mitglieder: 870

• **T 2 757**

Verband Physikalische Therapie - Vereinigung für die physiotherapeutischen Berufe (VPT) e.V.
Bundesgeschäftsstelle
Hofweg 15, 22085 Hamburg
T: (040) 22 72 32 22 **Fax:** 22 72 32 29
Präsident(in): Bruno Blum (Rosenkavalierplatz 18/II, 81925 München, T: (089) 99 99 74-3)
BGeschF: Ass. Karin Lübberstedt
Mitglieder: ca. 22000

Wahrnehmung der Interessen der Masseure und medizinischen Bademeister sowie der Physiotherapeuten/Krankengymnasten in berufsrechtlichen, arbeitsrechtlichen, vergütungs- und gebührensowie sozialrechtlichen Fragen; Aus-, Fort-und Weiterbildung.
Förderung der wissenschaftlichen Erkenntnisse auf dem Gebiet der Physikalischen Therapie/ Physiotherapie, ihrer praktischen Anwendung und interdisziplinären Bedeutung.

Landesgruppen

t 2 758

Verband Physikalische Therapie Landesgruppe Hamburg-Schleswig-Holstein
An der Alster 26 II., 20099 Hamburg
T: (040) 24 55 90 **Fax:** 2 80 24 63
Vorsitzende(r): Uwe Espersen
Geschäftsführerin: Renate Drönner

t 2 759

Verband Physikalische Therapie Landesgruppe Weser-Ems
Kirchhuchtinger Landstr. 3, 28259 Bremen
T: (0421) 57 06 62 **Fax:** 58 22 70
Vorsitzende(r): Manfred Nordbrink
Geschäftsführerin: Waltraud Honschopp

t 2 760

Verband Physikalische Therapie Landesgruppe Niedersachsen
Lavesstr. 71, 30159 Hannover
T: (0511) 30 60 25 **Fax:** 30 60 19
Vorsitzende(r): Friedhelm Lüßmann
Geschäftsführer(in): Petra Eberhard

t 2 761

Verband Physikalische Therapie Landesgruppe Westfalen-Niederrhein
Hafenweg 19, 59192 Bergkamen
T: (02389) 98 82 50 **Fax:** 98 82 58
Vorsitzende(r): Helmut Tadeusz
Geschäftsführerin: Gerlinde Heppelmann

t 2 762

Verband Physikalische Therapie Landesgruppe Mittelrhein
An der Alten Eiche 10, 53340 Meckenheim
T: (02225) 92 19-0 **Fax:** 92 19-7
Vorsitzende(r): Georg Zabawa
Geschäftsführerin: Renate Schmitz

t 2 763

Verband Physikalische Therapie Landesgruppe Rheinland-Pfalz-Saar
Thebäerstr. 51, 54292 Trier
T: (0651) 2 99 90 **Fax:** 2 44 21
Vorsitzende(r): Stefan Schmitt
Geschäftsführer(in): Herbert Schneider

t 2 764

Verband Physikalische Therapie Landesgruppe Hessen
Postf. 11 31, 61268 Wehrheim
T: (06081) 5 73 48 **Fax:** 5 73 41
Vorsitzende(r): Hans-Heinrich Hübbe
Geschäftsführerin: Sylvia Nevermann

t 2 765

Verband Physikalische Therapie Landesgruppe Baden-Württemberg
Stauferstr. 13, 70736 Fellbach
T: (0711) 95 19 10-0 **Fax:** 51 90 12
Vorsitzende(r): Hans Hartogh
Geschäftsführerin: Dorothee Althans

t 2 766

Verband Physikalische Therapie Landesgruppe Bayern
Rosenkavalierplatz 18, 81925 München
T: (089) 99 99 74-3 **Fax:** 91 04 96 27
Vorsitzende(r): Bruno Blum
Geschäftsführerin: Ulrike Weicher

t 2 767

Verband Physikalische Therapie Landesgruppe Berlin-Brandenburg
Rennbahnallee 110, 15366 Dahlwitz-Hoppegarten
T: (03342) 30 20 74, 30 20 75 **Fax:** 30 20 79
Vorsitzende: Barbara Michalski
Geschäftsführerin: Doris Tuchel

t 2 768

Verband Physikalische Therapie Landesgruppe Mecklenburg-Vorpommern
Grunthalplatz 2, 19053 Schwerin
T: (0385) 5 50 79 89 **Fax:** 5 81 00 33
Vorsitzende(r): Matthias Paulsen
Geschäftsführerin: Christine Schäfer

t 2 769

Verband Physikalische Therapie Landesgruppe Sachsen-Anhalt
Coquistr. 19, 39104 Magdeburg
T: (0391) 4 01 17 15 **Fax:** 4 01 41 06
Vorsitzende(r): Karl-Heinz Kellermann
Geschäftsführerin: Jutta Hermann

t 2 770

Verband Physikalische Therapie Landesgruppe Thüringen
Frankenweg 24, 07318 Saalfeld
T: (03671) 51 06 50 **Fax:** 52 04 19
Vorsitzende: Andrea Brakutt
Geschäftsführerin: Heike Scholz

t 2 771

Verband Physikalische Therapie Landesgruppe Sachsen
Kändlerstr. 30, 01129 Dresden
T: (0351) 8 58 33 68 **Fax:** 8 58 48 87
Vorsitzende: Elke Schliedermann
Geschäftsführerin: Uta Zetzl

• T 2 772

Deutsche Gesellschaft für Soziale Psychiatrie e.V. (DGSP)
Stuppstr. 14, 50823 Köln
T: (0221) 51 10 02 **Fax:** 52 99 03
Internet: http://www.psychiatrie.de
E-Mail: dgsp@netologne.de
Vorst.-Sprecherin: Ruth Vogel
Geschäftsführer(in): Richard Suhre
Leitung Presseabteilung: Michaela Hoffmann
Verbandszeitschrift: Soziale Psychiatrie
Redaktion: Eigenverlag
Mitglieder: ca. 3000

• T 2 773

Institut für Sozialarbeit und Sozialpädagogik e.V. (ISS)
Am Stockborn 5-7, 60439 Frankfurt
T: (069) 9 57 89-0 **Fax:** 9 57 89-190
Internet: http://www.iss-ffm.de
E-Mail: info@iss-ffm.de
Gründung: 1991 (11. März)
Vorsitzende(r): Dr. Helga Henke-Berndt
Geschäftsführer(in): Hans-Georg Weigel
Mitarbeiter: 50
Jahresetat: DM 6 Mio, € 3,07 Mio

• T 2 774

Deutsche Gesellschaft für Sozialpädiatrie und Jugendmedizin e.V.
Heiglhofstr. 63, 81377 München
T: (089) 7 10 09-232 **Fax:** 7 10 09-248
Präsident(in): Univ. Prof. Dr.med. Dr.h.c. Hubertus von Voss

• T 2 775

Pinel-Gesellschaft e.V.
Nürnberger Str. 17, 10789 Berlin
T: (030) 2 13 80 66 **Fax:** 2 13 16 16
1. Vorsitzende(r): Dipl.-Psych., Psychoanalytiker Hans-Otto Böckheler
Stellvertretende(r) Vorsitzende(r): Beate Hauschild
Reinhard Zurgeissel

• T 2 776

AKTION PSYCHISCH KRANKE Vereinigung zur Reform der Versorgung psychisch Kranker e.V.
Brungsgasse 4-6, 53117 Bonn
T: (0228) 67 67 40 **Fax:** 67 67 42
Gründung: 1971
Vorsitzende(r): Regina Schmidt-Zadel (MdB)
Stellvertretende(r) Vorsitzende(r): Prof. Dr. Heinrich Kunze
Geschäftsführerin: Christine Przytulla
Wiss. Mitarbeiter: Ulrich Krüger
Karl-Ernst Brill
Mitglieder: 150

• T 2 777

Deutsche Akademie für Psychoanalyse (DAP) e.V.
Geschäftsstelle
Kantstr. 120-121, 10625 Berlin
T: (030) 3 13 28 93, 3 13 26 98 **Fax:** 3 13 69 59
Sitz: München
Goethestr. 54, 80336 München,
T: (089) 53 96 74/75,
Telefax: (089) 5 32 88 37
Präsident(in): Dipl.-Psych. Maria Ammon
Leitung Presseabteilung: Dr. Ilse Burbiel
Verbandszeitschrift: Dynamische Psychiatrie/Dynamic Psychiatry
Redaktion: Kantstr. 120/121, 10625 Berlin
Verlag: "Pinel" Verlag GmbH, Kantstr. 120/121, Berlin

• T 2 778

Sigmund-Freud-Institut Forschungsinstitut für Psychoanalyse und ihre Anwendungen
Stiftung des öffentlichen Rechts
Myliusstr. 20, 60323 Frankfurt
T: (069) 97 12 04-0 **Fax:** 97 12 04-4
Internet: http://www.sfi-frankfurt.de
Geschf. Dir.: Prof. Dr. Dr. Horst-Eberhard Richter

• T 2 779

Deutsche Psychoanalytische Gesellschaft e.V. (gegr. 1910) (DPG)
c/o Freie Universität
Arnimallee 12, 14195 Berlin
T: (030) 8 38-5277 **Fax:** 8 38-75481
E-Mail: koerner@zedat.fu-berlin.de
Gründung: 1910, Wiedergründung 1946
Vorsitzende(r): Prof. Dr. disc. pol. Jürgen Körner (Arnimallee 12, 14195 Berlin)
Stellvertretende(r) Vorsitzende(r): Dr. med. Otto Allwein (Askaripfad 4, 81827 München)
Verbandszeitschrift: Forum der Psychoanalyse
Verlag: Springer, Heidelberg
Mitglieder: 670
Örtliche Arbeitsgruppen in: Bad Berleburg, Berlin, Bielefeld, Düsseldorf, Frankfurt a.M., Freiburg, Göttingen, Hannover, Hamburg, Kassel, Mannheim-Heidelberg, München, Nürnberg, Saarland und Stuttgart

• T 2 780

Deutsche Psychoanalytische Vereinigung (Zweig der Internationalen Psychoanalyt. Vereinigung) e.V.
Körnerstr. 11, 10785 Berlin
T: (030) 26 55 25 04 **Fax:** 26 55 25 05
E-Mail: dpsav@t-online.de
Vorsitzende(r): Dr.med. Winfrid Trimborn
Stellvertretende(r) Vorsitzende(r): Dr.phil. Werner Bohleber
Dr.phil. Ekkehard Gattig
Sekr.: Dr.phil. Erwin Kaiser

• T 2 781

Berliner Psychoanalytisches Institut Karl-Abraham-Institut e.V. (Zweig der Internationalen Psychoanalytischen Vereinigung e.V.)
Ausbildungs-Institut der Deutschen Psychoanalytischen Vereinigung
Körnerstr. 11, 10785 Berlin
T: (030) 26 55 49 18 **Fax:** 26 55 49 19
Leiter u. Vors.: Dr.med. Axel Schwaarz

• T 2 782

Deutsche Gesellschaft für Psychologie e.V. (DGPs)
c/o Geschäftsstelle, Sibylle Claßen
Hollandtstr. 61, 48161 Münster
T: (0251) 86 28 10 **Fax:** 86 99 33
E-Mail: clasen@uni-muenster.de
Gründung: 1904
Präsident(in): Prof. Dr. Rainer H. Kluwe (Institut für Kognitionsforschung der Universität der Bundeswehr Hamburg, Holstenhofweg 85, 22043 Hamburg, T: (040) 65 41 28 63, Fax: (040) 65 41 28 63, e-mail: rk@unibw-hamburg.de)
1. Vize-Präsident: Prof. Dr. Manfred Amelang (Psychologisches Institut der Universität Heidelberg, Hauptstr. 47-51, 69117 Heidelberg, T: (06221) 54 73 28, -3 29, Fax: (06221) 54 73 25, e-mail: amelang@psi-sv1.psi-uni-heidelberg.de)
2. Vize-Präsident: Prof. Dr. Klaus Grawe (Psychologisches Institut der Universität Bern, Muesmattstr. 45, CH-3009 Bern, T: (+41-31) 6 31 47 31, Fax: (+41-31) 6 31 82 12, e-mail: grawe@psy.unibe.ch)
Schriftführer(in): Prof. Dr. Ursula Piontkowski (Psychologisches Institut IV der Universität Münster, Fliednerstr. 21, 48149 Münster, T: (0251) 8 33 41 93, Fax: (0251) 8 33 13 35, e-mail: pio@psy.uni-muenster.de)
Schatzmeister: Prof. Dr. Hartmut Wandke (Institut für Psychologie der Humboldt-Universität Berlin, Oranienburger Str. 18, 10178 Berlin, T: (030) 2 85 16 52 45, Fax: (030) 2 82 40 46, e-mail: hartmut.wandke@psychologie.hu-berlin.de)
Beisitzer: Prof. Dr. Rainer K. Silbereisen (Lehrstuhl für Entwicklungspsychologie, Universität Jena, Am Steiger 3/Haus 1, 07743 Jena, T: (03641) 94 52 01, Fax: (03641) 94 52 02, e-mail: sii@rz.uni-jena.de)
Verbandszeitschrift: Psychologische Rundschau
Verlag: Verlag für Psychologie Dr. Hogrefe, Postf. 37 51, 37027 Göttingen
Mitglieder: ca. 1900
Fachgruppen:
Allgemeine Psychologie
Arbeits- und Organisationspsychologie
Biologische Psychologie
Differentielle Psychologie, Persönlichkeitspsychologie und Psychologische Diagnostik
Entwicklungspsychologie
Geschichte der Psychologie
Gesundheitspsychologie
Klinische Psychologie
Methoden
Pädagogische Psychologie
Rechtspsychologie
Sozialpsychologie
Umweltpsychologie

• T 2 783

Deutscher Arbeitskreis für Gruppenpsychotherapie und Gruppendynamik (DAGG)
Landaustr. 18, 34121 Kassel
T: (0561) 28 45 67 **Fax:** 28 44 18
Internet: http://www.dagg.de
E-Mail: dagg.ks@t-online.de
Gründung: 1968
1. Vorsitzende(r): Dr.med. Jörg Burmeister
2. Vorsitzende(r): Dr. med. Dankwart Mattke
Leitung Presseabteilung: Jutta Bohnhorst
Verbandszeitschrift: Gruppenpsychotherapie u. Gruppendynamik
Verlag: Vandenhoeck + Ruprecht
Mitglieder: 1100
Mitarbeiter: 1

• T 2 784

Deutsche Gesellschaft für Psychosomatische Medizin e.V. (DGPM)
Geiselgasteigstr. 203, 81545 München
T: (089) 6 42 72 30
Präsident(in): Dr.med. Rolf Schmidts
Schatzmeister: Dr.med. Anette Binder

• T 2 785

Zentralinstitut für Seelische Gesundheit
Landesstiftung des öffentlichen Rechts
Postf. 12 21 20, 68072 Mannheim
J 5, 68159 Mannheim
T: (0621) 17 03-0 **Fax:** 2 34 29
Gründung: 1975 (8. April)
Direktor(in): Prof.Dr.Dr. Fritz A. Henn (T: (0621) 17 03-7 39)
Stellvertretender Direktor: Prof.Dr.Dr. Martin Schmidt
Verwaltungsdirektor: Winfried Busche
Leitung Presseabteilung: Dr. Gerhard Fischer
Mitarbeiter: ca. 600
Zusammenarbeit mit der Weltgesundheitsorganisation (WHO) als Collaborating Centre for Research and Training in Mental Health

• T 2 786

Internationale Gesellschaft für Tiefenpsychologie e.V. Erweiterte Gemeinschaft Arzt und Seelsorger
Sitz: Stuttgart
Geschäftsstelle:
Postf. 11 47, 73201 Plochingen
T: (07153) 2 10 62
Gründung: 1949
Vorsitzende(r): Prof. Dr. phil. Verena Kast
Stellvertretende(r) Vorsitzende(r): Prof. Dr. med. Hinderk M. Emrich
Prof. Dr. med. Günter Hole
Hauptgeschäftsführer(in): Brigitte Schmid
Mitglieder: 1500
Mitarbeiter: 2

• T 2 787

Forschungsstelle für Psychotherapie Stuttgart des Psychotherapeutischen Zentrums e.V.
Christian-Belser-Str. 79a, 70597 Stuttgart
T: (0711) 67 81-4 00 **Fax:** 6 87 69 02
Internet: http://www.psyres-stuttgart.de
E-Mail: fost@psyres-stuttgart.de
Leitung: Prof. Dr.med. Horst Kächele (Universitätsklinikum Ulm, Abteilung Psychotherapie und Psychosomatik und Forschungsstelle für Psychotherapie, Stuttgart, Ulm, Am Hochsträß 8, 89081 Ulm)

• T 2 788

Interdisziplinäre Studiengesellschaft für praktische Psychologie e.V.
Alois-von-Brinz-Str. 8, 88171 Weiler-Simmerberg
T: (08387) 92 21-0
Internet: http://home.t-online.de/home/studiengesellschaft/isg.htm
E-Mail: GP-Forschungsgruppe@t-online.de
Gründung: 1947
Vorsitzende(r): Dr.rer.pol. Dipl.-Volksw. Dieter Korczak (Soziologe)
Verbandszeitschrift: Schriftenreihe Praktische Psychologie
Verlag: ISL-Verlag, Hagen
Mitglieder: 104
Herausgeber: Dr. Dieter Korczak

• T 2 789

Bundesarbeitsgemeinschaft für Rehabilitation
Walter-Kolb-Str. 9-11, 60594 Frankfurt
T: (069) 60 50 18-0 **Fax:** 60 50 18-29
E-Mail: BAR-Frankfurt-@-t-online.de
Gründung: 1969
Vorsitzende(r) des Vorstandes: Reinhard Ebert, Köln
Ursula Kleinert, Berlin
- im jährlichen Wechsel
Geschäftsführer(in): Bernd Steinke
Stellvertretende(r) Geschäftsführer(in): Hennig Kirsten
Leitung Presseabteilung: Ingo Müller-Baron
Mitglieder: 31
Mitarbeiter: 25

• T 2 790

KfH Kuratorium für Dialyse und Nierentransplantation e.V.
Postf. 15 62, 63235 Neu-Isenburg
Martin-Behaim-Str. 20, 63263 Neu-Isenburg
T: (06102) 35 90 **Fax:** 35 93 44
Gründung: 1969 (7. Oktober)
Vors. d. Präs.: Dr.med. Klaus Ketzer
Vorsitzende(r) des Vorstandes: Prof. Dr.jur. Bertram Schulin
Leitung Presseabteilung: Norbert Dörholt
Mitglieder: ca. 330
Mitarbeiter: ca. 6000
Jahresetat: ca. DM 1 Mrd.

• T 2 791

Arbeitskreis Organspende
Postf. 15 62, 63235 Neu-Isenburg
Emil-von-Behring-Passage, 63263 Neu-Isenburg
T: (06102) 35 92 25 **Fax:** 35 94 10
Internet: http://www.akos.de
E-Mail: presse@akos.de
Gründung: 1979 (9. November)
Kommunikation: Anna Viek
Geschäftsführendes Mitglied: KfH Kuratorium für Dialyse und Nierentransplantation e.V., Neu-Isenburg

• T 2 792

Deutsche Vereinigung für die Rehabilitation Behinderter e.V. (DVfR)
Friedrich-Ebert-Anlage 9, 69117 Heidelberg
T: (06221) 2 54 85 **Fax:** 16 60 09
E-Mail: info@dvfr.de
Gründung: 1909
Vorsitzende(r): Dr. med. Wolfgang Blumenthal
Geschäftsführer(in): Dipl.-Volksw. Martin Schmollinger
Verbandszeitschrift: Die Rehabilitation
Redaktion: DVfR
Verlag: Thieme, Stuttgart
Mitglieder: ca. 500

• T 2 793

Deutsches Aussätzigen-Hilfswerk e.V. (DAHW)
Mariannhillstr. 1c, 97074 Würzburg
T: (0931) 79 48-0 **Fax:** 79 48-160
Internet: http://www.dahw.de
E-Mail: info@dahw
Gründung: 1957 (18. Januar)
Präsident(in): Dr. Horst Frank
Vizepräsident(in): J. Martin Thees
Leitung Presseabteilung: Dr. Gerhard Kunath
Verbandszeitschrift: miteinander
Redaktion: Heike Windmeißer
Mitglieder: 40
Mitarbeiter: 60
Gründungsmitglied der Internationalen Vereinigung der Leprahilfswerke (ILEP)

• T 2 794

Bundesarbeitsgemeinschaft Hilfe für Behinderte e.V. (BAGH)
Kirchfeldstr. 149, 40215 Düsseldorf
T: (0211) 31 00 60 **Fax:** 3 10 06 48
Internet: http://www.bagh.de
E-Mail: info@bagh.de
Vorsitzende(r): Friedel Rinn
Geschäftsführer(in): Christoph Nachtigäller
Verbandszeitschrift: Selbsthilfe
Mitglieder: ca. 750000

Landesarbeitsgemeinschaften

t 2 795

Landesarbeitsgemeinschaft Hilfe für Behinderte Baden-Württemberg e.V.
Hackstr. 74, 70190 Stuttgart
T: (0711) 25 11 81-0 **Fax:** 25 11 81-1
E-Mail: lagh.bw@t-online.de
Gründung: 1987
Geschäftsführerin: Irene Kolb-Specht
Vorsitzende(r): Horst Mehl
Mitglieder: 38 Landesverbände

t 2 796

Landesarbeitsgemeinschaft Hilfe für Behinderte in Bayern e.V.
Weißenburger Str. 43, 81667 München
T: (089) 45 99 24-0 **Fax:** 45 99 24-13
Vorsitzende(r): Maximilian H. Maurer
Geschäftsstelle: Reinhard Kirchner

t 2 797

Landesarbeitsgemeinschaft "Hilfe für Behinderte" Berlin e.V.
Rungestr. 3-6, 10179 Berlin
T: (030) 27 59 25 25 **Fax:** 27 59 25 26
Gründung: 1979 (29. Juni)
Vorsitzende(r): Dr. Manfred Schmidt
Geschäftsstelle: Martina Haase
Mitglieder: 13500
Mitarbeiter: 2

t 2 798

Landesarbeitsgemeinschaft Hilfe für Behinderte Brandenburg e.V.
Heinersdorfer Str. 4, 16303 Schwedt
T: (03332) 52 17 35, 52 17 51 **Fax:** 52 17 51
Vorsitzende(r): Heinz Strüwing
Geschäftsstelle: Ingeborg Auerswald

t 2 799

Landesarbeitsgemeinschaft Hilfe für Behinderte Bremen e.V.
Waller Heerstr. 55, 28217 Bremen
T: (0421) 3 87 77-14 **Fax:** 3 87 77-99
Vorsitzende(r): Matthias Weinert
Geschäftsstelle: Hans-Peter Keck

t 2 800

Hamburger Landesarbeitsgemeinschaft für behinderte Menschen e.V.
Richardstr. 45, 22081 Hamburg
T: (040) 29 99 56 66 **Fax:** 29 36 01
Vorsitzende(r): Wolfgang Doege
Geschäftsstelle: Andrea Bethke

t 2 801

Landesarbeitsgemeinschaft Hessen Hilfe für Behinderte e.V.
Raiffeisenstr. 15, 35043 Marburg
T: (06421) 4 20 44 **Fax:** 5 17 15
Vorsitzende(r): Dr. Georg Maraun

t 2 802

Landesarbeitsgemeinschaft Selbsthilfe Behinderter Mecklenburg-Vorpommern
Henrik-Ibsen-Str. 20, 18106 Rostock
T: (0381) 7 69 03 40 **Fax:** 7 69 03 40
Vorsitzende(r): Dr. Ulrike Müller

t 2 803

Landesarbeitsgemeinschaft Selbsthilfe Behinderter Niedersachsen
c/o Karl-Heinz Wack
Reherweg 20e, 31787 Hameln
T: (05151) 92 63 76
Vorsitzende(r): Georg Kotmann
Geschäftsstelle: Karl-Heinz Wack

t 2 804

Landesarbeitsgemeinschaft Selbsthilfe Behinderter und chronisch kranker Menschen in NRW
Neubrückenstr. 12-14, 48143 Münster
T: (0251) 4 34 00, 4 34 09 **Fax:** 51 90 51
Vorsitzende(r): Geesken Wörmann
Geschäftsstelle: Dr. Willibert Strunz

t 2 805

Landesarbeitsgemeinschaft Rheinland-Pfalz Selbsthilfe Behinderter
Drechslerweg 25, 55128 Mainz
T: (06131) 9 36 60 44 **Fax:** 9 36 60 90
Vorsitzende(r): Heinz Eble
Geschäftsstelle: Anna Schädler

t 2 806

Landesarbeitsgemeinschaft Hilfe für Behinderte Saarland e.V.
Kaiserstr. 10, 66111 Saarbrücken
T: (0681) 37 57 48 **Fax:** 37 57 48
Vorsitzende(r): Norbert Klein
Geschäftsstelle: Annette Pauli

t 2 807

Landesarbeitsgemeinschaft Hilfe für Behinderte Sachsen e.V.
Beratungs- und Geschäftsstelle
Michelangelostr. 2, 01217 Dresden
T: (0351) 4 72 49 41 od. 4 72 49 42 **Fax:** 4 71 74 01
Gründung: 1990 (27. Oktober)
Vorsitzende(r): Dr. Peter Münzberg
Geschäftsstelle: Wolfgang Doberenz
Mitglieder: 40000
Mitarbeiter: 5

t 2 808

Landesarbeitskreis Schleswig-Holstein
Kontaktadresse:
Kastanienstr. 27, 24114 Kiel
T: (0431) 6 61 18-0
Kontaktperson: Rainer Dillenberg

t 2 809

Landesarbeitsgemeinschaft Hilfe für Behinderte Thüringen e.V.
Musäusring 24c, 07747 Jena
T: (03641) 33 43 95 **Fax:** 33 43 95
Vorsitzende(r): Charlotte-Rosita Baake

• T 2 810

Bundesarbeitsgemeinschaft der Werkstätten für Behinderte e.V. (BAG/WfB)
Sonnemannstr. 5, 60314 Frankfurt
T: (069) 94 33 94-0 **Fax:** 94 33 94-25
Internet: http://www.bagwfb.de
E-Mail: degennaro@bagwfb.de
Gründung: 1975
1. Vorsitzende(r): Dietrich Anders
Geschäftsführer(in): Ulrich Scheibner
Leitung Presseabteilung: Christopher De Gennaro
Verbandszeitschrift: Werkstatt: Dialog
Mitglieder: 580 Hauptwerkstätten, 719 Zweigwerkstätten
Mitarbeiter: über 185000 behinderte Beschäftigte

• T 2 811

Arbeitsgemeinschaft Allergiekrankes Kind Hilfen für Kinder mit Asthma, Ekzem oder Heuschnupfen (AAK) e.V.
mildt. Verein
Bundesverband - Informations-, Begegnungs- u. Fortbildungszentrum der AAK
Nassaustr. 32, 35745 Herborn
T: (02772) 92 87-0 **Fax:** 92 87-48
Internet: http://www.aak.de
E-Mail: aak-ev@t-online.de
Gründung: 1977 (14. Dezember)
Geschäftsführer(in): Marianne Stock
Vorstand: Gehle
Kesting
Dr. Schade
Verbandszeitschrift: Infoblatt
Redaktion: AAK-Team
Mitglieder: 5500
Mitarbeiter: 8

Selbsthilfegruppen, Regional-AAK's sind in der Bundesgeschäftsstelle, Informations-Begegnungs- und Fortbildungszentrum zu erfragen

• T 2 812

Arbeitsgemeinschaft Spina bifida und Hydrocephalus e.V. (ASbH)
Bundesverband
Münsterstr. 13, 44145 Dortmund
T: (0231) 86 10 50-0 **Fax:** 86 10 50-50
Internet: http://www.asbh.de
E-Mail: asbh@asbh.de
Gründung: 1966 (16. März)
Leitung Presseabteilung: Wilhelm Langenhorst
Verbandszeitschrift: ASbH-Brief
Mitglieder: 3500 Betroffene und ihre Angehörigen
Mitarbeiter: 4
Jahresetat: DM 1,2 Mio, € 0,61 Mio

• T 2 813

Arbeitskreis Kunstfehler in der Geburtshilfe e.V.
Münsterstr. 261, 44145 Dortmund
T: (0231) 57 48 46 **Fax:** 52 60 48

• T 2 814

Arbeitskreis überaktives Kind e.V.
Dieterichsstr. 9, 30159 Hannover
T: (0511) 3 63 27 29 **Fax:** 3 63 27 72
Verbandszeitschrift: Akzente
Redaktion: über Beratungsstelle

• T 2 815

Bundesarbeitsgemeinschaft Hörbehinderter Studenten und Absolventen e.V. (BHSA)
Hinter der Hochstätte 2a, 65239 Hochheim
T: (06146) 83 55-37 **Fax:** 83 55-38
E-Mail: bhsa@uni.de
Gründung: 1986 (3. Mai)
Geschf. Bundesvorstand: Andreas Kammerbauer (Geschäftsf.)
Finanzverwalter: Andreas Döhne
Leitung Presseabteilung: Tanja Knoke
Verbandszeitschrift: BHSA-Journal
Mitglieder: 280
Jahresetat: DM 0,05 Mio, € 0,03 Mio

• T 2 816

Bundeselternvereinigung für anthroposophische Heilpädagogik und Sozialtherapie e.V.
Schloßstr. 9, 61209 Echzell
T: (06035) 8 11 90 **Fax:** 8 12 17

• T 2 817

Anthroposophische Gesellschaft in Deutschland e.V.
Zur Uhlandshöhe 10, 70188 Stuttgart
T: (0711) 1 64 31 21 **Fax:** 1 64 31 30
Internet: http://www.Anthroposophie-de.com
E-Mail: AGiD.Deutschland@t-online.de
Gründung: 1954 (31. Oktober)
Generalsekretär(in): Charlotte Roder
Beauftragter des Vorstandes/Geschäftsführer: Dieter Pommerening
Verbandszeitschrift: Mitteilungen aus der anthrop. Arbeit
Redaktion: Alt-Niederursel 51, 60439 Frankfurt
Verlag: Selbstverlag
Mitglieder: 20000
Mitarbeiter: 18 hauptamtl.
Jahresetat: DM 16 Mio, € 8,18 Mio

• T 2 818

Bundesselbsthilfeverband für Osteoporose e.V.
Kirchfeldstr. 149, 40215 Düsseldorf
T: (0211) 31 91 65 **Fax:** 33 22 02
Gründung: 1987 (August)
Präsident(in): Hildegard Kaltenstadler
Verbandszeitschrift: "Aktuell"
Mitglieder: ca. 12000

Landesverbände

t 2 819

Bundesselbsthilfeverband für Osteoporose e.V. Landesverband Nordrhein-Westfalen
Am Lindentor 85, 47259 Duisburg
Fax: (0203) 75 17 09
Doris Holzschneider

t 2 820

Bundesselbsthilfeverband für Osteoporose e.V. Landesverband Hessen
Am Grimmen 4, 65343 Eltville
T: (06123) 57 35 **Fax:** 6 32 73
Dr. Hanshenning Powilleit

t 2 821

Bundesselbsthilfeverband für Osteoporose e.V. Landesverband Bayern
Badener Str. 75, 90518 Altdorf
Fax: (09187) 88 72
Erna Gemeinhardt

t 2 822

Bundesselbsthilfeverband für Osteoporose e.V. Landesverband Niedersachsen
Ludolfstr. 1a, 37581 Bad Gandersheim
T: (05382) 26 06 **Fax:** 26 16
Klaus Schöne

t 2 823

Bundesselbsthilfeverband für Osteoporose e.V. Landesverband Rheinland-Pfalz
Hauptstr. 5, 57520 Steinebach
T: (02747) 4 57 **Fax:** (0247) 4 57
Katharina Wolf

• T 2 824

Bundesselbsthilfeverband Kleinwüchsiger Menschen e.V.
c/o Ulrike Förster
Oststr. 44, 74232 Abstatt
T: (07062) 97 52 83 **Fax:** 97 52 83
Internet: http://www.kleinwuchs.de
E-Mail: vkm@kleinwuchs.de
Gründung: 1968 (November)
1. Vorsitzende(r): Ulrike Förster
Leitung Presseabteilung: Sabine Popp (Beintweg 26, 69181 Leimen, T: (06224) 7 70 07)
Verbandszeitschrift: TROTZDEM
Redaktion: Monika Centmayer
Verlag: Schwabstr. 100, 71032 Böblingen
Mitglieder: 400
Mitarbeiter: 20 (alle ehrenamtlich)
Jahresetat: DM 0,2 Mio, € 0,1 Mio
Landesverbände in: Baden-Württemberg, Bayern, Brandenburg-Berlin, Hamburg/Schleswig-Holstein, Kurhessen-Harz, Nordrhein-Westfalen, Rhein-Hessen-Saar

• T 2 825

Bundesverband Contergangeschädigter e.V.
Hilfswerk vorgeburtlich Geschädigter
Paffrather Str. 132-134, 51069 Köln
T: (0221) 6 80 34 79 **Fax:** 68 20 10

• T 2 826

Bundesverband der Angehörigen psychisch Kranker e.V. (BAPK)
Thomas-Mann-Str. 49a, 53111 Bonn
T: (0228) 63 26 46 **Fax:** 65 80 63
Gründung: 1985
Vorstand: Dr. Alfred Speidel (Vors.), Lahnstein
Marianne Bredendiek (stellv. Vors.), Berlin
Dr. Diether Bischoff (stellv. Vors.; Schatzmeister)
RA Egbert Schaeffer, Düsseldorf
Ursel Brand (Länderrat), Konstanz
Gunter Kasch, Jena
Verbandszeitschrift: Psychosoziale Umschau
Redaktion: Beate Lisofsky
Verlag: Psychiatrie-Verlag, Thomas-Mann-Str. 49a, 53111 Bonn
Mitglieder: 15 Landesverbände mit zusammen 2800 Mitgliedern in 500 Basisgruppen
Mitarbeiter: ehrenamtl.
Jahresetat: DM 0,150 Mio, € 0,08 Mio

Landesverbände

t 2 827

Landesverband Baden-Württemberg der Angehörigen psychisch Kranker e.V.
Hardtwaldweg 19, 71229 Leonberg
T: (07152) 5 92 63 **Fax:** 5 92 63
Vorsitzende(r): Karlheinz Walter

t 2 828

Landesverband Bayern der Angehörigen psychisch Kranker e.V.
Landsberger Str. 135/IIIr, 80339 München
T: (089) 5 02 46 73 **Fax:** (0881) 84 45
Vorsitzende(r): Eva Straub

t 2 829

Landesverband Berlin der Angehörigen psychisch Kranker e.V.
Albrecht-Achilles-Str. 65, 10709 Berlin
T: (030) 8 91 60 85
Vorsitzende(r): Jutta Cremer

t 2 830

Landesverband Brandenburg der Angehörigen psychisch Kranker e.V.
Kirchplatz 16, 14712 Rathenow
T: (03385) 51 21 46 **Fax:** 50 35 33
Vorsitzende(r): Frank Richter

t 2 831

Landesverband Hamburg der Angehörigen psychisch Kranker e.V.
Bramfelder Chaussee 373b, 22175 Hamburg
T: (040) 6 42 67 80
Vorsitzende: Ingrid May

t 2 832

Landesverband Hessen der Angehörigen psychisch Kranker e.V.
Ludwigstr. 32, 63067 Offenbach
T: (069) 81 12 55 **Fax:** 81 12 53
Vorsitzende(r): Prof. Dr. Reinhard Peukert

t 2 833

Landesverband Mecklenburg-Vorpommern der Angehörigen psychisch Kranker e.V.
Henrik-Ibsen-Str. 20, 18106 Rostock
T: (0381) 72 20 25 **Fax:** 72 20 25
Vorsitzende(r): Helmut Hartig

t 2 834

Arbeitsgemeinschaft der Angehörigen psychisch Kranker in Niedersachsen und Bremen e.V.
Wedekindplatz 3, 30161 Hannover
T: (0511) 62 26 76 **Fax:** 62 49 77
Vorsitzende: Rose-Marie Seelhorst

t 2 835

Landesverband Nordrhein-Westfalen der Angehörigen psychisch Kranker e.V.
Plöniesstr. 2-4, 48153 Münster
T: (0251) 79 05 93 **Fax:** 79 97 96
Vorsitzende: Gudrun Schliebener

t 2 836

Landesverband Rheinland-Pfalz der Angehörigen psychisch Kranker e.V.
Postf. 30 01, 55020 Mainz
T: (06131) 5 39 72 **Fax:** 55 71 28
Vorsitzende: Monika Zindorf

t 2 837

Landesverband Saarland der Angehörigen psychisch Kranker e.V.
Königsberger Str. 42, 66121 Saarbrücken
T: (0681) 83 16 82 **Fax:** (06897) 83 16 82
Vorsitzende(r): Irma Klein

t 2 838

Landesverband Sachsen der Angehörigen psychisch Kranker e.V.
Viertelsweg 62-64, 04157 Leipzig
T: (0341) 9 04 69 35 **Fax:** 9 04 69 35
Vorsitzende: Monika Schöpe

t 2 839

Landesverband Sachsen-Anhalt der Angehörigen psychisch Kranker e.V.
Talstr. 32b, 06120 Halle
T: (0345) 5 50 48 56 **Fax:** 5 50 48 56
Vorsitzende: Karin Hanschke

t 2 840

Landesverband Schleswig-Holstein der Angehörigen psychisch Kranker e.V.
Volkerstr. 14, 23562 Lübeck
T: (0451) 4 98 89 29, 50 17 83 **Fax:** 4 99 43 36
Vorsitzende(r): Ernst Maß

t 2 841

Landesverband Thüringen der Angehörigen psychisch Kranker e.V.
Geschäftsstelle
Landesfachkrankenhaus für Psychiatrie und Neurologie
Bahnhofstr. 1a, 07646 Stadtroda
T: (036428) 5 62 18 **Fax:** 5 62 18
Vorsitzende: Irene Norberger

• T 2 842

Bundesverband der Kehlkopflosen e.V.
Sitz Aachen
Bundesgeschäftsstelle:
Obererle 65, 45897 Gelsenkirchen
T: (0209) 59 22 82 **Fax:** 59 77 48
Internet: http://www.paritaet.org/bvkl
E-Mail: 101.64289@germanynet.de
Gründung: 1974
Bundesvorstand: Artur Mehring (1. Vors. u. Ltg. Presseabt.; Obererle 65, 45897 Gelsenkirchen, T: (0209) 59 22 82, Tele-

fax: (0209) 59 77 48)
Hans Krause (2. Vors.; Nußdorfer Str. 12, 70435 Stuttgart, T: (0711) 8 26 35 19, Telefax: (0711) 8 26 35 19)
Ärztl. Berater: Prof.Dr.med. Peter Plath
Leitung Presseabteilung: Artur Mehring
Verbandszeitschrift: Sprachrohr
Redaktionelle-Mitarbeit: Sabine Stanislawski
Verlag: Bundesverband der Kehlkopflosen e.V., Obererle 65, 45897 Gelsenkirchen
Mitglieder: 7100
Mitarbeiter: hauptamtl. 2/ ehrenamt. ca. 120
Jahresetat: DM 0,500 Mio, € 0,26 Mio

Landesverbände

t 2 843
Bundesverband der Kehlkopflosen e. V. Landesverband Baden-Württemberg
Katharinenstr. 16, 70736 Fellbach
T: (0711) 57 42 01 **Fax:** 57 42 01
Vorsitzende(r): Eugen Räpple

t 2 844
Bundesverband der Kehlkopflosen e.V. Landesverband Bayern
Schmellerstr. 12, 80337 München
T: (089) 7 25 17 89 **Fax:** 7 25 17 89
Vorsitzende(r): W. Herold

t 2 845
Bundesverband der Kehlkopflosen e.V. Landesverband Brandenburg
Sächsischer Ring 8, 03172 Guben
T: (03561) 5 22 47 **Fax:** 5 22 47
1. Vorsitzende(r): Peter Fischer

t 2 846
Bundesverband der Kehlkopflosen e.V. Landesverband Bremen
Postf. 10 07 03, 28007 Bremen
T: (04203) 91 57 **Fax:** 91 57
Vorsitzende(r): Georg Gasde

t 2 847
Bundesverband der Kehlkopflosen e.V. Landesverband Hamburg
Schlicksweg 42, 22307 Hamburg
T: (040) 6 91 39 13
Vorsitzende(r): Herbert Makies

t 2 848
Bundesverband der Kehlkopflosen e.V. Landesverband Hessen
An der Linde 4, 65835 Liederbach
T: (069) 31 76 22
Vorsitzende(r): Willi Müller

t 2 849
Bundesverband der Kehlkopflosen e.V. Landesverband Mecklenburg-Vorpommern
Max-Planck-Str. 4, 19063 Schwerin
T: (0385) 2 01 31 10 **Fax:** 2 01 31 10
Vorsitzende(r): Uwe Pahl

t 2 850
Bundesverband der Kehlkopflosen e.V. Landesverband Niedersachsen
Rehabilitationsklinik Bad Münder
Deisterallee 36, 31848 Bad Münder
T: (05042) 6 02-2653
Vorsitzende(r): Rudolf Hartmann

t 2 851
Bundesverband der Kehlkopflosen e.V. Landesverband Nordrhein-Westfalen
Bömmerstr. 51, 44892 Bochum
T: (0234) 28 36 02 **Fax:** 28 36 02
Vorsitzende(r): Gerhard Rühwald

t 2 852
Bundesverband der Kehlkopflosen e.V. Landesverband Rheinland-Pfalz
Burgstr. 7, 65594 Runkel
T: (06482) 44 14 **Fax:** 44 14
Vorsitzende(r): K. Steinborn

t 2 853
Bundesverband der Kehlkopflosen e.V. Landesverband Saarland
Lilienstr. 46, 66299 Friedrichsthal
T: (06897) 8 71 98
Vorsitzende(r): H. Theobald

t 2 854
Bundesverband der Kehlkopflosen e.V. Landesverband Sachsen
Friedrich-Hähnel-Str. 9, 09120 Chemnitz
T: (0371) 22 11 18 **Fax:** 22 11 25
1. Vorsitzende(r): Frank Mädler

t 2 855
Bundesverband der Kehlkopflosen e.V. Landesverband Sachsen-Anhalt
Kleine Schloßbreite 7, 06406 Bernburg
T: (03471) 22 11 18, 22 11 23 **Fax:** 22 11 25
Vorsitzende(r): Volkmar Brumme

t 2 856
Bundesverband der Kehlkopflosen e.V. Landesverband Schleswig-Holstein
Bornkamp 29, 25524 Itzehoe
T: (04821) 8 55 21 **Fax:** 8 55 21
Vorsitzende(r): Gerd Sincke

t 2 857
Bundesverband der Kehlkopflosen e.V. Landesverband Thüringen
Bertholt-Brecht-Str. 9, 04600 Altenburg
T: (03447) 50 00 55 **Fax:** 50 00 55
Vorsitzende(r): Otto Herrmann

• T 2 858
Bundesverband der Organtransplantierten e.V. (BDO)
Paul-Rücker-Str. 22, 47059 Duisburg
T: (0203) 44 20 10 **Fax:** 44 21 27
Gründung: 1993 (1. Oktober)
Kontaktperson: Monika Kracht
Verbandszeitschrift: BDO-Blätter
Redaktion: Burkhard Tapp
Verlag: Wolfgang Pabst Verlag, Eichengrund 28, 49525 Lengerich
Mitglieder: 1000
Mitarbeiter: 2

• T 2 859
Bundesverband für die Rehabilitation der Aphasiker e.V.
Robert-Koch-Str. 34, 97080 Würzburg
T: (0931) 2 50 13 00 **Fax:** 25 01 30 39
Internet: http://www.aphasiker.de
E-Mail: info@aphasiker.de
Gründung: 1978 (März)
Geschäftsführer(in): Dr.iur. Erich Rieger
1. Vorsitzende(r): Prof. Dr.iur. Joachim Baltes
Leitung Presseabteilung: Susanne Grether
Verbandszeitschrift: Aphasie & Schlaganfall
Redaktion: Sibylle Werner
Mitglieder: 4500

• T 2 860
Bundesverband für Körper- und Mehrfachbehinderte e.V.
Brehmstr. 5-7, 40239 Düsseldorf
T: (0211) 6 40 04-0 **Fax:** 6 40 04-20
Internet: http://www.bvkm.de
E-Mail: bv-km@t-online.de
Gründung: 1959
Vorsitzende(r): Heinrich Fehling
Leitung Presseabteilung: M.A. Stephanie Wilken-Dapper
Verbandszeitschrift: DAS BAND
Redaktion: Stephanie Wilken-Dapper
Verlag: Bundesverband für Körper- u. Mehrfachbehinderte e.V., Brehmstr. 5-7, 40239 Düsseldorf
Mitglieder: 21000
Jahresetat: DM 2,2 Mio, € 1,12 Mio

t 2 861
Landesverband für Körper- und Mehrfachbehinderte Baden-Württemberg e.V.
Haußmannstr. 6, 70188 Stuttgart
T: (0711) 21 55-220 **Fax:** 21 55-222
E-Mail: lv-koerperbehinderte-bw@t-online.de
Vorsitzende(r): Werner Bitz

t 2 862
Landesverband Bayern für Körper- und Mehrfachbehinderte e.V.
Frankfurter Ring 15, 80807 München
T: (089) 35 74 81-0 **Fax:** 35 74 81-81
Vorsitzende(r): Hans Schöbel

t 2 863
Landesverband für Körper- und Mehrfachbehinderte Berlin-Brandenburg e.V.
Hölderlinstr. 29, 03050 Cottbus
T: (0355) 53 08 10 **Fax:** 53 88 99
Vorsitzende(r): Peter Löbel

t 2 864
Spastikerhilfe Bremen e.V.
Osterholzer Heerstr. 194, 28325 Bremen
T: (0421) 40 60 06
Vorsitzende(r): Ingrid Lomberg

t 2 865
Leben mit Behinderung Hamburg Elternverein e.V.
Postf. 60 53 10, 22248 Hamburg
Südring 36, 22303 Hamburg
T: (040) 27 07 90-0 **Fax:** 27 07 90 48
Gründung: 1956
Vorsitzende(r): Horst Franke

t 2 866
Landesverband für Körper- und Mehrfachbehinderte Hessen e.V.
Mauerfeldstr. 51, 61440 Oberursel
T: (06171) 98 21 12 **Fax:** 98 10 42
Vorsitzende(r): Nasser Djafari

t 2 867
NLK Niedersächsischer Landesverband für Körper- und Mehrfachbehinderte e.V.
Markgrafstr. 5, 30419 Hannover
T: (0511) 35 22-147 **Fax:** 35 21-667
Vorsitzende(r): Klaus Dicknelte

t 2 868
Landesverband Nordrhein-Westfalen für Körper- und Mehrfachbehinderte e.V.
Brehmstr. 5-7, 40239 Düsseldorf
T: (0211) 61 20 98 **Fax:** 61 39 72
Vorsitzende(r): Maria Theresia Hendrix

t 2 869
Landesverband Rheinland-Pfalz für Körperbehinderte
Jahnstr. 2, 67307 Göllheim
T: (06351) 64 00 **Fax:** 4 46 00

t 2 870
Verein für spastisch Gelähmte und andere Körperbehinderte im Saarland e.V.
Dudweilerstr. 70-72, 66111 Saarbrücken
T: (0681) 93 62 10 **Fax:** 9 36 21-100
Vorsitzende(r): Hans-Jürgen Born

t 2 871
Landesverband für Körper- und Mehrfachbehinderte in Sachsen e.V.
Stuttgarter Allee 6, 04209 Leipzig
T: (0341) 4 21 10 72 **Fax:** 4 21 04 42
Vorsitzende(r): Andreas Plischek

t 2 872
Landesverband für Körper- und Mehrfachbehinderte Schleswig-Holstein e.V.
Villenweg 18, 24119 Kronshagen
T: (0431) 58 98 18 **Fax:** 58 82 13
Vorsitzende(r): Aribert Reimann

t 2 873
Landesverband für Körper- und Mehrfachbehinderte Thüringen e.V.
Rudolf-Breitscheid-Str. 71, 99817 Eisenach
T: (03691) 89 17 00 **Fax:** 89 17 57
Vorsitzende(r): Gabriele Kaufhold

• T 2 874
Bundesverband Hilfe für das autistische Kind Vereinigung zur Förderung autistischer Menschen e.V.
Bebelallee 141, 22297 Hamburg

T: (040) 5 11 56 04 **Fax:** 5 11 08 13
Gründung: 1970 (23. November)
Vorsitzende(r): Helen Blohm

• **T 2 875**

Bundesverband Kleinwüchsige Menschen und ihre Familien e.V. (BKMF)
Geschäftsadresse
Hillmannplatz 6, 28195 Bremen
T: (0421) 50 21 22 **Fax:** 50 57 52
Internet: http://www.bkmf.de
E-Mail: info@bkmf.de
Gründung: 1988
1. Vorsitzende(r): Raimund Groß (Westfalenring 57, 12207 Berlin, T: (030) 7 12 31 14)
Geschäftsführer(in): Karl-Heinz Klingebiel
Leitung Presseabteilung: Dipl.-Ing. Wolfgang Küssner
Verbandszeitschrift: betrifft kleinwuchs
Redaktion: W. Küssner
Verlag: Hermann-vom-Endt-Str. 42, 40595 Düsseldorf
Mitglieder: 2500
Mitarbeiter: 9
Jahresetat: DM 1,2 Mio, € 0,61 Mio

Landesverbände

t 2 876

Bundesverband Kleinwüchsige Menschen und ihre Familien e.V.
Landesverband Schleswig-Holstein/Hamburg
Alter Graben 3, 24214 Gettorf
T: (04346) 47 81
E-Mail: moskos.vogiatzis@t-online.de
Moschos Vogiatzis

t 2 877

Bundesverband Kleinwüchsige Menschen und ihre Familien e.V.
Landesverband Niedersachsen/Bremen
Lübecker Str. 28, 34369 Hofgeismar
T: (05671) 4 01 93 **Fax:** 5 04 01
E-Mail: forum.immobilien@t-online.de
Andrea Schippmann

t 2 878

Bundesverband Kleinwüchsige Menschen und ihre Familien e.V.
Landesverband Berlin/Brandenburg/Mecklenburg-Vorpommern
Westfalenring 57, 12207 Berlin
T: (030) 7 12 31 14
Helga Engel

t 2 879

Bundesverband Kleinwüchsige Menschen und ihre Familien e.V.
Landesverband Sachsen-Anhalt
Bahnhofstr. 47, 06773 Radis
T: (034953) 3 94 68
Kerstin Wagner
Uwe Wagner

t 2 880

Bundesverband Kleinwüchsige Menschen und ihre Familien e.V.
Landesverband Sachsen/Thüringen
August-Bebel-Str. 9, 07629 Hermsdorf
T: (036601) 4 00 04
Andrea Hesse

t 2 881

Bundesverband Kleinwüchsige Menschen und ihre Familien e.V.
Landesverband Hessen
Kontaktadresse Hessen
Damaschkeweg 12, 35039 Marburg
T: (06421) 4 48 97 **Fax:** 4 48 97
E-Mail: clasani@aol.com
Andrea Clasani

t 2 882

Bundesverband Kleinwüchsige Menschen und ihre Familien e.V.
Landesverband Saarland
Kontaktadresse Saarland
Rechelsberg 30, 66646 Marpingen
T: (06853) 5 00 20
E-Mail: peterlaubalsweiler@t-online.de
Peter Laub

t 2 883

Bundesverband Kleinwüchsige Menschen und ihre Familien e.V.
Landesverband Rheinland-Pfalz
Kontaktadresse Rheinland-Pfalz
Am Jagdstock 92, 76829 Landau
T: (06341) 3 05 68, 96 04 70
E-Mail: doerte.topp@gmx.de
Dörte Topp

t 2 884

Bundesverband Kleinwüchsige Menschen und ihre Familien e.V.
Landesverband Nordrhein-Westfalen e.V.
Lenzholzer Str. 101a, 51515 Kürten
T: (02207) 25 07 **Fax:** 25 07
Internet: http://www.netcologne.de/_Ltnc-davenpono/index.htm
E-Mail: nc-davenpono@netcologne.de
Norbert Davepon

t 2 885

Bundesverband Kleinwüchsige Menschen und ihre Familien e.V.
Landesverband Baden-Württemberg e.V.
Haselbrunnenweg 8, 73614 Schorndorf
T: (07181) 7 38 49 **Fax:** 25 88 45
E-Mail: sibyllekessel@t-online.de
Sybille Kessel

t 2 886

Bundesverband Kleinwüchsige Menschen und ihre Familien e.V.
Landesverband Bayern
Peulendorf 65, 96110 Scheßlitz
T: (09542) 17 29 **Fax:** 17 29
Claudia Wiesmann

• **T 2 887**

BVL

Bundesverband Legasthenie e.V. (BVL)
Königstr. 32, 30175 Hannover
T: (0511) 31 87 38 **Fax:** 31 87 39
Internet: http://www.legasthenie.net
E-Mail: BVLEGAST@aol.com
Gründung: 1974
Verbandszeitschrift: „Legasthenie"
Mitglieder: 7600

• **T 2 888**

Bundesverband Alphabetisierung e.V.
Goebenstr. 13, 48151 Münster
T: (0251) 5 34 69-40 **Fax:** 5 34 69-41
Internet: http://www.alphabetisierung.de
E-Mail: bundesverband@alphabetisierung.de
Gründung: 1984
Geschäftsführer(in): Peter Hubertus
Verbandszeitschrift: Alfa-Forum
Mitglieder: 200

• **T 2 889**

Bundesverband Polio e.V.
im Hause der Weserbergland-Klinik
Grüne Mühle 90 Zi. 494, 37671 Höxter
T: (05271) 98 34 43 **Fax:** 98 35 43
Verbandszeitschrift: Polio-intern (vierteljährlich); Monographie mit Titel: Broschüre des Wissens (jährlich)
Mitglieder: 1500
Mitarbeiter: 50 (ehrenamtlich)
Jahresetat: ca. DM 0,120 Mio, € 0,06 Mio

• **T 2 890**

POLIO INITIATIVE EUROPA e.V.
Thaerstr. 27, 35392 Gießen
T: (0641) 2 34 33 **Fax:** 20 19 84
E-Mail: hendrich-giessen@t-online.de
1. Vorsitzende(r): Edeltraud Hendrich
2. Vorsitzende(r): Dr. Claus-Peter Kos
3. Vorsitzende(r): Gerhard Wohlmutheder
Schatzmeister: Fred Schindler
Verbandszeitschrift: POLIO EUROPA AKTUELL, viertelj.; POLIO INFO EUROPA (Informationsschrift), sowie Verlagsausgabe, Reihe: Annalen der Wissenschaft Reihe A u. B (Naturwissenschaften u. Geisteswissenschaft)

• **T 2 891**

BSK

Bundesverband Selbsthilfe Körperbehinderter e.V. (BSK)
Altkrautheimer Str. 17, 74238 Krautheim
T: (06294) 6 81 10 **Fax:** 9 53 83
Internet: http://www.bsk-ev.de
E-Mail: bsk.ev@t-online.de
Gründung: 1955
Vorsitzende(r): Hannelore Krüger (Rothesoodstr. 2, 20459 Hamburg)
Geschäftsf. Vors.: Bernd Henrichmann (Mönchshang 25, 97503 Gädheim-Ottendorf)
Jürgen Siebe (Obere Bahnhofstr. 2, 08294 Lößnitz)
Geschäftsführer(in): Robert Keppner
Leitung Presseabteilung: Peter Reichert
Verbandszeitschrift: Leben und Weg
Redaktion: BSK, Krautheim
Mitglieder: 69000 Behinderte und Nichtbehinderte
Mitarbeiter: 30

Der BSK hat bisher erreicht:
- Den Aufbau von 160 Selbsthilfegruppen, Kontaktstellen in verantwortlicher Führung körperbehinderter Menschen.
- Den Rückhalt von über 69.000 behinderten Mitgliedern und Fördermitgliedern.
- Den Bau und die Führung eines Wohnheimes in Krautheim, einer WfB in Krautheim, eines Wohnheimes in Heidenheim, in Trägerschaft des Bundesverbandes und des Landesverbandes Bayern.
- Den Bau und die Trägerschaft von Service-Häusern unserer Selbsthilfegruppen Aachen, Bonn und Hanau-Erlensee.
- Ein umfassendes Angebot für körperbehinderte Touristen, z.B. jährliche Gruppenreisen mit Reiseassistenten, Schulung und Vermittlung von Reiseassistenten, Hotelinformationsdienst, ein jährliches Reise-ABC als unentbehrliches Nachschlagewerk.
- Die Vermittlung einer individuellen Beratung und kompetente Adressen für barrierefreies Bauen.
- Einen festen Platz in der Anhörung sozialpolitischer Interessen körperbehinderter Menschen auf Bundes- und Landesebene.
- Die Gestaltung und Durchführung eines der größten Breitensportfeste in Europa für körperbehinderte Menschen.

• **T 2 892**

Bundesverband Skoliose Selbsthilfe e.V.
Interessengemeinschaft für Wirbelsäulengeschädigte
c/o Herrn Walter Gellner
Mühlweg 12, 74838 Limbach
T: (06287) 47 92, (0177) 7 32 33 34 (Mobil), 7 32 33 35 (Mobil) **Fax:** (06287) 47 92
Gründung: 1971
1. Vorst.: Dagmar Jürgensen
2. Vorst.: Walter Gellner
Verbandszeitschrift: "Lichtblick" (vierteljährl.)
Mitglieder: 1400
Mitglied in: Deutscher Paritätischer Wohlfahrtsverband (DPWV) e.V.
Bundesarbeitsgemeinschaft Hilfe für Behinderte e.V.
International Federation of Scoliosis Associations

• **T 2 893**

Lebenshilfe

Bundesvereinigung Lebenshilfe für Menschen mit geistiger Behinderung e.V.
Postf. 70 11 63, 35020 Marburg
Raiffeisenstr. 18, 35043 Marburg
T: (06421) 4 91-0 **Fax:** 4 91-1 67
Internet: http://www.lebenshilfe.de
E-Mail: bundesvereinigung@lebenshilfe.de
Gründung: 1958
Vorsitzende(r): Günter Jaspert, Bonn
BundesGF: Dr. Bernhard Conrads
Leitung Öffentlichkeitsarbeit: Jürgen Reuter
Leitung Presseabteilung: Gertrud Genvo
Mitglieder: ca. 125000 in 16 Landesverbänden und ca. 540 örtlichen Vereinigungen

ca. 3000 Einrichtungen, mobile und ambulante Dienste zur Förderung geistig behinderter Menschen und zur Unterstützung ihrer Angehörigen; breites Angebot an Büchern, Broschüren, Zeitschriften, Filmen und Austellungen zum Thema "Geistige Behinderung"

Landesverbände

t 2 894
Lebenshilfe für Menschen mit geistiger Behinderung e.V.
Landesverband Baden-Württemberg
Jägerstr. 12, 70174 Stuttgart
T: (0711) 2 55 89-0 **Fax:** 2 55 89-55
E-Mail: lebenshilfe.bawue@t-online.de
Vorsitzende(r): Prof. Dr. Ulrich Bauder
Geschäftsführer(in): Rudi Sack

t 2 895
Lebenshilfe für Menschen mit geistiger Behinderung
Landesverband Bayern e.V.
Kitzinger Str. 6, 91056 Erlangen
T: (09131) 7 54 61-0 **Fax:** 7 54 61-90
E-Mail: lvlh-bay@t-online.de
Vorsitzende(r): Nikolaus Schratzenstaller
Geschäftsführer(in): Ludger Kusche

t 2 896
Lebenshilfe für Menschen mit geistiger Behinderung
Landesverband Berlin e.V.
Wallstr. 15/15A, 10179 Berlin
T: (030) 8 29 99 80 **Fax:** 8 29 99 81 42
E-Mail: lv@lebenshilfe-berlin.de
Vorsitzende(r): Ernst Schmidt
Geschäftsführer(in): Helmut Forner

t 2 897
Lebenshilfe für Menschen mit geistiger Behinderung
Landesverband Brandenburg e.V.
Am Barschsee 9a, 15366 Hönow
T: (03342) 8 33 15 **Fax:** 8 34 92
Vorsitzende(r): Wolfgang Pohl

t 2 898
Lebenshilfe für Menschen mit geistiger Behinderung
Landesverband Bremen e.V.
Waller Heerstr. 55, 28217 Bremen
T: (0421) 3 87 77-0 **Fax:** 3 87 77 99
E-Mail: lvlh-bremen@t-online.de
Vorsitzende(r): Katriena Gotthard
Geschäftsführer(in): Gerhard Iglhaut

t 2 899
Lebenshilfe für Menschen mit geistiger Behinderung
Landesverband Hamburg e.V.
Rantzaustr. 74c, 22041 Hamburg
T: (040) 68 94 33 11 **Fax:** 68 94 33 13
Vorsitzende(r): Rolf Hendricks
Geschäftsführer(in): Ingrid Völker

t 2 900
Lebenshilfe für Menschen mit geistiger Behinderung
Landesverband Hessen e.V.
Raiffeisenstr. 15, 35043 Marburg
T: (06421) 4 20 41-43 **Fax:** 5 17 15
E-Mail: lvlh-hessen@t-online.de
Vorsitzende(r): Friedel Rinn
Geschäftsführer(in): Klaus Tüxsen

t 2 901
Lebenshilfe für Menschen mit geistiger Behinderung
Landesverband Mecklenburg-Vorpommern e.V.
Julius-Polentz-Str. 3, 19057 Schwerin
T: (0385) 4 78 03 42 **Fax:** 4 78 03 41
Vorsitzende(r): Hannelore Lüdtke
Geschäftsführer(in): Dr. Karin Holinski-Wegerich

t 2 902
Lebenshilfe für Menschen mit geistiger Behinderung
Landesverband Niedersachsen e.V.
Pelikanstr. 4, 30177 Hannover
T: (0511) 9 09 25 70 **Fax:** 90 92 57 11
E-Mail: landesverband@lebenshilfe-nds.de
Vorsitzende(r): Herbert Burger
Geschäftsführer(in): Kersten Röhr

t 2 903
Lebenshilfe für Menschen mit geistiger Behinderung
Landesverband Nordrhein-Westfalen e.V.
Abtstr. 21, 50354 Hürth
T: (02233) 9 32 45-0 **Fax:** 9 32 45-10
E-Mail: landesverband@lebenshilfe-nrw.de
Vorsitzende(r): Ulrich Schmidt
Geschäftsführer(in): Hans Jürgen Wagner

t 2 904
Lebenshilfe für Menschen mit geistiger Behinderung
Landesverband Rheinland-Pfalz e.V.
Drechslerweg 25, 55128 Mainz
T: (06131) 9 36 60-0 **Fax:** 9 36 60-90
E-Mail: llebensh@mainz-online.de
Vorsitzende(r): Emil Weichlein
Geschäftsführer(in): Anna Schädler

t 2 905
Lebenshilfe für Menschen mit geistiger Behinderung
Landesverband Saarland e.V.
Grumbachtalweg 220, 66121 Saarbrücken
T: (0681) 89 40 38 **Fax:** 89 44 12
Vorsitzende(r): Franz-Rudolph Kronenberger
Geschäftsführer(in): Brigitte Bier

t 2 906
Lebenshilfe für Menschen mit geistiger Behinderung
Landesverband Sachsen e.V.
Heinrich-Beck-Str. 47, 09112 Chemnitz
T: (0371) 30 02 25 **Fax:** 30 59 20
E-Mail: info@lebenshilfe-sn.com
Vorsitzende(r): Prof. Dr. Achim Trogisch
Geschäftsführer(in): Thomas Richter

t 2 907
Lebenshilfe für Menschen mit geistiger Behinderung
Landesverband Sachsen-Anhalt e.V.
Ackerstr. 23/Am Fuchsberg, 39112 Magdeburg
T: (0391) 6 23 03 11 **Fax:** 6 23 03 12
E-Mail: lebenshilfe.lsa@t-online.de
Vorsitzende(r): Frank Podlacha
Geschäftsführer(in): Birgit Garlipp

t 2 908
Lebenshilfe für Menschen mit geistiger Behinderung
Landesverband Schleswig-Holstein e.V.
Kastanienstr. 27, 24114 Kiel
T: (0431) 6 61 18-0 **Fax:** 6 61 18-40
E-Mail: lebenshilfe-sh@t-online.de
Vorsitzende(r): Susanne Stojan-Rayer
Geschäftsführer(in): Rainer Dillenberg

t 2 909
Lebenshilfe für Menschen mit geistiger Behinderung
Landesverband Thüringen e.V.
Musäusring 24c, 07747 Jena
T: (03641) 33 43 95 **Fax:** 33 65 07
Vorsitzende(r): Charlotte-Rosita Baake
Geschäftsführer(in): Christa Niedner

• T 2 910
Bundesvereinigung Stotterer-Selbsthilfe e.V.
Gereonswall 112, 50670 Köln
T: (0221) 1 39 11 06-07 **Fax:** 1 39 13 70
Internet: http://www.hsp.de/bvss/
E-Mail: bvss@hsp.de
Gründung: 1979 (18. November)
1. Vorsitzende(r): Susann Albrecht
Geschäftsführer(in): Dipl.-Päd., Dipl.-Psych. Ruth Heap (Ltg. Presseabt.)
Schatzmeister: Dr. Reiner Nonnenberg
Verbandszeitschrift: Der Kieselstein
Redaktion: Dr. Michael Koop, Ottendorfer Weg 9a, 24119 Kiel-Kronshagen
Mitglieder: 1200 bei 800000 Betroffenen in Dt.
Mitarbeiter: 7
Angeschlossene Organisationen:
7 Landesverbände
75 angeschlossene Selbsthilfegruppen

• T 2 911
Bund zur Förderung Sehbehinderter e.V. (BFS)
Max-Planck-Str. 24, 40880 Ratingen
T: (02102) 44 47 37 **Fax:** 44 47 37
Internet: http://www.medizin-forum.de/bfs
E-Mail: info.bfs@t-online.de
Gründung: 1962
1. Vorsitzende(r): Hannelore Loskill (Ehrenstr. 19, 40479 Düsseldorf, T/Fax: (0211) 44 28 36)
Verbandszeitschrift: VISUS
Redaktion: Robert Heuser, im Mittelfeld 11, 52074 Aachen
Mitglieder: 2000
Jahresetat: DM 0,015 Mio, € 0,01 Mio

Landesverbände

t 2 912
Sehbehinderten-Verband Baden-Württemberg e.V.
Schurwaldstr. 36, 70186 Stuttgart
T: (0711) 8 40 28 31 (dienstl.), 46 25 66 (priv.)
W. Hietler

t 2 913
BSF Berlin-Brandenburg e.V.
Schlieperstr. 51, 13507 Berlin
T: (030) 4 34 47 72
Stephan Kuperion

t 2 914
BSF-NW e.V.
Rotterdamer Str. 51b, 52351 Düren
T: (02421) 77 02 15
Sabine Epple

t 2 915
Verein zur Förderung sehgeschädigter Kinder und Jugendlicher Schleswig-Holstein e.V.
Klausdorfer Str. 104b, 24161 Altenholz
T: (0431) 3 25 30
Vauth

• T 2 916
Dachverband Psychosozialer Hilfsvereinigungen e.V.
Thomas-Mann-Str. 49a, 53111 Bonn
T: (0228) 63 26 46 **Fax:** 65 80 63
Gründung: 1976
Geschäftsführer(in): Birgit Görres
Leitung Presseabteilung: Beate Lisofsky
Verbandszeitschrift: Psychosoziale Umschau
Redaktion: Karl-Ernst Brill
Verlag: Psychiatrie-Verlag gGmbH, Postf. 21 45, 53011 Bonn
Mitglieder: 18000; 200 Mitgliedsorganisationen

• T 2 917
Bundesverband Psychiatrie-Erfahrener e.V. (BPE)
c/o DV. Psychosoziale Hilfsvereinigungen
Thomas-Mann-Str. 49a, 53111 Bonn
T: (0228) 63 26 46
Ehrenvorsitzende: Dorothea Buck
Geschf. Vorstand: Hans-Jürgen Claußen
Bärbel Kaiser-Burkart
Peter Lehmann
Ingrid Samse
Regina Kucharski
Brigitte Siebrasse
Ursula Zingler

• T 2 918

Deutsche AIDS-Hilfe e.V.

Deutsche AIDS-Hilfe e.V.
Postf. 61 01 49, 10921 Berlin
T: (030) 69 00 87-0 **Fax:** 69 00 87-42
Internet: http://www.aidshilfe.de
E-Mail: dah@aidshilfe.de
Gründung: 1983 (Herbst)
Vorstand: Martin Hasenkamp
Beate Jagla
Rüdiger Kriegel
Dirk Meyer

Maya Czajka
Bundesgeschäftsführer(in): Dr. Stefan Etgeton
Leiter der Geschäftsstelle: Ralf Rötten
Geschäftsstelle: Deutsche Aidshilfe, Dieffenbachstr. 33, 10967 Berlin
Mitglieder: 350
Mitarbeiter: 42
Jahresetat: ca. DM 7 Mio, € 3,58 Mio

Der Verband gliedert sich in Landesverbände und umfaßt (Stand November 1999) ca. 130 regionale AIDS-Hilfen. Die Beratungstelefone der regionalen AIDS-Hilfen sind im allgemeinen unter der Nr. 1 94 11 erreichbar.
Die Deutsche AIDS-Hilfe bietet bundesweit Informations- und Aufklärungsmaterialien, sowie Fortbildung. Die regionalen AIDS-Hilfen leisten die örtliche Beratung, Betreuung, Hilfe zur Selbsthilfe und Öffentlichkeitsarbeit.

Landesverbände bzw. Landesarbeitsgemeinschaften

t 2 919

Landesverband Baden-Württemberg
Haußmannstr. 6, 70188 Stuttgart

t 2 920

Arbeitsgemeinschaft der Bayerischen AIDS-Hilfen
c/o Münchener AIDS-Hilfe
Lindwurmstr. 71-73, 80337 München
T: (089) 54 45 69 18 **Fax:** 54 45 69 18

t 2 921

Landesverband der Berliner AIDS-Selbsthilfegruppen (LaBAS) e.V.
Kantstr. 152, 10623 Berlin
T: (030) 31 50 46 80 **Fax:** 31 50 46 82

t 2 922

Landesgeschäftsstelle der AHs Hessen
Eiserne Hand 12, 60318 Frankfurt
T: (069) 59 07 11 **Fax:** 59 07 19

t 2 923

Landesverband Niedersachsen e.V.
Schuhstr. 4, 30159 Hannover
T: (0511) 3 06 87 87 **Fax:** 3 06 87 88

t 2 924

AIDS-Hilfe NRW e.V.
Hohenzollernring 48, 50672 Köln
T: (0221) 92 59 96-0 **Fax:** 92 59 96-9
Internet: http://www.aids-hilfe-nrw.org
E-Mail: landesverband@aids-hilfe-nrw.org

t 2 925

Landesverband der AIDS-Hilfen in Rheinland-Pfalz e.V.
c/o AIDS-Hilfe Trier e.V.
Saarstr. 48, 54290 Trier
T: (0651) 9 70 44 20 **Fax:** 9 70 44 21

t 2 926

Landesverband der AIDS-Hilfen und Positivengruppen Schleswig-Holstein
Beselerallee 44, 24105 Kiel
T: (0431) 8 95 07 76 **Fax:** 8 95 07 78

t 2 927

Hamburger Landesarbeitsgemeinschaft AIDS
c/o Hein & Fiete
Kleiner Pulverteich 17, 20099 Hamburg
T: (040) 24 04 40 **Fax:** 24 06 75

• **T 2 928**

Deutsche Alzheimer Gesellschaft e.V.
Kantstr. 152, 10623 Berlin
T: (030) 31 50 57-33 **Fax:** 31 50 57-35
Internet: http://www.deutsche-alzheimer.de
E-Mail: deutsche.alzheimer.ges@t-online.de
Gründung: 1989
Verbandszeitschrift: Alzheimer Info

• **T 2 929**

Deutsche Epilepsievereinigung e.V.
Zillestr. 102, 10585 Berlin
T: (030) 3 42 44 14 **Fax:** 3 42 44 66
Gründung: 1988
Leitung Presseabteilung: Renate Schultuer
Verlag: Redaktion einfälle, Zillestr. 102, 10585 Berlin
Mitglieder: ca. 600
Mitarbeiter: 1
Jahresetat: DM 0,2 Mio, € 0,1 Mio

• **T 2 930**

Deutsche Gesellschaft für Muskelkranke e.V.
- Bundesgeschäftsstelle
Im Moos 4, 79112 Freiburg
T: (07665) 94 47-0 **Fax:** 94 47-20

Landesgruppenleitungen und Sozialberatungsstellen

t 2 931

Sozialberatungsstelle Süd
Im Moos 4, 79112 Freiburg
T: (07665) 94 47 32

t 2 932

Deutsche Gesellschaft für Muskelkranke e.V.
Sozialberatungsstelle Nord
Überseering 9/3, Stock R5, 22297 Hamburg
T: (040) 63 97 52 00 **Fax:** 63 97 52 01

t 2 933

Deutsche Gesellschaft für Muskelkranke e.V.
Sozialberatungsstelle Ost
Heinrich-Zille-Str. 4, 39110 Magdeburg
T: (0391) 7 31 36 51 **Fax:** 7 31 36 51

t 2 934

Deutsche Gesellschaft für Muskelkranke e.V.
Landesgruppe Baden-Württemberg
Deutschordensstr. 1, 79104 Freiburg
T: (0761) 28 68 16
Landesgruppenleiter: Bernd Ruf

t 2 935

Deutsche Gesellschaft für Muskelkranke e.V.
Landesverband Bayern e.V.
Altstädter Kirchenplatz 6, 91054 Erlangen
T: (09131) 9 67 62 25 **Fax:** 2 46 84
Landesgruppenleiter: Kurt-Helge Paulus

t 2 936

Deutsche Gesellschaft für Muskelkranke e.V.
Landesverband Berlin
Krusauer Str. 89, 12305 Berlin
T: (030) 76 50 30 12 **Fax:** 76 50 30 14
Landesgruppenleiterin: Helga Groener

t 2 937

Deutsche Gesellschaft für Muskelkranke e.V.
Landesverband Bremen und Niedersachsen
Graf-Stauffenberg-Str. 2, 49078 Osnabrück
T: (0541) 44 41 80 **Fax:** 4 48 04 70
Landesgruppenleiter: Manfred Schulz

t 2 938

Deutsche Gesellschaft für Muskelkranke e.V.
Landesgruppe Hamburg
Heidelerchenweg 30, 22399 Hamburg
T: (040) 60 67 93 69 **Fax:** 6 02 49 50
Landesgruppenleiterin: Waltraut Wießner

t 2 939

Deutsche Gesellschaft für Muskelkranke e.V.
Landesgruppe Hessen
Cappeler Gleiche 13, 35043 Marburg
T: (06421) 4 57 98 **Fax:** 4 57 98
Landesgruppenleiter: Richard May

t 2 940

Deutsche Gesellschaft für Muskelkranke e.V.
Landesgruppe Mecklenburg-Vorpommern
Silvia Voigt/Sozialberatungsstelle Nord
Überseering 9/3, Stock R5, 22297 Hamburg
T: (040) 63 97 52 00 **Fax:** 63 97 52 01

t 2 941

Deutsche Gesellschaft für Muskelkranke e.V.
Landesgruppe Nordrhein-Westfalen
Luisenstr. 15, 58332 Schwelm
T: (02336) 1 04 79
Landesgruppenleiter: Hans Heinrich Althoetmar

t 2 942

Deutsche Gesellschaft für Muskelkranke e.V.
Landesgruppe Rheinland-Pfalz
An der Kuhtränke 7, 55543 Bad Kreuznach
T: (0671) 8 96 04 33 **Fax:** 8 96 04 34
Landesgruppenleiter: Edgar Döll

t 2 943

Deutsche Gesellschaft für Muskelkranke e.V.
Landesgruppe Saarland
66421 Homburg
T: (06841) 16 41 16 **Fax:** 16 41 38
Landesgruppenleiter: PD Dr. Ulrich Dillmann (Uni-Klinik Neurologie)

t 2 944

Deutsche Gesellschaft für Muskelkranke e.V.
Landesgruppe Schleswig-Holstein
Stiller Winkel 3, 23562 Lübeck
T: (0451) 50 30 34 **Fax:** 50 35 26
Landesgruppenleiterin: Erika Bade

t 2 945

Deutsche Gesellschaft für Muskelkranke e.V.
Landesgruppe Brandenburg
Heinersdorfer Str. 4, 16303 Schwedt
T: (03332) 46 50 93 **Fax:** 52 17 51
Landesgruppenleiter: Heinz Strüwing

t 2 946

Deutsche Gesellschaft für Muskelkranke e.V.
Landesgruppe Sachsen-Anhalt
Am Kulk 2, 38820 Halberstadt
T: (03941) 60 57 38
Landesgruppenleiter: Michael Mook

t 2 947

Deutsche Gesellschaft für Muskelkranke e.V.
Landesgruppe Thüringen
Schobersmühlenweg 8, 99089 Erfurt
T: (0361) 2 11 15 90
Landesgruppenleiter: Dr. Gunter Stoll

t 2 948

Deutsche Gesellschaft für Muskelkranke e.V.
Landesgruppe Sachsen
Johann-Meyer-Str. 13d, 01097 Dresden
T: (0351) 4 11 39 23 **Fax:** 4 11 39 25
Landesgruppenleiterin: Ute Müller

• **T 2 949**

Deutsche Gesellschaft für Osteogenesis imperfecta (Glasknochen) Betroffene e.V.
Postf. 15 46, 63155 Mühlheim
T: (06108) 6 92 76 **Fax:** 7 63 34
Gründung: 1984
1. Vorsitzende(r): Karlheinz Henn (Offenbacher Str. 60, 63165 Mühlheim, T: (06108) 6 92 76, Fax: 7 63 34)
2. Vorsitzende(r): Helmut Thauer (Heidestr. 53, 45476 Mülheim/Ruhr, T: (0208) 40 76 05)
Verbandszeitschrift: DURCHBRUCH
Mitglieder: ca. 900

• **T 2 950**

Deutsche Gesellschaft zur Förderung der Gehörlosen und Schwerhörigen e.V.
- Zentrale Fachorganisation d. Jugendhilfe, gefördert v. Bundesminister f. Familie, Senioren, Frauen u. Jugend
Paradeplatz 3, 24768 Rendsburg
T: (04331) 58 97 22 **Fax:** 58 97 45
Gründung: 1962 (Vorgängerverband 1954)
Vorsitzende(r): Dr. Ulrich Hase
1. Stellv. Vors.: Andreas Kammerbauer (MdL)
2. Stellv. Vors.: Dr. Harald Seidler
Verbandszeitschrift: hörgeschädigte kinder
Redaktion: Prof. Dr. Klaus-B. Günther
Verlag: Verlag hörgeschädigte kinder gGmbH, Bernadottestr. 126, 22605 Hamburg
Mitglieder: 42100

Mitgliedsverbände

t 2 951

Arbeitsgemeinschaft der katholischen Gehörlosenseelsorger Deutschlands
Drovestr. 124, 52372 Kreuzau
T: (02422) 78 90
Vorsitzende(r): Wolfgang Römer
Mitglieder: 104

t 2 952

Arbeitsgemeinschaft Erzieher bei Hörgeschädigten e.V.
Elisabethstr. 48, 56564 Neuwied
T: (02631) 2 90 55 **Fax:** 2 38 37
E-Mail: meyer-aeh@young-net.de
Vorsitzende(r): Karl-Heinz Meyer
Mitglieder: 100

t 2 953

Bundesverband der Sozialarbeiter/Innen/Sozialpädagog/Innen für Hörgeschädigte e.V.
Hanseller Str. 41, 48161 Münster
T: (02533) 9 33 01 16 **Fax:** 9 33 01 19
E-Mail: bvsh.ms@t-online.de
Vorsitzende(r): Klaus-Dieter Hoffmann
Mitglieder: 133

t 2 954

Bundesarbeitsgemeinschaft Hörbehinderter Studenten und Absolventen e.V. (BHSA)
Hinter der Hochstätte 2a, 65239 Hochheim
T: (06146) 83 55-37 **Fax:** 83 55-38
E-Mail: bhsa@uni.de
Vorstand und Geschäftsführer: Andreas Kammerbauer
Mitglieder: 280
Jahresetat: DM 0,05 Mio, € 0,03 Mio

t 2 955

Bundesarbeitsgemeinschaft kath. Einrichtungen für sinnesbehinderte Menschen e.V.
Karlstr. 40, 79104 Freiburg
T: (0761) 2 00-365 **Fax:** 2 00-666
Vorsitzende(r): Norbert Rapp
Mitglieder: 53

t 2 956

Bundesgemeinschaft der Studierenden der Gehörlosen- und Schwerhörigenpädagogik
Mainburger Str. 7, 81369 München
T: (089) 7 14 92 23 **Fax:** 7 14 92 23
Vorsitzende(r): Christine Schäfer
Mitglieder: 60

t 2 957

Bundesjugend im Deutschen Schwerhörigenbund e.V.
c/o Anna-Limbourg-Haus
In der Olk 23, 54290 Trier
T: (0651) 9 94 40 85 **Fax:** 9 94 40 86
Vorsitzende(r): Marcel Karthäuser
Mitglieder: 704

t 2 958

Bundesverband der Gebärdensprachdolmetscher/innen Deutschlands e.V.
Ebersbrunner Str. 25, 08064 Zwickau
T: (0375) 77 04 40 **Fax:** 7 70 44 10
E-Mail: ldz.sachsen@t-online.de
Vorsitzende(r): Stephan Pöhler
Mitglieder: 153

t 2 959

Bundesverband zur Förderung von Rehabilitation, Selbsthilfegruppen und Nachsorge Hörgeschädigter, Rendsburg e.V.
Paradeplatz 3, 24768 Rendsburg
T: (04331) 58 97-0 **Fax:** 58 97 45
Vorsitzende(r): Erika Classen
Mitglieder: 101

t 2 960

Deutsche Arbeitsgemeinschaft für Evangelische Gehörlosenseelsorge e.V.
Garde-du-Corps-Str. 7, 34117 Kassel
T: (0561) 7 39 40 51 **Fax:** 7 39 40 51
E-Mail: dafeg@t-online.de
Vorsitzende(r): Martin Kunze
Mitglieder: 330

t 2 961

Deutscher Fachverband für Gehörlosen- und Schwerhörigenpädagogik (DFGS)
Friedrichstr. 12, 10969 Berlin
T: (030) 2 51 70 51 **Fax:** 2 51 70 51
Vorsitzende(r): Manfred Wloka
Mitglieder: 50

t 2 962

Deutscher Gehörlosen-Bund e.V.
Hasseer Str. 47, 24113 Kiel
T: (0431) 6 45 61, 6 47 67 61 **Fax:** 68 88 52
Vorsitzende(r): Gerlinde Gerkens
Mitglieder: 35000
Mitarbeiter: 3

t 2 963

Deutscher Wohlfahrtsverband für Gehör- und Sprachgeschädigte e.V.
Quinckestr. 72, 69120 Heidelberg
T: (06221) 41 21 66 **Fax:** 47 52 14
E-Mail: bwg.hd@t-online.de
Vorsitzende(r): Gunter Erbe
Mitglieder: 500

t 2 964

Bundeselternverband gehörloser Kinder e.V.
Schenefelder Landstr. 126b, 22589 Hamburg
T: (040) 8 70 45 28 **Fax:** 87 76 80
Vorsitzende(r): Dr. Andreas Schwab
Mitglieder: 3214

t 2 965

Fördergemeinschaft für Taubblinde e.V.
Bundeselternvertretung Deutschland
Basteistr. 83a, 53173 Bonn
T: (0228) 9 56 37 63 **Fax:** 9 56 37 65
E-Mail: taubblind@selbsthilfe-online.de
Stellvertretender Vorsitzender: Wolf-Dietrich Trenner
Mitglieder: 174

t 2 966

Gesellschaft für Gebärdensprache und Kommunikation Gehörloser e.V.
Binderstr. 34, 20146 Hamburg
T: (040) 4 28 38-6735 **Fax:** 4 28 38-6109
Vorsitzende(r): Prof. Dr. Helen Leuninger
Mitglieder: 1650

t 2 967

Gesellschaft zur Förderung der Gehörlosen und Schwerhörigen NRW e.V.
Kerckhoffstr. 100, 45144 Essen
T: (0201) 75 56 09 **Fax:** 75 46 18
Vorsitzende(r): Paul Hemmert
Mitglieder: 9 Landesverbände

• T 2 968

Deutsche Hämophiliegesellschaft zur Bekämpfung von Blutungskrankheiten e.V. (DHG)
Halenseering 3, 22149 Hamburg
T: (040) 6 72 29 70 **Fax:** 6 72 49 44
Internet: http://www.dhg.de
E-Mail: dhg@dhg.de
Gründung: 1956
Mitglieder: 3000

• T 2 969

Deutsche Heredo Ataxie Gesellschaft - Bundesverband e.V.
Haußmannstr. 6, 70188 Stuttgart
T: (0711) 21 55-1 14 **Fax:** 21 55-2 14
Gründung: 1983 (21. April)
Leitung Presseabteilung: Hermann Stimm
Verbandszeitschrift: HERAX-FUNDUS

• T 2 970

Deutsche Huntington-Hilfe e.V.
Geschäftsstelle „Soziale Dienste"
Börsenstr. 10, 47051 Duisburg
T: (0203) 2 29 15 **Fax:** 2 29 25
E-Mail: dhh@dhh-ev.de
Gründung: 1970
Leitung Presseabteilung: Georg Hirschler
Verbandszeitschrift: Huntington-Kurier
Verlag: Deutsche Huntington-Hilfe e.V., Börsenstr. 10, 47051 Duisburg
Mitglieder: 1350

Landesverbände in: Bayern, Berlin-Brandenburg, Hessen, Niedersachsen, Nordrhein-Westfalen, Mitteldeutschland (Sachsen-Anhalt, Sachsen, Thüringen), Mecklenburg-Vorpommern

• T 2 971

Deutsche Ileostomie-Colostomie-Urostomie-Vereinigung e.V. (ILCO)
Postf. 12 65, 85312 Freising
Landshuter Str. 30, 85356 Freising
T: (08161) 93 43 01, 93 43 02 (vormittags) **Fax:** 93 43 04
Gründung: 1972 (28. Januar)
1. Vorsitzende(r): Prof. Dr.rer.nat. Gerhard Englert
Vorsitzende(r): Klaus Schröter
Maria Haß
VorstMitgl: Dr. Harry Dorst
Hiltrud Schröter
Walter Schuster
Ingrid Schumacher
Geschäftsführer(in): Helga Englert
Verbandszeitschrift: ILCO-PRAXIS
Redaktion: Helga Englert
Verlag: Eigenverlag
Mitglieder: 10000
Mitarbeiter: ca. 600

• T 2 972

Deutsche Interessengemeinschaft Phenylketonurie (PKU) und verwandte angeborene Stoffwechselstörungen e.V.
c/o Hansjörg Schmidt
Adlerstr. 6, 91077 Kleinsendelbach
T: (09126) 44 53 **Fax:** 3 09 46

• T 2 973

Deutsche Leberhilfe e.V.
Postf. 17 25, 49007 Osnabrück
Gründung: 1987
Leitung Presseabteilung: Guido Weber
Verbandszeitschrift: "Lebenszeichen"
Redaktion: Guido Weber
Verlag: Hannoversche Ärzte-Verlags-Union, Berliner Allee 20, 30175 Hannover
Mitglieder: 1400
Mitarbeiter: 4

• T 2 974

Deutsche Leukämie-Forschungshilfe-Aktion für krebskranke Kinder e.V., Dachverband
Joachimstr. 20, 53113 Bonn
T: (0228) 9 13 94-30 **Fax:** 9 13 94-33
E-Mail: dlfhbonn@t-online.de
Vorsitzende(r): Ulrike Baum
Stellvertretende(r) Vorsitzende(r): Jürgen Schulz
Thomas Greiner
Leitung Presseabteilung: Dr. phil. Gerlind Bode
Verbandszeitschrift: WIR
Verlag: DLFH, Joachimstr. 20, 53113 Bonn
Mitglieder: 55 Mitgliedsorganisationen
Mitarbeiter: 3
Jahresetat: DM 2 Mio, € 1,02 Mio (Spendenvolumen)

Unterstützung der Elterngruppen zugunsten krebskranker Kinder; Fortbildung, Öffentlichkeitsarbeit, finanzielle Hilfe für bedürftige Familien, Forschungsförderung.

• T 2 975

Deutsche Morbus Crohn/Colitis ulcerosa Vereinigung
Bundesverband für chronisch entzündliche Erkrankungen des Verdauungstraktes e.V. (DCCV)
Paracelsusstr. 15, 51375 Leverkusen
T: (0214) 8 76 08-0 **Fax:** 8 76 08-88
Internet: http://www.dccv.de
E-Mail: info@dccv.de
Gründung: 1982
Schirmherrschaft: Prof. Dr. jur. Herta Däubler-Gmelin (MdB, Bundesministerin der Justiz)
Vorstand: Reiner Hoeck (Vors., Bayernstr. 28, 46149 Oberhausen, T: (0208) 66 14 06, Telefax: (0208) 66 15 91)
Heino Holtz ((Volksdorf 7, 31715 Meerbeck, T: (05721) 7 27 88, Fax: (05721) 7 28 88)
Gudrun Möller (Humperdinckweg 2, 63452 Hanau, T: (06181) 8 63 31, Telefax: (06181) 85 04 69)
Marga Ratzlaff (Burgunderweg 7, 72766 Reutlingen, T: (07127) 7 18 76, Telefax: (07127) 89 00 16)
Gerd Sann (Gärtnerstr. 5 b, 63450 Hanau, T: (06181) 27 00 02, Fax: 27 00 03)
Birgit Kaltz (Distelkompsweg 50 a, 28357 Bremen, T: (0421) 2 76 93 49, Fax: (0421) 2 76 93 49)
Maria Vorrath (Brunnenstr. 17, 06366 Köthen, T: (03496) 55 47 58, Telefax: (03496) 51 01 52)
Verbandszeitschrift: Bauchredner
Redaktion: Marga Ratzlaff
Verlag: Riekom, Gartenstr. 40, 72666 Neckartailfingen
Mitglieder: 13000

Beratung von Betroffenen; Kontaktvermittlung zu Selbsthilfegruppen, Ärzten, Krankenhäusern und Kurkliniken; Hilfe bei sozialrechtlichen Problemen; Organisation von Fortbildungsveranstaltungen; Verbesserung der ambulanten und klinischen Versorgung; Öffentlichkeitsarbeit; Forschungsförderung.

Landesverbände

t 2 976

Deutsche Morbus Crohn/Colitis ulcerosa Vereinigung
Landesverband Baden-Württemberg
Paradiesstr. 16, 73230 Kirchheim
T: (07021) 4 29 97 **Fax:** 4 29 97
Waltraud Müller
Erica Rieth (Jägerhalde 121, 70327 Stuttgart, T: (0711) 42 45 74, Telefax: (0711) 42 45 74)

t 2 977

Deutsche Morbus Crohn/Colitis ulcerosa Vereinigung
Landesverband Bayern
Jägerhalde 121, 70327 Stuttgart
T: (0711) 42 45 74 **Fax:** 42 45 74
Erica Rieth
Brigitte Ritz-Darkow (Sieboldstr. 13, 97218 Gerbrunn, T: (0931) 70 06 94, Fax: 70 06 94)

t 2 978

Deutsche Morbus Crohn/Colitis ulcerosa Vereinigung
Landesverband Berlin/Brandenburg
Schönower Str. 63, 16341 Zepernick
T: (030) 9 44 25 76 **Fax:** 9 44 25 76
Kerstin Gläser

t 2 979

Deutsche Morbus Crohn/Colitis ulcerosa Vereinigung
Landesverband Hamburg/Schleswig-Holstein
Am Eichholz 64c, 25436 Uetersen
T: (04122) 90 06 92 **Fax:** 4 80 83
Horst Eder

t 2 980

Deutsche Morbus Crohn/Colitis ulcerosa Vereinigung
Landesverband Hessen
Horbacher Str. 2, 63579 Freigericht
T: (06055) 8 39 64 **Fax:** 8 39 64
Dagmar Weidner
Anne Eceterski (An der Schwarzbachmühle 28, 60529 Frankfurt/Main, T: (069) 66 16 01 78, Telefax: (069) 66 16 01 77)

t 2 981

Deutsche Morbus Crohn/Colitis ulcerosa Vereinigung
Landesverband Mecklenburg-Vorpommern
Gutenbergstr. 1, 06774 Mühlbeck
T: (03493) 51 01 39 **Fax:** 51 01 38
Ronald Plettau
Anja Randow (Berta-von-Suttner-Str. 25, 19061 Schwerin, T: (0385) 3 97 91 64, Fax: 3 97 91 64)

t 2 982

Deutsche Morbus Crohn/Colitis ulcerosa Vereinigung
Landesverband Niedersachsen/Bremen
Volksdorf 7, 31715 Meerbeck
T: (05721) 7 27 88 **Fax:** 7 28 88
Heino Holtz
Torsten Dreyer (In den Kämpen 6 a, 28816 Stuhr, T: (0421) 56 33 99))

t 2 983

Deutsche Morbus Crohn/Colitis ulcerosa Vereinigung
Landesverband Nordrhein-Westfalen
Mannsfelder Str. 18A, 50968 Köln
T: (0221) 37 38 80 **Fax:** 37 38 80
Renate Grade
Elsbeth Twelenkamp (Auf dem Hafk 22a, 32289 Rödinghausen, T: (05746) 92 07 80, Fax: (05746) 92 07 80)

t 2 984

Deutsche Morbus Crohn/Colitis ulcerosa Vereinigung
Landesverband Rheinland-Pfalz
Hüttelbrett 15, 66969 Lemberg
T: (06331) 4 00 04 **Fax:** 4 00 04
Ingrid Laux
Klaus Märkl (Hauptstr. 74, 56659 Burgbrohl, T: (02636) 92 99 46)

t 2 985

Deutsche Morbus Crohn/Colitis ulcerosa Vereinigung
Landesverband Saarland
Grüner Flur 21, 66564 Ottweiler
T: (06858) 6 05 31 **Fax:** 6 05 31
Iris Stöecklin

t 2 986

Deutsche Morbus Crohn/Colitis ulcerosa Vereinigung
Landesverband Sachsen
Liliensteinstr. 38, 04207 Leipzig
T: (0341) 9 41 00 98 **Fax:** 9 41 00 98
Jörg Barthel
Anja Lange (Offenburger Str. 23, 04209 Leipzig, T: (0341) 4 22 32 99, Telefax: (0341) 4 22 32 99)

t 2 987

Deutsche Morbus Crohn/Colitis ulcerosa Vereinigung
Landesverband Sachsen-Anhalt
Dorfstr. 7, 06869 Griebo
T: (034903) 6 23 81 **Fax:** 6 23 81
Thomas Höhne
Ulrike Plettau (Gutenbergstr. 1, 06774 Mühlbeck, T: (03493) 51 01 39, Telefax: (03493) 51 01 38)

t 2 988

Deutsche Morbus Crohn/Colitis ulcerosa Vereinigung
Landesverband Thüringen
Südstr. 7, 99330 Crawinkel
T: (03624) 31 28 55 **Fax:** 31 28 55
Renate Eichhorn

• T 2 989

DMSG
DEUTSCHE MULTIPLE SKLEROSE GESELLSCHAFT

Deutsche Multiple Sklerose Gesellschaft
Bundesverband e.V.
Vahrenwalder Str. 205-207, 30165 Hannover
T: (0511) 9 68 34-0 **Fax:** 9 68 34-50
Internet: http://www.dmsg.de
E-Mail: dmsg@dmsg.de
Gründung: 1952
Vorsitzende(r): Staatsminister a.D. Gottfried Milde
Vors. d. Ärztl. Beirats: Prof. Dr.med. Klaus V. Toyka, Würzburg
Geschäftsführer(in): Dorothea Pitschnau (M.A.)
Verbandszeitschrift: AKTIV
Redaktion: Vahrenwalder Str. 205-207, 30165 Hannover
Mitglieder: 40011

Beratung, Dienstleistung für MS-Kranke, Öffentlichkeitsarbeit, Förderung MS-Forschung.

Landesverbände:

t 2 990

AMSEL Aktion Multiple Sklerose Erkrankter, Landesverband der DMSG in Baden-Württemberg e.V.
Regerstr. 18, 70195 Stuttgart
T: (0711) 6 97 86-0 **Fax:** 6 97 86 99
E-Mail: amsel@dmsg.de
Schirmherrin: Ursula Späth
Vorsitzende(r): Peter Koch
Geschäftsführer(in): Hans-Adam Michel
Soziale Dienste: Helmut Geiger
Verbandszeitschrift: AMSEL-Nachrichten (vierteljährlich, gesonderter Versand)

t 2 991

Deutsche Multiple Sklerose Gesellschaft
Landesverband Bayern e.V.
St.-Jakobs-Platz 10, 80331 München
T: (089) 23 66 41-0 **Fax:** 23 66 41-33
E-Mail: dmsg-bayern@dmsg.de
Schirmherrin: Monika Hohlmeier (MdL)
Vorsitzende(r): Alfred Gaßner (Vors. Richter Bayerisches Landessozialgericht a.D.)
Vors. Ärztl. Beirat: Dr. med. Nicolaus König
Vors. Patientenbeirat: Ellen Galle
Geschäftsführer(in): Marieluise Gilch
Soziale Dienste: Ingrid Lohmar
Verbandszeitschrift: Kontakt (vierteljährlich, gesonderter Versand)

t 2 992

Deutsche Multiple Sklerose Gesellschaft
Landesverband Berlin e.V.
Knesebeckstr. 3, 10623 Berlin
T: (030) 3 13 06 47 **Fax:** 3 12 66 04
E-Mail: dmsg-berlin@dmsg.de
Schirmherrin: Die Präsidentin des Abgeordnetenhauses von Berlin a.D. Dr. Hanna-Renate Laurien
Vorsitzende(r): Staatssekretär a.D. Hanns-Peter Herz
Ärztlicher Berater: Prof. Dr. Holger Altenkirch
Vors. Patientenbeirat: Bärbel Machander
Geschäftsführer(in): Dipl.-Pol. Ilona Nippert (M.A.)
Psychol. Dienst: Gertrud Finke
Jutta Willen
Verbandszeitschrift: Betroffene informieren Betroffene (mehrmals jährlich, gesonderter Versand)

t 2 993

Deutsche Multiple Sklerose Gesellschaft
Landesverband Brandenburg e.V.
Jägerstr. 17-18, 14467 Potsdam
T: (0331) 29 26 76 **Fax:** 2 80 01 46
E-Mail: dmsg-brandenburg@dmsg.de
Schirmherr: Ministerpräsident Dr. Manfred Stolpe
Vorsitzende(r): Marianne Seibert
Ärztl. Vorstands-Mitgl.: CHA. Dr. med. Eckhard Marg
Geschäftsführer(in): Dr. Regine Priller
Verbandszeitschrift: Märkisches MS-Magazin (vierteljährlich)

t 2 994

Deutsche Multiple Sklerose Gesellschaft
Landesverband Bremen e.V.
Fedelhören 44, 28203 Bremen
T: (0421) 32 66 19 **Fax:** 32 40 92
E-Mail: dmsg-bremen@dmsg.de
Schirmherr: Manfred Richter (Oberbürgermeister)
Vorsitzende(r): Dieter Kaacksteen
Medizinischer Beirat: Prof. Dr.med. G. Schwendemann
Patienvertreterin: Gerda Wiggert
Soziale Dienste: Christina Werner
Annemarie Grotmaack
Verbandszeitschrift: MS-Kontakt (vierteljährlich)

t 2 995

Deutsche Multiple Sklerose Gesellschaft
Landesverband Hamburg e.V.
Eppendorfer Weg 154, 20253 Hamburg
T: (040) 4 22 44 33 **Fax:** 4 22 44 40
E-Mail: dmsg-hamburg@dmsg.de
Schirmherr: Dr. Harald Schulze (Rechnungshofpräsident a.D.)
Vorsitzende(r): Dr. Hans de la Motte (Oberfinanzpräsident)
Vors. Ärztl. Beirat: Dr. med. Wolfgang Gerhard Elias
Vors. Patientenbeirat: Susanne Preiss-Kelch
Geschäftsführer(in): Christel Hartlef
Soziale Dienste: Christa Ruschmeier
Verbandszeitschrift: Gemeinsam (vierteljährlich als Beilage AKTIV)

t 2 996

Deutsche Multiple Sklerose Gesellschaft
Landesverband Hessen e.V.
Wittelsbacherallee 86, 60385 Frankfurt
T: (069) 40 58 98-0 **Fax:** 40 58 98-40
E-Mail: dmsg-hessen@dmsg.de
Schirmherrin: Petra Roth (Oberbürgermeisterin)
Vorsitzende(r): Staatsminister a.D. Gottfried Milde
Renate von Metzler (kommissarisch)
Vors. Ärztl. Beirat: Prof. Dr. med. Erwin Stark
Vors. Patientenbeirat: Ute Wallner
Geschäftsführer(in): Wolfgang Steinmetz
Soziale Dienste: Sylvia Buxmann
Verbandszeitschrift: Dabei (vierteljährlich, gesonderter Versand)

t 2 997

Deutsche Multiple Sklerose Gesellschaft
Landesverband Mecklenburg-Vorpommern e.V.
Anne-Frank-Str. 47, 19061 Schwerin
T: (0385) 3 92 20 22, 3 94 11 39 **Fax:** 3 92 20 22
E-Mail: dmsg-mecklenburg-vorpommern@dmsg.de
Schirmherrin: Dr. Annemarie Seite
Vorsitzende(r): Gudrun Schoefer-Timpe
Vors. d. Ärztebeirates: Dr. med. Stefan Höthker
Vors. Patientenbeirat: Gerhard Rode
Verbandszeitschrift: Mensch sein (vierteljährlich als Beilage AKTIV)

t 2 998

Deutsche Multiple Sklerose Gesellschaft Landesverband Niedersachsen e.V.

Herrenhäuser Kirchweg 14, 30167 Hannover
T: (0511) 70 33 38 **Fax:** 70 89 81
E-Mail: dmsg-niedersachsen@dmsg.de
Schirmherrin: IHD Erbprinzessin Marie-Luise zu Schaumburg-Lippe
Vorsitzende(r): Prof. Dr.med. Wolfgang Weinrich
Vors. Ärztl. Beirat: PD Dr. med. Fedor Heidenreich
Geschäftsführer(in): Elke Sylvester
Verbandszeitschrift: MS-Info Niedersachsen (vierteljährlich als Beilage AKTIV)

t 2 999

Deutsche Multiple Sklerose Gesellschaft Landesverband Nordrhein-Westfalen e.V.

Kirchfeldstr. 149, 40215 Düsseldorf
T: (0211) 9 33 04-0 **Fax:** 31 20 19
E-Mail: dmsg-nrw@dmsg.de
Schirmherr: Ministerpräsident Wolfgang Clement
Vorsitzende(r): Harry Wermuth
Vors. Medizinischer Beirat: Prof. Dr. med. Walter Gehlen
Vors. Patientenbeirat: Detlef Weirich
Geschäftsführer(in): Markus Wirtz
Psychologischer Dienst und Soziale Dienste: Dipl.-Psych. Harriet-Angelika Rink
Verbandszeitschrift: MS-Magazin NRW (vierteljährlich, gesonderter Versand)

t 3 000

Deutsche Multiple Sklerose Gesellschaft Landesverband Rheinland-Pfalz e.V.

Hindenburgstr. 32, 55118 Mainz
T: (06131) 60 47 04 **Fax:** 60 49 30
E-Mail: dmsg-rheinland-pfalz@dmsg.de
Vorsitzende(r): Hubertus v. Kluge
Vors. Ärztl. Beirat: Prof. Dr.med. Klaus Lowitzsch
Vors. Patientenbeirat: Martin Bender
Geschäftsführer(in): Ralf Beyer
Verbandszeitschrift: helfen (vierteljährlich als Beilage AKTIV)

t 3 001

Deutsche Multiple Sklerose Gesellschaft Landesverband Saar e.V.

Richard-Wagner-Str. 62, 66111 Saarbrücken
T: (0681) 3 79 10-0 **Fax:** 3 79 10-16
E-Mail: dmsg-saarland@dmsg.de
Vors. u. Ärztl. Mitgl. im Vorst: Prof. Dr. med. Klaus Schimrigk
Geschäftsführer(in): Susanne Legato
Marita Mayers
Birgit Schoder
Soziale Dienste: Marita Mayers
Verbandszeitschrift: MS-Aktuell (vierteljährlich als Beilage AKTIV)

t 3 002

Deutsche Multiple Sklerose Gesellschaft Landesverband Sachsen e.V.

Borsbergstr. 12, 01309 Dresden
T: (0351) 4 59 33 81 **Fax:** 4 41 60 81
E-Mail: dmsg-sachsen@dmsg.de
Schirmherrin: Ingrid Biedenkopf
Vorsitzende(r): Hans-Joachim Raden
Vors. Ärztl. Beirat: Prof. Dr.med.habil. Bernhard Kunath
Vors. Patientenbeirat: Günter Albrecht
Verbandszeitschrift: LV Sachsen (vierteljährlich als Beilage AKTIV)

t 3 003

Deutsche Multiple Sklerose Gesellschaft Landesverband Sachsen-Anhalt e.V.

Taubenstr. 4, 06110 Halle
T: (0345) 2 02 98 31 **Fax:** 2 02 98 36
E-Mail: dmsg-sachsen-anhalt@dmsg.de
Schirmherr: Wolfgang Schaefer (Landtagspräsident)
Vorsitzende(r): Wilhelm Faßhauer
Vors. Ärztl. Beirat: Dr. med. Michael Sailer
Vors. Patientenbeirat: Dr. med. Edeltraud Faßhauer
Geschäftsführer(in): Carola Lange
Verbandszeitschrift: dabeisein (vierteljährlich als Beilage AKTIV)

t 3 004

Deutsche Multiple Sklerose Gesellschaft Landesverband Schleswig-Holstein e.V.

Beseleralle 57, 24105 Kiel
T: (0431) 5 60 15-0 **Fax:** 5 60 15-20
Internet: http://www.dmsg-sh.de
E-Mail: dmsg-schleswig-holstein@dmsg.de
Schirmherr: Dr. Klaus Murmann
Vorsitzende(r): Dr. med. Helmut Kropp
Ärztl. Vorst.-Mitgl.: Dr. med. Hans-Adolf Paul
Dr. med. Helmut Kropp
Vors. Patientenbeirat: Peter Endler
Geschäftsführer(in): Elke Haake-Wiese
Soziale Dienste: Andrea Patzina
Verbandszeitschrift: Informationsblatt (vierteljährlich als Beilage AKTIV)

t 3 005

Deutsche Multiple Sklerose Gesellschaft Landesverband Thüringen e.V.

Zittauer Str. 27, Haus 1, 99091 Erfurt
T: (0361) 7 10 04 60 **Fax:** 7 10 04 61
E-Mail: dmsg-thueringen@dmsg.de
Schirmherr: Ministerpräsident Dr. Bernhard Vogel
Vorsitzende(r): Justizminister Dr. Andreas Birkmann
Vors.Ärztl.Beirat: Dr. med. Gerlinde Schock
Vors. Patientenbeirat: Brigitte Hellmann
Geschäftsführer(in): Erhard Faupel
Verbandszeitschrift: Gemeinsam leben (vierteljährlich als Beilage AKTIV)

• T 3 006

Deutsche Narkolepsie-Gesellschaft e.V.

Postf. 11 07, 42755 Haan
T: (02129) 95 96 85 **Fax:** 3 29 45
E-Mail: dnger@wtal.de
Gründung: 1980 (1. Oktober)
Vorstand:
1. Vorsitzende(r): K. Günter Baus (Postf. 11 07, 42755 Haan, T: (02129) 95 96 85, Telefax: (02129) 3 29 45, E-Mail: dnger@wtal.de)
1. stellv. Vors.: Gerhard Steiner (Limburger Str. 39, 58644 Iserlohn, T: (02371) 59 05)
2. stellv. Vors. und Kassenwartin: Adele Lührs (Konrad-Adenauer-Ufer 49, 50668 Köln, T: (0221) 1 63 95 70)
Beisitzer: Jürgen Erlinghäuser-Keller (Strindbergweg 13a, 42657 Solingen, T: (0212) 2 47 12 23, Telefax: (0212) 2 47 12 25)
Marga Grimm (Paul-Keller-Weg 10, 42929 Wermelskirchen, T: (02196) 8 11 01)
Gabriele Kühn (Hoisdorfer Weg 1, 22962 Siek, T: (04107) 78 03)
Ingeborg Krahn (Kurmainzerstr. 110, 65936 Frankfurt/M., T: (069) 34 26 64)
Magdalena Voigt (Stiftstr. 47c, 32427 Minden, T: (0571) 85 00 19, Fax: (0571) 85 00 19)
Wissenschaftlicher Beirat:
Vorsitzende(r): PD Dr. habil. Geert Mayer (Chefarzt Neurol. Klinik HEPHATA, Schwalmstadt-Teysa)
Ärztliche Beratung: Deutsche Gesellschaft für Schlafforschung und Schlafmed. e.V. (DGSM)
Leitung Presseabteilung: K. Günter Baus (Postf. 11 07, 42755 Haan, T: (02129) 95 96 85, Fax: (02129) 3 29 45, E-Mail: dnger@wtal.de)
Verbandszeitschrift: DER WECKER
Redaktion: Marga Grimm, Paul-Keller-Weg 10, 42929 Wermelskirchen, T: (02196) 8 11 01
Mitglieder: ca. 1000
Mitarbeiter: ca. 50 ehrenamtl., 1 hauptamtl.
Jahresetat: ca. DM 0,2 Mio, € 0,1 Mio (Mitgliederbeiträge, Zuschüsse, Spenden)

Landesverbände

t 3 007

Deutsche Narkolepsie-Gesellschaft e.V. Landesverband Baden-Württemberg

Carl-Peters-Str. 42, 70825 Korntal-Münchingen
T: (0711) 8 38 66 75 **Fax:** 8 38 66 75
1. Vorsitzende(r): Hartmut Meyer

t 3 008

Deutsche Narkolepsie-Gesellschaft e.V. Landesverband Bayern

Billrothstr. 3, 90482 Nürnberg
T: (0911) 5 43 09 38 **Fax:** 5 46 05 17
1. Vorsitzende(r): Ute Veit

• T 3 009

Deutsche Parkinson-Vereinigung -Bundesverband- e.V. (dPV)

Moselstr. 31, 41464 Neuss
T: (02131) 4 10 16, 4 10 17 **Fax:** 4 54 45
E-Mail: parkinsonv@aol.-com.de
Gründung: 1981 (21. Oktober)
1. Vorsitzende(r): Dr. Wolfgang Götz
Geschäftsführer(in): RA F.-W. Mehrhoff
Verbandszeitschrift: dPV-Nachrichten für Mitglieder
Verlag: Moselstr. 31, 41464 Neuss
Mitglieder: 17500
258 Regionalgruppen, 34 Kontaktstellen
Landesverbände in Baden-Württemberg, Bayern, Hessen, Sachsen-Anhalt

• T 3 010

Pro Retina Deutschland e.V.

Selbsthilfevereinigung von Menschen mit Netzhautdegenerationen
c/o Frau Ingrid Fritze
Vaalser Str. 108, 52074 Aachen
T: (0241) 87 00 18 **Fax:** 87 39 61
Gründung: 1977
Vorstandsvorsitz: Dr. Rainald von Gizycki (Ernst-Ludwig-Ring 44, 61231 Bad Nauheim, T: (06032) 30 66 90, Fax: 3 21 72)
Ltg. Öffentlichkeitsarbeit: Horst Schwerger (Postf. 11 62, 73761 Neuhausen, T: (07158) 6 84 81, Fax: 95 13 31)
Verbandszeitschrift: RP-Aktuell
Redaktion: Ina Jonas, Matthias-Claudius-Str. 5, 53757 St. Augustin, T. + Fax: (02241) 20 50 36
Verlag: Görres-Druckerei GmbH, Koblenz, T: (0261) 8 30 75
Mitglieder: ca. 4500

• T 3 011

Deutsche Rheuma-Liga, Bundesverband e.V.

Hilfs- und Selbsthilfegemeinschaft rheumakranker Menschen
Maximilianstr. 14, 53111 Bonn
T: (0228) 76 60 60 **Fax:** 7 66 06 20
Internet: http://www.rheuma-liga.de
E-Mail: bv@t-online.de
Präsident(in): Dr. Christine Jakob
Geschäftsführerin: Silvia Wollersheim
Leitung Presseabteilung: Susanne Walia
Verbandszeitschrift: mobil
Verlag: Redaktion, Postfach 22, 67133 Maxdorf
Mitglieder: 200000
19 Landes- Mitgliedsverbände in allen Bundesländern mit 800 örtl. Arbeitsgemeinschaften und Beratungsstellen, Deutsche Vereinigung Morbus Bechterew e.V., Lupus Erythematodes Selbsthilfegemeinschaft e.V., Selbsthilfegruppe Sklerodermie in Deutschland e.V., "Elternkreise rheumakranker Kinder und Jugendliche" "Clubs junger Rheumatiker", eigene Gesprächsgruppen für Fibromyalgie- und Vaskulitis-Betroffene, ca. 200.000 Einzelmitglieder; seit 1982 Deutsche Rheumahilfe e.V., Fördergemeinschaft der Deutschen Rheuma-Liga.

• T 3 012

Deutsche Sarkoidose-Vereinigung gemeinnütziger e.V.

Postf. 30 43, 40650 Meerbusch
Uerdinger Str. 43, 40668 Meerbusch
T: (02150) 73 60 **Fax:** 73 60
Internet: http://www.sarkoidose.de
E-Mail: Sarkoidose@aol.com
Gründung: 1987 (24. Januar)
Vorsitzende: Renate Braune
Verbandszeitschrift: Sarkoidose Nachrichten und Berichte

• T 3 013

Deutsche Tinnitus-Liga e.V. (DTL)

Am Lohsiepen 18, 42369 Wuppertal
T: (0202) 24 65 20 **Fax:** 2 46 52 20
Internet: http://www.tinnitus-liga.de
E-Mail: dtl@tinnitus-liga.de
Verbandszeitschrift: Tinnitus-Forum
Verlag: Deutsche Tinnitus-Liga, 42369 Wuppertal

• T 3 014

Deutsche Vereinigung Morbus Bechterew e.V. (DVMB)

Metzgergasse 16, 97421 Schweinfurt
T: (09721) 2 20 33 **Fax:** 2 29 55
Gründung: 1980
Geschäftsführer(in): Ludwig Hammel (Ltg. Presseabt.)
Verbandszeitschrift: Bechterew-Brief
Redaktion: DVMB, Schweinfurt
Verlag: DVMB, Metzgergasse 16, 97421 Schweinfurt
Mitglieder: 14725
Mitarbeiter: 6
Jahresetat: ca. DM 1 Mio, € 0,51 Mio

• T 3 015

Deutsche Zöliakie-Gesellschaft e.V.

Filderhauptstr. 61, 70599 Stuttgart

T: (0711) 45 45 14 **Fax:** 4 56 78 17
E-Mail: dzg.e.v.@t-online.de
Gründung: 1974 (29. Oktober)
Mitglieder: 11600

Der Verein hat das Ziel, an Zöliakie/Sprue erkrankten Personen und Dermatitis herpetiformis Duhring-Patienten, die ebenfalls eine glutenfreie Kost benötigen, zu helfen. Umfassende Informationen für Betroffene enthält das Zöliakie-Handbuch mit seinen Bestandteilen: Aufstellung glutenfreier Lebensmittel, Rezeptsammlung, Kur- und Ferienführer, DZG-medizin. Daneben bieten wir regionale Gesprächsgruppen für den Erfahrungsaustausch an.

• T 3 016

Deutscher Allergie- und Asthmabund e.V. (DAAB)
Beratungstelefon: (02161) 1 02 07
Hindenburgstr. 110, 41061 Mönchengladbach
T: (02161) 81 49 40, 8 14 94 30 **Fax:** 20 85 02
Internet: http://www.daab.de
E-Mail: info@daab.de
Gründung: 1897
Ltg. Presseabt. u. Geschf: Andrea Wallrafen
Verbandszeitschrift: ALLERGIE konkret
Redaktion: Andrea Wallrafen, Manfred Fammler
Mitglieder: 18000
140 Mitgliedsverbände, 8 Landesverbände
Mitarbeiter: 24

Beratung, Hilfestellungen, Information, Schulung bei Allergien, Asthma und Neurodermitis, Organisation von Kinder- u. Familienfreizeiten, Publikationen, Öffentlichkeitsarbeit, Lobbyismus.

t 3 017

Deutscher Allergie- und Asthmabund e.V. Landesverband Bayern
Brückenauer Weg 16, 97769 Bad Brückenau
T: (09741) 64 26 **Fax:** 64 27
Kontaktperson: Eugen Übelacker

t 3 018

Deutscher Allergie- und Asthmabund e.V. Landesbüro Beratungzentrum Nord
Landesgeschäftsstelle
Uhlenhorst 5, 21493 Schwarzenbek
T: (04151) 89 46 30 **Fax:** 89 54 42
Komm. Landesverbandsvorsitzende: Elke Alsdorf

t 3 019

Deutscher Allergie- und Asthmabund e.V. Landesverband Nordrhein-Westfalen
Landesgeschäftsstelle
Hindenburgstr. 110, 41061 Mönchengladbach
T: (02161) 8 14 94-0, 1 02 07 **Fax:** 20 85 02, 8 14 94 30

t 3 020

Deutscher Allergie- und Asthmabund e.V. Landesverband Rheinland-Pfalz
Landesgeschäftsstelle
Blücherstr. 31, 67063 Ludwigshafen
T: (0621) 52 48 77 **Fax:** 52 78 63
Landesverbandsvorsitzende: Marliese Köster

t 3 021

Deutscher Allergie- und Asthmabund e.V. Landesverband Sachsen
Landesgeschäftsstelle
Kohlenstr. 2, 04107 Leipzig
T: (0341) 2 13 21 37 **Fax:** 2 13 21 39
Landesverbandsvorsitzende: Hella Zimmermann

t 3 022

Deutscher Allergie- und Asthmabund e.V. Landesverband Sachsen-Anhalt
Landesgeschäftsstelle
Brandenburger Str. 9, 39104 Magdeburg
T: (0391) 8 86 46 09
Ansprechpartnerin: Christine Michna

• T 3 023

Deutsche Haut- und Allergiehilfe e.V.
Gotenstr. 164, 53175 Bonn
T: (0228) 3 67 91-0 **Fax:** 3 67 91-90
E-Mail: bv-dha@t-online.de
Präsident(in): Prof. Dr. Dr. Otto Braun-Falco
Vorsitzende(r): Prof. Dr. Enno Christophers
Geschäftsführer(in): Erhard Hackler

• T 3 024

Deutscher Blinden- und Sehbehindertenverband e.V.
Bismarckallee 30, 53173 Bonn
T: (0228) 95 58 20 **Fax:** 35 77 19
Internet: http://www.dbsv.org
E-Mail: info@dbsv.org
Leitung Presseabteilung: Dr. Thomas Nicolai
Verbandszeitschrift: Die Gegenwart
Verlag: DBSV-Außenstelle, Rungesstr. 19, 10179 Berlin, T: (030) 28 53 87-0, Fax: (030) 28 53 87 20

Mitgliedsorganisationen

t 3 025

Bayerischer Blinden- und Sehbehindertenbund e.V.
Landesgeschäftsstelle
Arnulfstr. 22, 80335 München
T: (089) 5 59 88-0 **Fax:** 5 59 88-266
Internet: http://www.bayer-blindenbund.de
E-Mail: lg@bayer-blindenbund.de

t 3 026

Blinden- und Sehbehindertenverband Südbaden e.V.
Wölflinstr. 13, 79104 Freiburg
T: (0761) 3 61 22 **Fax:** 36 12 33

t 3 027

Blinden- und Sehbehindertenverband Ost-Baden-Württemberg e.V.
Moserstr. 6, 70182 Stuttgart
T: (0711) 21 06 00 **Fax:** 2 10 60 99

t 3 028

Badischer Blindenverein V.m.K.
Augartenstr. 55, 68165 Mannheim
T: (0621) 40 20 31 **Fax:** 40 23 04

t 3 029

Blinden- und Sehbehindertenverein für das Saarland e.V.
Hoxbergstr. 1, 66809 Nalbach
T: (06838) 36 62 **Fax:** 31 06

t 3 030

Blindenbund in Hessen e.V.
Eschersheimer Landstr. 80, 60322 Frankfurt
T: (069) 1 50 59 66 **Fax:** 15 05 96 77
E-Mail: bbh_mey@compuserve.com

t 3 031

Landesblindenverband Rheinland-Pfalz e.V.
Schumannstr. 13, 57518 Betzdorf
T: (02741) 2 15 51

t 3 032

Blinden- und Sehbehindertenverband Nordrhein e.V.
Helen-Keller-Str. 5, 40670 Meerbusch
T: (02159) 9 65 50 **Fax:** 96 55 44

t 3 033

Blinden- und Sehbehindertenverein Westfalen e.V.
Märkische Str. 61, 44141 Dortmund
T: (0231) 55 75 90-0 **Fax:** 5 86 25 28
E-Mail: bsvwev@cityweb.de

t 3 034

Lippischer Blindenverein e.V.
Kiefernweg 1, 32758 Detmold
T: (05231) 6 30 00 **Fax:** 6 30 04 40

t 3 035

Blinden- und Sehbehindertenverband Niedersachsen e.V.
Kühnsstr. 18, 30559 Hannover
T: (0511) 51 04-0 **Fax:** 51 04-444

t 3 036

Allgemeiner Blinden- und Sehbehindertenverein Berlin gegr. 1874 e.V.
Auerbacher Str. 7, 14193 Berlin
T: (030) 8 95 88-0 **Fax:** 8 95 88-99
E-Mail: absv-berlin@t-online.de

t 3 037

Blinden- und Sehbehindertenverein Bremen e.V.
Contrescarpe 3, 28203 Bremen
T: (0421) 32 77 33 **Fax:** 3 39 88 13

t 3 038

Blinden- und Sehbehindertenverein Hamburg e.V.
Holsteinischer Kamp 26, 22081 Hamburg
T: (040) 20 94 04-0 **Fax:** 20 94 04-30
E-Mail: bsv-hamburg@t-online.de

t 3 039

Blinden- und Sehbehindertenverein Schleswig-Holstein e.V.
Memelstr. 4, 23554 Lübeck
T: (0451) 4 03 49 **Fax:** 40 75 30

t 3 040

Blinden- und Sehbehinderten-Verband Brandenburg (BSVB) e.V.
Heinrich-Zille-Str. 1-6 Haus 9, 03042 Cottbus
T: (0355) 2 25 49 **Fax:** 7 29 39 74

t 3 041

Blinden- und Sehbehinderten-Verein Mecklenburg-Vorpommern e.V.
Henrik-Ibsen-Str. 20, 18106 Rostock
T: (0381) 7 99 85 50 **Fax:** 7 99 85 58

t 3 042

Blinden- und Sehbehinderten-Verband Sachsen e.V.
Louis-Braille-Str. 6, 01099 Dresden
T: (0351) 8 09 06 11 **Fax:** 8 09 06 12
E-Mail: bsvs.dd@t-online.de

t 3 043

Blinden- und Sehbehinderten-Verband Sachsen-Anhalt e.V.
Johannes-R.-Becher-Str. 41, 39128 Magdeburg
T: (0391) 2 89 62 39 **Fax:** 2 89 62 34
Internet: http://home.t-online.de/home/bsvsa
E-Mail: bsvsa@t-online.de

t 3 044

Blinden- und Sehbehindertenverband Thüringen e.V.
Greizer Str. 9/Nicolaiberg 5a, 07545 Gera
T: (0365) 8 32 22 73 **Fax:** 5 29 86

• T 3 045

Deutscher Diabetiker-Bund e.V. (DDB)
Bundesgeschäftsstelle
Danziger Weg 1, 58511 Lüdenscheid
T: (02351) 98 91 53 **Fax:** 98 91 50
Gründung: 1951
Verbandszeitschrift: Diabetes-Journal
Verlag: Verlag Kirchheim, Postf. 25 24, 55015 Mainz
Mitglieder: 33000
Mitarbeiter: 590 (ehrenamtlich)

DDB-Landesverbände

t 3 046

Deutscher Diabetiker-Bund Landesverband Baden-Württemberg e.V.
Hauptstr. 71, 74889 Sinsheim
T: (07261) 1 27 62 **Fax:** (06202) 1 33 82

t 3 047

Deutscher Diabetiker-Bund Landesverband Bayern e.V.
Liebherrstr. 5 IV, 80538 München
T: (089) 22 73 41 **Fax:** 22 58 81

t 3 048

Deutscher Diabetiker-Bund Landesverband Berlin e.V.
Rungestr. 3-6, 10179 Berlin
T: (030) 2 78 67 37, 27 59 16 56

t 3 049

Deutscher Diabetiker-Bund Landesverband Brandenburg e.V.
Schopenhauerstr. 37, 14467 Potsdam
T: (0331) 95 10-588 **Fax:** 95 10-590

t 3 050

Deutscher Diabetiker-Bund Landesverband Bremen e.V.
Eduard-Grunow-Str. 24, 28203 Bremen
T: (0421) 6 16 43 23 **Fax:** 6 16 86 07

t 3 051

Deutscher Diabetiker-Bund Landesverband Hamburg e.V.
Von-Essen-Str. 85, 22081 Hamburg
T: (040) 29 78 94 **Fax:** 29 78 94

t 3 052

Deutscher Diabetiker-Bund Landesverband Hessen e.V.
Apfelgäßchen 11 OT Treysa, 34613 Schwalmstadt
T: (06691) 2 49 57

t 3 053

Deutscher Diabetiker-Bund Landesverband Mecklenburg-Vorpommern e.V.
Bundesgeschäftstelle
Danziger Weg 1, 58511 Lüdenscheid
T: (02351) 98 91 53 **Fax:** 98 91 50

t 3 054

Deutscher Diabetiker-Bund Landesverband Niedersachsen e.V.
Elsa-Brändström-Weg 22, 31141 Hildesheim
T: (05121) 87 61 73 **Fax:** 87 61 81

t 3 055

Deutscher Diabetiker-Bund Landesverband Nordrhein-Westfalen e.V.
Johanniterstr. 45, 47053 Duisburg
T: (0203) 66 64 00 **Fax:** 66 17 53

t 3 056

Deutscher Diabetiker-Bund Landesverband Rheinland-Pfalz e.V.
Brückenstr. 12, 57627 Heuzert
T: (02688) 98 91 93 **Fax:** 98 91 94

t 3 057

Deutscher Diabetiker-Bund Landesverband Saarland e.V.
Hahnenstr. 24, 66571 Eppelborn
T: (06881) 96 26 48 **Fax:** 96 26 48

t 3 058

Deutscher Diabetiker-Bund Landesverband Sachsen e.V.
Pflege- und Seniorenheim Clara Zetkin
Fetscherstr. 111, 01307 Dresden
T: (0351) 4 41 86 04 **Fax:** 4 41 86 04

t 3 059

Deutscher Diabetiker-Bund Landesverband Sachsen-Anhalt e.V.
Wittenberger Str. 21, 39106 Magdeburg
T: (0391) 5 93 31 68 **Fax:** 6 23 20 73

t 3 060

Deutscher Diabetiker-Bund Landesverband Schleswig-Holstein e.V.
Kronshagener Weg 15, 24114 Kiel
T: (0431) 18 00 09 **Fax:** 18 00 09

t 3 061

Deutscher Diabetiker-Bund Landesverband Thüringen e.V.
Thälmannstr. 25, 99085 Erfurt
T: (0361) 7 31 48 19 **Fax:** 7 31 48 19
Vorsitzende(r): Edith Claußen

t 3 062

Arbeitskreis der Pankreatektomierten e.V. (AdP)
Krefelder Str. 52, 41539 Dormagen
T: (02133) 4 23 29 **Fax:** 4 26 91
Internet: http://www.adp-dormagen.de

t 3 063

Berliner Fördergemeinschaft junger Diabetiker e.V.
Lepsiusstr. 49, 12163 Berlin
T: (030) 79 70 54 26 **Fax:** 79 70 54 26

t 3 064

BVI - Bundesverband Insulinpumpenträger e.V.
Reinekestr. 31, 51145 Köln
T: (02203) 2 58 62

t 3 065

Förderkreis Eltern diabetischer Kinder und Jugendlicher e.V.
Im Braumenstück 32, 67659 Kaiserslautern
T: (0631) 3 05 41

• T 3 066

Deutscher Gehörlosen-Bund e.V.
Hasseer Str. 47, 24113 Kiel
T: (0431) 6 45 61, 6 47 67 61 **Fax:** 68 88 52
Gründung: 1950
Präsident(in): Dr. Ulrich Hase
1. Vizepräs.: Gerlinde Gerkens
Vizepräsident(in): Willi Huck
Rudi Sailer
Verbandszeitschrift: Deutsche Gehörlosen-Zeitung
Verlag: Postf. 34 02 31, 45074 Essen
Mitglieder: 35000
Mitarbeiter: 3

t 3 067

Landesverband der Gehörlosen Baden-Württemberg e.V.
Beratungs- u. Geschäftsstelle
Oberer Rain 16, 76571 Gaggenau
T: (07225) 7 42 02 **Fax:** 14 29
Gründung: 1881
1. Vorsitzende(r): Willi Huck (Oberer Rain 16, 76571 Gaggenau)

t 3 068

Landesverband Bayern der Gehörlosen e.V.
Beratungs- u. Informationszentrum
Schwanthalerstr. 76, 80336 München
T: (089) 5 43 81 91 **Fax:** 5 43 97 92

Gehörlosendolmetscher-Landeszentrale
im Landesverband Bayern der Gehörlosen e.V.
Schwanthalerstr. 76 Rgb., 80336 München
T: (089) 5 43 81 91 **Fax:** 5 43 97 92
Gründung: 1951
1. Vorsitzende(r): Rudolf Gast (Schwanthaler Str. 76, 80336 München)

t 3 069

Landesverband der Gehörlosen Berlin e.V.
Landesgeschäftsstelle
Schönhauser Allee 36-39, 10435 Berlin
T: (030) 4 42 85 85 **Fax:** 4 42 75 65
Gründung: 1952
1. Vorsitzende(r): Karlheinz Kunze (Gaddebuscher Str. 14, 12619 Berlin)

t 3 070

Landesverband der Gehörlosen Brandenburg e.V.
Geschäftsstelle
Max-Grünebaum-Str. 9, 03042 Cottbus
T: (0355) 2 27 79 **Fax:** 2 27 79
Gründung: 1990
1. Vorsitzende(r): Günter Gräfe (Parzellenstr. 8, 03058 Gallinchen, T: (0355) 53 16 15, Telefax: (0355) 53 16 15)

t 3 071

Landesverband der Gehörlosen Bremen e.V.
Geschäftsstelle
Steffensweg 59, 28217 Bremen
T: (0421) 3 80 78 29 **Fax:** 3 96 67 72
Gründung: 1961
1. Vorsitzende(r): Käthe George (Steffensweg 59, 28217 Bremen)

t 3 072

Landesverband der Gehörlosen Hamburg e.V.
Geschäftsstelle
Bernadottestr. 126, 22605 Hamburg
T: (040) 88 20 52 **Fax:** 8 81 15 36
Gründung: 1947
1. Vorsitzende(r): Alexander von Meyenn (Bernadottestr. 126, 22175 Hamburg, T: (040) 6 95 79 89)

t 3 073

Landesverband der Gehörlosen Hessen e.V.
Geschäftsstelle
Rothschildallee 16a, 60389 Frankfurt
T: (069) 45 40 37 **Fax:** 4 69 20 84
Gründung: 1923
1. Vorsitzende(r): Horst D. Krämer (Rothschildallee 16 a, 60389 Frankfurt/Main)

t 3 074

Landesverband der Gehörlosen Mecklenburg-Vorpommern e.V.
Geschäftsstelle
Leninstr. 55, 19370 Parchim
T: (03871) 4 14 11 **Fax:** 4 14 11
Gründung: 1991
1. Vorsitzende(r): Jürgen Teegler (Leninstr. 55, 19370 Parchim, T: (03871) 4 14 11)

t 3 075

Landesverband der Gehörlosen Niedersachsen e.V.
Geschäftsstelle
Westerfeldstr. 15, 31177 Harsum
T: (05127) 6 95 44 **Fax:** 6 95 57
Gründung: 1950
1. Vorsitzende(r): Bernhard Bock (Lohmannstr. 2a, 31785 Hameln, T: (05151) 4 42 05, Telefax: (05151) 4 39 14)

t 3 076

Landesverband der Gehörlosen Nordrhein-Westfalen e.V.
Geschäftsstelle
Simsonstr. 29, 45147 Essen
T: (0201) 70 51 04 **Fax:** 70 31 49
Gründung: 1899
1. Vorsitzende(r): Hermann Riekötter (Simsonstr. 29, 45147 Essen, T: (0201) 70 51 04, Telefax: (0201) 70 31 49)

t 3 077

Landesverband der Gehörlosen Rheinland-Pfalz e.V.
Geschäftsstelle
Feldbergstr. 1, 55118 Mainz
T: (06131) 67 66 59 **Fax:** 60 40 08
Gründung: 1950
1. Vorsitzende(r): Robert Brück (Feldbergstr. 1, 55118 Mainz)

t 3 078

Landesverband der Gehörlosen Saar e.V.
Geschäftsstelle
Kirchstr. 25, 66606 Sankt Wendel
T: (06854) 71 43 **Fax:** 7 69 43
Gründung: 1958
1. Vorsitzende(r): Harald Körner (Kirchstr. 25, 66606 St. Wendel)

t 3 079

Landesverband der Gehörlosen Sachsen-Anhalt e.V.
Geschäftsstelle
Kroatenweg 70, 39116 Magdeburg
T: (0391) 6 09 94 50 **Fax:** 6 09 94 55
Gründung: 1990
1. Vorsitzende(r): Adolf Kuss (Fritz-Heckert-Ring 37, 39576 Stendal, T: (03931) 41 53 67, Telefax: (03931) 41 53 67)

t 3 080

Landesverband der Gehörlosen Sachsen e.V.
Geschäftsstelle
Carolinenstr. 10, 01097 Dresden
T: (0351) 8 04 18 79 **Fax:** 8 04 18 79
Gründung: 1990
1. Vorsitzende(r): Martin Domke

t 3 081

Gehörlosenverband Schleswig-Holstein e.V.
Geschäftsstelle
Hasseer Str. 47, 24113 Kiel
T: (0431) 6 45 61 **Fax:** 68 88 52
Gründung: 1882
1. Vorsitzende(r): Gerlinde Gerkens (Hasseer Str. 47, 24113 Kiel, T: (0431) 24 32 21 (pr.))

t 3 082

Landesverband der Gehörlosen Thüringen e.V.

Geschäftsstelle
Holbeinstr. 67, 99099 Erfurt
T: (0361) 3 45 29 63 **Fax:** 3 45 29 65
Gründung: 1990
1. Vorsitzende(r): Erhard Müller (Dornheimstr. 4, 99099 Erfurt)

• T 3 083

Deutscher Neurodermitiker Bund e.V.

Spaldingstr. 210, 20097 Hamburg
T: (040) 23 08 10 **Fax:** 23 10 08
Internet: http://www.dnb-ev.de
Gründung: 1986
1. Vorsitzende(r): Thomas Schwennesen
Geschäftsstelle: Dorothea Schlotte
Elke Zimmer
Verbandszeitschrift: HAUTFREUND
Redaktion: Manfred Sandau
Verlag: Thomas Schwennesen Verlag, Lattenkamp 90, 22299 Hamburg
Mitglieder: 3000
Mitarbeiter: 2

• T 3 084

Deutscher Psoriasis Bund e.V. (DPB)

Selbsthilfe Organisation der an Schuppenflechte leidenden Menschen
Oberaltenallee 20a, 22081 Hamburg
T: (040) 22 33 99-0 **Fax:** 22 33 99 22
Internet: http://www.psoriasis-bund.de
E-Mail: dpb.hamburg@t-online.de
Gründung: 1973 (17. April)
Geschäftsführer(in): Hans-Detlev Kunz
Verbandszeitschrift: PSO Magazin
Redaktion: Dt. Psoriasis Bund, Oberaltenallee 20 a, 22081 Hamburg
Mitglieder: ca. 9000
Mitarbeiter: 5

• T 3 085

Deutscher Schwerhörigenbund e.V.
Bundesverband der Schwerhörigen und Ertaubten (DSB)

Postanschrift:
Breite Str. 3, 13187 Berlin
T: (030) 47 54 11 14 **Fax:** 47 54 11 16
Internet: http://www.schwerhoerigkeit.de
E-Mail: dsb@schwerhoerigkeit.de
Gründung: 1949 (Mai)
Vorstand
Präsident(in): Dr.med. Harald Seidler
Vizepräsident(in): Detlev Schilling
Adolf Becker
Weitere Vorstandsmitglieder: Matthias Leschke
Hans Brotzmann
Dieter F. Glembek
Marcel Karthäuser
Hans-Jürgen Meyer
Geschäftsführer(in): Edeltraud Cordes (Ltg. Presseabt.; Breite Str. 3, 13187 Berlin)
Verbandszeitschrift: DSB-Report
Redaktion: E. Cordes
Verlag: Mierau GmbH, Kanalstr. 36, 42657 Solingen
Mitglieder: 7000
Mitarbeiter: 2

Landesverbände

t 3 086

Deutscher Schwerhörigenbund e.V.
Landesverband Baden-Württemberg

Haußmannstr. 6, 70188 Stuttgart
T: (0711) 2 15 51 90 **Fax:** 2 15 51 91
Franz Boob

t 3 087

Deutscher Schwerhörigenbund e.V.
Landesverband Bayern

Oberes Tor 4, 97450 Arnstein
T: (09363) 10 90 **Fax:** 67 79
Manfred Hartmann

t 3 088

Deutscher Schwerhörigenbund e.V.
Landesverband Berlin

Sophie-Charlotten-Str. 23a, 14059 Berlin
T: (030) 32 60 23 75 **Fax:** 3 26 23 76
Vorsitzende(r): Fritz-Bernd Kneisel

t 3 089

Deutscher Schwerhörigenbund e.V.
Landesverband Brandenburg

Geschwister-Scholl-Str. 78, 14471 Potsdam
T: (0331) 90 16 22 **Fax:** 90 16 22
Rudolf Schenk

t 3 090

Deutscher Schwerhörigenbund e.V.
Landesverband Hamburg

Wagnerstr. 42, 22081 Hamburg
T: (040) 29 16 05 **Fax:** 2 99 72 65
Manfred Hobusch

t 3 091

Deutscher Schwerhörigenbund e.V.
Landesverband Hessen

Lindenbergweg 20, 64367 Mühltal
T: (06151) 1 40 10 **Fax:** 1 40 10
Günther Petrick

t 3 092

Deutscher Schwerhörigenbund e.V.
Landesverband Mecklenburg-Vorpommern

Carl-von-Linne-Str. 10, 18106 Rostock
T: (0381) 7 68 26 10 **Fax:** 7 68 26 10
Knut Friedrich

t 3 093

Deutscher Schwerhörigenbund e.V.
Landesverband Niedersachsen

Linzer Str. 4, 30519 Hannover
T: (0511) 8 38 65 23 **Fax:** 8 38 65 23
Rolf Erdmann

t 3 094

Deutscher Schwerhörigenbund e.V.
Landesverband Nordrhein-Westfalen

Weberstr. 17, 48268 Greven
T: (02571) 46 82 **Fax:** 5 48 75
Norbert Merschieve

t 3 095

Deutscher Schwerhörigenbund e.V.
Landesverband Rheinland-Pfalz

Schloßstr. 23, 56068 Koblenz
T: (0261) 3 50 50
Brigitte Hilgert-Becker

t 3 096

Deutscher Schwerhörigenbund e.V.
Landesverband Saarland

Herkeswald 60, 66679 Losheim
T: (06872) 29 03 **Fax:** 29 03
Otto R. Gauf

t 3 097

Deutscher Schwerhörigenbund e.V.
Landesverband Sachsen

Sauerbruchstr. 19, 04552 Borna
T: (03433) 80 06 16
Renate Seidl

t 3 098

Deutscher Schwerhörigenbund e.V.
Landesverband Sachsen-Anhalt

Gellertstr. 25-27, 06126 Halle
T: (0345) 6 90 23 23 **Fax:** 6 90 23 22
Thomas Hauf

t 3 099

Deutscher Schwerhörigenbund e.V.
Landesverband Schleswig-Holstein

Neuer Krug, 21502 Geesthacht
T: (04152) 7 17 75 **Fax:** 7 17 75
Hermine Leesch

t 3 100

Deutscher Schwerhörigenbund e.V.
Landesverband Thüringen

Allende Str. 55, 98574 Schmalkalden
T: (03643) 42 21 55 **Fax:** 42 21 55
Siegfried Adolf

• T 3 101

Deutscher Verein der Blinden und Sehbehinderten in Studium und Beruf e.V. (DVBS)

Frauenbergstr. 8, 35039 Marburg
T: (06421) 9 48 88-0 **Fax:** 9 48 88-10
Internet: http://www.dvbs-online.de
E-Mail: info@dvbs-online.de
Gründung: 1916
Ehrenmitgl. d. Vorst.: Prof. Dr. Heinrich Scholler (Zwengauerweg 5, 81479 München, T: (089) 79 64 24)
Vorstand: Dr. Otto Hauck ((1. Vors.), Plantage 16, 35043 Marburg, T: (06424) 15 15)
Uwe Boysen ((2. Vors.), Wätjenstr. 132, 28213 Bremen, T: (0421) 2 23 58 54)
Sigrid Angermann (Hornbergstr. 190, 70186 Stuttgart, T: (0711) 6 15 96 18 (Beisitzerin))
Hans Peter Brass (Kissinger Str. 6, 12157 Berlin, T: (030) 79 78 13 01 (Beisitzer))
Rita Schwörer (Steinbeisstr. 18, 73730 Esslingen, T: (0711) 36 72 73 (Beisitzerin))
Dieter Richter (Erfurter Str. 5, 35039 Marburg, T: (06421) 4 67 71 (Vors. d. Arbeitsausschusses, mit beratender Stimme))
Patricia Ahrend (Am Richtsberg 78, 35039 Marburg, T: (06421) 48 25 84)
Leitung Presseabteilung: Andreas Bethke
Heidi Röger
Verbandszeitschrift: horus - Marburger Beiträge zur Integration Blinder und Sehbehinderter
Verlag: Deutscher Verein der Blinden und Sehbehinderten in Studium und Beruf e.V., Marburg
Mitglieder: 1302
Mitarbeiter: 10

• T 3 102

Dialysepatienten Deutschlands e.V. (DD)

Weberstr. 2, 55130 Mainz
T: (06131) 8 51 52 **Fax:** 83 51 98
Internet: http://www.ddev.de
E-Mail: geschaeftsstelle@ddev.de
Gründung: 1975 (2. März)
1. Vorsitzende(r): Peter Gilmer (Weberstr. 2, 55130 Mainz, T: (06131) 8 51 52, T: (06131) 83 51 98)
Verbandszeitschrift: der dialysepatient
Redaktion: Margarete Löwi, Weberstr.2, 55130 Mainz
Verlag: Kirchheim + Co GmbH, Kaiserstr. 41, 55116 Mainz
Mitglieder: 18000
Mitarbeiter: 8

Mitgliedsvereine

t 3 103

Verband der Dialysepatienten Baden-Württemberg e.V.

Sitz: Stuttgart
Rauchstr. 57, 74076 Heilbronn
T: (07131) 17 95 91
Kontaktperson: Günter Teichmann

t 3 104

IG der Dialysepatienten und Nierentransplantierten in Bayern e.V.

Geschäftsstelle
Randersackerer Str. 30, 97072 Würzburg
T: (0931) 88 67 64 **Fax:** 7 63 69
Kontaktperson: Bernard Krause

t 3 105

IG Künstliche Niere und Transplantation Berlin (IKN) e.V.

Genter Str. 63, 13353 Berlin
T: (030) 45 47 52 43 **Fax:** 45 47 52 45
Kontaktperson: Carola Qual

t 3 106

IG Dialyse und Transplantation (IDT) Berlin e.V.

Bernhard-Bästlein-Str. 16, 10367 Berlin
T: (030) 9 72 92 07
Ekkehard Schmidt

t 3 107

Dialysepatienten Deutschlands Landesverband Brandenburg e.V.

Richard-Jänsch-Str. 6, 15370 Fredersdorf
T: (033439) 8 02 59 **Fax:** 7 98 60
Bernd May

t 3 108

IG der Dialysepatienten und Nierentransplantierten Bremen e.V.

Gersweilerstr. 11, 28309 Bremen
T: (0421) 45 48 83

t 3 109

IG Künstliche Niere Hamburg e.V.

Geschäftsstelle
Heimchenweg 5, 22523 Hamburg

T: (040) 57 99 44 **Fax:** 57 26 12 29
Vorsitzende(r): Peter E. Stoetzer (T: (040) 8 99 13 93, Fax: 8 90 17 72)

t 3 110

IG der Dialysepatienten und Transplantierten Nordhessen e.V.
Albertstr. 6, 34560 Fritzlar
T: (05622) 67 61
Kontaktperson: Herbert Becker

t 3 111

Dialysepatienten und Transplantierte Mittelhessen e.V.
Goethestr. 2, 35582 Wetzlar
T: (0641) 9 20 39 40
Dieter Gath

t 3 112

IG Nierenkranker und Dialysepatienten Niedersachsen e.V.
Quakenbrücker Str. 37, 49413 Dinklage
T: (04443) 33 37
Kontaktperson: Alfred Börgerding

t 3 113

IG Künstliche Niere und Transplantierter Nordrhein-Westfalen e.V.
Postf. 10 07 08, 41407 Neuss
Bonner Str. 71, 41468 Neuss
T: (02131) 3 03 17 **Fax:** 3 36 38
Kontaktperson: Dietmar Steinbrecher

t 3 114

IG Nierenkranker und Transplantierter Mittelrhein e.V.
An der Hauptschule 10, 56637 Plaidt
T: (02632) 7 33 17
Kontaktperson: Hubert Mäder

t 3 115

IG Künstliche Niere Rheinland-Pfalz Nord e.V.
Robert-Koch-Str. 7, 56727 Mayen
T: (02651) 7 76 36
Kontaktperson: Wolfgang Schull

t 3 116

IG der Dialysepatienten und Nierentransplantierten Saar e.V.
Karcherstr. 15, 66763 Dillingen
T: (06831) 7 11 93
Kontaktperson: Helmut Knoll

t 3 117

Dialyseverband Sachsen Landesverband
Windmühlenweg 5a, 04849 Bad Düben
T: (034243) 2 29 30
Kontaktperson: Annegret Bresch

t 3 118

Interessenverband der Dialysepatienten u. Nierentransplantierten Sachsen-Anhalts
An der Kälberweide 12b, 39114 Magdeburg
T: (0391) 8 11 81 06
Kontaktperson: Udo Kreissel

t 3 119

IG der Dialysepatienten und Nierentransplantierten in Schleswig-Holstein e.V.
Geschäftsstelle
Ringstr. 13, 24114 Kiel
T: (0431) 67 53 47

t 3 120

IG der Dialysepatienten u. Transplantierten Thüringens e.V.
Mittelgasse 129, 99100 Großfahner
T: (036206) 2 12 51
Kontaktperson: Rosemarie Rudolph

• T 3 121

Fördergemeinschaft für Taubblinde e.V.
Basteistr. 83a, 53173 Bonn
T: (0228) 9 56 37 63 **Fax:** 9 56 37 65
E-Mail: taubblind@selbsthilfe-online.de
Gründung: 1992 (12. Juni)
Vorsitzende(r): Dr. med. Werner Dudszus
1. stellv. Vors.: Sieglinde Knörle
2. stellv. Vors. u. geschf.VorstMitgl.: Wolf-Dietrich Trenner
Schatzmeister: Hermann Ulrich Pfeuffer
Schriftführer(in): Cornelia Lisse
Verbandszeitschrift: Taubblind
Redaktion: W. D. Trenner
Verlag: Eigenverlag
Mitglieder: 174

• T 3 122

Frauenselbsthilfe nach Krebs Bundesverband e.V.
B 6 10-11, 68159 Mannheim
T: (0621) 2 44 34 **Fax:** 15 48 77
Gründung: 1976 (September)
Mitglieder des geschäftsführenden Vorstandes
Vorstand: Irmgard Ehrlich
Marlore Massolle (Sprecherin)
Ingrid-Ellen Maurischat
Hilde Schulte
Almuth von Wietersheim (Öffentlichkeitsarbeit)
Werner Braun
Christa Schildknecht
Verbandszeitschrift: Rundbrief
Mitglieder: 400 Gruppen

Krebskranke helfen Krebskranken durch Weitergabe von eigenen Erfahrungen und Informationen in Einzelgesprächen und in Gruppentreffen. Keine ärztlichen Ratschläge. Kostenlose Broschüren können angefordert werden.

t 3 123

Frauenselbsthilfe nach Krebs Landesverband Baden-Württemberg e.V.
Büro:
Schwenninger Str. 24, 78652 Deißlingen
T: (07420) 91 02 51 **Fax:** 91 02 59
Kontaktperson: Angelika Grudke

t 3 124

Frauenselbsthilfe nach Krebs Landesverband Bayern e.V.
Hertzweg 8, 86420 Diedorf
T: (0821) 4 83 71-0 **Fax:** 48 39 14
Kontaktperson: Heidrun Zingraf

t 3 125

Frauenselbsthilfe nach Krebs Landesverband Brandenburg e.V.
Wismarer Str. 11, 15366 Neuenhagen
T: (03342) 20 76 81 **Fax:** 20 76 81
Kontaktperson: Gisela Holm

t 3 126

Frauenselbsthilfe nach Krebs Landesverband Hamburg-Schleswig-Holstein e.V.
Schellingstr. 35, 22089 Hamburg
T: (040) 2 00 79 72
Kontaktperson: Christa Hentschel

t 3 127

Frauenselbsthilfe nach Krebs Landesverband Hessen e.V.
Hügelstr. 47, 64283 Darmstadt
T: (06151) 29 24 14 **Fax:** 27 20 13
Kontaktperson: Barbara Seeber

t 3 128

Frauenselbsthilfe nach Krebs Landesverband Mecklenburg-Vorpommern e.V.
Herweghstr. 16, 18055 Rostock
T: (0381) 2 54 27 **Fax:** 2 54 19
Kontaktperson: Dipl.-Med. Hannelore Horstmann

t 3 129

Frauenselbsthilfe nach Krebs Landesverband Niedersachsen e.V.
Auf der Höhe 30, 37444 Sankt Andreasberg
T: (05582) 10 16 **Fax:** 80 99 92
Kontaktperson: Elly Wiegand

t 3 130

Frauenselbsthilfe nach Krebs Landesverband Nordrhein-Westfalen e.V.
Büro:
Kirchfeldstr. 149, 40215 Düsseldorf
T: (0211) 34 17 09 **Fax:** 31 87 81
Kontaktperson: Anneliese Aretz

t 3 131

Frauenselbsthilfe nach Krebs Landesverband Rheinland-Pfalz e.V.
Am Griesböhl 24, 66994 Dahn
T: (06391) 16 50 **Fax:** 16 50
Kontaktperson: Ingrid Meigel

t 3 132

Frauenselbsthilfe nach Krebs Landesverband Sachsen e.V.
Oberweg 3, 04779 Wermsdorf
T: (03435) 92 67 97 **Fax:** 93 96 22
Kontaktperson: Christina Reichel

t 3 133

Frauenselbsthilfe nach Krebs Landesverband Sachsen-Anhalt e.V.
Hobuschgasse 5, 06844 Dessau
T: (0340) 21 22 31 **Fax:** 21 22 31
Kontaktperson: Rosemarie Bareinz

t 3 134

Frauenselbsthilfe nach Krebs Landesverband Thüringen e.V.
Carl-von-Brueger-Str. 22, 07749 Jena
T: (03641) 44 57 90, 3 97 20 (dienstl.) **Fax:** 39 72 19
Kontaktperson: Dr. Renate Estel

• T 3 135

Freundeskreis Camphill e.V.
c/o Walter Steiner
Vogesenweg 15/1, 78056 Villingen-Schwenningen
T: (07720) 95 94 80 **Fax:** 85 89 23
E-Mail: WalterSteiner@t-online.de
Gründung: 1965
Vorsitzende(r): Walter Steiner
Verbandszeitschrift: Die Brücke
Redaktion: Erika Lange
Mitglieder: ca. 1150

• T 3 136

Gaucher Gesellschaft Deutschland e.V.
An der Ausschacht 9, 59556 Lippstadt
T: (02941) 1 88 70 **Fax:** 1 88 70
E-Mail: ggdev@gmx.de
Gründung: 1992 (19. Mai)
1. Vors. u. Geschf.: Ursula Rudat
Verbandszeitschrift: go-schee brief

• T 3 137

LERNEN FÖRDERN - Bundesverband zur Förderung Lernbehinderter e.V.
Rolandstr. 61, 50677 Köln
T: (0221) 38 06 66 **Fax:** 38 59 54
Internet: http://www.lernen-foerdern.de
E-Mail: lernenfoerdernbv@netcologne.de
Gründung: 1968 (7. Dezember)
1. Vorsitzende(r): Jürgen Eppendorf
Bundesgeschäftsstelle: Dipl.-Psych. Rudolf C. Zelfel
Leitung Presseabteilung: N. N.
Mitglieder: 15000
Fachzeitschrift: LERNEN FÖRDERN - Zeitschrift für Eltern, Lehrer- und ErzieherInnen
Verlag: LERNEN FÖRDERN - Bundesverband zu Förderung Lernbehinderter e.V., Köln

• T 3 138

Mukoviszidose e.V.
Deutsche Gesellschaft zur Bekämpfung der Mukoviszidose, gem. Verein
Bendenweg 101, 53121 Bonn
T: (0228) 9 87 80-0 **Fax:** 9 87 80-77
Internet: http://www.meb.uni-bonn.de/mukoviszidose
E-Mail: Mukoviszidose@t-online.de
Gründung: 1965
1. Vorsitzende(r): Dipl.-Ing. Horst Mehl (Tulpenstr. 50, 71394 Kernen, T: (07151) 4 10 48; priv. Hasenäckerstr. 21, 71364 Winnenden-Breuningsweiler, T: (07195) 7 39 98)
2. Vorsitzende(r): Prof. Dr. med. Gerd Dockter (Universitäts-Kinderklinik, 66424 Homburg (Saar), T: (06841) 16 83 13; priv.: Am Gedünner 17, 66424 Homburg (Saar), T: (06841) 6 47 59)
Schriftführer: Gerhard Eißing (Caspar-von-Saldern-Weg 5, 24582 Bordesholm, T: dienstl. (0431) 9 91 14 53, priv. (04322) 97 02)
Geschäftsführer(in): Dipl.-Kfm. Michael Hartje
Leitung Presseabteilung: Dr. Heike Diekmann
Verbandszeitschrift: Mukoviszidose-Aktuell
Redaktion: Dr. Heike Diekmann
Mitglieder: 4300
Mitarbeiter: 15
Jahresetat: DM 6,0 Mio, € 3,07 Mio

• T 3 139

NCL-Gruppe Deutschland e.V.
Vierkaten 32b, 21629 Neu Wulmstorf
T: (040) 7 00 75 21
Rudolf Nölke

• T 3 140

Sklerodermie Selbsthilfe e.V.
Friedhofstr. 16, 74076 Heilbronn
T: (07131) 16 16 56 **Fax:** 16 16 57
Gründung: 1984 (7. Juli)
Vorsitzende(r): Emma Margarete Reil (Ltg. Presseabt.)
Stellvertretende(r) Vorsitzende(r): Karlheinz Schönemann Helga Kandora
Schriftführer(in): Helga Semmler
Schatzmeisterin: Dagmar Gimm
Schirmherrin: Ingrid Biedenkopf
Verbandszeitschrift: Rundschreiben
Redaktion: Karlheinz Schönemann, Emma M. Reil
Verlag: Kaliweg 32, 30952 Ronnenberg
Mitglieder: 1300 in 39 Regionalgruppen -bundesweit- (davon 5 Gruppen in d. neuen Bundesländern)

• T 3 141

Selbsthilfevereinigung für Lippen-Gaumen-Fehlbildungen e.V.
- Wolfgang Rosenthal Gesellschaft -
Geschäftsstelle
Hauptstr. 184, 35625 Hüttenberg
T: (06403) 55 75 **Fax:** 92 67 27
Internet: http://www.t-online.de/home/wrg-huettenberg
E-Mail: wrg-huettenberg@t-online.de
Gründung: 1981
Verbandszeitschrift: Gesichter
Mitglieder: 2000

• T 3 142

Schutzverband für Impfgeschädigte e.V.
Postf. 1 25, 57540 Kirchen
T: (02741) 93 02 96 **Fax:** 93 02 97
Franz-Josef Pfeifer

• T 3 143

Von Recklinghausen-Gesellschaft e.V.
c/o Klinikum Nord Ochsenzoll
Langenhorner Chaussee 560, 22419 Hamburg
T: (040) 52 71-2822 **Fax:** 5 27 74 62
E-Mail: vrges@aol.com
Gründung: 1987
Verbandszeitschrift: NF-Aktuell
Redaktion: Dr. V.F. Mautner, Marion Steenfatt
Mitglieder: 1029
Mitarbeiter: 7

• T 3 144

Christiane Herzog Stiftung für Mukoviszidose-Kranke
Postf. 86 04 49, 81631 München
T: (089) 4 70 27-122 **Fax:** 4 70 27-120
Vorsitzende: Christiane Herzog

• T 3 145

Verband für Anthroposophische Heilpädagogik, Sozialtherapie und soziale Arbeit e.V.
Schloßstr. 9, 61209 Echzell
T: (06035) 8 11 90 **Fax:** 8 12 17

• T 3 146

Arbeitskreis DOWN-SYNDROM e.V.
Hilfe für Menschen mit Down-Syndrom, für ihre Eltern und Geschwister in Deutschland
Gadderbaumer Str. 28, 33602 Bielefeld
T: (0521) 44 29 98 **Fax:** 94 29 04
Internet: http://www.down-syndrom.org
E-Mail: ak@down-syndrom.org
Gründung: 1977, seit 1987 e.V.
Vorsitzende(r): N. N.
Stellvertretende(r) Vorsitzende(r): Rita Lawrenz (im Bracksiek 28 a, 33611 Bielefeld, T: (0521) 87 17 20)
Martin Weber (Nelkenweg 11, 32052 Herford, T: (05221) 7 17 96)

Wir wollen Kinder, Jugendliche und Erwachsene mit Down-Syndrom - d.s. Menschen mit der Chromosomenveränderung "Trisomie 21" oder einer der zugehörigen Varianten - im Rahmen ihrer Möglichkeiten fördern, ihre Interessen vertreten und dahin wirken, daß diesen Menschen die notwendige besondere Hilfe geleistet wird.

• T 3 147

Verband Deutscher Sonderschulen e.V. -Fachverband für Behindertenpädagogik- (VDS)
Ohmstr. 7, 97076 Würzburg
T: (0931) 2 40 20 **Fax:** 2 40 23
Internet: http://www.vds-bundesverband.de
E-Mail: vds.fachverband@t-online.de
Gründung: 1898
Bundesvorsitzende(r): Franz Rumpler (Waldseestr. 14, 91056 Erlangen, T: (09135) 72 99 51 (P), E-mail: franz.rumpler@t-online.de)
Stellv. Bundesvors.: Prof. Norbert Stoellger (Schorlemer Allee 17 B, 14195 Berlin, T: (030) 8 24 43 79 (P)
Bundes-GeschF: Ortwin Krieg (T: (0931) 46 17 29 (P)
Leitung Presseabteilung: Waltraud Oeffner (T: (05066) 69 03 04 (P)
Verbandszeitschrift: Zeitschrift für Heilpädagogik
Redaktion: Prof. Walter Spiess, Dr. Peter Wachtel
Verlag: vds, Ohmstr. 7, 97076 Würzburg
Mitglieder: 12000

Geschäftsstellen der Landesverbände:

t 3 148

Verband Deutscher Sonderschulen e.V. Landesverband Baden-Württemberg
Schöllbronner Str. 56, 76199 Karlsruhe
T: (0721) 9 88 71 40 (P)
Wolfgang Jansen

t 3 149

Verband Deutscher Sonderschulen e.V. Landesverband Bayern
Welserstr. 11, 90489 Nürnberg
T: (0911) 5 30 38 61 (P)
Wolfgang Braun

t 3 150

Verband Deutscher Sonderschulen e.V. Landesverband Berlin
Cheruskerstr. 9, 10829 Berlin
T: (030) 78 70 39 58 (P)
Gerd Migulla

t 3 151

Verband Deutscher Sonderschulen e.V. Landesverband Brandenburg
Siemensstr. 1, 14482 Potsdam
T: (0331) 70 75 63 (P)
Dr. Karin Salzberg-Ludwig

t 3 152

Verband Deutscher Sonderschulen e.V. Landesverband Bremen
Schule an der Fritz Gansberg Straße
Fritz-Gansberg-Str. 22, 28213 Bremen
T: (0421) 35 48 54 (P)
Gudrun Max

t 3 153

Verband Deutscher Sonderschulen e.V. Landesverband Hamburg
Grenzweg 2, 21629 Neu Wulmstorf
T: (040) 7 00 82 74 (P)
Horst-Friedrich Schmidt

t 3 154

Verband Deutscher Sonderschulen e.V. Landesverband Hessen
Feytiatring 20, 35638 Leun
T: (06473) 87 20 (P)
Magdalene Georg

t 3 155

Verband Deutscher Sonderschulen e.V. Landesverband Mecklenburg-Vorpommern
Rostocker Str. 6 G, 18236 Kröpelin
T: (038292) 7 80 83 (P)
Dr. Hans Schalwig

t 3 156

Verband Deutscher Sonderschulen e.V. Landesverband Niedersachsen
Friedrich-August-Str. 34, 26316 Varel
T: (04451) 86 25 05 (P)
Hayo Kayßer

t 3 157

Verband Deutscher Sonderschulen e.V. Landesverband Nordrhein-Westfalen
Glückaufsegenstr. 60, 44265 Dortmund
T: (0231) 55 60 43 (P)
Jürgen Siebeck

t 3 158

Verband Deutscher Sonderschulen e.V. Landesverband Rheinland-Pfalz
Hochwaldstr. 31, 55758 Bruchweiler
T: (06786) 73 91 (P)
Franz Mück

t 3 159

Verband Deutscher Sonderschulen e.V. Landesverband Sachsen
Helenenstr. 36A, 04279 Leipzig
T: (0341) 3 38 43 98 (P)
Wolfgang Seebach

t 3 160

Verband Deutscher Sonderschulen e.V. Landesverband Sachsen-Anhalt
Am Wall 2, 39326 Hermsdorf
T: (039206) 5 25 44 (P)
Burkhardt Schmidt

t 3 161

Verband Deutscher Sonderschulen e.V. Landesverband Schleswig-Holstein
Wiesengrund 22, 24941 Jarplund-Weding
T: (04630) 15 71 (P)
Anke Duus

t 3 162

Verband Deutscher Sonderschulen e.V. Landesverband Thüringen
August-Feine-Str. 3, 99625 Kölleda
T: (03635) 40 05 85 (P)
Rolf Schirrmeister

• T 3 163

Gesellschaft für Gebärdensprache und Kommunikation Gehörloser e.V.
Binderstr. 34, 20146 Hamburg
T: (040) 4 28 38-6735 **Fax:** 4 28 38-6109
Gründung: 1987
Vorsitzende(r): Prof. Dr. Helen Leuninger
Stellvertretende(r) Vorsitzende(r): Käthe George
Geschäftsführer(in): Karin Wempe
Verbandszeitschrift: Das Zeichen
Redaktion: Karin Wempe
Verlag: SIGNUM Verlag, Hans-Albers-Platz 2, 20359 Hamburg; Redaktion DAS ZEICHEN, Binderstr. 34, 20146 Hamburg
Mitglieder: 1650

• T 3 164

Arbeitsgemeinschaft Humane Sexualität e.V. (ahs)
-Geschäftsstelle
Carl-Vogt-Str. 4, 35394 Gießen
T: (0641) 7 73 47
Gründung: 1982
Kuratorium: Dr. Frits Bernard
Ralf Dose (M.A.)
Dr. Jörg Hutter
Elisabeth Kilali
Oswalt Kolle
Prof. Dr. Fritz Sack
Dr. Theo Sandfort
Dr. Hans-Georg Wiedemann
Verbandszeitschrift: Material AHS
Mitglieder: 136

• T 3 165

Deutsche Gesellschaft für Sexualforschung e.V.
c/o Abteilung für Sexualforschung, Universitätskrankenhaus Eppendorf
Martinistr. 52, 20251 Hamburg
T: (040) 47 17-2225
Vorsitzender: Prof. Dr. Volkmar Sigusch (1. Vors. Institut für Sexualwissenschaft, Klinikum der Universität, Theodor-Stern-Kai 7, 60590 Frankfurt a.M., T: (069) 63 01-76 13)
Geschäftsführerin: Prof. Dr. Hertha Richter-Appelt (Abteilung für Sexualforschung, Universitätskrankenhaus Eppendorf, Martinistr. 52, 20251 Hamburg, T: (040) 4 28 03 22 25, Fax: (040) 4 28 03 64 06)

Die Gesellschaft dient über ihre Forschungsstellen, die Veranstaltung wissenschaftlicher Tagungen, Förderung wissenschaftlicher Arbeiten sowie Pflege der persönlichen und wissenschaftlichen Kontakte ihrer Mitglieder der Erarbeitung und Verbreitung sexualwissenschaftlicher Erkenntnisse.

• **T 3 166**

Deutsche Gesellschaft für Sozialwissenschaftliche Sexualforschung e.V. (DGSS)
Gerresheimer Str. 20, 40211 Düsseldorf
T: (0211) 35 45 91 **Fax:** 36 07 77
Internet: http://www.sexologie.org
E-Mail: sexualforschung@sexologie.org
Gründung: 1971 (1. Oktober)
Präsident(in): Prof. Dr. Dr. Erwin J. Haeberle
Sekretär: Wolfgang Christiaens
Leitung Presseabteilung: Rolf Gindorf
Verbandszeitschrift: DGSS-Mitteilungen
Redaktion: Rolf Gindorf
Mitglieder: 150

angegliedert:

t 3 167

Institut für Lebens- und Sexualberatung (DGSS-Institut)
Gerresheimer Str. 20, 40211 Düsseldorf
T: (0211) 35 45 91 **Fax:** 36 07 77
Internet: http://www.sexologie.org
E-Mail: Beratung@sexologie.org

• **T 3 168**

PRO FAMILIA
Deutsche Gesellschaft für Familienplanung, Sexualpädagogik und Sexualberatung e.V., Bundesverband
Stresemannallee 3, 60596 Frankfurt
T: (069) 63 90 02 **Fax:** 63 98 52
Internet: http://www.profamilia.de
Gründung: 1952
Vorsitzende(r): Eva Rühmkorf (Ministerin a.D., Hamburg)
Stellvertretende(r) Vorsitzende(r): Annemarie Rufer, Nürnberg
Katrin Rohnstock, Berlin
Geschäftsführerin: Dipl.-Soziologin Elke Thoß
Schatzmeister: Paul Soemer, Frankfurt/M.
Schriftführerin: Dr. Ulrike Busch, Berlin
Verbandszeitschrift: PRO FAMILIA MAGAZIN
Redaktion: Pro Familia-Bundesverband, Stresemannallee 3, 60596 Frankfurt
Mitglieder: 6000

Landesverbände der PRO FAMILIA

t 3 169

Pro Familia e.V.
Landesverband Baden-Württemberg
Haußmannstr. 6, 70188 Stuttgart
T: (0711) 21 55-10 8/9 **Fax:** 21 55-107

t 3 170

Pro Familia e.V.
Landesverband Bayern
Türkenstr. 103I, 80799 München
T: (089) 33 00 84-0 **Fax:** 33 00 84-16

t 3 171

Pro Familia e.V.
Landesverband Berlin
Ansbacher Str. 11, 10787 Berlin
T: (030) 2 13 90 20 **Fax:** 21 47 64 24

t 3 172

Pro Familia e.V.
Landesverband Brandenburg
Gartenstr. 42, 14482 Potsdam
T: (0331) 7 40 83 97 **Fax:** 7 40 83 99

t 3 173

Pro Familia e.V.
Landesverband Bremen
Hollerallee 24, 28209 Bremen
T: (0421) 3 40 60 60 **Fax:** 3 40 60 65

t 3 174

Pro Familia e.V.
Landesverband Hamburg
Kohlhöfen 21, 20355 Hamburg
T: (040) 34 33 44 **Fax:** 34 33 63
Gründung: 1952

t 3 175

Pro Familia e.V.
Landesverband Hessen
Schichaustr. 3-5, 60314 Frankfurt
T: (069) 44 70 61 **Fax:** 49 36 12

t 3 176

Pro Familia e.V.
Landesverband Mecklenburg-Vorpommern
Barnstorfer Weg 50, 18057 Rostock
T: (0381) 3 13 05 **Fax:** 3 13 05

t 3 177

Pro Familia e.V.
Landesverband Niedersachsen
Steintorstr. 6, 30159 Hannover
T: (0511) 30 18 57 80 **Fax:** 30 18 57 87

t 3 178

Pro Familia e.V.
Landesverband Nordrhein-Westfalen
Postf. 13 09 01, 42036 Wuppertal
T: (0202) 2 45 65-10 **Fax:** 2 46 56-30

t 3 179

Pro Familia e.V.
Landesverband Rheinland-Pfalz
Schießgartenstr. 7, 55116 Mainz
T: (06131) 23 63 50, 23 63 54 **Fax:** 23 63 25

t 3 180

Pro Familia e.V.
Landesverband Saarland
Mainzer Str. 106, 66121 Saarbrücken
T: (0681) 6 45 66 **Fax:** 63 83 29

t 3 181

Pro Familia e.V.
Landesverband Sachsen
Wurzner Str. 95, 04315 Leipzig
T: (0341) 2 32 43 18 **Fax:** 2 32 43 19

t 3 182

Pro Familia e.V.
Landesverband Sachsen-Anhalt
Richard-Wagner-Str. 29, 06114 Halle
T: (0345) 5 22 06 36 **Fax:** 5 22 06 37

t 3 183

Pro Familia e.V.
Landesverband Schleswig-Holstein
Marienstr. 29-31, 24937 Flensburg
T: (0461) 9 09 26-20 **Fax:** 9 09 26-49

t 3 184

Pro Familia e.V.
Landesverband Thüringen
Bahnhofstr. 27-28, 99084 Erfurt
T: (0361) 6 43 85 14 **Fax:** 6 43 85 15

• **T 3 185**

Deutsches Zentralkomitee zur Bekämpfung der Tuberkulose
Lungenklinik Heckeshorn
Zum Heckeshorn 33, 14109 Berlin
T: (030) 80 02-2435 **Fax:** 80 02-2286
E-Mail: loddheck@zedat.fu-berlin.de
Gründung: 1895
Generalsekretär(in): Prof. Dr. R. Loddenkemper
Verbandszeitschrift: Pneumologie
Redaktion: Prof. Dr. R. Loddenkemper (Beirat)
Verlag: G. Thieme Verlag, Postf. 30 11 20, 70451 Stuttgart
Mitglieder: 19 juristische Personen
Mitarbeiter: 3

• **T 3 186**

Deutsche Gesellschaft für Suizidprävention (DGS)
Geschäftsstelle
Bezirkskrankenhaus
Nordring 2, 95445 Bayreuth
T: (0921) 2 83-301 **Fax:** 2 83-395
Gründung: 1972
Vorsitzende(r): Prof. Dr.med. Werner Felber (Psyiatrische Universitätsklinik, Dresden)
Stellvertretende(r) Vorsitzende(r): Dr. Regula Freytag (Verein für Suizidprävention e.V., Hildesheim)
Dipl.-Soz. Michael Witte, Berlin
Hauptgeschäftsführer(in): Prof. Dr.med. Manfred Wolfersdorf (Bezirkskrankenhaus Bayreuth, Bayreuth)
Verbandszeitschrift: SUIZIDPROPHYLAXE
Verlag: S. Roderer, Regensburg
Mitglieder: ca. 400
Förderung der Suizidologie, der Suizidprävention, von Institutionen mit dieser Aufgabenstellung, Förderung von Forschung in diesem Bereich.

• **T 3 187**

Deutsche Gesellschaft für Verhaltenstherapie e.V. (DGVT)
Postf. 13 43, 72003 Tübingen
Neckarhalde 55, 72070 Tübingen
T: (07071) 94 34-11 **Fax:** 94 34-35
Internet: http://www.dgvt.de
E-Mail: dgvt@dgvt.de
Gründung: 1976
Vorstand: Mechthild Greive
Ulla López-Frank
Andreas Veith
Leitung Presseabteilung: Waltraud Deubert
Bernhard Scholten
Verbandszeitschrift: Verhaltenstherapie + psychosoziale Praxis
Redaktion: Otmar Koschar, T: (07071) 79 28 50, Fax: (07071) 79 28 51
Verlag: DGVT-Verlag, Sudhaus, Hechinger Str. 203, 72072 Tübingen
Mitglieder: ca. 6000
Mitarbeiter: 20

• **T 3 188**

Deutsche Gesellschaft für Verhaltensmedizin und Verhaltensmodifikation e.V. (DGVM)
c/o Friedrich-Schiller-Universität Jena
Institut für Psychologie
Am Steiger 3, Haus 1, 07743 Jena
T: (03641) 94 51 40 **Fax:** 94 51 42
Internet: http://www.dgvm-online.de
E-Mail: admin@dgvm-online.de
Gründung: 1985
1. Vorsitzende(r): Prof. Dr. Wolfgang H. R. Miltner (Institut für Psychologie der Friedrich-Schiller-Universität Jena, Am Steiger 3, Haus 1, 07743 Jena, T: (03641) 94 51 40, Telefax: (03641) 94 51 42)
2. Vorsitzende(r): Prof. Dr. Manfred Fichter (Klinik Roseneck, Am Roseneck 6, 83209 Prien/Chiemsee, T: (08051) 68 35 10, Fax: (08051) 68 35 32)
Beisitzerin: Prof. Dr. Gudrun Sartory (Institut für Psychologie, Universität Wuppertal, Max-Horkheimer-Str. 20, 42097 Wuppertal, T: (0202) 4 39 27 22, Telefax: (0202) 4 39 28 24)
Schriftführer(in): PD Dr. Ulrike Ehlert (Forschungszentrum für Psychobiologie und Psychosomatik der Universität Trier, Friedrich-Wilhelm-Str. 23, 54290 Trier, T: (0651) 9 75 04 52, Fax: (0651) 9 75 04 90)
Schatzmeister: Dr. Ingmar Gutberlet (Institut für Psychologie, Friedrich-Schiller-Universität Jena, Am Steiger 3, Haus 1, 07743 Jena, T: (03641) 94 51 45, Telefax: (03641) 94 51 42)

• **T 3 189**

Ausschuß für Wohnmedizin und Bauhygiene der Gesellschaft für Hygiene und Umweltmedizin
Sitz: Jena
Geschäftsstelle:
Institut für Allgemeine, Krankenhaus- und Umwelthygiene
07740 Jena
Fürstengraben 23, 07743 Jena
T: (03641) 93 79 00 **Fax:** 93 79 02
Gründung: 1967
Vorsitzende(r): Prof. Dr. Klaus Fiedler
Verbandszeitschrift: Wohnmedizin
Verlag: Institut für Allgemeine, Krankenhaus- und Umwelthygiene, Jena

• **T 3 190**

Bundesverband Deutsche Schmerzhilfe e.V.
Sietwende 20, 21720 Grünendeich
T: (04142) 81 04 34 **Fax:** 81 04 35
E-Mail: schmerzhilfe@t-online.de
Sitz: Woldsenweg 3, 20249 Hamburg
T: (040) 46 56 46
Gründung: 1978 (1. April)
Präsident(in): Rüdiger Fabian
Vizepräsident(in): Prof. Dr.med. Dipl.-Psych. Gunter Haag
Christa Wunderlich
Hauptgeschäftsführer(in): Rüdiger Fabian (Ltg. Presseabt.)
Verbandszeitschrift: Die Schmerzhilfe
Redaktion: Bundesverband
Verlag: Eigenverlag
Mitglieder: ca. 5000
Mitarbeiter: ca. 6

• **T 3 191**

Deutsche Gesellschaft für Zahnerhaltung e.V. (DGZ)
Goethestr. 70, 80336 München
T: (089) 51 60-3201 **Fax:** 51 60-5344
Vorsitzende(r): Prof. Dr. R. Hickel

• **T 3 192**

Internationale Gesellschaft für Ganzheitliche Zahn-Medizin (GZM)
Seckenheimer Hauptstr. 111, 68239 Mannheim
T: (0621) 47 64 00 **Fax:** 47 39 49
Internet: http://www.gzm.org
E-Mail: gzm-mannheim@t-online.de
Gründung: 1985
1. Vorsitzende(r): Dr. Peter Reichert
Stellvertretende(r) Vorsitzende(r): Dr. Jörg Born
Verbandszeitschrift: GPW Ganzheitliche Zahnmedizin - in Praxis und Wissenschaft
Redaktion: Dr. Johann Lechner, Grünwalder Str. 10, 81547 München; Dr. Peter Reichert, Durlacher Str. 81, 68219 Mannheim
Verlag: Verlag für Ganzheitliche Medizin, Dr. Erich Wühr GmbH, Müllerstr. 7, 93444 Kötzting
Mitglieder: üb. 1100

• **T 3 193**

Deutsche Gesellschaft für Zellbiologie e.V.
c/o Deutsches Krebsforschungszentrum, Prof. Dr. Werner W. Franke
Im Neuenheimer Feld 280, 69120 Heidelberg
T: (06221) 42 34 51 **Fax:** 42 34 52
E-Mail: dgz@dkfz-heidelberg.de
Gründung: 1975 (26. April)
Präsident(in): Prof. Dr. Werner W. Franke (Deutsches Krebsforschungszentrum, Im Neuenheimer Feld 280, 69120 Heidelberg, T: (06221) 42-34 51, Fax: 42-34 52)
Vizepräsident(in): PD Dr. Anna M Wobus (Institut für Pflanzengenetik und Kulturpflanzenforschung, Corrensstr. 3, 06466 Gatersleben)
Geschäftsführer(in): Dr. Marion Schmidt-Zachmann (Deutsches Krebsforschungszentrum)
Verbandszeitschrift: DGZ-Mitteilungen (3 x jährlich)
Redaktion: Sabine Reichel-Klingmann, Heidelberg
Verlag: MediaTec Verlagsges., Petzoltstr. 13, 97828 Marktheidenfeld
Mitglieder: 1300
Mitarbeiter: 2
Jahresetat: DM 0,2 Mio, € 0,1 Mio

• **T 3 194**

Institut für angewandte Biologie d. AG z. Förderung angew. biol. Forschung Hamburg e.V.
Nernstweg 22, 22765 Hamburg
T: (040) 3 90 51 48
E-Mail: IlfaB@aol.com
Vorsitzende(r): Dr. Werner Süßmuth

• **T 3 195**

Medizinischer Fakultätentag der Bundesrepublik Deutschland (MFT)
Schillerstr. 25-29, 91054 Erlangen
T: (09131) 85-26130 **Fax:** 85-22317
E-Mail: mft@rzmail.uni-erlangen.de
Gründung: 1913
Präsident(in): Prof. Dr.med. Dr.h.c. G. Lehnert (Universität Erlangen-Nürnberg)
Mitglieder: Alle medizinischen Fakultäten in Deutschland

• **T 3 196**

Deutscher Verband Medizinischer Dokumentare e.V. (DVMD)
Köhlesrain 109, 88400 Biberach
T: (07351) 37 36 12
Gründung: 1972 (10. März)
Vorsitzende(r): Markus Stein (komm.)
Stellvertretende(r) Vorsitzende(r): Katharina Ahrens
Verbandszeitschrift: Forum der Medizin_Dokumentation und Medizin_Informatik
Redaktion: BVMI e.V., Postfach 10 13 08, 69003 Heidelberg
Mitglieder: 1150

• **T 3 197**

Deutsche Gesellschaft für Qualitätssicherung im Medizinischen Laboratorium (DGQML)
Labor Dr. Merten u. Partner
Stadtwaldgürtel 35, 50935 Köln
T: (0221) 94 05 64-0
Präsident(in): Dr.med. Utz Merten

• **T 3 198**

Deutsches Institut für medizinische Dokumentation und Information (DIMDI)
Geschäftsbereich des Bundesministers für Gesundheit
Postf. 42 05 80, 50899 Köln
Weißhausstr. 27, 50939 Köln
T: (0221) 47 24-1 **Fax:** 41 14 29
Internet: http://www.dimdi.de
E-Mail: helpdesk@dimdi.de
Gründung: 1969 (1. September)
Präsident(in): Prof. Dr. Harald G. Schweim
Kontaktperson: Dr. Werner Stöber
Mitarbeiter: 100

• **T 3 199**

Bundesarbeitsgemeinschaft Überbetrieblicher Arbeitsmedizinischer Dienste (BAGA)
Herbert-Rabius-Str. 1, 53225 Bonn
T: (0228) 9 14 81 51 **Fax:** 9 14 81 38
Geschäftsführer(in): Dr. Friedrich Pappai
Mitglieder: 11

• **T 3 200**

Arbeitsgemeinschaft der Wissenschaftlichen Medizinischen Fachgesellschaften (AWMF)
Geschäftsstelle und Zentrum für Öffentlichkeitsarbeit
Moorenstr. 5, 40225 Düsseldorf
T: (0211) 31 28 28 **Fax:** 31 68 19
Internet: http://www.awmf-online.de, http://www.awmf.org
E-Mail: awmf@uni-duesseldorf.de
Gründung: 1962 (10. November)
Präsident(in): Prof. Dr.med. Hans Reinauer (Diabetes-Forschungsinstitut, Auf'm Hennekamp 65, 40225 Düsseldorf, T: (0211) 33 82-2 40, Telefax: (0211) 33 40 06)
Stellv. Präsidenten: Prof. Dr. Peter von Wichert (Zentrum für Innere Medizin, Baldingerstr. 3, 35033 Marburg, T: (06421) 2 86-6451, Fax: (06421) 2 86-8987)
Prof. Dr.med. Wilhelm Hartel (Dt. Gesellschaft für Chirurgie - Generalsekretär -, Elektrastr. 5, 81925 München, T: (089) 91 52 05, Telefax: (089) 91 50 71)
Leitung: Geschäftsstelle und Zentrum für Öffentlichkeitsarbeit:
Wolfgang Müller (M.A., Moorenstr. 5, Geb. 15.12 (H.-Heine-Univ.), 40225 Düsseldorf, T: (0211) 31 28 28, Telefax: (0211) 31 68 19)
Schriftführer(in): Prof. Dr. Jürgen von Troschke (Institut für Med. Soziologie, Hebelstr. 29, 79104 Freiburg, T: (0761) 2 03-5518, Fax: (0761) 2 03-5516)
Schatzmeister: Prof. Dr. Wolfgang J. Bock (Direktor der Neurochirurgie Universität Düsseldorf, Moorenstr. 5, 40225 Düsseldorf, T: (0211) 81-17910, Fax: 31 65 12)
Mitglieder: 123 Fachgesellschaften

• **T 3 201**

Deutsche Adipositas-Gesellschaft
Romanstr. 93, 80639 München
T: (089) 1 79-72401 **Fax:** 1 79-7905060
Präsident(in): Prof. Dr. J.G. Wechsler (Krankenhaus d. Barmherzigen Brüder)
Generalsekretär(in): Prof. Dr. H. Hauner (Diabetes-Forschungsinstitut, Auf'm Hennekamp 65, 40225 Düsseldorf, T: (0211) 33 82-3 15, Fax: (0211) 33 82-6 03, e-mail: hauner@dfi.uni-duesseldorf.de)
Mitglieder: 500

• **T 3 202**

Deutsche Gesellschaft für Allergologie und klinische Immunologie (DGAI)
c/o Dermatologische Klinik und Poliklinik - am Biederstein - der Technischen Universität München
Biedersteiner Str. 29, 80802 München
T: (089) 38 49-3170 **Fax:** 38 49-3171
Gründung: 1951
Präsident: Univ.-Prof. Dr. med., Dr. phil. J. Ring (Direktor der Dermatologischen Klinik und Poliklinik - am Biederstein - der Technischen Universität München, Biedersteiner Str. 29, 80802 München, T: (089) 38 49 31 70, Telefax: (089) 38 49 31 71)
Schriftführer: Prof. Dr. med. A. Kapp (Direktor d. Hautklinik Linden, Medizinische Hochschule Hannover, Ricklinger Str. 5, 30449 Hannover, Tel.: (0511) 9 24 62 33, Fax: (0511) 9 24 62 34)
Verbandszeitschrift: Allergo Journal
Verlag: MMC Verlag, Neumarkter Str. 18, 81673 München
Mitglieder: 650
Jahresetat: DM 0,030 Mio, € 0,02 Mio

• **T 3 203**

Deutsche Gesellschaft für Allgemeinmedizin und Familienmedizin e.V. (DEGAM)
Geschäftsstelle:
c/o Abteil. Allgemeinmedizin Univers. Düsseldorf
Moorenstr. 5, 40225 Düsseldorf
T: (0211) 8 11-7771 **Fax:** 8 11-8755
Gründung: 1966/67
Präsident(in): Univ. Prof. Dr.med. Heinz-Harald Abholz (Abt. Allgemeinmed., Heinrich-Heine-Universität Düsseldorf, Moorenstr. 5)
Generalsekretär(in): Dr.med.habil. Christian Köhler (Roschützer Str. 10, 07546 Gera, T: (0365) 4 20 09 25)
Verbandszeitschrift: Zeitschrift f. Allgemeinmedizin (ZFA)
Verlag: Hippokrates Vlg. Stuttgart
Mitglieder: 1300

• **T 3 204**

Deutsche Gesellschaft für Anästhesiologie und Intensivmedizin (DGAI)
Roritzerstr. 27, 90419 Nürnberg
T: (0911) 93 37 80 **Fax:** 3 93 81 95
E-Mail: dgai@dgai-ev.de
Gründung: 1953
Präsident(in): Prof. Dr. med. Klaus Geiger (Direktor der Anästhesiologischen Universitätsklinik, Hugstetter Str. 55, 79106 Freiburg)
Generalsekretär(in): Prof. Dr. med. Dr. med. h.c. Klaus van Ackern (Institut für Anästhesiologie und operative Intensivmedizin, Universitätsklinikum Mannheim, Theodor-Kutzer-Ufer, 68167 Mannheim)
Geschäftsführer(in): Dipl.-Sozw. Holger Sorgatz
Verbandszeitschrift: Anästhesiologie und Intensivmedizin
Mitglieder: 9110

• **T 3 205**

Anatomische Gesellschaft
23538 Lübeck
Ratzeburger Allee 160, 23562 Lübeck
T: (0451) 5 00-4030/1 **Fax:** 5 00-4034
Internet: http://www.anat.mu-luebeck.de/anatges.html
E-Mail: kuehnel@anat.mu-luebeck.de
Gründung: 1886 (23. September)
Vorstand: Prof. Dr.med. Michail Davidoff (Anatomisches Institut, Martinistr. 52, D-20246 Hamburg)
Prof. Dr.med. Jochen Fanghänel (Institut für Anatomie, Fr.-Loeffler-Str. 23c, D-17489 Greifswald)
Prof. Dr.med. Michael Frotscher (Anatomisches Institut, Postfach 1 11, D-79001 Freiburg)
Prof. Dr.med. Reinhard Putz (Anatomische Anstalt, Pettenkoferstr. 11, D-80336 München)
Schriftführer(in): Prof. Dr.med. Dr.h.c. Wolfgang Kühnel (Institut für Anatomie, Medizinische Universität zu Lübeck, Ratzeburger Allee 160, 23538 Lübeck, T: (0451) 5 00 40 30/1, Telefax: (0451) 5 00 40 34, E-Mail: kuehnel@anat.mu-luebeck.de, Homepage: http://www.anat.mu-luebeck.de/anatpes.html)
Mitglieder: 1085

• **T 3 206**

Deutsche Gesellschaft für Andrologie
Gaffkystr. 14, 35392 Gießen
T: (0641) 9 94-3200 **Fax:** 9 94-3209
E-Mail: Wolf-Bernhard.Schill@derma.med.uni-giessen.de
Präsident(in): Prof. Dr. Wolf-Bernhard Schill (Dir. der Hautklinik)
Generalsekretär(in): Prof. Dr. W. Weidner (Urologische Klinik, Klinikstr. 29, 35385 Gießen, T: (0641) 9 94-45 00, Fax: (0641) 9 94-45 09)
Mitglieder: 500

• **T 3 207**

Arbeitsgemeinschaft für Angewandte Humanpharmakologie e.V. (AGAH)
Geschäftsstelle c/o C. Hinze
Postf. 13 27, 77673 Kehl
T: (07851) 89 86-0 **Fax:** 89 86-70
E-Mail: agah@agah-web.de
Gründung: 1991
Präsident(in): Prof. Dr. med. Hermann Fuder (Speyerer Str. 3, 67112 Mutterstadt, E-Mail: hfuder@aol.com, T: (06234) 3 05-415, Fax: 3 05-416)
Mitglieder: 323

• **T 3 208**

Deutsche Gesellschaft für Angiologie
c/o Universitätsklinikum Carl Gustav Carus Dresden, Med. Klinik III, Abt. f. Angiologie
Fetscherstr. 74, 01307 Dresden
T: (0351) 4 58-3659 **Fax:** 4 58-4359
Präsident(in): Prof. Dr. Floretin Spengel (Fachklinik für Innere Medizin, Angiologie/ Phlebologie, Dr. Appelhaus-Weg 6, 82340 Feldefing, T: (08157) 2 87 17, Fax: 2 87 18)
Generalsekretär(in): PD Dr.med Sebastian Schellong (Uni-

versitätsklinikum Carl Gustav Carus Dresden, Med. Klinik III, Abt. Angiologie, Fetscherstr. 74, 01307 Dresden)
Mitglieder: 800

● **T 3 209**

Deutsche Gesellschaft für Arbeitsmedizin und Umweltmedizin e.V.
c/o Institut für Arbeitsmedizin der Medizinischen Universität zu Lübeck
23538 Lübeck
T: (0451) 5 00-30 55 **Fax:** 5 00-36 32
Präsident(in): Prof. Dr. Dieter Szadkowski (Ordinariat für Arbeitsmedizin, Adolph-Schönfelder-Str. 5, 22083 Hamburg, T: (040) 29 88 27 89, Fax: 29 88 27 85)
Geschf. Vorst.: Prof. Dr. Dr. R. Kessel (Institut für Arbeitsmedizin der Medizinischen Universität zu Lübeck, Ratzeburger Allee 160, 23538 Lübeck, T: (0451) 5 00-30 55, Fax: 5 00-36 32)
Mitglieder: 1034

● **T 3 210**

Gesellschaft für Arzneimittelanwendungsforschung und Arzneimittelepidemiologie (GAA)
c/o Institut für Klinische Pharmakologie
Fiedlerstr. 27, 01307 Dresden
T: (0351) 4 58-3318 **Fax:** 4 58-4341
E-Mail: jukrappw@cs.urz.tu-dresden.de
Gründung: 1993
Präsident(in): Prof. Dr. Jörg Hasford (Institut für Medizinische Informationsverarbeitung, Biometrie und Epidemiologie, Ludwig-Maximilians-Universität München, Postf. 70 12 60, 81377 München, T: (089) 5 44 20 20, Telefax: (089) 54 42 02 14, E-Mail: has@ibe.med.uni-muenchen.de)
Generalsekretär(in): Dr. Jutta Krappweis (Institut für Klinische Pharmakologie, Fiedlerstr. 27, 01307 Dresden, T: (0351) 4 58 33 13, Telefax: (0351) 4 58 43 41)
Mitglieder: 51

● **T 3 211**

Deutsche Gesellschaft für ärztliche Hypnose und autogenes Training e.V.
Geschäftsstelle:
Postf. 50 28, 32449 Porta Westfalica
T: (05751) 8 72 11 **Fax:** 98 22 16
1. Vorsitzende(r): Dr. med. G. R. Clausen (Tokiostr. 9, 41472 Neuss, Fax: (02131) 46 33 71)
Generalsekretär(in): M. Brodowski-Stetter (Postf. 50 28, 32457 Porta-Westfalica)
Mitglieder: 504

● **T 3 212**

GBM

Gesellschaft für Biochemie und Molekularbiologie e.V. (GBM)
Geschäftsstelle:
Kennedyallee 70, 60596 Frankfurt
T: (069) 63 03-395 **Fax:** 63 03-397
Internet: http://www.gbm.uni-frankfurt.de
E-Mail: maxton@gbm.uni-frankfurt.de
Gründung: 1947
Präsident: Prof. Dr. Konrad Sandhoff (Universität Bonn, T: (0228) 73 53 46, Fax: (0228) 72 77 78)
Schriftführer: Prof. Dr. Ulrich Brandt (Univ. Klinikum Frankfurt, T: (069) 63 01-69 25, Telefax: (069) 63 01-69 70)
Schatzmeister: Dr. Heinz Metzger (T: (0172) 6 50 10 05, Telefax: (06198) 3 31 83)
Verbandszeitschrift: BIOspektrum
Verlag: Spektrum Akadem. Verlag, Vangerowstr. 20, 69115 Heidelberg
Mitglieder: 5500
Mitarbeiter: 2
Jahresetat: DM 0,8 Mio, € 0,41 Mio

Zweck der Gesellschaft ist die Förderung von Wissenschaft und Forschung der Biochemie, Molekularbiologie und der zellulären Biologie, sowie die Förderung der Bildung eines geeigneten wissenschaftlichen Nachwuchses.

● **T 3 213**

Deutsche Gesellschaft für Biologische Psychiatrie
Mitglied der World Federation of Societies of Biological Psychiatry
c/o Rheinische Landes- und Hochschulklinik
Psychiatrische Klinik der Heinrich-Heine-Universität
Bergische Landstr. 2, 40629 Düsseldorf
T: (0211) 9 22-2000 **Fax:** 9 22-2020
E-Mail: wolfgang.gaebel@uni-duesseldorf.de
Präsident(in): Prof. Dr. W. Gaebel (Rheinische Landes- und Hochschulklinik, Psychiatrische Klinik der Heinrich-Heine-Universität, Bergische Landstr. 2, 40629 Düsseldorf, T: (0211) 9 22-2000, Fax: 9 22-2020, E-Mail: wolfgang.gaebel@uni-duesseldorf.de)
Vizepräsident(in): Prof. Dr. P. Riederer (Klinik und Poliklinik für Psychiatrie und Psychotherapie, Universitäts-Nervenklinik, -Klinische Neurochemie-, Füchsleinstr. 15, 97080 Würzburg, T: (0931) 2 01-7720, Fax: 2 01-7722, E-Mail: peter.riederer@mail.uni-wuerzburg.de)
Sekretär: Prof. Dr. J.-C. Krieg (Klinik für Psychiatrie und Psychotherapie der Philipps-Universität, Rudolf-Bultmann-Str. 8, 35033 Marburg, T: (06421) 28-66218, Fax: 28-68939, E-Mail: kriegj@mailer.uni-marburg.de)
Schatzmeister: PD Dr. N. Müller (Psychiatrische Klinik und Poliklinik der Ludwig-Maximilians-Universität, Nußbaumstr. 7, 80336 München, T: (089) 51 60-3397, Fax: 51 60-4548, E-Mail: nmueller@psy.med.uni-muenchen.de)
Mitglieder: 242

● **T 3 214**

Deutsche Gesellschaft für Chirurgie (DGFCH)
Geschäftsstelle München
Elektrastr. 5, 81925 München
T: (089) 91 52 05 u. 91 52 27 **Fax:** 91 50 71
Gründung: 1872
Generalsekretär(in): Prof. Dr.med. Wilhelm Hartel (Steinhölzle 16, 89198 Westerstetten-Vorderdenkental, T: (07348) 71 00, Fax: (07348) 41 11)
Schatzmeister: Prof. Dr. med. K. Junghanns (Chefarzt d. Allgem.-Chir. Klinik, Klinikum Ludwigsburg, Posilipostr. 4, 71640 Ludwigsburg, T: (07141) 99 63 61, Telefax: (07141) 99 74 58)
Verbandszeitschrift: MITTEILUNGEN der Deutschen Gesellschaft für Chirurgie
Redaktion: Prof. Dr.med. Wilhelm Hartel, Steinhölzle 16, 89198 Westerstetten
Verlag: DEMETER-Verlag GmbH, Stuttgart
Mitglieder: ca. 5000
Mitarbeiter: 4

● **T 3 215**

DEUTSCHE DERMATOLOGISCHE GESELLSCHAFT · DDG

Deutsche Dermatologische Gesellschaft e.V. Vereinigung deutschsprachiger Dermatologen (DDG)
Geschäftsstelle:
c/o Congress Project Management GmbH
Letzter Hasenpfad 61, 60598 Frankfurt
T: (069) 60 90 95 31 **Fax:** 60 90 95 40
Gründung: 1889
Präsident(in): Prof. Dr.med. Erwin Schöpf (Direktor der Universitäts-Hautklinik, Hauptstr. 7, 79104 Freiburg)
Generalsekretär(in): Prof. Dr.med. W. Sterry (Direktor der Dermatologischen Klinik und Poliklinik der Med. Fakultät "Charité", Schumannstr. 20/21, 10117 Berlin)
Verbandszeitschrift: Hautarzt
Verlag: Springer-Verlag
Mitglieder: ca. 1800

● **T 3 216**

Deutsche Diabetes-Gesellschaft (DDG)
c/o BG-Kliniken Bergmannheil
Bürkle de la Camp-Platz 1, 44789 Bochum
T: (0234) 93 09 56 **Fax:** 93 09 57
Internet: http://www.deutsche-diabetes-gesellschaft.de
E-Mail: deutsche-diabetes-ges.ddg@t-online.de
Gründung: 1965 (14. Oktober)
Präsident(in): Dr. Rolf Renner (
Vorsitz: jährlicher Wechsel)
Geschäftsführer(in): Ass. Gerd-Peter Buyken (BG-Kliniken Bergmannheil, Bürkle-de-la-Camp-Platz 1, 44789 Bochum, T: (0234) 93 09 56, Telefax: (0234) 93 09 57)
Pressesprecher: Prof. Dr. med. Peter Bottermann (T: (089) 41 40 22 61)
Verbandszeitschrift:
Experimental and Clinical Endocrinology,
Redaktion: Prof. Dr. Helmut Schatz,
Verlag: J.A. Barth, Hüthing GmbH
Diabetes und Stoffwechsel,
Redaktion: Prof. E. Standl, Prof. B. Willms,
Verlag: Verlag Kirchheim & Co GmbH
Mitglieder: 5000
Mitarbeiter: 6
Jahresetat: ca. DM 0,4 Mio, € 0,2 Mio

Landesverbände

t 3 217

Arbeitsgemeinschaft Diabetologie Baden-Würtemberg
c/o Praxis
Turmstr. 11, 77736 Zell
T: (07835) 87 85 **Fax:** 87 58
Vorsitzende(r): Dr. Bernhard Lippmann-Grob

t 3 222

Fachkommission Diabetes in Bayern
c/o Krankenhaus München-Schwabing
Kölner Platz 1, 80804 München
T: (089) 30 68-2523 **Fax:** 30 68-3906
Vorsitzende(r): Univ.-Prof. Dr. Manfred Haslbeck

t 3 223

InteressenGemeinschaft der Diabetologen des Landes Brandenburg
c/o Gesundheitszentrum Potsdam GmbH
Hebbelstr. 1a, 14467 Potsdam
T: (0331) 2 32 82-61 **Fax:** 2 32 82-63
Vorsitzende(r): Dr. Klaus Funke

t 3 224

Berliner Diabetesgesellschaft
c/o Praxis
Thomasiusstr. 1, 10557 Berlin
T: (030) 3 92 20 29 **Fax:** 3 91 70 19
Vorsitzende(r): Univ.-Prof. Dr. Hans-Peter Meißner

t 3 225

Hamburger Gesellschaft für Diabetes e.V.
c/o Allgemeines Krankenhaus Barmbeck
Rübenkamp 148, 22307 Hamburg
T: (040) 63 85-3517 **Fax:** 63 85-2167
Vorsitzende(r): Univ.-Prof. Dr. Ulrich Schwedes

t 3 226

Hessische Fachvereinigung für Diabetes
c/o Univ.-Klinikum Gießen, Med. Klinik III und Poliklinik
Rodthohl 6, 35392 Gießen
T: (0641) 7 02 37 02 **Fax:** 7 02 37 52
Vorsitzende(r): Univ.-Prof. Dr. Dr. Konrad Federlin

t 3 227

Verein der Diabetologen Mecklenburg-Vorpomern e.V.
c/o Klinikum Karlsburg-Greifswald, Zentrum für Diabetes u. Stoffwechselkrankheiten
Greifswalder Str. 11a, 17495 Karlsburg
T: (038355) 6 53 97 **Fax:** 6 55 59
Vorsitzende(r): Univ.-Prof. Dr. Dietrich Michaelis

t 3 228

Landesgruppe Niedersachsen/Bremen der Deutschen Diabetes-Gesellschaft
c/o Zentralkrankenhaus Bremen-Nord
Hammersbecker Str. 228, 28755 Bremen
T: (0421) 66 06-1301 **Fax:** 66 06-1679
Vorsitzende(r): Univ.-Prof. Dr. Hans-Uwe Janka

t 3 229

Nordrhein-Westfälische Gesellschaft für Endokrinologie und Diabetologie
c/o Diabetes-Forschungsinstitut der Univ. Düsseldorf
Auf'm Hennekamp 65, 40225 Düsseldorf
T: (0211) 33 82-200 **Fax:** 3 36 91 05
Vorsitzende(r): Univ.-Prof. Dr. Werner Scherbaum

t 3 218

Arbeitsgemeinschaft Diabetologie und Endokrinologie in Rheinland-Pfalz e.V.
c/o Klinikum der Joh.-Gutenberg-Universität, Klinik u. Poliklinik Innere Medizin
Langenbeckstr. 1, 55131 Mainz
T: (06131) 17-7260, 17-7255 **Fax:** 17-6619
Vorsitzende(r): Univ.-Prof. Dr. Jürgen Beyer

t 3 219

Arbeitskreis Diabetes im Ärzteverband des Saarlandes
c/o Univ.-Kliniken des Saarlandes, II. Med. Klinik
66421 Homburg
T: (06841) 16-3203 **Fax:** 16-3264
Vorsitzende(r): Univ.-Prof. Dr. Peter Strohfeldt

t 3 220

Sächsische Gesellschaft für Stoffwechselkrankheiten u. Endokrinopathien e. V.

c/o Klinikum Chemnitz GmbH, Krankenhaus Flemming
Flemmingstr. 2, 09116 Chemnitz
T: (0371) 33 33 32 32 **Fax:** 33 33 32 24
Vorsitzende(r): Univ.-Prof. Dr. Karlheinz Bauch

t 3 221

Thüringer Gesellschaft für Diabetes und Stoffwechselkrankheiten e.V.

c/o Sophien- und Hufeland-Klinikum gGmbH
Henry-van-de-Velde-Str. 2, 99425 Weimar
T: (03643) 57-1150 **Fax:** 57-1102
Vorsitzende(r): Prof. Dr. H. Schmechel (Chefarzt der Klinik für Innere Medizin I)

• **T 3 230**

Deutsche Gesellschaft für Endokrinologie (DGE)

c/o Medizinische Poliklinik der Universität Würzburg
Röntgenring 11, 97070 Würzburg
T: (0931) 2 01-7106 **Fax:** 2 01-7117
Internet: http://www.endokrinologie.net
E-Mail: dge@mail.uni-wuerzburg.de
Gründung: 1953 (27. Februar)
Präsident(in): Prof. Dr. K. Voigt (Institut für Normale und Pathologische Pysiologie, Phillips-Universität Marburg, Deutschhausstr. 1-2, 35037 Marburg, T: (06421) 2 86-64 44, Fax: (06421) 2 86-23 06)
Sekretär: Prof. Dr.rer.nat. Josef Köhrle (Schatzmeister), Medizinische Poliklinik der Universität Würzburg, Röntgenring 11, 97070 Würzburg, T: (0931) 2 01-71 06, Fax: 2 01-71 17)
Verbandszeitschrift: "Endokrinologie-Informationen"; Wissenschaftliche Fachzeitschrift: Journal of Experimental and Clinical Endocrinology and Diabetes
Verlag: Georg Thieme Verlag, Rüdigerstr. 14, 70469 Stuttgart, T: (0711) 89 31-0
Mitglieder: 1500
Mitarbeiter: 1

Wissenschaftliche Vereinigung auf dem Gebiet der Hormone und des Stoffwechsels (Grundlagen, Anwendung, Klinik); Veranstaltung von gemeinsamen wissenschaftlichen Tagungen, Förderung wissenschaftlicher Arbeiten auf dem Gebiet der Endokrinologie und Pflege internationaler Beziehungen zu den endokrinologischen Gesellschaften des Auslands.

• **T 3 231**

Deutsche Gesellschaft für Endoskopie und bildgebende Verfahren

c/o Evangelisches Krankenhaus
Kirchfeldstr. 40, 40217 Düsseldorf
T: (0211) 91 90-1600 **Fax:** 91 90-3960
Präsident(in): Prof. Dr. med. O. Stadelmann (Medizinische Klinik II, Städt. Krankenanstalten, Jakob-Henle-Str. 1, 90766 Fürth, T: (0911) 75 80-151, Telefax: (0911) 75 80-888)
Generalsekretär(in): PD Dr. Horst Neuhaus (Ltg. Presseabteilung; Evangelisches Krankenhaus, Kirchfeldstr. 40, 40217 Düsseldorf, T: (0211) 91 90-16 00, Telefax: (0211) 91 90-39 60)
Verbandszeitschrift: Endoskopie heute
Verlag: Demeter Verlag, Postf. 10 02 09, 72302 Balingen
Mitglieder: 700

• **T 3 232**

Deutsche Gesellschaft für Ernährungsmedizin

c/o Klinik für Anästhesie, Operative Intensivmedizin und Rettungsmedizin, Stadtkrankenhaus Wolfsburg
Sauerbruchstr. 7, 38440 Wolfsburg
T: (05361) 80-1410 **Fax:** 80-1624
Gründung: 1991
Präsident(in): Prof. Dr. K.-W. Jauch (Chirurgische Universitätsklinik, Franz-Josef-Strauß-Allee 11, 93053 Regensburg, T:(0941) 9 44-68 01, Fax: 68 02)
Präsident(in): Dr. M. Adolph (Anästhesiologie u. Intensivmed., Zentralklinik, Postf. 10 19 20, 86009 Augsburg, T: (0821) 4 00-23 93, Telefax: (0821) 4 00-33 16)
Verbandszeitschrift: Aktuelle Ernährungsmedizin
Verlag: Georg Thieme Verlag, Rüdigerstraße, Stuttgart
Mitglieder: 810

• **T 3 233**

Deutsches Institut für Ernährungsmedizin und Diätetik (D.I.E.T.) e.V

Kurbrunnenstr. 5, 52066 Aachen
T: (0241) 6 08 08 30 **Fax:** 6 08 08 34
Präsident(in): Prof. Dr. rer. nat. Rudolf Schmitz
Vizepräsident: Steffen Dreher
Präsidiumsmitglied(er): Ingrid Bartmann
Hans W. Schaller
Volker Paul Bartz
Hauptgeschäftsführer: Sven-David Müller (Diätassistent, Diabetesberater DDG; Presseabteilung))
Wissenschaftlicher Direktor: Prof. Dr. med. Helmut Mann
Medizinischer Leiter: Dr. med. Edmund Purucker
Ernährungsmedizinische Leiterin: Privatdozentin Dr. med. Dr. med. sc. Christine Metzner
Ernährungswissenschaftliche Leiterin: Dr. oec. troph. Bettina Dörr
Justiziar(in): Elke Meuthen
Mitglieder: 8
Mitarbeiter: 3
Jahresetat: DM 0,5 Mio, € 0,26 Mio

• **T 3 234**

Deutsche Gesellschaft für experimentelle und klinische Pharmakologie und Toxikologie e.V.

c/o Boehringer Ingelheim Pharma KG
55216 Ingelheim
T: (06132) 77 29 73 **Fax:** 77 30 16
Internet: http://pharmakologie.pharmacol.uni-mainz.de
Gründung: 1920
Präsident: Prof. Dr.med. Kay Brune (Institut für exp. und klin. Pharmakologie und Toxikologie, Universität Erlangen Nürnberg, Fahrstr. 17, 91054 Erlangen, T: (09131) 8 52 22 92, Fax: (09131) 8 52 27 74, E-Mail: brune@pharmakologie.uni-erlangen.de)
Geschäftsführer: Prof. Dr. Albrecht Wendel (Universität Konstanz, Lehrstuhl Biochem. Pharmakologie, Fach M667, Universitätsstr. 10, 78457 Konstanz, T: (07531) 88 21 13, Fax: (07531) 88 30 99, E-Mail: albrecht.wendel@uni-konstanz.de)
Verbandszeitschrift: DGPT-FORUM
Redaktion: Prof. Habermann
Verlag: Eigenverlag, Prof. Habermann, Uni Gießen
Mitglieder: 2350
Fachorgan: Naunyn-Schmiedeberg's Archives of Pharmacology
Springer International

• **T 3 235**

Deutsche Gesellschaft für Gefäßchirurgie

c/o Städtisches Krankenhaus
Röntgenstr. 1, 88048 Friedrichshafen
T: (07541) 96-1301 **Fax:** 96-1306
Internet: http://www.gefaesschirurgie.de
E-Mail: zehle@pop.bodensee.de
Präsident(in): Prof. Dr.med. Dieter Raithel (Vorstand der Klinik für Gefäßchirurgie, Klinikum Süd, Breslauer Str. 201, T: (0911) 3 98-26 50, Fax: 3 98-29 84)
Sekretär: Prof. Dr. Andreas Zehle (Städtisches Krankenhaus, Röntgenstr. 1, 88048 Friedrichshafen, T: (07541) 96-13 01, Telefax: (07541) 96-13 06)
Mitglieder: 742

• **T 3 236**

Deutsche Gesellschaft für Geriatrie

c/o Geriatr. Krankenhaus
Am Falder 6, 40589 Düsseldorf
T: (0211) 75 60-0 **Fax:** 75 60-209
Gründung: 1985
Präsident(in): Prof. Dr.med. I. Füsgen (III. Med. Klinik-Geriatrie -der Kliniken St. Antonius, Tönisheiderstr. 24, 42553 Velbert, T: (02053) 49 40, e-mail: geriatrie@geriatrie-online.de, Internet: http://www.geriatrie-online.de)
Generalsekretär(in): Dr. med. Wolfdieter Bernard (Geriatr. Krankenhaus, Am Falder 6, 40589 Düsseldorf, T: (0211) 75 60-0, Telefax: (0211) 75 60-209)
Verbandszeitschrift: European Journal of Geriatrics
Redaktion: Holge Göpel
Verlag: Vincentz Verlag, Schiffgraben 43, 30175 Hannover
Mitglieder: 1260

• **T 3 237**

Deutsche Gesellschaft für Gerontologie und Geriatrie

c/o Deutsches Zentrum für Altersfragen
Manfred-von-Richthofen-Str. 2, 12101 Berlin
T: (030) 78 60 42 60 **Fax:** 7 85 43 50
Internet: http://www.dggg.uni-erlangen.de
Präsident(in): Prof. Dr. Wolf-Dieter Oswald (Institut für Psychogerontologie, Universität Erlangen-Nürnberg, Nägelsbachstr. 25, 91052 Erlangen, T: (09131) 852 65 26, Fax: 852 65 54, E-Mail: dggg@geronto.uni-erlangen.de, Internet: http://www.uni-erlangen.de)
1. Vize-Präsident: Prof. Dr. Hans-Peter Meier-Baumgartner (Medizinisch-geriatrische Klinik, Albertinen-Haus, Seilhopsweg 18-22, 22459 Hamburg, T: (040) 55 81-1301, Fax: 55 81-1206, E-Mail: mb@albertinen.de, Internet: http://www.albertinen.de)
Geschäftsf. Vizepräs.: PD Dr. Clemens Tesch-Römer (Deutsches Zentrum für Altersfragen, Manfred-von-Richthofen-Str. 2, 12101 Berlin, T: (030) 78 60 42 66, Fax: 78 54 350, E-Mail: tesch-roemer@dza.de, Internet: http://www.dza.de)
Mitglieder: 1127

• **T 3 238**

Deutsche Gesellschaft für Gerontopsychiatrie und -psychotherapie e.V.

c/o Rheinische Landesklinik Bonn
Postf. 17 01 69, 53027 Bonn
T: (0228) 5 51-2392 **Fax:** 5 51-2484
Präsident(in): Prof. Dr.med. Dipl.-Psych. Rolf D. Hirsch (Rheinische Landesklinik Bonn, Postf. 17 01 69, 53027 Bonn, T: (0228) 5 51-23 92, Telefax: (0228) 5 51-24 84)
Generalsekretär(in): Prof. Dr. M. Teising (FH Frankfurt, FB Pflege-Gesundheit, Nibelungenplatz 1, 60318 Frankfurt, T: (069) 15 33 28 54, Fax: 15 33 28 57)
Mitglieder: 190

• **T 3 239**

Deutsche Gesellschaft für Gynäkologie und Geburtshilfe e.V.

Pettenkoferstr. 35, 80336 München
T: (089) 5 38 99 85 **Fax:** 5 38 92 32
Gründung: 1886
Präsident(in): Prof. Dr.med. Günther Kindermann (Direktor der I. Universitätsfrauenklinik München)
Schriftführer(in): Prof. Dr. med. K. Diedrich (Direktor der Universitätsfrauenklinik, Ratzeburger Allee 160, 23562 Lübeck)
Verbandszeitschrift: Frauenarzt
Redaktion: Prof. K. Diedrich
Verlag: pro service & verlag Lulinski GmbH, Am Anger 22, 86928 Hofstetten
Mitglieder: 3200
Mitarbeiter: 2

• **T 3 240**

Deutsche Gesellschaft für Hämatologie und Onkologie e.V.

c/o Abt. Hämatologie und Onkologie Univ.-Klinikum Rostock
Ernst-Heydemann-Str. 6, 18057 Rostock
T: (0381) 4 94 74 20 **Fax:** 4 94 74 22
Internet: http://www.dgho.de
Gründung: 1937
Geschf. Vors: Prof. Dr.med. Volker Diehl (Direktor der Klinik I für Innere Medizin, Universität zu Köln, Joseph-Stelzmann-Str. 9, 50924 Köln, T: (0221) 4 78-4479, Fax: (0221) 4 78-5455, E-Mail: dgho@uni-koeln.de)
Sekretär u. Schatzmeister: Prof. Dr.med. Mathias Freund (Direktor der Abt. Hämatologie und Onkologie der Klinik und Poliklinik für Innere Medizin, Universität Rostock, Ernst-Heydemann-Str. 6, 18055 Rostock, T: (0381) 4 94-7420, -7421, Fax: (0381) 4 94-7422, E-Mail: mathias.freund@medizin.uni-rostock.de)
Mitglieder: ca. 1200

• **T 3 241**

Deutsche Gesellschaft für Hals-Nasen-Ohren-Heilkunde, Kopf- und Hals-Chirurgie

Geschäftsstelle
Hittorfstr. 7, 53129 Bonn
T: (0228) 23 17 70 **Fax:** 23 93 85
Gründung: 1921
Präsident(in): Prof. Dr. Klaus Jahnke (Univ. Hals-Nasen-Ohren-Klinik, Hufelandstr. 55, 45122 Essen, T: (0201) 7 23 24 81, Fax: 7 23 59 03)
Generalsekretär(in): Prof. Dr. Hans Peter Zenner (Univ. HNO-Klink, Silcherstr. 5, 72076 Tübingen, T: (07071) 2 98 41 64, Fax: (07071) 29 56 74)
Leiterin Geschäftsstelle: Anneliese Karwel (Hittorfstr. 7, 53129 Bonn, T: (0228) 23 17 70, Telefax: (0228) 23 93 85)
Verbandszeitschrift: HNO-INFORMATIONEN
Redaktion: Prof. Dr. Dr. Miehlke
Verlag: Demeter Verlag, 70469 Stuttgart
Mitglieder: 3600

• **T 3 242**

Deutsche Gesellschaft für Handchirurgie

Lilienmattstr. 5, 76530 Baden-Baden
T: (07221) 3 58-218 **Fax:** 3 58-229
Gründung: 1990
Präsident(in): Dr. R. Neumann (Chefarzt der Handchirurgischen Abteilung Krankenhaus Elim, Hohe Weide 17, 20259 Hamburg, T: (040) 49 06 64 32, Fax: (040) 49 06 66 97)
Generalsekretär(in): Prof. Dr. Peter Haußmann (Chefarzt der Hand- und Plastischen Chirurgie, Lilienmattstr. 5, 76530 Baden-Baden, T: (07221) 3 58-218, Fax: 3 58-229)
Mitglieder: 396

• **T 3 243**

Deutsche Gesellschaft für Humangenetik e.V. (GfH)

c/o Institut für Humangenetik der Westfälischen Wilhelms-Universität
Vesaliusweg 12-14, 48149 Münster
T: (0251) 83-55412 **Fax:** 83-56995
E-Mail: kennerk@uni-muenster.de
1. Vorsitzende(r): Prof. Dr. med. Jörg Schmidtke (Institut für Humangenetik, Zentrum für Kinderheilkunde und Humangenetik MHH, Carl-Neuberg-Str. 1, 30625 Hannover, T: (0511) 5

32-65 37, Fax: 5 32-58 65, E-Mail: schmidtke.joerg@mh-hannover.de)
Schriftführer(in): Prof Dr. med. Ingo Kennerknecht (Institut für Humagenetik, Uni Münster)
Verbandszeitschrift: Medizinische Genetik
Redaktion: Dipl.-Soz. Christine Scholz, München
Verlag: Herstellung im Selbstverlag
Mitglieder: ca. 1000

● T 3 244

Deutsche Gesellschaft für Hygiene und Mikrobiologie e.V. (DGHM)
Institut für Hygiene und Mikrobiologie
Josef-Schneider-Str. 2, 97080 Würzburg
T: (0931) 2 01 39 36 **Fax:** 2 01 34 45
Gründung: 1906 (01. Juni)
Präsident(in): Prof. Dr. med. Georg Peters (Institut für Med. Mikrobiologie, Domagkstr. 10, 48149 Münster)
Schatzmeister: Prof. Dr. med. Reinhard Marre (Institut für Mikrobiologie, Abt. Med. Mikrobiologie der Universität, Robert-Koch-Str. 8, 89081 Ulm)
Schriftführer(in): Prof. Dr. med. Matthias Frosch (Institut für Hygiene und Mikrobiologie, Josef-Schneider-Str. 2, 97080 Würzburg)
Geschäftsführer(in): Nicole Freifrau von Maltzahn (Institut für Hygiene und Mikrobiologie, Josef-Schneider-Str.2, 97080 Würzburg, T: (0931) 2 01 39 36, Fax: 2 01 34 45)
Verbandszeitschrift: Hygiene und Mikrobiologie
Verlag: Einhorn-Presse Verlag, Gutenbergstr. 26-30, 21465 Reinbeck
Mitglieder: 1800
Mitglied in: IUMS, FEMS

Mikrobiologie und Hygiene im Bereich von Forschung, Lehre und Praxis.

● T 3 245

Gesellschaft für Hygiene und Umweltmedizin
c/o Institut für Hygiene und Umweltmedizin
52057 Aachen
Pauwelsstr. 30, 52074 Aachen
T: (0241) 80 88-385 **Fax:** 88 88-477
Präsident(in): Prof. Dr. Wolfgang Dott (Institut für Hygiene u. Umweltmedizin d. RWTH Aachen)
Schriftführer(in): Prof. Dr. Michael Wilhelm (Institut für Hygiene, Sozial- und Umweltmedizin, Universitätsstr. 150, 44801 Bochum, T: (0234) 7 00-2365, Fax: 70 94-199)
Mitglieder: 276

● T 3 246

Deutsche Hypertonie Gesellschaft
Deutsche Liga zur Bekämpfung des hohen Blutdruckes e.V.
Postf. 10 20 40, 69010 Heidelberg
T: (06221) 41 17 74 **Fax:** 40 22 74
Gründung: 1974
Schirmherrin: Dr. med. Marianne Koch, München
Geschäftsführer(in): Dr.rer.nat. P. Kaune, Heidelberg
Vorstand: Prof. Dr.med P. Dominiak (Vors.), Lübeck
Prof. Dr.med. Th. Unger (stellv. Vors.), Kiel
Prof. Dr.med. W. Zidek (Schatzmeister), Herne
Prof. Dr.med. J. Schrader, Cloppenburg
Prof. Dr.med M. Böhm, Köln
Prof. Dr.med M. Middeke, Burg/Spreewald
Prof. Dr.med W. Motz, Karlsburg
Leitung Presseabteilung: Eckard Böttcher-Bühler
Verbandszeitschrift: Druckpunkt (Patientenzeitschrift)
Mitglieder: ca. 3000

● T 3 247

Deutsche Gesellschaft für Immungenetik (DGI)
Delitzscher Str. 135, 04129 Leipzig
T: (0341) 9 72-5314 **Fax:** 9 72-5349
Gründung: 1994
Präsident(in): Prof. Dr. Shraga F. Goldmann (DRK-Blutspendedienst Baden-Württemberg, Helmholzstr. 10, 89081 Ulm, T: (0731) 1 50-123, Fax: 1 50-250)
Generalsekretär(in): Dr. S. Schröder (Delitzscher Str. 135, 04129 Leipzig, T: (0341) 9 72-5314, Fax: 9 72-5349)
Mitglieder: 246

● T 3 248

Deutsche Gesellschaft für Infektiologie e.V.
c/o Medizinische Klinik II (Infektiologie)
Virchow-Klinikum der Humboldt-Universität
Augustenburger Platz 1, 13353 Berlin
T: (030) 4 50-53638 **Fax:** 4 50-53911
Internet: http://www.dgi.mwn.de
Präsident(in): Prof. Dr. Bernhard Ruf (Städt. Klinikum "St.Georg", 2. Klinik f. Innere Medizin, Delitzscher Str. 141, 04129 Leipzig, T: (0341) 9 09-26 00, Telefax: (0341) 9 09-26 30)
Geschäftsführer(in): PD Dr. Dieter Nothdurft (Abt. Infektions- u. Tropenmedizin d. Universität München, Leopoldstr. 5, 80802 München, T: (089) 21 80-38 30, Telefax: (089) 33 60 38)
Mitglieder: 341

● T 3 249

Deutsche Gesellschaft für Innere Medizin (DGIM)
Humboldtstr. 14, 65189 Wiesbaden
T: (0611) 30 79 46 **Fax:** 37 82 60
Gründung: 1882
Vorsitzende(r): Prof. Dr.med. Volker Diehl (Direktor der Medizinischen Universitäts-Klinik I, Joseph-Stelzmann-Str. 9, 50931 Köln)
Stellvertretende(r) Vorsitzende(r): Prof. Dr.med. Peter von Wichert (Direktor der Med. Univ.-Poliklinik, Philipps-Universität, Baldingerstr., 35043 Marburg)
Generalsekretär(in): Prof. Dr. Hanns-Gotthard Lasch (Humboldtstr. 14, 65189 Wiesbaden, T: (0611) 30 79 46, Fax: 37 82 60)
Verbandszeitschrift: Medizinische Klinik
Redaktion: Dr. Oliver Renn
Verlag: Urban & Vogel, Lindwurmstr. 95, 80337 München
Mitglieder: ca. 6000
Mitarbeiter: 2

● T 3 250

Deutsche Interdisziplinäre Vereinigung für Intensiv- und Notfallmedizin (DIVI)
c/o Chirurgische Klinik
Marchioninistr. 15, 81377 München
T: (089) 70 95-2790, 70 95-2791 **Fax:** 70 95-8893
Präsident(in): Prof.Dr.med.Dr.h.c. W. Dick (Klinikum der Universität Mainz, Langenbeckstr. 1, 55131 Mainz, T: (06131) 17 71 17, Fax: (06131) 17 66 49)
Generalsekretär(in): Prof. Dr. Dr.h.c. Friedrich W. Schildberg (Chirurgische Klinik, Marchioninistr. 15, 81377 München, T: (089) 70 95-2790/91, Telefax: (089) 70 95-8893, E-Mail: schildberg@gch.med.uni-muenchen.de)
Mitglieder: 33 (Institutionen)

● T 3 251

Deutsche Gesellschaft für Internistische Intensivmedizin und Notfallmedizin
c/o Medizinische Klinik, Nephrologie
35385 Gießen
Klinikstr. 29, 35392 Gießen
T: (06421) 7 02-3697 **Fax:** 7 02-4064
Internet: http://www.dgiin.de
Präsident(in): Prof. Dr. Werner Seeger (Zentrum für Innere Medizin, Medizinische Klinik und Poliklinik II, Klinikstr. 36, 35392 Giessen, T: (0641) 99-4 23 50, Fax: (0641) 99-4 23 59)
Sekretär: Prof. Dr. D. Barckow (Universitätsklinikum Charité, Campus Virchow-Klinikum, Nephrologie und Intensivmedizin, Augustenburger Platz 1, 13353 Berlin, T: (030) 45 05 31 31, Fax: (030) 45 05 39 22)
Mitglieder: 1124

● T 3 252

Deutsche Gesellschaft für Kardiologie -Herz- und Kreislaufforschung
German Cardiac Society
Goethestr. 38a, 40237 Düsseldorf
T: (0211) 60 06 92-0 **Fax:** 60 06 92-10
Internet: http://www.dgkardiol.de
E-Mail: dgk@uni-duesseldorf.de
Gründung: 1927
Ständ. GeschF: Prof. Dr. G. Arnold, Düsseldorf
Präsident(in): Prof. Dr. G. Breithardt (1999/2001), Münster
Presssereferent: Prof. Dr. E. Fleck, Berlin
Verbandszeitschrift: Zeitschrift für Kardiologie/Basic Research in Cardiology
Verlag: Dr. D. Steinkopff Verlag, Darmstadt
Mitglieder: 4160 (Stand 01/2000)
Offizielles Organ (Monatszeitung): Cardio News
Jährliche Jahres- u. Herbsttagungen

Zweck ist die Förderung der Erforschung des Herzens, des Gefäßsystems und des Blutkreislaufs sowie die Förderung der Verhütung und der Behandlung von Herz- und Kreislaufkrankheiten.

● T 3 253

Deutsche Gesellschaft für Kieferorthopädie e.V.
C/o Poliklinik für Kieferorthopädie
Theodor-Stern-Kai 7, 60596 Frankfurt
T: (069) 63 01-5635
Gründung: 1908
Vorsitzende(r): Prof. Dr. P. Schopf
Generalsekretär(in): N. N.
Verbandszeitschrift: Fortschritte der Kieferorthopädie
Verlag: Urban und Vogel, München
Mitglieder: 2100

● T 3 254

Deutsche Gesellschaft für Kinderchirurgie
c/o Klinik und Poliklinik für Kinderchirurgie an der Johannes Gutenberg-Univ. Mainz
Langenbeckstr. 1, 55131 Mainz
T: (06131) 17-7111 **Fax:** 17-6636
Präsident(in): Prof. Dr. S. Hofmann-v. Kap-herr (Direktor der Klinik u. Poliklinik für Kinderchirurgie an der Johannes Gutenberg-Universität Mainz)
Mitglieder: 505

● T 3 255

Deutsche Gesellschaft für Kinderheilkunde
Kinderklinik der Universität
Rembrandtstr. 16-17, 18057 Rostock
T: (0381) 4 94-7000 **Fax:** 4 94-7002
Präsident(in): Prof. Dr. Lothar Pelz (Kinderklinik der Universität Rostock, Rembrandtstr. 16/17, 18057 Rostock, T: (0381) 4 94-7000, Fax: 4 94-7002)
Generalsekretär(in): N. N.
Mitglieder: 6866

● T 3 256

Deutsche Gesellschaft für Kinder- und Jugendpsychiatrie und Psychotherapie e.V.
Geschäftsstelle:
Hans-Sachs-Str. 6, 35039 Marburg
T: (06421) 2 86-6258 **Fax:** 2 86-8975
Vorsitzende(r): Prof. Dr.med. Bernhard Blanz (Klinik für Kinder- und Jugendpsychiatrie am Klinikum der Friedrich-Schiller-Universität Jena, 07740 Jena, T: (03641) 93 65 81)
Mitglieder: 700

● T 3 257

Deutsche Gesellschaft für Klinische Chemie
Geschäftsstelle:
Carl-Thiem-Klinikum, Institut für Klinische Chemie und Laboratoriumsdiagnostik
Thiemstr. 111, 03048 Cottbus
T: (0335) 46-2480, 42 28 **Fax:** (0355) 46-2003, 21 00
Gründung: 1964
Internationaler Zusammenschluß: siehe unter izt 113
Präsident(in): Prof. Dr. A. Gressner (RWTH Universitätsklinikum Institut für Klinische Chemie und Pathobiochemie, Zentrallabor, Pauwelstr. 30, 52057 Aachen, T: (0241) 80 88-6 78, Fax: (0241) 8 88-5 12, e-mail: gressner@rwth-aachen.de)
Vizepräsident(in): Prof. Dr. Th. Deufel (Markt 12, 07743 Jena, T: (03641) 44 26 31, Fax: (03641) 42 18 25, E-Mail: tom.deufel@t-online.de)
Geschf.Schriftführer: Dr. Joachim Muche (Carl-Thiem-Klinikum, Institut f. Klinische Chemie und Laboratoriumsdiagnostik, Thiemstr. 111, 03048 Cottbus, T: (0335) 46-24 80/42 28, Fax: (0355) 46-20 03/21 00)
Schatzmeister: Prof. Dr. H. Patscheke (Städt. Klinikum Karlsruhe, Medizinisch-Diagnostisches Institut, Moltkestr. 90, 76133 Karlsruhe, T: (0721) 9 74-17 51, Fax: (0721) 9 74-17 69)
Mitglieder: 872

● T 3 258

Deutsche Arbeitsgemeinschaft für Klinische Nephrologie
c/o Prof. Dr.med. W. Fassbinder
Klinikum Fulda
Pacelliallee 4, 36043 Fulda
T: (0661) 84 54 51 **Fax:** 84-5452
Präsident(in): Prof. Dr.med. K. Kühn (Klinikum Karlsruhe, Moltkestr. 90, 76133 Karlsruhe, T: (0721) 9 74 28 00, Telefax: (0721) 9 74 28 09)
Schriftführer(in): Prof. Dr.med. W. Fassbinder (Klinikum Fulda, Pacelliallee 4, 36043 Fulda, T: (0661) 84 54 51, Telefax: (0661) 84 54 52)
Mitglieder: 854

● T 3 259

Deutsche Gesellschaft für Klinische Neurophysiologie
(vorm. EEG-Gesellschaft)
c/o Klinikum Darmstadt
Heidelberger Landstr. 379, 64297 Darmstadt
T: (06151) 1 07-4410 **Fax:** 1 07-4597

Gründung: 1950
Präsident(in): Prof. Dr. med. Hanns-Christian Hopf (Neurolog. Univ.-Klinik Mainz, Langenbeckstr. 1, 55101 Mainz, T: (06131) 17 25 10 + 17 51 55, Fax: (06131) 17 56 05, E-Mail: <hopf@neurologie.klinik.uni-mainz.de>)
Generalsekretär(in): Prof. Dr. Detlef Claus (Klinikum Darmstadt, Neurologische Klinik, Heidelberger Landstr. 379, 64297 Darmstadt, T: (06151) 1 07-4410, Fax: 1 07-4597)
Verbandszeitschrift: Klin. Neurophysiologie
Verlag: Thieme-Verlag
Mitglieder: ca. 3400
Mitarbeiter: 2
Mitglied: Gesamtverband Deutscher Nervenärzte, Arbeitsgemeinschaft der wissenschaftlichen medizinischen Fachgesellschaften (AWMF), Deutsche Physiologische Gesellschaft

• T 3 260

Deutsche Gesellschaft für Klinische Pharmakologie und Therapie e.V.
c/o Dr.med. Ursula Sinterhauf
An der Johanneskirche 5, 35390 Gießen
T: (06409) 81 02 12 **Fax:** 81 02 45
Gründung: 1990 (20. September)
Präsident(in): Prof. Dr. Ivar Roots (Inst. f. Klin. Pharmakologie, Charité, Humboldt-Universität, Schuhmannstr. 20/21, 10098 Berlin)
Schriftführer(in): Dr.med. Ursula Sinterhauf (An der Johanneskirche 5, 35390 Gießen, T: (06409) 81 02 12, Fax: 81 02 45)
Verbandszeitschrift: Klinische Pharmakologie aktuell
Redaktion: PD. Dr.med. Barry G.Woodcock
Verlag: Dustri Verlag, 82032 München
Mitglieder: 520

• T 3 261

Deutsche Gesellschaft für Krankenhaushygiene
c/o Inst. für Hygiene + Umweltmed. der Universität Greifswald
Hainstr. 26, 17493 Greifswald
T: (03834) 83 46 10 **Fax:** 83 46 00
Präsident(in): Prof. Dr. Axel Kramer (Inst. f. Hygiene + Umweltmed., Hainstr. 26, 17493 Greifswald, T: (03834) 83 46 10, Telefax: (03834) 83 46 00)
Generalsekretär(in): Dr. F. von Rheinbaben (Laboratorium für Virologie, Henkelstr. 67, 40589 Düsseldorf, T: (0211) 7 97-6944, Fax: 7 98-2245)
Verbandszeitschrift: Hygiene + Medizin
Verlag: mhp-Verlag, Wiesbaden
Mitglieder: 820

• T 3 262

DEUTSCHE KREBSGESELLSCHAFT E.V.

Deutsche Krebsgesellschaft e.V.
Geschäftsstelle:
Hanauer Landstr. 194, 60314 Frankfurt
T: (069) 63 00 96-0 **Fax:** 63 00 96-66
Internet: http://deutsche.krebsgesellschaft.de
E-Mail: service@deutsche.krebsgesellschaft.de
Präsident(in): Prof. Dr. med. L. Weißbach
Vizepräsident(in): Prof. Dr. K. Höffken
Prof. Dr. H. Grunicke
H. Qweitsch
Geschäftsführer(in): Rainer Bredenkamp (Hanauer Landstr. 194, 60314 Frankfurt, T: (069) 63 00 96-0, Telefax: (069) 63 00 96 66)
Generalsekretär(in): Prof. Dr. P. Drings
Schatzmeister: W.R. Schürk
Schriftführer(in): Prof. Dr. R. Kreienberg
Verbandszeitschrift: FORUM Deutsche Krebsgesellschaft e.V.
Verlag: Konzept Verlagsgesellschaft, 60327 Frankfurt
Mitglieder: 4700

Gesundheitsförderung und Krebsprävention, Verbesserung der Krebstherapie durch Forschung, Qualitätssicherung in der medizinischen Versorgung, Helfen durch Information und psychosoziale Beratung.

• T 3 263

Deutschsprachige Gesellschaft für Kunst und Psychopathologie des Ausdrucks
Theatinerstr. 44V, 80333 München
T: (089) 22 15 80 **Fax:** 2 91 33 34
Präsident(in): Prof. Dr. M. P. Heuser (Theatinerstr. 44/V, 80333 München, T: (089) 2 28 38 68, Fax: 2 91 33 34)
Mitglieder: 200

• T 3 264

Deutsche Gesellschaft für Laboratoriumsmedizin e.V.
Geschäftsstelle:
Berliner Allee 32, 40212 Düsseldorf
T: (0211) 13 24 64 **Fax:** 13 25 22
Präsident(in): Prof. Dr. med. Gerd Assmann (Westfälische Wilhelms-Universität, Institut f. Klin. Chemie u. Laboratoriumsmedizin, Albert-Schweitzer-Str. 33, 48149 Münster, T: (0251) 8 34 72 22, Fax: 8 34 72 25)
Verbandszeitschrift: Laboratoriums Medizin
Verlag: Blackwell Wissenschafts-Verlag GmbH, Berlin
Mitglieder: 717
Mitarbeiter: 1

• T 3 265

Gesellschaft Deutschsprachiger Lymphologen
Fachklinik für Lymphologie, Dr. Etelka Földi
Rößlehofweg 2-6, 79856 Hinterzarten
T: (07652) 1 24-0 **Fax:** 1 24-116
Präsident(in): Prof. Dr. med. E. Kaiserling (Universität Tübingen, Pathologisches Institut, Liebermeisterstr. 8, 72976 Tübingen, T: (07071) 2 90)
Generalsekretär(in): Dr. med. K. P. Martin (Földiklinik, Rösslehofweg 2-6, 79856 Hinterzarten, T: (07652) 12 40)
Mitglieder: 130

• T 3 266

Deutsche Gesellschaft für Manuelle Medizin
- Ärzteseminar Berlin ÄMM -
- Ärzteseminar Hamm-Boppard FAC -
- Ärzteseminar Isny-Neutrauchburg MWE
Königsteiner Str. 68, 65812 Bad Soden
T: (06196) 2 84 00
Gründung: 1966
Präsident(in): Dr.med. Alfred Möhrle
Verbandszeitschrift: Manuelle Medizin
Verlag: Springer-Verlag, Heidelberg
Mitglieder: 4600

• T 3 267

Gesellschaft für Medizinische Ausbildung
c/o Klinikum Innenstadt, Chirurgie
Nußbaumstr. 20, 80336 München
T: (089) 51 60-2580 **Fax:** 51 60-4493
Gründung: 1978
Präsident(in): Prof. Dr. Florian Eitel (Klinikum Innenstadt, Chirurgie, Nußbaumstr. 20, 80336 München, T: (089) 51 60-25 80, Telefax: (089) 51 60-44 93)
Generalsekretär(in): Dr.med. W. Strake (MDKN/Krankenhausreferat, Hildesheimer Str. 41, 30169 Hannover, T: (0511) 81 17-2 11)
Verbandszeitschrift: Medizinische Ausbildung Supplement der Zeitschrift „Das Gesundheitswesen"
Redaktion: Vera Seehausen, Berlin
Verlag: Eigenverlag
Mitglieder: 218

• T 3 268

Fachverband Medizingeschichte
Institut für Geschichte der Medizin
Klingsorstr. 119, 12203 Berlin
T: (030) 83 00 92-0
Präsident(in): Prof. Dr.phil. Renate Wittern (Institut für Geschichte der Medizin, Glückstr. 10, 91054 Erlangen, T: (09131) 85 23 08, Fax: 85 28 52)
Generalsekretär(in): PD Dr.med Volker Hess (Institut für Geschichte der Medizin, Klingsorstr. 119, 12203 Berlin, T: (030) 83 00 92 22, Fax: (030) 83 00 92 37)
Mitglieder: 140

• T 3 269

Deutsche Gesellschaft für Medizinische Informatik, Biometrie und Epidemiologie e.V. (GMDS)
Schedestr. 9, 53113 Bonn
T: (0228) 2 42 22 24 **Fax:** 3 68 26 47
Internet: http://www.gmds.de
E-Mail: gmds@dgn.de
Gründung: 1955
Präsident(in): Prof. Dr. Rüdiger Klar (Medizinische Informatik, Universität Freiburg, Stefan-Meier-Str. 26, 79104 Freiburg, T: (0761) 76 12 03-6701, Fax: (0761) 76 12 03-6711)
Geschäftsführer(in): Friederike Sträter (Schedestr. 9, 53113 Bonn, T: (0228) 2 42 22 24, Fax: (0228) 3 68 26 47)
Verbandszeitschrift: Med. Informatik, Biometrie u. Epidemiologie in Medizin u. Biologie
Redaktion: Prof. Dr. Prof. Dr. Markus Löffler
Verlag: Eugen Ulmer Verlag, Postf. 70 05 61, 70574 Stuttgart
Mitglieder: 1500
Mitarbeiter: 2
Jahresetat: DM 0,5 Mio, € 0,26 Mio

• T 3 270

Deutsche Gesellschaft für Medizinische Physik e.V. (DGMP)
Geschäftsstelle
Postf. 10 10 20, 50450 Köln
Kreuzgasse 2-4, 50667 Köln
T: (0221) 9 25 48-253 **Fax:** 9 25 48-282
Gründung: 1969
Internationaler Zusammenschluß: siehe unter izt 711
Präsident(in): Prof. Dr. Rainer Schmidt (Radiologische Klinik Abt. für Strahlentherapie, Martinstr. 52, 20251 Hamburg, T: (040) 47 17-38 64, Fax: (040) 47 17-28 46)
Verbandszeitschrift: Zeitschrift für Medizinische Physik
Redaktion: Dipl.-Ing. D. Puppe
Mitglieder: 1200

• T 3 271

Deutsche Gesellschaft für Medizinische Psychologie (DGMP)
30623 Hannover
T: (0511) 5 32 44 36 **Fax:** 5 32 42 14
Internet: http://www.dgmp-online.de
Gründung: 1979
Präsident(in): Prof. Dr. Elmar Brähler (Inst. f. Med. Psychologie, Universität Leipzig, Liebigstr. 21, 04103 Leipzig, T: (0341) 9 71 88 00, Fax: 9 71 88 09)
Generalsekretär(in): Dr. Klaus Wildgrube (Abt. Med. Psychologie, Medizinische Hochschule Hannover, Carl-Neuberg-Str. 1, 30625 Hannover, T: (0511) 5 32 44 36, Fax: 5 32 42 14)
Verbandszeitschrift: Mitteilungen der DGMP (vierteljährlich)
Redaktion: Dr. Klaus Wildgrube
Verlag: Pabst Signs Publishers
Mitglieder: 304

• T 3 272

Deutsche Gesellschaft für Medizinische Psychologie und Psychopathometrie
Psychiatr. Univ.-Klinik
Klarastr. 7, 60433 Frankfurt
T: (069) 51 58 39
Präsident(in): Prof. Dr. Ingrid M. Deusinger (Klarastr. 7, 60433 Frankfurt/Main)
Mitglieder: 52

• T 3 273

Deutsche Gesellschaft für Medizinische Soziologie e.V.
c/o Medizinische Soziologie
Hebelstr. 29, 79104 Freiburg
T: (0761) 2 03-5518 **Fax:** 2 03-5516
Präsident(in): Prof. Dr.med. Jürgen von Troschke (Abt. für Med. Soziologie, Med. Fakultät d. Albert-Ludwigs-Univ. Freiburg, Hebelstr. 29, 79104 Freiburg, T: (0761) 2 03-5518, Telefax: (0761) 2 03-5516)
Generalsekretär(in): Dr. Ulrich Stößel (Med. Soziologie, Hebelstr. 29, 79104 Freiburg, T: (0761) 2 03-5520, Telefax: (0761) 2 03-5516)
Mitglieder: 170

• T 3 274

Deutsche Gesellschaft für Medizinrecht
Wilhelminenstr. 43, 65193 Wiesbaden
T: (0611) 52 14 52 **Fax:** 59 08 23
Präsident(in): Prof. Dr. Toni Graf-Baumann (Schillerstr. 14, 79331 Tenningen, T: (07641) 9 22 40, Telefax: (07641) 92 24 10)
Generalsekretär(in): Prof. Dr. H.-D. Hiersche (Wilhelminenstr. 43, 65193 Wiesbaden, T: (0611) 52 14 52, Telefax: (0611) 59 08 23)
Mitglieder: 118

• T 3 275

Deutsche Migräne- und Kopfschmerzgesellschaft
c/o Klinik und Poliklinik für Neurologie im Bezirksklinikum, Universitätsstr. 84, 93053 Regensburg
Pfauenstr. 6, 79215 Elzach
T: (07682) 8 05-333 **Fax:** 8 05-135
Präsident(in): Prof. Dr. G. Haag (Chefarzt Elztal Klinik, Pfauenstr. 6, 79215 Elzach-Oberprechtal, Tel: (07682) 8 05-135, Fax: 8 05-113)
Generalsekretär(in): Dr. Arne May (Klinik und Poliklinik für Neurologie im Bezirksklinikum, Universitätsstr. 84, 93053 Regensburg, T: (0941) 9 41 30 70, Fax: 9 41 30 75)
Mitglieder: 470

• T 3 276

Deutsches Institut für Migräne- und Kopfschmerzforschung
c/o Schmerzklinik Kiel
Heikendorfer Weg 9-27, 24149 Kiel
T: (0431) 2 00 99-0 **Fax:** 2 00 99-35

Direktor(in): Prof. Dr. Hartmut Göbel (Schmerzklinik Kiel, Heikendorfer Weg 9-27, 24149 Kiel, T: (0431) 2 00 99-65, Fax: 2 00 99-35)

• T 3 277

Deutsche Gesellschaft für Mund-, Kiefer- und Gesichtschirurgie

45122 Essen
Hufelandstr. 55, 45147 Essen
T: (0201) 7 23-2487 **Fax:** 7 23-5937
Präsident(in): Univ.-Prof. Dr. Dr. J. Mühling (Universität Heidelberg, Im Neuenheimer Feld 400, 69120 Heidelberg, T: (06221) 56 73 01, Fax: 56 43 75)
Vizepräsident(in): Univ.-Prof. Dr. Dr. R.H. Reich (Universität Bonn, Welschnonnenstr. 17, 53111 Bonn, T: (0228) 287 5203, Fax: 287 4334)
Generalsekretär(in): Prof. Dr. Dr. Christopher Mohr (Universitäts-Klinikum Essen, Hufelandstr. 55, 45122 Essen, T: (0201) 723-2487, Fax: 723-5937)
Schatzmeister: Univ.-Prof. Dr. Reinhard Maerker (Städtische Kliniken Dortmund, Münsterstr. 240, 44145 Dortmund, T: (0231) 8 48-2500, Fax: (0231) 8 48-3201)
Mitglieder: 598

• T 3 278

Deutschsprachige Mykologische Gesellschaft e.V.

c/o Dermatologische Klinik und Poliklinik der Ludwig-Maximilians-Universität
Frauenlobstr. 9-11, 80337 München
T: (089) 51 60-6203 **Fax:** 51 60-6203
Vorsitzende(r): Prof. Dr. H.C. Korting (Dermatologische Klinik und Poliklinik der Ludwig-Maximilians-Universität, Frauenlobstr. 9-11, 80337 München)
Stellvertretende(r) Vorsitzende(r): Prof. Dr. H. Hof (Direktor des Instituts für Medizinische Mikrobiologie und Hygiene, Klinikum Mannheim der Universität Heidelberg, Theodor-Kutzer-Ufer 1-3, 68167 Mannheim)
Schriftführer(in): Prof. Dr. C. Seebacher (Chefarzt der Hautklinik des Krankenhauses Dresden-Friedrichstadt, Friedrichstr. 41, 01067 Dresden)
Kassenwart: Priv.-Doz. Dr. W. Fegeler (Institut für Medizinische Mikrobiologie, Westfälische Wilhelms-Universität, Domagkstr. 10, 48149 Münster)
Verbandszeitschrift: mycoses
Mitglieder: 800

• T 3 279

Gesellschaft für Neonatologie und Pädiatrische Intensivmedizin

c/o Klinik für Allgemeine Pädiatrie und Neonatologie der Otto-von-Guericke Universität Magdeburg
Wiener Str., 39112 Magdeburg
T: (0391) 6 71 70 00 **Fax:** 6 71 71 10
E-Mail: gerhard.jorch@medizin.uni-magdeburg.de
Präsident(in): Prof. Dr. Gerhard Jorch (Klinik für Allgemeine Pädiatrie und Neonatologie der Otto-von-Guericke Universität Magdeburg, Wiener Straße, 39112 Magdeburg, T: (0391) 6 71 70 00, Fax: 6 71 71 10, e-mail: gerhard.joch@medizin.uni-magdeburg.de)
Generalsekretär(in): N. N.
Mitglieder: 700

• T 3 280

Gesellschaft für Nephrologie

Gmelinstr., 72076 Tübingen
T: (07071) 29-72194 **Fax:** 29-5618
Internet: http://www.gfn-online.com
Generalsekretär(in): Prof. Dr. med. Florian Lang (Physiologisches Institut, Gmelinstr. 5, 72076 Tübingen: (07071) 2 97 21 94, Fax: 29 56 18, E-Mail: florian.lang@uni-tuebingen.de)
Stellv. Generalsekretär: Prof. Dr. med. Dr. rer. nat. W. H. Hörl (Tagungspräsident 2000; Klin. Abteilung f. Nephrologie und Dialyse, III. Medizinische Klinik, Währinger Gürtel 18-20, A-1090 Wien/Österreich, T: (0043 1) 4 04 00 43 90, Fax: (0043 1) 4 04 00 43 92, E-Mail: hoerl@nephro.imed3.akh-wien.ac.at)
Tagungspräsident 1999: Prof. Dr. R. Greger (Physiologisches Institut, Herrmann-Herder-Str. 7, 79104 Freiburg, T: (0761) 2 03 51 75, Fax: (0761) 2 03 51 91)
Tagungspräsident 2001: Prof. Dr. K. H. Rahn (Med. Poliklinik, Westf. Wilhelms-Universität, Albert-Schweitzer-Str. 33, 48149 Münster, T: (0251) 8 34 75 16, Fax: (0251) 8 34 69 79, E-Mail: rahn@uni-muenster.de)
Verbandszeitschrift: Kidney and Blood Pressure Research
Redaktion: Karger Verlag
Mitglieder: 900

• T 3 281

Deutsche Gesellschaft für Neurochirurgie

Geschäftsstelle:
Friedrichstr. 130a, 10117 Berlin
T: (030) 28 44 99-22 **Fax:** 28 44 99-11
Gründung: 1950 (13. September)
Vorsitzende(r): Prof. Dr. med. Hans Arnold (Direktor der Klinik für Neurochirurgie, Medizinische Universität zu Lübeck, Ratzeburger Allee 160, 23538 Lübeck, T: (0451) 5 00 20 75, Fax: (0451) 5 00 61 91)
Sekretär: Prof. Dr. med. Hans-Peter Richter (Neurochirurgische Universität Ulm, Ludwig-Heilmeyer-Str. 2, 89312 Günzburg, T: (08221) 96 22 52, Fax: (08221) 96 21 10)
Verbandszeitschrift: Mitteilungen der Deutschen Gesellschaft für Neurochirurgie
Redaktion: Prof. Dr. med. Hans-Peter Richter
Verlag: Porstmann Kongresse GmbH, Friedrichstr. 130a, 10117 Berlin
Mitglieder: 980

• T 3 282

Deutsche Gesellschaft für Neurologie

c/o Neurolog. Klinik am Allgemeinen Krankenhaus St. Georg
Lohmühlenstr. 5, 20099 Hamburg
T: (040) 28 90-2267 **Fax:** 28 90-4185
Präsident(in): Prof. Dr. J. Dichgans (Neurol. Univ. Klinik, Hoppe-Seyler-Str. 3, 72076 Tübingen)
Schriftführer(in): Prof. Dr. Peter Vogel (Allgem. Krankenhaus St. Georg, Neurologische Klinik, Lohmühlenstr. 5, 20099 Hamburg, T: (040) 28 90-22 67, Telefax: (040) 28 90-41 85)
Mitglieder: 2600

• T 3 283

Gesellschaft für Neuropädiatrie

Geschäftsstelle
c/o Olgahospital, Kinderklinik
Bismarckstr. 8, 70176 Stuttgart
T: (0711) 9 92-2410 **Fax:** 63 66-784
Präsident(in): Prof. Dr. Ulrich Stephani (Klinik für Neuropädiatrie der Universität Kiel, Schwanenweg 20, 24105 Kiel, Tel.: (0431) 5 97-1622)
Generalsekretär(in): Dr. Burkhard Köhler
Mitglieder: ca. 450

• T 3 284

Deutsche Gesellschaft für Neuropathologie und -anatomie

c/o Inst. f. Neuropathologie
Langenbeckstr. 1, 55131 Mainz
T: (06131) 17-73 08 **Fax:** 17-66 06
Vorsitzende(r): Prof. Dr. B. Volk (Dir. d. Abt. Neuropathologie, Neurozentrum, Breisacher Str. 64, 79106 Freiburg, T: (0761) 2 70-51 06, Fax: (0761) 2 70-5050)
Sekr.: Prof. Dr. Hans Hilmar Goebel (Abt. f. Neuropathologie, Langenbeckstr. 1, 55131 Mainz, T: (06131) 17-73 08, Telefax: (06131) 17-66 06)
Mitglieder: 388

• T 3 285

Deutsche Gesellschaft für Neuroradiologie DGNR

Universitätsklinik Freiburg
Neurozentrum
Pauwelsstr. 30, 52074 Aachen
T: (0241) 80 89-602 **Fax:** 88 88-440
Gründung: 1965
Präsident(in): Prof. Dr. M. Schumacher
Verbandszeitschrift: Klin. Neuroradiologie
Redaktion: Prof. Dr. K. Voigt
Verlag: Urban und Vogel GmbH, Lindwurmstr. 95, 80052 München
Mitglieder: 440
Mitarbeiter: 12

• T 3 286

Deutsche Gesellschaft für Nuklearmedizin (DGN)

c/o Radiologische Klinik
Hugstetter Str. 55, 79106 Freiburg
T: (0761) 2 70-3913 **Fax:** 2 70-3930
Präsident(in): Prof. Dr. Dr. E. Moser (Radiologische Universitätsklinik, Abt. Nuklearmedizin, Hugstetter Str. 55, 79106 Freiburg, T: (0761) 2 70-39 13, Telefax: (0761) 2 70-39 30, e-mail: emosev@uni-freiburg.de)
Generalsekretär(in): PD. Dr. T. Krause (Radiologische Universitätsklinik, Hugstetter Str. 55, 79106 Freiburg, T: (0761) 2 70-39 13, Telefax: (0761) 2 70-39 30, e-mail: krauseth@uni-freiburg.de)
Verbandszeitschrift: NUKLEARMEDIZIN
Verlag: Schattauer-Verlag, Lenzhalde 3, 70192 Stuttgart
Mitglieder: 1200

• T 3 287

Vereinigung für Operative und Onkologische Dermatologie

c/o Klinik und Poliklinik für Dermatologie
Fetscherstr. 74, 01307 Dresden
T: (0351) 4 58-2232 **Fax:** 4 58-4338
Präsident(in): Prof. Dr. P.A. Müller (Dermatologische Klinik, Rintelner Str. 85, 32657 Lemgo, T: (05261) 2 64-186, Fax: 2 64-034)
Generalsekretär(in): Prof. Dr. Günther Sebastian (Klinik und Poliklinik für Dermatologie, Fetscherstr. 74, 01307 Dresden, T: (0351) 4 58-22 32, Telefax: (0351) 4 58-57 59)
Mitglieder: 372

• T 3 288

Deutsche Ophthalmologische Gesellschaft

Berliner Str. 14, 69120 Heidelberg
T: (06221) 41 17 87 **Fax:** 48 46 16
Internet: http://www.dog.org
E-Mail: dog-hd@t-online.de
Gründung: 1857
Präsident(in): Prof. Dr. Chr. Ohrloff (Dir. der Univ.-Augenklinik, Theodor-Stern-Kai 7, 60596 Frankfurt)
Schriftführer(in): Prof.Dr. Hans Eberhard Völcker (Dir. der Univ.-Augenklinik, Im Neuenheimer Feld 400, 69120 Heidelberg, T: (06221) 41 17 87)
Verbandszeitschrift: Der Ophthalmologe
Redaktion: Prof. Dr. H. E. Völcker, Heidelberg
Verlag: Springer Verlag, Postfach, Heidelberg
Mitglieder: 3700

• T 3 289

Deutsche Gesellschaft für Orthopädie und Traumatologie (DGOT)

Marienburgstr. 2, 60528 Frankfurt
T: (069) 67 05-377 **Fax:** 67 05-367
Internet: http://www.dgot.de
Gründung: 1901
Präsident(in): Prof. Dr. med. Fritz Uwe Niethard (Orthopädische Klinik d. RWTH, Pauwelsstr. 30, 52074 Aachen, T: (0241) 8 08 94 10)
Generalsekretär(in): Prof. Dr. med. Lutz Jani (Orthopädische Klinik Mannheim d. Univ. Heidelberg, Theodor-Kützer-Ufer 1-3, 68167 Mannheim, T: (0621) 3 83 45 06)
Mitglieder: 2085

• T 3 290

Deutsche Gesellschaft für Osteologie e.V.

c/o Prof.Dr.Dr.med. E. Keck
Paulinenstr. 4, 65189 Wiesbaden
T: (0611) 3 94 39 **Fax:** 37 90 76
Gründung: 1984
Präsident(in): Prof. Dr.Dr.med. Elmar Keck (Forschungsinstitut für Osteologie und Rheumatologie, Rhön-Klinik, Gersfeld, Paulinenstr. 4, 65189 Wiesbaden, T: (0611) 3 94 39, Telefax: (0611) 37 90 76)
Vizepräsident(in): Prof. Dr.med. R. Ascherl (Chefarzt der Orthopädischen Klinik, Klinikum Ingolstadt, Krumenauer Straße 25, 85049 Ingolstadt, T:(0841) 8 80 26 01, Fax: 8 80 26 09)
Schriftführer(in): Dr. phil. nat. Eckhard Werner (GSF - Inst. für Strahlenschutz, Ingolstädter Landstr. 1, 85764 Oberschleißheim, T: (089) 31 87-42 47, Telefax: (089) 31 87 25 17)
Verbandszeitschrift: Osteologie
Redaktion: Prof. Willert
Verlag: Huber Verlag, Länggassstr. 76, 3000 Bern (Schweiz)
Mitglieder: 330

Förderung der osteologischen Forschung

• T 3 291

Deutsche Gesellschaft für Pädiatrische Kardiologie e.V.

c/o Klinik für Kinder und Jugendliche der FAU Erlangen-Nürnberg Abt. Kinderkardiologie
Loschgestr. 15, 91054 Erlangen
T: (09131) 85-33750
Präsident(in): Prof. Dr. H.H. Kramer (Klinik für Kinderkardiologie, Schwanenweg 20, 24105 Kiel)
Schriftf. u. Schatzmeister: Prof. Dr. Helmut Singer (Abt. Kinderkardiologie, Klinik für Kinder und Jugendliche der FAU Erlangen-Nürnberg, Loschgestr. 15, 91054 Erlangen, T: (09131) 8 53 37 50)
Mitglieder: 336

• T 3 292

Gesellschaft für Pädiatrische Radiologie e.V.

Röntgenabt. d. Universitäts-Kinderklinik Kiel
Wilhelmshofallee 16, 47799 Krefeld
Gründung: 1963 (17. September)
Präsident(in): Dr. Alfred E. Horwitz (Klinikum Krefeld, Kinderradiologie, Lutherplatz 40, 47805 Krefeld, T: (02151) 3 22-362)
Generalsekretär(in): B. Reither (Ohmstr. 5, 90552 Röthenbach, T: (0911) 5 76-96, Fax: 5 76-96)
Mitglieder: 302

• T 3 293

Deutsche Gesellschaft für Palliativmedizin

Von-Hompesch-Str. 1, 53123 Bonn
T: (0228) 64 81-361 **Fax:** 64 81-851
Gründung: 1994
Generalsekretär(in): Prof. Dr. med. E. Klaschik (Rheinische Friedrich-Wilhelms-Universität Bonn, Zentrum für Palliativmedizin am Malteser Krankenhaus Bonn, Von-Hompesch-Str. 1, 53123 Bonn)

Leitung Presseabteilung: Dr. med. Michael Cremer, Flensburg
Mitglieder: 390

• T 3 294

Deutsche Gesellschaft für Pathologie

Geschäftsstelle:
Krankenhausstr. 8-10, 91054 Erlangen
T: (09131) 8 52-2286 **Fax:** 8 52-4745
E-Mail: sekretariat.dgp@patho.imed.uni-erlangen.de
Gründung: 1897
Vorsitzende(r): Prof. Dr. med. H. Höfler (Institut für Pathologie, Klinikum rechts der Isar, Ismaninger Str. 22, 81675 München, T: (089) 41 40-4160, Fax: (089) 41 40-4865, E-mail: hoefler@erz.tu-muenchen.de)
Schriftführer(in): Prof. Dr. Th. Kirchner (Institut für Pathologie der Universität, Krankenhausstr. 8-10, 91054 Erlangen, T: (09131) 8 52-2286, Fax: (09131) 8 52-4745, E-mail: sekretariat.dgp@patho.imed.uni-erlangen.de)
Mitglieder: 1104

• T 3 295

Deutsche Gesellschaft für Pharmazeutische Medizin e.V. (DGPharMed)

Gneisenaustr. 23, 30175 Hannover
T: (0511) 8 57-27 31 **Fax:** 81 91 38
Internet: http://www.dgpharmed.de
Gründung: 1973
Präsident(in): Dr. med. Peter Klöpel (Schubertstr. 38, 63069 Offenbach, T: (069) 83 83 36 27, Fax: (069) 83 83 36 28)
Stellvertretende(r) Vorsitzende(r): Dr.med. Norbert Clemens (Intersan GmbH, Einsteinstr. 30, 76275 Ettlingen, T: (07243) 1 84-31, Fax: 1 84-75)
Leitung Presseabteilung: Dr.med. Claus Kori-Lindner (T: (089) 5 38 01 94, (0172) 9 61 47 86, Telefax: (089) 51 45 08 39)
Verbandszeitschrift: DGPharMed News
Redaktion: Dr.med. C. Kori-Lindner
Mitglieder: ca. 1400

• T 3 296

Deutsche Gesellschaft für Phlebologie

Sekretariat c/o Allergie- und Hautklinik Norderney, Gemeinnütziges Krankenhaus
Lippestr. 9-11, 26548 Norderney
T: (04932) 8 05-420 Di.-Do. 8.00-10.30 Uhr
Geschäftsführender Vorstand:
Präsident(in): PD Dr.med. Eberhard Rabe (Dermatologische Universitätsklinik Bonn, Sigmund-Freud-Str. 25, 53105 Bonn, T: (0228) 2 87-53 70 oder 66 30, Telefax: (0228) 2 87-43 33, Internet: http://www.meb.uni-bonn.de/dermatologie/dgp1.htm, E-Mail: phlebo@mailer.meb.uni-bonn.de)
Vizepräsident(in): Prof. Dr.med. Walter Lechner (Allergie- und Hautklinik Norderney, Lippestr. 9-11, 26548 Norderney, T: (04932) 8 05-4 04, Telefax: (04932) 8 05-3 77, E-Mail: Prof.Lechner@t-online.de)
Generalsekretär(in): Dr. med. Lutz Schimmelpfennig (Steigerwaldklinik Burgebrach, Am Eichelberg, 96138 Burgebrach, T: (09546) 8 80 oder 8 82 10, Telefax: (09546) 8 82 01, Internet: http://www.steigerwaldklinik.de, E-Mail: dr.schimmelpfennig@steigerwaldklinik.de)
Schatzmeister: Dr. med. Horst Gerlach (T 6/25, 68161 Mannheim, T: (0621) 10 46 98, Telefax: (0621) 2 04 65)
Verbandszeitschrift: Phlebologie
Hauptschriftleitung: Prof. Schultz-Ehrenburg, Berlin
Verlag: Schattauer Verlag, Lenzhalde 3, 70192 Stuttgart
Mitglieder: 1350

• T 3 297

Deutsche Gesellschaft für Phoniatrie und Pädaudiologie e.V.

Abt. für Phoniatrie und Pädaudiologie
Universitätsklinikum Heidelberg
Im Neuenheimer Feld 400, 69120 Heidelberg
T: (06221) 56-7238 **Fax:** 56-5732
E-Mail: ute%roeschel@ukl.uni-heidelberg.de
Gründung: 1986
Präsident(in): Univ.-Prof. Dr. Eberhard Kruse (Abt. Phoniatrie und Pädaudiologie, Georg-August-Universität Göttingen, Robert-Koch-Str. 40, 37075 Göttingen, T: (0551) 39-2811, Telefax: (0551) 39-2812, E-Mail: ekruse@med.uni-goettingen.de)
Schriftführer(in): Univ.-Prof. Dr. U. Pröschel (Abt. f. Phoniatrie und Pädaudiologie, Universitätsklinikum Heidelberg, Im Neuenheimer Feld 400, 69120 Heidelberg, T: (06221) 56-7238, Telefax: (06221) 56-5732, E-Mail: ute%roeschel@ukl.uni-heidelberg.de)
Schatzmeister: Univ.-Prof. Dr. M. Ptok (Klinik und Poliklinik für Phoniatrie und Pädaudiologie, Medizinische Hochschule Hannover, Carl-Neuberg-Str. 1, 30625 Hannover, T: (0511) 5 32-9104, Telefax: (0511) 5 32-4609, E-Mail: ptok.martin@mh-hannover.de)
Verbandszeitschrift: Sprache-Stimme-Gehör
Redaktion: Prof. Ptok
Verlag: Thieme, Stuttgart
Mitglieder: 193

Förderung der Phoniatrie und Pädaudiologie in Forschung und Lehre sowie klinischer Praxis. Durchführung von Jahreskongressen und Fortbildungsveranstaltungen.

• T 3 298

Deutsche Gesellschaft für Physikalische Medizin und Rehabilitation - Wissenschaftliche Gesellschaft für Physikalische Medizin und Rehabilitation einschließlich Balneologie und Bioklimatologie - e.V.

Englschalkinger Str. 77, 81925 München
T: (089) 92 70-2401
Vorsitzende(r): Prof. Dr. med. Uwe Smolenski (Institut für Physiotherapie der Friedrich-Schiller-Universität, 07740 Jena)
2. Vorsitzende(r): Prof. Dr.med. Axel Gehrke (Klinik f. Physikalische u. Rehabilitative Medizin, Med. Hochschule, 30623 Hannover)
Schriftführer(in): Prof. Dr. G. T. Werner (Abt. Physikalische Medizin und Med. Rehabilitation, Städt. Krankenhaus München, Englschalkinger Str. 77, 81925 München, T: (089) 92 70-23 98, -23 97, Telefax: (089) 92 70 22 48)
Verbandszeitschrift: Physikalische Medizin, Rehabilitationsmedizin, Kurortmedizin
Redaktion: Prof. Dr. U. Smolenski, Institut f. Physiotherapie d. FSU, 07740 Jena
Verlag: Thieme-Verlag

• T 3 299

Deutsche Physiologische Gesellschaft

c/o Physiologisches Institut der Universität
24098 Kiel
Olshausenstr. 40, 24118 Kiel
T: (0431) 8 80 20 32 **Fax:** 8 80 45 80
Präsident(in): Prof. Dr. Burkhart Bromm (Physiologisches Institut, Martinistr. 52, 20246 Hamburg, T: (040) 47 17-3182, Fax: 47 17-4920)
Generalsekretär(in): Prof. Dr. Michael Illert (Physiologisches Institut der Universität, Olshausenstr. 40, 24098 Kiel, T: (0431) 8 80 20 32, Telefax: (0431) 8 80 45 80)
Mitglieder: 650

• T 3 300

Vereinigung der Deutschen Plastischen Chirurgen

Bleibtreustr. 12 A, 10623 Berlin
T: (030) 8 85-1063 **Fax:** 8 85-1067
Präsident(in): Prof. Dr. med. Michael Greulich, Stuttgart
Vizepräsident(in): Prof. Dr. Peter Eckert, Würzburg
Sekretär: Priv.Doz. Dr. med. Michael Steen, Halle (Saale)
Schatzmeister: Priv. Doz. Dr. Klaus Exner, Frankfurt/Main
Mitglieder: 580

• T 3 301

Deutsche Gesellschaft für Plastische- und Wiederherstellungschirurgie e.V.

c/o Diakoniekrankenhaus Rotenburg
Elise-Averdieck-Str. 17, 27356 Rotenburg
T: (04261) 77-2126 **Fax:** 77-2128
Gründung: 1962
Präsident(in): Prof. Dr.med. H.-J. Oestern (Chefarzt der Klinik für Unfall- u. Wiederherstellungschirurgie, Allgemeines Krankenhaus Celle, Siemensplatz 4, 29223 Celle, T: (05141) 72 11 01, Fax: (05141) 72 11 09)
Generalsekretär(in): Dr. med. H. Rudolph (Chefarzt d. II. Chirurgischen Klinik f. Unfall-, Wiederherstellungs-, Gefäß- und Plastische Chirurgie am Diakoniekrankenhaus, Elise-Averdieck-Str. 17, 27342 Rotenburg/W., T: (04261) 77 23 76/77, Telefax: (04261) 77 21 41)
Verbandszeitschrift: „Journal"
Redaktion: Dr. med. H. Rudolph, Rotenburg (W.)
Verlag: Einhorn-Presse-Verlag, 21465 Reinbek
Mitglieder: 644

• T 3 302

Arbeitskreis Camouflage e.V.

Gemeinnütziger Verein für Menschen mit Brand- und Unfallnarben sowie angeborenen und erworbenen inoperablen Hautanomalien
Geschäftsstelle:
Helmstedter Str. 16, 10717 Berlin
T: (030) 8 54 28 29 **Fax:** 8 54 40 23
Vorsitzende(r): René Koch
Leitung Presseabteilung: Dieter Stadler

• T 3 303

Deutsche Gesellschaft für Pneumologie

c/o Medizinische Klink und Poliklinik II
z. Hd. Prof. Dr. A. Gillissen
53105 Bonn
Sigmund-Freud-Str. 25, 53127 Bonn
T: (0228) 2 87-5220 **Fax:** 2 87-9017, 2 87-6980
Gründung: 1926
Präsident(in): Prof. Dr. G. W. Sybrecht (Univers. Kliniken des Saarlandes, 66421 Homburg/Saar)
Geschäftsführer(in): Prof. Dr. A. Gillissen (Medizinische Klinik und Poliklinik II, Sigmund-Freud-Str. 25, 53105 Bonn, T: (0228) 2 87-5220, Fax: 2 87-9017 oder -6980)
Verbandszeitschrift: Pneumologie
Verlag: Georg Thieme Verlag, Stuttgart
Mitglieder: 1900

Förderung der Wissenschaft, Forschung und Lehre im Bereich der Klinik, Pathophysiologie und Pathologie der Krankheiten der Atmungsorgane einschließlich der Prävention. Bekämpfung und Rehabilitation der Lungen- und Bronchialkrankheiten sowie der Tuberkulose und der schlafbezogenen Atmungsstörungen.

• T 3 304

Deutsche Gesellschaft für Psychiatrie, Psychotherapie und Nervenheilkunde (DGPPN)

c/o DGPPN-Geschäftsstelle Essen, Rheinische Landes- und Hochschulkliniken Essen, Klinik für allgemeine Psychiatrie und Psychotherapie
Virchowstr. 174, 45147 Essen
T: (0201) 72 27-202 **Fax:** 72 27-303
E-Mail: oap000@sp2.power.uni-essen.de
Präsident(in): Prof. Dr.med. M. Gastpar (Rheinische Landes- und Hochschulkliniken Essen, Klinik für allgemeine Psychiatrie und Psychotherapie, Virchowstr. 174, 45147 Essen, T: (0201) 7 22 72 02, Fax: (0201) 7 22 73 03, E-Mail: oapOOO@sp2.power.uni-essen.de)
Vizepräsident(in): Prof. Dr.med. W. Gaebel (Rheinische Landes- und Hochschulklinik Düsseldorf, Psychiatrische Klinik d. Heinrich-Heine Universität, Bergische Landstr. 2, 40629 Düsseldorf, T: (0211) 9 22 20 00, Fax: (0211) 9 22 20 20 , E-Mail: wolfganggaebel@uni-duesseldorf.de)
1. Schriftführer: Prof. Dr.med. P. Falkai (Psychiatrische Klinik d. Universität, Abt. Medizinpsychologie, Sigmund-Freud-Str. 25, 53105 Bonn, T: (0228) 2 87 57 15, Fax: (0228) 2 87 50 25, E-Mail: falkai@uni-bonn.de)
Verbandszeitschrift: Der Nervenarzt, Spektrum der Psychiatrie, Psychotherapie + Nervenheilkunde
Redaktion: Prof. Gaebel, Prof. Falkai
Mitglieder: 2000

• T 3 305

Deutsche Gesellschaft für Psychoanalyse, Psychotherapie, Psychosomatik und Tiefenpsychologie (DGPT) e.V.

Johannisbollwerk 20 III, 20459 Hamburg
T: (040) 3 19 26 19 **Fax:** 3 19 43 00
Internet: http://www.dgpt.de
E-Mail: psa@dgpt.de
Gründung: 1949
Vorsitzende(r): Dipl.-Psych. Anne-Marie Schlösser, Göttingen
GeschF u. Justitiar: RA Holger Schildt
Leitung Presseabteilung: Claudia Guderian (M.A.)
Mitglieder: 2800

• T 3 306

Deutsche Gesellschaft für Psychosomatische Geburtshilfe und Gynäkologie

c/o Medizinische Hochschule Hannover
Psychosomatische Gynäkologie
Pasteurallee 5, 30655 Hannover
T: (0511) 9 06-3560
E-Mail: neises.MHH@gmx.de
Gründung: 1980
Präsident(in): PD Dr. Dr. med. Mechthild Neises
Vizepräsident(in): Dipl.-Psych. Ulrike Hauffe (ZGF, Knochenhauerstr. 20-25, 28195 Bremen)
Schriftführer(in): Dr. Martina Rauchfuß (Universitätsklinikum "Otto von Guericke", Inst. für Sozialmedizin, Leipziger Str. 44, 39120 Magdeburg)
Schatzmeister: PD Dr. Walter Dmoch (Bromberger Str. 22-24, 40599 Düsseldorf)
Verbandszeitschrift: Jahresbände "Psychosomatische Geburtshilfe und Gynäkologie"
Redaktion: PD Dr. Kentenich
Mitglieder: 603

• T 3 307

Deutsches Kollegium für Psychosomatische Medizin e.V. (DKPM)

PD Dr. C.E. Scheidt
Universitätsklinik für Psychiatrie und Psychosomatik Abt. für Psychosomatik u. Psychotherapeutische Medizin
Stoystr. 3, 07743 Jena
T: (03641) 93 67 00 **Fax:** 93 65 46
E-Mail: strauss@landgraf.med.uni-jena.de
Gründung: 1974 (1. März)
Präsident(in): Prof. Dr. B. Strauß (Institut für Medizinische Psychologie, Klinikum der FSU Jena, Stoystr. 3, 07740 Jena)
Leitung Presseabteilung: Prof. Dr. J. Küchenhoff (Abt. Psychotherapie u. Psychohygiene, Psychiatrische Universitätsklinik, Socinstr. 55a, CH-4051 Basel)

Wissenschaftliche Vereinigung, deren Mitglieder sich zusammengeschlossen haben, um die Forschung im psychosomatischen Bereich national und international zu fördern.

• T 3 308

Deutsche Gesellschaft für Psychotherapeutische Medizin (DGPM) e.V.

Johannisbollwerk 20 III, 20459 Hamburg
T: (040) 31 79 68 17 **Fax:** 31 79 64 03
Internet: http://www.dgpm.de
E-Mail: pm@dgpm.de
Gründung: 1992 (18. Juni)
Vorsitzende(r): Prof. Dr. med. Paul L. Janssen (Westfäl. Klinik für Psychiatrie, Marsbruchstr. 179, 44287 Dortmund, T: (0231) 45 03-2 26, Telefax: (0231) 45 03-6 67)
Stellvertretende(r) Vorsitzende(r): Dr.med. Karin Bell (Brükker Mauspfad 601, 51109 Köln, T: (0221) 84 25 23, Fax: (0221) 84 54 42)
Dr.med. Gerhard H. Paar (Clemensstraße, 47608 Geldern, T: (02831) 1 37-3 00, Fax: (02831) 1 37-3 02)
Beisitzer: Prof. Dr. med. Gereon Heuft (Domagkstr. 11, 48129 Münster, T: (0251) 8 35 29 01/02, Fax: (0251) 8 35 29 03)
Dr. med. Hans-Thomas Sprengeler (Sählingstr. 60, 57319 Bad Berleburg, T: (02751) 81-3 26/3 27, Fax: (02751) 81-2 75)
Dr. med. Dipl.-Psych. Christian Trabandt (Eppendorfer Weg 277, 20251 Hamburg, T: (040) 4 60 38 88, Fax: (040) 4 60 35 59, E-Mail: CTrabandt@aol.com)
Priv.-Doz. Dr. med. Michael Zaudig (Schützenstr. 16, 86949 Windach, T: (08193) 7 20, Fax: (08193) 7 28 09, E-Mail: mail@Klinik-Windach.de)
Geschäftsführer(in): RA Holger Schildt (Johannisbollwerk 20, 20459 Hamburg, T: (040) 31 79 68 17, Telefax: (040) 31 79 64 03)
Verbandszeitschrift: DGPM-Info
Redaktion: Vorstand
Mitglieder: 900

• T 3 309

Allgemeine Ärztliche Gesellschaft für Psychotherapie e.V. (AÄGP)

Geschäftsstelle:
Monika Pult
Postf. 22 12 80, 41435 Neuss
T: (02182) 6 95 75 **Fax:** (0211) 6 96 43
Internet: http://www.aaegp.de
E-Mail: HPULT@t-online.de
Gründung: 1926
Präsident(in): Prof. Dr.med. Dr.phil. Wolfgang Tress (Facharzt f. Psychotherapeutische Medizin, Psychiatrie + Neurol., Psychoanalyse, Ärztl. Direktor d. Klinischen Instituts u. d. Klinik f. Psychosomat. Med. u. Psychotherapie d. Universität Düsseldorf, Bergische Landstr. 2, 40629 Düsseldorf, T: (0211) 9 22-4700/4701, Fax: 9 22-4707)
Mitglieder: 1454

• T 3 310

Deutsche Gesellschaft für Radioonkologie (DEGRO)

Geschäftsstelle:
Hoppe-Seyler-Str. 3, 72076 Tübingen
T: (07071) 40 09 37 **Fax:** 40 09 38
Präsident(in): Prof. Dr. Thomas Herrmann (Univ. Klinikum Carl G. Carus, Klinik u. Poliklinik f. Strahlentherapie u. Radioonkol., Fetscherstr. 74, 01307 Dresden, T: (0351) 4 58 33 71, Fax: (0351) 4 58 43 47)
Schriftführer(in): Prof. Dr. Eckart Richter (Med. Univ. zu Lübeck, Klinik f. Strahlentherapie u. Nuklearmedizin, Ratzeburger Allee 160, 23538 Lübeck, T: (0451) 5 00 66 60, Fax: (0451) 5 00 33 24)
Mitglieder: 1287

• T 3 311

Deutsche Gesellschaft für Rechtsmedizin

Von-Esmarch-Str. 62, 48149 Münster
T: (0251) 8 35 51 61 **Fax:** 8 35 51 58
Präsident(in): Prof. Dr. med. Bernd Brinkmann (Institut für Rechtsmedizin der Westfälischen Wilhelms-Universität, Von-Esmarch-Str. 62, 48149 Münster, T: (0251) 8 35 51 61, Telefax: (0251) 8 35 51 58)
Sekretär: Prof. Dr.med.Dr.h.c. Volkmar Schneider (Institut für Rechtsmedizin der Freien Universität, Hittorfstr. 18, 14195 Berlin, T: (030) 8 38 33 49, Telefax: (030) 8 38 36 84)
Mitglieder: 542

• T 3 312

Deutsche Gesellschaft für Rheumatologie e.V.

Zepernicker Str. 1, 13125 Berlin
T: (030) 94 01 26 50 **Fax:** 9 49 71 39
Gründung: 1927 (28. Januar)
Präsident(in): Prof. Dr.med. Ekkehard Genth (Rheumaklinik und Rheumaforschungsinstitut Aachen, Burtscheider Markt 24, 52066 Aachen, T: (0241) 60 96-42 01, Fax: (0241) 60 96-19 63)
Schriftführer(in): Prof. Dr. med. Erika Gromnica-Ihle (Rheumaklinik Berlin-Buch,, Zepernicker Str. 1, 13125 Berlin, T: (030) 94 01 26 50, Telefax: (030) 9 49 71 39)
Verbandszeitschrift: Zeitschrift für Rheumatologie
Verlag: Dr. Dietrich Steinkopff-Verlag GmbH & Co. KG, Postf. 11 10 08, 64225 Darmstadt
Mitglieder: 1070

• T 3 313

Deutsche Röntgengesellschaft e.V.

Geschäftsstelle
Du Pont-Str. 1, 61352 Bad Homburg
T: (06172) 4 88-585 **Fax:** 4 88-587
Internet: http://www.drg.de
E-Mail: office@drg.de
Gründung: 1905
Präsident(in): Prof. Dr.med. Ulrich Mödder (Institut für Diagnostische Radiologie der Universität, Moorenstr. 5, 40225 Düsseldorf, T: (0211) 81-1 77 52, Fax: 81-1 61 45)
Geschäftsstelle: Bernhard Lewerich (Ltg. Presseabteilung, DuPont-Str. 1, 61352 Bad Homburg, T: (06172) 4 88-585, Fax: (06172) 4 88-587)
Verbandszeitschrift: RöntgenFortschritte
Redaktion: Wissenschaftler
Verlag: Thieme-Verlag
Mitglieder: 5000
Mitarbeiter: 4

• T 3 314

Deutsche Gesellschaft für Schädelbasischirurgie e.V.

Hegewischstr. 2, 24105 Kiel
T: (0431) 5 97-2360 **Fax:** 5 97-2428
Internet: http://www.dgsb.de
E-Mail: rrochels@ophthalmol.uni-kiel.de, webmaster:@dgsb.de
Präsident(in): Prof. Dr.med. Wolfgang Draf (Städtisches Klinikum Fulda, Direktor der Klinik für HNO-Krankheiten, Kopf-, Hals- und Plastische Chirurgie, Pacelliallee 4, 36043 Fulda, T: (0661) 84 25 81, Fax: (0661) 84 25 83, e-mail: Wdraf@aol.com)
Vizepräsident(in): Prof. Dr.med. Rudolf Fahlbusch (Universität Erlangen-Nürnberg, Direktor der Neurochirurgischen Klinik, Schwabachanlage 6, 91054 Erlangen, T: (09131) 85 45 65, Fax: (09131) 85 44 76, e-mail: Rudolf.Fahlbusch@neurochir.med.uni-erlangen.de)
Ehrenpräsident: Prof. Dr.med.Dr.h.c. Madjid Samii (Medizinische Hochschule Hannover, Direktor der Neurochirurgischen Klinik, Krankenhaus Nordstadt, Haltenhoffstr. 41, 30167 Hannover, T: (0511) 9 70-12 45, Fax: (0511) 9 70-16 06)
Generalsekretär(in): Prof. Dr.med. Rainer Rochels (Klinikum der Christian-Albrechts-Universität zu Kiel, Orbitazentrum Kiel, Direktor der Klinik für Ophthalmologie, Hegewischstr. 2, 24105 Kiel)
Schatzmeister: Prof. Dr.Dr. J.-E. Hausamen (Medizinische Hochschule Hannover, Klinik für Mund-, Kiefer- und Gesichtschirurgie, Konstanty-Gutschow-Str. 8, 30625 Hannover, T: (0511) 5 32 47 48, Fax: (0511) 5 32 47 40, e-mail: MKG-Chirurgie@mh-hannover.de)

• T 3 315

Deutsche Gesellschaft für Schlafforschung und Schlafmedizin (DGSM)

Schimmelpfengstr., 34613 Schwalmstadt
T: (06691) 27 33 **Fax:** 27 33
Internet: http://www.dgsm.de
E-Mail: dgsm.mayer@t-online.de
Präsident(in): Prof. Dr. J. Fischer (Klinik Norderney, Kaiserstr. 26, 26548 Norderney, T: (04932) 89 22 00, Fax: (04932) 89 22 11, E-Mail: fischer-norderney@t-online.de)
Sekretär u. Schatzmeister: PD Dr. Geert Mayer (Hephata-Klinik, Schimmelpfengstr., 34613 Schwalmstadt-Treysa, T: (06691) 27 33, Fax: (06691) 27 33)
Verbandszeitschrift: Somnologie; Rundbrief
Redaktion: Frau Prof. Dr. Schläfke
Verlag: Blackwell-Wissenschaftsverlag, Berlin
Mitglieder: 1500

• T 3 316

Deutsche Interdisziplinäre Vereinigung für Schmerztherapie (DIVS)

BG Universitätsklinik Bergmannsheil
Bürkle de la Camp-Platz 1, 44789 Bochum
T: (0234) 3 02-6825 **Fax:** 3 02-6834
E-Mail: michael.zenz@ruhr-uni-bochum.de
Präsident(in): Prof. Dr. D. Soyka (Hofholzallee 266, 24109 Kiel, T. + Fax: (0431) 52 48 66)
Generalsekretär(in): Prof. Dr. M. Zenz (BG-Universitätsklinik Bergmannsheil, Bürkle-de-la-Camp-Platz 1, 44789 Bochum, T: (0234) 3 02 68 25, Fax: (0234) 3 02 68 34, E-mail: michael.zenz@ruhr-uni-bochum.de)
Verbandszeitschrift: Der Schmerz
Verlag: Springer-Verlag, Postf. 10 52 80, 69042 Heidelberg

• T 3 317

Deutsche Gesellschaft für Sozialmedizin und Prävention e.V.

c/o Institut für Sozialmedizin
Leipziger Str. 44, 39120 Magdeburg
T: (0391) 5 32 80 43 **Fax:** 5 41 42 58
Internet: http://www.med.uni-magdeburg.de/fme/institute/ism/
E-Mail: bernt-peter.robra@medizin.uni-magdeburg.de
Präsident(in): Prof. Dr.med. Johannes Gostomzyk (Gesundheitsamt, Hoher Weg 8, 86152 Augsburg, T: (0821) 3 24-20 29)
Vizepräsident(in): Prof. Dr.Dr.med. Hans-Heinrich Raspe (Institut für Sozialmedizin, St.-Jürgen-Ring 66, 23564 Lübeck)
Geschäftsführende(s) Vorstands-Mitglied(er): Prof. Dr.med. Bernt-Peter Robra (Institut für Sozialmedizin, Magdeburg)
Verbandszeitschrift: Das Gesundheitswesen
Redaktion: Prof. Gostomzyk, Prof. Beske, Prof. Steuer, Prof. Brennecke, Dr. Großpietzsch, Dr. Leidel, Dr. Moritzen, Dr. Silomon
Verlag: Thieme Verlag, Rüdigerstr. 14, 70469 Stuttgart

• T 3 318

Deutsche Gesellschaft für Sportmedizin und Prävention (Deutscher Sportärztebund) e.V.

Geschäftsstelle
Hugstetter Str. 55, 79106 Freiburg
T: (0761) 2 70-7456 **Fax:** 2 02-4881
E-Mail: german-sportmed@msm1kl.uni-freiburg.de
Präsident(in): Prof. Dr. med. Joseph Keul (Medizinische Universitätsklinik, Abt. f. Sport- und Leistungsmedizin, Hugstetter Str. 55, 79106 Freiburg, T: (0761) 2 70-7451, Telefax: (0761) 2 02-4881)
1. Vizepräsident: Dr. med. Wolf Rieh (Bremerhavener Heerstr. 24, 28717 Bremen, T: (0421) 69 39 60, Telefax: (0421) 63 04 73)
2. Vizepräsident: Dr. med. Ursula Hillmer-Vogel (Senator-Grünewald-Weg 6, 37077 Göttingen, T: (0551) 3 54 04, Fax: (0551) 3 54 04)
3. Vizepräsident: Dr. med. Dieter Schnell (Otto-Willach-Str. 2, 53809 Ruppichteroth, T: (02291) 30 00 + 40 30, Telefax: (02291) 39 36)
Ehrenpräsident: Prof. Dr. med.h.c. Wildor Hollmann (Institut für Sportmedizin und Kreislaufforschung, Deutsche Sporthochschule, 50933 Köln, T: (0221) 4 98 25 10, 4 98 25 14, Telefax: (0221) 4 91 28 82)
Generalsekretär(in): N. N.
Verbandszeitschrift: Deutsche Zeitschrift für Sportmedizin
Redaktion: Dr. Urte Künstlinger, max-Cohen-Str. 30, 53121 Bonn, T: (0228) 62 22 49, Telefax: (0228) 61 15 03
Mitglieder: ca. 12000

Landesverbände

t 3 319

Sportärztebund Baden e.V.

Geschäftsstelle Bereich Nord
Langgewann 91, 69121 Heidelberg
T: (06221) 56 38 09, 47 24 47 **Fax:** 43 91 09

t 3 320

Sportärztebund Baden e.V. Geschäftsstelle Bereich Süd

Med.Univ.-Klinik, Abt. Sport- u. Leistungsmedizin
Hugstetter Str. 55, 79106 Freiburg
T: (0761) 2 70 74 53 **Fax:** 2 70 74 70

t 3 321

Bayerischer Sportärzteverband

Georg-Brauchle-Ring 93, 80992 München
T: (089) 18 35 03, 18 35 96 **Fax:** 18 35 96

t 3 322

Berliner Sportärztebund e.V.
Forckenbeckstr. 21, 14199 Berlin
T: (030) 8 23 20 56 **Fax:** 8 23 88 70

t 3 323

Sportärztebund Brandenburg
Universität Potsdam
Institut für Sportmedizin + Gesundheitserziehung
Am Neuen Palais 10, 14469 Potsdam
T: (0331) 9 77 17 68 **Fax:** 9 77 12 96

t 3 324

Bremer Sportärztebund
Bremerhavener Heerstr. 24, 28717 Bremen
T: (0421) 69 39 60 **Fax:** 63 04 73

t 3 325

Hamburger Sportärztebund e.V.
Universität Hamburg
Mollerstr. 10, 20148 Hamburg
T: (040) 41 23-6339 **Fax:** 41 23-2646

t 3 326

Sportärzteverband Hessen
Otto-Fleck-Schneise 10, 60528 Frankfurt
T: (069) 67 80 09 23 **Fax:** 6 70 85 05

t 3 327

Sportärztebund Mecklenburg-Vorpommern
Trotzenburger Weg 15, 18057 Rostock
T: (0381) 4 97 56-10 **Fax:** 4 97 56-99

t 3 328

Sportärztebund Niedersachsen
Postf. 11 03 44, 37048 Göttingen
T: (0551) 4 59 76 **Fax:** 4 76 43

t 3 329

Sportärztebund Nordrhein
Deutsche Sporthochschule
Carl-Diem-Weg 6, 50933 Köln
T: (0221) 49 37 85 **Fax:** 49 32 07

t 3 330

Sportärztebund Rheinland-Pfalz
Geschäftsstelle
Roonstr. 10, 67655 Kaiserslautern
T: (0631) 1 60 79 **Fax:** 2 50 21

t 3 331

Sportärzteverband Saar
Universität des Saarlandes Sportmedizinisches Institut
Am Stadtwald 6 Gebäude 39, 66123 Saarbrücken
T: (0681) 3 02 37 50, 3 02 37 34 **Fax:** 3 02 42 96

t 3 332

Sächsischer Sportärztebund e.V.
Institut für Sportmedizin, Bavaria Klinik Leipzig
Riesaer Str. 74, 04328 Leipzig
T: (0341) 2 58 06 40 **Fax:** 2 51 87 04

t 3 333

Sportärztebund Sachsen-Anhalt
Beuditzstr. 69 (Stadion), 06667 Weißenfels
T: (03443) 30 21 29 **Fax:** 30 21 29

t 3 334

Sportärzteverband Schleswig-Holstein
Olshausenstr. 40-60, 24118 Kiel
T: (0431) 8 80-37 75 **Fax:** 8 80 37 77

t 3 335

Thüringer Sportärztebund e.V. Gesundheitsamt
Turniergasse 17, 99084 Erfurt
T: (0361) 6 55 17 35 **Fax:** 6 55 17 37

t 3 336

Sportärztebund Westfalen
Krankenhaus für Sportverletzte Hellersen
Paulmannshöher Str. 17, 58515 Lüdenscheid
T: (02351) 9 45 22 15 **Fax:** 9 45 23 64

t 3 337

Sportärzteschaft Württemberg
Schloßhof 2, 88339 Bad Waldsee
T: (07524) 40 12 25 **Fax:** 40 12 26

• T 3 338

Institut für Standardisierung und Dokumentation im Medizinischen Laboratorium e.V. (INSTAND)
Postf. 25 02 11, 40093 Düsseldorf
Ubierstr. 20, 40223 Düsseldorf
T: (0211) 15 92 13-0 **Fax:** 15 92 13 30
Internet: http://www.uni-duesseldorf.de/WWW/INSTAND/instand.htm
Gründung: 1966
Vorsitzende(r): Prof. Dr.med. Hans Reinauer (Diabetes-Forschungsinstitut, Auf'm Hennekamp 65, 40225 Düsseldorf, T: (0211) 33 82-2 40)
Stellvertretende(r) Vorsitzende(r): Prof. Dr. Walter Appel (Seydlitzstr. 25, 76185 Karlsruhe, T: (0721) 55 50 06)
Mitglieder: 300
INSTAND e.V. ist die gemeinnützige unabhängige wiss. Fachgesellschaft von etwa 300 Wissenschaftlern, wissenschaftlichen Gesellschaften, Diagnostika- und Diagnostikageräteherstellern sowie anderen natürlichen und juristischen Personen, die im oder für das medizinische Laboratorium tätig sind und bestrebt sind diese Arbeit weiterzuentwickeln, verbessern.

• T 3 339

Deutsche Gesellschaft zum Studium des Schmerzes e.V. (DGSS)
Geschäftsstelle: c/o Institut für Anaesthesiologie
50924 Köln
Joseph-Stelzmann-Str. 9, 50931 Köln
T: (0221) 4 78 66 86
Internet: http://www.medizin.uni-koeln.de/projekte/dgss
Gründung: 1975 (September)
Präsident(in): Univ.-Prof. Dr.med. Dr.rer.nat. Klaus A. Lehmann
Verbandszeitschrift: Der Schmerz
Redaktion: M. Zenz, W. Winkelmüller, M. Zimmermann
Verlag: Springer, Heidelberg
Mitglieder: 2295
Mitarbeiter: 1

• T 3 340

Deutsche Gesellschaft für Suchtforschung und Suchttherapie e.V. (DG-Sucht)
Geschäftsstelle
Postf. 14 53, 59004 Hamm
T: (02381) 41 79 98 **Fax:** 41 79 99
Internet: http://www.dg-sucht.de
E-Mail: dg-sucht@t-online.de
Gründung: 1978 (Februar)
Präsident(in): Prof. Dr.med. J. Böning (Psychiatrische Univ.-Klinik, Füchsleinstr. 15, 97080 Würzburg, T: (0931) 2 01 77 10, Fax: 2 01 77 12)
Geschäftsstelle: Edit Göcke (Postf. 14 53, 59004 Hamm, T: (02381) 41 97 98, Telefax: (02381) 41 79 99)
Verbandszeitschrift: SUCHT
Redaktion: DHS, Postf. 13 69, 59003 Hamm
Verlag: Neuland-Verlagsgesellschaft mbH, Postf. 14 22, 21496 Geesthacht
Mitglieder: 398
Mitarbeiter: 1

• T 3 341

Deutsche Gesellschaft für Tauch- und Überdruckmedizin
Friesenstr. 11, 24534 Neumünster
T: (04321) 4 05-2040 **Fax:** 4 05-2049
Präsident(in): Dr. v. Laack (Eichkoppelweg 70, 24119 Kiel)
Generalsekretär(in): PD Dr. Jochen Hansen (Chefarzt Anästhesie, Friesenstr. 11, 24534 Neumünster)
Mitglieder: 720

• T 3 342

Deutsche Gesellschaft für Thoraxchirurgie
Abt. Thoraxchirurgie
Zum Heckeshorn 33, 14109 Berlin
T: (030) 80 02-2256 **Fax:** 80 02-2393
Gründung: 1991 (18. Oktober)
Präsident(in): Prof. Dr. D. Kaiser (Abt. Thoraxchirurgie, Lungenklinik Heckeshorn, Zum Heckeshorn 33, 14109 Berlin, T: (030) 80 02-2256, Fax: (030) 80 02-2393)
Vizepräsident(in): Prof. Dr. N. Presselt (Klinik f. Thorax- und Gefäßchirurgie, Zentralklinik Bad Berka, T: (036458) 5 16 00, Fax: (036458) 5 35 09)
Sekretär: ChA Dr. A. Linder (Lungenklinik Hemer, Abt. Thoraxchirurgie, Theo-Funccius-Str. 1, 58675 Hemer, T: (02372) 90 82 40, Fax: (02372) 90 85 80)
Mitglieder: 141

• T 3 343

Deutsche Gesellschaft für Thorax-, Herz- und Gefäßchirurgie
Geschäftsstelle:
Kerckhoff-Institut
Parkstr. 1, 61231 Bad Nauheim
T: (06032) 7 05-1
Präsident(in): Prof. Dr. S. Hagl (Abt. für Herzchirurgie, Chir. Klinik Ruprecht-Karls-Universität, Im Neuenheimer Feld 110, 69120 Heidelberg, T: (06221) 56 62 71, Fax: 56 55 85)
Sekretär: Prof. Dr. J. Cremer (Klinik für Herz- und Gefäßchirurgie, Chirurgische Universitätsklinik, Arnold-Heller-Str. 7, 24105 Kiel, T: (0431) 5 97 44 01, Fax: 5 97 44 02)
Mitglieder: 777

• T 3 344

Gesellschaft für Thrombose und Hämostaseforschung
c/o Medizinische Klinik und Poliklinik
Augustenburger Platz 1, 13353 Berlin
T: (030) 4 50-53112 **Fax:** 4 50-53901
Vorsitzende(r): Prof. Dr.med. Wolfgang Schramm (Medizinische Klinik, Klinikum Innenstadt, Abt. für Hämostaseologie, Ziemssenstr. 1, 80336 München, T: (089) 51 60-22 86/2211, Fax: (089) 51 60-21 48, E-Mail: wolfgang schramm@medinn.med.uni-muenchen.de)
Stellvertretende(r) Vorsitzende(r): Prof. Dr.med. Christine Mannhalter (Univ.-Klinik Wien, Inst.f.Med. u. Chem. Labordiagnostik, Währinger Gürtel 18-20, A-1090 Wien, T: (00431) 4 04 00/20 85, Fax: 4 04 00/20 97, E-Mail: christine.mannhalter@univie.ac.at)
Weitere Vorst.-Mitgl.: PD Dr.med. Harald Lenk (Universität Leipzig - Kinderklinik -, Oststr. 21-25, 04317 Leipzig, T: (0341) 9 72 63 33, Fax: 9 72 60 39, E-Mail: lenkh@server3.medizin.uni-leipzig.de)
Prof. Dr.med. K. Schrör (Heinrich-Heine-Universität, Inst. für Pharmakologie, Gebäude 22.21, Universitätsstr. 1, 40225 Düsseldorf, T: (0211) 81-1 25 00, Fax: 81-1 47 81, E-Mail: kschroer@uni.duesseldorf.de)
Prof. Dr.med. H. Patscheke (Städt. Klinikum Karlruhe gGmbH, Zentrum für Labormedizin, Moltkestr. 90, 76133 Karlsruhe, T: (0721) 9 74-17 51, Fax: 9 47-17 69, E-Mail: patscheke-karlsruhe@t-online.de)
Prof. Dr. D.L. Heene (Klinikum Mannheim, I.Medizinische Klinik, Theodor-Kutzer-Ufer, 68167 Mannheim, T: (0621) 3 83-22 02, Fax: 3 83-38 20)
Schriftführer(in): Prof. Dr. med. Hanno Riess (UK Charité, Campus Virchow-Klinikum, Abteilung für Innere Medizin, Augustenburger Platz 1, 13353 Berlin, T: (030) 4 050-53 112/5 30 13, Fax: (030) 4 50-5 39 01, E-Mail: hanno.riess@charite.de)
Schatzmeister: Prof. Dr.med. E. Seifried (DRK-Blutspendedienst Hessen, Inst. für Transfusionsmedizin, Sandhofstr. 1, 60528 Frankfurt/Main, T: (069) 67 82-2 01/2 02, Fax: (069) 67 82-2 31)
Mitglieder: 470

• T 3 345

Deutsche Gesellschaft für Transfusionsmedizin u. Immunhämatologie e.V.
c/o Abteilung für Transfusionsmedizin, Universität Erlangen
Krankenhausstr. 12, 91054 Erlangen
T: (09131) 85-36972 **Fax:** 85-36987
Gründung: 1954
1. Vorsitzende(r): Prof. Dr. Peter Kühnl (Abteilung für Transfusionsmedizin und Transplantationsimmunologie, Universität Hamburg, Martinistr. 52, 20251 Hamburg)
Schriftführer(in): Prof. Dr. R. Eckstein (Abt. f. Transfusionsmedizin und Hämostaseologie, Universität Erlangen, Krankenhausstr. 12, 91054 Erlangen)
Verbandszeitschrift: Infusionstherapie u. Transfusionsmedizin
Verlag: S. Karger Verlag f. Medizin u. Naturwissenschaften, Lörracher Str. 16 a, 79115 Freiburg
Mitglieder: 1301
Wissenschaftliche Förderung der Transfusionsmedizin und Förderung der öffentlichen Gesundheitspflege. Veranstaltung von Symposien und Kongressen. Allgemeine fachliche und wissenschaftliche Beratungen.

• T 3 346

Deutsche Gesellschaft für Tropenmedizin und Internationale Gesundheit e.V.
Bernhard-Nocht-Institut für Tropenmedizin
Bernhard-Nocht-Str. 74, 20359 Hamburg
T: (040) 42 81 85 00 **Fax:** 42 81 83 77
Öffentlichkeitsarbeit:
Info Service, Postf. 40 04 66, 80704 München, T: (089) 21 80-38 30, Fax: (089) 33 60 38, email: dtg@lrz.uni-muen-

chen.de
Gründung: 1907 (25. September)
Schriftführer(in): PD Dr. Gerd-Dieter Buchard

• **T 3 347**

Deutsche Gesellschaft für Unfallchirurgie e.V.

Stenglinstr. 2, 86156 Augsburg
T: (0821) 4 00 48 75 **Fax:** 4 00 48 76
Gründung: 1922
Präs. für 1998: Prof. Dr. L. Kinzl (Ärztl. Dir. Abt. f. Unfall- u. Wiederherst.-Chir., Univ.-Klinikum, Steinhövelstr. 9, 89075 Ulm)
Präs. für 1999: Prof. Dr. P. Hertel (Ärztl. Dir. Martin-Luther-Krhs. Berlin, Unfallchir. Abt., Caspar-Theyß-Str. 27, 14193 Berlin)
Präs. für 2000: Prof. Dr. N. Haas (Ärztl. Direktor Klinik für Unfallchirurgie Campus-Virchow-Klinikum, Augustenburger Platz 1, 13353 Berlin)
Generalsekretär(in): Prof. Dr. A. Rüter (Ärztl. Dir. Klinik für Unfall- u. Wiederherstellungschirurgie, Zentralklinikum, Stenglinstr. 2, 86156 Augsburg)
Verbandszeitschrift: Mitteilungen und Nachrichten der DGU
Redaktion: Prof. Dr. Rüter
Verlag: Demeter Verlag im Spitta-Verlag, Ammonitenstr. 1, 72336 Balingen
Mitglieder: über 2000

• **T 3 348**

Deutsche Gesellschaft für Urologie e.V. (DGU)

Geschäftsstelle
Uerdinger Str. 64, 40474 Düsseldorf
T: (0211) 51 60 96-0 **Fax:** 51 60 96-60
Internet: http://www.dgu.de
E-Mail: info@dgu.de
Präsident(in): Prof. Dr.med. Jörg Schubert (Direktor der Klinik und Poliklinik für Urologie, Friedrich-Schiller-Universität, 07740 Jena, T: (03641) 9 35-206, Fax: (03641) 9 35-003, E-Mail: joerg.schubert@med.uni-jena.de)
Vizepräsident(in): Prof. Dr.med. Herbert Rübben (Direktor der Urologischen Klinik und Poliklinik, Universitätsklinikum Essen, Hufelandstr. 55, 45147 Essen, T: (0201) 7 23-3211, Fax: (0201) 7 23-5902, E-Mail: herbert.ruebben@uni-essen.de)
Generalsekretär(in): Prof. Dr.med. Lothar Hertle (Direktor der Urologischen Klinik und Poliklinik, Med. Einr. d. Westf. Wilhelms-Univ. Münster, Albert-Schweitzer-Str. 33, 48149 Münster, T: (0251) 8 34-7441, Fax: (0251) 8 34-9739)
Schatzmeister: Prof. Dr.med. Peter H. Walz (Ressort Haushalt/Verträge/Finanzen; Chefarzt d. Abtlg. für Urologie und Kinderurologie, Kreiskrankenhaus Lüdenscheid, Paulmannshöher Str. 14, 58590 Lüdenscheid, T: (02351) 46-368, Fax: (02351) 46-3682)
Schriftführer: Prof. Dr.med. Klaus-Jürgen Klebingat (Ressort Öffentlichkeitsarbeit; Direktor der Klinik und Poliklinik für Urologie, Ernst-Moritz-Arndt-Universität, Fleischmannstr. 42-44, 17489 Greifswald, T: (03834) 86 59 79/80, Fax: (03834) 86 59 78)
Ressort Wissenschaft und Praxis:
Prof. Dr.med. Harald Schulze (Direktor der Urologischen Klinik, Klinikber. Westfalendamm d. Städt. Kliniken, Westfalendamm, 44143 Dortmund, T: (0231) 45 09-460, Fax: (0231) 45 09-467, E-Mail: schulze.uro.stkd@t-online.de)
Ressort Internationale Beziehungen:
Prof. Dr.med. Peter Alken (Direktor der Urologischen Klinik, Klinikum der Stadt Mannheim, Theodor-Kutzer-Ufer 1-3, 68259 Mannheim/Freudenheim, T: (0621) 3 83-2229, Fax: (0621) 3 83-3822, E-Mail: alken.peter@uro.ma.uni-heidelberg.de)
Ressort Struktur und Strategie:
Prof. Dr.med. Hans Palmtag (Chefarzt der Urologischen Abteilung, Städtisches Krankenhaus, Arthur-Gruber-Str. 70, 71065 Sindelfingen, T: (07031) 98-2501, Fax: (07031) 81 53 07)
Ressort Wissenschaft, Forschung und Fortbildung:
Prof. Dr.med. Stefan C. Müller (Direktor der Urologischen Klinik und Poliklinik, Med. Einr. d. Rhein. Friedrich-Wilhelms-Universität, Sigmund-Freud-Str. 25, 53125 Bonn, T: (0228) 2 87-4180, Fax: (0228) 2 87-4185, E-Mail: muellsc@mailer.meb.uni-bonn.de)
Archivar: Prof. Dr.med. Peter Rathert (Chefarzt der Klinik für Urologie, Städt. Kranken-Anstalten, Roonstr. 30, 52351 Düren, T: (02421) 3 01-516, Fax: (02421) 3 01-387)
Mitglieder: 2277

• **T 3 349**

Deutsche Gesellschaft für Verbrennungsmedizin (DGV)

Bleibtreustr. 12a, 10623 Berlin
Präsident(in): Prof. Dr. Günter Germann (Abt. für Verbrennungen, Plastische und Handchirurgie, Ludwig Guttmannstr. 13, 67071 Ludwigshafen, T: (0621) 6 81 02 38, Fax: 6 81 02 11)
Generalsekretär(in): Priv.-Doz. Dr. R. Büttemeyer (Abt. für Plastische Chirurgie, Schumannstr. 20/21, 10089 Berlin, T: (030) 28 02-4541, Fax: 28 02-8303)
Mitglieder: 70

• **T 3 350**

Deutsche Gesellschaft für Verdauungs- und Stoffwechselkrankheiten

Medizinische Hochschule Hannover
Carl-Neuberg-Str. 1, 30625 Hannover
T: (0511) 5 32-3305 **Fax:** 5 32-4896
Internet: http://www.dgvs.de/
Präsident(in): Prof. Dr. P.G. Lankisch (Medizinische Abteilung Städt. Krankenhaus, Bögelstr. 1, 21339 Lüneburg)
Generalsekretär(in): Prof. Dr.med. M. P. Manns (Innere Med., Gastroenterologie, Carl-Neuberg-Str. 1, 30625 Hannover, T: (0511) 5 32-33 05, Telefax: (0511) 5 32-48 96)
Schatzmeister: Prof. Dr. P. Layer (Innere Abteilung Israelitisches Krankenhaus, Orchideensteeg 14, 22297 Hamburg)
Mitglieder: 2020

• **T 3 351**

Deutsche Ärztliche Gesellschaft für Verhaltenstherapie e.V. (DÄVT)

c/o Dr. Sulz
Nymphenburger Str. 185, 80634 München
T: (089) 13 07 93 10
Präsident(in): Dr. med. Dr. phil. S.K.D. Sulz (DÄVT)
Generalsekretär(in): Dr. med. Siegfried Tonscheidt (Baar-Klinik, Postf. 14 45, 78155 Donaueschingen, T: (0771) 85 12 11)
Mitglieder: 134

• **T 3 352**

Gesellschaft für Virologie

c/o Med. Mikrobiologie u. Hygiene
Abt. Virologie
66421 Homburg
T: (06841) 16-3931 **Fax:** 16-3980
E-Mail: vinmue@med-rz.uni-sb.de
Präsident(in): Prof. Dr.med. Hans-Dieter Klenk (MZ f. Hyg. u. Med. Mikrobiologie, Inst. f. Virologie, Robert-Koch-Str. 17, 35037 Marburg, T: (06421) 28-62 53/54, Fax: 28-89 62, E-Mail: Klenk@mailer.uni-marburg.de)
Generalsekretär(in): Prof. Dr. Nikolaus Müller-Lantzsch (Med. Mikrob. u. Hygiene, Abt. Virologie, 66421 Homburg, T: (06841) 16-39 31, Telefax: (06841) 16-39 80, E-mail: vinmue@med-rz.uni-sb.de)
Mitglieder: 818

• **T 3 353**

Deutsche Gesellschaft für Wehrmedizin u. Wehrpharmazie e.V., - Vereinigung Deutscher Sanitätsoffiziere -

Baumschulallee 25, 53115 Bonn
T: (0228) 63 24 20 **Fax:** 69 85 33
Internet: http://www.wehrmedpharm.de
E-Mail: wehrmedpharm@t-online.de
Gründung: 1864 (10. September)
Ehrenpräs: Admiralarzt a.D. Dr. med. Karl-Wilhelm Wedel, Bonn
Präsident(in): Generalstabsarzt a.D. Dr. med. Volker Grabarek (Baumschulallee 25, 53115 Bonn, T: (0228) 63 24 20, Telefax: (0228) 69 85 33)
Vizepräsident(in): Flottenarzt Dr. med. Harald Brünn, Schortens
Oberstarzt Prof. Dr.med. Heinz Gerngroß, Ulm
BundesGeschF: Oberstleutnant a.D. Dieter de Greiff, Rheinbach
Mitglieder: 3600

• **T 3 354**

Gesellschaft für Wirbelsäulenforschung

Hessenring 128, 61348 Bad Homburg
T: (06172) 92 04 64 **Fax:** 92 04 69
Vorsitzende(r): Prod. Dr.med. Henning Stürz (Direktor d. Orthopädischen Universitäts-Klinik, Paul-Meimberg-Str. 3, 35392 Gießen)
Schriftführer(in): Dr.med. Daniel Rosenthal (Facharzt für Neurochirurgie, Hessenring 128, 61348 Bad Homburg, T: (06172) 92 04 64, Fax: 92 04 69)
Mitglieder: 170

• **T 3 355**

Deutsche Gesellschaft für Zahn-, Mund- und Kieferheilkunde (DGZMK)

Lindemannstr. 96, 40237 Düsseldorf
T: (0211) 66 93 95 **Fax:** 6 91 01 99
E-Mail: dgzmk@t-online.de
Gründung: 1859
Präsident(in): Prof. Dr. Dr. Wilfried Wagner (Augustusplatz 2, 55131 Mainz, T: (06131) 17 73 34, Fax: (06131) 17 66 02)
Vizepräsident(in): Dr. Siegwart Peters (Montanusstr. 13, 42799 Leichlingen, T: (02175) 89 07 47, Fax: (02175) 89 07 48, email: peters.s@t-online.de)
Generalsekretär(in): Dr. Karl-Rudolf Stratmann (Sürther Hauptstr. 194, 50999 Köln, T: (02236) 6 55 00, Fax: (02236) 96 71 40)
Geschäftsführer(in): RA Sven Hagedorn
Verbandszeitschrift: 1. Dt. Zahnärztliche Zeitschrift, 2. Oralprophylaxe, 3. Clinical Oral Investigation
Redaktion: Prof. Dr. W. Geurtsen, Angerstr. 30, 30539 Hannover
Verlag: C. Hanser-Verlag, Postf. 86 04 20, 81631 München
Mitglieder: 9500
Mitarbeiter: 7

• **T 3 356**

Deutsche Gesellschaft für Zytologie (DGZ)

Albertstr. 19a, 79104 Freiburg
T: (0761) 2 03 67 58 **Fax:** 2 03 67 69
Gründung: 1960
Präsident(in): Prof. Dr. M. Hilgarth (Gynäkologie und Geburtshilfe, Hugstetter Str. 55, 79106 Freiburg, T: (0761) 2 70-3085, Fax: 2 70-3065)
Generalsekretär(in): Prof. Dr. N. Freudenberg (Albertstr. 19a, 79104 Freiburg, T: (0761) 2 03-6758, Fax: 2 03-6769)
Verbandszeitschrift: Verhandlungsband zur Tagung
Redaktion: Prof. Dr. N. Freudenberg
Verlag: Gustav-Fischer, Stuttgart
Mitglieder: 900
Angeschl. Organisationen: 21
Mitarbeiter: 4

• **T 3 357**

SCHMERZtherapeutisches Kolloquium e.V. (STK)

Hainstr. 2, 61476 Kronberg
T: (06173) 9 55 60 **Fax:** 95 56 14
Internet: http://www.stk-ev.de
E-Mail: stk.zentrale@t-online.de
Gründung: 1984
Präsident(in): Dr. med. Gerhard Müller-Schwefe
Vizepräsident(in): Dr. med. Thomas Nolte
Dr. med. Robert Reining
Presse: Barbara Ritzert (ProScientia Die Wissenschaftsagentur GmbH, Andechser Weg 17, 82343 Pöcking, T.: (08157) 93 97-0, Fax: (08157) 93 97-97)
Verbandszeitschrift: StK - Organ des SCHMERZtherapeutischen Kolloquiums

• **T 3 358**

Deutsche Gesellschaft für Algesiologie - Deutsche Gesellschaft für Schmerzforschung und Schmerztherapie e.V. (DGfA)

Robert-Koch-Platz 7, 10115 Berlin
T: (030) 28 38 70 97 **Fax:** 28 38 70 99
Präsident(in): Dr.med. Robert Reining
Vizepräsident(in): Dr.med. Dietrich Jungck
Dr.med. Gerhard Müller-Schwefe

• **T 3 359**

Deutsche Akademie für Algesiologie - Institut für schmerztherapeutische Fort- und Weiterbildung (DAfA)

Robert-Koch-Platz 7, 10115 Berlin
T: (030) 28 38 70 97 **Fax:** 28 38 70 99
Präsident(in): Prof. Dr.med. Helmut Ernst
Vizepräsident(in): Dr.med. Thomas Flöter
Dr.med. Dietrich Jungck

• **T 3 360**

Deutsche Schmerzliga e.V.

Hainstr. 2, 61476 Kronberg
T: (0700) 3 75 37 53 75 **Fax:** 37 53 75 38
Internet: http://www.dsl-ev.de
Gründung: 1990
Präsidentin: Dr. med. Marianne Koch, Tutzing
Vizepräsident(in): Heidemarie Scholz
Jürgen Schmidt
Presse und Public Relations: Barbara Ritzert (ProScientia Die Wissenschaftsagentur GmbH, Andechser Weg 17, 82343 Pöcking, T.: (08157) 93 97-0, Fax: (08157) 93 97-97)
Verbandszeitschrift: Zeitschrift „AGIL"

• **T 3 361**

Georg-Agricola-Gesellschaft zur Förderung der Geschichte der Naturwissenschaften und der Technik e.V.

Am Bergbaumuseum 28, 44791 Bochum
T: (0234) 58 77-1 40 **Fax:** 58 77-1 11
E-Mail: gag@lb.dmt.de
Vorsitzende(r): Senator E.h. Dr.-Ing. Herbert Gassert
Geschäftsführer(in): Dr. phil. Werner Kroker

• **T 3 362**

Klinisches Institut für Physiologie und Sportmedizin an der Med. Klinik St. Irmingard e.V. (KIPSI)

Osternacherstr. 103, 83209 Prien
T: (08051) 6 07-5 26 **Fax:** 6 07-5 62
Gründung: 1978 (27. September)
Vorsitzende(r): Prof. Dr. Klaus-D. Hüllemann

Stellvertretende(r) Vorsitzende(r): Dr. Dr. A. Reinke
Mitglieder: 18
Mitarbeiter: 4
Jahresetat: ca. DM 0,04 Mio, € 0,02 Mio

• T 3 363
Deutsche Gesellschaft für Katastrophenmedizin e.V.
- Generalsekretariat -
Sektion Präklinische Notfallmedizin, Klinik für Anästhesiologie der Universität Würzburg
Josef-Schneider-Str. 2, 97080 Würzburg
T: (0931) 2 01-5124, 2 01-5128 **Fax:** 2 01-3354
Gründung: 1980
Präsident(in): Priv.Doz. Dr.med. Heinz Helge Schauwecker (Chefarzt der Unfallchirurgischen Klinik DRK-Kliniken Westend, Spandauer Damm 130, 14050 Berlin, T: (030) 30 35-36 27, Fax: 30 35-28 90)
Generalsekretär(in): Prof. Dr.med. Peter Sefrin
Verbandszeitschrift: Mitteilungen der DGKM e.V.
Verlag: DGKM Generalsekretariat
Mitglieder: 276 Ordentliche, 25 außerordentliche Mitgl., 2 korresp. Mitgl. (Stand Jan. 1999)

• T 3 364
Gesellschaft zur Förderung der Lufthygiene und Silikoseforschung e.V.
Medizinisches Institut für Umwelthygiene an der Heinrich-Heine-Universität Düsseldorf
Auf'm Hennekamp 50, 40225 Düsseldorf
T: (0211) 33 89-0 **Fax:** 3 19 09 10
Internet: http://www.miu.uni-duesseldorf.de
Gründung: 1962 (31. Januar)
Vorsitzende(r) des Vorstandes: Prof. Dr. med. Ulrich Hadding (Direktor des Instituts für Medizinische Mikrobiologie und Virologie der Heinrich-Heine-Universität Düsseldorf)
Vorstand: N. N.
Dr. jur. Joachim Breuer (Direktor der Bergbauberufsgenossenschaft, Bochum)
Prof. Dr. med. Thomas Ruzicka (Direktor der Hautklinik der Heinrich-Heine-Universität Düsseldorf)
Hauptgeschäftsführer(in): Dr. Manfred Herbst (Direktor des Medizinischen Instituts für Umwelthygiene an der Heinrich-Heine-Universität Düsseldorf)
Leitung Presseabteilung: Dr. Katharina Beyen
Verbandszeitschrift: Jahresbericht Umwelthygiene
Redaktion: Dr. Katharina Beyen
Verlag: Stefan W. Albers, Leichlinger Str. 11, 40591 Düsseldorf
Mitglieder: 9
Mitarbeiter: 130
Jahresetat: DM 17,3 Mio, € 8,85 Mio + Drittmittel

• T 3 365
Gesellschaft für Arterioskleroseforschung e.V.
Domagkstr. 3, 48149 Münster
T: (0251) 8 35-6176 **Fax:** 8 35-6205
Gründung: 1970
Vorsitzende(r) des Vorstandes: Dr. jur. W. Berg
Stellvertretende(r) Vorsitzende(r): W. Gleitze
Prof. Dr.med. Gerd Assmann (Geschäftsf. Direktor des Instituts für Arterioskleroseforschung an der Universität Münster)
Geschäftsführer(in): Mechthild Marquardt
Mitglieder: 8
Mitarbeiter: 84
Jahresetat: ca. DM 8 Mio, € 4,09 Mio

• T 3 366
Institut für Mensch und Natur e.V.
Am Ökologischen Zentrum
Artilleriestr. 6, 27283 Verden
T: (04231) 9 57-522
E-Mail: imena@oekozentrum.org
Gründung: 1984
Vorstand: Dipl.-Phys. Claudia Wöstheinrich
Dr.Biol. Petra Scheidemann
Fachkontakte:
Raumluftanalytik, Umweltmedizin, Elektrosmog, Innenraumschadstoffe, Schimmelpilze
Dr.Biol. Petra Scheidemann
Dipl.-Phys. Claudia Wöstheinrich
Mitglieder: 50
Mitarbeiter: 2
Jahresetat: ca. DM 0,5 Mio, € 0,26 Mio

• T 3 367
Institut für Geschichte der Medizin der Heinrich-Heine-Universität Düsseldorf
Postf. 10 10 07, 40001 Düsseldorf
T: (0211) 8 11 39 40 **Fax:** 8 11 39 49
Internet: http://www.uni-duesseldorf.de/www/
Gründung: 1963 (1. Januar)
Vorsitzende(r): Univ. Prof. Dr. Dr.med. Dr.phil. Alfons Labisch (M.A.)

• T 3 368
Chemotherapeutisches Forschungsinstitut
Postf. 70 08 51, 60558 Frankfurt
Paul-Ehrlich-Str. 42-44, 60596 Frankfurt
T: (069) 6 33 95-0 **Fax:** 6 33 95-2 97
Gründung: 1906
Leitung Presseabteilung: Dr. Rosemarie Riedl
Mitarbeiter: 85
Jahresetat: DM 12 Mio, € 6,14 Mio

• T 3 369
C. u. O. Vogt-Institut für Hirnforschung der Universität
Moorenstr. 5 Gebäude 22.03, 40225 Düsseldorf
T: (0211) 81-12777 **Fax:** 81-12336
E-Mail: zilles@hirn.uni-duesseldorf.de
Direktor(in): Prof. Dr.med. Karl Zilles

• T 3 370
Deutsches Krankenhausinstitut e.V.
Institut in Zusammenarbeit mit der Universität Düsseldorf
Tersteegenstr. 3, 40474 Düsseldorf
T: (0211) 4 70 51-0 **Fax:** 4 70 51-19

• T 3 371
Deutsches Krebsforschungszentrum Heidelberg (dkfz)
Im Neuenheimer Feld 280, 69120 Heidelberg
T: (06221) 42-0 **Fax:** 42-2995
Internet: http://www.dkfz-heidelberg.de
Stiftungsvorstand: Vors. u. Wiss. Mitglied des Stiftungsvorstandes: Prof. Dr.med. Dr. h.c.mult. Harald zur Hausen
Admin.-kaufm. Mitgl. d. Stiftungsvorstandes: Dr.rer.pol. Josef Puchta

• T 3 372
Medizinisch-Psychologisches Institut TÜV Kraftfahrt GmbH
Unternehmensgruppe TÜV Rheinland/Berlin-Brandenburg
Altenberger Str. 12, 50668 Köln
T: (0221) 91 27 42-0 **Fax:** 91 27 42-39
Gründung: 1951
Leitung Presseabteilung: R. Strang
Mitarbeiter: ca. 70 Psychologen und 40 Ärzte

• T 3 373
Bernhard-Nocht-Institut für Tropenmedizin
Bernhard-Nocht-Str. 74, 20359 Hamburg
T: (040) 4 28 18-0, 4 28 18-390 (Klinik), 3 19 20-77 (Reisemed.Beratung) **Fax:** 4 28 18-400
Internet: http://www.bni.uni-hamburg.de
E-Mail: bni@bni.uni-hamburg.de
Gründung: 1900
Leitung Presseabteilung: Karin Stoffregen
Mitarbeiter: 350, davon 70 wissenschaftler und Ärzte
Spezialdiagnostik von Tropenkrankheiten, Dreimonatiger Kursus über Tropenmedizin und Medizinische Parasitologie

• T 3 374
Zentrale Beratungsstelle für den kommunalen Sportstättenbau IAB/DIBSF/DSV
Postf. 31 80, 59032 Hamm
Fangstr. 22-24, 59077 Hamm
T: (02381) 99 60 60 **Fax:** 9 96 06 99
Gründung: 1963
Leitung: Dipl.-Ing. Gustav Keinemann (Fangstr. 22-24, 59077 Hamm, T: (02381) 99 60 60, Fax: 9 96 06 99)
Träger: Internationale Akademie für Bäder-, Sport- und Freizeitbauten e. V.; Deutsches Institut für Bäder-, Sport- und Freizeitbauten e. V.; Schwimmstätten-Ausschuß des Deutschen Schwimm-Verbandes e. V.
Mitarbeiter: 90
Herausgeber: Internationale Normen (INTERNORM) für Bäderbau, Bäderbetrieb und Bädertechnik und Handbuch "bäderbauten-aquatic buildings" Bd. 1 u. 2
Fachorgan: SPORT BÄDER FREIZEITBAUTEN, internationale Fachzeitschrift für Planung, Bau, Einrichtung, Betrieb und Forschung/Krammer-Verlag, Düsseldorf

• T 3 375
Internationale Akademie für Bäder-, Sport- und Freizeitbauten e.V.
Postf. 31 80, 59032 Hamm
Fangstr. 22-24, 59077 Hamm
T: (02381) 99 60 60 **Fax:** 9 96 06 99
Gründung: 1963
Internationaler Zusammenschluß: siehe unter IZF 1767
Vorsitzende(r): Dipl.-Ing. Gustav Keinemann (Fangstr. 22-24, 59077 Hamm, T: (02381) 99 60 60, Fax: 9 96 06 99)
Mitarbeiter: 90

• T 3 376
Deutsches Institut für Bäder-, Sport- und Freizeitbauten e.V.
Fangstr. 22-24, 59077 Hamm
T: (02381) 9 96 06-0 **Fax:** 9 96 06-99
Gründung: 1963
Vorsitzende(r): Arch. Dipl.-Ing. Gustav Keinemann (T: (02381) 99 60 60, Telefax: (02381) 9 96 06 99)
Mitarbeiter: 90

• T 3 377
Verbandsausschuß Sportstätten und Umwelt Deutscher Schwimm-Verband
Fangstr. 22-24, 59077 Hamm
T: (02381) 9 96 06-0 **Fax:** 9 96 06-99
Gründung: 1922
Vorsitzende(r): Arch. Dipl.-Ing. Gustav Keinemann
Mitarbeiter: 7 engere, 17 (im erweitertem Hauptausschuß), inges. 75
Fachorgan: "Sport Bäder Freizeitbauten"

• T 3 378
Deutsche Gesellschaft für das Badewesen e.V.
Postf. 34 02 01, 45074 Essen
Alfredstr. 73, 45130 Essen
T: (0201) 8 79 69-0 **Fax:** 8 79 69-20
Internet: http://www.boeb.de
E-Mail: boeb.essen@t-online.de
Gründung: 1899
Präsident(in): Oberbürgermeister Hans Schaidinger, Regensburg
Hauptgeschäftsführer(in): Friedrich R. Kunze
Verbandszeitschrift: Archiv des Badewesens
Redaktion: Alfredstr. 73, 45130 Essen
Verlag: Schrickel Verlag, Klosterstr. 22, 40211 Düsseldorf
Mitglieder: 20
Jahresetat: DM 0,12 Mio, € 0,06 Mio

Fachverbände

t 3 379
Bundesfachverband öffentliche Bäder e.V.
Postf. 34 02 01, 45074 Essen
Alfredstr. 73, 45130 Essen
T: (0201) 8 79 69-0 **Fax:** 8 79 69-20
Internet: http://www.boeb.de
E-Mail: boeb.essen@t-online.de

t 3 380
Deutscher Sauna-Bund e.V.
Kavalleriestr. 9, 33602 Bielefeld
T: (0521) 9 66 79-0 **Fax:** 9 66 79-19
Internet: http://www.sauna-bund.de
E-Mail: info@sauna-bund.de
Mitglieder: 1000

t 3 381
VDB-Physiotherapieverband e.V.
Bundesverband
Prinz-Albert-Str. 41, 53113 Bonn
T: (0228) 21 05 06 **Fax:** 21 05 52

• T 3 382
Bundesfachverband öffentliche Bäder e.V.
Postf. 34 02 01, 45074 Essen
Alfredstr. 73, 45130 Essen
T: (0201) 8 79 69-0 **Fax:** 8 79 69-20
Internet: http://www.boeb.de
E-Mail: boeb.essen@t-online.de
Gründung: 1897
Präsident(in): Rüdiger Steinmetz, Düsseldorf
Hauptgeschäftsführer(in): Friedrich R. Kunze
Verbandszeitschrift: Archiv des Badewesens
Redaktion: Alfredstr. 73, 45130 Essen
Verlag: Schrickel Verlag GmbH, Klosterstr. 22, 40211 Düsseldorf
Mitglieder: rd. 1000
Mitarbeiter: 8
Jahresetat: rd. DM 1,5 Mio, € 0,77 Mio

• T 3 383
Forschungsgemeinschaft für Meeresheilkunde e.V.
Dörper Weg 22, 26506 Norden
T: (04931) 98 62 10 **Fax:** 98 62 90
Internet: http://www.fgm.de
Gründung: 1958
1. Vorsitzende(r): Prof. Dr.med. Walter Lechner (Allergie- und Hautklinik Norderney, Lippestr. 9-11, 26548 Norderney)
Geschäftsführer(in): Dr. rer. nat. Claus Rink (Kurverwaltung Norden-Norddeich, 26506 Norden)

• T 3 384

Institut für Meereskunde an der Universität Kiel (IfM)
Düsternbrooker Weg 20, 24105 Kiel
T: (0431) 5 97-0 **Fax:** 56 58 76
Internet: http://www.ifm.uni-kiel.de/
E-Mail: ifm@ifm.uni-kiel.de
Gründung: 1937 (15. Juni)
Leitung Presseabteilung: Prof. Dr. Gerhard Kortum
Verbandszeitschrift: Berichte aus dem Institut für Meereskunde
Verlag: Selbstverlag
Mitarbeiter: 270
Jahresetat: DM 35 Mio, € 17,9 Mio

• T 3 385

Stiftung für das behinderte Kind
zur Förderung von Vorsorge und Früherkennung
Augustenburger Platz 1, 13353 Berlin
T: (030) 4 50-78156 **Fax:** 4 50-78955
Vorsitzende(r) des Vorstandes: Prof. Dr.med. J. W. Dudenhausen

• T 3 386

Bundesarbeitsgemeinschaft für Haltungs- und Bewegungsförderung e.V.
Friedrichstr. 14, 65185 Wiesbaden
T: (0611) 37 42 25 **Fax:** 9 10 07 06
Gründung: 1961
Präsident(in): Prof. Dr. Dieter Böhmer
Vizepräsident(in): Dr. Günter Vogel
Geschäftsführer(in): Dr. Dieter Breithecker
Leitung Presseabteilung: Dieter Breithecker
Verbandszeitschrift: Haltung und Bewegung
Redaktion: Reinhard Liebisch
Verlag: BAG, Friedrichstr. 14, 65185 Wiesbaden
Mitglieder: 8 Verbände
Mitarbeiter: 4

• T 3 387

Bundesvereinigung für Gesundheit e.V.
Heilsbachstr. 30, 53123 Bonn
T: (0228) 9 87 27-0 **Fax:** 6 42 00 24
E-Mail: bfge.pp@bfge-1.de
Geschäftsführer(in): Dr. Uwe Prümel-Philippsen

• T 3 388

Gesellschaft Gesundheit und Forschung e.V. (GG+F)
Postf. 19 02 09, 60089 Frankfurt
T: (069) 96 23 17 09 **Fax:** 96 23 17 13
Gründung: 1985 (18. März)
Vorsitzende(r): Prof. Dr.med. Wolfgang Kuschinsky
Geschäftsführer(in): Ivar A. Aune
Verbandszeitschrift: Biomedizin und Gesellschaft
Mitglieder: 180
Mitarbeiter: 5

• T 3 389

Kneipp-Bund e.V.
Bundesverband für Gesundheitsförderung
Postf. 14 52, 86817 Bad Wörishofen
Adolf-Scholz-Allee 6-8, 86825 Bad Wörishofen
T: (08247) 30 02-0 **Fax:** 30 02-1 99
Internet: http://www.kneippbund.de
E-Mail: bundesverband@kneippbund.de
Bundesgeschäftsführer(in): Annette Kersting

• T 3 390

Sebastian-Kneipp-Institut Forschungsanstalt e.V.
Am Tannenbaum 2, 86825 Bad Wörishofen
T: (08247) 9 99-102 **Fax:** 9 99-198
Gründung: 1971
Leitung: Prof. Dr.Dr. Eberhard Volger
Mitglieder: 50
Mitarbeiter: 5
Jahresetat: DM 0,5 Mio, € 0,26 Mio
Wissenschaftliche Untermauerung der Naturheilverfahren, insbesondere der Kneipp-Therapie.

• T 3 391

Deutscher Verein für Gesundheitspflege e.V. (DVG)
Postf. 42 60, 73745 Ostfildern
Senefelderstr. 15, 73760 Ostfildern
T: (0711) 4 48 19 50 **Fax:** 4 48 19 54
Internet: http://www.dvg-online.de
Gründung: 1899
Vorsitzende(r): Bruno Liske
Hauptgeschäftsführer(in): Bernd Wöhner
Leitung Presseabteilung: Ursula Weigert
Mitglieder: 36000 (60 Regionalgruppen)
Mitarbeiter: 4

DVG-Landesstellen

t 3 392
DVG-Landesstelle Baden-Württemberg
Firnhaberstr. 7, 70174 Stuttgart
T: (0711) 16 29 00 **Fax:** 1 62 90 60

t 3 393
DVG-Landesstelle Bayern (Nordbereich)
Kaiserslauterer Str. 11, 90441 Nürnberg
T: (0911) 6 28 08-0 **Fax:** 6 28 08-28

t 3 394
DVG-Landesstelle Bayern (Südbereich)
Tizianstr. 18, 80638 München
T: (089) 1 59 13 40 **Fax:** 15 91 34 17

t 3 395
DVG-Landesstelle Berlin/Brandenburg
Koblenzer Str. 3, 10715 Berlin
T: (030) 85 79 01-0 **Fax:** 85 79 01-44

t 3 396
DVG-Landesstelle Hessen, Rheinland-Pfalz und Saarland
Eschenheimer Anlage 32, 60318 Frankfurt
T: (069) 95 91 84-0 **Fax:** 95 91 84-20

t 3 397
DVG-Landesstelle Niedersachsen
Joseph-Haydn-Str. 4, 28209 Bremen
T: (0421) 34 84 14 **Fax:** 3 48 41 50

t 3 398
DVG-Landesstelle Nordrhein-Westfalen
Diepensiepen 18, 40822 Mettmann
T: (02104) 1 30 61 **Fax:** 1 62 92

t 3 399
DVG-Landessstelle Sachsen, Sachsen-Anhalt/Thüringen
Poststr. 13, 01159 Dresden
T: (0351) 4 47 55-0 **Fax:** 4 47 55-14

• T 3 400

Infratest Gesundheitsforschung GmbH
Landsberger Str. 338, 80687 München
T: (089) 56 00-0 **Fax:** 56 00-815
Internet: http://www.infratest-burke.com
E-Mail: hartmut.kiock@hqde.infrabrk.com
Geschäftsleitung: Dr. Hartmut Kiock (Geschf.)
Leitung Presseabteilung: Martin Kögel

• T 3 401

Deutsche Gesellschaft für Musiktherapie e.V.
Bundesgeschäftsstelle
Libauer Str. 17, 10245 Berlin
T: (030) 29 49 24-93 **Fax:** 29 49 24-94
Internet: http://www.musiktherapie.de
E-Mail: DGMT.Berlin@t-online.de
Gründung: 1973
1. Vorsitzende(r): Franz Mecklenbeck
2. Vorsitzende(r): Holger Ehrhardt-Rösser
Verbandszeitschrift: MU - Musiktherapeutische Umschau
Redaktion: Volker Bernius
Verlag: Vandenhock + Ruprecht, Theaterstr. 13, 37070 Göttingen
Mitglieder: 850
Mitarbeiter: 1
Jahresetat: DM 0,13 Mio, € 0,07 Mio

• T 3 402

Interessengemeinschaft der Dance Alive Specialists e.V.
Marienburg
Hofstr. 16, 40789 Monheim am Rhein
T: (02173) 93 66 94 **Fax:** 93 66 95
Gründung: 1987 (23. April)
Vorsitzende(r): Wally Kaechele
Ltg. Presse u. PR: Gisela Obst
Fortbildung: Langen Institut gemn. GmbH
Verbandszeitschrift: Tanz & Therapie
Redaktion: G. Obst
Verlag: Eigenverlag

• T 3 403

Deutsche Krankenhausgesellschaft (DKG)
Tersteegenstr. 9, 40474 Düsseldorf
T: (0211) 4 54 73-0 **Fax:** 4 54 73 61
Internet: http://www.dkgev.de
E-Mail: dkg.mail@dkgev.de
Internationaler Zusammenschluß: siehe unter izt 679
Präsident(in): Volker Odenbach (Direktor des Diözesan-Caritasverbandes für das Bistum Paderborn)
Hauptgeschäftsführer(in): RA Jörg Robbers
Stellv. Leitung Presseabteilung: Lothar Kratz
Verbandszeitschrift: DKG Aktuell
Redaktion: Pressestelle
Bundesverband der Krankenhausträger. Unterstützung der Mitglieder (16 Landeskrankenhausgesellschaften, 11 Spitzenverbände und Verband der Universitätsklinika Deutschlands) bei der Erfüllung ihrer Aufgaben auf dem Gebiet des Krankenhauswesens; Sorge für die Erhaltung und Verbesserung der Leistungsfähigkeit der Krankenhäuser; Pflege und Förderung des Erfahrungsaustausches auf allen Gebieten des Krankenhauswesens; Bearbeitung von Grundsatzfragen, die nicht nur einzelne Spitzen- oder Landesverbände betreffen; Unterrichtung der Öffentlichkeit; Unterstützung staatlicher Körperschaften und Behörden bei der Vorbereitung und der Durchführung von Gesetzen.

t 3 404
Deutsche Krankenhausgesellschaft Geschäftsstelle Berlin
Straße des 17.Juni 110-114, 10623 Berlin
T: (030) 3 98 01-0
E-Mail: berlinmail@dkgev.de

• T 3 405

Deutsche Gesellschaft für Krankenhausgeschichte
Wendlingweg 2, 52074 Aachen
T: (0241) 8 08-80 95 **Fax:** 8 88 84 66
E-Mail: Murken@alpha.imib.rwth-aachen.de
Gründung: 1964
Präsident(in): Prof. Dr. Axel H. Murken (Geschichte der Medizin, Wendlingweg 2, 52074 Aachen, T: (0241) 8 08-80 95, Fax: (0241) 8 88 84 66)
Verbandszeitschrift: Historia Hospitalium

• T 3 406

Deutscher Naturheilbund e.V.
Verband deutscher Naturheilvereine
Prießnitz-Bund
Bundesgeschäftsstelle
Kreuzbergstr. 45, 74564 Crailsheim
T: (07951) 55 04 **Fax:** 4 55 68
Gründung: 1889
Präsident(in): Dr.med. Rainer Matejka (Wilhelmshöher Allee 273 A, 34131 Kassel, T: (0561) 3 40 31 u. 3 40 32, Telefax: (0561) 3 40 33)
Vizepräsident: Norbert Haberhauer (Weidstr. 60, 99974 Mühlhausen/Thür., T/Fax: (03601) 44 00 90)
Bundesvorsitzende: Annelies Scheibner (Kreuzbergstr. 45, 74564 Crailsheim, T: (07951) 55 04, Fax: (07951) 4 55 68)
Schatzmeisterin: Andrea Bachmann (Meersburger Str. 25, 88697 Bermatingen, T/Fax: (07544) 7 27 56)
2. Bundesvorsitzende: Regina Kretschmer (Am Frauenberg 81, 36251 Bad Hersfeld, T: (06621) 7 26 96, Fax: (06621) 7 99 00 14)
Verbandszeitschrift: Der Naturarzt
Verlag: ACCESS Marketing Verlag, Alt Falkenstein 37 a, 61462 Königstein
Mitglieder: ca. 20000; 80 Naturheilvereine
Jahresetat: DM 0,7 Mio, € 0,36 Mio
Pflege und Förderung von naturgemäßen Lebens- und Heilweisen durch Nutzung der Kräfte der Natur zur Gesunderhaltung des Körpers, des Geistes und der Seele. Erhaltung einer gesunden Umwelt und von Naturheilmitteln. Presseorgan "Der Naturarzt".

• T 3 407

NATUR und MEDIZIN
Fördergemeinschaft für Erfahrungsheilkunde e.V.
Am Michaelshof 6, 53177 Bonn
T: (0228) 35 25 03 u. 35 68 88 **Fax:** 36 43 44
Gründung: 1983 (30. Juli)
Vorstand:
Vorsitzende(r) des Vorstandes: Dr.med. Veronica Carstens
Dr.med. Karl-Heinz Gebhardt
Schatzmeister: Rudolf Richter
Geschäftsführerin: Dr. Dorothee Schimpf
Mitglieder: über 50000

• T 3 408

LAG - Lust auf Gesundheit e.V.
Fürstenackerstr. 20, 81477 München
T: (089) 7 80 90 20 **Fax:** 7 80 90 50
E-Mail: LAGeV@aol.com
Gründung: 1993 (November)
1. Vorsitzende(r): Maria-E. Lange-Ernst (Ltg. Presseabt.)
Mitglieder: 90
Mitarbeiter: 1

• T 3 409

Chinesische Naturheilkunde Akademie e.V.
Postf. 12 06, 95302 Kulmbach
T: (09221) 8 41 00 **Fax:** 87 76 21
Gründung: 1984 (21. November)
Präsident(in): Prof. Dr. h.c. Dietmar G. Kummer
1. Vizepräsident: Prof. Dr. Shen Zhixiang
2. Vizepräsident: Prof. Dr. Liu Guangrui (Direktor Chongqing-Forschungs-Institut für Traditionelle Chinesische Medizin)
Mitglieder: 150

• T 3 410

Deutscher Sauna-Bund e.V.
Kavalleriestr. 9, 33602 Bielefeld
T: (0521) 9 66 79-0 **Fax:** 9 66 79-19
Internet: http://www.sauna-bund.de
E-Mail: info@sauna-bund.de
Gründung: 1949
Vorsitzende(r): Prof.Dr. Eberhard Conradi
Geschäftsführer(in): Rolf-Andreas Pieper
Leitung Presseabteilung: Lydia Niesel
Verbandszeitschrift: Saunabetrieb & Bäderpraxis
Redaktion: Rolf-A. Pieper
Verlag: Sauna-Matti GmbH, Kavalleriestr. 9, 33602 Bielefeld
Mitglieder: 1000

• T 3 411

Deutsche Hauptstelle gegen die Suchtgefahren e.V. (DHS)
Postf. 13 69, 59003 Hamm
Westring 2, 59065 Hamm
T: (02381) 90 15-0 **Fax:** 90 15-30
Internet: http://www.dhs.de
E-Mail: info@dhs.de
Gründung: 1947
Vorsitzende(r) des Vorstandes: Prof.Dr.med. Klaus Wanke (Univ.-Nervenklinik, Homburg/Saar)
Stellvertretende(r) Vorsitzende(r): Hedi Boss (Arbeiterwohlfahrt Bundesverband e.V., Bonn)
Jost Leune (Fachverband Drogen und Rauschmittel e.V., Hannover)
Geschäftsführer(in): Rolf Hüllinghorst
Verbandszeitschrift: SUCHT
Verlag: Neuland-Verlag, Markt 24-26, 21502 Geesthacht
Redaktionsbüro: Doris Kaldewei

• T 3 412

Hilfe zur Selbsthilfe Suchtkranker und Suchtgefährdeter
Stiftung · bundesweit · operativ · gemeinnützig

Hilfe zur Selbsthilfe Suchtkranker und Suchtgefährdeter (Stiftung)
Postf. 10 29 03, 69019 Heidelberg
Schubertstr. 17, 69214 Eppelheim
T: (06221) 76 76 55
Gründung: 1981
Geschäftsführender Vorstand: Ludger Balke
Vorsitzende des Stiftungsrates: Dr. Doris Stalp
Mitarbeiter: 3
assoziierte Selbsthilfeprojekte: bundesweit 40

Investitionen in Ausbildungs- und Arbeitsplätze (Zweckbetriebe) für Suchtkranke nach Krankenhaus, Therapie oder Haft. Informationsarbeit über Selbsthilfegruppen für Alkoholiker und Angehörige.

• T 3 413

Freundeskreise für Suchtkrankenhilfe - Bundesverband e.V.
Kurt-Schumacher-Str. 2, 34117 Kassel
T: (0561) 78 04 13 **Fax:** 71 12 82
Vorsitzende(r): Rolf Schmidt
Geschäftsführer(in): Dipl. Soz. Päd. Käthe Körtel

• T 3 414

Gesamtverband für Suchtkrankenhilfe im Diakonischen Werk der EKD e.V. (GVS)
Postf. 10 13 66, 34013 Kassel
Kurt-Schumacher-Str. 2, 34117 Kassel
T: (0561) 1 09 57-0 **Fax:** 77 83 51
Internet: http://www.sucht.org
E-Mail: gvs@sucht.org
Geschäftsführer(in): Irene Helas
Leitung Presseabteilung: Claudia Biehahn

• T 3 415

buss

Bundesverband für stationäre Suchtkrankenhilfe e.V. ("buss")
Geschäftsstelle
Kurt-Schumacher-Str. 2, 34117 Kassel
T: (0561) 77 93 51 **Fax:** 10 28 83
Internet: http://www.suchthilfe.de
E-Mail: buss@suchthilfe.de
Gründung: 1903
Vorsitzende(r): Dr. Martin Beutel
Stellvertretende(r) Vorsitzende(r): Dr. Carlo Schmid
Norbert Lindemann
Vorstand: Michael Bergmann
Dr. Gerhard Karmann
Hildegard Gerber
Dr. Thomas Redecker
Mitglieder: 89

Vertretung der Interessen der stationären Suchtkrankenhilfe - Koordination und Strukturpolitik auf Bundes- und Landesebene. Gesundheitspolitik, Statistik und Wissenschaft im Suchtbereich.

• T 3 416

Anonyme Spieler (GA)
Kontaktstelle Deutschland
Eilbeker Weg 20, 22089 Hamburg
T: (040) 2 09 90 09, 2 09 90 19 **Fax:** 2 09 90 09, 2 09 90 19
Gründung: 1982 (Herbst)
Leitung Presseabteilung: W. Jens
Verbandszeitschrift: Step by Step/Gib es weiter; "Anonyme Spieler-Spielsucht eine Krankheit"
Redaktion: Anonyme Spieler, Eilbeker Weg 20, 22089 Hamburg, T: (040) 2 09 90 09, 2 09 90 19 (auch Verlag)
Mitglieder: 600-1200
Mitarbeiter: 1
Jahresetat: DM 0,012 Mio, € 0,01 Mio

• T 3 417

Fachverband Sucht e.V. GCAA German Council on Alcohol and Addiction
Walramstr. 3, 53175 Bonn
T: (0228) 26 15 55 **Fax:** 21 58 85
Gründung: 1976 (04. Oktober)
Vorsitzende(r) des Vorstandes: Prof. Dr. Karl-H. Bönner, Marburg
Geschäftsführer(in): Dr. Volker Weissinger
Verbandszeitschrift: FVS-Sucht aktuell
Redaktion: Geschäftsstelle: Fachverband Sucht e. V., Adenauerallee 58, 53113 Bonn
Mitglieder: 90
Mitglied im ICAA International Council on Alcohol and Addiction, Lausanne (Mitglied der Weltgesundheitsorganisation der UNO), sowie in der Bundesvereinigung für Gesundheit e. V., Bonn

Der Fachverband hat das Ziel, die Behandlungsmöglichkeiten für Abhängigkeitskranke zu verbessern. Er setzt sich für fortschrittliche und effektive Präventionsmöglichkeiten und Therapieformen ein und unterstützt diesbezügliche Forschung. Zur Erlangung seiner Ziele arbeitet er mit allen relevanten Institutionen, Gremien und Personen zusammen.

• T 3 418

Verein für Suchtprävention und Therapie mit Drogenabhängigen e.V.
Solmsstr. 26, 10961 Berlin
T: (030) 6 91 70 42
Vorsitzende(r): Stefan Werle
Stellvertretende(r) Vorsitzende(r): Marianne Meiers

• T 3 419

Nichtraucher-Initiative Deutschland e.V. (NID)
Carl-von-Linde-Str. 11, 85716 Unterschleißheim
T: (089) 3 17 12 12 **Fax:** 3 17 40 47
Internet: http://www.nichtraucherschutz.de
E-Mail: nid@nichtraucherschutz.de
Gründung: 1988 (Oktober)
Vorsitzende(r): Prof. Dr. Ekkehard Schulz
Pressearbeit: Ernst-Günther Krause
Verbandszeitschrift: Nichtraucher-Info
Mitglieder: 4000 einschl. Vereine
Mitarbeiter: 1
Jahresetat: DM 0,06 Mio, € 0,03 Mio

• T 3 420

Ärztlicher Arbeitskreis Rauchen und Gesundheit e.V.
Postf. 12 44, 85379 Eching
T: (089) 3 16 25 25 **Fax:** 3 16 25 25
Gründung: 1971
Vorsitzende(r): Prof. Dr.med. F. J. Wiebel
Verbandszeitschrift: Mitteilungen des ÄARG
Verlag: Postf. 12 44, 85379 Eching
Mitglieder: 1350

Prävention des Rauchens, Nichtraucherschutz.

• T 3 421

Landeskontrollverband Rheinland e.V.
Endenicher Allee 64, 53115 Bonn
T: (0228) 7 26 32-15 **Fax:** 7 26 32-310
Vorsitzende(r): Johannes Föhles
Geschäftsführer(in): Dr. Reinhard Pauw

• T 3 422

Landeskontrollverband Rheinland-Pfalz e.V.
Burgenlandstr. 7, 55543 Bad Kreuznach
T: (0671) 88 60 20 **Fax:** 6 72 16
Geschäftsführer(in): Dr. Wolfgang Fasen
Vorsitzende(r): Martin Klein

• T 3 423

Landeskontrollverband Brandenburg e.V.
Straße zum Roten Luch 1, 15377 Waldsieversdorf
T: (033433) 6 56-0 **Fax:** 6 56-74
Vorsitzende(r): Dipl.-Ing.agr. Reiner Donndorf
Geschäftsführer(in): Dr. Manfred Hammel

• T 3 424

Sächsischer Landeskontrollverband e.V.
August-Bebel-Str. 6, 09577 Lichtenwalde
T: (037206) 87-0 **Fax:** 87-230
Geschäftsführer(in): Ullrich Delling
Vorsitzende(r): Klaus Wünsche

• T 3 425

Landeskontrollverband Schleswig-Holstein e.V.
Steenbeker Weg 151, 24106 Kiel
T: (0431) 3 39 87-0 **Fax:** 3 39 87-13
Geschäftsführer(in): Dr. J. Bergmann
Vorsitzende(r): Jürgen Bennewitz, Meggerdorf

• T 3 426

Staatliches Tierärztliches Untersuchungsamt Aulendorf
Postf. 11 27, 88321 Aulendorf
Löwenbreitestr. 20, 88326 Aulendorf
T: (07525) 9 42-0 **Fax:** 9 42-2 00
Leitung: Ltd. Vet. Dir. Dr. Heinrich Stöppler
Mitarbeiter: 50

• T 3 427

Institut für Med. Mikrobiologie, Infektions- und Seuchenmedizin Tierärztliche Fakultät
Ludwig-Maximilians-Universität München
Veterinärstr. 13, 80539 München
T: (089) 21 80-2528
Vorstand: Prof. Dr. Oskar-Rüger Kaaden
WHO-Center für "Comparative Virologie"

• T 3 428

Institut für Tierzucht und Vererbungsforschung der Tierärztlichen Hochschule Hannover

Bünteweg 17p, 30559 Hannover
T: (0511) 9 53 88 76 **Fax:** 9 53 85 82
Direktor(in): Prof. Dr. O. Distl

• T 3 429

Institut für Tierzuchtwissenschaft der Rhein. Friedr.-Wilh.-Universität Bonn

Endenicher Allee 15, 53115 Bonn
T: (0228) 73 93 28 **Fax:** 73 22 84
Direktor(in): Prof. Dr. K. Schellander
Prof. Dr. W. Trappmann
N.N.

• T 3 430

Tierärztliches Institut der Universität Göttingen

Groner Landstr. 2, 37073 Göttingen
T: (0551) 39-33 80, 33 81 **Fax:** 39 33 99
Gründung: 1771
Direktor(in): Prof. Dr.Dr. B. Brenig
Mitglieder: 50

• T 3 431

Veterinär-Physiologisch-Chemisches Institut

Veterinärmedizinische Fakultät der Universität
An den Tierkliniken 43, 04103 Leipzig
T: (0341) 97-38100 **Fax:** 97-38119
Internet: http://www.uni-leipzig.de/_Ltvpci/index.htm
E-Mail: sekr.vpci@vetmed.uni-leipzig.de

• T 3 432

Klinik für kleine Klauentiere und forensische Medizin und Ambulatorische Klinik der Tierärztlichen Hochschule

Bischofsholer Damm 15, 30173 Hannover
T: (0511) 8 56-72 60 **Fax:** 8 56 76 84
Vorsteher: Prof. Dr. K.-H. Waldmann

• T 3 433

Deutsche ZILGREI-Gesellschaft e.V. (DZG)

Savignystr. 80, 60325 Frankfurt
T: (069) 74 95 74 **Fax:** 74 99 16
Gründung: 1982 (16. Oktober)
Präsident(in): Dr. Hans Greissing (Piazza Conciliazione 1, 20123 Mailand/Italien)
Geschf. Vors.: Rolf H. Georg (Savignystr. 80, 60325 Frankfurt)

Rechtswissenschaftliche Vereinigungen und Institute

• T 3 434

Deutscher Juristentag e.V.

Postf. 1169, 53001 Bonn
Oxfordstr. 21, 53111 Bonn
T: (0228) 98 39 10 **Fax:** 63 02 83
Internet: http://www.djt.de
E-Mail: info@djt.de
Gründung: 1860
Vorsitzender der Ständigen Deputation: Präs. OLG Prof. Dr. Reinhard Böttcher
Sekr.: RA Dr. Andreas Nadler
Mitglieder: ca. 8000

Wissenschaftlich-rechtspolitische Arbeit, Untersuchung der Notwendigkeit von Änderungen und Ergänzungen der Rechtsordnung, Erarbeitung von Vorschlägen zur Fortentwicklung des Rechts, Offenlegung von Rechtsmißständen.

• T 3 435

Deutscher Juristen-Fakultätentag Konferenz der Juristen-Dekane in der Bundesrepublik Deutschland

Carl-Zeiss-Str. 3, 07743 Jena
T: (03641) 94 21 00 **Fax:** 94 21 02
Gründung: 1920 (11./12. April)
Vorsitzende(r): Prof. Dr. jur. Olaf Werner
Mitglieder: z.Zt. 40 jurist. Fakultäten

• T 3 436

Deutsche Sektion der Internationalen Juristen-Kommission e.V.

Nowackanlage 15, 76137 Karlsruhe
T: (0721) 38 86 99 **Fax:** 35 82 63
Internationaler Zusammenschluß: siehe unter izt 844
Vorsitzende(r): Prof. Dr. Ernst Gottfried Mahrenholz (Vizepräsident des BVerfG a.D.)
Verbandszeitschrift: Schriftenreihe „Rechtsstaat in der Bewährung"
Verlag: C. F. Müller-Verlag, Heidelberg

• T 3 437

Deutsche Gesellschaft für Agrarrecht Vereinigung für Agrar- und Umweltrecht e.V. (DGAR)

Geschäftsstelle:
Postf. 19 69, 53009 Bonn
Endenicher Allee 60, 53115 Bonn
T: (0228) 7 03 11 40 **Fax:** 7 03 84 98
Gründung: 1964
Leiterin: Marianne May
1. Vorsitzende(r): Prof. Dr. Hans-Joachim Hötzel (Endenicher Allee 60, 53115 Bonn, T: (0228) 7 03 11 00)
Mitglieder: 500

• T 3 438

Josef-Humar-Institut Institut für Wohnungseigentum und Wohnungsrecht e.V.

Cecilienallee 45, 40474 Düsseldorf
T: (0211) 4 54 34 08
Vorsitzende(r): Prof. Dr. Werner Merle
Geschäftsführer(in): Dipl.-Volksw. Volker Bielefeld

• T 3 439

Verein für Umweltrecht e.V.

Contrescarpe 18, 28203 Bremen
T: (0421) 3 35 41-3 **Fax:** 3 35 41-41
E-Mail: iur.bremen@t-online.de
Gründung: 1988 (13. Februar)
Vorsitzende(r): Joachim Garbe-Emden
Verbandszeitschrift: Zeitschrift für Umweltrecht
Verlag: Nomos Verlag, 76520 Baden-Baden
Mitglieder: 250
Mitarbeiter: 1

• T 3 440

Arbeitskreis für Umweltrecht

Godesberger Allee 108-112, 53175 Bonn
T: (0228) 2 69 22 16 **Fax:** 2 69 22 50-53

• T 3 441

Informationsdienst Umweltrecht e.V. (IDUR)

Schleusenstr. 18, 60327 Frankfurt
T: (069) 25 24 77 **Fax:** 25 27 48
E-Mail: idurev@aol.com
Gründung: 1990 (21. März)
Vorsitzende(r): Dr. Thomas Ormond
Stellvertretende(r) Vorsitzende(r): Dr. Britta Kolonko
Ulrike Wegner
Verbandszeitschrift: Recht der Natur - Schnellbrief
Redaktion: Peter Zeisler
Verlag: Selbstverlag
Mitglieder: 18 Naturschutzverbände

• T 3 442

Wein und Recht Verein für faires Weinrecht

Friedrichstr. 39, 67433 Neustadt
T: (06321) 35 59 92 **Fax:** 92 98 94
Vorsitzende(r): RA Dr. Carlos Schulz-Knappe

• T 3 443

Deutscher Arbeitsgerichtsverband e.V.

c/o Landesarbeitsgericht Köln
Blumenthalstr. 33, 50670 Köln
T: (0221) 7 74 03 47 **Fax:** 7 74 03 56
Gründung: 1893/1949
Präsident(in): Dr. Udo Isenhardt (Präsident des Landesarbeitsgerichts Köln)
Geschäftsführer(in): Dr. Kalb (Vorsitzender Richter am Landesarbeitsgericht)
Verbandszeitschrift: Deutscher Arbeitsgerichtsverband e.V. Mitteilungen für die Mitglieder
Redaktion: Dr. Heinz-Jürgen Kalb, Vors. Richter am Landesarbeitsgericht Köln, Dipl.-Rechtspfleger Klaus Hermann, Geschäftsltr. d. Landesarbeitsgerichts Köln
Mitglieder: 3000

Förderung des Arbeitsrechts und der Arbeitsgerichtsbarkeit, insbesondere durch laufenden Gedanken- und Erfahrungsaustausch (Tagungen) sollen die Gerichte für Arbeitssachen, die Praxis und die Lehre des Arbeitsrechts miteinander verbunden werden.

• T 3 444

Deutsche Vereinigung für gewerblichen Rechtsschutz und Urheberrecht e.V.

siehe U 727

• T 3 445

Deutsche Gesellschaft für Gesetzgebung

Prof. Dr. Ulrich Karpen
Universität Hamburg
Schlüterstr. 28, 20146 Hamburg
T: (040) 4 28 38-30 23, 4 28 38-45 55
Gründung: 1987 (23. Juni)
Vorsitzende(r): Prof. Dr. Ulrich Karpen (Universität Hamburg, Seminar für Öffentliches Recht und Staatslehre, Schlüterstr. 28, 20146 Hamburg)
Mitglieder: 350

• T 3 446

Rechts- und Staatswissenschaftliche Vereinigung e.V.

c/o Oberlandesgericht Düsseldorf
Cecilienallee 3, 40474 Düsseldorf
T: (0211) 49 71-5 15
Vorsitzende(r): Dr. Klaus Bilda (Präs. des Oberlandesgerichts Düsseldorf)

• T 3 447

Deutsche Vereinigung für Religionsfreiheit e.V. (DVR)

Postf. 42 60, 73745 Ostfildern
Senefelderstr. 15, 73760 Ostfildern
T: (0711) 4 48 19-11 **Fax:** 4 48 19-60
E-Mail: dvreligionsfreiheit@gmx.de
Vorsitzende(r): Bruno Liske
Offizielles Organ: Gewissen und Freiheit

• T 3 448

Gesellschaft für Rechtsvergleichung e. V.

Belfortstr. 16, 79098 Freiburg
T: (0761) 2 03 21 26 **Fax:** 2 03 21 27
E-Mail: gfr@uni-freiburg.de
Gründung: 1950
Vorsitzende(r): Prof. Dr. Uwe Blaurock
Generalsekretär(in): Prof. Dr. Gerhard Hohloch
Mitglieder: 1200

• T 3 449

DBH - Fachverband für Soziale Arbeit, Strafrecht und Kriminalpolitik (DBH)

Aachener Str. 1064, 50858 Köln
T: (0221) 94 86 51 20 **Fax:** 94 86 51 21
Gründung: 1951
Vorsitzende(r): Prof. Dr. Hans Jürgen Kerner
Geschäftsführer(in): Erich Marks
Mitglieder der DBH sind die jeweiligen Landesverbände der Bewährungs- und Straffälligenhilfe, Arbeitsgemeinschaften, regional tätige Freie Träger sowie Personenvereinigungen
Verbandszeitschrift: Bewährungshilfe
Redaktion: J. Mutz, Dr. J.-M. Jehle, M. Lübbemeier, Prof. Dr. G. Schmitt
Verlag: Forum Verlag Godesberg GmbH
Verbandszeitschrift: Rundbrief Soziale Arbeit und Strafrecht
Redaktion: Prof. Dr. H.-J. Kerner, E. Marks

Landesverbände und Mitgliedsorganisationen

Baden-Württemberg

t 3 450

Landesverband Straffälligenhilfe Württemberg e.V.

Schillerplatz 4, 70173 Stuttgart
Vorsitzende(r): Generalstaatsanwalt Dieter Jung

t 3 451

Badischer Landesverband für Soziale Rechtspflege

(Körperschaft des öffentlichen Rechts)
Hoffstr. 10, 76133 Karlsruhe

t 3 452

Verband der Bewährungshilfevereine im OLG-Bezirk Stuttgart e.V.
Olgastr. 106, 89073 Ulm

t 3 453

Verein zur Förderung der Bewährungshilfe im Landgerichtsbezirk Ravensburg e.V.
Herrenstr. 42-44, 88212 Ravensburg

t 3 454

Neue Arbeitsgemeinschaft Bewährungshilfe Baden-Württemberg (AGB)
Kirchstr. 13, 79539 Lörrach

t 3 455

Quitt e.V.
Schloßstr. 12, 76437 Rastatt

t 3 456

Arbeitsgemeinschaft Bewährungshilfe Reutlingen e.V.
Mauerstr. 48, 72764 Reutlingen

t 3 457

Hilfe zur Selbsthilfe e.V.
Melanchthonstr. 14, 72770 Reutlingen

t 3 458

ADG
Arbeitsgemeinschaft Deutscher Gerichtshelfer
Charlottenstr. 19, 72070 Tübingen

Bayern

t 3 459

Bayerischer Landesverband für Gefangenenfürsorge und Bewährungshilfe e.V.
Prielmayerstr. 7, 80335 München
T: (089) 6 90 38 45

t 3 460

Die Fähre e.V.
Ludwig-Thoma-Str. 14, 95447 Bayreuth
T: (0921) 5 81 93 **Fax:** 5 81 93

Berlin

t 3 461

Carpe Diem e.V.
Förderkreis Straffälligenhilfe
Schlesische Str. 28, 10997 Berlin

t 3 462

Freie Hilfe Berlin e.V.
Brunnenstr. 28, 10119 Berlin
T: (030) 2 38 54 72, 4 49 67 42 **Fax:** 4 48 47 08

t 3 463

Straffälligen- und Bewährungshilfe Berlin e.V.
Bundesallee 42, 10715 Berlin
T: (030) 8 61 05 41

t 3 464

Universal-Stiftung Helmut Ziegner
Jägerstr. 39a, 12209 Berlin
T: (030) 77 30 03-0 **Fax:** 77 30 03-30

Bremen

t 3 465

Bremer Verein für Jugendhilfe und soziale Arbeit e.V.
Rückertstr. 20, 28199 Bremen
T: (0421) 5 09 11-9

t 3 466

Täter-Opfer-Ausgleich Gustav-Heinemann-Bürgerhaus
Kirchheide 49, 28757 Bremen
T: (0421) 65 08 05 **Fax:** 65 22 56

Hamburg

t 3 467

Behörde für Arbeit, Gesundheit und Soziales
Fachbehördliche Dienste im Landessozialamt
Postf. 76 01 06, 22051 Hamburg
Hamburger Str. 47, 22083 Hamburg
T: (040) 4 28 63-0 **Fax:** 4 28 63-2286

t 3 468

Hamburger Fürsorgeverein von 1948 e.V.
Max-Brauer-Allee 155, 22765 Hamburg
T: (040) 34 41 74, 34 57 04 **Fax:** 34 08 31

Hessen

t 3 469

Förderung der Bewährungshilfe in Hessen e.V.
Wiesenstr. 32b, 60385 Frankfurt
T: (069) 45 15 60 **Fax:** 45 15 70

t 3 470

Förderverein Bewährungshilfe Lahn-Dill e.V.
Hausertorstr. 41, 35578 Wetzlar
T: (06641) 4 50 08 **Fax:** 41 03 14

Mecklenburg-Vorpommern

t 3 471

Jugendgerichts- und Gefährdetenhilfe e.V.
Störtebekerstr. 16, 18528 Bergen

t 3 472

Landesverband Straffälligenhilfe Mecklenburg-Vorpommern e.V.
Ernst-Moritz-Arndt-Universität
Domstr. 20, 17489 Greifswald
T: (0384) 86-2138

Niedersachsen

t 3 473

ADB
Arbeitsgemeinschaft Deutscher Bewährungshelfer
Extumer Weg 10, 26603 Aurich

t 3 474

Niedersächsische Gesellschaft für Straffälligenbetreuung und Bewährungshilfe e.V.
Am Markt 70, 21335 Lüneburg
T: (04131) 3 26 66 **Fax:** 39 05 02

t 3 475

Verein Bewährungshilfe e.V.
Am Delft 27, 26721 Emden

Nordrhein-Westfalen

t 3 476

Kreis 74, Straffälligenhilfe Bielefeld e.V.
Teutoburger Str. 106, 33607 Bielefeld
T: (0521) 6 13 88 **Fax:** 6 13 95

t 3 477

Verein zur Förderung der Bewährungshilfe e.V., Bochum
Hohe Eiche 25, 44892 Bochum
T: (0234) 29 71 77

t 3 478

Verein zur Förderung der Bewährungs- und sonstigen Gerichtshilfe e.V.
Im Krausfeld 30a, 53111 Bonn
T: (0228) 9 85 36-0 **Fax:** 69 84 34

t 3 479

BAG - Bundesarbeitsgemeinschaft der Sozialarbeiter im Vollzug
Wilhelmallee 49, 47198 Duisburg
T: (02066) 50 11 96

t 3 480

Verein zur Förderung der Bewährungshilfe e.V. Duisburg
Erftstr. 7, 47051 Duisburg

t 3 481

Verein zur Förderung der Bewährungshilfe e.V.
Kastanienallee 52-54, 45127 Essen
T: (0201) 20 77 59 **Fax:** 23 82 77

t 3 482

Verein zur Förderung der Bewährungshilfe e.V.
Burggarten 12, 47533 Kleve

t 3 483

Fördererverein Bewährungshilfe Köln e.V.
Rupprechtstr. 9, 50937 Köln

t 3 484

Integ e.V.
Friedhofstr. 39, 41236 Mönchengladbach

t 3 485

Landesverband der Vereine Bewährungshilfe NRW e.V.
Sitz Düsseldorf/Mülheim
Buschstr. 5, 46119 Oberhausen

t 3 486

VFF - Verein der Freunde und Förderer der DBH
Beethovenstr. 107, 46145 Oberhausen

t 3 487

Verein zur Förderung der Bewährungshilfe e.V. Recklinghausen
Kemnastr. 15, 45657 Recklinghausen

t 3 488

Verein zur Förderung der Bewährungshilfe Kreis Steinfurt e.V.
Hemelter Str. 2c, 48429 Rheine
T: (05971) 9 61 65-5

t 3 489

Verein für Bewährungshilfe e.V. Solingen
Rheinstr. 14, 42697 Solingen

t 3 490

Verein für Bewährungshilfe in den Amtsgerichtsbezirken Wuppertal, Mettmann und Velbert e.V.
Emilienstr. 28, 42287 Wuppertal
T: (0202) 59 81 71

Rheinland-Pfalz

t 3 491

Pfälzischer Verein für Straffälligenhilfe e.V.
Justizvollzugsanstalt
Landauer Str. 43, 66482 Zweibrücken
T: (06332) 4 64 33

t 3 492

Verein Bewährungshilfe Koblenz e.V.
Hoevelstr. 22, 56073 Koblenz
T: (0261) 4 30 77, 9 42 26 52

t 3 493

Verein für Straffälligenhilfe e.V.
Ringstr. 15, 55543 Bad Kreuznach
T: (0671) 6 33 94

Saarland

t 3 494

Verein zur Förderung der Bewährungs- und Jugendgerichtshilfe im Saarland e.V.
Knappenstr. 3, 66111 Saarbrücken
T: (0681) 94 82 30 **Fax:** 9 48 23-10

t 3 495

Sächsischer Landesverband für soziale Rechtspflege e.V.
Dresdener Str. 3, 02625 Bautzen
T: (03591) 4 24 44 **Fax:** 4 24 44

t 3 496
Landesverband für Straffälligen- und Bewährungshilfe Sachsen-Anhalt e.V.
Schleinufer 18a, 39104 Magdeburg

Schleswig-Holstein

t 3 497
Schleswig-Holsteinischer Verband für Straffälligen- und Bewährungshilfe e.V.
Von-der-Goltz-Allee 93, 24113 Kiel
T: (0431) 6 46 61 **Fax:** 64 33 11

Thüringen

t 3 498
Bewährungs- und Straffälligenhilfe Thüringen e.V.
Andreasstr. 44, 99084 Erfurt
T: (0361) 2 11 34 37

Bundesebene

t 3 499
Bundesvereinigung der Anstaltsleiter im Strafvollzug e.V.
Limburgerstr. 122, 65582 Diez

• **T 3 500**
Deutscher Verein für Internationales Seerecht e.V.
Esplanade 6 IV, 20354 Hamburg
T: (040) 3 50 97-0 **Fax:** 3 50 97-2 11
Internationaler Zusammenschluß: siehe unter izt 846
Vorsitzende(r): Dr. Thomas M. Remé
Mitglieder: 293

• **T 3 501**
Deutsche Gesellschaft für Transportrecht e.V.
Schaartor 1, 20459 Hamburg
Fax: (040) 41 23-6271
Gründung: 1986 (1. Oktober)
Vorsitzende(r): RA Prof. Dr. Rolf Herber, Hamburg
Vorstand: Prof. Dr. Jürgen Basedow, Berlin
Dr. Beate Czerwenka, Bonn
Dr. Fritz Frantzioch, Hamburg
RA Dr. Wolf Müller-Rostin, Köln
RA Dr. Klaus Heuer, Hamburg
RA Dr. Karl-Heinz Thume, Nürnberg
Mitglieder: ca. 200

• **T 3 502**
Deutsche Vereinigung für internationales Steuerrecht im Verband der International Fiscal Association Bayerische Sektion e.V.
c/o Haarmann, Hemmelrath & Partner
Maximilianstr. 35, 80539 München
T: (089) 21 63 60 **Fax:** 21 63 61 33
Gründung: 1954 (April)
Vorsitzende(r) des Vorstandes: RA WP StB Dr. Wilhelm Haarmann

• **T 3 503**
Institut für Europäische Politik e.V.
Europa-Zentrum
Bachstr. 32, 53115 Bonn
T: (0228) 7 29 00 50 **Fax:** 69 84 37
E-Mail: postmaster@iep-berlin.de
Gründung: 1959
Vorstand: Prof. Dr. Wolfgang Wessels (Vors.)
Gerhard Eickhorn (stellv. Vors.)
Dr. Jürgen Trumpf
Prof. Dr. Heinrich Schneider
Dr. Hartmut Marhold (Schatzmeister)
Prof. Dr. Michael Kreile
Jo Leinen (MdEP)
Dr. Egon A. Klepsch (Ehrenmitglied)
Vors. d. Wiss. Direktoriums: Prof. Dr. Heinrich Schneider
Direktor(in): Dr. Mathias Jopp

• **T 3 504**
Deutsche Gesellschaft für Auswärtige Politik e.V.
Rauchstr. 18, 10787 Berlin
T: (030) 25 42 31-0 **Fax:** 25 42 31-16
Gründung: 1955
Präsident(in): Dr. Werner Lamby
Geschf. stellv. Präs.: Dr. Immo Stabreit
Leitung Presseabteilung: Ingrid Bodem
Verbandszeitschrift: Internationale Politik
Redaktion: Internationale Politik
Verlag: Verlag für Internationale Politik GmbH, Bachstr. 32, 53115 Bonn
Mitglieder: 1640
Mitarbeiter: 40

• **T 3 505**
Deutsche Gesellschaft für Völkerrecht
Walther-Schücking-Institut für Internationales Recht
24098 Kiel
Olshausenstr. 40-60, 24118 Kiel
T: (0431) 8 80-2149 **Fax:** 8 80-1619
Gründung: 1917
Vorsitzende(r): Prof. Dr. Jost Delbrück, Kiel
Mitglieder: ca. 300

• **T 3 506**
Deutsche Gesellschaft für Bevölkerungswissenschaft e.V.
65180 Wiesbaden
T: (0611) 75 22 35 **Fax:** 75 39 60
Gründung: 1952
1. Vorsitzende(r): Prof. Dr. Hermann Korte (Universität Hamburg, Institut für Soziologie, Allendeplatz 1, 20146 Hamburg, T: (040) 41 23-32 29)
Dr. Johannes Otto (Forsthausstr. 14, 61273 Wehrheim, T. + Fax: (06081) 6 63 58)
Geschäftsführer(in): Dr. Jürgen Dorbritz (Bundesinstitut für Bevölkerungsforschung, Postf. 55 28, 65180 Wiesbaden, T: (0611) 75 20 62, Fax: (0611) 75 39 60, e-mail: Jürgen.Dorbritz@statistik-bund.de)
Mitglieder: ca. 250

• **T 3 507**
Deutsch Pazifische Gesellschaft e.V. (DPG)
German Pacific Society (GPS)
Aukenberg 1, 93167 Falkenstein
T: (09462) 51 91 **Fax:** 91 08 80
Gründung: 1974 (29. April)
Präsident(in): Studiendirektor Dr. Dr. Friedrich Steinbauer (Aukenberg 1, 93167 Falkenstein, T: (09462) 51 91, Fax: 9 10 880)
1. Stellv. Vors.: Michael Sönnert (Zweig-Geschäftsstelle, Breite Str. 10, 41460 Neuss, T: (02131) 77 95 96, Fax: (02131) 77 95 97)
2. Stellv. Vors.: Hans Joachim Brockmeyer (Hamburg)
Hauptgeschäftsführer(in): Dr. Dr. Friedrich Steinbauer
Verbandszeitschrift: Nachrichten-Bulletin (deutsch), G-Serie
Nachrichten-Bulletin (englisch), P-Serie
Sonderhefte/Dossiers (englisch/deutsch), S-Serie
Redaktion: Dr. F. Steinbauer
Mitglieder: 470
Verlag und Pazifik Archiv: DPG, GPS, Aukenberg 1, 93167 Falkenstein

• **T 3 508**

DGfR

Deutsche Gesellschaft für Reiserecht e.V. (DGfR)
Hainer Weg 13-15, 60599 Frankfurt
T: (069) 96 20 10 26 **Fax:** 96 20 10 26
Internet: http://www.dgfr.de
E-Mail: geschaeftsstelle@dgfr.de
Gründung: 1992 (8. März)
Präsident(in): RA Prof. Dr. Ronald Schmid
Vizepräsident(in): Prof. Dr. Klaus Tonner
Schatzmeister: Klaus-P. Tilly
Beisitzer: RA Jack Bechhofer
RA Rainer Noll
Prof. Dr. Ernst Führich
Verbandszeitschrift: ReiseRecht aktuell
Redaktion: Luchterhand Verlag
Mitglieder: 154

• **T 3 509**
Deutsche Vereinigung für Internationales Recht Deutsche Landesgruppe der International Law Association
Universität
Postf. 15 11 50, 66041 Saarbrücken
T: (0681) 3 02-3695 **Fax:** 3 02-4879
E-Mail: rw36ts@uni-sb.de
Gründung: 1912
Vorsitzende(r): Prof. Dr. Karl-Heinz Böckstiegel (Universität zu Köln, 50923 Köln, Albertus-Magnus-Platz, 50931 Köln, T: (0221) 4 70 23 37)
Geschäftsführende(s) Vorstands-Mitglied(er): Prof. Dr. Torsten Stein (Europa-Institut, Universität des Saarlandes, Saarbrücken)
Mitglieder: 230
Jahresetat: ca. DM 0,018 Mio, € 0,01 Mio

• **T 3 510**
Hamburger Gesellschaft für Völkerrecht und Auswärtige Politik e.V.
Rothenbaumchaussee 21-23, 20148 Hamburg
T: (040) 4 28 38-4607 **Fax:** 4 28 38-6262
Verbandszeitschrift: Verfassung und Recht in Übersee (VRÜ)
Redaktion: RiVG Dr. Karl-Andreas Hernekamp (verantwortl. für den Inhalt), Wolfgang Kessler, Ulf Marzik, Carola Hausotter

• **T 3 511**
Institut für Arbeitsrecht und Recht der Sozialen Sicherheit der Universität Bonn
Lennestr. 38, 53113 Bonn
T: (0228) 73 79 60
Direktor(in): Prof. Dr. Meinhard Heinze

• **T 3 512**
Institut für Arbeits- und Wirtschaftsrecht der Universität zu Köln
Weyertal 115, 50931 Köln
Postanschrift:
50923 Köln
T: (0221) 4 70-2222 **Fax:** 4 70-49 18
Gründung: 1929
Geschf. Dir.: Prof. Dr. Martin Henssler
Emeritus: Prof. Dr. Herbert Wiedemann
Mitdir.: Prof. Dr. Dr.h.c. Peter Hanau
Prof. Dr. Manfred Lieb

• **T 3 513**
Institut für Handels-, Wirtschafts- und Arbeitsrecht der Universität München
Professor-Huber-Platz 2, 80539 München
T: (089) 21 80-27 33 **Fax:** 21 80-2700
Vorstand: Prof. Dr. Lorenz Fastrich (geschf. Vorst.)
Prof. Dr. Dr.h.c.mult. Claus-Wilhelm Canaris (stellv. geschf. Vorstand)
Prof. Dr. Dr.h.c.mult. Gerhard Schricker
Prof. Dr. Michael Coester

• **T 3 514**
Institut für Urheber- und Medienrecht e.V.
Salvatorplatz 1, 80333 München
T: (089) 29 19 54-0 **Fax:** 29 19 54-80
Internet: http://www.urheberrecht.org
E-Mail: institut@urheberrecht.org
Vorsitzende(r): Prof. Dr. Jürgen Becker
Direktor(in): Prof. Dr. Manfred Rehbinder

• **T 3 515**
Institut für Rundfunkrecht an der Universität Köln
Robert-Koch-Str. 26, 50931 Köln
T: (0221) 9 41 54 65 **Fax:** 9 41 54 66
Internet: http://www.uni-koeln.de/jur-fak/instrur/
E-Mail: rundfunkrecht@uni-koeln.de
Gründung: 1967 (28. November)
Direktor(in): Prof. Dr. Dr. h.c.mult. Klaus Stern
Prof. Dr. Hanns Prütting

• **T 3 516**
Informationskreis Aufnahmemedien
Oxfordstr. 10/IV, 53111 Bonn
T: (0228) 69 15 18 **Fax:** 69 15 36
Gründung: 1984
Vorsitzende(r): Dr. Alexander Basse
Geschäftsführer(in): RA Christamaria Jaschek
Mitglieder: 11
Interessenvertretung der Hersteller und Vertreiber von unbespielten magnetischen oder magnetooptischen Speichermedien aller Art zur analogen und digitalen Aufzeichnung, insbes. für Urheberrechtsfragen (Gesamtvertragspartner nach _@ 54 UrhG), Umweltfragen i.V.m. Produktion, Gebrauch, Verwertung, Verbraucherfragen.

• **T 3 517**

Walther-Schücking-Institut für Internationales Recht an der Universität Kiel
24098 Kiel
Olshausenstr. 40, 24118 Kiel
T: (0431) 8 80-21 49/21 89 **Fax:** 8 80-16 19
Teletex: 292 656 CAUKI
Gründung: 1914
Direktor(in): Prof. Dr. Jost Delbrück
Direktor(in): Prof. Dr. Dr. Rainer Hofmann
Mitarbeiter: 27
Publikationen:
German Yearbook of International Law; Veröffentlichungen des Instituts für Intern. Recht, Redaktion: Prof. Dr. Delbrück, Schücking-Kolleg

• T 3 518

Institut für Luft- und Weltraumrecht der Universität zu Köln
50923 Köln
Albertus-Magnus-Platz, 50931 Köln
T: (0221) 4 70 23 37 **Fax:** 4 70 49 68
E-Mail: sekretariat-boeckstiegel@uni-koeln.de
Direktor(in): Prof. Dr. Karl-Heinz Böckstiegel

• T 3 519

Lehrstuhl für Internationales Wirtschaftsrecht der Universität zu Köln
50923 Köln
Albertus-Magnus-Platz, 50931 Köln
T: (0221) 4 70 23 37 **Fax:** 4 70 49 68
E-Mail: sekretariat-boeckstiegel@uni-koeln.de
Prof. Dr. Karl-Heinz Böckstiegel

• T 3 520

Institut für deutsches und europäisches Gesellschafts- und Wirtschaftsrecht
Friedrich-Ebert-Platz 2, 69117 Heidelberg
T: (06221) 54 75 95 **Fax:** 54 76 55
E-Mail: p.mueller.graff@urz.uni-heidelberg.de
Leitung: Prof. Dr. Peter-Christian Müller-Graff (T: (06221) 54 75 83)
Prof. Dr. Peter Hommelhoff
Prof. Dr. Dres.h.c. Peter Ulmer

• T 3 521

Institut für Politik und öffentliches Recht der Universität München
Professor-Huber-Platz 2, 80539 München
T: (089) 21 80 35 76
Vorstand und Geschäftsführer: Prof. Dr. Peter Badura
Stellv. Vorst.: Prof. Dr. Rupert Scholz

• T 3 522

Institut für ausländisches und internationales Privat- und Wirtschaftsrecht der Universität Heidelberg
Postf. 10 57 60, 69047 Heidelberg
Augustinergasse 9, 69117 Heidelberg
T: (06221) 54 22 00 **Fax:** 54 22 01
Gründung: 1916
Mitarbeiter: 40

• T 3 523

Institut für Internationales Privatrecht und Rechtsvergleichung der Universität Osnabrück
Katharinenstr. 24, 49078 Osnabrück
T: (0541) 9 69-44 62/44 63 **Fax:** 9 69-44 66
Gründung: 1987 (28. Dezember)
Vorstand: Prof. Dr. Hans-Jürgen Ahrens
Prof. Dr. Eberhard Eichenhofer
Vorst. u. Dir.: Prof. Dr. Christian v. Bar
Hochschulassistent: Dr. Peter Mankowski
Mitarbeiter: 25, davon 10 Aushilfen

• T 3 524

Institut für Sozialrecht Ruhr-Universität Bochum
44780 Bochum
Im Lottental 42, 44801 Bochum
T: (0234) 3 22 38 09
Gründung: 1968 (5. Februar)
Prof. Dr. Schnapp (Geschf. Dir., Öffentliches Recht, Staats- und Verwaltungsrecht mit besonderer Berücksichtigung des Sozialrechts)
Prof. Dr. Neumann (Sozialpolitik und Sozialökonomie)
Prof. Dr. Ott (Sozialpolitik und öffentliche Wirtschaft)
Prof. Dr. Röhl (Rechtssoziologie und Rechtsphilosophie)
Prof. Dr. Wank (Bürgerliches Recht, Handels-, Wirtschafts- und Arbeitsrecht)
Prof. Dr. Wiemeyer (Christliche Gesellschaftslehre)
Priv.-Doz. Dr. med. Zeit
Prof. Dr. Fabricius
Prof. Dr. Naendrup
Prof. Dr. Viefhues
Mitglieder: 10
Mitarbeiter: 7

• T 3 525

Deutscher Sozialrechtsverband e.V.
c/o Bundesverband der Betriebskrankenkassen
Kronprinzenstr. 6, 45128 Essen
T: (0201) 1 79 11 00 u. 1 79 11 01 **Fax:** 1 79 10 01
Gründung: 1965 (3. Februar)
Vorsitzende(r): Dr. Peter Udsching (Richter am Bundessozialgericht, Graf-Bernadotte-Platz 5, 34119 Kassel)
Kontaktperson: Christiane Saß (Kronprinzenstr. 6, 45128 Essen)
Mitglieder: ca. 1000

Pflege des Sozialrechts, insbesondere durch Verstärkung des Kontaktes zwischen Wissenschaft und Praxis.

• T 3 526

Bibliothek für Deutsches und Internationales Steuerrecht sowie für Betriebswirtschaftliche Steuerlehre Universität Mannheim
Schloß, S 318-321
68131 Mannheim
Postf. 10 34 62, 68034 Mannheim
T: (0621) 1 81-2780 **Fax:** 1 81-2781

• T 3 527

Institut für Völkerrecht der Universität Bonn
Adenauerallee 24-42, 53113 Bonn
T: (0228) 73 91 72 **Fax:** 73 91 71

• T 3 528

Institut für Völkerrecht der Universität Göttingen
Platz der Göttinger Sieben 5, 37073 Göttingen
T: (0551) 39 48 10 **Fax:** 39 47 67
Internet: http://www.gwdg.de/-ujvr
E-Mail: ujvr@gwdg.de
Direktor(in): Prof. Dr. Volkmar Götz
Prof. Dr. Georg Nolte
Prof. Dr. Udo Fink

• T 3 529

Institut für Internationale Angelegenheiten der Universität Hamburg
Rothenbaumchaussee 19-23, 20148 Hamburg
T: (040) 4 28 38 46 01 **Fax:** 4 28 38-62 62
Geschäftsführender Direktor: Prof. Dr. Stefan Oeter

• T 3 530

Verband für internationale Politik und Völkerrecht e.V. (VIP)
Postf. 78, 10122 Berlin
Wallstr. 17-22, 10179 Berlin
T: (030) 2 78 63 53 **Fax:** 2 78 63 53
Präsident(in): Prof. Dr. Siegfried Bock (Geschäftsführer)
Vizepräsident(in): Otto Pfeiffer (Geschäftsführer)
Manfred Schünemann (Geschäftsführer)

• T 3 531

Gesellschaft für Wohnungsrecht und Wohnungswirtschaft Köln e.V.
Trägerverein des Instituts für Wohnungsrecht und Wohnungswirtschaft an der Universität zu Köln
Klosterstr. 79b, 50931 Köln
T: (0221) 4 70 55 73 u. 4 70 23 11 **Fax:** 4 70 66 86
Internet: http://www.uni-koeln.de/wiso-jak/inwo
E-Mail: inwo@wiso.uni-koeln.de
Gründung: 1950 (30. März)
Vorsitzende(r): Dr. Joachim Schnurr
Geschäftsführer(in): Dipl.-Hdl. Raimund Lehmkul

• T 3 532

Institut für Wohnungsrecht und Wohnungswirtschaft an der Universität zu Köln
Klosterstr. 79b, 50931 Köln
T: (0221) 4 70-5573, 4 70 23 11 **Fax:** 4 70 66 86
Internet: http://www.uni-koeln.de/wiso-gak/inwo
E-Mail: inwo@wiso.uni-koeln.de
Gründung: 1950
Dir. d. wohnungsrechtl. Abt.:
Prof. Dr. Karl Heinrich Friauf
Prof. Dr. Jens Peter Meincke
Prof. Dr. Heinz Mohnen
Dir. d. wohnungswirtschaftl. Abt.: Prof. Dr. Johann Eekhoff (geschäftsführend)
Prof. Dr. Hans Hämmerlein

Prof. Dr. Klaus Mackscheidt
Geschäftsführer(in): Dipl.-Hdl. Raimund Lehmkul

Verkehrswissenschaftliche Vereinigungen und Institute

• T 3 533

Deutsche Verkehrswacht e.V. Gemeinnütziger Verein (DVW)
Am Pannacker 2, 53340 Meckenheim
T: (02225) 8 84-0 **Fax:** 8 84-70
Präsident(in): Dr. Burkhard Ritz
Verbandsdir: Rolf Maginot
Geschäftsführer(in): RA Rainer Hessel
Leitung Presseabteilung: Burkhard Sticklies
Verbandszeitschrift: "mobil und sicher"
Redaktion: Am Pannacker 2, 53340 Meckenheim
Verlag: Schmidt Römhild, Verlagsgruppe Beleke, Mengstr. 16, 23552 Lübeck

Landesverkehrswachten

t 3 534

Landesverkehrswacht Baden-Württemberg e.V.
Ulmer Str. 261, 70327 Stuttgart
T: (0711) 40 70 30-0 **Fax:** 40 70 30-20
Mitglieder: 12900
Mitarbeiter: 4
Jahresetat: DM 1,5 Mio, € 0,77 Mio

t 3 535

Landesverkehrswacht Bayern e.V.
Ridlerstr. 35a, 80339 München
T: (089) 54 01 33-0 **Fax:** 54 07 58 10

t 3 536

Landesverkehrswacht Berlin e.V.
Reichsstr. 100, 14052 Berlin
T: (030) 3 04 01 61 **Fax:** 3 04 01 62

t 3 537

Landesverkehrswacht Brandenburg e.V.
Verkehrshof 11, 14478 Potsdam
T: (0331) 50 40 23 (Büro), 50 20 27 (Landesgeschäftsführer)
Fax: 50 19 89

t 3 538

Landesverkehrswacht Bremen e.V.
Hollerallee 6, 28209 Bremen
T: (0421) 34 35 36 **Fax:** 34 35 36

t 3 539

Landesverkehrswacht Hamburg
Großmannstr. 210, 20539 Hamburg
T: (040) 78 51 57-58 **Fax:** 7 89 83 76

t 3 540

Landesverkehrswacht Hessen e.V.
Walldorfer Str. 4-6, 60598 Frankfurt
T: (069) 63 40 27, 6 31 24 17 **Fax:** 63 93 91
Gründung: 1950 (15. November)
Verbandszeitschrift: mobil und sicher
Verlag: Schmidt Römhild, Mengstr. 16, 23552 Lübeck
Mitglieder: 3335

t 3 541

Landesverkehrswacht Mecklenburg-Vorpommern e.V.
Grevesmühlener Str. 20, 19057 Schwerin
T: (0385) 4 86 83 45 **Fax:** 4 86 83 46

t 3 542

Landesverkehrswacht Niedersachsen e.V.
Arndtstr. 19, 30167 Hannover
T: (0511) 1 75 80 **Fax:** 1 75 82

t 3 543

Landesverkehrswacht Nordrhein-Westfalen e.V.
Friedenstr. 4, 40219 Düsseldorf
T: (0211) 3 02 00 30 **Fax:** 30 20 03 23

t 3 544

Landesverkehrswacht Rheinland-Pfalz e.V.
Bahnhofplatz 2, 55116 Mainz
T: (06131) 22 25 10 **Fax:** 23 73 23

t 3 545

Landesverkehrswacht Saar e.V.
Metzer Str. 19, 66117 Saarbrücken
T: (0681) 5 75 99 **Fax:** 5 75 89

t 3 546

Landesverkehrswacht Sachsen e.V.

Sosaer Str. 41, 01257 Dresden
T: (0351) 2 01 56 62 **Fax:** 2 01 51 53

t 3 547

Landesverkehrswacht Sachsen-Anhalt e.V.

Nachtweide 36-43, 39124 Magdeburg
T: (0391) 2 51 52 97 **Fax:** 2 51 52 98

t 3 548

Landesverkehrswacht Schleswig-Holstein e.V.

Westring 260, 24116 Kiel
T: (0431) 1 73 33 **Fax:** 1 73 34

t 3 549

Landesverkehrswacht Thüringen e.V.

St.-Christophorus-Str. 3, 99092 Erfurt
T: (0361) 77 88 60 **Fax:** 77 88 64 20

• **T 3 550**

Deutsche Verkehrswissenschaftliche Gesellschaft e.V. (DVWG)

Hauptgeschäftsstelle:
Brüderstr. 53, 51427 Bergisch Gladbach
T: (02204) 6 00 27 u. 6 00 28 **Fax:** 6 77 43
Internet: http://www.dvwg.de
E-Mail: dvwghgs@t-online.de
Präsidium: Univ.-Prof. Dr.-Ing. Dr.-Ing. E.h. Gerhard Heimerl, Stuttgart
Univ.-Prof. Dr. Gerd Aberle, Gießen
Prof. Dr. Heiner Hautau (GeschF INSTARA GmbH, Bremen, Univ. Hamburg)
Anne-Rose Heibel-Dietrich (Vorsitzende der Geschäftsführung HTDG Unternehmenspartner, Frankfurt)
Hauptgeschäftsführer(in): Dr. oec. habil Ralf Haase
Mit Bezirksvereinigungen in
Berlin (Berlin und Brandenburg), Bremen (Weser-Ems), Dresden (Sachsen), Erfurt (Thüringen), Essen (WVV, Bez.-Ver. Rhein-Ruhr), Frankfurt (Rhein-Main), Freiburg i. Br., Halle (Sachsen-Anhalt), Hamburg, Hannover (Niedersachsen), Karlsruhe (Oberrhein), Kassel (Nordhessen), Kiel (Schleswig-Holstein), Köln (Rheinland), München (Südbayern), Münster, Nürnberg (Nordbayern-Nürnberg), Rostock (Mecklenburg-Vorpommern), Saarbrücken (Saar-Mosel), Stuttgart (Württemberg), Wuppertal (Berg und Mark)

t 3 551

Zentrale Informationsstelle für Verkehr -ZIV- in der DVWG

Brüderstr. 53, 51427 Bergisch Gladbach
T: (02204) 6 00 29 **Fax:** 6 77 43
Internet: http://www.dvwg.de
E-Mail: dvwgziv@t-online.de
Leitung: Dipl.-Volksw. Klaus Thielen

• **T 3 552**

Institut für Straßen- und Schienenverkehr der Technischen Universität Berlin

Carnotstr. 6, 10587 Berlin
T: (030) 31 42 35 31 **Fax:** 39 99 24-91
E-Mail: maglev@lotus.iss.tu-berlin.de
Geschf. Dir.: Prof. Dr.-Ing. Peter Mnich

• **T 3 553**

Deutsche Gesellschaft für Verkehrsmedizin e.V.

Geschäftsstelle:
Voßstr. 2, 69115 Heidelberg
T: (06221) 56-8949 **Fax:** 56-5252
Gründung: 1957 (2. Mai)
Vorsitzende(r): Prof. Dr.med. R. Mattern (Direktor d. Instituts für Rechtsmedizin, Voßstr. 2, 69115 Heidelberg, T: (06221) 56-89 11, Fax 56-52 52)
Ehrenvors.: Prof. Dr.med. H.-J. Wagner (über Institut für Rechtsmedizin, 66424 Homburg, T: (06841) 16 63 00)
1. Stellv. Vors.: Prof. Dr.med. Michael Staak (Direktor des Instituts für Rechtsmedizin, Melatengürtel 60/62, 50823 Köln, T: (0221) 4 78 42 80)
2. Stellv. Vors.: Prof. Dr.med. B. Friedel (Bundesanstalt für Straßenwesen, Brüderstr. 53, 51427 Bergisch Gladbach, T: (02204) 4 36 11, Telefax: (02204) 4 38 33)
Schriftführer(in): Ltd. Med. Dir. Dr.med. R. Hennighausen (Gesundheitsamt Goslar, Heinrich-Pieper-Str. 9, 38640 Goslar, T: (05321) 70 08-00/-10, Telefax: (05321) 70 08-50 u. -80, e-mail: rolf.hennighausen@landkreis-goslar.de)
Schatzmeister: Prof. Dr.med. Erich Miltner (Direktor der Abt. Rechtsmedizin, Prittwitzstr. 6, 89075 Ulm, T: (0731) 5 02-68 71, Telefax: (0731) 5 02-68 75)
Mitglieder: ca. 340

• **T 3 554**

Oskar-Ursinus-Vereinigung (OUV) Deutscher Verein zur Förderung des Eigenbaues von Luftfahrtgerät e.V.

Geschäftsstelle
Schützenstr. 2, 72511 Bingen
T: (07571) 6 23 09 **Fax:** 6 23 52
Gründung: 1968 (9. März)
Verbandszeitschrift: OUV Jahrbuch
Redaktion: L. Hinz, Bei der Kirche 17, 70794 Filderstadt
Mitglieder: 930

• **T 3 555**

Arbeits- und Forschungsgemeinschaft für Arzneimittel-Sicherheit e.V.

Am Beethovenpark 28, 50935 Köln
T: (0221) 9 43 61 00 **Fax:** 94 36 10 18
Gründung: 1983
Geschf. Vors: Prof. Dr. Ulrich Schmidt
Geschäftsführer(in): Dipl.-Troph. Helmut Frerick
Mitarbeiter: 20

• **T 3 556**

Studiengesellschaft für den kombinierten Verkehr e.V. (SGKV)

siehe T 1722

• **T 3 557**

Verkehrswissenschaftliches Institut an der Universität Stuttgart

Postf. 80 11 40, 70511 Stuttgart
Pfaffenwaldring 7, 70569 Stuttgart
T: (0711) 6 85-63 67, 63 68 **Fax:** 6 85-66 66
E-Mail: euv.vwi.@po.uni-stuttgart.de
Direktor(in): Prof. Dr.-Ing. Dr.-Ing. E.h. Gerhard Heimerl

• **T 3 558**

Institut für Verkehrswissenschaft an der Universität zu Köln

50923 Köln
Universitätsstr. 22, 50937 Köln
T: (0221) 4 70 23 12, 41 47 24 **Fax:** 4 70-51 83
Direktor(in): Prof. Dr. H. Baum

• **T 3 559**

PRO BAHN e.V. Gemeinnütziger Fahrgastverband

Schwanthalerstr. 74, 80336 München
T: (089) 54 45 62 13 **Fax:** 54 45 62 14
Internet: http://www.pro-bahn.de
Gründung: 1981 (28. März)
Vorsitzende(r): Karl Peter Naumann
Stellvertretende(r) Vorsitzende(r): Rainer Engel
Leitung Presseabteilung: Holger Jansen
Verbandszeitschrift: PRO BAHN Zeitung
Redaktion: Gretchenstr. 26, 32756 Detmold, T: (05231) 30 01 12, Fax: 3 23 61
Mitglieder: 5000

t 3 560

PRO BAHN e.V. Landesverband Baden-Württemberg

Linkstr. 36, 73230 Kirchheim
T: (07021) 97 89 28 **Fax:** 97 89 29
Josef Schneider

t 3 561

PRO BAHN Landesverband Bayern e.V.

Schwanthalerstr. 74, 80336 München
T: (089) 53 00 31 **Fax:** 53 75 66
Dr. Matthias Wiegner

t 3 562

PRO BAHN e.V. Landesverband Berlin/Brandenburg

Jägerstr. 29a, 13595 Berlin
T: (030) 3 61 13 31
Jürgen Czarnetzki

t 3 563

PRO BAHN e.V. Landesverband Bremen

Am Kastanienhof 15A, 28355 Bremen
T: (0421) 25 45 74 **Fax:** 25 45 74
Dr. Jürgen Klimpel

t 3 564

PRO BAHN e.V. Landesverband Hessen

Hebbelstr. 5, 64291 Darmstadt
T: (06151) 37 31 20
Christian Brinkmann
Ursula Lohrmann

t 3 565

PRO BAHN Landesverband Niedersachsen e.V.

Postf. 12 12, 26436 Jever
T: (04461) 90 92 04 **Fax:** 90 92 05
Internet: http://www.pro-bahn.de/niedersachsen
E-Mail: pro.bahn@nwn.de
Manfred Terhardt

t 3 566

PRO BAHN e.V. Landesverband Nordrhein-Westfalen

Maxstr. 11, 45127 Essen
T: (0201) 22 25 55 **Fax:** 23 17 07
Oliver Stieglitz

t 3 567

PRO BAHN e.V. Landesverband Rheinland-Pfalz und Saarland

Gustav-Bruch-Str. 2, 66123 Saarbrücken
T: (0681) 3 41 65 **Fax:** 3 41 65
Karl-Heinz Huppert

Landesverbände

t 3 568

PRO BAHN e.V. Landesverband Schleswig-Holstein/Hamburg e.V.

Rantzauallee 15, 23611 Bad Schwartau
T: (0451) 2 65 12 **Fax:** 2 65 12
Frank Sievert

• **T 3 569**

Studiengesellschaft für unterirdische Verkehrsanlagen e.V. (STUVA)

siehe T 1723

• **T 3 570**

Lehrstuhl für Straßenwesen, Erd- und Tunnelbau und Institut für Straßenwesen

Rheinisch-Westfälische Technische Hochschule Aachen
Mies-van-der-Rohe-Str. 1, 52074 Aachen
T: (0241) 80-52 20, 52 22 **Fax:** 88 88-1 41
E-Mail: steinauer@isac.rwth-aachen.de
Univ. Prof.: Dr.-Ing. habil. B. Steinauer

• **T 3 571**

Deutsche Strassenliga Vereinigung zur Förderung des Straßen- und Verkehrswesens e.V.

Herderstr. 56, 53173 Bonn
T: (0228) 9 56 73-0 **Fax:** 9 56 73-20
Gründung: 1953
Präsident(in): Prof. Dr.-Ing. Hans Josef Kayser
Geschäftsführendes Vorstandsmitglied: Dr. Wolfgang Neumann

• **T 3 572**

Institut für Verkehrswirtschaft, Straßenwesen und Städtebau Universität Hannover

Appelstr. 9A (Hochhaus), 30167 Hannover
T: (0511) 7 62-2283, 7 62-2802 **Fax:** 7 62-2520
Internet: http://www.ivh.uni-hannover.de
Leitung: Univ.-Prof. Dr.-Ing. Robert Schnüll

• **T 3 573**

Institut für Verkehrswesen der Universität Karlsruhe (TH)

76128 Karlsruhe
Kaiserstr. 12, 76131 Karlsruhe
T: (0721) 6 08-22 51 **Fax:** 60 74 52
E-Mail: ifv@ifv.uni-karlsruhe.de

• **T 3 574**

Forschungsgesellschaft für Straßen- und Verkehrswesen e.V. (FGSV)

Hauptgeschäftsstelle:
Postf. 50 13 62, 50973 Köln
Konrad-Adenauer-Str. 13, 50996 Köln

T: (0221) 9 35 83-0 **Fax:** 9 35 83-73
Internet: http://www.fgsv.de
E-Mail: koeln@fgsv.de

t 3 575

Forschungsgesellschaft für Straßen- und Verkehrswesen e.V. Geschäftsstelle Berlin
Boyenstr. 42, 10115 Berlin
T: (030) 28 38 89 27 **Fax:** 28 38 89 28
Internet: http://www.fgsv.de
E-Mail: berlin@fgsv.de
Vorsitzende(r): Präs. Dipl.-Ing. Peter Holm, Hannover
Geschäftsführer(in): Dipl.-Ing. Hans Walter Horz

• T 3 576

Nationales Komitee der Bundesrepublik Deutschland des Welt-Straßenverband (AIPCR)
Postf. 50 13 62, 50973 Köln
Konrad-Adenauer-Str. 13, 50996 Köln
T: (0221) 9 35 83-0 **Fax:** 9 35 83-73
Internet: http://www.fgsv.de
E-Mail: koeln@fgsv.de
Sekretär: Dipl.-Ing. Hans Walter Horz

• T 3 577

Forschungsgemeinschaft „Der Mensch im Verkehr" e.V.
Sülzburgstr. 13, 50937 Köln
T: (0221) 41 55 54 **Fax:** 9 41 78 40
E-Mail: spoerer@afn.de
Vorstand: Prof. Dr.rer.nat. Udo Undeutsch
Dr. phil. Heinz Kunert
Dr. rer. nat. Edgar Spoerer (Geschäftsführender Institutsleiter)

• T 3 578

Deutscher Verkehrssicherheitsrat e.V. (DVR)
53222 Bonn
Beueler Bahnhofsplatz 16, 53225 Bonn
T: (0228) 4 00 01-0 **Fax:** 4 00 01-67
Internet: http://www.dvr.de
E-Mail: dvr-info@dvr.de
Gründung: 1969
Vorsitzende(r): Prof. Manfred Bandmann
Hauptgeschäftsführer(in): Dipl.-Ing. Siegfried Werber
Abt. Öffentlichkeitsarbeit: Dipl.-Psych. Ute Hammer
Abt. Verkehrserziehung u. -aufklärung: Dipl.-Päd. Britta Touré
Ref. Verkehrstechnik: Dipl.-Ökonom Welf Stankowitz
Ref. Verkehrsrecht und Verkehrsmedizin: Ass. Cornelia Royeck
Ref. Europa u. Sonderaufgaben: Dipl.-Geographin Jaqueline Lacroix
Verbandszeitschrift: DVR-report
Mitglieder: 252
Mitarbeiter: 44
Jahresetat: DM 26 Mio, € 13,29 Mio

Förderung und Verstärkung aller Maßnahmen zur Verbesserung der Sicherheit auf den Straßen in Zusammenarbeit mit den zuständigen Behörden sowie allen an dieser Zielsetzung interessierten Organisationen und sonstigen Stellen.

• T 3 579

Forschungsgemeinschaft Auto - Sicht - Sicherheit e.V. (A.S.S.)
Universitätsstr. 5, 50937 Köln
T: (0221) 41 58 94 **Fax:** 42 82 55
E-Mail: 106406.2300@compuserve.com
Vorsitzende(r): Dr. phil. Heinz Kunert
Stellvertretende(r) Vorsitzende(r): Kurt W. Reinschild
Vors. d. wiss. Beirates:
Dr. Ulrich von Alpen
Institutsleitung:
Prof. Dr.rer.nat. Walter Schneider

• T 3 580

Verkehrs-Institut - Gemeinnütziger Verein für Mobilitätsfragen, Verkehrserziehung und Sicherheit im Straßenverkehr e.V.
Furtwänglerstr. 52, 33604 Bielefeld
T: (0521) 2 99 40 **Fax:** 2 99 41 46
Vorsitzende(r): Alfons Wahlich

2. Vorsitzende(r): Helmut Heinrichs
Geschf. u. Pressereferent:
Dipl.-Päd. Hans-Joachim Janik

• T 3 581

Fachgebiet Verkehrssicherheitstechnik der Bergischen Universität - GH - Wuppertal, FB 14
42097 Wuppertal
Gaußstr. 20, 42119 Wuppertal
T: (0202) 4 39-20 75 **Fax:** 4 39-20 30
E-Mail: peters@verkehr.uni-wuppertal.de
Leitung: Prof. Dr.-Ing. Olaf H. Peters

• T 3 582

Gesellschaft zur Förderung umweltgerechter Straßen- u. Verkehrsplanung e.V. (GSV)
Obermarkt 10, 82515 Wolfratshausen
T: (08171) 7 67 66 **Fax:** 7 83 69
Vorsitzende(r): Dipl.-Ing. Hans Zillenbiller

• T 3 583

Gesellschaft für Ursachenforschung bei Verkehrsunfällen e.V. (GUVU)
Universitätsstr. 5, 50937 Köln
T: (0221) 41 58 94 **Fax:** 42 82 55
Internet: http://www.guvu.de
E-Mail: 106406.2300@compuserve.com
Präsident(in): Prof. Dr.-Ing. Klaus Rompe
Geschäftsführer(in): Prof. Dr.rer.nat. Wilfried Echterhoff
Mitglieder: 120

• T 3 584

Institut für die Gesamte Unfallforschung
Postf. 100063, 76481 Baden-Baden
Lichtentaler Str. 25, 76530 Baden-Baden
T: (07221) 2 49 95
Leitung: Dr. Konstantin Lehmann

• T 3 585

Fachverband Verkehrssicherung an Arbeitsstellen auf Straßen e.V. (FVAS)
Brüderstr. 53, 51427 Bergisch Gladbach
T: (02204) 6 68 73 **Fax:** 2 29 82
Gründung: 1981
1. Vorsitzende(r): Carl-Heinz Gubela
2. Vorsitzende(r): Ingo Debuschewitz
Geschäftsführer(in): Dipl.-Ing. Burkhardt Wolters (Ltg. Presseabteilung)
Beirat: H. Silbernagel
Trimborn
Dr. Boden
Verbandszeitschrift: Info
Mitglieder: 44
Fördermitglieder: 8
Mitarbeiter: 2

• T 3 586

Internationale Arbeitsgemeinschaft der Rheinschiffahrt e.V.
Haus Rhein
Dammstr. 15-17, 47119 Duisburg
T: (0203) 8 00 06-60 **Fax:** 8 00 06-65
Präsident(in): Drs. Robert Walthuis
Sekr.: Dipl.-Kfm. Gerhard v. Haus

• T 3 587

Arbeitsgemeinschaft zur Förderung und Entwicklung des internationalen Straßenverkehrs e.V. (AIST)
Selma-Lagerlöf-Str. 7, 13189 Berlin
T: (030) 9 25 34 02 **Fax:** 9 25 20 08
Internet: http://www.aist-ev.com
E-Mail: berlin@aist-ev.com
Gründung: 1956 (7. September)
Internationaler Zusammenschluß: siehe unter izm 132
Präsident(in): Jürgen Gypser (Geschf. Niederlausitzer Kraftverkehrs GmbH - Cottbus)
Vizepräsident(in): Dieter Opp
HauptgeschF. u. Geschf. Präsidiumsmitgl: Klaus D. Schröder
Leitung Presseabteilung: Antje-Maren Knappe
Verbandszeitschrift: "Auf Achse"
Mitglieder: 220 Transportunternehmen mit internationalem Lkw-Verkehr
Mitarbeiter: 9

• T 3 588

Südwestdeutscher Kanalverein für Rhein, Neckar und Donau e.V.
Birkenwaldstr. 34, 70191 Stuttgart
T: (0711) 1 65 85-0, im Hause der Neckar-AG
Vorsitzende(r): Dir. Hans-Peter Hagg

Stellvertretende(r) Vorsitzende(r): Dir. Willi Heckle
Dir. Gerd-Jürgen Britsch
Geschäftsführer(in): Dr. Hermann Rettenmaier

• T 3 589

Weserbund e.V.
Teerhof 34, 28199 Bremen
T: (0421) 59 82 90 **Fax:** 5 98 29 40
Internet: http://www.weser.de
E-Mail: weserbund@t-online.de
Gründung: 1921
Vorsitzende(r): Senator a.D. Karl-Heinz Jantzen, Bremen
Stellvertretende(r) Vorsitzende(r): Gerhard Beier, Bremen
Geschäftsführer(in): Dipl.-Volksw. Ralf Heinrich, Bremen
Verbandszeitschrift: DIE WESER
Verlag: Teerhof 34, 28199 Bremen, T: (0421) 59 82 90, Telefax: (0421) 5 98 29 40
Mitglieder: 400

• T 3 590

Hafenbautechnische Gesellschaft e.V.
siehe T 1151

• T 3 591

Gesellschaft für rationale Verkehrspolitik e.V. (GRV)
Bromberger Str. 5, 40599 Düsseldorf
T: (0211) 74 15 07 **Fax:** 74 15 07
Gründung: 1970 (20. Juli)
Vorsitzende(r): Dr.-Ing. Alfons Thoma (Präsident a.D. der Bundesbahndirektion München)
Stellv. Vors. u. geschäftsf. Vorst.-Mitgl: Studiendirektor Werner Kammer
Verbandszeitschrift: GRV-Nachrichten
Redaktion: Dr.-Ing. Alfons Thoma, Amsterdamer Str. 10, 53117 Bonn, T: (0228) 6 89 99 82, Telefax: (0228) 6 89 99 84

• T 3 592

Institut für Seeverkehrswirtschaft und Logistik (ISL)
Universitätsallee GW 1 Block A, 28359 Bremen
T: (0421) 2 20 96-0 **Fax:** 2 20 96-55
Internet: http://www.isl.org
E-Mail: info@isl.org
Gründung: 1954
Direktor(in): Prof. Dr. Werner E. Eckstein
Prof. Dr. Volker Speidel
Prof. Dr. Manfred Zachcial
Mitarbeiter: 50

Kommunikations- und zeitungswissenschaftliche Vereinigungen und Institute

• T 3 593

Institut für Kommunikationsforschung und Phonetik - Universität Bonn
Poppelsdorfer Allee 47, 53115 Bonn
T: (0228) 73-56 38 **Fax:** 73-56 39
Internet: http://www.ikp.uni-bonn.de
E-Mail: wgh@ikp.uni-bonn.de, lenders@uni-bonn.de
Gründung: 1921 (1. April)
Direktor(in): Prof. Dr. W. Hess
Direktor(in): Prof. Dr. W. Lenders
Mitglieder: ca. 15 Mitarbeiter

• T 3 594

PING e.V.
Verein zur Förderung der privaten Internet Nutzung e.V.
Emil-Figge-Str. 85, 44227 Dortmund
T: (0231) 97 91-0, -1 00 **Fax:** 97 91-190
Internet: http://www.ping.de/
E-Mail: vorstand@ping.de
Gründung: 1994 (16. Januar)
Vorsitzende(r): Thorsten Dietrich
1. Vorsitzende(r): Arthur Planeda
Stellvertretende(r) Vorsitzende(r): Michael Stiller
Leitung Presseabteilung: Michael Kulpok
Kassierer: Daniel Borgmann
Mitglieder: ca. 1400
Mitarbeiter: ca. 30 (ehrenamtlich)
Jahresetat: DM 0,25 Mio, € 0,13 Mio

• T 3 595

Electronic Commerce Forum e.V.
Grasweg 2, 50769 Köln
T: (0221) 97 02-407 **Fax:** 97 02-408
Internet: http://www.eco.de
E-Mail: info@eco.de
Vorstand: Prof. Michael Rotert (Vors.; Geschäftsführer Xlink GmbH, Karlsruhe)

Dr. Bernhard Biedermann (Geschäftsführer Tureis AG, Hamburg)
Klaus Landefeld (Geschäftsführer nacamar GmbH, Dreieich)
RA Oliver J. Süme, Hamburg
Prof. Dr.rer.pol. Rainer Thomé (Uni Würzburg)
Geschäftsführer(in): Harald A. Summa (Unternehmensberater)

• T 3 596

Arbeitsgruppe Kommunikationsforschung München (AKM)
Adalbertstr. 104, 80798 München
T: (089) 2 71 25 95 **Fax:** 2 73 20 03
Leitung: Walter A. Mahle

• T 3 597

Kölner Institut für Massenkommunikation e.V.
Rolandstr. 69, 50677 Köln
T: (0221) 37 55 85
Gründung: 1974
Hauptgeschäftsführer(in): Prof. Dr. Alphons Silbermann
Geschäftsführer(in): Prof. Dr. Albin Hänseroth
Dr. Herbert A. Sallen
Mitglieder: 14

• T 3 598

Fachinformationsstelle Publizistik - IPM - Massenkommunikation
Informationszentrum Politik u. Massenkommunikation d. F.U. Berlin
Malteserstr. 74-100, 12249 Berlin
T: (030) 77 92-4 77, - 4 88 **Fax:** 7 75 10 23
E-Mail: fub-fis-publ@t-online.de, fipmeybe@zedat.fu-berlin.de
Leitung: Ulrich Neveling
Vertr.: Bernd Meyer

• T 3 599

Wissenschaftliches Institut für Kommunikationsdienste GmbH (WIK)
Rathausplatz 2-4, 53604 Bad Honnef
T: (02224) 92 25-0 **Fax:** 92 25-66
Internet: http://www.wik.org
E-Mail: info@wik.org
Gründung: 1982 (1. Juli)
Geschäftsführer(in): Dr. Werner Neu
Verbandszeitschrift: Diskussionsbeiträge
Verlag: Selbstverlag
Verbandszeitschrift: Schriftenreihe
Verlag: Springer-Verlag
Verbandszeitschrift: Newsletter
Verlag: Selbstverlag
Mitarbeiter: 34
Ökonomische und sozialwissenschaftliche Forschung in den Bereichen Telekommunikation, Postwesen, Regulierung.

• T 3 600

ComLink e.V.
Im Moore 26, 30167 Hannover
T: (0511) 1 61 78 11 **Fax:** 1 65 26 11
Gründung: 1992
Verbandszeitschrift: ComLink Netnews
Mitglieder: 300
Mitarbeiter: 5
Jahresetat: DM 0,1 Mio, € 0,05 Mio

• T 3 601

Bildungszentrum für informationsverarbeitende Berufe e.V. (b.i.b.)
Fürstenallee 3-5, 33102 Paderborn
T: (05251) 3 01-01 **Fax:** 3 01-161
Hauptstr. 2, 51465 Bergisch Gladbach, T: (02202) 95 27-01, Fax: (02202) 95 27-100
Freundallee 15, 30173 Hannover, T: (0511) 2 84 83-0, Fax: (0511) 2 84 83-14
Paradiesstr. 40, 01217 Dresden, T: (0351) 8 76 67-0, Fax: (0351) 8 76 67-14
Postplatz 14-15, 02826 Görlitz, T: (03581) 48 56-0, Fax: (03581) 48 56-14
Gründung: 1972 durch Heinz Nixdorf, Vorst.-Vors. d. Nixdorf Computer AG (verst.)
Vorsitzende(r) des Vorstandes: Carl-Maria Gutwald
Geschäftsführer(in): Jürgen Sonntag
Karl-Heinz Eimertenbrink
Mitglieder: 280 Vereinsmitglieder u. a. Siemens, Hewlett Packard, Telekom, Fuji, IHK, Arbeitgeberverband sowie regional tätige Mittelständler
Träger: gemeinnütziger privater Träger von staatl. anerk. Berufskollegs bzw. Berufsfachschulen für Angewandte Informatik, staatl. anerk. Fachhochschulen für die Wirtschaft (FHDW) und Instituten für Angewandte Informatik

• T 3 602

Deutsche Gesellschaft für Publizistik- und Kommunikationswissenschaft (DGPuK)
c/o Prof. Dr. Hans-Bernd Brosius
Institut für Kommunikationswissenschaft, Ludwig-Maximilians-Universität
Oettingenstr. 67, 80538 München
T: (089) 21 78-5428
Internet: http://www.dgpuk.de
E-Mail: brosius@ifkw.uni-muenchen.de
Gründung: 1963
Vorsitzende(r): Prof. Dr. Hans-Bernd Brosius
Verbandszeitschrift: "Aviso" und Rundbrief
Redaktion: c/o Vorstand der DGPuK
Mitglieder: ca. 530

• T 3 603

InfonetzBayern e.V.
Klingmoosweg 1, 83139 Söchtenau
T: (0700) 1 00 03 32
Gründung: 1988
Vorsitzende(r): Dr. Reiner Schwarz-Kaske
Schriftführer(in): Dr. Kurt Reuter
Sekretariat: Brigitte Bäumel
Verbandszeitschrift: DER INFORMATOR
Redaktion: Dr. Kurt Reuter, Brigitte Bäumel
Verlag: Druckhaus Oberpfalz, Amberg/Weiden
Mitglieder: 90
Mitarbeiter: 1
Jahresetat: DM 0,15 Mio, € 0,08 Mio

• T 3 604

Kommunikationswissenschaftliche Forschungsvereinigung e.V.
Marienring 47b, 90765 Fürth
T: (0911) 7 67 00 66
Gründung: 1970 (23. November)
Vorsitzende(r): Prof. Dr. Manfred Rühl
Stellv. Vors. u. GeschF: Prof.Dr. Heinz-Werner Stuiber
Mitglieder: 18

• T 3 605

Kölner Journalistenschule für Politik und Wirtschaft e.V.
Im Mediapark 6, 50670 Köln
T: (0221) 57 43-244 **Fax:** 57 43-249
Internet: http://www.koelnerjournalistenschule.de
E-Mail: koelnerjournalistenschule@komed.de
Gründung: 1968
Vorsitzende(r): Martin Schulze
Stellvertretende(r) Vorsitzende(r): Rolf C. Georg
Marion von Haaren
Geschf. Dir.: Ingeborg Hilgert
Mitglieder: 50
Ausbildung von Fach-Journalisten für die Ressorts "Wirtschaft" und "Politik" bei Presse und Hörfunk.

• T 3 606

Akademie für Publizistik in Hamburg
Warburgstr. 8-10, 20354 Hamburg
T: (040) 41 47 96-0 **Fax:** 41 47 96-90
Internet: http://www.akademie-fuer-publizistik.de
E-Mail: info@akademie-fuer-publizistik.de
Gründung: 1970 (10. Juni)
Vorsitzende(r): Dr. Will Teichert
Präs. d. Kuratoriums: Manfred Jenke
Direktor(in): Dr. Friederich Mielke

• T 3 607

Institut für Theater-, Film- und Fernsehwissenschaft
Universität zu Köln
Meister-Ekkehart-Str. 11, 50937 Köln
T: (0221) 4 70 37 91 **Fax:** 4 70 50 61
Lehrpersonal: Prof. Dr. Elmar Buck (Institutsdir.)
Prof. Dr. Renate Möhrmann
Lehrpersonal: Prof. Dr. Irmela Schneider
Dr. Joseph Garncarz
Dr. Hedwig Müller
Dr. Michaela Krützen
Gerald Köhler (M.A.)
Andrea Hanke (M.A.)
Sabine Gottgetreu (M.A.)
Rudi Strauch (M.A.)

• T 3 608

Gesellschaft für Theatergeschichte e.V.
Themsestr. 3, 13349 Berlin
T: (030) 4 51 69 70 **Fax:** 4 51 69 70
Gründung: 1902
Vorsitzende(r): Prof. Dr. Peter Schmitt
Geschäftsführer(in): Dr. Matthias Braun
Mitglieder: ca. 120 persönl., ca. 60 korporative

• T 3 609

Informationsstelle für Theater-, Film- und Fernsehwissenschaft (itff)
Hermann-Vogel-Str. 12, 80805 München
T: (089) 21 80-3503, 3 22 86 71 **Fax:** 21 80-5307
Leitung: Dr. Heribert Schälzky

• T 3 610

Wirtschaftspublizistische Vereinigung e.V. (WPV)
i. Hs. Handelsblatt GmbH (Büro Erwin Schneider)
Kasernenstr. 67, 40213 Düsseldorf
T: (0211) 8 87-1151 **Fax:** (0212) 2 68 14 57
Gründung: 1949
Vorsitzende(r): Dr. Ulrich Fritsch
Mitglieder: ca. 125

• T 3 611

Kommunikation und Neue Medien e.V.
Postf. 19 05 20, 80605 München
T: (089) 1 67 51 06 **Fax:** 13 14 06
Internet: http://www.journalistenakademie.de
E-Mail: info@journalistenakademie.de
Gründung: 1987
Vorsitzende(r): Werner Hülsmann
Leitung Presseabteilung: Peter Lokk (M.A.)
Redaktion: Dr. Gabriele Hooffacker
Mitglieder: 240
Mitarbeiter: ca. 100 freie Mitarbeiter, ca. 2000 Teilnehmer

• T 3 612

Ausschuß "Kommunikationstechnik im Handel" im Hauptverband des Deutschen Einzelhandels
Handelshaus
Postf. 25 04 25, 50520 Köln
Gothaer Allee 2, 50969 Köln
T: (0221) 9 36 55-723 **Fax:** 9 36 55-729
Internet: http://www.einzelhandel.de
E-Mail: hde@(et)einzelhandel.de
Hauptgeschäftsführer(in): Dipl.-Volksw. Holger Wenzel
Leiter: Dipl.-Volksw. Volker Stroh
Pressesprecher: Hubertus Pellengahr

• T 3 613

Akademie für Neue Medien (Bildungswerk) e.V.
Langheimer Amtshof, 95326 Kulmbach
T: (09221) 13 16-18 **Fax:** 12 33
Internet: http://www.bayerische-medienakademien.de
E-Mail: anm@bayerische-medienakademien.de
Gründung: 1987 (26. Februar)
Vorstand: Chefredakteur Werner vom Busch (Ring Nordbayerischer Tageszeitungen, Bayreuth)
Schatzmeister: Karl-Heinz Bergmann (Sparkassen Bezirksverband Oberfranken, Kulmbach)
Beirat: Dr. Laurent Fischer (Verleger „Nordbayerischer Kurier", Bayreuth)
Klaus W. Wiedfeld (Verleger „Fränkische Landeszeitung", Ansbach)
Prof. Dr. Helmut Ruppert (Präsident der Universität Bayreuth)
Wiss. Projektleiter: Prof. Dr. Wolfgang Protzner (Otto-Friedrich Universität Bamberg)

• T 3 614

ARGE Neue Medien der deutschen SHK-Industrie e.V.
Geschäftsstelle
Bahnhofstr. 1, 33102 Paderborn
T: (05251) 29 66 66 **Fax:** 29 66 68
E-Mail: arge@arge.de
Vorsitzende(r): Dr. Michael Pankow (Geschäftsleitung Grohe AG, Hauptstr. 137, 58675 Hemer, T: (02372) 93-17 01)
Geschäftsführer(in): Konrad Werning
Mitglieder: 68

• T 3 615

Gesellschaft für technische Kommunikation e.V. (tekom)
Fachverband für technische Dokumentation und Kommunikation
Eberhardstr. 69-71, 70173 Stuttgart
T: (0711) 6 57 04-0 **Fax:** 6 57 04-99
Internet: http://www.tekom.de
E-Mail: info@tekom.de
Gründung: 1978 (Juni)
Vorsitzende(r): Claus Noack
Geschäftsführer(in): Michael Fritz
Verbandszeitschrift: technische kommunikation
Redaktion: Gregor Schäfer
Mitglieder: 3300
Jahresetat: DM 1,5 Mio, € 0,77 Mio

• **T 3 616**

Forschungsinstitut für Internationale Technische und Wirtschaftliche Zusammenarbeit der Rheinisch-Westfälischen Technischen Hochschule Aachen (FIZ)
52056 Aachen
T: (0241) 8 89 47-0 **Fax:** 88 88-284
Internet: http://www.rwth-aachen.de/fiz/
Gründung: 1957
Direktor(in): Prof.Dr.Dr. Werner Gocht
Mitarbeiter: 35

• **T 3 617**

Individual Network e.V.
Geschäftsstelle
Kiautschoustr. 18, 13353 Berlin
T: (030) 45 49 08 16 **Fax:** 45 49 08 17
Internet: http://www.individual.net/
E-Mail: in-gs@individual.net

• **T 3 618**

Institut für Publizistik der Johannes Gutenberg-Universität Mainz
Colonel-Kleinmann-Weg 2, 55128 Mainz
T: (06131) 39 26 70 **Fax:** 39 42 39
Gründung: 1966
Geschäftsf. Leiter: Prof. Dr. Hans Mathias Kepplinger
Prof. Dr. Michael Kunczik
Prof. Dr. Christina Holtz-Bacha
Prof. Dr. Reinhart Ricker
Prof. Dr. Jürgen Wilke
Prof. Dr. Dr.h.c. Elisabeth Noelle-Neumann (emeritiert)
Mitarbeiter: 25

t 3 619

Journalistisches Seminar der Johannes Gutenberg-Universität Mainz
Alte Universitätsstr. 17, 55116 Mainz
T: (06131) 39 93 00 **Fax:** 39-93 02
Internet: http://www.uni-mainz.de/fb/sozialwissenschaften/journalistik
E-Mail: journal@mail.uni-mainz.de
Prof. Dr. Volker Wolff
Prof. Dr. Karl N. Renner
Prof. Dr. Rudolf Gerhardt

• **T 3 620**

Arbeitsgemeinschaft der Medienzentren an Hochschulen e.V. (AMH)
Warburger Str. 100, 33098 Paderborn
T: (05251) 60-28 28 **Fax:** 60-28 30
E-Mail: sievert@avmz.uni-paderborn.de
Gründung: 1991
Vorsitzende(r): Akad.Dir. Dr. J. Sievert
Stellvertretende(r) Vorsitzende(r): Dr. Manfred Tröger
Mitglieder: 60 Hochschulmedienzentren

• **T 3 621**

Arbeitsgemeinschaft außeruniversitärer historischer Forschungseinrichtungen in der Bundesrepublik Deutschland e.V.
Aldringenstr. 11, 80639 München
T: (089) 13 47 29 **Fax:** 13 47 39
Internet: http://www.ahf-muenchen.de
E-Mail: chr.v.maltzahn@ahf-muenchen.de

• **T 3 622**

Verband der Historiker und Historikerinnen Deutschlands
Schriftführung: Institut für Europäische Geschichte
Alte Universitätsstr. 19, 55116 Mainz
T: (06131) 3 93 93 60 **Fax:** 3 93 01 54
Vorsitz:
Historisches Seminar der Universität Frankfurt, Postfach 11 19 32, 60054 Frankfurt/Main, T: (069) 79 82 23 70

• **T 3 623**

VITA HISTORICA - Deutscher Dachverband zur Erhaltung historischen Brauchtums e.V.
Geschäftsstelle
Kämpchensweg 30, 50933 Köln
T: (0221) 49 94-051 **Fax:** 49 94-219
Gründung: 1996 (26. Januar)
Präsident(in): Petra Wuttke
Vizepräsident(in): Bernd J. Gerversmann (Deutsche Zentrale für Tourismus)
Stellvertretende(r) Vorsitzende(r): Franz-Josef Graf Beissel von Gymnich (Presseabteilung)
Verbandszeitschrift: Karfunkel, Zeitschrift für erlebbare Geschichte
Redaktion: Karfunkel, Postf. 11 43, 69430 Hirschhorn
Verlag: Karfunkel Verlag, Hauptstr. 85, 69434 Hirschhorn
Mitglieder: 70
Mitarbeiter: 2
Jahresetat: DM 0,01 Mio, € 0,01 Mio

• **T 3 624**

Historischer Verein für den Niederrhein
Graf-Zeppelin-Str. 36, 53757 Sankt Augustin
T: (02241) 2 74 15
E-Mail: hvniederrh@aol.com
Gründung: 1854
Vorsitzende(r): Prof. Dr. Norbert Trippen
Geschäftsführer(in): Prof. Dr. Gisbert Knopp (Ltg. Presseabt.)
Verbandszeitschrift: Annalen des Historischen Vereins für den Niederrhein
Redaktion: Dr. Wolfgang Löhr, Mönchengladbach
Verlag: Rheinland Verlag, Abtei Brauweiler, 50259 Pulheim
Mitglieder: 850

• **T 3 625**

Historischer Verein für Oberfranken e.V.
Postf. 11 02 63, 95421 Bayreuth
Ludwigstr. 256, 95444 Bayreuth
T: (0921) 6 53 07 **Fax:** 6 53 07
Internet: http://www.hvo.franken.org
Gründung: 1827
Vorsitzende(r): Wolfgang Winkler
Stellvertretende(r) Vorsitzende(r): Walter Wendler
Geschäftsführer(in): Norbert Hübsch
Verbandszeitschrift: Archiv für Geschichte von Oberfranken
Redaktion: Karl Müssel
Verlag: Selbstverlag
Mitglieder: 1000

t 3 626

Verband bayerischer Geschichtsvereine e.V.
Austr. 18, 83022 Rosenheim
1. Vorsitzende(r): Dr. Manfred Treml

• **T 3 627**

Verein von Altertumsfreunden im Rheinlande
c/o Rheinisches Landesmuseum
Fraunhoferstr. 8, 53121 Bonn
T: (0228) 98 81-136 **Fax:** 98 81-299
Gründung: 1841
Verbandszeitschrift: Bonner Jahrbücher (Mitherausgeber)
Mitglieder: ca. 1400

• **T 3 628**

Frobenius-Institut e.V.
Liebigstr. 41, 60323 Frankfurt
T: (069) 71 91 99-0, 71 91 99-11
Internet: http://www.rz.uni-frankfurt.de/fb/fb08/ihe
E-Mail: frobenius@em.uni-frankfurt.de
Gründung: 1898
Direktor(in): Prof. Dr. Karl-Heinz Kohl
Stellv. Dir.: Prof. Dr. Christian Feest
Verbandszeitschrift: Paideuma
Redaktion: Frobenius-Institut
Verlag: Franz Steiner Verlag (Kommissionsverlag)
Mitglieder: 187
Mitarbeiter: 9

• **T 3 629**

Römisch-Germanisches Zentralmuseum, Forschungsinstitut für Vor- und Frühgeschichte (RGZM)
Ernst-Ludwig-Platz 2, 55116 Mainz
T: (06131) 91 24-0 **Fax:** 91 24-199
E-Mail: rzentral@mainz-online.de
Gründung: 1852
Generaldirektor: Dr. Konrad Weidemann
Stellv. d. GenDir: Dr. Ulrich Schaaff
Leitung Presseabteilung: Prof. Dr. Friedrich-Wilhelm von Hase
Verbandszeitschrift: Jahrbuch des Römisch-Germanischen Zentralmuseums Mainz
Verlag: Eigenverlag
Mitarbeiter: 127, davon 25 Wissenschaftler
Jahresetat: ca. DM 10 Mio, € 5,11 Mio

Überregionales Forschungsinstitut für Vor- und Frühgeschichte der Alten Welt mit integrierten, bedeutenden Restaurierungswerkstätten, eine Stiftung des öffentlichen Rechts, getragen vom Land Rheinland-Pfalz und der Stadt Mainz. Die Finanzierung erfolgt im Rahmen der gemeinsamen Forschungsförderung durch Bund und Länder. Schausammlungen mit systematischer Darstellung der Archäologie Europas und ihren Bezügen zum Orient. Herausgabe von Zeitschriften und Monographien im eigenen Verlag.

• **T 3 630**

Mommsen-Gesellschaft - Verband der deutschen Forscher auf dem Gebiet des griechisch-römischen Altertums
Humboldtallee 21, 37073 Göttingen
T: (0551) 39-4672 **Fax:** 39-4671
Gründung: 1950 (1. Juni)
Präsident(in): Prof. Dr. Gustav Adolf Lehmann
Vizepräsident(in): Prof. Dr. Siegmar Döpp
Geschäftsführer(in): Dr. des. Boris Dreyer
Verbandszeitschrift: Mitteilungen der Mommsen-Gesellschaft
Mitglieder: ca. 590
Mitarbeiter: 8

• **T 3 631**

Württembergischer Geschichts- und Altertumsverein
Konrad-Adenauer-Str. 4, 70173 Stuttgart
T: (0711) 2 12 43 35 **Fax:** 2 12 43 60
Internet: http://www.lad-bw.de
E-Mail: hauptstaatsarchiv@s.lad-bw.de
Gründung: 1843
Vorsitzende(r): Prof. Dr. Hans-Martin Maurer
Geschäftsführerin: Carmen Klein
Verbandszeitschrift: Zeitschrift für Württembergische Landesgeschichte
Redaktion: Prof. Dr. Hans-Martin Maurer
Verlag: Kohlhammer
Mitglieder: 1440

• **T 3 632**

Gesellschaft für Vor- und Frühgeschichte in Württemberg und Hohenzollern e.V.
Silberburgstr. 193, 70178 Stuttgart
T: (0711) 1 69 47 18 **Fax:** 1 69 47 07
Gründung: 1963
Vorsitzende(r): Prof. Dr. Dieter Planck
Geschäftsführer(in): M.A. Regina Wimmen
Mitglieder: 4000

• **T 3 633**

Nordwestdeutscher Verband für Altertumsforschung e.V.
Rothenburg 30, 48143 Münster
T: (0251) 59 07-286 **Fax:** 59 07-211
Vorsitzende(r): Dr. Gabriele Isenberg, Münster
Stellvertretende(r) Vorsitzende(r): Drs. Jan Joost Assendorp, Lüneburg
Schriftführer(in): Dr. Erwin Strahl, Wilhelmshaven
Mitglieder: 100 institutionelle Mitglieder
Jahresetat: DM 0,005 Mio, € 0 Mio

Weckung und Pflege des Interesses an der Archäologie in Nordwestdeutschland; Förderung archäologischer Forschungen; Bewahrung archäologischer Denkmäler; Durchführung von Fachtagungen und wissenschaftlichen Exkursionen; wissenschaftliche Veröffentlichungen; Zusammenarbeit mit Vereinen vergleichbarer Zielsetzung.

• **T 3 634**

Institut für Zeitgeschichte (IfZ)
Leonrodstr. 46b, 80636 München
T: (089) 12 68 80 **Fax:** 1 23 17 27
E-Mail: ifz@ifz-muenchen.de
Gründung: 1949
Direktor(in): Prof. Dr. Dr. h.c. Horst Möller
Mitglieder: ca. 70
Zeitschrift: Vierteljahrshefte für Zeitgeschichte
Außenstellen: in Bonn und Berlin

• **T 3 635**

Evangelische Arbeitsgemeinschaft für kirchliche Zeitgeschichte
Schellingstr. 3, 80799 München
T: (089) 21 80 53 39 **Fax:** 21 80 28 28
Gründung: 1955
Vorsitzende(r): N.N.
Stellvertretende(r) Vorsitzende(r): Prof. Dr. Harald Schultze (OKR i.R.), Magdeburg
Geschäftsführer(in): N.N.
Mitglieder: 21

• **T 3 636**

Gesellschaft für Geistesgeschichte e.V.
c/o Univ. Potsdam, Historisches Institut
Postf. 60 15 53, 14415 Potsdam
Am Neuen Palais 10, 14469 Potsdam
T: (0331) 9 77 10 36, 9 77 17 39 **Fax:** 9 77 11 68
Gründung: 1958
Vorsitzende(r): Prof. Dr. Julius H. Schoeps
Geschäftsführer(in): Dr. Thomas Gerber

Verbandszeitschrift: Zeitschrift für Religions- und Geistesgeschichte
Redaktion: Dr. Thomas Gerber, Univ. Potsdam, Histor. Institut
Verlag: Brill-Verlag, Plantijnstraat 2, P.O. Box 9000, NL-2300 PA Leiden
Mitglieder: 90

• T 3 637

Arbeitsgemeinschaft Historischer Kommissionen und Landesgeschichtlicher Institute
Gisonenweg 5-7, 35037 Marburg
T: (06421) 1 84-0 **Fax:** 1 84-1 39
Vorsitzende(r): Prof.Dr. Roderich Schmidt

• T 3 638

Naturhistorische Gesellschaft Nürnberg e.V.
Marientorgraben 8 Norishalle, 90402 Nürnberg
T: (0911) 22 79 70 **Fax:** 2 44 74 41
Internet: http://www.nhg-nuernberg.de
Gründung: 1801 (22. Oktober)
Vorsitzende(r): Rainer Ott
Stellvertretende(r) Vorsitzende(r): Gisela Stellmacher
Verbandszeitschrift: Jahresmitteilungen "Natur und Mensch"
Mitglieder: 2000
Mitarbeiter: 1

• T 3 639

Naturhistorische Gesellschaft zu Hannover
Willy-Brandt-Allee 5, 30169 Hannover
T: (0511) 98 07-860 **Fax:** 98 07-880
E-Mail: naturkunde@compuserve.com
Gründung: 1797
Verbandszeitschrift: Berichte der NGH und Beihefte zu den Berichten der NGH
Verlag: Selbstverlag
Mitglieder: 600

• T 3 640

Naturwissenschaftlicher und Historischer Verein für das Land Lippe e.V.
Willi-Hofmann-Str. 2, 32756 Detmold
T: (05231) 7 66-0 **Fax:** 7 66-1 14

• T 3 641

Historischer Verein für Niedersachsen
Am Archiv 1, 30169 Hannover
T: (0511) 1 20 66 09 **Fax:** 1 20 66 99
Gründung: 1835
Vorsitzende(r): Dr. Dieter Brosius
Mitglieder: 900

• T 3 642

Historischer Verein für Oberpfalz und Regensburg
Keplerstr. 1, 93047 Regensburg
T: (0941) 5 67 46 84 **Fax:** 5 67 46 84
Gründung: 1830
Vorsitzende(r): Dr. Martin Dallmeier
Stellvertretende(r) Vorsitzende(r): Dr. Martin Angerer
Verbandszeitschrift: Verhandlungen des Historischen Vereins für Oberpfalz und Regensburg
Redaktion: Dr. Martin Angerer
Verlag: Michael Laßleben, Kallmünz
Mitglieder: 1185
Jahresetat: DM 0,06 Mio, € 0,03 Mio

• T 3 643

Hugo-Obermaier-Gesellschaft für Erforschung des Eiszeitalters und der Steinzeit
Kochstr. 4/18, 91054 Erlangen
T: (09131) 8 52 27 94 **Fax:** 8 52 63 94
Internet: http://www.uf.uni-erlangen.de/obermaier.html
E-Mail: cnzuechn@phil.uni-erlangen.de, p1altuf@phil.uni-erlangen.de
Gründung: 1951
Präsident(in): Prof. Dr. Burkhard Frenzel (Univ. Hohenheim)
Vizepräsident(in): Dr. Gernot Tromnau (Kultur- und Stadthistorisches Museum Duisburg)
Schriftführer(in): Dr. Christian Züchner (Univ. Erlangen-Nürnberg)
Schatzmeister: Prof. Dr. Ludwig Reisch (Univ. Erlangen-Nürnberg)
Verbandszeitschrift: Quartär - Jahrbuch f. Erforschung des Eiszeitalters und der Steinzeit
Verlag: Saarbrücker Druckerei und Verlag GmbH, Halbergstr. 3, 66121 Saarbrücken
Mitglieder: 230

• T 3 644

inkom. Bundesvereinigung für innerbetriebliche Kommunikation e.V.
Geschäftsstelle
Postf. 12 11 03, 30864 Laatzen
T: (0511) 8 75 68 04 **Fax:** 8 75 68 05
Gründung: 1966
1. Vorsitzende(r): Franz Rempe
Vorst. Mitgl.: Michael Schade
Rainer Benthaus
Ulrich Gerloff
Michael Kalthoff-Mahnke
Klaus-Michael Pooch
2. Vorsitzende(r): Ralf Jaeckel
Geschäftsführer(in): Walter Münstermann
Verbandszeitschrift: ibi-Informationsdienst
Redaktion: Wolfgang Trees, Fuchserde 44, 52066 Aachen
Verlag: Eigenverlag
Mitglieder: 250

t 3 645

Bundesvereinigung für innerbetriebliche Kommunikation e.V.
Arbeitsgruppe Baden-Württemberg
c/o Alcatel SEL AG
Lorenzstr. 10, 70435 Stuttgart
T: (0711) 82 14 36 52 **Fax:** 82 14 60 55
Anthea Götz

t 3 646

Bundesvereinigung für innerbetriebliche Kommunikation e.V.
Arbeitsgruppe Bayern
c/o Siemens AG, UKI
80312 München
T: (089) 6 36-32671 **Fax:** 6 36-32643
Dr. Gerhard Vilsmeier

t 3 647

Bundesvereinigung für innerbetriebliche Kommunikation e.V.
Arbeitskreis Brandenburg
c/o EKO Stahl GmbH
Postf. 72 52, 15872 Eisenhüttenstadt
T: (03364) 37 24 60 **Fax:** 4 40 20
Ramona Illgen

t 3 648

Bundesvereinigung für innerbetriebliche Kommunikation e.V.
Arbeitskreis Köln/Aachen/Bonn
c/o Stadtsparkasse
Postf. 10 35 44, 50475 Köln
T: (0221) 2 26 20 65 **Fax:** 21 22 65
Beatrix Mattar-Heger (Interne Kommunikation)

t 3 649

Bundesvereinigung für innerbetriebliche Kommunikation e.V.
Arbeitskreis Düsseldorf
c/o Mannesmann AG
Mannesmannufer 2, 40213 Düsseldorf
T: (0211) 8 20 28 38 **Fax:** 8 20 21 63
Georg Lohmann

t 3 650

Bundesvereinigung für innerbetriebliche Kommunikation e.V.
Arbeitskreis Hamburg/Bremen/Schleswig-Holstein
c/o Esso AG, PA-I
22285 Hamburg
T: (040) 63 93 22 30 **Fax:** 63 93 22 11
Marianne Wuth (kommissarisch)

t 3 651

Bundesvereinigung für innerbetriebliche Kommunikation e.V.
Arbeitskreis Hessen/Rheinland-Pfalz/Saar
c/o BASF AG, ZOA/MM-C 100
67056 Ludwigshafen
T: (0621) 6 04 52 42 **Fax:** 6 02 11 33
Jens-Georg Frey

t 3 652

Bundesvereinigung für innerbetriebliche Kommunikation e.V.
Arbeitskreis Niedersachsen
c/o Presse- und Literaturbüro Ralf Jaeckel
Trabuhn 12, 29485 Lemgow
T: (05883) 93 30 **Fax:** 93 32
Sprecher: Ralf Jaeckel

• T 3 653

Wirtschaftsarchiv Baden-Württemberg
70593 Stuttgart
Schloß Hohenheim, 70599 Stuttgart
T: (0711) 4 59 31 42 **Fax:** 4 59 37 10
E-Mail: wabw@uni-hohenheim.de
Gründung: 1980
Vorsitzende(r) des Vorstandes: Gerhard Goll (Vorstandsvorsitzender der Energie Baden-Württemberg AG und Vorstandssprecher der Badenwerk AG, Stuttgart)
Geschäftsführende(s) Vorstands-Mitglied(er): Dipl.-Volksw. Eva Dude (Hauptgeschäftsführerin des Baden-Württembergischen Industrie- und Handelskammertages, Stuttgart)
Vors. d. Kuratoriums: Peter Straub (Präsident des Landtags von Baden-Württemberg, Stuttgart)
Vors. d. wissenschaftl. Beirats: Prof. Dr. Harald Winkel (Universität Hohenheim, Stuttgart)
Direktor(in): Prof. Dr. G. Kollmer-v. Oheimb-Loup
Stellv. Archivleiterin: Dipl.oec. Jutta Hanitsch
Mitarbeiter: 6

• T 3 654

Institut für Zeitungsforschung
44122 Dortmund
Königswall 18, 44137 Dortmund
T: (0231) 50-2 32 21 **Fax:** 50-2 60 18
E-Mail: pbohrman@stadtdo.de
Direktor(in): Prof. Dr. Hans Bohrmann

• T 3 655

Mittelstandsforum e.V.
Zülpicher Str. 10, 53115 Bonn
T: (0228) 63 34 34 **Fax:** 65 88 99
Gründung: 1988
1. Vorsitzende(r): Rotraut Strahl
2. Vorsitzende(r): Karl-Josef Pütz
3. Vors: Hans Schwamborn-Kolibius
Geschäftsführer(in): Carl Horst Schroeder
Mitglieder: 12000

• T 3 656

Institut für Kommunikationswissenschaft, Medienwissenschaft und Musikwissenschaft der Technischen Universität Berlin
Sekr. H63
Straße des 17.Juni 135, 10623 Berlin
T: (030) 3 14-2 22 35 **Fax:** 3 14-2 11 43
T-Online *3 5830*
Geschäftsführender Direktor: Prof. Dr. Christian Martin Schmidt
Mitarbeiter: 20

• T 3 657

Gesellschaft für Medien in der Wissenschaft e.V. (GMW)
c/o Medienzentrum der Universität Siegen
57068 Siegen
T: (0271) 7 40-4715 **Fax:** 7 40-2526
Internet: http://www.gmw-online.de
Gründung: 1991 (14. Juni)
Vorsitzende(r): Dr. Hartmut Simon (GMW c/o Medienzentrum, Universität Siegen, 57068 Siegen)
Stellvertretende(r) Vorsitzende(r): Prof. Dr. Peter Baumgartner (Universität Innsbruck)
Dr. Mechthild Hauff (FernUniversität Hagen)
Michael Kindt (Universität Hildesheim)
Schatzmeister: Heinz Hafke (Postf. 114, 29457 Clenze)
Verbandszeitschrift: GMW FORUM
Redaktion: Prof. Dr. Peter Baumgartner, Universität Innsbruck
Verlag: GMW e.V. c/o IWF, Nonnenstieg 72, 37075 Göttingen
Mitglieder: ca. 200

• T 3 658

Gesellschaft für Rheinische Geschichtskunde
Stadtarchiv
Severinstr. 222-228, 50676 Köln
T: (0221) 2 21-23 27 **Fax:** 2 21-24 80
Gründung: 1881
Vorsitzende(r): Prof. Dr. Wilhelm Janssen
Stellvertretende(r) Vorsitzende(r): Prof. Dr. Ottfried Dascher
Schriftführer(in): Dr. Everhard Kleinertz
Stellv. Schriftführer: Dr. Manfred Groten
Mitglieder: ca. 220

• T 3 659

Verband bayerischer Geschichtsvereine e.V.
Austr. 18, 83022 Rosenheim
Gründung: 1906
1. Vorsitzende(r): Dr. Manfred Treml
Verbandszeitschrift: Mitteilungen des Verbandes
Verlag: Eigenverlag

Mitglieder: 210
Mitarbeiter: 6
Jahresetat: DM 0,015 Mio, € 0,01 Mio

• T 3 660

Kunstgeschichtliche Gesellschaft zu Berlin
Bodestr. 1-3, 10178 Berlin
T: (030) 20 90 56 07 **Fax:** 20 90 56 02
Gründung: 1887
Vorsitzende(r): Prof. Dr. Reiner Haussherr
Leitung Presseabteilung: Prof. Dr. Hartmut Krohm
Mitglieder: 120

• T 3 661

Gesamtverein der deutschen Geschichts- und Altertumsvereine
Am Archiv, 30169 Hannover
(Hauptstaatsarchiv)
T: (0511) 1 20 66 10 **Fax:** 1 20 66 99
Gründung: 1852
Vorsitzende(r): Dr. Dieter Brosius
Stellvertretende(r) Vorsitzende(r): Prof. Dr. Alfred Wendehorst
Verbandszeitschrift: Blätter für deutsche Landesgeschichte
Redaktion: Dr. H.-G. Borck, Karmeliterstr. 1-3, 56073 Koblenz
Verlag: Selbstverlag
Mitglieder: ca. 239 Vereine und Institutionen

Förderung der vergleichenden Landesgeschichte.

• T 3 662

Institut für Kommunikationswissenschaft (Zeitungswissenschaft) der Universität München
Oettingenstr. 67, 80538 München
T: (089) 21 78-2511 **Fax:** 21 78-2429
E-Mail: pauler@ifkw.uni-muenchen.de
Gründung: 1924
Vorstand: Prof. Dr. Heinz-Werner Stuiber
Geschäftsführer(in): Dipl.-Kfm. Karl Pauler (Ltg. Presseabt.)
Mitglieder: ca. 2000 Studenten
Mitarbeiter: 28 (6 Professoren, 16 Assistentinnen u. Assistenten, 2 Bibliothekarinnen, 4 Verwaltungsangestellte)

• T 3 663

Institut für Kommunikationswissenschaft der Westfälischen Wilhelms-Universität
Bispinghof 9-14, 48143 Münster
T: (0251) 83-24261 **Fax:** 83-28394
Gründung: 1927
Direktor(in): Prof. Dr. Miriam Meckel (geschäftsf.)
Mitglieder: z. Zt. 1800 Studierende
Mitarbeiter: 11

Fachverband:
Deutsche Gesellschaft für Publizistik- und Kommunikationswissenschaft e.V.

• T 3 664

Niedersächsische Staats- und Universitätsbibliothek
Platz der Göttinger Sieben 1, 37073 Göttingen
T: (0551) 39-52 12, 39-52 31
Gründung: 1734
Leitung: Prof. Dr. E. Mittler
Mitarbeiter: 250
Sondersammelgebiete: u.a. Naturwissenschaften allgem., Geographie, Weltraumforschung, Anglistik, Großbritannien u. Nordamerika, Astronomie, Astrophysik, Geophysik, Forstwissenschaft)
Erwerbungsetat: DM 5 Mio

• T 3 665

Lehrstuhl für Kommunikations- und Politikwissenschaft im Sozialwissenschaftlichen Institut der Friedrich-Alexander-Universität Erlangen-Nürnberg
Postf. 39 31, 90020 Nürnberg
Findelgasse 9, 90402 Nürnberg
T: (0911) 53 02-6 74 **Fax:** 53 02-6 59
Internet: http://www.wiso.uni-erlangen.de/WISO/Sozw/kommpol/
E-Mail: winfried.schulz@wiso.uni-erlangen.de
Direktor(in): Prof. Dr. Winfried Schulz

• T 3 666

Münchner Kreis Übernationale Vereinigung für Kommunikationsforschung e.V.
Tal 16, 80331 München
T: (089) 22 32 38 **Fax:** 22 54 07
E-Mail: office@muenchner-kreis.de
Gründung: 1974 (17. September)
Vorsitzende(r) des Vorstandes: Prof. Dr.Dr.h.c. Arnold Picot
Geschäftsführer(in): Dipl.-Phys. Volker Gehrling
Mitglieder: 197

• T 3 667

Gesellschaft für deutsche Sprache e.V.
Spiegelgasse 13, 65183 Wiesbaden
T: (0611) 99 95 50 **Fax:** 9 99 55 30
Gründung: 1947 (10. Januar)
Vorsitzende(r): Prof. Dr. Rudolf Hoberg (Technische Universität Darmstadt)
Geschäftsführer(in): Dr. Karin M. Frank-Cyrus
Verbandszeitschrift: Der Sprachdienst (H. Walther), Muttersprache (Dr. G. Müller)
Mitglieder: 2200
Mitarbeiter: 14
Jahresetat: DM 1,3 Mio, € 0,66 Mio

• T 3 668

Deutscher Romanistenverband (DRV)
Institut für Romanische Philologie der Universität München
Ludwigstr. 25, 80539 München
T: (089) 21 80-2288
Gründung: 1953
1. Vorsitzende(r): Prof. Dr. Wulf Oesterreicher (Institut für Romanische Philologie der Universität München, Ludwigstr. 25, 80539 München, T: (089) 21 80-3426)
1. Stellvertreter: Prof. Dr. Dieter Ingenschay (Institut für Romanistik der Humboldt-Universität zu Berlin, Unter den Linden 6, 10117 Berlin, T: (030) 20 93-5111/5112)
2. Stellvertreterin: PD Dr. Elisabeth Burr (Universität-Gesamthochschule Duisburg, Lotharstr. 65, 47057 Duisburg, T: (0203) 3 89-1957)
Beauftragter für Öffentlichkeitsarbeit: Prof. Dr. Thomas Krefeld (Institut für Romanische Philologie der Universität München, Ludwigstr. 25, 80539 München, T: (089) 21 89-2289/2197)
Schatzmeister (Treasurer): PD Dr. Martin Haase (Universität Osnabrück, FB 7 - Sprach- und Literaturwissenschaft, Neuer Graben 40, 49069 Osnabrück)
Verbandszeitschrift: Mitteilungen des DRV
Redaktion: Prof. Dr. Thomas Krefeld
Verlag: Selbstverlag
Mitglieder: ca. 1100

• T 3 669

Deutsche Akademie für Sprache und Dichtung
Alexandraweg 23, 64287 Darmstadt
T: (06151) 40 92-0 **Fax:** 40 92-99
E-Mail: deutsche.akademie@t-online.de
Gründung: 1949 (28. August)
Präsident(in): Prof. Dr. Christian Meier
Generalsekretär(in): Dr. Gerhard Dette
Leitung Presseabteilung: Corinna Blattmann
Verbandszeitschrift: Jahrbuch
Redaktion: Michael Assmann
Verlag: Wallstein-Verlag GmbH, Planckstr. 23, 37073 Göttingen
Mitglieder: 173
Mitarbeiter: 7
Jahresetat: DM 1,289 Mio, € 0,66 Mio

Berufliche und fachliche Aus- und Fortbildung, Nachwuchsförderung

• T 3 670

Bundesarbeitsgemeinschaft der Berufsbildungswerke (BAG BBW)
Geschäftsstelle
Zähringerstr. 42-59, 77652 Offenburg
T: (0781) 79 08-113 **Fax:** 7 07 90
Internet: http://www.bagbbw.de
E-Mail: bagbbw@t-online.de
Vorsitzende(r): Armin Fink
Verbandszeitschrift: Berufliche Rehabilitation
Redaktion: Dr. Asam, BBW Augsburg
Verlag: Lambertusverlag, Freiburg
Mitglieder: 49 Berufsbildungswerke

• T 3 671

Berufsbildungswerk der Deutschen Versicherungswirtschaft e.V. (BWV)
Arabellastr. 29, 81925 München
T: (089) 92 20 01-30 **Fax:** 92 20 01-44
Internet: http://www.bwv-online.de
Vorstand: Dr. Stefan Lippe (Vors.), München
Josef Beutelmann (stellv. Vors.), Wuppertal
Dr. Uwe-Volker Bilitza (stellv. Vors.), Köln
Uwe H. Reuter (stellv. Vors.), München
Dr. Roland Delbos, Köln
Dr. Heiner Feldhaus, Hannover
Wolfgang Flaßhoff, Coburg
Michael Heinz, Siegen
Dr. Joachim Lemppenau, Hamburg
Hauptgeschäftsführer(in): Walter Bockshecker, München

Das Berufsbildungswerk der Deutschen Versicherungswirtschaft e.V. ist ein von der deutschen Versicherungswirtschaft getragener Berufsverband zur überbetrieblichen Berufsbildung der Mitarbeiter in der Versicherungswirtschaft.

• T 3 672

Berufsbildungswerk der Versicherungswirtschaft in Berlin-Brandenburg (BWV) e.V.
Sitz und Geschäftsstelle:
Kurfürstendamm 24, 10719 Berlin
T: (030) 88 78-19 06
Vorstand: Dr. Günter Schäfer (Sprecher)
Michael Beckord
Dr. Wolfgang Bühler
Wolf-Rainer Hermel
Stefan Horenburg
Kurt Miehe
GeschF u. Studienltr: Stefan Horenburg

• T 3 673

Berufsbildungswerk der Versicherungswirtschaft in Dortmund e.V.
- Institut für Berufsbildung -
Joseph-Scherer-Str. 3, 44139 Dortmund
T: (0231) 1 35-37 13
Gründung: 1971 (2. November)
Vorsitzende(r): Martin Rohm
Geschäftsführer(in): Wolfgang Schwarzer
Mitglieder: 48 Mitgliedsunternehmen

• T 3 674

Berufsbildungswerk der Versicherungswirtschaft in Hessen e.V.
Geschäftsführung:
Postf. 16 60, 61406 Oberursel
Alte Leipziger-Platz 1, 61440 Oberursel
Sitz: Frankfurt am Main -
Zweigstellen in Darmstadt und Gießen
T: (06171) 66-3169 **Fax:** 66-2255
Internet: http://www.bwv-online.de
E-Mail: frankfurt@bwv-online.de
Gründung: 1948
Ehrenvorsitzender: Jochen Stöhr, Oberursel
Vorstand: Prof. Dr. Theo Scherer (Vors. d. Vorst., Studienleiter Deutsche Versicherungs-Akademie (DVA), Frankfurt a.M.)
Manfred Berg (stellv. Vors., Vors. d. Geschäftleitung AXA-Colonia Vers. AG, Zweig-NL Frankfurt a.M.)
Wolfgang Berheide (stellv. Vors., Stellvertreter d. Vors. im Bezirksverband Frankfurt-Rhein-Main Bundesverband Deutscher Versicherungskaufleute, Frankfurt a.M.)
Hans-Dieter Breitenhuber (Vorst.Mitgl., Mitglied d. Geschäftsleitung Zürich-Aggrippina Beteiligungs-AG, Frankfurt a.M.)
Wolfgang Faden (Vorst.Mitgl., Geschf. Gerling Industrie-Service GmbH-Südwest, Frankfurt a.M.)
Werner Kraft (Vorst.Mitgl., Mitglied d. Geschäftsleitung Helvetia-Versicherungen, NL für Deutschland, Frankfurt a.M.)
Jürgen Hammer (Schatzmeister, Mitglied d. Geschäftsleitung Gothaer Versicherungsbank VVaG, NL Frankfurt)
Walter Hochenauer (Schriftführer), Langen
Winfried Anolick (stellv.Vorstandsmitgl., Mitglied d. Geschäftsleitung Basler Versicherungen, Direktion für Deutschland, Bad Homburg)
Manfred Bruhn (stellv.Vorstandsmitgl., Mitglied der Vorstände Alte Leipziger Unternehmensverbund, Oberursel)
Franz Petzold (stellv.Vorstandsmitgl., Stellv. d. Vors. im Bezirksverband Frankfurt-Rhein-Main Bundesverband Deutscher Versicherungskaufleute, Frankfurt a.M.)
Geschäftsführer(in): Renate Tittel (Prüfungsbeauftragte Vers.Fachmann (BWV))
Studienleitung: Vers.-Fachwirt Arnold Aschmann
Vers.-Fachwirt Wolf-Dieter Lang (Stv.)
DVA: Prof. Dr. Theo Scherer
Mitglieder: 570
Mitarbeiter: 3

• T 3 675

Berufsbildungswerk der Deutschen Versicherungswirtschaft in Nürnberg e.V.
Rathenauplatz 16-18, 90489 Nürnberg
T: (0911) 5 31-24 47 **Fax:** 5 31-38 68
Vorstand: Dr. Georg Bayer (Aufsichtsratsvorsitzender; Nürnberg, Vorsitzender)
H.-P. Schmidt (Vorstandsvorsitzender; Schatzmeister, Nürnberg)
D. Leuzinger (Abt.-Dir., Schriftführer, Nürnberg)
Mitglieder: 60

• T 3 676

Berufsbildungswerk der Versicherungswirtschaft Wiesbaden/Mainz e.V. (BWV)
John-F.-Kennedy-Str. 1, 65189 Wiesbaden
T: (0611) 5 33 58 50 **Fax:** 5 33 60 24

Leiter der Verbindungsstelle: N.N.
Vorstand: Wulf-R. Schmidt (Sparkassen-Versicherung)
Dr. Fliegner (Berlinische Leben)
Karl-Friedrich Jutten (DBV Winterthur Versicherung)
Geschäftsführer(in): Silvia Lanzendörfer (Ltg. Presseabt.)
Mitglieder: 122
Jahresetat: DM 0,056 Mio, € 0,03 Mio

• **T 3 677**

Nürnberger Akademie für Absatzwirtschaft e.V. (NAA)
Fürther Str. 212, 90429 Nürnberg
T: (0911) 91 97 69-0 **Fax:** 91 97 69-20
Internet: http://www.naa.de
E-Mail: naa.gmbh@t-online.de
Gründung: 1963
Präsident(in): Dipl.-Pol. Uwe Hoch (Handelsblatt GmbH, Düsseldorf)
Vorsitzende(r): Prof. Dr. Frank Wimmer (Universität Bamberg)
Hauptgeschäftsführer(in): Ronald Endler

• **T 3 678**

Deutsche Akademie für Städtebau und Landesplanung (DASL)
Karl-Hofer-Str. 21, 14163 Berlin
T: (030) 80 90 30 21 **Fax:** 80 90 30 22
Präsident(in): Prof. Dipl.-Ing. Hanns Adrian (Stadtbaurat der Landeshauptstadt Hannover, Friedrichswall 4, 30159 Hannover, T: (0511) 1 68 59 82)
Geschäftsführer(in): Dipl.-Ing. Lothar Juckel (Kurfürstendamm 188/189, 10707 Berlin)
Mitglieder: ca. 300

Landesgruppen:
Baden-Württemberg; Bayern; Berlin/Brandenburg; Hamburg/Schleswig-Holstein/Mecklenburg-Vorpommern; Hessen/Rheinland-Pfalz/Saarland; Niedersachsen-Bremen; Nordrhein-Westfalen; Sachsen; Sachsen-Anhalt/Thüringen

• **T 3 679**

Akademie der Arbeit in der Universität Frankfurt am Main
Mertonstr. 30, 60325 Frankfurt
T: (069) 77 20 21 **Fax:** 7 07 34 69
Leitung: Prof. Dr. Diether Döring
Prof. Dr. Otto Ernst Kempen
Prof. Dr. Renate Neubäumer

• **T 3 680**

Gesellschaft für Arbeitsmethodik e.V. (GfA)
Zum Zörr 15, 41462 Neuss
T: (02131) 6 55 44 **Fax:** 6 35 38
Internet: http://www.g-f-a.de
E-Mail: duessel@g-f-a.de
Gründung: 1954 (10. Januar)
1. Vorsitzende(r): Mirko Düssel (Ltg. Presseabt.)
Stellv. Vorsitzender: Dipl-Kfm. Wolfgang Reich (Te:0421/3491566)
Verbandszeitschrift: Der Arbeitsmethodiker
Redaktion: Dipl.-Ing. Helmut L. Clemm
Verlag: Rotkäppchenstr. 83, 81739 München
Mitglieder: 1500

Fachzeitschrift "Der Arbeitsmethodiker", GfA-Methodenhandbuch (Erfolgsmethoden). Kongresse und Seminare für Arbeitsmethodik, Kommunikation, Führung und Lebensgestaltung sowie monatliche Veranstaltungen in vielen Städten zu Arbeits-und Führungsmethodik, Kommunikation und Rhetorik, Zeitmanagement, Selbstmanagement und Selbsthilfe, Lebensgestaltung, Förderung des persönlichen Erfahrungsaustauschs, 30 Regionalgruppen.

• **T 3 681**

didacta
Deutscher Didacta Verband

Deutscher Didacta Verband e.V. (ddv)
Rheinstr. 94, 64295 Darmstadt
T: (06151) 31 91 41 **Fax:** 31 91 44
Internet: http://www.didacta-verband.de
E-Mail: info@didacta-verband.de
Gründung: 1949 (21. Juni)
Präsident(in): Lothar Ammann
Geschäftsführer(in): Reinhard Koslitz
Presseabteilung: Sibylle Elbert
Messeorganisation: Raquel Jarillo
Verbandszeitschrift: didacta actuell
Mitglieder: 140
Mitarbeiter: 4

Zusammen mit den Mitgliedsfirmen (Verlage, Lehrmittelhersteller, Einrichter und Ausstatter von Bildungsstätten, Fachhandel) und anderen partnerschaftlich verbundenen Organisationen arbeitet der ddv an einer stetigen Verbesserung der Chancen sowohl der Anbieter als auch der Konsumenten am Bildungsmarkt. Zielmärkte: Kindergarten, Vorschule, Schule, Hochschule, berufl. Ausbildung und Qualifikation, Weiterbildung und Training, Erwachsenenbildung und Führungskräftetraining. Der ddv ist ideeller Träger der Bildungsmesse Interschul/didacta, die ab 1999 jährlich an wechselnden Standorten veranstaltet wird.

• **T 3 682**

Verband Berufliche Qualifizierung (Q-Verband) e.V.
Am Stadthafen 42-50, 45881 Gelsenkirchen
T: (0209) 49 71 14 **Fax:** 49 71 15
E-Mail: QUALIFICATION@t-online.de
Gründung: 1991 (26. Februar)
Präsident(in): Jens Uwe Martens (IWL GmbH)
Vizepräsident(in): Rainer Hartlep (TELERAT GmbH)
Hermann Röder (Z.W.H. e.V.)
Geschäftsführer(in): Wolfgang Reuter (Leitung Presseabt.)
Verbandszeitschrift: Q-magazin
Verlag: Q-Service GmbH, Enfieldstr. 112, 45966 Gladbeck
Mitglieder: 250
Mitarbeiter: 5
Verbandsmesse: QUALIFIKATION, QUALIFICATION ASIA, QUALIFIKATION America

• **T 3 683**

Zweckverband Münchener Fachakademie für Augenoptik - Körperschaft des öffentl. Rechts -
Marsplatz 8, 80335 München
T: (089) 1 24 07-0 **Fax:** 1 24 07-2 22
Vorsitzende(r): Elisabeth Weiß-Söllner
Ltr. d. Geschäftsstelle: Dr. Franz Nickel

• **T 3 684**

Förderverein Bekleidungsfachschule Naila e.V. (FBN)
c/o Verband Textilbekleidung
Gewürzmühlstr. 5, 80538 München
T: (089) 21 21 49-0 **Fax:** 29 14 60
Geschäftsführer(in): Xaver Aschenbrenner

• **T 3 685**

Stiftung Gesellschaft & Recht e.V.
Zur Boeckelt 20, 47608 Geldern
T: (02831) 10 95 **Fax:** 10 97

t 3 686

Zentralstelle für die Ausbildung im Detektivgewerbe (ZAD)
GmbH der Stiftung Gesellschaft & Recht
Postf. 12 05, 47592 Geldern
Zur Boeckelt 20, 47608 Geldern
T: (02831) 10 95 **Fax:** 10 97
Internet: http://www.detektiv-kurier.de
E-Mail: Manfred-W-Kocks@t-online.de
Gründung: 1986 (8. November)
Leitung Presseabteilung: Manfred Kocks (E-Mail: Manfred-W-Kocks@t-online)
Mitglieder: 3 Verbände, 7 Stiftungsmitglieder
Mitarbeiter: 6
Zeitschrift: "DETEKTIV-KURIER",
Redaktion: Manfred Kocks,
Verlag: Eigenverlag

t 3 687

Detektivverlag GmbH der Stiftung Gesellschaft & Recht
Postf. 12 05, 47592 Geldern
Zur Boeckelt 20, 47608 Geldern
T: (02831) 10 95 **Fax:** 10 87
Internet: http://www.detektiv-kurier.de
E-Mail: manfred-w-kocks@t-online.de
Gründung: 2000 (1. Januar)
Geschäftsführer(in): Manfred Kocks (Herausgeber und Chefredakteur)
Verbandszeitschrift: Detektiv-Kurier
Mitarbeiter: 6

• **T 3 688**

Arbeitskreis Prägefoliendruck e.V.
c/o Rainer Hummel, Oeserwerk Ernst Oeser & Söhne KG
Postf. 9 80, 73009 Göppingen
Rigistr. 20, 73037 Göppingen
T: (07161) 80 09-94 **Fax:** 80 09-10
Gründung: 1973
Vorsitzende(r): Dr. Franz-Josef Vollherbst (Vollherbst-Druck GmbH, Lichteneckstr. 1, 79346 Endingen, T: (07642) 6 81-0, Fax: (07642) 24 41)
Stellvertretende(r) Vorsitzende(r): Frank Denninghoff (Gräfe Druck GmbH, Eckendorfer Str. 82-84, 33609 Bielefeld, T: (0521) 9 72 05-0, Telefax: (0521) 9 72 05-50)
Leitung Presseabteilung: Rainer Hummel (CFC Oeserwerk GmbH, Rigistr. 20, 73037 Göppingen, T: (07161) 80 09-130, Fax: (07161) 80 09-10)
Mitglieder: 18

• **T 3 689**

Freundeskreis Deutscher Auslandsschulen e.V.
Breite Str. 29, 10178 Berlin
T: (030) 2 03 08-1106 **Fax:** 2 03 08-1113
Vorsitzende(r): Dipl.-Ing. Hans Peter Stihl
Stellvertretende(r) Vorsitzende(r): Dr. Franz Schoser (Adenauerallee 148, 53113 Bonn)
Geschäftsführer(in): Philipp Graf von Walderdorff (T: (0228) 1 04-1 06, Telefax: (0228) 1 04-1 99)

• **T 3 690**

Wirtschaftsfachschule für Tourismus
Hindenburgstr. 13a, 53925 Kall
T: (02441) 43 58 **Fax:** 77 02 30
E-Mail: wft.kall@t-online.de
Gründung: 1990
Leiter(in): Willibert Witten
Mitarbeiter: 12

• **T 3 691**

Fachinstitut für Schulungen in der Reisebranche e.V. (FSR e.V.)
Frankstr. 1, 58135 Hagen
T: (02331) 9 04-737 **Fax:** 9 04-740
Vorstand: Hans-Georg Kraus
Rolf Diek
Josef Vollstedt
Geschäftsführer(in): Christian Schröder

• **T 3 692**

Deutscher Akademischer Austauschdienst (DAAD)
Postf. 20 04 04, 53134 Bonn
Kennedyallee 50, 53175 Bonn
T: (0228) 8 82-0 **Fax:** 88 24 44
Internet: http://www.daad.de
E-Mail: postmaster@daad.de
Gründung: 1950 (5. August)
Präsident(in): Prof. Dr. Theodor Berchem
Vizepräsident(in): Prof. Dr. Max G. Huber
Generalsekretär(in): Dr. Christian Bode
Presse: Friederike Schomaker
Verbandszeitschrift: DAAD-Letter, PostScript
Mitglieder: 231 Hochschulen und 129 Studentenschaften
Mitarbeiter: 451 (inkl. DAAD-Außenstellen)
Jahresetat: ca. DM 395,7 Mio, € 202,32 Mio

• **T 3 693**

FORUM
Berufsbildung e.V.

Forum Berufsbildung e.V.
Charlottenstr. 2, 10969 Berlin
T: (030) 25 90 08-0 **Fax:** 2 51 87 22
Internet: http://www.forum-berufsbildung.de
E-Mail: forum-berufsbildung@bln.de
Gründung: 1985
Geschäftsführer(in): Helmut Riethmüller
Leitung Presseabteilung: Claudia Hesping
Mitarbeiter: 30 feste, 150 freie Dozenten

• **T 3 694**

Internationale Jugendgemeinschaftsdienste Bundesverein e.V. - Gesellschaft für internationale und politische Bildung - Gemeinnütziger Verein
Kaiserstr. 43, 53113 Bonn
T: (0228) 2 28 00-0 **Fax:** 2 28 00-24
Gründung: 1949

1. Vorsitzende(r): Kerstin Thürnau
2. Vorsitzende(r): Claus Bittner
Geschäftsführer(in): Jürgen Wittmer
Mitglieder: 150
Mitarbeiter: 52
Jahresetat: ca. DM 10 Mio, € 5,11 Mio
Internationale Jugendgemeinschaftsdienste:
Landesverein Baden-Württemberg e.V.
Landesverein Berlin e.V.
Landesverein Brandenburg e.V.
Landesverein Hamburg-Schleswig-Holstein e.V.
Landesverein Hessen e.V.
Landesverein Mecklenburg-Vorpommern e.V.
Landesverein Niedersachsen e.V.
Landesverein Nordrhein-Westfalen e.V.
Landesverein Rheinland-Pfalz - Saarland e.V.
Landesverein Sachsen e.V.
Landesverein Sachsen-Anhalt e.V.
Landesverein Süddeutschland e.V.
Landesverein Thüringen e.V.

• T 3 695

Bankakademie e.V.
Postf. 10 03 41, 60003 Frankfurt
Oeder Weg 16-18, 60318 Frankfurt
T: (069) 1 54 00 80 **Fax:** 55 14 61
Internet: http://www.bankakademie.de
E-Mail: info@bankakademie.de
Gründung: 1957
Vorstand: Prof. Dr. Udo Steffens (Vors.)
Ingolf Jungmann
Wiss. Ltr.: Prof. Dr. Joachim Süchting
Leitung Presseabteilung: Thomas Krause
Mitarbeiter: 150

• T 3 696

Vereinigung für Bankberufsbildung e.V.
Postf. 70 11 52, 60561 Frankfurt
Darmstädter Landstr. 125, 60598 Frankfurt
T: (069) 60 50 10-0 **Fax:** 60 50 10-74
Internet: http://www.vbb.de
E-Mail: info@vbb.de
Gründung: 1971 (20. Oktober)
Beirat: Manfred Groos (Vors.), Stuttgart
Prof. Dr. Jörg-Engelbrecht Cramer (stellv. Vors.)
Dr. Hans-Georg Engel
Jürgen Förster
Stephan Steuer
Geschf. Vorst.: Manfred Gogolin
Verbandszeitschrift: vbb-Newsletter
Mitglieder: 186
Mitarbeiter: 25
Jahresetat: DM 12,8 Mio, € 6,54 Mio

Offene und unternehmenspezifische Seminarprogramme; Bildungsbedarfsanalyse; Entwicklung und Einführung computerunterstützter Lehr- und Lernmedien; Herausgabe von Fachliteratur; Frankfurter Ausbildungskooperation.

• T 3 697

Kuratorium der Deutschen Wirtschaft für Berufsbildung
Adenauerallee 8a, 53113 Bonn
T: (0228) 9 15 23-0 **Fax:** 9 15 23 99
E-Mail: kwb@kwb-berufsbildung.de
Gründung: 1970
Vorsitzende(r) des Vorstandes: Dr. Barbara Dorn (Bundesvereinigung der Deutschen Arbeitgeberverbände, Haus der Deutschen Wirtschaft, Breite Str. 29, 10178 Berlin, T: (030) 20 33-0)
Geschäftsführerin: Helen Diedrich-Fuhs
Mitglieder: 8

• T 3 698

Verband Bayerischer Wirtschaftsphilologen e.V.
Jahnstr. 17, 85567 Grafing
T: (08092) 50 79 **Fax:** 3 26 20
Gründung: 1906
1. Vorsitzende(r): Oberstudienrat Fritz Pawlick (Elly-Heuss-Gymnasium, Weiden)
1. Stellv.: Studiendirektor Georg Neumann (Michaeli-Gymnasium, München)
2. Stellv.: Katharina Rauscher
3. Stellv.: Dr. Peter Greimel
Kassenwart: Walter Fischer
Verbandszeitschrift: Mitteilungen des Verbandes Bayerischer Wirtschaftsphilologen
Verlag: Eigenverlag, Grafing
Mitglieder: 992
Jahresetat: DM 0,016 Mio, € 0,01 Mio

• T 3 699

AFN Gesellschaft für Ausbildung, Fortbildung und Nachschulung e.V.
Sülzburgstr. 13, 50937 Köln
T: (0221) 41 33 11, 41 55 54 **Fax:** 9 41 78 40
Internet: http://www.afn.de
E-Mail: afn@afn.de
Gründung: 1978 (1. Juni)
1. Vors. und PR: Dr. rer. nat. Edgar Spoerer
Stv. Vors. und PR: Dr. Brigitte Krohn
Schatzmeister: Beate Gassen

• T 3 700

Freunde und Förderer der Berufsakademie Heidenheim e.V.
Wilhelmstr. 10, 89518 Heidenheim
T: (07321) 38-19 30
Gründung: 1985
1. Vorsitzende(r): Dipl.-Kfm. Friedrich Pohl
Schatzmeister: Dipl.-Betriebswirt Klaus Wolf
Geschäftsführer(in): Peter Zabka-Stolch

• T 3 701

Berufsakademie Staatliche Studienakademie
Marienplatz 2, 88212 Ravensburg
T: (0751) 8 06-2700 **Fax:** 1 76 95
Gründung: 1978 (1. Oktober)
Direktor(in): Prof. Dr. Winter
Stellvertretender Direktor: Prof. Dr. Friedrich Vorster
Leitung Presseabteilung: Thomas Schieber
Mitarbeiter: 61
Studenten: 1290

• T 3 702

Berufsakademie Emsland e.V.
Postf. 12 07, 49782 Lingen
An der Kokenmühle, 49808 Lingen
T: (0591) 9 12 80-0 **Fax:** 9 12 80 15
E-Mail: ba-emsland@ba-emsland.de
Gründung: 1988 (1. Dezember)
Vorsitzende(r): Jürgen Lescher (Fa. Wavin GmbH)
Stellvertretende(r) Vorsitzende(r): Heinz-Ludwig Groß (Fa. Nordland Papier AG)
Dr. Peter Beckmann
Hauptgeschäftsführer(in): Dr. Thomas Steinkamp
Mitglieder: 50

• T 3 703

Berufsakademie Lörrach
Staatliche Studienakademie
University of Cooperative Education
Hangstr. 46-50, 79539 Lörrach
T: (07621) 20 71-0 **Fax:** 20 71-119
Internet: http://www.ba-loerrach.de
E-Mail: info@ba-loerrach.de
Gründung: 1981
Direktor: Prof. Dr. Bernd Martin
Mitarbeiter: 50 Mitarbeiter, 750 Studenten

• T 3 704

Berufsakademie Mannheim
Staatliche Studienakademie
Coblitzweg 7, 68163 Mannheim
T: (0621) 41 05-1 00 **Fax:** 41 05-1 01
Internet: http://www.ba-mannheim.de
E-Mail: info@ba-mannheim.de
Direktor(in): Prof. Windel
Stellvertretender Direktor: Prof. Schröder
Ltd.Verw.Beamter: Verw.-Dir. Lutz

• T 3 705

Berufsakademie Mosbach
Staatliche Studienakademie
University of Cooperative Education
Lohrtalweg 10, 74821 Mosbach
T: (06261) 8 71 00 **Fax:** 87-504, 87-104
Internet: http://www.ba-mosbach.de
E-Mail: info@ba-mosbach.de
Direktor(in): Prof. A. von Freyhold
Stellvertretender Direktor: Prof. Dipl.-Ing. R. Geilsdörfer
Verwaltungsdirektor: Siegfried Glier

• T 3 706

Berufsakademie Sachsen
Staatliche Studienakademie Bautzen
Staatliche Studienakademie Bautzen
Postf. 18 20, 02608 Bautzen
Löbauer Str. 1, 02625 Bautzen
T: (03591) 3 53-00 **Fax:** 3 53-226
Internet: http://www.ba-bautzen.de
E-Mail: postmaster@ba-bautzen.de

• T 3 707

Berufsakademie Stuttgart
Postf. 10 05 63, 70004 Stuttgart
Jägerstr. 56, 70174 Stuttgart
T: (0711) 18 49-6 60 **Fax:** 18 49-7 19
Internet: http://www.ba-stuttgart.de
E-Mail: info@ba-stuttgart.de
Gründung: 1974 (1. Oktober)
Direktor(in): Prof. Dr. W. Schneider
Stellvertretender Direktor: Prof. Heß
Ausbildungsbereichs-Ltr.: Prof. Dr. Wendt (Sozialwesen)
Prof. Heß (Technik)
Prof. Dr. Rössle (Wirtschaft)
Ltg. Außenst. Horb: Prof. Dr. Günther
Leitung Presseabteilung: Jürgen Reinert
Mitarbeiter: 120
Kapazität: 4000 Studierende
Jahresetat: DM 18 Mio, € 9,2 Mio

• T 3 708

Berufsakademie Villingen-Schwenningen Staatliche Studienakademie
Staatliche Studienakademie
Erzbergerstr. 17, 78054 Villingen-Schwenningen
T: (07720) 39 06-0 **Fax:** 39 06-119
Gründung: 1975
Direktor(in): Prof. G. Riegraf
Stellv. Dir: Prof. Dr. U. Sommer
Verw.Dir: OAR Distel
Mitarbeiter: 58

• T 3 709

Arbeitskreis Textilunterricht NRW e.V.
Annostr. 32, 40489 Düsseldorf
T: (0211) 40 17 11 **Fax:** 4 79 07 84
E-Mail: uaktx@gruellich.de
Gründung: 1972
1. Vorsitzende(r): Ursula Grüllich (Annostr. 32, 40489 Düsseldorf, T: (0211) 40 17 11)
Stellvertretende(r) Vorsitzende(r): Eleonore Beckers
GeschF u. Kassiererin: Gertrud Gräfin von Plettenberg (Im lütken Esch 18, 48291 Telgte, T: (02504) 89 34, Telefax: (02504) 8 87 37)
Leitung Presseabteilung: Marie-Luise Benner-Baer (T: (0221) 37 11 78, Telefax: (0221) 37 11 78)
Verbandszeitschrift: Textilgestaltung
Redaktion: Eleonore Beckers
Verlag: Burgstr. 33, 52074 Aachen, T: (0241) 8 34 88, Telefax: (0241) 8 34 33
Mitglieder: 762 Lehrer/Innen

• T 3 710

Carl Duisberg Gesellschaft e.V. (CDG)
Weyerstr. 79-83, 50676 Köln
T: (0221) 20 98-0 **Fax:** 20 98-1 11
Internet: http://www.cdg.de
E-Mail: info@cdg.de
Gründung: 1949
Hauptgeschäftsführer(in): Dr. Norbert Schneider
Ltg. Gruppe Kommunikation: Dr. Manfred Vahle
Verbandszeitschrift: Carl Duisberg Forum
Redaktion: Edda von Homeyer
Mitglieder: ca. 7001
Mitarbeiter: 4651
Jahresetat: DM 1491 Mio, € 762,34 Mio

Internationale berufliche Weiterbildung und Personalentwicklung für Fach- und Führungskräfte aus Deutschland, anderen Industrieländern, Mittel- und Osteuropa und aus Entwicklungsländern.

• T 3 711

Verein zur Berufsförderung der Bauindustrie in Niedersachsen e.V.
Eichstr. 19, 30161 Hannover
T: (0511) 3 48 34-0 **Fax:** 3 48 07 11
Internet: http://www.bauindustrie-nds.de
E-Mail: Bauindustrie.Niedersachsen@t-online.de
Vorsitzende(r): Dipl.-Ing. Manfred Knischewski (i.Fa. Heinemann & Busse Bauunternehmung GmbH, Hohenroder Weg 53, 38259 Peine, T: (05341) 8 22-8, Telefax: (05341) 3 15 05)
Hauptgeschäftsführer(in): Prof.Dipl.-Kfm. Michael Sommer

• T 3 712

Akademie für Raumforschung und Landesplanung
Hohenzollernstr. 11, 30161 Hannover
T: (0511) 3 48 42-0 **Fax:** 3 48 42 41
Internet: http://www.arl-net.de
E-Mail: arl@arl-net.de
Präsident: Prof. Dr. Werner Buchner, München
Vizepräsident(in): Prof. Dr. Heinrich Mäding, Berlin
Vizepräsident(in): Prof. Dr. Klaus Wolf, Frankfurt/M.
Generalsekretär(in): Dr.-Ing. Dietmar Scholich, Hannover
Mitglieder: 118 Ordentliche, 360 Korrespondierende

• T 3 713

DMT-Gesellschaft für Lehre und Bildung mbH
siehe unter DMT-Gesellschaft für Lehre und Bildung mbH T 897

• T 3 714

Aktion Bildungsinformation e.V. (ABI)
Alte Poststr. 5, 70173 Stuttgart
T: (0711) 29 93 35 **Fax:** 29 93 30
Internet: http://www.abi.kv-netzwerk.de
E-Mail: abi@kv-netzwerk.de
Vorsitzende(r): Dipl.-Ing. Eberhard Kleinmann
Stellvertretende(r) Vorsitzende(r): Günther Weinschenk
Geschäftsführende(s) Vorstands-Mitglied(er): Werner Kinzinger
Leitung Presseabteilung: Barbara Engler

• T 3 715

Leiterkreis der Katholischen Akademien
Im Schellenkönig 61, 70184 Stuttgart
T: (0711) 16 40-6 **Fax:** 16 40-7 77
Internet: http://www.kirchen.de/akademie/rs
E-Mail: akademiers@t-online.de
Vorsitzende(r): Msgr. Dr. Gebhard Fürst

Vertretung der gemeinsamen Aufgaben der Katholischen Akademien in Deutschland.

• T 3 716

Arbeitsgemeinschaft Demokatischer Bildungswerke e.V.
Ahornweg 27, 53177 Bonn
T: (0228) 32 10 23 **Fax:** 32 68 21
Gründung: 1955 (28. Oktober)
Vorsitzende(r): Gisela Schröter (MdB)
Stellvertretende(r) Vorsitzende(r): Dr. Axel Wernitz
Geschäftsführer(in): Fritz Hofer
Mitglieder: 11

• T 3 717

Arbeitsgemeinschaft kath.-sozialer Bildungswerke in der Bundesrepublik Deutschland (AKSB)
Heilsbachstr. 6, 53123 Bonn
T: (0228) 64 50 58 **Fax:** 6 42 09 10
E-Mail: info@aksb.de
Gründung: 1952
Vorsitzende(r): Brunhild Krienke (c/o Frankfurter Sozialschule, Wilhelm-Kempf-Haus, 65207 Wiesbaden, T: (06127) 77 29-0)
Stellvertretende(r) Vorsitzende(r): P. Hans-Joachim Martin (Heinrich Pesch Haus, Frankenthaler Str. 229, 67006 Ludwigshafen, T: (0621) 5 99 90)
Geschäftsführer(in): Johannes Tessmer
Leitung Presseabteilung: Lukas Rölli
Verbandszeitschrift: AKSB-inform
Redaktion: Lukas Rölli
Mitglieder: 69
Mitarbeiter: 10

• T 3 718

forum sociale Mainz e.V.
Postf. 2340, 55013 Mainz
Saarstr. 3, 55122 Mainz
T: (06131) 2 89 44-0 **Fax:** 2 89 44-50
Gründung: 1986 (10. November)
Vorstand: Staatssekretär a.D. Heinz Friedrich Benner (Präsident)
Mitglieder: 350
Anschrift am Sitz v. BT u. BRg: Postfach 12 03 04, 53045 Bonn
Förderung von Wissenschaft und Bildung.

• T 3 719

Arbeitskreis deutscher Bildungsstätten e.V. (AdB)
Haager Weg 44, 53127 Bonn
T: (0228) 9 10 28-0 **Fax:** 29 90 30
Gründung: 1959
Internationaler Zusammenschluß: siehe unter izu 537
Vorsitzende(r): Moritz von Engelhardt (Wannseeheim für Jugendarbeit e.V., Hohenzollernstr. 14, 14109 Berlin)
Geschäftsführer(in): Mechthild Merfeld
Leitung Presseabteilung: Ingeborg Pistohl
Verbandszeitschrift: Außerschulische Bildung
Mitglieder: 119
Mitarbeiter: 9

• T 3 720

Deutsche Vereinigung für politische Bildung e.V. (DVPB)
Verband f. politische Bildung in Schule, Hochschule, Jugendarbeit u. Erwachsenenbildung
Hainstr. 10, 99891 Tabarz
T: (036259) 6 83 55
Internet: http://www.dvpb.de
E-Mail: dvbp@dvbp.de
Gründung: 1965
Vorstand: Regelschulrektorin Sabine Geißler (Bundesvors., T: (036259) 6 83 55)
Prof. Dr. K. Peter Fritzsche (Im Sieke 6, 38104 Braunschweig, T: (0531) 3 68 68)
Schatzmeisterin: Brigitte Grenz (Friedrich-Engels-Str. 47/113, 99086 Erfurt, T: (0361) 7 46 76 21/22, Fax: 7 46 76-23)
Beisitzer: Peter Henkenborg (Goethestr. 42, 35390 Gießen, T: (0641) 7 45 17)
Dr. Herbert Knepper (Händelstr. 12, 40822 Mettmann, T: (02104) 1 31 22, Fax: 80 12 48)
Karin Kopsch (Sprengelstr. 2, 14770 Brandenburg)
OStR Rainer Kohlhaas (Mozartstr. 28, 55450 Langenlonsheim)
Marianne Niederländer (Keltenstr. 5, 66271 Kleinblittersdorf)
Dr. Klaus Koopmann (Am Birkenkamp 11, 28790 Schwanewede, T: (0421) 66 35 64)
Verbandszeitschrift: Polis - Report der Politischen Bildung
Mitglieder: 3500

Landesverbände

t 3 721

Südwestdeutscher Lehrerverband Geschichte und politische Wissenschaften e.V.
(kooperatives Mitglied)
Grötzinger Str. 42, 76327 Pfinztal
T: (0771) 46 34 02 **Fax:** 9 46 39 85
E-Mail: siebach@t-online.de
1. Vorsitzende(r): Herbert Siebach

t 3 722

Deutsche Vereinigung für politische Bildung e.V. Landesverband Bayern
Johann-Keller-Weg 12, 86919 Utting
T: (08806) 78 54
1. Vorsitzende(r): Dr. Peter Hampe (Akademie für politische Bildung, Buchensee 1, 82323 Tutzing, T: (08158) 2 56-0)
Geschäftsführer(in): Dorothea Weidinger

t 3 723

Deutsche Vereinigung für politische Bildung e.V. Landesverband Berlin
Katteweg 25a, 14129 Berlin
T: (030) 8 03 81 33
1. Vorsitzende(r): Dr. Peter Massing (FU Berlin, FB Politische Wissenschaft, Ref. f. pol. Bildungsarbeit, Katteweg 25a, 14129 Berlin, T: (030) 8 03 81 33)

t 3 724

Deutsche Vereinigung für politische Bildung e.V. Landesverband Brandenburg
Elfriedestr. 12, 16540 Hohen Neuendorf
1. Vorsitzende(r): Dieter Starke

t 3 725

Deutsche Vereinigung für politische Bildung e.V. Landesverband Bremen
c/o Ulrich Petersen
Böblinger Weg 3, 28215 Bremen
Peter Wenninger

t 3 726

Verband der Lehrer für Geschichte und Politik, Hamburg
(korporatives Mitglied)
Windmühlenweg 32, 22607 Hamburg
T: (040) 82 63 75 **Fax:** 82 01 89
1. Vorsitzende(r): Susanne Fricke-Heise

t 3 727

Deutsche Vereinigung für politische Bildung e.V. Landesverband Hessen
Fröschen Weiher 7, 35398 Gießen
T: (06403) 84 18
1. Vorsitzende(r): Prof. Dr. Eberhard Jung (Uni Karlsruhe T: (0721) 9 25-4611)
Geschäftsführer(in): Andrea Frischmann

t 3 728

Deutsche Vereinigung für politische Bildung e.V. Landesverband Mecklenburg-Vorpommern
Unterbastorf 7, 18230 Bastorf
T: (038293) 75 79
1. Vorsitzende(r): Hans-Henning Lassen
Geschäftsführer(in): Josef Weiß (Seehofer Str. 2, 19055 Schwerin, T: (0385) 56 84 95)

t 3 729

Deutsche Vereinigung für politische Bildung e.V. Landesverband Niedersachsen
An der Krumbeeke 15, 30890 Barsinghausen
T: (05105) 8 38 37
1. Vorsitzende(r): Dr. Wilhelm Wortmann
Geschäftsführer(in): Dr. Peter Wollenweber (Teichstr. 4, 38116 Braunschweig, T: (0531) 57 51 22)

t 3 730

Deutsche Vereinigung für politische Bildung e.V. Landesverband Nordrhein-Westfalen
Weißenburgstr. 47, 48151 Münster
T: (0251) 79 02 83 **Fax:** 79 83 53
1. Vorsitzende(r): Hans-Joachim von Olberg
Geschäftsführer(in): Richard Gericke (Sollbrüggenstr. 61, 47800 Krefeld)

t 3 731

Deutsche Vereinigung für politische Bildung e.V. Landesverband Rheinland-Pfalz
Brunnengasse 11, 67705 Stelzenberg
T: (06306) 73 26
1. Vorsitzende(r): Dr. Thomas Simon
2. Vorsitzende(r): Hartmut Geißler

t 3 732

Deutsche Vereinigung für politische Bildung e.V. Landesverband Saarland
Keltenstr. 5, 66271 Kleinblittersdorf
T: (06805) 15 93
1. Vorsitzende(r): Marianne Niederländer
Geschäftsführer(in): Dr. Walter Kappmeier

t 3 733

Deutsche Vereinigung für politische Bildung e.V. Landesverband Sachsen
Heideblick 3, 01774 Höckendorf
T: (035055) 6 13 86
1. Vorsitzende(r): Prof. Dr. Werner J. Patzelt (TU Dresden, Vogler Str. 28, 01277 Dresden, T: (0351) 3 16 12 07)
Geschäftsführer(in): Hans Wilhelm Bernbruch

t 3 734

Deutsche Vereinigung für politische Bildung e.V. Landesverband Sachsen-Anhalt
Rosenring 39, 39171 Osterweddingen
T: (039205) 8 05 82
1. Vorsitzende(r): Marga Kempe
Geschäftsführer(in): Dr. Ernst Herbst

t 3 735

Deutsche Vereinigung für politische Bildung e.V. Landesverband Schleswig-Holstein
Achterholzkamp 9 Hamdorf, 23795 Negernbötel
T: (04551) 8 16 18
1. Vorsitzende(r): Karl-Heinz Horn
Geschäftsführer(in): Prof. Dr. Klaus-Peter Kruber

t 3 736

Deutsche Vereinigung für politische Bildung e.V. Landesverband Thüringen
Schloßstr. 27b, 07407 Rudolstadt
T: (03672) 42 28 83 **Fax:** (036482) 2 25 63
E-Mail: matthiaswerner@planet-interkom.de
1. Vorsitzende(r): Matthias Werner

• T 3 737

Weiterbildungszentrum Ingelheim
Öffentliche Stiftung des bürgerlichen Rechts
Wilhelm-Leuschner-Str. 61, 55218 Ingelheim
T: (06132) 79 00 30 **Fax:** 7 90 03 22
Gründung: 1957 (16. Juli)
Direktor(in): Dr. Peter Becker
Vors.d.Stiftungsrates: Oberbürgermeister Dr. Joachim Gerhard
Mitarbeiter: 16

t 3 738

Fridtjof-Nansen-Akademie für politische Bildung
Postf. 16 33, 55209 Ingelheim
Wilhelm-Leuschner-Str. 61, 55218 Ingelheim
T: (06132) 7 90 03 16 **Fax:** 7 90 03 22
E-Mail: wbz.ingelheim@t-online.de

• T 3 739

Kath. Berufskolleg des Johann-Michael-Sailer-Instituts e.V. (Sozialpädagogische Ausbildungsstätte
Vogelsanger Str. 450, 50829 Köln
T: (0221) 58 17 44 **Fax:** 58 43 68
Internet: http://www.k.shuttle.de/k/fsspjms
E-Mail: FSSPJMS@aol.com
Leitung: Horst Heibach (M.A.)

• T 3 740

Informationszentrale der Bayerischen Wirtschaft (ibw)
Max-Joseph-Str. 5, 80333 München
T: (089) 55 17 83 70 **Fax:** 55 17 83 76
Gründung: 1951 (1. Oktober)
Geschäftsführer(in): Dr. Peter J. Thelen
Stellvertretende Geschäftsführerin und Chefredakteurin: Dipl.-Soz. Monika Nebe
Verbandszeitschrift: IBW-Nachrichtendienst - Meinung, Report
Mitarbeiter: 12

Die Informationszentrale der Bayerischen Wirtschaft versteht sich als das Zentrum für die Informations- und Öffentlichkeitsarbeit der bayerischen Wirtschaft. Der ibw obliegt insbesondere die publizistische Verbreitung und Erläuterung des wirtschafts-, sozial- und gesellschaftspolitischen Denkens und Handelns der bayerischen Unternehmer, ihrer Verbände und weiterer Institutionen der Wirtschaft nach innen und nach außen.

• T 3 741

Mediengesellschaft der Bayerischen Wirtschaft mbH (mbw)
Max-Joseph-Str. 5, 80333 München
T: (089) 5 51 78-380 **Fax:** 5 51 78-386
Gründung: 1985 (22.Februar)
Geschäftsführer(in): Dr. Peter J. Thelen
Mitarbeiter: 5

• T 3 742

Stiftung der Wirtschaft für Qualitätssicherung bei MBA/BBA-Programmen (FIBAA)
Foundation for International Business Administration Accreditation (FIBAA)
Geschäftsstelle:
Adenauerallee 8a, 53113 Bonn
T: (0228) 1 04 43 00, (0173) 2 69 09 74 (Mobil)
Fax: (0228) 1 04 43 03
Internet: http://www.fibaa.de
E-Mail: kran@fibaa.de
Gründung: 1994
Präsident(in): Dr. Franz Schoser (DIHT)
Vizepräsident(in): Dr. Kurt Ramsauer
Geschäftsführer(in): RA Hans-Jürgen Brackmann
RA Jörg E. Feuchthofen
Akkreditierung: Dr. Herbert Graubohm
Beratung + Projektmanagement: Dipl.-Päd. Detlev Kran (Ltg. Presseabteilung)
Verbandszeitschrift: 1/4 Jahreszeitschrift
Redaktion: D. Kran
Mitglieder: 36
Mitarbeiter: 5

• T 3 743

BildungsCentrum der Wirtschaft e.V. Essen
Rolandstr. 5-9, 45128 Essen
T: (0201) 8 10 04-0 **Fax:** 8 10 04-110
E-Mail: info@bildungscentrum.de

• T 3 744

bbw Bildungswerk der Bayerischen Wirtschaft e.V.
Max-Joseph-Str. 5, 80333 München
T: (089) 5 51 78-300 **Fax:** 5 51 78-399
E-Mail: bbw_gf@bbw.de
Gründung: 1969
Vorsitzende(r): Dr. Manfred Scholz
Stellvertretende(r) Vorsitzende(r): Stephan Götzl
Dr. Heinz Klinger
Karl-Friedrich Müller-Lotter
Dr. Walter Schusser
Geschäftsführer(in): Herbert Loebe
Wolfram Heyne

Erwachsenenbildung.

• T 3 745

MANAGEMENT AKADEMIE MÜNCHEN
IM BILDUNGSWERK DER BAYERISCHEN WIRTSCHAFT gGmbH

Management Akademie München im Bildungswerk der Bayerischen Wirtschaft gGmbH
Max-Joseph-Str. 5, 80333 München
T: (089) 5 51 78-315 **Fax:** 5 51 78-399
Internet: http://www.mam.de
E-Mail: mam_mt@mam.de
Stellvertretende(r) Geschäftsführer(in): Wolfram Heyne
Vorsitzende(r) des Vorstandes: Dr. Manfred Scholz
Stellvertretende(r) Vorsitzende(r): Karl Bayer
Dr. Heinz Klinger
Karl-Friedrich Müller-Lotter
Dr. Walter Schusser

• T 3 746

bbw Bildungswerk der Wirtschaft in Berlin und Brandenburg e.V.
Am Schillertheater 2, 10625 Berlin
T: (030) 3 10 05-0 **Fax:** 3 10 05-1 20
Internet: http://www.bbw-berlin.de
E-Mail: bbw@bbw-berlin.de
Gründung: 1972 (8. Februar)
Vorsitzende(r): Werner Gegenbauer
Geschäftsführende(s) Vorstands-Mitglied(er): RA Dr. Hartmann Kleiner
Geschäftsführer(in): Dipl.-Kfm. Klaus-Dieter Teufel

t 3 748

bbw Bildungszentrum Strausberg GmbH
Hennickendorfer Chaussee 18-20, 15344 Strausberg
T: (03341) 47 22 40 **Fax:** 42 21 25
Geschäftsführer(in): Dr. paed. Ernst Czerny
Dipl.-Kfm. Klaus-Dieter Teufel

• T 3 747

Bildungswerk der Hessischen Wirtschaft e.V.
Emil-von-Behring-Str. 4, 60439 Frankfurt
T: (069) 9 58 08-251 **Fax:** 9 58 08-259
Internet: http://www.bwhw.de
E-Mail: zentrale@bwhw.de
Gründung: 1972
Vorsitzende(r): Paul Coenen (Degussa AG)
Stellvertretende(r) Vorsitzende(r): Dr. Artur Wollert (Hertie-Stiftung)
Geschäftsführer(in): Stephan Fischbach
Jürgen Isermann
Leitung Presseabteilung: Dr. Klaus-Jürgen Preuschoff
Verbandszeitschrift: Geschäftsbericht "Profile"
Mitglieder: 24 Arbeitgeber-bzw Wirtschaftsverbände
Mitarbeiter: 230

• T 3 749

Arbeitsgemeinschaft Norddeutscher Bildungswerke der Wirtschaft e.V.
Postf. 60 19 69, 22219 Hamburg
Kapstadtring 10, 22297 Hamburg
T: (040) 63 78 45 00 **Fax:** 63 78 45 99
Gründung: 1976 (1. Dezember)
Vorsitzende(r): Rainer Meyer (Bildungswerk der Wirtschaft in Sachsen-Anhalt e. V., Am Stadion 7, 06122 Halle, T:(0345) 6 93 26 67, Fax: 6 93 22 91)
Geschäftsführer(in): Dr. Claus Kemmet (Inst. f. Sozial- und Bildungspolitik Hamburg e. V., Kapstadtring 10, 22297 Hamburg)
Mitglieder: 14

Landesverbände

t 3 750

Vereinigung der Unternehmensverbände in Berlin und Brandenburg e.V.
Am Schillertheater 2, 10625 Berlin
T: (030) 3 10 05-0 **Fax:** 3 10 05-1 20

t 3 751

Unternehmerverbände Niedersachsen e.V.
Schiffgraben 36, 30175 Hannover
T: (0511) 85 05-0 **Fax:** 85 05-2 68
T-Online ✻815 024✻

t 3 752

Die Unternehmensverbände im Lande Bremen e.V.
Postf. 10 07 27, 28007 Bremen
Schillerstr. 10, 28195 Bremen
T: (0421) 3 68 02-0 **Fax:** 3 68 02 49

t 3 753

Vereinigung der Unternehmensverbände in Hamburg und Schleswig-Holstein e.V. (UV Nord)
Kapstadtring 10, 22297 Hamburg
T: (040) 63 78-5000 **Fax:** 63 78-5050

t 3 754

Landesvereinigung der Arbeitgeber- und Wirtschaftsverbände Sachsen-Anhalt e.V.
Postf. 42 29, 39017 Magdeburg
Humboldtstr. 14, 39112 Magdeburg
T: (0391) 6 25 45-0 **Fax:** 6 25 45-70

t 3 755

Vereinigung der Unternehmensverbände für Mecklenburg-Vorpommern e.V.
Eckdrift 93, 19061 Schwerin
T: (0384) 8 22 17 **Fax:** 8 22 18

• T 3 756

Bildungswerk der Nordrhein-Westfälischen Wirtschaft e.V.
Postf. 30 01 54, 40401 Düsseldorf
Uerdinger Str. 58-62, 40474 Düsseldorf
T: (0211) 45 73-0 **Fax:** 45 73-1 44
Internet: http://www.bildungswerk-nrw.de
E-Mail: bw-nrw@bildungswerk-nrw.de
Gründung: 1971
Vorsitzende(r): Dr. Hans-Jürgen Forst
Geschäftsführer(in): Dr. Bernhard Keller
Dipl.-Ökonom. Ulrich Linn

• T 3 757

Studienkreis Schule / Wirtschaft Nordrhein-Westfalen
Postf. 30 01 54, 40401 Düsseldorf
Uerdinger Str. 58-62, 40474 Düsseldorf
T: (0211) 45 73-2 46 **Fax:** 45 73-1 44
Internet: http://www.bildungswerk-nrw.de
Gründung: 1960
Vorsitzende(r): Dr. Hans-Jürgen Forst
Geschäftsführerin: Dr. Gudrun Ramthun

• T 3 758

Bildungswerk der Rheinland-Pfälzischen Wirtschaft e.V.
Postf. 29 66, 55019 Mainz
Hindenburgstr. 32, 55118 Mainz
T: (06131) 55 75-0 **Fax:** 55 75 39
Gründung: 1971
Vorsitzende(r): Friedrich-Christoph von Bismarck
Stellvertretende(r) Vorsitzende(r): RA Werner Simon
Geschäftsführer(in): Dr. Uwe Gaßmann

t 3 759

Landesverband der Bekleidungsindustrie Rheinland-Pfalz e.V.
Postf. 10 10 62, 67410 Neustadt
Friedrich-Ebert-Str. 11-13, 67433 Neustadt
T: (06321) 85 20 **Fax:** 85 22 16

t 3 760

Verband Pfälzischer Brauereien e.V.
Postf. 10 10 62, 67410 Neustadt
Friedrich-Ebert-Str. 11-13, 67433 Neustadt
T: (06321) 8 52-0 **Fax:** 8 52-221

t 3 761

Arbeitgeberverband Energie Rheinland-Pfalz e.V.
Postf. 11 52, 55001 Mainz
Hindenburgstr. 32, 55118 Mainz
T: (06131) 55 75-0 **Fax:** 55 75-39

t 3 762

Verband Feuerfest, Ton- und Klebsandgruben der Pfalz
Postf. 10 10 62, 67410 Neustadt
Friedrich-Ebert-Str. 11-13, 67433 Neustadt
T: (06321) 85 20 **Fax:** 85 22 90

t 3 763

Verband der Pfälzischen Metall- und Elektroindustrie e.V. (PFALZMETALL)
Postf. 10 10 62, 67410 Neustadt
Friedrich-Ebert-Str. 11-13, 67433 Neustadt
T: (06321) 8 52-0 **Fax:** 85 22 65
Internet: http://www.pfalzmetall.de

t 3 764

Verband der Metall- und Elektroindustrie Rheinland-Rheinhessen e.V.
Postf. 30 08 03, 56029 Koblenz
Ferdinand-Sauerbruch-Str. 9, 56073 Koblenz
T: (0261) 4 04 06-0 **Fax:** 4 04 06-26
Internet: http://www.vem.de
E-Mail: vem@rem.de

t 3 765

Landesverband Druck Rheinland-Pfalz und Saarland e.V.
Postf. 10 10 62, 67410 Neustadt
Friedrich-Ebert-Str. 11-13, 67433 Neustadt
T: (06321) 85 22 75 **Fax:** 85 22 89
Internet: http://www.druckrps.de
E-Mail: landesverband@druckrps.de

t 3 766

Verband der Papier, Pappe und Kunststoff verarbeitenden Industrie Rheinland-Pfalz und Saarland e.V.
Postf. 10 10 62, 67410 Neustadt
Friedrich-Ebert-Str. 11-13, 67433 Neustadt
T: (06321) 85 20 **Fax:** 85 22 21

t 3 767

Verband der Schuhindustrie in Rheinland-Pfalz e.V.
Postf. 28 24, 66934 Pirmasens
Exerzierplatzstr. 3, 66953 Pirmasens
T: (06331) 1 30 56 **Fax:** 9 13 66

t 3 768

Verband der Textilindustrie von Hessen und Rheinland-Pfalz e.V.
Postf. 10 10 62, 67410 Neustadt
Friedrich-Ebert-Str. 11-13, 67433 Neustadt
T: (06321) 8 52-0 **Fax:** 85 22 21
Geschäftsführer(in): Thomas Gans

t 3 769

Verband der Transportbeton- und Mörtel-Industrie Hessen, Rheinland-Pfalz e.V.
Postf. 10 10 62, 67410 Neustadt
Friedrich-Ebert-Str. 11-13, 67433 Neustadt
T: (06321) 8 52-0 **Fax:** 8 52-290

t 3 770

Fachverband Ziegelindustrie Südwest e.V.
Postf. 10 10 62, 67410 Neustadt
Friedrich-Ebert-Str. 11-13, 67433 Neustadt
T: (06321) 85 22-55, 85 22-64 **Fax:** 85 22-90
E-Mail: vse-nw@t-online.de

t 3 771

Landesvereinigung Rheinland-Pfälzischer Unternehmerverbände e.V.
Postf. 29 66, 55019 Mainz
Hindenburgstr. 32, 55118 Mainz
T: (06131) 55 75-0 **Fax:** 55 75 39

t 3 772

Bankenverband Rheinland-Pfalz
Ludwigsstr. 8-10, 55116 Mainz
T: (06131) 20 33 07, 20 33 26 **Fax:** 20 32 63

t 3 773

Vereinigte Arbeitgeberverbände Nahrung und Genuss Hessen, Rheinland-Pfalz e.V.
Biebricher Allee 112, 65187 Wiesbaden
T: (0611) 80 80 28 **Fax:** 80 70 95

t 3 774

Güteschutz und Landesverband Beton- und Bimsindustrie Rheinland-Pfalz e.V.
Friedrich-Ebert-Str. 11-13, 67433 Neustadt
T: (06321) 8 52-0 **Fax:** 8 52-216

t 3 775

Förderwerke der Berufsaus- und Fortbildung der Bauindustrie Rheinland-Pfalz e.V.
Am Linsenberg 16, 55131 Mainz

t 3 776

Industrieverband Steine und Erden Rheinland-Pfalz e.V.
Postf. 10 10 62, 67410 Neustadt
Friedrich-Ebert-Str. 11-13, 67433 Neustadt
T: (06321) 85 20 **Fax:** 85 22 90

• T 3 777

Bildungswerk der Sächsischen Wirtschaft e.V.
Postf. 29 01 06, 01147 Dresden
Flügelweg 6, 01157 Dresden
T: (0351) 42 50 20 **Fax:** 4 25 02 50
E-Mail: info@bsw-ev.de
Gründung: 1990 (30. Oktober)
Vorsitzende(r) des Vorstandes: Dr.habil. Hansgerd Kämpfe
Stellvertretende(r) Vorsitzende(r): Wolfgang Anton
Bertram Höfer
Dr.-Ing. Dieter Büttner
Geschäftsführer(in): Dr.-Ing. Reinhard Grabowski
Stellvertretende(r) Geschäftsführer(in): Dr. habil. Horst Poldrack
Dr. paed. Rainer Helmig

Organisation und Durchführung von Maßnahmen der Erwachsenenqualifizierung.

• T 3 778

Bildungswerk Westfalen-Mitte e.V.
Postf. 25 87, 59015 Hamm
Marker Allee 90, 59071 Hamm
T: (02381) 9 80 85-0 **Fax:** 88 00 17
Vorsitzende(r): Dr. Bodo Groß (T: (02307) 65 22 22)
Geschäftsführer(in): Dipl.-Kfm. Dr. Hans H. Becker

• T 3 779

Rheinische Akademie e.V. Köln
Hohenstaufenring 16-18, 50674 Köln
T: (0221) 2 03 02 47 **Fax:** 2 03 02 49
Gründung: 1971 (17. April)
Vorsitzende(r): Dr. Gottfried Päffgen
Stellvertretende(r) Vorsitzende(r): Prof. Dipl.-Ing. Johannes Schinke
Hauptgeschäftsführer(in): Dieter Päffgen
Mitglieder: 12 (Kuratoriumsmitglieder)
Mitarbeiter: 117
Jahresetat: DM 12 Mio, € 6,14 Mio

Einrichtung und Führung von Ersatzschulen.

• T 3 780

Internationales Institut für Berufsbildung
Käthe-Kollwitz-Str. 9-11, 68169 Mannheim
T: (0621) 2 92-87 23 **Fax:** 2 92-87 30
Gründung: 1962
Leitung: Dir. Wolfgang Jenisch
Stellv. Leiter: StD Volker Bergstraeßer
Mitarbeiter: 16

• T 3 781

Deutsche Blindenstudienanstalt e.V.
Postf. 11 60, 35001 Marburg
Am Schlag 8-10, 35037 Marburg
T: (06421) 6 06-0 **Fax:** 6 06-229
Internet: http://www.blista.de
E-Mail: info@blista.de
Gründung: 1916
Vorsitzende(r): Paul Marx
Direktor(in): Jürgen Hertlein
Verbandszeitschrift: horus - Marburger Beiträge zur Integration Blinder und Sehbehinderter
Redaktion: Direktor Jürgen Hertlein, Rosemarie Mittelberg
Verlag: Deutscher Verein der Blinden und Sehbehinderten im Studium und Beruf e.V., Marburg

• T 3 782

Verein zur Förderung der Blindenbildung gegr. 1876 e. V.
Bleekstr. 26, 30559 Hannover
T: (0511) 9 54 65-0, 9 54 65-32 (Vertrieb), 9 54 65-33 (Vertrieb) **Fax:** 9 54 65-80, 9 54 65-85
Internet: http://www.vzfb.de
Gründung: 1876 (27. Juli)
Vorstand: Oberstudienrat G.C. Althans
Geschäftsführer(in): Dr. Wolfgang Hirsch

Verlag und Druckerei für Blindenschrift, Blindenhilfsmittelzentrale.

• T 3 783

Doemens e.V.
Postf. 13 25, 82155 Gräfelfing
Stefanusstr. 8, 82166 Gräfelfing
T: (089) 8 58 05-0 **Fax:** 8 58 05-26
Internet: http://www.doemens.org
E-Mail: Doemens@t-online.de
Gründung: 1895
Präsident(in): Stefan Schörghuber
Vizepräsident(in): Andreas Stöttner
Geschäftsführer(in): Dr. Fritz Schur
Verbandszeitschrift: Der Doemensianer
Verlag: Verlag Sachon, Schloß Mindelheim, 87714 Mindelheim
Mitglieder: ca. 300
Mitarbeiter: 27

Bildung, Analytik, F & E, Planung und Beratung im Bereich Bier, Getränke und Lebensmittel

• T 3 784

Bund der Doemensianer e.V.
Postf. 13 25, 82155 Gräfelfing
Stefanusstr. 8, 82166 Gräfelfing
T: (089) 85 80 50 **Fax:** 8 58 05 26
Geschäftsführer(in): Dr. Fritz Schur
Präsident(in): Raimund Nitschke
Mitglieder: 2400

• T 3 785

Deutsche Erfinder-Akademie e.V.
Kochstr. 1 B, 04275 Leipzig
T: (0341) 6 89 61 49 **Fax:** 6 89 61 49
Gründung: 1991
Vorsitzende(r) des Vorstandes: Dr.-Ing. Michael Herrlich (Innovations- und Unternehmensberater, Leipzig)
Mitglieder: 15
Mitarbeiter: 3
Jahresetat: DM 0,3 Mio, € 0,15 Mio

• T 3 786

Verein zur Berufs- und Nachwuchsförderung in den Elektrohandwerken e.V.
Haus der Deutschen Elektrohandwerke
Postf. 900370, 60443 Frankfurt
Lilienthalallee 4, 60487 Frankfurt
T: (069) 24 77 47-0 **Fax:** 24 77 47-19
Vorsitzende(r): Dipl.-Ing. Karl Hagedorn
Geschäftsführer(in): Dipl.-Kfm. Heinz-Werner Schult

• T 3 787

Deutsches Zentrum für Handwerk und Denkmalpflege, Probstei Johannesberg, Fulda e.V.
Propsteischloß Johannesberg, 36041 Fulda
T: (0661) 49 53-0 **Fax:** 49 53-1 05
Gründung: 1980
Leitung: Prof. Manfred Gerner
Ltg. Presse u. PR: Dipl.-Ing. Wolfgang Rogatty
Verbandszeitschrift: Johannesberger Informationen
Redaktion: Wolfgang Rogatty
Verlag: Deutsches Zentrum für Handwerk u. Denkmalpflege
Mitglieder: ca. 1300
Mitarbeiter: ca. 80

• T 3 788

Deutsches Institut für Fernstudienforschung an der Universität Tübingen
Postf. 15 69, 72005 Tübingen
Konrad-Adenauer-Str. 40-44, 72072 Tübingen
T: (07071) 9 79 (0) **Fax:** 9 79-1 00
Internet: http://www.diff.uni-tuebingen.de
E-Mail: DIFF.Zentrale@DIFF.UNI-TUEBINGEN.DE
Gründung: 1967 (1. Januar)
Direktor(in): Prof. Dr. Peter Hauck
Geschäftsführer(in): Dr. Hans-Peter Baumeister (Ltg. Presseabt.)
Mitarbeiter: 82
Jahresetat: DM 9,5 Mio, € 4,86 Mio
Zeitschrift: Weiterbildung und Fernstudium

• T 3 789

Förderungsschule des Verbandes des Garagen- und Tankstellengewerbes Berlin-Brandenburg e.V.
Obentrautstr. 16-18, 10963 Berlin
T: (030) 25 90 51 60/61 **Fax:** 25 90 51 00
Leitung: Jutta Sebaï

• T 3 790

Gastronomische Akademie Deutschlands e.V.
Sekretariat:
Röntgenstr. 1, 23701 Eutin
T: (04521) 8 08 27 **Fax:** 8 08 11
Gründung: 1959
Präsident(in): Friedwolf Liebold (Ludwig-Hautt-Str. 4, 66482 Zweibrücken)
Leitung Presseabteilung: R. R. Bickel
Mitglieder: 200

Förderung von Kochkunst und Tafelkultur, Bewer-

tung & Prämierung gastronomischer Bücher, Beantwortung von Anfragen zu gastronomischen Themen, Speisekartenwettbewerb, Seminare.

• T 3 791

Führungsakademie der Wohnungs- und Immobilienwirtschaft e.V. (FWI)

Springorumallee 20, 44795 Bochum
T: (0234) 94 47-600 **Fax:** 94 47-666
Internet: http://www.fwi.de
E-Mail: kontakt@fwi.de
Geschäftsführer(in): Dr. Jürgen Galonska

• T 3 792

Europäische Immobilien Akademie e.V.

Neugeländstr. 2, 66117 Saarbrücken
T: (0681) 9 27 38-0 **Fax:** 9 27 38-29
E-Mail: eia-sb@t-online.de
Präsident(in): Dipl.-Kfm. Volker Wehrum
Leiter der Akademie: Dipl.-Handelslehrer Günter Brittnacher

• T 3 793

Deutsches Gemmologisches Ausbildungszentrum (Deutsches Berufsfortbildungswerk für Edelsteinkunde)

Prof.-Schloßmacher-Str. 1, 55743 Idar-Oberstein
T: (06781) 4 30 11 **Fax:** 4 16 16
Leitung: Dr. Ulrich Henn

• T 3 794

Akademie für öffentliches Gesundheitswesen in Düsseldorf

Postf. 25 02 51, 40093 Düsseldorf
Auf'm Hennekamp 70, 40225 Düsseldorf
T: (0211) 3 10 96-0 **Fax:** 3 10 96-69
Internet: http://www.afoeg.nrw.de
Gründung: 1971 (24. Juni)
Vors. d. Kuratoriums: Senatsrat Dr. M. Gruhl
Leitung: Prof. Dr.med. Joachim Gardemann
Vertreter: Ltd. Med.-Dir. Dr. Wolfgang Müller
Verwaltungsleitung: Uwe Kaisers
Verbandszeitschrift: "Blickpunkt Öffentliche Gesundheit"
Mitarbeiter: 26
Jahresetat: ca. DM 3,8 Mio, € 1,94 Mio
Träger sind die Länder Bremen, Hamburg, Hessen, Niedersachsen, Nordrhein-Westfalen und Schleswig-Holstein

• T 3 795

Akademie für das öffentliche Gesundheitswesen

im Bayerischen Staatsministerium für Arbeit und Sozialordnung, Familie, Frauen und Gesundheit
80792 München
Winzererstr. 9, 80797 München
T: (089) 12 61-2254 **Fax:** 12 61-2073
Leitung: Ltd. Ministerialrat Dr. Stübner

• T 3 796

Deutsche Akademie für Entwicklungs-Rehabilitation e.V.

Heiglhofstr. 63, 81377 München
T: (089) 7 10 09-2 39/2 37 **Fax:** 7 19 28 27
Gründung: 1983
Präsident(in): Prof. Dr. Dr.h.c. mult. Theodor Hellbrügge
Vizepräsident(in): Prof. Dr. Berthold Koletzko
Vorsitzende(r): Dr. Horst Otte
Hauptgeschäftsführerin: Christin Schedlbauer (Ltg. Presse-abt.)
Verbandszeitschrift: Sozialpädiatrie
Mitglieder: 15
Mitarbeiter: 10

• T 3 797

Staatliches Berufsbildungszentrum für Keramik Selb

Weißenbacherstr. 60, 95100 Selb
T: (09287) 25 00 **Fax:** 7 68 01
Internet: http://www.fichtelgebirge.org/user/bbz.keramik.selb
E-Mail: bbz.keramik.selb@fichtelgebirge.baynet.de
Gründung: 1909 (Fachschule), 1975 (Berufsbildungszentrum)
Mitarbeiter: 40 Lehrkräfte, 20 Angest.
Staatliche Berufsschule II für keram. Berufe
Staatliche Berufsfachschule für Porzellan
Staatliche Fachschule für Porzellan
Staatliche Fachschule für Keramtechnik

• T 3 798

Lehrinstitut der Holzwirtschaft und Kunststofftechnik in Rosenheim e.V.

Küpferlingstr. 66, 83024 Rosenheim
T: (08031) 21 85-0 **Fax:** 1 63 44
Internet: http://www.Lhk.de
E-Mail: info@Lhk.de
Gründung: 1926
Geschäftsführer(in): Dipl.-Betriebswirt (FH) Ulf Lohmann
Mitglieder: 300

• T 3 799

Akademie Deutscher Genossenschaften e.V.

Schloß Montabaur, 56410 Montabaur
T: (02602) 14-0 **Fax:** 14-121
Gründung: 1970
Vors.d.VR: Präsident Dipl.-Volksw. Wolfgang Grüger
Vorstand: Dipl.-Volksw. Axel Kehl (Vors.)
Dr. Hans Peter Kempkes
Verbandszeitschrift: Bankinformation u. Genossenschaftsforum
Mitglieder: 42
Mitarbeiter: 128
Jahresetat: DM 27 Mio, € 13,8 Mio

• T 3 800

Westfälische Genossenschaftsakademie

Postf. 86 40, 48046 Münster
Mecklenbecker Str. 235-239, 48163 Münster
T: (0251) 71 86-300 **Fax:** 71 86-282
Leitung: Dir. Dr. Gerhard Warnking

• T 3 801

Berufliche Schulen für Drucktechnik und Grafik

Pranckhstr. 2, 80335 München
T: (089) 2 33-0357 **Fax:** 2 33-35800
Gründung: 1906
Leitung: Karl-Heinz Schmid (OStD)
Mitarbeiter: ca. 60

• T 3 802

Bildungskuratorium der Druckindustrie Niedersachsen e.V.

Bödekerstr. 10, 30161 Hannover
T: (0511) 3 38 06-28 **Fax:** 3 38 06-20
Vorsitzende(r): N.N.
Stellvertretende(r) Vorsitzende(r): Detlev Wessel (Heckner Druck- und Verlags-GmbH & Co. KG, Harzstr. 23, 38300 Wolfenbüttel)
Geschäftsführer(in): Günter Groth

• T 3 803

Zentrum für Graphische Datenverarbeitung e.V. (ZGDV)

Rundeturmstr. 6, 64283 Darmstadt
T: (06151) 1 55-120 **Fax:** 1 55-450
Internet: http://www.zgdv.de
E-Mail: zgdv@zgdv.de
Gründung: 1984 (Mai)
Vorstand: Prof. Dr.-Ing. Dr.h.c. Dr.E.h. José L. Encarnação (Vors.; Technische Universität Darmstadt, Deutschland)
Dr. Erwin Königs (stellv. Vors.; Software AG, Darmstadt, Deutschland)
Prof. Dr.-Ing. Johann-Dietrich Wörner (Technische Universität Darmstadt, Deutschland)
Prof. Dr. rer.nat.habil. Günther Wildenhain (Universität Rostock, Deutschland)
Prof. Dr.-Ing. Dr.h.c.mult. Hans-Jürgen Warnecke (Präsident der Fraunhofer-Gesellschaft e.V., München, Deutschland)
Alfred Katzenbach (DaimlerChrysler AG, Ulm, Deutschland)
Dr. Bernhard Nottbeck (Siemens AG, München, Deutschland)
Thomas Norweg (Deutsche Grundbesitz Management GmbH, Eschborn, Deutschland)
Gerd Olsowsky-Klein (Microsoft GmbH, Unterschleißheim, Deutschland)
Dr. Hans-Peter Quadt (Deutsche Telekom AG, Bonn, Deutschland)
Geschäftsführer(in): Dr. Bernd Kehrer
Herbert Kuhlmann
Kaufmännischer Leiter: Karsten Schmidt
Leiter der Außenstelle Rostock: Stefan Haßinger
Leitung der Presse und Öffentlichkeitsarbeit: Bernad Lukacin
Verbandszeitschrift: Computer Graphik topics (Mitteilungen aus dem INI-GraphicsNet)
Redaktion: Bernad Lukacin
Verlag: Prof. Dr.-Ing. Dr.h.c. Dr. E.h. José L. Encarnação, Rundeturmstr. 6, 64283 Darmstadt
Mitglieder: 25
Mitarbeiter: 85

ZGDV Außenstelle Rostock

Joachim-Jungius-Str. 11, 18059 Rostock
T: (0381) 40 24-1 50 **Fax:** 44 60 88
Internet: http://www.rostock.zgdv.de
E-Mail: info@rostock.zgdv.de
Ansprechpartner: Stefan Hassinger

Centro de Computação Gráfica Computer Graphics Center

Rua Rodrigues de Gusmão, 21, P-3000-345 Coimbra
T: (00351239) 48 09-00 **Fax:** 48 09-48
Internet: http://www.ccg.pt/
E-Mail: info@ccg.pt
Ansprechpartner: Dr. Adérito Fernandes Marcos

• T 3 804

Graphisches Berufsbildungswerk Hamburg

Gaußstr. 190, 22765 Hamburg
T: (040) 39 90-1546 **Fax:** 39 90-1548
Internet: http://www.vdnord.de/gbh.htm
Träger: Verband der Druckindustrie Nord e.V., Industriegewerkschaft Medien, Landesbezirk Nord, Verband Papier, Pappe und Kunststoff verarbeitende Industrie Norddeutschlands e.V.

• T 3 805

Akademie des Aussenhandels

c/o Wirtschaftsvereinigung Groß- und Außenhandel Hamburg e. V.
Gotenstr. 21, 20097 Hamburg
T: (040) 23 60 16 0 **Fax:** 23 60 16 10, 23 60 16 40
Beirat: Dr. Rodger Wegner

• T 3 806

Deutsche Außenhandels- und Verkehrs-Akademie (DAV)

Postf. 10 63 04, 28063 Bremen
Marktstr. 2/ Börsenhof B, 28195 Bremen
T: (0421) 3 60 84-0 **Fax:** 32 54 31
Internet: http://www.dav.uni-bremen.de
E-Mail: info@dav.uni-bremen.de
Gründung: 1959
Vorsitzender des Stiftungsrates: Prof. B.-A. Wessels
Vorsitzende(r) des Vorstandes: Dr. Volker Weddige (Studienleiter)
Leitung Presseabteilung: Rolf Achnitz

• T 3 807

BGA

Bildungszentrum Groß- und Außenhandel Goslar e.V.

Dr.-Otto-Fricke-Haus
Postf. 15 24, 38605 Goslar
Berliner Allee 8, 38640 Goslar
T: (05321) 31 30 **Fax:** 31 33 33
Internet: http://www.bga-goslar.de
E-Mail: BGA-Goslar@t-online.de
Gründung: 1957 (12. Februar)
Vorsitzende(r): Klaus Lüchau (Lüchau Baustoffe GmbH, Hamburg)
Geschäftsführer(in): Dipl.-Hdl. Thomas Maschke
Mitglieder: 35 (Branchenverbände, Regionalverbände, Landesverbände, Dienstleistungsgesellschaften und Kooperationsgruppen)
Mitarbeiter: 20

Überbetriebliche Aus- und Weiterbildungsstätte für Mitarbeiter aus dem Groß- und Außenhandel in Trägerschaft von Fach- und Landesverbänden des Deutschen Groß- und Außenhandels.

• T 3 808

zbb

Zentralstelle für Berufsbildung im Einzelhandel e.V. (zbb)

bis Juni 2000:
Gothaer Allee 2, 50969 Köln
T: (0221) 9 36 55-810, 9 36 55-814 Fax: 9 36 55-819
Adresse ab Juli 2000:
Mehringdamm 48, 10961 Berlin
T: (030) 7 85 40 83 **Fax:** 7 86 18 98
Internet: http://www.zbb.de
E-Mail: zbb-berlin@t-online.de
Vorsitzende(r): Helmut Zorn (Fa. Neuform Zorn, Ostertorsteinweg 101, 28203 Bremen, T: (0421) 7 60 21)
Geschäftsführer(in): Dipl.-Volksw. Herbert Schellenberger

t 3 809

Zentralstelle für Berufsbildung im Einzelhandel e.V. Zweigstelle Berlin
bis Juni 2000:
Mehringdamm 48, 10961 Berlin
T: (030) 7 85 40-83/-84, Fax: 7 86 18 98
ab Juli 2000:
Gothaer Allee 2, 50969 Köln
T: (0221) 93 65 58 12, 9 35 58 14 **Fax:** 9 36 55-819
E-Mail: zbb-koeln@t-online.de

• **T 3 810**

Bildungswerk des Großhandels in Niedersachsen e.V.
Postf. 23 67, 30023 Hannover
Berliner Allee 7, 30175 Hannover
T: (0511) 27 07 17-30 **Fax:** 27 07 17-17
Vorsitzende(r): Hans-Joachim Tegtmeier (Auf der Hube 4, 31020 Salzhemmendorf)
Geschäftsführer(in): Ass. Harald Krantz
Leitung: Ralf Menge

• **T 3 811**

Bildungszentrum des Bayerischen Handels e.V.
Brienner Str. 47, 80333 München
T: (089) 5 51 45-0 **Fax:** 5 51 45 12
Leitung: Dr. Karl Wilhelm Mauer

• **T 3 812**

Berufliche Fortbildungszentren der Bayerischen Wirtschaft (bfz) gemeinnützige GmbH
Landshuter Allee 174, 80637 München
T: (089) 1 59 26-0 **Fax:** 15 51 28
Internet: http://www.bfz.de
E-Mail: info@zentrale.bfz.de
Gründung: 1983 (1. Januar)
Geschäftsführer(in): Herbert Loebe
Karlheinz Faller
Leitung Presseabteilung: Uwe Matthias Göbel
Mitarbeiter: 1800

Veranstaltung von Maßnahmen zur beruflichen Aus-, Fort- und Weiterbildung von Mitarbeitern und Führungskräften der Wirtschaft, Arbeitslosen und anderen Spezialgruppen.

• **T 3 813**

Bildungszentrum Handel und Dienstleistungen e.V.
Hauptverwaltung:
Pilgrimstein 28a, 35037 Marburg
T: (06421) 91 00-0 **Fax:** 91 00-19
E-Mail: bz-hv@handelshaus.de
Gründung: 1960 (14. Januar)
Geschäftsführer(in): Stud. Ass. M. Opitz
Dipl.-Vw. H. Dippel
Mitglieder: ca. 40
Mitarbeiter: ca. 90

• **T 3 814**

Bildungszentrum des Einzelhandels Niedersachsen
Kurzer Ging 47, 31832 Springe
T: (05041) 7 88-0 **Fax:** 7 88-88
Internet: http://www.bze-springe.de/home.htm
E-Mail: info@bze.springe.de
Direktor(in): Dipl.-Volksw. Klaus W. Treichel
Stellv. Direktor(en): Dipl.-Betriebsw. Norbert Hitter

• **T 3 815**

Berufsakademie des Einzelhandels Niedersachsen
Kurzer Ging 47, 31832 Springe
T: (05041) 7 88-0 **Fax:** 7 88 88
Internet: http://www.bze-springe.de
E-Mail: info@bze-springe.de
Akademieleiter: Dipl.-Volksw. Klaus W. Treichel
Stellv. Akademieleiter: Dipl.-Betriebsw. Norbert Hitter

• **T 3 816**

Haus des Handels Oldenburg
Gartenstr. 5, 26122 Oldenburg
T: (0441) 9 70 91-0 **Fax:** 9 70 91-34
Gründung: ca. 1872
Geschäftsführer(in): Dipl.-Volksw. Diedrich Thoms
Verbandszeitschrift: handelsjournal
Verlag: Handelsblatt GmbH, Düsseldorf
Mitglieder: 1500
Mitarbeiter: 12
Jahresetat: DM 1,5 Mio, € 0,77 Mio

Bezirksverband

t 3 817

Unternehmerverband Einzelhandel Oldenburg e.V.
Gartenstr. 5, 26122 Oldenburg
T: (0441) 97 09 10 **Fax:** 9 70 91 34
E-Mail: ehv-oldenburg@einzelhandel.de
Verbandssyndikus: Dipl.-Volksw. Diedrich Thoms

• **T 3 818**

Bundesfachschule des Parfümerie-Einzelhandels E. V.
An der Engelsburg 1, 45657 Recklinghausen
T: (02361) 92 48-0 **Fax:** 92 48 88
E-Mail: ParfuemerieVerband@t-online.de
Vorsitzende(r): Dietlinde Weber
Geschäftsführer(in): Werner Hariegel

• **T 3 819**

Bildungszentrum des Handels e.V.
Dortmunder Str. 18 III, 45665 Recklinghausen
T: (02361) 48 06-0 **Fax:** 48 06 99
Internet: http://www.bzdh.de
E-Mail: info@bzdh.de
Gründung: 1973
Geschäftsführer(in): Elisabeth Barth
Mitglieder: 7
Mitarbeiter: 60

• **T 3 820**

Haus des Handels
Herrenteichsstr. 5, 49074 Osnabrück
T: (0541) 3 57 82-0 **Fax:** 3 57 82-99
Geschf: Peter H. Konermann
Presseabt.: Elke Wessels-Baller
Verbandszeitschrift: Mitgliederinformation
Redaktion: Unternehmerverband Einzelhandel Osnabrück-Emsland e.V.
Verlag: Herrenteichsstr. 5, 49074 Osnabrück
Mitglieder: 1489
Mitarbeiter: 11

• **T 3 821**

Bildungszentrum des Pfälzischen Einzelhandels
Festplatzstr. 8, 67433 Neustadt
T: (06321) 92 42-0 **Fax:** 92 42-31
Leitung: RA Hanno Scherer

• **T 3 822**

DGFP
Deutsche Gesellschaft für Personalführung e.V.

Deutsche Gesellschaft für Personalführung e.V. (DGFP)
Postf. 11 03 47, 40503 Düsseldorf
Niederkasseler Lohweg 16, 40547 Düsseldorf
T: (0211) 5 97 80 **Fax:** 5 97 81 99
Internet: http://www.dgfp.de
E-Mail: Zentralakademie@dgfp.de
Vorsitzende(r): Dr. Heiko Lange
Geschäftsführer(in): Dr. Hans Böhm
Mitglieder: 1600

• **T 3 823**

Berufs- und Betriebsförderungsstelle für den saarländischen Einzelhandel GmbH (BBE)
in Verbindung mit dem Landesverband Einzelhandel und Dienstleistung Saarland e.V.
Postf. 10 18 23, 66018 Saarbrücken
Feldmannstr. 26, 66119 Saarbrücken
T: (0681) 9 27 17-0 **Fax:** 9 27 17-10
Geschäftsführer(in): Wolfgang Lossen

• **T 3 824**

Deutsche Kommission für Ingenieurausbildung (DKI)
Graf-Recke-Str. 84, 40239 Düsseldorf
T: (0211) 6 21 42 77 **Fax:** 6 21 41 48
E-Mail: hg@vdi.de
Vorsitzende(r): Prof.Dr.-Ing. H. Weinerth, Hannover
Geschäftsführer(in): Dipl.-Ing. Karl-Heinz Simsheuser, Düsseldorf

Koordination der Arbeiten von an Ingenieurausbildungsfragen interessierten Verbänden; Vertretung ihrer Forderungen für die Ingenieurausbildung gegenüber den staatlichen Stellen.

• **T 3 825**

VDI-Bildungswerk GmbH
Postf. 10 11 39, 40002 Düsseldorf
Graf-Recke-Str. 84, 40239 Düsseldorf
T: (0211) 62 14-201 **Fax:** 62 14-154
Internet: http://www.vdi.de/bw
E-Mail: bildungswerk@vdi.de
Vors. d. Beirates:
Prof. Dr.-Ing. Christian Nedeß
Geschäftsführer: Dipl.-Oec. Dipl.-Ing. Joachim Neuerburg

• **T 3 826**

Technisches Fortbildungszentrum Sauerland e.V.
Am Steinhügel 16, 58636 Iserlohn
T: (02371) 6 35 86 **Fax:** 6 35 86
Gründung: 1966
Vorstand: Prof. Dipl.-Ing. Horst Schmenkel (Geschf. Vorsitzender)
Vorsitzende(r): Dr.-Ing. Hans Starck

• **T 3 827**

Universität Gesamthochschule Kassel
Fachbereich 11 Landwirtschaft, Internationale Agrarentwicklung und Ökologische Umweltsicherung
Steinstr. 19, 37213 Witzenhausen
T: (05542) 98-0 **Fax:** 98 13 09
E-Mail: dekfb11@wiz.uni-kassel.de

• **T 3 828**

BVH Bundesverband der Börsenvereine an deutschen Hochschulen e.V.
68131 Mannheim
Fax: (0251) 6 74 48 29
Internet: http://www.bvh.org
Gründung: 1992 (19. Januar)
Vorstand: Michael Oettinger (Vors.; Öffentlichkeitsarbeit; Arbeitskreis Börse Mainz e.V., Tel.: (06131) 59 31 19)
Vorstand: Sebastian Ortmann (stellv. Vors.; Förderkreisbetreuung; Münsteraner Börsenparkett e.V., Tel.: (0251) 8 72 49 19, Fax: (0251) 6 74 48 29)
Vorstand: Thomas Bornemann (Organisation; Studentischer Börsenverein Leipzig e.V., Tel.: (0170) 5 36 90 20)
Vorstand: Christian Krause (Interne Kommunikation; Hanseatischer Börsenkreis der Universität zu Hamburg e.V., Tel./Fax: (040) 7 60 01 50)
Vorstand: Andrea Mielke (Projekte; Berliner Börsenkreis e.V., Tel.: (033056) 9 40 77)
Vorstand: Holger Scholze (Public Relations; Interessengemeinschaft Börse an der TU Dresden e.V., Tel.: (0351) 4 71 20 49, Fax: (0351) 4 71 20 87)
Vorstand: Stephan Voshage (Finanzen; Berliner Börsenkreis e.V., Tel.: (030) 50 89 82 64)
Ansprechpartner: Tim Klostermann (Aktienkultur & BVH News; Aktienkultur online, Tel.: (08171) 41 96 46, Fax: (08171) 41 96 41)
Verbandszeitschrift: Aktienkultur & BVH-news
Verlag: Going Public Verlag AG, Bahnhofstr. 26, 82515 Wolfratshausen, Tel.: (08171) 41 96 50, Fax: (08171) 41 96 41
Mitglieder: 54 Mitgliedsvereine mit knapp 6000 Mitgliedern

• **T 3 829**

Initiative Tageszeitung e.V. (ITZ)
Postf. 30 07 61, 53187 Bonn
Hans-Böckler-Str. 3, 53225 Bonn
T: (0228) 46 39 14 **Fax:** 47 76 67
Internet: http://www.drehscheibe.org
E-Mail: info@drehscheibe.org
Gründung: 1986
Vorstand: Franz Westing (Peiner Allgemeine Zeitung)
Geschäftsführer(in): Evelyn Lackner
Schatzmeister: Udo Heinze, Essen
Pressedienste: Drehscheibe, Drehscheiben-MAGAZIN, Drehscheiben-SERVICE

• **T 3 830**

Deutsche Journalistenschule e.V.
Altheimer Eck 3, 80331 München
T: (089) 23 55 74-0 **Fax:** 26 87 33
E-Mail: DeutscheØounalistenschule@t-online.de
Gründung: 1959 (April)
Leiterin: Mercedes Riederer
Mitglieder: 50
Mitarbeiter: 6

• **T 3 831**

Journalistenschule Axel Springer
20350 Hamburg

Axel-Springer-Platz 1, 20355 Hamburg
T: (040) 3 47-22850, 3 47-22345
Internet: http://www.asv.de
E-Mail: jas-asv@asv.de
Direktor(in): Chefredakteur Peter Philipps

• T 3 832

Deutsches Institut für publizistische Bildungsarbeit
Journalisten-Zentrum
Haus Busch, 58099 Hagen
T: (02331) 36 56 00 **Fax:** 36 56 99
Gründung: 1960 (November)
Direktor(in): Prof. Dr. Ulrich Pätzold
Mitarbeiter: 13
Jahresetat: ca. DM 2,5 Mio, € 1,28 Mio

• T 3 833

Institut zur Förderung publizistischen Nachwuchses e.V.
Rosenheimer Str. 145b, 81671 München
T: (089) 54 91 03-0 **Fax:** 5 50 44 86
Internet: http://www.kath.de/ifp
E-Mail: ifp-kma@t-online.de
Gründung: 1968
Vorsitzende(r): Prof. Dr. Albert Scharf
Stellvertretende(r) Vorsitzende(r): Dr. Reinhold Jacobi
Direktor(in): P. Roger Gerhardy (OSA)
Geschäftsführer(in): Dr. Anton Magnus Dorn
Mitglieder: 46
Mitarbeiter: 10

• T 3 834

Gesellschaft zur Förderung technischen Nachwuchses Darmstadt e.V. (GFTN)
(Fachhochschule)
Haardtring 100, 64295 Darmstadt
T: (06151) 16 80 17 **Fax:** 31 25 94
Gründung: 1958 (14. Oktober)
Vorsitzende(r): Prof. Dipl.-Ing. Ekkehard Piwowarsky
Stellvertretende(r) Vorsitzende(r): Prof. Dr. Richard Bachmann (FH Darmstadt, Fachbereich Maschinenbau)
Prof. Dr. August Reiner (FH Darmstadt, Fachbereich E)
Verbandszeitschrift: DAFIT-Kurier
Redaktion: Prof. E Piwowarsky
Verlag: Eigenverlag
Mitglieder: über 90
Fachverbände: Darmstädter Arbeitskreis zur Förderung von Innovation und Technologietransfer (DAFIT); Arbeitskreis für EDV-Anwendung in der Kunststofftechnik (AEK)

• T 3 835

Gesellschaft für technische Weiterbildung e.V. (GftW)
Kleiststr. 3, 60318 Frankfurt
T: (069) 15 33-2272 **Fax:** 15 33-2012
Geschäftsführer(in): Prof. Dr. G. Schnell

• T 3 836

DIPR

Deutsches Institut für Public Relations e.V. (DIPR) -Gemeinnützige Berufsbildungs-Einrichtung-
Hamburger Str. 125, 22083 Hamburg
T: (040) 20 94 45 05
Internet: http://www.dipr.de
E-Mail: info@dipr.de
Gründung: 1971
Leitung Presseabteilung: Marie Therese Junkers

Mitgliedsinstitut im "Wuppertaler Kreis e. V.", Deutsche Vereinigung zur Förderung der Weiterbildung von Führungskräften, Köln

Regelmäßige Grund- und Trainings-Seminare über methodische Presse- u. Öffentlichkeitsarbeit, Termine u. Ausschreibungen auf Anfrage.

• T 3 837

KRAFTWERKSSCHULE E. V. (KWS)
Postf. 10 39 32, 45039 Essen
Klinkestr. 27-31, 45136 Essen
T: (0201) 84 89-0 **Fax:** 84 89-102
Internet: http://www.kws-training.com
E-Mail: kws.gf@t-online.de
Gründung: 1963 (18.Oktober)
Vorsitzende(r): Dipl.-Ing. Klaus Distler, Biblis
Geschäftsführer(in): Dr.-Ing. Karl A. Theis
Dr.-Ing. Gerhard Schlegel (stv.)
Mitglieder: 150
Mitarbeiter: 43

Ausbildung von Fachkräften für die Bedienung von Kraftwerksanlagen; Lehrgänge zum Kraftwerksmeister, Kraftwerker und Anlagenwärter; Kurse an Kraftwerkssimulatoren; Seminare; Bedarfsspezifische Lehrgänge im Schulungszentrum in Essen und vor Ort im Mitgliedsunternehmen

• T 3 838

Institut für Angewandte Kreativität
Maxhan 25, 51399 Burscheid
T: (02174) 78 57 72 **Fax:** 78 57 75
Internet: http://www.iak.de
E-Mail: iak@compuserve.com
Gründung: 1970
GeschF u. Inh.: Dipl.-Kfm. Stefan Skirl
Dipl.-Betriebsw. Ulrich Schwaeb
Mitarbeiter: 15

• T 3 839

ganzheitliche Methodik e.V.
Geschäftsstelle:
Lampertheimer Str. 131b, 68305 Mannheim
T: (0621) 75 87 30 **Fax:** 7 48 22 39
Gründung: 1976
Vorsitzende(r): Gerhard Poppe (Lampertheimer Str. 131 b, 68305 Mannheim)
Stellvertretende(r) Vorsitzende(r): Dipl.-Ing. Dietrich Klein (Doeberlstr. 18 a, 80937 München)
Dipl.-Ing. Hans-Peter Miele (Im Klosterkamp 30, 58119 Hagen)
Verbandszeitschrift: ganzheitliche Methodik Zeitschrift
Redaktion: Gisela Malasch, Herausgeber: ganzheitliche Methodik e.V., Lampertheimer Str. 131 b, 68305 Mannheim
Mitglieder: ca. 325

• T 3 840

Arbeitsgemeinschaft Jugend und Bildung e.V.
Taunusstr. 54, 65183 Wiesbaden
T: (0611) 9 03 01 60 **Fax:** 9 03 01 83
Internet: http://www.universum.de
E-Mail: ajubi@universum.de
Vorstand: Bruno Prändl (Präsident Oberschulamt Freiburg/ Brg. a.D., Schloss-Str. 34, 88353 Kisslegg)
Albrecht Pohle (Ministerialrat im Kultusministerium Niedersachsen, Moltkestraße 24, 30989 Gehrden)
Dr. Reinhard Köhler (Referatsleiter im Thüringer Kultusministerium, Gehrener Str. 38, 99310 Arnstadt)
Geschäftsführer(in): Siegfried Pabst (Geschäftsf. Gesellschafter der Universum Verlagsanstalt, Wiesbaden, Taunusstr. 54, 65183 Wiesbaden)

• T 3 841

Olbers-Gesellschaft e.V. Bremen
Werderstr. 73, 28199 Bremen
T: (0421) 59 05-824 **Fax:** 7 51 84
Gründung: 1920 (November)
Präsident(in): Ulrich von Kusserow
Vizepräsident(in): Volker Scheve
Vorsitzende(r): Ulrich von Kusserow
Stellvertretende(r) Vorsitzende(r): Volker Scheve
Verbandszeitschrift: Nachrichten der Olbers-Gesellschaft e.V.
Redaktion: Peter Kreuzberg
Mitglieder: 450

• T 3 842

Deutsche Gesellschaft für Verbandsmanagement e.V. (DGVM)
Postf. 20 03 55, 53133 Bonn
Burgstr. 79, 53177 Bonn
T: (0228) 93 54 93 40 **Fax:** 93 54 93 45
Internet: http://www.verbaende.com
Gründung: 1996
Präsident(in): Dr. Gerhard Hein (DGVM)
Vizepräsident(in): RA Helmut Martell (AIBI)
Hauptgeschäftsführer(in): Wolfgang Lietzau
Leitung Presseabteilung: RA Helmut Martell
Verbandszeitschrift: Verbändereport
Redaktion: Verbändereport
Verlag: businessFORUM GmbH, Burgstr. 79, 53177 Bonn
Mitglieder: 65
Mitarbeiter: 7

• T 3 843

Deutsche Management-Gesellschaft e.V.
Sitz: 53113 Bonn
Geschäftsstelle:
DMG-Kontaktbüro c/o ISA Institut a. d. FH Nürtingen
Postf. 13 49, 72603 Nürtingen
Sigmaringer Str. 14, 72622 Nürtingen
T: (07022) 3 59 18 **Fax:** 3 59 48
Büro Mainz: An der Bruchspitze 50, 55122 Mainz, T: (06131) 62 81 58, Telefax: (06131) 62 81 11
Gründung: 1973
Präsident(in): Prof. Dr. Hanns Hub, Nürtingen
Vizepräsident(in): Prof. Dr. Ursula Funke (Staatsministerin a.D., Mainz)
Dipl.-Betriebsw. Georg Sommer
Verbandszeitschrift: DMG-Kompaß
Redaktion: DMG
Mitglieder: 150

Vereinigung von Unternehmern, Managern, Trainern und Beratern, die sich um gesellschaftliche Innovationen bemühen.

• T 3 844

Institut für Management-Entwicklung (IME)
Sunderweg 4, 33649 Bielefeld
T: (0521) 94 20 60 **Fax:** 9 42 06 20
Gründung: 1976 (April)
Geschäftsführer(in): Jürgen Scholz
Martin Karger
Horst Bastian
Dr. Jochem Kießling-Sonntag
Mitarbeiter: 8 Mitarbeiter, 40 freie Partner/Berater/Trainer

• T 3 845

DVQ Deutsche Vereinigung für Qualitäts-Management e.V.
Zettachring 6, 70567 Stuttgart
T: (0711) 90 02 40 **Fax:** 7 28 91 50

• T 3 846

Völklinger Kreis e.V. - Bundesverband Gay Manager (VK)
Leyendeckerstr. 1, 50825 Köln
T: (0221) 5 46 19 79 **Fax:** 9 54 17 57
Internet: http://www.vk-online.de
E-Mail: mail@vk-online.de
Gründung: 1991
Vorsitzende(r): Klaus R. Weinrich
Verbandszeitschrift: VK-Info
Mitglieder: 650
Regionalgruppen in: Berlin, Bodensee, Bonn, Dortmund, Dresden, Düsseldorf, Frankfurt, Freiburg, Hamburg, Hannover, Köln, Leipzig, Mainz/Wiesbaden, Mannheim, München, Münster, Nürnberg, Oldenburg, Osnabrück, Saarbrücken und Stuttgart

• T 3 847

management information center (mic)
verlag moderne industrie AG
Justus-Liebig-Str. 1, 86899 Landsberg
T: (08191) 1 25-501 **Fax:** 1 25-404
Seminare, Kongresse, Tagungen.

• T 3 848

Junior Consulting Team e.V. (JCT)
Studentische Unternehmensberatung
Postf. 36 02, 90018 Nürnberg
T: (0911) 55 76 91 **Fax:** 55 76 91
Internet: http://www.JCT.de
E-Mail: info@JCT.de
Gründung: 1990 (13. November)
1. Vorsitzende(r): Stefan Ulrich
Stellvertretende(r) Vorsitzende(r): Christian Maget
Vorstand: Tobias Mazet (HR)
Johannes Traub (Projekte & Organisation)
Mitglieder: 45
Mitglied im BDSU

• T 3 849

tpm

Team für Psychologisches Management Beratungsgesellschaft mbH (tpm)
Birkenallee 123, 91088 Bubenreuth
T: (09131) 2 70 33
Im Schwalmgrund 21, 36318 Schwalmtal,
T: (06638) 12 44

• T 3 850

Fördergesellschaft Produktmarketing e.V.
Herbert-Lewin-Str. 2, 50931 Köln
T: (0221) 4 70 25 78 **Fax:** 4 70 51 67
Internet: http://www.uni-koeln.de/wiso-fak/spp/index-html
Gründung: 1979 (Dezember)
Präsident(in): Prof. Dr. Udo Koppelmann
Stellvertretende(r) Vorsitzende(r): Dr. Erich Küthe
Mitglieder: 75

• T 3 851

Produktioner-Club e.V.
Waldbornstr. 50, 56856 Zell
T: (06542) 54 52, 96 03 22 (ISDN-Daten) **Fax:** 54 22
Internet: http://www.produktioner-club.de
E-Mail: info@produktioner-club.de
Gründung: 1992
Geschäftsführer(in): Rüdiger Maaß (Ltg. Presseabt.)
Vorsitzende(r) des Vorstandes: Gabriele Eichberger
Verbandszeitschrift: PRINT + PRODUKTION
Redaktion: Rüdiger Maaß (Chefredakteur)
Verlag: EuBuCo - Verlag, Wiesbaden
Mitglieder: 482
Mitarbeiter: 2
Jahresetat: DM 0,400 Mio, € 0,2 Mio

• T 3 852

Bayerische Akademie für Arbeits-, Sozial- und Umweltmedizin
Pfarrstr. 3, 80538 München
T: (089) 21 84-0 **Fax:** 21 84-226
Präsident(in): Prof. Dr.Dr. Gerhard Lehnert
Geschf. Direktorin: Dr. med. Barbara Brede-Weisflog
Stellvertretende(r) Geschäftsführer(in): Dr.med. Martin Hicke

• T 3 853

Akademie für Arbeitsmedizin und Gesundheitsschutz in der Ärztekammer Berlin
Spandauer Damm 130 Haus S, 14050 Berlin
T: (030) 75 79 53-11, 75 79 53-13 **Fax:** 75 79 53-99
Gründung: 1962
Leitung: Dr.med. Barbara Nemitz
Mitarbeiter: 4

• T 3 854

Institut der Deutschen Möbelwirtschaft e.V.
Stelzengasse 4, 90403 Nürnberg
T: (0911) 55 76 88 **Fax:** 53 62 80
1. Vorsitzende(r): Andreas Weychert, Uffenheim
Vorstand und Geschäftsführer: Dr. Hanns Hofmann, Nürnberg
Ehrenvorstandsmitglied: Theodor Stumpf, Marktheidenfeld

• T 3 855

Forschungs- und Ausbildungsstätte für Kurzschrift und Textverarbeitung in Bayreuth E.V.
Bernecker Str. 11, 95448 Bayreuth
T: (0921) 2 34 45 **Fax:** 7 85 74 75
Internet: http://www.forschungsstaette.de
Gründung: 1947
Vorsitzer: Dr. Hans-Jürgen Bäse
Vorsitzerin: Gisela Schnurrer
Verbandszeitschrift: Archiv für Stenografie, Textverarbeitung, Bürotechnik
Redaktion: Dr. Hans-Jürgen Bäse, Mastbruch 3 a, 38126 Braunschweig
Verlag: Forschungs- u. Ausbildungsstätte für Kurzschrift u. Textverarbeitung, Bernecker Str. 11, 95448 Bayreuth
Mitglieder: 270

Deutsche Bibliothek für Kurzschrift, Textverarbeitung und Maschinenschreiben; Deutsches Schreibmaschinenmuseum; Aus- und Fortbildung von Lehrern der Kurzschrift und Textverarbeitung.

• T 3 856

Arbeitsgemeinschaft Deutscher Stenographie-Systeme e.V.
Postf. 15 53, 48273 Emsdetten
Nordwalder Str. 80, 48282 Emsdetten
T: (02572) 8 74-0, (0251) 31 52 23 **Fax:** (02572) 8 74 90, (0251) 3 11 14 11
Vorsitzende(r): Fabrikant Werner Strumann
Mitglieder: 7 Verbände bzw. Systeme

• T 3 857

Hessische Akademie für Bürowirtschaft e.V. (HAB)
Sitz: Frankfurt am Main
Rüdesheimer Str. 25, 65719 Hofheim
T: (06122) 20 42 **Fax:** 20 42
Internet: http://www.hab-frankfurt.de
E-Mail: stauth@t-online.de
Gründung: 1965 (September)
Vorstand: Hella Stauth (Vors.; Rüdesheimer Str. 25, 65719 Hofheim, T/Fax: (06122) 20 42, E-Mail: stauth@t-online.de)
Ute Welkerling (Stellv. Vors., Schriftführerin, Friedensallee 92, 63263 Neu-Isenburg, T: (06102) 2 22 64, Fax: 10 58)
Paul Eisel (Schatzmeister, Sonnenhang 31, 57548 Kirchen, T: (02741) 93 01 93, Fax: 93 01 96, E-Mail: Paul.Eisel@t-online.de, Internet: www.hab-frankfurt.de)
Leitung Presseabteilung: Gerd Wilcken (Inheidener Str. 69, 60385 Frankfurt)
Verbandszeitschrift: HAB Express
Mitglieder: 400
Mitarbeiter: ca. 40

• T 3 858

Arbeitskreis Universitäre Erwachsenenbildung
Universität
93040 Regensburg
T: (0941) 9 43 37 85 **Fax:** 9 43 24 50
E-Mail: aue@aww.uni-hamburg.de
Gründung: 1970
1. Vorsitzende(r): Prof. Dr. Ernst Prokop
Verbandszeitschrift: Aue-Info-Dienst
Redaktion: Prof. Dr. Erich Schäfer
Mitglieder: 300

• T 3 859

Thomas-Morus-Akademie Bensberg
Overather Str. 51-53, 51429 Bergisch Gladbach
T: (02204) 40 84 72 **Fax:** 40 84 20
Internet: http://www.tma-bensberg.de
E-Mail: akademie@tma-bensberg.de
Gründung: 1953 (13. September)
Leitung: Dr. Wolfgang Isenberg
Geschäftsführer(in): Monika Kolec
Leitung Presseabteilung: Stephan Lennartz
Verbandszeitschrift: TMA Journal
Redaktion: Stephan Lennartz
Verlag: Thomas-Morus-Akademie Bensberg, Overather Str. 51-53, 51429 Bergisch Gladbach
Mitarbeiter: 19
Jahresetat: DM 4 Mio, € 2,05 Mio

• T 3 860

Staatspolitische Gesellschaft e.V.
Ohlsdorfer Str. 37, 22299 Hamburg
T: (040) 4 60 10 26 **Fax:** 47 92 67
Gründung: 1959
Vorsitzende(r): Prof. Dr. Michael Stuwe
Stellvertretende(r) Vorsitzende(r): Bernd Reinert (MdHB)
Jochen Voswinckel
Geschäftsführer(in): Dipl.-Pol. Angela Schapals (Studienleiterin)
Mitglieder: ca. 100
Mitarbeiter: 3

• T 3 861

Ländliche Erwachsenen-Bildung in Niedersachsen e.V.
Johannssenstr. 10, 30159 Hannover
T: (0511) 3 04 11-0 **Fax:** 3 63 16 15
Internet: http://www.leb.de
E-Mail: zentrale@leb.de
Gründung: 1951
Präsident(in): Rudolf Meyer, 29308 Winsen
Direktor(in): Dr. Gerhard Lippert
Leitung Presseabteilung: Cornelia Langmack
Mitglieder: 71
Mitarbeiter: 140

• T 3 862

Gustav-Stresemann-Institut e.V. (GSI)
Langer Grabenweg 68, 53175 Bonn
T: (0228) 81 07-0 **Fax:** 81 07-198 (Verwaltung)
Internet: http://www.gsi-bonn.de
E-Mail: info@gsi-bonn.de
Gründung: 1959
Internationaler Zusammenschluß: siehe unter izu 636
Vorsitzende(r): Staatsrat Erik Bettermann
Stellvertretende(r) Vorsitzende(r): Staatssekretärin Heide Dörrhöfer-Tucholski
Dr. h.c. Karl-Heinz Koppe
Intendant Dieter Weirich
Geschäftsführendes Vorstandsmitgl. u. Direktor: Staatssekretär a.D. Dr. Klaus Dieter Leister
Geschäftsführer(in): Ursula Meister
Mitarbeiter: ca. 85

Politische Jugend- und Erwachsenenbildung. Das Haus steht darüber hinaus externen Gruppen als Tagungsstätte zur Verfügung.

• T 3 863

Deutsche Evangelische Arbeitsgemeinschaft für Erwachsenenbildung e.V. (DEAE)
Arbeitsstelle
Emil-von-Behring-Str. 3, 60439 Frankfurt
Gründung: 1961
Vorsitzende(r): Helmut Strack
Vorsitzende: Ingrid Gerlich
Stellvertretende(r) Vorsitzende(r): Ellen Hoffmann
VorstMitgl: Ingrid Gerlich
Pfarrer Dr. Pieter de Haas
Ingeborg Leitz
Dieter Ney
Pfarrer Wiegand Wagner
Oberkirchenrat Dr. Dr. Horst Echternach
BundesGeschF: Andreas Seiverth
Verbandszeitschrift: Forum EB
Redaktion: T. Evers, P. Merz, A. Seiverth
Mitglieder: 28
Mitarbeiter: 8
Jahresetat: DM 0,85 Mio, € 0,43 Mio

• T 3 864

Katholische Bundesarbeitsgemeinschaft für Erwachsenenbildung (KBE)
Rene-Schickele-Str. 10, 53123 Bonn
T: (0228) 6 48 02-70 **Fax:** 6 48 02-99
Gründung: 1957
Vorstand: Erwin Müller-Ruckwitt (Vors.)
Dr. Michael Hanke (stellv. Vors.)
Dr. Wolfgang Riemann (stellv. Vors.)
Hubert Stuntebeck (stellv. Vors.)
Vorstand: Dr. Alois Becker (stellv. Vors.)
Dr. Bertram Blum (Beisitzer)
Elisabeth Bußmann (Beisitzer)
Hartmut Heidenreich (Beisitzer)
Gerhard Stöber (Beisitzer)
Dr. Ralph Bergold (GeschF)
Verbandszeitschrift: ERWACHSENENBILDUNG
Redaktion: Dr. Michael Sommer
Verlag: Echter Würzburg, Postf. 55 60, 97005 Würzburg
Mitglieder: 58 Vertreter von Mitgliedsorganisationen

Wahrnehmung der politischen Vertretung und Repräsentanz der gesamten katholischen Erwachsenenbildung gegenüber der Öffentlichkeit.

• T 3 865

Katholische Bundesarbeitsgemeinschaft für berufliche Bildung
Postf. 10 08 41, 50448 Köln
Kolpingplatz 5-11, 50667 Köln
Vorsitzende(r): Dr. Alois Becker
Stellvertretende(r) Vorsitzende(r): Dr. Michael Hanke
Geschäftsführer(in): Christoph Becker
Verbandszeitschrift: idb-Dienst
Mitglieder: 15

• T 3 866

Reifensteiner Verband
Verein ehemaliger Reifensteiner e.V.
Postf. 15 51, 50332 Hürth
Rheingoldstr. 19, 50354 Hürth
T: (02233) 70 01 32 **Fax:** 70 72 24
Gründung: 1897 (für haus- u. landwirtschaftl. Frauenbildung)
Vorsitzende(r): Renate Hilger
Stellvertretende(r) Vorsitzende(r): Johanna-Elisabeth Baronin v. Vietinghoff-Scheel
Leitung Presseabteilung: Ursula Meyer (Mainstr. 16, 58097 Hagen)
Verbandszeitschrift: Mitteilungen, Blatt der Altmaiden, Reifensteiner Verband e.V.
Redaktion: Ursula Meyer, Mainstr. 16, 58097 Hagen
Verlag: Reifensteiner Verband eV, Rheingoldstr. 19, 50354 Hürth
Mitglieder: 3000
Jahresetat: DM 0,1 Mio, € 0,05 Mio

• T 3 867

Deutsche Landjugend-Akademie Fredeburg e.V.
In der Wehrhecke 1, 53125 Bonn
Johannes-Hummel-Weg 1, 57392 Schmallenberg, T: (02974) 9 11-0, Telefax: (02974) 9 11-1 00
T: (0228) 9 19 29-0 **Fax:** 9 19 29-30
Leitung: Dir. Dr. Reinhold Meisterjahn

• T 3 868

Vereinigung Deutscher Landerziehungsheime e.V.
Libanonstr. 3, 70184 Stuttgart
T: (0711) 4 80 88 61 **Fax:** 4 80 88 62
Internet: http://www.leh-internate.de
E-Mail: w.harder@leh-internate.de
Gründung: 1921
Vorsitzende(r): Dr. Wolfgang Harder
Verbandszeitschrift: Konzepte und Erfahrungen, Internat
Redaktion: Dr. Hartmut Ferenschild, Gerold Becker
Verlag: Selbstverlage
Mitglieder: 21 Internatsschulen
Mitarbeiter: ca. 800
Jahresetat: DM 0,35 Mio, € 0,18 Mio

• T 3 869

Private Bundesfachschule des Lebensmittelhandels - Staatlich anerkannte Fachschule (Ergänzungsschule) -

Friedrichstr. 36, 56564 Neuwied
T: (02631) 8 30-3 **Fax:** 8 30-5 00
Internet: http://www.bzneuwied.de
E-Mail: bzneuwied@t-online.de
Gründung: 1936 (27. Oktober)
Leitung: Thorsten Fuchs
Mitarbeiter: 22
Jahresetat: DM 2 Mio, € 1,02 Mio

• T 3 870

ZDS Zentralfachschule der Deutschen Süßwarenwirtschaft e.V.

Postf. 18 01 10, 42626 Solingen
De-Leuw-Str. 3-9, 42653 Solingen
T: (0212) 59 61-0 **Fax:** 59 61 61
Internet: http://www.zds-solingen.de
E-Mail: zds.solingen@t-online.de
Gründung: 1952
Vorsitzende(r): Dipl.-Kfm. Dieter Becker
Geschäftsführende(s) Vorstands-Mitglied(er): Winfried Köllmann
Verbandszeitschrift: ZDS NEWS
Redaktion: ZDS
Verlag: ZDS, Postf. 18 01 10, 42626 Solingen
Mitglieder: 301

• T 3 871

Verband deutscher Musikschulen e.V. (VdM)

Plittersdorfer Str. 93, 53173 Bonn
T: (0228) 95 70 60 **Fax:** 9 57 06 33
Internet: http://www.musikschulen.de
E-Mail: VdM-Musikschulen@t-online.de
Gründung: 1952
Vorsitzende(r): Dr. Gerd Eicker (c/o Stadtjugendmusik- und Kunstschule Winnenden, Schloßstr. 24, 71364 Winnenden, T: (07195) 82 40 od. 94 14 02, Telefax: (07195) 6 36 48)
Stellvertretende(r) Vorsitzende(r): Klaus-Jürgen Weber (c/o Musikschule Berlin-Neukölln, Boddinstr. 34, 12053 Berlin, T: (030) 68 09-3265 o. 68 09-2238, Telefax: (030) 68 09-3598)
Weitere Vorstandsmitglieder:
Burkard Fleckenstein (c/o Städt. Musikschule Aschaffenburg, Kochstr. 8, 63739 Aschaffenburg, T: (06021) 9 34 11, Fax: (06021) 97 01 92)
Doris Froese (c/o Musikschule Herrenberg, Bismarckstr. 9, T: (07032) 60 91, Telefax: (07032) 28 73 91)
Renate Oehme (c/o Konservatorium "Rudolf-Wagner-Régeny", Schillerplatz 2, 18055 Rostock, T: (0381) 4 99 89 28, Telefax: (0381) 4 99 89 30)
Dr. Oliver Scheytt (c/o Stadt Essen, Gildehof, Hollestr. 3, 45121 Essen, T: (0201) 88-88450 od. 88-88451, Fax: (0201) 88-88454)
Jürgen Schulze (Vors. d. Landesverbandes Sachsen e.V., c/o Musikschule Leipzig „Joh. Seb. Bach", Petersstr. 43, 04109 Leipzig, T: (0341) 1 41 42-0, Telefax: (0341) 1 41 42-44)
BundesGeschF: Rainer Mehlig
Leitung Presseabteilung: Dr. Ulrich Wüster
Verbandszeitschrift: Verbandsmitteilungen in: "Neue Musikzeitung"
Verlag: Verlag Neue Musikzeitung, Postf. 10 02 45, 93002 Regensburg
Mitglieder: 979 Musikschulen, 188 Förd. Mitglieder

Landesverbände

t 3 872

Landesverband der Musikschulen in Baden-Württemberg e.V.

Griegstr. 16, 70195 Stuttgart
T: (0711) 6 97 94 68 **Fax:** 6 97 92 55
E-Mail: LVBW@musikschulen.de
Vorsitzende(r): Hansjörg Korward

t 3 873

Verband Bayerischer Sing- und Musikschulen e.V.

Herzog Albrecht Platz 2, 82362 Weilheim
T: (0881) 20 58 **Fax:** 89 24
Vorsitzende(r): Bernd Geith

t 3 874

Verband deutscher Musikschulen e.V. Landesverband Berlin

c/o Musikschule Berlin-Wedding
Ruheplatzstr. 4, 13347 Berlin
T: (030) 45 75 42 26 **Fax:** 45 75 42 24
Vorsitzende(r): Udo Krzyznski

t 3 875

Landesverband der Musikschulen Brandenburg e.V.

Am Bassin 4, 14467 Potsdam
T: (0331) 24 02 75 **Fax:** 24 02 76
Vorsitzende(r): Manfred Uhlmann

t 3 876

Landesverband der Musikschulen in Bremen e.V.

Schleswiger Str. 4, 28219 Bremen
T: (0421) 3 61 56 75 **Fax:** 3 61 56 79
Vorsitzende(r): Heinrich Buhlmann

t 3 877

Verband deutscher Musikschulen e.V. Landesverband Hamburg

Katharinenkirchhof, 20457 Hamburg
T: (040) 4 28 31-2419 **Fax:** 33 93 75
Vorsitzende(r): Wolfhagen Sobirey

t 3 878

Landesverband der Musikschulen Hessen e.V.

Schützenweg 74, 35418 Buseck
T: (06408) 9 20 42 **Fax:** 9 20 45
Vorsitzende(r): Claus Schmitt

t 3 879

Landesverband der Musikschulen in Mecklenburg-Vorpommern e.V.

c/o Konservatorium "Rudolf-Wagner-Régeny"
Schillerplatz 2, 18055 Rostock
T: (0381) 2 65 42 **Fax:** 4 99 89 30
Vorsitzende(r): Renate Oehme

t 3 880

Landesverband niedersächsischer Musikschulen e.V.

Lützowstr. 5, 30159 Hannover
T: (0511) 1 59 19, 1 59 03 **Fax:** 1 59 01
Vorsitzende(r): Geert Latz

t 3 881

Landesverband der Musikschulen in Nordrhein-Westfalen e.V.

Breidenplatz 8-10, 40627 Düsseldorf
T: (0211) 25 10 09 **Fax:** 25 10 08
Vorsitzende(r): Reinhard Knoll

t 3 882

Landesverband der Musikschulen in Rheinland-Pfalz e.V.

c/o Stadtverwaltung Ludwigshafen / Schul- und Kulturdezernat
Rathausplatz 20, 67059 Ludwigshafen
T: (0621) 5 04-2137 **Fax:** 5 04-3783
Vorsitzende: Anne Spurzem (MdL)

t 3 883

Saarländischer Musikschulverband e.V.

Bahnhofstr. 39, 66663 Merzig
T: (06861) 10 78 **Fax:** 10 87
Vorsitzende(r): Dieter Boden

t 3 884

Landesverband der Musikschulen in Sachsen e.V.

Käthe-Kollwitz-Str. 109, 04109 Leipzig
T: (0341) 9 83 63 96 **Fax:** 9 83 63 97
Vorsitzende(r): Jürgen Schulze

t 3 885

Landesverband der Musikschulen Sachsen-Anhalt e.V.

Lübecker Str. 23a, 39124 Magdeburg
T: (0391) 2 51 55 13 **Fax:** 2 51 53 68
Vorsitzende(r): Hans-Martin Uhle

t 3 886

Landesverband der Musikschulen in Schleswig-Holstein e.V.

Nikolaistr. 5, 24937 Flensburg
T: (0461) 1 41 51 41 **Fax:** 1 41 51 42
Vorsitzende(r): Dr. Winfried Richter

t 3 887

Landesverband der Musikschulen in Thüringen e.V.

Rosa-Luxemburg-Str. 49, 99086 Erfurt
T: (0361) 5 66 14 73 **Fax:** 5 66 14 74
Vorsitzende(r): Dr. Bernd Ehrhardt

• T 3 888

Gesellschaft für Musikforschung

Heinrich-Schütz-Allee 35, 34131 Kassel
T: (0561) 3 10 52 55 **Fax:** 3 10 52 54
Internet: http://www.gfm.uni-mainz.de
E-Mail: g.f.musikforschung@t-online.de
Gründung: 1947
Verbandszeitschrift: "Die Musikforschung"
Verlag: Bärenreiter-Verlag, Heinrich-Schütz-Allee 35, 34131 Kassel
Mitglieder: 1800

• T 3 889

Deutsches Musikgeschichtliches Archiv

Gießbergstr. 47, 34127 Kassel
T: (0561) 89 99 40 **Fax:** 8 90 00 97
Internet: http://www.dmga.de
E-Mail: mail@dmga.de
Gründung: 1954
Leitung: Dr. Rainer Birkendorf
Vorsitzende(r): Prof. Dr. Friedhelm Krummacher
Vizepräsident(in): Prof. Dr. Martin Staehelin
Geschäftsführer(in): Susanne Bremer
Mitglieder: 17
Mitarbeiter: 2
Jahresetat: DM 0,2 Mio, € 0,1 Mio

• T 3 890

Institut für Neue Musik und Musikerziehung e.V.

Olbrichweg 15, 64287 Darmstadt
T: (06151) 4 66 67 **Fax:** 4 66 47
E-Mail: instmusik@aol.com
Gründung: 1948
Vorsitzende(r): Prof. Dr. Rudolf Frisius, Karlsruhe
Stellvertretende(r) Vorsitzende(r): Dr. Bernd Leukert, Frankfurt
Prof. Dr. Helga de la Motte-Haber, Berlin
Geschäftsführer(in): Dr. phil. Susanne Ziegler
Mitglieder: 400 (Einzelpersonen und Institutionen)
Publikation: Schriftenreihe Veröffentlichungen des Instituts für Neue Musik und Musikerziehung 1961ff
Verlag: Verlag B. Schott's Söhne, Postf. 36 40, 55026 Mainz

• T 3 891

Bayerische Akademie für Naturschutz und Landschaftspflege

Postf. 12 61, 83406 Laufen
Seethaler Str. 6, 83410 Laufen
T: (08682) 89 63-0 **Fax:** 89 63-17
Internet: http://www.anl.de
E-Mail: naturschutzakademie@t-online.de
Gründung: 1976 (1. Juli)
Direktor(in): Dr. Christoph Goppel (Dipl.-Ing. Landespflege)
Leitendes Gremium:
Präs.-Vors.: Staatssekretärin Christa Stewens (MdL, Bayer. Staatsministerium für Landesentwicklung und Umweltfragen)
Beratendes Gremium:
Kuratoriumsvors.: Prof.Dr. Ulrich Ammer (Ludwig-Maximilian-Universität München, Lehrstuhl für Landnutzungsplanung und Naturschutz)
Leitung Presseabteilung: Dr. Walter Joswig
Mitarbeiter: 30, davon 10 im fachlich-wissenschaftlichen Bereich

• T 3 892

Alfred Toepfer Akademie für Naturschutz

Hof Möhr, 29640 Schneverdingen
T: (05199) 9 89-0 **Fax:** 9 89-46
Internet: http://www.nna.de
E-Mail: nna@nna.de
Gründung: 1981 (1. April)
Dir., Leiter: Prof. Johann Schreiner
Leitung Presseabteilung: Thomas Sandkühler
Verbandszeitschrift: Mitteilungen aus der NNA, NNA-Berichte, Naturschutz im Unterricht
Redaktion: Dr. Renate Strohschneider
Verlag: Eigenverlag
Mitarbeiter: 15

• T 3 893

Akademie Führung + Organisation (afo)

Organ der Gesellschaft für Organisation e. V. (GfürO)
Kaiserstr. 3, 53113 Bonn
T: (0228) 21 00 21 **Fax:** 21 88 58
Internet: http://www.gfuero.org
E-Mail: afo@gfuero.org
Gründung: 1965
Akademieleiter: Dipl.-Kfm. Dr. Reiner Chrobok

• T 3 894

Deutsche Phono-Akademie e.V.

Grelckstr. 36, 22529 Hamburg
T: (040) 58 19 35 u. 58 20 84 **Fax:** 58 08 33
Gründung: 1973

Vorsitzende(r) des Vorstandes: Gerd Gebhardt
Vorstand: Helmut Fest
Wolf-D. Gramatke
Heinz Canibol
Jochen Leuschner
Thomas M. Stein
Geschäftsführer(in): Prof. Werner Hay
Mitglieder: 17 Firmen (13 außerordentl. Mitgl.)

• T 3 895

Fachschule des Deutschen Fotohandels
Feldstr. 9-11, 24105 Kiel
T: (0431) 5 79 70-0 **Fax:** 56 25 68
Internet: http://www.fotoschule.de
E-Mail: mail@fotoschule.de
Gründung: 1957 (September)
Geschäftsführung: Gabriele Scheibel
Mitglieder: 500
Mitarbeiter: 13
Jahresetat: DM 2,7 Mio, € 1,38 Mio

• T 3 896

REFA - Verband für Arbeitsgestaltung, Betriebsorganisation und Unternehmensentwicklung
REFA Bundesverband e.V.
Wittichstr. 2, 64295 Darmstadt
T: (06151) 88 01-0 **Fax:** 88 01 27
Internet: http://www.REFA.de
E-Mail: REFA@REFA.de
Geschäftsführer(in): Dipl.-Ing. Rolf Meyer
Leitung Presseabteilung: Berndt Schelm
Verbandszeitschrift: REFA-Nachrichten

t 3 897

REFA Bundesverband e.V.
Wittichstr. 2, 64295 Darmstadt
T: (06151) 88 01-0 **Fax:** 88 01-27
Internet: http://www.REFA.de

t 3 898

REFA-Informatik-Center Dortmund
Emil-Figge-Str. 43, 44227 Dortmund
T: (0231) 97 96-0 **Fax:** 9 79 61 97

t 3 900

REFA Nordwest e.V.
Emil-Figge-Str. 43, 44227 Dortmund
T: (0231) 97 96-101 **Fax:** 97 96-105

t 3 901

REFA - Landesverband Baden-Württemberg
Tullastr. 14, 68161 Mannheim
T: (0621) 41 10 65 **Fax:** 4 18 50 75

t 3 899

REFA-Akademie für Betriebswissenschaft
Tullastr. 14, 68161 Mannheim
T: (0621) 41 10 64 **Fax:** 4 18 50 75

t 3 902

REFA - Landesverband Bayern e.V.
Theodorstr. 3, 90489 Nürnberg
T: (0911) 99 55 73 **Fax:** 5 39 39 92

t 3 903

REFA - Landesverband Berlin und Brandenburg e.V.
Nonnendammallee 104, 13629 Berlin
T: (030) 38 62 19 19 **Fax:** 38 62 19 20

Landesverband Hessen

t 3 904

REFA - Landesverband Hessen
Wittichstr. 2, 64295 Darmstadt
T: (06151) 88 01-1 70 **Fax:** 88 01-27

Landesverband Mecklenburg-Vorpommern

t 3 905

REFA - Landesverband Mecklenburg-Vorpommern
Ernst-Barlach-Str. 6, 18055 Rostock
T: (0381) 45 52 23 **Fax:** 45 52 24

Landesverband Rheinland-Pfalz

t 3 906

REFA - Landesverband Rheinland-Pfalz e.V.
Friedrich-Ebert-Str. 9, 67433 Neustadt
T: (06321) 85 22 77 **Fax:** 3 05 73

Landesverband Saar

t 3 907

REFA - Landesverband Saar
Franz-Josef-Röder-Str. 9, 66119 Saarbrücken
T: (0681) 5 64 24 **Fax:** 5 10 36

Landesverband Sachsen

t 3 908

REFA - Landesverband Sachsen
Zellescher Weg 24, 01217 Dresden
T: (0351) 4 66 53 45 **Fax:** 4 66 53 44

Landesverband Sachsen-Anhalt

t 3 909

REFA - Landesverband Sachsen-Anhalt
Halberstädter Str. 21, 39112 Magdeburg
T: (0391) 6 20 99-97, 6 20 99-98 **Fax:** 6 20 99-99

Landesverband Thüringen

t 3 910

REFA - Landesverband Thüringen
Schwarzaer Str. 43, 07422 Unterwirbach
T: (036741) 4 21 49 **Fax:** 4 21 49

• T 3 911

Arbeitssicherheit und Umweltschutz, Betriebsorganisation und Arbeitsstudium e.V. (AUBA)
Münsterberger Weg 91-95, 12621 Berlin
T: (030) 56 54 44 34 **Fax:** 56 54 44 16
Gründung: 1990 (Oktober)
Vorsitzende(r): Dr. Jörg Martini

• T 3 912

Staatlich anerkannte Fachschule für Arbeitssicherheit
Lahnstr. 27-29, 64625 Bensheim
T: (06251) 70 98-0 **Fax:** 70 98-11
Gründung: 1994 (April)
Hauptgeschäftsführer(in): Jürgen Streit (Streit GmbH)
Leitung Presseabteilung: Martin Simon

• T 3 913

Reformhaus Fachakademie für gesunde Leben
Stiftung des bürgerlichen Rechts
Gotische Str. 15, 61440 Oberursel
T: (06172) 30 09-0 **Fax:** 30 09-8 19
Gründung: 1956
Hauptgeschäftsführer(in): Marlis Weber
Geschäftsführer(in): Bernd Künz
Mitarbeiter: ca. 50

Seminar- u. Tagungshaus

• T 3 914

Förderungsgesellschaft der Reformwarenwirtschaft (FDR) mbH
Postf. 14 44, 61284 Bad Homburg
Waldstr. 6, 61440 Oberursel
T: (06172) 30 03-300 **Fax:** 30 03-303
Internet: http://www.reformhaus.de
E-Mail: kontakt@neuform.de
Gründung: 1952
Geschäftsführer(in): Andreas Weritz-Schaefer
Leitung Presseabteilung: Frank Eckhardt

Marketing und PR für die Reformhäuser.

• T 3 915

Bildungs-Gemeinschaft der Schuhindustrie-Techniker e.V.
Postf. 14 53, 56121 Bad Ems
Arzbacher Str. 39, 56130 Bad Ems
T: (02603) 1 27 29 **Fax:** 1 27 29
Vorsitzende(r): Leonhard Ganter
Geschäftsführer(in): Ing. Alexander Besching (Presse u. PR)
Stellvertretende(r) Geschäftsführer(in): Albert Wilhelm
Verbandszeitschrift: Mitteilungsblatt „SCHUH-TECHNIK + abc"

• T 3 916

Institut für Sozial- und Wirtschaftspolitische Ausbildung e.V. Berlin (ISWA)
Geschäftsstelle:
c/o BDA im Haus der Deutschen Wirtschaft
Breite Str. 29, 10178 Berlin
T: (030) 20 33-1950 **Fax:** 20 33-1955
Vorsitzende(r) des Vorstandes: Dr. Fritz-Heinz Himmelreich (ehem. HGeschF der Bundesvereinigung der Deutschen Arbeitgeberverbände, Berlin)
Weitere Vorstandsmitglieder:
Vorstand: Dr. Franz Schoser (HGeschF des Deutschen Industrie- und Handelstages, Berlin)
Dr. Ludolf von Wartenberg (HGeschF des Bundesverbandes der Deutschen Industrie, Berlin)

• T 3 917

Steuerakademie - Fortbildungswerk des Steuerberaterverbandes Hessen e.V.
Mannheimer Str. 15, 60329 Frankfurt
T: (069) 97 58 21-0 **Fax:** 97 58 21-25
Gründung: 1982
Vorsitzende(r): WP, StB, RB Rolf Kugelstadt
Geschäftsführer(in): Rainer von Borstel

• T 3 918

Bundesverband Material-Management e.V. (BMM)
Postf. 10 43 43, 40034 Düsseldorf
Lindenstr. 74, 40233 Düsseldorf
T: (0211) 66 03 43 **Fax:** 68 21 79
Gründung: 1987
Präsident(in): Dr. Wolfgang M. Partsch (Mitglied der Geschäftsleitung Dr. Höfner & Partner Management-Beratung BDU, Baierbrunner Str. 33, 81379 München, T: (089) 78 00 30)
1. Vorsitzender des Vorstandes: Dipl.-Ing. Herbert H. Ludwig (i.H. RUMP-INSTITUT GmbH Gesellschaft für Materialwirtschaft und Wertanalyse mbH (GMW), Lindenstr. 74, 40233 Düsseldorf, Postf. 10 43 43, 40034 Düsseldorf, T: (0211) 66 03 43, Fax: 68 21 79)
2. Vorsitzender des Vorstandes: Dipl.-Ing. Bernd Opitz (Thekastr. 4a, 04571 Rötha, T: (034206) 5 55 39, Fax: 5 55 91)
Vorstand: Dipl.-Betriebsw. Klaus M. Ferber (i.H. DEUTAG Deutsche Tiefbohr-Aktiengesellschaft, Deilmannstr. 1, 48455 Bad Bentheim, T: (05922) 72 (0) 286, Fax: 7 26 10)
Dieter Flaskamp (Marienstr. 46, 47807 Krefeld, T: (02151) 30 18 73)
Alfred Knorn (Am Oelvebach 39, 47809 Krefeld (Stratum), T: (02151) 57 35 07)
Vorsitzender des Beirates: Dipl.-Ing. Hans-Heinz Demmer (Deusserstr. 5, 40789 Monheim, T: (02173) 5 58 05)
Verbandszeitschrift: Material-Management-Magazin (Auflage: 25 000 Exemplare)
Verlag: RUMP-INSTITUT Gesellschaft für Materialwirtschaft und Wertanalyse mbH (GMW), Lindenstr. 74, 40233 Düsseldorf, Postf. 10 43 43, 40034 Düsseldorf, T: (0211) 66 03 43, Fax: 68 21 79
Chefredaktion: Dipl.-Ing. Herbert H. Ludwig
Aus- und Weiterbildungseinrichtung: BMM-AKADEMIE, Lindenstr. 74, 40233 Düsseldorf, Postf. 10 43 43, 40034 Düsseldorf, T: (0211) 66 03 43, Fax: 68 21 79

Regionale Gliederungen:

t 3 919

Material-Management-Club Berlin e.V. (MMC Berlin)
Einbecker Str. 32, 10317 Berlin
T: (030) 5 22 48 13 **Fax:** 5 22 48 12
Kontakt: Dr. Jürgen Meergans (i.H. Dr. Meergans & Partner Management Consulting GmbH, Einbecker Str. 32, 10317 Berlin, T: (030) 5 22 48 13, Fax: 5 22 48 12)

t 3 920

Material-Management-Club Chemnitz (MMC Chemnitz)
c/o Bundesverband Material-Management e.V. (BMM)
Postf. 10 43 43, 40034 Düsseldorf
Lindenstr. 74, 40233 Düsseldorf
T: (0211) 66 03 43 **Fax:** 68 21 79

t 3 921

Material-Management-Club Dresden (MMC Dresden)
Badstr. 18, 01454 Radeberg
T: (03528) 44 20 78, 44 03 31 **Fax:** 44 20 78, 44 03 31
Kontakt: Dr.-Ing. Ralph Grundmann (Badstr. 18, 01454 Radeberg, T: (03528) 44 20 78, 44 03 31, Fax: 44 20 78, 44 03 31)

t 3 922

Material-Management-Club Erfurt (MMC Erfurt)
c/o Bundesverband Material-Management e.V. (BMM)
Postf. 10 43 43, 40034 Düsseldorf
Lindenstr. 74, 40233 Düsseldorf
T: (0211) 66 03 43 **Fax:** 68 21 79

t 3 923

Material-Management-Club Frankfurt/Main e.V. (MMC Frankfurt/Main)
c/o Bundesverband Material-Management e.V. (BMM)
Postf. 10 43 43, 40034 Düsseldorf
Lindenstr. 74, 40233 Düsseldorf
T: (0211) 66 03 43 **Fax:** 68 21 79

t 3 924

Material-Management-Club Hamburg e.V. (MMC Hamburg)
Borsteler Chaussee 106a, 22453 Hamburg
T: (040) 6 91 67 18
Vorsitzende(r): Dipl.-Betriebsw. Birgit Deinis (Schwalbenstr. 70, 22305 Hamburg, T: (040) 6 91 67 18)
Stellvertretende(r) Vorsitzende(r): Dipl.-Betriebsw. Carlo Prußas (Borsteler Chaussee 106 a, 22453 Hamburg, T: (040) 51 82 84)

t 3 925

Material-Management-Club Hannover (MMC Hannover)
c/o Bundesverband Material-Management e.V. (BMM)
Postf. 10 43 43, 40034 Düsseldorf
Lindenstr. 74, 40233 Düsseldorf
T: (0211) 66 03 43 **Fax:** 68 21 79

t 3 926

Material-Management-Club Köln (MMC Köln)
c/o Bundesverband Material-Management e.V. (BMM)
Postf. 10 43 43, 40034 Düsseldorf
Lindenstr. 74, 40233 Düsseldorf
T: (0211) 66 03 43 **Fax:** 68 21 79

t 3 927

Material-Management-Club Leipzig (MMC Leipzig)
Dammstr. 22, 04416 Markkleeberg
T: (0341) 31 58 31
Vorsitzende(r): Lutz Reddmann (Dammstr. 22, 04416 Markkleeberg, T: (0341) 31 58 31)
Stellvertretende(r) Vorsitzende(r): Dipl.-Ing. Bernd Opitz (Thekastr. 4a, 04571 Rötha, T: (034206) 5 55 39, Fax: 5 55 91)

t 3 928

Material-Management-Club Magdeburg (MMC Magdeburg)
c/o Bundesverband Material-Management e.V. (BMM)
Postf. 10 43 43, 40034 Düsseldorf
Lindenstr. 74, 40233 Düsseldorf
T: (0211) 66 03 43 **Fax:** 68 21 79

t 3 929

Material-Management-Club München e.V. (MMC München)
c/o Bundesverband Material-Management e.V. (BMM)
Postf. 10 43 43, 40034 Düsseldorf
Lindenstr. 74, 40233 Düsseldorf
T: (0211) 66 03 43 **Fax:** 68 21 79

t 3 930

Material-Management-Club Rhein-Ruhr e.V. (MMC Rhein-Ruhr)
Geschäftsstelle:
Postf. 10 43 43, 40034 Düsseldorf
Lindenstr. 74, 40233 Düsseldorf
T: (0211) 66 03 43 **Fax:** 68 21 79
Gründung: 1987
Vorsitzende(r): Dipl.-Betriebsw. Klaus M. Ferber (i.H. DEUTAG Deutsche Tiefbohr-Aktiengesellschaft, Dellmannstr. 1, 48455 Bad Bentheim, T: (05922) 72 (0) 286, Fax: 7 26 10)
Stellvertretende(r) Vorsitzende(r): Dipl.-Ing. Hans-Heinz Demmer (Deusserstr. 5, 40789 Monheim, T: (02173) 5 58 05)
Vorstand: Dieter Flaskamp (Marienstr. 46, 47807 Krefeld, T: (02151) 30 18 73)
Alfred Knom (Am Oelvebach 39, 47809 Krefeld (Stratum), T: (02151) 57 35 07)
Dipl.-Ing. Herbert H. Ludwig (i.H. RUMP-INSTITUT GmbH Ges. für Materialwirtschaft und Wertanalyse mbH (GMW), Lindenstr. 74, 40233 Düsseldorf, Postf. 10 43 43, 40034 Düsseldorf, T: (0211) 66 03 43, Fax: 68 21 79)

t 3 931

Material-Management-Club Stuttgart e.V. (MMC Stuttgart)
c/o Bundesverband Material-Management e.V. (BMM)
Postf. 10 43 43, 40034 Düsseldorf
Lindenstr. 74, 40233 Düsseldorf
T: (0211) 66 03 43 **Fax:** 68 21 79

• T 3 932

Technische Akademie Esslingen Weiterbildungszentrum
Postf. 12 65, 73748 Ostfildern
In den Anlagen 5, 73760 Ostfildern
T: (0711) 3 40 08-0 **Fax:** 3 40 08 43
Internet: http://www.tae.de
E-Mail: tae@fht-esslingen.de

Theoretische und praktische berufliche Fortbildung von Führungs- und Fachkräften für Wirtschaft und Verwaltung auf technischen, naturwissenschaftlichen und anderen Gebieten.

t 3 933

Weiterbildungszentrum Dresden der Technischen Akademie Esslingen
Dresdner Str. 36a, 01465 Langebrück
T: (035201) 73 40 **Fax:** 7 02 06
E-Mail: info@com-dd.de

t 3 934

Weiterbildungszentrum Sarnen der Technischen Akademie Esslingen
Postf. 8 31, CH-6060 Sarnen/OW
Industriestr. 2, CH-6060 Sarnen/OW
T: (004141) 6 60 37 08 **Fax:** 6 60 56 87
E-Mail: tae.sarnen@bluewin.ch

• T 3 935

Zentrum für Weiterbildung und Wissenstransfer Universität Augsburg
86135 Augsburg
T: (0821) 5 98-4019 **Fax:** 5 98-4213
Internet: http://www.zww.uni-augsburg.de
E-Mail: Michael.Kochs@ZWW.Uni-Augsburg.de
Gründung: 1976
Rektor d. Univ.: Prof. Dr. Reinhard Blum
Vorsitzende(r): Prof. Dr. Oswald Neuberger (Koordinationsauschuß für das ZWW)
Geschäftsführer(in): Dr. Michael Kochs
Mitglieder: ca. 1200
Mitarbeiter: 10
Jahresetat: DM 0,07 Mio, € 0,04 Mio

• T 3 936

LWTW

Landesverband Nordrhein-Westfalen für Weiterbildung in Technik und Wirtschaft e.V. (LWTW)
Geschäftsstelle:
RKW-Landesgruppe Nordrhein-Westfalen
Sohnstr. 70, 40237 Düsseldorf
T: (0211) 6 80 01-0 **Fax:** 6 80 01-68
Vorsitzende(r): Prof. Dr.-Ing. Eberhard Steinmetz (Haus der Technik e.V., Hollestr. 1, 45125 Essen, T: (0201) 18 03-1)
Stellvertretende(r) Vorsitzende(r): Peter Schliebeck (Landeseinrichtung Nordrhein-Westfalen des Bildungswerkes der DAG e.V., Bastionstr. 18, 40213 Düsseldorf, T: (0211) 8 64 56-0)
Geschäftsführende(s) Vorstands-Mitglied(er): Dipl.-Phys. Wilfried Hedderich (RKW-Landesgruppe Nordrhein-Westfalen, Sohnstr. 70, 40237 Düsseldorf, T: (0211) 6 80 01-92, Telefax: (0211) 6 80 01-68, e-mail: info@lwtw.de)

• T 3 937

Institut für Kolbenmaschinen der Universität Karlsruhe
76128 Karlsruhe
Postf. 69 80, 76049 Karlsruhe
Kaiserstr. 12, 76131 Karlsruhe
T: (0721) 6 08 24 30 **Fax:** 60 63 25
Teletex: 721 166 =UNIKAR
E-Mail: ulrich.spicher@ifkm.uni-karlsruhe.de
Leitung: Prof. Dr.-Ing. Ulrich Spicher

• T 3 938

Fachverband Medien und Technik im Bildungsbereich e.V. (MTB)
Geschäftsstelle:
Isingdorfer Bruch 3, 33824 Werther
T: (05203) 8 86 19 **Fax:** 8 86 16
Internet: http://www.mtb-ev.de
E-Mail: kontakt@mtb-ev.de
Gründung: 1983 (September)
1. Vorsitzende(r): Dipl.-Päd. Günter Leupold (Isingdorfer Bruch 3, 33824 Werther, T: (05203) 51 50)
Mitglieder: ca. 120

• T 3 939

IFM Institut für Mediendidaktik Universität Koblenz-Landau
Rheinau 1 Gebäude F 14, 56075 Koblenz
T: (0261) 91 19-6 51 **Fax:** 91 19-6 52
E-Mail: ifm@ifm.uni-koblenz.de
Gründung: 1972
GeschfLtr.: Univ.-Prof. Dr. Rudi Krawitz
Mitarbeiter: 5

Medienforschung; Medienentwicklung.

• T 3 940

Mediendidaktisches Zentrum der Universität Dortmund (MDZ)
Emil-Figge-Str. 50, 44227 Dortmund
T: (0231) 7 55-1/21 44/21 88 **Fax:** 7 55-45 97
Gründung: 1961
Leitung: Prof. Dr. K.-H. Schäfer
Mitarbeiter: 5

• T 3 941

Haus der Technik e.V. Außeninstitut der RWTH Aachen
HDT und HDT-Akademie-Lehrgänge
45117 Essen
Hollestr. 1, 45127 Essen
T: (0201) 18 03-1 **Fax:** 18 03-269
E-Mail: hdt@hdt-essen.de
Kooperationspartner der Universität-GH Essen, der Westf. Wilhelms-Universität Münster, der Rhein. Friedrich-Wilhelms-Universität Bonn und der Technischen Universität Carolo-Wilhelmina Braunschweig
Gründung: 1927
Vorsitzende(r): Ob.-Stadtdir. a.D. der Stadt Essen K. Busch
Geschäftsführende(s) Vorstands-Mitglied(er): Prof. Dr.-Ing. Eberhard Steinmetz
Öffentlichkeitsarbeit: Dipl.-Kffr. Ute Jasper
Verbandszeitschrift: Technische Mitteilungen
Redaktion: Hsg. v. Prof. Dr.-Ing. E. Steinmetz
Mitglieder: ca. 850
Mitarbeiter: 80

Kooperationspartner:
Landesverband für Weiterbildung in Technik und Wirtschaft e. V., Düsseldorf
Wuppertaler Kreis e. V. Deutsche Vereinigung zur Förderung der Weiterbildung von Führungskräften, Köln
Deutscher Verband Technisch-Wissenschaftlicher Vereine, Düsseldorf

Zweigstellen und Außenstellen:
Berlin
München/Nürnberg

Das Haus der Technik ist eine der ältesten Institutionen für Weiterbildung von Führungskräften in Technik und Wirtschaft. Seit über 70 Jahren vermittelt es in Seminaren, Tagungen und Weiterbildungsstudiengängen berufsbegleitend aktuelles Wissen, Kenntnisse und Erfahrungen auf den Gebieten Qualitätswesen, Technische Organisation, EDV, Bauwesen, Maschinenwesen, Fahrzeugtechnik, Elektrotechnik, Elektronik, Medizin, Pharmazie, Biologie, Umweltschutz, Sicherheit, Energietechnik, Werkstoffe, Chemie, Anlagentechnik, Sprachen.

• T 3 942

Technische Akademie Wuppertal e.V.
Akademie für Fort- und Weiterbildung (TAW)

Postf. 10 04 09, 42004 Wuppertal
Hubertusallee 18, 42117 Wuppertal
T: (0202) 74 95-0 **Fax:** 74 95-202
Internet: http://www.taw.de
E-Mail: taw@taw.de
Außeninstitut der Rheinisch-Westfälischen Technischen Hochschule Aachen
Kontaktstudien-Institut der Bergischen Univ.-GH Wuppertal
Weiterbildungsinstitut der Heinrich-Heine-Univ. Düsseldorf
Gründung: 1948
Sprecher des Vorstandes: Dipl.-oec. Erich Giese
Presseabteilung: Dipl.-oec. Ralf Engel
Mitarbeiter: 119

Fachgebiete:
-Ingenieur- und Naturwissenschaften
-Arbeits- und Sozialwissenschaften
-Wirtschaftswissenschaften
-Recht

Angeschlossen:
Institut für Korrosionsschutz Dresden GmbH
Abend-Akademie Bergisch Land und Cottbus
Verwaltungs- und Wirtschaftsakademie Wuppertal und Cottbus
Ernst-Abbe-Akademie e.V., Jena
Zentrum für Audiovisuelle Medientechnik, Bochum

Weiterbildungszentren:
Wuppertal-Elberfeld
Wuppertal-Vohwinkel
Bochum
Altdorf bei Nürnberg
Cottbus
Chemnitz
Wildau/Berlin
Lübben bei Berlin

Fort- und Weiterbildung von Fach- und Führungskräften.

• T 3 943

Sozial- und Arbeitsmedizinische Akademie Baden-Württemberg

Adalbert-Stifter-Str. 105, 70437 Stuttgart
T: (0711) 84 88 84-0 **Fax:** 84 88 84-20
Gründung: 1977 (22. Dezember)
Vorsitzende(r) des Vorstandes: Direktor Dieter Ohnmacht
Stellvertretende(r) Vorsitzende(r): Ltd. Arzt Prof. Dr.med. H. J. Seidel
Erster Direktor Jürgen Schneider
Geschäftsführer(in): Wolfgang Lehner
Leitung Presseabteilung: Marie-Luise Hilt
Mitglieder: 42
Mitarbeiter: 10
Jahresetat: DM 1,5 Mio, € 0,77 Mio

Die Akademie dient der Fort- und Weiterbildung auf dem Gebiet der Arbeits-, Umwelt- u. Sozialmedizin Rehawesen für Ärzte, Angehörige medizinischer Fachberufe, Mitarbeiter der Einrichtungen der Wirtschaft sowie des öffentlichen Gesundheits- und Sozialwesens. Sie unterstützt und ergänzt desweiteren die Ausbidlung von Studenten auf dem Gebiet der Sozial-, Arbeits- und Rehabilitationsmedizin an den Landesuniversitäten. Diese Aufgabe wird in engem Zusammenwirken mit der Universität Ulm durchgeführt. Die Ausgestaltung der Zusammenarbeit ist in einer besonderen Vereinbarung festgelegt. Sozial- und Arbeitsmedizin schließen in diesem Zusammenhang u.a. Präventiv-, Rehabilitations- und Umweltmedizin, öffentliches Gesundheitswesen und Sozialhygiene, Gesundheitsberatung, Sozialversicherungsmedizin und Recht sowie Epidemiologie mit ein. Die Akademie führt dazu wissenschaftliche Tagungen und Veranstaltungen durch.

• T 3 944

Ostakademie Königstein e.V.

Postf. 14 49, 61454 Königstein
Bischof-Kindermann-Str. 5, 61462 Königstein
T: (06174) 40 75-76 **Fax:** 2 14 90
E-Mail: ostakademie@t-online.de
Gründung: 1958 (26. September)
Vorsitzende(r): Johannes Tessmer (Geschf. der AKSB)
Akademiedir.: Dr. Philipp Wiesehöfer
Mitglieder: 6

t 3 945

Ostakademie Königstein e.V. Außenstelle Magdeburg

Max-Josef-Metzger-Str. 12, 39104 Magdeburg
T: (0391) 5 61 07 80 **Fax:** (0721) 1 51 21 17 31

• T 3 946

Lehranstalt des Deutschen Textileinzelhandels e.V. Nagold

Sekretariat
Neue Weinsteige 44, 70180 Stuttgart
T: (0711) 6 48 64-35 **Fax:** 6 48 64 34
Internet: http://www.ldt.de
Geschäftsführer(in): Dipl.-Kfm. Dr.rer.pol. Dieter Kastin
Leitung: Dipl.-Hdl. Rüdiger Jung (Vogelsangweg 23, 72202 Nagold, T: (07452) 8 40 90, Telefax: (07452) 84 09 40)

• T 3 947

Förderungswerk Königstein Fortbildungszentrum Uhren, Schmuck, Edelsteine

Altkönigstr. 9, 61462 Königstein
T: (06174) 40 41 **Fax:** 2 25 87
Geschäftsführer(in): Irene Wanhoff

• T 3 948

Bildungswerk Verkehrsgewerbe Niedersachsen e.V. (Gemeinnütziger Verein)

Lister Kirchweg 95, 30177 Hannover
T: (0511) 96 26-3 00 **Fax:** 66 60 95
E-Mail: BVN-NDS@t-online.de
Vorsitzende(r): Präs. Karl Heinz Schnitzler
Geschäftsführer(in): Betriebsw. (HWF) Hartmut Knaack

Fachbereiche:

I Auszubildende (Sped. Kaufmann) Überbetriebliche Ausbildung

II Vorbereitungslehrgänge zur IHK-Sachkundeprüfung für Unternehmer

III Seminare Fortbildung von Unternehmern

IV Vorbereitungslehrgänge zur IHK-Prüfung für Berufskraftfahrer (LKW-Fahrer, Omnibus-Fahrer)

V Betriebsberatung

VI GGVS-Lehrgänge (IHK)

VII Verkehrsfachwirt

• T 3 949

Bildungswerk der Omnibusunternehmer e.V.

Dornierstr. 3, 71034 Böblingen
T: (07031) 6 23 03 **Fax:** 62 31 93
Gründung: 1979
Vorsitzende(r): Dr. Gisela Volz
Geschäftsführer(in): Rolf Schmid
Leitung Presseabteilung: Brigitte Lechler

Seminare für die Bus- und Touristikbranche.

• T 3 950

Förderkreis für die Versicherungslehre an der Johann Wolfgang Goethe-Universität Frankfurt am Main e.V.

Geschäftsführung:
Postf. 16 60, 61406 Oberursel
T: (06171) 66 21 23 **Fax:** 66 31 40
Gründung: 1979 (30. August)
Vorsitzende(r): N.N.
Stellvertretende(r) Vorsitzende(r): Peter Ramb
Stellvertretende(r) Vorsitzende(r): Dr. Bernhard Zloch (R+V Versicherung AG, Taunusstr. 1, 65193 Wiesbaden)
Geschäftsführer(in): Jochen Stöhr
Leitung Presseabteilung: Prof. Dr. Martin Nell
Verbandszeitschrift: Frankfurter Vorträge zum Versicherungswesen
Verlag: Verlag Versicherungs-Wirtschaft, Klosestr. 22, 76137 Karlsruhe
Mitglieder: 120
Jahresetat: DM 0,1 Mio, € 0,05 Mio

• T 3 951

Verein der Förderer des Instituts für Versicherungswissenschaft an der Universität zu Köln e.V.

Theodor-Heuss-Ring 11, 50668 Köln
T: (0221) 97 38-325 **Fax:** 97 38-186
Vorstand: Dr. C.-M. Dill, Düsseldorf
Dr. Bernd Michaels (stellv. Vors.), Düsseldorf
Werner Görg (Schatzmeister), Köln
Hans-Peter Gerhardt (Schriftführer), Köln

• T 3 952

Verein der Förderer des Fachbereichs Versicherungswesen an der Fachhochschule Köln e.V.

c/o Karlsruher Lebensversicherung AG
Friedrich-Scholl-Platz, 76137 Karlsruhe
T: (0721) 3 53 20 01 **Fax:** 3 53 21 53
Vorstand: Prof. A. W. Klein (Ehrenvors.)
Dr. B. Schareck (Vors.), Karlsruhe
Dr. G. Schmidt (stellv. Vors.), Hannover
Dr. P. von Blomberg (stellv. Vors.), Köln
K. Bultmann, Köln
B. Oppermann, Köln
H.W. Fossen, Bergisch-Gladbach
A. Hinkel, Köln

Zweck: Der Verein setzt sich zum Ziel, den Fachbereich Versicherungswesen bei der Durchführung seiner Aufgaben zur Berufsbildung zu unterstützen, insbesondere praxisbezogene Lehre und Forschung dieses Fachbereichs zu fördern und die Beziehungen zwischen Versicherungswissenschaft, Versicherungspraxis und Berufsbildung zu vertiefen.

• T 3 953

Verein zur Förderung der Versicherungswissenschaft an der Universität Mannheim e.V.

Schloß
68131 Mannheim
T: (0621) 1 81-1682 **Fax:** 1 81-1681
Vorstand: Hans Schreiber (Vors.), Mannheim
Bernd Jansen (stellv. Vors.), Mannheim
Prof. Dr. Peter Albrecht, Mannheim
Prof. Dr. Hans-Jochen Bartels, Mannheim
Dr. Georg Kayser, Mannheim
Prof. Dr. Egon Lorenz, Mannheim
Michael Scharr, Mannheim

• T 3 954

Fachhochschule Köln Fachbereich Versicherungswesen

Mainzer Str. 5 IV, 50678 Köln
T: (0221) 82 75 32 71
Internet: http://www.fh-koeln.de/fb-vw/
E-Mail: info@vw.fh-koeln.de

Ordentlicher Studiengang: Ausbildung zum Diplom-Betriebswirt mit Schwerpunkten in Versicherungsrecht, Versicherungsbetriebslehre, Versicherungszweigen u.a. Fächern. Zusatzstudiengang Versicherungsingenieurwesen: Ausbildung zum Diplom-Wirtschaftsingenieur (Versicherungsingenieur) für die Bereiche Feuerversicherung einschl. verwandte Zweige und Technische Versicherungen.

• T 3 955

Institut für Berufsfortbildung der Versicherungswirtschaft Hamburg e.V.

Rothenbaumchaussee 167, 20149 Hamburg
T: (040) 44 03 22 **Fax:** 44 86 64
Gründung: 1950
Vorsitzende(r): Kurt Frese
Stellvertretende(r) Vorsitzende(r): Dr. Jürgen Gaßmann
Geschäftsführer(in): Dieter Lorenz (Leitung Presseabtei-

lung)
Mitglieder: 102 Gesellschaften mit insgesamt 15 000 Mitgliedern, 70 Dozenten

● **T 3 956**

Berufsbildungswerk der Versicherungswirtschaft in München e.V. - Deutsche Versicherungs-Akademie, Studienort München
Schackstr. 3, 80539 München
T: (089) 38 39 22-0 **Fax:** 38 39 22-26
Gründung: 1965 (1. Februar)
Vorsitzende(r): Dir. Uwe Hans Reuter
Vorstand: Dir. Anton Witte
Dir. Rainer Gebhart
Dr. Herbert Schmidt (Studienleiter)
Mitglieder: 98 korporative und 1500 persönliche Mitglieder
Mitarbeiter: 4

● **T 3 957**

Bundesverband Deutscher Verwaltungs- und Wirtschafts-Akademien (VWA)
Eschersheimer Landstr. 230, 60320 Frankfurt
T: (069) 92 00 67-0 **Fax:** 56 85 49
Internet: http://www.vwa.de
E-Mail: info@vwa.de
Gründung: 1950
Vorsitzende(r): Prof. Dr. Peter Eichhorn
Bundesgeschäftsführer(in): Dr. Diana Reuter
Verbandszeitschrift: "AKADEMIE"
Redaktion: Prof. Dr. Helmut Brede
Verlag: Schürmann & Klagges KG, Industriestr. 34, 44894 Bochum
Mitglieder: Akademien in 90 Städten (ca. 20.000 Studierende pro Jahr)

Verwaltungs- und Wirtschaftsakademien

Bayern

t 3 958

Verwaltungs- und Wirtschafts-Akademie München
Luisenstr. 27, 80333 München
T: (089) 54 82 21-0 **Fax:** 54 82 21-99
Internet: http://www.vwa.mhn.de
Studienleitung: Prof.Dr. Dr.h.c. Ralf Reichwald

t 3 959

Verwaltungs- und Wirtschafts-Akademie Würzburg
Virchowstr. 12, 97072 Würzburg
T: (0931) 88 29 63 **Fax:** 87 08 85
Studienleitung: Prof. Dr.jur. Franz-Ludwig Knemeyer

t 3 960

Verwaltungs- und Wirtschafts-Akademie Nürnberg
90317 Nürnberg
Theresienstr. 18, 90403 Nürnberg
T: (0911) 2 34 95 97 **Fax:** 2 34 93 88
Internet: http://www.vwa-nuernberg.de
Studienleitung: Prof. Dr. Wolfgang Harbrecht

t 3 961

Verwaltungs- und Wirtschafts-Akademie Ostbayern
Arnulfsplatz 4, 93047 Regensburg
T: (0941) 5 21 70 **Fax:** 56 57 09
Studienleitung: Prof. Dr. Kurt Bohr
Prof. Dr. Hans-Jürgen Becker

t 3 962

Verwaltungs- und Wirtschafts-Akademie Schwaben
Eichleitnerstr. 30, 86159 Augsburg
T: (0821) 15 94 11 **Fax:** 15 50 14
Studienleitung: Prof. Dr. Franz Knöpfle

Baden-Württemberg

t 3 963

Württembergische Verwaltungs- und Wirtschafts-Akademie (VWA)
Postf. 10 54 53, 70047 Stuttgart
Urbanstr. 36, 70182 Stuttgart
T: (0711) 2 10 41-0 **Fax:** 2 10 41 50
Internet: http://www.w-vwa.de
E-Mail: info@w-vwa.de
Studienleitung:
Prof. Dr. Marcell Schweitzer
Prof. Dr. Wolfgang Eisele

t 3 964

Verwaltungs- und Wirtschafts-Akademie für den Regierungsbezirk Freiburg
Bertoldstr. 54, 79098 Freiburg
T: (0761) 3 86 73-0 **Fax:** 3 86 73-33
Internet: http://www.vwa-freiburg.de
Studienleitung: Prof. Dr. Hans-Hermann Francke

t 3 965

Verwaltungs- und Wirtschafts-Akademie Baden
Kaiserallee 12e, 76133 Karlsruhe
T: (0721) 9 85 50-0 **Fax:** 9 85 50-19
Internet: http://www.karlsruhe.de/Bildung/VWA
Studienleitung: Dr. Rolf Seithel

t 3 966

Verwaltungs- und Wirtschafts-Akademie Rhein-Neckar
Kopernikusstr. 43, 68165 Mannheim
T: (0621) 4 32 18-0 **Fax:** 4 32 18-18
Internet: http://www.mannheim.de/vwa/VWA.html
Studienleitung: Prof. Dr. Jürgen Schröder

Berlin

t 3 967

Verwaltungsakademie Berlin
Alt-Friedrichsfelde 60, 10315 Berlin
T: (030) 90 21-0 **Fax:** 90 21-4699
Internet: http://www.berlin.de/verwaltungsakademie
Direktor(in): Irene Chowdhuri

t 3 968

Verwaltungs- und Wirtschafts-Akademie Berlin
Hardenbergstr. 7, 10623 Berlin
T: (030) 31 86 23-0 **Fax:** 31 86 23-15
Internet: http://www.vwa-berlin.de
Studienleitung: Prof.Dr. Wolfgang Cezanne
Prof. Dr. Oliver Günther
Prof. Dr. Gernot Weißhuhn

Brandenburg

t 3 969

Verwaltungs- und Wirtschafts-Akademie Cottbus
i.H. Technische Akademie Wuppertal e.V.
Feigestr. 3, 03046 Cottbus
T: (0355) 6 30-220 **Fax:** 6 30-230
Internet: http://www.taw.de
Studienleitung: Prof. Dr. Dieter Schönknecht

t 3 970

Verwaltungs- und Wirtschafts-Akademie Ostbrandenburg
c/o Industrie- und Handelskammer Frankfurt/Oder
Postf. 13 43, 15203 Frankfurt
T: (0335) 56 21-190 **Fax:** 56 21-206
Internet: http://www.ihk-ffo.de/vwa
Studienleitung: Prof. Dr. Alfred Kötzle

t 3 971

Verwaltungs- und Wirtschafts-Akademie Potsdam
Hegelallee 6-8, 14467 Potsdam
T: (0331) 2 89 12 44 **Fax:** 2 89 33 92
Internet: http://www.deutscher-mittelstand.de/vwa.potsdam
Studienleitung: Prof. Dr. Dieter Wagner

Hessen

t 3 972

Hessische Verwaltungs- und Wirtschafts-Akademie Frankfurt/Main
Sophienstr. 44, 60487 Frankfurt
T: (069) 24 70 22-0 **Fax:** 24 70 22 30
Internet: http://www.vwa-frankfurt.de
Studienleitung: Prof. Dr. Hugo Kossbiel

t 3 973

Hessische Verwaltungs- und Wirtschafts-Akademie Kassel
c/o Universität Gesamthochschule Kassel
Holländische Str. 36-38, 34127 Kassel
T: (0561) 8 04 35 66 **Fax:** 8 04 35 66
Internet: http://www.vwa-kassel.de
Studienleitung: Prof. Dr. Kurt Reding

t 3 974

Verwaltungs- und Wirtschafts-Akademie Wiesbaden
Ludwig-Erhard-Str. 98, 65199 Wiesbaden
T: (0611) 1 84 28 54 **Fax:** 1 84 28 56
Internet: http://www.vwa-wiesbaden.de
Studienleitung: Prof. Dr. Dr. h.c. mult. Gerhard Schmitt-Rink

Mecklenburg-Vorpommern

t 3 975

Verwaltungs- und Wirtschafts-Akademie Mecklenburg-Vorpommern e.V.
Bertha-von-Suttner-Str. 5, 19061 Schwerin
T: (0385) 3 03 18 80 **Fax:** 3 03 18 88
Internet: http://www.vwa-meck-v.de
Studienleitung: Georg Eichhorn (Vizepräsident a.D. am OVG Lüneburg)
Prof. Dr. Maximilian Wallerath

Niedersachsen

t 3 976

Leibniz-Akademie-Berufsakademie Hannover - (Verwaltungs- und Wirtschafts-Akademie)
Heisenbergstr. 17, 30627 Hannover
T: (0511) 9 57 84-0 **Fax:** 9 57 84-13
Internet: http://www.Leibniz-Akademie.de
Studienleitung: Prof. Dr. Jons Kersten

t 3 977

Verwaltungs- und Wirtschafts-Akademie, Berufsakademie Lüneburg
Postf. 25 40, 21315 Lüneburg
Am Ochsenmarkt, 21335 Lüneburg
T: (04131) 3 46 96 **Fax:** 30 91 88
Internet: http://www.uni-lueneburg.de/vwa
Studienleitung: Wolfgang Dörffler (Präsident a.D. d. Oberverwaltungsgerichts Lüneburg)

t 3 978

Verwaltungs- und Wirtschafts-Akademie Braunschweig
Gaußstr. 29 (TU), 38106 Braunschweig
T: (0531) 3 91-45 97
Studienleitung: Prof. Dr. Franz Peter Lang
Prof. Dr. Karsten Kirsch

t 3 979

Verwaltungs- und Wirtschafts-Akademie Göttingen
37070 Göttingen
Hiroshimaplatz 1-4, 37083 Göttingen
T: (0551) 4 00-23 95 **Fax:** 4 00-2408
Internet: http://vwa.goettingen.de
Studienleitung: Prof. Dr. Volkmar Götz
Prof. Dr. Dr.h.c. Wolfgang Lücke

t 3 980

Verwaltungs- und Wirtschafts-Akademie Osnabrück Emsland
Neuer Graben 38, 49074 Osnabrück
T: (0541) 3 53-490 **Fax:** 3 53-492
Internet: http://www.osnabrueck.ihk.de
Studienleitung: Prof. Dr. Michael Braulke

t 3 981

Verwaltungs- und Wirtschafts-Akademie Oldenburg
Altes Rathaus
26105 Oldenburg
Markt 1, 26122 Oldenburg
T: (0441) 2 35-2225, 22 20-402 **Fax:** 2 35 20 69, 22 20-246
Internet: http://kunden.nordwest.net/ihk-oldenburg.de/a_z/vwa.htm
Studienleitung: Prof. Dr. Hans Kaminski

t 3 982

Verwaltungs- und Wirtschafts-Akademie Stade für den Elbe-Weser-Raum
21677 Stade
Am Sande 2 (Kreishaus), 21682 Stade
T: (04141) 12-222, 12-203 **Fax:** 12-202
Studienleitung: Prof. Dr. Günter Czeranowsky

t 3 983

Berufsakademie Ost-Friesland e.V. (BAO)
Schloß Evensburg
Am Schloßpark 25, 26789 Leer
T: (0491) 9 79 11 66 **Fax:** 9 79 11 67
Internet: http://www.bao-leer.de
Studienleitung: N. N.

t 3 984

Verwaltungs- und Wirtschafts-Akademie Leer
Bergmannstr. 29, 26789 Leer
T: (0491) 92 61-3 14 **Fax:** 9 26 15 30
Studienleitung: Prof. Dr. Peter Betge

Nordrhein-Westfalen

t 3 985

Verwaltungs- und Wirtschafts-Akademie Düsseldorf
Stadtverwaltung
40200 Düsseldorf
Brinckmannstr. 8, 40225 Düsseldorf
T: (0211) 8 99 30 06/07 **Fax:** 8 92 92-55
Studienleitung: Prof. Dr. Dres. h.c. Klaus Stern

t 3 986

Verwaltungs- und Wirtschafts-Akademie Essen
Rolandstr. 5-9, 45128 Essen
T: (0201) 8 10 04-503 **Fax:** 8 10 04-510
Internet: http://www.vwa-essen.de
Studienleitung: Prof. Dr. Rainer Elschen
Prof. Dr. Franz Peter Lang
Prof. Dr. Stefan Eicker

t 3 987

Verwaltungs- und Wirtschafts-Akademie Krefeld
c/o IHK Mittlerer Niederrhein
Nordwall 39, 47798 Krefeld
T: (02151) 61 19 60
Internet: http://www.vwa-krefeld.de
Studienleitung: Prof. Dr. Stefan Eicker
Prof. Dr. Georg Oecking

t 3 988

Verwaltungs- und Wirtschafts-Akademie Oberhausen
Postf. 10 17 30, 46017 Oberhausen
Otto-Dibelius-Str. 9, 46045 Oberhausen
T: (0208) 20 03 62 **Fax:** 8 33-2577
Studienleitung: Prof. Dr. Rolf Rettig

t 3 989

Verwaltungs- und Wirtschafts-Akademie Wuppertal
i.H. Technische Akademie Wuppertal e.V.
Hubertusallee 18, 42117 Wuppertal
T: (0202) 74 95-610 **Fax:** 74 95-622
Internet: http://www.taw.de
Studienleitung: Prof. Dr. Peter Hammann

t 3 990

Verwaltungs- und Wirtschafts-Akademie Köln
Hahnenstr. 16, 50667 Köln
T: (0221) 2 21 34 30 **Fax:** 25 67 03
Internet: http://home.t-online.de/home/VWA-Koeln
Studienleitung: Prof. Dr. Heinz Hübner

t 3 991

Mittelrheinische Verwaltungs- und Wirtschafts-Akademie Bonn
Bismarckstr. 18, 53113 Bonn
T: (0228) 21 93 83 **Fax:** 21 93 83
Studienleitung: Prof. Dr. Fritz Ossenbühl

t 3 992

Verwaltungs- und Wirtschafts-Akademie Aachen
Wüllnerstr. 1, 52062 Aachen
T: (0241) 80 40 22 **Fax:** 88 88-380
Studienleitung: Prof. Dr. Gerd Kleinheyer
Prof. Dr. Ulrich Brösse

t 3 993

Verwaltungs- und Wirtschafts-Akademie Industriebezirk, Hauptanstalt Bochum
44777 Bochum
Wittener Str. 61, 44789 Bochum
T: (0234) 33 39 40 **Fax:** 3 33 94 55
Internet: http://www.bochum.de/vwa
Studienleitung: Prof. Dr. Peter Hammann
Prof. Dr. Peter-Hubert Naendrup
Assessor Klausjürgen Schilling

t 3 994

Westfälische Verwaltungs- und Wirtschafts-Akademie Münster, Studienzweig Verwaltung
Stühmerweg 10, 48147 Münster
T: (0251) 9 28 07-14 **Fax:** 9 28 07-30
Studienleitung: Prof. Dr.Dr.h.c. Wilfried Schlüter

t 3 995

Verwaltungs- und Wirtschafts-Akademie Südöstliches Westfalen GmbH
Teilanstalt der VWA Industriebezirk
Königstr. 18-20, 59821 Arnsberg
T: (02931) 8 78-240 **Fax:** 8 78-249
Studienleitung: Prof. Dr. Peter Hammann
Prof. Dr. Peter-Hubert Naendrup

t 3 996

Verwaltungs- und Wirtschafts-Akademie Dortmund
Teilanstalt der VWA Industriebezirk
Königswall 44-46, 44137 Dortmund
T: (0231) 14 02 92 **Fax:** 5 02 61 72
Internet: http://www.windo.de/fbuch/info/vwa.htm
Studienleitung: Prof. Dr. Peter Hammann
Prof. Dr. Peter Hubert Naendrup
Ass. Klausjürgen Schilling

t 3 997

Niederrheinische Verwaltungs- und Wirtschafts-Akademie Duisburg
Teilanstalt der VWA Industriebezirk
47049 Duisburg
Oberstr. 4-6, 47051 Duisburg
T: (0203) 2 83-2310 **Fax:** 2 83-4536
Internet: http://www.duisburg.de/vwa
Studienleitung: Beigeordneter Gerd Bildau
Prof. Dr. Hans Leuer
Dr. Thomas Lambertz

t 3 998

Wirtschaftsakademie Hagen
Teilanstalt der VWA Industriebezirk
Roggenkamp 10-12, 58093 Hagen
T: (02331) 5 16 54 **Fax:** 5 16 54
Studienleitung: Prof. Dr. Peter Hammann
Prof. Dr. Peter Hubert Naendrup
Ass. Klausjürgen Schilling

t 3 999

Vestische Verwaltungs- und Wirtschafts-Akademie
Teilanstalt der VWA Industriebezirk
45655 Recklinghausen
Rathausplatz 3, 45657 Recklinghausen
T: (02361) 50-1305 **Fax:** 50-1302
Studienleitung: Prof. Dr. Peter Hammann
Prof. Dr. Peter Hubert Naendrup
Ass. Klausjürgen Schilling

t 4 000

Westfälische Verwaltungs- und Wirtschafts-Akademie Münster, Studienzweig Betriebswirtschaft
Sentmaringer Weg 61, 48151 Münster
T: (0251) 70 73 12 **Fax:** 70 73 77
Studienleitung: Prof. Dr. Wolfgang von Zwehl

t 4 001

Verwaltungs-Akademie für Westfalen
Roggenkamp 12, 58093 Hagen
T: (02331) 5 34 24 **Fax:** 58 80 51
Studienleitung: Ministerialdirigent Friedrich Wilhelm Held
Fritz-Werner Körfer
Prof. Dr. Klaus Schreiber
Prof. Dr. Gerhard Graf

t 4 002

Verwaltungs- und Wirtschafts-Akademie Ostwestfalen-Lippe Studienzweig Verwaltung
Postf. 29 28, 32719 Detmold
T: (05231) 71 65 10 **Fax:** 71 65 11
Studienleitung: Prof. Dr. Walter Krebs

t 4 003

Verwaltungs- und Wirtschafts-Akademie Ostwestfalen-Lippe Studienzweig Betriebswirtschaft
c/o IHK Ostwestfalen zu Bielefeld
Postf. 10 03 63, 33503 Bielefeld
T: (0521) 5 54-258 **Fax:** 5 54-134
Internet: http://www.vwa-owl.de
Studienleitung: Prof. Dr. Heinz Lothar Grob

Rheinland-Pfalz

t 4 004

Verwaltungs- und Wirtschafts-Akademie Rheinland-Pfalz, Teilanstalt Mainz
Am Rathaus, Zimmer 1a, 55116 Mainz
T: (06131) 12 21 51 **Fax:** 12 38 28
Studienleitung: Prof. Dr. Jürgen Schröder

t 4 005

Verwaltungs- und Wirtschafts-Akademie Rheinland-Pfalz, Teilanstalt Koblenz
Rathaus
Postf. 20 15 51, 56015 Koblenz
T: (0261) 1 29 11 60 **Fax:** 1 29 11 62
Internet: http://www.vwa-koblenz.de
Studienleitung: Prof. Dr. Heribert Bickel

t 4 006

Verwaltungs- und Wirtschafts-Akademie Rheinland-Pfalz, Teilanstalt Kaiserslautern
Postf. 13 06, 67603 Kaiserslautern
T: (0631) 2 05-2294 **Fax:** 2 05-3977
Studienleitung: Prof. Dr. Rudolf Stich

t 4 007

Verwaltungs- und Wirtschafts-Akademie Rheinland-Pfalz, Teilanstalt Trier
Postf. 34 40, 54224 Trier
T: (0651) 7 17-10 30 **Fax:** 7 17 10 99
Studienleitung: Prof. Dr. Eckhard Knappe

Saarland

t 4 008

Verwaltungs- und Wirtschafts-Akademie Saarland
c/o Arbeitskammer des Saarlandes
Fritz-Dobisch-Str. 6-8, 66111 Saarbrücken
T: (0681) 40 05-456 **Fax:** 40 05-461
Studienleitung: Prof. Dr. Dr.h.c.mult. Günter Wöhe

Sachsen

t 4 009

Sächsische Verwaltungs- und Wirtschafts-Akademie Dresden
Bernhardstr. 77, 01187 Dresden
T: (0351) 4 70 45-10 **Fax:** 4 70 45 40
Internet: http://www.s-vwa.de
Studienleitung: Prof. Dr. Ullrich Blum
Prof. Peter Musall

t 4 010

Verwaltungs- und Wirtschafts-Akademie Leipzig
Täubchenweg 26, 04317 Leipzig
T: (0341) 6 89 81 41 **Fax:** 6 88 40 42
Studienleitung: Prof. Dr. Dr. Wolfgang Berkner

Sachsen-Anhalt

t 4 011

Verwaltungs- und Wirtschafts-Akademie Halle (Saale)
c/o Stadtverwaltung Halle
06100 Halle
T: (0345) 5 52-3316 **Fax:** 5 52-7187
Internet: http://www.vwa.halle.de
Studienleitung: Prof. Dr. Alois Wenig
Prof. Dr. Michael Kilian

t 4 012

Verwaltungs- und Wirtschafts-Akademie Magdeburg VWA Gesellschaft mbH
c/o Otto-von-Guericke-Universität
Universitätsplatz 2, 39106 Magdeburg
T: (0391) 5 43 23 62 **Fax:** 5 41 57 85
Internet: http://www.vwa-magdeburg.de
Gründung: 1997 (18. August)
Studienleitung: Prof. Dr. Peter Chabowski
Prof. Dr. Joachim Weimann

Thüringen

t 4 013

Thüringische Verwaltungs- und Wirtschafts-Akademie Erfurt
Weimarische Str. 45, 99099 Erfurt
T: (0361) 3 48 41 33, 4 38 41 34 **Fax:** 3 48 42 58
Internet: http://www.ihk.de/erfurt/vwa.htm
Studienleitung: Prof. Dr. Olaf Werner

t 4 014

Ostthüringer Verwaltungs- und Wirtschafts-Akademie Gera
Berliner Str. 155, 07546 Gera
T: (0365) 4 20 82 55 **Fax:** 4 20 82 55
Studienleitung: Prof. Dr. Rupert Windisch

• T 4 015

BWV Köln

Berufsbildungswerk der Versicherungswirtschaft in Köln (BWV) e.V.
Hohenzollernring 62, 50672 Köln
T: (0221) 20 44-66765, 20 44-66766 **Fax:** 20 44-66767
Gründung: 1971
Vorstand: Dir. Dr. Uwe-Volker Bilitza (Sprecher)
Dir. Dr. Roland Delbos
Dir. Dr. Klaus Ruscher
Horst Fossen
J. Frank Heberger
Geschäftsführer(in): Hubert Holthausen (Studienltr. Versicherungsfachwirt)
Studienltr. Versicherungsbetriebswirt (DVA): Prof. Dr. Karl Maier
Mitglieder: ca. 70 Versicherungsunternehmen in Köln
Überbetriebliche berufliche Bildungsarbeit für die Mitarbeiter der Kölner Versicherungswirtschaft. Überbetriebliche Ausbildung. Vorbereitung auf die Kaufmannsgehilfenprüfung Versicherungskaufmann. Kollegstudium Versicherungsfachwirt. Versicherungsbetriebswirt (DVA). Verbindungsstelle des Berufsbildungswerkes der Versicherungswirtschaft.

• T 4 016

Deutscher Volkshochschul-Verband e.V. (DVV)
Bundesgeschäftsstelle:
Obere Wilhelmstr. 32, 53225 Bonn
T: (0228) 9 75 69-0
Gründung: 1953 (17. Juni)
Präsident(in): Prof. Dr.phil. Rita Süssmuth (MdB), Bonn
Vorsitzende: Doris Odendahl, Sindelfingen
Direktor(in): Dr. Volker Otto (Ltg. Presse), Bonn
Verbandszeitschrift: DVVmagazin Volkshochschule
Redaktion: Dr. Volker Otto
Verlag: DVV
Herstellung: Lokay, Reinheim
Mitglieder: 16 (die VHS-Landesverbände in der Bundesrep. Deutschland)
Zweck des Verbandes ist die Förderung der Erwachsenenbildung/Weiterbildung und der Bildungsarbeit in den Volkshochschulen sowie die Wahrnehmung und Vertretung der Interessen der Volkshochschul-Landesverbände auf Bundesebene.

DVV-Institut

t 4 017

Institut für Internationale Zusammenarbeit des Deutschen Volkshochschul-Verbandes e.V. (IIZ/DVV)
Obere Wilhelmstr. 32, 53225 Bonn
T: (0228) 9 75 69-0 **Fax:** 9 75 69-55
E-Mail: IIZ-DVV-Bonn@Geod.Geonet.de
Institutsleiter: Dr. Heribert Hinzen, Bonn

DVV-Beteiligungen

t 4 018

Adolf-Grimme-Institut - Gesellschaft für Medien, Bildung und Kultur mbH
Eduard-Weitsch-Weg 25, 45768 Marl
T: (02365) 91 89-0 **Fax:** 91 89-89
Internet: http://www.grimme-institut.de
E-Mail: adolf.grimme.institut@wrd.de
Geschäftsführer(in): Dr. Hans Paukens, Marl

t 4 019

Deutsches Institut für Erwachsenenbildung DIE e.V.
Hansaallee 150, 60320 Frankfurt
T: (069) 9 56 26-0 **Fax:** 9 56 26-174
Internet: http://www.die-frankfurt.de
E-Mail: (name)@die-frankfurt.de
Vorstand: Prof. Dr. Ekkehard Nuissl, Frankfurt/M.
Klaus Meisel, Frankfurt/M.
Wolfgang Kunzmann, Frankfurt/M.

t 4 020

WBT Weiterbildungs-Testsysteme GmbH
Hansaallee 150, 60320 Frankfurt
T: (069) 95 62 46-0 **Fax:** 95 62 46-62
Internet: http://www.rz.uni-frankfurt.de/die/pz
E-Mail: WBTests@aol.de
Gründung: 1997 (24. November)
Geschäftsführer(in): Dr. Rudolf Camerer, Frankfurt

Landesverbände

t 4 021

Volkshochschulverband Baden-Württemberg e.V.
Geschäftsstelle:
Raiffeisenstr. 14, 70771 Leinfelden-Echterdingen
T: (0711) 7 59 00-0 **Fax:** 7 59 00-41
Internet: http://www.vhs-bw.de
E-Mail: inf@vhs-bw.de, VHSverbBW@aol.com
Vorsitzende(r): Landtagsvizepräsident Frieder Birzele (MdL), Stuttgart
Verbandsdirektor: Dr. Hermann Huba, Stuttgart

t 4 022

Bayerischer Volkshochschulverband e.V.
Geschäftsstelle:
Fäustlestr. 5, 80339 München
T: (089) 5 10 80-0 **Fax:** 5 02 38 12
Präsident(in): Oberbürgermeister Josef Deimer (Mitglied des Bayerischen Senats), Landshut
1. Vorsitzende(r): Universitätspräsident Prof. Dr. Hans Georg Lößl, Neubiberg
Verbandsdirektor: Dipl.-Kfm. Wilhelm F. Lang, München

t 4 023

Berliner Senatsverwaltung für Schule, Jugend und Sport - Abt. VIII - Allg. Weiterbildung -
Geschäftsstelle:
Beuthstr. 6-8, 10117 Berlin
T: (030) 90 26-7 **Fax:** 90 26-5002
Abteilungsleiterin: Dr. Monika Londner-Kujath, Berlin

t 4 024

Brandenburgischer Volkshochschulverband e.V.
Geschäftsstelle:
Neustädtische Wassertorstr. 16-17, 14776 Brandenburg
T: (03381) 52 23 04 **Fax:** 52 23 04
Präsident(in): Landtagspräsident Dr. Herbert Knoblich (MdL), Potsdam
Vorsitzende(r): Dr. Jürgen Störmer, Senftenberg
Direktor(in): Horst Schneider, Brandenburg

t 4 025

Landesausschuß der Volkshochschulen des Landes Bremen
Geschäftsstelle:
Schwachhauser Heerstr. 67, 28211 Bremen
T: (0421) 3 61-3666 **Fax:** 3 61-3216
E-Mail: vhs@uni-bremen.de
Stellv. Direktor(en): Horst Rippien, Bremen

t 4 026

Freie und Hansestadt Hamburg - Landesbetrieb Hamburger Volkshochschule
Geschäftsstelle:
Postf. 30 62 61, 20328 Hamburg
Schanzenstr. 75-77, 20357 Hamburg
T: (040) 35 04-0 **Fax:** 35 04-2788
E-Mail: 1007 12.1313@compuserve.com
Vorsitzende(r) des Vorstandes: Senatorin Rosemarie Raab, Hamburg
Stellv. Direktor(en): Wolfgang Wiesemann, Hamburg

t 4 027

Hessischer Volkshochschulverband e.V.
Geschäftsstelle:
Winterbachstr. 38, 60320 Frankfurt
T: (069) 56 00 08-0 **Fax:** 56 00 08-10
Internet: http://www.bildung.hessen.de
E-Mail: hvv-Institut@geod.geonet.de
Vorsitzende(r): Baldur Schmitt (1. Kreisbeigeordneter), Groß-Gerau
Direktor(in): Dr. Enno Knobel, Frankfurt/Main

t 4 028

Volkshochschulverband Mecklenburg-Vorpommern e.V.
Geschäftsstelle:
Bertha-von-Suttner-Str. 5, 19061 Schwerin
T: (0385) 30 31-550 **Fax:** 30 31-555
E-Mail: vhs-verband-mv@mvnet.de
Vorsitzende(r): Landrat Michael Kautz, Neustrelitz
Verbandsdirektorin: Brigitte Winger, Schwerin

t 4 029

Landesverband der Volkshochschulen Niedersachsens e.V.
Geschäftsstelle:
Bödekerstr. 16, 30161 Hannover
T: (0511) 3 48 41-0 **Fax:** 3 48 41-25
E-Mail: Lahannover@t-online.de
Vorsitzende(r): Edda Goede (MdL, Vizepräsidentin des Niedersächsischen Landtags, Hannover)
Verbandsdirektor: Bernd Rebens, Hannover

t 4 030

Landesverband der Volkshochschulen von Nordrhein-Westfalen e.V.
Geschäftsstelle:
Heiliger Weg 7-9, 44135 Dortmund
T: (0231) 9 52 05 80 **Fax:** 9 52 05 83
Internet: http://www.vhs-nrw.de
E-Mail: rhammelrath@vhs-nrw.de
Vorsitzende(r): Walter Möller, Rheine
Verbandsdirektor: Reiner Hammelrath, Dortmund

t 4 031

Verband der Volkshochschulen von Rheinland-Pfalz e.V.
Geschäftsstelle:
Kaiserstr. 58, 55116 Mainz
T: (06131) 2 88 89-0 **Fax:** 2 88 89 30
E-Mail: VHS-Verband-RP@t-online.de
Vorsitzende(r): Joachim Mertes (MdL), Buch/Hunsrück
Verbandsdirektor: Lothar Bentin, Mainz

t 4 032

Verband der Volkshochschulen des Saarlandes e.V.
Geschäftsstelle:
Bahnhofstr. 47-49, 66111 Saarbrücken
T: (0681) 3 66 60, 3 66 80 **Fax:** 3 66 10
Vorsitzende(r): Thomas Martin, Saarlouis
Verbandsdirektor: Dr. Detlef Oppermann, Saarbrücken

t 4 033

Sächsischer Volkshochschulverband e.V.
Geschäftsstelle:
Bergstr. 61, 09113 Chemnitz
T: (0371) 3 54 27 50 **Fax:** 3 54 25 55
Vorsitzende(r): Thomas Friedrich, Wurzen
Verbandsdirektor: Bernd Staemmler, Chemnitz

t 4 034

Landesverband der Volkshochschulen Sachsen-Anhalt e.V.
Geschäftsstelle:
Liebknechtstr. 91, 39110 Magdeburg
T: (0391) 73 69 30 **Fax:** 7 36 93 99
E-Mail: LV-VHS-MD@t-online.de
Vorsitzende(r): Landrat Ulrich Gerstner, Bernburg
Verbandsdirektor: Ulrich Baxmann, Magdeburg

t 4 035

Landesverband der Volkshochschulen Schleswig-Holsteins e.V.
Geschäftsstelle:
Holstenbrücke 7, 24103 Kiel
T: (0431) 9 79 84-0 **Fax:** 9 66 85
Internet: http://www.vhs-sh.de
E-Mail: vhs.sh@t-online.de
Vorsitzende(r): Werner Hutterer, Norderstedt
Verbandsdirektor: Wolfgang Behrsing, Kiel

t 4 036

Thüringer Volkshochschulverband e.V.
Konrad-Zuse-Str. 3, 07745 Jena
T: (03641) 62 09 76/77 **Fax:** 62 09 78
Präsident(in): Landtagspräsident Dr. Frank-Michael Pietzsch

(MdL), Erfurt
Vorsitzende(r): Gerhard Döpel, Greiz
Geschäftsführer(in): Sylvia Kränke, Jena

• T 4 037

Export-Akademie Baden-Württemberg an der Fachhochschule Reutlingen - Hochschule für Technik und Wirtschaft -
Alteburgstr. 150, 72762 Reutlingen
T: (07121) 2 71-722 **Fax:** 2 71-723
Internet: http://www.ea.fh-reutlingen.de
E-Mail: joerg.fuss@fh-reutlingen.de
Seminare für die exportierende Wirtschaft (SEFEX) - Internationales Management Institut (IMI) - Fernlehrangebot Auslandsreferent (ZIM) - Ergänzungsstudium Betriebswirtschaft (OBS) - Maßgeschneiderte Weiterbildung zu allen Fragen des Auslandsgeschäfts
Gründung: 1984 (23. Juli)
Leitung: Prof. Dr. Jörg Fuß
Mitarbeiter: 20

• T 4 038

Wirtschaftsakademie Schleswig-Holstein (WAK)
Postf. 50 68, 24062 Kiel
Hans-Detlev-Prien-Str. 10, 24106 Kiel
T: (0431) 30 16-0 **Fax:** 30 16-385
Internet: http://www.wak-sh.de
E-Mail: info@wak-sh.de
Gründung: 1967
Vorstand: Dr. Wolfgang Krickhahn
Dieter Quade
Verwaltung: Verwaltungsdirektor Holger Hellebrandt

Geschäftsbereiche:

Bildungswerk
Leitung: Michael Glaser
Institut für Führungskräfte
Leitung: Dr. Wolfgang Krickhahn
Staatlich anerkannte Berufsakademie
Leitung: Dr. Horst Kasselmann
Staatlich anerkannte Fachschule für Betriebswirtschaft
Leitung: Dr. Horst Kasselmann
Mitglieder: 26
Mitarbeiter: 240

Niederlassungen: Über 20 Niederlassungen vorwiegend in Schleswig-Holstein

Niederlassungen:

t 4 039
WAK-Niederlassung Ahrensburg
Hermann-Löns-Str. 38b, 22926 Ahrensburg
T: (04102) 47 13 03 **Fax:** 47 13 05

t 4 040
WAK-Niederlassung Bad Segeberg
Dorfstr. 23, 23795 Bad Segeberg
T: (04551) 88 27 27 **Fax:** 88 27 28

t 4 041
WAK-Niederlassung Elmshorn
Ramskamp 8, 25337 Elmshorn
T: (04121) 43 84 70 **Fax:** 43 84 71

t 4 042
WAK-Niederlassung Flensburg
Eckenerstr. 23, 24939 Flensburg
T: (0461) 5 03 39-0, 5 03 39-13 **Fax:** 58 18 25

t 4 043
WAK-Niederlassung Glinde
Berliner Str. 6, 21509 Glinde
T: (040) 7 10 15-21, -22 **Fax:** 7 10 10 49

t 4 044
WAK-Niederlassung Heide
Waldschlößchenstr. 48-52, 25746 Heide
T: (0481) 28 33 **Fax:** 8 12 71

t 4 045
WAK-Niederlassung Husum
im Hause BTG
Flensburger Chaussee 30, 25813 Husum
T: (04841) 96 08 30 **Fax:** 96 08 44

t 4 046
WAK-Niederlassung Lübeck
Guerickestr. 6/8, 23566 Lübeck
T: (0451) 6 09 84-0 **Fax:** 60 16 28

t 4 047
WAK-Niederlassung Meldorf
Hindenburgstr. 27, 25704 Meldorf
T: (04832) 88 92 **Fax:** 85 92

t 4 048
WAK-Niederlassung Neumünster
Parkstr. 22, 24534 Neumünster
T: (04321) 40 77-7 **Fax:** 40 77-60

t 4 049
WAK-Niederlassung Niebüll
Bahnhofstr. 10, 25899 Niebüll
T: (04661) 94 13 79 **Fax:** 67 59 66

t 4 050
WAK-Niederlassung Norderstedt
Heidbergstr. 100, 22846 Norderstedt
T: (040) 52 56 00 06 **Fax:** 52 56 00 07

t 4 051
WAK-Niederlassung Rendsburg
Kieler Str. 53, 24768 Rendsburg
T: (04331) 2 54 74 **Fax:** 2 11 61

t 4 052
WAK-Niederlassung Schleswig
Flensburger Str. 134, 24837 Schleswig
T: (04621) 98 85 22 **Fax:** 98 87 41

• T 4 053

Ingenieur- und Wirtschaftsakademie "Johann Beckmann" e.V.
Lübsche Str. 95, 23966 Wismar
T: (03841) 75 34 41, 75 32 19 **Fax:** 76 22 81
Gründung: 1990 (17. November)
Vorsitzende(r): Prof. Dr. Gerd Müller
Stellvertretende(r) Vorsitzende(r): Prof. Dr. habil. Werner Kunth
Dr.-Ing. Peter Wede
Schatzmeister: Dr.-Ing. Hans Plagemann
Verbandszeitschrift: Wirtschaft & Markt
Redaktion: W&M Verlagsgesellschaft mbH, Neue Grünstr. 18, 10179 Berlin, T: (030) 2 78 94 50

• T 4 054

Wuppertaler Kreis e.V. Deutsche Vereinigung zur Förderung der Weiterbildung von Führungskräften
Widdersdorfer Str. 217, 50825 Köln
T: (0221) 37 20 18 **Fax:** 38 59 52
Internet: http://www.wkr-ev.de
E-Mail: info@wkr-ev.de
Gründung: 1955
Vorsitzende(r): Helmut G. Düsterloh
Mitglieder: 49 Weiterbildungsinstitute für Führungskräfte

• T 4 055

Bayerische Akademie der Schönen Künste
Max-Joseph-Platz 3 Residenz, 80539 München
T: (089) 29 00 77-0 **Fax:** 29 00 77-23

• T 4 056

Akademie für Gestaltende Handwerke der Handwerkskammer Aachen
Horbacher Str. 319 Gut Rosenberg, 52072 Aachen
T: (02407) 20 33 **Fax:** 1 75 64
Gründung: 1985 (17. Oktober)

• T 4 057

Verein zur Förderung der Versicherungswissenschaft in München e.V.
Sederanger 4-6, 80538 München
T: (089) 38 44-1220 **Fax:** 38 44-1898
E-Mail: @bayerischerueck.com
Gründung: 1970 (30. April)
Vorsitzende(r) des Vorstandes: Dr. Stefan Lippe
Stellv.Vors.d.Vorst.: Dr. Wilhelm Kittel
Vorstand: Dr. Michael Bachmann
Dipl.-Math. Jürgen Strauß
Dr. Norbert Wittmer

• T 4 058

Gesellschaft zur Förderung des Unternehmernachwuchses e.V.
Lichtentaler Str. 92, 76530 Baden-Baden
T: (07221) 97 89-0 **Fax:** 97 89-15
Internet: http://www.bbug.de
E-Mail: info@bbug.de
Gründung: 1954
Vorsitzende(r): Dr. Wilfried Guth (Deutsche Bank AG, Frankfurt)
Stellvertretende(r) Vorsitzende(r): Dr. Joachim Funk (Vors. des Aufsichtsrates Mannesmann AG, Düsseldorf)
Geschäftsführer(in): Jürgen Bertsch
Mitglieder: ca. 100

• T 4 059

Gesellschaft für Unternehmungsplanung e.V.
Licher Str. 62, 35394 Gießen
T: (0641) 4 76 40 **Fax:** 49 35 07
E-Mail: iup@wirtschaft.uni-giessen.de
TU Berlin, Institut für Unternehmungsplanung
Hardenbergstr. 4-5, 10623 Berlin, T: (030) 31 42 28 46
Gründung: 1975 (5. Dezember)
Vorsitzende(r): Prof. Dr. W. Deuss (Vorst.-Vors. Karstadt AG)
Stellvertretende(r) Vorsitzende(r): J. Siemer (Vorst.-Vors. Esso AG)
Geschf. Institutsleiter: Prof. Dr.Dr.h.c. Dietger Hahn
Geschäftsführer(in): Prof. Dr. Harald Hungenberg
Prof. Dr. Wilfried Krüger
Mitglieder: 57

• T 4 060

Institut für Unternehmenspolitik
c/o Prof. Dr. Dr. habil. Ulli Arnold
Universität Stuttgart, BWI, Abteilung Investitionsgütermarketing und Beschaffungsmanagement
Keplerstr. 17, 70174 Stuttgart
T: (0711) 1 21-3161 **Fax:** 1 21-3131
Internet: http://www.uni-stuttgart.de/marketing
E-Mail: ulli.arnold@po.uni-stuttgart.de
Vorsitzende(r): Prof. Dr. Dr.habil. Ulli Arnold, Stuttgart

• T 4 061

Studentenvereinigung „TEG - The Entrepreneurial Group" e.V.
Hesseloher Str. 5, 80802 München
T: (089) 34 98 60 **Fax:** 33 34 90
E-Mail: teginfo@teg.mhn.de, tegvorst@teg.mhn.de

Bismarck Str. 33, 10625 Berlin
T: (030) 34 70 25 83, Telefax: (030) 34 70 25 84

c/o TU Dresden, Lehrstuhl für Wirtschaftsinformatik, 10162 Dresden
T: (0351) 4 72 11 22, Telefax: (0351) 4 72 11 23
Vorstandsmitglieder: David Riessner, München
Katina Wahl, München
Jens Jäckel, Dresden
Claus Wattendrup, Berlin
Mitglieder: 70 (Stand: 30.1.97)
Jahresetat: DM 0,050 Mio, € 0,03 Mio

Förderung unternehmerischen Denken + Handelns in den Hochschulen. Praxisbezogene Universitätsausbildung. Förderung interdisziplinären Arbeitens in den Universitäten.

• T 4 062

Forschungsstätte für öffentliche Unternehmen e.V.
Verwaltung:
Universitätsstr. 150 Geb. GC 04/311, 44801 Bochum
Sitz: Barbarossaplatz 2, 50674 Köln
T: (0234) 7 00-29 68
Vorsitzende(r): Prof. Dr. Lothar F. Neumann (Barbarossaplatz 2, 50674 Köln)
Geschf. Dir.: Prof. Dr. Heiner Henkel

• T 4 063

Gesellschaft für Unternehmensgeschichte e.V. (GUG)
Zimmerweg 6, 60325 Frankfurt
T: (069) 97 20 33 14/15 **Fax:** 97 20 33 08
Internet: http://www.unternehmensgeschichte.de
E-Mail: gug@unternehmensgeschichte.de
Gründung: 1976 (10. Juni)
Vorsitzende(r): Dr. Otmar Franz
Geschäftsführer(in): Dr. Andrea H. Schneider
Verbandszeitschrift: Zeitschrift für Unternehmensge-

schichte
Verlag: C. H. Beck Verlag, Wilhelmstr. 9, 80801 München
Mitglieder: 260

• **T 4 064**

Bildungswerk der ostwestfälisch-lippischen Wirtschaft e.V. (BOW)
Böttcherstr. 11, 33609 Bielefeld
T: (0521) 7 86-192 **Fax:** 7 86-159
Internet: http://www.bow-online.de
E-Mail: Info@bow-online.de
Kleiberweg 3, 33609 Bielefeld, T: (0521) 92 75-0, Fax: (0521) 92 75-1 09
Gründung: 1989
Vorsitzende(r): Lena Strothmann (Präsidentin der Handwerkskammer Ostwestfalen-Lippe zu Bielefeld)
Stellvertretende(r) Vorsitzende(r): Dr. Peter von Möller (Ehrenpräsident der Industrie- und Handelskammer Ostwestfalen zu Bielefeld)
Geschäftsführer(in): Dipl.-Betriebsw. Detlef Helfer (Geschäftsführer des BOW, Abteilungsleiter Berufsbildungsstätten der Handwerkskammer Ostwestfalen-Lippe)
Mitglieder: 23 Mitgliedseinrichtungen
Mitarbeiter: ca. 400 hauptberufl. und ca. 1000 nebenberufl. in den Mitgliedseinrichtungen
Jahresums. d. Mitgliedseinrichtungen: ca. DM 53 Mio

• **T 4 065**

IHK-Bildungszentrum Koblenz e.V.
Postf. 90, 57541 Kirchen
Auf dem Molzberg 2, 57548 Kirchen
T: (02741) 95 90-0 **Fax:** 95 90-26
Gründung: 1967
Vorsitzende(r) des Vorstandes: Dipl.-Ing., Dipl.-Wirt.-Ing. Uwe Reifenhäuser
Stv. Vors. d. Vorst: Hans-Jürgen Podzun
Geschäftsführende(s) Vorstands-Mitglied(er): Dipl.-Kfm. Manfred Schell
Mitglieder: 114 Firmen
Mitarbeiter: 47
Bildungsstätten in: 57548 Kirchen, 56564 Neuwied, 56727 Mayen, 56069 Koblenz, 55469 Simmern, 55543 Bad Kreuznach, 55743 Idar-Oberstein, 53474 Bad Neuenahr-Ahrweiler, 56410 Montabaur
Tochtergesellschaften/internationale Kooperationen: Institut der gewerblichen Wirtschaft, gemeinnützige Gesellschaft für berufliche Bildung mbH (Geschäftsführung: Dipl.-Kfm. Manfred Schell; Umwelt-Technikum Koblenz im Institut der gewerblichen Wirtschaft gGmbH (Geschäftsführung IHK-Bildungszentrum Koblenz e.V.); Steintechnisches Institut Mayen-Koblenz im IHK-Bildungszentrum Koblenz e.V. (Geschäftsführung IHK-Bildungszentrum e.V.); E.T.N.A. (European Training Network Association)

• **T 4 066**

HAUS RISSEN
Internationales Institut für Politik und Wirtschaft
Rissener Landstr. 193, 22559 Hamburg
T: (040) 8 19 07-0 **Fax:** 8 19 07 59
Internet: http://www.hamburg.de/biwiss/hr/index.htm
E-Mail: hausrissen@t-online.de
Vorsitzende(r): Dr. Jürgen Westphal
Direktor(in): Dr. habil. Peter Robejsek

• **T 4 067**

Deutsche Gesellschaft "Club of Rome"
c/o Haus Rissen
Rissener Landstr. 193, 22559 Hamburg
T: (040) 8 19 07-0 **Fax:** 8 19 07-59
E-Mail: hausrissen@t-online.de
Vorsitzende(r): Dipl.-Volksw. Uwe Möller

• **T 4 068**

Verein zur Förderung des Universitätsseminars der Wirtschaft (USW)
Schloß Gracht, 50374 Erftstadt
T: (02235) 4 06-2 04 **Fax:** 4 06-2 44
Internet: http://www.usw.de
E-Mail: info@usw.de
Vorsitzender des Kuratoriums: Prof. Dr. Joachim Funk
Vorsitzender des Vorstandes: Prof. Dr. Clemens Börsig

Ehrenvorsitzender: Otto Wolff von Amerongen
Geschäftsführer: Dr. Heinz-Bodo Führ
Wissenschaftlicher Direktor: Prof. Dr. Martin K. Welge

• **T 4 069**

Bundesverband NEUE URANIA e.V. Gesellschaft für Wissenschaft, Bildung und Kultur
Eitelstr. 16, 10317 Berlin
T: (030) 5 25 14 73 **Fax:** 5 22 48 33
Gründung: 1991 (29. Juni)
Präsident(in): Prof. Dr. Gerhard Banse
Vizepräsident(in): Studienrat Detlef Rademeier
Prof. Dr. Dieter Jückstock
Ehrenpräs: Prof. Dr. Erhard Geißler
Geschäftsführer(in): Siegfried Krischok
Mitglieder: ca. 25 Regionalverbände
Jahresetat: DM 0,01 Mio, € 0,01 Mio

Dachverband von URANIA-Regionalvereinen, die sich interdisziplinär der Volksbildung, der populärwissenschaftlichen Weiterbildung und der beruflichen Fortbildung widmen.

• **T 4 070**

Bildungswerk Ost-West e.V.
Geschäftsführung
Löbtauer Str. 48, 01159 Dresden
T: (0351) 4 39 12-11 **Fax:** 4 39 12-20
Gründung: 1990 (4. April)
Vorsitzende(r): Bernd Großer
Stellvertretende(r) Vorsitzende(r): Bernd Klene
Geschäftsführer(in): Erich Engländer
Mitglieder: 10
Mitarbeiter: 55

• **T 4 071**

ESTA-Bildungswerk e.V.
Postf. 10 03 17, 32503 Bad Oeynhausen
Bismarckstr. 8, 32545 Bad Oeynhausen
T: (05731) 1 57-0 **Fax:** 1 57-1 01
Internet: http://www.Esta-Bw.de
E-Mail: Info@ESTA-Bw.de
Gründung: 1982
Leitung: Dipl.-Betriebswirt Ernst W. Stothfang
Stellvertretende Leiterin: Dipl.-Verwaltungswirtin Martina Schirmacher
Vorstand: Dr. Adalbert Kitsche (Vors.), Düsseldorf
Mitarbeiter: 350
Mitgliedschaft in: EVBB (Europäischer Verband Beruflicher Bildungsträger), Deutscher Paritätischer Wohlfahrtsverband, Landesverband NRW f. Weiterbildg. in Technik u. Wirtschaft e.V., Wuppertaler Kreis (Deutsche Vereinigung zur Förderung der Weiterbildung von Führungskräften)

Bildung in Wirtschaft und Beruf, Gesellschaft und Politik, Sprachen, Kunst und Kultur, Gesundheit und sozialer Intervention.

• **T 4 072**

Bildungswerk der Deutschen Angestellten-Gewerkschaft e.V.
Holstenwall 5, 20355 Hamburg
T: (040) 3 50 94-0 **Fax:** 3 50 94-200
Vorsitzende(r): Lutz Freitag
Geschf: Rudolf Helfrich

Berufliche Bildung, Politische und kulturelle Bildung für Angestellte an ca. 60 Instituten und Zweigstellen im Bundesgebiet im Tages-, Abend- und Wochenendunterricht.

• **T 4 073**

Deutsche Angestellten-Akademie e.V. (DAA)
Holstenwall 5, 20355 Hamburg
T: (040) 3 50 94-0 **Fax:** 3 50 94-200
Vorsitzende(r): Lutz Freitag
Geschäftsführer(in): Rudolf Helfrich

Berufliche Bildung, politische und kulturelle Bildung für Angestellte an ca. 60 Instituten und Zweigstellen im Bundesgebiet in Tages-, Abend- und Wochenendunterricht.

• **T 4 074**

Deutsche Angestellten-Akademie im Bildungswerk der DAG e.V.
Worringer Str. 111, 40210 Düsseldorf
T: (0211) 17 92 80-0 **Fax:** 17 92 80-44
Inst.-Ltr.: Klaus-Dieter Grothe

• **T 4 075**

Verein zur Förderung der beruflichen und sozialen Integration e.V.
Holstenwall 5, 20355 Hamburg
T: (040) 35 09 40 **Fax:** 35 09 42 00

• **T 4 076**

Collegium Humanum - Akademie für Umwelt und Lebensschutz
Bretthorststr. 199, 32602 Vlotho
T: (05733) 26 80
Gründung: 1963
Vorsitzende(r): Dr. Leonore Prym von Becherer
Verbandszeitschrift: Stimme des Gewissens-Lebensschutzinformationen
Redaktion: Ernst-Otto Cohrs, Postf. 11 65, 27341 Rotenburg/Wümme

• **T 4 077**

Weltbund zum Schutze des Lebens - Bundesverband Deutschland e.V. (WSL-D)
Bretthorststr. 204, 32602 Vlotho
T: (05733) 73 30
Präsident(in): Ernst Otto Cohrs (Postf. 11 65, 27341 Rotenburg)
Verbandszeitschrift: Lebensschutz-Informationen, Stimme des Gewissens, Postf. 11 65, 27341 Rotenburg
Mitglieder: ca. 5000 (ehrenamtl.)

• **T 4 078**

PAPIERMACHERZENTRUM GERNSBACH
Postf. 12 32, 76585 Gernsbach
Scheffelstr. 29, 76593 Gernsbach
T: (07224) 64 01-0 (PMZ), 64 01-192 (BWP) **Fax:** 64 01-114 (PMZ)
Internet: http://www.papiermacherzentrum.de
E-Mail: info@papiermacherzentrum.de
Hauptgeschäftsführer(in): Dr. Winfried Haible (geschäftsf. Vorstandsmitgl.)
Stellv. Hauptgeschäftsführer: RA Stephan Meißner
Geschäftsführer(in): RA Axel Stengel
Dipl.-Ing. Holger Stutzinger
Geschäftsstellengemeinschaft für:
- Baden-Württembergische Papierverbände -BWP-
- Arbeitgeberverband der Papierindustrie Baden-Württemberg - AGP - e.V.
- Verband der Papier-, Pappen-, Zellstoff- und Holzstoff-Fabriken Baden-Württemberg - PAPIERVEREIN - e.V.
- Fachverband der Biertellerindustrie - FBT - e.V.
- Tarifgemeinschaft FIDUCIA Konzern- und Beteiligungsgesellschaften - TGF -
- Tarifgemeinschaft Badischer Genossenschaften - TBG -
- Förderverein Papiermacherzentrum Gernsbach FÖP e.V.

• **T 4 079**

Bildungswerk Papier (BIP)
Postf. 12 32, 76585 Gernsbach
Scheffelstr. 29, 76593 Gernsbach
T: (07224) 64 01-121 **Fax:** 64 01-114

Internet: http://www.papiermacherzentrum.de
E-Mail: info@papiermacherzentrum.de
Hauptgeschäftsführer(in): Dr. Winfried Haible (Baden-Württembergische Papierverbände (BWP))
Stellv. Hauptgeschäftsführer: RA Stephan Meißner
Geschäftsführer(in): Dipl.-Ing. Holger Stutzinger (Papiermacherzentrum Gernsbach)

• T 4 080

AKAD Hochschulen für Berufstätige GmbH
Rödingsmarkt 29, 20459 Hamburg
T: (040) 36 97 95-0 **Fax:** 36 97 95-20
E-Mail: e.kunz@akad.de
Direktor(in): Ernst Kunz

• T 4 081

Zentrum für Wissenschaftliche Weiterbildung (ZeWW)
96045 Bamberg
T: (0951) 8 63-1226 **Fax:** 8 63-1191
Gründung: 1977 (1. Oktober)
Leitung: Prof. Dr. Jost Reischmann
Wiss. Mitarb.: Dipl.-Päd. Peter Rosner (geschäftsführend)
Verw. Angestellte: Sieglinde Wiesmann

• T 4 082

OUTWARD BOUND-Deutsche Gesellschaft für Europäische Erziehung e.V. (DGEE)
Nymphenburger Str. 42, 80335 München
T: (089) 12 15 11-0 **Fax:** 12 15 11-10
Internet: http://www.outwardbound.de
E-Mail: ob@outwardbound.de
Gründung: 1951
Vorsitzende(r): Harald Seeberg (ehrenamtl.)
Stellvertretende(r) Vorsitzende(r): Hermann-Hinrich Reemtsma (ehrenamtl.)
Hans-Jochen von Bredow (ehrenamtl.)
Geschäftsführer(in): Rainer Güttler
Cord Solle
Mitglieder: ca. 50

Erlebnispädagogik/Jugend- und Erwachsenenbildung.

• T 4 083

Hochschulkonferenz Landschaft
Bundesarbeitsgemeinschaft der Hochschulen und berufsständischen Organisationen
Colmantstr. 32, 53115 Bonn
T: (0228) 69 00 28 **Fax:** 69 00 29
Internet: http://www.fll.de
E-Mail: info@fll.de
Sprecher: Prof. Dr. Klaus Neumann

• T 4 084

Institut für Hochschulkunde der Deutschen Gesellschaft für Hochschulkunde e.V.
Am Hubland,UB, 97074 Würzburg
T: (0931) 8 88 59 82, 8 88 59 66 **Fax:** 8 88 59 83
Internet: http://www.hochschulkunde.de
E-Mail: info@hochschulkunde.de
Gründung: 1922 (16. Februar)
Mitglieder: 650
Mitarbeiter: 3

• T 4 085

Zentrum für interdisziplinäre Forschung (ZiF)
Postf. 10 01 31, 33501 Bielefeld
Wellenberg 1, 33615 Bielefeld
T: (0521) 1 06-27 95 **Fax:** 1 06-27 82
Internet: http://www.uni-bielefeld.de/ZIF
Gründung: 1968
Geschäftsf. Dir.: Prof.'in Dr. Gertrude Lübbe-Wolff
Stellv. Geschäftsf. Dir.: Prof. Dr. Joachim Frohn
Geschäftsführer(in): Dr. Johannes Roggenhofer (eMail: Johannes.Roggenhofer@uni-bielefeld.de)
Mitarbeiter: 30

• T 4 086

World University Service Deutsches Komitee e.V. (WUS)
Goebenstr. 35, 65195 Wiesbaden
T: (0611) 44 66 48 **Fax:** 44 64 89
Internet: http://www.tu-darmstadt.de/wusgermany
E-Mail: wusgermany@aol.com
Gründung: 1950
Geschf. Vors.: Dr. Kambiz Ghawami
Schatzmeister: Helmut Becker
Verbandszeitschrift: Auszeit
Redaktion: Team
Mitglieder: 520
Mitarbeiter: 8

• T 4 087

Akademie für Weiterbildung an den Universitäten Heidelberg und Mannheim e.V.
Friedrich-Ebert-Anlage 22-24, 69117 Heidelberg
T: (06221) 54-7810 **Fax:** 54-7819
E-Mail: info.afw@urz.uni-heidelberg.de
Gründung: 1984 (1. Oktober)
Vorsitzende(r): Prof. Dr.rer.pol. Jürgen Siebke
Stellvertretende(r) Vorsitzende(r): Prof. Dr.Dr.h.c. Peter Frankenberg
Schatzmeister: Dr. Karl Heidenreich (stellv. Vorstandsvorsitzender Landesbank Baden-Württemberg)
Schriftführer(in): Prof. Dr. Franz J. Luzius (Hauptgeschäftsführer der IHK Rhein-Neckar, Mannheim)
Bernd Lang (Personalleiter Heidelberger Druckmaschinen AG)
Prof. Dr. Walter A. Oechsler (Universität Mannheim)
Prof. Dr. Christiane Schiersmann (Univ. Heidelberg)
Geschäftsführer(in): Michael Reinhardt (T: (06221) 54 78 17)
Dr. Anke Bender (T: (06221) 54 78 18)
Mitglieder: z. Zt. 53
Mitarbeiter: 5

• T 4 088

Koordinierungsstelle Weiterbildung und Beschäftigung e.V. (KWB)
Postf. 60 14 09, 22214 Hamburg
Kapstadtring 10, 22297 Hamburg
T: (040) 63 78 55-00 **Fax:** 63 78 55-99
Internet: http://www.kwb.de/
E-Mail: info@kwb.de
Vorsitzende(r): Achim Meyer auf der Heyde (BSJB), Hamburg
Stellvertretende(r) Vorsitzende(r): Dr. Claus Kemmet (LVU Hamburg)
Geschäftsführer(in): Hansjörg Lüttke

• T 4 089

Institut für Hochschulforschung Wittenberg e.V.
an der Martin-Luther-Universität Halle-Wittenberg
Collegienstr. 62, 06886 Lutherstadt Wittenberg
T: (03491) 4 66-254 **Fax:** 4 66-255
E-Mail: schwager@hof.uni-halle.de
Gründung: 1996 (1. Dezember)
Direktor(in): Prof. Dr. Jan-Hendrik Olbertz

• T 4 090

Bundesarbeitskreis kritischer Juragruppen (BAKJ)
c/o Verena Grundmann
Kölpiner Str. 13, 12689 Berlin
T: (030) 9 31 41 96 **Fax:** 20 93-3323 (FS Jura HUB)
Gründung: 1989
SprecherInnenrat:
Verena Grundmann (E-Mail: Verena.Grundmann@student.hu-berlin.de)
Tessa Fuhrhop (Wilhelm-Weber-Str. 17, 37073 Göttingen, E-Mail: tessa.fuhrhop@stud.uni-goettingen.de)
Sven Adam (Kreuzbergring 56 d, App. 114, 37075 Göttingen, E-Mail: SvenAdam.gmx.de)
Jens Neubert (Sandweg 38, 20257 Hamburg, T.: (040) 8 50 21 23, E-Mail: j-neubert@jura.uni-hamburg.de)
Bela Rogalla (Bilser Str. 27, 22297 Hamburg, T.: (040) 5 14 25 88, E-Mail: b-rogalla@jura.uni-hamburg.de)
Verbandszeitschrift: Forum Recht
Redaktion: Achim Berge, Raimannweg 5, 79115 Freiburg
Verlag: Recht + Billig-Verlag, Bernd Jansen, Ermekeilstr. 32, 53115 Bonn
Mitglieder: 600 in 24 angeschl. Organisationen

U Interessengemeinschaften und sonstige Zentralstellen und Organisationen

Zum Auffinden einer bestimmten Dienststelle oder Organisation dient das Suchwortverzeichnis, eines Personennamens das Personenverzeichnis.

Beratungs- und Informationsstellen

• U 1

Aluminium-Zentrale e.V.
Postf. 10 12 62, 40003 Düsseldorf
Am Bonneshof 5, 40474 Düsseldorf
T: (0211) 47 96-200 **Fax:** 47 96-410
Internet: http://www.aluminium_zentrale.de
E-Mail: aluzentrale@compuserve.com
Gründung: 1934
Geschäftsführer(in): Dr. Rolf Deipenwisch
Leitung Presseabteilung: Alwin Schmitt
Mitglieder: 50

• U 2

Bundesarbeitsgemeinschaft Schuldnerberatung e.V. (BAG-SB)
Wilhelmsstr. 11, 34117 Kassel
T: (0561) 77 10 93 **Fax:** 71 11 26
Internet: http://www.bag-schuldnerberatung.de
E-Mail: bag-schuldnerberatung@t-online.de
Gründung: 1986 (Mai)
Geschäftsführer(in): Claudia Kurzbuch (Ltg. Presseabt.)
Verbandszeitschrift: BAG-SB INFORMATIONEN
Redaktion: A.-M. Joris
Verlag: Eigenverlag
Mitglieder: ca. 450
Mitarbeiter: 5

• U 3

Arbeitskreis Finanzinformation (AFI)
V.Z.W.
Korrespondenzadresse:
Postf. 12 04, 41368 Niederkrüchten
Kapellenbruch 225, 41372 Niederkrüchten
T: (02163) 8 07 28 **Fax:** 8 30 82
Gründung: 1988 (16. Juni)
Jahresetat: ca. DM 0,040 Mio, € 0,02 Mio

• U 4

Zentralstelle für Arbeitsvermittlung (ZAV)
53107 Bonn
Villemombler Str. 76, 53123 Bonn
T: (0228) 7 13-0 **Fax:** 7 13-1111
Gründung: 1954 (6. September)
Direktor(in): Dr. Peter Jacobi (T: (0228) 7 13-1311)
Leitung Presseabteilung: Jean-Christophe Lanzeray (T: (0228) 7 13-1350, Fax: (0228) 7 13-1412)

Abteilungen

BFW Büro Führungskräfte der Wirtschaft
Postf. 17 05 53, 60079 Frankfurt
Barckhausstr. 12-14, 60325 Frankfurt
T: (069) 71 11-345 **Fax:** 71 11-648
Leitung: Karl-Jürgen Rajar
mit einer Dependance in Berlin, Kurfürstendamm 206, 10719 Berlin, T: (030) 88 59 06-0, Fax: (030) 88 59 06-49

Managementvermittlung NATIONAL
Postf. 17 05 53, 60079 Frankfurt
Barckhausstr. 12-14, 60325 Frankfurt
T: (069) 71 11-284 **Fax:** 71 11-588
Leitung: Michael Göschel
mit einer Dependance in Berlin, Kurfürstendamm 206, 10719 Berlin, T: (030) 88 59 06-0, Fax: (030) 88 59 06-49

Internationale Arbeitsvermittlung/Managementvermittlung INTERNATIONAL
mit BFIO Büro Führungskräfte zu Internationalen Organisationen
53107 Bonn
Villemombler Str. 76, 53123 Bonn
T: (0228) 7 13-1367 **Fax:** 7 13-1035
Leitung: Helmut Westkamp

CIM - Centrum für Internationale Migration und Entwicklung, Arbeitsgemeinschaft von ZAV und Deutsche Gesellschaft für Technische Zusammenarbeit (GTZ) GmbH
Barckhausstr. 16, 60325 Frankfurt
T: (069) 71 91 21-0 **Fax:** 71 91 21-19
Internet: http://www.cimffm.de
E-Mail: cim@gtz.de
Leitung: Dr. Hans-Werner Mundt

ZIHOGA - Zentrale und Internationale Fachvermittlung für Hotel- und Gaststättenpersonal
53107 Bonn
Villemombler Str. 76, 53123 Bonn
T: (0228) 7 13-0 **Fax:** 7 13-1122
Leitung: Dietrich Schnell (T: (0228) 7 13-1288, Fax: (0228) 7 13-1122)

ZBF - Zentrale Bühnen-, Fernseh- und Filmvermittlung, Generalagentur Bonn
Villemombler Str. 76, 53123 Bonn
Leiterin: Ursula Geller (T: (0228) 7 13-1339, Fax: (0228) 7 13-1349)

• U 5

Stahl-Informations-Zentrum
Postf. 10 48 42, 40039 Düsseldorf
Sohnstr. 65, 40237 Düsseldorf
T: (0211) 67 07-0 **Fax:** 67 07-344
Vorsitzende(r): Dr.rer.pol. Wolfgang Kohler
Geschäftsführer(in): Dr. Reinhard Winkelgrund
Leitung Presseabteilung: Horst Woeckner

• U 6

bga Beratungsstelle für Gußasphaltanwendung e.V.
Dottendorfer Str. 86, 53129 Bonn
T: (0228) 23 98 99 **Fax:** 23 93 99
Internet: http://www.gussasphalt.de
E-Mail: info@gussasphalt.de
Gründung: 1934
Vorsitzende(r): Dipl.-Ing. R. Desquiotz
Stellvertretende(r) Vorsitzende(r): Dipl.-Ing. H.-J. Kopp
Hauptgeschäftsführer(in): Dipl.-Ing. P. Rode
Verbandszeitschrift: Gußasphalt-Zeitung
Redaktion: bga Beratungsstelle für Gußasphaltanwendung e.V.
Verlag: Eigenverlag
Mitglieder: 200
Mitarbeiter: 2

• U 7

Fachvereinigung Faserbeton e.V.
Konrad-Adenauer-Str. 15, 76287 Rheinstetten
T: (0721) 51 55 68 **Fax:** 51 86 89
E-Mail: gs.fvf@t-online.de
Vorsitzende(r): E. Engberts (Fydro, NL)
Geschäftsführer(in): M. Bayer

• U 8

Bleiberatung e.V.
Postf. 10 54 63, 40045 Düsseldorf
Am Bonneshof 5, 40474 Düsseldorf
T: (0211) 47 96-129 **Fax:** 47 96-407
Gründung: 1953
Vorsitzende(r): Dirk Mälzer, Eppstein
Geschäftsführer(in): Dipl.-Kfm. Hans-Reiner Häußler

• U 9

Zinkberatung e.V.
Vagedesstr. 4, 40479 Düsseldorf
T: (0211) 1 64 94 08 **Fax:** 35 08 69
Gründung: 1939 (1. August)
Geschäftsführer(in): Dr.-Ing. W. E. Kallenberger (T: (0211) 35 08 67, Telefax: (0211) 35 08 69)
Mitglieder: Zink- und Zinklegierungshersteller
Auskunfts- und Beratungsstelle für die industrielle und gewerbliche Verwendung von Zink, Zinkhalbzeug und Zinklegierungen.

verbundene Organisation:

u 10
Forschungsgemeinschaft ZINK e.V.
Vagedesstr. 4, 40479 Düsseldorf
T: (0211) 35 08 67 **Fax:** 35 08 69
Geschäftsführer(in): Dr.-Ing. W. E. Kallenberger

• U 11

EDELSTAHL Rostfrei

Informationsstelle Edelstahl Rostfrei
Postf. 10 22 05, 40013 Düsseldorf
Sohnstr. 65, 40237 Düsseldorf
T: (0211) 67 07-835 **Fax:** 67 07-344
Internet: http://www.edelstahl-rostfrei.de
E-Mail: info@edelstahl-rostfrei.de
Gründung: 1958
Geschäftsführer(in): Dr. Hans-Peter Wilbert
Mitglieder: 51

• U 12

Eis Info Service (E.I.S.)
Schumannstr. 4-6, 53113 Bonn
T: (0228) 26 00-751, 26 00-752 **Fax:** 26 00-788
Internet: http://www.markeneis.de
E-Mail: eis@markeneis.de
Presseabteilung: Shandwick Deutschland GmbH+Co KG (Meckenheimer Allee 67-69, 53115 Bonn, Tel: (0228) 72 27-0)

• U 13

Arbeitskreis Speiseeis
Stösserstr. 17-19, 76185 Karlsruhe
T: (0721) 5 59 96-0 **Fax:** 5 59 96-77
Vorsitzende(r): Thomas Engelhardt

• U 14

Arbeitsgemeinschaft Golden Toast e.V.
Altensteinstr. 45, 14195 Berlin
T: (030) 8 31 20 39 **Fax:** 8 32 58 44
Gründung: 1963
GeschVors: Dipl.-Kfm. Klaus Dahm
Mitglieder: 10 Firmen

• U 15

Hauptberatungsstelle für Elektrizitätsanwendung -HEA- e.V.
siehe L 15

• U 16

IZE

Informationszentrale der Elektrizitätswirtschaft e.V. (IZE)
Postf. 70 05 61, 60555 Frankfurt
Stresemannallee 23, 60596 Frankfurt
T: (069) 63 04-3 72 **Fax:** 63 04-3 87
Gründung: 1972
Sprecher d. Vorst.: Hannes Rieckhoff
Stellv. Sprecher und Vors. Beirat: Dr.-Ing. Klaus Bechtold
Geschäftsführer(in): Dipl.-Soz. Hugo Jung
Verbandszeitschrift: STROMTHEMEN
Mitglieder: 4
Mitarbeiter: 25

Mitgliedsverbände:
Arbeitsgemeinschaft regionaler Energieversorgungsunternehmen e.V. - ARE -, Hannover
Deutsche Verbundgesellschaft e.V. - DVG -, Heidelberg, Verband kommunaler Unternehmen e.V. - VKU -, Köln
Vereinigung Deutscher Elektrizitätswerke - VDEW - e.V., Frankfurt
Die IZE arbeitet eng mit den rund 780 Elektrizitätsversorgungsunternehmen zusammen, die Mitglied der vier Dachverbände sind.

• U 17

Arbeitsgemeinschaft Wohnberatung e.V.
Bundesverband der Bau- und Wohnberatungen
Postf. 70 05, 53070 Bonn
Adenauerallee 113, 53113 Bonn
T: (0228) 26 40 11 **Fax:** 26 40 12
Internet: http://www.agw.de
E-Mail: agw.bonn@t-online.de
Gründung: 1972
1. Vorsitzende(r): Dipl.-Ing. Karl H. Baeuerle (Architekt und Stadtplaner)
Verbandszeitschrift: Wohnberatung
Mitglieder: 16 z.T. bundesweite Verbände

• U 18

Religionswissenschaftlicher Medien- und Informationsdienst e.V. (REMID)
Geschäftsführung
Postf. 20 09, 35008 Marburg
Wehrdaer Weg 16a, 35037 Marburg
T: (06421) 6 42 70 (Büro) **Fax:** 68 19 44
Internet: http://www.uni-leipzig.de/-religion/remid.htm
E-Mail: remid@t-online.de
Gründung: 1989 (März)
Vorstand: Markus Dressler
Dipl.-Pol. Steffen Rink
Melanie Hanz
Thomas Hase
Tobias Frick
Gritt Maria Klinkhammer
Wiss. Beirat: Prof. Dr. Dr. Peter Antes
Prof. Dr. Eileen Barker
Prof. Dr. Karl-Fritz Daiber
Prof. Dr. Hans G. Kippenberg
Hauptgeschäftsführer(in): Thomas Schweer (M.A.)
Dokumentationsstelle: N.N.

Leitung Presseabteilung: Dipl.-Pol. Steffen Rink
Mitglieder: 150
Mitarbeiter: 2

• **U 19**

Gesellschaft für Rationelle Energieverwendung e.V.
Kaiserdamm 80, 14057 Berlin
T: (030) 3 01 60 90 **Fax:** 3 01 90 16
Internet: http://www.gre-online.de
Vorsitzende(r): Prof. Dr.-Ing. Gerd Hauser (Universität FB Architektur/Bauphysik, Postf. 10 13 80, 34013 Kassel)
Geschäftsführer(in): Ing. (grad.) Detlef Bramigk (Kaiserdamm 80, 14057 Berlin)
Verbandszeitschrift: GRE inform

• **U 20**

Fachinformationszentrum Karlsruhe, Gesellschaft für wissenschaftlich-technische Information mbH
STN Servicezentrum Europa
Postf. 24 65, 76012 Karlsruhe
Hermann-von-Helmholtz-Platz 1, 76344 Eggenstein-Leopoldshafen
T: (07247) 8 08-555 **Fax:** 8 08-131
Internet: http://www.fiz-karlsruhe.de
E-Mail: hlpdeskk@fiz-karlsruhe.de
Gründung: 1977
Internationaler Zusammenschluß: siehe unter izu 544
Vorsitzender des Aufsichtsrates: Min. Dirig. Dr. K. Rupf (BMBF, Godesberger Allee 185-189, 53170 Bonn, T: (0228) 57 33 33)
Geschäftsführer(in): Prof. Dr.-Ing. Georg Friedrich Schultheiß
Leitung Marketing Service Vertrieb: Dr. Bernward Jenschke (Prok.)
Leitung Informationssysteme: Dr. Andreas Barth (Prok.)
Leitung Presseabteilung: Rüdiger Mack
Mitarbeiter: 315

• **U 21**

Arbeitskreis Dresdner Informationsvermittler e.V. (ADI)
c/o Con-QUIP GmbH
Bertolt-Brecht-Allee 22, 01309 Dresden
T: (0351) 31 99 18 00 **Fax:** 31 99 18 02
Internet: http://www.fachinformation.de
E-Mail: adi@conquip.de
Gründung: 1992 (16. September)
Vorsitzende(r): Hans-Hermann Schwanecke (CON-QUIP GmbH)
Stellvertretende(r) Vorsitzende(r): Dr. Siegfried Tzscherlich (ihd Institut für Holztechnologie Dresden gGmbH)
Mitglieder: 19

• **U 22**

Institut Feuerverzinken GmbH (IFG)
Sohnstr. 70, 40237 Düsseldorf
T: (0211) 6 79 00 04, 69 07 65-0 **Fax:** 68 95 99
Internet: http://www.feuerverzinken.com
E-Mail: feuerverzinken@t-online.de
Gründung: 1964
Geschäftsführer(in): Dipl.-Ing. Jürgen Marberg
Presse- u. PR-Referent: Holger Glinde
Zeitschrift: Feuerverzinken
Verlag: Institut Feuerverzinken GmbH

Beratung in allen Fragen des Korrosionsschutzes durch Feuerverzinken.

• **U 23**

Informations-Zentrum Weißblech e.V. (IZW)
Postf. 10 30 28, 40021 Düsseldorf
Fürstenwall 99, 40217 Düsseldorf
T: (0211) 3 86 59-0 **Fax:** 3 86 59-24
Internet: http://www.weissblech.de
E-Mail: info@izw.de
Vorsitzende(r): Klaus Neuhaus-Wever
Geschäftsführer(in): Karsten Brandt
Leitung Presseabteilung: Daniela Dühr

• **U 24**

FIZIT Französisches Informations-Zentrum für Industrie und Technik e.V.
Walter-Kolb-Str. 9-11, 60594 Frankfurt
T: (069) 60 50 19-0 **Fax:** 60 50 19-66
E-Mail: FIZIT_FRANKFURT@compuserve.com
Gründung: 1984 (15. April)
Präsident(in): Pierre Crettiez
Geschäftsführer(in): Jean Louis Dietrich
Leitung Presseabteilung: Alfred Roth

• **U 25**

FIZ CHEMIE BERLIN
Fachinformationszentrum Chemie GmbH

Fachinformationszentrum Chemie GmbH
Franklinstr. 11, 10587 Berlin
T: (030) 3 99 77-0 **Fax:** 3 99 77-132
Internet: http://www.fiz-chemie.de
E-Mail: info@fiz-chemie.de
Gründung: 1981 (11. Dez.)
Geschäftsführer(in): Dr. M. G. Helmchen
Dr. R. Deplanque
Leitung Presseabteilung: Dr. Anthony R. Flambard
Mitarbeiter: 86

• **U 26**

SOVT - Institut für sozialverträgliche Technikgestaltung
Herdweg 10a, 64285 Darmstadt
T: (06151) 6 26 02
Internet: http://www.sovt.de
Gründung: 1986 (31. März)
Geschäftsführer(in): Lothar Bräutigam
Mitarbeiter: 4

• **U 27**

Fachinformationszentrum Technik e.V.
Ostbahnhofstr. 13, 60314 Frankfurt
T: (069) 43 08-227 **Fax:** 43 08-200
T-Online *FIZ*
Internet: http://www.fiz-technik.de
E-Mail: kundenberatung@fiz-technik.de
Vorsitzende(r): Dr.-Ing. Niels Ketscher (i.H. Verein Deutscher Giessereifachleute (VDG), Sohnstr. 70, 40237 Düsseldorf, T: (0211) 68 71-331)
Geschäftsführer(in): Dipl.-Ing. Peter Genth

u 28

FIZ Technik e.V.
c/o UB/TIB Hannover
Welfengarten 1B, 30167 Hannover
T: (0511) 71 79 95

• **U 29**

Deutsches Informationszentrum für technische Regeln (DITR)
siehe T 1313

• **U 30**

Kontaktstelle für Information und Technologie (KIT)
an der Universität Kaiserslautern
- Bereich Technologie
67653 Kaiserslautern
Postf. 30 49, 67618 Kaiserslautern
Paul-Ehrlich-Str. Gebäude 32, 67663 Kaiserslautern
T: (0631) 2 05-30 01 **Fax:** 2 05-21 98
Internet: http://www.kit.uni-kl.de
E-Mail: dosch@kit.uni-kl.de
Bereichsleiter: Dipl.-Ing. Klaus Dosch

Technologie-Transfer; Kooperationsvermittlung.

• **U 31**

Beratungszentrum Informations-Technik (BIT)
Nobelstr. 12c, 70569 Stuttgart
T: (0711) 9 70-21 43 **Fax:** 9 70-22 99
Gründung: 1984 (Juli)
GeschfDir.: Prof. Dr.-Ing.habil. Dr.h.c. Prof.e.h. Hans-Jörg Bullinger
Projektleiter: Dipl.-Kfm. Klaus-Peter Stiefel (E-Mail: Klaus-Peter-Stiefel@iao.fhg.de)

• **U 32**

Zentralstelle Dokumentation Elektrotechnik im Fachinformationszentrum Technik e.V.
Postf. 60 05 47, 60335 Frankfurt
Ostbahnhofstr. 13, 60314 Frankfurt
T: (069) 43 08-2 37 **Fax:** 43 08-2 00
Internet: http://www.fiz-technik.de
E-Mail: Kundenberatung@fiz-technik.de
Geschäftsführer(in): Dipl.-Ing. Peter Genth
Leitung Presseabteilung: Rainer Pernsteiner

• **U 33**

Informationsstelle Schmiedestück-Verwendung im Industrieverband Deutscher Schmieden e.V. (IDS)
Postf. 38 23, 58038 Hagen
T: (02331) 95 88 28 **Fax:** 95 87 28
Internet: http://www.schmiede-info.de
E-Mail: orders@schmiede-info.de
Gründung: 1974
Leitung: Ing. Werner W. Adlof
Verbandszeitschrift: Schmiede-Journal
Mitglieder: 150 Firmen
Redaktion und Verlag: Informationsstelle Schmiedestück-Verwendung

• **U 34**

Deutsches Institut für Herrenmode
Verein zur Förderung der deutschen Herrenmode e. V.
Messeplatz 1, 50679 Köln
T: (0221) 88 30 26-27 **Fax:** 88 47 41
Präsident(in): Franz-Peter Falke (Geschf. Gesellschafter der Falke Gruppe, Schmallenberg)
Geschäftsführer(in): Gerd Müller-Thomkins
Leitung Informationsstelle: Peter Sevenich
Mitglieder: 250
Mitarbeiter: 5

• **U 35**

Deutsches Mode-Institut e.V. Düsseldorf-Frankfurt-Berlin (DMI)
60264 Frankfurt
Mainzer Landstr. 251, 60326 Frankfurt
T: (069) 75 95 28 61-63 **Fax:** 75 95 29 99
Präsident(in): Wolfgang Ley, München
Geschäftsführer(in): Wolfgang Schmitt, Frankfurt

• **U 36**

Modekreis München e.V.
Postf. 22 14 29, 80504 München
Gewürzmühlstr. 5, 80538 München
T: (089) 21 21 49 31 **Fax:** 22 38 98
Vorsitzende(r): Bernhard Frey
Stellvertretende(r) Vorsitzende(r): Dr. Ulrich Krug
Geschäftsführer(in): Erwin Haas

• **U 37**

Modekreis Kind + Jugend e.V.
Postf. 10 17 55, 70015 Stuttgart
Olgastr. 77, 70182 Stuttgart
T: (0711) 2 10 31-27 **Fax:** 2 10 31 34
Internet: http://www.modemarkt.de/modekreis-kj
Vorsitzende(r): Hildegard Ludwig (Döll, Lauterbach)
Geschäftsführer(in): Walter Holthaus (Ltg. Presseabt.)

• **U 38**

Fachinstitut Gebäude-Klima (FGK)
Danziger Str. 20, 74321 Bietigheim-Bissingen
T: (07142) 5 44 98 **Fax:** 6 12 98
Internet: http://www.fgk.de
E-Mail: fgk-ev@t-online.de
Gründung: 1970
Vorsitzende(r): Prof. Dr.-Ing. F. Steimle (UNI Essen)
Stellvertretende(r) Vorsitzende(r): Manfred Freudenberg
Geschäftsführer(in): Günther Mertz
Mitglieder: 305

Mitgliedsverbände:
Fachgemeinschaft Allgemeine Lufttechnik im VDMA, Frankfurt
Fachgemeinschaft Automation + Management für Haus + Gebäude (AMG) im VDMA, Frankfurt
Stahl-Informationszentrum, Düsseldorf
Verband Beratender Ingenieure, Bonn
VDKF Verband Deutscher Kälte-Klima-Fachbetriebe e.V., Siegburg
Zentralverband Sanitär Heizung Klima, St. Augustin

Auskunfts- und Informationsstelle für alle Belange eines gesunden und energiesparenden Raumklimas im Zusammenhang mit der Technischen Gebäudeausrüstung.

• **U 39**

Wirtschaftsclub Rhein-Main e.V.
Schillerstr. 18, 60313 Frankfurt
T: (069) 28 04 93 **Fax:** 29 67 43
Gründung: 1950 (1. April)
Präsident(in): Dr. Ernst Gloede

Vizepräsident(in): Dr. B. v. Braunschweig
Hauptgeschäftsführer(in): C.H. Bodet
Verbandszeitschrift: Prognose der 100
Mitglieder: 1100
Mitarbeiter: 3
Jahresetat: DM 1 Mio, € 0,51 Mio

• U 40

Deutsches Kupfer-Institut e.V. (DKI)
Postf. 30 02 62, 40402 Düsseldorf
Am Bonneshof 5, 40474 Düsseldorf
T: (0211) 47 96 30-0 **Fax:** 4 79 63-10
Internet: http://www.kupfer.org, http://www.kupferinstitut.de
E-Mail: info@kupferinstitut.de
Gründung: 1927 (2. Februar)
Vorsitzende(r): Peter Zabel (Diehl Stiftung + Co., Röthenbach)
Geschäftsführer(in): Dr.rer.nat. Werner Seitz (T: (0211) 4 79 63-13)
Leitung Presseabteilung: Ingrid Keller (T: (0211) 4 79 63-14)
Mitglieder: 51 (Mitgliedsfirmen)

Mitgliedsverbände:

Gesamtverband der deutschen Buntmetallindustrie Fachbereich Buntmetallhalbzeug, Düsseldorf
Gütegemeinschaft Kupferrohr e.V., Düsseldorf
Wirtschaftsverband Großhandel Metallhalbzeug e.V., Bonn

Auskunfts- und Beratungsstelle für die Verwendung von Kupfer und Kupferlegierungen.

• U 41

Deutsches Patent- und Markenamt
80297 München
Zweibrückenstr. 12, 80331 München
T: (089) 21 95-0, 21 95-3402 (Telefonische Auskünfte)
Fax: 21 95-2221
Internet: http://www.dpma.de
E-Mail: post@dpma.de
Präsident(in): Dr. Hans-Georg Landfermann
Vizepräsident(in): Thomas Hammer

Patentinformationszentren und -stellen

u 42

Bibliothek der RWTH Aachen
Patentinformationszentrum
Diensträume:
52056 Aachen
Jägerstr. 17-19, 52066 Aachen
T: (0241) 80 44 80 (Lesesaal), 80 36 01 (Recherchendienst)
Fax: 8 88 82 39
Internet: http://www.bth.rwth-aachen.de/pas.htm
E-Mail: postmaster@rwth-aachen.de

u 43

Deutsches Patent- und Markenamt
Technisches Informationszentrum Berlin
10958 Berlin
Gitschiner Str. 97, 10969 Berlin
T: (030) 2 59 92-0 **Fax:** 2 59 92-404

u 44

Patent- und Innovations-Centrum (PIC) Bielefeld e.V.
Nikolaus-Dürkopp-Str. 11-13, 33602 Bielefeld
T: (0521) 96 50 50 **Fax:** 9 65 05 19
Internet: http://www.pic.de

u 45

Hochschule Bremen
Patent- und Normen-Zentrum
Neustadtswall 30, 28199 Bremen
T: (0421) 59 05-2 25 **Fax:** 59 05-6 25

u 46

Technische Universität Chemnitz
Universitätsbibliothek, Patentinformationszentrum
(Internationales Begegnungs- und Informationszentrum)
Sitz:
Bahnhofstr. 8, 09111 Chemnitz
T: (0371) 5 31 18 80 **Fax:** 5 31 18 90
Internet: http://www.tu-chemnitz.de
E-Mail: LeiterinPIZ:petra.zimmermann@bibliothek.tu-chemnitz.de,
Bestellungen: silke.hammerschmidt@bibliothek.tu-chemnitz.de
hinweis

u 47

Agentur für Innovationsförderung und Technologietransfer GmbH, Patentinformationsstelle
Goerdelerring 5, 04109 Leipzig
T: (0341) 12 67-456 **Fax:** 12 67-486
E-Mail: agil@leipzig.ihk.de

u 48

Patentinformationszentrum
der Hessischen Landes- und Hochschulbibliothek
Schöfferstr. 8, 64295 Darmstadt
T: (06151) 16 54 27 (Auskunft), 16 55 27 (Recherche)
Fax: 16 55 28
E-Mail: patent@fhdacom2.fhrz.fh-darmstadt.de

u 49

Universitätsbibliothek Dortmund
Informationszentrum Technik u. Patente
44222 Dortmund
Vogelpothsweg 76, 44227 Dortmund
T: (0231) 7 55-40 14 **Fax:** 75 69 02
Internet: http://www.ub.uni-dortmund.de/itp/itp.htm
E-Mail: Recherche@itp.ub.uni-dortmund.de
Auftragsrecherchen und Literaturbeschaffungsdienst T: (0231) 7 55-40 68

u 50

Technische Universität Dresden
Patentinformationszentrum
Sitz: Nöthnitzer Str. 60, Flachbau 46, 01187 Dresden
Post:
Mommsenstr. 13, 01069 Dresden
T: (0351) 4 63-27 91 **Fax:** 4 63-71 36
E-Mail: pizkluge@rcs.urz.tu-dresden.de

u 51

MIPO Mitteldeutsche Informations-, Patent-, Online-Service GmbH
(Tochter d. IHK Halle-Dessau), Patentinformationszentrum
Rudolf-Ernst-Weise-Str. 18, 06112 Halle
T: (0345) 29 39 80 **Fax:** 2 93 98 40
Internet: http://www.mipo.de
E-Mail: andrick@mipo.hal-uunet.de

u 52

Handelskammer Hamburg, IPC Innovations- und Patent-Centrum
Börse
Postf. 11 14 49, 20414 Hamburg
Adolphsplatz 1, 20457 Hamburg
T: (040) 3 61 38-376 **Fax:** 3 61 38-270
Internet: http://www.handelskammer.de/hamburg
E-Mail: service@hamburg.handelskammer.de

u 53

Deutsches Patent- und Markenamt
Dienststelle Jena
07738 Jena
Goethestr. 1, 07743 Jena
T: (03641) 40-54 **Fax:** 40-5690

u 54

Technologie-Transfer Zentrale Schleswig-Holstein GmbH
Patentinformationsstelle
Lorentzendamm 22, 24103 Kiel
T: (0431) 5 19 62-0 **Fax:** 5 19 62-33
Internet: http://www.ttzsh.de
E-Mail: zentrale@ttz-sh.de

u 55

Universitätsbibliothek Hannover und TIB (UB/TIB)
PIN (Patente, Informationen, Normen)
Postf. 60 80, 30060 Hannover
Welfengarten 1B, 30167 Hannover
T: (0511) 7 62-3414, 7 62-3415, 7 62-2268 **Fax:** 71 59 36

u 56

Technische Universität Ilmenau
Patentinformationszentrum und Online-Dienste (PATON)
Postf. 1005 65, 98684 Ilmenau
Langewiesener Str. 37 Campus-Center, 98693 Ilmenau
Campus-Center, Langewiesener Str. 37, 98693 Ilmenau
T: (03677) 69 45 10 (Erfinderförderzentrum), 69 45 05 (Online-Dienste), 69 45 07 (Schulungszentrum), 69 45 08 (Host/Netzbetrieb) **Fax:** 69 45 38
E-Mail: paton@patent-inf.tu-ilmenau.de
Leitung: Prof. Dr.-Ing. habil. Reinhard Schramm (T: (03677) 69 45 73)

u 57

Friedrich-Schiller-Universität, Patentinformationsstelle
Sitz:
Fürstengraben 6, 07743 Jena
T: (03641) 94 70 20 **Fax:** 4 70 22
Internet: http://www.uni-jena.de/patente
E-Mail: patmail@rz.uni-jena.de

u 58

Kontaktstelle für Information und Technologie (KIT) an der Universität Kaiserslautern
Patentinformationszentrum
Gebäude 32
67653 Kaiserslautern
Paul-Ehrlich-Str., 67663 Kaiserslautern
T: (0631) 2 05-2172 **Fax:** 2 05-2925
Internet: http://www.uni-kl.de/KIT/PIZ
E-Mail: piz@kit.uni-kl.de

u 59

Gesamthochschul-Bibliothek
Patentinformationszentrum
34111 Kassel
Diagonale 10, 34127 Kassel
T: (0561) 8 04-3480, 8 04-3482 **Fax:** 8 04-3427
Internet: http://www.uni-kassel.de/piz

u 60

Patentinformationszentrum Niederrhein Krefeld/ Mönchengladbach
Webschulstr. 41-43, 41065 Mönchengladbach
T: (02161) 1 86-924
E-Mail: piz@fh-niederrhein.de

u 61

Otto-von-Guericke-Universität Magdeburg
Universitätsbibliothek, Patentinformationszentrum
und DIN-Auslegestelle
Postf. 41 20, 39016 Magdeburg
Pfälzer Str., 39106 Magdeburg
T: (0391) 67-12979 (Patente), 67-12596 (Normen), 67-12979 (Patentlesesaal), 67-12714, 67-18637 (Patentrechercheure), 67-18840, 67-12714 (Pat. Ass.) **Fax:** 67-12913
Internet: http://www.uni-magdeburg.de/ub/piz.html
E-Mail: wolfgang.weigler@bibliothek.uni-magdeburg.de
Leitung: Dipl.-Bibl. Rita Lotsch (T: (0391) 67-12712)

u 62

LGA Landesgewerbeanstalt Bayern
Patentinformationszentrum
Postf. 30 22, 90014 Nürnberg
Tillystr. 2, 90431 Nürnberg
T: (0911) 6 55-4232 **Fax:** 6 55-4235
Internet: http://www.lga.de
E-Mail: lga@lga.de
Leitung: Dipl.-Ing. Heidrun Krestel (T: (0911) 6 55-4920)

u 63

TIZ-Technisches InformationsZentrum Patentschriften und Normenauslage
Postf. 30 48, 95006 Hof
Fabrikzeile 21, 95028 Hof
T: (09281) 73 75-0, 73 75 55 Herr Rietsch (Normen und Patente),
73 75 51 Herr Klier (Patente und Literatur)
Fax: 73 75 90 (LGA-Zentrale), 4 00 50 (TIZ direkt)
Internet: http://www.lga.de
E-Mail: Manfred Klier:HOKL@GW.LGA.DE,
Harald Rietsch:HORH@GW.LGA.DE,
Petra Leupold:HOPL@GW.LGA.DE,
Angela Spörl:HOSP@GW.LGA.DE

u 64

Universität Rostock, Außenstelle Warnemünde
Universitätsbibliothek, Patentinformationszentrum
Richard-Wagner-Str. 31 (Haus 1), 18119 Rostock
T: (0381) 4 98-2388 (Recherchen), 4 98-2379 (Normen)
Fax: 4 98-2389
Internet: http://www.uni-rostock.de/ub/piz.htm
E-Mail: patente@ub.uni-rostock.de
Leitung: Dipl.-Ing. Marianne Krempien (T: (0381) 4 98-23 90)

u 65

Technologie- und Gewerbezentrum e.V. Schwerin/ Wismar
Patentinformationsstelle
Hagenower Str. 73, 19061 Schwerin
T: (0385) 6 34 41 40 **Fax:** 6 34 42 40

u 66

Zentrale für Produktivität und Technologie Saar e.V.
Patentinformationszentrum
Franz-Josef-Röder-Str. 9, 66119 Saarbrücken
T: (0681) 52-004, 95 20-461 **Fax:** 58 31 50
Leitung: Dr. Robert Reichhart (T: (0681) 95 20-4 62)

u 67

Landesgewerbeamt Baden-Württemberg
Informationszentrum Patente
Haus der Wirtschaft
Postf. 10 29 63, 70025 Stuttgart
Willi-Bleicher-Str. 19, 70174 Stuttgart
T: (0711) 1 23-25 58/-25 55 **Fax:** 1 23-25 60

u 68

Landesgewerbeamt Baden-Württemberg
Direktion Karlsruhe
Patentinformationsstelle
Postf. 41 69, 76026 Karlsruhe
Karl-Friedrich-Str. 17, 76133 Karlsruhe
T: (0721) 9 26-4057 **Fax:** 9 26-4055

• U 69

Fördergemeinschaft Gutes Licht (FGL)
60591 Frankfurt
Stresemannallee 19, 60596 Frankfurt
T: (069) 6 30 22 94 **Fax:** 63 02-3 17
Internet: http://www.licht.de
E-Mail: fgl@zvei.org
Gründung: 1970
Vorsitzende(r): Dr. Dirk Stahlschmidt (ERCO Leuchten GmbH, 58505 Lüdenscheid)
Frank Triebel (OSRAM GmbH, 81543 München)
Geschäftsführer(in): Dr. Ulrich Merker (Stresemannallee 19, 60596 Frankfurt)
Mitglieder: 150

• U 70

VDS
Vereinigung Deutsche Sanitärwirtschaft e.V.

Vereinigung Deutsche Sanitärwirtschaft e.V. (VDS)
Zehlendorfer Str. 24, 58097 Hagen
T: (02331) 1 08 80 **Fax:** 10 88 33
Gründung: 1965
Vorsitzende(r): Franz Kook (c/o Duravit AG, Werderstr. 36, 78132 Hornberg)
Geschäftsführer(in): Dr. Johann Peter Noth
Mitglieder: 12 Verbände

• U 71

Aktionsgemeinschaft Marketing im Sanitätsfachhandel e.V. (AMS)
Salierring 44, 50677 Köln
T: (0221) 2 40 91 56 **Fax:** 2 40 86 70
E-Mail: bgverband@aol.com
Vorsitzende(r): Peter Stramer (i. Fa. SH Stramer, Hospitalplatz 6, 37269 Eschwege)
Geschäftsführer(in): Winfried Toubartz
Mitglieder: 135

Vereinigung engagierter Fachhändler und Lieferanten zur Profilierung der gesamten Branche.

Technologiegesellschaften, Gründer-, Innovations- und Technologiezentren

Baden-Württemberg

• U 72

Technologiezentrum Aalen GmbH
Gartenstr. 133, 73430 Aalen
T: (07361) 56 01-0 **Fax:** 4 51 87
Kontaktperson: Robert Ihl

• U 73

Technologiepark Heidelberg GmbH
Rathaus
Marktplatz 10 (Rathaus), 69117 Heidelberg
T: (06221) 58 19 00, 58 19 01, 58 20 50, 58 20 51
Fax: 58 20 99
E-Mail: technologiepark@heidelberg.de
Geschäftsführer(in): Dr. Klaus Plate

• U 74

Technologiezentrum Heidenheim GmbH
Neuffenstr. 11, 89518 Heidenheim
T: (07321) 98 71-0 **Fax:** 98 71-22
Geschäftsführer(in): Birgit Baumann

• U 75

Technologiezentrum Horb GmbH & Co. KG
Postf. 12 49, 72152 Horb
Weberstr. 3, 72160 Horb
T: (07451) 20 31 **Fax:** 20 36
Geschäftsführer(in): Alois Rasch

• U 76

Technologiefabrik Karlsruhe
Haid-und-Neu-Str. 7, 76131 Karlsruhe
T: (0721) 1 74-252 **Fax:** 1 74-283
E-Mail: info@technologiefabrik-ka.de
Geschäftsführer(in): Hans-Peter Mengele
Dipl.-Ing. Jörg Orlemann

• U 77

Verband der Baden-Württembergischen Technologie- und Gründerzentren
Haid-und-Neu-Str. 7, 76131 Karlsruhe
T: (0721) 96 58-250 **Fax:** 96 58-268
Internet: http://www.technologiezentren.com
E-Mail: info@technologiezentren.com
Vorsitzende(r): Herbert Hoffmann

• U 78

Technologiezentrum Konstanz e.V. (TZK)
Blarerstr. 56, 78462 Konstanz
T: (07531) 20 05-0 **Fax:** 20 05-22
Internet: http://www.tzk.uni-konstanz.de
E-Mail: tzk@tzk.uni-konstanz.de
Rainer Meschenmoser

• U 79

Technologiepark Offenburg
In der Spöck 10, 77656 Offenburg
T: (0781) 5 65 49 **Fax:** 5 47 59
E-Mail: tpo-info@t-online.de
Geschäftsführer(in): Heino Bullwinkel

• U 80

ST. GEORGENER TECHNOLOGIE-ZENTRUM TZ

Technologiezentrum St. Georgen
Leopoldstr. 1, 78112 Sankt Georgen
T: (07724) 60 73 **Fax:** 53 69
Internet: http://www.tz.st-georgen.de
E-Mail: info@tz.st-georgen.de
Geschäftsführer(in): Dieter Knorpp

• U 81

NC-Gesellschaft e.V.
Anwendung Neuer Technologien
Postf. 31 68, 89021 Ulm
Helmholtzstr. 22, 89081 Ulm
T: (0731) 55 27 55 **Fax:** 55 27 57
Internet: http://www.ncg.de
E-Mail: ncg@ncg.de
Gründung: 1975
Vorstand: Ferdinand Töngi (Vors.; Finanzen/Technologie-Trends), Dietlikon (CH)
Hermann Eberle (stellv. Vors.; Anwendung neuer Technologien), Dornbirn (A)
Helmut Gatti (CAD/CAMD/CNC), Erlangen (D)
Martin Mühlen (Rapid Prototyping Technoogien), Schorndorf (D)
Prof. Dr. Michael Kaufeld (Bildung und Wissenschaft), Ulm (D)
Verbandszeitschrift: Produktion (Organ)
Verlag: mi-Verlag, Landsberg
Mitglieder: 165 (Stand 31.12.99)
Mitarbeiter: 2

• U 82

TFU-Technologie Förderungs-Unternehmen GmbH
Betreibt die Einrichtungen Technologie Fabrik, Innovations Zentrum, Biotechnologie Zentrum, Gründerzentrum Neu-Ulm
Sedanstr. 10, 89077 Ulm
T: (0731) 9 35 79-105 **Fax:** 9 35 79-111
E-Mail: info@tfu.de
Gründung: 1985
Geschäftsführer(in): Dipl.-Ing. Hans Kloos (Ltg. Presseabt.)
Mitglieder: 48 Unternehmen, 9 assoziierte Mitglieder bzw. kooperative Partner
Mitarbeiter: 7

Bayern

• U 83

Augsburger Gewerbehof GmbH (AGH)
Ulmer Str. 160a, 86156 Augsburg
T: (0821) 4 40 66-0 **Fax:** 4 40 66-29
Geschäftsführer(in): Evelyn Raabe-Keitler

• U 84

Technologie Zentrum Coburg
Friedrich-Rückert-Str. 81, 96450 Coburg
T: (09561) 86 90 **Fax:** 86 92 99
E-Mail: tzc@coburg.de
Geschäftsführer(in): Dr. Wolfgang Gawin

• U 85

IGZ Innovations- und Gründerzentrum Nürnberg-Fürth-Erlangen GmbH
Am Weichselgarten 7, 91058 Erlangen
T: (09131) 6 91-1 00 **Fax:** 6 91-1 11
Internet: http://www.igz.de
E-Mail: info@igz.de
Gründung: 1985 (April)
Dr.-Ing. Gerd Allinger
Dipl.-Volksw. Sonja Rudolph
Verbandszeitschrift: IGZ aktuell
Mitglieder: ca. 600

• U 86

Innova Allgäu HighTechPark
Sudetenstr. 5, 87600 Kaufbeuren
T: (08341) 91 50 00 **Fax:** 91 50 05
Internet: http://www.innova-net.de
E-Mail: info@innova-net.de
Kontaktperson: Thomas Maier

• U 87

Förderkreis Neue Technologien e.V. (FNT)
Prinzregentenplatz 10, 81675 München
T: (089) 41 07 40 85, 63 02 53-0
Gründung: 1984 (22. Mai)
Geschäftsführer(in): Rechtsanwalt Curt Johann Winnen
Vorsitzende(r) des Vorstandes: Gerd Meyer-Marc
Schatzmeister: Dr. Elmar Prasch (Mitgl. d. Vorst. Bayerische Vereinsbank AG)
Mitglieder: 190

• U 88

OTTI - Ostbayerisches Technologie-Transfer-Institut e.V.
Wernerwerkstr. 4, 93049 Regensburg
T: (0941) 2 96 88 11 **Fax:** 2 96 88 16
Internet: http://www.otti.de
E-Mail: technologiekolleg@otti.de
Institutleitung: T: (0941) 2 96 88 11, Telefax: (0941) 2 96 88 16
OTTI KOLLEG: T: (0941) 2 96 88 20, Telefax: (0941) 2 96 88 19
Innovationsberatung: T: (0941) 2 96 88 40, Telefax: (0941) 2 96 88 18
Gründung: 1977
Vereinsvors.: Dr. Wolf-Dieter Emmerich (Geschäftsf. der Netzsch-Gerätebau GmbH, Selb)
Gesch.-Ltg: Dipl.-Ing. Josef Wimmer

Ltg. Innovationsberatung: Dipl.-Wirtschaftsing. Manfred Storm
Ltg. OTTI KOLLEG: Dipl.-Kfm. Eckardt Günther
Mitglieder: 440 (Unternehmen, kommunale Einrichtungen, Kreditinstitute, Privatpersonen)
Mitarbeiter: 24
Beteiligungen: S-ReFIT GmbH & Co. KG (Beteiligungsfond von OTTI und Sparkassen)

u 89

OTTI-Zweigstelle für Oberfranken
Kolpingstr. 1, 95444 Bayreuth
T: (0921) 7 89 59 10 **Fax:** 7 89 59 50
Leitung: Dipl.-Wirtschaftsing. (FH) Manfred Storm

• U 90

Technologiezentrum Schwäbisch Hall GmbH
Stauffenbergstr. 35-37, 74523 Schwäbisch Hall
T: (0791) 58 01-0 **Fax:** 58 01-13
Internet: http://www.tz-hall.de
E-Mail: info@tz-hall.de
Gründung: 1990
Geschäftsführer(in): Ralf Lauterwasser
Hartmut Pawlitzki
Leitung Presseabteilung: Ralf Lauterwasser

• U 91

GRIBS, Gründer-, Innovations- und Beratungszentrum Schweinfurt Betriebs GmbH (GRIBS)
Karl-Götz-Str. 5, 97424 Schweinfurt
T: (09721) 7 97-3 **Fax:** 7 97-599
Internet: http://www.gribs.de
E-Mail: rkarl@gribs.de
Geschäftsführer(in): Reinhold Karl

• U 92

Technologie- und Gründerzentrum Würzburg
Sedanstr. 27, 97082 Würzburg
T: (0931) 41 94-3 50 **Fax:** 41 94-2 05
E-Mail: zoeller@wuerzburg.ihk.de
Gründung: 1989 (1. Januar)
Geschäftsführer(in): Dr. Alexander Zöller
Mitarbeiter: 3

Berlin

• U 93

Innovations-Zentrum Berlin Management GmbH
Rudower Chaussee 29, 12489 Berlin
T: (030) 63 92-6000 **Fax:** 63 92-6010
Internet: http://www.izbm.de
E-Mail: izbm@izbm.de
Gründung: 1987 (30. November)
Geschäftsführer(in): Dr. Florian Seiff
Kontakt: Dr. Gerhard Raetz
Mitarbeiter: 10

• U 94

BTBTM Türkisches Wissenschafts- und Technologie-Zentrum e.V. Berlin
c/o Stud. Koordinationsbüro
Straße des 17.Juni 135, 10623 Berlin
T: (030) 3 14-2 48 00
Gründung: 1977 (13. März)
Vorsitzende(r): Kenan Kolat
Stellvertretende(r) Vorsitzende(r): Nurdan Kütük
Geschäftsführer(in): Ercan Emirhanoglu
Leitung Presseabteilung: Ceyhun Kara
Verbandszeitschrift: BTBTM-Magazin
Mitglieder: 80
Mitarbeiter: 1
Jahresetat: DM 0,05 Mio, € 0,03 Mio

• U 95

ExistenzGründer-Institut Berlin e.V.
10702 Berlin
Postf. 31 15 20, 10645 Berlin
Nachodstr. 8, 10779 Berlin
T: (030) 21 25 28 00 **Fax:** 21 25 28 28
Internet: http://www.existenzgruender-institut.de
E-Mail: go@existenzgruender-institut.de
Vorstand: Elmar Pieroth (Vors.; ehem. Senator für Wirtschaft und Betriebe)
Ulrich Misgeld
Carola Schneider (Service für Marketing und Management)
Geschäftsführer(in): Dr. Sven Ripsas
Stellvertretende(r) Geschäftsführer(in): Robert Poggemann

• U 96

Gesellschaft für Technologiefolgenforschung e.V. (GTF)
Kantstr. 58, 10627 Berlin
T: (030) 3 24 10 95 **Fax:** 3 24 10 95
Gründung: 1979 (13. September)
VdVorst. u. GeschF: Dr.-Ing. Klaus Dette
Leitung Presseabteilung: Dipl.-Des. Gundula Dette
Verbandszeitschrift: GTF-Mitteilungen

• U 97

Innovationspark Wuhlheide GmbH
Köpenicker Str. 325, 12555 Berlin
T: (030) 65 76-2204 **Fax:** 65 76-2240
E-Mail: ipw@ipw-berlin.de
Geschäftsführer(in): Prof. Dr.-Ing. Dietrich Reiblich
Dr. Karl Rasch
Mitarbeiter: 10

• U 98

ADT Arbeitsgemeinschaft Deutscher Technologie- und Gründerzentren e.V.
Rudower Chaussee 29, 12489 Berlin
T: (030) 63 92-6221 **Fax:** 63 92-6222
Internet: http://www.adt-online.de
E-Mail: adt@adt-online.de
Gründung: 1988
Vorsitzende(r): Dipl.-Betriebsw. Guido Baranowski (Technologiezentrum Dortmund)
Stellvertretende(r) Vorsitzende(r): Herbert Hoffmann (Technologiefabrik Karlsruhe)
Dr. Gerhard Raetz (IGZ Berlin)
Geschf. Vorst.: Dr. Gerhard Raetz
Presseabteilung: Dr. Uwe Heukeroth
Verbandszeitschrift: ADT-Info
Redaktion: Dr. Uwe Heukeroth
Verlag: Weidler + Partner, Lübecker Str. 8, 10559 Berlin
Mitglieder: 200
Mitarbeiter: 5

• U 99

Technische Universität Berlin Wissenstransfer (WTB)
Steinplatz 1, 10623 Berlin
T: (030) 3 14-22475, 3 14-22865 **Fax:** 3 14-24087
Internet: http://www.wtb.tu-berlin.de
E-Mail: wissenstransfer@wtb.tu-berlin.de
Gründung: 1993
Kontaktperson: Dipl.-Ing. Dietrich Haberland
Mitarbeiter: 15
Sachgebiete: Dienstleistungen für Wirtschaft, Wissenschaft und Verwaltung, Technologietransfer, Weiterbildung, Messen und Tagungen

Brandenburg

• U 100

InnoZent Innovations- und Gründerzentrum GmbH Eberswalde
Alfred-Nobel-Str. 1 Gebäude 26, 16225 Eberswalde
T: (03334) 5 92 33 **Fax:** 5 93 37
Internet: http://www.innozent.de
E-Mail: sekretariat@innozent.de
Gründung: 1992
Geschäftsführer(in): Dipl.-Ing. Bernd Barig

• U 101

Business and Innovation Centre Frankfurt (Oder) GmbH
Im Technologiepark 1, 15236 Frankfurt
T: (0335) 5 57 11-00 **Fax:** 5 57 11-10
Internet: http://www.bic-ffo.de
E-Mail: info@bic-ffo.de
Gründung: 1991 (14. Februar)
Geschäftsführer(in): Dipl.-Ing. Uwe Hoppe
Verbandszeitschrift: ADT - Info; NETWORK EBN
Mitarbeiter: 9

• U 102

Technologie- und Innovationszentrum Fürstenwalde GmbH (TIF)
Tränkeweg 5, 15517 Fürstenwalde
T: (03361) 56 60-100 **Fax:** 56 60-101
E-Mail: 033610091366@t-online.de
Gründung: 1993 (31. August)
Geschäftsführer(in): Dipl.-Chem. Hans-Ulrich Raese
Verbandszeitschrift: ADT-Info
Redaktion: Dr. Bernd Groß, Gerda Eber
Verlag: ADT e.V., Rudower-Chaussee 5, 12489 Berlin
Mitarbeiter: 1

• U 103

Centrum für Innovation und Technologie GmbH - CIT
Cottbuser Str. 1, 03172 Guben
T: (03561) 62 04-0 **Fax:** 62 04-11
Internet: http://www.cit-guben.de
E-Mail: cit-guben@t-online.de
Gründung: 1993 (12. November)
Geschäftsführer(in): Rüdiger Albert
Mitarbeiter: 8

• U 104

Cottbuser Technologie- und Entwicklungs-Centrum GmbH (CoTEC)
Am Technologiepark 1, 03099 Kolkwitz
T: (0355) 7 84 11-00 **Fax:** 7 84 11-15
Internet: http://www.cotec-cottbus.de
E-Mail: cotec-gmbh@t-online.de
Gründung: 1991 (20. März)
Geschäftsführerin: Dipl.-oec. Regina Otto
Mitarbeiter: 6, davon 1 Geschäftsführerin, 4 Vollzeit Angest., 1 Aushilfskraft

• U 105

Biotechnologiepark Luckenwalde GmbH
Im Biotechnologiepark TGZ, 14943 Luckenwalde
T: (03371) 6 81-100 **Fax:** 6 81-105
Internet: http://www.bio-luck.de
E-Mail: bio-luck@bio-luck.de
Geschäftsführer(in): Christoph Weber

• U 106

Technologie- und Gründerzentrum "Elbe-Elster" GmbH
Gartenstr. 43, 04936 Schlieben
T: (035361) 3 55-13 **Fax:** 3 55-29
E-Mail: tgz@tgz-schlieben.de
Geschäftsführer(in): Dr. Wolfgang Zahn
Kontaktperson: Norbert Richter
Mitarbeiter: 3
Jahresetat: DM 0,3 Mio, € 0,15 Mio

• U 107

Technologie- und Gründerzentrum GmbH der Region Uckermark
Berliner Str. 126a, 16303 Schwedt
T: (03332) 53 89-0 **Fax:** 53 89 13
Internet: http://www.tgz-um.de
E-Mail: TGZ-Uckermark@t-online.de
Geschäftsführer(in): Dipl.-Ing. Jürgen Polzehl

• U 108

STIC - Strausberger Technologie- und Innovations-Centrum GmbH
Garzauer Chaussee, 15344 Strausberg
T: (03341) 3 35-214 **Fax:** 3 35-216
E-Mail: stic@molnet.de
Gründung: 1992 (14. Oktober)
Geschäftsführer(in): Dipl.-Ing. Roland Stange

• U 109

Technologiezentrum Teltow GmbH
Potsdamer Str. 18a, 14513 Teltow
T: (03328) 43 02 00 **Fax:** 43 02 02
Internet: http://tz-teltow.de
E-Mail: tz_teltow@t-online.de
Geschäftsführer(in): Dr. Ulrich Dietzsch

• U 110

Verein der Technologie- und Gründerzentren im Land Brandenburg
Potsdamer Str. 18A, 14513 Teltow
T: (03328) 43 02 00 **Fax:** 43 02 02
Internet: http://www.tz-teltow.de/tgbev.htm
E-Mail: tz_teltow@t-online.de
Gründung: 1993 (1. Januar)
Vorsitzende(r): Dr. Ulrich Dietzsch
Stellvertretende(r) Vorsitzende(r): Uwe Hoppe
Dipl.-Ing. Bernd Barig
Mitglieder: 23

• U 111

Technologie- und Gründerzentrum Wildau GmbH
Freiheitsstr. 124-126, 15745 Wildau
T: (03375) 50 82 94 **Fax:** 50 82 89
Internet: http://www.tfh-wildau.de, http://www.adt-online.de
E-Mail: tgz@tf.tfh-wildau.de
Gründung: 1994
Geschäftsführer(in): Dipl.-Chem. Dr. Eberhard Brink, Eichwalde
Mitarbeiter: 2

Bremen

● **U 112**

Bremer Gesellschaft für Innovation und Technologietransfer mbH (BREGIT)
Fahrenheitstr. 1, 28359 Bremen
T: (0421) 22 08-0 **Fax:** 22 08-1 50
Internet: http://www.bitz-bremen.de
E-Mail: kontakt@bitz-bremen.de
Geschäftsführer(in): Dr. Dieter Russ
Presse und Public Relations: Jutta Zernikow

● **U 113**

Bremerhavener Innovations- und Gründerzentrum (BRIG) GmbH
Stresemannstr. 46, 27570 Bremerhaven
T: (0471) 1 40-0 **Fax:** 1 40-99
Internet: http://www.brig.de
E-Mail: brig-gf@t-online.de
Gründung: 1990 (9. Februar)
Geschäftsführer(in): Arno Zier
Mitarbeiter: 4

● **U 114**

Technologiepark Hamburg
Tempowerkring 6, 21079 Hamburg
T: (040) 7 90 12-0 **Fax:** 7 90 12-7 99
Dipl.-Ing. Wolfram Birkel

● **U 115**

TUHH-Technologie-GmbH (TuTech)
Schellerdamm 4, 21079 Hamburg
T: (040) 76 61 80-0 **Fax:** 76 61 80-88
Internet: http://www.tutech.de
E-Mail: info@tutech.de
Gründung: 1992
Geschäftsführer(in): Dr. Helmut Thamer
Mitarbeiter: 140 (davon 27 im Kernbereich)
Technologie-Transfer-Beratung, Messen/Kongresse/Weiterbildung

Hessen

● **U 116**

IHK-Technologieberatung Hessen
60284 Frankfurt
Börsenplatz 4, 60313 Frankfurt
T: (069) 21 97-1428 **Fax:** 21 97-1484
Internet: http://www.ihk.de/itb-hessen
E-Mail: itb@frankfurt-main.ihk.de
Gründung: 1981 (1. Juli)
Kontaktperson: Dr.-Ing. Hermann Bertram
Dipl.-Ing. Helmut Schmitt
Dipl.-Wirtsch.-Ing. Thomas Esch
Mitarbeiter: 5

u 117

IHK-Technologieberatung Hessen Geschäftsstelle Kassel
Kurfürstenstr. 9, 34117 Kassel
T: (0561) 78 91-3 33 **Fax:** 78 91-2 09
E-Mail: knoth@kassel.ihk.de
Kontaktperson: Dipl.-Ing. Eugen Knoth

● **U 118**

HAT Hessische Arbeitsgemeinschaft der Technologie-, Dienstleistungs- und Gründerzentren e.V.
c/o FiDT - Fördergesellschaft für innovative Dienstleistungen und Techniken mbH
Ludwig-Erhard-Str. 2-12, 34131 Kassel
T: (0561) 9 38 97-0 **Fax:** 9 38 97-11
Vorsitzende(r): Dipl.-Ing. Hans-Dieter Schwabe

● **U 119**

Universität Gesamthochschule Kassel Technologie- und Innovationsberatung
34109 Kassel
Mönchebergstr. 19, 34125 Kassel
T: (0561) 8 04 24 98 **Fax:** 8 04 23 26
Internet: http://www.uni-kassel.de/tib
E-Mail: lekies@hrz.uni-kassel.de
Gründung: 1980
Leitung: Klaus Lekies
Leitung Presseabteilung: Dr. Bernt Armbruster
Mitarbeiter: 2

Mecklenburg-Vorpommern

● **U 120**

Innovationsagentur Mecklenburg-Vorpommern e.V.
Hagenower Str. 73, 19061 Schwerin
T: (0385) 39 93-600 **Fax:** 39 93-605
Internet: http://www.imv.de/inno
E-Mail: roolf@inno-mv.regionet.de
Gründung: 1994 (12. Juli)
Vorsitzende(r): Prof. Dr. Bernd Buchan
Stellvertretende(r) Vorsitzende(r): Dr. Krause
Geschäftsführer(in): Dipl.-Phys. Hans-Benno Roolf
Mitglieder: 43
Mitarbeiter: 3
Jahresetat: DM 0,5 Mio, € 0,26 Mio

● **U 121**

Technologiezentrum-Fördergesellschaft mbH Vorpommern
Brandteichstr. 19, 17489 Greifswald
T: (03834) 5 50-0 **Fax:** 5 50-222
Internet: http://www.technologiezentrum.de
E-Mail: service@technologiezentrum.de
Gründung: 1991 (23. Januar)
Sprecher: Dipl.-Ing. Jürgen Enkelmann (Presse u. PR)
Leitung Presseabteilung: Patricia Huber
Jahresetat: DM 1,39 Mio, € 0,57 Mio

● **U 122**

titan e.V. Neubrandenburg Technologie- und Innovations-Transfer-Agentur (titan)
Lindenstr. 39, 17033 Neubrandenburg
T: (0395) 3 58 11 60 **Fax:** 3 58 11 66
Internet: http://home.t-online.de/home/titan-nb
E-Mail: titan@nb-net.de
Gründung: 1993 (4. Mai)
Vorsitzende(r): Dipl.-Kfm. Hermann Ohrner
Stellv. Vors. u. GeschF: Dr.-Ing. Bodo Herschelmann

● **U 123**

Technologiezentrum Warnemünde e.V.
Friedrich-Barnewitz-Str. 3, 18119 Rostock
T: (0381) 51 96-0 **Fax:** 51 96-266
E-Mail: tzw.ludwig@t-online.de
Geschäftsführer(in): Petra Ludwig

● **U 124**

Gewerbe- und Technik-Zentrum Warin GmbH
Wald Eck 7, 19417 Warin
T: (038482) 7 80 **Fax:** 7 81 05
E-Mail: gtz-warin@t-online.de
Kontaktperson: Heinz Janetzki

Niedersachsen

● **U 125**

Technologiepark Braunschweig GmbH
Rebenring 33, 38106 Braunschweig
T: (0531) 38 04-148 **Fax:** 38 04-152
Internet: http://www.technopark-bs.de
E-Mail: info.technopark@tu-bs.de
Gründung: 1986
Geschäftsführer(in): Dr. Joachim Körner
Hans-Günter Friedrich

● **U 126**

Technologiezentrum Delmenhorst (TZD)
Am Wollelager 8, 27749 Delmenhorst
T: (04221) 99-28 80 **Fax:** 99-11 96
Gründung: 1985
Mitarbeiter: 61 in 7 Unternehmen und Verwaltungen

● **U 127**

Technologie- und Gründerzentrum Hameln
Hastenbecker Weg 8B, 31785 Hameln
T: (05151) 80 92-99 **Fax:** 80 92-66
Internet: http://www.hameln.de/tgz
E-Mail: tgz@hameln.de
Joachim Kind
Birgitt Herrmann
Giesela Vierks

● **U 128**

Erfinderzentrum Norddeutschland GmbH
Hindenburgstr. 27, 30175 Hannover
T: (0511) 81 30 51 **Fax:** 2 83 40 75
Internet: http://www.ezn.hannover.de
E-Mail: erfinderzentrum@t-online.de
Gründung: 1981, als GmbH 1987
Geschäftsführer(in): Dipl.-Ing. Lothar Schaar
Mitarbeiter: 13 Angest.
Bewertung innovativer Projekte, Erfinder-Beratung, Schutzrechtsförderung, Technologie-Transfer (-Angebot u. Suche), Entwicklungs- u. Diversifikations-Management, Vermittlung von Fachinformationen.

● **U 129**

Laser Zentrum Hannover e.V.
Hollerithallee 8, 30419 Hannover
T: (0511) 27 88-0 **Fax:** 27 88-1 00
Internet: http://www.lzh.de
E-Mail: info@lzh.de
Gründung: 1986
Leitung Presseabteilung: Michael Botts
Mitarbeiter: 200

● **U 130**

Technologiezentrum Hildesheim GmbH
Richthofenstr. 29, 31137 Hildesheim
T: (05121) 7 08-0 **Fax:** 7 08-244
T-Online *05121 708-0*
E-Mail: zentrale.tzh@t-online.de
Gründung: 1984
Geschäftsführer(in): Dirk Descher
Mitarbeiter: 2

● **U 131**

Gründungs- u. Technologie Service Lüneburg e.V.
Postf. 25 40, 21315 Lüneburg
Am Markt 2, 21335 Lüneburg
T: (04131) 20 82-22 **Fax:** 20 82-10
Geschäftsführer(in): Klaus Dützmann
Mitglieder: 104

Nordrhein-Westfalen

● **U 132**

Gründer- und Dienstleistungszentrum Ahlen (GDZ)
c/o Entwicklungsgesellschaft Ahlen GmbH
Beckumer Str. 34, 59229 Ahlen
T: (02382) 9 64-0 **Fax:** 9 64-100
Internet: http://www.ega-ahlen.de
E-Mail: ega-ahlen@t-online.de
Geschäftsführer(in): Lutz Henke

● **U 133**

IGA Industrie- und Gewerbepark Alsdorf GmbH
Joseph-von-Fraunhofer-Str. 1, 52477 Alsdorf
T: (02404) 2 00 02 **Fax:** 2 21 68
E-Mail: iga_gmbh@t-online.de
Gründung: 1989 (1. Januar)
Geschäftsführer(in): Wolfgang Schwake
Mitarbeiter: 5

● **U 134**

Rheinisch-Bergisches Technologiezentrum GmbH
Friedrich-Ebert-Str., 51429 Bergisch Gladbach
T: (02204) 84 24 70 **Fax:** 84 24 71
Internet: http://www.tz-bg.de
E-Mail: info@tz-bg.de
Kontaktperson: Martin Westermann

● **U 135**

Gewerbe- und Technologiezentrum Bonn (GTB)
Siemensstr. 3, 53121 Bonn
T: (0228) 97 96 60
Ansprechpartner: Helmut Bröhl (T: (0228) 97 96 60, Telefax: (0228) 9 79 66 20)
Dipl.-Ing. Wolf Jürgen Pohl ((IHK), T: (0228) 22 84-1 33, Telefax: (0228) 22 84-2 21)

● **U 136**

Technologie- und Innovationsberatungsstelle der IHK Bonn/Rhein-Sieg
Bonner Talweg 17, 53113 Bonn
T: (0228) 22 84-0 **Fax:** 22 84-221
Internet: http://www.ihk-bonn.de
E-Mail: pohl@bonn.ihk.de
Dipl.-Ing. Wolf J. Pohl (T: (0228) 22 84-1 33)

● **U 137**

Bottroper Gründer- und Technologie-Zentrum GmbH
Im Blankenfeld 6, 46238 Bottrop
T: (02041) 7 41-0 **Fax:** 7 41-100
Internet: http://www.nel.de/Technologie-Zentren/BGT/BGT/html
E-Mail: juergenheidtmann@wrd.de

Vors. d. AR: Ernst Löchelt (Oberbürgermeister der Stadt Bottrop)
Geschäftsführer(in): Jürgen Heidtmann

• U 138

Technologiezentrum Dortmund GmbH
Emil-Figge-Str. 80, 44227 Dortmund
T: (0231) 97 42-100 **Fax:** 97 42-395
Internet: http://www.tzdo.de
E-Mail: technobox@tzdo.de
Gründung: 1984 (30. März)
Geschäftsführer(in): Dipl.-Betriebsw. Guido Baranowski
Dipl.-Kfm. Klaus Günzel

• U 139

Gesellschaft für Technologieförderung und Technologieberatung Duisburg mbH -GTT- (GTT)
Bismarckstr. 142, 47057 Duisburg
T: (0203) 3 06-1010 **Fax:** 3 06-1090
Internet: http://www.gtt.me-park.com
E-Mail: info@gtt.me-park.com
Geschäftsführer(in): Dr. Wolfgang Burgbacher
Hubertus Ewers
Prof. Dr. Günter Zimmer
Mitarbeiter: 12

• U 140

Zentrum für Existenzgründung und Technologie Ennepetal GmbH
Wilhelmstr. 76, 58256 Ennepetal
T: (02333) 91 99-0 **Fax:** 91 99-15
Gründung: 1993 (25. Januar)
Geschäftsführer(in): Wilhelm Wiggenhagen

• U 141

GAZ Technik GmbH - Gründer- und Anwendungszentrum Espelkamp
Von-dem-Bussche-Münch-Str. 3, 32339 Espelkamp
T: (05772) 5 60-0 **Fax:** 5 60-113
Internet: http://www.GAZ-Technik.de
E-Mail: GAZ-Technik@t-online.de
Gründung: 1991
Geschäftsführer(in): Hans E. Schwerdtner
Mitarbeiter: 12 (März)

• U 142

Essener Technologie- und Entwicklungs-Centrum GmbH (ETEC)
Kruppstr. 82-100, 45145 Essen
T: (0201) 81 27-0 **Fax:** 81 27-188
Internet: http://www.etec.de
E-Mail: etec@etec.de
Gründung: 1985
Geschäftsführer(in): Karl-Heinz Kazmeier (Vors.)
Dipl.-Ing. Jochen Fricke
Mitarbeiter: 12

• U 143

Wissenschaftspark und Technologiezentrum Rheinelbe Gelsenkirchen Entwicklungs- und Betriebsgesellschaft mbH
Munscheidstr. 14, 45886 Gelsenkirchen
T: (0209) 1 67-1000 **Fax:** 1 67-1001
Internet: http://www.wipage.de
E-Mail: info@wpb.wipage.de
Geschäftsführer(in): Dr. Heinz-Peter Schmitz-Borchert

• U 144

Innovationszentrum Wiesenbusch Betriebsgesellschaft mbH
Am Wiesenbusch 2, 45966 Gladbeck
T: (02043) 9 44 11-1 **Fax:** 9 44 11-3
Gründung: 1993 (26. Februar)
Geschäftsführer(in): Jürgen Buschmeier
Stellvertretende(r) Geschäftsführer(in): Jörg Köppen
Mitarbeiter: 7

• U 145

Wirtschaftszentrum Gronau (WZG)
Fabrikstr. 3, 48599 Gronau
T: (02562) 93 10-0 **Fax:** 34 29
Gründung: 1992 (1. Juli)
Kontaktperson: Carola Brandt

• U 146

HAMTEC - Hammer Technologie- und Gründerzentrum GmbH
Münsterstr. 5, 59065 Hamm
T: (02381) 6 88-0 **Fax:** 6 88-1 00
Internet: http://www.hamtec.de
E-Mail: info@hamtec.de
Gründung: 1988 (17. November)
Geschäftsführer(in): Dipl.-Vw. Peter Heuboth
Öffentlichkeitsarbeit: Katrin Engert
Mitarbeiter: 32 (Mai)

• U 147

Umwelttechnologie- und Gründerzentrum Höxter-Holzminden GmbH
Konrad-Zuse-Str. 1, 37671 Höxter
T: (05271) 9 30-0 **Fax:** 9 30-112
Internet: http://www.umtec.de
E-Mail: umtec@umtec.de
Gründung: 1993
Kontaktperson: Bernhard Willim
Kontaktperson: Jürgen Geisler
Verbandszeitschrift: Synergie Journal der TZ im Land NRW
Verlag: Lemmens Verlags- u. Mediengesellschaft mbH, Königswinterer Str. 95, 53227 Bonn

• U 1 48.10

Innovationsforum Niederrhein e.V.
Industriering Ost 66, 47906 Kempen
T: (02152) 20 29-12 **Fax:** 20 29-10
Internet: http://www.tzniederrhein.de
E-Mail: k.pohl@tzniederrhein.de
Gründung: 1998
1. Vorsitzende(r): Prof. Erich Rogel (Fachhochschule Niederrhein)
2. Vorsitzende(r): Dipl.-Wirt.-Ing. Karl-Heinz Pohl (Technologiezentrum Niederrhein)
Kassierer: Dipl.-Wirt.-Ing. Eberhard Kübel (CoSearch GmbH)
Mitglieder: 60

• U 148

IZET Innovationszentrum Itzehoe, Gesellschaft für Technologieförderung Itzehoe mbH
Postf. 14 65, 25504 Itzehoe
Fraunhoferstr. 3, 25524 Itzehoe
T: (04821) 7 78-0 **Fax:** 7 78-500
Internet: http://www.izet.de
E-Mail: info@izet.de
Gründung: 1993
Hauptgeschäftsführer(in): Dr. Ingo Hussla
Mitarbeiter: 10

• U 149

Technologiezentrum Jülich GmbH
Karl-Heinz-Beckurts-Str. 13, 52428 Jülich
T: (02461) 6 90-0 **Fax:** 6 90-115
Internet: http://www.tz-juelich.de
Gründung: 1989 (Dezember)
Vorsitzender des Aufsichtsrates: Heinrich Stommel
Stellv. Vors. d. Aufsichtsrates: Ass. Horst Wilhelm Mewis
Geschäftsführer(in): Adalbert W. Plattenteich (Ass.)
Dipl.-Kfm. Carlo Aretz
Mitarbeiter: 7

• U 150

Technologie- und Gründerzentrum Niederrhein GmbH
Industriering Ost 66, 47906 Kempen
T: (02152) 20 29-0 **Fax:** 20 29-10
Hauptgeschäftsführer(in): Dipl.-Volksw. Karl-Josef Friedrichs
Dr. Volker Helms
Mitarbeiter: 6

• U 151

Technologie-Zentrum Kleve GmbH
Boschstr. 16, 47533 Kleve
T: (02821) 8 94-0 **Fax:** 89 48 94
Internet: http://www.niederrheinplattform.com/tzk
E-Mail: tzk@niederrheinplattform.com
Kontaktperson: Mario Goedhart

• U 152

Betriebsgesellschaft Gründer- und Innovationszentrum Köln mbH (GIZ)
Eupener Str. 150, 50933 Köln
T: (0221) 9 49 82 10 **Fax:** 4 91 18 71
Teletex: GIZKln
E-Mail: gizkoelngmbh@compuserve.com
Geschäftsführer(in): Prof. Dr. Erhard Schelzke

• U 153

Technologiezentrum Glehn GmbH
Hauptstr. 76, 41352 Korschenbroich
T: (02182) 8 50 70 **Fax:** 85 07 11
Gründung: 1986 (März)
Geschäftsführer(in): Günter Hirnstein
Mitarbeiter: 11

• U 154

Technologie-Zentrum Holzwirtschaft GmbH
Johannes-Schuchen-Str. 4, 32657 Lemgo
T: (05261) 8 91 46 **Fax:** 8 94 22
E-Mail: tzh@tischler.de
Kontaktperson: Jochen Möller

• U 155

MAFINEX Technologiezentrum GmbH (MTZ)
Käfertaler Str. 164, 68167 Mannheim
T: (0621) 33 99 20 **Fax:** 33 42 52
Internet: http://www.mafinex.de
E-Mail: office@mafinex.de
Gründung: 1986 (September)
Geschäftsführer(in): Dr.-Ing. Ludwig Schiweck
Kontaktperson: Brigitte Klaus
Mitarbeiter: 2
Jahresetat: DM 0,45 Mio, € 0,23 Mio

• U 156

WSG Menden Wirtschaftsförderungs- und Stadtentwicklungsgesellschaft Menden GmbH
Franz-Kissing-Str. 7, 58706 Menden
T: (02373) 9 26-0 **Fax:** 9 26-109
Internet: http://www.menden.de
E-Mail: info.wsg@menden.de
Gründung: 1998
Hauptgeschäftsführer(in): Gerd Deimel
Mitarbeiter: 8

• U 157

MIT: Mescheder Innovations- und Technologiezentrum GmbH (MIT)
Postf. 15 31, 59855 Meschede
Sophienweg 3, 59872 Meschede
T: (0291) 99 05-0 **Fax:** 99 05-36
Internet: http://www.mit.meschede.de
E-Mail: ebers@mit.meschede.de
Gründung: 1989 (9. August)
Geschäftsführer(in): Dipl.-Ing. Hans-Joachim Ebers
Burkhard Köster
Mitarbeiter: 3

• U 158

ZENIT Zentrum für Innovation und Technik in Nordrhein-Westfalen GmbH
Postf. 10 22 64, 45422 Mülheim
Dohne 54, 45468 Mülheim
T: (0208) 3 00 04-0 **Fax:** 3 00 04-29
Internet: http://www.zenit.de
E-Mail: info@zenit.de
Gründung: 1984
Vorsitzende(r): Dr. Bernd Schönwald
Geschäftsführer(in): Dipl.-Kfm. Peter Wolfmeyer
Leitung Presseabteilung: Anja Waschkau
Verbandszeitschrift: ZENIT - Newsletter; ZENIT - Informationsdienst (Technologie- und Strukturprogramme der EU); ZENIT - Kompass (Elektr. Handbuch für die EU-Förderung)

• U 159

Technologiehof Münster GmbH
Mendelstr. 11, 48149 Münster
T: (0251) 9 80-0 **Fax:** 9 80-1106
Internet: http://www.technologiehof-ms.de
E-Mail: info@technologiehof-ms.de
Geschäftsführer(in): Hans-Jörg Roesmann (T: dienstl. (0251) 9 80-11 05; Rottkamp 11, 48351 Everswinkel, T: (02582) 75 23 (privat))

• U 160

Grafschafter TechnologieZentrum GmbH
Enschedestr. 14, 48529 Nordhorn
T: (05921) 8 79-0 **Fax:** 8 79-150
Internet: http://www.technologie.grafschaft.de
E-Mail: info@technologie.grafschaft.de
Gründung: 1985

• U 161

TechnologieParkPaderborn GmbH (TPG)
Technologiepark 13, 33100 Paderborn
T: (05251) 1 60 90 10 **Fax:** 1 60 90 49
Internet: http://www.technopark-pb.de
E-Mail: info@technopark-pb.de
Kontaktperson: Andreas Preising

• U 162

Technologie-Fabrik Remscheid Gesellschaft für Innovationsförderung und Technologieberatung mbH (TFR)
Berghauser Str. 62, 42859 Remscheid
T: (02191) 9 00-0 **Fax:** 9 00-100
Internet: http://www.tfr.de

E-Mail: info@tfr.de
Geschäftsführer(in): Dipl.-Kfm. Dipl.-Ing. Hubert A. Stütz
Dipl.-Volksw. Rainer Bannert
Leitung Presseabteilung: Edgar Lieth
Mitarbeiter: 5; insgesamt: 280
Jahresetat: DM 2,5 Mio, € 1,53 Mio

• U 163

TaT Transferzentrum für angepaßte Technologien GmbH
Hovesaatstr. 6, 48432 Rheine
T: (05971) 9 90-0 **Fax:** 9 90-150
Internet: http://www.tat-zentrum.de
E-Mail: info@tat-zentrum.de
Gründung: 1989 (29. November)
Geschäftsführer(in): Prof. Dr. Robert Tschiedel
Peter Oldekopf
Leitung Presseabteilung: Ursula Schäfer-Rehfeld
Verbandszeitschrift: TaT-Brief
Redaktion: Hovesaatstr. 6, 48432 Rheine
Mitglieder: 130
Mitarbeiter: 22
Jahresetat: ca. DM 2 Mio, € 1,02 Mio

• U 164

TechnoPark Schwerte GmbH
Lohbachstr. 12, 58239 Schwerte
T: (02304) 9 45-400 **Fax:** 9 45-410
Internet: http://www.tz-schwerte.de
E-Mail: info@tz-schwerte.de
Kontaktperson: Ekkehard Radünz

• U 165

Technologiezentrum Siegen GmbH
Birlenbacher Str. 18, 57078 Siegen
T: (0271) 8 90 10 00 **Fax:** 8 90 10 50
Internet: http://www.tzsi.de
Gründung: 1985
Geschäftsführer(in): Dr. Friedhelm Franz
Stellvertretende(r) Geschäftsführer(in): K.-H. Schmallenbach
Mitarbeiter: 30

• U 166

Gründer- und Technologiezentrum Solingen GmbH
Grünewalder Str. 29-31, 42657 Solingen
T: (0212) 24 94-0 **Fax:** 24 94-109
E-Mail: info@gut-sg.de
Gründung: 1992 (1. April)
Kontaktperson: Frank Hölscheidt
Bernd Clemens

• U 167

Innovations- und Technologiezentrum Unna (IN-UNNA)
Hansastr. 87, 59425 Unna
T: (02303) 2 24 45 **Fax:** 26 23
Hauptgeschäftsführer(in): Prof. Dr. Heinrich Reents
Geschäftsführer(in): Susanne Fausten

• U 168

Zentrum Technologietransfer Biomedizin Bad Oeynhausen GmbH
Postf. 10 13 63, 32513 Bad Oeynhausen
Wielandstr. 28a, 32545 Bad Oeynhausen
T: (05731) 79 20 **Fax:** 79 23 33
Internet: http://www.ztb.de
E-Mail: ztb.bo@t-online.de
Gründung: 1989 (April)
Geschäftsführer(in): Dr. Roland Franke
Mitarbeiter: 13

Rheinland-Pfalz

• U 169

BIC KL - Business and Innovation Centre Kaiserslautern GmbH
Gewerbegebiet KL-Siegelbach
Opelstr. 10, 67661 Kaiserslautern
T: (06301) 7 03-0 **Fax:** 7 03-119
Internet: http://www.bic-kl.de
E-Mail: kontakt@bic-kl.de
Gründung: 1986 (14. September)
Geschäftsführer(in): Dipl.-Ing. Gerd Viktor Schwarz
Stellvertretende(r) Geschäftsführer(in): Dipl.-Wirtschaftsing. Marc Beisel
Leitung Presseabteilung: Dipl.-Betrw. (BA) Sandra Müller
Verbandszeitschrift: Network
Redaktion: EBN Brüssel
Mitarbeiter: 14

• U 170

TZ K - TechnologieZentrum Koblenz GmbH
Maria Trost 23, 56070 Koblenz
T: (0261) 88 54-0 **Fax:** 88 54-1 19
Vorsitzender des Aufsichtsrates: Dr. Karin Reischauer
Geschäftsführer(in): Alfred Rochlus
Mitarbeiter: 2,5

• U 171

TZ L TechnologieZentrum Ludwigshafen am Rhein GmbH
Donnersbergweg 1, 67059 Ludwigshafen
T: (0621) 59 53-0 **Fax:** 59 53-119
Internet: http://www.tz-lu.bic-kl.de
E-Mail: kontakt@tz-lu.bic-kl.de
Gründung: 1990
Hauptgeschäftsführer(in): Dipl.-Ing. Gerd Viktor Schwarz

• U 172

tzm GmbH
Gesellschaft für neue Technologien in Umwelt und Verkehr
Nerobergstr. 1, 55120 Mainz
T: (06131) 99 69-0 **Fax:** 99 69-16
Geschäftsführer(in): Dipl.-Ing. Horst Keller

• U 173

TZT - TechnologieZentrum Trier GmbH
Gewerbegebiet Zewen
Gottbillstr. 34a, 54294 Trier
T: (0651) 8 10 09-0 **Fax:** 8 10 09-19
Internet: http://www.tz-trier.de
E-Mail: kontakt@tz-trier.de
Gründung: 1988 (September)
Geschf. u. Ltg. Presseabt.: Dipl.-Wirtsch.-Ing. Marc Beisel
Mitarbeiter: 2

Saarland

• U 174

GIU Gesellschaft für Innovation und Unternehmensförderung mbH
Nell-Breuning-Allee 8, 66115 Saarbrücken
T: (0681) 97 62-0 **Fax:** 97 62-120
Internet: http://www.giu.de
E-Mail: info@giu.de
Gründung: 1984 (Oktober)
Hauptgeschäftsführer(in): Dr. Martin Koch
Dipl.-Ing. Ernst Hirschhäuser
Mitarbeiter: 20

Entwicklung von Gewerbeflächen, Industriebrachen und gewerblichen Objekten, Konzeptionierung, Bau und Betrieb von Technologie- und Unternehmerzentren, Existenzgründungsbetreuung, Innovationsberatung und Projektmanagement.

• U 175

Zentrale für Produktivität und Technologie Saar e.V. (ZPT)
Franz-Josef-Röder-Str. 9, 66119 Saarbrücken
T: (0681) 95 20-4 01 **Fax:** 5 84 61 25
Internet: http://www.zpt.de
E-Mail: info@zpt.de
Der Vorstand setzt sich wie folgt zusammen:
Präsident(in): Dr. Hanspeter Georgi (Minister für Wirtschaft des Saarlandes)
Vizepräsident(in): Dipl.-Volksw. Horst Backes
Dipl.-Ing. Otmar Schön
Geschäftsführer(in): Dipl.-Volksw. Volker Giersch
Verbandszeitschrift: ZPT Technologie Informationen
Redaktion: Tatjana Kares
Verlag: Selbstverlag

• U 176

Unternehmer- und Technologiezentrum St. Wendel GmbH
Werschweilerstr. 40, 66606 St Wendel
T: (06851) 9 03-0 **Fax:** 9 03-104
Internet: http://www.st-wendel.de/utz
E-Mail: UTZ-GMBH@ST-WENDEL.de
Gründung: 1992
Geschäftsführer(in): Armin Fechler
Stellvertretende(r) Geschäftsführer(in): Rainer A. Volz
Leitung Presseabteilung: Sandra Vogt
Mitarbeiter: 5

Sachsen

• U 177

Technologie- und Gewerbepark Bad Muskau GmbH
Technologie- und Gründerzentrum
Heideweg 2, 02953 Bad Muskau
T: (035771) 5 81 00 **Fax:** 5 82 00
Internet: http://www.lausitz-online.de/tgp/
E-Mail: hzsch@tgp.lausitz-online.de
Gründung: 1990
Geschäftsführer(in): Dr. Hartmut Zschocher

• U 178

ATT Arbeitskreis Technologietransfer e.V.
Bernsdorfer Str. 210-212, 09126 Chemnitz
T: (0371) 5 22 11 31 **Fax:** 5 22 11 29
Internet: http://www.att.de
E-Mail: ta@tcc-chemnitz.de
Gründung: 1991
Vorsitzende(r): Dr.-Ing. Paul-Willi Heilmann
Stellvertretende(r) Vorsitzende(r): Dr.-Ing.habil. Manfred Goedecke

Förderung von Wissenschaft, Forschung und wirtschaftlicher Entwicklung.

u 179

Technologieagentur Chemnitz
im "ATT Arbeitskreis Technologietransfer e.V."
Bernsdorfer Str. 210-212, 09126 Chemnitz
T: (0371) 5 22 11 31 **Fax:** 5 22 11 29
Internet: http://www.att.de
E-Mail: ta@tcc-chemnitz.de
Gründung: 1992
Geschäftsführer(in): Prof. V. Bühring
Mitarbeiter: 10 mit Sitz in Chemnitz und Freiberg

Technologietransfer und Innovationsmanagement speziell für kleine und mittlere Unternehmen.

• U 180

Technologie Centrum Chemnitz GmbH
Annaberger Str. 240, 09125 Chemnitz
T: (0371) 53 47-104 **Fax:** 53 47-105
Internet: http://www.tcc-chemnitz.de
E-Mail: tcc@tcc-chemnitz.de
Geschäftsführer(in): Prof. Dr.-Ing.habil. D. Tischendorf
Dr.-Ing.habil. Manfred Goedecke

• U 181

TechnologieZentrumDresden GmbH
Gostritzer Str. 61-63, 01217 Dresden
T: (0351) 8 71 86 60 **Fax:** 8 71 87 34
Internet: http://www.tz-dd.de
E-Mail: dressel@tzd.tz-dd.de
Geschäftsführer(in): Dr. Bertram Dressel
Dipl.-Betriebsw. Guido Baranowski
Dr. Gunter Naumann

• U 182

Lausitzer Technologiezentrum GmbH-LAUTECH
Industriegelände Straße E 8, 02977 Hoyerswerda
T: (03571) 42 94-0 **Fax:** 42 94-29
E-Mail: lautech@hoypoint.de
Gründung: 1992
Kontaktperson: Dr. Christian Rentsch

• U 183

Leipziger Innovations- und Technologiezentrum LITZ-GmbH
Karl-Heine-Str. 99, 04229 Leipzig
T: (0341) 2 35 41 45 **Fax:** 2 35 41 70
Geschäftsführer(in): Dr. Michael Schimansky

• U 184

ICM Innovations Centrum Meißen GmbH
Technologie- und Gründerzentrum
Ossietzkystr. 37a, 01662 Meißen
T: (03521) 4 63-0 **Fax:** 4 63-554
E-Mail: icm@meiland.de
Gründung: 1992
Kontaktperson: Günther Jacob
Mitarbeiter: 7

• U 185

TechnologiePark Mittweida GmbH
Leipziger Str. 27-29, 09648 Mittweida

T: (03727) 9 76-0 **Fax:** 9 76-260
Internet: http://www.tpm-mw.de
E-Mail: info@tpm-mw.de
Gründung: 1991 (2. Mai)
Geschäftsführer(in): Dipl.-Ing. Jürgen Manig
Mitarbeiter: 9

• U 186

ROTECH-Rossendorfer Technologiezentrum GmbH
Bautzner Landstr. 45, 01454 Radeberg
T: (0351) 26 95-0 **Fax:** 2 69 52 02
Internet: http://www.tz-rotech.de
E-Mail: schott@tz-rotech.de
Gründung: 1994
Geschäftsführer(in): Dr. Holker Schott
Kontaktperson: Iris Bernhardt

• U 187

Business and Innovation Centre (BIC) Zwickau GmbH
Gründer- und Innovationszentrum
Lessingstr. 4, 08058 Zwickau
T: (0375) 5 41-0 **Fax:** 5 41-300
Internet: http://www.bic-zwickau.de
E-Mail: bic@bic-zwickau.de
Gründung: 1991
Geschäftsführer(in): Dipl.-Ing. Hans-Jürgen Uhlmann
Mitarbeiter: 9

Sachsen-Anhalt

• U 188

Innovations- und Gründerzentrum Magdeburg GmbH (IGZ)
Steinfeldstr. 3, 39179 Barleben
T: (039203) 8 22 22 **Fax:** 8 22 29
Internet: http://www.igz-md.de
E-Mail: info-igz@igz-md.de, clobes@tsa.de
Gründung: 1991 (2. Mai)
Geschäftsführer(in): Dr.-Ing. Udo Häfke
Mitarbeiter: 8

• U 189

TGZ Halle TECHNOLOGIE- UND GRÜNDERZENTRUM HALLE GmbH
Weinbergweg 23, 06120 Halle
T: (0345) 5 58 35 **Fax:** 5 58 36 01
E-Mail: tgz.halle@t-online.de
Kontaktperson: Dr. Wolfgang Lukas
Sabine Noll

• U 190

Technologie- und Gründerzentrum "Mansfelder Land" GmbH
Bahnhofsring 14, 06295 Lutherstadt Eisleben
T: (03475) 74 58-0, (0177) 2 96 30 20 **Fax:** (03475) 74 58-10
E-Mail: TGZ.ML@-online.de
Geschäftsführer(in): Dr.-Ing. Hans-Dieter Tirschler

• U 191

Merseburger Innovations- und Technologiezentrum GmbH
Fritz-Haber-Str. 9, 06217 Merseburg
T: (03461) 25 99-0 **Fax:** 25 99-909
E-Mail: mitz.merseburg@t-online.de
Kontaktperson: Dr. Bernd Schmidt
Dipl.-Kffr. K. Schaper-Thoma

• U 192

TGZ Technologie- und Gründerzentrum Bitterfeld-Wolfen GmbH
Chemiepark Bitterfeld Wolfen
Areal A
Andresenstr. 1a, 06766 Wolfen
T: (03494) 63-8300 **Fax:** 63-8302
E-Mail: tgz@wolfen.anhalt.de
Gründung: 1992 (November)
Kontaktpersonen: Manfred Kressin
Kurt Lausch
Mitarbeiter: 3

Schleswig-Holstein

• U 193

KITZ - Kieler Innovations- und Technologiezentrum GmbH
Schauenburgerstr. 116, 24118 Kiel
T: (0431) 56 06-0 **Fax:** 56 06-195
Internet: http://www.kitz-kiel.de
E-Mail: info@kitz-kiel.de
Gründung: 1994
Geschäftsführer(in): Dipl.-Betr. Finn Duggen

• U 194

Technikzentrum-Fördergesellschaft mbH Lübeck
Seelandstr., 23569 Lübeck
T: (0451) 39 09-0 **Fax:** 39 09-110, 39 09-499
Internet: http://www.tzl.de
E-Mail: tzl@tzl.de
Geschäftsführer(in): Dr. Raimund Mildner

• U 195

Gewerbe- und Technik-Zentrum Raisdorf GmbH
Lise-Meitner-Str. 1-7, 24223 Raisdorf
T: (04307) 9 00-0 **Fax:** 9 00-2 98
Geschäftsführer(in): Helmut Berger

Thüringen

• U 196

Technologiezentrum Erfurt GmbH
Konrad-Zuse-Str. 5, 99099 Erfurt
T: (0361) 4 26 20 **Fax:** 4 26 21 52
Internet: http://www.tz-erfurt.de
E-Mail: info-tze@tz-erfurt.de
Gründung: 1991 (13. Februar)
Geschäftsführer(in): Peter Beckus

• U 197

Technologie- und Gründerzentrum Gera GmbH
Keplerstr. 10-12 Gewerbepark, 07549 Gera
T: (0365) 7 34 92 00 **Fax:** 7 34 92 09
Internet: http://www.tgz.gera.de
E-Mail: manager@tgz.gera.de
Gründung: 1993
Geschäftsführer(in): Klaus-Dieter Naundorf

• U 198

Technologie- und Gründerzentrum Ilmenau GmbH
Ehrenbergstr. 11, 98693 Ilmenau
T: (03677) 6 68-0 **Fax:** 6 68-11
Internet: http://www.tgz-ilmenau.de
E-Mail: jakob@tgz-ilmenau.de
Gründung: 1991
Kontaktperson: Dr. Bernd Jakob
Margit Bergmann

• U 199

Technologie- und Innovationspark Jena GmbH
Wildenbruchstr. 15, 07745 Jena
T: (03641) 6 75-100 **Fax:** 6 75-111
E-Mail: info@tip-jena.de
Geschäftsführer(in): Hans-Georg Seifarth
Mitarbeiter: 4

• U 200

IGZ-Innovations- und Gründerzentrum GmbH Rudolstadt
Professor-Hermann-Klare-Str. 6, 07407 Rudolstadt
T: (03672) 3 08-0 **Fax:** 3 08-111
Internet: http://www.igz-rudolstadt.de
E-Mail: info@igz-rudolstadt.de
Gründung: 1993 (30. Juni)
Geschäftsführer(in): Dipl.-Ing. (TU) Knut Jacob
Prokuristin: Dagmar Schmidt
Mitarbeiter: 5

• U 201

Gründer- und Innovationszentrum Stedtfeld GmbH
Am Goldberg 2, 99817 Eisenach
T: (03691) 6 21-0 **Fax:** 6 21-104
Internet: http://www.gis-eisenach.de
E-Mail: gis-info@gis-eisenach.de
Gründung: 1993
Geschäftsführer(in): Dipl.-Kfm. Angelika Meier
Mitarbeiter: 8

• U 202

Thüringer Agentur für Technologietransfer und Innovationsförderung GmbH (THATI GmbH)
Geschäftsstelle Suhl
Würzburger Str. 3, 98529 Suhl
T: (03681) 71 28 90 **Fax:** 71 28 99
E-Mail: thati-shl@t-online.de

Wirtschaftsförderungsämter Städte und Kreise

• U 203

Stadtverwaltung Aachen
Fachbereich Wirtschaftsförderung/ Europäische Angelegenheiten
Haus Löwenstein
52058 Aachen
Markt 39, 52062 Aachen
T: (0241) 4 32 76 00 **Fax:** 4 32 76 99

• U 204

Stadtverwaltung Ahlen
Abt. Wirtschafts- und Strukturförderung
Westenmauer 10, 59227 Ahlen
T: (02382) 59-458 **Fax:** 59-465
Internet: http://www.ahlen.de
E-Mail: iffertw@stadt.ahlen.de
Abteilungsleiter(in): Werner Iffert
Leitung Presseabteilung: Wolfgang Venne

• U 205

Amt für Wirtschaftsförderung
Gemeinde Alpen
Postf. 11 40, 46515 Alpen
Rathausstr. 3-5, 46519 Alpen
T: (02802) 9 12-125 **Fax:** 9 12-912
E-Mail: GemeindeAlpen@t.-online.de

• U 206

Landratsamt Altenburger Land
Kreisplanungsamt
Lindenaustr. 9, 04600 Altenburg
T: (03447) 5 86-0 **Fax:** 5 86-100
Internet: http://www.altenburger-land.thueringen.de
E-Mail: lra@t-online.de
Landrat: Christian Gumprecht
Amtsleiter: Mario Walther

• U 207

Landkreis Ostvorpommern
Dezernat Bauten, Umwelt und Wirtschaft
Leipziger Allee 26, 17389 Anklam
T: (03971) 84-0 (Zentrale), 84-605 **Fax:** 84-643
Dezernentin: Monika Gehm

• U 208

Landratsamt Ilm-Kreis
Amt für Wirtschaftsförderung und Kreisentwicklungsplanung
Ritterstr. 14, 99310 Arnstadt
T: (03628) 7 38-0 **Fax:** 4 81 86
Internet: http://www.ilm-kreis.de
E-Mail: landratsamt@ilm-kreis.de
Landrat: Dr. Lutz-Rainer Senglaub
Dezernent für Wirtschaft, Bau und Soziales: Tigran Schipanski
Amtsleiterin Wirtschaftsförderung u. Kreisentwicklungsplanung: Gisela Dornbusch

• U 209

Landkreis Aschersleben-Staßfurt
Stabsstelle Unternehmensförderung
Ermslebener Str. 77, 06449 Aschersleben
T: (03473) 9 55-0 **Fax:** 9 55-1372
Leiter der Stabsstelle: Friedrich Buchmann

• U 210

Amt für Wirtschaftsförderung und Stadtmarketing der Stadt Augsburg
Postf. 11 19 60, 86044 Augsburg
Maximilianstr. 4, 86150 Augsburg
T: (0821) 3 24-68 41 **Fax:** 3 24-68 45
Internet: http://www.augsburg.de
E-Mail: afwifoe.stadt@augsburg.de
Leiterin: Dr. Martina Hartmann
Wirtschaftsförderung: Martin Schwarzenböck
Standortberatung: N.N.
Redaktion: Amt für Wirtschaftsförderung und Stadtmarketing
Fachzeitschrift: Wirtschaftsbrief

• U 211

Amt für Wirtschaftsförderung
Postf. 17 69, 26587 Aurich
Fischteichweg 10, 26603 Aurich
T: (04941) 12-0 **Fax:** 12- 2 14
Bürgermeister: Werner Stöhr

• **U 212**

Landkreis Aurich
Postf. 14 80, 26584 Aurich
T: (04941) 16-0 **Fax:** 16-5 49, 16-5 30 (Pressestelle)
Leitung: Walter Theuerkauf
Leitung Presseabteilung: Pressereferent Gerrit Fuhrmann

• **U 213**

Stabsstelle für Wirtschaftsförderung
Postf. 17 33, 97967 Bad Mergentheim
T: (07931) 57-140 **Fax:** 57-341
TGR: Wirtschaftsförderung Bad Mergentheim
Internet: http://www.bad-mergentheim.de
Leitung: Oberbürgermeister Uwe Hülsmann

• **U 214**

Kreisausschuß des Rheingau-Taunus-Kreises
Amt für Kreisentwicklung und Umwelt
Wirtschaft, Verkehr, Planung, Umweltschutz, Untere Naturschutzbehörde
Heimbacher Str. 7, 65307 Bad Schwalbach
T: (06124) 5 10-339 **Fax:** 5 10-379
Amtsleiter: Verwaltungsdirektor Gerhard Möller
Wirtschafts- und Beschäftigungsförderung: Dipl.-Geograph Achim Staab

• **U 215**

Landkreis Oder-Spree
Rudolf-Breitscheid-Str. 7, 15841 Beeskow
T: (03366) 3 50 **Fax:** 35 11 11
Landrat: Dr. Jürgen Schröter (T: (03366) 35 10 00)
Dezernent für Finanzen u. Wirtschaft: Dr. Eckhard Fehse (T: (03366) 35 12 00)

• **U 216**

Landkreis Potsdam-Mittelmark
Amt für Landwirtschaft und Wirtschaftsförderung
Niemöllerstr. 1, 14806 Belzig
T: (033841) 9 12 50 **Fax:** 9 13 12
Internet: http://www.potsdam-mittelmark.de
Landrat: Lothar Koch
Amtsleiter: Eveline Vogel

• **U 217**

Stadt Bergisch Gladbach
Fachbereich Grundstückswirtschaft und Wirtschaftsförderung
Postf. 20 09 20, 51439 Bergisch Gladbach
T: (02202) 14 26 20 **Fax:** 14 26 66
Internet: http://www.bergischgladbach.de
E-Mail: info@bergischgladbach.de
Leitung: Dipl.-Geogr. Bernd Martmann
Ltg. Wirtschaftsförderung: Dipl.-Geogr. Martin Westermann (T: (02202) 14 26 39)
Leitung Presseabteilung: Peter Schlösser (T: (02202) 14 22 41)

• **U 218**

Landratsamt Bitterfeld
Mittelstr. 20, 06749 Bitterfeld
T: (03493) 3 41-0 **Fax:** 34 14 28
Internet: http://www.landkreis-bitterfeld.mda.de
E-Mail: landkreis.bitterfeld@gmx.de
Landrat: Horst Tischer
Amtsleiter für Wirtschafts- und Verkehrsentwicklung:
Uwe Hippe (T: (03493) 34 11 60)
Entwicklungs- und Wirtschaftsförderungsgesellschaft Bitterfeld/Wolfen mbH (EWG)
Geschäftsführer(in): Peter Maurer (T: (03493) 34 11 80)
Leitung Presseabteilung: Udo Pawelczyk (T: (03493) 34 11 12)

• **U 219**

Amt für Verkehrs- und Wirtschaftsförderung
Berliner Platz 1, 46395 Bocholt
T: (02871) 9 53-0 **Fax:** 9 53-222
Internet: http://www.bocholt.de
E-Mail: Stadtverwaltung@mail.bocholt.de
Leitung: Michael Seggewiß (Stadtverwaltung Bocholt, Berliner Platz 1, Postf. 22 62)

• **U 220**

Amt für Wirtschaftsförderung - Stadt Bochum
44777 Bochum
T: (0234) 9 10-35 75 **Fax:** 9 10-39 72
Leitung: Ltd. Städt. Verwaltungsdir. Heinz-Martin Dirks

• **U 221**

Wirtschaftsstandort BONN

Amt für Wirtschaftsförderung und Tourismus der Bundesstadt Bonn
53103 Bonn
Rathausgasse 5-7, 53111 Bonn
T: (0228) 77 20 77 **Fax:** 77 31 00
Internet: http://www.bonn.de
E-Mail: wirtschaftsfoerderung@bonn.de
Leitung: Martin Hennicke
Stellv. Ltr.: Hans Jürgen Hartmann (T: (0228) 77 43 15, Fax: 77 31 00)

• **U 222**

Wirtschaftsreferent der Stadt Braunschweig
Langer Hof 1 Rathaus, 38100 Braunschweig
T: (0531) 4 70 25 43 **Fax:** 4 70 29 58
Wirtschaftsref.: Dipl.-Kfm. Ulrich Bubel
Leitung Presseabteilung: Jürgen Sperber

• **U 223**

Landkreis Jerichower Land
Kreisverwaltung
Hoch- und Tiefbauamt
Sachgebiet Bauplanung/Wirtschaftsförderung
Postf. 11 31, 39281 Burg
In der Alten Kaserne 4, 39288 Burg
T: (03933) 9 05-0 **Fax:** 9 05-442
Amtsleiter: Klaus Voth
Ansprechpartner: Ekkehard Pahl

• **U 224**

Landkreis Cloppenburg
Amt für Wirtschaftsförderung
Postf. 14 80, 49644 Cloppenburg
Eschstr. 29, 49661 Cloppenburg
T: (04471) 15-0 **Fax:** 8 56 97
Leitung: Kreisamtsrat Hermann Ronnebaum

• **U 225**

Wissenschaftsstadt Darmstadt

Der Magistrat der Stadt Darmstadt
Amt für Wirtschaftsförderung
Luisenplatz 5a, 64283 Darmstadt
T: (06151) 13 20 45 **Fax:** 13 34 55
TGR: Wirtschaftsförderung
Internet: http://www.darmstadt.de
E-Mail: wifoe@stadt.darmstadt.de
Dezernent: Oberbürgermeister Peter Benz
Amtsleiter: Dipl.-Volkswirt Werner Vauth
Förderung der Wirtschaft im Bereich der Stadt Darmstadt, Verbesserung der Wirtschaftsstruktur. Schaffung und Sicherung von Arbeitsplätzen, Mitwirkung an Maßnahmen der wirtschaftsnahen Infrastruktur. Dienstleistungen: Beratung und Unterstützung - ansiedlungswilliger Unternehmen, - von Existenzgründern, - von ansässigen Betrieben bei Standortfragen (insbesondere bei Erweiterungen und Verlagerungen).

• **U 226**

Amt für Stadtentwicklung und Wirtschaftsförderung
Stadt Delmenhorst
27747 Delmenhorst
Rathausplatz 1, 27749 Delmenhorst
T: (04221) 99-0 **Fax:** 99-1196
Oberstadtdirektor: Dr. Norbert Boese (T: (04221) 99 11 01, Telefax: (04221) 99 11 71)
Amtsleiter: Rüdiger Reske (T: (04221) 99-1180)
Stellv. Amtsleiter: Wolf-G. Triesch (Abt. Wirtschaftsförderung, T: (04221) 99-2880)
Sachbearbeiter: Gerold Schneider (Wirtschaftsförderung; T: (04221) 99-2881)

• **U 227**

Stadt Dinslaken Dezernat I, Referat für Wirtschaftsförderung
Postf. 10 05 40, 46525 Dinslaken
Platz d' Agen 1, 46535 Dinslaken
T: (02064) 6 65 30 **Fax:** 6 64 35
Internet: http://www.dinslaken.de
E-Mail: information@dinslaken.de

• **U 228**

Landratsamt Döbeln Dezernat 4
Wirtschaftsförderungsamt
Postf. 7, 04711 Döbeln
Str. des Friedens 20, 04720 Döbeln
T: (03431) 74 14 64 **Fax:** 74 11 00, 74 11 01
Internet: http://www.landkreis-doebeln.de
E-Mail: hartmut.schneider@landkreis-doebeln.de

• **U 229**

Landeshauptstadt Düsseldorf
Werbe- und Wirtschaftsförderungsamt
40200 Düsseldorf
Mühlenstr. 29, 40213 Düsseldorf
T: (0211) 8 99-1 **Fax:** 89-2 90 62
Internet: http://www.duesseldorf.de/economic
E-Mail: economic@duesseldorf.de
Direktor(in): Ulrich Krömer
Abteilungsleiter: Wolfgang Miethke (T: (0211) 8 99-55 00)

• **U 230**

Landratsamt Saale-Holzland-Kreis
Amt für Wirtschaftsförderung und Infrastruktur
Postf. 13 10, 07602 Eisenberg
T: (036691) 7 04 24 **Fax:** 7 03 80
Amtsleiter: Dipl.-Ing. Jürgen Wöhe

• **U 231**

Stadt Elmshorn
Abteilung Wirtschaftsförderung
25333 Elmshorn
Postf. 11 03, 25311 Elmshorn
Schulstr. 15-17, 25335 Elmshorn
T: (04121) 2 31-332 **Fax:** 2 23 84

• **U 232**

Landratsamt Freiberg,
Planungs- und Bauamt
Frauensteiner Str. 43, 09599 Freiberg
T: (03731) 79 90 **Fax:** 7 99-2 50
Landrat: Dipl.-Ing. E. Löffler
Baudezernent: R. Ulbricht
Amtsleiter: J. Zimmermann
Pressereferentin: E. Minovsky

• **U 233**

Amt für Wirtschaftsförderung Stadt Freising
Obere Hauptstr. 2, 85354 Freising
T: (08161) 5 42 13 **Fax:** 76 86
Internet: http://www.freising.de
E-Mail: wirtschaft@freising.de
Dipl.-Geogr. Petra Halbig

• **U 234**

Stadt Geldern
Amt für Wirtschaftsförderung
Postf. 14 48, 47594 Geldern
Issumer Tor 36, 47608 Geldern
T: (02831) 3 98-0 **Fax:** 3 98-1 30
Leitung Presseabteilung: Herbert van Stephoudt
Förderung der Ansiedlung von Industrie und Gewerbe in Geldern. Durchführung von Wirtschaftsförderungsberatungen; Angebote von Grundstücken und Geländen etc.

• **U 235**

Landkreis Chemnitzer Land
Landratsamt, Amt für Wirtschaft und Kreisentwicklung
Gerhart-Hauptmann-Weg 1 + 2, 08371 Glauchau
T: (03763) 45-158 **Fax:** 45-268
Amtsleiter: Paternoga

u 236

Landkreis Chemnitzer Land
Eigenbetrieb Kommunale Wirtschaftsförderung
Gerhart-Hauptmann-Weg 1, 08371 Glauchau
T: (03763) 45-158 **Fax:** 45-268
Betriebsleiter: Paternoga

• U 237

GWG-Gesellschaft für Wirtschaftsförderung und Stadtentwicklung Göttingen mbH
Bahnhofsallee 1b, 37081 Göttingen
T: (0551) 5 47 43-0 **Fax:** 5 47 43-20
E-Mail: gwg.goettingen@t-online.de
Geschäftsführer(in): Dipl.-Ing. Klaus Hoffmann
Dipl.-Soz.wirtin Kristin Lorenz
Vors. d. AR: Oberbürgermeister Jürgen Danielowski

• U 238

Landkreis Göttingen
Reinhäuser Landstr. 4, 37083 Göttingen
T: (0551) 5 25-558 **Fax:** 5 25-148
Internet: http://www.landkreis-goettingen.de
E-Mail: wirtschaftsfoerderung@landkreisgoettingen.de
Hauptverwaltungsbeamter: Landrat Heinrich Rehbein
Stabsstelle für Wirtschafts- und Beschäftigungsförderung
Ansprechpartnerin: Hammerla

• U 239

Stadt Goslar
Fachbereich für Wirtschaftsförderung, Stadtmarketing und Kultur
Postf. 25 69, 38615 Goslar
T: (05321) 7 04-1 **Fax:** 70 43 10
Internet: http://www.goslar.de
E-Mail: wirtschaft@goslar.de
Fachbereichsleiter: Wolf-Dieter Stelle

• U 240

Landratsamt Muldentalkreis
Kreisentwicklungsamt
Postf. 2 43, 04662 Grimma
Karl-Marx-Str. 22, 04668 Grimma
T: (03437) 98 47 50 **Fax:** 98 47 99
Internet: http://www.lra-mtl.de
E-Mail: kea@lra-mtl.de
Leitung: Frank Pörschmann
Mitarbeiter: 23

• U 241

Landkreis Nordvorpommern
Planungsamt, SG Wirtschaftsförderung/ Tourismus
Bahnhofstr. 12-13, 18507 Grimmen
T: (038326) 59-0 **Fax:** 5 91 30
E-Mail: it.lknvp@t-online.de
Landrat: Wolfhard Molkentin

• U 242

Landratsamt Gotha
Amt für Kreisentwicklung
18.-März-Str. 50, 99867 Gotha
T: (03621) 21 42 05 **Fax:** 21 44 08, 21 42 83
Amtsleiter: Klaus Wozniak

• U 243

Landratsamt Riesa-Großenhain, Dezernat IV, Amt für Kreisentwicklung und Wirtschaftsförderung
Sitz:
Remonteplatz 8, 01558 Großenhain
T: (03522) 30 38 01 **Fax:** 30 38 02
Internet: http://www.riesa-grossenhain.de
Dezernent: Dr.-Ing. habil. Franz Wegener
Amtsleiter: Leidert

Wirtschaftsförderung/Industrie- und Gewerbeansiedlung; Beratung und Information zu Standortfragen, Finanzierungshilfen, Ausbildungs- und Qualifizierungsmöglichkeiten, Gewerbegrundstücken, Kauf- und Mietobjekten, Geschäftskontakten.

• U 244

Stadtverwaltung Guben
Wirtschafts- und Planungsamt
Uferstr. 22-26, 03172 Guben
T: (03561) 68 71-1 42 **Fax:** 68 71-180

• U 245

Landkreis Halberstadt - Landratsamt
Postf. 15 43, 38805 Halberstadt
F.-Ebert-Str. 42, 38820 Halberstadt
T: (03941) 57 70 **Fax:** 57 73 33
Internet: http://www.halberstadt.de/landkreis
E-Mail: landkreis@halberstadt.de
Landrat: Henning Rühe
Stellv. Landrat: Hans-Dieter Sturm
Leiter des Büros des Landrates: Wolfgang Holz

• U 246

Stadt Halle (Saale)
Amt für Wirtschaftsförderung
Stadt Halle (Saale)
06100 Halle
Marktplatz 1, 06108 Halle
T: (0345) 2 21-4760 **Fax:** 2 21-4776
Internet: http://www.wifoe.halle.de
E-Mail: wirtschaftsfoerderung@halle.de

• U 247

Stadt Hameln - Abt. Liegenschaften u. Wirtschaftsförderung -
Rathausplatz 1, 31785 Hameln
T: (05151) 2 02-385, 2 02-381, 2 02-378 **Fax:** 2 02-710
Internet: http://www.hameln.de
E-Mail: info@hameln.de
Ulrike Keller
Harald Laskowski
Dietmar Wittkop

• U 248

Stadt Hamminkeln, Amt für Wirtschaftsförderung
Brüner Str. 9, 46499 Hamminkeln
T: (02852) 88-178 **Fax:** 88-130
Bürgermeister: Heinrich Meyers
1. stellv. Bürgermeister: Manfred Imhoff
2. stellv. Bürgermeisterin: Gunhild Sartingen
3. stellv. Bürgermeister: Fritz Maske
Leitung: Dipl.-Geogr. Martin Hapke
Erster Beigeordneter: Hans-Georg Haupt
Beigeordneter: Holger Schlierf

• U 249

Kreis Dithmarschen - Der Landrat
Postf. 16 20, 25736 Heide
Stettiner Str. 30, 25746 Heide
T: (0481) 97-0 **Fax:** 97 14 99
Internet: http://www.dithmarschen.de
E-Mail: info@dithmarschen.de
Leitung Pressestelle: Udo Christiansen

• U 250

Landratsamt Eichsfeld
Amt für Wirtschafts- und Strukturentwicklung
Leinegasse 11, 37308 Heilbad Heiligenstadt
T: (03606) 65 04 20 **Fax:** 65 04 49
Internet: http://www.thueringen.de/landkreis_eichsfeld
E-Mail: landkreis_eichsfeld@t-online.de

• U 251

Wirtschaftsförderung der Stadt Helmstedt
Markt 1 (Rathaus), 38350 Helmstedt
T: (05351) 17-169 **Fax:** 17-168
Internet: http://www.Stadt-Helmstedt.de
E-Mail: Metschke@Stadt-Helmstedt.de
Leitung: Dipl.-Volksw. Metschke

• U 252

Kreis Bergstraße
- Wirtschaftsförderung -
Graeffstr. 5 Landratsamt, 64646 Heppenheim
T: (06252) 1 53 59 **Fax:** 1 54 35
Internet: http://www.kreis-bergstrasse.de
E-Mail: horstmann@kreis-bergstrasse.de
Peter Horstmann
Mitarbeiter: Kreis Bergstraße: 740

• U 253

Stadt Herford
Fachbereich 6, Abteilung Wirtschaftsförderung und Statistik
32046 Herford
Rathausplatz 1, 32052 Herford
T: (05221) 1 89-2 56/-2 57/-2 58/-2 59/-6 64 **Fax:** 1 89-6 93
TGR: Stadtverwaltung 4900 Herford
Dezernent: Stadtkämmerer Tebbe
Fachbereichsleiter: Städt. Verwaltungsdirektor Röbbecke

• U 254

Wirtschaftsförderungsagentur der Stadt Herten
Kurt-Schumacher-Str. 2, 45699 Herten
T: (02366) 3 03-614, 3 03-616, 3 03-617 **Fax:** 30 35 78
Ansprechpartner:
Michael Blume
Brigitte Berkau-Hein
Frauke Wiering

• U 255

Kreis Höxter
Kämmerei u. Wirtschaftsförderungsamt
Moltkestr. 12, 37671 Höxter
T: (05271) 9 65-0 **Fax:** 3 79 26
Internet: http://www.kreis-hoexter.de
E-Mail: info@kreis-hoexter.de

• U 256

Stadt Höxter
37669 Höxter
Westerbachstr. 45, 37671 Höxter
T: (05271) 96 30 **Fax:** 96 31 25
Internet: http://www.hoexter.de
E-Mail: rathaus@hoexter.de
Gründung: 1970 (1. Januar)
Leitung: Bürgermeister Hecker
Mitarbeiter: ca. 400

• U 257

Amt für Finanzen und Wirtschaft
Postf. 13 53, 37593 Holzminden
T: (05531) 9 59-234 **Fax:** 9 59-303
E-Mail: info@holzminden.de
Leitung: Jürgen Koß (T: (05531) 70 73 07, Telefax: (05531) 7 07-336 Verwaltung, 7 07-204 Leitstelle)

• U 258

Der Kreisausschuß des Schwalm-Eder-Kreises
Amt für Wirtschaftsförderung
Postf. 12 62, 34568 Homberg
Parkstr. 6, 34576 Homberg
T: (05681) 7 75-2 76 **Fax:** 77 54 38
Amtsleitung: Hans-Georg Korell
Mitarbeiter: 14

Dienstleistungen: Einzelprojektförderung (Existenzgründung, Standortsicherung, Betriebsansiedlung, Erweiterungs- und Umstellungsprojekte), Aktivierung regionaler Nachfrage, Arbeitsmarktinitiativen, Wirtschaftsentwicklungsplanung.

• U 259

Stadt Ibbenbüren
Postf. 15 65, 49465 Ibbenbüren
Alte Münsterstr. 16, 49477 Ibbenbüren
T: (05451) 9 31-0 **Fax:** 9 31-198
Bürgermeister: Otto Lohmann

• U 260

Landratsamt Kamenz
Amt für Wirtschaft und Planung
Postf. 0 19 11, 01917 Kamenz
T: (03578) 32 61 00, 32 61 20 **Fax:** 3 28 61 00

• U 261

Amt für Wirtschaftsförderung
Stadt Kamp-Lintfort
Am Rathaus 2, 47475 Kamp-Lintfort
T: (02842) 9 12-2 21, 9 12-2 22 **Fax:** 9 12-3 69
Ltg. Wirtschaftsförderung: Claus Lütkemeyer

• U 262

Stadt Kleve
Amt für Wirtschaftsförderung und Fremdenverkehr
Postf. 19 55, 47517 Kleve
T: (02821) 84-358 **Fax:** 84-511
Internet: http://www.kleve.de
E-Mail: Stadt-Kleve@t-online.de
Leitung: Dipl.-Volksw. R. Neswadba

• U 263

Stadt Köln - Der Oberbürgermeister - Amt für Wirtschafts- und Beschäftigungsförderung
Willy-Brandt-Platz 2, 50679 Köln
T: (0221) 2 21-25765 **Fax:** 2 21-26686
Internet: http://www.koeln.de
E-Mail: wirtschaftsfoerderung@stadt-koeln.de
Leitung: Dipl.-Kfm Dr. Michael Hoppe

Aufgaben: Beratung über öffentliche Förderprogramme; Betreuung und Beratung der Firmen in Fragen der An- und Umsiedlung; Erweiterung und Neugründung; Nachweis von Grundstücken und Gewerbeflächen; Vertretung der Firmeninteressen bei den städtischen und außerstädtischen Stellen; Betreuung der diplomatischen und konsularischen Vertretungen; Öffentlichkeitsarbeit, Werbung; Betreuung und Abwicklung von Beschäftigungsprogrammen Kommunalstelle "Frau + Wirtschaft", Qualifizierungsprogramme und beruflich orientierte Beratungen.

• U 264

Stadt Leipzig
Amt für Wirtschaftsförderung

04092 Leipzig
Martin-Luther-Ring 4-6, 04109 Leipzig
T: (0341) 1 23-5851 **Fax:** 1 23-5860
Internet: http://www.leipzig.de/wirtschaftsfoerderung
E-Mail: wifoe@leipzig.de
Leitung Presseabteilung: Thomas Lingk
Verbandszeitschrift: "LEIPZIG BUSINESS NEWS"
Redaktion: T. Lingk
Verlag: im Amt/Dezernat Wirtschaft
Mitarbeiter: ca. 30

• U 265

Bereich Liegenschaften u. Wirtschaftsförderung

Postf. 12 63, 57342 Lennestadt
T: (02723) 6 08-2 30 **Fax:** 6 08-1 19
Leitung: Ludwig Stöcker

• U 266

Magistrat der Kreisstadt Limburg
Stabsstelle für Stadtentwicklung und Bauleitplanung

Postf. 14 55, 65534 Limburg
T: (06431) 2 03-0 **Fax:** 2 03-3 67
Leitung: Dipl.-Ing. Annelie Bopp-Simon

• U 267

Landkreis Teltow-Fläming

Am Nuthefließ 2, 14943 Luckenwalde
T: (03371) 6 08 10 80 **Fax:** 6 08 90 10
Wirtschaftsförderungsbeauftragter: Wilfried Henschel

• U 268

Amt für Wirtschaft, Verkehr und Hafen

Falkenstr. 11, 23564 Lübeck
23539 Lübeck
Postf. 21 32, 23509 Lübeck
T: (0451) 1 22 08 00, 1 22 80 10
Fax: 1 22 80 90 u. 1 22 86 90
Teletex: 2 627=451 436 HLueb D
Dezernent f. Arbeit, Wirtschaft u. Vermögensverwaltung: Senator Gerd Rischau
Amtsleiterin: N. N.
Stellv. Amtsleiter: Manfred Haberbeck (Senat der Hansestadt Lübeck, Wielandstr. 14, 23558 Lübeck, T: (0451) 1 22 08 00, 1 22 80 00, 1 22 80 10)

• U 269

Kreisverwaltung Mansfelder Land

Lindenallee 56, 06295 Lutherstadt Eisleben
T: (03475) 66-0 **Fax:** 66 12 99
Landrat: Hans-Peter Sommer (T: (03475) 66 10 00, Telefax: (03475) 66 10 09 (Gleichstellungsbeauftragte, Rechnungsprüfungsamt, Klinikum Mansfelder Land, Controlling und Beteiligung))
Presse- und Öffentlichkeitsarbeit: Heike Jentsch (T: (03475) 66 14 65, Telefax: (03475) 66 10 13)

• U 270

Landeshauptstadt Magdeburg
Stabsstelle Wirtschaft

39090 Magdeburg
T: (0391) 5 40-2543 **Fax:** 5 40-2619
Internet: http://www.magdeburg.de
E-Mail: puchta@ob.magdeburg.de

• U 271

Amt für Wirtschaft und Liegenschaften
Abteilung Wirtschaftsförderung

Postf. 38 20, 55028 Mainz
Kaiserstr. 92, 55116 Mainz
T: (06131) 12 34 40-42 **Fax:** 12 23 63
Dezernent: Franz Ringhoffer
Leitung: Dipl.-Volksw. Karl Silberhorn (T: (06131) 12 34 40-42)

• U 272

Amt für Wirtschaftsförderung

Rathaus E 5
Postf. 10 30 51, 68030 Mannheim
T: (0621) 2 93-33 51 **Fax:** 2 93-98 50
Internet: http://www.mannheim.de
E-Mail: wirtschaftsfoerderung@mannheim.de
Gründung: 1960
Leitung: Dipl.-Kfm. Helmut Schröder
Leitung Marketing: Dr. Wolfgang Miodek
Mitarbeiter: 16

• U 273

Landratsamt
Mittlerer Erzgebirgskreis
Amt für Wirtschaftsförderung

Bergstr. 7, 09496 Marienberg
T: (03735) 60 13 01 **Fax:** 60 13 42
E-Mail: lra.mek.wif@t-online.de

• U 274

Wirtschaftsförderung Stadt Marl

45765 Marl
Creiler Platz 1, 45768 Marl
T: (02365) 99 22 83 **Fax:** 99 21 11
Leitung: Dipl.-Ökonom Dietmar Lutzny

• U 275

Landkreis Meißen
Landratsamt

Loosestr. 17-19, 01662 Meißen
T: (03521) 7 25-208 **Fax:** 7 25-304
Landrätin: Renate Koch
Beigeordneter/Wirtschaftsförderung: Georg Scholze (T: (03521) 72 54 50)

• U 276

Kreis Minden-Lübbecke
Amt für Wirtschaftsförderung
und Tourismus

Postf. 25 80, 32382 Minden
T: (0571) 8 07-2317 **Fax:** 8 07-2700
Internet: http://www.minden-luebbecke.de
E-Mail: muehlenkreis@minden-luebbecke.de

• U 277

Landratsamt Mittweida
Amt für Wirtschaftsförderung und Regionalentwicklung

Am Landratsamt 3, 09648 Mittweida
T: (03727) 9 50-4 42 **Fax:** 9 50-2 73
Internet: http://www.htwm.de
E-Mail: wirtschaft@lram.uumail.htwm.de

• U 278

WFMG-Wirtschaftsförderung Mönchengladbach GmbH

Lüpertzender Str. 6, 41061 Mönchengladbach
T: (02161) 82 37 99 **Fax:** 8 23 79 82
Internet: http://www.wfmg.de
E-Mail: info@wfmg.de, schueckhaus@wfmg.de
Geschäftsführer(in): Dr. Ulrich Schückhaus

• U 279

Amt für Wirtschaftsförderung

Stadtverwaltung
74819 Mosbach
Postf. 11 62, 74801 Mosbach
Unterm Haubenstein 2, 74821 Mosbach
T: (06261) 82-470 **Fax:** 82-4 80
Alfred Schumacher (Referent für Wirtschaftsförderung, T: (06261) 82-4 70)
Referent d. Oberbürgermeisters u. Pressereferent: Steffen Epp (Stadtverwaltung Mosbach, Rathaus, 74821 Mosbach, Postf. 11 62, 74819 Mosbach, T: (06261) 82-2 27, Telefax: (06261) 82-2 26)

• U 280

Wirtschaftsförderung Münster

48127 Münster
(Hafenstr. 30)
T: (0251) 4 92 28 00 **Fax:** 4 92 77 38
Internet: http://www.stadt-muenster.de/wifoe
E-Mail: wifoe@stadt-muenster.de
Wirtschaftsdezernent: Horst Freye
Leitung: Dr. Kirsten Witte

Standortberatung, Immobilienservice, Existenzgründungs- und Finanzierungsberatung, Technologieförderung, Arbeitsmarktinitiative Münster, Regionalsekretariat, EU-Austauschagentur.

• U 281

Stadt Neubrandenburg
Amt für Wirtschaftsförderung und Stadtentwicklung

Friedrich-Engels-Ring 53, 17033 Neubrandenburg
T: (0395) 5 55 22 55 **Fax:** 5 55 29 19
Internet: http://www.Neubrandenburg.de
E-Mail: Stadt@neubrandenburg.de

• U 282

Amt für Wirtschaftsförderung und Liegenschaften
Stadt Neukirchen-Vluyn

Hans-Böckler-Str. 26, 47506 Neukirchen-Vluyn
T: (02845) 39 12 28 **Fax:** 39 11 00
E-Mail: stadt/neukirchen-vluyn@t-online.de

• U 283

Stadt Northeim

Postf. 15 62, 37145 Northeim
T: (05551) 96 60 **Fax:** 9 66-155
Internet: http://www.Northeim.de

• U 284

Stadt Nürnberg
Amt für Wirtschaft

90317 Nürnberg
Kaiserstr. 16, 90403 Nürnberg
T: (0911) 2 31-29 98 od. -28 03 **Fax:** 2 31-27 62
E-Mail: wiv@stadt.nuernberg.de
Leitung: Dipl.-Kfm. Frank Thyroff

• U 285

Wirtschaftsförderung der Stadt Offenbach

Postf. 10 12 63, 63012 Offenbach
Herrnstr. 61, 63065 Offenbach
T: (069) 80 65-32 06 **Fax:** 80 65-20 54

• U 286

Bördekreis
Amt für Wirtschafts-, Landwirtschafts- und Tourismusförderung

Triftstr. 9-10, 39387 Oschersleben
T: (03949) 9 18-0 (Zentrale) **Fax:** 9 18-600 (Zentrale)
Landrat: Burkhard Kanngießer (T: (03949) 9 18-100)
Stellv. Landrat: Thomas Kluge (T: (03949) 9 18-200)
Amtsleiter: Ingo Künnemann (T: (03949) 9 18-120, Fax: 9 18-605)

Wirtschaftsförderung

u 287

Amt für Wirtschafts-, Landwirtschafts- und Tourismusförderung

Triftstr. 9-10, 39387 Oschersleben
T: (03949) 9 18-120 **Fax:** 9 18-605
Landrat: Burkhard Kanngießer
Amtsleiter: Ingo Künnemann

• U 288

Stadt Pinneberg

Bismarckstr. 8, 25421 Pinneberg
T: (04101) 21 10 **Fax:** 21 14 44

• U 289

Amt für Wirtschaftsförderung

Postf. 27 63, 66933 Pirmasens
T: (06331) 84 22 97 **Fax:** 84 22 99
Internet: http://www.pirmasens.de
E-Mail: wirtschaft@pirmasens.de
Leitung Presseabteilung: Dunja Maurer (T: (06331) 84 22 22)

• **U 290**

Landkreis Sächsische Schweiz
Landratsamt
Stabsstelle Kreisentwicklung
Sachgebiet Wirtschaftsförderung/Tourismus
E.-Schlegel-Str. 11, 01796 Pirna
T: (03501) 51 13 03, 51 13 02, 51 13 04, 51 13 05
Fax: 51 13 41
Internet: http://www.oberelbe.de
E-Mail: lra-pir@dd.sda.de

• **U 291**

Landkreis Uckermark
Wirtschaftsförderungsamt
Karl-Marx-Str. 1, 17291 Prenzlau
T: (03984) 70-1180 **Fax:** 70-4599
Landrat: Dr. Benthin
Dezernent: Hartwig
Amtsleiter: Tramp
Leiterin Pressestelle: Neumann
Mitarbeiter: 6

• **U 292**

Fachbereich Wirtschaftsförderung, Stadtmarketing der Stadt Recklinghausen
Rathausplatz 3, 45657 Recklinghausen
T: (02361) 50 14 01 **Fax:** 50 14 02
Fachbereichsleitung: Heinz Middeldorf

Beratung bei der: - Ansiedlung von Gewerbebetrieben, - Bestandspflege, - Vergabe von Gewerbegrundstücken, - Informationen über öffentliche Fördermittel.

• **U 293**

Stadt Regensburg
Amt für Wirtschaftsförderung
D.-Martin-Luther-Str. 1, 93047 Regensburg
T: (0941) 5 07-18 50 **Fax:** 5 07-4859
Internet: http://www.regensburg.de
E-Mail: wirtschaftsfoerderung@regensburg.de, economic.development@regensburg.de
Amtsleiter: Dipl.-Volkswirt Dieter Daminger

• **U 294**

Amt für Wirtschaftsförderung
Stadt Rheinberg
Kirchplatz 10, 47495 Rheinberg
T: (02843) 17 12 02, 17 12 03 **Fax:** 17 14 42
Internet: http://www.rheinberg.de
E-Mail: stadtverwaltung@rheinberg.de

• **U 295**

Landratsamt Saalfeld-Rudolstadt
Dezernat Wirtschaftsförderung und Bauwesen
Schloßstr. 24, 07318 Saalfeld
T: (03671) 82 30 **Fax:** 82 33 70
Internet: http://www.sa-ru.de
E-Mail: landratsamt@sa-ru.de
Landrat: Dr. Werner Thomas
Dezernent: Bernhard Schanze
Leitung Presseabteilung: Susanne Spindler

• **U 296**

LANDESHAUPTSTADT
SAARBRÜCKEN
DER OBERBÜRGERMEISTER

Landeshauptstadt Saarbrücken
Wirtschaftsförderung
66104 Saarbrücken
T: (0681) 9 05-1876/1850 **Fax:** 9 05-1421
Internet: http://www.saarbruecken.de
E-Mail: Wirtschaftsfoerderung@Saarbruecken.de
Oberbürgermeister: Hajo Hoffmann
Bürgermeisterin: Margit Conrad
Verwaltungsdezernent: Dr. Wolfgang Bahr
Leitung Presseabteilung: Mark Diening

Vermittlung von Kontakten zu allen relevanten Stellen im Saarland, Vermittlung von Immobilien, eigene Gewerbeflächen.

• **U 297**

Stadt Salzgitter
Amt für Wirtschaft und Statistik
Postf. 10 06 80, 38206 Salzgitter
Joachim-Campe-Str., 38226 Salzgitter
T: (05341) 8 39 33 63 **Fax:** 8 39 49 80
Teletex: 53 418 290
Leitung: Dipl.-Volksw. Claus-Peter Knabe
Wirtschaftsdezernent: Hans-Joachim Hennings

• **U 298**

Landratsamt Saale-Orla-Kreis
Amt für Kreisentwicklung
Oschitzer Str. 4, 07907 Schleiz
T: (03663) 4 88-0 **Fax:** 4 88-4 50
Gründung: 1994 (1. Juli)
Amtsleiter: Günter Horn (T: (03663) 4 88-3 35)

• **U 299**

Regionalverband Ostwürttemberg
Körperschaft des öffentlichen Rechts
Universitätspark 1, 73525 Schwäbisch Gmünd
T: (07171) 9 27 64-0 **Fax:** 9 27 64-15
E-Mail: regional verband@ostwuerttemberg.de
Gründung: 1974
Verbands-Vors.: Bürgermeister i.R. Erich Göttlicher
Stellvertretende(r) Vorsitzende(r): Oberbürgermeister Siegfried Rieg (Giengen/Brenz)
Verbandsdirektor: Thomas Eble
Mitglieder: 44 Verbandsmitglieder

• **U 300**

Rhein-Sieg-Kreis
-Der Oberkreisdirektor-
Referat Wirtschaftsförderung
Kaiser-Wilhelm-Platz 1, 53721 Siegburg
T: (02241) 13 23 37 **Fax:** 13 31 16
Teletex: 2 241 408
Leitung: Dr. Hermann Tengler
Mitarbeiter: 5

• **U 301**

SIEGEN-WITTGENSTEIN · PROVINZ VOLL LEBEN

Kreis Siegen-Wittgenstein
"Wirtschaftsförderung und Strukturentwicklung"
Postf. 10 02 60, 57002 Siegen
Koblenzer Str. 73, 57072 Siegen
T: (0271) 3 33-0 **Fax:** 3 33-11 69
Landrat: Elmar Schneider
Leiter Wirtschaftsförderung und Strukturentwicklung: Reinhard Kämpfer (T: (0271) 3 33-1163)
Verbandszeitschrift: "Die Provinz"
Redaktion: Büro für Kommunikation GmbH, Alsterchaussee 25, 20149 Hamburg
Zum Kreis Siegen-Wittgenstein gehören:
Stadt Bad Berleburg, Gemeinde Burbach, Gemeinde Erndtebrück, Stadt Freudenberg, Stadt Hilchenbach, Stadt Kreuztal, Stadt Bad Laasphe, Stadt Netphen, Gemeinde Neunkirchen, Stadt Siegen, Gemeinde Wilnsdorf

• **U 302**

Kyffhäuserkreis in Nordthüringen
Amt für Wirtschaftsförderung, Tourismus und Kreisentwicklung
Postf. 15, 99701 Sondershausen
Markt 8, 99706 Sondershausen
T: (03632) 74 10 **Fax:** 74 13 15
Internet: http://www.kyffhaeuser.de
E-Mail: wifoe@kyffhaeuser.de
Landrat: Peter Hengstermann (T: 74 11 00)
Amtsleiterin: Dipl.-Ökonom Regina Kirchner (T: 74 13 10)

• **U 303**

Amt für Wirtschaftsförderung
Gemeinde Sonsbeck
Postf. 11 29, 47662 Sonsbeck
Herrenstr. 2, 47665 Sonsbeck
T: (02838) 36-0 **Fax:** 36 47

• **U 304**

Wirtschaftsförderung Steinfurt
Tecklenburger Str. 10, 48565 Steinfurt
T: (02551) 69 29 64 **Fax:** 69 29 09
E-Mail: wirtschaftsfoerderung@kreis-steinfurt.de
Wolfgang Bischoff

• **U 305**

Landkreis Stendal
Amt für Wirtschaftsförderung
Hospitalstr. 1-2, 39576 Stendal
T: (03931) 6 06 **Fax:** 21 30 60
Landrat: Jörg Hellmuth (Landkreis Stendal)
Dezernent: Rolf Meyer (Landkreis Stendal)
Amtsleiter: Jürgen Ramm (Landkreis Stendal)

Beratung zu Förder- und Ansiedlungsmöglichkeiten für Unternehmen, Bestandspflege von Unternehmen, Energieberatung, Erarbeitung von regionalen Entwicklungskonzeptionen, Entwicklung des Fremdenverkehrs und Tourismus.

• **U 306**

Bürgermeisteramt
Stabsabteilung Wirtschafts- und Arbeitsförderung
- Stadtverwaltung -
Postf. 10 60 34, 70049 Stuttgart
T: (0711) 2 16-67 12 **Fax:** 2 16-77 88
E-Mail: wifoe.Pfeiffer@stuttgart.de
Leitung: Dir. Dr. Joachim Pfeiffer

• **U 307**

Amt für Wirtschaftsförderung und Stadtentwicklung
c/o Stadtverwaltung Suhl
Postf. 6 40, 98504 Suhl
Friedrich-König-Str. 42, 98527 Suhl
T: (03681) 74 25 23 **Fax:** 74 26 60

• **U 308**

Landratsamt Torgau-Oschatz
Wirtschaftsförderung
Schloßstr. 27, 04860 Torgau
T: (03421) 7 58-0 **Fax:** 7 58-110
E-Mail: LRA-TO@t-online.de
Landrat: Robert Schöpp
Leiter des Amtes für Kreisentwicklung und Wirtschaftsförderung: Siegfried Kühne (T: (03421) 7 58-3 33)

• **U 309**

Zweckverband Wirtschaftsförderung im Trierer Tal
Ostkai 4, 54293 Trier
T: (0651) 9 68 04 50 **Fax:** 9 68 04 60
Gründung: 1962 (19. April)
Vorsteher: Wirtschaftsdezernentin Christiane Horsch) (Stadtverwaltung Trier)
Stellv. Vorsteher: Landrat Dr. Richard Groß (Kreisverwaltung Trier-Saarburg)
Geschäftsführer(in): Lothar Weis
*) im 2-jährigen Wechsel
Mitglieder: 6

• **U 310**

Landkreis Vechta
Amt für Wirtschaftsförderung
49375 Vechta
Postf. 13 53, 49362 Vechta
T: (04441) 8 98-0 **Fax:** 8 98-1 37
Internet: http://www.landkreis-vechta.de
E-Mail: wirtschaft@landkreis-vechta.de

• **U 311**

Stadt Verden (Aller)
Postf. 17 09, 27267 Verden
Große Str. 40, 27283 Verden
T: (04231) 12-0 **Fax:** 12-2 02
Internet: http://www.verden.de
E-Mail: internet.redaktion@verden.de
Leitung: Stadtdir. Richter

• **U 312**

Amt für Wirtschaftsförderung
Stadt Voerde
c/o Stadtverwaltung Voerde
Postf. 10 11 52, 46549 Voerde
Rathausplatz 20, 46562 Voerde
T: (02855) 8 03 03 **Fax:** 8 03 01
T-Online *8000001*
Internet: http://www.voerde.de
E-Mail: stadt.voerde@voerde.de

• **U 313**

Amt für Wirtschaftsförderung im Landratsamt Waldshut
Kaiserstr. 110, 79761 Waldshut-Tiengen
T: (07751) 8 61 44 **Fax:** 8 64 94
Internet: http://www.landkreis-waldshut.de
E-Mail: na1200@landkreis-waldshut.de
Leitung: Ingo Husemann

• **U 314**

Landratsamt Weißenfels
Sachgebiet Wirtschaft
Postf. 12 54, 06652 Weißenfels

Stadtpark 6, 06667 Weißenfels
T: (03443) 37 20 **Fax:** 37 22 54

• U 315

Stadtverwaltung Weißwasser
Amt für Wirtschaftsförderung
Marktplatz, 02943 Weißwasser
T: (03576) 26 52 80 **Fax:** 26 51 02
Internet: http://www.weisswasser.de
E-Mail: stadt@weisswasser.de

• U 316

Landratsamt Zwickauer Land
Schulstr. 7, 08412 Werdau
T: (03761) 56-0 **Fax:** 32 05
Amt für Planung und Wirtschaftsförderung:
Robert-Müller-Str. 4-8, 08056 Zwickau,
T: (0375) 5 05 25 10, Fax: (0375) 21 52 90
Amtsleiter: Uwe Dietrich

• U 317

Wirtschaftsförderung Landkreis Wernigerode (Harz)
Amt für Wirtschaftsförderung und Tourismus
Kreisverwaltung Amt 80
Kurtstr. 13, 38855 Wernigerode
T: (03943) 53 51 49 **Fax:** 53 51 48
Dr. Thomas Müller

• U 318

Landeshauptstadt Wiesbaden
Amt für Wirtschaft und Liegenschaften
Postf. 39 20, 65029 Wiesbaden
Gustav-Stresemann-Ring 1, 65189 Wiesbaden
T: (0611) 31 28 92-96, 31 25 01 **Fax:** 31 39 76
Internet: http://www.wirtschaft.wiesbaden.de
Leitung: Ltd. Magistratsdir. Ass. Reinhard Edel

• U 319

Stadt Witten - Der Bürgermeister - Amt für Wirtschaftsförderung und Liegenschaften
Nordstr. 14, 58452 Witten
T: (02302) 5 81 17 01 **Fax:** 5 81-1799
Internet: http://www.witten.de
E-Mail: wifoe@witten.de
Amtsleiter: Dipl.-Ing. Christian Reetz

• U 320

Amt für Wirtschaftsförderung
Stadt Xanten
Postf. 11 64, 46500 Xanten
Karthaus 2, 46509 Xanten
T: (02801) 77 22 19 **Fax:** 77 22 09
Internet: http://www.xanten.de
E-Mail: hauptamt@rathaus-xanten.de

• U 321

Stadtverwaltung Zweibrücken
Wirtschaftsförderung
Amerikastr. 21, 66482 Zweibrücken
T: (06332) 8 11-190 **Fax:** 8 11-119
Internet: http://www.zweibruecken.de
Ansprechpartner: Conrad

Wirtschaftsförderungsgesellschaften

• U 322

Wirtschaftsförderungsgesellschaft für den Kreis Borken mbH
Postf. 15 52, 48665 Ahaus
Bahnhofstr. 93, 48683 Ahaus
T: (02561) 20 03 **Fax:** 6 83 00
Internet: http://www.wfg-borken.de
E-Mail: info@wfg-borken.de
AR-Vors.: Landrat Gerd Wiesmann
Geschäftsführer(in): Dr. Heiner Kleinschneider
AR-Mitglieder: Kreisdirektor des Kreises Borken, 5 vom Kreistag des Kreises Borken bestellte Mitglieder, 8 von den Gesellschaftern bestellte Mitglieder

• U 323

Wirtschaftsförderungsgesellschaft Kreis Aachen mbH
Joseph-von-Fraunhofer-Str. 1, 52477 Alsdorf
T: (02404) 94 20-0 **Fax:** 94 20-20
Internet: http://www.wfg-aachen.de
E-Mail: info@wfg-aachen.de
Gründung: 1969 (1.Januar)
Geschäftsführer(in): Dipl.-Kfm. Ekkehard Dörrenberg
Mitarbeiter: 16

• U 324

Wirtschaftsförderungsgesellschaft für den Landkreis Alzey-Worms mbH
Postf. 13 60, 55221 Alzey
Ernst-Ludwig-Str. 36, 55232 Alzey
T: (06731) 4 08-102 **Fax:** 4 08-150
Gründung: 1975
Vorsitzender des Aufsichtsrates: Hansjochem Schrader
Geschäftsführer(in): Heiko Sippel
Mitarbeiter: 1

• U 325

Städtische Beteiligungsgesellschaft mbH Andernach
Postf. 18 57, 56608 Andernach
Läufstr. 4, 56626 Andernach
T: (02632) 2 98-0 **Fax:** 2 98-119
E-Mail: kontakt@mittelrheinhalle.de
Gründung: 1987 (19. Dezember)
Vorsitzender des Aufsichtsrates: Oberbürgermeister Achim Hütten
StVdAR: Bürgermeister Franz Breil
Geschäftsführer(in): Dipl.-Betriebsw. (FH) Bernd Lenz

• U 326

Wirtschaftsförderungs-Gesellschaft Rhein-Lahn mbH
Insel Silberau, 56130 Bad Ems
T: (02603) 9 72-262, 9 72-263 **Fax:** 9 72-151
Vors. der Gesellschaftsversammlung:
Landrat Kurt Schmidt
Geschäftsführer(in): Wolf-Dieter Matern

• U 327

Wirtschaftsförderung Hersfeld-Rotenburg
Geschäftsbereich der Strukturentwicklungsgesellschaft für den Landkreis Hersfeld-Rotenburg mbH
Leinenweberstr. 1, 36251 Bad Hersfeld
T: (06621) 9 44-110 **Fax:** 9 44-101
Internet: http://www.dgz.bad-hersfeld.de
E-Mail: wirtschaftsfoerderung@bad-hersfeld.de
Gründung: 1980 (27. Februar)
Vorsitzender des Aufsichtsrates: Roland Hühn
stellv. Vorsitzender des Aufsichtsrates: Bürgermeister Manfred Fehr, Rotenburg a.d. Fulda
Geschäftsführer(in): Dieter Mertelmeyer

• U 328

Mittelstandszentrum Tauber-Franken GmbH
Johann-Hammer-Str. 24, 97980 Bad Mergentheim
T: (07931) 98 50-0 **Fax:** 98 50-20
Internet: http://www.mtf-gmbh.de
E-Mail: kontakt@mtf-gmbh.de
Gründung: 1992
Geschäftsführer(in): Dipl.-Betriebsw. Paul Gehrig

• U 329

Wirtschafts- und Aufbaugesellschaft Stormarn mbH
Mommsenstr. 14, 23843 Bad Oldesloe
T: (04531) 12 72-0, 16 02 75 **Fax:** 12 72-20
Internet: http://www.wa-stormarn.de
E-Mail: seier@wa-stormarn.de
Geschäftsführerin: Vera Seier
Die WAS ist die Wirtschaftsförderungsgesellschaft des Kreises Stormarn. Hauptaufgaben: Beratung und Betreuung bei Ansiedlungs-, Erweiterungs- und Umsiedlungsprojekten; Planung, Erschließung und Vermittlung von Gewerbeflächen; Standortmarketing.

• U 330

Gesellschaft für Wirtschaftsförderung im Kreis Warendorf mbH
Neubeckumer Str. 39, 59269 Beckum
T: (02521) 50 55 **Fax:** 1 61 67
Gründung: 1969
Geschäftsführer(in): Dipl.-Kfm. Joachim Kröll
Mitarbeiter: 8

• U 331

Wirtschaftsförderung Berlin GmbH
Ludwig Erhard Haus
Fasanenstr. 85, 10623 Berlin
T: (030) 3 99 80-0 **Fax:** 3 99 80-239
Internet: http://www.berlin.de/wfb
E-Mail: info@wf-berlin.de
Gründung: 1978
Geschäftsführer(in): Dr. Hans Estermann
Vorsitzender des Aufsichtsrates: Wolfgang Branoner (Senator für Wirtschaft und Technologie, Berlin)
Leitung Presse- und Öffentlichkeitsarbeit: Christina Hufeland
Mitarbeiter: 32

• U 332

SL Südraum Leipzig GmbH
Margarethenhain 7, 04579 Espenhain
T: (034206) 6 34 02 **Fax:** 6 34 09
Geschäftsführer(in): Dr. Rolf Müller-Syring
Leitung Presseabteilung: Christine Hoffmann

• U 333

Bielefeld Marketing GmbH
Willy-Brandt-Platz 2, 33602 Bielefeld
T: (0521) 51 61 60 **Fax:** 51 61 63
Internet: http://www.bielefeld.de
E-Mail: marketing@bielefeld.de
Gründung: 1998 (23. Januar)
Geschäftsführer(in): Hans-Rudolf Holtkamp (Leitung Presseabteilung)
Mitarbeiter: 15

• U 334

Wirtschaftsförderungs- und Strukturentwicklungsgesellschaft mbH (WISEG)
Schloßallee 11, 55765 Birkenfeld
T: (06782) 15-234 **Fax:** 15-493
Gründung: 1996
Geschäftsführer(in): Landrat Wolfgang Hey
Stellvertreter: Sparkassendir. Manfred Krämer

• U 335

WfG Bremer Wirtschaftsförderung GmbH
Postf. 10 04 43, 28004 Bremen
Hanseatenhof 8, 28195 Bremen
T: (0421) 3 08 85-0 **Fax:** 3 08 85-44
Internet: http://www.bremen-wfg.de
E-Mail: mail@bremen-wfg.de
Geschäftsführer(in): Harald Matys
Dr. Dieter Russ

• U 336

Wirtschaftsförderungsgesellschaft Weser-Jade mbH
Postf. 10 02 25, 28002 Bremen
Langenstr. 5, 28195 Bremen
T: (0421) 36 31 50 **Fax:** 3 63 15 20
Vors. d. Aufsichtsrates: Fritz Lütke-Uhlenbrock
Geschäftsführer(in): Dipl.-Kfm. Alexander von Harder
Leitung Presseabteilung: Dipl.-oec. Stefan Baumann

• U 337

Entwicklungsgesellschaft Brunsbüttel mbH
Elbehafen, 25541 Brunsbüttel
T: (04852) 83 84-0 **Fax:** 83 84-30
Internet: http://www.egeb.de
E-Mail: info@egeb.de
Gründung: 1971 (Januar)
Geschäftsführer(in): Dr. Hans-Jürgen Hett
Stellvertretende(r) Geschäftsführer(in): Dietmar Ackermann
Mitarbeiter: 27

• U 338

Wirtschaftsförderungsgesellschaft @der Stadt @Coburg mbH
Postf. 30 42, 96419 Coburg
Markt 1 Stadthaus, 96450 Coburg
T: (09561) 89-2300 **Fax:** 89-2309
Internet: http://www.wifoeg-coburg.de
E-Mail: wifoeg@coburg.de
Gründung: 1950 (29. Dezember)
Vorsitzende(r): OB Norbert Kastner
Geschäftsführer(in): Dr. Gawin
M. Galda
Leitung Presseabteilung: Stephan Horn
Mitarbeiter: 7

• U 339

Wirtschaftsförderung Sachsen GmbH (WFS)
Postf. 19 25 23, 01283 Dresden
Bertolt-Brecht-Allee 22, 01309 Dresden
T: (0351) 31 99 10-00 **Fax:** 31 99 10-99
Internet: http://www.sachsen.de
E-Mail: info@wfs.saxony.de

Gründung: 1991 (21. Juli)
Geschäftsführung: Dr. Günter Metzger (Vors.)
Dr. Harald Röthig

• U 340

WFG
Ihr Erfolg ist unser Ziel!

Wirtschaftsförderungsgesellschaft für den Kreis Coesfeld mbH (WFG)
Postf. 16 27, 48237 Dülmen
Bahnhofstr. 22-24, 48249 Dülmen
T: (02594) 30 74 **Fax:** 8 10 75
T-Online *025943076*
Internet: http://www.wfgcoesfeld.de
E-Mail: wfgcoesfeld@t-online.de
Geschäftsführer(in): Dipl.-Verwaltungsw. Werner Geerißen

• U 341

Wirtschaftsförderungs-GmbH für den Landkreis Diepholz
Kreisverwaltung
Postf. 13 40, 49343 Diepholz
Niedersachsenstr. 2, 49356 Diepholz
T: (05441) 9 76 14 30 **Fax:** 9 76 17 68
Internet: http://www.diepholz.de
E-Mail: wirtschaft@diepholz.de
Gründung: 1971 (1. Januar)
Vorsitzende(r): W. Evers
Geschäftsführer(in): K.-H. Reddig

• U 342

Gesellschaft für Wirtschaftsförderung Nordrhein-Westfalen mbH
Postf. 20 03 09, 40101 Düsseldorf
T: (0211) 1 30 00-0 **Fax:** 1 30 00-154
Internet: http://www.gfw-nrw.de
E-Mail: gfw@gfw-nrw.de
Gründung: 1960
Geschäftsführer(in): Dr. Rainer Buhr (Sprecher)
Michael Kolmar

• U 343

Entwicklungsgesellschaft m.b.H. Eitorf (Sieg)
Markt 1 (Rathaus), 53783 Eitorf
T: (02243) 8 90-0 **Fax:** 8 91-79
Teletex: 2 243 400 =GdeEit
Gründung: 1979 (1. Januar)
Vorsitzender des Aufsichtsrates: Peter Patt (Höhbergstr. 30, 53783 Eitorf)
Geschäftsführer(in): Wilhelm Kratz (Markt 1, 53783 Eitorf)
Hubert Grützenbach (Posthof 3, 53783 Eitorf)
Wilh. Martin Klein (Markt 11, 53783 Eitorf)
Verbesserung der sozialen und wirtschaftlichen Struktur der Gemeinde sowie Förderung des Umweltschutzes in der Gemeinde Eitorf. Vermittlung und Verkauf von Gewerbegrundstücken.

• U 344

Entwicklungsgesellschaft Ostholstein mbH
Röntgenstr. 1, 23701 Eutin
T: (04521) 8 08 10 **Fax:** 8 08 11
VdAR: der jeweilige Landrat des Kreises Ostholstein, Röntgenstr. 1, 23701 Eutin
Geschäftsführer(in): Claus-Peter Matthiensen
Dr. Dirk Claus

• U 345

Wirtschaftsförderungs- und Regionalentwicklungsgesellschaft Flensburg/Schleswig mbH
Lise-Meitner-Str. 2, 24941 Flensburg
T: (0461) 99 92-200 **Fax:** 99 92-213
Internet: http://www.wireg.de
E-Mail: info@wireg.de
Geschäftsführer(in): Dipl.-Wirtsch.-Ing. Dr. Klaus Matthiesen

• U 346

Wirtschaftsförderung Frankfurt - Frankfurt Economic Development - GmbH
Postf. 10 21 21, 60021 Frankfurt
Hanauer Landstr. 182d, 60314 Frankfurt
T: (069) 2 12-36209 **Fax:** 2 12-36230
Internet: http://www.frankfurt-business.de
E-Mail: info@frankfurt-business.de
Geschäftsführer(in): Dr. Hartmut Schwesinger

• U 347

Wirtschaftsförderung Region Frankfurt RheinMain e.V.
Geschäftsstelle: c/o Umlandverband Frankfurt
Am Hauptbahnhof 18, 60329 Frankfurt
T: (069) 25 77-1330 **Fax:** 25 77-1339
Internet: http://www.region-frankfurt-rheinmain.de
E-Mail: info@region-frankfurt-rheinmain.de

• U 348

Wirtschaftsförderung Rhein-Erft GmbH
Kölner Str. 64, 50226 Frechen
T: (02234) 9 55 68-0 **Fax:** 9 55 68-68
Internet: http://www.wfg-rhein-erft.de
E-Mail: info@wfg-rhein-erft.de
Gründung: 1971
Vorsitzender des Aufsichtsrates: Werner Stump
StVdAR: Hans Günter Eilenberger
Karl Engelskirchen
Geschäftsführer(in): Dipl.-Kfm. Dr. Manfred Wegner
Mitarbeiter: 13

• U 349

Wirtschaftsfördergesellschaft Ostthüringen mbH
Rudolf-Diener-Str. 19, 07545 Gera
T: (0365) 8 33 04-0 **Fax:** 8 33 04-13
E-Mail: wfg.ostthueringen@lycosmail.com
Mitarbeiter: 10

• U 350

Stadthallen GmbH Gießen
Berliner Platz 2, 35390 Gießen
T: (0641) 9 75 11-0 **Fax:** 7 69 57
Geschäftsführer(in): Wolfgang Braunsdorf
Verwaltung der Kongreßhalle sowie 4 Bürgerhäuser der Stadt Gießen, Stadt- und Touristikinformation mit Zimmervermittlung.

• U 351

Datenbankdienste Göttingen e.V.
Okerweg 26, 37081 Göttingen
T: (0551) 70 62 72 **Fax:** 70 62 95
E-Mail: dbdg@datenbankdienste-goettingen.de
Kontakt: Norbert Heising

• U 352

Gesellschaft für Wirtschaftsförderung mbH der Stadt Gronau (WTG)
Postf. 19 65, 48580 Gronau
Bahnhofstr. 40, 48599 Gronau
T: (02562) 9 12-0 **Fax:** 9 12-107
Internet: http://www.wtg-gronau.de
E-Mail: info@wtg-gronau.de
Geschäftsführer(in): Dr. Christoph Dickmanns

• U 353

Wirtschaftsförderungsgesellschaft Güstrow mbH
im EGZ Güstrow, Glasewitzer Burg
Am Augraben 2, 18273 Güstrow
T: (03843) 2 36-0 **Fax:** 2 36-100
E-Mail: info@twfg.de

• U 354

Oberbergische Aufbaugesellschaft mbH
Postf. 10 05 55, 51605 Gummersbach
Moltkestr. 34, 51643 Gummersbach
T: (02261) 88 61 00-01 **Fax:** 88 61 23
TX: 884 418
T-Online *88*
Gründung: 1963
Geschäftsführer(in): Dipl.-Ing. Manfred Strombach
Dipl.-Ing. Volker Dürr
Wirtschaftsförderungs- und Strukturförderungsgesellschaft für den Oberbergischen Kreis, seine Städte und Gemeinden.

• U 355

Wirtschaftsförderung Hagen GmbH
Postf. 38 26, 58038 Hagen
Feithstr. 142, 58097 Hagen
T: (02331) 80 99-99 **Fax:** 80 99-80
Internet: http://www.wfg-hagen.de
E-Mail: wfg@wfg-hagen.de
Geschäftsführer(in):
Dipl.-Verwaltungswirt Peter Hampel
Dipl.-Volkswirt Jochen Renard
Mitarbeiter: 25 (Stand Oktober 1999)

• U 356

Wirtschaftsförderungs- und Liegenschaftsgesellschaft Süd-West-Mecklenburg mbH
Hamburger Str. 9, 19230 Hagenow
T: (03883) 72 30 31 **Fax:** 6 24 20 09
Internet: http://www.ludwigslust.de
E-Mail: wflg-hgn@ludwigslust.de

• U 357

Wirtschaftsansiedlungsförderungsgesellschaft Hainleite/Wipper (WAFG)
Hauptstr. 108, 99735 Hainrode
T: (036334) 5 32 31 **Fax:** 5 05 30
Gründung: 1991 (September)
Hauptgeschäftsführer(in): Ernst Rilk (Bürgermeister Gem. Hainrode)
Geschäftsführer(in): Bernd Gaßmann (Vors. VG Hainleite)
Mitglieder: Gemeinde Hainrode
Gemeinde Nohra
Gemeinde Wolkramshausen
Gemeinde Wipperdorf

• U 358

HWF Hamburgische Gesellschaft für Wirtschaftsförderung mbH
Hamburger Str. 11, 22083 Hamburg
T: (040) 22 70 19-0 **Fax:** 22 70 19-29
Internet: http://www.hamburg.de
E-Mail: info@hwf-hamburg.de
Geschäftsführer(in): Dr. rer.pol. Dietmar Düdden
Dipl.-Kfm. Uwe Jens Neumann
Leitung Presseabteilung: Andreas Köpke
Mitarbeiter: 24
Beratung und Betreuung in Hamburg ansässiger Firmen und Ansiedlung nationaler und internationaler Unternehmen.

• U 359

Wirtschaftsverein Harburg-Wilhelmsburg zur Förderung von Industrie, Handel und Gewerbe e.V.
Harburger Rathausstr. 40, 21073 Hamburg
T: (040) 77 12 62 52 **Fax:** 77 12 62 10
Vorsitzende(r): Jochen Winand (Harburger Rathausstr. 40, 21073 Hamburg, T: (040) 77 12 62 52)
Geschäftsführerin: Sybille Möller-Fiedler
Mitglieder: 174

• U 360

IPA NIEDERSACHSEN

Investment Promotion Agency Niedersachsen
Hamburger Allee 4, 30161 Hannover
T: (0511) 34 34 66 **Fax:** 3 61-59 09
Internet: http://www.ipa-niedersachsen.de
E-Mail: 73360.2071@compuserve.com
Gründung: 1992
Geschäftsführer(in): Dr. Klaus von Voigt
Mitarbeiter: 11
Jahresetat: DM 2,9 Mio, € 1,48 Mio
Anwerbung und Beratung von Industrie- und Dienstleistungsunternehmen für den Standort Niedersachsen. Durchführung niedersächsischer Programme zur Förderung der Außenwirtschaft.

• U 361

Kommunalverband Großraum Hannover
öffentlich-rechtliche Körperschaft
Postf. 66 49, 30066 Hannover
Arnswaldtstr. 19, 30159 Hannover
T: (0511) 36 61-0 **Fax:** 36 61-450
Gründung: 1963 (1. Januar)
Vors. der Verbandsversammlung: Dieter Gabriel
1. Stellv. Vors.: Heinz-Erich Schäfer
2. Stellv. Vors.: Michael Fleischmann
VerbandsDir.: Siegfried Frohner
Leitung Presseabteilung: Klaus Abelmann
Mitarbeiter: 140 (Mitarbeiter/-innen)
Jahresetat: DM 407,9 Mio, € 208,56 Mio (1996)

Verbandsglieder: Landeshauptstadt Hannover, Landkreis Hannover

• U 362

Wirtschaftsförderungsgesellschaft für den Kreis Heinsberg mbH

Postf. 13 45, 52517 Heinsberg
Valkenburger Str. 45, 52525 Heinsberg
T: (02452) 13 18 10 **Fax:** 13 18 50
TX: 8 -329 319 khsd
Gründung: 1979
Geschäftsführer(in): Dr. Joachim Steiner
Robert Mundt

• U 363

Eigenbetrieb Stadtentwicklung Hennef der Stadt Hennef (Sieg)

Postf. 15 62, 53762 Hennef
Frankfurter Str. 97, 53773 Hennef
T: (02242) 8 88-0 **Fax:** 88 81 57
Gründung: 1998 (01. Januar)
Werksleitung: Finanzbeigeordneter Dietmar Meis
Stadtoberamtsrat Werner Wegener (Verkauf)

• U 364

EMSCHER LIPPE AGENTUR GMBH

Emscher-Lippe-Agentur (ELA) Gesellschaft zur Strukturverbesserung im nördlichen Ruhrgebiet mbH

Herner Str. 10, 45699 Herten
T: (02366) 10 98-0 **Fax:** 10 98-24
Internet: http://www.ela-online.de, http://www.chemsite.de, http://www.gis-ela.de (Flächenatlas)
E-Mail: info@ela-online.de
Gründung: 1990 (3.Mai)
Geschäftsführer(in): Gerd Fröhlich
Leitung Presseabteilung: Hildegard Stieglitz
Verbandszeitschrift: Advantage Emscher-Lippe
Redaktion: Emscher Lippe Agentur GmbH
Mitarbeiter: 12
Jahresetat: DM 2 Mio, € 1,02 Mio

Akquisition und Beratung ansiedlungswilliger Unternehmen; Staatliche Finanzierungshilfe für Investoren; Präsentation geeigneter Gewerbe- und Industrieflächen; Beratung in EU-Fragen; Imagewerbung; Projektmanagement

• U 365

IFG-Gesellschaft für Wirtschafts- und Beschäftigungsförderung Ingolstadt mbH

Rathausplatz 4, 85049 Ingolstadt
T: (0841) 9 35 52-0 **Fax:** 3 48 52
Gründung: 1968
Vorsitzende(r): Peter Schnell (Oberbürgermeister der Stadt Ingolstadt)
Stellvertretende(r) Vorsitzende(r): Hans Amler (Bürgermeister der Stadt Ingolstadt)
Geschäftsführer(in): Dr. jur. Werner Richler
Dr.rer.pol. Alfred Lehmann

Wirtschafts- und Beschäftigungsförderung

• U 366

Gesellschaft für Wirtschaftsförderung Iserlohn mbH (GfW)

Postf. 15 50, 58585 Iserlohn
Kurt-Schumacher-Ring 5, 58636 Iserlohn
T: (02371) 80 94-0 **Fax:** 80 94-21
Internet: http://www.gfw-is.de
E-Mail: gfw@gfw-is.de
Gründung: 1959
Geschäftsführer(in): Dirk Jedan
Stellvertretende(r) Geschäftsführer(in): Dipl.-Ök. Thomas Junge
Prokurist: Frieder Altrogge
Dr. Peter-Paul Ahrens
Verbandszeitschrift: Innovation Iserlohn
Redaktion: GGC, Thomas Haude
Verlag: Gewerbe- und Gründerzentrum Corunna (GGC), Corunna Str. 1, 58636 Iserlohn
Mitarbeiter: 11

• U 367

Gesellschaft für Wirtschaftsförderung im Kreis Steinburg m.b.H. GFW

Viktoriastr. 17, 25524 Itzehoe
T: (04821) 34 46 **Fax:** 54 07
Internet: http://www.gfw-steinburg.de
E-Mail: gfw@gfw-steinburg.de
Geschäftsführer(in): Dr. Hans-Jürgen Hett
Dr. Roland Müller

Vermittlung von Industrie- und Gewerbeflächen

• U 368

WFK - Wirtschaftsförderungsgesellschaft Stadt- und Landkreis Kaiserslautern mbH

Maxstr. 7, 67659 Kaiserslautern
T: (0631) 3 71 24-0 **Fax:** 9 59 55
Internet: http://www.wifoe-kaiserslautern.uni-kl.de
E-Mail: wfk-kaiserslautern@t-online.de
Gründung: 1992 (20.Oktober)
Dr. Barbara Jörg
Mitarbeiter: 8

• U 369

Wirtschaftsförderung Region Kassel GmbH

Kurfürstenstr. 9, 34117 Kassel
T: (0561) 7 07 33-50 **Fax:** 7 07 33-59
Internet: http://www.wfg-kassel.de
E-Mail: info@wfg-kassel.de
Gründung: 1988
Geschäftsführer(in): Thilo von Trott zu Solz
Jahresetat: DM 1,0 Mio, € 0,51 Mio

• U 370

Wirtschaftsförderung Schleswig-Holstein GmbH

Lorentzendamm 43, 24103 Kiel
T: (0431) 5 93 39-0 **Fax:** 55 51 78, 5 93 39-30
Internet: http://www.wsh.de
E-Mail: info@wsh.de
Gründung: 1969
Geschäftsführer(in): Dipl.-Volksw. Volker Haufler
Dipl.-Oec. Werner Koopmann
Mitarbeiter: 18

• U 371

KiWi, Kieler Wirtschaftsförderungs- und Strukturentwicklungsgesellschaft mbH

Schauenburgerstr. 116, 24118 Kiel
T: (0431) 56 06-100 **Fax:** 56 06-195
Internet: http://www.kitz-kiel.de/firmen0.htm
E-Mail: info@kiwi.kitz-kiel.de
Gründung: 1995
Geschäftsführer(in): Dipl.-Betr. Finn Duggen
Mitarbeiter: 6

• U 372

Wirtschaftsförderung Kreis Kleve GmbH

Lindenallee 23, 47533 Kleve
T: (02821) 7 28 10 **Fax:** 72 81 30
Internet: http://www.wfg-kreis-kleve.de
E-Mail: info@wfg-kreis-kleve.de
Geschäftsführer(in): Reinhard Gilleßen
Prokurist: Norbert Wilder

• U 373

Wirtschaftsförderungsgesellschaft am Mittelrhein mbH (WFG)

Postf. 20 17 32, 56017 Koblenz
Bahnhofstr. 9, 56068 Koblenz
T: (0261) 10 82 95 **Fax:** 10 82 37
Gründung: 1971 (14. Juli)
Vorsitzende(r): Landrat Albert Berg-Winters (Kreisverwaltung Mayen-Koblenz, Bahnhofstr. 9, 56068 Koblenz, T: (0261) 1 08-2 00, Tx: 261 830 KVMYK)
Hauptgeschäftsführer(in): Michael Knopp
Geschäftsführer(in): Manfred Graulich
Peter Schaaf
Mitarbeiter: 6

• U 374

WFG GmbH

Postf. 30 14 13, 50784 Köln
Vogelsanger Str. 165, 50823 Köln
T: (0221) 95 29 17-0 **Fax:** 95 29 17-20
Geschäftsführer(in): Michael Bastian

• U 375

Gewerbezentrum Lauenburg

Reeperbahn 35, 21481 Lauenburg
T: (04541) 8 60 40 **Fax:** 86 04 44
Internet: http://www.wfl.de
E-Mail: wflrz@t-online.de
Gründung: 1989
Hauptgeschäftsführer(in): Werner Hesse
Mitglieder: 24
Mitarbeiter: 3
Jahresetat: DM 1,2 Mio, € 0,61 Mio

• U 376

Gewerbe- und Industrieansiedlungsgesellschaft Leer-Nord mbH

Postf. 16 40, 26766 Leer
Friesenstr. 46, 26789 Leer
T: (0491) 9 26 12 62 **Fax:** 9 26 13 38
TX: 27 751
Geschäftsführer(in): Landrat Andreas Schaeder

Entwickeln und Betreiben eines 300 ha großen Gewerbe- und Industriegebiets nördlich der Stadt Leer an der Seewasserstraße Ems.

• U 377

Wirtschaftsförderung Leverkusen GmbH

Dönhoffstr. 39, 51373 Leverkusen
T: (0214) 83 31-0 **Fax:** 83 31-11
Internet: http://www.wfl-leverkusen.de
E-Mail: info@wfl-leverkusen.de
Gründung: 1998 (1. Juni)
Geschäftsführer(in): Dr. Thomas Robbers
Otmar Steglich
Leitung Presseabteilung: Silke Vehring
Mitarbeiter: 8
Jahresetat: DM 3 Mio, € 1,53 Mio

• U 378

Wirtschaftsförderung Lippstadt GmbH

Erwitter Str. 105, 59557 Lippstadt
T: (02941) 2 70-101 **Fax:** 2 70-111
Internet: http://www.lippstadt.de/wfl
E-Mail: info@cartec.de
Gründung: 1985
Geschäftsführer(in): Dipl.-Ing. Wilhelm Coprian
Dipl.-Volksw. Rainer Strotmeier
Mitarbeiter: 7 Angest.

• U 379

Wirtschaftsförderungsgesellschaft Oberlausitz/Niederschlesien mbH

Innere Bautzner Str. 7, 02708 Löbau
T: (03585) 85 09 60
Gründung: 1990 (22. November)
Geschäftsführer(in): Rainer R. Kiank (M.A.)
Mitarbeiter: 5

• U 380

Struktur- und Wirtschaftsförderungsgesellschaft des Landkreises Teltow-Fläming mbH

Zinnaer Str. 34, 14943 Luckenwalde
T: (03371) 64 35-0 **Fax:** 64 35-19
Internet: http://www.swfg.de
E-Mail: info@swfg.de
Gründung: 1992
Geschäftsführer(in): Günther Bludovsky
Herbert Vogler

• U 381

Strukturförderungsgesellschaft für den Landkreis Ludwigshafen am Rhein m.b.H.

Postf. 21 07 80, 67007 Ludwigshafen
Europaplatz 5, 67063 Ludwigshafen
T: (0621) 59 09-0 **Fax:** 59 09-5 00
Teletex: 6 215 913 kv lu
Geschäftsführer(in): Landrat Dr. Ernst Bartholomé, Ludwigshafen

• U 382

Wirtschaftsförderungsgesellschaft für das Land Sachsen-Anhalt mbH (WiSA)

Schleinufer 16, 39104 Magdeburg
T: (0391) 5 68 99-0 **Fax:** 5 68 99-50
Internet: http://www.wisa.de
E-Mail: welcome@wisa.de
Gründung: 1990 (1. Dezember)
Vors. d. Aufsichtsrates: Minister Matthias Gabriel
Geschäftsführer(in): Marcus Tolle
Mitarbeiter: 23, davon 2 Auszub. (April 1999)

• U 383

Stadtentwicklungsgesellschaft mbH Mayen

Postf. 19 53, 56709 Mayen
T: (02651) 8 83 13 **Fax:** 8 83 20
Gründung: 1992 (1. Januar)
Ltr. u. Geschf: Hans Schmalkoke

• U 384

Wirtschaftsförderungsgesellschaft Hochsauerlandkreis mbH

Steinstr. 27, 59872 Meschede
T: (0291) 94 15 02 **Fax:** 94 15 03
Gründung: 1966 (3. Mai)
Vorsitzende(r): Michael Streit (Am Neheimer Kopf 7, 59755

Arnsberg)
Karl Schneider (Lärchenweg 10, 57392 Schmallenberg)
Geschäftsführer(in): Dipl.-Vw. Walter May
Kreisdirektor Winfried Stork
Mitglieder: 13
Jahresetat: DM 5 Mio, € 2,56 Mio

Förderung der Infrastruktur und der Wirtschaft im Hochsauerlandkreis.

• U 385

Wirtschaftsförderungs- und Strukturentwicklungsgesellschaft Moers mbH
Mühlenstr. 20, 47441 Moers
T: (02841) 9 77 10-0 **Fax:** 9 77 10-19
Internet: http://www.stadt-moers.de
E-Mail: wifoe-moers@stadt-moers.de

• U 386

Wirtschaftsförderungsgesellschaft Westerwaldkreis m.b.H.
Peter-Altmeier-Platz 1 (Kreishaus), 56410 Montabaur
T: (02602) 1 24-0, 1 24-333 **Fax:** 1 24-394
Internet: http://www.wfg-ww.de
E-Mail: ww@wfg-ww.de
Gründung: 1969
Geschäftsführer(in): Wilfried Noll
Verbandszeitschrift: Westerwälder Wirtschaftsbrief
Redaktion: KSKOMM Klaus-Stukemeier-Kommunikation, Pleurtuitstr. 8, 56235 Ransbach-Baumbach, T: (02623) 90 07 80, Fax: (02623) 90 07 78, E-Mail: ks@kskomm.de, URL: http://www.kskomm.de

Die Wirtschaftsförderungsgesellschaft unterstützt und fördert Maßnahmen zur Hebung der allgemeinen Wirtschaftskraft und zur Verbesserung der Wirtschafts- und Sozialstruktur.

• U 387

Wirtschaftsförderung Brandenburg GmbH
Steinstr. 104-106, 14480 Potsdam
T: (0331) 96 75-0 **Fax:** 96 75-100
Internet: http://www.brandenburg.de/wfb
E-Mail: info@wfb.brandenburg.de
Gründung: 1990 (September)
Leitung Presseabteilung: Volker Härtel

• U 389

Entwicklungsgesellschaft Norderstedt mbH
Rathausallee 64-66, 22846 Norderstedt
T: (040) 53 54 06-0 **Fax:** 53 54 06-40
Gründung: 1974
AR-Vors: Bürgermeister Hans-Joachim Grote
Stellv.: Gerhard Rudolph
Geschäftsführer(in): Johannes Schumacher
Marc-Mario Bertermann

Beauftragter Entwicklungsträger der Stadt Norderstedt, Wirtschaftsförderung, Stadtmarketing.

• U 390

WFO Wirtschaftsförderung Osnabrück GmbH
Große Hamkenstr. 32b, 49074 Osnabrück
T: (0541) 3 31 40-0 **Fax:** 26 08 00
E-Mail: wfo@wfo.de
Geschäftsführer(in): Dr. Alexander Fischer
Stellvertretende(r) Geschäftsführer(in): Wolfgang Gurk
Vorsitzender des Aufsichtsrates: Oberbürgermeister Hans-Jürgen Fip

• U 391

Wirtschaftsförderungsgesellschaft Paderborn mbH
Technologiepark 13, 33100 Paderborn
T: (05251) 1 60 90 50 **Fax:** 1 60 90 99
Internet: http://www.wirtschaftsfoerderung-paderborn.de
E-Mail: info@wirtschaftsfoerderung-paderborn.de
Geschäftsführer(in): Annette Förster

• U 392

Förder- und Entwicklungsgesellschaft Uecker-Region mbH
Friedenstr. 9, 17309 Pasewalk
T: (03973) 21 36 97 **Fax:** 21 36 98
Internet: http://www.nord-ost.de/feg
E-Mail: feg@nord-ost.de
Gründung: 1992 (19. Oktober)
Geschäftsführer(in): Dr. Ralf Dietrich
Mitarbeiter: 4
Jahresetat: DM 0,5 Mio, € 0,26 Mio

• U 393

WEP Wirtschaftsförderungs- und Entwicklungsgesellschaft des Kreises Pinneberg mbH
Osterholder Allee 2, 25421 Pinneberg
T: (04101) 5 36-0 **Fax:** 5 36-100
Internet: http://www.wep.de
E-Mail: info@wep-de
Gründung: 1948 (5. Mai); 12.Mai.1997
Geschäftsführerin: Doris Harms

• U 394

Bundesverband ostdeutsche Wirtschaftsförderung e.V. (BOW)
Landesgruppen Sachsen und Thüringen
Unterer Graben 1, 08523 Plauen
T: (03741) 2 91-1815 **Fax:** 2 91-1809
Internet: http://www.sachsen.de/deutsch/tz-s/bow.htm
Gründung: 1991 (April)
1. Vorstand: Dr. Rolf Magerkord (Oberbürgermeister Stadt Plauen)
2. Vorstand: Eberhard Behr (Stellv. Bürgermeister Stadt Weißwasser)
3. Vorstand: Dr. Arnd Böttcher (Bürgermeister für Wirtschaft, Soziales und Ordnung der Stadt Freiberg/Sa.)
4. Vorstand: Steffen Harzer (Bürgermeister der Stadt Hildburghausen/Thüringen)
Beauftragte(r): Andrea Sachs (Leitung Presseabteilung)
Mitglieder: 8 sächsische und thüringische Städte
Mitarbeiter: 1 Beauftragte
Jahresetat: DM 0,018363 Mio, € 0,01 Mio

• U 395

GWI - Gesellschaft für Wirtschafts- und Innovationsförderung Plauen/Vogtland e.V.
Morgenbergstr. 19, 08525 Plauen
T: (03741) 58 10 **Fax:** 58 12 03
Internet: http://www.gwi-ev.org
E-Mail: info@iz-plauen.de
Gründung: 1991 (27.Juni)
Vorsitzende(r): Hans-Joachim Wunderlich (IHK-Regionalkammer Plauen)
Stellvertretende(r) Vorsitzende(r): Eckhard Sorger (Stadtverwaltung Plauen)
Peter Dörfler (Sparkasse Vogtland)
Geschäftsführer(in): Joachim Kretschmer
Stellvertretende(r) Geschäftsführer(in): Kerstin Kieselbach
Leitung Presseabteilung: Astrid Neidhardt
Mitglieder: 10
Mitarbeiter: 15

• U 396

"pro Brandenburg" e.V.
Holzmarktstr. 12, 14467 Potsdam
T: (0331) 29 29 59 **Fax:** 29 35 59
E-Mail: pro.brandenburg@t-online.de
Vorsitzende(r): Dr. Etta Schiller
Leiter der Geschäftsstelle: Hans-Karl Peter

• U 397

Wirtschaftsförderungsgesellschaft im Kreis Herzogtum Lauenburg mbH
Junkerstr. 7, 23909 Ratzeburg
T: (04541) 86 04-0 **Fax:** 86 04-44
Internet: http://www.wfl.de
E-Mail: wflrz@t-online.de
Gründung: 1988
Stellvertretende(r) Vorsitzende(r): Dipl.-Ing. Ernst du Maire
Vors. d. AR: Dr. Matthias Esche
Hauptgeschäftsführer(in): Werner Hesse
Mitarbeiter: 7
Jahresetat: DM 1,5 Mio, € 0,77 Mio

• U 398

gwSaar
Gesellschaft für Wirtschaftsförderung Saar mbH

gwSaar Gesellschaft für Wirtschaftsförderung Saar mbH
Trierer Str. 8, 66111 Saarbrücken
T: (0681) 99 65-400 **Fax:** 99 65-444
Internet: http://www.gwsaar.com
E-Mail: info@gwsaar.com
Gründung: 1957
Geschäftsführer(in): Thomas Schuck
Reinhold Jäger

Umfassende Beratung und sachkundige Betreuung ansiedlungsinteressierter Unternehmen auf der Grundlage sorgfältiger Standortanalysen. Bereitstellung von zentral erfaßten Informationen über Industrie- und Gewerbeflächen, verfügbares Arbeitskräftepotential, öffentliche Förderprogramme und Finanzierungshilfen etc. Aktive Hilfestellung bei Verhandlungen mit allen zuständigen Einrichtungen im Land.

• U 399

Gesellschaft für Wirtschaftsförderung Untere Saar mbH
Postf. 18 40, 66718 Saarlouis
Kaiser-Friedrich-Ring 31, 66740 Saarlouis
T: (06831) 4 44-254 **Fax:** 4 44-262
Internet: http://www.wfus.de
E-Mail: info@wfus.de
Gründung: 1969 (9. Oktober)
Geschäftsführer(in): Dipl.-Betriebsw. Gerd Rupp

• U 400

Wirtschaftsfördergesellschaft "ELBE-SAALE" e.V. (ELSA)
Landratsamt Schönebeck
Cokturhof 1, 39218 Schönebeck
T: (03928) 7 80-8 71, 7 80-8 70 **Fax:** 40 08 56
Gründung: 1990 (4. Dezember)
Vorsitzende(r): Friedrich Husemann
Stellvertretende(r) Vorsitzende(r): Dr. Gürke (Geschäftsführer Kreishandwerkerschaft)
Geschäftsstellen-Ltr: Hermann Srb
Kontaktperson: Hermann Srb
Rosemarie Heinemann
Mitglieder: 76
Mitarbeiter: 2

• U 401

Verein für Strukturentwicklung und Wirtschaftsförderung Uckermark
c/o Stadtverwaltung Schwedt/Oder
Lindenallee 25-29, 16303 Schwedt
T: (03332) 44 62 13 **Fax:** 44 62 48
Gründung: 1992 (7. April)
Vorsitzende(r): Barbara Rückert
Geschäftsführer(in): Dipl.-Ing. Jürgen Polzehl
Mitarbeiter: 2

• U 402

Gesellschaft für Wirtschaftsförderung Mecklenburg-Vorpommern mbH
Schloßgartenallee 15, 19061 Schwerin
T: (0385) 5 92 25-0 **Fax:** 5 92 25-22
Internet: http://www.gfw-mv.de
E-Mail: connect@gfw-mv.de
Gründung: 1991
Geschäftsführer(in): Jürgen Michael Gahrau
Mitarbeiter: 13

• U 403

Gesellschaft für Wirtschaftsförderung Aschersleben-Staßfurt mbH
Postf. 12 24, 39402 Staßfurt
Großer Markt 9, 39418 Staßfurt
T: (03925) 93 01 24 **Fax:** 93 01 25
Internet: http://www.stassfurt.de/gfw, http://www.aschersleben.de/gfw
E-Mail: gfw@top-ip.de
Postf. 17 51, 06437 Aschersleben
Zippelmarkt 11, 06449 Aschersleben
T: (03473) 80 76 70, Fax: (03473) 80 99 54
Gründung: 1991 (1. Juli)
Geschäftsführer(in): Eveline Nettlau

Existenzgründung, Standortsicherung, Betriebsansiedlung; Erweiterungs- und Umstellungsprojekte, Technologie- und Innovationsberatung, Computergestützte Fördermittelberatung.

• U 404

Wirtschaftsförderverein „Märkisch-Oderland" e.V. (WFV)
Garzauer Chaussee, 15344 Strausberg
T: (03341) 33 53 04 **Fax:** 33 53 03
E-Mail: wfv@molnet.de
Gründung: 1992 (25. März)
Vorsitzende(r): Jürgen Reinking
Geschäftsführer(in): Jörg Schleinitz
Mitarbeiter: 3

• U 405

Wirtschaftsförderungsgesellschaft für den Kreis Unna mbH
Postf. 20 22, 59410 Unna
Friedrich-Ebert-Str. 17, 59425 Unna
T: (02303) 25 10 40 **Fax:** 27 14 90
Internet: http://www.wfg-kreis-unna.de
E-Mail: post@wfg-kreis-unna.de
Gründung: 1961
Vorsitzender des Aufsichtsrates: Landrat Gerd Achenbach

(Kreisverwaltung Unna, Friedrich-Ebert-Str. 17, Postf. 16 25-16 29, 16 40, T: (02303) 27-10 01, Telefax: (02303) 27 13 99, Teletex: 2 303 319, Btx: 023 0327)
Geschäftsführer(in): Dipl.-Volksw. Hans-Peter Nustede
Dr. Michael Dannebom
Mitarbeiter: 13 Angest.

• U 406

Wirtschaftsförderungsgesellschaft für den Kreis Viersen mbH
Große Bruchstr. 28-30, 41747 Viersen
T: (02162) 93 04-0 **Fax:** 93 04-25
Gründung: 1964 (6. Juli)
Geschäftsführer(in): Rolf Adolphs
Karl Hensel
Hartmut Kropp

• U 407

Wirtschaftsförderungsgesellschaft für den Kreis Wesel mbH (WFGW)
Schillstr. 25, 46483 Wesel
T: (0281) 2 30 85 **Fax:** 2 99 34
Gründung: 1982
Geschäftsführer(in): Dipl.-Volksw. Dr. Ursula Ettelbrück

Wohnungs- und Siedlungswesen

• U 408

DV

Deutscher Verband für Wohnungswesen, Städtebau und Raumordnung e.V.
Sitz: Bonn
Geschäftsstelle:
Ellerstr. 58, 53119 Bonn
T: (0228) 65 70 13 **Fax:** 69 22 71
Präsident(in): Bundesminister a. D. Karl Ravens
Generalsekretär(in): Dr. Hans-Ludwig Oberbeckmann
Geschäftsführer(in): Dirk Menrath
Dr. Hans-Michael Brey
Mitglieder: 700
Förderung der unabhängigen Forschung und des freien Studiums des Wohnungswesens, des Städtebaus, der Raumordnung und der Umwelt, Zusammenwirken aller am Bau-, Wohnungs- und Planungsgeschehen Beteiligten und Interessierten.

• U 409

Institut für Städtebau, Wohnungswirtschaft und Bausparwesen e.V.
(Arnold-Knoblauch-Institut)
Postf. 30 43 11, 10723 Berlin
Klingelhöferstr. 4, 10785 Berlin
T: (030) 59 00 99 16 00 **Fax:** 5 90 09 16 05
Internet: http://www.ifs-staedtebauinstitut.de
E-Mail: zentrale@ifs-staedtebauinstitut.de
Gründung: 1963 (26. Juli)
V. d. Kuratoriums: Dr. Franz Möller
InstDir.: Dr. Stefan Jokl
Mitglieder: 115

Mitgliedsverbände

u 410

Bundesgeschäftsstelle der Landesbausparkassen (LBS)
Postf. 11 01 80, 10831 Berlin
Behrenstr. 31, 10117 Berlin
T: (030) 2 02 25-0 **Fax:** 2 02 25-422

u 411

Bundesverband der Deutschen Volksbanken und Raiffeisenbanken e.V. (BVR)
Postf. 12 04 40, 53046 Bonn
Heussallee 5, 53113 Bonn
T: (0228) 5 09-0 **Fax:** 5 09-201
Internet: http://www.vrnet.de

u 412

Bundesverband Deutscher Versicherungskaufleute e.V. (BVK)
Max-Engl-Haus
Kekulestr. 12, 53115 Bonn
T: (0228) 2 28 05-0 **Fax:** 2 28 05-50
Internet: http://www.bvk.de
E-Mail: bvk@bvk.de

u 413

Bundesvereinigung der Landesentwicklungsgesellschaften u. Heimstätten e.V.
Hegelplatz 1, 10117 Berlin
T: (030) 20 45 04 40 **Fax:** 20 45 04 44
Internet: http://www.bvleg.de
E-Mail: bvleg@bvleg.de

u 414

Bundesverband Freier Wohnungsunternehmen e.V. (BFW)
Bundesgeschäftsstelle:
Kurfürstendamm 57, 10707 Berlin
T: (030) 3 27 81-0 **Fax:** 3 27 81-298, 3 27 81-299
Internet: http://www.bfw-bund.de
E-Mail: office@bfw-bund.de

u 415

Deutscher Siedlerbund e.V. Gesamtverband für Haus- und Wohneigentum (DSB)
Neefestr. 2a, 53115 Bonn
T: (0228) 6 04 68 20 **Fax:** 6 04 68 25

u 416

Evangelisches Siedlungswerk in Deutschland e.V.
Neue Gasse 2, 90403 Nürnberg
T: (0911) 22 35 54 **Fax:** 2 41 86 00

u 417

GdW Bundesverband deutscher Wohnungsunternehmen e.V.
Postf. 33 07 55, 14177 Berlin
Mecklenburgische Str. 57, 14197 Berlin
T: (030) 8 24 03-0 **Fax:** 8 24 03-199
Internet: http://www.gdw.de
E-Mail: mail@gdw.de

u 418

Hauptverband der Deutschen Bauindustrie e.V.
Kurfürstenstr. 129, 10785 Berlin
T: (030) 2 12 86-0 **Fax:** 2 12 86-240
Internet: http://www.bauindustrie.de
E-Mail: bauind@bauindustrie.de

Gewerkschaften und Industriegewerkschaften im DGB

u 419

Industriegewerkschaft Bauen-Agrar-Umwelt (IG BAU)
Bundesvorstand
Olof-Palme-Str. 19, 60439 Frankfurt
T: (069) 9 57 37-0 **Fax:** 9 57 37-800
Internet: http://www.igbau.de

u 420

Katholischer Siedlungsdienst e.V. Bundesverband für Wohnungswesen und Städtebau
Steinfelder Gasse 20-22, 50670 Köln
T: (0221) 13 45 20, 12 05 89 **Fax:** 12 05 80

Bayern:

u 421

VdW Bayern Verband bayerischer Wohnungsunternehmen e.V.
Postf. 22 16 54, 80506 München
Stollbergstr. 7, 80539 München
T: (089) 29 00 20-0 **Fax:** 2 28 59 40
Internet: http://www.vdwbayern.de
E-Mail: vdwbayern@vdwbayern.de

u 422

Verband der Privaten Bausparkassen e. V.
Klingelhöferstr. 4, 10785 Berlin
T: (030) 59 00 91-4 **Fax:** 59 00 91-501
TGR: Bausparverband

Niedersachsen/Bremen:

u 423

vdw Verband der Wohnungswirtschaft in Niedersachsen und Bremen e.V.
Postf. 61 20, 30061 Hannover
Leibnizufer 19, 30169 Hannover
T: (0511) 12 65-01 **Fax:** 12 65-1 11
Internet: http://www.vdw-online.de
E-Mail: vdw-niedersachsen-bremen@t-online.de

u 424

Verband Deutscher Makler für Grundbesitz, Hausverwaltung und Finanzierungen e.V. (VDM)
Bundesgeschäftsstelle:
Saatwinkler Damm 42/Riedemannweg 57, 13627 Berlin
T: (030) 38 30 25 28 **Fax:** 38 30 25 29
Internet: http://www.vdm.de
E-Mail: kontakt@vdm.de

Nordrhein-Westfalen:

u 425

Verband der Wohnungswirtschaft Rheinland Westfalen e.V.
Goltsteinstr. 29, 40211 Düsseldorf
T: (0211) 1 69 98-0 **Fax:** 1 69 98-50
Internet: http://www.vdw-rw.de
E-Mail: info@vdw-rw.de

u 426

Zentralverband des Deutschen Baugewerbe (ZDB)
Postf. 08 03 52, 10003 Berlin
Kronenstr. 55-58, 10117 Berlin
T: (030) 2 03 14-0 **Fax:** 2 03 14-419
Internet: http://www.zdb.de
E-Mail: bau@zdb.de

• U 427

BFW

Bundesverband Freier Wohnungsunternehmen e.V. (BFW)
Bundesgeschäftsstelle:
Kurfürstendamm 57, 10707 Berlin
T: (030) 3 27 81-0 **Fax:** 3 27 81-298, 3 27 81-299
Internet: http://www.bfw-bund.de
E-Mail: office@bfw-bund.de
Gründung: 1946 (Juni)
Internationaler Zusammenschluß: siehe unter izu 24
Ehrenpräsident: Prof. Dr. Hans Hämmerlein (Curtiusstr. 16, 40699 Erkrath, T: (02104) 4 18 61)
Karl-Heinz Reinheimer (Ziegelstr. 20, 71063 Sindelfingen, T: (07031) 69 07-0, Fax: 69 07-40)
Vorsitzende(r): Dr. Werner Upmeier (Mexikoplatz 4, 14163 Berlin, T: (030) 80 97 89 50, Fax: 80 97 89 90)
Dr. Hans Paul
Ottmann (Görresstr. 2, 80798 München, T: (089) 27 27 40)
Axel W. H. Schröder (In der Marsch 11, 21339 Lüneburg, T: (04131) 3 55 75)
Gerd Koppenhöfer (Wöhlerstr. 3-5, 60323 Frankfurt, T: (069) 97 20 80-10)
Vorstand: Peter Widmayer (Schatzmeister, Amalie-Dietrich-Stieg 13, 22305 Hamburg, T: (040) 69 70 69-7)
Dr. Peter Hansen (Am Holzgraben 1, 30161 Hannover, T: (0511) 3 10 90)
Dr. Wolfgang Görlich (Fischerhüttenstr. 81 a, 14163 Berlin, T: (030) 8 13 10 62)
Dr. Hans Schreiter (Alleestr. 76/88, 42853 Remscheid, T: (02191) 29 20 73)
Dietmar Bücher (Veitenmühlenweg 2, 65510 Idstein, T: (06126) 58 80)
Michael Schauffele (Markgröninger Str. 47/1, 71701 Schwieberdingen, T: (07150) 3 00 3-48)
Heinz Hug (Grabenstr. 10, 77736 Zell a. H., T: (07835) 78 80)
Dr. Michaela Hellerforth (Altenaer Str. 2, 55107 Lüdenscheid, T: (02351) 35 80 51)
Henning Kalkmann (Schloß Wolfsbrunnenweg 31 c, 69118 Heidelberg, T: (06221) 97 10-0)
Dietmar Manke (Bahnhofstr. 4, 24558 Henstedt-Ulzburg, T: (04193) 90 10)
Hauptgeschäftsführer(in): Dr. Günter Haber (Poppelsdorfer Allee 82, 53115 Bonn, T: (0228) 98 37 60)
Leitung Presseabteilung: Martina Rozok
Verbandszeitschrift: "Die Freie Wohnungswirtschaft"
Redaktion: Dr. Günter Haber, Jacqueline Naumann-Drescher
Verlag: Poppelsdorfer Allee 82, 53115 Bonn
Mitglieder: ca. 1800

Förderung und Schutz der Interessen der Unternehmen und Institutionen der privaten unternehmerischen Wohnungs- und Gewerberaumwirtschaft unter Ausschluß von Erwerbszwecken. Beteiligung an Gesetzgebungs- und Verwaltungsverfahren des Bundes, der Länder und Gemeinden im Sinne unserer Mitgliedsfirmen.

Landesverbände

u 428

Landesverband Freier Wohnungsunternehmen Baden-Württemberg e.V.
Grabenstr. 10, 77736 Zell
T: (07835) 78 80
Vorsitzende(r): Heinz Hug
Geschäftsführer(in): Dr. Lutz Wentlandt

u 429

Landesverband Freier Wohnungsunternehmen Bayern e.V.
Kapuzinerplatz 2, 80337 München
T: (089) 7 46 04 36 **Fax:** 7 21 11 01
Vorsitzende(r): Helmut Fenk
Geschäftsführer(in): Dr. Andreas Reiners

u 430

Landesverband Freier Wohnungsunternehmen Berlin/Brandenburg e.V.
Kurfürstenstr. 84, 10787 Berlin
T: (030) 23 09 58-0 **Fax:** 23 09 58-30
Vorsitzende(r): Klaus Groth
Geschäftsführer(in): Hiltrud Sprungala

u 431

Landesverband Freier Wohnungsunternehmen Hamburg/Schleswig-Holstein/Mecklenburg-Vorpommern e.V.
Bahnhofstr. 4, 24558 Henstedt-Ulzburg
T: (04193) 90 11 92 **Fax:** 90 11 70
Vorsitzende(r): Dietmar Manke
Geschäftsführer(in): Arne Berg

u 432

Landesverband Freier Wohnungsunternehmen Hessen/Rheinland-Pfalz/Saarland e.V.
Geschäftsstelle:
Bockenheimer Anlage 13, 60322 Frankfurt
T: (06343) 10 31 **Fax:** 76 25
Vorsitzende(r): Wolfgang Solbach (T: (069) 55 02 45, Fax: 59 47 71)
Ehrenvors.: Willy Leykauf (T: (06131) 27 05 00)
Geschäftsführer(in): Dr. Lutz Wentlandt (T: (06343) 10 31)

u 433

Landesverband Freier Wohnungsunternehmen Niedersachsen/Bremen e.V.
Am Holzgraben 1, 30161 Hannover
T: (0511) 31 09-268 **Fax:** 31 09-301
Vorsitzende(r): Dr. Peter Hansen
Geschäftsführer(in): Wally Plattner

u 434

Landesverband Freier Wohnungsunternehmen Nordrhein-Westfalen e.V.
Poppelsdorfer Allee 82, 53115 Bonn
T: (0228) 65 91 92 **Fax:** 69 30 17
Geschäftsführer(in): Dipl.-Volksw. Falk Kivelip

u 435

Landesverband Freier Wohnungsunternehmen Sachsen/Sachsen-Anhalt/Thüringen e.V.
Niedersedlitzer Platz 7, 01259 Dresden
T: (0351) 2 07 40 39 **Fax:** 2 07 40 49
Vorsitzende(r): Gerd Koppenhöfer

• U 436

Bau-Prüfverband Südwest e.V. (BPS)
Willy-Brandt-Platz 3, 68161 Mannheim
T: (0621) 1 20 32 25 **Fax:** 2 83 83
Vorsitzende(r): Heinz Hug
Geschäftsführer(in): Dr. Lutz Wentlandt

• U 437

GdW Bundesverband deutscher Wohnungsunternehmen e.V.
Postf. 33 07 55, 14177 Berlin
Mecklenburgische Str. 57, 14197 Berlin
T: (030) 8 24 03-0 **Fax:** 8 24 03-199
Internet: http://www.gdw.de
E-Mail: mail@gdw.de
Büro Köln: Bismarckstraße 7, 50672 Köln, T: (0221) 5 79 89-0, Fax: (0221) 5 79 89-99, E-Mail: mail@gdw.de
Präs. u. Vors. des Verbandsvorst.: Senator a.D. Jürgen Steinert
Stellv. Vors. des Verbandsvorstandes:
Herbert Jaspert, Bielefeld
Fred-Raimund Winkler, Berlin
Vors. des Verbandsrates u. Mitgl. des Präsidiums:
Wilfried Rager, Kempten
Stellv. Vors. des Verbandsrates u. Mitgl. des Präsidiums:
Curt Bertram, Chemnitz
Dr. Karl-Heinz Cox, Essen
Presse- und Öffentlichkeitsarbeit:
Manfred Neuhöfer
Rita Klein

Spitzenverband von mehr als 3000 Wohnungsunternehmen in der Bundesrepublik Deutschland: 2000 Wohnungsbaugenossenschaften (mit 3,2 Millionen Mitgliedern) und 1150 Wohnungsunternehmen anderer Rechtsformen. Insgesamter Wohnungsbestand: rund 7 Millionen Wohnungen.

Baden-Württemberg:

u 438

vbw Verband baden-württembergischer Wohnungsunternehmen e.V.
Herdweg 52, 70174 Stuttgart
T: (0711) 1 63 45-0 **Fax:** 1 63 45-45
Internet: http://www.vbw-online.de
E-Mail: info@vbw-online.de
Verbandsdirektor: RA Wolfram Mutschler
Vorsitzende(r) des Vorstandes: Gerhard Burkhardt
Vorstand: WP StB Thomas Wolf

u 439

vbw Verband baden-württembergischer Wohnungsunternehmen e.V.
Geschäftsstelle Karlsruhe
Schwarzwaldstr. 39, 76137 Karlsruhe
T: (0721) 9 33 53-0 **Fax:** 9 33 53-99

Bayern:

u 440

VdW Bayern
Verband bayerischer Wohnungsunternehmen e.V.
Postf. 22 16 54, 80506 München
Stollbergstr. 7, 80539 München
T: (089) 29 00 20-0 **Fax:** 2 28 59 40
Internet: http://www.vdwbayern.de
E-Mail: vdwbayern@vdwbayern.de
Verbandsdirektor: WP/StB Dipl.-Kfm. Heinz-Werner Götz

Berlin/Brandenburg:

u 441

BBU Verband Berlin-Brandenburgischer Wohnungsunternehmen e.V.
Lentzeallee 107, 14195 Berlin
T: (030) 8 97 81-0 **Fax:** 8 97 81-249
Internet: http://www.bbu.de
E-Mail: info@bbu.de
Vorst.-Mitgl.: RA Ludwig Burkardt
WP Klaus-Peter Hillebrand
Leitung Presseabteilung: Christa Fluhr

Prüfungsverband im Sinne des Genossenschaftsgesetzes; Interessenvertretung in allen Fragen der Wohnungswirtschaft für die Mitgliedsunternehmen und Beratung in diesem Bereich.

u 442

Verband Berlin-Brandenburgischer Wohnungsunternehmen e.V.
Landesgeschäftsstelle Potsdam
Behlertstr. 13, 14469 Potsdam
T: (0331) 2 71 83-0 **Fax:** 2 71 83-18

Hamburg - Mecklenburg-Vorpommern - Schleswig-Holstein:

u 443

VNW Verband norddeutscher Wohnungsunternehmen e.V.
Tangstedter Landstr. 83, 22415 Hamburg
T: (040) 5 20 11-0 **Fax:** 5 20 11-2 01
Internet: http://www.vnw.de
E-Mail: info@vnm.de
Verbandsdirektor: Dr. Joachim Wege
Prüf.-Dir.: WP StB Jens Petersen

Landesgeschäftsstelle Kiel
Wilhelminenstr. 16, 24103 Kiel
T: (0431) 5 15 69, Telefax: (0431) 55 16 94

Landesgeschäftsstelle Schwerin
Johannes-R.-Becher-Str. 16, 19059 Schwerin
T: (0385) 74 26-810
Telefax: (0385) 74 26-980

Hessen und Rheinland-Pfalz:

u 444

VSW Verband der Südwestdeutschen Wohnungswirtschaft e.V.
Hamburger Allee 14, 60486 Frankfurt
T: (069) 9 70 65-01 **Fax:** 9 70 65-147
E-Mail: vswpresse@t-online.de
Verbandsdirektor: N.N.

u 445

Prüfungsverband Südwestdeutscher Wohnungsunternehmen e.V.
Hamburger Allee 14, 60486 Frankfurt
T: (069) 9 70 65-01 **Fax:** 9 70 65-147
E-Mail: vswpresse@t-online.de
Verbandsdirektoren: Dipl.-Kfm. WP StB Thomas Aumüller (Prüfungsdirektor)
Verbandsdirektoren: N.N.

Niedersachsen/Bremen:

u 446

vdw Verband der Wohnungswirtschaft in Niedersachsen und Bremen e.V.
Postf. 61 20, 30061 Hannover
Leibnizufer 19, 30169 Hannover
T: (0511) 12 65-01 **Fax:** 12 65-1 11
Internet: http://www.vdw-online.de
E-Mail: vdw-niedersachsen-bremen@t-online.de
Verbandsdirektor: Senator a.D. Bernd Meyer
Prüf.-Dir.: Dipl.-Kfm. WP/StB Hubert Schiffers

Nordrhein-Westfalen:

u 447

Verband der Wohnungswirtschaft Rheinland Westfalen e.V.
Goltsteinstr. 29, 40211 Düsseldorf
T: (0211) 1 69 98-0 **Fax:** 1 69 98-50
Internet: http://www.vdw-rw.de
E-Mail: info@vdw-rw.de
Verbandsdirektor: Senator Bernd Meyer
Prüf.-Dir.: Dipl.-Kfm. WP StB Hubert Schiffers

u 448

Verband rheinischer und westfälischer Wohnungsunternehmen e.V.
Geschäftsstelle Westfalen
Rudolfstr. 2, 48145 Münster
T: (0251) 13 13 10 **Fax:** 39 17 57

Saarland:

u 449

Saarländischer Genossenschaftsverband e.V.
Postf. 10 27 25, 66027 Saarbrücken
Beethovenstr. 33, 66111 Saarbrücken

T: (0681) 3 87 06-0 **Fax:** 3 87 06-39
Internet: http://www.sgv.de
E-Mail: saarlaendischer_geno erband@t-online.de
Verbandsdirektor: Dipl.-Betriebsw. WP/StB Arnold Bard
Prüfungsdirektor: Dipl.-Kfm. WP/StB Ralf M. Marquis

Sachsen:

u 450

Verband Sächsischer Wohnungsgenossenschaften e.V.
Postf. 10 04 43, 01074 Dresden
Antonstr. 37, 01097 Dresden
T: (0351) 8 07 01-0 **Fax:** 8 07 01-60
Internet: http://www.vswg.de
E-Mail: verband@vswg.de
Verbandsdirektor: Dieter Schöbel
Prüf.-Dir.: WP/StB Reiner Dürre

u 451

Verband Sächsischer Wohnungsunternehmen e.V.
Weißeritzstr. 3, 01067 Dresden
T: (0351) 4 91 77-0 **Fax:** 4 91 77-11
Internet: http://www.vswu.de
E-Mail: vswu.dresden@t-online.de
Verbandsdirektor: Dipl.-Ing. Uwe Albrecht (MdL)

Sachsen-Anhalt:

u 452

VdG Verband der Wohnungsgenossenschaften Sachsen-Anhalt e.V.
Olvenstedter Str. 66, 39108 Magdeburg
T: (0391) 7 44 17-0 **Fax:** 7 44 19-99
Internet: http://www.vdwvdwg.de
E-Mail: vdwg-sa@t-online.de
Verbandsdirektor: Ronald Meißner
Prüf.-Dir.: WP/Stb Gertrud Bertling

u 453

VdW Verband der Wohnungswirtschaft Sachsen-Anhalt e.V.
Olvenstedter Str. 66, 39108 Magdeburg
T: (0391) 7 44 19-0 **Fax:** 7 44 19-99
Internet: http://www.vdwvdwg.de
E-Mail: vdws-a@t-online.de
Verbandsdirektor: RA Jost Riecke

Thüringen:

u 454

PTW Prüfungsverband Thüringer Wohnungsunternehmen e.V.
Schillerstr. 40, 99096 Erfurt
T: (0361) 3 40 10-0 **Fax:** 3 40 10-2 29
Internet: http://www.vtw.de
Verbandsdirektor: Norbert Nareyke
Prüf.-Dir.: WP/StB Horst Gerisch

u 455

VTW Verband Thüringer Wohnungswirtschaft e.V.
Schillerstr. 40, 99096 Erfurt
T: (0361) 3 40 10-0 **Fax:** 3 40 10-233
Internet: http://www.vtw.de
Vorstandsvorsitzender und Verbandsdirektor: Norbert Nareyke
Vorstand Technik und stellv. Verbandsdirektor: Hans-Dieter Paul

• U 456

Deutscher Siedlerbund e.V. Gesamtverband für Haus- und Wohneigentum (DSB)
Neefestr. 2a, 53115 Bonn
T: (0228) 6 04 68 20 **Fax:** 6 04 68 25
Präsident(in): Alfons Löseke
Geschäftsführer(in): Ulrich Reipert
Verbandszeitschrift: Familienheim und Garten
Redaktion: Manfred Rosenthal
Verlag: Neefestr. 2 a, 53115 Bonn
Mitglieder: 350000

Landesverbände

u 457

Deutscher Siedlerbund Landesverband Baden-Württemberg e.V.
Steinhäuserstr. 1, 76135 Karlsruhe
T: (0721) 98 16 20 **Fax:** 9 81 62 62

u 458

Bayerischer Siedlerbund (Landesverband) e.V.
Bahnhofstr. 25a, 92637 Weiden
T: (0961) 4 82 88 14 **Fax:** 4 82 88 36

u 459

Deutscher Siedlerbund Landesverband Berlin-Brandenburg e.V.
Winkler Str. 15, 14193 Berlin
T: (030) 89 09 53 60 **Fax:** 89 09 53 62

u 460

Deutscher Siedlerbund Landesverband der Brandenburgischen Siedler e.V.
Hildesheimer Str. 14a, 15366 Neuenhagen
T: (03342) 8 09 27 **Fax:** 8 09 67

u 461

Deutscher Siedlerbund Landesverband Bremen e.V.
Schifferstr. 48, 27568 Bremerhaven
T: (0471) 4 75 20

u 462

Verband für Haus- und Wohneigentum Hamburg e.V.
Fehrsweg 1a, 22335 Hamburg
T: (040) 50 41 71 **Fax:** 59 05 85

u 463

Deutscher Siedlerbund Landesverband Hessen e.V.
Neuhausstr. 22, 61440 Oberursel
T: (06171) 2 18 11 **Fax:** 2 57 37

u 464

Deutscher Siedlerbund Landesverband Mecklenburg-Vorpommern e.V.
Banzkower Str. 63, 19086 Plate
T: (03861) 79 80 **Fax:** 23 41

u 465

Deutscher Siedlerbund Landesverband Niedersachsen e.V.
Hildesheimer Str. 47, 30169 Hannover
T: (0511) 88 20 70 **Fax:** 8 82 07 20

u 466

Deutscher Siedlerbund Landesverband Nordrhein-Westfalen e.V.
Nordparksiedlung 2, 40474 Düsseldorf
T: (0211) 43 23 80 **Fax:** 4 38 06 61

u 467

Deutscher Siedlerbund Landesverband Rheinland-Pfalz e.V.
Grabenstr. 13, 56575 Weißenthurm
T: (02637) 42 05 **Fax:** 47 52

u 468

Deutscher Siedlerbund Landesverband Saarland e.V.
Helenenstr. 7, 66333 Völklingen
T: (06898) 93 50 33 **Fax:** 93 50 50

u 469

Deutscher Siedlerbund Landesverband Sachsen-Anhalt e.V.
Schleiermacherstr. 15, 06114 Halle
T: (0345) 5 22 01 14 **Fax:** 5 22 01 14

u 470

Deutscher Siedlerbund Sächsischer Landesverband Siedler e.V.
Kreuzstr. 17, 04103 Leipzig
T: (0341) 9 61 62 56 **Fax:** 9 61 62 60

u 471

Deutscher Siedlerbund Landesverband Schleswig-Holstein e.V.
Wernershagener Weg 31-33, 24537 Neumünster
T: (04321) 6 14 44 **Fax:** 6 62 03

u 472

Thüringer Siedlerbund Verband für Familienheim, Wochenendsiedlung und Garten e.V.
Bahnhofstr. 23, 98527 Suhl
T: (03681) 30 07 06 **Fax:** 30 07 06

• U 473

Evangelisches Siedlungswerk in Deutschland e.V.
Neue Gasse 2, 90403 Nürnberg
T: (0911) 22 35 54 **Fax:** 2 41 86 00
Präsident(in): Steffen Heitmann (Sächsischer Staatsminister der Justiz, Dresden)
Geschäftsführer(in): Dipl.-Volksw. Dr.jur.h.c. Hanns Seuß
Mitglieder: 9 Mitgliedsunternehmen, 13 Einzelmitglieder

• U 474

Ring Deutscher Siedler e.V. Bundesverband für Siedlung und Familienheim (RDS)
Beuthener Str. 34, 53117 Bonn
T: (0228) 76 72 24
Gründung: 1948 (20. März)
Bundesvorsitzender: Hermann-Josef Schmid
Leitung Presseabteilung: Dr. Walter Wehrhan
Verbandszeitschrift: RDS Journal
Redaktion: Dr. Wehrhan
Verlag: RDS Beuthener Str. 34, 53117 Bonn
Mitglieder: ca. 2000
Mitarbeiter: 3

• U 475

Bundesverband Deutscher Siedler und Eigenheimer e.V.
Schleißheimer Str. 205a, 80809 München
T: (089) 3 07 36 60 **Fax:** 30 59 70
Präsident(in): Eduard Lukas, München

Wohnungspolitik (Interessenvertretung der Siedler und Eigenheimer).

• U 476

Katholischer Siedlungsdienst e.V. Bundesverband für Wohnungswesen und Städtebau
Steinfelder Gasse 20-22, 50670 Köln
T: (0221) 13 45 20, 12 05 89 **Fax:** 12 05 80
Vorsitzende(r): Johann Schell
Geschäftsführer(in): Dipl.-Volksw. Karl-Heinz Nienhaus
Verbandszeitschrift: Bauen und Siedeln
Verlag: Kath. Siedlungsdienst
Mitglieder: 89 Organisationen

• U 477

Deutsches Volksheimstättenwerk e.V. Bundesverband für Wohneigentum, Wohnungsbau und Stadtentwicklung (vhw)
Hauptgeschäftsstelle:
Neefestr. 2a, 53115 Bonn
T: (0228) 7 25 99-0 **Fax:** 7 25 99-19
Bundesgeschäftsstelle:
Ernst-Reuter-Haus
Straße des 17. Juni 114
10623 Berlin
T: (030) 39 04 73-0, Fax: 39 04 73-19
Gründung: 1946
Vorsitzende(r) des Vorstandes: Dr. Dieter Haack, Erlangen
Stellvertretende(r) Vorsitzende(r): Peter Berberich, Kiel
Dr.h.c. Hanns Seuß, Nürnberg
Hauptgeschäftsführer(in): Peter Rohland
Leitung Presseabteilung: Inge Hildebrand
Verbandszeitschrift: Forum Wohneigentum
Redaktion: I. Hildebrand
Verlag: vhw Verlag GmbH, Neefestr. 2a, 53115 Bonn
Mitglieder: 1400

Das vhw vertritt die Auffassung, daß die freie Entfaltung der Persönlichkeit als Grundlage unserer Gesellschaftsordnung durch das Wohnen im Eigentum in einer nach den Erfordernissen der Zeit geordneten, erschlossenen und geschützten Umwelt wesentlich gefördert werden soll. Wohnungs- und Städtebau, Raumordnung und Strukturpolitik, Steuer- und Finanzpolitik sowie Sparförderung müssen dem Rechnung tragen. Der Verband setzt sich für die Gestaltung dieser Rahmenbedingungen zur Weiterentwicklung geeigneter Wohn- und Rechtsformen für das private Kleineigentum in einer geordneten Stadtentwicklung ein.

Landesverbände

u 478

Deutsches Volksheimstättenwerk e.V. Landesverband Baden-Württemberg
Gartenstr. 13, 71063 Sindelfingen
T: (07031) 8 66 10 70 **Fax:** 8 66 10 79

u 479

Deutsches Volksheimstättenwerk e.V. Landesverband Bayern
Rosenbuschstr. 6, 80538 München
T: (089) 29 16 39 30 **Fax:** 29 16 39 32

u 480

Deutsches Volksheimstättenwerk e.V. Landesverband Berlin/Brandenburg
Straße des 17.Juni 114, 10623 Berlin
T: (030) 39 04 73 30 **Fax:** 39 04 73 39

u 481

Deutsches Volksheimstättenwerk e.V. Landesverband Hessen
Lurgiallee 6-8, 60439 Frankfurt
T: (069) 58 70 07 51 **Fax:** 58 70 07 59

u 482

Deutsches Volksheimstättenwerk e.V. Landesverband Mecklenburg-Vorpommern
Schelfmarkt 5, 19055 Schwerin
T: (0385) 56 29 39 **Fax:** 56 29 72

u 483

Deutsches Volksheimstättenwerk e.V. Landesverband Niedersachsen
Walter-Gieseking-Str. 6, 30159 Hannover
T: (0511) 8 11 66 60 **Fax:** 8 11 66 61

u 484

Deutsches Volksheimstättenwerk e.V. Landesverband Nordrhein-Westfalen
Neefestr. 2a, 53115 Bonn
T: (0228) 7 25 99 40-43 **Fax:** 7 25 99 49

u 485

Deutsches Volksheimstättenwerk e.V. Landesverband Rheinland-Pfalz
Lurgiallee 6-8, 60439 Frankfurt
T: (069) 58 70 07 52 **Fax:** 58 70 07 59

u 486

Deutsches Volksheimstättenwerk e.V. Landesverband Saarland
Heuduckstr. 1, 66117 Saarbrücken
T: (0681) 9 26 82 10 **Fax:** 9 26 82 26

u 487

Deutsches Volksheimstättenwerk e.V. Landesverband Sachsen/Sachsen-Anhalt
Petersstr. 39/41, 04109 Leipzig
T: (0341) 9 84 89-0 **Fax:** 9 84 89-11

u 488

Deutsches Volksheimstättenwerk e.V. Landesverband Schleswig-Holstein und Hamburg
Am Dörpsdiek 61, 24109 Melsdorf
T: (04340) 18 14 **Fax:** 18 13

u 489

Deutsches Volksheimstättenwerk e.V. Landesverband Thüringen
Puschkinstr. 1, 99084 Erfurt
T: (0361) 5 66 03 03 **Fax:** 5 66 03 04

• U 490

Bundesvereinigung der Landesentwicklungsgesellschaften u. Heimstätten e.V.
Hegelplatz 1, 10117 Berlin
T: (030) 20 45 04 40 **Fax:** 20 45 04 44
Internet: http://www.bvleg.de
E-Mail: bvleg@bvleg.de
Präsident(in): Ministerialrat Henning Storck
Vorstand: Ministerialrat Roman Petrusek
Stv. d. Vorst.: Dr. Monika Arlt
Presse und Öffentlichkeitsarbeit: Irene Dombek
Verbandszeitschrift: mitteilungen (4 x jährl.)
Redaktion: Dr. Monika Arlt
Verlag: Eigenverlag
Mitglieder: 15
Mitarbeiter: 5
Förderung der satzungsgemäßen Arbeit unserer Mitglieder als Universalinstrumente der Länder für die Realisierung ihrer Wohnungs-, Städtebau- und Strukturpolitik. Die Bundesvereinigung nimmt folgende Aufgaben wahr: Organisation des Erfahrungsaustausches, gemeinsame Öffentlichkeitsarbeit, Lobbyarbeit für die Mitgliedsgesellschaften.

u 491

LEG Landesentwicklungsgesellschaft Baden-Württemberg mbH
Katharinenstr. 20, 70182 Stuttgart
T: (0711) 21 77-0 **Fax:** 21 77-300
Internet: http://www.leg-bw.de
Vors. d. Geschäftsführung: Dr. jur. Hans-Joachim Kay
Geschäftsführer(in): Lienhard Dorn
Dr. jur. Walter Kilian

u 492

Landeswohnungs- und Städtebaugesellschaft Bayern GmbH
Himpfelshofstr. 13, 90429 Nürnberg
T: (0911) 9 26 29-0 **Fax:** 9 26 29-400
Internet: http://www.lws.de
E-Mail: info@lws.de
Geschäftsführer(in): Dr. Horst Vogt

u 493

BLEG Berliner Landesentwicklungsgesellschaft mbH
Pascalstr. 10c, 10587 Berlin
T: (030) 39 91-4000 **Fax:** 39 91-4001
Internet: http://www.bleg.de
E-Mail: bleg@bleg.de
Geschäftsführer(in): Dietrich G. Kraus

u 494

Landesentwicklungsgesellschaft für Städtebau, Wohnen und Verkehr des Landes Brandenburg mbH
Seeburger Chaussee 2, 14476 Groß Glienicke
T: (033201) 27-0 **Fax:** 27-450
Internet: http://www.leg-brandenburg.de
E-Mail: landesentwicklungsgesellschaft@leg-brandenburg.de
Gründung: 1991 (21.Oktober)
Geschäftsführer(in): Ministerialdirigent Dipl.-Volksw. Wolfgang Heitmann
Germanus Pause
Leitung Presseabteilung: Jürgen Simmer

u 495

WOHNSTADT Stadtentwicklungs- und Wohnungsbaugesellschaft Hessen mbH
Wolfsschlucht 18, 34117 Kassel
T: (0561) 10 01-0 **Fax:** 10 01-200
Internet: http://www.wohnstadt.de
E-Mail: mail@wohnstadt.de
Geschäftsführer(in): Dipl.-Volksw. Ernst-Hubert von Michaelis
Dipl.-Ing. Dirk Schumacher

u 496

Nassauische Heimstätte Wohnungs- und Entwicklungsgesellschaft mbH
Postf. 70 07 55, 60557 Frankfurt
Schaumainkai 47, 60596 Frankfurt
T: (069) 60 69-0 **Fax:** 60 69-300
Internet: http://www.naheimst.de
E-Mail: post@naheimst.de
Ltd. GeschF: StS a. D. Reinhart Chr. Bartholomäi (FRISC)
Geschäftsführer(in): Dipl.-Kfm. Bernhard Spiller
Arch. Dipl.-Ing. Sigbert Vogt
Dipl.-Ing. Wolfgang Weber

u 497

NILEG - Norddeutsche Gesellschaft für Landesentwicklung, Wohnungsbau und kommunale Anlagen mbH
Postf. 44 29, 30044 Hannover
Walter-Gieseking-Str. 6, 30159 Hannover
T: (0511) 81 16-0 **Fax:** 81 16-473
Internet: http://www.nileg.de
E-Mail: gross@nileg.de
Geschäftsführer(in): MinRat Henning Storck (Sprecher)
Dipl.-Volksw. Wilhelm Gehrke
Dipl.-Ing. Bernd Hermann
Volker Brunke
Für staatliche und kommunale Verwaltungen, Wohnungsbauunternehmen und Großinvestoren: Architekten- und Ingenieurleistungen im Hoch- und Tiefbau, Steuerung und Kontrolle komplexer Bauvorhaben.
Städtebauliche Planungen, Flächennutzungs-und Bebauungspläne, städtebauliche Gutachten, Sanierungs- und Entwicklungsträgerschaften; ökologische Gutachten.
Grundstücks-, Entwicklungs- und Erschließungsträgerschaften, Finanzierungsberatung, Zwischenfinanzierung und wirtschaftliche Betreuung, Immobilienverwaltung.
Für Einzelbauherren:
Betreuung und Trägerschaft für Einfamilienhäuser und Eigentumswohnungen.

u 498

LEG Landesentwicklungsgesellschaft Nordrhein-Westfalen GmbH
Roßstr. 120, 40476 Düsseldorf
T: (0211) 45 68-0 **Fax:** 45 68-261
Internet: http://www.leg-nrw.de
E-Mail: schnitzj@leg-nrw.de
Geschäftsführer(in): Barbara Clemens
Hein Arning
Rainer Witzel (Zentralbereiche, Roßstraße 120, 40476 Düsseldorf, T: (0211) 45 68-333, Fax: 45 68-245)
Pressesprecher: Jürgen Schnitzmeier

u 499

Rhein-Pfalz Wohnen GmbH
Postf. 24 09, 55014 Mainz
Hindenburgstr. 10-16, 55118 Mainz
T: (06131) 63 97-0 **Fax:** 63 97-171
Geschäftsführer(in): Dipl.-Volksw. Michael Hampel (Sprecher)
Dipl.-Kfm. Dieter Finnendahl
RA Helmut Ullrich

u 500

LEG Saar, Landesentwicklungsgesellschaft Saarland mbH
Postf. 10 18 22, 66018 Saarbrücken
Bismarckstr. 39-41, 66121 Saarbrücken
T: (0681) 99 65-0 **Fax:** 99 65-205
Internet: http://www.leg-saar.de
Geschäftsführer(in): Reinhold Jäger
Thomas Schuck

u 501

SALEG Sachsen-Anhaltinische-Landesentwicklungsgesellschaft mbH
Turmschanzenstr. 26, 39114 Magdeburg
T: (0391) 85 03-3 **Fax:** 85 03-401
Geschäftsführer(in): Dipl.-Ing. Rüdiger Schulz
Dipl.-Ing. Conny Eggert

u 502

LSEG Landessiedlungs- und Entwicklungsgesellschaft Sachsen mbH
Blüherstr. 4, 01069 Dresden
T: (0351) 88 44-20 **Fax:** 88 44-240
Geschäftsführer(in): Günter Rabe
Dr. Stefan Ahrling

u 503

DKB Immobiliengesellschaft mbH
Französische Str. 54, 10117 Berlin
T: (030) 2 01 55-180 **Fax:** 2 01 55-198
Geschäftsführer(in): Hans-Peter Eger
Andreas Schmidt

u 504

Landesentwicklungsgesellschaft Thüringen mbH (LEG Thüringen)
Mainzerhofstr. 12, 99084 Erfurt
T: (0361) 56 03-0 **Fax:** 56 03-333
Internet: http://www.leg.thueringen.de
Geschäftsführer(in): Staatssekretär a.D. Reinhold Stanitzek (Sprecher)
Dr. Günter Link
Frank Krätzschmar

• U 505

Entwicklungsgesellschaft Waldstadt Wünsdorf/ Zehrensdorf mbH
Berliner Str. 30-32, 15838 Wünsdorf
T: (033702) 6 63 18, 6 62 04 **Fax:** 6 62 42, 6 62 90
Internet: http://www.waldstadt.de
E-Mail: ewz-gf-baumann@t-online.de
Gründung: 1995
Geschäftsführer(in): Jürgen Baumann

Prokurist(en): Thomas Krause
Prokurist(en): Klaus Bochow
Mitarbeiter: 19

• **U 506**

Verband für Studentenwohnheime e.V.
Thomas-Mann-Str. 62, 53111 Bonn
T: (0228) 65 08 90
Vorsitzende(r): Adolf Paul Quilling (Großenbuschstr. 30, 53229 Bonn)
Geschäftsführer(in): RA Peter Wettermann, Bonn
Mitglieder: 19

• **U 507**

WohnBund e.V. - Verein zur Förderung wohnpolitischer Initiativen
Appelsgasse 12, 60487 Frankfurt
T: (069) 77 60 25 **Fax:** 77 30 37
Geschäftsführer(in): Dr. Joachim Brech

Marken-, Zeichen- und Qualitätsverbände

• **U 508**

Bund Güteschutz Beton- und Stahlbetonfertigteile e.V.
Postf. 21 02 67, 53157 Bonn
Schloßallee 10, 53179 Bonn
T: (0228) 9 54 56 58 **Fax:** 9 54 56-90
E-Mail: bgb@betoninfo.de
Vorsitzende(r): Dipl.-Ing. Hans Vogt (Karl Vogt Betonwerk, Porta Westfalica GmbH & Co. KG, Hausberger Str. 52, 32457 Porta Westfalica, T:(0571) 9 75 00-0, Telefax: (0571) 9 75 00 19)
Stellvertretende(r) Vorsitzende(r): Bauing. Rudolf Griesmann (R. Griesmann Betonfertigteilwerk GmbH, Stadelerstr. 9, 86424 Dinkelscherben, T: (08292) 20 40, T: (08292) 2 04 35)
Dipl.-Ing. Dietmar Wesser (Wesser Betonwerke u. Baustoffe GmbH, Hauptstr. 106-112, 07554 Pölzig, T: (036695) 8 00, Fax: (036695) 8 01 99)
Geschäftsführer(in): Dipl.-Ing. Lothar Pesch
Ehrenmitgl. d. Vorstandes: Obering. Heinz Woddow (Weinmeisterhornweg 72, 13583 Berlin, T: (030) 3 61 44 63)

Angeschlossen sind die folgenden Güteschutzverbände in den Ländern:

Baden-Württemberg

u 509

Güteschutz Beton- und Fertigteilwerke Baden-Württemberg e.V.
Postf. 70 02 56, 70572 Stuttgart
Reutlinger Str. 16, 70597 Stuttgart
T: (0711) 9 76 62-30 **Fax:** 9 76 62 50
E-Mail: gbf-bw@betonservice.de
Vorsitzende(r): Dipl.-Ing. Alois Oesselke (Betonwerk Harsch GmbH & Co. KG, Postf. 12 80, 75002 Bretten, T: (07252) 77-0, Fax: (07252) 77 64 79)
Stellvertretende(r) Vorsitzende(r): Dr.-Ing. Wolfgang Kaysser (Mozartstr. 26, 72355 Schörzingen, T: (07427) 62 48)
Hauptgeschäftsführer(in): Dr.-Ing. Karl Hornung
Ehrenvors.: Klaus Ganter (Otto Lang GmbH u. Co. KG, Alte Neckarelzer Str. 15, 74821 Mosbach, T: (06261) 9 26 90)
Dr.-Ing. Heinz Dettling (Engelsfriedshalde 93, 72076 Tübingen, T: (07071) 6 18 11)

Bayern

u 510

Güteschutz Beton- und Fertigteilwerke Land Bayern e.V.
Postf. 15 02 40, 80042 München
Beethovenstr. 8, 80336 München
T: (089) 51 40 31 63 **Fax:** 5 32 83 59
E-Mail: guebe@steine-erden-by.de
Vorsitzende(r): Dipl.-Ing. Wolfgang Wambsganz (Katzenberger GmbH & Co. KG, Geisenhausener Str. 6, 81379 München, T: (089) 78 75-0, Fax: 78 75-2 01)
Stellvertretende(r) Vorsitzende(r): Dipl.-Ing. (FH) Bruno Fritz (Bruno Fritz Komplettbau, Arlesrieder Str. 21, 87746 Erkheim, T: (08336) 80 48-0, Fax: 80 48-48)
Geschäftsführer(in): Dipl.-Phys. Horst Zimmermann
Ass. Dieter Meder

Berlin

u 511

Güteschutzgemeinschaft der Beton- und Fertigteilwerke in Berlin e.V.
Nassauische Str. 15, 10717 Berlin
T: (030) 86 00 04-0 **Fax:** 86 00 04-12
Vorsitzende(r): Dipl.-Ing. Harald Vratislavsky (Vratislavsky OHG Natur- und Betonwerkstein, Nahmitzer Damm 31, 12277 Berlin, T: (030) 72 39 57-0, Fax: (030) 7 21 90 01)
Stellvertretende(r) Vorsitzende(r): Günter Krüger (Fa. Kurt Weber & Co. Betonwerk GmbH, Flottenstr. 61, 13407 Berlin und Brandenburg e.V., T: (030) 4 11 60 01, Fax: (030) 4 14 35 20)
Geschäftsführer(in): Dipl.-Ing. Joachim Rosenwald

Hessen

u 512

Güteschutz Beton- und Fertigteilwerke Hessen e.V.
Postf. 12 49, 65002 Wiesbaden
Grillparzerstr. 13, 65187 Wiesbaden
T: (0611) 8 90 85-14 **Fax:** 8 90 85 10
E-Mail: AGVSEHT@t-online.de
Ehrenvors: Ing. Karl-Heinz Rost (Wiesenstr. 13, 65558 Flacht, T: (06432) 13 90)
Vorsitzende(r): Dipl.-Ing. Jürgen Krogemann (Krebs KG, Betonwerk GmbH+Co., Alte Schmelze 11-17, 65201 Wiesbaden, Postf. 13 03 63, 65091 Wiesbaden, T: (0611) 92 85 10, Telefax: (0611) 9 28 51 27)
1. Stellv. Vors.: Dipl.-Ing. Peter Nüdling (F.C. Nüdling GmbH & Co. KG, Ruprechtstr. 24, 36037 Fulda, T: (0661) 8 38 70, Fax: (0661) 7 35 89)
2. Stellv. Vors.: Hermann Mayer (PASSAVANT-Moos GmbH, Mittelriedstr. 25, 68642 Bürstadt, T: (06206) 9 81 60, Fax: (06206) 98 16 15)
Hauptgeschäftsführer(in): RA Axel Diedenhofen
Techn.GeschF: Dipl.-Ing. Andreas Titze

Mecklenburg-Vorpommern

u 513

Güteschutz Beton- und Fertigteilindustrie Mecklenburg/Vorpommern e.V.
Platz der Freundschaft 1, 18059 Rostock
T: (0381) 44 82-18, 44 82-19, 44 21 12 **Fax:** 4 00 04 23
Vorsitzende(r): Dipl.-Ing. Jürgen Greese (Greese Betonwaren GmbH, Ueckermünder Str. 27, 17367 Eggesin, T: (039779) 2 02 93, Fax: 2 02 94)
Stellvertretende(r) Vorsitzende(r): Manfred Porschenrieder (Meckl. Fertigteilwerke GmbH, Marieneher Str. 10, 18059 Rostock, T: (0381) 81 92 50, Fax: 81 92 64)
Geschäftsführer(in): Dipl.-Ing. Günther Sponholz

Niedersachsen, Hamburg, Bremen und Schleswig-Holstein

u 514

Güteschutz Beton- und Fertigteilwerke Nord e.V.
Postf. 12 22, 30928 Burgwedel
Raiffeisenstr. 8, 30938 Burgwedel
T: (05139) 99 94 40 **Fax:** 99 94 50
E-Mail: gueteschutz@betonverbaende-nord.de
Vorsitzende(r): Dipl.-Ing. Günther Weber (Karl Weber - Betonwerke, Postf. 14 40, 32440 Porta Westfalica, T: (0571) 79 57-0, Telefax: (0571) 79 57 50)
Stellvertretende(r) Vorsitzende(r): Dipl.-Ing. Winfried Ahrens (Fritz Ahrens GmbH + Co. KG Betonwerke, Auf der Loge 14, 27259 Varrel, T: (04274) 93 10-0, Fax: (04274) 93 10-50, Internet: http://www.ahrens-beton.de, E-Mail: info@ahrens-beton.de)
Geschäftsführer(in): Dr.-Ing. Franz Blume

Nordrhein-Westfalen

u 515

Güteschutz Beton Nordrhein-Westfalen - Beton- und Fertigteilwerke e.V.
Friedrich-Ebert-Str. 37/39, 40210 Düsseldorf
T: (0211) 13 53 65, 13 53 66 **Fax:** 1 64 94 44
Internet: http://www.gueteschutz-beton.de
E-Mail: info@gueteschutz-beton.de
Vorsitzende(r): Dipl.-Ing. Hans Vogt (Karl Vogt Betonwerk Porta Westfalica GmbH & Co. KG, Hausberger Str. 52, 32457 Porta Westfalica, T: (0571) 9 75 00-0, Telefax: (0571) 9 75 00 19, Internet: http://www.betonwerk-vogt.de, E-Mail: info@betonwerk-vogt.de)
Stellvertretende(r) Vorsitzende(r): Dipl.-Ing. Werner Ulrich (Karl Ulrich Bauunternehmen GmbH & Co. Stahlbetonfertigteile, Am gelben Berg 3, 59846 Sundern-Westenfeld, T: (02933) 40 38, Fax: (02933) 97 38-38, Internet: http://www.karlulrich.de, E-Mail: bau@karlulrich.de)
Geschäftsführer(in): Dipl.-Ing. Stefan Zwolinski

Rheinland-Pfalz

u 516

Güteschutz und Landesverband Beton- und Bimsindustrie Rheinland-Pfalz e.V.
Postf. 10 10 62, 67410 Neustadt
Friedrich-Ebert-Str. 11-13, 67433 Neustadt
T: (06321) 85 20 **Fax:** 85 22 90
Geschäftsstelle Neuwied: Postf. 27 55, 56517 Neuwied
Sandkauler Weg 1, 56564 Neuwied
T: (02631) 2 22 27, **Fax:** 3 13 36
Vorsitzende(r): Joachim Altenhofen (Behr Therm GmbH & Co. KG, Auf dem Teich 10, 56645 Nickenich, T: (02632) 8 20 78, Fax: 8 18 53)
Stellvertretende(r) Vorsitzende(r): Dipl.-Ing. (FH) Bernhard Ehl (Ehl AG Baustoffwerke, Postf. 12 50, 56639 Kruft, T: (02652) 8 00 90)
Dipl.-Ing. Manfred Lösch (Lösch GmbH, Betonwerke, Postf. 11 55, 67355 Lingenfeld, T: (06344) 1 80, Fax: (06344) 54 08)
Geschäftsführer(in): Dipl.-Ing. Armin Neunast
RA Heinrich Klotz

Sachsen

u 517

Güteschutz Beton- u. Fertigteilwerke Sachsen e.V.
Uhlandstr. 39, 01069 Dresden
T: (0351) 4 70 58 58 **Fax:** 4 70 58 50
Vorsitzende(r): Dipl.-Ing. Martin Bergmann (Sand- und Betonwerke Friedrich Bergmann GmbH, Am Zeisig 8, 04657 Langensteinbach)
Stellvertretende(r) Vorsitzende(r): Dipl.-Ing. Helmut Langner (Reinhard Fuchs GmbH, Gewerbeallee 2-6, 09224 Mittelbach)
Geschäftsführer(in): Dipl.-Ing. Manfred Quick

Sachsen-Anhalt

u 518

Güteschutz Beton- und Fertigteilwerke Mitte-Ost e.V.
Hegelstr. 28, 39104 Magdeburg
T: (0391) 5 32 34-0 **Fax:** 5 32 34 40
Vorsitzende(r): Dipl.-Ing. Frank Bullerjahn (BVM Betonprodukte Verwaltungs GmbH, Berliner Str. 32 a, 15378 Hennickendorf, T: (033434) 79-0, Fax: 7 03 24)
Stellvertretende(r) Vorsitzende(r): Christoph Suding (Suding Beton- und Kieswerk GmbH, Dorfstr. 57, 39606 Kleinau, T: (039399) 9 66 66, Telefax: (039399) 9 67 99)
Geschäftsführer(in): Dr.-Ing. Günter Vogel

Thüringen

u 519

Güteschutz Beton- und Fertigteilwerke Thüringen e.V.
Pförtchenstr. 1, 99096 Erfurt
T: (0361) 2 25 14 25 **Fax:** 2 25 14 25, 7 89 40 53
Vorsitzende(r): Dipl.-Ing. Dietmar Wesser (Wesser Betonwerke u. Baustoffe GmbH, Hauptstr. 106-112, 07554 Pölzig, T: (036695) 80-0, Fax: (036695) 8 01 99, E-Mail: wesserbeton@t-online.de)
Stellvertretende(r) Vorsitzende(r): Dipl.-Ing. Bertram Schumann (Betonwerk Schumann GmbH, Ronneburger Str. 26, 07580 Seelingstädt, T: (036608) 96 20, Fax: (036608) 9 62 69, E-Mail: bw-schumann@t-online.de)
Geschf u. Prüfbeauftr.: Dr.-Ing. habil. Bärbel Stadelmann

• U 520

Güteschutz Kalksandstein e.V.
Postf. 21 01 60, 30401 Hannover
Entenfangweg 15, 30419 Hannover
T: (0511) 2 79 54-0 **Fax:** 2 79 54 54
Internet: http://www.kalksandstein.de
E-Mail: info@kalksandstein.de
Vorsitzende(r) des Vorstandes: Dipl.-Kfm. Frank Fugmann (Union Norddeutscher Kalksandsteinwerke (UNK) GmbH & Co. KG, 24790 Schacht-Audorf)
Hauptgeschäftsführer(in): Dr. jur. Walter Erasmy
Geschäftsführer(in): Dr.-Ing. Dieter Kasten

• U 521

Gütegemeinschaft AKB für Asphalt-Kaltbauweisen zur Erhaltung von Strassen e.V.
Geschäftsstelle:
Bataverstr. 7-9, 47809 Krefeld
Sitz:
Bessemer Str. 42 b, 12103 Berlin
T: (0180) 5 34 12 36 **Fax:** 5 34 12 36
Gründung: 1988
1. Vorsitzende(r): Hermann Giesler (Fa. Protecta, Krefeld)
2. Vorsitzende(r): Helmut Wellmann (Fa. Kutter, Hanau)
Mitglieder: 10
Jahresetat: DM 0,05 Mio, € 0,03 Mio

• U 522

OWM - Markenverband e.V.
Schöne Aussicht 59, 65193 Wiesbaden
T: (0611) 58 67 21, 58 67 24 **Fax:** 58 67 27
E-Mail: info@markenverband.de
Gründung: 1903
Internationaler Zusammenschluß: siehe unter izo 199, izu 45
Vorsitzende(r): Hans G. Güldenberg (Vors. d. Vorst. Nestlé Deutschland AG, Frankfurt)
Stellvertretende(r) Vorsitzende(r): Dr. Michael Braun (Geschäftsf. Gesellschafter Triumph International Holding GmbH)
Johann C. Lindenberg (Vors. Geschäftsführung Deutsche Unilever)
August Oetker (pers. haft. Ges.d. Dr.August Oetker Nahrungsmittel KG)
Uwe Wölfer (Mitgl. d. Vorstandes Beiersdorf AG)
Hauptgeschäftsführer(in): RA Horst Prießnitz
Stellvertretende(r)-Hauptgeschäftsführer: Dipl.-Volkswirt Wolfgang Hainer
Schatzmeister: Reiner Camphausen (Geschäftsführer Effen GmbH)
Mitglieder: 330
Zeitschrift: Markenartikel
Redaktion: Peter E. Grossklaus
Verlag: E. Albrecht Verlags KG, Freihamer Str. 2, 82166 Gräfelfing

• U 523

Gesellschaft zur Erforschung des Markenwesens e.V.
Schöne Aussicht 59, 65193 Wiesbaden
T: (0611) 58 67-0 **Fax:** 58 67 27
Gründung: 1954
Vorsitzende(r): Dr. Wolfgang Majer
Geschäftsf. Vorst.: RA Dr. Peter Lips (Wiesbaden, Hamburg)
Förderung wissenschaftlicher Tätigkeiten, die der Erforschung oder Beschreibung des Markenwesens gewidmet sind; Durchführung eigener Untersuchungen, die die Marke zum Thema haben.

• U 524

ILKA-Warenzeichenverband e.V.
Königsbrücker Landstr. 159, 01109 Dresden
Geschäftsstelle:
Bertolt-Brecht-Allee 22, 01309 Dresden
T: (0351) 31 99 16 21 **Fax:** 31 99 18 02
Internet: http://www.ilka.de
E-Mail: ilka@ilka.de
Vorsitzende(r): Herbert Kripfgans
Hauptgeschäftsführer(in): Wilfried Engelmann

• U 525

Arbeitskreis Qualitätsdaune e.V.
Fabrikstr. 35, 73266 Bissingen
T: (07023) 95 11-0 **Fax:** 95 11-55
Gründung: 1985 (7. Juli)
Vorsitzende(r): Knut Jaeger (BIG PACK GMBH, Fabrikstr. 35, 73266 Bissingen)
Stellvertretende(r) Vorsitzende(r): Ralf Lingrün (Paradies GmbH Gebr. Kremers, 47506 Neukirchen-Vluyn)
Mitglieder: 8

• U 526

PERLON-Warenzeichenverband e.V.
51368 Leverkusen
T: (0214) 3 06 19 35 **Fax:** 3 06 63 41
Vorstand: RA Helmut Pastor
RA Rainer Trieschmann

• U 527

Warenzeichenverband Edelstahl Rostfrei e.V.
Postf. 10 22 05, 40013 Düsseldorf
T: (0211) 67 07-0 **Fax:** 67 07-344
Gründung: 1962
Geschäftsführer(in): Dr. Hans-Peter Wilbert
Mitglieder: ca. 2000

• U 528

Interessengemeinschaft Normung (IGN)
Postf. 92 02 44, 51152 Köln
Ettore-Bugatti-Str. 35, 51149 Köln
T: (02203) 35 70 60 **Fax:** 35 70 62
Gründung: 1998 (1. Juli)
Mitglieder: 12
Mitarbeiter: 2
Fachbereiche: Entwässerugstechnik Verkehrsflächen, Entwässerungstechnik Gebäude, Abscheidetechnik
Vertretung aller interessierten Kreise (Hersteller, Planer, Einbauer, Anwender, Behörden) in den relevanten Gremien der nationalen/europäischen Normung/Regelsetzung für die 3 Fachbereiche der Vereinigung.

• U 529

Gütegemeinschaft Anodisiertes Aluminium e.V. (GAA)
Postf. 42 43, 90022 Nürnberg
Marientorgraben 13, 90402 Nürnberg
T: (0911) 20 44 41 **Fax:** 22 67 55
E-Mail: Industrieverbaende-Nbg@t-online.de
Gründung: 1974
Vorsitzende(r): Wolfgang Buchholz (Fa. Metalloxyd GmbH, Postf. 45 11 60, 50886 Köln, Widdersdorfer Str. 329-331, 50933 Köln)
Stellvertretende(r) Vorsitzende(r): Prof. Dr. Werner Horn (Fa. Alusuisse Singen GmbH, Postf. 1 60, 78221 Singen, Alusingenplatz 1, 78224 Singen)
Geschäftsführer(in): RA Michael Middendorf

• U 530

Gütegemeinschaft Deutscher Fertigbau e.V.
Hackländerstr. 43, 70184 Stuttgart
T: (0711) 2 39 96-50 **Fax:** 2 39 96-60
Internet: http://www.dfv.com
E-Mail: info@dfv.com
Vorsitzende(r): Kurt Lehner (i.Fa. Lehner-Haus, Heidenheim)
Geschäftsführer(in): Dipl.-Betriebsw. Joachim Hörrmann
Leitung Presseabteilung: Peter Mackowiack
Mitglieder: ca. 80

• U 531

Qualitätsverband Kunststofferzeugnisse e.V.
Baumschulallee 6, 53115 Bonn
T: (0228) 7 66 76 54, 7 66 76 55 **Fax:** 7 66 76 50
Vorsitzende(r): Dipl.-Ing. Klaus Jensen
Geschäftsführer(in): RA Dieter Utz

• U 532

Gütegemeinschaft Kunststoff-Fensterprofile im Qualitätsverband Kunststofferzeugnisse e.V.
Baumschulallee 6, 53115 Bonn
T: (0228) 7 66 76 54, 7 66 76 55 **Fax:** 7 66 76 50
Vorsitzende(r): Dipl.-Ing. Klaus Jensen (Salamander Industrie-Produkte GmbH, 86838 Türkheim)
Geschäftsführer(in): RA Dieter Utz

• U 533

Gütegemeinschaft Kunststoff-Müllgroßbehälter im Qualitätsverband Kunststofferzeugnisse e.V.
Hammanstr. 3, 60322 Frankfurt
T: (069) 59 80 93 **Fax:** 55 07 71
GeschfObmann: Ing. Hans A. Hoffmann (Fa. Sulo Eisenwerk Streuber + Lohmann GmbH, Herford)

• U 534

Qualitätssicherungsgemeinschaft der Industriellen Rekonditionierer e.V.
Niederkasseler Str. 60, 40547 Düsseldorf
T: (0211) 55 61 66 **Fax:** 55 64 66
Vorsitzende(r): Frido Heyer (Carl Meyer GmbH, Buchholzer Str. 15-17, 30629 Hannover, T: (0511) 58 02 32, Telefax: (0511) 58 79 81)
Stellvertretende(r) Vorsitzende(r): Günter Plath (Friedsam GmbH, Siemensstr. 9, 41542 Dormagen, T: (02133) 79 47, 79 48, Telefax: (02133) 7 12 82)
Geschäftsführer(in): RA Kai Bellwinkel (Niederkasseler Str. 60, 40547 Düsseldorf, T: (0211) 55 61 66, Telefax: (0211) 55 64 66)

• U 535

Gefahrstoffsanierungsverband e.V.
Jenfelder Str. 55a, 22045 Hamburg
T: (040) 45 36 45 **Fax:** 44 80 93 08
Gründung: 1993
Vorsitzende(r): Wilfried Kruse (Umwelttechnik Kruse)
Stellvertretende(r) Vorsitzende(r): Harrald Soost (Lorenz Asbest GmbH Sanierung + Entsorgung)
Geschäftsführer(in): Torsten Mußdorf
Mitglieder: 15
Mitarbeiter: 2

• U 536

Bundesverband der Brand- und Wasserschadenbeseitiger e.V. (BBW)
Jenfelder Str. 55a, 22045 Hamburg
T: (040) 4 50 18 10 **Fax:** 44 80 93 08
Vorsitzende(r): Norbert Riecke
Stellvertretende(r) Vorsitzende(r): Hanno Huse
Geschäftsführer(in): Torsten Mußdorf
Mitglieder: 28
Mitarbeiter: 2

• U 537

Schwurhand-Zeichenverband Verband für Leinenwerbung e.V.
Ritterstr. 19, 33602 Bielefeld
T: (0521) 17 13 30 **Fax:** 13 77 41
Vorsitzende(r): N.N.
Geschäftsführer(in): Ursula Poschen

Verkaufsförderung und Werbung für alle Erzeugnisse aus Reinleinen, Halbleinen und Textilien mit einem Leinenanteil.

• **U 538**

Güteschutz Ziegel Nordost e.V.
Burgstr. 38, 06114 Halle
T: (0345) 5 20 21 25 **Fax:** 5 20 21 24
Gründung: 1990 (11. Dezember)
Vorsitzende(r): Norbert Hieb (BDS Baukeramik GmbH & Co KG, Bauer Ziegel-Ziegelwerk Taucha, 04425 Taucha)
Geschäftsführer(in): Obering. Renate Preiß
Mitglieder: 63
Mitarbeiter: 2
Jahresetat: DM 0,2 Mio, € 0,1 Mio

Gütezeichen

• **U 539**

RAL Deutsches Institut für Gütesicherung und Kennzeichnung e.V.
Siegburger Str. 39, 53757 Sankt Augustin
T: (02241) 16 05-0 **Fax:** 16 05-11
Internet: http://www.ral.de
E-Mail: ral-institut@t-online.de
Präsident(in): Dipl.-Ing. Karl Sassenscheidt
Geschäftsführer(in): RA Manfred Eihoff
siehe auch RAL Teil T

Die hier aufgeführten RAL-Gütegemeinschaften verfügen ausnahmslos über ein RAL-Gütezeichen. Der Verlag ist bestrebt, diese Gütezeichen möglichst vollständig kostenpflichtig abzubilden. Daher sind in der vorliegenden Ausgabe noch nicht alle RAL-Gütezeichen abgebildet.
Die offizielle vom RAL herausgegebene Gesamtübersicht der RAL-Gütezeichen mit Angabe der Anwendungsbereiche, der Zeichenträger und sämtlicher Zeichenabbildungen ist zu beziehen beim RAL Anschrift s.o.

Gütegemeinschaften

• **U 540**

Altgerber-Verband e.V.
Simeonglacis 23A, 32427 Minden
T: (0571) 2 21 28 **Fax:** 2 21 28
Gründung: 1930 (30. Mai)
Vorsitzende(r): Josef Gotz (c/o Gerberei Gotz, 85435 Erding)
Geschäftsführer(in): Irmgard Schadlinger, Minden
Mitglieder: 10 Firmen

Verpflichtung und Überwachung der Mitgliedsgerbereien auf Herstellung von Schuhsohlen-Leder nach "altem Verfahren", d. h. Gerbung nur erstklassiger Häute ausschließlich in Gruben in mindestens 9 Monaten unter vorwiegender Verwendung von natürlichen Rindengerbstoffen.

• **U 541**

Gütegemeinschaft Buskomfort e.V. (gbk)
Dornierstr. 3, 71034 Böblingen
T: (07031) 6 23-02 **Fax:** 6 23-1 77
Internet: http://www.gbkev.de
E-Mail: orga@gbkev.de
Gründung: 1975
Vorsitzende(r): Rainer Klink (Schnaith/ KM-Reisen, Schlachthausstr. 21-25, 72074 Tübingen)
Stellvertretende(r) Geschäftsführer(in): Martin Becker
Leitung Presseabteilung: Sabine Holstein
Mitglieder: 750
Mitarbeiter: 5

Der Verein hat den Zweck, die Güte der Ausstattung von Bussen, und damit die Güte der Personenbeförderung in Bussen zu sichern, sowie Busse, deren Komfort den Güte- und Prüfbedingungen entspricht, mit dem "Gütezeichen Buskomfort RAL" zu kennzeichnen.

• **U 542**

Gütegemeinschaft Galvanotechnik e.V.
Geschäftsstelle:
Horionplatz 6, 40213 Düsseldorf
T: (0211) 8 67 85 15 **Fax:** 32 71 99
E-Mail: DGO.AGG.Duesseldorf@t-online.de
Gründung: 1980 (26. Juni)
Vorsitzende(r): Werner Nordhaus (c/o Betz-Chrom GmbH, Am Haag 11, 82166 Gräfelfing)
Geschäftsführer(in): Dr. Hans-Peter Wilbert
Mitglieder: 75

• **U 543**

Gütegemeinschaft Kalandrierte PVC Hart-Folien e.V.
Postf. 28 63, 65018 Wiesbaden
T: (069) 3 05-7148 **Fax:** 3 05-16039
GeschfVors.: Joachim Eckstein (InfraServ GmbH & Co. Höchst KG, Ökologie und Produktsicherheit Kunststoffe und Folien, Geb. C. 657, 65926 Frankfurt, T: (069) 3 05 71 48, Fax: (069) 30 51 60 39)

• **U 544**

Gütegemeinschaft Kerzen e.V.
Heinestr. 169, 70597 Stuttgart
T: (0711) 97 65 80 **Fax:** 9 76 58 30
Internet: http://www.kerzenguete.com

• **U 545**

Gütegemeinschaft Deutsche Klaviere e.V.
Stelzengasse 4, 90403 Nürnberg
T: (0911) 55 06 62 (über Bay. Möbel-Fachverband)
Fax: 53 62 80
Vorsitzende(r): Ursula Seiler
Geschäftsführer(in): Dr. Hanns Hofmann, Nürnberg

• **U 546**

Gütegemeinschaft Kureinrichtung e.V.
Bgm.-Ledermann-Str. 7-9, 86825 Bad Wörishofen
T: (089) 21 01 42-42 **Fax:** 21 01 42-44
Gründung: 1992
Leitung Presseabteilung: Lothar Burghardt
Mitglieder: 70
Mitarbeiter: 1
Jahresetat: DM 0,07 Mio, € 0,04 Mio

• **U 547**

Deutsche Latex Forschungsgemeinschaft Kondome e.V.
Zwischen den Wassern 12, 27356 Rotenburg
T: (04261) 96 61 89 **Fax:** 96 61 87
Präsident(in): Hermann Gern

• **U 548**

Gütegemeinschaft Transport- und Lagerbehälter im Qualitätsverband Kunststofferzeugnisse e.V.
Am Hauptbahnhof 12, 60329 Frankfurt
T: (069) 23 47 89 **Fax:** 23 27 99
Vorsitzende(r): Ulrich Prödel, Bad Salzuflen
Geschäftsführer(in): Dr. Gerhard Bambach

• **U 549**

Gütegemeinschaft Kunststoff-Sitzmöbel im Qualitätsverband Kunststofferzeugnisse e.V.
Am Hauptbahnhof 12, 60329 Frankfurt
T: (069) 23 47 89 **Fax:** 23 27 99

• **U 550**

Gütegemeinschaft Kunststoffverpackungen für gefährliche Güter e.V.
Kaiser-Friedrich-Promenade 43, 61348 Bad Homburg
T: (06172) 92 66 73 **Fax:** 92 66 70
Vorsitzende(r): Bruno Pötz (c/o Schütz-Werke GmbH + Co. KG, Bahnhofstr. 25, 56242 Selters)
Geschäftsführer(in): Dipl.-Volksw. Michael Rathje

• **U 551**

Gütegemeinschaft Lederreinigung e.V.
Postf. 5 32, 72426 Albstadt
T: (07432) 70 10-0 **Fax:** 70 10-40
Vorsitzende(r): Manfred Zundel

• **U 552**

Gütegemeinschaft Matratzen e.V.
Bahnhofstr. 41, 34346 Hannoversch Münden
T: (05541) 98 31-0, 10 01 **Fax:** 98 31 26
E-Mail: kanzlei.goernandt-fuellgraf@t-online.de
Vorsitzende(r): Andreas Krämer (c/o Silentnight Houben GmbH, Postf. 12 60, 41802 Hückelhoven)
Geschäftsführer(in): RA Ulrich Görnandt
Mitglieder: 26
Mitarbeiter: 5

• **U 553**

Gütezeichengemeinschaft Medizinische Gummistrümpfe e.V.
Kirchweg 2, 50858 Köln
T: (0221) 94 86 28-0 **Fax:** 48 34 28
Internet: http://www.feinoptik.de
E-Mail: info@feinoptik.de
Vorstand: Uwe Schettler (Fa. Julius Zorn GmbH, Juliusplatz, 86551 Aichach)
Geschäftsführer(in): Dr. E. Pohlen

• **U 554**

Deutsche Gütegemeinschaft Möbel e.V.
Tillystr. 2 Eingang Wallensteinstr., 90431 Nürnberg
T: (0911) 6 59 99 78 **Fax:** 61 92 73
Vorsitzende(r): Rolf Benz (c/o Rolf Benz AG, Nagold)
Geschäftsführer(in): Kurt Winning, Nürnberg

• **U 555**

Gütegemeinschaft der Motoreninstandsetzungsbetriebe e.V.
Christinenstr. 3, 40880 Ratingen
T: (02102) 44 72 22 **Fax:** 44 72 25
Gründung: 1977
1. Vorsitzende(r): Werner Meyer (c/o Werner Meyer Motoreninstandsetzungs GmbH & Co. KG, Konauer Str. 21, 21354 Bleckede, T: (05852) 9 50-0)
2. Vorsitzende(r): Heinz-Josef Krieger (M + E Motoren- und Energietechnik GmbH & Co. KG, Industriestr. 7, 49716 Meppen, T: (05931) 98 44-0)
Mitglieder: 46

• **U 556**

Gütegemeinschaft Paletten e.V.
EPAL - NK Deutschland
Hermelinweg 14, 48157 Münster
T: (0251) 1 62 01 71 **Fax:** 1 62 01 76
Internet: http://www.gpal.de
E-Mail: GPAL.DE@t-online.de
Vorsitzende(r): Ulrich Feuersinger (Anton Heggenstaller AG, Postf. 11 40, 86542 Aichach, T: (08257) 81-0)
Geschäftsführer(in): Thomas Ulitzsch

• **U 557**

Gütegemeinschaft Pharma-Verpackung e.V.
Urbanstr. 7, 70182 Stuttgart
T: (0711) 16 67-0 **Fax:** 16 67-292

Vorsitzende(r) des Vorstandes: Dr. Herbert Jochum
Stellvertretende(r) Vorsitzende(r): Dr. Dietmar Dölcher
Geschäftsführer(in): Dr. M. W. Wesch
Verbandszeitschrift: EXTERNA
Verlag: Schott Relations GmbH, Richard-Wagner-Str. 10, 70184 Stuttgart
Herausgeber: Gütegemeinschaft Pharma-Verpackung e.V., Urbanstr. 7, 70182 Stuttgart

• U 558

Gütegemeinschaft Reifenservice e.V.
Zettachring 6, 70567 Stuttgart
T: (0711) 90 02 40 **Fax:** 7 28 91 50

• U 559

Gütegemeinschaft Reifenerneuerung e.V.
Zettachring 6, 70567 Stuttgart
T: (0711) 90 02 40 **Fax:** 7 28 91 50

• U 560

Güteschutzgemeinschaft Reifenerneuerung (GRE)
Postf. 71 90, CH-8023 Zürich
Konradstr. 9, CH-8023 Zürich
T: (00411) 2 71 90 90 **Fax:** 2 71 92 92
Internet: http://www.jgp.ch
E-Mail: gerster@jgp.ch
Sekretariat: Margret Soder
Vorsitzende(r): Dr. Jürg Gerster

• U 561

Gütegemeinschaft sachgemäße Wäschepflege e.V.
Schloß Hohenstein, 74357 Bönnigheim
T: (07143) 27 10 **Fax:** 2 71 51
Internet: http://www.textilecare.de, http://www.hohenstein.de
Gründung: 1955
Vorstand: Karl-Rainer Dauer (1. Vors., Hunsrücker Großwäscherei Arthur Busch, Am Kaisergarten 11, 55483 Bärenbach, T: (06543) 98 80-0 od. 98 80-25, Fax: (06543) 98 80-90)
Wolfgang Arendt (2. Vors., Wäscherei Wolfgang Arendt GmbH, Pfaffenrieder Str. 18, 82515 Wolfratshausen, T: (08171) 42 02 26, Auto: 0172/8 95 39 09, Fax: (08171) 42 02 34)
Hans-Georg Bohnet (Wäscherei Bohnet, Franzenhauserweg 6, 89081 Ulm, T: (0731) 96 25 00, Fax: (0731) 9 62 50 10)
Hans-Albert Heim (Wäscherei Heim GmbH, Ollenhauerstr. 66, 13403 Berlin, T: (030) 4 98 90 90, Auto: 0171/2 19 88 22, Fax: (030) 49 89 09 99)
Jürgen Hoffmann (Ahrens Textil-Service GmbH, Klostersande 31-43, 25336 Elmshorn, T: (04121) 64 11 50, Fax: (04121) 64 11 75)
Gustav Jöckel (Textilpflege Jöckel GmbH, Vaitsbergstr. 26, 36341 Lauterbach, T: (06641) 66 40, Fax: (06641) 6 64 91)
Fritz Klenk (Großwäscherei Klenk GmbH, Römerstr. 14, 71336 Waiblingen, T: (07146) 59 03, Fax: (07146) 51 94)
Günter Neipp (Bilger-Schwenk AG, Christian-Messner-Str. 44-50, 78635 Trossingen, T: (07425) 22 40, Fax: (07425) 22 41 99, Auto: 0171/8 10 49 58)
Güteausschuß: Hans-Georg Bohnet (Obmann, Wäscherei Bohnet, Franzenhauserweg 6, 89081 Ulm, T: (0731) 96 25 00, Fax: (0731) 9 62 50 10)
Wolfgang Arendt (2. Vors., Wäscherei Wolfgang Arendt GmbH, Pfaffenrieder Str. 18, 82515 Wolfratshausen, T: (08171) 4 20 20, Auto: 0172/8 95 39 09, Fax: (08171) 42 02 34)
Karl-Rainer Dauer (1. Vors., Hunsrücker Großwäscherei Arthur Busch, Am Kaisergarten 11, 55483 Bärenbach, T: (06543) 98 80-0 od. 98 80-25, Fax: (06543) 98 80-90)
Rudi Göttlicher (Forschungsinstitut Hohenstein, Schloß Hohenstein, 74357 Bönningheim, T: (07143) 27 17 26, Fax: (07143) 27 17 77)
Ludger von Schoenebeck (Forschungsinstitut Hohenstein, Schloß Hohenstein, 74357 Bönningheim, T: (07143) 27 17 10 (Büro), Fax: (07143) 27 17 77, Auto: 0172/2 47 70 24, T/Fax: (02253) 84 60 (priv.))
Cornelia Wiegand (Wiegand Txtilpflege-Service GmbH, Gartenstr. 6, 08280 Aue, T: (03771) 5 10 69, Fax: (03771) 5 10 69)
Geschäftsführer(in): Prof. Josef Kurz (Forschungsinstitut Hohenstein, Schloß Hohenstein, 74357 Bönnigheim)
Leitung Presseabteilung: Dipl.-Journalistin Petra Knecht
Verbandszeitschrift: Hohensteiner Wäscherei-Information, Hohensteiner Report
Mitglieder: 350
Mitarbeiter: 20

Vergabe eines Gütesiegels für Dienstleistungen mit sachgemäßer Wäschepflege, Gütekennzeichnung und Güteüberwachung.

• U 562

Überwachungsgemeinschaft Metall- und Fiberverpackungen e.V.
Kaiserswerther Str. 137, 40474 Düsseldorf
T: (0211) 4 54 65-0 **Fax:** 4 54 65-30
E-Mail: vmv@metallverpackungen.de
Vorsitzende(r): Thomas Stumpf (Duttenhöfer GmbH & Co. KG, Bahnhofstr. 100, 67454 Haßloch)
Geschäftsführer(in): Dr. Dieter Meiners

• U 563

Gütegemeinschaft ungereckte PET-Folien e.V.
65926 Frankfurt
T: (069) 3 05-7148 **Fax:** 3 05-16039

• U 564

Gütegemeinschaft Verpackungen aus Vollpappe e.V.
Strubbergstr. 70, 60489 Frankfurt
T: (069) 78 50 45 **Fax:** 97 82 81 30
Internet: http://www.vvk.org
E-Mail: info@vvk.org
Vorsitzende(r): Dipl.-Betriebsw. Johannes Stark (Kartonagenfabrik Annweiler, Gebrüder-Seibel-Str. 10, 76846 Hauenstein, T: (06392) 91 60, Fax: (06392) 9 16-500, Internet: http://www.kf-annweiler.de, E-Mail: info@kf-annweiler.de)
Geschäftsführer(in): Dipl.-Volksw. Thomas Pfeiffer

• U 565

Gütegemeinschaft Wach und Sicherheitsdienste e.V.
Zettachring 6, 70567 Stuttgart
T: (0711) 90 02 40 **Fax:** 7 28 91 50

• U 566

Gütegemeinschaft Wellpappe e.V.
Hilpertstr. 22, 64295 Darmstadt
T: (06151) 92 94 22 **Fax:** 92 94 40
E-Mail: info-ggw@vdw-da.de

• U 567

Gütegemeinschaft Whirlwannen e.V.
Wilhelm-Böhmer-Str. 11, 52372 Kreuzau
T: (02422) 48 21 **Fax:** 90 11 92
Vorsitzende(r): Dipl.-Kfm. Jochen Drewniok (Geschf. der HOESCH Metall + Kunststoffwerk GmbH & Co., Postf. 10 04 24, 52304 Düren)
Geschäftsführer(in): Dipl.-Ing. Herbert Decker (Wilhelm-Böhmer-Str. 11, 52372 Kreuzau)
Mitglieder: 8

• U 568

Wollsiegel-Verband e.V.
Kaiserswerther Str. 282-284, 40474 Düsseldorf
T: (0211) 16 05-0 **Fax:** 16 05-335
Geschäftsführer(in): M. Möller
Erzeugnisse aus reiner Schurwolle: Wollsiegel, Erzeugnisse aus reiner Schurwolle mit Beimischungen: Combi-Wollsiegel

Gütezeichen im Baubereich

• U 569

Gütegemeinschaft Anbaubalkone e.V.
Postf. 20 03 20, 47423 Moers
T: (01803) 32 73 74 **Fax:** (02841) 17 71 03
Gründung: 1995 (Juni)
Leitung Presseabteilung: Johannes Kolossa
Verbandszeitschrift: Anbaubalkon-Report
Mitglieder: 25

• U 570

Gütegemeinschaft BAHNEN aus POLYMERBITUMEN und BITUMEN e.V.
Karlstr. 19-21, 60329 Frankfurt
T: (069) 25 56-16 25 **Fax:** 25 56-16 26
Internet: http://www.bitumenbahnen.de
E-Mail: info@bitumenbahnen.de
Vorsitzende(r): Dipl.-Kfm. Ulrich Böving
Geschäftsführer(in): Dipl.-Wirtsch.-Ing. Heinz Schmidt

• U 571

Gütegemeinschaft Bauelemente aus Stahlblech e.V.
Max-Planck-Str. 4, 40237 Düsseldorf
T: (0211) 6 98 99 35, 6 98 99 36 **Fax:** 67 20 34
Vorsitzende(r): Dipl.-Ing. Karl Werner Dörr
Geschäftsführer(in): RA Leopold Abt

Gütesicherung von Bauelementen aus Stahlblech nach RAL-RG 617.

• U 572

Gütegemeinschaft Bauelemente aus Titanzink e.V.
Vagedesstr. 4, 40479 Düsseldorf
T: (0211) 35 08 67 **Fax:** 35 08 69
Geschäftsführer(in): Dr.-Ing. W. E. Kallenberger

• U 573

Gütegemeinschaft Kalkstein, Kalk und Mörtel e.V.
Postf. 51 05 50, 50941 Köln
Annastr. 67-71, 50968 Köln
T: (0221) 93 46 74-0 **Fax:** 93 46 74-10/14
Internet: http://www.gueteschutz.de
E-Mail: gg@kalk.de
Vorsitzende(r): Dr. Thomas Stumpf (c/o FELS-WERKE GmbH, Postf. 14 60, 38604 Goslar)
Geschäftsführer(in): Dipl.-Kfm. Dr. Werner Fuchs
Dr.rer.nat. Hans-Michael Schiffner

• U 574

Gütegemeinschaft Baustoffe aus Kraftwerken e.V. ((GüBK))
Niederkasseler Kirchweg 97, 40547 Düsseldorf
T: (0211) 57 91 95 **Fax:** 57 95 24
Gründung: 1997

Geschäftsführer(in): Dr. Hans Thamm (Ltg. Presseabteilung; Ziegeleiweg 75, 40591 Düsseldorf)
Mitglieder: 6

• U 575

Güteschutz-Vereinigung der Bims- und Leichtbetonindustrie e.V.
Postf. 27 55, 56517 Neuwied
Sandkauler Weg 1, 56564 Neuwied
T: (02631) 2 22 27/8 **Fax:** 3 13 36
Vorsitzende(r): Joachim Altenhofen (c/o Rausch-Therm GmbH + Co. KG, Postf. 20, 56643 Nickenich)
Geschäftsführer(in): Dipl.-Ing. Armin Neunast

• U 576

Gütegemeinschaft Bleihalbzeug e.V.
Postf. 10 54 63, 40045 Düsseldorf
Am Bonneshof 5, 40474 Düsseldorf
T: (0211) 47 96-407 **Fax:** 47 96-129
Vorsitzende(r): Stefan Schneider
Geschäftsführer(in): Dipl.-Kfm. Hans-Reiner Häußler

• U 577

Gütegemeinschaft für Blitzschutzanlagen e.V.
Brückstr. 1b, 52080 Aachen
T: (0241) 95 59 97 30 **Fax:** 95 59 97 31
Gründung: 1992
Leitung Presseabteilung: Ingo Haese
Mitglieder: 27
Mitarbeiter: 1
Jahresetat: DM 0,06 Mio, € 0,03 Mio

• U 578

Gütegemeinschaft Blockhausbau e.V.
Theresienstr. 29 II, 80333 München
T: (089) 28 66 26-0 **Fax:** 28 66 26 66

• U 579

Gütegemeinschaft Brandschutz im Ausbau e.V. (GBA)
Hansaring 102-104, 50670 Köln
T: (0221) 13 78 19 **Fax:** 13 87 86
Vorsitzende(r): Volker Rodenberg
Geschäftsführer(in): Dipl.-Ing. Detlef Kujas

• U 580

Gütegemeinschaft Container e.V.
Heinestr. 169, 70597 Stuttgart
T: (0711) 95 65-821 **Fax:** 95 65-830

• U 581

Gütegemeinschaft Drahtzaun e.V.
Kleienpfad 15, 50933 Köln
T: (0221) 4 99 42 28 **Fax:** 4 99 43 28
Vorsitzende(r): Stephan Lohmar (i. Fa. Groth Nachf., Grünhofer Weg 10, 13581 Berlin)
Geschäftsführer(in): Ass. Dr.jur. Rolf Blatz

• U 582

Gütegemeinschaft Eisenhüttenschlacken e.V.
Bliersheimer Str. 62, 47229 Duisburg
T: (02065) 4 92 20 **Fax:** 99 45 10
Vorsitzende(r): Dr.-Ing. Bernd Bergmann
Geschäftsführer(in): Dr.-Ing. Heribert Motz ((02065) 4 92 20)

• U 583

Güteschutzgemeinschaft Entsorgung asbest- und faserhaltiger Baustoffe e.V.
Hansaring 102-104, 50670 Köln
T: (0221) 13 85 97 **Fax:** 13 87 86

• U 584

Gütegemeinschaft Estrich und Belag
Industriestr. 19, 53842 Troisdorf
T: (02241) 4 20 41 **Fax:** 40 42 95
Vorsitzende(r): Hans U. Freese, Bremen
Geschäftsführer(in): Ingrid Dobbermann

• U 585

Gütegemeinschaft Fahrbahnmarkierung e.V.
Mainzer Str. 6-8, 56410 Montabaur
T: (02602) 1 30 50 **Fax:** 13 05 50

• U 586

Gütegemeinschaft Aluminiumfenster, -Fassaden und -Haustüren e.V.
Bockenheimer Anlage 13, 60322 Frankfurt
T: (069) 95 50 54-0 **Fax:** 95 50 54-11
Internet: http://www.window.de
E-Mail: ral@window.de
Vorsitzende(r): Georg O. Brunner
Geschäftsführer(in): Dipl.-Kfm. Karl Heinz Herbert

• U 587

Gütegemeinschaft Holzfenster und -Haustüren e.V.
Bockenheimer Anlage 13, 60322 Frankfurt
T: (069) 95 50 54-0 **Fax:** 95 50 54-11
Internet: http://www.window.de
E-Mail: ral@window.de
Vorsitzende(r): Hans-Georg Weichbrodt
Geschäftsführer(in): Dipl.-Kfm. Karl Heinz Herbert

• U 588

Gütegemeinschaft Kunststoffenster und -Haustüren e.V.
Bockenheimer Anlage 13, 60322 Frankfurt
T: (069) 95 50 54-0 **Fax:** 95 50 54-11
Internet: http://www.window.de
E-Mail: ral@window.de
Vorsitzende(r): Erich Losch (i. Fa. Hocoplast Bauelemente GmbH, Lauterbachstr. 5, 84307 Eggenfelden)
Geschäftsführer(in): Dipl.-Kfm. Karl Heinz Herbert

• U 589

Gütegemeinschaft Fertigkeller e.V.
Flutgraben 2, 53604 Bad Honnef
T: (02224) 93 77-0 **Fax:** 93 77-77
Vorsitzende(r): Klaus Dieter Höhne
Geschäftsführer(in): Dirk-Uwe Klaas

• U 590

Gütegemeinschaft Gebäudereinigung e.V.
Zettachring 6, 70567 Stuttgart
T: (0711) 90 02 40 **Fax:** 7 28 91 50

• U 591

Güteschutz-Gemeinschaft für Gips und Gipsbauelemente e.V.
Birkenweg 13, 64295 Darmstadt
T: (06151) 36 68 20 **Fax:** 3 66 82 22
Vorsitzende(r): Dr. H. Bloech (Kurhessische Gipswerke P. Orth GmbH + Co. KG)
Geschäftsführer(in): Dipl.-Ing. Rainer Olejnik

• U 592

Gütegemeinschaft Gitterroste e.V.
Postf. 10 20, 58010 Hagen
Hochstr. 113, 58095 Hagen
T: (02331) 20 08-0 **Fax:** 20 08 40
E-Mail: fasta_evstosch@t-online.de
Vorsitzende(r): Jan Stapelmann (STACO Stapelmann GmbH)
Geschäftsführer(in): Günter Neuhaus
Leitung Presseabteilung: Emanuel von Stosch

• U 593

Gütegemeinschaft Glasbeton e.V.
Rhönweg 9, 64409 Messel
T: (06159) 3 94 **Fax:** 8 60
Gründung: 1981
Vorsitzende(r): Pentzin Jost (Hansa-Glasbau GmbH, Bramfelder Str. 102 A, 22305 Hamburg 60, T: (040) 6 90 52 54, Fax: 6 91 62 60)
Geschäftsführer(in): Ottfried Seuberling
Mitglieder: 25
Jahresetat: DM 0,018 Mio, € 0,01 Mio

• U 594

Gütegemeinschaft Heizkörper aus Stahl e.V.
Frankfurter Str. 720-726, 51145 Köln
T: (02203) 9 35 93-0 **Fax:** 9 35 93 22
E-Mail: bdh-koeln@t-online.de
Vorsitzende(r): Günter Bengard (c/o Fa. Schäfer Heiztechnik GmbH, Neunkirchen)
Geschäftsführer(in): Andreas Lücke (M.A.)

• U 595

Bundes-Gütegemeinschaft Montagebau und Fertighäuser e.V.
Flutgraben 2, 53604 Bad Honnef
T: (02224) 93 77-0 **Fax:** 93 77-77
Vorsitzende(r): Dietmar J. Tiemann
Geschäftsführer(in): Dirk-Uwe Klaas

u 596

Gütegemeinschaft Montagebau und Fertighäuser e.V.
Landesverband Bayern
Theresienstr. 29 II, 80333 München
T: (089) 28 66 26-0 **Fax:** 28 66 26-66
Vorsitzende(r): August Inselkammer (c/o Isartaler-Holzhaus, Oberlandhaus GmbH & Co., Münchener Str. 56, 83607 Holzkirchen, T: (08024) 50 71)
Geschäftsführer(in): Günther Mager

u 597

Gütegemeinschaft Deutscher Fertigbau e.V.
Hackländerstr. 43, 70184 Stuttgart
T: (0711) 2 39 96-50 **Fax:** 2 39 96-60
Internet: http://www.dfv.com
E-Mail: info@dfv.com
Vorsitzende(r): Kurt Lehner (i. Fa. Lehner-Haus, Heidenheim), Gingen-Burgberg
Geschäftsführer(in): Dipl.-Betriebsw. Joachim Hörmann

• U 598

Studiengemeinschaft Holzleimbau e.V.
Postf. 300141, 40401 Düsseldorf
Rather Str. 49a, 40476 Düsseldorf
T: (0211) 4 78 18-0 **Fax:** 45 23 14
Internet: http://www.brettschichtholz.de
E-Mail: info@brettschichtholz.de
Vorsitzende(r): Dipl.-Ing. Christian Heinrich Burgbacher (Postf. 11 52, 78635 Trossingen)
Geschäftsführer(in): Dr. Holger Conrad

• **U 599**

Gütegemeinschaft Holzschutzmittel e.V.
Karlstr. 21, 60329 Frankfurt
T: (069) 25 56 13 19 **Fax:** 25 16 09
Vorsitzende(r): Hans Peter Heidenreich (c/o Dr. Wolman GmbH, Sinzheim)
Geschäftsführer(in): Peter Graßmann
Sicherung gesundheitlich unbedenklicher und umweltverträglicher Holzschutzmittel.

• **U 600**

Gütegemeinschaft Imprägnierte Holzbauelemente e.V.
Saarlandstr. 206, 55411 Bingen
T: (06721) 96 81-0 **Fax:** 96 81-33
Internet: http://www.holzschutz.com
E-Mail: dhv@holzschutz.com
Gründung: 1979
Vorsitzende(r): Siegfried Meyer (i. Fa. Siegfried Meyer, Holzbearbeitung, Zum Greffling 31, 57413 Finnentrop)
Geschäftsführer(in): Ass. d. Forstdienstes Uwe Halupczok
Mitglieder: 35

• **U 601**

Gütegemeinschaft Innentüren aus Holz und Holzwerkstoffen e.V.
Ursulum 18, 35396 Gießen
T: (0641) 9 75 47-0 **Fax:** 9 75 47-99
Internet: http://www.guetegemeinschaft-innentueren.de
E-Mail: gg_innentueren@eulink.net
Vorsitzende(r): Gerhard Kalinowski, Rheda-Wiedenbrück
Geschäftsführer(in): Dipl.-Betriebsw., Dipl.-Forstw. (FAss) Hans Grabowski

• **U 602**

Bundesgütegemeinschaft Instandsetzung von Betonbauwerken e.V.
Kronenstr. 55-58, 10117 Berlin
T: (030) 2 03 14-574 **Fax:** 2 03 14-419
Vorsitzende(r): Dipl.-Ing. Werner-Wolfgang Spitze
Stellvertretende(r) Vorsitzende(r): Dr.-Ing. Martin Mangold
Geschäftsführer(in): Dipl.-Wirtsch.-Ing. Rudolf Voos

• **U 603**

Gütegemeinschaft Leitungstiefbau e.V.
Kurfürstenstr. 129, 10785 Berlin
T: (030) 2 12 86-236 **Fax:** 2 12 86-241
E-Mail: info@kabelleitungstiefbau.de
Dr.-Ing. Wolf-Michael Sack
Dipl.-Ing. Kristina Püschel

• **U 604**

Gütegemeinschaft Kachelofen e.V.
Oranienstr. 7, 60439 Frankfurt
T: (069) 57 52 39 **Fax:** 57 36 34
Gründung: 1980 (24. Oktober)
Vorsitzende(r): Robert Ickas, Ludwigshafen
2. Vorsitzende(r): Otto Lieberwirth (Ltg. Presseabt.)
Geschäftsführer(in): Otto Lieberwirth
Verbandszeitschrift: K&L Magazin
Verlag: Strobel/Gentner (Verlagsgemeinschaft), Oranienstr. 7, 60439 Frankfurt
Mitglieder: 104
Sicherung der Güte handwerklich errichteter Kachelöfen.

• **U 605**

Gütegemeinschaft Kalkstein, Kalk und Mörtel e.V.
Postf. 51 05 50, 50941 Köln
Annastr. 67-71, 50968 Köln
T: (0221) 93 46 74-0 **Fax:** 93 46 74-10/14
Internet: http://www.gueteschutz.de
E-Mail: gg@kalk.de
Vorsitzende(r): Dr. Thomas Stumpf (c/o Fa. FELS-WERKE GmbH, Postf. 14 60, 38604 Goslar)
Geschäftsführer(in): Dipl.-Kfm. Dr. Werner Fuchs
Dr.rer.nat. Hans-Michael Schiffner

• **U 606**

Gütegemeinschaft Kalkstein, Kalk und Mörtel e.V.
Postf. 51 05 50, 50941 Köln
Annastr. 67-71, 50968 Köln
T: (0221) 93 46 74-0 **Fax:** 93 46 74-10/14
Internet: http://www.gueteschutz.de
E-Mail: gg@kalk.de
Vorsitzende(r): Dr. Thomas Stumpf (c/o FELS-WERKE GmbH, Postf. 14 60, 38604 Goslar)
Geschäftsführer(in): Dipl.-Kfm. Dr. Werner Fuchs
Dr.rer.nat. Hans-Michael Schiffner

• **U 607**

Gütegemeinschaft Kalkstein, Kalk und Mörtel e.V.
Postf. 51 05 50, 50941 Köln
Annastr. 67-71, 50968 Köln
T: (0221) 93 46 74-0 **Fax:** 93 46 74-10/14
Internet: http://www.gueteschutz.de
E-Mail: gg@kalk.de
Vorsitzende(r): Dr. Thomas Stumpf (c/o FELS-WERKE GmbH, Postf. 14 60, 38604 Goslar)
Geschäftsführer(in): Dipl.-Kfm. Dr. Werner Fuchs
Dr.rer.nat. Hans-Michael Schiffner

• **U 608**

Gütegemeinschaft Herstellung und Instandhaltung von Entwässerungskanälen und -leitungen e.V.
- Güteschutz Kanalbau
Postf. 13 69, 53583 Bad Honnef
T: (02224) 93 84-0 **Fax:** 93 84-84
Internet: http://www.Kanalbau.com
E-Mail: Info@Kanalbau.com
Vorsitzende(r): Dipl.-Ing. Dipl.-Kfm. C.-F. Thymian
Stellvertretende(r) Vorsitzende(r): Dipl.-Ing. D. Zimmermann
Geschäftsführer(in): Dr.-Ing. H. Friede

• **U 609**

Güteschutz Kanalguss e.V.
1. Etage, bei HES
Postf. 92 02 44, 51152 Köln
Ettore-Bugatti-Str. 35, 51149 Köln
T: (02203) 35 70 60 **Fax:** 35 70 62
E-Mail: igngkew@t-online.de
Vorsitzende(r): Dipl.-Ing. Gerhard Hüls (51429 Bergisch Gladbach)

• **U 610**

Gütegemeinschaft Schalldämpfer e.V.
Heinestr. 169, 70597 Stuttgart
T: (0711) 9 76 58-0 **Fax:** 9 76 58-30
E-Mail: FVerband@aol.com
Geschäftsführer(in): Dr. Volker Schmid

• **U 611**

Gütegemeinschaft Kunststoffbeläge in Sportfreianlagen e.V.
Kronenstr. 55-58, 10117 Berlin
T: (030) 2 03 14-548 **Fax:** 2 03 14-583
Vorsitzende(r): H. Stemmer

• **U 612**

Gütegemeinschaft Kunststoff-Dach- und Dichtungsbahnen-Verleger e.V. (KDV)
Paosostr. 68A, 81243 München
T: (089) 89 68 95 54 **Fax:** 89 68 95 55
Vorsitzende(r): Jürgen Lohsträter (c/o Lohsträter GmbH Dachtechnik, Kirchenstr. 6, 85630 Grasbrunn, T. (089) 4 60 10 27, Fax: (089) 4 60 57 41)
Geschäftsführer(in): Wolfgang Tebart

• **U 613**

Gütegemeinschaft Flexible Dränrohre im Qualitätsverband Kunststofferzeugnisse e.V.
Baumschulallee 6, 53115 Bonn
T: (0228) 7 66 76 54, 7 66 76 55 **Fax:** 7 66 76 50
Vorsitzende(r): Prokurist Herbert Hauck (Fränkische Rohrwerke, Gebr. Kirchner GmbH & Co., 97484 Königsberg)
Geschäftsführer(in): RA Dieter Utz

• **U 614**

Güteschutzgemeinschaft Hartschaum e.V.
(Ordentl. korp.-Mitglied des Qualitätsverbandes Kunststofferzeugnisse e. V.)
Mannheimer Str. 97, 60327 Frankfurt
T: (069) 23 55 65 **Fax:** 23 29 24
Gründung: 1961 (15.Mai)
Vorstandssprecher: Dipl.-Ing. Axel Wolf (c/o Heidelberger Dämmsysteme GmbH, Mittermaierstr. 18, 69115 Heidelberg)
Vorstand: Dipl.-Kfm. Hans Bommer (c/o PUREN Schaumstoff GmbH, 88662 Überlingen)
Dipl.-Ing. Horst Miehler (c/o E. Schwenk Dämmtechnik GmbH & Co. KG, Isotexstr. 1, 86899 Landsberg/Lech)
RA Bernard Sudendorf (c/o Kaefer Isoliertechnik GmbH & Co. KG, Bürgerm.-Smidt-Str. 70, 28195 Bremen)
Geschäftsführer(in): Dipl.-Ing. Klaus Zipp
Mitglieder: 107
Mitarbeiter: 4

• **U 615**

Gütegemeinschaft Kunststoffrohre e.V.
Dyroffstr. 2, 53113 Bonn
T: (0228) 9 14 77-0 **Fax:** 21 13 09
Internet: http://www.krv.de
E-Mail: kunststoffrohrverband@krv.de
Vorsitzende(r): Ants Luik (FRIATEC AG, Mannheim)
Geschäftsführer(in): Dr. Elmar Löckenhoff

• **U 616**

Gütegemeinschaft Kupferrohr e.V.
Postf. 10 54 63, 40045 Düsseldorf
Am Bonneshof 5, 40474 Düsseldorf
T: (0211) 47 96-0 **Fax:** 47 96-400
Vorsitzende(r): B. Wallossek (KM Europa Metal AG, Osnabrück)
Geschäftsführer(in): Dipl.-Volksw. Norbert Zilkens
Gütezeichen für Kupferrohre, Hartlote und Hartlötflußmittel für Kupferrohre, Weichlote, Weichlötflußmittel und Weichlotpaste für Kupferrohr, Kapillarlötfittings aus Kupfer für Kupferrohr.

• **U 617**

Gütegemeinschaft Lagerbehälter e.V.
Postf. 59 20, 97009 Würzburg
Koellikerstr. 13, 97070 Würzburg
T: (0931) 3 52 92-0 **Fax:** 3 52 92-29
Internet: http://www.behaelterverband.de
E-Mail: info@behaelterverband.de
Vorsitzende(r): Dipl.-Kfm. Wolfgang Dehoust (Fa. Dehoust GmbH, Gutenbergstr. 5-7, 69181 Leimen)
Geschäftsführer(in): Dr. Wolfram Krause

• **U 618**

Gütegemeinschaft Lager- und Betriebseinrichtungen e.V.
Postf. 10 20, 58010 Hagen
Hochstr. 113, 58095 Hagen
T: (02331) 20 08-0 **Fax:** 20 08 40
Vorsitzende(r): Peter Jünemann (c/o J. vom Hofe GmbH & Co. KG, 58468 Lüdenscheid)
Geschäftsführer(in): Günter Neuhaus

• **U 619**
Gütegemeinschaft Laminatfußboden e.V.
Mittelstr. 50, 33602 Bielefeld
T: (0521) 1 36 97 60 **Fax:** 12 25 59
Gründung: 1996 (8.Januar)
Mitglieder: 11

• **U 620**
Gütegemeinschaft Mehrscheiben-Isolierglas e.V.
Mülheimer Str. 1, 53840 Troisdorf
T: (02241) 87 27 30 **Fax:** 87 27 10
Geschf. Vorstand: Helmut Sistig (c/o Fa. Glas Rosbach GmbH, 65549 Limburg)
Blessing (c/o INTERPANE Glasges. mbH & Co., Lauenförde)
Geschäftsführer(in): Rüdiger Graap
Mitglieder: 180

• **U 621**
Güte- und Informationsgemeinschaft der Nagelplattenverwender e.V.
Postf. 30 01 41, 40401 Düsseldorf
Rather Str. 49a, 40476 Düsseldorf
T: (0211) 4 78 18-0 (über Arbeitsgemeinschaft Holz eV)
Fax: 45 23 14 (über Arbeitsgemeinschaft Holz eV)
Internet: http://www.nagelplatten.de
E-Mail: info@nagelplatten.de
Vorsitzende(r): Martin Opitz, Mechernich
Geschäftsführer(in): Dr. Holger Conrad

• **U 622**
Gütegemeinschaft Rauch- und Wärmeabzugsanlagen e.V.
Rudolf-Diesel-Str. 6, 46446 Emmerich
T: (02822) 6 97-15 **Fax:** 6 97 53

• **U 623**

Gütegemeinschaft Tore - Türen - Zargen (ttz) aus Stahl e.V.
Postf. 10 20, 58010 Hagen
Hochstr. 113, 58095 Hagen
T: (02331) 20 08-0 **Fax:** 20 08 40
TX: 823 814
E-Mail: fasta_evstosch@t-online.de
Vorsitzende(r): Thomas Hörmann (c/o Hörmann KG Freisen, Freisen)
Geschäftsführer(in): Günter Neuhaus
Leitung Presseabteilung: Emanuel von Stosch

• **U 624**
Gütegemeinschaft Raumlufttechnische Geräte e.V.
Eisenbahnstr. 42, 82110 Germering
T: (089) 84 05 00 44 **Fax:** 84 05 00 45
Gründung: 1994 (20. April)
Leitung Presseabteilung: Dipl.-Ing. Peter Boehm
Mitglieder: 14
Jahresetat: DM 0,5 Mio, € 0,26 Mio

• **U 625**
Gütegemeinschaft Recycling-Baustoffe e.V.
Kronenstr. 55-58, 10117 Berlin
T: (030) 2 03 14-572 **Fax:** 2 03 14-561
Vorsitzende(r): Bau-Ing. Reinhold Höcker (c/o Fa. Diekmann, Osnabrück)
Geschäftsführer(in): Dipl.-Ing. Hans Sander

• **U 626**
Gütegemeinschaft Recycling-Formvliesstoffe e.V.
c/o Fa. Triangeler Dämmstoffwerk GmbH, Sommer Allibert Industrie
Dämmstoffwerk 100, 38524 Sassenburg
T: (05371) 68 60 **Fax:** 68 62 18
Gründung: 1994 (16. Mai)
Leitung Presseabteilung: Michael Kalweit (i.V.)
Verbandszeitschrift: RAL - GZ 394
Redaktion: RAL Verband
Verlag: RAL, Siegburger Str. 39, 53757 St. Augustin
Mitglieder: 4 Firmen
Jahresetat: DM 0,010 Mio, € 0,01 Mio

• **U 627**
Gütegemeinschaft Gebrauchtholz-Recycling e.V.
Hansestr. 44, 46325 Borken
T: (02861) 93 41 30 **Fax:** 93 41 29
Gründung: 1996 (Oktober)
Leitung Presseabteilung: Karl Hüttl
Mitglieder: 14
Mitarbeiter: 1

• **U 628**
Gütegemeinschaft für Reinigung und Schutz von Steinfassaden und Denkmalen e.V.
Zettachring 6, 70567 Stuttgart
T: (0711) 90 02 40 **Fax:** 7 28 91 50

• **U 629**
Gütegemeinschaft für die Reinigung von Metallfassaden e.V. (GRM)
Postf. 42 43, 90022 Nürnberg
Marientorgraben 13, 90402 Nürnberg
T: (0911) 20 44 41 **Fax:** 22 67 55
E-Mail: Industrieverbaende-Nbg@t-online.de
Gründung: 1984 (16. November)
Vorsitzende(r): Rudolf Ambruch (i.Fa. Rudolf Ambruch Fassadenpflege, Esperantostr. 12, 70197 Stuttgart, T: (0711) 6 59 93 19)
Stellvertretende(r) Vorsitzende(r): Walter Hergl (i.Fa. Walter Hergl GmbH, Joseph-Dollinger-Bogen 12, 80807 München, T: (089) 3 22 70 93-95)
Geschäftsführer(in): RA Michael Middendorf

• **U 630**
Gütegemeinschaft Saunabau e.V.
Postf. 58 20, 65048 Wiesbaden
Bierstadter Str. 39, 65189 Wiesbaden
T: (0611) 17 36-0 **Fax:** 17 36 20
Vorsitzende(r): Rolf Hilgers (c/o Bemberg GmbH & Co. KG, Biegelstr. 14, 74336 Brackenheim)
Geschäftsführer(in): Dr. jur. Ernst F. Lange

• **U 631**
Gütegemeinschaft Schlösser und Beschläge e.V.
Offerstr. 12, 42551 Velbert
T: (02051) 9 50 60 **Fax:** 95 06 20
Vorsitzende(r): Dipl.-Ing. Giselher Sieg
Geschäftsführer(in): Dipl.-Kfm. Karlheinz Kemminer
Obentürschließer, Einsteckschlösser, Rohrrahmenenschlösser, Mehrfachverriegelungen, Dreh- und Drehkippbeschläge, Profilzylinder mit Bohrschutz, Schutzbeschläge, Möbelschlösser, Tür- und Sicherheitstürbänder, Getriebegriffe und abschließbare Getriebegriffe, Aushebelschutz-Beschläge, Oberlichtöffner

• **U 632**
Gütegemeinschaft Schornsteineinsatzrohre und Elemente für Abgasführungen aus Edelstahl e.V.
Heinestr. 169, 70597 Stuttgart
T: (0711) 9 76 58-0 **Fax:** 9 76 58-30
E-Mail: FVerband@aol.com
Vorsitzende(r): Hans-Dieter Funk
Geschäftsführer(in): Dr. Volker Schmid

• **U 633**
Güteschutz Schornsteinsanierung und Abgasanlagen e.V.
Südliche Auffahrtsallee 76, 80639 München
T: (089) 17 30 05-0 **Fax:** 17 30 05-33
Geschäftsführer(in): Dr. Wulf Schöne (Rechtsanwalt u. Steuerberater, Südliche Auffahrtsallee 76, 80639 München, T: (089) 17 30 05-0, Telefax: (089) 17 30 05-33)

• **U 634**
Gütegemeinschaft Schwerer Korrosionsschutz von Armaturen und Formstücken durch Pulverbeschichtung e.V. (GSK)
Postf. 42 43, 90022 Nürnberg
Marientorgraben 13, 90402 Nürnberg
T: (0911) 20 44 41 **Fax:** 22 67 55
E-Mail: Industrieverbaende-Nbg@t-online.de
Vorsitzende(r): Dipl.-Ing. Dir. Horst Flad (Fa. Von Roll Armaturen AG, CH-Oensingen)
Stellvertretende(r) Vorsitzende(r): Dieter Schemberger (AKZO Nobel Powder Coatings GmbH, Reutlingen)
Geschäftsführer(in): RA Michael Middendorf

• **U 635**
Gütegemeinschaft Spanplatten e.V.
Ursulum 18, 35396 Gießen
T: (0641) 9 75 47-0 **Fax:** 9 75 47-99
E-Mail: gg_spanplatten@eulink.net
Vorsitzende(r): Dipl.-Ing. Martin Rong, Neumarkt
Geschäftsführer(in): Dr. Udo Leukens

• **U 636**
Güteschutzgemeinschaft Sperrholz e.V.
Ursulum 18, 35396 Gießen
T: (0641) 9 75 47-0 **Fax:** 9 75 47-99
Internet: http://www.gueteschutzgemeinschaft-sperrholz.de
E-Mail: gg_sperrholz@eulink.net
Vorsitzende(r): Dr.-Ing. Rusche (c/o Blomberger Holzindustrie, Postf. 11 53, 32817 Blomberg)
Geschäftsführer(in): Dipl.-Betriebsw., Dipl.-Forstw. (FAss) Hans Grabowski

• **U 637**

Gütegemeinschaft Sportgeräte - Inspektion/Wartung und Erstellung (Montage) e.V. (RAL)
Postf. 11 60, 53581 Bad Honnef
T: (02224) 7 63 81 **Fax:** 7 59 40

• **U 638**

Gütegemeinschaft Sporthallenböden e.V.
Kronenstr. 55-58, 10117 Berlin
T: (030) 2 03 14-548 **Fax:** 2 03 14-663
1. Vorsitzende(r): Flitsch

• **U 639**

Güteschutzverband Stahlgerüstbau e.V.
Geschäftsstelle:
Rösrather Str. 645, 51107 Köln
T: (0221) 9 86 08 00 **Fax:** 86 44 49
1. Vorsitzende(r): Heinrich Kober
2. Vorsitzende(r): Dipl.-Ing. Helmut Bellgardt
Geschäftsführer(in): Ass. Lothar Bünder

• **U 640**

Deutsche Gütegemeinschaft für Stahlheizkessel e.V.
Frankfurter Str. 720-726, 51145 Köln
T: (02203) 9 35 93-0 **Fax:** 9 35 93 22
Vorsitzende(r): Dr. Heiner Fröling (c/o Fröling GmbH & Co., 51487 Overath)
Geschäftsführer(in): Andreas Lücke (M.A.)

• **U 641**

Gütegemeinschaft Stahlschutzplanken e.V.
Spandauer Str. 25, 57072 Siegen
T: (0271) 5 30 38/39 **Fax:** 5 67 69
E-Mail: IVS-Siegen@t-online.de
Vorsitzende(r): Dipl.-Kfm. H. G. Hiekmann
Geschäftsführer(in): Dipl.-Ing. Volker Goergen

• **U 642**

Gütegemeinschaft Standortgefertigte Tanks e.V.
Heinestr. 169, 70597 Stuttgart
T: (0711) 9 76 58-0 **Fax:** 9 76 58-30
E-Mail: FVerband@aol.com
Vorsitzende(r): Waldemar Burger (Fa. Burger Apparate- und Behälterbau, Metzingen)
Obmann d. Güteausschusses: Walter Fischer (i. Fa. Walter Fischer, Postf. 2 00, Steinenbronn)
Geschäftsführer(in): Dr. Volker Schmid

• **U 643**

Güteschutzgemeinschaft Steinzeugindustrie e.V.
Postf. 40 02 62, 50832 Köln
Max-Planck-Str. 6, 50858 Köln
T: (02234) 9 57 22-0 **Fax:** 27 10 01
Vorsitzende(r): Wolfgang Harsch (Harsch GmbH, Rinklinger Str. 7-9, 75015 Bretten, T: (07252) 7 70)
Geschäftsführer(in): Dipl.-Ing. Johann Siebelts

• **U 644**

Gütegemeinschaft für die Stückbeschichtung von Bauteilen e.V.
Franziskanergasse 6, 73525 Schwäbisch Gmünd
T: (07171) 6 80 55 **Fax:** 53 00
Internet: http://www.gsb-international.de
E-Mail: gsb@gsb-international.de
Vorsitzende(r): Harald Knufinke (Fa. KB Kunststoffbeschichtung GmbH Treuchtlingen, Postf. 28, 91751 Treuchtlingen)
Geschäftsführer(in): RA Manfred Junkert

• **U 645**

Gütegemeinschaft Sportstätten e.V.
Postf. 14 01 51, 28088 Bremen
T: (0421) 54 10 69

• **U 646**

Gütegemeinschaft Flächenheizungen und Flächenkühlungen e.V. (ggf)
Hochstr. 113, 58095 Hagen
T: (02331) 20 08 50 **Fax:** 20 08 17
Internet: http://www.ggfheizenkuehlen.de
Gründung: 1978
Vorstand: Wolfgang Hoellenriegel, Dautphethal
Udo Radtke, Garbsen
Geschäftsführer(in): Dipl.-Ing. Joachim Plate
Mitglieder: 20

• **U 647**

Gütegemeinschaft Tankschutz e.V. (GT)
Schillerstr. 20, 79102 Freiburg
T: (0761) 7 17 17 **Fax:** 7 37 73
Internet: http://www.bbs-gt.de
E-Mail: info@bbs-gt.de
Gründung: 1966
Geschäftsführer(in): Dipl.-Wirtsch.-Ing. Ulrich Lößner
Mitglieder: 400
Mitarbeiter: 6

Die Gütegemeinschaft Tankschutz e.V. ist baurechtlich anerkannt. Sie qualifiziert Fachbetriebe nach Paragraph 19 I WHG für Dienstleistungen an Anlagen zum Umgang mit brennbaren und nichtbrennbaren wassergefährdenden Stoffen.

• **U 648**

Gütegemeinschaft Tapete e.V.
Postf. 94 02 42, 60460 Frankfurt
Langer Weg 18, 60489 Frankfurt
T: (069) 52 00 34 **Fax:** 52 00 36
Gründung: 1991

• **U 649**

Gütegemeinschaft Tennen- und Naturrasenbaustoffe e.V.
Annastr. 67, 50968 Köln
T: (0221) 3 76 29 93 **Fax:** 3 76 29 93
Vorsitzende(r): Dipl.-Kfm. Helmut Bast
Geschäftsführer(in): RA Raimo Benger

• **U 650**

Gütegemeinschaft Torantriebe e.V.
Postf. 10 20, 58010 Hagen
Hochstr. 113-115, 58095 Hagen
T: (02331) 20 08-0 **Fax:** 20 08-40

• **U 651**

Gütegemeinschaft Tore - Türen - Zargen (ttz) aus Stahl e.V.
Postf. 10 20, 58010 Hagen
Hochstr. 113, 58095 Hagen
T: (02331) 20 08-0 **Fax:** 20 08 40
TX: 823 814
E-Mail: fasta_evstosch@t-online.de
Vorsitzende(r): Thomas Hörmann (c/o Hörmann KG Freisen, Freisen)
Geschäftsführer(in): Günter Neuhaus
Leitung Presseabteilung: Emanuel von Stosch

• **U 652**

Gütegemeinschaft Trockenbau e.V.
Kronenstr. 55-58, 10117 Berlin
T: (030) 2 03 14-572 **Fax:** 2 03 14-561
Internet: http://www.trockenbau-ral.de
E-Mail: trockenbau@zdb.de
Gründung: 1990 (16. Januar)

• **U 653**

Gütegemeinschaft Dynamische Lagersysteme e.V.
Postf. 10 20, 58010 Hagen
Hochstr. 113, 58095 Hagen
T: (02331) 20 08-0 **Fax:** 20 08 40
Vorsitzende(r): David Whelan (Bellheimer Metallwerk GmbH, Bellheim/Pfalz)
Geschäftsführer(in): Günter Neuhaus

• **U 654**

Güteschutzgemeinschaft Verkehrszeichen und Verkehrseinrichtungen e.V.
Zehlendorfer Str. 24, 58097 Hagen
T: (02331) 10 88-0 **Fax:** 10 88 33
Vorsitzende(r): Wirtschaftsing. Jürgen Bremicker (c/o Ernst Bremicker GmbH & Co. KG, Am Öferl 37-43, 82362 Weilheim)
Geschäftsführer(in): Dipl.-Ing., Dipl-Wirtschaftsing. Jürgen Heimsath

• **U 655**

Gütegemeinschaft Wärmedämmung von Fassaden e.V.
Vilbeler Landstr. 255, 60388 Frankfurt
T: (06109) 72 68 70 **Fax:** 72 28 50

• **U 656**

Gütegemeinschaft Weichstoff-Kompensatoren e.V.
Heinestr. 169, 70597 Stuttgart
T: (0711) 9 76 58-0 **Fax:** 9 76 58-30
E-Mail: FVerband@aol.com
Geschäftsführer(in): Dr. Volker Schmid

• **U 657**

Gütegemeinschaft Kalkstein, Kalk und Mörtel e.V.
Postf. 51 05 50, 50941 Köln
Annastr. 67-71, 50968 Köln
T: (0221) 93 46 74-0 **Fax:** 93 46 74-10/14
Internet: http://www.gueteschutz.de
E-Mail: gg@kalk.de
Vorsitzende(r): Dr. Thomas Stumpf (c/o FELS-WERKE

GmbH, Postf. 14 60, 38604 Goslar)
Geschäftsführer(in): Dipl.-Kfm. Dr. Werner Fuchs
Dr.rer.nat. Hans-Michael Schiffner

• **U 658**

Güteschutz Ziegelmontagebau e.V.
Surmannskamp 7a, 45661 Recklinghausen
T: (02361) 3 33 85 **Fax:** 3 33 91
Vorsitzende(r): Fritz Winklmann

• **U 659**

Reinheitszeichen-Verband Zink-Druckguß e.V.
Postf. 10 54 63, 40045 Düsseldorf
Am Bonneshof 5, 40474 Düsseldorf
T: (0211) 47 96-154 **Fax:** 47 96-409
GeschfVors.: RA Gerhard Klügge

Gütezeichen im land- und ernährungswirtschaftlichen Bereich

• **U 660**

CMA Centrale Marketing-Gesellschaft der deutschen Agrarwirtschaft mbH
Postf. 20 03 20, 53133 Bonn
Koblenzer Str. 148, 53177 Bonn
T: (0228) 8 47-0 **Fax:** 8 47-202
Internet: http://www.cma.de
E-Mail: info@cma.de
Geschäftsführer(in): Dr. Thomas Hambüchen
Prokurist: Dr. Michael Vogt (Inland)
Friedrich Wolf (Verwaltung)
Dr. Hans Otzen (Ausland)
AR: Wendelin Ruf (Vors.)
Manfred Nüssel (Stellv. Vors.)
Toni Meggle (Stellv. Vors.)
Gesellschafter: 49

• **U 661**

G D V Gütegemeinschaft Diät und Vollkost e.V.
Moorenstr. 80, 40225 Düsseldorf
T: (0211) 33 39 85 **Fax:** 31 76 91
Gründung: 1962 (März)
Vorsitzende: Marie-Luise Kohnhorst, Düsseldorf
Stellvertretende(r) Vorsitzende(r): Bärbel Wigge, Bochum
Geschäftsführer(in): Nadine Balzani (Ltg. Presseabt.)

Förderung gesundheitsbewusster Speisenqualität (Diäten & Vollkosten) d. Verleihung d. RAL Gütezeichen Diät und Vollkost an kontrollierte Betriebe (Gastronomie, med. Einrichtungen u. GV) aufgrund wiss. Erkentnisse.

• **U 662**

Gütegemeinschaft Fisch und Fischprodukte e.V.
Postf. 29 01 15, 27531 Bremerhaven
T: (0471) 9 72 94-0 **Fax:** 9 72 94-44

• **U 663**

Deutsche Landwirtschafts-Gesellschaft e.V. (DLG)
Eschborner Landstr. 122, 60489 Frankfurt
T: (069) 2 47 88-0 **Fax:** 2 47 88-1 10
Internet: http://www.DLG-Frankfurt.de
E-Mail: Info@DLG-Frankfurt.de
Präsident(in): Philip Freiherr von dem Bussche
Hauptgeschäftsführer(in): Dr. Dietrich Rieger
Mitglieder: 15000

Gütezeichen für Kraftfutter, Mineralfutter (Mischfuttermittel), Euterpflegemittel, Reinigungs- und Desinfektionsmittel für die Milchwirtschaft, Stalldesinfektionsmittel, Silierhilfsmittel

• **U 664**

Gütegemeinschaft Kalkstein, Kalk und Mörtel e.V.
Postf. 51 05 50, 50941 Köln
Annastr. 67-71, 50968 Köln
T: (0221) 93 46 74-0 **Fax:** 93 46 74-10/14
Internet: http://www.gueteschutz.de
E-Mail: gg@kalk.de
Vorsitzende(r): Dr. Thomas Stumpf (c/o Fa. FELS-WERKE GmbH, Postf. 14 60, 38604 Goslar)
Geschäftsführer(in): Dipl.-Kfm. Dr. Werner Fuchs
Dr.rer.nat Hans-Michael Schiffner

• **U 665**

Verband der Landwirtschaftskammern e.V.
siehe Q 4

• **U 666**

Deutsche Kontrollvereinigung für forstliches Saat- und Pflanzgut e.V.
siehe Q 216

• **U 667**

Bundesgütegemeinschaft Kompost e.V.
Schönhauser Str. 3, 50968 Köln
T: (0221) 93 47 00-75 **Fax:** 93 47 00-78

• **U 668**

"Kornkette" e.V.
c/o Bundesverband Deutscher Kornbrenner e.V.
Westfalendamm 59, 44141 Dortmund
T: (0231) 43 37 64, 43 01 44 **Fax:** 42 20 37
E-Mail: Kornbrenner@t-online.de
Vorsitzende(r): Ralf Müllenbach (i. Fa. Müllenbach GmbH, Postf. 12 27, 51493 Rösrath)
Geschäftsführer(in): Dipl.-Ökonom Peter Pilz

• **U 669**

Gütegemeinschaft Substrate für Pflanzenbau e.V.
Geschäftsstelle:
Heisterbergallee 12, 30453 Hannover
T: (0511) 4 00 52 54 **Fax:** 4 00 52 55
Internet: http://www.substrate-ev.org
E-Mail: info@substrate-ev.org
Vorsitzende(r): Uwe Carstensen

• **U 670**

Badischer Weinbauverband e.V.
Postf. 2 75, 79002 Freiburg
Merzhauser Str. 115, 79100 Freiburg
T: (0761) 4 59 10-0 **Fax:** 40 80 26
Präsident(in): Gerhard Hurst, Rammersweier
Geschäftsführer(in): Dr. Werner Schön

• **U 671**

Deutsche Landwirtschafts-Gesellschaft e.V.
Deutsche Weinsiegel-Gesellschaft m.b.H.
Eschborner Landstr. 122, 60489 Frankfurt
T: (069) 2 47 88-0 **Fax:** 2 47 88-6351
Internet: http://www.dlg-frankfurt.de
E-Mail: T.Burkhardt@dlg-frankfurt.de
Vors. d. AfW: Werner Hiestand, Uelversheim
Geschäftsführer(in): Dr. Peter Moog, Frankfurt
Gütezeichen Deutsches Weinsiegel in Rot (Lieblich), in Grün (Halbtrocken), in Gelb (Trocken)

• **U 672**

Fränkischer Weinbauverband e.V.
Haus des Frankenweins
Postf. 57 64, 97007 Würzburg
Kranenkai 1, 97070 Würzburg
T: (0931) 3 90 11-16/17 **Fax:** 3 90 11-55
Präsident(in): Andreas Oestemer
Vizepräsident(in): Horst Kolesch
Eugen Preißinger
Manfred Schmitt
Geschäftsführer(in): Johannes Lay
Verbandszeitschrift: Informationsdienst
Verlag: Fränkischer Weinbauerverband eV, Postf. 57 64, 97007 Würzburg
Mitarbeiter: 2

Schutzverbände

• **U 673**

Gesellschaft zur Förderung des Schutzes von Auslandsinvestitionen e.V.
Breite Str. 29, 10178 Berlin
T: (030) 20 28-1415 **Fax:** 20 28-2415
Präsident(in): Stefan Ortseifen
GeschfVorst.: Dr. Ludolf von Wartenberg
Jürgen Fitschen
Sekr.: Dipl.-Volksw. Jan Eggert

• **U 674**

Bundesverband Behälterschutz e.V. (BBS)
Schillerstr. 20, 79102 Freiburg
T: (0761) 7 17 17 **Fax:** 7 37 73
Internet: http://www.bbs-gt.de
E-Mail: info@bbs-gt.de
Gründung: 1965
Geschf. u. Ltg. Presseabt.: Dipl.-Wirtschafts-Ing. Ulrich Lößner
Mitglieder: 300
Mitarbeiter: 6

Der Bundesverband Behälterschutz e. V. (BBS) ist eine berufsständische Fachorganisation des Tankanlagenbau- und Tankschutzgewerbes. Er ist Vertragspartner der IG-Metall.

• **U 675**

Verband für Sicherheit in der Wirtschaft Baden-Württemberg e.V. (VSW-BW)
Postf. 50 11 43, 70341 Stuttgart
Seelbergstr. 15, 70372 Stuttgart
T: (0711) 95 46 09-0 **Fax:** 95 46 09-20
Internet: http://www.vsw-bw.com
E-Mail: mail@vsw-bw.com
Gründung: 1968 (4. Oktober)
Präsident(in): Berthold Schweigler
Geschäftsführer(in): Karl Stefan Schotzko (Ltg. Presseabt.)
Verbandszeitschrift: VSW-Aktuell
Redaktion: VSW-BW
Verlag: Eigenverlag
Mitglieder: 230
Mitarbeiter: 8

• **U 676**

Gesellschaft für Datenschutz und Datensicherung e.V. (GDD)
Pariser Str. 37, 53117 Bonn
T: (0228) 69 43 13 **Fax:** 69 56 38
Internet: http://www.gdd.de
E-Mail: g-d-d@t-online.de
Gründung: 1976
Vorstand: Bernd Hentschel (Vors.)
Prof. Dr. Reinhard Voßbein (1. stellv. Vors.)
Prof. Peter Gola (2. stellv. Vors.)
Wolfgang Strubel (Schatzmeister)
Verbandszeitschrift: Recht der Datenverarbeitung (RDV)
Mitglieder: ca. 1200

• **U 677**

Deutsche Vereinigung für Datenschutz e.V. (DVD)
Bonner Talweg 33-35, 53113 Bonn
T: (0228) 22 24 98 **Fax:** 24 13 52
Internet: http://www.aktiv.org./DVD
E-Mail: dvd@aktiv.org.
Vorsitzende(r): Dr. Thilo Weichert
Verbandszeitschrift: Datenschutz Nachrichten
Redaktion: Hajo Köppen
Mitglieder: 300

• **U 678**

Centrale für GmbH
Dr. Otto Schmidt

Centrale für Gesellschaften mbH Dr. Otto Schmidt KG
Postf. 51 10 26, 50946 Köln
Unter den Ulmen 96-98, 50968 Köln
T: (0221) 9 37 38-02 **Fax:** 9 37 38-954
Internet: http://www.centrale.de
E-Mail: centralefuergmbh@otto-schmidt.de
Gründung: 1905
Geschäftsführer(in): Karl-Peter Winters

Interessenvertretung der GmbH und GmbH & Co.KG in rechts- und steuerpolitischen Fragen;

Herausgabe von Fachpublikationen zum Gesellschafts- und Steuerrecht der GmbH und GmbH & Co. KG; Seminarveranstaltungen; Gutachtendienst. Mitgliedsbeitrag ab DM 528,-DM/Jahr.

• U 679

Verein zum Schutz des Herkunftsgewährzeichens Lübecker Marzipan e.V.
Postf. 21 17, 23509 Lübeck
T: (0451) 53 01-0 **Fax:** 53 01-1 11
1. Vorsitzende(r): Holger Strait
Stellvertretende(r) Vorsitzende(r): Manfred Risch
Mitglieder: 10 in Lübeck
Mitgliedschaften: Deutsches Institut zum Schutz von geographischen Herkunftsangaben e.V., Köln; Zentrale zur Bekämpfung unlauteren Wettbewerbs e.V., Frankfurt/Bad Homburg

• U 680

Deutsches Institut zum Schutz von geographischen Herkunftsangaben e.V. (DIGH)
Theodor-Heuss-Ring 19-21, 50668 Köln
T: (0221) 77 16-134 **Fax:** 77 16-135
Gründung: 1975 (2. Juni)
Vorsitzende(r): Alfred-Carl Gaedertz (Wiesbaden, Vorstandssprecher)
Stellvertretende(r) Vorsitzende(r): Hans-Hermann Hieronimi, Koblenz
RA Manfred Eihoff (Geschäftsführer), Sankt Augustin
Geschäftsführer(in): Dr. Thomas Schulte-Beckhausen, Köln
Mitglieder: 21 Verbände

Das DIGH dient dem Schutz und der Förderung geographischer Herkunftsangaben.

• U 681

Gütegemeinschaft Erhaltung von Bauwerken E.V.
Postf. 11 06 32, 10836 Berlin
Kurfürstenstr. 130, 10785 Berlin
T: (030) 23 60 96-72 **Fax:** 23 60 96-73
Internet: http://www.baunet.de/geb
E-Mail: geb.berlin@gmx.de
Gründung: 1985 (1. November)
Vorsitzende(r): Dr.-Ing. Hans Luber
Geschäftsführer(in): Dipl.-Ing. Uwe Grunert
Verbandszeitschrift: Rundschreiben
Mitglieder: 260
Mitarbeiter: 9

• U 682

Denkmalstiftung Baden-Württemberg
Charlottenplatz 17, 70173 Stuttgart
T: (0711) 2 26 11 85 **Fax:** 2 26 87 90
Gründung: 1985
Vorsitzender des Kuratoriums: Staatssekretär Dr. Horst Mehrländer
Vorsitzende(r) des Vorstandes: Dipl.-Kfm. Hans Freiländer
Stellvertretende(r) Vorsitzende(r): Dr. Volker Scholz (Kuratorium)
S.K.H. Carl Herzog von Württemberg (Vorstand)
Geschäftsführer(in): Staatssekretär a.D. Dieter Angst
Jahresetat: DM 3-5 Mio, € 1,53-2,56 Mio

• U 683

Landesamt für Denkmalpflege Sachsen
Augustusstr. 2, 01067 Dresden
T: (0351) 49 14-400 **Fax:** 49 14-477
Sächsischer Landeskonservator: Prof. Dr.-Ing. Gerhard Glaser

• U 684

Landesdenkmalamt Baden-Württemberg
Mörikestr. 12, 70178 Stuttgart
T: (0711) 16 94-9 **Fax:** 16 94-513
Präsident(in): Prof. Dr. Dieter Planck

• U 685

Landesamt für Denkmalpflege Schleswig-Holstein
Wall 74 Schloß, 24103 Kiel
T: (0431) 90 67-120 **Fax:** 90 67-246
Internet: http://www.schleswig-holstein.de/denkmal
E-Mail: denkmalamt.sh@t-online.de
Leitung: Dr. Michael Paarmann

• U 686

Vereinigung der Landesdenkmalpfleger in der Bundesrepublik Deutschland
c/o Bayerisches Landesamt für Denkmalpflege
Hofgraben 4, 80539 München
T: (089) 21 14-275, -286 **Fax:** 21 14-300
Vorsitzende(r): Prof. Dr. Michael Petzet

• U 687

Aktionsgemeinschaft Privates Denkmaleigentum (APD)
Ernst-Reuter-Platz 3-5, 10587 Berlin
T: (030) 31 80 72 05 **Fax:** 31 80 72 42
E-Mail: arge.grundbesitz@t-online.de
Vorstand: Michael Prinz zu Salm-Salm
Alexander Fürst zu Sayn-Wittgenstein-Sayn
Geschäftsführer(in): Klaus von Heimendahl

• U 688

Deutscher Holzschutzverband für großtechnische Imprägnierung e.V.
Sitz:
Saarlandstr. 206, 55411 Bingen
T: (06721) 96 81-0 **Fax:** 96 81-33
Internet: http://www.holzschutz.com
E-Mail: dhv@holzschutz.com
Gründung: 1983
Vorsitzende(r): Walter Vogelbacher (Hohenstr. 12, 78183 Hüfingen)
Geschäftsführer(in): Ass. d. Forstdienstes Uwe Halupczok
Verbandszeitschrift: DHV-AKTUELL (nur f. Mitglieder)
Mitglieder: 80

Mitgliedsverband:

u 689

Gütegemeinschaft Imprägnierte Holzbauelemente e.V.
Saarlandstr. 206, 55411 Bingen
T: (06721) 96 81-0 **Fax:** 96 81-33
Internet: http://www.holzschutz.com
E-Mail: dhv@holzschutz.com
Gründung: 1979
Vorsitzende(r): Siegfried Meyer (i. Fa. Siegfried Meyer, Holzbearbeitung, Zum Greffling 31, 57413 Finnentrop)
Geschäftsführer(in): Ass. d. Forstdienstes Uwe Halupczok
Mitglieder: 35

• U 690

Bundesverband privater Kapitalanleger e.V. Bonn
Am Goldgraben 6, 37073 Göttingen
T: (0551) 5 31 41 03 **Fax:** 4 57 10
Internet: http://www.bundesverband-privater-kapitalanleger-ev.de
Gründung: 1982
Vorsitzende(r) des Vorstandes: RA Dr. Jürgen Machunsky
Vors. d. Kuratoriums: RA Dr. Wolfgang Wunderlich (Frangenheimstr. 9, 50931 Köln, T: (0221) 40 20 56, Telefax: (0221) 40 31 76)
Mitglieder: 390

Schutzgemeinschaft der deutschen privaten Sparer und Investoren.

• U 691

Deutscher Interessenverband für Kapitalanleger e.V.
Kantstr. 13, 10623 Berlin
T: (030) 31 57 57-0 **Fax:** 31 57 57-97
E-Mail: law-berlin@t-online.de
Vorsitzende(r): Dr. Dirk Fischer
Mitglieder: z.Zt. 50

Wahrnehmung der ideellen und materiellen Interessen von Kapitalanlegern durch Aufklärung und Beratung.

• U 692

Informationsdienst für Bundeswertpapiere
Postf. 10 12 50, 60012 Frankfurt
T: (069) 74 77 11, Ansagedienst: (069) 1 97 18
Fax: 74 77 70, Faxabruf: (069) 2 57 02 00 10
E-Mail: infodienst.bwp@abc-kom.de

Laufende Unterrichtung der Medien über Wertpapiere des Bundes; individuelle schriftliche und telefonische Beratung potentieller Geldanleger; Informationen an Effekten- und Steuerberater.

• U 693

Allgemeiner Patienten-Verband e.V.
Postf. 11 26, 35001 Marburg
Ludwig-Juppe-Weg 3B, 35039 Marburg
T: (06421) 6 47 35
Gründung: 1976
Präsident(in): Christian Zimmermann
Verbandszeitschrift: Patientenschutz-Jahrbuch

• U 694

Deutsche Gesellschaft für Versicherte und Patienten e.V. (DGVP)
Postf. 12 41, 64630 Heppenheim
T: (06252) 91 07 44 **Fax:** 91 07 45
E-Mail: dgvp-@t-online.de
Präsident(in): Dr. Ekkehard Bahlo
Vizepräsident(in): Mechthild Kern
Leitung Presseabteilung: Mechthild Kern

• U 695

Deutscher Spendenrat e.V.
Simrockallee 27, 53173 Bonn
T: (0228) 9 35 57 28 **Fax:** 9 35 57 99
Gründung: 1993 (21. Oktober)
1. Vorsitzende(r): Lothar Schulz
2. Beisitzer: Günther Bitzer
Walter Schroeder
Willi Haas
Mitglieder: 40
Jahresetat: DM 0,12 Mio, € 0,06 Mio

• U 696

Bund gegen das Zwangsmitrauchen e.V. (BgZ)
Rothschildallee 30, 60389 Frankfurt
T: (069) 45 95 30 **Fax:** 45 47 75
Gründung: 1989 (April)
1. Vorsitzende(r): Stefano Marinello
2. Vorsitzende(r): Triwoko Karmino
Rechnungsführer: Mirko Marinello
Mitglieder: 30

• U 697

Vereinigung medizinisch chirurgisch Geschädigter in Deutschland e.V.
Alpspitzstr. 9, 81373 München
T: (089) 7 66 08 66
Präsident(in): Edmund Dicker

• U 698

Schutzverband der Spirituosen-Industrie e.V.
Bockenheimer Landstr. 98-100, 60323 Frankfurt
T: (069) 79 41-0 **Fax:** 79 41-100
Gründung: 1949
Vorsitzende(r): Jürgen Pabst (GeschfGes. I.B. Berentzen, Postf. 1 20, 49734 Haselünne)
Mitglieder: 41

• U 699

Deutsche Schutzvereinigung für Wertpapierbesitz e.V.
Postf. 14 02 43, 40072 Düsseldorf
Humboldtstr. 9, 40237 Düsseldorf
T: (0211) 66 97 02 **Fax:** 66 97 50-60
Gründung: 1947
Präsident(in): Roland Oetker
Vizepräsident(in): RA u. Notar Dr. Gerold Bezzenberger, Berlin
Vizepräsident(in): Dr. Arno Morenz
Hauptgeschäftsführer(in): RA Ulrich Hocker
Verbandszeitschrift: DAS WERTPAPIER
Redaktion: Martin Beier, Chefredakteur
Verlag: "Das Wertpapier" Verlagsgesellschaft mbH
Mitglieder: 15000
Mitarbeiter: 33

Zusammenschluß von Tausenden von Wertpapiersparern. Vertretung ihrer gemeinsamen ideellen und materiellen Interessen. Schon 1947 gegründet, wurde sie zur größten Vereinigung dieser Art in Deutschland. Schutz, Erhaltung und Stärkung des privaten Eigentums, insbesondere des Sparkapitals.

Landesverbände:

u 700

Deutsche Schutzvereinigung für Wertpapierbesitz e.V. Landesverband Baden-Württemberg
Königstr. 84, 70173 Stuttgart
T: (0711) 20 79-0 **Fax:** 20 79-2 90

u 701

Deutsche Schutzvereinigung für Wertpapierbesitz e.V. Landesverband Bayern
Franz-Joseph-Str. 9, 80801 München
T: (089) 34 01 94-46 **Fax:** 34 01 94-48

u 702

Deutsche Schutzvereinigung für Wertpapierbesitz e.V. Landesverband Berlin
Kaiserdamm 26, 14057 Berlin
T: (030) 3 01 17 60 **Fax:** 3 06 22 70

u 703

Deutsche Schutzvereinigung für Wertpapierbesitz e.V. Landesverband Bremen
Schlachte 3-5, 28195 Bremen
T: (0421) 36 50 50 **Fax:** 3 65 05 60

u 704

Deutsche Schutzvereinigung für Wertpapierbesitz e.V. Landesverband Hamburg und Schleswig-Holstein
Mönckebergstr. 11, 20095 Hamburg
T: (040) 3 25 57 70 **Fax:** 32 55 77 99

u 705

Deutsche Schutzvereinigung für Wertpapierbesitz e.V. Landesverband Hessen
Mainzer Landstr. 39, 60329 Frankfurt
T: (069) 23 85 38-0 **Fax:** 23 85 38 10

u 706

Deutsche Schutzvereinigung für Wertpapierbesitz e.V. Landesverband Rheinland-Pfalz/Saarland
Woogstr. 4, 67659 Kaiserslautern
T: (0631) 3 70 50 05 **Fax:** 3 70 50 07

u 707

Deutsche Schutzvereinigung für Wertpapierbesitz e.V. Landesverband Niedersachsen
Köbelingerstr. 1, 30159 Hannover
T: (0511) 3 64 89 00 **Fax:** 3 64 89 99

u 708

Deutsche Schutzvereinigung für Wertpapierbesitz e.V. Landesverband Nordrhein-Westfalen
Humboldtstr. 9, 40237 Düsseldorf
T: (0211) 66 97 34 **Fax:** 66 97 60

• U 709

Gesellschaft für Wertpapierinteressen e.V. (GFW)
Basteiring 6, 48653 Coesfeld
T: (02541) 8 81 10 **Fax:** 7 06 05

Landesverbände:
Baden-Württemberg, Bayern, Berlin, Hamburg, Hessen, Niedersachsen, Nordrhein-Westfalen

• U 710

Schutzgemeinschaft der Fruchtsaft-Industrie e.V.
Am Hahnenbusch 14b, 55268 Nieder-Olm
T: (06136) 92 52 40 **Fax:** 92 52 44
Internet: http://www.sgf.org
E-Mail: info@sgf.org
Gründung: 1974
Vorsitzende(r): Dr. Karl Neuhäuser (Eckes AG, 55268 Nieder-Olm)
Stellvertretende(r) Vorsitzende(r): Günther Possmann (Kelterei Possmann, Frankfurt)
Geschäftsführer(in): Peter Michael Funk
Mitglieder: 470 in 46 Ländern
Mitarbeiter: 10
Jahresetat: DM 3,2 Mio, € 1,64 Mio

• U 711

Schutzgemeinschaft der Kleinaktionäre e.V. (SdK)
Jakobstr. 73, 73734 Esslingen
T: (0711) 3 45 20 91 **Fax:** 3 45 09 22
Internet: http://www.sdk.org
E-Mail: sdk.ev@t-online.de
Gründung: 1959 (01. Dezember)
Vorsitzende(r) des Vorstandes: Dipl.-Kfm. Dieter Kauffmann (Jakobstr. 73, 73734 Esslingen, T: (0711) 3 45 20 91, Fax: 3 45 09 22)
Betriebswirtin Anneliese Hieke (Neckarsteinacher Str. 15, 69151 Neckargemünd, T: (06223) 65 00, Fax: 7 32 63)
Dipl.-Handelslehrerin Reinhild Keitel (Einsiedlerstr. 11, 60439 Frankfurt, T: (069) 5 89 03 25, Fax: 58 63 68)
WP, StB Klaus Schneider (Schackstr. 1, 80539 München, T: (089) 36 04 90-0, Fax: 36 04 90-49)
Dipl.-Betriebsw. Reinhard Rebbert (Am Braunsacker 19, 50765 Köln, T: (0221) 5 90 62 27, Fax: 5 90 55 34)
Dipl.-Volksw. Markus Straub (Kirchenstr. 77, 81675 München, T: (089) 47 07 73 07, Fax: 47 08 78 15)
Mitarbeiter: 50 Sprecher, 5 Mitarb.
Publikationsorgane: "Der AktionärsReport" sowie "DIE AKTIENGESELLSCHAFT"; beide im Verlag Dr. Otto Schmidt KG, Unter den Ulmen 96-98, 50968 Köln

Bundesweit arbeitende Aktionärsvereinigung zum Schutze des Streubesitzes.

• U 712

Dachverband der Kritischen Aktionärinnen und Aktionäre e.V.
Schlackstr. 16, 50737 Köln
T: (0221) 5 99 56 47 **Fax:** 5 99 10 24
Internet: http://www.kritischeaktionaere.de
E-Mail: Critical_Shareholders@compuserve.com
Gründung: 1986 (22. Februar)
Geschf. Vorstand: Henry Mathews (Ltg. Presseabt.)
Mitglieder: 130

• U 713

BUNDES-SCHUFA Vereinigung der deutschen Schutzgemeinschaften für allgemeine Kreditsicherung e.V.
Postf. 18 29, 65008 Wiesbaden
Kronprinzenstr. 28, 65185 Wiesbaden
T: (0611) 3 95 98-0 **Fax:** 3 95 98-33
Internet: http://www.schufa.de
Vorsitzende(r) des Vorstandes: Dipl.-Kfm. Hans-Peter Krämer, Köln
Geschäftsführer(in): Wulf Bach, Wiesbaden

u 714

SCHUFA Ostdeutsche Schutzgemeinschaft für allgemeine Kreditsicherung GmbH
Sitz:
Postf. 42 01 32, 12061 Berlin
Mariendorfer Damm 1-3, 12099 Berlin
T: (030) 7 00 91-10 **Fax:** 7 00 91-2 22
E-Mail: ostd.schufa@berlin.de
Vorsitzende(r): Marc Aurel von Dewitz, Berlin
Geschäftsführer(in): Gerd Hirsbrunner, Berlin

u 715

SCHUFA Schutzgemeinschaft für allgemeine Kreditsicherung GmbH Bremen/Weser-Ems
Sitz:
Postf. 10 17 20, 28017 Bremen
Martinistr. 12-16, 28195 Bremen
T: (0421) 3 63 02 66 **Fax:** 3 63 02 49
Vorsitzende(r): Dr.rer.pol. Herbert Wieneke, Bremen
Geschäftsführer(in): Markward Klein, Bremen

u 716

SCHUFA - Niederrheinisch-Westfälische Schutzgemeinschaft für allgemeine Kreditsicherung GmbH
Sitz:
Postf. 10 37 63, 44037 Dortmund
Florianstr. 3, 44139 Dortmund
T: (0231) 12 60 71 **Fax:** 12 60 70
Vorsitzende(r): Rudolf Heib, Gelsenkirchen
Geschäftsführer(in): Helmut Höfer, Bochum

u 717

SCHUFA Schutzgemeinschaft für allgemeine Kreditsicherung GmbH
Sitz:
Postf. 10 47 44, 40038 Düsseldorf
Immermannstr. 65D, 40210 Düsseldorf
T: (0211) 1 67 61 00 **Fax:** 35 97 13
Internet: http://www.schufa.de
E-Mail: schufa-duesseldorf@t-online.de
Vorsitzende(r): Wolfram Combecher, Düsseldorf
Geschäftsführer(in): Hartmut Lorenz, Düsseldorf

u 718

SCHUFA NORD Schutzgemeinschaft für allgemeine Kreditsicherung GmbH
Sitz:
Postf. 10 58 09, 20039 Hamburg
Wendenstr. 4, 20097 Hamburg
T: (040) 23 71 90 **Fax:** 23 71 92 22
Vorsitzende(r): Dr.jur. Karl-Joachim Dreyer, Hamburg
Geschäftsführer(in): H.-D. Pflughoefft, Hamburg

u 719

SCHUFA Schutzgemeinschaft für allgemeine Kreditsicherung Rhein-Saar GmbH
Sitz:
Postf. 45 11 40, 50886 Köln
Widdersdorfer Str. 403, 50933 Köln
T: (0221) 49 96 60 **Fax:** 4 99 54 42
TX: 8 882 081
Vorsitzende(r): Dipl.-Kfm. Hans-Peter Krämer, Köln
Geschäftsführer(in): Claus-Dieter Braun, Köln
Günter Klein, Saarbrücken

u 720

SCHUFA Bayerische Schutzgemeinschaft für allgemeine Kreditsicherung GmbH
Sitz:
Postf. 21 04 68, 80674 München
Elsenheimerstr. 61/IV, 80687 München
T: (089) 5 70 06-0 **Fax:** 5 70 06-350
Vors. d. VR-R.: Dr. Olaf Scheer, München
Geschäftsführer(in): Gernot W. H. Bickel, München

u 721

Südwestdeutsche SCHUFA Schutzgemeinschaft für allgemeine Kreditsicherung GmbH
Sitz:
Postf. 10 46 43, 70041 Stuttgart
Königstr. 84, 70173 Stuttgart
T: (0711) 2 24 56 66 **Fax:** 2 24 56 26
Vorsitzende(r): Prof. Dr. Hans Waschkowski, Stuttgart
Geschäftsführer(in): Klaus Maier, Stuttgart

• U 722

Liga für Internationalen Creditschutz e.V. (LIC)
Buddestr. 10, 51429 Bergisch Gladbach
Gründung: 1962 (8. März)
Präs. u. Vors.: Prof.Dr. de Feu
Generalsekretärin: Marga Ramthun

• U 723

Kreditschutzverein für Industrie, Handel und Dienstleistung e.V. (IHD)
Augustinusstr. 11B, 50226 Frechen
T: (02234) 9 63 17-0 **Fax:** 9 63 17 11
T-Online ✻2 0409✻
Internet: http://www.ihd.de
E-Mail: zentrale@ihd.de
Gründung: 1985
Vorsitzende(r): Burghard Weyland
Geschäftsführer(in): Bernhard Eberlein
Mitglieder: 3000
Mitarbeiter: 60

• U 724

Creditoren-Verein Pforzheim - Internationaler Gläubigerschutzverband des Schmuck-, Silberwaren- und Uhrengewerbes
Poststr. 1, 75172 Pforzheim
T: (07231) 38 07-0 **Fax:** 35 58 30
Gründung: 1894 (06. Juni)
Vorsitzende(r): Manfred Bächtold (i. Fa. Friedrich Kling, Birkenfeld)
Stellvertretende(r) Vorsitzende(r): Rolf Stahl (i. Fa. ERMANO Uhrwerke, Pforzheim)
Geschäftsführer(in): Rüdiger Wolf
Verbandszeitschrift: CV-Nachrichten
Mitglieder: ca. 800
Mitarbeiter: 21, davon 4 Auszub.

• U 725

VELIDRO Rechtsbeistand e.V.
Augustinusstr. 11B, 50226 Frechen
T: (02234) 96 35 50 **Fax:** 9 63 55 83
Gründung: 1915
Vorsitzende(r): Dr. Hartmut Schneider (Gutenbergstr. 6,

65830 Kriftel, c/o ispo GmbH)
Geschäftsführer(in): Rechtsbeistand Adolf Brauner
Mitglieder: 1400

• U 726

Südd. Gläubigerschutzverband e.V.
König-Karl-Str. 81, 70372 Stuttgart
T: (0711) 5 50 08-0 **Fax:** 5 50 08-11
Vorstand: Klaus Klitzke

• U 727

Deutsche Vereinigung für gewerblichen Rechtsschutz und Urheberrecht e.V.
Sitz: Berlin
Hauptgeschäftsstelle:
Theodor-Heuss-Ring 19-21, 50668 Köln
T: (0221) 77 16-151 **Fax:** 77 16-205
Präsident(in): RA Dr. Wolfgang Gloy
Generalsekretär(in): RA Dr. Michael Loschelder
Mitglieder: 3500

Wissenschaftliche Fortbildung und Ausbau des gewerblichen Rechtsschutzes und des Urheberrechts, einschl. des Wettbewerbsrechts

Bezirksgruppen

u 728

Deutsche Vereinigung für gewerblichen Rechtsschutz und Urheberrecht e.V. Bezirksgruppe Bayern
Prinzregentenstr. 16, 80538 München
T: (089) 2 12 39 90 **Fax:** 21 23 99 22

u 729

Deutsche Vereinigung für gewerblichen Rechtsschutz und Urheberrecht e.V. Bezirksgruppe Berlin
Meierottostr. 1, 10719 Berlin
T: (030) 8 81 41 88 **Fax:** 8 81 41 87

u 730

Deutsche Vereinigung für gewerblichen Rechtsschutz und Urheberrecht e.V. Bezirksgruppe Frankfurt
Eschersheimer Landstr. 25-27, 60322 Frankfurt
T: (069) 9 59 57-0 **Fax:** 9 59 57-166

u 731

Deutsche Vereinigung für gewerblichen Rechtsschutz und Urheberrecht e.V. Bezirksgruppe Mitte-Ost
Forsterstr. 29-31, 06112 Halle
T: (0345) 5 17 05 73 **Fax:** 5 17 05 72

u 732

Deutsche Vereinigung für gewerblichen Rechtsschutz und Urheberrecht e.V. Bezirksgruppe Nord
Adenauerallee 28, 20097 Hamburg
T: (040) 28 40 79-0 **Fax:** 2 80 36 72

u 733

Deutsche Vereinigung für gewerblichen Rechtsschutz und Urheberrecht e.V. Bezirksgruppe Süd-West
Heidehofstr. 9, 70184 Stuttgart
T: (0711) 48 97 90 **Fax:** 48 15 77

u 734

Deutsche Vereinigung für gewerblichen Rechtsschutz und Urheberrecht e.V. Bezirksgruppe West
Königsallee 92a, 40212 Düsseldorf
T: (0211) 83 87-0 **Fax:** 32 36 16

• U 735

Verein gegen Rechtsmißbrauch e.V. (VGR)
Röderbergweg 30, 60314 Frankfurt
T: (069) 43 35 23 **Fax:** 43 35 23
Gründung: 1989 (2. Oktober)
Vorsitzende(r): Horst Trieflinger
Stellvertretende(r) Vorsitzende(r): Gerd Bielefeldt
Mitglieder: 300
Jahresetat: DM 0,010 Mio, € 0,01 Mio
Geschäftsstellen: Diez, Düsseldorf

Hilfestellung und Unterstützung von Personen, die durch Rechtsanwälte, sonstige Rechtsbeistände und/oder die Justiz geschädigt wurden. Erfahrungsaustausch, Öffentlichkeitsarbeit, Einflußnahme auf die Gesetzgebung und auf sonstige Meinungsführer, Prozeßbeobachtung und Prozeßbegleitung. Vorbeugung gegen Rechtsmißbrauch.

• U 736

VG WORT

Verwertungsgesellschaft WORT
Rechtsfähiger Verein kraft Verleihung
Goethestr. 49, 80336 München
T: (089) 5 14 12-0 **Fax:** 5 14 12 58
Internet: http://www.vgwort.de
E-Mail: vgwort@t-online.de
Gründung: 1958
Geschäftsführendes Vorstandsmitglied:
Prof. Dr. Ferdinand Melichar
Verbandszeitschrift: WORT-REPORT
Mitarbeiter: 75

Wahrnehmung von Urheberrechten an Sprachwerken.

u 737

VG WORT Büro Berlin
Köthener Str. 44, 10963 Berlin
T: (030) 2 61 38 45 **Fax:** 23 00 36 29

• U 738

Verwertungsgesellschaft Bild-Kunst rechtsfähiger Verein kraft staatlicher Verleihung
Weberstr. 61, 53113 Bonn
T: (0228) 9 15 34-0 **Fax:** 9 15 34-39
Internet: http://www.bildkunst.de
Gründung: 1968
Vorstand: RA Gerhard Pfennig (Weberstr. 61, 53113 Bonn, T: (0228) 9 15 34-16)
Frauke Ancker
Eberhard Hauff
Hans-Wilhelm Sotrop
Mitglieder: 25889
Mitarbeiter: 33
Jahresetat: DM 36,53 Mio, € 18,68 Mio

u 739

Verwertungsgesellschaft Bild-Kunst Büro Berlin
Köthener Str. 44, 10963 Berlin
T: (030) 2 61 27 51 **Fax:** 23 00 36 29

• U 740

Interessengemeinschaft für Rundfunkschutzrechte e.V. (IGR)
Bahnstr. 62, 40210 Düsseldorf
T: (0211) 35 33 81 **Fax:** 35 28 46
Geschäftsführer(in): Dipl.-Phys. Hans-Jörg Geßler
Mitglieder: 15

• U 741

Deutscher Erfinderverband e.V. (DEV)
Spittlertorgraben 15, 90429 Nürnberg
T: (0911) 26 98 11 **Fax:** 26 97 80
Vorsitzende(r): Joachim Bader

• U 742

Deutscher Erfinderring e.V., Nürnberg (DER)
Spittlertorgraben 15, 90429 Nürnberg
T: (0911) 26 98 11 **Fax:** 26 97 80
Gründung: 1950
1. Vorstand: Hans-Peter Schabert (Ltg. Presseabteilung)
Verbandszeitschrift: Erfinder Mitteilungen
Redaktion: DEV Nürnberg
Mitglieder: 100
Jahresetat: DM 0,01 Mio, € 0,01 Mio

• U 743

Konditionenkartell der in Niedersachsen Bier vertreibenden Brauereien
Georgsplatz 11, 30159 Hannover
T: (0511) 3 63 28 00 **Fax:** 3 63 28 20
Vorsitzende(r): Harald Wildhagen (Vorstandsmitglied der Gilde Brauerei AG, Hannover)
Geschäftsführer(in): RA Michael Scherer
Mitglieder: 7

• U 744

Schutzgemeinschaft Muster und Modelle - Musterschutz - e.V.
c/o Gesamttextil e. V.
Postf. 53 40, 65728 Eschborn
Frankfurter Str. 10-14, 65760 Eschborn
T: (06196) 9 66-0 **Fax:** 4 21 70
Vorsitzende(r) des Vorstandes: Peter Mauch, Lörrach
Vorstand: Hans Bläcker (Vorsitzender des Hauptverbandes Textil im CDH, Köln)
Günther Bueckle (Carl Bueckle GmbH & Co. KG, Lauffen/N.)
Jürgen Wetzel (Fa. Thümmler + Bley, Schwarzenbach)

• U 745

Bundesausschuß Farbe und Sachwertschutz e.V.
Vilbeler Landstr. 255, 60388 Frankfurt
T: (06109) 7 26 86 **Fax:** 72 28-50
Präsident(in): Gustav Jost (Juraweg 21, 79540 Lörrach)
Geschäftsführer(in): Werner Loch
Mitglieder: 169

• U 746

Zentrale zur Bekämpfung unlauteren Wettbewerbs e.V. Frankfurt am Main
Postf. 25 55, 61295 Bad Homburg
Landgrafenstr. 24B, 61348 Bad Homburg
T: (06172) 12 15 30 **Fax:** 8 44 22
E-Mail: mail@wettbewerbszentrale.de
Gründung: 1912 in Berlin
Internationaler Zusammenschluß: siehe unter izo 113.20
Präsident(in): Peter Zühlsdorff, Darmstadt
Hauptgeschäftsführer(in): Dr. Reiner Münker
Verbandszeitschrift: Der Wettbewerb
Aus der Praxis - für die Praxis
Verlag: Dt. Fachverlag, 60264 Frankfurt
Mitglieder: 1650 (Stand Dezember 1996)
Mitarbeiter: rd. 50

Zweigstellen der Wettbewerbszentrale befinden sich in: Berlin, Dortmund, Dresden, Essen, Hamburg, Hannover, München und Stuttgart

• U 747

Schutzgemeinschaft gegen unlautere Baufinanzierung e.V.
Gemeinnützige
Verbraucher-Institution
Birkenstr. 5, 16798 Fürstenberg
T: (033093) 3 97 56 **Fax:** 3 97 55
Vorsitzende(r): Dr. Ernst-Chr. Haß, Berlin
Stellvertretende(r) Vorsitzende(r): Olaf Peglow, Berlin
Beauftragte(r): Dieter Peglow, Fürstenberg/Havel
Verbandszeitschrift: "Wie wird meine Baufinanzierung um Tausende billiger ?"
Verlag: Selbstverlag der Schutzgemeinschaft
Mitglieder: 7

• U 748

Verein für lauteren Wettbewerb e.V.
Bei dem Neuen Krahn 2, 20457 Hamburg
T: (040) 36 98 15-0, Durchw.: -13 **Fax:** 36 98 15-33
Gründung: 1953 (27. August)
1. Vorsitzende(r): Jörn Holzmann
Stellvertretende(r) Vorsitzende(r): Rolf Leuchtenberger
Bodo Kretschmann
Geschäftsführer(in): Wolfgang Linnekogel
Mitglieder: 22 Verbände mit ca. 10 500 angeschlossenen Handelsunternehmen
Mitarbeiter: 1 Volljurist, 2 Sachbearbeiterinnen

Lauterkeit des Wettbewerbs, Beratung und Unterstützung der Mitgliedsverbände/Firmen, Durchsetzung von Unterlassungsansprüchen.

• U 749

Gutachter-Ausschuß für Wettbewerbsfragen
-, 11052 Berlin
Breite Str. 28, 10178 Berlin
T: (03020308) 27 02 **Fax:** 27 77
Gründung: 1949
Vorsitzende(r): RA Klaus Suhr
Geschäftsführer(in): RA Armin Busacker
RA Dr. Axel Koblitz
Mitglieder: 41

• U 750

Gutachterausschuß für Allgemeine Geschäftsbedingungen
Breite Str. 2, 10178 Berlin
T: (030) 20 28-1560 **Fax:** 20 28-2560
Teletex: 221 4058 **T-Online** 54 600
E-Mail: s.hintzen@bdi-online.de
Vorsitzende(r): Dr. Jörg-Dieter Hummel
Geschäftsführer(in): RA Sigrid Hintzen

• U 751

Bund Deutscher Schiedsmänner und Schiedsfrauen e.V. (BDS)
Postf. 10 04 52, 44704 Bochum
Wagenfeldstr. 1, 44787 Bochum

T: (0234) 6 69 60 **Fax:** 1 81 71
Internet: http://www.schiedsamt.de
E-Mail: bds@schiedsamt.de
Gründung: 1950 (20. Oktober)
Vorstand: Erhard Väth (BVors.)
Bruno Mlody (1. stellv. Vors.)
Rudolf Noeres (2. stellv. Vors.)
Henning Müller (3. stellv. Vors.)
Assessor Georg Budich (BGF (Hauptgeschäftsf.))
Peter Schöneseiffen (BSchatzmeister)
Pressereferent: Helmut Stutzmann
Verbandszeitschrift: Schiedsamtszeitung
Redaktion: Burkhard Treese, Direktor des Amtsgerichts
Verlag: Carl Heymanns Verlag KG, Luxemburger Str. 449, Köln
Mitglieder: ca. 10000
Mitarbeiter: 4
Angeschlossene Organisationen:
12 Landesvereinigungen
77 regionale Bezirksvereinigungen in den Ländern Berlin, Brandenburg, Hessen, Mecklenburg-Vorpommern, Niedersachsen, Nordrhein-Westfalen, Rheinland-Pfalz, Saarland, Sachsen, Sachsen-Anhalt, Schleswig-Holstein und Thüringen

• U 752

Deutscher Ausschuß für Schiedsgerichtswesen
Geschäftsführung wird wahrgenommen durch:
Deutsche Institution für Schiedsgerichtsbarkeit e.V. (DIS)
Adenauerallee 148, 53113 Bonn
T: (0228) 1 04-2711 **Fax:** 1 04-2714
Vorsitzende(r): RA Wingolf R. Lachmann, Hamburg

• U 753

Deutsche Institution für Schiedsgerichtsbarkeit e.V. (DIS)
Hauptgeschäftsstelle:
Adenauerallee 148, 53113 Bonn
T: (0228) 1 04 27 11 **Fax:** 1 04 27 14
DIS-Büro Berlin: Fasanenstr. 85, 10623 Berlin, T: (030) 31 51 05 89, Telefax: (030) 31 51 05 99
enger Vorstand:
Vorstand: Prof. Dr. Karl-Heinz Böckstiegel
Dr. Jürgen Möllering
RA Dr. Hannes Hesse
Generalsekretär(in): RA Jens Bredow
Mitglieder: ca. 450

• U 754

Arbeitskreis für Insolvenz- und Schiedsgerichtswesen e.V., Köln
(als Gemeinnützige Körperschaft anerkannt)
c/o Amtsgericht Köln, Abt. 71
50922 Köln
T: (0221) 4 77-0 (Zentrale)
Gründung: 1949
Vorsitzende(r): Dr. Heinz Vallender
Mitglieder: 250

• U 755

Verband privater Bauherren e.V. (V.P.B.)
Unabhängiger Verbraucherschutzverband, bautechnischer Überwachungsverein für Bauherren
Bundesbüro und Vorstand
Spaldingstr. 64, 20097 Hamburg
T: (040) 23 15 50 **Fax:** 23 27 14
Internet: http://www.vpb.de
E-Mail: hamburg@vpb.de
Gründung: 1976 (10. Mai)
Vorstand: RA H. Schildt (Justitiar)
Dipl.-Ing. W. Queißer
Dipl.-Ing. B. Riedl
Hauptgeschäftsführer(in): Dipl.-Ing. F. Staudinger
Anzahl der Beratungsbüros: z.Zt. 45 Büros

• U 756

Deutscher Schutzverband gegen Wirtschaftskriminalität e.V. Frankfurt/Main (DSW)
Postf. 25 55, 61295 Bad Homburg
Landgrafenstr. 24B, 61348 Bad Homburg
T: (06172) 1 21 50 **Fax:** 8 44 22
E-Mail: mail@wettbewerbszentrale.de
Gründung: 1911 in Berlin
Vorsitzende(r): Dr. Marcel Kisseler
Mitglieder: ca. 100

• U 757

Institut für Finanzdienstleistungen e.V. (IFF)
Burchardstr. 22, 20095 Hamburg
T: (040) 30 96 91-0 **Fax:** 30 96 91-22
Internet: http://www.iff-hamburg.de
Gründung: 1987
Vorsitzende(r): Rüdiger Wanke (Arbeiterkammer Bremen)
Direktor(in): Prof. Dr. Udo Reifner
Verbandszeitschrift: BankWatch - INFODIENST im Internet
Redaktion: IFF
Verlag: Burchardstr. 22, 20095 Hamburg
Mitglieder: 15
Mitarbeiter: 8
Jahresetat: DM 1,8 Mio, € 0,92 Mio

• U 758

Pro Honore e.V.
Beim Strohhause 34, 20097 Hamburg
T: (040) 2 50 92 34 **Fax:** 2 51 38 62
E-Mail: 0402508763-0001@t-online.de
Gründung: 1925
Vorsitzende(r): Rolf Klauer
Geschäftsführung: RA Otto D. Dobbeck (Ltg. Presseabt.)
Verbandszeitschrift: Warnungsdienst
Redaktion: RA Otto D. Dobbeck
Mitglieder: 223

• U 759

Pro Touristica e.V.
Verein zur Unterbindung unlauterer Methoden in der Touristik
Oberburgstraße, 37213 Witzenhausen
T: (05542) 99 96 07 **Fax:** 99 96 08
Gründung: 1990 (14. Oktober)
Vorsitzende(r): Wolfgang Dovidat
Stellvertretende(r) Vorsitzende(r): Gerhard Mühring

• U 760

Gemeinschaft vorbildlicher Bekleidungsfachgeschäfte e.V.
Cecilienallee 42, 40474 Düsseldorf
T: (0211) 43 43 24 **Fax:** 45 10 15
Gründung: 1939 (5. August)
Vorsitzende(r): Kaufmann Hendrik Cloppenburg
Geschäftsführer(in): Dipl.-Kfm. Hans Dieter Dahlhaus

• U 761

Deutscher Verband für Post und Telekommunikation e.V. (DVPT)
Postf. 10 20 28, 63020 Offenbach
Berliner Str. 170-172, 63067 Offenbach
T: (069) 82 97 22-0 **Fax:** 82 97 22-26
Internet: http://www.dvpt.de
E-Mail: dvpt@dvpt.de
Gründung: 1968 (6. März)
Vorsitzende(r): Wilhelm Hübner (Ltg. Presseabt., Siegfried-Guggenheim-Weg 5, 63069 Offenbach, T: (069) 82 97 22-0, Telefax: (069) 82 97 22-26)
Mitglieder: 2000
Mitarbeiter: 12

• U 762

Bundesverband der Mehrwertdienste-, Post- und Telekommunikationsnutzer Deutschland e.V. (BMPT)
Bundesgeschäftsstelle
Technologiezentrum
Lohbachstr. 12, 58239 Schwerte
T: (02304) 9 45-580, (0180) 5 55 24 00 (Mitglieder-Hotline)
Fax: (02304) 9 45-588, (0180) 5 55 25 00 (Mitglieder-Faxline)
Internet: http://www.bmpt.org
E-Mail: bgs@bmpt.org
Präsidium
Präsident(in): Dipl.-Kfm. Dieter Swoboda
Stellvertretender Vorsitzender: Dipl.-Betriebsw. Rolf L. Thieme
Schatzmeister: Bankkfm. Marco Althaus (Bankdirektor a.D.)
Stellvertretender Schatzmeister: Frank Martin
Bundesgeschäftsführer: Dipl.-Phys. Thomas Windelschmidt
Stellvertretender Geschäftsführer: Christian Renze
Förderkuratorium
Vorsitz: Prof. Dr. Roland Multhaup
Mitgliederbetreuung
Leiter(in): Christine Jordan
Mitglieder: ca. 3000

• U 763

Europaverband der Selbständigen Bundesverband Deutschland (BVD)
Oberbexbacher Str. 7, 66450 Bexbach
T: (06826) 14 70, 21 88 **Fax:** 5 09 04
Internet: http://www.bvd-cedi.de
E-Mail: info@bvd-cedi.de
Berliner Vertretung:
Carsten Lucht, Kaiser-Friedrich-Höfe, Kaiser-Friedrich-Str. 90, 10585 Berlin
Präs. BVD u. VdVorst: Karl Kunrath (Ltg. Presseabt.; Oberbexbacher Str. 7, 66450 Bexbach)
Präsident(in): Karl Philippi
Dr. Peter Vogt
Bundesgeschäftsführer(in): H. D. Schaefer
Präsidiumsmitglied(er): Friedrich Krömmelbein
RA Klaus Wagner
Günter Hoffmann
Gilbert Hüsch
Erich Gemmel
Rudolf Martin
30 Landesdienststellen + Repräsentanzen, 355 Verbände und Innungen in allen Bundesländern
Verbandszeitschrift: Zeitung für die Selbständigen "Gewerbe-Report"
Redaktion: Oberbexbacher Str. 7, 66450 Bexbach
Mitglieder: Vertritt 440000 Selbständige
Mitarbeiter: 12 Innendienst, 200 Außendienst freiberufliche Mitarb.

Interessenvertretung aller Selbständigen, Klein- und Mittelbetriebe und der freien Berufe, sowie des ambulanten Handels, Handelsvertreter, Dienstleistungs- Hotel- und Gaststättengewerbe etc. in der Bundesrepublik.

BVD-Bevollmächtigte

u 764

Europaverband der Selbständigen-BVD/CEDI Sachsen
Schneeberger Str. 7, 08280 Aue
T: (03771) 2 45 62, 2 26 23 **Fax:** 2 45 62
Präsident(in): Rudolf Martin (Bevollmächtigter für die neuen Bundesländer)

u 765

BVD - Bevollmächtigter Berlin
Budapester Str. 39, 10787 Berlin
T: (030) 2 61 91 17 **Fax:** 2 61 85 58
Kontaktperson: Carsten Lucht

u 766

BVD - Bevollmächtigter Nord-/Nordostdeutschland
Dammstr. 34, 24103 Kiel
T: (0431) 9 66 22 **Fax:** 9 65 65
Kontaktperson: Dr. Jürgen D. Berndt

u 767

BVD - Bevollmächtigter Rhein/Main
Heinrich-Bingemer-Weg 2, 60388 Frankfurt
T: (06109) 3 33 25 **Fax:** 3 35 58
Kontaktperson: Johannes Prüfer

u 768

BVD - Bevollmächtigter Mannheim Rhein/Neckar
Ginsterweg 9, 68305 Mannheim
T: (0621) 15 54 77
Kontaktperson: Werner Weber

u 769

BVD - Bevollmächtigter Region Stuttgart
Bachstr. 29, 71397 Leutenbach
T: (07195) 9 57 68 00 **Fax:** 94 40 10
Kontaktperson: Hans-Joachim Jacoby

u 770

BVD - Bevollmächtigter Bayern
Hugo-Junkers-Str. 9, 86159 Augsburg
T: (0821) 58 16 00 **Fax:** 58 23 57
Kontaktperson: Erich Schmidkonz

BVD-Landesdienststellen:

u 771

BVD-Landesdienststelle Neubrandenburg
Sponholzer Str. 63, 17034 Neubrandenburg
T: (0395) 4 22 85 82 **Fax:** 4 22 85 81
Peter Büchler

u 772

BVD-Landesdienststelle Rheinland
Graf-Adolf-Str. 41, 40210 Düsseldorf
T: (0211) 37 14 14
Kontaktperson: Heinz Kobielski

u 773

BVD-Landesdienststelle Dortmund
Große Heimstr. 72, 44137 Dortmund
T: (0231) 7 21 33 62 **Fax:** 9 12 82 77
Kontaktperson: Klaus Hartz

u 774

BVD-Landesdienststelle Saar-Mitte
Hasenbergstr. 4b, 66822 Lebach
T: (06881) 35 19 **Fax:** 35 19
Kontaktperson: Werner Niedzwetzki

u 775

BVD-Landesdienststelle Südpfalz
Hartmannstr. 16, 67487 Maikammer
T: (06321) 95 27 18 **Fax:** 95 27 19
Kontaktperson: Wolfgang Ringler

u 776

BVD-Landesdienststelle Baden-Kurpfalz
Bäumelweg 6, 68782 Brühl
T: (06202) 7 23 98
Kontaktperson: Rolf Werle

u 777

BVD-Landesdienststelle Villingen
Höfenstr. 29, 78052 Villingen-Schwenningen
T: (07721) 7 02 25 **Fax:** 7 05 89
Kontaktperson: Achim Engesser

BVD-Repräsentanzen:

u 778

BVD-Repräsentanz Thüringen-Ost
Winterstr. 4, 04600 Altenburg
T: (03447) 83 87 02 **Fax:** 83 87 25
Kontaktperson: Gunnar Bittner

u 779

BVD-Repräsentanz Region Gera
Zabelstr. 14, 07545 Gera
T: (0365) 8 31 03 72
Kontaktperson: Andreas Eiselt

u 780

BVD-Repräsentanz Erzgebirge
Am Grauen Mann 2a, 08349 Johanngeorgenstadt
Kontaktperson: Hans Jost

u 781

BVD-Repräsentanz Hamburg-Bergedorf
Heinrich-Stubbe-Weg 3, 21039 Hamburg
T: (040) 72 34 03 25 **Fax:** 72 34 03 28
Kontaktperson: Klaus Boldt

u 782

BVD-Repräsentanz Weser-Ems
Metjendorfer Landstr. 13, 26215 Wiefelstede
T: (0441) 6 64 05 95 **Fax:** 6 64 02 56
Kontaktperson: Michael Grote

u 783

BVD-Repräsentanz Mittel- und Osthessen
Karlstr. 8, 36341 Lauterbach
T: (06641) 91 96 06 **Fax:** 91 96 06
Kontaktperson: Ulrich Ottenbreit

u 784

BVD-Repräsentanz Hunsrück - Mosel
Am Flugplatz Hahn, Gebäude 404, 55483 Lautzenhausen
T: (06543) 50 92 27 **Fax:** 50 92 25
Kontaktperson: Norbert Kostecki

u 785

BVD-Repräsentanz Saarland
Memeler Str. 14, 66121 Saarbrücken
T: (0681) 81 76 47
Kontaktperson: Manfred Bund

u 786

BVD-Repräsentanz Neckar-Zollern-Alb-Kreis
Kaiserstr. 59 A, 72764 Reutlingen
T: (07121) 4 33 03-3 **Fax:** 4 33 03-50
Kontaktperson: Jeanette Zehner

u 787

BVD-Repräsentanz Freiburg
Kaiser-Joseph-Str. 251, 79098 Freiburg
T: (0761) 2 71 52 01 **Fax:** 59 24 01
Kontaktperson: Susanne Ehrhardt

u 788

BVD-Repräsentanz Breisgau-Hochschwarzwald
Holzeckstr. 21, 79199 Kirchzarten
T: (07661) 62 76 76 **Fax:** 62 76 77
Kontaktperson: Franz Meschak

u 789

BVD-Repräsentanz Oberland
Probst-Hartl-Str. 20, 82398 Polling
T: (0881) 10 43 **Fax:** 9 27 90 30
Kontaktperson: Robert Reiter

u 790

BVD-Repräsentanz Werdenfelser Land
Kaltenbrunn 22a, 82467 Garmisch-Partenkirchen
T: (08821) 75 23 40 **Fax:** 75 23 44
Kontaktperson: Johann Achner

u 791

BVD-Repräsentanz Nürnberg
Coseler Str. 20, 90473 Nürnberg
T: (0911) 80 57 22 **Fax:** 80 57 22
Kontaktperson: Klaus Schüler

u 792

BVD-Repräsentanz Nordoberpfalz
Galgenberg 16, 91275 Auerbach
T: (09643) 32 82
Kontaktperson: Wilfried Heberl

u 793

BVD-Repräsentanz Oberes Maintal
Coburger Str. 34, 96215 Lichtenfels
T: (09571) 73 92 95 **Fax:** 75 97 10
Kontaktperson: Gilbert Buchmann

u 794

BVD-Repräsentanz Thüringen-West
Hugo-Schmidt-Str. 8, 99610 Sömmerda
T: (03634) 60 95 18 **Fax:** 60 95 76
Kontaktperson: Dieter Leonhardt

• U 795

Bundesverband der Selbständigen Deutscher Gewerbeverband e.V. (BDS/DGV)
- Bundesgeschäftsstelle
Platz vor dem Neuen Tor 4, 10115 Berlin
T: (030) 28 04 91-0 **Fax:** 28 04 91-11
E-Mail: bds-dgv@t-online.de
Gründung: 1891
Internationaler Zusammenschluß: siehe unter izg 32
Präsident(in): Rolf Kurz (MdL) Haldenstr. 44, 70736 Fellbach-Schmiden, T: (0711) 9 51 90-0, Telefax: (0711) 95 19 90-15)
Vizepräsidentin: Siglind Wanschka (Hauptstr. 14, 84184 Ast, T: (08709) 15 50, Fax: 546)
Vizepräsident(in): Rolf Dittrich (Am Herrenteich 2, 08107 Hartmannsdorf, T: (037602) 62 86, Telefax: (037602) 62 86)
Vizepräsident(in): Hugo Kunzi (Leobener Str. 83, 70469 Stuttgart, T: (0711) 81 48 50, Telefax: (0711) 8 14 85 55)
Vizepräsident(in): Albert Heckl (Gutenbergstr. 17, 86368 Gersthofen, T: (0821) 49 22 49, Fax: 49 38 18)
Vizepräsident(in): Hans-Peter Murmann (Dörspestr. 1, 51702 Bergneustadt, T: (02261) 4 50 55, Fax: 4 56 04)
Bundesschatzmeister: Günther Hieber (Wiesenstr. 22, 71394 Kernen, T: (0711) 5 71 40, Telefax: (0711) 5 71 41 50)
Geschäftsführer(in): Marc-Wilhelm Kohfink
Verbandszeitschrift: „Der Selbständige", Platz vor dem Neuen Tor 4, 10115 Berlin, T: (030) 28 04 91-0, Fax: 28 04 91-11
Redaktion: Marc-Wilhelm Kohfink
Verlag: "Der Selbständige", Platz vor dem Neuen Tor 4, 10115 Berlin, T: (030) 28 04 91-0, Telefax: (030) 28 04 91-11
Mitglieder: 80000
Mitarbeiter: 5

Politische Vertretung der kleinen und mittleren Betriebe und der Freiberufler branchenübergreifend in 14 Landesverbände u. 2 Mitgliedsverbände beim Bundestag, Bundesregierung und Europäischer Union.

Landesverbände

u 796

BDS/DGV Landesverband Baden-Württemberg e.V.
Taubenheimstr. 24, 70372 Stuttgart
T: (0711) 9 54 66 80 **Fax:** 95 46 68 33
Präsident(in): Rolf Kurz (MdL)
Hauptgeschäftsführer(in): RA Joachim W. Dörr

u 797

BDS/DGV Landesverband Bayern e.V.
Schwanthalerstr. 110, 80339 München
T: (089) 54 05 60 **Fax:** 5 02 64 93
Präsident(in): Dr. Fritz Wickenhäuser
Geschäftsführer(in): Markus Droth

u 798

BDS/DGV Landesverband Berlin e.V.
Eitelstr. 86, 10317 Berlin
T: (030) 52 54 91 66/67 **Fax:** 52 54 91 68
Geschäftsführer(in): Eberhard Hause

u 799

BDS/DGV Landesverband Brandenburg e.V.
Am Kleingewerbegebiet 4, 15745 Wildau
T: (03375) 50 05 39 **Fax:** 55 49 57
Vorsitzende(r): Karl-Heinz Friedrich

u 800

BDS/DGV Landesverband Hamburg e.V.
Neue Gröningerstr. 10, 20457 Hamburg
T: (040) 33 93 03 **Fax:** 33 93 04
Vorsitzende(r): Rechtsanwalt Norbert Frühauf
Geschäftsführer(in): Gerd Hardenberg

u 801

BDS/DGV Landesverband Hessen e.V.
Kelsterbacher Str. 7, 64546 Mörfelden-Walldorf
T: (06105) 4 32 22 **Fax:** 4 46 94
Vorsitzende(r): Heinrich Dittmann
Geschäftsführer(in): Silvia Kossmann

u 802

BDS/DGV Landesverband Mecklenburg-Vorpommern e.V.
Rosa-Luxemburg-Str. 32, 18055 Rostock
T: (0381) 4 93 93 16 **Fax:** 4 93 93 16/17
Vorsitzende(r): Hans-Georg Litschko
Geschäftsführer(in): Paul Schlutow

u 803

BDS/DGV Landesverband Niedersachsen-Bremen e.V.
Hauptstr. 52, 28876 Oyten
T: (04207) 44 00 **Fax:** 58 38
Vorsitzende(r): Friedhelm Höper

u 804

BDS/DGV Landesverband Nordrhein-Westfalen e.V.
Schwanenwall 23, 44135 Dortmund
T: (0231) 52 71 84, 52 71 85, 52 71 86 **Fax:** 52 71 83
Internationaler Zusammenschluß: siehe unter izr 31
Vorsitzende(r): Hans-Peter Murmann
Geschäftsführer(in): Joachim Schäfer

u 805

BDS/DGV Landesverband Rheinland-Pfalz e.V.
Bahnhofstr. 70, 67346 Speyer
T: (06232) 62 95 20-21 **Fax:** 62 95 22
Vorsitzende(r): Michael Leidner
Geschäftsführer(in): Jürgen Vogt

u 806

BDS/DGV Landesverband Sachsen e.V.
Zschonergrundstr. 20, 01157 Dresden
T: (0351) 4 22 25 12 **Fax:** 4 22 25 13
Vorsitzende(r): Helmut Johne
Geschäftsführer(in): Hans Nerger

u 807

BDS/DGV Landesverband Sachsen-Anhalt e.V.

Am Kirchtor 26, 06108 Halle
T: (0345) 2 00 02 08 **Fax:** 2 00 02 09
Vorsitzende(r): Günther Heinz
Geschäftsführer(in): Wilfried Stammwitz

u 808

BDS/DGV Landesverband Schleswig-Holstein e.V.

Markttwiete 5, 23611 Bad Schwartau
T: (0451) 2 80 17 48
Vorsitzende(r): Anke Nolte

u 809

BDS/DGV Landesverb. Thüringen e.V.

Louis-Schlutter-Str. 18, 07545 Gera
T: (0365) 8 00 12 29 **Fax:** 8 31 03 30
Vorsitzende(r): Bruno John
Geschäftsführer(in): Renate Meyer

• **U 810**

Interessenverband Selbständiger eV.
Bezirksvereinigung Südhessen

Karmeliterstr. 14, 67547 Worms
T: (06241) 2 48 52 **Fax:** 2 59 58
Gründung: 1976 (29. Mai)
Präsident(in): Dr. Norbert Klingel, Mainz
Vorsitzende(r): Betriebsw. Joachim Baatz, Beulich
Stellvertretende(r) Vorsitzende(r): Ing. Wolfgang Köppert, Worms
Hauptgeschäftsführer(in): Rechtsbeistand Norbert Schott (Schöfferstr. 30, 67547 Worms)
Mitglieder: 118

• **U 811**

Verband Selbständiger und Gewerbetreibender (VSG)

Schutz- und Selbsthilfeorganisation der Selbständigen im Bundesverband mittelständische Wirtschaft e.V.
Berliner Freiheit 36, 53111 Bonn
T: (0228) 6 04 77-0 **Fax:** 6 04 77-50
E-Mail: vsg@vsg-verband.org
Vorstand: Dieter Härthe (Bundesvorsitzender)
Schatzmeisterin: Isolde Hohenleitner
Leitung Presseabteilung: Stefan von der Heiden
Mitglieder: 20000

Interessenvertretung der Selbstständigen aller Berufsgruppen und Branchen aus Handel, Handwerk und Gewerbe. Praxisnahe Beratung und Information der Mitglieder im Rahmen der Verbandsdienstleistungen. Förderung der Zusammenarbeit der Selbstständigen untereinander (Kooperation).

• **U 812**

Deutscher Franchise-Nehmer-Verband e.V.

Celsiusstr. 43, 53125 Bonn
T: (0228) 25 03 00 **Fax:** 25 05 86
Internet: http://www.franchiserecht.de
E-Mail: info@dfnv.de
Gründung: 1994 (Oktober)
Vorsitzende(r): Bernd-R. Faßbender
Stellvertretende(r) Vorsitzende(r): Prof. Dr. Jürgen Nauschütt
Dr. Jan P. Giesler
Geschäftsführer(in): Volker Helisch
Leitung Presseabteilung: Hubert Koll
Verbandszeitschrift: Der Franchisenehmer
Ab 1. Juli 2000 15 Geschäftsstellen bundesweit

• **U 813**

Haus & Grund Deutschland
Zentralverband der Deutschen Haus-, Wohnungs- und Grundeigentümer e.V.

Cecilienallee 45, 40474 Düsseldorf
T: (0211) 478 17-0 **Fax:** 4 78 17-23
Internet: http://www.haus-und-grund.net
E-Mail: zv.@haus-und-grund.net
Internationaler Zusammenschluß: siehe unter izr 8
Präsident(in): Dr. Friedrich-Adolf Jahn
Geschäftsführer(in): Dr. Hans-Herbert Gather
Mitglieder: 800000

Landesverbände

u 814

Haus & Grund Baden
Landesverband Badischer Haus-, Wohnungs- und Grundeigentümer e.V.

Lessingstr. 10, 76135 Karlsruhe
T: (0721) 8 31 28 10 **Fax:** 8 31 28 12
Vorsitzende(r): GeschF RA Peter M. Hamm

u 815

Haus & Grund Württemberg
Landesverband Württembergischer Haus-, Wohnungs-und Grundeigentümer e.V.

Werastr. 1, 70182 Stuttgart
T: (0711) 2 37 65 10 **Fax:** 2 37 65 88
Vorsitzende(r): RA Dr. Karl Lang
Geschäftsführer(in): RA Ottmar H. Wernicke

u 816

Haus & Grund Bayern
Landesverband Bayerischer Haus- und Grundbesitzer e.V.

Herzog-Wilhelm-Str. 10/IV, 80331 München
T: (089) 5 51 41-510 **Fax:** 5 51 41-552
Internet: http://www.haus-und-grund.net
E-Mail: LVHUGBy@aol.com
Gründung: 1893
Vorsitzende(r): Barbara Doni
Verbandsdir: RA Hans Walter Besser
Leitung Presseabteilung: RA Manfred Nikui
Verbandszeitschrift: Süddeutsche Wohnwirtschaft
Verlag: Haus & Grund Bayern Verlag u. Service GmbH, Herzog-Wilhelm-Str. 10, 80331 München
Mitglieder: 110000 in 115 Ortsverbänden

u 817

Haus & Grund Berlin
Bund der Berliner Haus und Grundbesitzervereine e.V.

Potsdamer Str. 143, 10783 Berlin
T: (030) 2 16 34 36 **Fax:** 2 16 98 23
Gründung: 1887 (24. März)
Vorsitzende(r): RA Jürgen Graul
Direktor(in): Dipl.-Volksw. Michael Kirchwitz
Leitung Presseabteilung: Dieter Blümmel
Verbandszeitschrift: Das Grundeigentum
Redaktion: Dieter Blümmel
Verlag: Grundeigentum-Verlag GmbH, Eichborndamm 141-165, 13403 Berlin
Mitglieder: 14000

u 818

Haus & Grund Brandenburg
Landesverband der Haus- und Grundeigentümer-Vereine des Landes Brandenburg e.V.

Voltaireweg 12, 14469 Potsdam
T: (0331) 27 69-0 **Fax:** 27 69-460
Vorsitzende(r): RA Oliver Bohrisch

u 819

Haus & Grund
Landesverband Bremen e.V.

Am Dobben 3, 28203 Bremen
T: (0421) 36 80 40 **Fax:** 3 68 04 88
Vorsitzende(r): Dipl.-Ing. Rolf Seedorf
Geschäftsführer(in): Bernd Richter

u 820

Grundeigentümer-Verband Hamburg von 1832 e.V.

Paulstr. 10, 20095 Hamburg
T: (040) 3 09 67 20 **Fax:** 32 13 97
Vorsitzende(r): RA Jürgen Happ
Geschäftsführer(in): RA Heinrich Stüven

u 821

Haus & Grund Hessen
Landesverband der Hessischen Haus-, Wohnungs- und Grundeigentümer e.V.

Niedenau 61-63, 60325 Frankfurt
T: (069) 72 94 58 **Fax:** 17 26 35
E-Mail: Hug hessen@aol.com
Gründung: 1946 (1. Juni)
Vorsitzende(r): RA u. Notar Richard Streim
Geschäftsführer(in): Ass. Günther Belz (Ltg. Presseabt.)
Verbandszeitschrift: Haus- und Grundbesitz
Verlag: Niedenau 61-63, 60325 Frankfurt
Mitarbeiter: 5

u 822

Haus & Grund Mecklenburg-Vorpommern e.V.
Landesverband der Haus-, Wohnungs- und Grundeigentümer

Mecklenburgstr. 64, 19053 Schwerin
T: (0385) 59 00-714 **Fax:** 59 00-713
Präsident(in): Erwin Mantik

u 823

Haus & Grund Niedersachsen
Landesverband Niedersachsen e.V.

Schützenstr. 24, 30853 Langenhagen
T: (0511) 97 32 97-0, 97 32 97-34 (Ref. Öffentlichkeitsarbeit)
Fax: 97 32 97-32
Internet: http://www.h-u-g-o.de
E-Mail: hug-hds@t-online.de
Vorsitzende(r): Friedrich-Wilhelm Warnecke

u 824

Haus & Grund Landesverband Oldenburg e.V.

Staulinie 16-17, 26122 Oldenburg
T: (0441) 1 41 16
Vorsitzende(r): Klaus Stryga
Geschäftsführer(in): Helmut Steinhauer

u 825

Haus & Grund Nordrhein und Westfahlen
Verband für Haus-, Wohnungs- und Grundeigentum 1955 e.V.

Elisabethstr. 4, 44139 Dortmund
T: (0231) 95 83-0 **Fax:** 52 37 54
Vorsitzende(r): Dipl.-Kfm. Walter Derwald
Geschäftsführer(in): RA Michael W. Mönig

u 826

Haus & Grund Ostwestfalen-Lippe e.V.
Verband der Haus-, Wohnungs- und Grundeigentümer Ostwestfalen und Lippe e.V.

Postf. 101370, 33513 Bielefeld
Alter Markt 11, 33602 Bielefeld
T: (0521) 9 64 30-0 **Fax:** 9 64 30-23
Vorsitzende(r): RA u. Notar Rüdiger Dorn
Geschäftsführer(in): Dipl.-Ing. Hans-Ludwig Riepe

u 827

Haus & Grund Rheinland
Verband Rheinischer Haus-, Wohnungs- und Grundeigentümer e.V.

Lütticher Str. 1-3, 50674 Köln
T: (0221) 25 30 22, 25 27 75 **Fax:** 25 29 67
Internet: http://www.hausundgrundrhld.de
E-Mail: haus-u-grund-rheinland@t-online.de
Vorsitzende(r): Prof. Dr. Johann Eekhoff (Staatssekretär a.D.)
Direktor(in): Ass. Ingo Apel
Ass. Manfred Leyendecker
Verbandszeitschrift: Haus & Grund
Das Magazin für Haus-, Wohnungs- und Grundeigentümer
Redaktion: Haus & Grund, Am Wehrhahn 17, 40211 Düsseldorf
Verlag: Verlag Haus u. Grund GmbH, Lütticher Str. 1-3, 50674 Köln
Mitglieder: 80000

u 828

Haus & Grund Ruhr e.V.
Verband der Haus-, Wohnungs- und Grundeigentümervereine im Ruhrgebiet

Huyssenallee 50, 45128 Essen
T: (0201) 23 47 05 **Fax:** 23 58 55
Vorsitzende(r): Kurt Fasselt
Geschäftsführer(in): RA Winfried Deckers

u 829

Landesverband Haus & Grund Westfalen

Dahlenkampstr. 5, 58095 Hagen
T: (02331) 2 90 96
Vorsitzende(r): Prof. Dr. Bruno Nötzel
VerbandsDir.: RA Hans Joachim Schulte

u 830

Haus & Grund Rheinland-Pfalz
Landesverband der Haus-, Wohnungs- und Grundeigentümer von Rheinland-Pfalz e.V.

Lütticher Str. 1-3, 50674 Köln
T: (0221) 25 30 22, 25 27 75 **Fax:** 25 29 67
Vorsitzende(r): Dr. Walter Hitschler
Direktor(in): Ass. Ingo Apel
Ass. Manfred Leyendecker
Mitglieder: 30000

u 831

Verband der Haus-, Wohnungs- und Grundeigentümer des Saarlandes e.V.
Bismarckstr. 52, 66121 Saarbrücken
T: (0681) 66 83 70 **Fax:** 6 80 35
Internet: http://www.haus-und-grund.net/saarland
E-Mail: saarland@haus-und-grund.net
Vorsitzende(r): RA Helmut Thomas
Geschäftsführer(in): Karl-Heinz Parpart

u 832

Haus & Grund Sachsen e.V.
Landesverband Sächsischer Haus-, Wohnungs- und Grundeigentümer e.V.
Rähnitzgasse 27, 01097 Dresden
T: (0351) 8 26 02 04 **Fax:** 8 26 02 02
Gründung: 1990 (10. März)
Landespräs: Dipl.-Ing. Christian Rietschel
Geschäftsführer(in): N. N.
Leitung Presseabteilung: Gerd Marbach
Verbandszeitschrift: Haus & Grund Ausgabe Sachsen
Verlag: Eigenverlag
Mitglieder: über 14000 in 16 Ortsvereinen
Mitarbeiter: 2

u 833

Haus & Grund Sachsen-Anhalt
Landesvereinigung der Haus-, Wohnungs- und Grundeigentümervereine Sachsen-Anhalt e.V.
Steinigstr. 7, 39108 Magdeburg
T: (0391) 7 31 68-32 **Fax:** 7 31 68-33
Vorsitzende(r): Dr.-Ing. Holger Neumann
Geschäftsführer(in): N. N.

u 834

Haus & Grund Schleswig-Holstein
Verband Schleswig-Holsteinischer Haus-, Wohnungs- und Grundeigentümer e.V.
Postf. 23 07, 24022 Kiel
Sophienblatt 3, 24103 Kiel
T: (0431) 6 63 61 10 **Fax:** 6 63 61 88
Internet: http://www.haus-und-grund-sh.de
E-Mail: info@haus-und-grund-sh.de
Gründung: 1898 (5. Juni)
Vorsitzende(r): Rolf Greve (Ltg. Presseabt.)
Verb.-Dir.: RA Jochem Schlotmann
Verbandszeitschrift: Norddeutsche Hausbesitzer-Zeitung
Redaktion: Rolf Greve
Verlag: Sophienblatt 3, 24103 Kiel
Mitglieder: 61500

u 835

Haus & Grund Thüringen
Verband der Haus-, Wohnungs- und Grundeigentümer Thüringen e.V.
Georgsgasse 12, 99084 Erfurt
T: (0361) 2 11 06 12
Vorsitzende(r): Ursula Linden
Geschäftsführer(in): N. N.

u 836

Deutsche u. Schweizerische Schutzgemeinschaft für Auslandsgrundbesitz e.V.
Geschäftsstelle:
Postf. 20 13 50, 79753 Waldshut-Tiengen
Carl-Benz-Str. 17A, 79761 Waldshut-Tiengen
T: (07741) 21 31 **Fax:** 16 62
E-Mail: kontakt@schutzgemeinschaft-ev.de
Gründung: 1973
Vorsitzende(r): Werner Steuber (Carl-Benz-Str. 17 A, 79761 Waldshut-Tiengen)
Verbandszeitschrift: Grundbesitz International
Verlag: Carl-Benz-Str. 17A, 79761 Waldshut-Tiengen
Mitglieder: ca. 3000

u 837

Verband bergbaugeschädigter Haus- und Grundeigentümer e.V.
Resser Weg 14, 45699 Herten
T: (02366) 80 90-0 **Fax:** 8 70 41
Vorsitzende(r): Bankdir. Jürgen Wibelitz
Vorst. u. geschäftsf. Vorstandsmitgl: Dipl.-Ing. Johannes Schürken
Geschäftsführer(in): Detlev Finke

u 838

Verband der Immobilienverwalter Bayern e.V.
Karlstr. 53, 80333 München
T: (089) 55 39 16 **Fax:** 5 50 12 07
Internet: http://www.immobilienverwalter-bayern.de
Vorsitzende(r): Brigitte Stenders
Geschäftsführer(in): Edgar Oswald

• **U 839**

Verband Deutscher Grundstücksnutzer e.V. (VDGN)
Hauptgeschäftsstelle
Irmastr. 12-16, 12683 Berlin
T: (030) 5 14 67 03, 5 14 25 48 **Fax:** 5 14 30 69
Gründung: 1994 (22. April)
Präsidium:
Präsident(in): Eckhart Beleites
1. Vizepräs: Dr. Günter Heilmann
Schatzmeister: Eberhard Fischer
Pressesprecher: Herbert Hansch
RA Dr. Rainer Arzinger
Costa Großmann
Wolfgang Krüger
Rudi Böhm
Peter Beisert
Verbandszeitschrift: Das Grundstück
Redaktion: Dr. Frank Radtke
Verlag: Grundblatt-Verlag, Rhinstr. 46, 12681 Berlin, T: (030) 54 38 03 04
Mitglieder: 30000
Mitarbeiter: 8
Jahresetat: DM 0,2 Mio, € 0,1 Mio

• **U 840**

Interessengemeinschaft der Haus- und Grundeigentümer in den neuen Bundesländern e.V.
Brandenburgische Str. 24, 12167 Berlin
T: (030) 79 41 07 77 **Fax:** 79 41 07 79
Internet: http://www.ighg.de
E-Mail: eigentum@t-online.de
Gründung: 1993 (3. Juli)
Vorsitzende(r): Dieter Warminski
Stellvertretende(r) Vorsitzende(r): Claude Noth
Verbandszeitschrift: Der Eigentümer
Redaktion: Claude Noth, Gisela Lieben
Verlag: Eigenverlag
Mitglieder: 550

• **U 841**

Verein der Märkischen Eigenheim- und Grundstücksbesitzer e.V. (VMEG)
Mitglied im Verband Deutscher Grundstücksnutzer
Irmastr. 16, 12683 Berlin
T: (030) 5 14 25 48, 5 14 67 03 **Fax:** 5 14 30 69
Vorsitzende(r): Eckhart Beleites
Stellvertretende(r) Vorsitzende(r): Klaus Friedrich
Schatzmeister: Werner Fiebiger
Erweiterter Vorstand: Gerhard Schaft
Horst Reiß
Fritz Vierig
Brigitte Gerlach
Holger Ebeling
Leitung Presseabteilung: Herbert Hansch
Mitglieder: 8000
Verbandszeitschrift: Refugium
Redaktion: Herbert Hansch, T: (030) 6 52 70 30, Fax: 6 52 70 30 **Verbandszeitschrift:** Das Grundstück
Redaktion: Dr. Frank Radtke
Verlag: Grundblatt-Verlag, Rhinstr. 46, 12681 Berlin, T/Fax: (030) 54 38 03 04

• **U 842**

Arbeitsgemeinschaft der Grundbesitzerverbände e.V.
Ernst-Reuter-Platz 3-5, 10587 Berlin
T: (030) 31 80 72-05 **Fax:** 31 80 72-42
Vorsitzende(r): Michael Prinz zu Salm-Salm (Schloß, 55595 Wallhausen)
Geschäftsführer(in): Wolfgang von Dallwitz

• **U 843**

Verband bergbaugeschädigter Haus- und Grundeigentümer e.V.
Hauptgeschäftsstelle:
Postf. 20 63, 45678 Herten
Resser Weg 14, 45699 Herten
T: (02366) 80 90-0 **Fax:** 8 70 41
Geschäftsstelle: Wiesenstr. 4, 52428 Jülich, Postf. 11 67, 52412 Jülich, T: (02461) 80 36, Telefax: (02461) 70 10
Vorsitzende(r): Bankdir. Jürgen Wibelitz
Vorst. u. geschäftsf. Vorstandsmitgl: Dipl.-Ing. Johannes Schürken
Geschäftsführer(in): Ass. Detlev Finke

• **U 844**

Institut für Bauschadensforschung e.V.
Briefanschrift: VHV 30138 Hannover
Constantinstr. 40, 30177 Hannover
T: (0511) 9 07-22 98 **Fax:** 9 07-2291
Internet: http://www.vhv.de
E-Mail: ibreu@vhv.de
Gründung: 1986 (29. Juli)
Vorsitzende(r): Dr. Achim Kann
Stellvertretende(r) Vorsitzende(r): Dr. Heinrich Dickmann
Geschäftsführer(in): Gerhard Wächter
Verbandszeitschrift: Berichtshefte
Verlag: Selbstverlag
Mitglieder: Bauverbände, Bau-BG, TBG, Bauindustrie-/Baugewerbe-Verbände, Baufirmen, Einzelpersonen, Schadensversicherer

• **U 845**

Vereinigung zur Förderung des Deutschen Brandschutzes e.V. (vfdb)
Postf. 12 31, 48338 Altenberge
T: (02505) 24 68, (0251) 4 11 12 67 **Fax:** (02505) 99 16 36, (0251) 4 11 12 19
E-Mail: vfdb.Spohn@t-online.de
Gründung: 1950
Vorsitzende(r): Ltd. Branddir. Dipl.-Phys. Hans Jochen Blätte (Berufsfeuerwehr Wuppertal, August-Bebel-Str. 55, 42109 Wuppertal, T: (0202) 49 43 00, Fax: (0202) 49 43 09)
Stellvertretende(r) Vorsitzende(r): Prof. Dr.rer.nat.habil. Reinhard Grabski (Institut der Feuerwehr Sachsen-Anhalt, Biederitzer Str. 5, 39175 Heyrotsberge, T: (039292) 6 16 01, Fax: (039292) 6 16 49)
Geschäftsführer(in): Brandamtsrat Hanns-Helmuth Spohn (Theodor-Heuss-Str. 14, 48341 Altenberge)
Schriftleiter: Dipl.-Ing. Michael Schnell
Verbandszeitschrift: Forschung und Technik im Brandschutz
Redaktion: Dipl.-Ing. Michael Schnell
Verlag: W. Kohlhammer, Heßbrühlstr. 69, 70565 Stuttgart
Mitglieder: 1822

Die vfdb bietet Personen, Instituten und Institutionen, Ministerien, Ämtern und Behörden, Versicherungen, Industrien und Verbänden eine Diskussions- und Arbeitsplattform, um beim Umgang mit Gefahren des täglichen Lebens und der Industriegesellschaft mehr Sicherheit zu geben. Insbesondere sollen das Leben und die Gesundheit des Menschen, der Umweltschutz, der Sach- und Güterschutz als hochrangige Schutzziele auf bundesdeutscher, auf europäischer und außereuropäischer Ebene verfolgt werden.

• **U 846**

Werkfeuerwehrverband Deutschland e.V.
c/o Thyssen Krupp Stahl AG, Duisburg
Schlingmannsweg 26, 45149 Essen
T: (0203) 5 24 12 04 **Fax:** 5 24 12 00
Vorsitzende(r): Dipl.-Ing. Christoph Wachholz
Stellvertretende(r) Vorsitzende(r): Bernhard Tschöpe (Schering AG, Müllerstr. 170-178, 13342 Berlin, T: (030) 4 68 29 26, Telefax: (030) 4 68 13 29)
Wolfgang Winter (Rasselstein AG, 56562 Neuwied, T: (02631) 81 47 09, Telefax: (02631) 81 47 45)
Geschäftsführer(in): Dr. Herta Hartmann

• **U 847**

Deutsche Gesellschaft für Baurecht e.V.
Kettenhofweg 126, 60325 Frankfurt
T: (069) 74 88 93 **Fax:** 7 41 17 75
Vorsitzende(r): RA Prof. Wolfgang Heiermann
Verbandszeitschrift: ZfBR
Verlag: Bauverlag, Am Klingenweg 46, 63596 Walluf
Mitglieder: 800

Der Verein hat den Zweck, das Baurecht im deutschen und internationalen Bereich zu pflegen und seine Entwicklung zu fördern, die gesetzgebenden Organe und Behörden in Angelegenheiten des Baurechts zu beraten, mit Organisationen gleicher oder ähnlicher Zweckrichtung, insbesondere im internationalen Bereich zusammenzuarbeiten, Arbeitgeber und Arbeitnehmerverbände wissenschaftlich und rechtspolitisch in Fragen des Baurechts zu beraten.

• **U 848**

Deutsche u. Schweizerische Schutzgemeinschaft für Auslandsgrundbesitz e.V.
Geschäftsstelle:
Postf. 20 13 50, 79753 Waldshut-Tiengen
Carl-Benz-Str. 17A, 79761 Waldshut-Tiengen
T: (07741) 21 31 **Fax:** 16 62
E-Mail: kontakt@schutzgemeinschaft-ev.de
Gründung: 1973
Vorstand: Werner Steuber (Carl-Benz-Str. 17 A, 79761 Waldshut-Tiengen)
Verbandszeitschrift: Grundbesitz international
Verlag: Carl-Benz-Str. 17A, 69661 Waldshut-Tiengen
Mitglieder: ca. 3000

• U 849

Fachverband der Flugsicherung-Deutschland e.V. (FDF)
Postf. 18, 60549 Frankfurt
T: (06138) 80 67 **Fax:** 80 67
1. Vorsitzende(r): Friedhelm Remmel
Geschäftsführer(in): Stefan Biermann
Verbandszeitschrift: inside
Redaktion: FDF Fachverband der Flugsicherung Deutschland e.V.
Verlag: In den Blamüsen 14, 40489 Düsseldorf
Mitglieder: 625

• U 850

Bundesverband der Militärischen Flugsicherung Deutschlands (BMFD)
Postf. 14 33, 52504 Geilenkirchen
Bundesvorsitzender: Harald Hoppe (T: (02452) 98 93 96, (0172) 8 54 04 55, Fax: (02452) 98 95 22)
Geschäftsführer: Jürgen Vanselow (T: (02451) 92 96 04, (0172) 8 95 91 67, Fax: (02451) 7 20 37)

• U 851

Bundesverband IGL Interessengemeinschaft Luftverkehrssicherheit Deutschland e.V.
Flughafen GAT, 40474 Düsseldorf
T: (0172) 2 80 33 36 **Fax:** (0234) 33 57 91
Gründung: 1971
Vorsitzende(r): Wulf Kühn (SfL am Flughafen Düsseldorf)
Stellvertretende(r) Vorsitzende(r): Ulrich Kasperzik (SfL am Flugplatz Mönchengladbach)
Leitung Presseabteilung: Wulf Kühn
Verbandszeitschrift: IGL aktuell
Redaktion: W. Kühn
Mitglieder: 100
Jahresetat: DM 0,01 Mio, € 0,01 Mio

• U 852

Internationale Luftverkehrsliga e.V. (ILL) und International Airtraffic League
Westdeutsches Büro
Dresdnerstr. 6, 53359 Rheinbach
T: (02226) 43 25 u. 37 28
Geschf. Präs: Senator E.h. Herbert Knierim

Wahrnehmung der Interessen und Rechte des Fluggastes und des Luftfrachtauslieferers im internationalen Luftverkehr.

• U 853

Deutsche-Flug-Hilfe e.V.
Gemeinnütziger Verband für Luftfahrt im sozialen Dienst
Feldbergstr. 23, 35043 Marburg
T: (06421) 4 63 33
Vorstand: Dr. W. D. Frhr. von Freytag-Loringhoven

• U 854

Internationale-Flug-Ambulanz e.V. Flight-Ambulance-International (Germany) (IFA)
Mitgliederbetreuung
Lohmühlweg 4a, 91341 Röttenbach
T: (09195) 89 62 **Fax:** 76 79
E-Mail: info:@ifa-flugambulanz.de
Gründung: 1980 (18. Dezember)
Präsident(in): Jürgen Schlögel (Bucher Str. 83, 90419 Nürnberg)
Vizepräsident(in): Hans Gernot Koenig (Schiffgraben 20, 30159 Hannover)
Weitere Vorstandsmitglieder: Prof. Dr. Wolf Schellerer (Heinrichstr. 6, 96047 Bamberg)
Gerhard Müller (Lohmühlweg 4a, 91341 Röttenbach)
Referat Presse-Öffentlichkeitsarbeit
Leitung: Karl-Heinz Gruhn (Gerberstr. 15, 04105 Leipzig, T: (0341) 9 88 18 90, Telefax: (0341) 9 88 18 91)
Mitglieder: ca. 140000 Mitgliedschaften
das entspricht über 250.000 anspruchsberechtigten Personen
Mitarbeiter: 18
Jahresetat: ca. DM 18 Mio, € 9,2 Mio

Förderung und Ausbau des Luftrettungswesens, insbesondere der primär und sekundären Rettung, Errichtung und Unterhaltung von Notrufzentralen, Schaffung von Rettungseinrichtungen. Bei Unglücksfällen und Erkrankungen Krankenhausverlegungs-Transport-und Rettungsflüge sowie sonstige Transporte im Im- und Ausland einschl. der Kostenabwicklung, Transport von Arzneimitteln und Transplantaten, sowie Blutkonserven und Blutersatz.

Mitgliederbetreuung

u 855

Internationale-Flug-Ambulanz e.V.
Gerhard Müller, Bernd Pahlke
Lohmühlweg 4a, 91341 Röttenbach
T: (09195) 89 62 **Fax:** 76 79

u 856

Internationale-Flug-Ambulanz e.V. Luftrettungszentrum Leipzig-Halle
Am Flughafen Leipzig-Halle, 04029 Leipzig
T: (0341) 4 24 11 15 **Fax:** (034204) 7 56 23
Leitung: Helmut Büschke

• U 857

Deutscher Ausschuß zur Verhütung von Vogelschlägen im Luftverkehr e.V. (DAVVL)
Postf. 11 62, 56831 Traben-Trarbach
T: (06541) 81-2300, 28 28 **Fax:** 81-2301
Gründung: 1964 (30. Juli)
Geschäftsführer(in): Dr. forest. Christoph Morgenroth-Branczyk
Vorsitzende(r): AbtPräs. a.D. Dr.rer.nat. Jochen Hild (Ltg. Presseabt., Fröschenpuhl 6, 56841 Traben-Trarbach)
Stellvertretende(r) Vorsitzende(r): Oberforstrat Thomas Müntze (Goethestr. 18, 35423 Lich)
Verbandszeitschrift: Vogel und Luftverkehr
Redaktion: Dr. J. Hild
Verlag: Offsetdruck Knopp, Trierer Landstr. 21, Wittlich
Mitglieder: 52 Persönliche Mitglieder
Mitarbeiter: 5
Korporative Mitglieder: AIR BERLIN GmbH & Co. Luftverkehrs KG, Arbeitsgemeinschaft Deutscher Verkehrsflughäfen (ADV), Condor Flugdienst GmbH, Delvag Luftfahrtversicherungs-AG, Deutsche Lufthansa AG, Deutsche Verkehrsflughäfen, Deutscher Aero Club e.V. (DAeC), Deutscher Luftpool, Lufthansa CityLine GmbH, LTU Lufttransport-Unternehmen GmbH & Co. KG, Vereinigung Cockpit e.V.

Vertreter der Regionalen Verkehrsflughäfen und Verkehrslandeplätze - Sachverständige aus den Bereichen: Bundesforstverwaltung, Bundeswehr, Deutscher Wetterdienst, DFS - Deutsche Flugsicherung GmbH, Luftfahrt-Bundesamt

Arbeitsgruppen:

1. Statistik (Vorsitz: Delvag/FMG)
2. Flughafenökologie (Vorsitz: Flughafen Bremen GmbH)
3. Radar-Vogelzug-Wetter (Vorsitz: Amt für Wehrgeophysik)

• U 858

Deutsche Gesellschaft zur Rettung Schiffbrüchiger (DGzRS)
Hauptzentrale und Seenotleitung (MRCC Bremen)
Werderstr. 2, 28199 Bremen
T: (0421) 53 70 70 **Fax:** 53 70 76 90 PR
Internet: http://www.is-bremen.de/dgzrs/
Gründung: 1865 (29. Mai)
Geschäftsleitung: Kapitän Uwe Klein (Rettungsdienst, Inspektion)
Dr. Bernd Anders (Ltg. Presseabt., Öffentlichkeitsarbeit)
Heinrich Hoppe (Betriebs- und Finanzwirtschaft)
Pressesprecher: Andreas Lubkowitz
Verbandszeitschrift: Jahrbuch
Redaktion: DGzRS
Verlag: Eigenverlag

Geschäftsstellen:

u 859

Deutsche Gesellschaft zur Rettung Schiffbrüchiger Geschäftsstelle Schleswig-Holstein
Lornsenstr. 5, 24105 Kiel
T: (0431) 56 30 01 **Fax:** 57 86 74
Jörg Ahrend

u 860

Deutsche Gesellschaft zur Rettung Schiffbrüchiger Geschäftsstelle Mecklenburg-Vorpommern
Am Leuchtturm 1, 18119 Rostock
T: (0381) 5 14 09 **Fax:** 5 14 09
Jürgen Gronholz

u 861

Deutsche Gesellschaft zur Rettung Schiffbrüchiger Geschäftsstelle Hamburg
Wagnerstr. 21, 22081 Hamburg
T: (040) 29 14 10, 29 14 19 **Fax:** 29 82 06 51
Kapt. Ralf Krogmann

u 862

Deutsche Gesellschaft zur Rettung Schiffbrüchiger Geschäftsstelle Weser-Ems
(Nordwest-Niedersachsen u. Bremerhaven)
Am Hulsberg 51A, 28205 Bremen
T: (0421) 49 80 88 **Fax:** 4 98 69 10
Hans-Joachim Katenkamp

u 863

Deutsche Gesellschaft zur Rettung Schiffbrüchiger Geschäftsstelle Niedersachsen
(alle Landesteile außer Weser-Ems-Gebiet)
Hamburger Allee 66, 30161 Hannover
T: (0511) 31 20 95 **Fax:** 31 20 52
Klaus Schüttenberg

u 864

Deutsche Gesellschaft zur Rettung Schiffbrüchiger Geschäftsstelle Berlin
(mit Brandenburg)
Schöneberger Ufer 55, 10785 Berlin
T: (030) 2 62 65 65 **Fax:** 2 65 11 36
Wolfgang Frenz-Mittag

u 865

Deutsche Gesellschaft zur Rettung Schiffbrüchiger Geschäftsstelle Dresden
(Sachsen und südliche Landesteile von Brandenburg)
Gustav-Hartmann-Str. 22, 01279 Dresden
T: (0351) 2 51 47 51 **Fax:** 2 54 98 13
Klaus Gnauk

u 866

Deutsche Gesellschaft zur Rettung Schiffbrüchiger Geschäftsstelle Erfurt
(Thüringen und Sachsen-Anhalt)
Wenigemarkt 2, 99084 Erfurt
T: (0361) 6 43 88 01 **Fax:** 6 43 16 66
Wilfried Brandt

u 867

Deutsche Gesellschaft zur Rettung Schiffbrüchiger Geschäftsstelle Nordrhein-Westfalen
Lübecker Str. 8-10, 50668 Köln
T: (0221) 12 24 21 **Fax:** 12 59 84
Volkmar Büschen

u 868

Deutsche Gesellschaft zur Rettung Schiffbrüchiger Geschäftsstelle Frankfurt/Main
(Hessen, Saarland, Rheinland-Pfalz)
Friedrich-Ebert-Anlage 38, 60325 Frankfurt
T: (069) 74 88 58 **Fax:** 74 88 78
Erich Donecker

u 869

Deutsche Gesellschaft zur Rettung Schiffbrüchiger Geschäftsstelle Süddeutschland
(Baden-Württemberg, Bayern)
Schützenstr. 11, 70182 Stuttgart
T: (0711) 29 21 90 **Fax:** 2 99 17 19
Kapt. Detlef Gründel

• U 870

Deutscher Mieterbund e.V. (DMB)
Postf. 41 02 69, 50862 Köln
Aachener Str. 313, 50931 Köln
T: (0221) 9 40 77 42 **Fax:** 9 40 77 22
Internet: http://www.mieterbund.de
E-Mail: info@mieterbund.de
Gründung: 1900
Internationaler Zusammenschluß: siehe unter izu 68
Präsident(in): Anke Fuchs
BundesDir.: RA Franz-Georg Rips
Verbandszeitschrift: MieterZeitung
Mitglieder: 16 Landesverbände (350 örtl. Organisationen, 1.300.000 Mitglieder)

Landesverbände

u 871

Deutscher Mieterbund Landesverband Baden-Württemberg e.V.
Olgastr. 77, 70182 Stuttgart
T: (0711) 2 36 06 00 **Fax:** 2 36 06 02
E-Mail: dmb.mieterbund-bw@t-online.de
Vorsitzende(r): Herbert Weber
Geschäftsführer(in): Udo Casper

u 872

Deutscher Mieterbund Landesverband Bayern e.V.
Weißenburger Str. 16, 63739 Aschaffenburg
T: (06021) 1 58 87 **Fax:** 2 96 85
Vorsitzende(r): Rudi Stock

u 873

Berliner Mieterverein e.V., Landesverband Berlin im Deutschen Mieterbund e.V.
Hauptgeschäftsstelle
Wilhelmstr. 74, 10117 Berlin
T: (030) 2 26 26-0 **Fax:** 2 26 26-161
Internet: http://www.berliner-mieterverein.de
E-Mail: bmv@berliner-mieterverein.de
Gründung: 1888
Vorsitzende(r): Edwin Massalsky
Geschäftsführer(in): Hartmann Vetter
Verbandszeitschrift: MieterMagazin
Mitglieder: 120000

u 874

DMB Landesverband Mieterbund Land Brandenburg e.V.
Schopenhauerstr. 31, 14467 Potsdam
T: (0331) 95 10 89-0 **Fax:** 95 10 89-1
Vorsitzende(r): Kerstin Kircheis
Geschäftsführer(in): Dr. Rainer Radloff

u 875

Mieterverein zu Hamburg von 1890 R.V. Landesverband im Deutschen Miterbund e.V.
Glockengießerwall 2, 20095 Hamburg
T: (040) 32 25 41 **Fax:** 32 72 05
Internet: http://www.mieterverein-hamburg.de
Vorsitzende(r): RA Dr. Eckard Pahlke

u 876

Deutscher Mieterbund Landesverband Hessen e.V.
Adelheidstr. 70, 65185 Wiesbaden
T: (0611) 3 08 17 19 **Fax:** 37 80 70
Internet: http://www.mieterbund-hessen.de
E-Mail: lv@mieterbund-hessen.de
Vorsitzende(r): Wolfgang Hessenauer
Geschäftsführer(in): Jost Hemming

u 877

Deutscher Mieterbund Landesverband Mecklenburg-Vorpommern e.V.
Warnowallee 23, 18107 Rostock
T: (0381) 7 69 78 16 **Fax:** 7 69 78 16
Vorsitzende: Doris Zimmermann
Geschäftsführer(in): Dr. Jürgen Fischer

u 878

Deutscher Mieterbund Landesverband Niedersachsen-Bremen e.V.
Herrenstr. 14, 30159 Hannover
T: (0511) 1 21 06-0 **Fax:** 1 21 06 16
Vorsitzende(r): Dr. Uwe Reinhardt
Geschäftsführer(in): Manfred Jonas

u 879

Deutscher Mieterbund Landesverband Nordrhein-Westfalen e.V.
Luisenstr. 12, 44137 Dortmund
T: (0231) 14 92 60 **Fax:** 16 27 22
Vorsitzende(r): Walter Goch

u 880

Rheinischer Mieterverband e.V.
Mühlenbach 49, 50676 Köln
T: (0221) 24 61 18 **Fax:** 2 02 37 44
Geschf. Vors.: Heinz Soénius
Geschäftsführer(in): Jürgen Becher

u 881

Deutscher Mieterbund Landesverband Rheinland-Pfalz e.V.
Walramsneustr. 8, 54290 Trier
T: (0651) 99 40 97-0 **Fax:** 99 40 97-4
Internet: http://www.mieterverein-trier.de
E-Mail: mieterverein@ipcon.de
Vorsitzende(r): Helmut Propson
Geschäftsführer(in): Hans Weber

u 882

Deutscher Mieterbund Landesverband Saarland e.V.
Karl-Marx-Str. 1, 66111 Saarbrücken
T: (0681) 3 21 48 **Fax:** 3 21 07
Internet: http://www.ms-saar.de
E-Mail: mssaar@saarnet.de
Vorsitzende(r): Claus-Uwe Michel

u 883

Landesverband Sächsischer Mietervereine e.V.
Dresdner Str. 36, 09130 Chemnitz
T: (0371) 4 02 40 97 **Fax:** 4 02 40 95
Vorsitzende(r): Anke Matejka
Geschäftsführer(in): Gunter Venzke

u 884

Deutscher Mieterbund Landesverband Sachsen-Anhalt e.V.
Alter Markt 6, 06108 Halle
T: (0345) 2 02 14 67 **Fax:** 2 02 14 68
Vorsitzende(r): Ellen Schultz

u 885

Deutscher Mieterbund Landesverband Schleswig-Holstein e.V.
Postf. 19 67, 24018 Kiel
Eggerstedtstr. 1, 24103 Kiel
T: (0431) 9 79 19-0 **Fax:** 9 79 19-31
Internet: http://www.mieterbund-schleswig-holstein.de
E-Mail: info@mieterbund-schleswig-holstein.de
Vorsitzende(r): Ulrich Klempin
Geschäftsführer(in): Jochen Kiersch

u 886

Deutscher Mieterbund Landesverband Thüringen e.V.
Schillerstr. 34, 99096 Erfurt
T: (0361) 5 98 05-0 **Fax:** 5 98 05-20
Vorsitzende(r): Thomas Damm
Geschäftsführer(in): Monika Scheibe

• U 887

Bundesinteressenvertretung der Altenheimbewohner e.V. (BIVA)
Vorgebirgsstr. 1, 53913 Swisttal
T: (02254) 28 12, 70 45 **Fax:** 70 46
Internet: http://www.biva.de
E-Mail: KatrinMarkus@t-online.de
Gründung: 1974 (April)
Vorsitzende(r) des Vorstandes: Johanna Souchon (Schillerstr. 7, 97769 Bad Brückenau, T: (09741) 8 44 42)
Stellvertretende(r) Vorsitzende(r): Dr. Herbert Schwampe (Berner Allee 3, 22159 Hamburg, T/Fax: (040) 6 44 99 15)
Dr. Ernst Wickenhagen (Carl-Oelemann-Weg 11/447, Parkwohnstift Aeskulap, 61231 Bad Nauheim, T/Fax: (06032) 30 14 47)
Beisitzer: Günter Seidel (Neußer Str. 6, Hanseanum, 47798 Krefeld, T: (02151) 82 41 16)
Klaus-Jürgen Schinck (Jasperstr. 2, App. 495, 69126 Heidelberg, T: (06221) 38 84 95, Telefax: (06221) 38 88 78)
Verbandszeitschrift: BIVA-Informationen
Mitglieder: ca. 3500
Mitarbeiter: 3

• U 888

Vereinigung zur Erhaltung von Wind- und Wassermühlen in Niedersachsen und Bremen e.V.
Corsicaskamp 33, 49076 Osnabrück
T: (0541) 9 69 41 35 **Fax:** 9 69 47 92
Gründung: 1957
Vorsitzende(r): Prof. Dipl.-Ing. Rüdiger Wormuth
Geschäftsführer(in): Dipl.-Ing. Wolfgang Neß
Verbandszeitschrift: Der Mühlstein
Redaktion: Corsicaskamp 33, 49076 Osnabrück
Verlag: Mühlenvereinigung, Corsicaskamp 33, 49076 Osnabrück
Mitglieder: 550

• U 889

Bund der Steuerzahler (BdSt)
Präsidium
Postf. 47 80, 65037 Wiesbaden
Adolfsallee 22, 65185 Wiesbaden
T: (0611) 99 13 30 **Fax:** 9 91 33 14
Internet: http://www.steuerzahler.de
E-Mail: presse@steuerzahler.de
Präsident(in): Dr. Karl Heinz Däke
Vorst. Mitgl.: Dipl.-oec. Zenon Bilaniuk
Dr. Elfi Gründig
Prof. Dr. Wolfgang Kitterer
Dipl.-Volksw. Dieter Lau
Dr. Bernd Schulze-Borges
RA Hannah Stein
Leitung Presseabteilung: Dipl.-Volksw. Dieter Lau
Mitglieder: rd. 430000

Förderung von Sparsamkeit und Wirtschaftlichkeit im Umgang mit öffentlichen Mitteln; gerechte Verteilung der Abgabenlast; Rechtsstaatlichkeit und Vereinfachung im Abgabenrecht; Begrenzung der Abgabenpflicht auf das Notwendigste unter Beachtung der Leistungsfähigkeit des Steuerzahlers; sinnvolle Einordnung der Finanzwirtschaft in die Gesamtwirtschaft.

u 890

Karl-Bräuer-Institut
Postf. 17 22, 65007 Wiesbaden
Adolfsallee 22, 65185 Wiesbaden
T: (0611) 9 91 33 32 **Fax:** 9 91 33 13
E-Mail: kbi@steuerzahler.de
Vorsitzende(r): Dr. Karl Heinz Däke
Wissenschaftl. Leiter: Dipl.-Volksw. Rolf Borell

Landesverbände

u 891

Bund der Steuerzahler Baden-Württemberg e.V.
Postf. 70 01 52, 70571 Stuttgart
Lohengrinstr. 4, 70597 Stuttgart
T: (0711) 76 90 36 **Fax:** 7 65 68 99
Vorsitzende(r): Wilfried Krahwinkel
Stellvertretende(r) Vorsitzende(r): Dipl.-oec. Zenon Bilaniuk
Weiterer Stellvertretender Vorsitzender: Dieter Mäule

u 892

Bund der Steuerzahler in Bayern e.V.
Nymphenburger Str. 118 Ecke Alfonsstr, 80636 München
T: (089) 12 60 08-0 **Fax:** 12 60 08 27
Präsident(in): Rolf von Hohenhau
Vizepräsident(in): Peter Eggen
Dr. Alfred Wöhl
Leitung Presseabteilung: Chefredakteur Rudolf Maier

u 893

Bund der Steuerzahler Berlin e.V.
Lepsiusstr. 110, 12165 Berlin
T: (030) 7 92 40 14 **Fax:** 7 92 40 15
Vorsitzende(r): Günter B.J. Brinker
Stellvertretende(r) Vorsitzende(r): Dr. Morton Nirenberg

u 894

Bund der Steuerzahler Brandenburg e.V.
Kopernikusstr. 39, 14482 Potsdam
T: (0331) 7 47 65-0 **Fax:** 7 47 65 22
Vorsitzende(r): Dipl.-Ing. Angela Mai
Stellvertretende(r) Vorsitzende(r): Erna Hausmann

u 895

Bund der Steuerzahler Hamburg e.V.

Schauenburgerstr. 6, 20095 Hamburg
T: (040) 33 06 63-64 **Fax:** 32 26 80
Vorsitzende(r): Frank Neubauer
Geschäftsführerin: Gertrud Erdmann

u 896

Bund der Steuerzahler Hessen e.V.

Postf. 18 09, 65008 Wiesbaden
Bahnhofstr. 35, 65185 Wiesbaden
T: (0611) 99 21 90 **Fax:** 9 92 19 53
Vorsitzende(r): Dipl.-Volksw. Ulrich Fried
Vorst.-Mitgl.:
Dipl.-Volksw. Dieter Lau
Dr. Hubert Schlephorst

u 897

Bund der Steuerzahler Mecklenburg-Vorpommern e.V.

Postf. 11 07 22, 19007 Schwerin
Arsenalstr. 16, 19053 Schwerin
T: (0385) 55 74-2 90 **Fax:** 55 74-2 91
Vorsitzende(r): Dipl.-Ing. Uwe Karsten
Stellvertretende(r) Vorsitzende(r): Heinz J. Schuler

u 898

Bund der Steuerzahler Niedersachsen und Bremen e.V.

Ellernstr. 34, 30175 Hannover
T: (0511) 85 10 16 **Fax:** 81 86 77
E-Mail: niedersachsen-und-bremen@steuerzahler.de
Vorstand: Dr. Axel Gretzinger (Vors.)
Dr. Carl Frhr. von Schröder
Dr. Bernd Schulze-Borges

u 899

Bund der Steuerzahler Nordrhein-Westfalen e.V.

Postf. 14 01 55, 40071 Düsseldorf
Schillerstr. 14, 40237 Düsseldorf
T: (0211) 9 91 75-0 **Fax:** 9 91 75-50
Vorsitzende(r): RA Georg Lampen
Stellvertretende(r) Vorsitzende(r): Dipl.-Volksw. Michael Boeckhaus
Weitere Vorstandsmitglieder: Dr. Karl Heinz Däke

u 900

Bund der Steuerzahler Rheinland-Pfalz e.V.

Postf. 43 12 65, 55076 Mainz
Riedweg 3, 55130 Mainz
T: (06131) 8 60 77/78 **Fax:** 88 11 61
Vorsitzende(r): RA Dr. Wilhelm Wallmann
Stellvertretende(r) Vorsitzende(r): Werner Bischoff
Prof. Dr. Gerhard Graf
Geschäftsführer(in): RA Peter Pferdekemper

u 901

Bund der Steuerzahler Saarland e.V.

Talstr. 34-42, 66119 Saarbrücken
T: (0681) 5 00 84 13 **Fax:** 5 00 84 20
Vorsitzende(r): Dr. Klaus Klein
Stellvertretende(r) Vorsitzende(r): Dipl.-Kfm. Hans-Josef Hoffmann

u 902

Bund der Steuerzahler Sachsen e.V.

Straße der Nationen 12, 09111 Chemnitz
T: (0371) 6 90 63 10 **Fax:** 6 90 63 30
Präsident(in): RA Thomas Meyer

u 903

Bund der Steuerzahler Sachsen-Anhalt e.V.

Lüneburger Str. 23, 39106 Magdeburg
T: (0391) 5 31 18 30 **Fax:** 5 31 18 29
Vorsitzende(r): Helga Elschner
Stellvertretende(r) Vorsitzende(r): RA Gertrud Oertwig

u 904

Bund der Steuerzahler Schleswig-Holstein e.V.

Lornsenstr. 48, 24105 Kiel
T: (0431) 56 30 65/66 **Fax:** 56 76 37
Präsident(in): Dr. Dr. Jürgen Pratje
Geschäftsführer(in): Dipl.-Volkw. Rainer Kersten

u 905

Bund der Steuerzahler Thüringen e.V.

Steigerstr. 16, 99096 Erfurt
T: (0361) 21 70 79-0
Vorsitzende: Dr. Elfi Gründig
Stellvertretende(r) Vorsitzende(r): Dipl.-Ing. Wolf-Dieter Eck

• U 906

Bund Deutscher Lohnsteuerzahlerverbände e.V. (BDLV)

Siemensstr. 1, 90766 Fürth
T: (0911) 7 58 80-02 **Fax:** 7 58 80-111
Vors. u. GF: Dr. Walter Schuhmann

• U 907

ISUV
ISUV/VDU e.V. Interessenverband Unterhalt und Familienrecht

Postf. 21 01 07, 90119 Nürnberg
Bauvereinstr. 30, 90489 Nürnberg
T: (0911) 55 04 78 **Fax:** 53 30 74
Internet: http://www.isuv.de
E-Mail: isuv@pop.odn.de
und Raintaler Str. 16 a, 81539 München, T: (089) 6 91 11 90
Gründung: 1968 (1. Juni) VDU, 1975 (1. Juni) ISUV, Fusion beider Verbände 1988 (1. Januar)
Bundesvorsitzender: Michael Salchow
Stellv. Bundesvors.: Klaus Budak
Dr. phil. Werner-Georg Leitner
RAin Rosemarie Rittinger
Schatzmeister: Peter Wehr
Schriftführer(in): Hans-Peter Peine
Verbandszeitschrift: ISUV/VDU-Report
Redaktion: Josef Linsler
Verlag: ISUV/VDU, Raintalerstr. 16 a, 81539 München
Mitglieder: 7000
Mitarbeiter: 10
Jahresetat: DM 0,8 Mio, € 0,41 Mio

Beratung und Information der Mitglieder im Familien- und Sozialrecht (insbesondere Unterhalts-, Besuchs-, Sozial- und Scheidungsrecht) - Vertretung der Mitgliederinteressen bei Gesetzgebungsverfahren.

• U 908

Deutsche Arbeitsgemeinschaft Selbsthilfegruppen e.V.

Friedrichstr. 28, 35392 Gießen
T: (0641) 99-45612

• U 909

Lohnsteuerhilfe für Arbeitnehmer e.V. Lohnsteuerhilfeverein

Tigg 5, 45711 Datteln
T: (02363) 82 79 **Fax:** 5 13 21
Vorsitzende(r): Günter Jorgs (Oelmühlenweg 46, 45711 Datteln, T: (02363) 82 79)
Geschäftsführer(in): Anita Materna (Schubertstr. 9, 45711 Datteln)

• U 910

DVS Deutscher Versicherungs-Schutzverband e.V.

Postf. 14 40, 53004 Bonn
Breite Str. 98, 53111 Bonn
T: (0228) 65 28 57-58, 65 28 67, 69 73 19 **Fax:** 63 16 51
Gründung: 1901 (11. Juni)
Vorsitzende(r): Dipl.-Volksw. Ralf Oelßner (Deutsche Lufthansa AG, Köln)
Stellvertretende(r) Vorsitzende(r): Dr. Stefan Sigulla (Siemens AG, München)
Schriftführer(in): Dipl.-Betriebsw., Direktor Klaus H. Rathjen (Bundesverband des Deutschen Groß- und Außenhandels e.V., Bonn)
Schatzmeister: RA K.-W. Schulze-Weslarn (Henkel KGaA, Düsseldorf)
Geschf. Vorstandsmitglied: Günter Schlicht (DVS Deutscher Versicherungs-Schutzverband e.V., Bonn)
Verbandszeitschrift: Die Versicherungspraxis
Redaktion: G. Schlicht
Verlag: DVS - Wirtschaftsgesellschaft m.b.H., Breite Str. 98, 53111 Bonn
Mitglieder: 4000
Mitarbeiter: 21
Jahresetat: DM 3 Mio, € 1,53 Mio

Wahrnehmung der Interessen der Versicherungsnehmer und Versicherten auf allen Gebieten der privaten Versicherung.

• U 911

Bund versicherter Unternehmer e.V. (BVU)

Kühnhausen 1, 92331 Parsberg
T: (09492) 90 56-25 **Fax:** 90 56-26
Gründung: 1985
Geschäftsführer(in): Helmut Fischer (Rechtsbeistand für Versicherungsberatung)
Mitglieder: 700

• U 912

BdV
BUND DER VERSICHERTEN

Bund der Versicherten e.V.

Postf. 11 53, 24547 Henstedt-Ulzburg
T: (04193) 99 04-0 (ISDN) **Fax:** 9 42 21
Internet: http://www.bundderversicherten.de
E-Mail: info@bundderversicherten.de
Gründung: 1982 (24. März)
Vorsitzende(r): Lilo Blunck
Geschäftsführer(in): Hans Dieter Meyer (Ltg. Presseabt.)
Verbandszeitschrift: BdV-INFO
Redaktion: H. D. Meyer
Verlag: Eigenverlag
Mitglieder: 37000 (1999)
Mitarbeiter: 19

Wahrnehmung der Interessen der Versicherten: durch allgemeine Informationen sowie durch Beratung seiner Mitglieder zum Wissen um „Versicherung" beizutragen; durch seine Aktivitäten und Maßnahmen die Übereinstimmung des Versicherungswesens mit der Rechts- und Wirtschaftsordnung unseres Staates zu überprüfen bzw. herzustellen.

• U 913

Institut für Schadenverhütung und Schadenforschung der öffentlichen Versicherer e.V. (IFS)

Preetzer Str. 75, 24143 Kiel
T: (0431) 7 77 57 80 **Fax:** 7 75 78 99
Gründung: 1976
Vorsitzende(r): Präs. Reinhard Schäfer
Geschäftsführer(in): Dr. R. Voigtländer
Mitglieder: 24
Mitarbeiter: 25

• U 914

Bund der Sozialversicherten e.V.

Rathausplatz 2, 30966 Hemmingen
T: (0511) 41 79 09 **Fax:** 42 25 46
Geschäftsführer(in): Georg Bollmann

• U 915

Zentralverband der Sozialversicherten - der Rentner und deren Hinterbliebenen Deutschlands e.V. (ZdS.)

Geschäftsstelle
c/o Fritz Birthelmer
Pestalozzistr. 129, 72762 Reutlingen
T: (07121) 1 79 38 **Fax:** 1 79 38
Gründung: 1923 (März), neu 1948
Bundesvorsitzender: Lutz Fütterer (Karlstr. 96/I, 72766 Reutlingen, Tel./Fax: (07121) 1 75 64)
Bundesgeschäftsführer: Hans Joachim Friedrich (Marburger Str. 86, 35396 Giessen, Tel.: (0641) 9 30 39 80)
Bundes-Kassierer: Fritz Birthelmer
Verbandszeitschrift: Journal-DER LEBENSABEND
Mitgliedsverbände: 5 Landesverbände

• U 916

Bundesverband der Betriebsrentner e.V.

Postf. 18 66, 65008 Wiesbaden
Theodorenstr. 13, 65189 Wiesbaden
T: (0611) 30 13 67 **Fax:** 9 10 31 54
Gründung: 1988 (25. Mai)
Geschf.Vors: Karlheinz Große (Ltg. Presseabt.)
Verbandszeitschrift: BVB-Nachrichten
Mitglieder: 3000

• U 917

Bundesverband der Apotheker-Assistenten e.V.

Liederbacher Str. 97, 65929 Frankfurt
T: (069) 31 24 64, 31 44 53 **Fax:** 31 33 35
Gründung: 1968 (1. Dezember)
Vorsitzende(r): Albrecht Poetzsch (Krautgarten 4, 36124 Eichenzell)
Geschäftsführer(in): RA Dr. Heinz Otto (Ltg. Presseabt.)

• U 918

Arbeitsgemeinschaft für Sicherheit der Wirtschaft e.V. (ASW)
- Zentral Organisation der Wirtschaft
Breite Str. 29, 10178 Berlin
T: (030) 2 03 08-1513 **Fax:** 2 03 08-1581
Internet: http://www.asw-online.de
Gründung: 1993 (November)
Vorsitzende(r): RA Wolfgang Hoffmann
Geschäftsführer(in): Klaus Gert Hartmann
Verbandszeitschrift: WIK Zeitschrift für Wirtschaft, Kriminalität und Sicherheit
Verlag: Secu Media Verlags-GmbH, Ingelheim
Mitglieder:
Deutscher Industrie- und Handelstag, Berlin (DIHT)
Bundesverband der Deutschen Industrie e.V., Berlin (BDI)
Bundesvereinigung der Deutschen Arbeitgeberverbände e.V., Berlin (BDA)
Bundesverband Deutscher Detektive e.V., Bonn (BDD)
Zentralverband des Deutschen Handwerks - ZDH -, Berlin
Bundesverband der Hersteller- und Errichterfirmen von Sicherheitssystemen e.V. - BHE -, Brücken
Bundesverband Deutscher Wach- und Sicherheitsunternehmen e.V. - BDWS -, Bad Homburg
Verband der Vereine Creditreform e.V., Neuss
IHA-Hotelverband Deutschland e.V., Bonn
Bayerischer Verband für Sicherheit in der Wirtschaft e.V., München (BVSW)
Arbeitskreis für Sicherheit in der Wirtschaft bei der IHK zu Berlin (AKSW)
Arbeitskreis für Sicherheit in der Wirtschaft Brandenburg (ASWB)
Sächsischer Verband für Sicherheit in der Wirtschaft e.V., Dresden (SVSW)
Thüringer Verband für Sicherheit in der Wirtschaft e.V., Jena (TVSW)
Verband für Sicherheit in der Wirtschaft Baden-Württemberg e.V., Stuttgart (VSW-BW)
Vereinigung für Sicherheit in der Wirtschaft e.V., Mainz (VSW)
Verband für Sicherheit in der Wirtschaft Niedersachsen e.V., Hannover (VSWNds)
Verband für Sicherheit in der Wirtschaft Norddeutschland e.V., Hamburg (VSWN)
Verband für Sicherheit in der Wirtschaft Nordrhein-Westfalen e.V., Essen (VSWNW)

Zusammenarbeit und Koordinierung in allen Sicherheitsfragen mit Bundes- und Landesbehörden nach vom Staat und gewerblicher Wirtschaft erarbeiteten Schutzkonzepten (Informationswesen, Schulungen und Veranstaltungen). Vertretung der Sicherheitsinteressen gegenüber Politik und Staat; Öffentlichkeitsarbeit.

u 919

Arbeitsgemeinschaft für Sicherheit der Wirtschaft e.V.
Büro Bonn (ASW)
Adenauerallee 148, 53113 Bonn
T: (0228) 1 04-1510 **Fax:** 1 04-1580

Landesverbände

u 920

Arbeitskreis für Sicherheit in der Wirtschaft bei der Industrie- und Handelskammer zu Berlin (AKSW)
Fasanenstr. 85, 10623 Berlin
T: (030) 3 15 10-381 **Fax:** 3 15 10-140
Internet: http://www.ihk.berlin.de
E-Mail: st@berlin.ihk.de
Gründung: 1974
Vorsitzende(r): Dipl.-Ing. Michael Stolz (Sicherheitsbevollmächtigter Daimler-Benz Interservices (debis) AG, T: (030) 25 54 25 50)
Geschäftsführer(in): Christoph Irrgang (Industrie- und Handelskammer zu Berlin, Fasanenstr. 85, 10623 Berlin, T: (030) 3 15 10-0, Telefax: (030) 3 15 10-140)
Mitglieder: 88

u 921

Verband für Sicherheit in der Wirtschaft Norddeutschland e.V. (VSWN)
Rissener Landstr. 195, 22559 Hamburg
T: (040) 81 80 36-37 **Fax:** 81 49 07
E-Mail: gesch@vsiwn.hh.uunet.de
Gründung: 1969 (17. März)
Vorsitzende(r): Rolf Dau (PHILIPS GmbH Hamburg, T: (040) 28 99-2147)
Geschäftsführer(in): Hans Joachim Delfs
Mitglieder: ca. 150
(für die Bundesländer Bremen, Hamburg, Schleswig Holstein, Mecklenburg-Vorpommern)

u 922

Verband für Sicherheit in der Wirtschaft Niedersachsen e.V. (VSWNds)
Heinrichstr. 31, 30175 Hannover
T: (0511) 34 16 60 **Fax:** 38 86-443
E-Mail: VSWNds@aol.com
Vorsitzende(r): Dipl.-Ing. Dietrich Salzwedel
Geschäftsführer(in): Jochen Meyer

u 923

Verband für Sicherheit in der Wirtschaft Nordrhein-Westfalen e.V. (VSW NW)
im Hause der IHK
Postf. 10 13 03, 45013 Essen
Lindenallee 56-58, 45127 Essen
T: (0201) 22 71 47 **Fax:** 22 48 44
E-Mail: vsw-nw@t-online.de
Gründung: 1969 (6. Februar)
Vorsitzende(r): Direktor RA Wolfgang Hoffmann (Bayer AG, Leverkusen)
Geschäftsführer(in): Ass. jur. Christoph Hubert

u 924

Vereinigung für die Sicherheit der Wirtschaft Hessen, Rheinland-Pfalz, Saarland e.V. (VSW)
Jakob-Anstatt-Str. 2, 55130 Mainz
T: (06131) 89 19 72 **Fax:** 98 40 96
E-Mail: vsw.mainz@t-online.de
Vorsitzende(r): Otto-Gert Krieger
Geschäftsführer(in): Günter Drexel
Mitglieder: 145
Mitarbeiter: 3

u 925

Verband für Sicherheit in der Wirtschaft Baden-Württemberg e.V. (VSW-BW)
Postf. 50 11 43, 70341 Stuttgart
Seelbergstr. 15, 70372 Stuttgart
T: (0711) 95 46 09-0 **Fax:** 95 46 09-20
Internet: http://www.vsw-bw.com
E-Mail: mail@vsw-bw.com
Präsident(in): Berthold Schweigler
Geschäftsführer(in): Karl Stefan Schotzko
Verbandszeitschrift: VSW Aktuell
Mitglieder: 230
Mitarbeiter: 8

u 926

Bayerischer Verband für Sicherheit in der Wirtschaft e.V. (BVSW)
Schätzweg 1, 80935 München
T: (089) 35 74 83-0 **Fax:** 35 74 83-35
Internet: http://www.bvsw.de
E-Mail: Bay.VSW@t-online.de
Gründung: 1976 (22. Juli)
Vorsitzende(r): Wilhelm Vosselmann
1. Stellv. Vors.: Jürgen Dorrer
Geschäftsführer(in): Kurt Schröter (T: (089) 35 74 83-0, Telefax: (089) 35 74 83-35)

u 927

Arbeitskreis für Sicherheit in der Wirtschaft Brandenburg
Puschkinstr. 12b, 15236 Frankfurt
T: (0335) 56 21-233 **Fax:** 56 21-242
E-Mail: aswb@ihk-ffo.de
Vorsitzende(r): Reinhard Servas
Geschäftsführer(in): Dr. Knuth Thiel

u 928

Sächsischer Verband für Sicherheit in der Wirtschaft e.V. (SVSW)
Ammonstr. 72, 01067 Dresden
T: (0351) 8 80 20 76 **Fax:** 8 80 20 77
Internet: http://www.svsw.de
E-Mail: info@svsw.de
Vorsitzende(r): Bernd Kühne
Geschäftsführer(in): Dietmar Schröter

u 929

Thüringer Verband für Sicherheit in der Wirtschaft e.V. (TVSW)
Sitz in der Jenoptik AG
07739 Jena
Carl-Zeiss-Str. 1, 07743 Jena
T: (03641) 65 25 62 **Fax:** 65 25 63
E-Mail: TVSWeV@t-online.de
Vorsitzende(r): Andreas Brehm
Geschäftsführer(in): Hartmut Carl

• U 930

Bundesverband Handschutz e.V.
Geschäftsstelle
Brucknerallee 172a, 41236 Mönchengladbach
T: (02166) 24 82 49 **Fax:** 24 82 90
Internet: http://www.bvh.de
Gründung: 1989 (17. Mai)
Vorsitzende(r): Andreas Fischer
Geschäftsführer(in): Frank Zuther (Brucknerallee 172 a, 41236 Mönchengladbach, T: (02166) 24 82 52)
Mitglieder: 21 und 5 fördernde Mitglieder

• U 931

Bundesfachgemeinschaft Tanksicherung e.V.
Kleine Johannisstr. 9, 20457 Hamburg
T: (040) 4 10 59 57 **Fax:** 41 46 31 22
Gründung: 1986 (Februar)
1. Vorsitzende(r): Lothar Stiebel (i. Fa. Pietroch GmbH, Haneberger Str. 279, 42349 Wuppertal)
1. Stellv. Vors: Wolfgang Leu (i. Fa. Leu GmbH, Bahnhofstr. 2a, 95028 Hof/Saale)
2.Stellv. Vors.: Gregor Laudon (i.Fa. Metall- u. Kunststoffwerke Laudon GmbH & Co. KG, 53919 Weilerswist 1)
Hauptgeschäftsführer(in): Hans-Peter Jahnke (Hartungstr. 12, 20146 Hamburg)
Mitglieder: 80

• U 932

Gesellschaft für den Zivilschutz in Berlin e.V.
Winterhäuser Str. 206, 97084 Würzburg
T: (0931) 6 51 80
Gründung: 1970 (5. Februar)
Vorsitzende(r): Werner Neckermann
Stellvertretende(r) Vorsitzende(r): Michael Großek
Verbandszeitschrift: Bevölkerungsschutz
Redaktion: Bundesinnenministerium
Verlag: Deutschherrenstr. 93, 53177 Bonn
Mitglieder: 200
Jahresetat: DM 1 Mio, € 0,51 Mio

• U 933

Forum Vergabe e.V.
Breite Str. 29, 10178 Berlin
T: (030) 20 28-1631 **Fax:** 20 28-2631
E-Mail: forum-vergabe@bdi-online.de
Gründung: 1990
Geschäftsführer(in): RA T. R. Meyer
Verbandszeitschrift: "Monatsinfo„
Redaktion: Forum Vergabe
Mitglieder: 200
Mitarbeiter: 2
Jahresetat: DM 0,5 Mio, € 0,26 Mio

• U 934

Afrika-Süd Aktions-Bündnis e.V. (AAB)
(vormals Anti-Apartheid-Bewegung in der Bundesrepublik Deutschland e.V.)
Blücherstr. 14, 53115 Bonn
T: (0228) 21 13 55 **Fax:** 2 49 99 20
Gründung: 1974 (21. April)

• U 935

VIA e.V. - Verband der Initiativgruppen in der Ausländerarbeit
Hochemmericher Str. 71, 47226 Duisburg
T: (02065) 5 33 46 **Fax:** 5 35 61
Internet: http://www.paritaet.org/via
E-Mail: VIA-BUND@t-online.de
Gründung: 1979 (Januar)
1. Vorsitzende(r): Vijoy Batra
Stellvertretende(r) Vorsitzende(r): Gregorio Roper
Kassierer: Dr. Cüneyd Sözbir
Geschäftsführer(in): Heinz Soremsky
Verbandszeitschrift: VIA-Magazin
Verlag: Hochemmericher Str. 71, 47226 Duisburg
Mitglieder: 300

• U 936

Tibet-Initiative Deutschland e.V. (T.I.D.)
Geschäftsstelle Asienhaus
Bullmannaue 11, 45327 Essen
T: (0201) 8 30 38-21 **Fax:** 8 30 38-22
E-Mail: tibet.initiative@asienhaus.org
Gründung: 1989

Vorsitzende(r): Klemens Ludwig
Geschäftsführerin: Barbara Rummel
Leitung Presseabteilung: Klemens Ludwig
Verbandszeitschrift: TID-aktuell
Redaktion: Klemens Ludwig
Mitglieder: 1115
Mitarbeiter: 2

• U 937

Internationale Gesellschaft für Menschenrechte e.V. (IGFM)
Postf. 10 11 32, 60011 Frankfurt
Borsigallee 16, 60388 Frankfurt
T: (069) 42 01 08-0 **Fax:** 42 01 08-33
Gründung: 1972
Geschäftsführer(in): Karl Hafen

• U 938

Kommission für Verstöße der Psychiatrie gegen Menschenrechte e.V. (KVPM)
Amalienstr. 49a, 80799 München
T: (089) 2 73 03 54 **Fax:** 28 98 67 04
E-Mail: kvpm@gmx.de
Gründung: 1972
Präsident(in): Bernd Trepping
Vizepräsident(in): Nicola Cramer
Leitung Presseabteilung: Sabine Ruscheweyh
Verbandszeitschrift: Menschenrechte Aktuell

• U 939

FIAN e.V. Internationale Menschenrechtsorganisation für das Recht sich zu ernähren
Sektion der BRD
Overwegstr. 31, 44625 Herne
T: (02323) 49 00 99 **Fax:** 49 00 18
Internet: http://www.fian.de
E-Mail: fian@fian.de
Gründung: 1986 (30. November)
Vorsitzende(r): Petra Sauerland
Stellvertretende(r) Vorsitzende(r): Michaela Maier
Geschäftsführer(in): Stefan Ofteringer
Verbandszeitschrift: Food First
Verlag: Eigenverlag
Mitglieder: 1400
Mitarbeiter: 6
Jahresetat: DM 0,5 Mio, € 0,26 Mio

• U 940

Internationaler Verein für Menschenrechte der Kurden e.V.
Postf. 20 07 38, 53137 Bonn
T: (0228) 36 28 02 **Fax:** 36 32 97
E-Mail: imkkurds@aol.com, IMK-Bonn@t-online.de
Vorsitzende(r): Musa Ataman
Stellvertretende(r) Vorsitzende(r): Jörn-Erik Gutheil
Verbandszeitschrift: IMK-Wocheninformationsdienst
Redaktion: A. Saydam

Heimatvertriebene, Vertriebene, Kriegs- und Zivilbeschädigte u.a.

• U 941

Interessengemeinschaft der in der Zone enteigneten Betriebe e.V. (IOB)
Naheweg 2, 53129 Bonn
T: (0228) 23 51 54
Gründung: 1948
Vorsitzende(r): Dr. Fritz Rosenberger (Rhodiusstr. 18, 51065 Köln, T: (0221) 61 22 38)
Mitglieder: ca. 750
Jahresetat: DM 0,065 Mio, € 0,03 Mio

• U 942

Bund Heimat und Umwelt in Deutschland (BHU)
Bundesverband für Natur- und Denkmalschutz, Landschafts- und Brauchtumspflege e.V.
Adenauerallee 68, 53113 Bonn
T: (0228) 22 40 92, 22 40 91 **Fax:** 21 55 03
Internet: http://www.bhu.de
E-Mail: bhu@bhu.de
Gründung: 1904 (30. März)
Präsident(in): Dr. Hans Tiedeken
BundesGeschF: Dipl.-Kfm. Dieter Hornung
Leitung Presseabteilung: Ursula Bödder-Wollmer
Verbandszeitschrift: Info-Dienst
Redaktion: Bund Heimat und Umwelt in Deutschland, Ursula Bödder-Wollmer
Verlag: Bund Heimat und Umwelt in Deutschland, Adenauerallee 68, 53113 Bonn
Mitglieder: 18 Landesverbände
Mitarbeiter: 7

Biologischer, ökologischer und kultureller Umweltschutz-Heimatpflege.

Mitgliedsverbände

u 943

Landesverein Badische Heimat e.V.
Hansjakobstr. 12, 79117 Freiburg
T: (0761) 7 37 24
Internet: http://www.badische-heimat.de
E-Mail: info@badische-heimat.de
Präsident(in): OStD i.R. Adolf Schmid

u 944

Bayerischer Landesverein für Heimatpflege e.V.
Ludwigstr. 23, 80539 München
T: (089) 28 66 29-0 **Fax:** 28 24 34
1. Vorsitzende(r): Landtagspräsident Johann Böhm
Geschäftsführer(in): Hans Roth

u 945

Verein für die Geschichte Berlins, gegr. 1865 e.V.
Roedernstr. 48, 13467 Berlin
T: (030) 4 04 14 49
Vorsitzende(r): Prof. Dr. Klaus Finkelnburg
Schriftführer(in): Joachim Strunkeit

u 946

Landesheimatbund Brandenburg e.V.
Machnower Str. 81, 14165 Berlin
T: (030) 84 50 92 69 **Fax:** 84 50 92 71
Präsident(in): Dr. Gerd-H. Zuchold

u 947

Bremer Heimatbund e.V.
Verein für Niedersächsisches Volkstum
Bürgermeister-Smidt-Str. 78, 28195 Bremen
T: (0421) 30 20 50
Vorsitzende(r): Wilhelm Tacke
Geschäftsführer(in): Karl-Heinz Renken

u 948

Zentralausschuß Hamburgischer Bürgervereine von 1886 r. V.
- Verbund der Bürger-, Heimat- und Kommunalvereine
Fuhlsbüttler Str. 687, 22337 Hamburg
T: (040) 50 24 45 **Fax:** 59 54 18
Präses: Michael Weidmann

u 949

Gesellschaft für Kultur und Denkmalpflege - Hessischer Heimatbund e.V. -
Bahnhofstr. 1, 35037 Marburg
T: (06421) 68 11 55 **Fax:** 68 11 55
Vorsitzende(r): Architekt Dipl.-Ing. Karl-R. Seehausen
Geschäftsführer(in): Dr. Markus Morr
Mitglieder: 625

u 950

Lippischer Heimatbund e.V.
Kreishaus
Felix-Fechenbach-Str. 5, 32756 Detmold
T: (05231) 62 79 11-12
Vorsitzende(r): Regierungspräsident i. R. Walter Stich
Geschäftsführer(in): Friedel Köstering

u 951

Landesheimatverband Mecklenburg-Vorpommern e.V.
Friedrichstr. 12, 19055 Schwerin
T: (0385) 5 90 83-0 **Fax:** 5 90 83-15
Präsident(in): Prof. Dr. Horst Wernicke
Geschäftsführer(in): Karl-Ludwig Quade

u 952

Niedersächsischer Heimatbund e.V.
Landschaftstr. 6A, 30159 Hannover
T: (0511) 3 68 12 51 **Fax:** 3 63 27 80
Präsident(in): Dr. Waldemar Röhrbein
Geschäftsführer(in): Dr. Roswitha Sommer

u 953

Rheinischer Verein für Denkmalpflege und Landschaftsschutz e.V. (RVDL)
Ottoplatz 2, 50679 Köln
T: (0221) 8 09-2804, 8 09-2805 **Fax:** 8 09-2141
Vorsitzende(r): Dr. Norbert Heinen
Geschäftsführer(in): Dr. Norbert Kühn
Leitung Presseabteilung: Dr. Karl Peter Wiemer

u 954

Saarländischer Kulturkreis e.V.
Kreuzstr. 26, 66701 Beckingen
T: (06832) 80 19 89 **Fax:** 80 19 90
Vorsitzende(r): Dr. Hans-Joachim Kühn

u 955

Landesheimatbund Sachsen-Anhalt e.V.
Große Steinstr. 35, 06108 Halle
T: (0345) 29 28 60, 2 92 86 20
Präsident(in): Dr. habil. Konrad Breitenborn
Geschäftsführer(in): Prof. Dr. Dieter Heinemann

u 956

Landesverein Sächsischer Heimatschutz e.V.
Wilsdruffer Str. 2a, 01067 Dresden
T: (0351) 4 95 61 53 **Fax:** 4 95 15 59
Vorsitzende(r): Matthias Griebel
Geschäftsführer(in): Susanna Sommer

u 957

Schleswig-Holsteinischer Heimatbund e.V.
Rathausstr. 2, 24103 Kiel
T: (0431) 9 83 84-0 **Fax:** 9 83 84-23
Vorsitzende(r): Uwe Ronneburger
Geschäftsführer(in): Dr. Willy Diercks

u 958

Schwäbischer Heimatbund e.V.
Weberstr. 2, 70182 Stuttgart
T: (0711) 23 94 20 **Fax:** 2 39 42 44
Vorsitzende(r): Redakteur Martin Blümcke
Geschäftsführer(in): Bürgermeister a. D. Dieter Dziellak

u 959

Heimatbund Thüringen e.V.
Burgstr. 3, 98716 Elgersburg
T: (03677) 79 08 39 **Fax:** 79 14 09
Vorsitzende(r): Dr. Burkhard Kolbmüller
Geschäftsführer(in): Heike Mammen

u 960

Westfälischer Heimatbund e.V.
Kaiser-Wilhelm-Ring 3, 48145 Münster
T: (0251) 5 91 40 27 **Fax:** 5 91 40 28
Vorsitzende(r): Dr. Manfred Scholle
Geschäftsführer(in): Dr. Edeltraud Klueting

Gegenseitige Mitgliedschaft

u 961

Deutsche Burgenvereinigung e.V.
Marksburg, 56338 Braubach
T: (02627) 5 36
Internet: http://www.deutsche-burgen.org
E-Mail: info@deutsche-burgen.org
Präsident(in): Alexander Fürst zu Sayn-Wittgenstein-Sayn
Geschäftsführer(in): Architekt Dr.-Ing. Klaus Tragbar

• U 962

Kulturwerk für Südtirol e.V. - Bundesverband
Schwanthalerstr. 73B, 80336 München
T: (089) 53 74 74 **Fax:** 5 43 95 11
Gründung: 1956
Vorstand: Dr. Eduard Höcherl
StudDir a.D. Hartmut Reichhold (stellv. BVors.)
StudDir. a.D. Horst Kunert (stellv. BVors.)
Hans Gaiser (stellv. BVors.)
Dipl.-Volksw. Gerald König (Bundesschatzmeister)
Renate Bawiedemann (Bundesgeschäftsführer)
Verbandszeitschrift: Südtiroler Rundschau
Verlag: Schneider Druck GmbH, Postf. 13 24, 91535 Rothenburg o.d.T.
Mitglieder: 7000
Mitarbeiter: 3
Anzahl der angeschlossenen Organisationen: 15

• U 963

Bauernverband der Vertriebenen e.V. ((BVdV))
Godesberger Allee 72-74, 53175 Bonn
T: (0228) 25 13 92 **Fax:** 9 57 92 30
Vorsitzende(r): Horst Hoferichter (Magdeburger-Str. 2, 59425 Unna)
Geschäftsführer(in): Dr. Günther Fratzscher

• U 964

Heimatverdrängtes Landvolk e.V. (HvL)
Breslauer Str. 16, 30938 Burgwedel
T: (05139) 2 72 18 **Fax:** 2 72 18
Gründung: 1948
Präsident(in): Dr. Otto Saenger

Vizepräsident(in): Günther A. von Wittich
Geschäftsführer(in): Dr. Wolfgang Schütz (Ltg. Presseabteilung)
Verbandszeitschrift: Heimatvertdrängtes Landvolk
Redaktion: Dr. Wolfgang Schütz
Verlag: Eigenverlag
Druck: Druckerei Carl Albrecht, Friedenauer Str. 43, 30419 Hannover
Mitglieder: 900
Mitarbeiter: 1,5
Jahresetat: DM 0,07 Mio, € 0,04 Mio

• U 965

Bund der Vertriebenen - Vereinigte Landsmannschaften und Landesverbände e.V. (BdV)
Godesberger Allee 72-74, 53175 Bonn
T: (0228) 8 10 07-0 **Fax:** 8 10 07-38
E-Mail: Deutscher-Ostdienst@t-online.de, bund-der-vertriebenen@t-online.de
Gründung: 1959 (14. Dezember)
Präsident(in): Erika Steinbach (MdB)
Adolf Fetsch
Wilhelm von Gottberg
Dr. habil. Paul Latussek
Hans-Günther Parplies
Helmut Sauer
Prof. Dr. Hans Sehling
Präsidiumsmitglied(er): Oliver Dix
Bernd Hinz
Jakob Laub
Klaus Moerler
Dr. Dieter Radau
Alfred Herold
Sybille Dreher
Horst Hoferichter
Generalsekretärin: Michaela Hriberski
Leitung Presseabteilung: Walter Stratmann
Verbandszeitschrift: Deutscher Ostdienst - DOD
Redaktion: Walter Stratmann
Verlag: Bund der Vertriebenen - Vereinigte Landsmannschaften und Landesverbände e.V., Godesberger Allee 72-74, 53175 Bonn
Mitglieder: ca. 2000000
Mitarbeiter: 22

Der Bund der Vertriebenen vertritt die politischen, kulturellen und sozialen Anliegen der Vertriebenen und Aussiedler in der Bundesrepublik Deutschland. Er setzt sich für eine friedliche Ordnung der Staaten, Völker und Volksgruppen unter Beachtung der Menschenrechte, des Rechtes auf die Heimat und der Selbstbestimmung sowie für die Wahrung der Identität und Existenz deutscher Volksgruppen in ihrer Heimat ein.

u 966

Bund der Vertriebenen Landesverband Baden-Württemberg
Schloßstr. 92 III, 70176 Stuttgart
T: (0711) 62 52 77 **Fax:** 61 01 62
Vorsitzende(r): Arnold Tölg (MdL)

u 967

Bund der Vertriebenen Landesverband Bayern
Am Lilienberg 5, 81669 München
T: (089) 48 14 47 **Fax:** 48 26 21
Vorsitzende(r): Christian Knauer (MdL)

u 968

Bund der Vertriebenen Landesverband Berlin
Stresemannstr. 90, 10963 Berlin
T: (030) 2 54 73-43 **Fax:** 2 54 73-44
Vorsitzende(r): Gerhard Dewitz

u 969

Bund der Vertriebenen Landesverband Brandenburg
Zum Kahleberg 4, 14478 Potsdam
T: (0331) 81 36 86 **Fax:** 8 71 01 74
Vorsitzende(r): Erwin Brauer

u 970

Bund der Vertriebenen Landesverband Bremen
Herdentorsteinweg 44-45, 28195 Bremen
T: (0421) 1 49 84 **Fax:** 27 17 55
Vorsitzende(r): Jutta Malla

u 971

Bund der Vertriebenen Landesverband Hamburg
Vor dem Holstentor 2, 20355 Hamburg
T: (040) 34 63 59 **Fax:** 34 63 59
Vorsitzende(r): Dietrich Hoth

u 972

Bund der Vertriebenen Landesverband Hessen
Friedrichstr. 35, 65185 Wiesbaden
T: (0611) 30 40 86 **Fax:** 30 40 87
Vorsitzende(r): Alfred Herold

u 973

Bund der Vertriebenen Landesverband Mecklenburg-Vorpommern
Wismarsche Str. 190, 19053 Schwerin
T: (0385) 51 29 45 **Fax:** 51 29 45
Vorsitzende(r): Fritz Kahnert

u 974

Bund der Vertriebenen Landesverband Niedersachsen
Königsworther Str. 2, 30167 Hannover
T: (0511) 7 01 54-0 **Fax:** 7 01 54-27
Vorsitzende(r): Dr. Dieter Radau

u 975

Bund der Vertriebenen Landesverband Nordrhein-Westfalen
Bismarckstr. 90, 40210 Düsseldorf
T: (0211) 35 03 61 **Fax:** 36 96 76
Vorsitzende(r): Hans-Günther Parplies

u 976

Bund der Vertriebenen Landesverband Rheinland-Pfalz
Postf. 15 28, 55005 Mainz
T: (06144) 9 23 64 **Fax:** 3 19 08
Vorsitzende(r): Dr. Wolfgang Thüne

u 977

Bund der Vertriebenen Landesverband Saar
Im Driesch 11, 66292 Riegelsberg
T: (06806) 48 00 21 **Fax:** (06841) 8 94 61
Vorsitzende(r): Bernhard Krastl

u 978

Bund der Vertriebenen Landesverband Sachsen/Schlesische Lausitz e.V.
Krenkelstr. 8, 01309 Dresden
T: (0351) 3 11 41 27 **Fax:** 3 11 41 27
Vorsitzende(r): Werner Hubrich (MdL)

u 979

Bund der Vertriebenen Landesverband Sachsen-Anhalt
Lübecker Str. 53-63, 39124 Magdeburg
T: (0391) 2 80 54 01 **Fax:** 2 80 54 01
Vorsitzende(r): Elfriede Hofmann

u 980

Bund der Vertriebenen Landesverband Schleswig-Holstein
Diedrichstr. 2, 24143 Kiel
T: (0341) 5 14 44 **Fax:** 5 14 44
Vorsitzende(r): Dieter Schwarz

u 981

Bund der Vertriebenen Landesverband Thüringen
Michaelisstr. 43, 99084 Erfurt
T: (0361) 7 30 25-0 **Fax:** 7 31 51 39
Vorsitzende(r): Dr. habil. Paul Latussek

• U 982

Landsmannschaft Westpreußen e.V.
Norbertstr. 29, 48151 Münster
T: (0251) 52 34 24 **Fax:** 52 34 24
Bundesvorsitzender: Siegfried Sieg
Stellvertretende(r) Vorsitzende(r): Hans-Jürgen Schuch
Hugo Rasmus
Bundesgeschäftsführer: Sigrid Howest (Ltg. Presseabt.)

• U 983

Truso-Vereinigung e.V.
Norbertstr. 29, 48151 Münster
T: (0251) 52 34 24 **Fax:** 53 38 30
Vorsitzende(r): Hans-Jürgen Schuch
Stellvertretende(r) Vorsitzende(r): Paul Koslowski
Franz Komnick

• U 984

Landsmannschaft der Oberschlesier e.V.
- Bundesverband
Bahnhofstr. 69, 40883 Ratingen
T: (02102) 6 80 33, 6 00 11 **Fax:** 6 65 58
Sprecher und Bundesvorsitzender: Klaus Plaszczek (Finanzberater)
BundesGeschF: Andreas Gundrum
Verbandszeitschrift: Unser Oberschlesien
Redaktion: Horst Schmidt
Verlag: Chmielorz GmbH, Marktplatz 13, 65183 Wiesbaden

• U 985

Landsmannschaft Schlesien, Nieder- und Oberschlesien e.V.
Haus Schlesien
Dollendorfer Str. 412, 53639 Königswinter
T: (02244) 9 25 90 **Fax:** 9 25 92 90
Gründung: 1949
Bundesvorsitzender: Dr. Herbert Hupka
Stellv. Bundesvorsitzender: Peter Großpietsch
Rudi Pawelka
Christian Kuznik
Bundesgeschäftsführer: Dipl.-Ing. Damian Spielvogel
Verbandszeitschrift: Schlesische Nachrichten
Redaktion: Dollendorfer Str. 412, 53639 Königswinter
Mitglieder: ca. 250000
Mitarbeiter: 10

• U 986

Bund deutscher Nordschleswiger (BdN)
Vestergade 30, DK-6200 Apenrade
T: (0045) 74 62 38 33 **Fax:** 74 62 79 39
HptVors: Hans Heinrich Hansen
Generalsekretär(in): Peter Iver Johannsen

• U 987

Landsmannschaft Siebenbürger Sachsen in Deutschland e.V.
Sendlinger Str. 62/III, 80331 München
T: (089) 23 66 09-0 **Fax:** 23 66 09-15
Gründung: 1949 (07. Oktober)
Bundesvorsitzende(r): Dipl.-Ing. Arch. Volker Dürr
Bundesgeschäftsführer(in): Erhard Graeff
Leitung Presseabteilung: Hannes Schuster
Verbandszeitschrift: Siebenbürgische Zeitung
Redaktion: Hannes Schuster
Verlag: Eigenverlag
Mitglieder: 41300
Mitarbeiter: 10

Landesverbände:
Baden-Württemberg, Bayern, Berlin, Hamburg/Schleswig-Holstein, Hessen, Niedersachsen/Bremen, Nordrhein-Westfalen, Rheinland-Pfalz/Saarland

• U 988

Sudetendeutsche Landsmannschaft Bundesverband e.V.
Geschäftsführung
Hochstr. 8, 81669 München
T: (089) 48 00 03-41 **Fax:** 48 00 03-44
Internet: http://www.sudeten.de
E-Mail: poststelle@sudeten.de
Gründung: 1950 (24. Januar)
Sprecher u. BundesVors: Staatsminister a.D. Franz Neubauer
Stellv. Bundesvors: Bernd Posselt (MdEP)
Dr. Fritz Wittmann (MdB)
BundesGeschF: Franz N. Pany
Leitung Presseabteilung: Konrad Badenheuer (T: (089) 48 00 03-54)
Verbandszeitschrift: Sudetendeutsche Zeitung
Verlag: Sudetendeutsche Verlagsgesellschaft mbH, Hochstraße 8, 81669 München
Mitglieder: 250000
Mitarbeiter: ca. 20

Landesverbände

u 989

Sudetendeutsche Landsmannschaft Landesverband Baden-Württemberg
Schloßstr. 92 III, 70176 Stuttgart
T: (0711) 62 54 11
Vorsitzende(r): Dr. Werner Nowak

u 990

Sudetendeutsche Landsmannschaft Landesverband Bayern
Hochstr. 8, 81669 München
T: (089) 48 00 03-46
Vorsitzende(r): Rudolf Urbanek

u 991

Sudetendeutsche Landsmannschaft Landesverband Berlin
Stresemannstr. 90, 10963 Berlin
T: (030) 2 65 08 37
Vorsitzende(r): Hildegund Pobel

u 992

Sudetendeutsche Landsmannschaft Landesverband Brandenburg
Lindenweg 25, 14715 Mögelin
T: (03386) 28 10 05
Vorsitzende(r): Waltraud Steinmetzger

u 993

Sudetendeutsche Landsmannschaft Landesverband Bremen
Schönebecker Feld 47, 28757 Bremen
T: (0421) 62 45 30
Vorsitzende(r): Arno Reinhold

u 994

Sudetendeutsche Landsmannschaft Landesverband Hamburg
Vor dem Holstentor 2, 20355 Hamburg
T: (040) 34 40 38
Vorsitzende(r): Dr. Franz Buchmann

u 995

Sudetendeutsche Landsmannschaft Landesverband Hessen
Friedrichstr. 35/IV, 65185 Wiesbaden
T: (0611) 30 37 68
Vorsitzende(r): Alfred Herold

u 996

Sudetendeutsche Landsmannschaft Landesverband Mecklenburg-Vorpommern
Pustekowstr. 24, 18273 Güstrow
T: (03843) 3 28 34
Vorsitzende(r): Irene Elies

u 997

Sudetendeutsche Landsmannschaft Landesverband Niedersachsen
Königsworther Str. 2, 30167 Hannover
T: (0511) 7 01 54-15
Vorsitzende(r): Dr. Alfred Ardelt

u 998

Sudetendeutsche Landsmannschaft Landesverband Nordrhein-Westfalen
Gotenstr. 116, 53175 Bonn
T: (0228) 37 33 41
Vorsitzende(r): Ernst Knechtel

u 999

Sudetendeutsche Landsmannschaft Landesverband Rheinland-Pfalz
Siebenpfeifferstr. 25, 67071 Ludwigshafen
T: (0621) 68 07 66
Vorsitzende(r): Gertrud Stenzel

u 1 000

Sudetendeutsche Landsmannschaft Landesverband Saarland
Kaiserslauterer Str. 71, 66123 Saarbrücken
T: (0681) 6 81 38
Vorsitzende(r): Georg Iro

u 1 001

Sudetendeutsche Landsmannschaft Landesverband Sachsen
Müglitztal Str. 78, 01809 Mühlbach
T: (035027) 54 56
Amtierender Landesobmann: Peter Mühle

u 1 002

Sudetendeutsche Landsmannschaft Landesverband Sachsen-Anhalt
Seilerstr. 13, 06667 Stößen
T: (034445) 2 04 25
Vorsitzende(r): Horst Schubert

u 1 003

Sudetendeutsche Landsmannschaft Landesverband Schleswig-Holstein
Wilhelminenstr. 47 Haus der Heimat, 24103 Kiel
T: (04323) 33 03
Vorsitzende(r): Adolf Baumgartl

u 1 004

Sudetendeutsche Landsmannschaft Landesverband Thüringen
Wintersdorfer Str. 3, 04610 Meuselwitz
T: (03448) 70 24 77
Vorsitzende(r): Otto Hörtler

Fachverbände

u 1 005

Sudetendeutsche Jugend - Bundesverband (SdJ)
Hochstr. 8, 81669 München
T: (089) 48 00 03 62
Vorsitzende(r): Robert Wild

u 1 006

Arbeitskreis Sudetendeutscher Studenten (ASST)
Arndtstr. 5, 97072 Würzburg
T: (0931) 88 00 76
Vorsitzende(r): Hansjörg Kudlich

u 1 007

Arbeitskreis Sudetendeutscher Akademiker
Nimmerfallstr. 80, 81245 München
Vorsitzende(r): Helmut Mader

u 1 008

Sudetendeutsche Akademie der Wissenschaften und Künste
Hochstr. 8, 81669 München
T: (089) 48 00 03 48
Präsident(in): Prof. Dr. Walter Jaroschka

u 1 009

Collegium Carolinum e.V., Forschungsstelle für die böhmischen Länder
Hochstr. 8, 81669 München
T: (089) 4 48 83 93 **Fax:** 48 61 96
Gründung: 1956
Vorsitzende(r): Prof. Dr. Ferdinand Seibt
Verbandszeitschrift: Bohemia

u 1 010

Sudetendeutsches Archiv
Hochstr. 8 II, 81669 München
T: (089) 48 00 03-30 **Fax:** 48 00 03-38
Geschäftsführer(in): Dr. Roland J. Hoffmann (Wiss. Leiter)

• U 1 011

Pommersche Landsmannschaft - Zentralverband e.V. (PLM)
Europaweg 3, 23570 Lübeck
T: (04502) 8 03-0 **Fax:** 8 03-131
Vorsitzende(r): Günter Friedrich
Stellvertretende(r) Vorsitzende(r): Susanne Jaffke
Klaus Moerler
Manfred Schmidt
Bundesgeschäftsführer(in): Ernst Wackernagel
Leitung Presseabteilung: Michael Hammermeister
Mitarbeiter: 34

• U 1 012

Vereinigung der Verfolgten des Naziregimes Bund der Antifaschisten (VVN-BdA)
Rolandstr. 16, 30161 Hannover
T: (0511) 33 11 36 **Fax:** 3 36 02 21
Internet: http://www.vvn-bda.de
E-Mail: bundesbuero@vvn-bda.de
Gründung: 1947
Bundessprecher/innen/kreis:
Prof. Dr. Gerhard Fischer
Jürgen Gechter
Peter Gingold
Alfred Hausser
Stefan Hölzer
Cornelia Kerth
Werner Pfennig
Ulrich Sander
Dr. Ulrich Schneider
Peter Christian Walther
Bundesgeschäftsführer(in): Klaus Harbart
Verbandszeitschrift: Antifa-Rundschau
Verlag: Eigenverlag

Mitglieder: 7500
Mitarbeiter: 1

Landesverbände in:
Baden-Württemberg, Bayern, Berlin, Bremen, Hamburg, Hessen, Niedersachsen, Nordrhein-Westfalen, Rheinland-Pfalz, Saarland, Schleswig-Holstein

• U 1 013

Claims Conference Nachfolgeorganisation (CC-N)
Sophienstr. 26, 60487 Frankfurt
T: (069) 97 07 08-0 **Fax:** 97 07 08-11
E-Mail: claims.nachfolge@claimscon.de
Präsident(in): Dr. Israel Miller
Geschäftsführer(in): Dr. Karl Brozik

• U 1 014

Interessengemeinschaft ehemaliger Zwangsarbeiter unter dem NS-Regime
Böblinger Str. 195, 70199 Stuttgart
T: (0711) 60 32 37 **Fax:** 60 07 18
Gründung: 1986 (Mai)
Sprecher: Alfred Hausser
Mitglieder: ca. 150
Büro Hessen: Liebfrauenstr. 90, 64289 Darmstadt, T: (06151) 71 96 53, Sprecher: Christoph Jetter

Büro Berlin: Willibald-Alexi-Str. 43, 10965 Berlin, T: (030) 6 93 49 73, Sprecher: Lothar Eberhardt

• U 1 015

Bund der "Euthanasie"-Geschädigten und Zwangssterilisierten e.V.
Schorenstr. 12, 32756 Detmold
T: (05231) 5 82 02 **Fax:** 30 04 49
Vorsitzende(r): Marga Heß
Stellv. Vorsitzende(r): Hildegard Weber

• U 1 016

Interessengemeinschaft der DDR-Grundbesitzer e.V. (IG-DDR)
Justinianstr. 16, 50679 Köln
T: (0221) 81 21 03 **Fax:** 88 52 33
Gründung: 1979
Vorsitzende(r): Rechtsanwalt Harald Rotter (Justinianstr. 16, 50679 Köln, T: (0221) 81 21 03)
Stellvertretende(r) Vorsitzende(r): RA Dr. Fritz Rosenberger (Rhodiusstr. 21, 51065 Köln, T: (0221) 61 22 38, Fax: 61 95 19)
Geschäftsführer(in): Eleonore Heubel (Justinianstr. 16, 50679 Köln)
Geschäftsführer(in): für die Münchner Beratungsstelle: Rechtsanwalt Dr. Manfred Prymusala (Nymphenburger Str. 147 a, 80638 München, T: (089) 13 27-23, Telefax: (089) 13 27 43)
Politische Interessenvertretung, fachliche Beratung von Grundbesitzern mit Grundstücken in den neuen Ländern.

• U 1 017

Zentralverband politisch Ostgeschädigter e.V. (ZPO)
Marienfelder Allee 66-80, 12277 Berlin
T: (030) 72 04-307 **Fax:** 72 04-333
Vorsitzende(r): Wolfgang Nagele

• U 1 018

HELP e.V. Hilfsorganisation für die Opfer politischer Gewalt in Europa
Ruschestr. 103, Haus 1, 10365 Berlin
T: (030) 5 53 67 67 **Fax:** 5 53 67 67
Geschäftsführer(in): Peter Alexander Hussock
Mitglieder: 120

• U 1 019

Union Deutscher Widerstandskämpfer- und Verfolgtenverbände e.V. (U.D.W.V.)
Kronberger Str. 43, 60323 Frankfurt
T: (069) 72 79 70 **Fax:** 72 79 70
Vorsitzende(r) des Vorstandes: Georg Prinz (ehem. stellv. Stadtverordnetenvorsteher)
1.stellv. Vors.: Ursula Seuß-Heß (Kunsthistorikerin)
Stellvertretende(r) Vorsitzende(r): Hans-Günther Cappel (Vorsitzender Richter am Bundesdisziplinargericht i. R.)
Graf Victor von Matuschka (Ministerialrat i. R.)
Vorstandsmitglieder: Horst Brüggemann
Prof. Dr. Friedrich-Wilhelm von Hase
Hans-Georg Marohl (Oberst a.D.)
Dr. jur. Volkmar von Zühlsdorff
Leitung Presseabteilung: Georg Prinz
Mitglieder: 5 Verbände
Mitarbeiter: 1 hauptamtl., 2 ehrenamtl.

Jahresetat: DM 0,09 Mio, € 0,05 Mio

Angeschlossene Verbände:
Arbeitsgemeinschaft Ausbildungsschäden nach BEG, Oldenburg
Freiheitsbund e.V., Landesverband Berlin
Joseph-Teusch-Werk e.V., Bad Neuenahr-Ahrweiler
Reichsbanner Schwarz-Rot-Gold, Bund aktiver Demokraten e.V., Frankfurt (Main) e.V.
Verband für Freiheit und Menschenwürde e.V., Frankfurt (Main)

• U 1 020

ZMO-Zusammenarbeit mit Osteuropa e.V. Zentralverband Deutscher und Osteuropäer
Postf. 12 17, 50329 Hürth
T: (02233) 7 68 08 **Fax:** 7 68 08
Gründung: 1971 (6. November)
Bundesvorsitzender: Dr. Klaus Frank, 50354 Hürth
Stellv. Bundesvors.: Eckhard Kämpfer, 14195 Berlin
Rudolf Lichtel, 66482 Zweibrücken
Schatzmeisterin: Eva-Maria Schumann, 40474 Düsseldorf
Kulturreferat: Jutta Hager (55130 Mainz)
Verbandszeitschrift: ZMO-NOTIZEN und Wegweiser für Aussiedler
Redaktion: ZMO e.V., Luxemburger Str. 342, 50354 Hürth
Mitglieder: ca. 10000
Landesverbände und Gruppen:
Baden-Württemberg, Berlin, Hessen, Niedersachsen, Niedersachsen-Süd, Nordrhein-Westfalen, Rheinland-Pfalz/Saarland, Sachsen, Weser-Ems, Wolfsburg, ZMO-Jugend

Unterstützung und Hilfe für Vertriebene, Aussiedler, Spätaussiedler, Kontingentflüchtlinge und politisch Verfolgte in der Bundesrepublik Deutschland sowie für die in den ost- und südosteuropäischen und den Staaten der ehemaligen UdSSR lebende Menschen. Pflege und Erhaltung ostdeutschen Kulturgutes.

• U 1 021

Bund der Kriegsblinden Deutschlands e.V.
Schumannstr. 35, 53113 Bonn
T: (0228) 21 31 34
Vorsitzende(r): Heinrich Johanning (Schumannstr. 35, 53113 Bonn)

• U 1 022

Sozialverband Deutschland e.V.
Beethovenallee 56-58, 53173 Bonn
T: (0228) 95 64-0 **Fax:** 95 64-311
Internet: http://www.sozialverband.de
E-Mail: contact@sozialverband.de
Gründung: 1917 (23. Mai)
Präsident(in): Hans Fiedler (Süntelstr. 11, 38122 Braunschweig)
Bundesgeschäftsführer: Alexander Schilg

• U 1 023

Ring Deutscher Soldatenverbände e.V. (RDS)
Rheinallee 55, 53173 Bonn
T: (0228) 36 10 07 **Fax:** 36 10 08
Gründung: 1957 (23. November)
Präsident(in): GenMaj. a.D. Dr. Jürgen Schreiber
Vizepräsident(in): Winfried Benner
GenMaj a.D. Friedrich Steinseifer
Generalsekretär(in): Oberst a.D. Eckhardt Dickhaut
Schatzmeister: N. N.
Verbandszeitschrift: "Soldat im Volk"
Redaktion: Wolfgang Beck
Herausgeber: Verband dt. Soldaten, Rheinallee 55, 53173 Bonn
Mitglieder: ca. 450000
Angeschlossen: 37 Traditionsverbände

• U 1 024

Verband der Heimkehrer, Kriegsgefangenen und Vermißtenangehörigen Deutschlands e.V. (VdH)
Konstantinstr. 17, 53179 Bonn
T: (0228) 95 71 40 **Fax:** 35 84 83
Präsident(in): Werner Kiessling

• U 1 025

Union der Opferverbände kommunistischer Gewaltherrschaft e.V. (UOKG)
Deutschland-Haus/Zi. 318
Stresemannstr. 90, 10963 Berlin
T: (030) 2 65 17 92 **Fax:** 2 65 17 92
Gründung: 1991
Vorsitzende(r): Gerhard Finn
Stellvertretende(r) Vorsitzende(r): Roland Bude
Günther Rudolph
Leitung Presseabteilung: Sybille Ploog
Verbandszeitschrift: Der Stacheldraht
Redaktion: Sybille Ploog
Verlag: BSV Berlin, Ruschestr. 59, Haus 1, 10365 Berlin
Mitglieder: ca. 10000 in 18 Mitgliedsverbänden
Mitarbeiter: 2

• U 1 026

Bund der Stalinistisch Verfolgten e.V. (BSV)
Georg-Schumann-Str. 357, 04159 Leipzig
T: (0341) 12 34-790 **Fax:** 12 34-791
Gründung: 1990 (06. Januar)
Bundesvorsitzender: Jörg Büttner
Verbandszeitschrift: Der Stacheldraht
Redaktion: Bundesvorstand
Verlag: Vereinsanschrift

• U 1 027

Verband Politischer Häftlinge des Stalinismus (VPHdS)
Hagedornweg 87, 38229 Salzgitter
T: (05341) 2 79 78
Gründung: 1957 (1. Januar)
1. Vorsitzende(r): Wolfgang Becker (Hagedornweg 87, 38229 Salzgitter, T: (05341) 2 79 78)
2. Vorsitzende(r): Rudi Lorenz (Militschstr. 54, 38124 Braunschweig, T: (0531) 60 27 10)
Schriftführer(in): Herbert Wolf (Lange Herzogstr. 33, 38300 Wolfenbüttel, T: (05331) 22 91)
Schatzmeister: Axel Wagner (Militschstr. 57, 38124 Braunschweig, T: (0531) 60 12 18)
Mitglieder: 62
Mitarbeiter: 3 ehrenamtl.

• U 1 028

Bund Deutscher Kriegsopfer, Körperbehinderter u. Sozialrentner e.V. (BDKK)
Bundesleitung
Stintenberger Str. 16, 40822 Mettmann
T: (02104) 5 45 44 **Fax:** 80 54 56
Gründung: 1950 (23. September)
Bundesvorsitzende(r): Hans-Georg Malitz (Ltg. Presseabt.)
Vorstand: Charlotte Schäfer
Prof. Jürgen Brandt
Adolf Wiebel
Hilde Lehmann
Heinrich Bovelett
Verbandszeitschrift: Deutsche Kriegsopfer- und Behinderten-Zeitung
Redaktion: BDKK-Bundesleitung
Verlag: BDKK-Bundesleitung, Stintenberger Str. 16, 40822 Mettmann
Mitglieder: 4200
Mitarbeiter: 1
Jahresetat: DM 0,08 Mio, € 0,04 Mio

Landesverbände

u 1 029

BDKK-Landesverband Baden-Württemberg e.V.
Blumenstr. 11a, 70182 Stuttgart
T: (0711) 24 46 01
Vorsitzende(r): Edmund Mack

u 1 030

BDKK-Landesverband Berlin
Greizer Str. 38, 12279 Berlin
T: (030) 7 11 42 34
Vorsitzende(r): Heinz Voigt

u 1 031

BDKK-Landesverband Hessen e.V.
Römerstr. 24, 64625 Bensheim
T: (06251) 6 61 52
Vorsitzende(r): Ernst Möhler

u 1 032

BDKK-Landesverband Niedersachsen/Bremen e.V.
Zingel 25, 31134 Hildesheim
T: (05121) 3 28 44
Vorsitzende(r): Heinz Lasalle

u 1 033

BDKK-Landesverband Nordrhein-Westfalen e.V.
Stintenberger Str. 16, 40822 Mettmann
T: (02104) 5 45 44
Vorsitzende(r): Hans-Georg Malitz

u 1 034

BDKK-Landesverband Schleswig-Holstein e.V.
Meiereistr. 4 Zimmer 54/55, 24939 Flensburg
T: (0461) 2 56 11
Vorsitzende(r): Gerhard Jessen

• U 1 035

Arbeitsgemeinschaft der Kriegsopfer- und Kriegsteilnehmerverbände
Südstr. 123, 53175 Bonn
T: (0228) 38 23-2 05 **Fax:** 38 23-2 21
Vorsitzende(r): Oberst Bernhard Gertz
Anzahl der angeschlossenen Organisationen: 18

• U 1 036

Verband der Hirn-, Rückenmark- und Nervenverletzten Arbeits-, Kriegs- und Verkehrsopfer e.V. (VdHRN)
Ebertstr. 1, 67063 Ludwigshafen
T: (0621) 69 46 86
Vorsitzende(r): Walter Becker
Stellvertretende(r) Vorsitzende(r): Karlheinz Seckler

• U 1 037

Sozialverband VdK DEUTSCHLAND

Sozialverband VdK - Verband der Kriegs- und Wehrdienstopfer, Behinderten und Rentner Deutschland e.V. (VdK)
Wurzerstr. 4a, 53175 Bonn
T: (0228) 8 20 93-0 **Fax:** 8 20 93-43
Internet: http://www.vdk.de
E-Mail: deutschland@vdk.de
Gründung: 1948 BKD (Bund der Kriegs- und Zivilbeschädigten - Sozialrentner- und Hinterbliebenenverbände Deutschlands); Ab 1950 Verband der Kriegs- und Wehrdienstopfer, Behinderten und Sozialrentner Deutschlands e.V. (VdK Deutschland)
Präsident(in): Minister a.D. Walter Hirrlinger
Vizepräsident(in): Erna Szopinski
Dipl.-Sozialw. Klaus Dörrie
Berthold Holzgreve
Karl Jörg Wohlhüter
BGeschF: Ulrich Laschet
Stellvertretende(r) Geschäftsführer(in): Josef Müssenich
Verbandszeitschrift: VdK-Zeitung
Redaktion: Sabine Kohls, Kristina Jochum, Michael Pausder, Thomas A. Seehuber
Verlag: Eigenverlag
Mitglieder: ca. 1000000
Mitarbeiter: 90000 haupt- u. ehrenamtl. Mitarbeiter

Mitwirkung an der Sozialgesetzgebung des Bundes, insbesondere auf dem Gebiet des Versorgungs- und Fürsorgerechts der Kriegs- und Wehrdienstopfer, der Rehabilitation behinderter und chronisch kranker Menschen, des Bundessozialhilferechts sowie an allen anderen Rechtsgebieten, in denen Lebensfragen des vom VdK Deutschlands vertretenen Personenkreises berührt werden.

Landesverbände

u 1 038

Sozialverband VdK, Landesverband Baden-Württemberg e.V.
Postf. 10 50 42, 70044 Stuttgart
Johannesstr. 22, 70176 Stuttgart
T: (0711) 6 19 56-0 **Fax:** 62 68 37
E-Mail: baden-wuerttemberg@vdk.de

u 1 039

VdK Landesverband Bayern
Postf. 34 01 44, 80098 München
Schellingstr. 29-31, 80799 München
T: (089) 21 17-0 **Fax:** 21 17-259
E-Mail: bayern@vdk.de

u 1 040

VdK Landesverband Berlin-Brandenburg
Berliner Str. 40-41, 10715 Berlin
T: (030) 86 49 10-0 **Fax:** 86 49 10-20
E-Mail: berlin@vdk.de

u 1 041

VdK Landesverband Hamburg
Postf. 20 34 62, 20224 Hamburg
Hammerbrookstr. 93, 20097 Hamburg
T: (040) 40 19 49-0 **Fax:** 40 19 49-30
E-Mail: hamburg@vdk.de

u 1 042

VdK Landesverband Hessen
Elsheimerstr. 10, 60322 Frankfurt
T: (069) 7 14 00 20 **Fax:** 71 40 02 22
E-Mail: hessen@vdk.de

u 1 043

VdK Landesverband Mecklenburg-Vorpommern
Wismarsche Str. 325, 19055 Schwerin
T: (0385) 3 94 21 14 **Fax:** 3 94 21 51
E-Mail: mecklenburg-vorpommern@vdk.de

u 1 044

VdK Landesverband Niedersachsen/Bremen
Postf. 49 29, 26039 Oldenburg
Nikolausstr. 11, 26135 Oldenburg
T: (0441) 2 10 29-0 **Fax:** 2 10 29-10
E-Mail: niedersachsen-bremen@vdk.de

u 1 045

VdK Landesverband Nordrhein-Westfalen
Postf. 10 51 42, 40042 Düsseldorf
Fürstenwall 132, 40217 Düsseldorf
T: (0211) 3 84 12-0 **Fax:** 3 84 12-66
E-Mail: nordrhein-westfalen@vdk.de

u 1 046

VdK Landesverband Rheinland-Pfalz
Postf. 22 40, 56022 Koblenz
Mainzer Str. 18, 56068 Koblenz
T: (0261) 9 15 04-0 **Fax:** 30 90 57
E-Mail: rheinland-pfalz@vdk.de

u 1 047

VdK Landesverband Saarland
Postf. 10 32 12, 66032 Saarbrücken
Neugeländstr. 11, 66117 Saarbrücken
T: (0681) 5 84 59-0 **Fax:** 5 84 59-50
E-Mail: saarland@vdk.de

u 1 048

VdK Landesverband Sachsen
Postf. 10 33, 09010 Chemnitz
Am Walkgraben 29, 09119 Chemnitz
T: (0371) 38 22-522 **Fax:** 38 22-525
E-Mail: sachsen@vdk.de

u 1 049

VdK Landesverband Sachsen-Anhalt
Schillerstr. 1, 06114 Halle
T: (0345) 2 02 49 17 **Fax:** 2 02 49 17
E-Mail: sachsen-anhalt@vdk.de

u 1 050

VdK Landesverband Schleswig-Holstein
Postf. 1 49, 24757 Rendsburg
T: (04332) 16 37 **Fax:** 10 07
E-Mail: schleswig-holstein@vdk.de

u 1 051

VdK Landesverband Thüringen
Postf. 28, 07727 Jena
Prüssingstr. 40, 07745 Jena
T: (03641) 28 89-0 **Fax:** 60 64 11
E-Mail: thueringen@vdk.de

• U 1 052

Volksbund Deutsche Kriegsgräberfürsorge e.V.
34112 Kassel
Werner-Hilpert-Str. 2, 34117 Kassel
T: (0561) 70 09-0 **Fax:** 70 09-211
Internet: http://www.volksbund.de
Präsident(in): Regierungspräsident a.D. Karl-Wilhelm Lange
Generalsekretär(in): Burkhard Nipper
Mitglieder: 16 Landesverbände mit 260.000 Mitgliedern

Landesverbände

u 1 053

Volksbund Deutsche Kriegsgräberfürsorge e.V. Landesverband Baden-Württemberg
Sigismundstr. 16, 78462 Konstanz
T: (07531) 2 30 90, 90 52-0
Vorsitzende(r): Präs. a.D. Norbert Schelleis
Geschäftsführer(in): Max Mangel

u 1 054

Volksbund Deutsche Kriegsgräberfürsorge e.V. Landesverband Bayern
Maillingerstr. 24, 80636 München
T: (089) 18 80 77
Vorsitzende(r): Regierungspräs. a.D. Dr. Herbert Zeitler
Geschäftsführer(in): Gerd Krause

u 1 055

Volksbund Deutsche Kriegsgräberfürsorge e.V. Landesverband Berlin
Lützowufer 1, 10785 Berlin
T: (030) 23 09 36-0
Vorsitzende(r): Peter Gerhard
Geschäftsführer(in): Dr. Ingolf Wernicke

u 1 056

Volksbund Deutsche Kriegsgräberfürsorge e.V. Landesverband Brandenburg
Behlertstr. 4, 14467 Potsdam
T: (0331) 2 70 02 78
Vorsitzende(r): Landtagspräs. Dr. Herbert Knoblich
Geschäftsführer(in): Jörg Mückler

u 1 057

Volksbund Deutsche Kriegsgräberfürsorge e.V. Landesverband Bremen
Rembertistr. 28, 28203 Bremen
T: (0421) 32 40 82, 32 40 05 **Fax:** 32 40 57
Vorsitzende(r): Stadtverordnetenvorsteher Hans-Joachim Petersen
Geschäftsführer(in): Rolf Reimers

u 1 058

Volksbund Deutsche Kriegsgräberfürsorge e.V. Landesverband Hamburg
Saling 9, 20535 Hamburg
T: (040) 25 90 91 **Fax:** 2 50 90 50
Vorsitzende(r): Senator a.D. Günter Apel
Geschäftsführer(in): Rüdiger Tittel

u 1 059

Volksbund Deutsche Kriegsgräberfürsorge e.V. Landesverband Hessen
Sandweg 7, 60316 Frankfurt
T: (069) 94 49 07-0 **Fax:** 94 49 07-70
Vorsitzende(r): Staatsminister a.D. Karl Starzacher
Geschäftsführer(in): Gerd Weber

u 1 060

Volksbund Deutsche Kriegsgräberfürsorge e.V. Landesverband Mecklenburg-Vorpommern
Jägerweg 2, 19053 Schwerin
T: (0385) 3 02 09 14
Stellvertretende(r) Vorsitzende(r): Dr. Gottfried Timm
Geschäftsführer(in): Reinhard Wegener

u 1 061

Volksbund Deutsche Kriegsgräberfürsorge e.V. Landesverband Niedersachsen
Arnswaldtstr. 16, 30159 Hannover
T: (0511) 32 12 82
Vorsitzende(r): Adalbert v. der Recke
Geschäftsführer(in): Hannes Merten

u 1 062

Volksbund Deutsche Kriegsgräberfürsorge e.V. Landesverband Nordrhein-Westfalen
Alfredstr. 213, 45131 Essen
T: (0201) 8 42 37-0
Vorsitzende(r): Minister für Inneres Dr. Fritz Behrens
Geschäftsführer(in): Dirk Thiele

u 1 063

Volksbund Deutsche Kriegsgräberfürsorge e.V. Landesverband Rheinland-Pfalz
Binger Str. 3, 55116 Mainz
T: (06131) 22 02 29, 22 02 99
Vorsitzende(r): Michael Hörter (MdL)
Geschäftsführer(in): Waldemar Kulpe

u 1 064

Volksbund Deutsche Kriegsgräberfürsorge e.V. Landesverband Saar
Hohenzollernstr. 19, 66117 Saarbrücken
T: (0681) 5 24 91
Vorsitzende(r): Landrat Dr. Peter Winter
Geschäftsführer(in): Hugo Zöller

u 1 065

Volksbund Deutsche Kriegsgräberfürsorge e.V. Landesverband Sachsen
Caspar-David-Friedrich-Str. 13A, 01217 Dresden
T: (0351) 4 65 32 83
Vorsitzende(r): Staatsminister Prof. Dr. Hans Joachim Meyer
Geschäftsführer(in): Roland Polleschner

u 1 066

Volksbund Deutsche Kriegsgräberfürsorge e.V. Landesverband Sachsen-Anhalt
Leipziger Chaussee 51, 39120 Magdeburg
T: (0391) 6 21 65 30
Vorsitzende(r): Konrad Mieth
Geschäftsführer(in): Alfons Reuter

u 1 067

Volksbund Deutsche Kriegsgräberfürsorge e.V. Landesverband Schleswig-Holstein
Alter Markt 1-2, 24103 Kiel
T: (0431) 9 42 10 **Fax:** 9 50 23
E-Mail: volksbund.s-h@t-online.de
Amtierender Vorsitzender: Dr. Ekkehard Klug (MdL)
Geschäftsführer(in): Wolfram Schmidt

u 1 068

Volksbund Deutsche Kriegsgräberfürsorge e.V. Landesverband Thüringen
Friedrich-Engels-Str. 69, 99086 Erfurt
T: (0361) 6 44 21 75
Vorsitzende(r): Landtagspräsident a.D. Dr. Gottfried Müller
Geschäftsführer(in): Eberhard Schwartze

Verbraucher-Organisationen

• U 1 069

Allgemeiner Deutscher Automobil-Club e.V. (ADAC)
Zentrale:
Am Westpark 8, 81373 München
T: (089) 76 76-0 **Fax:** 76 76-2500
Gründung: 1903
Präsident(in): Otto Flimm (Am Westpark 8, 81373 München)
Sprecher d. Geschäftsführung: Jörg Adomeit
Verbandszeitschrift: ADAC-Motorwelt
Verlag: ADAC-Verlag GmbH, Am Westpark 8, 81373 München
Mitglieder: 14000000
Mitarbeiter: 6500
Büro Bonn der ADAC-Zentrale München: Godesberger Allee 125, 53175 Bonn, T: (0228) 95 96 50, Fax: 37 62 78; Büro Berlin der ADAC, Zentrale München, Bundesallee 29/30, 10717 Berlin

Landesverbände

u 1 083

ADAC Berlin-Brandenburg e.V.
Bundesallee 29-30, 10717 Berlin
T: (030) 86 86-0 **Fax:** 86 86-190

u 1 084

ADAC Hansa e.V.
Amsinckstr. 39-41, 20097 Hamburg
T: (040) 2 39 19-19 **Fax:** 2 39 19-271

u 1 085

ADAC Hessen-Thüringen e.V.
Schumannstr. 4-6, 60325 Frankfurt
T: (069) 7 43 80-0 **Fax:** 74 68 26

u 1 086

ADAC Mittelrhein e.V.
Hohenzollernstr. 34, 56068 Koblenz
T: (0261) 13 03-0 **Fax:** 13 03-78

u 1 087

ADAC Niedersachsen/Sachsen-Anhalt e.V.
Lübecker Str. 17, 30880 Laatzen
T: (05102) 90-0 **Fax:** 90-109

u 1 088

ADAC Nordbaden e.V.
Steinhäuserstr. 22, 76135 Karlsruhe
T: (0721) 81 04-0 **Fax:** 81 04-111

u 1 089

ADAC Nordbayern e.V.
Äußere Sulzbacher Str. 98, 90491 Nürnberg
T: (0911) 95 95-0 **Fax:** 95 95-277

u 1 090

ADAC Nordrhein e.V.
50963 Köln
T: (0180) 5 10 11 12 **Fax:** 5 30 29 28

u 1 091

ADAC Ostwestfalen-Lippe e.V.
Stapenhorststr. 131, 33615 Bielefeld
T: (0521) 10 81 **Fax:** 10 81-290

u 1 092

ADAC Pfalz e.V.
Martin-Luther-Str. 69, 67433 Neustadt
T: (06321) 89 05-0 **Fax:** 89 05-27

u 1 093

ADAC Saarland e.V.
Am Staden 9, 66121 Saarbrücken
T: (0681) 6 87 00-0 **Fax:** 6 87 00-77

u 1 094

ADAC Sachsen e.V.
Striesener Str. 37, 01307 Dresden
T: (0351) 44 33-0 **Fax:** 44 33-350

u 1 095

ADAC Schleswig-Holstein e.V.
Saarbrückenstr. 54, 24114 Kiel
T: (0431) 66 02-0 **Fax:** 66 02-111

u 1 096

ADAC Südbaden e.V.
Karlsplatz 1, 79098 Freiburg
T: (0761) 45 17-0 **Fax:** (0180) 5 30 29 28

u 1 097

ADAC Südbayern e.V.
Ridlerstr. 35, 80339 München
T: (089) 51 95-0 **Fax:** 51 95-195

u 1 098

ADAC Weser-Ems e.V.
Bennigsenstr. 2-6, 28207 Bremen
T: (0421) 49 94-200 **Fax:** 49 94-136

u 1 099

ADAC Westfalen e.V.
Kaiserstr. 63-65, 44135 Dortmund
T: (0231) 54 99-0 **Fax:** 54 99-296

u 1 100

ADAC Württemberg e.V.
Am Neckartor 2, 70190 Stuttgart
T: (0711) 28 00-0 **Fax:** 28 00-181

• U 1 070

Automobilclub von Deutschland (AvD)
Hauptverwaltung:
Postf. 71 01 53, 60491 Frankfurt
Lyoner Str. 16, 60528 Frankfurt
T: (069) 66 06-0 **Fax:** 66 06-789
Präsident(in): S.D. Wolfgang-Ernst Fürst zu Ysenburg und Büdingen
Geschäftsführer(in): Adalbert Lhota

Der Automobilclub von Deutschland ist mit Gründungsjahr 1899 der älteste Club dieser Art in der Bundesrepublik. Auf seine Initiative gehen sowohl die Automobilausstellungen, als auch der VDA und die wichtigsten Motorsportveranstaltungen zurück. 2000 hat der AvD 1325000 Mitglieder in der gesamten Bundesrepublik und unterhält 14 Geschäftsstellen. 350 eigene Pannenhilfsfahrzeuge und 2640 Pannenfahrzeuge der Vertragsbetriebe stehen dem Autofahrer bundesweit mit Rat und Tat zur Seite. Neben den klassischen Leistungen eines Automobilclubs bietet der AvD seinen Mitgliedern sogar die Kfz-Hauptuntersuchung (_@29 StVZO) und umfangreiche Beratungsleistungen an. Dazu gehören neben einer eigenen Oldtimerabteilung eine umfangreiche Gebrauchtwagen-und Rechtsberatung sowie ein Call-Center. In den letzten Jahren hat sich der AvD nicht nur zum wirksamen Assistance-Partner vieler Unternehmen entwickelt. Er ist heute als progressiver, zukunftsorientierter Dienstleister ein attraktiver Servicepartner für AvD-Mitglieder und Unternehmen.

• U 1 071

ARCD
Auto- und Reiseclub Deutschland

Auto- und Reiseclub Deutschland e.V. (ARCD)
Postf. 4 40, 91427 Bad Windsheim
Oberntiefer Str. 20, 91438 Bad Windsheim
T: (09841) 4 09-0 **Fax:** 4 09-264
Internet: http://www.arcd.de
E-Mail: info@arcd.de
Präsident(in): Wolfgang Dollinger
Generalsekretär(in): Bernd Opolka
Verbandszeitschrift: Clubmagazin "Auto & Reise"
Mitglieder: ca. 125000

• U 1 072

Deutscher NAVC
Neuer Automobil- und Verkehrs-Club e.V.
siehe U 2518

• U 1 073

ACV Automobil-Club Verkehr Bundesrepublik Deutschland
Goldgasse 2, 50668 Köln
T: (0221) 91 26 91-0 **Fax:** 91 26 91-26
Gründung: 1962 (23. November)
Präsident(in): Franz-Georg Wolpert
Vizepräsident(in): Lothar Maurer
Geschäftsführer(in): Berndt Wirges
Leitung Presseabteilung: Engelbert Faßbender
Verbandszeitschrift: ACV profil
Verlag: ACV-Verlags- und Wirtschaftsdienst GmbH, Goldgasse 2, 50668 Köln
Mitglieder: 120000
Mitarbeiter: 12
Jahresetat: DM 10,6 Mio, € 5,42 Mio

Landesgruppen

u 1 074

ACV-Landesgruppe Nordost
DEVK-Haus
Schöneberger Ufer 89, 10785 Berlin

u 1 075

ACV-Landesgruppe West
DEVK-Haus
Rüttenscheider Str. 41, 45128 Essen

u 1 076

ACV-Landesgruppe Mitte
DEVK-Haus
Güterplatz 8, 60327 Frankfurt

u 1 077

ACV-Landesgruppe Südwest
DEVK-Haus
Neckarstr. 146, 70190 Stuttgart

u 1 078

ACV-Landesgruppe Südost
DEVK-Haus
Juri-Gagarin-Ring 149, 99084 Erfurt

u 1 079

ACV-Landesgruppe Nord
DEVK-Haus
Hamburger Allee 20-22, 30161 Hannover

u 1 080

ACV-Landesgruppe Süd
DEVK-Haus
Essenweinstr. 4-6, 90443 Nürnberg

• U 1 081

ACE Auto Club Europa e.V.
Postf. 50 01 06, 70331 Stuttgart
Schmidener Str. 233, 70374 Stuttgart
T: (01805) 33 66 77 **Fax:** 53 03-179
TGR: autoropa Stuttgart
Internet: http://www.ace-online.de
Gründung: 1965
Vorsitzende(r): Klaus-Peter Gehricke
Stellvertretende(r) Vorsitzende(r): Dieter Fabig
Leitung Presseabteilung: Rainer Hillgärtner
Verbandszeitschrift: ACE LENKRAD
Redaktion: Chefredakteur: Ernst Bauer
Verlag: ACE Verlag GmbH, Schmidener Str. 233, 70374 Stuttgart, Postf. 50 01 06, 70331 Stuttgart, GeschF: Erwin Braun
Mitglieder: 579000 (Stand 31.12.99)
Mitarbeiter: 81 (Stand 31.12.99)

• U 1 082

KS

Kraftfahrer-Schutz e.V. (KS)
Automobilclub
Postf. 15 12 20, 80047 München
Uhlandstr. 7, 80336 München
T: (089) 5 39 81-0 **Fax:** 5 39 81-250
Internet: http://www.automobilclub.de
E-Mail: zentrale@auxilia.de
Gründung: 1935
Vorstand: Peter Dietrich Rath (Vors.)
Hauptgeschäftsführer(in): Bernhard Leutner
Mitglieder: ca. 400000

Unterstützung der Mitglieder bei Abschluß und Durchführung von Versicherungsverträgen. Förderung aller der Verkehrssicherheit und Unfallverhütung dienenden Maßnahmen. Erfahrungsaustausch; Interessenvertretung gegenüber Behörden und in der Öffentlichkeit.

• U 1 101

Kuratorium Mensch-Straße-Verkehr e.V.
- Eine Initiative des ADAC-Hessen-Thüringen
Postf. 12 23, 63112 Dietzenbach
Paul-Ehrlich-Str. 10, 63128 Dietzenbach
T: (06074) 2 70 01-2 **Fax:** 4 39 65
Gründung: 1979 (16. März), damals als Hilfe für das im Straßenverkehr geschädigte Kind
Präsident(in): Kurt W. Reinschild (Paul Ehrlich Str. 10, 63128 Dietzenbach, Postf. 12 23, 63112 Dietzenbach, T: (06074) 2 70 01-2, Telefax: (06074) 4 39 65)
Mitglieder: 110

• U 1 102

Allgemeiner Deutscher Fahrrad-Club (Bundesverband) e.V. (ADFC)
Postf. 10 77 47, 28077 Bremen
Grünenstr. 8-9, 28199 Bremen
T: (0421) 3 46 29-0 **Fax:** 3 46 29-50
Internet: http://www.adfc.de
E-Mail: kontakt@adfc.de
Gründung: 1979
Vorsitzende(r): Wolfgang Große, Hamburg
BundesGeschF: Horst Hahn-Klöckner
Leitung Presseabteilung: Bettina Cibulski
Verbandszeitschrift: Radwelt
Redaktion: Thomas Seidelmann
Verlag: 2 +, Pallaswiesenstr. 109, 64293 Darmstadt
Mitglieder: 100100
Mitarbeiter: 16
Jahresetat: DM 2,3 Mio, € 1,18 Mio
Landesverbände: 16
Kreisverbände/Ortsgr.: ca. 450

Landesverbände

u 1 103

ADFC Landesverband Baden-Württemberg
Augustenstr. 99, 70197 Stuttgart
T: (0711) 62 89 99 **Fax:** 6 15 77 37

u 1 104

ADFC Landesverband Bayern
Landwehrstr. 16, 80336 München
T: (089) 55 35 75 **Fax:** 5 50 24 58

u 1 105

ADFC Landesverband Berlin
Brunnenstr. 28, 10119 Berlin
T: (030) 4 48 47 24 **Fax:** 44 34 05 20

u 1 106

ADFC Landesverband Brandenburg
Charlottenstr. 51, 14467 Potsdam
T: (0331) 2 80 05 95 **Fax:** 2 83 65 61

u 1 107

ADFC Landesverband Bremen
Mathildenstr. 89, 28203 Bremen
T: (0421) 70 11 79 **Fax:** 70 11 59

u 1 108

ADFC Landesverband Hamburg
Postf. 50 01 24, 22701 Hamburg
T: (040) 39 39 33 **Fax:** 3 90 39 55

u 1 109

ADFC Landesverband Hessen
Berger Str. 108-110, 60316 Frankfurt
T: (069) 4 99 00 90 **Fax:** 4 99 02 17

u 1 110

ADFC Landesverband Mecklenburg-Vorpommern
Lange Str. 14, 17489 Greifswald
T: (03834) 89 74 12 **Fax:** 89 45 23

u 1 111

ADFC Landesverband Niedersachsen
Postf. 3 52, 30003 Hannover
T: (0511) 28 25 57 **Fax:** 81 07 61

u 1 112

ADFC Landesverband Nordrhein-Westfalen
Birkenstr. 48, 40233 Düsseldorf
T: (0211) 67 52 48 **Fax:** 66 02 48

u 1 113

ADFC Landesverband Rheinland-Pfalz
Postf. 11 62, 55001 Mainz
T: (06131) 37 11 08 **Fax:** 37 11 08

u 1 114

ADFC Landesverband Saarland
Auf der Werth 9, 66115 Saarbrücken
T: (0681) 4 50 98 **Fax:** 4 67 69

u 1 115

ADFC Landesverband Sachsen
Bernhard-Göring-Str. 152, 04277 Leipzig
T: (0341) 30 65-182 **Fax:** 30 65-183

u 1 116

ADFC Landesverband Sachsen-Anhalt
Harsdorfer Str. 49, 39110 Magdeburg
T: (0391) 7 31 66 45 **Fax:** 7 31 66 45

u 1 117

ADFC Landesverband Schleswig-Holstein
Postf. 13 46, 24012 Kiel
T: (0431) 6 31 90 **Fax:** 6 31 90

u 1 118

ADFC Landesverband Thüringen
Espachstr. 3A, 99094 Erfurt
T: (0361) 2 25 17 34 **Fax:** 2 25 17 34

• U 1 119

AgV

Arbeitsgemeinschaft der Verbraucherverbände e.V. (AgV)
Heilsbachstr. 20, 53123 Bonn
T: (0228) 64 89-0 **Fax:** 64 42 58
Internet: http://www.agv.de
E-Mail: alk@agv.de
Gründung: 1953
Internationaler Zusammenschluß: siehe unter izu 132
Präsidialmitglieder:
Präsident(in): Prof. Dr. Heiko Steffens (Heilsbachstr. 20, 53123 Bonn)
Vizepräsident(in): Wolfgang Vogt (Bundesverband der Kath. Arbeitnehmerbewegung Deutschlands, Polhausenstr. 17, 53332 Bornheim)
Vizepräsidentin: Monika Ketterer (Geschäftsf. der Verbraucher-Zentrale Baden-Württemberg e.V., Paulinenstr. 47, 70187 Stuttgart)
Joachim Betz (Geschäftsf. der Verbraucher-Zentrale Sachsen e.V., Bernhardstr. 7, 04315 Leipzig)
Dipl.-Volksw. Erhard Kremer (Verbraucher-Zentrale Bayern, Mozartstr. 9, 80336 München)
Irmtraut Pütter (Arbeitsgemeinschaft Evang. Hausfrauen d. Evang. Frauenarbeit in Deutschland e.V., Bödekerstr. 59, 30161 Hannover)
Dr. Karl-Heinz Schaffartzik (Geschf. Vors. der Verbraucher-Zentrale Nordrhein-Westfalen e.V., Mintropstr. 27, 40215 Düsseldorf)
Franz-Georg Rips (Deutscher Mieterbund e.V., Aachener Str. 313, 50931 Köln)
Doris Schneider-Zugowski (Leiterin d. Ref. Verbraucherpolitik im Deutschen Gewerkschaftsbund, Bundesvorstand, Hans-Böckler-Str. 39, 40476 Düsseldorf)
Klaus Schwarzbach (Deutsche Volksgesundheitsbewegung e.V., Herrenwiese 125, 47169 Duisburg)
Karin Stock (Geschäftsf. der Verbraucher-Zentrale Rheinland-Pfalz e.V., Große Langgasse 16, 55116 Mainz)
Anne-Lore Köhne (Geschäftsf. Präsidialmitglied der Arbeitsgemeinschaft der Verbraucherverbände e.V., Heilsbachstr. 20, 53123 Bonn)
Ehrenmitglieder:
Erika Luther (Hauptstr. 13b, 79104 Freiburg)
Irmgard von Meibom (Höhenweg 99, 53127 Bonn)
Dr. Lore Henkel (Munzeler Str. 50, 30459 Hannover)
Lucie Kurlbaum-Beyer (Lauferstr. 38/III. Stock, 90571 Schwaig)
Abt. Presse u. Öffentlichkeitsarbeit: Helga Kuhn
Mitglieder: 38

Vertretung der Verbraucherinteressen gegenüber Politik und Wirtschaft und Aufklärung der Verbraucher. Setzt sich bei Gesetzgeber und Verwaltung sowie bei den Wirtschaftsorganisationen für die Verbraucherinteressen ein und artikuliert deren Vorstellungen. Außerdem Koordinierung der Tätigkeit ihrer beratenden Mitgliedsorganisationen als Dachverband, sowie unmittelbare Förderung von Information und Aufklärung der Verbraucher.

u 1 120

Aktion Bildungsinformation e.V. (ABI)
Alte Poststr. 5, 70173 Stuttgart
T: (0711) 29 93 35 **Fax:** 29 93 30
Internet: http://www.abi.kv-netzwerk.de
E-Mail: abi@kv-netzwerk.de

u 1 121

Arbeiterwohlfahrt Bundesverband e.V.
Postf. 41 01 63, 53023 Bonn
Oppelner Str. 130, 53119 Bonn
T: (0228) 66 85-0 **Fax:** 66 85-2 09
Internet: http://www.awo.org
E-Mail: info@awobu.awo.org
Gründung: 1919 (13. Dezember)
Vorsitzende(r): Dr.jur. Manfred Ragati, Herford
Geschäftsführer(in): Rainer Brückers, Bonn
Verbandszeitschrift: "Theorie und Praxis der sozialen Arbeit" und "AWO-Magazin"
Verlag: Oppelner Str. 130, 53119 Bonn
Mitglieder: 640000 (Gesamt AWO)
Mitarbeiter: bundesweit 135000

u 1 122

Arbeitsgemeinschaft Evangelischer Hausfrauen (AEH) des Deutschen Evangelischen Frauenbundes (DEF)
Bödekerstr. 59, 30161 Hannover
T: (0511) 9 65 68-0 **Fax:** 9 65 68-13

u 1 123

co op Verbraucherrat
c/o Zentralverband deutscher Konsumgenossenschaften e.V. (ZdK)
Adenauerallee 21, 20097 Hamburg
T: (040) 24 84 52-0 **Fax:** 24 84 52-50

u 1 124

Deutscher Familienverband e.V.
Argelanderstr. 71, 53115 Bonn
T: (0228) 24 10 40 **Fax:** 24 10 43
Internet: http://members.aol.com/dfvbonn/index.htm
E-Mail: dfvbonn@aol.com
Gründung: 1922
Präsident(in): Dipl.-Ing. Günther Koolmann
Bundes-GeschF: Dirk Günther (M.A., Diplom für Wirtschaft)
Leitung Presseabteilung: Frauke Obländer
Verbandszeitschrift: DFV-Familie
Mitglieder: 17000
Mitarbeiter: 7 BGst-Bonn

u 1 125

Deutscher Frauenring e.V.
Bundesgeschäftsstelle
Talstr. 56a, 66119 Saarbrücken
T: (0681) 5 47 10 **Fax:** 5 47 14

u 1 126

Deutscher Hausfrauen-Bund e.V. (DHB)
Coburger Str. 19, 53113 Bonn
T: (0228) 23 77 99, 23 77 18 **Fax:** 23 88 58
Präsident(in): Pia Gaßmann, Köln
Mitglieder: ca. 100000
Landesverbände: 18

u 1 127

Deutscher Mieterbund e.V. (DMB)
Postf. 41 02 69, 50862 Köln
Aachener Str. 313, 50931 Köln
T: (0221) 9 40 77 42 **Fax:** 9 40 77 22
Internet: http://www.mieterbund.de
E-Mail: info@mieterbund.de
Gründung: 1900
Internationaler Zusammenschluß: siehe unter izu 68
Präsident(in): Anke Fuchs
BundesDir: RA Franz-Georg Rips
Verbandszeitschrift: MieterZeitung
Mitglieder: 16 Landesverbände (350 örtl. Organisationen, 1.300.000 Mitglieder)

u 1 128

Deutscher Staatsbürgerinnen-Verband e.V.
Tempelhofer Damm 2, 12101 Berlin
T: (030) 7 85 89 27
Gründung: 1865
Leitung Presseabteilung: Petra Gödel
Verbandszeitschrift: Die Staatsbürgerin
Mitglieder: 700

u 1 129

Deutsche Volksgesundheitsbewegung e.V. (DVB)
Patienten- und Verbraucherverband
Herrenwiese 125, 47169 Duisburg
T: (0203) 59 26 43 **Fax:** 59 87 00
Gründung: 1947
Vorsitzende(r): Hans Joachim Keller
Stellvertretende(r) Vorsitzende(r): Klaus Schwarzbach, Meckenheim
Verbandszeitschrift: Natur - Heilen
Mitglieder: ca. 250000, 20 Verbände

u 1 130

Diakonisches Werk der Evangelischen Kirche in Deutschland e.V. (EKD)
Postf. 10 11 42, 70010 Stuttgart
Stafflenbergstr. 76, 70184 Stuttgart
T: (0711) 21 59-0 **Fax:** 21 59-288
TGR: Diakonie Stuttgart
Internet: http://www.diakonie.de
E-Mail: diakonie@diakonie.de
Gründung: 1975
Präsident(in): Pfarrer Jürgen Gohde
Vizepräsident(in): Dir. Cornelia Füllkrug-Weitzel (Ökumenische Diakonie)
Verbandszeitschrift: diakonie report
Redaktion: Andreas Wagner
Verlag: Diakonie Verlag, G.-Werner-Str. 24, 72762 Reutlingen
Mitglieder: 24 regionale Werke, 9 Freikirchen, ca. 90 Fachverbände
Mitarbeiter: rd. 402000 hauptamtl.; 400 000 ehrenamtl.

u 1 131

Evangelische Aktionsgemeinschaft für Familienfragen e.V.
Meckenheimer Allee 162, 53115 Bonn
T: (0228) 9 69 40 90 **Fax:** 96 94 09 29
E-Mail: eaf.gc@t-online.de

u 1 132

Familienbund der Deutschen Katholiken
- Bundesgeschäftsführung
Neue Kantstr. 2, 14057 Berlin
T: (030) 32 67 56-0 **Fax:** 32 67 56-20
E-Mail: familienbund.fdk@t-online.de
Gründung: 1953
Mitglieder: 500000

u 1 133

Hausfrauenvereinigung des Katholischen Deutschen Frauenbundes e.V. (HV des KDFB)
Kaesenstr. 18, 50677 Köln
T: (0221) 31 49 30

u 1 134

Institut für angewandte Verbraucherforschung e.V. (IFAV)

Aachener Str. 1089, 50858 Köln
T: (02234) 4 07 70 **Fax:** 40 77 22
T-Online *53 9000*
E-Mail: ifav.koeln@t-online.de
Vorsitzende(r): Prof. Dr. Gerhard Scherhorn
Dipl.-Kfm. Dr. Tilmann Höhfeld

u 1 135

Institut für Sozialforschung und Gesellschaftspolitik e.V.

Postf. 26 02 44, 50515 Köln
Barbarossaplatz 2, 50674 Köln
T: (0221) 23 54 73-76 **Fax:** 21 52 67
Gründung: 1952

u 1 136

PRO BAHN e.V.
Gemeinnütziger Fahrgastverband

Schwanthalerstr. 74, 80336 München
T: (089) 54 45 62 13 **Fax:** 54 45 62 14
Internet: http://www.pro-bahn.de
Bundesvorstand:
Vorsitzende(r): Karl-Peter Naumann
1. stellv. Vors.: Holger Jansen (Leitung Presseabteilung)
2. stellv. Vors.: Rainer Engel
3. stellv. Vors.: Sigrid Pohlmann
Schatzmeister: Dr. Klaus Schröter
Verbandszeitschrift: PRO BAHN Zeitung
Redaktion: Rainer Engel
Verlag: PRO BAHN Bundesverband, Schwanthalerstr. 74, 80336 München

u 1 137

Verbrauchervereinigung Medien e.V. (VV-Medien e.V.)

Untermainanlage 8, 60329 Frankfurt

u 1 138

Bundesverband der Katholischen Arbeitnehmer-Bewegung Deutschlands (KAB)

Bernhard-Letterhaus-Str. 26, 50670 Köln
T: (0221) 77 22-0 **Fax:** 77 22-116
Gründung: 1971 (29. Mai)
Bundesvorsitzende(r): Karl Nothof
Bundes-Präses: Klaus Frey
Bundesgeschäftsführer(in): Renate Müller
Verbandszeitschrift: KAB-Impuls
Redaktion: (verantw.) Matthias Rabbe
Mitglieder: 300000

u 1 139

Bundesverband der Meisterinnen der Hauswirtschaft e.V.

Auf dem Köppel II/ 16, 67098 Bad Dürkheim
T: (06322) 6 83 70 **Fax:** 62 06 36
Vorsitzende(r): Erika Stickel, Bad Dürkheim
Stellvertretende(r) Vorsitzende(r): Ingeborg Hug, Kempten/Allg.

u 1 140

Verbraucherzentrale Bayern e.V.

Postf. 15 22 20, 80052 München
Mozartstr. 9, 80336 München
T: (089) 5 39 87-0 **Fax:** 53 75 53
1. Vorsitzende(r): Gertraud Fritscher
Geschäftsführer(in): Dipl.-Volksw. Erhard Kremer

u 1 141

Verbraucherzentrale Berlin e.V.

Bayreuther Str. 40, 10787 Berlin
T: (030) 2 14 85-0 **Fax:** 2 11 72 01
Internet: http://www.verbraucherzentrale-berlin.de
E-Mail: mail@verbraucherzentrale-berlin.de
Vorsitzende: Dr. Thea Brünner
Geschäftsführerin: RAin Gabriele Francke

u 1 142

Verbraucherzentrale des Landes Bremen e.V.

Altenweg 4, 28195 Bremen
T: (0421) 16 07 77 **Fax:** 1 60 77 80
E-Mail: Verbraucherzentrale-Bremen@t-online.de
Vorsitzende(r) des Vorstandes: Carsten Sieling
Geschäftsführer(in): Irmgard Czarnecki

u 1 143

Verbraucher-Zentrale Nordrhein-Westfalen Landesarbeitsgemeinschaft der Verbraucherverbände e.V.

Mintropstr. 27, 40215 Düsseldorf
T: (0211) 38 09-0 **Fax:** 38 09-1 72 (Pressestelle), 38 09-235 Broschürenbestellung
Internet: http://www.vz-nrw.de
E-Mail: vz-nrw@vz-nrw.de
Gründung: 1958 (Juli)
VdVR: Erwin Knebel
Vorstand: Dr. Karl-Heinz Schaffartzik (geschäftsführend)
Abt. Presse, Medien, Bildung: Dr. Theo Wolsing
Verbandszeitschrift: Verbraucher Aktuell
Mitglieder: 21 Familien- bzw. sozial- u. umweltorientierte Verbände auf Landes- und Regionalebene, 18 Ortsarbeitsgemeinschaften von Verbrauchern
Mitarbeiter: 275
Jahresetat: DM 30,9 Mio, € 15,8 Mio

u 1 144

VERBRAUCHER-ZENTRALE HESSEN e.V.

Reuterweg 51-53, 60323 Frankfurt
T: (069) 97 20 10-0 **Fax:** 97 20 10-50
Internet: http://www.verbraucher.de
E-Mail: vzh@verbraucher.de
Gründung: 1959 (27. Februar)
Geschf. Vorstand: Konrad Zündorf
Vorsitzende(r): Verwaltungsrat: Rainer Wiedemann (Arbeiterwohlfahrt Hessen-Süd e.V., Borsigallee 19, 60388 Frankfurt/M.)
Stellv. Vorsitzende: Gisela Höft (Deutscher Familienverband, Landesverband Hessen e.V.)
Stellv. Vorsitzende: Hedy Knapp (Landfrauenverband, Landesverband Hessen e.V.)
Mitglieder: 23 Verbände
Mitarbeiter: 50
Jahresetat: DM 6 Mio, € 3,07 Mio

u 1 145

Verbraucher-Zentrale Hamburg e.V.

Kirchenallee 22, 20099 Hamburg
T: (040) 2 48 32-0 **Fax:** 2 48 32-290
Gründung: 1957
Vorsitzende(r) des Vorstandes: Dr. Marliese Dobberthien
Stellvertretende(r) Vorsitzende(r): Prof. Dr. Klaus Tonner
Geschäftsführer(in): Dr. Günter Hörmann
Mitglieder: 48
Mitarbeiter: ca. 85
Jahresetat: rd. DM 4,0 Mio, € 2,05 Mio

u 1 146

Verbraucher-Zentrale Niedersachsen e.V.

Postf. 61 26, 30061 Hannover
Herrenstr. 14, 30159 Hannover
T: (0511) 9 11 96-01 **Fax:** 9 11 96-10
Internet: http://www.verbraucherberatung.de
E-Mail: VZN@compuserve.com
Gründung: 1957
Vorsitzende(r): Sigrid Leuschner (Deutsche Angestellten Gewerkschaft, Hannover)
Stellvertretende(r) Vorsitzende(r): Manfred Jonas (Deutscher Mieterbund e.V., Landesverband Nieders.-Bremen, Hannover)
Geschäftsführer(in): Bernd Winckler
Leitung Presseabteilung: Gerhard Hermann
Mitglieder: 18 Verbände
28 Beratungsstellen
Mitarbeiter: ca. 100
Jahresetat: ca. DM 6 Mio, € 3,07 Mio

u 1 147

Verbraucherzentrale Schleswig-Holstein e.V.

Bergstr. 24, 24103 Kiel
T: (0431) 5 90 99-0 **Fax:** 5 90 99-77
Internet: http://www.schleswig-holstein.de/vz-sh
E-Mail: VerbraucherzentraleSH@t-online.de

u 1 148

Verbraucherzentrale Rheinland-Pfalz e. V.

Große Langgasse 16, 55116 Mainz
T: (06131) 28 48-0 **Fax:** 28 48-66

u 1 149

Verbraucherzentrale des Saarlandes e.V.

Hohenzollernstr. 11, 66117 Saarbrücken
T: (0681) 5 00 89-0 **Fax:** 5 00 89-22
Gründung: 1961 (27. Juli)
Mitglieder: 24
Mitarbeiter: 13

u 1 150

Verbraucherzentrale Baden-Württemberg e.V.

Paulinenstr. 47, 70178 Stuttgart
T: (0711) 66 91-10 **Fax:** 66 91-50
Internet: http://www.Verbraucherzentrale.de

u 1 151

Verbraucher-Zentrale Brandenburg e.V.

Templiner Str. 21, 14473 Potsdam
T: (0331) 2 98 71-0 **Fax:** 2 98 71-77
Gründung: 1990 (15. März)

u 1 152

Verbraucherzentrale Mecklenburg-Vorpommern e.V.

Strandstr. 98, 18055 Rostock
T: (0381) 4 93 98-0 **Fax:** 4 93 98-30
Gründung: 1990 (17. Mai)
Leitung Presseabteilung: Andreas Ptak
Mitglieder: 13
Mitarbeiter: 40
Jahresetat: DM 3,5 Mio, € 1,79 Mio

u 1 153

Verbraucher-Zentrale Sachsen e.V.

Bernhardstr. 7, 04315 Leipzig
T: (0341) 6 88 80 80 **Fax:** 6 89 28 26
Internet: http://www.vzs.de
E-Mail: vzs@vzs.de
Gründung: 1990 (5. April)
Leitung Presseabteilung: Renate Janeczek
Mitglieder: 65
Mitarbeiter: 78
Jahresetat: DM 6,8 Mio, € 3,48 Mio

u 1 154

Verbraucher-Zentrale Sachsen-Anhalt e.V.

Steinbockgasse 1, 06108 Halle
T: (0345) 2 98 03 29 **Fax:** 2 98 03 26
Gründung: 1990 (Februar)
Vorstand: Claudia Pfeiffer (amt. Vors.)
Prof. Dr.med. Dieter Lübbe
Hannelore Siebert
Dieter Mika
Geschäftsführer(in): Dipl.-Ing. Klaus Tittmann (T: (0345) 2 98 03 21)
Öffentlichkeitsarbeit: Helmut Friedl (T: (0345) 2 98 03 27)
Mitglieder: 20 (Stand Februar 2000)
Mitarbeiter: ca. 50
Beratungsstellen: 20 (Stand Februar 2000)

u 1 155

Verbraucherzentrale Thüringen e.V.

Geschäftsstelle
Postf. 5 91, 99012 Erfurt
Eugen-Richter-Str. 45, 99085 Erfurt
T: (0361) 5 55 14-0 **Fax:** 5 55 14 40

• U 1 156

Deutsche Schätzstelle für Luftfahrzeuge (DSL)
Verband der Luftfahrtsachverständigen e.V.

Wagnerstr. 34, 89077 Ulm
T: (0731) 3 74 54 **Fax:** 3 55 02
Gründung: 1965
1. Vorsitzende(r): RA Wolfgang Hirsch (Uhlandstr. 19, 70182 Stuttgart)
Stellvertretende(r) Vorsitzende(r): Ralf Wagner (Prüfer von Luftfahrtgerät Klasse 1, Friedlandstr. 20, 25451 Quickborn)
Geschf. Vors.: Dipl.-Ing. Reinhold Hagmann (Beratender Ingenieur VBI, Sachverständiger für Luftfahrzeugbewertung und -schäden,
Wagnerstr. 34, 89077 Ulm, T: (0731) 3 74 54, Telefax: (0731) 3 55 02)
Mitglieder: 30 Firmen und Institutionen

Bewertung von Luftfahrzeugen und Luftfahrzeugschäden. Beratung in Luftfahrzeugfragen.

• U 1 157

Die Verbraucher Initiative e.V.

Büro Bonn:
Breite Str. 51, 53111 Bonn
T: (0228) 7 26 33 93 **Fax:** 7 26 33 99
Büro Berlin:
Elsenstr. 106, 12435 Berlin
T: (030) 53 60 73-3, **Fax:** 53 60 73-45

Gründung: 1985
Vorsitzende(r): Dieter Kublitz
Hauptgeschäftsführer(in): Georg Abel
Verbandszeitschrift: Verbraucher Konkret
Verlag: VI-Verlags- und Handels-GmbH
Mitglieder: 10000
Mitarbeiter: 20

• U 1 158

Verein für Verbraucher und Umweltschutz e.V. (VfV)
Sitz: Dortmund
-Bundesgeschäftsstelle
Postf. 26 01, 59016 Hamm
Weststr. 30, 59065 Hamm
T: (02381) 2 26 18
Gründung: 1981 (2. September)
Vorstand: Theo Schreiber (Vors. u. GeschF)
Horst Stoll (stellv. Vors.)

• U 1 159

STIFTUNG VERBRAUCHER INSTITUT

Stiftung Verbraucherinstitut
Carnotstr. 5, 10587 Berlin
T: (030) 39 00 86-0 **Fax:** 39 00 86-27
Internet: http://www.verbraucherinstitut.de
E-Mail: mail@verbraucherinstitut.de
Gründung: 1978 (3. Oktober)
Vorstand: Dipl.-Kfm. Günther Rosenberger (Ltg. Presseabt.)
Mitarbeiter: 22
Jahresetat: DM 3,5 Mio, € 1,79 Mio
Fortbildungsveranstaltungen für Verbraucherverbände, ehrenamtliche Kräfte in der Verbraucherarbeit, Sozialarbeiter, Dozenten in der Weiterbildung, Lehrer u.a. Erarbeitung von Konzeptionen und Medien für die Verbraucherinformation und -bildung.

• U 1 160

Gründungsrausch e.V.
Anklamer Str. 38, 10115 Berlin
T: (030) 4 48 48 94 **Fax:** 4 48 48 95
Gründung: 1989
Vorsitzende(r) des Vorstandes: Dipl.-Pol. Chris Dietsche
Geschäftsführer(in): Dipl.-Ökonomin Dipl.-Sozialtherapeutin Anne-Katrin Steinborn
Mitarbeiter: 2

• U 1 161

Aktionskreis Deutsche Wirtschaft gegen Produkt- und Markenpiraterie e.V. (APM)
Adenauerallee 148, 53113 Bonn
T: (0228) 1 04 27 17 **Fax:** 1 04 27 18
E-Mail: moeller.doris@berlin.diht.de, renner.joachim@bonn.diht.de
Gründung: 1997 (31. Oktober)
Vorsitzende(r): Dr. Franz Schoser
Stellvertretende(r) Vorsitzende(r): Holger Grauel
Dr. Dr. Wolfgang A. Reinhardt
Geschäftsführendes Vorstandsmitglied: RA Doris Möller
Mitglieder: 48
Mitarbeiter: 3

• U 1 162

Augsburger Börsenstammtisch - Wertpapier- und Verbraucherberatungsverein e.V.
Postf. 11 01 61, 86026 Augsburg
T: (0821) 46 49 82 **Fax:** 46 49 82
Vorstand: Otto Stauner
Mitglieder: 64

• U 1 163

Bund der Energieverbraucher e.V. (BDE)
siehe L 31

• U 1 164

Aktion Funk und Fernsehen e.V. (Zuschauervereinigung AFF)
Postf. 96 01 29, 51085 Köln
T: (0221) 89 51 53 **Fax:** 89 27 80
Gründung: 1970
Kuratoriumsvors: Gerhard Löwenthal
Vorsitzende(r): Unternehmensberater Wolfgang Reineke, Heidelberg
Stellvertretende(r) Vorsitzende(r): Chefredakteur Martin Lessenthin, Stuttgart
Verbandszeitschrift: PRO Zuschauer
Mitglieder: ca. 2000

• U 1 165

Verband der Rundfunkhörer und Fernsehteilnehmer e.V.
Antonienstr. 3, 80802 München
T: (089) 33 25 04 **Fax:** 33 25 17
Gründung: 1949
Vorsitzende(r): Thomas Helmensdorfer
Geschf.u.Pressesprecher: Werner Zwick
Verbandszeitschrift: VdRF Rundfunkhörer u. Fernseher (Beilage im "Gong")
Redaktion: W. Zwick
Verlag: Antonienstr. 3, 80802 München
Mitglieder: 15000
Mitarbeiter: 2
Jahresetat: DM 0,5 Mio, € 0,26 Mio

• U 1 166

Stiftung Warentest
Lützowplatz 11-13, 10785 Berlin
T: (030) 2 63 11 **Fax:** 26 31 24 28
Internet: http://www.stiftung-warentest.de
E-Mail: h.willnat@stiftung-warentest.de
Gründung: 1964
Internationaler Zusammenschluß: siehe unter icu 158
Vorsitzende(r): Dr. Werner Brinkmann
Leitung Presseabteilung: Wolfgang Springborn

• U 1 167

Euro-Wirtschaftsberatung (EWB)
c/o Dr. Gerald Deßauer
Ringenwalder Str. 34, 12679 Berlin
T: (030) 9 31 02 68
Gründung: 1992 (15. Januar)
Mitglieder: 15

• U 1 168

Interessengemeinschaft der Holzschutzmittelgeschädigten e.V. (IHG)
Unterstaat 14, 51766 Engelskirchen
T: (02263) 90 14 22 **Fax:** 90 14 23
Gründung: 1983 (4. Mai)
Vorstand: Gerd Schneider
Edeltraud Göttsch
Helga Zapke
Verbandszeitschrift: Rundbrief
Verlag: Eigenverlag IHG e.V., Engelskirchen
Mitglieder: 1000
Jahresetat: DM 0,1 Mio, € 0,05 Mio

Familien-, Frauen-, Jugendverbände u. a.

• U 1 169

Koordinierungsstelle für Nationale und Internationale Familienfragen
Celsiusstr. 112, 53125 Bonn
T: (0228) 25 84 64 **Fax:** 25 41 79
Internet: http://www.familia.de
E-Mail: a.sering@familia.de
Leiterin: Agathe Sering

• U 1 170

Deutsche Arbeitsgemeinschaft genealogischer Verbände (DAGV)
Auf der Rosenhöhe 34b, 63069 Offenbach
T: (069) 83 24 33 **Fax:** 83 83 32 52
E-Mail: g-gramlich@t-online.de
Gründung: 1949, Eintragung in das Vereinsregister des Amtsgerichts Stuttgart 22.1.1965
Vorsitzende(r): Gerd Gramlich
Stellvertretende(r) Vorsitzende(r): Dr. Hermann Metzke (Naumburger Str. 11, 07743 Jena)
Mitglieder: 62 (1998), davon 42 regional und 18 überregional orientierte Vereine

• U 1 171

Westdeutsche Gesellschaft für Familienkunde e.V.
Sitz Köln
Unter Gottes Gnaden 34, 50859 Köln
T: (0221) 50 84 88 **Fax:** 9 50 25 05
Gründung: 1913 (12. März)
Ehrenvors.: Bernhard F. Lesaar (Ahornweg 9, 94121 Salzweg, T: (0851) 4 67 71)
Vorsitzende(r): Adolf Paul Quilling (Großenbuschstr. 30, 53229 Bonn-Holzlar, T: (0228) 48 20 35, Fax: (0228) 9 48 12 47)
1. stellv. Vors.: Katja Schulte (Berliner Str. 21, 50859 Köln-Weiden, T: (02234) 2 59 97)
2. stellv. Vors.: Dr. Günter Junkers (Bergische Landstr. 210, 51375 Leverkusen-Schlebusch, T: (0214) 50 20 05)
Geschäftsführer: Claus Geis (Unter Gottes Gnaden 34, 50859 Köln-Widdersdorf, T: (0221) 50 84 88, Fax: (0221) 9 50 25 05)
Schatzmeister: Volker Thorey (Reginharstr. 32, 51429 Bergisch Gladbach-Bensberg, T: (02204) 91 17 71, Fax: (02204) 91 17 73)
Stellv. Schatzmeisterin: Beate Busch-Schirm (Rheinblick 25, 56567 Neuwied, T: (02631) 7 11 99)
Schriftführer: Hans Bönner (Herbert-Lewin-Str. 13, 50931 Köln-Lindenthal, T: (0221) 4 00 25 00)
Bibliothek: **c/o Nordrhein-Westfälisches Personenstandsarchiv Rheinland, Schloßstr. 12, 50321 Brühl, T: (02232) 9 45 38-0, Fax: (02232) 9 45 38 38**
Schriftleiterin: Monika Degenhard (Krummenweger Str. 26, 40885 Ratingen-Lintorf, T: (02102) 3 51 96)
Beiratsvorsitzender: Dr. Michael Frauenberger (Oberstr. 116, 56154 Boppard, T: (06742) 8 60 90)
Bezirksgruppen:
Aachen
Leitung: Hans Strack (Grüner Weg 9, 52146 Würselen-Broichweiden, T: (02405) 7 22 22)
Bergisch Land (Sitz Wuppertal)
Leitung: Dr. Michael Knieriem (c/o Historisches Zentrum Engels-Haus, Museum für Frühindustrialsierung, Engelstr. 10, 42283 Wuppertal, T: (0202) 5 63 64 98)
Bonn
Leitung: Adolf Paul Quilling (Großenbuschstr. 30, 53229 Bonn-Holzlar, T: (0228) 48 20 35, Fax: (0228) 9 48 12 47)
Düsseldorf
Leitung: Norbert Degenhard (Krummenweger Str. 26, 40885 Ratingen-Lintorf, T: (02102) 3 51 96)
Duisburg
Leitung: Peter Raßbach (Großglocknerstr. 45, 47249 Duisburg-Buchholz, T: (0203) 72 11 83)
Essen
Leitung: Michael Ludger Maas (Umstr. 52, 45239 Essen-Werden, T: (0201) 40 76 85)
Oberberg-Mark (Sitz Gummersbach)
Leitung: Rolf Steinjan (Birkenhain 14, 51766 Engelskirchen, T: (02263) 90 13 87, Telefax: (02263) 90 13 88)
Kleve
Leitung: Lambert W.A. Berenbroek (Hengstdalseweg 249, NL-6523 EJ Nijmegen, T: (003124) 3 22 53 74)
Köln
Leitung: Dr. Dirk Friedrich Rodekirchen (Barbarossaplatz 5, 50674 Köln, T: (0221) 23 40 11)
Krefeld
Leitung: Franz Josef Peine (Dürerstr. 75, 47799 Krefeld, T: (02151) 59 39 60)
Mittelrhein (Sitz Koblenz)
Leitung: Beate Busch-Schirm (Rheinblick 25, 56567 Neuwied, T: (02631) 7 11 99)
Mönchengladbach
Leitung: Margret Schopen (Düsseldorfer Str. 25, 41238 Mönchengladbach-Rheydt, T: (02166) 2 10 13)
Nahe-Rhein-Hunsrück (Sitz Bad Kreuznach)
Leitung: Rudolf Schwan (Kronenbergstr. 16, 55595 Hargesheim, T: (0671) 3 57 85)
Trier
Leitung: Maximilian-Rudolf Gall (Cusanusstr. 22, 54295 Trier, T. (0651) 3 19 99)
Verbandszeitschrift: Mitteilungen der Westdeutschen Gesellschaft für Familienkunde e.V.
Redaktion: Monika Degenhard
Verlag: Selbstverlag:
Westdeutsche Gesellschaft für Familienkunde e.V.
Mitglieder: 1725 und 164 Tauschpartner

• U 1 172

Bundeselternrat (BER)
Geschäftsstelle
Görresstr. 13, 53113 Bonn
T: (0228) 26 99-314 **Fax:** 26 99-424
E-Mail: Bundeselternrat@gmx.de
Gründung: 1952
Vorsitzende(r): Renate Hendricks (Nordrhein-Westfalen)
Stellvertretende(r) Vorsitzende(r): Sabine Sabinarz-Otte (Rheinland-Pfalz)
Andreas Teppich (Brandenburg)
Schriftführer(in): Sybille Richter (Sachsen-Anhalt)
Mitarbeiterin: Elisabeth Hörsch (Geschäftsstelle)
Verbandszeitschrift: "Bundeselternrat im Dienst der Eltern" u. "Eltern in Schule"
Redaktion: Renate Hendricks
Mitglieder: 31 Verbände, Landeselternvertretungen der BRD

• U 1 173

Eltern für aktive Vaterschaft e.V. (EFAV)
Friedrich-August-Platz 2, 26121 Oldenburg
T: (0441) 8 11 34 **Fax:** 8 11 65
E-Mail: kindundvater@t-online.de
Gründung: 1978/1984
Vorstand: Klaus Anders
Monika Anders
Peter Lindner
Margrit Lindner

Verbandszeitschrift: Kind und Vater, Informationen zur aktiven Vaterschaft
Mitglieder: ca. 450, regionale Initiativgruppen

• U 1 174

Gesamtverband der Ehe- und Partnervermittlungen e.V. (GDE)
Cavaillonstr. 6/2, 69469 Weinheim
T: (06201) 18 37 13, 18 22 77 **Fax:** 18 33 14
Internet: http://www.inter-networld.de/gde/gde.html
E-Mail: gde-de@-online.de
Gründung: 1975 (20. Oktober)
Präsident(in): Gisela Lange-Tetzlaff (Fasanenstr. 61, 10719 Berlin, T: (030) 8 02 30 29)
Vizepräsident(in): Gerhard Böhling (Mandelring 55, 67157 Wachenheim, T: (06322) 98 94 18)
Geschäftsstellenleiterin: Renate Kappelhoff
Mitglieder: 132

• U 1 175

Deutscher Familienverband e.V.
Argelanderstr. 71, 53115 Bonn
T: (0228) 24 10 40 **Fax:** 24 10 43
Internet: http://members.aol.com/dfvbonn/index.htm
E-Mail: dfvbonn@aol.com
Gründung: 1922
Präsident(in): Dipl.-Ing. Günther Koolmann
Bundes-GeschF: Dirk Günther (M.A., Diplom für Wirtschaft)
Leitung Presseabteilung: Frauke Obländer
Verbandszeitschrift: DFV-Familie
Mitglieder: 17000
Mitarbeiter: 7 BGst-Bonn

• U 1 176

Deutsches Kinderhilfswerk e.V.
Rungestr. 20, 10179 Berlin
T: (030) 30 86 93-0 **Fax:** 2 79 56 34
Internet: http://www.dkhw.de
E-Mail: dkhw@dkhw.de, pr@dkhw.de, spielkultur@dkhw.de, politik@dkhw.de
Gründung: 1972
Präsident(in): Thomas Krüger (MdB)
Vizepräsident(in): Joachim von Gottberg
Birgit Schmitz
Bundesgeschäftsführer(in): Frederic Seebohm
Leitung Presseabteilung: Michael Kruse
Verbandszeitschrift: Kinder Kinder
Mitglieder: 17000
Mitarbeiter: 15
Jahresetat: ca. DM 4 Mio, € 2,05 Mio

• U 1 177

Väter für Kinder e.V.
Postf. 38 02 68, 80615 München
T: (089) 62 99 88 24
Internet: http://www.vaeterfuerkinder.de
E-Mail: webmaster@vaeterfuerkinder.de
Gründung: 1988
Vorsitzende(r): Prof. Dr. Michael Reeken
Stellvertretende(r) Vorsitzende(r): Hans Stötzel
Harry Bauer
Mitglieder: ca. 300

• U 1 178

Mehr Platz für Kinder e.V. (MPfK)
c/o Bund Deutscher LandschaftsArchitekten BDLA
Köpenicker Str. 48-49, 10179 Berlin
T: (030) 27 89 68 90 **Fax:** 27 87 15 55
Gründung: 1970 (September)
Vorstand: Dipl.-Ing. Dagmar Gast (Freie Landschaftsarchitektin BDLA, Berlin)
Dipl.-Ing. Barbara Hoidn (Leiterin der Architekturwerkstatt, Senatsverwaltung für Bauen, Wohnen und Verkehr, Berlin)
Dipl.-Volkswirt Carl Steckeweh (Bundesgeschäftsführer BDA, Berlin)

• U 1 179

Kindheit e.V.
Rudolf-Seiffert-Str. 50A, 10369 Berlin
T: (030) 9 78 70 00 **Fax:** 97 87 00 19
E-Mail: kindheit@t-online.de
Gründung: 1990
Vorsitzende(r): Ralf Meister
Stellvertretende(r) Vorsitzende(r): Prof. Dr. Hans-Dieter Schmidt
Mitglieder: 35

• U 1 180

terre des hommes Deutschland e.V. Hilfe für Kinder in Not
Postf. 41 26, 49031 Osnabrück
Ruppenkampstr. 11a, 49084 Osnabrück
T: (0541) 71 01-0 **Fax:** 70 72 33
Internet: http://www.tdh.de
E-Mail: terre@t-online.de
Internationaler Zusammenschluß: siehe unter izu 284
Vorsitzende(r): Dr. Petra Boxler
Geschäftsführer(in): Peter Mucke
Mitglieder: 1700

• U 1 181

Kindermissionswerk/Die Sternsinger (Päpstliches Missionswerk der Kinder in Deutschland e.V.)
Stephanstr. 35, 52064 Aachen
T: (0241) 44 61-0 **Fax:** 44 61-40
Gründung: 1846 (2. Februar)
Präs. u. GeschF: Prälat Arnold Poll (seit 1980)
Stellvertretende(r) Geschäftsführer(in): Dipl.-Kfm. Armin Ehl (seit 1994)
Verbandszeitschrift: "Sternsinger", "Schule und Mission", "Kindergarten und Mission"
Redaktion: Bildungsabteilung
Mitglieder: ca. 1100000
Mitarbeiter: 48

• U 1 182

BEWEGUNG FÜR DAS LEBEN e.V. Dachverband zum Schutz der Ungeborenen
Im Hassert 11, 67146 Deidesheim
T: (06326) 59 11 **Fax:** 73 61
Gründung: 1979 (29. September)
Vorsitzende(r): P. Otto Maier (SIM, Im Hassert 11, 67146 Deidesheim)
Stellvertretende(r) Vorsitzende(r): Walter Ramm (Hohbergstr. 38, 69518 Abtsteinach)
Verbandszeitschrift: Christ und Zukunft
Redaktion: P. Otto Maier, Deidesheim
Mitglieder: 23 Verbände

• U 1 183

Gesellschaft für Geburtsvorbereitung, Familienbildung und Frauengesundheit Bundesverband e.V. (GfG)
Postf. 22 01 06, 40608 Düsseldorf
Dellestr. 5, 40627 Düsseldorf
T: (0211) 25 26 07 **Fax:** 20 29 19
Internet: http://www.gfg-bv.de
E-Mail: gfg@gfg.bv.de
Gründung: 1980
1. Vorsitzende(r): Ines Albrecht-Engel (Ltg. Presseabt.)
Stellvertretende(r) Vorsitzende(r): Elisabeth Geisel
Geschäftsführer(in): Lorraine Caukin
Leitung Presseabteilung: Christiane Schnura
Verbandszeitschrift: GfG-Rundbrief
Verlag: Eigenverlag
Mitglieder: 880
Mitarbeiter: 4

Mitglieder

u 1 184

GfG-Landesverband Bayern e.V.
c/o Barbara Herkert-Möldner
Nettstr. 15, 82296 Schöngeising
T: (08141) 1 77 25
Vorsitzende(r): Barbara Herkert-Möldner
Helga Platz-Cesena (Werkallee 2 a, 85232 Bergkirchen, T: (08131) 8 24 40)

u 1 185

GfG-Landesverband Berlin/Brandenburg e.V.
Brunhildstr. 5, 10829 Berlin
T: (030) 7 88 67 89
1. Vorsitzende(r): Monika Alter

u 1 186

GfG-Landesverband Hamburg e.V.
c/o Katja Schmidt
Sarenweg 64, 22397 Hamburg
T: (040) 6 08 45 75
1. Vorsitzende(r): Katja Schmidt

u 1 187

GfG-Landesverband Niedersachsen e.V.
c/o Jutta Stamer
Dorfstr. 1, 21401 Thomasburg
T: (05859) 3 32
1. Vorsitzende(r): Jutta Stamer

u 1 188

GfG-Landesverband Rheinland-Pfalz/Saarland e.V.
c/o Anne Christel Pleitz
Soonwaldstr. 2, 55595 Spall
T: (06706) 85 84
1. Vorsitzende(r): Anne Christel Pleitz

u 1 189

GfG-Landesverband Baden-Württemberg e.V.
c/o Annette Graf-Winkler
Mozartstr. 2, 75239 Eisingen
T: (07232) 38 33 65
1. Vorsitzende(r): Annette Graf-Winkler

• U 1 190

SelbstHilfeInitiative Alleinerziehender SHIA Bundesverband e.V.
Rudolf-Schwarz-Str. 29, 10407 Berlin
T: (030) 4 25 11 86 **Fax:** 4 25 11 86
Gründung: 1990 (01. April)
Vorsitzende(r): Margret Eickelberg
Mitglieder: ca. 2000
Mitarbeiter: ca. 60 (90% ABM)

Landesverbände

u 1 191

SHIA e.V. Landesverband Berlin
Rudolf-Schwarz-Str. 29, 10407 Berlin
T: (030) 4 25 11 86 **Fax:** 4 25 11 86
E-Mail: shia-berlin@t-online.de

u 1 192

SHIA e.V. Landesverband Brandenburg
Bahnhofstr. 4, 15711 Königs Wusterhausen
T: (03375) 29 47 52 **Fax:** 29 47 52
E-Mail: shia.brb@bepcom.de

u 1 193

SHIA e.V. Landesverband Sachsen
Hauptmannstr. 4, 04109 Leipzig
T: (0341) 9 83 28 06 **Fax:** 9 83 28 06

u 1 194

SHIA e.V. Landesverband Mecklenburg-Vorpommern
Barnstorfer Weg 50, 18057 Rostock
T: (0381) 4 92 32 14 **Fax:** 4 92 32 14

Ortsgruppen

u 1 195

SHIA e.V. Ortsgruppe Weimar
Erfurter Str. 7, 99423 Weimar
T: (03643) 85 14 56 **Fax:** 85 14 57

u 1 196

SHIA e.V. Ortsgruppe Dessau
Wörlitzer Str. 69, 06844 Dessau
T: (0340) 8 82 60 62 **Fax:** 8 82 60 62

u 1 197

SHIA e.V. Ortsgruppe Wolgast
An der Stadtmauer 10, 17438 Wolgast
T: (03836) 20 09 38

• U 1 198

Verband alleinerziehender Mütter und Väter e.V. (VAMV)
Bundesverband
Beethovenallee 7, 53173 Bonn
T: (0228) 35 29 95 **Fax:** 35 83 50
E-Mail: vamv-bv@netcologne.de
Gründung: 1967 (8. Juli)
Vorsitzende(r): Carola Schewe

Geschäftsführer(in): Peggi Liebisch
Verbandszeitschrift: VAMV-Informationen f. Einelternfamilien
Mitglieder: 9000

Landesverbände

u 1 199

Verband alleinstehender Mütter und Väter e.V. Landesverband Baden-Württemberg
Haußmannstr. 6, 70188 Stuttgart
T: (0711) 2 15 51 71 **Fax:** 2 15 51 77
Vorsitzende: Sigrid Grantner

u 1 200

Verband alleinerziehender Mütter und Väter e.V. Landesverband Bayern
Düsseldorfer Str. 22, 80804 München
T: (089) 3 06 11-121 **Fax:** 3 06 11-131
E-Mail: VAMV173313@aol.com
Vorsitzende: Irene Durukan

u 1 201

Verband alleinerziehender Mütter und Väter e.V. (VAMV) Landesverband Berlin
Sieglindestr. 6, 12159 Berlin
T: (030) 8 51 51 20 **Fax:** 85 96 12 14
E-Mail: vamv-berlin@t-online.de
Vorsitzende: Martina Jacob
Geschäftsführerin: Sabina Scheuerer

u 1 202

Verband alleinstehender Mütter und Väter e.V. Landesverband Brandenburg
Tschirchdamm 35, 14772 Brandenburg
T: (03381) 71 89 45 **Fax:** 71 89 45
E-Mail: vamv-lv-brb@t-online.de
Vorsitzende: Rosemarie Wolter

u 1 203

Verband alleinstehender Mütter und Väter e.V. Landesverband Bremen
Bürgermeister-Deichmann-Str. 28, 28217 Bremen
T: (0421) 38 38 34 **Fax:** 3 96 69 24
Vorsitzende(r): Jennifer Tronnier

u 1 204

Verband alleinstehender Mütter und Väter e.V. Landesverband Hamburg
Horner Weg 19, 20535 Hamburg
T: (040) 21 44 96 **Fax:** 21 98 33 77
Vorsitzende(r): Christa Gabriel

u 1 205

Verband alleinstehender Mütter und Väter e.V. Landesverband Hessen
Adalbertstr. 15, 60486 Frankfurt
T: (069) 97 98 18 79 **Fax:** 97 98 18 78
Vorsitzende: Ingrid Kruppa

u 1 206

Verband alleinstehender Mütter und Väter e.V. Landesverband Niedersachsen
Bocksmauer 19, 49074 Osnabrück
T: (0541) 2 55 84 **Fax:** 2 02 38 85
E-Mail: vamv.niedersachsen@t-online.de
Vorsitzende: Petra Spiegel

u 1 207

Verband alleinerziehender Mütter und Väter e.V. Landesverband Nordrhein-Westfalen
Juliusstr. 13, 45128 Essen
T: (0201) 8 27 74-70 **Fax:** 8 27 74 99
E-Mail: vamvnrw@vossnet.de
Vorsitzende: Erika Biehn

u 1 208

Verband alleinerziehender Mütter und Väter e.V. Landesverband Rheinland-Pfalz
Kaiserstr. 29, 55116 Mainz
T: (06131) 61 66 33-34 **Fax:** 61 66 37
Vorsitzende: Petra Spoden

u 1 209

Verband alleinstehender Mütter und Väter e.V. Landesverband Saarland
Talstr. 56, 66119 Saarbrücken
T: (0681) 3 34 46 **Fax:** 37 39 32
Vorsitzende: Cornelia Norheimer

u 1 210

Verband alleinstehender Mütter und Väter e.V. Landesverband Sachsen
Karl-Liebknecht-Str. 19, 09111 Chemnitz
T: (0371) 44 17 38 **Fax:** 44 17 38
Vorsitzende: Kerstin Vollmann

u 1 211

Verband alleinstehender Mütter und Väter e.V. Landesverband Sachsen-Anhalt
Halberstädter Str. 154, 39112 Magdeburg
T: (0391) 60 10 54 **Fax:** 60 10 53
Vorsitzende: Sabine Schwertfeger

u 1 212

Verband alleinstehender Mütter und Väter e.V. Landesverband Schleswig-Holstein
Muhliusstr. 67, 24103 Kiel
T: (0431) 5 57 91 50 **Fax:** 5 57 91 50
E-Mail: damper.medka@ki.comcity.de
Vorsitzende: Angela Jagenow

u 1 213

Verband alleinstehender Mütter und Väter e.V. Landesverband Thüringen
Friedrich-Engels-Str. 5, 07545 Gera
T: (0365) 8 00 48 09 **Fax:** 8 00 48 09
Vorsitzende: Silvia Becker

• U 1 214

PFAD - Bundesverband der Pflege- und Adoptivfamilien e.V.
Große Seestr. 27, 60486 Frankfurt
T: (069) 97 98 67-0
E-Mail: pfad-bv@t-online.de
Gründung: 1976 (16. April)
Vorsitzende(r): Ines Kurek-Bender
Stellvertretende(r) Vorsitzende(r): Hannes Kiesewetter
Heide Küpper
Verbandszeitschrift: KINDESWOHL
Verlag: Wissenschaftlicher Verlag, Dr. U. Schulz-Kirchner, Itzbachweg 2, 65505 Idstein
Mitglieder: 16 Landesverbände mit 3500 Mitgliedern

• U 1 215

tagesmütter Bundesverband für Kinderbetreuung in Tagespflege e.V.
Breite Str. 2, 40670 Meerbusch
T: (02159) 13 77 **Fax:** 20 20
Internet: http://www.tagesmuetter-bundesverband.de
E-Mail: tagesmuetterbv@t-online.de
Gründung: 1978 (19. Juli)
1. Vorsitzende(r): Ursula Trimpin (Untere Burggasse 1, 71032 Sindelfingen, T: (07031) 87 87 01)
2. Vorsitzende(r): Hanne Bauer (Heusteigstr. 24, 71032 Böblingen, T: (07031) 27 61-0)
Geschäftsführer(in): Klaus-Dieter Zühlke (Ltg. Presseabt.)
Verbandszeitschrift: ZeT
Redaktion: Verlag Herder, Hermann-Herder-Str. 4, 79104 Freiburg
Mitglieder: 104
Mitarbeiter: 4
Jahresetat: DM 0,4 Mio, € 0,2 Mio

u 1 216

Landesverband der tagesmütter Baden-Württemberg e.V.
Haußmannstr. 6, 70188 Stuttgart
T: (0711) 2 15 51 67
1. Vorsitzende(r): Ute Görlich

u 1 218

tagesmütter Landesverband Niedersachsen für Kinderbetreuung in Tagespflege e.V.
Julius-Leber-Str. 11, 26129 Oldenburg
T: (0441) 59 36 26
1. Vorsitzende(r): Marianne Elstner

• U 1 217

Hamburger Tagesmütter und -väter e.V.
Eilbeker Weg 71, 22089 Hamburg
T: (040) 2 00 33 77 **Fax:** 2 00 42 98
Kontaktperson: Ingeborg Bruns

• U 1 219

Familienbund der Deutschen Katholiken
Neue Kantstr. 2, 14057 Berlin
T: (030) 32 67 56-0 **Fax:** 32 67 56-20
E-Mail: familienbund.fdk@t-online.de
Gründung: 1953
Präsident(in): Dr. Andreas Birkmann
Geschäftsführer(in): Carsten Riegert
Verbandszeitschrift: "Stimme der Familie"
Redaktion: Carsten Riegert, Dr. Barbara Hoffmann
Verlag: Bundesgeschäftsführung des Familienbundes der Deutschen Katholiken, Berlin, in Verbindung mit KNA GmbH, Bonn
Mitglieder: 500000

• U 1 220

Verein für Familienerholung in Deutschland e.V.
Zweifalltorweg 10, 64293 Darmstadt
T: (06151) 89 37 80
Vorsitzende(r): Pfarrer Günther Arras
Leitung Presseabteilung: Jutta Brettschneider

• U 1 221

Arbeitsgemeinschaft katholischer Frauenverbände und -gruppen
Kaesenstr. 18, 50677 Köln
T: (0221) 31 49 30
Gründung: 1949
Präsidium:
Magdalena Bogner
Johanna Eimmermacher
Dr. Ursula Hansen
Elis. Thoma
Geschäftsführerin: Adelheid Lingens (Cheruskerstr. 33, 40545 Düsseldorf, T: (0211) 57 29 32, Telefax: (0211) 5 59 12 77)

• U 1 222

Bund Altkatholischer Frauen Deutschlands (baf)
Gregor-Mendel-Str. 28, 53115 Bonn
T: (0228) 23 22 85 **Fax:** 23 83 14
Gründung: 1912 in Offenbach/Main
Vorstand: Heidi Herborn (Vors.; Meerlachstr. 6, 68123 Mannheim, T.: (0621) 82 44 86)
Mariette Kraus-Vobbe (stellv. Vors.), Bonn
Waltraud Ghezzi, Obertshausen
Benedikta Klein, Blumberg
Gabi Rissmann, Essen
Lydia Ruisch, Weidenberg
Finanzen: Edith Greiner, Mannheim
Mitglieder: 1120
Anzahl der angeschlossenen Organisationen: 49

• U 1 223

Katholische Frauengemeinschaft Deutschlands Bundesverband e.V. (kfd)
Postf. 32 06 40, 40421 Düsseldorf
Prinz-Georg-Str. 44, 40477 Düsseldorf
T: (0211) 44 99 20 **Fax:** 44 99-2 75
Gründung: 1928
Präsident(in): Magdalena Bogner
Generalsekretär(in): Annette Rieks
Referat für Presse u. Öffentlichkeitsarbeit: Margret de Haan
Mitglieder: 750000
Mitarbeiterinnen: rund 65 Voll- und Teilzeit
Mitgliederzeitschrift: Frau und Mutter; kfd-direkt Informationsdienst; Werkheft DIE MITARBEITERIN

• U 1 224

Evangelische Familienerholung im Diakonischen Werk der EKD
Altensteinstr. 51, 14195 Berlin
T: (030) 8 30 01-450 **Fax:** 8 30 01-222
E-Mail: familienerholung@diakonie.de
Vorsitzende(r): Landesbischof Heinrich Herrmanns, Bückeburg
Geschäftsführer(in): Hans-Detlef Peter

• U 1 225

EAF

Evangelische Aktionsgemeinschaft für Familienfragen e.V.
Meckenheimer Allee 162, 53115 Bonn
T: (0228) 9 69 40 90 **Fax:** 96 94 09 29
E-Mail: eaf.gc@t-online.de
Gründung: 1953 (September)
Präsident(in): Prof. Dr. Dr. Siegfried Keil
Geschäftsführer(in): Sabine Mundolf (Leitung Presseabteilung)
Verbandszeitschrift: Familienpolitische Informationen
Redaktion: Sabine Mundolf
Mitglieder: 37 Verbände
Mitarbeiter: 6

Zusammenschluß evangelischer Einrichtungen, Werke und Verbände sowie Landesarbeitskreise, die sich mit familienrelevanten Themenbereichen beschäftigen. Zweck ist die gemeinsame Beratung und Vertretung ethischer, sozialer, wirtschaftlicher und pädagogischer Fragen in der Familienpolitik sowie die Förderung der Familienberatung, -bildung und -erholung.

• U 1 226

Evangelische Konferenz für Familien- und Lebensberatung e.V.
Fachverband für Psychologische Beratung und Supervision
Ziegelstr. 30, 10117 Berlin
T: (030) 28 30 39-27, 28 30 39-28 **Fax:** 28 30 39-26
Vorsitzende(r): Pfr., Dipl.-Psych. Dr. Gernot Czell
Bundesgeschäftsführer(in): Dipl.-Päd. Ruth Althoff-Epting

• U 1 227

Evangelischer Fachverband für Kranken- und Sozialpflege e.V.
Mitglied im Diakonischen Werk der EKD
Geschäftsstelle:
Rathausstr. 62-64, 65203 Wiesbaden
T: (0611) 1 86 01 86 **Fax:** 1 86 01 87
Vorsitzende(r): Ulrike Döring
Verbandszeitschrift: PFLEGEN
Redaktion: Ulrike Döring, Katharina Jost
Verlag: Rathausstr. 62-64, 65203 Wiesbaden

• U 1 228

Arbeitsgemeinschaft Musik in der evangelischen Jugend e.V.
Schulstr. 1b, 24250 Löptin
T: (04302) 96 78-0 **Fax:** 96 78-20
E-Mail: agm@ag-musik.de
Gründung: 1950
Vorsitzende(r): Helmut Krüger (Blauenstr. 3, 79410 Badenweiler, T: (07632) 3 87, Fax: (07632) 14 10)
Stellvertretende(r) Vorsitzende(r): Winfried Dalferth (Pestalozzistr. 58, 72762 Reutlingen, T: (07121) 31 24 34, Fax: (07121) 92 96 26, E-Mail: Winfried.Dalferth@t-online.de)
Mitglieder: 35 Organisationen, 8 sachkundige Persönlichkeiten
Mitarbeiter: 3

• U 1 229

Bundesarbeitsgemeinschaft Evang. Familien-Bildungsstätten e.V.
Olpe 35, 44135 Dortmund
T: (0231) 54 09-22 **Fax:** 54 09-24
E-Mail: bag@familienbildung-ev-bag.de
Gründung: 1954 (September)
Vorsitzende(r): OKR Kurt Triebel, Neumünster
Stellvertretende(r) Vorsitzende(r): Claudia Scholz, Münster
Geschäftsführung: Ute König
Verbandszeitschrift: bag-Informationen
Verlag: Selbstverlag
Mitglieder: 96 Familien-Bildungsstätten (Stand: 2000)
Jahresetat: DM 0,5 Mio, € 0,26 Mio

Landesverbände

u 1 230

Landesarbeitsgemeinschaft Evang. Familien-Bildungsstätten in Baden-Württemberg
Ecklenstr. 20, 70184 Stuttgart
T: (0711) 46 45 47
E-Mail: eaew-last@t-online.de
Vorsitzende(r): Ilse Birzele (Ulrichstr. 4, 73033 Göppingen)
Geschäftsführung: Reiner Mack

u 1 231

Landesarbeitsgemeinschaft Evang. Familien-Bildungsstätten in Bayern
Geschäftsstelle
Herzog-Wilhelm-Str. 24, 80331 München
T: (089) 55 22 41-0 **Fax:** 5 50 12 71
Geschäftsführung: Sigrid Hlasny

u 1 232

Bildungswerk der Ev. Kirche in Berlin-Brandenburg
Arbeitsbereich III/Familienbildung, Haus der Kirche
Goethestr. 27-30, 10625 Berlin
T: (030) 31 91-261 **Fax:** 31 91-283
E-Mail: bildungswerk-ekibb-ablll@t-online.de
Studienleiterin: Dr. Gesine Hefft

u 1 233

Landesarbeitsgemeinschaft Evang. Familien-Bildungsstätten in Hessen
Bahnstr. 44, 63225 Langen
T: (06103) 97 72 11 **Fax:** 97 72 13
Federführung: Marga Stahlmann

u 1 234

Landesarbeitsgemeinschaft Evang. Familien-Bildungsstätten in Mecklenburg-Vorpommern
Markt 25, 18273 Güstrow
T: (03843) 68 64 79 **Fax:** 68 64 79
Federführung: Erika Schulz

u 1 235

Landesarbeitsgemeinschaft Evang. Familien-Bildungsstätten in Niedersachsen
Haareneschstr. 58a, 26121 Oldenburg
T: (0441) 77 60 01 **Fax:** 7 78 07 16
Vorsitzende(r): Doris Steinhauer
Leitungskreis: Hiltrud Boomgaarden

u 1 236

Arbeitsgemeinschaft Evang. Familien-Bildungsstätten in der Nordelbischen Kirche
Haus der Kirche
Dormienstr. 1a, 22587 Hamburg
T: (040) 86 05 48 **Fax:** 86 66 39 30
Vorsitzende(r): Friederike Laar
Referentin: Birthe Gerdsen (Kanalufer 48, 24768 Rendsburg, T: (04331) 59 32 49, Fax: (0433) 59 32 30)

u 1 237

Arbeitsgemeinschaft Evang. Familien-Bildungsstätten im Rheinland
Lenaustr. 41, 40470 Düsseldorf
T: (0211) 63 98-0 **Fax:** 63 98-299
Vorsitzende(r): Ulrich Schmitz (Hinter der Kirche 34, 47058 Duisburg, T: (0203) 30 52 80, Fax: (0203) 3 05 28 48, e-mail: u.schmitz@fbw-du.org)
Geschäftsführung: Gabriele Brosda

u 1 238

Evang. Familien-Bildungswerk Westfalen-Lippe e.V.
Friesenring 32, 48147 Münster
T: (0251) 27 09-310 **Fax:** 27 09-573
Vorsitzende(r): Angelika Weigt-Blätgen (Feldmühlenweg 19, 59494 Soest, T: (02921) 3 71-0)
Geschäftsführung: Sibylle Kratz-Trutti

• U 1 239

Evangelische Akademikerschaft in Deutschland e.V. (EAiD)
Kniebisstr. 29, 70188 Stuttgart
T: (0711) 28 20 15 **Fax:** 2 62 81 15
Internet: http://www.ekd.de/akademiker
E-Mail: evangakadid@t-online.de
Gründung: 1947
Vorsitzende(r): Margot Gilch
Klaus Dietrich Wachlin
Bundesgeschäftsführer: Dr. Matthias Ahrens
Frauenteam: Ute Diersch (Ansprechpartnerin)
Verbandszeitschrift: evangelische aspekte
Redaktion: Dr. Michael Wildberger (verantwortl.), Friedrich-Karl-Str. 13, 67655 Kaiserslautern, T: (0631) 2 64 59, Fax: (0631) 3 11 07 90, E-Mail: 320008982956-0001@t-online.de
Verlag: Evangelische Akademikerschaft in Deutschland (EAiD)
Mitglieder: ca. 2500
Mitarbeiter: 2
Jahresetat: ca. DM 0,3 Mio, € 0,15 Mio

Die EAiD ist aus der Altfreundeschaft der Evangelischen Studentengemeinde (ESG) hervorgegangen. Ihre Mitglieder sind in 12 Landesverbänden und div. Projekten aktiv. Sie suchen Antworten auf die Fragen der Gegenwart im Sinne der befreienden Botschaft der Bibel. Sie setzen sich ein für Gerechtigkeit, Frieden und Bewahrung der Schöpfung. In Familie, Beruf und Gesellschaft helfen sie einander, den christlichen Glauben zu leben.

Landesverbände

Baden

u 1 240

Evangelische Akademikerschaft in Deutschland e.V.
Landesverband Baden
Spechtweg 21, 79110 Freiburg
T: (0761) 1 62 39 **Fax:** 1 56 03 60
Vorsitzende(r): Elvira Röhrig (Spechtweg 21, 79110 Freiburg, T: (0761) 1 62 39, Fax: (0761) 1 56 03 60)

Bayern

u 1 241

Evangelische Akademikerschaft in Deutschland e.V.
Landesverband Bayern
Bodenseering 29, 95445 Bayreuth
T: (0921) 3 57 17
E-Mail: kstaedtler@aol.com
Vorsitzende(r): Dr. Katharina Städtler (Bodenseering 29, 95445 Bayreuth, T: (0921) 3 57 17, e-mail: kstaedtler@aol.com)
Otto Böhm (Schweppermannstr. 10, 90408 Nürnberg, T: (0911) 3 65 84 89 (p), 2 16 26 76 (d), e-mail: oboehm@pop.odn.de)

Berlin

u 1 242

Evangelische Akademikerschaft in Deutschland e.V.
Landesverband Berlin/Brandenburg
Triberger Str. 3, 14197 Berlin
T: (030) 8 21 33 50 **Fax:** 8 21 37 48
Vorsitzende(r): Prof. Dr.-Ing. Hans Eckart Gumlich (Triberger Str. 3, 14197 Berlin, T: (030) 8 21 33 50, Fax: (030) 8 21 37 48)
Prof. Dr. Annemarie Karnatz (Rudeloffweg 28 A, 14195 Berlin, T: (030) 8 31 10 40)

Hamburg und Schleswig-Holstein

u 1 243

Evangelische Akademikerschaft in Deutschland e.V.
Landesverband Hamburg und Schleswig-Holstein
Hohenrade 46, 24106 Kiel
T: (0431) 33 13 84
Vorsitzende(r): Cläre Elis (Hohenrade 46, 24106 Kiel, T: (0431) 33 13 84)
Michael Kutter (Oktaviostr. 99, 22043 Hamburg, T + Fax: (040) 6 56 34 59)

Hessen

u 1 244

Evangelische Akademikerschaft in Deutschland e.V.
Landesverband Hessen
Danziger Str. 24, 35415 Pohlheim
T: (0641) 4 52 25 **Fax:** 4 52 25
Vorsitzende(r): Manfred Roth (Danziger Str. 24, 35415 Pohlheim, T + Fax: (0641) 4 52 25)

Niedersachsen

u 1 245

Evangelische Akademikerschaft in Deutschland e.V.
Landesverband Niedersachsen
Schifferweg 7, 31787 Hameln
T: (05151) 6 40 46
Vorsitzende(r): Brigitte Ochs (Schifferweg 7, 31787 Hameln, T: (05151) 6 40 46)
Heinz Jürgen Kesper (Friedrichwall 17, 30159 Hannover, T: (0511) 32 11 91)

Nordwest

u 1 246

Evangelische Akademikerschaft in Deutschland e.V.
Landesverband Nordwest
Wilhelm-Böhmert-Str. 31, 28355 Bremen
T: (0421) 3 61-3306 **Fax:** 3 61-3115
Vorsitzende(r): Peter Meyer (Wilhelm-Böhmert-Str. 31, 28355 Bremen, T: (0421) 25 49 08 (p), 3 61-33 06 (d), Fax: (0421) 3 61-31 15 (d), e-mail: pdmeyer@t-online.de)

Pfalz-Saar

u 1 247

Evangelische Akademikerschaft in Deutschland e.V.
Landesverband Pfalz-Saar
Untere Glanstr. 2, 67748 Odenbach
T: (06753) 27 45
Vorsitzende(r): Hilde Dittrich (Untere Glanstr. 2, 67748 Odenbach, T: (06753) 27 45)
Dr. Günter Geisthardt (Eichbornstr. 17, 76829 Landau, T: (06341) 8 79 51 (p), 80 84-0 (d), Fax: (06341) 8 89 89)

Rheinland

u 1 248

Evangelische Akademikerschaft in Deutschland e.V.
Landesverband Rheinland
Virchowstr. 51, 45147 Essen
T: (0201) 77 51 92
Vorsitzende(r): Ute Diersch (Virchowstr. 51, 45147 Essen, T: (0201) 77 51 92)
Dr. Klaus Blatt (Überruhrstr. 68, 45277 Essen, T: (0201) 58 10 05 (p), (0214) 30-86 40 (d), Fax: (0214) 30-3 18 01 (d), e-mail: blatt@wupperonline.de)

Sachsen

u 1 249

Evangelische Akademikerschaft in Deutschland e.V.
Landesverband Sachsen
Hauptstr. 15, 01689 Niederau
T: (035243) 32 86-0 **Fax:** 32 86-1
E-Mail: ufogara@t-online.de
Vorsitzende(r): Ute Fogarascher (Hauptstr. 15, 01689 Niederau, T: (035243) 32 86-0, Fax: (035243) 32 86-1, e-mail: ufogara@t-online.de)
Dieter Kahle (Loschwitzer Str. 10, 01309 Dresden, T: (0351) 3 10 07 65 (p), 8 03 97 72 (d), Fax: (0351) 8 03 97 88 (d))

Westfalen

u 1 250

Evangelische Akademikerschaft in Deutschland e.V.
Landesverband Westfalen
Luisenstr. 22, 44628 Herne
T: (02323) 98 10-45 **Fax:** 98 10-46
Vorsitzende(r): Karsten Herbers (Luisenstr. 22, 44628 Herne, T: (02323) 98 10-45, Fax: (02323) 98 10-46)

Württemberg

u 1 251

Evangelische Akademikerschaft in Deutschland e.V.
Landesverband Württemberg
Tilsiter Str. 4, 72622 Nürtingen
T: (07022) 4 61 07 **Fax:** 4 61 07
Vorsitzende(r): Rosemarie Krockenberger (Tilsiter Str. 4, 72622 Nürtingen, T + Fax: (07022) 4 61 07)
Christof Bartelt (Heusteigstr. 14, 71032 Böblingen, T: (07031) 27 81 21, Fax: (07031) 27 94 35, eMail: 101320.3372@compuserve.com)

• U 1 252

Elly-Heuss-Knapp-Stiftung, Deutsches Müttergenesungswerk
Postf. 12 60, 90544 Stein
T: (0911) 96 71 10 **Fax:** 67 66 85
Internet: http://www.muettergenesungswerk.de
E-Mail: info@muettergenesungswerk.de
Gründung: 1950
Schirmherrin: Christina Rau
Vorsitzende(r): Prof. Adelheid Bonnemann-Böhner
Geschäftsführer(in): Bettina Stoll
Presseabteilung: Hanna Meid
Meike Hallbauer

Stationäre Vorsorge- und Rehabilitationsmaßnahmen für Mütter und Mutter-Kind.

• U 1 253

Zehlendorfer Verband für Evangelische Diakonie
Glockenstr. 8, 14163 Berlin
T: (030) 80 99 70-0 **Fax:** 80 99 70-13
Gründung: 1916 (31. Oktober)
Vorsitzende(r): Pfr. Rainer Reimann
Verbandszeitschrift: "Die Diakonieschwester"
Redaktion: Pastor Dr. Rainer Sommer, Glockenstr. 8, 14163 Berlin
Verlag: Christlicher Zeitschriftenverlag, Bachstr. 1-2, 10555 Berlin
Mitglieder: 5897 (Stand 1.1.99)

• U 1 254

Evangelische Arbeitsgemeinschaft für Müttergenesung e.V.
Zweifalltorweg 10, 64293 Darmstadt
T: (06151) 89 43 56, 89 55 61 **Fax:** 89 39 62
Internet: http://www.muettergenesungskur.de
E-Mail: EAGmuetter@t-online.de

• U 1 255

Burckhardthaus - Ev. Institut für Jugend-, Kultur- und Sozialarbeit e.V.
Berlin und Gelnhausen
Herzbachweg 2, 63571 Gelnhausen
T: (06051) 89-0 **Fax:** 8 92 40
Heinrich-Mann-Str. 31, 13156 Berlin
T. u Fax: (030) 49 99 98 57
Gründung: 1893
Direktor(in): Pfr. Peter Musall (Herzbachweg 2, Postfach 11 64, 63551 Gelnhausen)
Mitarbeiter: 35

• U 1 256

Deutsches Institut für Vormundschaftswesen e.V. (DIV)
Postf. 10 20 20, 69010 Heidelberg
Zähringerstr. 10, 69115 Heidelberg
T: (06221) 98 18-0 **Fax:** 98 18-28
Vorsitzende(r): Prof. Dr. Marga Rothe
Direktor(in): Walter H. Zarbock

• U 1 257

Bund der kinderreichen Familien e.V. (BdkF)
Am Hang 1, 51519 Odenthal
T: (02174) 43 79
Vorsitzende(r): Ilse Winkler

Wahrnehmung der Interessen der Kinderreichen bei der Bundesregierung, den Länderregierungen und kommunalen Behörden in der Familien- und Sozialpolitik.

• U 1 258

Deutscher Frauenrat - Lobby der Frauen - Bundesvereinigung von Frauenverbänden und Frauengruppen gemischter Verbände in Deutschland e.V. (DF)
Simrockstr. 5, 53113 Bonn
T: (0228) 9 49 19-0 **Fax:** 9 49 19-44
Gründung: 1951
Vorsitzende(r): Helga Schulz
Geschäftsführer(in): Daniela Nowak
Leitung Presseabteilung: Hildegard Witteler
Verbandszeitschrift: FrauenRat
Redaktion: Hildegard Witteler
Verlag: Eigenverlag
Mitglieder: 52 Verbände
Mitarbeiter: 7

Landesfrauenräte

u 1 259

Landesfrauenrat Baden-Württemberg
Rotebühlstr. 133, 70197 Stuttgart
T: (0711) 62 11 35 **Fax:** 61 29 98
Internet: http://www.lpb.bwue.de/lfr/home.htm
E-Mail: LFRauenrat.BW@t-online.de
Gründung: 1969
Vorsitzende(r): Marion von Wartenberg
Leitung Presseabteilung: Dr. Margrit Wienholz
Verbandszeitschrift: Rundbrief
Verlag: Eigenverlag
Mitglieder: 56 Verbände, ca. 2 Mio Personen
Mitarbeiter: 2
Jahresetat: DM 0,16 Mio, € 0,08 Mio

u 1 260

Bayerischer Landesfrauenausschuß
Winzererstr. 9, 80797 München
T: (089) 12 61-1516, 12 61-1520 **Fax:** 12 61-2389
Präsident(in): Annemarie Gössel
Geschäftsführer(in): Renate Vorwallner
Silvia Geißinger

u 1 261

Landesfrauenrat Berlin
Tempelhofer Damm 2, 12101 Berlin
T: (030) 78 57 01-0
Gründung: 1979
Vorsitzende(r): Margot Schramm
Verbandszeitschrift: Wir Berlinerinnen
Redaktion: Gisela Gassen
Mitglieder: 39

u 1 262

Frauenpolitischer Rat Land Brandenburg e.V.
Heinrich-Mann-Allee 7, 14473 Potsdam
T: (0331) 2 80 35 81 **Fax:** 24 00 72
E-Mail: FrauPolRat@t-online.de
Geschäftsführer(in): Friederike von Borstel

u 1 263

Bremer Frauenausschuß e.V.
Landesfrauenrat Bremen
Schwachhauser Heerstr. 62, 28209 Bremen
T: (0421) 34 22 02 **Fax:** 34 22 02
Vorsitzende: Annedore Windler (Ottostr. 14, 28201 Bremen)

u 1 264

Landesfrauenrat Hessen
Faulbrunnenstr. 9, 65183 Wiesbaden
T: (0611) 1 57 86-0 **Fax:** 1 57 86-22
Internet: http://www.buero-f.de
E-Mail: frauen@buero-f.de
Vorsitzende(r): Doris Ebert
Geschäftsführerin: Sigrid Knorr

u 1 265

Landesfrauenrat Mecklenburg-Vorpommern e.V.
Graf-Schack-Str. 5, 18055 Rostock
T: (0381) 4 90 24 42 **Fax:** 4 90 24 42
Gründung: 1993 (16. Juni)
Vorsitzende(r): Dr. Christiane Bannuscher
Leitung Presseabteilung: Dr. Renate Hill
Verbandszeitschrift: Rundbriefe zu versch. Themen
Redaktion: Geschäftsstelle d. LFR
Mitglieder: 34 Mitgliedsverbände
Mitarbeiter: 1

u 1 266

Landesfrauenrat Niedersachsen e.V.
Geschäftsstelle
Johannssenstr. 10, 30159 Hannover
T: (0511) 32 10 31 **Fax:** 32 10 21
Vorsitzende(r): Christa Röder

u 1 267

Frauenrat Nordrhein-Westfalen e.V.
Julius-Doms-Str. 13, 51373 Leverkusen
T: (0214) 60 15 66 **Fax:** 60 15 66
Gründung: 1970 (September)
1. Vorsitzende(r): Ilse Redemann
Mitglieder: 70 Frauenverbände aus NRW mit ca. 3,5 Mio Mitgliedern
Mitarbeiter: 1
Jahresetat: DM 0,06 Mio, € 0,03 Mio

u 1 268

Landesfrauenbeirat Rheinland-Pfalz
Ministerium für Kultur, Jugend, Familie und Frauen
Mittlere Bleiche 61, 55116 Mainz

T: (0631) 16 41 67 **Fax:** 16 17 20 00
Gründung: 1976 (20. Dezember)
Vorsitzende(r): Christine Gothe
Geschäftsführung: Rovena Köthe
Mitglieder: 17 und 17 stellv. Mitglieder

u 1 269

Landesfrauenrat Rheinland-Pfalz e.V.
Karl-Zörgiebel-Str. 41, 55128 Mainz
T: (06131) 57 85 93 **Fax:** 57 85 93
Vorsitzende(r): Ulrike Kahl-Jordan (Landesfrauenrat Rheinland-Pfalz e.V., Bismarckstr. 22, 66953 Pirmasens, T: (06331) 1 20 28, Fax: (06331) 9 29 81)
Geschäftsführer(in): Hiltraud Giwer (Karl-Zörgiebel-Str. 41, 55128 Mainz, T: (06131) 57 85 93, Fax: (06131) 57 85 93)
Mitglieder: 30 Frauenverbände

u 1 270

Frauenrat Saarland
Tulpenweg 7, 66606 Sankt Wendel
T: (06854) 87 74 **Fax:** 7 64 41
Vorsitzende(r): Christiane Schreiber

u 1 271

Landesfrauenrat Sachsen-Anhalt e.V.
Große Diesdorfer Str. 12, 39108 Magdeburg
T: (0391) 7 31 73 37 **Fax:** 7 32 78 62
Vorsitzende(r): Ruth Lux
Geschäftsführer(in): Kerstin Schwiering

u 1 272

Sächsisches Frauenforum e.V.
Altenzeller Str. 19, 01069 Dresden
T: (0351) 4 72 10-62 **Fax:** 4 72 10-61
E-Mail: frauenforum_sachsen@t-online.de
Vorsitzende: Carmen Rosenthal

u 1 273

Landesfrauenrat Schleswig-Holstein e.V.
Bergstr. 7, 24103 Kiel
T: (0431) 55 20 65 **Fax:** 5 17 84
1. Vorsitzende(r): Gisela Poelke

u 1 274

Landesfrauenrat Thüringen
Thälmannstr. 58, 99085 Erfurt
T: (0361) 5 61 42 37
Vorsitzende(r): Christine Schwarzbach

• **U 1 275**

Bundesvereinigung Liberale Frauen e.V.
Neue Grünstr. 10, 10179 Berlin
Gründung: 1990
Vorsitzende: Ursula Müller
Verbandszeitschrift: LIBERA

• **U 1 276**

TERRE DES FEMMES e.V.
Menschenrechte für die Frau
Postf. 2565, 72015 Tübingen
Konrad-Adenauer-Str. 40, 72072 Tübingen
T: (07071) 79 73-0 **Fax:** 79 73-22
Internet: http://www.terre-des-femmes.de
E-Mail: TDF@swol.de
Gründung: 1981 (Mai)
Vorsitzende(r): Ulrike Mann
Geschäftsführerin: Christa Stolle
Verbandszeitschrift: Menschenrechte für die Frau
Redaktion: Karin Miedler
Mitglieder: 2000
Jahresetat: DM 0,80 Mio, € 0,41 Mio
Mitarbeiterinnen: 12

• **U 1 277**

Deutscher Verband Frau und Kultur e.V.
Vormholzstr. 32, 44801 Bochum
T: (0234) 70 11 98 **Fax:** 70 11 98
Gründung: 1896
Bundesvorsitzende(r): Gisela Beier
Verbandszeitschrift: Frau und Kultur
Redaktion: Irma Hildebrandt, Winterbergstr. 90, 32602 Vlotho
Verlag: DZS Druckzentrum Sutter & Partner, Essen
Mitglieder: 4000

Vielseitige Bildung und Aktivierung der Frau auf kulturellem Gebiet; Förderung ihrer schöpferischen Fähigkeiten; Verwirklichung ihrer Gleichstellung in Familie, Beruf u. Gesellschaft; Zusammenarbeit mit Verbänden ähnlicher Zielsetzung auf nationaler und internationaler Ebene.

• **U 1 278**

KOFRA - Kommunikationszentrum für Frauen zur Arbeits- und Lebenssituation e.V.
Baaderstr. 30, 80469 München
T: (089) 2 01 04 50 **Fax:** 2 02 27 47
Gründung: 1981
Verbandszeitschrift: Zeitschrift für Femminismus und Arbeit
Mitglieder: 95
Mitarbeiter: 3
Jahresetat: DM 0,380 Mio, € 0,19 Mio

• **U 1 279**

Fachausschuß "Frauenarbeit und Informatik" in der Gesellschaft für Informatik e.V.
Mahatma-Gandhi-Str. 10, 70376 Stuttgart
T: (0711) 29 73 78
E-Mail: frauen@gi-ev.de
Gründung: 1986
Sprecherin: Dr. Gertrud Heck-Weinhart
Verbandszeitschrift: Frauenarbeit und Informatik
Redaktion: Dr. Ute Claussen
Mitglieder: ca. 500

• **U 1 280**

Evangelisches Missionswerk in Deutschland e.V. (EMW)
Normannenweg 17-21, 20537 Hamburg
T: (040) 2 54 56-0 **Fax:** 2 54 29 87
Internet: http://www.emw-d.de
E-Mail: webmaster@emw-d.de
Gründung: 1975
Vorsitzende: Bischöfin Maria Jepsen (Nordelbische Ev.-Luth. Kirche, Kiel/Hamburg)
Stellvertretende(r) Vorsitzende(r): Ernst-August Lüdemann (Ev.-Luth. Missionswerk in Niedersachsen)
Direktor(in): Herbert Meißner
Geschäftsführer(in): Olaf Rehren
Leitung Studien und Öffentlichkeitsarbeit: Dr. Klaus Schäfer
Verbandszeitschrift: "EineWelt"
Redaktion: Martin Keiper
Verlag: Missionshilfe Verlag, Hamburg
Mitglieder: 24 (u.a. Ev. Kirche in Deutschland, Freikirchen u. Missionswerke)
Mitarbeiter: 52

• **U 1 281**

Wizo-Föderation Deutschland
Women's International Zionist Organisation
Joachimstaler Str. 13, 10719 Berlin
T: (030) 8 81 66 97 **Fax:** 8 81 71 13
Präsident(in): Lala Süsskind

• **U 1 282**

Deutscher Frauenbund für alkoholfreie Kultur
Landesverband Hessen
Coburger Weg 15, 63329 Egelsbach
T: (069) 36 27 42 **Fax:** 36 27 42
Gründung: 1948
Vorsitzende(r): Irma Grün
Mitglieder: 138

• **U 1 283**

Evangelische Frauenarbeit in Deutschland e.V. (EFD)
Emil-von-Behring-Str. 3, 60439 Frankfurt
T: (069) 95 80 12-0 **Fax:** 95 80 12-26
Internet: http://www.ekd.de/efd
E-Mail: efdffm@CompuServe.com
Gründung: 1918
Generalsekretär(in): Katharina Katt
Vorsitzende: Friederun Telschow (Parkstr. 21, 13086 Berlin, T: (030) 75 75 02 70 (dienstl.))
Finanzreferentin: Petra Solbach
Theolog. Referentin: Dr. Hildburg Wegener
Referentin für Interkulturelle Frauenarbeit: Dipl.-Päd. Susanne Lipka
Verbandszeitschrift: Mitteilungen
Mitglieder: 25 kirchliche Werke/Verbände und 20 Landeskirchliche Frauenwerke

• **U 1 284**

Deutscher Evangelischer Frauenbund E.V.
Bödekerstr. 59, 30161 Hannover
T: (0511) 9 65 68-0 **Fax:** 9 65 68-13
Gründung: 1899
Vorsitzende(r): Brunhilde Fabricius (Auf der Schubach 62, 34130 Kassel)
Geschäftsführer(in): Ulrike Krause (Bödekerstr. 59, 30161 Hannover)
Verbandszeitschrift: anhaltspunkte
Redaktion: Bödekerstr. 59, 30161 Hannover, T: (0511) 9 65 68-16
Verlag: Eigenverlag
Mitglieder: 10000
Mitarbeiter: 12
Jahresetat: DM 0,6 Mio, € 0,31 Mio

Landesverbände

u 1 285

Deutscher Evangelischer Frauenbund e.V. Landesverband Baden-Württemberg
Vogesenallee 11, 75173 Pforzheim
T: (07231) 2 68 80
1. Vorsitzende(r): Christel Wolfinger

u 1 286

Deutscher Evangelischer Frauenbund e.V. Landesverband Bayern
Julius-Leber-Str. 20, 90473 Nürnberg
T: (0911) 80 57 73 **Fax:** 80 73 29
1. Vorsitzende(r): Anke Geiger

u 1 287

Deutscher Evangelischer Frauenbund e.V. Landesverband Berlin
Bergstr. 34c, 13591 Berlin
T: (030) 3 63 37 49
1. Vorsitzende(r): Marlene Siefert

u 1 288

Deutscher Evangelischer Frauenbund e.V. Landesverband Hessen
Herkulesstr. 109, 34119 Kassel
T: (0561) 3 16 15 50 **Fax:** 3 16 15 52
1. Vorsitzende(r): Gisela Gohde

u 1 289

Deutscher Evangelischer Frauenbund e.V. Landesverband Niedersachsen
Kleine Breite 38, 38302 Wolfenbüttel
T: (05331) 7 68 51
1. Vorsitzende(r): Elke Simon

u 1 290

Deutscher Evangelischer Frauenbund e.V. Landesverband Nord
Eißendorfer Pferdeweg 44, 21075 Hamburg
T: (040) 7 90 52 54 **Fax:** 7 90 52 54
1. Vorsitzende(r): Rosemarie Schmidt

u 1 291

Deutscher Evangelischer Frauenbund e.V. Landesverband Nordrhein
Rembrandtstr. 2, 50999 Köln
T: (0221) 35 44 93 **Fax:** 39 68 73
1. Vorsitzende(r): Gabriele von Dombois

u 1 292

Deutscher Evangelischer Frauenbund e.V. Landesverband Nordwest
Haarlemer Str. 16, 28259 Bremen
T: (0421) 5 79 87 01
1. Vorsitzende(r): Marion Manschke

u 1 293

Deutscher Evangelischer Frauenbund e.V. Landesverband Rheinland-Süd
Säuerlingstr. 8, 56154 Boppard
T: (06742) 43 49
1. Vorsitzende(r): Ute Kondritz

u 1 294

Deutscher Evangelischer Frauenbund e.V. Landesverband Westfalen
Cranger Str. 115, 45891 Gelsenkirchen
Sprecherin: Renate Schmidt

• **U 1 295**

Evangelische Frauenhilfe in Deutschland e.V.
Postf. 31 02 06, 40481 Düsseldorf
Zeppenheimer Weg 5, 40489 Düsseldorf
T: (0211) 9 40 80-0 **Fax:** 9 40 80-22
Gründung: 1899
Vorsitzende: Brunhilde Raiser
Geschäftsführerin: Christine Busch (Leitende Pfarrerin)
Öffentlichkeitsreferentin: Dr. Claudia Eliass
Mitglieder: ca. 800000, 19 Mitgliedsorganisationen
Mitarbeiter: 8
Periodika:
frauen unterwegs (Erscheinungsweise: monatlich)
Redaktionssekretariat: Christel Thurow

Abonnementbetreuung: Heike Hatenkerl
c/o Evangelische Frauenhilfe in Deutschland
ARBEITSHILFE ZUM WEITERGEBEN (Erscheinungsweise: vierteljährlich)
Redaktion: Christa Joppien
Redaktionssekretariat: Christel Thurow
Abonnementbetreuung: Heike Hatenkerl
c/o Evangelische Frauenhilfe in Deutschland

Mitgliedsverbände:

u 1 296

Frauen- und Familienarbeit der Ev. Landeskirche Anhalts
Friedrichstr. 22-24, 06844 Dessau
T: (0340) 25 26-111 **Fax:** 2 52 61 30
Geschäftsführer(in): Sieglinde Lewe

u 1 297

Frauen- und Familienarbeit in der Ev. Kirche in Berlin-Brandenburg (Ev. Frauenhilfe) Arbeitsbereich Brandenburg
Weinbergstr. 18-19, 14469 Potsdam
T: (0331) 2 77 74 51 **Fax:** 2 77 74 60
Geschäftsführer(in): Susanne Kahl-Passoth

u 1 298

Frauen- und Familienarbeit in der Ev. Kirche in Berlin-Brandenburg (Ev. Frauenhilfe) Arbeitsbereich Berlin
Ev. Bildungswerk
Goethestr. 27-30, 10625 Berlin
T: (030) 31 91-287 **Fax:** 31 91-300

u 1 299

Evangelische Frauenhilfe Landesverband Braunschweig e.V.
Hohetorwall 1a, 38118 Braunschweig
T: (0531) 48 09 90 **Fax:** 4 80 99 99
Geschäftsführer(in): Dorothea Biersack

u 1 300

Landesverband der Evangelischen Frauenhilfe Bremen e.V.
Hohenlohestr. 9, 28209 Bremen
T: (0421) 34 61 70 **Fax:** 3 46 17 19
Geschäftsführer(in): Cornelia Klöss
Klaus Langer

u 1 301

Stadtverband der Evangelischen Frauenhilfe in Frankfurt e.V.
Glauburgstr. 68, 60318 Frankfurt
T: (069) 55 47 98
Vorsitzende(r): Barbara Georgi

u 1 302

Evangelische Frauenhilfe in Hessen und Nassau e.V. - Landesverband
Erbacher Str. 17, 64287 Darmstadt
T: (06151) 49 72-0 **Fax:** 49 72-99
Geschäftsführer(in): Sylvia Puchert

u 1 303

Evangelische Frauenhilfe Husum e.V.
Erichsenweg 24, 25813 Husum
T: (04841) 28 36
Gründung: 1876
Vorsitzende(r): Margret Schulze-Kölln

u 1 304

Evangelische Frauenarbeit der Lippischen Landeskirche
Wiesenstr. 5, 32756 Detmold
T: (05231) 9 76 68 40 **Fax:** 9 76 68 98
Geschäftsführer(in): Birgit Wulfmeier-Pötzsch

u 1 305

Ev. Frauenwerk Mecklenburg-Vorpommern Schwesternheimathaus
Große Parower Str. 42, 18435 Stralsund
T: (03831) 37 58-0 **Fax:** 37 58-19
Geschäftsführer(in): Marlies Richter

u 1 306

Evangelische Frauenhilfe Landesverband Oldenburg e.V.
Seerosenweg 8, 26160 Bad Zwischenahn
T: (04403) 9 31 40 **Fax:** 93 14 40
Vorsitzende(r): Waltraud Nebelung
Geschäftsstellenleiterin: Irmtraud Senst

u 1 307

Evangelische Frauenhilfe im Rheinland e.V.
Ellesdorfer Str. 52, 53179 Bonn
T: (0228) 95 41-0 **Fax:** 95 41-1 00
Geschäftsführer(in): Rainer Münden
Verwaltungsleiter: Rainer Kimmel

u 1 308

Ev. Frauenhilfe in der Kirchenprovinz Sachsen
Leibnizstr. 4, 39104 Magdeburg
T: (0391) 5 34 62 70 **Fax:** 5 34 62 73
Geschäftsführer(in): Hanna Manser

u 1 309

Frauen- und Familienarbeit der Evangelischen Kirche der schlesischen Oberlausitz
Langenstr. 36, 02826 Görlitz
T: (03581) 40 68 18 **Fax:** 40 68 51
Geschäftsführer(in): Petra-Edith Pietz

u 1 310

Frauenwerk der Ev.-luth. Kirche in Thüringen
Arnold-Böcklin-Str. 2, 99425 Weimar
T: (03643) 20 29 05 **Fax:** 20 29 13
Geschäftsführer(in): Andrea Richter
Christine Wunschik
Gudrun Peters

u 1 311

Evangelische Frauenhilfe in Westfalen e.V.
Feldmühlenweg 19, 59494 Soest
T: (02921) 3 71-0 **Fax:** 40 26
Gründung: 1906
Geschäftsführung: Dr. Peter Jakobi
Pfrin. Angelika Weigt-Blätgen
Manuela Schunk

u 1 312

Frauenwerk der Evangelischen Landeskirche in Württemberg
Postf. 10 13 52, 70012 Stuttgart
Gymnasiumstr. 36, 70174 Stuttgart
T: (0711) 2 06 82 20 **Fax:** 2 06 83 45
Geschäftsführer(in): Monika Blattner

u 1 313

Ev.-ref. Kirche Landeskirchliche Frauenarbeit
(Synode ev.-ref. Kirchen in Bayern und Nordwestdeutschland) Landeskirchliche Frauenarbeit
Saarstr. 6, 26789 Leer
T: (0491) 91 98-246 (bis 12.00 Uhr zu erreichen) **Fax:** 91 98-240
Geschäftsführer(in): Brigitte Trompeter (T: (0491) 9 12 23 11)

u 1 314

Schwesternschaft der Evangelischen Frauenhilfe
Werk der EKU (Zentrale)
Weinbergstr. 18, 14469 Potsdam
T: (0331) 61 90 42 **Fax:** 61 90 42

u 1 315

Stiftung "Stralsunder Schwesternheimathaus"
Große Parower Str. 42, 18435 Stralsund
T: (03831) 37 58-0 **Fax:** 37 58-19
Oberin: N. N.

• U 1 316

Evangelischer Arbeitskreis Freizeit-Erholung-Tourismus in der EKD
Postf. 21 02 20, 30402 Hannover
Herrenhäuser Str. 12, 30419 Hannover
T: (0511) 27 96-2 01/2 02 **Fax:** 27 96-7 07/7 22
Gründung: 1960
Vorsitzende(r): Prof. Dr. Hans Ruh, Zürich
Geschäftsführer(in): Oberkirchenrat Klaus-Peter Weinhold
Mitgliedsorganisationen: 38

• U 1 317

Arbeitsgemeinschaft Evangelischer Hausfrauen (AEH) des Deutschen Evangelischen Frauenbundes (DEF)
Bödekerstr. 59, 30161 Hannover
T: (0511) 9 65 68-0 **Fax:** 9 65 68-13
Gründung: 1953
Vorsitzende(r): Johanna Ittner (Rupprechtstr. 4, 91126 Schwabach)
Geschäftsführer(in): Anne Ballhausen

• U 1 318

Frauenförderung e. V.
Greifswalder Str. 4, 10405 Berlin
T: (030) 4 48 55 39 **Fax:** 4 48 55 42
E-Mail: weibblick@aol.com
Gründung: 1992
Verbandszeitschrift: "WEIBBLICK"
Redaktion: Annette Maennel, T: (030) 4 48 55 39
Mitarbeiter: 2

• U 1 319

Kom!ma Verein für Frauenkommunikation e.V.
Himmelgeister Str. 107, 40225 Düsseldorf
T: (0211) 31 49 10 **Fax:** 31 49 84
Internet: http://www.komma-duesseldorf.de
E-Mail: komma@komma-duesseldorf.de
Vorstand: Ada Hartmann
Vorstand: Gaby Bischoff

• U 1 320

Bundesverband der Meisterinnen der Hauswirtschaft e.V.
Auf dem Köppel II/ 16, 67098 Bad Dürkheim
T: (06322) 6 83 70 **Fax:** 62 06 36
Gründung: 1982 (29. Januar)
Vorsitzende(r): Erika Stickel
Stellvertretende(r) Vorsitzende(r): Ingeborg Hug, Kempten
Mitglieder: 4000
Mitarbeiter: 1

• U 1 321

Alt hilft Jung BAG e.V. Wirtschaft-Senioren beraten
Kennedyallee 62-70, 53175 Bonn
T: (0228) 8 89 12 36 **Fax:** 8 89 38 48
Internet: http://www.althilftjung.de
E-Mail: althilftjung-zentrale@t-online.de
Gründung: 1986
Vorsitzende(r): D. Suckau
Stellvertretende(r) Vorsitzende(r): M. Lochner
Geschäftsführer(in): K. Stoll (Presseabteilung)
Mitglieder: ca. 600 in 17 Mitgliedsvereinen
Mitarbeiter: 10

• U 1 322

Mainzer Rentnerbund e.V.
Breidenbacherstr. 13, 55116 Mainz
T: (06131) 22 72 43
Gründung: 1951
1. Vorsitzende(r): Karlheinz Schwarz (Am Linsenberg 4, 55131 Mainz)
2. Vorsitzende(r): Peter Bärtsch
Schatzmeisterin: Anni Korte
Schriftführerin: Elisabeth Schild
Mitglieder: 400
Mitarbeiter: 6 (ehrenamtl.)

• U 1 323

Volkssolidarität Bundesverband e.V.
Bundesgeschäftsstelle
Köpenicker Str. 127-129, 10179 Berlin
T: (030) 2 78 97-0 **Fax:** 27 59 39 59
Gründung: 1945 (24. Oktober)
Präsident(in): Jost Biedermann
Vizepräsident(in): Dr. Hartmut Hoffmann
Peter Kätzel
Dr. Ingeborg Storbeck
Prof. Dr. Gunnar Winkler
Bundesgeschäftsführer(in): Dr. Bernd Niederland
Mitglieder: 475000
Mitarbeiter: 36000 ehrenamtlich
Kreisverbände: 124
Landesverbände: 6

• U 1 324

Deutsche Seniorenförderung und Krankenhilfe e.V. (DSK)
Rathenaustr. 18, 67547 Worms
T: (06241) 90 09-0
Gründung: 1977 (21. Oktober)
Vorsitzende(r) des Vorstandes: Hartmut Ostermann
Vorstand: Elke Henrich
Christina Lill
Peter Unger

• U 1 325

Bundesverband "Graue Panther" e.V.
Dachverband aller SSB-GP-Vereine Deutschlands
Sitz Berlin
Verwaltung:
Postf. 20 06 55, 42206 Wuppertal
Kothener Str. 1-5, 42285 Wuppertal
T: (0202) 28 07 00 (Sammeltel.) **Fax:** 2 80 70 55 (Sammelfax)
Internet: http://www.graue-panther-online.de
E-Mail: info@graue-panther-online.de
Gründung: 1975 (25. August), Neuordnung 1996 mit rechtsfähigen Vereinen SSB-GP e.V.
Präsidentin: Trude Unruh (ex. MdB)
Vizepräsident: Dieter Peuker
Schatzmeister: Hugo Möllenkamp (Unternehmensberater)
Stellv. Schatzmeister: Prof. (RP) Ernst Otto Wolfshohl (WHO-Experte)
Verbandszeitschrift: GRAUER PANTHER
Redaktion: Trude Unruh V.i.S.d.P.
Mitglieder: ca. 30000
Mitarbeiter: ca. 300 ehrenamtliche u. AB-Maßnahmen
Jahresetat: DM 1,5 Mio, € 0,77 Mio
in allen 16 Ländern rechtsfähige Vereine

• U 1 326

JAHRESRINGE - Verband für Vorruhestand und aktives Alter
Gesamtverband e.V.
Geschäftsstelle:
Boxhagener Str. 18, 10245 Berlin
T: (030) 29 34 18 13 **Fax:** 29 34 18 10
E-Mail: jahresringe@berlinweb.de
Gründung: 1990 (19. Dezember)
Vorsitzende(r): Werner Ruppelt
Stellvertretende(r) Vorsitzende(r): Günter Hartmann
Mitglieder: 1900
Infoblatt: "Wir über uns"

Zweck: Altenhilfe und Wohlfahrtswesen nach Paragraph 52 Abs. 2 Nr. 2 und Paragraph 66 Abs. 2 der AO. Als Selbsthilfeorganisation fördert JAHRESRINGE ein regelmäßiges gemeinschaftliches Zusammensein. Soziale Dienste und Kultur- und Bildungsarbeit.

Landesverbände

u 1 327

JAHRESRINGE
Landesverband Berlin e.V.
Boxhagener Str. 18, 10245 Berlin
T: (030) 29 34 18 13 **Fax:** 29 34 18 10
Gründung: 1990 (19. Dezember)
Vorsitzende(r): Ingeburg Ruppelt
Stellvertretende(r) Vorsitzende(r): Karin Splittgerber
Mitglieder: 650
Mitarbeiter: 105

u 1 328

JAHRESRINGE
Landesverband Brandenburg e.V.
Rathenaustr. 33, 16761 Hennigsdorf
T: (03302) 80 28 86
Gründung: 1991
Vorsitzende(r): Herbert Kinder
Stellvertretende(r) Vorsitzende(r): Rosemarie Mehlmann
Mitglieder: 520

u 1 329

JAHRESRINGE
Verband für Vorruhestand und aktives Alter
Landesverband M-V e.V.
Ortsgruppe Rostock
Kuphalstr. 77, 18069 Rostock
T: (0381) 8 00 48 33 **Fax:** 8 00 48 37
Gründung: 1992
Vorsitzende(r): Hans-Jürgen Grebin
Stellvertretende(r) Vorsitzende(r): Klaus Kothe
Mitglieder: 180

Gruppen

u 1 330

JAHRESRINGE
Gruppe Freiberg e.V.
Ziolkowskistr. 21, 09599 Freiberg
T: (03731) 76 80 45
Gründung: 1993
Vorsitzende(r): Dr. Kurt Haisler
Stellvertretende(r) Vorsitzende(r): Roll
Mitglieder: 65

u 1 331

JAHRESRINGE
Gruppe Suhl e.V.
Otto-Bruchholz-Str. 35, 98527 Suhl
T: (03681) 6 19 45
Gründung: 1991
Vorsitzende(r): Lory Gerlach
Mitglieder: 53

u 1 332

JAHRESRINGE
Ortsgruppe Dresden e.V.
GSt:
Ehrlichstr. 3, 01067 Dresden
T: (0351) 4 84 63 54
Gründung: 1991
Vorsitzende(r): Peter Bergmann
Mitglieder: 290

• U 1 333

Senior-Experten Service
Ehrenamtlicher Dienst der Deutschen Wirtschaft für internationale Zusammenarbeit GmbH
Ehrenamtlicher Dienst der Deutschen Wirtschaft für internationale Zusammenarbeit GmbH, Gemeinnützige Gesellschaft
Postf. 22 62, 53012 Bonn
Buschstr. 2, 53113 Bonn
T: (0228) 26 09 00 **Fax:** 2 60 90 77
E-Mail: ses@ses-bonn.de
Gründung: 1983
Vors.d.Kuratoriums: Werner Kirchgässer
Geschäftsführer(in): Uwe Vieth
Dr. Susanne Nonnen
Leitung Presseabteilung: Hans-Jürgen Höfer
Verbandszeitschrift: SES "aktuell"

• U 1 334

Bundesarbeitsgemeinschaft der Senioren-Organisationen (BAGSO) e.V.
Schedestr. 13, 53113 Bonn
T: (0228) 65 53 91 **Fax:** 63 53 10
Internet: http://www.bagso.de
E-Mail: kontakt@bagso.de
Gründung: 1989 (24. Januar)
Vorsitzende: Roswitha Verhülsdonk
1. Stellv.: Prälat Anton Schütz
2. Stellv.: Dr. Rudolf Schuster
Geschäftsführer(in): Dr. Erika Neubauer
Leitung Presseabteilung: Ursula Lenz
Verbandszeitschrift: BAGSO Nachrichten
Redaktion: Dr. Erika Neubauer/ Ursula Lenz

• U 1 335

Interessenvereinigung der Senioren 83 e.V.
Vertretung d. Welt-Senioren-Org. F.I.A.P.A. f. d. Bundesrep. Deutschland
Niestetalstr. 38, 34266 Niestetal
T: (0561) 52 81 85 **Fax:** 52 89 64
Präsident(in): Fritz-Hermann Luther

• U 1 336

Bundesseniorenvertretung e.V.
Geschäftsstelle:
Stettiner Str. 13, 22850 Norderstedt
T: (040) 52 87-8108 **Fax:** 52 87-8112
Gründung: 1986 (1. Mai)
Vorsitzende(r): Horst Vanselow (22850 Norderstedt, T: (040) 52 87 81 08, Fax: 52 87 81 12)
Stellvertretende(r) Vorsitzende(r): Inge Hügenell (Wieskirchensr. 10, 81539 München, T: (089) 29 59 95, Fax: 29 60 47)
Helmut Gerlach (Otto-Bruchholz-Str. 35, 98527 Suhl, T+Fax: (03681) 76 19 45), Suhl
Schatzmeister: Peter Vogt (Oktaviostr. 118 c, 22043 Hamburg, T: (040) 2 19 58 69, Fax: 2 10 11 66), Hamburg
Schriftführer(in): Heinz Rösel (Beethovenstr. 7, 19053 Schwerin, T+Fax: (0385) 55 96 13/14)
Mitglieder: 1000
Landesverbände: 15

u 1 337

Landesseniorenrat Baden-Württemberg e.V.
-Geschäftsstelle
Rotebühlstr. 133, 70197 Stuttgart
T: (0711) 61 38 24 **Fax:** 61 79 65
Vorsitzende(r): Siegfried Hörrmann

u 1 338

Landesseniorenvertretung Bayern
Geschäftsstelle
Löwengrube 10, 80333 München
T: (089) 29 59 95 **Fax:** 29 60 47
Vorsitzende(r): Inge Hügenell

u 1 339

Landesseniorenbeirat Berlin
Geschäftsstelle
Blücherstr. 26a, 10961 Berlin
T: (030) 25 88 23 46
Vorsitzende(r): Gerd Otto

u 1 340

Landesseniorenbeirat Brandenburg
Geschäftsstelle
Hegermühlenstr. 58, 15344 Strausberg
T: (03341) 38 23 46 **Fax:** 38 23 46
Vorsitzende(r): Manfred Tippmann

u 1 341

Seniorenvertretung Bremen
Geschäftsstelle
Bahnhofsplatz 29, 28195 Bremen
T: (0421) 36 16 76 **Fax:** 3 61 22 75
Vorsitzende(r): Helmut Thielke

u 1 342

Landesseniorenbeirat Hamburg
Geschäftsstelle
Heinrich-Hertz-Str. 50, 22085 Hamburg
T: (040) 4 28 63-1934 **Fax:** 4 28 63-4629
Vorsitzende(r): Thea Woost

u 1 343

Landesseniorenvertretung Hessen e.V.
-Geschäftsstelle
Egerländerstr. 12, 64342 Seeheim-Jugenheim
T: (06257) 99 09 02 **Fax:** 99 09 03
Vorsitzende(r): Walter Kipper (T: (06257) 8 63 80)

u 1 344

Landesseniorenbeirat Mecklenburg-Vorpommern
Geschäftsstelle
Großer Moor 2-6, 19055 Schwerin
T: (0385) 55 96 13 **Fax:** 55 96 14
Vorsitzende(r): Heinz Rösel

u 1 345

Landesseniorenrat Niedersachsen e.V.
-Geschäftsstelle
Postf. 59 50, 38051 Braunschweig
Pappelallee 5, 38110 Braunschweig
T: (05307) 76 75 **Fax:** 86 52
Vorsitzende(r): Gerhard Rode

u 1 346

Landesseniorenvertretung Nordrhein-Westfalen e.V.
Geschäftsstelle
Gasselstiege 13, 48159 Münster
T: (0251) 21 20 50 **Fax:** 2 00 66 13
Vorsitzende(r): Hiltrud Wesseling

u 1 347

Landesseniorenrat Rheinland-Pfalz
Geschäftsstelle
An der Goldgrube 41, 55131 Mainz
T: (06131) 5 12 10 **Fax:** 55 72 96
Vorsitzende(r): Otti Gerber

u 1 348

Landesseniorenbeirat Saarland
Geschäftsstelle
Neugeländstr. 11, 66117 Saarbrücken
T: (0681) 5 84 59 30 **Fax:** 5 84 59 50
Vorsitzende(r): Otto Brockholz (Landesvorsitzender des Sozialverbandes VdK Saarland)

u 1 349

Landesseniorenbeirat Sachsen
Geschäftsstelle
Haus der Demokratie
Bernhard-Göring-Str. 152, 04277 Leipzig
T: (0341) 3 06 51 31 **Fax:** 3 01 47 44
Vorsitzende(r): Mia-Elisabeth Krüger

u 1 350

Landesseniorenrat Sachsen-Anhalt
Geschäftsstelle
Tischlerstr. 13a, 39218 Schönebeck
T: (03928) 40 13 60 **Fax:** 40 13 60
Vorsitzende(r): Werner Achtzehn

u 1 351

Landesseniorenrat Schleswig-Holstein
Geschäftsstelle
Rosenstieg 2, 22850 Norderstedt
T: (040) 5 21 33 82 **Fax:** 5 21 33 82
Vorsitzende(r): Horst Vanselow

u 1 352

Landesseniorenvertretung Thüringen
Geschäftsstelle
Große Ackerhofsgasse 11/12, 99084 Erfurt
T: (0361) 5 62 16 49 **Fax:** 5 62 16 49
Vorsitzende(r): Helmut Gerlach

• U 1 353

Volkssolidarität in Brandenburg e.V.
Landesgeschäftsstelle
Rudolf-Breitscheid-Str. 58, 14482 Potsdam
T: (0331) 74 10 50 **Fax:** 74 10 52
Gründung: 1990
Vorsitzende(r): Gisela Gehrmann
Stellvertretende(r) Vorsitzende(r): Günter Brehm
Christa Radloff
Geschäftsführer(in): Dr. Michael Schwabe
Leitung Presseabteilung: Günter Gladis
Verbandszeitschrift: VSB-aktuell innerhalb der Zeitschrift „Spätsommer"
Redaktion: Landesgeschäftsstelle VSB e.V.
Verlag: Verlag am Turm, Rykestr. 53, 10405 Berlin
Mitglieder: 88009 per 31.12.1998
Mitarbeiter: 1160 per 31.12.1998

• U 1 354

Förderkreis für ein seniorengerechtes Wohnen e.V.
Gutenbergstr. 1-3, 56457 Westerburg
T: (02663) 22 01 (Anrufbeantw.) **Fax:** 22 01
Gründung: 1986 (11. Juli)
Vorstand: Werner K. Scholz
Leitung Presseabteilung: Jutta Scholz
Verbandszeitschrift: Deutsches Senioren Handbuch
Redaktion: Jutta Scholz
Verlag: VDS Verlag, Gutenbergstr. 1-3, 56457 Westerburg
Mitglieder: 300

• U 1 355

Fußgängerschutz-Verein -Fuss e.V.-
Bundesverband
Exerzierstr. 20, 13357 Berlin
T: (030) 4 92 74 73 **Fax:** 4 92 79 72
Internet: http://www.fuss-ev.de
E-Mail: info@fuss-ev.de
Gründung: 1985 (23. Februar)
Vorsitzende(r): Wolf-Ekkehard Westphal, Halle/S.
Rita Mensching, Berlin
Angelika Schlansky, Bremen
Hauptgeschäftsführer(in): Bernd Schlagk
Verbandszeitschrift: Kritischer Literaturdienst Fußgängerverkehr, Informations Dienst Verkehr IDV
Verlag: Eigenverlag
Mitglieder: üb. 400 (Gruppen u. Einzelpersonen gemischt)

• U 1 356

Berufsgemeinschaft der Pfarrhaushälterinnen Bundesverband
Prinz-Georg-Str. 44, 40477 Düsseldorf
T: (0211) 4 49 92-56, 4 49 92-57 **Fax:** 4 49 92-88
BVors.: Elisabeth Harrer
Geschäftsführer(in): Claudia Seeger

• U 1 357

Katholische Frauengemeinschaft Deutschlands Berufstätige Frauen
Postf. 32 06 40, 40421 Düsseldorf
Prinz-Georg-Str. 44, 40477 Düsseldorf
T: (0211) 44 99 20 **Fax:** 44 99-2 75
Gründung: 1981
Vorsitzende(r): Ingrid Müller
Geschäftsführer(in): Petra Erbrath

• U 1 358

Soziales Hilfswerk e.V. (SHW)
Altersfürsorge u. Hilfe f.i. Not geratene Bürger
Postf. 21 12 46, 86172 Augsburg
Roseggerstr. 3, 86179 Augsburg
T: (0821) 81 27 82 **Fax:** 88 07 13
Geschäftsführer(in): Albert Gotthold (1. Vors.)

• U 1 359

Verband katholischer Frauen in Wirtschaft und Verwaltung e.V.
Donaustaufer Str. 133, 93059 Regensburg
T: (0941) 44 87 87 **Fax:** 44 87 87
Vors. u. GeschF: Elisabeth Wallner

• U 1 360

Deutsche Sacré-Coeur Vereinigung e.V.
Rheinallee 67b, 53173 Bonn
T: (0228) 35 94 02
Gründung: 1952
Präsident(in): Dipl.-Phys. Hieronyma v. Speyart
Mitglieder: 1000
Ortsvereinigungen in Aachen, Bonn, Düsseldorf, Essen, Freiburg, Koblenz, Köln, Krefeld, Mainz, Münster, München

• U 1 361

Forum Sozialstation e.V.
Luisenstr. 56, 53129 Bonn
T: (0228) 26 46 28 **Fax:** 26 46 29
Gründung: 1977
Vorsitzende(r): Dipl.-Volksw. Dipl.-Landw. Martin Mallach
Stellvertretende(r) Vorsitzende(r): Uschi Grieshaber
Verbandszeitschrift: FORUM SOZIALSTATION
Mitarbeiter: 2

• U 1 362

Gemeinschaft Hausfrauen Berufsgemeinschaft in der Katholischen Frauengemeinschaft Deutschlands (kfd)
Postf. 32 06 40, 40421 Düsseldorf
Prinz-Georg-Str. 44, 40477 Düsseldorf
T: (0211) 44 99 20 **Fax:** 4 49 92 75
Vorsitzende: Edeltrud Teipel
Geschäftsführer(in): Christiane Schiller

• U 1 363

Kreis Katholischer Frauen im Heliand-Bund e.V.
De-la-Paz-Str. 3, 80639 München
T: (089) 1 70 89 13 **Fax:** 51 60 48 52
Gründung: 1926 (Heliand-Bund)
Vorsitzende(r): Dr. Ingrid Noske
Leitung Presseabteilung: Dr. Wiltrud Ziegler
Verbandszeitschrift: Heliand-Korrespondenz
Redaktion: Dr. Wiltrud Ziegler
Verlag: Heliand-Bundesamt, Gabelsbergerstr. 19, 50674 Köln
Mitglieder: 2000
Mitarbeiter: 3 ehrenamtliche
Jahresetat: DM 0,3 Mio, € 0,15 Mio

Durch Bildungsarbeit Mitglieder befähigen, an der Gestaltung der Lebensverhältnisse in Kirche, Gesellschaft und Staat mitzuarbeiten

• U 1 364

Aktion DAS SICHERE HAUS - Deutsches Kuratorium für Sicherheit in Heim und Freizeit e.V. (DSH)
Tal 15, 80331 München
T: (089) 29 09 42-0 **Fax:** 29 09 42-20
Gründung: 1954 (11. Mai)
Vorsitzende(r): Thomas Schröder-Kamprad
Stellvertretende(r) Vorsitzende(r): Pia Gaßmann (Deutscher Hausfrauen Bund e.V., Bonn)
Geschäftsführer(in): Björn-Michael Hahn
Mitglieder: 29 ordentl. Mitglieder, 3 fördernde Mitglieder

• U 1 365

Katholische Arbeitsgemeinschaft für Freizeit und Tourismus
Postf. 19 01 13, 53037 Bonn
Kaiser-Friedrich-Str. 9, 53113 Bonn
T: (0228) 9 11 43-0 **Fax:** 9 11 43-33
Internet: http://www.kath.de/kasdbk
E-Mail: kasdbk.bonn@t-online.de

• U 1 366

Mütterzentren-Bundesverband e.V.
Müggenkampstr. 30a, 20257 Hamburg
T: (040) 40 17 06 06 **Fax:** 4 90 38 26
E-Mail: muetterzentren.bv@t-online.de
Gründung: 1988
Vorsitzende(r): Eva Orth
Geschäftsführer(in): Susanne Meyer
Verbandszeitschrift: News Letter
Redaktion: D. Engels
Mitglieder: 350
Mitarbeiter: 3
Jahresetat: DM 0,085 Mio, € 0,04 Mio

Unterstützung und Förderung von Mütterzentren und Mütterzentruminitiativen gemeinnütziger Art; Entwicklung, Förderung und Durchführung von Fortbildungsprogrammen, die den Selbsthilfecharakter von Mütterzentren sichern; Öffentlichkeitsarbeit zur Unterstützung und der Verbreitung der Idee "Mütterzentren" und zur Durchsetzung polit. Interessen von Müttern und Vätern.

• U 1 367

Jüdischer Frauenbund in Deutschland (JFB)
c/o Zentralwohlfahrtsstelle der Juden in Deutschland e.V.
Hebelstr. 6, 60318 Frankfurt
T: (069) 94 43 71-0 **Fax:** 49 48 17
Gründung: 1953
Edith Kelly, Frankfurt
Hedvah Ben Zev, Köln
Hanna Jacobius, Dortmund
Mitglieder: 2000

Angeschlossene Frauenvereine in:
Aachen, Bielefeld, Bochum, Chemnitz, Cottbus, Dortmund, Dresden, Essen, Frankfurt, Gelsenkirchen, Hagen, Hannover, Herne, Köln, Mannheim, Minden, Mülheim-Duisburg, Mülheim-Ruhr, Münster, Nürnberg, Osnabrück, Potsdam, Recklinghausen, Saarbrücken, Trier, Würzburg

• U 1 368

Verband alleinstehender Frauen e.V. (vaf)
Postf. 80 11 04, 51011 Köln
T: (0221) 62 20 26 **Fax:** 62 20 27
Gründung: 1981
Präsident(in): Mechthild Immenkötter
Geschäftsführer(in): Marlies Esser (Eulenbergstr. 5-7, 51065 Köln, T: (0221) 61 65 66)
Mitglieder: ca. 600

• U 1 369

Gemeinschaft der Katholischen Männer Deutschlands
Neuenberger Str. 3-5, 36041 Fulda
T: (0661) 7 34 63, 90 11-878 **Fax:** 90 12-899
Verbandszeitschrift: MANN IN DER KIRCHE
Redaktion: Dr. Andreas Ruffing
Verlag: Eigenverlag

u 1 370

Kirchliche Arbeitsstelle für Männerseelsorge und -arbeit in den deutschen Diözesen e.V.
Neuenberger Str. 3-5, 36041 Fulda
T: (0661) 7 34 63, 90 11-878 **Fax:** 90 12-899

• U 1 371

BDKJ-Jugendferienwerk - Bund der Deutschen Katholischen Jugend
Postf. 12 29, 73242 Wernau
Antoniusstr. 3, 73249 Wernau
T: (07153) 30 01 22 **Fax:** 3 87 46
Gründung: 1961
Referent für Touristik: Dieter Barth
Geschäftsführer(in): Helmut Bender (Ltg. Presseabt.)

• U 1 372

Christliches Jugenddorfwerk Deutschlands e.V. (CJD)
Teckstr. 23, 73061 Ebersbach
T: (07163) 9 30-0 **Fax:** 9 30-280
Internet: http://www.cjd.de
E-Mail: cjd@cjd.de
Gründung: 1947
Vorsitzende(r): Erich Schneider
Stellvertretende(r) Vorsitzende(r): Dr. Gottfried Theissing, München
Prof. Dr. Bodo Volkmann, Stuttgart
Gesch.-Ltg.: Dieter Oppermann (Sprecher)
Winfried Heger
Pfarrer Hartmut Hühnerbein

Berthold Kuhn
Leitung Presseabteilung: Jörn Ziegler
Mitarbeiter: 7000 Sozial- und Sonderpädagogen, Ausbilder, Lehrer, Verwaltungsmitarbeiter

Das CJD ist ein Jugend-, Bildungs- und Sozialwerk, das jungen und erwachsenen Menschen Ausbildung, Förderung und Unterstützung in ihrer aktuellen Lebenssituation anbietet. Nach dem Motto "Keiner darf verloren gehen-" orientiert es die Inhalte seiner Arbeit am christlichen Menschenbild. Mehr als 90.000 Menschen nehmen jährlich bundesweit an über 150 Orten die Angebote des CJD wahr. Insbesondere arbeitet das CJD eng mit Unternehmen und Verbänden der Wirtschaft zusammen: Fort- und Weiterbildungskurse für Auszubildende und Mitarbeiter der Wirtschaft, Umschulungs- und Qualifizierungsmaßnahmen, berufliche Ausbildung in Verbindung mit Wirtschaftsunternehmen werden angeboten.

• U 1 373

Internationaler Jugendaustausch- und Besucherdienst der Bundesrepublik Deutschland (IJAB) e.V.
Postf. 20 07 65, 53137 Bonn
Hochkreuzallee 20, 53175 Bonn
T: (0228) 95 06-0 **Fax:** 95 06-199
Gründung: 1967
Vorsitzende(r): Mechthild Merfeld
Direktor(in): Dr. Wolfgang Reifenberg
Leitung Presseabteilung: Stefan Becsky
Verbandszeitschrift: IJAB-Informationen, Jugendarbeit und Jugendpolitik International, Info Hrsg. Deutsches Büro Jugend für Europa beim IJAB
Schriftenreihen: Jugendhilfe und Jugendpolitik in den Mitgliedstaaten der EU; Forum Jugendarbeit International
Verlag: Eigenverlag

• U 1 374

Partnership International e.V.
(ehemals Fulbright-Gesellschaft e.V.)
Frankstr. 26, 50676 Köln
T: (0221) 2 40 58 41 **Fax:** 2 40 55 38
Internet: http://www.partnership.de
E-Mail: office@partnership.de
Büro Berlin:
Falkenhagener Str. 63, 13585 Berlin-Spandau, Telefon u. Fax: (030) 3 35 12 65
Gründung: 1967
Präsident(in): Manfred Huschner
Stellvertretende(r) Vorsitzende(r): Horst-Dieter Laufs
Geschäftsführer(in): Jörg C. Plogmaker
Mitglieder: 245
Mitarbeiter: 6
Jahresetat: DM 3,5 Mio, € 1,79 Mio

• U 1 375

Fulbright-Kommission für den Studenten- und Dozentenaustausch zwischen der Bundesrepublik Deutschland und den Vereinigten Staaten
Oranienburger Str. 13, 10178 Berlin
T: (030) 28 44 43-0 **Fax:** 28 44 43-42
Internet: http://www.fulbright.de
E-Mail: fulkom@fulbright.de
Vorsitzende(r): Dr. David L. Arnett
Geschäftsführer(in): Prof. Dr. Barbara Ischinger

• U 1 376

Cartellverband der katholischen deutschen Studentenverbindungen (CV)
Linzer Str. 82, 53604 Bad Honnef
T: (02224) 9 60 02-0
Internet: http://www.cartellverband.de
Gründung: 1856 (06. Dezember)
Vorsitzende(r): Karl-Heinz Götz (Unternehmer; Hofer Str. 10, 93057 Regensburg, T: (0941) 64 04-144, Fax: (0941) 64 04-190)
Stellvertretende(r) Vorsitzende(r): Ansgar Berlekamp (stud. el.; c/o KDStV Baltia, Rütscher Str. 110, T: (0241) 15 63 61, Funk: (0177) 3 31 37 41)
Sekretär: Stud.Ass. Richard Weiskorn
Leitung Presseabteilung: Dr. Johannes Leclerque
Verbandszeitschrift: Academia
Redaktion: Truderinger Str. 9, 2. Stock, 81677 München
Mitglieder: 32000

• U 1 377

Christliche Aktion Mensch - Umwelt e.V.
Geschäftsstelle:
Odenwaldstr. 15, 64665 Alsbach-Hähnlein
T: (06257) 90 35 21 **Fax:** 90 35 23
Gründung: 1972
Vorsitzende(r): Dr. Heinrich Ruhemann
Stellvertretende(r) Vorsitzende(r): Pfarrer Hans Siebert
Geschäftsführer(in): Manfred Bäurle
Mitglieder: ca. 200 Einzelmitglieder, Kirchengemeinden und Dekanate

• U 1 378

Christliche Fachkräfte International e.V. (CFI)
Wächterstr. 3, 70182 Stuttgart
T: (0711) 2 10 66-0 **Fax:** 2 10 66-33
E-Mail: cfi-stuttgart@t-online.de
Gründung: 1984 (17. Dezember)
Geschäftsführer(in): Winrich Scheffbuch

• U 1 379

CVJM Gesamtverband in Deutschland e.V.
34114 Kassel
Im Druseltal 8, 34131 Kassel
T: (0561) 30 87-0 **Fax:** 30 87-2 70
E-Mail: info@cvjm.de
Präses: Hermann Sörgel (Friedrich-Kaulbach-Ring 22, 91560 Heilsbronn, T: (09872) 95 59 80, Telefax: (09872) 95 59 81)
Generalsekretär(in): Ulrich Parzany (T: (0561) 30 87-2 00)
Geschäftsführer(in): Matthias Ruf (T: (0561) 30 87-210)

Mitgliedsverbände

u 1 380

CVJM-Westbund
Postf. 20 20 51, 42220 Wuppertal
Bundeshöhe 6, 42285 Wuppertal
T: (0202) 57 42-0 **Fax:** 59 52 27

u 1 381

Evang. Jugendwerk in Württemberg
Haeberlinstr. 1-3, 70563 Stuttgart
T: (0711) 97 81-0 **Fax:** 97 81-30

u 1 382

CVJM-Landesverband Bayern e.V.
Schweinauer Hauptstr. 38, 90441 Nürnberg
T: (0911) 6 28 14-0 **Fax:** 6 28 14-99

u 1 383

CVJM-Nordbund e.V.
Sinstorfer Kirchweg 18, 21077 Hamburg
T: (040) 7 60 70 36 **Fax:** 7 60 08 58

u 1 384

CVJM-Landesverband Baden e.V.
Mühlweg 10, 76703 Kraichtal
T: (07251) 6 22 77 **Fax:** 6 80 58

u 1 385

CVJM-Pfalz e.V.
Evangelischer Jugendverband
Johannisstr. 32, 67697 Otterberg
T: (06301) 71 50-0 **Fax:** 71 50-49

u 1 386

Arbeitsgemeinschaft der CVJM Deutschlands
Hirzsteinstr. 17, 34131 Kassel
T: (0561) 3 14 99 99 **Fax:** 3 14 99 98

u 1 387

Christliches Jugenddorfwerk Deutschlands e.V. (CJD)
Teckstr. 23, 73061 Ebersbach
T: (07163) 9 30-0 **Fax:** 9 30-280
Internet: http://www.cjd.de
E-Mail: cjd@cjd.de

u 1 388

CVJM Landesverband Sachsen e.V.
Postf. 53 01 31, 01291 Dresden
Sebastian-Bach-Str. 13, 01277 Dresden
T: (0351) 3 17 92 97 **Fax:** 3 36 10 88

u 1 389

CVJM-Landesverband Sachsen-Anhalt e.V.
St.-Michael-Str. 46, 39112 Magdeburg
T: (0391) 60 18 07 **Fax:** 6 22 57 27

u 1 390

Ev. Jungmännerwerk / CVJM Thüringen e.V.
Gerberstr. 14a, 99089 Erfurt
T: (0361) 26 46 50 **Fax:** 2 64 65 20

u 1 391

CVJM Schlesische Oberlausitz e.V.
Postf. 30 09 34, 02814 Görlitz
T: (03581) 40 09 72 **Fax:** 40 09 34

u 1 392

CVJM Ostwerk/Berlin-Brandenburg e.V.
Sophienstr. 19, 10178 Berlin
T: (030) 28 49 77-0 **Fax:** 28 49 77-17

• U 1 393

Bundesarbeitsgemeinschaft Internationale Soziale Dienste e.V. (BISD)
Kolpingplatz 5-11, 50667 Köln
T: (0221) 20 70 11 16 **Fax:** 2 07 01 40
Gründung: 1968 (27. November)
Vorsitzende(r): Eckard Müller
Geschäftsführer(in): Guido Kaesbach
Verbandszeitschrift: BISD - Internationale Jugendbegegnungen und Work Camp (Informationsbroschüre)
Mitglieder: 10 Mitgliedsorganisationen
Mitarbeiter: 2

• U 1 394

Sprachverband Deutsch für ausländische Arbeitnehmer e.V.
Raimundistr. 2, 55118 Mainz
T: (06131) 96 44 40 **Fax:** 9 64 44 44
Internet: http://www.uni-mainz.de/Sprachverband
E-Mail: Sprachverband@t-online.de
Gründung: 1974 (9. Mai)
Vorsitzende(r): Reg.Dir. Heinrich Hinken
1. Stellv.: Reg. Dir. Dr. Peter Wetzel
2. Stellv.: Karl-Heinz Goebels
Geschäftsführer(in): Gerhard Fiedler
Verbandszeitschrift: Deutsch lernen Bildungsarbeit in der Zweitsprache Deutsch
Redaktion: Sprachverband
Verlag: Schneider Verlag, 73666 Baltmannsweiler
Mitglieder: 34
Mitarbeiter: 25
Jahresetat: DM 34 Mio, € 17,38 Mio

• U 1 395

Brüsewitz-Zentrum
(Trägerverein: Christlich-Paneuropäisches Studienwerk e.V./CPS)
Köpenicker Str. 50, 15569 Woltersdorf
T: (089) 55 46 83
Gründung: 1977
Vorsitzende(r): Dr. Wolfgang Stock

• U 1 396

Evangelisches Studienwerk e.V.
Iserlohner Str. 25, 58239 Schwerte
T: (02304) 7 55-196 **Fax:** 7 55-250
Internet: http://www.evstudienwerk.de
E-Mail: info@evstudienwerk.de
Gründung: 1948
Vorsitzende(r): Dr. Hans-Detlef Hoffmann
Leitung: Prof. Dr. Manfred Faßler
Leitung Presseabteilung: Dr. Margret Lohmann
Verbandszeitschrift: Villigst Public
Jahresetat: DM 12 Mio, € 6,14 Mio
Mitglieder: Dtsch. Prot. Landeskirchen u.a.

• U 1 397

Cusanuswerk
Bischöfliche Studienförderung
Baumschulallee 5, 53115 Bonn
T: (0228) 9 83 84-0 **Fax:** 9 83 84-99
Internet: http://www.cusanuswerk.de
E-Mail: Cusanuswerk@t-online.de
Gründung: 1956
Leitung Presseabteilung: Dr. Annette Julius

Förderung besonders begabter katholischer Studierender.

• U 1 398

Ring Christlich-Demokratischer Studenten (RCDS)
Paul-Lincke-Ufer 8b, 10999 Berlin
T: (030) 61 65 18 11 **Fax:** 61 65 18 40
Internet: http://www.rcds.de
E-Mail: buvo@rcds.de
Gründung: 1951
Bundesvorsitzender: Carsten Schwarz
Stellv. Bundesvors.: Marc-Michael Blum
Marisa van der Felden
BundesGeschF: Thomas Helm
Verbandszeitschrift: RCDS-Magazin, CAMPUS
Verlag: Union-Aktuell
Mitglieder: ca. 7000
Mitarbeiter: 6

● U 1 399

Interessenvereinigung für humanistische Jugendarbeit und Jugendweihe e.V.
Bundesverband
Rathausstr. 13, 10367 Berlin
T: (030) 5 50 93 14 **Fax:** 5 50 93 14
Internet: http://www.jugendweihe.de
Gründung: 1990 (9. Juni)
Präsident(in): Werner Riedel
Vizepräsident(in): Dieter Lehmann
Geschäftsführerin: Heidi Richter
Verbandszeitschrift: Rundbrief
Redaktion: Interessenvereinigung
Mitglieder: 1434

u 1 400

Interessenvereinigung für humanistische Jugendarbeit und Jugendweihe Landesverband Berlin-Brandenburg e.V.
Möllendorffstr. 104-105, 10367 Berlin
T: (030) 55 48 94 69
Präsident(in): Werner Riedel, Berlin
Geschäftsführer(in): Henry Behrens

u 1 401

Interessenverein humanistische Jugendarbeit und Jugendweihe Mecklenburg-Vorpommern e.V.
Ziegeleiweg 12, 19057 Schwerin
T: (0385) 4 86-6013 **Fax:** 4 86-8389
Präsident(in): Wilfried Estel
Geschäftsführer(in): Wolfgang Langer, Schwerin

u 1 402

Sächsischer Verband für Jugendarbeit und Jugendweihe e.V.
Grunaer Weg 30, 01277 Dresden
T: (0351) 2 19 81 20 **Fax:** 2 19 81 99
Präsident(in): Dieter Lehmann
Geschäftsführer(in): Roland Brucksch

u 1 403

Landesverband Sachsen-Anhalt der Interessenvereinigung Jugendweihe e.V.
Philipp-Müller-Str. 57, 06110 Halle
T: (0345) 8 06 30 93 **Fax:** 8 06 31 93
Präsident(in): Günter Rettig
Geschäftsführerin: Ute Häder

u 1 404

Interessenvereinigung Jugendweihe Landesverband Thüringen e.V.
Südstr. 18, 07548 Gera
T: (0365) 7 10 67 16 **Fax:** 7 10 67 23
Vorsitzende: Rosel Neuhäuser
Geschäftsführerin: Christine Schreiber

u 1 405

Interessenvereinigung für humanistische Jugendarbeit und Jugendweihe e.V. Mansfelder Land und Umgebung
August-Bebel-Str. 10, 06347 Gerbstedt
T: (034783) 3 05 14
Vorsitzende(r): Margit Jordan
Geschäftsführer(in): Wolfgang Jordan

● U 1 406

Verein für Internationale Jugendarbeit Arbeitsgemeinschaft Christlicher Frauen Bundesverein e.V. (VIJ)
Bundesverein e.V.
Arbeitsgemeinschaft Christlicher Frauen
Goetheallee 10, 53225 Bonn
T: (0228) 69 89 52 **Fax:** 69 41 66
Internet: http://www.ekd.de/au-pair
E-Mail: au-pair.vij@netcologne.de
Gründung: 1882
Vorsitzende(r): Hannelore Häusler
Bundesgeschäftsführer(in): Ursula Pfeiffer
Leitung Presseabteilung: Susanne Burkard
Verbandszeitschrift: VIJ-Info
Redaktion: U. Pfeiffer, S. Burkard
Mitglieder: 2500
Mitarbeiter: 5

Mitgliedsvereine Baden-Württemberg

u 1 407

Verein für Internationale Jugendarbeit Arbeitsgemeinschaft Christlicher Frauen Landesverein Württemberg e.V.
Moserstr. 10, 70182 Stuttgart
T: (0711) 2 39 41-0 **Fax:** 2 39 41-40
Vorsitzende(r): Ute Volz

u 1 408

Verein für Internationale Jugendarbeit Arbeitsgemeinschaft Christlicher Frauen Landesverein Baden e.V.
Fischerstr. 3, 76199 Karlsruhe
T: (0721) 9 89 18 19 **Fax:** 9 89 18 20
Vorsitzende(r): Susanne Frank

u 1 409

Verein für Internationale Jugendarbeit Arbeitsgemeinschaft Christlicher Frauen Landesverein Berlin-Brandenburg e.V.
Bundesallee 22, 10717 Berlin
T: (030) 88 55 12 93
Vorsitzende(r): N.N.

u 1 410

Verein für Internationale Jugendarbeit Arbeitsgemeinschaft Christlicher Frauen Landesverein Hamburg e.V.
Schillerstr. 7, 22767 Hamburg
T: (040) 30 62 32 40 **Fax:** 30 62 32 41
Vorsitzende(r): Dagmar Klemm

u 1 411

Verein für Internationale Jugendarbeit Arbeitsgemeinschaft Christlicher Frauen Landesverein Hannover e.V.
Emdenstr. 14, 30167 Hannover
T: (0511) 83 01 13
Vorsitzende(r): Toni K. Pasternack
Mädchenwohnheim "Haus Daheim"

u 1 412

Verein für Internationale Jugendarbeit Arbeitsgemeinschaft Christlicher Frauen Landesverein Rheinland e.V.
Gladbacher Str. 25, 40219 Düsseldorf
T: (0211) 30 55 09 **Fax:** 30 55 66

u 1 413

Verein für Internationale Jugendarbeit Arbeitsgemeinschaft Christlicher Frauen Landesverein Schleswig-Holstein e.V.
Rathausstr. 6, 24103 Kiel
T: (0431) 9 43 46
Vorsitzende(r): Rita Klöppel

u 1 414

Verein für Internationale Jugendarbeit Arbeitsgemeinschaft Christlicher Frauen Landesverein Westfalen e.V.
Altstädter Kirchstr. 12a, 33602 Bielefeld
T: (0521) 6 64 47
Vorsitzende(r): Imke Rademacher

● U 1 415

Deutsches Nationalkomitee für internationale Jugendarbeit (DNK)
German National Committee for International Youth Work
Comité national allemand pour le travail international de jeunesse
Haager Weg 44, 53127 Bonn
T: (0228) 9 10 21-16 **Fax:** 9 10 21-22
Internet: http://www.dbjr.de
E-Mail: info@dbjr.de

● U 1 416

Verband binationaler Familien und Partnerschaften, iaf e.V.
Postf. 90 05 67, 60445 Frankfurt
Ludolfusstr. 2-4, 60487 Frankfurt
T: (069) 71 37 56-0 **Fax:** 7 07 50 92
Internet: http://www.verband-binationaler.de
E-Mail: verband-binationaler@t-online.de
Gründung: 1972 (September)
1. Vorsitzende: Susanne Küster
Stellvertretende Vorsitzende: Barbara Schuy
Hauptgeschäftsführerin: Dipl.-Pädagogin Cornelia Spohn
Verbandszeitschrift: iaf-Informationen
Verlag: Selbstverlag
Mitglieder: 2500
Mitarbeiter: ca. 30
Landesverbände: Initiativgruppen und Kontaktstellen in allen größeren Städten der Bundesrepublik, insgesamt in 50 Städten.
Darüber hinaus bestehen Kontakte zu „Schwesterorganisationen" vor allem im europäischen, aber auch außereuropäischen Ausland.

● U 1 417

Bundeskonferenz für Erziehungsberatung e.V. (bke)
Herrnstr. 53, 90763 Fürth
T: (0911) 9 77 14-0 **Fax:** 74 54 97
Internet: http://www.bke.de
E-Mail: geschäftsstelle@bke.de
Gründung: 1962
Vorsitzende(r): Dipl.-Psych. Hans-Peter Klug (Beratungsstelle, Münzstr. 1, 74523 Schwäbisch Hall)
Geschäftsführer(in): Dipl.-Soz. Klaus Menne (Ltg. Presseabt.)
Verbandszeitschrift: Informationen für Erziehungsberatungsstellen
Redaktion: Herrnstr. 53, 90763 Fürth
Mitglieder: 16 Landesarbeitsgemeinschaften für Erziehungsberatung
Mitarbeiter: 7
Jahresetat: DM 1,2 Mio, € 0,61 Mio

● U 1 418

Arbeitsgemeinschaft Freier Stillgruppen (AFS)
Geschäftsstelle
Gertraudgasse 4, 97070 Würzburg
T: (0931) 57 34 93 **Fax:** 57 34 94
Internet: http://www.stillen.org
E-Mail: afs-Stillgruppen@t-online.de
Gründung: 1988
Vorsitzende(r): Angelika Reck
Verbandszeitschrift: AFS Rundbrief
Redaktion: Gertraud Azar, Andrea Fuchs-Dürer, Ursula Götzmann-Fuhren
Redaktionsadresse: Ursula Götzmann-Fuhren, Unterer Dallenbergweg 32, 97082 Würzburg, T: (0931) 78 41 870, Fax: (0871) 78 41 871, email: uschifuhren@t-online.de
Mitglieder: ca. 1700
Mitarbeiter: 3
Jahresetat: DM 0,08 Mio, € 0,04 Mio

● U 1 419

Bundesverband Neue Erziehung e.V. (BNE)
Oppelner Str. 130, 53119 Bonn
T: (0228) 66 85-140 **Fax:** 66 85-209
Vorsitzende(r): N.N.
Geschäftsführer(in): Wolf Brühan

● U 1 420

Bundesverband Rhythmische Erziehung e.V. (BRE)
c/o Akademie Remscheid
Küppelstein 34, 42857 Remscheid
T: (02191) 7 94-2 57 **Fax:** 7 94-2 59
Gründung: 1964
1. Vorsitzende(r): Frank Füser
2. Vorsitzende(r): Waltraud Kommerell
Geschäftsführer(in): Christine Gerock (Bundesverband Rhythmische Erziehung e.V.)
Verbandszeitschrift: Rhythmik aktuell
Redaktion: Barbara Schultze
Verlag: Eigenverlag
Mitglieder: ca. 900
Jahresetat: DM 0,7 Mio, € 0,36 Mio

Landesverbände

u 1 421

Landesverband Rhythmische Erziehung Baden-Württemberg e.V.
Brünnlestr. 49, 72379 Hechingen
T: (07471) 62 18 57
1. Vorsitzende(r): Christine Theen-Theuerkauff

u 1 422

Landesverband Rhythmische Erziehung Berlin
Wartburgstr. 33, 10825 Berlin
T: (030) 78 70 56 93
Barbara Hielscher-Witte

u 1 423

Landesverband Rhythmische Erziehung Hamburg e.V.
Schwentinestr. 19, 22851 Norderstedt
T: (040) 5 24 68 91

u 1 424

Landesverband Mecklenburg-Vorpommern e.V.
Jungfernstieg 23, 19053 Schwerin
T: (0385) 73 24 94
Friederike Kleeberg

u 1 425

Landesverband Rhythmik Niedersachsen/Bremen
Am Kümmerberg 4, 30900 Bissendorf
T: (05130) 6 02 52

u 1 426

Landesverband Schleswig-Holstein e.V.
Dorfstr. 10, 24259 Westensee
T: (04305) 14 56
Imke Eisenschmidt

• U 1 427

Deutscher Bundesjugendring (DBJR)
Haager Weg 44, 53127 Bonn
T: (0228) 9 10 21-0 **Fax:** 9 10 21-22
Internet: http://www.dbjr.de
E-Mail: info@dbjr.de
Gründung: 1949 (2./3. Oktober)
Vorsitzende(r): Gaby Hagmans
Geschäftsführer(in): Ronald Berthelmann
Leitung Presseabteilung: Wolfgang Peschel
Verbandszeitschrift: Jugendpolitik
Redaktion: Wolfgang Peschel
Verlag: Votum Verlag, Grevener Str. 89-91, 48159 Münster
Mitglieder: 43 (22 Jugendverbände, 16 Landesjugendringe, 5 Anschlußverbände)
Mitarbeiter: 10

Mitwirkung in der Jugendarbeit. Einflußnahme auf Jugendpolitik und Entwicklung der Jugendgesetzgebung. Interessenvertretung; Veranstaltungen; Schaffung gemeinsamer Einrichtungen. Zusammenarbeit mit Institutionen und Organisationen in Erziehung und Bildung.

Landesjugendringe

u 1 428

Landesjugendring Baden-Württemberg e.V.
Siemensstr. 11, 70469 Stuttgart
T: (0711) 1 64 47-0 **Fax:** 1 64 47-88
E-Mail: ljrbw@t-online.de
Vorsitzende(r): Oliver Moses
Geschäftsführer(in): Johannes Heinrich
Mitglieder: 25 Mitgliedsverbände

u 1 429

Bayerischer Jugendring KdöR
Postf. 20 05 18, 80005 München
Herzog-Heinrich-Str. 7, 80336 München
T: (089) 5 14 58-0 **Fax:** 5 14 58-88
E-Mail: info@bjr.de
Präsident(in): Gerhard Engel
Geschäftsführer(in): Heinrich Kopriwa

u 1 430

Landesjugendring Berlin
Münchener Str. 24, 10779 Berlin
T: (030) 2 11 82 64 **Fax:** 2 11 66 87
E-Mail: info@ljrberlin.de
Vorsitzende(r): N.N.
Geschäftsführer(in): Peter Bohl

u 1 431

Landesjugendring Brandenburg e.V.
Luisenplatz 8, 14471 Potsdam
T: (0331) 90 97 90 **Fax:** 9 09 79 18
Internet: http://www.jugendinfo.com/ljr_bb/index.htm
E-Mail: ljr.brandenburg@berlin.snafv.de
Vorstandssprecher: Vait Scholz
Geschäftsführer(in): Bernd Mones

u 1 432

Bremer Jugendring
Landesgemeinschaft Bremer Jugendverbände e.V.
Vor dem Steintor 194, 28203 Bremen
T: (0421) 7 92 62-0 **Fax:** 7 92 62-22
E-Mail: bjr@gmx.net
Vorsitzende(r): Astrid Faber
Geschäftsführerin: Marina Stahmann

u 1 433

Landesjugendring Hamburg e.V.
Güntherstr. 34, 22087 Hamburg
T: (040) 3 17 96-114 **Fax:** 3 17 96-180
E-Mail: ljr-hh@t-online.de
Vorstand: Birgit Brauer
Gunnar Schrödter
Marc Buttler
Björn Wiele
Geschäftsführer(in): Carlo Klett

u 1 434

Hessischer Jugendring e.V.
Bismarckring 23, 65183 Wiesbaden
T: (0611) 9 90 83-0 **Fax:** 9 90 83-60
E-Mail: hjr@xterna-net.de
Vorsitzende(r): Ernst Richter
Geschäftsführer(in): Sepp Schmidbauer
Mitglieder: 25 Mitgliedsverbände

u 1 435

Landesjugendring Mecklenburg-Vorpommern e.V.
Von-Flotow-Str. 7, 19059 Schwerin
T: (0385) 71 22 75 **Fax:** 71 21 15
E-Mail: ljrm-v@t-online.de
Vorstandssprecher: Ingo Schlüter
Geschäftsführer(in): Friedhelm Heibrock
Mitglieder: 23 Mitgliedsverbände

u 1 436

Landesjugendring Niedersachsen e.V.
Maschstr. 24, 30169 Hannover
T: (0511) 80 50 55 **Fax:** 80 50 57
Internet: http://www.ljr.de
E-Mail: info@ljr.de
Vorstandssprecher: Uwe Martens (AEJN; c/o Landesjugendpfarramt, Haareneschstr. 58, 26121 Oldenburg)
Geschäftsführer(in): Hans Schwab
Verbandszeitschrift: „korrespondenz"
Redaktion: Beate Frey
Mitglieder: 19 Mitgliedsverbände

u 1 437

Landesjugendring Nordrhein-Westfalen e.V.
Martinstr. 2a, 41472 Neuss
T: (02131) 46 95-0 **Fax:** 46 95-19
Vorsitzende(r): Jörg Richard
Sigrid Stapel
Geschäftsführer(in): Wilhelm Müller
Mitglieder: 17 Mitgliedsverbände

u 1 438

Landesjugendring Rheinland-Pfalz e.V.
Raimundistr. 2, 55118 Mainz
T: (06131) 96 02 01 **Fax:** 61 12 26
Vorsitzende(r): Horst Pötzl
Elisabeth Vanderheiden
Geschäftsführer(in): Gabriele Frank-Mantowski
Mitglieder: 22 Mitgliedsverbände

u 1 439

Landesjugendring Saar
Eifelstr. 35, 66113 Saarbrücken
T: (0681) 6 33 31 **Fax:** 6 33 44
E-Mail: ljr-saar@aol.com
Vorsitzende(r): Jörg Caspar
Geschäftsführer(in): Georg Vogel

u 1 440

Kinder- und Jugendring Sachsen
Kretschmerstr. 13, 01309 Dresden
T: (0351) 3 16 79-0 **Fax:** 3 16 79-27
E-Mail: kjrs-sachsen@t-online.de
Vorsitzende(r): Thomas Günzel
Geschäftsführer(in): Peter Becker

u 1 441

Kinder- und Jugendring Sachsen-Anhalt e.V.
Leiterstr. 10, 39104 Magdeburg
T: (0391) 5 32 10 30 **Fax:** 5 32 10 34
E-Mail: kjr-sa@pc.mdlink.de
Vorsitzende(r): Thomas Mühlenberg
Geschäftsführer(in): Ralf Rektorik
Mitglieder: 28 Mitgliedsverbände

u 1 442

Landesjugendring Schleswig-Holstein
Holtenauer Str. 99, 24105 Kiel
T: (0431) 8 00 98-40 **Fax:** 8 00 98-41
Internet: http://www.sh-web.de/ljr
E-Mail: youth.sh@t-online.de

u 1 443

Landesjugendring Thüringen e.V.
Postf. 4 98, 99010 Erfurt
Johannesstr. 19, 99084 Erfurt
T: (0361) 5 76 78-0 **Fax:** 5 76 78-15
E-Mail: geschaeftsstelle@landesjugendring-thueringen.de
Vorsitzende: Jeanette Schildknecht
Geschäftsführer(in): Peter Weise
Mitglieder: 30 Mitgliedsverbände

Anschlußverbände

• U 1 444

Arbeiter-Samariter-Jugend Deutschland
Sülzburgstr. 140, 50937 Köln
T: (0221) 4 76 05-234 **Fax:** 4 76 05-213
Gründung: 1904
Leitung: Steffen Haase
Jugendsekretärin: Michaela Roeder
Leitung Presseabteilung: Ingrid John (ASB - Pressestelle)
Mitarbeiter: 2 (Bundesjugendsekretariat)

• U 1 445

Arbeitsgemeinschaft Neue Demokratische Jugendverbände
Pappelallee 9, 10437 Berlin
T: (030) 2 83 43 23 **Fax:** 2 82 79 90
Vorsitzende(r): Julian Schwartz
Geschäftsführer(in): N. N.

• U 1 446

Arbeitskreis zentraler Jugendverbände (AzJ) e.V.
Sitz Berlin
-Büro des Vorstandes
Am Dickobskreuz 8, 53121 Bonn
T: (0228) 96 36-420 **Fax:** 96 36-423
Gründung: 1958
Vorsitzende(r): Michael Esken
Stellvertretende(r) Vorsitzende(r): Paul-Josef Streit
Ursula Claus
Geschäftsführer(in): Paul-Josef Streit
Mitglieder: über 100000
Mitgliedsverbände: 12

• U 1 447

Junge Europäische Föderalisten Deutschland e.V. (JEF)
Bundessekretariat, Europa-Zentrum
Bachstr. 32, 53115 Bonn
T: (0228) 63 93 28 **Fax:** 69 49 84
Bundesvorsitzender: Marc-Oliver Pahl (Swinemünderstr. 7, 10435 Berlin, T: (030) 44 04 21 83, Fax: (030) 44 04 21 83; 20 93 34 49, E-Mail: marc-oliver.pahl@jef.de)
Bundessekretär: Christoph Morck (Rolandstr. 9, 50677 Köln, T: (0221) 3 40 12 19, Fax: (0228) 69 49 84, E-Mail: christoph.morck@jef.de)
Stellvertretende Bundesvorsitzende: Olivia Omassi (Hörkherstr. 18, 80686 München, T: (089) 56 90 69, Fax: (089) 35 80 67 77, E-Mail: olivia.omassi@jef.de)
Jan Kreutz (Wiesbadener Str. 4, 12161 Berlin, T: (030) 8 52 35 76, E-Mail: jan.kreutz@jef.de)
Christian Schläger (Boessnerstr. 9, App. 354, 93049 Regensburg, T: (0941) 2 96 66 20, Fax: (089) 2 44 38 13 58, E-Mail: christian.schlaeger@jef.de)
David Schneider-Addae-Mensah (Claudiusstr. 28, 22041 Hamburg, T: (040) 68 91 68 60, E-Mail: addaeme@yahoo.de)
Bundesschatzmeister: Ingo Linsenmann (Scheidtweiler Str. 99, 50933 Köln, T: (0221) 5 46 15 99, Fax: (0221) 9 40 25 42, Email: ingo.linsenmann@jef.de)
Referenten: Dirk Balthasar (Werner-Sombart-Str. 37, App. 701, 78464 Konstanz, T: (07531) 69 43 56, Fax: (089) 2 44 32 01 22, E-Mail: dirk.balthasar@jef.de)
Anja Hübner (Williamstr. 4, 01159 Dresden, T: (0351) 4 11 27 76)
Bernd Hüttemann (Steinstr. 15, 50676 Köln, T: (0221) 3 31 80 89, Fax: (089) 66 61 73 63 87, E-Mail: bernd.huettemann@jef.de)
Suzan Kalayci (Ganghofer Str.9, 83451 Piding, T: (08651) 6 38 28, Fax: (08651) 6 65 95, E-Mail: c1701@aol.com)
Björn Lampe (Hunsrückstr. 6a II.O.16, 54295 Trier, T: (0651) 9 93 21 95, Fax: (0651) 9 93 21 95, E-Mail: bjoern.lampe@jef.de)
Jan Seifert (ZD: Goethe-Institut, Stennerstr. 4, 58636 Iser-

Iohn, T: (02371) 82 83 12/21, E-Mail: jan.seifert@gmx.de)
Verbandszeitschrift: New Federalist/Treffpunkt Europa
Mitglieder: 3100

• U 1 448

Frischluft e.V. - Christlich demokratischer Kinder- und Jugendverband
Annaberger Str. 283, 53175 Bonn
T: (0228) 31 00 23 **Fax:** 31 47 03
Gründung: 1989 (Oktober)
Vorsitzende(r): André Chahoud
Stellvertretende(r) Vorsitzende(r): Lars Dietrich
Geschäftsführer(in): Claudia Hofmann-Weiß
Leitung Presseabteilung: Piontek
Mitglieder: 8000
Mitarbeiter: 3

• U 1 449

Arbeitsgemeinschaft der Evangelischen Jugend (aej)
Federation of Protestant Youth in Germany
Fédération de la Jeunesse Protestante en Allemagne
Otto-Brenner-Str. 9, 30159 Hannover
T: (0511) 12 15-0 **Fax:** 12 15-299
Internet: http://www.evangelische-jugend.de
E-Mail: info@evangelische-jugend.de
Vorsitzende(r): Karl Ludwig Ihmels
Generalsekretär(in): Klaus Schmucker
Mitglieder: 35, angeschlossene Partner: 12

• U 1 450

Bundesarbeitsgemeinschaft Evangelische Jugendsozialarbeit e.V. (BAG EJSA)
Gerokstr. 1, 70188 Stuttgart
T: (0711) 1 64 89-0 **Fax:** 1 64 89-21
Internet: http://www.bagejsa.de
E-Mail: mail@bagejsa.de
Gründung: 1949 (Oktober)
Vorsitzende(r): K.-D. Bastin (Diakonisches Werk der EKD)
Stellvertretende(r) Vorsitzende(r): W. Schürmann (CJD)
Ch. Losch (Diak. Werk in Hessen u. Nassau)
Geschäftsführer(in): Michael Fähndrich (BAG Evangelische Jugendsozialarbeit)
Leitung Presseabteilung: G. Köpf (BAG Evangelische Jugendsozialarbeit)
Verbandszeitschrift: Info-Brief
Mitglieder: 16
Mitarbeiter: 15
Jahresetat: ca. DM 19 Mio, € 9,71 Mio

• U 1 451

Bund der Deutschen Katholischen Jugend (BDKJ)
Postf. 32 05 20, 40420 Düsseldorf
Carl-Mosterts-Platz 1, 40477 Düsseldorf
T: (0211) 46 93-0 **Fax:** 46 93-120
Internet: http://www.bdkj.de
E-Mail: info@bdkj.de, mlahrmann@compuserve.com
Gründung: 1947 (27. März)
Bundespräses: Rolf-Peter Cremer
Bundesvorsitzende: Gaby Hagmans
Knuth Erbe
Bundessekretärin: Stephanie Hofschlaeger
Pressesprecher: Markus Lahrmann
Verbandszeitschrift: BDKJ-Journal
Verlag: Jugendhaus Düsseldorf e.V., Postf. 32 05 20, 40420 Düsseldorf
Mitglieder: 500000 in 16 Mitgliedsverbänden
Mitarbeiter: ca. 25 in der Bundesstelle

• U 1 452

Bund Deutscher Pfadfinder/innen e.V. (BDP)
Baumweg 10, 60316 Frankfurt
T: (069) 43 10 30 **Fax:** 4 05 95 95
Internet: http://www.bdp.org
E-Mail: bundesverband@bdp.org
Vorsitzende(r): Jan Eric Hofmann
Torsten Jahr
Vorsitzende: Bianca Heil
Geschäftsführer(in): Wolfgang Laschka
Verbandszeitschrift: Bundesinfo
Redaktion: Regina Seibel
Verlag: Jugend und Politik, Goethestr. 66, 44147 Dortmund

Landesverbände

u 1 453

BDP Hof Nietleben
Eislebener Str. 77, 06126 Halle
T: (0345) 6 90 27 08, 6 90 27 07 **Fax:** 6 90 27 07

u 1 454

BDP Landesverband Baden-Württemberg
Grafenberger Str. 25, 72658 Bempflingen
T: (07123) 93 28 38, 93 28 39 **Fax:** 93 28 40

u 1 455

BDP Kreisverband Bayern
Gostenhofer Hauptstr. 50, 90443 Nürnberg
T: (0911) 34 43 93
E-Mail: kv.nuernberg@bdp.org

u 1 456

BDP Landesverband Berlin
Kaubstr. 9-10, 10713 Berlin
T: (030) 8 61 14 18 **Fax:** 8 61 40 26
E-Mail: lv.berlin@bdp.org

u 1 457

BDP Landesverband Bremen/Niedersachsen
Heinrichstr. 21, 28203 Bremen
T: (0421) 32 38 07
E-Mail: lv.bremen-niedersachsen@bdp.org

u 1 458

BDP Landesverband Hamburg
Övelgönner Hohlweg 25, 22605 Hamburg
T: (040) 8 81 20 11 **Fax:** 8 81 20 11
E-Mail: lv.hamburg@bdp.org

u 1 459

BDP Landesverband Hessen
Baumweg 10, 60316 Frankfurt
T: (069) 43 10 76 **Fax:** 4 05 95 95
E-Mail: lv.hessen@bdp.org

u 1 460

BDP Landesverband Mecklenburg-Vorpommern
Elisabethstr. 22, 17235 Neustrelitz
T: (03981) 20 32 18 **Fax:** 20 32 18

u 1 461

BDP Landesverband Nordrhein-Westfalen
Goethestr. 66, 44147 Dortmund
T: (0231) 9 82 24 75 **Fax:** 9 82 24 75
E-Mail: Kv.dortmund@bdp.org

u 1 462

BDP Landesverband Rheinland-Pfalz
Alte Schule
T: (06707) 96 00 36 **Fax:** 96 00 38
E-Mail: lv.rheinland-pfalz@bdp.org

u 1 463

BDP Landesverband Schleswig-Holstein
Noorweg 15, 24857 Fahrdorf
T: (04621) 3 69 56 **Fax:** 3 70 13

u 1 464

BDP Landesverband Thüringen
Knebelstr. 3, 07743 Jena
T: (03641) 66 60 58 **Fax:** 66 60 58

• U 1 465

Deutsche Beamtenbund-Jugend - Bundesjugendleitung- (DBBJ)
Thomas-Mann-Str. 49, 53111 Bonn
T: (0228) 69 30 32 **Fax:** 63 17 20
E-Mail: DeutscheBeamtenbundJugend@t-online.de
Gründung: 1956 (2. November)
Vorsitzende(r): Hannelore Pfeil
Bundesgeschäftsführerin: Sandra Dücker
Leitung Presseabteilung: Ulrich Werth
Verbandszeitschrift: BETREFF
Verlag: DBB Verlag GmbH
Mitglieder: ca. 145000
Mitarbeiter: 8

• U 1 466

Deutsche Jugendfeuerwehr (DJF)
Koblenzer Str. 133, 53177 Bonn
T: (0228) 9 52 91-0 **Fax:** 33 41 60
Internet: http://www.jugendfeuerwehr.de
E-Mail: djf.bonn@t-online.de
Gründung: 1964
Leitung: Marcus Schleef
Ref.: Stefan Knab
Verbandszeitschrift: Lauffeuer
Verlag: DJF, Koblenzer Str. 133, 53177 Bonn
Mitglieder: ca. 230000

• U 1 467

Deutsche Jugend in Europa - Bundesverband e.V. (DJO)
Prinz-Albert-Str. 1a, 53113 Bonn
T: (0228) 22 40 81, 22 05 22 **Fax:** 22 11 54
E-Mail: djo-bund@t-online.de
Vorstand: Frank Jelitto (BVors.)
Beate Thun (Stellv. BVors.)
Jürgen Becker (Stellv. BVors.)
Thomas Zielke (Stellv. BVors.)
Rudi Klarer (Schatzmeister)
Beisitzer: Andreas Pietsch
Norbert Kapinos
Dieter Caspary
Michael Prochnow
Leitung Presseabteilung: Beate Thun
Verbandszeitschrift: Der Pfeil
Mitglieder: 150000
Mitarbeiter: 60
Anzahl der angeschlossenen Organisationen: 20

• U 1 468

Deutsche Schreberjugend Bundesverband e.V.
Hölscherstr. 4, 45894 Gelsenkirchen
T: (0209) 3 18 88 34
Vorsitzende(r): Thomas Masjosthusmann
Geschäftsführer(in): Dieter Wagner

• U 1 469

Deutsches Jugendrotkreuz (DJRK)
Sitz: Auf dem Steinbüchel 22, 53340 Meckenheim
Postadresse:
Friedrich-Ebert-Allee 71, 53113 Bonn
T: (0228) 5 41-2291 **Fax:** 5 41-2299
Internet: http://www.rotkreuz.de
E-Mail: kapped@drk.de, jrk@rotkreuz.de
Bundesleiter: Olaf Jantzen
Bundesreferent: Jürgen Schweitzer
Leitung Presseabteilung: Dietmar Kappe
Verbandszeitschrift: "Jugendrotkreuz - Das Magazin" u. "JRK-Youth-letter"
Redaktion: Dietmar Kappe
Mitarbeiter: 7

• U 1 470

Deutsche Wanderjugend (DWJ)
Tannenweg 22, 71364 Winnenden
T: (07195) 9 24 50 **Fax:** 9 24 58
Internet: http://www.wanderjugend.de
E-Mail: info@wanderjugend.de
Gründung: 1952
Bundesvorsitzender: Oliver Priss
Geschäftsführer(in): Kai W. Buhmann (Ltg. Presseabt.)
Verbandszeitschrift: walk & more
Redaktion: c/o Deutsche Wanderjugend, Tannenweg 22, 71364 Winnenden
Mitglieder: 100000
Mitarbeiter: 4

• U 1 471

Gewerkschaftsjugend im DGB
Hans-Böckler-Str. 39, 40476 Düsseldorf
T: (0211) 43 01-374 **Fax:** 43 01-409
E-Mail: roland.schinko@bundesvorstand.dgb.de
Sekretär: Roland Schinko

• U 1 472

Jugend der Deutschen Angestellten-Gewerkschaft (DAG-J)
Johannes-Brahms-Platz 1, 20355 Hamburg
T: (040) 3 49 15-485 **Fax:** 3 49 15-492
Internet: http://www.dag.de
Gründung: 1948 (21.Oktober)
Vorsitzende(r): Olaf Behm
Leitung: Carsten Förster
Verbandszeitschrift: Rasant
Redaktion: G. Lange
Verlag: DAG-Johannes-Brahms-Platz 1
Mitglieder: ca. 50000
Mitarbeiter: 63

• U 1 473

DLRG-Jugend (DLRG-J)
Bundesjugendsekretariat
Im Niedernfeld 2, 31542 Bad Nenndorf
T: (05723) 9 55-300 **Fax:** 9 55-539
Internet: http://www.dlrg-jugend.de
E-Mail: info@bjs.dlrg-jugend.de
Gründung: 1913
Vorsitzende(r): Björn Springer
Geschäftsführer(in): Klaus Groß-Weege
Verbandszeitschrift: "SPLASH"
Mitglieder: ca. 350000

● **U 1 474**

Jugend des Deutschen Alpenvereins (JDAV)
Von-Kahr-Str. 2-4, 80997 München
T: (089) 1 40 03-0 **Fax:** 1 40 03-66
Internet: http://www.jdav.de
E-Mail: jdav@alpenverein.de
Leitung: Dr. Johannes Rauschnabel
Sekretär: Horst Länger

● **U 1 475**

Bundesjugendwerk der Arbeiterwohlfahrt (JW-AWO)
Oppelner Str. 130, 53119 Bonn
T: (0228) 66 85-117 **Fax:** 66 85-286
E-Mail: awo.bujw@t-online.de
Vorsitzende(r): Hendrik Meyer
Geschäftsführer(in): Guido Stollenwerk

● **U 1 476**

Naturfreundejugend Deutschlands (NFJD)
Bundesgeschäftsstelle
Haus Humboldtstein, 53424 Remagen
T: (02228) 94 15-0 **Fax:** 94 15-22
Gründung: 1885
Bundesleitung: Markus Zähringer
Bundesjugendsekretär: Hans-Gerd Marian
Öffentlichkeitsarbeit: Ansgar Drücker
Verbandszeitschrift: Brief aus Bonn, Kidspower (KIPO)
Redaktion: Ansgar Drücker
Verlag: Selbst
Mitglieder: 35000
Mitarbeiter: 6

Geschäftsstelle des Gesamtverbandes

u 1 477

Die Naturfreunde
Verband für Umweltschutz, Touristik und Kultur
Bundesgruppe Deutschland e.V.
Postf. 60 04 41, 70304 Stuttgart
Hedelfinger Str. 17-25, 70327 Stuttgart
T: (0711) 4 09 54-0 **Fax:** 4 09 54-4
Internet: http://www.naturfreunde.de
E-Mail: naturfreunde-cl@t-online.de

Landesverbände

u 1 478

Naturfreundejugend Deutschlands
Landesverband Baden
Alte Weingartener Str. 37, 76227 Karlsruhe
T: (0721) 40 50 97 **Fax:** 49 62 37
Landesjugendleitung: Axel Breuer (Kasse)
Christine Becker (Reisen)
Christof Menold (Außerverbandliches)

u 1 479

Naturfreundejugend Deutschlands
Landesverband Bayern
Köhnstr. 42, 90478 Nürnberg
T: (0911) 39 65 13 **Fax:** 33 95 96

u 1 480

Naturfreundejugend Deutschlands
Landesverband Berlin
Ringstr. 76-77, 12205 Berlin
T: (030) 8 33 50 29/30 **Fax:** 8 33 91 57

u 1 481

Naturfreundejugend Deutschlands
Landesverband Brandenburg
Haus der Jugend
Berliner Str. 49, 14467 Potsdam
T: (0331) 2 80 34 45 **Fax:** 2 80 34 45

u 1 482

Naturfreundejugend Deutschlands
Landesverband Bremen
Buchtstr. 14/15, 28195 Bremen
T: (0421) 32 60 22 **Fax:** 32 60 20

u 1 483

Naturfreundejugend Deutschlands
Landesverband Hamburg
Böckmannstr. 4, 20099 Hamburg
T: (040) 24 78 58 **Fax:** 24 39 11

u 1 484

Naturfreundejugend Deutschlands
Landesverband Hessen
Herxheimerstr. 6, 60326 Frankfurt
T: (069) 75 00 82 35 **Fax:** 75 00 82 07

u 1 485

Naturfreundejugend Deutschlands
Landesverband Mecklenburg-Vorpommern
Dr.-Külz-Str. 3, 19053 Schwerin
T: (0385) 7 64 97 33 **Fax:** 7 64 97 33

u 1 486

Naturfreundejugend Deutschlands
Landesverband Niedersachsen
Humboldtstr. 21-22a, 30169 Hannover
T: (0511) 1 44 39 **Fax:** 1 46 91

u 1 487

Naturfreundejugend Deutschlands
Landesverband Rheinland
Hauptstr. 310, 51465 Bergisch Gladbach
T: (02202) 45 92 19 **Fax:** 45 92 18

u 1 488

Naturfreundejugend Deutschlands
Landesverband Rheinland-Pfalz
Hohenzollernstr. 14, 67063 Ludwigshafen
T: (0621) 62 46 47 **Fax:** 52 46 34

u 1 489

Naturfreundejugend Deutschlands
Landesverband Saarland
Berliner Promenade 7, 66111 Saarbrücken
T: (0681) 37 46 84 **Fax:** 37 46 45

u 1 490

Naturfreundejugend Deutschlands
Landesverband Sachsen
Schützengasse 18, 01067 Dresden
T: (0351) 4 94 33 62 **Fax:** 4 94 34 62

u 1 491

Naturfreundejugend Deutschlands
Landesverband Sachsen-Anhalt
c/o Elke Metzner
Steubenallee 2, 39104 Magdeburg
T: (0391) 5 61 86 82

u 1 492

Naturfreundejugend Deutschlands
Landesverband Schleswig-Holstein
c/o Ilse Neumann
Limkath 5, 24782 Büdelsdorf
T: (04331) 3 25 88 **Fax:** 3 25 88

u 1 493

Naturfreundejugend Deutschlands
Landesverband Teutoburger Wald/Weserbergland
Westerfeldstr. 14, 33611 Bielefeld
T: (0521) 3 11 33 **Fax:** 3 11 73

u 1 494

Naturfreundejugend Deutschlands
Landesverband Thüringen
Büro Thüringen
Juri-Gagarin-Ring 150, 99084 Erfurt
T: (0361) 5 62 33 56 **Fax:** 5 62 33 56

u 1 495

Naturfreundejugend Deutschlands
Landesverband Westfalen
Ebberg 1, 58239 Schwerte
T: (02304) 6 88 69 **Fax:** 6 33 91

u 1 496

Naturfreundejugend Württemberg
Neue Str. 150, 70186 Stuttgart
T: (0711) 48 10 77 **Fax:** 4 80 02 16

● **U 1 497**

Naturschutzjugend (NAJU)
Bundesgeschäftsstelle
Postf. 30 10 45, 53190 Bonn
T: (0711) 7 69 63 63-0 **Fax:** 7 69 63 63-1
E-Mail: naju-bgs@t-online.de
Gründung: 1982

Landesverbände

u 1 498

Naturschutzjugend (NAJU) Baden-Württemberg
Rotebühlstr. 84/1, 70178 Stuttgart
T: (0711) 61 34 54 **Fax:** 61 89 31
E-Mail: najubawue@aol.com
Christoph Weinmann

u 1 499

Naturschutzjugend im LBV Bayern
Eisvogelweg 1, 91161 Hilpoltstein
T: (09174) 47 75-0 **Fax:** 47 75 75
Simone Deubel

u 1 500

Naturschutzjugend Berlin
Hauptstr. 13, 13055 Berlin
T: (030) 9 86 41 07 **Fax:** 9 86 70 51
E-Mail: NABU.BERLIN @ipn./b comlink.apc.orc

u 1 501

Naturschutzjugend Brandenburg
Patrizierweg 43, 14480 Potsdam
T: (0331) 6 26 14 74 **Fax:** 6 26 14 87
E-Mail: NAJU@rz.uni-potsdam.de

u 1 502

Naturschutzjugend Hamburg
Habichtstr. 125, 22307 Hamburg
T: (040) 69 70 89-20 **Fax:** 69 70 89-19

u 1 503

Naturschutzjugend Hessen
Garbenheimer Str. 32, 35578 Wetzlar
T: (06441) 94 69 03 **Fax:** 94 69 04
E-Mail: najuhessen@t-online.de
Berthold Langenhorst

u 1 504

Naturschutzjugend Mecklenburg-Vorpommern
Hermannstr. 36, 18055 Rostock
T: (0381) 4 92 39 90 **Fax:** 45 34 02
E-Mail: naju-mv@nature.gun.de
Heike Hildebrandt

u 1 505

Naturschutzjugend Niedersachsen
(Jugendumweltnetzwerk Niedersachsen)
Goebenstr. 3a, 30161 Hannover
T: (0511) 3 94 04 15 **Fax:** 3 94 54 59
E-Mail: landesbüro.JANUN@link-goe.de

u 1 506

Naturschutzjugend Nordrhein-Westfalen
Am Lippeglacis 10, 46483 Wesel
T: (0281) 3 38 35-35 **Fax:** 2 97 00
E-Mail: NAJU-NRW@ NATURE.gun.de
Klaus Poggemann

u 1 507

NABU Büro Rheinland-Pfalz
Postf. 16 47, 55006 Mainz
T: (06131) 1 40 39 26 **Fax:** 1 40 39 28

u 1 508

Naturschutzjugend Saarland
Zum Wildpark, 66709 Weiskirchen
T: (06872) 92 08 84 (Donnerstags) **Fax:** 92 08 83

u 1 509

Naturschutzjugend Sachsen
Kreischaer Str. 30, 01219 Dresden
T: (0351) 4 71 65 66 **Fax:** 4 71 65 66

u 1 510

Naturschutzjugend Sachsen-Anhalt
Schleinufer 18a, 39104 Magdeburg
T: (0391) 5 61 93 50 **Fax:** 5 61 93 49

u 1 511

Naturschutzjugend Thüringen
Dorfstr. 15, 07751 Leutra
T: (03641) 21 54 10 **Fax:** 21 54 11
Thomas Adam

● **U 1 512**

Ring deutscher Pfadfinderverbände (RdP)
Postf. 22 13 80, 41436 Neuss

Martinstr. 2, 41472 Neuss
T: (02131) 46 99-0 **Fax:** 46 99-99
Vorsitzende(r): Detlef Schlaak
Geschäftsführer(in): Ulrich Bolz

• U 1 513

Ring Deutscher Pfadfinderinnenverbände (RDP)
Unstrutstr. 10, 51371 Leverkusen
T: (0214) 2 30 15 **Fax:** 2 40 34
Vorsitzende: Hilde Rust
Geschäftsführerin: Elke Ebert
Verbandszeitschrift: "Pfadfinden"
Redaktion: Cornelia Inkmann

• U 1 514

Solidaritätsjugend Deutschlands (SoliJ)
Postf. 13 32, 97822 Marktheidenfeld
T: (09391) 26 23 **Fax:** 26 23
Internationaler Zusammenschluß: siehe unter izu 424
Vorsitzende(r): Bernd Schwinn
Verbandszeitschrift: Rads & Motz

• U 1 515

Sozialistische Jugend Deutschlands Die Falken (SJD)
Kaiserstr. 27, 53113 Bonn
T: (0228) 22 10 55 **Fax:** 21 75 62
E-Mail: sjd.die.falken.buvo@t-online.de
Vorsitzende(r): Marten Jennerjahn

• U 1 516

Bundesjugendkuratorium
Kennedyallee 105-107, 53175 Bonn
T: (0228) 3 77 18 41 **Fax:** 3 77 18 42
E-Mail: info.bjk@t-online.de

• U 1 517

Bundesverband der Jungdemokraten Junge Linke e.V. (JD-JL)
Bundesgeschäftsstelle Berlin
Pappelallee 9, 10437 Berlin
T: (030) 44 02 48 64 **Fax:** 44 02 48 66
Internet: http://www.junge-linke.de
E-Mail: info@junge-linke.de
Gründung: 1917
Bundesvorsitzende(r): Julia Schotte, Gießen
Bundesgeschäftsführer(in): Annett Mängel (Jugenbildungsreferentin)
Robert Sprinzl (Jugendbildungsreferent)
Marek Voigt
Verbandszeitschrift: tendenz
Mitglieder: ca. 9200

Landesverbände

u 1 518

Jungdemokraten - Junge Linke Baden-Württemberg
c/o Ruth
Jägerstr. 15, 79108 Freiburg
T: (0761) 55 36 78
Vorsitzende(r): Marei Pelzer

u 1 519

Jungdemokraten - Junge Linke Bayern
c/o Höhne
Regensburger Str. 410, 90480 Nürnberg
Höhne

u 1 520

JungdemokratInnen - Junge Linke Berlin
Rosa-Luxemburg-Str. 19, 10178 Berlin
T: (030) 24 72 97 47 **Fax:** 24 72 97 47
Internet: http://www.jungdemokraten.de
E-Mail: info@jungdemokraten.de
Vorsitzende(r): Marek Voigt

u 1 521

Junge Linke - JungdemokratInnen Brandenburg
Berliner Str. 49, 14467 Potsdam
Kontaktperson: Wiebke Prochnow (für den Vorstand)

u 1 522

Junge Linke - JungdemokratInnen Bremen
Postf. 10 61 26, 28061 Bremen
Kontaktperson: André Anchuelo (für den Vorstand)

u 1 523

JungdemokratInnen - Junge Linke Hamburg
c/o Dehnert
Hochkamp 21, 25451 Quickborn
Kontaktperson: Carmen Dehnert (für den Vorstand)

u 1 524

Jungdemokraten - Junge Linke (DJD) Hessen
Vogelsbergstr. 17, 60316 Frankfurt
Fax: (069) 4 99 00 07
Vorsitzende(r): Julia Schotte

u 1 525

Junge Linke Niedersachsen
Postf. 91 04 29, 30424 Hannover
T: (0511) 8 38 62 26
Internet: http://www.comlink.apc.org/junge-linke
E-Mail: junge-linke@oln.comlink.apc.org

u 1 526

JungdemokratInnen/Junge Linke Nordrhein-Westfalen
Kieler Str. 29c, 42107 Wuppertal
T: (0202) 4 93 83 54 **Fax:** 45 11 23
E-Mail: jd_nrw@link-do.soli.de
SprecherInnen: Dörte Gutschow

u 1 527

Jungdemokraten - Junge Linke Rheinland-Pfalz
Postf. 14 23, 55004 Mainz
T: (06131) 23 59 49 **Fax:** 23 59 49

u 1 528

Jungdemokraten - Junge Linke Sachsen
c/o Küchenholz e.V.
Kurt-Eisner-Str. 17, 04275 Leipzig
T: (0341) 3 01 32 68
Vorsitzende(r): Heike Werner

u 1 529

Jungdemokraten - Junge Linke Thüringen
Postf. 24 12, 07310 Saalfeld
Kontaktperson: Martin Müller (für den Vorstand)

• U 1 530

Junges Forum e.V.
Moritzstr. 61, 55130 Mainz
T: (06131) 98 56 08 **Fax:** 98 56 09
Internet: http://www.jungesforum.de
E-Mail: mail@jungesforum.de
Gründung: 1990 (16. September)
Vorsitzende(r): Martin Blankemeyer

• U 1 531

Bundesvereinigung Kulturelle Jugendbildung e.V. (BKJ)
Küppelstein 34, 42857 Remscheid
T: (02191) 7 94-3 90 **Fax:** 7 94-3 89
Internet: http://www.bkj.de
E-Mail: info@bkj.de
Gründung: 1963
Vorsitzende(r): Prof. Dr.phil. Max Fuchs
Geschäftsführerin: Hildegard Bockhorst
Verbandszeitschrift: Infoservice
Redaktion: Brigitte Schorn
Mitglieder: 48 Mitgliedsverbände

• U 1 532

Landesarbeitsgemeinschaft Jugend und Literatur NRW e.V.
Leyendeckerstr. 9, 50825 Köln
T: (0221) 9 54 58 82 **Fax:** 9 54 58 83
Gründung: 1978
Vorsitzende(r): Dr. Birgit Ebbert
Programm/Geschäftsstelle: Nicola Kiwitt
Publikationen: „Was soll ich lesen ?" (12 Bände), Sonderband „Erstlesereihen"
Redaktion: LAG Jugend und Literatur
Verlag: Eigenwerbung
Mitglieder: 50
Mitarbeiter: 2

• U 1 533

Bundesverband der Internationalen KONTAKT-Gruppen e.V. (B.I.K.)
Postf. 10 30 44, 69020 Heidelberg
T: (09621) 2 57 04 **Fax:** 20 28
Gründung: 1975 (15. April)
Präsident(in): Christel E. Kliesch (deutsch)
Jimmie Thomas (international)
Vizepräsident(in): Ingrid Roux (deutsch)
Stacy Moneymaker (international)
Vorsitzende(r): Eberhard Hoersch (deutsch)
Norman Goldberg (international)
Karl-Heinz Seiler (deutsch)
Leitung Presseabteilung: Ingrid Roux
Stacy Moneymaker
Mitglieder: ca. 1200
Jahresetat: DM 0,024 Mio, € 0,01 Mio (1999)

• U 1 534

Service Civil International Deutscher Zweig e.V.
Blücherstr. 14, 53115 Bonn
T: (0228) 21 20 86, 21 20 87 **Fax:** 26 42 34
Internet: http://www.sci-d.de
E-Mail: sci-d@sci-d.de
Gründung: 1946
Internationaler Zusammenschluß: siehe unter izv 38
Vorsitzende(r): Torben Schönershoven
Stellvertretende(r) Vorsitzende(r): Stefan Butenholz
Geschäftsführer(in): Ulrich Hauke
Verbandszeitschrift: Amitiés
Mitglieder: ca. 500
Mitarbeiter: 12
Jahresetat: DM 2 Mio, € 1,02 Mio

Internationale Freiwilligenarbeit im Rahmen von Workcamps in Bereichen Frieden, Antifaschismus, Antirassismus, Solidarität, ökologie, Frauen, Benachteiligte, Soziale Initiativen.

• U 1 535

Schwarzburgbund (SB) e.V.
c/o Dr.-Ing. Hermann H. Oppermann
Löwengasse 3, 61184 Karben
T: (06039) 10 98
Vorsitzende(r): Dr.-Ing. Hermann H. Oppermann
Dr. med. Werner Ihle (Schriftführer)
Stefan Kühr (Personenwart)
Manfred Müller (Kassenwart)
Ernst Kulcsar (Redakteur)
Volker Gutzen (Landesverbände)
Verbandszeitschrift: Die Schwarzburg
Redaktion: Ernst Kulcsar, MA
Verlag: Die Schwarzburg, Vestnertorgraben 3, 90408 Nürnberg
Mitglieder: 3900
Anzahl der angeschlossenen Organisationen: 62
Anschrift am Sitz v. BT u. BRg: Burschenschaft im SB Rheno-Germania-Bonn, Georgstr. 8, 53111 Bonn, T: (0228) 63 26 66

• U 1 536

Akademie Remscheid für musische Bildung und Medienerziehung e.V.
Küppelstein 34, 42857 Remscheid
T: (02191) 7 94-0 **Fax:** 7 94-2 05
Internet: http://www.ars-online.de
E-Mail: akademiers@aol.com
Gründung: 1958
Direktor(in): Prof. Dr. phil. Max Fuchs
Vorsitzende: Prof. Dr. Irmgard Merkt
Stellvertretende(r) Vorsitzende(r):
Prof. Wolfgang Breuer
Günter Klarner
Hauptgeschäftsführer(in): Karl-Heinz Lichtenberg
Studienleiter: Ulrich Baer
Leitung Presseabteilung: Dr. phil. Eva-Maria Oehrens
Verbandszeitschrift:
Schriftenreihe "RAT - Remscheider Arbeitshilfen und Texte", Hrsg. Akademie Remscheid
"kulturarbeit aktuell", Presse- und Informationsdienst, Hrsg. Akademie Remscheid
Die Akademie Remscheid ist Rechtsträger und/oder Sitz folgender weiterer Institutionen der kulturellen Jugendbildung und der Medienpädagogik:
Kinder- und Jugendfilmzentrum in Deutschland;
Institut für Bildung und Kultur e.V.;
Bundesvereinigung Kulturelle Jugendbildung e.V.;
Dokumentationsstelle Kulturelle Bildung;
Landesarbeitsgemeinschaft Musik NRW e.V.;
Landesarbeitsgemeinschaft Tanz NRW e.V.;
Bundesverband Rhythmische Erziehung e.V.;
Deutscher Bundesverband Tanz e.V.

• U 1 537

Jugendferienwerk e.V./JFW Reisen
Faktoreistr. 1, 66111 Saarbrücken
T: (0681) 3 50 91-92 **Fax:** 39 02 28
Vorsitzende(r): Prof. Dr. G. Lau
Stellvertretende(r) Vorsitzende(r): Prof. D. Schmidt

• U 1 538

Deutsch-Französisches Jugendwerk (DFJW)
Rhöndorfer Str. 23, 53604 Bad Honnef
T: (02224) 18 08-0 **Fax:** 18 08-52

Internet: http://www.dfjw.org
E-Mail: info@dfjw.org
Gründung: 1963 (5. Juli)
Generalsekretär(in): Dr. Babette Nieder
Stellv. Generalsekr.: Prof. Dr. Michel Cullin

• U 1 539

Verein Berliner Austauschschüler e.V.
Alexanderplatz 4, 10178 Berlin
T: (030) 25 29 51 33 **Fax:** 25 29 51 32
E-Mail: vba@austausch-berlin.de
Gründung: 1982 (7. Januar)
Vorsitzende(r): Knud D. Brauer (Geschäftsführung)
Stellvertretende(r) Vorsitzende(r): Cordelia Krause
Leitung Presseabteilung: Hans-Jürgen Schwebke
Mitglieder: 600
Mitarbeiter: 50-60 (alle ehrenamtl.)

• U 1 540

Oregon Alumni Association e.V.
c/o Hubert Teichmann
Liebenzeller Weg 8, 71106 Magstadt
T: (07159) 4 56 82
Gründung: 1990 (27. Januar)
Vorsitzende(r): Dr. Hans-Ulrich Wandel (MBA (Univ. of Oregon))
Stellvertretende(r) Vorsitzende(r): Dipl.-Kffr. Ulrike Hudelmaier (M.A. (Univ. of Oregon))
Mitglieder: 100

• U 1 541

Internationale Jugendbibliothek
Die Internationale Jugendbibliothek ist eine Einrichtung der Stiftung Internationale Jugendbibliothek (seit 1996)
Schloß Blutenburg, 81247 München
T: (089) 89 12 11-0 **Fax:** 8 11 75 53
E-Mail: bib@ijb.de
Gründung: 1949 (Eröffnung)
Vorsitzende(r) des Vorstandes: Christa Spangenberg (Bäumlstr. 6, 80638 München, T: (089) 17 14 23, Telefax: (089) 17 14 23)
Vorstand: Prof. Dr.h.c.mult. Klaus Gerhard Saur (K.G. Saur Verlag GmbH & Co. KG, Postf. 70, 81316 München, T: (089) 76 90 24 60, Telefax: (089) 76 90 24 50)
Dr. Barbara Scharioth (Direktorin der Internationalen Jugendbibliothek, Schloß Blutenburg, 81247 München, T: (089) 89 12 11-40, Telefax: (089) 89 12 11-38)
Verwaltungsleiterin: Gertraud Willweber
Leitung Presseabteilung: Carola Gäde
Mitarbeiter: 32
Jahresetat: DM 2,6 Mio, € 1,33 Mio
Hauszeitschrift: IJB-Report
Redaktion: Dr. Barbara Scharioth

• U 1 542

Bundesarbeitsgemeinschaft der Landesjugendämter (BAGLJÄ)
beim Landschaftsverband Rheinland - Landesjugendamt
Hermann-Pünder-Str. 1, 50679 Köln
T: (0221) 8 09-6217 **Fax:** 8 09-6218
Internet: http://www.bagljae.de
Vorsitzende(r): Landesrat Markus Schnapka
Mitglieder: 18

• U 1 543

AGJ Arbeitsgemeinschaft für Jugendhilfe

Arbeitsgemeinschaft für Jugendhilfe (AGJ)
Haager Weg 44, 53127 Bonn
T: (0228) 91 02 40 **Fax:** 9 10 24 66
Vorsitzende(r): Reiner Proeß
Geschäftsführer(in): Peter Klausch
Leitung Presseabteilung: Peter Sieler
Verbandszeitschrift: FORUM-Jugendhilfe
Redaktion: Peter Klausch (AGJ-Geschäftsführer), Peter Sieler
Verlag: Eigenverlag
Fachliche Kooperation der Mitgliedsverbände. Öffentliches Fachgespräch; Interessenvertretung in der Jugendhilfe; Tagungen, Kongresse, "Jugendhilfetage"; Stellungnahmen und Empfehlungen; Zusammenarbeit mit anderen Fachorganisationen; Vergabe des "Deutschen Jugendhilfepreises -Hermine-Albers-Preis-".

• U 1 544

Archiv der deutschen Jugendbewegung
Burg Ludwigstein, 37214 Witzenhausen
T: (05542) 18 62 **Fax:** 50 17 23
Gründung: 1922 (Wiedergründung 1945)
Leitung: Dr. Winfried Mogge
Verbandszeitschrift: Jahrbuch des Archivs der deutschen Jugendbewegung
Mitarbeiter: 4

• U 1 545

Arbeitskreis zur Förderung von Pflegekindern e.V.
Geisbergstr. 30, 10777 Berlin
T: (030) 2 11 10 67 **Fax:** 2 18 42 69
Gründung: 1974 (14. Oktober)
Geschäftsführer(in): Peter Heinßen
Verbandszeitschrift: Pflegekinder
Redaktion: Arbeitskreis zur Förderung von Pflegekindern e.V., Geisbergstr. 30, 10777 Berlin (auch Verlag)
Mitglieder: 600
Mitarbeiter: 10
Jahresetat: DM 0,8 Mio, € 0,41 Mio

• U 1 546

Bundesarbeitsgemeinschaft Kinder- und Jugendschutz (BAJ)
Haager Weg 44, 53127 Bonn
T: (0228) 29 94 21, 29 93 59 **Fax:** 28 27 73
E-Mail: baj-bonn@t-online.de
Gründung: 1951
Vorsitzende(r): Prof. Dr. Bruno W. Nikles, Ratingen
Stellvertretende(r) Vorsitzende(r): Thomas Becker, Hamm
Eva Reichert-Garschhammer, München
13 Landesstellen auf Länderebene
Zeitschrift: Kind-Jugend-Gesellschaft
Verlag: Luchterhand Verlag GmbH u. Co. KG, Heddesdorfer Str. 31, 56564 Neuwied

• U 1 547

Bundesarbeitsgemeinschaft Jugendsozialarbeit (BAG JAW)
Kennedyallee 105-107, 53175 Bonn
T: (0228) 9 59 68-0 **Fax:** 9 59 68-30
E-Mail: bagjaw@t-online.de
Gründung: 1949 (Mai)
Vorsitzende(r): Klaus-Dieter Bastin (Abt.-Ltr. Diakonisches Werk der EKD, Stuttgart)
Stellvertretende(r) Vorsitzende(r): Klaus Wagner (Arbeiterwohlfahrt Bundesverband e.V. Bonn)
Geschäftsführer(in): Henrik von Bothmer
Verbandszeitschrift: Jugend Beruf Gesellschaft
Redaktion: Paul Fülbier
Verlag: Selbstverlag
Mitglieder: 5 Trägergruppen u. 9 Landesarbeitsgemeinschaften
Mitarbeiter: 17

• U 1 548

Deutscher Kinderschutzbund Bundesverband e.V. (DKSB)
Schiffgraben 29, 30159 Hannover
T: (0511) 3 04 85-0 **Fax:** 3 04 85-49
Gründung: 1953
Präsident(in): Heinz Hilgers
Geschäftsführer(in): Walter Wilken
Verbandszeitschrift: Kinderschutz aktuell
Mitglieder: 48500

Landesverbände

u 1 549

Deutscher Kinderschutzbund e.V. Landesverband Baden-Württemberg
Geschäftsstelle:
Haußmannstr. 6, 70188 Stuttgart
T: (0711) 24 28 18 **Fax:** 24 48 87

u 1 550

Deutscher Kinderschutzbund e.V. Landesverband Bayern
Geschäftsstelle:
Barer Str. 86a, 80799 München
T: (089) 2 71 79 90 **Fax:** 2 71 64 36

u 1 551

Deutscher Kinderschutzbund e.V. Landesverband Berlin
Geschäftsstelle:
Malplaquetstr. 38, 13347 Berlin
T: (030) 4 56 15 24 **Fax:** 4 56 15 24

u 1 552

Deutscher Kinderschutzbund e.V. Landesverband Bremen
Geschäftsstelle:
Vor dem Steintor 87, 28203 Bremen
T: (0421) 70 00 37-8 **Fax:** 70 46 79

u 1 553

Deutscher Kinderschutzbund e.V. Landesverband Hamburg
Geschäftsstelle:
Eppendorfer Weg 7, 20259 Hamburg
T: (040) 43 29 27-0 **Fax:** 43 29 27-47

u 1 554

Deutscher Kinderschutzbund e.V. Landesverband Hessen
Geschäftsstelle:
Gebrüder-Lang-Str. 7, 61169 Friedberg
T: (06031) 1 87 33 **Fax:** 1 87 33

u 1 555

Deutscher Kinderschutzbund e.V. Landesverband Mecklenburg-Vorpommern
Geschäftsstelle:
Arsenalstr. 2, 19053 Schwerin
T: (0385) 5 92 56 24 **Fax:** 5 90 76 12

u 1 556

Deutscher Kinderschutzbund e.V. Landesverband Niedersachsen
Geschäftsstelle:
Schwarzer Bär 8, 30449 Hannover
T: (0511) 44 40 75 **Fax:** 44 40 77

u 1 557

Deutscher Kinderschutzbund e.V. Landesverband Nordrhein-Westfalen
Geschäftsstelle:
Domagkweg 20, 42109 Wuppertal
T: (0202) 75 44 65 **Fax:** 75 53 54

u 1 558

Deutscher Kinderschutzbund e.V. Landesverband Rheinland-Pfalz
Geschäftsstelle:
Industriestr. 18, 76829 Landau
T: (06341) 8 88 00 **Fax:** 8 93 61

u 1 559

Deutscher Kinderschutzbund e.V. Landesverband Saarland
Steinbacher Str. 8, 66904 Börsborn
T: (06841) 16 42 35 **Fax:** 16 43 33

u 1 560

Deutscher Kinderschutzbund e.V. Landesverband Sachsen
Geschäftsstelle:
Klopstockstr. 50, 01157 Dresden
T: (0351) 4 21 40 50 **Fax:** 4 22 25 16

u 1 561

Deutscher Kinderschutzbund e.V. Landesverband Sachsen-Anhalt
Geschäftsstelle:
Gerhart-Hauptmann-Str. 34, 39108 Magdeburg
T: (0391) 7 34 73 93 **Fax:** 7 34 73 94

u 1 562

Deutscher Kinderschutzbund e.V. Landesverband Schleswig-Holstein
Geschäftsstelle:
Beselerallee 44, 24105 Kiel
T: (0431) 80 52 49 **Fax:** 8 26 14

• U 1 563

Komitee Sicherheit für das Kind
DBV-Winterthur-Haus
Leopoldstr. 204, 80804 München
T: (089) 36 06-3749 **Fax:** 36 06-32 27
Gründung: 1967
Präsident(in): Prof. Dr. Joest Martinius
Vizepräsident(in): Dr. Ulrich Winterfeld
Geschäftsführer(in): Christiane Khadjavi (Presseabteilung)

• U 1 564

SOS-Kinderdorf e.V.
Renatastr. 77, 80639 München

T: (089) 12 60 60 **Fax:** 1 26 06-4 04
Gründung: 1955 (8. Februar)
Vorstandsmitglieder:
Dr. Günter Kalteis (Vors.), München
Dr. Volker Then (stellv. Vors.), München
Dr. Henning Baur, Hamburg
Dr. Gerhard Lippert, München
Prof. Dr. Johannes Münder, Berlin
Dr. med. Sigrid Reicke, Homburg
Verbandszeitschrift: SOS-Kinderdorfbote
Mitglieder: rd. 40000 (Eingeschriebene Mitglieder), regelmäßige Spender rd. 2 Mio
Mitarbeiter: rd. 1700
Jahresetat: DM 300 Mio, € 153,39 Mio
Redaktion und Verlag: SOS-Kinderdorf e.V., Renatastr. 77, 80639 München

Förderung, ideelle Verbreitung und praktische Verwirklichung des Kinderdorfgedankens durch ein Sozialwerk, das der Betreuung schutzbedürftiger Kinder und Jugendlicher in familienähnlicher Gemeinschaft sowie deren Erziehung im Geist der christlichen Sittenlehre dient.

• U 1 565

Hermann-Gmeiner-Fonds Deutschland e.V.
Menzinger Str. 23, 80638 München
T: (089) 1 79 14-0 **Fax:** 1 79 14-100
Internet: http://www.hgfd.de
E-Mail: hermann.gmeiner.fonds@sos-kd.org
Gründung: 1963
Vorsitzende(r): Helmut Kutin
Stellvertretende(r) Vorsitzende(r): Prof. Bernhard Servatius
Geschäftsführer(in): Dr. Michael Gschließer
Leitung Kommunikation: Ingrid Famula
Verbandszeitschrift: SOS-Kinderdorf International
Redaktion: SOS-Kinderdorf Verlag Innsbruck/München
Mitglieder: 50
Mitarbeiter: 45
Jahresetat: ca. DM 200 Mio, € 102,26 Mio

Förderung der SOS-Kinderdörfer in aller Welt

• U 1 566

Arbeitsgemeinschaft Deutscher Frauen- und Kinderschutzhäuser
- Zufluchtsstätten für von Gewalt betroffene Frauen und deren Kinder
Wonnhaldestr. 9, 79100 Freiburg
T: (0761) 4 00 16 86 **Fax:** 4 00 16 86
Vorsitzende(r): Dr. Ellen Breckwoldt
Stellvertretende(r) Vorsitzende(r): Antje Pleuger, Bielefeld
Klara Randerath, Duisburg

• U 1 567

Deutsche Hilfsgemeinschaft e.V. Hansestadt Hamburg
Bürgerweide 38, 20535 Hamburg
T: (040) 2 50 66 20 **Fax:** 2 50 45 63
Gründung: 1945 (18. Oktober)
Vorsitzende(r): Uwe Gutwasser
Leitung Presseabteilung: Dipl.-Kommunikationswirtin Rita Diekers-Paproth

• U 1 568

Aktionskomitee KIND IM KRANKENHAUS e.V. (AKIK)
Bundesverband
-Geschäftsstelle
Kirchstr. 34, 61440 Oberursel
T: (06172) 30 36 00
Internet: http://www.akik-bundesverband.de
Gründung: 1968 (November)
Bundesvorsitzende(r): Inge M. Böhm
Angelika Fackler
Verbandszeitschrift: AKIK-ASPEKTE
Redaktion: Reinhard, Fackler
Verlag: A. Fackler, Am Anger 15, 86482 Aystetten
Mitglieder: 600
Mitarbeiter: 1

• U 1 569

Fördern durch Spielmittel - Spielzeug für behinderte Kinder e.V.
Immanuelkirchstr. 24, 10405 Berlin
T: (030) 4 42 92 93 **Fax:** 44 35 92 14
Internet: http://www.spielmittel.de
E-Mail: info@spielmittel.de
Vorstand: Ekkehard Bartsch
Katja Richter
Dr. Helmut Tautz
Heide Wegat
Geschäftsführer(in): Siegfried Zoels
Mitglieder: 50

• U 1 570

Vereinigung der Freunde blinder und sehbehinderter Kinder e.V.
Borgweg 17a, 22303 Hamburg
T: (040) 2 79 71 86 **Fax:** 2 79 71 86
Gründung: 1951
Vorsitzende(r): Gerhard Jeschke
Verbandszeitschrift: EINBLICK
Redaktion: Vereinigung der Freunde blinder u. sehbeh. Kinder e.V.
Mitglieder: 350
Mitarbeiter: 10

• U 1 571

Bundesgemeinschaft der Eltern und Freunde hörgeschädigter Kinder e.V.
Pirolkamp 18, 22397 Hamburg
T: (040) 6 07 03 44 **Fax:** 6 07 23 61
Internet: http://www.bundesgemeinschaft.de
E-Mail: Spektrum-Hoeren@t-online.de
Gründung: 1965
Vorsitzende(r): Hannelore Hartmann
Stellvertretende(r) Vorsitzende(r): Hannelore Muxfeldt
Verbandszeitschrift: Spektrum Hören
Mitglieder: ca. 1100 Einzelmitglieder, 26 korporativ angeschlossene (regionale) Verbände, 3 angeschlossene Verbände im Ausland (Belgien, Österreich)
Schriftleitung: Hannelore Hartmann

• U 1 572

Eltern für Kinder e.V.
Burgsdorfstr. 1, 13353 Berlin
T: (030) 46 50 75 71 **Fax:** 4 61 45 20
E-Mail: EfK-Berlin@t-online.de
Gründung: 1987 (12. September)
Vorsitzende(r): Heinz Kruckenbaum
Stellvertretende(r) Vorsitzende(r): Ruth Fischer-Pusch
Schatzmeister: Uwe Oster
Vorstandsmitglieder: Volker Bingler
Ekkehard Steiner
Mitglieder: 637
Mitarbeiter: 4
Jahresetat: DM 0,35 Mio, € 0,18 Mio

• U 1 573

Deutscher Elternverein e.V.
Grothstr. 25, 38110 Braunschweig
T: (05307) 9 10 30 **Fax:** 9 10 31
E-Mail: Mundlos@t-online.de
Vorsitzende(r): Heidemarie Mundlos
Stellvertretende(r) Vorsitzende(r): Dorothee Herrndorf
Regine Schwarzhoff
Mitglieder: 20000

• U 1 574

Verein leberkrankes Kind e.V.
Windmühlenstr. 19, 29399 Wahrenholz
T: (05835) 82 41 **Fax:** 82 41
Gründung: 1987 (23. Oktober)
Vorsitzende(r): Ingrid Ganser-Maisel (Forchheimerstr. 7, 91083 Baiersdorf, T/Fax: (09133) 60 39 53)
Stellvertretende(r) Vorsitzende(r): Ruth Stöwer (Rundshorn 13, 30419 Hannover, T: (0511) 67 12 35)
Geschäftsführer(in): Marion Schuckart (Windmühlenstr. 19, 29399 Wahrenholz, T/Fax: (05835) 82 41)
Stellvertretende(r) Geschäftsführer(in): Doris Steffl (Schlichenreuth 1, 91322 Gräfenberg, T: (09199) 88 22)
Schatzmeisterin: Anni Becker (Lindenstr. 67, 59581 Warstein, T: (02902) 16 32)
Stellv. Schatzmeister: Reiner Pilz (Weimarer Str. 3, 34379 Calden, T: (05609) 75 12)
Verbandszeitschrift: "Leberfleck"
Redaktion: Manfred Skibb
Verlag: Eigenverlag
Mitglieder: 220 Familien
Jahresetat: ca. DM 0,08 Mio, € 0,04 Mio

• U 1 575

AGPF-Aktion für Geistige und Psychische Freiheit e.V.
Im Blankert 35, 53229 Bonn
T: (0228) 63 15 47
Internet: http://www.agpf.de, http://www.ingo-heinemann.de
Gründung: 1978
Vorstand: Bernhard Brünjes (Vors.)
Ursula Zöpel (Stv. Vors.)
Heide-Marie Cammans
Liselotte Wenzelburger-Mack
Geschäftsführer(in): RA Ingo Heinemann (Grabenstr. 1, 53579 Erpel, T: (02644) 98 01 30, Fax: (02644) 98 01 31, E-Mail: Ingo.Heinemann@t-online.de)
Zahl der angeschlossenen Organisationen: 17

• U 1 576

Lesben- und Schwulenverband in Deutschland e.V. (LSVD)
Bundesgeschäftsstelle
Katzbachstr. 5, 10965 Berlin
T: (030) 44 00 82 40 **Fax:** 44 00 82 41
Internet: http://www.lsvd.de
E-Mail: berlin@lsvd.de
Geschäftsstelle Köln:
Postf. 10 34 14, 50474 Köln
Pipinstr. 7, 50667 Köln
T: (0221) 92 59 61-0, Fax: 92 59 61-11, 92 59 61-31
Internet: http://www.lsvd.de
E-Mail: nrw@lsvd.de
Gründung: 1990 (18. Februar)
Vorstand: Volker Beck (MdB)
Halina Bendkowski
Manfred Bruns (Bundesanwalt am BGH a.D.)
Günter Dworek
Michael Gies
Frank Karge
Patrick Müller
Ida Schillen
Michael Schmidt
Gerta Siller
Eduard Stapel
Jacques Teyssier
Geschäftsführer(in): N.N.
Stellvertretende(r) Geschäftsführer(in): Klaus Jetz
LSVD-Pressestelle: Klaus Jetz
Postf. 10 34 14, 50474 Köln, T: (0221) 92 59 61-16
Verbandszeitschrift: Das Rundgespräch
Redaktion: Klaus Jetz, Postf. 10 34 14, 50474 Köln
Mitglieder: 1800
Angeschlossene Organisationen: 52
Mitarbeiter: 4

• U 1 577

Deutsche Hilfe für Kinder von Arbeitslosen e.V. Bundesvereinigung (DHK)
Schwarzenbergstr. 93b, 21073 Hamburg
T: (040) 77 21 11 **Fax:** 7 65 98 24
Gründung: 1986 (13. April)
Vorsitzende(r): Wolfgang Lütjens (Ltg. Presseabteilung)
Schatzmeisterin: Vera Lütjens
Verbandszeitschrift: Werft uns einen Ball zu
Verlag: Eigenverlag
Mitglieder: 52
Mitarbeiter: 6

• U 1 578

Verband Scheidungsgeschädigter Bürgerinitiative gegen Kindesentzug und Unterhaltsmißbrauch e.V. (VSBI)
Postf. 45 04 08, 12174 Berlin
T: (030) 3 95 57 94 **Fax:** 3 95 65 57
Vorsitzende(r): Betriebsw. Sibylle Salameh, Berlin
1. Stellv. Vors.: Georg Späth, Berlin
2. Stellv. Vors.: Dietrich Uka, Berlin
Schatzmeister: Anneli Weidemann, Berlin
Pressesprecher: Dr. H.-G. Fritz, Berlin

• U 1 579

Bürgerbund faires Scheidungsrecht e.V. (BfS)
Postf. 12 04 27, 53046 Bonn
T: (0228) 34 21 43
Vorsitzende(r): Dr. Erik Hienstorfer
Stellv. Vors. u. Schatzmeister: Peter Brix
Geschäftsführende(s) Vorstands-Mitglied(er): Madeleine Michels
Mitglieder: 330

• U 1 580

Al-Anon Familiengruppen Al-Anon/Alateen Interessengemeinschaft e.V. für Angehörige und Freunde von Alkoholikern
Emilienstr. 4, 45128 Essen
T: (0201) 77 30 07 **Fax:** 77 30 08
Internet: http://www.al-anon.de
E-Mail: AL-ANON.ZDB@T-ONLINE.DE

• U 1 581

Bund für drogenfreie Erziehung e.V. (BdE)
Postf. 14 22, 21496 Geesthacht
T: (04151) 89 18 10 **Fax:** 89 18 11
Internet: http://www.neuland.com/bde/
E-Mail: bde@neuland.com
Gründung: 1896

Vorsitzende(r): Andreas Dierks
Stellvertretende(r) Vorsitzende(r): Matthias Meyer
Geschäftsführer(in): Frank Lindemann (Ltg. Presseabteilung)
Mitglieder: 120
Jahresetat: DM 0,015 Mio, € 0,01 Mio

• U 1 582

Bundesverband der Elternkreise drogengefährdeter und drogenabhängiger Jugendlicher e.V.
Köthener Str. 38, 10963 Berlin
T: (030) 55 67 02-0 **Fax:** 5 56 70 21
Internet: http://www.snafu.de/_Ltbvek
E-Mail: bvek@snafu.de
Vorsitzende(r): Brigitta Reitz (Auf dem Mühlberg 77, 60599 Frankfurt, T: (069) 61 58 80)
Stellvertretende(r) Vorsitzende(r): Günter Fuchs (Rückertweg 1, 51545 Waldbröl, T: (02291) 47 51)
Dr. Rolf Strauß (Stefan-George-Weg 10, 64285 Darmstadt, T: (06151) 6 22 00)
Schriftführer(in): Hannelore Kurras (Hainerweg 146, 60599 Frankfurt/M., T: (069) 68 57 70)
Kassenführerin: Dorit Lehmann (Stubenrauchstr. 35, 12161 Berlin, T: (030) 8 51 43 46)

Zusammenschluß von Elternkreisen, arbeitet völlig neutral und ist weder konfessionell noch parteipolitisch gebunden. Elternkreise sind Selbsthilfegruppen, in denen sich betroffene Eltern, Familienangehörige und Partner von Drogenabhängigen zusammenfinden.

Wohlfahrtsverbände

• U 1 583

Bundesarbeitsgemeinschaft der Freien Wohlfahrtspflege e.V. (BAGFW)
(Haus der Freien Wohlfahrtspflege)
Franz-Lohe-Str. 17, 53129 Bonn
T: (0228) 2 26-0 **Fax:** 2 26-2 66, -2 98
E-Mail: bagfw-presse@t-online.de
Präsident(in): Prälat Hellmut Puschmann (1999)
Soscha Gräfin zu Eulenburg (2000)
Geschäftsführer(in): Dr. Frank Loges
Ref. Presse- u. Öffentlichkeitsarbeit: Andrea von Ponaet

• U 1 584

Bundesarbeitsgemeinschaft Erste Hilfe
Geschäftsstelle: DRK-Generalsekretariat
Postf. 14 60, 53004 Bonn
Friedrich-Ebert-Allee 71, 53113 Bonn
T: (0228) 5 41-0 **Fax:** 5 41-2312
Internet: http://www.rotkreuz.de
E-Mail: elzern@rotkreuz.de, osches@rotkreuz.de
Federführung: jährlich wechselnd
Vorsitzende(r) des Vorstandes: Dr. Bartels (jährlich wechselnd)
Referent: Stefan Osche
Presse: Heinz-Lubbo Roewer Mitgliedsorganisationen: Arbeiter-Samariter-Bund Deutschland e.V., Deutsche Lebens-Rettungs-Gesellschaft e.V., Deutsches Rotes Kreuz e.V., Johanniter-Unfall-Hilfe e.V., Malteser-Hilfsdienst e.V.

• U 1 585

Deutscher Guttempler-Orden e.V. (I.O.G.T.)
Adenauerallee 45, 20097 Hamburg
T: (040) 24 58 80 **Fax:** 24 14 30
Internet: http://www.guttempler.de
E-Mail: guttempler@t.online.de
Gründung: 1889
Vorsitzende(r): Helmut Krethe
Geschäftsführer(in): Wiebke Schneider
Leitung Presseabteilung: Uwe Klein
Verbandszeitschrift: Guttempler
Redaktion: Jutta Fey
Verlag: Selbstverlag
Mitglieder: ca. 10000
Mitarbeiter: 5
Jahresetat: DM 1 Mio, € 0,51 Mio

• U 1 586

Lebenshilfe

Bundesvereinigung Lebenshilfe für Menschen mit geistiger Behinderung e.V.
Postf. 70 11 63, 35020 Marburg
Raiffeisenstr. 18, 35043 Marburg
T: (06421) 4 91-0 **Fax:** 4 91-1 67
Internet: http://www.lebenshilfe.de
E-Mail: bundesvereinigung@lebenshilfe.de
Gründung: 1958
Vorsitzende(r): Günter Jaspert, Bonn
BundesGF: Dr. Bernhard Conrads
Leitung Öffentlichkeitsarbeit: Jürgen Reuter
Leitung Presseabteilung: Gertrud Genvo
Mitglieder: ca. 125000 in 16 Landesverbänden und ca. 540 örtlichen Vereinigungen

ca. 3000 Einrichtungen, mobile und ambulante Dienste zur Förderung geistig behinderter Menschen und zur Unterstützung ihrer Angehörgen; breites Angebot an Büchern, Broschüren, Zeitschriften, Filmen und Ausstellungen zum Thema "Geistige Behinderung"

Landesverbände

u 1 587

Lebenshilfe für Menschen mit geistiger Behinderung e.V.
Landesverband Baden-Württemberg
Jägerstr. 12, 70174 Stuttgart
T: (0711) 2 55 89-0 **Fax:** 2 55 89-55
E-Mail: lebenshilfe.bawue@t-online.de
Vorsitzende(r): Prof. Dr. Ulrich Bauder
Geschäftsführer(in): Rudi Sack

u 1 588

Lebenshilfe für Menschen mit geistiger Behinderung
Landesverband Bayern e.V.
Kitzinger Str. 6, 91056 Erlangen
T: (09131) 7 54 61-0 **Fax:** 7 54 61-90
E-Mail: lvlh-bay@t-online.de
Vorsitzende(r): Nikolaus Schratzenstaller
Geschäftsführer(in): Ludger Kusche

u 1 589

Lebenshilfe für Menschen mit geistiger Behinderung
Landesverband Berlin e.V.
Wallstr. 15/15A, 10179 Berlin
T: (030) 8 29 99 80 **Fax:** 8 29 99 81 42
E-Mail: lv@lebenshilfe-berlin.de
Vorsitzende(r): Ernst Schmidt
Geschäftsführer(in): Helmut Forner

u 1 590

Lebenshilfe für Menschen mit geistiger Behinderung
Landesverband Brandenburg e.V.
Am Barschsee 9a, 15366 Hönow
T: (03342) 8 33 15 **Fax:** 8 34 92
Vorsitzende(r): Wolfgang Pohl

u 1 591

Lebenshilfe für Menschen mit geistiger Behinderung
Landesverband Bremen e.V.
Waller Heerstr. 55, 28217 Bremen
T: (0421) 3 87 77-0 **Fax:** 3 87 77 99
E-Mail: lvlh-bremen@t-online.de
Vorsitzende(r): Katriena Gotthard
Geschäftsführer(in): Gerhard Iglhaut

u 1 592

Lebenshilfe für Menschen mit geistiger Behinderung
Landesverband Hamburg e.V.
Rantzaustr. 74c, 22041 Hamburg
T: (040) 68 94 33 11 **Fax:** 68 94 33 13
Vorsitzende(r): Rolf Hendricks
Geschäftsführer(in): Ingrid Völker

u 1 593

Lebenshilfe für Menschen mit geistiger Behinderung
Landesverband Hessen e.V.
Raiffeisenstr. 15, 35043 Marburg
T: (06421) 4 20 41-43 **Fax:** 5 17 15
E-Mail: lvlh-hessen@t-online.de
Vorsitzende(r): Friedel Rinn
Geschäftsführer(in): Klaus Tüxsen

u 1 594

Lebenshilfe für Menschen mit geistiger Behinderung
Landesverband Mecklenburg-Vorpommern e.V.
Julius-Polentz-Str. 3, 19057 Schwerin
T: (0385) 4 78 03 42 **Fax:** 4 78 03 41
Vorsitzende(r): Hannelore Lüdtke
Geschäftsführer(in): Dr. Karin Holinski-Wegerich

u 1 595

Lebenshilfe für Menschen mit geistiger Behinderung
Landesverband Niedersachsen e.V.
Pelikanstr. 4, 30177 Hannover
T: (0511) 9 09 25 70 **Fax:** 90 92 57 11
E-Mail: landesverband@lebenshilfe-nds.de
Vorsitzende(r): Herbert Burger
Geschäftsführer(in): Kersten Röhr

u 1 596

Lebenshilfe für Menschen mit geistiger Behinderung
Landesverband Nordrhein-Westfalen e.V.
Abtstr. 21, 50354 Hürth
T: (02233) 9 32 45-0 **Fax:** 9 32 45-10
E-Mail: landesverband@lebenshilfe-nrw.de
Vorsitzende(r): Ulrich Schmidt
Geschäftsführer(in): Hans Jürgen Wagner

u 1 597

Lebenshilfe für Menschen mit geistiger Behinderung
Landesverband Rheinland-Pfalz e.V.
Drechslerweg 25, 55128 Mainz
T: (06131) 9 36 60-0 **Fax:** 9 36 60-90
E-Mail: llebensh@mainz-online.de
Vorsitzende(r): Emil Weichlein
Geschäftsführer(in): Anna Schädler

u 1 598

Lebenshilfe für Menschen mit geistiger Behinderung
Landesverband Saarland e.V.
Grumbachtalweg 220, 66121 Saarbrücken
T: (0681) 89 40 38 **Fax:** 89 44 12
Vorsitzende(r): Franz-Rudolph Kronenberger
Geschäftsführer(in): Brigitte Bier

u 1 599

Lebenshilfe für Menschen mit geistiger Behinderung
Landesverband Sachsen e.V.
Heinrich-Beck-Str. 47, 09112 Chemnitz
T: (0371) 30 02 25 **Fax:** 30 59 20
E-Mail: info@lebenshilfe-sn.com
Vorsitzende(r): Prof. Dr. Achim Trogisch
Geschäftsführer(in): Thomas Richter

u 1 600

Lebenshilfe für Menschen mit geistiger Behinderung
Landesverband Sachsen-Anhalt e.V.
Ackerstr. 23/Am Fuchsberg, 39112 Magdeburg
T: (0391) 6 23 03 11 **Fax:** 6 23 03 12
E-Mail: lebenshilfe.lsa@t-online.de
Vorsitzende(r): Frank Podlacha
Geschäftsführer(in): Birgit Garlipp

u 1 601

Lebenshilfe für Menschen mit geistiger Behinderung
Landesverband Schleswig-Holstein e.V.
Kastanienstr. 27, 24114 Kiel
T: (0431) 6 61 18-0 **Fax:** 6 61 18-40
E-Mail: lebenshilfe-sh@t-online.de
Vorsitzende(r): Susanne Stojan-Rayer
Geschäftsführer(in): Rainer Dillenberg

u 1 602

Lebenshilfe für Menschen mit geistiger Behinderung
Landesverband Thüringen e.V.
Musäusring 24c, 07747 Jena
T: (03641) 33 43 95 **Fax:** 33 65 07
Vorsitzende(r): Charlotte-Rosita Baake
Geschäftsführer(in): Christa Niedner

• U 1 603

BDH Bundesverband für Rehabilitation und Interessenvertretung Behinderter e.V.
Eifelstr. 7, 53119 Bonn
T: (0228) 96 98-40 **Fax:** 96 98-499
Bundesvorsitzender: Erwin Weißenberg
Stellv. Bundesvors: Josef Szablewski
Mitglieder: 75000

• U 1 604

Aktion Lebensrecht für Alle e.V. (ALfA)
Ottmarsgäßchen 8, 86152 Augsburg
T: (0821) 51 20 31 **Fax:** 15 64 07
Leitung Presseabteilung: Christoph Overkott

• U 1 605

Internationaler Hilfsfonds e.V.
Postf. 12 53, 61186 Rosbach
Raiffeisenstr. 10, 61191 Rosbach
T: (06003) 91 91-0 **Fax:** 91 91-20
Gründung: 1990 3. Oktober
Vorsitzende(r): Prof. Dr. Karl H. Koch
Verbandszeitschrift: IH-Nachrichten
Mitarbeiter: 12
Jahresetat: DM 11 Mio, € 5,62 Mio
Medizinische Hilfsprojekte und rurale Entwicklungsprojekte in Afrika, Kinder- und Schulhilfsprogramme durch Patenschaften, Soforthilfe und Nothilfe in Osteuropa

• U 1 606

Arbeitslosenverband Deutschland e.V. (ALV)
Postanschrift:
Georg-Schumann-Str. 50, 04155 Leipzig
T: (0341) 9 61 84 46 **Fax:** 9 61 84 40
Sitz: Gotlindestr. 40, 10365 Berlin
T: (030) 4 22 20 53, Fax: 4 26 40 65
Gründung: 1990 (März)
Präsident(in): Dr. Klaus Grehn
Vorsitzende(r): Matthias Dittmann
Stellvertretende(r) Vorsitzende(r): Barbara Borchardt
Prof. Dr. Dietrich Fischer
Rüdiger Mikeska
Verbandszeitschrift: „Mitteilungsblatt des ALV"
Mitglieder: 6250

Landesverbände

u 1 607

Arbeitslosenverband Deutschland e.V. Landesverband Berlin
Gotlindestr. 40, 10365 Berlin
T: (030) 55 17 33 82 **Fax:** 55 17 33 33

u 1 608

Arbeitslosenverband Deutschland e.V. Landesverband Brandenburg
Am Turm 14, 03046 Cottbus
T: (0355) 79 62 69 **Fax:** 2 31 13

u 1 609

Arbeitslosenverband Deutschland e.V. Landesverband Mecklenburg-Vorpommern
Langenstr. 48, 18439 Stralsund
T: (03831) 70 33 20 **Fax:** 70 33 22

u 1 610

Arbeitslosenverband Deutschland e.V. Landesverband Sachsen
Georg-Schumann-Str. 50, 04155 Leipzig
T: (0341) 9 61 84 46 **Fax:** 9 61 84 40
E-Mail: alv.sachsen@t-online.de

u 1 611

Arbeitslosenverband Deutschland e.V. Landesverband Sachsen-Anhalt
Posaer Str. 21, 06712 Zeitz
T: (03441) 21 29 07 **Fax:** 21 29 08

u 1 612

Arbeitslosenverband Deutschland e.V. Thüringer Arbeitslosenverband
Brühl 8-16, 99423 Weimar
T: (03643) 50 55 22 **Fax:** 51 50 57

• U 1 613

Arbeitsgemeinschaft der Deutschen Hauptfürsorgestellen (AG-HFSt)
Postf. 41 09, 76026 Karlsruhe
Ernst-Frey-Str. 9, 76135 Karlsruhe
T: (0721) 81 07-0 **Fax:** 81 07-288
Vorsitzende(r): Karl-Friedrich Ernst (T: (0721) 81 07-2 46)
Geschäftsführer(in): Dietmar Tremmel (T: (0721) 81 07-2 19)
Verbandszeitschrift: Behinderte im Beruf (ZB)
Verlag: Universum Verlagsanstalt GmbH KG, Wiesbaden
Mitglieder: 1 Landeshauptfürsorgestelle, 24 Hauptfürsorgestellen, 18 Zweigstellen
Schriftleitung: Ltd.LVDir. Jürgen Schmidt, Kennedyufer 2, 50679 Köln
Sicherstellung einer einheitlichen Rechtsanwendung und verwaltungsmäßigen Durchführung bei der Erfüllung der den Hauptfürsorgestellen obliegenden Aufgaben nach dem Bundesversorgungsgesetz und dem Schwerbehindertengesetz.

Hauptfürsorgestellen

Baden-Württemberg

u 1 614

Landeswohlfahrtsverband Baden - Hauptfürsorgestelle
Postf. 41 09, 76026 Karlsruhe
Ernst-Frey-Str. 9, 76135 Karlsruhe
T: (0721) 81 07-1 **Fax:** 81 07-4 61
Leitung: VD Ernst (T: (0721) 81 07-2 46)
Stellv. Leiter: T: (0721) 81 07-525 Groß

Zweigstelle Freiburg
Kaiser-Joseph-Str. 170, 79098 Freiburg
T: (0761) 27 19-0 **Fax:** 27 19-60
Leitung: OVR Dittmann (T: (0761) 27 19-29)
Stellv. Leiter: VAR Zuckschwerdt (T: (0761) 27 19-45)

u 1 615

Landeswohlfahrtsverband Württemberg-Hohenzollern
- Hauptfürsorgestelle
Postf. 10 60 22, 70049 Stuttgart
Lindenspürstr. 39, 70176 Stuttgart
T: (0711) 63 75-0 **Fax:** 63 75-1 25
Internet: http://www.lwv.de
E-Mail: info@lwv-wh.de
Amtsleiter: Ltd. VwD Mössner
Stellv. Leiter: OVwR Morr
Mitarbeiter: 2200

Zweigstelle Tübingen
Konrad-Adenauer-Str. 42, 72072 Tübingen
T: (07071) 75 09-0 **Fax:** 75 09-12
Leiter: DVwR Morr (T: (07071) 75 09-15)
Stellv. Leiter: OAR Bürker (T: (07071) 75 09-17)

Bayern

u 1 616

Bayerisches Staatsministerium für Arbeit, Familie und Sozialordnung, Familie, Frauen und Gesundheit - Landeshauptfürsorgestelle
80792 München
Winzererstr. 9, 80797 München
T: (089) 12 61-01 **Fax:** 12 61-1568
Leitung: Dr. N. N. (T: (089) 12 61-11 84)
Stellv. Leiter: MR Dr. Kunz (T: (089) 12 61-11 86)
RD Matzeder (T: (089) 12 61-11 76)

u 1 617

Regierung von Mittelfranken - Hauptfürsorgestelle
Bischof-Meiser-Str. 2, 91522 Ansbach
T: (0981) 53-0 **Fax:** 53-7 44
E-Mail: hst.rmf@t-online.de
Leitung: RD Stenz (T: (0981) 53-4 00)
Stellv. Leiter: ROAR Hartnagel (T: (0981) 53-4 04)

u 1 618

Regierung von Schwaben - Hauptfürsorgestelle
86145 Augsburg
Fronhof 10, 86152 Augsburg
T: (0821) 3 27-01 **Fax:** 3 27-2670
Leitung: RD Wiedemann (T: (0821) 3 27-23 85)
Stellv. Leiter: RD Olbrich (T: (0821) 3 27-26 03)

u 1 619

Regierung von Oberfranken - Hauptfürsorgestelle
Postf. 11 01 65, 95420 Bayreuth
Ludwigstr. 20, 95444 Bayreuth
T: (0921) 6 04-1 **Fax:** 6 04-1653
Internet: http://www.regierung.oberfranken.bayern.de
E-Mail: poststelle@reg-ofr.bayern.de
Leitung: RD Koch (T: (0921) 6 04-16 13)
Stellv. Leiter: RR Krug (T: (0921) 6 04-16 33)

u 1 620

Regierung von Niederbayern - Hauptfürsorgestelle
84023 Landshut
Regierungsplatz 540, 84028 Landshut
T: (0871) 8 08-01 **Fax:** 8 08-10 02
Teletex: 871 810 =regnb
Leitung: Ltd. RD Kaiser
Stellv. Leiter: RD Linti

u 1 621

Regierung von Oberbayern - Hauptfürsorgestelle
80534 München
Elsenheimerstr. 41-43, 80687 München
T: (089) 5 79 38-0 **Fax:** 5 79 38-1 23
Leitung: Riesler (T: (089) 5 79 38-2 50)
Stellv. Leiter: RD Schulz (T: (089) 5 79 38-2 36)

u 1 622

Regierung der Oberpfalz - Hauptfürsorgestelle
93039 Regensburg
Emmeramsplatz 8, 93047 Regensburg
T: (0941) 56 80-0 **Fax:** 56 80-699
Teletex: 9 418 125 regopf d **T-Online** 5680-299
Leitung: RD Mauthner (T: (0941) 56 80-6 15)
Stellv. Leiter: RD Schmatz (T: (0941) 56 80-6 02)

u 1 623

Regierung von Unterfranken - Hauptfürsorgestelle
97064 Würzburg
Peterplatz 9, 97070 Würzburg
T: (0931) 3 80-1 **Fax:** 3 80-2063
Teletex: 9 318 106
Leitung: Ltd. RD Fischer (T: (0931) 3 80-10 63)
Stellv. Leiter: Ltd. RD Fley (T: (0931) 3 80-11 70)

Berlin

u 1 624

Landesamt für Gesundheit und Soziales Berlin
- Hauptfürsorgestelle -
Postf. 31 09 29, 10639 Berlin
Fehrbelliner Platz 1, 10707 Berlin
T: (030) 90-0 **Fax:** 90 12 31 14
Leitung: RDin Dr. Jugel (T: (030) 8 67-78 88)
Stellv. Leiterin: N. N. (T: (030) 8 67-78 86)

Brandenburg

u 1 625

Landesamt für Soziales und Versorgung - Hauptfürsorgestelle
Postf. 10 07 63, 03007 Cottbus
Weinbergstr. 10, 03050 Cottbus
T: (0355) 47 65-0 **Fax:** 47 65-2 21
Leitung: Dr. Oertel (T: (0355) 47 65-3 14)
Stellv. Leiterin: Krömer (T: (0355) 47 65-3 18)

Amt für Soziales und Versorgung Cottbus Zweigstelle der Hauptfürsorgestelle
Postf. 10 01 23, 03001 Cottbus
Straße der Jugend 33, 03050 Cottbus
T: (0355) 47 65-0 **Fax:** 47 65-2 11
Leiterin: Olschner (T: (0355) 47 65-546)
Stellv. Leiter: Schöngart (T: (0355) 47 65-5 44)

Amt für Soziales und Versorgung Frankfurt/Oder Zweigstelle der Hauptfürsorgestelle
Postf. 14 36, 15209 Frankfurt
Robert-Havemann-Str. 4, 15236 Frankfurt
T: (0335) 55 82-0 **Fax:** 55 82-285
Leiterin: Dr. Latuske (T: (0335) 55 82-4 50)
Stellv. Leiterin: Peter (T: (0335) 55 82-4 54)

Amt für Soziales und Versorgung Potsdam Zweigstelle der Hauptfürsorgestelle „Ruinenberg-Kaserne"
Zweigstelle
An der Einsiedelei 9, 14469 Potsdam
T: (0331) 27 61-0 **Fax:** 27 61-499
Leiterin: Braemer (T: (0331) 27 61-406)
Stellv. Leiter: Wiesniewski (T: (0331) 27 61-402)

Bremen

u 1 626

Der Senator für Arbeit - Hauptfürsorgestelle für Kriegsopfer und Schwerbehinderte
Postf. 10 15 27, 28015 Bremen
Doventorscontrescarpe 172, 28195 Bremen
T: (0421) 36 1-0, Anrufbeantworter: 36 1-51 38, Schreibtelefon: 3 61-5 99 95 **Fax:** 36 1-55 02, 3 61 20 72
Leitung: OAR Spradau (T: (0421) 3 61-54 07)
Stellv. Leiter: KOF VA Klar (T: (0421) 36 1-52 94)

Hamburg

u 1 627

Behörde für Arbeit, Gesundheit und Soziales
Amt für Arbeit und Sozialordnung
Postf. 76 01 06, 22051 Hamburg
Hamburger Str. 47, 22083 Hamburg
T: (040) 29 88 0 **Fax:** 29 88 2847
Leitung: Dr. Ritz (T: (040) 29 88-2845)
Stellv. Leiter: OAR Steen (T: (040) 29 88-28 51)
Behörde für Arbeit, Gesundheit und Soziales
Landesamt für Rehabilitation, RE 31, Postf. 76 01 06, 22051 Hamburg, T: (040) 29 88-32 00

Hessen

u 1 628

Landeswohlfahrtsverband Hessen - Hauptfürsorgestelle
34112 Kassel
Kölnische Str. 30, 34117 Kassel
T: (0561) 10 04-0 **Fax:** 10 04-2836
Leitung: Ltd. VD Hörtreiter (T: (0561) 10 04-22 36)
Stellv. Leiter: VOR Hesse (T: (0561) 10 04-22 39)

Landeswohlfahrtsverband Hessen Zweigverwaltung Darmstadt
Ref. Hauptfürsorgestelle
Postf. 11 08 65, 64223 Darmstadt
Steubenplatz 16, 64293 Darmstadt
T: (06151) 8 01-1 **Fax:** 8 01-2 34
Leitung: VD Pohl (T: (06151) 8 01-2 08, -2 09)
Stellv. Leiter: OAR Vetter (T: (06151) 8 01-1 15)

Landeswohlfahrtsverband Hessen Zweigverwaltung Wiesbaden
Ref. Hauptfürsorgestelle
65174 Wiesbaden
Frankfurter Str. 44, 65189 Wiesbaden
T: (0611) 1 56-1 **Fax:** 1 56-209
Leitung: VOR Weidenhaus (T: (0611) 1 56-3 00)
Stellv. Leiter: VA Pittel (T: (0611) 1 56-2 12)

Mecklenburg-Vorpommern

u 1 629

Außenstelle der Abteilung 5 Landesversorgungsamtes Mecklenburg-Vorpommern
Abteilung 5
- Hauptfürsorgestelle -
Neustrelitzer Str. 120, 17033 Neubrandenburg
T: (0395) 3 80-0 **Fax:** 3 80-25 80
Leitung: Dr. Scheibner (T: (0395) 3 80-25 73)

Außenstelle der Abteilung 5 des Landesversorgungsamtes Mecklenburg-Vorpommern
- Hauptfürsorgestelle-
Friedrich-Engels-Str. 47, 19061 Schwerin
T: (0385) 39 91-0 **Fax:** 39 91-305, 39 91-444 (Schreibtelefon)
Leitung: Klein (T: (0385) 39 91-3 00)
Hesse (T: (0385) 39 91-3 10)

Landesversorgungsamt Mecklenburg-Vorpommern
Abteilung 5
- Hauptfürsorgestelle -
Stephanstr. 18, 18055 Rostock
T: (0381) 4 95 49-0 **Fax:** 4 95 49-43
Leitung: Dr. Scheibner (T: (0381) 4 95 49-90)
Vertreterin: Seidel

Niedersachsen

u 1 630

Niedersächsisches Landesamt für zentrale soziale Aufgaben - Hauptfürsorgestelle (NLZSA)
Postf. 10 08 44, 31108 Hildesheim
Domhof 1, 31134 Hildesheim
T: (05121) 3 04-1 **Fax:** 3 04-6 11
Leitung: Abt.Dir. Peter Schwenkglenks (T: (05121) 3 04-2 90)
Stellv. Leiter: RD Kiene (T: (05121) 3 04-3 07)

u 1 631

Landschaftsverband Rheinland (LVR) Rheinische Hauptfürsorgestelle
50663 Köln
Hermann-Pünder-Str. 1, 50679 Köln
T: (0221) 8 09-6521 **Fax:** 8 09-6520
Internet: http://www.lvr.de
Leitung: N. N. (Fax: (0221) 8 09-6520)
Ltd. LVD Jürgen Schmidt (T: (0221) 8 09-64 17, Fax: 8 09-6553)
Stellv. Leiterin: LVD'in Dagmar Fischer-Bahlau (T: (0221) 8 09-6373, Fax: 8 09-6553)

u 1 632

Landschaftsverband Westfalen-Lippe (LWL) Hauptfürsorgestelle
48133 Münster
Warendorfer Str. 26, 48145 Münster
T: (0251) 5 91-01 **Fax:** 5 91-5806
Internet: http://www.lwl.org/hauptfuersorgestelle
E-Mail: hfst@lwl.org
Leitung: LR Dr. Baur (T: (0251) 5 91-237)
Stellv. Leiter: Ltd. LVD Adlhoch (T: (0251) 5 91-229)

Rheinland-Pfalz

u 1 633

Landesamt für Jugend, Soziales und Versorgung Rheinland-Pfalz - Hauptfürsorgestelle
Postf. 29 64, 55019 Mainz
Rheinallee 97-101, 55118 Mainz
T: (06131) 9 67-0 **Fax:** 9 67-516
Internet: http://www.hauptfuersorgestelle.de
E-Mail: poststelle-mz@lsjv.rlp.de
Behördenleiter: Präsident Werner Franken

Landesamt für Soziales, Jugend und Versorgung Rheinland-Pfalz -Bereich Schwerbehindertenhilfe
Rheinallee 97-101, 55118 Mainz
T: (06131) 9 67-0 **Fax:** 9 67-516
Internet: http://www.hauptfuersorgestelle.de
E-Mail: poststelle-mz@lsjv.rlp.de
Leiter(in): Abt.-Dir. Georg Grabkowsky
Stellv. Leiter: Reg.-Dir. Werner Reiter

Landesamt für Jugend und Soziales Rheinland-Pfalz Bereich Kriegsopferfürsorge
Baedekerstr. 2-10, 56073 Koblenz
T: (0261) 40 41-0 **Fax:** 40 41-321
Internet: http://www.hauptfuersorgestelle.de
E-Mail: poststelle-ko@lsjv.rlp.de
Leiter(in): Dieter Puschke
Stellv. Leiter: Reg.-Dir. Udo Bierbrauer

Saarland

u 1 634

Landesamt für Soziales und Versorgung - Hauptfürsorgestelle -
Postf. 10 32 52, 66032 Saarbrücken
Hochstr. 67, 66115 Saarbrücken
T: (0681) 99 78-0 **Fax:** 99 78-2 77
Leiterin: RD Schöltzel (T: (0681) 99 78-2 19)
Stellv. Leiter: N. N.

Sachsen

u 1 635

Sächsisches Landesamt für Familie und Soziales Hauptfürsorgestelle
Postf. 10 48, 09010 Chemnitz
Jägerstr. 8, 09111 Chemnitz
T: (0371) 6 06-0 **Fax:** 6 06-432
Leiter(in): Glutsch (T: (0371) 60 63 55, Fax: 60 64 32)
Stellv. Leiter: Kautsch (T: (0371) 60 63 80, Fax: 60 64 32)

Amt für Familie und Soziales - Zweigstelle Chemnitz der Hauptfürsorgestelle
09098 Chemnitz
Eislebener Str. 19, 09126 Chemnitz
T: (0371) 53 99-0 **Fax:** 53 99-169
Leiterin: Rothe (T: (0371) 53 99-156)
Stellv. Leiter: Welsch (T: (0371) 53 99-154)

Amt für Familie und Soziales - Zweigstelle Dresden der Hauptfürsorgestelle
Gutzkowstr. 10, 01069 Dresden
T: (0351) 46 55-0 **Fax:** 46 55-200
Leiterin: Zumpe (T: (0351) 46 55-567)
Stellv. Leiterin: Haberkorn (T: (0351) 46 55-505)

Amt für Familie und Soziales - Zweigstelle Leipzig der Hauptfürsorgestelle
Berliner Str. 13, 04105 Leipzig
T: (0341) 59 55-0 **Fax:** 59 55-502
Leiter(in): Scholz (T: (0341) 59 55-3 51)
Stellv. Leiter: Grabitzki (T: (0341) 59 55-3 61)

Sachsen-Anhalt

u 1 636

Landesamt für Versorgung und Soziales Sachsen-Anhalt - Hauptfürsorgestelle
06106 Halle
Nietlebener Str. 1, 06126 Halle
T: (0345) 69 32-0 **Fax:** 69 32-702
Komm. Leiter: Lutz Baumeister (T: (0345) 69 32-7 00)

Nebenstelle des Landesamt für Versorgung und Soziales - Hauptfürsorgestelle -
Nebenstelle Magdeburg
Postf. 11 20, 39001 Magdeburg
Halberstädter Str. 39A, 39112 Magdeburg
T: (0391) 6 27-3000 **Fax:** 6 27-3360
Leitung: Bartels (T: (0391) 6 27-33 48)
Stellv. Leiter: Ahrens (T: (0391) 6 27-33 10)

Schleswig-Holstein

u 1 637

Landesamt für soziale Dienste des Landes Schleswig-Holstein - Hauptfürsorgestelle -
Postf. 19 69, 24509 Neumünster
Steinmetzstr. 1-11, 24534 Neumünster
T: (04321) 9 13-5 **Fax:** 9 13-750
Leitung: Ltd. RD Scharff
Stellv. Leiterin: Fimm

Thüringen

u 1 638

Thüringer Landesamt für Soziales und Familie Landesversorgungsamt mit Hauptfürsorgestelle
Karl-Liebknecht-Str. 4, 98527 Suhl
T: (03681) 7 30 **Fax:** 7 33-366
Leiterin: Steige (T: (03681) 73 36 98)
Stellv. Leiter: Wagener-Pollmann (T: (03681) 73 33 67)

Versorgungsamt Suhl Zweigstelle Hauptfürsorgestelle
Karl-Liebknecht-Str. 4, 98527 Suhl
T: (03681) 7 30 **Fax:** 73 24 01
Sekretariat: Grube

Versorgungsamt Erfurt - Zweigstelle Hauptfürsorgestelle
Linderbacher Weg 30, 99099 Erfurt
T: (0361) 3 78 81 41 **Fax:** 3 78 81 59
Leiterin: Hoffmann (T: (0361) 4 31 11 42)

Versorgungsamt Gera Zweigstelle Hauptfürsorgestelle
Puschkinplatz 7, 07545 Gera
T: (0365) 82 23-5 10 **Fax:** 82 23-5 10
Leiterin: Zetzmann (T: (0365) 82 23-7 11)

• **U 1 639**

Deutscher Verein für öffentliche und private Fürsorge
Am Stockborn 1-3, 60439 Frankfurt
T: (069) 9 58 07-01 **Fax:** 9 58 07-3 81
Gründung: 1880
Vorsitzende(r): Konrad Deufel (Oberstadtdirektor d. Stadt Hildesheim)
Stellvertretende(r) Vorsitzende(r): Pastor Werner Braune (Direktor der Stephanus-Stiftung, Berlin)
Dipl.-Sozialw. Klaus Dörrie (Hauptgeschäftsführer i.R. des Paritätischen Wohlfahrtsverbandes, Gesamtverband e.V., Frankfurt am Main)
Dr. Stefan Articus (Stellv. Hauptgeschäftsführer Deutscher Städtetag, Köln)
Landrat Clemens Lindemann (Saar-Pfalz-Kreis, Homburg)
Geschäftsführer(in): Michael Löher
Leitung Presseabteilung: Barbara Kahler

Verbandszeitschrift: Nachrichtendienst
Redaktion: Ralf Mulot
Verlag: Eigenverlag
Mitglieder: 3200
Mitarbeiter: 100

• U 1 640

DER PARITÄTISCHE WOHLFAHRTS-VERBAND

Deutscher Paritätischer Wohlfahrtsverband - Gesamtverband e.V. -
Heinrich-Hoffmann-Str. 3, 60528 Frankfurt
T: (069) 67 06-0 **Fax:** 67 06-2 04, -2 07
Internet: http://www.paritaet.org
E-Mail: info@paritaet.org
Gründung: 1924 (7. April); Wiedergründung: 1949
Hauptgeschäftsführer(in): Dr. Ulrich Schneider
Ltg. Pressereferat: Martin Wißkirchen
Verbandszeitschrift: Nachrichten - PARITÄT
Verlag: Paritätische Verlagsgesellschaft mbH, Heinrich-Hoffmann-Str. 3, 60528 Frankfurt
Mitgliedsorganisationen: 9500

Förderung der fachlich methodischen Sozialarbeit; Ausbildung und Fortbildung von Mitarbeitern, Weckung und Entwicklung wohlfahrtspflegerischer Aktivitäten der Bürgerschaft; Pflege ehrenamtlicher Mitarbeit; wissenschaftliche Untersuchung für die soziale Praxis; Öffentlichkeitsarbeit und Information der Mitgliedsorganisationen; Zusammenarbeit mit Behörden und Verbänden; internationale Zusammenarbeit.

Landesverbände

u 1 641

Deutscher Paritätischer Wohlfahrtsverband Landesverband Baden-Württemberg
Haußmannstr. 6, 70188 Stuttgart
T: (0711) 2 15 50 **Fax:** 2 15 52 15

u 1 642

Deutscher Paritätischer Wohlfahrtsverband Landesverband Bayern
Postf. 40 04 43, 80704 München
Düsseldorfer Str. 22, 80804 München
T: (089) 3 06 11-0 **Fax:** 30 61 11 11

u 1 643

Deutscher PARITÄTISCHER Wohlfahrtsverband Landesverband Berlin e.V.
Brandenburgische Str. 80, 10713 Berlin
T: (030) 8 60 01-0 **Fax:** 8 60 01-110
Internet: http://www.paritaet.org/berlin/
E-Mail: info@paritaet-berlin.de
Vorsitzende(r): Christa-Maria Blankenburg
Geschäftsführer(in): Prof. Dr. Hans-Jochen Brauns
Geschäftsführer(in): Oswald Menninger

u 1 644

Deutscher Paritätischer Wohlfahrtsverband Landesverband Brandenburg e.V.
Templiner Str. 19, 14473 Potsdam
T: (0331) 2 84 97-10 **Fax:** 2 84 97-30

u 1 645

Deutscher Paritätischer Wohlfahrtsverband Landesverband Bremen
Eduard-Grunow-Str. 24, 28203 Bremen
T: (0421) 7 91 99-0 **Fax:** 7 91 99-99

u 1 646

Deutscher Paritätischer Wohlfahrtsverband Landesverband Hamburg
Mittelweg 115a, 20149 Hamburg
T: (040) 41 52 01 51 **Fax:** 41 52 01 90

u 1 647

Deutscher Paritätischer Wohlfahrtsverband Landesverband Hessen e.V.
Auf der Körnerwiese 5, 60322 Frankfurt
T: (069) 95 52 62-0 **Fax:** 55 12 92

u 1 648

Deutscher Paritätischer Wohlfahrtsverband Landesverband Mecklenburg-Vorpommern
Wismarsche Str. 298, 19055 Schwerin
T: (0385) 5 92 21-0 **Fax:** 5 92 21-22

u 1 649

Paritätischer Niedersachsen e.V.
Postf. 71 03 80, 30543 Hannover
Gandhistr. 5a, 30559 Hannover
T: (0511) 51 04-0 **Fax:** 5 10 43 64

u 1 650

Deutscher Paritätischer Wohlfahrtsverband Landesverband Nordrhein-Westfalen
Loher Str. 7, 42283 Wuppertal
T: (0202) 2 82 20 **Fax:** 8 56 14

u 1 651

Deutscher Paritätischer Wohlfahrtsverband Landesverband Rheinland-Pfalz/Saarland
Geschäftsstelle Mainz
Drechslerweg 25, 55128 Mainz
T: (06131) 9 36 80-0 **Fax:** 9 36 80-50

u 1 652

Deutscher Paritätischer Wohlfahrtsverband LV Rheinland-Pfalz/Saarland e.V.
Feldmannstr. 92, 66119 Saarbrücken
T: (0681) 9 26 60-0 **Fax:** 9 26 60-40

u 1 653

Deutscher Paritätischer Wohlfahrtsverband Landesverband Sachsen
Liliengasse 19, 01067 Dresden
T: (0351) 4 91 66-0 **Fax:** 4 91 66-11

u 1 654

Deutscher Paritätischer Wohlfahrtsverband Landesverband Sachsen-Anhalt
Halberstädter Str. 168-172, 39112 Magdeburg
T: (0391) 62 93-333 **Fax:** 62 93-555

u 1 655

Deutscher Paritätischer Wohlfahrtsverband Landesverband Schleswig-Holstein
Postf. 19 07, 24018 Kiel
Beselerallee 57, 24105 Kiel
T: (0431) 5 60 20 **Fax:** 56 02 78
E-Mail: paritaetischer@t-online.de

u 1 656

Deutscher Paritätischer Wohlfahrtsverband Landesverband Thüringen
Bergstr. 11, 99192 Neudietendorf
T: (036202) 26-0 **Fax:** 26-234

• U 1 657

Vereinigung Integrationsförderung e.V. (VIF)
Klenzestr. 57c, 80469 München
T: (089) 2 01 54 66 **Fax:** 2 01 57 61
Gründung: 1978
Leitung Presseabteilung: Claus Fussek
Mitglieder: ca. 100

• U 1 658

Arbeiterwohlfahrt Bundesverband e.V.
Postf. 41 01 63, 53023 Bonn
Oppelner Str. 130, 53119 Bonn
T: (0228) 66 85-0 **Fax:** 66 85-2 09
Internet: http://www.awo.org
E-Mail: info@awobu.awo.org
Gründung: 1919 (13. Dezember)
Vorsitzende(r): Dr.jur. Manfred Ragati, Herford
Geschäftsführer(in): Rainer Brückers, Bonn
Leitung Presseabteilung: Joachim F. Kendelbacher
Verbandszeitschrift: "Theorie und Praxis der sozialen Arbeit" und "AWO-MAGAZIN"
Verlag: Oppelner Str. 130, 53119 Bonn
Mitglieder: 640000 (Gesamt AWO)
Mitarbeiter: bundesweit 135000

Landes- und Bezirksgliederungen

u 1 659

Arbeiterwohlfahrt Landesverband Berlin e.V.
Hallesches Ufer 32-38, 10963 Berlin
T: (030) 2 53 89-0 **Fax:** 2 53 89-286

u 1 660

Arbeiterwohlfahrt Landesverband Hamburg e.V.
Rothenbaumchaussee 44, 20148 Hamburg
T: (040) 41 40 23-0 **Fax:** 41 40 23 37

u 1 661

Arbeiterwohlfahrt Landesverband Bremen
Auf den Häfen 30-32, 28203 Bremen
T: (0421) 79 02-0 **Fax:** 79 02 49

u 1 662

Arbeiterwohlfahrt Landesverband Schleswig-Holstein e.V.
Feldstr. 5, 24105 Kiel
T: (0431) 5 11 40 **Fax:** 5 11 41 08

u 1 663

Arbeiterwohlfahrt Landesarbeitsgemeinschaft Niedersachsen
Körtingsdorf 1, 30455 Hannover
T: (0511) 49 52-0 **Fax:** 49 52-2 00

u 1 664

Arbeiterwohlfahrt Bezirksverband Weser-Ems e.V.
Klingenbergstr. 73, 26133 Oldenburg
T: (0441) 48 01-0 **Fax:** 48 01-1 03

u 1 665

Arbeiterwohlfahrt Bezirksverband Hannover e.V.
Körtingsdorfer Weg 8, 30455 Hannover
T: (0511) 49 52-0 **Fax:** 49 52-2 00
E-Mail: info@bv.hannover.awo.de

u 1 666

Arbeiterwohlfahrt Bezirksverband Braunschweig e.V.
Peterskamp 21, 38108 Braunschweig
T: (0531) 3 90 80 **Fax:** 3 90 81 08
Internet: http://www.awo-bs.de
E-Mail: info@awo-bs.de

u 1 667

Arbeiterwohlfahrt Bezirksverband Ostwestfalen-Lippe e.V.
Detmolder Str. 280, 33605 Bielefeld
T: (0521) 92 16-0 **Fax:** 92 16-1 50

u 1 668

Arbeiterwohlfahrt Bezirksverband Westl. Westfalen e.V.
Kronenstr. 63-67, 44139 Dortmund
T: (0231) 54 83-0 **Fax:** 5 48 32 09

u 1 669

Arbeiterwohlfahrt Bezirksverband Niederrhein e.V.
Lützowstr. 32, 45141 Essen
T: (0201) 31 05-0 **Fax:** 31 05-2 53
E-Mail: awøiederrhein@t-online.de

u 1 670

Arbeiterwohlfahrt Bezirksverband Mittelrhein e.V.
Venloer Wall 15, 50672 Köln
T: (0221) 5 79 98-0 **Fax:** 5 79 98 59

u 1 671

Arbeiterwohlfahrt Bezirksverband Hessen-Nord e.V.
Lilienthalstr. 3, 34123 Kassel
T: (0561) 50 77-0 **Fax:** 5 07 71 99

u 1 672

Arbeiterwohlfahrt Bezirksverband Hessen-Süd e.V.
Borsigallee 19, 60388 Frankfurt
T: (069) 42 00 90 **Fax:** 42 00 91 03

u 1 673

Arbeiterwohlfahrt Bezirksverband Rheinl./Hessen-Nassau e.V.
Dreikaiserweg 4, 56068 Koblenz
T: (0261) 30 06-0 **Fax:** 30 06-126

u 1 674
Arbeiterwohlfahrt Bezirksverband Pfalz e.V.
Maximilianstr. 31, 67433 Neustadt
T: (06321) 39 23-0 **Fax:** 3 51 66
Geschäftsführer(in): Hans-Werner Riedmaier

u 1 675
Arbeiterwohlfahrt Bezirksverband Württemberg e.V.
Oberer Hoppenlauweg 26-28, 70174 Stuttgart
T: (0711) 2 29 03-0 **Fax:** 2 29 03-60
E-Mail: awo-wuerttemberg@t-online.de

u 1 676
Arbeiterwohlfahrt Bezirksverband Baden e.V.
Roonstr. 28, 76137 Karlsruhe
T: (0721) 82 07-0 **Fax:** 82 07 60
E-Mail: awobvka@t-online.de

u 1 677
Arbeiterwohlfahrt Landesverband Bayern e.V.
Edelsbergstr. 10, 80686 München
T: (089) 5 46 75 40 **Fax:** 5 46 75 41 55
E-Mail: awo-bayern@t-online.de

u 1 678
Arbeiterwohlfahrt Bezirksverband Oberbayern e.V.
Edelsbergstr. 10, 80686 München
T: (089) 5 47 14-0 **Fax:** 5 47 14-269

u 1 679
Arbeiterwohlfahrt Bezirksverband Ober- und Mittelfranken e.V.
Karl-Bröger-Str. 9-1, 90459 Nürnberg
T: (0911) 45 08-0 **Fax:** 45 08-135
E-Mail: awo.bv.ofr-mfr.04@t-online.de

u 1 680
Arbeiterwohlfahrt Bezirksverband Schwaben e.V.
Sonnenstr. 10, 86391 Stadtbergen
T: (0821) 4 30 01-0 **Fax:** 4 30 01-10

u 1 681
Arbeiterwohlfahrt Bezirksverband Unterfranken e.V.
Kantstr. 45a, 97074 Würzburg
T: (0931) 29 93 80 **Fax:** 2 50 03 80
E-Mail: awoufr@t-online.de

u 1 682
Arbeiterwohlfahrt Bezirksverband Niederbayern/Oberpfalz e.V.
Brennesstr. 2, 93059 Regensburg
T: (0941) 4 20 71 **Fax:** 44 76 79

u 1 683
Arbeiterwohlfahrt Landesverband Saarland e.V.
Hohenzollernstr. 45, 66117 Saarbrücken
T: (0681) 5 86 05-0 **Fax:** 5 86 05-80

u 1 684
Arbeiterwohlfahrt Landesverband Mecklenburg-Vorpommern e.V.
Wismarsche Str. 183-185, 19053 Schwerin
T: (0385) 7 61 60-0 **Fax:** 7 61 60 49
E-Mail: awo-lv-mv@t-online.de

u 1 685
Arbeiterwohlfahrt Landesverbrand Brandenburg e.V.
Nansenstr. 18, 14471 Potsdam
T: (0331) 9 71 62 60 **Fax:** 9 71 62 65

u 1 686
Arbeiterwohlfahrt Landesverband Sachsen-Anhalt
Klausenerstr. 17, 39112 Magdeburg
T: (0391) 62 79-0 **Fax:** 6 27 92 12

u 1 687
Arbeiterwohlfahrt Landesverband Thüringen e.V.
Pfeiffersgasse 12, 99084 Erfurt
T: (0361) 21 03 10 **Fax:** 2 10 31-49

u 1 688
Arbeiterwohlfahrt Landesverband Sachsen e.V.
Georg-Palitzsch-Str. 10, 01239 Dresden
T: (0351) 2 80 48 40 **Fax:** 2 80 48 42
E-Mail: awosachsen@aol.com

• U 1 689

Deutsche Behindertenhilfe AKTION SORGENKIND e.V.
Franz-Lohe-Str. 17, 53129 Bonn
T: (0228) 20 92-0 **Fax:** 20 92-281
Gründung: 1964 (9. Oktober)
Vorsitzende(r): Prof. Dr.h.c. Dieter Stolte (Intendant des ZDF, Zweites Deutsches Fernsehen, 55100 Mainz)
Stellvertretende(r) Vorsitzende(r): Soscha Gräfin zu Eulenburg (Vizepräsidentin des Deutschen Roten Kreuzes, Friedrich-Ebert-Allee 71, 53113 Bonn)
Geschäftsführer(in): Ass. Dieter Gutschick (Franz-Lohe-Str. 17, 53129 Bonn)
Leitung Presseabteilung: Heike Zirden
Verbandszeitschrift: Aktion Sorgenkind Das Magazin
Redaktion: Heike Zirden
Mitglieder: 7 Organisationen (6 Spitzenverbände der Freien Wohlfahrtspflege und das ZDF)
Mitarbeiter: 52

• U 1 690
Bundesinteressengemeinschaft der Betreuungsvereine
Wagnergasse 25, 07743 Jena
T: (03641) 88 98-11 **Fax:** 88 98 66
1. Vorsitzende(r): Ilona Eberhardt
1. stellv. Vors.: Wilhelm Kröger

• U 1 691

Advent-Wohlfahrtswerk e.V. (AWW)
Bundesgeschäftsstelle
Fischerstr. 19, 30167 Hannover
T: (0511) 9 71 77-30 **Fax:** 9 71 77-34
Internet: http://www.awwnet.de
E-Mail: info@awwnet.de
Gründung: 1897 (Neugründung: 1. Sept. 1928)
Vorsitzende(r): Reinhard Rupp
Geschäftsführer(in): Martin Haase
Mitglieder: über 400 Mitgliedsgruppen

Arbeit am Menschen durch Kinderarbeit, Jugendarbeit, Erwachsenenbildung, Behindertenarbeit, Altenarbeit, Suchtkrankenhilfe, Einzelfallhilfe, Seelsorge.

• U 1 692

Deutscher Caritasverband e.V. (DCV)
(Lorenz-Werthmann-Haus)
Postf. 4 20, 79004 Freiburg
Karlstr. 40, 79104 Freiburg
T: (0761) 2 00-0 **Fax:** 2 00-5 72
Internet: http://www.caritas.de
E-Mail: presse@caritas.de
Gründung: 1897 (9. November)
Präsident(in): Hellmut Puschmann
Generalsekretär(in): Prof. Dr. Georg Cremer
Referat Presse- und Öffentlichkeitsarbeit: Dr. Thomas Broch

Jugendhilfe, Familienhilfe, Altenhilfe, Gesundheitshilfe, Hilfen für ausländische Arbeitnehmer und ihre Familien, Aussiedler- und Flüchtlingshilfe, Internationale Hilfen, Behindertenhilfe, Hilfen für Menschen in besonderen Lebenslagen, Aus- und Fortbildung.

• U 1 693
Caritas-Konferenzen Deutschlands e.V.
Verband freiwillig sozial engagierter, ehrenamtlich tätiger Frauen und Männer
Lorenz-Werthmann-Haus
Postf. 4 20, 79004 Freiburg
Karlstr. 40, 79104 Freiburg
T: (0761) 2 00-463 **Fax:** 2 00-743
E-Mail: goetze@caritas.de
Gründung: 1931
Vorsitzende(r): Elisabeth Frfr. v. Lüninck
Geschäftsführer(in): Dipl.-Psych. Elisabeth Götz
Verbandszeitschrift: Begegnen und Helfen
Redaktion: Caritas-Konferenzen Deutschlands und Vinzenz-Konferenzen Deutschlands
Verlag: Selbstverlag
Mitglieder: ca. 80000
Mitarbeiter: 6

• U 1 694
Caritas-Gemeinschaft für Pflege- und Sozialberufe e.V.
Adelheid-Testa-Haus
Maria-Theresia-Str. 10, 79102 Freiburg
T: (0761) 7 08 61-0 **Fax:** 7 08 61-116
Internet: http://www.caritasgemeinschaft.caritas.de
E-Mail: caritasgemeinschaft.freiburg@t-online.de
Gründung: 1937
Vorsitzende(r): Prälat Hellmut Puschmann
Leiterin: Renate Heinzmann
Generalsekretär(in): Christa Nowakiewitsch
Leitung Presseabteilung: Renate Heinzmann
Mitglieder: 3000

Planmäßige Ausübung caritativer Aufgaben, insbesondere die Kranken-, Kinderkranken- und Altenpflege, Fortbildung, Beratung, Pflege der Gemeinschaft.

• U 1 695
Caritas-Akademie für Pflegeberufe e.V.
Maria-Theresia-Str. 10, 79102 Freiburg
T: (0761) 7 08 61-0 **Fax:** 7 08 61-116
Internet: http://www.caritasakademiefr.caritas.de
E-Mail: caritasakademie.pflege.fr@t-online.de
Vorsitzende(r): Prälat Hellmut Puschmann
Geschäftsführer(in): Renate Heinzmann
Leiterin: Gisela Sträter

Fort- und Weiterbildung für Pflegeberufe.

• U 1 696
Gemeinschaft der Vinzenz-Konferenzen Deutschlands e.V.
Blumenstr. 20, 50670 Köln
T: (0221) 13 11 31 **Fax:** 13 89 53
Leitung Presseabteilung: Reiner Klaes
Verbandszeitschrift: Begegnen und Helfen
Redaktion: w.o.

• U 1 697
IN VIA Katholische Mädchensozialarbeit - Deutscher Verband e.V.
Postf. 4 20, 79004 Freiburg
Ludwigstr. 36, 79104 Freiburg
T: (0761) 2 00-231 **Fax:** 2 00-638
E-Mail: invia@caritas.de
Gründung: 1895/1905
Vorsitzende(r): Anni Jülich
Stellvertretende(r) Vorsitzende(r): Prof. Dr. Brunhilde Greshake
Generalsekretär(in): Marion Paar

• U 1 698
KREUZBUND e.V.
Selbsthilfe- und Helfergemeinschaft für Suchtkranke und deren Angehörige
Postf. 18 67, 59008 Hamm
Münsterstr. 25, 59065 Hamm
T: (02381) 6 72 72-0
Internet: http://www.kreuzbund.de
E-Mail: info@kreuzbund.de
Gründung: 1896
Vorsitzende(r): Josef Hayck (Timphorst 19, 48653 Coesfeld, T: (02541) 7 09 86)
Stellvertretende(r) Vorsitzende(r): Dieter Cruysen (Schelfelstr. 30, 45468 Mühlheim, T: (0208) 47 65 98)
BundesGeschF: Heinz-Josef Janßen (Mittelkamp 20, 45731 Waltrop, T: (02309) 7 65 68)

Referentin f. Presse- u. Öffentlichkeitsarbeit: Judith Hüsken
Verbandszeitschrift: Weggefährte
Mitglieder: 15000

• U 1 699

MALTESER-HILFSDIENST e.V.
- Generalsekretariat
Postf. 91 05 58, 51075 Köln
Kalker Hauptstr. 22-24, 51103 Köln
T: (0221) 98 22-01 **Fax:** 98 22-399
Internet: http://www.malteser.de
E-Mail: malteser@maltanet.de
Gründung: 1953
Präsident(in): Dr. Constantin von Brandenstein-Zeppelin
Geschäftsführender Vorstand: Johannes Freiherr Heereman von Zuydtwyck (Geschäftsführender Präsident)
Reinhard Eckert (Finanzvorstand)
Heinz Himmels (Generalsekretär)
Pressesprecher(in): Dr. Norbert Saupp
Verbandszeitschrift: Malteser Magazin
Verlag: Grafische Werkstatt Gebr. Kopp GmbH u. Co. KG, Goltsteinstr. 28, 50968 Köln
Mitglieder: 90000 Mitglieder, davon 30000 aktive Helfer/-innen und 8800 Mitglieder der Malteser Jugend, 800000 fördernde Mitglieder

u 1 700

Malteser-Hilfsdienst e.V. in der Diözese Aachen
Diözesangeschäftsstelle:
Auf der Hüls 201, 52068 Aachen
T: (0241) 96 70-0 **Fax:** 96 70-119
Diözesanleiterin: Bernhardine Lüke
DiözesanGeschF: Rolf Hofmann

u 1 701

Malteser-Hilfsdienst e.V. in der Diözese Augsburg
Diözesangeschäftsstelle:
Werner-von-Siemens-Str. 10, 86159 Augsburg
T: (0821) 2 58 50-0 **Fax:** 2 58 50-21
Diözesanleiter: Wolfgang Graf Maldeghem
DiözesanGeschF: Siegfried Spielvogel

u 1 702

Malteser-Hilfsdienst e.V. in der Erzdiözese Bamberg
Diözesangeschäftsstelle:
Hainstr. 22, 96047 Bamberg
T: (0951) 8 69 80 **Fax:** 86 98 50
Diözesanleiter: Paul Kathol
DiözesanGeschF: Dr. Birgit Kastura-Koch

u 1 703

Malteser-Hilfsdienst e.V. in der Diözese Berlin
Diözesan- und Landesgeschäftsstelle:
Alt-Lietzow 33, 10587 Berlin
T: (030) 3 48 00 30 **Fax:** 34 80 03 50
Diözesanleiter: Dr. Friedrich-Wilhelm von Hesler
DiözesanGeschF.: Henric Maes

u 1 704

Malteser-Hilfsdienst e.V. im Lande Bremen
Diözesan- und Landesgeschäftsstelle:
Am Hallacker 125, 28327 Bremen
T: (0421) 4 27 49-0 **Fax:** 4 27 49-20
Geschäftsführerin: Angelika Gabriel

u 1 705

Malteser-Hilfsdienst e.V. in der Diözese Dresden
Diözesan- und Landesgeschäftsstelle:
Jagdweg 3, 01159 Dresden
T: (0351) 4 35 55-0 **Fax:** 4 35 55-33
Diözesanleiter: Philippe Prinz von Croy
DiözesanGeschF: Jörg-Michael Bornemann

u 1 706

Malteser-Hilfsdienst e.V. in der Diözese Eichstätt
Diözesangeschäftsstelle:
Pater-Philipp-Jeningen-Platz 1, 85072 Eichstätt
T: (08421) 98 07-0 **Fax:** 98 07-27
DiözesanGeschF: Franz Graf von Kinsky

u 1 707

Malteser-Hilfsdienst e.V. in der Diözese Erfurt-Meiningen
Diözesan- und Landesgeschäftsstelle:
Goethestr. 22, 99096 Erfurt
T: (0361) 3 40 47-0 **Fax:** 3 40 47-11
Diözesanleiter: Winfried Weinrich
DiözesanGeschF: Andreas Geoerg

u 1 708

Malteser-Hilfsdienst e.V. in der Diözese Essen
Diözesangeschäftsstelle:
Postf. 10 25 64, 45025 Essen
Maxstr. 13, 45127 Essen
T: (0201) 8 20 47-0 **Fax:** 8 20 47-55
Diözesanleiter: Dr. Heinz Staudinger
DiözesanGeschF: Oliver Mirring

u 1 709

Malteser-Hilfsdienst e.V. in der Erzdiözese Freiburg
Diözesan- und Landesgeschäftsstelle:
Heinrich-von-Stephan-Str. 14, 79100 Freiburg
T: (0761) 4 55 25 10 **Fax:** 4 55 25 20
Diözesanleiter: Ina Frfr. von Elverfeldt
DiözesanGeschF: Reinhard Hoffmann

u 1 710

Malteser-Hilfsdienst e.V. in der Diözese Fulda
Diözesangeschäftsstelle:
Wilhelmstr. 4, 36037 Fulda
T: (0661) 8 75 55 **Fax:** 8 75 11
Diözesanleiter: Dr. Constantin von Brandenstein-Zeppelin
Diözesangeschäftsführer: Thomas Peffermann

u 1 711

Malteser-Hilfsdienst e.V. in der Diözese Görlitz
Diözesangeschäftsstelle:
Mühlweg 3, 02826 Görlitz
T: (03581) 48 00-0 **Fax:** 48 00-40
Diözesanleiter: Pfarrer Christoph Bockisch
DiözesanGeschF.: Bernd Schmuck

u 1 712

Malteser-Hilfsdienst e.V. Hamburg
Diözesan- und Landesgeschäftsstelle
Weidestr. 43, 22083 Hamburg
T: (040) 2 09 40 80 **Fax:** 20 94 07 41
Diözesanleiter: Dr. Uwe Brenzen
Diözesangeschäftsführer: Hans-Alexander Frhr. von Falkenhausen

u 1 713

Malteser-Hilfsdienst e.V. in der Diözese Hildesheim
Diözesangeschäftsstelle:
Anderter Str. 129c, 30559 Hannover
T: (0511) 9 59 86-0 **Fax:** 9 59 86-40
Diözesanleiter: Peter Graf Wolff-Metternich
DiözesanGeschF: Hartmut Berkowsky

u 1 714

Malteser-Hilfsdienst e.V. in der Erzdiözese Köln
Diözesangeschäftsstelle:
Postf. 62 03 68, 50696 Köln
Neusser Str. 460, 50733 Köln
T: (0221) 9 74 54 50 **Fax:** 97 45 45 27
DiözesanGeschF: Stefan Pauls
Stellv. DiözesanGeschF: Matthias Scholz

u 1 715

Malteser-Hilfsdienst e.V. in der Diözese Limburg
Diözesangeschäftsstelle:
Blumenröder Str. 22, 65549 Limburg
T: (06431) 94 88-0 **Fax:** 94 88-32
Diözesanleiter: Emanuel Graf von Walderdorff
DiözesanGeschF: Bernd Trost

u 1 716

Malteser-Hilfsdienst e.V. in der Diözese Magdeburg
Diözesan- und Landesgeschäftsstelle:
Hermann-Hesse-Str. 1a, 39118 Magdeburg
T: (0391) 6 09 31-0 **Fax:** 6 09 31-99
Diözesanleiter: Geistlicher Rat Günther Brozek
DiözesanGeschF: Ronald Schabanoski

u 1 717

Malteser-Hilfsdienst e.V. in der Diözese Mainz
Diözesan- und Landesgeschäftsstelle:
Neutorstr. 3, 55116 Mainz
T: (06131) 28 58-0 **Fax:** 28 58-62
Diözesanleiter: Klemens A. Freiherr von Korff
DiözesanGeschF: Eduard Bamberg

u 1 718

Malteser-Hilfsdienst e.V. in der Erzdiözese München und Freising
Diözesan- und Landesgeschäftsstelle
Streitfeldstr. 1, 81673 München
T: (089) 4 36 08-0 **Fax:** 4 31 48 77
Diözesanleiter: Dr. Erich Prinz von Lobkowicz
DiözesanGeschF: Manfred Schulz (M.A.)

u 1 719

Malteser-Hilfsdienst e.V. in der Diözese Münster
Diözesangeschäftsstelle:
Daimlerweg 33, 48163 Münster
T: (0251) 9 71 21-0 **Fax:** 9 71 21-24
Diözesanleiter: Rudolph Erbprinz von Croy
DiözesanGeschF: Stephen Bilstein

u 1 720

Malteser-Hilfsdienst e.V. im Offizialatsbezirk Oldenburg
Geschäftsstelle:
Postf. 14 51, 49363 Vechta
Lattweg 2, 49377 Vechta
T: (04441) 92 50-0 **Fax:** 92 50 99
Leitung: Günter gr. Holthaus
Geschäftsführer(in): Sebastian Kliesch

u 1 721

Malteser-Hilfsdienst e.V. in der Diözese Osnabrück
Diözesangeschäftsstelle:
Klöntrupstr. 12, 49082 Osnabrück
T: (0541) 95 74 50 **Fax:** 9 57 45 45
Diözesanleiter: Walter Remmers (Justizminister a.D.)
DiözesanGeschF: Ludwig Unnerstall

u 1 722

Malteser-Hilfsdienst e.V. in der Erzdiözese Paderborn
Diözesangeschäftsstelle:
Nordstr. 27, 33102 Paderborn
T: (05251) 1 35 50 **Fax:** 13 55 66
Diözesanleiter: Georg Freiherr von Wrede
DiözesanGeschF: Matthias Schmidt

u 1 723

Malteser-Hilfsdienst e.V. in der Diözese Passau
Diözesangeschäftsstelle:
Vilshofener Str. 50, 94034 Passau
T: (0851) 9 56 66-0 **Fax:** 9 56 66-44
Diözesanleiter: Georg Adam Freiherr von Aretin
DiözesanGeschF: Josef Seibold

u 1 724

Malteser-Hilfsdienst e.V. in der Diözese Regensburg
Diözesangeschäftsstelle:
Am Singrün 1, 93047 Regensburg
T: (0941) 5 85 15-11 **Fax:** 5 85 15-26
Diözesanleiter: Philipp Graf von Lerchenfeld
DiözesanGeschF: Franz Haller

u 1 725

Malteser-Hilfsdienst e.V. in der Diözese Rottenburg-Stuttgart
Diözesangeschäftsstelle:
Stafflenbergstr. 46, 70184 Stuttgart
T: (0711) 2 37 52-0 **Fax:** 2 37 52-33
Diözesanleiter: Ferdinand Fürst zu Hohenlohe-Bartenstein
DiözesanGeschF: Klaus Weber

u 1 726

Malteser-Hilfsdienst e.V. im Saarland
(Zugehörig zur Diözese Trier)
Landesgeschäftsstelle Saarland:
Klarenthaler Str. 24, 66128 Saarbrücken
T: (0681) 9 70 35-0 **Fax:** 9 70 35-55
Landesbeauftr.: Michael Kreiselmeyer
LandesGeschF: Franz Wagner

u 1 727

Malteser-Hilfsdienst e.V. in der Diözese Speyer
Diözesangeschäftsstelle:
St.-Guido-Str. 21, 67346 Speyer

T: (06232) 60 04-0 **Fax:** 60 04 34
Diözesanleiter: Adalbert Graf Wiser
DiözesanGeschF: Heinz-Peter Sauer

u 1 728

Malteser-Hilfsdienst e.V. in der Diözese Trier
Diözesangeschäftsstelle:
Postf. 27 23, 54217 Trier
Thebäerstr. 44, 54292 Trier
T: (0651) 1 46 48-0 **Fax:** 1 46 48-48
Diözesanleiter: Michael Georg Witzel
DiözesanGeschF: Jürgen Schmitt

u 1 729

Malteser-Hilfsdienst e.V. in der Diözese Würzburg
Diözesangeschäftsstelle:
Mainaustr. 45, 97082 Würzburg
T: (0931) 45 05-100 **Fax:** 45 05-199
Diözesanleiter: Dipl.-Landw. Richard-Franz Freiherr von Bechtolsheim
DiözesanGeschF: Herbert Kiesel

● **U 1 731**

Raphaels-Werk - Dienst am Menschen unterwegs e.V.
Adenauerallee 41, 20097 Hamburg
T: (040) 24 84 42-0 **Fax:** 24 84 42-26
Internet: http://www.raphaels-werk.de
E-Mail: kontakt@raphaels-werk.de
Präsident(in): Bischof Dr. Ludwig Averkamp
Vorsitzende(r): Prälat Heinz Joachim Justus
Generalsekretär(in): Gabriele Mertens
Leitung Presseabteilung: Monika Schneid
Verbandszeitschrift: Raphaels-Werk Jahrbuch
Redaktion: Raphaels-Werk, Hamburg
Verlag: Adenauerallee 41, 20097 Hamburg
Mitglieder: 164
Mitarbeiter: 50

Beratungsstellen für Auswanderer, Auslandstätige, Binationale Paare

u 1 730

Raphaels-Werk - Dienst am Menschen unterwegs e.V.
Beratungsstelle Aachen
Kapitelstr. 3, 52066 Aachen
T: (0241) 43 11 33 **Fax:** 43 14 50
E-Mail: aachen@raphaels-werk.de

u 1 733

Raphaels-Werk - Dienst am Menschen unterwegs e.V.
Beratungsstelle Augsburg
Auf dem Kreuz 41, 86152 Augsburg
T: (0821) 31 56-243 **Fax:** 31 56-215
E-Mail: augsburg@raphaels-werk.de

u 1 732

Raphaels-Werk - Dienst am Menschen unterwegs e.V.
Beratungsstelle Berlin
Euroberatung
Tübinger Str. 5, 10715 Berlin
T: (030) 8 57 84-237 **Fax:** 8 57 84-137
E-Mail: berlin@raphaels-werk.de

u 1 734

Raphaels-Werk - Dienst am Menschen unterwegs e.V.
Beratungsstelle Bremen
Kolpingstr. 4-6, 28195 Bremen
T: (0421) 32 66 53 **Fax:** 32 66 56
E-Mail: bremen@raphaels-werk.de

u 1 735

Raphaels-Werk - Dienst am Menschen unterwegs e.V.
Beratungsstelle Düsseldorf
Oststr. 40, 40211 Düsseldorf
T: (0211) 16 02-229 **Fax:** 16 02-224
E-Mail: duesseldorf@raphaels-werk.de

u 1 736

Raphaels-Werk - Dienst am Menschen unterwegs e.V.
Beratungsstelle Essen
Euroberatung
Olgastr. 5a, 45130 Essen
T: (0201) 8 79 84-0 **Fax:** 8 79 84-22
E-Mail: essen@raphaels-werk.de

u 1 737

Raphaels-Werk - Dienst am Menschen unterwegs e.V.
Beratungsstelle Frankfurt
Euroberatung
Vilbeler Str. 36, 60313 Frankfurt
T: (069) 91 30 65 50 **Fax:** 91 30 65 55
E-Mail: frankfurt@raphaels-werk.de

u 1 738

Raphaels-Werk - Dienst am Menschen unterwegs e.V.
Beratungsstelle Fulda
Wilhelmstr. 2, 36037 Fulda
T: (0661) 8 76 26 **Fax:** 8 76 27
E-Mail: fulda@raphaels-werk.de

u 1 739

Raphaels-Werk - Dienst am Menschen unterwegs e.V.
Beratungsstelle Hamburg
Adenauerallee 41, 20097 Hamburg
T: (040) 24 84 42-0 **Fax:** 24 84 42-26
E-Mail: hamburg@raphaels-werk.de

u 1 740

Raphaels-Werk - Dienst am Menschen unterwegs e.V.
Beratungsstelle Hannover
Euroberatung
Vordere Schöneworth 10, 30167 Hannover
T: (0511) 71 32 37 **Fax:** 71 32 39
E-Mail: hannover@raphaels-werk.de

u 1 741

Raphaels-Werk - Dienst am Menschen unterwegs e.V.
Beratungsstelle Koblenz
Hohenzollernstr. 118-120, 56068 Koblenz
T: (0261) 1 39 06-503 **Fax:** 1 39 06-590
E-Mail: koblenz@raphaels-werk.de

u 1 742

Raphaels-Werk - Dienst am Menschen unterwegs e.V.
Beratungsstelle Köln
Euroberatung
Georgstr. 20, 50676 Köln
T: (0221) 20 10-225 **Fax:** 20 10-149
E-Mail: koeln@raphaels-werk.de

u 1 743

Raphaels-Werk - Dienst am Menschen unterwegs e.V.
Beratungsstelle Ludwigshafen
Kaiser-Wilhelm-Str. 41, 67059 Ludwigshafen
T: (0621) 59 80-216 **Fax:** 59 80-222
E-Mail: ludwigshafen@raphaels-werk.de

u 1 744

Raphaels-Werk - Dienst am Menschen unterwegs e.V.
Beratungsstelle Lübeck
Fegefeuer 2, 23552 Lübeck
T: (0451) 7 48 79 **Fax:** 7 06 04 33
E-Mail: luebeck@raphaels-werk.de

u 1 745

Raphaels-Werk - Dienst am Menschen unterwegs e.V.
Beratungsstelle Magdeburg
Karl-Schmidt-Str. 5c, 39104 Magdeburg
T: (0391) 4 08 05 12 **Fax:** 4 08 05 20
E-Mail: magdeburg@raphaels-werk.de

u 1 746

Raphaels-Werk - Dienst am Menschen unterwegs e.V.
Beratungsstelle München
Euroberatung
Pettenkoferstr. 8, 80336 München
T: (089) 54 58 34-27 **Fax:** 54 58 34-42
E-Mail: muenchen@raphaels-werk.de

u 1 747

Raphaels-Werk - Dienst am Menschen unterwegs e.V.
Beratungsstelle Münster
Breul 21a, 48143 Münster
T: (0251) 49 07-411 **Fax:** 49 07-416
E-Mail: muenster@raphaels-werk.de

u 1 748

Raphaels-Werk - Dienst am Menschen unterwegs e.V.
Beratungsstelle Paderborn
Am Stadelhof 15, 33098 Paderborn
T: (05251) 2 09-229 **Fax:** 2 09-38444
E-Mail: paderborn@raphaels-werk.de

u 1 749

Raphaels-Werk - Dienst am Menschen unterwegs e.V.
Beratungsstelle Passau
Steinweg 8, 94032 Passau
T: (0851) 3 92-150 **Fax:** 3 92-177
E-Mail: passau@raphaels-werk.de

u 1 750

Raphaels-Werk - Dienst am Menschen unterwegs e.V.
Beratungsstelle Saarbrücken
Kantstr. 14, 66111 Saarbrücken
T: (0681) 3 09 06-36 **Fax:** 3 09 06-18
E-Mail: saarbruecken@raphaels-werk.de

u 1 751

Raphaels-Werk - Dienst am Menschen unterwegs e.V.
Beratungsstelle Schwerin
Schloßstr. 24, 19053 Schwerin
T: (0385) 58 10-115 **Fax:** 5 91-6923
E-Mail: schwerin@raphaels-werk.de

u 1 752

Raphaels-Werk - Dienst am Menschen unterwegs e.V.
Beratungsstelle Trier
Petrusstr. 28, 54292 Trier
T: (0651) 20 96-62 **Fax:** 20 96-38
E-Mail: trier@raphaels-werk.de

u 1 753

Raphaels-Werk - Dienst am Menschen unterwegs e.V.
Beratungsstelle Würzburg
Wallgasse 1 1/2, 97070 Würzburg
T: (0931) 3 54 03-23 **Fax:** 3 54 03-99
E-Mail: wuerzburg@raphaels-werk.de

u 1 754

Raphaels-Werk - Dienst am Menschen unterwegs e.V.
Beratungsstelle Zittau
Klienebergerplatz 1, 02763 Zittau
T: (03583) 77 96 77 **Fax:** 77 96 13
E-Mail: zittau@raphaels-werk.de

● **U 1 755**

SKM - Katholischer Verband für soziale Dienste in Deutschland e.V.
Ulmenstr. 67, 40476 Düsseldorf
T: (0211) 9 41 05-0 **Fax:** 9 41 05-20
Gründung: 1912
Vorsitzende(r): Dr. Klaus Meyer
Generalsekretär(in): Rolf Lodde

● **U 1 756**

Katholischer Krankenhausverband Deutschlands e.V.
Postf. 4 20, 79004 Freiburg
Karlstr. 40, 79104 Freiburg
T: (0761) 2 00-352 **Fax:** 2 00-609

E-Mail: kkvd@caritas.de
Gründung: 1910
Verbandszeitschrift: Zeitschrift Krankendienst

• **U 1 757**

Sozialdienst katholischer Frauen - Zentrale e.V. -
Agnes-Neuhaus-Str. 5, 44135 Dortmund
T: (0231) 55 70 26-0 **Fax:** 55 70 26-60
Internet: http://www.skf.caritas.de
E-Mail: skf-zentrale@t-online.de
Gründung: 1899

• **U 1 758**

Katholischer Arbeitskreis für Familien-Erholung
Bernhard-Letterhaus-Str. 26, 50670 Köln
T: (0221) 7 72 21 13 **Fax:** 7 72 21 24
Vorsitzende: Ortrun Schätzle
Stellv. Vorsitzende: Marlies Jägering, Münster
Gereon Haumann, Horath
Geschäftsführendes Präsidiumsmitglied: Dr. Joachim Zimmermann

• **U 1 759**

Verband katholischer Einrichtungen und Dienste für körperbehinderte Menschen e.V.
Karlstr. 40, 79104 Freiburg
T: (0761) 2 00-364 **Fax:** 2 00-666
Vorsitzende(r): Reiner Eggerer
Geschäftsführer(in): Werner Strubel

• **U 1 760**

Verband katholischer Einrichtungen und Dienste für Lern- und geistig-behinderte Menschen e.V.
Postf. 4 20, 79004 Freiburg
Karlstr. 40, 79104 Freiburg
T: (0761) 2 00-367 **Fax:** 2 00-572
Gründung: 1905
Vorsitzende(r): Niko Roth
Stellvertretende(r) Vorsitzende(r): Jacob Bichler
Stephanie Pohl
Geschäftsführer(in): Dr. Franz Fink

• **U 1 761**

Bundesverband Kath. Vorsorge- und Rehabilitationseinreichtungen für Kinder u. Jugendliche e.V.
Postf. 4 20, 79004 Freiburg
Karlstr. 40, 79104 Freiburg
T: (0761) 2 00-0 **Fax:** 2 00-609
Internet: http://www.kinderkuren.caritas.de
E-Mail: mayerb@caritas.de
Gründung: 1924
Vorsitzende(r): Peter A. Scherer
Stellvertretende(r) Vorsitzende(r): Msgr. Günter Grimme
Geschäftsführer(in): Brunhilde Mayer
Verbandszeitschrift: Verzeichnis und Kurenpläne
Redaktion: s.u. Geschäftsstelle

• **U 1 762**

Verband Katholischer Tageseinrichtungen für Kinder (KTK) - Bundesverband e.V.
Postf. 4 20, 79004 Freiburg
Karlstr. 40, 79104 Freiburg
T: (0761) 20 02 20 **Fax:** 20 07 35
E-Mail: tokais@caritas.de
Gründung: 1912
Vorsitzende(r): Pfarrer Peter Kuner
Stellvertretende(r) Vorsitzende(r): Irmgard Frieling
Geschäftsführer(in): Theresia Wunderlich
Verbandszeitschrift: Welt des Kindes
Redaktion: Karlstr. 40, 79104 Freiburg
Verlag: Kösel-Verlag, Flüggenstr. 2, 80639 München
Mitglieder: 7500

• **U 1 763**

Deutsche Vereinigung für den Sozialdienst im Krankenhaus e.V.
Kaiserstr. 42, 55116 Mainz
T: (06131) 22 24 22 **Fax:** 22 24 58
Gründung: 1926
1. Vorsitzende(r): Norbert Gödecker-Geenen
2. Vorsitzende(r): Hans Nau
Hauptgeschäftsführer(in): Birte Siemonsen
Leitung Presseabteilung: Petra Nievelstein
Verbandszeitschrift: Forum Sozialarbeit im Krankenhaus
Redaktion: Petra Nievelstein
Verlag: Neu. Rehadruckerei Vallendar
Mitglieder: 1500
Mitarbeiter: 2

• **U 1 764**

amnesty international
53108 Bonn
T: (0228) 98 37 30 **Fax:** 63 00 36
Internet: http://www.amnesty.de
E-Mail: ai-de@amnesty.cl.sub.de
Generalsekretär(in): Barbara Lochbihler
Geschf. Direktor: Martin Georgi
Leitung Presseabteilung: Barbara Erbe
Mitglieder: und Förderer: 36000

Einsatz zugunsten gewaltloser politischer Gefangener, gegen Folter und Todesstrafe, "Verschwindenlassen" und staatliche Morde. Spendenkonto 80 90 100 Bank f. Sozialwirtschaft Köln BLZ 370 205 00

• **U 1 765**

DBH - Fachverband für Soziale Arbeit, Strafrecht und Kriminalpolitik (DBH)
siehe T 3449

• **U 1 766**

CARE Deutschland e.V.
Dreizehnmorgenweg 6, 53175 Bonn
T: (0228) 9 75 63-0 **Fax:** 9 75 63-51
Internet: http://www.care.de
E-Mail: info@care.de
Gründung: 1980
Vorstand: Willi Erl (Vors.)
Prof. Dr. Peter Molt (stellv. Vors.)
K. Reinhold Grätz
Dr. Haiko Pieplow
Elek Schweckendiek
Leitung Presseabteilung: Yvonne Ayoub
Mitglieder: 41
Mitarbeiter: 28
Jahresetat: ca. DM 16 Mio, € 8,18 Mio

• **U 1 767**

Friedlandhilfe e.V.
Grenzdurchgangslager, 37133 Friedland
T: (05504) 2 76 **Fax:** 85 78
Vorsitzende: Johanne Büchting

• **U 1 768**

Diakonisches Werk der Evangelischen Kirche in Deutschland e.V. (EKD)
Hauptgeschäftsstelle:
Postf. 10 11 42, 70010 Stuttgart
Stafflenbergstr. 76, 70184 Stuttgart
T: (0711) 21 59-0 **Fax:** 21 59-288
TGR: Diakonie Stuttgart
Internet: http://www.diakonie.de
E-Mail: diakonie@diakonie.de
Gründung: 1975
Präsident(in): Pfarrer Jürgen Gohde (Vorsitzender der Geschäftsführung, E-Mail: gohde@diakonie.de)
Vizepräsident(in): Dir. Dr. Wolfgang Teske
Zentrale Dienste: Dir. Prof. Dr. Walther Specht
Wirtschaft und Verwaltung: Dir. Dr. Wolfgang Teske
Dir. Cornelia Füllkrug-Weizel (Ökumenische Diakonie)
Mitglieder: 24 regionale Werke, 9 Freikirchen, ca. 90 Fachverbände
Mitarbeiter: rd. 402000 hauptamtl.; 400 000 ehrenamtl.

1. Diakonische Konferenz

u 1 769

Diakonische Konferenz der EKD
Postf. 10 11 42, 70010 Stuttgart
Stafflenbergstr. 76, 70184 Stuttgart
T: (0711) 21 59-0
Vorsitzende(r): Dir. Werner Braune (Albertinenstr. 20-23, 13086 Berlin, T: (030) 9 65 40 41)

2. Diakonischer Rat

u 1 770

Diakonischer Rat der EKD
Postf. 10 11 42, 70010 Stuttgart
Stafflenbergstr. 76, 70184 Stuttgart
T: (0711) 21 59-0
Vorsitzende(r): Bischof Karl Ludwig Kohlwage (Bäckerstr. 3-5, 23564 Lübeck, T: (0451) 79 71 76)

Außenstellen der EKD

u 1 771

Diakonische Akademie Deutschland gGmbH
Heinrich-Mann-Str. 29, 13156 Berlin
T: (030) 4 88 37-0 **Fax:** 4 88 37-333, 4 88 37-222
Stafflenbergstr. 76, 70184 Stuttgart
T: (0711) 21 59-385
Gründung: 1997 (23. Juni)
Direktor u. Geschäftsführer: Pfr. Dieter Brandes

Dienststelle Berlin:

u 1 772

Diakonisches Werk der EKD Dienststelle Berlin
Postf. 33 02 20, 14172 Berlin
Altensteinstr. 51, 14195 Berlin
T: (030) 8 30 01-0 **Fax:** 83 00 12 22
TGR: IMHEKID Berlin
Leitung: N. N.

Dienststelle Brüssel:

u 1 773

Diakonisches Werk der EKD Dienststelle Brüssel
Boulevard Charlemagne 28, B-1040 Brüssel
T: (00322) 2 31 02 46 **Fax:** 2 30 62 35
Leitung: Axel Führ

Bonner Stelle:

u 1 774

Diakonisches Werk der EKD e.V. Bonner Stelle
Berliner Freiheit 16, 53111 Bonn
T: (0228) 37 42 85, 3 72 92 73

u 1 775

Diakonische Arbeitsgemeinschaft evangelischer Kirchen
Geschäftsstelle:
Postf. 10 11 42, 70010 Stuttgart
Gerokstr. 17, 70184 Stuttgart
T: (0711) 21 59-5 44/5 46 **Fax:** 21 59-5 50
Geschäftsführer(in): Pastor Gotthard Schüttel

Diakonische Werke der Gliedkirchen in der Bundesrepublik

Anhalt

u 1 776

Diakonisches Werk der Evangelischen Landeskirche Anhalts e.V.
Johannisstr. 12, 06844 Dessau
T: (0340) 2 55 46-0 **Fax:** 2 55 46-20
E-Mail: Diakonie.Anhalt@t-online.de
Landespfarrer für Diakonie: Dr. Andreas Lischke

Baden

u 1 777

Das Diakonische Werk der Evangelischen Landeskirche in Baden e.V.
Postf. 21 69, 76009 Karlsruhe
Vorholzstr. 3, 76137 Karlsruhe
T: (0721) 93 49-0 **Fax:** 93 49-2 02
Leitung: OKR Johannes Stockmeier

Bayern

u 1 778

Diakonisches Werk der Evang.-Luth. Kirche in Bayern e.V.
90332 Nürnberg
Postf. 12 03 20, 90110 Nürnberg
Pirckheimerstr. 6, 90408 Nürnberg
T: (0911) 93 54-1 **Fax:** 93 54-269
Gründung: 1886
1. Vorsitzende(r): Präsident Heimo Liebl
2. Vorsitzende(r): Dr. Jörg A. Kruttschnitt
Leitung Presseabteilung: Daniel Wagner
Mitglieder: 1270
Mitarbeiter: 230

Diakonisches Werk der Evang.-Luth. Kirche in Bayern
Münchener Stelle:
Nördliche Auffahrtsallee 14, 80638 München

T: (089) 15 79 17-0 Fax: 15 79 17-19
Leitung: Diakon Friedemann Goetzger

Berlin-Brandenburg

u 1 779

Diakonisches Werk Berlin-Brandenburg e.V.
Paulsenstr. 55-56, 12163 Berlin
T: (030) 8 20 97-0 **Fax:** 8 20 97-1 05
Direktor(in): Kirchenrat Eckhard Steinhaeuser

Braunschweig

u 1 780

Diakonisches Werk - Innere Mission und Hilfswerk - der Ev.-luth. Landeskirche in Braunschweig e.V.
Klostergang 66, 38104 Braunschweig
T: (0531) 3 70 30 00 **Fax:** 3 70 30 99
Direktor(in): Landespfarrer Manfred Berner

Bremen

u 1 781

Diakonisches Werk Bremen e.V.
Blumenthalstr. 10-11, 28209 Bremen
T: (0421) 3 49 67-0 **Fax:** 34 54 71
Geschäftsführer(in): Landespastor Hans-Jürgen Wiesenbach
Stellvertreter: Dr. Jürgen Stein
Diakon Klaus Schaumann

Görlitz

u 1 782

Diakonisches Werk der Ev. Kirche der schlesischen Oberlausitz e.V.
Klosterstr. 2, 02826 Görlitz
T: (03581) 48 48-0 **Fax:** 48 48-20
Provinzialpfarrer/Theologischer Leiter: Pfr. Ludwig Ammer
Geschäftsführer(in): Otmar Hahn

Hannover

u 1 783

Diakonisches Werk der Ev.-luth. Landeskirche Hannovers e.V.
Ebhardtstr. 3A Lutherhaus, 30159 Hannover
T: (0511) 3 60 40 **Fax:** 36 04-1 00
Internet: http://www.evlka.de
E-Mail: diakonisches.werk@diakonie-hannovers.de
Hauptgeschäftsführer(in): Direktor Pastor Henning Brandes
Stellvertreter: Gerhard Ridderbusch
Hans-Jochen Erhardt

Hessen und Nassau

u 1 784

DIAKONISCHES WERK in Hessen und Nassau

Diakonisches Werk in Hessen und Nassau e.V.
Postf. 90 02 29, 60442 Frankfurt
Ederstr. 12, 60486 Frankfurt
T: (069) 79 47-0 **Fax:** 79 47-3 10
Gründung: 1960
Vorstand: Pfr. Dr. Wolfgang Gern
Klaus Neufert
N.N.
Leitung Presseabteilung: Dr. Jürgen Albert
Verbandszeitschrift: Weltweite Hilfe
Redaktion: Dr. Jürgen Albert
Verlag: Diakonisches Werk in Hessen u. Nassau, Ederstr. 12, 60486 Frankfurt
Mitglieder: 240
Mitarbeiter: 1000

Beratung von Betroffenen in allen sozialen Angelegenheiten, Vertretung der Mitglieder und internen Einrichtungen

Kurhessen-Waldeck

u 1 785

Diakonisches Werk in Kurhessen-Waldeck e.V.
Postf. 10 10 07, 34010 Kassel
Kölnische Str. 136, 34119 Kassel
T: (0561) 10 95-0 **Fax:** 10 39 36
Geschäftsführer(in): Landespfarrer Martin Slenczka
Stellvertreter: Dipl.-Volksw. Reinhard Löwer

Lippe

u 1 786

Das Diakonische Werk - Innere Mission und Hilfswerk - der Lippischen Landeskirche e.V.
Leopoldstr. 27, 32756 Detmold
T: (05231) 9 76 61 **Fax:** 97 66 90
Leitung: Landespfarrer Jürgen Dittrich
Stellvertreter: Pfr. Ekkehard Höver

Mecklenburg

u 1 787

Diakonisches Werk der Ev.-Luth. Landeskirche Mecklenburgs e.V.
Körnerstr. 7, 19055 Schwerin
T: (0385) 50 06-0 **Fax:** 50 06-100
Leitung: Dr. Hartwig Daewel
Geschäftsführer(in): Dr. Wolfgang Betz

Nordelbisches Diakonisches Werk e.V.

u 1 788

1. Diakonisches Werk Hamburg - Landesverband der Inneren Mission e.V. -
Königstr. 54, 22767 Hamburg
T: (040) 3 06 20-0 **Fax:** 3 06 20-3 00
Vorsitzende(r) des Vorstandes: Pastorin Annegrethe Stoltenberg
Vorstandsmitglied: Diakon Dipl.-Sozialarb. Hartmut Sauer
Stefan Renn
Pastor Dr. Hartwig von Schubert

u 1 789

2. Diakonisches Werk Schleswig-Holstein - Landesverband der Inneren Mission e.V.
Postf. 8 25, 24758 Rendsburg
Kanalufer 48, 24768 Rendsburg
T: (04331) 5 93-0 **Fax:** 5 93-204, 5 93-244
Leiterin: Landespastorin OKR Petra Thobaben
Roland Schlerff

Nordwestdeutschland

u 1 790

Diakonisches Werk der Ev.-ref. Kirche (Synode ev.-ref. Kirchen in Bayern und Nordwestdeutschland)
Postf. 13 80, 26763 Leer
Saarstr. 6, 26789 Leer
T: (0491) 91 98-203 **Fax:** 91 98-251
Vorsitzende(r): Pastor Gerhard Woertel
Geschäftsführer(in): Wolfgang Wagenfeld

Oldenburg

u 1 791

Diakonisches Werk der Ev.-Luth. Kirche in Oldenburg e.V.
Postf. 16 03, 26006 Oldenburg
Kastanienallee 9-11, 26121 Oldenburg
T: (0441) 2 10 01-0 **Fax:** 2 10 01-99
Direktor(in): LPfr. Dr. Hans-Ulrich Minke
Vertreter: Abteilungsleiter Wolfgang Bartels

Pfalz

u 1 792

Diakonisches Werk der Evangelischen Kirche der Pfalz
Postf. 12 60, 67322 Speyer
Karmeliterstr. 20, 67346 Speyer
T: (06232) 6 64-0 **Fax:** 6 64-130
Leitung: Landespfarrer Frieder Theysohn
Stellvertreter: Amtsrat I.K. Hanjörg Schmidt

Pommern

u 1 793

Diakonisches Werk in der Pommerschen Ev. Kirche e.V.
Fleischerstr. 1, 17489 Greifswald
T: (03834) 87 61-0 **Fax:** 87 61-1 14
Leitung: Landespfarrer Roland Springborn
Geschäftsführer(in): Thomas Fuhrmann

Rheinland

u 1 794

Diakonisches Werk der Evangelischen Kirche im Rheinland e.V.
Haus der Diakonie
Postf. 30 02 04, 40402 Düsseldorf
Lenaustr. 41, 40470 Düsseldorf
T: (0211) 63 98-0 **Fax:** 63 98-2 99
Leitung: Dir. Pfr. Dr. Reinhard Witschke
Stellvertreter: Dr. Moritz Linzbach

Verbindungsstellen

Verbindungsstelle Rheinland-Pfalz des Diakonischen Werkes Rheinland
Mainzer Str. 86, 56075 Koblenz
T: (0261) 3 10 50 **Fax:** 16 07 94
Leitung: Dipl.-Volksw. Heiner Krückels

Verbindungsstelle Saarland Diakonisches Werk an der Saar
Postf. 13 09, 66513 Neunkirchen
Rembrandtstr. 17-19, 66540 Neunkirchen
T: (06821) 9 56-0 **Fax:** 9 56-205
Leitung: Pfarrer Udo Blank

Sachsen

u 1 795

Diakonisches Werk der Ev.-Luth. Landeskirche Sachsens e.V.
Das Diakonische Amt
Obere Bergstr. 1, 01445 Radebeul
T: (0351) 83 15-0 **Fax:** 83 15-400
E-Mail: Diakonie.Sachsen@t-online.de
Direktor(in): Pfarrer Jochen Bohl

Sachsen-Anhalt

Kirchenprovinz Sachsen (in Sachsen-Anhalt)

u 1 796

Diakonisches Werk in der Kirchenprovinz Sachsen e.V.
Postf. 84, 39028 Magdeburg
Mittagstr. 15, 39124 Magdeburg
T: (0391) 2 55 26-0 **Fax:** 2 55 26-22
Direktor(in): Pfr. Dr.habil. Reinhard Turre

Schaumburg-Lippe

u 1 797

Das Diakonische Werk der Ev.-Luth. Landeskirche Schaumburg-Lippe e.V.
Bahnhofstr. 16, 31655 Stadthagen
T: (05721) 7 60 81 **Fax:** 7 60 85
Leitung: Pastor Andreas Woempner
Geschäftsführer(in): Heinrich Grundmeier

Thüringen

u 1 798

Diakonisches Werk der Ev.-Luth. Kirche in Thüringen e.V.
Ernst-Thälmann-Str. 90, 99817 Eisenach
T: (03691) 8 10-0 **Fax:** 8 10-321
Geschäftsführer(in): Oberkirchenrat Udo Siebert

Westfalen

u 1 799

Diakonisches Werk der Ev. Kirche von Westfalen e.V.

Postf. 24 04, 48011 Münster
Friesenring 32-34, 48147 Münster
T: (0251) 27 09-0 **Fax:** 27 09-573
Vors. GeschF: Pastor Günther Barenhoff (E-Mail: barenhoff@dw-westfalen.de)
Geschäftsführer(in): Gebhard Dawin (dawin@dw-westfalen.de)

Württemberg

u 1 800

Diakonisches Werk der evangelischen Kirche in Württemberg e.V.

Postf. 10 11 51, 70010 Stuttgart
Heilbronner Str. 180 Löwentorzentrum, 70191 Stuttgart
T: (0711) 16 56-0 **Fax:** 16 56-2 77
Hauptgeschäftsführer(in): OKR Jens Timm
Stellv. Hauptgeschäftsführer: Henry von Bose
Geschäftsführer(in): Heike Baehrens (GB 3)
Sigrid Bernhardt-Müller (GB 4)
Rainer Middel (GB5/Finanzen, Personal, Verwaltung)

• **U 1 801**

Blaues Kreuz in der Evangelischen Kirche - Bundesverband e.V.

Selbsthilfeorganisation in der Suchtkrankenhilfe
Gartenstr. 14, 24768 Rendsburg
T: (0231) 5 86 41 32 **Fax:** 5 86 41 32
Internet: http://www.blaues-kreuz.org
E-Mail: bke@blaues-kreuz.org
Gründung: 1902
Vorsitzende(r): Hannelore Breuer (T/Fax: (0231) 5 86 41 32)
Öffentlichkeitsarbeit: H.-J. Hinze (T: (02103) 36 09 05)
Mitglieder: ca. 2800
Mitarbeiter: 2

Fachverbände

u 1 802

Deutsche Hauptstelle gegen die Suchtgefahren e.V. (DHS)

Postf. 13 69, 59003 Hamm
Westring 2, 59065 Hamm
T: (02381) 90 15-0 **Fax:** 90 15-30
Internet: http://www.dhs.de
E-Mail: info@dhs.de
Gründung: 1947
Vorsitzende(r): Prof. Dr. med. Klaus Wanke
Geschäftsführer(in): Rolf Hüllinghorst

u 1 803

Gesamtverband für Suchtkrankenhilfe im Diakonischen Werk der EKD e.V. (GVS)

Postf. 10 13 66, 34013 Kassel
Kurt-Schumacher-Str. 2, 34117 Kassel
T: (0561) 1 09 57-0 **Fax:** 77 83 51
Internet: http://www.sucht.org
E-Mail: gvs@sucht.org

• **U 1 804**

Verband der deutschen evangelischen Bahnhofsmission e.V.

Postf. 10 11 42, 70010 Stuttgart
Stafflenbergstr. 76, 70184 Stuttgart
T: (0711) 21 59-407 **Fax:** 21 59-5 12
E-Mail: bahnhofsmission@diakonie.de

• **U 1 805**

Evangelischer Diakonieverein Berlin-Zehlendorf e.V.

Glockenstr. 8, 14163 Berlin
T: (030) 80 99 70-0 **Fax:** 8 02 24 52
Gründung: 1894 (11. April)
Vorstandsoberin: Ellen Muxfeldt
Verbandszeitschrift: Die Diakonieschwester
Redaktion: Pastor Dr. Rainer Sommer, Glockenstr. 8, 14163 Berlin
Verlag: Christlicher Zeitschriftenverlag, Bachstr. 1-2, 10555 Berlin
Mitglieder: 2272 (Stand 1.1.2000)
Mitarbeiter: 45

• **U 1 806**

Diakonische Heime in Kästorf e.V.

Postf. 13 20, 38503 Gifhorn
Hauptstr. 51, 38518 Gifhorn
T: (05371) 7 21-200, 7 21-202 **Fax:** 72 13 18
Gründung: 1883
Vorstand: Dr. Hartwig Drude
Dr. Rolf-Jürgen Korte
Mitarbeiter: ca. 650

Der Verein gibt im Rahmen öffentlicher Verpflichtung zur Jugend-, Wohnungslosen-, Arbeitslosen-, Alten- und Pflegehilfe sowie der Behindertenhilfe Menschen in benachteiligten und schwierigen Lebensverhältnissen einen Platz in seinen Wohnstätten und Einrichtungen sowie in seinen Arbeits- und Ausbildungsstätten, verbunden mit dem Angebot auch langfristiger Versorgung, Beratung, Beschäftigung, Wiedereingliederung und Nachsorge.

u 1 807

Stiftung Wohnen und Beraten

Sitz Braunschweig
Postf. 13 20, 38503 Gifhorn
Hauptstr. 51, 38518 Gifhorn
T: (05371) 7 21-260 **Fax:** 7 21-415
Vorstand: Dr. Hartwig Drude
Dr. Rolf-Jürgen Korte
Mitarbeiter: ca. 110

u 1 808

Diakonische Betriebe Kästorf GmbH D.B.K.

Sitz Gifhorn
Postf. 13 20, 38503 Gifhorn
Hauptstr. 51, 38518 Gifhorn
T: (05371) 7 21-263 **Fax:** 7 21-373
Geschäftsführer(in): Dr. rer. pol. Rolf-Jürgen Korte
Dr. Hartwig Drude
Mitarbeiter: ca. 320

• **U 1 809**

Martin Ambulanz - St. Martins Werk e.V. (SMW)

Postf. 48 33, 90026 Nürnberg
Dr.-Carlo-Schmid-Str. 204, 90491 Nürnberg
T: (0911) 5 98 00 14 **Fax:** 59 12 19
E-Mail: st.martin@lycosmail.com
Gründung: 1980 (11. November)
Präsident(in): Christian M. Silinsky
Stellv. Präsident: Christian N. Wallisch
Geschäftsführer(in): Ernst Martin Högerl
Dr. Gerhard Krahl

• **U 1 810**

Evangelische Arbeitsgemeinschaft zur Betreuung der Kriegsdienstverweigerer (EAK)

Bundesvorstand
Carl-Schurz-Str. 17, 28209 Bremen
T: (0421) 34 40 37 **Fax:** 3 49 19 61
E-Mail: eak-brd@t-online.de
Gründung: 1958
Bundesvorstand
Vorsitzende(r): Bischof i.R. Dr. Christoph Demke (Berlin)
Stellvertretende(r) Vorsitzende(r): Pfarrer Hans-Michael Germer (Darmstadt)
Pastor Joachim Zierau (Hannover)
Beisitzer: Pfarrer Walter Großke (Kassel)
Gemeindepädagoge Detlef Harland (Sondershausen)
Pfarrer Friedhelm Schneider (Speyer)
Pfarrer Dr. Alf Seippel (Dortmund)
Pfarrer Velten Wagner (Nürnberg)
Pfarrer Christoph Wohlgemuth (Dresden)
Geschäftsführer(in): Günter Knebel (Bremen)
Verbandszeitschrift: "Zivil-Zeitschrift für Frieden und Gewaltfreiheit"
Redaktion: c/o Werner Schulz, Rosenbergstr. 45, 70176 Stuttgart
Verlag: Ev. Arbeitsgemeinschaft z. Betreuung d. Kriegsdienstverweigerer, Bremen
Mitglieder: 48
Jahresetat: ca. DM 1,4 Mio, € 0,72 Mio

• **U 1 811**

Kaiserswerther Verband deutscher Diakonissen-Mutterhäuser e.V.

Lindenstr. 13, 34131 Kassel
T: (0561) 3 64 71 **Fax:** 31 29 55
Gründung: 1916 (4. Dezember)
Vorsitzende(r): Oberin Helga Darenberg (Leitende Schwester), Bielefeld
Stellvertretende(r) Vorsitzende(r): Rektor Hermann Schoenauer, Neuendettelsau
Oberin Ilse Dohna, Münster
GeschF, Verbands-Dir: Pfarrer Dr. Reinhold Lanz (Lindenstr. 13, 34131 Kassel)
Verbandsoberin: Erna Carle
Verbandszeitschrift: DER WEITE RAUM
Schriftleitung: Oberin Erna Carle
Verlag: Breklumer Druckerei Manfred Siegel, Postf. 12 20, 25818 Bredstedt
Mitglieder: 74 Diakonissenmutterhäuser/Diakoniewerke

• **U 1 812**

Bayerischer Mütterdienst der Evangelisch-Lutherischen Kirche e.V.

Postf. 12 40, 90544 Stein
Deutenbacher Str. 1, 90547 Stein
T: (0911) 68 06-0 **Fax:** 68 06-177
Internet: http://www.muetterdienst.de
E-Mail: gfo@muetterdienst.de
Gründung: 1932
1. Vorsitzende(r): Ingeborg Leitz
2. Vorsitzende(r): Dr. Dietrich Sommerschuh
Geschäftsführer(in): Dr. Gabriele Müller-Rückert
Leitungs-Kollegium: Erika Jehle
Angelika Hengl
Barbara Hauck
Leitung Presseabteilung: Annette Vogel
Mitarbeiter: ca. 200

• **U 1 813**

Bundesarbeitsgemeinschaft Wohnungslosenhilfe e.V.

Postf. 13 01 48, 33544 Bielefeld
Quellenhofweg 25, 33617 Bielefeld
T: (0521) 1 43 96-0 **Fax:** 1 43 96-19
Vorsitzende(r): Martin Berthold (DW EKD Stuttgart)
Geschäftsführer(in): Dipl.-Soz. Heinrich Holtmannspötter
Stellvertretende(r) Geschäftsführer(in): Dr. Thomas Specht-Kittler
Leitung Presseabteilung: Werena Rosenke
Mitglieder: 325
Mitarbeiter: 6
Zeitschrift: Wohnungslos
Verlag: VSH Verlag Soziale Hilfe, Postf. 13 01 48, 33544 Bielefeld

• **U 1 814**

Unternehmensgruppe Dienste für Menschen

Postf. 13 09 64, 70067 Stuttgart
Haußmannstr. 103, 70188 Stuttgart
T: (0711) 2 68 79-0 **Fax:** 2 62 38 72
Geschäftsführer(in): Peter Junker
Vorsitzende(r) des Vorstandes: Otto Specht
Leitung Presseabteilung: Gert Willen
Verbandszeitschrift: dfm-Info
Redaktion: im Haus

• **U 1 815**

Evangelische Obdachlosenhilfe e.V.

Fachverband d. Diakonischen Werkes d. EKD
Postf. 10 11 42, 70010 Stuttgart
Stafflenbergstr. 76, 70184 Stuttgart
T: (0711) 21 59-725, 21 59-724 **Fax:** 21 59-569
Vorsitzende(r): Alfred Loschen, Minden
Geschäftsführer(in): Gerhard Finger

• **U 1 816**

Kolpingwerk Deutschland

Postf. 10 08 41, 50448 Köln
Kolpingplatz 5-11, 50667 Köln
T: (0221) 2 07 01-0 **Fax:** 2 07 01-38
Bundesvorsitzende(r): Heinz Schemken (MdB)
Bundespräses: Alois Schröder
BundesGeschF: Bernhard Hennecke
Bundessekr: Dr. Michael Hanke
Mitglieder: 276000

Das Kolpingwerk ist die von Adolph Kolping geschaffene und geprägte familienhafte und lebensbegleitende katholische Bildungs- und Aktionsgemeinschaft zur Entfaltung des einzelnen in der ständig zu erneuernden Gesellschaft.

• **U 1 817**

Zentralstelle für Recht und Schutz der Kriegsdienstverweigerer aus Gewissensgründen e.V.

Dammweg 20, 28211 Bremen
T: (0421) 34 00 25 **Fax:** 3 47 96 30
Internet: http://www.dfg-vk.de/zentralstelle-kdv
E-Mail: Zentralstelle.KDV@t-online.de
Gründung: 1957 (2. März)
Präsident(in): Dr. Helmut Simon
Vorsitzende(r): Pastor i.R. Ulrich Finckh
Stellvertretende(r) Vorsitzende(r): RA Barbara Kramer
Dipl. Sozialarb. (FH) Stefan Philipp
Leitung Presseabteilung: Peter Tobiassen
Verbandszeitschrift: KDV - Aktuell
Mitglieder: 28 Verbände

• U 1 818

Deutsche Friedensgesellschaft - Vereinigte KriegsdienstgegnerInnen e.V. (DFG-VK)
Bundesgeschäftsstelle
Schwanenstr. 16, 42551 Velbert
T: (02051) 42 17 **Fax:** 42 10
Gründung: 1892
BundessprecherInnenkreis:
Erwin Eisenhardt
Kai-Uwe Dosch
Ansgar Schmidt
Leitung Presseabteilung: Kathrin Vogler
Verbandszeitschrift: Zivilcourage
Mitglieder: 6000
Mitarbeiter: 4
Jahresetat: DM 0,8 Mio, € 0,41 Mio

• U 1 819

Deutsches Grünes Kreuz
siehe T 2669

• U 1 820

Deutsches Rotes Kreuz e.V. (DRK)
Postf. 14 60, 53004 Bonn
Friedrich-Ebert-Allee 71, 53113 Bonn
T: (0228) 54 11 **Fax:** 54 12 90, 54 13 48
Internet: http://www.drk.de
Gründung: 1950 (4. Februar) Neugründung
Präsident(in): Prof. Dr.Dr.h.c.mult. Knut Ipsen
Generalsekretär(in): Johann Wilhelm Römer
Pressesprecherin: Susanne Anger
Verbandszeitschrift: Rotes Kreuz (für Aktive)
Redaktion: Carl-Walter Bauer
Verlag: Süddeutscher Verlag, UBZ, Postf. 20 20 37, 80020 München
Verbandszeitschrift: die gute tat (für Fördermitglieder)
Redaktion: Carl-Walter Bauer
Verlag: Süddeutscher Verlag, UBZ, Postf. 20 20 37, 80020 München
Mitglieder: ca. 5000000
Mitgliedsverbände: 19 Landesverbände mit 539 Kreisverbänden + Verband der Schwesternschaften mit 35 Schwesternschaften, 12 DRK-Blutspendedienste sowie als angeschlossener Verband das Elsa-Brändström-Haus

Zivilschutz, Sanitätsdienst, Suchdienst, Familienzusammenführung, Krankenpflege, Kranken transport, Rettungsdienst, Blutspendedienst, Katastrophenschutz und -hilfe, Erste Hilfe, Ausbildung in Erster Hilfe, Wohlfahrtspflege, Gesundheitsdienst, Jugendpflege, Jugendfürsorge und Jugendsozialarbeit.

• U 1 821

Verband der Schwesternschaften vom Deutschen Roten Kreuz e.V.
Sitz
Königswinterer Str. 29-37, 53227 Bonn
Postanschrift:
Friedrich-Ebert-Allee 71, 53113 Bonn
T: (0228) 40 07 00 **Fax:** 4 00 70 25
Internet: http://www.drk.de
Gründung: 1882
Präsidentin: Sabine Schipplick
Ltg. Öffentlichkeitsarbeit u. Kommunikation: Brigitte Wilke-Budde
Verbandszeitschrift: Die Rotkreuzschwester, Magazin der Schwesternschaften
Redaktion: Brigitte Wilke-Budde
Verlag: Süddt. Verlag, München
Mitglieder: über 19000
Mitarbeiter: 13
Mitgliedsorganisationen: 34 DRK-Schwesternschaften, 13 DRK-Krankenhäuser/Krankenhaus GmbHs/1 Altenwohn- u. Pflegeheim GmbH, Schwesternversicherungsverein vom Roten Kreuz in Deutschland

Vertretung der pflegeberufs- und schwesternschaftsrelevanten Interessen von DRK-Schwesternschaften und Schwesternschaftsmitgliedern (Kranken-/Kinderkrankenschwestern, Altenpflegerinnen, Hebammen, Kranken- und Altenpflegehelferinnen; Schülerinnen der Kranken- und Altenpflege).

• U 1 822

Arbeiter-Samariter-Bund Deutschland e.V. Bundesverband
Postf. 42 03 49, 50897 Köln
Sülzburgstr. 140, 50937 Köln
T: (0221) 4 76 05-0 **Fax:** 4 76 05-288
Internet: http://www.asb-online.de
E-Mail: asb-bv@asb-online.de
Gründung: 1888
Präsident(in): Dr. Annemarie Renger (Präsidentin des Deutschen Bundestages a.D.)
1. Vorsitzende(r): Fritz Tepperwien, Bremen
Geschäftsführer(in): Wilhelm Müller, Köln
Leitung Presseabteilung: Ingrid John
Verbandszeitschrift: ASB magazin
Redaktion: Stabsstelle Presse- und Öffentlichkeitsarbeit, Ingrid John
Verlag: Arbeiter-Samariter-Bund Deutschland e.V., Bundesvorstand, Sülzburgstr. 140, 50937 Köln
Mitglied im Deutschen Paritätischen Wohlfahrtsverband, Heinrich-Hoffmann-Str. 3, 60528 Frankfurt

Krankentransport und Rettungsdienst; Ambulante Kranken- und Altenhilfe, Sozialstationen, stationäre Altenhilfe, Kinder- und Jugendhilfe, Beratungsdienste, Betreuung psychisch Kranker und geistig Behinderter, Behindertenfahrdienst, Freizeitangebote für Jugendliche und alte Menschen, Ausbildung in Erster Hilfe und häuslicher Krankenpflege, Katastrophenschutz und Auslandshilfe.

Landesverbände

u 1 823

Arbeiter-Samariter-Bund Landesverband Baden-Württemberg e.V.
Haußmannstr. 6, 70188 Stuttgart
T: (0711) 2 15 51 57 **Fax:** 2 36 98 09
Vorsitzende(r): Marianne Wonnay (MdL)
Geschäftsführer(in): Norbert Ollinger

u 1 824

Arbeiter-Samariter-Bund Landesverband Bayern e.V.
Eichenhainstr. 30, 91207 Lauf
T: (09123) 97 54-0 **Fax:** 97 54-110
Präsident(in): Erich Reim
Vorsitzende(r): N.N.
Geschäftsführer(in): N.N.

u 1 825

Arbeiter-Samariter-Bund Landesverband Berlin e.V.
Bülowstr. 6, 10783 Berlin
T: (030) 2 13 07-0 **Fax:** 2 13 07-1 19
Vorsitzende(r): Peter Krehein
Geschäftsführer(in): Ursula Helms

u 1 826

Arbeiter-Samariter-Bund Landesverband Brandenburg e.V.
Asta-Nielsen-Str. 1, 14480 Potsdam
T: (0331) 62 48 25, 61 34 94 **Fax:** 62 48 25
Vorsitzende(r): Helga Meier
Geschäftsführer(in): N.N.

u 1 827

Arbeiter-Samariter-Bund Landesverband Bremen e.V.
Bremerhavener Str. 155, 28219 Bremen
T: (0421) 3 86 90-0 **Fax:** 38 55 86
Vorsitzende(r): Erich Peters
Geschäftsführer(in): Joachim Meyer

u 1 828

Arbeiter-Samariter-Bund Landesverband Hamburg e.V.
Lupinenweg 12, 22549 Hamburg
T: (040) 8 33 98-0 **Fax:** 8 33 98-1 02
Vorsitzende(r): Johann Klarmann
Geschäftsführer(in): Knut Fleckenstein

u 1 829

Arbeiter-Samariter-Bund Landesverband Hessen e.V.
Eschersheimer Landstr. 405, 60320 Frankfurt
T: (069) 53 20 46 **Fax:** 53 34 04
Vorsitzende(r): Wolfgang Brennfleck
Geschäftsführer(in): Dieter Storch

u 1 830

Arbeiter-Samariter-Bund Landesverband Mecklenburg-Vorpommern e.V.
Amtsstr. 6, 18147 Rostock
T: (0381) 69 70 79 **Fax:** 69 71 75
Vorsitzende(r): Dr. Dr. Friedrich Lehmann
Geschäftsführer(in): Jürgen Laue

u 1 831

Arbeiter-Samariter-Bund Landesverband Niedersachsen e.V.
Hans-Theismann-Weg 1, 30966 Hemmingen
T: (05101) 92 96-0 **Fax:** 92 96 96
Vorsitzende(r): Karl Villwock
Geschäftsführer(in): Berthold Horstmann

u 1 832

Arbeiter-Samariter-Bund Landesverband Nordrhein-Westfalen e.V.
Eupener Str. 159, 50933 Köln
T: (0221) 94 97 07-0 **Fax:** 94 97 07-19
Vorsitzende(r): Christof Haering
Geschäftsführer(in): Beatrix von Lüpke

u 1 833

Arbeiter-Samariter-Bund Landesverband Rheinland-Pfalz e.V.
Kaiserstr. 57-61, 55116 Mainz
T: (06131) 97 79-0 **Fax:** 97 79-23
Präsident(in): Karl Delorme
Vorsitzende(r): Oswald Fechner
Geschäftsführer(in): Stefan Rheinheimer

u 1 834

Arbeiter-Samariter-Bund Landesverband Saarland e.V.
Graf-Johann-Str. 2, 66121 Saarbrücken
T: (0681) 9 67 34-0 **Fax:** 9 67 34-30
Präsident(in): Hajo Hoffmann (Oberbürgermeister der Landeshauptstadt Saarbrücken)
Vorsitzende(r): Guido Joost
Geschäftsführer(in): Bernhard Roth

u 1 835

Arbeiter-Samariter-Bund Landesverband Sachsen e.V.
Schutterwälder Str., 01458 Ottendorf-Okrilla
T: (035205) 30 43 11 **Fax:** 30 43 13
Vorsitzende(r): Günter Kern
Geschäftsführer(in): Markus Cording

u 1 836

Arbeiter-Samariter-Bund Landesverband Sachsen-Anhalt e.V.
Emil-Abderhalden-Str. 21, 06108 Halle
T: (0345) 2 02 61 52 **Fax:** 2 03 19 70
Vorsitzende(r): Peter Billing
Geschäftsführer(in): Dr. Gabriele Gumprecht

u 1 837

Arbeiter-Samariter-Bund Landesverband Schleswig-Holstein e.V.
Kieler Str. 20a, 24143 Kiel
T: (0431) 7 06 94-0 **Fax:** 7 06 94-40
Präsident(in): Dr. Peter Bendixen, Kiel
Vorsitzende(r): Peter Zahn (MdL)
Geschäftsführer(in): Matthias Hartig

u 1 838

Arbeiter-Samariter-Bund Landesverband Thüringen e.V.
Magdeburger Allee 55, 99086 Erfurt
T: (0361) 2 11 00 13 **Fax:** 2 11 01 18
Vorsitzende(r): Birgitte Pelke (MdL)
Geschäftsführer(in): Werner Getzin

• U 1 839

Rundfunkhilfe e.V.
Franz-Lohe-Str. 17, 53129 Bonn
neue Anschrift ab Juli 2000: Oranienburger Str. 13-14, 10178 Berlin
T: (0228) 2 26-225 **Fax:** 2 26-2 98
Geschäftsführer(in): Dr. Frank Loges

• U 1 840

Deutsche Seemannsmission e.V.
Jippen 1, 28195 Bremen
T: (0421) 1 73 63-0 **Fax:** 1 73 63-23
E-Mail: headoffice@seemannsmission.org
Gründung: 1964 (26. Februar)
Präsident(in): Dr. Gerhard Mehrtens
Vizepräsident(in): Dr. Margrit Wetzel (MdB)
Generalsekretär(in): Pastor Dr. h.c. (ZRE) Jürgen R. A. Kanz
Geschäftsführer(in): Heiner Radke
Stellvertretende(r) Geschäftsführer(in): Brigitte Hutengs
Verbandszeitschrift: Laß fallen Anker
Redaktion: und Verlag: Gerhard Kling, Steinkuhle 11, 58730 Fröndenberg
Mitglieder: 12 Mitgliedsvereine
Mitarbeiter: 50
Jahresetat: rd. DM 5,9 Mio, € 3,02 Mio

Der Verein fördert in diakonisch-missionarischem Dienst das Wohl der Seeleute und ihrer Angehörigen im In- und Ausland. Er betreibt die Arbeit der Seemannsmission im Ausland insbesondere durch Gründung und Unterhaltung von Stationen.

• U 1 841

Lazarus-Hilfswerk in Deutschland e.V. (LHW)
Alten-, Kranken- und Behindertenhilfe, Auslandsdienste
Bundesgeschäftsstelle:
Luxemburger Str. 305, 50354 Hürth
T: (02233) 97 25-0 **Fax:** 97 25 44
Internet: http://www.Lazarus.de
E-Mail: info@lazarus.de
Gründung: 1120/1098 Lazarusorden, 1973 Lazarus-Hilfswerk als karitatives Organ
Bundesvorstand: Dipl.-Verw. Klaus-Peter Pokolm (Vors., Ltg. Presseabt.)
Dipl.-Kfm. Dr. Gisbert v. Abercron (Ltg. Finanzen)
Hans-Rüdiger Kreßmann
Verbandszeitschrift: LAZARUS Mitteilungen

• U 1 842

LAZARUS Gesellschaft e.V. (LG)
Augustinerstr. 12, 50667 Köln
T: (0221) 93 70 55-80 **Fax:** 93 70 55-85
Internet: http://www.lazarus-gesellschaft.de
E-Mail: info@lazarus-gesellschaft.de
Gründung: 1981
Präsident(in): Enrique de Borbón
Vorsitzende(r): Wolfgang Seydel
Stellvertretende(r) Vorsitzende(r): Karl-Joachim Meder
Geschäftsführer(in): Peter Seydel
Mitglieder: 778

• U 1 843

Bundesverband Ambulante Dienste e.V. (bad e.V.)
Alternativen in der Alten- und Krankenpflege
Krablerstr. 136, 45326 Essen
T: (0201) 35 40 01 **Fax:** 35 79 80
Internet: http://www.bad-ev.de
E-Mail: info@bad-ev.de
Gründung: 1988
Vorstand: Michael Jakubiak
Wolfgang Radloff
Wolfgang Schulz
Michael Lehmacher
Anke Knierim
Geschäftsführer(in): Ulrich Kochanek (Ltg. Presseabt.)
Verbandszeitschrift: "Background" u. plus Pflege
Redaktion: Ulrich Kochanek
Mitglieder: 800
Mitarbeiter: 7

Bundesweite Vertretung für Fachbetriebe, Vereine, Sozialstationen, Initiativen und Einzelmitgliedern im Bereich der ambulanten pflegerischen Alternativen. Der Bundesverband dient der politischen Durchsetzung gemeinsam anerkannter Ziele und ist das bundespolitische Sprachrohr der Mitglieder. Förderung der Familien-, Alten- und Krankenhilfe.

Landesverbände bzw. -vertretungen

u 1 844

bad Landesverband Baden-Württemberg e.V.
Am Steinbruch 10, 72290 Loßburg
T: (07446) 91 61 38 **Fax:** 91 61 39
1. Vorsitzende(r): Curd Jürgen Bierhinkel

u 1 845

bad Landesverband Bayern e.V.
Hauptstr. 19a, 93197 Zeitlarn
T: (0941) 6 76 00 **Fax:** 6 76 60
1. Vorsitzende(r): Andreas Mihm

u 1 846

bad Landesvertretung Berlin/Brandenburg e.V.
Am Fronberg 10, 08233 Schreiersgrün
T: (037468) 24 41 **Fax:** 6 45 15
Landesvertreterin: Margitta Tiepner

u 1 847

bad Landesverband Hessen e.V.
Rheingaustr. 16, 65201 Wiesbaden
T: (0611) 1 82 07 35 **Fax:** 1 82 07 36
1. Vorsitzende(r): Anke Knierim

u 1 848

bad Landesverband Mecklenburg-Vorpommern e.V.
Upundalsprung 21, 18069 Rostock
T: (0381) 8 21 50
Landesvertreter: W. Radloff

u 1 849

bad Landesverband Niedersachsen e.V.
Paulstr. 13, 48529 Nordhorn
T: (05921) 1 42 75 **Fax:** 7 63 03
1. Vorsitzende(r): Georg Kotmann

u 1 850

bad Landesverband Nordrhein-Westfalen e.V.
Schneiderstr. 92, 47798 Krefeld
T: (02151) 81 09 09 **Fax:** 81 09 10
1. Vorsitzende(r): Ronald Ellerbrock

u 1 851

bad Landesverband Rheinland-Pfalz e.V.
Am Acker 16, 54570 Rockeskyll
T: (06591) 98 51 90 **Fax:** 98 51 92
1. Vorsitzende(r): Michael Lehmacher

u 1 852

bad Landesverband Sachsen e.V.
Am Fronberg 10, 08233 Schreiersgrün
T: (037468) 24 41 **Fax:** 6 45 15
1. Vorsitzende: Margitta Tiepner

u 1 853

bad Landesverband Schleswig-Holstein e.V.
Kirchenweg 31, 24143 Kiel
T: (0491) 7 39 48 79
Landesvertreter: Wolfgang Schulz

u 1 854

bad Landesvertretung Thüringen
Nordplatz 23, 99817 Eisenach
T: (03691) 89 84 20 **Fax:** 89 84 44
Landesvertreter: Eberhard Herkel

• U 1 855

ALLGEMEINER RETTUNGSVERBAND
Bundesverband der Allgemeinen Rettungsverbände Deutschlands e.V. (ARV)
(Vereinigung gemeinnütziger Hilfsorganisationen der freien Wohlfahrtspflege, Soziale Dienste u. Notfallhilfe)
Geschäftsführendes Präsidium
Postanschrift:
Postf. 13 30, 97663 Bad Kissingen
T: (0971) 9 90 30 **Fax:** 9 90 50
Internet: http://www.arv.net
Gründung: 1973 (20. Oktober)
Präsident(in): Andreas Hübner
Vizepräsident(in): Ernst Bollier
Hans Schemel
Werner H. Hayn (Ltr. Presseabteilung)
Horst Eisenmann (Bundesgeschf.)
Mitglieder: 8 jur. selbständige Verbände (e.V.) auf LV bzw. BV-Ebene
Mitarbeiter: 15 (ehrenamtlich)

Mitgliedsverbände:

u 1 856

Allgemeiner Rettungsverband Schleswig-Holstein e.V.
Postf. 60 45, 24121 Kiel
Elisabethstr. 12-14 Dienststelle, 24143 Kiel
T: (0431) 7 66 64
Vorsitzende(r): Anni Lotte Wegener (T: (0431) 7 48 72)

u 1 857

Allgemeiner Rettungsverband Niedersachsen-Süd e.V.
Jheringstr. 66, 37081 Göttingen
T: (0551) 63 27 17 Einsatztel.: (01805) 12 41 24
Vorsitzende(r): Markus Kaczmarek

u 1 858

Allgemeiner Rettungsverband Hessen e.V.
Postf. 83 11 41, 65913 Frankfurt
Griesheimer Stadtweg 62, 65933 Frankfurt
T: (069) 38 03 30-0 **Fax:** 38 03 30-30
Gründung: 1974
Vorsitzende(r): Dipl.-Ing. Karl-Heinz Maier
Stellvertretende(r) Vorsitzende(r): Dipl.-Ing. Rolf-Paul Eske
Architekt Peter Kriege

u 1 859

Allgemeiner Rettungsverband Rhein-Neckar e.V.
Albert-Lortzing-Weg 9, 69181 Leimen
T: (06224) 7 44 58 **Fax:** 7 59 59
Gründung: 1974
Vorsitzende(r): Ernst Bollier (T: (06224) 27 06)

u 1 860

Allgemeiner Rettungsverband Unterfranken e.V.
Postf. 13 30, 97663 Bad Kissingen
Geschäftsstelle (Verwaltung): Hohlweg 6, 97720 Nüdlingen
T: (0971) 9 90 30 **Fax:** 9 90 50
Vorsitzende(r): Horst Eisenmann

u 1 861

Allgemeiner Rettungsverband Mittelfranken e.V.
Geschäftsstelle (Verwaltung):
Hohlweg 6, 97720 Nüdlingen
T: (0971) 9 90 30 **Fax:** 9 90 50
Vorsitzende(r): Georg Frischeisen

u 1 862

Allgemeiner Rettungsverband Oberpfalz e.V.
Hauptverwaltung - Sozialzentrum
Parksteiner Str. 15, 92637 Weiden
T: (0961) 20 02 00 **Fax:** 20 02 99
Vorsitzende(r): Werner H. Hayn

u 1 863

Allgemeiner Rettungsverband Schwaben e.V.
Schillstr. 25, 86167 Augsburg
T: (0821) 79 10 79 **Fax:** 72 15 53
Gründung: 1973
Vorsitzende(r): Georg Frischeisen

• U 1 864

DEUTSCHE RETTUNGSFLUGWACHT e.V.
German Air-Rescue
Raiffeisenstr. 32, 70794 Filderstadt
Postf. 23 04 23, 70624 Stuttgart, Flughafen
T: (0711) 70 07-0 **Fax:** 70 07-2349
Gründung: 1972 (6. September)
Vorsitzende(r): Siegfried Steiger
Geschäftsführer(in): Dr. Jochen Schmidt

• U 1 865

Verein für internationale Krankentransporte e.V.
Villemombler Str. 62-64, 53123 Bonn
T: (0228) 61 10 38 (Alarmzentrale), 61 20 32 (Verwaltung)
Fax: 61 20 35
Gründung: 1981
Vorsitzende(r): Ernst van Treeck

Leitung Presseabteilung: Rotger Kindermann

Krankenrückholung aus dem weltweiten Ausland incl. Auslandsreisekrankenschutz.

• U 1 866

Internationaler Sozialdienst Deutscher Zweig e.V.
Schillerstr. 11, 61440 Oberursel
Gründung: 1924
Vorsitzende(r): Prof. Dr. Reinhart Wolff
Geschäftsführerin: Ingrid Baer
Mitglieder: 35
Mitarbeiter: 40

• U 1 867

Allgemeiner Hilfsdienst e.V.
Bundesgeschäftsstelle
Hagenpatt 13, 49186 Bad Iburg
T: (05403) 17 59, 56 72 **Fax:** 57 40
Gründung: 1991 (14. Februar)
1. Vorsitzende(r): Joachim J. Preiß
Stellvertretende(r) Vorsitzende(r): Jürgen Unland (M.A. pol.his.)
Bundesgeschäftsführer(in): Joachim J. Preiß
Leitung Presseabteilung: Jürgen Unland
Mitarbeiter: 4

• U 1 868

BKS - Bundesverband eigenständiger Rettungsdienste e.V.
Matthias-Claudius-Str. 14, 65185 Wiesbaden
T: (0611) 9 10 15 44
Gründung: 1985 (Juli)
Vorstandssprecher: Peter Aicher
Vorstand: Egbert-Ulf Hohmuth
Matthias Kießling
Ilona Mieth
Markus Müller
Dieter Schirra
Gerhard Seifert
Mitarbeiter: 3

• U 1 869

Bundesarbeitsgemeinschaft Haus-Notruf (BAG)
Mainkai 43, 60311 Frankfurt
T: (069) 29 98 07-0 **Fax:** 29 98 07 50
Vorsitzende(r): Alfred M. Viola

• U 1 870

Arbeitsgemeinschaft Home Service - Unternehmensverband für Direktservice e.V. (AHS)
Grafenstr. 29, 64283 Darmstadt
T: (06151) 29 38 91 **Fax:** 29 38 91
Vorsitzende(r) des Vorstandes: Oliver Mager
1. stellv. Vors.: Achim Hickmann
2. stellv. Vors.: Stefanie Feicks
Mitglieder: 8

• U 1 871

HUMANISTISCHE UNION e.V.
-Bundesgeschäftsstelle-
Haus der Demokratie und Menschenrechte
Greifswalder Str. 4, 10405 Berlin
T: (030) 20 45 02-56 **Fax:** 20 45 02-57
Internet: http://www.humanistische-union.de
E-Mail: hu@ipn-b.de
Gründung: 1961
Vorsitzende(r): Dr. Till Müller-Heidelberg
Stellvertretende(r) Vorsitzende(r): Ingeborg Rürup
Geschäftsführer(in): Tobias Baur
Bundesvorstand:
Franz-Josef Hanke (Pressereferent)
Gisela Goymann
Steve Schreiber
Johannes Glötzner
Prof. Dr. Fritz Sack
Prof. Dr. Rosemarie Will
Mitglieder: ca. 2000

• U 1 872

Münchner Zentralstelle für Strafentlassenenhilfe (MZS)
Haimhauser Str. 13, 80802 München
T: (089) 38 01 56-0 **Fax:** 38 01 56-20
Mitarbeiter: 12
Geschäftsführung:
Kath. Männerfürsorgeverein München e.V.
Lindwurmstr. 75/Rückgeb., 80337 München
T: (089) 5 14 18-28

• U 1 873

Bundesarbeitsgemeinschaft für Straffälligenhilfe e.V. (BAG-S)
Oppelner Str. 130, 53119 Bonn
T: (0228) 66 85-380 **Fax:** 66 85-383
Gründung: 1990 (29. August)
Vorsitzende(r): Reinhard Hau
Geschäftsführer(in): Wolfgang Wittmann (Ltg. Presseabt.)
Verbandszeitschrift: BAG-S-Informationsdienst Straffälligenhilfe
Redaktion: Wolfgang Wittmann, Birgit Brockerhoff, Martina Jäger-Busch
Mitglieder: 7
Mitarbeiter: 4
Jahresetat: DM 0,4 Mio, € 0,2 Mio

• U 1 874

Bundeswehr-Sozialwerk e.V. (BwSW)
Peter-Hensen-Str. 1, 53175 Bonn
T: (0228) 9 17 74-0 **Fax:** 9 17 74-33
Vorsitzende(r): ROAR a.D. Egon Storz
Verbandszeitschrift: "Unser Bundeswehr-Sozialwerk"

• U 1 875

Deutsche Gesellschaft für Humanes Sterben (DGHS) e.V.
Postf. 11 05 29, 86030 Augsburg
Lange Gasse 2-4, 86152 Augsburg
T: (0821) 5 02 35-0 **Fax:** 5 02 35-55
Internet: http://www.dghs.de
E-Mail: DGHSAugsb@aol.com
Gründung: 1980 (7. November)
Präsident(in): Karlheinz Wichmann, Bremen
Vizepräsident(in): Hans Leo von Hoesch, Garmisch-Partenkirchen
Vizepräsident(in): Karl-Heinz Blessing, Kerpen
Geschäftsführer(in): Dr. phil. Kurt F. Schobert
Leitung Presseabteilung: Claudia Wiedenmann (M.A.)
Verbandszeitschrift: Humanes Leben - Humanes Sterben
Verlag: DGHS e.V., Postfach 11 05 29, 86030 Augsburg
Mitglieder: 38000

Gesetzliche Regelung der Sterbehilfe, Sicherung der Patientenrechte durch Patientenschutzbriefe, Informationen zur Sterbebegleitung.

• U 1 876

Deutsches Sozialwerk (DSW) e.V.
An der Esche 2, 53111 Bonn
T: (0228) 65 44 99 **Fax:** 65 55 99
Gründung: 1952
Vorsitzende(r): Ingeborg Buchberger
Stellvertretende(r) Vorsitzende(r): Prof. Dr. Hermann Schneider
Syndikus: Hans Wenz
Mitglieder: 10750
Mitarbeiter: 1620

• U 1 877

Verband der Sozialwerke der Christengemeinschaft e.V.
Urachstr. 41, 70190 Stuttgart
T: (0711) 26 40 12, 2 86 50 15 **Fax:** 2 62 20 37
Gründung: 1960
Vorsitzende(r): Frank Hörtreiter
Stellvertretende(r) Vorsitzende(r): Renate Lenz
Geschäftsführer(in): Robert Steger (Ltg. Presseabt.)
Mitglieder: 7

• U 1 878

Bundesarbeitsgemeinschaft Sozialmarketing (BSM) - Deutscher Fundraising Verband e.V.
Bachstr. 10, 63785 Obernburg
T: (06022) 68 15 63 **Fax:** 68 15 61
Internet: http://www.sozialmarketing.de
E-Mail: info@sozialmarketing.de
Gründung: 1993 (27. Januar)
Vorsitzende(r): Dr. Christoph Müllerleile
Stellvertretende(r) Vorsitzende(r): Patrick Tapp
Verbandszeitschrift: BSM-Newsletter
Redaktion: Dr. Christoph Müllerleile
Verlag: BSM, Mozartstr. 11, 61440 Oberursel
Mitglieder: 381 (Stand 01.01.99)

BSM ist die Berufsorganisation der im Spendenwesen Tätigen, Ziele sind Professionalisierung des Spendenwesens, Aus- und Fortbildung im Fundraising, Bewahrung ethischer Standards im Spendenwesen in Deutschland.

• U 1 879

Internationaler Bund - IB
Freier Träger der Jugend-, Sozial- und Bildungsarbeit e.V.
Postf. 60 04 60, 60334 Frankfurt
Burgstr. 106, 60389 Frankfurt
T: (069) 9 45 45-0 **Fax:** 9 45 45-280
Internet: http://www.internationaler-bund.de
E-Mail: refoeff-zgf@internationaler-bund.de
Gründung: 1949
Internationaler Zusammenschluß: siehe unter izu 171
Vors. d. Geschäftsf.: Werner Sigmund
Ltg. Pressereferat: Günter Haake
Mitglieder: 914
Mitarbeiter: 12000
Jahresetat: DM 980 Mio, € 501,07 Mio

Der Internationale Bund ist einer der großen Freien Träger der Jugend-, Sozial- und Bildungsarbeit unter dem Vorsitz von Bundesminister a.D., Dr. Herbert Ehrenberg.
Seine Arbeit ist als gemeinnützig anerkannt. Der Verband unterhält in Deutschland an 300 Orten über 700 Einrichtungen, insbesondere Bildungszentren, Beratungsdienste und Wohnheime.
12000 Mitarbeiterinnen und Mitarbeiter unterstützen jährlich etwa 350000 deutsche und ausländische Jugendliche und Erwachsene bei der persönlichen und beruflichen Lebensplanung.

Regionalgeschäftsführungen

u 1 880

Internationaler Bund - IB
Regionalgeschäftsführung Ost
(Berlin/Brandenburg, Sachsen,Thüringen)
Keithstr. 16, 10787 Berlin
T: (030) 21 40 96-0 **Fax:** 21 40 96 22
RegionalgeschF: Silvia Schott

u 1 881

Internationaler Bund - IB
Regionalgeschäftsführung Nord
(Hamburg, Schleswig-Holstein, Mecklenburg-Vorpommern, Niedersachsen, Sachsen-Anhalt)
Horner Landstr. 302-304, 22111 Hamburg
T: (040) 6 50 00 31 **Fax:** 6 50 06 39
RegionalgeschF: Dr. Dietrich Unger

u 1 882

Internationaler Bund - IB
Zentrale Geschäftsführung Region Süd
(Baden-Württemberg/Bayern)
Emilienstr. 23, 70563 Stuttgart
T: (0711) 9 93 43-0 **Fax:** 9 93 43-99
GeschF Region Süd: Matthias Knitter

u 1 883

Internationaler Bund - IB
Regionalgeschäftsführung West
(Hessen/Rheinland-Pfalz/Saarland/Nordrhein-Westfalen)
Burgstr. 106, 60389 Frankfurt
T: (069) 9 45 45-0 **Fax:** 9 45 45-280
RegionalgeschF: Tilman Schmieder

• U 1 884

Nationale Kontakt- und Informationsstelle zur Anregung und Unterstützung von Selbsthilfegruppen (NAKOS)
Albrecht-Achilles-Str. 65, 10709 Berlin
T: (030) 8 91 40 19 **Fax:** 8 93 40 14
Gründung: 1984
Geschäftsführer(in): Klaus Balke
Wolfgang Thiel (Presse)
Verbandszeitschrift: NAKOS-INFO (vierteljährlich)
Redaktion: Wolfgang Thiel
Verlag: Eigenverlag
Mitarbeiter: 4
Jahresetat: ca. DM 0,8 Mio, € 0,41 Mio

• U 1 885

Stiftung Synanon
Postf. 61 04 50, 10927 Berlin
Bernburger Str. 10, 10963 Berlin
T: (030) 5 50 00-0 **Fax:** 5 50 00-220
Internet: http://www.synanon.de
Gründung: 1982
Vorsitzende(r): Peter Elsing
Stellvertretende(r) Vorsitzende(r): Thomas Rottenbücher
Leitung Presseabteilung: Bernd Eggler
Verbandszeitschrift: SuchtReport Europäische Fachzeitschrift für Suchtprobleme
Redaktion: Michael Frommhold
Verlag: Stiftung Synanon, Bernburger Str. 10, 10963 Berlin

Suchtselbsthilfegemeinschaft von Drogen-, Alkohol- und anderen Suchtbetroffenen. Zweck des Vereins ist es, Suchtmittelabhängige und Suchtgefährdete eine Lebensführung ohne Suchtmittel und Kriminalität zu lehren. Jeder wird aufgenommen, der den aufrichtigen Wunsch hat, nüchtern leben zu wollen.

• U 1 886

Anonyme Alkoholiker Interessengemeinschaft e.V.
Postf. 46 02 27, 80910 München
Lotte-Branz-Str. 14, 80939 München
T: (089) 31 69 50-0 **Fax:** 3 16 51 00
Internet: http://www.Anonyme-Alkoholiker.DE
E-Mail: Kontakt@Anonyme-Alkoholiker.de
1. Vorsitzende(r): Dr. Karin Grundig
2. Vorsitzende(r): Joachim Zweibòhmer
Hauptgeschäftsführer(in): Günther Habedank
Verbandszeitschrift: AA-INFORMATIONEN
Verlag: Anonyme Alkoholiker Interessengemeinschaft eV, Postf. 46 02 27, 80910 München
Mitglieder: ca. 30000
Mitarbeiter: 5
Jahresetat: DM 1,4 Mio, € 0,72 Mio

Anonyme Alkoholiker sind eine Gemeinschaft von Männern und Frauen, die miteinander ihre Erfahrung, Kraft und Hoffnung teilen, um ihr gemeinsames Problem zu lösen und anderen zur Genesung vom Alkoholismus zu verhelfen. Die einzige Voraussetzung für die Zugehörigkeit ist der Wunsch, mit dem Trinken aufzuhören. Die Gemeinschaft kennt keine Mitgliedsbeiträge oder Gebühren, sie erhält sich durch eigene Spenden. Die Gemeinschaft AA ist mit keiner Sekte, Konfession, Partei, Organisation oder Institution verbunden; sie will sich weder an öffentlichen Debatten beteiligen, noch zu irgendwelchen Streitfragen Stellung nehmen. Unser Hauptzweck ist, nüchtern zu bleiben und anderen Alkoholikern zu Nüchternheit zu verhelfen.

• U 1 887

Arbeitsgemeinschaft Deutscher Abstinenzverbände (AGAV)
Nelkenstr. 20, 66386 Sankt Ingbert
T: (06894) 75 92 **Fax:** 87 03 31
Vorsitzende(r): Erich Hünecke
Geschäftsführer(in): Dr. Martin Klewitz
Mitglieder: 6 Verbände, 30.000 Mitglieder

Mitgliederorganisationen

u 1 888

Blaues Kreuz in Deutschland e.V.
Postf. 20 02 52, 42202 Wuppertal
Freiligrathstr. 27, 42289 Wuppertal
T: (0202) 6 20 03-0 **Fax:** 6 20 03-81
Internet: http://www.blaues-kreuz.de
E-Mail: bkd@blaues-kreuz.de

u 1 889

Bund alkoholfrei lebender Kraftfahrer e.V. (BAK)
Rückerer Str. 2, 36381 Schlüchtern
T: (06661) 7 14 42 **Fax:** 7 14 42
Vorsitzende(r): Harald Blümler
Geschäftsführer(in): Edgar Richter

u 1 890

Bund für drogenfreie Erziehung e.V. (BdE)
Postf. 14 22, 21496 Geesthacht
T: (04151) 89 18 10 **Fax:** 89 18 11
Internet: http://www.neuland.com/bde/
E-Mail: bde@neuland.com

u 1 891

Deutscher Frauenbund für alkoholfreie Kultur
Coburger Weg 15, 63329 Egelsbach
T: (069) 36 27 42 **Fax:** 36 27 42

u 1 892

Deutscher Verein für Gesundheitspflege e.V. (DVG)
Postf. 42 60, 73745 Ostfildern
Senefelderstr. 15, 73760 Ostfildern
T: (0711) 4 48 19 50 **Fax:** 4 48 19 54
Internet: http://www.dvg-online.de

u 1 893

Deutscher Guttempler-Orden e.V. (I.O.G.T.)
Adenauerallee 45, 20097 Hamburg
T: (040) 24 58 80 **Fax:** 24 14 30
Internet: http://www.guttempler.de
E-Mail: guttempler@t.online.de

• U 1 894

Overeaters Anonymous Deutschland, Deutschsprachiger Dienst der OA
Postf. 10 62 06, 28062 Bremen
T: (0421) 32 72 24 **Fax:** (02151) 77 94 99
Gründung: 1978

• U 1 895

Aktionskreis Eß- und Magersucht Cinderella e.V.
Westendstr. 35, 80339 München
T: (089) 5 02 12 12 **Fax:** 5 02 25 75
Gründung: 1984
Ingrid Mieck
Verbandszeitschrift: Cinderella Bundbrief
Mitglieder: ca. 100
Jahresetat: DM 0,07 Mio, € 0,04 Mio

• U 1 896

Fachverband Drogen und Rauschmittel e.V. (FDR)
Odeonstr. 14, 30159 Hannover
T: (0511) 1 83 33 **Fax:** 1 83 26
Gründung: 1979 (3. April)
Vorsitzende(r): Thomas Bader
Stellvertretende(r) Vorsitzende(r): Claudia Kirschner
Michael Hoffmann-Bayer
Geschäftsführer(in): Jost Leune
Verbandszeitschrift: FDR-Berichte
Verlag: Eigenverlag
Mitglieder: 59

• U 1 897

Blaues Kreuz in Deutschland e.V.
Postf. 20 02 52, 42202 Wuppertal
Freiligrathstr. 27, 42289 Wuppertal
T: (0202) 6 20 03-0 **Fax:** 6 20 03-81
Internet: http://www.blaues-kreuz.de
E-Mail: bkd@blaues-kreuz.de
Gründung: 1884/85
Vorsitzende(r): Pfarrer Leonhard Roth
Geschäftsführer(in): Hermann Hägerbäumer
Verbandszeitschrift: Blaues Kreuz
Redaktion: Claudius Schillinger
Verlag: Blaukreuz-Verlag Wuppertal
Mitglieder: ca. 10000 Mitglieder und zur Abstinenz verpflichtete Freunde
Landesverbände: 17

Christliche Hilfsorganisation für Alkoholkranke, ihre Angehörigen und Begleiter

• U 1 898

Verband ambulanter Behandlungsstellen für Suchtkranke/Drogenabhängige e.V. (VABS)
Postf. 4 20, 79004 Freiburg
T: (0761) 2 00-3 63 **Fax:** 2 00-3 50
Internet: http://www.vabs.caritas.de
E-Mail: buerkles@caritas.de
Gründung: 1971
Vorsitzende(r): Doris Kieselbach
Stellvertretende(r) Vorsitzende(r): Hans Böhl
Dieter Engelke
Geschäftsführer(in): Stefan Bürkle
Verbandszeitschrift: Rundschreiben
Mitglieder: 96 korporative Mitglieder mit 152 ambulanten Behandlungsstellen für Suchtkranke/Drogenabhängige (Mitgliedseinrichtungen) und 8 persönliche Mitglieder
Mitarbeiter: 10 (ehrenamtl. Mitarbeiter/innen)
Jahresetat: rd. DM 0,057 Mio, € 0,03 Mio

• U 1 899

Gesellschaft gegen Alkohol- und Drogengefahren e.V. (GAD)
Planckstr. 4-5, 39104 Magdeburg
T: (0391) 56 56 60 **Fax:** 5 65 66 20
Gründung: 1990 (5. Juli)
Bundesvorsitzender: Dr. Volker Kielstein
1. Stellv. Bundesvorsitzender: Dr. Dietrich Roscher
2. Stellv. Bundesvorsitzender: Dr. Erik Winter
Bundesgeschäftsführer: Siegfried Wilhelm
Mitglieder: ca. 480
Mitarbeiter: 5

Mitglieder

u 1 900

GAD e.V. Baden-Württemberg
Fachklinik "Birkenbuck"
Bismarckstr. 36, 79379 Müllheim
Dr. Hasso Engel

u 1 901

Landesgeschäftsstelle der GAD e.V. Berlin/Brandenburg
Franz-Ziegler-Str. 28, 14776 Brandenburg
T: (03381) 66 38 15
Klaus-Dieter Krug

u 1 902

GAD e.V. Mecklenburg-Vorpommern
Fachambulanz f. Suchtkranke
Falladastr. 7, 17489 Greifswald
T: (03834) 89 92 35
Dr. Hans-Dieter Hoffmann

u 1 903

GAD e.V. Landesverband Sachsen-Anhalt
Planckstr. 4-5, 39104 Magdeburg
T: (0391) 56 56 60 **Fax:** 5 65 66 20
Dr. Volker Kielstein

u 1 904

GAD e.V. Sachsen
Sächs. KH f. Psychiatrie u. Neurologie
Bahnhofstr. 2, 08228 Rodewisch
T: (03744) 36 60
Jörg Domurath

u 1 905

GAD e.V. Süd-Tirol
Steindlweg 48, I-39018 Terlan
T: (0039471) 25 72 93
Alfred Mitterer

u 1 906

GAD e.V. Thüringen
LFK f. Psychiatrie u. Neurologie
Eisfelder Str. 41, 98646 Hildburghausen
T: (03685) 7 76-201, 7 76-240
Dr.med. Winfried Bertram

• U 1 907

WEISSER RING Gemeinnütziger Verein zur Unterstützung von Kriminalitätsopfern und zur Verhütung von Straftaten e.V.
Weberstr. 16, 55130 Mainz
T: (06131) 83 03-0 **Fax:** 83 03-45
Internet: http://www.weisser-ring.de
E-Mail: info@weisser-ring.de
Gründung: 1976 (24. September)
Ehrenvors.: Eduard Zimmermann
Vorsitzende(r): Max Herberg
Generalsekretär(in): Dieter Eppenstein
Leitung Presseabteilung: Helmut K. Rüster
Verbandszeitschrift: WEISSER RING
Redaktion: Ingrid Weber
Verlag: WEISSER RING Gemeinnützige Verlags-GmbH, Weberstr. 16, 55130 Mainz
Mitglieder: 70000
Außenstellen: 400
Mitarbeiter: 65

Ziele des Vereins sind die schnelle und unbürokratische Hilfe für Kriminalitätsopfer sowie die Unterstützung staatlicher Instanzen bei der Verbrechensvorbeugung.

Regionalbüros:

u 1 908

WEISSER RING
Regionalbüro Baden-Württemberg
Haußmannstr. 6, 70188 Stuttgart
T: (0711) 2 15 51 93 **Fax:** 2 36 08 40

u 1 909

WEISSER RING
Regionalbüro Bayern-Nord
Carl-Schüller-Str. 11, 95444 Bayreuth
T: (0921) 8 14 01 **Fax:** 8 19 39

u 1 910

WEISSER RING
Regionalbüro Bayern-Süd
Hilaria-Lechner-Str. 18, 86690 Mertingen
T: (09078) 8 94 94 **Fax:** 8 94 96

u 1 911

WEISSER RING
Hilfs- und Beratungsbüro für Kriminalitätsopfer München
Löwengrube 1, 80333 München
T: (089) 22 76 05 **Fax:** 22 76 05

u 1 912

WEISSER RING
Regionalbüro Berlin
Augustaplatz 7 Haus 14, 12203 Berlin
T: (030) 8 33 70 60 **Fax:** 8 33 90 53

u 1 913

WEISSER RING
Regionalbüro Brandenburg
Breite Str. 19, 14467 Potsdam
T: (0331) 29 12 73 **Fax:** 29 25 34

u 1 914

WEISSER RING
Regionalbüro Bremen
Sögestr. 47-51, 28195 Bremen
T: (0421) 32 32 11 **Fax:** 32 41 80

u 1 915

WEISSER RING
Regionalbüro Hamburg
Eiffestr. 38, 20537 Hamburg
T: (040) 2 51 76 80/89 **Fax:** 2 50 42 67

u 1 916

WEISSER RING
Regionalbüro Hessen
Mainzer Landstr. 131, 60327 Frankfurt
T: (069) 23 35 81 **Fax:** 25 37 78

u 1 917

WEISSER RING
Regionalbüro Mecklenburg-Vorpommern
Wismarsche Str. 136, 19053 Schwerin

u 1 918

WEISSER RING
Regionalbüro Niedersachsen
Gretelriede 63, 30419 Hannover
T: (0511) 79 99 97 **Fax:** 75 55 56

u 1 919

WEISSER RING
Regionalbüro Nordrhein-Westfalen/Rheinland
Josef-Schregel-Str. 44, 52349 Düren
T: (02421) 1 66 22 **Fax:** 1 02 99

u 1 920

WEISSER RING
Regionalbüro NRW/Westfalen-Lippe
Karlstr. 21, 59065 Hamm
T: (02381) 69 45 **Fax:** 69 46

u 1 921

WEISSER RING
Regionalbüro Rheinland-Pfalz
Weberstr. 16, 55130 Mainz
T: (06131) 83 03 29 **Fax:** 83 03 45

u 1 922

WEISSER RING
Regionalbüro Saarland
Halbergstr. 44, 66121 Saarbrücken
T: (0681) 6 73 19 **Fax:** 63 85 14

u 1 923

WEISSER RING
Regionalbüro Sachsen
Gustav-Freytag-Str. 15, 09111 Chemnitz
T: (0371) 5 47 20 **Fax:** 5 21 32 00

u 1 924

WEISSER RING
Regionalbüro Sachsen-Anhalt
Lerchenfeldstr. 16, 06110 Halle
T: (0345) 2 90 25 20 **Fax:** 2 90 25 20

u 1 925

WEISSER RING
Regionalbüro Schleswig-Holstein
Brunswiker Str. 50, 24105 Kiel
T: (0431) 5 76 77 **Fax:** 56 52 84

u 1 926

WEISSER RING
Regionalbüro Thüringen
Schillerstr. 22, 99096 Erfurt
T: (0361) 3 46 46 46 **Fax:** 3 46 46 47

Regionalbeauftragte:

u 1 927

WEISSER RING
Regionalbeauftr. Baden-Württemberg
Haußmannstr. 6, 70188 Stuttgart
T: (0711) 2 15 51 93 **Fax:** 2 36 08 40
Regionalbeauftr.: Gosbert Müller (Landeskriminaldirektor a.D.)

u 1 928

WEISSER RING
Regionalbeauftr. Bayern Nord
Carl-Schüller-Str. 11, 95444 Bayreuth
T: (0921) 8 14 01 **Fax:** 8 19 39
Regionalbeauftr.: Anneliese Fischer (Vizepräsident a.D. des Bayerischen Landtages)

u 1 929

WEISSER RING
Regionalbeauftr. Bayern-Süd
Feldstr. 27, 86368 Gersthofen
T: (0821) 2 99 34 22 **Fax:** 2 99 34 21
Regionalbeauftr.: Dipl.-Verwaltungsw. Franz J. Pabst

u 1 930

WEISSER RING
Regionalbeauftr. Berlin
Augustaplatz 7 Haus 14, 12203 Berlin
T: (030) 8 33 70 60 **Fax:** 8 33 90 53
Regionalbeauftr.: Ellen Karau (Ltd. Kriminaldirektorin a.D.)

u 1 931

WEISSER RING
Regionalbeauftr. Brandenburg
Breite Str. 19, 14467 Potsdam
T: (0331) 29 12 73 **Fax:** 29 25 34
Regionalbeauftr.: Jürgen Lüth (Polizeipräsident)

u 1 932

WEISSER RING
Regionalbeauftr. Bremen
Sögestr. 47-51, 28195 Bremen
T: (0421) 32 32 11 **Fax:** 32 41 80
Regionalbeauftr.: Eckard Mordhorst (Ltd. Kriminaldirektor)

u 1 933

WEISSER RING
Regionalbeauftr. Hamburg
Eiffestr. 38, 20537 Hamburg
T: (040) 2 51 76 80, 2 51 76 89 **Fax:** 2 50 42 67
Regionalbeauftr.: Joachim Schöning

u 1 934

WEISSER RING
Regionalbeauftr. Hessen
Fahracker 24, 35260 Stadtallendorf
T: (06429) 92 14 50 **Fax:** 92 14 45
Regionalbeauftr.: Horst Cerny (Kriminaloberrat a.D.)

u 1 935

WEISSER RING
Regionalbeauftr. Mecklenburg-Vorpommern
Wismarsche Str. 136, 19053 Schwerin
Regionalbeauftr.: Hinrich Kuessner (Landtagspräsident)

u 1 936

WEISSER RING
Regionalbeauftr. Niedersachsen
Gretelriede 63, 30419 Hannover
T: (0511) 79 99 97 **Fax:** 75 55 56
Regionalbeauftr.: Heinrich Toeberg

u 1 937

WEISSER RING
Regionalbeauftr. Nordrhein-Westfalen/Rheinland
Rheinkamper Str. 3, 47495 Rheinberg
T: (02843) 86 07 82 **Fax:** 86 07 82
Regionalbeauftr.: Rudi Justen (Landeskriminaldirektor a.D.)

u 1 938

WEISSER RING
Regionalbeauftr. Nordrhein-Westfalen/Westfalen-Lippe
Karlstr. 21, 59065 Hamm
T: (02381) 69 45 **Fax:** 69 46
Regionalbeauftr.: Wilhelm Lentner (Polizeidirektor a.D.)

u 1 939

WEISSER RING
Regionalbeauftr. Rheinland-Pfalz
Valenciaplatz 2, 55118 Mainz
T: (06131) 65-3000 **Fax:** 65-3131
Regionalbeauftr.: Franz Kirchberger (Polizeipräsident)

u 1 940

WEISSER RING
Regionalbeauftr. Saarland
An der Kirche 8, 66352 Großrosseln
T: (06809) 1 83 36 **Fax:** 18 00 34
Regionalbeauftr.: Gerhard Müllenbach (Staatssekretär)

u 1 941

WEISSER RING
Regionalbeauftr. Sachsen
Gustav-Freytag-Str. 15, 09111 Chemnitz
T: (0371) 5 47 20 **Fax:** 5 21 32 00
Regionalbeauftr.: Dieter Haußmann (Kriminaldirektor)

u 1 942

WEISSER RING
Regionalbeauftr. Sachsen-Anhalt
Primelweg 7, 06122 Halle
T: (0345) 2 20 31 13
Regionalbeauftr.: Johannes Friedel (Richter)

u 1 943

WEISSER RING
Regionalbeauftr. Schleswig-Holstein
Brunswiker Str. 50, 24105 Kiel
T: (0431) 5 76 77 **Fax:** 56 52 84
Regionalbeauftr.: Günter Bruhns (Ltd. Kriminaldirektor a.D.)

u 1 944

WEISSER RING
Regionalbeauftr. Thüringen
Rießnerstr. 12b, 99427 Weimar
T: (03643) 41 35 50 **Fax:** 41 35 99
Regionalbeauftr.: Thomas Hutt (Generallandesanwalt)

• U 1 945

Verband Deutscher Alten- und Behindertenhilfe e.V. (VDAB)
Bundesgeschäftsstelle:
Im Teelbruch 132, 45219 Essen
T: (02054) 95 78 10 **Fax:** 95 78 40
Internet: http://www.vdab.org
E-Mail: info@vdab.org
Gründung: 1992 (Juni)
Vorsitzende(r): Artur Geisler
Stellvertretende(r) Vorsitzende(r): Stephan Dzulko
Bundes-GeschF: Michael Schulz

Verbandszeitschrift: Journal „Durchblick"
Mitglieder: 840
Mitarbeiter: 14

u 1 946

Verband Deutscher Alten- und Behindertenhilfe e.V. Geschäftsstelle Nord
Kaiserallee 5, 30175 Hannover
T: (0511) 2 88 69 86

u 1 947

Verband Deutscher Alten- und Behindertenhilfe e.V. Geschäftsstelle Ost
Blumenstr. 34, 04155 Leipzig
T: (0341) 5 64 46 63 **Fax:** 5 64 46 65

u 1 948

Verband Deutscher Alten- und Behindertenhilfe e.V. Geschäftsstelle Süd
Joseph-Meyer-Str. 13-15, 68167 Mannheim
T: (0621) 48 45 20 **Fax:** 4 84 52 52
E-Mail: vdab-mannheim@t-online.de

u 1 949

Verband Deutscher Alten- Behindertenhilfe e.V. Geschäftsstelle Süd-Ost
Gleißhammerstr. 134, 90480 Nürnberg
T: (0911) 5 46 04 77 **Fax:** 5 46 05 89
E-Mail: lutz.wiske@arcormail.de

Baden-Württemberg

u 1 950

VDAB Landesgruppe Baden-Württemberg e.V.
Landesgeschäftsstelle
Joseph-Meyer-Str. 13-15, 68167 Mannheim
T: (0621) 48 45 20 **Fax:** 4 84 52 52

Bayern

u 1 951

VDAB Landesgruppe Bayern e.V.
Landesgeschäftsstelle
Gleißhammerstr. 134, 90480 Nürnberg
T: (0911) 5 46 04 77 **Fax:** 5 46 05 89

Hessen

u 1 952

VDAB Landesverband Hessen e.V.
Landesgeschäftsstelle
Karlstr. 41, 65185 Wiesbaden
T: (06117) 30 68 15 **Fax:** 30 04 23

Niedersachsen

u 1 953

VDAB Landesgruppe Niedersachsen e.V.
Landesgeschäftsstelle
Potsdamer Str. 7, 31812 Bad Pyrmont
T: (05281) 6 05 00 **Fax:** 52 84

Nordrhein-Westfalen

u 1 954

VDAB Landesgruppe Nordrhein-Westfalen e.V.
Landesgeschäftsstelle
Im Teelbruch 132, 45219 Essen
T: (02054) 95 78 10 **Fax:** 95 78 40

Rheinland-Pfalz

u 1 955

VDAB Landesverband Rheinland-Pfalz e.V.
Landesgeschäftsstelle
Brunostr. 28, 54329 Konz
T: (06501) 92 73-0 **Fax:** 92 73-50

Saarland

u 1 956

VDAB Landesgruppe Saarland e.V.
Landesgeschäftsstelle
Im Füllengarten 14-16, 66115 Saarbrücken
T: (0681) 7 55 99-150 **Fax:** 7 55 99

Sachsen

u 1 957

VDAB Landesgruppe Sachsen e.V.
Landesgeschäftsstelle
Freiberger Str. 23, 09496 Marienberg
T: (03735) 66 30 **Fax:** 66 31 11

Sachsen-Anhalt

u 1 958

VDAB Landesgruppe Sachsen-Anhalt e.V.
Gutestr. 24, 39164 Wanzleben
T: (039209) 22 67 **Fax:** 4 40 21

Thüringen

u 1 959

VDAB Landesgruppe Thüringen e.V.
Landesgeschäftsstelle
Leimriether Hauptstr. 80, 98646 Hildburghausen
T: (03685) 79 19-0 **Fax:** 79 19-305

u 1 960

VDAB Beratungsgesellschaft für Sozial- und Betriebswirtschaft mbH
Im Teelbruch 132, 45219 Essen
E-Mail: vdabbsb@aol.com

u 1 961

VDAB Schulungszentrum und Seminarwesen
Bahnhofsvorplatz 1, 45879 Gelsenkirchen
T: (0209) 27 42 13 **Fax:** 27 42 19
Internet: http://www.vdab-schule.de
E-Mail: vdab-schule@t-online.de, vdab-seminar@t-online.de

● **U 1 962**

Interessengemeinschaft von Geburt an Behinderter e.V.
Wilhelm-Hauff-Str. 1, 12159 Berlin
T: (030) 8 59 40 21
Gründung: 1973
Vorsitzende(r): Jörg-Bernd Jungmann

● **U 1 963**

Behinderten-Liga e.V.
Raduhner Str. 15, 12355 Berlin
T: (030) 6 63 29 25 **Fax:** 6 63 29 25
Gründung: 1981 (28. April)
Vors. u. GeschF: Architekt Horst Etter (Ltg. Presseabt.)
Verbandszeitschrift: Für
Verlag: Selbstverlag, Raduhner Str. 15, 12355 Berlin
Mitglieder: 61

● **U 1 964**

Arbeitsgemeinschaft Behinderte in den Medien e.V.
Bonner Platz 1V, 80803 München
T: (089) 30 79 92-0 **Fax:** 30 79 92-22
Internet: http://www.abm-medien.de
E-Mail: info@abm-medien.de
Gründung: 1983
Vorsitzende(r): Dr. Josef Pettinger
Stellvertretende(r) Vorsitzende(r): Elisabeth Michel
Geschäftsführer(in): Dr. Peter Radtke (Ltg. Presseabteilung)
Mitglieder: 16 Landesverbände
Mitarbeiter: 13
Jahresetat: DM 1,6 Mio, € 0,82 Mio

Öffentlichkeitsarbeit für Behinderte mittels der Neuen Medien: Gestaltung regelmäßiger Fernsehsendungen, Organisation einer Videothek für Hörgeschädigte. Durchführung kultureller Veranstaltungen behinderter Künstler. Filmbüro.

● **U 1 965**

Bundesarbeitsgemeinschaft der Clubs Behinderter und ihrer Freunde e.V. (BAG cbf e.V.)
Eupener Str. 5, 55131 Mainz
T: (06131) 22 55 14 od. 22 57 78 **Fax:** 23 88 34
Vorstand: Annerose Hintzke (1. Vors.)
Rainer Nichelmann
Mitglieder: 52 (Vereine); kooperierende Gruppen: 31 u. Einzelmitglieder
Anzahl der angeschlossenen Organisationen: 100

● **U 1 966**

Interessenvertretung Selbstbestimmt Leben in Deutschland e.V. (ISL)
Kölnische Str. 99, 34119 Kassel
T: (0561) 7 28 85-46 **Fax:** 7 28 85-58
E-Mail: isl.kassel@aol.com
Gründung: 1990
Vorstand: Barbara Vieweg
Wilhelm Winkelmeier
Uwe Frevert
Geschäftsführer(in): Ottmar Miles-Paul
Martina Puschke
Mitglieder: 29 Organisationen + 30 E.-Mitglieder
Mitarbeiter: 24
Jahresetat: DM 0,5 Mio, € 0,26 Mio

● **U 1 967**

Fördergemeinschaft der Querschnittgelähmten in Deutschland e.V.
Silcherstr. 15, 67591 Mölsheim
T: (06243) 52 56 **Fax:** 90 59 20
Internet: http://www.fgg.de
E-Mail: fgg-Mölsheim@T-online.de
Gründung: 1970
Vorsitzende(r): Prof. Dr. Hans Jürgen Gerner
Stellvertretende(r) Vorsitzende(r): Jörg Schmekel
Geschäftsführer(in): Franz Kniel
Leitung Presseabteilung: Peter Mand
Verbandszeitschrift: Paraplegiker
Redaktion: Peter Mand
Verlag: Hüthig GmbH, Im Weiher 10, 69121 Heidelberg
Mitglieder: 5000
Mitarbeiter: 23

Förderung und Betreuung von Querschnittgelähmten.

● **U 1 968**

Arbeitsgemeinschaft der Schwerbehindertenvertretungen des Bundes und der Länder (AGSVBL)
Scharnhorststr. 34-37, 10115 Berlin
T: (030) 20 14-7364
Gründung: 1957
Vorsitzende(r): Gerd Görtemaker
Jürgen Schomacker
Stellvertretende(r) Vorsitzende(r): Peter Arlitt
Dr. Siegfried Hillert
Mitglieder: ca. 7000

● **U 1 969**

Aktion Sonnenschein Hilfe für das mehrfachbehinderte Kind e.V.
Heiglhofstr. 63, 81377 München
T: (089) 7 10 09-0
Vorsitzende(r): Dr.med. Hans Hege

● **U 1 970**

Bundesverband Psychiatrie in der Caritas (PiC)
Postf. 4 20, 79004 Freiburg
Karlstr. 40, 79104 Freiburg
T: (0761) 2 00-301 **Fax:** 20 06 66
Vorsitzende(r): Bernhard Bietmann
Stellvertretende(r) Vorsitzende(r): Klaus Obert
Hauptgeschäftsführer(in): Dr. Franz Fink

Mitgliedsverband:

● **U 1 971**

cfh Förderkreis Unfallopfer-Hilfswerk e.V.
Referat für Öffentlichkeitsarbeit und Mitgliederbetreuung
Postf. 28 46, 74018 Heilbronn
Herbststr. 13, 74072 Heilbronn
T: (07131) 62 95 52 **Fax:** 8 21 28
Internet: http://www.unfallopfer.de
E-Mail: hilfswerk@aol.com
Gründung: 1980
Leitung Presseabteilung: Michael Bittner
Verbandszeitschrift: Wer hilft Wem

Redaktion: Unfallopfer-Hilfswerk
Mitglieder: ca. 40000
Mitarbeiter: 6

• **U 1 972**

Rettungsdienst Stiftung Björn Steiger e.V.
Postf. 2 06, 71350 Winnenden
Petristr. 12, 71364 Winnenden
T: (07195) 30 55 **Fax:** 6 88 83
Gründung: 1969 (7. Juli)
Vorsitzende(r): Siegfried Steiger (Ltg. Presseabt.)
Stellvertretende(r) Vorsitzende(r): Walter Hübner
Hauptgeschäftsführer(in): Ute Steiger
Mitglieder: 960
Mitarbeiter: 1 Verwaltungsangst., 4 Zivildienstleistende, 9 Wartungsmonteure für Notruftelefone
Jahresetat: DM 8 Mio, € 4,09 Mio

• **U 1 973**

Deutsche Interessengemeinschaft für Verkehrsunfallopfer e.V. (dignitas)
Bundesarbeitsgemeinschaft
Friedlandstr. 6, 41747 Viersen
T: (02162) 2 00 32 **Fax:** 35 23 12
Gründung: 1988 (30. Januar)
1. Vorsitzende(r): Angelika Oidtmann
2. Vorsitzende(r): Udo Oidtmann

Unfallnachsorge, Aufklärung über Unfallfolgen, Prophylaxe.

• **U 1 974**

Kuratorium - Rettungsfonds für aktive Unfallhilfe e.V.
Postf. 24 01 08, 53154 Bonn
Klufterstr. 83, 53175 Bonn
T: (0228) 31 31 01 **Fax:** 31 59 77
Internet: http://www.kuratorium.de
E-Mail: kuratorium@gmx.de
Gründung: 1979 (28. Januar)
1. Vorst.: CFH Unfallopfer-Hilfswerk GmbH (Mommsenstr. 68a, 10629 Berlin)
Geschf. u. Ltg. Presseabt.: Helmut Adams
Mitglieder: ca. 15000
Mitarbeiter: 4 hauptamtl. Mitarbeiter
Jahresetat: ca. DM 1,5 Mio, € 0,77 Mio

• **U 1 975**

Deutsche Hospizhilfe e.V.
Reit 25, 21244 Buchholz
T: (04181) 3 88 55 **Fax:** 3 94 95
Gründung: 1988 (24. Januar)
Präsident(in): Renate Wiedemann (Ltg. Presseabt.)
Schirmherrschaften:
Dr. Karsten Vilmar
Dr. Richard von Weizsäcker
Rita Waschbüsch
Adelheid Scherr
Detlef Hohlin
Dr. Hans-Jürgen Thomas
Dr. Hermann Meyn
Prof. Dr. Herta Däubler-Gmelin

• **U 1 976**

Verband der Mitternachtsmissionen
Buchenweg 16, 73614 Schorndorf
T: (07181) 2 48 32 **Fax:** 2 48 32
1. Vorsitzende(r): Diakon Walter Meng (Ltg. Presseabteilung; Buchenweg 16, 73614 Schorndorf, T + Fax: (07181) 2 48 32)
Verbandszeitschrift: Pressespiegel und Information
Redaktion: Walter Meng
Verlag: Verband der Mitternachmissionen, Buchenweg 16, 73614 Schorndorf

• **U 1 977**

JOHANNITER-UNFALL-HILFE E.V.

Johanniter-Unfall-Hilfe e.V. (JUH)
Bundesgeschäftsstelle:
Lützowstr. 94, 10785 Berlin
T: (030) 2 69 97-0 **Fax:** 2 69 97-555
Internet: http://www.johanniter.de
Gründung: 1952
Präsident(in): Wilhelm Graf v. Schwerin
Bundesvorstand: Dr. Andreas von Block-Schlesier
Tilo Erfurth
Pressesprecher: Christoph Ernesti
Verbandszeitschrift: Die Johanniter
Verlag: BETA-Verlag, Celsiusstr. 43, 53125 Bonn, T: (0228) 9 19 37-0, Telefax: (0228) 25 20 67
Mitglieder: 1194097
Mitarbeiter: 6529 hauptamtl., 3166 Zivildienstleistende, 15737 ehrenamtl.

Aufgabe der JUH ist der Dienst am Nächsten. Dazu gehören insbesondere Ausbildung und Betätigung in folgenden Bereichen: 1. Erste Hilfe und Sanitätsdienst, 2. Rettungsdienst und Krankentransport sowie Unfallfolgedienst, 3. Ambulanzflug-und Auslandsrückholdienst, 4. Bevölkerungsschutz, 5. Aus- und Fortbildung von Schwesternhelferinnen und Pflegehelfern, 6. Jugendarbeit und Arbeit mit Kindern, 7. Soziale Dienste, u.a. Behindertenbetreuung, Altenbetreuung, Mahlzeitendienst, Ambulante Betreuung und Pflege Hilfebedürftiger, 8. Betrieb von und Mitwirkung an Sozialstationen/Diakoniestationen, 9. Teilstationäre und stationäre Altenpflege, 10. Sonstige Hilfeleistungen im karitativen Bereich und Kindergärten. Die JUH erfüllt ihre Aufgaben auch im Ausland und pflegt die Beziehungen zu ausländischen und internationalen Organisationen mit gleicher Aufgabenstellung.

Landesverbände

u 1 978

Johanniter-Unfall-Hilfe e.V.
Landesverband Baden-Württemberg
Postf. 81 03 10, 70520 Stuttgart
Trochtelfinger Str. 6, 70567 Stuttgart
T: (0711) 7 26 36-0 **Fax:** 7 26 36-99
E-Mail: info@juh.de
Landesvorstand: Wedig von Below
Volker Klaß

u 1 979

Johanniter-Unfall-Hilfe e.V.
Landesverband Bayern
Einsteinstr. 9, 85716 Unterschleißheim
T: (089) 3 21 09-0 **Fax:** 3 21 09-215
Landesvorstand: Hans-Dietrich von Bernuth
Peter Fritz
Andreas Hautmann

u 1 980

Johanniter-Unfall-Hilfe e.V.
Landesverband Berlin/Brandenburg
Berner Str. 2, 12205 Berlin
T: (030) 8 16 90-111 **Fax:** 8 16 90-173
Landesvorstand: Barbara Aßmann
Georg Schoeller
Peter Welk

u 1 981

Johanniter-Unfall-Hilfe e.V.
Landesverband Hessen/Rheinland-Pfalz/Saar
Johanniterstr. 7, 35510 Butzbach
T: (06033) 91 70-0 **Fax:** 91 70-19
Landesvorstand: Helmut Ulrich
Jürgen Freiherr von Maltzan
Günther Lohre

u 1 982

Johanniter-Unfall-Hilfe e.V.
Landesverband Sachsen-Anhalt/Thüringen
Straße des Friedens 23, 99094 Erfurt
T: (0361) 2 23 29-0 **Fax:** 2 23 29-25
E-Mail: johanniter.lg.sa-anh.-thuer@t-online.de
Landesvorstand: Meinhard Groothuis
Johannes-M. Schulz-Schottler

u 1 983

Johanniter-Unfall-Hilfe e.V.
Landesverband Niedersachsen/Bremen
Kabelkamp 5, 30179 Hannover
T: (0511) 67 89 65 00 **Fax:** 67 89 65 04
Landesvorstand: Matthias Ludwig
Thomas Mähnert
Claus-Dieter Schwab

u 1 984

Johanniter-Unfall-Hilfe e.V.
Landesverband Nord
Beselerallee 59a, 24105 Kiel
T: (0431) 5 70 01-0 **Fax:** 5 70 01-77
Landesvorstand: Hans-Peter Haupt
Wolfhard Ehrlich
Dirk Walter

u 1 985

Johanniter-Unfall-Hilfe e.V.
Landesverband Nordrhein-Westfalen
Postf. 13 20, 40673 Erkrath
Neanderstr. 34, 40699 Erkrath
T: (0211) 24 02-0 **Fax:** 24 02-40
E-Mail: landesvorstand@juh-nrw.de
Landesvorstand: Wilfried Nelles
Dr. Hans-Joachim Vits

u 1 986

Johanniter-Unfall-Hilfe e.V.
Landesverband Sachsen
Stephensonstr. 12-14, 01257 Dresden
T: (0351) 2 09 14 11 **Fax:** 2 09 14 34
Landesvorstand: Tilo v. Ameln
Hans-Joachim v. Zahn

• **U 1 987**

Zentralwohlfahrtsstelle der Juden in Deutschland e.V.
Hebelstr. 6, 60318 Frankfurt
T: (069) 94 43 71-0 **Fax:** 49 48 17
Vorsitzende(r): Abraham Lehrer, Köln
Geschäftsführer(in): Benjamin Bloch, Frankfurt

Spitzenverband der Freien Wohlfahrtspflege.

• **U 1 988**

Gesellschaft für bedrohte Völker (GfbV) e.V.
Postf. 20 24, 37010 Göttingen
T: (0551) 4 99 06-0 **Fax:** 5 80 28
Internet: http://www.gfbv.de
E-Mail: info@gfbv.de
Gründung: 1968
Vorstand: Tilman Zülch (Vors.)
Françoise Geiger
Maria Sido
Irina Wiesner
Kajo Schukalla
Hauptgeschäftsführer(in): Günther Schierloh
Leitung Presseabteilung: Inse Geismar
Verbandszeitschrift: Pogrom 'Zeitschrift für bedrohte Völker
Redaktion: Dr. Andreas Selmeci, Yvonne Bangert
Mitglieder: 7800
Mitarbeiter: 21
Jahresetat: DM 3 Mio, € 1,53 Mio
Regionalgruppen in 30 Städten
Nationale Sektionen in Österreich, Luxemburg, Italien (Büros in Bozen und in Florenz), Schweiz, Bosnien-Herzegowina und Frankreich (Paris)

Die Gesellschaft für bedrohte Völker ist eine international arbeitende Menschenrechtsorganisation mit beratendem Status beim Wirtschafts- und Sozialrat der Vereinten Nationen. Sie setzt sich ein für bedrohte ethnische und religiöse Minderheiten und Nationalitäten. Ihre Hauptaufgabe ist dabei der Kampf gegen Völkermord und Kulturzerstörung. Mit Hilfe von Presseerklärungen, Mahnwachen, Demonstrationen und Kongressen informiert sie die Öffentlichkeit über die Verfolgung von Minderheiten in allen Teilen der Welt.

Entwicklungshilfe-Institutionen

• **U 1 989**

Deutsche Stiftung für internationale Entwicklung (DSE)
Heussallee 2-10, 53113 Bonn
T: (0228) 24 34-5 **Fax:** 24 34-999
Präs. d. Kuratoriums: Adelheid Tröscher
Kurator: Dr. Heinz Bühler
Presse- und Öffentlichkeitsarbeit: Andreas Baaden

Aus- und Fortbildung von Fach- und Führungs-

kräften aus Entwicklungsländern; entwicklungspolitische Dialogveranstaltungen; Vorbereitung deutscher Fachkräfte der Entwicklungszusammenarbeit; Information und Dokumentation zu Entwicklungsländern und Entwicklungszusammenarbeit

• **U 1 990**

DEG

DEG-Deutsche Investitions- und Entwicklungsgesellschaft mbH
Postf. 45 03 40, 50878 Köln
Belvederestr. 40, 50933 Köln
T: (0221) 49 86-401 **Fax:** 49 86-290
Internet: http://www.deginvest.de
E-Mail: wirtschaftskontakte@deginvest.de
Vorsitzender des Aufsichtsrates: Hanns-Eberhard Schleyer
Geschäftsführer(in): Dr. Stephan Kinnemann
Presse: Hubertus Graf Plettenberg

Die DEG ist das deutsche Finanzierungs- und Beratungsinstitut zur Förderung der Privatwirtschaft in Afrika, Asien und Lateinamerika sowie in Mittel- und Osteuropa.

• **U 1 991**

Gesellschaft für internationale Entwicklung e.V. (SID)
Society for International Development
Hans-Böckler-Str. 5, 53225 Bonn
T: (0228) 40 01-217 **Fax:** 40 01-211
Gründung: 1988 (9. Dezember)
Vorsitzende(r): Prof. Dr. Uwe Holtz
Stellvertretende(r) Vorsitzende(r): Prof. Dr. Peter Molt
Hauptgeschäftsführer(in): Dr. Eckhard Deutscher
Verbandszeitschrift: Development
Verlag: Sage Publications, 6, Bonhill Street, London EC2A 4PU, UK
Mitglieder: 100 (Sektion Bonn)

• **U 1 992**

Arbeitsgemeinschaft Entwicklungsländer
Breite Str. 29, 10178 Berlin
T: (030) 20 28-0
Vorsitzende(r): Dr. Klaus von Menges, Essen
Geschäftsführer(in): Dipl.-Volksw. Jan Eggert

Zusammenschluß der Spitzenverbände der gewerblichen Wirtschaft für die Behandlung von Fragen der nationalen und internationalen Entwicklungspolitik.

• **U 1 993**

Verband Entwicklungspolitik deutscher Nichtregierungsorganisationen e.V. (VENRO)
Kaiserstr. 201, 53113 Bonn
T: (0228) 9 46 77-0 **Fax:** 9 46 77-99
Internet: http://www.venro.org
E-Mail: sekretariat@venro.org
Vorsitzende(r): Prof. Dr. Peter Molt
Stellvertretende(r) Vorsitzende(r): Dr. Hartmut Bauer
Dr. Claudia Herlt-Wolff
Dr. Reinhard Hermle
Schatzmeister: Dr. Volker Hausmann
Geschäftsführer(in): Dr. Ulla Mikota

• **U 1 994**

INKOTA netzwerk e.V.
Greifswalder Str. 33a, 10405 Berlin
T: (030) 4 28 91 11 **Fax:** 4 28 91 12
E-Mail: inkota@link-b36.berlinet.de
Gründung: 1971
Vorsitzende(r): Friedrich Heilmann
Geschäftsführer(in): Wilhelm Volks
Verbandszeitschrift: INKOTA-Brief
Verlag: Eigenverlag
Mitglieder: 150
Mitarbeiter: 6
Jahresetat: DM 0,5 Mio, € 0,26 Mio

• **U 1 995**

Centrum für internationale Migration und Entwicklung (CIM)
Barckhausstr. 16, 60325 Frankfurt
T: (069) 7 19 12 10 **Fax:** 71 91 21 19
Internet: http://www.cimonline.de
E-Mail: cim@gtz.de
Gründung: 1980 (November)
Leitung: Dr. Hans Werner Mundt (GTZ)
StLeiter: Franz-Josef Pollmann (ZAV)
Leitung Presseabteilung: Nicole Weygandt (GTZ)

• **U 1 996**

medico international e.V.
Obermainanlage 7, 60314 Frankfurt
T: (069) 9 44 38-0 **Fax:** 43 60 02
Internet: http://www.medico.de
E-Mail: info@medico.de
Gründung: 1967
Präsident(in): Joachim Hirsch
Stellvertretende(r) Vorsitzende(r): Raimund Rütten
Leitung Presseabteilung: Katja Maurer
Verbandszeitschrift: medico-Rundschreiben
Redaktion: Hans Branscheidt, Thomas Gebauer
Mitglieder: 64
Fachverbände:
BUKO (Bundeskongreß entwicklungspolitischer Aktionsgruppen)
Paritätischer Wohlfahrtsverband

• **U 1 997**

Arbeitsgemeinschaft für Entwicklungshilfe e.V. (AGEH)
Postf. 21 01 28, 50527 Köln
Ripuarenstr. 8, 50679 Köln
T: (0221) 88 96-0 **Fax:** 88 96-1 00
Internet: http://www.ageh.de
E-Mail: ageh-mail@t-online.de
Gründung: 1959
Vorsitzende(r): Hubert Tintelott
Geschäftsführer(in): Michael Steeb
Leitung Presseabteilung: Katharina Engels
Verbandszeitschrift: CONTACTS
Redaktion: Katharina Engels
Verlag: AGEH

• **U 1 998**

Marie-Schlei-Verein
Hilfe für Frauen in Afrika, Asien und Lateinamerika e.V.
Dr. Hoffmann-Str. 15, 55278 Hahnheim
T: (06737) 91 81 **Fax:** 94 98
E-Mail: Marie-Schlei-Verein@t-online.de
Gründung: 1984 (April)
Vorsitzende(r): Christa Randzio-Plath (Hadermannsweg 23, 22459 Hamburg)
Geschäftsführer(in): Sigrid Mangold-Wegner
Mitglieder: 900

• **U 1 999**

Aktionsgemeinschaft Solidarische Welt e.V. (ASW)
Hedemannstr. 14, 10969 Berlin
T: (030) 2 51 02 65 **Fax:** 2 51 18 87
Internet: http://www.aswnet.de
E-Mail: mail@aswnet.de
Gründung: 1957 (17. August)
2. Vorsitzende(r): Dieter Schippers
Leitung Presseabteilung: Elke Schäfter
Verbandszeitschrift: Solidarische Welt - Berichte und Informationen aus der 3. Welt
Redaktion: ASW
Verlag: ASW
Mitglieder: 113
Mitarbeiter: 8
Jahresetat: DM 1,8 Mio, € 0,92 Mio

• **U 2 000**

Colloquium Humanum e.V.
Am Botanischen Garten 14, 53115 Bonn
T: (0228) 65 81 86 **Fax:** 63 32 95
Gründung: 1959
Präsident(in): Botschafter a.D. Walter Nowak
Vizepräsident(in): Gert-Robert Liptau (Ministerialrat BMZ)
Mitglieder: 700
Mitarbeiter: 1

• **U 2 001**

HUMAN HELP NETWORK e.V.
Die Mainzer Kinderhilfsorganisation
Hintere Bleiche 28, 55116 Mainz
T: (061631) 23 76 00 **Fax:** (06131) 22 70 81
Internet: http://www.hhn.org
E-Mail: office@hhn.org
Gründung: 1990 (März)
Vorsitzende(r): Ewald Dietrich (Albert-Einstein-Str. 11, 55122 Mainz)
Stellvertretende(r) Vorsitzende(r): Sieghardt Setzer (Hebbelstr. 3, 55127 Mainz)
Karl Römer (Rochusstr. 4, 55116 Mainz)
Ehrenmitglieder und Beirat:
Herbert Bonewitz (Kabarettist)
Raymond Brennan (Thailand)
Hans-Jürgen Dorrich (Bonn)
Erwin Grosche (Kabarettist)
Günther Lang (Regensburg)
Reinhard Mey (Berlin)
René Stebischer (op., Schweiz)
Othmar Würth (Ruanda)
Verbandszeitschrift: NETWORK-NACHRICHTEN
Mitglieder: 370
Jahresetat: ca. DM 1,8 Mio, € 0,92 Mio (1999)

• **U 2 002**

Čapek-Gesellschaft für Völkerverständigung und Humanismus e.V.
Gerhart-Hauptmann-Str. 4, 58093 Hagen
T: (02331) 5 40 28
Gründung: 1993 (1. November)
Vorsitzende(r): Dr. Ulrich Grochtmann (Gerhart-Hauptmann-Str. 4, 58093 Hagen, T: (02331) 5 40 28)
2. Vorsitzende(r): Rosemarie Pößnecker (Gerhart-Hauptmann-Str. 6, 58093 Hagen, T: (02331) 58 61 31)
Hauptgeschäftsführer(in): Heidrun Borkowski (Gerhart-Hauptmann-Str. 4, 58093 Hagen, T: (02331) 5 40 28)
Mitglieder: 67
Mitarbeiter: 10 (ehrenamtl.)

• **U 2 003**

Deutsche Gesellschaft für Übersee-Kontakte e.V.
Hirschberger Str. 30, 53119 Bonn
T: (0228) 66 62 00 **Fax:** 66 11 81
Gründung: 1979
Vorstand: Horst Hölscher

• **U 2 004**

CATHOLIC MEDIA COUNCIL
Publizistische Medienplanung für Entwicklungsländer, Mittel- & Osteuropa e.V.
Postf. 19 12, 52021 Aachen
Anton-Kurze-Allee 2, 52074 Aachen
T: (0241) 70 13 12-0 **Fax:** 70 13 12-33
E-Mail: cameco@compuserve.com
Gründung: 1969
Geschäftsführerin: Dr. Daniela Frank
Verbandszeitschrift: Mediaforum
Mitarbeiter: 10

• **U 2 005**

Carl Duisberg Gesellschaft e.V. (CDG)
Weyerstr. 79-83, 50676 Köln
T: (0221) 20 98-0 **Fax:** 20 98-1 11
Internet: http://www.cdg.de
E-Mail: info@cdg.de
Gründung: 1949
Hauptgeschäftsführer(in): Dr. Norbert Schneider
Ltg. Gruppe Presse- u. Öffentlichkeitsarbeit: Dorothee Hutterl
Verbandszeitschrift: Carl Duisberg Forum
Redaktion: Edda von Homeyer
Mitglieder: ca. 7001
Mitarbeiter: 4651
Jahresetat: DM 1491 Mio, € 762,34 Mio

Internationale berufliche Weiterbildung und Personalentwicklung für Fach- und Führungskräfte aus Deutschland, anderen Industrieländern, Mittel- und Osteuropa und aus Entwicklungsländern.

• **U 2 006**

Deutsche Agrarhilfe e.V. Bonn
Deutsche Gesellschaft für Agrar- und Ernährungshilfe in Entwicklungsländern
Büro:
Postf. 12 39, 53759 Hennef
Frankfurter Str. 180-188, 53773 Hennef
T: (02242) 92 07-0 **Fax:** 92 07 19
Präsident(in): Gen.-Konsul Carl-Heinrich Herden (Frankfurter Str. 180, 53773 Hennef, T: (02242) 92 07-0)

• **U 2 007**

Arbeitskreis „Lernen und Helfen in Übersee" e.V.
Thomas-Mann-Str. 52, 53111 Bonn
T: (0228) 63 44 24 **Fax:** 65 04 14
Vorsitzende(r): Eckehard Fricke
Geschäftsführer(in): Heidi Thiemann

• **U 2 008**

gtz

Deutsche Gesellschaft für
Technische Zusammenarbeit (GTZ) GmbH

Postf. 51 80, 65726 Eschborn
Dag-Hammarskjöld-Weg 1-5, 65760 Eschborn
T: (06196) 79-0 **Fax:** 79-1115
TX: 4 07 501-0 gtz d

TGR: Germatec Eschborn
Internet: http://www.gtz.de
E-Mail: postmaster@gtz.de
Gründung: 1975 (1. Januar)
Vorsitzender des Aufsichtsrates: Staatssekr. Erich Stather (c/o Bundesministerium für wirtschaftl. Zusammenarbeit und Entwicklung, Friedrich-Ebert-Allee 40, 53113 Bonn)
Geschäftsführer(in): Dr. Bernd Eisenblätter
Dr. Hans-Dietrich Pallmann
Wolfgang Schmitt
Leitung Presseabteilung: Volker Franzen
Mitarbeiter: 11927, davon 1231 Inland, 10696 Ausland

Prüfung, fachliche Planung, Steuerung und Überwachung von Maßnahmen der Entwicklungszusammenarbeit überwiegend im Auftrag der Bundesregierung. Beratung anderer Träger von Entwicklungsmaßnahmen. Erbringung von Personal- und Sachleistungen. Abwicklung finanzieller Verpflichtungen gegenüber Partnern in Entwicklungsländern.

• U 2 009

Deutsches Institut für Entwicklungspolitik Gemeinnützige Gesellschaft mbH (DIE)
Hallerstr. 3, 10587 Berlin
T: (030) 3 90 73-0 **Fax:** 3 90 73-130
Internet: http://www.die-gdi.de
E-Mail: die-berlin@die-gdi.de
Voraussichtlich ab Juli 2000:
Heussallee 2-10, Haus IV, 53113 Bonn
Gründung: 1964 (März)
Vors. d. Kuratoriums: Parlamentarische Staatssekretärin Dr. Uschi Eid
Geschäftsführer(in): Dr. Hans-Helmut Taake
Stellvertretende(r) Geschäftsführer(in): Prof. Dr. Peter P. Waller

Das DIE, im März 1964 vom Bund und dem Land Berlin gegründet, ist eine gemeinnützige Gesellschaft mbH mit Sitz in Berlin. Es wird voraussichtlich im Sommer 2000 seinen Sitz von Berlin nach Bonn verlegen. Das DIE erstellt für öffentliche Institutionen in der Bundesrepublik Deutschland und im Ausland Gutachten zu entwicklungspolitischen Themen und berät sie im Hinblick auf aktuelle Fragen der Zusammenarbeit zwischen Industrie- und Entwicklungsländern; es bildet Hochschulabsolventen verschiedener Fachrichtungen für die berufliche Praxis im Bereich der deutschen und internationalen Entwicklungspolitik aus (Neun-Monats-Programme).

• U 2 010

Arbeitsgemeinschaft privater Entwicklungsdienste e.V. (APED)
Argelanderstr. 50, 53115 Bonn
T: (0228) 21 59 00
Gründung: 1967
Vorsitzende(r): Dr. jur. Heribert Händel
Geschäftsführer(in): Helga Thomas
Mitglieder: 20

• U 2 011

Deutscher Freiwilligendienst in Übersee e.V. (DFÜ)
Argelanderstr. 50, 53115 Bonn
T: (0228) 21 59 00
Gründung: 1970
Vorsitzende(r) des Vorstandes: Dr. jur. Heribert Händel

• U 2 012

dü dienste in übersee

Dienste in Übersee (DÜ) Arbeitsgemeinschaft ev. Kirchen in Deutschland e.V.
(Kirchlicher Entwicklungsdienst)
Postf. 10 03 40, 70747 Leinfelden-Echterdingen
Nikolaus-Otto-Str. 13, 70771 Leinfelden-Echterdingen
T: (0711) 79 89-0 **Fax:** 79 89-1 23
E-Mail: info@due.org
Leiter der Geschäftsstelle: Christoph Dehn
Vorsitzender: Bischof Axel Noack

• U 2 013

DESWOS Deutsche Entwicklungshilfe für soziales Wohnungs- und Siedlungswesen e.V.
Bismarckstr. 7, 50672 Köln
T: (0221) 5 79 89-0 **Fax:** 5 79 89 99
Gründung: 1969 (4. November)
Vorstand: Generalsekr.Dr.rer.soc. D. Baldeaux, Köln
Peter-Stephan Englert, Schwabach
Christoph Kulenkampff, Frankfurt
Reinhard Kupke, Dresden
Georg Potschka, Köln
VdVR: Senator a.D. Jürgen Steinert
Leitung Presseabteilung: Klaus Bangemann
Verbandszeitschrift: DESWOS-Brief
Mitglieder: 850
Mitarbeiter: 11

• U 2 014

Bischöfliche Aktion ADVENIAT (Hilfe der deutschen Katholiken für die Kirche in Lateinamerika)
Postf. 10 01 52, 45001 Essen
Am Porscheplatz 7, 45127 Essen
T: (0201) 1 75 60 **Fax:** 1 75 61 11
Vors. d. Bischöflichen Kommission Adveniat: Weihbischof Franz Grave
Geschäftsführer(in): Msgr. Dr. Dieter Spelthahn
Stellvertretender Geschäftsführer: Ass. Michael P. Sommer
Abt. Öffentlichkeit: Dr. Hans Czarkowski

• U 2 015

Brot für die Welt
Postf. 10 11 42, 70010 Stuttgart
Stafflenbergstr. 76, 70184 Stuttgart
T: (0711) 21 59-0 **Fax:** 21 59-110
Gründung: 1959
Vorsitzende(r): Pfarrer Werner W. Krieg
Geschäftsführer(in): Dir.Dr. Hans-Otto Hahn
Leitung Presseabteilung: Klaus Rieth

• U 2 016

Katholische Zentralstelle für Entwicklungshilfe e.V.
Mozartstr. 9, 52064 Aachen
T: (0241) 44 20 **Fax:** 44 21 88
Internet: http://www.misereor.de
E-Mail: kze@misereor.de
Gründung: 1959
Vorsitzende(r): Dr. Karl Jüsten (siehe auch MISEREOR)
Leitung Presseabteilung: Michael Kleine
Verbandszeitschrift: MISEREOR AKTUELL
Redaktion: Walter Schäfer
Mitarbeiter: ca. 260
Jahresetat: DM 298 Mio, € 152,36 Mio (1998)

• U 2 017

PLAN INTERNATIONAL DEUTSCHLAND e.V.
Pestalozzistr. 14, 22305 Hamburg
T: (040) 6 11 40-0 **Fax:** 6 11 40-140
Internet: http://www.plan-international.de
Gründung: 1989
Vorsitzende(r): Dr. Werner Bauch
Stellvertretende(r) Vorsitzende(r): Gernot Mulot
Schatzmeister: Parl. Staatssekr. a.D. Rainer Funke
Geschäftsführer(in): Marianne M. Raven
Verbandszeitschrift: PLAN-Post
Redaktion: Christine Schulze van Loon

Kooperationspartner der "Foster Parents PLAN International Inc."; Woking, Großbritannien
Hilfsprogramme in Ägypten, Äthiopien, Albanien, Bangladesch, Benin, Bolivien, Brasilien, Burkina Faso, China, Dominikanische Republik, Ecuador, El Salvador, Ghana, Guatemala, Guinea, Guinea-Bissau, Haiti, Honduras, Indien, Indonesien, Kamerun, Kenia, Kolumbien, Malawi, Mali, Nepal, Nicaragua, Niger, Pakistan, Paraguay, Peru, Philippinen, Sambia, Senegal, Sierra Leone, Simbabwe, Sri Lanka, Sudan, Tansania, Thailand, Togo, Uganda, Vietnam
Nationale PLAN-Organisationen in Australien, Belgien, Dänemark, Finnland, Frankreich, Großbritannien, Japan, Kanada, Niederlande, Norwegen, Schweden, Süd-Korea, USA und Bundesrepublik Deutschland

PLAN INTERNATIONAL hilft bereits seit 1937 Kindern und ihren Familien, die durch Krieg oder schwere soziale Notstände gefährdet sind - unabhängig von Volkszugehörigkeit, Religion oder politischen Verhältnissen. Heute arbeitet PLAN in 43 Ländern der Dritten Welt und Albanien, unterstützt von über 970.000 Menschen, die Patenschaften für benachteiligte Kinder übernommen haben. Die Patenschaftsbeiträge finanzieren Selbsthilfeprojekte.

• U 2 018

EXPERIMENT e.V.
Vereinigung für praktisches Zusammenleben der Völker
Friesdorfer Str. 194a, 53175 Bonn
T: (0228) 9 57 22-0 **Fax:** 35 82 82
E-Mail: experiment@t-online.de
Gründung: 1932
Vorsitzende(r): Ulrich Würdig
Stellvertretende(r) Vorsitzende(r): Gisbert Mathias
Hauptgeschäftsführer(in): Helga Stark (Ltg. Presseabteilung)
Verbandszeitschrift: ECHO
Verlag: Selbstverlag
Mitglieder: 1850
Mitarbeiter: 12

• U 2 019

Eine Welt Netzwerk Hamburg e.V.
c/o Evangelische Akademie
Esplanade 15, 20354 Hamburg
T: (040) 3 58 93 86 **Fax:** 3 58 93 88
E-Mail: ewnw-hamburg@t-online.de
Gründung: 1992
Geschäftsführer(in): Ulrike Eggers
Verbandszeitschrift: Mitgliederrundbrief
Redaktion: Renate Grunert
Mitglieder: 70
Mitarbeiter: 3
Jahresetat: DM 0,1 Mio, € 0,05 Mio

Zusammenschluß entwicklungspolitischer Aktionsgruppen in Hamburg.

• U 2 020

AMREF Gesellschaft für Medizin und Forschung in Afrika e.V.
Mauerkircherstr. 155, 81925 München
T: (089) 98 11 29 **Fax:** 98 11 89
E-Mail: amrefgermany@compuserve.com
Headquarter: AMREF, Nairobi (Kenya)
Gründung: 1963 (November)
Vors. u. HGeschF: Leonore Semler
Stellvertretende(r) Vorsitzende(r): Dr. Goswin von Mallinckrodt
Verbandszeitschrift: AMREF Aktuell

• U 2 021

Informationszentrum Dritte Welt
Postf. 53 28, 79020 Freiburg
Kronenstr. 16, 79100 Freiburg
T: (0761) 7 40 03 **Fax:** 70 98 66
Internet: http://www.iz3w.org
E-Mail: info@iz3w.org
Gründung: 1968 (1. Januar)
Vorsitzende(r): Georg Lutz
Geschäftsführer(in): Christian Stock
Leitung Presseabteilung: M. Hoffmann
Verbandszeitschrift: iz3w, blätter des informationszentrums 3. welt
Verlag: iz3w, Kronenstr. 16 HH, Postf. 53 28, 79020 Freiburg
Mitglieder: 350
Mitarbeiter: 10 hauptamtliche
Jahresetat: DM 0,5 Mio, € 0,26 Mio

• U 2 022

Verein zur Förderung des fairen Handels mit der Dritten Welt e.V. (TransFair)
Remigiusstr. 21, 50937 Köln
T: (0221) 94 20 40-0 **Fax:** 94 20 40-40
Internet: http://www.transfair.org
E-Mail: info@transfair.org
Vorsitzender des Vorstands: Jürgen Hammelehle
Geschäftsführer(in): Dieter Overath

• U 2 023

Global Cooperation Council (Nord-Süd-Forum) e.V.
Postf. 12 01 62, 53043 Bonn
T: (0228) 26 57 38 **Fax:** 26 57 38
E-Mail: 101361,2316@compuserve.com
Gründung: 1983 (25. Februar)
1. Vorsitzende(r): Jaura Ramesh (Journalist)
2. Vorsitzende(r): Winfried-Illo Graff (Journalist)
Mitglieder: ca. 100

• U 2 024

MISEREOR

Bischöfliches Hilfswerk MISEREOR e.V.
Postf. 14 50, 52015 Aachen
Mozartstr. 9, 52064 Aachen
T: (0241) 44 20 **Fax:** 44 21 88
Gründung: 1958
Hauptgeschäftsführer(in): Prof. Dr. Josef Sayer
Geschäftsführer(in): Ass.jur. Benno N. J. Wagner (Finanzen, Verwaltung)
Geschäftsführer(in): Dr. Martin Bröckelmann-Simon (Projekte)
Leitung Presseabteilung: Michael Kleine
Mitarbeiter: 250
Jahresetat: ca. DM 300 Mio, € 153,39 Mio

• **U 2 025**

World Vision Deutschland e.V.
Postf. 15 80, 61366 Friedrichsdorf
Am Houiller Platz 4, 61381 Friedrichsdorf
T: (06172) 7 63-0 **Fax:** 7 63-270
Gründung: 1979
Geschäftsführer(in): Günter Bitzer
Leitung Presseabteilung: Kurt Bangert
Verbandszeitschrift: Hilfe direkt
Mitarbeiter: ca. 40
Jahresetat: ca. DM 20 Mio, € 10,23 Mio

• **U 2 026**

Weltfriedensdienst e.V. (WFD)
Träger des Entwicklungsdienstes
Hedemannstr. 14, 10969 Berlin
T: (030) 25 39 90-0 **Fax:** 2 51 18 87
Internet: http://www.wfd.de
E-Mail: info@wfd.de
Gründung: 1959 (20. Dezember)
Vorsitzende(r): Walter Spellmeyer
Geschäftsführer(in): Walter Hättig
Leitung Presseabteilung: Andreas Rosen
Verbandszeitschrift: WFD-Querbrief (vierteljährlich)
Mitglieder: 183
Mitarbeiter: 10

• **U 2 027**

Arbeitsgemeinschaft Friedensforschung und Europäische Sicherheitspolitik e.V. (AFES-PRESS e.V.)
Peace Research and European Security Studiees
Alte Bergsteige 47, 74821 Mosbach
T: (06261) 1 29 12 **Fax:** 1 56 95
Internet: http://www.afes-press.de
E-Mail: afes@afes-press.de
Gründung: 1987
Vorsitzende(r): PD Dr. Hans Günter Brauch
Stellvertretende(r) Vorsitzende(r): Dr. John Grin, Amsterdam
Dr. Björn Möller, Kopenhagen
Geschäftsführer(in): Thomas Bast

Im Bundestag vertretene Parteien

• **U 2 028**

Bündnis 90/Die Grünen
Bundesgeschäftsstelle
Postf. 04 06 09, 10063 Berlin
Platz vor dem Neuen Tor 1, 10115 Berlin
T: (030) 2 84 42-0 **Fax:** 28 44 22 10
Internet: http://www.gruene.de
E-Mail: info@gruene.de
Gründung: 1980 (13. Januar)
Bundesvorstand:
Sprecherin: Gunda Röstel
Sprecherin: Antje Radcke
Politischer Geschäftsführer: Reinhard Bütikofer
Schatzmeister: Dietmar Strehl
Frauenpol. Sprecherin: Angelika Albrecht
Leitung Presseabteilung: Hans-H. Langguth
Verbandszeitschrift: Schrägstrich
Redaktion: Corinna Seide, Andrea Kuper
Verlag: Appelt & Schmedt
Mitglieder: 50000
Mitarbeiter: 25

Landesgeschäftsstellen

u 2 029

Bündnis 90/Die Grünen
Landesgeschäftsstelle Baden-Württemberg
Forststr. 93, 70176 Stuttgart
T: (0711) 9 93 59-0 **Fax:** 9 93 59-99
Internet: http://www.ba-wue.gruene.de
E-Mail: landesverband@ba-wue.gruene.de
Vorsitzende(r): Monika Schnaitmann
Andreas Braun

u 2 030

Bündnis 90/Die Grünen
Landesgeschäftsstelle Bayern
Christophstr. 1, 80538 München
T: (089) 21 15 97-0 **Fax:** 21 15 97-24
Internet: http://www.bayern.gruene.de
E-Mail: landesverband@bayern.gruene.de
Vorsitzende(r): Margarete Bause
Jerzy Montag

u 2 031

Bündnis 90/Die Grünen
Landesgeschäftsstelle Berlin
Bündnis 90/Die Grünen/AL/UFV
Oranienstr. 25, 10999 Berlin
T: (030) 61 50 05-0 **Fax:** 61 50 05-99
Internet: http://www.gruene-berlin.de
E-Mail: pr@gruene-berlin.de
SprecherInnen: Regina Michaelik
Andreas Schulze

u 2 032

Bündnis 90/Die Grünen
Landesgeschäftsstelle Brandenburg
Lindenstr. 53, 14467 Potsdam
T: (0331) 2 80 05 66 **Fax:** 29 38 13
Internet: http://www.gruene.de/brandenburg
E-Mail: lv.brandenburg@gruene.de
Sprecher: Roland Vogt

u 2 033

Bündnis 90/Die Grünen
Landesgeschäftsstelle Bremen
Schlachte 19-20, 28195 Bremen
T: (0421) 30 11-0 **Fax:** 30 11-250
Internet: http://www.gruene.de/bremen
E-Mail: lv.bremen@gruene.de
Sprecher: Klaus Möhle
Dr. Wolfram Sailer

u 2 034

Bündnis 90/Die Grünen
Landesgeschäftsstelle Hamburg
Bü 90/Die Grünen/GAL
Curienstr. 1, 20095 Hamburg
T: (040) 39 92 52-0 **Fax:** 39 92 52-99
Internet: http://www.hamburg.gruene.de
E-Mail: lgst@hamburg-gruene.de
SprecherInnen: Kordula Leites
Peter Schaar

u 2 035

Bündnis 90/Die Grünen
Landesgeschäftsstelle Hessen
Kaiser-Friedrich-Ring 65, 65185 Wiesbaden
T: (0611) 98 92 00 **Fax:** 84 68 28
Internet: http://www.gruene-hessen.de
E-Mail: landesverband@gruene-hessen.de
Politischer Geschäftsführer: Sarah Sorge
SprecherInnen: N.N.

u 2 036

Bündnis 90/Die Grünen
Landesgeschäftsstelle Mecklenburg-Vorpommern
Postf. 11 02 52, 19002 Schwerin
Großer Moor 34, 19055 Schwerin
T: (0385) 5 57 49 91 **Fax:** 5 57 42 29
Internet: http://www.m.-v.gruene.de
E-Mail: lv.mecklenburg-vorpommern@gruene.de
Sprecher: Dr. Klaus-Dieter Feige

u 2 037

Bündnis 90/Die Grünen
Landesgeschäftsstelle Niedersachsen
Odeonstr. 4, 30159 Hannover
T: (0511) 12 60 85-0 **Fax:** 12 60 85-85
Internet: http://www.gruene.niedersachsen.de
E-Mail: landesverband@gruene-niedersachsen.de
Vorsitzende(r): Reneé Krebs
Heidi Tischmann

u 2 038

Bündnis 90/Die Grünen
Landesgeschäftsstelle Nordrhein-Westfalen
Jahnstr. 52, 40215 Düsseldorf
T: (0211) 3 86 66-0 **Fax:** 3 86 66-99
Internet: http://www.gruene-nrw.de
E-Mail: gruene-nrw@t-online.de
SprecherInnen: Reiner Priggen
Barbara Steffens

u 2 039

Bündnis 90/Die Grünen
Landesgeschäftsstelle Rheinland-Pfalz
Walpodenstr. 5, 55116 Mainz
T: (06131) 23 18 46-8 **Fax:** 23 18 49
Internet: http://www.gruene-rlp.de
E-Mail: lgs@gruene-rlp.de
Sprecher d. Vorstandes: Reiner Marz
Gabi Schorzmann-Bayer

u 2 040

Bündnis 90/Die Grünen
Landesgeschäftsstelle Saarland
Parkstr. 1, 66111 Saarbrücken
T: (0681) 3 89 70-0 **Fax:** 3 89 70-70
Internet: http://www.gruene-saar.de
E-Mail: gruenelv@saarlink.de
Vorsitzende(r): Christian Molitor
Irmgard Jochum
Politischer Geschäftsführer: Mahren

u 2 041

Bündnis 90/Die Grünen
Landesgeschäftsstelle Sachsen
Wettiner Platz 10, 01067 Dresden
T: (0351) 4 94 01-08, 4 94 01-09 **Fax:** 4 96 19 75
Internet: http://www.gruenesachsen.de
E-Mail: gruenesachsen@t-online.de
SprecherInnen: Dr. Karl-Heinz Gerstenberg
Dr. Anne-Katrin Olbrich

u 2 042

Bündnis 90/Die Grünen
Landesgeschäftsstelle Sachsen-Anhalt
Klosterbergestr. 25, 39104 Magdeburg
T: (0391) 4 01 55 39-40 **Fax:** 4 01 55 30
Internet: http://www.gruene.de/sachsen-anhalt
E-Mail: lv.sachsen-anhalt@gruene.de
Vorsitzende(r): Undine Kurth
Eduard Stapel

u 2 043

Bündnis 90/Die Grünen
Landesgeschäftsstelle Schleswig-Holstein
Wilhelminenstr. 18, 24103 Kiel
T: (0431) 5 93 38-0 **Fax:** 5 93 38-17
Internet: http://www.gruene.de/sh
E-Mail: lv.sh@gruene.de
Sprecherin: Monika Obieray
Sprecher: Peter Swane

u 2 044

Bündnis 90/Die Grünen
Landesgeschäftsstelle Thüringen
Lange Brücke 33-34, 99084 Erfurt
T: (0361) 57 65 00 **Fax:** 5 76 50 35
Internet: http://www.gruene.de/thueringen
E-Mail: gruene.thueringen@t-online.de
Sprecher: Olaf Möller
Sprecherin: Anne Voß

• **U 2 045**

CDU

Christlich Demokratische Union - CDU -
Friedrich-Ebert-Allee 73-75, 53113 Bonn
T: (0228) 5 44-0 **Fax:** 54 42 16
T-Online ✻CDU✻
Internet: http://www.cdu.de
E-Mail: post@www.cdu.de
Gründung: 1945 (Juni)
Bundesvorstand:
Bundesvorsitzende(r): Bundesminister a.D. Dr. Angela Merkel (MdB)
Generalsekretär(in): Ruprecht Polenz (MdB)
Stellvertretende(r) Vorsitzende(r): Bundesminister a.D. Volker Rühe (MdB)
Bundesminister a.D. Dr. Jürgen Rüttgers (MdB)
Ministerin Dr. Annette Schavan (MdL)
Christian Wulff (MdL)
Bundesschatzmeister: Dr. Ulrich Cartellieri
Mitglieder des Präsidiums: Hermann-Josef Arentz (MdL)
Ministerpräsident Roland Koch (MdL)
Hildegard Müller
Peter Rauen (MdB)
Bundesminister a.D. Dr. Wolfgang Schäuble (MdB)
Ministerin Prof. Dr. Dagmar Schipanski
Minister Jörg Schönbohm (MdL)
Präsidiumsmitglieder kraft Amtes: Friedrich Merz (MdB, Vorsitzender der CDU/CSU-Bundestagsfraktion)
Bundesminister a.D. Rudolf Seiters (MdB, Stellv. Bundestagspräsident)
Prof. Dr. Hans-Gert Pöttering (MdEP, Stellv. Vors. der EVP-Fraktion im Europäischen Parlament)
Dr. Alfred Dregger (Ehrenvorsitzender der CDU/CSU-Bundestagsfraktion)
Dr. Willi Hausmann (CDU-Bundesgeschäftsführer)
Erweitertes Präsidium (lt. Satzungsänderung verabschiedet auf dem 13. Parteitag): Ministerpräsident Prof. Dr. Kurt H. Biedenkopf
Reg. Bürgermeister Eberhard Diepgen

Ministerpräsident Peter Müller
Ministerpräsident Erwin Teufel
Ministerpräsident Dr. Bernhard Vogel
Hans-Peter Repnik (MdB, 1. Parl. Geschäftsführer der CDU/CSU-Bundestagsfraktion)
Walther Bajohr (Pressesprecher der CDU/CSU-Bundestagsfraktion)
Eva Christiansen (Pressesprecherin der CDU)
Weitere Mitglieder des Bundesvorstandes: Dieter Althaus (MdL)
Ole von Beust (MdHB)
Dr. Maria Böhmer (MdB)
Rainer Eppelmann (MdB)
Tanja Gönner
Ministerin Dr. Regina Görner
Dr. Franz-Josef Jung (MdL)
Dr. Yvonne Kempen
Karl-Josef Laumann (MdB)
Dr. Helmut Linssen (MdL)
Laurenz Mayer (MdL)
Maria Michalk
Prof. Dr. Georg Milbradt
Philipp Mißfelder
Dr. Godelieve Quisthoudt-Rowohl (MdEP)
Dr. Friedbert Pflüger
Eckhardt Rehberg (MdL)
Katherina Reiche (MdB)
Andreas Renner
Hans-Peter Repnik (MdB)
Erika Steinbach
Ministerpräsident Dr. Bernhard Vogel (MdL)
Angelika Volquartz
Karin Wolff (MdL, Kultusministerin im Land Hessen)
Mathias Wissmann (MdB)
Prof. Dr. Otto Wulff
Weitere Bundesvorstandsmitglieder laut Satzung: Parl. Staatssekretär a.D. Bernd Neumann (MdB, Landesvorsitzender Bremen)
Prof. Dr. Wolfgang Böhmer (MdL, Landesvorsitzender Sachsen-Anhalt)
Mitglieder des erweiterten Bundesvorstandes: Prof. Dr. Josef Stingl
Christoph Böhr (MdL)
Manfred Carstens (MdB)
Dirk Fischer (MdB)
Dr. Fritz Hähle (MdL)
Heinrich-Wilhelm Ronsöhr
Peter Kurt Würzbach (MdB)
Jochen Borchert (MdB)
Peter Götz
Dr. Dieter Murmann
Helmut Sauer
Carstens Schwarz
Prof. Dr. Rita Süssmuth (MdB)
Dr. Bernhard Worms
Eva-Maria Kors
Hartmut Nassauer
Prof. Dr. Günther Rinsche
Wilhelm Staudacher
Mitglieder: 630173 (Stand: 29.02.00)

Landesverbände

u 2 046

Christlich Demokratische Union
Landesverband Baden-Württemberg
Hasenbergstr. 49b, 70176 Stuttgart
T: (0711) 6 69 04-0 **Fax:** 6 69 04-15
Landesvorsitzende(r): Ministerpräsident Erwin Teufel (MdL)
Generalsekretär(in): Volker Kauder (MdB)
LandesGeschF: Susanne Verweyen-Emmrich

u 2 047

Christlich Demokratische Union
Landesverband Berlin
Steifensandstr. 8, 14057 Berlin
T: (030) 32 69 04-0 **Fax:** 32 69 04-44
Internet: http://www.cdu.de
Landesvorsitzende(r): Reg. Bürgermeister Eberhard Diepgen (MdA)
Generalsekretär(in): Ingo Schmitt
LandesGeschF: Matthias Wambach

u 2 048

Christlich Demokratische Union
Landesverband Brandenburg
Rudolf-Breitscheid-Str. 64, 14482 Potsdam
T: (0331) 70 63-6 **Fax:** 70 63-701
Landesvorsitzende(r): Jörg Schönbohm
Generalsekretär(in): Thoms Lunacek (MdL)
LandesGeschF: Mario Faßbender

u 2 049

Christlich Demokratische Union
Landesverband Bremen
Am Wall 135, 28195 Bremen
T: (0421) 30 89 41 **Fax:** 3 08 94 33
Landesvorsitzende(r): Parl. Staatssekretär Bernd Neumann (MdB)
LandesGeschF: Silke Müller

u 2 050

Christlich Demokratische Union
Landesverband Hamburg
Leinpfad 74, 22299 Hamburg
T: (040) 4 60 10 11 **Fax:** 46 35 10
Landesvorsitzende(r): Dirk Fischer (MdB)
LandesGeschF: Wulf Rüdiger Brocke

u 2 051

Christlich Demokratische Union
Landesverband Hessen
Frankfurter Str. 6, 65189 Wiesbaden
T: (0611) 1 66 50 **Fax:** 37 36 11
Landesvorsitzender: Roland Koch (MdL)
Generalsekretär(in): Ottilia Geschka (amt.)

u 2 052

Christlich Demokratische Union
Landesverband Mecklenburg-Vorpommern
Postf. 01 04 43, 19004 Schwerin
Wismarsche Str. 173, 19053 Schwerin
T: (0385) 59 00 40 **Fax:** 5 90 04 29
Landesvorsitzende: Steffi Schnoor
Generalsekretär(in): Dr. Hubert Gehring
LandesGeschF: Klaus-Dieter Götz

u 2 053

Christlich Demokratische Union in Niedersachsen
Postf. 21 03 80, 30403 Hannover
Böttcherstr. 7, 30419 Hannover
T: (0511) 2 79 91-0 **Fax:** 2 79 91 31
Landesvorsitzende(r): Christian Wulff (MdL)
Generalsekretär(in): Hartwig Fischer (MdL)
LandesGeschF: Thomas Etzmuß

u 2 054

Christlich Demokratische Union
Landesverband Braunschweig
Gieselerwall 2, 38100 Braunschweig
T: (0531) 4 56 73 **Fax:** 1 65 60
Landesvorsitzende(r): Heinrich-Wilhelm Ronsöhr (MdB)
LandesGeschF: Waltraud Wannhoff

u 2 055

Christlich Demokratische Union
Landesverband Hannover
Böttcherstr. 7, 30419 Hannover
T: (0511) 27 99 10 **Fax:** 2 79 91 31
Landesvorsitzende(r): Christian Wulff (MdL)
Generalsekretär(in): Hartwig Fischer (MdL)
LandesGeschF: Thomas Etzmuß

u 2 056

Christlich Demokratische Union
Landesverband Oldenburg
Rosenstr. 41, 26122 Oldenburg
T: (0441) 92 69 26 **Fax:** 1 79 03
Landesvorsitzende(r): Manfred Carstens (MdB)
LandesGeschF: Rolf Lambertz

u 2 057

Christlich Demokratische Union
Landesverband Nordrhein-Westfalen
Wasserstr. 5, 40213 Düsseldorf
T: (0211) 13 60 00 **Fax:** 1 36 00 59
Landesvorsitzende(r): Dr. Jürgen Rüttgers (MdB)
Generalsekretär(in): Herbert Reul (MdL)

u 2 058

Christlich Demokratische Union
Landesverband Rheinland-Pfalz
Rheinallee 1a-1d, 55116 Mainz
T: (06131) 2 84 70 **Fax:** 22 09 85
Landesvorsitzende(r): Christoph Böhr (MdL)
Generalsekretär: Dr.jur. Jürgen Hartmann

u 2 059

Christlich Demokratische Union
Landesverband Saar
Stengelstr. 5, 66117 Saarbrücken
T: (0681) 5 84 53-0 **Fax:** 58 50 52
Landesvorsitzende(r): Ministerpräsident Peter Müller (MdL)
LandesGeschF: Hans-Joachim Pack

u 2 060

Christlich Demokratische Union
Landesverband Sachsen
Lortzingstr. 35, 01307 Dresden
T: (0351) 4 49 17 00 **Fax:** 4 49 17 50
Landesvorsitzende(r): Dr. Fritz Hähle (MdL)
Generalsekretär(in): Kupfer (MdL)
LandesGeschF: Randolf Stamm

u 2 061

Christlich Demokratische Union
Landesverband Sachsen-Anhalt
Hegelstr. 23, 39104 Magdeburg
T: (0391) 5 66 68-0 **Fax:** 5 66 68 30
T-Online-Teilnehmer: 0391 282210-0001
Landesvorsitzende(r): Prof. Dr. Wolfgang Böhmer (MdL)
LandesGeschF: Bernd Reisener

u 2 062

Christlich Demokratische Union
Landesverband Schleswig-Holstein
Postf. 17 20, 24016 Kiel
Sophienblatt 44-46, 24114 Kiel
T: (0431) 6 60 99-0 **Fax:** 6 60 99 99
Landesvorsitzende(r): Peter Kurt Würzbach (MdB)
Generalsekretär(in): Dr. Johann Wadephul

u 2 063

Christlich Demokratische Union
Landesverband Thüringen
Heinrich-Mann-Str. 22, 99096 Erfurt
T: (0361) 3 44 90 **Fax:** 3 45 92 25
T-Online *036134490-0001*
E-Mail: cdu.thueringen@t-online.de
Landesvorsitzende(r): Dr. Bernhard Vogel (MdL)
LandesGeschF: Andreas Minschke

● **U 2 064**

Junge Union Deutschlands
Bundesgeschäftsstelle:
Inselstr. 1b, 10179 Berlin
T: (030) 27 87 87-0 **Fax:** 27 87 87-20
Internet: http://www.junge-union.de
E-Mail: ju@junge-union.de
Gründung: 1947 (Januar)
Internationaler Zusammenschluß: siehe unter izu 312
Vorsitzende(r): Hildegard Müller
JU-Bundesgeschäftsführerin: Michael Hahn
Pressereferent: Franz-Josef Gemein
Verbandszeitschrift: "Die Entscheidung"
Verlag: Weiß Druck und Verlag GmbH + Co. KG
Mitglieder: 140000 (12/99)
Mitarbeiter: 9

Landesverbände

u 2 065

Junge Union Deutschlands
Landesverband Baden-Württemberg
Hasenbergstr. 49b, 70176 Stuttgart
T: (0711) 6 69 04 53 **Fax:** 6 69 04 15
E-Mail: ju.bawue@mail.cdu.org
Landesgeschäftsführerin: Angelika Blessing

u 2 066

Junge Union Deutschlands
Landesverband Bayern
Franz-Josef-Strauß-Haus
Nymphenburger Str. 64, 80335 München
T: (089) 12 43-242, 12 43-244 **Fax:** 12 43-323
Internet: http://www.junge-union.de
E-Mail: Dopfer@csu-bayern.de
Landes-GeschF: Guntram Dopfer

u 2 067

Junge Union Deutschlands
Landesverband Berlin
Steifensandstr. 8, 14057 Berlin
T: (030) 32 69 04 33 **Fax:** 32 69 04 44
Internet: http://members.aol.com/jubln
E-Mail: JUBln@aol.com
Landes-GeschF: Martin Leuschner

u 2 068

Junge Union Deutschlands
Landesverband Brandenburg
Rudolf-Breitscheid-Str. 64, 14482 Potsdam

T: (0331) 7 06 36 **Fax:** 7 06 37 01
Internet: http://www.ju.brandenburg.net
E-Mail: ju@ju.brandenburg.net
Landes-GeschF: Sebastian Schütze

u 2 069

Junge Union Deutschlands Landesverband Braunschweig

Gieselerwall 2, 38100 Braunschweig
T: (0531) 30 22 43 **Fax:** 4 17 37
E-Mail: l.grimm@tu-bs.de
Landes-GeschF: Luis Grimm

u 2 070

Junge Union Deutschlands Landesverband Bremen

Am Wall 135, 28195 Bremen
T: (0421) 30 89 40 **Fax:** 3 08 94 44
Landes-GeschF: Michael Bartels

u 2 071

Junge Union Deutschlands Landesverband Hamburg

Leinpfad 74, 22299 Hamburg
T: (040) 4 60 24 42 **Fax:** 36 03 04 37 84
Internet: http://www.Junge-Union-Hamburg.de
E-Mail: juHamburg@aol.com
Landes-GeschF: Rico Tödter

u 2 072

Junge Union Deutschlands Landesverband Hessen

Frankfurter Str. 6, 65189 Wiesbaden
T: (0611) 37 90 97 **Fax:** 37 10 20
Internet: http://www.juhessen.de
E-Mail: ju@juhessen.de
Vorsitzende(r): FRank Gotthardt
Landes-GeschF: Peter Jochum

u 2 073

Junge Union Deutschlands Landesverband Mecklenburg-Vorpommern

c/o CDU Landesgeschäftsstelle
Postf. 11 04 43, 19004 Schwerin
Wismarsche Str. 173, 19053 Schwerin
T: (0385) 5 90 04 13 **Fax:** 5 90 04 29
Org.-Ref.: Jens-Holger Schneider

u 2 074

Junge Union Deutschlands Landesverband Niedersachsen

Böttcherstr. 7, 30419 Hannover
T: (0511) 2 79 91 41/42 **Fax:** 2 79 91 31
Internet: http://www.cdu-niedersachsen.de
E-Mail: post@cdu-niedersachsen.de
Landes-GeschF: Carsten Kuil

u 2 075

Junge Union Deutschlands Landesverband Nordrhein-Westfalen

Wasserstr. 5, 40213 Düsseldorf
T: (0211) 1 36 00 47/48 **Fax:** 32 43 22
Landes-GeschF: Dorit Grollmann

u 2 076

Junge Union Deutschlands Landesverband Oldenburg

Postf. 30 64, 26020 Oldenburg
T: (0441) 92 69 24 **Fax:** 92 69 25
E-Mail: junge-union@ju-oldenburg.de
Landes-GeschF: Olaf Klaukien

u 2 077

Junge Union Deutschlands Landesverband Rheinland-Pfalz

Rheinallee 1a, 55116 Mainz
T: (06131) 28 47 21 **Fax:** 23 57 33
Landes-GeschF: Ralf Glesius

u 2 078

Junge Union Deutschlands Landesverband Saarland

Stengelstr. 5V, 66117 Saarbrücken
T: (0681) 5 84 53 50 **Fax:** 58 50 52
E-Mail: JUSaar@aol.com
Landes-GeschF: Jörg Kohl

u 2 079

Junge Union Deutschlands Landesverband Sachsen u. Niederschlesien

Lortzingstr. 35, 01307 Dresden
T: (0351) 4 49 17 29 **Fax:** 4 49 17 50
Landes-GeschF: Christian Heinrich

u 2 080

Junge Union Deutschlands Landesverband Sachsen-Anhalt

Hegelstr. 23, 39104 Magdeburg
T: (0391) 5 66 68-19 **Fax:** 5 66 68 30
E-Mail: CDU.Sachsen-Anhalt@t-online.de
Landes-GeschF: Holger Wegener

u 2 081

Junge Union Deutschlands Landesverband Schleswig-Holstein

Sophienblatt 44-46, 24114 Kiel
T: (0431) 6 60 99-35 **Fax:** 6 60 99-66
E-Mail: jush@junge-union.de
Landes-GeschF: Matthias Rasch

u 2 082

Junge Union Deutschlands Landesverband Thüringen

Heinrich-Mann-Str. 22, 99096 Erfurt
T: (0361) 3 44 91 51 **Fax:** 3 45 93 27
E-Mail: juthuer@aol.com
Landes-GeschF: Michael Panse

• U 2 083

WIRTSCHAFTSRAT

Wirtschaftsrat der CDU e.V.

bis zum 31. Juni 2000:
Fritz-Schäffer-Str. 28, 53113 Bonn
T: (0228) 2 03-0 **Fax:** 2 03-2 03
Anschrift ab 01. Juli 2000:
Luisenstr. 44, 10117 Berlin
Gründung: 1963
Vorsitzende(r): Dr.-Ing. Dieter Murmann (GeschfGes. d.J.P. Sauer & Sohn Maschinenbau-Beteiligungs-GmbH, Kiel)
Stellvertretende(r) Vorsitzende(r): Dr. Jan B. Berentzen (Vorstandssprecher Berentzen-Gruppe AG, Haselünne)
RA Nikolaus Schweickart (Vorsitzender des Vorstandes Altana AG, Bad Homburg)
Bundes-Geschf: RA Rüdiger von Voss
Geschäftsführer(in): Dr. Rainer Gerding
Dr. Hans-Markus Johannsen
Pressesprecher: Erwin Lamberts (Mitgl. d. GF)
Mitglieder: ca. 8000
Mitarbeiter: 52

Vertretung der Interessen der unternehmerischen Wirtschaft gegenüber Politik, Verwaltung und Öffentlichkeit; Weiterentwicklung der Wirtschafts- und Gesellschaftsordnung im Sinne der Sozialen Marktwirtschaft; Förderung des freiheitlichen, sozialverpflichteten Unternehmertums; Zusammenarbeit mit Regierungs-, Parlaments- und Behördenvertretern aller Ebenen sowie mit Repräsentanten von Verbänden, Gewerkschaften und sonstigen gesellschaftlichen Gruppen in allen berufsständischen und wirtschaftspolitischen Fragen; Beratungen aktueller Themen der Wirtschafts- und Gesellschaftspolitik in Fachgremien; Durchführung von Diskussionsveranstaltungen und Symposien; regelmäßige Veröffentlichung von Arbeitsergebnissen der Fachgremien, Positionierungen und Stellungnahmen in der Presse sowie entsprechende Öffentlichkeitsarbeit.

Landesgeschäftsstellen

u 2 084

Wirtschaftsrat der CDU e.V. Landesgeschäftsstelle Baden-Württemberg

Rosenstr. 22, 70794 Filderstadt
T: (0711) 70 62 00, 70 53 60 **Fax:** 70 62 39
Michael Hennrich

u 2 085

Wirtschaftsrat der CDU e.V. Landesgeschäftsstelle Berlin-Brandenburg

Luisenstr. 44, 10117 Berlin
T: (030) 2 42 39 11 **Fax:** 2 42 39 92
Kontaktperson: Dr. Andreas Budde

u 2 086

Wirtschaftsrat der CDU e.V. Landesgeschäftsstelle Bremen

Sögestr. 48, 28195 Bremen
T: (0421) 4 08 74 29 **Fax:** 4 91 92 90
RA Oliver Liesmann

u 2 087

Wirtschaftsrat der CDU e.V. Landesgeschäftsstelle Hamburg

Neuer Jungfernstieg 5, 20354 Hamburg
T: (040) 30 38 10 49 **Fax:** 30 38 10 59
Dr. Ernst Werdermann

u 2 088

Wirtschaftsrat der CDU e.V. Landesgeschäftsstelle Hessen

Bockenheimer Anlage 37, 60322 Frankfurt
T: (069) 72 73 13 **Fax:** 17 22 47
Dr. Peter Seidel

u 2 089

Wirtschaftrat der CDU e.V. Landesgeschäftsstelle Mecklenburg-Vorpommern

z.Zt.
Luisenstr. 44, 10117 Berlin
T: (030) 2 42 39 11 **Fax:** 2 42 39 92
Kontaktperson: Dr. Andreas Budde

u 2 090

Wirtschaftrat der CDU e.V. Landesgeschäftsstelle Niedersachsen

Böttcherstr. 7, 30419 Hannover
T: (0511) 75 15 56 **Fax:** 75 29 32
Bodo Arand

u 2 091

Wirtschaftsrat der CDU e.V. Landesgeschäftsstelle Nordrhein-Westfalen

Lindemannstr. 30, 40237 Düsseldorf
T: (0211) 6 80 34 54 **Fax:** 6 80 36 33
Manfred Ringmaier

u 2 092

Wirtschaftsrat der CDU e.V. Landesgeschäftsstelle Rheinland-Pfalz/Saarland

Wolfsgäßchen 1, 55116 Mainz
T: (06131) 23 45 37 (-38) **Fax:** 23 45 48
Joachim Prümm

u 2 093

Wirtschaftsrat der CDU e.V. Landesgeschäftsstelle Sachsen

Radeberger Str. 14, 01099 Dresden
T: (0351) 8 02 63 30 **Fax:** 8 02 63 35
Matthias Alband

u 2 094

Wirtschaftsrat der CDU e.V. Landesgeschäftsstelle Sachsen-Anhalt

Hegelstr. 23, 39104 Magdeburg
T: (0391) 5 31 20 90 **Fax:** 5 31 20 91
Dr. Thomas Moch

u 2 095

Wirtschaftsrat der CDU e.V. Landesgeschäftsstelle Schleswig-Holstein

Sophienblatt 44-46, 24114 Kiel
T: (0431) 67 20 75 **Fax:** 67 20 76
Bertram Zitscher

u 2 096

Wirtschaftsrat der CDU e.V. Landesverband Thüringen

Juri-Gagarin-Ring 152, 99084 Erfurt
T: (0361) 5 66 14 88 **Fax:** 5 66 14 90
Dr. Horst Gerhardt

• U 2 097

Frauen-Union der CDU

Konrad-Adenauer-Haus
Friedrich-Ebert-Allee 73-75, 53113 Bonn

T: (0228) 5 44-3 15 **Fax:** 54 45 86
Teletex: 2 283 641=cdu d
Gründung: 1948
Vorsitzende: Prof. Dr.phil. Rita Süssmuth (MdB)
Geschäftsführerin: Kristel Bendig
Leitung Presseabteilung: Kristel Bendig
Verbandszeitschrift: "Frau & Politik"
Redaktion: Kristel Bendig
Verlag: UBG - Medienzentrum, Egermannstr. 2, 53359 Rheinbach
Mitglieder: 156411 (Stand 30.09.98)
Mitarbeiter: 8

Gleichberechtigung der Frauen in allen Lebensbereichen, in Familie, Beruf und öffentlichem Leben.

Landesverbände:

u 2 098

Frauen-Union der CDU Landesverband Baden-Württemberg
Hasenbergstr. 49b, 70176 Stuttgart
T: (0711) 6 69 04-0 **Fax:** 6 69 04-15
Internet: http://www.cdu.org/cdu/fu.htm

u 2 099

Frauen-Union der CDU Landesverband Berlin
Steifensandstr. 8, 14057 Berlin
T: (030) 32 69 04 39 **Fax:** 3 21 40 63

u 2 100

Frauen-Union der CDU Landesverband Brandenburg
Rudolf-Breitscheid-Str. 64, 14482 Potsdam
T: (0331) 9 67 49-17 **Fax:** 2 37 92

u 2 101

Frauen-Union der CDU Landesverband Bremen
Am Wall 135, 28195 Bremen
T: (0421) 55 37 68 **Fax:** 5 57 99 12

u 2 102

Frauen-Union der CDU Landesverband Hamburg
Leinpfad 74, 22299 Hamburg
T: (040) 4 60 10 11 **Fax:** 47 40 89
E-Mail: info@frauen-union-hamburg.de

u 2 103

Frauen-Union der CDU Landesverband Hessen
Frankfurter Str. 6, 65189 Wiesbaden
T: (0611) 8 60 61 **Fax:** 37 36 11

u 2 104

Frauen-Union der CDU Landesverband Mecklenburg-Vorpommern
CDU-Geschäftsstelle Schwerin
Wismarsche Str. 173, 19053 Schwerin
T: (0385) 55 51 91 **Fax:** 5 90 04 29

u 2 105

Frauen-Union der CDU Landesverband Niedersachsen
Böttcherstr. 7, 30419 Hannover
T: (0511) 2 79 91-28 **Fax:** 2 79 91-31

u 2 106

Frauen-Union der CDU Landesverband Nordrhein-Westfalen
Wasserstr. 5, 40213 Düsseldorf
T: (0211) 1 36 00 28 **Fax:** 13 42 05
Internet: http://www.cdu-nrw.de/fu/index.htm

u 2 107

Frauen-Union der CDU Landesverband Rheinland-Pfalz
Rheinallee 1, 55116 Mainz
T: (06131) 28 47-13 **Fax:** 22 09 85

u 2 108

Frauen-Union der CDU Landesverband Saar
Stengelstr. 5-V, 66117 Saarbrücken
T: (0681) 58 45 30 **Fax:** 58 50 52

u 2 110

Frauen-Union der CDU Landesverband Sachsen
Landesgeschäftsstelle der CDU
Lortzingstr. 35, 01307 Dresden
T: (0351) 4 49 17-29 **Fax:** 4 49 17-50

u 2 111

Frauen-Union der CDU Landesverband Sachsen-Anhalt
Bezirksgeschäftsstelle der CDU
Ulestr. 8, 06114 Halle
T: (0345) 3 88 08 04 **Fax:** 3 88 08 04

u 2 112

Frauen-Union der CDU Landesverband Schleswig-Holstein
Sophienblatt 44-46, 24114 Kiel
T: (0431) 66 09-31

u 2 113

Frauen-Union der CDU Landesverband Thüringen
Heinrich-Mann-Str. 22, 99096 Erfurt
T: (0361) 3 16 52

• U 2 114

Senioren-Union der CDU Deutschlands
Friedrich-Ebert-Allee 73-75, 53113 Bonn
T: (0228) 5 44-360, -3 65 **Fax:** 5 44-367
Teletex: 2 283 641 cdu d
Gründung: 1988 (20. April)
Bundesvorsitzende(r): Dr. Bernhard Worms
Stellv. Bundesvors.: Emil Fischer
Prof. Dr. Otto Wulff
Erika Reinhardt (MdB)
Rolf Reinemann
Roswitha Verhülsdonk
Verbandszeitschrift: "Mach mit"
Mitglieder: 70000
Mitarbeiter: 4

Die Senioren-Union der CDU will insbesondere mit anderen Institutionen und Organisationen, im Interesse der älteren Mitbürger zusammenarbeiten.

Landesverbände

u 2 115

Senioren-Union Baden-Württemberg
Hasenbergstr. 49b, 70176 Stuttgart
T: (0711) 6 69 04 21 **Fax:** 6 69 04 15
Vorsitzende(r): Erika Reinhardt (MdB)
Geschäftsführer(in): Angelika Blessing

u 2 116

Senioren-Union Berlin
Steifensandstr. 8, 14057 Berlin
T: (030) 3 26 90 40 **Fax:** 3 91 24 93
Vorsitzende(r): Detlef Schmidt
Geschäftsführer(in): Jürgen Rindt

u 2 117

Senioren-Union Brandenburg
Im Neuen Garten 3, 14469 Potsdam
T: (0331) 29 21 12
Vorsitzende(r): Ulrich Winz
Geschäftsführer(in): Dieter Stephan

u 2 118

Senioren-Union Bremen
Am Wall 135, 28195 Bremen
T: (0421) 3 08 94 28
Vorsitzende(r): Werner Steinberg
Geschäftsführer(in): Günther Feldhaus

u 2 119

Senioren-Union Hamburg
Leinpfad 74, 22299 Hamburg
T: (040) 4 60 10 11 **Fax:** 7 33 11 37
Vorsitzende(r): Stefanie Breme
Geschäftsführer(in): Margot Wedderien

u 2 120

Senioren-Union Hessen
Frankfurter Str. 6, 65189 Wiesbaden
T: (0611) 8 60 61 **Fax:** 37 36 11
Vorsitzende(r): Georg Sturmowski
Geschäftsführer(in): Manfred Dittmann

u 2 121

Senioren-Union Mecklenburg-Vorpommern
Wismarsche Str. 173, 19053 Schwerin
T: (03881) 22 96
Vorsitzende(r): Heinz Friz (GeschF)

u 2 122

Senioren-Union Niedersachsen
Böttcherstr. 7, 30419 Hannover
T: (0511) 27 99 10
Vorsitzende(r): Rolf Reinemann
Geschäftsführer(in): Heinz Engelhard

u 2 123

Senioren-Union Nordrhein-Westfalen
Wasserstr. 5, 40213 Düsseldorf
T: (0211) 1 36 00 22 **Fax:** 32 43 22, 1 36 00 66
Vorsitzende(r): Prof. Dr. Otto Wulff
Geschäftsführer(in): Heinz Soth

u 2 124

Senioren-Union Rheinland-Pfalz
Rheinallee 1a-1d, 55116 Mainz
T: (06131) 28 47 19 **Fax:** (06241) 60 20
Vorsitzende(r): Roswitha Verhülsdonk
Geschäftsführer(in): Erich Herok

u 2 125

Senioren-Union Saarland
Stengelstr. 5, 66117 Saarbrücken
T: (0681) 5 84 53 21
Vorsitzende(r): Günther Schacht
Geschäftsführer(in): Andrea Leidinger

u 2 126

Senioren-Union Sachsen
Lortzingstr. 35, 01307 Dresden
T: (0351) 3 36 12 57
Vorsitzende(r): SR Dr. Heinz Böttrich (MdL)
Geschäftsführer(in): Elke Heider

u 2 127

Senioren-Union Sachsen-Anhalt
Hegelstr. 23, 39104 Magdeburg
T: (0391) 5 66 68 10 **Fax:** 5 66 68 30
Vorsitzende(r): Emil Fischer
Geschäftsführer(in): Ulrich Germer

u 2 128

Senioren-Union Schleswig-Holstein
Sophienblatt 44-46, 24114 Kiel
T: (0431) 6 60 99 42 **Fax:** (04347) 76 38
Vorsitzende(r): Helga Kleiner
Geschäftsführer(in): Martin Weißgräber

u 2 129

Senioren-Union Thüringen
Heinrich-Mann-Str. 22, 99096 Erfurt
T: (0361) 34 49-220
Vorsitzende(r): Gerhard Richter
Geschäftsführer(in): Edith Brede

• U 2 130

CSU Christlich-Soziale Union in Bayern e.V.
Franz Josef Strauß-Haus
Nymphenburger Str. 64, 80335 München
T: (089) 12 43-273 **Fax:** 12 43-2 74/2 20
Internet: http://www.csu.de
Gründung: 1946 (8. Januar), Zulassung auf Landesebene
Parteivors: Dr. Edmund Stoiber (Bayerischer Ministerpräsident)
Stellvertretende(r) Vorsitzende(r): Monika Hohlmeier (MdL, Staatsministerin f. Unterricht u. Kultus)
Barbara Stamm (MdL, Staatsministerin für Arbeit u. Sozialordnung)
Dr. Ingo Friedrich (MdEP)
Horst Seehofer (MdB)
Vors. der CSU-Landesgruppe im Deutschen Bundestag: Michael Glos (MdB)
Generalsekretär(in): Dr. Thomas Goppel (MdL)
Landesgeschäftsführer(in): Erich Schmid
Parlamentarischer Geschäftsführer: Dr. Peter Ramsauer (MdB)
Leitung Presseabteilung: Hermann Hofmann
Verbandszeitschrift: Bayernkurier (Wochenzeitung)
Redaktion: Wilfried Scharnagl (Chefredakteur)
Verlag: Nymphenburger Str. 66, 80335 München
Mitglieder: 184838 (Stand 31.01.00)

• U 2 131

Frauen-Union der CSU
Nymphenburger Str. 64, 80335 München
T: (089) 12 43-237 **Fax:** 12 43-289
Internet: http://www.csu.de
E-Mail: fu@csu-bayern.de
Lds.-Vors.: Maria Eichhorn (MdB)
Lds.-GeschF: Monika Damberger

● **U 2 132**

Freie Demokratische Partei (F.D.P.)
Thomas-Dehler-Haus
Reinhardtstr. 14, 10117 Berlin
T: (030) 28 49 58-0 **Fax:** 28 49 58-22
Internet: http://www.fdp.de
E-Mail: fdp@liberale.de
Gründung: 1948 (11./12. Dezember)
Vorsitzende(r): Dr. Wolfgang Gerhardt (MdB)
Stellvertretende(r) Vorsitzende(r): Dr. Walter Dörig (MdL, Wirtschaftsminister, stellv. Minister Präsident)
Cornelia Pieper (MdB, Landesvorsitzende Sachsen-Anhalt)
Rainer Brüderle (MdB, Landesvors. Rheinland-Pfalz)
Ehrenvors.: Dr.h.c. Hans-Dietrich Genscher (BMa.D.)
Dr. Otto Graf Lambsdorff (BMa.D.)
Walter Scheel (Bundespräsident a.D.)
Generalsekretär(in): Dr. Guido Westerwelle (MdB)
BundesGeschF: Hans-Jürgen Beerfeltz
Schatzmeister: Carl-Ludwig Thiele (MdB)
Leitung Presseabteilung: Martin Kothé (Sprecher des Partei- und Fraktionsvorsitzenden, Leiter der Pressestellen von Partei und Fraktion)
Verbandszeitschrift: Die Liberale Depesche
verantwortlich: Martin Kothé
Verlag: Liberal-Verlag GmbH, Eifelstr. 14, 53757 St. Augustin
Mitglieder: 64407 (Stand 31.12.1999)

Landesverbände

u 2 133

Freie Demokratische Partei
Landesverband Baden-Württemberg
Postf. 10 15 52, 70014 Stuttgart
Rotebühlstr. 133, 70197 Stuttgart
T: (0711) 6 66 18 17 **Fax:** 6 66 18 12
Landesvorsitzende(r): Dr. Walter Döring (MdL stv. Min.-Präs. Baden-Württemberg (Wirtschaftsminister Baden-Württ. u. Mitgl. d. Präsidiums der F.D.P.))
Hauptgeschäftsführer(in): Karl-Heinz Rübesamen

u 2 134

Freie Demokratische Partei
Landesverband Bayern
Agnesstr. 47, 80798 München
T: (089) 12 60 09-0 **Fax:** 1 29 41 49
Internet: http://www.fdp-bayern.de
E-Mail: mail@fdp-bayern.de
Landesvorsitzende(r): Hermann Karl Stützer
Hauptgeschäftsführer: Ulrich Bode (amtl.)
Schatzmeister: Michael Sauren

u 2 135

Freie Demokratische Partei
Landesverband Berlin
Chausseestr. 99, 10115 Berlin
T: (030) 27 89 59-0 **Fax:** 27 89 59-17
Landesvorsitzende(r): Dr. Günther Rexroth
Hauptgeschäftsführer(in): N. N.

u 2 136

Freie Demokratische Partei
Landesverband Brandenburg
Alleestr. 12, 14469 Potsdam
T: (0331) 29 16 41 **Fax:** 29 19 40
Landesvorsitzende(r): Claudia Lehmann
Hauptgeschäftsführer(in): Winfried Soßna

u 2 137

Freie Demokratische Partei
Landesverband Bremen
Elsasser Str. 6, 28211 Bremen
T: (0421) 3 49 80 63 **Fax:** 34 21 45
Landesvorsitzende(r): Claus Jäger
Hauptgeschäftsführer(in): Harro Janssen

u 2 138

Freie Demokratische Partei
Landesverband Hamburg
Ost-West-Str. 63, 20457 Hamburg
T: (040) 36 63 63 **Fax:** 37 51 82 10
Landesvorsitzende(r): Kurt Hansen
Hauptgeschäftsführer(in): Eva Parbs (amt.)

u 2 139

Freie Demokratische Partei
Landesverband Hessen
Marktplatz 13, 65183 Wiesbaden
T: (0611) 9 99 06-0 **Fax:** 9 99 06-99
Internet: http://www.fdp-hessen.de
E-Mail: hessen@fdp.de
Landesvorsitzende(r): Ruth Wagner (Staatsministerin für Wissenschaft und Kunst, Stellv. Minister Präsidentin)
Hauptgeschäftsführer(in): Jürgen Funk

u 2 140

Freie Demokratische Partei
Landesverband Mecklenburg-Vorpommern
Schelfmarkt 7, 19055 Schwerin
T: (0385) 56 29 54 **Fax:** 5 57 46 65
Landesvorsitzende(r): Hans Kreher
Hauptgeschäftsführer(in): N. N.

u 2 141

Freie Demokratische Partei
Landesverband Niedersachsen
Walter-Gieseking-Str. 22, 30159 Hannover
T: (0511) 2 80 71-0 **Fax:** 2 80 71-25
Landesvorsitzende(r): Walter Hirche (MdB, Landesminister a.D.)
Hauptgeschäftsführer(in): Hans-Ulrich Felmberg

u 2 142

Freie Demokratische Partei
Landesverband Nordrhein-Westfalen
Sternstr. 44, 40479 Düsseldorf
T: (0211) 49 70 90 **Fax:** 4 97 09 10
Landesvorsitzende(r): Jürgen W. Möllemann (MdB, Mitgl. des Präs., Bundes-Min.a.D.)
Hauptgeschäftsführer(in): Renate Potthoff

u 2 143

Freie Demokratische Partei
Landesverband Rheinland-Pfalz
Am Linsenberg 14, 55131 Mainz
T: (06131) 23 25 41 **Fax:** 23 38 03
Landesvorsitzende(r): Rainer Brüderle (MdB, Mitgl. des Präs., stv. Bu.-Vorsitzender)
Hauptgeschäftsführer(in): Josef Becker

u 2 144

Freie Demokratische Partei
Landesverband Saarland
Talstr. 58, 66119 Saarbrücken
T: (0681) 5 60 72, 5 60 73 **Fax:** 5 60 74
Ehrenvorsitzender: Dr. Werner Klumpp
Vorsitzende(r): Karl-Josef Jochen
Hauptgeschäftsführer(in): Thilo Leinenweber

u 2 145

Freie Demokratische Partei
Landesverband Sachsen
Wasastr. 2, 01219 Dresden
T: (0351) 4 71 03 64 **Fax:** 4 71 76 96
Landesvorsitzende(r): Holger Zastrow
Hauptgeschäftsführer(in): Hans-Georg Menzer

u 2 146

Freie Demokratische Partei
Landesverband Sachsen-Anhalt
Walther-Rathenau-Str. 33b, 39106 Magdeburg
T: (0391) 5 61 92 88 **Fax:** 5 43 13 61
Landesvorsitzende(r): Cornelia Pieper (MdB, Mitgl. des Präs., stv. Bundesvorsitzende)
Hauptgeschäftsführer(in): Rosemarie Burkhardt

u 2 147

Freie Demokratische Partei
Landesverband Schleswig-Holstein
Russeer Weg 132, 24109 Kiel
T: (0431) 53 59 30 **Fax:** 5 35 93 20
Landesvorsitzende(r): Jürgen Koppelin (MdB)
Hauptgeschäftsführer(in): Friedrich Hass

u 2 148

Freie Demokratische Partei
Landesverband Thüringen
Magdeburger Allee 91, 99086 Erfurt
T: (0361) 3 45 64 82 **Fax:** 3 45 59 24
Landesvorsitzende(r): Dr. Andreas Kniepert
Hauptgeschäftsführer(in): N.N.

● **U 2 149**

Junge Liberale Jugendorganisation der F.D.P.
Bundesgeschäftsstelle:
Ackerstr. 3b, 10115 Berlin
T: (030) 28 38 87 91 **Fax:** 28 38 87 99
Internet: http://www.julis.de
E-Mail: bgst@julis.de
Gründung: 1980 (November)
Bundesvorsitzende(r): Daniel Bahr
Stellv. Bundesvorsitzender: Oliver Groß (Pressesprecher)
Bundesgeschäftsführer(in): Frauke Sander
Verbandszeitschrift: Jung & Liberal
Redaktion: Michael Köhler
Verlag: jung & liberal, Ackerstr. 3 b, 10115 Berlin
Mitglieder: 7500 (nach Fusion mit der Jung Liberalen Aktion in der ehemaligen DDR)
Mitarbeiter: 4
Jahresetat: DM 0,5 Mio, € 0,26 Mio

Landesgeschäftsstellen und Landesvorsitzende:

u 2 150

Junge Liberale Jugendorganisation der F.D.P.
Landesgeschäftsstelle Baden-Württemberg
Postf. 10 15 52, 70014 Stuttgart
Rotebühlstr. 133, 70197 Stuttgart
T: (0711) 6 15 28 60 **Fax:** 6 15 09 68
E-Mail: bawue@julis.de
Vorsitzende(r): Florian Bauer
Pressesprecher: Jochen Dreixler
Verbandszeitschrift: Juliette

u 2 151

Junge Liberale Jugendorganisation der F.D.P.
Landesgeschäftsstelle Bayern
Agnesstr. 47, 80798 München
T: (089) 12 60 09 60 **Fax:** 1 29 41 49
E-Mail: bayern@julis.de
Vorsitzende(r): Ulrich Lechte
Pressesprecher: Olaf Schukai
Verbandszeitschrift: Forum

u 2 152

Junge Liberale Jugendorganisation der F.D.P.
Landesgeschäftsstelle Berlin
Chausseestr. 99, 10115 Berlin
T: (030) 27 59 00 49 **Fax:** 27 89 59 17
E-Mail: julis-berlin@gmx.net
Vorsitzende(r): Sophie-Charlotte Lenski
Pressesprecher: Marco Malavasi

u 2 153

Junge Liberale Jugendorganisation der F.D.P.
Landesgeschäftsstelle Brandenburg
Bonnaskenstr. 18/19, 03044 Cottbus
T: (0355) 2 26 25 (nur AB), (0177) 2 18 15 65
Fax: (0355) 2 26 25
E-Mail: Brandenburg@julis.de
Vorsitzende(r): René Brosius
Pressesprecherin: Linda Merschin

u 2 154

Junge Liberale Jugendorganisation der F.D.P.
Landesgeschäftsstelle Bremen
Elsasser Str. 6, 28211 Bremen
T: (0421) 3 49 80 63 **Fax:** 34 21 45
E-Mail: julis-bremen@gmx.net
Vorsitzende(r): Marco Horstmann
Pressesprecher: Stefan Linke

u 2 155

Junge Liberale Jugendorganisation der F.D.P.
Landesgeschäftsstelle Hamburg
Ost-West-Str. 63, 20457 Hamburg
T: (040) 36 63 63 **Fax:** 37 51 82 10
Vorsitzende(r): Julia Doellken
Pressesprecher: Oliver Gross

u 2 156

Junge Liberale Jugendorganisation der F.D.P.
Landesgeschäftsstelle Hessen
Bleichstr. 36, 35390 Gießen
T: (0641) 97 04 28 **Fax:** 97 04 27 Info Line (Termine): (0641) 97 04 29
E-Mail: julis-hessen@gmx.de
Vorsitzende(r): Peter Engemann
Pressesprecher: Otto-Philipp Braun
Verbandszeitschrift: Journal Liberal

u 2 157

Junge Liberale Jugendorganisation der F.D.P.
Landesgeschäftsstelle Mecklenburg-Vorpommern
c/o Thilo Seipel
Jungfernstieg 22, 18437 Stralsund
T: (0170) 3 24 34 73 **Fax:** (03831) 28 02 64
E-Mail: thilo.seipel@stud.uni-rostock.de
Vorsitzende(r): Thilo Seipel
Pressesprecher: Kay Kühnel
Verbandszeitschrift: Big Meck-Pom

u 2 158

Junge Liberale Niedersachsen
Walter-Gieseking-Str. 22, 30159 Hannover
T: (0511) 2 80 17 27 **Fax:** 2 80 71 25
E-Mail: juli@fdp.de
Vorsitzende(r): Jan-Christoph Oetjen
Presse: Markus Dietl
Verbandszeitschrift: Freistil

u 2 159

Junge Liberale Jugendorganisation der F.D.P. Landesgeschäftsstelle Nordrhein-Westfalen
Wolfgang-Döring-Haus
Postf. 32 03 48, 40418 Düsseldorf
Sternstr. 44, 40479 Düsseldorf
T: (0211) 4 98 63 89 **Fax:** 49 00 28
E-Mail: nrw@julis.de
Vorsitzende(r): Ralf Witzel
Pressesprecherin: Christian Lindner
Verbandszeitschrift: JuLi-Magazin

u 2 160

Junge Liberale Jugendorganisation der F.D.P. Landesgeschäftsstelle Rheinland-Pfalz
Am Linsenberg 14, 55131 Mainz
T: (06131) 23 14 26 **Fax:** 23 14 64
Internet: http://www.liberale-online.de/julisrlp
E-Mail: julis.rheinland-pfalz@liberale-online.de
Vorsitzende(r): Thorsten Maser
Pressesprecher(in): Christina Steinheuer

u 2 161

Junge Liberale Jugendorganisation der F.D.P. Landesgeschäftsstelle Saarland
Talstr. 58, 66119 Saarbrücken
T: (0681) 5 60 72 **Fax:** 5 60 74
E-Mail: saarland@julis.de
Vorsitzende(r): Toni Thielen

u 2 162

Junge Liberale Jugendorganisation der F.D.P. Landesgeschäftsstelle Sachsen
Louisenstr. 74b, 01099 Dresden
T: (0351) 8 04 57 63 **Fax:** 8 04 39 21
E-Mail: julia.sachsen@t-online.de
Vorsitzende(r): Thorsten Herbst
Pressesprecher: Mirko Sennewald
Verbandszeitschrift: Joker

u 2 163

Junge Liberale Sachsen-Anhalt e.V.
Große Ulrichstr. 44, 06108 Halle
T: (0345) 2 94 32 26 **Fax:** 2 94 32 25
Internet: http://www.sachsen-anhalt.julis.de
E-Mail: sachsen-anhalt@julis.de
Vorsitzende(r): Peter Kehl

u 2 164

Junge Liberale Jugendorganisation der F.D.P. Landesgeschäftsstelle Schleswig-Holstein
Russeer Weg 132, 24109 Kiel
T: (0431) 5 35 93 13 **Fax:** 5 35 93 20 (Mi. 14.00-17.00 Uhr)
Internet: http://www.jungeliberale.de
E-Mail: julisinSH@aol.com
Vorsitzende(r): Sebastian Blumenthal
Presse: Björn Tönsfeldt

u 2 165

Junge Liberale Jugendorganisation der F.D.P. Landesgeschäftsstelle Thüringen
Wagnergasse 11, 07743 Jena
T: (03641) 44 64 44 **Fax:** 44 64 44
E-Mail: julia-jena@t-online.de
Vorsitzende(r): Andreas Möller
Presse: Cornelia Mareth
Verbandszeitschrift: Julchen

• U 2 166

Partei des Demokratischen Sozialismus (PDS)
Bundesgeschäftsstelle
Kleine Alexanderstr. 28, 10178 Berlin
T: (030) 24 00 90 **Fax:** 2 41 10 46
Internet: http://www.pds-online.de
E-Mail: parteivorstand@pds-online.de
Ehrenvors.: Dr. Hans Modrow
Vorsitzende(r): Prof. Dr. Lothar Bisky (MdL)
Stellvertretende(r) Vorsitzende(r): Gabriele Zimmer
Dr. Sylvia-Yvonne Kaufmann
Dr. Diether Dehm
Bundesgeschäftsführer(in): Dr. Dietmar Bartsch
Bundesschatzmeister: Uwe Hobler
Sonstige Vorstandsmitglieder:
Prof. Dr. Michael Benjamin
Dr. Judith Dellheim
Jose del Pozo
Prof. Dieter Klein
Heike Lorenz (MdL)
Pia Maier
Dorotheé Menzner
Dr. Bernd Rump
Prof. Dr. Michael Schumann (MdL)
Edda Seifert
Dr. Petra Sitte (MdL)
Marina Stahmann
Mitglieder: 98624 (31.12.1997)

Landesverbände

u 2 167

Landesvorstand Baden-Württemberg der PDS
Moserstr. 24, 70182 Stuttgart
T: (0711) 24 10 45 **Fax:** 24 10 46
Landessprecherin: Chantal Pannacci
Landessprecher: Peter Linnes
Landesschatzmeisterin: Ulrike Küstler

u 2 168

Landesvorstand Bayern der PDS
Schwanthalerstr. 139 Rgb., 80339 München
T: (089) 51 09 95 15 **Fax:** 51 09 95 14
Internet: http://www.pds-bayern.de
E-Mail: info@pds-bayern.de
Landessprecher: Stephan Straub
Landessprecherin: Sima Soraya
Landesschatzmeisterin: Brigitte Wolf

u 2 169

Landesvorstand Berlin der PDS
Kleine Alexanderstr. 28, 10178 Berlin
T: (030) 24 00 92 89 **Fax:** 24 00 92 60
Internet: http://www.pds-berlin.de
Landesvorsitzende(r): Petra Pau
Landesgeschäftsführer(in): Roland Schröter
Landesschatzmeisterin: Sylvia Müller
Fraktionsvors. der PDS-Fraktion im AH: Carola Freudl
Harald Wolf
Geschäftsstellenleiter: Uwe Melzer
Pressesprecher: Günter Kolodziej

u 2 170

Landesvorstand Brandenburg der PDS
Alleestr. 3, 14469 Potsdam
T: (0331) 29 24 48 **Fax:** 2 70 97 44
Internet: http://www.pds-brandenburg.de
E-Mail: info@pds-brandenburg.de
Landesvorsitzende(r): Anita Tack
Landesgeschäftsführer(in): Olaf Balzer

u 2 171

Landesvorstand Bremen der PDS
Am Dobben 144, 28203 Bremen
T: (0421) 32 06 66 **Fax:** 32 06 67
Internet: http://www.pds-bremen.de
E-Mail: bremen@pds-online.de
Landesvorsitzende(r): Herbert Thomsen
Stellv. Landesvors.: Silke Lieder
Landesschatzmeister: Thorsten Lieder

u 2 172

Landesvorstand Hamburg der PDS
Palmaille 24, 22767 Hamburg
T: (040) 3 89 21 64 **Fax:** 3 89 83 31
Landessprecherin: Kirsten Radüge
Christiane Schneider
Landessprecher: Kristian Glaser
Landessprecher: Horst Bethge
Landesschatzmeisterin: Elisabeth Schmidle

u 2 173

Landesvorstand Hessen der PDS
Kurfürstenstr. 8, 60486 Frankfurt
T: (069) 70 65 02 **Fax:** 7 07 27 83
Landesvorsitzende(r): Rolf Gensert
Heike Berg
Landesgeschäftsführer(in): Olaf Weichler
Landesschatzmeister: Wolfgang Bubori

u 2 174

Landesvorstand Mecklenburg-Vorpommern der PDS
Martinstr. 1/1a, 19053 Schwerin
T: (0385) 76 03 80 **Fax:** 7 60 38 19
Internet: http://www.pdsmv.de
E-Mail: pdsmv@t-online.de
Landesvorsitzende(r): Helmut Holter
Landesschatzmeisterin: Helga Schwarzer
Landesgeschäftsführer: Friedemann Reinhold
Fraktionsvors. der PDS-Landtagsfraktion: Angelika Gramkow
Geschäftsstellenltr.: Peter Voß
Pressesprecherin: Maritta Moritz

u 2 175

Landesvorstand Niedersachsen der PDS
Struckmeyerstr. 9, 30451 Hannover
T: (0511) 4 58 47 03 **Fax:** 9 24 59 10
Landesvorsitzende(r): Dorothée Menzner
Rolf Köhne
Landesschatzmeister: Michael Ohse

u 2 176

Landesvorstand Nordrhein-Westfalen der PDS
Oststr. 37, 40211 Düsseldorf
T: (0211) 35 89 07 **Fax:** 35 89 08
E-Mail: pds-nrw@t-online.de
Landessprecherin: Ulla Lötzer
Landessprecher: Knud Vöcking
Landesschatzmeister: Wolfgang Freye
Geschäftsstellenltr.: Uwe Vorberg

u 2 177

Landesvorstand Rheinland-Pfalz der PDS
Postf. 33 46, 55023 Mainz
T: (06131) 23 79 45 **Fax:** 23 79 46
Landesvorsitzende(r): Hartmut Ritzheimer
Landesvorsitzende: Andrea Link
Landesschatzmeister: Gerald Unger
Schriftführerin: Johanna Wille-Kuhn

u 2 178

Landesvorstand Saarland der PDS
Postf. 10 23 22, 66023 Saarbrücken
T: (0681) 5 17 75 **Fax:** 5 17 97
E-Mail: landesvorstand@pds-saarland.sb.unnet.de
Landesvorsitzende(r): Roberto Horak
Landesgeschäftsführer: Hans-Karl Hill
Landesschatzmeister: Thomas Lutze

u 2 179

Landesvorstand der PDS Sachsen
Landesgeschäftsstelle
Großenhainer Str. 93, 01127 Dresden
T: (0351) 8 53 27-0 **Fax:** 8 53 27-20
Internet: http://www.pds-sachsen.de
E-Mail: PDS-SLV@LINK-DD.cl.sub.de
Landesvorsitzende(r): Prof. Dr. Peter Porsch
Landesgeschäftsführer(in): Rico Gebhardt
Landesschatzmeisterin: Gisela Scheder-Wedekind
Fraktionsvors. der PDS-Landtagsfraktion: Prof. Dr. Peter Porsch
Geschäftsstellenleiter: Andreas Graff
Pressesprecher: Marcel Braumann

u 2 180

Landesvorstand Sachsen-Anhalt der PDS
Gerhart-Hauptmann-Str. 18, 39108 Magdeburg
T: (0391) 7 31 70 56 **Fax:** 7 34 61 52
Internet: http://home.t-online.de/home/pdslsa
E-Mail: pdslsa@t-online.de
Landesvorsitzende(r): Dr. Rosemarie Hein
Landesgeschäftsführer(in): Michael Entrich
Landesschatzmeister: Matthias Hertel
Fraktionsvors. der PDS-Landtagsfraktion:
Dr. Petra Sitte
Pressesprecher: Dr. Thomas Drzisga

u 2 181

Landesvorstand Schleswig-Holstein der PDS
Kirchenweg 53, 24143 Kiel
T: (0431) 73 77 01 **Fax:** 73 77 04
Internet: http://www.pds-sh.de
E-Mail: pds/h@t-online.de
Landesschatzmeister: Ulrich Schippels

u 2 182

Landesvorstand Thüringen der PDS
Eislebener Str. 1, 99086 Erfurt
T: (0361) 7 46 71 27 **Fax:** 7 36 15 11
Internet: http://www.pds-thueringen.de
E-Mail: pds-thueringen@t-online.de
Landesvorsitzende(r): Dieter Hausold
Landesgeschäftsführer(in): Knut Korschewsky
Landesschatzmeister: Holger Haensgen
Fraktionsvors. der PDS-Landtagsfraktion: Gabriele Zimmer
André
Pressesprecher: Holger Ellias

• U 2 183

Sozialdemokratische Partei Deutschlands SPD-Parteivorstand

Willy-Brandt-Haus
Wilhelmstr. 141, 13595 Berlin
T: (030) 2 59 91-0 **Fax:** 2 59 91-410
Mitglieder des Parteivorstandes:
Vorsitzender: Gerhard Schröder
Stellvertretende(r) Vorsitzende(r): Wolfgang Clement (MdL)
Rudolf Scharping (MdB)
Renate Schmidt (MdL)
Wolfgang Thierse (MdB)
Heidemarie Wieczorek-Zeul (MdB)
Generalsekretär(in): Franz Müntefering (MdB)
Bundesgeschäftsführer: Matthias Machnig
Schatzmeisterin: Dipl.-Sozialwirtin Inge Wettig-Danielmeier (MdB)
Mitglieder: 775036 (Stand 31.12.98)

Landesebene

u 2 184

SPD-Landesverband Baden-Württemberg

Postf. 10 42 63, 70037 Stuttgart
Wilhelmsplatz 10, 70182 Stuttgart
T: (0711) 61 93 60 **Fax:** 6 19 36 20
Internet: http://www.bawue.spd.de
Landesvorsitzende(r): RA Ute Vogt (MdB)
Generalsekretär(in): Wolfgang Drexler (MdL)
LandesGeschF: Ulrich Henke

u 2 185

Bayern SPD
Landesverband Bayern

Oberanger 38, 80331 München
T: (089) 23 17 11-0 **Fax:** 23 17 11-38
Internet: http://www.bayernspd.de
E-Mail: LV-Bayern@spd.de
Landesvorsitzende(r): Renate Schmidt (MdL)
Generalsekretär(in): Wolfgang Hoderlein
LandesGeschF: Hans-Peter Adler

u 2 186

SPD-Landesverband Berlin

Kurt-Schumacher-Haus
Müllerstr. 163, 13353 Berlin
T: (030) 4 69 20 **Fax:** 4 69 21 64
Internet: http://www.spd-berlin.de
E-Mail: LV-Berlin@spd.de
Landesvorsitzende(r): Peter Strieder
LandesGeschF: Ralf Wieland

u 2 187

SPD-Landesverband Brandenburg

Friedrich-Ebert-Str. 61, 14469 Potsdam
T: (0331) 29 20 30 **Fax:** 2 70 85 35
Internet: http://www.spd-brandenburg.de
E-Mail: info@spd-Brandenburg.de
Landesvorsitzende(r): Steffen Reiche (MdL)
LandesGeschF: Klaus Ness

u 2 188

SPD-Landesorganisation Bremen

Findorffstr. 108, 28215 Bremen
T: (0421) 35 01 80 **Fax:** 37 59 55
Landesvorsitzende(r): Detlev Albers
LandesGeschF: Manfred Jabs

u 2 189

SPD-Landesorganisation Hamburg

Kurt-Schumacher-Allee 10, 20097 Hamburg
T: (040) 28 08 48-0 **Fax:** 28 08 48-18
Internet: http://www.spd-hamburg.de
E-Mail: info@spd-hamburg.de
Landesvorsitzende(r): Olaf Scholz
LandesGeschF: Werner Loewe

u 2 190

SPD-Landesverband Hessen

Postf. 52 80, 65042 Wiesbaden
Bahnhofstr. 38, 65185 Wiesbaden
T: (0611) 9 99 77-0 **Fax:** 9 99 77-11
Internet: http://www.hessen.spd.de
Landesvorsitzende(r): Hans Eichel (Bundesminister der Finanzen, MdL)
LandesGeschF: Jürgen Walter

u 2 191

SPD-Bezirk Hessen-Nord

Humboldtstr. 8A, 34117 Kassel
T: (0561) 7 00 10-0 **Fax:** 7 00 10 88
Internet: http://www.spd-hessen-nord.de
E-Mail: bezirk.hessen-nord@spd.de
Bezirksvors.: Dr. Udo Schlitzberger
Ltd. BezirksGeschF: Georg Breidenbach

u 2 192

SPD-Bezirk Hessen-Süd

Fischerfeldstr. 7-11, 60311 Frankfurt
Postf. 10 32 40, 60102 Frankfurt
T: (069) 29 98 88-0 **Fax:** 29 98 88-999
Internet: http://www.spd-hessensued.de
Bezirksvors.: Gerhard Bökel
BezirksGeschF: Karlheinz Pfaff
Ronald Rauck

u 2 193

SPD Landesverband Mecklenburg-Vorpommern

Willy Brandt Haus Schwerin
Wismarsche Str. 152, 19053 Schwerin
T: (0385) 73 19 80 **Fax:** 7 85 15 37
Internet: http://www.edition-digital.com/spd-mv
E-Mail: volkerjennerjahn@spd.de
Landesvorsitzende(r): Dr. Harald Ringstorff (MdL)
LandesGeschF: Thomas Nasemann

u 2 194

SPD-Landesverband Niedersachsen

Odeonstr. 15-16, 30159 Hannover
T: (0511) 16 74-219 **Fax:** 1 67 42 11
Internet: http://www.spdnds.de
E-Mail: LV-Niedersachsen@spd.de
Landesvorsitzende(r): Edelgard Bulmahn
LandesGeschF: Klaus Schumacher

u 2 195

SPD-Bezirk Nord-Niedersachsen

Postf. 19 29, 21659 Stade
Archivstr. 1, 21682 Stade
T: (04141) 95 27-0 **Fax:** 95 27-44
Bezirksvors.: Dieter Möhrmann (MdL)
BezirksGeschF: Heino Baumgarten

u 2 196

SPD-Bezirk Weser-Ems

Huntestr. 23, 26135 Oldenburg
T: (0441) 2 56 27, 1 53 72 **Fax:** 1 51 90
Internet: http://www.spd-weser-ems.de
E-Mail: Bezirk.Weser-Ems@spd.de
Bezirksvors.: Inge Lemmermann
BezirksGeschF: Hans-Rainer Strang

u 2 197

SPD-Bezirk Hannover

Odeonstr. 15-16, 30159 Hannover
T: (0511) 1 67 40 **Fax:** 1 31 75 77
Internet: http://www.spd-hannover.de
Gründung: 1945 (9. September)
Bezirksvors.: Wolfgang Jüttner (MdL)
BezirksGeschF: Heino Wiese (MdB)

u 2 198

SPD-Bezirk Braunschweig

Postf. 42 61, 38032 Braunschweig
Schloßstr. 8 III, 38100 Braunschweig
T: (0531) 4 80 98-16 **Fax:** 4 80 98-50
Internet: http://www.spd-braunschweig.de
E-Mail: bezirk.braunschweig@spd.de
Bezirksvors.: Gerhard Glogowski (MdL)
Ltd. BezirksGeschF: Rolf-Dieter Backhauß

u 2 199

SPD-Landesverband Nordrhein-Westfalen

Kavalleriestr. 16, 40213 Düsseldorf
T: (0211) 1 36 22-300 **Fax:** 1 36 22-301
Internet: http://www.nrwspd.de
E-Mail: Info@nrwspd.de
Landesvorsitzende(r): Franz Müntefering
LandesGeschF: Ulrich Wehrhöfer

u 2 200

SPD-Bezirk Ostwestfalen-Lippe

Arndtstr. 8, 33602 Bielefeld
T: (0521) 52 09 30 **Fax:** 5 20 93 93
Bezirksvors.: Dr. Axel Horstmann
BezirksGeschF: Ute Schäfer

u 2 201

SPD-Bezirk Westliches Westfalen

Postf. 10 35 42, 44035 Dortmund
Brüderweg 10-12, 44135 Dortmund
T: (0231) 57 70 20 **Fax:** 52 68 21
Bezirksvors.: Joachim Poß (MdB)
BezirksGeschF: Jürgen Rohde

u 2 202

SPD-Bezirk Niederrhein

Kavalleriestr. 16I, 40213 Düsseldorf
T: (0211) 1 36 22-200 **Fax:** 1 36 22-201
Bezirksvors.: Detlev Samland
BezirksGeschF: Hans Bernd Kraus

u 2 203

SPD-Bezirk Mittelrhein

Albertusstr. 40-46, 50667 Köln
T: (0221) 20 70 70 **Fax:** 2 07 07 44
E-Mail: Bezirk.Mittelrhein_Bezirk-Mittelrhein@spd.de
Bezirksvors.: Norbert Rüther
BezirksGeschF: Karl-Heinz Otten

u 2 204

SPD-Landesverband Rheinland-Pfalz

Postf. 37 46, 55027 Mainz
Klarastr. 15A, 55116 Mainz
T: (06131) 27 06 10 **Fax:** 2 70 61 27
Internet: http://www.spd-rlp.de/lverband/index.htm
E-Mail: LV-Rheinland-Pfalz@spd.de
Landesvorsitzende(r): Kurt Beck (MdL)
LandesGeschF: Roger Lewentz (MdL)

u 2 205

SPD-Bezirk Rheinland/Hessen-Nassau

Hohenzollernstr. 59, 56068 Koblenz
T: (0261) 3 04 82-11, -12 **Fax:** 3 04 82 32
Bezirksvors: Christoph Grimm (MdL)
BezirksGeschF: Renate Pepper (MdL)

u 2 206

SPD-Bezirk Rheinhessen

Postf. 37 66, 55027 Mainz
Klarastr. 15A, 55116 Mainz
T: (06131) 2 82 86-0 **Fax:** 2 82 86 66
Bezirksvors: Florian Gerster (Staatsminister)
BezirksGeschF: Frank Nauheimer

u 2 207

SPD-Bezirk Pfalz

Postf. 10 09 45, 67409 Neustadt
Maximilianstr. 31, 67433 Neustadt
T: (06321) 39 38-0 **Fax:** 39 38 70
Internet: http://www.spd-rlp.de/pfalz/
Bezirksvors.: Dr. Winfried Hirschberger
BezirksGeschF: Manfred Geis

u 2 208

SPD-Landesverband Saar

Hohenzollernstr. 45, 66117 Saarbrücken
T: (0681) 5 10 33-34 **Fax:** 5 17 21
Internet: http://www.spd-saar.de/
Landesvorsitzende(r): Reinhard Klimmt
LandesGeschF: Rudi Strumm

u 2 209

SPD-Landesverband Sachsen

Wittenberger Str. 72, 01309 Dresden
T: (0351) 4 33 56-0 **Fax:** 4 33 56-62
Landesvorsitzende(r): Constanze Krehl
LandesGeschF: Lutz Kätzel

u 2 210

SPD-Landesverband Sachsen-Anhalt

Postf. 40 46, 39015 Magdeburg
Bürgelstr. 1, 39104 Magdeburg
T: (0391) 53 65 60 **Fax:** 5 36 56 10
Internet: http://www.spd-sachsen-anhalt.de/
E-Mail: LV.Sachsen-Anhalt@spd.de
Landesvorsitzende(r): Dr. Rüdiger Fikentscher (MdL)
LandesGeschF: Susi Möbbeck

u 2 211

SPD-Landesverband Schleswig-Holstein

Kleiner Kuhberg 28-30, 24103 Kiel
T: (0431) 90 60 60 **Fax:** 9 06 06 41
Internet: http://www.spd-schleswig-holstein.de

E-Mail: LV.Schleswig-Holstein@spd.de
Landesvorsitzende(r): Franz Thönnes
LandesGeschF: Christian Kröning

u 2 212

SPD-Landesverband Thüringen
Dalbergsweg 8, 99084 Erfurt
T: (0361) 2 28 44-0 **Fax:** 2 28 44-27
Internet: http://www.spd-thueringen.de
E-Mail: LV-Thueringen@spd.de
Landesvorsitzende(r): Christoph Matschie
LandesgeschF: Frank Schulze

• **U 2 213**

Jungsozialistinnen und Jungsozialisten in der SPD
Wilhelmstr. 140, 10963 Berlin
T: (030) 2 59 91-0
Internet: http://www.spd.de/jusos
E-Mail: jusos@spd.de
Bundesvorsitzende(r): Benjamin Mikfeld
BundesGeschf: Jessika Wischmeier
Mitglieder: 130000

• **U 2 214**

Arbeitsgemeinschaft Sozialdemokratischer Frauen (ASF)
SPD-Parteivorstand
Willy-Brandt-Haus
Wilhelmstr. 141, 10963 Berlin
T: (030) 2 59 91-447 **Fax:** 2 59 91-525
Internet: http://www.spd.de/asf/index.htm
E-Mail: asf@spd.de
Gründung: 1972
Vorsitzende: Karin Junker (MdEP)
Verbandszeitschrift: Frauenthemen
Mitglieder: ca. 230000 (alle weiblichen Mitglieder der SPD)
Redaktion u. Verlag: SPD-Parteivorstand, Referat Frauen/ASF, Wilhelmstr. 141, 10963 Berlin

Landesverbände und Bezirke der ASF:

u 2 215

ASF-Landesverband Baden-Württemberg
Wilhelmsplatz 10, 70182 Stuttgart
T: (0711) 23 31 40

u 2 216

ASF-Landesverband Bayern
Oberanger 38 II, 80331 München
T: (089) 23 17 11-0 **Fax:** 23 17 11-38

u 2 217

ASF-Landesverband Berlin
Müllerstr. 163, 13353 Berlin
T: (030) 46 92-156 (9.00 Uhr bis 13.00 Uhr) **Fax:** 46 92-166
E-Mail: asf@spd-berlin.de

u 2 218

ASF-Landesverband Brandenburg
Friedrich-Ebert-Str. 61, 14469 Potsdam
T: (0331) 2 70 85 34 **Fax:** 2 70 85 35

u 2 219

ASF-Landesorganisation Bremen
Findorffstr. 108-110, 28215 Bremen
T: (0421) 35 01 80

u 2 220

ASF-Landesorganisation Hamburg
Kurt-Schumacher-Allee 10, 20097 Hamburg
T: (040) 28 08 48 30
E-Mail: AsF@SPD-Hamburg.de

u 2 221

ASF-Landesverband Mecklenburg-Vorpommern
Lübecker Str. 111-113, 19059 Schwerin
T: (0385) 7 31 98-0

u 2 222

ASF-Landesverband Niedersachsen
Odeonstr. 15-16, 30159 Hannover
T: (0511) 1 67 42 12

u 2 223

ASF-Landesverband Nordrhein-Westfalen
c/o SPD-Bezirk Niederrhein
Kavalleriestr. 22/I, 40213 Düsseldorf
T: (0211) 1 36 22 18 **Fax:** 13 43 30

u 2 224

ASF-Landesverband Rheinland-Pfalz
Klarastr. 15A, 55116 Mainz
T: (06131) 2 70 61-0

u 2 225

ASF-Landesverband Saar
Hohenzollernstr. 45, 66117 Saarbrücken
T: (0681) 5 10 33 **Fax:** 5 17 21
E-Mail: asf@spd-saar.de

u 2 226

ASF-Landesverband Sachsen
Wittenberger Str. 72, 01309 Dresden
T: (0351) 4 33 56 22 **Fax:** 4 33 56 62

u 2 227

ASF-Landesverband Sachsen-Anhalt
Bürgelstr. 1, 39104 Magdeburg
T: (0391) 5 36 56-0 **Fax:** 5 36 56-10

u 2 228

ASF-Landesverband Schleswig-Holstein
Kleiner Kuhberg 28-30, 24103 Kiel
T: (0431) 9 06 06-0

u 2 229

ASF-Landesverband Thüringen
Dalbergsweg 8, 99084 Erfurt
T: (0361) 2 28 44-0 **Fax:** 2 28 44-27

Kirchliche Gemeinschaften

• **U 2 230**

Evangelische Kirche in Deutschland (EKD)
Leitungsgremien der EKD
Rat
Geschäftsstelle: Kirchenamt der EKD
Postf. 21 02 20, 30402 Hannover
Herrenhäuser Str. 12, 30419 Hannover
T: (0511) 27 96-0 **Fax:** 27 96-707 (Kirchenamt), 27 96-777/-8 88 (Pressestelle)
Internet: http://www.ekd.de
E-Mail: ekd@ekd.de
Vorsitzende(r): Präses Manfred Kock, Düsseldorf
Stellvertretende(r) Vorsitzende(r): Landesbischof Volker Kreß, Dresden
Synode:
Präses: RA Dr. Jürgen Schmude
Leitung Presseabteilung: Thomas Krüger (Pressesprecher) Hannes Schoeb (stellv.)
Mitglieder: 28000000 in der Bundesrepublik Deutschland
Mitarbeiter: 190 (im Kirchenamt der EKD)
Jahresetat: DM 399,9 Mio, € 204,47 Mio

u 2 231

Evangelische Kirche in Deutschland Kirchenkonferenz
Geschäftsstelle: Kirchenamt der EKD
Postf. 21 02 20, 30402 Hannover
Herrenhäuser Str. 12, 30419 Hannover
T: (0511) 27 96-0 **Fax:** 27 96-7 07
Internet: http://www.ekd.de
E-Mail: ekd@ekd.de
Leitung: Vors. des Rates der EKD

Amtsstelle der EKD

u 2 232

Evangelische Kirche in Deutschland Kirchenamt
Postf. 21 02 20, 30402 Hannover
Herrenhäuser Str. 12, 30419 Hannover
T: (0511) 27 96-0 **Fax:** 27 96-707
Internet: http://www.ekd.de
E-Mail: ekd@ekd.de
Präsident(in): Valentin Schmidt
Hauptabteilung I
Recht und Verwaltung Ltg.: Valentin Schmidt
Hauptabteilung II
Theologie und öffentl. Verantwortung Ltg.: Vizepräsident Dr. Hermann Barth
Hauptabteilung III
Ökumene und Auslandsarbeit Ltg.: Bischof Dr.h.c. Rolf Koppe

u 2 233

Evangelische Kirche in Deutschland Referat Kriegsdienstverweigerer und Zivildienst
Hirschgraben 25, 22089 Hamburg
T: (040) 25 88 81

u 2 234

Bevollmächtigter des Rates der EKD bei der Bundesrepublik Deutschland und der Europäischen Gemeinschaft
Charlottenstr. 53, 10117 Berlin
T: (030) 2 03 55-0 **Fax:** 2 03 55-100
E-Mail: ekd.berlin@t-online.de
Prälat: Dr. Stephan Reimers

u 2 235

Beauftragter der EKD für den Datenschutz Kirchenamt der EKD - Außenstelle Berlin
Auguststr. 80, 10117 Berlin
T: (030) 2 83 95-0 **Fax:** 2 83 95-150
E-Mail: 106307.3321@compuserve.com

u 2 236

Evangelische Kirche in Deutschland Oberrechnungsamt
Postf. 21 02 20, 30402 Hannover
Herrenhäuser Str. 12, 30419 Hannover
T: (0511) 27 96-0 **Fax:** 27 96-7 07
Leitung: OKR Dr. Hans-Günter Vogt

u 2 237

Evangelische Kirche in Deutschland Rundfunkbeauftragte
Postf. 50 05 50, 60394 Frankfurt
Emil-von-Behring-Str. 3, 60439 Frankfurt
T: (069) 58 09 80 **Fax:** 5 80 98-1 00
Leitung: Pfarrerin Johanna Haberer

u 2 238

Evangelische Kirche in Deutschland Sportpfarrer
Postf. 21 02 20, 30402 Hannover
Herrenhäuser Str. 12, 30419 Hannover
T: (0511) 27 96-0 **Fax:** 27 96-7 07
Leitung: Pfarrer Klaus-Peter Weinhold

Gliedkirchen der EKD

u 2 239

Evangelische Landeskirche Anhalts
Friedrichstr. 22-24, 06844 Dessau
T: (0340) 2 52 60 **Fax:** 2 52 61 30
Internet: http://www.landeskirche-anhalts.de
E-Mail: lkaanhalt-presse@t-online.de
Landeskirchenamt: Kirchenpräs. Helge Klassohn

u 2 240

Evangelische Landeskirche in Baden
Blumenstr. 1-7, 76133 Karlsruhe
T: (0721) 91 75-0 **Fax:** 91 75-550
Internet: http://www.ekiba.de
E-Mail: gertrud.fischbach@ekiba.de
Evang. Oberkirchenrat: Landesbischof Dr. Ulrich Fischer

u 2 241

Evangelisch-Lutherische Kirche in Bayern
Meiserstr. 11-13, 80333 München
T: (089) 55 95-0 **Fax:** 55 95-444
Internet: http://www.bayern-evangelisch.de
E-Mail: poep@elkb.de
Landeskirchenamt: Landesbischof Dr. Johannes Friedrich

u 2 242

Evangelische Kirche in Berlin-Brandenburg
Bachstr. 1-2, 10555 Berlin
T: (030) 3 90 91-0 **Fax:** 3 90 91-431
Internet: http://www.ekibb.com
E-Mail: kirche@ekibb.com
Landeskirchenamt: Bischof Prof. Dr. Wolfgang Huber
Konsistorium: T: (030) 3 90 91-0, Fax: (030) 3 90 91-431

u 2 243

Evangelisch-lutherische Landeskirche in Braunschweig
Dietrich-Bonhoeffer-Str. 1, 38300 Wolfenbüttel
T: (05331) 8 02-0 **Fax:** 8 02-707
Internet: http://www.luth-braunschweig.de
E-Mail: info@luth-braunschweig.de
Landeskirchenamt: Landesbischof Christian Krause

u 2 244

Bremische Evangelische Kirche
Haus der Kirche
Franziuseck 2-4, 28199 Bremen
T: (0421) 55 97-0 **Fax:** 55 97-265
Internet: http://www.bremen.de/info/bek/
E-Mail: bek@magicvillage.de
Kirchenausschuß: Präs. Heinz Hermann Brauer
Kirchenkanzlei: Dr. Johann Daniel Noltenius

u 2 245

Evangelisch-lutherische Landeskirche Hannovers
Rote Reihe 6, 30169 Hannover
T: (0511) 12 41-0 **Fax:** 12 41-266
Internet: http://www.evlka.de
E-Mail: ips.hannover@evlka.de
Landeskirchenamt: Landesbischöfin Margot Käßmann

u 2 246

Evangelische Kirche in Hessen und Nassau
Paulusplatz 1, 64285 Darmstadt
T: (06151) 4 05-0 **Fax:** 4 05-440
Internet: http://www.ekhn.de
E-Mail: ekhnkv@t-online.de
Kirchenverwaltung: Kirchenpräs. Prof. Dr. Peter Steinacker

u 2 247

Evangelische Kirche von Kurhessen-Waldeck
Haus der Kirche
Wilhelmshöher Allee 330, 34131 Kassel
T: (0561) 93 78-0 **Fax:** 93 78-400
Internet: http://www.ekkw.de
E-Mail: landeskirchenamt@ekkw.de
Landeskirchenamt: Bischof Dr. Christian Zippert

u 2 248

Lippische Landeskirche
Leopoldstr. 27, 32756 Detmold
T: (05231) 9 76 60 **Fax:** 97 68 50
Internet: http://www.lippische-landeskirche.de
E-Mail: oeff@lippische-landeskirche.de
Landeskirchenamt: Landessuperintendent Gerrit Noltensmeier

u 2 249

Evangelisch-Lutherische Landeskirche Mecklenburgs
Oberkirchenrat
Münzstr. 8-10, 19055 Schwerin
T: (0385) 5 18 50 **Fax:** 51 85-1 70
Landesbischof: Hermann Beste

u 2 250

Nordelbische Evangelisch-Lutherische Kirche
Dänische Str. 21-35, 24103 Kiel
T: (0431) 97 97-5 **Fax:** 97 97-999
Internet: http://www.nordelbien.de
E-Mail: nordelbien@kirche.de
Nordelbisches Kirchenamt: Bischof Karl Ludwig Kohlwage
Bischöfin Maria Jepsen
Bischof Dr. Hans-Christian Knuth

u 2 251

Evangelisch-Lutherische Kirche in Oldenburg
Philosophenweg 1, 26121 Oldenburg
T: (0441) 77 01-0 **Fax:** 77 01-299
Internet: http://www.ev-kirche-oldenburg.de
E-Mail: ips@ev-kirche-oldenburg.de
Oberkirchenrat: Bischof Peter Krug

u 2 252

Evangelische Kirche der Pfalz
Domplatz 5, 67346 Speyer
T: (06232) 6 67-0 **Fax:** 6 67-246
Internet: http://www.evpfalz.de
E-Mail: presse-funk-lkr@t-online.de
Landeskirchenrat: Kirchenpräsident Eberhard Cherdron

u 2 253

Pommersche Evangelische Kirche
Bahnhofstr. 35-36, 17489 Greifswald
T: (03834) 55 46 **Fax:** 5 54-799
E-Mail: pek-pressestelle@t-online.de
Konsistorium: Bischof Eduard Berger

u 2 254

Evangelisch-reformierte Kirche
(Synode ev.-ref. Kirchen in Bayern und Nordwestdeutschland) - Synodalrat
Saarstr. 6, 26789 Leer
T: (0491) 9 19 80 **Fax:** 91 98-2 51
Internet: http://www.reformiert.de
E-Mail: info@reformiert.de
Präses: Präses Hinnerk Schröder
Landessuperintendent: Walter Herrenbrück
Präsident(in): Ernst-Joachim Pagenstecher

u 2 255

Evangelische Kirche im Rheinland
Hans-Böckler-Str. 7, 40476 Düsseldorf
T: (0211) 45 62-1 **Fax:** 45 62-444
Internet: http://www.ekir.de
E-Mail: pressestelle@ekir.de
Landeskirchenamt: Präses Manfred Kock

u 2 256

Evangelische Kirche der Kirchenprovinz Sachsen
Postf. 14 24, 39004 Magdeburg
Am Dom 2, 39104 Magdeburg
T: (0391) 5 34 60 **Fax:** 5 34 61 11
Internet: http://www.ekd.de/kps
E-Mail: presse@ekkps.de
Evangelisches Konsistorium: Bischof Axel Noack

u 2 257

Evangelisch-Lutherische Landeskirche Sachsens
Palaisplatz 26, 01097 Dresden
T: (0351) 4 69 20 **Fax:** 46 92-1 44
Internet: http://www.landeskirche-sachsen.de
E-Mail: kirche@evlks.de
Landesbischof: Volker Kreß

u 2 258

Evangelisch Lutherische Landeskirche Schaumburg-Lippe
Herderstr. 27, 31675 Bückeburg
T: (05722) 9 60-0 **Fax:** 9 60-10
Internet: http://www.ekd.de/kirche/schaum.html
E-Mail: lka-bueckeburg@t-online.de
Landeskirchenamt: Landesbischof Heinrich Herrmanns

u 2 259

Evangelische Kirche der schlesischen Oberlausitz
Schlaurother Str. 11, 02827 Görlitz
T: (03581) 7 44-0 **Fax:** 7 44-299
E-Mail: eksol@t-online.de
Konsistorium: Bischof Klaus Wollenweber

u 2 260

Evangelisch-Lutherische Kirche in Thüringen
Dr.-Moritz-Mitzenheim-Str. 2a, 99817 Eisenach
T: (03691) 6 78-99 **Fax:** 6 78-355
Internet: http://www.ev-kirche-thueringen.de
E-Mail: landeskirchenamt@compuserve.com
Landeskirchenrat: Landesbischof Roland Hoffmann

u 2 261

Evangelische Kirche von Westfalen
Altstädter Kirchplatz 5, 33602 Bielefeld
T: (0521) 5 94-0 **Fax:** 5 94-129
Internet: http://www.ekvw.de
E-Mail: landeskirchenamt@lka.ekvw.de
Landeskirchenamt: Präses Manfred Sorg

u 2 262

Evangelische Landeskirche in Württemberg
Gänsheidestr. 4, 70184 Stuttgart
T: (0711) 21 49-0 **Fax:** 21 49-236
Internet: http://www.elk-wue.de
E-Mail: komm.emh@elk-wue.de
Evang. Oberkirchenrat: Landesbischof Eberhardt Renz

Der EKD angeschlossene Gemeinschaften

u 2 263

Evangelische Brüder-Unität Herrnhuter Brüdergemeine
Direktion
Unitätshaus
Badwasen 6, 73087 Bad Boll
T: (07164) 94 21-0 **Fax:** 94 21-99

u 2 264

Bund Evangelisch-reformierter Kirchen in der Bundesrepublik Deutschland
Wendentorwall 20, 38100 Braunschweig
T: (0531) 4 54 36

Zusammenschlüsse innerhalb der EKD

u 2 265

Vereinigte Evangelisch-Lutherische Kirche Deutschlands (VELKD)
Postf. 51 04 09, 30634 Hannover
Richard-Wagner-Str. 26, 30177 Hannover
T: (0511) 6 26 11 **Fax:** 6 26 12 11
Leitender Bischof: Landesbischof Hans Christian Knuth

u 2 266

Lutherisches Kirchenamt der VELKD (Lutherisches Kirchenamt)
Postf. 51 04 09, 30634 Hannover
Richard-Wagner-Str. 26, 30177 Hannover
T: (0511) 6 26 11 **Fax:** 6 26 12 11
E-Mail: zentrale@velkd.de
Leitung: Präsident Friedrich-Otto Scharbau
Verbandszeitschrift: VELKD-Informationen
Redaktion: Udo Hahn
Verlag: Lutherisches Kirchenamt

u 2 267

Evangelische Kirche der Union (EKU)
Jebensstr. 3, 10623 Berlin
T: (030) 3 10 01-0 **Fax:** 3 10 01-200
Internet: http://www.eku-kirche.de
Vors. d. Rates: Kirchenpräsident Helge Klassohn
Leiter der Kirchenkanzlei: Präsident Dr. Wilhelm Hüffmeier, Berlin

u 2 268

Arnoldshainer Konferenz
Geschäftsstelle
Jebensstr. 3, 10623 Berlin
T: (030) 3 10 01-0 **Fax:** 3 10 01-2 00

Mitarbeitende Kirchenleitungen:
Evangelische Kirche Anhalts; Evangelische Landeskirche in Baden; Evangelische Kirche in Berlin-Brandenburg; Bremische Evangelische Kirche; Evangelische Kirche der schlesischen Oberlausitz; Evangelische Kirche in Hessen und Nassau; Evangelische Kirche von Kurhessen-Waldeck; Lippische Landeskirche; Evangelisch-reformierte Kirche; Evangelisch-Lutherische Kirche in Oldenburg; Evangelische Kirche der Pfalz; Pommersche Evangelische Kirche; Evangelische Kirche im Rheinland; Evangelische Kirche der Kirchenprovinz Sachsen; Evangelische Kirche von Westfalen; Evangelische Kirche der Union (EKU)

u 2 269

Konföderation evangelischer Kirchen in Niedersachsen
Geschäftsstelle
Rote Reihe 6, 30169 Hannover
T: (0511) 1 24 13 31
Vors. d. Rates: Landesbischof Christian Krause, Wolfenbüttel
Geschäftsführer(in): OLKR Jörg-Holger Behrens, Hannover

Gliedkirchen:
Evangelisch-lutherische Landeskirche Hannovers; Evangelisch-lutherische Landeskirche in Braunschweig; Evangelisch-Lutherische Kirche in Oldenburg; Evangelisch-Reformierte Kirche (Synode ev.-ref. Kirchen in Bayern und Nordwestdeutschland); Evangelisch-Lutherische Landeskirche Schaumburg-Lippe

Militär-, Grenzschutz- und Polizeiseelsorge

u 2 270

Militärseelsorge:
Fritz-Erler-Str. 4, 53113 Bonn
T: (0228) 3 67 74-0 **Fax:** 3 67 74-55
Evangelischer Militärbischof: Bischof Dr. Hartmut Löwe

u 2 271

Evangelisches Kirchenamt für die Bundeswehr
Argelanderstr. 105, 53115 Bonn
T: (0228) 9 47-8 **Fax:** 9 47-2185
Leitung: Militärgeneraldekan Erhard Knauer

u 2 272

Seelsorge im Bundesgrenzschutz
Dietrich-Müller-Str. 12, 26427 Esens
T: (04971) 6 61 **Fax:** 56 81
Beauftragter für die evangelische Seelsorge im Bundesgrenzschutz: Bischof Heinz-Georg Binder

u 2 273

Evangelischer Grenzschutzdekan
Graf-Bernadotte-Platz 5, 34119 Kassel
T: (0561) 93 67-380 **Fax:** 93 67-383
Leitung: KR Dr. Rolf Sauerzapf

u 2 274

Polizeiseelsorge der EKD
Konferenz evangelischer Polizeipfarrer
Geschäftsstelle
Postf. 41 02 60, 34064 Kassel
T: (0561) 93 78-358 **Fax:** 93 78-409
E-Mail: kurt.gruetzner@t-online.de
Vorsitzende(r): Pfarrer Kurt Grützner

Werke und Institute in der EKD

u 2 275

Diakonisches Werk der Evangelischen Kirche in Deutschland e.V. (EKD)
Hauptgeschäftsstelle
Postf. 10 11 42, 70010 Stuttgart
Stafflenbergstr. 76, 70184 Stuttgart
T: (0711) 21 59-0 **Fax:** 21 59-288
TGR: Diakonie Stuttgart
Internet: http://www.diakonie.de
E-Mail: diakonie@diakonie.de
Gründung: 1975
Leitung: Präsident Jürgen Gohde
Mitglieder: 24 regionale Werke, 9 Freikirchen, ca. 90 Fachverbände
Mitarbeiter: rd. 402000 hauptamtl.; 400 000 ehrenamtl.

u 2 276

Gemeinschaftswerk der Evangelischen Publizistik e.V.
Emil-von-Behring-Str. 3, 60439 Frankfurt
T: (069) 5 80 98-0 **Fax:** 5 80 98-100
Internet: http://www.gep.de
E-Mail: info@gep.de
Direktor(in): Hans Norbert Janowski

u 2 277

Evangelisches Missionswerk in Deutschland e.V. (EMW)
Normannenweg 17-21, 20537 Hamburg
T: (040) 2 54 56-0 **Fax:** 2 54 29 87
Internet: http://www.emw-d.de
E-Mail: webmaster@emw-d.de
Direktor(in): Herbert Meißner

u 2 278

Evangelisches Zentralarchiv in Berlin
Jebensstr. 3, 10623 Berlin
T: (030) 3 10 01-1 07 **Fax:** 3 10 01-2 00
Leitung: Dr. Hartmut Sander

u 2 279

Kirchenrechtliches Institut der EKD
Goßlerstr. 11, 37073 Göttingen
T: (0551) 5 77 11

u 2 280

Evangelische Zentralstelle für Weltanschauungsfragen (EZW)
Auguststr. 80, 10117 Berlin
T: (030) 2 83 95-190 **Fax:** 2 83 95-150

u 2 281

Sozialwissenschaftliches Institut der Evangelischen Kirche in Deutschland
Postf. 25 05 63, 44743 Bochum
Querenburger Höhe 294, 44801 Bochum
T: (0234) 7 09 92 60 **Fax:** 7 09 92 77
E-Mail: swi-ekd-bochum@tmr-online.de

u 2 282

Institut für Kirchenbau und kirchliche Kunst der Gegenwart in der Philipps-Universität Marburg
Am Plan 3, 35037 Marburg
T: (06421) 2 31 43
Direktor(in): Prof.Dr. Horst Schwebel

u 2 283

Evangelische Arbeitsstelle Fernstudium für kirchliche Dienste
Herrenhäuser Str. 12, 30419 Hannover
T: (0511) 27 96-0

u 2 284

Dienste in Übersee (DÜ) Arbeitsgemeinschaft ev. Kirchen in Deutschland e.V.
(Kirchlicher Entwicklungsdienst)
Postf. 10 03 40, 70747 Leinfelden-Echterdingen
Nikolaus-Otto-Str. 13, 70771 Leinfelden-Echterdingen
T: (0711) 79 89-0 **Fax:** 79 89-1 23
E-Mail: info@due.org
Geschäftsführerin: Dipl.-Päd. Gertraude Kaiser

• **U 2 285**

Konferenz der Leiter der kirchlichen und der staatlichen Ausbildungsstätten für Kirchenmusik und der Landeskirchenmusikdirektoren in der Ev. Kirche in Deutschland (EKD)
c/o Amt für Kirchenmusik
Gänsheidestr. 4, 70184 Stuttgart
T: (0711) 21 49-524 **Fax:** 21 49-9524
Gründung: 1949
Präsident(in): LKMD Siegfried Bauer (Gänsheidestr. 4, 70184 Stuttgart, T: (0711) 21 49-524)
Vizepräsident(in): KMD Prof. Dr. Dr.h.c. Christfried Brödel
Mitglieder: 62

Römisch-Katholische Kirche

• **U 2 286**

Deutsche Bischofskonferenz
Sekretariat der Deutschen Bischofskonferenz
Kaiserstr. 163, 53113 Bonn
T: (0228) 1 03-290 **Fax:** 1 03-299
E-Mail: sekretariat@dbk.de
Vorsitzende(r): Bischof Dr. Dr. Karl Lehmann
Sekr.: P. Dr. Hans Langendörfer (SJ)
Stellv. Sekr.: Dr. Rainer Ilgner
Leitung Presseabteilung: Dr. Rudolf Hammerschmidt (pressestelle@dbk.de)

u 2 287

Zentralstelle Pastoral der Deutschen Bischofskonferenz
Kaiserstr. 163, 53113 Bonn
T: (0228) 1 03-0, 10 32 22 **Fax:** 10 33 34
E-Mail: zspastoral@dbk.de
Leitung: P. Dr. Manfred Entrich (OP)

u 2 288

Zentralstelle Bildung der Deutschen Bischofskonferenz
Kaiserstr. 163, 53113 Bonn
T: (0228) 10 30, 10 32 47 **Fax:** 10 32 01
E-Mail: zsbildung@dbk.de
Leitung: Dr. Eckhard Nordhofen

u 2 289

Zentralstelle Medien der Deutschen Bischofskonferenz
Kaiserstr. 163, 53113 Bonn
T: (0228) 10 32 39 **Fax:** 10 33 29
E-Mail: ZSMedien@dbk.de
Leitung: Dr. Reinhold Jacobi

u 2 290

Zentralstelle Weltkirche der Deutschen Bischofskonferenz
Postf. 29 62, 53019 Bonn
Kaiserstr. 163, 53113 Bonn
T: (0228) 1 03-0, 10 32 84 **Fax:** 10 33 35
E-Mail: zsweltkirche@dbk.de
Leitung: P. Gerhard Mockenhaupt (MSF)

(Erz) Bistümer

u 2 291

BISTUM AACHEN
Bischöfliches Generalvikariat
Postf. 2 10, 52003 Aachen
Klosterplatz 7, 52062 Aachen
T: (0241) 45 20 **Fax:** 45 24 96
Bischof: Dr. Heinrich Mussinghoff

u 2 292

BISTUM AUGSBURG
Bischöfliches Ordinariat
Fronhof 4, 86152 Augsburg
T: (0821) 31 66-0 **Fax:** 31 66-3 11
Bischof: Dr. Viktor Josef Dammertz (OSB)

u 2 293

ERZBISTUM BAMBERG
Erzbischöfliches Ordinariat
Postf. 10 02 61, 96054 Bamberg
Domplatz 3, 96049 Bamberg
T: (0951) 5 02-0 **Fax:** 5 02-271
Erzbischof: Dr. Karl Braun

u 2 294

ERZBISTUM BERLIN
Erzbischöfliches Ordinariat
Postf. 19 15 60, 14005 Berlin
Wundtstr. 48-50, 14057 Berlin
T: (030) 3 26 84-0 **Fax:** 3 26 84-193
Erzbischof: Georg Kardinal Sterzinsky

u 2 295

BISTUM DRESDEN-MEISSEN
Bischöfliches Ordinariat
Postf. 53 01 52, 01291 Dresden
Käthe-Kollwitz-Ufer 84, 01309 Dresden
T: (0351) 33 64-6 **Fax:** 33 64-791
Bischof: Joachim Reinelt

u 2 296

BISTUM EICHSTÄTT
Bischöfliches Ordinariat
Postf. 1354, 85067 Eichstätt
Leonrodplatz 4, 85072 Eichstätt
T: (08421) 50-0 **Fax:** 5 02 09
Bischof: Dr. Walter Mixa

u 2 297

BISTUM ERFURT
Bischöfliches Ordinariat
Postf. 2 96, 99006 Erfurt
Herrmannsplatz 9, 99084 Erfurt
T: (0361) 65 72-0 **Fax:** 65 72-444
Bischof: Dr. Joachim Wanke

u 2 298

BISTUM ESSEN
Bischöfliches Generalvikariat
Postf. 10 04 64, 45004 Essen
Zwölfling 16, 45127 Essen
T: (0201) 22 04-1 **Fax:** 22 04-5 70
Internet: http://www.bistum-essen.de
E-Mail: BistumEssen@t-online.de
Bischof: Dr. Hubert Luthe

u 2 299

ERZBISTUM FREIBURG
Erzbischöfliches Ordinariat
Postanschrift:
79095 Freiburg
Herrenstr. 35, 79098 Freiburg
T: (0761) 21 88-1 **Fax:** 21 88-599
Erzbischof: Dr. Oskar Saier

u 2 300

BISTUM FULDA
Bischöfliches Generalvikariat
Postf. 1 47, 36001 Fulda
Paulustor 5, 36037 Fulda
T: (0661) 87-0 **Fax:** 87-578
Bischof: Erzbischof Dr.Dr. Johannes Dyba

u 2 301

BISTUM GÖRLITZ
Bischöfliches Ordinariat Görlitz
Postf. 30 09 43, 02814 Görlitz
Carl-von-Ossietzky-Str. 41/43, 02826 Görlitz
T: (03581) 47 82-0 **Fax:** 47 82-12
Bischof: Rudolf Müller

u 2 302

ERZBISTUM Hamburg
Erzbischöfliches Generalvikariat
Postf. 10 19 25, 20013 Hamburg
Danziger Str. 52a, 20099 Hamburg
T: (040) 2 48 77-0 **Fax:** 2 48 77-233
Erzbischof: Dr. Ludwig Averkamp

u 2 303

BISTUM HILDESHEIM
Bischöfliches Generalvikariat
Postf. 10 02 63, 31102 Hildesheim
Domhof 18-21, 31134 Hildesheim
T: (05121) 3 07-0 **Fax:** 3 07-4 88
Bischof: Dr. Josef Homeyer

u 2 304

ERZBISTUM KÖLN
Erzbischöfliches Generalvikariat
Postanschrift:
50606 Köln
Marzellenstr. 32, 50668 Köln
T: (0221) 16 42-0 **Fax:** 16 42-1700
E-Mail: info@erzbistum-koeln.de
Erzbischof: Kardinal Joachim Meisner
Generalvikar: Dr. h.c. Norbert Feldhoff
Leitung Presseamt: Dr. Manfred Becker-Huberti (presse@erzbistum-koeln.de)

u 2 305

BISTUM LIMBURG
Bischöfliches Ordinariat
Postf. 13 55, 65533 Limburg
Roßmarkt 4, 65549 Limburg
T: (06431) 2 95-0 **Fax:** 2 95-476
Bischof: Dr. Franz Kamphaus

u 2 306

BISTUM MAGDEBURG
Bischöfliches Ordinariat
Max-Josef-Metzger-Str. 1, 39104 Magdeburg
T: (0391) 59 61-0 **Fax:** 59 61-100
Bischof: Leopold Nowak

u 2 307

BISTUM MAINZ
Bischöfliches Ordinariat
Postf. 15 60, 55005 Mainz
Bischofsplatz 2, 55116 Mainz
T: (06131) 2 53-0 **Fax:** 2 53-401
Bischof: Dr.Dr. Karl Lehmann

u 2 308

ERZBISTUM MÜNCHEN UND FREISING
Erzbischöfliches Ordinariat
Postf. 330360, 80063 München
Rochusstr. 5, 80333 München
T: (089) 21 37-0 **Fax:** 21 37-1585
Erzbischof: Kardinal Friedrich Wetter

u 2 309

BISTUM MÜNSTER
Bischöfliches Generalvikariat
48135 Münster
Domplatz 27, 48143 Münster
T: (0251) 4 95-0
Bischof: Dr. Reinhard Lettmann

u 2 310

BISTUM OSNABRÜCK
Bischöfliches Generalvikariat
Postf. 13 80, 49003 Osnabrück
Hasestr. 40, 49074 Osnabrück
T: (0541) 3 18-0 **Fax:** 3 18-117
Bischof: Dr. Franz-Josef Bode

u 2 311

ERZBISTUM PADERBORN
Erzbischöfliches Generalvikariat
Postf. 14 80, 33044 Paderborn
Domplatz 3, 33098 Paderborn
T: (05251) 1 25-0 **Fax:** 1 25-470
Erzbischof: Dr. Johannes Joachim Degenhardt

u 2 312

BISTUM PASSAU
Bischöfliches Ordinariat
Residenzplatz 8, 94032 Passau
T: (0851) 3 93-0 **Fax:** 3 93-830
Bischof: Dr.h.c. Franz Xaver Eder

u 2 313

BISTUM REGENSBURG
Bischöfliches Ordinariat
93043 Regensburg
Niedermünstergasse 1, 93047 Regensburg
T: (0941) 5 97-01 **Fax:** 5 97-1055
Bischof: Manfred Müller

u 2 314

BISTUM ROTTENBURG-STUTTGART
Bischöfliches Ordinariat
Postf. 9, 72101 Rottenburg
Eugen-Bolz-Platz 1, 72108 Rottenburg
T: (07472) 1 69-0 **Fax:** 1 69-561
Bischof: Dr. Walter Kasper

u 2 315

BISTUM SPEYER
Bischöfliches Ordinariat
67343 Speyer
Kleine Pfaffengasse 16, 67346 Speyer
T: (06232) 1 02-0 **Fax:** 1 02-300
Bischof: Dr. Anton Schlembach

u 2 316

BISTUM TRIER
Bischöfliches Generalvikariat
Postf. 13 40, 54203 Trier
Hinter dem Dom 6, 54290 Trier
T: (0651) 71 05-0 **Fax:** 71 05-498
Bischof: Dr. Hermann Josef Spital

u 2 317

BISTUM WÜRZBURG
Bischöfliches Ordinariat
97067 Würzburg
Domerschulstr. 2, 97070 Würzburg
T: (0931) 3 86-1 **Fax:** 3 86-334
Bischof: Dr. Paul-Werner Scheele

• U 2 318

Deutsche Gesellschaft für christliche Kunst e.V.
Wittelsbacherplatz 2, 80333 München
T: (089) 28 25 48 **Fax:** 28 86 45
Gründung: 1893 (4. Januar)
1. Präs: Dr. Jürgen Lenssen
2. Präs: Ugo Dossi
3. Präs: Dr. Barbara Rollmann-Borretty
Mitglieder: 700
Mitarbeiter: 1
Jahresetat: DM 0,20 Mio, € 0,1 Mio

• U 2 319

Katholische Akademikerarbeit Deutschlands e.V. (KAD)
Postf. 16 80, 45746 Marl
Gründung: 1913
Präsident(in): Dipl.-Vw. Erich Hasselkuss, Bochum
Vizepräsident(in): Stadtarchivdir. Dr. Wolfgang Löhr, Mönchengladbach
Stadtrat a.D. Bernhard Mihm, Frankfurt/M.
Generalsekretär(in): Beig. a.D. Urban Zinser, Bonn
Verbandszeitschrift: RENOVATIO
Redaktion: Bendenweg 101, 53121 Bonn
Verlag: Ernst Knoth GmbH, Postf. 2 26, 49303 Melle
Mitglieder: 90000
Mitarbeiter: 4

• U 2 320

Publizistische Kommission der Deutschen Bischofskonferenz
Postf. 29 62, 53019 Bonn
Kaiserstr. 163, 53113 Bonn
T: (0228) 10 32 39 **Fax:** 10 33 29
E-Mail: ZSMedien@dbk.de
Vorsitzende(r): Bischof Dr. Hermann Josef Spital, Trier
Sekretär: Dr. Reinhold Jacobi, Bonn

• U 2 321

Zentralstelle Medien der Deutschen Bischofskonferenz
Postf. 29 62, 53019 Bonn
Kaiserstr. 163, 53113 Bonn
T: (0228) 10 32 39 **Fax:** 10 33 29
E-Mail: ZSMedien@dbk.de
Leitung: Dr. Reinhold Jacobi
Referat Grundsatzfragen:
Ulrich Spallek
Referat Presse u. Verlagswesen:
Matthias Kopp
Referat Hörfunk u. Fernsehen:
Dr. David Hober
Referat Film:
Dr. Peter Hasenberg
Referat AV-Medien:
J. Karsten Henning
Referat Kommunikationspädagogik:
Dr. Hella Tompert

• U 2 322

Katholische Sozialethische Arbeitsstelle e.V. (KSA)
Ostenallee 80, 59071 Hamm
T: (02381) 9 80 20-0 **Fax:** 9 80 20-99
Internet: http://www.ksa-hamm.de
E-Mail: ksa-hamm@t-online.de
Vorsitzende(r): Klaus-Jürgen Reinbold
Stellvertretende(r) Vorsitzende(r): Winfried Schwingenheuer
Geschäftsführer(in): Thomas Becker

• U 2 323

Zentralkomitee der deutschen Katholiken (ZdK)
Hochkreuzallee 246, 53175 Bonn
T: (0228) 38 29 70 **Fax:** 3 82 97 44
Gründung: 1868
Präsident(in): Prof. Dr. Hans Joachim Meyer
Generalsekretär(in): Dr. Stefan Vesper
Leitung Presseabteilung: Theodor Bolzenius
Verbandszeitschrift: Salzkörner
Redaktion: Theodor Bolzenius, Paul Halbe

Alt-Katholische Kirche

• U 2 324

Katholisches Bistum der Alt-Katholiken in Deutschland
Gregor-Mendel-Str. 28, 53115 Bonn
T: (0228) 23 22 85 **Fax:** 23 83 14
Internet: http://www.alt-katholisch.de
E-Mail: ordinariat@alt-katholisch.de
Bischof: Joachim Vobbe
Generalvikar: Hans-Werner Schlenzig

u 2 325

Landessynodalrat Baden-Württemberg
Mitteläckerring 47a, 76532 Baden-Baden
T: (07221) 5 34 28 **Fax:** 5 34 27
1. Vorsitzende(r): Pfr. Hans Vogt

u 2 326

Landessynodalrat Bayern der Alt-Kath. Kirche i.B.
Industriestr. 47, 90537 Feucht
T: (09128) 92 04 20 **Fax:** 92 04 22
Präsident(in): Raimund Caser

u 2 327

Landessynodalrat der Alt-Katholischen Kirche in Hessen
Lämmerspieler Str. 46, 63179 Obertshausen
T: (06104) 79 79 14
1. Vorsitzende(r): Osvaldo Ghezzi

u 2 328

Alt-Katholisches Dekanat Mitte/Ost
Albrechtstr. 72A, 12167 Berlin
T: (030) 7 96 22 50 **Fax:** 7 96 22 50
Dekan: Pfarrer Johannes Urbisch

u 2 329

Kirchensteuerrat Nordrhein-Westfalen
Ahornweg 26, 53177 Bonn
T: (0228) 32 11 08
1. Vorsitzende(r): Hubert Vandervelt

u 2 330

Gemeindeverband Rheinland-Pfalz
Lessingstr. 1a, 76135 Karlsruhe
T: (0721) 84 33 93
1. Vorsitzende(r): Pfr. Reinhold Lampe

• U 2 331

Alt-Katholische Diakonie in Deutschland e.V.
-Geschäftsstelle-
c/o Ralph Kirscht
Adenauerallee 61, 53113 Bonn
T: (0228) 22 33 11 **Fax:** 2 42 06 69
Gründung: 1987
Vorstand: Dipl.-Heilpädagoge Ralph Kirscht (Vors.)
Dr. Ilse Brinkhues (stellv. Vors.)
Pfarrer Cornelius Schmidt (Schriftführer)
Pfarrer Thomas Walter (Schatzmeister)
Werner Luttermann (Osteuropahilfe)
Verbandszeitschrift: Diakonie-Brief

Jüdische Religionsgemeinschaft

• U 2 332

Zentralrat der Juden in Deutschland K.d.ö.R.
Leo-Baeck-Haus
Tucholskystr. 9, 10117 Berlin
T: (030) 28 44 56-0 **Fax:** 28 44 56-13
Präsident(in): Paul Spiegel
Vizepräsident(in): Charlotte Knobloch
RA Michel Friedmann
Geschäftsführer(in): Stephan J. Kramer
Mitgl.d.Dir.: Vertr. d. regionalen Verbände (Landesverbände d. Jüd. Gemeinden)
Verbandszeitschrift: Allgemeine Jüdische Wochenzeitung
Landesverbände: 20

u 2 333

Jüdische Gemeinde zu Berlin
Fasanenstr. 79-80, 10623 Berlin
T: (030) 8 80 28-232 **Fax:** 8 80 28-250
Vorsitzende(r): Dr. Andreas Nachama

Jüdische Gemeinde zu Berlin
Oranienburger Str. 28, 10117 Berlin
T: (030) 28 01-2 53 **Fax:** 28 40 12 18

u 2 334

Jüdische Gemeinde im Lande Bremen K.d.ö.R.
Schwachhauser Heerstr. 117, 28211 Bremen
T: (0421) 4 98 51 04 **Fax:** 4 98 49 44

u 2 335

Landesverband der Jüdischen Gemeinden von Westfalen-Lippe
Prinz-Friedrich-Karl-Str. 12, 44135 Dortmund
T: (0231) 5 28 49-5 **Fax:** 5 86 03 72
E-Mail: lvjuedwest@aol.com
Vorsitzende(r): Hanna Sperling
Mitglieder: ca. 5000
Mitarbeiter: 4 hauptamtliche, 3 ehrenamtliche

u 2 336

Landesverband der Jüdischen Gemeinden von Nordrhein
Zietenstr. 50, 40476 Düsseldorf
T: (0211) 44 68 09 **Fax:** 48 84 01
Vorsitzende(r) des Vorstandes: Paul Spiegel
Geschäftsführer(in): Herbert Rubinstein

u 2 337

Landesverband der Jüdischen Gemeinden in Hessen
Hebelstr. 6, 60318 Frankfurt
T: (069) 44 40 49 **Fax:** 43 14 55
HGeschF und Vors.: Dir. Moritz Neumann, Darmstadt

u 2 338

Jüdische Gemeinde Frankfurt am Main K.d.ö.R.
Westendstr. 43, 60325 Frankfurt
T: (069) 74 07 21 **Fax:** 74 68 74
Vorstand: Dr. S. Korn (Vors.)
Dr. M. Friedman
Dr. D. Graumann
Dr. L. Latasch
Direktor(in): Dipl.-Kfm. S. Szajak
Verbandszeitschrift: Jüdische Gemeindezeitung Frankfurt
Mitglieder: ca. 6300
Mitarbeiter: ca. 260
Jahresetat: DM 33 Mio, € 16,87 Mio

u 2 339

Jüdische Gemeinde in Hamburg
Schäferkampsallee 27, 20357 Hamburg
T: (040) 44 09 44-0 **Fax:** 4 10 84 30
Vorsitzende(r): Gabriela Fenyes
auch zuständig für den Bereich Schleswig-Holstein

u 2 340

Landesverband der Jüdischen Gemeinden von Niedersachsen K.d.ö.R.
Hindenburgstr. 2-4, 30175 Hannover
T: (0511) 81 27 62 **Fax:** 85 45 90
Vorsitzende(r): RA M. Fürst

u 2 341

Israelitische Religionsgemeinschaft Baden KdöR
Oberrat der Israeliten Badens
Postf. 4806, 76031 Karlsruhe
Knielinger Allee 11, 76133 Karlsruhe
T: (0721) 9 72 50-0 **Fax:** 9 72 50 20
1. Vorsitzende(r): Manfred Erlich

u 2 342

Landesverband der Jüdischen Gemeinden von Rheinland-Pfalz
Aspeltstr. 9, 55118 Mainz
T: (06131) 6 78 03-9 **Fax:** 6 16 25-4
Präsident(in): Asnate Hermer

u 2 343

Synagogen-Gemeinde Köln
Roonstr. 50, 50674 Köln
T: (0221) 92 15 60-0 **Fax:** 92 15 60-9
Vorstand: Miguel Freund
Harry Farkos
Vladimir Vaisberg
Geschäftsführer(in): Benzion Wieber

u 2 344

Landesverband der Israelitischen Kultusgemeinden in Bayern K.d.ö.R.
Effnerstr. 68, 81925 München
T: (089) 9 89 44-2, 9 89 44-3 **Fax:** 9 10 17-53
Präsident(in): Dr.Dr. Simon Snopkowski

u 2 345

Israelitische Kultusgemeinde München und Oberbayern
Reichenbachstr. 27, 80469 München
T: (089) 20 24 00-0 **Fax:** 2 01 46 04
Präsident(in): Charlotte Knobloch
Geschäftsführer(in): Chil Rackowski

u 2 346

Synagogengemeinde Saar
Postf. 10 28 38, 66028 Saarbrücken
T: (0681) 3 51 52 **Fax:** 3 51 22
Vorsitzende(r): Richard Borg
Geschäftsführer(in): Marcel Wainstock
Rabbiner: Chaim Levit

u 2 347

Landesverband Sachsen der Jüdischen Gemeinden
Bautzner Str. 20, 01099 Dresden
T: (0351) 8 02 27-39 **Fax:** 8 04 14-45
Vorsitzende(r): Siegmund Rotstein

u 2 348

Jüdische Landesgemeinde Thüringen
Sitz Erfurt
Juri-Gagarin-Ring 16, 99084 Erfurt
T: (0361) 5 62 49 64 **Fax:** 5 66 86 90
Vorsitzende(r): Wolfgang M. Nossen

u 2 349

Israelitische Religionsgemeinschaft Württembergs
Hospitalstr. 36, 70174 Stuttgart
T: (0711) 2 28 36-0 **Fax:** 2 28 36-18
Vorstand: Meinhard M. Tenné (Sprecher)
Geschäftsführer(in): Arno Fern

u 2 350

Jüdische Gemeinde Land Brandenburg, Sitz Potsdam
Am Lehnitzsee 8, 14476 Neu Fahrland
T: (033208) 6 80-60 **Fax:** 5 22-97
Vorsitzende(r): Dr. Alexander Kogan

u 2 351

Landesverband Jüdischer Gemeinden Sachsen-Anhalt
Gröperstr. 1a, 39106 Magdeburg
T: (0391) 5 61 60-22 **Fax:** 5 43 20-27
Vorsitzende(r): Jakov Li

u 2 352

Landesverband der Jüdischen Gemeinden in Mecklenburg-Vorpommern
Schlachterstr. 3-5, 19055 Schwerin
T: (0385) 5 50 73-45 **Fax:** 5 50 73-45
Vorsitzende(r): Valerij Bunimov

Andere Religions- und Weltanschauungsgemeinschaften

• **U 2 353**

Gemeinschaft der Siebenten-Tags-Adventisten in Deutschland K.d.ö.R.
Hauptverwaltungsstelle:
Heidelberger Landstr. 24, 64297 Darmstadt
T: (06151) 5 11 12 **Fax:** 53 76 39
Vorsteher: Bruno Liske
Stellv. Vorsteher: Reinhard Rupp

angeschlossen:

u 2 354

ADRA Adventistische Entwicklungs- und Katastrophenhilfe e.V.
Robert-Bosch-Str. 4, 64331 Weiterstadt
T: (06151) 8 11 50 **Fax:** 81 15 12
E-Mail: 100525.1606@compuserve.com
Gründung: 1987 (26. Februar)
Leitung Presseabteilung: H. H. Wilfert
Verbandszeitschrift: ADRA-report
Redaktion: i. Haus
Verlag: Grindeldruck, Hamburg
Mitglieder: 12
Jahresetat: DM 8,7 Mio, € 4,45 Mio

Entwicklungshilfe, Not- und Katastrophenhilfsmaßnahmen; Nahrungsmittelhilfe.

u 2 355

Gemeinschaft der Siebenten-Tags-Adventisten, Süddeutscher Verband K.d.ö.R.
Postf. 42 60, 73745 Ostfildern
Senefelderstr. 15, 73760 Ostfildern
T: (0711) 44 81 90 **Fax:** 4 48 19-60
E-Mail: sdv.zentrale@adventisten.de
Vorsteher: Bruno Liske
Sekr.: Dietrich Müller

u 2 356

Gemeinschaft der Siebenten-Tags-Adventisten, Norddeutscher Verband K.d.ö.R.
Fischerstr. 19, 30167 Hannover
T: (0511) 9 71 77-0 **Fax:** 9 71 77-33
Vorsteher: Reinhard Rupp
Sekretär: Walfried Eberhardt

u 2 357

Gemeinschaft der Siebenten-Tags-Adventisten in Baden-Württemberg, K.d.ö.R.
Firnhaberstr. 7, 70174 Stuttgart
T: (0711) 1 62 90-0 **Fax:** 1 62 90-60
Gründung: 1912
Vorsteher: Erhard Biró
Sekretär: Gerald Stahlberger
Verbandszeitschrift: INFORMATIONEN des Adventistischen Pressedienstes
Redaktion: APD-Zentralredaktion, Postfach 4260, 73745 Ostfildern
Mitglieder: 5800
Mitarbeiter: 47

u 2 358

Gemeinschaft der Siebenten-Tags-Adventisten in Hessen, Rheinland-Pfalz und im Saarland -K.d.ö.R.-
Eschenheimer Anlage 32, 60318 Frankfurt
T: (069) 95 91 84-0 **Fax:** 95 91 84-20
E-Mail: Adventisten_MRV@compuserve.com
Vorsteher: Frieder Schmid
Sekretär: Christian Molke

u 2 359

Gemeinschaft der Siebenten-Tags-Adventisten Nordbayerische Vereinigung K.d.ö.R.
Kaiserslauterer Str. 11, 90441 Nürnberg
T: (0911) 6 28 08-0 **Fax:** 6 28 08-28
Vorsteher: Reinhard Gelbrich
Sekretär: Jochen Klauß

u 2 360

Gemeinschaft der Siebenten-Tags-Adventisten in Bayern K.d.ö.R.
Südbayerische Vereinigung:
Tizianstr. 18, 80638 München
T: (089) 15 91 34-0 **Fax:** 15 91 34-17
Vorsteher: Rainer Wanitschek
Sekretär: Jochen Streit

Nordbayerische Vereinigung
Kaiserslauterer Str. 11, 90441 Nürnberg
T: (0911) 6 69 11-12 **Fax:** 62 98 71
Vorsteher: Reinhard Gelbrich
Sekretär: Jochen Klauß

u 2 361

Gemeinschaft der Siebenten-Tags-Adventisten Landesverband m. d. Sitz in Berlin K.d.ö.R.
Landesverband Brandenburg K.d.ö.R.
Koblenzer Str. 3, 10715 Berlin
T: (030) 85 79 01-0 **Fax:** 85 79 01-44
E-Mail: 102555.1547@compuserve.com
Vorsteher: Gerd Eiteneier
Sekretär: Christopher Wilde

u 2 362

Gemeinschaft der Siebenten-Tags-Adventisten in Hamburg, Mecklenburg-Vorpommern und Schleswig-Holstein
Körperschaften des öffentlichen Rechts
Grindelberg 15a, 20144 Hamburg
T: (040) 41 86 70 **Fax:** 41 87 44
E-Mail: sta-hansa@adventisten.de

Vorsteher: Heinz-Ewald Gattmann
Sekretär: Martin Knoll
Leitung Presseabteilung: Gerhard Rempel

u 2 363

Siebenten-Tags-Adventisten Niedersachsen-Vereinigung

Verwaltungsstelle:
Joseph-Haydn-Str. 4, 28209 Bremen
T: (0421) 34 84 14 **Fax:** 3 48 41 50
E-Mail: sta-nib@adventisten.de
Vorsteher: Klaus-J. van Treeck
Sekretär: Detlef Bendig

u 2 364

Gemeinschaft der Siebenten-Tags-Adventisten in NRW K.d.ö.R.

Diepensiepen 18, 40822 Mettmann
T: (02104) 13 90-0 **Fax:** 1 62 92
E-Mail: sta-nrw@adventisten.de
Vorsteher: Lothar Wilhelm
Sekretär: Manuel Bendig (Ltg. Presseabt.)

u 2 365

Advent-Bildungs- und Erziehungswerk e.V.

Schulzentrum Seminar Marienhöhe
Auf der Marienhöhe 32, 64297 Darmstadt
T: (06151) 53 91-0 **Fax:** 53 91-1 68
Vorsitzende(r): Bruno Liske
Stellvertretende(r) Vorsitzende(r): Reinhard Rupp
Schulleiterin: Ulrike Pelczar
Geschäftsführer(in): Peter Hertwig
Mitarbeiter: 110
Jahresetat: DM 11,5 Mio, € 5,88 Mio

Alle Bildungs- und Erziehungsbelange der Gemeinschaft der Siebenten-Tags-Adventisten in Deutschland Körperschaft des öffentlichen Rechts zu fördern und zu tragen. Der Verein ist selbstlos tätig, er verfolgt nicht in erster Linie eigenwirtschaftliche Zwecke.

u 2 366

Advent-Wohlfahrtswerk e.V.

Sitz des Vereins:
Heidelberger Landstr. 24, 64297 Darmstadt
T: (06151) 5 11 12 **Fax:** 53 76 39
Vorsteher: Bruno Liske
Stellvertretende(r) Vorsitzende(r): Reinhard Rupp
Geschäftsführer(in): Bundesbeauftragter Martin Haase (Advent-Wohlfahrtswerk e.V., Bundesstelle, Fischerstr. 19, 30167 Hannover, T: (0511) 9 71 77-0, Fax: (0511) 9 71 77-33)

u 2 367

Stimme der Hoffnung e.V.

Am Elfengrund 66, 64297 Darmstadt
T: (06151) 95 44-0 **Fax:** 95 44-70
Internet: http://www.stimme-der-hoffnung.de
E-Mail: SDH@stimme-der-hoffnung.de
Vorsteher: Bruno Liske
Stellv. Vorsteher: Reinhard Rupp
Sekretär: Günther Machel

• U 2 368

Russisch-Orthodoxe Diözese des Orthodoxen Bischofs von Berlin und Deutschland (Auslandskirche)

Hofbauernstr. 26, 81247 München
T: (089) 8 34 89 59 **Fax:** 88 67 77
Vorsitzende(r): Erzbischof Dr. Mark Arndt
Leitung Presseabteilung: Pfr. Nikolaj Artemoff

• U 2 369

UNIVERSELLES LEBEN

Postf. 56 43, 97006 Würzburg
Haugerring 7, 97070 Würzburg
T: (0931) 39 03-0 **Fax:** 39 03-2 33
Internet: http://www.universelles-leben.org
E-Mail: info@universelles-leben.org
Gründung: 1985 (Oktober)
Geschäftsführer(in): Alfred Schulte
Leitung Presseabteilung: Dr. Christian Sailer
Verbandszeitschrift: Das Weisse Pferd
Redaktion: Max-Braun-Str. 2, 97828 Marktheidenfeld
Verlag: Das Weisse Pferd GmbH

• U 2 370

Dachverband Freier Weltanschauungsgemeinschaften e.V. (DFW)

- Präsidium
Postf. 40 05 07, 12632 Berlin
T: (03322) 20 59 41 **Fax:** (03321) 45 07 47
Internet: http://www.dfw-dachverband.de
Gründung: 1949 (08. Oktober)
Präsident(in): Dr. phil. Volker Mueller
Vizepräsident(in): Horst Prem
Leitung Presseabteilung: Dr. Helmut Kramer (Eichtalstr. 10, 22041 Hamburg)
Verbandszeitschrift: Wege ohne Dogma; Unitarische Blätter; KRISTALL; homo humanus; pfw, Pressedienst Freier Weltanschauungsgemeinschaft
Redaktion: Ortrun E. Lenz
Verlag: Eigenverlag: Schillerstr. 50, 63263 Neu-Isenburg
Mitglieder: 70000

Mitgliedsverbände

u 2 371

Bund Freireligiöser Gemeinden Deutschlands K.d.ö.R. (BFGD)

Vereinigung freier Religions- und Weltanschauungsgemeinschaften
Dreieichstr. 46, 60594 Frankfurt
T: (069) 96 12 14 14 **Fax:** 96 12 14 15
Helge Frank

u 2 372

Deutsche Unitarier Religionsgemeinschaft e.V.

Wartenau 13, 22089 Hamburg
T: (040) 2 54 22 48 **Fax:** 2 51 20 52
Internet: http://www.unitarier.de
Eike Möller

u 2 373

Bund für Geistesfreiheit Bayern

K.d.ö.R.
Postf. 19 01 45, 90730 Fürth
T: (0911) 43 79 37
Adi Meister

u 2 374

Gesellschaft für freigeistige Kultur e.V.

Osterloher Weg 111, 25421 Pinneberg
T: (04101) 7 52 98
Klaus F. Stolle

u 2 375

Freigeistige Aktion Deutscher Monistenbund e.V.

Fasanenweg 8, 31535 Neustadt
T: (05032) 6 62 76, 6 62 97
Arnher E. Lenz

u 2 376

Freigeistiges Lebenshilfswerk e.V.

Karl-Thon-Str. 42, 14641 Nauen
T: (03321) 45 07 46
Dr. Peter Jäckel

u 2 377

Gesellschaft zur Förderung der freien Religions- und Lebenskunde in Schleswig-Holstein e.V.

Moosberg 18a, 21033 Hamburg
T: (040) 7 39 91 05
Ernst Mohnike

u 2 378

Verband Freier Weltanschauungsgemeinschaften Hamburg e.V.

Büro: Freie Humanisten
Struckholt 22a, 22337 Hamburg
T: (040) 59 14 52

u 2 379

Humanistischer Freidenkerbund Brandenburg e.V.

Postf. 60 08 13, 14408 Potsdam
T: (03321) 45 07 46
Dr.phil. Volker Mueller

u 2 380

Fachverband für weltliche Bestattungs- und Trauerkultur e.V.

Köpenzeile 154, 12557 Berlin
T: (030) 6 51 61 37
Wolfgang Fleischer

• U 2 381

Bund Freireligiöser Gemeinden Deutschlands K.d.ö.R. (BFGD)

- Vereinigung freier Religions- und Weltanschauungsgemeinschaften -
Geschäftsstelle:
Dreieichstr. 46, 60594 Frankfurt
T: (069) 96 12 14 14 **Fax:** 96 12 14 15
Gründung: 1859 (17. Juni)
Präsident(in): Bernd Elsner, Elmstein/Pfalz
Verbandszeitschrift: Wege ohne Dogma
Verlag: Freireligiöse Verlagsbuchhandlung Mannheim, 68161 Mannheim
Mitglieder: 4
Mitgliedsgemeinschaften: 4

Dachorganisation zur Unterstützung der Interessen der angeschlossenen Mitgliedsgemeinden insbesondere bei der Pflege und Förderung freigeistigen, humanistischen und freireligiösen Gedankengutes: weltanschauliche und religiöse Selbstbestimmung, Eintreten für die Trennung von Staat und Kirche, Bemühen um Verständnis für ein diesseits bezogenes, vernunftsbegründetes und verantwortungsethisches Weltbild Ablehnung von Gewalt als Mittel zur Problemlösung; dazu: Herausgabe und Förderung humanistischen Schrifttums; Durchführung von Tagungen i.o.g. Sinne; Zusammenarbeit mit geistesverwandten Verbänden des In- und Auslandes.

Mitgliedsgemeinschaften

u 2 382

Freireligiöse Landesgemeinde Baden K.d.ö.R.

T 6 26, 68161 Mannheim
T: (0621) 2 28 05 **Fax:** 2 82 89
Vorsitzende(r): Rainer Schrauth
Sekr.: Joachim Koch
Landesprediger: Thomas Lasi
Dr. Eckhart Pilick
Ute Janz

u 2 383

Freireligiöse Landesgemeinschaft Hessen K.d.ö.R.

Gemeinschaft freigeistiger und humanistischer Weltanschauung
Ulmenweg 5, 63263 Neu-Isenburg
T: (06102) 3 95 67 **Fax:** 77 07 50
E-Mail: freireligioese-hessen@t-online.de
Gründung: 1951
Präsident(in): Dieter Bender
Verbandszeitschrift: Nachrichten aus Hessen

u 2 384

Freireligiöse Gemeinde Offenbach/M K.d.ö.R.

Schillerplatz 1, 63067 Offenbach
T: (069) 8 00 80 60 **Fax:** 80 08 06 10
E-Mail: freireligioese-offenbach@t-online.de
Vorsitzende(r): Ulrich Urban
Pfarrer Helmut Manteuffel
Pfarrer Heinrich Keipp

u 2 385

Freireligiöse Landesgemeinde Pfalz K.d.ö.R.

Wörthstr. 6a, 67059 Ludwigshafen
T: (0621) 51 25 82 **Fax:** 62 66 33
Internet: http://www.freireligioese.de
E-Mail: pfalz@freireligioese.de
Präsident(in): Siegward Dittmann
Landessprecherin: Renate Bauer

• U 2 386

Freie Humanisten Niedersachsen

K.d.ö.R.
Humanistische Weltanschauungsgemeinschaft und Interessenvereinigung kirchenfreier Menschen
Otto-Brenner-Str. 22"Haus Humanitas", 30159 Hannover
T: (0511) 16 76 91 60 **Fax:** 16 76 91 78
Gründung: 1948 (30. Mai)
Präsident(in): Folker Janßen
Landessprecher: Jürgen Gerdes
Verbandszeitschrift: Diesseits
Mitglieder: ca. 15000

• U 2 387

Islamrat für die Bundesrepublik Deutschland / Islamischer Weltkongreß Deutschland e.V.
Adenauerallee 13, 53111 Bonn
T: (0228) 53 96 10 **Fax:** 5 39 61 38
Gründung: 1932
Vorsitzende(r): Hasan Özdogan
Generalsekretär(in): Ghulam-D. Totakhyl
Mitglieder: 920000, 38 Mitgliedsverbände

• U 2 388

SCHURA - Rat der islamischen Gemeinschaften in Hamburg e.V.
Steindamm 62, 20099 Hamburg
T: (040) 28 05 65 61 **Fax:** 28 05 65 48
Gründung: 1999 (4. Juli)
Vorsitzender: Mustafa Yoldas
Der SCHURA ist ein übergeordneter Rat von 47 islamischen Gemeinschaften und Vereinen unterschiedlicher nationaler und sprachlicher Herkunft

• U 2 389

Deutsche Muslim-Liga e.V.
Postf. 10 09 27, 45009 Essen
T: (02594) 8 68 51 **Fax:** (040) 36 03 10 29 20
E-Mail: ibrahimgue@aol.com
Gründung: 1952 (eingetr. Verein seit 1954)
1. Vorsitzende(r): Hassan Haacke (Pillnitzer Weg 24, 13593 Berlin, T: (030) 36 43 60 61-2, E-Mail: islam-institut_berlin@t-online.de)
2. Vorsitzende(r): Leonhard Abdullah Borek (E-Mail: borek@batelco.com.bh)
Verbandszeitschrift: DML Rundbrief
Redaktion: Abdullah Borek
Mitglieder: 180

• U 2 390

Gemeinde Gottes e.V.
Postf. 12 20, 73657 Urbach
Schurwaldstr. 10, 73660 Urbach
T: (07181) 98 75-0 **Fax:** 98 75-20
Gründung: 1936
Vorsitzende(r): Paul Schmidgall
Stellvertretende(r) Vorsitzende(r): Erich Schneider
Leitung Presseabteilung: Heinrich Scherz
Verbandszeitschrift: Stimme der Wahrheit
Redaktion: Heinrich Scherz
Mitglieder: 2800
Mitarbeiter: ca. 100
Jahresetat: DM 7 Mio, € 3,58 Mio

• U 2 391

Deutsche Unitarier Religionsgemeinschaft e.V.
c/o Möller
Wartenau 13, 22089 Hamburg
T: (040) 2 54 22 48 **Fax:** 2 51 20 52
Internet: http://www.unitarier.de
Präsident(in): Eike Möller
Vizepräsident(in): Edda Scharf (Leipziger Str. 2, 34289 Zierenberg)
Verbandszeitschrift: unitarische blätter - für ganzheitliche Religion und Kultur
Verlag: Deutsche Unitarier Religionsgemeinschaft, Birkenstr. 4, 88214 Ravensburg
Mitglied im DFW, der IARF und ICUU

• U 2 392

Hilfswerk der Deutschen Unitarier e.V.
Moosberg 18a, 21033 Hamburg
T: (040) 7 39 91 05
1. Vors. u. Geschf.: Ernst Mohnike

Sportverbände

• U 2 393

Deutscher Sportbund (DSB)
Otto-Fleck-Schneise 12, 60528 Frankfurt
T: (069) 6 70 00 **Fax:** 67 49 06
Internet: http://www.dsb.de
E-Mail: info@dsb.de
Sitz: Berlin
Gründung: 1950 (10. Dezember) in Hannover

PRÄSIDIUM
Präsident(in): Manfred von Richthofen (c/o Deutscher Sportbund, Otto-Fleck-Schneise 12, 60528 Frankfurt/M., T: (069) 67 00-309, 6700-270, Telefax: (069) 6 70 11 40; T: (030) 8 32 89 62 (bis 12.00 Uhr), Telefax: (030) 8 31-6638; T: (030) 30 00 21 11, Telefax: (030) 30 00 21 15)
Vizepräsident(in): Erika Dienstl (An der Waldmeisterhütte 23, 52222 Stolberg, T: (02402) 2 29 47, Telefax: (02402) 2 13 09)
Vizepräsident(in): Ulrich Feldhoff (Holtener Str. 122, 46149 Oberhausen, T: (0208) 64 23 93, Telefax: (0208) 64 23 93; priv. T: (0208) 64 40 46)
Vizepräsident(in): Prof. Dr. Peter Kapustin (c/o Bayerischer Landes-Sportverband, z. Hd. Frau A. Lürßen, Georg-Brauchle-Ring 93, 80992 München, T: (0931) 8 88 65 00, 78 14 82; T: (089) 15 70 26 01, Telefax: (089) 1 57 45 32, 8 88 65 05; priv. T: (08084) 13 95, Telefax: (08084) 71 99)
Vizepräsident(in): Dr. Hans-Georg Moldenhauer (c/o Fußballverband Sachsen-Anhalt, Ernst-Grube-Stadion, z. Hd. Frau Schubert, Friedrich-Ebert-Str. 69, 39114 Magdeburg, T: (0391) 8 50 28 19, Telefax: (0391) 8 50 28 99; priv. T: (0391) 8 50 28 19, Fax: (0391) 7 22 88 68)
Schatzmeister: Ulrich Kroeker (August-Bebel-Straße 20, 64569 Nauheim, T: (06131) 55 23 09, Telefax: (06131) 55 22 74; priv. T: (06152) 6 48 03, Handy: (0170) 85 24-356)
Generalsekretär(in): Dr. Wulf Preising ((DSB) Otto-Fleck-Schneise 12, 60528 Frankfurt/M., T: (069) 6 70 02 07, Telefax: (069) 67 45 91)
Präsident des NOK: Prof. Walther Tröger (c/o NOK für Deutchland Otto-Fleck-Schneise 12, 60528 Frankfurt, T: (069) 6 70 02 29, Telefax: (069) 6 77 12 29)
BA Frauen im Sport: Dr. Christa Thiel (Sonnenberger Str. 3, 65193 Wiesbaden, T: (0611) 52 84 54 (d), 52 59 29, Telefax: (0611) 59 07 59 (d), priv. T: (0611) 37 71 10)
Deutsche Sportjugend: Norbert Petry (Gerberaweg 12, 53123 Bonn, T: (0228) 74 74 40, Telefax: (0228) 74 74 46)
Ehrenpräsident: Hans Hansen (Am Noor 4 a, 24960 Glücksburg, T: (04631) 80 65, Telefax: (04631) 33 27, Handy (0172) 60 66-718)
Ehrenmitglieder: Ruth Brosche (Rosenstr. 66, 86316 Friedberg, T: (0821) 78 25 50)
Dr. med. Max Danz (Ochsenallee 1, 34130 Kassel, T: (0561) 6 77 09)
Prof. Dr. Ommo Grupe (Institut für Sportwissenschaft, Wilhelmstr. 124, 72074 Tübingen, T: (07071) 2 97 26 28 (d), 6 23 93, Telefax: (07071) 29 20 78 (d), priv. (07071) 6 23 93)
Karl Hemberger (Sattelhecke 26, 63867 Johannesberg, T: (06021) 42 16 10, Telefax: (06021) 41 16 21)
Herbert Kunze (Steinsdorfstr. 18, 80538 München, T: (089) 2 91 35 19)
Dieter Graf Landsberg-Velen (Wocklum, 58802 Balve, T: (02375) 21 00, Telefax: (02375) 59 98)
Geschäftsführer(in): Wolfgang Baumann (T: (069) 67 00-225, Telefax: (069) 6 78 78 01, e-mail: baumann@dsb.de)
Armin Baumert (T: (069) 67 00-246, Telefax: (069) 6 77 23 92, e-mail: baumert@dsb.de)
Wolfram Ochs (T: (069) 67 00-218, Telefax: (069) 6 70 26 91, e-mail: ochs@dsb.de)

Büro des dt. Sportbundes am Sitz der Bundesregierung
Michael Barthel (Kurfürstendamm 70, 10709 Berlin, T: (030) 32 79 42 71, Telefax: (030) 32 79 42 73, e-mail: berliner-buero@dsb.de)

Deutsche Sport Partner GmbH
Geschäftsführer(in): Dr. Wulf Preising ((DSB) Otto-Fleck-Schneise 12, 60528 Frankfurt, T: (069) 67 00-350, Telefax: (069) 96 74 07 22, e-mail: schmitt@deutsche-sport-partner.de)

EU-Büro des deutschen Sports
Christophe DeKepper (89, avenue de Cortenbergh, B-1000 Brüssel, T: (00322) 7 38 03 20, Telefax: (00322) 7 38 02 27, e-mail: de.kepper@eu-sports-office.org, Internet: http://www.eu-sports-office.org)

Bereichsleiter/Direktoren/Abteilungsleiter/Referenten:
Bereich Generalsekretär:
Leitung: Dr. Wulf Preising (T: (069) 67 00-2 07)
Internationale Aufgaben:
Marlies Rydzy-Götz (T: (069) 67 00-2 17, e-mail: rydzy-goetz@dsb.de)
Justitiariat:
Hermann Latz (T: (069) 67 00-3 47, e-mail: latz@dsb.de)
Dr. Holger Niese (T: (069) 67 00-2 63, e-mail: niese@dsb.de)
Anti-Doping-Referat: Jürgen Barth (T: (069) 67 00-2 49, e-mail: barth@dsb.de)
Pressesprecher: Walter Mirwald (T: (069) 67 00-2 28, e-mail: mirwald@dsb.de)
Öffentlichkeitsarbeit/Medien: Harald Pieper (T: (069) 67 00-2 54, e-mail: rubenschuh@dsb.de)
Bildung u. Wissenschaft: Dr. Gerhard Trosien (T: (069) 67 00-2 84, e-mail: trosien@dsb.de)
Frauen im Sport: Ursula Voigt (T: (069) 67 00-2 19, e-mail: voigt@dsb.de)
Umwelt u. Sportstätten: Dr. Hans Jägemann (T: (069) 67 00-2 80, e-mail: jaegemann@dsb.de)

Bereich Leistungssport:
Leitung: Armin Baumert (T: (069) 67 00-2 46, e-mail: baumert@dsb.de)
Verbandsförderung: Rolf Ebeling (T: (069) 67 00-2 42, e-mail: ebeling@dsb.de)
Olympiastützpunkte: Jörg Ziegler (T: (069) 67 00-3 55, e-mail: ziegler@dsb.de)

Bereich Breitensport:
Leitung: Wolfgang Baumann (T: (069) 67 00-2 25, e-mail: baumann@dsb.de)
Planung u. Beratung: Rainer Tobien (T: (069) 67 00-2 93, e-mail: tobien@dsb.de)
Sport u. Gesundheit: Dr. Sabine Wedekind (T: (069) 67 00-3 25, e-mail: wedekind@dsb.de)
Ausbildung u. Personalentwicklung: Manfred Spangenberg (T: (069) 67 00-2 69, e-mail: spangenberg@dsb.de)
Programme u. Veranstaltungen: Edith Bena-Dietrich (T: (069) 67 00-2 56, e-mail: bena-dietrich@dsb.de)

Bereich Jugendsport:
Deutsche Sportjugend
1. Vorsitzende(r): Norbert Petry (Gerberaweg 12, 53123 Bonn, T: (0228) 74 74 40, Fax: 74 74 46, Handy: (0172) 9 80 28 79, E-Mail: norbert.petry@t-online.de)
2. Vorsitzende(r): Kathleen Ludwig (Adam-Kockhoff-Str. 19, 06108 Halle, T/Fax: (0345) 2 90 47 89, E-Mail: boernyi@t-online.de)
Finanzen: Olaf Osteroth (Eckartsberger Str. 21 b, 06636 Laucha, T/Fax: (034462) 2 11 51, HAndy: (0171) 4 25 09 89, E-Mail: olaf.osteroth@t-online.de)
Carsten Milde (Hasendamm 95, 31275 Lehrte, T/Fax: (05175) 37 76, Handy (0171) 1 72 81 32, E-Mail: carsten.milde@t-online.de)
Ute Oberhoffner (Brunnenstr. 13, 98693 Unterpörlitz, T: (03677) 84 43 00, Fax: 84 43 01; priv. T: (03677) 84 33 72)
Wilfried Theessen (Sandhorster Allee 19, 26607 Aurich, T: (04941) 7 11 68, Fax: 7 33 94, Handy: (0172) 6 95 26 16, E-Mail: w.theessen@t-online.de)
Patrick Wiebe (Rendsburger Landstr. 87, 24113 Kiel, T: (0431) 6 43 41 22, E-Mail: p.wiebe@t-online.de)
Geschäftsführer(in): Wolfram Ochs (Otto-Fleck-Schneise 12, 60528 Frankfurt/M., T: (069) 67 00-218, Fax: 6 70 26 91, E-Mail: ochs@dsj.de)

Bundesvorstand Breitensport
Vorsitzende(r): Prof. Dr. Peter Kapustin (Judenbühlweg 11, 97082 Würzburg, T: (0931) 78 14 82, Telefax: (0931) 8 88 65 05)
Vertreter/in LSB: Gudrun Steinbach (Kirschbergweg 25, 06120 Halle, T: (0345) 5 14 12 24 (d), 5 50 65 58, Telefax: (0345) 5 51 05 21)
Klaus Witte (F.-Wilhelm-Fricke-Weg 10, 30169 Hannover, T: (0511) 12 68-2 00 (d), 81 42 64, Telefax: (0511) 12 68-2 01 (d), e-mail: weltfestival2000@lsb-niedersachsen.de)
Vertreter/in Spitzenverbände: Kirstin Fussan-Freese (Arnold-Zweig-Str. 18, 13189 Berlin, T/Fax: (030) 4 71 02 45)
Prof. Dr. Herbert Hartmann (Beethovenring 76 a, 64342 Seeheim-Jugenheim, T: (06151) 16 31 61 (d), (06257) 8 37 84, Telefax: (06151) 16 36 61 (d))
Vertreterin der Verbände mit bes. Aufgabenstellung: Dr. Gerlinde Radde (Püttbergeweg 14, 12589 Berlin, T: (030) 20 93 55 03 (d), 6 48 62 19, Telefax: (030) 20 93 55 04 (d))
Geschäftsführer(in): Wolfgang Baumann ((DSB) Otto-Fleck-Schneise 12, 60528 Frankfurt/M., T: (069) 67 00-2 25 (d), (06127) 7 88 98 (p), Telefax: (069) 6 78 78 01, e-mail: baumann@dsb.de)
Beratende Mitglieder: Jochen Schütte (Beauftragter für das Deutsche Sportabzeichen, Am Wiesengrund 8, 22965 Todendorf, T: (04102) 4 78 40 (d), (04534) 4 35, Telefax: (04534) 29 19 06, e-mail: schuette.todendorf@t-online.de)
Hans Hansen (Beauftragter für Seniorensport, Am Noor 4a, 24960 Glücksburg, T: (04631) 80 65, Telefax: (04631) 33 27)
Norbert Petry (Beauftragter für Schulsport, Gerberaweg 12, 53123 Bonn, T: (0228) 74 74 40, Telefax: (0228) 74 74 46)
Prof. Dr.Dr. Winfried Banzer (Beauftragter für Sport und Gesundheit, Ginnheimer Landstr. 39, 60487 Frankfurt/M., T: (069) 7 98-2 45 43, Telefax: (069) 7 98-2 45 92)
Prof. Dr. Jürgen Palm (Beauftragter zur Förderung des Breitensports, Hubertusanlage 32, 63150 Heusenstamm, T/Fax: (06106) 64 60 81, e-Mail: jpalm@t-online.de)

Bundesvorstand Leistungssport
Vorsitzende(r): Ulrich Feldhoff (Holtener Str. 122, 46149 Oberhausen, T/Fax: (0208) 64 23 93)
Vertreter der Landessportbünde: Andreas Decker (Heinrich-Heine-Str. 26 a, 08115 Lichtentanne, T/Fax: (0375) 7 88 35 96 (p), (037756) 17 10 (d), Telefax: (037756) 17 15 55 (d))
Sabine Reuss (Jägerstr. 29, 99544 Zella-Mehlis, T: (036842) 2 22 09 (d), Telefax: (036842) 2 22 13 (d))
Erika Dienstl (Vertreterin d. Vorst. DSH, An der Waldmeisterhütte 23, 52222 Stolberg, T: (02402) 2 29 47, Fax: 2 13 09)
Vertreter der Spitzenverbände: Dr. Martin Engelhardt (Am Hexenpfad 20, 63456 Hanau, T: (069) 6 70 50 (d), (06181) 25 90 80, Telefax: (06181) 25 77 55)
Klaus Kotter (Hochplattenstr. 5, 83209 Prien a. Chiemsee, T: (08051) 39 98 (p), 6 29 05 (d), Telefax: (08051) 6 33 73)
Werner von Moltke (Pariser Str. 115, 55268 Nieder-Olm, T: (06136) 70 61-62, Telefax: (06136) 77 11)
Rüdiger Tretow (Sibeliusstr. 64, 48147 Münster, T: (0251) 23 25 91, Telefax: (0251) 23 64 49)
Hans-Jürgen Zacharias (Postf. 21 45, 47533 Kleve, T: (02821) 6 00 72, Telefax: (02821) 6 63 80)
Aktivensprecher: Doris Pecher (Wenzelstr. 6, 52070 Aachen, T: (0241) 54 21 62)

Ralf Sonn (Hagenweg 2, 69469 Weinheim, T: (0228) 18 16 13 31 d., Fax: 18 16 13 19 d.)
Dr. Klaus Steinbach (Vertreter des NOK, c/o Hochwald-Klinik, 66707 Weiskirchen, T: (06876) 17 30 00 d., Telefax: (06876) 17 30 10)
Ute Villwock (Vertreterin nichtolympische Verbände, Sterngasse 1, 89073 Ulm, T: (0731) 6 46 62, Telefax: (0731) 6 12 51)
Leitender Direktor: Armin Baumert ((DSB) Otto-Fleck-Schneise 12, 60528 Frankfurt/M., T: (069) 67 00-2 46, Telefax: (069) 6 77 23 92)
Ständige Gäste: MinDir. Klaus Pöhle (Bundesministerium d. Innern, Abt. SH, Pstf. 17 02 90, 53108 Bonn, T: (0228) 6 81 23 12, Telefax: (0228) 6 81 21 40)
MinDirig. Gernot Witzlau (Bundesministerium des Innern, Postf. 17 02 90, 53108 Bonn, T: (0228) 6 81 46 76, Telefax: (0228) 6 81 55 15)
Prof. Walther Tröger (Präsident NOK, (NOK) Otto-Fleck-Schneise 12, 60528 Frankfurt/M., T: (069) 67 00-2 29, Telefax: (069) 6 77 12 29)
Manfred von Richthofen (Präsident DSB, (DSB) Otto-Fleck-Schneise 12, 60528 Frankfurt/M., T: (069) 67 00-3 09, Telefax: (069) 6 70 11 40)
Generalsekretär Dr. Wulf Preising ((DSB) Otto-Fleck-Schneise 12, 60528 Frankfurt/M., T: (069) 67 00-2 07, Telefax: (069) 67 45 91)
Geschäftsführung: Christa Kreuzer

Bundesausschüsse

Bundesausschuß für Ausbildung und Personalentwicklung
Vorsitzende(r): Friedhelm Kreiß (Dörnerhofstr. 17, 47058 Duisburg, T: (0211) 86 18-36 70 (d), (0203) 34 56 90 (p), Telefax: (0203) 34 56 91)
Mitglieder: Prof. Dr. Berndt Barth (Deutscher Fechter-Bund, Am Neuen Lindenhof 2, 53117 Bonn, T: (0228) 9 89 05-20 (d), (0341) 9 41 08 96 (p), Telefax: (0228) 67 94 30, e-mail: dfb_barth@t-online.de, Internet: http://www.fechten.org)
Karin Bertram (Wiesenstr. 12, 30169 Hannover, T: (0511) 88 82 68, 12 68-160)
Uschi Schmitz (Dt. Hockeybund, Stadthalterhofweg 11, 50858 Köln, T: (02233) 9 42 44-14, Telefax: (02233) 94 24 44)
Martin Schönwandt (Martin-Reck-Str. 14, 61118 Bad Vilbel, T: (06101) 8 94 94, (069) 67 80 11 50 (d), Telefax: (069) 67 80 11 79 (d))
Prof. Dr. Jürgen Schröder (Dt. Basketball-Bund, Merkelstr. 35, 37085 Göttingen, T/Fax: (0551) 48 49 42 (p), (0551) 39 56 80, Telefax: (0551) 39 56 59)
Manfred Spangenberg (Geschäftsführung, (DSB) Otto-Fleck-Schneise 12, 60528 Frankfurt/M., T: (069) 6 70 02 69, Telefax: (069) 67 25 81)
Gäste: Dr. Herbert Dierker (Führungs-Akademie Berlin, Priesterweg 6, 10829 Berlin, T: (030) 78 80 03 40, Telefax: (030) 7 82 71 88, e-mail: fa-dsb@compuserve.com)
N.N. (TAK, Guts-Muths-Weg 1, 50933 Köln, T: (0221) 9 48 75-10, Fax: 9 48 75-2, E-Mail: trainerakademie-koeln@t-online.de)
Hans Hansen (Am Noor 4 A, 24960 Glücksburg, T: (04631) 80 65, Telefax: (04631) 33 27)
Katrin Rebbert ((DSJ) (DSB) Otto-Fleck-Schneise 12, 60528 Frankfurt/M., T: (069) 67 00-3 35, Telefax: (069) 6 70 26 91)

Bundesausschuß für Finanzen
Vorsitzende(r): Ulrich Kroeker (August-Bebel-Str. 20, 64569 Nauheim, T: (06131) 5 52-3 09 (d), (06152) 6 48 03 (p), Telefax: (06131) 5 52-2 74)
Mitglieder: Ines Knauerhase (Neustrelitzer Str. 7, 99091 Erfurt, T: (0361) 37 46 24-0, Fax: (0361) 37 46-221, priv. T: 7 46 07 21, Handy (0172) 3 64 89 49)
Gerda Ottner (Holbeinstr. 4, 58452 Witten, T/Fax: (02302) 3 05 74)
Josef Bowinkelmann (Düsterweg 11, 45475 Mühlheim/Ruhr, T: (02351) 9 45 20 20 (d), Telefax: (02351) 9 45 23 66 (d), priv. (0208) 57 77 09)
Norbert Knick (Biebricher Allee 16, 65187 Wiesbaden, T: (0611) 98 63 60, Fax: 9 86 39-25, E-Mail: nknick@t-online.de)
Norbert Skowronek (LSB Berlin) Jesse-Owens-Allee 2, 14053 Berlin, T: (030) 3 00 02-1 10 (d), 7 41 23 77, Telefax: (030) 3 00 02-1 07 (d)
Gast: Olaf Osteroth (Schatzmeister der dsj, Eckartsbergaer Str. 21 b, 06636 Laucha, priv. T/Fax: (034462) 2 11 51, Handy (0171) 4 25 09 89, E-Mail: olaf.osteroth@t-online.de)

Bundesausschuß Frauen im Sport
Vorsitzende(r): Dr. Christa Thiel (Sonnenberger Str. 3, 65193 Wiesbaden, T: (0611) 52 59 29 (d), 37 71 10, Telefax: (0611) 59 07 59)
Stellvertretende(r) Vorsitzende(r): Silvia Funke (Am Kirschberge 78, 37085 Göttingen, T: (0551) 7 25 65, Telefax: (0551) 7 35 67, e-mail: sfunke6349@aol.com)
Mitglieder: Dr. Inge Berndt (Parkstr. 11, 35415 Pohlheim, T: (0641) 4 53 43, Telefax: (0641) 9 48 20 04)
Dr. Inge Friedrich (Berliner Str. 25, 99091 Erfurt, T: (0361) 7 37 14 44 (d), 7 31 12 64, Telefax: (0361) 7 37 19 30 (d))
Ingrid Hamm (Dresdnerstr. 22, 67577 Alsheim, T: (06249) 64 05, Telefax: (06249) 65 09)
Marion Karla (Marienbadstr. 18, 36100 Petersberg, T + Fax: (0661) 9 62 42 14)
Geschäftsführung: Ursula Voigt ((DSB) Otto-Fleck-Schneise 12, 60525 Frankfurt/M., T: (069) 67 00-2 19, Telefax: (069) 67 25 81, e-mail: voigt@dsb.de)

Bundesausschuß für Recht, Steuern und Versicherungen
Vorsitzende(r): Sylvia Schenk (Braubachstr. 33 a, 60311 Frankfurt/M., T: (069) 2 12-3 84 96/7 (d), 34 31 47, Telefax: (069) 2 12-3 07 26 (d))
Herbert Brentrup (Landesrundfunkzentrale Meckl.-Vorp., Bleicherufer 1, 19053 Schwerin, T: (0385) 5 58 81 13 (d), (04531) 1 26 66 (p), Telefax: (0385) 55 88 13-0)
Dr. Wolfgang Paul (Wandsbeker Marktstr. 97, 22041 Hamburg, T: (040) 6 52-40 81 (d), 5 36 19 13, Telefax: (040) 68 76 33 (d))
Clemens Prokop (Am Igelsberg 32, 93342 Saal/Donau, T: (09441) 8 03 94, 50 91 56 (d), Telefax: (09441) 8 04 98)
Edgar Roth (Rheinstr. 24, 65552 Limburg, T: (06431) 7 13 34)
Gudrun Stiekel (An der Lachte 15, 29223 Celle, T: (05141) 36 16-35, Telefax: (05141) 36 16 30)
Klaus Seeger (Wilhelm-Epstein-Str. 75, 60431 Frankfurt/M., T: (069) 1 54 31 40 (d), 53 27 27, Telefax: (069) 53 39 99 (p), 1 54 32 00)
Geschäftsführer(in): Hermann Latz ((DSB) Otto-Fleck-Schneise 12, 60528 Frankfurt/M., T: (069) 67 00-3 47, Telefax: (069) 67 25 81, e-mail: latz@dsb.de)
Ständiger Gast: Dr. Volker Himmelseher (Kaiser-Wilhelm-Ring 6-8, 50672 Köln, T: (0221) 12 50 02 (d), (02234) 8 33 16 (p), Telefax: (0221) 13 74 51)

Bundesausschuß Umwelt
Vorsitzende(r): Dr. Ing. Hans-Georg Moldenhauer (Friedrich-Ebert-Str. 68, 39114 Magdeburg, T: (0391) 8 50 28 19 (d), Telefax: (0391) 8 50 28 99)
Mitglieder: Dr. Lutz Bengsch (Thietmarstr. 18, 39029 Magdeburg, T: (0391) 2 56 01 08 (d), 5 05 07 10, Telefax: (0391) 2 56 01 00, E-Mail: md@lsb-sachsen-anhalt.de)
Rudolf Eckhoff (Zur Freilichtbühne 4, 49393 Lohne, T: (04442) 92 15 45, Telefax: (04442) 7 15 53, e-mail: rudeckhoff@t-online.de)
Dr. Claudia Gallikowski (Dreiweidenstr. 4, 65195 Wiesbaden, T: (0611) 8 15 11 81 (d), 8 76 12, Telefax: (0611) 8 76 21)
Prof. Dr. Marie-Luise Klein (Universität-Gesamthochschule Paderborn, Warburger Str. 100, 33098 Paderborn, T: (05251) 60 31 36, Telefax: (05251) 40 98 40)
Erwin Lauterwasser (Rosenweg 2, 79199 Kirchzarten, T: (07661) 98 05 04, Telefax: (07661) 98 05 03 p.)
Ständige Gäste: Dipl.-Ing. Dieter Hartmann ((BISP) Carl-Diem-Weg 4, 50933 Köln, T: (0221) 49 79-144, Telefax: (0221) 49 51 64, e-mail: d.hartmann@bisp.de)
Dr. Jürgen Lemmer ((Dt. Städtetag) Lindenallee 13-17, 50968 Köln, T: (0221) 3 77 12 93, Telefax: (0221) 3 77 11 28)
Peter Mewis ((BMI) Graurheindorfer Str. 198, 53117 Bonn, T: (0228) 6 81-51 79, Telefax: (0228) 6 81-55 15)
Dr. Karl Quade (Bundesinstitut für Sportwissenschaft, Abteilung Sportanlagen und -geräte, Carl-Diehm-Weg 4, 50933 Köln, T: (0221) 49 79 165, Fax: 49 51 64, E-Mail: kquade@bsip.de)
Bernhard Schwank ((Hess. Innenministerium) Friedrich-Ebert-Allee 12, 65185 Wiesbaden, T: (0611) 3 53-2 80, Telefax: (0611) 3 53-6 97)
Geschäftsführer(in): Dr. Hans Jägemann ((DSB) Otto-Fleck-Schneise 12, 60528 Frankfurt/M., T: (069) 67 00-2 80, -278, Telefax: (069) 6 70 23 17, e-mail: jaegemann@dsb.de)

Weitere Gremien des BV Leistungssport
Beirat der Aktiven
Vorsitzende(r): Ralf Sonn (Hagenweg 2, 69469 Weinheim, T: (0228) 1 81 28 36 (d), (06201) 6 70 54 (p), Telefax: (06201) 96 18 57)
Gunther Belitz ((Vertretung DSH Vorstand), RP Medsystems AG, Arnulfstr. 295, 80639 München, T: (089) 1 78 78-417, Fax: 1 78 78-101)
Doris Pecher ((Vertretung BL-Vorstand, Beirat LA-L), Wenzelstr. 6, 52070 Aachen, T: (0241) 54 21 62)
Stefanie Teeuwen ((Vertretung NOK-Präsidium) Lärchenstr. 1, 72119 Ammerbruch-Entringen, T: (07073) 50 02 16)
Martin Zawiejka ((Vertretung NOK) Diestedder Str. 14, 59510 Lippetal-Herzberg, T: (0179) 4 94 89 07, Telefax: (02921) 1 76 07)
Ständiger Gast: Gerd Klein ((Dt. Sporthilfe) c/o Stift. Dt. Sporthilfe, Bunitzstr. 42, 60596 Frankfurt/M., T: (069) 6 78 03 41, Telefax: (069) 6 78 03 75)
Geschäftsführer(in): Sportdirektor Rolf Ebeling ((DSB) Otto-Fleck-Schneise 12, 60528 Frankfurt/M., T: (069) 67 00-2 42, Telefax: (069) 6 77 23 92)

Beirat der Landesauschüsse für Leistungssport
Vorsitzende(r): Wolfgang Zapfe ((Nordrhein-Westfalen) Von-Einem-Str. 46, 45130 Essen, T: (0201) 77 29 92 (p), 77 18 27, e-mail: zapfe.wolfgang@t-online.de)
Stellvertretende(r) Vorsitzende(r): Rolf Beilschmidt (Thüringen) Johann-Sebastian-Bach-Str. 2, 99096 Erfurt, T: (0361) 6 55 46 81 (d), Telefax: (0361) 6 55 46 96 (d)
Dr. Werner Bielagk ((Brandenburg) Dorfstr. 8, 03205 Ogrosen, T: (0355) 48 62 20/22, Telefax: (0355) 48 62 27)
Dr. Dietrich Gerber ((Berlin) Hansastr. 156, 13088 Berlin, T: (030) 9 60 97 91, Fax: (030) 9 60 95 39)
Kurt-Heinrich Maier ((Niedersachsen) Saarbrückener Str. 4, 30559 Hannover, T: (0511) 52 57 14)
Peter Schuster ((Bayern) Loisachstr. 3, 82491 Grainau, T: (08821) 8 19 63, Telefax: (08821) 8 19 23)
Günter Halgasch ((Sachsen) R.-Bergander-Ring 18, 01219 Dresden, T: (0351) 8 14 91 11-65 (d), 2 81 96 01 (p), Telefax: (0351) 8 14 91 11 49, e-mail: guenter.halgasch@sac.aok.de)
Prof. Dr. Klaus-D. Malzahn ((Sachsen-Anhalt) Mittelstr. 11, 06420 Gerlebogk, T: (0345) 64 00 25, Telefax: (0345) 5 51 13 95)
Jörg Schwenk ((Baden-Württemberg) Walter-Flex-Str. 4, 70619 Stuttgart, T: (0711) 9 04 28 00, Telefax: (0711) 9 04 24 08)
Gerd Meyer ((Saarland) Überhofener Str. 40, 66346 Püttlingen, T: (0681) 5 00 22 65, Telefax: (06806) 44 05 50)
Winfried Schneider ((Mecklenburg-Vorpommern) Clara-Zetkin-Str. 15b, 17033 Neubrandenburg, T: (0395) 38 84 64-0)
Bernhard Schwank ((Rheinland-Pfalz) Nieder-Olmer-Pfad, 55270 Klein-Winternheim, T: (0611) 3 53 12 80, Telefax: (0611) 3 53 16 97)
Allmut Sellke ((Bremen) Franklinstr. 67, 28357 Bremen, T: (0421) 27 15 04, e-mail: sport.IV4@hmdi.hessen.de)
Thomas Mittelstädt ((Schleswig-Holstein) Birkenweg 2a, 24157 Köln, T: (0431) 8 80 37 56, Telefax: (0431) 8 80 37 83)
Günter Quast ((Hamburg) Wählingsweg 20 f, 22459 Hamburg, T/Fax: (040) 5 59 64 83)
Hans-Joachim Wassmann ((Hessen) Gronaustr. 14, 65205 Wiesbaden, T/Fax: (0611) 71 13 58)
Jörg Ziegler (c/o Deutscher Sportbund, Geschäftsbereich Leistungssport, T: (069) 67 00-355, Fax: 6 77 23 92)
Ständige Gäste: MR Dr. Hartwig Stock ((Bundesministerium des Innern, SH I 2) Postf. 17 02 90, 53108 Bonn, T: (01888) 6 81 49 36 13, Fax: 68 14 91 36 13, 6 81 49 21 10)
MR Klaus Paul (HKM, Abt. II B4 (Komm. Sport), Luisenplatz 10, 65185 Wiesbaden, T: (0611) 3 68 22 25, Telefax: (0611) 3 68 20 98)
Karl-Hans Pezold ((AG Leistungssport d. Sportreferenten) Min. f. Bildung, Jugend u. Sport, Ref. Sportentwicklung/-förderung, Heinr.-Mann-Allee 107, 14473 Potsdam, T: (0331) 8 66 38 86, Telefax: (0331) 8 66 38 87)
Doris Pecher (Beirat der Aktiven; Wenzelstr. 6, 52070 Aachen, T: (0241) 54 21 62; (0171) 54 84-352)
Andreas Decker (Vertreter Landessportbünde, stellv. Vors.; Heinrich-Heine-Str. 26a, 08115 Lichtentanne, priv. T/Fax: (0375) 7 88 35 96, dienstl. Fax: (037756) 17 10, 17 15 55, Mobil: (0171) 6 18 48 10)
Sabine Reuss (Vertreterin Landessportbünde, Jägerstr. 29, 99544 Zella-Mehlis, T: (036842) 2 22 09, priv. (03682) 4 23 27, Fax (036842) 2 22 13, 2 22 09)
Heiner Gabelmann (Vertreter Beirat der Sportdirektoren; Deutscher Schützenbund, Schießsportschule, Lahnstr. 120, 65195 Wiesbaden, T: (0611) 46 80 70, Fax: 4 68 07 49)
Armin Baumert (Leitender Direktor; Deutscher Sportbund, Geschäftsbereich Leistungssport, Otto-Fleck-Schneise 12, 60528 Frankfurt/M., T: (069) 67 00-246, Fax: 6 77 23 92)
Rolf Ebeling (Sportdirektor; Deutscher Sportbund, Geschäftsbereich Leistungssport, Otto-Fleck-Schneise 12, 60528 Frankfurt/M., T: (069) 67 00-242, Fax: 6 77 23 92)
Geschäftsführer(in): Claudia Burgard-Frank ((Abt. OSP) (DSB) Otto-Fleck-Schneise 12, 60528 Frankfurt, T: (069) 67 00-259, Telefax: (069) 6 77 23 92, e-mail: burgard-frank@dsb.de)

Beirat der Sportdirektoren
Vorsitzende(r): Frank Hensel (Deutscher Leichtathletik-Verband; Alsfelder Str. 27, 64289 Darmstadt, T: (06151) 77 08 30, Fax: 77 08 11)
Stellvertretende(r) Vorsitzende(r): Michael Müller (Deutcher Ruderverband; Maschstr. 20, 30169 Hannover, T: (0511) 98 09 40, Fax: 9 80 94 25)
Günter Schumacher (Deutsche Eisschnellauf-Gemeinschaft, Ludwig-Prager-Str. 43, 83059 Kolbermoor, T: (089) 89 12 03 11, Fax: 12 03 29)
Heiner Gabelmann (Deutcher Schützenbund; Lahnstr. 120, 66195 Wiesbaden, T: (0611) 46 80 70, Fax: 4 68 07 49)
Thomas Pfüller (Deutscher Skiverband; Hubertusstr. 1, 82152 Planegg bei München, T: (089) 85 79 00, Fax: 85 79 02 47)
Ständige Gäste: Heiner Henze (NOK für Deutschland; Otto-Fleck-Schneise 12, 60528 Frankfurt/M., T: (069) 67 00-234, Fax: 6 77 12 29)
Josef Nehnen (Streitkräfteamt, Abt. IV 1/Spitzensport, Rosenburgweg 27, 53115 Bonn, T: (0228) 53 39 87 25, Fax: 9 10 68 50)
(Vertreter des Beirats der LA-L) Peter Schwarz (Landessportbund Berlin, Referat Leistungssport, Jesse-Owens-Allee 2, 14052 Berlin, T: (030) 30 00 21 80, Fax: 30 00 21 07)
Geschäftsführer(in): Wolfgang Kindinger (Geschäftsbereich Leistungssport; (DSB) Otto-Fleck-Schneise 12, 60528 Frankfurt/M., T: (069) 67 00-0)

Beirat der Trainerinnen und Trainer
Vorsitzende(r): Heiner Brand (Lebrechtstr. 3, 51643 Gummersbach, T: (02261) 2 52 02, Fax: 6 73 85, Handy (0171) 7 72 91 81)
Stellvertretende(r) Vorsitzende(r): Paul Schmidt (Fremersberger Str. 125a, 76539 Baen-Baden, T: (0175) 5 20 75 43)
Ursula Klinger (Auf der Hüls 78, 5280 Aachen, T: (0241) 2 32 06, Fax: 4 99 99, Handy: (0172) 3 86 23 34, E-Mail: ulklinger@aol.com)
Helmut Ranze (Schlesienstr. 6, 67551 Worms, priv. T: (06241) 3 45 29, Fax: 3 77 01, Handy: (0171) 5 06 50 00)
Frank Wieneke (Pattweg 4, 50259 Danzweiler-Pulheim, priv. T: (02234) 8 25 12, dienstl. T: (0221) 48 36 38)
Geschäftsführer(in): Rolf Ebeling (Geschäftsbereich Leistungssport, Abt. Verbandsförderung, (DSB) Otto-Fleck-Schneise 12, 60528 Frankfurt/M., T: (069) 67 00-242)

Wissenschaftlich-Medizinischer Beirat
Vertreter der Inneren Medizin/Leistungsphysiologie/ Orthopädie/Traumatologie:
Vorsitzende(r): Prof. Dr. Joseph Keul (Medizinische Universitätsklinik, Abt. Sport- und Leistungsmedizin; Hugstetter Str. 55, 79106 Freiburg, T: (0761) 2 70-7450/51, 270-7473, Fax: (0761) 2 02 48 81, E-Mail: keul@msn1.ukl.uni-freiburg.de)
Vertreter der Biomechanik/Trainingswissenschaft/Ingenieurwissenschaften:
Stellvertretende(r) Vorsitzende(r): Prof. Dr. Jürgen Krug (Universität Leipzig, Fakultät für Sportwissenschaft, Institut für allgemeine Trainings- und Bewegungswissenschaft, Jahnallee 59, 04109 Leipzig, T: (0341) 97 31-671/670, Fax: 97 31-695)
Vertreter der Inneren Medizin/Leistungsphysiologie/ Orthopädie/Traumatologie:
Prof. Dr. Wilfried Kindermann (Fachbereich Klinische Medizin der Universität des Saarlandes, Institut für Sport- und Präventivmedizin; Postf. 15 11 50, 66041 Saarbrücken, T: (0681) 3 02-3750, Fax: 3 02-4296)
Prof. Dr. Klaus Roth (Universität Heidelberg, Institut für Sport und Sportwissenschaft; Im Neuenheimer Feld 710, 69120 Heidelberg, T: (06221) 54 46 42/43, Fax: 54 43 46)
Vertreter der Sportpsychologie/Sportpädagogik/Sportsoziologie:
PD Dr. Eike Emrich (Olympiastützpunkt Rheinland-Pfalz/ Saarland, Hermann-Neuberger-Sportschule, Im Stadtwald, 66123 Saarbrücken, T: (0681) 3 87 91 40, Fax: 3 87 91 51)
Ständige Gäste: MR Klaus van Bebber (Bundesministerium des Innern Abt. SH I 1, Postf. 17 02 90, 53108 Bonn, T: (0228) 6 81-3898, Fax: (0228) 6 81-5515)
Dr. Martin-Peter Büch ((Bundesinstitut für Sportwissenschaft; Carl-Diem-Weg 4, 50933 Köln, T: (0221) 49 79-(0)-100, Fax: 49 51 64)
Geschäftsführer(in): Dr. Friedrich Krüger (Geschäftsbereich Leistungssport, Abt. Olympiastützpunkte; e-mail: krueger@dsb.de)

Redaktionskollegium der Zeitschrift Leistungssport
Mitglieder: Dr. h.c. Peter Tschiene (Chefredakteur; Jahnstr. 125 b, 64285 Darmstadt, dienstl. T: (06251) 16 53 61, Fax: (06151) 16 36 61, priv. T: (06151) 42 43 45)
Dr. Gudrun Fröhner (Institut für Angewandte Trainingswissenschaft (IAT), Marschnerstr. 29, 04109 Leipzig, T: (0341) 4 94 52 78, Fax: 4 94 54 00)
Prof. Dr. H.-H. Dickhuth (Med. Klinik und Poliklinik, Abt. Sportmedizin, Hölderlinstr. 11, 72074 Tübingen, T: (07071) 29 64 93, Fax: 29 51 62)
Prof. Dr. Günter Hagedorn (c/o Supermarket Berettas, GR-49081 Afionas-Sterneri, T/Fax: (0030663) 5 19 25)
Dipl.-Psych. Erwin Hahn (Walporzheimer Str. 112, 53484 Bad Neuenahr-Ahrweiler, T: (02641) 3 41 30)
Prof. Dr. Jürgen Krug (Universität Leipzig, Sportwisenschaftliche Fakultät, Jahnallee 59, 04109 Leipzig, T: (0341) 9 73 16 71, Fax: 9 73 16 95)
Prof. Dr. Arnd Krüger (Institut für Sportwissenschaften der Georg-August-Universität, Sprangerweg 2, 37075 Göttingen, T: (0551) 39 56 51, Fax: 39 56 41)
Prof. Dr. Stephan Starischka (Untermühle 2, 63526 Erlensee, dienstl. T: (0231) 75 52 14, priv. Fax: (06183) 24 10)
Prof. Dr. Günter Thiess (An der Arche 5, 39218 Schönebeck, T: (03928) 8 11 14)
Geschäftsführer(in): Helmut Nickel (Redakteur; Abt. Olympiastützpunkte)

Jury "Grünes Band":
Vorsitzende(r): Armin Baumert (Deutscher Sportbund, Geschäftsbereich Leistungssport, Otto-Fleck-Schneise 12, 60528 Frankfurt/M., T: (069) 67 00-246, Fax: 6 77 23 92)
Mitglieder: Ass. Peter Gattineau (Eifelstr. 5, 65232 Taunusstein, T: (06128) 4 52 87, Fax: 94 73 01)
Dr. h.c. Karlheinz Gieseler (Theodor-Heuss-Str. 31, 63262 Neu-Isenburg, T: (06102) 2 28 44)
Cornelia Hanisch (Keltenring 85, 63128 Dietzenbach, T/Fax: (0674) 2 69 00)
Raimar Lachmann (Generalsekretär des Deutschen Segler-Verbandes, Gründgensstr. 18, 22309 Hamburg, T: (040) 63 20-090/0922, Fax: 63 20 09 28)
Hans-Joachim Wassmann (Gronaustr. 14, 65205 Wiesbaden-Erbenheim, T/Fax: (0611) 71 13 58)
Manfred Birkholz (Agentur für Sportkommunikation, Liebigstr. 20, 60323 Frankfurt/M., T: (069) 72 68 68, Fax: 72 70 18)
Marion Poulkaris (Birkholz & Jedicki GmbH; Agentur für Sportkommunikation, Liebigstr. 20, 60323 Frankfurt/M., T: (069) 72 68 68, Fax: 72 70 18)
Geschäftsführer(in): Claudia Burgard-Frank (Geschäftsbereich Leistungssport)

Arbeitskreis "Eliteschulen des Sports"
Vorsitzende(r): Ulrich Feldhoff (Holtener Str. 122, 46149 Oberhausen, T/Fax: (0208) 64 23 93)
Mitglieder: Cornelia Hanisch (Keltenring 85, 63128 Dietzenbach, T: (0674) 2 69 00)
Dr. Dietrich Beier (Bankgesellschaft Berlin AG, Alexanderplatz 2, 10178 Berlin, T/Fax: (030) 24 55 00)
Wolfgang Bück (Deutscher Sparkassen- und Giroverband, Behrensstr. 31, 10117 Berlin, T: (030) 2 02 25-278, Fax: 2 02 25-484, Handy: (0172) 2 52 40 69)
MR Dietmar Hiersemann (Ministerium für Stadtentwicklung, Kultur und Sport des Landes Nordrhein-Westfalen, Völklinger Str. 49, 40221 Düsseldorf, T: (0211) 86 18 33 88)
Gerd Klein (Vertreter der DSH; Stiftung Deutsche Sporthilfe, Burnitzstr. 42, 60596 Frankfurt/M., T: (069) 67 8 03(0)-41, Fax: 67 80-375)
Karl-Hans Pezold (Ministerium für Bildung, Jugend und Sport, Ref. Sportentwicklung und Sportförderung, Heinrich-Mann-Allee 107, 14473 Potsdam, T: (0331) 8 66-3886, Fax: 8 66-3887/3853)
Dr. Klaus Steinbach (Vertreter des NOK; c/o Hochwald-Klinik, Postach, 66707 Weiskirchen, T: (06876) 17 30 00, Fax: 17 30 10)
Armin Baumert (Deutscher Sportbund, Geschäftsbereich Leistungssport, Otto-Fleck-Schneise 12, 60528 Frankfurt/M., T: (069) 67 00-246, Fax: 6 77 23 92)
Geschäftsführer(in): Armin Baumert (Deutscher Sportbund, Geschäftsbereich Leistungssport, T: (069) 67 00-246, -247, Fax: 6 77-2392)
Otto Hug (Deutscher Sportbund, Geschäftsbereich Leistungssport, T: (069) 67 00-246, -247, Fax: 6 77-2392)

ad-hoc-Arbeitsgruppe der Olympiastützpunkte:
Vertreter der Trägerinstitutionen
Mitglieder: Dr. Dietrich Gerber (Trägerverein des OSP Berlin, Fritz-Lesch-Str. 29, 13053 Berlin, T: (030) 9 60 97 91, Fax: 9 60 95 39)
Gundolf Fleischer (Trägerverein des OSP Freiburg-Schwarzwald, Breisacher Str. 4, 79106 Freiburg im Breisgau, T: (07633) 91 36 11, Fax: 91 36 15)
Hans-Peter Meyer (Trägerverein des OSP Köln/Bonn/Leverkusen e.V., Guts-Muths-Weg 1, 50933 Köln, T: (0221) 16 24-266, -259)
Hans-Martin Stork (Westfalenhallen Dortmund GmbH, Träger des OSP Westfalen GmbH, Postf. 10 44 44, 44044 Dortmund, T: (0231) 91 23 77-10, Fax: 91 23 77-20)
Vertreter der Olympiastützpunkte:
Dr. Jochen Zinner (Olympiastützpunkt Berlin, Fritz-Lesch-Str. 29, 13053 Berlin, T: (030) 97 17-2237/38, Fax: 97 17-2767)
Dr. Werner Bielagk (Olympiastützpunkt Cottbus/Frankfurt-Oder, Dresdner Str. 18, 03050 Cottbus, T: (0355) 48 62-22, -20, Fax: 48 62 25, 48 62 27)
Eduard Friedrich (Olympiastützpunkt Mecklenburg-Vorpommern, Trotzenburger Weg 15, 18057 Rostock, T: (0381) 4 97 56-0, -11, Fax: 4 97 56 99, 8 01 64 50)
Paul Wagner (Olympiastützpunkt Rhein-Ruhr, Wittekindstr. 62, 45131 Essen, T: (0201) 47 10 02/04, Fax: 44 29 82)
Rolf Beilschmidt (Olympiastützpunkt Thüringen, Johann-Sebastian-Bach-Str. 2, 99096 Erfurt, T: (0361) 6 55-4680, -4681, Fax: 6 55-4696)
Geschäftsführer(in): Thomas Sinsel (Geschäftsbereich Lesitungssport, Abt. Olympiastützpunkte)

KOMMISSIONEN

Medienkommission:
Vorsitzende(r): Prof. Dr. Günther von Lojewski (Schwabener Weg 10, 85630 Neukeferloh, T/Fax: (089) 46 72 18)
Mitglieder: Hagen Boßdorf (Wichgrafstr. 17, 14482 Potsdam, T: (0331) 7 31 38 45)
Ebba Busch (Hauptstr. 75, 67714 Waldfischbach, T/Fax: (06333) 39 77)
Rudi Cerne (Im Heegholz 6, 63517 Rodenbach, T: (06131) 70 23 18, Fax: (06131) 5 38 17)
Dr. Falko von Falkenhayn (Brandenburgische Str. 36, 10707 Berlin, T: (030) 89 05-10 00, Telefax: (030) 8 91 40 01)
Hans Dieter Krebs (Holbeinweg 10, 50129 Bergheim, T: (02183) 2 15, Telefax: (02183) 45 00 95)
Dr. Rolf Müller (Ulmenstr. 9, 63571 Gelnhausen, T: (06051) 1 76 55, Telefax: (06051) 1 81 18)
Prof. Dr. Helmut Thoma (Aachener Str. 1036, 50858 Köln, T: (0221) 4 56-10 00/10 81, Telefax: (0221) 4 56-10 96, e-mail: helmut.thoma@rtl.de)
Birger Tiemann (Feuerbachstr. 23, 65195 Wiesbaden, T: (0611) 4 68 07 58, Telefax: (0611) 4 68 07 62, e-mail: tiemann@schuetzenbund.de)
Dr. Stefan Ziffzer (Robert-Bürkle-Str. 2, 85737 Ismaning, T: (089) 99 56-28 98, Telefax: (089) 99 56-28 96, e-mail: stefan_ziffzer@kirchgruppe.de)
Geschäftsführer(in): Dr. Holger Niese ((DSB) T: (069) 67 00-2 63, Telefax: (069) 67 25 81, e-mail: niese@dsb.de)

Kommission zur Leitbildentwicklung
Vorsitzende(r): Sylvia Schenk (Braubachstr. 33a, 60311 Frankfurt/M., T: (069) 3 84 96-7, Telefax: (069) 2 12-3 07 26)
Mitglieder: Rainer Brechtken (Rehhaldenweg 144, 73614 Schorndorf, T: (0711) 2 06 37 15, Telefax: (0711) 2 06 37 10)
Jörg Brokamp (Lahnstr. 120, 68195 Wiesbaden, T: (0611) 4 68 07-23/29, Telefax: (0611) 4 68 07-61)
Dr.h.c. Johannes Eulering (Frankestr. 25, 46244 Bottrop-Grafenwald, T: (02045) 40 99 64, Telefax: (02045) 40 99 65)
Dr. Karin Fehres (c/o Allgemeiner Deutcher Hochschulsportverband, Max-Planck-Str. 2, 64801 Dieburg, T: (06071) 2 08 60, Fax: 20 75 78, E-Mail: fehres @adh.de, priv. T: (0171) 6 06 65 17)
Günter Franzen (Rosenweg 7, 96173 Oberhaid, T: (0951) 8 57 66, Telefax: (0951) 8 57 67, e-mail: fn@f-t.de)
Peter Gösel (Arnstädter Str. 37, 99096 Erfurt, T: (0361) 3 40 54 12)
Prof. Dr. Helmut Kirchgässner (Tschaikowskistr. 14, 04105 Leipzig, T: (0341) 9 73 17 01, Telefax: (0341) 9 73 17 99, E-Mail: kirchg@rz.uni-leipzig.de; priv. T: (0341) 9 80 31 86)
Ralf Koch ((LSB Hessen) Otto-Fleck-Schneise 4, 60528 Frankfurt/M., T: (069) 67 89-2 60, Telefax: (069) 67 89-1 09)
Ingelore Rosenkötter (Tresckowstr. 1, 28203 Bremen, T: (0421) 3 40 31 30, Telefax: (0421) 3 40 31 35)
Dr. Ulf Tippelt (Marschnerstr. 29, 04109 Leipzig, T: (0341) 2 16 31 28, Telefax: (0341) 9 80 93 90, e-mail: gf@sport-fuer-sachsen.de)
Berater: Jochen Wolf (Arcostr. 10, 10587 Berlin, T: (030) 3 12 96 87, Telefax: (030) 3 12 28 96)
Geschäftsführer(in): Herrmann Latz ((DSB) Otto-Fleck-Schneise 12, 60528 Frankfurt/M., T: (069) 67 00-3 47, Telefax: (069) 67 25 81)

Kommission Schulsport
Vorsitzende(r): Norbert Petry (Gerberaweg 12, 53123 Bonn, T: (0228) 74 74 40, Telefax: (0228) 74 74 46, e-mail: norbert.petry@t-online.de)
Dr. Klaus Balster (Bergstr. 71, 44625 Herne, T: (02323) 4 02 65, Telefax: (02323) 46 03 89, e-mail: klaus.balster@dortmund.netsurf.de)
Dr. Helge Hebestreit (Am Altenberg 24, 97078 Würzburg-Versbach, T: (0931) 2 01 37 28, Telefax: (0931) 2 01 22 42, e-mail: hebestreit@mail.uni-wuerzburg.de)
Prof. Dr. Christa Helmke (Tiroler Damm 11, 14478 Potsdamm, T: (0331) 9 77 10 24, Telefax: (0331) 9 77-10 43)
Günter Mayer (Wolfsweg 9, 73553 Adelstetten, T: (07171) 98 96 20, Telefax: (07171) 98 91 18)
Svea Rojan ((LSB) Otto-Fleck-Schneise 4, 60528 Frankfurt/ M., T: (06190) 7 10 00, Telefax: (06190) 9 30 21, e-mail: svea.rojahn@t-online.de)
Sabine Sabinarz-Otte (Görresstr. 13, 53113 Bonn, T: (0228) 26 99-314/-414, Telefax: (0228) 26 99-424)
Prof. Dr. Volker Scheid (Fb 03-Fachr. Sportwissenschaft, Heinrich-Plett-Str. 40, 34132 Kassel, T: (0561) 8 04 44 16, Telefax: (0561) 8 04 43 40)
Winfried Schneider (Clara-Zetkin-Straße 15b, 17033 Neubrandenburg, T/Fax: (0395) 36 82 03 38, e-mail: win.schneider@t-online.de)
Michael Voss (Nibelungenstr. 25, 90461 Nürnberg, T: (089) 15 70 25 34, Telefax: (0911) 49 97 63)
Geschäftsführer(in): Dr. Gerhard Trosien ((DSB) Otto-Fleck-Schneise 12, 60528 Frankfurt/M., T: (069) 67 00-2 84, Telefax: (069) 67 49 06, e-mail: trosien@dsb.de)

Kommission Sport und Gesundheit:

Prof. Dr. med. Dr. phil. Winfried Banzer ((Beauftr. f. Sport u. Gesundheit; LSB Hessen), Univ. Frankfurt, 60487 Frankfurt/ M., T:(069) 7 98-2 45 43, Telefax: (069) 7 98-2 45 92, e-mail: banzer@sport.uni-frankfurt.de)
Dr. med. J. Engelbrecht ((Bundesärztekammer) Herbert-Lewin-Str. 1, 50931 Köln, T: (0221) 40 04-4 10, Telefax: (0221) 40 04-3 88, e-mail: cme@baek.dgn.de)
Prof. Dr. med. Johanna Hübscher ((Deutsche Ges. f. Sprtmedizin u. Prävention) Uni Jena, Wöllnitzer Str. 42, 07769 Jena, T: (03641) 94 56 50, Telefax: (03641) 94 56 52)
Pia Pauly ((Deutscher Turner-Bund) Otto-Fleck-Schneise 8, 60528 Frankfurt/M., T: (069) 6 78 01-1 36, Fax: (069) 6 78 01-1 79)
Heiner Rust ((Deutscher Behinderten-Sportverband) Bodeweg 50, 30851 Langenhagen, T:(0511) 73 87 76)
Lydia Sigl ((Bayerischer Landes-Sportverband) Lodronstr. 16, 84095 Fuhrt b. Landshut, T: (089) 1 57 02-6 22, Telefax: (08704) 85 96)
Prof. Dr. med. Jürgen Frhr. v. Troschke ((Dt. Koordinierungsstelle f. Gesundheitswiss.) Albert-Ludwigs-Universität Freiburg, Hebelstr.29, 79104 Freiburg i. Br., T: (0761) 2 03-55 18, Fax: 2 03-55 16, e-mail: jvt@uni-freiburg.de)
Prof. Dr. Ulrike Ungerer-Röhrich ((Martin-Luther-Universität Halle-Wittenberg) Inst. f. Sportwissenschaft, 06099 Halle, T: (0345) 5 52 44 40, Telefax: (0345) 5 52 70 54, e-mail: ungerer-roehrich@t-online.de)
Geschäftsführer(in): Dr. phil. Sabine Wedekind ((DSB) Otto-Fleck-Schneise 12, 60528 Frankfurt/M., T: (069) 67 00-3 25, Telefax: (069) 67 40 95, e-mail: wedekind@dsb.de)

ad-hoc Kommission Sportstätten
Vorsitzende(r): Dr. Lutz Bengtsch ((Landessportbund Sachsen-Anhalt) Thietmanstr. 18, 39029 Magdeburg, T: (0391) 2 56 01 08, Telefax: (0391) 56 01 00)
Mitglieder: MR Hermann Bringmann ((Niedersächsisches Innenministerium) Postf. 2 21, 30002 Hannover, T: (0511) 1 20 62 82, Telefax: (0511) 1 20 65 70)
Horst Delp ((Landessportbund Hessen) Otto-Fleck-Schneise 4, 60528 Frankfurt, T: (069) 67 89-101/-266, Telefax: (069) 67 89-118, e-mail: sport-in-hessen@t-online.de)
Dietrich Hartmann ((BISP) Carl-Diem-Weg 4, 50877 Köln, T: (0221) 4 97 91 44, Telefax: (0221) 49 51 64, e-mail: d.hartmann@bisp.de)
Rainer Hipp ((LSV Baden-Württemberg) Im Zinsholz, 73760 Ostfildern, T: (0711) 3 48 07-10, Telefax: (0711) 3 48 07-13, e-mail: info@lsv.sportin-bw.de)
Jan Kern ((DLV) Alsfelder Str. 27, 64289 Darmstadt, T: (06151) 77 08 20, Telefax: (06151) 77 08 12)
Prof. Frieder Roskam ((IAKS) Carl-Diem-Weg, 50933 Köln, T/Fax: (0221) 4 91 29 91, e-mail: iaks@t-online.de)
Geschäftsführer(in): Dr. Hans Jägemann ((DSB) Otto-Fleck-Schneise 12, 60528 Frankfurt/M., T: (069) 67 00-2 80, Telefax: (069) 6 70 23 17)

ad-hoc Kommission Umwelt
Vorsitzende(r): Erwin Lauterwasser (Rosenweg 2, 79199 Kirchzarten, T: (07661) 98 05 04, Telefax: (07661) 98 05 03)
Mitglieder: Prof. Dr. Gerhard Schillak (Virchowstr. 18, 39104 Magdeburg, T: (0391) 6 71 47 29, Telefax: (0391) 6 71 47 05, e-mail: gerhard.schillak@gse-w.unimagdeburg.de)
Gerhard Philipp Süß ((Deutscher Segler-Verband) Gründgensstr. 18, 22309 Hamburg, T: (040) 63 20 09 22, Telefax: (040) 63 20 09 28, e-mail: info@dsv.org)
Thomas Wilken ((Sport mit Einsicht e.V.) Altonaer Poststr. 13, 22767 Hamburg, T: (040) 30 68 51 50, Telefax: (040) 30 68 51 55, e-mail: wilken@konter21.de)
Stefan Witty ((Deutscher Alpenverein) Von-Kahr-Str. 2-4, 80997 München, T: (089) 1 40 03-72, Telefax: (089) 1 40 03 64, e-mail: stefan_witty@alpenverein.de)
Experten: Georg Fritz ((Bundesamt für Naturschutz) Konstantinstr. 110, 53179 Bonn, T: (0228) 84 91-403, Telefax: (0228) 84 91-480, e-mail: fritz@bfn.de)
Prof. Reinhard Sander ((Deutscher Naturschutzring) Böhmerstr. 3, 60323 Frankfurt/M., T: (069) 72 55 06)
Geschäftsführer(in): Dr. Hans Jägemann ((DSB) Otto-Fleck-Schneise 12, 60528 Frankfurt/M., T: (069) 67 00-2 80, Telefax: (069) 6 70 23 17, e-mail: jaegemann@dsb.de)

Anti-Doping Kommission
Vorsitzende(r): Prof. Dr. Ulrich Haas (Schillerstr. 57, 06114 Halle/S., T: (0345) 5 52 31 61, Telefax: (0345) 5 52 70 83)
Stellvertretende(r) Vorsitzende(r): Prof. Dr. Dirk Clasing (Lohöfener Weg 31, 48153 Münster, T: (0251) 7 79 51 91, Telefax: (0251) 79 66 10, e-mail: clasing@uni-muenster.de)
Chris-Carol Bremer (Am Lindenhofe 32, 30519 Hannover, priv. T: (0511) 8 48 39 53, Fax: (05137) 39 13, Handy (0172) 5 42 05 48)
Volker Grabow (Bentenweg 38, 58454 Witten, T: (0231) 7 55 41 06, Fax: (0231) 7 55 41 03, e-mail: grabow@sport.uni-dortmund.de)
Liesel Westermann-Krieg (Wilzhauser Weg 38, 42697 Solingen, T: (0212) 7 75 31, Fax: (0212) 7 69 00, e-mail: krieg@today.de)
Markus Hauptmann (Kanzlei Feddersen Laule Ewerwhn Scherzberg Finkelnburg Klemm, Stiftstr. 9-13, 60313 Frankfurt, T: (069) 29 99 94-(0)-276, Fax: 28 26 15, Handy: (0172) 6 94 32 51)
Gäste: Dr. Martin-Peter Büch ((Bundesinstitut für Sportwissenschaft) Carl-Diem-Weg 4, 50933 Köln, T: (0221) 4 97 91 00, Telefax: (0221) 49 51 64, e-mail: info@bisp.de)
Prof. Dr. R. Klaus Müller ((Institut f. Dopinganalytik u. Sportbiochemie) Dresdner Str. 12, 01731 Kreischa, T: (035206) 20 60, Telefax: (035206) 2 06 20, e-mail: dopinganalytik.kreischa@t-online.de)
Prof. Dr. Wilhelm Schänzer (Sporthochschule Köln - Institut f. Biochemie, Carl-Diem-Weg 6, 50933 Köln, T: (0221) 4 98 24 92, Fax: 4 97 32 36)
Klaus van Bebber (Bundesministerium des Innern, Postf. 1 70 92, 53108 Bonn, T: (01888) 6 81 49 38 98, Fax: 55 15)

Referat Anti-Doping
Geschäftsführer(in): Jürgen Barth ((DSB) Otto-Fleck-Schneise 12, 60528 Frankfurt/M., T: (069) 67 00-2 49, Telefax: (069) 67 25 81)

Wassersportkommission
Vorsitzende(r): Dr. Wolfgang Paul (Wandsbeker Marktstr. 97, 22041 Hamburg, T: (040) 6 52-40 81, Telefax: (040) 68 76 33)
Beauftragter: Dr. Harald Seiler (Hinsenkampstr. 19, 53129 Bonn, T: (0228) 50 92 68, Telefax: (0228) 50 92 01)
Mitglieder: Ulrich Clausing ((Deutscher Kanu-Verband) Bertaallee 8, 47055 Duisburg, T: (0203) 9 97 59 31, Telefax: (0203) 9 97 59-60, e-mail: service@kanu.de)
Ernst Teschke ((Dt. Motoryachtverband) Paul-Egall-Str. 3, 67346 Speyer, T/Fax: (06232) 7 74 09)
Heiko Hüller ((Deutscher Wasserski-Verband) Schmerberger Weg 81, 14548 Caputh, T: (033209) 7 03 48, Telefax: (033209) 7 00 85)
Helmut Griep (Wilhelm-Raabe-Str. 12, 31787 Hameln, T: (0511) 8 20 10 14-17, Telefax: (0511) 8 20 10-38)
Barbara Eckle (Beethovenstr. 17, 76689 Karlsdorf, T/Fax: (07251) 4 12 00)
Ludger Schulte-Hülsmann ((DLRG) Postf. 1251, 31537 Bad Nenndorf, T: (05723) 95 54 00, Telefax: (05723) 95 54 99, e-mail: schulte-huelsmann@bgst.dlrg.de)
Geschäftsführer(in): Hermann Latz ((DSB) Otto-Fleck-Schneise 12, 60528 Frankfurt/M., T: (069) 67 00-3 47, Telefax: (069) 67 25 81, e-mail: latz@dsb.de)

MITGLIEDSORGANISATIONEN

A) Landessportbünde

u 2 394
Landessportverband Baden-Württemberg
Geschäftsstelle:
Im Zinsholz, 73760 Ostfildern
T: (0711) 3 48 07-0 **Fax:** 3 48 07-13
Präsident(in): Anton Häffner
Hauptgeschäftsführer(in): Rainer Hipp

u 2 395
Badischer Sportbund (Nord)
Geschäftsstelle:
Stephanienstr. 86, 76133 Karlsruhe
T: (0721) 18 08-10 **Fax:** 18 08-28
Präsident(in): Peter Speckert (Prinzenweg 1a, 76199 Karlruhe, T: (0721) 1 33-45 54 d, 88 24 61 p, Fax: (0721) 1 33-45 55)
Geschäftsführer(in): Reinhard Stark

u 2 396
Badischer Sportbund (Süd)
Geschäftsstelle:
Wirthstr. 7, 79110 Freiburg
T: (0761) 1 52 46-0 **Fax:** 1 52 46-31
Präsident(in): Gundolf Fleischer (Im Bohrer 35, 79289 Horben)
Geschäftsführer(in): Matthias Krause

u 2 397
Württembergischer Landessportbund
Geschäftsstelle:
Postf. 10 54 32, 70047 Stuttgart
Goethestr. 11, 70174 Stuttgart
T: (0711) 22 90 5-0 **Fax:** 2 29 05-20
Präsident(in): Stefan Schlaegel (Bergstr. 43, 73733 Esslingen, T: (0711) 2 29 05 34 ü/WLSB, Fax: (0711) 2 29 05 20 ü/WLSB)
Hauptgeschäftsführer(in): Heinz-Wolfgang Mörbe

u 2 398
Bayerischer Landes-Sportverband
Geschäftsstelle:
Postf. 50 01 20, 80971 München
Georg-Brauchle-Ring 93, 80992 München
T: (089) 1 57 02-0 **Fax:** 1 57 02-444
Präsident(in): Prof. Dr. Peter Kapustin (Inst. f. Sportwissenschaft, Judenbühlweg 11, 97082 Würzburg, T: (0931) 8 88 65 00, Fax: (0931) 8 43 90)
Hauptgeschäftsführer(in): Richard Didyk

u 2 399
Landessportbund Berlin
Geschäftsstelle:
Jesse-Owens-Allee 2, 14053 Berlin
T: (030) 30 00 2-0 **Fax:** 3 00 02-107
TX: 182 835
Präsident(in): Manfred von Richthofen (Jesse-Owens-Allee 2, 14053 Berlin, T: (030) 30 00 21 11)
Direktor(in): Norbert Skowronek

u 2 400
Landessportbund Brandenburg
Geschäftsstelle:
Haus des Sports
Schopenhauerstr. 34, 14467 Potsdam
T: (0331) 9 71 98-0 **Fax:** 9 71 98-34
Präsident(in): Edwin Zimmermann (MDL)
Sportdirektor: Andreas Gerlach

u 2 401
Landessportbund Bremen
Geschäftsstelle:
Eduard-Grunow-Str. 30, 28203 Bremen
T: (0421) 7 92 87-0 **Fax:** 7 18 34
Präsident(in): Ingelore Rosenkötter (Tresckowstr. 1, 28203 Bremen, T: (0421) 3 40 31 30 d., 7 20 59 p., Fax: (0421) 70 42 22)
Geschäftsführer(in): Klaus Peter

u 2 402
Hamburger Sportbund
Geschäftsstelle:
Haus des Sports
Schäferkampsallee 1, 20357 Hamburg
T: (040) 4 19 08-0 **Fax:** 4 19 08-2 74
Präsident(in): Klaus-Jürgen Dankert (Schäferkampsallee 1, 20357 Hamburg)
Hauptgeschäftsführer(in): Jochen Peter Lammers
Geschäftsführer(in): Erwin Tasche

u 2 403
Landessportbund Hessen e.V.
Geschäftsstelle:
Otto-Fleck-Schneise 4, 60528 Frankfurt
T: (069) 6 78 9-0 **Fax:** 67 89-109
Präsident(in): Dr. Rolf Müller (Ulmenstr. 9, 63571 Gelnhausen, T: (06051) 1 76 55 p., Fax: 1 81 18 p.)
Hauptgeschäftsführer(in): Ralf Koch
Geschäftsführer(in): Franz Zimprich

u 2 404
Landessportbund Mecklenburg-Vorpommern e.V.
Geschäftsstelle:
Wittenburger Str. 116, 19059 Schwerin
T: (0385) 7 61 76-0 **Fax:** 7 61 76-31
Präsident(in): Wolfgang Remer (Bahnhofstr. 28, 19079 Sukow, T: (03861) 21 98)
Geschäftsführer(in): Jürgen Flehr

u 2 405
Landessportbund Niedersachsen
Geschäftsstelle:
Postf. 37 60, 30037 Hannover
Ferdinand-Wilhelm-Fricke-Weg 10, 30169 Hannover
T: (0511) 12 68-0 **Fax:** 12 68-190
Präsident(in): Prof. Dr. Wolf-Rüdiger Umbach (Steinkuhle 3, 38154 Königslutter, T: (05331) 93 91 00 d., Fax: 93 91 18 d., T/Fax: (05353) 56 16 p.)
Direktor(in): Reinhard Rawe (Sprecher der GL)

u 2 406
Landessportbund Nordrhein-Westfalen
Geschäftsstelle:
Postf. 10 15 06, 47015 Duisburg
Friedrich-Alfred-Str. 25, 47055 Duisburg
T: (0203) 73 81-0 **Fax:** 73 81-616
E-Mail: lsb-nrw@t-online.de
Präsident(in): Richard Winkels (Düsternstr. 79, 48231 Warendorf, T: (02581) 23 22)
Hauptgeschäftsführer(in): Walter Probst

u 2 407
Landessportbund Rheinland-Pfalz
Geschäftsstelle:
Rheinallee 1, 55116 Mainz
T: (06131) 28 14-0 **Fax:** 28 14-120
Internet: http://www.lsb-rlp.de
E-Mail: lsb@lsb-rlp.de
Präsident(in): Prof. Dr. Rüdiger Sterzenbach (T: (02689) 70 62 p.)
Hauptgeschäftsführer(in): Lothar Westram
Geschäftsführer(in): Wolfgang Dieler
Rudi Bernhard

u 2 408
Landessportverband für das Saarland
Geschäftsstelle:
Hermann Neuberger Sportschule, Geb. 54
T: (0681) 38 79-0 **Fax:** 38 79-154
Präsident(in): Albert Wagner (Saarlouiser Str. 53, 66822 Lebach, T: (0681) 38 79-300 d., Fax: 38 79-302 d., T: (06881) 21 60 p., Fax: 12 90 p.)
Hauptgeschäftsführer(in): PD Dr. Eike Emrich

u 2 409
Landessportbund Sachsen
Geschäftsstelle:
Marschnerstr. 29, 04109 Leipzig
T: (0341) 2 16 31-0 **Fax:** 9 80 93 90
Präsident(in): Hermann Winkler (MdL)
Generalsekretär(in): Dr. Ulf Tippelt (T: (0341) 2 16 31-28)

u 2 410
Landessportbund Sachsen-Anhalt
Geschäftsstelle:
Postf. 11 01 29, 06015 Halle
Maxim-Gorki-Str. 12, 06114 Halle
T: (0345) 52 79-0 **Fax:** 52 79-100

Präsident(in): Heinz Marciniak (Beethofenstr. 4, 06749 Bitterfeld, T: (03493) 2 25 80 p.)
Hauptgeschäftsführer(in): Gerd Henke

u 2 411

Landessportverband Schleswig-Holstein
Geschäftsstelle:
Winterbeker Weg 49, 24114 Kiel
T: (0431) 64 86-0 **Fax:** 64 86-190
Präsident(in): Hans Hansen (Am Noor 4 a, 24960 Glücksburg, T: (04631) 80 65, Telefax: (04631) 33 27)
Geschäftsführer(in): Ingo Buyny
Vorstandsreferent: Günter Hildebrand

u 2 412

Landessportbund Thüringen
Geschäftsstelle:
Arnstädter Str. 37, 99096 Erfurt
T: (0361) 3 40 54-0 **Fax:** 3 45 98 82, 3 40 54-27 (Sekr.)
Präsident(in): Peter Gösel
Hauptgeschäftsführer(in): Ludwig Gräbedünkel

B) Spitzenverbände

u 2 413

DMSB - Deutscher Motor Sport Bund e.V.
Geschäftsstelle:
Lyoner Stern
Hahnstr. 70, 60528 Frankfurt
T: (069) 63 30 07-0 **Fax:** 63 30 07-30
E-Mail: dmsb@dmsb.de
Präsident(in): Winfried Urbinger (c/o Industriehof Lüthringhausen, Grünenplatzstr. 16-18, 42899 Remscheid, T: (02191) 5 00 81 d., Fax: 5 00 83 d.)
Generalsekretär(in): Detlef Kramp

u 2 414

Allgemeiner Deutscher Automobil-Club e.V. (ADAC)
Hauptverwaltung:
Sportabteilung
Am Westpark 8, 81373 München
T: (089) 76 76-0 **Fax:** 76 76-2500
Präsident(in): Otto Flimm (Kölnstr. 221-225, 50321 Brühl, T: (02232) 4 90 66)
Sportpräsident: Hermann Tomczyk

u 2 415

Automobilclub von Deutschland (AvD)
Hauptverwaltung:
Sportabteilung
Postf. 71 01 53, 60491 Frankfurt
Lyoner Str. 16, 60528 Frankfurt
T: (069) 66 06-0 **Fax:** 66 06-789
Präsident(in): S.D. Wolfgang-Ernst Fürst zu Ysenburg und Büdingen
Geschäftsführer(in): Adalbert Lhota

u 2 416

Deutscher Motorsport Verband (DMV)
Geschäftsstelle:
Sportabteilung
Otto-Fleck-Schneise 12, 60528 Frankfurt
T: (069) 69 50 02-0 **Fax:** 69 50 02-20
Internet: http://www.dmv-motorsport.de
E-Mail: dmv@dmv-motorsport.de
Präsident(in): Jochen Lindner (Drakestr. 54, 12205 Berlin, T/Fax: (030) 8 33 00 88 p.)
Geschäftsführer(in): Gerhard Becker

u 2 417

American Football Verband Deutschland
Geschäftsstelle:
Otto-Fleck-Schneise 12, 60528 Frankfurt
T: (069) 96 74 02 67 **Fax:** 96 73 41 48
Präsident(in): RA Robert Huber (Mozartstr. 20, 63179 Obertshausen, T: (06104) 49 94 50, Fax: (06104) 4 38 91)
Geschäftsführer(in): Thomas Meyer

u 2 418

Deutscher Aero Club e.V. (DAeC)
Bundesgeschäftsstelle:
Hermann-Blenk-Str. 28, 38108 Braunschweig
T: (0531) 2 35 40-0 **Fax:** 2 05 40-11
Internet: http://www.daec.de
E-Mail: info@daec.de
Präsident(in): Wolfgang Weinreich (Ahornweg 5, 65760 Eschborn, T: (06173) 6 25 51 p., Fax: 6 21 70 p.)
Generalsekretär(in): Hans J. Fricke

u 2 419

Deutscher Alpenverein e.V. (DAV)
Geschäftsstelle:
Postf. 50 02 20, 80972 München
Von-Kahr-Str. 2-4, 80997 München
T: (089) 1 40 03-0 **Fax:** 1 40 03-11
Internet: http://www.alpenverein.de
E-Mail: info@alpenverein.de
1. Vorsitzende(r): Josef Klenner
Hauptgeschäftsführer(in): Alfred Siegert

u 2 420

Deutscher Amateur-Box-Verband
Geschäftsstelle:
Pfannkuchstr. 7, 34121 Kassel
T: (0561) 10 36 01 **Fax:** 10 36 02
Präsident(in): Gerd Graf (Lilienweg 8, 35606 Solms, T/Fax: (06442) 13 81)
Geschäftsführer(in): Helmut Mohr

u 2 421

Deutscher Badminton-Verband
Geschäftsstelle:
Haus des Sports
Südstr. 25, 45470 Mülheim
T: (0208) 30 82 70 **Fax:** 3 58 99
Präsident(in): Prof. Dieter Kespohl (Rotentalstr. 33, 67691 Hochspeyer, T: (06305) 2 65, Fax: (06305) 18 43)
Geschäftsführer(in): Helmut Altmann

u 2 422

Deutscher Bahnengolf-Verband
Geschäftsstelle:
Postf. 4 47, 55464 Simmern
Koblenzer Str. 5, 55469 Simmern
T: (06761) 97 06 36 p. **Fax:** 97 06 37 p.
Präsident(in): Alfred Schrod (Koblenzer Str. 5, 55469 Simmern, T: (06761) 97 06 36, Fax: 97 06 37)

u 2 423

Deutscher Baseball und Softball Verband
Geschäftsstelle:
Feldbergstr. 20-22, 55118 Mainz
T: (06131) 61 82 50 **Fax:** 61 86 50
Präsident(in): Martin Miller (Bergwerkstr. 16, 82439 Großweil, T: (08851) 93 18, Fax: 93 17)
Generalsekretär(in): Andreas Klages

u 2 424

Deutscher Basketball Bund
Geschäftsstelle:
Schwanenstr. 6-10, 58089 Hagen
T: (02331) 1 06-0 **Fax:** 1 06-179
Präsident(in): Roland Geggus (Bruchsaler Weg 7, 76327 Pfinztal, Postf. 13 28, 76319 Pfinztal, T: (07240) 33 59 p., Telefax: (07240) 32 96 p.)
Generalsekretär(in): Peter Klingbiel

u 2 425

Deutscher Behinderten-Sportverband
Geschäftsstelle:
Sportschule Wedau
Friedrich-Alfred-Str. 10, 47055 Duisburg
T: (0203) 71 74-170 **Fax:** 71 74-178
Präsident(in): Theodor Zühlsdorf (Reichenberger Str. 44, 53604 Bad Honnef, T: (02224) 1 05 09 p., Fax: (02224) 1 02 50 p.)
Geschäftsführer(in): Dieter Keuther

Durchführung des Behindertensports. Durchführung des Paragraph 11 a BVG (Versehrtenleibesübungen) und Paragraph 5 Abs. 6 Reha AnglG (ambulanter Behindertensport).

u 2 426

Deutsche Billard-Union
Geschäftsstelle:
Hiberniastr. 17, 46240 Bottrop
T: (02041) 7 96 10 **Fax:** 79 61 11
Präsident(in): Wolfgang Rittmann

u 2 427

Deutscher Bob- und Schlittensportverband
Geschäftsstelle:
An der Schießstätte 6, 83471 Berchtesgaden
T: (08652) 95 88-0 **Fax:** 95 88-22
TX: 56 213
Präsident(in): Klaus Kotter (Hochplattenstr. 5, 83209 Prien, T: (08051) 39 98, Telefax: (08051) 6 33 73)
Geschäftsführer(in): Günter Gscheidlinger

u 2 428

Deutscher Boccia-, Boule- und Pétanque-Verband
Geschäftsstelle:
Auf der Papagei 59a, 53721 Siegburg
T: (02241) 5 30 84 **Fax:** 95 90 09
Präsident(in): Alfred Geierhos (Boccia; Pétanque)
Guiseppe Venuti (Boule)
Generalsekretär(in): Didier Specht

u 2 429

Deutscher Eissport-Verband
Geschäftsstelle:
Menzinger Str. 68, 80992 München
T: (089) 8 11 10 57 **Fax:** 8 11 10 57
Präsident(in): Dieter Hillebrand (c/o Deutscher Eissport-Verband)

u 2 430

Deutsche Eislauf Union
Geschäftsstelle:
Betzenweg 34, 81247 München
T: (089) 81 82 42 **Fax:** 81 82 46
1. Vorsitzende(r): Angela Siedenberg

u 2 431

Deutsche Eisschnellauf-Gemeinschaft
Geschäftsstelle:
Menzinger Str. 68, 80992 München
T: (089) 89 12 03-0 **Fax:** 89 12 03-29
Präsident(in): Gerd Zimmermann
Geschäftsführer(in): Hermann Binder

u 2 432

Deutscher Eishockey-Bund
Geschäftsstelle:
Betzenweg 34, 81247 München
T: (089) 81 82-0 **Fax:** 81 82-36
Präsident(in): Rainer Gossmann

u 2 433

Deutscher Curling-Verband e.V.
German Curling Association
Geschäftsstelle:
Rosenheimer Str. 143a, 81671 München
T: (089) 49 91 86 86 **Fax:** 49 91 86 86
Präsident(in): Juliane Hummelt
Geschäftsstelle: Manuela Suckau

u 2 434

Deutscher Eisstock-Verband
Geschäftsstelle:
Postf. 12 55, 82452 Garmisch-Partenkirchen
St.-Martin-Str. 72, 82467 Garmisch-Partenkirchen
T: (08821) 9 51 00 **Fax:** 95 10 15
Präsident(in): Bernd Hilleprandt

u 2 435

Deutscher Fechter-Bund
Hauptverwaltung:
Postf. 14 44, 53004 Bonn
Am Neuen Lindenhof 2, 53117 Bonn
T: (0228) 9 89 05-0 **Fax:** 67 94 30
Präsident(in): Erika Dienstl (An der Waldmeisterhütte 23, 52222 Stolberg, T: (02402) 2 29 47, Fax: (02402) 2 13 09)
Generalsekretär(in): Prof. Dr. Berndt Barth

u 2 436

Deutscher Fußball-Bund e.V.
Geschäftsstelle:
Postf. 71 02 65, 60492 Frankfurt
Otto-Fleck-Schneise 6, 60528 Frankfurt
T: (069) 67 88-0 **Fax:** 67 88-266
TX: 4 16 815
Präsident(in): Dr. h.c. Egidius Braun (Kaiser-Friedr.-Allee 13, 52074 Aachen, T: (0221) 31 20 17 d., (0241) 7 73 22 p., Fax: (0241) 7 20 30 p.)
Generalsekretär(in): Horst R. Schmidt

u 2 437

Deutscher Gehörlosen-Sportverband
Geschäftsstelle:
Postf. 34 02 31, 45074 Essen
Adolfstr. 3, 45130 Essen
T: (0201) 77 76 71 **Fax:** 78 33 02
Präsident(in): Hubert Wilhelm (Pilgerstr. 8, 67069 Ludwigshafen, Telefax: (0621) 65 37 81)
Generalsekretär(in): Werner Kliewer

u 2 438

Bundesverband Deutscher Gewichtheber
Geschäftsstelle:
Postf. 14 60, 69172 Leimen

Badener Platz 6, 69181 Leimen
T: (06224) 97 51 10-13 **Fax:** 97 51 14
Präsident(in): Herbert Ehrbar (Eichendorffstr. 14, 69181 Leimen, T: (06224) 70 42 03 d., Fax: (06224) 70 42 50 d.)
Generalsekretär(in): Rolf Feser

u 2 439

Deutscher Golf Verband
Geschäftsstelle:
Postf. 21 06, 65011 Wiesbaden
Viktoriastr. 16, 65189 Wiesbaden
T: (0611) 99 02 00 **Fax:** 9 90 20 40
Präsident(in): Dr. Wolfgang Scheuer (Grünwalderstr. 241, 81545 München, T: (089) 64 30 83, Telefax: (089) 64 45 75)
Geschäftsführer(in): Ullrich Libor

u 2 440

Deutscher Handball-Bund
Geschäftsstelle:
Strobelallee 56, 44139 Dortmund
T: (0231) 9 11 91-0 **Fax:** 12 40 61
Internet: http://www.dhb.de
Präsident(in): Ulrich Strombach (Peter-Heuser-Str. 5, 51643 Gummersbach, T: (02261) 29 09-0 d., Fax: 29 09-10 d.)
Geschäftsführerin: Bärbel Puchert
Geschf. Sportdirektor: Arno Ehret

u 2 441

Deutscher Hockey Bund
Zentrale für den Leistungssport:
Theresienhöhe, 50354 Hürth
T: (02233) 9 42 44-0 **Fax:** 94 24 44
TX: 888 2241
Präsident(in): Dr. Christoph Wüterich (Charlottenstr. 22, 70182 Stuttgart, T: (0711) 23 99 20 d., Fax: 23 99 229 d.)
Generalsekretärin: Uschi Schmitz (Vorstandsvorsitzende)

u 2 442

Deutscher Judo-Bund
Geschäftsstelle:
Postf. 71 02 25, 60492 Frankfurt
Otto-Fleck-Schneise 12, 60528 Frankfurt
T: (069) 67 60 13 + 14 **Fax:** 6 77 22 42
Präsident(in): Karl-Dieter Schuchmann (Goethestr. 8, 64367 Mühltal, T: (06 51) 91 70 18 p., Fax: (0651) 91 70 20 p.)
Generalsekretär(in): Reinhard Nimz

u 2 443

Deutscher Ju-Jutsu-Verband
Bundesgeschäftsstelle:
Lokstedter Damm 31, 22453 Hamburg
T: (040) 54 50 55 **Fax:** 54 50 56
Präsident(in): Gerhard Schröder (Klaus-Nanne-Str. 148, 22457 Hamburg, T: (040) 5 59 47 69 d., 5 59 47 64 p., Fax: (040) 5 59 46 68)
Geschäftsführer(in): Lothar Glisovic

u 2 444

Deutscher Kanu-Verband
Geschäftsstelle:
Postf. 10 03 15, 47003 Duisburg
Bertaallee 8, 47055 Duisburg
T: (0203) 9 97 59-0 **Fax:** 9 97 59 60
Internet: http://www.kanu.de
E-Mail: service@kanu.de
Präsident(in): Ulrich Feldhoff (Holtener Str. 122, 46149 Oberhausen, T: (0208) 64 23 93 d., Fax: (0208) 64 23 93 d.)
Generalsekretär(in): Wolfgang Over

u 2 445

Deutscher Karate Verband
Geschäftsstelle:
Grabenstr. 37, 45964 Gladbeck
T: (02043) 29 88-0 **Fax:** 29 88-91
E-Mail: karate.dkv@t-online.de
Präsident(in): Roland Hantzsche (T: (0711) 72 30 75 d.)
Geschäftsführer(in): Gunda Günther

u 2 446

Deutscher Keglerbund
Bundesgeschäftsstelle:
Wilhelmsaue 23, 10715 Berlin
T: (030) 8 73 12 99 **Fax:** 8 73 73 14
Präsident(in): Alfred Altmann (Josef-Doll-Str. 6, 82061 Neuried, T: (089) 5 16 22 09 d., 7 55 71 81 p., Fax: (089) 5 16 23 35)
Generalsekretär(in): Peter Wackermann

u 2 447

Deutsche Lebens-Rettungs-Gesellschaft
Bundesgeschäftsstelle:
Im Niedernfeld 2, 31542 Bad Nenndorf
T: (05723) 95 54 00 **Fax:** 95 54 99
Präsident(in): Dr. Klaus Wilkens ((Post DLRG-Bundesgeschäftsstelle) T: (040) 41 23-32 98 d., (04131) 18 88 00 p., Fax: (04131) 18 88 40 p.)
Bundesgeschäftsführer(in): Ludger Schulte-Hülsmann

u 2 448

Deutscher Leichtathletik-Verband
Geschäftsstelle:
Postf. 110463, 64219 Darmstadt
Alsfelder Str. 27 Haus der Leichtathletik, 64289 Darmstadt
T: (06151) 77 08-0 **Fax:** 77 08-11
Präsident(in): Prof. Dr. Helmut Digel ((Post DLV-Geschäftsstelle) T: (07071) 2 97-8408, 29 78-2628, Fax: (07071) 29-2078)
Generalsekretär(in): Frank Hensel

u 2 449

Deutscher Verband für Modernen Fünfkampf
Geschäftsstelle:
Julius-Reiber-Str. 5, 64293 Darmstadt
T: (06151) 99 77 43, 99 74 11 **Fax:** 2 01 56
TX: 419 270
Präsident(in): Klaus Schormann (Heinrich-Wingerts-Weg 17, 64285 Darmstadt, T: (06151) 13 25 65 d., 4 77 39 p., Fax: (06151) 42 35 70)
Geschäftsführerin: Eleonore Petri

u 2 450

Deutscher Motoryachtverband
Geschäftsstelle:
Vinckeufer 12-14, 47119 Duisburg
T: (0203) 8 09 58-0 **Fax:** 8 09 58-58
Präsident(in): Winfried Röcker (c/o Deutscher Motoryachtverband)
Geschäftsführer(in): Florian Rummel

u 2 451

Bund Deutscher Radfahrer
Geschäftsstelle:
Otto-Fleck-Schneise 4, 60528 Frankfurt
T: (069) 96 78 00-0 **Fax:** 96 78 00-80
TX: 414 784
Präsident(in): Manfred Böhmer (An der Schanz 2, 50735 Köln, (Colonia Hochhaus), T: (0221) 76 90 25 d., Fax: (0221) 76 90 27 d.)
Geschäftsführer(in): Werner Wenzel

u 2 452

Deutscher Rasenkraftsport- und Tauzieh-Verband
Geschäftsstelle:
c/o Walter Schöfbeck
Nikolausstr. 10a, 82291 Mammendorf
T: (08145) 66 87 (privat), (089) 15 70 23 34 (dienstl.)
Fax: (089) 15 70 24 49 (dienstl.)
Präsident(in): Gunter H. Fahrion (Weinklinge 20, 70329 Stuttgart, T: (0711) 2 16-3111 d., 42 99 20 p., Fax: (0711) 42 99 40 p.)
Geschäftsführer(in): Walter Schöfbeck

u 2 453

Deutsche Reiterliche Vereinigung e.V. Hauptverband für Zucht und Prüfung deutscher Pferde (FN)
Fédération Equestre Nationale (FN)
Generalsekretariat:
48229 Warendorf
Postf. 11 02 65, 48204 Warendorf
Freiherr-von Langen-Str. 13, 48231 Warendorf
T: (02581) 63 62-0 **Fax:** 6 21 44
Präsident(in): Dieter Graf von Landsberg-Velen (Wocklum, 58802 Balve, T: (02375) 21 00, Fax: (02375) 59 98)
Generalsekretär(in): Dr. Hanfried Haring
Spitzenfachverband für den Reit- und Fahrsport, die Landespferdezucht und Pferdehaltung.

u 2 454

Deutscher Ringer-Bund
Geschäftsstelle:
Schweizer Str. 90, 60594 Frankfurt
T: (069) 61 97 73 **Fax:** 62 00 54
Vizepräsident(in): Helmuth Pauli ((komm.), Freiburgstr. 47, 78532 Tuttlingen, T: (07461) 53 73, Fax: (07461) 7 45 34)
Generalsekretär(in): Manfred Müller

u 2 455

Deutscher Rollsport- und Inline-Verband
Geschäftsstelle:
Sterngasse 5, 89073 Ulm
T: (0731) 6 64 14 **Fax:** 9 60 35 17
Präsident(in): Ute Villwock (Sterngasse 1, 89073 Ulm, T: (0731) 6 46 62, Fax: (0731) 6 12 51)
Geschäftsführer(in): Gerold Reith

u 2 456

Deutscher Ruderverband
Geschäftsstelle:
Maschstr. 20, 30169 Hannover
T: (0511) 98 09 40 **Fax:** 9 80 94 25
1. Vorsitzende(r): Prof. Dr. Wolfgang Maennig (Skirenweg 5, 14052 Berlin, T: (030) 30 61 34 92 p., Fax: (030) 30 61 34 96 p.)
Hauptgeschäftsführer(in): Hans-Jürgen Bittner

u 2 457

Deutscher Rugby-Verband
Geschäftsstelle: Bundesleistungszentrum Nord
Ferdinand-Wilhelm-Fricke-Weg 2a, 30169 Hannover
T: (0511) 1 47 63 **Fax:** 1 61 02 06
Vorsitzende(r): Ian Rawcliffe (Ruhrweg 1, 63322 Rödermark, T: (06074) 16 25 p., Fax: (06074) 60 51 p.)
Geschäftsführer(in): Volker Himmer

u 2 458

Deutscher Schachbund
Geschäftsstelle:
Hanns-Braun-Str. Friesenhaus I, 14053 Berlin
T: (030) 3 00 07 80 **Fax:** 30 00 78 30
Präsident(in): Egon Ditt (Meißener Str. 18, 28215 Bremen, T: (0421) 3 61 27 22 d., T/Fax: (0421) 35 42 78 p.)
Geschäftsführer(in): Horst Metzing

u 2 459

Deutscher Schützenbund
Geschäftsstelle:
Schießsportschule
Lahnstr. 120, 65195 Wiesbaden
T: (0611) 4 68 07-0 **Fax:** 4 68 07-49
Internet: http://www.schuetzenbund.de
E-Mail: info@schuetzenbund.de
Präsident(in): Josef Ambacher (Waldstr. 20 a, 82319 Starnberg, T: (089) 8 94 26 30 d., (08151) 1 66 55 p., Fax: (08151) 7 20 55 p.)
Hauptgeschäftsführer(in): Peter Michel

u 2 460

Deutscher Schwimm-Verband
Geschäftsstelle:
Postf. 42 01 40, 34070 Kassel
Korbacher Str. 93, 34132 Kassel
T: (0561) 94 08 30 **Fax:** 9 40 83 15
Präsident(in): Rüdiger Tretow (Sibeliusstr. 64, 48147 Münster, T: (0251) 23 25 91 p., Fax: (0251) 23 64 49)
Generalsekretär(in): Jürgen Fornoff

u 2 461

Deutscher Segler-Verband
Geschäftsstelle:
Gründgensstr. 18, 22309 Hamburg
T: (040) 63 20 09-0 **Fax:** 63 20 09-28
TX: 216 4976
Präsident(in): Hans-Joachim Fritze (Agnesstr. 42, 22301 Hamburg, T: (040) 4 80 30 86, Fax: (040) 46 26 73)
Generalsekretär(in): Raimar Lachmann

u 2 462

Deutscher Skibob-Verband
Geschäftsstelle:
Oswaldweg 3, 81245 München
T: (089) 8 63 27 40 **Fax:** 8 64 27 40
Präsident(in): Karl Kellermann (Schwanthaler Str. 73, 80336 München, T: (089) 5 43 59 70-15 d., 7 14 97 46 p., Fax: (089) 5 38 05 24 d.)
Geschäftsführer(in): Manfred Heitz (Hoheneckstr. 108, 81243 München, T: (089) 87 66 03 p., 8 71 20 60 d., Fax: (089) 8 71 46 15 d.)

u 2 463

Deutscher Skiverband
Geschäftsstelle:
Hubertusstr. 1, 82152 Planegg
T: (089) 8 57 90-0 **Fax:** 8 57 90-247
TX: 529 061
Präsident(in): Fritz Wagnerberger (Tangastr. 60, 81827 München, T: (089) 43 60 62 46 d., 30 70 13 p., Fax: (089) 43 60 62 03 d.)
Generalsekretär(in): Helmut Weinbuch

u 2 464

Deutscher Sportakrobatik-Bund
Geschäftsstelle:
Dr.-Horst-Schmidt-Str. 16-18, 64319 Pfungstadt
T: (06157) 71 30 **Fax:** 8 67 70
Präsident(in): Kurt Becker (Nahestr. 27, 64319 Pfungstadt, T: (06157) 45 61 p.)

Geschäftsführer(in): Dieter Mertes (Birkenstr. 18, 66773 Schwalbach, T: (0681) 3 87 92 40 d., (06834) 5 13 12 p., Fax: (0681) 3 87 92 68)

u 2 465

Verband Deutscher Sportfischer e.V. (VDSF)
Geschäftsstelle:
Siemensstr. 11-13, 63071 Offenbach
T: (069) 85 50 06 **Fax:** 87 37 70
E-Mail: vdsf.ev@t-online.de
Präsident(in): Prof. Dr. Werner Meinel (UNI Kassel, Institut f. Zoologie, Heinrich-Plett-Str. 40, 34132 Kassel)
Geschäftsführer(in): Anton Betz
Dipl.-Ing.agr. Uwe Schuller

Zusammenschluß aller deutschen Sportfischer, aktive Mitarbeit in allen Umwelt-, Gewässer-, Landschafts-, Natur-, Jagd- und Tierschutzfragen und die Zusammenarbeit mit den entsprechenden nationalen und internationalen Vertretungen, Behörden und Verbänden; Unterstützung und einheitliche Vertretung der deutschen Sportfischer bei Gesetzgebern und Verwaltungsorganen auf Bundesebene.

u 2 466

Verband Deutscher Sporttaucher e.V.
Geschäftsstelle:
Tannenstr. 25, 64546 Mörfelden-Walldorf
T: (06105) 96 13 02 **Fax:** 96 13 45
Internet: http://www.vdst.de
E-Mail: vdst.ev@vdst.de
Präsident(in): Dr. Friedrich Naglschmid (Rotebühlstr. 87 a, 70178 Stuttgart, T: (0711) 61 83 78 d., 61 11 67 p., Fax: (0711) 61 28 23)
Verbandszeitschrift: Sporttaucher
Redaktion: Ronald Brandt

Förderung des Sporttauchens in der Bundesrepublik Deutschland. Wahrnehmung der Interessen aller deutscher Sporttaucher. Vertretung im Weltverband der Sporttaucher (CMAS).

u 2 467

Deutscher Squash Verband
Geschäftsstelle:
Weidenweg 10, 47059 Duisburg
T: (0203) 31 50 75 **Fax:** 31 48 13
Präsident(in): Karl-Heinz Balzer (Danneckerweg 39, 71683 Remseck, T: (07146) 28 91 22 d., 28 92 41 p., Fax: (07146) 82 12 15)
Geschäftsführer(in): Florian Pößl

u 2 468

Deutsche Taekwondo Union
Geschäftsstelle:
Postf. 50 01 20, 80971 München
Georg-Brauchle-Ring 93, 80992 München
T: (089) 15 93 00 43 **Fax:** 15 93 00 45
Internet: http://www.dtu.de
E-Mail: DTU-office@t-online.de
Präsident(in): Walter Schwarz (Hubertussteig 17, 91217 Hersbruck, T: (09151) 8 25-14, Fax: (09151) 8 25-15)
Generalsekretär(in): Klemens Komischke (Hindenburgstr. 24, 88400 Biberach, T: (07351) 58 00-11, Fax: (07351) 1 78 00)

u 2 469

Deutscher Tanzsportverband
Geschäftsstelle:
Robert-Koch-Str. 1-3, 63263 Neu-Isenburg
T: (06102) 30 96-0 **Fax:** 30 96-30
Präsident(in): Harald Frahm (Hölderlinstr. 32, 65779 Kelkheim, T: (06195) 91 04 49 d., 68 28 p., Fax: (06195) 6 18 83)
Geschäftsführer(in): Rüdiger Wolf

u 2 470

Deutscher Tennis Bund
Bundesgeschäftsstelle:
Postf. 13 02 71, 20102 Hamburg
Hallerstr. 89, 20149 Hamburg
T: (040) 4 11 78-0 **Fax:** 4 11 78-222
Internet: http://www.dtb-tennis.de
Präsident(in): Dr. Georg Freiherr von Waldenfels
Generalsekretär(in): Reimund Schneider
Mitglieder: 2155765 (31.7.1998) in 18 Landesverbänden

u 2 471

Deutscher Tischtennis-Bund
Generalsekretariat:
Otto-Fleck-Schneise 12, 60528 Frankfurt
T: (069) 69 50 19-0 **Fax:** 69 50 19-13
Präsident(in): Walter Gründahl (Fockstr. 28, 24114 Kiel, T: (0431) 66 59 00 d., Fax: (0431) 65 59 09 d.)
Generalsekretär(in): Dr. Norbert Englisch

u 2 472

Deutsche Triathlon-Union
Geschäftsstelle:
Otto-Fleck-Schneise 12, 60528 Frankfurt
T: (069) 67 72 05-0, 67 72 05-13 Sekr. **Fax:** 67 72 05-11
Präsident(in): Dr. Martin Engelhardt (Am Hexenpfad 20, 63450 Hanau, T: (069) 67 05-0 d., (06181) 25 90 80 p., Fax: (06181) 25 77 55 p.)
Generalsekretär(in): Jörg Barion

u 2 473

Deutscher Turner-Bund
Bundesgeschäftsstelle:
Otto-Fleck-Schneise 8, 60528 Frankfurt
T: (069) 6 78 01-0 **Fax:** 6 78 01-179
Präsident(in): Prof. Dr. Jürgen Dieckert (Kaspersweg 107 a, 26131 Oldenburg, T: (0441) 7 98 31 54 d., Fax: (0441) 7 98 31 83 d., T: (0441) 5 49 46 p., Fax: 59 33 09 p.)
Generalsekretär(in): Hans-Peter Wullenweber

u 2 474

Deutscher Volleyball-Verband
Geschäftsstelle:
Otto-Fleck-Schneise 12, 60528 Frankfurt
T: (069) 69 50 01-0 **Fax:** 69 50 01-24
Internet: http://www.volleyballverband.de
E-Mail: dvv.frankfurt@t-online.de
Präsident(in): Werner von Moltke (Post ü/DVV-Geschäftsstelle)
Generalsekretär(in): Lutz Endlich

u 2 475

Deutscher Wasserski-Verband
Geschäftsstelle:
Gründgensstr. 18, 22309 Hamburg
T: (040) 63 99 87 32 **Fax:** 63 99 83 52
Präsident(in): Adolf Marx (Wulfetannen E 3, 49587 Rieste)
Geschäftsführer(in): Bernd Himmer

C) Sportverbände mit besonderer Aufgabenstellung

u 2 476

Deutscher Aikido Bund
Geschäftsstelle:
Stuttgarter Str. 32, 73547 Lorch
T: (07172) 91 51-10 **Fax:** 91 51-11
Präsident(in): Dr. Barbara Oettinger

u 2 477

Deutscher Betriebssportverband
Geschäftsstelle:
Arcostr. 11-19, 10587 Berlin
T: (030) 34 70 94 83 **Fax:** 34 70 94 84
Präsident(in): Reinhold Müller (Am Hagen 41, 24247 Mielkendorf, T: (04347) 42 14 p.)
Generalsekretär(in): Uwe Tronnier (Detmolder Str. 15, 10715 Berlin, T: (030) 8 53 73 76 p., Fax: (030) 8 53 11 78 p.)

u 2 478

CVJM-Gesamtverband in Deutschland -Eichenkreuzsport-
Geschäftsstelle:
34114 Kassel
Im Druseltal 8, 34131 Kassel
T: (0561) 3 08 72 32 **Fax:** 3 08 72 70
TX: 992 481
E-Mail: info@cvjm.de
Vorsitzender des Ausschusses für Sport: Prof. Dipl.-Ing. Karlheinz Wesp (Gläserweg 8, 64291 Darmstadt, T: (06151) 37 79 49)
Referent für Eichenkreuz: Rolf Müller

u 2 479

Verband Deutscher Eisenbahner-Sportvereine
Geschäftsstelle:
Karlstr. 4-6, 60329 Frankfurt
T: (069) 2 65-12771 **Fax:** 2 65-33670
Vorsitzende(r): Peter Debuschewitz (Granitzstr. 55, 13189 Berlin, T: (030) 2 97-4 01 00)
Geschäftsführer(in): Kurt Wätzmann

u 2 480

Deutscher Verband für Freikörperkultur e.V. (DFK)
Geschäftsstelle:
Uhlemeyerstr. 14, 30175 Hannover
T: (0511) 34 22 33 **Fax:** 3 18 08 38
Präsident(in): Detlef Schrader (Hainbergstr. 25, Haus 9, 31167 Bockenem, T: (05067) 6 94 18, Fax: (05067) 6 94 13)

u 2 481

Allgemeiner Deutscher Hochschulsportverband
Geschäftsstelle:
Max-Planck-Str. 2, 64807 Dieburg
T: (06071) 2 08 60 **Fax:** 20 75 78
Generalsekretärin: Dr. Karin Fehres

u 2 482

DJK-Sportverband Deutsche Jugendkraft
Bundesgeschäftsstelle:
Carl-Mosterts-Platz 1, 40477 Düsseldorf
T: (0211) 9 48 36-0 **Fax:** 9 48 36-36
Vorsitzende(r): Dr. Wolfgang Reifenberg (c/o IJAB, Hochkreuzallee 20, 53175 Bonn, T: (0228) 95 06-2 07 d., 37 45 50 p., Fax: (0228) 95 06-1 99)
Generalsekretär(in): Dr. Stefan-Karl Schultheis

u 2 483

Kneipp-Bund e.V. Bundesverband für Gesundheitsförderung
Hauptgeschäftsstelle:
Postf. 14 52, 86817 Bad Wörishofen
Adolf-Scholz-Allee 6-8, 86825 Bad Wörishofen
T: (08247) 30 02-0 **Fax:** 30 02-1 99
Internet: http://www.kneippbund.de
E-Mail: bundesverband@kneippbund.de
Präsident(in): Ulf Fink (MdB)
Bundesgeschäftsführerin: Annette Kersting

u 2 484

Makkabi in Deutschland
Generalsekretariat:
Gailenbergstr. 13, 87541 Hindelang
T: (08324) 83 86 **Fax:** 24 21
Präsident(in): Peter Guttmann (Post ü/Geschäftsstelle)
Verbandssekretärin: Brigitte Faltermeier

u 2 485

Deutsches Polizeisportkuratorium
Geschäftsstelle:
Tannenstr. 26, 40476 Düsseldorf
T: (0211) 8 70-7550, 8 70-7551 **Fax:** 8 70-7554
E-Mail: dpsk@mail.ppdd.nrw.de
Vorsitzende(r): Ernst-Dieter Standop (Leitender Polizeidirektor)
Geschäftsführer(in): Dietmar Schönhoff

u 2 486

Rad- und Kraftfahrerbund (RKB) „Solidarität" Deutschland 1896
Geschäftsstelle:
Fritz-Remy-Str. 19, 63071 Offenbach
T: (069) 85 20 93 u. -94 **Fax:** 87 33 99
Präsident(in): Uwe Lambinus (Eichendorffstr. 8, 97828 Marktheidenfeld, Fax: (09391) 91 50 93)
Büroleiter: Ulrich Paff

D) Verbände für Wissenschaft und Bildung

u 2 487

Gewerkschaft Erziehung und Wissenschaft - Sportkommission -
Geschäftsstelle:
Tullastr. 16, 77815 Bühl
T: (07223) 2 38 69 **Fax:** 2 38 69
Vorsitzende(r): Siegfried Eith

u 2 488

Deutscher Sportlehrerverband e.V. (DSLV)
Geschäftsstelle:
Am Rasselberg 16, 35578 Wetzlar
T: (06441) 92 12 10 **Fax:** 92 12 12
Internet: http://www.DSLV.de
E-Mail: DSLV-Wetzlar@t-online.de
Präsident(in): Claus Umbach (Stettiner Str. 2-4, 34225 Baunatal, T: (05601) 80 55, Fax: (05601) 80 50)

u 2 489

Deutsche Vereinigung für Sportwissenschaft
Geschäftsstelle:
Postf. 73 02 29, 22122 Hamburg
Bei der Neuen Münze 4a, 22145 Hamburg
T: (040) 67 94 12 12 **Fax:** 67 94 12 13
Präsident(in): Prof. Dr. Werner Schmidt (Post an dvs-Geschäftsstelle)
Geschäftsführer(in): Frederik Borkenhagen

u 2 490

Bundesverband staatl. anerkannter Berufsfachschulen für Gymnastik und Sport

Geschäftsstelle:
c/o Sportschule des LSB Berlin
Priesterweg 4, 10829 Berlin
T: (030) 78 77 24 17 **Fax:** 7 88 32 17
1. Vorsitzende(r): Prof. Dr. H. J. Medau
Geschäftsführer(in): Frank Kegler

u 2 491

Deutscher Verband für das Skilehrwesen

Geschäftsstelle:
Postf. 14 25, 87554 Oberstdorf
Nebelhornstr. 49, 87561 Oberstdorf
T: (08322) 8 01 26 **Fax:** 8 02 26
Präsident(in): Dr. Harald Kiedaisch

u 2 492

Deutsche Gesellschaft für Sportmedizin und Prävention (Deutscher Sportärztebund) e.V.

Geschäftsstelle:
Hugstetter Str. 55, 79106 Freiburg
T: (0761) 2 70-7456 **Fax:** 2 02-4881
E-Mail: german-sportmed@msm1kl.uni-freiburg.de
Präsident(in): Prof. Dr. Joseph Keul (Medizinische Universitätsklinik, Abt. Sport- u. Leistungsmedizin, Hugstetter Str. 55, 79106 Freiburg, T: (0761) 2 70-74 50/51 u. -7473 d., 55 11 65 p. Fax: (0761) 2 02-48 81 d.)

E) Förderverbände

u 2 493

Deutsche Olympische Gesellschaft

Geschäftsstelle:
Otto-Fleck-Schneise 12, 60528 Frankfurt
T: (069) 69 50 16-0 **Fax:** 6 77 18 26
Präsident(in): Werner Langenbahn (Ingolstädter Str. 18, 80807 München, c/o Werner Langenbahn KG, T: (089) 35 60 61 53, Fax: (089) 35 60 72)
Generalsekretär(in): Ulrich Schulze Forsthövel

u 2 494

Stiftung Sicherheit im Skisport

Geschäftsstelle:
Haus des Ski am Erwin Himmelseher-Platz
Postf. 17 61, 82145 Planegg
Hubertusstr. 1, 82152 Planegg
T: (089) 8 57 90-0 **Fax:** 8 57 90-294
Vorsitzende(r): Erwin Himmelseher (Kaiser-Wilhelm-Ring 6-8, 50672 Köln, T: (0221) 12 50 02)

• U 2 495

Nationales Olympisches Komitee für Deutschland e.V. (NOK)

Otto-Fleck-Schneise 12, 60528 Frankfurt
T: (069) 6 70 02 02 **Fax:** 6 77 12 29
Gründung: 1949 (24. September)
Präsident(in): Prof. Walther Tröger
Vizepräsident(in): Prof. Dr. Helmut Digel
Dieter Graf von Landsberg-Velen
Fritz Wagnerberger
Generalsekretär(in): Heiner Henze
Mitglieder: 32 olympische Fachverbände
Mitarbeiter: 20
Jahresetat: DM 5,8 Mio, € 2,97 Mio

• U 2 496

Deutsche Sportkrone e.V.

Max-Planck-Str. 47, 53340 Meckenheim
T: (02225) 94 55 36 **Fax:** 94 55 37
E-Mail: 02225945536-0001@t-online.de
Gründung: 1962 (29. Januar, ab Jan. 1996 e.V.)
Vorsitzende(r): Dipl.-Betriebsw. Klaus Schwarzbach
Stellvertretende(r) Vorsitzende(r): Apotheker Hans Joachim Keller
Hauptgeschäftsführer(in): Barbara Burbach (Ltg. Presseabt.)
Mitglieder: 1800 SportkroneinhaberInnen
Mitarbeiter: 2 ehrenamtl.
Jahresetat: DM 0,1 Mio, € 0,05 Mio

• U 2 497

Deutscher Sportstudio Verband e.V.

Bremer Str. 201b, 21073 Hamburg
T: (040) 7 66 24 00 **Fax:** 7 65 12 23
Internet: http://www.dssv.de
E-Mail: dssv@dssv.de
Gründung: 1984 (10. April)
1. Vorsitzende(r): Birgit Schwarze
Stellvertretende(r) Vorsitzende(r): Werner Kündgen
Leitung Presseabteilung: Birgit Schwarze
Hauptgeschäftsführer(in): Refit Kamberović
Fachverbände:
Fachausschuß für Sportmedizin,
Leitung: Dr.med. Andreas Jässing
Fachausschuß für Arbeitsrecht, Leitung: Heike Leonhardt-Langhammer
Fachausschuß für Bildung: Dr. Theodor Stemper
Rechtliche Fragen: Simeon Rastädter
Steuerrecht: Werner Kündgen
Mitglieder: 1800
Mitarbeiter: 15

• U 2 498

Bundeswettbewerb der Schulen JUGEND TRAINIERT FÜR OLYMPIA e.V.

Geschäftsstelle
derzeit Senatsverwaltung für Schule, Jugend und Sport
Beuthstr. 6-8, 10117 Berlin
T: (030) 90 26 56 22 **Fax:** 90 26 50 12
Internet: http://www.jugendtrainiertfuerolympia.de
E-Mail: rainer-hoettler@sensjs.verwalt-berlin.de
Gründung: 1992 (14. Januar)
Vorsitzende(r): Ltd. Senatsrat Dr. Rainer Höttler
Mitglieder: 31
Jahresetat: DM 3 Mio, € 1,53 Mio

• U 2 499

Deutscher Rollstuhl-Sportverband e.V. (DRS)

Friedrich-Alfred-Str. 10, 47055 Duisburg
T: (0203) 71 74-180 **Fax:** 71 74-181
E-Mail: drsev@t-online.de
Gründung: 1977
Geschäftsführer(in): A. Dudziak
Leitung Presseabteilung: Gregor Plessmann
Verbandszeitschrift: Rollstuhlsport
Redaktion: Gregor Plessmann
Verlag: Gregor Plessmann, Lambertus-Kirchplatz 7, 59387 Ascheberg
Mitglieder: 250 Vereine (darin ca. 6.000 Personen)
Mitarbeiter: 1

• U 2 500

Internationale Vereinigung Sport- und Freizeiteinrichtungen e.V. (IAKS)

International Association for Sports and Leisure Facilities

Association internationale équipements de sport et de loisirs

Carl-Diem-Weg 3, 50933 Köln
T: (0221) 4 91 29 91 **Fax:** 4 97 12 80
Internet: http://www.sports-facilities.worldsport.com
E-Mail: IAKS-@t-online.de
Gründung: 1965
Internationaler Zusammenschluß: siehe unter IZU 374
Präsident(in): RA und Notar Dr. Stephan J. Holthoff-Pförtner (Zweigertstr. 21, 45130 Essen)
Vizepräsident(in): Prof. Dr. Takazumi Fukuoka (1-9-9-301 Sendagaya, J-151-0051 Tokyo, Shibuya-ku)
Geschäftsführer(in): Roswitha Thibes
Generalsekretär(in): Prof. Frieder Roskam
Verbandszeitschrift: sportstättenbau und bäderanlagen
Redaktion: Prof. Frieder Roskam
Verlag: sb 67 verlags gmbh, Blériotstr. 6, 50827 Köln
Mitglieder: 970
Mitarbeiter: 5 hauptamtl., 60 ehrenamtl.
Jahresetat: DM 1 Mio, € 0,51 Mio

Sammlung, Auswertung und Weitervermittlung aller Informationen über Planung, Bau, Ausstattung, Erhaltung, Betrieb, Renovation, Management von Erholungs-, Spiel- und Sportanlagen.

• U 2 501

Bundesverband Wassersportwirtschaft e.V. (BWVS)

Gunther-Plüschow-Str. 8, 50829 Köln
T: (0221) 59 57 10 **Fax:** 5 95 71 10
Internet: http://www.bwvs.de
E-Mail: info@bwvs.de
Gründung: 1961
Präsident(in): Axel Meier, Emden
Geschäftsführer(in): Dipl.-Oec. Jürgen Tracht, Wuppertal
Mitglieder: 350
Mitarbeiter: 4
Jahresetat: DM 1,2 Mio, € 0,61 Mio

Mitgliedsverbände:
Verband Deutscher Bootsvermieter e.V.;
Verband Deutscher Sportbootschulen e.V.;
Verband Deutscher Windsurfing- und Wassersport Schulen e.V. (VDWS);
Bundesverband der Österr. Bootswirtschaft, Wien;
Fachverband Seenot-Rettungsmittel

Gesellschafts- und wirtschaftspolitische Interessenvertretung der Wassersportbranche. Zusammenschluß interessierter Fachfirmen. Förderung der Sport- und Freizeitschiffahrt.

• U 2 502

Bund Deutscher Sportschützen 1975 e.V.

- Bundesgeschäftsstelle
Birkenring 119, 16356 Eiche
T: (030) 99 40 10 27 **Fax:** 99 40 01 01
Internet: http://www.bdsnet.de
E-Mail: bdsberlin@aol.com
Gründung: 1975
Präsident(in): Friedrich Gepperth (Birkenring 119, 16356 Eiche)
1. Vizepräs.: Wilfried Keilen (Ittelerstr. 19, 54298 Welschbillig)
2. Vizepräs.: Helmut Glaser (In den Beeten 50, 74379 Ingersheim)
Leitung Presseabteilung: Dieter Gehrke
Mitglieder: ca. 22000

Landesverbände

u 2 503

Bund Deutscher Sportschützen 1975 e.V. Landesverband Berlin und Brandenburg

Birkenring 119, 16356 Eiche
T: (030) 9 98 91 52 **Fax:** 99 40 10 26
Präsident(in): Friedrich Gepperth

u 2 504

Bund Deutscher Sportschützen 1975 e.V. Landesverband Schleswig-Holstein-Hamburg

Postf. 13 43, 23723 Neustadt
T: (04561) 5 06 30 **Fax:** 5 06 31
Präsident(in): Dieter Gehrke

u 2 505

Bund Deutscher Sportschützen 1975 e.V. Landesverband Niedersachsen-Bremen

Geschäftsstelle:
Im kleinen Felde 29, 34346 Hannoversch Münden
T: (05541) 90 45 17 **Fax:** 90 45 18
E-Mail: lohrlein@wz.uni-kassel.de
Präsident(in): Dr. Lohrlein

u 2 506

Bund Deutscher Sportschützen 1975 e.V. Landesverband Nordrhein-Westfalen

Geschäftsstelle
Bergerstr. 92, 46539 Dinslaken
T: (02064) 8 04 00 **Fax:** 8 04 49
Präsident(in): Jürgen Martens

u 2 507

Bund Deutscher Sportschützen 1975 e.V. Landesverband Rheinland-Pfalz

Ittelerstr. 19, 54298 Welschbillig
T: (06505) 3 19 **Fax:** 81 65
Präsident(in): Wilfried Keilen

u 2 508

Bund Deutscher Sportschützen 1975 e.V. Landesverband Hessen

Geschäftsstelle:
Modaustr. 10, 64560 Riedstadt
T: (06158) 98 52 70 **Fax:** 98 52 71
Norbert Kraft

u 2 509

Bund Deutscher Sportschützen 1975 e.V. Landesverband Baden-Württemberg

Zimmerer Pfad 51, 74343 Sachsenheim
T: (07147) 96 96 40 **Fax:** 96 96 44
Präsident(in): Helmut Glaser

u 2 510

Bund Deutscher Sportschützen 1975 e.V. Landesverband Bayern

Weiherweg 1, 90610 Winkelhaid
T: (09187) 90 54 35 **Fax:** 90 54 34

u 2 511

Bund Deutscher Sportschützen 1975 e.V. Landesverband Saarland

Kirchenweg 4, 66450 Bexbach
T: (06826) 80 02 35 **Fax:** 80 01 34
Präsident(in): Stefan Holstein

u 2 512

Bund Deutscher Sportschützen 1975 e.V. Landesverband Mecklenburg-Vorpommern

Geschäftsstelle
Franz-Lehar-Str. 51, 17033 Neubrandenburg
T: (0395) 4 69 19 00 **Fax:** 4 69 19 00
Jürgen Fischer

u 2 513

Bund Deutscher Sportschützen 1975 e.V. Landesverband Sachsen-Anhalt

Karl-May-Weg 1, 06126 Halle
T: (0345) 6 87 48 72 **Fax:** 6 87 95 50

u 2 514

Bund Deutscher Sportschützen 1975 e.V. Landesverband Sachsen

Am Stadtpark 58, 09120 Chemnitz
T: (0371) 22 78 55 **Fax:** 2 80 66 61
Präsident(in): Rolf Keulig

u 2 515

Bund Deutscher Sportschützen 1975 e.V. Landesverband Thüringen

Ringstr. 28, 99817 Eisenach
T: (03691) 8 50 20 **Fax:** 85 02 29
Präsident(in): Jürgen Schmidt

• U 2 516

Bund der Historischen Deutschen Schützenbruderschaften e.V. Köln

Bundesgeschäftsstelle
Postf. 30 02 20, 51331 Leverkusen
Am Kreispark 22, 51379 Leverkusen
T: (02171) 7 21 50 **Fax:** 20 80
Internet: http://www.bund-bruderschaften.de
E-Mail: bhds@compuserve.com
Gründung: 1928
Hochmeister: Hubertus Prinz zu Sayn-Wittgenstein
Vorsitzende(r): Hermann Macher, Düsseldorf
Bundespräses: Prälat Dr. Heiner Koch
Stellvertretende(r) Vorsitzende(r): Paul-Robert Vogel, Leutesdorf/Rhein
BundesGeschF: Ralf Heinrichs
Verbandszeitschrift: Der Schützenbruder
Redaktion: Friedhelm Ruf
Mitglieder: 600000
Angeschl. Organisationen: 1320
Mitarbeiter: 6

• U 2 517

Deutscher Hochseesportverband "Hansa" e.V.

Postf. 13 02 68, 20102 Hamburg
Rothenbaumchaussee 58, 20148 Hamburg
T: (040) 44 11 42 50 **Fax:** 44 45 34
Gründung: 1925
Leitung Presseabteilung: Norbert Suxdorf
Verbandszeitschrift: Der Blaue Peter
Redaktion: Norbert Suxdorf
Verlag: Klasing + Co. GmbH, Siekerwall 21, 33602 Bielefeld
Mitglieder: ca. 16000

• U 2 518

Deutscher NAVC Neuer Automobil- und Verkehrs-Club e.V.

Johannesbrunner Str. 6, 84175 Gerzen
T: (08744) 86 78 **Fax:** 86 78
Internet: http://www.navc.de
Gründung: 1965
Präsident(in): Hans Jörg Nagel
Vizepräsident(in): Adolf Oberthür (Ltg. Presseabt.)
Sportpräs.: Joseph Limmer
Verbandszeitschrift: Auto Zeitung
Verlag: Heinrich Bauer Verlag KG, Köln
Mitglieder: ca. 20000
Mitarbeiter: 5

• U 2 519

Deutscher Motorsport Verband (DMV)

Haus des Sports II
Postf. 71 02 35, 60492 Frankfurt
Otto-Fleck-Schneise 12, 60528 Frankfurt
T: (069) 69 50 02-0 **Fax:** 69 50 02-20
Internet: http://www.dmv-motorsport.de
E-Mail: dmv@dmv-motorsport.de
Gründung: 1923 (25. Februar)
Präsident(in): Jochen Lindner, Berlin
Vizepräsident(in): Dieter Herz, Neuhofen
Schatzmeister: Herbert Kring, Neunkirchen
Sportpräs.: Ulrich Canisius, Werl
Geschäftsführer(in): Gerhard Becker, Frankfurt
Leitung Presseabteilung: Carsten Knoop

Landesgruppen

DMV-Landesgruppe Berlin-Brandenburg:
1. Vorsitzende(r): Günter Schmidt sen. (Finken-Kruger-Str. 15, 14612 Falkensee, T: (03322) 50 00 18, Fax: 50 00 20)

DMV-Landesgruppe Schleswig-Holstein:
1. Vorsitzende(r): Peter Maass (Geleitweg 85, 23569 Lübeck, T: (0451) 39 60 54)

DMV-Landesgruppe Niedersachsen:
1. Vorsitzende(r): Wilhelm Reincke (Breslauer Str. 1, 27383 Scheeßel, T: (04263) 49 04, Fax: (04263) 37 92)

DMV-Landesgruppe Westfalen:
1. Vorsitzende(r): Karl-Heinz Kemper (Unnaerstr. 12, 59457 Werl, T: (02922) 36 33, Fax: 8 51 08)

DMV-Landesgruppe Niederrhein:
1. Vorsitzende(r): Bruno Hürttlen (Weberstr. 12, 52441 Linnich, privat T: (02462) 12 27, Fax: 90 70 99, dienstl. T: (02461) 61 59 58)

DMV-Landesgruppe Hessen

Johanna Anthes (Geschäftsstelle: Bornstr. 15, 61250 Usingen, T: (06081) 35 00)

DMV-Landesgruppe Baden-Württemberg:
1. Vorsitzende(r): Franz Rieger (Waldstr. 20, 77781 Biberach, privat T: (07835) 84 93)

DMV-Landesgruppe Südbayern:
1. Vorsitzende(r): Robert Weiss (Siedlungsstr. 10, 84524 Neuötting, T + Fax: (08671) 7 03 33)

DMV-Landesgruppe Saarland:
1. Vorsitzende(r): Ludwig Woll (Junkerstr. 1, 66117 Saarbrücken, T: (0681) 5 37 55 (P), 9 54 02 26 (D), Telefax: (0681) 9 54 02 30)

DMV-Landesgruppe Nordbayern:
1. Vorsitzende(r): Max Nitzschner (Siebenbürgerstr. 13, 97526 Sennfeld, T: (09721) 6 83 26, Fax: (09721) 60 95 63)

DMV Landesgruppe Rheinland-Pfalz:
1. Vorsitzende(r): Willi Reeh (Birkenweg 1, 56472 Hof, T: (02661) 95 62-0, Telefax: (02661) 95 62-77)

DMV-Landesgruppe Mecklenburg-Vorpommern:
1. Vorsitzende(r): Dietmar Kielmann (Rostocker Str. 34 a, 18190 Sanitz, T: (038209) 3 78 (7), Telefax: (038209) 8 01 17)

DMV-Landesgruppe Sachsen:
1. Vorsitzende(r): Horst Römer (Robert-Koch-Str. 15, 01558 Großenhain, T + Fax: (03522) 6 23 39)

DMV-Landesgruppe Sachsen-Anhalt:
1. Vorsitzende(r): Harry Herzau (Calber Landstr. 4, 06385 Aken, T + Fax: (034909) 8 21 82)

DMV-Landesgruppe Thüringen:
1. Vorsitzende(r): Leopold Ernst (Friedensstr. 14, 98544 Zella-Mehlis, T: (03682) 4 01 60, Telefax: (03682) 4 01 60)
Verbandszeitschrift: Motor-Extra
Verlag: Otto-Fleck-Schneise 12, 60528 Frankfurt
Mitglieder: 25000
Mitarbeiter: 9

• U 2 520

DMSB - Deutscher Motor Sport Bund e.V.

Hahnstr. 70, 60528 Frankfurt
T: (069) 63 30 07-0 **Fax:** 63 30 07-30
E-Mail: dmsb@dmsb.de
Präsident(in): Winfried Urbinger
Vizepräsident(in): Hermann Tomczyk
Dieter Junge
Josef Menke
Herbert Kring
Generalsekretär/Leiter Automobil: Detlef Kramp
Stellv. Generalsekretär/Leiter Motorrad: Jürgen Lamberty

• U 2 521

Deutscher Sportfahrer Kreis e.V. (DSK)

Sekretariat u. Verwaltung
Friedenstr. 60, 76689 Karlsdorf-Neuthard
T: (07251) 94 46-0 **Fax:** 94 46-60
Internet: http://www.autosport.de/dsk
E-Mail: DSK@autosport.de
Gründung: 1958 (15. März)
Präsident(in): Winfried Matter
Vizepräsident(in): Dr. Karl-Friedrich Zigahn
Friedhelm Kissel
Leitung Presseabteilung: Reiner Kuhn
Verbandszeitschrift: rallye racing
Redaktion: DSK-Nachrichten
Mitglieder: 13000
Mitarbeiter: 3

Der DSK ist ein gemeinnütziger Verein, der den Automobilsport in Deutschland aktiv pflegt und fördert. Politisch ungebunden setzt sich der DSK für vernünftige und realistische Lösungen beim Umweltschutz im Automobilsport ein.

u 2 522

Abt. Umwelt und Genehmigungsverfahren im DSK

Friedenstr. 60, 76689 Karlsdorf-Neuthard
T: (07251) 94 46-0 **Fax:** 94 46-60
Leitung: Helmut Rotzal

• U 2 523

Bundesverband der Motorradfahrer e.V. (BVDM)

Postanschrift:
Carl-Zeiss-Str. 8, 55129 Mainz
T: (06131) 50 32 80 **Fax:** 50 32 81
E-Mail: 101720.443@compuserve.com
Gründung: 1958 (30. August)
1. Vorsitzende(r): Harald Hormel
Gerd Tonnemacher
Verbandszeitschrift: Ballhupe
Redaktion: Bobby Berschneider
Verlag: Staudinger Str. 6, 82299 Türkenfeld, T: (08193) 99 96 60, Fax: (08193) 99 96 60
Mitglieder: 3000

• U 2 524

Carl F.W. Borgward - Interessengemeinschaft

Paul-Goerens-Str. 30, 45145 Essen
T: (0201) 75 74 44
Gründung: 1973
Vorsitzende(r): Hartmut Loges
Stellvertretende(r) Vorsitzende(r): Ulrich Kotte (T: (02852) 92 90)
Leitung Presseabteilung: Hartmut Loges
Verbandszeitschrift: Der Rhombus
Verlag: Borgward-IG. H. Loges, Paul-Goerens-Str. 30, 45145 Essen
Mitglieder: 850
Mitarbeiter: 5

• U 2 525

Deutsche Reiterliche Vereinigung e.V. Hauptverband für Zucht und Prüfung deutscher Pferde (FN)

Fédération Equestre Nationale (FN)
48229 Warendorf
Postf. 11 02 65, 48204 Warendorf
Freiherr-von Langen-Str. 13, 48231 Warendorf
T: (02581) 63 62-0 **Fax:** 6 21 44
Gründung: 1910
Präsident(in): Dieter Graf von Landsberg-Velen (Wocklum, 58802 Balve, T: (02375) 21 00, Telefax: (02375) 59 98)
Generalsekretär(in): Dr. Hanfried Haring
Leitung Presseabteilung: Thomas Hartwig
Präsidium:
Horst Ense (Wirtgeshof, Kerpen, T: (02275) 71 01, Telefax: (02275) 53 17)
Geert Gockel (Böllertshöfe 26, 45479 Mülheim, T: (02066) 37 00 66, Telefax: (02066) 37 06 66)
Dr. Andreas Meyer-Landrut (Bundespräsidialamt, Kaiser-Friedrich-Str. 16, 53113 Bonn, T: (0228) 20 03 11, Telefax: (0228) 20 03 00)
Cord-Friedrich Wassmann (Im Osterfeld 3, 49635 Badbergen Langen, T: (05433) 3 97, Fax 63 22)
Madeleine Winter-Schulze (Brelingerstr. 18, 30900 Wedemark, T: (05130) 25 75, Fax: 3 94 17)
Friedrich Jahncke (Bückau 4, Dannenberg, T: (05861) 24 60)
Jürgen Thumann (Am Trippelsberg 48, 40589 Düsseldorf, T: (0211) 7 95 03 37, privat: (0211) 7 95 03 38)
Ingrid Thomsen (Düsternbrooker Weg 43, 24105 Kiel, T: (0431) 56 53 63)
Breido Graf zu Rantzau (Gutsverwaltung Breitenburg, 25524 Breitenburg, T./Fax: (04828) 1 50)
Constantin Freiherr Heereman von Zuydtwyck (Surenburg, 48477 Riesenbeck, T: (05454) 3 77, Telefax: (05454) 74 92)
Vorsitzende(r): Bereich Sport: Dieter Graf von Landsberg-Velen
Stellvertretende(r) Vorsitzende(r): Geert Gockel
Vorsitzende der vier Ausschüsse
Vorstandsmitgl.: Eberhard Fellmer (Kastanienhof, 23813 Nehms, T: (04555) 12 30, Telefax: (04555) 12 40)
Franz-Karl Peiß (Mathildenstr. 6, 47169 Duisburg, T: (0203) 40 03 78 (Ausbildung))

Ferdi Jürgen Wassermeyer (Peddenöder Str. 10, 58256 Ennepetal, T: (02333) 8 13 91)
Vorstand der FN-Abteilung Zucht
Vorsitzende(r): Horst Ense (Wirtgeshof, Kerpen, T: (02275) 71 91, Telefax: (02275) 53 17)
Stellvertretende(r) Vorsitzende(r): Dr. Herbert R. Müller (Hof Oppelshausen, 63674 Altenstadt, T: (06047) 55 01, Telefax: (06047) 55 01)
Günter Dieckmann-Großhundorf (Niederbauer, 59510 Lippetal, T: (02923) 71 30)
Hans-Christian Först (24241 Sören, T: (04322) 22 20)
Günther Jänisch (29416 Mahlsdorf/Altmark, T: (039032) 2 13)
Dr. Heiko Meinardus (Schweieraußendeich, Stadland, T: (04737) 4 00, Telefax: (04737) 4 99)
Breido Graf zu Rantzau (Gutsverwaltung Breitenburg, 25524 Breitenburg, T: (04828) 2 93)
Klaus Wittlich (Domäne Rüdigheimer Hof, 63543 Neuberg, T: (06185) 6 25, Telefax: (06923) 41 81)
Friedrich Jahncke (Bückau 4, 29451 Dannenberg, T: (05861) 24 60)
Geschäftsführer(in): Klaus Miesner (Freiherr-von-Langen Str. 13, 48231 Warendorf, T: (02581) 63 62-0)
Persönliche Mitglieder
Vorsitzende(r): Dr. Andreas Meyer-Landrut (Daimler Benz Moskau, Verbindungsstelle DIHT, An der Kolonnade 10, 10117 Berlin)
Vorstand: Ruth Klimke (Auf dem Draun 93, 48149 Münster, T: (0251) 8 15 31)
Dr. Hanno Dohn (Endenicher Allee 60, 53115 Bonn)
Dr. Siegfried Dalferth (Kornhausstr. 3, 73525 Schwäbisch Gmünd, T: (07171) 3 07 37, Telefax: (07171) 3 04 07)
Kristina Dyckerhoff-Koriller (Paracelsusweg 14, 65203 Wiesbaden)
Friedrich Witte (Thielen Mühle, 51399 Burscheid)
Wolfgang Scherzer (Neuköllnische Allee 160-162, 12057 Berlin, T: (030) 6 85 30 22, Telefax: (030) 6 85 30 23)
Verbandszeitschrift: FN-Report
Redaktion: FN-Verlag der Deutschen Reiterlichen Vereinigung GmbH
Verlag: Freiherr-von-Langen-Str. 8, 48231 Warendorf
Mitarbeiter: 84
Jahresetat: DM 15,5 Mio, € 7,93 Mio

Spitzenfachverband für den Reit- und Fahrsport im Deutschen Sportbund sowie Vertretung des Reit- und Fahrsports und der Pferdezucht gegenüber nationalen und internationalen Behörden und Organisationen.

u 2 526

Deutsches Olympiade-Komitee für Reiterei e.V. der Deutschen Reiterlichen Vereinigung (FN)
Freiherr-von Langen-Str. 15, 48231 Warendorf
T: (02581) 63 62-0 **Fax:** 6 21 75
Teletex: 258 113 fenger
Vorsitzende(r): Dieter Graf von Landsberg-Velen (Wocklum, 58802 Balve, T: (02375) 21 00, Telefax: (02375) 59 98)
Stellvertretende(r) Vorsitzende(r): Geert Gockel (Böllerts Höfe 26, 45479 Mülheim, T: (02108) 42 98 19)

Landeskommissionen für Pferdeleistungsprüfungen

u 2 527

Landeskommission für Pferdeleistungsprüfungen Baden-Württemberg
Geschäftsstelle
Murrstr. 1/2, 70806 Kornwestheim
T: (07154) 83 28-0 **Fax:** 83 28-29
Vorsitzende(r): Gotthilf Riexinger (Peter-Cornelius-Str. 10, 72766 Reutlingen, T: (07121) 49 00 81, Fax: (07121) 49 00 83)
Stellvertretende(r) Vorsitzende(r): Hans Dann (Schopenauerstr. 14 A, 68163 Mannheim, T: (0621) 41 27 42)
Geschäftsführer(in): Christian Abel (Murrstr. 1/2, 70806 Kornwestheim, T: (07154) 83 28-0, Fax: 83 28-29)

u 2 528

Landeskommission für Pferdeleistungsprüfung Landesverband Bayern
Geschäftsstelle
Landshamer Str. 11, 81929 München
T: (089) 90 60 71 **Fax:** 90 60 72
Internet: http://www.brfv.de
E-Mail: BRFV.LKBayern@t-online.de
Geschäftsführer(in): Wilfried B. Herkommer (Landshamer Str. 11, 81929 München, T: (089) 90 60 71, Fax: 90 60 72)
Vorsitzende(r): Dr. Dieter Schüle (Steinersdorf 7, 91522 Ansbach, T: (09820) 4 26, (0981) 20 30, 30 50)

u 2 529

Landeskommission für Pferdeleistungsprüfungen Landesverband Pferdesport Berlin-Brandenburg
Geschäftsstelle
Passenheimer Str. 30, 14053 Berlin
T: (030) 30 09 22 10 **Fax:** 30 09 22 20
Präsident(in): Dr. Hubertus Simon (Hellweg 29, 15234 Frankfurt/Oder, T: (0335) 5 52 38 00 (d))
Vorsitzende(r): Theodor Tiggemann (Senftenberger Ring 40 c, 13435 Berlin, T: (030) 415 35 22 privat)
Geschäftsführer(in): Dietrich Fritsch (Kiefernweg 16, 14532 Sputendorf, T: (030) 300 922 11 dienstl.)

u 2 530

Landeskommission für Pferdeleistungsprüfung Landesverband Hamburg
Geschäftsstelle
Schützenstr. 107, 22761 Hamburg
T: (040) 8 50 30 06 **Fax:** 8 51 42 33
Vorsitzende(r): Dietmar Dude (Schützenstr. 107, 22761 Hamburg, T: (040) 8 53 10 50, Telefax: (040) 85 31 05 40)
Stellvertretende(r) Vorsitzende(r): Hans-Heinrich Blume (Alsterkrugchaussee 232a, 22297 Hamburg, T: (040) 5 11 07 25)
Geschäftsführer(in): Kai Haase (Schützenstr. 107, 22761 Hamburg, T: (040) 8 50 30 06, Telefax: (040) 8 51 42 33)

u 2 531

Landeskommission für Pferdeleistungsprüfungen Hannover-Bremen
Geschäftsstelle
Postf. 2 69, 30002 Hannover
Johannssenstr. 10, 30159 Hannover
T: (0511) 3 66 55 23, 3 66 55 02 **Fax:** 32 57 59
Vorsitzende(r): Ludwig Hecke (Pannstieg 1, 37124 Rosdorf-Settmarshausen, T: (05502) 29 60 od. (0172) 5 60 71 15, Telefax: (05502) 8 65)
Stellvertretende(r) Vorsitzende(r): Gerd Rietbrock (An der Weide 41, 27367 Sottrum)
Geschäftsführer(in): Peter Reinstorf (Johannssenstr. 10, 30159 Hannover, Postf. 2 69, 30002 Hannover, T: (0511) 3 66 55 02, 3 66 55 23, Telefax: (0511) 32 57 59)

u 2 532

Landeskommission für Pferdeleistungsprüfung Landesverband Hessen
Geschäftsstelle
Wilhelmstr. 24, 35683 Dillenburg
T: (02771) 8 03 40 **Fax:** 80 34 20
Vorsitzende(r): Gert Stumme (Buchfinkenring 7, 61276 Weilrod-Niederlauken, T: (06083) 2 83 10, Fax: (06083) 2 83 10)
Geschäftsführer(in): Robert Kuypers (Wilhelmstr. 24, 35683 Dillenburg, T: (02771) 8 03 40, Telefax: (02771) 80 34 20)

u 2 533

Landeskommission für Pferdeleistungsprüfung Landesverband Mecklenburg-Vorpommern
Geschäftsstelle
Leute-Wiese 2, 18276 Mühlengeez
T: (038450) 2 01-60 **Fax:** 2 01-62
Vorsitzende(r): Dr. Klaus Lemcke (Andrey-Sacharow-Str. 30, 19061 Schwerin)
Stellvertretende(r) Vorsitzende(r): Eckhard Beyer (Dorfstr. 40, 17139 Schwinkendorf)
Geschäftsführer(in): Ulrich Täuber (Kröpeliner Str. 16, 18239 Satow)

u 2 534

Pferdesportverband Rheinland e.V. Kommission für Pferdeleistungsprüfungen Rheinland
Geschäftsstelle
Endenicher Allee 60, 53115 Bonn
T: (0228) 7 03 13 05 **Fax:** 65 77 70
Internet: http://www.pferd-aktuell.de/psvr
E-Mail: pferdesportverband.rheinland@t-online.de
Vorsitzende(r): Geert Gockel (Böllertshöfe 26, 45479 Mülheim, T: (02066) 99 64 14, Telefax: (02066) 37 06 66)
Geschäftsführer(in): LD Dr. Hanno Dohn (Endenicher Allee 60, 53115 Bonn, T: (0228) 7 03 14 14, Telefax: (0228) 65 77 70, privat: Hövelerstr. 22, 53604 Bad Honnef 6, T: (02224) 8 06 03)

u 2 535

Landeskommission für Pferdeleistungsprüfung Rheinland-Pfalz
Burgenlandstr. 7, 55543 Bad Kreuznach
T: (0671) 8 94 03-0 **Fax:** 8 94 03-29
Vorsitzende(r): Dr. Peter Ritter (Bezinoring 13, 67657 Kaiserslautern, T: (0631) 34 26-111)
Stellvertretende(r) Vorsitzende(r): Manfred Seidel (Hospitalstr. 12, 67551 Worms, T: (06241) 3 38 55)
Geschäftsführer(in): Klaus Blässing (Burgenlandstr. 7, 55543 Bad Kreuznach, T: (0671) 8 94 03-18)
Stellvertretende(r) Geschäftsführer(in): Manfred Schenk (Blocksbergstr. 34, 66955 Pirmasens, T: (06331) 5 24 00)

u 2 536

Landeskommission für Pferdeleistungsprüfung Landesverband Saarland
Geb. 54, 66123 Saarbrücken
T: (0681) 38 79-239, 2 41 **Fax:** 38 79-268
E-Mail: LKSaar@aol.com
Vorsitzende(r): Dr. Rüdiger Neufang (Waldstr. 13, 66571 Eppelborn-Dirmingen, T: (06851) 8 01-2 07, 8 01-2 08)
Geschäftsführer(in): Axel Kerber (Postf. 1 33, 66287 Quierschied, T: (06897) 6 53 85)

u 2 537

Landesverband Pferdesport Sachsen e.V.
Geschäftsstelle
Winterbergstr. 98, 01237 Dresden
T: (0351) 2 51 21 77 **Fax:** 2 51 21 77
E-Mail: Pferdesport.Sachsen-Ihlau@t-online, Pferdesport.Sachsen-Wagner@t-online.de
Geschäftsführerin: Renate Markgraf

u 2 538

Landesverband der Reit- und Fahrvereine Sachsen-Anhalt e.V.
Geschäftsstelle
Parkstr. 13, 06780 Prussendorf
T: (034956) 2 29-65, 2 29-66 **Fax:** 2 29-67
Vorsitzende(r): Jürgen Laue (Mausfelder Str. 10, 06347 Gerbstedt)
Geschäftsführerin: Heidi Hame

u 2 539

Landeskommission für Pferdeleistungsprüfung Landesverband Schleswig-Holstein
Geschäftsstelle
Eutiner Str. 27, 23795 Bad Segeberg
T: (04551) 88 92-0 **Fax:** 88 92-20
Vorsitzende(r): Christoph von Bethmann-Hollweg (24340 Altenhof, T + Fax: (04351) 4 13 34)
Stellvertretende(r) Vorsitzende(r): Ingrid Thomsen (Düsternbrookerweg 43, 24105 Kiel, T: (0431) 56 53 63)
Geschäftsführer(in): Dieter Stut (Eutiner Str. 27, 23795 Bad Segeberg, T: (04551) 88 92-0, Fax: (04551) 88 92 20)

u 2 540

Landesverband Thüringen
Geschäftsstelle
Schützenstr. 4, 99096 Erfurt
T: (0361) 3 46 07 42 **Fax:** 3 46 07 43
Vorsitzende(r): Dr. Volker Schiele (Alfred-Hess-Str. 10, 99094 Erfurt, Tel.: (0361) 2 22 54 00)
Geschäftsführerin: Regina Böttger (Carolinenstr. 41, 07973 Greiz, Tel./Fax: (03661) 33 05)

u 2 541

Landeskommission für Pferdeleistungsprüfung Landesverband Thüringen
Geschäftsstelle
Schützenstr. 4, 99096 Erfurt
T: (0361) 3 46 07 42 **Fax:** 3 46 07 43
Vorsitzende(r): Erlfried Hennig (Südstr. 22, 99330 Crawinkel, Tel.: (03624) 31 43 40)
Geschäftsführer(in): Wolfgang Meier (Rudolstädter Str. 32, 99444 Blankenhain, Tel.: (036459) 6 24 38)

u 2 542

Landeskommission für Pferdeleistungsprüfung Landesverband Weser-Ems
Geschäftsstelle
Postf. 25 49, 26015 Oldenburg
Mars-la-Tour-Str. 6, 26121 Oldenburg
T: (0441) 80 16 05, 80 16 06 **Fax:** 8 31 63
Vorsitzende(r): Cord-Friedrich Wassmann (Im Osterfeld 3, 49635 Badbergen, T: (05433) 3 97)
Stellvertretende(r) Vorsitzende(r): Heinrich Koonert (An der Reithalle 3, 48455 Bad Bentheim, T: (05924) 17 62)
Geschäftsführer(in): Hans-Joachim Happ (Macrostr. 4, 49692 Cappeln, T: (0441) 80 16 03)

u 2 543

Landeskommission für Pferdeleistungsprüfung Landesverband Westfalen
Geschäftsstelle
Postf. 46 01 08, 48072 Münster
Sudmühlenstr. 33, 48157 Münster
T: (0251) 3 28 09-82 **Fax:** 3 28 09-66
Vorsitzende(r): A. Lütke Westhues (Mersch 21, 48291 Telgte, T: (02504) 17 42)
Geschäftsführer(in): Dr. Norbert Lüdenbach (Sudmühlenstr. 33, 48157 Münster, T: (0251) 3 28 09-31, Telefax: (0251) 3

28 09-66)
Stellvertretende(r) Geschäftsführer(in): Klaus Ridder (Sudmühlenstr. 33, 48157 Münster, T: (0251) 3 28 09-31, Telefax: (0251) 3 28 09-66)

u 2 544

Deutscher Reiter- und Fahrer-Verband e.V.
Roonstr. 54, 33615 Bielefeld
T: (0521) 12 31 37 **Fax:** 12 31 02
Präsident(in): Wolfgang Brinkmann (Akazienweg 19, 32049 Herford, T: (05221) 83 02 77 od. 88 40, Telefax: (05221) 88 42 26)
Stellv. Präsidenten: Günther Festerling (Haid 22, 83556 Griesstätt, T: (08039) 15 55, Fax: (08039) 55 85)
Leopold Graf von Rothkirch und Trach (Am Stadtwald 103c, 53177 Bonn, T: (0228) 31 47 46, Fax: (0228) 31 14 01)
Geschäftsführer(in): Hilarius Simons (Roonstr. 54, 33615 Bielefeld, T: (0521) 12 31 37, Fax: (0521) 12 31 02)
GF d. Bundesvereinigung d. Berufsreiter im Deutschen Reiter-u.Fahrer-Verb. e.V.: Ludwig Kühne (Kettelstr. 1b, 48336 Sassenberg-Füchtorf, T: (05426) 25 66 (p), 32 26 (d), Telefax: (05426) 38 69)

• U 2 545

Direktorium für Vollblutzucht und Rennen e.V.
Rennbahnstr. 154, 50737 Köln
T: (0221) 74 98-11 **Fax:** 74 98-67
Vorsitzende(r): Joachim Borchert
Stellvertretende(r) Vorsitzende(r): Karl-Dieter Ellerbracke
Geschäftsführer(in): Dr. Christoph Berglar
Leitung Presseabteilung: Peter Brauer
Mitarbeiter: 50

• U 2 546

Vereinigung der Freizeitreiter und Fahrer in Deutschland e.V. (VFD)
Vorstand
Am Bauernwald 5b, 81739 München
T: (0171) 4 20 15 21 **Fax:** (089) 60 60 81 23
Internet: http://www.vfdnet.de
E-Mail: bundesvorstand@vfdnet.de
Vorstand: Manuel Sauda (1. Vorsitzender)
Joseph Keßler (2. Vorsitzender; Einzelstr. 53-55, 95234 Sparneck, Tel./Fax: (09251) 6834, E-Mail: 2.vorsitzender@vfdnet.de)
Schriftwart: Claudia Christ (Bismarckstr. 2, 14109 Berlin, Tel.: (030) 8 03 81 91, Fax: (030) 8 53 89 60, E-Mail: schriftfuehrer@vfdnet.de)
Kassenwart: Wolfgang Wittek (Schlesienstr. 20, 40822 Mettmann, Tel./Fax: (02058) 39 20, E-Mail: kassenwart@vfdnet.de)

• U 2 547

Paint Horse Club Germany e.V. (PHCG)
Geschäftsstelle
Hauptstr. 10, 57632 Seelbach
T: (02685) 82 83 **Fax:** 13 10
E-Mail: jhirth@t-online.de
Gründung: 1983
Präsident(in): Dr. Rüdiger Hartmann
1. Vizepräs: Brigitte Sommer-Heinze
2. Vizepräs: Torsten Petersen
Geschäftsführer(in): J. Hirth
Leitung Presseabteilung: Michael Heinze
Verbandszeitschrift: Western Horse
Verlag: Kierdorf Verlag, Wipperfürth
Mitglieder: 1300
Mitarbeiter: 2
Jahresetat: DM 0,3 Mio, € 0,15 Mio

• U 2 548

Netzwerk Taijiquan und Qigong e.V.
Weidenstieg 18, 20259 Hamburg
1. Vorsitzende(r): Wilhelm Mertens
Mitglieder: 150

Sonstige Zentralstellen und Organisationen sowie kulturelle Einrichtungen

• U 2 549

Verkehrsclub Deutschland VCD e.V.
Postf. 17 01 60, 53027 Bonn
Eifelstr. 2, 53119 Bonn
T: (0228) 9 85 85-0 **Fax:** 9 85 85-10
Internet: http://www.vcd.org
E-Mail: vcd-bgst@vcd.org
Gründung: 1986 (19. Juli)
Bundesvorsitzende(r): Ute Wiegand-Nehab
Bundesgeschäftsführer: Dirk Flege
Leitung Presseabteilung: Burkhard Reinartz
Verbandszeitschrift: "fairkehr"
Redaktion: Michael Adler
Verlag: fairkehr GmbH, Eifelstr. 2, 53119 Bonn, T: (0228) 9 85 85-0, Telefax: (0228) 9 85 85-50
Mitglieder: 70000
Mitarbeiter: 19

Förderung eines umwelt- und sozialverträglichen Verkehrswesens; Kostenwahrheit im Verkehr; Erhöhung der Verkehrssicherheit durch Tempolimits; Mobilitätsberatung; Carsharing; Ausbau und Bevorzugung des Umweltverbundes (ÖPNV, Fahrrad-und Fußgängerverkehr) gegenüber dem motorisierten Individualverkehr.

Landesverbände

u 2 550

VCD-Landesverband Baden-Württemberg e.V.
Geschäftsstelle
Tübinger Str. 15, 70178 Stuttgart
T: (0711) 6 07 02 17 **Fax:** 6 07 02 18
Internet: http://www.vcd.org
E-Mail: VCDLVBW@t-online.de
Gründung: 1987 (12. September)
Vorsitzende(r): Klaus Arnoldi, Ludwigsburg
Mitglieder: 16500
Mitarbeiter: 4

u 2 551

Verkehrsclub Deutschland (VCD), Landesverband Bayern e.V.
Postf. 42 03, 90022 Nürnberg
Enderleinstr. 11, 90478 Nürnberg
T: (0911) 47 17 43 **Fax:** 47 64 73
E-Mail: vcdlvby@t-online.de
Vorsitzende(r): Matthias Striebich, Thuisbrunn

u 2 552

VCD-Landesverband Berlin e.V.
-Geschäftsstelle
Yorckstr. 48, 10965 Berlin
T: (030) 4 46 36 64 **Fax:** 4 46 37 03
Internet: http://www.vcd.org/vcdlvb-bbg/
E-Mail: vcd-berlin@t-online.de
Gründung: 1988 (Februar)
Vorsitzende(r): Bodo Schwieger
Leitung Presseabteilung: Stefan Kohte
Verbandszeitschrift: "StreifZüge"
Mitglieder: 4000
Mitarbeiter: 3

u 2 553

Verkehrsclub Deutschland (VCD) Landesverband Brandenburg e.V.
Rudolf-Breitscheid-Str. 201, 14482 Potsdam
T: (0331) 7 40 52 71 **Fax:** 7 40 52 73
E-Mail: vcd-potsdam@freenet.de
Gründung: 1991 (23. November)
Vorsitzende(r): Christoph Geibel, Potsdam
Leitung Presseabteilung: Frieder Monzer, Potsdam
Mitglieder: 71000 bundesweit, 420 in Brandenburg
Verbandszeitschrift: fairkehr
Verlag: fairkehr, Eifelstr. 2, 53119 Bonn
Streifzüge (für Berlin und Brandenburg)
Verlag: VCD-Landesverband Berlin

u 2 554

VCD-Landesverband Bremen e.V.
Am Dobben 44, 28203 Bremen
T: (0421) 70 21 91 **Fax:** 70 49 85
Vorsitzende(r): Jürgen Schlösser

u 2 555

Verkehrsclub Deutschland LV Hamburg e.V.
Koppel 34-36, 20099 Hamburg
T: (040) 28 05 51 20 **Fax:** 28 05 51 22
Internet: http://www.vcd.org/hamburg
E-Mail: hamburg@vcd.org
Gründung: 1987
Vorsitzende(r): Dr. Susanne Rolinski
Matthias Kurzeck
Hans-Peter Rathmann
Martina Henke
Verbandszeitschrift: Stadtfairkehr Hamburg

u 2 556

Verkehrsclub Deutschland (VCD) Landesverband Hessen e.V.
Geschäftsstelle
Steinweg 21, 34117 Kassel
T: (0561) 10 83 10 **Fax:** 10 83 11
Internet: http://www.vcd.org/hessen
E-Mail: hessen@vcd.org
Gründung: 1986
Landesgeschäftsführer: Tobias Pralle
Leitung Presseabteilung: Wolfgang Schulze
Verbandszeitschrift: fairkehr
Redaktion: Michael Adler (Chefred.)
Verlag: fairkehr Verlagsgesellschaft mbH, Eifelstr. 2, 53119 Bonn
Mitglieder: ca. 70000, davon ca. 7.000 in Hessen
Mitarbeiter: 2

u 2 557

VCD-Landesverband Mecklenburg-Vorpommern
über Bundesgeschäftsstelle Bonn
Eifelstr. 2, 53119 Bonn
T: (0228) 9 85 85-0

u 2 558

VCD-Landesverband Niedersachsen e.V.
Postf. 61 24, 30061 Hannover
Alleestr. 1, 30167 Hannover
T: (0511) 7 00 05 22 **Fax:** 7 00 05 20
Gründung: 1987 (28. November)
Vorsitzende(r): Stephan Börger (Weißer Kamp 15, 31582 Nienburg)
Leitung Presseabteilung: Michael Frömming
Mitglieder: 7500
Mitarbeiter: 1

u 2 559

Verkehrsclub Deutschland (VCD) Landesverband NRW e.V.
Worringer Str. 65, 40211 Düsseldorf
T: (0211) 16 49 49-7 **Fax:** 16 49 49-8
E-Mail: vcd.nrw@t-online.de

u 2 560

VCD-Landesverband Rheinland-Pfalz e.V.
Parkstr. 3, 67655 Kaiserslautern
T: (0631) 6 43 52 **Fax:** 6 17 31
Gründung: 1988 (21. Januar)
Vorsitzende(r): Klaus Ulshöfer, Frankenthal
Leitung Presseabteilung: Alexander Surkus
Verbandszeitschrift: FAIRKEHR
Redaktion: VCD Bundesverband
Verlag: VCD Bundesverband, Eifelstr. 2, 53119 Bonn
Mitglieder: 3300
Mitarbeiter: 1
Jahresetat: DM 0,06 Mio, € 0,03 Mio

u 2 561

Verkehrsclub Deutschland (VCD) Landesverband Saarland e.V.
Auf der Werth 9, 66115 Saarbrücken
T: (0681) 4 67 20
Internet: http://members.aol.com/vcdsaarl
E-Mail: vcdsaarl@aol.com
Gründung: 1988
Vorsitzende(r): Manuel Schauer, Saarbrücken
Leitung Presseabteilung: Arne Bach
Verbandszeitschrift: nahfairkehr
Redaktion: A. Bach
Verlag: VCD
Mitglieder: 600

u 2 562

VCD-Landesverband Sachsen-Anhalt
c/o VCO-Bundesgeschäftsstelle
Postf. 17 01 60, 53027 Bonn
T: (0228) 9 85 85-0

u 2 563

VCD-Landesverband Schleswig-Holstein e.V.
Geschäftsstelle:
Fleethörn 23, 24103 Kiel
T: (0431) 9 37 56 **Fax:** 9 37 56
Vorsitzende(r): Rüdiger Fricke, Kiel

• U 2 564

Allgemeiner Deutscher Automobil-Club e.V. (ADAC)
siehe U 1069

• **U 2 565**

Bundesvereinigung Deutscher Autotelefonbesitzer e.V. (BVDA)

Sitz:
Postf. 15 14 86, 10676 Berlin
Meraner Str. 40, 10825 Berlin
T: (030) 4 32 32 72
Gründung: 1980 (1. März)
Präsident(in): Christoph A. Weidlich (Ltg. Presseabt.)
Verbandszeitschrift: Info Dienste
Mitglieder: 1928 (31.3.97)
Mitarbeiter: 1

• **U 2 566**

Verband Deutscher Automobil-Tuner e.V. (VDAT)

Lintorfer Waldstr. 5, 40489 Düsseldorf
T: (0203) 74 14 35 **Fax:** 74 14 37
1. Vorsitzende(r): Bodo Buschmann
2. Vorsitzende(r): Thomas Becker
3. Vorsitzende(r): Hans-Jörg Köninger
Geschäftsführer(in): Michael Lauer (Ltg. Presseabt.)
Verbandszeitschrift: VDAT intern
Redaktion: H.J. Köninger
Verlag: Mühlweg 17, 90556 Hiltmannsdorf
Mitglieder: 84

• **U 2 567**

Vereinigung Deutscher Autohöfe e.V. (VEDA)

Lindenstr. 15, 65232 Taunusstein
T: (06128) 4 22 49 **Fax:** 4 57 56
1. Vorsitzende(r): Günter R. Tasche
2. Vorsitzende(r): Sabine Kniebaum
Geschäftsführer(in): S. Schumacher

• **U 2 568**

Club für Alte Automobile u. Rallyes - CAAR-Deutschland e.V.

Im Aeckerle 6, 76571 Gaggenau
T: (07225) 7 75 12 **Fax:** 7 75 12
Internet: http://caar-ev.de
E-Mail: caar@bigfoot.com
Präsident(in): Walter Rudolph
Vizepräsident(in): Heribert Follmann
Hauptgeschäftsführer(in): Nikolaus Scheerbarth
Verbandszeitschrift: World of Caar
Redaktion: Karl Goerner
Verlag: Verlag Karl Goerner, Hildebrandtstr. 23, 76227 Karlsruhe

• **U 2 569**

Bundesverband Deutscher Motorveteranen-Clubs e.V. (DEUVET)

Geschäftsstelle:
Berner Str. 75, 60437 Frankfurt
T: (069) 50 83 08 01 **Fax:** 50 83 08 03
Internet: http://www.deuvet.de
E-Mail: deuvet@gmx.de
Gründung: 1976 (Oktober)
Präsident(in): Peter Krause
Vizepräsident(in): Heinz Eck
Martin Kraut (, Ltg. Presseabt.)
Geschäftsführer(in): Peter Schneider
Verbandszeitschrift: Transparent
Redaktion: Martin Kraut
Verlag: DEUVET
Mitglieder: 176 Clubs mit ges. 39000 Mitgliedern
Mitarbeiter: 17 ehrenamtl., 2 Angest.
Jahresetat: DM 0,32 Mio, € 0,16 Mio

• **U 2 570**

Verbund selbstverwalteter Fahrradbetriebe e.V. (VSF)

Paul-Lincke-Ufer 44a, 10999 Berlin
T: (030) 6 12 18 70 **Fax:** 6 11 97 22
Internet: http://www.vsf.de
E-Mail: buero@vsf.de
Gründung: 1985 (Januar)
Geschäftsführer(in): Albert Herresthal
Ulrich Lippmann
Verbandszeitschrift: Abfahren
Mitglieder: 170
Mitarbeiter: 3

• **U 2 571**

Deutsche Vereinigung für Parlamentsfragen e.V.

11011 Berlin
Platz der Republik 1, 10557 Berlin
Vorsitzende(r): Joachim Hörster (MdB)
Geschäftsführer(in): MinR Gunter Gabrysch

• **U 2 572**

Interparlamentarische Arbeitsgemeinschaft

Postf. 12 01 10, 53043 Bonn
T: (0228) 2 69 22 12 + 28 **Fax:** 2 69 22 51/52
Gründung: 1952
Vorsitzende(r): Dr. Elke Leonhard (MdB)
Stellvertretende(r) Vorsitzende(r): Dr. Walter Eykmann (MdL)
Stellvertretende(r) Vorsitzende(r): Matthias Berninger (MdB)
Geschäftsführer(in): Dr. Wolfgang Burhenne
Leitung Presseabteilung: Werner Koep
Verlag: Erich Schmidt Verlag, Berlin
Veröffentlichungen: Recht und Organisation der Parlamente, Umweltrecht, EDV-Recht, Denkmalrecht der Länder und des Bundes, Recht der gemeinnützigen Organisationen, Grundzüge des Umweltrechts

• **U 2 573**

Zukunftsaktion Kohlegebiete (ZAK) e.V.

Sachsenweg 6, 59073 Hamm
T: (02381) 17-8930/31 **Fax:** 17-2240
Gründung: 1990 (23. November)
Vorsitzende(r): Wolfgang Kerak (Stellv. Landrat des Kreises Unna)
1. stellv. Vors.: Wolfgang Pantförder (Bürgermeister der Stadt Recklinghausen)
2. stellv. Vors.: Richard Schuhmann (MdB)
Geschäftsführer(in): Wolfgang Steingräber
Verbandszeitschrift: ZAK-Kurier
Mitglieder: 74
Mitarbeiter: 2
Jahresetat: ca. DM 0,3 Mio, € 0,15 Mio

• **U 2 574**

Freiherr-vom-Stein-Gesellschaft e.V.

Warendorfer Str. 14, 48145 Münster
T: (0251) 5 91-32 81 **Fax:** 5 91-32 82
Gründung: 1952
Präsident(in): Prof. Dr. Dr. h.c. Hans Tietmeyer
Vizepräsident(in): Dr. Manfred Scholle
Geschäftsf. Präsidialmitgl.: Prof. Dr. Karl Teppe
Verbandszeitschrift: Cappenberger Gespräche
Redaktion: Dr. Thomas Küster
Verlag: W. Kohlhammer/G. Grote'sche Verlagsbuchhandlung, Postf. 80 04 30, 70504 Stuttgart
Mitglieder: 370

• **U 2 575**

Bürger fragen Journalisten e.V.

Koldestr. 8, 91052 Erlangen
T: (09131) 12 99 30 **Fax:** 12 99 31
Gründung: 1984 (Dezember)
Vorstand: Hansjörg Klein (Vors.)
H. Wilhelm Kress
Dr.-Ing. Frank W. Morell
Dipl.-Ing. Alfred Paul
Dr. Michael Vogt
Verbandszeitschrift: TM - Das kritische Forum für Transparenz der Medien
Verlag: TM Transparenz der Medien Gesellschaft mbH, Koldestr. 8, 91052 Erlangen

Verlag für Publikationen aller Art sowie Übernahme von Dienstleistungen auf den Gebieten Medien, Politik und Wirtschaft.

• **U 2 576**

Bundesverband der Freien Wählergemeinschaften e.V.

Marktplatz 2, 97753 Karlstadt
T: (09353) 41 57 **Fax:** 41 57

• **U 2 577**

„HEROLD" Verein für Heraldik, Genealogie und verwandte Wissenschaften

Geschäftsstelle:
Archivstr. 12-14, 14195 Berlin
T: (030) 8 39 01-1 00
Gründung: 1869 (3. November)
Vorsitzende(r): Prof. Dr. Heinrich Freiherr von Lersner
Stellvertretende(r) Vorsitzende(r): Dr. Bernhart Jähnig
Schriftführer(in): Dr. Ulrich Bornitz
Verbandszeitschrift: „Der Herold"
Selbstverlag, Archivstr. 12-14, 14195 Berlin
HEROLD-Jahrbuch
Verlag: Degener & Co., Inh. Manfred Dreiss, Nürnberger Str. 27, 91403 Neustadt a.d. Aisch
Mitglieder: 950
Jahresetat: DM 0,06 Mio, € 0,03 Mio

• **U 2 578**

Verband Deutscher Meteorologen e.V. (VDM)

Willemerstr. 7, 63067 Offenbach
T: (069) 88 04 75
E-Mail: hwchrist@aol.com
Gründung: 1950
1. Vorsitzende(r): RDir. a.D. Dr. Horst Walter Christ (Ltg. Presseabt.), Offenbach
Verbandszeitschrift: im "Verkehrsmanager" enthalten
Mitglieder: 212
Jahresetat: DM 0,007 Mio, € 0 Mio

4 regionale Zweigverbände

• **U 2 579**

BDPh

Bund Deutscher Philatelisten e.V.

Mildred-Scheel-Str. 2, 53175 Bonn
T: (0228) 3 08 58-0
Internet: http://www.bdph.de
E-Mail: info@bdph.de
Gründung: 1946 (26. Oktober)
Präsident(in): Michael Adler (Konradstr. 12, 91301 Forchheim)
Stellvertretende(r) Vorsitzende(r): Franz-Karl Lindner (Postf. 17 10, 59477 Soest, T: (02921) 7 96 59)
Prof. Dr.-Ing. Jobst von Heintze (Postf. 18 07, 39008 Magdeburg, T: (0391) 73 48 978)
Leitung Presseabteilung: Reiner Wyszomirski (Anemonenweg 24, 63225 Langen, T: (06103) 7 91 93)
Geschäftsführer(in): Günther Korn
Verbandszeitschrift: Philatelie
Redaktion: Wolfgang Maassen, Postf. 10 B, 41364 Schwalmtal
Mitglieder: ca. 80000
Mitarbeiter: 4

Interessenverband der deutschen Briefmarkensammler.

Landesverbände

u 2 580

Landesverband Bayerischer Philatelisten-Verein e.V.

Von-Stauffenberg-Str. 9, 82008 Unterhaching
T: (089) 6 11 36 07
Vorsitzende(r): Bertold Schumacher

u 2 581

Verband Berliner Philatelisten-Vereine e.V.

Bruno-Wille-Str. 11, 12587 Berlin
T: (030) 2 11 34 30
Vorsitzende(r): Frank H. Walter

u 2 582

Philatelistenverband Norddeutschland e.V.

Libellenweg 10, 21493 Grabau
T: (04151) 45 77
Vorsitzende(r): Prof. Dr. Rüdiger Martienß

u 2 583

Verband der Philatelisten-Vereine Hessen, Rhein-Main-Nahe e.V.

Gartenstr. 13, 63654 Büdingen
T: (06041) 15 37
Vorsitzende(r): Dieter Hartig

u 2 584

Philatelistenverband Mittelrhein e.V.

Gerbergasse 4, 53359 Rheinbach
T: (02226) 63 00
Vorsitzende(r): Bernhard Schneider

u 2 585

Verband Niedersächsischer Philatelistenvereine e.V.

Weberstr. 6, 30449 Hannover
T: (0511) 44 16 83
Vorsitzende(r): Gerhard Hilbig

u 2 586

Verband der Philatelisten in Nordrhein-Westfalen e.V.

Glatzer Weg 7, 48366 Laer
T: (02554) 84 13
Vorsitzende(r): Gerhard Weiss

u 2 587

Landesverband der Briefmarkensammler des Saarlandes e.V.
Dorfstr. 7, 66822 Lebach
Vorsitzende(r): Manfred Schmitt

u 2 588

Landesverband Südwestdeutscher Briefmarkensammlervereine e.V.
Postf. 14 67, 70810 Korntal-Münchingen
T: (0711) 83 16 17
Vorsitzende(r): Dipl.-Ing. Albrecht Zimmermann

u 2 589

Nordwestdeutscher Philatelistenverband Elbe-Weser-Ems e.V.
Am Helling 11, 26802 Moormerland
1. Vorsitzende(r): Oswald Janssen

u 2 590

Landesverband Thüringer Philatelisten e.V.
Postf. 13 08, 99310 Arnstadt
T: (03628) 60 30 83
Vorsitzende(r): Dr. Eckart Bergmann

u 2 591

Landesverband der Philatelisten Brandenburgs e.V.
Sperberhorst 15, 14478 Potsdam
T: (0331) 8 71 04 85
Vorsitzende(r): Prof. Dr. Heinz Kretzschmar

u 2 592

Landesverband Sächsischer Philatelistenvereine e.V.
Mockauer Str. 58, 04357 Leipzig
T: (0341) 6 01 70 25
Vorsitzende(r): Peter Girlich

u 2 593

Landesverband der Philatelisten in Sachsen-Anhalt e.V.
Herzogstr. 24, 38889 Blankenburg
T: (03944) 35 06 96
Vorsitzende(r): Dietrich Ecklebe

u 2 594

Landesverband der Philatelisten Mecklenburg-Vorpommern e.V.
Bönebüttelerstr. 27, 19073 Wittenförden
T: (0385) 6 66 62 66
Vorsitzende(r): Günter Theile

u 2 595

Verband Philatelistischer Arbeitsgemeinschaften e.V.
Kieler Str. 144, 25451 Quickborn
Vorsitzende(r): Dieter Hüweler

u 2 596

Deutsche Philatelisten-Jugend e.V.
Postf. 10 06 04, 52306 Düren
Vorsitzende(r): Klaus Goslich

• **U 2 597**

Deutsches Studentenwerk e.V.
Weberstr. 55, 53113 Bonn
T: (0228) 2 69 06-0 **Fax:** 2 69 06 30
Internet: http://www.studentenwerke.de
E-Mail: dsw@studentewerke.de
Gründung: 1921 (April)
Präsident(in): Prof. Dr.rer.nat. Hans-Dieter Rinkens
Generalsekretär(in): RA Dieter Schäferbarthold
Mitglieder: 62 Studentenwerke (Anstalten des öffentlichen Rechts der Länder mit Ausnahme des Studentenwerks im Saarland e.V. und des Hochschulwerkes Witten/Herdecke e.V.)

• **U 2 598**

Zentralstelle für die Vergabe von Studienplätzen (ZVS)
44128 Dortmund
Sonnenstr. 171, 44137 Dortmund
T: (0231) 10 81-0 **Fax:** 10 81-2 27
Gründung: 1973 (1. Mai)
Direktor(in): Henning Berlin
StDir.: Ltd.Reg.Dir. Joachim Schmittgen
Leitung Presseabteilung: Dipl.-Volksw. Bernhard Scheer
Mitarbeiter: 189
Jahresetat: DM 20 Mio, € 10,23 Mio

• **U 2 599**

ROTARY DEUTSCHLAND GEMEINDIENST e.V.
Klosterstr. 24-28, 40211 Düsseldorf
T: (0211) 32 56 99 **Fax:** 8 83 93 84
Gründung: 1951
Vorsitzende(r) des Vorstandes: Dieter Jünemann
Vorstand: Michael Niederste-Ostholt
Dr. Henner Schmick
Mitglieder: ca. 36000

• **U 2 600**

Europäische Bewegung Deutschland
Jean-Monnet-Haus
Bundesallee 22, 10717 Berlin
T: (030) 8 84 12-245 **Fax:** 8 84 12-247
E-Mail: europaeische.bewegung@debitel.net
Gründung: 1949 (13. Juni) in Wiesbaden
Internationaler Zusammenschluß: siehe unter izu 538
Präsident(in): Wolfgang Thierse (Bundestagspräsident)
Vizepräsidenten: Gerhard Eickhorn
Magdalene Hoff (MdEP)
Prof. Dr. Hans-Gert Pöttering (MdEP)
Karl Lamers (MdB)
Prof. Dr.phil. Rita Süssmuth (MdB)
Ursula Schleicher (MdEP)
Generalsekretär(in): Dr. Hartmut Marhold
Dr. Helgard Fröhlich
Mitglieder: 145 (Parteien, Organisationen und Einrichtungen)
Mitarbeiter: 6
Landeskomitees:
Landeskomitee Baden-Württemberg der Europäischen Bewegung; Europäische Bewegung Bayern; Europäische Bewegung Berlin; Europäische Bewegung Brandenburg; Landeskomitee Bremen der Europäischen Bewegung; Europäische Bewegung Hamburg; Europakomitee Hessen; Europäische Bewegung Mecklenburg-Vorpommern; Niedersächsischer Rat der Europäischen Bewegung; Europäische Bewegung Deutschland - Landessektion Nordrhein-Westfalen; Rheinland-Pfälzische Sektion der Europäischen Bewegung Deutschland; Europäische Bewegung Deutschland - Landeskomitee Saarland; Europäische Bewegung Sachsen; Europäische Bewegung Sachsen-Anhalt; Europäische Bewegung Schleswig-Holstein; Europäische Bewegung Thüringen.

• **U 2 601**

Hessische Stiftung Friedens- und Konfliktforschung (HSFK)
Leimenrode 29, 60322 Frankfurt
T: (069) 9 59 10 40 **Fax:** 55 84 81
Internet: http://www.hsfk.de, http://www.prif.org
E-Mail: info@hsfk.de
Gründung: 1970
Vorstandsmitglieder: Prof. Dr. Harald Müller (Vors.)
Prof. Dr. Berthold Meyer
Prof. Dr. Lothar Brock
Dr. Hans-Joachim Spanger
Verbandszeitschrift: HSFK-StandPunkte - Friedensforschung Aktuell
Mitarbeiter: 45
Jahresetat: ca. DM 3 Mio, € 1,53 Mio
Informationsdienst: HSFK-StandPunkte; Friedensforschung Aktuell; Jahresberichte über Organisation und laufende Forschung (jährl.)
Verlag: c/o Hessische Stiftung Friedens- und Konfliktforschung
Publikationen: HSFK-Reports, PRIF-Reports, Friedensanalysen. Friedensgutachten, Hrsg: HSFK, FEST und IFSH
Verlag: LIT-Verlag

u 2 602

Arbeitsstelle Friedensforschung Bonn (AFB)
Außenstelle der Hessischen Stiftung Friedens- und Konfliktforschung (HSFK)
Beethovenallee 4, 53173 Bonn
T: (0228) 35 60 32 **Fax:** 35 60 50
Internet: http://www.bonn.iz-soz.de/afb/
E-Mail: afb@bonn.iz-soz.de
Leiter(in): Dr. Regine Mehl

• **U 2 603**

Aktionsgemeinschaft Dienst für den Frieden e.V. (AGDF)
Blücherstr. 14, 53115 Bonn
T: (0228) 2 49 99-0 **Fax:** 2 49 99-20
Internet: http://www.friedensdienst.de
E-Mail: agdf@friedensdienst.de
Gründung: 1968
Internationaler Zusammenschluß: siehe unter izv 30
Vorsitzende(r): Klaus Wilkens
Geschäftsführer(in): Ass.jur. Ulrich Frey

Mitglieder:

u 2 604

Aktionsgemeinschaft Friedenswoche Minden e.V.
Alte Kirchstr. 1a, 32423 Minden
T: (0571) 2 43 39 **Fax:** 2 41 81

u 2 605

Aktionsgemeinschaft Solidarische Welt e.V. (ASW)
Hedemannstr. 14, 10969 Berlin
T: (030) 2 51 02 65 **Fax:** 2 51 18 87
Internet: http://www.aswnet.de
E-Mail: mail@aswnet.de

u 2 606

Aktion Sühnezeichen Friedensdienste e.V. (ASF)
Auguststr. 80, 10117 Berlin
T: (030) 28 39 51 84 **Fax:** 28 39 51 35
Internet: http://www.asf-ev.de
E-Mail: asf@asf-ev.de
Internationaler Zusammenschluß: siehe unter izv 39

u 2 607

Arbeitsgemeinschaft Frieden e.V.
Palaststr. 3, 54290 Trier
T: (0651) 9 94 10 16 **Fax:** 9 94 10 18
Internet: http://home.t-online.de/home/agf_trier
E-Mail: agf_trier@t-online.de

u 2 608

Arbeitsgemeinschaft für Friedensdienste Laubach e.V.
c/o Brigitte Wiegand
Tannenweg 8, 35321 Laubach
T: (06405) 36 71

u 2 609

Arbeitsstelle Friedensdienst der Evangelischen Kirche der Pfalz
(Protestantische Landeskirche)
Große Himmelsgasse 3, 67346 Speyer
T: (06232) 67 15-0 **Fax:** 67 15 67

u 2 610

Bildungs- und Begegnungsstätte für gewaltfreie Aktion e.V.
(KURVE Wustrow)
Kirchstr. 14, 29462 Wustrow
T: (05843) 98 71-0 **Fax:** 98 71-11
Internet: http://www.comlink.apc.org/kurvewustrow
E-Mail: kurve-wustrow@oln.comlink.apc.org

u 2 611

Brethren Service
Postf. 2100, CH-1211 Genf 2
150, route de Ferney, CH-1211 Genf 2
T: (004122) 7 91 63 30 **Fax:** 7 98 23 70
Internet: http://www.brethren.org
E-Mail: kflory@worldcom.ch

u 2 612

Christlicher Friedensdienst e.V. (CFD)
Rendeler Str. 9-11, 60385 Frankfurt
T: (069) 45 90 72 **Fax:** 46 12 13
Internet: http://ourworld.compuserve.com/homepages/christlicherfriedensdienst
E-Mail: christlicherfriedensdienst@compuserve.com

u 2 613

Christliches Initiativ- und Studienzentrum Dortmund e.V. (CIS)
Immermannstr. 8, 44147 Dortmund
T: (0231) 81 37 38 **Fax:** 81 37 39
Internet: http://www.kommpott.de
E-Mail: ciseV@kommpott.de

u 2 614

Church and Peace e.V.
Ringstr. 14, 35641 Schöffengrund
T: (06445) 55 88 **Fax:** 50 70
Internet: http://www.c3.hu/_Ltbocs/chp-a.htm
E-Mail: churchpe@aol.com

u 2 615

Dokumentationsstätte zu Kriegsgeschehen und über Friedensarbeit Sievershausen e.V.
Antikriegshaus Sievershausen
Kirchweg 4, 31275 Lehrte
T: (05175) 57 38 **Fax:** 61 56

Internet: http://www.evlka.de/extern/burgdorf/antikriegshaus/nowar.html
E-Mail: antikriegshaus.burgdorf@evlka.de

u 2 616
Eirene, Internationaler Christlicher Friedensdienst e.V.
Postf. 13 22, 56503 Neuwied
T: (02631) 83 79-0 **Fax:** 3 11 60
Internet: http://www.eirene.org
E-Mail: EIRENE-INT@eirene.org

u 2 617
Evangelische Kirche der Kirchenprovinz Sachsen
Arbeitsstelle Eine Welt
Leibnizstr. 4, 39104 Magdeburg
T: (0391) 53 49 491 **Fax:** 53 46 490
E-Mail: lewek@ekkps.de

u 2 618
Evangelische Landeskirche in Baden
Amt für Jugendarbeit, Jürgen Stude
Blumenstr. 1-7, 76133 Karlsruhe
T: (0721) 91 75-0 **Fax:** 91 75-550
Internet: http://www.ekiba.de
E-Mail: gertrud.fischbach@ekiba.de

u 2 619
Förderkreis Sozialer Friedensdienst zur Völkerverständigung mit Osteuropa e.V. ((SFDzV))
Stuchteystr. 33, 44267 Dortmund
T: (0231) 4 94 07 20 **Fax:** 4 94 07 21
E-Mail: 320043986129-0001@t-online.de

u 2 620
Forschungsstätte der Evangelischen Studiengemeinschaft e.V. (FEST)
Schmeilweg 5, 69118 Heidelberg
T: (06221) 9 12 20 **Fax:** 16 72 57
Internet: http://www.fest-heidelberg.de
E-Mail: postmaster@fest-heidelberg.de

u 2 621
Fränkisches Bildungswerk für Friedensarbeit e.V. (FBF)
Hessestr. 4, 90443 Nürnberg
T: (0911) 28 85 00 **Fax:** 28 85 14
E-Mail: fbf.nuernberg@t-online.de

u 2 622
Friedensbibliothek-Antikriegsmuseum der Evangelischen Kirche in Berlin-Brandenburg
Friedenstr. 1, 10249 Berlin
T: (030) 5 08 12 07

u 2 623
Friedenskreis Halle e.V.
Große Klausstr. 11, 06108 Halle
T: (0345) 2 02 67 00 **Fax:** 2 02 67 00
Internet: http://www.friedensdienst.de/fk
E-Mail: fk@mp-halle.east.de

u 2 624
Friedenszentrum Martin-Niemöller-Haus e.V.
Pacelliallee 61, 14195 Berlin
T: (030) 84 10 99 51 **Fax:** 84 10 99 52
E-Mail: NiemöllerHaus@peacecenter.ipn.de

u 2 625
Gewaltfrei leben lernen e.V.
Werkstatt für Gewaltfreie Aktion, Baden
Am Karlstor 1, 69117 Heidelberg
T: (06221) 16 19 78 **Fax:** 16 21 15

u 2 626
INKOTA netzwerk e.V.
Greifswalder Str. 33a, 10405 Berlin
T: (030) 4 28 91 11 **Fax:** 4 28 91 12
E-Mail: inkota@link-b36.berlinet.de

u 2 627
Internationaler Diakonischer Jugendeinsatz der Evangelisch-methodistischen Kirche ((idje))
Eilbeker Weg 86, 22089 Hamburg
T: (040) 20 14 16 **Fax:** 2 00 15 58

u 2 628
Internationales Bildungs- und Begegnungswerk e.V. (IBB)
Thomasstr. 1, 44135 Dortmund
T: (0231) 95 20 96-0 **Fax:** 52 12 33
E-Mail: ibb-dortmund@t-online.de

u 2 629
Mennonite Voluntary Service e.V. (MVS)
Hauptstr. 86, 69245 Bammental
T: (06223) 4 77 60 **Fax:** 97 03 60
E-Mail: christlichedienste@t-online.de

u 2 630
NETZ, Partnerschaft für Entwicklung und Gerechtigkeit e.V.
Moritz-Hensoldt-Str. 20, 35576 Wetzlar
T: (06441) 2 65 85 **Fax:** 2 62 57
E-Mail: netz-bangladesh@t-online.de

u 2 631
Ökumenische Förderergemeinschaft für soziale Dienste e.V. (ÖFG)
Longericher Str. 138, 50739 Köln
T: (0221) 17 57 92 **Fax:** 17 57 94

u 2 632
Oekumenischer Dienst im Konziliaren Prozeß e.V. (OeD)
Mittelstr. 4, 34474 Diemelstadt
T: (05694) 80 33 **Fax:** 15 32
E-Mail: schalomdiakonat@t-online.de

u 2 633
Ökumenisches Informationszentrum für Frieden, Gerechtigkeit, Bewahrung der Schöpfung, In- und AusländerInnenarbeit e.V. (ÖIZ)
Kreuzstr. 7, 01067 Dresden
T: (0351) 49 23-369 **Fax:** 49 23-360
Internet: http://www.oeiz.coswig.de
E-Mail: oeiz@coswig.de
Geschäftsführerin: Dr. G. Weber

u 2 634
Ohne Rüstung Leben e.V. (ORL)
Sophienstr. 19, 70178 Stuttgart
T: (0711) 60 83 96 **Fax:** 60 83 57
E-Mail: orl@gaia.de

u 2 635
Peace Brigades International, Deutscher Zweig e.V. (PBI)
Chemnitzstr. 80, 22767 Hamburg
T: (040) 3 80 69 03 **Fax:** 3 86 94 17
Internet: http://www.igc.apc.org/pbi
E-Mail: pbiger@shalom.life.de

u 2 636
Versöhnungsbund e.V. (VB)
Postf. 32 91, 32389 Minden
T: (0571) 85 08 75 **Fax:** 85 08 75
Internet: http://www.versoehnungsbund.de
E-Mail: geschaeftsstelle@versoehnungsbund.de

u 2 637
Weltfriedensdienst e.V. (WFD)
Hedemannstr. 14, 10969 Berlin
T: (030) 25 39 90-0 **Fax:** 2 51 18 87
Internet: http://www.wfd.de
E-Mail: info@wfd.de

• U 2 638
Verantwortung für Friedens- und Zukunftsfähigkeit NaturwissenschaftlerInnen Initiative
Gutenbergstr. 31, 44139 Dortmund
T: (0231) 57 52 02 **Fax:** 57 52 10
E-Mail: INES_NAT@t-online.de
Vorstand: Dr. H. Aichele
Dr. H.-J. Fischbeck
Prof. Dr. F. Fujara
Dr. A. Hädicke
Dr. D. Meissner
Prof. Dr. K. Nixdorff
Prof. Dr. Jürgen Schneider
Prof. Dr. E. Rösler
S. Striewski
Geschäftsführer(in): Reiner Braun

• U 2 639
Deutsch-Arabisches Friedenswerk e.V. (DAF)
Bahnhofstr. 20, 99310 Arnstadt
T: (03628) 60 24 57, (0171) 4 06 32 53 (Mobil)
Fax: (03628) 60 24 57
E-Mail: doros.world@mbc.de
Gründung: 1993
Präsident(in): Dorothea Schendel
Vizepräsident(in): Mohamed Rahoma
Schatzmeister: Wolfgang Bungert
Beisitzer: Dr. Peter Gerlinghoff
Verbandszeitschrift: DAF-Script
Redaktion: Dr. Peter Gerlinhoff, Berlin
Mitglieder: ca. 100

• U 2 640
D·G·F
DEUTSCHE GESELLSCHAFT FÜR FREIZEIT
Bahnstr. 4, 40699 Erkrath
T: (0211) 9 00 35 01 **Fax:** 9 00 76 80
E-Mail: dg-freizeit@t-online.de
Gründung: 1964
Präsident(in): Prof. Dr. Joseph-Theodor Blank (MdB)
Generalsekretär(in): Sigurd Agricola
Mitglieder: 82 (30 Verbände, 22 Institutionen, 30 Personen)
Mitarbeiter: 5
Jahresetat: DM 0,5 Mio, € 0,26 Mio

Fachverband der Verbände, Fachleute, Institute und Unternehmen des gesamten Freizeitbereichs.

Mitgliedsverbände der DGF

u 2 641
Arbeitsgemeinschaft Deutscher Chorverbände e.V. (ADC)
Adersheimer Str. 60, 38304 Wolfenbüttel
T: (05331) 4 60 18 **Fax:** 4 37 23
E-Mail: adc.de@t-online.de

u 2 642
Bund Deutscher LandschaftsArchitekten e.V. (BDLA)
Bundesgeschäftsstelle
Köpenicker Str. 48/-49, 10179 Berlin
T: (030) 27 87 15-0 **Fax:** 27 87 15-55
Internet: http://www.bdla.de
E-Mail: info@bdla.de

u 2 643
Bund der Theatergemeinden e.V.
Bonner Talweg 10, 53113 Bonn
T: (0228) 91 50 31 **Fax:** 9 15 03 45

u 2 644
Bundesverband Automatenunternehmer e.V. (BA)
Sterntorbrücke 6, 53111 Bonn
T: (0228) 69 74 60 **Fax:** 69 74 62
Internet: http://www.ba-bonn.de
E-Mail: info@ba-bonn.de

u 2 645
Bundesverband Deutscher Gartenfreunde e.V. (BDG)
Steinerstr. 52, 53225 Bonn
T: (0228) 47 30 36, 47 30 37 **Fax:** 47 63 79
Internet: http://www.kleingarten-bund.de
E-Mail: bdg@kleingarten-bund.de

u 2 646

Bundesvereinigung Kulturelle Jugendbildung e.V. (BKJ)
Küppelstein 34, 42857 Remscheid
T: (02191) 7 94-3 90 **Fax:** 7 94-3 89
Internet: http://www.bkj.de
E-Mail: info@bkj.de

u 2 647

Bundesvereinigung nichtkommerzieller Single- und Freizeitgruppen e.V.
Postf. 40 01 27, 45854 Gelsenkirchen

u 2 648

Christliches Jugenddorfwerk Deutschlands e.V. (CJD)
Teckstr. 23, 73061 Ebersbach
T: (07163) 9 30-0 **Fax:** 9 30-280
Internet: http://www.cjd.de
E-Mail: cjd@cjd.de

u 2 649

Deutscher Amateur-Radio-Club e.V. (DARC)
Bundesverband für Amateurfunk in Deutschland
Lindenallee 4, 34225 Baunatal
T: (0561) 94 98 80 **Fax:** 9 49 88 50
E-Mail: darc@darc.de

u 2 650

Deutscher Bauernverband e.V. (DBV)
Godesberger Allee 142-148, 53175 Bonn
T: (0228) 81 98-0 **Fax:** 81 98-205

u 2 651

Deutscher Verband für Bodybuilding und Fitness (DVBF) e.V.
Postf. 80 03 23, 81603 München
T: (089) 40 77 44 **Fax:** 49 60 39

u 2 652

Deutscher Landkreistag
Lennestr. 17, 10785 Berlin
T: (030) 59 00 97-0 **Fax:** 59 00 97-450
Internet: http://www.landkreistag.de
E-Mail: presse@landkreistag.de, info@landkreistag.de
Mitarbeiter: 21

u 2 653

Deutscher Sauna-Bund e.V.
Kavalleriestr. 9, 33602 Bielefeld
T: (0521) 9 66 79-0 **Fax:** 9 66 79-19
Internet: http://www.sauna-bund.de
E-Mail: info@sauna-bund.de
Mitglieder: 1000

u 2 654

Deutscher Schaustellerbund e.V. (DSB)
Hochkreuzallee 67, 53175 Bonn
T: (0228) 9 51 28-0 **Fax:** 9 51 28-17
Internet: http://www.schausteller-info.de
E-Mail: dsb@schausteller-info.de

u 2 655

Deutscher Sportbund (DSB)
Otto-Fleck-Schneise 12, 60528 Frankfurt
T: (069) 6 70 00 **Fax:** 67 49 06
Internet: http://www.dsb.de
E-Mail: info@dsb.de

u 2 656

Deutscher Sportstudio Verband e.V.
Bremer Str. 201b, 21073 Hamburg
T: (040) 7 66 24 00 **Fax:** 7 65 12 23
Internet: http://www.dssv.de
E-Mail: dssv@dssv.de

u 2 657

Deutscher Städtetag
Lindenallee 13-17, 50968 Köln
T: (0221) 37 71-0 **Fax:** 37 71-1 28

u 2 658

Deutscher Städte- und Gemeindebund (DStGB)
Postf. 45 01 40, 12171 Berlin
Marienstr. 6, 12207 Berlin
T: (030) 7 73 07-0 **Fax:** 7 73 07-200
Internet: http://www.dstgb.de
E-Mail: dstgb@dstgb.de

u 2 659

Deutsches Jugendherbergswerk Hauptverband für Jugendwandern u. Jugendherbergen e.V.
Im Gilde Zentrum
Postf. 14 55, 32704 Detmold
Bad Meinberger Str. 1, 32760 Detmold
T: (05231) 7 40 10 **Fax:** 74 01 49

u 2 660

Deutscher Verband für Freikörperkultur e.V. (DFK)
Verband für Familien- und Breitensport e.V.
Uhlemeyerstr. 14, 30175 Hannover
T: (0511) 34 22 33 **Fax:** 3 18 08 38

u 2 661

Evangelischer Arbeitskreis für Freizeit, Erholung und Tourismus in der EKD
Postf. 21 02 20, 30402 Hannover
Herrenhäuser Str. 12, 30419 Hannover
T: (0511) 27 96-2 02 **Fax:** 27 96-7 07

u 2 662

Kolpingwerk Deutschland
Postf. 10 08 41, 50448 Köln
Kolpingplatz 5-11, 50667 Köln
T: (0221) 2 07 01-0 **Fax:** 2 07 01-38

u 2 663

Landesarbeitsgemeinschaft Gartenbau und Landespflege Nordrhein-Westfalen
Postf. 68 02 09, 50705 Köln
T: (0221) 7 15 10-34 **Fax:** 7 15 10-58

u 2 664

Landessportbund Nordrhein-Westfalen e.V.
Friedrich-Alfred-Str. 25, 47055 Duisburg
T: (0203) 73 81-0 **Fax:** 73 81-616
E-Mail: lsb-nrw@t-online.de

u 2 665

Verband der Deutschen Automatenindustrie e.V. (VDAI)
Dircksenstr. 49, 10178 Berlin
T: (030) 28 40 70 **Fax:** 28 40 72 72

u 2 666

Verband Deutscher Freizeitunternehmen e.V. (VDFU)
Hochkreuzallee 67, 53175 Bonn
T: (0228) 9 51 28 19 **Fax:** 9 51 28 17

u 2 667

Verband Deutscher Gebirgs- und Wandervereine e.V. (VDGWV)
Wilhelmshöher Allee 157-159, 34121 Kassel
T: (0561) 9 38 73-0 **Fax:** 9 38 73-10

u 2 668

Verband Deutscher Wohnwagen- und Wohnmobil-Hersteller e.V. (VDWH)
Am Holzweg 26, 65830 Kriftel
T: (06192) 97 12 00 **Fax:** 97 12 23
Internet: http://www.vdwh.de
E-Mail: vdwh@vdwh.de

u 2 669

Verein zur Sicherstellung überörtlicher Erholungsgebiete in den Landkreisen um München e.V.
Uhlandstr. 5 III, 80336 München
T: (089) 53 77 87

u 2 670

Zentralkomitee der deutschen Katholiken (ZdK)
Hochkreuzallee 246, 53175 Bonn
T: (0228) 38 29 70 **Fax:** 3 82 97 44

• **U 2 671**

B.A.T. Freizeit-Forschungsinstitut GmbH
Alsterufer 4, 20354 Hamburg
T: (040) 41 51-03 **Fax:** 41 51-3231
Gründung: 1999 (19. Juli)
Leitung: Horst W. Opaschowski
Dipl.-Volksw. Rainer Stubenvoll

• **U 2 672**

Bund Deutscher Karneval e.V.
Altenberger Str. 34, 51145 Köln
T: (02203) 29 37 14 **Fax:** 29 37 14
Internet: http://www.karnevaldeutschland.de
E-Mail: info@karnevaldeutschland.de
Gründung: 1936
Präsident(in): Franz Wolf
Verbandszeitschrift: Deutsche Fastnacht
Redaktion: Anton Lamerz, Sittardsberger Allee 98, 47249 Duisburg
Mitglieder: 2500000 in 4.200 Vereinen
Mitarbeiter: 16

• **U 2 673**

Verband Deutscher Bürgervereine e.V.
-Geschäftsführung
Goebenstr. 70, 42551 Velbert
T: (02051) 8 12 45 **Fax:** 8 42 84
Vorstand: Heinz Schneckmann (Präsident)
RA u. Notar Klaus Lehmann-Ehlert
Wilfried Windecker (Vizepräs.)
Michael Weidmann (Vizepräs.)
Anzahl der angeschlossenen Organisationen: 350

• **U 2 674**

Arbeitsgemeinschaft Staat und Gesellschaft e.V. (asg)
Sigwartstr. 13, 72076 Tübingen
T: (07071) 2 45 77 **Fax:** 2 72 62
1. Vorsitzende(r): Gerd Ninnig (geschäftsf. Vorstandsmitglied)
2. Vors.: Lothar Rosteck

Mitwirkung am Prozeß der politischen Bewußtseinsbildung des deutschen Volkes durch geeignete Mittel der Öffentlichkeits- und Bildungsarbeit.

• **U 2 675**

Aktion Gemeinsinn e.V.
Vereinigung unabhängiger Bürger in Deutschland
Am Hofgarten 10, 53113 Bonn
T: (0228) 22 23 06 **Fax:** 21 94 09
Internet: http://www.gemeinsinn.de
E-Mail: info@gemeinsinn.de
Vorsitzende(r): Prof. Dr. Carl-Christoph Schweitzer (Universität Bonn)
Dieter Schweickhardt (Gesamtverband Werbeagenturen), Frankfurt
Stellvertretende(r) Vorsitzende(r): Georg Baums (Publicis Communication, Düsseldorf)
Dr. Dieter Haack (Präs. Landessynode Ev.-Luth. Kirche Bayern)
RA Brigitta Kögler, Jena
Dr. Marion Marschall (Journalistin)
Johannes Richter, Leipzig
Schatzmeister: Prof. Dr. Heinz-Gerd Bordemann (Leiter der Deutschen Sparkassenakademie)

• **U 2 676**

Fachgruppe Spiel e.V.
Heinestr. 169, 70597 Stuttgart
T: (0711) 9 76 58-0 **Fax:** 9 76 58-30
E-Mail: FVerband@aol.com
Hauptgeschäftsführer(in): Dr. Volker Schmid

• **U 2 677**

Bundesarbeitsgemeinschaft Deutscher Spielotheken e.V. (BDS)
Friedlandstr. 32, 25451 Quickborn
T: (04106) 6 72 19 **Fax:** 6 79 93
Gründung: 1974
1. Vorsitzende(r): Günther Griesel
Stellvertretende(r) Vorsitzende(r): Susanne Junge-Bethke
Verbandszeitschrift: Rundbrief
Mitglieder: ca. 30 Spiel-i-otheken (Bundesweit)

• **U 2 678**

Bund der Jugendfarmen und Aktivspielplätze e.V.
-Geschäftsstelle
Haldenwies, Gewann 14, 70567 Stuttgart
T: (0711) 6 87 23 02 **Fax:** 6 78 85 69
Internet: http://www.bdja.org
E-Mail: bdja@bdja.org
Gründung: 1972 (März)
1. Vorsitzende(r): Martyn Sorge
2. Vorsitzende(r): Frank Stüber
3. Vors.: Angela Laich
Schriftführer(in): Klaus Schock
Rechnungsführer: Dieter Kerstan
Beirat: Marion Kalka
Karl-Werner Teufel
Geschäftsführer(in): Hans-Jörg Lange
Verbandszeitschrift: Offene Spielräume
Redaktion: H. I. Lange, I. Wilpert
Mitglieder: 183, Mitgliedseinrichtungen 110
4 Landesverbände (NRW/HH/Berlin/BaWü)
Mitarbeiter: 2

• **U 2 679**

Verband Deutscher Freizeitunternehmen e.V. (VDFU)
Sitz: Würzburg
Pressestelle:
Hochkreuzallee 67, 53175 Bonn
T: (0228) 9 51 28 19 **Fax:** 9 51 28 17
Präsident(in): Karl Heinrich Pott (potts park, Minden)
Vizepräsident(in): Wolfgang Schneider (Holiday-Park, Hassloch)
Klaus-Peter Vohle (Fort Fun Abenteuerland, Bestwig-Wasserfall)
Pressesprecher(in): Roman E. Schramm (Personal- und Unternehmensberatung REINEMER & SCHRAMM, Karben)

• **U 2 680**

Verband Deutscher Fitness- & Freizeitunternehmen (VDF)
Leopoldstr. 250, 80807 München
Gründung: 1997
1. Vorsitzende(r): Wolfgang Dahl
2. Vorsitzende(r): Douglas Strom

• **U 2 681**

Georg von Opel Freigehege für Tierforschung e.V.
Königsteiner Str. 35, 61476 Kronberg
T: (06173) 7 97 49 **Fax:** (069) 7 89 94
Gründung: 1956 (10. September)
Vorsitzende(r) des Vorstandes: Gregor von Opel
Geschäftsführer(in): Sophia von Opel
Mitglieder: ca. 100 ordentl. u. unterstützende Mitglieder

• **U 2 682**

Arbeiterfotografie e.V.
Merheimer Str. 107, 50733 Köln
T: (0221) 72 79 99, 72 52 98 **Fax:** 7 32 55 88
Gründung: 1978
Vorsitzende(r): Wilfried Meins
Leitung Presseabteilung: Anneliese Fikentscher
Verbandszeitschrift: Arbeiterfotografie, Forum für Engagierte Fotografie
Redaktion: Anneliese Fikentscher, Merheimer Str. 107, 50733 Köln
Verlag: Erich Weiß Verlag, Amalienstr. 7, 96047 Bamberg, T: (0951) 2 71 35, Telefax: (0951) 2 24 09

• **U 2 683**

Deutscher Verband für Fotografie (DVF) - als VDAV gegründet 1908 - e.V.
Mitglied der Fédération Internationale de l'Art Photographique (FIAP)
Turnerstr. 23, 76189 Karlsruhe
T: (0721) 57 84 58 **Fax:** 57 34 69
Gründung: 1908 (16. Februar) als VDAV e.V.
Präsident(in): Georg S. Holzmann (Turnerstr. 23, 76189 Karlsruhe, T: (0721) 57 84 58, Telefax: (0721) 57 34 69)
Vizepräsident(in): Horst Landenberger (Negelerstr. 24, 72764 Reutlingen, T: (07121) 2 17 66, Telefax: (07121) 27 03 98)
Justitiar: RA Lothar Mayer (c/o Deutsche Warentreuhand, Grunaer Str. 2 (im Hause Robotron), 01069 Dresden, T: (0351) 4 87 42 22, Telefax: (0351) 4 95 21 30)
Schatzmeister: Thomas Oehrlein (H.-Böll-Str. 12, 97276 Margetshöchheim, T: (0931) 46 28 27, Büro: (0931) 2 25 22, Telefax: (0931) 46 48 71)
LV-Vertretung: Heinz-Walter Klein (Kunkelberg 5b, 21335 Lünbeburg, T: (04131) 4 37 60)
Verbandszeitschrift: "Photographie" u. "DVF-Journal"
Redaktion: Peter Heinsch, Rosenstr. 2 A, 56220 Kettig
Verlag: VVA Verlag Düsseldorf, Höherweg 278, 40231 Düsseldorf
Mitglieder: 660 Vereine mit ca. 15.000 Mitgliedern

Landesverbände

u 2 684

Deutscher Verband für Fotografie Landesverband Berlin-Brandenburg
Storkwinkel 8, 10711 Berlin
T: (030) 3 22 87 80
Vorsitzende(r): Winfried Müller (10557 Berlin (Tiergarten), Tel/Fax: (030) 3 92 81 81)
zuständig auch für den Landesverband Brandenburg

u 2 685

Deutscher Verband für Fotografie Landesverband Nordmark
Wilhelm-Busch-Str. 16, 38302 Wolfenbüttel
T: (05331) 7 25 48
Vorsitzende(r): Harald Marsky (Wilhelm-Busch-Str. 16, 38302 Wolfenbüttel, T: (05331) 7 25 48)
zuständig auch für den Landesverband Sachsen-Anhalt

u 2 686

Deutscher Verband für Fotografie Landesverband Westfalen
Schwedengraben 7, 57548 Kirchen
T: (02741) 6 18 91, Büro: (0271) 40 06 16
Geschäftsführer(in): Karl-Heinz Rutkowski (Angerburger Str. 9, 58099 Hagen, T: (02331) 68 81 57)

u 2 687

Deutscher Verband für Fotografie Landesverband Hessen-Rheinland-Pfalz
Magdeburger Str. 25, 56075 Koblenz
T: (0261) 5 34 00
Vorsitzende(r): Ludwig M. Langner (Magdeburger Str. 25, 56075 Koblenz, T: (0261) 5 31 94, Büro: 4 04 07 22)
zuständig auch für den Landesverband Thüringen

u 2 688

Deutscher Verband für Fotografie Landesverband Rheinland
Spitzer Aue Weg 6, 51515 Kürten
T: (02207) 75 00
Vorsitzende(r): Hans A. Comotio (Spitzer Aue Weg 6, 51515 Kürten, T: (02207) 75 00)

u 2 689

Deutscher Verband für Fotografie Landesverband Saar
Postf. 1708, 66750 Dillingen
T: (06831) 7 34 39
Vorsitzende(r): Klaus Peter Selzer

u 2 690

Deutscher Verband für Fotografie Landesverband Baden-Württemberg
Siegfriedstr. 42, 69502 Hemsbach
T: (06201) 4 30 62
Vorsitzende(r): Erwin Grüll (Siegfriedstr. 42, 69502 Hemsbach, T: (06201) 4 30 62)

u 2 691

Deutscher Verband für Fotografie Landesverband Bayern
Lauterer Str. 26, 96450 Coburg
T: (09561) 6 26 86 **Fax:** 6 26 86
Vorsitzende(r): Klaus Wöhner

u 2 692

Deutscher Verband für Fotografie Landesverband Hamburg
Kunkelberg 5b, 21335 Lüneburg
T: (04131) 4 37 60, Büro: (04171) 1 23 71
Vorsitzende(r): Heinz-Walter Klein (Kunkelberg 5b, 21335 Lüneburg, T: (04131) 4 37 60, Büro: (04171) 1 23 71)
zuständig auch für den Landesverband Mecklenburg-Vorpommern

u 2 693

Deutscher Verband für Fotografie Landesverband Sachsen
Heinrich-Mauerberger-Ring 15, 09212 Limbach-Oberfrohna
T: (0372) 8 10 96
Vorsitzende(r): Peter Günther (Heinrich-Mauerberger-Ring 15, 09212 Limbach-Oberfrohna, T: (03722) 8 10 96)

• **U 2 694**

RFI e.V. Interessenverband für Fotografen und Illustratoren e.V.
c/o XING Art Productions GmbH
Herrn Hugo Mayer-Norten
Hans-Mielich-Str. 13, 81543 München
T: (089) 66 20 20 **Fax:** 66 20 20
Internet: http://www.rfi-net.de
E-Mail: mayer.norten@xing.de
Gründung: 1991
Vorstand: Jutta Fricke
Corinna Hein
Claudia Schönhals
Geschäftsführer(in): Lisa von Löwenstern

• **U 2 695**

Deutscher Mannequin- und Fotomodell-Verband e.V. (DMV)
Bruchstr. 4, 52156 Monschau
T: (02472) 48 68, 58 68 **Fax:** 28 48
E-Mail: trend-dmv@gmx.de
Präsident(in): Manfred Schallenberg
Geschäftsführer(in): Olaf Oehme
Leitung Presseabteilung: Anita Kaiser

• **U 2 696**

VELMA Verband lizenzierter Modellagenturen e.V.
Geschäftsstelle
Herzog-Rudolf-Str. 3, 80539 München
Gründung: 1990
Vorstand: Norman Reiling (Vors.; Nova Models, München)
Sonja Ekvall (Modelteam, Hamburg)
Heidi Groß (Model Management, Hamburg)
Louisa von Minckwitz (Louisa Models, München)
Torsten Fuhrberg (Model Pool, Düsseldorf)
Pressesprecher: VELMA (c/o MCO Marketing · Communication · Organisation GmbH, Elisabethstr. 14, 40217 Düsseldorf, T: (0211) 38 6000, Fax: 38 600 60)
Sekretariat: Alexandra Jacobs
Mitglieder: 17

• **U 2 697**

Coburger Convent der Landsmannschaften und Turnerschaften an deutschen Hochschulen (CC)
Sitz: Coburg
CC/AHCC Kanzlei
-Hauptgeschäftsstelle
Triftstr. 1, 80538 München
T: (089) 22 37 08 **Fax:** 22 31 22
Gründung: 1868 (01. März)
Vorstand: RA u. Notar Jürgen Kretzer-Moßner (Vors. (AHCC))
RA Jörg Weber (Sprecher CC)
Leitung Presseabteilung: Jürgen Metzger
Verbandszeitschrift: CC-Blätter
Verlag: Coburger Convent, CC/AHCC-Kanzlei, Triftstr. 1, 80538 München
Mitglieder: 15000
Mitarbeiter: 1
Anzahl der angeschlossenen Organisationen: 105

• **U 2 698**

Gedenkstättenverband e.V.
Prenzlauer Allee 227, 10405 Berlin
T: (030) 9 35 51 39
Vorsitzende(r): Dr. Hans Maur
Stellvertretende(r) Vorsitzende(r): Joachim Pollok
Geschäftsführer(in): Dr. Günther Wehner

• **U 2 699**

Landesverein Sächsischer Heimatschutz e.V.
Wilsdruffer Str. 2a, 01067 Dresden
T: (0351) 4 95 61 53 **Fax:** 4 95 15 59
Gründung: 1908 (14. Juli)
Vorsitzende(r): Matthias Griebel (T: (0351) 49 86 60, Direktor des Stadtmuseums Dresden)
Stellvertretende(r) Vorsitzende(r): Prof. Dr. Hans-Jürgen Hardtke (Naturschutz/Landschaftsgestaltung, Prorektor TU Dresden, T: (0351) 4 63 47 69)
Verbandszeitschrift: Mitteilungen des Landesvereins Sächsischer Heimatschutz e.V-Naturschutz, Heimatgeschichte, Denkmalpflege, Volkskunde
Redaktion: Prof. Dr. Manfred Kramer
Verlag: Eigenverlag
Mitglieder: ca. 12000
Mitarbeiter: 8 (mit ABM)

• **U 2 700**

Bundesverband Studentische Kulturarbeit e.V. (BSK)
Weberstr. 59a, 53113 Bonn
T: (0228) 21 65-80 **Fax:** 21 65-81
Gründung: 1970 (18. Januar)
Vorstand: Marc Büttner
Olaf Walther
Antje Hellmann
Verbandszeitschrift: BSK-Rundbrief - Forum für studentische Kultur
Verlag: Eigenverlag
Mitglieder: ca. 120 institutionelle Mitglieder (ASten, StudentInnenbühnen, Filmclubs etc.)

• **U 2 701**

Ferdinand-Tönnies-Gesellschaft e.V.
Freiligrathstr. 11, 24116 Kiel
T: (0431) 55 11 07 **Fax:** 55 29 93
Internet: http://home.t-online.de/home/ftg-kiel/ftg_web.htm
E-Mail: ftg-kiel@t-online.de
Gründung: 1956 (22. Juli)
Präsident(in): Prof. Dr. Lars Clausen
Vizepräsident(in): Prof. Dr. Hans-Werner Prahl
Geschäftsführer(in): Dr. Uwe Carstens
Verbandszeitschrift: Tönnies Forum
Redaktion: Dr. Rolf Fechner, Dr. Uwe Carstens
Mitglieder: 130
Mitarbeiter: 2 hauptamtl.

• U 2 702

Institut für Freizeitwissenschaft und Kulturarbeit e.V. (IFKA)
Postf. 10 15 22, 33515 Bielefeld
T: (0521) 1 06-3315 **Fax:** 1 06-3315
E-Mail: ifka@uni-bielefeld.de
Gründung: 1983
Vorsitzende(r): Prof. Dr. Wolfgang Nahrstedt
Wiss. Leiter: Dipl.-Päd. Dieter Brinkmann
Mitglieder: 30
Mitarbeiter: 3-6

• U 2 703

Deutsche Vereinigung für eine Christliche Kultur (DVCK) e.V.
Postf. 50 08 46, 60396 Frankfurt
Emil-von-Behring-Str. 43, 60439 Frankfurt
T: (069) 58 98 99 **Fax:** 58 97 22
Vorsitzende(r): Benno Hofschulte
Stellvertretende(r) Vorsitzende(r): Mathias von Gersdorff
Mitglieder: 20

• U 2 704

Bundesverband spanischer sozialer und kultureller Vereine e.V.
Landesgeschäftsstelle Nordrhein-Westfalen
Alleestr. 39, 42853 Remscheid
T: (02191) 42 15 31 **Fax:** 42 14 32
Gründung: 1977 (5./6. November)
Vorsitzende(r): Ramón Tiscar Astasio
Stellvertretende(r) Vorsitzende(r): José Povedano Sánchez
Sekretär: Heike María Martínez
Kassierer: José Moral
Beauftragter f. Kontakte m. spanischen Selbsthilfegruppen: Encarna Luque Morales
Beauftragter f. Kontakte m. Jugendlichen: Francisco Fernández
Mitglieder: 100 Mitgliedsorganisationen
Jahresetat: DM 0,1 Mio, € 0,05 Mio

Hauptgeschäftsstelle
Schmerfeldstr. 4, 34130 Kassel
T: (0561) 6 52 07, 10 45 80

• U 2 705

Arbeitsring Ausland für kulturelle Aufgaben e.V. (ARA)
im Haus der Deutschen Wirtschaft
Breite Str. 29, 10178 Berlin
T: (030) 20 28-1418 **Fax:** 20 28-2418
E-Mail: a.mueller@bdi-online.de
Vorsitzende(r): Dr. Arend Oetker
Geschäftsführer(in): Dr. Ludger Hünnekens

• U 2 706

Martin-Behaim-Gesellschaft e.V. Forschungszentrum Deutsche unter anderen Völkern
Postf. 11 10 21, 64225 Darmstadt
Kasinostr. 3, 64293 Darmstadt
T: (06151) 29 38 24
Präsident(in): Kurt Schleucher

• U 2 707

Bund Deutscher Kunsterzieher e.V. (BDK)
Bundesgeschäftsstelle
Jakobistr. 40, 30163 Hannover
T: (0511) 66 22 29 **Fax:** 3 97 18 43
Gründung: 1950 (1. Juli)
Vorsitzende(r): Jutta Johannsen
Stellvertretende(r) Vorsitzende(r): Dorothea Bach
Verbandszeitschrift: BDK-MITTEILUNGEN
Redaktion: Prof. Konrad Jentzsch
Verlag: Jakobistr. 40, 30163 Hannover
Mitglieder: ca. 4000

• U 2 708

Bundesverband der Jugendkunstschulen und Kulturpädagogischen Einrichtungen e.V.
Luisenstr. 22, 59425 Unna
T: (02303) 6 93 24 od. 6 56 18 **Fax:** 6 50 57
Internet: http://www.bjke.de
E-Mail: bjke@bjke.de
Gründung: 1983 (15. Mai)
Vorsitzende(r): Peter Kamp
Stellvertretende(r) Vorsitzende(r): Dr. Wolfgang Zacharias
Bettina Sattelmacher
Leitung Presseabteilung: N.N.
Verbandszeitschrift: infodienst Kulturpädagogische Nachrichten
Redaktion: Bärbel Müller, Peter Kamp, Simone Schmidt, Tamara Doerfel
Verlag: LKD-Verlag, Luisenstr. 22, 59425 Unna
Mitglieder: 16
Mitarbeiter: 4

Mitglieder

u 2 709

Landesarbeitsgemeinschaft der Jugendkunstschulen Baden-Württemberg e.V.
c/o Kontiki
Kornhausplatz 5 Einsteinhaus, 89073 Ulm
T: (0731) 15 30 37 **Fax:** 15 30 45
Ansprechpartner: Monika Fahrenkamp

u 2 710

Landesarbeitsgemeinschaft Kulturelle Jugendbildung - Kinder- und Jugendkultur - Spiel Bayern e.V.
Pädagogische Aktionen
Hansastr. 41, 81373 München
T: (089) 74 31 34 31 **Fax:** 7 69 87 78
Ansprechpartner: Oliver Wick

u 2 711

Landesarbeitsgemeinschaft Jugendkunstschulen und kulturpädagogische Einrichtungen Berlin e.V.
Grünberger Str. 54, 10245 Berlin
T: (030) 29 66 87-55, 29 66 87-66 **Fax:** 29 66 87-70
Ansprechpartner: Lutz Lienke

u 2 712

Landesarbeitsgemeinschaft Kulturpädagogische Einrichtungen in Brandenburg e.V.
Im Kulturhaus Babelsberg
Karl-Liebknecht-Str. 135, 14482 Potsdam
T: (0331) 7 48 23 32 **Fax:** 7 48 23 25
Ansprechpartnerin: Nicola Preiß

u 2 713

Quartier e.V.
Verein zur Förderung der kulturellen Breitenarbeit e.V.
Buntentorsteinweg 8, 28201 Bremen
T: (0421) 52 51-607 **Fax:** 52 51-609
Ansprechpartner: Marcel Pouplier

u 2 714

Bildungswerkstatt KG
Erikastr. 64, 20251 Hamburg
T: (040) 4 22 96 46 **Fax:** 4 22 96 46
Ansprechpartner: Christel van Dieken

u 2 715

Landesarbeitsgemeinschaft Jugendkunstschulen und kulturpädagogischen Einrichtungen Hessen Musik- und Kunstschule Büdingen e.V.
Kulturzentrum Oberhof
Obergasse 23, 63654 Büdingen
T: (06042) 60 10, 60 16 **Fax:** 60 02
Ansprechpartner: Dieter Egner

u 2 716

Landesarbeitsgemeinschaft Kulturpädagogische Einrichtungen und Jugendkunstschulen Mecklenburg-Vorpommern e.V.
c/o Kunstschule Rostock e.V.
Friedrichstr. 28, 18057 Rostock
T: (0381) 4 90 31 83 **Fax:** 4 90 31 83
Ansprechpartner: Dietmar Zwerg

u 2 717

Landesverband der Kunstschulen Niedersachsen e.V.
Am Grünen Hagen 80, 30459 Hannover
T: (0511) 41 47 76 **Fax:** 41 71 56
Geschäftsführer(in): Bettina Sattelmacher

u 2 718

Landesarbeitsgemeinschaft Kulturpädagogische Dienste/Jugendkunstschulen NRW e.V. (LKD)
Luisenstr. 22, 59425 Unna
T: (02303) 6 93 24 **Fax:** 6 50 57
Ansprechpartnerin: Simone Schmidt

u 2 719

Jugendkunstwerkstatt Koblenz e.V.
Markenbildchenweg 38, 56068 Koblenz
T: (0261) 1 68 30 **Fax:** 1 69 47
Ansprechpartner: Christof Nießen

u 2 109

Landesverband der Kunstschulen im Saarland e.V.
Freie Kunstschule im Kreis Saarlois e.V.
Picarder Weg 1, 66740 Saarlouis
T: (06831) 46 11 22 **Fax:** 46 11 22
Ansprechpartner: Willi Portz

u 2 720

Landesarbeitsgemeinschaft Jugendkunstschulen und kulturpädagogischen Einrichtungen Sachsen e.V.
c/o Stötteritzer Spielkiste
Holzhäuser Str. 1, 04299 Leipzig
T: (0341) 8 77 55 07 **Fax:** 8 77 55 07
Ansprechpartnerin: Ute Eidson

u 2 721

Landesarbeitsgemeinschaft Jugendkunstschulen und kulturpädagogischen Einrichtungen e.V. Sachsen-Anhalt
c/o AMO Kultur- und Kongreßhaus
Erich-Weinert-Str. 27, 39104 Magdeburg
T: (0391) 5 41 12 73 **Fax:** 5 41 12 73
Ansprechpartner: Thomas Lüddemann

u 2 722

Landesarbeitsgemeinschaft Kunst Schleswig-Holstein e.V.
Geschäftsstelle
Wrangelstr. 60, 24105 Kiel
T: (0431) 3 05 36 34 **Fax:** 3 05 36 34
Ansprechpartner: Jens Krystek

u 2 723

LAG der Jugendkunstschulen Thüringen e.V.
Sophienstr. 18, 07743 Jena
T: (03641) 44 43 77
Ansprechpartner: Bettina Scherber

• U 2 724

Verband für sozial-kulturelle Arbeit e.V.
Slabystr. 11, 50735 Köln
T: (0221) 7 60 69 59
Gründung: 1951
Vorsitzende(r): Monika Schneider
Geschäftsführer(in): Birgit Weber
Verbandszeitschrift: RUNDBRIEF
Redaktion: Eva Becker
Mitglieder: 35 Einrichtungen
Mitarbeiter: 5

u 2 725

Verband für sozial-kulturelle Arbeit e.V. Landesgruppe Berlin e.V.
Tucholskystr. 11, 10117 Berlin
T: (030) 8 61 01 91

u 2 726

Verband für sozial-kulturelle Arbeit e.V. Landesverband NRW
Slabystr. 11, 50735 Köln
T: (0221) 7 60 69 59

• U 2 727

Arbeitskreis selbständiger Kultur-Institute e.V. (AsKI)
Prinz-Albert-Str. 34, 53113 Bonn
T: (0228) 22 48 59, 22 48 60 **Fax:** 21 92 32
Internet: http://www.aski.org
E-Mail: info@aski.org
Gründung: 1967
Vorsitzende(r): Dr. Barthold C. Witte
Geschäftsführer(in): Dr. Konrad Scheurmann
Verbandszeitschrift: Kulturberichte
Redaktion: Gabriele Weidle-Kehrhahn
Mitglieder: 26 Kulturinstitute

• U 2 728

Kulturpolitische Gesellschaft e.V. (KuPoGe)
Weberstr. 59a, 53113 Bonn
T: (0228) 2 01 67-0 **Fax:** 2 01 67-33
Internet: http://www.kupoge.de
E-Mail: post@kupoge.de
Präsident(in): Dr. Oliver Scheytt
Vizepräsident(in): Herbert Schirmer
Margarethe Goldmann
Geschäftsführer(in): Dr. Norbert Sievers
Stellvertretende(r) Geschäftsführer(in): Bernd Wagner
Leitung Presseabteilung: Franz Kröger
Mitglieder: 1400

• U 2 729

Institut für Bildung und Kultur e.V.
Küppelstein 34, 42857 Remscheid
T: (02191) 7 94-2 96/9 **Fax:** 7 94-2 90
Internet: http://www.ibk-kultur.de
E-Mail: ibk@ibk-kultur.de
Gründung: 1982
Leiter(in): Gerda Sieben
Mitglieder: 9
Mitarbeiter: 6

Ausführung von Modellversuchen zur kulturellen Bildung und Weiterbildung.

• U 2 730

AFS Interkulturelle Begegnungen e.V.
Postf. 50 01 42, 22701 Hamburg
Friedensallee 48, 22765 Hamburg
T: (040) 39 92 22-0 **Fax:** 39 92 22-99
Internet: http://www.afs.de
E-Mail: germany@afs.org
Internationaler Zusammenschluß: siehe unter izu 561
Vorsitzende(r): Gert Lucas
Stellvertretende(r) Vorsitzende(r): Nils Bauer
Geschäftsführer(in): Mick Petersmann
Leitung Presseabteilung: Thomas Österheld
Verbandszeitschrift: Horizonte (4 x pro Jahr)
Mitglieder: 6200
Mitarbeiter: 30 Hauptamtl., 72 Komitees, ca. 1300 Ehrenamtl. Mitarbeiter
Jahresetat: DM 10 Mio, € 5,11 Mio (1998)

Schüleraustausch mit rund 40 Ländern; Austausch junger Berufstätiger mit EU-Ländern, den USA, der Dominikanischen Republik, Ecuador; Programme mit sozialen und ökologischen Praktika für Teilnehmer über 18 in 20 Ländern.

• U 2 731

Nordfriesisches Institut e.V.
Süderstr. 30, 25821 Bredstedt
T: (04671) 20 81 **Fax:** 13 33
Internet: http://www.nordfriiskinstituut.de
E-Mail: info@nordfriiskinstituut.de
Gründung: 1948/49
Vorsitzende(r): Thede Boysen
Stellvertretende(r) Vorsitzende(r): Nils Dahl
Verbandszeitschrift: Nordfriesland
Redaktion: Dr. Thomas Steensen
Verlag: Nordfriisk Instituut, Süderstr. 30, 25821 Bredstedt
Mitglieder: 800
Mitarbeiter: 13
Jahresetat: DM 0,8 Mio, € 0,41 Mio

• U 2 732

Dachverband der Ausländerkulturvereine e.V. (DAB)
Schiffbauerweg 4, 28237 Bremen
T: (0421) 61 20 71/72/73 **Fax:** 61 79 50
E-Mail: dab@is-bremen.de
Gründung: 1983 (7. Oktober)
Vorsitzende(r): Ejvas Stki
Hauptgeschäftsführer(in): Gulê Iletmis
Leitung Presseabteilung: Luigi La Grotta
Verbandszeitschrift: STIMME
Verlag: DAB
Mitglieder: 36 Vereine
Mitarbeiter: 9
Jahresetat: ca. DM 0,9 Mio, € 0,46 Mio

• U 2 733

Türkisch-Deutscher Klub e.V. Frankfurt
Strahlenbergerstr. 129, 63067 Offenbach
T: (069) 88 95 94
Gründung: 1983
Vorsitzende(r): Dr. Alpaydin Saatci
Stellvertretende(r) Vorsitzende(r): Helga Iz

• U 2 734

Kassettenprogramme für ausländische Mitbürger e.V.
Görlitzer Str. 22, 80993 München
T: (089) 1 41 98 08 **Fax:** 1 41 99 43
Vorstand: Jürgen Heckel (Vors.)
Sinasi Dikmen (stellv. Vors.)
Erman Okay
Ursula Udod (Kassierin)
Hans von Stebut (Schriftführer)
Mitglieder: 180
Mitarbeiter: 1

• U 2 735

Verein für Deutsche Kulturbeziehungen im Ausland e.V. (VDA)
Bundesgeschäftsstelle
Kölnstr. 76, 53757 Sankt Augustin
T: (02241) 2 10 71 **Fax:** 2 92 41
E-Mail: vda.globus@t-online.de
Gründung: 1881
Vorsitzende(r): Hartmut Koschyk (MdB)
Stellvertretende(r) Vorsitzende(r): Wolfgang Egerter
Gerhard Landgraf
Geschäftsführer(in): Gerhard Müller
Verbandszeitschrift: Globus
Redaktion: VDA Verlags- und Vertriebs GmbH, Kölnstr. 76, 53757 St. Augustin

• U 2 736

Richard-Wagner-Verband Bayreuth e.V.
Weberhof 4, 95448 Bayreuth
T: (0921) 2 15 12 **Fax:** 85 43 66
Gründung: 1910
Mitglieder: 830

• U 2 737

Deutscher Sängerbund e.V. (DSB)
-Bundesgeschäftsstelle
Postf. 51 06 28, 50942 Köln
Bernhardstr. 166, 50968 Köln
T: (0221) 37 12 90 **Fax:** 9 34 99 92
Gründung: 1862
Vorstand: Dr. Heinz Eyrich (Präs.)
Hartmut Doppler (Vizepräs.)
Prof. Reinhard Stollreiter (Vizepräs.)
Gerd Jürgen Raach (Vizepräs.)
Ulrich Buschkühler (Bundesschatzmeister)
Anna Dorita Kehrstephan (Bundesschriftführerin)
Karl Heinz Schmitt (Bundeschorleiter)
Marietta Lehnen (Ref. Frauen)
Werner Mattern (Vors. d. Chorjugend)
Günter Arlt (Beisitzer)
Peter Jacobi (Beisitzer)
Werner Middendorf (Beisitzer)
Wolfgang Oberndorfer (Beisitzer)
Peter Lamprecht (Ref. Presse)
Barbara Füge (Bundesgeschäftsführerin)
Verbandszeitschrift: Lied & Chor
Mitglieder: 1800000
Jahresetat: DM 1,8 Mio, € 0,92 Mio
Redaktion und Verlag: VVC, Bernhardstr. 166, 50968 Köln

Chorgesang als kulturelle Gemeinschaftsaufgabe erhalten und fördern.

Landesorganisationen

u 2 738

Badischer Sängerbund
Bundesgeschäftsstelle
Gartenstr. 56a, 76133 Karlsruhe
T: (0721) 84 96 69 **Fax:** 85 38 86
Präsident(in): Albrecht Münch (Striederstr. 23, 76131 Karlsruhe, T: (0721) 61 40 11)
Vizepräsident(in): Herbert Reiff (Baselstr. 14, 79589 Binzen, T: (07621) 27 75)
Christine Oesterreich (Im Schafgarten 27, 69151 Neckargemünd T: (06223) 60 04, Fax: (06223) 14 53)
Geschäftsführer(in): Monika Sommer (Gartenstr. 56a, 76133 Karlsruhe, T: (0721) 84 96 69, Telefax: (0721) 85 38 86)
Gerda Husser (Gartenstr. 56a, 76133 Karlsruhe, T: (0721) 84 96 69, Telefax: (0721) 85 38 86)

u 2 739

Bayerischer Sängerbund e.V.
Bundesgeschäftsstelle
Hans-Urmiller-Ring 24, 82515 Wolfratshausen
T: (08171) 1 01 82 **Fax:** 1 81 55
Präsident(in): Günter Löffler (Am Schloßberg 26, 82547 Eurasburg, T: (08179) 83 39, Telefax: (08179) 83 39)
Vizepräsident(in): Fritz Gerneth (Lessingstr. 17, 84513 Töging/Inn, T: (08631) 9 13 05)
Anton Haselbeck (Georg-Glötzel-Str. 50, 93354 Siegenburg, T: (09444) 12 73)
Otto Möginger (Heiglhofstr. 62, 81377 München, T: (089) 7 14 48 12)
Ltg. der Geschäftsstelle: Iris Rößler

u 2 740

Berliner Sängerbund
Bundesgeschäftsstelle
Eichendorffstr. 18, 10115 Berlin
T: (030) 2 82 21 29 **Fax:** 2 83 23 12
Präsident: Prof. Reinhard Stollreiter (Gärtnerstr. 12 b, 12207 Berlin, T: (030) 7 71 12 39, Fax: (030) 77 19 00 79)
Vizepräsidenten: Jürgen Kuhrt (Greizer Str. 20, 12279 Berlin, T: (030) 7 11 61 55)
Horst Fliegel (Fischerinsel 9, 10179 Berlin, T: (030) 2 01 32 13)

u 2 741

Fränkischer Sängerbund e.V.
Bundesgeschäftsstelle
Bahnhofstr. 30, 96450 Coburg
T: (09561) 9 44 99 **Fax:** 7 55 80
Präsident(in): Peter Jacobi (Gothaer Str. 21, 96487 Dörfles-Esbach, T: (09561) 6 63 63, Telefax: (09561) 5 41 42)
Vizepräsident(in): Walter O. Neumann (Am Roggenbühl 19, 90571 Schwaig, T: (0911) 5 07 56 57, Telefax: (0911) 5 07 55 27)
Elisabeth Liedl (Bräugasse 19, 92681 Erbendorf, T: (09682) 22 39, Telefax: (09642) 76 10)
Reiner Kehrstephan (Krapfenau 34, 91555 Feuchtwangen, T: (09856) 2 38, Telefax: (09852) 97 02)
Bundesgeschäftsführer(in): Günther Kraatz (Bahnhofstr. 30, 96450 Coburg, T: (09561) 9 44 99 + 3 99 91, Telefax: (09561) 7 55 80 + 3 37 41)

u 2 742

Chorverband Hamburg e.V.
Bundesgeschäftsstelle
Große Str. 57, 21465 Reinbek
T: (04104) 71 91 **Fax:** 96 15 31
Präsident(in): Gertrud Schüttler (Ltg. der Geschäftsstelle, Große Str. 57, 21465 Reinbek, T: (04104) 71 91)
Vizepräsident(in): Erich Schott (Zollenspieker Hauptdeich 106, 21037 Hamburg, T: (040) 7 23 06 24)

u 2 743

Hessischer Sängerbund e.V.
Bundesgeschäftsstelle
Heimatring 11, 60596 Frankfurt
T: (069) 6 31 35 51 **Fax:** 6 31 13 37
Präsident(in): Gerd Jürgen Raach (Gartenstr. 7, 35232 Dautphetal/Dautphe, T: (06421) 40 55 23, Telefax: (06421) 40 54 03)
Vizepräsident(in): Claus-Peter Blaschke (An der Kreuzwiese 8, 61440 Oberursel, T: (06171) 7 13 08)
Bernd Schmidt (Raiffeisenstr. 3, 35232 Dautphetal-Dautphe, T: (06466) 75 73, Fax: (06421) 40 54 03)
Geschäftsführer(in): Anna Dorita Kehrstephan (Bundesschatzmeisterin, Lilienthalerstr. 6, 63073 Offenbach, T: (069) 89 75 23, Telefax: (069) 6 31 13 37)

u 2 744

Maintal-Sängerbund 1858 e.V.
Bundesgeschäftsstelle
Schützenhausstr. 7, 97828 Marktheidenfeld
T: (09391) 75 33 **Fax:** 61 34
Präsident(in): Franz Knebel (Im Urnenfeld 26, 63920 Großheubach, T: (09371) 10 85)
Vizepräsident(in): Gertrud Lang (Hertzstr. 5, 63741 Aschaffenburg, T: (06021) 8 85 47)
Bundesgeschäftsführer(in): Heidemarie Schlund (Schützenhausstr. 7, 97828 Marktheidenfeld, T: (09391) 75 33, Telefax: (09391) 61 34)

u 2 745

Mitteldeutscher Sängerbund e.V., Kassel
Bundesgeschäftsstelle
Ulmenstr. 16, 34117 Kassel
T: (0561) 1 58 88 **Fax:** 10 75 67
Präsident(in): Friedrich Egert (Strother Str. 23a, 34497 Korbach, T: (05631) 6 67 89, gesch. 97 35 50, Fax: (05631) 9 73 55 22)
Vizepräsident(in): Rolf Mantel (Hellweg 14, 34292 Ahnatal, T: (05609) 24 65)
Hans-Hermann Spitzer (Wegelänge 4, 34305 Niedenstein, T: (05624) 85 72)
Geschäftsführer(in): Annelie Grebe (Blumenstr. 2, 34298 Helsa, T: (05605) 53 91)

u 2 746

Sängerbund Nordrhein-Westfalen e.V.
Bundesgeschäftsstelle
Gallenkampstr. 20, 47051 Duisburg
T: (0203) 28 46 21 **Fax:** 28 46 96
Präsident(in): Rolf Hauch (Holzstr. 9, 58239 Schwerte, T: (02304) 1 21 51)
Vizepräsident(in): Ulrich Buschkühler (Ekhofstr. 49, 45897 Gelsenkirchen, T: (0209) 5 88 01 und 5 88 02, Telefax: (0209) 58 23 84)
Hermann Otto (Wildweg 6, 57078 Siegen, T: (0271) 8 70 65 66 pr., Fax: (02762) 60 82 10 d.)
Annemarie Wilke (Höhenstr. 2b, 51381 Leverkusen, T: (02171) 5 19 29)

u 2 747
Chorverband Niedersachsen-Bremen e.V.
Bundesgeschäftsstelle
Postf. 102029, 28020 Bremen
Violenstr. 7, 28195 Bremen
T: (0421) 32 36 99 **Fax:** 32 05 56
Präsident(in): Wolfgang Fascher (Lerchenweg 14, 27374 Visselhövede, T: (04262) 46 12, Telefax: (04262) 44 79)
Vizepräsident(in): Gerd Lauing (Im Ring 19, 29342 Wienhausen, T: (05149) 9 20 54, Telefax: (05149) 9 20 56)
Hans-Jürgen Ollech (Bültenmoor 6, 29392 Wesendorf, T: (05376) 4 76, Fax: 4 76)
Friedel Markmeyer (Hölderlinstr. 9, 49090 Osnabrück, T: (0541) 9 10 95 40, Fax: 9 19 05 41)

u 2 748
Pfälzischer Sängerbund e.V.
Bundesgeschäftsstelle
Fichtenstr. 5, 76879 Essingen
T: (06347) 23 32 **Fax:** 73 07
Präsident(in): Hartmut Doppler (Fichtenstr. 5, 76879 Essingen, T: (06347) 23 32, Telefax: (06347) 73 07)
Vizepräsident(in): Klaus Kronibus (Ludwigstr. 9, 67677 Enkenbach-Alsenborn, T: (06303) 62 96)
Albrecht Gareis (Dresdener Str. 1, 76751 Jockgrim, T: (07271) 5 13 51, Telefax: (07271) 1 33 49 09)
Gudrun Scherrer (Am Rauhen Weg 9, 67722 Winnweiler, T: (06302) 31 79, Telefax: (06302) 98 33 55)

u 2 749
Sängerbund Rheinland-Pfalz e.V.
Bundesgeschäftsstelle
Postf. 20 43, 67510 Worms
Siegfriedstr. 20, 67547 Worms
T: (06241) 4 44 00 **Fax:** 4 44 94
Präsident(in): Klaus Herrmann (privat: Kleiner Riedweg 6, 67551 Worms, T: (06241) 31 16; geschäftlich: Siegfriedstr. 14, 67547 Worms, T: (06241) 47 01, Telefax: (06241) 42 72)
Vizepräsident(in): Werner Klein (Wiesenstr. 10, 56566 Neuwied, T: (02631) 4 71 07 (privat), (0261) 89 13 53 (dienstl.), Telefax: (0261) 89 16 26)
Elke Weinbrod (Ockenheimer Str. 109, 55411 Bingen, T: (06721) 1 49 17, Fax: 1 61 60)

u 2 750
Saar-Sängerbund
Bundesgeschäftsstelle
Schloßstr. 8, 66117 Saarbrücken
T: (0681) 58 51 41, 58 16 33 **Fax:** 5 84 99 69
Präsident(in): Hermann-Josef Hiery (Kornstr. 1, 66806 Ensdorf, T: (06831) 5 34 77)
Vizepräsident(in): Karl-Heinz Omlor (Promenadenweg 17, 66450 Bexbach, T: (06826) 79 69)
Manfred Grünbeck (Bezirksstr. 163, 66440 Blieskastel-Niederwürzbach, T: (06842) 73 61, dienstl. (06821) 10 04 23)

u 2 751
Sängerbund Schleswig-Holstein e.V.
Bundesgeschäftsstelle
Ulzburger Str. 375, 22846 Norderstedt
T: (040) 5 22 66 48 **Fax:** 5 22 66 48
Präsident(in): Hans Wiesen (Haidbergstr. 12, 24582 Bordesholm, T: (04322) 93 13)
Vizepräsident(in): Lothar Scheunemann (Im Winkel 18, 21439 Schwarzenbek, T: (04151) 24 59)
Rudolf Schulze (Hedenholz 49, 24113 Kiel, T: (0431) 68 72 14)
Bundesgeschäftsführer(in): Klaus Bankonin (Steindamm 9, 22844 Norderstedt, T: (040) 5 22 13 07)

u 2 752
Chorverband Bayerisch-Schwaben e.V.
Bundesgeschäftsstelle
Ebnerstr. 41, 86154 Augsburg
T: (0821) 41 42 90 **Fax:** 41 39 00
Präsident(in): Dieter Prinz (Köllespitzweg 12a, 87629 Füssen, T: (08362) 61 11 und 47 46, Telefax: (08362) 3 92 86)
Vizepräsident(in): Kurt Schnürch (Weizenstr. 16, 86199 Augsburg, T: (0821) 9 28 14)
Giselheid Weiser (Augsburger Str. 181, 89231 Neu-Ulm, T: (0731) 7 67 34)
Bundesgeschäftsführer(in): Walter Keinath (Ebnerstr. 41, 86154 Augsburg, T: (0821) 41 42 90, Telefax: (0821) 41 39 00)

u 2 753
Schwäbischer Sängerbund 1849 e.V.
Bundesgeschäftsstelle
Wagenburgstr. 115, 70186 Stuttgart
T: (0711) 46 36 81, 46 68 09 **Fax:** 48 74 73
Präsident(in): Prof. Dr. Theo Balle (Krummenackerstr. 68, 73733 Esslingen, T: (0711) 37 58 37)
Vizepräsident(in): Hans Herzinger (Stahlackerweg 38, 73275 Ohmden, T: (07023) 42 77)
Dr. Kurt Möhrle (Cäcilienbrunnenstr. 9, 74074 Heilbronn, T: (07131) 17 29 15)

u 2 754
Sudetendeutscher Sängerbund e.V.
Bundesgeschäftsstelle
c/o Horst Osthoff
Falkensteinstr. 7, 84030 Landshut
T: (0871) 7 83 93
Bundesvorsitzende(r): Horst Osthoff (Falkensteinstr. 7, 84030 Landshut, T: (0871) 7 83 93)
Stellv. Bundesvors.: N.N.
Bundesgeschäftsführer(in): N.N.

u 2 755
Deutsche Sängerschaft
Geschäftsstelle
c/o Werner Grütter
Scharpenbargsweg 1d, 21149 Hamburg
T: (040) 7 96 40 46
Verbandsvorsitzender: Dirk Papke (Elisabeth-Rodrian-Str. 7, 55590 Meisenheim, T: (06753) 31 94)

u 2 756
Sondershäuser Verband
Geschäftsstelle
c/o Uwe Schmidt
Rheinallee 16, 55118 Mainz
T: (06131) 67 18 79
Vorsitzende(r): Kai Hirdt (Heinrich-Bardt-Str. 5, 20146 Hamburg, T: (040) 41 35 63 83)

u 2 757
Chorverband Mecklenburg-Vorpommern e.V.
Geschäftsstelle
Warnowallee 23 Zimmer 603, 18107 Rostock
T: (0381) 7 68 06 01 **Fax:** 7 68 06 01
Präsident(in): Gerhard Faatz (Kopenhagener Str. 12, 18107 Rostock, T: (0381) 72 23 51)
Vizepräsident(in): Peter Garske (Landreiterstr. 20, 19055 Schwerin, T: (0385) 5 50 78 00)
Wolfgang Bartsch (Alt Stassow 4a, 18195 Grammow, T: (038205) 8 03 48)

u 2 758
Landeschorverband Sachsen-Anhalt e.V.
Geschäftsstelle: Schloßstr. 24, 06406 Bernburg, T: (03471) 65 92 61
Postanschrift:
Gröbziger Str. 55, 06406 Bernburg
T: (03471) 31 74 03 **Fax:** 31 74 03
Präsident(in): Günter Arlt (Gröbziger Str. 55, 06406 Bernburg, T: (03471) 31 74 03, Fax: (03471) 31 74 03)
Vizepräsident(in): Alfred Fischer (Am St. Georg 1b, 39638 Gardelegen, T: (03907) 31 10)
Dr. Rainer Niephagen (Jugendreferent, Bruckdorfer Str. 8, 06184 Zwintschöna, T: (0345) 5 80 04 68 (priv.), (034607) 2 02 56 (dienstl.))
Gerhard Gründling (GEMA-Bearbeiter, Elbstr. 5b, 06385 Aken, T: (034909) 8 21 20)

u 2 759
Chorverband Sachsen e.V.
Geschäftsstelle
Jupiterstr. 44, 04205 Leipzig
T: (0341) 4 21 01 10 **Fax:** 4 21 01 10
Präsident(in): Frank Hirsch (Bamberger Str. 13, 04207 Leipzig, T: (0341) 4 22 05 50)
Vizepräsident(in): Rolf Mickan (Kipsdorfer Str. 178, 01279 Dresden, T: (0351) 2 50 12 60)
Ekkehard Otto (Fritz-Heckert-Str. 13, 08060 Zwickau, T: (0375) 52 33 45)
Detlef Schneider (Georg-Schumann-Str. 110, 04155 Leipzig, T: (0341) 5 64 06 89)
Geschäftsführer(in): Helga Plesse (Schatzmeisterin, Jägerstr. 19, 01099 Dresden, T: (0351) 8 01 12 89)

u 2 760
Sächsischer Sängerbund e.V.
Geschäftsstelle
Großsedlitzer Weg 27, 01257 Dresden
T: (0351) 2 01 94 11
Präsident(in): Wolfgang Wehmann (Augustusweg 54a, 01415 Radebeul, T: (0351) 8 36 32 41)
Vizepräsident(in): Peter Schmidt (Aug.-Bebel-Str. 38, 01468 Reichenberg, T: (0351) 8 30 54 58)
Geschäftsführer(in): Dieter Türk (Großsedlitzer Weg 27, 01257 Dresden, T: (0351) 2 01 94 11)

u 2 761
Thüringer Sängerbund e.V.
Bundesgeschäftsstelle
Schloßstr. 1, 07545 Gera
T: (0365) 7 10 67 26 **Fax:** 7 10 67 27
Präsident(in): Christoph Berger (Die Selige 11, 07586 Kraftsdorf, T: (0365) 81 36 83)
Vizepräsident(in): Hans Pfeifer (Veilsdorfer Str. 64, 98669 Schackendorf, T: (03685) 68 25 04)
Lothar Nolte (Ferdinand-Schlufter-Str. 14, 99706 Sondershausen, T: (03632) 78 33 22)

u 2 762
Brandenburgischer Chorverband e.V. (BCV)
Landesgeschäftsstelle
Postf. 13 20, 03232 Finsterwalde
T: (03531) 31 16 **Fax:** 31 16
Präsident(in): Peter Rose (Lange Str. 46, 03238 Finsterwalde, T: (03531) 70 37 07)
Vizepräsident(in): Vera Schmidt (Aus- und Weiterbildung, Wohnpark Str. 115, 03055 Cottbus, T: (0355) 87 32 23)
Karl-Heinz Paula (Jugendreferent, Kruggasse 35, 15898 Neuzelle, T: (033652) 62 84)
Horst Sauerwald (Öffentlichkeitsarbeit, Bahnhofstr. 32, 15755 Töpchin, T: (033769) 5 05 99)

• **U 2 763**
Deutscher Allgemeiner Sängerbund e.V. (DAS)
Postf. 15 04 23, 44344 Dortmund
Paul-Gerhardt-Str. 34, 44359 Dortmund
T: (0231) 33 33 52 **Fax:** 33 65 58
Internet: http://www.das-bund.de
E-Mail: fritz.neuhaus@01019freenet.de
Gründung: 1947
Präsident(in): Fritz Neuhaus (Postf. 15 04 23, 44344 Dortmund)
Vizepräsident(in): Wolfgang Schröfel (Leuningerstr. 67, 30457 Hannover)
2. Vizepräs.: Heinz Pietsch (Meseberger Str. 28, 39326 Wolmirstedt)
Leitung Presseabteilung: Volker Christiansen (Mühlhauser Gellweg 5b, 59425 Unna-Mühlhausen, T: (02303) 94 39 39, Fax: (02303) 94 39 40)
Verbandszeitschrift: "Der Chor"
Redaktion: Volker Christiansen, Mühlhauser Hellweg 5b, 59425 Unna-Mühlhausen, T: (02303) 94 39 39, Fax: (02303) 94 39 40
Verlag: DAS
Mitglieder: 70000
Mitarbeiter: 3
Jahresetat: DM 0,07 Mio, € 0,04 Mio

• **U 2 764**
Chorjugend im Deutschen Sängerbund e.V.
Postf. 51 06 28, 50942 Köln
Bernhardstr. 166, 50968 Köln
T: (0221) 9 34 99 89 **Fax:** 9 34 99 92
Internet: http://www.saengerbund.de/jugend.htm
E-Mail: chorjugend@saengerbund.de
Gründung: 1995
Vorstand: Werner Mattern (Vorsitzender)
Gerhard Werz (stv. Vorsitzender)
Hermann Olberding (stv. Vorsitzender)
Ulrich Buschkühler (Schatzmeister)
Karl Zepnik (Jugendchorleiter)
Michael Brose (Schriftführer)
Rudolf Rolli (Referat Jugendpflege)
Konstantin Rözel (Referat Öffentlichkeitsarbeit)
Hermann Sorg (Referat Kooperationen)
Mitglieder: 112000
Jugendorganisation des Deutschen Sängerbundes

• **U 2 765**
Christlicher Sängerbund e.V.
Westfalenweg 207, 42111 Wuppertal
T: (0202) 75 06 33 **Fax:** 75 53 04
Gründung: 1879 (31. August)
BundesObmann: Günter Balders
Geschäftsführer(in): Holger Würth
Leitung Presseabteilung: Siegfried Nitsch
Verbandszeitschrift: CS-journal
Redaktion: Max Köhler
Verlag: Verlag Singende Gemeinde, Westfalenweg 207, 42111 Wuppertal
Mitglieder: 13000
Mitarbeiter: 5
Jahresetat: DM 0,5 Mio, € 0,26 Mio

• **U 2 766**
Evangelischer Sängerbund e.V. (ESB)
Bremer Str. 2, 42109 Wuppertal
T: (0202) 75 24 40 **Fax:** 75 44 67
E-Mail: esb.wuppertal@t-online.de
Gründung: 1898 (11. Juli)
Vorsitzende(r): Rudolf Steege
Stellvertretende(r) Vorsitzende(r): Walter Trauernicht
Ansprechpartner: Reinhold Weber (Ltg. Presseabt.)
Verbandszeitschrift: Singt dem Herrn

Redaktion: Reinhold Weber
Mitglieder: ca. 10000
Mitarbeiter: 5

• U 2 767

Deutsche Akademie des Tanzes e.V.
Gleißbühlstr. 12, 90402 Nürnberg
T: (0911) 9 92 39 99 **Fax:** 46 85 84
Gründung: 1987
Präsident(in): Prof. Heinz Manniegel
Vizepräsident(in): Gisela Peters-Rohse
Geschf. u. Ltg. Presseabt.: Raymund Maurin
Verbandszeitschrift: assemble
Mitglieder: 100

• U 2 768

Deutsche Gesellschaft für Volkstanz e.V.
Corneliusstr. 2, 72581 Dettingen
T: (07123) 76 55 **Fax:** 76 55
Internet: http://home.t-online.de/home/d-g-v/
Gründung: 1953
Vorsitzende(r): Gerhard Palmer, Dettingen
Stellvertretende(r) Vorsitzende(r): Wolfgang Preuß (Leitung Presseabteilung), Buchholz
Geschäftsführer(in): Anni Herrmann (Paul-Lincke-Ufer 25, 10999 Berlin, T: (030) 6 11 60 47, Fax: (030) 6 12 77 76)
Stellvertretende(r) Geschäftsführer(in): Edgar Leidig (Knüllweg 5, 34134 Kassel)
Verbandszeitschrift: Volkstanz
Redaktion: Wolfgang Preuß
Verlag: Selbstverlag: DGV, Wolfgang Preuß, Habichtweg 9, 21244 Buchholz
Mitglieder: 442 (12 Landesverbände, 165 Gruppen, 265 persönliche Mitglieder)
Mitarbeiter: 13 ehrenamtliche Helfer

• U 2 769

Musik- und Tanztherapie e.V. Forschungsstelle für Musik- und Tanztherapie (MTT)
Von-Esmarch-Str. 111, 48149 Münster
T: (0251) 86 15 00 **Fax:** 86 64 88
Internet: http://www.musiktherapie-tanztherapie.de
E-Mail: hoermann@muenster.de
Gründung: 1984
Präsident(in): Univ.-Prof. Dr. Dr. Karl Hörmann (Ltg. Presseabt.)
Vizepräsident(in): Chefarzt Dr.med. Rudolf Burkhardt
Verbandszeitschrift: Musik-, Tanz- und Kunsttherapie
Redaktion: Prof. Dr. Dr. Karl Hörmann
Verlag: Verlag f. Angewandte Psychologie Dr. Hogrefe, Postf. 37 51, 37085 Göttingen
Mitglieder: 300
Mitarbeiter: 4

• U 2 770

Internationale Organisation für Volkskunst e.V. Deutschland
Erbastr. 6, 70736 Fellbach
T: (0711) 51 90 95 **Fax:** 5 17 45 45
Präsident(in): Dipl.-Ing. (FH) Hans-Jörg Brenner

• U 2 771

Deutscher Kulturrat
Weberstr. 59a, 53113 Bonn
T: (0228) 2 01 35-0 **Fax:** 2 01 35-21
Internet: http://www.kulturrat.de
E-Mail: post@kulturrat.de
Büro Berlin:
Burgstr. 27, 10178 Berlin, T: (030) 24 72 80 14, Fax: 24 72 12 45
Gründung: 1982 (19. November)
Vorsitzende(r): Prof. Dr. Franz Müller-Heuser
Stellvertretende(r) Vorsitzende(r): Heinrich Bleicher-Nagelsmann
Bogislav von Wentzel
Geschäftsführer(in): Olaf Zimmermann
Mitglieder: 8 Sektionen mit 221 Mitgliedsorganisationen; 9 Mio. Einzelmitglieder
Mitarbeiter: 5

• U 2 772

Arbeitskreis Kulturstatistik e.V. (ARKStat)
c/o Haus der Kultur
Weberstr. 59, 53113 Bonn
T: (0228) 9 14 08-27 **Fax:** 9 14 08-28
Internet: http://www.kulturpolitik.de
E-Mail: arkstat@kulturpolitik.de
Gründung: 1990
Vorsitzende(r): Michael Söndermann
1. Stellv. Vors.: Margot Wallscheid
2. Stellv. Vors.: Dr. Josef Eckhardt
Verbandszeitschrift: KulturStatistik
Verlag: Eigenverlag ARKStat
Mitglieder: 36 Einzelfachleute, Organisationen, Institutionen

• U 2 773

Goethe-Institut zur Pflege der deutschen Sprache im Ausland und zur Förderung der internationalen kulturellen Zusammenarbeit e.V.
Zentralverwaltung
Besucheradresse: Dachauer Str. 122
Postf. 19 04 19, 80604 München
T: (089) 1 59 21-0 **Fax:** 1 59 21-4 50
Internet: http://www.goethe.de
E-Mail: zv@goethe.de
Gründung: 1951
Präsident(in): Prof. Dr.h.c.mult. Hilmar Hoffmann
Vors.:
Generalsekretär(in): Dr. Joachim Sartorius
Stellv. Generalsekr: Ulrich Braeß
Martin Schumacher
Ltg. Pressereferat: Dr. Berthold Franke
Mitarbeiter: ca. 3600
Publikationen des Goethe-Instituts: Jahrbuch; „GI-aktuell", „Willkommen", Rechtliche Grundlagen, Grundsatzpapier, Adressenverzeichnis, Durchblick
über 127 Kulturinstitute in 75 Ländern.
An 15 Instituten in Deutschland Sprachkurse Deutsch als Fremdsprache, Fachsprache Wirtschaft u.a. Auskunft: Rudolf de Baey, T: (089) 1 59 21-5 08

u 2 774

Goethe-Institut Berlin
Neue Schönhauser Str. 20, 10178 Berlin
T: (030) 2 59 06-3 **Fax:** 2 59 06-400
E-Mail: berlin@goethe.de
Leitung: Franz Xaver Augustin

u 2 775

Goethe-Institut Bonn
Friedrich-Ebert-Str. 11, 53177 Bonn
T: (0228) 9 57 56-0 **Fax:** 9 57 56-23
E-Mail: bonn@goethe.de
Leiterin: Dr. Brigitte Kaiser-Derenthal

u 2 776

Goethe-Institut Bremen
Fedelhören 78, 28203 Bremen
T: (0421) 36 08 10 **Fax:** 32 52 42
E-Mail: bremen@goethe.de
Leitung: Volker Marwitz

u 2 777

Goethe-Institut Dresden
Königsbrücker Str. 84, 01099 Dresden
T: (0351) 80 01 10 **Fax:** 8 00 11 10
Leitung: Rita Sachse-Toussaint

u 2 778

Goethe-Institut Düsseldorf
Postf. 10 26 03, 40017 Düsseldorf
Willi-Becker-Allee 10, 40227 Düsseldorf
T: (0211) 99 29 90 **Fax:** 77 10 84
E-Mail: duesseldorf@goethe.de
Leitung: Reinhard Maiworm

u 2 779

Goethe-Institut Frankfurt
Diesterwegplatz 72, 60594 Frankfurt
T: (069) 9 61 22 70 **Fax:** 9 62 03 95
E-Mail: frankfurt@goethe.de
Leitung: Dr. Karl-Heinz Gaertner

u 2 780

Goethe-Institut Freiburg
Wilhelmstr. 17, 79098 Freiburg
T: (0761) 38 67 10 **Fax:** 3 86 71 15
E-Mail: freiburg@goethe.de
Leitung: Dr. Volker Hartmann

u 2 781

Goethe-Institut Göttingen
Fridtjof-Nansen-Haus
Merkelstr. 4, 37085 Göttingen
T: (0551) 54 74 40 **Fax:** 5 47 44 44
E-Mail: goettingen@goethe.de
Leitung: Dr. Rolf-Burkhard Klieme

u 2 782

Goethe-Institut Mannheim
Steubenstr. 44, 68163 Mannheim
T: (0621) 83 38 50 **Fax:** 8 33 85 55
E-Mail: mannheim@goethe.de
Leitung: Eckehart Vogt
Günter Kipfmüller (ab 01.09.2000)

u 2 783

Goethe-Institut München
Sonnenstr. 25, 80331 München
T: (089) 5 51 90 30 **Fax:** 55 19 03 35
E-Mail: muenchen@goethe.de
Leitung: Karl Pechatschek

u 2 784

Goethe-Institut München
Goethestr. 20, 80336 München
T: (089) 55 19 03 40 **Fax:** 55 19 03 45
E-Mail: goethestrasse@goethe.de
Leitung: Constanze Kirmse

u 2 785

Goethe-Institut Murnau
Seidlstr. 17, 82418 Murnau
T: (08841) 6 19 30 **Fax:** 61 93 20
E-Mail: murnau@goethe.de
Leitung: Claudia Volkmar-Clark

u 2 786

Goethe-Institut Prien
Goethestr. 1, 83209 Prien
T: (08051) 25 74 **Fax:** 6 16 25
E-Mail: prien@goethe.de
Leitung: Heidegert Hoesch (M.A.)

u 2 787

Goethe-Institut Rothenburg
Herrngasse 17, 91541 Rothenburg
T: (09861) 50 21 **Fax:** 8 64 18
E-Mail: rothenburg@goethe.de
Leitung: Dr. Andreas Pauldrach

u 2 788

Goethe-Institut Schwäbisch Hall
Am Spitalbach 8, 74523 Schwäbisch Hall
T: (0791) 9 78 87-0 **Fax:** 9 78 87-77
E-Mail: schwaebisch-hall@goethe.de
Leitung: Wolfgang Schwarzkopf

u 2 789

Goethe-Institut Weimar
Ackerwand 25-27, 99423 Weimar
T: (03643) 8 67 20 **Fax:** 86 72 23
Leitung: Rita Sachse-Toussaint

Kulturinstitute im Ausland

Äthiopien

u 2 790

Goethe-Institut Addis Abeba
German Cultural Institute
Postf. 11 93, ETH-Addis Abeba
Zone 5, Higher 13, Kebele 9, House No. 1169/8-25
T: (002511) 55 28 88, 552110 **Fax:** 55 12 99
TGR: Germancult
E-Mail: gci@telecom.net.et
Leiterin: Dr. Rotraud Selinger

Algerien

u 2 791

Goethe-Institut Algier
Centre Culturel Allemand
165, rue Sfindja, DZ-Algier
T: (00213) 2 74 20 59, 2 74 20 73 **Fax:** 2 74 44 27
TGR: Goetheinstitut
- vorläufig stillgelegt

Arabische Republik Ägypten

u 2 792

Goethe-Institut Kairo/Alexandria
Postf. 7/ Mohd. Farid, ET-11518 Kairo
5, Sharia Abdel Salam Aref, ET-11518 Kairo
T: (00202) 5 75 98 77, 577 94 79 **Fax:** 577 11 40
E-Mail: gipg@mail.rite.com

u 2 793

Goethe-Institut Kairo/Alexandria
Deutsches Kulturinstitut
10, rue des Ptolémées, ET-Alexandria
T: (00203) 4 83 98 70, 4 84 10 37 **Fax:** 4 83 48 52
Leiter(in): Dr. Bernd Pirrung

Argentinien

u 2 794

Goethe-Institut Buenos Aires
Avenida Corrientes 319, RA-1043 Buenos Aires
T: (005411) 43 11 89 64-8 **Fax:** 43 15 33 27
E-Mail: admin@buenosaires.goethe.org
Leitung: Rudolf Barth

u 2 795

Goethe-Institut Córdoba
Bv. Pte. Arturo Umberto Illia 356, RA-5000 Córdoba
T: (0054351) 4 24 43 58 **Fax:** 4 24 35 52
E-Mail: goethcor@agora.com.ar
Leitung: Christoph Bertrams

Australien

u 2 796

Goethe-Institut Melbourne
448 St. Kilda Road, AUS-Melbourne Vic. 3004
T: (00613) 98 64 89 99 **Fax:** 98 64 89 88
E-Mail: pfranz@goethe.edu.au
Leitung: Dr. Ralf Eppeneder

u 2 797

Goethe-Institut Sydney
Postf. 37, AUS-Woollahra, N.S.W. 2025
90, Ocean Street, AUS-Woollahra, N.S.W. 2025
T: (00612) 93 28 74 11 **Fax:** 93 26 13 23
E-Mail: gi-syd@goethe.org.au
Leitung: Dr. Roland Goll

Bangladesh

u 2 798

Goethe-Institut Dhaka
German Cultural Centre
Postf. 9 03, BD-Dhaka 1000
Road No.9 (new), House No. 10, BD-Dhaka 1000
T: (008802) 8 11 07 12 **Fax:** 81 07 12
E-Mail: gidhaka@bol-online.com
Leitung: Dr. Markus Litz

Belgien

u 2 799

Goethe-Institut Brüssel
58, rue Belliard straat, B-1040 Brüssel
T: (00322) 2 30 39 70 **Fax:** 2 30 77 25
E-Mail: goethe.libary@euronet.be
Leitung: Margareta Hauschild

Bolivien

u 2 800

Goethe-Institut La Paz
Instituto Cultural Boliviano Alemán
Av. 6 de Agosto 2118
Carilla 2195, BOL-La Paz
T: (005912) 37 44 53, 37 44 54 **Fax:** 39 13 69
E-Mail: goethe@caoba.entelnet.bo
Leitung: Peter Panes

Bosnien-Herzigowina

u 2 801

Goethe Institut Sarajewo
Gründungsbüro
P.A.: Botschaft der Bundesrepublik Deutschland
Ul. Bukabb, BA-71000 Sarajewo
T: (00387) 71 65 19 97
Leiter(in): Carmen Scher

Brasilien

u 2 802

Goethe-Institut Curitiba
Instituto Cultural Brasileiro-Germânico
Postf. 1285, BR-80001-970 Curitiba PR
Rua Reinaldino s. de Quadros, 33, BR-80050-030 Curitiba PR
T: (005541) 2 62 82 44 **Fax:** 2 62 95 43
TGR: Brasgerm-Curitiba
E-Mail: goethebiblioteca@mps.com.br
Leitung: Franz Buchetmann

u 2 803

Goethe-Institut Porto Alegre
Instituto Cultural Brasileiro-Alemão
Postf. 25 11, BR-90001-970 Porto Alegre
Rua 24 de Outubro 112, BR-90510-000 Porto Alegre-RS
T: (005551) 2 22 78 32, 2 22 79 67 **Fax:** 2 22 33 54
E-Mail: ilgipoa@portoweb.com.br
Leitung: Nicolai Petersen

u 2 804

Goethe-Institut Rio de Janeiro
Instituto Cultural Brasil Alemanha
Postf. 2 45, BR-20001-970 Rio de Janeiro RJ
Av. Graça Aranha 416/9°, BR-20030-001 Rio de Janeiro RJ
T: (005521) 5 33 48 62 **Fax:** 5 33 70 92
E-Mail: goetherio@easyline.com.br
Leitung: Dr. Klaus Vetter

u 2 805

Goethe-Institut Salvador-Bahia
Instituto Cultural Brasil-Alemanha
Postf. 7 56, BR-40001-970 Salvador-Bahia
Av. Sete de Setembro 1809, BR-40080-002 Salvador-Bahia
T: (005571) 3 37 01 20 **Fax:** 3 37 47 43
E-Mail: icba@bahianet.com.br
Leitung: Peter Anders

u 2 806

Goethe-Institut São Paulo
Centro Cultural Brasil-Alemanha
Postf. 4 16 70, BR-05422-970 São Paulo-SP
Rua Lisboa 974, BR-05413-001 São Paulo-SP
T: (005511) 2 80 42 88 **Fax:** 30 60 84 13
E-Mail: biblgisp@uol.com.br
Leitung: Dr. Bruno Fischli

Bulgarien

u 2 807

Goethe-Institut Sofia
U1. Ljuben Karaweloff 72, BG-1000 Sofia
T: (003592) 9 63 04 37, 9 63 08 17 **Fax:** 9 63 00 85
E-Mail: gisofprog@mbox.digsys.bg
Leitung: Clemens-Peter Haase (M.A.)

Chile

u 2 808

Goethe-Institut Santiago de Chile
Instituto Chileno-Alemán de Cultura
Postf. 10 50, RCH-Santiago de Chile
Calle Esmeralda 650, RCH-Santiago de Chile
T: (00562) 6 38 31 85 **Fax:** 6 33 43 85
E-Mail: adm@goethe.cl
Leitung: Dr. Hartmut Becher

China

u 2 809

Goethe-Institut Hongkong
German Cultural Centre, Arts Centre 14th Floor
Postf. 55 31, HK-Hongkong
2, Harbour Road Wanchai, HK-Hongkong
T: (00852) 28 02 00 88 **Fax:** 28 02 43 63
E-Mail: info@hongkong.goethe.org
Leitung: Dr. Ulrich Sacker
Jürgen Keil (ab 01.08.2000)

u 2 810

Goethe-Institut Peking
Beijing Foreign Studies University
Weigong Cun LU
Postf. 89 36-47, CN-100089 Beijing
Leitung: Markus Wernhard

Côte d'Ivoire

u 2 811

Goethe-Institut Abidjan
Centre Culturel Allemand
Postf. 982, CI-Abidjan 08
Avenue Jean Mermoz, CI-Abidjan 08
T: (0022522) 44 14 22, 486555 **Fax:** 44 15 17
E-Mail: abidjan-il@aviso.ci
Leiterin: Ute Grauerholz

Dänemark

u 2 812

Goethe-Institut Kopenhagen
Nørre Voldgade 106, DK-1358 København K
T: (004533) 36 64 64 **Fax:** 36 64 61
E-Mail: goethe@inet.uni2.dk
Leitung: Dr. Christoph Bartmann

Estland

u 2 813

Deutsches Kulturinstitut/Goethe-Institut Tallinn
Suurtüki 4b, EW-10133 Tallinn
T: (00372) 6 27 69 60 **Fax:** 6 27 69 62
E-Mail: goethe@online.ee, dki.gi@online.ee
Leiter(in): Mikko Fritze

Finnland

u 2 814

Goethe-Institut Helsinki
Mannerheimintie 20 A, FIN-00100 Helsinki
T: (003589) 68 03 55-0 **Fax:** 60 43 77
E-Mail: leiter@goethe.kaapeli.fi
Leitung: Eike Fuhrmann

Frankreich

u 2 815

Goethe-Institut Bordeaux
Centre Culturel Allemand
35, cours de Verdun, F-33000 Bordeaux
T: (00335) 56 48 42 60 **Fax:** 56 48 42 61
E-Mail: goethebxl@easynet.fr
Leitung: Jochen Neuberger

u 2 816

Goethe-Institut Lille
Centre Culturel Allemand
98, rue des Stations, F-59800 Lille
T: (00333) 20 57 02 44 **Fax:** 20 42 81 45
E-Mail: goetheli@easynet.fr
Leitung: Klaus Schindler

u 2 817

Goethe-Institut Lyon
Centre Culturel Allemand
18, rue François Dauphin, F-69002 Lyon
T: (00334) 72 77 08 88 **Fax:** 72 40 91 55
E-Mail: goethelyon@easynet.fr
Leitung: Dr. Dietrich Sturm

u 2 818

Goethe-Institut Nancy
Centre Culturel Allemand
39, rue de la Ravinelle, F-54052 Nancy Cedex
T: (00333) 83 35 44 36 **Fax:** 83 32 43 45
E-Mail: ginaprog@easynet.fr
Leitung: Dr. Dieter Kirsch

u 2 819

Außenstelle des Goethe-Instituts Nancy
Centre detud des Langues Colmar
4, rue du Rhin, F-68000 Colmar
T: (00333) 20 22 00, 89 20 22 05 **Fax:** 89 41 57 78

u 2 820

Außenstelle des Goethe Instituts Nancy
Pole Formation CCI
Delegation du Goethe-Institut Nancy a Strasbourg
234, avenue de Colmar-BP 267, F-67021 Strasbourg Cédex 1
T: (00333) 88 43 08 00 **Fax:** 88 43 08 35
Dr. Erika Demenet

u 2 821

Goethe-Institut Paris
Centre Culturel Allemand
17, Avenue d'Iéna, F-75116 Paris
T: (00331) 44 43 92 32 **Fax:** 44 43 92 72
E-Mail: kultur@paris.goethe.org
Leitung: Dr. Dieter Strauss

u 2 822

Goethe-Institut Toulouse
Centre Culturel Allemand
6 bis, rue Clémence Isaure, F-31000 Toulouse

T: (00335) 61 23 08 34 **Fax:** 61 21 16 66
E-Mail: gitlinfo@easynet.fr
Leitung: Dr. Peter Müller

Georgien

u 2 823

Goethe-Institut Tiflis
P.A.: Auswärtiges Amt, Kurierdienst, 11013 Berlin
Sandukeli Str. 16, GE-Tbilissi 380008
T: (0099532) 93 89 45 **Fax:** 93 89 45
E-Mail: goethe@iberiapac.ge
Leitung: Dr. Peter Höschele
Ilse Heinle (ab 01.09.2000)

Ghana

u 2 824

Goethe-Institut Accra
German Cultural Centre
Ring Road Ext. South, off Danquah Circle
Postf. 3196, GH-Accra
T: (0023321) 77 67 64 **Fax:** 77 97 70
E-Mail: goetheil@ncs.com.gh
Leitung: Dr. Petra Raymond

Griechenland

u 2 825

Goethe-Institut Athen
Postf. 3 03 83, GR-10033 Athen
Omirou St. 14-16, GR-10033 Athen
T: (00301) 3 60 81 11/14 **Fax:** 3 64 35 18
E-Mail: verw@athen.goethe.org
Leitung: Horst Deinwallner

u 2 826

Goethe-Institut Thessaloniki
Postf. 1 02 68, GR-54110 Thessaloniki
Leoforos Nikis 15, GR-54623 Thessaloniki
Leitung: Dagmar Junghänel
Dr. Johannes Dahl

Großbritannien

u 2 827

Goethe-Institut Glasgow
The German Cultural Institute in Scotland
3, Park Circus, GB-Glasgow G3 6AX
T: (0044141) 3 32 25 55 **Fax:** 3 33 16 30
E-Mail: goetheglasgow@cqm.co.uk
Leitung: Susanne Abegg

u 2 828

Goethe-Institut London
50, Princes Gate-Exhibition Rd., GB-London SW7 2PH
T: (0044207) 5 96 40 00 **Fax:** 5 94 02 40
E-Mail: mail@london.goethe.org
Leitung: Albert Wassener
Dr. Ulrich Sacker (ab 01.08.2000)

u 2 829

Goethe-Institut Manchester
Fourth Floor, Churchgate House
56 Oxford Street, GB-Manchester M 1 6EU
T: (0044161) 2 37 10 77 **Fax:** 2 37 10 79
E-Mail: goethemanverw@dial.pipex.com
Leitung: Dr. Wolfgang Kort

Indien

u 2 830

Goethe-Institut Bangalore
Max Mueller Bhavan
Indo-German Cultural Centre
Postf. 50 58, IND-Bangalore-560001
3, Lavelle Road, IND-Bangalore-560001
T: (009180) 2 27 54 64, 2 21 54 35 **Fax:** 2 21 52 55
E-Mail: gi.bang@mmb.sprintrpg.ems.vsnl.net.in
Leitung: Dr. Rudolf Bartsch

u 2 831

Goethe-Institut Bombay
Max Mueller Bhavan
Prince of Wales Museum Annexe
Off Mahatma Gandhi Road, IND-Bombay-400001
T: (009122) 2 02 77 10, 2 02 20 85, 2 02 75 42
Fax: 2 87 38 26
E-Mail: gi.bombay@mmb.sprintrpg.ems.vsnl.net.in
Leitung: Dr. Inge Anna Winterberg (bis 31.07.2000)

u 2 832

Goethe-Institut Kalkutta
Max Mueller Bhavan
8, Pramatesh Barua Sarani, IND-Calcutta-700019
T: (009133) 4 75 93 98, 4 75 94 24 **Fax:** 4 74 71 88
E-Mail: gi.cal@mmb.sprintrpg.ems.vsnl.net.in
Leiterin: Ingrid Maria Keimel-Metz

u 2 833

Goethe-Institut Chennai (Madras)
Max Mueller Bhavan
13 Khader Nawaz Khan Road Off Nungambakkam High Road, IND-Chennai (Madras) 600006
T: (009144) 8 26 13 14, 8 26 23 43 **Fax:** 8 28 25 65
E-Mail: gimadras@vsnl.com
Leiterin: Dr. Eleonore Rahimi-Laridjani

u 2 834

Goethe-Institut New Delhi
Max Mueller Bhavan
3, Kasturba Gandhi Marg, IND-New Delhi-110001
T: (009111) 3 32 95 06, 3 32 96 04 **Fax:** 3 32 55 34, 3 72 25 73
E-Mail: gi.delhi@mmb.sprintrpg.ems.vsnl.net.in
Leitung: Tilmann Waldraff

u 2 835

Goethe-Institut Poona (Pune)
Max Mueller Bhavan
14/3 Boat Club Road, IND-Poona (Pune) 411001
T: (0091020) 62 49 45, 62 10 42 **Fax:** 62 05 42
E-Mail: gipune.verw@sm1.sprintrpg.ems.vsnl.net.in
Leiterin: Sabine Erlenwein

Indonesien

u 2 836

Außenstelle des Goethe-Instituts Jakarta
Pusat Kebudayaan Jerman
Jalan Martadinata 48, RI-Bandung 40115
T: (006222) 4 23 64 40 **Fax:** 4 20 40 41
E-Mail: goethebd@melsa.net.id
Leitung: Dr. Volker Wolf

u 2 837

Goethe-Institut Jakarta
Pusat Kebudayaan Jerman
Postf. 10 30 Jat., RI-Jakarta 13010
Jalan Matraman Raya 23, RI-Jakarta 13140
T: (006221) 8 50 91 32 **Fax:** 8 58 32 38, 8 51 10 34
E-Mail: goethebi@rad.net.id
Leitung: Dr. Peter Bumke

Irland

u 2 838

Goethe-Institut Dublin
German Institute
37 Merrion Square, IRL-Dublin 2
T: (003531) 6 61 11 55, 6 02 02 44 **Fax:** 6 61 13 58
E-Mail: admin@goethe.iol.ie
Leitung: Reinhard Schmidt-Supprian
Dr. Inge Anna Winterberg (ab 01.08.2000)

Israel

u 2 839

Goethe-Institut Jerusalem
German Cultural Center
Sokolov St. 15, IL-92144 Jerusalem
T: (009722) 5 61 06 27, 5 63 26 54 **Fax:** 5 61 84 31
E-Mail: goetheje@actcom.co.il
Leitung: Dr. Christiane Günther

u 2 840

Goethe-Institut Tel Aviv
German Cultural Center
Asia House
Postf. 3 36 91, IL-Tel Aviv-61336
4, Weizmann St., IL-Tel Aviv-61336
T: (009723) 6 91 72 66 **Fax:** 6 95 57 99
E-Mail: goethev@actcom.co.il
Leitung: Hans-Jürgen Nagel

Italien

u 2 841

Goethe-Institut Genova
Centro Culturale Tedesco
Via Peschiera 35, I-16122 Genua
T: (0039010) 8 39 87 68 **Fax:** 8 39 88 10
E-Mail: gegoetv@ge.itline.it
Leitung: Hans Friedrich Schuckall

u 2 842

Goethe-Institut Milano
Centro Culturale Tedesco
Via San Paolo 10, I-20121 Mailand
T: (003902) 76 00 55 71 **Fax:** 76 00 91 86
E-Mail: goethe.mailand.bibl@agora.stm.it
Leitung: Dr. Kajo Niggestich

u 2 843

Goethe-Institut Napoli
Riviera di Chiaia 202, I-80121 Neapel
T: (0039081) 41 19 23, 41 39 43 **Fax:** 42 67 64
E-Mail: goethe.inst.na@agora.stm.it
Leitung: Dr. Reinhard Dinkelmeyer

u 2 844

Goethe-Institut Palermo
Centro Culturale Tedesco
Via G.B. Vaccarini 1, I-90143 Palermo
T: (0039091) 30 27 52/99 **Fax:** 6 25 42 27
E-Mail: goethebib@neomedia.it
Leitung: Britta Graf de Anwandter

u 2 845

Goethe-Institut Roma
Centro Culturale Tedesco
Via Savoia 15, I-00198 Rom
T: (003906) 84 40 05/1 **Fax:** 8 41 16 28
E-Mail: me1602@mclink.it
Leitung: Dr. Elmar Brandt (bis 1.7.2000)

u 2 846

Goethe-Institut Torino
Centro Culturale Tedesco
Piazza San Carlo 206, I-10121 Torino
T: (0039011) 5 62 88 10, 5 62 85 92 **Fax:** 53 95 49
E-Mail: goethe@inrete.it
Leitung: Dr. Heribert Uschtrin

u 2 847

Goethe-Institut Trieste
Centro Culturale Tedesco
Via del Coroneo 15, I-34133 Trieste
T: (0039040) 63 57 63 **Fax:** 36 63 09
E-Mail: goethets@spin.it
Leitung: Uwe Mohr

Japan

u 2 848

Goethe-Institut Kansai (Kyoto)
Doitsu Bunka Center
J-Kansai (Kyoto/Osaka)
Sakyo-ku, Yoshida
Kawahara-cho 19-3, J-606-8305 Kyoto
T: (008175) 7 61 21 88 **Fax:** 7 52 91 33
E-Mail: gikyo w@mbox.kyoto-inet.or.jp

u 2 849

Goethe-Institut Kansai (Osaka)
Doitsu Bunka Center
Garden Six 5th Fl.
Umeda Sky Bldg.
1-1-93-500, Oyodo-naka Kita-ku, J-531-6065 Osaka
T: (00816) 64 40 59 00 **Fax:** 64 40 59 01
E-Mail: verw@osaka.goethe.org
Leitung: Dr. Manfred Ott

u 2 850

Goethe-Institut Tokyo
Doitsu Bunka Kaikan
7-5-56 Akasaka, Minato-ku, J-Tokio 107
T: (00813) 35 84 32 01 **Fax:** 35 86 30 69
E-Mail: 012@tokyo.goethe.org
Leitung: Dr. Heinz-Hugo Becker
Dr. Uwe Nitschke (ab 01.10.2000)

Jordanien

u 2 851

Goethe-Institut Amman
Deutsches Kulturinstitut
Postf. 16 76, JOR-Amman
5, Abdel Mun'im al Rifai St., JOR-Jabal Amman
T: (009626) 4 64 19 93, 4 64 92 70 **Fax:** 4 61 23 83
E-Mail: giammvw@go.com.jo
Leitung: Dr. Wolfgang Ule

Jugoslawien (Bundesrepublik)

u 2 852

Goethe-Institut Beograd
Knez Mihailova 50, Postanski pregradak 491, YU-11001 Belgrad
T: (0038111) 62 28 23, 62 56 77 **Fax:** 63 67 46
E-Mail: bibgibgd@eunet.yu
Leitung: Dr. Herwig Kempf

Kamerun

u 2 853

Goethe-Institut Yaoundé
Centre Culturel Allemand, "Les Galeries"
Postf. 10 67, RFC-Yaoundé
Avenue Kennedy, RFC-Yaoundé
T: (00237) 22 35 77 **Fax:** 23 38 77
E-Mail: goethe.vw@camnet.cm
Leitung: Andrea Jacob

Kanada

u 2 854

Goethe-Institut Montreal
418, rue Sherbrooke Est, CDN-Montréal, Québec P.Q., H2L 1J6
T: (001514) 4 99 01 59 **Fax:** 4 99 09 05
E-Mail: goethe.montreal.il@netaxis.qc.ca
Leitung: Uwe Förster
Dr. Norbert Spitz (ab 01.06.2000)

u 2 855

Goethe-Institut Ottawa
Außenstelle des Goethe-Instituts Montréal
Clarence 480-47, CDN-Ottawa , K1N 9KI
T: (001613) 2 41 02 73 **Fax:** (001631) 2 41 97 09
E-Mail: goethe@storm.cq

u 2 856

Goethe-Institut Toronto
163 King St. West, CDN-Toronto, Ont., M5H 4C6
T: (001416) 5 93 52 57 **Fax:** 5 93 51 45
E-Mail: admin@goethetor.org
Leitung: Dr. Peter Hubrich

Kasachstan

u 2 857

Goethe-Institut Almaty
Dschandosowa 2, KZ-480070 Almaty
T: (0073272) 47 63 07 **Fax:** 47 29 27
E-Mail: prog@goethe.almaty.kz
Leitung: Dr. Peter Schabert

Kenia

u 2 858

Goethe-Institut Nairobi
German Cultural Center
Maendeleo House
Postf. 49468, EAK-Nairobi
Monrovia St./Corner Loita, EAK-Nairobi
T: (002542) 22 46 40, 33 67 48, 21 13 81, 21 14 79
Fax: 34 07 70
E-Mail: nbo-il@goethe.or.ke
Leitung: Dr. Walter-J. Schorlies

Kolumbien

u 2 859

Goethe-Institut Bogotá
Instituto Goethe
Carrera 7 No. 81-57, Apartado 25 08 65, CO-Santafé de Bogotá 8
T: (00571) 2 10 08 50, 2 49 02 52, 2 55 18 43
Fax: 2 12 71 67
E-Mail: gibogil@latino.net.co
Leitung: Dr. Volkbert Naether

Korea

u 2 860

Goethe-Institut Seoul
339-1, Huam-dong, Yongsan-ku, KP-Seoul
T: (00822) 7 54 98 31/33 **Fax:** 7 54 98 34
E-Mail: giseoinf@goethe.co.kr
Leitung: Dr. Uwe Schmelter

Kroatien

u 2 861

Goethe-Institut Zagreb
Ulica Grada Vukovara 64, HR-10000 Zagreb
T: (003851) 6 19 50 00 **Fax:** 6 19 50 25
E-Mail: goethe.zagreb@zg.tel.hr
Leitung: Dr. Wolfgang Eschker

Lettland

u 2 862

Goethe-Institut Riga
Tornu iela 1i, LV-1050 Riga
T: (00371) 7 50 81 94, 7 32 01 99 **Fax:** 7 32 39 99
E-Mail: rigainfo@goethe.lv
Leitung: Sabine Belz

Libanon

u 2 863

Goethe-Institut Beirut
Postf. 1 13-5159, LIB-Beirut
11 Rue Bliss, Manara, LIB-Beirut
T: (009611) 74 05 24, 74 50 58 **Fax:** 74 35 24
E-Mail: goethe @cyberia.net.lb
Leitung: Dr. Monika Krafft von Dellmensingen

u 2 864

Außenstelle des Goethe-Instituts Beirut
Rue el-MINA, LIB-Tripoli
T: (00961) 6 60 02 28

Litauen

u 2 865

Goethe-Institut Vilnius
Tilto g. 3-6, LT-2001 Vilnius
T: (003702) 31 44 33-35 **Fax:** 31 44 32
E-Mail: goethe.vilnius@taide.lt
Leitung: Martin Wälde

Luxemburg

u 2 866

Goethe-Institut Luxembourg
Galerie Kons
Postf. 10 13, L-1010 Luxemburg
26, place de la Gare, L-1010 Luxemburg
T: (00352) 49 04 43/45 **Fax:** 49 06 43
E-Mail: goethe@pt.lu
Leitung: Dr. Paul Eubel

Malaysia

u 2 867

Goethe-Institut Kuala Lumpur
Pusat Kebudayaan Jerman
1, Jalan Langgak Golf
off Jalan Tun Razak
Postf. 1 01 78, MAL-55000 Kuala Lumpur
T: (00603) 2 42 20 11, 2 42 21 92 **Fax:** 2 42 22 82
TGR: Germancult
E-Mail: goethead@tm.net.my
Leitung: Gerhard Engelking

Marokko

u 2 868

Goethe-Institut Rabat/Casablanca
Centre Culturel Allemand
Postf. 17 96, MA-10000 Rabat
7, rue Sana'a, MA-10000 Rabat
T: (002127) 70 65 44 **Fax:** 70 82 66
E-Mail: rabatver@goethe.org.ma

u 2 869

Goethe-Institut Casablanca
11, Place du 16 Novembre, MA-Casablanca 01
T: (002122) 20 04 45, 26 30 75, 27 52 58 **Fax:** 27 52 57
TGR: Goetheinstitut
Leitung: Manfred Ewel

Mexiko

u 2 870

Goethe-Institut Guadalajara
Instituto Alemán A.C.
Av. Morelos 2080 Sector Hidalgo Apartado 1-2557, MEX-44100 Guadalajara, Jal.
T: (00523) 6 15 61 47, 6 16 04 95 **Fax:** 6 15 97 17
E-Mail: goethspr@mail.udg.mx
Leitung: Richard Lang

u 2 871

Goethe-Institut México
Instituto Goethe, A.C.
Postf. 7-992, MEX-06700 México D.F.
Tonalá 43 Colonia Roma, MEX-06700 México D.F.
T: (00525) 5 33 68 89-90, 2 07 04 87 **Fax:** 5 33 10 57
E-Mail: ir@goethe.com.mx
Leitung: Dr. Bernd-M. Scherer

Neuseeland

u 2 872

Goethe-Institut Wellington
German Cultural Centre
Postf. 92 53, NZ-Wellington NZ
150, Cuba Street, NZ-Wellington NZ
T: (00644) 3 85 69 24 **Fax:** 3 85 68 83
E-Mail: bretzler@goethe.org.nz
Leitung: Dr. Gerrit Bretzler

Niederlande

u 2 873

Goethe-Institut Amsterdam
Herengracht 470, NL-1017-CA Amsterdam
T: (003120) 6 23 04 21 **Fax:** 6 38 46 31
E-Mail: dir@goethe.nl
Leitung: Dr. Hans-Martin Kemme

u 2 874

Goethe-Institut Rotterdam
Duits Culturell Centrum
Westersingel 9, NL-3014 GM Rotterdam
T: (003110) 2 09 20 90 **Fax:** 2 09 20 72
E-Mail: goether@luna.nl
Leitung: Sabine Hentzsch

Nigeria

u 2 875

Goethe-Institut Lagos
German Cultural Center
(opposite 1004 flats)
Victoria Island
Postf. 9 57, WAN-Lagos
10, Ozumba Mbadiwe Avenue, WAN-Lagos
T: (002341) 2 61 07 17 **Fax:** 2 61 79 16
E-Mail: gilagosp@infoweb.abs.net
Leitung: Renate Albertsen-Marton

Norwegen

u 2 876

Goethe-Institut Oslo
Tysk Kultursenter
Grönland 16, N-0188 Oslo 1
T: (0047) 22 17 37 30 **Fax:** 22 17 20 04
E-Mail: kultur@goethe-institut.no
Leiterin: Birgit Mühlhaus

Pakistan

u 2 877

Goethe-Institut Karachi
Pakistan-German Cultural Center
256, Sarwar Shaheed Road, PAK-Karachi 74200
T: (009221) 5 68 48 11, 5 68 31 24 **Fax:** 5 68 34 13
E-Mail: gikdir@super.net.pk
Leitung: Dr. Dirk Angelroth

Peru

u 2 878

Goethe-Institut Lima
Postf. 30 42, PE-Lima 100
Jirón Nazca 722 Jusús Maria, PE-Lima 100
T: (00511) 4 33 31 80 **Fax:** 4 31 04 94
E-Mail: goetheus@amauta.rcp.net.pe
Leitung: Alois Ilg

Philippinen

u 2 879

Goethe-Institut Manila
German Cultural Center
Quezon City, Metro Manila
Postf. 28 83, PI-1068 Manila
687, Aurora Boulevard, PI-1068 Manila
T: (00632) 7 22 46 71 **Fax:** 7 22 46 73
E-Mail: goethepr@pacific.net.ph
Leitung: Wilfried Scheffler

Polen

u 2 880

Goethe-Institut Krakow
Rynek Glowny 20, Skr. Poczt. 836, PL-31-045 Kraków
T: (004812) 4 22 58 29, 4 22 69 02 **Fax:** 4 22 82 76
E-Mail: gikrakau@kki.krakow.pl
Leitung: Dr. Stephan Wackwitz

u 2 881

Goethe-Institut Warszawa
Plac Defilad 1/PKIN, Xp., PL-00-901 Warschau
T: (004822) 6 56 60 50 **Fax:** 6 56 60 52
E-Mail: bagaliantz@goethe.pl
Leitung: Vera Bagaliantz

Portugal

u 2 882

Goethe-Institut Lisboa
Instituto Alemão
Campo dos Mártires da Pátria 36-37, P-1169-016 Lisboa
T: (0035121) 8 82 45 10 **Fax:** 8 85 00 03
E-Mail: gilis.il@teleweb.pt
Leitung: Kurt Scharf

u 2 883

Goethe-Institut Porto
Instituto Alemão
Av. da Boavista, 919, P-4100-128 Porto
T: (0035122) 6 00 81 53 **Fax:** 6 00 81 55
E-Mail: ilporto@esoterica.pt
Leitung: Rainer Hauswirth
Heike Friesel

Rumänien

u 2 884

Goethe-Institut Bucuresti
str. Henri Coanda 22, R-71119 Bucuresti 1
T: (00401) 3 12 02 31, 2 10 40 47 **Fax:** 3 12 05 85
E-Mail: goebibl@fx.ro
Leitung: Hans-Georg Thönges

Russische Föderation

u 2 885

Goethe-Institut Moskau
P.A.: Auswärtiges Amt, Kurierdienst Goethe-Institut, 11013 Berlin
Leninski Prospekt 95a, RUS-117313 Moskau
T: (007095) 9 36 24 57/61 **Fax:** 9 36 22 32
TX: 414 436 GI MOS SU
E-Mail: gimos@online.ru
Leitung: Michael Kahn-Ackermann

u 2 886

Goethe-Institut St. Petersburg
P.A.: Auswärtiges Amt, Kurierdienst, Deutsches Generalkonsulat St.Petersburg, 11013 Berlin
Nab. Reki Fontanki 46, RUS-191025 St. Petersburg
T: (007812) 3 11 21 00, 2 19 49 75 **Fax:** 2 19 49 76
E-Mail: verw.goethe@pop3.rcom.ru
Leitung: Wilfried Eckstein

Schweden

u 2 887

Goethe-Institut Göteborg
Drottninggatan 63, S-41107 Göteborg
T: (004631) 13 36 84 **Fax:** 13 41 10
E-Mail: goethe.goeteborg@swipnet.se
Leiterin: Bettina Senff

u 2 888

Goethe-Institut Stockholm
Linnégatan 76, S-11523 Stockholm
T: (00468) 4 59 12 00 **Fax:** 4 59 12 15
E-Mail: goethe.leiter@swipnet.se
Leiterin: Marion Haase

Senegal

u 2 889

Goethe-Institut Dakar
Centre Culturel Allemand
Postf. 32 64, SN-Dakar
2, avenue Albert Sarraut, SN-Dakar
T: (00221) 8 23 04 70 **Fax:** 8 22 34 82
E-Mail: gidakar@telecom-plus.sn
Leitung: Hendrik Kloninger

Singapur

u 2 890

Goethe-Institut Singapore
Winsland House II
163 Penang Road 5-1, SGP-Singapore 238463
T: (0065) 7 35 45 55 **Fax:** 7 35 46 66
E-Mail: goethe@singnet.com.sg
Leitung: Dr. Heinrich Blömeke

Slowakische Republik

u 2 891

Goethe-Institut Bratislava
Konventná 1, SLO-81482 Bratislava
T: (00421) 7 54 41 42 59, 7 54 41 52 81 **Fax:** 7 54 41 28 45
E-Mail: goethesk@ba.sanet.sk
Leitung: Dr. Barbara Kaulbach

Spanien

u 2 892

Goethe-Institut Barcelona
Institut Alemany
Manso 26-28, E-08015 Barcelona
T: (003493) 2 92 60 06 **Fax:** 2 92 60 08
E-Mail: utontsch@barcelona.goethe.org
Leitung: Dr. Ulrike Tontsch-Becker

u 2 893

Goethe-Institut Madrid
Instituto Alemán
Calle Zurbarán 21, E-28010 Madrid
T: (003491) 3 91 39 44 **Fax:** 3 91 39 45
E-Mail: bibliothek@madrid.goethe.org
Leitung: Dr. Wolfgang Bader

u 2 894

Außenstelle des Goethe-Instituts Madrid
Nazaret Zentrua
Aldakonea 36 B° Egia, E-20012 Donostia-San Sebastian
T: (0034943) 2 80 00 **Fax:** 27 93 95

u 2 895

Außenstelle des Goethe-Instituts Madrid
Instituto Aleman
Neptuno 5, E-18004 Granada
T: (0034958) 26 04 08

Sri Lanka

u 2 896

Goethe-Institut Colombo
German Cultural Institute
39, Gregory's Road, CL-Colombo 7
T: (00941) 69 45 62 **Fax:** 69 33 51
E-Mail: goethe@sri.lanka.net
Leitung: Manfred Brönner

Südafrika

u 2 897

Goethe-Institut Johannesburg
Postf. 20 36, ZA-Johannesburg Saxonwold 2132
17, Baker Street Rosebank 2196, ZA-Johannesburg
T: (002711) 4 42 32 32 **Fax:** 4 42 37 38
E-Mail: il@joburg.goethe.org
Leitung: Dr. Matthias Rick

Syrien

u 2 898

Goethe-Institut Damaskus
Postf. 61 00, SYR-Damaskus
Malki Sreet 8, SYR-Damaskus
T: (0096311) 3 32 78 42, 3 33 66 73 **Fax:** 3 32 08 49
TGR: Goethe-Institut
E-Mail: goethesy@cyberia.net.lb
Leitung: Björn Luley

Thailand

u 2 899

Goethe-Institut Bangkok
German Cultural Institute
18/1 Soi Attakarnprasit
Postf. 30 27-3028, T-Bangkok 10501
Sathorn Tai Road, T-Bangkok 10120
T: (00662) 2 87 09 42/4 **Fax:** 2 87 18 29
E-Mail: goetheth@loxinfo.co.th
Leitung: Katharina von Ruckteschell-Katte

Togo

u 2 900

Goethe-Institut Lomé
25, Rue Kokéti/Angle Rue de l'Eglise
Postf. 9 14, TG-Lomé
T: (00228) 21 08 94 **Fax:** 22 07 77
E-Mail: gilome@cafe.tg
Leitung: Friedrich Wilhelm Engelhardt

Tschechische Republik

u 2 901

Goethe-Institut Prag
Masarykovo nábre i 32, CZ-11000 Prag 1
T: (004202) 21 96 21 11 **Fax:** 29 94 21
E-Mail: bibl@goethe.cz
Leitung: Ute Gräfin von Baudissin

Türkei

u 2 902

Goethe-Institut Ankara
Alman Kültür Merkezi
Deutsches Kulturinstitut
Atatürk Bulvari 131, 06640 Bakanliklar, TR-Ankara
T: (0090312) 4 25 14 36, 4 18 31 24 **Fax:** 4 18 08 47
E-Mail: il@goethe-ankara.org.tr
Leitung: Dr. Kristin Völker

u 2 903

Goethe-Institut Istanbul
Alman Kültür Merkezi
Postf. 2 06, TR-80050 Beyoglu-Istanbul
Yenicarsi CAD. 52, TR-80050 Beyoglu-Istanbul

T: (0090212) 2 49 20 09 **Fax:** 2 52 52 14
E-Mail: giistbib@superonline.com
Leitung: Dr. Rüder Bolz

u 2 904

Goethe-Institut Izmir
Alman Kültür Merkezi
Deutsches Kulturinstitut
Postf. 3 48, TR-35210 Izmir
Gazi Osman Pasa Bul. 13, TR-35210 Izmir
T: (0090232) 4 84 16 36 **Fax:** 4 25 14 14
E-Mail: goethe.il@ispro.net.tr
Leitung: Dr. Gundolf Schütze

Tunesien

u 2 905

Goethe-Institut Tunis
Place d'Afrique, TN-1002 Tunis-Belvedere
T: (002161) 84 82 66 **Fax:** 84 17 51
TGR: Kulturinstitut
E-Mail: gitunis.il@planet.tn
Leitung: Ilse Heinle
Eckehart Vogt (ab 01.09.2000)

Ukraine

u 2 906

Goethe-Institut Kiew
K.P.I.-Bibliothek
P.A.: Auswärtiges Amt, Kurierdienst, 11013 Berlin
Prospekt Peremohy 37, UA-252056 Kiew
T: (0038044) 2 36 95 74 **Fax:** 2 74 69 79
E-Mail: leitung@goethe.ntu-kpi.kiev.ua
Leitung: Johannes Ebert

Ungarn

u 2 907

Goethe-Institut Budapest
Andrássy út 24, H-1061 Budapest VI.
T: (00361) 3 74 40 70 **Fax:** 3 74 40 80
E-Mail: goethe@goethe.hu
Leitung: Wolfgang Meissner

Uruguay

u 2 908

Goethe-Institut Montevideo
Postf. 20011 UPAE, U-11200 Montevideo
Canelones 1524, U-11200 Montevideo
T: (005982) 4 00 58 13, 4 09 34 99, 4 09 35 99
Fax: 4 00 44 32
E-Mail: goethe@adinet.com.uy
Leitung: Dr. Kristiane Zappel

USA

u 2 909

Goethe-Institut Atlanta
German Cultural Center
Colony Square, Plaza Level
1197 Peachtree St., NE, USA-Atlanta, Georgia 30361-2401
T: (001404) 8 92 23 88 **Fax:** 8 92 38 32
E-Mail: goetheatlanta1@mindspring.com
Leitung: Dr. Gisela Kadar

u 2 910

Goethe-Institut Boston
German Cultural Center for New England
170 Beacon Str., USA-Bosten MA 02116-1420
T: (001617) 2 62 60 50 **Fax:** 2 62 26 15
E-Mail: njones@giboston.org
Leitung: Jürgen Keil
Claudia Hahn-Raabe (ab 01.08.2000)

u 2 911

Goethe-Institut Chicago
German Cultural Center
Suite 200
150 North Michigan Avenue, USA-Chicago, Illinois 60601
T: (001312) 2 63 04 72 **Fax:** 2 63 04 76
E-Mail: goethe@interaccess.com
Leitung: Dr. Manfred Heid

u 2 912

Goethe-Institut Los Angeles
Suite 100
5750 Wilshire Boulevard, USA-Los Angeles, California 90036
T: (001323) 5 25 33 88 **Fax:** 9 34 35 97
E-Mail: irmiver@artnet.net
Leitung: Ute Kirchhelle

u 2 913

Goethe Institut New York
Goethe House
1014 Fifth Avenue, USA-New York, N.Y. 10028
T: (001212) 4 39 87 00 **Fax:** 4 39 87 05
E-Mail: library@goethe-newyork.org
Leitung: Dr. Stephan Nobbe

u 2 914

Goethe-Institut San Francisco
530 Bush St., USA-San Francisco, CA 94108
T: (001415) 2 63 87 60 **Fax:** 3 91 87 15
E-Mail: reception@goethe-sf.org
Leitung: Dr. Dietlinde Sixt

u 2 915

Goethe-Institut Washington
814 7th Street NW, USA-Washington DC 20001
T: (001202) 2 89 12 00 **Fax:** 2 89 35 35
E-Mail: wott@washington.goethe.org
Leitung: Werner Ott

Usbekistan

u 2 916

Goethe-Institut Taschkent
P.A.: Auswärtiges Amt, Kurierdienst, 11013 Berlin
Kunajev Ko'chasi 11, UZ-700031 Tashkent
T: (0099871) 1 52 70 23 **Fax:** 1 52 70 24
E-Mail: goetas@online.ru
Leiterin: Dr. Elisabeth Lattaro

Venezuela

u 2 917

Goethe-Institut Caracas
Asociación Cultural Humboldt
Apartado 60.501, YV-Caracas 1060-a
T: (00582) 5 52 56 21 **Fax:** 5 52 56 21
E-Mail: asohum@internet.ve
Leitung: Alfons Hug

Vietnam

u 2 918

Goethe-Institut Hanoi
54-56, Hang Duong Bez. Hoan Kiem, VN-Hanoi
T: (00844) 9 23 00 35/36/37 **Fax:** 9 23 00 38
E-Mail: giverwhanoi@fpt.vn
Leitung: Dr. Friedrich Winterscheidt

Weißrussland

u 2 919

Goethe-Institut Minsk
P.A.: Auswärtiges Amt, Kurierdienst Goethe-Institut Minsk, 11013 Berlin
Uliza Frunse 5, BY-220034 Minsk
T: (00375172) 36 34 33 **Fax:** 36 73 14
E-Mail: goethe-l@infonet.by
Leitung: Heike Müller

Palästinensische Autonomiegebiete

u 2 920

Goethe-Institut
P.A.: Auswärtiges Amt, Kurierdienst, 11013 Berlin
Postf. 23 32, IL-Ramallah
T: (009722) 2 98 19 22 **Fax:** 2 98 19 23
E-Mail: giram@palnet.com
Leitung: Dr. Manfred Wüst

• **U 2 921**

Deutsche Akademie für Bildung und Kultur
Denninger Str. 110/0, 81925 München
T: (089) 91 30 58 **Fax:** 91 07 72 89
Generalsekr., GeschF, PR: Gisela Wunderlich-Stempel
Präsident(in): Karl Günther Stempel

• **U 2 922**

Neue Bachgesellschaft e.V.
Postf. 10 07 27, 04007 Leipzig
Thomaskirchhof 16, 04109 Leipzig
T: (0341) 9 60 14 63 **Fax:** 9 60 14 63
Gründung: 1900 (27. Januar) in Leipzig
Präsident(in): Prof. Dr. habil. Martin Petzoldt
Vizepräsident(in): Dr. Dirk Hewig
Geschäftsführende(s) Vorstands-Mitglied(er): Dipl.-Phil. Michael Rosenthal
Stellv. Geschf. Vorst. Mitgl.: Rosemarie Trautmann
Verbandszeitschrift: Bach-Jahrbuch
Redaktion: Hans-Joachim Schulze und Christoph Wolff
Verlag: Evangelische Verlagsanstalt GmbH Leipzig
Mitglieder: ca. 3200
Mitarbeiter: 1

• **U 2 923**

Brahmsgesellschaft Baden-Baden e.V.
Maximilianstr. 85, 76534 Baden-Baden
T: (07221) 9 98 72 **Fax:** 7 11 04
Gründung: 1967
Präsident(in): Dr. Werner Hoppe
Hauptgeschäftsführer(in): Ilka Hecker
Mitglieder: 300

• **U 2 924**

Deutsche Mozart-Gesellschaft e.V.
Frauentorstr. 30 Mozarthaus, 86152 Augsburg
T: (0821) 51 85 88 **Fax:** 15 72 28
Internet: http://www.deutsche-mozart-gesellschaft.de
E-Mail: deutsche-mozart-gesellschaft@t-online.de
Gründung: 1951
Präsident(in): Dr. Friedhelm Brusniak
Vizepräsident(in): Prof. Dr. Ulrich Konrad
Geschäftsführer(in): Brigitte Löder
Verbandszeitschrift: ACTA MOZARTIANA
Verlag: Eigenverlag
Mitglieder: ca. 3500
Mitarbeiter: 7

• **U 2 925**

Arbeitsgemeinschaft Literarischer Gesellschaften und Gedenkstätten e.V. (ALG)
Am Sandwerder 5, 14109 Berlin
T: (030) 80 49 02 07 **Fax:** 80 49 02 35
Internet: http://www.alg.de
E-Mail: alg@alg.de, alg@berlin-snafu.de
Gründung: 1986 (Mai)
Sprecher des Vorstandes: Prof. Dr. Wilhelm Solms
Geschäftsführer(in): Christiane Kussin
Verbandszeitschrift: ALG Umschau
Redaktion: Christiane Kussin
Mitglieder: 146 literarische Gesellschaften u. 3 Literaturmuseen
Mitarbeiter: 3

• **U 2 926**

Beilstein-Institut zur Förderung der Chemischen Wissenschaften, rechtsfähige Stiftung
Varrentrappstr. 40-42, 60486 Frankfurt
T: (069) 79 17-251 **Fax:** 79 17-511
Leitung: Dr. Werner Brich
Werner Rinnert

• **U 2 927**

Erster Deutscher Fantasy Club e.V.
Postf. 13 71, 94003 Passau
T: (0851) 5 81 37 **Fax:** 5 81 38
Internet: http://www.edfc.de
E-Mail: edfc@edfc.de
Gründung: 1966 (6. August)
Vors. u. GeschF: R. Gustav Gaisbauer (Ltg. Presse)
Stellvertretende(r) Vorsitzende(r): Franz Schröpf
Stellvertretende(r) Geschäftsführer(in): Roswitha Gaisbauer
Literarischer Fachbeirat:
Heinz Jürgen Galle
Dr. Franz Rottensteiner
Erik Simon
Dr. Karsten Kruschel
Angela Steinmüller
Dr. Karlheinz Steinmüller
Wolfgang Thadewald
Heiko Thimm
Hermann Urbanek
Dr. Jörg Weigand
Verbandszeitschrift: FANTASIA
Redaktion: Franz Schöpf
Verlag: Selbstverlag
MAGIRA
Redaktion: Uwe Vöhl
QUARBER MERKUR

Redaktion: Dr. Franz Rottensteiner
Mitglieder: 500
Jahresetat: DM 0,04 Mio, € 0,02 Mio

• U 2 928

Lions Clubs International Gesamt District 111 - Deutschland
Bleichstr. 1-3, 65183 Wiesbaden
T: (0611) 9 91 54-0 **Fax:** 9 91 54-20
Gründung: 1917 (USA), 1951 (1. Club in Deutschland)
Vors. d. Governor-Rat: Prof. Dr. Jörn Erler
Stellvertretende(r) Vorsitzende(r): Wolfgang Beutler
GeschF., Sekretariats-Ltg: Sören Junge
PR u. Öffentlichkeitsarb: Fred Huck (Chefred. Zeitschrift LION)
Verbandszeitschrift: LION
Redaktion: Fred Huck, Rennbahnstr. 165 d, 22043 Hamburg, T: (040) 34 72 36 86, Telefax: (040) 34 72 51 78
Verlag: Schürmann & Klagges, Industriestr. 34, 44894 Bochum, T: (0234) 92 14-1 50, Telefax: (0234) 92 14-1 00
Mitglieder: 1150 Clubs mit ca. 38000 Mitgliedern (Stand 1.1.2000)

• U 2 929

AwL Arbeitsgemeinschaft wissenschaftliche Literatur e.V.
c/o Dr. Rudolf Georgi
Postf. 33 02 09, 14172 Berlin
T: (030) 80 90 22 23 **Fax:** 80 90 22 24

• U 2 930

Literarische Gesellschaft Thüringen e.V.
Sitz Weimar
Friedensstr. 26, 99423 Weimar
T: (03643) 51 52 81 **Fax:** 51 52 81
Gründung: 1991 (25. Januar)
1. Vorsitzende(r): Matthias Biskupek
2. Vorsitzende(r): Wolfgang Held
Geschäftsführer(in): Dipl.-Ing. Sigrun Lüdde
Mitglieder: ca. 75
Mitarbeiter: 1

• U 2 931

KulturRat Mecklenburg-Vorpommern e.V.
Puschkinstr. 12, 19055 Schwerin
T: (0385) 5 57 47 40, 5 81 45 55 **Fax:** 5 81 45 56
E-Mail: kulturrat@mvnet.de
Geschäftsführerin: Milly Keyser

• U 2 932

Deutsches Komitee für kulturelle Zusammenarbeit in Europa e.V.
c/o Dr. Marta Baerlecken
Rheinallee 117a, 40545 Düsseldorf
T: (0211) 57 46 30 **Fax:** 57 46 30
Internationaler Zusammenschluß: siehe unter izu 514
Präsident: Dr. Olaf Schwencke, Berlin
Vizepräsident: Prof. R. Mackensen, Berlin
Schatzmeister: P. Fleischhacker, Bad Soden
Geschf. Vorstandsmitglied: Dr. Marta Baerlecken, Düsseldorf

• U 2 933

„Extra Muros" Arbeitsgemeinschaft für Literatur, Musik, Bildhauerei, Malerei und Auslands-Kulturbeziehungen
Deutsch-Orden-Schloß, 91550 Dinkelsbühl
T: (09851) 55 32 93 **Fax:** 55 32 94
Gründung: 1985 (1. Juni)
Präsident(in): Prof. Volker von Sengbusch (MBA, Ltg. Presseabt.)
Vizepräsident(in): Johannes Nicolai von Sengbusch
Mitglieder: 62 Mitglieder und 4 Ehrenmitglieder (Stand 1.1.2000)
Mitarbeiter: 3
Jahresetat: DM 0,24 Mio, € 0,12 Mio

• U 2 934

Landesverband Soziokultur Hamburg e.V.
Neuer Kamp 25, 20359 Hamburg
T: (040) 43 29 00-93 **Fax:** 43 29 00-92
Gründung: 1978
Vorsitzende(r): Sabine Stövesand
Geschäftsführer(in): Ralf Henningsmeyer
Leitung Presseabteilung: Kerstin Hof
Verbandszeitschrift: Quer light
Mitglieder: 125
Mitarbeiter: 3

• U 2 935

Bundesvereinigung sozio-kultureller Zentren e.V. (BSKZ)
Geschäftsstelle:
Schiffbauergasse 1, 14467 Potsdam
T: (0331) 2 70 70 85 **Fax:** 2 70 70 86
Gründung: 1979
Vorstand: Rainer Bode
Berndt Urban
Andreas Kämpf
Michael Wegener
Stefanie Duncker
Ute Seckendorf
Holger Bergmann
Geschäftsführer(in): Christiane Ziller (Ltg. Presseabt.)
Verbandszeitschrift: Informationsdienst Soziokultur
Mitglieder: 369 Zentren in 13 Landesverbänden

• U 2 936

Stadtkultur e.V. Verein zur Förderung von Soziokultur e.V.
Neuer Kamp 25, 20359 Hamburg
T: (040) 43 12 47
Gründung: 1992 (13. Januar)
Vorsitzende(r): Thomas Ricken
Ltg. Presse- u. PR: Yvonne Fietz
Mitglieder: 8

• U 2 937

Arbeitskreis für gemeinsame Kulturarbeit bayerischer Städte e.V.
Palais Stutterheim
Marktplatz 1, 91054 Erlangen
T: (09131) 86 27 35 **Fax:** 86 21 17
Geschäftsführer(in): Karl Manfred Fischer

• U 2 938

Kulturgesellschaft Freiballon e.V.
Butzweilerstr. 35-39 Butzweilerhof/Gebäude 1, 50829 Köln
T: (0221) 59 35 38 **Fax:** 5 95 22 29
Gründung: 1979 (17. November)
Präsident(in): Dr. Edgar Mayer
Vizepräsident(in): Dr. Eberhard Illner
Kurator: Prof. Dr. Dr. Holger Steinle
Verbandszeitschrift: "Ballon und Kultur"
Redaktion: Dr. Edgar Mayer
Verlag: Eigenverlag
Mitglieder: 300
Mitarbeiter: 3
Jahresetat: DM 0,018 Mio, € 0,01 Mio

• U 2 939

Centrum Industriekultur
90317 Nürnberg
Äußere Sulzbacher Str. 60, 90491 Nürnberg
T: (0911) 2 31-3648, 2 31-3875 **Fax:** 2 31-3470
Leitung: Dipl.-Sozialw. Matthias Murko

• U 2 940

Arbeitsgemeinschaft deutscher Kunstvereine e.V. (AdKV)
Kunsthalle
Kaiserstr., 49809 Lingen
T: (0591) 5 99 95 **Fax:** 5 99 05
Internet: http://www.kunstvereine.de
E-Mail: kvlingen@t-online.de
Gründung: 1980
Vorsitzende(r): Heiner Schepers
Stellvertretende(r) Vorsitzende(r): Leonie Baumann
Mitglieder: 187 Vereine

Die AdKV ist der Bundesverband der deutschen Kunstvereine. Er fördert Projekte von gemeinsamen Interesse, organisiert Fortbildungs- und Informationsveranstaltungen und vertritt die Kunstvereine auf Länder- und Bundesebene in allen Fragen der Kulturpolitik.

• U 2 941

Fördergemeinschaft Kunst e.V.
Postf. 24 06, 76012 Karlsruhe
T: (0721) 63-12555 **Fax:** 63-15055
Gründung: 1951 (20. September)
Vorstand: Prof. Dr. Ernst Benda (Vors.)
Dr. Rainer Schmitt (stellv. Vors.)
Prof. Dr. Ulrich Michels
Klaus Schnabel
Dr. Bernhard Beck
Geschäftsführer(in): Anja Rupprecht (Ltg. Presse)
Mitglieder: z.Zt. 516

• U 2 942

Bundesvereinigung Logistik (BVL) e.V.
Schlachte 31, 28195 Bremen
T: (0421) 17 38-40 **Fax:** 16 78 00, 17 38-440
Internet: http://www.bvl.de
E-Mail: bvl@bvl.de
Gründung: 1978
Vorsitzende(r): Dr. Peer Witten
Geschäftsführer(in): Manfred Schaar
Dr. Thomas Wimmer
Presse- und Öffentlichkeitsarbeit: Ursel Hauschildt
Brigitte Mahnken-Brandhorst
Verbandszeitschrift: Logistik Heute
Redaktion: Anita Würmser
Verlag: Huss-Verlag, Joseph-Dollinger-Bogen 5, 80807 München
Mitglieder: 4000
Mitarbeiter: 13

Systematische Erfassung von logistischen Problemen und Problemlösungen in Unternehmen der Wirtschaft; Auswertung von Erkenntnissen der Praxis und der Wissenschaft; Forschungsbeirat, Arbeitskreise; Forumsveranstaltungen, eigene Buchreihe, 24 Regionalgruppen, Deutsche Logistik-Kongresse, Deutscher Logistik-Preis, Deutscher Wissenschaftspreis Logistik, Deutsche Logistik-Akademie, Medienpreis Logistik.

• U 2 943

Deutsche Gesellschaft für Logistik e.V. (DGfL)
Joseph-von-Fraunhofer-Str. 20, 44227 Dortmund
T: (0231) 97 00-121 **Fax:** 97 00-464
Internet: http://www.dgfl.de
E-Mail: dgflev@t-online.de
Gründung: 1973
Vorsitzende(r) des Vorstandes: Dr.-Ing. Wolfgang Zwillich (Siemens AG, ATD TD VM, Postf. 32 20, 91050 Erlangen, T: (09131) 74-6599, Fax: (09131) 74-3900)
Stellvertretende(r) Vorsitzende(r): Ing. VDI Harry Hahn (Harry Hahn, Ing. VDI Unternehmensberater Logistik, Geschäftsführer, Am Martinsfeld 5, 86911 Diessen/Ammersee, T: (08807) 9 11-32, Fax: (08807) 9 11-33)
Dipl.-Ing. Rainer Kwijas (agiplan Aktiengesellschaft, Vorstand/Generalbevollmächtigter, Postf. 10 01 51, 45401 Mülheim/Ruhr, T: (0208) 99 25-278, Fax: (0208) 99 25-206)
Mitglieder: Betriebsw. (VWA) Hartmut Cremer (Digitron MaterialflussSystem GmbH, Geschäftsführer, Ziegelhüttenweg 4, 65232 Taunusstein-Neuhof, T: (06128) 97 60-0, Fax: (06128) 97 60-44)
Karl-Heinz Dullinger (Vanderlande Industries GmbH, Geschäftsführer, Postfach 10 15 59, 41015 Mönchengladbach, T: (02161) 68 00-111, Fax: (02161) 68 00-100)
Dr. Ernst Hermann Krog (Volkswagen AG, Abteilung Konzernlogistik, Leiter Konzernlogistik, Brieffach 1348/D, 38436 Wolfsburg, T: (05361) 97-2157, Fax: (05361) 97-1763)
Dipl.-Ök. Lutz Ritter (Jungheinrich AG, Leiter Marketing, Lawaetzstr. 9-13, 22844 Norderstedt, T: (040) 52 69-1223, Fax: (040) 52 69-1881)
Prof. Dr.-Ing. Bernd Scholz-Reiter (Fraunhofer Anwendungszentrum, Logistiksystemplanung Informationssysteme, Universitätsplatz 3-4, 03044 Cottbus, T: (0355) 69-4580/81, Fax: (0355) 69-4800)
Torben Sigenström (DHL Worldwide Express GmbH, Hauptverwaltung Deutschland, District General Manager North/Geschäftsführer, Monzastr. 2, 63225 Langen, T: (06103) 7 65-7020, Fax: (06103) 7 65-7009)
Mitglieder: ca. 1000

• U 2 944

Verein zur Förderung innovativer Verfahren in der Logistik e.V. (VVL)
Postf. 50 03 10, 44203 Dortmund
Hauert 12, 44227 Dortmund
T: (0231) 7 27 41 04 **Fax:** 7 27 43 70
Internet: http://www.vvl-ev.de
E-Mail: vvl@vvl-ev.de
Vorsitzende(r): Prof. Dr.-Ing. Rolf Jansen
Stellvertretende(r) Vorsitzende(r): Dr.-Ing. Hans-Hendrik Hermann

• U 2 945

Verband Deutsches Reisemanagement e.V. (VDR)
Louisenstr. 117, 61348 Bad Homburg
T: (06172) 8 43 12 **Fax:** 8 43 43
Internet: http://www.vdr-service.de
E-Mail: otto@vdr-service.de
Gründung: 1974

1. Vorsitzende(r): Michael Kirnberger
2. Vorsitzende(r): Hans Thalhofer
Geschäftsführerin: Angelika Otto

• U 2 946

Deutscher Museumsbund e.V. (DMB)
Sitz: Deutsches Hygiene-Museum
Lingnerplatz 1, 01069 Dresden
T: (0351) 48 46-324 **Fax:** 4 95 51 62
Internet: http://www.museumsbund.de
E-Mail: office@museumsbund.de
Gründung: 1917
Präsident(in): Dr. Martin Roth (Deutscher Museumsbund e.V., c/o Deutsches Hygiene-Museum, Lingnerplatz 1, 01069 Dresden, T: (0351) 48 46-324, Fax: 4 95 51 62)
Vizepräsident(in): Prof. Dr. Wolf Peter Fehlhammer (Deutsches Museum München, Museumsinsel 1, 80538 München, T: (089) 21 79-313, Fax: 21 79-425)
Vorstand: Dorothee Dennert (Haus der Geschichte der BRD, Adenauerallee 250, 53113 Bonn, T: (0228) 91 65-113, Fax: 91 65-302)
Dr. Wolf Karge (Technisches Landesmuseum Schwerin, c/o IHK zu Schwerin, Schloßstr. 17, 19053 Schwerin, T: (0385) 51 29-25, Fax: 51 29-26)
Prof. Gernot Krankenhagen (Museum der Arbeit, Maurienstr. 19, 22305 Hamburg, T: (040) 4 28 32-3437, Fax: 4 28 32-2033)
Dr. Lieselotte Kugler (Deutsches Technikmuseum Berlin, Trebbiner Str. 9, 10963 Berlin, T: (030) 25 48 41 01, Fax: 25 48 41 75)
Hans Lochmann (Museumsverband für Niedersachsen und Bremen, Fössestr. 99, 30453 Hannover, T: 0511) 21 44 98-41, Fax: 21 44 98-44)
Dr. Hartwig Lüdtke (Museumsstiftung Post und Telekommunikation, Heinrich-von-Stephan-Str. 1, 53175 Bonn, T: (0228) 1 85-100, Fax: 1 85-190)
Dr. Thomas Schuler (Schloßbergmuseum Chemnitz, Schloßberg 12, 09113 Chemnitz, T: (0371) 4 88 45 00, Fax: 4 88 45 99)
Dr. Gerhard Winter (Senckenberg-Museum, Senckenberganlage 25, 60325 Frankfurt a.M., T: (069) 75 42-356, Fax: 74 62 38)
Leitung Presseabteilung: Vera Neukirchen
Verbandszeitschrift: Museumskunde mit Bulletin
Verlag: Verlag für Wissenschaft + Bildung, Besselstr. 13, 10969 Berlin, T: (030) 2 51 04 15, Fax: (030) 84 10 95 19
Mitglieder: 1171 (639 persönliche, 532 korporative)
Mitarbeiter: 1,5

Geschäftsstellen:

u 2 947

Deutscher Museumsbund e.V.
Büro Berlin
In der Halde 1, 14195 Berlin
T: (030) 84 10 95-17 **Fax:** 84 10 95-19

u 2 948

Deutscher Museumsbund e.V.
Büro Dresden
c/o Deutsches Hygiene-Museum
Lingnerplatz 1, 01069 Dresden
T: (0351) 48 46-324 **Fax:** 4 95 51 62

• U 2 949

Museumsverband Baden-Württemberg e.V.
Stadtmuseum im Gelben Haus
Hafenmarkt 7, 73728 Esslingen
T: (0711) 35 12-3240 **Fax:** 35 12-3229
Präsident(in): Dr. Kirsten Fast
Verbandszeitschrift: Museumsblatt
Mitglieder: 650
Mitarbeiter: 0,25 und Ehrenamtliche

Zweck des Verbandes ist die Förderung der Museumsarbeit. Der Satzungszweck wird insbesondere dadurch verwirklicht, daß der Verband Voraussetzungen für den Erfahrungsaustausch und die Zusammenarbeit zwischen Museen schafft, Museen bei der Erfüllung ihrer Aufgaben berät und Fortbildungsveranstaltungen organisiert, die Interessen der Museen und der im Museumsbereich tätigen Mitarbeiter vertritt.

• U 2 950

Museumsverband des Landes Brandenburg e.V.
Behlertstr. 28a, 14469 Potsdam
T: (0331) 2 32 79 11 **Fax:** 2 32 79 20
E-Mail: museumsverband@t-online.de
Gründung: 1990 (30. Juli)
Vorsitzende(r): Dr. Bärbel Dalichow (Filmmuseum Potsdam)
Stellvertretende(r) Vorsitzende(r): Gert Streidt (Stiftung Preußische Schlösser und Gärten Berlin-Brandenburg)
Referentin: Maren Ulbrich (Potsdam)
Geschäftsführer(in): Peter Herbert (Dorfstr. 155, 16259 Neulewin)
Mitglieder: 177
Jahresetat: DM 0,17 Mio, € 0,09 Mio

• U 2 951

Hessischer Museumsverband e.V.
Kölnische Str. 42-46, 34117 Kassel
T: (0561) 7 88 97 40 **Fax:** 7 88 98 00
Gründung: 1928 (21. April)
Vorsitzende(r): Dr. Thomas Wurzel
Geschäftsführer(in): Dr. Rolf Luhn
Verbandszeitschrift: Mitteilungen des HMV
Redaktion: Dr. Reher, Dr. Adamek
Verlag: Hessischer Museumsverband, Kölnische Str. 42-46, 34117 Kassel
Mitglieder: 370 Museen + Private
Mitarbeiter: 2
Jahresetat: DM 0,9 Mio, € 0,46 Mio (1999)

• U 2 952

Museumsverband in Mecklenburg-Vorpommern
Tappenhagen 14, 19055 Schwerin
T: (0385) 56 80 42
Vorsitzende(r): Dr. Wolf Karge (Robert-Koch-Str. 8, 19055 Schwerin, T: 0385) 51 29 25)
Stellvertretende(r) Vorsitzende(r): Ira Koch (Museum der Stadt Güstrow, Franz-Parr-Platz 7, 18273 Güstrow)
Verbandszeitschrift: Mitteilungen Museumsverband Mecklenburg-Vorpommern e.V.
Redaktion: Dr. Ralf Wendt
Mitglieder: 140
Satz und Druck: cw Obotritendruck GmbH Schwerin

• U 2 953

Museumsverband für Niedersachsen und Bremen e.V.
Fössestr. 99, 30453 Hannover
T: (0511) 21 44 98-3 **Fax:** 21 44 98-44
Gründung: 1965
Vorsitzende(r): Hans-Walter Keweloh, Bremerhaven
Geschäftsführer(in): Dipl.-Geogr. Hans Lochmann (Ltg. Presse)
Verbandszeitschrift: Mitteilungsblatt
Redaktion: Elke Meyer M.A., Geschäftsstelle, Fössestr. 99, 30453 Hannover, T: (0511) 21 44 98-3

• U 2 954

Sächsischer Museumsbund e.V.
Wilsdruffer Str. 2, 01067 Dresden
T: (0351) 4 98 66 35
Gründung: 1990 (18. Juni)
Vorsitzende(r): Friedrich Reichert
Verbandszeitschrift: Informationen des Sächsischen Museumsbundes e.V.
Verlag: Beier & Beran, Langenweißbach
Mitglieder: 206
Jahresetat: DM 0,020 Mio, € 0,01 Mio

• U 2 955

Museumsverband Thüringen e.V.
Greizer Str. 37, 07545 Gera
T: (0365) 2 25 15 **Fax:** 2 90 04 36
Gründung: 1990 (04. August)
Vorsitzende(r): Hans-Peter Jakobson (T: (0365) 2 87 50)
Stellvertretende(r) Vorsitzende(r): Günter Schuchardt (T: (03691) 20 30 01)
Geschäftsstelle: Eva Frangen (T: (0365) 2 25 15)
Dr. Gitta Heil (Museumsberatung, T: (0365) 2 25 15)
Verbandszeitschrift: Thüringer Museumshefte
Redaktion: Weimar
Verlag: Burgplatz 4, 99423 Weimar

• U 2 956

Deutsches Museum
Museumsinsel 1, 80538 München
T: (089) 21 79-1 **Fax:** 21 79-3 24
Internet: http://www.deutsches-museum.de
Deutsches Museum - "Flugwerft Schleißheim"
Effnerstr. 18, 85764 Oberschleißheim
T: (089) 31 57 14-0, Telefax: (089) 31 57 14-60
Deutsches Museum Bonn im Wissenschaftszentrum
Ahrstr. 45, 53175 Bonn, T: (0228) 3 02-2 52, Fax: (0228) 3 02-2 54, Internet: http://www.deutsches-museum-bonn.de,
Direktor: Dr. Peter Frieß
Generaldirektor: Prof. Dr. Wolf Peter Fehlhammer
Presse u. Öffentlichkeitsarbeit: Sabine Hansky (T: 21 79-4 75)

• U 2 957

Kerschensteiner Kolleg im Deutschen Museum
Museumsinsel 1, 80538 München
T: (089) 2 17 91 **Fax:** 21 79-3 24
Gründung: 1966
Abteilungsleiter: Prof. Dr. Jürgen Teichmann
Information: Christine Füssl-Gutmann (Tel: (089) 21 79-2 43)

• U 2 958

GERMANISCHES NATIONAL MUSEUM

Germanisches Nationalmuseum (GNM)
Postf. 11 95 80, 90105 Nürnberg
Kartäusergasse 1, 90402 Nürnberg
T: (0911) 13 31-0 **Fax:** 13 31-200
Internet: http://www.gnm.de
E-Mail: info@gnm.de
Gründung: 1852
Vors. d. Verw.-Rates: Staatsminister Hans Zehetmair
Generaldirektor: Dr. G. Ulrich Großmann
Leiter Öffentlichkeitsarbeit: Dr. Matthias Henkel
Mitglieder: ca. 7000
Mitarbeiter: ca. 200
Jahresetat: DM 27 Mio, € 13,8 Mio
Zeitschrift: Monatsanzeiger des Germanischen Nationalmuseums

• U 2 959

Deutsches Schiffahrtsmuseum (DSM)
Hans-Scharoun-Platz 1, 27568 Bremerhaven
T: (0471) 4 82 07-0 **Fax:** 4 82 07-55
Gründung: 1971 (10. Februar)
Geschäftsführender Direktor: Prof. Dr. Detlev Ellmers
Kontaktperson: Erich Wilke (Verwaltungsleiter)
Mitarbeiter: 47,5 Planstellen
Jahresetat: DM 9 Mio, € 4,6 Mio

• U 2 960

Bundesverband Museumspädagogik e.V.
c/o Museum für Kindheit und Jugend (Schulmuseum) im Stadtmuseum Berlin
Wallstr. 32, 10179 Berlin
T: (030) 2 75 03 83 **Fax:** 2 79 29 79
Gründung: 1991 (22. Juni)
Vorstand: Dr. Nele Güntheroth (1. Vors., Museum für Kindheit und Jugend (Schulmuseum) im Stadtmuseum Berlin, Wallstr. 32, 10179 Berlin, T: (030) 2 75 03 83, Fax: 2 79 29 79)
Nicole Scheda (Landschaftsverband Rheinland, Rheinisches Industriemuseum Oberhausen, Hansastr. 18, 46049 Oberhausen)
Reiner Jung (Historisches Museum Saar, Schloßplatz 15, 66119 Saarbrücken, Beatrix Commandeur, Landschaftsverband Rheinland, Rheinisches Industriemuseum Engelskirchen, Engelsplatz 2, 51766 Engelskirchen)
Verbandszeitschrift: Standbein/Spielbein
Mitglieder: ca. 630

• U 2 961

Deutsches Plakat Museum
Theaterpassage
Rathenaustr. 2, 45127 Essen
T: (0201) 8 84 51 08 **Fax:** 8 84 51 22
Leitung: Dr. Georg W. Költzsch
Geschäftsführer(in): Dr. F. Mellinghoff

• U 2 962

Deutsches Bergbau-Museum (DBM)
Am Bergbaumuseum 28, 44791 Bochum
T: (0234) 58 77-0 **Fax:** 58 77-1 11
Internet: http://www.bergbaumuseum.dmt.de
E-Mail: Eva.Koch@lb.dmt.de
Gründung: 1930
Direktor(in): Prof. Dr. Rainer Slotta
Leitung Presseabteilung: Eva Koch
Verbandszeitschrift: a) ANSCHNITT
b) METALLA
Redaktion: a) Dr. W. Kroker
b) Dr. Th. Rehren
Verlag: im Hause
Mitarbeiter: 88 (incl. Auszub., excl. ABM)

• U 2 963

Freunde und Förderer des Deutschen Technikmuseums Berlin e.V. (FDTM)
Trebbiner Str. 9, 10963 Berlin
T: (030) 2 62 20 31 **Fax:** 2 62 20 31
Gründung: 1960 (13. Dezember)
Vorsitzende(r): Achim Rheinländer
Verbandszeitschrift: Deutsches Technik Museum

Redaktion: Reinhard Demps
Verlag: Eigenverlag
Mitglieder: 950
Jahresetat: DM 0,13 Mio, € 0,07 Mio

• **U 2 964**

Stiftung Deutsches Segelflugmuseum mit Modellflug
Wasserkuppe, 36129 Gersfeld
T: (06654) 77 37 **Fax:** 77 36
Internet: http://www.segelflugmuseum.de
Gründung: 1987
Präsident(in): Klaus J. Scheer
Vorsitzende(r): Dipl.-Ing. Theo Rack
Stellvertretende(r) Vorsitzende(r): Klaus Heyn
Mitglieder: 600
Mitarbeiter: 3 u. 3 ehrenamtl.

• **U 2 965**

Verein zur Förderung der Zeppelin-Geschichte e.V.
Kleeweg 6, 88048 Friedrichshafen
T: (07541) 4 10 12 **Fax:** 4 10 42
Gründung: 1986 (1. April)
Vorsitzende(r): Heinz Urban
Verbandszeitschrift: Zeppelin-Kurier
Redaktion: Heinz Urban

• **U 2 966**

Zeppelin-Kameradschaft Zeppelinheim e.V. und Zeppelin-Museum Zeppelinheim
Kapitän-Lehmann-Str. 2, 63263 Neu-Isenburg
T: (069) 69 43 90 **Fax:** 69 20 16
Gründung: 1977 (Oktober)
Vorsitzende(r): Elisabeth Koetter
Schriftführerin: Margot Chelius
Mitglieder: 126
Mitarbeiter: ca. 10 ehrenamtliche

• **U 2 967**

Verband Rheinischer Museen
c/o Bergisches Museum Schloß Burg an der Wupper
Schloßplatz 2, 42659 Solingen
T: (0212) 24 22 60 **Fax:** 2 42 26 40
Gründung: 1928
Vorsitzende(r): Dr. Dirk Soechting
Mitglieder: 60

• **U 2 968**

Vereinigung der Freunde von Kunst und Kultur im Bergbau e.V.
Am Bergbaumuseum 28, 44791 Bochum
T: (0234) 58 77-113 **Fax:** 58 77-111
Geschäftsführer(in): Prof. Dr. Rainer Slotta

• **U 2 969**

Verband der Landesarchäologen in der Bundesrepublik Deutschland
Schloß Wiligrad, 19069 Lübstorf
T: (03867) 2 40 **Fax:** 88 06
Gründung: 1949
Vorsitzende(r): Prof. Dr. Dieter Planck
Stellvertretende(r) Vorsitzende(r): Prof. Dr. Jürgen Kunow
Geschäftsführer(in): Dr. Friedrich Lüth
Leitung Presseabteilung: Dr. Harald Koschik
Verbandszeitschrift: Archäologie in Deutschland
Verlag: Konrad Theiß Verlag, Stuttgart
Mitglieder: 60

• **U 2 970**

Deutscher Elfenbeinverband e.V.
c/o Haffke Kunsthandwerk
Postf. 12 61, 84496 Altötting
Otto-Str. 4, 84503 Altötting
T: (08671) 62 58
Gründung: 1982
1. Vorsitzende(r): Walter Armbruster
Stellvertretende(r) Vorsitzende(r): Ernst Horn
Mitglieder: 50

• **U 2 971**

Paläontologische Gesellschaft
Senckenberganlage 25, 60325 Frankfurt
T: (069) 9 70 75-139 **Fax:** 9 70 75-137
Gründung: 1912
Vorsitzende(r): Prof. Dr. Hans-Georg Herbig (Inst. f. Paläontologie u. Historische Geologie, Zülpicher Str. 49 A, D-50674 Köln, T: (0221) 46 49 14)
Verbandszeitschrift: Paläontologische Zeitschrift und Paläontologie aktuell
Redaktion: Prof. Dr. R. Schröder, Frankfurt
Verlag: E. Schweizerbart, Stuttgart
Mitglieder: ca. 980

• **U 2 972**

Arbeitsgemeinschaft Friedhof und Denkmal e.V. Stiftung Zentralinstitut und Museum für Sepulkralkultur
Weinbergstr. 25-27, 34117 Kassel
T: (0561) 9 18 93-0 **Fax:** 9 18 93-10
Internet: http://www.outoftime.de/museum/sepulkralkultur.html (Museum), http://www.naturstein-netz.de/afd (AFD)
E-Mail: afd.kassel@t-online.de
Gründung: 1951
Vorsitzende(r) des Vorstandes: Jörg Bollin
Geschf.-Direktor: Prof. Dr. Reiner Sörries
Leitung Presseabteilung: Jutta Lange
Verbandszeitschrift: Friedhof und Denkmal
Redaktion: Eberhard Haase, Wolfgang Neumann (verantwortlich)
Verlag: Arbeitsgemeinschaft Friedhof und Denkmal e.V., Weinbergstr. 25-27, 34117 Kassel
Mitglieder: ca. 1100
Mitarbeiter: 13, davon 2 halbtags
Jahresetat: ca. DM 1,8 Mio, € 0,92 Mio

• **U 2 973**

Deutsche Gesellschaft für Holografie e.V. (DGH)
Geschäftsstelle:
Marienstr. 28, 06108 Halle
T: (0345) 2 02 67 51 **Fax:** 2 02 67 52
Internet: http://www.burg-halle.de/_Ltnimoe
E-Mail: nimoe@burg-halle.de
Gründung: 1989 (4. März)
1. Vorsitzende(r): Niklas Möller
2. Vorsitzende(r): Thomas Lück
Mitglieder: 110
Publikationen: INTERFERENZEN

• **U 2 974**

Förderkreis für die Mikroelektronik e.V., Nürnberg
c/o Industrie- und Handelskammer Nürnberg
Hauptmarkt 25-27, 90403 Nürnberg
T: (0911) 13 35-320 **Fax:** 13 35-200
Gründung: 1983 (November)
Vorsitzende(r): Dr.sc.techn. Dietrich Ernst, Erlangen
Schriftführer(in): Dr. Dieter Riesterer (Hauptgeschäftsführer der Industrie- und Handelskammer Nürnberg)
Mitglieder: 29

• **U 2 975**

Arbeitsgemeinschaft Partnerschaft in der Wirtschaft e.V. (AGP)
Landgraf-Karl-Str. 2, 34131 Kassel
T: (0561) 3 60 44 **Fax:** 3 38 50
Internet: http://www.agpev.de
E-Mail: info@agpev.de
Gründung: 1950
1. Vorsitzende(r): Gerhard Schuler (Homag AG, Schopfloch, T: (07443) 13 22 16, Fax: (07443) 13 23 00)
Geschäftsführer(in): Dipl.-Kfm. Michael Lezius (Leitung Presseabteilung)
Mitglieder: 500
Materielle u. immaterielle Mitarbeiterbeteiligung.

• **U 2 976**

Organisation für Internationale Kontakte (OIK)
Alte Bahnhofstr. 26, 53173 Bonn
T: (0228) 8 20 97-0 **Fax:** 36 43 68
Gründung: 1975 (17. Januar)
Geschäftsführer(in): Joachim Müller
Luise Müller
Mitarbeiter: 8

• **U 2 977**

Cultours-Gesellschaft für Kulturarbeit, Auslandskunde und internationale Kontakte e.V.
Westtorgraben 1, 90429 Nürnberg
T: (0911) 26 96 08 **Fax:** 26 99 99
E-Mail: na310@gen.baynet.net
Gründung: 1983 (28. Juni)
Vorsitzende(r): Robert Kurzwart
Stellv. Vorsitzender: Johann Homolka
Hauptgeschäftsführer: Erich Homolka

• **U 2 978**

Europa-Union Deutschland e.V.
Postf. 15 29, 53005 Bonn
Bachstr. 32, 53115 Bonn
T: (0228) 7 29 00 30 **Fax:** 69 32 22
Gründung: 1946 (9. Dezember)
Präsident(in): Elmar Brok (MdEP)
Geschäftsf. Präsidialmitglied: Dr. Hartmut Marhold
Bundesgeschäftsführer(in): Birgit Kößling
Verbandszeitschrift: Europäische Zeitung
Redaktion: Bachstr. 32, 53115 Bonn, Telefax: (0228) 69 57 34
Verlag: Europa Union Verlag GmbH, Bachstr. 32, 53115 Bonn, Fax: (0228) 69 57 34
Mitglieder: ca. 25000
Mitarbeiter: 3
Förderung der internationalen Gesinnung, der Toleranz auf allen Gebieten der Kultur und des Völkerverständigungsgedankens mit dem Ziel der Einigung Europas auf föderativer und demokratisch-rechtsstaatlicher Grundlage.

Landesverbände

u 2 979

Europa-Union Baden-Württemberg e.V.
Europahaus Baden-Württemberg
Nadlerstr. 4, 70173 Stuttgart
T: (0711) 24 59 08 **Fax:** 2 36 05 27
Vorsitzende(r): Dr. Erwin Vetter (MdL)
Geschäftsführer(in): Manfred Nedele

u 2 980

Europa-Union Bayern e.V.
Oberanger 32, 80331 München
T: (089) 2 60 34 75 **Fax:** 2 60 37 50
Vorsitzende(r): Alfred Sauter (MdL)
Landesgeschäftsführer(in): Karl-Heinz Siefert

u 2 981

Europa-Union Berlin e.V.
Jean-Monnet-Haus
Bundesallee 22, 10717 Berlin
T: (030) 8 84 12-241 **Fax:** 8 84 12-247
Vorsitzende(r): Peter Kittelmann
Landesgeschäftsführer: Dirk Lamprecht

u 2 982

Europa-Union Deutschland/LdsVbd. Brandenburg
c/o ESTA Brandenburg
Joachimsthaler Str. 20, 16244 Altenhof
T: (033363) 64 09 **Fax:** 64 09
Vorsitzende(r): Norbert Glante (MdEP)
Landesgeschäftsführer(in): Dieter Jetschmanegg

u 2 983

Europa-Union Deutschland/LdsVbd. Bremen e.V.
Postf. 10 58 43, 28058 Bremen
T: (0421) 3 61-4918 **Fax:** 3 61-96877
Vorsitzende(r): Dr. Dieter Klink
Landesgeschäftsführer: Thorsten Groth

u 2 984

Europa-Union/LdsVbd. Hamburg e.V.
Postf. 30 12 62, 20305 Hamburg
Große Theaterstr. 37, 20354 Hamburg
T: (040) 34 41 42 **Fax:** 34 30 40
Vorsitzende(r): Dr. Georg Jarzembowski (MdEP)
Geschäftsführer(in): Ilka Keuper

u 2 985

Europa-Union Deutschland Landesverband Hessen e.V.
Arthur-Zitscher-Str. 4, 63065 Offenbach
T: (069) 88 26 68 **Fax:** 88 02 15
Gründung: 1948
Vorsitzende(r): MdEP Thomas Mann
Geschäftsführer(in): Norbert Friedrich
Landesgeschäftsstelle: Gusti Lincke
Verbandszeitschrift: Europäische Zeitung
Verlag: Europa-Union Verlag, Europazentrum, 53115 Bonn
Mitglieder: 2500 in Hessen, 25000 in Deutschland

u 2 986

Europa-Union LdsVbd. Mecklenburg-Vorpommern
Wieckhaus 53, 17033 Neubrandenburg
T: (0395) 5 66 65 31 **Fax:** 5 66 65 31
Vorsitzende(r): Prof. Dr. Joachim Gasiecki
Geschäftsführer(in): Anke Deckert

u 2 987

Europa-Union Deutschland/LdsVbd. Niedersachsen e.V.
Breite Str. 15, 30159 Hannover

T: (0511) 32 12 62 **Fax:** 32 12 62
Vorsitzende(r): Dr. Josef Ackermann
Geschäftsführer(in): Walter Obrock

u 2 988

Europa-Union Nordrhein-Westfalen e.V.
Steinstr. 48, 44147 Dortmund
T: (0231) 8 38 00 18 **Fax:** 8 38 00 55
Vorsitzende(r): Dr. Heinrich Hoffschulte
Geschäftsführer(in): Dr. Pantaleon Giakoumis

u 2 989

Europa-Union, LV Rheinland-Pfalz e.V.
Postf. 18 43, 55008 Mainz
Am Kronberger Hof 6, 55116 Mainz
T: (06131) 22 05 38 **Fax:** 22 05 38
Vorsitzende(r): Prof. Dr. Otto Bardong
Geschäftsführende(s) Vorstands-Mitglied(er): Manfred Horst Däuwel

u 2 990

Europa-Union Deutschland/LdsVbd. Saar e.V.
Pestelstr. 2, 66119 Saarbrücken
T: (0681) 9 54 52-10 **Fax:** 9 54 52-44
Vorsitzende(r): Hans Dieter Metz
Geschäftsführende(s) Vorstands-Mitglied(er): Hanno Thewes

u 2 991

Europa-Union Deutschland LdsVbd. Sachsen-Anhalt e.V.
Eine Welt Haus
Schellingstr. 3-4, 39104 Magdeburg
T: (0172) 7 68 64 73
Vorsitzende(r): Wolfram Schulz-Streeck
Geschäftsführer(in): Dörte Neumann

u 2 992

Europa-Union Deutschland/LdsVbd. Schleswig-Holstein
Faluner Weg 28, 24109 Kiel
T: (0431) 9 33 33 **Fax:** 9 21 65
Vorsitzende(r): Dieter Lubeseder
Geschäftsführer(in): Brigitte Dix-Kuessner

• U 2 993

Gemeinschaft ehemaliger Lufthanseaten e.V.
Annette-Kolb-Str. 12, 51109 Köln
T: (0221) 89 70 59
Gründung: 1986 (1. Juli)
1. Vorsitzende(r): Dr. Rudolf Steineke (T: (0221) 89 70 59)
2. Vorsitzende(r): Klaus Marczoch (T: (040) 6 02 92 93)
Verbandszeitschrift: "Mitteilungsblatt"
Redaktion: Waldemar Jigalin
Verlag: Brandenburgerstr. 15, 51766 Engelskirchen
Mitglieder: ca. 2030 (10 Vereine/Clubs)

• U 2 994

Mensa in Deutschland e.V.
Geschäftsstelle: Cirsten Novellino
Einsteinstr. 1, 82152 Planegg
T: (089) 85 66 38 00 **Fax:** 8 57 49 74
Gründung: 1981 (1. Oktober)
1. Vorsitzende(r): Carl Christian Dressel, Coburg
Verbandszeitschrift: MIND-MAGAZIN
Redaktion: Dieter E. Gellermann
Mitglieder: 2500

• U 2 995

Numismatische Kommission der Länder in der Bundesrepublik Deutschland
Sitz/Geschäftsstelle:
Niedersächsisches Landesmuseum Hannover
Urgeschichtsabteilung
Willy-Brandt-Allee 5, 30169 Hannover
T: (0511) 3 65-2577 od. -2578 **Fax:** 3 65-2359
E-Mail: reiner.cunz@t-online.de
1. Vorsitzende(r): Dr. Reiner Cunz (Hannover)
2. Vorsitzende(r): Dr. Peter Ilisch (Münster)
Sekretärin: Dr. Ursula Hagen-Jahnke (Frankfurt a. M.)

• U 2 996

Deutsche Numismatische Gesellschaft - Verband der Deutschen Münzvereine e.V.
Böhmstr. 14, 70597 Stuttgart
T: (0711) 7 65 50 62
Gründung: 1951
Präsident(in): Albert Raff
Geschäftsführer(in): Dr. Manfred Gutgesell (Pattenser Str. 36 c, 30880 Laatzen)
Verbandszeitschrift: Numismatisches Nachrichtenblatt (NNB)
Redaktion: Dr. Rainer Albert, Hans-Purrmann-Allee 26, 67346 Speyer, T: (06232) 6 50 50, Fax: (06232) 6 50 51
Mitglieder: 3900
Orts- und Landesvereinigungen: 75

• U 2 997

Verband der deutschen Münzenhändler e.V.
Maximiliansplatz 10, 80333 München
T: (089) 29 90 70 **Fax:** 22 07 62
Gründung: 1952
1. Vorsitzende(r): Dr. Hubert Lanz
2. Vorsitzende(r): Heidrun Höhn
Leitung Presseabteilung: Helmut Caspar (Postf. 3 37, 10247 Berlin, T u. Fax: (030) 9 75 48 19)
Verbandszeitschrift: Numismatisches Nachrichtenblatt
Redaktion: Dr. Rainer Albert
Verlag: H. Gietl Verlag & Publikationsservice GmbH, Postf. 1 66, 93122 Regenstauf
Mitglieder: ca. 50

• U 2 998

Gesellschaft der Bibliophilen e.V.
Ottostr. 10, 80333 München
T: (089) 54 50 42 10 **Fax:** 54 50 42 19
Präsident(in): Prof. Dr. Eberhard Dünninger
Vizepräsident(in): Prof. Dr. Werner Grebe
Schatzmeister: Michael Then

• U 2 999

Maximilian-Gesellschaft e.V.
Geschäftsstelle:
Postf. 14 01 55, 70071 Stuttgart
Haldenstr. 30, 70376 Stuttgart
T: (0711) 54 99 71-11 **Fax:** 54 99 71-21
Gründung: 1911 (22. Dezember) in Berlin, 1946 in Hamburg
Vorstand: Vors.: Prof. Dr. Horst Gronemeyer
Stellv. Vors. Prof. Dr. Paul Raabe
Schatzmeister: Reinhold Busch

• U 3 000

Deutsche Exlibris-Gesellschaft e.V.
Am Löwentor 46, 56075 Koblenz
T: (0261) 5 78 85 **Fax:** 9 52 34 94
Gründung: 1891 (14. Mai) in Berlin
Präsident(in): Dr.med. Gernot Blum (Bockmühlstr. 31, 41199 Mönchengladbach)
Geschäftsstelle: Birgit Göbel (Ltg. Geschäftsstelle, Am Löwentor 46, 56075 Koblenz)
Regelmäßige Publikation: „Jahrbuch Exlibriskunst und Graphik"
Verbandszeitschrift: "Mitteilungen" (3x jährlich)
Redaktion: Klaus Thoms
Vertrieb: DEG/Claus Wittal, Fliednerstr. 27, 65191 Wiesbaden
Mitglieder: 440
Mitarbeiter: 6 (Vorstand)

• U 3 001

Verband für Waffentechnik und -geschichte e.V.
Geschäftsstelle:
Postf. 62 05, 30062 Hannover
Meisenweg 2, 30855 Langenhagen
T: (0511) 78 44 51 **Fax:** 7 40 38 81
Vorsitzende(r): Rainer Buchholz (Meisenweg 2, 30855 Langenhagen, T: (0172) 5 15 01 72)
Mitglieder: 1306

• U 3 002

Deutsche Gesellschaft für Eisenbahngeschichte e.V. (DGEG)
Geschäftsstelle:
Kleinsorgenring 14, 59457 Werl
T: (02922) 8 49 70 **Fax:** 8 49 27
Internet: http://www.dgeg.de
E-Mail: gs@dgeg.de
Gründung: 1967 (22. April)
Vorsitzende(r): Dr. Hartmut Knittel
Referat f. Presse und Öffentlichkeitsarbeit: Theodor Horn (Sittigstr. 6, 65830 Kriftel)
Geschäftsführer(in): Günter Krause
Verbandszeitschrift: DGEG-Nachrichten
Redaktion: Karl L. Lehmann, Am Brunnenstübchen 5, 55237 Flonheim/Rhh., T: (06734) 16 14, Telefax: (06734) 62 21
Verlag: Kleinsorgenring 14, 59457 Werl
Mitglieder: 2002 (per 31.12.1999)

• U 3 003

Deutscher Eisenbahn-Verein e.V. (DEV)
Erste MUSEUMS-EISENBAHN Deutschlands
Bahnhof
Postf. 11 06, 27300 Bruchhausen-Vilsen
T: (04252) 93 00-0 **Fax:** 93 00 12
Gründung: 1964
Vorsitzende(r): Dr.med. Otto Happel
Stellvertretende(r) Vorsitzende(r): Dipl.-Ing. Christian Speer
Bruno Rebbelmund
Schatzmeister: Dipl.-Kfm. Gerd Schmidt
Schriftführer(in): Theo Wiegmann
Leitung Presseabteilung: Hans-Jürgen Hentzschel (Fachpresse)
Verbandszeitschrift: Die Museums-Eisenbahn
Redaktion: Dipl.-Ing. Wolfram Bäumer
Verlag: Postf. 11 06, 27300 Bruchhausen-Vilsen
Mitglieder: 1150
Ltg. Presseabt: Bahnhofbüro (Tagespresse)

• U 3 004

Vereinigung zur Erforschung der Neueren Geschichte e.V.
Argelanderstr. 59, 53115 Bonn
T: (0228) 21 62 05
Gründung: 1957
Vorsitzende(r): Prof. Dr. Konrad Repgen
Stellvertretende(r) Vorsitzende(r): Prof. Dr. Erich Meuthen
Geschäftsführer(in): Dr. Antje Oschmann

• U 3 005

A.I.C.E. e.V. - Allgemeiner Ifa-Club Europa
Postf. 41 03, 32084 Bad Salzuflen
Im Poten 5, 32791 Lage
T: (05232) 32 04 **Fax:** 32 04
Internet: http://www.aice.de
E-Mail: webmaster@aice.de
Gründung: 1992 (2. Mai)
Präsident(in): Jan Kopeček (Pilsen, Tschechische Republik)
1. Vizepräsident u. Referent für Jugendarbeit: Christian Buchholz, Bad Harzburg
2. Vizepräsident u. Referent für internationale Zusammenarbeit: Jaromir Širek (Pilsen, Tschechische Republik)
Hauptgeschäftsführer(in): Klaus-Peter Schaub (Ltg. Presseabt.)
Verbandszeitschrift: IFA-Akzente
Redaktion: A.I.C.E. e.V., Postf. 41 03, 32084 Bad Salzuflen
Verlag: Eigenverlag
Mitglieder: ca. 5000 europaweit, **Anzahl der angeschlossenen Organisationen:** 42
Mitarbeiter: ca. 50 (geplant)

• U 3 006

Gutenberg-Gesellschaft
Internationale Vereinigung für Geschichte und Gegenwart der Druckkunst e.V.
Liebfrauenplatz 5, 55116 Mainz
T: (06131) 22 64 20 **Fax:** 23 35 30
Internet: http://www.gutenberg-gesellschaft.uni-mainz.de
Gründung: 1901
Präsidium:
Präsident(in): Jens Beutel (Oberbürgermeister der Stadt Mainz)
Ehrenpräsidenten: Jockel Fuchs, Mainz
Herman-Hartmut Weyel, Mainz
Vizepräsident(in): Generalkonsul Hannetraud Schultheiß (Vorsitzende des Senatorenrats der Gutenberg-Gesellschaft, Schatzmeister)
Schriftführer(in): Karl Delorme, Mainz
Geschäftsführer(in): Gertraude Benöhr
Sekretärin: Dagmar Frackowiak
Verbandszeitschrift: Gutenberg-Jahrbuch
Redaktion: Dr. Ute Schneider, Johannes Gutenberg-Universität, Institut für Buchwissenschaft, 55029 Mainz
Verlag: Gutenberg-Gesellschaft, Liebfrauenplatz 5, 55116 Mainz
Mitglieder: 2000
Mitarbeiter: 2
Jahresetat: DM 0,4 Mio, € 0,2 Mio

Die Erforschung des Druck- und Buchwesens zu fördern und die Forschungsergebnisse im Gutenberg-Jahrbuch und in den "Kleinen Drucken" der Gesellschaft zu veröffentlichen; das Gutenberg-Museum in Mainz ideell und materiell zu unterstützen.

• U 3 007

Graphiker-Verein e.V.
Postf. 43 04 03, 80734 München
T: (089) 34 45 20 **Fax:** 34 45 20
Internet: http://www.graphiker-vereinevmuenchen.de
Gründung: 1982
Vorsitzende(r): Prof. Leon Jonczyk (Ltg. Presse)

Stellvertretende(r) Vorsitzende(r): N. N.
Geschäftsführer(in): Dr. Yolanda Klesen (Ltg. PR)
Mitglieder: ca. 40

• **U 3 008**

Ring grafischer Fachhändler e.V.
Scipiostr. 5, 28279 Bremen
T: (0421) 83 93 40 **Fax:** 8 39 34 44
1. Vorsitzende(r): Hans-Werner Möhlenbrock

• **U 3 009**

Arbeitskreis Moderne Graphik
Postf. 21 33, 67211 Frankenthal
T: (06233) 4 13 17
Gründung: 1959
Vorsitzende(r): Dr. O. H. Schindler

• **U 3 010**

Institut für Buchwissenschaft der Johannes-Gutenberg-Universität Mainz
Universität
55099 Mainz
Jakob-Welder-Weg 18, 55128 Mainz
T: (06131) 3 92 25 80 **Fax:** 3 92 54 87
Internet: http://www.uni-mainz.de/FB/Geschichte/buwi
E-Mail: fuessel@mail.uni-mainz.de
Gründung: 1947
Prof. Dr. Stephan Füssel
Verbandszeitschrift: Mainzer Studien zur Buchwissenschaft
Verlag: Harrassowitz, Wiesbaden
Mitarbeiter: 12

• **U 3 011**

Typographische Gesellschaft München e.V.
Banatstr. 11, 81377 München
T: (089) 7 14 73 33 **Fax:** 71 53 01
Internet: http://www.tgm-online.de/
Gründung: 1890
1. Vorsitzende(r): Rudolf P. Gorbach
2. Vorsitzende(r): Yvonne Schwemer-Scheddin

• **U 3 012**

Deutsches Nationalkomitee des Internationalen Museumsrates (ICOM)
c/o Deutsches Historisches Museum
Unter den Linden 2, 10117 Berlin
T: (030) 2 03 04-120 **Fax:** 2 03 04-122
Gründung: 1946
Präsident(in): Dr. Hans-Martin Hinz
Mitglieder: 1650

• **U 3 013**

Gutenberg-Museum
Weltmuseum der Druckkunst
Liebfrauenplatz 5, 55116 Mainz
T: (06131) 12 26 40, 12 26 44 **Fax:** 12 34 88
Gründung: 1900
Leitung: Dr. Eva-Maria Hanebutt-Benz
Vertreter: Dr. Claus Maywald-Pitellos
Dr. Cornelia Schneider
Verbandszeitschrift: Gutenberg-Jahrbuch
Redaktion: Prof. Dr. St. Füssel
Verlag: Gutenberg-Gesellschaft
Mitglieder: Gutenberg-Gesellschaft ca. 2000
Mitarbeiter: ca. 37

• **U 3 014**

Verein Deutsches Tapetenmuseum e.V.
Brüder-Grimm-Platz 5, 34117 Kassel
T: (0561) 7 84 61 41 **Fax:** 7 84 62 22
Gründung: 1921
Vorsitzende(r): Peter Iven
Stellvertretende(r) Vorsitzende(r): Ullrich Eitel
Hauptgeschäftsführer(in): Gerrit Rasch (Schatzmeister)
Leitung Presseabteilung: Dr. Sabine Thümmler
Mitglieder: 311

• **U 3 015**

Museumspädagogische Gesellschaft e.V.
Schaevenstr. 1b, 50676 Köln
T: (0221) 22 12 40 76 **Fax:** 22 12 45 44
Gründung: 1978
Vorsitzende(r): Prof. Dr. Heijo Klein
2. Vorsitzende(r): Prof. Dr. Peter Noelke (Direktor des Museumsdienstes Köln)
Mitglieder: ca. 400

• **U 3 016**

Verband der Funkamateure in Telekommunikation und Post (VFDB) e.V.
Blumenstr. 5a, 52511 Geilenkirchen
T: (02451) 77 44 **Fax:** 77 24
E-Mail: DL6IM@t-online.de
Gründung: 1950 (11. Januar)
Vorsitzende(r): Dipl.-Ing. Günter Schupp (Blumenstr. 5 a, 52511 Geilenkirchen)
Stellvertretende(r) Vorsitzende(r): Dipl.-Ing. Fritz Wiefelspütz (Bartningstr. 10, 64289 Darmstadt, T: (06151) 71 09 11, Telefax: (06151) 71 09 31, E-Mail: DL6FC@t-online.de)
Geschf. u. Ltg. Presseabt.: Renate Schupp (Blumenstr. 5 a, 52511 Geilenkirchen, T: (02451) 77 44, Fax: (02451) 77 24, E-Mail: DL6IM@t-online.de)
Verbandszeitschrift: CQ VFDB
Redaktion: Renate Schupp
Verlag: Blumenstr. 5a, 52511 Geilenkirchen
Mitglieder: 4000
16 Bezirksverbände, 93 Ortsverbände

• **U 3 017**

Gesellschaft der Freunde der Geschichte des Funkwesens - GFGF- e.V.
Böcklinstr. 4, 60596 Frankfurt
T: (069) 63 67 24 **Fax:** 69 06 60 25
Internet: http://www.gfgf.de
Gründung: 1978
Vorsitzende(r): Dipl.-Ing. Karlheinz Kratz, Frankfurt
Geschäftsführer(in): Alfred Beier (Förstenbergstr. 28, 38644 Goslar)
Dipl.-Ing. Winfried Müller
Verbandszeitschrift: Funkgeschichte
Redaktion: Dr. Herbert Börner, Wacholderweg 13, 98693 Ilmenau
Verlag: Druckerei Kretzschmar, Gehren
Mitglieder: 2300
Jahresetat: DM 0,1 Mio, € 0,05 Mio

• **U 3 018**

Runder Tisch Amateurfunk (RTA)
Lindenallee 4, 34225 Baunatal
T: (0561) 9 49 88-0 **Fax:** 9 49 88-50
Vorsitzende(r): Karl Erhard Vögele
Stellvertretende(r) Vorsitzende(r): Dr. Christof Rohner
Geschäftsführerin: Christina Volmer
Mitglieder: 12

• **U 3 019**

Allgemeines CB-Funker-Forum/Deutsche Funk Allianz e.V. (DFA)
Helmholtzstr. 11, 34127 Kassel
T: (0561) 89 37 42 **Fax:** 89 37 42
Internet: http://www.funk-allianz.de
Vorsitzende(r): Harald Westermann (Helmholtzstr. 11, 34127 Kassel)
Stellvertretende(r) Vorsitzende(r): Hajo Kamp (Rheinstr. 146, 51371 Leverkusen, Tu.Fax: (02173) 94 25 50)
Verbandszeitschrift: CB-Funk
Redaktion: Michael Büge
Mitglieder: ca. 1000
Anzahl der angeschlossenen Organisationen: 78

• **U 3 020**

Deutscher Amateur-Radio-Club e.V. (DARC)
Bundesverband für Amateurfunk in Deutschland
Lindenallee 4, 34225 Baunatal
T: (0561) 94 98 80 **Fax:** 9 49 88 50
E-Mail: darc@darc.de
Gründung: 1950 (9. September)
Vorsitzende(r): Karl Erhard Vögele
Stellvertretende(r) Vorsitzende(r): Dr. Walter Schlink
Jochen Hindrichs
Geschäftsführer(in): Bernd W. Häfner
Verbandszeitschrift: CQDL
Verlag: DARC-Verlag GmbH, Lindenallee 6, 34225 Baunatal
Mitglieder: 60000
Mitarbeiter: 32
Jahresetat: DM 6 Mio, € 3,07 Mio

• **U 3 021**

Deutscher Modellflieger Verband e.V. (DMFV)
Rochusstr. 104-106, 53123 Bonn
T: (0228) 9 78 50-0 **Fax:** 9 78 50-85
Gründung: 1972 (3. November)
Präsident(in): Hans Schwägerl
Vizepräsident(in): Willi Horn
Verbandszeitschrift: Der Modellflieger
Redaktion: Winfried Ohlgart
Verlag: s. DMFV
Mitglieder: 48000
Mitarbeiter: 7

• **U 3 022**

Verband der Mitfahr-Zentralen in Deutschland und Europa e.V.
Saarstr. 22, 50677 Köln
T: (0221) 24 35 32 **Fax:** 2 40 76 37
1. Vorsitzende(r): Thomas Kobusch
2. Vors.: Peter Lerch
Mitglieder: 14

• **U 3 023**

FAHR-Schlepper-Freunde e.V.
Bundesvereinigung der Freunde der FAHR-Landtechnik
Geschäftsstelle:
Edelweißstr. 9, 78244 Gottmadingen
T: (07731) 7 22 03, 7 26 18 **Fax:** (07734) 4 47 Auer
Gründung: 1988 (23. Juni)
Vorstand: Friedrich Graf (Vorsitzender)
Karl-Heinz Rigling (stellv. Vorsitzender)
Hermann Hussy (Geschäftsführer und Leiter Öffentlichkeitsarbeit)
Verbandszeitschrift: "FAHR-Schlepperpost"
Redaktion: Hermann Hussy
Verlag: FAHR-Schlepper-Freunde e.V., Edelweiß-Str. 9, 78244 Gottmadingen
Mitglieder: 1480
Mitarbeiter: 2

• **U 3 024**

Verband Deutscher Seilbahnen und Schlepplifte e.V. (VDS)
Westendstr. 199, 80686 München
T: (089) 57 91-1315, 57 91-1318 **Fax:** 57 91-1316
Internet: http://www.seilbahnen.de
E-Mail: info@seilbahnen.de, vds@seilbahnen.de
Gründung: 1955
Vorsitzende(r): Dipl.-Ing. Wolfgang Bosch
Stellvertretende(r) Vorsitzende(r): Dr.-Ing. Peter Hirt
Bürgermeister Stefan Wirbser
Geschäftsführer(in): RA'in Helga Wagner
Mitglieder: 177
Mitarbeiter: 3

• **U 3 025**

Berliner Empfangsamateure e.V.
Verein für den Rundfunk-Fernempfang
Postf. 20 01 13, 13511 Berlin
T: (030) 3 32 39 53 **Fax:** 3 32 39 53
E-Mail: wellenjagd@aol.com
Gründung: 1979 (6. Dezember)
Vorsitzende(r): Dietmar Steinigen
Stellvertretende(r) Vorsitzende(r): Jürgen Waga
Verbandszeitschrift: WELLENJAGD
Redaktion: Wilhelmstr. 149, 13595 Berlin
Verlag: siehe Redaktionsanschrift
Mitglieder: 45
Mitarbeiter: 7

• **U 3 026**

Kirchliche Gemeinschaftsstelle für elektronische Datenverarbeitung e.V.
Hainer Weg 26-28, 60599 Frankfurt
T: (069) 60 92-0 **Fax:** 60 92-125
Internet: http://www.kigst.de
E-Mail: kigst@kigst.de
Gründung: 1968 (10. Dezember)
Vorsitzende(r): Dipl.-Volksw. Manfred Gutmann
Geschäftsführer(in): Dipl.-Ing. Rolf Spenkuch
Mitglieder: 43
Mitarbeiter: 25

• **U 3 027**

Arbeitsgemeinschaft MBK Missionarisch-biblische Dienste unter Jugendlichen und Berufstätigen e.V.
Hermann-Löns-Str. 14, 32105 Bad Salzuflen
T: (05222) 18 05-0 **Fax:** 18 05-27
Gründung: 1919
Präsident(in): N. N.
Geschäftsführer(in): Michael Stöhr
Verbandszeitschrift: Freundesbrief

• **U 3 028**

Missionswissenschaftliches Institut Missio e.V.
Goethestr. 43, 52064 Aachen
T: (0241) 75 07-327 **Fax:** 75 07-335
Internet: http://www.mwi-aachen.de
E-Mail: mwi@missio-aachen.de
Vorstand: Pater Hermann Schalück (Vors.; ofm)
Direktor(in): Dr. Josef Estermann

• **U 3 029**

„Erste Raucher Lobby"
Pressebüro Browers, Heinz Browers
Enzianweg 4, 83236 Übersee
T: (08642) 13 08 oder 16 31 **Fax:** 13 08
Gründung: 1986 (1. Mai)

• U 3 030
DIFA FORUM E.V.
(DEUTSCHE INITIATIVE ZUR FÖRDERUNG EINES VERANTWORTUNGSVOLLEN UMGANGS MIT ALKOHOLHALTIGEN GENUSSMITTELN)
Dotzheimer Str. 107, 65197 Wiesbaden
T: (0611) 1 84 46-0 **Fax:** 1 84 46-66
Internet: http://www.difa-forum.de
E-Mail: difaforum@aol.com
Gründung: 1992
Präsident: Jürgen Pabst (Berentzen-Gruppe AG)
Geschäftsführer(in): Michael Gentsch
Verbandszeitschrift: DIFA FORUM-Magazin
Redaktion: DIFA FORUM E.V., Dotzheimer Str. 107, 65197 Wiesbaden
Mitglieder: 38 (15 Unternehmen, 7 Fachverbände, 2 Verlage, 11 persönliche Mitglieder, 3 sonstige)
Mitarbeiter: 4
Jahresetat: ca. DM 1,5 Mio, € 0,77 Mio

• U 3 031
The California Association of Germany e.V.
Bockenheimer Landstr. 97, 60325 Frankfurt
T: (069) 7 43 24 61 **Fax:** 74 50 05
Gründung: 1994 (Juni)
Vorstand: Trudi Schifter (Vors.; California Office of Trade and Investment)
David Hart (Frankfurter Allgemeine Zeitung)
Michael Haug (Projekt Team Haug)
Klaus-Peter Krupp (Walter Krupp Dieseltechnik GmbH)
Cathy J. Matz (Finanzdienstleistungen)
Gernot A. Warmuth (Scheiber & Partner)
Martin Wilke (Acc. + Management Consult Intl. GmbH)
Mitglieder: 82

• U 3 032
Vereinigung für Internationale Zusammenarbeit
Sekretariat:
Ahrstr. 45, 53175 Bonn
T: (0228) 30 22 64 **Fax:** 30 22 70
Gründung: 1973
Sprecher: Dr. Heinz Bühler (Stv. Kurator der Dt. Stiftung f. int. Entwicklung (DSE), Rauchstr. 22, 10787 Berlin, T: (030) 2 54 33-0, Fax: 2 54 33-380)
Mitglieder: 9
Mitarbeiter: 1

• U 3 033
Sokratische Gesellschaft e.V.
Pfeffinger Weg 33, 83512 Wasserburg
T: (08071) 29 19
Gründung: 1972 (12. September)
1. Vorsitzende(r): Dr. Wolfgang von der Weppen
2. Vorsitzende(r): Alfred Lehner
Sachwalter, Wirtschaftsprüfer: Dr. Erich A. Weilbach
Sekretär: Jutta Bader
Mitglieder: 150

• U 3 034
Vegetarier-Bund Deutschlands e.V.
Geschäftsstelle:
Blumenstr. 3, 30159 Hannover
T: (0511) 3 63 20 50 **Fax:** 3 63 20 07
Internet: http://www.vegetarierbund.de
E-Mail: info@vegetarierbund.de
Gründung: 1946 (1892)
Vorsitzende(r): Thomas Schönberger (20535 Hamburg)
Stellvertretende(r) Vorsitzende(r): Hildegund Scholvien (Friedhofstr. 12, 67693 Fischbach)
Verbandszeitschrift: natürlich vegetarisch
Verlag: Vegetarier-Bund Deutschlands, Blumenstr. 3, 30159 Hannover

• U 3 035
Arbeitsgemeinschaft "Reiseweg Nürnberg-Pyhrn-Adria"
c/o Redaktionsbüro Walchshöfer
Gustav-Adolf-Str. 34, 91154 Roth
T: (09171) 10 20 **Fax:** 10 20
Gründung: 1971
Präsident(in): Gerhard Skoff, Wien
Vizepräsident(in): Mario Zmajević, Zagreb
Alfred Helbrich, Regensburg
Geschäftsführer(in): Herbert Walchshöfer (Ltg. Presseabteilung), Nürnberg
Mitglieder: 25
Mitarbeiter: 2
Jahresetat: rd. DM 0,125 Mio, € 0,06 Mio

• U 3 036
Verband Deutscher Altpfadfindergilden e.V.
Hölterstr. 4, 45470 Mülheim
T: (0208) 3 42 75
Gründung: 1967 Juni
Vorsitzende(r): Herbert H. Krisam
Stellvertretende(r) Vorsitzende(r): Christa Schmeißer
Geschäftsführer(in): Manfred Bosse
Schatzmeister: Wolfgang Scheel
Intern. Sekretärin: Angela Dernbach
Verbandszeitschrift: "gilde"
Redaktion: Wolfgang Stoverock

• U 3 037
Antik Modellflugfreunde Deutschland e.V. (AMD)
Postf. 10 01 03, 74501 Schwäbisch Hall
T: (0791) 5 16 90 **Fax:** 5 16 90
Vorsitzende(r): Leo Bussmeier

Noch Fragen?

Wie ein Puzzle ergänzen sich die einzelnen Hoppenstedt-Handbücher sowie die elektronischen Medien von Hoppenstedt zu einem umfassenden und fundierten Informationspool. Wenn Sie in diesem Handbuch trotz seiner Informationsvielfalt nicht alles finden, was Sie gerne wissen möchten, nutzen Sie die ergänzenden Angebote aus unserem Verlagsprogramm. Ein Beispiel stellen wir Ihnen hier kurz vor.

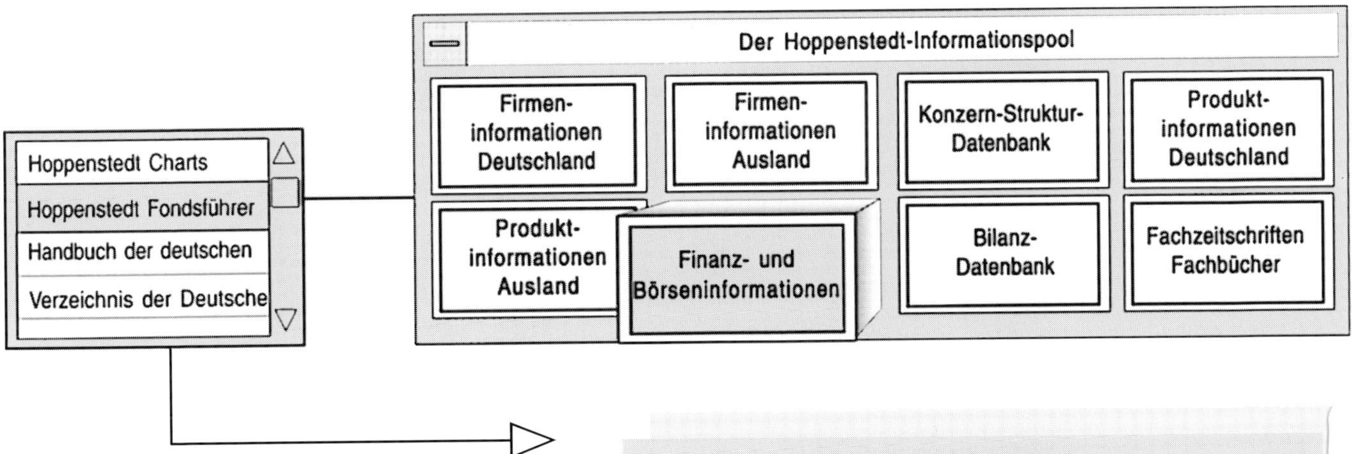

Finanz- und Börseninformationen

Hoppenstedt Fondsführer Das Standardwerk für professionelle Fondsanalysen

- mit ausführlichen Darstellungen von über 2.900 Fonds, die in Deutschland und im deutschsprachigen Raum angeboten werden
- mit detaillierten Informationen über 285 Verwaltungsgesellschaften
- mit umfangreicher Performancetabelle
- mit den deutschen Investmentgesetzen
- erscheint jährlich im Juli als Buch und viermal im Jahr als CD
- Format DIN A4, 1.700 Seiten

Fordern Sie unter Fax 06151/380-360 oder telefonisch unter 06151/380-0 weitere Informationen oder ein Angebot an.

Inhalt

IZ Internationale und europäische Organisationen

I. Staatliche Organisationen in Europa

II. Internationale und europäische Organisationen

Abkürzungen internationaler Zusammenschlüsse

Dieses Verzeichnis enthält die Abkürzungen und die Namen internationaler Verbände. Ein Abkürzungsverzeichnis der deutschen Verbände steht am Anfang.

Die nach den Verbandsnamen stehenden Buchstaben und Kennziffern verweisen auf die jeweiligen Verbände, die im anschließenden Teil „Internationale Zusammenschlüsse" veröffentlicht sind.

A

AAC
Verband der Getreidestärke-Hersteller der EG → IZ F 2 272

AAI
Athletic Association of Ireland → iz u 429

ACE
Bund für Getränkekartons und die Umwelt → IZ F 174

ACEA
Dachverband der Europäischen Automobilhersteller → IZ F 191

ACEM
Verband der Motorrad-Industrie in Europa → IZ F 2 302

ACFCI
Assemblée des Chambres Françaises de Commerce et d'Industrie → iz e 10

ACI
Internationaler Rat der Flughäfen → IZ M 209

ACISJF/IN VIA
Internationaler Verband Katholischer Mädchensozialarbeit → IZ U 215

ACME
Europäischer Genossenschaftlicher und Wechselseitiger Versicherungsverband → IZ K 37, iz k 51

ACOM
Vereinigung der Sammler olympischer Andenken → IZ U 498

ACSI
Associazione Centri Sportivi Italiani → iz u 431

ACT
Vereinigung des europäischen kommerziellen Fernsehens → IZ O 58

ACWW
Welt-Landfrauen-Verband → IZ Q 160

ADDE
Vereinigung des Europäischen Dental-Medizinischen Großhandels → IZ G 189

AEA
Verband Europäischer Luftverkehrsgesellschaften → IZ F 2 234

A.E.C.A.
Amerikanischer-Europäischer Gemeinschaftsverband → IZ U 504

AECC
Verband für Emissionsregelung mit Katalysator → IZ T 585

AECMA
Europäischer Verband der Luft- und Raumfahrtindustrie → IZ F 2 180

AECNP/EANPC
Europäische Vereinigung der nationalen Produktivitätszentralen → IZ U 2

AEDA
Europäischer Verband für das Recht auf Nahrung → IZ T 819

AEDPT
Asociacion Espanola de Deporte Para Todos → iz u 446

AEDT
Europäische Vereinigung der Spitzenverbände des Textileinzelhandels → IZ H 405

AEEBC
Europäische Vereinigung der Bau- und Gebäudesachverständigen → IZ S 436

AEEC
Verband europäischer Express-Speditionen → IZ M 223

AEGEE-Europe
Vereinigung der Europäischen Studentenschaft → IZ T 969

AEGPL
Europäischer Verband der Flüssiggase → IZ L 88

AEGRAFLEX
Europäische Vereinigung der Graveure und Flexografen → IZ G 72

AEH
Europäische Behindertenaktion → IZ U 255

AEI
Aktion in Europa für Bildung, Erfindung und Innovation → IZ T 942

AEI
Luftfahrt-Ingenieure International → IZ S 601

AEIAR
Europäische Vereinigung der Institutionen für die Neuordnung des ländlichen Raumes → IZ Q 48

AEIBS
Europäischer Verband für Gesundheitsinformationen und -Büchereien → IZ T 747

AEIJC
Internationaler Christlicher Jugendaustausch → IZ U 195

AEMB
Europäischer Viehmärkteverband → IZ H 178

AER
Europäische Radiovereinigung → IZ O 43

AEROBAL
Europäische Vereinigung der Hersteller von Aluminium-Aerosoldosen → IZ F 670

AERTEL
Europäische Vereinigung Schmalweberei, Flechterei und Elastische Gewebe → IZ F 835

AESA
Vereinigung Europäischer Verkaufs- und Marketingkräfte → IZ R 257

AESGP
Europäischer Fachverband der Arzneimittel-Hersteller → IZ F 1 030, iz f 2 701

AESIG
Asociatión Española de Sistemas de Información Geográfica → iz t 185

AESMAR
Associación Española de Suministradores Marítimos → iz f 2 016

AESOR
Vereinigung Europäischer Unteroffiziere der Reserve → IZ R 256

AEUSCO
Europäischer Verband der Optometrieschulen- und Lehranstalten → IZ T 950

AEVPC
Europäische Vereinigung des Versandhandels → IZ H 420, iz h 522

AEXEA
Arbeitsgemeinschaft der Europäischen Anerkannten Sachverständigen → IZ S 683

AFCASOLE
Vereinigung der Hersteller von löslichem Kaffee der EG-Länder → IZ F 2 612

AFCOS
Association des Fabricants de Conteneurs Souples → iz f 1 275

AFECI
Vereinigung der Europäischen Hersteller von Durchlauf-Gas-Wassererhitzern und -Badeöfen sowie -Umlauf Gas-Wassererhitzern → IZ F 2 517

AFG
Verband der Glukosehersteller in der EU → IZ F 2 273

AFIGÉO
Association Française pour l'Information Géographique → iz t 174

AGFIS
Allgemeiner Verband der Internationalen Sportvereinigungen → IZ U 373

AGI
Association for Geographic Information → iz t 176

AGMVR
Asociatia Generala a Medicilor Veterinarin din Romania → iz s 1 17.30

AIAG
Internationale Vereinigung der Hagelversicherer → IZ K 57

AIBI
Internationaler Verband der Backwaren-Industrie → IZ F 1 931

AIBI
Internationaler Verband der Brotindustrie → IZ F 1 932

AICA
Internationaler Kunstkritikerverband → IZ S 679

AICB
Internationale Vereinigung gegen den Lärm → IZ U 268

A.I.C.C.
Association of Irish Contract Caterers → iz f 1 298

AICCF
Internationale Eisenbahn-Kongreß-Vereinigung → IZ M 36

AICE
Verband für innovative Zusammenarbeit in Europa → IZ U 719

AICP
Associaçao da Indústria Cervejeira Portuguesa → iz f 1 014, iz f 2 469

AICS
Associazione Italia Cultura Sport → iz u 432

AICV
Vereinigung der Obst- und Fruchtweinindustrie der EU → IZ F 2 636

AICVS
Internationale Vereinigung des Gewaltlosensportes → IZ U 269

AIDA
Internationale Vereinigung des Handels → IZ H 258

AIDA
Internationale Vereinigung für Versicherungsrecht → IZ T 847

AIDA
Internationale Vereinigung von Versicherungsjuristen → IZ T 849

A.I.D.A.A.
Internationale Vereinigung der Audiovisuellen Autoren → IZ S 675

AIE
Internationale Vereinigung der Unternehmen für elektrische Anlagen → iz f 970, IZ F 1 884

AIECE
Vereinigung Europäischer Konjunktur-Institute → IZ T 530

AIEEA
Internationale Vereinigung für das Studium der Versicherungswirtschaft → IZ T 520

AIEP
Internationale Vereinigung der Anschlußgleise-Benützer -IVA- → IZ M 52

AIFLD
Vereinigung der Gemüse- und Obsttrocknungsindustrie in der EG → IZ F 2 607

AIII
Internationale Vereinigung der industriellen Strahlenbelastung → IZ F 1 871

A.I.I.P.A.
Associazione Italiana Industriali Prodotti Alimentari → iz f 77, iz f 451, iz f 468, iz f 816, iz f 1 146, iz f 1 253, iz f 1 265, iz f 1 423, iz f 1 745, iz f 2 135, iz f 2 611, iz f 2 616, iz f 2 630, iz h 169

AIJA
Internationale Vereinigung Junger Rechtsanwälte → IZ S 231

AIJP
Internationale Vereinigung der Philatelie-Journalisten → IZ S 677

AIM
Association Internationale de la Mutualité → IZ K 35

AIM
Europäischer Markenverband → IZ U 42

AIMMAP
Associação dos Industriais Metalúrgicos, Metalomecânicos e Afins de Portugal → iz f 590

AIN
Associazione Italiana Nucleare → iz l 38

A.I.O.
Associazione Italiana Odontoiatri → iz s 196

AIORMS
Internationale Olympische Vereinigung für sportmedizinische Forschung → IZ T 779

AIOSP
Internationale Vereinigung für Schul- und Berufsberatung → IZ T 962

AIPCEE
Vereinigung der Fischindustrie in der E.U. → IZ F 2 583

AIPCR/PIARC
Straßen Weltorganisation → IZ M 125

AIPH
Internationaler Verband des Erwerbsgartenbaues → IZ Q 103

AIPPI
Internationale Vereinigung für gewerblichen Rechtsschutz (IVfgR) → IZ U 103

AIS
Internationale Seiden-Vereinigung → IZ F 1 816

AISAM
Internationale Vereinigung der Versicherungsgesellschaften auf Gegenseitigkeit → IZ K 49

A.I.S.E.
Internationale Vereinigung der Seifen- und Waschmittel- und Pflegemittel-Industrie → IZ F 1 873

AIT
Alliance Internationale de Tourisme → IZ N 43

AITA/IATA
Internationale Amateurtheater-Organisation → IZ O 8

AITC
Internationaler Verband der Konferenzübersetzer → IZ S 676

AIUFFASS
Internationaler Verband der Verarbeiter von Chemiefaserfilament und Naturseidengarnen → IZ F 1 939

A.J.P.A.E.
Vereinigung der Journalisten der Luft- und Raumfahrt → IZ S 682

AJP/MCP
Jugendaktion für den Frieden (Christliche Bewegung für den Frieden) → IZ U 365

ALAI
ALAI Deutsche Landesgruppe → IZ U 503

AII
Associacao dos Insuilinos Lisbonenses → iz u 90

AMFEP
Verband der Hersteller von Produkten aus gegärten Enzymen → IZ F 2 277

AMGE-Europe
Weltverband der Pfadfinderinnen - Region Europa → IZ U 250

AMUE
Assoziation für die Europäische Währungsunion → IZ I 126

AMUFOC
Verband der Futter-Saatgutfirmen der EG → IZ Q 146

ANCI
Associazione Nazionale Calzaturifici Italiani → iz f 854

A.N.D.I.
Associazione Nationale Dentisti Italiani → iz s 195

ANIRSF
Associacao Nacional dos Industriais de Refrigerantes e Sumos de Frutos → iz f 79

A.N.P.A.N.
Associazione Nazionale Provveditori Appaltatori Navali → iz f 2 012

AOCFE
Association of Career Management Consulting Firms Europe → IZ U 505

AOES
Ökumenische Vereinigung für Kirche und Gesellschaft → IZ U 368

APAG
Europäische Vereinigung der ölchemischen und verwandten Produkte → IZ F 788

APEAL
Verband der europäischen Hersteller von Stahl für Verpackungen → IZ F 2 160

APEC
Europäischer Verband für Kabelverbreitung → IZ T 882

APFIC
Asia-Pazifische Fischerei Kommission → IZ W 1

API
Verband der Isoglucoseerzeuger der EU → IZ F 2 280

APIC
Ausschuß für pharmazeutische Wirkstoffe → IZ F 84

APICCAPS
Associacao Portuguesa dos Industriais de Calcado Componentes e Artigos de Peles e seus Sucedaneos → iz f 856

APIGTP
Associaçâo Portuguesa das Industrias Graficas e Transformadoras do Papel → iz f 1 811, iz f 1 850

APIMONDIA
Internationaler Verband der Bienenzüchter-Vereinigungen → IZ Q 102

APME
Verein der Kunststofferzeugenden Industrie in Europa → IZ F 2 455

ARC
Advertising Review Council → iz o 1 36.10

ARGE ALP
Arbeitsgemeinschaft Alpenländer → IZ Q 222

ARGE
Arbeitsgemeinschaft der Verbände der Europäischen Schloss- und Beschlagindustrie → IZ F 24

ARISF
Verband der von der IOC anerkannten internationalen Sportvereine → IZ U 497

ASASA
Advertising Standards Authority of South Africa → iz o 135

ASASP
Verband der Hersteller synthetischen amorphen Silizium (IV)-oxids (Silica) → IZ F 2 279

ASEFCA
Asociación Española de Fabricantes de Colas y Adhesivos → iz f 2 213

ASKÖ
Arbeitsgemeinschaft für Sport und Körperkultur in Österreich → iz u 439
ASOIF
Verband der Internationalen Olympischen Sommerspielvereinigungen → IZ U 496
ASPEC
Verband der Sorbithersteller in der EG → IZ F 2 323
ASPHER
Vereinigung der Schulen für das öffentliche Gesundheitswesen im Europäischen Bereich → IZ T 972
ASSCO
Europäische Vereinigung der Hersteller von Verpackungen aus Vollpappe → IZ F 731
ASSIFONTE
Vereinigung der Schmelzkäseindustrie in der E.U. → IZ Q 162
ASSINSEL
Internationaler Verband der Pflanzenzüchter für den Schutz von Pflanzenzüchtungen → IZ T 643
ASSITEJ
Internationale Vereinigung des Theaters für Kinder und Jugendliche → IZ O 13
ASSUC
Vereinigung der Zuckerhandels-Verbände für die EU-Länder → iz h 198, IZ H 351
ATEE
Vereinigung für Lehrerbildung in Europa → IZ T 970
a.v.e.c.
Vereinigung der Geflügelschlachtereien und des Geflügelimport- und Exporthandels der E.U.-Länder → IZ H 321

B

BASA
British Adhesives & Sealants Association → iz f 2 204
basa
British Automatic Sprinkler Association Ltd. → iz f 1 586
BAWK
Bulgarian Water Supply and Sewerage Association → iz l 116
BB
AVEVE/BOERENBOND → iz p 4
BEDA
Büro der Europäischen Designer-Verbände → IZ S 652
BEF
Bund Europäischer Farbberater → IZ S 684
BENELUX
Wirtschafts-Union zwischen Belgien, den Niederlanden und Luxemburg → IZ W 11
BEUC
Europäischer Verbraucherverband → IZ U 129
BFA
British Footwear Association → iz f 852
B.F.I.D.A.
British Food Importers & Distributors Association → iz h 108
BIAP
Internationales Büro für Audiophonologie → IZ T 229
BIC
Internationales Container-Büro → IZ M 221
BIE
Internationales Ausstellungs-Büro → IZ O 242
BIEM
Internationales Büro für mechanische Vervielfältigungsrechte → IZ U 107
BIMCO
Rat der Ostsee und der internationalen Seefahrt → IZ M 190
BIPAR
Internationaler Verband der Versicherungs- und Rückversicherungs-Vermittler → IZ K 59
BIPAVER
Internationale Vereinigung der Nationalen Verbände der Reifenspezialisten und Runderneuerer → IZ F 1 872
BIPM
Internationales Büro für Maß und Gewicht → IZ W 33
B.I.R.
Bureau of International Recycling → IZ F 187
BLIC
Verbindungs-Büro der Kautschuk-Industrie der EU → IZ F 2 381
BNIF
British Nuclear Industry Forum → iz l 37
BNSP
Beroepsvereninging van Stedebouwkundigen en Planologen → iz s 478
BVA
British Veterinary Association → iz s 1 17.06
BWSU
Bulgarian Workers Sport Union → iz u 4 47.20

C

CA
Cadmium-Verband → IZ F 189
CA
Consumers' Association → iz u 140
CAAED
Zentralverwaltung des Umweltschutzes unter künstlerischen Aspekten → IZ U 724
CAE
Europäische Vereinigung der Architekten → IZ S 687
CAEF
Vereinigung Europäischer Gießereiverbände → IZ F 2 561
CAFIM
Vereinigung der Europäischen Musik Industrien → IZ G 188
CAI
Consumers' Association of Ireland → iz u 143
CANDLES
Europäische Vereinigung der Verbände der Kerzenhersteller → IZ F 894
CAOBISCO
Verband der Schokolade-, Dauerbackwaren- und Zuckerwarenindustrien der EU → IZ F 2 304
ČAOH
Česka Asociace Odpadového Hospodárstvi → iz f 188
CAPIEL
Koordinierendes Komitee der Fachverbände der Schaltgerätehersteller in der Europäischen Union → IZ F 238
CARTOON
Europäische Vereinigung des Zeichentrickfilms → IZ O 21
CB
Consumentenbond → iz u 147
CBM
National Metalforming Centre → iz f 2 511
CCA
Comitato Consumatori Altroconsumo → iz u 145
CCBE
Rat der Anwaltschaften der Europäischen Gemeinschaft → IZ S 233
CCIVS
Koordinierungs-Ausschuß für den Internationalen Freiwilligen-Dienst → IZ V 29
CCR
Zentralkommission für die Rheinschiffahrt → IZ M 203
CDDS
Komitee für die Entwicklung des Sportes (vom Europarat) → IZ U 492
CDVGP
Verband des Geflügel- und Wildeinzelhandels in der EG → IZ H 520
CDYU
Christian Democratic Youth of Ukraine → iz u 348
CE
Europarat → IZ B 234
CEA
Europäische Versicherungs-Vereinigung → IZ K 1
CEA
Verband der europäischen Landwirtschaft → IZ Q 145
CEB
Europäisches Komitee der Brennerhersteller → IZ F 266
CEC
Europäische Vereinigung der Schuh-Industrie → IZ F 845
CEC
Europäischer Verband der Führungskräfte → IZ R 182
CECCM
Zusammenschluß der Zigarettenhersteller der EU → IZ F 2 774
CECE
Europäisches Baumaschinen-Komitee → IZ F 1 510
CECED
Europäischer Verband der Hersteller von Hausgeräten → IZ F 1 310
CECIMO
Europäisches Komitee für die Zusammenarbeit der Werkzeugmaschinen-Industrien → IZ F 1 556
CECIP
Europäischer Ausschuß der Waagen-Hersteller → IZ F 985
CECOD
Europäisches Komitee der europäischen Hersteller von Erdölmess- und Verteilanlagen → IZ L 89
CECODE
Zentrum des Europäischen Einzelhandels → iz h 22, iz h 527, IZ H 529
CECOF
Europäisches Komitee der Hersteller von Industrieöfen und Industrie-Wärmeanlagen → IZ F 1 601
CECOMAF
Europäisches Komitee der Hersteller von Luft- und Kältetechnischen Maschinen und Anlagen → IZ F 1 610
CECOP
Europäisches Komitee der Arbeits- und Produktionsgenossenschaften → IZ P 25
CECRA
Europäischer Verband des Kraftfahrzeuggewerbes → IZ H 473
CECSO
Europäischer Ausschuß für feste Brennstoffe → IZ L 81
CECT
Europäisches Komitee für den Dampfkessel-, Behälter- und Rohrleitungsbau → IZ F 1 533
CECU
Confederacion Estatal de Consumidores y Usuarios → iz u 155
CED
Conföderation der Europäischen Drogistenverbände → IZ H 362
CED
Forschungs- und Dokumentations-Zentrum für das Sprachenproblem (wörtlich) → IZ T 149
CEDAG
Europäisches Aktionskomitee Freier Verbände → IZ U 578
CEDI
Europaverband der Selbständigen → IZ R 37
CEDIGAZ
Internationales Informationszentrum für Erdgas u. andere Kohlenwasserstoffgase → IZ L 91
CEDIM
Europäischer Ausschuß der nationalen Verbände der Lederwaren- und Reiseartikel-Hersteller und verwandter Industrien → IZ F 974
CEDT
Europäischer Bund der Tabakwareneinzelhändler → IZ H 435
CEEC
Europäisches Komitee für katholischen Unterricht und Erziehung → IZ U 355
CEEP
Europäischer Zentralverband der Öffentlichen Wirtschaft → IZ F 1 508
CEEREAL
Europäischer Verband für Getreidenährmittel → IZ F 1 245
CEES
Europäisches Zentrum der Studien von Silikaten → IZ F 1 694
CEETB
Europäischer Ausschuß für technische Gebäudeausrüstung → IZ F 968
CEETTAR
Europäischer Verband der Lohnunternehmer → IZ S 398
CEFACD
Europäischer Ausschuß der Heiz- und Kochgeräte-Industrie → IZ F 972
CEFIC
Europäischer Verband der Chemischen Industrie → IZ F 1 099, iz f 2 163
CEFS
Europäischer Verband der Zuckerindustrie → IZ F 1 466
CEG
Gruppe Verbraucher in Europa → iz u 142, IZ U 160
CEGROBB
Europäische Gemeinschaft der Bier-Großhandels-Verbände der EG-Länder → IZ H 45
CEHP/UEHP
Europäischer Rat für private Krankenhäuser & Europäische Union der unabhängigen Krankenhäuser → iz s 2, IZ T 733
CEI
Europäischer Maklerverband → IZ H 537
CEI-BOIS
Zentralverband der Europäischen Holzindustrie → IZ F 2 723
CEISAL
Europäischer Rat für Lateinamerika-Forschung → IZ T 865
CEJA
Europäischer Rat der Junglandwirte → IZ Q 68, iz t 957
CEJH
Europäischer Verband der Jugend im Gartenbau → IZ Q 70
CEL
Europäische Konföderation der Laryngektomierten → IZ U 254
CELC
Europäische Leinen- und Hanf-Vereinigung → IZ F 383
CELCAA
Europäisches Verbindungskomitee für den Handel mit landwirtschaftlichen Nahrungsmitteln → IZ H 192
CELIBRIDE
Internationale Verbindungsstelle der Stickerei-Gardinen und Spitzenindustrie → IZ F 1 819
CEMA
EG-Ausschuß des Europäischen Komitees der Verbände der Landmaschinen-Hersteller → IZ F 221
CEMAFON
Europäisches Komitee der Hersteller von Gießereimaschinen und Gießereiausrüstungen → IZ F 1 594
CEMATEX
Europäisches Komitee der Hersteller von Textilmaschinen → IZ F 1 621
CEMEP
Europäisches Komitee der Hersteller von elektrischen Maschinen und Leistungselektronik → IZ F 1 572
CEMT
Europäische Verkehrsminister-Konferenz → IZ A 218
CEN
Europäisches Komitee für Normung → IZ T 449
CENELEC
Europäisches Komitee für elektrotechnische Normung → IZ T 429
CEO
Europäisches Werkzeugkomitee → IZ F 1 692
CEOC
Europäische Vereinigung der Überwachungs-, Prüf- und Präventivorganisationen → IZ T 396
CEP
Ständige Europäische Konferenz für Straffälligen- und Bewährungshilfe → IZ U 717
CEPA
Bund der europäischen Vereinigungen der Schädlingsbekämpfer → IZ F 153
CEPE
Europäische Vereinigung der Lack-, Druckfarben- und Künstlerfarbenindustrie → IZ F 895
CEPFAR
Europäisches Zentrum zur Förderung der Ausbildung und Fortbildung in der Landwirtschaft und im ländlichen Raum → IZ T 956
CEPI
Europäischer Immobilienrat → IZ S 690
CEPI
Verband der Europäischen Papiererzeugenden Industrien → IZ F 109
CEPMC
Vereinigung Europäischer Baustoffhersteller → IZ F 2 545
CEPS
Europäischer Verband der Spirituosenhersteller → IZ F 1 428
CERAME-UNIE
Verbindungs-Büro der europäischen Keramischen Industrie → IZ F 2 371

CERN
Europäisches Laboratorium für Teilchenphysik → IZ T 103
CERP
Europäische Public Relations Vereinigung → IZ S 288
CESA
Verbindungsausschuß des Schiffbaus der EU → IZ F 2 361
CESCE
Europäischer Ausschuß der Betriebsberatungsdienste → IZ S 287
CESI
Europäische Union der Unabhängigen Gewerkschaften → IZ R 67
CESIO
Europäisches Komitee für Tenside und ihre organischen Zwischenstufen → IZ F 1 543
CESP
Europäische Konföderation der Spezialisten für Kinder- und Jugendmedizin → IZ S 66
CET
Europäisches Komitee des Drahtzieherei → IZ F 1 522
CET
Vereinigung der europäischen Keramikfliesen-Hersteller → iz f 2 372, IZ F 2 521
CETOP
Europäisches Komitee Ölhydraulik und Pneumatik → IZ F 1 678
CETS
Europäisches Komitee der Oberflächenbehandlungen → IZ F 1 663
CEV
Europäisches Zentrum für den Freiwilligen → IZ U 303
CEZ
Europäisches Zentrum für die Bildung im Versicherungswesen → IZ T 955
CFE
Vereinigung von europäischen Steuerberaterverbänden → IZ S 314
CFFSTB
Centrale des Federations Francophones du Sport Travailliste de Belgique → iz u 419
CIAA
Vereinigung der Ernährungsindustrie der EU → IZ F 2 489
CIAPG
Internationaler Verband der ehemaligen Kriegsgefangenen → IZ U 109
CIATF
Internationales Komitee Gießereitechnischer Vereinigungen → IZ T 307
CIBC
Internationaler Metzgermeister-Verband → IZ G 184, iz h 193
CIBE
Internationale Vereinigung Europäischer Rübenanbauer → IZ Q 75
CIBEP
Vereinigung des "Internationalen Handels mit Blumenzwiebeln und Pflanzen" → iz h 203, IZ H 337
CIBJO
Internationale Vereinigung Schmuck, Silberwaren, Diamanten, Perlen und Steine → IZ G 171
CIBP
Internationale Volksbankenvereinigung → IZ I 83
C.I.C.A.E.
Internationale Vereinigung der Filmkunst- und Experimentiertheater → IZ O 37
CICCE
Ausschuß der Europäischen Filmindustrien → IZ O 19
CICF
Chambre des Ingénieurs-Conseils de France → iz s 447, iz s 545
CICIAMS
Katholischer Weltbund für Krankenpflege → IZ R 239
CICILS
Internationaler Zusammenschluß des Hülsenfrucht-Handels und der Industrie → IZ H 307
CIDE
Arbeitsgemeinschaft Europäischer Trocknungsbetriebe → IZ F 13
CIDSE
Internationale Arbeitsgemeinschaft für Entwicklung und Solidarität → IZ U 304
CIEE
Council on International Educational Exchange e.V. → IZ T 966
CIEL
Centre International d'Études du Lindane → IZ F 190
CIELFFA
Internationales Komittee für Bandstahlkaltwalzenstudie → IZ F 1 964
CIETT
Internationale Vereinigung der Teilzeitarbeitsvermittler → IZ F 1 882
C.I.F.
Internationationale Vereinigung der Beamten → IZ T 876
CIFE
Europäisches Bildungsinstitut e.V. → IZ T 866
C.I.F.P.
Internationales Fair-Play-Komitee → IZ U 276
C.I.G.R.
Internationale Kommission für Agrartechnik → IZ T 636
CIGRÉ
Internationale Konferenz für große Hochspannungsnetze → IZ L 29
CIIA
Internationale Kommission der Landwirtschafts- und Ernährungs-Industrien → IZ F 1 800
CIJM
Internationales Komitee der Mittelmeerspiele → IZ U 488
CIM
Internationaler Rat für Musik → IZ O 15
CIMO
Vereinigung der Europäischen Frischobst und Gemüseimporteure und Vertriebsorganisationen → IZ H 308
C.I.N.O.A.
Internationale Kunsthändler-Vereinigung → IZ H 493
CIOMR
Interalliierte Vereinigung der Sanitätsoffiziere der Reserve → IZ R 203
CIOR
Interalliierte Reserveoffiziervereinigung → IZ R 202
CIPAC
Internationale Kommission für Pflanzenschutzmittel - Analysenmethoden → IZ T 294
CIPC
Ständiger Internationaler Ausschuß für Lebensmittelkonserven → IZ F 2 056
CIPCEL
Internationales Zellglas-Komitee → IZ F 1 965
CIPF
Internationale Vereinigung der Stroh-, Futtermittel-, Torfindustrie, sowie Derivate → IZ H 260
CIPF
Internationales Komitee für Kaltwalzen → IZ F 1 963
CIPRA
CIPRA-Deutschland e.V. Internationale Alpenschutzkommission → IZ Q 224
CIRCCE
Internationale Handelsvertreter-Vereinigung der Europäischen Gemeinschaft → IZ H 548
CIRET
Internationales Forschungszentrum für Konjunkturumfragen → IZ T 230
C.I.R.F.S.
Internationale Chemiefaservereinigung → IZ F 1 768
CIRIEC
Internationales Forschungs- und Informationszentrum für öffentliche Wirtschaft und Gemeinwirtschaft (I.F.I.G.) → IZ T 525
CISM
Internationaler Rat für Militärsport → IZ U 463
CISPR
Internationaler Sonder-Ausschuß für Störungen im Rundfunkverkehr → IZ W 30
CISS
Internationales Komite für Gehörlosensport → IZ U 487
CIT
Internationales Eisenbahntransportkomitee → IZ M 54
CITA
Internationaler Verband der Möbelstoff-Fabrikanten → IZ F 1 937
CITHA
Vereinigung internationaler Handelshausverbände → IZ H 338
CITPA
Internationale Konföderation der Verarbeiter von Papier und Pappe in Europa → IZ F 1 801
CITS
Internationale Kommission für Zuckertechnologie → IZ T 637
C.L.A.I.U.
Verbindungskomitee der Vereinigungen graduierter Ingenieure bei der EU → IZ S 649
CLCCR
Verbindungs-Ausschuß der Aufbauten- und Anhänger-Industrie → IZ F 2 324
CLCV
Confédération de la Consommation du Logement et du Cadre Vie → iz u 136
CLD
Verbindungsausschuß der europäischen Einzelhandelsverbände → IZ H 521
CLDCE
Zahnärztlicher Verbindungs-Ausschuß zur EU (ZÄV) → IZ S 185
CLECAT
Europäisches Verbindungscomite des Speditions- und Lagereigewerbes im Gemeinsamen Markt → IZ M 216
CLEDIPA
Europäisches Verbindungskomitee der selbständigen Vertriebsgesellschaften für Automobilaustauschteile und -ausrüstung → IZ H 210
CLEO
Europäisches Verbindungskomitee der Osteopathen → IZ S 110
CLGE
Verbindungsausschuß für Europäische Vermessungsexperten → IZ S 627
CLIMMAR
Internationale Vereinigung der Händler und Reparaturbetriebe für Landwirtschaftliche Maschinen - CLIMMAR → IZ H 517
CLITAM
Marinalg International → iz f 2 172, IZ F 2 454
CLITRAVI
Verbindungsstelle der Fleischverwertungs-Industrie der EG → IZ F 2 433
CLONG
Comité de liaison des organisations non gouvernementales de développement auprès de l'Union européenne → IZ U 306
CLPUE
Verbindungsausschuß der Podologen der Europäischen Union → IZ S 172
CMI
Internationale Seerecht Kommission → IZ T 845
CN
Naturopa Zentrum → IZ Q 255
cnc
Confédération nationale de Construction → iz f 340, iz g 27
CNE
Komitee der Nordseehafenspediteure → IZ M 222
CNIG
Centro Nacional de Informaçao Geográfica → iz t 182
CNISF
Conseil National des Ingénieurs et Scientifiques de France → iz s 485, iz s 506
CNUE
Ständige Konferenz der Notariate der EU → IZ S 234
COCERAL
Komitee des Getreide-, Futtermittel-, Ölsaaten, Olivenöl-, Ölen und Fetten und landwirtschaftlichen Betriebsmittelhandels in der E.U. → iz h 194, IZ H 272
COCIR
Europäischer Koordinierungsausschuß d. Röntgen- u. Elektromedizinischen Industrie → IZ F 1 066
C.O.E.S.S.
Europäischer Verband der Sicherheitsdienste → IZ G 129, iz g 143
COFACE
Bund der Familienorganisationen der Europäischen Union → IZ U 161
COFAG
Ausschuß der Glutaminsäurehersteller in der EG → IZ F 86, iz f 2 173
COFALEC
Ausschuß der Backhefehersteller der EG → IZ F 56
COGECA
Allgemeiner Ausschuß des Ländlichen Genossenschaftswesens der E.U. → IZ P 3, iz t 958
Cogen Europe
Europäischer Verband zur Förderung der Kraft Wärme Kopplung → IZ L 126
COLIBI
Verband der Fahrradhersteller in der EU → IZ F 2 394
COLIPA
Dachverband der europäischen Parfümerie, Kosmetik und Körperpflege-Industrie → IZ F 192
COLIPED
Verband der Hersteller von Teilen und Zubehör für Zweiräder in den EU-Ländern → IZ F 2 339
COMASSO
Vereinigung der Pflanzenzüchter der Europäischen Wirtschaftsgemeinschaft → IZ Q 147
COMBOIS
Internationale Gemeinschaft für Holztechnologie-Transfer e.V. → IZ T 287
CONCAWE
Zusammenschluß europäischer Ölgesellschaften für Umwelt-, Sicherheits- u. Gesundheitsschutz → IZ Q 257
CONFEMADERA
Confederatiòn Española de Empresarios de la Madera → iz f 2 754
COPA
Ausschuß der berufsständischen landwirtschaftlichen Organisationen der E.U. → IZ Q 1, iz t 959
CORESTA
Verbindungs-Zentrale für wissenschaftliche Tabak-Forschung → IZ T 647
COSEMCO
Saatgut-Komitee des Gemeinsamen Marktes → IZ Q 122
COSIACMS
Organisationskomitee für Internationale Automobil-, Fahrrad-, Motorrad- und Sportmessen → IZ O 244
COSPAR
Ausschuß für Raumforschung → IZ T 1
COTANCE
Zentralverband der Nationalen Vereinigungen der Gerber und Weißgerber in der E.U. → IZ F 2 757
COTREL
Europäisches Komitee für Zusammenarbeit der Fachverbände der Hersteller von Transformatoren in der EG → IZ F 1 544
CPEA and CEAA
Cyprus National Feani Commitee → iz s 527
C.P.H.E.
Ständiges Komitee der Europäischen Uhrmacherei → IZ G 187
CPIE
Zentrum der europäischen Immobilieneigentümer → IZ U 105
CP-ISRA
Internationaler Sport- und Freizeitbund der Hirngelähmten → IZ U 470
CPIV
Ständiger Ausschuß der Glas-Industrien in der EG → IZ F 2 026
CPIV
Ständiger Internationaler Ausschuß der Essighersteller - Gemeinsamer Markt - → IZ F 2 044
CPLK
Ständiger Verbindungsausschuß der Krankengymnastiker der EG → IZ S 153
CPVO
Gemeinschaftliches Sortenamt → IZ A 223
CRE
Europäische Rektorenkonferenz → IZ T 852
CRIET
Verband europäischer Textilveredler → IZ F 1 966
CSDF
The Cold Storage & Distribution Federation → iz f 780
CSFE
Chambre Syndicale Française de l'Échantéité → iz f 1 916
CSI
Internationale Seidenbau-Kommission → IZ W 18
CSIT
Internationaler Arbeitssportverband → IZ U 415
CSL
Commission Suisse pour la Loyauté → iz o 132
CTEF
Europäisches Technisches Fluor Komitee → IZ T 263

EFIL
Europäische Vereinigung für interkulturelles Lernen → IZ U 557
EFJC
Europa Cantat - Europäische Föderation Junger Chöre e.V. → IZ O 1
EFL
Europäische Frauenlobby → IZ U 164
EFLA
Europäisches Forum von nationalen Lift-Gesellschaften → IZ F 1 511
EFMA
Europäischer Verband der Düngemittel-Hersteller → IZ Q 69
EFMD
Europäische Stiftung für Managemententwicklung → IZ T 511
EFOA
Europäischer Verband für sauerstoffangereicherte Kraftstoffe → IZ F 1 271
EFOMP
Europäische Vereinigung für Medizinische Physik → IZ T 700
EFPA
Europäischer Verband der Hersteller von Lebensmittelphosphaten → IZ F 1 350
EFPA
Europäischer Verband für Lebensmittelverpackungen und Einweggeschirr → IZ F 1 268
EFPIA
Europäische Vereinigung der Verbände der pharmazeutischen Industrie → IZ F 916
EFQM
Europäische Stiftung für Qualitätsmanagement → IZ T 395
EFR
Europäischer Recycling-Verband für Eisen und Stahl → IZ F 1 126
EFRA
Europäischer Verband für Flammenhemmstoffe → IZ F 1 244
EFRP
Europäischer Bund für Altersversorgung → IZ I 81
EFSAC
Europäischer Rat für Brandschutz- und Sicherungstechnik → IZ K 55
EFTA
Europäische Freihandelsassoziation → IZ W 2
EFYSO
Europäischer Verband der Jugenddienst-Organisationen → IZ U 170
EGA
Europäischer Verband für Generika → IZ T 746
EGB
Europäischer Gewerkschaftsbund → IZ R 122
EGGA
Europäische Vereinigung für Allgemeine Verzinkung → IZ F 578
EGI
Europäisches Gewerkschaftsinstitut → IZ R 199
EGM
Europäische Behälter-Glasfabrikanten-Vereinigung → IZ F 277
EGS
Europäische Gesellschaft für Schriftpsychologie und Schriftexpertise e.V. → IZ S 685
EGTA
Europäischer Verband für Fernsehwerbung → IZ O 152
EGTYF
Europäische Guttempler Jugend Föderation → IZ U 169
EHG
Europäische Hippokrates Gesellschaft e.V. → IZ T 699
EHI
Europäisches Hochschulinstitut → IZ T 951
EHIA
Europäischer Verband für Kräutertee → IZ F 1 260
EHIMA
European Hearing Instrument Manufacturers Association → IZ F 1 695
EHPM
Europäische Vereinigung der Verbände der Reformwarenhersteller → IZ F 935
EI
Euro-Institut → IZ I 2
EIAJ
Verband der japanischen Elektronik-Industrie → IZ F 2 281
EIASM
Europäisches Institut für Managementlehre und -forschung → IZ T 953
EIB
Europäische Investitionsbank → IZ A 231
EIC
Europäische internationale Bauunternehmer → IZ F 339
EIF
Europäischer Invesitionsfonds → IZ I 4
EIFI
Europäisches Institut für technische Befestigungselemente → IZ F 1 513
EIGA
Europäischer Industriegaseverband → IZ F 1 064
EIPA
Europäisches Institut für öffentliche Verwaltung → IZ T 868
EIPC
Europäisches Institut für Gedruckte Schaltungen → IZ F 1 512
EIPOS
Europäisches Institut für postgraduale Bildung an der Technischen Universität Dresden e.V. → IZ T 954
EIRMA
Europäische Vereinigung für das Management der Industrieforschung → IZ T 257
E.I.S.A.
Vereinigung der europäischen unabhängigen Stahlerzeuger → IZ F 2 530
E.K.PI.ZO
Association for the Quality of Life → iz u 138
EKRPV
Europäische Kommunal- und Regionalpolitische Vereinigung → IZ U 309
ELA
Europäische Logistik-Vereinigung → IZ M 212
ELC
Verband der europäischen Industrie für Nahrungsmittelzusätze und Nahrungsmittelenzyme → IZ F 2 161
ELCA
Gemeinschaft des europäischen Garten-, Landschafts- und Sportplatzbaues → IZ S 410
ELCDHyg
Europäischer Verbindungsausschuß für Zahnhygiene → IZ T 761
ELDR
Die Europäische Liberale, Demokratische und Reform Partei → IZ U 369
ELF
Europäische Schlosservereinigung → IZ G 12
ELMA
Europäischer Verband für Längenmeßtechnik → IZ T 425
ELMO
Europäisches Komitee der Hersteller von Wäscherei- und Chemischreinigungsmaschinen → IZ F 1 641
ELSEVIE
Hellenic Association of Footwear Manufacturers and Exporters → iz f 851
EMBA
Europäischer Methylbromid-Verband → IZ F 1 077
EMBALPACK
Europäischer Verband der Hersteller von Verpackungspapieren → IZ F 1 368
EMBL
Europäisches Laboratorium für Molekularbiologie → IZ T 102
EMBO
Europäische Organisation für Molekularbiologie → IZ T 239
EMC
Europäische Marketing Konföderation → IZ T 498
EMCY
Europäische Union der Musikwettbewerbe für die Jugend → IZ O 5
EMEA
Europäische Agentur für die Beurteilung von Arzneimitteln → IZ A 194
EMECA
Europäischer Verband der großen Ausstellungszentren → IZ O 238
EMPA
Europäischer Seelotsenverband → IZ S 499
EMR
Institut für Europäisches Medienrecht → IZ T 820
EMS
European Meteorological Society e.V. → IZ T 240
EMSU
Europäische Mittelstands-Union → IZ R 1
ENA
Europäischer Verband der Betreiber von Nitrieranlagen → IZ F 1 151
ENERO
Europäisches Netz der Organisationen für Umweltforschung → IZ T 618
ENGAGE
Europäisches Netzwerk der Technik für Landwirtschaft und Umwelt → IZ T 648
ENGVA
Europäischer Verband für erdgasbetriebene Fahrzeuge → IZ F 1 240
ENPA
Europäische Zeitungsverleger-Vereinigung → IZ O 60
EOA
Europäische Stomavereinigung → IZ U 260
E.O.C.
Das Europäische Olympische Komitee → IZ U 375
E.O.S.
Europäische Organisation der Sägewerke → IZ F 2 666, iz f 2 724
EOTA
Europäische Organisation für Technische Zulassungen → IZ T 365
EP
Europäisches Parlament → IZ A 188
EPA
Europäische Elternvereinigung → IZ U 162
epa
Europäische Presse-Bildagentur → IZ O 59
EPA
Europäischer Verband der Polyakohole Hersteller → IZ F 1 391
EPA
Europäisches Patentamt → IZ A 219
EPA
European Parking Association → IZ O 248
EPBA
Europäischer Verband für Gerätebatterien → IZ F 1 259
EPDLA
Europäischer Verband für Polymerdispersion und Latex → IZ F 1 269
EPEM
Europäische Produzenten elektrisch geschmolzener Minerale → IZ F 479
EPF
Europäische Verpackungs-Vereinigung → IZ F 953
EPI
Verband der europäischen Photochemikalien-Industrie → IZ F 2 191
EPMA
Europäische Vereinigung für Pulvermetallurgie → IZ F 640
EPPAA
Europäischer Verband der Hersteller von reiner Phosphorsäure → IZ F 1 364
EPPO
Pflanzenschutzorganisation für Europa und den Mittelmeerraum → IZ Q 259
EPTA
Verband der Europäischen Elektrowerkzeug-Hersteller → IZ F 2 154
EQA
Europäischer Qualitätssicherungsverband der Hersteller von Polystyrolschaumstoff für Lebensmittelverpackungen → IZ F 1 097
ERA
Europäische Rechtsakademie Trier → IZ T 818
ERA
Verband der Fluglinien Europäischer Regionen → IZ M 210
ERMCO
Europäische Vereinigung für Transportbeton → IZ F 610
ERPA
Europäischer Altpapierverband → IZ F 85
ERRA
Europäischer Verband für Wiedergewinnung und Recycling → IZ T 261
ERSF
Europäische Vereinigung für Straßensicherheit → IZ U 41
ESA
Environmental Services Association → iz f 283
ESA
Europäische Weltraumorganisation → IZ T 33
ESA
Europäischer Verband der Gewürzindustrie → IZ F 1 293
ESA
Europäischer Verband der Snackshersteller → IZ F 1 417
ESA
European Sealing Association e.V. → IZ F 1 709
ESA/ESOC
Europäisches Operationszentrum für Weltraumforschung → IZ T 104
ESBA
Europäischer Bund der Kleinbetriebe → IZ R 29
ESCAP
Wirtschafts- und Sozialkommission für Asien und den Pazifischen Raum → IZ V 8
ESCWA
Wirtschaftskommission für Westasien → IZ V 10
ESF
Europäische Wissenschaftsstiftung → IZ T 34
E.S.G.A.
European Special Glas Association → iz f 2 029
ESIB
Nationale Studentenvereinigungen in Europa → IZ T 965
ESO
Europäische Organisation für astronomische Forschung in der südlichen Hemisphäre → IZ T 31
ESO
Europäische Schiffer-Organisation → IZ S 426
ESOMAR
Europäische Gesellschaft für Meinungs- und Marketingforschung → IZ T 497
ESOTA
Europäische Vereinigung der Papierwarenfachgroßhandels und Bürobedarfs-Verbände → IZ H 113
ESPA
Europäischer Verband der Salzhersteller → IZ F 1 400
ESPA
Europäischer Verband für Sterilisierung und Verpackung → IZ F 1 272
ESTA
Europäische Staatsbürger-Akademie e.V. → IZ U 536
E.S.T.A.
Europäische Vereinigung für Geldtransporte und -begleitung → iz g 132, IZ M 215
ESTA
Europäische Vereinigung für Stahlrohre → IZ F 641
ESTA
Europäischer Handelsverband für chirurgischen Bedarf → IZ H 128
ESTA
Europäischer Verband für Rauchtabak → IZ F 1 270
ESTI
Europäische Vereinigung der Transportinstitute → IZ M 3
ESU
Europäische Schausteller-Union → IZ H 536
ESV
Europäische Sparkassenvereinigung → IZ I 47
ETA
Europäische Tuben-Vereinigung → IZ F 492
ETAG
Europäische Gruppe für Reisen und Aktionstourismus → IZ N 40
ETAPC
Europäischer technischer Verband für Schutzbeschichtungen → IZ T 424
ETC
Europäische Fremdenverkehrs-Kommission → IZ N 39
ETC
Europäischer Tee-Ausschuß → IZ F 1 138
ETF
Europäische Stiftung für Berufsbildung → IZ T 944
ETMC
Europäischer Rat für Transportpflege → IZ M 214
ETN
Europäisches Netzwerk für Textil → IZ F 1 679
ETNO
Verband europäischer Betreiber von öffentlichen Fernmeldenetzen → IZ T 941
E.T.R.T.O.
Technische Organisation der Europäischen Reifen- und Felgenhersteller → IZ T 311

ETSA
Europäische Dienstleister → IZ O 41
ETTK
Estonian Confederation of Employers and Industry → iz f 2 066
ETV
Europäischer Tabakwaren-Großhandels-Verband e.V. → IZ H 139
EUCA
Europäische Vereinigung der Rösterverbände → IZ F 808
EUCAPA
Europäische Kapsel-Vereinigung → IZ F 356
EUCAR
Europäischer Rat für Forschung und Entwicklung auf dem PKW-Sektor → IZ T 259
EUCARPIA
Europäische Gesellschaft für Züchtungsforschung → IZ T 588
EUCEPA
Europäischer Verband für Zellstoff und Papiertechnik → IZ F 1 292
EUCOFEL
Europäische Union des Obst- und Gemüse-Groß- und Außenhandels → IZ H 82, iz h 196
EUCOLAIT
Europäische Union des Handels mit Milcherzeugnissen → IZ H 61, iz h 199
EuDA
Europäischer Nassbaggerverband → IZ M 181
EUFODA
Europäische Nahrungsmittel-Großhandels-Vereinigung → IZ H 60
EUJS
Europäische Union der Jüdischen Studenten → IZ U 310
EuLA
Europäischer Kalkverband → IZ F 1 065
EULAR
Europäische Rheumaliga → IZ U 259
EUMABOIS
Europäisches Komitee der Holzbearbeitungsmaschinen-Hersteller → IZ F 1 650
EUMAPRINT
Europäisches Komitee der Hersteller von Druck- u. Papierverarbeitungsmaschinen → IZ F 1 571
EUMEPS
Europäischer Hersteller von Styropor-Schaumstoff → IZ F 1 063
EUMETSAT
Europäische Organisation für die Nutzung von Wettersatelliten → IZ T 241
EuPC
Verband Europäischer Kunststoffverarbeiter → IZ F 2 216
EuPR
Europäische Plastik Recycler → IZ Q 228
EURA
Europäischer Verband Fleischmehlindustrie → IZ F 1 197
EURADA
Europäischer Verband der Entwicklungsagenturen → IZ U 302
EURALARM
Vereinigung Europäischer Hersteller von Alarmanlagen für Brand, Einbruch und Überfall → IZ F 2 581
EurAqua
European Network of Freshwater Research Organizations → IZ T 105
EURATEX
Europäische Organisation der Konfektions- und Textilindustrie → IZ F 411
EurChem
EG-Ausschuß für Chemie → IZ T 2
EUREAU
Europäische Union der Nationalen Vereinigungen der Wasserversorger → IZ L 95
EURELECTRIC
Union der Elektrizitätswirtschaft → IZ L 30
EUREPRO
Internationale Vereinigung der Bild-Text-Verarbeitung → IZ O 100
EURIMA
Europäischer Verband der Isolationshersteller → IZ F 1 371
EURO AIM
Europäische Organisation für einen unabhängigen Markt in der Bild- und Tontechnik → IZ O 42
EURO-AIR
Europäische Vereinigung der Hersteller von Warmlufterzeugern → IZ F 732
EUROAVIA
Verein europäischer Luft- und Raumfahrtstudenten → IZ T 968
EUROBAT
Vereinigung Europäischer Akkumulatorenhersteller → IZ F 2 544
EUROBIT
Europäischer Verband der büro- und informationstechnischen Industrie → IZ F 1 153
EUROCAE
Europäische Vereinigung für Equipment in der Zivilluftfahrt → IZ F 609
EUROCHAMBRES AISBL
Vereinigung der Europäischen Industrie- und Handelskammern → IZ E 3
EUROCINEMA
Eurocinema - Verband der Hersteller → IZ O 20
EuroCommerce
Die europäische Repräsentation des Einzel-, Groß- und Außenhandels bei der Europäischen Union → IZ H 1
EUROCONTROL
Europäische Organisation für Flugsicherung → IZ M 205
EUROCOOP
Europäische Gemeinschaft der Verbrauchergenossenschaften → IZ U 111
EUROCORD
Europäischer Verband der Bindfaden- und Seilerwarenindustrie → IZ F 1 152
EUROCORD
Verbindungsausschuß der Hartfaser- und Tauwerkindustrie der E.W.G. → IZ F 2 336
EUROCOTON
Komitee der Baumwoll- und Verwandten Textilindustrien der E.U. → IZ F 1 980
EUROFEDOP
Europäische Föderation der Öffentlich Bediensteten → IZ R 264
EUROFER
Europäische Wirtschaftsvereinigung der Eisen- und Stahlindustrie → iz f 382, IZ F 955
EUROFEU
Europäisches Komitee der Hersteller von Fahrzeugen, Geräten und Anlagen für den Brandschutz → IZ F 1 580
EUROFIMA
Europäische Gesellschaft für die Finanzierung von Eisenbahnmaterial → IZ M 1
EUROFINAS
Europäische Vereinigung der Verbände von Finanzierungsbanken → IZ I 148
EUROFORGE
Vereinigung der europäischen Gesenkschmiedeverbände → IZ F 2 507
EUROGAS
Europäische Vereinigung der Erdgaswirtschaft → IZ L 61
EUROGI
Europäische Dachorganisation für Geographische Information → IZ T 170
EUROGLACES
Vereinigung der Speiseeis-Industrie der Europäischen Gemeinschaft → IZ F 2 667
EUROGYPSUM
Verband der Europäischen Gipsindustrien → IZ F 1
Euroheat & Power, Unichal
Internationaler Verband für Fernheizung, Fernkühlung und Kraft-Wärme-Kopplung → IZ L 125
EUROM
Europäische Industrie-Vereinigung Feinmechanik und Optik → IZ F 338
EUROMALT
Arbeitskomitee der Mälzereien in der EU → IZ F 42, iz h 207
EUROMAT
Europäische Vereinigung der Automaten-Verbände → IZ F 530
EUROMET
Zusammenarbeit der Westeuropäischen metrologischen Staatsinstitute → IZ T 232
EUROMETAUX
Europäische Metall-Vereinigung → IZ F 384
EUROMIL
Europäische Organisation der Militärverbände (Dachorganisation der Berufsverbände von Soldaten) → IZ R 66
EUROMOT
Europäischer Verband von Verbrennungsmotorenherstellern → IZ F 55
EURO-Orientation
Europäischer Verein für schulische und berufliche Orientierung, Beratung und Information → IZ S 704
EUR-OP
Amt für amtliche Veröffentlichungen der Europäischen Gemeinschaften → iz a 2, IZ A 192
EUROP
Übereinkommen über die gemeinschaftliche Benutzung von Güterwagen → IZ M 55
EUROPACABLE
European Confederation of Associations of Manufacturers of Insulated Wires and Cables → IZ F 1 994
EUROPANEL
Gesellschaft für internationale Marktstudien → IZ T 516
EUROPATAT
Europäische Union des Kartoffelhandels → IZ H 65
EUROPECHE
Vereinigung der nationalen Verbände von Fischereiunternehmen in der E.U. → IZ Q 179
EUROPEN
Europäische Vereinigung für Verpackung und Umwelt → IZ F 654
EUROPGEN
Koordinationsausschuß der Berufsverbände von Stromerzeugern in Europa → IZ F 1 995
Europia
Europäischer Verband der Petroleum-Industrie → IZ L 92
EUROPLANT
Europäisches Komitee für Industrieanlagenbau → IZ F 208
EUROPUMP
Europäische Vereinigung der Pumpenhersteller → IZ F 790
EUROPUR
Europäische Vereinigung der Hersteller von Polyurethan-Weichschaumblöcken → IZ F 698
EURORAD
Europäische Vereinigung der Hersteller von Heizkörpern → IZ F 686
EURO-ROC
Internationale Europäische Vereinigung der Naturwerksteinindustrie → IZ F 1 769
EUROSAC
Europäische Vereinigung der Papiersackfabrikanten → IZ F 789
EUROSOLAR
Europäische Sonnenenergie-Vereinigung e.V. → IZ L 94
EUROSPACE
Verband der europäischen Raumfahrt-Industrie → IZ T 238
EUROSTEP
Europäische Solidarität auf eine gleichmäßige Beteiligung des Volkes → IZ U 279
EUROTOQUES
Europäische Union der Spitzenköche → IZ S 381
EUROTRANS
Europäisches Komitee der Fachverbände der Hersteller von Getrieben und Antriebselementen → IZ F 1 523
EUTDS
Europäische Union der Tapezierer, Dekorateure (Raumausstatter) und Sattler → IZ G 52
EUTECA
Europäischer Verband der Hersteller technischer Karamellen → IZ F 1 366, iz f 2 167
EUTELSAT
Europäische Organisation des Fernmeldewesen über Satellit → IZ T 880
EUTO
Europäischer Verband für Tourismus-Fachleute → IZ R 196
EUVEPRO
Europäische Vereinigung für pflanzliches Eiweiss → IZ F 639
EUW
Europäische Frauen-Union (EFU) → IZ U 165
EUWEP/EEPTA
Europäische Union des Großhandels mit Eiern, Eiprodukten, Geflügel und Wild → IZ H 62, iz h 200
EVA
European Vending Association → IZ N 35
EVBB
Europäischer Verband Beruflicher Bildungsträger e.V. → IZ T 947
EVCA
Europäischer Verband für Beteiligungskapital → IZ I 149
EVKA
Europäische Vereinigung der Krankenhausapotheker → IZ S 109
EVU
Europäische Vegetarier Union → IZ F 529
EVVC
Europäischer Verband der Veranstaltungs-Centren → IZ O 237
E.V.V.E.
Europäische Vereinigung zur verbrauchsabhängigen Energiekostenabrechnung - EWIV → IZ L 28
EWA
Europäische Vereinigung für Wasserwirtschaft → IZ T 589
EWA
Europäischer Verband der schweißtechnischen Industrie → IZ F 480
EWA
European Waterpark Association e.V. → IZ N 34
EWF
Europäische Vereinigung für Schweißen, Zusammenfügen und Schneiden → IZ G 54
EWF
Europäische Wachs-Vereinigung → IZ F 954
EWIMA
Verband europäischer Schreib- und Zeichengeräte-Hersteller → IZ F 2 262
EWMD
Internationales Netzwerk von Frauen im Management → IZ R 200
EWPA
Europäischer Molkerei-Produkte Verband → IZ F 410
EWPM
Europäische Gruppe der Hersteller von Holzschutzmitteln → IZ F 314
EWRIS
Europäischer Drahtseil-Verband → IZ F 1 024
EWV
Europäische Wandervereinigung → IZ U 479
EWWA
Estonian Water Works Association → iz I 117
EXIBA
European Extruded Polystyrene Insulation Board Association → IZ F 1 098
EYCE
Ökumenischer Jugendrat in Europa → IZ U 239
EZAG
Europäisches Zentrum für Arbeit und Gesellschaft → IZ T 513
EZB
Europäische Zentralbank → IZ I 5
EZMW
Europäisches Zentrum für mittelfristige Wettervorhersage → IZ T 633

F

FACE
Zusammenschluß der Jagdschutzverbände in der EU → IZ Q 195
FACOGAZ
Europäische Vereinigung der Hersteller von Gaszählern → IZ F 685
FAE
Stiftung Europäische Archive → IZ T 897
FAECF
Föderation der Europäischen Fensterhersteller- und Fassadenverbände → IZ F 1 713
FAFPAS
Europäische Gesellschaft der Tiefkühlprodukten-Hersteller → IZ F 1 737
FAGS
Vereinigung der astronomischen und geophysikalischen Dienststellen → IZ T 315
FAI
Internationale Vereinigung der Luft- und Raumfahrt → IZ U 408
FAIB
Verband der in Belgien niedergelassenen Internationalen Vereinigungen → IZ U 720
FAIBP
Föderation der Suppen-Industrie-Verbände der EG → IZ F 1 736
FAO
Ernährungs- und Landwirtschaftsorganisation der Vereinten Nationen → IZ V 14

ICPA
Internationale Kommission für Alkoholismusvorsorge → IZ U 264

ICR
Internationale Christliche Rundfunkgemeinschaft e.V. → IZ O 55

ICRU
Internationale Kommission für röntgenologische Einheiten und Maße → IZ T 492

ICSID
Internationaler Rat der Gemeinschaft für industrielle Formgebung und -gestaltung → IZ S 599

ICSSD
Internationaler Ausschuß für sozialwissenschaftliche Dokumentation → IZ T 521

ICSSPE
Weltrat für Sportwissenschaft und Leibes-/Körpererziehung → IZ T 811

ICSTI
Internationaler Rat für wissenschaftliche und technische Information → IZ T 302

ICSU
Internationaler Rat der Wissenschaftlichen Gesellschaften → IZ R 235

ICT
Internationale Gerbervereinigung → IZ F 1 797

ICW
Internationaler Rat der Frauen → IZ U 212

IDACE
Verband der Diätetischen Lebensmittelindustrie der EU → IZ F 2 127

IDDRG
Internationale Forschungsgruppe für Tiefziehen → IZ T 268

IDF
Internationaler Diabetes-Bund → IZ U 273

IDI
Institut für Internationales Recht → IZ T 821

IDSF
Internationaler TanzSport-Verband → IZ U 474

IEA
Internationale Energie-Agentur → IZ L 135

IEA
Internationaler Verband der Wirtschaftswissenschaften → IZ T 524

IEA
Internationaler Verband für Arbeitswissenschaft → IZ T 190

IEACS
Europäisches Institut der Jagd- und Sportwaffen → IZ F 1 514

IEC
Internationale Elektrotechnische Kommission → IZ T 266

IEEPS
Europäisches Institut für Bildung und Sozialpolitik → IZ T 952

IEHEI
Europäisches Institut für internationales Hochschulstudium Nizza → IZ T 867

IEIAS
Europäisches interuniversitäres Institut für soziale Massnahmen → IZ T 512

IFAC
Internationaler Verband für Meß- und Automatisierungstechnik → IZ T 303

IFALPA
Internationale Vereinigung der Linien-Flugzeugführer-Verbände → IZ R 224

IFAP
Internationaler Verband landwirtschaftlicher Erzeuger → IZ Q 104

IFATCA
Internationale Vereinigung der Flugleiterverbände → IZ R 222

IFATSEA
International federation of air traffic safety electronic associations → IZ U 593

IFBB
Internationaler Body-Builder-Verband → IZ U 450

IFBPW
Internationaler Verband der Berufs- und Geschäftsfrauen (berufstätigen Frauen) → IZ R 60

IFC
Internationale Finanz-Corporation → IZ I 150

I.F.C.
Internationale Föderation des Seilerhandwerks → IZ G 152

IFCC
International Federation of Clinical Chemistry and Laboratory Medicine → IZ T 783

IFD
Internationale Föderation des Dachdeckerhandwerks e.V. → IZ G 151

IFEAT
Internationale Vereinigung des Essenzöl- und Aromastoffhandels → IZ H 227

IFES
Internationale Vereinigung der Ausstellungsunternehmen → IZ O 239

IFHOH
Internationale Vereinigung der Schwerhörigen → IZ U 270

IFHP
Internationaler Verband für Wohnungswesen, Städtebau und Raumordnung (IVWSR) → IZ U 37

IFHT
Internationaler Verband für die Wärmebehandlung und Randschichttechnik → IZ F 1 934

IFIA
Internationale Vereinigung der Überwachungsagenturen → IZ T 494

IFIEC Europe
Europäischer Verband industrieller Energieverbraucher → IZ F 1 765

IFIP
Internationale Föderation für Informationsverarbeitung → IZ T 889

IFLA
Internationaler Verband der bibliothekarischen Vereine und Institutionen → IZ T 895

IFLRY
Internationale Vereinigung der liberalen und radikalen Jugend → IZ U 364

IFM
Internationale Musiker-Föderation → IZ R 218

IFMA
Internationale Vereinigung für Margarine-Verbände → IZ F 1 866

IFM-SEI
Internationale Falken Bewegung - Sozialistische Erziehungsinternationale → IZ U 360

IFNA
Internationale Vereinigung der Netzballverbände → IZ U 409

IFOAM
Internationale Vereinigung Biologischer Landbaubewegungen → IZ Q 74

IFoH
Internationaler Heilpraktiker-Verband → IZ S 149

IFPI
Deutsche Landesgruppe der IFPI e.V. → IZ F 220

IFPS
Internationale Föderation Psychoanalytischer Gesellschaften → IZ S 147

IFR
Internationaler Verband für Robotertechnik → IZ T 267

IFRA
Internationaler Riechstoffverband → IZ T 787

IFRRO
Internationale Vereinigung für Urheberrechts-Organisationen → IZ U 104

IFSA
Internationaler Verband für Sportakrobatik → IZ U 485

IFSS
Internationale Vereinigung für Schlittenhunde-Sport → IZ U 484

IFSW
Internationale Vereinigung der Sozialarbeiter → IZ R 225

I.F.T.U.T.W.
Internationaler Verband der Gewerkschaften des Verkehrspersonals → IZ R 238

IFU
Internationale Fruchtsaft-Union → IZ F 1 787

IFUW
Internationaler Akademikerinnen-Bund → IZ S 597

IFWEA-IVA-FIAET
Internationaler Verband für Arbeiterbildung → IZ U 709

IGC
Internationaler Weizen-Rat → IZ W 32

IGC
Internationales Grünes Kreuz → IZ T 788

IGC
Zwischenstaatlicher Ausschuß für Urheberrecht → IZ V 47

IGI
Internationaler Verband der Wandbekleidungshersteller → IZ F 1 946

IGLYO
International Lesbian and Gay Youth Organisation → IZ U 184

IGP
Internationaler Versicherungs-Pool für Altersversorgung → IZ K 104

IGTI
Internationale Gesellschaft für Thymologie und Immuntherapie e.V. → IZ T 778

IGU
Internationale Geographische Union → IZ T 156

IGWT
Internationale Gesellschaft für Warenwissenschaften und Technologie → IZ T 290

IHA
Internationale Vereinigung der Hartwaren- und Haushaltsartikelverbände → IZ H 496

IHEU
Internationale humanistische und ethische Union → IZ U 361

IHO
Internationale Hydrographische Organisation → IZ W 14

IH&RA
Internationale Vereinigung für Hotel & Restaurant → IZ N 37

IHV
Internationale Hotelier-Vereinigung → IZ N 36

IIC
Internationaler Versicherungsrat → IZ K 33

IIED
Internationales Institut für Umwelt und Entwicklung → IZ Q 230

IIF-IIR
Internationales Institut für Kältetechnik → IZ W 34

IIHF
Internationaler Eishockey Verband → IZ U 452

IIRB
Internationales Institut für Rübenforschung → IZ T 645

IISA
Internationales Institut für Verwaltungswissenschaften → IZ T 875

IISI
Internationales Eisen- und Stahl Institut → IZ T 304

IIW
Internationales Institut für Schweißtechnik → IZ T 305

IJAN
Naturfreundejugend Internationale (NFJI) → iz q 254, IZ U 190

IJF
Internationale Journalisten-Föderation → IZ S 673

IJJF
Internationaler Jiu-Jitsu-Bund → IZ U 458

I.K.D.
Internationale Kommission der Detektivverbände → IZ O 264

IKD
Internationale Kommission der Detektivverbände → iz o 265

IKF
Internationaler Korbballbund → IZ U 459

IKRK
Internationales Komitee vom Roten Kreuz → IZ T 789

ILS
Internationale Federation für Wasserlebensrettung → IZ U 406

ILSMH
Internationale Liga von Vereinigungen für Menschen mit geistiger Behinderung → IZ U 265

IMACE
Internationaler Margarine-Verband der europäischen Länder → IZ F 2 282

IMACS
Internationale Vereinigung für Mathematik und Computerrechnungen → IZ T 298

IMB
Internationaler Metallgewerkschaftsbund → IZ R 234

IMCA
Internationaler Verband der Seeunternehmen → IZ F 1 938

IMD
Internationales Management-Institut → IZ T 527

IMEKO
Internationale Vereinigung für Meßtechnik → IZ F 1 867

IMGA
International Masters Games Association → IZ U 493

IMO
Internationale Organisation für die Seeschifffahrt → IZ M 184

IMU
Internationale Mathematische Vereinigung → IZ T 159

IMV
Internationaler Milchwirtschaftsverband → IZ Q 161

INAS-FMH
Internationaler Sportverband für Geistesbehinderte → IZ U 471

INATEL
Instituto Nacional para Approveitamento dos Tempos Livres dos Trabalhadores → iz u 441

INDET
Instituto del Deporte de los Trabajadores → iz u 437

INFA
Internationale Föderation der Kosmetikerinnen → IZ S 146

INFEDOP
Internationaler Bund der Gewerkschaften der Öffentlichen Dienste → IZ R 228

INFORFILM INTERNATIONAL
Inforfilm International → IZ O 40

I.N.I.
Versicherungsschutz für internationalen Handel und Wirtschaft → IZ K 34

Inmarsat
Internationale Satelliten-Mobilfunk-Organisation → IZ T 887

iNNA
Internationale Vereinigung der Filmpresse und Filmnews → IZ O 38

INQUA
Internationale Quartärvereinigung → IZ T 160

INRCT/NOVA
Institut National de Recherche sur les Conditions de Travail → iz u 3

INTELSAT
Internationale Organisation für Telekommunikation per Satellit → IZ T 884

INTERBOR
Internationale Vereinigung der Orthopädie-Mechaniker und Bandagisten → IZ G 170

INTERDIRECT NETWORK
Internationales Netz selbständiger Direct-Marketing-Agenturen → IZ O 189

Inter-Expert
Internationale Experten Union → IZ S 705

INTEREXPO
Komitee der Organisatoren nationaler Beteiligungen an internationalen Wirtschaftsveranstaltungen → IZ O 243

INTERGRAF
Internationale Vereinigung der Druck-Industrie → IZ F 1 829

INTERGU
Internationale Gesellschaft für Urheberrecht e.V. → IZ T 842

INTERKEY I
Fachverband Europäischer Sicherheits- und Schlüsselfachgeschäfte e.V. → iz g 15, IZ G 148

INTERLAINE
Ausschuß der Woll-Industrie der EG → IZ F 98

INTERSTENO
Internationale Föderation für Informationsverarbeitung → IZ U 704

IOA
Internationale Olympische Akademie → IZ U 385

IOA
Internationale Stomavereinigung → IZ U 266

IOC
Internationales Olympisches Komitee → IZ U 489

IOCCC
Internationales Büro für Kakao, Schokolade und Süßwaren → IZ H 265

IOD
Direktoreninstitut - Zentrum für das europäische Festland → IZ R 62

IÖW
Institut Österreichischer Wirtschaftsprüfer → iz s 371

IOF
Internationaler Bund für Orientierungslauf → IZ U 451

IOFI
Internationaler Verband der Aromen-Industrie → IZ F 1 930
IOM
Internationale Organisation für Migration → IZ W 16
IOMTR
Internationaler Verband des Kraftfahrzeuggewerbes → IZ H 519
IPA
Internationaler Verband für Paläontologie → IZ T 228
IPB
Internationale Politikberatung → IZ U 363
IPC
Internationales Paralympisches Komitee → IZ U 490
IPCC
Internationales Pierre de Coubertin Komitee → IZ U 491
IPF
Internationaler Verband für Kraftdreikampf → IZ U 460
IPH
Internationale Arbeitsgemeinschaft der Papierhistoriker → IZ T 151
IPI
Internationales Presse-Institut → IZ O 105
IPSA/AISP
Internationale Vereinigung für Politische Wissenschaften → IZ T 189
IPU
Interparlamentarische Union → IZ W 36
IRA
Internationale Kautschuk-Vereinigung → IZ F 1 799
IRELA
Institut für Europäisch-Lateinamerikanische Beziehungen → IZ T 873
IRF
Internationaler Racquetball-Verband → IZ U 462
IRF
Internationaler Straßenverband → IZ M 123
IRLOGI
Irish Organisation for Geographic Information → iz t 177
IRLSF
Federation of the Irish Footwear Manufacturers → iz f 853
IRPA
Internationale Pressevereinigung für den Rennsport → IZ O 99
IRRDB
Internationaler Rat für Kautschuk-Forschung und -Entwicklung → IZ T 300
IRRI
Internationales Reis-Forschungs-Institut → IZ T 308
IRSCL
Internationale Forschungsgesellschaft für Kinder- und Jugendliteratur → IZ T 155
IRSG
Internationale Kautschuk-Studien-Gruppe → IZ T 291
IRU
Internationale Raiffeisen-Union → IZ I 82
IRU
Internationale Straßentransportunion → IZ M 121
I.R.U.
Verbindungsausschüsse der I.R.U. bei der EU → IZ M 126
ISA
Internationaler soziologischer Verband → IZ T 523
I.S.A.
Internationaler Surf-Verband → IZ U 473
ISAF
Internationaler Regatta-Bund → IZ U 464
I.S.C.
Internationale Spar-Centrale BV → IZ P 1
ISE
Alcide de Gasperi-Institut für europäische Studien → IZ T 863
ISEP
Internationales Studenten Austausch Programm → IZ U 216
ISES
Internationale Gesellschaft für Solarenergie e.V. → IZ L 122
ISF
Internationale Softball-Vereinigung → IZ U 386
ISF
Internationaler Reeder-Verband → IZ M 185
ISG
Internationale Heinrich-Schütz-Gesellschaft e.V. → IZ U 705
ISHS
Internationale Gesellschaft für Gartenbauwissenschaft → IZ T 644
ISI
Internationales Statistisches Institut → IZ T 231
ISKO
Internationale Gesellschaft für Wissensorganisation e.V. → IZ T 157
ISM
Internationale Gesellschaft für Markscheidewesen → IZ S 529
ISME
Internationale Gesellschaft für Musikerziehung → IZ O 10
ISMWSF
Internationaler Rollstuhl Sportverband → IZ U 472
ISO
Internationale Organisation für Ladenbau → IZ G 154
ISO
Internationale Organisation für Normung → IZ T 493
ISOPA
Europäischer Verband der Isocyanathersteller → IZ F 1 370
ISPRS
Internationale Gesellschaft für Photogrammetrie und Fernerkundung → IZ T 289
ISQ
Instituto de Soldadura e Qualidade → iz g 67
ISSA
Internationale Vereinigung für Soziale Sicherheit (IVSS) → IZ K 38
ISSC
Internationaler Rat für Sozialwissenschaften → IZ T 522
ISSMGE
Internationale Gesellschaft für Erd- und Geotechnik → IZ T 288
ISSO
Internationale Selbstbedienungs-Organisation → IZ H 495
ISTA
Internationale Vereinigung für Saatgutprüfung → IZ T 640
ISU
Internationaler Eislauf-Verband → IZ U 453
I.S.W.A.
Internationale Vereinigung für Abfallwirtschaft → IZ F 1 862
ITBLAV
Internationale Textil-, Bekleidungs- und Lederarbeiter-Vereinigung → IZ R 219
ITF
Internationale Transportarbeiter-Föderation → IZ R 220
ITF
Internationaler Tennis Verband → IZ U 476
ITI
Zentrum Bundesrepublik Deutschland des Internationalen Theaterinstituts e.V. → IZ O 18
ITMF
Internationale Vereinigung der Textilindustrie → IZ F 1 883
ITTF
Der Internationale Tischtennis-Bund → IZ U 377
ITU
Internationale Fernmelde-Union → IZ T 885
ITVA
Internationaler Verband für Fernsehwesen → IZ O 56
IUAI
Internationale Flugversicherungs-Union → IZ K 56
IUCAB
Internationale Union der Handelsvertreter und Handelsmakler → IZ H 556
IUCII
Internationale Union der Spezialversicherer für Exportkredit- und Investmentversicherung → IZ I 152
IUCN
Internationale Union für die Erhaltung der Natur und der natürlichen Hilfsquellen → IZ Q 256
IUCr
Internationale Union für Kristallographie → IZ T 161
IUFRO
Internationaler Verband forstlicher Forschungsanstalten → IZ T 642
IUGG
Internationale Vereinigung für Geodäsie und Geophysik → IZ T 169
IUGS
Internationale Union der Geologischen Wissenschaften → IZ T 167
IUHF
Internationaler Bausparkassen- und Hypothekenbanken-Verband → IZ I 125
IUL
Internationale Union der Lebensmittel-, Landwirtschafts-, Hotel-, Restaurant-, Café- und Genussmittelarbeiter-Gewerkschaften → IZ R 204
IULA
Internationaler Gemeinde-Verband → IZ W 20
IUMI
Internationaler Transport-Versicherungs-Verband → IZ K 58
IUMS
Internationale Union der Gesellschaften für Mikrobiologie → IZ T 168
IUNS
Internationale Union der Ernährungswissenschaften → IZ T 638
IUPAB
Internationale Union für reine und angewandte Biophysik → IZ T 162
IUPAC
Internationale Union für Reine und Angewandte Chemie → IZ T 163
IUPAP
Internationale Union für reine und angewandte Physik → IZ T 164
IUPsyS
Internationale Union der Psychologischen Wissenschaft → IZ T 781
IUSS
Internationale Bodenkundliche Union (IBU) → IZ T 265
IUSSP
International Union for the Scientific Study of Population → IZ T 518
IUSY
Internationale Union der Sozialistischen Jugend → IZ U 194
IUTAM
Internationale Union für Theoretische und Angewandte Mechanik → IZ T 166
IUTM
Internationale Union der Touristik Manager → IZ N 42
IVBH
Internationale Vereinigung für Brückenbau und Hochbau → IZ F 1 863
IVE
Internationale Vereinigung von Einkaufs- und Marketingverbänden → iz h 23, IZ P 42
IVO
Internationaler Verband der Orthopädie-Schuhtechniker → IZ G 186
IVU
Internationale Vegetarier Union → IZ U 706
IVU
Internationale Verleger-Union → IZ O 102
IWA
Internationale Vereinigung für Gewässerschutz und -kontrolle → IZ T 639
IWA
Internationaler Abdichtungsverband → IZ F 1 907
IWC
Internationale Walfang-Kommission → IZ W 19
IWF
Internationaler Gewichtheber-Bund → IZ U 456
IWF
Internationaler Währungsfonds → IZ I 46
IWSA
Internationale Wasserversorgungs-Vereinigung → IZ L 124
IWSF
Internationale Wasserski-Vereinigung → IZ U 413
IWTO
Internationale Wollvereinigung → IZ F 1 904
IYCW
Internationale Christliche Arbeiterjugend → IZ U 185

J

JADE
Europäischer Dachverband studentischer Unternehmensberatungen → IZ U 238
JECI/MIEC
Internationale Katholische Studentenjugend - Internationale katholische Studentenbewegung - Europäische Koordination → IZ U 191
JEF
Junge Europäische Föderalisten → IZ U 366

K

KALEV
Estonian Sports Association Kalev → iz u 425
KEK
Die Kommission Kirche und Gesellschaft der Konferenz europäischer Kirchen → IZ U 307
KK
Kuluttajat-Konsumenterna ry → iz u 133
KNMvD
Koninklijke Nederlandse Maatschappij voor Diergeneeskunde → iz s 1 17.22

L

LDA International
Verband für Blei-Förderung → IZ F 2 263
LEASEUROPE
Europäische Vereinigung der Verbände von Leasing-Gesellschaften → IZ O 247
LECE
Europäische Liga für wirtschaftliche Zusammenarbeit → IZ U 1
LICROSS
Internationale Föderation der Rotkreuz- und Rothalbmondgesellschaften → IZ T 773
LISS
Internationaler Bund der Überwachungsgesellschaften → IZ U 708
LMRS
Latvian Materials Research Society → iz t 479
LTSA
Latvian Trade Sport Association → iz u 434
LVB
Latvijas Veterinaarstu biedriba → iz s 1 17.18
LVGA
Lithvos Veterinarijos Gydytoju Asociacija → iz s 1 17.19

M

MAILLEUROP
Ausschuß der Maschenindustrie der EG → IZ F 87
MAOK
Magyar Állatorvosi Kamara → iz s 1 17.38
MARCOGAZ
Technischer Verband der europäischen Erdgaswirtschaft → IZ F 2 058
MI
Mensa International → IZ U 713
MIA
Multinationale Versicherungsvermittlung Betriebliche Versorgungsanwartschaften → IZ K 36
MIJARC
Internationale Katholische Land- und Bauernjugendbewegung → IZ Q 72
MWIA
Internationaler Ärztinnenbund → IZ S 148

N

NACES
National Association of Consulting Engineers of Slovenia → iz s 462
NACPH
National Association for Consumer Pretection in Hungary → iz u 157
NAFO
Nordwest Atlantik Fischerei Organisation → IZ Q 177
NATO
Organisation des Nordatlantikpaktes → IZ W 8

NCC
National Consumer Council → iz u 141
NCS
Nederland Culturele Sportbond → iz u 438
ndc
National Documentation Center → iz t 175
NE.DI.SY
Neolaia Dimokratikou Synagermoy → iz u 351
NEKOVRI
Vereniging van Nederlandse Koel- en Vrieshuizen → iz f 783
NFI
Naturfreunde Internationale → IZ Q 232
NMT
Nederlandse Maatschappij tot Bevordering der Tandheelkunde → iz s 198
NOFOTA
Netherlands Oils Fats and Oilseeds Trade Association → iz h 296
NORVAC
Norsk VVS Energi- og Miljøteknisk Forening → iz f 142
NS
Neytendasamtökin → iz u 144

O

O.A.E.D.
Manpower Employment Organisation → iz u 7 .10
OAU/STRC
Organisation für afrikanische Einheit - Kommission für Wissenschaft, Technik und Forschung → IZ W 5
OCDE
OECD Agentur der Atomenergie → IZ W 4
OCE
Orthoptistinnen der EG → IZ S 151
O.C.E.A.N.
Schiffsausrüster-Verband der EU-Länder → IZ F 2 004
OCIC
Internationale Katholische Organisation für Film- und Audiovisuelle Medien → IZ O 36
OCIMF
Internationales Meeres-Forum d. Ölgesellschaften → IZ Q 231
OCU
Organizacion de Consumidores y Usuarios → iz u 156
OEA
Organisation of European Aluminium Refiners and Remelters → IZ F 2 002
OECD
Organisation für wirtschaftliche Zusammenarbeit und Entwicklung → IZ W 6
OEICTO
Europäische Organisation der Tomatenkonserven-Industrie → IZ F 455
OEIL
Europäische Organisation für die Eingliederung und Unterbringung der Jugend → IZ U 167
OEITFL
Europäische Organisation der Obst- und Gemüseverarbeitenden Industrie → IZ F 438
Öko-Tex
Internationale Gemeinschaft für Forschung und Prüfung auf dem Gebiet der Textilökologie → IZ T 269
ÖVGW
Österreichische Vereinigung für das Gas- und Wasserfach → iz l 111
OFCA
Organisation der Hersteller von Zellstoffhaltigen Nahrungsmitteln → IZ F 2 001
OGP
The International Association of Oil & Gas Producers → IZ L 90
OICA
Ständiges Internationales Büro der Automobil-Hersteller → IZ F 2 057
OIE
Internationaler Arbeitgeber-Verband → IZ R 59
OIML
Internationale Organisation für gesetzliches Meßwesen → IZ W 15
OIV
Internationales Wein-Amt → IZ W 35
OLAF
Europäisches Amt für Betrugsbekämpfung → iz a 30
O.L.A.P.
Office Luxembourgeois pour l'Accroissement de la Productivité → iz u 9
OMMS/BES
Weltorganisation des Pfadfinderbewegung - Das europäische Pfadfinderbüro → IZ U 248
OMPP
Weltorganisation der Zeitschriftenpresse → IZ O 108
ONNED
Organossis Neon Neas Dimokratias → iz u 336
ONSCT
Organisation Nationale Sport - Culture et Travail → iz u 447
OPEC
Organisation Erdölexportierender Länder → IZ W 37
OPMA
Verband der Hersteller von Biaxial verstreckter Polypropylene Folie → IZ F 2 276
ORCA
Gesellschaft für die Rückgewinnung und Kompostierung organischen Materialien, Internationale Gesellschaft → IZ Q 71
ORDINEX
Internationale Sachverständigenorganisation → IZ S 706
ORGALIME
Verbindungsstelle der europäischen Maschinenbau-, Metallverarbeitenden und Elektroindustrie → IZ F 2 406
OR.GE.CO.
Organisation Générale des Consommateurs → iz u 137
ORPLID
Internationale Gesellschaft für Musiktheater und Architektur e.V. → IZ O 11
OSPA
Verband der Hersteller von sauerstoffangereicherten Lösungsmitteln → IZ F 2 278
OTIF
Zwischenstaatliche Organisation für den internationalen Eisenbahnverkehr → IZ W 42

P

PAKT
Politischer Arbeitskreis für Tierrechte in Europa e.V. → IZ Q 260
PASEK
Pancyprian Worker's Sport Club of Cyprus → iz u 4 47.10
PEKAMPS
Panhellenic Union of Billiard and Arcade Owners → iz f 537
PIA
Information über das internationale Versicherungsgeschäft → IZ K 32
PLASTEUROFILM
Europäischer Verband der Plastikfolien-Hersteller → IZ F 637
PMMA
Pharmaceutical Marketing & Management Association → iz f 2 718
PNEUROP
Europäisches Komitee der Hersteller von Verdichtern, Vakuumpumpen und Druckluftwerkzeugen → IZ F 1 630
PostEurop
Vereinigung der öffentlichen europäischen Postdienstbetreiber → IZ T 898
PRE
Europäische Vereinigung der Hersteller feuerfester Erzeugnisse → IZ F 671, iz f 2 373
PRI
Internationale Verkehrssicherheitsorganisation → IZ M 122

R

RAVI
Netherlands Council for Geograhic Information → iz t 179
RCVS
Royal College of Veterinary Surgeons → iz s 1 17.05
REHVA
Bund der europäischen Vereinigungen für Heizungs- und Klimaanlagen → IZ F 128
RF
ReklameForum → iz o 131
RGRE
Rat der Gemeinden und Regionen Europas → IZ U 20
RSR
Reklamny Sovet Rossii → iz o 126
RWVI
Richard Wagner Verband International → IZ U 715

S

SATUS
Schweizerischer Arbeiter-, Turn- und Sportverband → iz u 444
SAWA
Filmreklame-Weltverband → IZ O 187
SCMF
Syndicat de la Construction Métallique de France → iz f 364
SDI
Syndicat des Indépendants et des PME → iz g 28
SEC
Stiftung Europa Centrum → IZ T 878
SEEDA
Association of Greek Waste Management Companies → iz f 290
SEFEL
Europäisches Sekretariat der Hersteller von leichten Metallverpackungen → IZ F 1 680
SEMOULIERS
Union der Verbände der Grießhersteller in der EU → IZ F 2 100
SES
Verband Schweizerischer Errichter von Sicherheitsanlagen → iz f 1 592
SESI
Servico Social da Industria → iz u 421
SET-AMEA
Association of Manufactures of Electrical Accessories → iz f 253
SfC
Society for Creativity e.V. → IZ U 716
SHAPE
Oberstes Hauptquartier der Alliierten Streitkräfte in Europa → IZ W 3
SI
Soroptimist International → IZ U 241
SICOT
Internationale Gesellschaft der Chirurgie, Orthopädie und der Unfallchirurgie → IZ T 774
SIEC
Internationale Gesellschaft für kaufmännisches Bildungswesen → IZ T 960
SIGLE
Europäische Vereinigung für die Erschließung von Grauer Literatur → IZ U 540
SIL
Internationale Vereinigung für Limnologie → IZ T 188
SITA
Internationale Telekommunikation in der Luftfahrt → IZ T 888
SITELESC
Syndicat des Industries de Tubes Electroniques et Semiconducteurs → iz f 1 328
SIW
Socialist International Women → IZ U 166
SK
Suomen Kuluttajaliitto → iz u 134
SK
Sveriges Konsumentråd → iz u 152
SkhDM
Christian Democratic Youth Union of Russia → iz u 347
SKOL
Finnish Association of Consulting Engineers → iz s 446, iz s 544
SMASA
Self-Medication Association of South Africa → iz f 2 717
SNMV
Sindicato Nacional dos Medicos Veterinarios → iz s 1 17.28
SNPAA
Syndicat National des Producteurs d'alcool Agricole → iz f 506
SNS
Samenwerkende Nederlandse Staalbouw → iz f 369
SOGI
Swiss Organization for Geo-Information → iz t 184
SON
Sdruzeni na Nájemniku CR → iz u 98
SPCA
Slovenian Pest Control Association → iz f 170
SPE Zentral-Europa
Internationale Gesellschaft für Kunststofftechnik e.V. → IZ S 528
SSIGE-SVGW
Société Suisse de l'Industrie du Gaz et des Eaux → iz l 114
SSIP
Sozialwissenschaftlicher Studienkreis für Internationale Probleme e.V. → IZ T 877
SVF
Sveriges Veterinärförbund → iz s 1 17.32
SVKTL
Schweizerischer Verband für Kühl- und Tiefkühl-Logistik → iz f 785
SYNDESMOS
Weltgemeinschaft orthodoxer Jugendlicher → IZ U 246
SYNDICATSPORT
La Cofédération des Associations Sportives de la Russie → iz u 443

T

TA
Test-Achats → iz u 130
TAFISA
Trimm & Fitness International - Bund Sport für alle → IZ U 495
TAROE
Tenants and Residents Organisations of England → iz u 73
TBE
Europäischer Verband der Dachziegel und Ziegelsteinindustrie → IZ F 1 170, iz f 2 378
T&E
Europäischer Verband für Verkehr und Umwelt → IZ Q 226
TEGOVOFA
Europäische Gruppe der Bewerter von Anlagevermögen → IZ S 686
TEJO
Weltverband für Esperantonachwuchs → IZ U 723
TELEPOOL
Europäisches Fernsehprogrammkontor → IZ O 57
TELFA
Transeuropäischer Verband von Rechtsanwaltskanzleien → IZ T 851
TEPPFA
Europäischer Plastikrohr- und Armaturen-Verband → IZ F 1 096
TIE
Spielzeugindustrie in Europa → IZ F 2 017
TII
Europäische Vereinigung für den Transfer von Technologien, Innovation und industrieller Information → IZ T 242
TRANSBEUROP
Europäischer Verband der Butter und dessen Bestandteile verarbeitenden Unternehmen → IZ F 1 169
TTMD
Türk Tesitat Mühendisleri Dernegi → iz f 152
TUL
Finnish Worker's Sports Federation → iz u 426

U

UAI
Union der Internationalen Verbände → IZ U 718
UARCE
Vereinigung der Verbände der Reismühlen der EG → IZ F 2 683
UATI
Union Internationaler Technischer Vereine → IZ T 313
U.C.B.D.
Vereinigung für den Laubholzhandel in der E.U. → IZ H 309
UCCIMCCE
Union of Chambers of Commerce, Industry Maritime Commerce and Commodity Exchanges of Turkey → iz e 42
UCIP
Katholische Weltunion der Presse → IZ O 106

V

W

Worlddidac
Weltverband der Lehrmittelfirmen → IZ F 2 722

WPSA
Weltvereinigung für Geflügelwissenschaften → IZ T 670

WSCF
Weltverband christlicher Studenten - Europäisches Büro → IZ T 973

WSF
Welt-Squash-Verband → IZ U 499

WSMI
Weltverband der Arzneimittel-Hersteller → IZ F 2 693

WSPA
Welttierschutz-Gesellschaft → IZ Q 261

WTO
Welt Tourismus Organisation → IZ N 61

WVA
Weltverband der Arbeitnehmer → IZ R 261

WVF
Weltverband für Ehemalige Kriegsteilnehmer → IZ U 110

WVL
Weltverband der Lehrer → IZ R 263

Y

YDC
Jugend für Entwicklung und Zusammenarbeit → IZ U 305

YEE
Jugend und Umwelt Europa → IZ U 218

YES
Junge Unternehmer für Europa → IZ U 712

YEU
Jugend für Austausch und Verständigung → IZ U 217

YND
Young National Democrat → iz u 338

Z

ZDA
Verband für Zink-Förderung → IZ F 2 264

ZEODET
Verband der Produzenten von Waschmittelzeolith → IZ F 2 303

ZPS
Zveza Potrošnikov Slovenije → iz u 154

IZ A Organisationen der Europäischen Union

Zum Auffinden einer bestimmten Dienststelle oder Organisation dient das Suchwortverzeichnis eines Personennamens das Personenverzeichnis

Europäische Kommission
Europäisches Parlament
Behörden und Ämter der Europäischen Union
Europäische Investitionsbank
Rat der Europäischen Union

Europäische Kommission

• **IZ A 1**

Europäische Kommission
European Commission
Commission Européenne
Rue de la Loi 200, B-1049 Brüssel
Wetstraat 200, B-1049 Brüssel
T: (00322) 29-91111 (Zentrale)
TX: 21 877 COMEU B
Internet: http://europa.eu.int/comm/
Präsident: Romano Prodi (Generalsekretariat, Juristischer Dienst, Medien und Kommunikation)
Vizepräsident: Neil Kinnock (Verwaltungsreform, Personal und Verwaltung, Sprachendienste)
Vizepräsident: Loyola de Palacio del Valle-Lersundi (Beziehungen zum Europäischen Parlament; Beziehungen zum Ausschuß der Regionen, zum Wirtschafts- und Sozialausschuß, zum europäischen Bürgerbeauftragten; Verkehr (einschließlich transeuropäische Netze) und Energie)
Mitglieder der Kommission: Mario Monti (Wettbewerb)
Franz Fischler (Landwirtschaft und Fischerei)
Erkki Liikanen (Unternehmen und Informationsgesellschaft)
Frits Bolkestein (Binnenmarkt, Zoll, Steuern)
Philippe Busquin (Wissenschaft, Forschung und Entwicklung, Gemeinsame Forschungsstelle)
Pedro Solbes Mira (Wirtschafts- und Finanzangelegenheiten; EUROSTAT)
Poul Nielsen (Entwicklungshilfe; Amt für humanitäre Hilfe)
Günter Verheugen (Erweiterung)
Chris Patten (Außenbeziehungen)
Pascal Lamy (Handel)
David Byrne (Gesundheits und Verbraucherschutz)
Michel Barnier (Regionalpolitik)
Viviane Reding (Erziehung und Kultur)
Michaele Schreyer (Haushalt, Finanzkontrolle, Europäisches Amt für Betrugsbekämpfung)
Margot Wallström (Umwelt)
Antonio Vitorino (Justiz und Inneres)
Anna Diamantopoulou (Beschäftigung, soziale Angelegenheiten)

Allgemeine Dienste

iz a 2

Amt für amtliche Veröffentlichungen der Europäischen Gemeinschaften (EUR-OP)
Office for Official Publications of the European Communities
Rue Mercier 2, L-2985 Luxemburg
T: (00352) 29 29-1 (Zentrale) **Fax:** 495719
TX: 1 324 PUBOF LU (2 Leitungen),
1 322 PUBOF LU (ausschließlich „Verkauf")
Internet: http://www.eur-op.eu.int
E-Mail: info.info.@opoce.cec.eu.int
Generaldirektor: Lucien Emringer
Berater: N.N (Strategie und allgemeine Koordinierung)
Assistentin des Generaldirektors: Lucia Ceccarelli
Assistent für Kommunikation: Alexander von Witzleben

iz a 3

EUROSTAT
Bâtiment Jean Monnet
Rue Alcide De Gasperi, L-2920 Luxemburg
T: (00352) 4301-1 (Zentrale)
TX: 3423, 3446, 3476 COMEUR LU
Internet: http://europa.eu.int/comm/dgs/eurostat/index_de.htm
Generaldirektor: Yves Franchet
Assistent: James Whitworth

iz a 4

Generalsekretariat der Kommission
Rue de la Loi 200, B-1049 Brüssel
Wetstraat 200, B-1049 Brüssel
T: (00322) 29-91111 (Zentrale)
TX: 21 877 COMEU B
Internet: http://europa.eu.int/comm/dgs/secretariat_general/index_de.htm
Generalsekretär: Carlo Trojan
Stellv. Generalsekretär: Bernhard Zepter

iz a 5

Presse- und Informationsdienst
Rue de la Loi 200, B-1049 Brüssel
Wetstraat 200, B-1049 Brüssel
T: (00322) 29-91111 (Zentrale)
TX: 21 877 COMEU B
Internet: http://europa.eu.int/comm/dgs/pressµommunication/index_de.html
Sprecher: Ricardo Levi
Stellv. Sprecher: Jonathan Faull (Amtsleiter)

Politiken

iz a 6

Generaldirektion Arbeit und Soziales
Rue de la Loi 200, B-1049 Brüssel
Wetstraat 200, B-1049 Brüssel
T: (00322) 29-91111 (Zentrale)
TX: 21 877 COMEU B
Internet: http://europa.eu.int/comm/dgs/employment_social/index_de.htm

Bâtiment Jean Monnet
Rue Alcide De Gasperi
L-2920 Luxembourg
T: (00352) 43 01-1 (Zentrale)
Tx: 3 423, 3 446, 3 476 COMEUR LU
Generaldirektor: Allan Larsson
Stellv. Generaldirektor: Odile Quintin (ff.)
Berater: John Morley
Berater des Generaldirektors: Hermanus van Zonneveld (Zuständig für die Beziehungen zum Europäischen Parlament und zum ECOSOC)
Assistent des Generaldirektors: Ernesto Bianchi

iz a 7

Generaldirektion Bildung und Kultur
Rue de la Loi 200, B-1049 Brüssel
Wetstraat 200, B-1049 Brussel
T: (00322) 29-91111 (Zentrale)
TX: 21 877 COMEU B
Generaldirektor: Nikolaus Van der Pas
Stellv. Generaldirektor: Domenico Lenarduzzi
Assistent: Marc Jorna (des Generaldirektors)
Assistent: Cesare Onestini (des Stellv. Generaldirektors)

iz a 8

Generaldirektion Binnenmarkt
Rue de la Loi 200, B-1049 Brüssel
Wetstraat 200, B-1049 Brussel
T: (00322) 29-91111 (Zentrale)
TX: 21 877 COMEU B
Generaldirektor: John Mogg
Stellv. Generaldirektor: Heinz Zourek (zuständig für die Direktionen B und D sowie für Verstöße und Parlamentsangelegenheiten)
Assistent: Pascal Leardini (Generaldirektor)

iz a 9

Generaldirektion Energie und Verkehr
Rue de la Loi 200, B-1049 Brüssel
Wetstraat 200, B-1049 Brussel
T: (00322) 29-91111 (Zentrale)
TX: 21 877 COMEU B
Generaldirektor: François Lamoureux
Stellv. Generaldirektor: N.N.
Hauptberaterin: Kerstin Sterner

iz a 10

EURATOM-Versorgungsagentur
EURATOM Supply Agency
Agence d'Approvisionnement d'EURATOM
(verwaltungsmäßig der Generaldirektion Energie und Verkehr unterstellt)
Rue de la Loi 200, B-1049 Brüssel
Wetstraat 200, B-1049 Brussel
T: (00322) 29-91111 (Zentrale)
TX: 21 877 COMEU B
Generaldirektor: Michael Goppel
Assistent: Daniel Monasse (a.i.)

iz a 11

Generaldirektion Fischerei
Rue de la Loi 200, B-1049 Brüssel
Wetstraat 200, B-1049 Brussel
T: (00322) 29-91111 (Zentrale) **Fax:** 29-52569
TX: 21 877 COMEU B
Generaldirektor: Steffen Smidt
Assistent: Jaime Pérez Vidal (Generaldirektor)
Berater: Christoph Nordmann (zuständig für prospektive Analysen und strategische Festlegungen für die gemeinsame Fischereipolitik)

iz a 12

Generaldirektion Forschung
Rue de la Loi 200, B-1049 Brüssel
Wetstraat 200, B-1049 Brussel
T: (00322) 29-91111 (Zentrale)
TX: 21 877 COMEU B
Generaldirektor: Jorma Routti
Stellv. Generaldirektor: Hendrik Tent (zuständig für die Koordination der Durchführung des Rahmenprogramms)
Assistent: Giuseppe Scognamiglio (Generaldirektor)

iz a 13

Gemeinsame Forschungsstelle (GFS)
Joint Research Centre (JRC)
Centre Commun de Recherche (CCR)
Rue de la Loi 200, B-1049 Brüssel
Wetstraat 200, B-1049 Brussel
T: (00322) 29-91111 (Zentrale)
TX: 21 877 COMEU B
Generaldirektor: Herbert J. Allgeier
Stellv. Generaldirektor: Hugh Richardson
Assistent des Generaldirektors: Mark Becquet

iz a 14

Generaldirektion Gesundheit und Verbraucherschutz
Rue de la Loi 200, B-1049 Brüssel
Wetstraat 200, B-1049 Brussel
T: (00322) 29-91111 (Zentrale)
TX: 21 877 COMEU B
Generaldirektor: Robert Coleman
Berater: Jean-Jacques Rateau (Generaldirektor; zuständig für Verbraucherpolitik der Mitgliedstaaten und für ethische Fragen)
Assistent des Generaldirektors: D. Staudemayer
R. Vanhoorde

iz a 15

Generaldirektion Informationsgesellschaft
Rue de la Loi 200, B-1049 Brüssel
Wetstraat 200, B-1049 Brussel
T: (00322) 29-91111 (Zentrale)
TX: 21 877 COMEU B
Bâtiment Jean Monnet
Rue Alcide De Gasperi
L-2920 Luxembourg
T: (00352) 43 01-1 (Zentrale)
TX: 3 423, 3 446, 3 476 COMEUR LU
Generaldirektor: Robert Verrue
Stellv. Generaldirektor: N. N. (zuständig für die Direktionen B, C, E und F)
Stellv. Generaldirektor: Vicente Parajón Collada (zuständig für die Direktion D - Luxemburg)
Assistent des Generaldirektors: Tonnie De Koster (Generaldirektor)
Serge Lustac (Stellv. Generaldirektor, in Luxemburg)

iz a 16

Generaldirektion Justiz und Inneres
Rue de la Loi 200, B-1049 Brüssel
Wetstraat 200, B-1049 Brussel
T: (00322) 29-91111 (Zentrale)
TX: 21 877 COMEU B
Generaldirektor: Adrian Fortescue
Assistent: Peter Hobbing (Generaldirektor)

iz a 17

Generaldirektion Landwirtschaft
Rue de la Loi 200, B-1049 Brüssel
Wetstraat 200, B-1049 Brussel
T: (00322) 29-91111 (Zentrale)
TX: 21 877 COMEU B
Internet: http://europa.eu.int/comm/dgs/agriculture/index_de.htm
Generaldirektor: Guy Legras
Stellv. Generaldirektor: Joachim Heine (zuständig für die Direktionen A.II und B.I)
Stellv. Generaldirektor: Franco Milano (zuständig für die Direktionen C, D, E und Randgebiete der EU)
Stellv. Generaldirektor: José Manuel Silva Rodriguez (zuständig für die Direktionen F.I und F.II)
Stellv. Generaldirektor: David Roberts (zuständig für die Direktionen G und H)
Assistent des Generaldirektors: Rhoda Anette Mandler

iz a 18

Generaldirektion Regionalpolitik
Rue de la Loi 200, B-1049 Brüssel
Wetstraat 200, B-1049 Brussel
T: (00322) 29-91111 (Zentrale)
TX: 21 877 COMEU B
Generaldirektor: Guy Crauser
Assistenten des Generaldirektors: C. Todd (Politische Fragen)
Agnés Lindemans (Personal und Verwaltung)

iz a 19

Generaldirektion Steuern und Zollunion
Rue de la Loi 200, B-1049 Brüssel
Wetstraat 200, B-1049 Brussel
T: (00322) 29-91111 (Zentrale)
TX: 21 877 COMEU B
Generaldirektor: Michel Vanden Abeele
Assistent des Generaldirektors: Thierry Vinois

iz a 20

Generaldirektion Umwelt
Rue de la Loi 200, B-1049 Brüssel
Wetstraat 200, B-1049 Brussel
T: (00322) 29-91111 (Zentrale)
TX: 21 877 COMEU B

Bâtiment Jean Monnet
Rue Alcide De Gasperi
L-2920 Luxembourg
T: (00352) 43 01-1 (Zentrale)
TX: 3 423, 3 446, 3 476 COMEUR LU
Generaldirektor: James Currie
Stellv. Generaldirektor: Jean-François Verstrynge (zuständig für die Koordinierung der Direktionen D und E sowie für die Kommunikationspolitik)
Assistent des Generaldirektors: Francine Goffaux (Generaldirektor)
Paulus Brouwer (Stellv. Generaldirektor)

iz a 21

Generaldirektion Unternehmen
Rue de la Loi 200, B-1049 Brüssel
Wetstraat 200, B-1049 Brussel
T: (00322) 29-91111 (Zentrale)
TX: 21 877 COMEU B
Generaldirektor: N.N.
Stellv. Generaldirektor: Jörn Keck (zuständig für die Direktionen C, D und E)
Carl-Magnus Lemmel

iz a 22

Generaldirektion Wettbewerb
Rue de la Loi 200, B-1049 Brüssel
Wetstraat 200, B-1049 Brussel
T: (00322) 29-91111 (Zentrale)
TX: 21 877 COMEU B
Internet: http://europa.eu.int/comm/dgs/competition/index_de.htm
Generaldirektor: Alexander Schaub
Stellv. Generaldirektor: Jean-François Pons (zuständig für die Direktionen C und D sowie für Fragen des Berufsethos)
Gianfranco Rocca (zuständig für die Direktionen E und F sowie für Sicherheitsfragen)
N.N. (zuständig für die Direktionen G und H)
Assistent des Generaldirektors: Henrik Morch

iz a 23

Generaldirektion Wirtschaft und Finanzen
Rue de la Loi 200, B-1049 Brüssel
Wetstraat 200, B-1049 Brussel
T: (00322) 29-91111 (Zentrale)
TX: 21 877 COMEU B
Internet: http://europa.eu.int/comm/economy_finance/index.htm
Generaldirektor: Giovanni Ravasio
Stellv. Generaldirektor: Ludwig Schubert (zuständig für die Direktionen B, C, E; als Direktor zuständig für Koordinierungsaufgaben für den Generaldirektor)
Direktor(in): Günter Grosche (Sekretär des Wirtschafts- und Finanzausschusses und des Ausschusses für Wirtschaftspolitik)
Philippe Petit-Laurent (Zuständig für Beziehungen zur BERD)
Assistent des Generaldirektors: Johan Verhaven

Außenbeziehungen

iz a 24

Amt für humanitäre Hilfe - ECHO
Rue de la Loi 200, B-1049 Brüssel
Wetstraat 200, B-1049 Brussel
T: (00322) 29-91111 (Zentrale)
TX: 21 877 COMEU B
E-Mail: echo-info@cec.eu.int
Direktor: Alberto Navarro Gonzalez
Berater: Frances Smith (zuständig für die Beziehungen zu den Organen und die operationelle Koordinierung)
Giorgio Guarneri (zuständig für Information)
N. N. (zuständig für die Beziehungen zu den NRO)
Ruth Albuquerque (zuständig für die Bewältigung größerer Krisen)
Assistent des Direktors: Donatienne Claeys Bouuaert

iz a 25

Generaldirektion Außenbeziehungen
Rue de la Loi 200, B-1049 Brüssel
Wetstraat 200, B-1049 Brussel
T: (00322) 29-91111 (Zentrale)
TX: 21 877 COMEU B
Generaldirektor: Guy Legras
Stellv. Generaldirektor: N.N. (Gemeinsame Außen- und Sicherheitspolitik, multilaterale Angelegenheiten, Nordamerika, Fernost, Pazifik-Region (Direktionen A, B, C))
Catherine Day (zuständig für Europa und Zentralasien, den Nahen Osten und das südl. Mittelmeergebiet (Direktionen D, E, F))
Santiago Gomez-Reino (zuständig für Asien und Lateinamerika (Direktionen G, H, ALA-Ausschuß))

iz a 26

Generaldirektion Entwicklung
Rue de la Loi 200, B-1049 Brüssel
Wetstraat 200, B-1049 Brussel
T: (00322) 29-91111 (Zentrale)
TX: 21 877 COMEU B
Generaldirektor: Philip Lowe
Stellv. Generaldirektor: Athanassios Theodorakis (zuständig für die Direktionen C, D und E und die Einheit DEV/3)

iz a 27

Generaldirektion Erweiterung
Rue de la Loi 200, B-1049 Brüssel
Wetstraat 200, B-1049 Brussel
T: (00322) 29-9 11 11
TX: 21 877 COMEU B
Generaldirektor: Eneko Landaburu
Assistent: Vincent Degert

iz a 28

Gemeinsamer Dienst für Außenbeziehungen
Rue de la Loi 200, B-1049 Brüssel
Wetstraat 200, B-1049 Brussel
T: (00322) 29-91111
TX: 21 877 COMEU B
Generaldirektor: Philippe Soubestre
Assistent: Daniela Tramacere (Generaldirektor)

iz a 29

Generaldirektion Handel
Rue de la Loi 200, B-1049 Brüssel
Wetstraat 200, B-1049 Brussel
T: (00322) 29-91111
TX: 21 877 COMEU B
Generaldirektor: Hans-Friedrich Beseler
Stellv. Generaldirektor: N.N.
Assistent: Matthias Petschke (Generaldirektor)

Interne Dienste

iz a 30

Europäisches Amt für Betrugsbekämpfung (OLAF)
Postanschrift:
Rue de la Loi 200, B-1049 Brüssel
Wetstraat 200, B-1049 Brussel
T: (00322) 29-54859 **Fax:** 29-60853
Direktor(in): F.-H. Bruener
Büros: Avenue de Beaulieu 9, B-1160 Brüssel

iz a 31

Generaldirektion Finanzkontrolle
Rue de la Loi 200, B-1049 Brüssel
Wetstraat 200, B-1049 Brussel
T: (00322) 29-91111 (Zentrale)
TX: 21 877 COMEU B
Generaldirektor: Isabella Ventura (Finanzkontrolleur der Kommission)
Berater: Ingemar Segergren (zuständig für Interne Kontrolle der GD)
Assistent: Jose Carlos Pirao (Generaldirektor)

iz a 32

Gemeinsamer Dolmetscher- und Konferenzdienst
Rue de la Loi 200, B-1049 Brüssel
Wetstraat 200, B-1049 Brussel
T: (00322) 29-91111 (Zentrale)
TX: 21 877 COMEU B
Internet: http://europa.eu.int/comm/dgs/interpretation/index_de.htm
Leiter der Dienststelle: Rocco Tanzilli
Assistentin: Carmen Ruiz Serrano

Der Gemeinsame Dolmetscher-Konferenzdienst gewährleistet das Dolmetschen auf den Tagungen bzw. Sitzungen von Rat, Kommission, Wirtschafts- und Sozialausschuß, Ausschuß der Regionen und Europäischer Investitionsbank.

iz a 33

Generalinspektion der Dienststellen
Rue de la Loi 200, B-1049 Brüssel
Wetstraat 200, B-1049 Brussel
T: (00322) 29-91111 (Zentrale)
TX: 21 877 COMEU B
Internet: http://europa.eu.int/comm/dgs/inspectorate_general/index_de.htm
Generalinspektor: Graham Avery

iz a 34

Generaldirektion Haushalt
Rue de la Loi 200, B-1049 Brüssel
Wetstraat 200, B-1049 Brussel
T: (00322) 29-91111 (Zentrale)
TX: 21 877 COMEU B
Bâtiment Jean Monnet,
Rue Alcide De Gasperi,
L-2920 Luxembourg,
T: (00352) 43 01-1 (Zentrale), TX: 3 423, 3 446, 3 476 COMEUR LU
Generaldirektor: Jean-Paul Mingasson
Stellv. Generaldirektor: Edith Kitzmantel
Assistent des Generaldirektors: Valère Moutarlier

iz a 35

Juristischer Dienst
Rue de la Loi 200, B-1049 Brüssel
Wetstraat 200, B-1049 Brussel
T: (00322) 29-91111 (Zentrale)
TX: 21 877 COMEU B
Internet: http://europa.eu.int/comm/dgs/legal_service/index_de.htm
Generaldirektor: Jean-Louis Dewost
Stellv. Generaldirektor: Christiaan Timmermans
Assistent des Generaldirektors: Jürgen Grunwald

iz a 36

Generaldirektion Personal und Verwaltung
Rue de la Loi 200, B-1049 Brüssel
Wetstraat 200, B-1049 Brussel
T: (00322) 29-91111 (Zentrale)
TX: 21 877 COMEU B
Bâtiment Jean Monnet
Rue Alcide de Gasperi
L-2920 Luxembourg
T: (00352) 43 01-1 (Zentrale)
TX: 3 423, 3 446, 3 476 COMEUR LU
Generaldirektor: Horst Reichenbach
Stellv. Generaldirektor: Ubaldo Zito
Assistent des Generaldirektors: Martin Terberger
Assistent des Stellv. Generaldirektors in Luxemburg:
Robert Steinmetz

iz a 37

Direktion Datenverarbeitung
Bâtiment Jean Monnet Rue Alcide de Gasperi, L-2920 Luxemburg
T: (00352) 43 01-1 (Zentrale)
TX: 3 423 , 3 446, 3 476 COMEUR LU
Internet: http://europa.eu.int/comm/di/index_de.htm
Rue de la Loi 200, B-1049 Bruxelles
Wetstraat 200, B-1049 Brussel
T: (00322) 29-91111 (Zentrale), TX: 21 877 COMEU B
Direktor(in): Fernando De Esteban Alonso
Berater: Dieter König
Assistent: Jean-Luc Sion

iz a 38

Übersetzungsdienst
Rue de la Loi 200, B-1049 Brüssel
Wetstraat 200, B-1049 Brussel
T: (00322) 29-91111 (Zentrale)
TX: 21 877 COMEU B
Internet: http://europa.eu.int/comm/dgs/translation/index_de.htm
Bâtiment Jean Monnet
Rue Alcide De Gasperi
L-2920 Luxembourg
T: (00352) 43 01-1 (Zentrale),
TX: 3 423, 3 446, 3 476 COMEUR LU
Generaldirektor a.i.: Brian McClusky
Assistent des Generaldirektors: Georgia Drossou
Berater: Archie Clarke
Christian Heynold

Vetretungen der Europäischen Kommission in den Mitgliedstaaten

Belgien

Bruxelles/Brussel

iz a 39

Vertretung der Europäischen Kommission in Belgien
Représentation en Belgique de la Commission européenne
De Vertegenwoordiging in Belgie van de Europese Commissie
Rue Archimede 73, B-1040 Brüssel

Archimedesstraat 73, B-1040 Brussel
T: (00322) 2 95 38 44 **Fax:** 2 95 01 66
Internet: http://europa.eu.int/comm/represent/be
Direktor(in): Guy Vandebon

Dänemark

København

iz a 40
Europa-Kommissionen
Repræsentation i Danmark
Højbrohus
Postf. 144, DK-1004 Kopenhagen K
Østergade 61 (Højbrohus), DK-1004 Kopenhagen K
T: (004533) 14 41 40 **Fax:** 11 12 03, 14 13 92 (Sekretariat), 14 14 47 (Dokumentation)
Internet: http://www.europa-kommissionen.dk
E-Mail: eu@europa-kommissionen.dk
Direktor(in): Peter Stub Jørgensen

Deutschland

Berlin

iz a 41
Europäische Kommission
Vertretung in der Bundesrepublik Deutschland
Unter den Linden 78, 10117 Berlin
T: (030) 22 80-2000 **Fax:** 22 80-2222
Internet: http://www.eu-kommission.de
Leiter der Vertretung: Axel R. Bunz

Bonn

iz a 42
Europäische Kommission
Vertretung in der Bundesrepublik Deutschland
Vertretung in Bonn
Bertha-von-Suttner-Platz 2-4, 53111 Bonn
T: (0228) 5 30 09-0 **Fax:** 5 30 09-50
Leiter der Vertretung: Axel Bunz (kommissarisch)

München

iz a 43
Europäische Kommission
Vertretung in der Bundesrepublik Deutschland
Vertretung in München
Erhardtstr. 27, 80331 München
T: (089) 2 02 10 11 **Fax:** 2 02 10 15
Leiter der Vertretung: Paul-Joachim Kubosch

Finnland

Helsinki

iz a 44
Euroopan komissio
Suomen edustusto
Europeiska kommissionen Representationen i Finland
Postf. 12 50, FIN-00100 Helsinki
Pohjoisesplanadi 31, FIN-00131 Helsinki
T: (003589) 6 22 65 44 **Fax:** 65 67 28
Internet: http://www.eukommissio.fi
Edustuston päällikko: Juhani Sormunen

Frankreich

Paris

iz a 45
Commission européenne
Représentation en France
Boulevard Saint-Germain 288, F-75007 Paris
T: (00331) 40 63 38 00 **Fax:** 45 56 94 17, -18, -19
Direktor(in): Jean-Louis Giraudy

Marseille

iz a 46
Commission européenne
Représentation à Marseille
Rue Henri-Barbusse 2 (CMCI), F-13241 Marseille Cedex 01
T: (0033) 91 91 46 00 **Fax:** 91 90 98 07
Internet: http://europa.eu.int/france
Direktor(in): Jacques Huchet

Griechenland

Athen

iz a 47
European Commission
Representation in Greece
Vassilissis Sofias 2, GR-10674 Athen
T: (00301) 7 27 21 00 **Fax:** 7 24 46 20
Internet: http://www.ee.gr
Direktor(in): Marios Camhis

Irland

Dublin

iz a 48
European Commission Representation in Ireland
European Union House 18 Dawson Street, IRL-Dublin 2
T: (003531) 6 62 51 13 **Fax:** 6 62 51 18
Direktor(in): Peter Doyle

Italien

Roma

iz a 49
Commissione europea
Rappresentanza in Italia
Via Poli 29, I-00187 Rom
T: (00396) 69 99 91 **Fax:** 6 79 16 58, 6 79 36 52
Internet: http://www.comeur.it
Direktor(in): Gerardo Mombelli

Milano

iz a 50
Commissione Europea
Rappresentanza a Milano
Corso Magenta 59, I-20123 Mailand
T: (00392) 4 67 51 41 **Fax:** 4 81 85 43
TX: (043) 316 200 EURMIL I
Direktor(in): Gian Pietro Fontana Rava

Luxemburg

Luxemburg

iz a 51
Commission Européenne
Représentation au Luxembourg
Bâtiment Jean Monnet
Rue Alcide De Gasperi, L-2920 Luxemburg
T: (00352) 43 01-34925 **Fax:** 43 01-34433
TX: 3 423, 3 476 COMEUR LU
Direktor(in): Jul Christophory

Niederlande

Den Haag

iz a 52
Europese Commissie
Bureau in Nederland
Postf. 3 04 65, NL-2500 GL Den Haag
Korte Vijverberg 5, NL-2513 AB Den Haag
T: (003170) 3 46 93 26 **Fax:** 3 64 66 19
TX: (044) 31 094 EURCO NL
Internet: http://www.dds.nl/plein/europa
Direktor(in): Henk Beereboom

Österreich

Wien

iz a 53
Europäische Kommission
Vertretung in Österreich
Kärntner Ring 5-7, A-1010 Wien
T: (00431) 5 16 18-0 **Fax:** 5 13 42 25
Internet: http://europa.eu.int/austria
Leiter der Vertretung: Wolfgang Streitenberger

Portugal

Lisboa

iz a 54
Comissão Europeia
Representacão em Portugal
Centro Europeu Jean Monnet
Largo Jean Monnet 1-10, P-1269-068 Lisboa
T: (0035121) 3 50 98 00 **Fax:** 3 50 98 01, -02, -03
TX: (0404) 18 810 COMEUR P
Internet: http://euroinfo.ce.pt
Direktor(in): Ricardo Charters d'Azevedo

Schweden

Stockholm

iz a 55
Europeiska Kommissionen
Representationen i Sverige
Nybrogatan 11, Box 7323, S-10390 Stockholm
T: (00468) 56 24 44 11 **Fax:** 56 24 44 12
Internet: http://www.eukomm.se
Representationschef: Annette Matthias-Werner

Spanien

Madrid

iz a 56
Comisión Europea
Representación en España
Paseo de la Castellana 46, E-28046 Madrid
T: (003491) 4 23 80 00 **Fax:** 4 32 17 64
Internet: http://www.euroinfo.cce.es
Direktor(in): Miguel Moltó Calvo

Barcelona

iz a 57
Comisión Europea
Representación en Barcelona
Av. Diagonal 407 bis planta 18, E-08008 Barcelona
T: (003493) 4 15 81 77 (5 lignes) **Fax:** 4 15 63 11
Direktor(in): Josep Coll i Carbo

Vereinigtes Königreich

London

iz a 58
European Commission
Representation in United Kingdom
Jean Monnet House
Storey's Gate 8, GB-London SW1P 3AT
T: (0044207) 9 73 19 92 **Fax:** 9 73 19 00 (reception), 9 73 19 10 (policy and coordination), 9 73 18 95 (administration), 9 73 19 07 (media)
TX: (0151) 23 208 EURUK G
Internet: http://www.cec.org.uk
Leiter der Vertretung: Geoffrey Martin

Belfast

iz a 59

European Commission Representation in Northern Ireland
Windsor House
Bedford Street 9/15, GB-Belfast BT2 7EG
T: (00441232) 24 07 08 **Fax:** 24 82 41
Leiter der Vertretung: Jim Dougal

Cardiff

iz a 60

European Commission Representation in Wales
Cathedral Road 4, GB-Cardiff CF1 9SG
T: (00441222) 37 16 31 **Fax:** 39 54 89
Leiterin der Vertretung: Catherine Eva

Edinburgh

iz a 61

European Commission Representation in Scotland
Alva Street 9, GB-Edinburgh EH2 4PH
T: (0044131) 2 25 20 58 **Fax:** 2 26 41 05
Leiterin der Vertretung: Elizabeth Holt

Delegationen, Vertretungen und externe Büros

a) In Drittländern

Ägypten

iz a 62

Delegation der Europäischen Kommission in Ägypten
6, Ibn Zanki Str., ET-Zamalek Cairo
T: (00202) 3 41 93 93, 3 40 83 88, 3 40 11 84, 3 40 74 09, 3 41 05 33 (ligne dir. chef dél.) **Fax:** 3 40 03 85
Leiter der Delegation: Christian Falkowski

Albanien

iz a 63

Delegation der Europäischen Kommission in Albanien
Rr, Doniks Kastrioti Villa n° 2, AL-Tirana
T: (0035542) 2 83 20, 4 28 70, 4 28 71, 2 84 79 (ligne dir. chef dél.), (00871) 1 12 17 60 (satellite)
Fax: (0035542) 4 27 52, (00871) 1 12 17 61 (satellite)
Leiter der Delegation: Michel Peretti

Algerien

iz a 64

Delegation der Europäischen Kommission in Algerien
Postf. 1 87, DZ-Alger
Rue Larbi Alik 7, DZ-16035 Hydra Alger
T: (002132) 69 21 70, 69 10 63, 69 16 92, 69 39 01 (ligne dir. chef. dél.) **Fax:** 69 19 47
TX: (0408) 67 638 EURAL DZ
Leiter der Delegation: Lorenzo Sánchez García

Angola

iz a 65

Delegation der Europäischen Kommission in Angola
Postf. 2669, AO-Luanda
Rua Rainha Jinga 6, AO-Luanda
T: (002442) 39 12 77, 39 13 39, 39 30 38, 1 24 63 23 (satellite) **Fax:** 39 25 31, 39 30 38
TX: (0991) 3 397 DELCEE AN
Leiter der Delegation: António Cardoso Mota

Antigua und Barbuda

iz a 66

Delegation der Europäischen Kommission in Antigua und Barbuda
Nebenstelle der Delegation auf Barbados
Alpha Building, 2nd floor
Postf. 1392, AG-St. Johns
Upper St George's Street, AG-St. Johns
T: (001809) 4 62 29 70 **Fax:** 4 62 26 70
Ortsansässiger Berater: Hans Okorn

Äquatorialguinea

iz a 67

Delegation der Europäischen Kommission in Äquatorialguinea
Postf. 779, GQ-NR Malabo
Route de l'Aéroport, GQ-NR Malabo
T: (002409) 29 44, 32 84, (00874) 1 54 64 50 (satellite)
Fax: (002409) 32 75, (00874) 1 54 64 51 (satellite)
TX: DELFED 5402 EG
Leiter der Delegation: Carlo de Filippi

Argentinien

iz a 68

Delegation der Europäischen Kommission in Argentinien
Postf. 2892, RA-1000 Buenos Aires
Ayacucho 1537, RA-1112 Buenos Aires
T: (00541) 8 05 37 59, 8 05 37 61, 8 05 37 63
Fax: 8 01 15 94
Leiter der Delegation: Vittorino Alloco

Äthiopien

iz a 69

Delegation der Europäischen Kommission in Äthiopien
Postf. 55 70, ETH-Addis Abeba
T: (002511) 61 25 11, 61 34 25 (Head of Delegation's direct line) **Fax:** 61 28 77
TX: (0980) 21 738 DELEGEUR ET
Leiter der Delegation: Karl Harbo

Australien

iz a 70

Delegation der Europäischen Kommission in Australien
Postf. 609, AUS-2600 Canberra
Arkana Street Yarralumia ACT 18, AUS-2600 Canberra
T: (00616) 2 71 27 21, 2 71 27 77 **Fax:** 2 73 44 45, 2 73 49 44
Leiter der Delegation: Aneurin Hughes

Bangladesch

iz a 71

Delegation der Europäischen Kommission in Bangladesch
Plot 7
Postf. 60806, BD-12 Dhaka
Road 84 Gulshan, BD-12 Dhaka
T: (008802) 88 47 30, 88 47 31, 88 47 32, 60 70 16, 88 35 64 (ligne dir. chef. dél.) **Fax:** 88 31 18
TX: (0780) 642 501 CECO BJ
Leiter der Delegation: António Menezes

Barbados

iz a 72

Delegation der Europäischen Kommission in Barbados
James Fort Building
Hincks Street (entr. Pr. Alfred Str.), BDS-Bridgetown
T: (001809) 4 27 43 62, 4 29 71 03, 4 27 43 65, 4 27 43 66 (ligne dir. chef dél.) **Fax:** 4 27 86 87
TX: (0392) DELEGFED WB 2327
Leiter der Delegation: George Gwyer (ebenfalls zuständig für Antigua und Barbuda, Dominica, St. Lucia, St. Vincent und die Grenadinen, St. Christopher und Nevis, die ÜLG Anguilla, Britische Jungferninseln und Montserrat)

Belize

iz a 73

Delegation der Europäischen Kommission in Belize
Nebenstelle der Delegation in Jamaika
Blake Building (3rd floor)
Postf. 907, BH-Belize City
Corner Hutson & Eyre Streets, BH-Belize City
T: (005012) 7 27 85, 3 20 70, 3 05 03 (private resident adviser) **Fax:** 7 27 85
TX: 106 CEC BZ
Ortsansässiger Berater: Marcel Van Opstal

Benin

iz a 74

Delegation der Europäischen Kommission in Benin
Postf. 9 10, DY-Cotonou
Avenue Roume Bâtiment administratif, DY-Cotonou
T: (00229) 31 26 84, 31 26 17 **Fax:** 31 53 28
TX: (0972) 5 272 DELEGFED CTNOU
Leiter der Delegation: Jean-Louis Lacube

Bolivien

iz a 75

Delegation der Europäischen Kommission in Bolivien
Postf. 1 07 47, BOL-La Paz
Sánchez Lima 2440, BOL-La Paz
T: (005912) 41 76 25 **Fax:** 41 40 89
Leiter der Delegation: Amir Naqvi

Bosnien und Herzegowina

iz a 76

Delegation der Europäischen Kommission in Bosnien und Herzegowina
Dubrovacka 6 Union Bank Building, 4th floor, BA-Sarajevo
T: (0038771) 66 60 45 **Fax:** 44 75 82
Leiter der Delegation: Hansjörg Kretschmer

Botswana

iz a 77

Delegation der Europäischen Kommission in Botswana
Postf. 12 53, RB-Gaborone
North Ring Road Plot 68, RB-Gaborone
T: (00267) 31 44 55 **Fax:** 31 36 26
TX: (0962) 2 403 DECEC BD
Leiter der Delegation: Robert Collingwood

Brasilien

iz a 78

Delegation der Europäischen Kommission in Brasilien
QI7, Bloco A, Lago Sul, BR-Brasilia, DF
T: (005561) 2 48 31 22 **Fax:** 2 48 07 00
TX: (038) 612 517, 613 648 DCCE BRE
Leiter der Delegation: Rolf Timans

Bulgarien

iz a 79

Delegation der Europäischen Kommission in Bulgarien
Interpred World Trade Center, Block A, 3rd floor
Postf. 668, BG-1000 Sofia
Dragan Tzankov Boulevard 36, BG-1056 Sofia
T: (003592) 73 98 41, 73 98 42, 73 98 43, 73 98 44, 73 98 45 **Fax:** 73 83 95

TX: 23 030 SHERA BG
Leiter der Delegation: Jacques Wunenburger

Burkina Faso

iz a 80

Delegation der Europäischen Kommission in Burkina Faso
Postf. 3 52, HV-Ouagadougou
Avenue de la Résistance du 17 Mai 2564, HV-Ouagadougou
T: (00226) 30 73 85, 30 73 86, 30 85 33 (ligne dir. chef dél.), 30 86 50 **Fax:** 30 89 66
TX: (0978) DELCOMEU 5 242 BF
Leiter der Delegation: Antonio García Velázquez

Burundi

iz a 81

Delegation der Europäischen Kommission in Burundi
Postf. 103, BU-Bujumbura
Avenue du 13 Octobre, BU-Bujumbura
T: (00257) 22 34 26, 22 38 92, 22 59 30, 22 17 42 (linge dir. chef dél.) **Fax:** 22 46 12
TX: (0903) FED BDI 5 031
Leiter der Delegation: N. N.

Chile

iz a 82

Delegation der Europäischen Kommission in Chile
Postf. 1 00 93, RCH-Santiago 9
Avenida Américo Vespucio Sur 1835, RCH-Santiago 9
T: (00562) 2 06 02 67 **Fax:** 2 28 25 71
TX: (034) 34 03 44 COMEUR CK
Leiter der Delegation: Lorenzo Antón Santos

China

iz a 83

Delegation der Europäischen Kommission in China
15 Dong Zhi Men Wai Dajie Sanlitun, CN-100600 Peking
T: (008610) 65 32 44 43 **Fax:** 65 32 43 42
TX: (085) 222 690 ECDEL CN
Leiter der Delegation: Endymion Wilkinson (ebenfalls zuständig für die Mongolei)

Costa Rica

iz a 84

Delegation der Europäischen Kommission in Costa Rica
Barrio Amon
Postf. 836-1007 Centro Colón, CR-1007 San José
De Rotonda de la Bandera, 5m Oeste, CR-San José
T: (00506) 2 83 29 59 **Fax:** 2 83 29 60, 2 83 29 61
Leiter der Delegation: Dieter König (ebenfalls zuständig für Guatemala, Honduras, Nicaragua, Panama und El Salvador)

Dominikanische Republik

iz a 85

Delegation der Europäischen Kommission in der Dominikanischen Republik
Calle Dr. Rafael Augusto Sanchez No 21, DOM-Ensanche Naco-Santo Domingo
T: (001809) 5 40 58 37, 5 40 60 74, 5 66 97 30
Fax: 5 67 58 51
TX: 4 757 EURCOMSD DR
Leiter der Delegation: Roger Leenders

Dschibuti

iz a 86

Delegation der Europäischen Kommission in Dschibuti
Postf. 24 77, DJ-Djibouti
Boulevard du Maréchal Joffre 11, DJ-Djibouti
T: (00253) 35 26 15, 35 26 19 **Fax:** 35 00 36
TX: (0979) 5 894 DELCOM DJ
Leiter der Delegation: N. N.

Elfenbeinküste

iz a 87

Delegation der Europäischen Kommission an der Elfenbeinküste
Postf. 1821, CI-Abidjan Plateau
Rue du Dr Crozet 18, CI-Abidjan Plateau
T: (00225) 21 24 28, 21 21 75, 21 09 28 (ligne dir. chef dél.)
Fax: 21 40 89
TX: (0983) DELCE CI 23 729
Leiter der Delegation: G. von Brochowski

Eritrea

iz a 88

Delegation der Europäischen Kommission in Eritrea
Postf. 5710, ER-Asmara
Gainer Street 1 Zone 4, Admin. 02, ER-Asmara
T: (002911) 12 65 66 **Fax:** 12 65 78
Leiter der Delegation: N. N.

Estland

iz a 89

Delegation der Europäischen Kommission in Estland
Kohtutn 10, EW-0001 Tallinn
Leiter der Delegation: Arhi Palosuo

Fidschi

iz a 90

Delegation der Europäischen Kommission im Pazifik (Fidschi)
Development Bank Center (4th floor)
Victoria Parade, FJI-Suva
T: (00679) 31 36 33 **Fax:** 30 03 70
Leiter der Delegation: David Macrae

Gabun

iz a 91

Delegation der Europäischen Kommission in Gabun
Postf. 321, GA-Libreville
Bas de Gué-Gué Lotissement des Cocotiers, GA-Libreville
T: (00241) 73 22 50, 73 22 28, 73 93 69, 73 65 53 (ligne dir. chef dél.) **Fax:** 73 65 54
TX: (0973) DELEGFED 5 511 GO
Leiter der Delegation: Carlo de Filippi (als Beauftragter auch zuständig für die Demokratische Republik São Tomé und Príncipe)

Gambia

iz a 92

Delegation der Europäischen Kommission in Gambia
Postf. 5 12, WAG-Banjul
Nelson Mandela Street 10, WAG-Banjul
T: (00220) 22 77 77 **Fax:** 22 62 19
TX: (0996) DELCOM GV 2 233
Leiter der Delegation: N. N.

Georgien

iz a 93

Delegation der Europäischen Kommission in Georgien
Laghidze Street N° 5, GE-Tbilissi
T: (009958832) 99 96 02, 93 55 82, 93 27 74 **Fax:** 99 08 33
TX: 212 248 MPHTB JU
Leiter der Delegation: Elio Germano

Ghana

iz a 94

Delegation der Europäischen Kommission in Ghana
The Round House
Postf. 9505, GH-Accra
Cantonments Road 65, GH-Accra
T: (0023321) 77 42 01, 77 42 02, 77 42 36, 77 40 72
Fax: 77 41 54
TX: (094) DELCOM GH 2 069
Leiter der Delegation: Charles Brook

Grenada

iz a 95

Delegation der Europäischen Kommission in Grenada
Nebenstelle der Delegation in Trinidad und Tobago
Postf. 5, WG-St. George's
Archibald Avenue, WG-St. George's
T: (001809) 4 40 35 61, 4 40 49 58 **Fax:** 4 40 41 51
TX: (0395) 3 431 BUREAU GA
Conseiller résident: Dieter Friedrichs

Guatemala

iz a 96

Delegation der Europäischen Kommission in Guatemala
Zona 10-Edificio Murano
Nivel 14 Of. 1401
14 Calle 3-51, GCA-Guatemala
Ortsansässiger Berater: Lorenzo Sánchez Gracía (Der Delegation von Costa Rica zugeordnet)

Guinea-Bissau

iz a 97

Delegation der Europäischen Kommission in Guinea-Bissau
Postfach, GW-1113 Bissau Cedex
Bairro da Penha, GW-Bissau
T: (00245) 25 10 71, 25 10 27, 25 14 69, 25 14 71, 25 14 72, 25 14 70 (ligne dir. chef dél.) **Fax:** 25 10 44
TX: (0969) 264 DELCOM BI
Leiter der Delegation: Miguel De Raimond da Silva Amado

Guinea

iz a 98

Delegation der Europäischen Kommission in Guinea (Conakry)
Postf. 730, GN-Conakry
Corniche Sud, Madina Dispensaire, GN-Conakry
T: (00224) 41 49 42, (00871) 1 54 62 65 (satellite)
Fax: (00224) 41 18 74, (00871) 1 54 62 65 (satellite)
TX: (0995) 22 438 CCE GE
Leiter der Delegation: Stefan Frowein

Guyana

iz a 99

Delegation der Europäischen Kommission in Guyana
Postf. 1 08 47, GY-Georgetown
High Street 72, GY-Kingston-Georgetown
T: (005922) 6 40 04, 6 54 24, 6 39 63, 6 26 67, 6 28 69
Fax: 6 26 15
TX: (0295) 2 258 DELEG GY
Leiter der Delegation: John Caloghirou

Haiti

iz a 100

Delegation der Europäischen Kommission in Haiti
Postf. 1 55 88, RH-Port-au-Prince
Delmas 60 - Impasse Brave n° 1 (par rue Mercier-Laham), HT-Port-au-Prince
T: (00509) 49 34 91, 49 44 80, 49 44 89 (direct line, Head of Office), (00874) 6 82 06 00 27 (satellite)
Fax: (00509) 49 02 46, (00874) 6 82 06 00 28 (satellite)
Leiter der Delegation: Guy Petitpierre

Hongkong

iz a 101

Delegation der Europäischen Kommission in Hongkong
19/F St John's Building
Garden Road 33, CN-Hongkong
T: (00852) 25 37 60 83 **Fax:** 25 22 13 02
Leiter des Büros: Étienne Reuter (ebenfalls zuständig für Macao)

Indien

iz a 102

Delegation der Europäischen Kommission in Indien
Golf Links 65, IND-110003 New Delhi
T: (009111) 4 62 92 37, 4 62 92 38 **Fax:** 4 62 92 06
TX: (081) 31 61 315 EUR IN
Leiter der Delegation: Michael McGeever

Indonesien

iz a 103

Delegation der Europäischen Kommission in Indonesien
Wisma Dharmala Sakti, 16th floor
Postf. 5 5J KP DS, RI-10220 Jakarta
Jl. Jendral Sudirman 32, RI-Jakarta
T: (006221) 5 70 60 76, 5 70 60 68, 5 70 60 75
Fax: 5 70 60 75
TX: (073) 62 043 COMEUR IA
Leiter der Vertretung: Klauspeter Schmallenbach (ebenfalls zuständig für Brunei und Singapur)

Israel

iz a 104

Delegation der Europäischen Kommission in Israel
The Tower, 17th floor
Postf. 3 51 36, IL-52136 Ramat-Gan
Betzalel Street 31-35, IL-53521 Ramat-Gan
T: (009723) 6 13 77 99 **Fax:** 6 13 77 70
E-Mail: eudelisl@netvision.net.il
Leiter der Delegation: Jean-Paul Jesse

Jamaika

iz a 105

Delegation der Europäischen Kommission in Jamaika
Postf. 4 63, JA-Kingston 8
Olivier Road 8, JA-Kingston 8
T: (001809) 9 24 63 33, 9 24 63 37 **Fax:** 9 24 63 39
TX: (0291) 2 391 DELEGEC JA
Leiter der Delegation: Jan Dubbeldam
als Beauftragter auch zuständig für die Bahamas, Belize, die Kaimaninseln und die Turks- und Caicosinseln.
Anschrift für das Büro auf den Bahamas: Frederick House, 2nd floor, Frederick Street, PO Box 3246, Nassau, Bahamas, T: (001809) 3 25 58 50, TX: DELEGEC NS 310

Japan

iz a 106

Delegation der Europäischen Kommission in Japan
Europa House
Sanbancho - Chiyoda-Ku 9-15, J-102 Tokio
T: (00813) 32 39 04 41, 32 39 04 61 (direct line, head of press and information) **Fax:** 32 61 51 94, 32 39 93 37
TX: (072) 28 567 COMEUTOK J
Leiter der Delegation: Ove Juul Jørgensen
Stellv. Leiter der Delegation: Nigel Evans

Jordanien

iz a 107

Delegation der Europäischen Kommission in Jordanien
oppo. Arab Potash Company, Shmeisani
Postf. 92 67 94, JOR-Amman
Al Jahez Street No 15, JOR-Amman
T: (009626) 66 81 91, 66 81 92 **Fax:** 68 67 46
TX: (0493) 22 260 DELEUR JO
Leiter der Delegation: James Moran

Jugoslawien (Bundesrepublik)

iz a 108

Delegation der Europäischen Kommission in Jugoslawien
Kablarska 29, YU-11040 Senjak Belgrade
T: (0038111) 64 86 66 **Fax:** 65 14 58
Leiter der Delegation: N. N.

Kamerun

iz a 109

Delegation der Europäischen Kommission in Kamerun
Postf. 847, RFC-Yaoundé
rue 1770 105 Quartier Bastos, RFC-Yaoundé
T: (00237) 20 13 87, 20 33 67, 21 00 28, 20 93 96 (ligne dir. chef dél.) **Fax:** 20 21 49
TX: (0970) DELEFED KN 8 298
Leiter der Delegation: Friedrich Nagel

Kanada

iz a 110

Delegation der Europäischen Kommission in Kanada
Albert Street 111 Suite 330, CDN-Ottawa K1P 1A5
T: (001613) 2 38 64 64 **Fax:** 2 38 51 91
Leiterin der Delegation: Daniéle Smadja

Kap Verde

iz a 111

Delegation der Europäischen Kommission in Kap Verde
Postf. 122, CV-Praia
Achada de Santo António, CV-Praia
T: (00238) 61 55 71, 61 55 72, 61 55 73, 61 59 23 (ligne dir. chef dél.) **Fax:** 61 55 70
TX: (0993) 6 071 DELCE CV
Leiter der Delegation: Carlo Manai

Kasachstan

iz a 112

Delegation der Europäischen Kommission in Kasachstan
Kazibek bi Street 20a, KZ-480100 Almaty
T: (0073272) 63 99 39, 63 99 80, 63 88 58, 63 88 51
Fax: 63 75 06, 63 77 52
TX: 251 334 DOST SU
Leiter der Delegation: Michael Humphreys

Kenia

iz a 113

Delegation der Europäischen Kommission in Kenia
Union Insurance House
Postf. 4 51 19, EAK-Nairobi
Ragati Road, EAK-Nairobi
T: (002542) 71 30 20, 71 30 21, (02542) 71 28 60, (002542) 71 29 05, 71 29 06 **Fax:** (002542) 71 64 81
TX: 22843 DELEUR KE
Leiter der Delegation: Lutz Salzmann

Kolumbien

iz a 114

Delegation der Europäischen Kommission in Kolumbien
Postf. 114, CO-94046 Santa Fe de Bogotà 8
Calle 97 numeros 22-44, CO-94046 Santa Fe de Bogotà 8
T: (00571) 2 36 90 40, 2 56 84 77, 2 56 48 28
Fax: 6 10 00 59
Leiter der Dienststelle: Cándido Rodríguez Maroto

Komoren

iz a 115

Delegation der Europäischen Kommission auf den Komoren
Postf. 5 59, KM-Moroni
Boulevard de la Corniche, KM-Moroni
T: (00269) 73 31 91, 73 23 06, 73 21 90 (ligne dir. chef dél.)
Fax: 73 24 94
TX: 212 DELCEC KO
Leiter der Delegation: François Bucchini

Kongo

iz a 116

Delegation der Europäischen Kommission im Kongo
(face à l'ambassade d'Italie)
Postf. 21 49, RCB-Brazzavillê
Avenue Lyautey, RCB-Brazzaville
T: (00242) 83 38 78, 83 37 00 **Fax:** 83 60 74
TX: (0981) DELEGFED 5257 KG
Leiter der Delegation: Frédéric Baron

Korea

iz a 117

Delegation der Europäischen Kommission in Korea
Icon Building, 33-12
Postf. 95 53, KP-100-391 Seoul
Changchoong-dong 1-ga, Chong-ku, KP-100-691 Seoul
T: (00822) 2 71 07 81, 2 71 07 82, 2 71 07 83
Fax: 2 71 07 86
TX: (0801) K 29 135 ecdel
Leiter der Delegation: Frank Hesske

Kroatien

iz a 118

Delegation der Europäischen Kommission in Kroatien
Gunduliceva 19/I, HR-10000 Zagreb
T: (003851) 42 16 93 **Fax:** 42 18 20
Sonderbeauftragter: Per Vinther

Lesotho

iz a 119

Delegation der Europäischen Kommission in Lesotho
Postf. M S5 18, LS-100 Maseru
Constitution Road 167, LS-Maseru West
T: (00266) 31 37 26 **Fax:** 31 01 93
Leiter der Delegation: Richard Zink

Lettland

iz a 120

Delegation der Europäischen Kommission in Lettland
World Trade Center
Room 582
Elisabetes 2, LV-1010 Riga
Leiter der Delegation: Günter Weiss

Libanon

iz a 121

Delegation der Europäischen Kommission im Libanon
Centre Saint Paul
Postf. 16 40, LIB-Jounieh
T: (009619) 93 71 47, Funktelefon über Zypern (3579) 51 59 28 **Fax:** 93 71 54
TX: (0494) DELEUR 45 600 LE
Leiter der Delegation: Dimitri Kourkoulas

Litauen

iz a 122

Delegation der Europäischen Kommission in Litauen
Naugarduko 10, LT-2001 Vilnius
T: (003702) 31 31 91 **Fax:** 31 31 92
Leiter der Delegation: Henrik Schmiegelow

Madagaskar

iz a 123

Delegation der Europäischen Kommission in Madagaskar
Postf. 746, MAD-101 Antananarivo
Immeuble Ny Havana 67 hectares, MAD-Antananarivo
T: (002612) 2 42 16 **Fax:** 3 21 69
TX: (0986) 22 327 DELFED MG
Leiter der Delegation: Pierre Protar

Malawi

iz a 124

Delegation der Europäischen Kommission in Malawi
Europa House
Postf. 3 11 02, MW-Lilongwe
T: (002657) 8 31 24, 8 31 99, 8 27 43, 8 47 70 (direct line, Head of Delegation) **Fax:** 8 35 34
TX: (0904) 44 260 DELEGEUR MI
Leiter der Delegation: Balduin Zimmer

Mali

iz a 125

Delegation der Europäischen Kommission in Mali
Postf. 1 15, RM-Bamako
Avenue de l'OUA Badalabougou, RM-Bamako
T: (00223) 22 23 56, 22 20 65 **Fax:** 22 36 70
TX: (0985) 2 526 DELEGFED BAMAKO
Leiter der Delegation: Vincent Dowd

Malta

iz a 126

Delegation der Europäischen Kommission in Malta
Villa „The Vines"
Ta'Xbiex Seafront 51, GBY-Ta'Xbiex Malta GC
T: (00356) 34 51 11, 34 48 91, 34 48 93, 34 48 95, 34 48 94 (direct line, Head of Delegation) **Fax:** 34 48 97
TX: (0406) 910 EC MLA
Leiter der Delegation: Giorgio Boggio

Marokko

iz a 127

Delegation der Europäischen Kommission in Marokko
Postf. 13 02, MA-10000 Rabat
Avenue de Meknès 2 bis, MA-Rabat
T: (002127) 76 12 17, 76 12 46, 76 12 48 **Fax:** 76 11 56
TX: (0407) 32 620 RABAT
Leiter der Delegation: Lucio Guerrato

Mauretanien

iz a 128

Delegation der Europäischen Kommission in Mauretanien
Postf. 213, RIM-Nouakchott
Îlot V Lot n° 24, RIM-Nouakchott
T: (002222) 5 27 24, 5 27 32 **Fax:** 5 35 24
TX: (0974) 5 549 MTN
Leiter der Delegation: Marco Mazzocchi Alemanni

Mauritius

iz a 129

Delegation der Europäischen Kommission auf Mauritius
8th floor
St. James Court Building
Postf. 11 48, MS-Port Louis
St. Denis Street, MS-Port Louis
T: (00230) 2 11 62 95 **Fax:** 2 11 66 24
TX: (0966) DELCEC IW 4282
Leiter der Delegation: Gerd Jarchow (als Beauftragter auch zuständig für das Departement Réunion, Mayotte und die Seychellen)

Mexiko

iz a 130

Delegation der Europäischen Kommission in Mexiko
Paseo de la Reforma 1675 Lomas de Chapultepec, MEX-11000 Mexiko
T: (00525) 5 40 33 45, 5 40 33 46, 5 40 33 47, 2 02 86 22, 54 01 95 28 (mobilphone) **Fax:** 5 40 65 64
TX: (022) 1 763 528 DCCEME
Leiter der Delegation: Manuel López Blanco (ebenfalls zuständig für Kuba)

Mosambik

iz a 131

Delegation der Europäischen Kommission in Mosambik
Postf. 13 06, MZ-Maputo
Avenida do Zimbabwe 1214, MZ-Maputo
T: (002581) 49 02 66, 49 02 71, 49 07 20, 74 40 93
Fax: 49 18 66
TX: (0992) 6-146 CCE MO
Leiter der Delegation: Javier Puyol Piñuela

Namibia

iz a 132

Delegation der Europäischen Kommission in Namibia
Sanlam Building, 4th floor
Postf. 24443, NA-9000 Windhoek
Independence Avenue 154, NA-9000 Windhoek
T: (0026461) 22 00 99, 22 12 67 (direct line, Head of Delegation) **Fax:** 3 51 35
TX: (0908) 419 COMEU WK
Leiter der Delegation: Francisco Ortiz de Zuñiga

Neukaledonien

iz a 133

Delegation der Europäischen Kommission in Neukaledonien
Nebenstelle der Delegation für den Pazifik (Fidschi)
Postf. 11 00, NC-Nouméa
Avenue Maréchal Foch 19, NC-98845 Nouméa
T: (00687) 27 70 02 **Fax:** 28 87 07
Berater: Roger Hill

Nicaragua

iz a 134

Delegation der Europäischen Kommission in Nicaragua
Hôtel Intercontinental
Postf. 26 54, NIC-Managua
T: (00505) 2 22 78 61 **Fax:** 2 22 78 61
Leiter der Delegation: Giorgio Mamberto

Niederländische Antillen

iz a 135

Delegation der Europäischen Kommission auf den Niederländische Antillen
Postf. 822, NA-599 Willemstad (Curacao)
Scharlooweg 37, NA-Willemstad (Curacao)
T: (005999) 61 84 88 **Fax:** 61 84 23
Leiter der Delegation: N. N.

Niger

iz a 136

Delegation der Europäischen Kommission in Niger
Postf. 1 03 88, NIG-Niamey
T: (00227) 73 23 60, 73 27 73, 73 45 08, 73 48 32 (ligne dir. chef dél.) **Fax:** 73 23 22
TX: (0975) 5 267 NI DELEGFED
Leiter der Delegation: Jean-Loïc Baudet

Nigeria

iz a 137

Delegation der Europäischen Kommission in Nigeria
Postf. 12767, WAN-Lagos
Idowu Taylor Street 4 Victoria Island, WAN-Lagos
T: (002341) 2 61 78 52, 2 61 72 40, (00871) 1 54 64 56 (satellite) **Fax:** (002341) 2 61 72 48, (00871) 1 54 64 57 (satellite)
TX: (0905) 21 868 DELCOM NG
Leiter der Delegation: Veli Juhani Ollikainen

iz a 138

Delegation der Europäischen Kommission in Nigeria
Plot 63
Postf. 280, WAN-Abuja
Usuma Street Maitama District, WAN-Abuja
T: (0023409) 5 23 31 44, 5 23 31 45, 5 23 31 46
Fax: 5 23 31 47
Leiter der Delegation: Veli Juhani Ollikainen

Norwegen

iz a 139

Delegation der Europäischen Kommission in Norwegen
Postf. 1643 Vika, N-0119 Oslo 1
Haakon VIIs gate 10, N-0161 Oslo 1
T: (004722) 83 35 83 **Fax:** 83 40 55
Leiter der Delegation: John Maddison

Pakistan

iz a 140

Delegation der Europäischen Kommission in Pakistan
Postf. 16 08, PAK-Islamabad
No 9, Street No 88 Sector G 6/3, PAK-Islamabad
T: (009251) 21 18 28, 21 24 15, 21 30 26 **Fax:** 82 26 04
TX: (082) 54 044 COMEU PK
Leiter der Delegation: Kurt Juul

Papua-Neuguinea

iz a 141

Delegation der Europäischen Kommission auf Papua-Neuguinea
The Lodge, 3rd floor
Postf. 76, PG-Port Moresby
Bampton Street, PG-Port Moresby
T: (00675) 21 35 44, 21 35 04, 21 37 18 **Fax:** 21 78 50
TX: (0703) NE 22 307 DELEUR
Leiter der Delegation: Juan Carlos Rey Salgado

Peru

iz a 142

Delegation der Europäischen Kommission in Peru
Postf. 180792, PE-18 Lima 27
Manuel González Olaechea 247 San Isidro, PE-Lima 27
T: (00511) 2 21 72 02, 2 21 64 62, 2 21 81 86, 2 21 71 89, 2 21 80 91, 4 22 71 40 (ligne dir. chef dél.) **Fax:** 4 22 87 78, 4 40 43 89 (urgences)
Leiter der Delegation: Jean-Michel Perille

Philippinen

iz a 143

Delegation der Europäischen Kommission auf den Philippinen
Salustiana D. Ty Tower, 7th floor
Paseo de Roxas Street 104 Corn.Parea St, Legaspi Village, PI-Makati, Metro Manila
T: (00632) 8 12 64 21, 8 12 66 55 (direct line, Head of Delegation) **Fax:** 8 12 66 86, 8 12 66 87
TX: 22 534 COMEUR PH
Leiter der Delegation: Yves Gazzo

Polen

iz a 144

Delegation der Europäischen Kommission in Polen
A. Ujazdowskie 14, PL-00-478 Warschau
T: (00482) 6 21 64 01, 6 21 64 02, 6 25 07 70, (00483) 9 12 07 21 (satellite) **Fax:** (00482) 6 25 04 30
TX: (063) 813 802
Leiter der Delegation: Bruno Dethomas

Ruanda

iz a 145

Delegation der Europäischen Kommission in Ruanda
Postf. 515, RWA-Kigali
Avenue Député Kamuzinzi 14, RWA-Kigali
T: (00250) 7 55 86, 7 55 89, 7 25 36 **Fax:** 7 43 13
TX: (0909) 22 515 PECCE RW
Leiter der Delegation: Glauco Calzuola

Rumänien

iz a 146

Delegation der Europäischen Kommission in Rumänien
Intrarea Armasului 14, R-70182 Bucarest
T: (00401) 2 11 18 02, 2 11 18 04, 2 11 18 05, 2 11 18 12
Fax: 2 11 18 09
Leiter der Delegation: Fokion Fotiadis

Russische Föderation

iz a 147

Delegation der Europäischen Kommission in Rußland
Astakhovsky Pereulok 2/10, RUS-109028 Moskow
T: (007502) 2 20 46 58, 2 20 46 55 (international), (007503) 9 56 36 00, 9 56 36 01, 9 56 36 02, 9 56 34 41 (local + international)
Fax: (007502) 2 20 46 54 (international), (007503) 9 56 36 15 (international + local)
TX: (64) 413 786 DCEC SU
Leiter der Delegation: Ottokar Hahn
Stellv. Leiter der Delegation: Gilbert Dubois
Berater: Alexander Roepke

Salomonen

iz a 148

Delegation der Europäischen Kommission auf den Salomonen
City Centre Building, 2nd floor
Postf. 844, SB-Honiara
T: (00677) 2 27 65, 2 20 73 (direct line, Head of Delegation)
Fax: 2 33 18
TX: (0778) 66 370 DELEGSI HQ
Leiter der Delegation: N. N.

Sambia

iz a 149

Delegation der Europäischen Kommission in Sambia
Postf. 34871, Z-10101 Lusaka
Plot 4899, Los Angeles Boulevard, Z-Lusaka
T: (002601) 25 07 11, 25 11 40 **Fax:** 25 09 06
TX: (0902) 40440 decec za
Leiter der Delegation: Jochen Krebs

São Tomé und Príncipe

iz a 150

Delegation der Europäischen Kommission in São Tomé und Príncipe
Nebenstelle der Delegation in Gabun
Postf. 1 32, ST-São Tomé
Bairro 3 de Feveiro, ST-São Tomé
T: (0023912) 2 17 80, 2 13 73 **Fax:** 2 26 83
TX: (0967) 224 DELFED ST
Berater: Hans-Jürgen Ottomeyer

Senegal

iz a 151

Delegation der Europäischen Kommission im Senegal
Avenue Albert-Sarraut 12, SN-Dakar
T: (00221) 23 13 34, 23 47 77, 23 79 75, 23 18 83, 23 60 64 (ligne dir. chef dél.) **Fax:** 23 68 85
TX: (0906) 21 665 DELEGSE SG
Leiter der Delegation: Thierry de Saint-Maurice

Sierra Leone

iz a 152

Delegation der Europäischen Kommission in Sierra Leone
Wesley House
Postf. 1399, WAL-Freetown
George Street 4, WAL-Freetown
T: (0023222) 22 39 75, 22 30 25, 22 55 43 (direct line, Head of Delegation) **Fax:** 22 52 12
TX: (0998) 3 203 DELFED SL
Leiter der Delegation: Gabriel Lee

Simbabwe

iz a 153

Delegation der Europäischen Kommission in Simbabwe
NCR House, 10th floor
Postf. 42 52, RSR-Harare
Leopold Takawira Street 110, RSR-Harare
T: (002634) 70 71-20, 7071-39, 7071-40, 70 71-43, 70 49 88 (ligne dir. chef dél.) **Fax:** 72 53 60
TX: (0907) 24 811 DELEUR ZW
Leiter der Delegation: Asgar Pilegaard

Slowakei

iz a 154

Delegation der Europäischen Kommission in der Slowakei
Panská 3, SK-81101 Pressburg
T: (00427) 54 43 17 18 **Fax:** 54 43 29 72
E-Mail: mailto@cec.sk
Leiter der Delegation: Walter Rochel

Slowenien

iz a 155

Delegation der Europäischen Kommission in Slowenien
Trg. republike 3 XI., SLO-61000 Ljubljana
T: (0038661) 1 25 13 03 **Fax:** 1 25 20 85
Leiter der Delegation: Amir Naqvi

Somalia

iz a 156

Delegation der Europäischen Kommission in Somalia
Unité basée à Nairobi
Postf. 3 04 75, EAK-Nairobi
T: (002542) 71 28 30, 71 32 50, 71 32 51 **Fax:** 71 09 97
Sonderbeauftragter: N. N.

Sri Lanka

iz a 157

Delegation der Europäischen Kommission in Sri Lanka
Barnes Place 81, CL-Colombo 7
T: (00941) 69 97 45 **Fax:** 69 88 20
Leiter der Delegation: Ilkka Uusitalo

Südafrika

iz a 158

Delegation der Europäischen Kommission in Südafrika
2 Green Park Estate
Postf. 945, ZA-0026 Gronekloof Pretoria
George Storrer Drive 27, ZA-0181 Gronekloof Pretoria
T: (002712) 46 43 19 **Fax:** 46 99 23
Leiter der Delegation: Michael Laidler

Sudan

iz a 159

Delegation der Europäischen Kommission im Sudan
The Arab Authority for Agricultural Investment and Development Building, 3rd Floor
Postf. 2363, SD-Khartoum
Army Road, SD-Khartoum
T: (0024911) 7 50 54, 7 51 48, 7 53 93, (00871) 1 54 62 43 (satellite) **Fax:** (0024911) 4 78 27
TX: (0984) 23 096 DELSU SD
Leiter der Delegation: N. N.

Suriname

iz a 160

Delegation der Europäischen Kommission in Suriname
Postf. 4 84, SME-Paramaribo
Dr. S. Redmondstraat 239, SME-Paramaribo
T: (00597) 49 93 22, 49 93 49, 49 21 85 **Fax:** 49 30 76
TX: (0304) 192 DELEGFED SN
Leiter der Delegation: Vincent De Visscher

Swasiland

iz a 161

Delegation der Europäischen Kommission in Swasiland
Dhlan'ubeka Building, 3rd floor, Corner Walker and Tin Streets, Mbabane
Postf. A. 36, SD-Mbabane
T: (00268) 4 29 08, 4 20 18 **Fax:** 4 67 29
TX: (0964) 2 133 EEC WD
Leiter der Delegation: N. N.

Syrien

iz a 162

Delegation der Europäischen Kommission in Syrien
Postf. 1 12 69, SYR-Damas
Chakib Arslane Street, SYR-Abou Roumaneh Damas
T: (0096311) 3 32 76 40, 3 32 76 41 **Fax:** 3 32 06 83
TX: (0492) 412 919 DELCOM SY
Leiter der Delegation: Marc Pierini

Tansania

iz a 163

Delegation der Europäischen Kommission in Tansania
Postf. 95 14, EAT-Daressalaam
Mirambo Street 38, EAT-Daressalaam
T: (0025551) 11 74 73 **Fax:** 11 32 77
TX: (0989) 41 353 DELCOM TZ
Leiter der Delegation: Peter Christiansen

Thailand

iz a 164

Delegation der Europäischen Kommission in Thailand
Kiang Gwan House II, 19th Floor
Wireless Road 140/1, T-10330 Bangkok
T: (00662) 2 55 91 00 **Fax:** 2 55 91 14
TX: (086) 82 764 COMEUBK TH
Leiter der Delegation: Michel Caillouet (ebenfalls zuständig für Laos, Malaysia, Myanmar und Kambodscha)

Togo

iz a 165

Delegation der Europäischen Kommission in Togo
Postf. 16 57, TG-Lomé
Avenue Nicolas Grunitsky 22, TG-Lomé
T: (00228) 21 36 62, 21 08 32, 21 77 45 (ligne dir. chef dél.)
Fax: 21 13 00
TX: (0977) 5 267 DELFED TG
Leiter der Delegation: Emilio Perez Porras

Tonga

iz a 166

Delegation der Europäischen Kommission in Tonga
Nebenstelle der Delegation für den Pazifik (Fidschi)
Maile Taha, Taufa'ahau Road, TO-Nukualofa
T: (00676) 2 38 20 **Fax:** 2 38 69
TX: 66 207 DELCEC TS
Ortsansässiger Berater: Jonathan Rodwell

Trinidad und Tobago

iz a 167

Delegation der Europäischen Kommission auf Trinidad und Tobago
The Mutual Center
Postf. 11 44, TT-Port of Spain
Queen's Park West 16, TT-Port of Spain
T: (001809) 6 22 66 28, 6 22 05 91 **Fax:** 6 22 63 55
TX: (0294) 22 421 DELFED WG
Leiter der Delegation: Kieran O'Cuneen (ebenfalls zuständig für Grenada, Martinique, Gouadeloupe und Nebengebiete, Französisch-Guyana, Saint-Pierre und Miquelon, Sainte-Helena und Nebengebiete, Falklandinseln und Nebengebiete, Französische Süd und Antarktisgebiete, Britisches Antarktis-Territorium)

Tschad

iz a 168

Delegation der Europäischen Kommission im Tschad
Concession Caisse Coton
Postf. 5 52, TD-N'Djamena
Route de Farcha, TD-N'Djamena
T: (00235) 51 59 77, 51 22 76, 51 22 09 (ligne dir. chef dél.), (00871) 7 61 48 07 78/9 (INMARSAT) **Fax:** (00235) 51 21 05
TX: (0976) 5 245 KD
Leiter der Delegation: Joël Fessaguet

Tschechische Republik

iz a 169

Delegation der Europäischen Kommission in der Tschechischen Republik
Postf. 292, CZ-16041 Prag 6
Pod hradbami 17, CZ-16000 Prag 6
T: (004202) 32 50 51, 32 48 30 **Fax:** 3 11 08 60, 32 86 17, 3 11 72 69 (PHARE)
Leiter der Delegation: Ramiro Cibrian Uzal

Tunesien

iz a 170

Delegation der Europäischen Kommission in Tunesien
Cité el Mahrajene
Postf. 1 43, TN-10823 Tunis
Avenue Jugurtha 1, TN-1082 Tunis
T: (002161) 78 86 00, 78 61 40 (ligne dir. chef dél.)
Fax: 78 82 01
TX: (0409) 14 399 COMEUR TN
Leiter der Delegation: Robert Houliston

Türkei

iz a 171

Delegation der Europäischen Kommission in der Türkei
Ugur Mumcu Cad. 88 4th floor, TR-06700 Gaziosmanpasa Ankara
T: (0090312) 4 37 68 40 **Fax:** 4 37 79 40
E-Mail: eurep-tr@eureptr.org.tr
Leiterin der Vertretung: Karen Fogg

Uganda

iz a 172

Delegation der Europäischen Kommission in Uganda
Uganda Commercial Bank Building
Postf. 52 44, EAU-Kampala
Kampala Road, EAU-Kampala
T: (0025641) 23 33 03, 23 33 04, 24 27 01, (0025642) 23 37 08 (direct line, Head of Office)
Fax: (0025641) 23 37 08
TX: (0988) 61 139 DELEUR UG
Leiter der Delegation: Bernard Ryelandt

Ukraine

iz a 173

Delegation der Europäischen Kommission in der Ukraine
Kruglouniversitetska Street 10, UA-Kiev
T: (0038044) 2 30 29 02 **Fax:** 2 30 23 90
Leiter der Delegation: André van Haverbeke

Ungarn

iz a 174

Delegation der Europäischen Kommission in Ungarn
Bérc utca 23, H-1016 Budapest
T: (00361) 1 66 44 87, 1 66 45 87 **Fax:** 1 66 42 21
TX: (061) 222 137
Leiter der Delegation: Michael Lake

Uruguay

iz a 175

Delegation der Europäischen Kommission in Uruguay
Boulevard Artigas 1257, U-11200 Montevideo
T: (005982) 40 75 80 **Fax:** 41 20 08
TX: 23 925 CCEUR UY
Leiter der Delegation: Joël Fessaguet

Vanuatu

iz a 176

Delegation der Europäischen Kommission in Vanuatu
Nebenstelle der Delegation für den Pazifik (Fidschi)
Orient Investment Building, Gr. Fl.
Kumul Highway, VU-Port-Vila
T: (00678) 2 25 01 **Fax:** 2 32 82
Ortsansässiger Berater: Hans Jörg von Bieler

Venezuela

iz a 177

Delegation der Europäischen Kommission in Venezuela
Adresse postale: Apartado de Correos 67076, Plaza las Americas 1061-A, 1060 Caracas
Avenida Orinoco Las Mercedes, YV-1060 Caracas
T: (00582) 91 51 33, 91 53 98, 91 59 66 **Fax:** 91 88 76, 9 93 55 73 (SPI)
TX: (031) 27 298 COMEU VC
Leiter der Delegation: Robert Kremer

Vereinigte Staaten von Amerika

iz a 178

Delegation der Europäischen Kommission in Washington
M Street 2300 NW, USA-Washington 20037 DC
T: (001202) 8 62 95 00, 8 62 95 01, 8 62 95 02
Fax: 4 29 17 66
Leiter der Delegation: Hugo Paemen
Stellv. Leiter der Delegation: John Richardson

Vietnam

iz a 179

Delegation der Europäischen Kommission in Vietnam
The Metropole Centre
Ly Thai To Street 56, VN-Hanoi
T: (00844) 9 34 13 00, 9 34 13 01, 9 34 13 02
Fax: 9 34 13 61
Leiter der Delegation: Frédéric Baron

Westjordanland und Gazastreifen

iz a 180

Delegation der Europäischen Kommission für das Westjordanland und Gazastreifen
Postf. 22207, IL-Jerusalem Mount of Olives
Sheikh Hussam Eddin Jarrallah St. 5, IL-Jerusalem
T: (009722) 5 32 63 41 **Fax:** 5 32 62 49
Leiter der Delegation: Thierry Bechet

Zentralafrika

iz a 181

Delegation der Europäischen Kommission in Zentralafrika
Postf. 1298, RCA-Bangui
Rue de Flandre, RCA-Bangui
T: (00236) 61 30 53, 61 01 13 **Fax:** 61 65 35
Leiter der Delegation: Carl Bertil Lostelius

Zypern

iz a 182

Delegation der Europäischen Kommission auf Zypern
Irish Tower, 8th floor
Postf. 34 80, CY-137 Nicosia
Agapinor Street 2, CY-137 Nicosia
T: (003572) 76 92 02, 76 92 03, 76 92 04 **Fax:** 76 89 26
TX: (0605) 4 960 EC DELCY
Leiter der Delegation: Donato Chiarini

b) Bei internationalen Organisationen

Genf

iz a 183

Delegation der Europäischen Kommission in Genf
(Vereinte Nationen und andere internationale Organisationen)
Postf. 195, CH-1211 Genf
Rue de Vermont 37-39, CH-1211 Genf
T: (004122) 9 18 22 11 **Fax:** 7 34 22 36
TX: 414 165 ECO CH
Leiter der Delegation: Roderick Abbott
Stellv. Leiter der Delegation: Ian Wilkinson

New York

iz a 184

Delegation der Europäischen Kommission in New York
(United Nations)
3, Dag Hammarskjöld Plaza
305 East, 47th Street, USA-10017 New York
T: (001212) 3 71 38 04 **Fax:** 7 58 27 18 (delegation), 6 88 10 13 (press and public affairs)
Leiter der Delegation: Luigi Boselli
Leiter des Presse- und Informationsdienstes: Wouter Wilton

Paris

iz a 185

Delegation der Europäischen Kommission in Paris
(OECD, UNESCO)
12, avenue d'Eylau, F-75116 Paris
T: (00331) 44 05 31 60 **Fax:** 44 05 31 79
TX: (042) 645 176 COMEUR F
Leiter der Delegation: Piergiorgio Mazzocchi

Rom

iz a 186

Delegation der Europäischen Kommission in Rom
(FAO)
Via IV Novembre 149, I-00187 Rom
T: (00396) 6 78 26 72, 6 79 37 55 **Fax:** 6 79 78 30
TX: (043) 610 184 EUROMA I
Leiter der Delegation: Vilma du Marteau

Wien

iz a 187

Delegation der Europäischen Kommission in Wien
Gußhausstr. 8A, A-1040 Wien
T: (00431) 5 05 84 11, 5 05 84 12 (secrétariat)
Fax: 5 05 84 11-7
Leiter der Delegation: Lars Lundin

Europäisches Parlament

• **IZ A 188**

Europäisches Parlament (EP)
Palais de l'Europe
Alleé du Printemps B.P. 1024/F, F-67070 Strasburg Cedex
T: (0033388) 1-74001 **Fax:** 25 65 01
Internet: http://www.europarl.eu.int
Präsident(in): Nicole Fontaine
Vizepräsident(in): David W. Martin (PSE; Vereinigtes Königreich)
Renzo Imbeni (PSE; Italien)
Gerhard Schmid (PSE; Deutschland)
James L. C. Provan (PPE; Vereinigtes Königreich)
Ingo Friedrich (PPE; Deutschland)
Marie-Noëlle Lienemann (PSE; Frankreich)
Guido Podestà (PPE; Italien)
Alejo Vidal-Quadras Roca (PPE; Spanien)
Joan Colom i Naval (PSE; Spanien)
José Pacheco Pereira (PPE; Portugal)
Luis Marinho (PSE; Portugal)
Jan Wiebenga (ELDR; Niederlande)
Alonso José Puerta (GUE-NGL; Spanien)
Gérard Onesta (Verts-ALE; Frankreich)

Kabinettchef: Kabinett der Präsidentin: Harald Rømer
Direktor des Kabinetts: Ricardo Ribera d'Alcala
Stellvertretender Kabinettchef: Martin Hanz

iz a 189

Europäisches Parlament Generalsekretariat
Plateau du Kirchberg B.P. 1601, L-2929 Luxemburg
T: (00352) 43 00-1 **Fax:** 43 00-29494, 43 00-29393, 43 00-29292
TX: 2 894
Generalsekretär(in): Generalsekretariat Julian Priestley
Generaldirektor a.i.: Roger Vanhaeren (Generaldirektion 1, Präsidentschaft)
Generaldirektor: N.N. (Generaldirektion 2, Ausschüsse und Delegationen)
Heinrich Rolvering (Generaldirektion 3, Information und Öffentlichkeitsarbeit)
Enrico Cioffi (Generaldirektion 4, Wissenschaft)
Christian Cointat (Generaldirektion 5, Personal)
Nicolas-Pierre Rieffel (Generaldirektion 6, Verwaltung)
Barry Wilson (Generaldirektion 7, Übersetzung und allgemeine Dienste)
Enrique López Veiga (Generaldirektion 8, Finanzen und Finanzkontrolle)

iz a 190

Europäisches Parlament Dienstsitz Brüssel
Rue Wiertz, B-1047 Brüssel
T: (00322) 2 84 21 11 **Fax:** 2 84 90 75, 2 84 90 77
TX: 26 999

iz a 191

Europäisches Parlament Informationsbüro für Deutschland
Unter den Linden 78, 10117 Berlin
T: (030) 22 80-1000 **Fax:** 22 80-1111
Internet: http://www.europarl.de
E-Mail: epberlin@europarl.eu.int
Abteilungsleiter(in): Klaus Loeffler

Behörden und Ämter der Europäischen Union

• IZ A 192

Amt für amtliche Veröffentlichungen der Europäischen Gemeinschaften (EUR-OP)
Office for Official Publications of the European Communities
Rue Mercier 2, L-2985 Luxemburg
T: (00352) 29 29-1 (Zentrale) **Fax:** 495719
TX: 1 324 PUBOF LU (2 Leitungen),
1 322 PUBOF LU (ausschließlich „Verkauf")
Internet: http://www.eur-op.eu.int
E-Mail: info.info.@opoce.cec.eu.int
Gründung: 1969
Generaldir.: Lucien Emringer
Assistentin des Generaldirektors: Lucia Ceccarelli
Mitarbeiter: 450

• IZ A 193

Ausschuß der Regionen der Europäischen Union
Committee of the Regions of the EU
Comité des Regions de l'UE
Rue Belliard 79, B-1040 Brüssel
T: (00322) 282 22 11 **Fax:** 282 23 25
Internet: http://www.cor.eu.int/
E-Mail: info@cor.eu.int
Präsident(in): Jos Chabert
Generalsekretär(in): Vicenzo Falcone

• IZ A 194

Europäische Agentur für die Beurteilung von Arzneimitteln (EMEA)
European Agency for the Evaluation of Medicinal Products
Agence européenne pour l évaluation des médicaments
Westferry Circus, Canary Wharf, GB-London E14 4HB
T: (0044207) 4 18 84 00 **Fax:** 4 18 84 16
Internet: http://www.eudra.org/emea.html
E-Mail: mail@emea.eudra.org
Gründung: 1993 (22. Juli)
Chairman of the Management Board: Prof. André Broekmans (Executive Director, Medicines Evaluation Board, Kalvermarkt 53, Postbus 16229, NL-2500 BE Den Haag, T: (003170) 3 56 74 50, Fax: 3 56 75 15, E-Mail: aw.broekmans@cbg-meb.nl)
Vice-Chairman: Dr. Gerhard Josef Kothmann (Bundesministerium für Gesundheit, Am Probsthof 78a, 53121 Bonn, T: (0228) 9 41 42 00, Fax: 9 41 49 42, E-Mail: kothmann@bmg.bund.de)
Executive Director: Fernand Sauer
Financial Control (a.i.): Claus Christiansen
Administration:
Head of Unit: Andreas Pott
Head of Sector: Personnel, budget and facilities: Frances Nuttall
Accounting: Gerard O'Malley
Evaluation of Medicines for Human Use:
Head of Unit: Rolf Bass
Head of Sector: Regulatory affairs and pharmacovigilance: Noel Wathion
Deputy Head of Sector: Isabelle Moulon
Head of Sector: Biotechnology and biologicals: John Purves
Deputy Head of Sector: Marisa Papaluca Amati
Head of Sector: New chemical stubstances: Patrick Le Courtois
Deputy Head of Sector: Anthony Humphreys
Veterinary Medicines and information Technology:
Head of Unit: Peter Jones
Head of Sector: Veterinary marketing authorisation procedures: Jill Ashley-Smith
Head of Sector: Safety of veterinary medicines: Kornelia Grein
Head of Sector: Information technology: Michael Zouridakis
Deputy Head of Sector: David Drakeford
Technical Coordination:
Head of Unit: Karel de Neef
Head of Sector: Inspections: Stephen Fairchild
Head of Sector: Document management and publishing: Beatrice Fayl
Head of Sector: Conference services: Sylvie Bénéfice
Mitarbeiter: 210 (Beginning of 1996); 220 (End of 2000)
Jahresetat: EUR 49,6 Mio (2000)

• IZ A 195

Europäische Agentur für Sicherheit und Gesundheitsschutz am Arbeitsplatz
European Agency for Safety and Health at Work
Agence Européenne pour la Sécurité et la Santé au Travail
Gran Vía 33, E-48009 Bilbao
T: (003494) 479 43 60 **Fax:** 479 43 83
Internet: http://osha.eu.int
E-Mail: information@osha.eu.int
Gründung: 1994
Direktor(in): Hans-Horst Konkolewsky
Leitung Presseabteilung: Alun Jones
Verbandszeitschrift: AKTUELLES (Agency News)
Mitarbeiter: 30

• IZ A 196

Europäische Beobachtungsstelle für Drogen und Drogensucht (EBDD)
European Monitoring Centre for Drugs and Drug Addiction (EMCDDA)
Observatoire Européen des Drogues et des Toxicomanies (OEDT)
Rua da Cruz de Santa Apolónia 23-25, P-1149-045 Lissabon
T: (003511) 811 30 00 **Fax:** 813 17 11
Internet: http://www.emcdda.org
E-Mail: info@emcdda.org
Gründung: 1995
Chairman: Franz-Josef Bindert
Vice-Chairman: Marcel Reimen
Direktor(in): Georges Estiévenart
Mitarbeiter: 61
Jahresetat: DM 16,1355975 Mio, € 8,25 Mio

• IZ A 197

Europäische Parlamentarische Gesellschaft
European Parliamentary Association
Association Parlementaire Européenne
76, Allée de la Robertsau, F-67000 Straßburg
T: (0033388) 25 19 49 **Fax:** 36 50 31
Präsident(in): Ursula Schleicher (MdEP)
Generalsekretär(in): Horst Dumke (Ministerialdirektor a.D.)

• IZ A 198

Europäische Stiftung zur Verbesserung der Lebens- und Arbeitsbedingungen
The European Foundation for the Improvement of Living and Working Conditions
Fondation Européenne pour l'Amélioration des Conditions de Vie et de Travail
Wyattville Road Loughlinstown, IRL-Dublin
T: (003531) 2 04 31 00 **Fax:** 2 82 64 56
Internet: http://www.eurofound.ie
E-Mail: postmaster@eurofound.ie
Gründung: 1975
Verwaltungsrat: Willem van den Braak (Vors.)
Direktor(in): N.N.
Stellv. Dir: Eric Verborgh
Koordinator: Pascal Paoli (Forschungsgruppe A)
Robert Anderson (Forschungsgruppe B)
Abteilungsleiter(in): Terry Sheehan (Verwaltung)
Verbandszeitschrift: Communiqué
Redaktion: Dublin
Verlag: Foundation
Mitarbeiter: 90

• IZ A 199

Europäische Umweltagentur (EEA)
European Environment Agency (of the EU)
Agence Européenne pour l'Environnement
Kongens Nytorv 6, DK-1050 Kobenhaven K
T: (0045) 33 36 71 00 **Fax:** 33 36 71 99
Internet: http://www.eea.eu.int
Gründung: 1993 (30. Oktober)
Contact: Jeff Huntington (Communications Officer)
Chairman of the Management Board: Kees Zoeteman
Commission Representatives: James Currie (DG Environment)
Costanza Adinolfi (DG Environment)
Nicholas Hanley (DG Environment)
Jean-Marie Martin (Joint Research Centre)
Jean-Pierre Contzen (Joint Research Centre)
David W. Heath (Eurostat)
Executive Dir.: D. Jimenez Beltran
Mitarbeiter: ca. 75

Mitgliedsorganisationen

Österreich

iz a 200

Umweltbundesamt (UBA)
Spittelauer Lände 5, A-1090 Wien
T: (00431) 3 13 04 54 46 **Fax:** 3 13 04 54 00

Belgien

iz a 201

Cellule Interrégionale pour l'Environnement
Avenue de la Couronne 310, B-1050 Brüssel
T: (00322) 6 44 09 21 **Fax:** 6 44 23 91

Dänemark

iz a 202

National Environmental Research Institute (NERI)
Vejlsøvej 25, DK-8600 Silkeborg
T: (0045) 89 20 14 00 **Fax:** 89 20 14 14

Finnland

iz a 203

Finnish Environment Agency
Postf. 140, FIN-00251 Helsinki
T: (003589) 40 30 02 38 **Fax:** 40 30 02 91

Frankreich

iz a 204

Institut Français de l'Environnement (IFEN)
Bd. Alexandre Martin 61, F-45058 Orléans Cedex 1
T: (0033238) 79 78 78 **Fax:** 79 78 70

Deutschland

iz a 205

Umweltbundesamt (UBA)
14191 Berlin
Bismarckplatz 1, 14193 Berlin
T: (030) 89 03-0 **Fax:** 89 03-2285

Griechenland

iz a 206

Ministry for the Environment, Physical Planning and Public Works
Patission Street 147, GR-11251 Athen
T: (00301) 8 64 37 37 **Fax:** 8 64 74 20

Island

iz a 207

Ministry for the Environment
Vonarstraeti 4, IS-150 Reykjavik
T: (003541) 60 96 00 **Fax:** 62 45 66

Irland

iz a 208

Environmental Protection Agency
Ardcavan, IRL-Wexford
T: (0035353) 4 71 20 **Fax:** 4 71 19

Italien

iz a 209

Ministero dell'Ambiente, Sistema Informativo Nazionale sull'Ambiente (SINA)
Via Ferratella in Laterano 33, I-00184 Rom
T: (00396) 70 36 23 20 **Fax:** 77 25 70 08

Liechtenstein

iz a 210

National Office for Forests, Nature and Landscape
St. Florinsgasse 3, FL-9490 Vaduz
T: (004175) 2 36 64 01 **Fax:** 2 36 64 11

Luxemburg

iz a 211

Ministère de l'Environnement
Montée de la Pétrusse 18, L-2918 Luxemburg
T: (00352) 4 78 68 13 **Fax:** 40 04 10

Niederlande

iz a 212

National Institute of Public Health and Environmental Protection (RIVM)
Postf. 1, NL-3720 BA Bilthoven
Antonie van Leeuwenhoeklaan 9, NL-3720 BA Bilthoven
T: (003130) 2 74 20 35 **Fax:** 2 74 44 05

Norwegen

iz a 213

Norwegian Pollution Control Authority
Postf. 8100 Dep., N-0032 Oslo
T: (0047) 22 57 34 00 **Fax:** 22 67 67 06

Portugal

iz a 214

Ministerio do Ambiente e dos Recursos Naturais
Direccao Geral da Qualidade do Ambiente (SINAIA)
Rua da Murgeira-Zambujal, P-2720 Amadora
T: (003511) 4 72 82 00 **Fax:** 4 71 90 74

Spanien

iz a 215

Ministerio de Medio Ambiente
Dirección General de Calidad y Evaluación Ambiental
Pza. San Juan de la Cruz s/n, E-28071 Madrid
T: (00341) 5 97 63 54 **Fax:** 5 97 59 36

Schweden

iz a 216

Swedish Environmental Protection Agency
Blekholmsterrassen 36, S-10648 Stockholm
T: (00468) 6 98 10 00 **Fax:** 6 98 15 85

Großbritannien

iz a 217

Department of the Environment
Environmental Protection
Statistics Division
Marsham Street 43, Romney House, GB-London SW1P 3PY
T: (0044207) 2 76 89 47 **Fax:** 2 76 87 48

• IZ A 218

Europäische Verkehrsminister-Konferenz (CEMT)
European Conference of Ministers of Transport
Conférence Européenne des Ministres des Transports
2 Rue André Pascal, F-75775 Paris Cedex 16
T: (00331) 45 24 82 00 **Fax:** 45 24 97 42
Internet: http://www.oecd.org/cem/
E-Mail: ecmt.contact@oecd.org
Gründung: 1953
Presseabteilung: A. Rathery
Mitglieder: 39 pays
Mitarbeiter: 20

• IZ A 219

Europäisches Patentamt (EPA)
European Patent Office (EPO)
Office européen des brevets (OEB)
Sitz:
Erhardtstr. 27, 80331 München
T: (089) 23 99-0 **Fax:** 23 99-4465
TX: 523 656 epmu d
Internet: http://www.european-patent-office.prg
Gründung: 1977 (1. November)
Präsident(in): Ingo Kober
Dir. Öffentlichkeitsarbeit: Godehard Nowak (T: (089) 23 99-50 10)
Mitarbeiter: rd. 4000

iz a 220

Europäisches Patentamt
Zweigstelle Den Haag
Postf. 58 18, NL-2280 HV Rijswijk
Patentlaan 2, NL-2288 EE Rijswijk
T: (003170) 3 40-2040 **Fax:** 3 40-3016
TX: 31 651 epo nl
E-Mail: infohague@epo.e-mail.com

iz a 221

Europäisches Patentamt
Dienststelle Berlin
Gitschiner Str. 103, 10969 Berlin
T: (030) 2 59 01-0 **Fax:** 2 59 01-840

iz a 222

Europäisches Patentamt
Dienststelle Wien
Postf. 90, A-1031 Wien
Rennweg 12, A-1031 Wien
T: (00431) 5 21 26-0 **Fax:** 5 21 26-5491

• IZ A 223

Gemeinschaftliches Sortenamt (CPVO)
Community Plant Variety Office
Office Communautaire des Variétés Végétales
Postf. 21 41, F-49021 Angers
T: (00332) 41 36 84 50 **Fax:** 41 36 84 60
Internet: http://www.cpvo.fr
E-Mail: cpvo@cpvo.fr
Gründung: 1995
Präsident(in): Bart Kiewiet
Vizepräsident(in): José Elena
Abteilungsleiter(in): Dirk Theobald (technische Abteilung)
Abteilungsleiter(in): Marc-Olivier Gribomont (Personal, Verwaltung und Finanzen)
Abteilungsleiter(in): Iain Forsyth (juristische Abteilung)
Mitarbeiter: 25

• IZ A 224

Gerichtshof der Europäischen Gemeinschaften
Court of Justice of the European Communities
Cour de Justice des Communautés Européennes
2925 Luxemburg
T: (00352) 43 03-1 (Zentrale) **Fax:** 43 03-2600
TX: 2771 CJINFO
Internet: http://www.curia.eu.int

Mitglieder des Gerichtshofes
(Protokollarische Reihenfolge)
Präsident(in): Gil Carlos Rodríguez Iglesias
Präsident der Dritten und der Sechsten Kammer: J. C. Moitinho de Almeida
Präsident der Vierten und der Fünften Kammer: D. A. O. Edward
Präsident der Ersten Kammer: Leif Sevón (Richter an der Fünften Kammer)
Erster Generalanwalt: N. Fennelly
Präsident der Zweiten Kammer: R. Schintgen (Richter an der Sechsten Kammer)
Generalanwalt: Francis G. Jacobs
Richter: P. J. G. Kapteyn (Vierte und Fünfte Kammer)
C. Gulmann (Dritte und Sechste Kammer)
Antonio Mario La Pergola (Vierte Kammer und Fünfte Kammer)
Generalanwalt: Georges Cosmas
Richter: J.-P. Puissochet (Dritte und Sechste Kammer)
Generalanwalt: Philippe Léger
Richter: G. Hirsch (Zweite und Sechste Kammer)
Peter Jann (Erste und Fünfte Kammer)
H. Ragnemalm (Vierte und Fünfte Kammer)
Generalanwalt: Dámaso Ruíz-Jarabo Colomer
Richter: M. Wathelet (Erste und Fünfte Kammer)
Generalanwalt: Siegbert Alber
Jean Mischo
Antonio Saggio
Richter: V. Skouris (Zweite und Sechste Kammer)
F. Macken (Dritte und Sechste Kammer)
Kanzler: Roger Grass

Dienststellen des Gerichtshofes

Finanzkontrolle
Finanzkontrolleur: Jürgen Wohlfahrt
Kanzlei: Henrik Von Holstein (Hilfskanzler)
Protokoll: Denise Louterman-Hubeau (Leiterin)

Abteilung Presse und Information
Abteilungsleiter: Dominique-Georges Marro

Dolmetscherabteilung
Abteilungsleiterin: Caren Baviera-Betson

Direktion Bibliothek, wissenschaftlicher Dienst und Dokumentation
Direktorin: Luigia Maggioni

Verwaltung
Hilfskanzler: Thomas Cranfield (zuständig für die Verwaltung)

Übersetzung
Direktor: Gerhard Weber

iz a 225

Gericht erster Instanz
2925 Luxemburg
T: (00352) 43 03-1 **Fax:** 43 03-2600

Zusammensetzung des Gerichts Erster Instanz vom 15.12.1999 bis 30.09.2000 (Protokollarische Reihenfolge)
Präsident(in): Bo Vesterdorf (Kammerpräsident der Ersten und der Ersten erweiterte Kammer)
Kammerpräsident(en): Rafael García-Valdecasas y Fernández (Fünfte und Fünfte erweiterte Kammer)
Koenraad Lenaerts (Dritte und Dritte erweiterte Kammer)
Virpi E. Tiili (Vierte und Vierte erweiterte Kammer)
Jörg Pirrung (Zweite und Zweite erweiterte Kammer)
Richter: Pernilla Lindh (Vierte erweiterte Kammer, Fünfte Kammer und Fünfte erweiterte Kammer)
Josef Azizi (Zweite erweiterte Kammer, Dritte Kammer und Dritte erweiterte Kammer)
André Potocki (Erste erweiterte Kammer, Zweite Kammer und Zweite erweiterte Kammer)
Rui Manuel Gens de Moura Ramos (Dritte erweiterte Kammer, Vierte Kammer und Vierte erweiterte Kammer)
John D. Cooke (Vierte erweiterte Kammer, Fünfte Kammer und Fünfte erweiterte Kammer)
Marc Jaeger (Zweite erweiterte Kammer, Dritte Kammer und Dritte erweiterte Kammer)
Paolo Mengozzi (Dritte erweiterte Kammer, Vierte Kammer und Vierte erweiterte Kammer)
Arjen W. H. Meij (Erste erweiterte Kammer, Zweite Kammer und Zweite erweiterte Kammer)
Mihalis Vilaras (Erste Kammer und Erste erweiterte Kammer)
N. J. Forwood (Erste Kammer, Erste erweiterte Kammer und Fünfte erweiterte Kammer)
Kanzler: Hans Jung

Kanzlei
Hauptverwaltungsrat: Blanca Pastor
Verwaltungsrat: José Palacio-González
Alfred Mair

• IZ A 226

Rat für die Zusammenarbeit auf dem Gebiet des Zollwesens (Brüsseler Zollrat) (WCO/OMD)
World Customs Organization (established in 1952 as the Customs Co-operation Council)
Organisation mondiale des douanes (créée en 1952 sous le nom de Conseil de coopération douanière)
Rue du Marché 30, B-1210 Bruxelles
T: (00322) 209 92 11 **Fax:** 209 92 92
Gründung: 1952

Secrétaire Général: M. Danet
Verbandszeitschrift: Actualités OMD/WCO News
Mitglieder: 150 Membres/Members
Mitarbeiter: 140

• IZ A 227

Europäischer Rechnungshof

European Court of Auditors
Cour des comptes européenne
12, rue Alcide De Gasperi, L-1615 Luxemburg
T: (00352) 43 98-1 **Fax:** 43 93 42
Internet: http://www.eca.eu.int
E-Mail: euraud@eca.eu.int
Dienststelle Außenbeziehungen:
12, rue Alcide De Gasperi, L-1615 Luxembourg, T: (00352) 43 98-45 410, Fax: (00352) 43 98-46 430, E-Mail: euraud@eca.eu.int
Gründung: 1977
Präsident(in): Jan O. Karlsson (Koordinierung und Aufsicht über die Tätigkeiten des Hofes, Juristischer Dienst, Außenbeziehungen und Öffentlichkeitsarbeit; Gruppe ADAR)
Direktor(in): Chris Kok (Institutionelle Außenbeziehungen und Öffentlichkeitsarbeit, Juristischer Dienst)
Finanzkontrolleur: Marceliano Cuesta de la Fuente (Finanzkontrolle)
Generalsekretariat
Sekretariat des Hofes; Personal, Verwaltung, Haushalt, Rechnungsführung, Übersetzung, EDV, Dokumentation, Bibliothek
Generalsekretär(in): Edouard Ruppert
Abteilungsleiter: Ulla Gubian (Übersetzung)
Jean-Jack Beurotte (Personal und EDV)

Prüfungsgruppe I
Direktor(in): Terrence James
EAGFL-Garantie:
Landwirtschaftliche Kulturpflanzen, Milch und Milcherzeugnisse, Rindfleisch
Mitglied des Hofes: Bernhard Friedmann (Doyen)
Abteilungsleiter(in): Léon Kirsch
EAGFL-Garantie:
Prüfung der Rechnungsführung, Direktausgaben, Fragen allgemeiner Art, Risikoanalyse
Mitglied des Hofes: Kalliopi Nikolaou
Abteilungsleiter(in): Philippe Blocman
Abteilungsleiter(in): David Richardsson (ad interim)
EAGFL-Garantie:
Waren tierischen und pflanzlichen Ursprungs, Sonstige Ausgaben aus dem EAGFL und landwirtschaftliche Maßnahmen (außer ländliche Entwicklung, Fischerei- und Seepolitik)
Mitglied des Hofes: Máire Geoghegan-Quinn
Abteilungsleiter(in): José Mira Mendes

Prüfungsgruppe II
Direktor(in): Jesús Lázaro Cuenca
Regionaler Bereich und Kohäsionsfonds
Mitglied des Hofes: Giorgio Clemente (Doyen)
Abteilungsleiter(in): Jacques Timmermans
Beschäftigung und soziale Angelegenheiten
Mitglied des Hofes: Jørgen Mohr
Abteilungsleiter(in): Klaus Werner
Interne Politikbereiche und Forschung (einschließlich JET und Gemeinsame Forschungsstelle)
Mitglied des Hofes: François Colling
Abteilungsleiter(in): Hendrik Fehr
Ländliche Entwicklung, Fischerei- und Seepolitik
Mitglied des Hofes: Jean-François Bernicot
Abteilungsleiter(in): David Ramsay

Prüfungsgruppe III
Direktor(in): Colin Maynard
Zusammenarbeit mit Entwicklungsländern und Drittländern (Gesamthaushaltsplan der EU)
Mitglied des Hofes: Hubert Weber (Doyen)
Abteilungsleiter(in): Harm Rozema
Länder Mittel- und Osteuropas, der Neuen Unabhängigen Staaten und der Mongolei
Mitglied des Hofes: Maarten B. Engwirda
Abteilungsleiter(in): Ossi Louko
Europäische Entwicklungsfonds
Mitglied des Hofes: Juan Manuel Fabra Vallés
Abteilungsleiter(in): Jean-Michel Gavanier

Prüfungsgruppe IV
Direktor(in): Gabriele Cipriani
Sachausgaben der Organe, Amt für amtliche Veröffentlichungen der EG, Außenbüros und Delegationen der Gemeinschaften, Zuschüsse
Mitglied des Hofes: John Wiggins (Doyen)
Abteilungsleiter(in): Emmanuel Gabolde
Eigene Mittel, Erstattungen an die Mitgliedstaaten
Mitglied des Hofes: Robert Reynders
Abteilungsleiter(in): Davide Lingua
Bankbereich und Europäische Gemeinschaft für Kohle und Stahl (EGKS); Europäische Schulen, dezentrale Einrichtungen, Euratom-Versorgungsagentur
Mitglied des Hofes: Vítor Manuel da Silva Caldeira
Abteilungsleiter(in): Peter Köhler
Abteilungsleiter(in): Pierre Hugé

Gruppe "ADAR"
Koordinierung der Arbeiten zum Jahresbericht und Überwachung der Einhaltung der gesetzten Fristen, Erstellung der Berichte und Stellungnahmen, berufliche Fortbildung, Arbeitsprogramm, Arbeitsmethoden und Handbuch für die Rechnungsprüfung, Unterstützung für die EDV-Prüfung, EDV-Sicherheit, Studien, Koordinierung der horizontalen Themen und nachträgliche Bewertung der Prüfungsqualität, Beziehungen zum Europäischen Amt für Betrugsbekämpfung (OLAF)
Präsident des Hofes: Jan O. Karlsson (verantwortlich für den Sektor ADAR, Doyen)
Mitglied des Hofes: Agnus Salmi (Gruppe DAS)
Máire Geoghegan-Quinn (Prüfungsgruppe I)
Giorgio Clemente (Prüfungsgruppe II)
Hubert Weber (Prüfungsgruppe III)
John Wiggins (Prüfunbgsgruppe IV)
Abteilungsleiter(in): John Speed
Direktor(in): Walter Hubl

Gruppe DAS
Ausarbeitung des Entwurfs der Zuverlässigkeitserklärung, Koordinierung der Rechnungsprüfung und Prüfung der allgemeinen Rechnung
Mitglied des Hofes: Agnus Salmi (Verantwortliches Mitglied, Doyen)
Präsident des Hofes: Jan O. Karlsson (ADAR)
Mitglied des Hofes: Kalliopi Nikolaou (Prüfungsgruppe I)
Jean-François Bernicot (Prüfungsgruppe II)
Juan Manuel Fabra Vallés (Prüfungsgruppe III)
Robert Reynders (Prüfungsgruppe IV)
Direktor(in): Gérald Coget
Abteilungsleiter(in): Willem Van Der Hooft
Mitglieder: 15
Mitarbeiter: 552
Jahresetat: DM 137,52 Mio, € 70,31 Mio

iz a 228

Europäischer Rechnungshof Außenstelle Brüssel

83/85, rue de la loi, B-1040 Brüssel
T: (00322) 2 30 50 90 **Fax:** 2 30 64 83

• IZ A 229

Übersetzungszentrum für die Einrichtungen der Europäischen Union

Translation Centre for the bodies of the European Union
Centre de traduction des organes de l'Union européenne
Bâtiment Nouvel Hémicycle
Rue du Fort Thüngen 1, L-1499 Kirchberg
T: (00352) 421 711-1 **Fax:** 421 711-220
Internet: http://www.cdt.eu.int
E-Mail: cdt@cdt.eu.int

• IZ A 230

Wirtschafts- und Sozialausschuß der Europäischen Gemeinschaften

Economic and Social Committee of the European Communities
Comité Economique et Social des Communautés Européennes
Rue Ravenstein 2, B-1000 Brüssel
T: (00322) 546 90 11 **Fax:** 513 48 93
Internet: http://www.esc.eu.int
Gründung: 1958

bis Oktober 2000:
Präsident(in): Beatrice Rangoni-Machiavelli (Vorsitzende)
Vizepräsident(in): Aina Margareta Regnell (stellvertretender Vorsitzender)
Josly Piette (stellvertretender Vorsitzender)
Leitung Presseabteilung: N.N.
Mitglieder: 222
Mitarbeiter: 135 (Secrétariat CES) + 519 (Structure organisationnelle commune)

Europäische Investitionsbank

• IZ A 231

European Investment Bank

Europäische Investitionsbank (EIB)

100, Bd. Konrad Adenauer, L-2950 Luxemburg
T: (00352) 43 79-1 **Fax:** 43 77 04
H320 Videokonferenz: (00352) 43 93 67
Internet: http://www.eib.org

Direktorium:
Präsident(in): Philippe Maystadt
Vizepräsident(in): Wolfgang Roth
Panagiotis-Loukas Gennimatas
Massimo Ponzellini
Luis Martí
Rudolf W. de Korte
Ewald Nowotny
Francis Mayer
Peter Sedgwick
Generalsekretär: Francis Carpenter
Direktor: Henry Marty-Gauquié (Hauptabt. Information u. Kommunikation)
Direktionen:
Finanzierungen in der Europäischen Union (zwei Direktionen)
Finanzierungen außerhalb der Europäischen Union
Finanzen
Projekte
Rechtsfragen
Wirtschaftsstudien und Information
Evaluierung der Operationen
Kreditrisiken

Gegründet: 1958. Aufgabe: Finanzierung wirtschaftlich tragfähiger Investitionen zur Förderung der europäischen Integration.

Rat der Europäischen Union

• IZ A 232

Rat der Europäischen Union

Council of the European Union
Conseil de l'Union Européenne
Rue de la Loi 175, B-1048 Bruxelles
T: (00322) 285 61 11 **Fax:** 285 73 97, 285 73 81
TGR: Consilium Bruxelles
Internet: http://ue.eu.int/de/summ.htm

Generalsekretär und Hoher Vertreter für die Gemeinsame Außen- und Sicherheitspolitik: Prof. Dr. Javier Solana Madriaga
Stellvertretender Generalsekretär: Pierre de Boissieu

Kabinett
Kabinettchef des Generalsekretärs: Alberto Navarro González (Direktor)
Stellv. Kabinettchef des Generalsekretärs: Leonardo Schiavo (Abt.-Leiter)
Kabinettchef des stellv. Generalsekretärs: Elda Stifani (Direktor)
Berater: Wolfgang Ploch
Veronica Cody
Guy Milton
Pressedienst:
Abteilungsleiter(in): Norbert Schwaiger (Tel.: (00322) 2 85 64 23)
Christine Gallach (Pressereferentin von Herrn Solana)
Silvia Kofler (Themen, für die der Ausschuß der Ständigen Vertreter (2. Teil) zuständig ist; Tel.: (00322) 2 85 84 15)
Lauri Parikka (Themen, für die der Ausschuß der Ständigen Vertreter (1. Teil) zuständig ist; Tel.: (00322) 2 85 60 83)
Ruth Kaufmann-Bühler (Themen, für die der Ausschuß der Ständigen Vertreter (1. Teil) zuständig ist; Tel.: (0032) 2 85 62 19)
Chiara Mantegazzini (Landwirtschaft und Umwelt; Tel.: (00322) 2 85 78 33)
Juristischer Dienst
Generaldirektor: Jean-Claude Piris (Rechtsberater des Rates; Tel.: (00322) 2 85 62 27)
Generaldirektion A: Verwaltung, Protokoll
Generaldirektor: Ulrich Weinstock (Tel.: (00322) 2 85 62 43)
Stellv. Generaldirektor: Anastassios Vikas (Tel.: (00322) 2 85 62 85)
Generaldirektion B: Landwirtschaft, Fischerei
Generaldirektor: Vittorio Griffo (Tel.: (00322) 2 85 65 40)
Generaldirektion C: Binnenmarkt, Zollunion, Industriepolitik, Telekommunikation, Informationsgesellschaft
Generaldirektor: Niels Henrik Sliben (Tel.: (00322) 2 85 62 46)
Generaldirektion D: Forschung, Energie, Verkehr
Generaldirektor: David M. Neligan (Tel.: (00322) 2 85 62 37)
Generaldirektion E: Außenbeziehungen
Generaldirektor: Brian L. Crowe (Tel.: (00322) 2 85 85 52)
Generaldirektor: Cornelis Stekelenburg (Außenwirtschaftsbeziehungen; Tel.: (00322) 2 85 62 72)
Generaldirektor: Leonidas Evangelidis (Gemeinsame Außen- und Sicherheitspolitik (GASP); Tel.: (00322) 2 85 80 30)
Generaldirektion F: Beziehungen zum Europäischen Parlament, zum Wirtschafts- und Sozialausschuss und zum Ausschuss der Regionen; Institutionelle Angelegenheiten; Haushalt und Statut; Informationspolitik; Öffentlichkeitsarbeit
Generaldirektor: Ángel Boixareu Carrera (Tel.: (00322) 2 85 62 34)
Stellv. Generaldirektor: Hans Brunmayr (Tel.: (00322) 2 85 91 97)
Generaldirektion G: Wirtschafts- und Finanzfragen; Wirt-

schafts- und Währungsunion
Generaldirektor: Sixten Korkman (Tel.: (00322) 2 85 62 13)
Stellv. Generaldirektor: Amilcar Theias (Tel.: (00322) 2 85 62 35)
Generaldirektion H: Justiz und Inneres
Generaldirektor: Charles Elsen (T.: (00322) 2 85 85 05)

Generaldirektion I: Umwelt- und Verbraucherschutz; Katastrophenschutz; Gesundheit; Lebensmittelrecht
Generaldirektorin: Kerstin Niblaeus (Tel.: (00322) 2 85 74 21)
Direktor: Uwe Hesse (Tel.: (00322) 2 85 67 50)
Generaldirektion J: Sozialpolitik, Beschäftigungspolitik; Sozialer Dialog; Regionalpolitik und wirtschaftlicher und sozialer Zusammenhalt; Bildung und Jugend; Kultur; Audiovisuelle Medien
Generaldirektor: Marc Lepoivre (Tel.: (00322) 2 85 82 67)

IZ B Organisationen der Mitgliedsländer der Europäischen Union

Zum Auffinden einer bestimmten Dienststelle oder Organisation dient das Suchwortverzeichnis eines Personennamens das Personenverzeichnis

Parlamente
Regierungen
Europarat

Parlamente

Belgien

• IZ B 1

Belgische Kammer
Abgeordnetenhaus
Palais de la Nation 2, B-1008 Brüssel
T: (00322) 5 49 81 11 **Fax:** 5 19 88 00
Internet: http://www.lachambre.be
Präsident(in): Herman De Croo

• IZ B 2

Belgischer Senat
Palais de la Nation 1, B-1009 Brüssel
T: (00322) 5 01 70 70 **Fax:** 5 14 06 85
Internet: http://www.senate.be
Präsident(in): Armand De Decker

Dänemark

• IZ B 3

Dänisches Parlament (Folketinget)
Christiansborg, DK-1240 Copenhagen K
T: (0045) 33 37 55 00 **Fax:** 33 32 85 36
President: Ivar Hansen

Deutschland

• IZ B 4

Deutsches Parlament
siehe A 36 ff

Finnland

• IZ B 5

Finnisches Parlament
The Parliament of Finland
T: (003589) 43 21 **Fax:** 4 32 22 74
Internet: http://www.eduskunta.fi
Präsident(in): Riitta Uosukainen (T: (003589) 4 23 20 01, Telefax: (003589) 4 32 27 05)
Generalsekretär(in): Seppo Tiitinen (T: (003589) 4 32 20 11)

Frankreich

• IZ B 6

Französischer Senat
Sénat
Palais du Luxembourg
Rue du Vaugirard 15, F-75291 Paris Cedex 06
T: (00331) 42 34 20 00 **Fax:** 42 34 38 00
Präsident(in): Christian Poncelet

• IZ B 7

Französische Nationalversammlung
Assemblée Nationale
Palais-Bourbon
Rue de l'Université 126, F-75355 Paris 07 SP
T: (00331) 40 63 60 00 **Fax:** 45 55 75 23
Internet: http://www.assemblee-nat.fr
Präsident(in): Raymond Forni

Griechenland

• IZ B 8

Griechisches Abgeordnetenhaus
Hellenic Chamber of Deputies
Platia Sintagmatos, GR-Athen
T: (00301) 3 31 00 12, 3 31 00 14 **Fax:** 3 31 00 13
Präsident(in): Apostolos Kaklamanis

Großbritannien

• IZ B 9

Unterhaus
House of Commons
Parliament Office
Westminster, GB-London SW1A 0AA
T: (0044207) 2 19 30 00 **Fax:** 2 19 58 39
Internet: http://www.parliament.uk
E-Mail: hcinfo@parliament.uk
Speaker: Betty Boothroyd
Leader of the House of Commons: Margaret Beckett

• IZ B 10

Oberhaus
House of Lords
Westminster, GB-London SW1A 0PW
T: (0044207) 2 19 30 00 **Fax:** 2 19 6 20
Internet: http://www.parliament.uk
E-Mail: hlinfo@parliament.uk
Lordkanzler: Lord Irvine of Lairg
Lordsiegelbewahrer: Leader of the House of the Lords und Ministerin für Frauen Jay Baroness of Paddington

Irland

• IZ B 11

Dáil Éireann
House of Representatives
Repräsentantenhaus
Kildare Street Leinster House, IRL-Dublin 2
T: (003531) 6 18-3000
Chairman: Ceann Comhairle Séamus Pattison

• IZ B 12

Seanad Éireann
The Senate
Senat
Kildare Street Leinster House, IRL-Dublin 2
T: (003531) 6 18-3000
Chairman: Cathaoirleach Senator Brian Mullooly

Italien

• IZ B 13

Senat von Italien
Senato della Repubblica
Palazzo Madama, I-00186 Rom
T: (00396) 6 70 61
Präsident(in): Nicola Mancino

Luxemburg

• IZ B 14

Luxemburgisches Parlament
Chambre des Députés
rue du Marché-aux-Herbes 19, L-1728 Luxemburg
T: (00352) 46 69 66-1 **Fax:** 2 20-230
Président: Jean Spautz

Niederlande

• IZ B 15

Erste Kammer der Generalstaaten
Postf. 2 00 17, NL-2500 EA 's-Gravenhage
T: (003170) 3 12 92 00 **Fax:** 3 65 38 68
Vorsitzende(r): F. Korthals Altes

• IZ B 16

Zweite Kammer der Generalstaaten
Postf. 2 00 18, NL-2500 EA 's-Gravenhage
T: (003170) 3 18 22 11 **Fax:** 3 65 41 22
Internet: http://www.parlement.nl
Vorsitzende(r): J. van Nieuwenhoven

Österreich

• IZ B 17

Österreichisches Parlament
Dr. Karl-Renner-Ring 3, A-1017 Wien
T: (00431) 4 01 10-0 **Fax:** 4 01 10-2537
Internet: http://www.parlinkom.gv.at
Präs. d. Nationalrats: Dr. Heinz Fischer

Portugal

Assembleia da Republica

• IZ B 18

Portugiesisches Parlament
Palacio de S. Bento, P-1200 Lissabon
T: (003511) 3 96 01 41 **Fax:** 60 77 71
Präsident(in): Dr. António Almeida Santos

Schweden

• IZ B 19

Schwedischer Reichstag
Riksgatan 1, S-10012 Stockholm
T: (004608) 786 40 00 **Fax:** 786 61 41
Präsident(in): Brigitta Dahl (Sozialdemokratische Partei)

Spanien

• IZ B 20

Spanischer Senat
Pza. de la Marina Española 8, E-28071 Madrid
T: (003491) 5 38 10 00, 5 42 96 14 **Fax:** 5 38 10 07
Presidenta del Senado: Esperanza Aguirre Gil de Biedma
Secretaria Primera del Senado: Martín Mendízabal María Eugenia

• IZ B 21

Spanisches Abgeordnetenhaus
Carrera de San Jerónimo s/n., E-28071 Madrid
T: (003491) 390 60 00 **Fax:** 429 87 07
Presidenta del Congreso: Luisa Fernanda Rudi Úbeda
Secretario Primero: Joan Oliart i Pons

Regierungen

Belgien

• IZ B 22

Belgische Föderale Regierung
Rue de la Loi 16, B-1000 Brüssel
T: (00322) 5 01 02 11 **Fax:** 5 12 69 53
Premierminister: Guy Verhofstadt

iz b 23

Ministerium für Wirtschaft und Forschung
Square de Meeûs 23, B-1000 Brüssel
T: (00322) 506 51 11 **Fax:** 514 46 83, 511 86 56
Minister(in): Rudy Demotte (Vizepremier)

iz b 24

Ministerium des Innern
Rue Royale 60-62, B-1000 Brüssel
T: (00322) 5 04 85 11 **Fax:** 5 04 85 00
Internet: http://mibz.fgov.be
Minister(in): Antoine Duquesne

iz b 25

Ministerium für Haushalt, soziale Eingliederung und Sozialwirtschaft
Rue Royale 180, B-1030 Brüssel
T: (00322) 2 10 19 11 **Fax:** 2 17 33 28
Minister(in): Johan Vande Lanotte

iz b 26

Ministerium der Finanzen
Rue de la Loi 12, B-1000 Brüssel
T: (00322) 2 33 81 11 **Fax:** 2 33 80 03
Minister(in): Didier Reynders

iz b 27

Ministerium für Landesverteidigung
Rue Lambermont 8, B-1000 Brüssel
T: (00322) 5 50 28 11 **Fax:** 5 50 29 19
Internet: http://www.mil.be
Minister(in): André Flahaut

iz b 28

Ministerium für Fernmeldewesen, Öffentliche Unternehmen und Öffentliche Beteiligungen
place Quetelet 7, B-1210 Brüssel
T: (00322) 2 50 03 03 **Fax:** 2 19 09 14
Internet: http://telcobel.fgov.be
Minister(in): Rik Daems

iz b 29

Ministerium für Verbraucherschutz, Volksgesundheit und Umwelt
Avenue des Arts 6-9, B-1210 Brüssel
T: (00322) 2 20 20 11 **Fax:** 2 20 20 67
Minister(in): Magda Aelvoet

iz b 30

Ministerium für Auswärtige Angelegenheiten
Rue des Petits Carmes 15, B-1000 Brüssel
T: (00322) 5 01 82 11 **Fax:** 5 11 63 85
Internet: http://www.diplobel.org
Minister(in): Louis Michel (Vizepremierminister)

iz b 31

Ministerium für Beschäftigung
Rue Belliard 51-53, B-1040 Brüssel
T: (00322) 2 33 51 11 **Fax:** 2 30 10 67
Internet: http://meta.fgov.be
Minister(in): Laurette Onkelinx (Vizepremierminister)

iz b 32

Ministerium für Soziales und Pensionen
Rue de la Loi 66, B-1040 Brüssel
T: (00322) 2 38 28 11 **Fax:** 2 30 38 95
Minister(in): Frank Vandenbroucke

iz b 33

Ministerium für Landwirtschaft und Mittelstand
Rue Marie-Thérèse 1, B-1040 Brüssel
T: (00322) 2 11 06 11 **Fax:** 2 19 61 30
Internet: http://cmlag.fgov.be
Minister(in): Jaak Gabriels

iz b 34

Ministerium für Verkehr
Rue de la Loi 63-65, B-1040 Brüssel
T: (00322) 2 37 67 11 **Fax:** 2 30 18 24
Minister(in): Isabelle Durant (Vizepremierminister)

iz b 35

Ministerium der Justiz
Bld. de Waterloo 115, B-1000 Brüssel
T: (00322) 5 42 79 11 **Fax:** 5 38 07 67
Internet: http://www.just.fgov.be
Minister(in): Marc Verwilghen

iz b 36

Ministerium für den Öffentlichen Dienst und für die Modernisierung der Öffentlichen Verwaltungen
Résidence Palace
Rue de la Loi 155, B-1040 Brüssel
T: (00322) 2 33 05 11 **Fax:** 2 33 05 90
Internet: http://mazfp.fgov.be
Minister(in): Luc van den Bossche

Dänemark

• **IZ B 37**

Prime Minister's Office (Statsministeriet)
Christiansborg
Prins Jørgens Gård 11, DK-1218 Kopenhagen K
T: (0045) 33 92 33 00 **Fax:** 33 11 16 65
Internet: http://www.stm.dk
E-Mail: stm@stm.dk
Ministerpräsident: Poul Nyrup Rasmussen

iz b 38

Ministerium für Wirtschaft und Nordische Zusammenarbeit
Ministry of Economic Affairs and Nordic Cooperation
(Økonomiministeriet og Ministeriet for Nordisk Samorbejde)
Ved Stranden 8, DK-1061 Copenhagen K
T: (0045) 33 92 33 22 **Fax:** 33 93 60 20
E-Mail: oem@oem.dk
Ministerin: Marianne Jelved

iz b 39

Ministerium der Finanzen
Ministry of Finance
(Finansministeriet)
Christiansborg Slotsplads 1, DK-1218 Copenhagen K
T: (0045) 33 92 33 33 **Fax:** 33 32 80 30
E-Mail: fm@fm.dk
Minister(in): Mogens Lykketoft

iz b 40

Ministerium des Äußeren
Ministry of Foreign Affairs
(Udenrigsministeriet)
Asiatisk Plads 2, DK-1448 Copenhagen K
T: (0045) 33 92 00 00 **Fax:** 32 54 05 33
Internet: http://www.um.dk
E-Mail: um@um.dk
Minister(in): Niels Helveg Petersen
Minister(in): für Entwicklungszusammenarbeit Jan Trøjborg

iz b 41

Ministerium der Justiz
Ministry of Justice
(Justitsministeriet)
Slotsholmsgade 10, DK-1216 Copenhagen K
T: (0045) 33 92 33 40 **Fax:** 33 93 35 10
E-Mail: jm@jm.dk
Minister(in): Frank Jensen

iz b 42

Ministerium für Umwelt und Energie
Ministry of the Environment and Energy
(Miljø- og Energiministeriet)
Højbro Plads 4, DK-1200 Copenhagen K
T: (0045) 33 92 76 00 **Fax:** 33 32 22 27
Internet: http://www.mem.dk
E-Mail: mem@mem.dk
Minister(in): Svend Auken

iz b 43

Ministerium für Bildung
Ministry for Education
(Undervisningsministeriet)
Frederiksholms Kanal 21-25, DK-1220 Copenhagen K
T: (0045) 33 92 50 00 **Fax:** 33 92 55 47
E-Mail: uvm@uvm.dk
Minister(in): für Bildung und Kirchenfragen Margrethe Vestager

iz b 44

Ministerium des Innern
Ministry of the Interior
(Indenrigsministeriet)
Christiansborg Slotsplads 1, DK-1218 Copenhagen K
T: (0045) 33 92 33 80 **Fax:** 33 11 12 39
Internet: http://www.inm.dk
E-Mail: fm@fm.dk
Minister(in): Karen Jespersen

iz b 45

Ministerium für Kirchenfragen
Ministry for Ecclesiastical Affairs
(Kirkeministeriet)
Frederiksholms Kanal 21, DK-1220 Copenhagen K
T: (0045) 33 92 33 90 **Fax:** 33 92 39 13
E-Mail: km@km.dk
Minister(in): für Bildung und Kirchenfragen Margrethe Vestager

iz b 46

Ministerium für Arbeit
Ministry of Labour
(Arbejdsministeriet)
Holmens Kanal 20, DK-1060 Copenhagen K
T: (0045) 33 92 59 00 **Fax:** 33 12 13 78
E-Mail: ama@ama.dk
Minister(in): Ove Hygum

iz b 47

Ministerium der Verteidigung
Ministry of Defence
(Forsvarsministeriet)
Holmens Kanal 42, DK-1060 Copenhagen K
T: (0045) 33 92 33 20 **Fax:** 33 32 06 55
E-Mail: fmn@fmn.dk
Minister(in): Hans Hækkerup

iz b 48

Ministerium für Kultur
Ministry of Cultural Affairs
(Kulturministeriet)
Nybrogade 2, DK-1203 Copenhagen K
T: (0045) 33 92 33 70 **Fax:** 33 91 33 88
E-Mail: kum@kum.dk
Minister(in): Elsebeth Gerner Nielsen

iz b 49

Ministerium für Verkehr
Ministry of Transport
(Trafikministeriet)
Frederiksholms Kanal 27, DK-1220 Copenhagen K
T: (0045) 33 92 33 55 **Fax:** 33 12 38 93
Internet: http://www.trm.dk
E-Mail: trm@trm.dk
Minister(in): Jacob Buksti

iz b 50

Ministerium für soziale Fragen
Ministry of Social Affairs
(Socialministeriet)
Holmens Kanal 22, DK-1060 Copenhagen K
T: (0045) 33 92 93 00 **Fax:** 33 93 25 18
E-Mail: sm@sm.dk
Minister(in): Henrik Dam Kristensen

iz b 51

Ministerium für Gesundheit
Ministry of Health
(Sundhedsministeriet)
Holbergsgade 6, DK-1057 Copenhagen K
T: (0045) 33 92 33 60 **Fax:** 33 93 15 63
Internet: http://www.sum.dk
E-Mail: sum@sum.dk
Minister(in): Sonja Mikkelsen

iz b 52

Ministerium für Wohnungsbau und Städtewesen
Ministry of Housing and Urban Affairs
(Bolig- og byministeriet)
Slotsholmsgade 1, 3., DK-1216 Copenhagen K
T: (0045) 33 92 61 00 **Fax:** 33 92 61 04
Internet: http://www.bm.dk
E-Mail: bm@bm.dk
Minister(in): für Wohnungs- und Städtebau und für Gleichberechtigung Jytte Andersen

iz b 53

Ministerium für Forschung und Informationstechnologie
Ministry of Research
(Forskningsministeriet)
Bredgade 43, DK-1260 Copenhagen K
T: (0045) 33 92 97 00 **Fax:** 33 32 35 01
Internet: http://www.fsk.dk
E-Mail: fsk@fsk.dk
Minister(in): Birte Weiss

iz b 54

Ministerium für Industrie und Handel
Ministry for Business and Industry
(Erhvervsministeriet)
Slotholmsgade 10-12, DK-1216 Copenhagen K
T: (0045) 33 92 33 50 **Fax:** 33 12 37 78
E-Mail: em@em.dk
Minister(in): Pia Gjellerup

iz b 55

Ministerium für Ernährung, Landwirtschaft und Fischerei
Ministry of Food, Agriculture and Fisheries
(Ministeriet for Fødevarer, Landbrug og Fiskeri)
Holbergsgade 2-4, DK-1057 Copenhagen K
T: (0045) 33 92 33 01 **Fax:** 33 14 50 42
E-Mail: fvm@fvm.dk
Minister(in): Ritt Bjerregaard

iz b 56

Ministerium für Steuern
Ministry of Taxation
(Skatteministeriet)
Slotsholmsgade 12, DK-1216 Copenhagen K
T: (0045) 33 92 33 92 **Fax:** 33 14 91 05
Internet: http://www.skm.dk
E-Mail: skm@skm.dk
Minister(in): Ole Stavad

Deutschland

• **IZ B 57**

Deutsche Regierung
siehe A1 ff

Finnland

• **IZ B 58**

Kanzlei des Ministerpräsidenten von Finnland
Prime Minister's Office
Premier ministre
Snellmaninkatu 1a, FIN-00170 Helsinki
T: (003589) 16 01 **Fax:** 478 711
Ministerpräsident: Paavo Lipponen
Stellv. Ministerpräsident: Sauli Niinistö

iz b 59

Ministerium für Auswärtige Angelegenheiten
Ministry of Foreign Affairs
Ministère des Affaires étrangères
Postf. 1 76, FIN-00161 Helsinki
Laivastokatu 22a Merikasarmi, FIN-00160 Helsinki
T: (003589) 13 41 51 **Fax:** 13 41 50 70
Internet: http://www.virtual.finland.fi/ministry/formin.htm

Minister(in): Erkki Sakari Tuomioja (Minister für Auswärtige Angelegenheiten; Sozialdemokratische Partei Finnlands)
Minister(in): Kimmo Sasi (Außenhandelsminister einschl. Europaangelegenheit; Nationale Sammlungspartei (KOK))

iz b 60

Ministerium der Finanzen
Ministry of Finance
Ministe__2re des Finances
Postf. 286, FIN-00171 Helsinki
Snellmaninkatu 1a, FIN-00170 Helsinki
T: (003589) 16 01 **Fax:** 1 60 47 42
Internet: http://www.vn.fi/vm
Finanzminister: Sauli Niinistö (Stellv. Ministerpräsident; Nationale Sammlungspartei)
Ministerin: Suvi-Anne Siimes (Linksverband)

iz b 61

Ministerium für Arbeit
Ministry of Labour
Ministère du Travail
Postf. 5 24, FIN-00101 Helsinki
Eteläesplanadi 4, FIN-00130 Helsinki
T: (003589) 1 85 61 **Fax:** 18 56 79 50
Internet: http://www.mol.fi
Ministerin: Tarja Filatov (Sozialdemokratische Partei)

iz b 62

Justizministerium
Ministry of Justice
Ministère de la Justice
Postf. 1, FIN-00131 Helsinki
Eteläesplanadi 10, FIN-00130 Helsinki
T: (003589) 1 82 51 **Fax:** 18 25 77 30
Internet: http://www.om.fi
Minister(in): Johannes Koskinen (Sozialdemokratische Partei)

iz b 63

Ministerium für Bildung
Postf. 2 93, FIN-00171 Helsinki
Meritullinkatu 10, FIN-00170 Helsinki
T: (003589) 13 41 71 **Fax:** 1 35 93 35
Internet: http://www.minedu.fi
Minister(in): Ministerin für Bildung und Wissenschaft Maija Rask (Sozialdemokratische Partei)
Kulturministerin Suvi Linden (Nationale Sammlungspartei)

iz b 64

Ministerium des Innern
Ministry of the Interior
Ministère de l'Intérieur
Postf. 2 57, FIN-00171 Helsinki
Kirkkokatu 12, FIN-00120 Helsinki
T: (003589) 16 01 **Fax:** 1 60 29 27
Internet: http://www.intermin.fi
Minister(in): Innenminister Kari Häkämies (Nationale Sammlungspartei)
Minister für regionale und kommunale Angelegenheiten Matti Korhonen (Linksverband)

iz b 65

Ministerium der Verteidigung
Ministry of Defence
Ministère de la Défense
Postf. 31, FIN-00131 Helsinki
Fabianinkatu 2, FIN-00130 Helsinki
T: (003589) 16 01 **Fax:** 65 32 54
Internet: http://www.vn.fi/plm
Minister(in): Jan-Erik Enestam (Schwedische Volkspartei)

iz b 66

Ministerium für Handel und Industrie
Ministry of Trade and Industry
Ministère du Commerce et de l'Industrie
Postf. 2 30, FIN-00171 Helsinki
Aleksanterinkatu 4, FIN-00171 Helsinki
T: (003589) 16 01 **Fax:** 1 60 36 66
Internet: http://www.vn.fi/ktm
Minister(in): Sinikka Mönkäre (Sozialdemokratische Partei)

iz b 67

Ministerium für Verkehr und Fernmeldewesen
Ministry of Transport and Communications
Ministère des Transports et des Téleµommunications
Postf. 2 35, FIN-00131 Helsinki
Eteläesplanadi 16-18, FIN-00130 Helsinki
T: (003589) 16 01 **Fax:** 1 60 25 96
Internet: http://www.mintc.fi
Minister(in): Olli-Pekka Heinonen (Nationale Sammlungspartei)

iz b 68

Ministerium für Land- und Forstwirtschaft
Ministry of Agriculture and Forestry
Ministère de l'Agriculture et des Fôrets
Postf. 2 32, FIN-00170 Helsinki
Hallituskatu 3A, FIN-00171 Helsinki
T: (003589) 16 01 **Fax:** 1 60 50 80
Internet: http://www.mmm.fi
Minister(in): Kalevi Hemilä

iz b 69

Ministerium für Soziales und Gesundheit
Ministry of Social Affairs and Health
Ministère des Affaires sociales et de la Santé
Postf. 33, FIN-00023 Helsinki
Meritullinkatu 8, FIN-00170 Helsinki
T: (003589) 1 60-1 **Fax:** 1 60-4126
Internet: http://www.vn.fi/stm/
Minister(in): Ministerin für Gesundheits- und Sozialwesen Maija Perho (Nationale Sammlungspartei)
Ministerin für Gesundheits- und Soziale Dienste Eva Biaudet (Schwedische Volkspartei (RKP))

iz b 70

Ministerium für Umwelt
Ministry of the Environment
Ministère de l'Environnement
Postf. 3 80, FIN-00131 Helsinki
Kasarmikatu 25, FIN-00130 Helsinki
T: (003589) 1 99 11 **Fax:** 19 91 95 45
Internet: http://www.vyh.fi
Minister(in): Satu Hassi (die Grünen)

Frankreich

• IZ B 71

Französische Regierung
Premier Ministre
Hotel Matignon
Rue de Varenne 57, F-75700 Paris
T: (00331) 42 75 80 00 **Fax:** 42 75 71 42
Premierminister: Lionel Jospin

iz b 72

Ministerium der Justiz
Ministère de la Justice
Place Vendôme 13, F-75042 Paris
T: (00331) 44 77 60 60 **Fax:** 40 81 76 51
Ministerin: Elisabeth Guigou

iz b 73

Ministerium für Bildung
Ministère de l'Education Nationale
rue de Grenelle 110, F-75537 Paris
T: (00331) 49 55 10 10 **Fax:** 45 55 15 56
Minister(in): Jack Lang
Beigeordnete Ministerin: Ségolène Royal

iz b 7 3.10

Forschungsministerium
Ministère de la Recherche
rue Descartes 1, F-75005 Paris
T: (00331) 49 55 10 10
Internet: http://www.recherche.gouv.fr
Minister(in): Roger-Gérard Schwartzenberg

iz b 74

Ministerium für Verteidigung
Ministère de la Défense
Rue Saint-Dominique 14, F-75700 Paris
T: (00331) 42 19 30 11 **Fax:** 47 05 40 91
Minister(in): Alain Richard

iz b 75

Ministerium für Infrastruktur, Wohnungsbau und Verkehr
Ministère de l'Equipement, Logement et des Transports
Boulevard St. Germain 246, F-75700 Paris
T: (00331) 40 81 21 22 **Fax:** 40 81 31 64
Minister(in): Jean-Claude Gayssot

iz b 76

Ministerium für auswärtige Angelegenheiten
Ministère des Affaires Etrangères
Quai d'Orsay 37, F-75351 Paris
T: (00331) 43 17 53 53 **Fax:** 43 17 45 71
Minister(in): Hubert Védrine
Beigeordneter Minister: Pierre Moscovici (zuständig für europäische Angelegenheiten)
Beigeordneter Minister: Charles Josselin (zuständig für Wirtschaftliche Zusammenarbeit und Frankophonie)

iz b 77

Minsterium für Beschäftigung und Solidarität
Ministère de l'Emploi et de la Solidarité
Rue de Grenelle 127, F-75700 Paris
T: (00331) 44 38 38 38 **Fax:** 44 38 20 71
Ministerin: Martine Aubry

iz b 78

Ministerium für Inneres
Ministère de l'Intérieur
Place Beauvau, F-75800 Paris
T: (00331) 49 27 49 27 **Fax:** 42 66 12 80
Minister(in): Jean-Pierre Chevènement

iz b 79

Ministerium für Wirtschaft und Finanzen
Ministère de l'Economie et des Finances
Rue de Bercy 139, F-75572 Paris Cedex 12
T: (00331) 40 04 04 04, 40 04 04 05 **Fax:** 43 45 73 17
Minister(in): Laurent Fabius

iz b 80

Ministerium für die Beziehungen zum Parlament
Ministère des Relations avec le Parlement
Rue de Varenne 69, F-75700 Paris
T: (00331) 42 75 80 00 **Fax:** 40 81 73 00
Minister(in): Daniel Vaillant

iz b 81

Ministerium für Kultur und Kommunikation
Ministère de la Culture et de la Communication
Rue de Valois 3, F-75042 Paris Cedex 01
T: (00331) 40 15 80 00 **Fax:** 40 15 80 72
Minister(in): Cathe_rine Tasca

iz b 82

Ministerium für Landwirtschaft und Fischerei
Ministère de l'Agriculture et de la Pêche
Rue de Varenne 78, F-75700 Paris
T: (00331) 49 55 49 55 **Fax:** 49 55 40 39
Minister(in): Jean Glavany

iz b 83

Ministerium für Raumordnung und Umwelt
Ministère de l'Aménagement du Territoire et de l'Environnement
Avenue de Ségur 20, F-75302 Paris
T: (00331) 42 19 20 21 **Fax:** 42 19 18 35
Minister(in): Dominique Voynet

iz b 84

Mınisterium für den öffentlichen Dienst, die Reform des Staates und die Dezentralisierung
Ministère de la Fonction Publique, de le Réforme de l'Etat et de la Décentralisation
Rue de Varenne 72, F-75700 Paris
T: (00331) 42 75 80 00 **Fax:** 42 75 70 78
Minister(in): Michel Sapin

iz b 85

Ministerium für Jugend und Sport
75739 Paris
rue Olivier de Serres 78, F-75015 Paris
T: (00331) 40 45 90 00 **Fax:** 42 50 42 49
Internet: http://www.jeunesse-sports.gouv.fr
E-Mail: mjs@jeunesse-sports.gouv.fr
Minister(in): Marie-George Buffet

Griechenland

• IZ B 86

Griechische Regierung
Präsidialamt
Vasilissis Sofias 15, GR-10874 Athen
T: (00301) 33 93 691-3 **Fax:** 33 93 650
Internet: http://www.pminister.gr
E-Mail: mail@primeminister.gr
Ministerpräsident: Konstantinos Simitis
Staatsminister: Kostas Gitonas
Stellvertretender Staatsminister: Georgios Paschalidis

iz b 87

Ministerium für Landwirtschaft
Ministry of Agriculture
Acharnon 2, GR-10176 Athen
T: (00301) 52 91 111, 52 48 555 **Fax:** 52 42 305, 52 48 036
Internet: http://www.minagr.gr
Minister(in): Georgios Anomeritis
Staatssekretär(in): Konstantinos Vrettos
Paraskevas Foundas

iz b 88

Ministerium für Entwicklung
Ministry of Development
(Zusammenschluß aus den bisherigen Ministerien: Industrie, Energie & Technologie, Handel und Tourismus)
Industrie, Energie & Technologie
Michalakopoulou 80, GR-10192 Athen
T: (00301) 74 82 770-76 **Fax:** 77 08 003
Internet: http://www.gsrt.gr
Handel:
Platia Kanigos, GR-10181 Athen
T: (00301) 38 16 241-51, Fax: 38 42 642
Tourismus:
Amerikis 2, GR-10564 Athen
T: (00301) 32 30 641, Fax: 32 24 148
Minister(in): Evangelos Veniselos
Staatssekretär(in): Ioannis Zafiropoulos (für Industrie, Energie und Technologie)
Ioannis Charalambous (für Handel)

iz b 89

Ministerium für Arbeit und Soziales
Ministry of Labor and Social Affairs
Pireos 40, GR-10182 Athen
T: (00301) 52 95 000, 52 33 110, 52 33 119 **Fax:** 52 38 361, 52 49 805
Internet: http://www.labor-ministry.gr
E-Mail: postmaster@www.labor-ministry.gr
Minister(in): Miltiadis Papaioannou
Staatssekretär(in): Foivos Ioannidis
Christos Protopapas

iz b 90

Ministerium für Presse und Massenmedien
Ministry of Press and Mass Communications
Zalokosta 10, GR-10163 Athen
T: (00301) 36 96 000, 36 30 911 **Fax:** 36 096 82, 36 06 969
Internet: http://www.minpress.gr
E-Mail: press01@otenet.gr
Minister(in): Dimitrios Reppas (Regierungssprecher)

iz b 91

Ministerium für Kultur
Ministry of Culture
Mpoumpoulinas 20, GR-10682 Athen
T: (00301) 82 01 100 **Fax:** 82 01 373, 82 01 327
Internet: http://www.culture.gr
E-Mail: w3admin@culture.gr
Minister(in): Elissabeth Papazoi
Staatssekretär(in): Andreas Fouras (für Sport)

iz b 92

Ministerium für Erziehung und Religionen
Ministry of Education and Religious Affairs
Mitropoleos 15, GR-10185 Athen
T: (00301) 32 30 461, 32 54 221, 32 52 001 **Fax:** 32 48 264
Internet: http://www.ypepth.gr
E-Mail: edu_ref@ypepth.gr
Minister(in): Gerasimos Arsenis
Staatssekretär(in): Ioannis Anthopoulos

iz b 93

Ministerium für Umwelt, Raumordnung und öffentliche Arbeiten
Ministry of Environment, Physical Planning and Public Works
Amaliados 17, GR-11523 Athen
T: (00301) 64 31 461-9, 64 28 611-3 **Fax:** 64 47 608
Minister(in): Konstantinos Laliotis
Staatssekretär(in): Theodoros Koliopanos
Christos Verelis

iz b 94

Ministerium für Gesundheit und soziale Fürsorge
Ministry of Health and Welfare
Aristotelous 17, GR-10187 Athen
T: (00301) 52 32 820-29, 52 49 010-19 **Fax:** 52 23 246
Internet: http://www.ypyp.gr
Minister(in): Lambros Papadimas
Staatssekretär(in): Nikolaos Farmakis
Staatssekretär Theodoros Kotsonis

iz b 95

Ministerium für Verkehr und Kommunikationswesen
Ministry of Transport and Communications
Xenofontos 13, GR-10191 Athen
T: (00301) 32 51 211-19 **Fax:** 32 47 400
Internet: http://www.yme.gr
Minister(in): Anastasios Mantelis
Staatssekretär(in): Nikos Salagiannis

iz b 96

Ministerium des Äusseren
Ministry of Foreign Affairs
Akadimias 1, GR-10671 Athen
T: (00301) 36 10 581-86 **Fax:** 64 50 028, 64 50 042, 64 50 049
Internet: http://www.mfa.gr, http://www.cthesis.com
E-Mail: mfa@mfa.gr
Minister(in): Georgios Papandreou
Stellvertretender Minister: Grigoris Niotis
Staatssekretär(in): Giannos Kranidiotis

iz b 97

Ministerium für die Aegäis
Ministry of the Aegean
Filellinon 9, GR-10554 Athen
T: (00301) 32 25 343, 33 11 714 **Fax:** 32 44 260
Minister(in): Stavros Benos

M. Asias 2, GR-81100 Mytilini
T: (0030251) 20 796, 29 078, 21 330, 25 200, Fax: 41 175

iz b 98

Ministerium für Handelsmarine
Ministry of Merchant Marine
Grigoriou Lambraki St. 150, GR-18518 Piräus
T: (00301) 41 21 211-19, 41 79 991-95 **Fax:** 41 78 101, 42 24 417
Internet: http://www.yen.gr
E-Mail: yen@yen.gr
Minister(in): Stavros Soumakis

iz b 99

Ministerium für nationale Verteidigung
Ministry of National Defence
Stratopedo Papagou Holargos, GR-15561 Athen
T: (00301) 65 55 911-9, 65 20 301-9, 64 28 100
Fax: 64 56 912
Internet: http://www.mod.gr
E-Mail: minister@mod.gr, stratologia@mod.gr
Minister(in): Apostolos Tsochatzopoulos
Staatssekretär(in): Dimitrios Apostolakis

iz b 100

Ministerium für nationale Wirtschaft
Ministry of National Economy
Platia Syntagmatos, GR-10180 Athen
T: (00301) 33 32 000 **Fax:** 33 32 130
Minister(in): Giannos Papantoniou
Staatssekretär(in): Christos Pachtas
Rodoula Zisi

iz b 101

Ministerium für öffentliche Ordnung
Ministry of Public Order
P. Kanellopoulou 4, GR-10177 Athen
T: (00301) 69 28 510-4, 69 29 210 **Fax:** 69 21 675, 69 12 661, 69 20 487
Internet: http://www.ydt.gr
E-Mail: ydt@otenet.gr
Minister(in): Michalis Chrisochoidis

iz b 102

Ministerium für Finanzen
Ministry of Finance
Karageorgi Servias 10, GR-10184 Athen
T: (00301) 33 13 400-23 **Fax:** 32 34 071
Internet: http://www.di.uoa.gr/GSIS, http://www.mof-glk.gr/
E-Mail: GSIS@di.uoa.gr
Minister(in): Giannos Papantoniou
Staatssekretär(in): Georgios Dris
Nikolaos Christodoulakis

iz b 103

Ministerium für Inneres, Verwaltung und Dezentralisierung
Ministry of Interior, Public Administration and Decentralisation
Stadiou 27, GR-10183 Athen
T: (00301) 32 23 521-29, 32 35 610-19 **Fax:** 32 28 228, 32 41 188, 32 41 800
Internet: http://www.gspa.gr
E-Mail: dhes@gspa.gr
Minister(in): Vassiliki Papandreou
Staatssekretär(in): Georgios Floridis
Leonidas Tzanis

iz b 104

Ministerium für Justiz
Minister of Justice
Leof. Mesogion 96, GR-11527 Athen
T: (00301) 77 11 019, 77 51 303 **Fax:** 77 96 055
Minister(in): Evangelos Giannopoulos

iz b 105

Ministerium für Mazedonien und Thrakien
Ministry of Macedonia and Thrace
Dioikitirio, GR-54123 Thessaloniki
T: (003031) 26 43 21-27 **Fax:** 26 33 32
Internet: http://www.mathra.gr
E-Mail: webmaster@mathra.gr
Minister(in): Ioannis Magriotis

Großbritannien

• IZ B 106

Regierung von Großbritannien
United Kingdom Government
Prime Minister's Office
Downing Street 10, GB-London SW1A 2AA
T: (0044207) 270 3000 **Fax:** 270 0462
Prime Minister: First Lord of the Treasury and Minister for the Civil Service Tony Blair (MP)

iz b 107

Ministerium für Landwirtschaft, Fischerei und Ernährung
Ministry of Agriculture, Fisheries and Food
Nobel House
Smith Square 17, GB-London SW1P 3JR
T: (0044207) 238 6000 **Fax:** 238 6591
Internet: http://www.maff.gov.uk
Minister(in): Nick Brown (MP)

iz b 108

Ministerium für Kultur, Media und Sport
Department for Culture, Media and Sport
Cockspur Street 2-4, GB-London SW1Y 5DH
T: (0044207) 211 6200 **Fax:** 211 6032
Internet: http://www.culture.gov.uk
Secretary of State: Chris Smith (MP)

iz b 109

Verteidigungsministerium
Ministry of Defence
Main Building, Whitehall, GB-London SW1A 2HB
T: (0044207) 2 18-9000, 2 18-6645 **Fax:** 2 18-3114
Internet: http://www.mod.uk
Secretary of State: Geoff Hoon (MP)

iz b 110

Bildungs- und Arbeitsministerium
Department for Education and Employment
Sanctuary Buildings
Great Smith Street, GB-London SW1P 3BT
T: (0044207) 925 5000 **Fax:** 925 6000
Internet: http://www.dfee.gov.uk
Secretary of State: David Blunkett (MP)

iz b 111

Ministerium für Umwelt, Verkehr und die Regionen
Department of Environment, Transport and the Regions
Eland House, Bressenden Place, GB-London SW1E 5DU
T: (0044207) 890 3000 **Fax:** 890 5619
Internet: http://www.detr.gov.uk
Secretary of State: John Prescott (MP)

iz b 112

Außenministerium
Foreign & Commonwealth Office
Whitehall, GB-London SW1A 2AH
T: (0044207) 270 3000 **Fax:** 270 2833
Internet: http://www.fco.gov.uk
Secretary of State: Robin Cook (MP)

iz b 113

Gesundheitsministerium
Department of Health
Richmond House
Whitehall 79, GB-London SW1A 2NS
T: (0044207) 210 3000 **Fax:** 210 5523
Internet: http://www.doh.gov.uk
Secretary of State: Alan Milburn (MP)

iz b 114

Innenministerium
Home Office
Queen Anne's Gate 50, GB-London SW1H 9AT
T: (0044207) 273 4000 **Fax:** 273 3965
Internet: http://www.homeoffice.gov.uk
Secretary of State: Jack Straw (MP)

iz b 115

Entwicklungsministerium
Department of International Development
Victoria Street 94, GB-London SW1E 5JL
T: (0044207) 917 7000 **Fax:** 917 0019
Internet: http://www.dfid.gov.uk
Secretary of State: Clare Short (MP)

iz b 116

Ministerium für Nordirland
Northern Ireland Office
11 Millbank Whitehall, GB-London SW1P 4QE
T: (0044207) 210 3000 **Fax:** 210 6549
Internet: http://www.nio.gov.uk
Secretary of State: Peter Mandelson (MP)

iz b 117

Ministerium für Schottland
Scotland Office
Dover House
Whitehall, GB-London SW1A 2AU
T: (0044207) 270 3000 **Fax:** 270 6730
Internet: http://www.scottishsecretary.gov.uk
Secretary of State: Dr. John Reid (MP)

iz b 118

Sozialministerium
Department of Social Security
Richmond House
Whitehall 79, GB-London SW1A 2NS
T: (0044207) 238 0800 **Fax:** 238 0763
Internet: http://www.dss.gov.uk
Secretary of State: Alistair Darling (MP)

iz b 119

Ministerium für Handel und Industrie
Department of Trade and Industry
Victoria Street 1, GB-London SW1H 0ET
T: (0044207) 215 5000 **Fax:** 222 2629
Internet: http://www.dti.gov.uk
Secretary of State: Stephen Byers

iz b 120

Finanzministerium
HM Treasury
Parliament Street, GB-London SW1P 3AG
T: (0044207) 270 5000 **Fax:** 270 5653
Internet: http://www.hm-treasury.gov.uk
Chancellor of the Exchequer: Gordon Brown (MP)

iz b 121

Ministerium für Wales
Office of the Secretary of State for Wales
Whitehall Gwydyr House, GB-London SW1A 2ER
T: (0044207) 270 3000 **Fax:** 270 0586
Internet: http://www.ossw.wales.gov.uk
Secretary of State: Paul Murphy (MP)

Irland

• IZ B 122

Regierung von Irland
Irish Government
Department of the Taoiseach
Government Buildings
Upper Merrion Street, IRL-Dublin 2
T: (003531) 6 62 48 88 **Fax:** 6 78 97 91
Premierminister (Taoiseach): Bertie Ahern

Italien

• IZ B 123

Italienische Regierung
Palazzo Chigi
Piazza Colonna 370 Palazzo Chigi, I-00187 Rom
T: (00396) 6 77 91
Ministerpräsident: Giuliano Amato

Minister ohne Geschäftsbereich:

iz b 124

Minister für regionale Angelegenheiten
Ministro per gli Affari Regionali
Via della Stamperia 8, I-00187 Rom
T: (00396) 6 79 48 20, 6 79 55 00
Minister(in): Agazio Loiero

iz b 125

Minister für den öffentlichen Dienst
Ministro per la Funzione Pubblica
Palazzo Vidoni, Corso Vittorio Emanuele II 116, I-00187 Rom
T: (00396) 6 89 91
Minister(in): Franco Bassanini

iz b 126

Ministerin für Chancengleichheit
Ministro per le Pari Opportunità
Via del Giardino Theodoli 66, I-00186 Rom
T: (00396) 6 77 91
Ministerin: Katia Bellillo

iz b 127

Minister für die Gemeinschaftspolitiken
Ministero per le Politiche Comunitarie
Via del Giardino Theodoli 66, I-00186 Rom
T: (00396) 6 77 91
Minister(in): Gianni Mattioli

iz b 128

Ministerin für die Beziehungen zum Parlament
Ministero per i Rapporti con il Parlamento
Palazzo Chigi
Piazza Colonna 370, I-00187 Rom
T: (00396) 6 77 91
Minister(in): Patrizia Toia

iz b 129

Minister für die Institutionellen Reformen
Ministero per le Riforme Istituzionali
Via del Giardino Theodoli 66, I-00186 Rom
T: (00396) 6 77 91
Minister(in): Antonio Maccanico

iz b 130

Ministerin für Soziale Solidarität
Ministero per la Solidarietà Sociale
Via V. Veneto 56, I-00187 Rom
T: (00396) 48 16 11
Ministerin: Livia Turco

Ministerien

iz b 131

Außenministerium
Ministero degli Affari Esteri
Piazzale della Farnesina 1, I-00194 Rom
T: (00396) 3 69 11
Internet: http://www.esteri.it
Minister(in): Lamberto Dini

iz b 132

Innenministerium
Ministero dell'Interno
Via Agostino Depretis Palazzo Viminale, I-00184 Rom
T: (00396) 46 51
Internet: http://www.mininterno.it
Minister(in): Enzo Bianco

iz b 133

Justizministerium
Ministero di Grazia e Giustizia
Via Arenula 70, I-00186 Rom
T: (00396) 6 88 51
Internet: http://www.giustizia.it
Minister(in): Piero Fassino

iz b 134

Ministerium für das Staatsvermögen, den Haushalt und die Wirtschaftsplanung
Ministero del Tesoro, del Bilancio e della Programmazione Economica
Via XX Settembre 97, I-00187 Rom
T: (00396) 4 76 11
Internet: http://www.tesoro.it
Minister(in): Vincenzo Visco

iz b 135

Finanzministerium
Ministero delle Finanze
Viale Europa 242, I-00144 Rom
T: (00396) 5 99 71
Internet: http://www.finanze.it
Minister(in): Ottaviano Del Turco

iz b 136

Verteidigungsministerium
Ministero della Difesa
Via XX Settembre 8, I-00187 Rom
T: (00396) 4 88 21 26, 4 88 21 27, 4 88 21 28
Internet: http://www.difesa.it
Minister(in): Sergio Mattarella

iz b 137

Bildungsministerium
Ministero della Pubblica Istruzione
Viale Trastevere 76A, I-00153 Rom
T: (00396) 5 84 91
Internet: http://www.istruzione.it
Minister(in): Tullio De Mauro

iz b 138

Ministerium für Öffentliche Arbeiten
Ministero dei Lavori Pubblici
Piazza di Porta Pia 1, I-00198 Rom
T: (00396) 4 41 21
Internet: http://www.llpp.it
Minister(in): Nerio Nest

iz b 139

Ministerium für Landwirtschaft und Forsten
Ministero delle Politiche Agricole e Forestali
Via XX Settembre 20, I-00187 Rom
T: (00396) 4 66 51
Internet: http://www.politicheagricole.it
Minister(in): Alfonso Pecaro Scanio

iz b 140

Ministerium für Verkehr und Schifffahrt
Ministero dei Trasporti e della Navigazione
Piazza della Croce Rossa 1, I-00161 Rom
T: (00396) 4 41 01
Internet: http://www.trasportinavigazione.it
Minister(in): Pierluigi Bersani

iz b 141

Ministerium für Kommunikation
Ministero delle Comunicazioni
Viale America 201, I-00144 Rom
T: (00396) 5 44 41 **Fax:** 5 40 77 28
Internet: http://www.comunicazioni.it
Minister(in): Salvatore Cardinale

iz b 142

Ministerium für Industrie, Handel und Handwerk
Ministero dell'Industria, del Commercio e dell'Artigianato
Via Molise 2, I-00187 Rom
T: (00396) 4 70 51
Internet: http://www.minindustria.it
Minister(in): Enrico Letta

iz b 143

Ministerium für Arbeit und Sozialordnung
Ministero del Lavoro e della Previdenza Sociale
Via Flavia 6, I-00187 Rom
T: (00396) 4 68 31
Internet: http://www.minlavoro.it
Minister(in): Cesare Salvi

iz b 144

Außenhandelsministerium
Ministero del Commercio con l'Estero
Viale America 341, I-00144 Rom
T: (00396) 59 93-1 **Fax:** 59 93-2153
Internet: http://www.mincomes.it
Minister(in): N.N.

iz b 145

Gesundheitsministerium
Ministero della Sanitá
Piazzale dell'Industria, 20, I-00144 Rom
T: (00396) 5 99 41
Internet: http://www.sanita.it
Minister(in): Umberto Veronesi

iz b 146

Ministerium für das kulturelle Erbe und für kulturelle Veranstaltungen
Ministero per i Beni e le Attività Culturali
Via del Collegio Romano 27, I-00186 Rom
T: (00396) 6 72 31
Internet: http://www.beniculturali.it
Minister(in): Giovanna Melandri

iz b 147

Umweltministerium

Ministero dell'Ambiente
Via Cristoforo Colombo 44, I-00147 Rom
T: (00396) 5 72 21
Internet: http://www.minambiente.it
Minister(in): Willer Bordon

iz b 148

Ministerium für das Hochschulwesen und für wissenschaftliche und technologische Forschung

Ministero dell'Università e Ricerca Scientifica e Tecnologica
Piazzale Kennedy 20, I-00144 Rom
T: (00396) 5 99 11
Internet: http://www.murst.it
Minister(in): Ortensio Zecchino

Luxemburg

• **IZ B 149**

Regierung von Luxemburg Staatsministerium

Rue de la Congrégation 4, L-2910 Luxemburg
T: (00352) 4 78 21 00 **Fax:** 46 17 20
Internet: http://www.gouvernement.lu
E-Mail: me@me.smtp.lu
Premierminister: Jean-Claude Juncker

iz b 150

Ministerium für Äußere Angelegenheiten, Außenhandel, Kooperation und Verteidigung

Ministry of Foreign Affairs, Foreign Trade, Cooperation and Defense
Ministère des Affaires Etrangères, du Commerce Extérieur, de la Coopération et de la Défense
Rue Notre-Dame 5, L-2911 Luxemburg
T: (00352) 4 78-1 **Fax:** 22 31 44 (Äußere Angelegenheiten und Außenhandel), 22 20 48 (Kooperation, humanitäre Einsätze), 46 26 82 (Verteidigung)
Minister(in): Lydie Polfer (Äußere Angelegenheiten und Außenhandel)
Minister(in): Charles Goerens (Kooperation, Humanitäre Einsätze und Verteidigung)

iz b 151

Ministerium für Landwirtschaft, Weinbau und Landwirtschaftliche Entwicklung

Ministry of Agriculture, Viticulture and Rural Developpment
Ministère de l'Agriculture, de la Viticulture et du Développement Rural
Rue de la Congrégation 1, L-2913 Luxemburg
T: (00352) 4 78 25 00 **Fax:** 46 40 27
Minister(in): Fernand Boden

iz b 152

Ministerium für Mittelstand, Tourismus und Wohnungswesen

Ministry of Middleclasses, Tourism and Housing
Ministère des Classes Moyennes, du Tourisme et du Logement
Avenue Emile Reuter 6, L-2937 Luxemburg
T: (00352) 4 78-1 **Fax:** 4 78-4740 (Mittelstand), 47 40 11 (Tourismus)
Minister(in): Fernand Boden

iz b 153

Ministerium für Kultur, Hochschulen und Forschung

Ministry of Culture, Higher Education and Research
Ministère de la Culture, de l'Enseignement supérieur et de la Recherche
20, montée de la Pétrusse, L-2273 Luxemburg
T: (00352) 4 78-1 **Fax:** 40 24 27
Internet: http://www.ltam.lu/culture
Minister(in): Erna Hennicot-Schoepes

iz b 154

Wirtschaftsministerium

Ministry of Economy
Ministère de l'Economie
Boulevard Royal 19-21, L-2914 Luxemburg
T: (00352) 4 78-1 **Fax:** 46 04 48
Internet: http://www.etat.lu/ECO
Minister(in): Henri Grethen

iz b 155

Ministerium für Bildung, Berufsausbildung und Sport

Ministry for Education, Vocational Training and Sport
Ministère de l'Education Nationale, de la Formation Professionnelle et des Sports
Rue Aldringen 29, L-2926 Luxemburg
T: (00352) 4 78-1 **Fax:** 4 78-5110
Internet: http://www.men.lu
Minister(in): Anne Brasseur

iz b 156

Umweltministerium

Ministry of the Environment
Ministère de l'Environnement
Montée de la Pétrusse 18, L-2918 Luxemburg
T: (00352) 4 78-1 **Fax:** 40 04 10
Internet: http://www.mev.etat.lu
Minister(in): Charles Goerens

iz b 157

Ministerium für Familie, gesellschaftliche Solidarität und Jugend

Ministry for the Family, Social Solidarity ands Youth
Ministère de la Famille, de la Solidarité sociale et de la Jeunesse
Avenue Emile Reuter 12-14, L-2919 Luxemburg
T: (00352) 4 78-1 **Fax:** 4 78-6570, 4 78-6571
Minister(in): Marie-Josée Jacobs

iz b 158

Finanzministerium

Ministry of Finance
Ministère des Finances
Rue de la Congrégation 3, L-2931 Luxemburg
T: (00352) 4 78-1 **Fax:** 47 52 41, 46 62 12
Internet: http://www.etat.lu/FI
Minister(in): Ministre des Finances Jean-Claude Juncker

Ministre du Trésor et du Budget Luc Frieden

iz b 159

Ministerium für Öffentlichen Dienst und Verwaltungsreform

Ministry for Public Affairs and Administrative Reforms
Ministère de la Fonction Publique et de la Réforme Administrative
Postf. 106, L-2011 Luxemburg
Avenue Emile Reuter 12-14, L-2919 Luxemburg
T: (00352) 4 78-1 **Fax:** 4 78 31 22
Internet: http://www.etat.lu/MFP
Minister(in): Lydie Polfer

iz b 160

Ministerium des Innern

Ministry of the Interior
Ministère de l'Intérieur
Rue Beaumont 19, L-2933 Luxemburg
T: (00352) 4 78-1 **Fax:** 24 18 46
Minister(in): Michel Wolter

iz b 161

Justizministerium

Ministry of Justice
Ministère de la Justice
Boulevard Royal 16, L-2934 Luxemburg
T: (00352) 4 78-1 **Fax:** 22 76 61
Minister(in): Luc Frieden

iz b 162

Ministerium für Frauenförderung

Ministry for Women Promotion
Ministère de la Promotion Féminine
Bvd Prince Henri 33, L-2921 Luxemburg
T: (00352) 4 78-1 **Fax:** 24 18 86
Minister(in): Marie-Josée Jacobs

iz b 163

Gesundheitsministerium

Ministry of Health
Ministère de la Santé
Bd de la Pétrusse 57 + 90, L-2935 Luxemburg
T: (00352) 4 78-1 **Fax:** 49 13 37
Internet: http://www.etat.lu/MS
Minister(in): Carlo Wagner

iz b 164

Ministerium für Soziale Sicherheit

Ministry of Social Affairs
Ministère de la Sécurité Sociale
Rue Zithe 26, L-2936 Luxemburg
T: (00352) 4 78-1 **Fax:** 4 78 63 28
Internet: http://www.etat.lu/MSS
Minister(in): Carlo Wagner

iz b 165

Verkehrsministerium

Ministry of Transport
Ministère des Transports
Boulevard Royal 19-21, L-2938 Luxemburg
T: (00352) 4 78-1 **Fax:** 46 43 15
Minister(in): Henri Grethen

iz b 166

Arbeits- und Beschäftigungsministerium

Ministry of work and Employment
Ministère du Travell et de l'Emploi
Rue Sainte-Zithe 26, L-2939 Luxemburg
T: (00352) 4 78-1 **Fax:** 4 78-6325
Internet: http://www.mt.etat.lu
Minister(in): François Biltgen

iz b 167

Ministerium für öffentliche Aufträge

Ministry of Public Civil Engineering
Ministère des Travaux Publics
Bd F. D. Roosevelt 4, L-2940 Luxemburg
T: (00352) 4 78-1 **Fax:** 46 27 09
Internet: http://www.etat.lu/MTP
Minister(in): Erna Hennicot-Schoepes

Niederlande

• **IZ B 168**

Niederländische Regierung

Postf. 2 00 01, NL-2500 EA Den Haag
T: (003170) 3 56 41 00 **Fax:** 3 56 46 83
Ministerpräsident: W. Kok (Minister für Allgemeine Angelegenheiten)

iz b 169

Ministerium für allgemeine Angelegenheiten

Ministerie van Algemene Zaken
Binnenhof 20, NL-2500 EA Den Haag
T: (003170) 3 56 41 00 **Fax:** 3 56 46 83
Internet: http://www.postbus51.nl
W. Kok

iz b 170

Innenministerium

Ministry for Home Affairs
Postf. 2 00 11, NL-2500 EA Den Haag
Schedeldoekshaven 200, NL-2500 EA Den Haag
T: (003170) 3 02 63 02 **Fax:** 3 63 91 53
Internet: http://www.minbzk.nl
Innenminister: K. G. de Vries
Minister für Großstadt- und Integrationspolitik: R.H.L.M. van Boxtel
Staatssekretär(in): Drs. G. M. de Vries

iz b 171

Ministerium für Auswärtige Angelegenheiten

Ministry for Foreign Affairs
Postf. 2 00 61, NL-2500 EB Den Haag
T: (003170) 3 48 64 86 **Fax:** 3 48 48 48
Internet: http://www.minbuza.nl, http://www.minbuza.nl/english
Minister(in): J. J. van Aartsen
Ministerin für Entwicklungszusammenarbeit: Mr. Eveline Herfkens
Staatssekretär(in): Drs. Dick Benschop

iz b 172

Justizministerium

Ministry of Justice
Postf. 2 03 01, NL-2500 EH Den Haag
T: (003170) 3 70 79 11 **Fax:** 3 70 79 00
Internet: http://www.minjust.nl, http://www.minjust.nl:8080
Minister(in): Mr. A. H. Korthals
Staatssekretär(in): Prof. Mr. M. J. Cohen

iz b 173

Ministerium für Bildung, Kultur und Wissenschaft

Ministry of Education, Cultural Affairs and Science
Postf. 2 50 00, NL-2700 LZ Zoetermeer
Europaweg 4, NL-2700 LZ Zoetermeer
T: (003179) 3 23 23 23 **Fax:** 3 23 23 30
Internet: http://www.minocw.nl, http://www.minocw.nl/english/index.htm
Minister(in): Drs. L. Hermans
Staatssekretär(in): Drs. K. Adelmund
Dr. F. van der Ploeg

iz b 174

Finanzministerium

Ministry of Finance
Postf. 2 02 01, NL-2500 EE Den Haag
Korte Voorhout 7, NL-2500 EE Den Haag
T: (003170) 3 42 80 00 **Fax:** 3 42 79 05
Internet: http://www.minfin.nl, http://www.minfin.nl/Uk/Home(UK).htm
Minister(in): Drs. G. Zalm
Staatssekretär(in): Dr. W. Vermeend

iz b 175

Verteidigungsministerium

Ministry of Defence
Postf. 2 07 01, NL-2500 ES Den Haag
Plein 4, NL-2500 ES Den Haag
T: (003170) 3 18 81 88 **Fax:** 3 18 78 88
Internet: http://www.mindef.nl, http://www.mindef.nl/english/index.htm
Minister(in): Mr. F. de Grave
Staatssekretär(in): H.A.L. van Hoof

iz b 176

Ministerium für Wohnungswesen, Raumordnung und Umwelt

Ministry of Housing, Planning and Environment
Postf. 2 09 51, NL-2500 EZ Den Haag
Rijnstraat 8, NL-2500 EZ Den Haag
T: (003170) 3 39 39 39 **Fax:** 3 39 13 52
Internet: http://www.minvrom.nl, http://www.minvrom.nl/home_e.htm
Minister(in): Drs. J. Pronk
Staatssekretär(in): J. W. Remkes

iz b 177

Ministerium für Verkehr, Wasserwirtschaft und öffentliche Arbeiten

Ministry of Transport and Public Works
Postf. 2 09 01, NL-2500 EX Den Haag
Plesmanweg 1, NL-2500 EX Den Haag
T: (003170) 3 51 61 71 **Fax:** 3 51 78 95
Internet: http://www.minvenw.nl
Minister(in): T. Netelenbos
Staatssekretär(in): Drs. J. M. de Vries

iz b 178

Wirtschaftsministerium

Ministry for Economic Affairs
Postf. 2 01 01, NL-2500 EC Den Haag
T: (003170) 3 79 89 11 **Fax:** 3 47 40 81
Internet: http://www.minez.nl, http://www.minez.nl/ezenglish/index.htm
Minister(in): A. Jorritsma-Lebbink
Staatssekretär(in): Drs. G. Ybema

iz b 179

Ministerium für Landwirtschaft, Naturschutz und Fischerei

Ministry of Agriculture, Nature, Management and Fisheries
Postf. 2 04 01, NL-2500 EK Den Haag
T: (003170) 3 79 39 11 **Fax:** 3 81 51 53
Internet: http://www.minlnv.nl, http://www.minlnv.nl/international
Minister(in): Mr. L. J. Brinkhorst
Staatssekretär(in): G. H. Faber

iz b 180

Ministerium für Soziales und Arbeit

Ministry for Social Affairs and Employment
Postf. 9 08 01, NL-2509 LV Den Haag
Anna van Hannoverstraat 4, NL-2509 LV Den Haag
T: (003170) 3 33 44 44 **Fax:** 3 33 40 33
Internet: http://www.minszw.nl
Minister(in): Mr. K. de Vries
Staatssekretär(in): Drs. J. F. Hoogervorst
Mr. A. E. Verstand-Bogaert

iz b 181

Ministerium für Volksgesundheit, Gemeinwohl und Sport

Ministry of Welfare, Health and Sport
Postf. 54 06, NL-2280 HK Rijswijk
T: (003170) 3 40 79 11 **Fax:** 3 40 78 34
Internet: http://www.minvws.nl/home.htm, http://www.minvws.nl/engzoek.asp
Minister(in): Dr. E. Borst-Eilers
Staatssekretär(in): E.G. Terpstra

Österreich

• IZ B 182

Österreichische Bundesregierung

Gouvernement Federal d'Autriche
Bundeskanzleramt
Ballhausplatz 2, A-1014 Wien
T: (00431) 5 31 15-0 **Fax:** 5 35 03 38
Internet: http://www.austria.gv.at
Bundeskanzler: Dr. Wolfgang Schüssel (ÖVP)
Vizekanzlerin: Dr. Susanne Riess-Passer (FPÖ; Minoritenplatz 3, 1014 Wien, Österreich, Tel.: (0043 1) 5 31 15)
Staatssekretär: Franz Morak

iz b 183

Bundesministerium für auswärtige Angelegenheiten

Ministère Fédéral des Affaires étrangères
Ballhausplatz 2, A-1014 Wien
T: (00431) 5 31 15-0 **Fax:** 5 35 45 30
Internet: http://www.bmaa.gv.at
Bundesminister(in): Dr. Benita Ferrero-Waldner (ÖVP)
Generalsekretär(in): Dr. Albert Rohan

iz b 184

Bundesministerium für Finanzen

Ministère Fédéral des Finances
Himmelpfortgasse 8, A-1011 Wien
T: (00431) 5 14 33-0 **Fax:** 5 12 78 69
Internet: http://www.bmf.gv.at
Bundesminister(in): Mag. Karl-Heinz Grasser (FPÖ)
Staatssekretär: Dr. Alfred Finz (ÖVP)

iz b 185

Bundesministerium für Wirtschaft und Arbeit

Stubenring 1, A-1010 Wien
T: (00431) 7 11 00-0 **Fax:** 7 13 93 11
Internet: http://www.bmwa.gv.at
Bundesminister(in): Dr. Martin Bartenstein (ÖVP)
Staatssekretär(in): Mares Rossmann (FPÖ)

iz b 186

Bundesministerium für Inneres

Ministère Fédéral de l'Intérieur
Postf. 1 00, A-1014 Wien
Herrengasse 7, A-1014 Wien
T: (00431) 5 31 26-0 **Fax:** 5 31 26-3910
Internet: http://www.bmi.gv.at
Bundesminister(in): Dr. Ernst Strasser (FPÖ)

iz b 187

Bundesministerium für Justiz

Ministère Fédéral de la Justice
Museumstr. 7, A-1016 Wien
T: (00431) 5 21 52-0 **Fax:** 5 21 52-2727
Internet: http://www.justiz.gv.at
Bundesminister(in): Dr. Dieter Böhmdorfer (parteilos)

iz b 188

Bundesministerium für Bildung, Wissenschaft und Kultur

Postf. 65, A-1014 Wien
Minoritenplatz 5, A-1014 Wien
T: (00431) 5 31 20-0 **Fax:** 5 31 20-4499
Internet: http://www.bmuk.gv.at
E-Mail: mailmaster@bmuk.gv.at
Bundesministerin: Dr. Elisabeth Gehrer (ÖVP)

iz b 189

Bundesministerium für Innovation und Zukunft

Radetzkystr. 2, A-1030 Wien
T: (00431) 7 11 62-0 **Fax:** 7 11 62-1599
Internet: http://www.bmwv.gv.at
Bundesminister(in): Architekt Dipl.-Ing. Michael Schmid (FPÖ)

iz b 190

Bundesministerium für Land- und Forstwirtschaft, Gewässerschutz und Umwelt

Stubenring 1, A-1012 Wien
T: (00431) 7 11 00-0 **Fax:** 7 11 00-2127
Internet: http://www.bmlf.gv.at, http://www.bmu.gv.at
Bundesminister(in): Dr. Wilhelm Molterer (ÖVP)

iz b 191

Bundesministerium soziale Sicherheit und Generationen

Stubenring 1, A-1010 Wien
T: (00431) 7 11 00-0 **Fax:** 71 15 82 58
Internet: http://www.bmsg.gv.at
Bundesminister(in): Dr. Elisabeth Sickl (FPÖ)
Staatssekretär(in): Dr. Reinhart Waneck (FPÖ)

iz b 192

Bundesministerium für Landesverteidigung

Ministère Fédéral de la Défense
Dampfschiffstr. 2, A-1033 Wien
T: (00431) 5 15 95-0 **Fax:** 5 15 95-3401
Internet: http://www.bmlv.gv.at
Bundesminister(in): Herbert Scheibner (FPÖ)

iz b 193

Bundesministerium für öffentliche Leistung und Sport

Minoritenplatz 3, A-1014 Wien
T: (00431) 5 31 15-0
Vizekanzlerin: Dr. Susanne Riess-Passer (FPÖ)

Portugal

• IZ B 194

Portugiesische Regierung

Rua da Imprensa à Estrela 2, P-1200 Lissabon
T: (003511) 3 97 40 91 **Fax:** 3 95 16 16
Premierminister: António Manuel De Oliveira Guterres

iz b 195

Ministerium der Verteidigung

Av. Ilha da Madeira, P-1400 Lissabon
T: (003511) 3 01 00 01 **Fax:** 3 01 52 93
Internet: http://www.mdn.gov.pt
Minister(in): Dr. Júlio de Lemos de Castro Caldas

iz b 196

Ministerium für Auswärtige Angelegenheiten

Largo do Rilvas, P-1350 Lissabon
T: (003511) 3 97 01 00 **Fax:** 3 62 58 27
Internet: http://www.min-nestrangeiros.pt
Minister(in): Dr. Jaime José Matos da Gama

iz b 197

Ministerium der Finanzen

Av. Infante D. Henrique 5, P-1100 Lissabon
T: (003511) 8 88 46 75 **Fax:** 8 86 23 60
Internet: http://www.min-financas.pt
E-Mail: mf@mf.gov.pt
Minister(in): Joaquim Augusto Nunes de Pina Moura

iz b 198

Ministerium für Innere Angelegenheiten

Praça do Comércio, P-1100 Lissabon
T: (003511) 3 46 32 68 **Fax:** 3 46 80 31
Minister(in): Fernando Manuel dos Santos Gomez

iz b 199

Ministerium für Planung und Regionale Angelegenheiten

Praça do Comércio, P-1100 Lissabon
T: (003511) 8 86 84 41 **Fax:** 8 86 76 22
Minister(in): Dr. Elisa Maria da Costa Guimarães Ferreira

iz b 200

Ministerium der Justiz

Praça do Comércio, P-1100 Lissabon
T: (003511) 3 47 47 80 **Fax:** 3 46 76 92
Internet: http://www.mj.gov.pt
E-Mail: ministro@mj.gov.pt
Minister(in): António Luis Santos da Costa

iz b 201

Ministerium für wirtschaftliche Angelegenheiten

Rua da Horta Seca 15, P-1200 Lissabon
T: (003511) 3 22 86 00 **Fax:** 3 22 87 47
Internet: http://www.min-economia.pt
Minister(in): Dr. Joaquim Augusto Nunes de Pina Moura

iz b 202

Ministerium für Landwirtschaft, ländliche Entwicklung und Fischerei

Praça do Comércio, P-1100 Lissabon
T: (003511) 3 46 31 51 **Fax:** 3 47 37 98
Internet: http://www.min-agricultura.pt
E-Mail: siaza@min-agricultura.pt
Minister(in): Luis Manuel Capoulas Santos

iz b 203

Ministerium für Erziehung

Av. 5 de Outubro, 107, P-1040 Lissabon

T: (003511) 7 93 16 03 **Fax:** 7 96 41 19
Internet: http://www.min-edu.pt
Minister(in): Guilherme Waldemar Pereira d'Oliveira Martins

iz b 204

Ministerium für Gesundheit
Av. João Crisóstomo 9, P-1069-080 Lissabon
T: (003511) 3 30 50 00 **Fax:** 3 30 50 03
Internet: http://www.min-saude.pt
Minister(in): Dr. Maria Manuela de Brito Arcanjo Marques da Costa

iz b 205

Ministerium für Arbeit und Solidarität
Praça de Londres 2-16, P-1049-056 Lissabon
T: (003511) 8 42 40 00 **Fax:** 8 42 41 15
Internet: http://www.mts.gov.pt
E-Mail: ministro@mts.gov.pt
Minister(in): Dr. Eduardo Luis Barreto Ferro Rodrigues

iz b 206

Ministerium für Umwelt und Raumordnung
Rua do Século 51, P-1200 Lissabon
T: (003511) 3 46 27 51, 3 46 28 70 **Fax:** 3 46 84 69
Ministerin: José Sócrates Carvalho Pinto de Sousa

iz b 207

Ministerium für Kultur
Palácio Nacional da Ajuda, P-1300 Lissabon
T: (003511) 3 64 98 67/71 **Fax:** 3 64 98 72
Minister(in): Prof. Dr. Manuel Maria Ferreira Carrilho

iz b 208

Ministerium für Wissenschaft und Technologie
Praça do Comércio, P-1100 Lissabon
T: (003511) 8 86 84 41 **Fax:** 8 87 41 97
Minister(in): Prof. Dr. José Mariano Gago

Schweden

• **IZ B 209**

Schwedische Regierung
10333 Stockholm
Rosenbad 4, S-10333 Stockholm
T: (00468) 4 05 10 00 **Fax:** 7 23 11 71
Internet: http://www.regeringen.se
E-Mail: registrator@primeminister.ministry.se
Ministerpräsident: Göran Persson
Stellvertretende Ministerpräsidentin: Lena Hjelm-Wallén (Ministerin in der Staatskanzlei)

iz b 210

Ministerium des Auswärtigen
Ministry for Foreign Affairs
Postf. 1 61 21, S-10339 Stockholm
Gustav Adolfs Torg 1, S-10339 Stockholm
T: (00468) 4 05 10 00 **Fax:** 7 23 11 76
E-Mail: registrator@foreign.ministry.se
Minister(in): Außenministerin Anna Lindh
Handelsminister Leif Pagrotsky
Minister für Entwicklungszusammenarbeit, Migrations- und Asylpolitik Maj-Inger Klingvall

iz b 211

Ministerium für Bildung und Wissenschaft
Ministry of Education
10333 Stockholm
Drottninggatan 21, S-10333 Stockholm
T: (00468) 4 05 10 00 **Fax:** 7 23 11 92
E-Mail: registrator@education.ministry.se
Minister(in): Minister für Bildung und Wissenschaft Thomas Östros
Ministerin für Schulen und Erwachsenenbildung Ingegerd Wärnersson

iz b 212

Ministerium für Finanzen
Ministry of Finance
10333 Stockholm
Drottninggatan 21, S-10333 Stockholm
T: (00468) 4 05 10 00 **Fax:** 21 73 86
E-Mail: registrator@finance.ministry.se
Minister(in): Finanzminister Bosse Ringholm
Staatsminister: Lars-Erik Lövdén

iz b 213

Ministerium für Gesundheit und Soziale Angelegenheiten
Ministry of Health and Social Affairs
10333 Stockholm
Regeringsgatan 30-32, S-10333 Stockholm
T: (00468) 4 05 10 00 **Fax:** 7 23 11 91
E-Mail: registrator@social.ministry.se
Minister(in): Minister für Gesundheit und Soziales Lars Engqvist
Ministerin für Sozialversicherung Ingela Thalén

iz b 214

Ministerium für Industrie, Beschäftigung und Kommunikation
Ministry for Industry, Employment and Communications
10333 Stockholm
Jakobsgatan 26, S-10333 Stockholm
T: (00468) 4 05 10 00 **Fax:** 4 11 36 16
E-Mail: registrator@industry.ministry.se
Minister(in): Björn Rosengren
Staatsministerin: Mona Sahlin

iz b 215

Ministerium der Justiz
Ministry of Justice
10333 Stockholm
Rosenbad 4, S-10333 Stockholm
T: (00468) 4 05 10 00 **Fax:** 20 27 34
E-Mail: registrator@justice.ministry.se
Minister(in): Justizministerin Laila Freivalds
Ministerin für Demokratiefragen und öffentliche Verwaltung Britta Lejon

iz b 216

Ministerium für kulturelle Angelegenheiten
Ministry of Culture
10333 Stockholm
Drottninggatan 16, S-10333 Stockholm
T: (00468) 4 05 10 00 **Fax:** 21 68 13
E-Mail: registrator@culture.ministry.se
Ministerin: Marita Ulvskog
Staatsministerin: Ulrica Messing

iz b 217

Ministerium für Landwirtschaft, Ernährung und Fischereiwesen
Ministry of Agriculture, Food and Fisheries
10333 Stockholm
Vasagatan 8-10, S-10333 Stockholm
T: (00468) 4 05 10 00 **Fax:** 20 64 96
E-Mail: registrator@agriculture.ministry.se
Minister(in): Margareta Winberg

iz b 218

Umweltministerium
Ministry for the Environment
10333 Stockholm
Tegelbacken 2, S-10333 Stockholm
T: (00468) 4 05 10 00 **Fax:** 21 96 28
E-Mail: registrator@environment.ministry.se
Minister(in): Kjell Larsson

iz b 219

Ministerium der Verteidigung
Ministry of Defence
10333 Stockholm
Jakobsgatan 9, S-10333 Stockholm
T: (00468) 4 05 10 00 **Fax:** 7 23 11 89
E-Mail: registrator@defence.ministry.se
Minister(in): Björn von Sydow

Spanien

• **IZ B 220**

Spanische Regierung
Complejo de la Moncloa, E-28071 Madrid
T: (003491) 335 35 35 **Fax:** 390 07 51
Ministerpräsident: José Mª Aznar López
Stellv. Ministerpräsident: Mariano Rajoy (Präsidentschaftsminister, Complejo de la Moncloa, E-28071 Madrid, T: (00341) 3 35 32 01/02/03/07 u. 3 21 40 00 (Presseamt), Fax: 3 21 41 50)
Stellv. Ministerpräsident: Rodrigo de Rato y Figaredo (Wirtschafts- u. Finanzminister, Ministro de Economía y Hacienda, Alcalá 9, E-28071 Madrid, T: (00341) 5 22 10 00, 5 32 63 38, Fax: 5 22 49 16, 5 31 48 05)
Regierungssprecher: Pio Cabanillas Alonsi

iz b 221

Wirtschafts- und Finanzministerium
Alcalá 9, E-28071 Madrid
T: (003491) 595 80 00 **Fax:** 532 90 12, 522 49 16
Wirtschaftsminister: Rodrigo de Rato y Figaredo
Finanzminister: Cristobal Ricardo Montoro Romero

iz b 222

Aussenministerium
Plaza de la Provincia 1, E-28071 Madrid
T: (003491) 379 97 00, 379 92 14 **Fax:** 365 51 01 (OID), 361 48 52 (EU)
Minister(in): Josep Piqué i Camps

iz b 223

Justizministerium
c/ San Bernardo 45, E-28071 Madrid
T: (003491) 390 20 00 **Fax:** 390 22 68
Minister(in): Angel Acebes Paniagua

iz b 224

Verteidigungsministerium
P_Ho de la Castellana 109, E-28071 Madrid
T: (003491) 555 50 00 **Fax:** 597 13 57
Minister(in): Federico Trillo-Figueroa Martinez Conde

iz b 225

Innenministerium
P_Ho de la Castellana 5, E-28071 Madrid
T: (003491) 537 10 00 **Fax:** 537 11 77
Minister(in): Jaime Mayor Oreja

iz b 226

Entwicklungsministerium
P_Ho de la Castellana 67, E-28071 Madrid
T: (003491) 597 70 00 **Fax:** 597 85 02
Minister(in): Francisco Álvarez-Cascos Fernandez

iz b 227

Ministerium für Erziehung, Kultur und Sport
C/Alcala 34, E-28071 Madrid
T: (003491) 522 11 00, 521 28 10 **Fax:** 521 35 75, 522 92 56
Minister(in): Pilar del Castillo Vera

iz b 228

Ministerium für Arbeit und Soziales
Agustin de Bethencourt 4, E-28003 Madrid
T: (003491) 553 60 00 **Fax:** 554 75 28
Minister(in): Juan Carlos Aparicio Pérez

iz b 229

Ministerium für Wissenschaft und Technologie
P_Ho de la Castellana 160, E-28071 Madrid
T: (003491) 349 48 06
Minister(in): Anna María Birulés y Bertrán

iz b 230

Ministerium für Landwirtschaft, Fischerei und Ernährung
P_Ho Infanta Isabel 1, E-28071 Madrid
T: (003491) 347 50 00, 527 74 55 **Fax:** 468 68 88
Minister(in): Miguel Arias Cañete

iz b 231

Ministerium für öffentliche Verwaltung
P_Ho de la Castellana 3, E-28071 Madrid
T: (003491) 586 10 00/01 **Fax:** 319 24 48
Minister(in): Jesús María Posada Moreno

iz b 232

Ministerium für Gesundheit und Verbraucherschutz
Paseo del Prado 18-20, E-28071 Madrid
T: (003491) 596 10 00 **Fax:** 429 35 25
Minister(in): Celia Villalobos Talero

iz b 233

Umweltministerium
Plaza de San Juan de la Cruz, s/n, E-28071 Madrid
T: (003491) 597 60 00 **Fax:** 597 63 49
Ministerin: Jaume Matas Palou

Europarat

• IZ B 234

Europarat (CE)

Council of Europe
Conseil de l'Europe
Avenue de l'Europe, F-67075 Strasbourg-Cédex
T: (0033388) 41 20 00 **Fax:** 41 27 81 /8 2/ 83
TGR: Europa Strasbourg
Internet: http://www.coe.fr
Gründung: 1949 (5. Mai)
Generalsekretär(in): Walter Schwimmer
Vors. d. Parlamentarischen Versammlung: Lord Russell-Johnston

Ständige Vertretung der Bundesrepublik Deutschland beim Europarat:
Botschafter Dr. M. Johannes Dohmes (12, Bld. du Président Edwards, F-67000 Strasbourg, T: (0033) 88 37 85 50, Tx: 890 870, Telefax: (0033) 88 25 50 41 AASTRA, Postanschrift: Postfach 11 70, 77671 Kehl)

Ständiges Sekretariat der deutschen parlamentarischen Delegation:
Thomas Pflüger (Bundeshaus, Referat PB 2, Adenauerallee 133, 53113 Bonn, T: (0228) 16-1, Durchw.: 16-23548, Tx: 2 283 862 INTANG, Telefax: (0228) 16-26123)
Andrea Krebs (Bundeshaus, Referat PB 2, Adenauerallee 133, 53113 Bonn, T: (0228) 16-1, Durchw.: 16-22831, Tx: 2 283 862 INTANG, Telefax: (0228) 16-26123)
Mitglieder: 41 Mitgliedstaaten
Mitarbeiter: 1200
Jahresetat: DM 390 Mio, € 199,4 Mio

• IZ B 235

Kongress der Gemeinden und Regionen Europas (KGRE) (Europarat)

Congress of Local and Regional Authorities of Europe (CLRAE) (Council of Europe)
Congrès des Pouvoirs Locaux et Régionaux de l'Europe (CPLRE) (Conseil de l'Europe)
Council of Europe, F-67075 Strasbourg Cedex
T: (0033388) 41 22 39 **Fax:** 41 27 51, 41 37 47
Teletex: 870 943 F
Internet: http://www.coe.fr/cplre/

Gründung: 1957 u. 1994
Präsident(in): Alain Chénard (F)
Hauptgeschäftsführer(in): Rinaldo Locatelli (Leiter)

Verbandszeitschrift: Lettre d'information du Congres/ Rundbrief

Mitglieder: 291 Delegierte und 291 Stellvertreter

Mitarbeiter: 35

Jahresetat: DM 8 Mio, € 4,09 Mio

Landesverbände: 41
Länder: Albanien, Andorra, Österreich, Belgien, Zypern, Dänemark, Finnland, Frankreich, Bulgarien, Deutschland, Estland, Georgien,Griechenland, Island, Irland, Italien, Kroatien, Liechtenstein, Litauen, Lettland, Luxemburg, Malta, Moldova, Niederlande, Norwegen, Polen, Portugal, Rumänien, Rußland, San Marino, Slovakien, Slovenien, Spanien, Schweden, Schweiz, Tschechische Republik, Türkei, Ungarn, Ukraine, die ehemalige jugoslawische Republik Mazedonien, Vereinigtes Königreich

IZ C Vertretungen

Zum Auffinden einer bestimmten Dienststelle oder Organisation dient das Suchwortverzeichnis eines Personennamens das Personenverzeichnis

Ständige Vertretungen der EU-Mitglieder

Ständige Vertretungen der EU-Mitglieder

• **IZ C 1**

Ständige Vertretung Belgiens bei der Europäischen Union

Permanent Representation of Belgium with the Council of the European Union
Représentation Permanente de la Belgique auprès du Conseil de l'Union Européenne
Rond-point Schuman 6, B-1040 Brüssel
T: (00322) 2 33 21 11 **Fax:** 2 31 10 75, 2 33 21 65
Ständiger Vertreter: S.E. Frans van Daele (Außerordentlicher und bevollmächtigter Botschafter)
Stellv. des Ständigen Vertreters: Jean-Louis Six (Gesandter)

• **IZ C 2**

Ständige Vertretung Dänemarks bei der Europäischen Union

Permanent Representation of Denmark to the European Union
Représentation Permanente de Danemark auprès de l'Union Européenne
Rue d'Arlon 73, B-1040 Brüssel
T: (00322) 2 33 08 11 **Fax:** 2 30 93 84
Ständiger Vertreter: S.E. Poul Skytte Christoffersen (Außerordentlicher und bevollmächtigter Botschafter, T: (00322) 2 33 08 65)
Stellv. des Ständigen Vertreters: S.E. Niels Pultz (Außerordentlicher und bevollmächtigter Gesandter, T: (00322) 2 33 08 66)

• **IZ C 3**

Ständige Vertretung Deutschlands bei der Europäischen Union

Permanent Representation of the Federal Republic of Germany to the European Union
Représentation Permanente de la République Fédérale d'Allemagne auprès de l'UNion Européenne
Rue Jacques de Lalaing 19-21, B-1040 Brüssel
T: (00322) 2 38 18 11 **Fax:** 2 38 19 78
Ständiger Vertreter: S.E. Dr. Wilhelm Schönfelder (Außerordentlicher und bevollmächtigter Botschafter)
Stellv. des Ständigen Vertreters: Ministerialdirigent Jochen Grünhage

• **IZ C 4**

Ständige Vertretung Finnlands bei der Europäischen Union

Permanent Representation of Finland to the European Union
Représentation Permanente de la Finlande auprès de l'Union Européenne
Rue de Trêves 100, B-1040 Brüssel
T: (00322) 2 87 84 11 **Fax:** 2 87 84 00
Ständiger Vertreter: S.E. Antti Satuli (Botschafter)
Stellv. des Ständigen Vertreters: Jan Store (Gesandter)

• **IZ C 5**

Ständige Vertretung Frankreichs bei der Europäischen Union

Permanent Representation of France with the Council of the European Union
Représentation Permanente du France auprès du Conseil de l'Union Européenne
Place de Louvain 14, B-1000 Brüssel
T: (00322) 2 29 82 11 **Fax:** 2 29 82 82
Ständiger Vertreter: S.E. Pierre Vimont (Außerordentlicher und bevollmächtigter Botschafter)
Stellv. des Ständigen Vertreters: Ministerialdirigent Philippe Etienne

• **IZ C 6**

Ständige Vertretung Griechenlands bei der Europäischen Union

Permanent Representation of Greece to the European Union
Représentation Permanente de la Grèce de l'Union Européenne
rue Montoyer 25, B-1000 Brüssel
T: (00322) 5 51 56 11 **Fax:** 5 12 79 12, 5 51 56 51
Ständiger Vertreter: S.E. Loucas Tsilas (Außerordentlicher und bevollmächtigter Botschafter, T: (00322) 5 51 56 37, 5 51 56 38, 5 51 56 47)
Stellv. des Ständigen Vertreters: Ministerialdirigent Dimitrios Rallis (T: (00322) 5 51 56 01, 5 51 56 02, 5 51 56 83)

• **IZ C 7**

Ständige Vertretung Irlands bei der Europäischen Union

Permanent Representation of Ireland to the European Union
Représentation Permanente de l'Irlande de l'Union Européenne
Rue Froissart 89-93, B-1040 Brüssel
T: (00322) 2 30 85 80 **Fax:** 2 30 32 03
Ständiger Vertreter: S.E. Denis O'Leary (Außerordentlicher und bevollmächtigter Botschafter)
Stellv. des Ständigen Vertreters: MDirig James Brennan

• **IZ C 8**

Ständige Vertretung Italiens bei der Europäischen Union

Permanent Representation of Italy with to the European Union
Représentation Permanente du Italie auprès de l'Union Européenne
Rue du Marteau 9, B-1040 Brüssel
T: (00322) 2 20 04 11, 2 20 04 10 **Fax:** 2 19 34 49, 2 20 04 26
Ständiger Vertreter: S.E. Silvio Fagiolo (Botschafter)
Stellv. des Ständigen Vertreters: Fabio Fabbri

• **IZ C 9**

Ständige Vertretung Luxemburgs bei der Europäischen Union

Permanent Representation of Luxemburg to the European Union
Représentation Permanente du Luxembourg auprès de l'Union Européenne
Avenue de Cortenbergh 75, B-1000 Brüssel
T: (00322) 7 35 20 60, 7 37 56 00 **Fax:** 7 36 14 29, 7 37 56 10
Ständiger Vertreter: S.E. Nicolas Schmit (Außerordentlicher und bevollmächtigter Botschafter)
Stellv. des Ständigen Vertreters: Marc Ungeheuer

• **IZ C 10**

Ständige Vertretung der Niederlande bei der Europäischen Union

Permanent Representation of Netherlands with the Council of the European Union
Représentation Permanente du Pays-Bas auprès du Conseil de l'Union Européenne
Av. Herrmann Debroux 48, B-1160 Brüssel
T: (00322) 6 79 15 11 **Fax:** 6 79 17 75
Ständiger Vertreter: S.E. B. R. Bot (Außerordentlicher und bevollmächtigter Botschafter, T: (00322) 6 79 15 02)
Stellv. des Ständigen Vertreters: Ministerialdirigent I. M. de Jong (T: (00322) 6 79 15 08)

• **IZ C 11**

Ständige Vertretung Österreichs bei der Europäischen Union

Permanent Representation of Austria with the Council of the European Union
Représentation Permanente du Autriche auprès du Conseil de l'Union Européenne
Avenue de Cortenberg 30, B-1040 Brüssel
T: (00322) 2 34 51 00 **Fax:** 2 34 53 00
Ständiger Vertreter: S.E. Gregor Woschnagg (Außerordentlicher und bevollmächtigter Botschafter)
Stellv. des Ständigen Vertreters: Judith Gebetsroithner (AStV I)

• **IZ C 12**

Ständige Vertretung Portugals bei der Europäischen Union

Permanent Representation of Portugal with the Council of the European Union
Représentation Permanente du Portugal auprès du Conseil de l'Union Européenne
avenaue de Cortenberg 12-22, B-1040 Brüssel
T: (00322) 2 86 42 11 **Fax:** 2 31 00 26
Ständiger Vertreter: S.E. Vasco Valente (Außerordentlicher und bevollmächtigter Botschafter)
Stellv. des Ständigen Vertreters: Ministerialdirigentin Maria Margarida Araújo Figueiredo

• **IZ C 13**

Ständige Vertretung Schwedens bei der Europäischen Union

Permanent Representation of Sweden to the European Union
Représentation Permanente de la Suède auprès de l'Union Européenne
Square de Meeûs 30, B-1000 Brüssel
T: (00322) 2 89 56 11 **Fax:** 2 89 56 00
E-Mail: representationen.bryssel@foreign.ministry.se
Ständiger Vertreter: S.E. Gunnar Lund (Außerordentlicher und bevollmächtigter Botschafter)
Stellv. des Ständigen Vertreters: Ministerialdirigent Lars Olof Lindgren

• **IZ C 14**

Ständige Vertretung Spaniens bei der Europäischen Union

Permanent Representation of Spain with the Council of the European Union
Représentation Permanente de l'Espagne auprès du Conseil de l'Union Européenne
Boulevard du Régent 52-54, B-1000 Brüssel
T: (00322) 5 09 86 11 **Fax:** 5 11 10 23, 5 11 19 40, 5 11 26 30
Ständiger Vertreter: S.E. Francisco Javier Elorza Cavengt (Außerordentlicher und bevollmächtigter Botschafter)
Stellv. des Ständigen Vertreters: Ministerialdirigent Miguel Ángel Navarro Portera

• **IZ C 15**

Ständige Vertretung des Vereinigten Königreichs bei der Europäischen Union

Permanent Representation of United Kingdom with the Council of the European Union
Représentation Permanente du Royaume Uni auprès du Conseil de l'Union Européenne
Avenue d'Auderghem 10, B-1040 Brüssel
T: (00322) 2 87 82 11 **Fax:** 2 87 83 98
Ständiger Vertreter: Sir Stephen Wall (Botschafter)
Stellv. des Ständigen Vertreters: Bill Stow (Gesandter)

IZ E Handelskammern

Zum Auffinden einer bestimmten Dienststelle oder Organisation dient das Suchwortverzeichnis eines Personennamens das Personenverzeichnis

Handelskammern

Handelskammern

• IZ E 1

Internationale Handelskammer (ICC)
International Chamber of Commerce
Chambre de Commerce Internationale
38, Cours Albert 1er, F-75008 Paris
T: (00331) 49 53 28 28 **Fax:** 49 53 29 42
Internet: http://www.iccwbo.org
E-Mail: icc@iccwbo.org
Gründung: 1919
Präsident(in): Adnan Kassar, Lebanon
Generalsekretärin: Maria Livanos Cattaui, Frankreich
Leitung Presseabteilung: Lionel Walsh
Mitglieder: Tausende von Firmen und Geschäftsverbänden in mehr als 135 Ländern, Landesverbände in 60 Ländern

Landesverband in der Bundesrepublik Deutschland:

iz e 2

ICC Deutschland Internationale Handelskammer
Postf. 10 08 26, 50448 Köln
Mittelstr. 12-14, 50672 Köln
T: (0221) 2 57 55 71 **Fax:** 2 57 55 93
E-Mail: icc@icc-deutschland.de
Generalsekretärin: Angelika Pohlenz

Deutsche Gruppe der Internationalen Handelskammer siehe auch Teil E

• IZ E 3

Vereinigung der Europäischen Industrie- und Handelskammern (EUROCHAMBRES AISBL)
Association des Chambres de Commerce et d'Industrie Européennes
Rue Archimède 5, Bte. 4, B-1000 Brüssel
T: (00322) 2 82 08 50 **Fax:** 2 30 00 38
Internet: http://www.eurochambres.be
E-Mail: eurochambres@eurochambres.be
Gründung: 1958 (28. Februar)
Präsident(in): Dr. jur. Jörg Mittelsten Scheid, Deutschland
Vizepräsident(in): Maurice Grunwald, Frankreich
Antoni Negre i Villavecchia, Spanien
John Coyle (Ireland)
Ingrid Tichy-Schreder, Österreich
Toon Woltman, Niederlande
Danilo Longhi, Italien
Christopher Stewart-Smith, Großbritannien
Generalsekretär(in): Arnaldo Abruzzini
Verbandszeitschrift: IHK Euro Echo
Verlag: EUROCHAMBRES
Mitglieder: 33, davon 15 tituläre, 18 assoziierte
Mitarbeiter: 20

Europäische Union

Belgien

iz e 4

Fédération Nationale des Chambres de Commerce et d'Industrie de Belgique
Nationale Federatie der Kamers voor Handel en Nÿverheid van België
Avenue des Arts, 1/2, bte 10, B-1210 Bruxelles
T: (00322) 2 09 05 50 **Fax:** 2 09 05 68
E-Mail: fedcci@cci.be
Präsident(in): Guido Peleman
Direktor(in): Vincent Bovy

Dänemark

iz e 5

Danish Chamber of Commerce (D.C.C.)
Borsen (Royal Exchange), DK-1217 Copenhagen K
T: (0045) 33 95 05 00 **Fax:** 33 32 52 16, 33 91 12 03
E-Mail: handelskammeret@commerce.dk
Präsident(in): Niels Hofman Laursen
Generalsekretär(in): Lars Krobaek

Deutschland

iz e 6

Deutscher Industrie- und Handelstag (DIHT)
11052 Berlin
Breite Str. 29, 10178 Berlin
T: (030) 2 03 08-0 **Fax:** 2 03 08-1000
T-Online *69010 /Anwahl KIT*
Internet: http://www.diht.de
E-Mail: diht@berlin.diht.de
Präsident(in): Dipl.-Ing. Hans Peter Stihl
Hauptgeschäftsführer(in): Franz Schoser

iz e 7

Deutscher Industrie- und Handelstag Vertretung des DIHT bei den Europäischen Gemeinschaften
49 A Boulevard Clovis, B-1000 Bruxelles
T: (00322) 2 86 16 11 **Fax:** 2 86 16 05
E-Mail: diht@bruessel.diht.de
Kontakt: Dipl.-Volksw. Peter Korn

Finnland

iz e 8

Central Chamber of Commerce of Finland
Postf. 1000, FIN-00101 Helsinki
Aleksanterinkatu, 17, FIN-00101 Helsinki
T: (003589) 69 69 69 **Fax:** 65 03 03
E-Mail: keskuskauppakamari@wtc.fi
Präsident(in): Vesa Vainio
Director General: Jalas Kari

iz e 9

Central Chamber of Commerce of Finland Brussels Office
Rue de la Charité 17, B-1210 Brüssel
T: (00322) 2 09 43 11 **Fax:** 2 23 08 05
E-Mail: sampsa.saralehto@wtc.fi

Frankreich

iz e 10

Assemblée des Chambres Françaises de Commerce et d'Industrie (ACFCI)
Avenue d'léna, 45, F-75769 Paris
T: (00331) 40 69 37 00 **Fax:** 47 20 61 28
E-Mail: service.courrier@acfci.cci.fr
Präsident(in): Jean-Paul Noury
Director General: François Duvergé

iz e 11

Assemblée des Chambres Françaises de Commerce et d'Industrie Büro Brüssel
Avenue des Arts, 1/2, bte 9, B-1210 Bruxelles
T: (00322) 2 21 04 11 **Fax:** 2 17 69 87
E-Mail: m.chilaud@acfci.cci.fr
Direktor(in): Olivier Lemerle

Griechenland

iz e 12

Union of Hellenic Chambers of Commerce
Akadimias 7-9, GR-10871 Athenes
T: (00301) 3 63 27 02 **Fax:** 3 62 23 20
E-Mail: hellas@uhcci.gr
Präsident(in): Paris Kyriacopoulos
Generalsekretär(in): G.N. Kassimatis

iz e 13

Union of Hellenic Chambers of Commerce Brussels Office
World Trade Centre
Bd E. Jacqmain 162, bte 3, B-1210 Bruxelles
T: (00322) 2 03 00 90 **Fax:** 2 03 10 67
Direktor(in): Andreas Thannasoulias

Großbritannien

iz e 14

The British Chambers of Commerce
Manning House
22, Carlisle Place, GB-London SW1P 1JA
T: (0044207) 5 65 20 00 **Fax:** 5 65 20 49
E-Mail: info@britishchambers.org.uk
Präsident(in): David Richardson
Director General: Chris Humphries

Irland

iz e 15

The Chambers of Commerce of Ireland
Merrion Square 22, IRL-Dublin 2
T: (003531) 6 61 28 88 **Fax:** 6 61 28 11
E-Mail: info@chambersireland.ie
Präsident(in): Philip O'Reilly
Direktor(in): Simon Nugent

iz e 16

The Chambers of Commerce of Ireland Brussels Office
c/o Schuman Associates s.c.r.l.
5, rue Archimède, Bte 12, B-1000 Bruxelles
T: (00322) 230 74 39 **Fax:** 230 74 26
E-Mail: gerard.namara@skynet.be

Italien

iz e 17

Unione Italiana delle Camere di Commercio, Industria, Artigianato e Agricoltura (UNIONCAMERE)
Piazza Sallustio 21, I-00187 Rome
T: (00396) 4 70 41 **Fax:** 48 90 39 63
Internet: http://www.unioncamere.it
E-Mail: unioncamere@unioncamere.it
Präsident(in): Danilo Longhi
Generalsekretär(in): Luigi Mastrobuono

iz e 18

Unione Italiana delle Camere di Commercio, Industria, Artigianato e Agricoltura Büro Brüssel
Rue de l'Industrie 22, B-1040 Brüssel
T: (00322) 5 12 22 40 **Fax:** 5 12 49 11
E-Mail: sede.bruxelles@unioncamere.be

Luxemburg

iz e 19

Chambre de Commerce du Grand Duché de Luxembourg
31, bd. Konrad Adenauer, L-2981 Luxembourg
T: (00352) 4 23 93 91 **Fax:** 43 83 26
E-Mail: direction@cc.lu
Präsident(in): Paul Meyers
Director General: Paul Hippert

Niederlande

iz e 20

Vereniging van Kamers van Koophandel en Fabrieken in Nederland
Watermolenlaan 1, NL-3440 GT Woerden
T: (0031348) 42 69 11 **Fax:** 42 43 68
E-Mail: post@vvk.kvk.nl
Präsident(in): A. Kranendonk
Generalsekretär(in): Gerard Knoop

Österreich

iz e 21

Wirtschaftskammer Österreich
Postf. 3 50, A-1045 Wien
Wiedner Hauptstrasse 63, A-1045 Wien
T: (00431) 5 01 05-0 **Fax:** 5 01 05-250
Internet: http://www.wko.at
E-Mail: wkoe@wkoe.wk.or.at
Präsident(in): L. Maderthaner
Generalsekretär(in): Dr. G. Stummvoll

iz e 22

Wirtschaftskammer Österreich Büro Brüssel
Avenue de Cortenberg 30, B-1040 Brüssel
T: (00322) 2 86 58 80 **Fax:** 2 86 58 99
E-Mail: eu@eu.austria.be
Direktor(in): Stefan Pistauer

Portugal

iz e 23

Associacao Comercial de Lisboa, Camara de Comercio e Industria Portuguesa
Rua Portas de Santo Antao, 89, P-1194 Lisboa Codex
T: (003511) 322 40 50 **Fax:** 322 40 51
E-Mail: port.chamber.ci@mail.telepac.pt
Präsident(in): Joao Mendes de Almeida
Coordinator: Joao Cabral

Schweden

iz e 24

Svenska Handelskammarförbundet
The Association of Swedish Chambers of Commerce and Industry
Postf. 16050, S-10322 Stockholm
Västra Trädgardsgatan 9, S-10322 Stockholm
T: (00468) 6 13 18 00 **Fax:** 4 11 75 70
E-Mail: stock@chamber.se
Präsident(in): Gustaf Douglas
Executive Director: Peter Egardt

iz e 25

The Association of Swedish Chambers of Commerce and Industry
Brussels Office
Avenue Cortenbergh 52, B-1000 Brüssel
T: (00322) 7 40 06 00 **Fax:** 7 40 06 16
E-Mail: ulrika.hammar@srbo.stockholm.se

Spanien

iz e 26

Consejo Superior de las Camaras de Comercio, Industria y Navegación de España
C/ Velazquez 157, E-28002 Madrid
T: (00341) 5 90 69 00 **Fax:** 5 90 69 08, 5 90 69 10, 5 90 69 12
E-Mail: csc@cscamaras.es
Präsident(in): Jose Manuel Fernandez Norniella
Director General: F. Gomez Aviles-Casco

iz e 27

Consejo Superior de las Camaras de Comercio, Industria y Navegación de España
Büro Brüssel
Boulevard Général Wahis, 15, B-1030 Bruxelles
T: (00322) 7 05 67 50 **Fax:** 7 05 66 40
E-Mail: del.bruselas@cscamaras.es
Direktor(in): Emiliano Alonso Pelegrin

Mittel- und Osteuropa

Bulgarien

iz e 28

Bulgarian Chamber of Commerce and Industry
Parchevich Street, 42, BG-1000 Sofia
T: (003592) 9 87 26 31 **Fax:** 9 87 32 09
E-Mail: bcci@bcci.bg
Präsident(in): Bojidar Bojinov
Generalsekretär(in): Tzvetan Simeonov

Estland

iz e 29

Estonian Chamber of Commerce and Industry
Toom-Kooli 17, EW-0001 Tallinn
T: (003722) 460 244 **Fax:** 460 245
E-Mail: koda@koda.ee
Präsident(in): Toomas Luman
Direktor(in): Kaia Kirs

Lettland

iz e 30

The Latvian Chamber of Commerce and Industry
21, Brivibas Blvd., LV-1849 Riga
T: (0037132) 22 55 95 **Fax:** 33 22 76
E-Mail: chamber@sun.lcc.org.lv
Präsident(in): Viktors Kulbergs
Executive Director: Voldemars Gavars

Litauen

iz e 31

Association of Lithuanian Chambers of Commerce and Industry
Algirdo Street 31, LT-2600 Vilnius
T: (003702) 63 56 70 **Fax:** 23 52 28
E-Mail: lppra@post.omnitel.net
Präsident(in): S.R. Petrikis
Executive Director: Eimantas Kiudulas

Polen

iz e 32

Polish Chamber of Commerce
Ul Trebacka 4, PL-00074 Warschau
T: (004822) 8 26 01 43 **Fax:** 8 8 26 41 99
E-Mail: mailbox@kig.pl
Präsident(in): Andrzej Arendarski
Director General: Marek Kloczko

Rußland

iz e 33

The Chamber of Commerce and Industry of the Russian Federation
Ilyinka 6, RUS-103684 Moskau
T: (00795) 9 29 00 09 **Fax:** 9 29 03 60

Rumänien

iz e 34

Chamber of Commerce and Industry of Romania
Bd. Octavian Goga 2, R-79502 Bukarest 3
T: (00401) 3 22 95 35 **Fax:** 3 12 38 30
E-Mail: ccir@ccir.ro
Präsident(in): George Cojocaru
Director External Affairs: Liliane Deac

Slowakische Republik

iz e 35

Slovak Chamber of Commerce and Industry
Gorkeho str. 9, SK-81603 Bratislava
T: (00427) 54 43 32 72 **Fax:** 54 43 07 54
E-Mail: sopkurad@scci.sk
Präsident(in): Peter Mihok
Generalsekretär(in): Martin Hrivik

Slowenien

iz e 36

Chamber of Economy of Slovenia
Dimiceva 13, SLO-1504 Ljubljana
T: (0038661) 1 89 80 00 **Fax:** 1 89 81 00, 1 89 82 00
E-Mail: infolink@hq.gzs.si
Präsident(in): Jozko Cuk
Deputy Secretary General: Andrej Friedl

Tschechische Republik

iz e 37

The Economic Chamber of the Czech Republic
Seifertova 22, CZ-13000 Praha 3 3
T: (004202) 24 09 61 11 **Fax:** 24 09 62 22
E-Mail: hrkal@hkcr.cz
Präsident(in): Zdenzk Somr
Generalsekretär(in): Alexandre Safarik

Ungarn

iz e 38

Hungarian Chamber of Commerce
Kossuth Lajos ter 6-8, H-1055 Budapest
T: (00361) 4 74-5141 **Fax:** 4 74-5149
E-Mail: intdept@mail.mkik.hu
Präsident(in): Lajos Tolnay
Generalsekretär(in): Peter Dunai

Mittelmeergebiet

Israel

iz e 39

Federation of Israeli Chambers of Commerce
Chamber of Commerce House
Hahasmonnaim Street 84, IL-Tel Aviv 67011
T: (009723) 56 31 02 **Fax:** 5 61 90 27
E-Mail: chamber@tlv-chamber.org.il
Präsident(in): Dan Gillerman
Executive Director: Ika Abravanel

Malta

iz e 40

The Malta Chamber of Commerce
Exchange Building
Republic Street, GBY-Valletta VLT 05
T: (00356) 24 72 33, 23 38 73 **Fax:** 24 52 23
E-Mail: info@chamber.commerce.org.mt
Präsident(in): Luis Farrugia
Director General: A. Borg Cardona

iz e 41

The Malta Chamber of Commerce
Brussels Office
rue Montoyer 17-19 Box 3, B-1000 Brüssel
T: (00322) 5 02 60 91 **Fax:** 5 12 13 53
E-Mail: mizzi@ibec.ie

Turkei

iz e 42

Union of Chambers of Commerce, Industry Maritime Commerce and Commodity Exchanges of Turkey (UCCIMCCE)
Atatürk Bulvari 149 Bakanliklar, TR-Ankara
T: (0090312) 4 17 77 00 **Fax:** 4 18 32 68
E-Mail: ferd@info.tobb.org.tr
Präsident(in): Fuat Miras
Generalsekretär(in): Sefik Tokat

iz e 43

Union of Chambers of Commerce, Industry Maritime Commerce and Commodity Exchanges of Turkey
Brussels Office
Avenue Franklin Roosevelt 148A, B-1050 Brüssel
T: (00322) 6 46 40 40 **Fax:** 6 46 95 38
E-Mail: ikvnet@skynet.be
Direktor(in): Haluk Nuray

Zypern

iz e 44

Cyprus Chamber of Commerce and Industry
Chamber Buidling
Postf. 21455, CY-Nicosia
38, Grivas Dhigenis Ave, CY-Nicosia
T: (003572) 66 95 00 **Fax:** 66 90 48
E-Mail: chamber@ccci.org.cy
Präsident(in): Vassilis Rologis
Generalsekretär(in): Panayiotis Loizides

EFTA-Länder

Island

iz e 45

Iceland Chamber of Commerce
House of Commerce
Kringlunni 7, IS-103 Reykjavik
T: (003545) 10 71 00 **Fax:** 68 65 64
E-Mail: mottaka@chamber.is
Präsident(in): Einar Sveinsson

Norwegen

iz e 46

The Association of Norvegian Chambers of Commerce
Postboks 2900 Solli, N-0230 Oslo
T: (004722) 54 17 00 **Fax:** 56 17 00
E-Mail: h.thrap.meyer@hsh-org.no
Präsident(in): Lauritzen
Director General: Herman Thrap-Meyer

Schweiz

iz e 47

Conférence des Chambres de Commerce Suisses
c/o Basler Handelskammer
St.-Alban-Graben 8, CH-4001 Basel
T: (004161) 2 72 18 88 **Fax:** 2 72 62 28
E-Mail: hkbb@hkbb.ch

Zum Auffinden einer bestimmten Dienststelle oder Organisation dient das Suchwortverzeichnis eines Personennamens das Personenverzeichnis

Industrie-Fachverbände

Industrie-Fachverbände

• IZ F 1

Verband der Europäischen Gipsindustrien (EURO-GYPSUM)
Association of European Gypsum Industries
Association des Industries Européennes du Plâtre
Rue Gulledelle 98 box 7, B-1200 Brüssel
T: (00322) 7 75 84 90 **Fax:** 7 71 30 56
Internet: http://www.eurogypsum.org
E-Mail: eurogypsum@pophost.eunet.be
Gründung: 1961
Präsident(in): José Luis Borniquel
Secrétaire Général: Philip Bennett
Mitglieder: 14 (11 ordentl., 3 außerordentl., 2 korrespond.)

Mitgliedsorganisationen

Belgien

iz f 2

Association Belgo-Luxembourgeoise de Gypse
Merksemsebaan 270, B-2110 Wijnegem
T: (00323) 3 60 24 08 **Fax:** 3 60 24 09
E-Mail: blgv.ablg@gyproc.be

Deutschland

iz f 3

Bundesverband der Gips- und Gipsbauplattenindustrie e.V.
Birkenweg 13, 64295 Darmstadt
T: (06151) 36 68 20 **Fax:** 3 66 82 22
Internet: http://www.gipsbv.de
E-Mail: gips@t-online.de

Frankreich

iz f 4

Syndicat National des Industries du Plâtre (SNIP)
Rue Alfred Roll 3, F-75017 Paris
T: (00331) 44 01 47 35 **Fax:** 44 01 47 58
E-Mail: snipic@worldnet.fr

Großbritannien

iz f 5

Gypsum Products Development Association - GPDA
c/o KPMG - The Secretariat
Department Ansley
Queen Victoria Street 165, GB-London EC4V 4DD
T: (0044207) 3 11 29 42 **Fax:** 3 11 29 13
Internet: http://www.gpda.com
E-Mail: crispin.dunn-meynell@kpmg.co.uk

Italien

iz f 6

Associazione dell'Industria Italiana della Calce, del Gesso e delle Malte (CAGEMA)
Via di Santa Teresa 23, I-00198 Rom
T: (00396) 85 30 20 77 **Fax:** 85 30 16 93
Internet: http://www.cagema.net
E-Mail: cagema@mclink.it

Niederlande

iz f 7

Nederlandse Branchevereniging Gips (NBVG)
Postf. 2 99, NL-3000 AG Rotterdam
T: (003110) 2 43 01 76 **Fax:** (03110) 2 43 09 17
Internet: http://www.nbvg.nl
E-Mail: h.schinkel@pi.net

Österreich

iz f 8

SK-Fachverband der Stein- und Keramischen Industrie Österreichs
Postf. 329, A-1045 Wien
Wiedner Hauptstrasse 63, A-1045 Wien
T: (00431) 5 01 05 35 31 **Fax:** 5 05 65 40
Internet: http://www.wk.or.at/steinkeramik
E-Mail: steine@wkoesk.wk.or.at

Schweiz

iz f 9

Schweizerischer Verband der Gips- und Gipsbauplattenindustrie
T: (004162) 8 87 44 44 **Fax:** 8 87 44 45
E-Mail: info@rigips.ch

Skandinavien

iz f 10

Nordisk Gipsskiveforening
(Schweden, Norwegen, Dänemark, Finnland)
Postf. 655 Tangen, S-3002 Drammen
T: (004733) 78 48 00 **Fax:** 78 48 50
E-Mail: norgips@norgips.no

Spanien

iz f 11

ATEDY Asociación Técnica Y Empresarial del Yeso
calle San Bernardo 22, 1°, E-28015 Madrid
T: (003491) 5 32 65 34 **Fax:** 5 32 94 78

Türkei

iz f 12

Türkiye Alçi Üreticileri Dernegi
Lambaçi SK 17 Kosuyolu Sitesi Blok D1, TR-81020 Kosuyolu-Kadiköy Istanbul
T: (0090216) 3 26 35 71 **Fax:** 3 26 35 71

• IZ F 13

Arbeitsgemeinschaft Europäischer Trocknungsbetriebe (CIDE)
European Dehydrators Association
Commission Intersyndicale des Déshydrateurs Européens
Secrétariat Permanent: C.I.D.E.
B.P. 8, F-61110 Condé sur Huisne
T: (00332) 85 12 38 **Fax:** 85 12 38
Gründung: 1959
Président: Luigi Naglia (Via Mariani 9, 48000 Ravenna, Italie, T: (0039544) 3 22 11, Telefax: (0039544) 3 22 41)
Secrétaire Général: Éric Guillemot (B.P. 8, 61110 Condé sur Huisne, France, Tel./Fax: (0033(0)2) 85 12 38)
Trésorier: Gérard Leclère (B.P. 15, 51500 Puisieulx, France, Tel.: (0033(0)3) 26 85 02 09, Fax: (0033(0)3) 26 85 01 35)
Mitarbeiter: 2

Mitgliedsorganisationen

Belgien

iz f 14

Association Professionnelle de l'Industrie Belge de Déshydratation (A.P.I.B.D.)
Vaartstraat 32, B-8630 Veurne
T: (003258) 31 15 51 **Fax:** 31 64 71
Président: Koenraad Pauwelyn

Dänemark

iz f 15

Kunsttorings Industriens Safmmerslutning (Kisam)
Axeltorv 3,1, DK-1609 Kobenhavn V
T: (0045) 33 14 56 72 **Fax:** 33 14 95 74
Präsident(in): Vagn Hundebøll (BANGRØNT PRODUCTS A/5, Industrivej 12, DK-6870 Ølgod, T: (0045) 75 24 46 11, Telefax: (0045) 75 24 62 66)
Secrétaire: Klaus Sørensen

Deutschland

iz f 16

Bundesfachverband Landwirtschaftlicher Trocknungswerke Deutschland e.V. (BLTD)
Kirchstr. 1, 87739 Breitenbrunn
T: (08263) 3 81 **Fax:** 6 45
Président: Alfons Biber (Directeur u. Secrétaire, Schulberg 2, Berdenau, 87739 Breitenbrunn, T: (08265) 5 64)
Vice-Président: Werner Huebner (Treuenbrietzenerstr. 30, 14823 Niemegk, Brandenburg, T: (033843) 22 30, Telefax: (033843) 22 30)

Frankreich

iz f 17

Syndicat National des Déshydrateurs de France (S.N.D.F.)
45, rue de Richelieu, F-75001 Paris
T: (00331) 42 61 72 94 **Fax:** 49 27 02 73
Président: Gérard Leclere (Luzerne de Champagne, Pôle Technologique, Henri Farman, 3 rue Clémant Ader, BP 7079, 51685 Reims Cedex 2)
Directeur: Éric Guillemot
Secrétaire: Brigitte Deston

Großbritannien

iz f 18

The British Association of Green Crop Driers Ltd. (B.A.G.C.D.)
Silverwood
Stone Street Westenhanger, GB-Hythe-Kent CT21 4HT
T: (00441303) 26 73 17 **Fax:** 26 82 70
Präsident(in): Keir Wyatt (DENGIE CROPS LTD, Hall Road, Asheldham, Southminster, Essex CMO 7JF, T: (00441621) 77 38 83, Telefax: (00441621) 77 37 17)
Secrétaire: Roger Earl

Italien

iz f 19

Associazione Nazionale Disidratori Foraggi Verdi (A.N.D.F.V.)
c/o Livia Caprara
Via Trento 3, I-48100 Ravenna
T: (0039544) 6 52 92 **Fax:** 6 76 74
Président: Luigi Naglia (Via Mariani 9, 48000 Ravenna, T: (0039544) 3 22 11, Telefax: (0039544) 3 22 41)
Secrétaire: Livia Caprara

Niederlande

iz f 20

Vereniging van Nederlandse Groenvoederdrogerijen (V.N.G.)
Postbus 31, NL-4410AA Rilland
T: (0031113) 55 21 64 **Fax:** 55 23 59
Président: Eiko Jan Duursema (Drogerij B.V. Oldambt, Langeweg 5, 9682 XR Oostwold (NL), T: (0031597) 55 13 02, Telefax: (0031597) 55 17 67)
Vice-Président: Koob Emmink (Grasdrogerij Ruinerwold e.o., Dr Laryweg 81a, Postus 8, 7960 AA Ruinerwold (NL), T: (0031522) 48 13 26, Telefax: (0031522) 48 20 88)
Secrétaire: Leun van Weele

Österreich

iz f 21

Verband Österreichischer Grünfuttertrocknungsanlagen (V.Ö.G.)
Löwelstr. 16, A-1014 Wien
T: (00431) 5 34 41-253 **Fax:** 5 34 41-475
Président: Eduard Zotter (Trocknungsgemeinschaft Zissersdorf, 2094 Zissersdorf 127, T: (00432915) 24 40)
Vice-Président: Ök. Rat Dipl.-Ing. Graf Hans Hoyos (Hoyos'sche Grünfuttertrocknungsanlage, Schloßplatz 1, 3580 Horn, T: (00432982) 23 03, Telefax: (00432982) 45 12)
Manager: Dipl.-Ing. Engelbert Edinger (Löwelstr. 16, 1010 Wien, T: (00431) 5 34 41-253, Telefax: (00431) 5 34 41-4 75)

Schweden

iz f 22

Svenska Grönfodertorkföreningen (S.G.F.)
Postfach, S-59030 Borensberg
Bobergs Valltork ek. för Fornåsa, S-59030 Borensberg
T: (0046141) 7 00 64 **Fax:** 7 00 88
Président: Anders Askling (N. Tägneby Gard, 59030 Borensberg)
Secrétaire: Torsten Kinnefors

Spanien

iz f 23

Asociacion Española de Fabricantes de Harinas y Granulados de Alfalfa y Forrajes (A.E.F.A.)
Paseo de Isabel La Catolica 2, E-50009 Zaragoza
T: (003476) 55 22 98 **Fax:** 35 79 45
Président: Mariano José López (Ctra. De castellón, km 39, E-50770 Quinto de Ebro, T: (003476) 17 71 05, Telefax: (003476) 17 60 54; Privat: C/. Doctor Cerrada n°3, 4°-B, E-50005 Zaragoza, T: (003476) 22 52 89, Telefax: (003408) 73 13 92)
Secrétaire: Francisco Vigalondo
Jesús Cisneros Zueco (T: (003476) 35 35 40)

• IZ F 24

Arbeitsgemeinschaft der Verbände der Europäischen Schloss- und Beschlagindustrie (ARGE)
The European Federation of Associations of Lock and Builders Hardware Manufacturers
Fédération Européenne des Associations de Fabricants de Serrures et de Ferrures
Postf. 7, CH-2563 Ipsach
T: (004132) 3 31 64 93 **Fax:** 3 31 00 88
Gründung: 1953
Vorsitzende(r): Matti Virtaala
General Secretary: Hans R. Liechti (CH)
Mitglieder: 16 National Manufacturers associations
Mitarbeiter: 1

Mitgliedsorganisationen

Belgien

iz f 25

Belgian National Committee for ARGE
c/o Litto N.V.
Canadalaan 73, B-8620 Nieuwpoort
T: (003258) 23 41 01 **Fax:** 23 89 64

Dänemark

iz f 26

Danish National Committee for ARGE
c/o A/S Peder Nielsen Beslagfabrik
Nörregade 25, DK-9700 Brönderslev
T: (0045) 96 45 56 56 **Fax:** 96 45 56 57

Deutschland

iz f 27

Fachverband Schloß- und Beschlagindustrie e.V. S + B
Postf. 10 03 70, 42503 Velbert
Offerstr. 12, 42551 Velbert
T: (02051) 95 06-0 **Fax:** 95 06-20
Sekretär: Dipl.-Kfm. Karlheinz Kemminer

Finnland

iz f 28

Finnish National Committee for ARGE (FIMET)
Postf. 10, FIN-00131 Helsinki
T: (003589) 1 92 31 **Fax:** 6 22 26 06
Secr.: Anita Saijonkivi

Frankreich

iz f 29

Union Nationale des Industries de la Quincaillerie UNIQ
16 Avenue Hoche, F-75008 Paris
T: (00331) 45 63 62 50, 45 63 20 75 **Fax:** 45 63 40 52
Del.Gen.: Ph. de la Croix

Großbritannien

iz f 30

Association of Building Hardware Manufacturers (ABHM)
The Office
Heath Street, GB-Tamworth, Staffs. B79 7JH
T: (00441827) 5 23 37 **Fax:** 31 08 27

iz f 31

The British Lock Manufacturers' Association (BLMA)
The Office
Heath Street, GB-Tamworth, Staffs. B79 7JH
T: (00441827) 5 23 37 **Fax:** 31 08 27
Secr.: M. P. Skelding

Italien

iz f 32

ANIMA - Federazione delle Associazioni Nazionali dell'Industria Meccanica varie ed affine
Federation of the Italian Mechanical and Engineering Industry Associations
Unione Fabbricanti Serrature e Ferramenta
Via L. Battistotti Sassi 11/B, I-20133 Mailand
T: (003902) 73 97-1 **Fax:** 73 97-316
Internet: http://www.anima-it.com
E-Mail: anima@anima-it.com
Secr.: Loredana Nicola

Niederlande

iz f 33

Vereniging Fabrieken van Hang- en Sluitwerk (VHS)
Postf. 190, NL-2700 AD Zoetermeer
Boerhavelaan 40, NL-2700 AD Zoetermeer
T: (003179) 3 53 11 00 **Fax:** 3 53 13 65
Secr.: B. Vonkeman

Norwegen

iz f 34

Norwegian National Committee for ARGE
c/o TRIO VING A/S
Postf. 5 11, N-1522 Moss
T: (004769) 24 52 00 **Fax:** 24 52 50
Secr.: Tore Glenne

Österreich

iz f 35

Verband der Österreichischen Schloss- und Beschlagindustrie
Bahngasse 1, A-3130 Herzogenburg
T: (00432782) 8 22 32 **Fax:** 8 22 32
Secr.: W. Steiner

Polen

iz f 36

Klub Polskich Producentów
Zamkòw I Okuc, ul Taczaka 12, PL-61819 Poznan
T: (0048618) 53 76 29 **Fax:** 53 78 33
Secr.: Andrzej Jurga

Portugal

iz f 37

Associação Portuguesa dos Industriais de Feragens (APIFER)
Postf. 4 50, P-3750 Agueda
T: (00351234) 64 67 72 **Fax:** 64 67 73
Secr.: Franco Morgado

Schweden

iz f 38

Swedish Association of Manufacturers of Locks and Builders Hardware
Postf. 5510, S-11485 Stockholm
Storgatan 19, S-11485 Stockholm
T: (00468) 7 82 08 07 **Fax:** 6 60 33 78
Secr.: Ulf R. Flodin

Schweiz

iz f 39

VSSB Verband Schweiz. Schloss- und Beschlägefabrikanten
Postf. 360, CH-4601 Olten
Dornacherstr. 27, CH-4601 Olten
T: (004162) 2 05 70 34 **Fax:** 2 12 87 89
Secr.: Felix Wyss

Spanien

iz f 40

Agrupaçion de Fabricantes Cerrajera (AFACE)
Gran Via 4, E-Bilbao 48001
T: (003494) 4 23 25 93 **Fax:** 4 23 25 93
Secr.: Dr.-Ing. J. Marañón

Ungarn

iz f 41

Verband der Ungarischen Schloss- und Beschlaghersteller
c/o Roto Elzett Certa KFT
Kassuth L. u. 25, H-9461 Lövö
T: (003699) 53 41 05 **Fax:** 36 52 83
Secr.: K. Derdak

• IZ F 42

Arbeitskomitee der Mälzereien in der EU (EURO-MALT)
Working Committee of the Malting Industry of the E.U.
Comité de Travail des Malteries de l'U.E.
9, Avenue de Gaulois, B-1040 Bruxelles
T: (00322) 7 36 53 54 **Fax:** 7 32 34 27
E-Mail: euromalt@ecco.be
Président: D. Wilkes

Mitgliedsorganisationen

iz f 43

Fédération Belge des Malteurs de L'uebl
rue André Fauchille 10, B-1150 Brüssel
T: (00322) 7 62 75 50 **Fax:** 7 62 72 30
TX: 61 637 B CMUEBL
E-Mail: fed.belge.malteurs@skynet.be

Dänemark

iz f 44

Association of Danish Maltsters
c/o Dragsbaek Maltfabrik A/S
Export Office
Oddesundvej 42, DK-7700 Thisted
T: (0045) 97 92 33 66 **Fax:** 97 92 27 87
E-Mail: malt@dragsbaek.com

Deutschland

iz f 45

Deutscher Mälzerbund e.V.
Postf. 20 04 28, 53134 Bonn
Dechant-Heimbach-Str. 21, 53177 Bonn
T: (0228) 31 10 62 **Fax:** 31 23 85
E-Mail: maelzerbund@t-online.de

Finnland

iz f 46

Finnish Maltsters' Association
Postf. 115, FIN-00241 Helsinki
T: (003589) 14 88 71 **Fax:** 14 88 72 01
E-Mail: antero.leino@etl.fi

Frankreich

iz f 47

Malteurs de France
33, rue du Louvre, F-75002 Paris
T: (00331) 53 00 94 51 **Fax:** 53 00 94 59
E-Mail: malteursf.a.defougereux@wanadoo.fr, malteursf.s.lecocq@wanadoo.fr

Großbritannien

iz f 48

Maltsters' Association of Great Britain
31B Castle Gate, GB-Newark on Trent, Notts. NG24 1AZ
T: (00441636) 70 07 81 **Fax:** 70 18 36
E-Mail: malt@magb.com.uk

Irland

iz f 49

Society of Irish Maltsters
c/o MINCH NORTON Ltd.
T: (00353507) 4 03 00 **Fax:** 3 89 50
E-Mail: pjmurphy@minchmalt.ie

Italien

iz f 50

Associazione degli Industriali della Birra e del Malto
Viale di Val Fiorita 90, I-00144 Rom
T: (003906) 54 39 32 (1) **Fax:** 5 91 29 10
Internet: http://www.assobirra.it
E-Mail: birra.viva@assobirra.it

Niederlande

iz f 51

Societeit der Nederlandse Mouters
Herengracht 282, NL-1016 BX Amsterdam
T: (003120) 6 25 22 51 **Fax:** 6 22 60 74
E-Mail: cbk@euronet.nl

Österreich

iz f 52

Verband der Malzindustrie Wirtschaftskammer Österreich
Postf. 144, A-1037 Wien
Zaunergasse 1-3, A-1037 Wien
T: (00431) 7 12 21 21 26 **Fax:** 7 12 12 08
E-Mail: fv.lebensmittel@telenetz.com

Schweden

iz f 53

Maltsters' Section of the Swedish Brewers' Association
Exportgatan 1, S-30245 Halmstrad
T: (004635) 17 15 00 **Fax:** 17 15 15
E-Mail: malin.andersson@svenskamalt.se

Spanien

iz f 54

Asociacion Malteros de España
c/o INTERMALTA
C/ Yanguas y Miranda 29, 5°, E-31002 Pamplona
T: (0034948) 23 92 08 **Fax:** 23 93 70

• IZ F 55

Europäischer Verband von Verbrennungsmotorenherstellern (EUROMOT)
The European Association of IC Engine Manufacturers
Association européenne des constructeurs de moteurs à combustion interne
Lyoner Str. 18, 60528 Frankfurt
T: (069) 66 03-1354 **Fax:** 66 03-2354
Internet: http://www.euromot.org
E-Mail: euromot@vdma.org
Gründung: 1991
Präsident(in): Pierre Bousseau (SEMT Pielstick SA, Frankreich)
Stellvertreter: Rainer Kuppe (SKL GmbH, Deutschland)
Bonnie Dean (Lister-Petter Ltd., Großbritannien)
Dr. Gianni Borghi (LOMBARDINI SRL, Italien)
Generalsekretär(in): Dr. Hartmut Mayer (VDMA e.V.)
Mitglieder: 44
Mitarbeiter: 2
Jahresetat: DM 0,49 Mio, € 0,25 Mio

• IZ F 56

Ausschuß der Backhefehersteller der EG (COFALEC)
Committee of Bakers' Yeast Producers in the European Economic Community
Comité des Fabricants de Levure de Panification de la Communauté Économique Européenne
14, rue de Turbigo, F-75001 Paris
T: (00331) 45 08 54 82 **Fax:** 42 21 02 14
Internet: http://www.cofalec.com
E-Mail: cofalec@wanadoo.fr
Gründung: 1959
Vorsitzende(r): André De Schepper (ALGIST BRUGGEMAN, Langerbrugge Kaai 37, B-9000 Gent)
Generalsekretär(in): J.P. Loup
Schatzmeister: Ernst Erhardt
Mitglieder: 12

Mitgliedsorganisationen

Belgien

iz f 57

Algist Bruggeman
Langerbrugkekaai 37, B-9000 Gent
T: (003292) 570808 **Fax:** 53 41 16

Dänemark

iz f 58

DANISCO DISTILLERS
Bredstrupvej 33, DK-8500 Grenaa
T: (0045) 86 32 31 33 **Fax:** 86 32 32 31

Spanien

iz f 59

PANIBERICA de LEVADURA
Callejon de la Alcaholera 4, E-47008 Valladolid
T: (003483) 27 85 61 **Fax:** 22 55 24

Deutschland

iz f 60

Bundesverband der Deutschen Hefeindustrie und der Melasseverarbeitenden Brennereien e.V.
Reuterstr. 151, 53113 Bonn
T: (0228) 21 20 17 **Fax:** 22 94 60
Président: Dr. G. Moormann
Vice Président: Dr. H. Hansen
Directeurs: Dr. H.-J. Mürau
RA D. Radermacher

Frankreich

iz f 61

Chambre Syndicale des Fabricants de Levure de France
14, rue de Turbigo, F-75001 Paris
T: (00331) 45 08 54 82 **Fax:** 42 21 02 14

Italien

iz f 62

Associazione Nazionale fra gli Industriali dello Zucchero dell'Alcool e del Lievito
Postf. 1664, I-16121 Genova
T: (003910) 56 54 91, 54 35 71

Großbritannien

iz f 63

UKAMBY
6, Catherine Street, GB-London WC2B 5JJ
T: (0044207) 8 36 24 60 **Fax:** 8 36 05 80

Niederlande

iz f 64

DMS Bakery Ingedients The Netherlands B.V.
Postf. 1 93, NL-3300 Dordrecht
T: (003178) 6 52 56 00 **Fax:** 6 18 50 88

Portugal

iz f 65

GIST-BROCADES, Lda.
Cruz Quebrada
Apartado 2293, P-1107 Lisboa Codex
T: (003511) 4 14 75 30 **Fax:** 4 15 10 13

Österreich

iz f 66

Verband der Hefeindustrie
Zaunergasse 1-3, A-1037 Wien
T: (00222) 7 12 21 21 **Fax:** 17 49 51 04

Finnland

iz f 67

Finish Yeast Producer's Association
Postf. 22, FIN-15141 Lahti
T: (00358) 38 64 14 **Fax:** 3 86 43 62

Schweden

iz f 68

Jästbolaget
Postf. 7003, S-19107 Sollentuna
T: (0046) 86 26 24 00 **Fax:** 87 54 89 11

• IZ F 69

Verband der Frucht- und Gemüsesaft- und -nektar -Industrie der Europäischen Union
Association of the Juices and Nectars from Fruita and Vegetables of the Europeen Union
Association de l'Industrie des Jus et Nectars de Fruits et de Légumes de l' Union Européenne
Av. de Roodebeek 30, B-1030 Brüssel
T: (00322) 7 43 87 30 **Fax:** 7 36 81 75
President: J.-M. Roclore (JOKER S.A., 895, rue des Frères Lumière, B.P. 4014, F-71040 Macon Cedex 9, T: (0033385) 20 47 01, Fax: (0033385) 20 53 02, E-Mail: si@joker.fr)
1st Vice President: P. Thiel (Chairman of the Management of Eckes-Granini GmbH, Fa. ECKES GRANINI GmbH & Co. KG, Ludwig-Eckes-Allee 6, 55268 Nieder-Olm, T: (06136) 35 12 90, Fax: (06136) 35 10 76, E-Mail: monika.reibel@eckes-ag.de)
2nd Vice-President: R. Ryan (BATCHELORS LTD., FOOD MANUFACTURERS, P.O. Box 88, Cabra West, IRL-Dublin 7, T: (003531) 8 38 01 33, Fax: (003531) 8 38 59 63, E-Mail: raryan@tinet.ie)
Secretary General: J. Hermans (Avenue de Roodebeek 30, B-1030 Brüssel, T: (00322) 7 43 87 48, Fax: (00322) 7 36 81 75, E-Mail: sia01@sia-dvi.be)

Deutschland

iz f 70

Verband der deutschen Fruchtsaft-Industrie e.V. (VdF)
Mainzer Str. 253, 53179 Bonn
T: (0228) 95 46 00 **Fax:** 9 54 60 30
Geschäftsführer(in): Dipl.-Ökonom Klaus Sondhauß (responsible AIJN)
RA K. Sennewald

Belgien

iz f 71

AJUNEC
Av. de Roodebeek 30, B-1030 Brüssel
T: (00322) 7 43 87 48 **Fax:** 7 36 81 75
E-Mail: ajunec@sia-dvi.be
Secretary: K. Abeels

Dänemark

iz f 72

Association of Danish Juice & Fruit Drink Manufacturers
C/O Dansk Industri
T: (004533) 77 33 77 **Fax:** 77 33 20
E-Mail: lsafd@di.dk
Secretary General: G. Hestehave

Spanien

iz f 73

ASOZUMOS
C/Princesa 24, E-28008 Madrid
T: (003491) 5 59 24 52 **Fax:** 5 59 66 49
A. Mena

iz f 74

A.I.Z.C.E.
Hernan Cortes 4, E-46004 Valencia
T: (003496) 3 52 52 15 **Fax:** 3 94 41 99
E-Mail: citzumos@arrakis.es

Frankreich

iz f 75

Union Nationale des Producteurs de Jus de Fruits
23, boulevard des Capucines, F-75002 Paris
T: (00331) 47 42 82 82 **Fax:** 47 42 82 81
E-Mail: unpjf@wanadoo.fr
Secrétaire Général: N. Beriot

Irland

iz f 76

Fruit Juice Producers of Ireland
Unit 19 A
Naas Road Business Park, IRL-Dublin 12
T: (003531) 4 60 08 11 **Fax:** 4 60 08 14
E-Mail: sda@iol.ie
Executive Director: B. Murphy

Italien

iz f 77

Associazione Italiana Industriali Prodotti Alimentari (A.I.I.P.A.)
Corso di Porta Nuova 34, I-20121 Mailand
T: (003902) 65 41 84 **Fax:** 65 48 22, 5 12 97 71 (BXL)
E-Mail: aiipa.peron@foodarea.it
G. Bossi

Niederlande

iz f 78

Vereniging van de Nederlandse Groenten- en Fruitverwerkende Industrie (VIGEF)
Postf. 1 77, NL-2300 AD Leiden
T: (003171) 5 22 42 20 **Fax:** 5 22 50 95
E-Mail: vigef@vsl.nl
Secretary: Rijnhout

Portugal

iz f 79

Associacao Nacional dos Industriais de Refrigerantes e Sumos de Frutos (ANIRSF)
Av. Miguel Bombarda N° 110, P-1050-167 Lissabon
T: (0035121) 7 94 05 74, 7 94 05 75 **Fax:** 7 93 82 33
E-Mail: apiam.anirsf@mail.telepac.pt
F. Mendonca

Großbritannien

iz f 80

British Soft Drinks Association Ltd
20-22 Stukeley Street, GB-London WC2B 5LR
T: (0044207) 4 30 03 56 **Fax:** 8 31 60 14
Jill Ardagh

Finnland

iz f 81

Finnish Food and Drink Industries Federation
Finnish Juice and Jam Industries' Association
Postf. 1 15, FIN-00241 Helsinki
Pasilankatu 2, FIN-00241 Helsinki
T: (003589) 14 88 71 **Fax:** 14 88 72 01
Internet: http://www.etl.fi
E-Mail: jukka.ala-peijari@etl.fi, hillevi.latvalahti@et.ttliitot.fi
J. Ala-Peijari

Österreich

iz f 82

Verband der Fruchtsaft- und Fruchtsirupindustrie
Zaunergasse 1-3, A-1030 Wien
T: (00431) 7 13 15 05 **Fax:** 7 13 39 46
E-Mail: bier-fruchtsaft-limonade@getraenkeverband-austria.telecom.at
Geschäftsführer(in): Mag. L. Wurstbauer

Schweden

iz f 83

Swedish Juice Association
Livsmedelsindustrierna (LI)
Postf. 5501, S-11485 Stockholm
Storgatan 19, S-11485 Stockholm
T: (00468) 7 83 82 69 **Fax:** 7 83 82 73
E-Mail: udg@li.se
Secretary General: Arne Gabrielsson

• IZ F 84

Ausschuß für pharmazeutische Wirkstoffe (APIC)
Active Pharmaceutical Ingredients Committee
Comité pour agents pharmaceutiques
c/o CEFIC
Avenue E. Van Nieuwenhuyse 4-1, B-1160 Brüssel
T: (00322) 6 76 72 12 **Fax:** 6 76 73 01
E-Mail: LLE@CEFIC.BE
Gründung: 1991
President: H. Leblanc
Secretary General: L. Le Dore
Mitglieder: 42

• IZ F 85

Europäischer Altpapierverband (ERPA)
European Recovered Paper Association
c/o BIR
Avenue Franklin Roosevelt 24, B-1050 Bruxelles
E-Mail: bir.sec@skynet.be
Chairman: Dominique Maguin, France
Mitglieder: BIR-Mitgliedsverbände in Europa (auch Nicht-EU)

• IZ F 86

Ausschuß der Glutaminsäurehersteller in der EG (COFAG)
Comité des Fabricants d'Acide Glutamique de la Communauté Économique Européenne (COFAG)
Boulevard de Courcelles 153, F-75017 Paris 17
T: (00331) 47 66 98 63 **Fax:** 47 66 98 56
Gründung: 1964
Président: Bruno Jarry
Secrétaire exécutif: Philippe Guion
Mitglieder: 2

• IZ F 87

Ausschuß der Maschenindustrie der EG (MAILLEUROP)
Committee for the Knitting Industries in the EC
Comité des Industries de la Maille de la CEE
Rue Montoyer 24, B-1000 Bruxelles
T: (00322) 2 85 48 92, 2 30 60 54
Präsident(in): Paul Falke

Mitgliedsorganisationen

Belgien

iz f 88

FEBELTEX
Direction Économique
Poortakkerstraat 98, B-9051 Gent
T: (00329) 2 42 98 20 **Fax:** 2 42 98 29
E-Mail: pvm@gent.febeltex.be

Dänemark

iz f 89

Federation of Danish Textile and Clothing Industries
Postf. 507, DK-7400 Herning
Bredgade 41, DK-7400 Herning
T: (004599) 27 72 00 **Fax:** (004597) 12 23 50
E-Mail: cka@textile.dk

Deutschland

iz f 90

Gesamtverband der deutschen Maschen-Industrie e.V. -GESAMTMASCHE-
Postf. 10 17 55, 70015 Stuttgart
Olgastr. 77, 70182 Stuttgart
T: (0711) 2 10 31-0 **Fax:** 23 28 07
E-Mail: gesamtmasche@t-online.de

Frankreich

iz f 91

Fédération Française de l'Industrie de la Maille et de la Bonneterie
Postf. 249, F-92113 Clichy
37-39 rue de Neuilly, F-92113 Clichy
T: (00331) 47 56 32 32 **Fax:** 47 56 32 99
E-Mail: lafederation@mhnet.fr

Großbritannien

iz f 92

The Knitting Industries' Federation Ltd.
Oxford Street 53, GB-Leicester LE1 6XY
T: (0044116) 2 54 16 08 **Fax:** 2 54 22 73

Italien

iz f 93

Sistema Moda Italia
Viale Sarca 223, I-20126 Mailand
T: (00392) 66 10 33 91 **Fax:** 66 10 36 70
E-Mail: info@modaindustria.it

Niederlande

iz f 94

FENECON
Koningin Wilhelminaplein 13, NL-1062 CH Amsterdam
Postf. 69265, NL-1060 CH Amsterdam
T: (003120) 5 12 14 16 **Fax:** 6 17 06 34
Internet: http://www.fenecon.nl
E-Mail: fenecon@fenecon.nl

Portugal

iz f 95

Associacão Portuguesa das Industrias de Malha e Confeceão
Rua de Guilhermina Suggia 224 1 A sala 7/8, P-4200-318 Porto
T: (003512) 52 90 81 **Fax:** 52 92 10
E-Mail: apim@mail.telepac.pt

iz f 96

Swiss Knitting Industry
Beethovenstr. 20
Postf. 4838, CH-8022 Zürich
T: (00411) 2 89 79 79 **Fax:** 2 89 79 80
E-Mail: contact@tvs.ch

Spanien

iz f 97

Agrupacion Española del Genero de Punto
Av. Diagonal 474, E-08006 Barcelona
T: (003493) 4 15 12 28 **Fax:** 4 16 04 42

• IZ F 98

Ausschuß der Woll-Industrie der EG (INTERLAINE)
Comité des Industries Lainières de la C.E.E.
Rue du Luxembourg 19, Bte 14, B-1000 Bruxelles
T: (00322) 5 13 06 20 **Fax:** 5 14 06 65
Internet: http://www.IWTO.ORG
E-Mail: IWTO@skynet.BE
Gründung: 1960
President: S. Coimbra (Chargeurs Textiles, 122 rue de Tourcoing, B.P. 40153, 59053 Roubaix Cedex 1, T: (0033) 3 20 28 80 61, Fax: (0033) 3 20 28 80 63)
Mitglieder: 8
Mitarbeiter: 3
Jahresetat: DM 380000 Mio, € 194290,91 Mio

Mitgliedsorganisationen

Belgien

iz f 99

Belgian National Wool Traders Association
Rue de Luxembourg 19, Bte 14, B-1000 Brüssel
T: (00322) 5 13 06 20 **Fax:** 5 14 06 65
Président: A. Valentin
Directeur: M. D. Orekhoff

Mitgliedsorganisationen

Belgien

iz f 100

Febeltex Textile Finishing Sector
rue Montoyer 24, B-1000 Brüssel
T: (00322) 2 87 08 25 **Fax:** 2 87 08 61
E-Mail: fq@febeltex.be
Président: T. Desseaux

Deutschland

iz f 101

Verband der Deutschen Tuch- und Kleiderstoffindustrie e.V.
Postf. 10 09 55, 50449 Köln
Mevissenstr. 15, 50668 Köln
T: (0221) 77 44-135 **Fax:** 77 44-204
Président: Friedrich R. Hermann
Directeur: Dr. Horst Sievernich

Frankreich

iz f 102

Comité Central de la Laine et des Fibres Associées
37-39 rue de Neuilly, F-92113 Clichy
T: (00331) 47 56 31 41 **Fax:** 47 37 06 20
Président: C. Amalric
Directeur: D. Chaigne

Großbritannien

iz f 103

Confederation of British Wool Textiles
Merrydale House
Roysdale Way, GB-Bradford BD4 6SB
T: (00441274) 65 22 07 **Fax:** 68 22 93
Président: B. Whitaker
Directeur: J. Lambert

Italien

iz f 104

Associazione dell'Industria Laniera Italiana
Viale Sarca 223, I-20126 Mailand
T: (00392) 66 10 38 53 **Fax:** 66 10 38 78
Président: L. Gualtieri
Directeur: G. Comuzzi

Poland

iz f 105

Gdynia Wool Federation
Ul. Kielecka 7, PL-81303 Gdynia
T: (004858) 6 20 95 01 **Fax:** 6 21 69 23
Directeur: J. Garczynski

Portugal

iz f 106

Associacao Nacional dos Industriais de Lanificios
Quinta dos Lagoeiros 528 S. Lazaro, P-6200 Covilha
T: (0035175) 3 10 11 40 **Fax:** 3 10 11 44
Président: Mota J. Veiga
Directeur: Fonseca

Schweiz

iz f 107

Gemeinschaftsverband Textile
Postf. 4838, CH-8022 Zürich
Beethovenstr. 20, CH-8022 Zürich
T: (00411) 2 89 79 79 **Fax:** 2 89 79 80
Directeur: Dr. Alexander Hafner

Spanien

iz f 108

Federacion de la Industria Lanera Espanola
San Quirico 30, E-Sabadell (Barcelona)
T: (00343) 7 25 93 11 **Fax:** 7 26 15 26
Président: F. Llonch
Directeur: B. Armengol

• IZ F 109

Verband der Europäischen Papiererzeugenden Industrien (CEPI)
Confederation of European Paper Industries
250 Avenue Louise, B-1050 Bruxelles
T: (00322) 6 27 49 11 **Fax:** 6 46 81 37
Internet: http://www.cepi.org, http://www.paperonline.org
E-Mail: mail@cepi.org
Gründung: 1992
President: Juha Niemelä (UPM-Kymmene)
Director General: Marie S. Arwidson
Mitarbeiter: 15

Mitgliedsorganisationen

Belgien

iz f 110

Association des Fabricants des Pâtes, Papiers et Cartons de Belgique (COBELPA)
306 Avenue Louise - Boite 11, B-1050 Bruxelles
T: (00322) 6 46 64 50 **Fax:** 6 46 82 97
Internet: http://www.cobelpa.be
E-Mail: cobelpa@unicall.be
Chairman: F.J. Walters
Director General: F. François

Dänemark

iz f 111

Danish Paper & Board Pulp Makers' Association
Danisco Paper A/S
Korsgade 22, DK-8500 Grenaa
T: (0045) 86 32 14 77 **Fax:** 86 32 54 77
Contact person: T. Frette

Deutschland

iz f 112

Verband Deutscher Papierfabriken e.V. (VDP)
Adenauerallee 55, 53113 Bonn
T: (0228) 2 67 05-0 **Fax:** 2 67 05-62
Internet: http://www.vdp-online.de
E-Mail: vdp.bonn@vdp-online.de
Hauptgeschäftsführer(in): RA Klaus Windhagen
Geschäftsführer(in): Dr. Manfred Kühn
Dr. Reinhardt Thiel

Finnland

iz f 113

Finnish Forest Industrie Federation (F.F.I.F.)
Postf. 316, FIN-00131 Helsinki
Eteläesplanadi 2, FIN-00130 Helsinki
T: (003589) 1 32 61 **Fax:** 1 32 44 45
Internet: http://www.forestindustries.fi
E-Mail: name.surname@forestindustries.fi
Chairman: J. Rantanen
Director General: T. Poranen

Frankreich

iz f 114

Confédération Française de l'Industrie des Papiers, Cartons & Celluloses (COPACEL)
154, Boulevard Haussmann, F-75008 Paris
T: (00331) 53 89 24 00 **Fax:** 53 89 24 01
Internet: http://www.copacel.fr
E-Mail: copacel@wanadoo.fr
Chairman: J. Grassin
Director General: J. P. Franiatte

Großbritannien

iz f 115

The Paper Federation of Great Britain Ltd.
Papermakers House
Rivenhall Road, Westlea, GB-Swindon SN5 7BD
T: (00441793) 88 60 86 **Fax:** 88 61 82
Internet: http://www.paper.org.uk
E-Mail: fedn@paper.org.uk
Chairman: J. Daglish
Director General: P. S. Scott

Irland

iz f 116

Jefferson Smurfit Group
2 The Beacons
Beaconsfield Road, IRL-AL108EQ Hatfield
T: (00441707) 63 68 00 **Fax:** 25 77 86
Internet: http://www.smurfit.ie
E-Mail: dsmurfit@division.smurfit.co.uk
Contact person: D. Smurfit

Italien

iz f 117

Associazione Italiana Fra Gli Industriali della Carta, Cartoni e Paste per Carta (ASSOCARTA)
Bastion di Rorta Volta 7, I-20121 Mailand
T: (00392) 29 00 30 18 **Fax:** 29 00 33 96
Internet: http://www.assocarta.it
E-Mail: assocarta@assocarta.it
Chairman: G. Fedrigoni
Director General: R. Taranto

Niederlande

iz f 118

Vereniging van Nederlandse Papier en Kartonfabrieken (V.N.P.)
Postf. 7 31, NL-2130 AS Hoofddorp
Kruisweg 761, NL-2132 NE Hoofddorp
T: (003120) 654 30 55 **Fax:** 654 30 64
Internet: http://www.vnp-online.nl
E-Mail: info@vnp-online.nl
Chairman: W. J. Emmen
Director General: G. J. Koopman

Norwegen

iz f 119

Federation of Norwegian Process Industries (PIL)
Norwegian Pulp and Paper Association
Postf. 5487 Majorstua, N-0305 Oslo
Essendrops gate 3, N-0305 Oslo
T: (00472) 308 78 00 **Fax:** 308 78 99
Internet: http://www.pil.no
E-Mail: pil@pil.no
Chairman: E. Mollatt
Director General: E. Haugen

Österreich

iz f 120

Vereinigung österreichischer Papierindustrieller (AUSTROPAPIER)
Gumpendorfer Str. 6, A-1061 Wien
T: (00431) 5 88 86-0 **Fax:** 5 88 86-222
Internet: http://www.austropapier.at
E-Mail: austropapier@austropapier.at
Chairman: R. Launsky-Tieffenthal
Director General: L. Forgo

Portugal

iz f 121

Associação da Indústria Papeleira-CELPA
Rua Marquês Sá da Bandeira, 74-1° Esq°, P-1069-076 Lisboa
T: (003511) 7 96 00 54/5/6/5/6 **Fax:** 7 93 90 54
Internet: http://www.celpa.pt
E-Mail: celpa@mail.telepac.pt
Director General: J. Pinto Faria
Chairman: J. Armindo-Teixeira

Schweden

iz f 122

Swedish Forest Industries Federation (SFIF)
Postf. 1 60 06, S-10321 Stockholm
Storgatan 19, S-11485 Stockholm
T: (00468) 7 62 72 60 **Fax:** 6 11 60 25
Internet: http://www.forestindustries.se
E-Mail: name.surname@forestindustries.se
Chairman: B. Hägglund
Director General: J. P. Duker

Schweiz

iz f 123

Verband der Schweizerischen Zellstoff-, Papier- und Kartonindustrie (ZPK)
Postf. 134, CH-8030 Zürich 7
Bergstr. 110, CH-8030 Zürich 7
T: (00411) 2 66 99 20 **Fax:** 2 66 99 49
Internet: http://www.zpk.ch
E-Mail: zpk@active.ch
Chairman: B. U. Semadeni
Director General: A. Gmür

Spanien

iz f 124

Asociacon Nacional de Fabricantes de Pastas Papeleras, de Papel y Carton (ASPAPEL)
Alcala, 85-4° Piso, E-28009 Madrid
T: (00341) 5 76 30 02 **Fax:** 5 77 47 10
Internet: http://www.aspapel.es
E-Mail: aspapel@mad.servicom.es
Chairman: J. Villena
Director General: C. Reinoso

Assoziierte Mitglieder

Tschechische Republik

iz f 125

Pullp and Paper Industry Association (SPPaC)
K Hrusovu 4, CZ-10223 Prag 10- Hostiva
T: (00422) 70 70-125 **Fax:** 70 71-135
Internet: http://www.sppac.cz
E-Mail: sppac@sppac.cz
Chairman: T. Sabatka
Director General: J. Tauc

Ungarn

iz f 126

Federation of the Hungarian Printers
Eötvös U. 12, H-1067 Budapest
T: (00361) 3 52-1788, 3 52-1778 **Fax:** 3 52-1791
E-Mail: fedprint@mail.matav.hu
Representative: Zoldan Szikla (Dunapack Ltd.)

iz f 127

Union of Pulp and Paper Industry of the Slovak Republic
Tichá 30, SK-97401 Banská Bystrica
T: (0042188) 4 16 37 65 **Fax:** 4 16 37 65
Chairman: J. Liska
Director General: J. Dlhopolcek

• **IZ F 128**

Bund der europäischen Vereinigungen für Heizungs- und Klimaanlagen (REHVA)
Federation of European heating and airconditioning associations
Fédération des Associations Européennes de Chauffage et Conditionnement d'Air
Rue Ravenstein 3, B-1000 Brüssel
T: (00322) 5 14 11 71 **Fax:** 5 11 75 97
Internet: http://www.rehva.com
E-Mail: rehva@srbii.be
Gründung: 1963
Präsident: P. Rasmussen, Lyngby/ Dänemark
Vize-Präsidenten: P. Brejon, Paris/ Frankreich
Vize-Präsidenten: P. Novak, Ljubljana/ Slovenien
Vize-Präsidenten: L. De Santoli, Rom/ Italien
Vize-Präsidenten: Dusan Petras, Bratislava/ Slowakei
Leitung Presseabteilung: Jean-Pierre Minne
Mitglieder: 100000 persönliche Mitglieder sowie 24 Länder
Mitarbeiter: 3

Mitgliedsorganisationen

Belgien

iz f 129

Ass. Royale technique de l'Industrie du Chauffage, de la Ventilation et des Branches Connexes (ATIC)
Rue Ravenstein 3, B-1000 Brüssel
T: (00322) 5 14 11 71 **Fax:** 5 11 75 97
E-Mail: mampaey@net4all.be
Kontaktperson: Joris Mampaey

iz f 130

CAHVAE
Berislaviceva 6, HR-10000 Zagreb
T: (003851) 42 29 38 **Fax:** (033851) 42 29 38
E-Mail: atic@srbii.be

Slowakische Republik

iz f 148

Slovenskà spolocnost pre techniku prostredia
Slovak Society for Environmental Technology (SSTP)
Kocelova 15, SK-81594 Bratislava
T: (004217) 5 26 28 82 **Fax:** 5 26 29 91
E-Mail: sstp@rainside.sk
Kontaktperson: D. Petrãs

Dänemark

iz f 131

Danish Society of Heating, Ventilating and Airconditioning Engineers (DANVAK)
Ørholmvej 40 B, DK-2800 Lyngby
T: (0045) 45 87 76 11 **Fax:** 45 87 76 77
Kontaktperson: O. Kranker

Deutschland

iz f 132

VDI-Gesellschaft Technische Gebäudeausrüstung (VDI-TGA)
Postf. 10 11 39, 40002 Düsseldorf
Graf-Recke-Str. 84, 40239 Düsseldorf
T: (0211) 62 14-251 **Fax:** 62 14-177
Internet: http://www.vdi.de
Kontaktperson: Dipl.-Ing. (TU) Undine Stricker-Berghoff (CEng MInstE)

Spanien

iz f 133

Asociaçión Tecnica Española de Climatizaçión y Refrigaçión (ATECYR)
Serrano Galvache, E-28033 Madrid
T: (00341) 7 67 13 55 **Fax:** 7 67 06 38
Präsident: Julio B. Cano Lacunza

iz f 134

EKVU
Rävala pst. 6 EE0105, E-Tallinn
T: (00372) 6 71 13 50 **Fax:** 6 71 13 50

Finnland

iz f 135

FINVAC
Sitratori 5, FIN-00420 Helsinki
T: (003589) 5 b66 00 90 **Fax:** 56 60 09 56
Kontaktperson: Pekka Kontturi

Frankreich

iz f 136

Association des Ingénieurs en Climatique, Ventilation et Froid (AICVF)
Rue de Rome 66, F-75008 Paris
T: (00331) 42 94 25 34 **Fax:** 42 94 04 54
Kontaktperson: P. Brejon

Ungarn

iz f 137

Építéstudományi Egyesület
Scientific Society for Building (ETE)
Fő utca 68I-129, H-1027 Budapest 11 II
T: (00361) 2 01 84 16 **Fax:** 1 56 12 15
Kontaktperson: F. Mészáros

Italien

iz f 138

Associazione Italiana Condizionamento dell'aria, Riscaldamento, Refrigerazione (AICARR)
Viale Monte Grappa 2, I-20124 Mailand
T: (00392) 29 00 23 69 **Fax:** 29 00 00 04
Internet: http://www.aicarr.it
E-Mail: aicarr@aicarr.it
Kontaktperson: L. de Santoli

iz f 139

AHGWTEL
Vagonu iela 20, LV-1009 Riga
T: (003717) 32 07 27 **Fax:** 61 51 91

iz f 140

Lietuvos siluminès technikos inzinieriu asociacija (LITES)
Lithuanian Thermotechnical engineers society
Saulètekio al. 11, LT-2040 Vilnius
T: (003702) 76 03 28 **Fax:** 70 04 97

Niederlande

iz f 141

Nederlandse Technische Vereniging voor Installaties in Gebouwen TVVL
De Mulderij 12, NL-3830 AJ Leusden
T: (003133) 4 34 57 50 **Fax:** 4 32 15 81
Internet: http://www.tvvl.nl
E-Mail: info@tvvl.nl
Kontaktperson: A. J. de Weijert

Norwegen

iz f 142

Norsk VVS Energi- og Miljøteknisk Forening (NORVAC)
Norwegian Society of Hevac Engineers
Postf. 50 42, N-0301 Oslo
Sørkedalsvejen 10A, N-0310 Oslo
T: (004722) 59 88 00 **Fax:** 69 36 50
E-Mail: vvsforeningen@skarland.no
Kontaktperson: Halvor Røstad

Polen

iz f 143

Polskie Zrzeszenie Inzynierow I Technikow Sanitarnych (PZITS)
Ul. Czackiego 3/5, PL-00-043 Warschau
T: (004822) 8 26 28 94 **Fax:** 8 26 28 94
Kontaktperson: Ryszard Paruszewski

Rumänien

iz f 144

Asociatia Generala a Frigotehnistilor din Romania (AGFR)
Romanian General Association for Heating, Refrigeration, Air-Conditioning, Sanitary and Electrical Engineers
Bd. Pache Protopopescu 66, R-73232 Bucuresti 2
T: (00401) 2 50 65 46 **Fax:** 3 12 68 80
E-Mail: agfr@pcnet.ro
Kontaktperson: Eugen Virgolici

Russische Föderation

iz f 145

Ass. of Engineers in Heating, Ventilation, Airconditioning, Heat Supply & Building Thermal Physics (ABOK)
Rozhdestvenka Street 11, RUS-103754 Moscow
T: (007095) 9 28 86 47 **Fax:** 9 65 39 24
Internet: http://www.abok.ru
E-Mail: support@abok.ru
Kontaktperson: Marianna Brodach

Schweden

iz f 146

VVS-Tekniska Föreningen - Riskföreningen för Energi- och Miljöteknik
Swedish HEVAC-Society - Society of Energy and Environmental Technology
Postf. 127 04, S-11294 Stockholm
Parmmätargatan 7, S-112 24 Stockholm
T: (00468) 6 54 08 30 **Fax:** 6 54 96 83
Kontaktperson: Bengt G. Jarefors

Schweiz

iz f 147

Schweizerischer Verein von Wärme- und Klima-Ingenieuren (SWKI) (SWKI)
Lagerhausweg 30, CH-3018 Bern
T: (004131) 9 92 10 00 **Fax:** 9 92 10 80
Internet: http://www.swki.ch
E-Mail: info@swki.ch
Kontaktperson: André Aebischer

iz f 149

SITHOK
c/o Faculty of Mechanical Engineering
University of Maribor
Smetanova 17, SLO-2000 Maribor
T: (00386) 6 22 54 61 **Fax:** 62 22 54 51
E-Mail: sithok@fs.uni.jl.si
Kontaktperson: Viktor Kranjc

Großbritannien

iz f 150

Chartered Institution of Building Services Engineers (CIBSE)
Balham High Road 222 Delta House, GB-London SW12 9BS
T: (0044208) 6 75 52 11 **Fax:** 6 75 54 49
Internet: http://www.cibse.org
E-Mail: secretary@cibse.org
Kontaktperson: Andrew V. Ramsay

Jugoslawien

iz f 151

Yugoslav Committee of Heating, Refrigeration and Air-Conditioning
Postf. 648, YU-11000 Belgrad
Kneza Milosa 7a II, YU-11000 Belgrad
T: (0038111) 3 23 00 41 **Fax:** 3 23 13 72
E-Mail: smeits@eunet.yu
Kontaktperson: Prof. Dr. Branislav Todorovic

Türkei

iz f 152

Türk Tesitat Mühendisleri Dernegi (TTMD)
Balgat Mah. 3. SOK, No. 1/3 06520 Balgat, TR-Ankara
T: (0090312) 2 85 78 61 **Fax:** 2 85 78 62
Internet: http://www.ttmd.org.tr
Kontaktperson: Özgür Alioglu

• IZ F 153

Bund der europäischen Vereinigungen der Schädlingsbekämpfer (CEPA)
Confederation of European Pest-Control Associations
Confédération Européenne des Associations de Pesticides Appliqués
Rue de l'Association 27, B-1000 Brüssel
T: (00322) 2 19 47 37 **Fax:** 2 19 45 31
E-Mail: efci@skynet.be
Président: Dr. Daniel Bajomi (HG)
Vice-Président: Milagros Fernandez de Lezeta (SP)
Trésorier: Magda Boersma (B)
Directeur Général: Matthieu Havard (F)
Mitglieder: 19
Mitarbeiter: 1

Belgien

iz f 154

Belgian Pest-Control
Rue d'Alsace Lorraine 13, B-1050 Brüssel
T: (00322) 511 86 29 **Fax:** 512 28 39
Kontaktperson: Pierre Jacques

Bulgarien

iz f 155

Bulgarian Pest Control Association
Nikola Gabwrski 23, BG-5000 Veliko Turnovo
T: (0035962) 64 78 93 **Fax:** 64 88 25
Kontaktperson: Violeta Georgieva

Deutschland

iz f 156

Deutscher Schädlingsbekämpfer-Verband e.V. (DSV)
Am Bültgraben 10, 39606 Osterburg
T: (03937) 8 17 41 **Fax:** 8 17 42
Contact: Jürgen Dietrich

Finnland

iz f 157

Antitec Oy Pest Control
Lemminkäisekatu 36, FIN-20520 Turku
T: (003582) 2 30 56 58 **Fax:** 2 30 85 06
E-Mail: antitec@nettilinja.fi
Kontaktperson: Lasse Jansson

Frankreich

iz f 158

Chambre Syndicale 3D (CS 3D)
Bd Malesherbes 125, F-75017 Paris
T: (00331) 42 27 74 31 **Fax:** 42 67 93 16
Kontaktperson: Claude Perrin

Griechenland

iz f 159

A1A - AARON - NAFSI
Kehagia Street 13, GR-15237 Athen
T: (00301) 6 89 00 00 **Fax:** 6 89 22 22
Kontaktperson: Mary Evangeliou Andriopoulou

Großbritannien

iz f 160

British Pest Control Association (BPCA)
St. James'Court 3 Friar Gate, GB-Derby DE1 1ZU
T: (00441332) 29 42 88 **Fax:** 29 59 04
E-Mail: enquiry@bpca.org.uk
Kontaktperson: Richard Strand

Israel

iz f 161

Israeli Pest Control Operators Association (IPCOA)
Postf. 80 32, IL-31080 Haifa
T: (009724) 853 22 28 **Fax:** 852 55 67
E-Mail: ismon@netvision.net.il
Kontaktperson: Yigal Merav

Italien

iz f 162

Associazione Nazionale delle Imprese di Disinfestazione (ANID)
Via AMP Benelli, 1, I-47100 Forli
T: (0039335) 6 18 90 63 **Fax:** (0039543) 40 44 46
E-Mail: surizio@mbox.queeu.it
Kontaktperson: Dr. Sergio Urizio

Jugoslawien

iz f 163

Zavod DDD
Zarkovacka 14, YU-11000 Belgrad
T: (0038111) 55 41 32 **Fax:** 55 44 99
E-Mail: zdddi@eunet.yu
Kontaktperson: V.B. Radonjic

Litauen

iz f 164

UAB Dezlnfa
Gedimino str. 10, LT-3000 Kaunas
T: (003707) 20 52 60 **Fax:** 22 70 95
E-Mail: dezinfa@kaunas.omnitel.net
Kontaktperson: Ina Ziliene

Niederlande

iz f 165

Dutch Pest Control Association (N.V.O.)
Postbus 80 523, NL-2508 Den Haag
T: (003170) 3 51 48 51 **Fax:** 3 54 97 66
E-Mail: furnee@brabus.nl
Kontaktperson: Robert B.M. Stuyt

Österreich

iz f 166

Landesinnung Wien der Schädlingsbekämpfer
WHK Gewerbehaus
Rudolf-Sallinger-Platz 1, A-1030 Wien
T: (00431) 5 14 50-2323 **Fax:** 5 12 95 48-2323
E-Mail: christine.kratky@wkw.at
Kontaktperson: Pytelka

Portugal

iz f 167

Associacao de Grossistas de Produtos Quimicos e Farmaceuticos - Groquifar
Avenida Antonio Augusto Aguiar 118-1°, P-1050 Lissabon
T: (0035121) 3 54 43 84 **Fax:** 3 54 45 10
Kontaktperson: L. Moura

Schweden

iz f 168

ANTICIMEX
Postf. 47025, S-10074 Stockholm
Lovholmsvagen 61 Gröndal, S-10074 Stockholm
T: (0046) 7 09 33 08 **Fax:** 8 18 26 60
E-Mail: anna.hellekant@anticimex.se
Kontaktperson: Anna Hellekant

Schweiz

iz f 169

Fédération Suisse des Maîtres Désinfecteurs (F.S.D.)
Postf. 3173, CH-1211 Genf 3
Cours de Rive 2, CH-1211 Genf 3
T: (004122) 3 11 03 22 **Fax:** 3 11 04 20
E-Mail: gduboux@worldcom.ch
Kontaktperson: Monique Duboux

Slowenien

iz f 170

Slovenian Pest Control Association (SPCA)
Prvomajska Ulica, SLO-2000 Maribor
T: (0038662) 4 50 02 53 **Fax:** 41 37 09
E-Mail: marjana.predan@zzv-mb.si
Kontaktperson: Dr. France Jurc

Spanien

iz f 171

ANECPLA
C/Stma Trinidad 30 30.8°-Puerta 2, E-28010 Madrid
T: (00341) 4 47 76 88 **Fax:** 5 94 19 75
E-Mail: anecpla@pasanet.es
Kontaktperson: Milagros Fernandez de Lezeta

Tschechische Republik

iz f 172

Sdruženi DDD
Novotného lávka 5, CZ-11668 Praha 1
T: (004202) 210 823 35 **Fax:** 210 822 89
E-Mail: ddd.sewis@telecom.cz
Kontaktperson: Pavla Davidová

Ungarn

iz f 173

Hungarian Pest Control Association
Szállás utca 6, H-1107 Budapest
T: (00361) 2 61 05 03 **Fax:** 2 61 18 35
E-Mail: baboluab@mail.matav.hu
Kontaktperson: Dr. Daniel Bajomi

• IZ F 174

Bund für Getränkekartons und die Umwelt (ACE)
The Alliance for Beverage Cartons and the Environment
15-17 Rue belliard, Box 6, B-1040 Brüssel
T: (00322) 5 04 07 10 **Fax:** 5 04 07 19
Internet: http://www.ace.be
E-Mail: info@ace.be
Gründung: 1990
Chairman: Erik Akre
Director General: N.N.
Mitglieder: 11
Mitarbeiter: 4

Mitgliedsorganisationen

Germany

iz f 175

SIG Combibloc GmbH & Co KG
Postf. 12 12, 52438 Linnich
Rurstr. 58, 52441 Linnich
T: (02462) 79-0 **Fax:** 79-2519
Internet: http://www.combibloc.com
E-Mail: info@combibloc.com
Kontaktperson: Wolfgang Bühler

Norway

iz f 176

ELOPAK
Postf. 5 23, N-3412 Lierstranda
Industrigt 4 Frydenlund, N-3412 Lierstranda
T: (0047) 32 22 11 00 **Fax:** 32 22 11 60
Kontaktperson: Erik Akre

Switzerland

iz f 177

TETRA PAK
't Hofveld 8, B-1702 Groot-Bijgaarden
T: (00322) 4 67 68 64 **Fax:** 4 63 08 32
Kontaktperson: Teresa Presas

USA

iz f 178

Blue Ridge Paper Products
Champion Plaza 1, USA-Stamford Conn 06921
T: (001203) 3 58-7964 **Fax:** 3 58-2984
Kontaktperson: Howard Gidez

iz f 179

International Paper Company
6400 Poplar Avenue, USA-Memphis, TN 38197
T: (001901) 7 63-6615 **Fax:** 7 63-6596
Kontaktperson: William A. Wilson

iz f 180

Potlatch Corporation
Pringle Avenue 100, USA-One Walnut Creek Centre, CA 94596
T: (001510) 9 47-4734 **Fax:** 7 46-2357
Kontaktperson: Robert Holls

iz f 181

Westvaco
Westvaco Building
Park Avenue 299, USA-New York, NY 10171
T: (001212) 6 88-5000 **Fax:** 3 18-5013
Kontaktperson: Jack Hammond

iz f 182

Weyerhaeuser Paper Company
Bleached Paperboard Division CH 3E27, USA-Tacoma, WA 98477 2999
T: (001253) 9 24-3186 **Fax:** 9 24-3267
Kontaktperson: Dean Decrease

Finland

iz f 183

StoraEnso
Packaging Boards Division
Liquid and Food Packaging Boards, FIN-55800 Imatra
T: (003582046) 2 21 63 **Fax:** 2 47 31
Kontaktperson: Matti Salste

Sweden

iz f 184

Assidomän Frövi
T: (004658) 13 70 00 **Fax:** 13 00 01
Kontaktperson: Göran Brorsson

iz f 185

StoraEnso
Udden
Postf. 5 01, S-66329 Skoghall
T: (004654) 51 40 00 **Fax:** 22 27 22
Kontaktperson: Thomas Otto

iz f 186

Korsnäs AB
T: (004626) 15 15 02 **Fax:** 15 20 95
Kontaktperson: Ha_Okan Jöves

• IZ F 187

Bureau of International Recycling (B.I.R.)
Avenue F. Roosevelt 24, B-1050 Bruxelles
T: (00332) 6 27 57 70 **Fax:** 6 27 57 73
Internet: http://www.bir.org
E-Mail: bir.sec@skynet.be
Gründung: 1948 (März)
Präsident(in): Barry Hunter
Generaldir.: Francis Veys
Communications Director: Elisabeth Christ
Environmental and Technical Director: Ross Bartley
Mitglieder: 600
Mitarbeiter: 7
Veröffentlichungen: Jahresbericht, Newsletter, Statistiken, Marktbericht, Technische Studien

• IZ F 189

Cadmium-Verband (CA)
International Cadmium Association
Association de cadmium
Av. de Tervuren 168, B-1150 Brussels
T: (00322) 7 77 05 60 **Fax:** 7 77 05 65
E-Mail: icda@village.uunet.be
Gründung: 1976
Chairman: R. Alho
Leitung Presseabteilung: Dr. John K. Atherton
Verbandszeitschrift: CADSCAN
Verlag: Cadmium Association
Mitglieder: 34
Mitarbeiter: 5

• IZ F 190

Centre International d'Études du Lindane (CIEL)
c/o CEFIC
Avenue E. Van Nieuwenhuyse 4/1, B-1160 Brüssel
T: (00322) 6 76 72 12 **Fax:** 6 76 73 01
Gründung: 1974
Président: V. Hancu
Secrétaire Général: J. Randall
Mitglieder: 5

• IZ F 191

Dachverband der Europäischen Automobilhersteller (ACEA)
Association of European Automobile Manufacturers
Association des Constructeurs Européens d'Automobiles
Rue du Noyer 211, B-1000 Brüssel
T: (00322) 7 32 55 50 **Fax:** 7 32 60 01
Internet: http://www.ACEA.be
Gründung: 1991
President: Paolo Cantarella
Secretary General: Camille Blum
Leitung Presseabteilung: Thierry Proteau (Kommunikationsdirektor)
Mitglieder: 13 Companies
Mitarbeiter: 25

• IZ F 192

Dachverband der europäischen Parfümerie, Kosmetik und Körperpflege-Industrie (COLIPA)
The European Cosmetic, Toiletry and Perfumery Association
Rue du Congrès 5-7, B-1000 Brüssel
T: (00322) 2 27 66 10 **Fax:** 2 27 66 27
E-Mail: colipa@colipa.be
Gründung: 1962
Vorsitzende(r): A. Donnan
Secrétaire Général: R. Vanhove
Leitung Presseabteilung: Rory MacMillan
Mitglieder: 24
Mitarbeiter: 14

Argentinien

iz f 193

CAIPHYT
Paraguay 1857, RA-1121 Buenos Aires
T: (005411) 48 13 90 47 **Fax:** 48 13 90 47
E-Mail: caiphyt@giga.com.ar
Ricardo Flores

Mitgliedsorganisationen

Australien

iz f 194

The Cosmetic, Toiletry and Fragrance Association of Australia (CTFAA)
Level 4, 140 Arthur St., AUS-North Sydney NSW 2060
T: (00612) 99277500 **Fax:** 99550032
E-Mail: ctfaa@abol.net
Executive Director: J. Woods
Kontaktperson: J. B. Arrowsmith

Belgien

iz f 195

DETIC
Sq. Marie-Louise 49, B-1040 Brüssel
T: (00322) 2 38 97 11 **Fax:** 2 30 82 88
E-Mail: detic@fedichem.be
Secretary General, Contact: P. Halleux

Dänemark

iz f 196

Brancheforeningen SPT
Symbion Science Park
Froebjogvej 3, DK-2100 Copenhagen
T: (004539) 17 98 39 **Fax:** 17 97 49
E-Mail: spt@symbion.dk
Kontaktperson: Palle Strøm

Deutschland

iz f 197

Industrieverband Körperpflege- und Waschmittel e.V. (IKW)
Karlstr. 21, 60329 Frankfurt
T: (069) 25 56-13 23 **Fax:** 23 76 31
Kontaktperson: RA Dr. Bernd Stroemer

Finnland

iz f 198

T.Y. - Teknokemian Yhdistys R.Y. Teknokemiska Föreningen R.F.
Postf. 311, FIN-00131 Helsinki
Etelaranta 10, FIN-00131 Helsinki
T: (003580) 17 28 41 **Fax:** 66 65 61
E-Mail: stig.granqvist@ty.ttliitot.fi
Kontaktperson: S. Granqvist

Frankreich

iz f 199

Fédération des Industries de la Parfumerie (FIP)
Champs Elysées 33, F-75008 Paris
T: (00331) 56 69 67 89 **Fax:** 56 69 67 90
E-Mail: fipar@fipar.fr
Kontaktperson: J.-F. Tanneur

Griechenland

iz f 200

Union Panhellenique des Industriels et Agents de Produits Cosmetiques et de Parfümerie (PSVAK)
28 Academias Street, GR-10671 Athen
T: (00301) 3 63 74 98 **Fax:** 3 61 27 76
E-Mail: pvsak.gr@otenet.gr
Kontaktperson: T. Mitsakakis

Großbritannien

iz f 201

Cosmetic, Toiletry & Perfumery Association (CTPA)
Josaron House
John Princes Street 5-7, GB-London W1M 9HD
T: (0044207) 4 91 88 91 **Fax:** 4 93 80 61
E-Mail: mkelly@ctpa.org.uk
Kontaktperson: M. E. Kelly

Irland

iz f 202

Irish Cosmetics and Toiletry Association (ICTA)
c/o Hawaiian Tropic Europe Inc.
3 Whitestown Industrial Estate, IRL-Tallaght Dublin 24
T: (003531) 462 50 00 **Fax:** 462 50 01
E-Mail: frank.murray@htropic.ie
Kontaktperson: N. Hitchcock

Italien

iz f 203

Unipro - The Italian Association of Perfumery, Cosmetic and Toiletry, Soap and Related Industries
Via F. Juvara 9, I-20129 Mailand
T: (00392) 239 55 21 **Fax:** 70 60 20 93
E-Mail: direzione.generale@unipro.inct.it
Gen. Dir.: Flavio Meroni

Niederlande

iz f 204

Nederlandse Cosmetica Vereniging (NCV)
Design House
Fultonbaan 32, NL-3439 NE-Nieuwegein
T: (003130) 6 04 94 80 **Fax:** 6 04 99 99
E-Mail: w.pfeifer@nedcosver.nl
Kontaktperson: W. Pfeifer

Norwegen

iz f 205

Kosmetikkleverandorenes Forening (KLF)
Postf. 6780, N-0130 Oslo
St. Olavs Pl., N-0130 Oslo
T: (004722) 33 77 65 **Fax:** 33 13 50
E-Mail: bforkosm@klf.no
Kontaktperson: I. Standal

Österreich

iz f 206

Fachverband der Chemischen Industrie Österreichs (FCIO)
Postf. 325, A-1045 Wien
Wiedner Hauptstrasse 63, A-1045 Wien
T: (00431) 5 01 05 33 67 **Fax:** 50 20 62 80
Internet: http://www.wk.or.at/fcio
E-Mail: office@fcio.wk.or.at
Kontaktperson: Dr. F. Latzko

Portugal

iz f 207

Associac_4ao dos Industriais de Cosmética, Perfumaria e Higiene corporal (AIC)
Av. Antonio José d'Almeira N. 7-2, P-1000 Lissabon
T: (003511) 7 99 15 50 **Fax:** 7 99 15 51
Internet: http://www.fiovde.pt
E-Mail: fiovde@mail.telepac.pt
President: A-M. Couras

Schweden

iz f 209

Kemisk-Tekniska Leverantörförbundet (KTF)
Postf. 6620, S-11384 Stockholm
Gävlegatan 16, S-11384 Stockholm
T: (00468) 522 244 00 **Fax:** 522 244 90
Internet: http://www.ktf.se
E-Mail: info@ktf.se
Kontaktperson: C. Mattsson

Schweiz

iz f 210

Verband der Schweizerischen Kosmetik Industrie (VSKI)
Breitingerstr. 35, CH-8027 Zürich
T: (00411) 2 02 33 86 **Fax:** 2 01 09 85
E-Mail: swi-vski-lic@bluewin.ch
Kontaktperson: Dr. K. Gehri

Spanien

iz f 211

Asociacion nacional de fabricantes de perfumeria y afines Servicios tecnicos (Stanpa)
P. de la Castellana 159 1A, E-28046 Madrid
T: (003491) 571 16 40 **Fax:** 571 61 63
E-Mail: stanpamadrid@stanpa.com
Kontaktperson: F. Gonzalez-Hervada

Türkei

iz f 212

Cosmetics and Toiletries Industry Association (C.T.I.A.)
Degirmen Sok
Sasmaz Sitesi No 19 Duran Bey Apartmani, Kat. 3, TR-81090 Kozyatagi-Istanbul
T: (0090216) 4 16 76 44 **Fax:** 4 16 92 18
E-Mail: tksd@turk.net
Kontaktperson: Mustafa Bagan

Ungarn

iz f 213

Association of Hungarian Cosmetics Detergent & Cleanser Industries
Erzsebet Kiralyné utja 1c, H-1146 Budapest
T: (00361) 3 43 43 59 **Fax:** 3 43 74 58
E-Mail: mkmtsz@mail.matav.hu
Secretary: Istvan Muranyi

Polen

iz f 214

Association of Producers for Cosmetics + Household Chemicals ((APCHC))
Bointe Centre SPZOO, ul. Marszalkowsko 84/92, PL-00514 Warzawa
T: (004822) 6 29 59 76 **Fax:** 6 21 84 66
Kontaktperson: A. Malina

Israel

iz f 215

Israeli Association of Cosmetic Manufacturers
Petach Tikva Road 82, IL-Tel Aviv 67138
T: (009723) 561 99 66 **Fax:** 562 38 87
E-Mail: yoki_ry@netvision.net.il
Kontaktperson: Dr. A.A. Giniger

iz f 216

Romanian Union of Cosmetics and Detergent Manufacturers (RUCODEM)
Str. Mihai Eninescu 105-107 Apt. 1, R-72112 Bucharest
T: (00401) 210 88 85 **Fax:** 210 88 85
E-Mail: rucodem@mail.maronet.ro
Kontaktperson: R. Rabu

iz f 217

Perfumery and Cosmetics Association of Russia (PCAR)
Marshal Rokossovsky Blvd. 16, RUS-107150 Moscow
T: (007095) 7 42 97 40 **Fax:** 9 13 82 00
E-Mail: pcar@aha.ru
V. Salev

iz f 218

APCoHM
Postf. 94, RUS-117526 Moskow
Prospekt Vernadskogo 101 Office B 1801, RUS-117526 Moskow
T: (007095) 232 92 16 **Fax:** 232 92 17
Secretary General, Contact: Veronica Uzunova

• IZ F 208

Europäisches Komitee für Industrieanlagenbau (EUROPLANT)
European Plantmakers Committee
Comité européen des constructeurs de grands ensembles industriels
c/o VDMA-Arbeitsgemeinschaft Großanlagenbau
Postf. 71 08 64, 60498 Frankfurt
Lyoner Str. 18, 60528 Frankfurt
T: (069) 66 03-1443 **Fax:** 66 03-1218
Internet: http://www.grossanlagenbau.vdma.org
E-Mail: agab@vdma.org
Gründung: 1970
Präsident(in): Fritz Kürbisch
Generalsekretär(in): RA Dr. Wolfgang Kühnel
Mitglieder: 72

• IZ F 219

CIES - The Food Business Forum
Place d'Iena 8, F-75783 Paris Cedex
T: (00331) 44 34 69 00 **Fax:** 44 34 69 39
E-Mail: info@ciesnet.com
Gründung: 1953
Präsident(in): Feargal Quinn (Superquinn, Irland)
Geschäftsführer(in): Richard Fedigan
Schatzmeister: Peter Everts (Migros-Genossenschafts-Bund, Switzerland)
Leitung Presseabteilung: Marie-Odile Gaillard
Verbandszeitschrift: FBN (Food Business News)
Redaktion: Irène Alvès
Mitglieder: 500
Mitarbeiter: 27
Publikationen:
Food Business News - Verlag: Irène Alvès

• IZ F 220

Deutsche Landesgruppe der IFPI e.V. (IFPI)
International Federation of the Phonographic Industry
Grelckstr. 36, 22529 Hamburg
T: (040) 58 97 47-0 **Fax:** 58 97 47-47
Internet: http://www.ifpi.de
E-Mail: nachname@phono.de
Vorsitzende(r): Wolf-D. Gramatke (Universal Holding GmbH, Glockengiesser Wall 3, 20095 Hamburg)
Geschäftsführer(in): Peter Zombik (Vors.)
Dr. Martin Schaefer
Mitglieder: (einschließlich außerordentliche): 366

• IZ F 221

EG-Ausschuß des Europäischen Komitees der Verbände der Landmaschinen-Hersteller (CEMA)
European Committee of Associations of Manufacturers of Agricultural Machinery - EC Commission
Commission de la C.E. du Comité Européen des Groupements de Constructeurs du Machinisme Agricole
19, rue Jacques Bingen, F-75017 Paris
T: (00331) 42 12 85 90 **Fax:** 40 54 95 60
Gründung: 1959
Président: B. Morange, (F)
Secrétaire Général: J.*Dehollain
Mitglieder: 16

Mitgliedsorganisationen

Belgien

iz f 222

FABRIMETAL
Diamant Building, Bd A. Reyers 80, B-1030 Brüssel
T: (00322) 7 06 79 95 **Fax:** 7 06 80 09
Internet: http://www.fabrimetal.be
Président: R. Dossche
Représentant du CEMA: P. Snauwaert
Secrétaire Général: J. Pinte

Dänemark

iz f 223

Danske Landbrugsmaskinfabrikanter (DLMF)
Hojkolvej 24, DK-8210 Aarhus V

T: (0045) 86 15 68 22 **Fax:** 86 15 19 51
E-Mail: dlmf@agromek.dk
Président: H. Nørgaard
Représentant du CEMA: N. Rahbek
Secrétaire Général: K. Koed

Deutschland

iz f 224

Landtechnik-Vereinigung (LAV) im VDMA
Lyoner Str. 18, 60528 Frankfurt
T: (069) 6 60 30 **Fax:** 66 03 15 11
E-Mail: lav@vdma.org
Président: Dr. Franz-Georg von Busse
Secrétaire Général: Dr. Bernd Scherer

Finnland

iz f 225

FIMET Federation of Finnish Metal, Engineering and Electrotechnical Industries
Groupe "Tracteurs et Machines Aricoles"
Postf. 10, FIN-00131 Helsinki
Eteläranta 10, FIN-00130 Helsinki
T: (003589) 1 92 31 **Fax:** 62 44 62
Internet: http://www.met.fi
E-Mail: pirjo.tunturi@met.fi
Président: E. Polvi
Secrétaire Général: V. Niemi

Frankreich

iz f 226

Syndicat Général des Constructeurs de Tracteurs et Machines Agricoles (SYGMA)
19, rue Jacques Bingen, F-75017 Paris
T: (00331) 42 12 85 90 **Fax:** 40 54 95 60
E-Mail: j.dehollain@sygma.org
Président: B. Morange
Secrétaire Général: J. Dehollain

Griechenland

iz f 227

Association of Manufacturers of Agricultural Machinery of N. Greece
7, Tantalou Street P.O. Box 10960, GR-54110 Saloniki
T: (003031) 55 67 73 **Fax:** 55 67 73
E-Mail: ekagem@magnet.gr
Président: A. Kassatzoglou
Représentant du CEMA: A. Chrisostomidou
Secrétaire Général: A. Karagiannis

Großbritannien

iz f 228

The Agricultural Engineers Association (AEA)
Samuelson House
Paxton Road Orton Centre, GB-Peterborough PE2 5LT
T: (00441733) 37 13 81 **Fax:** 37 06 64
E-Mail: aea@farmline.com
Président: K. Macfie
Secrétaire Général: J. Vowles

Italien

iz f 229

Unione Nazionale Costruttori Macchine Agricole (UNACOMA)
Via L Spallanzani 22/A, I-00161 Rom
T: (003906) 44 29 81 **Fax:** 4 40 27 22
E-Mail: unacoma@unacoma.it
Président: A. Tassinari
Secrétaire Général: C. Ambrogi

Niederlande

iz f 230

Nederlandse Agro Technische Industrie (N.A.T.I.)
Postf. 2600, NL-3430 GA Nieuwegein
Einsteinbaan 1, NL-3439 NJ Nieuwegein
T: (00313060) 5 33 44 **Fax:** 5 32 08
E-Mail: branches@metaalunie.nl
Président: T. Douven
Secrétaire Général: R.I. de Jong

Norwegen

iz f 231

Redskapsfabrikkenes Landslag (RL)
Postf. 7072, N-0306 Homansbyen-Oslo 3
Oscarsgate 20, N-0306 Homansbyen-Oslo 3
T: (004722) 59 66 00 **Fax:** 59 66 69
E-Mail: krs@tbl.no
Président: S. Erland
Secrétaire Général: K. Skotner

Österreich

iz f 232

Fachverband der Fahrzeugindustrie Österreichs (FMS)
Wiedner Hauptstrasse 63, A-1045 Wien
T: (00431) 5 01 05 48 01 **Fax:** 50 20 62 89
Internet: http://www.fms.at
E-Mail: fahrzeuge@wk.or.at
Président: C. Malina-Altzinger
H. Pöttinger sen. (Ag. Machinery Group)
Représentant du CEMA: H. Pöttinger jun.
A. Laimer
D. Grohmann
Secrétaire Général: Dr. R. Tuppa

Schweiz

iz f 233

Société Suisse des Constructeurs de Machines (VSM)
Agricultural Machinery/Municipal Equipment
Kirchenweg 4, CH-8032 Zürich
T: (00411) 3 84 41 11 **Fax:** 3 84 42 42
Internet: http://www.vsm.ch
E-Mail: h.spuehler@swissmem.ch
Président: E. Soller
Secrétaire Général: Hanspeter Spühler

Spanien

iz f 234

Asociacion Nacional del Sector de la Maquinaria Agricola y Tractores (ANSEMAT)
Principe de Vergara 74 Edificio CEOE, E-28006 Madrid
T: (003491) 4 11 33 68 **Fax:** 4 11 75 26
E-Mail: ansemat@jet.es
Président: L. Delgado
Représentant du CEMA: J. Castellano
Secrétaire Général: J. M. Mateos

Tschechische Republik

iz f 235

Sdruženi Výrobců Zeme_7de_7lské Techniky (ZET)
Šumavská 31, CZ-61254 Brünn
T: (004205) 41 23 52 56 **Fax:** 41 21 11 72
Président: J. Velisek
Secrétaire Général: D. Benza

Türkei

iz f 236

Tarim Alet ve Makinalari Imalatçilari Birliği (TARMAKBIR)
Mesrutiyet Caddesi 31/6, TR-06420 Kizilay
T: (0090312) 4 19 37 94/95/96 **Fax:** 4 19 37 53
Président: M. Ayar
Secrétaire Général: M. Koçak

Ungarn

iz f 237

Mezögépgyártók Országos Svövetsége (MEGOSZ)
Tessedik S. u. 4 9/a., H-2100 Gödöllö
T: (003628) 43 06 44 **Fax:** 43 04 98
Président: A. Sziráki
Représentant du CEMA: P. Boltizar
Secrétaire Général: J. Hajdu

● **IZ F 238**

Koordinierendes Komitee der Fachverbände der Schaltgerätehersteller in der Europäischen Union (CAPIEL)
Coordinating Committee for the Associations of Manufacturers of Industrial Electrical Switchgear and Controlgear in the European Union
Comité de coordination des Associations de constructeurs d'appareillage industriel électrique de l'Union Européenne
c/o SERCOBE
Principe de Vergara 74, E-28006 Madrid
T: (00341) 4 11 51 15 **Fax:** 5 62 19 22
E-Mail: eisenberg@retemail.es
Generalsekretär(in): Gustavo Eisenberg
Mitglieder: 10 nationale Verbände aus den Ländern Belgien, BRD, Frankreich, Großbritannien, Irland, Italien, Niederlande, Spanien, Finnland, Österreich

Mitgliedsorganisationen

Belgien

iz f 239

FABRIMETAL
Diamant Building, Bd A. Reyers 80, B-1030 Brüssel
T: (00322) 7 06 79 95 **Fax:** 7 06 80 09
Internet: http://www.fabrimetal.be
Kontaktperson: Vanhuffel

iz f 240

Fachverband Schaltgeräte, Schaltanlagen, Industriesteuerungen im ZVEI
60591 Frankfurt
Stresemannallee 19, 60596 Frankfurt
T: (069) 6 30 22 98 **Fax:** 6 30 23 86
E-Mail: schalt-tec@zvei.org
Kontaktperson: Dipl.-Ing. Horst Galonska

Frankreich

iz f 241

Fachverband der Elektrotechnik und der industriellen Elektronik (GIMELEC)
Electrical Equipment and Industrial Electronics Manufacturers Association
Groupement des Industries de Matériels d'Equipement Electrique et de l'Electronique Industrielle Ass. (GIMELEC)
GIMELEC
11, rue Hamelin, F-75783 Paris Cedex 16
T: (00331) 45 05 70 70 **Fax:** 47 04 68 57
Internet: http://www.gimelec.fr
E-Mail: bcazenave@gimelec.fr
Kontaktperson: Jean-Claude Karpeles

Großbritannien

iz f 242

Association for the Instrumentation, Control and Automation Industry (GAMBICA)
Westminster Tower
3 Albert Embankment, GB-London SE1 7SW
T: (0044207) 7 93 30 90 **Fax:** 7 93 76 39
Kontaktperson: Fraser

iz f 243

British Electrotechnical and Allied Manufacturers Association (BEAMA)
Westminster Tower
3 Albert Embankment, GB-London SE1 7SL
T: (0044207) 7 93 30 00 **Fax:** 5828020
Kontaktperson: A. A. Bullen

iz f 244

Electrical Installation Equipment Manufacturers Association
Westminster Tower
3 Albert Embankment, GB-London SE1 7SL
T: (0044207) 7 93 30 00 **Fax:** 7 35 41 58
Kontaktperson: Dossett

Ireland

iz f 245

E.I.A. Engineering Industry Association
Lower Baggot Street 84-86, Confederation House, IRL-Dublin 2

T: (003531) 6 60 10 11 **Fax:** 6 60 17 17
Kontaktperson: Seán Beary

Italien

iz f 246

ANIE Associazione Nazionale Industrie Elettrotecniche ed Elettroniche
Via Gattamelata 34, I-20149 Mailand
T: (00392) 3 26 42 42 **Fax:** 3 26 42 12
Internet: http://www.anie.it
E-Mail: asde.segreteria@anie.it
Kontaktperson: T. Genova
M. Galimberti

Niederlande

iz f 247

NEDELSA
Postbus 190, NL-2700 AD Zoetermeer
T: (003179) 3 53 11 00 **Fax:** 3 53 13 65
Kontaktperson: Dr. Jan van der Burg

iz f 248

FME/CWM Vereniging van Ondernemingen in de Metaal-, Kunstof-, Elektronika- en Elektrotechnische Industrie en Aanverwante Sectoren
Postf. 190, NL-2700 AD Zoetermeer
Boerhaavelaan 40, NL-2700 AD Zoetermeer
T: (003179) 3 53 12 64 **Fax:** 3 53 13 65
Internet: http://www.fme.nl
E-Mail: holtram@fme.nl, jbu@fme.nl

Spanien

iz f 249

AMELEC
Pau Claris 158 3 A Planta, E-08009 Barcelona
T: (00343) 2 15 51 62 **Fax:** 3 41 91 55

iz f 250

Asociacion de fabricantes de Material Electrico
Avda Diagonal 477-13° A, E-08036 Barcelona
T: (00343) 3 22 17 15 **Fax:** 4 19 96 75
Kontaktperson: Schell

iz f 251

SERCOBE
Jorge Juan 47, E-28001 Madrid
T: (00341) 4 35 72 40 **Fax:** 5 62 19 22
Kontaktperson: Eisenberg

Österreich

iz f 252

F.E.E.I.
Fachverband der Elektro- und Elektronikindustrie Österreichs
Austrian Electrical and Electronic Industries Association (FEEI)
Mariahilfer Str. 37-39, A-1060 Wien
T: (00431) 5 88 39 40 **Fax:** 5 86 69 71
Internet: http://www.wk.or.at/feei
E-Mail: bartoschka@feei.wk.or.at
Kontaktperson: Dr. Hütter

Finnland

iz f 253

Association of Manufactures of Electrical Accessories (SET-AMEA)
Postf. 10, FIN-00131 Helsinki
T: (0035) 89 19 92 33 86 **Fax:** 89 63 58 55
Kontaktperson: Patrick Frostell (E-Mail: patrick.frostell@electroind.fi)

• IZ F 254

Euro Chlor
Representing The Chlor-Alkali Industry
Avenue E. Van Nieuwenhuyse 4 B2, B-1160 Brüssel
T: (00322) 6 76 72 11 **Fax:** 6 76 72 41
Internet: http://www.eurochlor.org
E-Mail: eurochlor@cefic.be
Gründung: 1991
Chairman: A. Bromley
Executive Dir.: Dr. Barrie S. Gilliatt
Contact: Peter Whippy (Communications Manager)
Mitglieder: 43
Mitarbeiter: 12
Full Members:
Akzo Nobel, Albemarle, Anwil Zaklady Azotowe Wloclawek, Aragonesas Industrias y Energia, Ausimont, BASF, Bayer, Borregaard Industries, BorsodChem, Chemical Works Organika-Zachem, ChlorAlp, Chlor IV Elektrolyse Bitterfeld, Donau Chemie, Dow Europe, Electroquímica De Hernani, Electroquímica del Noroeste, Elektro-Chemie Ibbenbüren, Elf Atochem, EniChem, Erkimia, Finnish Chemicals, GE Plastics Europe, Hays Chemicals, Hellenic Petroleum, ICI, Industrie Chimiche Caffaro, LII Europe, Métaux Spéciaux, Norsk Hydro, Nováčke Chemické Závody, Produits Chimiques d'Harbonnières, Química del Cinca, Rhodia Eco Services, Roche Products, Rokita, Säurefabrik Schweizerhall, Solvay, Spolana, Spolchemie, Tessenderlo Chemie, The Associated Octel Company, Uniteca, Vestolit

• IZ F 255

Eurolegierungen - Verbindungskomittee der Industrien für Ferrolegierungen
Euroalloys - Liaison Committee of the Ferrous-Alloys Industries
Euroalliages - Comité de Liaison des Industries de Ferro-Alliages
Chaussée de Vleurgat 213, B-1050 Brüssel
T: (00322) 639 61 61 **Fax:** 639 61 69
E-Mail: euroalliages@skynet.be
Gründung: 1993
Président: A.RE. Mac Donell
Secrétaire Général: Michel Fiat (Kontakt)
Mitglieder: 11
Mitarbeiter: 2

• IZ F 256

EUROMETREC
Federation of the Non-Ferrous Metals Trade and Metal Scrap Processing and Recycling Industry within the EC
Fédération du Négoce de la Récupération et du Recyclage des métaux Non-Ferreux au sein de la CE
c/o BIR
Avenue Franklin Roosevelt 24, B-1050 Brüssel
E-Mail: bir.sec@skynet.be
Gründung: 1989
President: Anders Jungersen
Secretary General: Francis Veys
Mitglieder: 9 fédérations nationales
Mitarbeiter: 6

Mitgliedsorganisationen

Österreich

iz f 257

Bundesgremium des Sekundärrohstoffhandels, Recycling und Entsorgung
Sekundärrohstoffhandel, Wirtschaftskammer Österreich
Postf. 440, A-1045 Wien
Wiedner Hauptstrasse 63, A-1045 Wien
T: (00431) 5 01 05 35 61 **Fax:** 50 20 62 92
Geschäftsführender Direktor: Manfred Kandelhart

Belgien

iz f 258

Fédération des Entreprises de Récupération de Métaux Ferreux et Non Ferreux (F.E.R.M.)
c/o COBEREC
Rue des Comédiens 16/22, B-1000 Brüssel
T: (00322) 22 33 801 **Fax:** 2 19 00 22
Vincent Quidousse (Executive Director)

Skandinavien

iz f 259

Nordic Recycling Federation
Postf. 927, DK-5100 Odense C
Vestergade 97-101, DK-5100 Odense C
T: (004563) 1282-00 **Fax:** 1282-19
Executive Director: Bjarne Roe Iversen (H. J. Hansen Holding A/S, Vestergade 97-101, P.O. Box 9 27, DK-5000 Odense C. T: (0045) 63 12 82 00, Fax: 12 82 19)

Deutschland

iz f 260

Verein Deutscher Metallhändler e.V. (VDM)
Ulrich-von-Hassell-Str. 64, 53123 Bonn
T: (0228) 2 59 01-0 **Fax:** 2 59 01-20
Internet: http://www.metallverein.de
E-Mail: Metallverein@t-online.de
Executive Director: Dipl.-Volksw. Hans P. Münster

Frankreich

iz f 261

Federec Métal
Rue de Prony 101, F-75017 Paris
T: (00331) 40 54 01 94 **Fax:** 40 54 77 88
Secretary: Michèle Launay

Großbritannien

iz f 262

British Secondary Metals Association (BSMA)
Sandford Court
21 Sandford Street, GB-Lichfield, Staffordshire WS13 6QA
T: (00441543) 25 54 50 **Fax:** 25 53 25
Executive Director: Duncan Wemyss

Italien

iz f 263

Assofermet
Corso Venezia 47/-49, I-20121 Mailand
T: (00392) 6 00 88 07 **Fax:** 78 10 27
Internet: http://www.assofermet.it
E-Mail: marcemas@tin.it
Executive Director: Eugenio Turchetti

Niederlande

iz f 264

Metaal Recycling Federatie
Laan Copes van Cattenburch 77, NL-2585 EW Den Haag
T: (003170) 3 62 46 10 **Fax:** 3 63 63 48
Executive Director: Dr. Herman Voskamp

Spanien

iz f 265

Federacion Espanola de la Recuperacion (F.E.R.)
C/Hermosilla No. 8, 7 Jzda, E-28001 Madrid
T: (00341) 5 78 39 78 **Fax:** 5 77 58 15

• IZ F 266

Europäisches Komitee der Brennerhersteller (CEB)
European Committee of Burner Manufacturers
Comité Européen des Constructeurs de Brûleurs
Birkenwaldstr. 163, 70191 Stuttgart
T: (0711) 2 56 70 77 **Fax:** 2 56 70 78
E-Mail: bvog-ceb@t-online.de
Präsident(in): Sven-Olov Lövgren

Mitgliedsorganisationen

Belgien

iz f 267

Association pour Techniques Thermiques de Belgique a.s.b.l. (ATTB)
Rue Maréchal Foch 178 Bte 71, B-4430 Ans
T: (00324) 2 47 17 81 **Fax:** 2 47 17 81
Kontaktperson: Gabriel Deswysen

Dänemark

iz f 268

Sammenslutningen af Olieog Gasfyringsfirmaer Secretariat (SA-O)
Sekretariat
Dr. Neergaardsvej 5A, DK-2970 Hörsholm
T: (0045) 45 76 36 25 **Fax:** 45 86 32 02
Kontaktperson: Jorgen K. Nielsen

Deutschland

iz f 269

Bundesverband Energie Umwelt Feuerungen e.V. (BVOG)
Birkenwaldstr. 163, 70191 Stuttgart
T: (0711) 2 56 70 75 **Fax:** 2 56 70 78
E-Mail: bvog-ceb@t-online.de
Kontaktperson: Wilfried Linke

Frankreich

iz f 270

Groupement des Fabricants de Materiels de Chauffage (GFCC)
Central par l'eau chaude et de Production d'eau chaude Sanitaire
T: (00311) 47 17 61 62 **Fax:** 47 17 60 03
Kontaktperson: Pierre Toledano

Großbritannien

iz f 271

British Combustion Equipment Manufacturers Association (BCEMA)
The Fernery Market Place, Midhurst, GB-West-Sussex GU9 9DP
T: (0044730) 81 27 82 **Fax:** 81 33 66
Kontaktperson: A.J. Silvester

Italien

iz f 272

Federazione delle Associazioni Nazionali dell'Industria Meccanica Varia ed Affine (ANIMA)
Via L. Battistotti Stassi 11b, I-20133 Mailand
T: (00392) 7 39 71 **Fax:** 7 39 73 16
Generalsekretär(in): Giampiero Colli

Österreich

iz f 273

Verband der Österreichischen Brenner-Lieferanten (VOB)
c/o OEM Brennerwerk GmbH
Postf. 66, A-6430 Ötztal-Bahnhof
Kontaktperson: Herbert Schreier

Schweden

iz f 274

Swedish Heating Boilers and Burners Association (SBBA)
Postf. 55 10, S-11485 Stockholm
Storgatan 5, S-11485 Stockholm
T: (00468) 7 82 08 00 **Fax:** 6 60 33 78
Kontaktperson: Anders Ostergren

Schweiz

iz f 275

PROCAL Lieferantenverband Heizungsmaterialien
Postf. 7190, CH-8023 Zürich
T: (00411) 2 71 90 90 **Fax:** 2 71 92 92
Kontaktperson: Kurt Egli

• IZ F 276

Europäische Aluminium-Vereinigung (EAA)
European Aluminium Association
Avenue de Broqueville, 12, B-1150 Brüssel
T: (00322) 7 75 63 58 **Fax:** 7 79 05 31
Gründung: 1981 (26. März)
Secretary General: D. Dermer
Kontakt: J. G. Te Bos

• IZ F 277

Europäische Behälter-Glasfabrikanten-Vereinigung (EGM)
European Glass Container Manufacturers Committee
Comité Européen des Fabricants de Récipients en Verre
The Britisch Glass Manufacturers Confederation
Northumberland Road, GB-Sheffield S10 2UA
T: (00441114) 2 68 62 01 **Fax:** 2 68 10 73
Secretary: William G. A. Cook

• IZ F 278

Europäische Catering Vereinigung (eca)
European Catering Association
c/o Catering & Allied Services
Central House, Balfour Road, GB-Hounslow, Middlesex TW3 1HY
T: (0044208) 607-7200 **Fax:** 577-8873
Gründung: 1964
Präsident(in): Jacques Guignard (DSR, 14 Av de Riond-Bosson, CH-1110 Morges 2, T: (004121) 8 04-55 55, Fax: 8 04-55 00)
Geschäftsführer(in): N. N.
Mitglieder: 19 aus Ländern

• IZ F 279

Europäische Föderation der Entsorgungswirtschaft (FEAD)
European Federation of Waste Management and Environmental Services
Fédération Européenne des Activités du Déchet et de l'environnement
Avenue des Gaulois 19, B-1040 Brüssel
T: (00322) 7 32 32 13 **Fax:** 7 34 95 92
Gründung: 1981
President: Keith Bury (CBE c/o UK Waste Management Ltd., Rixton Old Hall, Manchester Road, GB-Warrington, Cheshire WA3 6EW)
Secretary General: Dieter Vogt (Contact)
Verbandszeitschrift: FEAD Contact
Mitglieder: 15
Mitarbeiter: 3

Mitgliedsverbände

Belgien

iz f 280

Union Générale Belge du Nettoyage et de la Désinfection (ABSU-UGBN)
Algemene Belgische Schoonmaak- én Ontsmettingsunie (absu)
Avenue des Nerviens 117, B-1040 Brüssel
T: (00322) 7 32 13 42 **Fax:** 7 35 07 87
E-Mail: absu.ugbn@skynet.be

Deutschland

iz f 281

Bundesverband der Deutschen Entsorgungswirtschaft e.V. (BDE)
Fach- und Arbeitgeberverband
Schönhauser Str. 3, 50968 Köln
T: (0221) 93 47 00-0 **Fax:** 93 47 00-90
Internet: http://www.bde.org
E-Mail: info@bde.org

Frankreich

iz f 282

Fédération Nationale des Activités du Déchet et de l'Environnement (FNADE)
Rue de Naples 33, F-75008 Paris
T: (00331) 53 04 32 90 **Fax:** 53 04 32 99
E-Mail: fnade@fnade.com

Großbritannien

iz f 283

Environmental Services Association (ESA)
Mountbarrow House
Buckingham Palace Road 154, GB-London SW1W 9TR
T: (0044207) 8 24 88 82 **Fax:** 8 24 87 53
E-Mail: info@esauk.org

Italien

iz f 284

Federazione Imprese di Servizi
Via del Poggio Laurentino 11, I-00144 Rom
T: (00396) 5 92 10 76 **Fax:** 5 91 99 55
E-Mail: fise@telematica.it

Luxemburg

iz f 285

Fédération Luxembourgeoise des Entreprises d'Assainissement (FLEA)
c/o Sté Lamesch
Zone industrielle Wolser Nord, L-3225 Bettembourg
T: (00352) 5 22 72 71 **Fax:** 51 88 01

Niederlande

iz f 286

Vereniging van Afvalverwerkers (VVAV)
Postf. 1 93 00, NL-3501 DH Utrecht
Catharijnesingel 55, NL-3501 DH Utrecht
T: (003130) 2 33 30 30 **Fax:** 2 33 21 22
E-Mail: info@vvav.nl

Österreich

iz f 287

Verband Österreichischer Entsorgungsbetriebe
Lothringerstr. 14, A-1030 Wien
T: (00431) 7 13 02 53 **Fax:** 7 15 21 07
E-Mail: voeb@voeb.at

Schweden

iz f 288

Svenska Renhållningsverks-Föreningen (RVF)
Östergatan 30, S-21122 Malmö
T: (004640) 35 66 00 **Fax:** 97 10 94
E-Mail: office@rvf.se

Spanien

iz f 289

Asociación de Empresas de Limpieza Pública (ASELIP)
Cristóbal Bordiú 55, E-28003 Madrid
T: (00341) 5 54 47 19 **Fax:** 5 35 33 06
E-Mail: aselip@lander.es

Angeschlossene Verbände

Griechenland

iz f 290

Association of Greek Waste Management Companies (SEEDA)
Panormou & Larisis Str. 30, GR-11524 Athen
T: (00301) 6 98 42 15 **Fax:** 6 99 50 45
E-Mail: seeda@hol.gr
Chairman of Board: Anastasios Tzilalis

Niederlande

iz f 291

Vereiniging Nederlandse Afvalondernemingen (VNA)
Markt 38 Postbus 135, NL-4840 AC Breda Prinsenbee
T: (003176) 5 49 37 77 **Fax:** 5 49 36 66
E-Mail: info@vnao.nl
Direktor(in): A. P. P. Donders

Slowakische Republik

iz f 292

Assoziation von Unternehmen in der Abfallwirtschaft
c/o LOBBE Slovakia spol s.r.o.
Palárikova 16, SK-81104 Pressburg
Fax: (00421752) 49 69 43
Präsident(in): Alexandra Blažičková

Tschechische Republik

iz f 188

Česka Asociace Odpadového Hospodárstvi (ČAOH)
Hornokrcská 18, CZ-14000 Praha 4 4
T: (00422) 61 26 14 28 **Fax:** 61 26 14 28
Kontaktperson: Dr.-Ing. Petr Mechura

• IZ F 293

Europäische Föderation der Holzfaserplatten-Fabrikanten (FEROPA)
European Federation of Fibreboard Manufacturers
Fédération Européenne des Fabricants de Panneaux de Fibres
724, Trav. des Rougons, F-83510 Lorgues
T: (0033494) 73 75 99 **Fax:** 67 67 07
J. Tisné

Mitgliedsorganisationen

Deutschland

iz f 294
Verband der Deutschen Holzwerkstoffindustrie e.V. (VHI)
Ursulum 18, 35396 Gießen
T: (0641) 9 75 47-0 **Fax:** 9 75 47-99
E-Mail: vhi@eulink.net

Finnland

iz f 295
Finnish Fibreboard
Vuorikatu 3, FIN-18101 Heinola
T: (00358) 20 41 51 29 **Fax:** 20 41 51 29

Norwegen

iz f 296
Federation of Norwegian Process Industries (PIL)
Postf. 5487 Majorstua, N-0305 Oslo
Essendrops gate 3, N-0305 Oslo
T: (00472) 308 78 00 **Fax:** 308 78 99
Internet: http://www.pil.no
E-Mail: pil@pil.no

Schweden

iz f 297
Svenska Wallboardforeningen
Tingvallavagen 9M 6 tr, S-19531 Marsta
T: (00468591) 2 01 10 **Fax:** 2 28 02

• IZ F 298

Europäischer Holzwerkstoffstoffverband (EPF)
European Panel Federation
Fédération Européenne des Panneaux á Base de Bois
Hof-ter-Vleestdreef 5, B-1070 Brüssel
T: (00322) 5 56 25 89 **Fax:** 5 56 25 94
E-Mail: euro.wood.fed@skynet.be
Gründung: 1999 (1. Jan.)
Präsident(in): F. De Cock (Belgien)
Vice-President: P. Fantoni
Unternehmensleitung: F. Carvalho
L. Gozzi
R. Heiberg
G. Rhodes
C. Bonnin
K.-O. Künnemeyer
Generaldel.: Dr. Guy Van Steertegem
Leitung Presseabteilung: Agna Vandevelde

Mitgliedsorganisationen

Österreich

iz f 299
Fachverband der holzverarbeitenden Industrie Österreichs
Schwarzenbergplatz 4, A-1037 Wien
T: (00431) 7 12 26 01 **Fax:** 7 13 03 09
Kontaktperson: Dr. A. Schmied

Belgien

iz f 300
Fédération belge des entreprises de la transformation du bois a.s.b.l. (FEBELHOUT VZW)
Hof-ter-Vleestdreef 5, B-1070 Brüssel
T: (00322) 556 25 55 **Fax:** 556 25 95
Kontaktperson: Dr. Guy Van Steertegem

Dänemark

iz f 301
Foreningen af Danske Spånpladefabrikker
Novopan Traeindustrie A/S
Fabriksvej, Pindstrup, DK-8550 Ryomgaard
T: (0045) 89 74 74 74 **Fax:** 89 74 75 76
Kontaktperson: T. Bojsen-Møller

Finnland

iz f 302
Finnish Forest Industries Federation
Snellmaninkatu 13, FIN-00171 Helsinki
T: (003589) 132 4410 **Fax:** 132 4445
Kontaktperson: Aila Janatuinen

Frankreich

iz f 303
Union des Industries des Panneaux de Process
Rue de Naples 33, F-75008 Paris
T: (00331) 53 42 15 52 **Fax:** 42 93 19 97
Kontaktperson: D. Coutrot

Deutschland

iz f 304
Verband der Deutschen Holzwerkstoffindustrie e.V. (VHI)
Ursulum 18, 35396 Gießen
T: (0641) 9 75 47-0 **Fax:** 9 75 47-99
E-Mail: vhi@eulink.net
Kontaktperson: Dr. Udo Leukens

Italien

iz f 305
Assopannelli
Foro Buonaparte 65, I-20121 Mailand
T: (003902) 806 041 **Fax:** 806 043 95
Kontaktperson: D. Pletzani

Norwegen

iz f 306
Norske Byggeprodusenters Forening
Postf. 71 86, N-0307 Oslo 3
T: (004723) 08 75 00 **Fax:** 08 76 21
Kontaktperson: Arne Skjelle

Polen

iz f 307
Wood Based Panels Producers Association
Mickiewicza, 10 a, PL-83262 Czarna Woda
T: (004869) 187 83 85 **Fax:** 187 87 16
Kontaktperson: Hikiert

Portugal

iz f 308
Associac_4ao das Indústrias de Madeiras e Mobilário de Portugal
Rua Alvares Cabral, n° 281, P-4050 Porto
T: (003512) 23 39 42 00 **Fax:** 23 39 42 10
Kontaktperson: Madeira Cardoso

Spanien

iz f 309
Asociacion Nacional de Fabricantes de Tableros Aglomerados de Madera
Segre, 20, E-28002 Madrid
T: (00341) 5 64 78 01 **Fax:** 5 64 78 14
Kontaktperson: José Causi

Schweden

iz f 310
Svenska Träskivor
Tingvallavägen 9 M 6 tr, S-19531 Märsta
T: (00468) 59 12 01 10 **Fax:** 59 12 28 02
Kontaktperson: Bengt Bengtsson

Schweiz

iz f 311
Verband Schweizerischer Spanplattenfabrikanten (VSSF)
c/o Kronospan AG
Postf. Postfach, CH-6122 Menznau
T: (004141) 4 94 94 94 **Fax:** 4 94 94 49
Kontaktperson: H. Vogel

Großbritannien

iz f 312
Wood Panel Industries Federation (WPIF)
28 Market Place, GB-Grantham Lincolnshire NG31 6LR
T: (00441476) 56 37 07 **Fax:** 57 93 14
Kontaktperson: David Duke-Evans

• IZ F 313

Europäische Föderation der Wellpappen-Hersteller (FEFCO)
European Federation of Corrugated Board Manufacturers
Fédération Européenne des Fabricants de Carton Ondulé
Rue d'Amsterdam 37, F-75008 Paris
T: (00331) 53 20 66 80 **Fax:** 42 82 97 07
Internet: http://www.fefco.org
E-Mail: information@fefco.org
Präsident(in): Lothar Jacobmeyer
Generalsekretär(in): J.P. Lardillon
Mitglieder: 22 Verbände (Belgien, Dänemark, Deutschland, Finnland, Frankreich, Großbritannien, Holland, Irland, Italien, Norwegen, Österreich, Polen, Portugal, Rumänien, Schweden, Schweiz, Slowakische Republik, Spanien, Tschechische Republik, Türkei, Ungarn)

• IZ F 314

Europäische Gruppe der Hersteller von Holzschutzmitteln (EWPM)
European Wood Preservative Manufacturers Group c/o BWPDA
Groupe Eurpéen des Producteurs de Produits de Préservation du Bois
c/o BWPDA
6 The Office Village, 4 Romford Road, Stratford, GB-London E15 4EA
T: (0044208) 5 19-2588 **Fax:** 5 19-3444
Gründung: 1977
President: Jean Brice Simonin
Secretary General: Dr. Chris R. Coggins (Contact)
Mitglieder
Austria
Dr. Ernst Brandstätter (Commenda Baustoff Ges.m.b.H., Werk Hallein, Solvay-Halvic-Str. 6, A-5400 Hallein)
Belgium
Dr. Alex R. Valcke (JANSSEN PHRAMACEUTICA NV, Turnhoutseweg 30, B-2340 Beerse)
Denmark
Dr. Finn Imsgard (DYRUP A/S, Birkenmosevej 1, DK-6000 Kolding)
Christian KjeruIf-Jensen (D.P.M.A., co Akzo Nobel Decorative Coatings A/S, Holmbladsgade, 70, DK-2300 Copenhagen S, T: (004532) 95 66 11, Fax: (004531) 54 78 45)
Finland
Urpo Ek (Finnish Chemicals Oy, PO Box 111, FIN-45701 Kuusankoski)
France
Gerald Ozanne (A.F.P.B., 6 Avenue de Saint-Mandé, F-75012 Paris)
Guy Marcotte (CECIL sa, 18 R. Fréderic Mistral, F-38670 Chasse-Sur-Rhone)
Dr. Edmond Wozniak (Xylochimie sa, Plateau Saint Antoine, F-81000 Albi)
Dr. Bryan M. Hegarty (Rohm & Haas France sa, European Laboratories, Sophia Antipolis, F-06565 Valbonne Cedex)
Jean Brice Simonin (SEPAM sa, 3, rue Sainte Marie, F-92415 Courbevoie Cedex)
Germany
Dr. Gunther Hollbacher (DESOWAG GmbH, International Wood Care Development Centre, Xantener Str. 235, 47495 Rheinberg)
Eckart Krogoll (Dr. Hartmann-Kulba-Bauchemie KG, Postf. 13 51, 91504 Ansbach)
Peter Graßmann (Deutsche Bauchemie e.V., Karlstr. 21, 60329 Frankfurt)

Dr. Stephan Breyne (Dr. Wolman GmbH, Dr.-Wolmanstr. 31-33, 76547 Sinsheim)
Dr. Volker Barth (Weyl GmbH, Sandhoferstr. 96, 68305 Mannheim)
Dr. Thomas Jatsch (Bayer AG, Rheinuferstr. 7-9, 47829 Krefeld)
Spain
Rene Petit-Martinez (Xylazel sa, Aptdo, correos 92, E-36400 Porrino)
United Kingdom
Keith Thomas (CATOMANCE LTD, 96 Bridge Road East, Welwyn Garden City, Herts AL7 1JW)
Justin H.M. Worringham (CUPRINOL LTD, Adderwell, Frome, Somerset BA11 1NL)
Dr. David Aston (HICKSON TIMBER PRODUCTS LTD, Wheldon Road, Castleford, Yorkshire WF10 2JT)
Dr. Frank W. Brooks (PROTIM SOLIGNUM LTD, Fieldhouse Lane, Marlow, Bucks SL7 1LS)
Dr. Sue Hubbard (Borax Europe Ltd., Gorsey Lane, Wides, Cheshire WA8 ORP)
Steve J. Davis (Rentokil Initial UK Ltd, Felcourt, East Grinstead W. Sussex RH19 2JY)
Dr. Chris R. Coggins (B.W.P.D.A., P.O. Box 894, London E15 4ED)
Sweden
Rune Nilson (Laporte Kemwood AB, P.O.Box 13083, S-250 Helsingborg)
Mitglieder: 19
Mitarbeiter: 9

• IZ F 315

Europäische Heizkesselvereinigung (EBA)

European Heating Boiler Association
Union Européenne des Chaudières de Chauffage
Generalsekretariat:
Frankfurter Str. 720-726, 51145 Köln
T: (02203) 9 35 93-0 **Fax:** 9 35 93 22
Präsident(in): André Muller (De Dietrich Thermique (F))
Generalsekretär(in): Andreas Lücke (M.A.)
Mitglieder: 22

Mitgliedsorganisationen

Belgien

iz f 316

Belgian Bi olers Association (BBA)
Rue des Drapiers 21, B-1050 Brüssel
T: (00322) 5 10 23 11 **Fax:** 5 10 23 01
Sekretär: Francois-Xavier Belpaire

Deutschland

iz f 317

Bundesverband der Deutschen Heizungsindustrie e.V. (BDH)
Frankfurter Str. 720-726, 51145 Köln
T: (02203) 9 35 93-0 **Fax:** 9 35 93-22
Geschäftsführer(in): Andreas Lücke

Frankreich

iz f 318

Groupement des Fabricants de Materiels de Chauffage (GFCC)
T: (00311) 47 17 61 62 **Fax:** 47 17 60 03
Sekretär: Pierre Toledano

Großbritannien

iz f 319

Boiler and Radiator Manufacturers Association Ltd (BARMA)
77, Renfrew Street Savoy Tower, 11th Floor, GB-Glasgow G2 3 BZ
T: (0044141) 3 32 08 26 **Fax:** 3 32 57 88
Sekretär: John Carruthers

Italien

iz f 320

ANIMA - Federazione delle Associazioni Nazionali dell'Industria Meccanica varie ed affine
Federation of the Italian Mechanical and Engineering Industry Associations
Via L. Battististotti Sassi 11/B, I-20133 Mailand
T: (003902) 73 97-1 **Fax:** 73 97-316
Internet: http://www.anima-it.com
E-Mail: anima@anima-it.com
Sekretär: Giampiero Colli

Niederlande

iz f 321

Vereniging van Nederlandse Fabrieken van Ketels voor Centrale Verwarming (VFK)
Postf. 190, NL-2700 AD Zoetermeer
Boerhaavelaan 40, NL-2713 HX Zoetermeer
T: (003179) 3 53 12 57 **Fax:** 3 53 13 65
Sekretär: W.G. Baanstra
Mitglieder: 17

Österreich

iz f 322

Vereinigung Österreichischer Kessellieferanten (VÖK)
Postf. 433, A-1045 Wien
T: (00431) 5 01 05 **Fax:** 5 05 09 28/1020
Sekretär: Karl Felbermayer

Schweden

iz f 323

Swedish Heating Boilers and Burners Association (SBBA)
Postf. 55 10, S-11485 Stockholm
Storgatan 5, S-11485 Stockholm
T: (00468) 7 82 08 00 **Fax:** 6 60 33 78
Kontaktperson: Anders Ostergren

Schweiz

iz f 324

PROCAL Lieferantenverband Heizungsmaterialien
Postf. 7190, CH-8023 Zürich
T: (00411) 2 71 90 90 **Fax:** 2 71 92 92
Geschäftsführer(in): Kurt Egli

Spanien

iz f 325

FEGECA Fabricants espanoles de generadores y emisores de color
Fegeca
Principe de Vergara 74 2do, E-28006 Madrid
T: (00341) 5 62 54 15 **Fax:** 4 11 46 07
Sekretär: Angel Aguado

• IZ F 326

Europäische Industriegruppe verstärkte Kunststoffe/Verbundkunststoffe (GPRMC)

European Composites Industry Association
Groupement Européen des Plastiques Renforcés/Matériaux Composites
c/o Fabriplast/Reinforplast
Diamant Building, 80, Boulevard Auguste Reyers, B-1030 Brussels
T: (00322) 706 79 60 **Fax:** 706 79 66
E-Mail: gustaaf.bos@fabrimetal.be
Gründung: 1960 (14. November)
President: Erich Kleine (1998-2000)
Vice-President: René Stauning (1998-2000)
Treasurer: C. A. Hoevenaar (Ecliptica 14, NL-5175 XJ Loon op Zand, T: (00311363) 15 92, Fax: (00311367) 12 01)
Secretary General: Gustaaf Bos
Mitglieder: 7
Mitarbeiter: 2

Mitgliedsorganisationen

Mitglieder

Belgien

iz f 327

FABRIPLAST/REINFORPLAST
Diamant Building
Bld. Auguste Reyerslaan 80, B-1030 Brüssel
T: (00322) 7 06 79 60 **Fax:** 7 06 79 66
Internet: http://www.fabrimetal.be/public/en/home-en.htm
E-Mail: gustaaf.bos@fabrimetal.be
Gustaaf Bos

Dänemark

iz f 328

The Danish Plastics Federation Composites Group
Noerre Volgade 48, DK-1358 København K
T: (004533) 13 30 22 **Fax:** 91 08 98
Internet: http://www.recytrade.com/webpages/e/firmenpages/dpf/index.htm
E-Mail: ms@plastindustrien.dk
M. Skovgård

Frankreich

iz f 329

GPIC
Rue de Prony 65, F-75854 Paris Cedex 17
T: (00331) 44 01 16 39, 44 01 16 40 **Fax:** 42 67 77 19
Internet: http://www.proplast.org/fede/access-panel.html
E-Mail: p.i.c@wanadoo.fr, jpdelary.gpic@wanadoo.fr
J. P. de Lary

Korporativmitglieder

Deutschland

iz f 330

Arbeitsgemeinschaft Verstärkte Kunststoffe und Technische Vereinigung e.V. (AVK-TV)
Am Hauptbahnhof 10, 60329 Frankfurt
T: (069) 25 09 20 **Fax:** 25 09 19
Internet: http://www.kunststoffweb.de/avk-tv
E-Mail: avktv-bue@t-online.de
Dr. Uwe Bültjer

Niederlande

iz f 331

VVK
(Vereniging voor de thermohardende Kunststofindustrie)
Postf. 4 20, NL-2260 AK Leidschendam
Vlietweg 16, NL-2260 AK Leidschendam
T: (0031703) 17 54 90 **Fax:** 17 74 08
E-Mail: ab.kasper@wxs.nl
Ab Kasper

Großbritannien

iz f 332

British Plastics Federation (BPF)
Bath Place 6 Rivington Street, GB-London EC2A 3JE
T: (0044207) 4 57 50 00 **Fax:** 4 57 50 45
Internet: http://www.bpf.co.uk
E-Mail: plaw@bpf.co.uk, pplume@bpf.co.uk
Philip Law
Peter Plume

iz f 333

Plastindustriforbundet Forum for Plastkompositter
Postf. 5487, N-0304 Oslo
Essendropsgt 3, N-0305 Oslo Majorstua
T: (0047) 23 08 78 00 **Fax:** 23 08 78 99
Internet: http://www.pif.no
E-Mail: lk@pil.no
Lars Kildahl
Gunnar Bjertnaes

Spanien

iz f 334

CEP/CEPMAC
(Centro Espanöl de Plásticos/Cetro para la Promocion de los Materiales Compuestos)
Enrique Granados 101 bajos, E-08008 Barcelona

T: (003493) 2 18 94 12 **Fax:** 2 18 15 89
Internet: http://www.cep-inform.es
E-Mail: cep@cep-inform.es
J. Pena

Schweden

iz f 335

The Plastics and Chemicals Federation
Postf. 105, S-10122 Stockholm
T: (004684) 02 13 60 **Fax:** 11 45 26
Internet: http://www.plast-kemi.se/komposit/index.htm
E-Mail: thomas.bohlin@plast-kemi.se
Thomas Bohlin

Assoziiertes Mitglied

Ungarn

iz f 336

Hungarian Association of the Manufacturers of Reinforced Plastic Materials
Postf. 4 26, H-1519 Budapest
Fehérvári út 130, H-1116 Budapest
T: (003613) 82 15 40 **Fax:** 82 15 30
E-Mail: plastform@matavnet.hu
K. Maros

Fachverbände

iz f 337

European Alliance for SMC
Am Hauptbahnhof 10, 60329 Frankfurt
T: (069) 25 09 22 **Fax:** 25 09 23
Internet: http://www.members.aol.com/smcallianc/index.htm
E-Mail: smc-alliance@t-online.de
Kontaktperson: Dr. U. Bültjer
Kontaktperson: Ursula Zarbock

• **IZ F 338**

Europäische Industrie-Vereinigung Feinmechanik und Optik (EUROM)
European Federation of Precision Mechanical and Optical Industries
Fédération Européenne de l'Industrie de l'Optique et de la Mécanique de Précision
EUROM
Ambassador House, Brigstock Road, GB-Thornton Heath CR7 7JG
T: (00181665) 53 95 **Fax:** 64 47
E-Mail: eurom@admin.co.uk
President: Michael Fitzpatrick
Secretary General: Rob Oliver
Branchenkomitees:
I - Augenoptik
II - Optik, Laser und Labortechnik
III - Foto- und Videotechnik
IV - Feinmechanik
V - Mess- und Automatisierungstechnik
VI - Medizintechnik

VII - Kontaktlinsen

• **IZ F 339**

Europäische internationale Bauunternehmer (EIC)
European International Contractors (EIC)
Kurfürstenstr. 129, 10785 Berlin
T: (030) 21 28 62 44 **Fax:** 21 28 62 85
Internet: http://www.eicontractors.de
E-Mail: eicontractors@compuserve.com
Gründung: 1984
Präsident(in): Yves Labrosse
Vizepräsident(in): Martin Weck
Geschäftsführer(in): Dr. Rolf Bollinger
Stellvertretende(r) Geschäftsführer(in): Frank Kehlenbach

Mitgliedsorganisationen

Belgien

iz f 340

Confédération nationale de Construction (cnc)
Rue du Lombard 34-42, B-1000 Brüssel
T: (00322) 5 45 56 00 **Fax:** 5 45 59 00
E-Mail: direction.cnc@cobonet.be
Permanent Official: Robert de Mûelenaere
Delegates: Philippe Stulemeijer

Dänemark

iz f 341

Danske Entreprenører Eksportsektion
Postf. 21 25, DK-1015 Kopenhagen
T: (004533) 74 77 47 **Fax:** 74 77 00
Internet: http://www.danent.dk
E-Mail: danent@danent.dk
Permanent Official: Mergens Hansen
Delegates: Søren Langvad
Jørgen Huno Rasmussen

Deutschland

iz f 342

Hauptverband der Deutschen Bauindustrie e.V.
Kurfürstenstr. 129, 10785 Berlin
T: (030) 2 12 86-0 **Fax:** 2 12 86-240
Internet: http://www.bauindustrie.de
E-Mail: bauind@bauindustrie.de
Permanent Official: Dr. Rolf Bollinger
Delegates: Dr. Karl Rönnberg
Volker Jurowitsch
Peter Teschemacher

Finnland

iz f 343

Confederation of the Finnish Building Industry
Unioninkatu 14, FIN-00130 Helsinki 13
T: (003580) 1 29 91 **Fax:** 1 29 92 52
Internet: http://www.sefifrance.fr
E-Mail: sefifrance@compuserve.com
Permanent Official: Jaakko Kujala
Delegates: Esko Mäkelä
Heikki Pentti

Frankreich

iz f 344

SEFI - Syndicat des Entrepreneurs Francais Internationaux
Rue Washington 10, F-75008 Paris
T: (00331) 42 89 55 20 **Fax:** 42 89 55 16
Permanent Official: Claude Revel
Delegate: Francis Guiot

Griechenland

iz f 345

Association Pannhellenique des ingenieurs diplomes entrepreneurs de travaux publics (PEDMEDE)
23 Asklipiou street, GR-10680 Athen
T: (00301) 3 61 49 78, 3 63 19 05, 3 64 42 98
Fax: 3 64 14 02
Internet: http://www.pedmede.gr
E-Mail: info@pedmede.gr
Permanent Official: Elemi Papagianni
Delegate: Constantinus Sarantopoulos

Großbritannien

iz f 346

Export Group for the Construction Industry
Construction House
Leonard Street 56-64 EC2A 4JX, GB-London
T: (0044207) 9 30 53 77 **Fax:** 9 30 23 06
Permanent Official: Alick Goldsmith
Delegates: Frank Kennedy
Haro Bedelian

Italien

iz f 347

Associazione Nazionale Costruttori Edili (A.N.C.E.)
Via Guattani 16-18, I-00161 Rom
T: (003906) 8 48 81 **Fax:** 44 23 28 32
Internet: http://www.ance.it
E-Mail: info@ance.it
Permanent Official: Dr. Luciano Melini
Delegate: Alberto Prono

iz f 348

Associazione Imprese Generali (AGI)
Via Guathani 20, I-00161 Rom
T: (003906) 4 41 60 21 **Fax:** 44 25 23 95
E-Mail: agiroma@tin.it
Permanent Official: Stefano de Marinis
Delegate: Michele di Pentan

Niederlande

iz f 349

NABU - Netherlands Association of International Contractors
Postf. 7413, NL-2701 AK Zoetermeer
Luxemburglaan 10, NL-2711 BC Zoetermeer
T: (003179) 3 43 65 65 **Fax:** 3 43 65 64
E-Mail: nabu@nabu.nl
Permanent Official: ir H. Hangelbroek
Delegates: Dr. M. J. F. Weck
ir. J. J. M. Veraart

Norwegen

iz f 350

Entreprenørforeningen - Bygg og Anlegg (EBA)
Postf. 54 85, N-0305 Oslo
Essendrops gate 3, N-0305 Oslo
T: (0047) 23 08 75 00 **Fax:** 23 08 75 30
E-Mail: erik.anskau@byggeind.no
Permanent Official: Erik Anskau
Delegate: Paul E. Lødøen

Österreich

iz f 351

Fachverband der Bauindustrie
Karlsgasse 5, A-1040 Wien
T: (00431) 50 41 55 10 **Fax:** 5 04 15 55
Internet: http://www.bauindustrie.at
E-Mail: sekretariat@bauindustrie.at
Permanent Official: Dr. Johannes Schenk
Delegates: Vorst. Dir. Ing. Ernst Nussbaumer

Portugal

iz f 352

Associação de Empresas de Construção e Obras Públicas
Rua Duque de Palmela 20, P-1250 Lissabon
T: (003511) 3 11 02 00 **Fax:** 3 55 48 10
Internet: http://www.aecops.pt
E-Mail: aecops@mail.telepac.pt
Permanent Official: José Tomaz Gomes
Delegate: Antonio Godinho Correia

Schweden

iz f 353

Sveriges Byggindustrier
Postf. 7835, S-10398 Stockholm
Nordlandsgatan 15 D VII, S-10398 Stockholm
T: (00468) 6 98 58 00 **Fax:** 6 98 59 00
Internet: http://www.byggentreprenorerna.se
E-Mail: bert.lila@bygg.org.se
Permanent Official: Bert Lilja
Delegates: Alf Algotsson
Lars Wiklander

Schweiz

iz f 354

Schweizerischer Baumeisterverband
Weinbergstr. 49, CH-8035 Zürich
T: (00411) 2 58 81 11 **Fax:** 2 58 83 35
E-Mail: aschwendimann@baumeister.ch
Permanent Official: Dr. A. Schwendimann
Dipl.-Ing. Peter Hambach
Delegates: Dipl.- Bauing. R. Gruber

Spanien

iz f 355

SEOPAN Grupo Exportador
Serrano 174, E-28002 Madrid
T: (003491) 5 63 05 04 **Fax:** 5 62 58 44
Internet: http://www.seopan.es
E-Mail: grupoexport@seopan.es
Permanent Official: Alicia Revenga
Delegates: Jose Luis Vega
Norberto Irézábal
Jose A. Asenjo

• IZ F 356

Europäische Kapsel-Vereinigung (EUCAPA)

European Capsules Association
Association Européenne des Fabricants de Capsules
c/o Syndicat National des Articles Métalliques S.N.A.M.
39/41, Rue Louis Blanc, F-92400 Courbevoie
T: (00331) 47 17 64 40 **Fax:** 47 17 68 17
E-Mail: eucapa@wanadoo.fr
Président: Torronteoni (RAMONDÍN, Spanien)
Directeur Général: Philippe Puille (EUCAPA)

• IZ F 357

Europäische Keramik-Gesellschaft (ECerS)

European Ceramic Society
c/Ferraz, 11, 3°dcha, E-28008 Madrid
T: (00341) 8 71 18 00 **Fax:** 8 70 05-50
E-Mail: secv@icv.csic.es
Gründung: 1988
President: Jorge J. Bakali
Generalbevollmächtigter: E. Criado (I.C.V.-Instituto de Ceramica y Vidrio, CSIC - Arganda del Rey (Madrid))
Deputy Manager: Francisco Capel (I.C.V. - Arganda del Rey (Madrid))
Mitglieder: 12 organisations and societies representing 12 european countries

• IZ F 358

EUCOMED
European Confederation of Medical Devices Associations

Rue du Collège St. Michel 17, B.8, B-1150 Bruxelles
T: (00322) 7 72 22 12 **Fax:** 7 71 39 09
Internet: http://www.eucomed.be
E-Mail: eucomed@eucomed.be
Gründung: 1981
Chairman: Giancarlo Bigongiali
Director-General: Michael C. Baker
Mitglieder: 66
Mitarbeiter: 11

• IZ F 359

Europäische Konvention für Stahlbau (ECCS/CECM/EKS)

European Convention for Constructional Steelwork
Convention Européenne de la Construction Métallique
Generalsekretariat:
Av. des Ombrages, 32/36, bte. 20, B-1200 Bruxelles
T: (00322) 7 62 04 29 **Fax:** 7 62 09 35
Internet: http://www.steelconstruct.com
E-Mail: eccs@steelconstruct.com
Gründung: 1955
Präsident(in): Prof. T. S. Arda (UK)
Hauptgeschäftsführer(in): R. Salkin
Mitarbeiter: 2
Europäische Länder (Österreich, Belgien, Tschechische Republik, Dänemark, Finnland, Frankreich, Deutschland, Großbritannien, Italien, Kroatien, Luxemburg, Niederlande, Norwegen, Portugal, Rumänien, Slowenien, Schweden, Schweiz, Türkei), 3 korrespondierende Mitglieder (Japan, Vereinigte Staaten von Amerika, Korea)

Mitgliedsorganisationen

Full Members

Belgien

iz f 360

FABRIMETAL"Constructional Steelwork Section"
Diamant Building
Bld. August Reyers 80, B-1030 Brüssel
T: (00322) 706 79 62 **Fax:** 706 79 66
Internet: http://www.fabrimetal.be
E-Mail: felix.vaneyken@fabrimetal.be
President of Group 5: M. Buyck

Dänemark

iz f 361

Dansk Stalinstitut
Kochsgade 31, DK-5100 Odense C
T: (004566) 13 08 88 **Fax:** 91 87 89
E-Mail: dsisteel@post11.tele.dk
Président: Dr. M. Elgaard

Deutschland

iz f 362

Deutscher Stahlbau-Verband DSTV
Sohnstr. 65, 40237 Düsseldorf
T: (0211) 6 70 78 00 **Fax:** 6 70 78 20
Internet: http://www.deutscherstahlbau.de
E-Mail: contact@deutscherstahlbau.de
Président: Dipl.-Ing. Rainer Müller-Donges

Finnland

iz f 363

FIMET Federation of Finnish Metal, Engineering and Electrotechnical Industries
Postf. 10, FIN-00131 Helsinki
Eteläranta 10, FIN-00130 Helsinki
T: (003589) 1 92 31 **Fax:** 62 44 62
Internet: http://www.met.fi
E-Mail: pirjo.tunturi@met.fi
Président: P. Sandberg

Frankreich

iz f 364

Syndicat de la Construction Métallique de France (SCMF)
20, rue Jean Jaurès, F-92807 Puteaux Cedex
T: (00331) 47 74 66 15 **Fax:** 40 90 08 60
E-Mail: scmf@easynet.fr
Président: M. Coppens

Großbritannien

iz f 365

British Constructional Steelwork Association (BCSA)
4, Whitehall Court Westminster, GB-London SW1A 2ES
T: (0044207) 8 39 85 66 **Fax:** 9 76 16 34
Internet: http://www.bcsa.org.uk
E-Mail: mitchell@bcsa.org.uk
Président: P. R. Samworth

Italien

iz f 366

Associazione fra i Costruttori in Acciaio Italiani (ACAI)
Viale Abruzzi 66, I-20131 Mailand
T: (003902) 29 51 34 13 **Fax:** 29 52 98 24
Internet: http://www.acciaio.org./accai
E-Mail: acaita@tin.it
Président: Dr.-Ing. S. Mura

Kroatien

iz f 367

Hrvatska Zajednica za Metalne Konstrukcije (HZMK)
Janka Rakuse 1, HR-10000 Zagreb
T: (003851) 614 47 46 **Fax:** 614 47 44
E-Mail: ehemerich@zg.igh.hr

Luxemburg

iz f 368

Profilarbed
Promotion and Marketing
Rue de Luxembourg 66, L-4221 Esch/Alzette
T: (00352) 53 13 21 30 **Fax:** 53 13 21 99
E-Mail: jb.schleich@profilarbed.lu

Niederlande

iz f 369

Samenwerkende Nederlandse Staalbouw (SNS)
Postf. 1 90, NL-2700 AD Zoetermeer
Boerhaavelaan 40, NL-2700 AD Zoetermeer
T: (003179) 353 12 65 **Fax:** 353 13 65
Internet: http://www.staalbouw.nl
E-Mail: sns@fme.nl
Président: Ing. A. G. Brunt (MBa)

Norwegen

iz f 370

Den Norske Stalgruppen
Postf. 7072, N-0306 Oslo
T: (004722) 59 01 03 **Fax:** 59 01 33
Internet: http://www.stalforbund.com
E-Mail: ebr@nts.no
Président: Dr.-Ing. B. Aasen

Österreich

iz f 371

Österreichischer Stahlbau Verband (ÖSTV)
Wiedner Hauptstr. 63, A-1045 Wien
T: (00431) 503 94 74 **Fax:** 503 94 74/227
E-Mail: stahlbau@fms.at

Portugal

iz f 372

Associação Portuguesa de Construção Meta»lica E Mista
Palácio de Vila Flor
Av. D. Afonso Henriques, P-4810 Guimarães
T: (003511) 8 41 84 03 **Fax:** 8 49 76 50
Internet: http://www.cmm.pt
E-Mail: geral@cmm.pt
Vice President: Paulo J. S. Cruz

Rumänien

iz f 373

"Politehnica" University of Timisoara
Dpt. of Steel Structures and Struct. Mechanics
Stadion 1, R-1900 Timisoara
T: (004056) 19 29 57 **Fax:** 19 31 10

Schweden

iz f 374

Swedish Institute of Steel Construction SBI
Postf. 27751, S-11592 Stockholm
T: (00468) 661 02 80 **Fax:** 661 03 05
Internet: http://www.sbi.se
E-Mail: info@sbi.se
Président: A. Sander

Schweiz

iz f 375

Stahlbau Zentrum Schweiz (SZS)
Postf. 10 75, CH-8034 Zürich
Seefeldstr. 25, CH-8034 Zürich
T: (00411) 261 89 80 **Fax:** 262 09 62
Internet: http://www.szs.ch
E-Mail: szs@bluewin.ch
Président: K. W. Meyer

Slowenien

iz f 376

Institut za Metalne Konstrukcije (IMK)
Mencingerjeva 7, SLO-1001 Ljubljana
T: (0038661) 33 25 21 **Fax:** 33 24 16
E-Mail: imk-lj.dir@guest.arnes.si

Tschechische Republik

iz f 377

Czech Steelwork Constructional Steelwork Association (CCSA)
Krokova 4, CZ-70030 Ostrava ZABØEH
T: (0042069) 6 78 26 00 **Fax:** 35 77 30
Internet: http://www.caok.cz
E-Mail: info@caok.cz
Président: Dipl.-Ing. P. Juchelka

Türkei

iz f 378

Turkish Constructional Steelwork Association (Tucsa)
Bahariye, Sair Latifi Sokak 29, TR-81310 Kadikoy
T: (0090212) 285 12 48 **Fax:** 285 38 14
E-Mail: tsarda@srv.ins.itu.edu.tr

Associate Members

Japan

iz f 379

Japanese Society of Steel Construction (JSSC)
848 Shin Tokyo Building, 3-3-1 Marunouchi Chiyoda-Ku, J-Tokio 100
T: (00813) 32 12 08 75 **Fax:** 32 12 08 78
E-Mail: jssc2@jssc.or.jp
Président: A. Miki

Korea

iz f 380

Korean Society of Steel Construction (KSSC)
Fl. 4, Yuljun blg., 910-15 Daechi-dong Kangnam-ku, KP-Seoul 135-280
T: (00822) 568 76 36 **Fax:** 568 12 24

USA

iz f 381

American Institute of Steel Construction (AISC)
One East Wacker Drive, Suite 3100, USA-Chicago ILL 60601-
T: (001312) 670 54 20 **Fax:** 670 54 03
Internet: http://www.aiscweb.com
E-Mail: aiscengr@dial.cic.net
Président: L. Gurthet
Chairman: R. D. Freeland

Supporting Members

iz f 382

Europäische Wirtschaftsvereinigung der Eisen- und Stahlindustrie (EUROFER)
Rue du Noyer 211, B-1030 Bruxelles
T: (00322) 738 79 20 **Fax:** 736 30 01
E-Mail: ch.mari@eurofer.be
Président: D. von Hülsen

• **IZ F 383**

Europäische Leinen- und Hanf-Vereinigung (CELC)
Confédération Européenne du Lin et du Chanvre
15, rue du Louvre, F-75001 Paris
T: (00331) 42 21 02 35 **Fax:** 42 21 48 22
Président: Patrick Lagae
Secrétaire Général: Hubert Benoit

• **IZ F 384**

Europäische Metall-Vereinigung (EUROMETAUX)
Association Européenne des Métaux
Avenue de Broqueville 12, B-1150 Bruxelles
T: (00322) 775 63 11 **Fax:** 779 05 23
E-Mail: eurometaux@eurometaux.be
President: Dr. Werner Marnette (Norddeutsche Affinerie)
Secretary General: J. Spaas

Mitgliedsorganisationen

Belgien

iz f 385

Fabrimétal
Diamant Building, Bld. A. Reyers 80, B-1030 Bruxelles
T: (00322) 7 06 78 10 **Fax:** 7 06 78 18
E-Mail: jacques.hennevaux@fabrimetal.be
Direktor(in): J. Hennevaux

Dänemark

iz f 386

Hydro Aluminium Toender a.s.
Postf. 10, DK-6270 Toender
Bygmestervej 7, DK-6270 Toender
T: (00457393) 93 93 **Fax:** 93 13

Deutschland

iz f 387

Wirtschaftsvereinigung Metalle e.V.
Postf. 10 54 63, 40045 Düsseldorf
Am Bonneshof 5, 40474 Düsseldorf
T: (0211) 47 96-0 **Fax:** 47 96-400
Internet: http://www.ne-metalNET.de
E-Mail: Postmaster@ne-metalNET.de
Präsident(in): Dr. Werner Marnette (Vors. d. Vostandes Norddeutsche Affinerie AG, Hovestr. 50, 20539 Hamburg, Te: (040) 78 83 -0, Fax: (040) 78 83 22 55)
Hauptgeschäftsführer(in): Ass. jur. Martin Kneer

Finnland

iz f 388

Association of Finnish Steel and Metal Producers
Eteläranta 10, FIN-00130 Helsinki
T: (003589) 192 3379 **Fax:** 624 462
Direktor(in): S. Smolsky

Frankreich

iz f 389

Federation des Chambres Syndicales des Minerais, Mineraux Industriels et Metaux Non Ferreux
Avenue de Messine 30, F-75008 Paris
T: (00331) 45 63 02 66 **Fax:** 45 63 61 54
Direktor(in): G. Jourdan

Griechenland

iz f 390

Copper Semis and Cables Manufacturers Association of Greece
Himaras Street 16, GR-15125 Maroussi
T: (00301) 6 86 11 11 **Fax:** 6 86 13 47

iz f 391

Aluminium Association of Greece
Alexandras Avenue 142, GR-11471 Athen
T: (00301) 6 44 31 09 **Fax:** 6 43 29 80
Direktor(in): S. Sarantidis

iz f 392

Greek Mining Enterprises Association
Zalokosta Street 4, GR-Athens 10671
T: (00301) 3638 318 **Fax:** 3634 019
Direktor(in): J.S. Economopoulos

Großbritannien

iz f 393

Aluminium Federation
Broadway House
Calthorpe Road Five Ways, GB-Birmingham B15 1TN
T: (004421) 4 56 11 03 **Fax:** 4 56 22 74
Direktor(in): Dr. D.A. Harris

iz f 394

The Mining Association of the United Kingdom
c/o RIO TINTO plc
St. James's Square 6, GB-London SW1Y 4LD
T: (0044207) 9 30 23 99 **Fax:** 9 30 32 49
Direktor(in): G. Lloyd-Davis

iz f 395

The British Non-Ferrous Metals Federation
Edgbaston
Greenfield Crescent 10, GB-Birmingham B15 3AU
T: (00441214) 4 56 33 22 **Fax:** 4 56 13 94
Direktor(in): S. N. Payton

iz f 396

U.K. Lead and Zinc Industry Committee
Weymouth Street 42, GB-London W1N 3LQ
T: (0044207) 4 99 66 36 **Fax:** 4 93 15 55
Direktor(in): A.J. Wall

Irland

iz f 397

The Irish Mining and Exploration Group (Tara Mines Ltd.)
Knockumber House
Knockumber Road, Navan, IRL-Co. Meath
T: (00353) 4 62 19 27 **Fax:** 4 62 26 87
Direktor(in): Downing

Italien

iz f 398

ASSOMET
Via dei Missaglia 97, I-20142 Milano
T: (00392) 893 03 679 **Fax:** 893 03 783
Direktor(in): Dr. Vittorio Roffeni

Niederlande

iz f 399

Vereniging voor de Nederlandse Non-Ferro Industrie
Postf. 190, NL-2700 AD Zoetermeer
Boerhaavelaan 40, NL-2713 HX Zoetermeer
T: (003179) 353 11 00 **Fax:** 353 13 65
Direktor(in): M. Teijen

Norwegen

iz f 400

Federation of Norwegian Process Industries (PIL)
Postf. 5487, N-0305 Oslo
Essendrops Gate 3, N-0305 Oslo
T: (0047) 23 08 78 00 **Fax:** 23 08 78 99
Direktor(in): E. Haugen

Österreich

iz f 401

Montanwerke Brixlegg Gesellschaft m.b.H.
Postf. 19, A-6230 Brixlegg
T: (00435337) 61 51-0 **Fax:** 61 51-102

Portugal

iz f 402

APIMINERAL
Avenida Manuel da Maia, 44-4 Dt°, P-1000 Lisboa
T: (003511) 8 49 92 25 **Fax:** 8 49 72 33
Direktor(in): A. Torres Lopes

iz f 403

Associacao Portuguesa das Industrias de Metals nao Ferrosos
ALPOR - Empresa Prod. de Alu. S.A.
Palmeira, P-4700 Braga
T: (0035153) 62 68 21 **Fax:** 62 63 58
Direktor(in): L.T. de Morais

Spanien

iz f 404

Industrias Espanola del Aluminio S.A. (INESPAL)
José Abascal 4, E-28003 Madrid
T: (00341) 448 41 00 **Fax:** 593 96 10
Direktor(in): L. Guillen

iz f 405

Asturiana de Zinc S.A.
Cardenal Marcelo Spinola 42-7, E-28016 Madrid
T: (00341) 3 34 42 00 **Fax:** 3 34 42 02

iz f 406

HERAEUS (ANEMEPRE)
Manuel Tovar 24, E-28034 Madrid
T: (00341) 3 58 21 47 **Fax:** 3 58 02 31
Direktor(in): C. Meyerhans

iz f 407

UNICOBRE
Princesa 79, E-28008 Madrid
T: (00341) 5 44 84 51 **Fax:** 5 44 88 84
Direktor(in): J. Segura

Schweden

iz f 408

Svenska Gruvföreningen
The Swedish Mining Association
Postf. 5501, S-11485 Stockholm
T: (00468) 7 83 80 00 **Fax:** 6 63 63 23
Direktor(in): A. Alverborg

Schweiz

iz f 409

METALOR
Avenue du Vignoble 2, CH-2009 Neuenburg
T: (0041327) 20 61 11 **Fax:** 20 66 01
Direktor(in): L. Casas

• **IZ F 410**

Europäischer Molkerei-Produkte Verband (EWPA)
European Whey Products Association
rue Montoyer 14, B-1000 Brüssel
Fax: (00322) 54 49 50 49
Internet: http://www.ewpa.euromilk.org
E-Mail: ewpa@euromilk.org
Präsident(in): Ruud Sevink
Generalsekretär(in): Dr. A. J. Van de Ven

• **IZ F 411**

Europäische Organisation der Konfektions- und Textilindustrie (EURATEX)
European Apparel and Textile Organisation
Organisation Européenne de l'Habillement et du Textile
rue Montoyer 24, B-1000 Brüssel
T: (00322) 2 85 48 81 **Fax:** 2 30 60 54
Gründung: 1994
Président: Jean de Jaegher
Directeur Général: Guy Arnould
Directeur des Affaires Economiques: Francesco Marchi
Verbandszeitschrift: BULLETIN D'EURATEX (5 numéros)
Mitglieder: 27 National Assoc., 14 European Branches, 10 Companies, 140 Euro Entreprise, 160 Euro Autres
Mitarbeiter: 10

Belgien

iz f 412

Fédération Belge des Industries de l'Habillement
24, rue Montoyer, B-1040 Brüssel
T: (00322) 2 38 10 11 **Fax:** 2 38 10 10
Internet: http://www.belgianfashion.be
E-Mail: wauters@belgianfashion.be
Directeur Général: Eric Magnus

Dänemark

iz f 413

Federation of Danish Textile and Clothing Industries
Postf. 507, DK-7400 Herning
Bredgade 41, DK-7400 Herning
T: (004599) 27 72 00 **Fax:** (004597) 12 23 50
E-Mail: cka@textile.dk
Chief Economist: Andersen Christian Kahl

Deutschland

iz f 414

Gesamtverband der Textilindustrie in der Bundesrepublik Deutschland -Gesamttextil- e.V.
Postf. 53 40, 65728 Eschborn
Frankfurter Str. 10-14, 65760 Eschborn
T: (06196) 96 62 34 **Fax:** 4 21 70
Internet: http://www.gesamttextil.de
E-Mail: eraak@gesamttextil.de
Hauptgeschäftsführer(in): Dr. Wolf-Rüdiger Baumann

iz f 415

Bundesverband Bekleidungsindustrie e.V. (BBI)
Postf. 10 09 55, 50449 Köln
Mevissenstr. 15, 50668 Köln
T: (0221) 7 74 41 13 **Fax:** 7 74 41 18
Internet: http://www.modemarkt.de/bbi
E-Mail: bbi@bbi-online.de
Hauptgeschäftsführer(in): Dipl.-Pol. Friedhelm N. Sartoris

Estland

iz f 416

Estonian Clothing and textile association
Tartu mtn 63, EW-10115 Tallinn
T: (003726) 11 55 67 **Fax:** 11 55 68
Internet: http://www.online.ee/+ertl
E-Mail: ertl@online.ee
Managing Director: Maie Vader

Finnland

iz f 417

Tekstiili-Ja Vaatetusteollisuus Ry
Etelaranta 10, FIN-00130 Helsinki
T: (003589) 68 61 21 **Fax:** 65 33 05
Internet: http://www.finatex.fi
E-Mail: veli-matti.kankaanpaa@finatex.ttliitot.fi
Director: Veli-Matti Kankaanpää

Frankreich

iz f 418

Union des Industries Textiles
Postf. 2 41, F-92110 Clichy
37-39, rue de Neuilly, F-92110 Clichy
T: (00331) 47 56 31 20 **Fax:** 47 30 25 28
Internet: http://www.textile.fr
E-Mail: thierry_noblot.uit@textile.fr
Délégué Général: Thierry Noblot

Griechenland

iz f 419

Hellenic Clothing Industry Association
51 Ermou st. 3rd Floor, GR-10563 Athen
T: (00301) 3 22 39 79, 3 22 38 11 **Fax:** 3 23 91 59
E-Mail: telenet@hol.gr
Directeur: M. Karabinis

Großbritannien

iz f 420

British Apparel & Textile Confederation
5 Portland Place, GB-London WIN 3AA
T: (0044207) 6 36 77 88 **Fax:** 6 36 75 15
Internet: http://www.batc.co.uk
E-Mail: batc@dial.pipex.com
Director General: John Wilson

Irland

iz f 421

Irish Textiles Federation & Irish Business and Employers Confederation
Confederation House
84-86, Lower Baggot Street, IRL-Dublin 2
T: (003531) 6 05 15 60 **Fax:** 6 38 15 30
E-Mail: susan.keane@ibec.ie
Director: Susan Keane

Italien

iz f 422

Federtessile
Via Sarca 223, I-20126 Mailand
T: (00392) 66 10 34 20 **Fax:** 66 10 34 15
E-Mail: segreteria.generale@federtessile.it
Secrétaire Générale: P. Costa

Marokko

iz f 423

Association Marocaine des industries textiles et de l'habillement
92, Angle Bd. Moulay Rachid et Rue Ibn Attir, MA-Casablanca 20000
T: (002122) 94 20 84-85-86 **Fax:** 94 05 87
E-Mail: amith.berrada@atlasnet.net.ma
Vice-Président, Directeur Général: Abdelali Berrada

Niederlande

iz f 424

FENETEXTIEL
Postf. 5 18, NL-3900 AM Veenendaal
De Schutterij 16, NL-3905 PL Veenendaal
T: (00313185) 6 44 88 **Fax:** 6 44 87
E-Mail: krl@wxs.nl
Directeur: Cees Lodiers

iz f 425

FENECON
Postf. 69265, NL-1060 CH Amsterdam
T: (003120) 5 12 14 16 **Fax:** 6 17 06 34
Internet: http://www.fenecon.nl
E-Mail: fenecon@fenecon.nl
Director General: Han J.A. Bekke

Norwegen

iz f 426

TBL Teko
Postf. 70 72, N-0306 Oslo
Oscar Gate 20, N-0306 Oslo
T: (004722) 59 00 00 **Fax:** 59 00 06
Internet: http://www.tbl.no
E-Mail: es@tbl.no
Managing Director: Øyvind Haugerud

Österreich

iz f 427

Fachverband der Textilindustrie Österreichs
Postf. 197, A-1013 Wien
Rudolfsplatz 12, A-1010 Wien
T: (00431) 5 33 37 26 30 **Fax:** 5 33 37 26 40
Internet: http://www.wk.or.at
E-Mail: schinzel@fvtextil.wk.or.at
Executive Director: Peter Schinzel

iz f 428

Fachverband der Bekleidungsindustrie Österreichs
Schwarzenbergplatz 4, A-1040 Wien
T: (00431) 7 12 12 96 **Fax:** 7 13 92 04
Internet: http://www.fashion-industry.at
E-Mail: office@fashion-industry.at
Directeur Général: Christoph Haidinger

Portugal

iz f 429

Federacao Intertextil Portuguesa
Rua Goncalo Cristovao N° 96-1, PN-4000 Porto
T: (003512) 2 05 79 61-62-64 **Fax:** 2 05 03 43
E-Mail: aptv@mail.telepac.pt
Secrétaire Général: Gradim Santos

iz f 430

A.N.I.V.E.C.
Apartado 1398, PN-4107 Porto
T: (003512) 6 10 00 50 **Fax:** 6 10 00 49
E-Mail: anivec@mail.telepac.pt
Directeur Général: Jorge de Lemos da Costa

Schweden

iz f 431

TEKO Industrierna
Postf. 55 10, S-11485 Stockholm
T: (00468) 7 62 66 62 **Fax:** 7 62 68 87
Internet: http://www.teko.se
E-Mail: sven.cele@vi.se
Managing Director: Sven Cele (Trade Matters)

Schweiz

iz f 432

Gesamtverband der Schweizerischen Textil- und Bekleidungsindustrie
Beethovenstr. 20, CH-8022 Zürich
T: (00411) 2 89 79 41 **Fax:** 2 89 79 81
Internet: http://www.swissfashion.ch
E-Mail: rolf.langenegger@tvs.ch
Directeur: Rolf Langenegger

Slowakische Republik

iz f 433

A.T.O.P. Asociacia Textilneho a Odevneho Priemyslu Sr
Stefanikova 19, SLO-91160 Trencin
T: (00421831) 43 78 11 **Fax:** 43 14 40
E-Mail: rokasi@merina.sk
President: Anton Rokasi

Slowenien

iz f 434

Gospodarska Zbornien Slovenije
Chamber of Commerce and Industry of Slovenie, Textiles, Clothing and Leather Processing Association
Dimiceva 9, SLO-1504 Ljubljana
T: (0038661) 1 89 81 02 **Fax:** 1 89 81 00
Internet: http://www.gzs.si
E-Mail: infolink@gzs.si
Secretary: Franc Grasic

Spanien

iz f 435

Consejo Intertextil Espanol
Granvia 670, E-08010 Barcelona
T: (003493) 3 18 92 00, 3 01 79 48 **Fax:** 3 02 62 35
E-Mail: maluquer@aitpa.es
Directeur: Salvador Maluquer (Relations Internationales)

Tschechische Republik

iz f 436

A.T.O.K. Association of Textile-Clothing-Leather industries
Slezská 13, CZ-12000 Prag
T: (004202) 21 00 17 31 **Fax:** 21 00 17 21
Internet: http://www.atok.cz
E-Mail: atok@login.cz
Directeur du Secrétariat: Jiri Kohoutek

Türkei

iz f 437

Turkish Clothing Manufacturers Association
Istanbul Textile Center
Yildiz posta Cad 48/18 Dedeman Is Hani, TR-Gayrettepe 80700
T: (0090212) 2 74 55 55 **Fax:** 2 72 40 60
E-Mail: ttema@superonline.com
Secretary General: Erdemli Sabahnur

• IZ F 438

Europäische Organisation der Obst- und Gemüseverarbeitenden Industrie (OEITFL)
Association of European Fruit and Vegetable Processing Industries
Organisation Européenne des Industries Transformatrices de Fruits et Légumes
Avenue de Roodebeeklaan 30, B-1030 Brüssel
T: (00322) 7 43 87 30 **Fax:** 7 36 81 75
E-Mail: sia01@sia-dvi.be
Gründung: 1978
Président: J.W. Broekhuis (NL)
Preś. Section Cons. de Légumes: M. J. Hennebil (F)
Prés. S. Confitures: I.. Perez Diez (E)
Prés. S. Cons. de Fruits: C. Politi (I)
Secrétaire Général: Pascale Keppenne (B)
Mitglieder: 12

Mitgliedsorganisationen

Belgien

iz f 439

Groupement des Fabricants de Conserves de Légumes de Belgique
157, Quai des Usines, B-1000 Brüssel
T: (00322) 2 42 00 04 **Fax:** 2 42 37 06
Président: M. W. van de Poel
Secrétaire: M. J. Cauwenbergh

iz f 440

Groupement des Fabricants et Importateurs de Confitures, Sirops a Tartiner, Compotes et Conserves de Fruits
30, Avenue de Roodebeek, B-1030 Brüssel
T: (00322) 7 43 87 30 **Fax:** 7 36 81 75
E-Mail: sia01@sia-dvi.be
Präsident(in): J. Heymans
Secrétaire: Pascale Keppenne

Dänemark

iz f 441

Association of Danish Fruit and Vegetable Industries
c/o Dansk Industri
1787 Kobenhavn V
T: (004533) 77 33 77 **Fax:** 77 33 20
E-Mail: Isafd@di.dk
Membre du Conseil: R. Nielsen
Secrétaire: G. Hestehave

Deutschland

iz f 442

Bundesverband der obst-, gemüse- und kartoffelverarbeitenden Industrie e.V.
Von-der-Heydt-Str. 9, 53177 Bonn
T: (0228) 35 40 25 **Fax:** 36 18 89
E-Mail: bogk-vds@t-online.de
Président: Heinz-Gregor Johnen (i. Fa. Franz Zentis GmbH & Co., Postf. 15 70, 52016 Aachen)
Secrétaire Général: F. Brinkmann
Secrétaire: Dipl.-Volksw. Erik Demarrez

Finnland

iz f 443

Finnish Juice and Jam Industries' Association
c/o Finnish Food Industries' Federation
Postf. 115, FIN-00241 Helsinki
Pasilankatu 2, FIN-00241 Helsinki
T: (003589) 148 871 **Fax:** 1488 7201
E-Mail: food.industry@elintarviketeollisuus.fi
Kontaktperson: J. Ala-Peijari

Frankreich

iz f 444

F.I.A.C. (Federation Française des Industries d'Aliments Conservés)
44, rue d'Alesia, F-75682 Paris Cedex 14
T: (00331) 53 91 44 44 **Fax:** 53 91 44 70
E-Mail: fiac@alesial.org
Président: A. Bizac
Directeur Général: Yves Michelon
Directeur: V. Truelle

iz f 445

Fédération Nationale des Syndicats de Confituriers et Conserveurs de Fruits
3, rue de Logelbach, F-75017 Paris
T: (00331) 42 27 43 02, 42 27 77 12 **Fax:** 40 54 00 79
Président: R. Walther
Secrétaire Général: J. Rivoire
N. Penanhoat

iz f 446

Fédération Nationale des Coopératives de Conservation de produits agricoles (F.N.C.C.)
129, bd St.-Germain, F-75279 Paris Cedex 06
T: (00331) 43 26 14 47 **Fax:** 43 26 35 20
E-Mail: fncc@wanadoo.fr
Président: J. Bernard
Directeur: D. Dupin

Griechenland

iz f 447

E.K.E.
Association of Hellenic Agricultural Processors
49, M. Alexandrou Str., GR-58500 Skydra
T: (0030381) 8 23 29, 8 23 49 **Fax:** 8 29 06
E-Mail: eke@pel.forthnet.gr
Präsident(in): C. Apostolou

Großbritannien

iz f 448

UKPMA
6, Catherine Street, GB-London WC2 5JJ
T: (0044207) 8 36 24 60 **Fax:** 8 36 05 80
Präsident(in): P. Owen-Ward
Secrétaire: M. Bellingham

iz f 449

BFVCA
6, Catherine Street, GB-London WC2 5JJ
T: (0044207) 8 36 24 60 **Fax:** 8 36 05 80
Präsident(in): E.T.S. Simpson
Secrétaire: A. Cork

Irland

iz f 450

Food and Drink Federation
Confederation House
84-86 Lower Baggot Street, IRL-Dublin 2
T: (003531) 660 10 11 **Fax:** 660 17 17
E-Mail: kathrin.raleigh@ibec.ie
Président: D. Johnson
Secrétaire Général: Melle K. Raleigh

Italien

iz f 451

Associazione Italiana Industriali Prodotti Alimentari (A.I.I.P.A.)
Corso di Porta Nuova 34, I-20121 Mailand
T: (003902) 65 41 84 **Fax:** 65 48 22, 5 12 97 71 (BXL)
E-Mail: aiipa.peron@foodarea.it
Président: E. Lavazza
Vice-Directeur: G. Bossi

Niederlande

iz f 452

Vereniging van de Nederlandse Groenten- en Fruitverwerkende Industrie (VIGEF)
Postf. 1 77, NL-2300 AD Leiden
T: (003171) 5 22 42 20 **Fax:** 5 22 50 95
E-Mail: vigef@vsl.nl
Président: M.W.J. Kastermans
Secrétaire Général: F. van de Wetering
Section Conserves de Légumes: J.W. Broekhuis (Fruits)

Österreich

iz f 453

Fachverband der Nahrungs- und Genußmittel-Industrie Österreichs
Postf. 4A, A-1037 Wien
Zaunergasse 1-3, A-1037 Wien
T: (00431) 7 12 21 21 **Fax:** 7 12 12 08
E-Mail: fiaa@lebensmittel.wk.or.at
Secretaire: Klaus Smolka

Spanien

iz f 454

Federacion Nacional de Asociaciones de la Industria de Conservas Vegetales (FNACV)
Princesa 24, E-28008 Madrid
T: (003491) 5 41 29 31 **Fax:** 5 59 15 12
Président: M.D. Lorite Almansa
Directeur Technique: A. Diez Marijuan

• IZ F 455

Europäische Organisation der Tomatenkonserven-Industrie (OEICTO)
Association of European Tomato Processing Industries
Organisation Européenne des Industries de la Conserve de Tomates
Av. de Roodebeek 30, B-1030 Brüssel
T: (00322) 7 43 87 30 **Fax:** 7 36 81 75
Gründung: 1963
Président: P. Gomendio (E)
Près. S. 1ère transformation: M. Mutti (I)
Vice-Président S. 1ère transformation: Miguel Cambezes (P)
Près. Section 2ème transformation: Jones (UK)
Vice-Président Section 2ème transformation: Perrier (F)
Secrétaire Générale: Pascale Keppenne

Mitgliedsorganisationen

Deutschland

iz f 456

Bundesverband der Deutschen Feinkostindustrie e.V.
Reuterstr. 151, 53113 Bonn
T: (0228) 21 20 17 **Fax:** 22 94 60
Hauptgeschäftsführer(in): Dr. H.-J. Mürau
Geschäftsführer(in): Dipl.-Volksw. G. Weber

iz f 457

Union Deutsche Lebensmittelwerke G.m.b.H.
Postf. 57 05 50, 22774 Hamburg
T: (040) 3 49 30 **Fax:** 35 47 42
TGR: Unionverwaltung
Teletex: 4 03 346 UDLHV
P. Keller

Frankreich

iz f 458

F.I.A.C. (Federation Française des Industries d'Aliments Conservés)
44, rue d'Alesia, F-75682 Paris Cedex 14
T: (00331) 53 91 44 44 **Fax:** 53 91 44 70
E-Mail: fiac@alesial.org
Sekr.: Yves Michelon

iz f 459

Coopération Agricole de Transformation et Vente
84850 Camaret
T: (0033490) 28 61 00 **Fax:** 37 20 11
Kontaktperson: C. Bonnet

iz f 460

Fédération Nationale des Coopératives de Conservation de produits agricoles (F.N.C.C.)
129, bd St.-Germain, F-75279 Paris Cedex 06
T: (00331) 43 26 14 47 **Fax:** 43 26 35 20
E-Mail: fncc@wanadoo.fr
Sekr.: D. Dupin

iz f 461

Fédération des Industries Condimentaires de France
Rue de l'Isly 8, F-75008 Paris
T: (00331) 53 42 33 80 **Fax:** 53 42 33 81
Sekr.: A. Ribeyron-Montmartin

iz f 462

ANIFELT
Av. Palmerston 9, B-1000 Brüssel
T: (00322) 2 30 71 10 **Fax:** 2 30 87 67
Sekr.: Y. Hebert

Griechenland

iz f 463

Association des Conserveurs Grecs
60, Solonos Street, GR-10672 Athen
T: (00301) 3 63 49 35 **Fax:** 3 60 90 75
Präsident(in): B. Platon

iz f 464

D. Nomikos SA
Atina Centre - Building A
Kiffisias Av. 32, GR-15125 Athen
T: (00301) 6 85 88 20 **Fax:** 6 89 11 06
D. Nomikos

iz f 465

COPAIS Food & Beverage Company SA
65, Patission Street, GR-10433 Athen
T: (0030) 18 83 61 11 **Fax:** 18 82 93 00
E. Kaldellis

Großbritannien

iz f 466

Food and Drink Federation
6, Catherine Street, GB-London WC2B 5JJ
T: (0044207) 8 36 24 60 **Fax:** 8 36 05 80
Sekr.: M. Costa

iz f 467

The Nestle Co. Ltd.
St. George's House, GB-Croydon-Surrey CR9 1NR
T: (0044208) 6 86 33 33 **Fax:** 6 86 60 72
Kontaktperson: P. Flint
M. Jones (Purchasing Director H.P. FOODS LTD, Tower Road, Aston Cross, UK-Birmingham B6 5AB, T: (0044121) 3 80 23 13, Telefax: (0044121) 3 80 23 15)
R. Williams (H.J. HEINZ Co LTD, Kitt Green, Wigan, UK-Lancs.WN5 OJL, T: (0044194) 2 62 40 94, Telefax: (0044194) 2 62 42 86)

Italien

iz f 468

Associazione Italiana Industriali Prodotti Alimentari (A.I.I.P.A.)
Corso di Porta Nuova 34, I-20121 Mailand
T: (003902) 65 41 84 **Fax:** 65 48 22, 5 12 97 71 (BXL)
E-Mail: aiipa.peron@foodarea.it
Bossi

iz f 469

ANICAV
Viale della Costituzione Isola F/3, I-80143 Neapel
T: (003981) 7 34 70 20 **Fax:** 7 34 71 26
de Dilectis

iz f 470

Aeg de Martino Spa
Contrada Prato, I-84025 Eboli
T: (0039828) 36 82 66 **Fax:** 36 89 06
Kontaktperson: G. de Martino

iz f 471

OEICTO
Via Portaromana 85, I-84015 Nocera Superiore (SA)
T: (003981) 93 32 63 **Fax:** 5 14 25 21
Kontaktperson: P. D'Acunzi

iz f 472

OEICTO
Via Traversetolo 28, I-43040 Piazza di Basilica Nova
T: (0039521) 65 31 25 **Fax:** 68 10 11
Kontaktperson: M. Mutti

iz f 473

Dott. G. Conforti Columbus S.r.l.
Strada Barghetto 9/A, I-43027 Martorano PR
T: (0039521) 64 07 11 **Fax:** 64 07 01, 64 07 02

Niederlande

iz f 474

Vereniging van de Nederlandse Groenten- en Fruitverwerkende Industrie (VIGEF)
Postf. 1 77, NL-2300 AD Leiden
T: (003171) 5 22 42 20 **Fax:** 5 22 50 95
E-Mail: vigef@vsl.nl
Secrétaire Général: F. van de Wetering

Portugal

iz f 475

Associação dos Industriais de Tomate (AIT)
Av. Casal Ribeiro 44-4 Andar, P-1000 Lissabon
T: (003511) 3 56 18 15 **Fax:** 3 56 18 14
President: Amaral Neto
Secrétaire Général: Miguel Cambezes
J.M. Braga da Cruz (SOPRAGOL, T: (003511) 3 97 24 97, Telefax: (003511) 3 97 78 94)
M. Stilwell (Adm. Delegado ITALGRO S.A., Castanheira do Ribatejo, P-2600 Vila Franca de Xira, T: (00351) 6 32 00 52 00, Fax: (00351) 6 32 11 81)

Spanien

iz f 476

AGRAZ S.A.
C/Princesa 1 Torre de Madrid - planta 14, E-28008 Madrid
T: (003491) 5 48 20 08 **Fax:** 5 59 51 65
Kontaktperson: P. Gomendio

iz f 477

AGRUCON
Calle Castello 115-820, E-28006 Madrid
T: (003491) 5 61 61 71, (00349) 5 61 59 94
Fax: (003491) 5 61 59 01
Sekr.: A. Martin

iz f 478

Federacion Nacional de Asociaciones de la Industria de Conservas Vegetales (FNACV)
Princesa 24, E-28008 Madrid
T: (003491) 5 41 29 31 **Fax:** 5 59 15 12
Sekr.: A. Diez Marijuan

• **IZ F 479**

Europäische Produzenten elektrisch geschmolzener Minerale (EPEM)
European Producers of Electrofused Minerals
Producteurs Européens de Minéraux mis en fusion électriquement
c/o CEFIC
Avenue E. Van Nieuwenhuyse 4-1, B-1160 Brüssel
T: (00322) 6 76 72 12 **Fax:** 6 76 73 01
Gründung: 1992
President: P. Gasser
Secretary General: Pieter van den Hoeven
Mitglieder: 3

• **IZ F 480**

Europäischer Verband der schweißtechnischen Industrie (EWA)
Varrolaan 100, NL-3584 BW Utrecht
T: (003130) 2 58 88 92 **Fax:** 2 58 86 00
Gründung: 1987
Secrétaire Général: R. C. Basart
Chairman: E. Alfredson

Mitgliedsorganisationen

Belgien

iz f 481

FABRIMETAL
Diamant Building, Bd A. Reyers 80, B-1030 Brüssel
T: (00322) 7 06 79 95 **Fax:** 7 06 80 09
Internet: http://www.fabrimetal.be

Deutschland

iz f 482

Schweißelektroden-Vereinigung e.V.
Postf. 30 02 52, 40402 Düsseldorf
Kaiserswerther Str. 137, 40474 Düsseldorf
T: (0211) 45 64-2 51 **Fax:** 43 14 88

iz f 483

Zentralverband Elektrotechnik- und Elektronikindustrie (ZVEI) e.V.
Postf. 70 12 61, 60562 Frankfurt
Stresemannallee 19, 60596 Frankfurt
T: (069) 6 30 20 **Fax:** 6 30 23 17
Internet: http://www.zvei.de
E-Mail: zvei@zvei.org

Großbritannien

iz f 484

Welding Manufacturers' Association
Leicester House
Leicester Street 8, GB-London WC2H 7BN
T: (0044207) 4 37 06 78 **Fax:** 4 37 49 01

Italien

iz f 485

Associazione Nazionale Aziende Saldatura Taglio e Tecniche Affini (ANASTA)
Italian Association of Welding Cutting and related technology companies
Via G. Tarra 5, I-20125 Mailand
T: (00392) 66 71 04 08 **Fax:** 67 07 07 56
President: Giovanni Rapazzini

Niederlande

iz f 486

Vereniging voor Lastechniek
Varrolaan 100, NL-3584 BW Utrecht
T: (003130) 2 58 83 33 **Fax:** 2 58 86 00

Norwegen

iz f 487

Association of Norwegian Welding Suppliers
Postf. 25, N-3291 Stavern
Risoyveien 14, N-3291 Stavern
T: (0047) 3 49 85 00 **Fax:** 3 49 73 75

Schweden

iz f 488

Gruppen Elsvetsutrustningar inom Sveriges Verkstadsindustrier
Postf. 55 06, S-11485 Stockholm
Storgatan 19, S-11485 Stockholm
T: (00468) 7 83 80 80 **Fax:** 6 60 33 78

iz f 489

Swedish Committee
Postf. 80 04, S-40277 Göteburg
Herkulesgatan 72, S-40277 Göteburg
T: (004631) 50 90 00 **Fax:** 50 94 80

Schweiz

iz f 490

Schweizerischer Fachverband für Schweiss- und Schneidmaterial
Postf. 71 90, CH-8023 Zürich
Obstgartenstr. 19, CH-8035 Zürich
T: (00411) 2719090 **Fax:** 2719292
E-Mail: gerster@jgp.ch

• **IZ F 491**

Europäische Technische Commission der Bekleidungsindustrie
European Technical Committee of Clothing Industry
Commission Technique Européenne de l'Industrie de l'Habillement
c/o Moda Industria
Associazione Italiana Industriali
Abbigliamento e Maglieria
Viale Sarca 223, I-20126 Milano
T: (00392) 66 10 35 66
Prof. Cassiano Fassina
Geschäftsführer(in): Dr. Gianni Brovia

• **IZ F 492**

Europäische Tuben-Vereinigung (ETA)
European Tube Association
Association Européenne des Fabricants de Tubes Souples
Postf. 10 54 63, 40045 Düsseldorf
Am Bonneshof 5, 40474 Düsseldorf
T: (0211) 47 96-0 **Fax:** 47 96-4 08
E-Mail: eta@aluinfo.de
Gründung: 1959 (25. April)
Präsident(in): N.N.
Generalsekretär(in): Dipl.-Volksw. Gregor Spengler (Am Bonneshof 5, 40474 Düsseldorf)
Mitglieder: 42
Mitarbeiter: 3

• **IZ F 493**

Europäische Union der Alkoholhersteller (UEPA)
Union Européenne des Producteurs d'Alcool
Avenue de Tervueren 192 Bte 3, B-1150 Bruxelles
T: (00322) 7 72 98 30 **Fax:** 7 72 98 24
E-Mail: UEPA@skynet.be
Gründung: 1993
Président: Fernando Peréz Lope (Azucarera ebro Agricolas, Ruiz de Alarcon 5, E-28014 Madrid, Tel.: (0034) 915 21 10 42, FAx: (0034) 915 21 68 34, E-Mail: fernando.perezlope@aeasa.com)
Vice Présidents: C. Wroe
Kyosti Orre (Primalco Ltd., P.O. Box 67, Fin-05201 Rajamäki, Tel.: (00358) 9 133 05, Fax: (00358) 9 290 17 12, E-Mail: kyosti.orre@primalco.fi)
Trésorier: Alain Dreuillet (France Alcool, Rue Chateaubriand 27, F-75008 Paris, Tel.: (00331) 40 74 96 64, Fax: (00331) 40 74 00 64, E-Mail: fralcool@club-internet.fr)
Mitglieder: 18 (avec les pays observateurs)
Mitarbeiter: 2

Deutschland

iz f 494

Bundesverband der Deutschen Hefeindustrie und der melasseverarbeitenden Brennereien e.V.
Reuterstr. 151, 53113 Bonn
T: (0228) 21 20 17 **Fax:** 22 94 60
Président: Dr. G. Moormann
Vice Président: Dr. H. Hansen
Directeur: Dr. H.J. Mürau
Directeur: RA D. Radermacher

iz f 495

Bundesverband der Spiritus-Reinigungswerke e.V.
Postf. 12 55, 59332 Lüdinghausen
Bahnhofstr. 1, 59348 Lüdinghausen
T: (02591) 91 72-211 **Fax:** 91 72-210
Président: P.J. Meyer (Directeur)
Délégué: C.L. Wilkening

iz f 496

Bundesverband Landwirtschaftliche Rohstoffe Verarbeitende Brennereien e.V.
c/o Herrn P. Müller-Kemler
Hildesheimer Str. 11, 30169 Hannover
T: (0511) 2 83 27 29 **Fax:** 2 83 27 30
Président: H. Spradau
Directeur: P. Müller-Kemler

iz f 497

Bundesverband Deutscher Kartoffelbrenner e.V.
Schmaedelstr. 2a, 81245 München
T: (089) 88 19 44 **Fax:** 88 61 46
Président: M. Empl
Vice Presidents: R. Rutz
J. Brandt
Directeur: G. Fauth

iz f 498

Bundesverband Deutscher Kornbrenner e.V. (BDK)
Westfalendamm 59, 44141 Dortmund
T: (0231) 43 01 44 **Fax:** 42 20 37
E-Mail: kornbrenner@t-online.de
Président: Knut Elmendorf
Vice Président: F. Hennes
Directeur Général: Dipl.oec. Peter Pilz
Directeur: RA Eva-Maria Pohlmann

Österreich

iz f 499

Verband der Landwirtschaftlichen Spiritusbrennereien Österreichs
Stockerauer Str. 24, A-2104 Spillern
T: (00432266) 8 11 07 **Fax:** 8 09 45
Président: K. Noe-Nordberg
Directeur: R. Schmidt
Délégué: Rainer Schmidt

iz f 500

Verband der Spiritusindustrie
Postf. 1 44, A-1037 Wien
Zaunergasse 1-3, A-1037 Wien
T: (00431) 7 12 52 48, 7 15 31 93 **Fax:** 7 15 48 19
Président: G. Harmer
Vice Président: A. Foramitti
Directeur: B. Mayer

Belgien

iz f 501

Association Belge de Producteurs d'Alcool
Interleuvenlaan 37, B-3001 Heverlee
T: (003216) 39 58 74 **Fax:** 40 00 27
Président: D. Tas
Délégué: J. L. van de Wouwer

Dänemark

iz f 502

Foreningen af Danske Spiritusfabrikanter
c/o Danisco Distillers (DD)
Postf. 21 58, DK-1016 Copenhagen
Langebrogade 4, DK-1016 Copenhagen
T: (0045) 32 66 24 00 **Fax:** 32 66 21 95
Président: Svend Helmer
Directeur Général: Hans Christian Pape

Spanien

iz f 503

Asociacion General de Fabricantes de Alcohol de Melazas
Montalban 11, 4°, E-28014 Madrid
T: (00341) 5 22 84 32, 5 22 86 24 **Fax:** 5 31 06 08
Président: Fernando Pérez Lope (Délégué)
Directeur: R. Pastor Benet

Finnland

iz f 504

Finnish Ethanol Producers' Association
Postf. 1 15, FIN-00241 Helsinki
T: (003589) 14 88 71 **Fax:** 14 88 72 01
E-Mail: irmeli.mustonen@etl.fi
Président: Kyösti Orre
Vice Président: Timo Hakonen
Secrétaire Général: Irmeli Mustonen

Frankreich

iz f 505

Union Nationale des Groupements de Distillateurs d'Alcool (UNGDA)
174 Boulevard Camélinat, F-92240 Malakoff
T: (00331) 49 65 01 65 **Fax:** 49 65 09 52
Président: M. Enguerrand

iz f 506

Syndicat National des Producteurs d'alcool Agricole (SNPAA)
29, rue du Général Foy, F-75008 Paris
T: (00331) 44 70 00 15 **Fax:** 42 93 54 66
Président: A. Dreuillet
Vice Présidents: M. Enguerrand
Vice Présidents: P. Durris
Secrétaire Général: J.P. Leroudier

Großbritannien

iz f 507

Neutral Alcohol Producers Association
Pinners Hall
105-108 Old Broad Street, GB-London EC2N 1ER
T: (00441) 5 82 71 24 40 **Fax:** 5 82 71 27 13
Président: Dr. C. G. Greig
Directeur: C. H. Wroe

Italien

iz f 508

Associazione Nazionale fra gli Industriali dello Zucchero dell'Alcool e del Lievito
Via Bartolomeo Bosco 57/4, I-16121 Genua
T: (003910) 54 35 71, 56 54 91 **Fax:** 5 53 63 51
E-Mail: assozucchero@pn.itnet.it
Président: Dr. R. Picco
Vice Présidents: M. Riciputi
F. Zama
Directeur: M. Laganà

iz f 509

Associazione Nazionale Industriali Distillatori di Alcoli e di Acquaviti
Via Barberini 86, I-00187 Rom
T: (00396) 48 57 19 **Fax:** 4 87 09 04
Président: M. Pezzi
Vice Présidents: R. Comini
O. Liverani
Directeur: G. Semperlotti

Niederlande

iz f 510

Produktschap voor Gedistilleerde Dranken
Postf. 1 24, NL-3100 AC Schiedam
Hoek Lange Haven 127, NL-3100 AC Schiedam
T: (003110) 4 26 93 40 **Fax:** 4 73 98 58
E-Mail: info@pgd.nl
Président: J.P.A. Gruyters
Vice Président: R.P.M. de Kuyper
Directeur: Jack Verhoek

Ungarn

iz f 511

Union and Commodity Council of the Hungarian Alcohol Industry
Kuny D. u. 13-15, H-1012 Budapest
T: (00361) 2 13 98 58 **Fax:** 2 13 98 59

E-Mail: drgyory@mail.matav.hu
Président: P. Medgyessy
Directeur: L. Györy

• IZ F 512

Europäische Union für Karosseriebau (UEC)
European Union of Coachbuilders
Union Européenne de la Carrosserie
Bd de la Woluwe 46, bte 14, B-1200 Bruxelles
T: (00322) 7 78 62 00 **Fax:** 7 78 62 22
Secrétaire générale: Hilde Vander Stichele (Bd. de la Woluwe 46, B-1200 Bruxelles)
Mitglieder: 11
Mitarbeiter: 5

Belgien

iz f 513

Fébelcar Asbl
Bd de la Woluwe 46 (bte 14), B-1200 Brüssel
T: (00322) 7 78 62 00
Direktor(in): H. Vander Stichele

Deutschland

iz f 514

ZKF Zentralverband Karosserie- und Fahrzeugtechnik (ZKF)
Frankfurter Str. 2, 61118 Bad Vilbel
T: (06101) 1 20 61 **Fax:** 1 25 98
Internet: http://www.ZKF.com
E-Mail: ZKF-FHV@t-online.de
President: Dr. K. Weichtmann
Secretary: H. Wiedler

Frankreich

iz f 515

Fédération Francaise de la Carrosserie
Rue des Renaudes 35, F-75017 Paris
T: (00331) 47 63 03 48

Großbritannien

iz f 516

Vehicle Builders and Repairers Association
Belmont House Gildersome, GB-Leeds LS2 7TW
T: (0044532) 53 83 33

Italien

iz f 517

Associazione Nazionale Fra Industrie Automobilistiche (ANFIA)
Italian Association of Automotive Manufacturers
Corso Galileo Ferraris 61, I-10128 Torino
T: (003911) 5 54 65 11 **Fax:** 54 59 86
Internet: http://www.anfia.it
E-Mail: anfra@anfia.it

Luxemburg

iz f 518

Fédération des Carrossiers et Charrons du Grand-Duché de Luxembourg
Gesenerstr. 41, L-1631 Luxemburg
T: (00352) 48 80 51

iz f 519

FOCWA
Postf. 2 99, NL-2170 AG Sassenheim AG
Warmonderweg 1-5, NL-2170 Sassenheim AG
T: (00312522) 6 52 22

• IZ F 520

Europäischer Verband der Kies-, Sand- und Schotterproduzenten (UEPG)
European Aggregates Association
Union Européenne de Producteurs de Granulats
Düsseldorfer Str. 50, 47051 Duisburg
T: (0203) 99 23 90 **Fax:** 9 92 39 97
E-Mail: braus@compuserve.com
Gründung: 1985
Secretary General: RA Hans-Peter Braus
Mitglieder: 16 national associations
Mitarbeiter: 30

• IZ F 521

Europäische Union der unabhängigen Schmierstoff-Verbände (UEIL)
European Union of Independent Lubricant Companies (EUIL)
Union Européenne des Indépendants en Lubrifiants (UEIL)
8, rue Montesquieu, F-75001 Paris
T: (00331) 42 44 26 20 **Fax:** 42 44 26 21
Président: E. D. Hateley
Secrétaire Général: Bourrienne-Bautista

Mitgliedsorganisationen

Belgien

iz f 522

Industrie des Huiles Minérales de Belgique
49, sq. Marie-Louise, B-1000 Brüssel
T: (00322) 2 38 97 78 **Fax:** 2 30 03 89

Deutschland

iz f 523

Bundesverband der Deutschen Entsorgungswirtschaft e.V. (BDE)
Schönhauser Str. 3, 50968 Köln
T: (0221) 93 47 00-0 **Fax:** 93 47 00-90
Internet: http://www.bde.org
E-Mail: info@bde.org

iz f 524

Bundesverband mittelständischer Mineralölunternehmen e.V.
UNITI
Postf. 76 33 00, 22071 Hamburg
Buchtstr. 10, 22087 Hamburg
T: (040) 2 27 00 30 **Fax:** 22 70 03 38

iz f 525

Bundesverband Altöl e.V. (BVA)
Uhrmacherweg 17a, 12355 Berlin
T: (030) 6 69 30-994 **Fax:** 6 69 30-995

Frankreich

iz f 526

Chambre Syndicale Nationale de l'Industrie des Lubrifiants
8, rue Montesquieu, F-75001 Paris
T: (00331) 442 44 26 20 **Fax:** 42 44 26 21

iz f 527

Chambre Syndicale de Reraffinage
Rue Bertie Albrecht 3, F-75008 Paris
T: (00331) 53 83 81 90

Italien

iz f 528

GAIL
Via Accademia 33, I-20131 Mailand
T: (00392) 6 36 22 21

• IZ F 529

Europäische Vegetarier Union (EVU)
European Vegetarian Union
Bluetschwitzerweg 5, CH-9443 Widnau
T: (004171) 7 22 64 45 **Fax:** 7 22 64 45
E-Mail: evu@openoffice.ch
Gründung: 1985
President: Dr. Igor Bukovsky (Slowakei)
Generalbevollmächtigter: Sigrid De Leo (Schweiz)
Verbandszeitschrift: "European Vegetarian"
Redaktion: Bluetschwitzerweg 5, CH-9443 Widnau
Mitglieder: 222

• IZ F 530

Europäische Vereinigung der Automaten-Verbände (EUROMAT)
European Federation of Coin Machine Associations
Fédération Européenne des Associations de l'Automatique
Sekretariat
Avenue de Tervueren 13A, B-1040 Bruxelles
T: (00322) 7 38 17 82 **Fax:** 7 32 41 12
E-Mail: secretariat@euromat.org
Gründung: 1978
Präsident(in): Eduardo Antoja (CIRSA BUSINESS CORPORATION S.A., Ctra. Castellar, 298, 08226 Terrassa -Barcelona-, Spanien, E-Mail: president@euromat.org)
1. Vizepräs.: Russell Smith (KUNICK, Low Lane, Horssorth, LS184 ER-Leeds, Großbritannien, E-Mail: firstvp@euromat.org)
Schatzmeister: Ing. Dirk Lindenbergh (ERRÈL, Driebergseweg 1, NL-3708 JA Zeist, E-Mail: treasurer@euromat.org)
Mitglieder: 15 Länder, 19 Vereinigungsmitglieder

Mitgliedsorganisationen

Belgien

iz f 531

Union Belge de l'Automatique (U.B.A.)
boulevard E. Jacqmain 20, B-1000 Brüssel
T: (00322) 2 27 22 25 **Fax:** 2 27 22 26
E-Mail: uba@skypro.be
Präsident(in): Willy Michiels (Euromat Vice-President)
Sekretärin: Karine Piens

Dänemark

iz f 532

Dansk Automat Brancheforening (D.A.B.)
Industrivej 41, Stilling, DK-8660 Skanderborg
T: (0045) 86 57 25 33 **Fax:** 86 57 25 73
Präsident(in): Jens Uldall Pedersen
Sekretär: Torben Jörgensen

Deutschland

iz f 533

Bundesverband Automatenunternehmer e.V. (BA)
Sterntorbrücke 6, 53111 Bonn
T: (0228) 69 74 60 **Fax:** 69 74 62
Internet: http://www.ba-bonn.de
E-Mail: info@ba-bonn.de
Präsident(in): Peter Schmid
Geschäftsführer(in): RA Harro Bunke

iz f 534

Deutscher Automaten-Großhandels-Verband e.V. (DAGV)
Höller Weg 1, 56332 Oberfell
T: (02605) 96 08 55 **Fax:** 96 08 58
1. Vorsitzende(r): Pit Arndt
Geschäftsführer(in): Jörg Meurer

iz f 535

Verband der Deutschen Automatenindustrie e.V. (VDAI)
Dircksenstr. 49, 10178 Berlin
T: (030) 28 40 70 **Fax:** 28 40 72 72
President: Paul Gauselmann
Vicepresident EUROMAT: Hans Rosenzweig
Managing Director: Dr. Jürgen Bornecke

Frankreich

iz f 536

Confédération Française des Professionnels en Jeux Automatique (C.F.A.)
10, rue Duvergier, F-75019 Paris
T: (00331) 46 07 75 76 **Fax:** 46 07 14 82
Präsident(in): Claude Tastet (Euromat Vizepräs.)
Sekretär: Michel Achille

Griechenland

iz f 537

Panhellenic Union of Billiard and Arcade Owners (PEKAMPS)
T: (00301) 3 84 44 11 **Fax:** 3 82 80 37
Präsident(in): Michael Tsimogiannis

iz f 538

Hellenic Electronic Games Federation (o.s.i.P.E.)
Filippidou 26 Victoria Square, GR-10434 Athen
T: (00301) 8 21 16 61 **Fax:** 8 25 16 09
Präsident(in): Chris Baxevanakis
Sekretärin: Tonia Tsiskaki

Großbritannien

iz f 539

British Amusement Catering Trade Association (B.A.C.T.A.)
Regents Wharf
T: (0044207) 7 13 71 44 **Fax:** 7 13 04 46
Präsident(in): Russell Smith (Euromat 1st Vizepräsident)

Irland

iz f 540

Irish Amusement Equipment Association (I.A.E.A.)
Enterprise Centre
Melitta Road, IRL-Kildare
T: (0035345) 52 11 90 **Fax:** 52 11 98
Präsident(in): Jim McCann
Sekretär: Martin Dempsey

Italien

iz f 541

Sezioni Apparecchi per Pubbliche Attrazioni Ricreative (S.A.P.A.R.)
Via di Villa Patrizi 10, I-00161 Roma
T: (003906) 4 40 27 18 **Fax:** 44 26 09 67
Präsident(in): Lorenzo Musicco (Vice-President EUROMAT)
Sekretär: RA Maurizio Maneschi

Niederlande

iz f 542

Vereniging Automatenhandel Nederland (V.A.N.)
Postf. 210, NL-5240 AE Rosmalen
T: (00317352) 1 91 56 **Fax:** 1 12 86
Präsident(in): Af Kobus
Euromat Schatzmeister: Ing. Dirk Lindenbergh

Nordirland

iz f 543

Northern Ireland Amusement Caterers' Trade Association (N.I.A.C.T.A.)
Hydepark Industrial Estate, 58 Mallusk Road, GB-Co. Antrim, BT36 8PX
T: (00441232) 84 87 31 **Fax:** 83 31 04
Geschäftsführer(in): Robert Donaldson
Sekretär: John Sander

Norwegen

iz f 544

Norsk Automatbransjeforening (N.O.A.F.)
Postf. 317, N-3201 Sandefjord
T: (004733) 48 33 00 **Fax:** 45 85 66
Präsident(in): Atle W. Bie-Johansen (Euromat Vizepräs.)
Sekretärin: Lill Hagen

Österreich

iz f 545

Österreichischer Münzautomatenverband (O.M.V.)
Obere Donaustr. 19, A-1020 Wien
T: (00431) 3 30 41 87 **Fax:** 3 30 98 55
Internet: http://www.automaten.at
Präsident(in): Wilhelm Kny
Sekretärin: Doris Mazzucato

Portugal

iz f 546

Associacao Portuguesa de Empresas de Diversoes (A P E D)
av. duque de Loulé, 86-2° Dto, P-1050 Lisboa
T: (003511) 3 55 75 81 **Fax:** 3 55 75 01
Präsident(in): Julio Rocha
Generalsekretär(in): Dr. Lima de Carvalho
Secretary: Jose Taborda

Schweden

iz f 547

Sveriges Automatägares Riksförbund (S.V.A.R.)
Postf. 489, S-10129 Stockholm
T: (004688) 5 93 04 **Fax:** 5 84 11
Präsident(in): Ulf Linde
Secretary: Jan Rathsman

Spanien

iz f 548

Asociación Española de Empresarios de Máquinas Recreativas (FACOMARE)
Zurbano 39, E-28010 Madrid
T: (003491) 3 10 10 72 **Fax:** 3 10 11 58
Präsident(in): Juan Lao Hernandez
Sekretär: Jose Sanchez-Fayos Calabuig
Euromat President: Eduardo Antoja

iz f 549

Confederación de Asociaciones y Federaciones de Empresarios del Recreativo (COFAR)
Zurbano 39, E-28010 Madrid
T: (003491) 3 10 10 72 **Fax:** 3 10 11 58
Präsident(in): Manuel Hernandez
Sekretär: Jose Sanchez-Fayos Calabuig
Euromat President: Eduardo Antoja

• IZ F 550

Europäische Vereinigung der Briefumschlagfabrikanten (FEPE)
European envelope Manufacturers Association
Fédération européenne des fabricants d'enveloppes
Sekretariat:
Postf. 134, CH-8030 Zürich
Bergstr. 110, CH-8032 Zürich
T: (00411) 2 66 99 22 **Fax:** 2 66 99 49
Präsident(in): L.F.M. Huiskens
Leitung Presseabteilung: Ansgar Gmür
Martin Häberli
Verbandszeitschrift: FEPE NEWS
Redaktion: FEPE, Postf. 134, CH-8030 Zürich
Mitarbeiter: 9

Mitgliedsorganisationen

iz f 551

Verband der Briefumschlagindustrie Österreichs
Postf. 131, A-1041 Wien
Brucknerstr. 8, A-1041 Wien
T: (00431) 5 05 53 82 **Fax:** 5 05 90 18
Präsident(in): Johann Takacs
Direktor(in): Rudolf Bergolth
Sekretär: Martin Widmermann

iz f 552

A.F.E.B. Association des Fabricants d'enveloppes de Belgique
Postf. B.P. 25, B-1180 Brüssel
Chaussée de Waterloo 715, B-1180 Brüssel
T: (00322) 3 44 19 62 **Fax:** 3 44 86 61
Präsident(in): Yves Peiffer
Sekretär: Jan Cardon

iz f 553

Union Schweiz. Briefumschlagfabrikanten USB
Postf. 134, CH-8030 Zürich
Bergstr. 110, CH-8032 Zürich
T: (00411) 2 66 99 22 **Fax:** 2 66 99 49
Präsident(in): Alfred Erismann
Sekretär: Ansgar Gmür
Sekretär: Martin Häberli

iz f 554

Verband der Briefumschlagfabriken e.V. (VDBF)
Herberts Katernberg 52b, 42113 Wuppertal
T: (0202) 7 24 06 94 **Fax:** 7 24 06 95
Präsident(in): Sebastian Schmidt

iz f 555

Konvolutindustriens Brancheforening DEMA
Danish Envelope Manufacturers Association
Norre Voldgade 48, 1, DK-1358 Copenhagen K
T: (0045) 33 91 38 00 **Fax:** 33 91 96 01
Präsident(in): Johannes Madsen-Mygdal
Sekretär: John Niklasson

iz f 556

Assoma Asociación Española de Fabricantes de Sobres y Manipulados de Papel y Carton
Postf. 27017, E-28080 Madrid
Calle Gavianes, E-28035 Madrid
T: (003491) 3 73 73 21 **Fax:** 3 73 73 21
Präsident(in): Francisco Rodríguez-crespo

iz f 557

Syndicat Général des Fabricants d'Enveloppes, Sachets et Pochettes
71, Avenue Marceau, F-75116 Paris
T: (00331) 47 20 90 12 **Fax:** 49 52 05 88
Präsident(in): Patrick Vindevogel
Sekretär: Bernard de Leymarie

iz f 558

EMMSA The Envelope Makers' & Manufacturing Stationers' Association
Church View, 7A Church Lane, Arrington, Royston, GB-Herts SG8 08D
T: (00441223) 20 86 65 **Fax:** 20 86 65
E-Mail: emmsauk@aol.com
Präsident(in): Tim Kidner
Sekretär: Mike Dellar

iz f 559

Vereniging van Enveloppenfabrikanten
Postf. 12, NL-5900 AA Venlo
T: (003177) 3 59 97 77 **Fax:** 3 59 97 55
Sekretär: Dr. A. Hendrix

iz f 560

Norwegian Envelope association NEA
c/o Lyche Konvolutt AS
Postf. 21 71, N-Strømsø
Präsident(in): Svein E. Lund

iz f 561

Svenska Kuvertfabrikanters Branschrad
c/o OP Kuvert AB
Postf. 9 11, S-57229 Oskarshamn
Söruikvägen 11, S-57229 Oskarshamn
T: (0046491) 1 41 60 **Fax:** 1 60 65
Präsident(in): Birger Hellmann

iz f 562

Finnish Association of Envelope Manufacturers
Postf. 169, FIN-20101 Turku
T: (00358223) 8 81 00 **Fax:** 8 85 78
Präsident(in): Frederik Lindeman
Sekretär: Penti Askola

• IZ F 563

Europäische Vereinigung der Fördertechnik (FEM)
European Federation of Lifting, Conveying and Handling Equipment Manufacturers
Fédération Européenne de la Manutention
Deutsches Nationalkomitee der FEM
Sekretariat:
Postf. 71 08 64, 60498 Frankfurt
Lyoner Str. 18, 60528 Frankfurt
T: (069) 66 03-1507 **Fax:** 66 03-1496
E-Mail: Rudolf_Foerd@VDMA.org
Sekretariat: Dipl.-Ing. Rolf Morgenstern

Mitgliedsorganisationen

Belgien

iz f 564

Comité National Belge de la FEM
Fabrimétal
Rue des Drapiers 21, B-1050 Brüssel
T: (00322) 5 10 25 32 **Fax:** 5 10 23 01

Dänemark

iz f 565

Danish National Committee of FEM
Confederation of Danish Industries
H.C. Andersen Boulevard 18, DK-1787 Kopenhagen V
T: (0045) 33 77 33 77 **Fax:** 33 77 33 20

Deutschland

iz f 566

Deutsches Nationalkomitee der FEM VDMA
Postf. 71 08 64, 60498 Frankfurt
Lyoner Str. 18, 60528 Frankfurt
T: (069) 66 03 15 07 **Fax:** 66 03 14 96

Finnland

iz f 567

Finnish National Committee of FEM
c/o Federation of Finnish Metal Engineering and Elektrotechnical Industries
Etelaeranta 10, FIN-00131 Helsinki
T: (003580) 1 92 31 **Fax:** 62 44 62

Frankreich

iz f 568

Comité National Français de la FEM
c/o Syndicat des Industries de Matériels de Manutention
Maison de la mécanique
39/41 rue Louis Blanc, 92400 Courbevoie, F-92038 Paris La Défense
T: (00331) 47 17 63 27 **Fax:** 47 17 63 30

Großbritannien

iz f 569

British National Committee of FEM
British Materials Handling Federation
METCOM
The McLaren Building, 6th Floor
Dale End 35, GB-Birmingham Westmidl B4 7LN
T: (0044121) 2 00 21 00 **Fax:** 2 00 13 06

Italien

iz f 570

Comitato Nazionale Italiano della FEM (ANIMA)
Federazione delle Associazioni Nazionali dell'Industria Meccanica Varia ed Affine
Via L. Battistotti Sassi 11, I-20133 Mailand
T: (00392) 73 97 11 **Fax:** 73 97 13 16

Luxemburg

iz f 571

Comité National Luxembourgeois de la FEM
Groupement des Constructeurs et Fondeurs du Grand-Duché de Luxembourg
Postf. 1304, L-1013 Luxemburg
7, rue Alcide de Gasperi, L-1013 Luxemburg
T: (00352) 43 53 66 **Fax:** 43 23 28

Niederlande

iz f 572

Nederlands National Comité bij de FEM G.K.T./FME
Postf. 190, NL-2700 AD Zoetermeer
Boerhaavelaan 40, NL-2700 AD Zoetermeer
T: (003179) 3 53 12 70 **Fax:** 3 53 13 65

Norwegen

iz f 573

Norwegian Committee of FEM
Norsk Verkstedsindustris Standardiseringssentral NVS
Postf. 7072, N-0306 Oslo 3
Oscar Gate 20, N-0306 Oslo 3
T: (004722) 59 66 00 **Fax:** 59 66 69

Portugal

iz f 574

Comissão Nacional Portuguesa a FEM
c/o ANEMM - Mr. Lima Ramos
P. Tecnol. de Lisboa-Lote 13
Estrada do Paco do Lumiar, P-1200 Lissabon
T: (0035121) 7 15 21 72 **Fax:** 7 15 04 03

Schweden

iz f 575

Swedish National Committee of FEM
Materialhanteringsgruppen inom Sveriges Mekanförbund
Postf. 5510, S-11485 Stockholm
Storgatan 19, S-11485 Stockholm
T: (00468) 7 82 80 00 **Fax:** 6 60 33 78

Schweiz

iz f 576

Schweizerisches Nationalkomitee der FEM
Verein Schweizerischer Maschinen-Industrieller VSM
Kirchenweg 4, CH-8032 Zürich
T: (00411) 3 84 48 44 **Fax:** 3 84 48 48

Spanien

iz f 577

Comité Nacional Espanol de la FEM
c/o Asociacion Español de Manutencion
ETSEIB-Pabellon F Diagonal 647, E-08028 Barcelona
T: (00343) 4 01 60 60 **Fax:** 4 01 60 58

● **IZ F 578**

Europäische Vereinigung für Allgemeine Verzinkung (EGGA)
European General Galvanizers Association
Association Européenne des Industries de la Galvanisation d'Articles divers
Croudace House
Godstone Road Caterham, GB-Surrey CR3 6RE
T: (00441883) 33 12 77 **Fax:** 33 12 87
Internet: http://www.egga.com
E-Mail: mail@egga.com
President: E. Hoffmann
Director: Dr. Michael Burcher
Executive Secretary: Frances Holmes
Company Secretary: Dr. Michael Burcher
Mitglieder: 15 Countries
Mitarbeiter: 2 Full time

Mitgliedsorganisationen

Belgien

iz f 579

Progalva
avenue de Tervueren 168, B-1150 Brüssel
T: (00322) 7 76 00 76 **Fax:** 7 76 00 78
Internet: http://www.progalva.be
E-Mail: frank.peters@skynet.be
Kontaktperson: Frank Peters

Deutschland

iz f 580

Industrieverband Feuerverzinken e.V.
Sohnstr. 70, 40237 Düsseldorf
T: (0211) 6 79 00 04, 69 07 65-0 **Fax:** 68 95 99
Internet: http://www.feuerverzinken.com
E-Mail: feuerverzinken@t-online.de
Kontaktperson: Dipl.-Ing. Jürgen Marberg

Frankreich

iz f 581

Galvazinc Association
Rue Jean-Jacques Rousseau 16, F-92138 Issy-les-Moulineaux Cedex
T: (00331) 55 95 02 02 **Fax:** 55 95 02 00
Internet: http://www.galvazinc.com
E-Mail: info@galvazinc.com
Kontaktperson: Philippe Piessen

Großbritannien

iz f 582

Galvanizers Association
Wren's Court
Victoria Road 56 Sutton Coldfield, GB-West Midlands B72 1SY
T: (0044121) 355 8838 **Fax:** 355 8727
Internet: http://www.hdg.org.uk
E-Mail: ga@hdg.org.uk
Kontaktperson: Murray Cook

Italien

iz f 583

Associazione Italiana Zincatura
Via di Vigna Murata 3, I-00143 Rom
T: (00396) 54 22 05 52 **Fax:** 54 22 06 45
Internet: http://www.aiz.it
E-Mail: zinco@tin.it
Kontaktperson: Carmine Ricciolino

Niederlande

iz f 584

Stichting Doelmatig Verzinken
Postf. 1 25, NL-3925 ZJ Scherpenzeel
Pluimenweg 2, NL-3925 BK Scherpenzeel
T: (003133) 277 01 01 **Fax:** 277 01 11
Internet: http://www.home.worldonline.nl/_Ltsdv/index.htm
E-Mail: sdv@worldonline.nl
Kontaktperson: Gerard Reimerink

Österreich

iz f 585

Fachverband der Eisen- und Metallwarenindustrie Österreichs
(Austrian Galvanizers Association)
Postf. 3 35, A-1045 Wien
Wiedner Hauptstr. 63, A-1045 Wien
T: (00431) 5 01 05 34 75 **Fax:** 5 05 09 28
Internet: http://www.fmwi.at
E-Mail: fmwi@fmwi.at
Kontaktperson: Manfred Görlich

Nordische Länder

iz f 586

Nordisk Förzinkningsförening
Nordic Galvanizers Association
c/o Zinc Info Norden AB
Västra vägen 11b, S-16961 Solna
T: (00468) 4 46 67 60 **Fax:** 4 46 67 67
Internet: http://www.zincinfo.se
E-Mail: info@zincinfo.se
Kontaktperson: Hans Eriksson
Der Verband hat Mitglieder in Schweden, Norwegen, Dänemark, Finnland und Island

Schweiz

iz f 587

Vereinigung Schweizerischer Verzinken
Postf. 69 16, CH-3001 Bern
Kapellenstr. 14, CH-3001 Bern
T: (004131) 3 90 25 77 **Fax:** 3 90 25 71
Internet: http://www.come.to/vsv
E-Mail: infos@verzinken.ch
Kontaktperson: Urs Hofer

Spanien

iz f 588

Asociación Técnica Española de Galvanización
Paseo de la Castellana 143 1° A, E-28046 Madrid
T: (003491) 5 71 47 65, 5 71 48 95 **Fax:** 5 71 45 62
Internet: http://www.ateg.es
E-Mail: galvanizacion@ateg.es
Kontaktperson: José Ruiz

Assoziierte Mitglieder

Tschechische Republik

iz f 589

Asociace Českých Zinkoven
Žatekých 10a, CZ-14000 Praha 4
T: (004202) 42 35 23 **Fax:** 42 35 23
E-Mail: acz@iol.cz
Kontaktperson: Michael Bartl

Portugal

iz f 590

Associação dos Industriais Metalúrgicos, Metalomecânicos e Afins de Portugal (AIMMAP)
Rua dos Platános 197, P-4100-414 Porto
T: (003512) 6 16 68 60 **Fax:** 6 10 74 73
Internet: http://www.aimmap.pt
E-Mail: aimmap@aimmap.pt
Kontaktperson: Amaro Correia

Ungarn

iz f 591

Magyar Tüzihorganyzók Szövetsége
Hungarian Hot-Dip Galvanizing Association
Postf. 1 10, H-2401 Dunaújváros
T: (003625) 48 25 96 **Fax:** 40 35 01
E-Mail: aantal@rt.dunaffer.hu
Chairman: Arpád Antal
Secretary: Beáta Balonyi

• IZ F 592

Europäische Vereinigung für den Ernteschutz
European Crop Protection Association
Association Européenne pour la Protection des Cultures
Avenue E. Van Nieuwenhuyse 6, B-1160 Brüssel
T: (00322) 6631550 **Fax:** 6631560
Internet: http://www.ecpa.be
E-Mail: ecpa@ecpa.be
Gründung: 1992
President: M. Pragnell
Secr. Gen.: P. A. Urech
Contact: Stephen Weller
Verbandszeitschrift: "Perspectives on Crop Protection and Crop Science"
Mitglieder: 40
Mitarbeiter: 12

Member Associations

Austria

iz f 593

Fachverband der Chemischen Industrie Österreichs (FCIO)
Postf. 325, A-1045 Wien
Wiedner Hauptstrasse 63, A-1045 Wien
T: (00341) 5 01 05-3371, -33 82 **Fax:** 5 02 05-12800
E-Mail: tuerkw@fcio.wk.or.at
Director: Wolf-Dietrich Türk

Belgium

iz f 594

Association Belge de l'Industrie des Produits Phytosanitaires (PHYTOPHAR)
Square Marie-Louise 49, B-1040 Brüssel
T: (00322) 2 38 97 75 **Fax:** 2 80 03 48
E-Mail: gdetiege@fedichem.be
Director: Georgette Detiège

Denmark

iz f 595

Danish Agrochemical Association (DAA)
Amalievej 20, DK-1875 Frederiksberg C
T: (0045) 33 24 42 66 **Fax:** 33 25 84 16
E-Mail: pk@plantevaern.dk
Director: Per Kristensen

France

iz f 596

Union des Industries de la Protection des Plantes (UIPP)
Rue Denfert-Rochereau 2, F-92100 Boulogne Billancourt
T: (00331) 41 31 52 00 **Fax:** 41 31 52 11
E-Mail: jpguillou@uipp.net
Director: Jean-Pierre Guillou

Germany

iz f 597

Industrieverband Agrar e.V.
Karlstr. 19-21, 60329 Frankfurt
T: (069) 25 56-12 81 **Fax:** 23 67 02
E-Mail: boe.iva@vci.de
Director: Dr. Oskar Böttcher

Greece

iz f 598

Greek Agrochemical Association (GAA)
53 Patission Avenue, GR-104 33 Athen
T: (00301) 5 22 15 42 **Fax:** 5 22 15 42
E-Mail: ydraiou@ath.forthnet.gr
Directeur: F. Ydraiou

Hungary

iz f 599

Hungarian Chemical Industry Association (HCIA)
Postf. 40, H-1406 Budapest 76
Erzsébet kirélyné útja 1/C, H-1406 Budapest 76
T: (00361) 1 42 07 59 **Fax:** 1 42 09 80
Director: Karoly Szerencsés

Ireland

iz f 600

Animal and Plant Health Association (APHA)
7 Whitefriars, Aungier Street, IRL-Dublin 2
T: (003531) 4 75 18 82 **Fax:** 4 75 18 84
E-Mail: apha@iol.ie
Director: Declan O'Brien

Italy

iz f 601

Associazione Nazionale imprese fitofarmaci (AGROFARMA)
33 via Accademia, I-20131 Mailand
T: (00392) 26 81 02 29 **Fax:** 26 81 03 31
E-Mail: agrofarma@federchimica.it
Director: Dr. Piero Catelani

Netherlands

iz f 602

Nederlandse Stichting voor Fytofarmacie (NEFYTO)
Postf. 80523, NL-2508 GM Den Haag
16 Hogeweg, NL-2508 GM Den Haag
T: (003170) 3 51 48 51 **Fax:** 3 54 97 66
E-Mail: nefyto@nefyto.nl
Director: F. E. Hes

Spain

iz f 603

Asociación Empresarial para la Protección de las Plantas (AEPLA)
Almagro 44- 4°, E-28010 Madrid
T: (00341) 3 10 02 38 **Fax:** 3 19 77 34
E-Mail: luisroy@teleline.es
Director: Luis Roy Parages

Switzerland

iz f 604

Société Suisse des Industries Chimiques (S.S.I.C.)
Postf. 328, CH-8035 Zürich
Nordstr. 15, CH-8035 Zürich
T: (00411) 3 68 17 11 **Fax:** 3 68 17 25
E-Mail: richard.gamma@sgci.ch
Vize Dir.: R. Gamma

Great Britain

iz f 605

British Agrochemicals Association (BAA)
4 Lincoln Court Lincoln Road, GB-Peterborough PE1 2RP
T: (0044733) 34 92 25 **Fax:** 6 25 23
E-Mail: anne.b@baa.prestel.co.uk
Director: Dr. A. H. Buckenham

Finland

iz f 606

Agrochemical Producers' Association of Finland
Postf. 4, FIN-00131 Helsinki
Etelaeranta 10, FIN-00131 Helsinki
T: (003589) 17 28 41 **Fax:** 63 02 25
E-Mail: saara.hassinen@kemia.ttliitot.fi
Director: S. Hassinen

Norway

iz f 607

Norsk Plantevern Forening (NPF)
Ringvollvn 2G, N-1940 Bjorkelangen
Fax: 86 21 54
E-Mail: kjell.kringen@c2i.net
Director: K. Kringen

Sweden

iz f 608

Industrin för Växt-och Träskyddsmedel (IVT)
Postf. 5501, S-11485 Stockholm
19 Storgatan, S-11485 Stockholm
T: (00468) 7 83 81 61 **Fax:** 663 63 23
E-Mail: cln@chemind.se
Director: C. Ljunggren

• IZ F 609

Europäische Vereinigung für Equipment in der Zivilluftfahrt (EUROCAE)
The European Organisation for Civil Aviation Equipment
Organisation Européenne pour l'Equipement de l'Aviation Civile
17, Rue Hamelin, F-75783 Paris Cedex 16
T: (00331) 45 05 71 88 **Fax:** 45 05 72 30
E-Mail: eurocae@eurocae.com
Gründung: 1963
President: A. Garcia (Airbus)
Chairman: C. Pfuhl (Airsys N.S. GmbH)
Vice Chairman: K. Helps (Smiths Industries)
Treasurer: O. Hue (Sextant avionique)
Leitung Presseabteilung: Francis Grimal (Secretary General)
Mitglieder: 88
Mitarbeiter: 5
Jahresetat: DM 0,9 Mio, € 0,46 Mio

• IZ F 610

Europäische Vereinigung für Transportbeton (ERMCO)
European Ready-Mixed Concrete Organization
Association Européenne du Béton Prêt à l'Emploi
Postf. 19, GB-Egham TW20 8UT
Meadlake Place Thorpe Lea, GB-Egham, Surrey TW20 8HE
T: (00440784) 43 49 90 **Fax:** (0044784) 43 52 40
E-Mail: secretariat@ermco.org.uk
President: Graham Clark
Secretary: Brian James
Mitglieder: 26
Mitarbeiter: 2

Mitgliedsorganisationen

Austria

iz f 611

Güteverband Transportbeton
Hasnerstr. 36, A-4020 Linz
T: (0043732) 65 60 63 **Fax:** 66 66 83
E-Mail: office@gvtb.at
President: Karl Matuschka-Gablenz
Secretary: Rudolf Steininger

Belgium

iz f 612

Federatie voor Stortklaar Beton, v.z.w.
Fédération du Béton prêt à l'Emploi, a.s.b.l.
Bld. Auguste Reyerslaan 207-209, B-1030 Brüssel
T: (00322) 7 35 01.93 **Fax:** 7 35 14 67
President: Theo Servaes
Secretary: Armand Daelemans

Switzerland

iz f 613

Verband Schweizerischer Transportbetonwerke (VSTB)
Postf. 83 23, CH-3001 Bern
Bubenbergplatz 9, CH-3011 Bern
T: (004156) 3 26 26 36 **Fax:** (0041056) 3 26 26 29
E-Mail: fsk-asg@bluewin.ch
President: Reto Williman
Secretary: Martin Weder

Germany

iz f 614

Bundesverband der Deutschen Transportbetonindustrie e.V. (BTB)
Düsseldorfer Str. 50, 47051 Duisburg
T: (0203) 9 92 39-0 **Fax:** 9 92 39 97
Internet: http://www.beton.org
E-Mail: info@beton.org
Vorsitzende(r): Kurt Bischof (Dyckerhoff Beton GmbH, Biebricher Str. 72, 65203 Wiesbaden)
Hauptgeschäftsführer(in): RA Hans-Peter Braus

Denmark

iz f 615

Dansk Fabriksbetonforening
Postf. 21 25, DK-1015 Kopenhagen K
Noerre Voldgade 106, DK-1015 Kopenhagen K
T: (0045) 74 77 47 **Fax:** 74 77 00
E-Mail: nn@danent.dk
President: Kent Arentoft
Secretary: Niels Nielsen

Kuba

iz f 616

TICONS Empresa de Tecnologias Industriales para la Costruccion
Avenida Carlos M. Cespedes 35, Plaza, C-10600 Ciudad Habana
T: (00537) 814 734 **Fax:** 335 244
E-Mail: ticons@ceniai.inf.cu
Contact: Juan José Howland

Spain

iz f 617

Associacion Nacional Espanola de Fabricante de Hormigon Preparado
Breton de los Herreros 43 bajo, E-28003 Madrid
T: (00341) 4 41 66 34 **Fax:** 4 41 83 41
E-Mail: anefhop@nauta.es
President: Ricardo Fecasas
Secretary: F. J. Martinez de Eulate

France

iz f 618

Syndicat National du Béton Prêt à l'Emploi
Rue Alfred Roll 3, F-75849 Paris Cedex 17
T: (00331) 44 01 47 01 **Fax:** 44 01 47 47
E-Mail: snbpe@snbpe.org
President: Alain Tarlet
Secretary: Antoine Arrault

Finland

iz f 619

RTT-Finnish Association of Construction Product Industries
Concrete Industry Division
Etelaeranta 10
PO Box 11, FIN-00131 Helsinki
T: (003589) 17 28 41 **Fax:** 17 28 41
Internet: http://www.rttry.fi
E-Mail: rtt@rtt.ttliitot.fi
Seppo Petrow (General, E-Mail: seppo.petrow@rtt.ttliitot.fi)
Tauno Hietanen (Standardization, E-Mail: tauno.hietanen@rtt.ttliitot.fi)

Great Britain

iz f 620

QPA BRMCA Product Group
The Bury
Buckingham Palace Road 156, GB-London SW1W 9TR
T: (0044207) 7 30 81 94 **Fax:** 7 30 43 55
E-Mail: james@qpa.org
Chairman: C. J. Gray
Director: T. A. Harrison
Secretary: K. Watson

Island

iz f 621

Federation of Icelandic Industries (FII)
Postf. 1450, IS-121 Reykjavik
Hallveigarstig 1, IS-121 Reykjavik
T: (00354) 5 11 55 55 **Fax:** 5 11 55 66
E-Mail: firstname.name@si.is
Contact: Thorarinn Gunnarsson

Italy

iz f 622

Associazione Nazionale Costruttori Edili (A.N.C.E.)
(Ready Mixed Concrete Branch)
Via Guattani 16-18, I-00161 Rom
T: (003906) 8 48 81 **Fax:** 44 23 28 32
Internet: http://www.ance.it
E-Mail: info@ance.it
President: V. Valassi (ANCE)
G.B. Benazzo (Ready Mixed Concrete Branch)
Secretary: M. Tritto (Ready Mixed Concrete Branch)

iz f 623

Associazione Tecnico-Economica del Calcestruzzo Preconfezionato (ATECAP)
Via dei Granai di Nerva 63, I-00142 Rom
T: (00396) 5 19 10 59 **Fax:** 5 19 07 24
E-Mail: brignone@atecap.it
President: Carlo Barbieri
Director: Alessandro Brignone

Irland

iz f 624

ICF Irish Concrete Foundation
Newlands Business Park, Naas Road 8, IRL-Dublin 22
T: (003531) 464 0082 **Fax:** 464 0087
E-Mail: icf@iol.ie
President: Kieran Keenaghan
Secretary: John Maguire

Israel

iz f 625

Israel Ready Mixed Concrete Association
Bialik Street 155, IL-Ramat-Gan 52523
T: (009723) 7 51 94 64 **Fax:** 7 51 02 01
E-Mail: gideon@readymix.co.i
President: A. Dotan
Secretary: N. Shimshoni

Norway

iz f 626

Norsk Fabrikkbetongforening (FABEKO)
Postf. 53, N-0313 Oslo
Forskningsveien 3b, N-0313 Oslo
T: (0047) 22 96 58 60 **Fax:** 22 56 42 38
E-Mail: fabeko@fabeko.no
President: O. M. Woldseth
Secretary: Roger Johansen

Netherlands

iz f 627

Vereniging van Ondernemingen van Betonmortelfabrikanten in Nederland (VOBN)
Postf. 2 01, NL-3970 AE Driebergen
Lookant 2d, NL-3971 PK Driebergen
T: (0031343) 53 30 33 **Fax:** 53 33 14
E-Mail: info@vobn.nl
President: J. J. van der Jagt
Generalbevollmächtigter: C. F. Woortman

Polen

iz f 628

Unicon Beton sp.z.o.o.
Krzyzowki Street 5, PL-03-193 Warsaw
T: (0022) 676 9838 **Fax:** (0032) 676 9969
Contact: Torben østerbech

Russland

iz f 629

Mosstroyconstructzia
6 Radialnaja 24, RUS-115492 Moscow
T: (007095) 327 4956 **Fax:** 327 4938
Contact: Alexander Notchny

Slowenien

iz f 630

Slovbeton s.r.o.
Pristavna 10, SLO-83000 Bratislava
T: (004217) 533 5765 **Fax:** 533 3884
Contact: Pavol Knaze

Portugal

iz f 631

Associacao Portuguesa das Empresas de Betao Pronto (APEB)
Av. Conselheiro Barjona de Freitas No. 10-A, P-1500 Lissabon
T: (003511) 7 74 19 25 **Fax:** 7 78 58 39
E-Mail: apeb@mail.telepac.pt
President: Raimundo Fernandes
Secretary: Jorge Pato

Sweden

iz f 632

Svenska Fabriksbetong-Foreningen (SFF)
Postf. 1 41 04, S-16114 Bromma
T: (00468) 56 41 02 15 **Fax:** 56 41 02 39
E-Mail: evert-sandhal@fabriksbetong.se
President: G. Thomas
Secretary: E. Sandahl

Tschechische Republik

iz f 633

Svaz Vyrobcu Betonu Cr
Na Zamecke 9, CZ-14000 Praha 4 4
T: (004202) 61 21 57 69 **Fax:** 61 21 57 69
E-Mail: betoncz@anet.cz
Präsident(in): Jiri Novotny
Secretary: Jaroslav Bezdek

Turkey

iz f 634

Turkiye Hazir Beton Birligi (THBB)
TEM Otoyolu Kavacik Kavsagi, Ruzgarli Bahce Mah Toyota Plaza Kat:3
Kavacik, TR-Istanbul
T: (0090216) 3 22 96 70 **Fax:** 4 13 61 80
E-Mail: thbb@mail2.escortnet.com
President: Avni Comu
Secretary: Ferruh Karakule

Ungarn

iz f 635

Readymix Ungran GmbH Danubiusbeton Kft
Hajoallomas u. 1, H-1095 Budapest
T: (00361) 113 0874 **Fax:** 113 9874
Contact: Uwe Scholz

Außerordentliches Mitglied

United States of America

iz f 636

NRMCA
Silver Spring Street 900, USA-Silver Spring 20910
T: (001301) 5 87-1400 **Fax:** 5 85-4219
Contact: Robert Garbini

• IZ F 637

Europäischer Verband der Plastikfolien-Hersteller (PLASTEUROFILM)
European Federation of Plastic Film Producers
Fédération européenne des producteurs de films plastiques
Rue de Prony 65, F-75854 Paris Cedex 17
T: (00331) 47 54 01 30 **Fax:** 47 54 01 30
Gründung: 1985
Präsident(in): Keith Stenning
Generalsekretär(in): Antoine Seyrig
Mitglieder: 23

• IZ F 638

Europäischer Verband für dekorative Kunststofffolien (EDEFA)
European Decorative and Stationery Plastic Foils Association (EDEFA)
Association Européenne des Producteurs et Revendeurs de Feuilles Plastiques Décoratives et de Papéterie
Ave. de Cortenbergh 66, B-1000 Brussels
T: (00322) 4 11 39 17 **Fax:** 4 15 80 90

• IZ F 639

Europäische Vereinigung für pflanzliches Eiweiss (EUVEPRO)
European Vegetable Protein Federation
Fédération Européenne des Protéines Végétales
Avenue de Roodebeeklaan 30, B-1030 Brüssel
T: (00322) 7 43 87 30 **Fax:** 7 36 81 75
Gründung: 1977
President: Y. Goemans (P.T.I.)
Vice-President: S. Nooij (A.D.M. Europoort)
Honorary President: F. Vleeschouwers (P.T.I.)
Secretary-General: K. Abeels (B)
Members: G. Henni (Cargill BV, Coenhavenweg 2, Postbus 8074, NL-1005 AB Amsterdam, T: (003120) 5 80 19 11, Fax: 6 86 66 11, email: george_henni@cargill.com)
H. Buurman
H. S. Pedersen (Central Soya European Proteins, Protein Group, Sydhavnsgade 7, P.O. Box 380, DK-8100 Aarhus C, T: (004589) 31 21 11, Fax: 31 21 12, email: CSA@CSA.DK)
P. Taisbak
E. Eisenga (A.D.M. Europoort B.V., Postbus 1105, NL-3180 AC Rozenburg, T: (0031181) 25 72 00, Fax: 26 28 31)
H. van der Wal (A.D.M. Europoort)
S. Mott (A.D.M. Ingredients)
B. Pentelow (Bush Boake Allen Ltd., European Product Marketing Manager, Flavours Division, Blackhorse Lane, UK-London E17 5QP, T: (0044181) 5 23 65 34, Fax: 5 23 63 97, email: brian%entelow@bushboakeallen.com)
M. Feys (Amylum N.V., Burchtstraat 10, B-9300 Aalst, T: (003253) 73 33 15, Fax: 73 30 28, email: feysm@amylum.com)
Mitglieder: 6 + 2 Associierte
Mitarbeiter: 2
Direct membership of individual companies and associated membership of national federations

• IZ F 640

Europäische Vereinigung für Pulvermetallurgie (EPMA)
European Powder Metallurgy Association
Fédération européenne de la métallurgie des poudres
Old Bank Buildings, GB-Bellstone, Shrewsbury SY1 1HU
T: (00441743) 24 88 99 **Fax:** 36 29 68
Internet: http://www.epma.com
E-Mail: info@epma.com
Gründung: 1989
President: Dr.-Ing. Lothar Albano-Müller
Executive Director: Bernard Williams
Leitung Presseabteilung: Paul Whittaker
Verbandszeitschrift: EPMA News
Mitglieder: 240
Mitarbeiter: 6

• IZ F 641

Europäische Vereinigung für Stahlrohre (ESTA)
European Steel Tube Association (ESTA)
Association Européenne du Tube d'Acier
Rue de Silly 130, F-92100 Boulogne Billancourt
T: (00331) 49 09 35 91 **Fax:** (003351) 49 09 39 20
Gründung: 1994
Secretary General: Raymond Barbier (Contact)
Mitglieder: 13

Mitgliedsorganisationen

Belgien

iz f 642

Chambre Syndicale Belge des Tubes d'Acier
s/c Laminoirs de Longtain
Rue E. Vandervelde 1, B-7170 Bois d'Haine
T: (003264) 27 35 05 **Fax:** 26 18 46

Deutschland

iz f 643

Wirtschaftsvereinigung Stahlrohre
Postf. 30 09 55, 40409 Düsseldorf
Kaiserswerther Str. 137, 40474 Düsseldorf
T: (0211) 43 47 54 **Fax:** 43 47 57

Spanien

iz f 644

UNESID
Postf. 13098, E-28080 Madrid
T: (00341) 5 62 40 10 **Fax:** 5 62 65 84

Frankreich

iz f 645

Chambre Syndicale des Tubes Soudés
Immeuble le Pacific 7/13 Cours Valmy, F-92070 Paris La Defense
T: (00331) 41 25 85 88 **Fax:** 41 25 85 77

iz f 646

Syndicat de l'Industrie des Tubes Etirés et Laminés sans Soudure en Acier
Rue de Silly 130, F-92100 Boulogne Billancourt
T: (00331) 49 09 35 91 **Fax:** 49 09 39 20

Italien

iz f 647

Federacciai
Viale Sarca 336, I-20126 Mailand
T: (00392) 66 14 61 **Fax:** 66 14 62 19

Luxemburg

Tuberie de Differdange
B.P. 166, L-4503 Differdange
T: (00352) 5 82 02 471 **Fax:** 58 35 02

Niederlande

iz f 648

Hoogovens Buizen
Souvereinstraat 35, NL-4903 RH Oosterhout
T: (00311624) 8 23 36 **Fax:** 3 53 93

Großbritannien

iz f 649

United Kingdom Steel Tube Association
Postf. 101, GB-Corby, Northants
T: (00441536) 40 40 28 **Fax:** 40 42 72

iz f 650

British Welded Steel Tubes Association
Western Way-Wednesbury, GB-West Midlands WS10 7BJ
T: (0044121) 5 56 12 00 **Fax:** 5 05 12 26

Österreich

iz f 651

Arbeitsgemeinschaft der Stahlrohrerzeuger Österreichs
Wiedner Hauptstrasse 63, A-1045 Wien
T: (00431) 5 01 05 **Fax:** 5 05 09 28

Finnland

iz f 652

Perusmetalli
Eteläranta 10, FIN-00130 Helsinki
T: (003589) 1 92 31 **Fax:** 62 44 62

Schweden

iz f 653

Jernkontoret
Postf. 17 21, S-11187 Stockholm
T: (00468) 6 79 17 23 **Fax:** 6 11 10 91

• IZ F 654

Europäische Vereinigung für Verpackung und Umwelt (EUROPEN)
European Organization for Packaging and the Environment
Organisation Européenne pour l'Emballage et l'Environnement
Le Royal Tervuren
Avenue de l'Armée 6, B-1040 Brüssel
T: (00322) 7 36 36 00 **Fax:** 7 36 35 21
Internet: http://www.europen.be
E-Mail: Packaging@EUROPEN.be
Gründung: 1992
President: Anders Linde
Contact: Man. Dir. Julian Carroll
Mitglieder: 57
Mitarbeiter: 3

• IZ F 655

Europäische Vereinigung für die Verwertung der Nebenprodukte von Kohlekraftwerken e.V. (ECOBA)
Klinkestr. 27-31, 45136 Essen
T: (0201) 81 28-275 **Fax:** 81 28-364
Gründung: 1990
Präsident(in): Eric Soetens (Electrabel, Belgien)
Geschäftsführer(in): Dr. Wolfgang vom Berg

• IZ F 656

Europäische Vereinigung der Spezialtiefbauunternehmen (EFFC)
European Federation of Foundation Contractors
Fédération Européenne des entreprises de fondations
Forum Court
Copers Cope Rd 83, GB-Beckenham, Kent BR3 1NR
T: (004420) 86 63 09 48 **Fax:** 86 63 09 49
Internet: http://www.effc.org
E-Mail: effc@geotechnical.demon.co.uk
President: Makis Matsas
Contact: D. Jennings
Mitglieder: 18 nationale Verbände bzw. Vereinigungen
Mitarbeiter: 2

Dänemark

iz f 657

European Federation of Foundation Contractors
c/o PER AARSLEFF A/S
Lokesvej 15, DK-8230 Abyhoj
T: (0045) 87 44 22 22 **Fax:** 87 44 22 48

Deutschland

iz f 658

Hauptverband der Deutschen Bauindustrie e.V.
Bundesfachabteilung Spezialtiefbau
Kurfürstenstr. 129, 10785 Berlin
T: (030) 2 12 86-0 **Fax:** 2 12 86-240
Internet: http://www.bauindustrie.de
E-Mail: bauind@bauindustrie.de
Contact: Dipl.-Ing. B. Engelhardt

Frankreich

iz f 659

Syndicat National des Entrepreneurs de Sondages, Forages et Fondation Spéciales (SOFFONS)
Rue de Berri 3, F-75008 Paris
T: (00331) 44 13 31 03 **Fax:** 45 61 04 47
E-Mail: fntp.dat@infonie.fz
Contact: H. Thonier

Griechenland

iz f 660

European Federation of Foundation Contractors
c/o Edrasis-CH Psallidas SA
5th Klm, Painaias- Markopoulou Rd, GR-19400 Athen
T: (00301) 60 20 500 **Fax:** 6 84 62 78

Großbritannien

iz f 661

Federation of Piling Specialists (FPS)
Forum Court
Copers Cope Rd 83, GB-Beckenham, Kent BR3 1NR
T: (004420) 86 63 09 48 **Fax:** 86 63 09 49

Italien

iz f 662

ANIEF
c/o ANCE
Via Guattani 16, I-00161 Rom
T: (00396) 8 48 83 78 **Fax:** 44 23 28 32

Niederlande

iz f 663

Nederlandse Vereniging Aannemers Funderingswerken (NVAF)
Postf. 211, NL-3430 AE Niewegein
T: (003130) 6 03 90 74 **Fax:** 6 04 22 96
Contact: H. de Koning

Österreich

iz f 664

Vereinigung Österreichischer Bohrunternehmungen (VÖBU)
Hietzinger Kai 133, A-1130 Wien
T: (00431) 8 77 26 31 **Fax:** 8 77 26 35

Schweden

iz f 665

Palentreprenorforeningen (SFFC)
Nordlandsgatan 15, S-10398 Stockholm
T: (00468) 6 98 58 00 **Fax:** 6 98 58 06

Schweiz

iz f 666

Vereinigung Schweizerischer Bohrfirmen (VSB)
Geuenseestrasse 6, CH-6210 Sursee
T: (004141) 9 21 30 50 **Fax:** 9 21 93 50

Rumänien

iz f 667

Federatia Nationala a Constructorilor de Fundatii Speciale din Romania
str. Rudeni nr. 6 Chitila SAI cod, R-78966 Bucharesti
T: (00401) 3 12 86 35 **Fax:** 3 12 86 35

Ungarn

iz f 668

Alapozási Vállalkozók Szövestége
Andrássy út 98, H-1062 Budapest
T: (00361) 1 12 76 79 **Fax:** 1 53 11 69

Spanien

iz f 669

AETESS
Calle Torpedero Tucuman 26, bajo E, E-28016 Madrid
T: (00341) 3 59 82 36 **Fax:** 7 47 38 66
Kontaktperson: F. Mendaña

• IZ F 670

Europäische Vereinigung der Hersteller von Aluminium-Aerosoldosen (AEROBAL)
Association Européenne des Fabricants de Boîtes en Aluminium pour Aérosol
Postf. 10 54 63, 40045 Düsseldorf
Am Bonneshof 5, 40474 Düsseldorf
T: (0211) 47 96-0 **Fax:** 47 96-4 08
E-Mail: aerobal@aluinfo.de
Gründung: 1976 (22. September)
Präsident(in): N.N.
Generalsekretär(in): Dipl.-Volksw. Gregor Spengler (Am Bonneshof 5, 40474 Düsseldorf)
Mitglieder: 21
Mitarbeiter: 3

• IZ F 671

Europäische Vereinigung der Hersteller feuerfester Erzeugnisse (PRE)
European Refractories Producers Federation
Fédération Européenne des Fabricants de Produits Réfractaires
Rue des Colonies 18-24, B-1000 Brüssel
T: (00322) 5 11 30 12, 5 11 70 25 **Fax:** 5 11 51 74
Gründung: 1953
Präsident(in): O. Duval
Geschäftsführer(in): R. Chorus
Mitarbeiter: 4

Mitgliedsorganisationen

Deutschland

iz f 672

Verband der Deutschen Feuerfest-Industrie e.V.
An der Elisabethkirche 27, 53113 Bonn
T: (0228) 9 15 08 0 **Fax:** 9 15 08 55

Frankreich

iz f 673

Syndicat National des Industries Françaises de Produits Réfractaires
15, avenue Victor Hugo, F-75116 Paris
T: (00331) 45 00 18 56 **Fax:** 45 00 47 56

Griechenland

iz f 674

Mathios Refractories' S.A.
Epidavrou 6, GR-18233 Rentis
T: (00301) 4 91 35 02, 4 91 87 67 **Fax:** 4 90 39 49

Großbritannien

iz f 675

Refractories Association of Great Britain
Federation House
Station Road, GB-Stoke on Trent ST4 2SA
T: (00441782) 74 46 31 **Fax:** 74 41 02

Italien

iz f 676

Assopiastrelle - Settore Refrattari
Via alla Porta Degli Archi 3/18, I-16121 Genua
T: (003910) 54 00 00 **Fax:** 56 53 42

Niederlande

iz f 677

Algemene Vereniging voor de Nederlandse Aardewerkindustrie
Keramisch Huis
Postf. 473, NL-6800 AL Arnhem
T: (003126) 4 42 82 22 **Fax:** 4 45 45 39

Nordische Gruppe (Finnland, Schweden, Norwegen)

iz f 678

Nordic group of PRE
c/o BET-KER OY
Jousentie 4, FIN-84100 Ylivieska
T: (003588) 424261 **Fax:** 424953

Österreich

iz f 679

Fachverband der Bergwerke und Eisenerzeugenden Industrie
Postf. 3 00, A-1010 Wien
T: (00431) 5 12 46 01 **Fax:** 5 12 46 01 20

iz f 680

SK-Fachverband der Stein- und Keramischen Industrie Österreichs
Postf. 329, A-1045 Wien
Wiedner Hauptstrasse 63, A-1045 Wien
T: (00431) 5 01 05 35 31 **Fax:** 5 05 65 40
Internet: http://www.wk.or.at/steinkeramik
E-Mail: steine@wkoesk.wk.or.at

Spanien

iz f 681

Asociacion Nacional de Fabricantes de Refractario
c/o Didier
Ave. Conde de Santa Barbara 12, E-33420 Lugones (Asturias)
T: (00348) 5 26 18 02 **Fax:** 5 26 41 37

Türkei

iz f 682

Ceramic & Refractory Manuf. Association
Buyukdere cad. Yonca, Apt. No. 151/B, Daire 3.1
K.7 Zincirlikuyu, TR-80300 Istanbul
T: (0090212) 2 66 44 67 **Fax:** 2 75 10 22

Tschechische Republik

iz f 683

Refrasil s.r.o.
Grinecké zelezárny, a.s., CZ-73970 Trinec
T: (00420659) 43 32 86 **Fax:** 43 42 60

• IZ F 684

Europäische Vereinigung der Hersteller von Gasdruckreglern (FAREGAZ)
Union of European Manufacturers of Gas Pressure Controllers
Union des Fabricants Européens de Régulateurs de Pression de Gaz
c/o Italy ANIMA
Via L. Battistotti Sassi 11b, I-20133 Mailand
T: (00392) 7397-1 **Fax:** 7397-316
Präsident(in): Dr.jur. Tito Nardi
Generalsekretär(in): Dr.-Ing. Alessandra Leni (Italy ANIMA, Via L. Battistotti Sassi 11b, I-20133 Milano, T. (0039) 0 27 39 71, Fax: (0039) 0 27 39 73 16)
Mitglieder: 18

• IZ F 685

Europäische Vereinigung der Hersteller von Gaszählern (FACOGAZ)
Association of European Gas Meter Manufacturers
Association des Fabricants Européens de Compteurs de Gaz
Rue de Stalle 140, B-1180 Brüssel
T: (00322) 333 19 35 **Fax:** 332 24 64
Generalsekretär(in): Jacques Senave
Mitglieder: 22

• IZ F 686

Europäische Vereinigung der Hersteller von Heizkörpern (EURORAD)
European Association of Manufacturers of Radiators
Association Européenne des Constructeurs de Corps de Chauffe
Postf. 7190, CH-8023 Zürich
Konradstr. 9, CH-8005 Zürich
T: (00411) 2 71 90 90 **Fax:** 2 71 92 92
Gründung: 1964
Präsident(in): Heribert Gasser, Wartberg (A)

Generalsekretär(in): Kurt Egli, Zürich (CH)
Mitglieder: 14

Mitgliedsorganisationen

Belgien

iz f 687

Association des Constructeurs de Radiateurs en Acier ACRA
c/o FABRIMETAL
Diamant Building, bd. A. Ryers 80, B-1030 Bruxelles
T: (00322) 7 06 79 61 **Fax:** 7 06 79 66
E-Mail: francois-xavier.belpaire@fabrimetal.be

Dänemark

iz f 688

DANRAD
Sekretariat
Lindbjergvej 35, DK-4040 Jyllinge
T: (004546) 78 95 73 **Fax:** 78 95 73
E-Mail: jschwarz@post4.tele.dk

Deutschland

iz f 689

Bundesverband der Deutschen Heizungsindustrie e.V. (BDH)
Frankfurter Str. 720-726, 51145 Köln
T: (02203) 9 35 93-0 **Fax:** 9 35 93-22

Frankreich

iz f 690

Groupement des Constructeurs de Matériels de Chauffage Central par l'eau chaude et de préparation de l'eau chaude sanitaire (CMC)
Postf. 72, F-92038 Paris La Défense
T: (00331) 47 17 61 64 **Fax:** 47 17 60 03

Italien

iz f 691

ANIMA - Federazione delle Associazioni Nazionali dell'Industria Meccanica varie ed affine
Federation of the Italian Mechanical and Engineering Industry Associations
ASSOTERMICA
Via L. Battistotti Sassi 11/B, I-20133 Mailand
T: (003902) 73 97-1 **Fax:** 73 97-316
Internet: http://www.anima-it.com
E-Mail: anima@anima-it.com

Niederlande

iz f 692

Vereniging Fabrieken van Staalplaat Radiatoren (VSR)
Postf. 190, NL-2700 AD Zoetermeer
Boerhaavelaan 40, NL-2713 HX Zoetermeer
T: (003179) 3 53 12 56/7 **Fax:** 3 53 13 65
Sekretär: J. Griep
Mitglieder: 6

Österreich

iz f 693

Fachverband der Eisen- und Metallwarenindustrie Österreichs
Berufsgruppe Radiatoren
Postf. 3 35, A-1045 Wien
Wiedner Hauptstr. 63, A-1045 Wien
T: (00431) 5 01 05 34 75 **Fax:** 5 05 09 28
Internet: http://www.fmwi.at
E-Mail: fmwi@fmwi.at

Schweiz

iz f 694

Verband Schweizerischer Heizkörper-Werke (VSHW)
Postf. 7190, CH-8023 Zürich
Konradstr. 9, CH-8005 Zürich
T: (00411) 2 71 90 90 **Fax:** 2 71 92 92

Schweden

iz f 695

Thermopanel i Helsingborg AB
Postf. 22029, S-25022 Helsingborg
T: (004642) 15 30 00 **Fax:** 15 20 13

Spanien

iz f 696

FEGECA Fabricantes españoles de generadores y emisores de calor
Principe de Vergara 74, 2°, E-28006 Madrid
T: (003491) 5 62 54 15 **Fax:** 4 11 46 07

• IZ F 698

Europäische Vereinigung der Hersteller von Polyurethan-Weichschaumblöcken (EUROPUR)
European Association of flexible Polyurethane foam Blocs manufacturers
Association Européenne des Fabricants de blocs de mousse souple de polyuréthane
Square Marie-Louise 49, B-1000 Brüssel
T: (00322) 2 38 97 42 **Fax:** 2 38 99 98
Gründung: 1965
President: B. Poole
Kontaktperson: Theo Speeleveld
Mitglieder: 18
Mitarbeiter: 2

Belgien

iz f 699

FECHIPLAST
Square Marie Louise 49, B-1000 Brüssel
T: (00322) 2 38 97 11 **Fax:** 2 38 99 98

iz f 700

Recticel International
Avenue des Pléiades 15, B-1200 Brüssel
Vice President: W. Dupont

iz f 701

Recticel N.V.
Damstraat 2, B-9230 Wetteren
TC Chairman: H. Creyf

Dänemark

iz f 702

The Danish Plastic Federation (DPF)
Noerre Voldgade 48 3rd floor, DK-1358 København K
T: (004533) 13 30 22 **Fax:** 91 08 98
Internet: http://www.plastindustrien.dk
E-Mail: pd@plast.dk
Kontaktperson: J. Rasmussen

Deutschland

iz f 703

Verband der Polyurethan-Weichschaum-Industrie e.V.
Postf. 90 03 60, 60443 Frankfurt
Zeppelinallee 69, 60487 Frankfurt
T: (069) 79 36-157, 79 36-0 **Fax:** 79 36-165
Kontaktperson: H. Hirsch

iz f 704

METZELER SCHAUM GmbH
Postf. 16 53, 87686 Memmingen
Donaustr. 51, 87700 Memmingen
T: (08331) 8 30-0 **Fax:** 8 30-397
TGR: Metzelerschaum Memmingen
Internet: http://www.metzeler-schaum.de
Gründung: 1966
Geschäftsführer(in): Bernard Poole
Mitarbeiter: 630

Spanien

iz f 705

ASEPUR
P. I. Las Arenas C/Ronda 5, E-28320 Pinto
T: (003491) 6 91 12 04 **Fax:** 6 91 63 00
Kontaktperson: C. Fernandez

iz f 706

ICOA S.A.
San Vincente 8 Planta 12, Edificio Albia, E-48001 Bilbao

Estland

iz f 707

Univa A/S
Pelerburi Tee 48a, EW-11415 Tallinn
Kontaktperson: A. Kullo

Frankreich

iz f 708

Syndicat National des Plastiques Alvéolaires
Avenue du Recteur Poincarré 15, F-75016 Paris
T: (00331) 45 20 42 68 **Fax:** 42 24 59 02
Kontaktperson: C. Amoy

Irland

iz f 709

Kayfoam Woolfson Ltd.
Bluebell Industrial Estate, Naas Road, IRL-Dublin 12
T: (003531) 4 50 90 55 **Fax:** 4 50 66 63
Kontaktperson: Woolfson

iz f 710

Vita Cortex Ltd.
Kinsale Road, IRL-Cork
T: (0035321) 96 43 77 **Fax:** 31 39 43
Kontaktperson: T. M. Hayes

Italien

iz f 711

AIPEF
c/o Unionplast
Via Petitti 16, I-20149 Mailand
T: (00392) 39 21 04 25 **Fax:** 39 26 65 48
Kontaktperson: M. Lamperti

Finnland

iz f 712

The Finnish Plastics Industry Federation (TFPIF)
Postf. 4, FIN-00131 Helsinki
T: (003589) 17 28 43 06 **Fax:** 17 11 64
Kontaktperson: A. Hikkola

Niederlande

iz f 713

Nederlandse Vereniging van Rubber- en Kunststoffabrikanten
Postbus 418, NL-2260 AK Leidschendam
T: (003170) 3 17 72 43 **Fax:** 3 17 74 12
Kontaktperson: J. W. Adrian

Norwegen

iz f 714

Plastindustriforbundet (PIF)
Essendropsgt. 3, PB 5487 Majorstua, N-0305 Oslo
Kontaktperson: A. K. Frydendal

Österreich

iz f 715

Eurofoam GmbH
Greinerstr. 70, A-4550 Kremsmünster
T: (00437583) 72 51-0 **Fax:** 83 63 79
Kontaktperson: M. Marchgraber

Polen

iz f 716

Polopren sp.z.o.o.
ul. Szczawinska 42, PL-95-100 Zgierz
Kontaktperson: S. Ogorkiewicz

Portugal

iz f 717

Flexipol S.A.
Devesa Velha - Apdo 133-3702, P-3702 S. Joao da Madeira
Codex
Kontaktperson: C. Monteiro

iz f 718

Cordex S.A.
Lugar da Torre, P-3885 Esmoriz
Kontaktperson: C. Pereira

Schweden

iz f 719

The Plastics and Chemicals Federation
Postf. 105, S-10122 Stockholm
T: (004684) 02 13 60 **Fax:** 11 45 26
Internet: http://www.plast-kemi.se/komposit/index.htm
E-Mail: thomas.bohlin@plast-kemi.se
Kontaktperson: P. Pien

Schweiz

iz f 720

Fritz Nauer AG
Oberwolfhauserstr. 3, CH-8633 Wolfhausen
T: (004155) 2 53 64 60 **Fax:** 2 53 63 99
Kontaktperson: H. Dürrenberger

Großbritannien

iz f 721

British Rubber Manufacturers' Association Ltd. (BRMA)
6, Bath Place, Rivington Street, GB-London EC2A 3JE
T: (0044207) 4 57 50 40 **Fax:** 9 72 90 08
Kontaktperson: A.J. Dorken

Slowenien

iz f 722

Poliuretani-Plama
T: (0038667) 80 02 07 **Fax:** 80 02 99
Kontaktperson: V. Jakovac

Tschechische Republik

iz f 723

GUMOTEX AG
Mládeznická 3, CZ-69075 Br_7eclav
T: (00420627) 31 41 11 **Fax:** 32 29 09
Kontaktperson: J. Kaluzik

• IZ F 724

Europäische Vereinigung der Hersteller von Sanitärkeramik (FECS)
European Federation of Manufacturers of Sanitary Ceramics
Fédération Européenne des Fabricants de Céramiques Sanitaires
Avenue Victor Hugo 15, F-75116 Paris
T: (00331) 45 00 18 56 **Fax:** 45 00 47 56
Gründung: 1954
Vorsitzende(r): Yvon Riou
Generalsekretär(in): François de la Tour
Mitglieder: 15
Mitarbeiter: 2

Nationale Verbände

Deutschland

iz f 725

Fachverband Sanitär-Keramische Industrie e.V.
Postf. 16 24, 95090 Selb
Schillerstr. 17, 95100 Selb
T: (09287) 80 80 **Fax:** 7 04 92

Frankreich

iz f 726

Association Française des Industries de Céramique Sanitaire
Avenue Victor Hugo 15, F-75116 Paris
T: (00331) 45 00 18 56 **Fax:** 45 00 47 56

Großbritannien

iz f 727

British Bathroom Council
Federation House
Station Road, ST42RT Staffs, GB-Stoke on Trent
T: (00441782) 74 70 74 **Fax:** 74 71 61

Italien

iz f 728

Federceramica Associazione Nazionale degli Industriali della Ceramica e degli Abrasivi
Via Academia n. 33, I-20131 Mailand
T: (003902) 2 68 10-1 **Fax:** 2 68 10-406

Portugal

iz f 729

Associaçao Portuguesa de Cerâmica (APC)
Edifício C
Rua Coronel Veiga Simão, P-3020-053 Coimbra
T: (0035139) 49 76 00 **Fax:** 49 76 01
E-Mail: apicer.info@ctcv.pt

Spanien

iz f 730

Associaçion Nacional de Fabricantes de Ceramica Sanitaria
c/Academia 8, 4 Derecha D, E-28014 Madrid
T: (003491) 4 20 00 35 **Fax:** 4 29 64 64

• IZ F 731

Europäische Vereinigung der Hersteller von Verpackungen aus Vollpappe (ASSCO)
European Solid Fibreboard Case Manufacturers' Association
Association Européenne des Fabricants de Caisses en Carton Compact
Postf. 8 56 12, NL-2508 CH Den Haag
Laan Copes van Cattenburch 79, NL-2585 EW Den Haag
T: (003170) 3 12 39 16 **Fax:** 3 63 63 48
E-Mail: mail@assco.org
Gründung: 1961
President: I. Stork
Vice President: A. Smit
Secretary: Dr. H. A. Voskamp
Mitglieder: 4 Verbände in Großbritannien, der Bundesrepublik Deutschland, den Niederlanden, Belgien und Skandinavien

• IZ F 732

Europäische Vereinigung der Hersteller von Warmlufterzeugern (EURO-AIR)
European Association of Air Heater Manufacturers
Postf. 51 09 60, 50945 Köln
Marienburger Str. 15, 50968 Köln
T: (0221) 3 76 48-30 **Fax:** 3 76 48-61
E-Mail: figawa@t-online.de
Präsident(in): Ing. Carlo Formigoni
Geschäftsführer(in): Dr.rer.nat. Norbert Burger
Sekretariat: Mihaela Savu
Rechnungswesen: Kirsten Nocker
Presse u. Öffentlichkeitsarbeit: Doris Schmitz
Mitglieder: 17

iz f 733

AL-KO THERM GmbH Maschinenfabrik
Postf. 51, 89341 Jettingen-Scheppach
Hauptstr. 248-250, 89343 Jettingen-Scheppach
T: (08225) 39-157 **Fax:** 39-113
Dipl.-Ing. Haindl

iz f 734

Combat Engineering Ltd.
Oxfort Street, Bilston, GB-West Midlands WV14 7EG
T: (00441902) 49 44 25 **Fax:** 40 32 00
Chief Executive: John W. Hathaway
D. Green

iz f 735

P.P.U. CREON Sp.z.o.o.
ul. Biwakowa 65, PL-80-299 Danzig
T: (004858) 6 61 54 00 **Fax:** 6 21 78 66
Deputy Director: Erazm Felcyn (Commercial and Marketing)

iz f 736

A/S Dantherm
Jegstrupvej 4, DK-7800 Skive
T: (0045) 97 52 41 44 **Fax:** 97 52 61 34
Jens Oestergaard

iz f 737

Heylo Energietechnik GmbH
Im Finigen 9, 28832 Achim
T: (04202) 97 55-0 **Fax:** 97 55-97
Geschäftsführer(in): Dr. Thomas Wittleder

iz f 738

Konfoma Thermobile Industries B.V.
Postf. 33 12, NL-4825 BD Breda
Konijenberg 80, NL-4825 BD Breda
T: (00317) 68 73 45 **Fax:** 6 87 27 89

iz f 739

Walter Kroll GmbH
Postf. 67, 71736 Kirchberg
Pfarrgartenstr. 46, 71737 Kirchberg
T: (07144) 83 00 **Fax:** 83 01 00
Internet: http://www.kroll.de
Gründung: 1963
Kontakt: Dipl.-Ing. Eugen Feihl
Dipl.-Ing. Hansjörg Vogt

iz f 740

LK Metallwaren GmbH
Am Falbenholzweg 36, 91126 Schwabach
T: (09122) 6 99-0 **Fax:** 6 99-149
Prokurist(en): Karlheinz Hintze

iz f 741

Mark Klimaat Techniek Machines BV
Beneden Verlaat 87-89, NL-9645 AA Veendam
T: (0031) 5 98 61 96 00 **Fax:** 59 86 24
Managing Director: van Yren

iz f 742

Maschinen- und Apparatebau Hagen GmbH
Langscheider Str. 41, 58339 Breckerfeld
T: (02338) 91 82-0 **Fax:** 91 82-60
Internet: http://www.mua.de
E-Mail: mua@mua.de
Kontaktperson: F. J. Köser

iz f 743

Gustav Nolting GmbH Neuzeitliche Heiztechnik
Postf. 50 05, 32729 Detmold
Orbker Str. 38, 32758 Detmold
T: (05231) 60 01-0 **Fax:** 60 01-51
E-Mail: gustav-nolting-gmbh@t-online.de
Dipl.-Ing. Sander

iz f 744

Powrmatic
Winterhay Lane, GB-Ilminster Somerset TA19 9PQ
T: (00441460) 5 35 35 **Fax:** 5 23 41
Fells (Management)

iz f 745

Reznor Europe N.V.
J. & M. Sabbestrat 130, B-8930 Menen
T: (0032) 56 52 95 11 **Fax:** 56 52 95 33
Chief Executive: Joseph Boeckx

iz f 746

ROBUR S.p.A.
Viale Parigi 4-6, I-24040 Verdellino/Zingonia
T: (003935) 88 81 11 **Fax:** 88 41 65
Direttore Generale: Ing. Carlo Formigoni

iz f 747

TECNOCLIMA S.p.A.
Viale Industrie 19, I-38057 Valsugana/Trento
T: (0039461) 53 16 76 **Fax:** 51 24 32
Facchinelli, Vescovi

iz f 748

TECNOCLIMA S.p.A.
Hessenring 73, 61348 Bad Homburg
T: (06172) 2 95 46 **Fax:** 69 06 35
Dipl.-Ing. Giovanni Kogoi

iz f 749

Winterwarm B.V.
Industrieweg 8, NL-7102 DZ Winterswijk
T: (0031543) 51 39 66 **Fax:** 52 17 95
Ing. L. BG. Looman (MBA)

iz f 750

Techni Métal
RN 113-Route de Narbonne, F-11200 Lezignan-Corbières
T: (00334) 68 27 66 66 **Fax:** 68 27 55 89
Philippe Gasser

• **IZ F 751**

Europäische Vereinigung der Industrie flexibler Verpackung (FEDES)
European Federation for the Flexible Packaging Industry
Fédération Européene de l'Industrie de l'Emballage Souple
Postf. 85612, NL-2508 CH
Laan Copes van Cattenburch 79, NL-2585 EW Den Haag
T: (003170) 3 12 39 13 **Fax:** 3 63 63 48
E-Mail: info@fedes.com
Gründung: 1958
President: M. Raninger
Secretary General, Contact: Dr. J.E.G. le Jeune
Mitglieder: ca. 175 individual members, divided anary 10 national (secrétariats) associations

Mitglieder

Belgien

iz f 752

Belgian Fedes Group
c/o FETRA
Chaussée de Waterloo 715B-25, B-1180 Brüssel
T: (00322) 3 44 19 62 **Fax:** 3 44 86 61
Kontaktperson: Jan Cardon

Deutschland

iz f 753

IPV
Große Friedberger Str. 44-46, 60313 Frankfurt
T: (069) 28 12 09 **Fax:** 29 65 32
Kontaktperson: Dipl.-Volksw. Bernhard Sprockamp

Frankreich

iz f 755

Chambre Syndical des Fabricants de sacs en papier
Rue Galilée 42, F-75116 Paris
T: (00331) 47 23 75 52 **Fax:** 47 23 67 53
Kontaktperson: Stéphane Teicher

Italien

iz f 756

GIFLEX
Piazza Conciliazione 1, I-20123 Mailand
T: (00392) 4 98 10 51 **Fax:** 4 81 69 47
Kontaktperson: P. Tontodonati

Niederlande

iz f 757

Nederlandse Fedes Groep
Laan Copes van Cattenburch 79, NL-2585 EW Den Haag
T: (003170) 3 12 39 13 **Fax:** 3 63 63 48
Kontaktperson: Dr. J.E.G. le Jeune

Österreich

iz f 758

Verband der Industrie flexibler Verpackung im Fachverband PPV
Brucknerstr. 8, A-1040 Wien
T: (00431) 50 55 38 20 **Fax:** 5 05 90 18
Präsident(in): Alfons Giesinger
Geschäftsführer(in): M.R. Bergolth

Schweiz

iz f 759

Association Suisse de l'Industrie de l'Emballage Souple
Postf. 1 34, CH-8032 Zürich
Bergstr. 110, CH-8030 Zürich
T: (00411) 2 66 99 30 **Fax:** 2 66 99 49
Kontaktperson: Häberli

iz f 760

Interessengemeinschaft Flexible Verpackungen (IGFV)
c/o AC Treuhand
Postf. 10, CH-8032 Zürich
T: (00411) 2 02 17 53 **Fax:** 2 02 15 51
Kontaktperson: R. Kramer

Spanien

iz f 754

ANCE
Plaza de España (Fira de Barcelona), E-08004 Barcelona
T: (00343) 2 33 22 50 **Fax:** 2 33 22 52
Kontaktperson: D.P. Serrat Benedicto

• **IZ F 761**

Europäischer Dachverband der Reinigungsindustrie (FENI-EFCI)
European Federation of Cleaning Industries
Fédéderation Européenne du Nettoyage Industriel
Rue de l'Association 27, B-1000 Brüssel
T: (00322) 2 19 47 37 **Fax:** 2 19 45 31
E-Mail: efci@skynet.be
Gründung: 1988
Präsident(in): Guy Auffret
Kontaktperson: Fabiana Pierini
Mitglieder: 13
Mitarbeiter: 3

Mitgliedsorganisationen

Belgien

iz f 762

Union Générale Belge du Nettoyage et de la Désinfection (ABSU-UGBN)
Avenue des Nerviens 117, B-1040 Brüssel
T: (00322) 7 32 13 42 **Fax:** 7 35 07 87
E-Mail: absu.ugbn@skynet.be
Kontaktperson: Hilde Engels (Secrétaire Générale)

Dänemark

iz f 763

Servicebranchens Arbeijdsiverforening (SBA)
Rosenorns Alle 1, DK-1970 Kopenhagen
T: (004535) 37 47 11 **Fax:** 37 46 11
Kontaktperson: Lone Lind (Chief Executive)

Deutschland

iz f 764

Bundesinnungsverband des Gebäudereiniger-Handwerks (BIV)
Dottendorfer Str. 86, 53129 Bonn
T: (0228) 9 17 75-0 **Fax:** 9 17 75-11
Internet: http://www.gebaeudereiniger.de
E-Mail: biv@gebaeudereiniger.de
Kontaktperson: Johannes Bungart (Geschäftsführer)

Finnland

iz f 765

Poperty Maintenance and Management Association (KIPA)
Postf. 11, FIN-00131 Helsinki
Etelaeranta 10, FIN-00131 Helsinki
T: (003589) 17 28 31 **Fax:** 65 55 88
Kontaktperson: Jarmo Juvonen (Managing Director)

Frankreich

iz f 766

Fédération des Entreprises de Propreté (FEP)
Boulevard Maxime Gorki 34, F-94808 Villejuif
T: (00331) 46 77 68 00 **Fax:** 47 26 90 85
Kontaktperson: Pascal Six (Délégué général)

Großbritannien

iz f 767

Cleaning and Support Services Association (CSSA)
Back Church Lane 101 New Loom House, GB-London E1 1LU
T: (0044207) 481 0881 **Fax:** 481 0882
Kontaktperson: Michael Bizley (Director General)

Italien

iz f 768

Federazione Italiana Imprese di Servizi (FISE)
Via del Poggio Laurentino 10, I-00144 Rom
T: (00396) 5 92 10 76 **Fax:** 5 91 99 55
Kontaktperson: Giuseppe Gherardelli (Secretary General)

Luxemburg

iz f 769

Fédération Luxembourgeoise des Entreprises de Nettoyage (FLEN)
2, Circuit de la Foire internationale Plateau Kirchberg, L-1016 Luxemburg
T: (00352) 4 24 51 11 **Fax:** 42 45 25
Kontaktperson: Patrick Koehnen (Secrétaire Général)

Niederlande

iz f 770

Ondernemersorganisatie Schoonmaak en Bedrijfsdiensten (OSB)
Postf. 90154, NL-5000 LG Tilburg
Reitseplein 1, NL-5000 LG Tilburg
T: (003113) 5 94 42 00 **Fax:** 4 68 14 10
Kontaktperson: Noëlle Davelaar (General Secretary)

Norwegen

iz f 771

Servicebedriftenes Landsforening (SBL)
Postboks 5473 Majorstua, N-0305 Oslo
Essendropsgt 6, S-0368 Oslo
T: (0047) 22 96 11 30 **Fax:** 22 96 11 31
Kontaktperson: Petter Furulund (Executive Director)

Portugal

iz f 772

Associaçao de Empresas de Prestaçao de Servicios de Limpieza (AEPSLAS)
Rua Conde Redondo 76-1, P-1100 Lissabon
T: (003511) 57 62 59 **Fax:** 3 15 84 12
Kontaktperson: José Luis Moura (President)

Schweden

iz f 773

Swedish Association of Contract Cleaner (ALMEGA)
Blasieholmagataan 5, S-10322 Stockholm
T: (0046) 87 62 69 00 **Fax:** 87 62 69 48
Kontaktperson: Katarina Novak (Director)

Spanien

iz f 774

Federacion Nacional de Empresarios de Limpieza de Edificios y Locales (FENAEL)
Triton Pedrero 8, E-28019 Madrid
T: (00341) 4 69 24 12 **Fax:** 5 69 86 33
Kontaktperson: Juan Bosco Arconada Lastras (Presidente)

• IZ F 775

European Cold Storage and Logistics Association (ECSLA)
Avenue de Broqueville 272B-4, B-1200 Brüssel
T: (00322) 7 77-1582 **Fax:** 7 77-1581
Gründung: 1960
President: M. Phelan
Secretary General: Philippe Binard (Contact)

Belgien

iz f 776

Union Professionelle Belge des Industries du Froid (U.P.B.I.F.)
c/o FEBETRA
Rue de 1'Entrepot 5a, B-1020 Brüssel
T: (00322) 4 25 68 00 **Fax:** 4 25 05 68

Dänemark

iz f 777

Brancheforeningen for Danske Frysehuse
c/o Bent Thomsen
Laerkevej 46, DK-4300 Holbaek
T: (0045) 59 44 12 95 **Fax:** 59 44 68 95

Deutschland

iz f 778

Verband Deutscher Kühlhäuser und Kühllogistik-unternehmen e.V. (VDKL)
Schedestr. 11, 53113 Bonn
T: (0228) 2 01 66-0 **Fax:** 2 01 66-11
Internet: http://www.vdkl.com
E-Mail: info@vdkl.com

Griechenland

iz f 779

Union des Industries du Froid
51 rue Stadiou, GR-10559 Athen
T: (00301) 32 14 900 **Fax:** 49 06 324

Großbritannien

iz f 780

@The @Cold Storage & Distribution Federation (CSDF)
Downmill Road, GB-Bracknell , Berkshire RG12 1GH
T: (00441344) 86 95 33 **Fax:** 86 95 27

Irland

iz f 781

Irish Cold Storage Federation
84/86 Lower Baggott Street, IR-Dublin 2
T: (003531) 6 60 10 11 **Fax:** 6 61 28 70

Italien

iz f 782

Assologistica
Vialle Monte Nero 8, I-20135 Milano
T: (00392) 5 46 59 51 **Fax:** 55 18 01 25

Niederlande

iz f 783

Vereniging van Nederlandse Koel- en Vrieshuizen (NEKOVRI)
Postf. 120, NL-5260 AC Vught
T: (003137) 6 14 06 06 **Fax:** 6 14 06 09

Österreich

iz f 784

Verband der Kühlhäuser Österreichs
Zaunergasse 1-3, A-1037 Wien
T: (00431) 712 21 21 50 **Fax:** 712 32 32 6

Schweiz

iz f 785

Schweizerischer Verband für Kühl- und Tiefkühl-Logistik (SVKTL)
c/o FRIGUOSUISSE AG
Postfach, CH-4002 Basel
T: (004161) 3 37 41 11 **Fax:** 3 37 41 22

Spanien

iz f 786

ALDEFE
c/o Mr. Vallines Diaz
Ce. de Rios Rosas 2 - 1° D Izda., E-28003 Madrid
T: (0034) 94 41 30 85 **Fax:** 94 41 52 97

• IZ F 787

Europäische Vereinigung der Lederhandschuhhersteller (FEGAP)
European Leather Glove Manufacturers' Association
Fédération Européenne de la Ganterie de Peaux
Masons Hill 44, Rutland House, GB-Bromley, Kent BR2 9EQ
T: (0044208) 4 64 01 31 **Fax:** 4 64 60 18
President: S. P. Kirsch
Contact: M. Van Egghen
Mitglieder: 3
Mitarbeiter: 2

• IZ F 788

Europäische Vereinigung der ölchemischen und verwandten Produkte (APAG)
The European Oleochemicals and Allied Products Group
Groupement Européen des Produits oléochimiques & Associés
c/o CEFIC
Avenue E. Van Nieuwenhuyse 4/1, B-1160 Brüssel
T: (00322) 6 76 72 11 **Fax:** 6 76 73 01
President: H. de Lannoy
Secretary General: R. Pearson
Contact: Ch. De Cooman

• IZ F 789

Europäische Vereinigung der Papiersackfabrikanten (EUROSAC)
European Federation of Manufacturers of Multiwall Paper Sacks
Fédération Européenne des Fabricants de Sacs en Papier à grande contenance
Rue Galilée 42, F-75116 Paris
T: (00331) 47 23 75 58 **Fax:** 47 23 67 53
Internet: http://www.eurosac.org
E-Mail: info@eurosac.org
Gründung: 1952
Président: François Vittoz (France)
Délégué Général: Stéphane Teicher
Mitglieder: 100

• IZ F 790

Europäische Vereinigung der Pumpenhersteller (EUROPUMP)
European Association of Pump Manufacturers
Association Européenne des Constructeurs de Pompes
General Secretariat
Bld. A. Reyers 80, B-1030 Bruxelles
T: (00322) 706 82 30 **Fax:** 706 79 88
Gründung: 1960
President: Erich Holzhüter
Founder President: Robert Proton de la Chapelle (F)
General Secretary: G. van Doorslaer (B)
Mitglieder: 16

National Associations

iz f 791

Fachverband der Fahrzeugindustrie Österreichs (FMS)
Wiedner Hauptstrasse 63, A-1045 Wien
T: (00431) 5 01 05 48 01 **Fax:** 50 20 62 89
Internet: http://www.fms.at
E-Mail: fahrzeuge@wk.or.at
Mmag. Alexander Krissmanek

iz f 792

FABRIMETAL
Diamant Building, Bd A. Reyers 80, B-1030 Brüssel
T: (00322) 7 06 79 95 **Fax:** 7 06 80 09
Internet: http://www.fabrimetal.be
Guy Van Doorslaer

iz f 793

SWISSMEM (ASM/VSM)
Kirchenweg 4 Postfach, CH-8032 Zürich
T: (00411) 384 4 844 **Fax:** 384 4 848
Internet: http://www.swissmem.ch
E-Mail: info@swissmem.ch
B. Waernier-Gut

iz f 794

Russian Pump Manufacturers' Association (RPMA)
B. Tatarskaya 13, RUS-113184 Moscow
T: (007095) 951 83 53 **Fax:** 951 83 53
Vladimir Karakhanjan

iz f 795

Czech Pump Manufacturers' Association (CPMA)
Kosmonautu 6, CZ-77231 Olomouc
T: (0042068) 5 65 24 20 **Fax:** 5 65 24 41
E-Mail: sigmavvu@mbox.vol.cz
Miroslav Vlach

iz f 796

Fachgemeinschaft Pumpen im VDMA
Postf. 71 08 64, 60498 Frankfurt
Lyoner Str. 18, 60528 Frankfurt
T: (069) 66 03 12 81, 6 60 30 **Fax:** 66 03 16 90
Dipl.-Ing. Josef Hüggelmeier

iz f 797

Foreningen af Danske Pumpenfabrikanter Association of Danish Pump Manufacturers
Attemosevej 28, DK-2840 Holte
T: (004545) 80 08 31 **Fax:** 80 39 42
Henry Hansen

iz f 798

Asociacion Espanola de Fabricantes de Bombas para Fluidos
Principe de Vergera 74, E-28006 Madrid
T: (00341) 4 11 18 81 **Fax:** 4 11 18 81
Fdo Miguel Valles

iz f 799

Association Française des Constructeurs de Pompes (AFCP)
Maison de la Mécanique
Rue Louis Blanc 39-41, F-92400 Courbevoie
T: (00331) 47 17 62 98 **Fax:** 47 17 63 00
Maison de la Mécanique
39-41 Rue Louis Blanc
F-92400 Courbevoie
T: (00331) 47 17 62 84
Telefax: (00331) 47 17 63 00
Jean-Marc Piquemal

iz f 800

Suomen Metalliteollisuuden Keskusliitto
Federation of Finnish Metal and Engineering Industries (FIMET)
Eteläranta 10, FIN-00130 Helsinki 13
T: (00358) 9 19 23 13 72 **Fax:** 9 62 44 62
Riitta Strang

iz f 801

Union of Greek Metal Industries
EVEP Building
Loudovikou Street 1, GR-18531 Piraeus
T: (00301) 4 17 84 12 **Fax:** 4 17 39 74
President: Constantinos Siderides

iz f 802

ASSOPOMPE
c/o FAST
Piazzale Morandi 2, I-20121 Mailand
T: (003902) 7601 5672 **Fax:** 78 24 85
E-Mail: claudia.scaglione@fast.mi.it
Claudia Scaglione

iz f 803

Norsk Verkstedsindustris Standardiseringssentral (NVS)
(Norwegian Engineering Industries Standardization Center)
Postf. 7072, N-0306 Oslo
T: (004722) 46 58 20 **Fax:** 46 18 38
Frode Lund

iz f 804

Holland Pomp Groep
Vereniging FME
Postf. 190, NL-2700 AD Zoetermeer
Boerhaavelaan 40, NL-2713 HX Zoetermeer
T: (003179) 3 53 12 63 **Fax:** 3 53 13 65
Timo Corporal

iz f 805

Svenska Pumpenleverantores Forening
Swedish Pump Suppliers' Association
Postf. 55 06, S-11485 Stockholm
T: (00468) 7 82 09 64 **Fax:** 6 60 33 78
Ulf R. Flodin

iz f 806

SLOVPUMP a.s.
Oslobodítelov 4, SK-97667 Zavadka Nad Hronom
T: (00421867) 68 33 98, 68 31 81-4 **Fax:** 68 32 16
Frantisek Lacko

iz f 807

British Pump Manufacturers' Association (BPMA)
The McLaren Building
Dale End 35, GB-Birmingham B4 7LN
T: (0044121) 2 00 12 99 **Fax:** 2 00 13 06
Internet: http://www.bpma.org.uk
E-Mail: enquiry@bpma.org.uk
Brian Huxley
Verbandszeitschrift: World Pumps
Redaktion: Elsevier Science Publishers
Verlag: Mayfield House, 256 Banbury Road, Oxford OX2 7DH

• **IZ F 808**

Europäische Vereinigung der Rösterverbände (EUCA)
European Federation of Coffee Roasters' Associations
Fédération Européenne des Associations de Torrefacteurs du Café
Tourniairestraat 3 P.O.Box 90445, NL-1006 BK Amsterdam
T: (003120) 5 11 38 15 (ECF), 5 11 38 14 (EUCA)
Fax: 5 11 38 92 (ECF + EUCA)
E-Mail: ecf@coffe-associations.org (ECF), euca@coffee-associations.org
Gründung: 1967
Secrétaire Général: J.A.J.R. Vaessen
Mitglieder in Belgien, Dänemark, Deutschland, Finnland, Frankreich, Großbritannien, Italien, Niederlande, Österreich, Spanien und Schweden

Mitgliedsorganisationen

Belgien

iz f 809

Belgian Coffee Roasters' Association
Avenue de Roodebeeklaan 30, B-1030 Brüssel
T: (00322) 7 43 87 30 **Fax:** 7 36 81 75

Dänemark

iz f 810

Association of Danish Coffee and Tea Importers
Nyhavn 6, DK-1051 Kopenhagen K
T: (004533) 11 93 13 **Fax:** 32 08 48

Deutschland

iz f 811

Deutscher Kaffee-Verband e.V.
Pickhuben 3, 20457 Hamburg
T: (040) 36 62 56-57 **Fax:** 36 54 14
Internet: http://www.kaffeeverband.de
E-Mail: info@kaffeeverband.de

Finnland

iz f 812

Finnish Coffee Roasters' Association
Postf. 115, FIN-00241 Helsinki
T: (003589) 14 88 71 **Fax:** 14 88 72 01
E-Mail: hillevi.latvalahti@linlarviketeollisnus.fi

Frankreich

iz f 813

Syndicat National de l'Industrie et du Commerce du Café (S.N.I.C.C.)
55 bd. Haussmann, F-75008 Paris
T: (00331) 42 25 15 15 **Fax:** 42 25 15 16

Großbritannien

iz f 814

Coffee Trade Federation Ltd
Union Street 63A, GB-London SG1 1SG
T: (0044207) 4 03 30 88 **Fax:** 4 03 77 30
E-Mail: coffeetradefed@compuserve.com

iz f 815

Roast & Ground Coffee Association
Catherine Street 6, GB-London WC2B 5JJ
T: (0044207) 83 62 460 **Fax:** 83 60 580

Italien

iz f 816

Associazione Italiana Industriali Prodotti Alimentari (A.I.I.P.A.)
Gruppo Caffe
Corso di Porta Nuova 34, I-20121 Mailand
T: (003902) 65 41 84 **Fax:** 65 48 22, 5 12 97 71 (BXL)
E-Mail: aiipa.peron@foodarea.it

iz f 817

Associazione Nazionale Torrefattori di Caffe
Via Guiseppe Avezzana 45 int. 6, I-00195 Rom
T: (00396) 36 00 28 89 **Fax:** 3 23 05 36

Niederlande

iz f 818

Vereniging van Nederlandse Koffie Branders en Thee Pakkers
Postf. 90445, NL-1006 BK Amsterdam
Tourniairestraat 3, NL-1065 KK Amsterdam
T: (003120) 5 11 38 70 **Fax:** 5 11 38 10
E-Mail: vnkt@koffiethee.nl

Österreich

iz f 819

Verband der Kaffeeröstindustrie Österreichs
Alserstr. 45/4, A-1080 Wien
T: (00431) 405 74 42 **Fax:** 408 78 11

Schweden

iz f 820

Svensk Kaffe Information
c/o Mr. Per P. Konsult
Smedjegatan 10, S-80250 Gävle
T: (00462) 6 62 81 45 **Fax:** 6 68 89 90
E-Mail: per.piscator@telia.com
Arne Jurbrant

Spanien

iz f 821

Asociación Española de Tostadores de Café
C/Gral. Alvarez de Castro 20-1°, E-28010 Madrid
T: (00341) 4 48 82 12/16 **Fax:** 4 48 85 01

• **IZ F 822**

Europäische Vereinigung der Schleifmittelfabrikanten (FEPA)
European Federation of Abrasive Manufacturers
Fédération Européenne des Fabricants de Produits Abrasifs
20, Avenue Reille, F-75014 Paris
T: (00331) 45 81 25 90 **Fax:** 45 81 62 94
Internet: http://www.fepa-abrasives.org
E-Mail: fepa@compuserve.com
Präsident(in): Dr. Andreas Ludwig
Geschäftsführung: Hannelore Bazzani

Mitgliedsorganisationen

Deutschland

iz f 823

Fachverband Elektrokorund- und Siliziumkarbid-Hersteller e.V.
Karlstr. 21, 60329 Frankfurt
T: (069) 25 56 (0)-14 21 **Fax:** 25 56-16 14
Geschäftsführer(in): Dr. Lothar Schreiber

iz f 824

Fachverband Werkzeugindustrie e.V. FWI
Elberfelder Str. 77, 42853 Remscheid
T: (02191) 4 38-33 **Fax:** 4 38-79
Internet: http://www.werkzeug.org
E-Mail: fwi@werkzeug.org
Sec.: Rainer Langelüddecke

iz f 825

Verein Deutscher Schleifmittelwerke e.V.
Postf. 75 67, 53075 Bonn
Oxfordstr. 8, 53111 Bonn
T: (0228) 63 55 87, 65 69 56 **Fax:** 63 53 99
Internet: http://www.vds-bonn.de
E-Mail: info@vds-bonn.de

Frankreich

iz f 826

SNAS
20, Avenue Reille, F-75014 Paris
T: (00331) 45 81 25 90 **Fax:** 45 81 62 94

Großbritannien

iz f 827

The British Abrasive Federation
28, Dukes Wood, GB-Crowthorne Berkshire RG 45 6 NF
T: (00441344) 76 29 68 **Fax:** 76 29 68
E-Mail: info.abrasives@the-british-abrasives-federation.org.uk
Peter E. McAllister

Italien

iz f 828

Federceramica - Settore Abrasivi
Via Accademia n. 33, I-20131 Mailand
T: (00322) 26 81 01 **Fax:** 26 81 04 06
Sec.: Francesco Bergomi

iz f 829

Assodiamante
Corso Sempione 15/A, I-20145 Milan
T: (00392) 31 48 59 **Fax:** 33 10 67 89
Sec.: Schiatti

Niederlande

iz f 830

Nederlandse Vereniging van Abrasive Fabrikanten
Postf. 78, NL-6290 AB Vaals
T: (003143) 3 06 28 51 **Fax:** 3 06 42 42
Sec.: T. Hintzen

Norwegen

iz f 831

Norske Slipemiddelprodusenter (N.S.F.)
c/o Arendal Smelteverk
T: (0047370) 5 58 31 **Fax:** 5 56 55
Sec.: I. Östrem

Österreich

iz f 832

SK-Fachverband der Stein- und Keramischen Industrie Österreichs
Postf. 329, A-1045 Wien
Wiedner Hauptstrasse 63, A-1045 Wien
T: (00431) 5 01 05 35 31 **Fax:** 5 05 65 40
Internet: http://www.wk.or.at/steinkeramik
E-Mail: steine@wkoesk.wk.or.at
Sec.: Dr. Carl Hennrich

Schweden

iz f 833

Sveriges Slipverktygsleverantorers Forening
Postf. 5512, S-11485 Stockholm
T: (00468) 6 66 11 00 **Fax:** 6 62 74 57
Secr.: Gunnar Öijvall

Spanien

iz f 834

Agrupacion Nacional de Fabricantes de Abrasivos
Pg. Juan Carlos I,9,6°, 1a, E-08320 Elmasnou
T: (003493) 7 18 89 02 **Fax:** 7 18 75 11
Sec.: A. Borrell

• IZ F 835

Europäische Vereinigung Schmalweberei, Flechterei und Elastische Gewebe (AERTEL)
Association Européenne Rubans, Tresses, Tissus Elastiques
Sharston Road, Wythenshaw, GB-Manchester M22 4TH
T: (0044161) 998 18 11 **Fax:** 946 12 51
Gründung: 1959 (17. September)
Président: Thomas Jeremy French (T: (044161) 9 98 18 11, Fax: 9 46 12 51)
Secrétaire Général: Marie Maxwell (Thorncliffe, 115 Windsor Road, Oldham OL8 1RQ, T: (044161) 6 20 72 72, Fax: 6 20 72 73)

Nationale Fachverbände

Belgien

iz f 836

FEBELTEX
Direction Économique
Poortakkerstraat 98, B-9051 Gent
T: (00329) 2 42 98 20 **Fax:** 2 42 98 29
E-Mail: pvm@gent.febeltex.be
Directeur Économique: Pierre Van Mol

Dänemark

iz f 837

Federation of Danish Textile and Clothing Industries
Postf. 507, DK-7400 Herning
Bredgade 41, DK-7400 Herning
T: (004599) 27 72 00 **Fax:** (004597) 12 23 50
E-Mail: cka@textile.dk
Président: N.O. Vestergaard-Poulsen
Secrétaire: Soren Holm Petersen

Frankreich

iz f 838

Present
Rue Eugène Jacquet 40 BP 15, F-59708 Marcq en Baroeul Cedex
T: (00333) 20 99 24 33 **Fax:** 20 65 06 38
Président: J.P. Plovier
Secrétaire: Jacques Dufour

Großbritannien

iz f 839

British Narrow Fabrics Association
Thorncliffe
115 Windsor Road, GB-Oldham OL8 1RQ
T: (044161) 6 20 72 72 **Fax:** 6 20 72 73
Président: M.P.M. Wright
Secrétaire Général: Marie Maxwell

Italien

iz f 840

Federazione Italiana Industriali dei Tessili Vari et del Cappello
Piazza Castello 24, I-20121 Mailand
T: (003902) 86 46 50 11 **Fax:** 86 46 50 09
Président: G. Klinger
Secrétaire: Dr. C. Ginelli

Niederlande

iz f 841

Vereniging Bond van Nederlandse Bandfabrikanten
Postf. 4, NL-5590 AA Heeze
T: (003140) 2 26 12 41 **Fax:** 2 26 19 54
Gründung: 1933
Président: H. P. Slot
Secrétaire: Drs. M. Evers

Österreich

iz f 842

Verband der Band-, Flechtwaren- und Posamentindustrie
Postf. 197, A-1010 Wien
Rudolfsplatz 12, A-1010 Wien
T: (00431) 5 33 37 26 **Fax:** 5 33 37 26 40
Internet: http://www.wk.or.at
Président: K. Maurer
Secrétaire: Dr. W. Bruckner

Schweiz

iz f 843

Verband Schweizerischer Bandfabrikanten
Beethovenstr. 20, CH-8022 Zürich
T: (00411) 2 89 79 10 **Fax:** 2 89 79 81
Président: Th. Huber
Secrétaire: E. Hippenmeyer

Spanien

iz f 844

Gremio de Cinteros
Alta de San Pedro 1, E-08003 Barcelona
T: (003493) 2 68 43 20 **Fax:** 2 68 03 24
Président: I. Perramon
Secrétaire: Clemente Parareda

• IZ F 845

Europäische Vereinigung der Schuh-Industrie (CEC)
European Confederation of the Footwear Industry
Confédération Européenne de l'industrie de la chaussure
Rue François Bossaerts 53, B-1030 Bruxelles
T: (00322) 7 36 58 10 **Fax:** 7 36 12 76
Internet: http://www.ping.be/febic/cec.htm
E-Mail: cec@vidac.be
Gründung: 1958
Delegated Director: Roeland Smets
Mitglieder: 14

Mitgliedsorganisationen

Belgien

iz f 846

Fédération Belge de l'Industrie de la Chaussure
Rue Francois Bossaerts 53, B-1030 Brüssel
T: (00322) 7 35 27 01 **Fax:** 7 36 12 76
Internet: http://www.ping.be/febic/febic.htm
E-Mail: cec@vidac.be

Dänemark

iz f 847

Skofabrikantenforeningen i Danmark (DKSF)
Dansk Industri
V, DK-1787 Kopenhagen
T: (0045) 33 77 33 77 **Fax:** 33 77 34 40
E-Mail: di@di.dk

Deutschland

iz f 848

Hauptverband der Deutschen Schuhindustrie e.V.
Postf. 10 07 61, 63007 Offenbach
Waldstr. 44, 63065 Offenbach
T: (069) 82 97 41-0 **Fax:** 81 28 10
Internet: http://www.hds-schuh.de
E-Mail: hds-schuh@t-online.de

Finnland

iz f 849

Association of Finnish Shoe and Leather Industries
Eteläranta 10 7. krs, FIN-00130 Helsinki
T: (003580) 17 28 41 **Fax:** 17 95 88
E-Mail: sari.vannela@ryhma.ttliitot.fi

Frankreich

iz f 850

Fédération Nationale de l'Industrie de la Chaussure de France (F.N.I.C.F.)
Rue de Miromesnil 51, F-75008 Paris
T: (00331) 44 71 71 71 **Fax:** 44 71 04 04
Internet: http://www.chaussuredefrance.com
E-Mail: chaussuredefrance@laposte.fr

Griechenland

iz f 851

Hellenic Association of Footwear Manufacturers and Exporters (ELSEVIE)
Rue Penelope Delta 27, GR-15451 Neopsychio Athinai
T: (00301) 6 47 45 57 **Fax:** 6 74 44 97
E-Mail: elsevie@hellastar.gr

Großbritannien

iz f 852

British Footwear Association (BFA)
3 Burystead Place, Wellingborough, GB-Northants NN8 1AH
T: (00441933) 22 90 05 **Fax:** 22 50 09
Internet: http://www.britfoot.com
E-Mail: bfa@easynet.co.uk

Irland

iz f 853

Federation of the Irish Footwear Manufacturers (IRLSF)
c/o Blackthorn Shoes Ltd.
Coes Road Industrial Estate, IRL-Dundalk Co Louth
T: (0035342) 34 74 11 23 **Fax:** 3 33 71

Italien

iz f 854

Associazione Nazionale Calzaturifici Italiani (ANCI)
Via Monte Rosa 21, I-20149 Mailand
T: (00392) 43 82 91 **Fax:** 48 00 58 33

Niederlande

iz f 855

Federatie van Nederlandse Schoenfabrikanten (FNS)
Reitseplein 1 Postbus 90154, NL-5000 LG Tilburg
T: (003113) 5 94 42 63 **Fax:** 5 94 47 49

Österreich

iz f 8 55.10

Verband der Schuhindustrie
c/o Wirtschaftskammer Österreich
Wiedner Hauptstr. 63 Postf. 113, A-1045 Wien
T: (00431) 5 01 05-3453 **Fax:** 5 02 06-278

Portugal

iz f 856

Associacao Portuguesa dos Industriais de Calcado Componentes e Artigos de Peles e seus Sucedaneos (APICCAPS)
Rua Alves Redol 372, P-4000 Porto Codex
T: (0035122) 5 07 41 50 **Fax:** 5 07 41 79
Internet: http://www.apiccaps.pt/apiccaps
E-Mail: apiccaps@mail.telepac.pt

Schweden

iz f 857

Swedish Federation of the Footwear Industry
c/o Arbesko
Postf. 16 42, S-70116 Orebro
T: (0046) 19 17 28 41 **Fax:** 19 17 95 88

Spanien

iz f 858

Federacion de Industrias del Calzado Espanol (FICE)
Nunez de Balboa 116 (Edif. Eurocis), E-28006 Madrid
T: (003491) 5 62 70 01, 5 62 70 02, 5 62 70 03
Fax: 5 62 00 94
Internet: http://www.fice.es
E-Mail: fice@inescop.es

• IZ F 859

Europäische Föderation der Sperrholz-Industrie (F.E.I.C.)
Fédération Européenne de l'Industrie du Contreplaqué
c/o CEI-BOIS
Hof-ter-Vleestdreef 5, B-1070 Brüssel
T: (00322) 5 56 25 84 **Fax:** 5 56 25 95
Gründung: 1957
Vizepräsident(in): B. Hausmann (Deutschland)
B. Castellini (Italien)
V. Hoikkala (Finnland)
Generalsekretär(in): Adriaan Bastiaansen
Mitglieder: 15 Länder
Mitarbeiter: 1

• IZ F 860

Europäische Vereinigung der Steinzeugröhrenindustrie (FEUGRES)
European Federation for the Vitrified Clay Pipe Industry
Fédération Européenne des Fabricants de Tuyaux en Grès
c/o Cérame-Unie
Rue des Colonies 18-24, B-1000 Brüssel
T: (00322) 5 11 30 12, 5 11 70 25 **Fax:** 5 11 51 74
Gründung: 1957
Präsident(in): J. van der Biest
Geschäftsführer(in): R. Chorus
Mitglieder: 7 Länder

Mitgliedsorganisationen

Belgien

iz f 861

Keramo Wienerberger N.V.
Paalsteenstraat 36, B-3500 Hasselt
T: (003211) 21 02 32 **Fax:** 21 09 44

Deutschland

iz f 862

Fachverband Steinzeugindustrie e.V.
Postf. 40 02 62, 50832 Köln
Max-Planck-Str. 6, 50858 Köln
T: (02234) 5 07-261 **Fax:** 5 07-204

Großbritannien

iz f 863

Clay Pipe Development Association Limited
Copsham House
Broad Street 53, GB-Chesham, Bucks HP5 3 E A
T: (00441494) 79 14 56 **Fax:** 79 23 78

Italien

iz f 864

Societa Del Gres Ing. Sala S.P.A.
Via Marconi 1 Bergamo, I-24010 Petosino
T: (003935) 57 91 11 **Fax:** 57 02 51

Niederlande

iz f 865

EuroCeramic BV
Postf. 4002, NL-5951 AW Belfeld
Stationstraat 9, NL-5951 AW Belfeld
T: (00314705) 47 14 56 **Fax:** 14 19

Österreich

iz f 866

Keramo Wienerberger Rohrsysteme und Abwassertechnik GmbH
Wienerbergstr. 7, A-1102 Wien
T: (00431)) 6 01 92 **Fax:** 60 19 27 33

• IZ F 867

Europäische Vereinigung der Talg- und Schmalzindustrie (UNEGA)
European Animal Fat Processors Association
Union Européenne des Fondeurs et Fabricants de Corps Gras Animaux
21, boulevard Baudouin, B-1000 Bruxelles
T: (00322) 2 03 51 41 **Fax:** 2 03 32 44
E-Mail: devries@mail.skypro.be
Président: Alberto Grosso (Italie)
Secrétariat: Dirk Dobbelaere
Mitglieder: 9
Mitarbeiter: 1

Mitgliedsorganisationen

Belgien

iz f 868

Union Professionnelle Belge des Fondeurs de Graisses Animales
Pont Straat 102, B-8551 Heestert
T: (003256) 77 92 92 **Fax:** 77 58 33
President: E. Baeten
Secretary: J.-P. Berton

Deutschland

iz f 869

Bundesverband der Deutschen Talg- und Schmalzindustrie e.V.
Postf. 32 69, 97042 Würzburg
T: (0931) 6 14 06-0 **Fax:** 6 14 06 58
Secretary General: Thomas Vogelsang

Frankreich

iz f 870

Syndicat des Protéines et Corps Gras Animaux
118, Avenue Achille Peretti, F-92200 Neuilly-sur-Seine
T: (00331) 46 37 31 57 **Fax:** 46 37 15 60
President: Bruno Point
Secretary General: Jean-Claude Barsacq

Großbritannien

iz f 871

United Kingdom Renderer's Association
60 Claremont Road, GB-Surbiton, Surrey KT6 4RH
T: (0441237) 42 22 18 **Fax:** 42 22 18
President: Brian Rogers
Secretary: Alan Lawrence

Italien

iz f 872

ASSOGRASSI
Palazzo S
Viale Milanofiori - Strada 7, I-20089 Rozzano (MI)
T: (00392) 57 50 06 30 **Fax:** 8 24 33 58
E-Mail: rrestani@tin.ti
President: G. Papa
Vice-President: W. Baldinini
Secretary: Renzo Restani

Niederlande

iz f 873

BOFED
Postf. 87936, NL-2508 DH Den Haag
Wagenaarweg 14, NL-2508 DH Den Haag
T: (003170) 3 52 44 41 **Fax:** 3 50 37 23
President: Bert Zwiers
Secretary: H. J. Heier

Portugal

iz f 874

Asso. Portuguesa dos Industrias de Tripas e Afins (ITA)
Avenue Guerra Junqueiro 11-1°, P-1000 Lisboa
T: (003511) 8 40 02 98 **Fax:** 8 40 02 40
President: Valentin Gabriel Fidelis Nunes
Secretary: P. Marques

Spanien

iz f 875

ANAGRASA
Suero de Quinones 30, bajo A, E-28002 Madrid
T: (003491) 4 15 22 39 **Fax:** 4 15 20 12
E-Mail: vila@infosys.es
President: Javier Garcia Odriozola
Secretary General: Enrique Chinillach

Assoziiertes Mitglied

Schweiz

iz f 876

Roga s.a.
T: (004191) 6 46 33 89 **Fax:** 6 46 14 22
Contact: Roberto Gallina

• IZ F 877

Europäische Vereinigung der Verbände von Isolierunternehmen
European Federation of Associations of Insulations Contractors
Fédération Européenne des Syndicats d'Entreprises d'Isolation
c/o Hauptverband der Deutschen Bauindustrie e.V.
Kurfürstenstr. 129, 10785 Berlin
T: (030) 2 12 86-162, 2 12 86-163 **Fax:** 2 12 86-160
Président: K. Versteegh

Belgien

iz f 878

ISOL - Union Professionnelle des Entrepeneurs d'Isolation Industrielle
De Regenboog 11, B-2800 Mechelen
T: (003215) 40 01 04 **Fax:** 42 27 09

Dänemark

iz f 879

Danske Isoleringsfirmaers Brancheforening
c/o DANSK INDUSTRI
T: (0045) 33 77 33 77 **Fax:** 33 77 33 20

Deutschland

iz f 880

Hauptverband der Deutschen Bauindustrie e.V.
Bundesfachabteilung Wärme-, Kälte-, Schall- und Brandschutz
Kurfürstenstr. 129, 10785 Berlin
T: (030) 2 12 86-0 **Fax:** 2 12 86-160
Internet: http://www.bauindustrie.de
E-Mail: bfa.wksb@bauindustrie.de

iz f 881

Zentralverband des Deutschen Baugewerbe (ZDB)
Bundesfachgruppe Wärme-, Kälte-, Schall- und Brandschutz
Postf. 08 03 52, 10003 Berlin
Kronenstr. 55-58, 10117 Berlin
T: (0228) 20 31 45 47 **Fax:** 20 31 45 21

Finnland

iz f 882

Insulation Association of Finland
c/o Mauri Fredén
Vanamotie 11, FIN-00930 Helsinki
T: (003580) 33 13 32 **Fax:** 33 27 76

Frankreich

iz f 883

Syndicat National de l'Isolation
10, rue du Debarcadère, F-75852 Paris Cedex 17
T: (00331) 40 55 13 70 **Fax:** 40 55 13 69

Griechenland

iz f 884

Hellenic Association of Insulation Contractors
11 Terpsichoris Str., Cholargos, GR-15562 Athen
T: (00301) 6 54 31 81 **Fax:** 6 54 31 84

Großbritannien

iz f 885

Thermal Insulation Contractors Association
Charter House
450 High Road, GB-Ilford Essex IG1 1UF
T: (0044208) 5 14 21 20 **Fax:** 4 78 12 56

Kroatien

iz f 886

IZOMONT
c/o Dipl.-Ing. Goran Antunac
Radiceva 32, HR-1000 Zagreb
T: (003851) 4 81 35 69 **Fax:** 42 10 67

Niederlande

iz f 887

Nederlandse Vereniging van Ondernemers in Het Thermisch Isolatiebedrijf
VIB
Postf. 26 00, NL-3430 GA Nieuwegein
T: (003130) 630 04 04 **Fax:** 605 32 08
General Secretary: Des. H. Ph. Hondelink

Norwegen

iz f 888

Isoleringfirmaenes Forening (IFF)
c/o KAEFER Isolering Teknikk A/S
Postf. 5 44, N-1522 Moss
T: (0047) 69 26 70 36 **Fax:** 69 25 48 00

Österreich

iz f 889

Bundesinnung des Bauhilfsgewerbe
Berufsgruppe der Wärme-, Kälte-, Schall- und Brand-Dämmungen
Wiedner Hauptstrasse 63, A-1045 Wien
T: (00431) 5 01 05-3241 **Fax:** 5 02 06-284

Portugal

iz f 890

Associacao Portuguesa dos Comerciantes de Materiais de Construcao
Pr. Francisco Sa Carneiro 219-3°, P-4200 Porto
T: (003512) 52 12 18 **Fax:** 59 61 20

Schweden

iz f 891

Isoleringsfirmornas Forening
Rosenlundsgatan 40, S-11891 Stockholm
T: (00468) 6 16 05 04 **Fax:** 6 69 41 19

Schweiz

iz f 892

Verband Schweizerischer Isolierfirmen (VSI)
Gartenstr. 19, CH-8002 Zürich
T: (00411) 2 86 96 20 **Fax:** 2 86 96 97

Spanien

iz f 893

Asociacion Nacional de Industriales de Materiales Aislantes
C/ Velasquez 92-3°, E-28006 Madrid
T: (003491) 5 75 54 26 **Fax:** 5 75 08 00

• IZ F 894

Europäische Vereinigung der Verbände der Kerzenhersteller (CANDLES)
European Association of Candle Maker Unions
Association Européenne des Syndicats de Fabricants de Bougies et de Cierges
118, Av. Achille Peretti, F-92200 Neuilly Sur Seine
T: (0033546) 37 22 06 **Fax:** 37 15 60
Président: G.J.M. Roefs
Secrétaire Général: Jean-Claude Barsacq

• IZ F 895

Europäische Vereinigung der Lack-, Druckfarben- und Künstlerfarbenindustrie (CEPE)
European Council of Paint, Printing Ink and Artists' Colours Industry
Conseil Européen de l'Industrie des Peintures, des Encres d'Imprimerie et des Couleurs d'Art
Avenue E. Van Nieuwenhuyse 4, B-1160 Brüssel
T: (00322) 6 76 74 80 **Fax:** 6 76 74 90
Internet: http://www.cepe.org.
E-Mail: secretariat@cepe.org.
Gründung: 1951
President: Prof. Dr. Franz Josef Rankl (D)
Secretary General: Jean Schoder (Lux)
Ass. Secretary General: Paul Keymolen (B)
Technical Director: Jacques Warnon (B)
Mitglieder: 24 in 17 Ländern
Mitarbeiter: 6

Mitgliedsorganisationen

Belgien

iz f 896

Industrie des Vernis et Peintures (IVP)
Sq. Marie-Louise 49, B-1000 Brüssel
T: (00322) 2 38 98 42 **Fax:** 2 30 14 03
Pierre Janssen-Bennynck

Dänemark

iz f 897

Foreningen for Danmarks Lak- og Farveindustri (FDLF)
Norre Volgade 48, DK-1358 København K
T: (0045) 33 15 92 22 **Fax:** 33 93 93 22
Vibeke Plambeck

Deutschland

iz f 898

Verband der Lackindustrie e.V. (VdL)
Karlstr. 21, 60329 Frankfurt
T: (069) 25 56 14 11 **Fax:** 25 56 13 58
Internet: http://www.lacke-und-farben.de
Hauptgeschäftsführer(in): Dr. Dietmar Eichstädt

iz f 899

Verband der Mineralfarbenindustrie e.V. (VdMi)
Karlstr. 21, 60329 Frankfurt
T: (069) 25 56-13 51 **Fax:** 25 30 87
E-Mail: hashash@vdmi.vci.de
Geschäftsführer(in): Dr. Robert Fischer

Finnland

iz f 900

VTY - Väriteollisuusyhdistys r.y.
PVY - Painoväriyhdistys r.y.
Postf. 4, FIN-00131 Helsinki 17
Etelaranta 10, FIN-00131 Helsinki 17
T: (003589) 17 28 43 13 **Fax:** 63 02 25
Aimo Kastinen

Frankreich

iz f 901

AFEI - Association des Fabricants d'Encres d'Imprimerie
Avenue Marceau 42, F-75008 Paris
T: (00331) 53 23 00 00 **Fax:** 47 23 90 30
Jean-Noël Simonot

iz f 902

Fédération des Industries des Peintures, Encres, Couleurs, Colles et Adhesifs (FIPEC)
Avenue Marceau 42, F-75008 Paris
T: (00335) 53 23 00 00 **Fax:** (00331) 47 20 90 30
Michel Magnan

Griechenland

iz f 903

Panhellenic Union of Paint, Varnish & Printing Ink Manufacturers
Tzorz 10, Kannigos Square C.N., GR-10677 Athen
T: (00301) 3 83 04 19 **Fax:** 3 83 04 19
D. Tsimboukis

Großbritannien

iz f 904

BCF - British Coatings Federation Ltd.
Bridge Street James House, GB-Leatherhead, Surrey KT22 7EP
T: (00441372) 36 06 60 **Fax:** 37 60 69
Moira McMillan

Irland

iz f 905

IPMF - Irish Paint Manufacturers Federation
Molesworth House
South Frederick Street 112, IRL-Dublin 2
T: (003531) 6 77 81 85 **Fax:** 6 79 28 54
Eric Logan

Italien

iz f 906

AVISA - Associazione Nazionale Vernici Inchiostri Sigillanti e Adesivi
Via Accademia 33, I-20131 Mailand
T: (00392) 2 68 10-257 **Fax:** 2 68 10-350
E-Mail: avisa@avisa.org
Dr. Marco Surdi

Luxemburg

iz f 907

Groupement des Fabricants de Couleurs et Vernis Fabrique de Couleurs Gérard
Rue de Grass 15, L-Kleinbettingen
T: (00352) 3 99 19 11 **Fax:** 39 91 91 24
Jean-Claude Gérard

Niederlande

iz f 908

VVVF - Vereniging van Verf en Drukinktfabrikanten
Postf. 2 48, NL-2300 AE Leiden
T: (003171) 5 31 89 00 **Fax:** 5 31 81 59
Martin Terpstra

Norwegen

iz f 909

MLF - Maling og Lakkfabrikkenes Forbund
Postf. 54 87, N-0305 Oslo
Stensberggt 27, N-131 Oslo
T: (0047) 23 08 78 00 **Fax:** 23 08 78 99
E-Mail: trygve@pil.no, marit@pil.no
Trygve Ostmo

iz f 910

Norske Trykkfarvefabbrikanters Förening
Vollsveien 13, N-1324 Lysaker
T: (0047) 67 58 04 62 **Fax:** 67 58 04 62
Kristian Welhaven

Österreich

iz f 911

Fachverband der Chemischen Industrie Österreichs (FCIO)
Postf. 325, A-1045 Wien
Wiedner Hauptstrasse 63, A-1045 Wien
T: (00431) 5 01 05 33 65 **Fax:** 50 20 62 80
Klaus Schaubmayr

Portugal

iz f 912

APFTV - Associacao Portuguesa Fabricantes Tintas e Vernizes
Rua D. Filipa de Vilhena 9-2° Dt°, P-1000 Lissabon
T: (003511) 7 93 28 38 **Fax:** 7 95 09 52
Manuela Cavaco

Schweden

iz f 913

SVEFF - Sverige Färgfabrikanters Förening
Postf. 66 20, S-11384 Stockholm
Gävlegatan 16, S-11384 Stockholm
T: (00468) 5 22 244 11 **Fax:** 5 22 244 90
Christina Mattsson

Schweiz

iz f 914

Verband Schweizerischer Lack- und Farbenfabrikanten (VSLF)
Badenerstr. 701, CH-8048 Zürich
T: (00411) 4 31 41 91 **Fax:** 4 31 51 53
Félix Mutter

Spanien

iz f 915

ASEFAPI - Associacion Española de Fabricantes de Pinturas y Tintas de Imprimir
Plaza de Castilla 3, Floor 15e 2, E-28046 Madrid
T: (00341) 7 33 90 12 **Fax:** 3 14 37 28

• IZ F 916

Europäische Vereinigung der Verbände der pharmazeutischen Industrie (EFPIA)
European Federation of Pharmaceutical Industries and Associations
Fédération Européenne d'Associations et industries Pharmaceutiques
250 avenue Louise, Boîte 91, B-1050 Bruxelles
T: (00322) 6 26 25 55 **Fax:** 6 26 25 66
Gründung: 1978
Directeur général: Brian Ager
Mitglieder: 16

Mitgliedsorganisationen

Belgien

iz f 917

Association Générale de l'Industrie du Médicament (A.G.I.M.)
Square Marie-Louise 49, B-1000 Brüssel
T: (00322) 2 38 97 11 **Fax:** 2 31 11 64
E-Mail: louis.loontjens@agim.be

Dänemark

iz f 918

Foreningen af Danske Medicinfabrikker (MEFA)
50 A Strodamvej, DK-2100 Copenhagen
T: (0045) 39 27 00 88 **Fax:** 39 27 00 50

Deutschland

iz f 919

Verband Forschender Arzneimittelhersteller e.V. (VFA)
Hausvogteiplatz 13, 10117 Berlin
T: (030) 20 60 40 **Fax:** 2 06 04-222
Internet: http://www.vfa.de

Finnland

iz f 920

Finnish Pharmaceutical Industry Federation (F.P.I.F.)
Postf. 1 08, FIN-00501 Helsinki
Sörnäisten rantatie 23, FIN-00501 Helsinki
T: (003589) 5 84 24 00 **Fax:** 58 42 47 28, 58 42 47 29
E-Mail: pif@pif.fi

Frankreich

iz f 921

Syndicat National de l'Industrie Pharmaceutique (S.N.I.P.)
88, rue de la Faisanderie, F-75782 Paris Cedex 16
T: (00331) 45 03 88 88 **Fax:** 45 04 47 71

Griechenland

iz f 922

Federation of Pharmaceutical Companies of Greece (S.F.E.E.)
15-17, Tsoha Street, GR-11521 Athen
T: (00301) 6 44 72 71 **Fax:** 6 41 14 63

Großbritannien

iz f 923

The Association of the British Pharmaceutical Industry (A.B.P.I.)
Whitehall 12, GB-London SW1A 2DY
T: (0044207) 9 30 34 77 **Fax:** 7 47 14 11

Irland

iz f 924

Irish Pharmaceutical Healthcare Assoc. (IPHA)
Franklin House, 140 Pembroke Road, IRL-Dublin 4
T: (003531) 6 60 33 50/36 61 **Fax:** 6 68 66 72
E-Mail: info@ipha.ie

Italien

iz f 925

Associazione Nazionale dell'Industria Farmaceutica (FARMINDUSTRIA)
Piazza di Pietra 34, I-00186 Rom
T: (00396) 67 58 09 **Fax:** 6 78 64 94

Niederlande

iz f 926

Nederlandse Vereniging van de Innoverende Farmaceutische Industrie (NEFARMA)
Postf. 9193, NL-3506 GD Utrecht
Einsteindreef 123-125, NL-3506 GD Utrecht
T: (003130) 2 63 18 00 **Fax:** 2 63 18 30

Norwegen

iz f 927

Legemiddelindustriforeningen
Postf. 734, N-0105 Oslo
T: (0047) 22 41 76 76 **Fax:** 22 41 76 75

Österreich

iz f 928

Fachverband der Chemischen Industrie Österreichs (FCIO)
Gruppe Pharmaceutika
Postf. 325, A-1045 Wien
Wiedner Hauptstrasse 63, A-1045 Wien
T: (00431) 5 01 05 33 67 **Fax:** 50 20 62 80
Internet: http://www.wk.or.at/fcio
E-Mail: office@fcio.wk.or.at

Portugal

iz f 929

Associacao Portuguesa da Industria Farmaceutica (APIFARMA)
Rua Pêro da Covilha 22, P-1400 Lissabon
T: (003511) 3 01 82 64 **Fax:** 3 01 85 53

Schweden

iz f 930

Läkemedelsindustriföreningen (LIF)
Postf. 17608, S-11892 Stockholm
Medborgarplatsen 25 8th floor, S-11892 Stockholm
T: (00468) 4 62 37 00 **Fax:** 4 62 02 92

Schweiz

iz f 931

Société Suisse des Industries Chimiques (S.S.I.C.)
Postf. 328, CH-8035 Zürich
Nordstr. 15, CH-8035 Zürich
T: (00411) 3 68 17 11 **Fax:** 3 68 17 25
E-Mail: richard.gamma@sgci.ch

Spanien

iz f 932

Farmaindustria
Fray Juan Gil 5, E-28002 Madrid
T: (00341) 5 63 13 24 **Fax:** 5 63 73 80

Founder Member

Deutschland

iz f 933

Bundesverband der Pharmazeutischen Industrie e.V. (BPI)
Karlstr. 21, 60329 Frankfurt
T: (069) 25 56-0 **Fax:** 23 78 13

Beobachter

Türkei

iz f 934

Pharmaceutical and Chemical Manufacturers' Association (IEIS)
Talâtpaşa Caddesi, No. 98/B, TR-80640 Gültepe-Istanbul
T: (0090212) 2 78 85 40, 2 78 80 59, 2 78 86 44
Fax: 2 78 70 07
E-Mail: ieis@escortnet.com

• **IZ F 935**

Europäische Vereinigung der Verbände der Reformwarenhersteller (EHPM)
European Federation of Associations of Health Product Manufacturers
Groupement Européen des Associations des Fabricants de Produits de Réforme
50 Rue de l'Association, B-1000 Bruxelles
T: (00322) 2 09 11 45 **Fax:** 2 23 30 64
Internet: http://www.ehpm.org
E-Mail: ehpm@eas.be
Gründung: 1975
President: Maurice Hanssen (Tel.: (00441813) 98 98 88; Fax: (00441813) 98 69 06)
Chairman: Anthony Bush (Tel.: (00441491) 41 10 22; Fax: (00441491) 41 06 13)
Treasurer: Michel Knittel (Tel.: (00333) 88 68 38 31; Fax: (00333) 88 51 10 61; E-Mail: michel.knittel@wanadoo.fr)
Vice Presidents: Josef Hasslberger (Tel.: (003906) 63 58 84; Fax: (003906) 63 21 96)
Michel Horn (Tel.: (003280) 44 57 86; Fax: (003280) 44 42 80; E-Mail: michel.horn@ortis.com)
Gerda Sørensen (Tel.: (004587) 70 87 51; Fax: (004587) 70 87 55; E-Mail: gerdas@bioforce.dk)
Peter Van Doorn (Tel.: (00312944) 1 68 86; Fax: (00312944) 1 54 07)
Director of European Affairs: Simon Pettman
Coordination Campaign: Pedro Vicente de Azua
Coordination Secretariat: Ann Bois d'Enghien
Verbandszeitschrift: EHPM Update; EHPM Newsletter; EHPM Campaign Bulletin
Redaktion: EHPM Secretariat 50 Rue de l'Association B - 1000 Brüssel
Mitglieder: 20

Belgien

iz f 936

NAREDI
Rue de la Sabloniére 7, B-1000 Brüssel
T: (00322) 2 18 67 60 **Fax:** 2 18 66 79
E-Mail: jan@naredi.uunethost.be
President: Michel Horn
Coordinator Secrtariat: Jan Haepers

Dänemark

iz f 937

Helsebranchens Leverandørforening
Børsen, DK-1217 Kopenhagen K
T: (0045) 33 95 05 00 **Fax:** 33 32 52 16
E-Mail: hbl@commerce.dk
President: Finn Dyrby Hermansen
Board Member: Gerda Sørensen
Head of Office: Dorthe Kristiansen

Deutschland

iz f 938

Verband der Reformwaren-Hersteller e.V. (VRH)
Postf. 24 45, 61294 Bad Homburg
Frankfurter Landstr. 23, 61352 Bad Homburg
T: (06172) 40 68-0 **Fax:** 40 68-99
E-Mail: vrhev@aol.com
Managing Director: Dipl.-Ing. Norbert Pahne
President: Manfred Liebhart

iz f 939

Bundesverband Deutscher Industrie- und Handelsunternehmen für Arzneimittel, Reformwaren, Nahrungsergänzungsmittel und Körperpflegemittel e.V. (BDIH)
L 11 20, 68161 Mannheim
T: (0621) 2 28 71 **Fax:** 15 24 66
Managing Director: Harald Dittmar

Finnland

iz f 940

Luontaistuotealan Tukkukauppiaiden Liitto Ry
Mannerheimintie 76A 5. krs, FIN-00250 Helsinki
T: (003589) 44 92 14 **Fax:** 4 54 45 88
E-Mail: lti@healthproduct.inet.fi
President: Seppo Seljavaara

Frankreich

iz f 941

SYNADIET
Terrasse Bellini 14, F-92807 Puteaux Cedex
T: (00331) 47 17 09 09 **Fax:** 47 17 08 75
E-Mail: SYNADIET@wanadoo.fr
President: Charles Legrand

Griechenland

iz f 942

Association of Importers & Manufacturers of Natural Products
Korai Str. 29-33, GR-16341 Athen Ilioupolis
T: (00301) 9 91 68 15 **Fax:** 9 95 22 65
E-Mail: panax@mail.acci.gr
President: Antonios Athanasopoulos

Großbritannien

iz f 943

Health Food Manufacturers' Association (HFMA)
Hampton Court Way 63, GB-Thames Ditton KT7 0LT
T: (0044208) 3 98 40 66 **Fax:** 3 98 54 02
Internet: http://www.hfma.co.uk
E-Mail: hfma@hfma.co.uk
President: Maurice Hanssen
Director: Penny Viner

iz f 944

Council for Responsible Nutrition (CRN)
Oystershell Lane St. Mary's Centre, GB-Newcastle-upon-Tyne NE4 5QS
T: (0044191) 2 32 31 00 **Fax:** 2 32 25 00
E-Mail: carlrawlings@crn-north.demon.co.uk
Chief Executive: Carl Rawlings
Director: Maurice Hanssen
Chairman: Paul Simons

Irland

iz f 945

IHTA
c/o New Vistas Healthcare
Plassey Technological Park, IRL-Limerick
T: (0035361) 33 44 55 **Fax:** 33 15 15
Internet: http://www.newvista@iol.ie
President: Martin Murray
General Secretary: Louise Grubb

Italien

iz f 946

FederSalus
Via Toscanini 1i, I-04011 Aprilia
T: (003906) 92 06 00 56 **Fax:** 92 06 06 67
E-Mail: federsalus@tiscalinet.it
President: Renato Minasi
Treasurer: Josef Hasslberger

Niederlande

iz f 947

Natuur- & Gezondheidsproducten Nederland (N.P.N.)
Postf. 373, NL-3850 AJ Ermelo
T: (0031341) 55 40 23 **Fax:** 56 17 72
E-Mail: theovanrooij.npn@worldonline.nl
Chairman: Theo van Rooij

Norwegen

iz f 948

Bransjerådet for naturmidler
Postf. 2475 Solli, N-0202 Oslo 2
Drammensveien 30, N-0202 Oslo 2
T: (0047) 22 54 17 00 **Fax:** 22 56 17 00
Internet: http://www.brn.no
E-Mail: turid@brn.no
President: Turid Backer
General Secretary: Tom Myhre

Portugal

iz f 949

Associação Portuguesa de Alimentação Racional e Dietética (APARD)
Rua São Sebastião da Pedreira 110-5°, P-1050 Lissabon
T: (003511) 3 57 24 99 **Fax:** 3 57 24 98
E-Mail: apard@mail.telepac.pt
President: Henrique Sobral
Secretariat: Eileen Leitao

Schweden

iz f 950

Hälsokostbranschens Leverantörförening
Postf. 63 56, S-10235 Stockholm Hälsokostrådet
Saltmätargatan 5, S-10235 Stockholm
T: (00468) 54 54 11 60 **Fax:** 54 54 01 70
Internet: http://www.halsokostradet.se
E-Mail: info@halsokostradet.se
President: Åke Färnlöf

Schweiz

iz f 951

Verband der Lieferanten Schweizer Reformhäuser (VLSR)
c/o Somona GmbH
Bodenackerstr. 51, CH-4657 Dulliken
T: (004162) 2 95 46 46 **Fax:** (00412) 2 95 32 59
E-Mail: felix.hug@somona.ch
President: Felix Hug
Secretary General: Ruedi Lieberherr

Spanien

iz f 952

Asociación Española de Fabricantes de Preparados Alimenticios Especiales, Dietéticos y Plantas Medicinales
Aragón 208-210, ático 4.a, E-08011 Barcelona
T: (00343) 4 54 87 25 **Fax:** 4 51 31 55
Internet: http://www.afepadi.com
E-Mail: afepadi@afepadi.com
President: Alberto Riva
Secretary: Camil Rodino

• **IZ F 953**

Europäische Verpackungs-Vereinigung (EPF)
European Packaging Federation
Fédération Européenne de l'Emballage
c/o Institut Francais de l'Emballage et du Conditionnement (IFEC Promotion)
IFEC Promotion
Rue Louis Blanc 33, F-93582 Saint-Ouen Cedex
T: (0033140) 11 22 12 **Fax:** 11 01 06
Gründung: 1953
President: P. Denetre
Executive President: Jean-Paul Pothet
Secretary General: A. Freidinger-Legay
Verbandszeitschrift: Lettre de l'Emballage
Verlag: IFEC, Rue Louis Blanc 33, F-93582 Saint-Ouen Cédex
Mitglieder: 15 pays soit environ, 5000 entreprises
Mitarbeiter: 12

• **IZ F 954**

Europäische Wachs-Vereinigung (EWF)
European Wax Federation
Fédération Européenne de la Cire
Avenue E. Van Nieuwenhuyse 4/-2, B-1160 Brüssel
T: (00322) 6 76 72 11 **Fax:** 6 76 73 01
Gründung: 1979
President: C. Hernandez Revilla
Secrétaire Général: D. Bennink
Mitglieder: 35

• **IZ F 955**

Europäische Wirtschaftsvereinigung der Eisen- und Stahlindustrie (EUROFER)
Rue du Noyer 211, B-1030 Bruxelles
T: (00322) 738 79 20 **Fax:** 736 30 01

E-Mail: ch.mari@eurofer.be
Président: Dr.-Ing. Ekkehard Schulz
Generaldirektor: D. von Hülsen

Mitgliedsorganisationen

Belgien

iz f 956

Groupement de la Sidérurgie
Rue Montoyer 47, B-1040 Brüssel
T: (00322) 5 09 14 11 **Fax:** 5 09 14 00

Dänemark

iz f 957

Det Danske Staalvalsevaerk A/S
T: (004542) 12 03 33 **Fax:** 12 46 66

Deutschland

iz f 958

Wirtschaftsvereinigung Stahl
Postf. 10 54 64, 40045 Düsseldorf
Sohnstr. 65, 40237 Düsseldorf
T: (0211) 67 07-0 **Fax:** 67 07-165

Frankreich

iz f 959

Fédération Frankçaise de l'Acier
Postf. 35, F-92072 Paris La Défense
19, Le Parvis, F-92072 Paris La Défense
T: (00331) 41 25 85 88 **Fax:** 41 25 85 77

Großbritannien

iz f 960

UK Steel Association
Millbank 21-24 Millbank Tower, GB-SW1P 3JF London
T: (0044207) 343 3150 **Fax:** 343 3190
Internet: http://www.steel.org.uk
E-Mail: enquiries@uksteel.org.uk

Irland

iz f 961

Irish Steel Ltd.
T: (003521) 37 80 11 **Fax:** 37 88 79

Italien

iz f 962

Federazione Imprese Siderurgische Italiane Federacciai
Viale Sarca 336, I-20126 Mailand
T: (00392) 66 14 61 **Fax:** 66 14 62 19

Luxemburg

iz f 963

Groupement des Industries Sidérurgiques Luxembourgeoises
Postf. 1704, L-1017 Luxemburg
Rue Schiller 3-7, L-1017 Luxemburg
T: (0035) 48 00 01 **Fax:** 48 35 32

Niederlande

iz f 964

Vereniging de Nederlandse Ijzer - en Staalproducerende Industrie
Postf. 10000, NL-1970 CA Ijmuiden
T: (003125) 1 49 91 11 **Fax:** 1 47 00 57

Portugal

iz f 965

Empresa de Serviços SA
Rua Braamcamp 7, P-1297 Lisboa 1
T: (003511) 2 27 86 00 **Fax:** 2 21 79 74
E-Mail: snservicos.doc@mail.telpac.pt

Spanien

iz f 966

Union de Empresas Siderugicas
Postf. 13098, E-28006 Madrid
Castello 128, E-28006 Madrid
T: (00341) 5 62 47 24 **Fax:** 5 62 65 84

• IZ F 967

Europäischer Abbruch-Verband (E.D.A.)

European Demolition Association
Association Européenne de Démolition
Postf. 8138, NL-3503 RC Utrecht
Varrolaan 100, NL-3584 BW Utrecht
T: (003130) 2 58 83 30 **Fax:** 2 58 86 00
Gründung: 1976
President: Walter Werner
Secretary General: R. C. Basart

• IZ F 968

Europäischer Ausschuß für technische Gebäudeausrüstung (CEETB)

European Committee for Technical Building and Construction Equipment
Comité Européen des Equipements Techniques du Bâtiment
Rue Jacques de Lalaing 4, B-1040 Bruxelles
T: (00322) 2 85 07 27 **Fax:** 230 78 61
E-Mail: oliver.loebel@ueapme.kmonet.be
Gründung: 1976
Président: Gerard Broeders
Secrétaire Général: Oliver Loebel
Mitglieder: 3
Mitarbeiter: 2

Mitgliedsorganisationen

iz f 969

Génie Climatique International
Rue Brogniez 41, B-1070 Brüssel
T: (00322) 5 20 73 00 **Fax:** 5 20 97 49

iz f 970

Internationale Vereinigung der Unternehmen für elektrische Anlagen (AIE)
International Association of Electrical Contractors
Association Internationale des Entreprises d'Équipement Électrique
5, rue Hamelin, F-75116 Paris
T: (00331) 47 27 97 49 **Fax:** 47 55 00 47

iz f 971

Internationale Union für Spenglerei und Sanitärinstallation (UICP)
Union Internationale de la Couverture et Plomberie
Rue Brogniez 41, B-1070 Bruxelles
T: (00322) 5 23 92 40 **Fax:** 5 23 67 39

• IZ F 972

Europäischer Ausschuß der Heiz- und Kochgeräte-Industrie (CEFACD)

European Committee of Manufacturers of Domestic Heating and Cooking Appliances
Comité Européen des Fabricants d'Appareils de Chauffage et de Cuisine Domestiques
Diamant Building, Bd A. Reyers 80, B-1030 Bruxelles
T: (00322) 7 06 79 61 **Fax:** 7 06 79 66
Internet: http://www.fabrimetal.be
E-Mail: info@fabrimetal.be
Secrétaire Général: Francois-Xavier Belpaire
Président: Berlaimont

• IZ F 973

Europäischer Ausschuß der Hersteller von Amino-Carboxylaten (EAC)

European Amino-Carboxylates Producers Committee
Comité Européen des Producteurs d'Aninocarboxylates
c/o CEFIC-BIT
Avenue E. Van Nieuwenhuyse 4/2, B-1160 Brüssel
T: (00322) 6 76 72 95 **Fax:** 6 76 72 16
Gründung: 1987
Président: U. Klinsman
Secrétaire Général: Carine Jeukenne
Mitglieder: 7

• IZ F 974

Europäischer Ausschuß der nationalen Verbände der Lederwaren- und Reiseartikel-Hersteller und verwandter Industrien (CEDIM)

Comité Européen des Fédération Nationales de la Maroquinerie, Articles de Voyage et Industries Connexes
Rue du Mont Thabor 21, F-75001 Paris
T: (00331) 42 44 22 44 **Fax:** 42 44 22 45
Gründung: 1962
Président: Pierre Baguet
Secrétaire: Combarieu
Secrétaire administrative: Barret
Mitglieder: 8

Mitgliedsorganisationen

Belgien

iz f 975

Chambre professionnelle des fabricants d'articles de voyage, de sellerie et de maroquinerie
Av. P.E. Janson 68, B-1070 Brüssel

iz f 976

Conseil Professionnel du Cuir
Av. de la Joyeuse Entrée 17-21, B-1040 Brüssel

Dänemark

iz f 977

Laedervarefebrikantforeningen
V, DK-1787 Kobenhagen
T: (004533) 77 33 77

Frankreich

iz f 978

Fédération Nat. de la Maroquinerie, Articles de Voyage, Chasse-Sellerie, Gainerie, Bracelets Cuir
59, bd Magenta, F-75005 Paris
T: (00331) 53 26 44 44

Griechenland

iz f 979

The Confederation of Leather and Travel goods Manufacturers of Attiki
Aristofanous street 20, GR-10554 Athen
T: (00301) 3 24 23 80

Großbritannien

iz f 980

British Leathergoods Manufacturers' Association
27, Frederich Street, GB-Birmingham B1 3HJ
T: (0044121) 2 36 26 57

Italien

iz f 981

Associazione Italiana Manufatturieri Pelli, Cuoio e Succedanei
Corso Italia 17, I-20122 Mailand
T: (00392) 89 01 00 20

Niederlande

iz f 982

Nederlandse Bond van Lederwaren- en Kofferfabrikanten
Postf. 90154, NL-5000 LG Tilburg
Reitseplein 1, NL-5000 LG Tilburg
T: (003113) 65 44 26

Österreich

iz f 983

Verband der Lederwaren- und Kofferindustrie
Postf. 313, A-1045 Wien
T: (00431) 5 01 05

Spanien

iz f 984

Federacion Espanola de Fabricantes de Marroquineria Articulos de Viaje y Afines
C/Velasquez 4, 9a planta, E-Madrid 1
T: (00341) 57 76 31 23

• IZ F 985

Europäischer Ausschuß der Waagen-Hersteller (CECIP)
Comité Européen des Constructeurs d'Instruments de Pesage
Domaine d'Armainvilliers 4 Impasse François Coli, F-77330 Ozoir-la-Ferrière
T: (0033160) 02 89 58 **Fax:** 02 89 58
Gründung: 1959
Président: Dr. Klaus Wurster
Permanent Secretary: Michel Turpain
Mitglieder: 13 countries
Mitarbeiter: 2

Mitglieder

Belgien

iz f 986

FABRIMETAL
Diamant Building, Bd A. Reyers 80, B-1030 Brüssel
T: (00322) 7 06 79 82 **Fax:** 7 06 79 88
Pierre Juliens

Deutschland

iz f 987

VDMA/FACHGEMEINSCHAFT WAAGEN
Postf. 71 08 64, 60498 Frankfurt
Lyoner Str. 18, 60528 Frankfurt
T: (069) 66 03 1306 **Fax:** 66 03 2529
Dr. Georg Berntsen

Finnland

iz f 988

VAAKAKILTA r.y.
c/o Raute Precision Oy
Postf. 22, FIN-15801 Lahti
T: (003583) 8 29 42 75 **Fax:** 8 29 41 01
Aimo Pusa

Frankreich

iz f 989

Comité Français des Industriels du Pesage (COFIP) Domaine d Armainvilliers
4, Impasse François Coli, F-77330 Ozoir-la-Ferrière
T: (00331) 60 02 89 58 **Fax:** 60 02 89 58
Michel Turpain

Großbritannien

iz f 990

UK Weighing Federation
Brooke House, 4 The Lakes, Bedford Road, GB-Northampton NN4 7YD
T: (00441604) 62 20 23 **Fax:** 63 12 52
Allen Johnson

Italien

iz f 991

UCISP - GISI
Via G.B. Barinetti 1, I-20145 Mailand
T: (0039) 2 31 44 98 **Fax:** 2 31 49 96
Abramo Monari

Niederlande

iz f 992

Weeginstrumenten (VLW)
Postf. 2099, NL-3800 CB Amersfoort
Uranium weg 23, NL-3800 CB Amersfoort
T: (003133) 4 65 75 07 **Fax:** 4 61 66 38
J.R. Bakker

Polen

iz f 993

Stowarzyszenie Producentow Wag W Polsce
Ul Krochmalna 24, PL-20954 Lublin
T: (004881) 7 46 10 41 **Fax:** 5 32 54 19
Zygmunt Tatara

Schweiz

iz f 994

Association Suisse pour les Instruments de Pesage (A.S.I.P.)
C/O METTLER-TOLEDO AG
Im Langacher, CH-8606 Greifensee
T: (00411) 9 44 22 11 **Fax:** 9 44 22 55
Dr. Willy Jucker

Slowakische Republik

iz f 995

UNIA VYROBCOV VAH SLOVENSKEJ REPUBLIKY
Postf. 2, SLO-83004 Bratislava
Kadnarova 61, SLO-83004 Bratislava
T: (00421) 7 28 11 55 **Fax:** 7 28 11 55
Dr. Ladislas Zahumensky

Spanien

iz f 996

Asociation Espanola de Constructores de Instrumentos de Pesaje (A.E.C.I.P)
c/Viladomat 174, E-08015 Barcelona
T: (003493) 4 96 45 00 **Fax:** 4 96 45 32
Lidia Sebastian

Tschechische Republik

iz f 997

Unie Vyrobcu vah Ceske Republiky
c/o Tonava
Havlickova ul. 437, CZ-542 32 Upice
T: (00420439) 80 22 40 **Fax:** 80 21 42
Ing. Antonin Slavicek

Ungarn

iz f 998

MATE
Kossuth Lajos Ter 6-8, H-1372 Budapest V
T: (00361) 1 53 14 06 **Fax:** 1 53 14 06
Zsuzsa Pinter

• IZ F 999

Europäischer Behälterglasindustrieverband (FEVE)
European Container Glass Federation
Fédération Européenne du Verre d'Emballage
av. Louise 89, Bte 4, B-1050 Brüssel
T: (00322) 539 34 34 **Fax:** 539 37 52
Gründung: 1977 (26. September)
Präsident(in): A. Vasconcelos
Secretary-General: Andrew Somogyi
Verbandszeitschrift: FEVE News - Glass Gazette
Verlag: FEVE
Mitglieder: 53
Mitarbeiter: 5

• IZ F 1 000

Europäischer Brauerei-Verband (EBC)
European Brewery Convention
Convention Européenne de la Brasserie
Secretariat General
Correspondence address:
Postf. 510, NL-2380 BB Zoeterwoude
T: (003171) 5 45 60 47, 5 45 66 14 **Fax:** 5 41 00 13
Internet: http://www.ebc-nl.com
E-Mail: secretariat@ebc_nl.com
Gründung: 1946
President: E. Pajunen (FIN)
Vice-Presidents: Dr. H.-G. Bellmer (D)
L. A. van der Stappen (NL)
J. Vesely (CZ)
S.W. Molzahn (GB)
Generalsekretär(in): M. van Wijngaarden
Mitglieder: 21
Mitarbeiter: 3

Die Förderung nachstehender Themen, im Interesse der Brauindustrie und unter Berücksichtigung der Konsumenten und der Gesellschaft im allgemeinen: Entwicklung der Brau- und Mälzungswissenschaft und Mälzungstechnologie; Anwendung der besten Verfahren der Brau- und Mälzungswissenschaft und -technologie; Übertragung von wissenschaftlichen und technologischen Erkenntnissen anderer Disziplinen und Industrien auf die Brau- und Malzindustrie. Das Erkennen neuer wissenschaftlicher und technischer Möglichkeiten der Brau- und Malzindustrie, durch die Organisation wettbewerbsneutraler Forschungsforen, die die Basis bilden können für staatliche Subventionen. Die EBC sollte sich so organisieren und arbeiten, daß sie auf Wunsch der Industrie oder nationaler bzw. internationaler Brauerei- und Mälzereiverbände als sachkundige europäische Beratungsstelle für Fragen von Wissenschaft und Technologie der Brau- und Malzindustrie auftreten kann. Die Unterstützung aller Maßnahmen zur Förderung der wettbewerbsneutralen Aspekte der Produktqualität, insbesondere im Hinblick auf die Rohmaterialien und die Verfahrensabläufe. Die Unterstützung aller Maßnahmen zur Förderung der Bekömmlichkeit, der Sicherheit und der Gesundheit der Konsumenten sowie der Umweltaspekte.

Belgien

iz f 1 001

Centre Technique et Scientifique de la Brasserie, de la Malterie et des Industries Connexes (CBM)
Brouwershuis
Grand' Place 10, B-1000 Brüssel
T: (00322) 5 11 49 87 **Fax:** 5 11 32 59

Bulgarien

iz f 1 002

Union of Brewers in Bulgaria
Serdika Str. 18, BG-1000 Sofia
T: (003592) 9 86 50 90 **Fax:** 9 86 50 90

Dänemark

iz f 1 003

Bryggeriforeningen
Frederiksberggade 11, DK-1459 Kopenhagen K
T: (0045) 33 12 62 41 **Fax:** 33 14 25 13
Internet: http://www.bryggeriforeningen.dk
E-Mail: info@bryggeriforeningen.dk

Deutschland

iz f 1 004

Deutscher Brauer-Bund e.V.
Postf. 20 04 52, 53134 Bonn
Annaberger Str. 28, 53175 Bonn
T: (0228) 9 59 06-0 **Fax:** 9 59 06-16

Internet: http://www.brauer-bund.de
E-Mail: dbb@society.de

Finnland

iz f 1 005

Oy Panimolaboratorio
Postf. 16, FIN-02151 Espoo
T: (003589) 46 44 72 **Fax:** 4 55 20 28

Frankreich

iz f 1 006

Association des Brasseurs de France
Boulevard Malesherbes 25, F-75008 Paris
T: (00331) 42 66 29 27 **Fax:** 42 66 52 79

Großbritannien

iz f 1 007

The Institute of Brewing
Clarges Street 33, GB-London W1Y 8EE
T: (0044207) 4 99 81 44 **Fax:** 4 99 11 56
E-Mail: enquiries@iob.org.uk

Irland

iz f 1 008

Irish Brewers Association
Confederation House
Lower Baggot Street 84/86, IRL-Dublin 2
T: (003531) 6 60 10 11 **Fax:** 6 60 17 17
E-Mail: paddy.jordan@ibec.ie

Italien

iz f 1 009

Associazione degli Industriali della Birra e del Malto
Viale di Val Fiorita 90, I-00144 Rom
T: (003906) 54 39 32 (1) **Fax:** 5 91 29 10
Internet: http://www.assobirra.it
E-Mail: birra.viva@assobirra.it

Lettland

iz f 1 010

Brewery Association of Latvia
Brivibas iela 68 Apt. 2, LV-1011 Riga
T: (003717) 311 778 **Fax:** 310 778

Niederlande

iz f 1 011

Centraal Brouwerij Kantoor (CBK)
Postf. 34 62, NL-1001 AG Amsterdam
Herengracht 282, NL-1016 BX Amsterdam
T: (003120) 6 25 22 51 **Fax:** 6 22 60 74
Internet: http://www.cbk.nl
E-Mail: info@cbk.nl

Norwegen

iz f 1 012

Norsk Bryggeri- og Mineralvannindustris Forening
Postf. 7087 Majorstua, N-0306 Oslo
Essendropsgate 6 - 2nd floor, N-0306 Oslo
T: (00472) 3 08 86 96 **Fax:** 2 60 30 04
Internet: http://www.nbmf.no
E-Mail: firmapost@nbmf.no

Österreich

iz f 1 013

Österreichisches Getränke Institut
Michaelerstr. 25, A-1182 Wien
T: (00431) 4 79 69 24-0 **Fax:** 4 79 69 24-11
Gründung: 1887

Portugal

iz f 1 014

Associaçao da Indústria Cervejeira Portuguesa (AICP)
Courela de Anaia, P-2695-366 Sta. Iria Azoia
T: (0035121) 9 53 84 31 **Fax:** 9 53 84 32
E-Mail: asscerv@mail.telepac.pt

Schweden

iz f 1 015

Svenska Bryggareföreningen
Swedish Brewers's Association
Swedish Brewers Association
Postf. 81 04, S-10420 Stockholm
Polhemsgatan 29, S-10420 Stockholm
T: (00468) 566 213 00 **Fax:** 566 213 10
Internet: http://www.swedbrewers.se
E-Mail: reception@swedbrewers.se

Schweiz

iz f 1 016

Schweizerischer Bierbrauerverein
Société Suisse des Brasseurs
Postf. 6325, CH-8023 Zürich
Bahnhofplatz 9, CH-8023 Zürich
T: (00411) 2 21 26 28 **Fax:** 2 11 62 06
Internet: http://www.bier.ch
E-Mail: bierbrauerverein@spectraweb.ch

Slowakei

iz f 1 017

Slovenské Združenie Výrobcov Piva a Sladu
Blumentálska 19, SK-81613 Pressburg
T: (004217) 5 42 42 27 **Fax:** 5 42 15 25

Slowenien

iz f 1 018

Association of Slovene Brewers
Pivovarna Union
Pivovarniska 2, SLO-61107 Ljubljana
T: (0038661) 1 71 73 71 **Fax:** 1 71 73 77

Spanien

iz f 1 019

Cerveceros de España
Almagro 24, 2° c/.Izda, E-28010 Madrid
T: (003491) 308 6770 **Fax:** 308 6661
Internet: http://www.cerveceros-es.com
E-Mail: info@cerveceros-es.com

Tschechien

iz f 1 020

ČESKÝ SVAZ PIVOVARU_U A SLADOVEN
Lipová 15, CZ-120 44 Praha 2
T: (004202) 24 91 45 66 **Fax:** 24 91 45 42

Ungarn

iz f 1 021

Association of the Hungarian Brewers
Postf. 126, H-1475 Budapest 10
Maglódi út 17, H-1475 Budapest 10
T: (00361) 2 60 47 66 **Fax:** 2 61 64 60
E-Mail: beerhung@matavnet.hu

• IZ F 1 022

Europäischer Dachverband des Glaserhandwerks (UEMV)
European Glaziers Association
Union Européenne des Miroitiers Vitriers
Postf. 4 16, NL-1800 AK Alkmaar
Luttik Oudorp 20, NL-1811 MX Alkmaar
T: (003172) 511 41 61 **Fax:** 511 37 83
Internet: http://www.uemv.com
E-Mail: info@uemv.com
Gründung: 1977
President: Philippe Husler Thibault
Contact: Pim De Ridder
Mitglieder: 13
Mitarbeiter: 1

iz f 1 023

Automotive Glazing Europe
Postf. 4 16, NL-1800 AK Alkmaar
Luttik Oudorp 20, NL-1811 MX Alkmaar
T: (003172) 5 11 41 61 **Fax:** 5 11 37 83
E-Mail: auto@uemv.com
Gründung: 1995
President: Peter S. Bain
Contact: Pim de Ridder
Mitglieder: 7

• IZ F 1 024

Europäischer Drahtseil-Verband (EWRIS)
European Wire Rope Information Service
Fédération Européenne des Industries de Câbles d'Acier
c/o EUROCORD
47, rue de Monceau, F-75008 Paris
T: (00331) 53 75 10 04 **Fax:** 53 75 10 02
Gründung: 1962
Präsident(in): M.P. Petitfrère (F)

Nationale Assoziierte Mitglieder

Deutschland

iz f 1 025

Drahtseil-Vereinigung e.V.
Postf. 30 02 52, 40402 Düsseldorf
T: (0211) 45 64-251 **Fax:** 43 14 88
Geschäftsführer(in): Dipl.-Ing. Udo Witzens

Österreich

iz f 1 026

Drahtseilverband
c/o VOEST-ALPINE AUSTRIA DRAHT GmbH
Postf. 80, A-8600 Bruck
Bahnhofstr. 2, A-8600 Bruck
T: (00433862) 5 15 71 **Fax:** 5 23 28

Großbritannien

iz f 1 027

Federation of Wire Rope Manufacturers of Great Britain
c/o BRIDON
Carr Hill, GB-Doncaster - South Yorkshire DN4 8DG
T: (00441302) 34 40 10 **Fax:** 38 22 63

Frankreich

iz f 1 028

Syndicat National du Trafilape de l'Acier
Rue Logel Bach 2, F-75017 Paris
T: (00331) 47 54 94 27 **Fax:** 47 54 94 28

Italien

iz f 1 029

Federacciai Imprese Siderurgiche Italiane
Viale Sarca 336, I-20126 Mailand
T: (00392) 66 14 61 **Fax:** 66 14 62 49

• IZ F 1 030

Europäischer Fachverband der Arzneimittel-Hersteller (AESGP)
Association of the European self. Medication Industry
Association Européenne des Spécialités Pharmaceutiques Grand Public
7 avenue de Tervuren, B-1040 Brüssel
T: (00322) 7 35 51 30 **Fax:** 7 35 52 22
Internet: http://www.aesgp.be
E-Mail: info@aesgp.be
Gründung: 1964
Präsident(in): Dr. Gerhard Stummerer
Hauptgeschäftsführer(in): Dr. Hubertus Cranz
Mitglieder: 24 Landesverbände
Mitarbeiter: 8

Mitgliedsorganisationen

Belgien

iz f 1 031

Association Générale de l'Industrie du Médicament (A.G.I.M.)
Square Marie-Louise 49, B-1000 Brüssel
T: (00322) 2 38 97 11 **Fax:** 2 31 11 64
E-Mail: louis.loontjens@agim.be

Dänemark

iz f 1 032

LiF Denmark
Str_ndamvej 50, DK-2100 Kopenhagen
T: (004539) 27 60 60 **Fax:** 27 60 70
E-Mail: uh@lifdk.dk

Deutschland

iz f 1 033

Bundesfachverband der Arzneimittel-Hersteller e.V. (BAH)
Ubierstr. 71-73, 53173 Bonn
T: (0228) 9 57 45-0 **Fax:** 9 57 45-90
Internet: http://www.bah-bonn.de
E-Mail: bah@bah-bonn.de

Finnland

iz f 1 034

Finnish Pharmaceutical Industry Federation (F.P.I.F.)
Postf. 1 08, FIN-00501 Helsinki
Sörnäisten rantatie 23, FIN-00501 Helsinki
T: (003589) 5 84 24 00 **Fax:** 58 42 47 28, 58 42 47 29
E-Mail: pif@pif.fi

Frankreich

iz f 1 035

A.F.I.P.A.
8, rue Saint-Saëns, F-75015 Paris
T: (00331) 56 77 16 16 **Fax:** 56 77 16 17
E-Mail: afipa@afipa.org

Griechenland

iz f 1 036

Greek Proprietary Association
7, P. Marinopoulou Street, GR-17456 Alimos (Athen)
T: (00301) 9 88 89 00 **Fax:** 9 88 88 00

Großbritannien

iz f 1 037

Proprietary Association of Great-Britain (PAGB)
Vernon House, Sicilian Avenue, GB-London WC1A 2QH
T: (0044207) 2 42 83 31 **Fax:** 4 05 77 19
E-Mail: pagb@pagb.co.uk

Irland

iz f 1 038

Irish Pharmaceutical Healthcare Assoc. (IPHA)
Franklin House, 140 Pembroke Road, IRL-Dublin 4
T: (003531) 6 60 33 50/36 61 **Fax:** 6 68 66 72
E-Mail: info@ipha.ie

Italien

iz f 1 039

Federchimica-Assosalute
Via Accademia, 33, I-20131 Mailand
T: (00392) 26 81 02 48 **Fax:** 26 81 03 48
E-Mail: assosalute@federchimica.it

Kroatien

iz f 1 040

Belupo Pharmaceuticals and Cosmetics d.o.o.
Ul. Grada Vukovara 14/II, HR-1000 Zagreb
T: (003851) 3 95 52 24 **Fax:** 3 95 52 14
E-Mail: belupo-medicinski-razvoj@belupo.tel.hr

Lettland

iz f 1 041

The Latvian Pharmaceuticals Manufacturers Association
c/o Grindex - Dr. J. Bundulis
Krustpils Str. 53, LV-1057 Riga
T: (00371) 7 13 94 58 **Fax:** 7 82 01 48

Niederlande

iz f 1 042

NEPROFARM
Postf. 5086, NL-1410 AB Naarden
T: (003135) 697 08 21 **Fax:** 697 08 22
E-Mail: b.mauritz@neprofarm.nl

Norwegen

iz f 1 043

Legemiddelindustriforeningen (LMI)
Postf. 7 34, N-0105 Oslo
Grev Wedels plass 9, N-0105 Oslo
T: (0047) 23 16 15 00 **Fax:** 23 16 15 01
E-Mail: lmi@lmi.no

Österreich

iz f 1 044

Interessengemeinschaft Österreichischer Heilmittelhersteller u. Depositeure (IGEPHA)
Hütteldorfer Str. 175, A-1140 Wien
T: (00431) 9 14 95 12 **Fax:** 9 14 82 38
E-Mail: igepha@medicalnet.at

Portugal

iz f 1 045

Associaçao Portuguesa da Indústria Framaceutica-APIFARMA
Rua Pêro da Covilha, 22, P-1400 Lissabon
T: (003511) 3 01 82 64/83/8321/06/17 **Fax:** 3 01 85 53/87 85
E-Mail: apifarma.board@mail.telepac.pt

Schweden

iz f 1 046

Läkemedelsindustriföreningen (LIF)
Postf. 1 76 08, S-11892 Stockholm
Medborgarplatsen 25 8th Floor, S-11892 Stockholm
T: (00468) 4 62 37 00 **Fax:** 4 62 02 92
E-Mail: info@lif.se

Schweiz

iz f 1 047

Association Suisse des Fabricants de Spécialités Grand Public (ASSGP)
Postf. 5208, CH-3001 Bern
Effingerstr. 14, CH-3001 Bern
T: (004131) 3 81 89 80 **Fax:** 3 81 90 01
E-Mail: assgp@gve.ch

Slowakische Republik

iz f 1 048

AFV SR
Železničná ul. 12, SK-92027 Hlohovec
T: (00421804) 7 42 10 11 **Fax:** 7 30 09 00
E-Mail: afvsr@slofa.sk

Slowenien

iz f 1 049

The Slovenian Pharmaceutical Manufacturers Association
c/o LEK Ljubljana
Postf. 81, SLO-1526 Ljubljana
Verovškova 57, SLO-1526 Ljubljana
T: (0038661) 34 83 93 **Fax:** 1 68 35 17
E-Mail: zpzs@net.zaslon.si

Spanien

iz f 1 050

Asociación Nacional de Especialidades Farmacéuticas Publicitarias (ANEFP)
Paseo de Recoletos, 18, 6° izq., E-28001 Madrid
T: (003491) 4 35 35 69 **Fax:** 4 35 57 23
E-Mail: anefp@anefp.org

Tschechische Republik

iz f 1 051

Association of the Czech Pharmaceutical Industry (SČFP)
Husinecká 11 A, CZ-13000 Prag 3
T: (004202) 71 00 83 45, 71 00 84 62 **Fax:** 71 00 84 60
E-Mail: scfpr@mbox.vol.cz

Türkei

iz f 1 052

Pharmaceutical and Chemical Manufacturers' Association (IEIS)
Talâtpaşa Caddesi, No. 98/B, TR-80640 Gültepe-Istanbul
T: (0090212) 2 78 85 40, 2 78 80 59, 2 78 86 44
Fax: 2 78 70 07
E-Mail: ieis@escortnet.com

Ungarn

iz f 1 053

Hungarian Pharmaceutical Manufacturers Association (MAGYOSZ)
Vörösmarty tér 4, H-1386 Budapest 62
T: (00361) 3 17 67 39 **Fax:** 3 18 39 57, 3 18 85 87

• IZ F 1 054

Europäischer Fachverband Spanende Werkzeuge (ECTA)
European Cutting Tools Association
c/o Federation of British Engineers' Tool Manufacturers
Light Trades House
Melbourne Avenue, GB-Sheffield S10 2QJ
T: (00441114) 2 66 30 84 **Fax:** 2 67 09 10
E-Mail: light.trades@virgin.net
Präsident(in): G. McShannon (Hydra Tools, England)
Generalsekretär(in): John G. Till

Deutschland

iz f 1 055

VDMA Verband Deutscher Maschinen- und Anlagenbau e.V.
Postf. 71 08 64, 60498 Frankfurt
Lyoner Str. 18, 60528 Frankfurt
T: (069) 66 03-0 **Fax:** 66 03-1511
Internet: http://www.vdma.de
E-Mail: puoe@vdma.org
Generalsekretär(in): Dr. W. Zengebusch

Frankreich

iz f 1 056

Syndicat de l'Industrie de l'Outillage
39/41, Rue Louis Blanc Cedex 72, F-92400 Courbevoie
T: (0033247) 17 64 55
Generalsekretär(in): N. Parascandolo

Großbritannien

iz f 1 057

Federation of British Engineers' Tool Manufacturers

Light Trades House
Melbourne Avenue, GB-Sheffield S10 2QJ
T: (0044114) 2 66 30 84 **Fax:** 2 67 09 10
E-Mail: light.trades@virgin.net
Generalsekretär(in): John G. Till

Italien

iz f 1 058

UCIMU - SISTEMI PER PRODURRE
Associazione Costruttori Italiani Macchine Utensili, Robot e Automazione

Viale Fulvio Testi 128, I-20092 Cinisello Balsamo
T: (00392) 2 62 55-1 **Fax:** 2 62 55-214, 2 62 55-349
Internet: http://www.ucimu.it
E-Mail: general.manager@ucimu.it
Generalbevollmächtigter: M. Mandeli (Direttore Generale)

Schweden

iz f 1 059

Föreningen Svenska Verktgysmaskintillverkare (FVM)

Postf. 55 10, S-11485 Stockholm
Storgatan 5, S-11485 Stockholm
T: (00468) 7 82 08 00 **Fax:** 6 60 33 78
E-Mail: per.agren@vi.se
Generalsekretär(in): Per Ågren (General Manager)

Schweiz

iz f 1 060

SWISSMEM (ASM/VSM)

Kirchenweg 4 Postfach, CH-8032 Zürich
T: (00411) 3 84 48 15 **Fax:** 3 84 42 42
E-Mail: k.meier@swissmem.ch
Generalsekretär(in): Dr. M. Meier

Spanien

iz f 1 061

Asociacion Espanola de Fabricantes de Herramientas de Corte

Paseo de la Castellana190,14/A, E-28006 Madrid
Fax: (00341) 3 45 49 64
Generalsekretär(in): A. Fernandez

Tschechische Republik

iz f 1 062

The Gauge & Toolmakers' Association

Moskevska 63, CZ-10116 Praha 100
Fax: (004202) 2 67 31 15 49
Generalsekretär(in): P. Boravan

• IZ F 1 063

Europäischer Hersteller von Styropor-Schaumstoff (EUMEPS)

European Manufacturers of Expanded Polystyrene
Fabricants Européens de Polystyreéne cellulaire
Avenue de la Joyeuse Entrée 1, B-1040 Brüssel
T: (00322) 285 00 22 **Fax:** 285 00 24
Internet: http://www.EPSRECYCLING.ORG
E-Mail: eumeps@spaendonck.nl
Chairman: Harry van der Loo
Contact: Bart Schelfhout
Mitglieder: 15 Nat. Federations

• IZ F 1 064

Europäischer Industriegaseverband (EIGA)

European Industrial Gases Association
Association Européenne des Gaz Industriels
Avenue des Arts 3-4-5, B-1210 Brüssel
T: (00322) 2 17 70 98 **Fax:** 2 19 85 14
E-Mail: eiga@skynet.be
Gründung: 1923
President: Barry Beecroft
Secretary General: Lars Dahlberg
Mitglieder: 96
Mitarbeiter: 5

• IZ F 1 065

Europäischer Kalkverband (EuLA)

European Lime Association
Association Européenne de la Chaux
Annastr. 67-71, 50968 Köln
T: (0221) 93 46 74-0 **Fax:** 93 46 74 10
E-Mail: eula@kalk.de
Gründung: 1990 (März)
Präsident(in): Dipl.-Ing. Gernot Schaefer (SCHAEFER KALK, Diez)
1. Vize-Präs: Roger Bates (The Totternhoe Lime & Stone Co. Ltd., Totternhoe, England)
2. Vize-Präs: Robert Goffin (Groupe Lhoist, Limelette, Belgien)
EuLA-Sekr: Dr.-Ing. Bernhard Oppermann
Mitgliedsverbände und -firmen in 20 europäischen Ländern

• IZ F 1 066

Europäischer Koordinierungsausschuß d. Röntgen- u. Elektromedizinischen Industrie (COCIR)

European Coordination Committee of the Radiological and Electromedical Industries
Comité Européen de Coordination des Industries Radiologiques et Électromédicales
Secretary General
c/o ZVEI Fachverband Elektromedizinische Technik
Stresemannallee 19, 60596 Frankfurt
T: (069) 6302-207 **Fax:** 6302-390
Gründung: 1959
Vorsitzende(r): Prof. Dr. Ing. Erich R. Reinhardt (Siemens AG, Medizinische Technik)
Generalsekretär(in): Dipl.-Volksw. Ellen-Urs. Meyer-Schülke (ZVEI, Fachverband Elektromedizinische Technik)
Mitglieder: 9 Mitgliedsländer

Mitgliedsorganisationen

Belgien

iz f 1 067

Fabrimetal - Group Medical and Hospital Technology

Rue des Drapiers 21, B-1050 Brüssel
T: (00322) 510 23 11 **Fax:** 510 23 01

Deutschland

iz f 1 068

Fachverband Elektromedizinische Technik im ZVEI

60591 Frankfurt
Stresemannallee 19, 60596 Frankfurt
T: (069) 6 30 22 06 **Fax:** 6 30 23 90
Internet: http://www.zvei.de/medtech
E-Mail: medtech@zvei.org
Kontaktperson: Hans-Peter Bursig

Finnland

iz f 1 069

SAVA

Postf. 3 25, FIN-00131 Helsinki
Etelaeranta 10, FIN-00131 Helsinki
T: (003589) 62 20 41 50 **Fax:** 62 24 29

Frankreich

iz f 1 070

Syndicat National de l'Industrie des Technologies Médicales (SNITEM)

Cedex, F-92038 Paris La Défense
T: (00331) 47 17 63 88 **Fax:** 47 17 63 89
Kontaktperson: Gérard Brient

Großbritannien

iz f 1 071

AXrEM

Westminster Tower 3 Albert Embankment, GB-London SEI 7SW
T: (0044207) 7 93 30 47 **Fax:** 7 93 76 35
Kontaktperson: G.L. Fraser

Italien

iz f 1 072

ANIE Associazione Nazionale Industrie Elettrotecniche ed Elettroniche

Gruppo 17-Apparecchi Elettromedicali
Via Gattamelata 34, I-20149 Mailand
T: (00392) 32 64-241 **Fax:** 32 64-212
TX: 321616 anie i
Kontaktperson: R. Bedani

Niederlande

iz f 1 073

FARON/FME

Postf. 190, NL-2700 AD Zoetermeer
Boerhaavelaan 40, NL-2700 AD Zoetermeer
T: (003179) 3 53 13 51 **Fax:** 3 53 13 65
Kontaktperson: J.W. van Pagée

Schweden

iz f 1 074

SLF - Swedish Association of Suppliers of Hospital Equipment

Sveavagen 17, 6tr, S-11157 Stockholm
T: (00468) 24 07 00 **Fax:** 21 84 96
Kontaktperson: A. Hultman

Spanien

iz f 1 075

ANIEL-Grupo de Trabajo de Electromedicina

Principe de Vergara, 74 - 4° Planta, E-28006 Madrid
T: (00341) 4 11 16 61 **Fax:** 4 11 40 00
Kontaktperson: A. Bengoa Crespo

iz f 1 076

FENIN
Federación Nacional de Empresas de Instrumentación Científica, Médica, Técnica y Dental

Juan Bravo 10, 3e Planta, E-28006 Madrid
T: (003491) 5 75 98 00 **Fax:** 4 35 34 78

• IZ F 1 077

Europäischer Methylbromid-Verband (EMBA)

European Methylbromide Association
Association Européenne de Bromure de Méthyle
c/o CEFIC
Avenue E. Van Nieuwenhuyse 4/1, B-1160 Brüssel
T: (00322) 6 76 72 11 **Fax:** 6 76 73 01
Président: Spiegelstein
Secrétaire Général: Bent Jensen

• IZ F 1 078

Europäischer Milchindustrieverband (E.D.A.)

European Dairy Association
Association Laitière Européenne
Rue Montoyer 14, B-1000 Brüssel
T: (00322) 5 49 50 40 **Fax:** 5 49 50 49
Internet: http://eda.euromilk.org
E-Mail: eda@euromilk.org
President: Robert Brzusczak (France)
Secretary General: Dr. A. J. Van de Ven (Contact)

Mitgliedsorganisationen

Belgien

iz f 1 079

Confédération Belge de l'Industrie Laitière (CBL)

Minderbroederstraat 8, B-3000 Leuven
T: (003216) 24 21 13 **Fax:** 24 20 97

Dänemark

iz f 1 080

Mejeriforeningen
Danish Dairy Board

Federiks Allé 22, DK-8000 Århus C
T: (0045) 87 31 20 00 **Fax:** 87 31 20 01

Deutschland

iz f 1 081

Deutscher Raiffeisenverband e.V. (DRV)
53106 Bonn
Adenauerallee 127, 53113 Bonn
T: (0228) 1 06-0 **Fax:** 1 06-266
Internet: http://www.raiffeisen.de
E-Mail: info@drv.raiffeisen.de

iz f 1 082

Bundesverband der Privaten Milchwirtschaft e.V.
Godesberger Allee 157, 53175 Bonn
T: (0228) 9 59 69 30 **Fax:** 37 17 33

iz f 1 083

Milchindustrie-Verband e.V. (MIV)
Adenauerallee 148, 53113 Bonn
T: (0228) 9 59 69-0 **Fax:** 37 15 35
Internet: http://www.milchindustrie.de
E-Mail: info@milchindustrie.de

Finnland

iz f 1 084

Finnish Dairy Association
Postf. 1 15, FIN-00241 Helsinki
Pasilarkatu 2, FIN-00241 Helsinki
T: (003589) 14 88 71 **Fax:** 14 88 72 01

Frankreich

iz f 1 085

ATLA
Rue de St Petersbourg 34, F-75382 Paris
T: (00331) 49 70 72 72 **Fax:** 42 80 63 62

Griechenland

iz f 1 086

Hellenic Association of Milk and Dairy Products Industries
Eptanisou 2
Ethnikis Anistaseos 69, GR-15231 Chalandri
T: (00301) 6 71 11 77 **Fax:** 6 71 10 80

Großbritannien

iz f 1 087

Dairy Industry Federation
Cornwall Terrace 19, GB-London NW1 4QP
T: (0044207) 4 86 72 44 **Fax:** 4 87 47 34

Irland

iz f 1 088

Irish Dairy Industries Association Limited (IDIA)
Confederation House
Lower Baggot Street 84-86, IRL-Dublin 2
T: (003531) 6 60 10 11 **Fax:** 6 38 15 74
E-Mail: pat.ivory@ibec.ie

Italien

iz f 1 089

ASSOLATTE
Corso di Porta Romana 2, I-20122 Mailand
T: (00392) 72 02 18 17 **Fax:** 72 02 18 38

Niederlande

iz f 1 090

Nederlandse Zuivel Organisatie (NZO)
Bleiswijkseweg 35, NL-2712 PB Zoetermeer
T: (003179) 43 03 00 **Fax:** 3 42 60 54

Österreich

iz f 1 091

Vereinigung Österreichischer Milchverarbeiter
c/o Österreichischer Raiffeisenverband
Hollandstr. 2, A-1020 Wien
T: (00431) 2 11 36 25 76 **Fax:** 2 11 36 20 81

Portugal

iz f 1 092

Federacão das Unioes de Cooperativas de Leite e Lacticinios (FENALAC)
Rua da Restauração 312100, P-4050 Porto Codex
T: (003512) 6 09 08 00 **Fax:** 6 00 09 91

iz f 1 093

Assocácio Nacional dos Industriais de Lacticinios (ANIL)
Rua de Santa Teresa 2-C 200, P-4000 Porto Codex
T: (003512) 6 09 08 00 **Fax:** 6 00 09 91

Schweden

iz f 1 094

Swedish Dairies' Association
Mejerienna Service AB
Torsgatan 14, S-10546 Stockholm
T: (00468) 7 88 03 00 **Fax:** 7 88 03 30

Spanien

iz f 1 095

Federacion Nacional de Industrias Lacteas (FENIL)
Ayala 10- 100 Izqda, E-28001 Madrid
T: (00341) 5 76 21 00 **Fax:** 5 76 21 17

● **IZ F 1 096**

Europäischer Plastikrohr- und Armaturen-Verband (TEPPFA)
The European Plastic Pipes and Fitting Association
Association européenne de tuyaux en matière plastique et armatures
Avenue de Cortenbergh 66, B-1000 Brüssel
T: (00322) 7 36 24 06 **Fax:** 7 36 24 06
E-Mail: teppfa@skynet.be
Präsident(in): Victor Dierinckx
Leitung Presseabteilung: Laurent Snoeck

● **IZ F 1 097**

Europäischer Qualitätssicherungsverband der Hersteller von Polystyrolschaumstoff für Lebensmittelverpackungen (EQA)
European Quality Assurance Association of Expanded Polystyrene Foam Manufacturers for Food Packaging
Association Européenne de l'assurance de la qualité pour fabricants de mousse de polystyrène pour les emballages de produits alimentaires
Kaiser-Friedrich-Promenade 43, 61348 Bad Homburg
T: (06172) 92 66 76 **Fax:** 92 66 70

● **IZ F 1 098**

European Extruded Polystyrene Insulation Board Association (EXIBA)
Avenue E. Van Nieuwenhuyse 4, B-1160 Brüssel
T: (00322) 6 76 72 47 **Fax:** 6 76 73 01
E-Mail: dth@cefic.be

● **IZ F 1 099**

Europäischer Verband der Chemischen Industrie (CEFIC)
European Chemical Industry Council
Conseil Européen de l'Industrie Chimique
Av. E. Van Nieuwenhuyse, 4 B 1, B-1160 Bruxelles
T: (00322) 6 76 72 11 **Fax:** 6 76 73 00
Internet: http://www.cefic.org
E-Mail: mail@cefic.be
Gründung: 1972
Präsident(in): Bryan Sanderson
Leitung Presseabteilung: Marc Devisscher
Mitglieder: 22 Verbände, 50 Firmen
Mitarbeiter: 100

Mitgliedsverbände

Belgien

iz f 1 100

Fédération des Industries Chimiques (FIC/FCN)
Sq. Marie-Louise 49, B-1000 Brüssel
T: (00322) 2 38 97 11 **Fax:** 2 38 99 98

Dänemark

iz f 1 101

Verband der Dänischen Prozessindustrien
Norre Voldgade 48, DK-1358 København K
T: (0045) 33 15 17 48 **Fax:** 33 15 17 22
E-Mail: fdki@fdki.dk

Deutschland

iz f 1 102

Verband der Chemischen Industrie e.V.
Postf. 11 19 43, 60054 Frankfurt
Karlstr. 21, 60329 Frankfurt
T: (069) 25 56-0 **Fax:** 25 56-14 71
Internet: http://www.chemische-industrie.de
E-Mail: vci@vci.de

Finnland

iz f 1 103

Kemianteollisuus ry (KT)
Chemical Industry Federation
Postf. 4, FIN-00131 Helsinki
Etelaeranta 10, FIN-00131 Helsinki
T: (003589) 17 28 43 17 **Fax:** 63 02 25
E-Mail: ville.kopra@kemia.ttliitot.fi, stina.kujala@kemia.ttliitot.fi

Frankreich

iz f 1 104

Union des Industries Chimiques (UIC)
Rue de la République 14 Cedex 99, F-92909 Paris La Défense
T: (00331) 46 53 11 00 **Fax:** 46 53 11 05

Griechenland

iz f 1 105

Hellenic Association of Chemical Industries (HACI)
5, Xenofontos Street, GR-10557 Athen
T: (00301) 3 23 73 25 **Fax:** 3 22 29 29

Großbritannien

iz f 1 106

Chemical Industries Association Ltd. (CIA)
Kings Buildings
Smith Square, GB-London SW1P 3JJ
T: (0044207) 8 34 33 99 **Fax:** 8 34 44 69

Irland

iz f 1 107

Irish Pharmaceutical and Chemical Manufacturers' Federation (IPCMF)
Franklin House
Lower Baggot Street 84/-86, IRL-Dublin 2
T: (003531) 6 60 10 11 **Fax:** 6 60 17 17

Italien

iz f 1 108

Federazione Nazionale dell'Industria Chimica (FEDERCHIMICA)
Via Accademia 33, I-20131 Mailand
T: (00392) 26 81 01 **Fax:** 26 81 02 09

Niederlande

iz f 1 109

Vereniging van de Nederlandse Chemische Industrie (VNCI)
Postf. 443, NL-2260 AK Leidschendam
Vlietweg 16, NL-2260 AK Leidschendam
T: (003170) 3 37 87 87 **Fax:** 3 20 39 03

Norwegen

iz f 1 110

Federation of Norwegian Process Industries (PIL)
Prosessindustriens Landsforening
Postf. 5487 Majorstua, N-0305 Oslo
Essendrops gate 3, N-0305 Oslo
T: (00472) 308 78 00 **Fax:** 308 78 99
Internet: http://www.pil.no
E-Mail: pil@pil.no

Österreich

iz f 1 111

Fachverband der Chemischen Industrie Österreichs (FCIO)
Postf. 325, A-1045 Wien
Wiedner Hauptstrasse 63, A-1045 Wien
T: (00431) 5 01 05 33 67 **Fax:** 50 20 62 80
Internet: http://www.wk.or.at/fcio
E-Mail: office@fcio.wk.or.at

Portugal

iz f 1 112

Associacao Portuguesa das Empresas Industrias de Productos Quimicos (APEQ)
Av. D. Carlos 1-45-3, P-1200 Lissabon
T: (003511) 60 67 96, 97 **Fax:** 3 96 30 52

Schweden

iz f 1 113

Sveriges Kemiska Industrikontor (KEMIKONTORET)
Postf. 5501, S-11485 Stockholm
Storgatan 19, S-11485 Stockholm
T: (00468) 7 83 80 00 **Fax:** 6 63 63 23

Switzerland

iz f 1 114

Schweizerische Gesellschaft für Chemische Industrie (SGCI/SSIC)
Postf. 328, CH-8035 Zürich
Nordstr. 15, CH-8035 Zürich
T: (00411) 3 68 17 11 **Fax:** 3 68 17 70
E-Mail: dieter.grauer@sgci.ch

Spanien

iz f 1 115

Federacion Empresarial de la Industria Quimica Espanola (FEIQUE)
Hermosilla 31-1° dcha, E-28001 Madrid
T: (00341) 4 31 79 64 **Fax:** 5 76 33 81

Assoziierte Mitglieder

Polen

iz f 1 116

Polska Izba Przemyslu Chemicznego (PIPC)
Zurawia 6/-12, PL-00926 Warschau
T: (00482) 6 25 50 20 **Fax:** 6 25 31 78

Slowakische Republik

iz f 1 117

Zväz Chemického a Farmaceutického Priemyslu Slovenskej republiky (ZCHFPSR)
Drienova 24, SK-82603 Pressburg
T: (00427) 23 65 68 **Fax:** 23 52 26

Slowenien

iz f 1 118

CES
Postf. 484, SLO-1504 Ljubljana
Dimiceva 9, SLO-1504 Ljubljana
T: (0038661) 32 05 96 **Fax:** 21 83 80

Tschechische Republik

iz f 1 119

Sväz Chemického priemyslu České republiky (SCPCR)
Kodanska 46, CZ-10010 Prag 10
T: (004202) 6 71 54 13 1/ 32 **Fax:** 67 15 41 30

Türkei

iz f 1 120

Kimya Sanayicileri Derneği (KSD)
Yildiz Posta Cad. 28, Ayyildiz Sitesi B Blok, TR-80280 Esentepe-Istanbul
T: (0090212) 2 66 08 30 **Fax:** 2 73 08 98

Ungarn

iz f 1 121

Magyar Vegyipari Szövetség (MAVESZ)
Erzsebet Kiralyné utja 1/ c, H-1146 Budapest
T: (00361) 3 43 89 20 **Fax:** 3 43 09 80

• IZ F 1 122

Europäischer Rat der Internationalen Vereinigung des Asbestes
European Advisory Council of the Asbestos International Association
Conseil Européen de l'Association Internationale de l'Amiante
Avenue Roger Vandendrissche 5, B-1150 Brüssel
T: (00322) 7 78 12 99 **Fax:** 7 71 19 59
President: J. M. Pons
Contact: B.J. Pigg
Mitglieder: 6
Mitarbeiter: 4

Mitgliedsorganisationen

Spanien

iz f 1 123

Asociacion de Fabricantes de Productos de Crisotile-Cement
Alcala no. 95-4a Planta, E-28009 Madrid
T: (00341) 4 31 40 25 **Fax:** 4 35 05 42

Griechenland

iz f 1 124

Hellenic Asbestos and Asbestos Cement Association
Postf. 1 02, GR-50100 Kozani
T: (00304) 64 511 65 **Fax:** 4 64 513 53

Portugal

iz f 1 125

Associaçao das Industrias de Produtos de Amianto
Rua Serpa Pinto 5-1, P-1200 Lissabon
T: (003511) 32 30 89 **Fax:** 3 22 36 95

• IZ F 1 126

Europäischer Recycling-Verband für Eisen und Stahl (EFR)
European Ferrous Recovery and Recycling Federation
Federation Européenne de la Recuperation et du Recyclage des Ferrailles
c/o BIR
Avenue Franklin Roosevelt 24, B-1050 Brüssel
E-Mail: bir.sec@skynet.be
President: Alan Crowe
Executive Director: Francis Veys
Mitglieder: 9 fédérations nationales
Mitarbeiter: 6

Mitgliedsorganisationen

Belgien

iz f 1 127

Fédération des Entreprises de Récupération de Métaux Ferreux et Non Ferreux (F.E.R.M.)
c/o COBEREC
Rue des Comédiens 16/22, B-1000 Brüssel
T: (00322) 22 33 801 **Fax:** 2 19 00 22
Vincent Quidousse

Dänemark

iz f 1 128

Nordic Recycling Federation
Postf. 927, DK-5100 Odense C
Vestergade 97-101, DK-5100 Odense C
T: (004563) 1282-00 **Fax:** 1282-19
Executive Director: Bjarne Roe Iversen (H.J. Hansen Holding A/S, Vestergade 97-101, P.O. Box 9 27, DK-5000 Odense C., T: (004563) 12 82 00, Fax: 12 82 19)

Deutschland

iz f 1 129

BDSV - Bundesvereinigung Deutscher Stahlrecycling- und Entsorgungsunternehmen
Berliner Allee 48, 40212 Düsseldorf
T: (0211) 82 89 53-0 **Fax:** 82 89 53-20
Internet: http://www.bdsv-stahlrecycling.de
E-Mail: zentrale@bdsv-stahlrecycling.de
Präsident(in): Dipl.-Kfm. Jürgen Karle
Geschäftsf. Präsidiumsmitglied: Dipl.-Kfm. Rolf Willeke
Geschäftsführer(in): Ass.-jur. Ulrich Leuning

Frankreich

iz f 1 130

Federec Métal
Rue de Prony 101, F-75017 Paris
T: (00331) 40 54 01 94 **Fax:** 40 54 77 88
Michèle Launay

Großbritannien

iz f 1 131

British Metals Federation (BMF)
16 High Street, Brampton, GB-Huntingdon, Cambs PE18 8TU
T: (00441480) 45 52 49 **Fax:** 45 36 80
Rick Wilcox

Italien

iz f 1 132

Assofermet
Corso Venezia 47/-49, I-20121 Mailand
T: (00392) 6 00 88 07 **Fax:** 78 10 27
Internet: http://www.assofermet.it
E-Mail: marcemas@tin.it
Eugenio Turchetti

Niederlande

iz f 1 133

Metaal Recycling Federatie
Laan Copes van Cattenburch 77, NL-2585 EW Den Haag
T: (003170) 3 62 46 10 **Fax:** 3 63 63 48
Dr. H. Voskamp

Österreich

iz f 1 134

Bundesgremium des Sekundärrohstoffhandels, Recycling und Entsorgung
Sekundärrohstoffhandel, Wirtschaftskammer Österreich
Postf. 440, A-1045 Wien
Wiedner Hauptstrasse 63, A-1045 Wien
T: (00431) 5 01 05 35 61 **Fax:** 50 20 62 92
H. Schebecsek

Spanien

iz f 1 135

Federacion Espanola de la Recuperacion (F.E.R.)
C/Hermosilla No. 8, 7 Jzda, E-28001 Madrid
T: (00341) 5 78 39 78 **Fax:** 5 77 58 15
Aladro

• **IZ F 1 136**

Europäischer Stahlmöbel-Verband (GEMM)
Groupement Européen du Mobilier Métallique
Diamant Building, Bd. A. Reyers 80, B-1030 Bruxelles
T: (00322) 706 78 00 **Fax:** 706 78 01
Internet: http://www.fabrimetal.be
E-Mail: info@fabrimetal.be

• **IZ F 1 137**

Europäischer technischer Ausschuß für Fluorcarbon (EFCTC)
European Fluocarbon Technical Committee
Comité Technique Européen pour Fluoracarbure
c/o CEFIC
Avenue E. Van Nieuwenhuyse 4/1, B-1160 Brüssel
T: (00322) 6 76 72 11 **Fax:** 6 76 73 01
Président: M. Verhille
Secretary General: B. Jensen

• **IZ F 1 138**

Europäischer Tee-Ausschuß (ETC)
European Tea Committee
Comité Européen du Thé
18, Rue de la Pépinière, F-75008 Paris
T: (00331) 53 42 13 38 **Fax:** 53 42 13 39
E-Mail: b-dufrene@wanadoo.fr
Gründung: 1960
Président: D. Corno (IT)
Secretary General: Dr. Barbara Dufrene
Teeverbände in: Bundesrepublik Deutschland, UK, Niederlande, Belgien, Irland, Italien, Frankreich, Dänemark, Schweiz

Mitgliedsorganisationen

Belgien

iz f 1 139

Comité Belge du Thé et des Infusions Asbl
c/o Douwe Egberts
Potaarde, B-1850 Grimbergen
T: (00322) 2 60 06 50 **Fax:** 2 60 06 64
E-Mail: jo.van.eynde@douwe-egbert.be
Kontaktperson: M. van Eynde

Dänemark

iz f 1 140

Foreningen af Danske The Importorer
Nyhavn 6, DK-1051 Kopenhagen
Kontaktperson: N. Gade

Deutschland

iz f 1 141

Deutscher Teeverband e.V.
Gotenstr. 21, 20097 Hamburg
T: (040) 23 60 16-0 **Fax:** 23 60 16 10
Internet: http://www.teeverband.de
E-Mail: contact@tee.wga-hh.de
Geschäftsführer(in): Dr. Monika Beutgen

Frankreich

iz f 1 142

S.T.E.P.I.
(Tea and Infusions)
8, Rue de l'Isly, F-75008 Paris
T: (00331) 53 42 33 80 **Fax:** 53 42 33 81
Kontaktperson: A. Ribeyron-Montmartin

Großbritannien

iz f 1 143

Tea Packers Association
Catherine Street 6, GB-London WC2B 5JJ
T: (0044207) 8 36 24 60 **Fax:** 8 36 05 80
Kontaktperson: David de Menezes

iz f 1 144

United Kingdom Tea Association
Sir J. Lyon House
High Timber Str. 5 Upper Thames Str., GB-London EC4V 3PA
T: (0044207) 3 29 09 50 **Fax:** 3 29 42 18
Kontaktperson: N. B. Jaynes

Irland

iz f 1 145

Irish Tea Trade Association
c/o John A. Fitzpatrick & Co. Ltd.
20 Terenure Park, IRL-Dublin 6 W.
T: (003531) 4 90 33 61/2 **Fax:** 4 90 31 01
Kontaktperson: J. A. Fitzpatrick

Italien

iz f 1 146

Associazione Italiana Industriali Prodotti Alimentari (A.I.I.P.A.)
Corso di Porta Nuova 34, I-20121 Mailand
T: (003902) 65 41 84 **Fax:** 65 48 22, 5 12 97 71 (BXL)
E-Mail: aiipa.peron@foodarea.it
Kontaktperson: Franca Peron

Niederlande

iz f 1 147

Vereniging van Nederlandse Koffie Branders en Thee Pakkers
Postf. 90445, NL-1006 BK Amsterdam
Tourniairestraat 3, NL-1065 KK Amsterdam
T: (003120) 5 11 38 70 **Fax:** 5 11 38 10
E-Mail: vnkt@koffiethee.nl
Kontaktperson: C.G. Krietemeijer

iz f 1 148

Nederlandse Vereniging van Thee-Importeurs en Thee-Exporteurs
c/o L. Elink Schuurman (Thee) B.V.
Postf. 286, NL-3000 AG Rotterdam
261, Heemraadssingel, NL-3000 AG Rotterdam
T: (003110) 4 77 45 44 **Fax:** 4 77 77 67
Kontaktperson: R. Stomp

• **IZ F 1 149**

Europäischer Verband der Faserzementhersteller (EFFCM)
European Federation of Fibre-Cement Manufacturers (EFFCM)
Fédération Européenne des Producteurs de Fibres-Ciment (FEPF)
Avenue de Tervuren 361, B-1150 Brüssel
T: (00322) 7 78 12 11 **Fax:** 7 78 12 12
Chairman: Jean Beeckman
Secrétaire Général: Paul van der Straten Waillet

• **IZ F 1 150**

Europäischer Verband der Aufzugshersteller (EEA)
European Elevator Association
Association Européenne des Constructeurs d'Ascenseurs
Avenue L. Gribaumont 1B-5, B-1150 Brüssel
T: (00322) 7 72 10 93 **Fax:** 7 71 86 61
E-Mail: gpj@eea-eeig.org
Gründung: 1990
Président: Jean Pierre Chauvarie
Del. Gen., Contact: José Louis van der Stappen
Mitglieder: 92 Companies
Mitarbeiter: 3

• **IZ F 1 151**

Europäischer Verband der Betreiber von Nitrieranlagen (ENA)
European Nitrators Association
Association Européenne des Producteurs de Nitrate
Avenue E. Van Nieuwenhuyse 4B 2, B-1160 Brüssel
T: (00322) 6 76 72 11 **Fax:** 6 76 73 01
Chairman: S. Connolly
Mitarbeiter: 6 producer companies

• **IZ F 1 152**

Europäischer Verband der Bindfaden- und Seilerwarenindustrie (EUROCORD)
Federation of the European Rope Twine and Netting Industries
Fédération Européene des Industries de Corderie - Ficellerie - Filets
Rue de Monceau 47, F-75008 Paris
T: (00331) 53 75 10 04 **Fax:** 53 75 10 02
E-Mail: eurocord@eurocord.com
Président: P. Sijbreanda
Contact: Dr. Anne B. Jourdain
Members in: France, Italy, Belgium, Netherlands, UK, Irland, Denmark, Greece, Portugal, Austria, Norway, Iceland, Finland, Sweden, Spain, Germany, Czech Republic

• **IZ F 1 153**

Europäischer Verband der büro- und informationstechnischen Industrie (EUROBIT)
European Association of Manufacturers of Business Machines and Information Technology Industry
Association Européenne de l'Industrie de la Bureautique et de l'Informatique
c/o VDMA
Postf. 71 08 64, 60498 Frankfurt
Lyoner Str. 18, 60528 Frankfurt
T: (069) 66 03-15 30 **Fax:** 66 03-15 10
und A. Reyerslaan 80, B-1030 Brüssel, T: (00322) 7 06 81 22
Gründung: 1974
President: Dr. Bruno Lamborghini (Olivetti Lexikon)
Generalsekretär(in): Dr. Bernhard Rohleder (T: (069) 66 03-1532, Fax: (069) 66 03-1510, E-Mail: b.rohleder@fvit-eurobit.de)
Verbandszeitschrift: Eurobit News, WWW-Homepage: http://www.fvit-eurobit.de/
Redaktion: Eurobit, Lyoner Str. 18, 60528 Frankfurt
Mitglieder: 14 nationale Verbände der Büro- und Informationstechnik
Mitarbeiter: 15

Mitgliedsorganisationen

Belgien

iz f 1 154

FABRIMETAL-FABIT
Diamant Building
Bld. Auguste Reyerslaan 80, B-1030 Brüssel
T: (00322) 706 79 96 **Fax:** 706 80 09
E-Mail: christian.vanhuffel@fabrimetal.be

Dänemark

iz f 1 155

IT Brancheforeningen Kontor & Data
Børsen, DK-1217 Copenhagen
T: (004533) 950 558 **Fax:** 325 216
E-Mail: jk@itb.dk

Deutschland

iz f 1 156

Fachverband Informationstechnik im VDMA
Lyoner Str. 18, 60528 Frankfurt
T: (069) 66 03-1531 **Fax:** 66 03-1510
Internet: http://www.fvit-eurobit.de
E-Mail: fvit@fvit-eurobit.de

Frankreich

iz f 1 157

S.F.I.B., Syndicat de l'Industrie des Technologies de l'Information
17, rue Hamelin, F-75783 Paris Cedex
T: (00331) 450 57 105 **Fax:** 450 57 109
E-Mail: autexier@sfib.fr

Großbritannien

iz f 1 158

FEI - the Federation of the Electronics Industry
Russell Square House
10-12 Russell Square, GB-London WC1B 5EE
T: (0044207) 3 31-2000 **Fax:** 3 31-2040
E-Mail: feedback@fei.org.uk

Irland

iz f 1 159

FEII, Federation of Electronic & Informatic Industries
84/86 Lower Baggo Street, IRL-Dublin 2
T: (003531) 605-1566 **Fax:** 638-1566
E-Mail: feii@ibec.ie

Italien

iz f 1 160

ASSINFORM, Associazione nazionale produttori tecnologie e servizi per l'informazione e la comunicazione
Via Larga 23, I-20122 Milano
T: (00392) 58 30 41 41 **Fax:** 58 30 44 57
E-Mail: assinform@assinform.it

Niederlande

iz f 1 161

Vereniging Informatie- en Communicatie Technologie Nederland
Postf. 6 23, NL-3440 AP Woerden
T: (0031348) 49 36 36 **Fax:** 48 22 88
E-Mail: info@vifka.nl

Norwegen

iz f 1 162

KDL - Kontor og Datateknisk Landsforening
Postf. 25 68, N-0202 Oslo
T: (004722) 54 1800 **Fax:** 44 5945
E-Mail: hoff@kdl.no

Österreich

iz f 1 163

FEEI-Fachverband der Elektro- und Elektronikindustrie
Mariahilfer Str. 37-39, A-1060 Wien
T: (00431) 5 88 39 **Fax:** 5 86 69 71
E-Mail: rauchw@feei.wk.or.at

Schweden

iz f 1 164

IT Företagen
Postf. 55 01, S-11485 Stockholm
T: (00468) 783 8 300 **Fax:** 667 0 461
E-Mail: ann-marie.nilsson@sito.se

Schweiz

iz f 1 165

SWISSMEM (ASM/VSM)
Kirchenweg 4 Postfach, CH-8032 Zürich
T: (00411) 384 4 844 **Fax:** 384 4 848
Internet: http://www.swissmem.ch
E-Mail: info@swissmem.ch

Spanien

iz f 1 166

SEDISI, Asociación Española de Empresas de Tecnologias de la Información
Av. Diagonal 618 3A, E-08008 Barcelona
T: (003493) 209 9 022 **Fax:** 200 2 339
E-Mail: jo@sedisi.es

Tschechische Republik

iz f 1 167

spis - sdruzeni pro informacni spolecnost
Blanická 16, CZ-12000 Prag
T: (00422) 21 50 34 81 **Fax:** 21 50 34 82
E-Mail: ivanp@spis.cz

• IZ F 1 168

Europäischer Verband der Bürsten- und Pinsel-Industrie (F.E.I.B.P.)
Fédération Européenne de l'Industrie de la Brosserie et de la Pinceauterie
Allée Hof-ter-Vleest 5 Boîte 4, B-1070 Brüssel
T: (00322) 556 25 88 **Fax:** 556 25 95

• IZ F 1 169

TRANSBEUROP

Europäischer Verband der Butter und dessen Bestandteile verarbeitenden Unternehmen (TRANSBEUROP)
European Federation of Butter and its Constituents Processing Industries
Fédération Européenne des Entreprises de Transformation du Beurre et de ses Composants
Avenue Livingstone, 26, B-1000 Bruxelles
T: (00322) 2 30 44 48 **Fax:** 2 30 40 44
Gründung: 1982
Président: Lourens Molewijk ((NL), VIV Vreeland)
Secrétaire Général: Annelie Gehring (D)
Mitglieder: 13

• IZ F 1 170

Europäischer Verband der Dachziegel und Ziegelsteinindustrie (TBE)
Fédération Européenne des Fabricants de Tuiles et de Briques
Postf. 217, CH-8035 Zürich
Obstgartenstr. 28, CH-8035 Zürich
T: (00411) 3 61 96 50 **Fax:** 3 61 02 05
Internet: http://www.tbe-euro.com
E-Mail: office@tbe-euro.com
Präsident(in): P. Keller (Keller AG, CH-8422 Pfungen)
Sekretariat: Dr. W.P. Weller (Generalsekretär, Obstgartenstr. 28, Postfach, CH-8035 Zürich, T: (00411) 3 61 96 50, Telefax: (00411) 3 61 02 05)
Verbindungsbüro E.G.: c/o Cerame-Unie, Rue des Colonies, 18-24, Bte 17, B-1000 Bruxelles, T: (00322) 5 11 30 12, Telefax: (00322) 5 11 51 74

Mitliedsorganisationen

Belgien

iz f 1 171

Association des Tuileries Belges Koramic
Kapel ter Bede 86, B-8500 Kortrijk
E-Mail: info@koramic.be

iz f 1 172

Belgische Baksteenfederatie
Visverkoperstraat 13, Bus 22, B-1000 Brussel
T: (00322) 5 11 25 81 **Fax:** 5 13 26 40

iz f 1 173

Federation Belge de la Brique
Rue des Poissonniers, 13, Boite 22, B-1000 Bruxelles
E-Mail: pab02424@innet.be

Dänemark

iz f 1 174

Kalk-og Teglvaerksforeningen af 1893
Dansk Industri, DK-1787 København V.
T: (0045) 33 77 33 77 **Fax:** 33 77 33 20
E-Mail: tr@di.dk

Deutschland

iz f 1 175

Bundesverband der Deutschen Ziegelindustrie e.V.
Schaumburg-Lippe-Str. 4, 53113 Bonn
T: (0228) 9 14 93-0 **Fax:** 9 14 93-28
E-Mail: bvziegel@t-online.de

Finnland

iz f 1 176

Suomen Tiiliteollisuusliitto r.y.
c/o Finnish Association of Construction Product Industries (RTT)
Postf. 11, FIN-00131 Helsinki
T: (003589) 17 28 44 31 **Fax:** 17 95 88

Frankreich

iz f 1 177

Fédération Française des Tuiles Briques
17, Rue Letellier, F-75015 Paris
T: (00331) 44 37 07 10 **Fax:** 44 37 07 20
E-Mail: fftb@fftb.org.fr

Großbritannien

iz f 1 178

The Brick Development Association
Woodside House
Winkfield, Windsor, GB-Berkshire SL4 2DX
T: (00441344) 88 56 51 **Fax:** 89 01 29
E-Mail: brick@brick.org.uk

Irland

iz f 1 179

Ormonde Brick Ltd.
castlecomer Co., IRL-Kilkenny
E-Mail: ormonde@iol.ie
Managing Director: Aidan McDonald

Italien

iz f 1 180

Associazione Nazionale degli Industriali dei Laterizi (ANDIL - ASSOLATERIZI)
Via Alessandro Torlonia 15, I-00161 Roma
T: (00396) 44 23 69 26 **Fax:** 44 23 79 30
E-Mail: andil@laterizio.it

Niederlande

iz f 1 181

Koninlijk Verbond van Nederlandse Baksteenfabrikanten
Postf. 51, NL-6994 ZH De Steeg
Hoofdstraat 8, NL-6994 ZH De Steeg
T: (003126) 4 95 91 10 **Fax:** 4 95 10 77
E-Mail: knb@compuserve.com

iz f 1 182

Vereniging van Dakpannenfabrikanten NEDACO
Pels Rijckenstraat 5, NL-6800 AL Arnhem
T: (003126) 442 82 22 **Fax:** 445 45 39
E-Mail: sko@bart.nl

Norwegen

iz f 1 183

Norges Teglindustrieforening
c/o Mur-Sentret
Postf. 53, N-0313 Oslo
T: (004722) 96 58 88 **Fax:** 60 11 92

Österreich

iz f 1 184

Verband Österreichischer Ziegelwerke
Fleischmanngasse 4-1A, A-1040 Wien
T: (0043222) 5 87 33 46-0 **Fax:** 5 87 33 46-11
E-Mail: verband@ziegel.at

Polen

iz f 1 185

Zaklady Ceramiki Budowlanej Zlocieniec Sp.zo.o.
ul. Drawska 13, PL-78-520 Zlocieniec
T: (00489436) 7 15 63 **Fax:** 7 17 05
E-Mail: zcbcer@nlkp.top.pl

Portugal

iz f 1 186

Associaçao Portuguesa de Cerâmica (APC)
Rua Coronel Veiga Simão, P-3020-053 Coimbra
T: (0035139) 49 76 00 **Fax:** 49 76 01
E-Mail: apicer.info@ctcv.pt

Schweden

iz f 1 187

Sveriges Tegelindustrieforening
c/o mur och puts information AB
Postf. 14 81, S-62125 Visby
T: (0046498) 27 97 00 **Fax:** 27 99 20
E-Mail: axelsson@mpimuroputs.se

Schweiz

iz f 1 188

Verband Schweizerische Ziegelindustrie (VSZ)
Association suisse de l'industrie de la terre cuite
Obstgartenstr. 28, CH-8006 Zürich
T: (00411) 3 61 96 50 **Fax:** 3 61 02 05
E-Mail: vsz@bluewin.ch

Serbien

iz f 1 189

SIG Društvo SA
Kneza Milosa 9/1, YU-11000 Belgrad
T: (0038111) 3 24 25 80 **Fax:** 3 24 25 80
Kontaktperson: Dipl.-Ing. Denic Vlada

Slowakische Republik

iz f 1 190

Tehliarsky Zvaz Slovenska
Moyzesova 2, SK-90201 Pezinok
T: (00421) 704 37 70 **Fax:** 89 67 91 13

Spanien

iz f 1 191

HISPALYT Fed. Esp. de Fabricantes de Ladrillos y Tejas de Arcilla Cocida
Orense 10-2°, E-28020 Madrid
T: (003491) 7 70 94 80 **Fax:** 7 70 94 81

Tschechische Republik

iz f 1 192

Cihlarsky Svaz Cech a Moravy
Nove Homole 61, CZ-37382 Borsov Nad Vlt.
T: (0042038) 725 06 09 **Fax:** 731 15 71

Tunesien

iz f 1 193

SA Union générale
5, rue de Hollande, TN-Tunis
T: (00216) 1 32 67 50 **Fax:** 1 32 26 20

Ungarn

iz f 1 194

Magyar Téglás Szövetség
II. Fö utca 68 sz. IV 448, H-1027 Budapest 11
T: (00361) 2 01 20 11/5 13 **Fax:** 2 01 70 56
E-Mail: tegcser@elender.hu

• IZ F 1 195

Europäischer Verband der Entkoffeinierer (EDA)
European Decaffeinators Association
Association Européenne des Décaféineurs
Rue de la Pépinière 18, F-75008 Paris
T: (00331) 53 42 13 38 **Fax:** 53 42 13 39
E-Mail: b-dufrene@wanadoo.fr
President: Juan Antonio Cruz
Secretary General: Dr. Barbara Dufrene (Contact)
Mitglieder: 15
Mitarbeiter: 2

• IZ F 1 196

Europäischer Verband der Fahrradhersteller
European Bicycle Manufacturers Association
Association Européenne des Fabricants de Bicyclettes
Avenue de la Grande Armée 13, F-75116 Paris
T: (00331) 45 01 91 86 **Fax:** 45 01 20 21
Gründung: 1990
President: Brian F. Montgomery

• IZ F 1 197

Europäischer Verband Fleischmehlindustrie (EURA)
European Renderers Association
Postf. 202, NL-3000 AE Rotterdam
Heer Bokelweg 157b, NL-3032 AD Rotterdam
T: (003110) 4 67 31 88 **Fax:** 4 67 87 61
Gründung: 1969
President: A. Grosso (Assograssi, Italien)
Secretary: M. S. Stegehuis
Mitglieder: 12 Member associations in 12 EC Countries

Mitgliedsorganisationen

Belgien

iz f 1 198

Beroepsvereniging der Aangenomen Belgische Vilbeluiken
Fabriekstraat 2, B-9470 Denderleeuw
T: (003253) 64 02 11 **Fax:** 64 03 60

Dänemark

iz f 1 199

Danish Renderers Daka a.m.b.a.
Ribevej 53, DK-8723 Løsning
T: (0045) 76 74 51 11 **Fax:** 76 74 51 10

Deutschland

iz f 1 200

Verband Fleischmehlindustrie e.V.
Kaiserstr. 9, 53113 Bonn
T: (0228) 21 21 75 **Fax:** 21 21 98
E-Mail: fleischmehlindustrie@t-online.de

Finnland

iz f 1 201

The Finnish Renderers Association
Santastentie 197, FIN-38950 Honkajoki
T: (003582) 5 45 14 61 **Fax:** 5 45 15 94

Frankreich

iz f 1 202

Syndicat des Protéines et Corps Gras Animaux
118, Avenue Achille Peretti, F-92200 Neuilly-sur-Seine
T: (00331) 46 37 31 57 **Fax:** 47 47 74 89

Großbritannien

iz f 1 203

UK Renderers'Association Ltd
Postf. 49, GB-Bideford EX39 1YW
T: (00441237) 42 22 18 **Fax:** 42 22 18

Irland

iz f 1 204

Federation of Irish Renderers
Confederation House
84-86 Lower Baggot Street, IRL-Dublin 2
T: (003531) 6 60 10 11 **Fax:** 6 60 17 17
Kontaktperson: P. Ivory

Italien

iz f 1 205

ASSOGRASSI
Palazzo S
Viale Milanofiori - Strada 7, I-20089 Rozzano (MI)
T: (00392) 57 50 06 30 **Fax:** 8 24 33 58
E-Mail: rrestani@tin.ti

Niederlande

iz f 1 206

Vereniging van Nederlandse Destructoren
Postf. 9, NL-5690 AA Son
T: (0031499) 36 45 80 **Fax:** 39 30 84

Österreich

iz f 1 207

Austrian Renderers Federation (AREF)
Postf. 144, A-1037 Wien
Zaunergasse 1-3, A-1037 Wien
T: (00431) 7 12 21 21 **Fax:** 7 12 12 08

Schweden

iz f 1 208

The Swedish Meatmeal Producers
T: (0046435) 2 22 20 **Fax:** 2 20 17

Spanien

iz f 1 209

Asociación Nacional de Industrias Transformadoras de Grasas Animales, Decomisos y Subprod. Carnicos
ANAGRASA
Suero de Quinones 30, E-28002 Madrid
T: (00341) 4 15 22 39 **Fax:** 4 15 20 12

• IZ F 1 210

Europäischer Verband für Aroma- und Duftstoffe (EFFA)
European Flavour and Fragrance Association
Association Européenne des Arômes et Parfums
Square Marie-Louise, 49, B-1000 Bruxelles
T: (00322) 2 38 99 05 **Fax:** 2 30 02 65
Gründung: 1961 (10. März)
Président: Han-Paul Badifée
Executive Director: Maurice Wagner
Secretary General: Louise-Anne Vervaet
Mitglieder: 14
Mitarbeiter: 3
Jahresetat: DM 10 Mio, € 5,11 Mio

National Associations

iz f 1 211

Dansk Flavour Organisation (DFO)
Grønningen 17, DK-1270 Kobenhavn K
T: (0045) 33 15 50 50 **Fax:** 33 15 70 50
F. Madsen

iz f 1 212

Syndicat National des Industries Aromatiques Alimentaires (SNIAA)
Rue Faubourg St-Honore, 89, F-75370 Paris Cedex 08
T: (00331) 42 65 09 65 **Fax:** 47 42 44 64
Dr. I. Girod-Quilain

iz f 1 213

Verband der Deutschen Essenzenindustrie e.V. (VDDEI)
Vereinigung Deutscher Riechstoff-Hersteller e.V. (VDRH)
Meckenheimer Allee 87, 53115 Bonn
T: (0228) 65 37 29 **Fax:** 63 79 40
Dipl.-Kfm. Hanns-Erwin Muermann

iz f 1 214

British Essence Manufacturers' Association (BEMA)
British Fragrance Association (BFA)
6 Catherine Street, GB-London WC2B 5JJ
T: (0044207) 8 36 24 60 **Fax:** 8 36 05 80
J. Clarke

iz f 1 215

Federchimica
Via Accademia, 33, I-20131 Mailand
T: (00392) 26 81 03 54 **Fax:** 26 81 03 49
Dr. F. Filippini

iz f 1 216

NEA Vereniging van Geur- en Smaakstoffen-Fabrikanten

Postf. 4 11, NL-1400 AK Bussum
T: (00313569) 4 89 11 **Fax:** 9 20 93
D. A. de Jonge

iz f 1 217

AROMA

Postf. 5, B-1348 Louvain-la-Neuve
T: (003210) 45 34 45 **Fax:** 48 37 11
V. Vijverman

iz f 1 218

Société Suisse des Industries Chimiques (SGCI/SSIC)

Fachgruppe Riechstoffe und Aromen
Postf. 328, CH-8035 Zürich
Nordstr. 15, CH-8035 Zürich
T: (00411) 3 68 17 11 **Fax:** 3 68 17 25
E-Mail: richard.gamma@sgci.ch
R. Gamma

iz f 1 219

PRODAROM

Ave. Riou Blanquet 48, F-06130 Grasse
T: (00334) 92 42 34 80 **Fax:** 92 42 34 85
H.-P. Bodifée

• IZ F 1 220

Europäischer Asphaltverband (EAPA)

European Asphalt Pavement Association
Association Européenne des Enrobés
Postf. 1 75, NL-3620 AD Breukelen
T: (0031346) 26 68 68 **Fax:** 26 35 05
Internet: http://www.eapa.org
E-Mail: eapa@wbinet.nl
President: P. Rothwell
Secretary General: M. von Devivere
Mitglieder: 17
Mitarbeiter: 1

Mitgliedsorganisationen

Dänemark

iz f 1 221

Asfaltindustrien

Postf. 10 49, DK-2650 Hvidovre
Stamholmen 91, DK-2650 Hvidovre
T: (004536) 78 08 22 **Fax:** 77 12 08
E-Mail: ai@asfaltindustrien.dk
Kontaktperson: I. Frandsen

Deutschland

iz f 1 222

Deutscher Asphaltverband e.V. (DAV)

Schieffelingsweg 6, 53123 Bonn
T: (0228) 9 79 65-0 **Fax:** 9 79 65-11
Internet: http://www.asphalt.de
E-Mail: dav@asphalt.de
Kontaktperson: Jürgen Reifig

Estland

iz f 1 223

Eesti Asfaldiliit

Ristiku poik 8, EW-0006 Tallinn
T: (003722) 47 15 69 **Fax:** 6 54 13 51
Kontaktperson: A. Kaldas
J. Valtna

Finnland

iz f 1 224

Finnish Asphalt Association

Asemapaallikonkatu 12 B, FIN-00520 Helsinki
T: (003589) 17 17 61 **Fax:** 17 04 47
E-Mail: ari.hautala@asli.ttliitot.fi
Kontaktperson: H. Jämsä

Frankreich

iz f 1 225

USIRF

Rue Washington 10, F-75008 Paris
T: (00331) 44 13 32 90 **Fax:** 42 25 89 99
Kontaktperson: D. Irastorza-Barbet

Großbritannien

iz f 1 226

Quarry Products Association

Buckingham Palace Road 156, GB-London SW1W 9TR
T: (0044207) 7 30 81 94 **Fax:** 7 30 43 55
E-Mail: quarry%roducts.association@virgin.net
Kontaktperson: M.J. White

Italien

iz f 1 227

SITEB

Via Guattani 24, I-00161 Rom
T: (00396) 44 23 32 57 **Fax:** 44 23 28 32
E-Mail: siteb@elti.it
Kontaktperson: Prof. Dr. C. Giavarini

Niederlande

iz f 1 228

VBW-Asfalt

Postf. 68, NL-3620 AB Amsterdam
Straatweg 68, NL-3621 BR Amsterdam
T: (0031346) 26 26 44 **Fax:** 26 35 05
E-Mail: vbwasfalt@wbinet.nl
Kontaktperson: W. Pieterse

Norwegen

iz f 1 229

Asfaltentreprenonas Forening/AEF

Postf. 2 39, N-1322 Hovik
Sandviksveien 22, N-1322 Hovik
T: (0047) 67 12 38 90 **Fax:** 67 53 90 81
E-Mail: aefserv@idigonline.no
Kontaktperson: O. E. Ruud

Portugal

iz f 1 230

APORBET

Praca de Alvalade 6 Piso 4A, P-1700 Lissabon
T: (003511) 7 92 80 80 **Fax:** 7 93 12 12
E-Mail: aporbet@mail.telepac.pt
Kontaktperson: H. de Sousa-Duarte

Schweden

iz f 1 231

Asphalt Industry Sweden (AIS)

Industrigatan 2B, S-11246 Stockholm
T: (00468) 6 52 09 70 **Fax:** 6 52 37 80
Kontaktperson: T. Lindahl

Slowakische Republik

iz f 1 232

SAAV

Priemyselna 7, SK-04245 Kosice
T: (0042195) 6 33 48 11 **Fax:** 6 33 78 31
E-Mail: rinik@dodo.sk
Kontaktperson: J. Zustiak

Slowenien

iz f 1 233

ZAS

Trzaska 19a, SLO-1100 Ljubljana
T: (0038661) 1 78 83 00 **Fax:** 1 78 83 78
E-Mail: slovenko.henigman@dd-ceste.si
Kontaktperson: S. Henigman

Spanien

iz f 1 234

ACEX

C/Nervion 7, E-28002 Madrid
T: (00341) 5 64 06 64 **Fax:** 5 62 58 44
Kontaktperson: R. Fernandez

Tschechische Republik

iz f 1 235

Sdruzeni pro vystavbu silnic Praha

Prosecka 74, CZ-190 00 Praha 9 Prosek
T: (004202) 8 58 24 35 **Fax:** 8 58 21 67
Kontaktperson: B. Hala

Türkei

iz f 1 236

ACA Asphalt Contractors Association

Hatir Sokak NO: 1/6, TR-06700 Gaziosmanpasa Ankara

Ungarn

iz f 1 237

HAPA

Logodi U34/B, H-1012 Budapest
T: (00361) 2 12 00 41 **Fax:** 2 12 00 42
E-Mail: hapa@mail.matav.hu
Kontaktperson: Dr. G. Bodnar

• IZ F 1 238

Europäischer Verband für die Beschichtung von Metallrollen (ECCA)

European Coil Coating Association
Rue Montoyer 47, B-1000 Bruxelles
T: (00322) 5 13 60 52 **Fax:** 5 11 43 61
E-Mail: ecca@mail.beon.be
Gründung: 1967
Generalsekretär(in): P. J. Franck
Verbandssekretär: M. Dam
Mitglieder: ca. 200 Firmen
Mitarbeiter: 4

• IZ F 1 239

Europäischer Verband der Diagnostica-Hersteller (EDMA)

European Diagnostic Manufacturers Association
Association Européenne des Producteurs de Diagnostics
Rue du Collège St. Michel 17 b7, B-1150 Brüssel
T: (00322) 7 72 22 25 **Fax:** 7 72 23 29
Internet: http://www.edma-ivd.be
E-Mail: edma@edma-ivd.be
Gründung: 1991
Director General: John Place
Mitglieder: 35
Mitarbeiter: 5

• IZ F 1 240

Europäischer Verband für erdgasbetriebene Fahrzeuge (ENGVA)

European Natural Gas Vehicle Association
Association européenne pour véhicules actionnés au gaz naturel
Spaklerweg 28, NL-1096 BA Amsterdam
T: (003120) 5 97 31 00 **Fax:** 5 97 30 00
Internet: http://www.engva.org
E-Mail: engva@euronet.nl
Gründung: 1994
Contact: Jeff Seisler (Ex. Director)
Verbandszeitschrift: ENGVA News
Mitglieder: 130
Mitarbeiter: 4

ENGVA strives to bring together diverse groups interested in developing the NGV market in Europe. ENGVA seeks members including:
Natural Gas Industry - distribution companies (including private and public); pipelines; natural gas producers; and fuel retailers
NGV Equipment Suppliers - original equipment manufacturers (OEMs); NGV component manufacturers and distributors
NGV Service Organisations and Consultants
Non-Profit Organizations - including research institutes; advocacy groups; related associations; and government agencies and their employees.

Neuseeland

iz f 1 241

International Association for Natural Gas Vehicles (IANGV)
Postf. 28-590, NZ-Auckland
T: (00649) 5 23 35 67 **Fax:** 5 20 31 22
Internet: http://www.iangv.org
E-Mail: iangv@iangv.org.nz
Garth Harris

Frankreich

iz f 1 242

Association Francaise du GNV
10 rue Saint-Florentin, F-75001 Paris
T: (00331) 42 97 97 99 **Fax:** 42 97 40 60
Marc Lalière
François Leguay

Großbritannien

iz f 1 243

Natural Gas Vehicles Association
11, Berkeley Street, Mayfair, GB-London W1X 6BU
T: (0044207) 3 88 75 98 **Fax:** 3 55 50 99
Fred Parker

• IZ F 1 244

Europäischer Verband für Flammenhemmstoffe (EFRA)
European Flame Retardants Association
Association Européenne pour Matériaux Ignifuges
c/o CEFIC
Avenue E. Van Nieuwenhuyse 4/1, B-1160 Brüssel
T: (00322) 6 76 72 11 **Fax:** 6 76 73 92
Chairman: D. Thornton

• IZ F 1 245

Europäischer Verband für Getreidenährmittel (CEE-REAL)
European Breakfast Cereal Association
Association Européene des céréales pour petits-déjeuners
Rond Point Schumann 9B-11, B-1040 Brüssel
T: (00322) 2 30 43 54 **Fax:** 2 30 94 93
Gründung: 1992
President: Jeremy Preston
Vice President: Joel Obermann
Secretary General: Wolfgang Hees
Mitglieder: 11
Mitarbeiter: 2

Mitgliedsorganisationen

Belgien

iz f 1 246

Association Belge des Fabricants de Céréales pour le Petit Déjeuner
Avenue de Rooedebeek, 30, B-1030 Brüssel
T: (00322) 7 43 87 44 **Fax:** 7 36 81 75
E-Mail: siaol@sia-dvi.be
Kontaktperson: Pascale Kepenne

Dänemark

iz f 1 247

Foreningen af Danske Handelsmøller
c/o Dansk Industri, MEDL
T: (004533) 77 33 77 **Fax:** 77 33 20
E-Mail: isafd@di.dk
Kontaktperson: Dorthe Pedersen

Deutschland

iz f 1 248

Getreidenährmittelverband
Bundesverband der Hersteller von Nährmitteln aus Getreide und Reis e.V.
Postf. 19 01 65, 53037 Bonn
T: (0228) 2 67 10-0 **Fax:** 2 67 10-20
E-Mail: verbaende.hees@t-online.de
Kontaktperson: Wolfgang Hees
Gertrud Granel

Spanien

iz f 1 249

Asociacion Espanola de Fabricantes de Cereales en Copos o Expandidos
c/o Kellogg Espana, S.A.
C/Santiago de Compostela 100 2nd Planta, E-28035 Madrid
T: (003491) 3 86 26 11 **Fax:** 3 16 67 65
E-Mail: rocio.fernandez@kellogg.com
Kontaktperson: Rocio Fernández

Finnland

iz f 1 250

Kauppamyllyjen Yhdistys r.y.
Postf. 115, FIN-00241 Helsinki
T: (003589) 14 88 71 **Fax:** 14 88 72 01
E-Mail: antero.leino@etl.fi
Kontaktperson: Antero Leino

Frankreich

iz f 1 251

Syndicat Français des Céréales Prêtes à Consommer ou à Préparer
194, Rue de Rivoli, F-75001 Paris
T: (00331) 44 77 85 85 **Fax:** 42 61 95 34
E-Mail: akelly@alliance7.com
Kontaktperson: Anthony Kelly

Irland

iz f 1 252

Irish Breakfast Cereals Association
Confederation House
84-86 Lower Baggot Street, IRL-Dublin 2
T: (003531) 6 05-1576 **Fax:** 6 38-1576
E-Mail: sibeal.byrne@ibec.ie
Kontaktperson: Sibeal Byrne

Italien

iz f 1 253

Associazione Italiana Industriali Prodotti Alimentari (A.I.I.P.A.)
Corso di Porta Nuova 34, I-20121 Mailand
T: (003902) 65 41 84 **Fax:** 65 48 22, 5 12 97 71 (BXL)
E-Mail: aiipa.peron@foodarea.it
Kontaktperson: Anna Paonessa

Niederlande

iz f 1 254

Dutch Association of Breakfast Cereal Producers
Postf. 1 77, NL-2300 AD Leiden
T: (003171) 5 22 42 20 **Fax:** 5 22 50 95
E-Mail: br.cereals@vsl.nl
Kontaktperson: Fred van de Wetering

Portugal

iz f 1 255

Associacao Portuguesa de Productores de Flocos de Cereais
Praça D. Filipa de Lencastre, 22, 3° Esq., salas 57/59, P-4050-259 Porto
T: (003512) 22 08 14 88, 23 39 40 80 **Fax:** 23 39 40 89
E-Mail: apim@mail.telepac.pt
Kontaktperson: José Aguiar

Großbritannien

iz f 1 256

Association of Cereal Food Manufacturers
6, Catherine Street, GB-London WC2B 5JJ
T: (0044207) 8 36 24 60 **Fax:** 8 36 05 80
E-Mail: ddemenezes@fdf.org.uk
Kontaktperson: David de Menezes

iz f 1 257

British Oat and Barley Millers Association
4a Torphichen Street, GB-Edinburgh EH3 8JQ, Scotland
T: (0044131) 2 29-9415 **Fax:** 2 29-9407
E-Mail: flora.mclean@sfdf.org.uk
Kontaktperson: Flora McLean

Schweden

iz f 1 258

Svenska Kvarnföreningen
Postf. 1 61 41, S-10323 Stockholm
T: (00468) 6 78 66 02 **Fax:** 6 78 66 02
E-Mail: alf.messing@bageri.se
Kontaktperson: Alf Messing

• IZ F 1 259

Europäischer Verband für Gerätebatterien (EPBA)
European Portable Battery Association
Avenue Marcel Thiry 200, B-1200 Brüssel
T: (00322) 7 74 96 02 **Fax:** 7 74 96 90
Internet: http://www.epba-europe.org
E-Mail: epba@eyam.be
Rachel Barlow

• IZ F 1 260

Europäischer Verband für Kräutertee (EHIA)
European Herbal Infusions Association
Gotenstr. 21, 20097 Hamburg
T: (040) 2 36 01 60 **Fax:** 23 60 16 10
E-Mail: ehia@wga-hh.de
Gründung: 1980
Vorsitzende(r): Willi Rausch (Deutschland)
Geschäftsführer(in): RAin Dr. Monika Beutgen

Mitgliedsorganisationen

Belgien

iz f 1 261

Comité Belge du Thé et des Infusions Asbl
c/o Douwe Egbert
Potaarde, B-1850 Grimbergen
T: (00322) 2 60 06 50 **Fax:** 2 60 06 64
E-Mail: jo.van.eynde@douwe-egbert.be

Deutschland

iz f 1 262

Wirtschaftsvereinigung Kräuter- und Früchtetee e.V. (WKF)
Gotenstr. 21, 20097 Hamburg
T: (040) 23 60 16 33 **Fax:** 23 60 16 10
E-Mail: wkf@wga-hh.de

Spanien

iz f 1 263

Asociacion Española de Envasadores de Infusiones de Te y Herboristeria
Mallorca 286, ento. 2a, E-08037 Barcelona
T: (003493) 2 07 25 16 **Fax:** 2 07 16 11
E-Mail: bonmacor@bonmacor.es

Frankreich

iz f 1 264

S.T.E.P.I. Syndicat du Thé et des Plantes à Infusion
8, Rue de l'Isly, F-75008 Paris
T: (00331) 53 42 33 80 **Fax:** 53 42 33 81

Italien

iz f 1 265

Associazione Italiana Industriali Prodotti Alimentari (A.I.I.P.A.)
Corso di Porta Nuova 34, I-20121 Mailand
T: (003902) 65 41 84 **Fax:** 65 48 22, 5 12 97 71 (BXL)
E-Mail: aiipa.peron@foodarea.it

Schweiz

iz f 1 266

Association de l'Industrie Suisse du Thé, des Infusions et des Epices
(Association du Thé)
Elfenstr. 19, CH-3000 Bern 16
T: (004131) 3 52 11 88 **Fax:** 3 52 11 85

Großbritannien

iz f 1 267

UK Herbal Infusions Association
c/o Twining and Co Ltd.
South Way, GB-Andover, Hants SP1O 5AQ
T: (00441264) 34 82 17 **Fax:** 34 83 91
E-Mail: john.leeder@twinings.com

• IZ F 1 268

Europäischer Verband für Lebensmittelverpackungen und Einweggeschirr (EFPA)
European Food Service & Packaging Association
Association Européenne d'Emballages Alimentaires à Usage Unique
Avenue d'Auderghem 67, B-1040 Brüssel
T: (00322) 2 86 94 96 **Fax:** 2 86 94 95
E-Mail: efpa@eamonnbates.com
President: Jordi Pursals (Envases del Valles (ES))
Vice Presidents: Herman Jukkenekke (Autobar Disposables (NL))
Jozef Marynissen (RPC Cobelplast NV (B))
Francis Pascal (Autobar Packaging (F))
John Williams (Rexam Food & Beverage Packaging (UK))
Guilio Micheli (Bellaplast AG (CH))
Malti Tikkakoski (Huhtamaki-Van Leer (FIN))
Treasurer: Erwin Knuyt (De Ster ACS. Europe (B))
Secretary General: Eamonn Bates (IRL)
Mitglieder: 35 in 13 Countries

• IZ F 1 269

Europäischer Verband für Polymerdispersion und Latex (EPDLA)
European Polymer Dispersion and Latex Association
Association Européenne pour dispersion de polymère et latex
c/o CEFIC
Avenue E. Van Nieuwenhuyse 4/1, B-1160 Brüssel
Président: W. Druschke
Secrétaire Général: P. Tekeux

• IZ F 1 270

Europäischer Verband für Rauchtabak (ESTA)
European Smoking Tobacco Association
Rond-point Schuman 9B-1, B-1040 Brüssel
T: (00322) 2 30 80 92 **Fax:** 2 30 82 14
Gründung: 1990
President: Ubbo Sluiter
European Affairs Manager: Bas Tonnaer

• IZ F 1 271

Europäischer Verband für sauerstoffangereicherte Kraftstoffe (EFOA)
European Fuel Oxygenates Association
Association Européenne des Carburants Enrichis d'Oxygène
c/o CEFIC
Avenue E. Van Nieuwenhuyse 4/2, B-1160 Brüssel
T: (00322) 6 76 72 11 **Fax:** 6 76 73 01
Président: H. Rovers
Secrétaire Général: J. Autin

• IZ F 1 272

Europäischer Verband für Sterilisierung und Verpackung (ESPA)
European Sterilization Packaging Association Limited
Association Européenne de la Stérilisation et de l'Emballage
Avenue de la vieille Source 61, B-1410 Waterloo
T: (00322) 387 4548 **Fax:** 387 0303
Gründung: 1992
President: Georg Kücha
Secretary General: Dr. Volkmar Hierner
Mitglieder: 22

• IZ F 1 273

Europäischer Verband für textile Polyolefine (EATP)
European Association for Textile Polyolefins
Association européenne des Textiles polyoléfines
Avenue E. Van Nieuwenhuyse 4, B-1160 Brüssel
T: (00322) 6 76 74 72 **Fax:** 6 76 74 74
E-Mail: info@eatp.org
Gründung: 1971
Président: W.B. Low
Director General: Colin M. Purvis (Contact)
Senior Adviser: Jean-Pierre Peckstadt
Verbandszeitschrift: POLY-NEWS
Verlag: EATP, Av. E. Van Nieuwenhuyse 4, B-1160 Brüssel
Mitglieder: 80
Mitarbeiter: 3

Mitgliedsorganisationen

Belgien

iz f 1 274

Febeltex
Belgian Textile Federation
rue Montoyer 24, B-1000 Brüssel
T: (00322) 2 87 08 11 **Fax:** 2 30 65 85
General Manager: J.-F. Quix
Contact: Interior Textiles/Textile Commission Finishing
Mark Vervaeke (T: (003256) 26 42 10, Fax: 26 42 15, E-Mail: interieur@kortrijk.febeltex.be)
Contact: Textiles for clothing/Knitwear/Fibres and Yarns
Kris Van Peteghem (T: (00329) 2 42 98 20, Fax: 2 42 98 29, E-Mail: kvp@gent.febeltex.be)
Contact: Technical Textiles/Woolen yarns and fibres
Jean-Michel Mollo (T: (00322) 2 87 08 22, Fax: 2 30 65 85, E-Mail: jmm@febeltex.be)

iz f 1 275

Association des Fabricants de Conteneurs Souples (AFCOS)
Rue Leroyer 31, F-94300 Vincennes
T: (00331) 41 93 04 98 **Fax:** 41 93 04 98
Gérard Barberin

Großbritannien

iz f 1 276

British Polyolefin Textiles Association (B.P.T.A.)
C/o Priestoun, GB-Edzell, Angus DD9 7UD
T: (00441356) 64 85 21 **Fax:** (0441356) 64 85 21
Alasdair McCallum
Roger Learoyd

Italien

iz f 1 277

Federazione Italiana Industriali dei Tessili Vari et del Cappello
TESSILVARI
Piazza Castello 24, I-20121 Mailand
T: (003902) 86 46 50 11 **Fax:** 86 46 50 09
Carla Ginelli

Portugal

iz f 1 278

Associaçao dos Industriais de Cordoaria e Redes (A.I.C.R.)
Rua da Paz 66 - 5A - 5/58, P-4050 Porto
T: (003512) 6 09 13 47 **Fax:** 6 00 21 68
Joao Paulo Brochado

Spanien

iz f 1 279

Asociación Patronal Nacional de Empresarios de la Industria Textil de Poliolefinas y Fibras Duras (APOYFIDE/ANAIP)
Coslada 18, E-28028 Madrid
T: (003491) 3 56 50 59 **Fax:** 3 56 56 28
Blanca de Arteche

• IZ F 1 280

Europäischer Verband für tierisches Protein (EAPA)
European Animal Protein Association
Association Européenne des Protéines Animales
Blvd. Baudouin 21 7ieme etage, B-1000 Brüssel
T: (00322) 2 03 51 41 **Fax:** 2 03 32 44
E-Mail: devries@skypro.be
President: Bo Pedersen (ELLCO FOOD A.B., PO Box 100, 24422 Kävlinge, Schweden, Tel.: (0046(0)46) 72 28 00, Fax: (0046(0)46) 73 62, E-Mail: bope@conagri.se)
Vice-President: Michel Slee (Meiboomstraat 1, 8750 Zwevezele, Belgien, Tel.: (0032(0)51) 61 33 01, Fax: (0032(0)51) 61 24 28, E-Mail: veos@cciréselaere.be)
Vice-President: Chr. Penning (P.O. Box 50, 7370 AA Loenen, Niederlande, Tel.: (0031(0)5765) 23 51, Fax: (0031(0)5765) 19 30, E-Mail: harimex@worldonline.nl)
Secretary General: Dirk Dobbelaere
Mitglieder: 8

• IZ F 1 281

Europäischer Verband für Wirkstoffe in der Tierernährung (FEFANA)
European Federation of Animal Feed Additive Manufacturers
Fédération Européenne des Fabricants d'Adjuvants pour la Nutrition Animale
Rue Defacqz 1, Box 14, B-1000 Bruxelles
T: (00322) 5 38 39 11 **Fax:** 5 39 34 15
E-Mail: info@fefana.org
Gründung: 1963 (22. Januar)
Präsident(in): J. von Schaik (NL)
Generalsekretär(in): Ir. Herman Valgaeren
Mitglieder: 10
Mitarbeiter: 2

Mitgliedsorganisationen

Belgien

iz f 1 282

FRANA
Groupement des Fabricants et Représentants des Adjuvants en Nutrition Animale
c/o Field Communication
Drève Ste-Anne 68B, B-1020 Brussels
T: (00322) 4 78 78 38 **Fax:** 4 78 16 26
President: E. Piron (T: (00329) 3 81 13 90, Fax: 3 80 33 85)
Secretary: J. Verhaeren (admin.)

Dänemark

iz f 1 283

FFFF
Foreningen af Fabrikanter af Farmaceutisk-Kemiske Tilsaetningsstoffer til Foderstofindustrien
c/o HOECHST
Islevdalvej 110, DK-2610 Roedovre
T: (004544) 88 82 14 **Fax:** 88 11 53
Secretary General: H.B. Jensen (FFFF c/o Hoechst Roussel Vet, Naverland, 8, DK-2600 Glostrupt, T: (0045) 43 26 80 44, Fax: (0045) 70 15 11 53)

Deutschland

iz f 1 284

Arbeitsgemeinschaft für Wirkstoffe in der Tierernährung e.V. (AWT)
Roonstr. 5, 53175 Bonn
T: (0228) 35 24 00 **Fax:** 36 13 97
E-Mail: awtier@aol.com
President: Dr. Ernst A. Krämer (T: (069) 2 18 21 98, Fax: (069) 2 18 20 23)
Secretary: Dr. Elvira Süphke

Finnland

iz f 1 285

NOFAA-Nordic Feed Additive Association
Suomelautie 870, FIN-09630 Koisjaervi
T: (00358) 96 21 38 83 **Fax:** 96 22 30 56
President: E. Pitkänen (T: (003589) 13 44 13 60, Fax: 13 44 13 32)
Secretary: K. Jokivartio
E. Vesikkala

Frankreich

iz f 1 286

SYNPA
Syndicat National des Producteurs d'Additifs Alimentaires
Boulevard de Latour Maubourg, 41 bis, F-75007 Paris
T: (00331) 40 62 25 80 **Fax:** 45 50 37 05
President: Dr. A. Appert (T: (00331) 46 74 41 36, Fax: 46 74 72 67)
Secretary: J. Ribault

Großbritannien

iz f 1 287

BAFSAM
British Association of Feed Supplement and Additive Manufacturers, Ltd
3, Stone Street, GB-Cranbrook Kent TN17
T: (00441580) 71 42 04 **Fax:** 75 25 96

President: K. Young
Secretary: W. H. Beaumont

Italien

iz f 1 288
AISA
Associazione Industrie Salute Animale
Via Accademia, 33, I-20131 Milano
T: (003902) 26 81 02 19 **Fax:** 26 81 04 05
E-Mail: aisa@pn.itnet.it
President: C. Ciccione
Secretary: Dr. L. Vingiani

Niederlande

iz f 1 289
NEFATO
Vereniging van Nederlandse Fabrikanten van Veevoedertoevoegingen
Postf. 1 67, NL-1430 AD Aalsmeer
T: (0031297) 34 32 55 **Fax:** 34 27 92
President: H. A. Workel (T: (0031297) 3 34 67 67 31, Fax: (0031297) 3 34 67 60 17)

Schweiz

iz f 1 290
Schweizerische Gesellschaft für Chemische Industrie (SGCI/SSIC)
Postf. 328, CH-8035 Zürich
Nordstr. 15, CH-8035 Zürich
T: (00411) 3 68 17 11 **Fax:** 3 68 17 70
E-Mail: dieter.grauer@sgci.ch
President: Dr. R. Glaser (T: (004161) 7 21 60 34)
Secretary: Dr. D. Grauer

Spanien

iz f 1 291
VETERINDUSTRIA
Asociación Empresarial de la Industria Zoosanitaria
Fernan Flor 8-1° A, E-28014 Madrid
T: (003491) 3 69 21 34 **Fax:** 3 69 39 67
Internet: http://www.veter.com
E-Mail: sdeandres@veter.com
President: Dr. L. Ruiz (T: (003491) 6 63 30 00, Fax: (003491) 6 63 52 71)
Secretary: Santiago De Andrés Juarez

• IZ F 1 292
Europäischer Verband für Zellstoff und Papiertechnik (EUCEPA)
European Liaison Committee for Pulp and Paper
Comité Européen de Liaison pour la Cellulose et le Papier
154, Bld. Haussmann, F-75008 Paris
T: (00331) 45 62 11 91 **Fax:** 45 63 53 09
Gründung: 1956
Generaldirektor: Erik Kihlman, Finnland
Generalsekretariat: Elsbeth Devos
Mitglieder: 16 Länder

• IZ F 1 293
Europäischer Verband der Gewürzindustrie (ESA)
European Spice Association
Association européenne des épices
6, Catherine Street, GB-London WC2B 5JJ
T: (0044207) 8 36 24 60 **Fax:** 8 36 05 80
Gründung: 1984
President: J. M. Schouvey
General Secretary: M. Clay

• IZ F 1 294
Europäischer Verband der Großküchenbetreiber (FERCO)
European Federation of Contract Catering Organisations
Fédération Européenne de la Restauration Collective (FERCO)
Sq. Marie-Louise 40 Box 31, B-1000 Brüssel
T: (00322) 2 30 13 90 **Fax:** 2 30 17 37 1990
President: Patrice Aubert
Secretary General: Marie-Christine Lefebvre
Mitglieder: 8 national associations
Mitarbeiter: 1

Mitgliedsorganisationen

Belgien

iz f 1 295
UBC Eurest Belgilux
Chaussée de Haecht 1179, B-1130 Brüssel
T: (00322) 2 43 22 11, 2 43 22 56, 3 60 19 47
Fax: 2 43 22 00
Kontaktperson: Jacques Lathouwers

Frankreich

iz f 1 296
SNRC Syndicat National de la Restauration Collective
Rue de la Trémoille 9, F-75008 Paris
T: (00331) 56 62 16 16 **Fax:** 49 52 05 50
Dominique Bénézet

Großbritannien

iz f 1 297
B.H.A. British Hospitality Association
Queens House
Lincoln's Inn Fields 55-56, GB-London WC2A 3BH
T: (0044207) 4 04 77 44 **Fax:** 4 04 77 99
Kontaktperson: Phil Phillips

Irland

iz f 1 298
Association of Irish Contract Caterers (A.I.C.C.)
c/o Irish Hotel and Catering Institute
Sussex Road
Mespil House, IRL-Dublin 4
T: (003531) 6 68 82 78 **Fax:** 6 66 42 01
Kontaktperson: Kenneth Carroll

Italien

iz f 1 299
ANGEM Associazione Nazionale Aziende Di Ristorazione Collettiva
Piazza Risorgimento 10, I-20129 Mailand
T: (00392) 71 89 11, 7 38 20 05 **Fax:** 76 11 10 42
Kontaktperson: Lino Arturo Cepollina

Niederlande

iz f 1 300
VENECA Vereniging Nederlandse Catering Organisaties
Postf. 6 93, NL-4200 AR Gorinchem
Stephensonweg 14, NL-4200 AR Gorinchem
T: (00311830) 62 61 72 **Fax:** 62 11 61
Kontaktperson: Dhr. J. C. van Zundert

Portugal

iz f 1 301
A.R.E.S.P. Associacao dos Restaurantes e Similares de Portugal
Av. Duque de Avila 75, P-1000 Lissabon
T: (0035121) 3 54 70 60 **Fax:** 3 54 94 28
Kontaktperson: Cecilia Grilo Silva

Spanien

iz f 1 302
F.E.A.D.R.S. Federacion Espanola de Asociaciones Dedicadas a la Restauracion Social
c/Castello 82-52, E-28006 Madrid
T: (003491) 5 62 46 35 **Fax:** 5 62 47 16
Kontaktperson: Javier Arenillas de los Rios

• IZ F 1 303
Europäischer Verband der Heimtier-Nahrungsindustrie (FEDIAF)
European Pet Food Industry Federation
Fédération Européenne de l'Industrie des Aliments pour Animaux Familiers
Av. Louise 89, B-1050 Brüssel
T: (00322) 5 36 05 20 **Fax:** 5 37 84 69
Internet: http://www.fediaf.org
E-Mail: fediaf@skynet.be
Gründung: 1970
Präsident(in): Carlos Argenté (E)
Generalsekretär(in): Thomas Meyer (D)
Mitglieder: 16
Mitarbeiter: 3

• IZ F 1 304
Europäischer Verband der Hersteller von Dessertmischungen (EDMMA)
European Dessert Mixes Manufacturers Association
Association Européenne des Fabricants Européens de Poudres pour Entremets, Desserts et Produits Divers
Avenue de Roodebeeklaan 30, B-1030 Brüssel
T: (00322) 7 43 87 30 **Fax:** 7 36 81 75
Gründung: 1982
Président: I. Giacchetti (F)
Secrétaire Général: M. Coenen (Avenue de Roodebeeklaan 30, B-1030 Bruxelles)
Mitglieder: 5
Mitarbeiter: 2

Mitgliedsorganisationen

Belgien

iz f 1 305
Bestfoods Belgium
St. Pietersvliet, 7-bus 4, B-2000 Antwerpen
T: (00323) 2 22 44 11 **Fax:** 2 31 93 19
E-Mail: dan.dils@eu.bestfoods.com
D. Dils

Frankreich

iz f 1 306
Syndicat des Industries Alimentaires Diverses
Alliance 7
rue de Rivoli, 194, F-75001 Paris
T: (00331) 44 77 85 85 **Fax:** 42 61 95 34
E-Mail: mdelaporte@alliance7.com
M. Delaporte

Großbritannien

iz f 1 307
DCMA
FOOD & DRINK FEDERATION
6, Catherine Street, GB-London WC2B 5JJ
T: (0044207) 8 36 24 60 **Fax:** 8 36 05 80
E-Mail: charlotte.patrick@fdf.org.uk
C. Patrick

Niederlande

iz f 1 308
Nederlandse Vereniging van Fabrikanten Van Puddingpoeder en Bakprodukten
Postf. 1 77, NL-2300 AD Leiden
T: (003171) 5 22 42 20 **Fax:** 5 22 50 95
E-Mail: vigef@vsl.nl
F. Van de Wetering

Spanien

iz f 1 309
Nabisco Iberia S.L.
Apartado 2022, E-08080 Barcelona
T: (003493) 4 93 02 00 **Fax:** 4 93 02 13
E-Mail: jmarques@nabisco.es
J. Marques (Regional Techn. & Regulatory Affairs Manager Europe, Middle East & Africa)

• IZ F 1 310
Europäischer Verband der Hersteller von Hausgeräten (CECED)
European Committee of Manufacturers of Domestic Equipment
Conseil Européen de la Construction d'Appareils Domestique
Boulevard A. Reyers 80, B-1030 Bruxelles
T: (00322) 7 06 82 90 **Fax:** 7 06 82 89
Internet: http://www.ceced.org
E-Mail: secretariat@ceced.be
Gründung: 1959
Präsident(in): Hans-Peter Haase

Generalsekretär(in): Luigi Meli (E-Mail: luigi.meli@ceced.be)

Mitgliedsorganisationen

iz f 1 311

Association of Manufacturers of Domestic Electrical Appliances (AMDEA)
Rapier House
Lamb's Condiut Street 40-46, GB-London WC1N 3NW
T: (0044207) 4 05 06 66 **Fax:** 4 05 66 09
Peter Carver

iz f 1 312

Asociación Nacional Fabricantes Electrodomésticos Linea Blanca (ANFEL)
Príncipe de Vergara 74-1, E-28006 Madrid
T: (00341) 4 11 27 05 **Fax:** 4 11 29 64
Antonio Alvarez Barrios

iz f 1 313

Kayisdag Caddesi Poyraz Sokak (BESD)
Er-Togay Ismerkezi Kat 3 Daire 10, TR-Istanbul
T: (0090216) 3 46 59 66 **Fax:** 3 46 09 30
Ertan Yurtözü

iz f 1 314

Asociacion Espanola Fabricantes de Pequienos Electrodomesticos (FAPE)
Rocafort 241-243, 4°, 3°, E-08029 Barcelona
T: (00343) 4 30 99 02 **Fax:** 4 10 91 05
Jesus Sevil Olle'

iz f 1 315

Associazione Industrie Apparecchi Domestici (ANIE)
Via Gattamelata 34, I-20149 Mailand
T: (00392) 32 64-1 **Fax:** 32 64-212
Secretary: Antonio Guerrini

iz f 1 316

Electrical Household Appliances (EHA)
Swedish Association for Electrical Household Appliances
Avenue de Tervueren 12, B-1040 Brüssel
T: (00322) 7 35 09 30 **Fax:** 7 32 33 99
Viktor Sundberg

iz f 1 317

FABRIMETAL
Diamant Building, Bd A. Reyers 80, B-1030 Brüssel
T: (00322) 7 06 79 95 **Fax:** 7 06 80 09
Internet: http://www.fabrimetal.be

iz f 1 318

Fachverband Elektroapparate für Haushalt und Gewerbe Schweiz (FEA)
Obstgartenstr. 28, CH-8035 Zürich
T: (00411) 3 61 40 00 **Fax:** 3 61 19 91
Dr. Rudolf Bolliger

iz f 1 319

F.E.E.I.
Fachverband der Elektro- und Elektronikindustrie Österreichs
Austrian Electrical and Electronic Industries Association (FEEI)
Mariahilfer Str. 37-39, A-1060 Wien
T: (00431) 5 88 39 40 **Fax:** 5 86 69 71
Internet: http://www.wk.or.at/feei
E-Mail: bartoschka@feei.wk.or.at
Dr. Manfred Müllner

iz f 1 320

Foreningen af Fabrikanter og Importører af Elektriske Husholdningsapparater (FEHA)
Naverland 34, DK-2600 Glostrup
T: (004543) 43 46 46 **Fax:** 43 52 72
Ebbe Lauritzen

iz f 1 321

Groupement Interprofessionnel des Fabricants d'Appareils d'Equipement Menager (GIFAM)
Avenue d'Jéna 39, F-75783 Paris Cedex 16
T: (00331) 53 23 06 53 **Fax:** 47 20 20 73
Bernard Planque

iz f 1 322

Norske Elektroleverandorers Landsforening (NEL)
Hoffsveien 10, N-0212 Oslo
T: (004722) 73 27 06 **Fax:** 73 27 04
Helge Åmotsbakken

iz f 1 323

Vereniging Leveranciers van Hiushoudeljke Apparaten in Nederland (VLEHAN)
Boerhaavelaan 40, NL-2700 AD Zoetermeer
T: (003179) 3 53 13 71 **Fax:** 3 53 13 65
Martijn P.J.A. Muijser

iz f 1 324

Zentralverband Elektrotechnik- und Elektronikindustrie (ZVEI) e.V.
Postf. 70 12 61, 60562 Frankfurt
Stresemannallee 19, 60596 Frankfurt
T: (069) 6 30 20 **Fax:** 6 30 23 17
Internet: http://www.zvei.de
E-Mail: zvei@zvei.org
Werner Scholz

• IZ F 1 325

Europäischer Verband der Hersteller elektronischer Bauteile (E.E.C.A.)
European Electronic Component Manufacturers Association
Avenue Louise 140, B-1050 Bruxelles
T: (00322) 6 46 11 51 **Fax:** 6 44 40 88
Internet: http://www.eeca.org
E-Mail: secretariat@eeca.be
Gründung: 1973
Vorsitzende(r): H. Tee (GB)
Generalsekretär(in): Eckhard Runge (D)
Verbandszeitschrift: Annual Report
Mitglieder: 9
Mitarbeiter: 3

Mitgliedsorganisationen

Belgien

iz f 1 326

FABRIMETAL
Diamant Building, Bd A. Reyers 80, B-1030 Brüssel
T: (00322) 7 06 79 95 **Fax:** 7 06 80 09
Internet: http://www.fabrimetal.be
P. Sohl

Deutschland

iz f 1 327

Fachverband Bauelemente der Elektronik im ZVEI
(Zentralverband Elektrotechnik- und Elektronikindustrie e.V.)
Stresemannallee 19, 60596 Frankfurt
T: (069) 63 02-276 **Fax:** 63 02-407
Internet: http://www.zvei-be.zvei.org
E-Mail: zvei-be@zvei.org
Geschäftsführer(in): Dipl.-Ing.(TU) Dipl.-Soz. Christoph Stoppok (E-Mail: stoppok@zvei.org)

Frankreich

iz f 1 328

Syndicat des Industries de Tubes Electroniques et Semiconducteurs (SITELESC)
11, rue Hamelin, F-75783 Paris Cedex 16
T: (00331) 45 05 70 94 **Fax:** 45 05 70 37
E-Mail: gerardollivier@compuserve.com
G. Ollivier

iz f 1 329

Groupement des Industries de l'Interconnexion, des Composants et des Sous-Ensembles Electroniques (GIXEL)
11, rue Hamelin, F-75783 Paris Cedex 16
T: (00331) 45 05 70 38 **Fax:** 45 05 70 37
E-Mail: g.coron@gixel.fr
G. Coron

Großbritannien

iz f 1 330

Federation of the Electronics Industry (FEI)
Russell Square House
10-12 Russell Square, GB-London WC1B 5EE
T: (0044207) 3 31 20 59 **Fax:** 3 31 20 56
E-Mail: rhinds@fei.org.uk
Richard Hinds

Italien

iz f 1 331

Associazione nazionale componenti Elettronici (ANIE)
Via Gattamelata 34, I-20149 Mailand
T: (003902) 3 26 43 37 **Fax:** 3 26 42 56
E-Mail: marcella.quattrocchi@anie.it
M. Quattrocchi

Niederlande

iz f 1 332

Groep Fabrieken van Aktieve en Passieve Elektronische Bouwelementen (FAPEL)
Boerhaavelaan 40, NL-2700 AD Zoetermeer
T: (003179) 3 53 13 52 **Fax:** 3 53 13 65
E-Mail: fla@fme.nl
H. Brunklaus

Österreich

iz f 1 333

Austrian Electrical and Electronic Industries Association (FEEI)
Mariahilfer Str. 37-39, A-1060 Wien
T: (00431) 5 88 39 40 **Fax:** 5 86 69 71
Internet: http://www.wk.or.at/feei
E-Mail: bartoschka@feei.wk.or.at
E. F. Bartoschka

Schweden

iz f 1 334

VI/SECA
Sveriges Verkstadsindustrier
Postf. 55 10, S-11485 Stockholm
T: (00468) 7 82 09 27 **Fax:** 7 82 09 80
E-Mail: anders.marcelius@vi.se
Kontaktperson: Anders Marcelius

Spanien

iz f 1 335

Asociación Nacional de Industrias Electrónicas (ANIEL)
Grupo Componentes Electronicas
Principe de Vergara 74, E-28006 Madrid
T: (003491) 5 90 23 06 **Fax:** 4 11 40 00
E-Mail: efernandez@aniel.es
E. Fernández Puértolas

• IZ F 1 336

Europäischer Verband der Hersteller von Enzymen für die Nahrungsmittelindustrie (E.F.F.C.A.)
European Food and Feed Cultures Association
Association Européenne des Fabricants de Ferments à Usage Agro-Alimentaire
Bd Haussman 85, F-75008 Paris
T: (00331) 42 65 42 46 **Fax:** 42 15 23 31
Gründung: 1991
President: L. Fredericksen (Boulevard Haussmann 85, F-75008 Paris)
Contact: A. Baudet
Mitglieder: 13
Mitarbeiter: 1

Mitgliedsorganisationen

Dänemark

iz f 1 337

Chr Hansen A.S.
Boge Alle 10-12, DK-2970 Hörsholm
T: (0045) 45 76 76 76 **Fax:** 45 76 55 76

Deutschland

iz f 1 338

Gewürzmüller GmbH
Postf. 30 04 80, 70444 Stuttgart

Klagenfurter Str. 1-3, 70469 Stuttgart
T: (0711) 89 99-0 **Fax:** 89 99-226
TX: 7 252 248
TGR: Gewürzmüller
E-Mail: info@gewuerzmueller.de

Frankreich

iz f 1 339

S.K.W. Biosystems
La Blériot, 4 place des Ailes, F-92461 Boulogne Billancourt Cedex
T: (0033247) 12 26 98 **Fax:** 60 22 16 11

iz f 1 340

Lallemand SA
Postf. 44 12, F-31405 Toulouse Cedex 4
T: (00335) 62 17 28 28 **Fax:** 62 17 23 60

iz f 1 341

Rhodia Food
Postf. 10, F-86220 Dange St. Romain
T: (0033549) 19 71 00 **Fax:** 19 71 10

Italien

iz f 1 342

Alce Srl
Via P. Custodi 12, I-28100 Novarra
T: (0039321) 2 23 91 **Fax:** 39 96 02

iz f 1 343

Centro Sperimentale del Latte
Strada per Merlino 3, I-20060 Zelo buon Persico
T: (00392) 90 69 61 **Fax:** 9 06 96 99

iz f 1 344

Sacco
Via Manzoni 29, I-22071 Cadoraga
T: (003931) 90 32 77 **Fax:** 90 47 69

Niederlande

iz f 1 345

Coop Stremsel en Kleuselfabriek
Pallasweg 1, NL-8901 BA Leeuwarden
T: (003158) 88 52 55 **Fax:** 88 10 71

iz f 1 346

Quest International NL BV
Postf. 2, NL-1400 CA Bussum
T: (00312159) 9 21 08 **Fax:** 5 24 10

iz f 1 347

D.S.M.
Postf. 1, NL-2600 M.A. Delft
T: (003115) 2 79 38 48 **Fax:** 27 93 200

Finnland

iz f 1 348

Valio Ltd
Postf. 3 90, FIN-00101 Helsinki
T: (003580) 10 38 11 21 **Fax:** 10 38 12 385

• IZ F 1 349

Europäischer Verband der Hersteller von Gas-Schweiss-Geräten und -Maschinen (GAS-EURO-SOUD)
European Committee of Manufacturers of Gas-Welding Equipment
Comité Européen des Fabricants d'Appareils et de Machines de Soudage aux Gaz
c/o Fachgemeinschaft Schweiß- und Druckgastechnik im VDMA
Lyoner Str. 18, 60528 Frankfurt
T: (069) 66 03-1328 **Fax:** 66 03-1634
E-Mail: sdg@vdma.org
Präsident(in): Dipl.-Ing. Werner Görde
Generalsekretär(in): Dr.rer.pol. Fritz Ruppel

• IZ F 1 350

Europäischer Verband der Hersteller von Lebensmittelphosphaten (EFPA)
European Food Phosphates Producers Association
Association Européenne des producteurs de phosphates alimentaires
c/o CEFIC
Avenue E. Van Nieuwenhuyse 4/1, B-1160 Brüssel
T: (00322) 6 76 72 46 **Fax:** 6 76 73 01
E-Mail: cja@cefic.be.
Gründung: 1985
Président: H.S. Hohmann
Secrétaire Général: C. Jassogne

• IZ F 1 351

PLASTEUROPAC
Europäischer Verband der Hersteller von Plastikverpackungen
European Association of Manufacturers of Plastic Packaging
Association Européenne des Fabricants d'Emballages Plastiques
Sekretariat:
5, Rue de Chazelles, F-75017 Paris
T: (00331) 46 22 33 66 **Fax:** 46 22 02 35
Gründung: 1983 (15. Mai)
President: Marcel de Botton
Geschäftsführer(in): Françoise Gerardi

Belgien

iz f 1 352

FECHIPLAST
Square Marie Louise 49, B-1000 Brüssel
T: (00322) 2 38 97 11 **Fax:** 2 38 99 98

Dänemark

iz f 1 353

The Danish Plastic Federation (DPF)
Noerre Voldgade 48 3rd floor, DK-1358 København K
T: (004533) 13 30 22 **Fax:** 91 08 98
Internet: http://www.plastindustrien.dk
E-Mail: pd@plast.dk

Deutschland

iz f 1 354

IK Industrieverband Kunststoffverpackungen e.V. Bundesverband der Hersteller von Kunststoffverpackungen und -folien
Kaiser-Friedrich-Promenade 43, 61348 Bad Homburg
T: (06172) 92 66 01 **Fax:** 92 66 70
Internet: http://www.kunststoffverpackungen.de

iz f 1 355

Gesamtverband kunststoffverarbeitende Industrie e.V. (GKV)
Am Hauptbahnhof 12, 60329 Frankfurt
T: (069) 27 10-527 **Fax:** 23 98 35

Finnland

iz f 1 356

The Finnish Plastic Industry Federation (FIPIF)
Eteläranta 10, 7th floor, FIN-00131 Helsinki
T: (003589) 17 28 43 15 **Fax:** 17 11 64

Frankreich

iz f 1 357

C.S.E.M.P.
5, rue de Chazelles, F-75017 Paris
T: (00331) 46 22 33 66 **Fax:** 46 22 02 35

Großbritannien

iz f 1 358

British Plastics Federation (BPF)
Bath Place 6 Rivington Street, GB-London EC2A 3JE
T: (0044207) 4 57 50 00 **Fax:** 4 57 50 45
Internet: http://www.bpf.co.uk
E-Mail: plaw@bpf.co.uk, pplume@bpf.co.uk

Italien

iz f 1 359

Unione Nazionale Industrie Tranformatrici Materie Plastiche (UNIONPLAST)
Via Petitti 16, I-20149 Mailand
T: (003902) 3 02 31 71 **Fax:** 30 26 65 46

Niederlande

iz f 1 360

Federatie NRK
Vlietweg 16, Postbus 420, NL-2260 Leidschendam
T: (003170) 317 54 90 **Fax:** 317 74 08

Portugal

iz f 1 361

Associacao Portuguesa da Industria de Plasticos (APIP)
Rua D'Estefania 32-2 Esq, P-1000 Lisboa 1
T: (0035121) 3 15 06 33 **Fax:** 314 77 60

Schweden

iz f 1 362

F.S.P.
Postf. 1133, S-11181 Stockholm
Torsgatan 2, S-11181 Stockholm
T: (00468) 23 63 00 **Fax:** 24 95 30

Spanien

iz f 1 363

A.N.A.I.P.
Coslada 18, E-28028 Madrid
T: (00341) 5 56 50 59 **Fax:** 5 56 56 28

• IZ F 1 364

Europäischer Verband der Hersteller von reiner Phosphorsäure (EPPAA)
European pure Phosphoric Acid Producers Association
Association Europeenne des Producteurs d'Acides Phosphoriques Pures
c/o CEFIC
Avenue E. Van Nieuwenhuyse 4/1, B-1160 Brüssel
T: (00322) 6 76 72 46 **Fax:** 6 76 73 01
Gründung: 1988
Président: J. Braham
Secrétaire Général: C. Jassogne

• IZ F 1 365

Europäischer Verband der Hersteller von Spaltkatalysatoren (ECCPA)
European Cracking Catalyst Producers Association
Association Européenne des Producteurs de Catalyseurs à Craquage
c/o CEFIC
Avenue E. Van Nieuwenhuyse 4-1, B-1160 Brüssel
T: (00322) 6 76 72 62 **Fax:** 6 76 73 01
Gründung: 1988
President: D. Staab
Secretary General: M. Michaux
Mitglieder: 3

• IZ F 1 366

Europäischer Verband der Hersteller technischer Karamellen (EUTECA)
European Technical Caramel Association
c/o ECCO
9 Avenue des Gaulois, B-1040 Bruxelles
T: (00322) 7 36 53 54 **Fax:** 7 32 34 27
E-Mail: euteca@ecco.be
Gründung: 1978
Président: Dr. R. Langlais

Vice-Président: Dr. H. Mahlmann
Secrétaire Général: Dionne Heijnen
Mitarbeiter: 2

• **IZ F 1 367**

Europäischer Verband der Hersteller von Unterhaltungselektronik (EACEM)
European Association of Consumer Electronics Manufacturers
General Secretariat
Avenue Louise 140, Bte. 6, B-1050 Bruxelles
T: (00322) 6 44 26 81, 6 44 04 66 **Fax:** 6 40 44 09
Gründung: 1979
Vorsitzende(r): Rolf Wagner
Generalsekretär(in): Gerard J. Nauwelaerts (B)

• **IZ F 1 368**

Europäischer Verband der Hersteller von Verpackungspapieren (EMBALPACK)
Groupement Européen des Fabricants de Papiers d'Emballage
Sekretariat:
Jahnstr. 93, 64285 Darmstadt
T: (06151) 4 45 01 **Fax:** 42 17 02
E-Mail: 106536.1734@compuserve.com
Director General: Dr. Manfred Sulzmann

• **IZ F 1 369**

Europäischer Verband der Hersteller von Wellpappenpapieren
Groupement Européen des Fabricants de Papiers pour Ondulé
Jahnstr. 93, 64285 Darmstadt
T: (06151) 4 45 01 **Fax:** 42 17 02
E-Mail: 106536.1734@compuserve.com
Secrétaire Général: Dr. Manfred Sulzmann

• **IZ F 1 370**

Europäischer Verband der Isocyanathersteller (ISOPA)
European Isocyanate Producers Association
Fédération Européenne des Producteurs d'isocyanate
Avenue E. Van Nieuwenhuyse 4, B-1160 Brüssel
T: (00322) 6 76 74 75 **Fax:** 6 76 74 79
Internet: http://www.isopa.org
E-Mail: main@isopa.org
Gründung: 1987
Président: Charles Churet
Secretary General: Geert Strobbe (Contact)
Contact: C. Veys
Mitglieder: 7
Mitarbeiter: 3

• **IZ F 1 371**

Europäischer Verband der Isolationshersteller (EURIMA)
European Insulation Manufacturers' Association
Fédération Européenne des Fabricants d'isolations
Avenue Louise 375, Boite 4, B-1050 Brüssel
T: (00322) 6 26 20 90 **Fax:** 6 26 20 99
E-Mail: info@eurima.be
Gründung: 1961
President: Dr. H Furtak
Secr. Gen.: Horst Biedermann (Contact)
Mitglieder: 45
Mitarbeiter: 6

• **IZ F 1 372**

Europäischer Verband der Katalysatorhersteller (ECMA)
European Catalysts Manufacturers Association
Association Européenne des Fabricants de Catalyseurs
c/o CEFIC
Avenue E. Van Nieuwenhuyse 4-1, B-1160 Brüssel
T: (00322) 6 76 72 62 **Fax:** 6 76 73 01
Gründung: 1983
President: H. Wagner
Secretary General: M. Michaux
Mitglieder: 18

• **IZ F 1 373**

Europäischer Verband der Mischfutterindustrie (FEFAC)
European Feed Manufacturers Association
Fédération Européenne des Fabricants d'Aliments Composés pour Animaux
223, rue de la Loi, B-1040 Bruxelles
T: (00322) 2 85 00 50 **Fax:** 2 30 57 22
E-Mail: fefac@fefac.org
Gründung: 1959
Präsident(in): P. Lake
Generalsekretär(in): A. Döring
Verbandszeitschrift: FEFAX; Feed & Food

Mitglieder: 15
Mitarbeiter: 7

Mitgliedsorganisationen

Belgien

iz f 1 374

Association Professionnelle des Fabricants d'Aliments Composés pour Animaux
Beroepsvereniging der Mengvoederfabrikanten
Rue de l'Hopital 31/Gasthuisstraat 31, B-1000 Brüssel
T: (00322) 5 12 09 55 **Fax:** 5 14 03 51
E-Mail: bemefa@skynet.be
Präsident(in): H. Depre
Generaldirektor: Y. Dejaegher

Dänemark

iz f 1 375

Danske Korn-Og Foderstof-Im-Og Eksportorers Faellesorganisation (DAKOFO)
Borsen, DK-1217 Copenhagen
T: (0045) 33 95 05 00 **Fax:** 33 91 33 20
E-Mail: DAKOFO@internet.dk
Präsident(in): Albert Beckenkamp
Generaldirektor: S. Trunshoej

Deutschland

iz f 1 376

Fachverband der Futtermittelindustrie e.V.
Postf. 30 04 45, 53184 Bonn
T: (0228) 9 75 68-0 **Fax:** 9 75 68-68
E-Mail: fvfumi@t-online.de
Präsident(in): Manfred Schräder
Geschäftsführer(in): H. Grote

Finnland

iz f 1 377

Finnish Food and Drink Industries Federation
Postf. 1 15, FIN-00241 Helsinki
Pasilankatu 2, FIN-00241 Helsinki
T: (003589) 14 88 71 **Fax:** 14 88 72 01
Internet: http://www.etl.fi
E-Mail: jukka.ala-peijari@etl.fi, hillevi.latvalahti@et.ttliitot.fi
Präsident(in): I. Aronen
Direktor(in): A. Leino

Frankreich

iz f 1 378

Syndicat National des Industriels de la Nutrition Animale (SNIA)
41 bis, bd de Latour-Maubourg, F-75007 Paris
T: (00331) 44 18 63 50 **Fax:** 44 18 63 53
E-Mail: snia@wanadoo.fr
Präsident(in): Y. Montecot

Großbritannien

iz f 1 379

United Kingdom Agricultural Supply Trade Association Ltd. (UKASTA)
Whitehall Court, 3, GB-London SW1A 2EQ
T: (0044207) 9 30 38 11 **Fax:** 9 30 39 52
Internet: http://www.ukasta.org.uk
E-Mail: inquiries@ukasta.org.uk
Präsident(in): I. Smith
Generaldirektor: J. Reed

Irland

iz f 1 380

Irish Grain and Feed Association (IGFA)
Herbert Street 18, IRL-Dublin 2
T: (003531) 6 76 06 80 **Fax:** 6 61 67 74
E-Mail: igfa@cereal.iol.ie
Präsident(in): J.F. O'Grady
Direktor(in): S. A. Funge

Italien

iz f 1 381

Associazione Nazionale tra i Produttori di Alimenti Zootechnici (ASSALZOO)
Via Lovanio 6, I-00198 Rom
T: (00396) 8 54 16 41 **Fax:** 8 54 16 41
E-Mail: assalzoo@iol.it
Präsident(in): G. Veronesi
Generalsekretär(in): E. Minetti

Niederlande

iz f 1 382

Nederlandse Vereniging van Mengvoederfabrikanten (FNM)
FNM
Postf. 17 32, NL-3000 BS Rotterdam
T: (003110) 2 43 03 01 **Fax:** 2 43 03 10
E-Mail: foom@wxs.nl
Präsident(in): J. Gerrits
Direktor(in): W. Wiegeraadt
Secrétaire Général: H. Heuver

Österreich

iz f 1 383

Fachverband der Nahrungs- und Genußmittel-Industrie Österreichs
Zaunergasse 1-3, A-1037 Wien
T: (00431) 7 12 21 21 **Fax:** 7 12 12 08
E-Mail: fiaa@lebensmittel.wk.or.at
Präsident(in): J. Kapeller
Kontaktperson: M. Klug

Portugal

iz f 1 384

Associacao Portuguesa dos Industriais de Alimentos Compostos para Animais (IACA)
Av. 5 de Outubro, 21-2° Esq., P-1050 Lissabon
T: (003511) 3 52 50 91 **Fax:** 3 53 03 87
E-Mail: iaca@mail.telepac.pt
Präsident(in): J. Lança de Morais
Generalsekretär(in): L. Marques

Schweden

iz f 1 385

S.L.R.
Svenska Lantmännens Riksförbund
s:t Göransgatan 160A, S-10425 Stockholm
T: (00468) 6 57 42 00 **Fax:** 6 18 69 32
E-Mail: Per-Eric.Lannhagen@LFU.se
Präsident(in): H. Hellmo
Deputy-Dir: P. E. Lannhagen

iz f 1 386

Föreningen Foder och Spannmål (FS)
Postf. 1133, S-11181 Stockholm
Barnhugsgatan 3, S-11181 Stockholm
T: (00468) 4 40 11 70 **Fax:** 24 95 30
E-Mail: erik.harman@sinf.se
Präsident(in): Bengt Rosén
Generalsekretär(in): Erik Hartmann

Spanien

iz f 1 389

Confederacion Espanola de Fabricantes de Alimentos Compuestos para Animales (C.E.S.F.A.C.)
C/Diego de León 54, Escalera B - 5° Derecha, E-28006 Madrid
T: (00341) 5 63 34 13 **Fax:** 5 61 59 92
Internet: http://www.cesfac.com
E-Mail: cesfac@cesfac.com
Präsident(in): J.A. Encinas Santos
Direktor(in): P. Aguirre

Mitglieder mit Beobachterstatus:

Schweiz

iz f 1 387

Vereinigung Schweizerischer Futtermittelfabrikanten (VSF)
Association Suisse des Fabricants d'Aliments Fourragers
Postf. 737, CH-3052 Zollikofen
Bernstr. 55, CH-3052 Zollikofen
T: (004131) 9 15 21 11 **Fax:** 9 15 21 12
E-Mail: vsf@spectraweb.ch
Präsident(in): S. Schmid
Direktor(in): R. Marti

Tschechische Republik

iz f 1 388

Českomoravské sdružení organizací ZZN
Bohemian-Moravian Union of Organisations for Agricultural Supply an Purchase
Opletalova 4
P.O. Box 812, CZ-11376 Prag
T: (004202) 24 21 24 71 **Fax:** 24 21 24 71
E-Mail: cmsozzn@volnv.cz
Chairman: M. Jandečka

• IZ F 1 390

Europäischer Verband der Holzpackmittel und Palettenhersteller (FEFPEB)
European Federation of Wooden Pallet and Packaging Manufacturers
Fédération Européene des Fabricants de Palettes et Emballages en Bois
Postf. 9 01 54, NL-5000 LG Tilburg
T: (003113) 5 94 48 02 **Fax:** 5 94 47 49
E-Mail: fefpeb@vsam.spaendonck.nl
Secretary General: Alphonsus J. M. Ceelaert
Verbandszeitschrift: Newsbox
Mitglieder: 11

• IZ F 1 391

Europäischer Verband der Polyakohole Hersteller (EPA)
European Association of Polyol Producers
Association Européenne des Producteurs de Polyols
Avenue des Gaulois 9, B-1040 Brüssel
T: (00322) 7 36 53 54 **Fax:** 7 32 34 27
E-Mail: epa@ecco.be
Gründung: 1991
Secrétaire Général: Dionne Heijnen
Mitarbeiter: 2

• IZ F 1 392

Europäischer Verband der Porzellan- und Steingut-Industrie (Geschirr und Zierkeramik) (FEPF)
Common Market Committee of the European Federation of Porcelain and Earthenware Tableware and Ornamental Ware Industries
Fédération Européenne des Industries de Porcelaine et de Faience de table et d'ornementation
Rue des Colonies 18-24 bte. 17, B-1000 Brüssel
T: (00322) 5 11 30 12, 5 11 70 25 **Fax:** 5 11 51 74

Finnland Schweden Norwegen

iz f 1 393

Nordic Group of Fepf
c/o Hackman Arabia oy AB
Hameentie 135d, FIN-0560 Helsinki
T: (003589) 39 391 **Fax:** 7 57 07 59

Deutschland

iz f 1 394

Verband der Keramischen Industrie e.V.
Postf. 16 24, 95090 Selb
Schillerstr. 17, 95100 Selb
T: (09287) 8 08-0 **Fax:** 7 04 92

Frankreich

iz f 1 395

Chambre Syndicale Française de la Céramique de Table et Ornementation
Ave Victor Hugo 15, F-75116 Paris
T: (00331) 45 00 18 56 **Fax:** 45 00 47 56

Großbritannien

iz f 1 396

British Ceramic Gift- and Tableware Manufacturers' Federation
Federation House
Station Road, GB-Stoke-on-Trent ST4 2SA
T: (0044782) 74 46 31 **Fax:** 74 41 02

Italien

iz f 1 397

Federceramica, Settore domestico e ornamentale
Via Academia N. 33, I-20131 Mailand
T: (00392) 268101 **Fax:** 26810406

Niederlande

iz f 1 398

Algemene Vereniging voor de Nederlandse Aardewerkindustrie
Postf. 473, NL-6800 AL Arnhem
T: (003126) 4 42 82 22 **Fax:** 4 45 45 39

Portugal

iz f 1 399

APICER - Associatien Portugaise da Industria Cerâmica
Av. Emidio Navarro 81 3° A, P-3000 Coimbra
T: (0035139) 2 79 27 **Fax:** 2 06 70

• IZ F 1 400

Europäischer Verband der Salzhersteller (ESPA)
European Salt Producers' Association
17, rue Daru, F-75008 Paris
T: (00331) 47 66 52 90 **Fax:** 47 66 52 66
Internet: http://www.eu-salt.com
E-Mail: bmoinier@eu-salt.com
Gründung: 1958
Vorsitzende(r): Bernard Epron
Generalsekretär(in): Bernard Moinier (F)

Mitglieder

Belgien

iz f 1 401

SOLVAY SA
Administration Centrale
Rue Du Prince Albert 33, B-1050 Brüssel
T: (00322) 5 09 61 11 **Fax:** 5 09 65 05

Dänemark

iz f 1 402

DANSK SALT A/S
Hadsundvej 17, DK-9550 Mariager
T: (0045) 96 68 78 88 **Fax:** 96 68 78 90
E-Mail: dansksalt@dansksalt.dk

Deutschland

iz f 1 403

Verein Deutsche Salzindustrie e.V.
Herwarthstr. 36, 53115 Bonn
T: (0228) 6 04 73-0 **Fax:** 6 04 73-10
E-Mail: info@salzindustrie.de

Frankreich

iz f 1 404

Comité des Salines de France
17, rue Daru, F-75008 Paris
T: (00331) 47 66 52 90 **Fax:** 47 66 52 66
E-Mail: bmoinier@salines.com

Griechenland

iz f 1 405

Hellenic Saltworks SA
Asklipiou Street 1, GR-10679 Athen
T: (00301) 3 61 74 50 **Fax:** 3 61 77 81

Großbritannien

iz f 1 406

Salt Manufacturers' Association
7, Bartley Road Northenden, GB-Manchester M22 4BG
T: (0044161) 9 98 35 57 **Fax:** 9 98 35 56
E-Mail: saltmanufacturers@msn.com

Italien

iz f 1 407

ETI - ENTE Tabacchi Italiani
Via della Luce 34A bis, I-00153 Rom
T: (00396) 58 571 **Fax:** 5 85 72 493

iz f 1 408

S.p.A. Ing. Luigi Conti-Vecchi
P.za Boldrini 1, I-20097 San Donato Milanese Milanese
T: (00392) 520 42 383 **Fax:** 520 42 341
E-Mail: armando_succi@hq.enichem.geis.com

iz f 1 409

ITALKALI S.p.A.
Via Principe Granatelli 46, I-90130 Palermo
T: (003991) 6 02 91 11 **Fax:** 6 02 92 34

Niederlande

iz f 1 410

Akzo Nobel Salt BV
Postf. 247, NL-3800 AE Amersfoort
Stationsplein 4, NL-3800 AE Amersfoort
T: (003133) 4 67 67 67 **Fax:** 4 67 61 08
E-Mail: floris.bierman@akzo.nl

Österreich

iz f 1 411

Österreichische Salinen AG
Wirerstr. 10, A-4820 Bad Ischl
T: (00436132) 2 00 41 00 **Fax:** 2 00 21 14
E-Mail: ks@salinen.co.at

Rumänien

iz f 1 412

SALROM Societatea Nationala a Sarii S.A.
Calea Victoriei 220, R-71104, Sector 1 Bucuresti
T: (00401) 650 65 65 **Fax:** 650 21 80
E-Mail: salrom@fx.so

Schweiz

iz f 1 413

Vereinigte Schweizerische Rheinsalinen AG
Schweizerhalle, CH-4133 Pratteln 1
T: (004161) 8 25 51 51 **Fax:** 8 25 51 12
E-Mail: info@saline.ch

iz f 1 414

Société Vaudoise des mines et salines de Bex
Le Bévieux, CH-Bex
T: (004124) 4630320 **Fax:** 4630322

Spanien

iz f 1 415

Asociacion Espanola de Fabricantes de Sal
C/Altamira 1, ático der., E-03002 Alicante
T: (0034) 6 09 07 48 08 **Fax:** 9 65 20 83 95
E-Mail: afasal@ctv.es

Türkei

iz f 1 416

General Directorate of Tobacco, Tobacco Products, Salt and Alcohol Enterprises Tekel
T: (0090212) 5 31 38 57 **Fax:** 5 32 05 27

• **IZ F 1 417**

Europäischer Verband der Snackshersteller (ESA)
European Snacks Association (ESA)
Association Européenne des Fabricants des Snacks
Swiss Centre
10, Wardour Street, GB-London W1V 3HG
T: (0044207) 4 39 25 67 **Fax:** 4 39 26 73
Internet: http://www.esa.org.uk
E-Mail: esa@esa.org.uk
Gründung: 1959
President: Bill McLaughlin
Generalsekretär(in): Steve Chandler
Verbandszeitschrift: The Snack Magazine
Redaktion: The Snacks Magazine, Lion House, 4, Russell St., GB-Leek, Staffs. ST13 5JF
Mitglieder: 200
Mitarbeiter: 4
Jahresetat: DM 0,290 Mio, € 0,15 Mio

Mitgliedsorganisationen

Deutschland

iz f 1 418

Bundesverband der Deutschen Süßwarenindustrie e.V. - BDSI
Schumannstr. 4-6, 53113 Bonn
T: (0228) 2 60 07-0 **Fax:** 2 60 07-89
Internet: http://www.bdsi.de
E-Mail: bdsi@bdsi.de

iz f 1 419

Zentralfachschule der Deutschen Süßwarenindustrie
Postf. 18 01 10, 42626 Solingen
De-Leuw-Str. 3-9, 42653 Solingen
T: (0212) 59 61-0 **Fax:** 59 61-61
Internet: http://www.zds-solingen.de
E-Mail: zds.solingen@t-online.de
Geschf. Vorst.-Mitgl.: Winfried Köllmann

iz f 1 420

Arbeitskreis Erdnuss (AKE)
The German Peanut Council
c/o IPR
Spadenteich 1, 20099 Hamburg

Großbritannien

iz f 1 421

Snacma
Swiss Centre
10, Wardour Street, GB-London W1V 3HG
T: (0044207) 4 39 25 67 **Fax:** 4 39 26 73

iz f 1 422

National Peanut Council of America
Grosvenor Gardens House
35-37 Grosvenor Gardens, GB-London SW1W OBS

Italien

iz f 1 423

Associazione Italiana Industriali Prodotti Alimentari (A.I.I.P.A.)
Corso di Porta Nuova 34, I-20121 Mailand
T: (003902) 65 41 84 **Fax:** 65 48 22, 5 12 97 71 (BXL)
E-Mail: aiipa.peron@foodarea.it

Niederlande

iz f 1 424

Verbisko
Raamweg 44, NL-2596 IN Den Haag
T: (003170) 46 06 43 **Fax:** 45 82 71

iz f 1 425

Dutch Groundnut Association
Postf. 1 90, NL-3000 AD Rotterdam

Spanien

iz f 1 426

Asociacion de Industrias de la Alimentacion
De Bergudes de Catanya 1
C/Mallorca 286 entl. 2, E-08037 Barcelona
T: (0034207) 25 16

• **IZ F 1 428**

Europäischer Verband der Spirituosenhersteller (CEPS)
Confederation of European Spirits Producers
Confédération Européenne des Producteurs de Spiritueux
Avenue de Tervuren 192B-3, B-1150 Brüssel
T: (00322) 7 79 24 23 **Fax:** 7 72 98 20
E-Mail: ceps1@skynet.be
Gründung: 1993
President: Dieter Wingenfeld
Contact: Robby Schreiber
Mitglieder: 35 Nationale Verbände
Mitarbeiter: 3

Mitgliedsorganisationen

Belgium

iz f 1 429

Fédération Belge des Vins et Spiritueux (FBVS)
Rue de Livourne 13, B-1060 Brüssel
T: (00322) 5 37 00 51 **Fax:** 5 37 81 56
E-Mail: fbvs.bfwg@skynet.be
Président: Philippe Grafé
Vice Président: Emile de Beukelaer
Contact: Jean-Jacques Delhaye

Denmark

iz f 1 430

Foreningen af Danske Spiritusfabrikanter
c/o Danisco Distillers (DD)
Postf. 21 58, DK-1016 Copenhagen
Langebrogade 4, DK-1016 Copenhagen
T: (0045) 32 66 24 00 **Fax:** 32 66 21 95
Président: Svend Helmer
Contact: Hans Christian Pape (Director General)

Germany

iz f 1 431

Bundesverband der Deutschen Spirituosen-Industrie und -Importeure e.V. (BSI)
Postf. 15 02 23, 53041 Bonn
T: (0228) 5 39 94-0 **Fax:** 5 39 94-20
Internet: http://www.bsi-bonn.de
E-Mail: bsi-bonn@t-online.de
Président: Harald Eckes-Chantré
Vice Président: Christian Fehling
Contact: Martin Kieffer

iz f 1 432

Bundesverband der Obstverschlußbrenner e.V. (BOVB)
Werderring 12, 79098 Freiburg
T: (0761) 3 25 12 **Fax:** 3 26 12
E-Mail: bdo.frbg@t-online.de
Président: Nicolaus Schladerer-Ulmann
Vice Président: C. Weis
Contact: Harald Brugger (Director General)

iz f 1 433

Bundesverband Deutscher Kornbrenner e.V. (BDK)
Westfalendamm 59, 44141 Dortmund
T: (0231) 43 01 44 **Fax:** 42 20 37
E-Mail: kornbrenner@t-online.de
Président: Dipl.rer.pol. (techn.) Knut Elmendorf
Vice Président: F. Hennes
Contact: Dipl.oec. Peter Pilz (Director General)

Spain

iz f 1 434

Federacion Española de Fabricantes de Bebidas Espirituosas
Calle Villanueva 16 4°A, E-28001 Madrid
T: (00341) 5 75 70 02 **Fax:** 5 76 00 67
E-Mail: febe@intercom.es
Président: Neil Everitt
Contact: Xavier de la Trinxeria

iz f 1 435

Federacion de Bodegas del Marco de Jerez (Fedejerez)
Calle Eguiluz 2-1°, E-11402 Jerez de la Frontera
T: (0034956) 34 10 46 **Fax:** 34 60 81
E-Mail: fedjerez@surnet.es
Président: Francisco Valencia (Contact)

Finland

iz f 1 436

Finnish Food and Drink Industries Federation
Postf. 1 15, FIN-00241 Helsinki
Pasilankatu 2, FIN-00241 Helsinki
T: (003589) 14 88 71 **Fax:** 14 88 72 01
Internet: http://www.etl.fi
E-Mail: jukka.ala-peijari@etl.fi, hillevi.latvalahti@et.ttlitot.fi
Président: Heikki Elo (FABIA)
Contact: Irmeli Mustonen ((FABIA) E-Mail: irmeli.mustonen@etl.fi)

France

iz f 1 437

Bureau National Interprofessionnel de l'Armagnac
Postf. 3, F-32800 Eauze
T: (0033562) 08 11 00 **Fax:** 08 11 01
Président: Yves Bentegeau
Vice Président: P. Samalens
Contact: Antoine Cuzange

iz f 1 438

Bureau National Interprofessionnel du Calvados, du Pommeau et des Eaux-de-Vie de Cidre et de Poiré
Rue Saint-Ouen 31, F-14400 Caen
T: (0033231) 75 30 90 **Fax:** 74 26 97
E-Mail: brice@wanadoo.fr
Président: Jean Pinchon (Contact)

iz f 1 439

Bureau National Interprofessionnel du Cognac
Allées du Champs de Mars 23, F-16101 Cognac
T: (0033545) 35 60 00 **Fax:** 82 86 54
Président: Jacques Guibé
Contact: Alain Philippe (Director General)

iz f 1 440

Fédération Nationale des Distillateurs d'Eaux-De-Vie de Fruits
Rue de l'Isly 8, F-75008 Paris
T: (00331) 1 53 04 30 20 **Fax:** 1 53 04 30 24
Président: Christian Wilem
Vice Président: Bernard Baud
Contact: Michel Rigo

iz f 1 441

Fédération Nationale des Distilleries Coopératives
Rue de Rome 53, F-75008 Paris
T: (00331) 42 94 25 92 **Fax:** 45 22 86 21
Président: André Camroux
Vice Président: Jean-Marie Serre
Contact: Maurice Crouzet

iz f 1 442

Fédération Française des Brandies
Cours du XXX Juillet 1, F-33000 Bordeaux
T: (00335) 56 00 22 90 **Fax:** 56 81 37 43
Président: Antoine Cuzange (Contact)

iz f 1 443

Syndicat Cognac Progrès et Tradition
c/o Remy Martin
Postf. 37, F-16102 Cognac Cedex
Rue de la Société Vinicole 20, F-16102 Cognac Cedex
T: (0033545) 35 76 82 **Fax:** 32 47 55
Président: Jean-Pierre Lacarriere (Contact)
Vice Président: Gérard Mathias

iz f 1 444

Syndicat Français du Rhum
Rue de l'Isly 8, F-75008 Paris
T: (00331) 1 53 04 30 20 **Fax:** 1 53 04 30 24
Président: Jean-Claude Cantorné (Contact)

iz f 1 445

Syndicat des Exportateurs de Cognac
Postf. 77, F-16103 Cognac
Avenue Victor Hugo 102, F-16103 Cognac
T: (0033545) 36 32 32 **Fax:** 35 42 02
Président: Philippe Treutenaere
Vice Président: Yann Filloux
Contact: Francis Arnaud (Director General)

iz f 1 446

Union Syndicale des Négociants en Cognacs et Eaux-de-Vie
Postf. 226, F-16111 Cognac
Boulevard Oscar Planat 44, F-16111 Cognac
T: (0033545) 32 28 28 **Fax:** 32 17 11
Président: Antoine Cuzange (Contact)

iz f 1 447

Union des Producteurs Français de Spiritueux
Rue de l'Isly 8, F-75008 Paris
T: (00331) 1 53 04 30 25 **Fax:** 1 53 04 30 29
Contact: Norbert Boutard (Director General)

iz f 1 448

Syndicat National des Fabricants de Liqueurs (SNFL)
Rue de l'Isly 8, F-75008 Paris
T: (00331) 53 04 30 20 **Fax:** 53 04 30 24
Président: Jean-Marc Roget
Contact: Xavier Cartron

Greece

iz f 1 449

Fédération Hellénique des Vins
Xenfontes, 1SA, GR-10557 Athen
T: (00301) 3 22 60 53 **Fax:** 3 23 79 43
Président: George Tsantalis
Vice-Président: George Stoumpis
Contact: Christos Loutzakis

Hungary

iz f 1 450

Union and Commodity Council of the Hungarian Alcohol Industry
Kuny D. u. 13-15, H-1012 Budapest
T: (00361) 2 13 98 58 **Fax:** 2 13 98 59
E-Mail: drgyory@mail.matav.hu
Président: Miklós Haggenmacher
Contact: Lászlo Gyóry (Director General)

Ireland

iz f 1 451

Irish Spirits Association (ISA)
Lower Baggot Street 84/86, IRL-Dublin 2
T: (003531) 6 60 10 11 **Fax:** 6 61 28 70
E-Mail: AilishForde@IBEC.ie
Président: James Killeen
Contact: Ailish Forde (Director General, E-Mail: AilishForde@IBEC.ie)

iz f 1 452

Irish Whiskey Distillers Association
Bow Street Distillery - Smithfield, IRL-Dublin 7
T: (0035318) 72 55 66 **Fax:** 72 31 09
Président: Richard Burrows
Vice Président: M.J. Murphy
Contact: Jean Rodesch

Italy

iz f 1 453

Federazione Italiana Industrali Produttori, Esportatori ed Importatori di Vini, Acquaviti, Liquori, Sciroppi, Aceti ed Affini
Via Mentana 2/ B, I-00185 Rom
T: (00396) 4 94 16 30 **Fax:** 4 94 15 66
E-Mail: federvini@foodarea.it
Président: L. Rossi di Montelera
Vice Président: Pietro Alagna
Contact: Federico Castellucci (Director General)

Luxembourg

iz f 1 454

Fédération Luxembourgeoise
c/o R. Munhowen
Postf. 21 07, L-1021 Luxemburg
T: (00352) 4 83 33 31 **Fax:** 48 33 33-306
E-Mail: munhowen@pt.lu
Contact: M. Munhowen

Netherlands

iz f 1 455

Produktschap voor Gedistilleerde Dranken
Postf. 1 24, NL-3100 AC Schiedam
Hoek Lange Haven 127, NL-3100 AC Schiedam
T: (003110) 4 26 93 40 **Fax:** 4 73 98 58
E-Mail: info@pgd.nl
Président: J.P.A. Gruyters
Vice Président: R.P.M. de Kuyper
Contact: Jack Verhoek (Director General)

Portugal

iz f 1 456

Associação dos Comerciantes e Industriais de Bebidas Espirituosas e Vinhos (ACIBEV)
Largo do carmo 15-1°, P-1200 Lissabon
T: (003511) 3 46 23 18 **Fax:** 3 42 75 17
E-Mail: acibevmail@acibev.pt
Président: L. Morais-Cardoso
Contact: José Dornellas (Director General)

Austria

iz f 1 457

Fachverband der Nahrungs- und Genußmittel-Industrie Österreichs
Postf. 4A, A-1037 Wien
Zaunergasse 1-3, A-1037 Wien
T: (00431) 7 12 21 21 **Fax:** 7 12 12 08
E-Mail: fiaa@lebensmittel.wk.or.at
Président: Gottfried Flatscher
Vice Président: Helmut Walser
Contact: Bruno Mayer (Director General)

Schweden

iz f 1 458

The Swedish Spirits & Wine Suppliers (SSWS)
Sprit & Vinleverantörsföringen
T: (00468) 7 62 76 25 **Fax:** 7 62 76 27
E-Mail: swartz.svl@svenskhandel.se
Président: Kjell-Olof Feldt
Vice-President: Christer Tegnér
Contact: Bertil Swartz

Switzerland

iz f 1 459

Fédération Suisse du Commerce des Spiritueux
Postf. 1 01, CH-3000 Bern 7
Amthausgasse 1, CH-3000 Bern 7
T: (004131) 3 12 41 41 **Fax:** 3 12 10 72
Président: Paul Siegenthaler
Vice Président: Daniel Collé (Contact)

Great Britain

iz f 1 460

The Gin and Vodka Association of Great Britain (GVA)
Winchester House
Winchester Street, GB-Hampshire SP10 2ET
T: (00441264) 33 70 11 **Fax:** 35 02 19
E-Mail: ginvodka@lineone.net
Président: Ian Jamieson
Contact: Edwin Atkinson (Director General)

iz f 1 461

The Scotch Whisky Association
Atholl Crescent 20, GB-Edinburgh EH3 8HF
T: (0044131) 2 22 92 00 **Fax:** 2 29 19 89
E-Mail: hmorison@swa.org.uk
Président: John B. Mc Grath
Contact: Tim Jackson (E-Mail: hstewart@swa.org.uk)

Czech Republic

iz f 1 462

Union of Czech Producers of Spirits
c/o Stock Plzen A.S.
Palirenská 2, CZ-31551 Plzen
T: (0042019) 4 92 61 **Fax:** 7 24 76 29
E-Mail: Iveta.Burianova@stock.cz
Président: Vladimir Steiner (Contact)
Vice Président: Emilie Hnízdilová
Vladislav Blecha

Russia

iz f 1 463

Sojuzplodoimport
34, str 2, Dolgorukovskaya Street, RUS-103030 Moscow
T: (00795) 7 85 12 86, 7 85 12 89 **Fax:** 9 73 21 00
E-Mail: spiexim@splod.dol.ru
Président: Yori Shefler
Contact: Alexeí Olijnk

• **IZ F 1 464**

Europäischer Verband Vliesstoffe und Einmalartikel (EDANA)
European Disposables and Nonwovens Association (EDANA)
Association Européenne des articles à usage unique et des nontissés
Avenue E. Plasky 157, B-1030 Brüssel
T: (00322) 7 34 93 10 **Fax:** 7 33 35 18
E-Mail: edana@euronet.be
Gründung: 1971 (Mai)
Vorsitzende(r): Rolf Altdorf (PGI Nonwovens, Netherlands)
Generalsekretär(in): Gerard Nauwelaerts
Mitglieder: 155
Mitarbeiter: 10

• **IZ F 1 465**

Europäischer Verband der Zitronensäurehersteller (ECAMA)
European Citric Acid Manufacturers Association
Association Européenne des Producteurs d'Acide Citrique
c/o CEFIC
Avenue E. Van Nieuwenhuyse 4/1, B-1160 Brüssel
T: (00322) 6 76 72 02 **Fax;** 6 76 73 01
E-Mail: pvd@cefic.be
Gründung: 1980
Président: R. Soiron
Secrétaire Général: P. van der Hoeven

• **IZ F 1 466**

Europäischer Verband der Zuckerindustrie (CEFS)
European Committee of Sugar Manufacturers
Comité Européen des Fabricants de Sucre
182, av de Tervueren, B-1150 Bruxelles
T: (00322) 7 62 07 60 **Fax:** 7 71 00 26
E-Mail: cefs@euronet.be
Präsident(in): Dr. Renato Picco
Generaldirektor: Jules Beauduin
Mitglieder: 15 westeuropäische Länder

Belgien

iz f 1 467

SUBEL
Av. de Tervueren 182, B-1150 Brüssel
T: (00322) 7 75 80 69 **Fax:** 7 75 80 75

Dänemark

iz f 1 468

DANISCO Sugar
Langebrogade 1, DK-1001 Kopenhagen K
T: (0045) 32 66 20 00 **Fax:** 32 66 21 79

Deutschland

iz f 1 469

Verein der Zuckerindustrie
Postf. 25 45, 53015 Bonn
Am Hofgarten 8, 53113 Bonn
T: (0228) 22 85-0 **Fax:** 2 28 51 00
E-Mail: wvz.wvz@t-online.de

Spanien

iz f 1 470

Asoc. Gen. de Fabricantes de Azucar
Montalban 11, E-28014 Madrid
T: (00341) 5 22 84 32 **Fax:** 5 31 06 08

Finnland

iz f 1 471

Finnsugar Ltd.
Kyllikinportti 2, FIN-00241 Helsinki
T: (003589) 29 74 84 **Fax:** 2 97 47 44

Frankreich

iz f 1 472

Syndicat National des Fabricants de Sucre de France
Av. d'Iena 23, F-75016 Paris
T: (00331) 49 52 66 66 **Fax:** 40 70 10 79

Griechenland

iz f 1 473

Hellenic Sugar Industry SA
Mitropoleos Street 34, GR-54110 Saloniki
T: (003031) 26 95 55 **Fax:** 22 82 21

Irland

iz f 1 474

Irish Sugar Plc
St. Stephen's Green House, IRL-Dublin 2
T: (003531) 6 05 10 00 **Fax:** 6 05 11 00

Italien

iz f 1 475

Associazione Nazionale dello Zucchero (ASSO-ZUCCHERO)
Largo Toniolo 6/11, I-00186 Rom
T: (003906) 6 89 37 47 **Fax:** 6 89 37 48

Niederlande

iz f 1 476

Cooperative Cosun U.A.
Noordzeedijk 113, NL-4671 TL Dinteloord
T: (0031) 1 65 52 52 52 **Fax:** 1 65 52 52 55

iz f 1 477

CSM Suiker B.V.
Postf. 349, NL-1000 Amsterdam
T: (003120) 5 90 69 11 **Fax:** 6 95 19 42

Österreich

iz f 1 478

Zucker und Stärke Aktiengesellschaft
F.-W.-Raiffeisen-Platz 1, A-1020 Wien
T: (00431) 2 11 37 20 55 **Fax:** 2 11 37 29 81

Portugal

iz f 1 479

Associacao dos Refinadores de Acucar Portugueses
Avenida da Liberdaote u° 227-5°, P-1250-142 Lissabon
T: (0035121) 3 52 41 65 **Fax:** 3 54 78 47

Schweden

iz f 1 480

Danisco Sugar AB
T: (004640) 53 70 00 **Fax:** 43 07 29

Schweiz

iz f 1 481

Zuckerfabriken Aaberg & Frauenfeld AG
T: (004132) 3 91 62 00 **Fax:** 3 91 62 40

iz f 1 482

British Sugar Plc
Oundle Road, GB-Peterborough PE2 9QU
T: (00441733) 56 31 71 **Fax:** 5 63 067

• IZ F 1 483

CEMBUREAU
The European Cement Association
Association Européenne du Ciment
Rue d'Arlon 55, B-1040 Brussels
T: (00322) 2 34 10 11 **Fax:** 2 30 47 20
Internet: http://www.cembureau.be
E-Mail: secretariat@cembureau.be

Mitgliedsorganisationen

Belgien

iz f 1 484

Fédération de l'Industrie Cimentière Belge a.s.b.l. Federatie van de Belgische Cementnijverheid v.z.w. (FEBELCEM)
Rue Volta 8, B-1050 Brüssel
T: (00322) 6 45 52 11 **Fax:** 6 40 06 70
Internet: http://www.febelcem.be
E-Mail: info@febelcem.be

Dänemark

iz f 1 485

Aalborg Portland A/S
Postf. 165, DK-9100 Aalborg
Rørdalsvej 44, DK-9100 Aalborg
T: (004598) 16 77 77 **Fax:** 10 11 86
Internet: http://www.aalborg-portland.dk
E-Mail: cement@aalborg-portland.dk

Deutschland

iz f 1 486

Bundesverband der Deutschen Zementindustrie e.V. (BDZ)
Postf. 51 05 66, 50941 Köln
Pferdmengesstr. 7, 50968 Köln
T: (0221) 3 76 56-0 **Fax:** 3 76 56 86
Internet: http://www.BDZement.de
E-Mail: BDZ@BDZement.de

Finnland

iz f 1 487

Finnsementti Oy
T: (003582) 45 45 67 **Fax:** 45 42 65 35
Internet: http://www.finnsementti.fi
E-Mail: info@finnsementti.fi

Frankreich

iz f 1 488

Syndicat Français de l'Industrie Cimentière (SFIC)
7, Place de la Défense, la Défense 4, F-92974 Paris , La Défense Cedex
T: (00331) 55 23 01 23 **Fax:** 55 23 01 24
Internet: http://www.sfic.net
E-Mail: sfic@sfic.net

Griechenland

iz f 1 489

Association of the Greek Cement Industry
Stavrou P. Street 13, GR-10561 Athen
T: (00301) 6 91 18 86 **Fax:** 6 99 33 98

Großbritannien

iz f 1 490

BCA
British Cement Association
Century House
Telford Avenue, GB-Crowthorne Berks RG45 6YS
T: (00441344) 76 26 76 **Fax:** 76 12 14
Internet: http://www.bca.org.uk
E-Mail: library@bca.org.uk

Irland

iz f 1 491

Irish Cement Limited
Stillorgan Road, IRL-Stillorgan Co. Dublin
T: (003531) 2 06 40 00 **Fax:** 2 06 40 01
Internet: http://www.irishcement.ie
E-Mail: info@irishcement.ie

Island

iz f 1 492

Sementsverksmidjan hf (Iceland Cement Ltd.)
Postf. 205, IS-300 Akranes
Manabraut 18-20, IS-300 Akranes
T: (003543) 4 30 50 00 **Fax:** 4 30 50 01
Internet: http://www.sement.is
E-Mail: sement@sement.is

Italien

iz f 1 493

Associazione Italiana Tecnico Economica del Cemento - A.I.T.E.C.
Via di S. Teresa 23, I-00198 Rom
T: (003906) 8 55 47 14 **Fax:** 8 41 61 76
E-Mail: aitec@pelagus.it

Luxemburg

iz f 1 494

Ciments Luxembourgeois S.A.
Postf. 146, L-4002 Esch-sur-Alzette
T: (00352) 55 25 25-1 **Fax:** 55 70 61
Internet: http://www.dyckerhoff.de/luxemburg
E-Mail: cimenlux@pt.lu

Niederlande

iz f 1 495

Vereniging Nederlandse Cementindustrie - VNC
St. Teunislaan 1, NL-5231 BS 's-Hertogenbosch
T: (003173) 6 40 11 50 **Fax:** 6 40 12 84
Internet: http://www.enci.nl
E-Mail: betoninfo@enci.nl

Norwegen

iz f 1 496

NORCEM A.S.
Ruseløkkveien 14, N-0251 Oslo
T: (004722) 87 84 00 **Fax:** 87 84 01/02
Internet: http://www.norcem.no
E-Mail: firmapost@norcem.no

Österreich

iz f 1 497

Vereinigung der Österreichischen Zementindustrie - V Ö Z
Reisnerstr. 53, A-1030 Wien
T: (00431) 7 14 66 81-0 **Fax:** 7 14 66 81-66
E-Mail: zement@zement-beton.co.at

Polen

iz f 1 498

The Polish Cement and Lime Association
Morawskiego Str. 5, PL-30102 Kraków
T: (004812) 4 27 20 69 **Fax:** 4 22 13 42
Internet: http://www.polskicement.com.pl
E-Mail: polcem@polskicement.com.pl

Portugal

iz f 1 499

ATIC
Associação Técnica da Indústria de Cimento
Av. 5 de Outubro 54-2°-D, P-1050-058 Lissabon
T: (0035121) 3 54 75 38, 3 54 79 70 **Fax:** 3 52 50 99
E-Mail: cimento.atic@mail.telepac.pt

Schweden

iz f 1 500

Cementa AB
Postf. 1 44, S-18212 Danderyd
Vendervägen 90, S-18212 Danderyd
T: (00468) 6 25 68 00 **Fax:** 6 25 68 71
E-Mail: danderyd@cementa.scancem.com

Schweiz

iz f 1 501

cemsuisse
Marktgasse 53, CH-3011 Bern
T: (004131) 3 27 97 97 **Fax:** 3 27 97 70
Internet: http://www.cemsuisse.ch
E-Mail: info@cemsuisse.ch

Spanien

iz f 1 502

OFICEMEN
Agrupacion de Fabricantes de Cemento de España
José Abascal 53-1, E-28003 Madrid
T: (003491) 4 41 16 88 **Fax:** 4 42 38 17
Internet: http://www.oficemen.com
E-Mail: direccion@oficemen.com

Türkei

iz f 1 503

Turkish Cement Manufacturers' Association
Postf. 2, TR-06582 Bakanliklar Ankara
Eskisehir Yolu 9 Km., TR-06530 Bakanliklar Ankara
T: (0090312) 2 87 32 50 **Fax:** 2 87 92 72
Internet: http://www.tcma.org.tr
E-Mail: info@tcma.org.tr

Assoziierte Mitglieder

Estland

iz f 1 504

Kunda Nordic Cement Corporation
Petersburg rd. 75, EW-11415 Tallinn
T: (003726) 209 650 **Fax:** 209 651

Slowakische Republik

iz f 1 505

ZVCV SR
The Cement and Lime Producers Association of the Slovak Republic
Partisánska cesta 91, SK-97544 Banská Bystrica
T: (0042188) 4 31 02 24 **Fax:** 4 14 55 76
E-Mail: imurgas@scbb.sk

Tschechische Republik

iz f 1 506

SV-CEVA
Cement & Lime Producers Association of the Czech Republic
Stetkova 18, CZ-14068 Praha 4
T: (004202) 42 05 70 **Fax:** 42 05 70
E-Mail: svceva@pha.pvtnet.cz

Ungarn

iz f 1 507

Magyar Cementipari Szövetség
Hungarian Cement Association
Bécsi út 120-122, H-1034 Budapest III
T: (00361) 3 88 23 62 **Fax:** 3 68 76 28
E-Mail: mcs@mail.datanet.hu

• IZ F 1 508

Europäischer Zentralverband der Öffentlichen Wirtschaft (CEEP)
European Centre of Enterprises with Public Participation and of Enterprises of General Economic Interest
Centre Européen des Entreprises à Participation Publique et des Entreprises d'Intérêt Économique Général
Rue de la Charité 15 B12, B-1210 Brüssel
T: (00322) 2 19 27 98 **Fax:** 2 18 12 13
E-Mail: ceep@interweb.be
Gründung: 1961
President: Carlos Correia Gago
Verbandszeitschrift: Public Undertakings in the European Community - CEEP annals; Rapport d'Activités; Memorandum sur les Relations Financières entre les Etats et les Entreprises Publiques; Actualisation de la Notion de Service Public; Europe. Concurrence et Service Publique
Mitglieder: 13 National Sections, 4 Member associated, 250 Companies
Mitarbeiter: 8

• IZ F 1 509

Europäischer Zusammenschluß der Flachglashersteller (GEPVP)
Groupement Européen des Producteurs de Verre Plat
av. Louise 89, B-1050 Bruxelles
T: (00322) 5 38 43 77 **Fax:** 5 37 84 69
Gründung: 1978
President: Luc Willame (Glaverbel)
Vice-President: C. A. Tardy (St. Gobain Vitrage)
Secretary General: E. Bullen
Mitglieder: 15
Mitarbeiter: 1

• IZ F 1 510

Europäisches Baumaschinen-Komitee (CECE)
Committee for European Construction Equipment
Comité Européen des Matériels de Génie Civil
Rue de Stassart 101, B-1050 Brüssel
T: (00322) 5 12 72 02 **Fax:** 5 02 29 90
E-Mail: cece@skynet.be
Vorsitzende(r): Heribert J. Wiedenhues
Generalsekretär(in): Pierre Juliens

• IZ F 1 511

Europäisches Forum von nationalen Lift-Gesellschaften (EFLA)
European Forum of National Lift Associations
Avenue L. Gribaumont 1 bte. 6, B-1150 Brüssel
T: (00322) 7 79 50 82 **Fax:** 7 72 16 85
Gründung: 1997
Mitglieder: 19
Mitarbeiter: 2

• IZ F 1 512

Europäisches Institut für Gedruckte Schaltungen (EIPC)
European Institute of Printed Circuits
Postf. 610, CH-4123 Allschwil
Hegenheimermatt Weg 65, CH-4123 Allschwil
T: (004161) 4 82 39 00 **Fax:** 4 82 39 10
Internet: http://www.eipc.org/
Gründung: 1968
Leitung: Ewald Losert
Mitglieder: 240
Mitarbeiter: 4

• IZ F 1 513

Europäisches Institut für technische Befestigungselemente (EIFI)
European Industrial Fasteners Institute
Institut Européen pour Eléments de fixation industrielle
c/o BIFF, Grove Hill House
Grove Lane 245 Handsworth, GB-Birmingham B20 2HB
T: (0044121) 5 23 34 96 **Fax:** 5 23 36 96
President: Robert H. Lench
Secretary General: Michael C. Baker
Mitglieder: 200 Companies
Mitarbeiter: 2

• IZ F 1 514

Europäisches Institut der Jagd- und Sportwaffen (IEACS)
Institut Européen des Armes de Chasse et de Sport
Siège Social: FABRIMETAL, 21, rue des Drapiers, B-1000 Bruxelles
Secrétariat:
c/o H. Heidebroek
6, Cap de Bos, F-33430 Gajac
T: (0033556) 25 24 46 **Fax:** 25 24 49
Gründung: 1976
President: Carlo Peroni (Beretta I-25063 Gardone Valtrompia)
Generalsekretär(in): Henri Heidebroek (B)
Mitglieder: 7 Länder
Mitgliedsländer: Frankreich, Belgien, Bundesrepublik Deutschland, Italien, Spanien, Finnland, Österreich

Mitgliedsorganisationen

Belgien

iz f 1 515

Union des Fabricants d'Armes
c/o Browning SA
P.I. Hauts Sarts (3e Ave), B-4040 Herstal
T: (00324) 240 52 11 **Fax:** 240 52 12
Kontaktperson: R. Mignon

Deutschland

iz f 1 516

Verband der Hersteller von Jagd-, Sportwaffen und Munition
An der Pönt 48, 40885 Ratingen
T: (02102) 18 62 00 **Fax:** 18 61 69
Kontaktperson: K. Gotzen

Finnland

iz f 1 517

FIMET Federation of Finnish Metal, Engineering and Electrotechnical Industries
Postf. 10, FIN-00131 Helsinki
Eteläranta 10, FIN-00130 Helsinki
T: (003589) 1 92 31 **Fax:** 62 44 62
Internet: http://www.met.fi
E-Mail: pirjo.tunturi@met.fi
Kontaktperson: A. Saijonkivi

Frankreich

iz f 1 518

Chambre Synd. de l'Ind. de l'Arme et de la Distribution en Gros des Armes, Munitions et Accessoires
5, rue de Meons Z.I. Molina-Nord, F-42000 St.-Etienne
T: (003377) 250478 **Fax:** 213477
Kontaktperson: Cl. Verney Carron

Italien

iz f 1 519

Associazione Nazionale Produttori Armi e Munizioni
Viale dell'Astronomia 30, I-00144 Rom
T: (00396) 5 92 59 72 **Fax:** 5 91 96 15
Kontaktperson: Carlo Peroni

Österreich

iz f 1 520

Steyr Mannlicher AG & Co. KG
Mannlicherstr. 1, A-4400 Steyr
T: (00437252) 896-220 **Fax:** 78621
Kontaktperson: W. Stadler

Spanien

iz f 1 521

Asociacion Armera
Pol. Ind. Azitain B.1
Entreplanta 1a Apdo 277, E-20600 Eibar-Gipuzkoa
Kontaktperson: M. Gomez

• IZ F 1 522

Europäisches Komitee des Drahtzieherei (CET)

European Committee of Wire Drawing
Comité Européen du Tréfilage
Rue Logelbach 2, F-75017 Paris
T: (00331) 47 54 94 27 **Fax:** 47 54 94 28
Gründung: 1970
President: Lionel Lemaire
Secretary General: Alain Chantrel (Contact)
Mitglieder: 12 countries

• IZ F 1 523

Europäisches Komitee der Fachverbände der Hersteller von Getrieben und Antriebselementen (EUROTRANS)

European Committee of Associations of Manufacturers of Gears and Transmission Parts
Comité Européen des Associations de Constructeurs d'engrenages et de Space Eléments de Transmission
c/o VDMA Fachgemeinschaft Antriebstechnik
Postf. 71 08 64, 60498 Frankfurt
Lyoner Str. 18, 60528 Frankfurt
T: (069) 66 03 15 26 **Fax:** 66 03 14 59
Gründung: 1969
Präsident(in): Prof. Hirt
Generalsekretär(in): Klaus Wüstenberg
Mitglieder: 9 Länder

Mitgliedsorganisationen

Belgien

iz f 1 524

Engrenages & Organes de Transmission-Groupe 11/1 Fabrimétal

Bld. August Reyers 80, B-1030 Brüssel
T: (00322) 706 78 00 **Fax:** 706 78 00

Deutschland

iz f 1 525

Fachgemeinschaft Antriebstechnik im VDMA

Postf. 71 08 64, 60498 Frankfurt
Lyoner Str. 18, 60528 Frankfurt
T: (069) 66 03 13 32 **Fax:** 66 03 14 59

Finnland

iz f 1 526

FIMET Federation of Finnish Metal, Engineering and Electrotechnical Industries

Postf. 10, FIN-00131 Helsinki
Eteläranta 10, FIN-00130 Helsinki
T: (003589) 1 92 31 **Fax:** 62 44 62
Internet: http://www.met.fi
E-Mail: pirjo.tunturi@met.fi

Frankreich

iz f 1 527

Unitram

Rue Louis Blanc 39/41, F-92038 Paris La Défense
T: (0033247) 17 63 69 **Fax:** 17 63 70

Großbritannien

iz f 1 528

British Gear Manufacturers Association

Suite 45, Imex Business Park
Shobnall Rd. Burton-on-Trent, GB-Staffordshire DE14 2AU
T: (0044) 12 83 51 55 21 **Fax:** 12 83 51 58 41
Internet: http://www.bga.org.uk
E-Mail: admin@bga.org.uk

Italien

iz f 1 529

Associazione Italiana Costruttori Organi di Trasmissione e Ingranaggi

ASSIOT
Via Moscova 46/-5, I-20121 Mailand
T: (00392) 29 01 04 11 **Fax:** 6 57 02 66

Niederlande

iz f 1 530

FME/CWM Vereniging van Ondernemingen in de Metaal-, Kunstof-, Elektronika- en Elektrotechnische Industrie en Aanverwante Sectoren

Neratrans
Postf. 190, NL-2700 AD Zoetermeer
Boerhaavelaan 40, NL-2700 AD Zoetermeer
T: (003179) 3 53 12 64 **Fax:** 3 53 13 65
Internet: http://www.fme.nl
E-Mail: holtram@fme.nl, jbu@fme.nl

Schweden

iz f 1 531

TGS Transmissionsgruppen i Sverige

Postf. 70 62, S-55007 Jönköping
T: (004636) 16 50 70 **Fax:** 16 44 69

Spanien

iz f 1 532

Servicio Tecnico Comercial de Constructores de Bienes de Equipo

Sercobe
Postf. 13 13, E-28001 Madrid
Jorge Juan 48, E-28001 Madrid
T: (00341) 4 35 72 40 **Fax:** 5 77 09 10

• IZ F 1 533

Europäisches Komitee für den Dampfkessel-, Behälter- und Rohrleitungsbau (CECT)

European Committee of Boiler, Vessel and Pipework Manufacturers
Comité Européen de la Chaudronnerie et de la Tuyauterie
c/o SNCT
Rue Louis Blanc 39-41, F-92400 Courbevoie
T: (00331) 47 17 62 71 **Fax:** 47 17 62 77
E-Mail: ymarej@snet.ozg
Präsident(in): Jean Louis Tissot
Generalsekretär(in): Yves Marez

Mitgliedsorganisationen

Belgien

iz f 1 534

FABRIMETAL

Diamant Building, Bd A. Reyers 80, B-1030 Brüssel
T: (00322) 7 06 79 95 **Fax:** 7 06 80 09
Internet: http://www.fabrimetal.be
President: J. D. de Krieg (Welders N.Y.)
Group Secretariat: A. Juliens

Deutschland

iz f 1 535

Fachverband Dampfkessel-, Behälter- und Rohrleitungsbau e.V. (FDBR)

Postf. 32 04 20, 40419 Düsseldorf
Sternstr. 36, 40479 Düsseldorf
T: (0211) 4 98 70-0 **Fax:** 4 98 70-36
Internet: http://www.fdbr.de
E-Mail: fdbr@aol.com
President: Dipl.-Ing. W. Heitmann (GEC Alsthom GmbH, Essen)
Secretary General: Dipl.-Ing. Adolf Schumacher

Spanien

iz f 1 536

SERCOMETAL

C/Príncipe de Vergara 74-2, E-28006 Madrid
T: (00341) 5 62 54 15, 5 62 54 16, 5 62 63 01
Fax: 4 11 46 07
Gründung: 1958
President: Javier Pombo
Secretary General: Angel Aguado
CECT Representative: Enrique Francés
Leitung Presseabteilung: Angel Aguado
Verbandszeitschrift: Construcciones Metalicas y Caldereria
Redaktion: Sercometal
Verlag: Graficas Ancora, SA, Sebastian Gomez, 5-6, 28026 Madrid
Mitglieder: 83
Mitarbeiter: 8
Jahresetat: DM 0,4 Mio, € 0,2 Mio

Frankreich

iz f 1 537

S.N.C.T. - Syndicat National de la Chaudronnerie, de la Tôlerie et de la Tuyauterie Industrielle

Postf. 72, F-92038 Paris la Défense
39/41, Rue Louis Blanc, F-92400 Courbevoie
T: (00331) 47 17 62 71 **Fax:** 47 17 62 77
President: Jean Louis Tissot (Sté Tissot)
Secretary General: Yves Marez (CECT Representative)
Technical Director: Yves Marez

Italien

iz f 1 538

ANIMA - Federazione delle Associazioni Nazionali dell'Industria Meccanica varie ed affine

Federation of the Italian Mechanical and Engineering Industry Associations
Via L. Battistotti Sassi 11/B, I-20133 Mailand
T: (003902) 73 97-1 **Fax:** 73 97-316
Internet: http://www.anima-it.com
E-Mail: anima@anima-it.com
President: Fernando Lidonnici (CECT Representative)
Secretary: Loredana Nicola

Portugal

iz f 1 539

C.I.E.P. - Centro dos Industriais de Equipamento Pesado

Av. Julio Diniz 10, 2°G, P-1000 Lisboa
T: (003511) 7 97 87 48 **Fax:** 7 93 79 11
Acting President: Vasco Vieira da Fonseca
Secretary General: Eduardo Lopes Barata (CECT Representative)

Schweiz

iz f 1 540

SWISSMEM (ASM/VSM)

Kirchenweg 4 Postfach, CH-8032 Zürich
T: (00411) 384 4 844 **Fax:** 384 4 848
Internet: http://www.swissmem.ch
E-Mail: info@swissmem.ch
President: Kurt W. Imhof
Secretary General: Hanspeter Spühler

Großbritannien

iz f 1 541

Power Generation Contractors Association - PGCA

Westminster Tower
Albert Embankment 3, GB-London SE1 7SL
T: (0044207) 7 93 30 40 **Fax:** 7 93 15 76
President: T. Hood
Director: A. A. Bullen (CECT Representative)

Finnland

iz f 1 542

FIMET Federation of Finnish Metal, Engineering and Electrotechnical Industries

Postf. 10, FIN-00131 Helsinki
Eteläranta 10, FIN-00130 Helsinki
T: (003589) 1 92 31 **Fax:** 62 44 62
Internet: http://www.met.fi
E-Mail: pirjo.tunturi@met.fi
President: Raimo Laurikainen (Finnpipe)
Secretary: Arne Hülphers
CECT-Representative: Raimo Laurikainen

• IZ F 1 543

Europäisches Komitee für Tenside und ihre organischen Zwischenstufen (CESIO)

European Committee for Surface Active Agents and their Organic Intermediates
Comité Européen des Agents de Surface et leurs Intermédiaires Organiques
Avenue E. Van Nieuwenhuyse 4, B-1160 Bruxelles
T: (00322) 6 76 72 46 **Fax:** 6 76 73 01
E-Mail: cja@cefic.be
Präsident(in): R. Groh (CONDEA Chemie, P. Baumann-Str. 1, 45764 Marl)
Generalsekretär(in): C. Jassogne (c/o CEFIC)
Mitglieder: 90 producers, 9 countries

• IZ F 1 544

Europäisches Komitee für Zusammenarbeit der Fachverbände der Hersteller von Transformatoren in der EG (COTREL)
European Committee of Associations of Transformer Manufacturers in the Common Market
Comité Européen des Associations de Constructeurs de Transformateurs du Marché Commun
General Secretariat c/o ANIE
Via Gattamelata 34, I-20149 Mailand
T: (00392) 32 64-1 **Fax:** 32 64-289
Internet: http://www.cotrel.com
E-Mail: asde.segreteria@anie.it
President: Carlo Parmeggiani (I)
Secrétaire Général: Tommaso Genova (I)

Mitgliedsorganisationen

Belgien

iz f 1 545

FABRIMETAL
Diamant Building, Bd A. Reyers 80, B-1030 Brüssel
E-Mail: herman.looghe@fabrimetal.be

iz f 1 546

Fachverband Transformatoren und Stromversorgungen im ZVEI
60591 Frankfurt
Stresemannallee 19, 60596 Frankfurt
T: (069) 63 02-256 **Fax:** 63 02-279
Internet: http://www.zvei.de
E-Mail: t&s@zvei.org

Frankreich

iz f 1 547

Fachverband der Elektrotechnik und der industriellen Elektronik (GIMELEC)
Electrical Equipment and Industrial Electronics Manufacturers Association
Groupement des Industries de Matériels d'Equipement Electrique et de l'Electronique Industrielle Ass. (GIMELEC)
GIMELEC
11, rue Hamelin, F-75783 Paris Cedex 16
T: (00331) 45 05 70 70 **Fax:** 47 04 68 57
Internet: http://www.gimelec.fr
E-Mail: bcazenave@gimelec.fr

Großbritannien

iz f 1 548

BTDA/BEAMA
Westminster Tower
Albert Embankment, GB-SE1 7SN London 9E1 7SL, 3
T: (0044207) 7 93 30 42 **Fax:** 5 82 80 20
Internet: http://www.beama.org.uk
E-Mail: abullen@beama.org.uk

Irland

iz f 1 549

Irish Transformer Manufacturers' Association
(Irish Business & Employers Confederation)
Confederation House
84/86 Lower Baggot Street, IRL-Dublin 2
T: (003531) 6 60 10 11 **Fax:** 6 60 17 17
Internet: http://www.ibec.ie
E-Mail: feii@ibec.ie

Italien

iz f 1 550

ANIE Associazione Nazionale Industrie Elettrotecniche ed Elettroniche
Via Gattamelata 34, I-20149 Mailand
T: (00392) 3 26 42 42 **Fax:** 3 26 42 12
Internet: http://www.anie.it
E-Mail: asde.segreteria@anie.it

Niederlande

iz f 1 551

FME/CWM Vereniging van Ondernemingen in de Metaal-, Kunstof-, Elektronika- en Elektrotechnische Industrie en Aanverwante Sectoren
Postf. 190, NL-2700 AD Zoetermeer
Boerhaavelaan 40, NL-2700 AD Zoetermeer
T: (003179) 3 53 12 64 **Fax:** 3 53 13 65
Internet: http://www.fme.nl
E-Mail: holtram@fme.nl, jbu@fme.nl

Österreich

iz f 1 552

F.E.E.I.
Fachverband der Elektro- und Elektronikindustrie Österreichs
Austrian Electrical and Electronic Industries Association (FEEI)
Mariahilfer Str. 37-39, A-1060 Wien
E-Mail: martin@feei.wk.or.at

Portugal

iz f 1 553

ANIMEE
Associacao Nacional des Industriais de Material Electrico e Electronico
Av. Guerra Junqueiro, 11-1°, P-1000 Lisboa
T: (0035101) 8 49 45 21 **Fax:** 80 75 25
Internet: http://www.animee.pt
E-Mail: anime@mail.telepac.pt

Spanien

iz f 1 554

Agrupacion de Fabricantes de Bienes de Equipo Electricos (SERCOBE)
Principe de Vergara 74, E-28006 Madrid
T: (00341) 4 11 51 15 **Fax:** 5 62 19 22
Internet: http://www.sercobe.es
E-Mail: eisenberg@retemail.es

Sweden

iz f 1 555

Swedish transformer manufacterers association (STMA)
Postf. 5510, S-11485 Stockholm
Storgatan 5, S-11485 Stockholm
T: (004687) 82 08 00 **Fax:** 82 09 66
Internet: http://www.stma.se
E-Mail: stma@vi.se

• IZ F 1 556

Europäisches Komitee für die Zusammenarbeit der Werkzeugmaschinen-Industrien (CECIMO)
European Committee for the Co-operation of Machine Tool Industries
Comité Européen de Coopération des Industries de la Machine-Outil
Avenue Louise 66, B-1050 Bruxelles
T: (00322) 5 02 70 90 **Fax:** 5 02 60 82
E-Mail: info@cecimo.be
Gründung: 1950
Präsident(in): René Castella
Generalsekretär(in): J. Heymans
Verbandszeitschrift: European Machine-Tool Directory
Mitglieder: 14 Verbände von Werkzeugmaschinenherstellern Europas
Mitarbeiter: 5

Mitgliedsorganisationen

Belgien

iz f 1 557

Syndicat des Constructeurs Belges de Machines-Outils pour le Travail des Métaux, affiliés à Fabrimétal (SYCOMOM)
Diamant Building, Bd A. Reyers 80, B-1030 Brüssel
T: (00322) 7 06 79 81 **Fax:** 7 06 79 88
General Manager: J. Pinte (Gérant)

Dänemark

iz f 1 558

Foreningen of Danske Vaerktojsmaskinfabrikanter
Postf. 19, DK-7171 Uldum
T: (004575) 89 33 11 **Fax:** 89 37 25
Generalbevollmächtigter: J. Schiøler-Andersen

Deutschland

iz f 1 559

Verein Deutscher Werkzeugmaschinenfabriken e.V. (VDW)
Corneliusstr. 4, 60325 Frankfurt
T: (069) 75 60 81-0 **Fax:** 75 60 81-11
General Manager: Helmut von Monschaw (Geschäftsführer)

Spanien

iz f 1 560

Asociacion Espanola de Fabricantes de Maquinas-Herramienta, AFM
Parque Tecnológico de San Sebastián
P° Mikeletegi 59, E-20009 San Sebastian
T: (0034943) 30 90 09 **Fax:** (00340943) 30 91 91
E-Mail: afm@afm.es
Generalbevollmächtigter: Alberto Ortueta

Finnland

iz f 1 561

FIMET Federation of Finnish Metal, Engineering and Electrotechnical Industries
Postf. 10, FIN-00131 Helsinki
Eteläranta 10, FIN-00130 Helsinki
T: (003589) 1 92 31 **Fax:** 62 44 62
Internet: http://www.met.fi
E-Mail: pirjo.tunturi@met.fi
Secretary General: Ilkka Niemela_5

Frankreich

iz f 1 562

Syndicat de la Machine-Outil, du Soudage, de l'Assemblage et de la Productique Associée, SYMAP
92038 Paris La Défense
45, rue Louis Blanc, F-92038 Paris La Défense
T: (00331) 47 17 67 17 **Fax:** 47 17 67 25
Internet: http://www.symap.com
E-Mail: comexpo@symap.com
Kontaktperson: Christian Lemoine

Italien

iz f 1 563

UCIMU - SISTEMI PER PRODURRE
Associazione Costruttori Italiani Macchine Utensili, Robot e Automazione
Viale Fulvio Testi 128, I-20092 Cinisello Balsamo
T: (00392) 2 62 55-1 **Fax:** 2 62 55-214, 2 62 55-349
Internet: http://www.ucimu.it
E-Mail: general.manager@ucimu.it
Generalbevollmächtigter: M. Mandeli (Direttore Generale)

Niederlande

iz f 1 564

Groep Gereedschapswerktuigen, GGW
Vereniging FME
Postf. 190, NL-2700 AD Zoetermeer
Boerhaavelaan 40, NL-2700 AD Zoetermeer
T: (003179) 3 53 12 700 **Fax:** 3 53 13 65
Generalbevollmächtigter: Bert Vonkeman (Sector Manager)

Österreich

iz f 1 565

Fachverband der Fahrzeugindustrie Österreichs (FMS)
Wiedner Hauptstrasse 63, A-1045 Wien
T: (00431) 5 01 05 48 01 **Fax:** 50 20 62 89
Internet: http://www.fms.at
E-Mail: fahrzeuge@wk.or.at
Secrétaire Général: Dr. R. Tuppa

Portugal

iz f 1 566

Centro de Cooperacao dos Industriais de Maquinas e Ferramentas (CIMAF)
Rua das Plátanas 197, P-4100-414 Porto
T: (003512) 6 16 68 60 **Fax:** 6 10 74 73
Generalbevollmächtigter: A. Correira

Schweden

iz f 1 567

Föreningen Svenska Verktgysmaskintillverkare (FVM)
Postf. 55 10, S-11485 Stockholm
Storgatan 5, S-11485 Stockholm
T: (00468) 7 82 08 00 **Fax:** 6 60 33 78
E-Mail: per.agren@vi.se
Generalbevollmächtigter: Per Ågren (General Manager)

Schweiz

iz f 1 568

SWISSMEM (ASM/VSM)
Kirchenweg 4 Postfach, CH-8032 Zürich
T: (00411) 3 84 48 44 **Fax:** 3 84 48 48
E-Mail: kurt.meier@vsm.ch
General Manager: Kurt Meier (Geschäftsführer)

Großbritannien

iz f 1 569

The Machine Tool Technologies Association (MTTA)
Machine Tool Manufacturers' Section
62 Bayswater Road, GB-London W2 3PS
T: (0044207) 4 02 66 71 **Fax:** 7 24 72 50
E-Mail: mtta@mtta.co.uk
Generalbevollmächtigter: Simon Brown (Director General)

Tschechische Republik

iz f 1 570

SST (Svaz Vyrobcu a Dodavatelu Strojirenske Tchniky)
Politickych Vzenu 11, CZ-11342 Praha 1
T: (004202) 24 21 16 23 **Fax:** 24 21 47 89
Internet: http://www.sst.cz
E-Mail: svaz@sst.cz
Ing. Antonín Kyncl (Generaldirektor)

• IZ F 1 571

Europäisches Komitee der Hersteller von Druck- u. Papierverarbeitungsmaschinen (EUMAPRINT)
European Committee of Printing and Paper Converting Machinery Manufacturers
Comité Européen des Constructeurs de Machines pour les Industries Graphiques et Papetières
Secretariat: SCIPAG-EMBALCO
Rue Louis Blanc 39/41, F-92400 Courbevoie
T: (00331) 47 17 63 50 **Fax:** 47 17 63 49
E-Mail: scipag@worldnet.fr
Chairman: Bruno Lamort de Gail
Secrétaire Général: Dominique de Beaumont

• IZ F 1 572

Europäisches Komitee der Hersteller von elektrischen Maschinen und Leistungselektronik (CEMEP)
European Committee of Manufacturers of Electrical Machines and Power Electronics
Comité Européen de Constructeurs de Machines Electriques et d'Electronique de Puissance
Sektion I: Motive Power
Sektion II: Power Supply
11, rue Hamelin, F-75783 Paris cedex 16
T: (00331) 45 05 71 40 **Fax:** 45 05 16 79
Gründung: 1990 (21. Dezember)
Generalsekretär(in): Jean-Marc Molina

Mitgliedsorganisationen

Belgien

iz f 1 573

FABRIMETAL
Diamant Building, Bd A. Reyers 80, B-1030 Brüssel
T: (00322) 7 06 79 95 **Fax:** 7 06 80 09
Internet: http://www.fabrimetal.be

Deutschland

iz f 1 574

Fachverband Elektrische Antriebe im ZVEI
60591 Frankfurt
Stresemannallee 19, 60596 Frankfurt
T: (069) 63 02-392 **Fax:** 63 02-279
E-Mail: antriebe@zvei.org

Frankreich

iz f 1 575

Fachverband der Elektrotechnik und der industriellen Elektronik (GIMELEC)
Electrical Equipment and Industrial Electronics Manufacturers Association
Groupement des Industries de Matériels d'Equipement Electrique et de l'Electronique Industrielle Ass. (GIMELEC)
GIMELEC
11, rue Hamelin, F-75783 Paris Cedex 16
T: (00331) 45 05 70 70 **Fax:** 47 04 68 57
Internet: http://www.gimelec.fr
E-Mail: bcazenave@gimelec.fr

Italien

iz f 1 576

ANIE Associazione Nazionale Industrie Elettrotecniche ed Elettroniche
Via Gattamelata 34, I-20149 Mailand
T: (00392) 3 26 42 42 **Fax:** 3 26 42 12
Internet: http://www.anie.it
E-Mail: asde.segreteria@anie.it
Gründung: 1945

Niederlande

iz f 1 577

FME/CWM Vereniging van Ondernemingen in de Metaal-, Kunstof-, Elektronika- en Elektrotechnische Industrie en Aanverwante Sectoren
Postf. 190, NL-2700 AD Zoetermeer
Boerhaavelaan 40, NL-2700 AD Zoetermeer
T: (003179) 3 53 12 64 **Fax:** 3 53 13 65
Internet: http://www.fme.nl
E-Mail: holtram@fme.nl, jbu@fme.nl

Großbritannien

iz f 1 578

British Power Supply Manufacturers' Ass. + GAMBICA + REMA
Leicester House, 8 Leicester Street, GB-London WC2H 7BN

Spanien

iz f 1 579

SERCOBE
Jorge Juan 47, E-28001 Madrid
T: (00341) 4 35 72 40 **Fax:** 5 62 19 22

• IZ F 1 580

Europäisches Komitee der Hersteller von Fahrzeugen, Geräten und Anlagen für den Brandschutz (EUROFEU)
European Committee of the Manufacturers of Fire Protection Equipment and Fire Fighting Vehicles
Comité Européen des Constructeurs de Matériels d'Incendie et de Secours
c/o Fachgemeinschaft Feuerwehrfahrzeuge und -geräte im VDMA
Lyoner Str. 18, 60528 Frankfurt
T: (069) 66 03-13 05 **Fax:** 66 03-14 64
Präsident(in): Brian H. Ward (GB)

Mitgliedsorganisationen

Belgien

iz f 1 581

FABRIMETAL
Groupe Mécanique
Diamant Building, Bd A. Reyers 80, B-1030 Brüssel
T: (00322) 5 10 24 96 **Fax:** 5 10 25 63
Internet: http://www.fabrimetal.be
E-Mail: dominique.dutre@fabrimetal.be
Contact Person: D. Du Tré

Dänemark

iz f 1 582

Dansk Brandsikrings Forening
Danish Fire Equipment Association
Borsen, DK-1217 Copenhagen
T: (0045) 33 95 05 19 **Fax:** 33 33 04 64
E-Mail: tine.reenberg@commerce.dk
Contact Person: C. Sander

Deutschland

iz f 1 583

Bundesverband Feuerlöschgeräte und -anlagen e.V. (bvfa)
Postf. 59 20, 97009 Würzburg
Koellikerstr. 13, 97070 Würzburg
T: (0931) 3 52 92-0 **Fax:** 3 52 92-29
Internet: http://www.bvfa.de
Contact Person: Dr. Wolfram Krause

iz f 1 584

Fachgemeinschaft Feuerwehrfahrzeuge und -geräte im VDMA (FFG)
Postf. 71 08 64, 60498 Frankfurt
Lyoner Str. 18, 60528 Frankfurt
T: (069) 66 03-1305 **Fax:** 66 03-1464
E-Mail: scherer_lav@vdma.org
Contact Person: Dr. B. Scherer

Frankreich

iz f 1 585

Fédération Française du Matériel d'Incendie (FFMI)
39/41, Rue Louis Blanc, F-92400 Courbevoie
T: (00331) 47 17 63 03 **Fax:** 47 17 63 05
Contact Person: M. Mallard

Großbritannien

iz f 1 586

British Automatic Sprinkler Association Ltd. (basa)
Carlyle House
235-237 Vauxhall Bridge Road, GB-London SW1 1EJ
T: (0044207) 2 33 70 22 **Fax:** 8 28 06 67
Contact Person: I.S. Brown

iz f 1 587

Fire Industry Council
55 Eden Street, GB-Kingston
T: (0044208) 5 49 88 39 **Fax:** 5 47 15 64
E-Mail: bfpsa@abft.org.uk
Contact Person: B. Gately

Italien

iz f 1 588

Anima-Uman
Via L. Battistotti Sassi 11, I-20133 Mailand
T: (00392) 73 97 11 **Fax:** 7 39 73 16
E-Mail: anima@anima.it.com
Contact Person: Boiocchi

Niederlande

iz f 1 589

VEBON - Vereniging van BeveiligingsOndernemingen in Nederland
p/a FME-CWM
Postf. 1 90, NL-2700 AD Zoetermeer
T: (003179) 3 53 11 16 **Fax:** 3 53 13 65

E-Mail: vebon@fme.nl
Contact Person: Jerom Auping

Österreich

iz f 1 590

Fachverband der Fahrzeugindustrie Österreichs (FMS)

Wiedner Hauptstrasse 63, A-1045 Wien
T: (00431) 5 01 05 48 01 **Fax:** 50 20 62 89
Internet: http://www.fms.at
E-Mail: fahrzeuge@wk.or.at
Contact Person: Erik Baier

iz f 1 591

Österreichischer Brandschutzverband

Rasumofskygasse 30/1, A-1030 Wien
T: (00431) 7 15 55 01 **Fax:** 7 15 55 13
Contact Person: R. Cap

Schweiz

iz f 1 592

Verband Schweizerischer Errichter von Sicherheitsanlagen (SES)

c/o SECURITON AG
Alpenstr. 20, CH-3052 Zollikofen
T: (004131) 9 10 11 22 **Fax:** 9 10 16 16
E-Mail: info@securiton.ch
Contact Person: Beat Müller

Spanien

iz f 1 593

Tecnifuego/AESPI

C/ Alcalá 119.4.izquierda, E-28009 Madrid
T: (003491) 5 77 68 47 **Fax:** 4 35 16 40
E-Mail: tecnifuego-aespi@mad.servicom.es
Contact Person: Mercedes Storch de Gracia

• **IZ F 1 594**

Europäisches Komitee der Hersteller von Gießereimaschinen und Gießereiausrüstungen (CEMAFON)

European Committee for Materials and Products for Foundries
Comité Européen des Matériels et Produits pour la Fonderie
Postf. 71 08 64, 60498 Frankfurt
Lyoner Str. 18, 60528 Frankfurt
T: (069) 66 03-1278 **Fax:** 66 03-1692
Internet: http://www.gima.vdma.org
E-Mail: habig_tpt@vdma.org
Gründung: 1972
Präsident(in): Gabriele Galante (Italien)
Generalsekretär(in): Dr. Gutmann Habig
Mitglieder: 5 Verbände, 1 Einzelmitglied

Mitgliedsorganisationen

Deutschland

iz f 1 595

Fachverband Giessereimaschinen im VDMA

Postf. 71 08 64, 60498 Frankfurt
Lyoner Str. 18, 60528 Frankfurt
T: (069) 66 03-1413 **Fax:** 66 03-1692
Internet: http://www.gima.vdma.org
E-Mail: gima@vdma.org

Frankreich

iz f 1 596

M.T.P.S. Syndicat National des Industries d'Equipement Sidérurgie Fonderie

Rue Louis Blanc 39-41, F-92400 Courbevoie
T: (0033247) 17 63 20 **Fax:** 17 62 60

Großbritannien

iz f 1 597

FESA Ltd. Foundry Equipment and Supplies Association for Great Britain

Queensway House
2, Queensway, GB-Redhill, Surrey RH1 1QS
T: (00441737) 76-8611 **Fax:** 76-0467

Italien

iz f 1 598

AMAFOND Associazione Nazionale Fornitori Macchine Materiali Fonderia per l'Italia

Amafond
Corso Venezia 47-49, I-20123 Mailand
T: (00392) 7 75 02 19 **Fax:** 7 75 04 70

Schweiz

iz f 1 599

SWISSMEM (ASM/VSM)

Gruppierung Gießereimaschinen
Kirchenweg 4 Postfach, CH-8032 Zürich
T: (00411) 384 4 844 **Fax:** 384 4 848
Internet: http://www.swissmem.ch
E-Mail: info@swissmem.ch

Spanien

iz f 1 600

Loramendi S.A.

Alibarra 26 Ali-Gobeo, E-01010 Vitoria-Gasteiz
T: (003445) 18 43 00 **Fax:** 18 43 04

• **IZ F 1 601**

Europäisches Komitee der Hersteller von Industrieöfen und Industrie-Wärmeanlagen (CECOF)

European Committee of Industrial Furnace and Heating Equipment Associations
Comité Européen des constructeurs de fours et d'équipements thermiques industriels
Postf. 71 08 64, 60498 Frankfurt
Lyoner Str. 18, 60528 Frankfurt
T: (069) 66 03-1278 **Fax:** 66 03-1692
Internet: http://www.tpt.vdma.org.
E-Mail: habig_tpt@vdma.org
Gründung: 1972
Präsident(in): Enrico Marranini
Generalsekretär(in): Dr. Gutmann Habig
Mitglieder: 8 Verbände

Nationale Sekretariate

Belgien

iz f 1 602

FABRIMETAL

Diamant Building, Bd A. Reyers 80, B-1030 Brüssel
T: (003202) 7 06 79 58 **Fax:** 70 67 96 61
E-Mail: pierre.diederich@fabrimetal.be

Deutschland

iz f 1 603

Fachverband Thermoprozess- und Abfalltechnik im VDMA

Postf. 71 08 64, 60498 Frankfurt
Lyoner Str. 18, 60528 Frankfurt
T: (069) 66 03-1413 **Fax:** 66 03-1692
Internet: http://www.tpt.vdma.org
E-Mail: tpt@vdma.org

Frankreich

iz f 1 604

M.T.P.S. - Syndicat National des Industries d'Equipement Groupe FT

Rue Louis Blanc 39/41, F-92400 Courbevoie
T: (0033247) 17 63-20 **Fax:** 17 62 60

Großbritannien

iz f 1 605

BIFCA - British Industrial Furnace Construction Associat.

The McLaren Build., 6th Floor
Dale End 35, GB-Birmingham B4 7LN
T: (0044121) 2 00-2100 **Fax:** 2 00-1306

Italien

iz f 1 606

CICOF Comitato Italiano Costruttori Forni Industriali

Via Battistotti Sassi 11, I-20133 Mailand
T: (00392) 73 97-1 **Fax:** 73 97-316

Österreich

iz f 1 607

Fachverband der Fahrzeugindustrie Österreichs (FMS)

Wiedner Hauptstrasse 63, A-1045 Wien
T: (00431) 5 01 05 48 01 **Fax:** 50 20 62 89
Internet: http://www.fms.at
E-Mail: fahrzeuge@wk.or.at

Schweiz

iz f 1 608

SWISSMEM (ASM/VSM)

Gruppe Industrieofenbau- und Wärmeanlagen
Kirchenweg 4 Postfach, CH-8032 Zürich
T: (00411) 384 4 844 **Fax:** 384 4 848
Internet: http://www.swissmem.ch
E-Mail: info@swissmem.ch

Tschechische Republik

iz f 1 609

Asociace vyrobcu tepelne-technickych zarízení Ceské republiky

U Elektry 650, CZ-19800 Prag 9
T: (004202) 81 86 81 88, 83 00 53 96 **Fax:** 81 86 60 16

• **IZ F 1 610**

Europäisches Komitee der Hersteller von Luft- und Kältetechnischen Maschinen und Anlagen (CECOMAF)

European Committee of Air Handling and Refrigeration Equipment Industries
Comité Européen des Constructeurs de Matériel Aéraulique et Frigorifique
Generalsekretariat:
c/o FABRIMETAL
Rue des Drapiers 21, B-1050 Bruxelles
T: (00322) 5 10 25 18 **Fax:** 5 10 25 63
Internet: http://www.eurovent-cecomaf.org
General Secretary: Michel van der Horst
Mitglieder: Belgien, Bundesrepublik Deutschland, Dänemark, Finnland, Frankreich, Großbritannien, Italien, Niederlande, Portugal, Schweden, Schweiz, Spanien

• **IZ F 1 611**

Europäisches Komitee der Hersteller von Kunststoff- und Gummimaschinen (EUROMAP)

European Committee of Machinery Manufacturers for the Plastics and Rubber Industries
c/o VDMA, FG GuK
Postf. 71 08 64, 60498 Frankfurt
T: (069) 66 03-18 31, -18 32 **Fax:** 66 03-18 40
Gründung: 1959
Präsident(in): Dr. P. Neumann (Engel)
Generalsekretär(in): Dipl.-Ing. Bernd Knörr (VDMA, FG GuK, Postf. 71 08 64, 60498 Frankfurt)
Mitglieder: 9 Associations
Fachverbände: FMS (Austria), SYMACAP (France), VDMA (Germany), BPF (Great Britain), ASSOCOMAPLAST (Italy), FIL (Luxembourg), FME (Netherlands), IMAPC (Spain), SWISSMEM (Switzerland)

Mitgliedsorganisationen

Deutschland

iz f 1 612

Fachverband Kunststoff- und Gummimaschinen im VDMA

Postf. 71 08 64, 60498 Frankfurt
Lyoner Str. 18, 60528 Frankfurt
T: (069) 66 03-1831 **Fax:** 66 03-1840
E-Mail: guk@vdma.org

Frankreich

iz f 1 613

SYMACAP
T: (003301) 47 17 63 58 **Fax:** 47 17 63 60

Großbritannien

iz f 1 614

British Plastics Federation (BPF)
Bath Place 6 Rivington Street, GB-London EC2A 3JE
T: (0044207) 4 57 50 00 **Fax:** 4 57 50 45
Internet: http://www.bpf.co.uk
E-Mail: plaw@bpf.co.uk, pplume@bpf.co.uk

Italien

iz f 1 615

ASSOCOMAPLAST
Centro Commerciale Milanofiori Palazzo F/2, I-20090 Assago
T: (003902) 8 22 83 71 **Fax:** 57 51 24 90

Luxemburg

iz f 1 616

Fédération des Industriels Luxembourgeois (FIL)
Group d. Constructeurs/Fondeurs
31, boulevard Konrad Adenauer, L-1013 Luxemburg
T: (00352) 43 53 66 **Fax:** 43 23 28
E-Mail: fedil@fedil.lu

Niederlande

iz f 1 617

FME/CWM Vereniging van Ondernemingen in de Metaal-, Kunstof-, Elektronika- en Elektrotechnische Industrie en Aanverwante Sectoren
Postf. 190, NL-2700 AD Zoetermeer
Boerhaavelaan 40, NL-2700 AD Zoetermeer
T: (003179) 3 53 12 64 **Fax:** 3 53 13 65
Internet: http://www.fme.nl
E-Mail: holtram@fme.nl, jbu@fme.nl

Österreich

iz f 1 618

Fachverband der Fahrzeugindustrie Österreichs (FMS)
Wiedner Hauptstrasse 63, A-1045 Wien
T: (00431) 5 01 05 48 01 **Fax:** 50 20 62 89
Internet: http://www.fms.at
E-Mail: fahrzeuge@wk.or.at

Schweiz

iz f 1 619

SWISSMEM (ASM/VSM)
Kirchenweg 4 Postfach, CH-8032 Zürich
T: (00411) 384 4 844 **Fax:** 384 4 848
Internet: http://www.swissmem.ch
E-Mail: info@swissmem.ch

Spanien

iz f 1 620

Asociacion Espanola de Constructores de Maquinaria para Plasticos y Caucho (IMAPC)
Riera Sant Miquel 3, E-08006 Barcelona
T: (003493) 4 15 04 22 **Fax:** 4 16 09 80

• IZ F 1 621

Europäisches Komitee der Hersteller von Textilmaschinen (CEMATEX)
European Committee of Textile Machinery Manufacturers
Comité Européen des Constructeurs de Matériel Textile
Kirchenweg 4, CH-8032 Zürich
T: (00411) 3 84 48 56 **Fax:** 3 84 48 49
Gründung: 1953 (30. September)
Präsident(in): Charles E. Peter
Generalsekretär(in): Carlo Mendelowitsch
Mitglieder: 8

Mitgliedsorganisationen

Belgien

iz f 1 622

Syndicat des Constructeurs Belges de Machines Textiles
Bld. A. Reyers 80, B-1030 Brüssel
T: (00322) 706 79 85 **Fax:** 706 79 66
Generalsekretär(in): Michel van der Horst

Deutschland

iz f 1 623

Fachverband Textilmaschinen im VDMA
Postf. 71 08 64, 60498 Frankfurt
Lyoner Str. 18, 60528 Frankfurt
T: (069) 66 03-1271 **Fax:** 66 03-1329
Internet: http://www.txm.vdma.org
E-Mail: txm@vdma.org
Generalsekretär(in): Dipl.-Wirtsch.-Ing. Thomas Waldmann

Frankreich

iz f 1 624

Union des Constructeurs de Materiel Textile de France
Cedex 72, F-92038 Paris La Défense
T: (00331) 47 17 63 45 **Fax:** 47 17 63 48
Generalsekretärin: E. Cholet

Großbritannien

iz f 1 625

British Textile Machinery Association
20, Ralli Courts, West Riverside, GB-Manchester M3 5FL
T: (0044161) 8 34 29 91 **Fax:** 8 34 73 80
Generalsekretär(in): R.E. France

Italien

iz f 1 626

Associazione Costruttori Italiani di Macchinario per l'Industria Tessile
Via Tevere 1, I-20123 Mailand
T: (003902) 4 69 36 11 **Fax:** 48 00 83 42
Generalsekretär(in): F. Pellegata

Niederlande

iz f 1 627

Groep Textielmachines Vereniging FME (G.T.M.)
Postf. 1 90, NL-2700 AD Zoetermeer
Boerhaavelaan 40, NL-2700 AD Zoetermeer
T: (003179) 3 53 12 85 **Fax:** 3 53 13 65
Generalsekretär(in): M. de Waardt

Schweiz

iz f 1 628

SWISSMEM (ASM/VSM)
Kirchenweg 4 Postfach, CH-8032 Zürich
T: (00411) 3 84 41 11 **Fax:** (0411) 3 84 42 42
Internet: http://www.swissmem.ch
E-Mail: info@swissmem.ch
Generalsekretär(in): Dr. L. Sigrist

Spanien

iz f 1 629

Asociacion Espanola de Constructores de Maquinaria Textil
Santa Teresa 7, E-08012 Barcelona
T: (003493) 4 15 04 22 **Fax:** 4 16 09 80
Generalsekretär(in): E. Gisbert

• IZ F 1 630

Europäisches Komitee der Hersteller von Verdichtern, Vakuumpumpen und Druckluftwerkzeugen (PNEUROP)
European Committee of Manufacturers of Compressors, Vacuum Pumps and Pneumatic Tools
Comité Européen des Constructeurs de Compresseurs, Pompes à Vide et Outils à Air Comprime
Secretariat: British Compressed Air Society
33/34 Devonshire Street, GB-London W1N 1RF
T: (0044207) 9 35 24 64 **Fax:** 9 35 30 77
Director: R. D. Wall
Mitglieder: 11
Mitarbeiter: 4

Belgien

iz f 1 631

FABRIMETAL
Fédération des Entreprises de l'Industrie de Fabrications Métalliques
Diamant Building, Bd A. Reyers 80, B-1030 Brüssel
T: (00322) 7 06 79 95 **Fax:** 7 06 80 09
Internet: http://www.fabrimetal.be

Deutschland

iz f 1 632

Fachgemeinschaft Kompressoren, Druckluft- und Vakuumtechnik im VDMA
Verband Deutscher Maschinen und Anlagenbau eV
Postf. 71 08 64, 60498 Frankfurt
Lyoner Str. 18, 60528 Frankfurt
T: (069) 66 03-1281 **Fax:** 66 03-1690

iz f 1 633

Fachgemeinschaft Bergbaumaschinen im VDMA
Postf. 71 08 64, 60498 Frankfurt
Lyoner Str. 18, 60528 Frankfurt
T: (069) 66 03-1261, 66 03-1262 **Fax:** 66 03-1812

Frankreich

iz f 1 634

Syndicat des Constructeurs de Compresseurs
Syndicat de l'Industrie de Outillage
Maison de la Mécanique
Postf. 72, F-92038 Paris La Défense Cedex
Rue Louis Blanc 39/41, F-92400 Courbevoie
T: (0033247) 17 64 59 **Fax:** 17 64 55

Finnland

iz f 1 635

Federation of Finnish Metal and Engineering Industries (FME)
c/o Jyrki Mäkiö, Tamrotor Ltd
Postf. 516, FIN-33101 Tampere
T: (0035831) 2 49 38 54 **Fax:** 2 49 39 00

Großbritannien

iz f 1 636

British Compressed Air Society
BCAS and PNEUROP Secretariat
Devonshire Street 33/34, GB-London W1N 1RF
T: (0044207) 9 35 24 64 **Fax:** 9 35 30 77

Italien

iz f 1 637

Federazione delle Associazioni Nazionali dell'Industria Meccanica Varia ed Affine (ANIMA)
Via L. Battistotti Stassi 11b, I-20133 Mailand
T: (00392) 7 39 71 **Fax:** 7 39 73 16

Niederlande

iz f 1 638

FME/CWM Vereniging van Ondernemingen in de Metaal-, Kunstof-, Elektronika- en Elektrotechnische Industrie en Aanverwante Sectoren
FME
Postf. 190, NL-2700 AD Zoetermeer

Boerhaavelaan 40, NL-2700 AD Zoetermeer
T: (003179) 3 53 12 64 **Fax:** 3 53 13 65
Internet: http://www.fme.nl
E-Mail: holtram@fme.nl, jbu@fme.nl

Schweden

iz f 1 639

Tryckluftsgruppen inom Sveriges Verkstadsindustrier (TSV)
Postf. 5510, S-11485 Stockholm
Storgatan 19, S-11485 Stockholm
T: (00468) 7 82 08 00 **Fax:** 6 60 33 78

Schweiz und Liechtenstein

iz f 1 640

SWISSMEM (ASM/VSM)
Kirchenweg 4 Postfach, CH-8032 Zürich
T: (00411) 384 4 844 **Fax:** 384 4 848
Internet: http://www.swissmem.ch
E-Mail: info@swissmem.ch

• IZ F 1 641

Europäisches Komitee der Hersteller von Wäscherei- und Chemischreinigungsmaschinen (ELMO)
European Laundry and Dry Cleaning Machinery Manufacturers Organization
Comité Européen des Constructeurs de Matériel de Blanchisserie et de Nettoyage à sec
c/o Society of Laundry Engineers & Allied Trades Ltd. (S.L.E.A.T)
7th Floor, Friars House, 157-168 Blackfriars Road, GB-London SE1 8EY
T: (0044207) 9 28 99 44 **Fax:** 9 28 99 65
E-Mail: elmo@sleat.co.uk
Kontaktperson: David M. Hart

Mitgliedsorganisationen

Belgien

iz f 1 642

Groupe des Producteurs de Machines de Blanchisserie, Nettoyage à Sec, Teinturerie Fabriméntal
Rue des Drapiers 21, B-1050 Brüssel
T: (00322) 5 10 25 18 **Fax:** 5 10 25 63

Deutschland

iz f 1 643

Fachverband Wäscherei- und Chemischreinigungsmaschinen im VDMA
Postf. 71 08 64, 60498 Frankfurt
Lyoner Str. 18, 60528 Frankfurt
T: (069) 66 03-1337 **Fax:** 66 03-1329
Internet: http://www.vdma.org
E-Mail: txm@vdma.org

Frankreich

iz f 1 644

FOBLATEC
Rue Lécuyer 3, F-75018 Paris
T: (00331) 42 55 19 67 **Fax:** 42 23 45 09

Großbritannien

iz f 1 645

Society of Laundry Engineers and Allied Trades Ltd
SLEAT
157-168 Blackfriars Road 7th Floor Friars House, GB-London SE1 8EI
T: (0044207) 9 28 99 44 **Fax:** 9 28 99 65
E-Mail: admin@sleat.co.uk
Secretary: David M. Hart

Italien

iz f 1 646

Associazione Costruttori Italiani di Macchinario per l'Industria Tessile
Via Tevere 1, I-20123 Mailand
T: (003902) 4 69 36 11 **Fax:** 48 00 83 42

Niederlande

iz f 1 647

Groep Textielmachines Vereniging FME (G.T.M.)
Postf. 1 90, NL-2700 AD Zoetermeer
Boerhaavelaan 40, NL-2700 AD Zoetermeer
T: (003179) 3 53 12 85 **Fax:** 3 53 13 65
Kontaktperson: M. de Waardt

iz f 1 648

Verenigung van Machinehandelaren en Fabrikanten voor Textielreinigung (Vematex)
Postf. 10, NL-4060 GA Ophemert

Schweden

iz f 1 649

Gruppen Tvatterimaskiner Inom Severiges Mekanforbund
Postf. 5506, S-114 85 Stockholm
T: (00468) 7 83 80 00 **Fax:** 6 60 33 78

• IZ F 1 650

Europäisches Komitee der Holzbearbeitungsmaschinen-Hersteller (EUMABOIS)
European Federation of Woodworking Machinery Manufacturers
Comité Européen des Constructeurs de Machines à Bois
Centro Direzionale Milanofiori, 1° strada- pal. F3, I-20090 Assago
T: (003902) 89 21 02 53 **Fax:** 8 25 90 09
Internet: http://www.eumabois.com
E-Mail: info@eumabois.com
President: Lazzaro Cremona
Secretariat: Paolo Zanibon
Fulvia Scherini

Dänemark

iz f 1 651

Sammenslutingen af Maskinfabrikanter for Traeindustrien
SMT
Hjaltevej 16, DK-8664 Galten
T: (004586) 94 32 77 **Fax:** 94 65 32
Niels-Erik Ludwig

Deutschland

iz f 1 652

Fachgemeinschaft Holzbearbeitungsmaschinen im VDMA
Postf. 71 08 64, 60498 Frankfurt
Lyoner Str. 18, 60528 Frankfurt
T: (069) 66 03-1340 **Fax:** 66 03-1621
Internet: http://www.wood.vdma.org
E-Mail: infoholz@vdma.org
Dr. Werner Neubauer

Finnland

iz f 1 653

FIMET Federation of Finnish Metal, Engineering and Electrotechnical Industries
Postf. 10, FIN-00131 Helsinki
Eteläranta 10, FIN-00130 Helsinki
T: (003589) 1 92 31 **Fax:** 62 44 62
Internet: http://www.met.fi
E-Mail: anita.saijonkivi@met.fi
Anita Saijonkivi

Frankreich

iz f 1 654

Syndicat de la Machine-Outil, du Soudage, de l'Assemblage et de la Productique Associée, SYMAP
92038 Paris La Défense
45, rue Louis Blanc, F-92038 Paris La Défense
T: (00331) 47 17 67 17 **Fax:** 47 17 67 25
Internet: http://www.symap.com
E-Mail: comexpo@symap.com
Kontaktperson: Christian Lemoine

Großbritannien

iz f 1 655

Woodworking Machinery Suppliers Association Ltd. (WMSA)
The Carriage House - Sir Richard Arkwright's Cromford Mill-Mill Lane-Cromford-Matlock, GB-Derbyshire DE4 3RQ
T: (00441629) 826 998 **Fax:** 826 997
Internet: http://www.wmsa.org.uk
E-Mail: secretariat@wmsa.org.uk
Kontaktperson: Anthony Koye

Italien

iz f 1 656

Associazione Costruttori Italiani Macchine ed Acessori per la Lavorazione del Legno (Acimall)
Centro Direzionale Milanofiori
1 Strada - Palazzo F3, I-20090 Assago
T: (003902) 89 21 02 00 **Fax:** 8 25 90 09
Internet: http://www.acimall.com
E-Mail: info@acimall.com
Paolo Zanibon

Österreich

iz f 1 657

Fachverband der Fahrzeugindustrie Österreichs (FMS)
Wiedner Hauptstrasse 63, A-1045 Wien
T: (00431) 5 02 25-3447 **Fax:** 5 05 10 20
Internet: http://www.fms.at
E-Mail: maschinen@fms.at
Kontaktperson: Michael Renelt

Portugal

iz f 1 658

Uniao dos Industriais de Maquinas para Trabalhar Madeira Portugueses (UMIMAP)
Largo Ferreira Lapa 70-3 Esq, P-4100 Porto
T: (003512) 2 60 64 679 **Fax:** 2 60 64 679
Kontaktperson: Antonio Abreu

Schweiz

iz f 1 659

Verband schweizerischer Holzbearbeitungs-Maschinen und Werkzeugfabrikanten (VSHF)
c/o Union Service Dr. Meier Christoph
Bühlstr. 29, CH-3012 Bern
T: (004131) 3 01 72 73 **Fax:** 3 01 72 12
E-Mail: unionservice@bluewin.ch
Kontaktperson: Dr. Christoph Meier

Spanien

iz f 1 660

Asociacion de Fabricantes Espanoles de Maquinaria, Equipos y Productos para la Madera (AFEMMA)
Teruel, 15 - Esc. B. 6° Piso, E-46008 Valencia
T: (003496) 3 85 41 28 **Fax:** 3 82 35 37
Internet: http://www.ciberperfil.com/afemma
E-Mail: afemma@afemma.com
Kontaktperson: José Manuel Menoyo

Tschechische Republik

iz f 1 661

Svaz Vyrobcûó Drevozpracujicich Strojûa Zarizeni (SVDSZ)
Postf. 14, CZ-56804 Svitavy
T: (00420461) 5 63 11 **Fax:** 2 22 60, 2 22 24
E-Mail: tos@tos.cz
Kontaktperson: Jir_7i Odvarka

• IZ F 1 662

Europäisches Komitee der Hubschrauberhalter
European Helicopter Operators Committee
Comité Européen des Opérateurs d'Hélicoptères
c/o Shell Aircraft Ltd.
Cardinal Point-Newall Road, GB-London TW6 2HF
T: (0044208) 7 30 52 00 **Fax:** 7 30 52 34
Gründung: 1969

Chairman: T. van Wijk
Secretary: E. Clark (Contact)
Mitglieder: 16

• IZ F 1 663

Europäisches Komitee der Oberflächenbehandlungen (CETS)
European Committee for Surface Treatment
Comité Européen des Traitements de Surface
Farell 9, E-08014 Barcelona
T: (00343) 33 55 34 58 **Fax:** 3 35 69 85
Gründung: 1975
Président: Jaume Amigo
Mitglieder: 10
Mitarbeiter: 4

Mitgliedsorganisationen

Belgien

iz f 1 664
VOM
Interleuvenlaan 62/3, B-3001 Leuven
T: (003216) 40 14 20 **Fax:** 40 01 35
Veerle Fincken

Dänemark

iz f 1 665
MAB
Postf. 141, DK-2630 Taastrup
T: (0045) 56 27 50 00 **Fax:** 56 27 53 94
Torben Nielsen

Deutschland

iz f 1 666
VDMA Verband Deutscher Maschinen- und Anlagenbau e.V.
Fachgemeinschaft Allgemeine Lufttechnik, Fachabt. Oberflächentechnik
Postf. 71 08 64, 60498 Frankfurt
Lyoner Str. 18, 60528 Frankfurt
T: (069) 66 03-0 **Fax:** 66 03-1511
Internet: http://www.vdma.de
E-Mail: puoe@vdma.org
Dr. Thomas Schräder

iz f 1 667
Fachverband Galvanotechnik im ZVEI
Postf. 70 12 61, 60562 Frankfurt
Stresemannallee 19, 60596 Frankfurt
T: (069) 63 03 39 **Fax:** 6 30 24 22
E-Mail: galvano@zvei.org
Geschäftsführer(in): Dipl.-Volksw. Herbert Zimmermann

Spanien

iz f 1 668
SERCOBE - Grupo de Tratamiento de Superfices
Cl. Jorge Juan, n. 47, E-28001 Madrid
T: (00341) 4 35 72 40 **Fax:** 5 77 09 10
Enrique Guzman

Frankreich

iz f 1 669
SITS - Syndicat Général des Industries de Matériels et Procédés pour les Traitements de Surfaces
La Défense Cedex, F-92038 Paris
T: (00331) 47 17 63 73 **Fax:** 47 17 63 74
Internet: http://www.sits.fr.
E-Mail: info@sits.fr
President: Gérard Binoche
Secrétaire Général: Françoise Leclerc

Großbritannien

iz f 1 670
BSTSA - British Surface Treatment Suppliers Association
Heathcote and Coleman, Heathcote House
Hagley Road 136, Edgebaston, GB-Birmingham BI 69 PN
T: (004421) 4 54 41 41 **Fax:** 4 54 49 49
John Allwood

iz f 1 671
MFA Metal Finishing Association
10 Vyse Str., GB-Birmingham B18 6 LT
T: (0121) 2 37 11 21 **Fax:** 2 37 11 24
John M. Bennet

Niederlande

iz f 1 672
VOM
Postf. 12, NL-3720 AC Bilthoven
Jan van Eycklaan 2, NL-3720 AC Bilthoven
T: (003130) 2 87 11 11 **Fax:** 28 76 74
P. J. Hecker

Italien

iz f 1 673
ASSICC - Associazione Italiana del Commercio Chimico
Corse Venezia 47-49, I-20121 Mailand
T: (00392) 7 75 02 36 **Fax:** 76 00 55 43
Dr. Canofari

iz f 1 674
UCIF - Unione Construttori Impianti Finitura
Via Battistotti Sassi 11, I-20133 Mailand
T: (00392) 73 97 11 **Fax:** 73 97 13 16
Ing. P. A. Manfredini

iz f 1 675
ASSOGALVANICA
Viale dell'Industria 38/-40, I-35129 Padova
T: (049) 77 41 22 **Fax:** 8 07 45 44
Claudio Galante

iz f 1 676
AIFM Associazione Italiana Finitura Metalli
Via R. Fucini 6, I-20100 Mailand
T: (002706) 3 19 70 **Fax:** 3 19 70
Dr. Monti

Schweden

iz f 1 677
SYF Svensk Ytbehandlings Förenning
c/o IVF
Argongatan 30, S-43153 Mölndal
T: (004631) 7 06 60 00 **Fax:** 27 61 30
Lars Clarin

• IZ F 1 678

Europäisches Komitee Ölhydraulik und Pneumatik (CETOP)
European Oil Hydraulic and Pneumatic Committee
Comité Européen des Transmissions Oléohydrauliques et Pneumatiques
Lyoner Str. 18, 60528 Frankfurt
T: (069) 66 03-1319 **Fax:** 66 03-1459
E-Mail: Grohmann_fluid@vdma.org
Präsident(in): Martin Weber
Generalsekretär(in): Sylvia Grohmann-Mundschenk
Mitglieder: 16

• IZ F 1 679

Europäisches Netzwerk für Textil (ETN)
European Textile Network
Réseau Européen du Textile
Postf. 59 44, 30059 Hannover
Friedenstr. 5, 30175 Hannover
T: (0511) 81 70 07 **Fax:** 81 31 08
Internet: http://www.ETN-net.org
E-Mail: ETN@ETN-net.org
Gründung: 1993 (4. April)
Präsidentin: Lala de Dios
Geschäftsführer(in): Beatrijs Sterk (Ltg. Presseabt.)
Kassenwärtin: Kristiina Häninen
Vorst.-Mitgl.: Norma Starszakowna
Verbandszeitschrift: ETN-Newsletter
Redaktion: Beatrijs Sterk
Verlag: Textil-Forum-Service, Friedenstr. 5, 30175 Hannover, Postf. 59 44, 30059 Hannover
Mitglieder: 550

• IZ F 1 680

Europäisches Sekretariat der Hersteller von leichten Metallverpackungen (SEFEL)
European Secretariat of Manufacturers of light Metal Packaging
Secrétariat Européen des Fabricants d'Emballages Métalliques Légers
Boulevard A. Reyers 80, B-1030 Brüssel
T: (00322) 7 06 79-58 **Fax:** 7 06 79-66
E-Mail: sefel@fabrimetal.be
Gründung: 1959
Präsident(in): Jan Vaandrager (NL)
Generalsekretär(in): Pierre Diederich (Ltg. Presseabt.), Belgien
Mitglieder: 13 (Belgien, Dänemark, Deutschland, Frankreich, Großbritannien, Italien, Niederlande, Österreich, Spanien, Schweiz)
Assoziierte Mitglieder: Finnland, Griechenland, Norwegen
Mitarbeiter: 1

Mitgliedsorganisationen

Belgien

iz f 1 681
FABRIMETAL
Diamant Building, Bd A. Reyers 80, B-1030 Brüssel
T: (00322) 7 06 79 95 **Fax:** 7 06 80 09
Internet: http://www.fabrimetal.be

Dänemark

iz f 1 682
Metalemballagegruppen
c/o Dansk Industri
T: (0045) 33 77 33 77 **Fax:** 33 77 33 20
E-Mail: tr@di.dk

Deutschland

iz f 1 683
Verband Metallverpackungen e.V. VMV
Kaiserswerther Str. 137, 40474 Düsseldorf
T: (0211) 4 54 65-0 **Fax:** 4 54 65-30
Internet: http://www.metallverpackungen.de
E-Mail: vmv@metallverpackungen.de

Frankreich

iz f 1 684
Syndicat National des Fabricants de Boîtes, Emballages et Bouchages Métalliques
39/41, Rue Louis Blanc, F-92400 Courbevoie
T: (00331) 47 17 64 47 **Fax:** 47 17 64 46
E-Mail: snfbm@wanadoo.fr

Großbritannien

iz f 1 685
Metal Packaging Manufacturers Association
Elm House
19, Elmshott Lane, Cippenham, GB-Slough, Berks SL1 5QS
T: (00441628) 60 52 03 **Fax:** 66 55 97
E-Mail: tony.woods@btclick.com

Italien

iz f 1 686
ANFIMA
Via Pirelli 27, I-20124 Mailand
T: (003992) 66 98 18 46-77 **Fax:** 6 70 62 85
E-Mail: gcnpelli@anfima.it

Niederlande

iz f 1 687
Vereniging van Blikverwerkende Industrieën
Postf. 1 90, NL-2700 AD Zoetermeer
T: (003179) 353 12 87 **Fax:** 353 13 65
E-Mail: vvb@fme.nl

Österreich

iz f 1 688

Fachverband der Eisen- und Metallwarenindustrie Österreichs
Postf. 3 35, A-1045 Wien
Wiedner Hauptstr. 63, A-1045 Wien
T: (00431) 5 01 05 34 75 **Fax:** 5 05 09 28
Internet: http://www.fmwi.at
E-Mail: fmwi@fmwi.at

Schweiz

iz f 1 689

Schweizerischer Verband der Hersteller von Metallverpackungen
Postf. 4 07, CH-8027 Zürich
T: (00411) 2 02 55 25 **Fax:** 2 02 61 75
E-Mail: partner@spectraweb.ch

Spanien

iz f 1 690

Asociacion Metalgrafica Espanola
Alberto Aguilera 35, E-28015 Madrid 15
T: (003491) 5 47 07 62 **Fax:** 5 42 92 19

• IZ F 1 691

Europäisches Versuchszentrum für lineares Alkylbenzol (ECOSOL)
European Centre of Studies on Linear Alkylbenzene
Centre Européen de Recherche pour benzène d'alkyle linéaire
c/o CEFIC
Avenue E. Van Nieuwenhuyse 4/1, B-1160 Brüssel
T: (00322) 6 76 72 46 **Fax:** 6 76 73 01
Gründung: 1985
Président: P. Winteler
Secrétaire Général: C. Jassogne

• IZ F 1 692

Europäisches Werkzeugkomitee (CEO)
European Tool Committee
Comité Européen de l'Outillage
Postf. 10 03 62, 42803 Remscheid
Elberfelder Str. 77, 42853 Remscheid
T: (02191) 4 38-20 **Fax:** 4 38-79
Internet: http://www.ceo-tools.com
E-Mail: ceo@ceo-tools.com
Gründung: 1958
Präsident(in): Mario Cogliati (USAG, Via A. Volta, 3, I-21020 Monvalle (VA))
Vizepräsident(in): Anders Ågren (Bahco Group AB, S-81181 Sandviken)
Generalsekretär(in): Dipl.-Kfm. Michael Liebhardt (FWI)
Mitglieder: 340 Europäische Herstellerfirmen von Hand- und Maschinenwerkzeugen

• IZ F 1 693

Europäisches Zentrum für Silikone
European Silicone Centre
Centre Européen des Silicones
c/o CEFIC
Avenue E. Van Nieuwenhuyse 4/1, B-1160 Brüssel
Président: D. Wischer
Secrétaire Général: D. E. Thomas

• IZ F 1 694

Europäisches Zentrum der Studien von Silikaten (CEES)
European Centre for Silicate Studies
Centre Européen d'Etude des Silicates
c/o CEFIC
Avenue E. Van Nieuwenhuyse 4/1, B-1160 Brüssel
T: (00322) 6 76 72 02 **Fax:** 6 76 73 01
E-Mail: pvd@cefic.be
Secrétaire Général: P. van der Hoeven

• IZ F 1 695

European Hearing Instrument Manufacturers Association (EHIMA)
Boschstraat 135, B-1780 Wemmel
T: (00322) 4 61 37 52 **Fax:** 4 61 36 47
Internet: http://www.ehima.com
E-Mail: ehima@skynet.be
Gründung: 1983
President: Valentin Chapers
Secretary General: Anne-Marie Wolters
Mitglieder: 13
Mitarbeiter: 2

Mitgliedsorganisationen

Dänemark

iz f 1 696

GN ReSound A/S
Postf. 224, DK-2630 Taastrup
Markaervej 2A, DK-2630 Taastrup
T: (0045) 72 11 11 11 **Fax:** 72 11 11 88
Contact: Nikolai Bisgaard

iz f 1 697

Oticon A/S
Strandvejen 56, DK-2900 Hellerup
T: (004533) 39 17 71 00 **Fax:** 39 27 79 00
Contact: Niels Jacobsen

iz f 1 698

Widex Aps
Ny Vestergaedsvej 25, DK-3500 Vaerlose
T: (004233) 48 18 22 **Fax:** 48 41 22
Contact Person: Tom Westermann

Deutschland

iz f 1 699

Siemens Audiologische Technik GmbH
91050 Erlangen
Gebbertstr. 125, 91058 Erlangen
T: (09131) 3 08-0 **Fax:** 3 08-204
Kontaktperson: Valentin Chapero

iz f 1 700

Interton Electronic Hörgeräte GmbH
Postf. 20 08 91, 51438 Bergisch Gladbach
Am Dännekamp 15, 51469 Bergisch Gladbach
T: (02202) 95 26-0 **Fax:** 95 26-26
Kontaktperson: Helmut Türk

iz f 1 701

INTRASON s.a.
114, Avenue d'Albertville, F-94607 Choisy-le-Roi Cedex
T: (00331) 48 53 59 00 **Fax:** 48 52 36 02
Contact Person: Claude Friconnet

Großbritannien

iz f 1 702

A & M Hearing Ltd
Newton Road Manor Royal, GB-Crawley West Sussex RH10 2TU
T: (00441293) 42 37 00 **Fax:** 40 30 80
Contact: Delain Wright

Italien

iz f 1 703

Coselgi
Via Laurentini Km 24 700, I-00040 Pomezia
T: (00396) 9 12 59 16 **Fax:** 9 12 06 09
Contact Person: L. Giannetti

Niederlande

iz f 1 704

Philips Hear. Instr.
Build. HBK 1
Postf. 218, NL-5600 MD Eindhoven
T: (003140) 72 46 80 **Fax:** 72 45 72
Contact Person: B. Jacquier

Österreich

iz f 1 705

Resound-Viennatone
Fröbelgasse 26-32, A-1164 Wien
T: (00431) 49 12 00 **Fax:** 95 21 94
Contact Person: Heinz Ruch

Schweiz

iz f 1 706

Bernafon
Morgenstrasse 131, CH-3018 Bern
T: (004131) 9981515 **Fax:** 99811590
Managing Director: Erich Spahr

iz f 1 707

Phonak AG
Laubisrütistr. 28, CH-8712 Stäfa
T: (00411) 9 28 01 01 **Fax:** 9 28 03 90
Contact Person: A. Rihs

USA

iz f 1 708

STARKEY Laboratories (Germany) G.m.b.H.
Postf. 11 60, 22801 Norderstedt
Rugenbarg 69, 22848 Norderstedt
T: (040) 5 28 47-0 **Fax:** 5 28 47-222
Internet: http://www.STARKEY.DE
Contact Person: Jerry Rusizcka

• IZ F 1 709

European Sealing Association e.V. (ESA)
Bowerham House
The Grove, GB-Lancaster LA1 3AL
T: (00441524) 84 42 22 **Fax:** 84 42 22
Gründung: 1992 (21. Januar)
Präsident(in): Prof. Elmar F. Baur
Vizepräsident(in): Dr. Amrot Parmor
Geschäftsführer(in): Dr. Brian Ellis
Mitglieder: 42

• IZ F 1 710

Fachverband der Elektrotechnik und der industriellen Elektronik (GIMELEC)
Electrical Equipment and Industrial Electronics Manufacturers Association
Groupement des Industries de Matériels d'Equipement Electrique et de l'Electronique Industrielle Ass. (GIMELEC)
11, rue Hamelin, F-75783 Paris Cedex 16
T: (00331) 45 05 70 70 **Fax:** 47 04 68 57
Internet: http://www.gimelec.fr
E-Mail: bcazenave@gimelec.fr
Gründung: 1971
President: Robert Mahler
Contact: Jean-Claude Karpeles
Mitglieder: 200
Mitarbeiter: 35

• IZ F 1 711

Fédération de l'Industrie Européenne des Articles de Sport (FESI)
Federation of the European Sporting Goods Industry
Generalsekretariat
Avenue de Janvier 5, B-1200 Brüssel
T: (00322) 7 62 86 48 **Fax:** 7 62 75 06
Internet: http://fesi.cjb.net
E-Mail: bichi@pophost.eunet.be
Präsident(in): Claude Joseph
Generalsekretär(in): Alberto Bichi
Mitglieder: 15
Mitarbeiter: 1,5

• IZ F 1 712

FLUORSPAR
c/o CEFIC
Avenue E. Van Nieuwenhuyse 4/1, B-1160 Brüssel
T: (00322) 6 76 72-40 **Fax:** 6 76 73-92
Président: P. Huxtable
Secrétaire Général: Bent Jensen

• IZ F 1 713

Föderation der Europäischen Fensterhersteller- und Fassadenverbände (FAECF)
Federation of European Window and Curtain Wall Manufacturers' Associations
Fédération des Associations Européennes des Constructeurs de Fenêtres et de Façades
Bockenheimer Anlage 13, 60322 Frankfurt
T: (069) 95 50 54-13 **Fax:** 95 50 54-11
E-Mail: faecf@window.de
Gründung: 1968 (21. November)
President: W. Baumgartner (Fa. E. Schweizer AG, Hagenholzstrasse 60, CH-8050 Zürich, E-Mail: walter.baumgartner@schweizer.ch)
Vice-President: L. Ravaioli (Focchi Giuseppe S.p.A., Via Circonvallazione Ovest, 9 I-47037 Rimini RN, E-Mail: libero.ravaioli@uncsaal.it)

P. Kallias (DORAL, P.O.Box 35, GR-57009 Kalochori/Thessaloniki, E-Mail: doral@otenet.gr)
Secretary General: Dipl.-Kfm. Karl Heinz Herbert ((D), FAECF, Bockenheimer Anlage 13, 60322 Frankfurt a.M.)
Technical Committee:
Chairman: E. Aliotti ((I), Via Eugenio, Vajna,4, I-00197 Roma)
Secretary: F. Van Eyken (UTMM/TUMS, Diamant Building/ Bd A. Reyerslaan 80, B-1030 Bruxelles, E-Mail: felix.vaneyken@fabrimetal.be)

Mitgliedsorganisationen

Belgien

iz f 1 714

Union Technique des Constructeurs Spécialistes de Menuiserie Métallique de Belgique (UTMM/ TUMS)
c/o FABRIMETAL
Diamant Building, Bd A. Reyerslaan 80, B-1030 Bruxelles
T: (00322) 706 79 62 **Fax:** 706 79 66
E-Mail: felix.vaneyken@fabrimetal.be
Präsident(in): S. Allaert
Secretary: Felix van Eyken (E-Mail: felix.vaneyken@fabrimetal.be)

Deutschland

iz f 1 715

Verband der Fenster- und Fassadenhersteller e.V. (VFF)
Bockenheimer Anlage 13, 60322 Frankfurt
T: (069) 95 50 54-13 **Fax:** 95 50 54-11
Internet: http://www.window.de
E-Mail: vff@window.de
Präsident(in): Manfred Feldhaus
Fachabt. Metallbau: Dr. G. Brunner
Geschäftsführer(in): Dipl.-Kfm. Karl Heinz Herbert

Frankreich

iz f 1 716

Syndicat National de la Construction des Fenêtres, Façades et Activités Associées
Rue du Débarcadère 10, F-75852 Paris Cedex 17
T: (00331) 40 55 11-80 **Fax:** 40 55 11-81
Président: M. Gallet
Délégué Général: C. Watelet

Griechenland

iz f 1 717

DORAL Door & Window Manufacturers S.A.
Kalohoriou Industriepark
Postf. 35, GR-57009 Kalohori-Thessaloniki
T: (003031) 75 26 52 **Fax:** 75 14 19
E-Mail: doral@otenet.gr
President: Ch. Kallias
General Manager: S. Kallias

Großbritannien

iz f 1 718

Glass and Glazing Federation (GGF)
Borough High Street 44-48, GB-London SE1 1XB
T: (0044207) 4 03 71 77 **Fax:** 3 57 74 58
E-Mail: dballard@ggf.org.uk, acampbell@ggf.org.uk
President: G. Hinett
Direktor(in): D. E. Ballard

Italien

iz f 1 719

Unione Nazionale Costruttori Serramenti Acciaio Alluminio Leghe (UNCSAAL)
Via Chieti 8, I-20154 Mailand
T: (00392) 3 19 20 61 **Fax:** 34 53 76 10
E-Mail: uncsaal@uncsaal.it
President: S. Cremaschi
Secretary: P. Gimelli

Niederlande

iz f 1 720

Vereniging Metalen Ramen en Gevelbranche (VMRG)
Postf. 1496, NL-3430 BL Nieuwegein
Einsteinbaan 1, NL-3439 NJ Nieuwegein
T: (003130) 6 05 36 44 **Fax:** 6 05 32 60
E-Mail: info@vmrg.nl
President: E.G. Wagemakers
Managing Director: G.J.J. Lieverse

Österreich

iz f 1 721

Arbeitsgemeinschaft der Hersteller von Metallfenstern, -Türen und -Toren
Postf. 335, A-1045 Wien
Wiedner Hauptstrasse 63, A-1045 Wien
T: (00431) 5 01 05 34 75 **Fax:** 5 05 09 28
E-Mail: krafft@fmwi.at
President: G. Völkl
Geschäftsführer(in): Dr. B. Krafft

Portugal

iz f 1 722

Associaçao Portuguesa dos Construtores de Aluminio (APCA)
Estrada da Luz 30A Sala No. 8, P-1500 Lissabon
T: (003511) 7 26 31 11 **Fax:** 7 26 67 15
President: V. Cunha
Secretary: A. Pires

Schweden

iz f 1 723

The Swedish Federation of Glazing Contractors (GBF)
Glasbranschföreningen
Postf. 16286, S-10325 Stockholm
Skeppsbron 40, S-10325 Stockholm
T: (00468) 4 53 90 74 **Fax:** 4 53 90 71
E-Mail: per@gbf.se
President: Swen Persson
Secretary: P. Sjöhult

Schweiz

iz f 1 724

Schweizerische Zentralstelle für Fenster- und Fassadenbau
Postf. 213, CH-8953 Dietikon
Riedstr. 14, CH-8953 Dietikon
T: (00411) 7 42 24 34 **Fax:** 7 41 55 53
E-Mail: info@szff.ch
President: W. Baumgartner
Secr.: R. Locher

Slowakische Republik

iz f 1 725

Hueck System spol.sr.o
Osadna 15, SLO-83103 Bratislava
T: (004217) 44 37 27 31 **Fax:** 44 37 27 29
General Manager: P. Cernik

Spanien

iz f 1 726

Asociación Espan_6ola de Fabricantes de Fachadas Ligera y Ventanas (ASEFAVE)
Principe de Vergara 74 6a Planta, E-28006 Madrid
T: (003491) 5 61 45 47 **Fax:** 5 64 42 90
E-Mail: asefave@asefave.org.
President: F. Angulo
Director: R. de Zarate

• IZ F 1 727

Föderation der Europäischen Parkett-Industrie (FEP)
European Federation of the Parquet Industry
Fédération Européenne de l'Industrie du Parquet
Allée Hof-ter-Vleest 5 Boite 4, B-1070 Brüssel
T: (00322) 556 25 87 **Fax:** 556 25 95
E-Mail: euro.wood.fed@skynet.be
Gründung: 1956
Präsident(in): Dieter Betz (Bauwerk AG)
Generalsekretär(in): Filip De Jaeger (Ltg. Presseabt.)
Verbandszeitschrift: FEP NEWS

• IZ F 1 728

Föderation der Europäischen Schneidwarenindustrien, Besteck-, Haushaltswaren- und Kochgeschirrindustrie (FEC)
Federation of the European Cutlery, Flatware, Holloware and Cookware
Fédération de l'Industrie Européenne de la Coutellerie, des Couverts de Table, de l'orfevrerie et des articles culinaires
c/o Sekretariat Kochgeschirr und Haushaltswaren
Postf. 17 01 60, 42623 Solingen
Neuenhofer Str. 24, 42657 Solingen
T: (0212) 88 01 40-44 **Fax:** 88 01 39
Gründung: 1952
Präsident(in): John Price (OBE Arthur Price of England)
Sekretär: Dipl.-Vw. Jens-Heinrich Beckmann (D)

Mitgliedsorganisationen

Deutschland

iz f 1 729

Industrieverband Haushalt-, Küchen- und Tafelgeräte e.V. HKT
Postf. 17 01 60, 42623 Solingen
Neuenhofer Str. 24, 42657 Solingen
T: (0212) 88 01 40- 44 **Fax:** 88 01 39
Internet: http://www.hkt-verband.de
E-Mail: hkt-verband@dland.de

Frankreich

iz f 1 730

UNITAM
Union Intersyndicale des Fabricants d'Articles pour la Table, le Ménage et activités connexes
Rue Louis Blanc 39-41, F-92400 Courbevoie
T: (0033147) 17 64 60 **Fax:** 17 64 61

Großbritannien

iz f 1 731

British Cutlery & Silverware Association
Light Trades House
3 Melbourne Avenue, GB-Sheffield S10 2QI
T: (0044114) 2 66 30 84 **Fax:** 2 67 09 10

Italien

iz f 1 732

ANIMA - Federazione delle Associazioni Nazionali dell'Industria Meccanica varie ed affine
Federation of the Italian Mechanical and Engineering Industry Associations
Via L. Battistotti Sassi 11/B, I-20133 Mailand
T: (003902) 73 97-1 **Fax:** 73 97-316
Internet: http://www.anima-it.com
E-Mail: anima@anima-it.com

Schweiz

iz f 1 733

ALA - Arbeitsgemeinschaft der schweizerischen Kochgeschirr- und Haushaltartikel-Fabrikanten
Zimmelstr. 35, CH-6314 Unterägeri
T: (0041) 4 17 50 31 43

Spanien

iz f 1 734

Asociacion Espanola de Fabricantes de Cuberteria y Menaje - A.E.F.C.U.M.
Calle Príncipe de Vergara, 74, E-28006 Madrid
T: (00341) 5 63 17 21

• IZ F 1 735

Föderation Europäischer Aerosol-Verbände (FEA)
European Federation of Aerosol Associations
Fédération Européenne des Associations Aérosols
Square Marie-Louise 49, B-1000 Brüssel

T: (00322) 2 38 98 77 **Fax:** 2 30 82 88
Gründung: 1959
Presidium:
President: Pat Cooney (LDC - Lever Brothers LTD, Po Box 69, Port Sunlight, Wirral, Mersyside L62 4ZD, UK, T: (+44151) 6 41 42 44, Fax: (+44151) 6 41 43 08, E-Mail: patrick.cooney@unilever.com)
Secretary General: P. V. Costa (Square Marie Luise 49, B-1000 Brussels, T: (00322) 2 38 97 56, Fax: 2 30 82 88)
Leitung Presseabteilung: Antonia Gomez
Verbandszeitschrift: Aerosol Europe
Redaktion: P. V. Costa
Verlag: Melcher Verlag, Postf. 10 40 49, 69030 Heidelberg

• **IZ F 1 736**

Föderation der Suppen-Industrie-Verbände der EG (FAIBP)
Fédération des Associations de l'Industrie des Bouillons et Potages de la C.E.E.
Reuterstr. 151, 53113 Bonn
T: (0228) 21 20 17 **Fax:** 22 94 60
Generalsekretär(in): Dr.jur. Hans-Joachim Mürau
Mitglieder: Belgien, Deutschland, Frankreich, Irland, Italien, Niederlande, Gross-Britannien, Spanien, Schweiz, Norwegen, Österreich

• **IZ F 1 737**

Europäische Gesellschaft der Tiefkühlprodukten-Hersteller (FAFPAS)
Federation of the Associations of the E.U. Frozen Food Producers
Fédération des Associations de Fabricants de Produits Alimentaires Surgelés de l'U.E.
Avenue de Roodebeeklaan 30, B-1030 Brüssel
T: (00322) 7 43 87 30 **Fax:** 7368175
Gründung: 1962
Président: M.G. Molloy, Großbritannien
Secrétaire Général: M. Coenen
Mitglieder: 8 + 1
Mitarbeiter: 2

Mitgliedsorganisationen

Belgien

iz f 1 738

Association Belge de entreprises de produits alimentaires surgelés (ABEPAS)
Avenue de Roodebeek 30, B-1030 Bruxelles
T: (00322) 7 43 87 30 **Fax:** 7 36 81 75
E-Mail: sia01@sia-dvi.be
Contact: P. de Sloovere

Dänemark

iz f 1 739

Danish Frozen Food Association
c/o Dansk Dagligvareleverandorforening DLF
Kronprinsessegade 34 3., DK-1306 Kobenhaven K.
T: (004533) 33 95 00 **Fax:** 33 95 05
Secretary: A. Erner

Deutschland

iz f 1 740

Deutsches Tiefkühlinstitut e.V.
Bonner Str. 484-486, 50968 Köln
T: (0221) 9 37 48-0 **Fax:** 9 37 48-22
Internet: http://www.tiefkuehlinstitut.de
E-Mail: infos@tiefkuehlinstitut.de
Geschäftsführer(in): Manfred Sassen

Finnland

iz f 1 741

Finnish Food and Drink Industries Federation
Finnish Frozen Food Industries' Association
Postf. 1 15, FIN-00241 Helsinki
Pasilankatu 2, FIN-00241 Helsinki
T: (003589) 14 88 71 **Fax:** 14 88 72 01
Internet: http://www.etl.fi
E-Mail: jukka.ala-peijari@etl.fi, hillevi.latvalahti@et.ttlitot.fi
Hillevi Latvalahti

Frankreich

iz f 1 742

Syndicat National des Fabricants de Produits Surgeles
18, Rue de la Pépinière, F-75008 Paris
T: (00331) 53 42 13 30 **Fax:** 53 42 13 32
E-Mail: jfc.snfps.sfig@ficur.com
Contact: Alain Delamort

Griechenland

iz f 1 743

FAFPAS
c/o G.F.F-Uncle Stathis S.A.
Postf. 108, GR-57022 Sindos
Thessaloniki's Industrial Area A 5 Str., GR-57022 Sindos
T: (003031) 79 72 10 **Fax:** 79 62 11
Managing Director: Dimitrios Takas

Großbritannien

iz f 1 744

UK Association of Frozen Food Producers
1, Green Street Grosvenor Square, GB-London W1Y 3RG
T: (0044207) 6 29 06 55 **Fax:** 4 99 90 95
Contact: Kerina L. Cheesman

Italien

iz f 1 745

Associazione Italiana Industriali Prodotti Alimentari (A.I.I.P.A.)
Corso di Porta Nuova 34, I-20121 Mailand
T: (003902) 65 41 84 **Fax:** 65 48 22, 5 12 97 71 (BXL)
E-Mail: aiipa.peron@foodarea.it
Contact: Franca Peron

Niederlande

iz f 1 746

Federatie van de Nederlandse Diepvriesindustrie
Postf. 177, NL-2300 AD Leiden
T: (003171) 5 22 42 20 **Fax:** 5 22 50 95
Contact: F. H. J. van de Wetering

Schweden

iz f 1 747

Djupfrysningsbyran
Postf. 1093, S-25110 Helsinborg
T: (004642) 21 80 10 **Fax:** 21 00 54
E-Mail: djupfryst@djupfrysningsbyran.se
Contact: Kjell Olsson

Spanien

iz f 1 748

Asociacion Espanola de Fabricantes de Vegetales Congelados (ASEVEC)
Moratin, 28, E-28014 Madrid
T: (003491) 4 20 18 21 **Fax:** 4 20 08 81
Contact: J. M. Aguilar

• **IZ F 1 749**

Föderation der Verbände der Europäischen Wälzlagerindustrie (FEBMA)
Federation of European Bearing Manufacturers' Associations
c/o VDMA - Fachgemeinschaft Antriebstechnik
Postf. 71 08 64, 60498 Frankfurt
Lyoner Str. 18, 60528 Frankfurt
T: (069) 66 03-1516 **Fax:** 66 03-1459
E-Mail: info@febma.org
Präsident(in): S. Carlsson
Generalsekretär(in): Dr. A. Rowold

• **IZ F 1 750**

Gesamtverband der Mühlenbetriebe der EG-Länder (GAM)
Groupement des Associations Meunières des Pays de l'U.E.
Generalsekretariat: c/o ECCO
Avenue des Gaulois 9, B-1040 Bruxelles
T: (00322) 7 36 53 54, 7 32 34 27
E-Mail: gam@ecco.be
Sitz: 66, rue la Boétie, F-75008 Paris, T: (00331) 43 59 45 80
Gründung: 1959
Président: A. Fadie
Secrétaire Général: A. Galaski
Mitglieder: 14
Mitarbeiter: 2

Mitgliedsorganisationen

Belgien

iz f 1 751

Association Royale des Meuniers Belges
av. de Cortenbergh 172 bte 3, B-1040 Brüssel
T: (00322) 7 43 08 40 **Fax:** 7 43 08 42

Dänemark

iz f 1 752

Association of Danish Millers
c/o Dansk Industri
T: (0045) 33 77 33 77 **Fax:** 33 77 34 10

Deutschland

iz f 1 753

Verband Deutscher Mühlen e.V.
Postf. 30 01 62, 53181 Bonn
Beueler Bahnhofsplatz 18, 53225 Bonn
T: (0228) 9 76 10-0 **Fax:** 9 76 10-99
Internet: http://www.muehlen.org
E-Mail: vdm@muehlen.org

Finnland

iz f 1 754

Kauppamyllyjen Yhdistys r.y.
Postf. 115, FIN-00241 Helsinki
T: (003589) 14 88 71 **Fax:** 14 88 72 01
E-Mail: antero.leino@etl.fi

Frankreich

iz f 1 755

Association Nationale de la Meunerie Francaise
66, rue la Boetie, F-75008 Paris
T: (00331) 43 59 45 80 **Fax:** 45 63 71 02

Großbritannien

iz f 1 756

National Association of British and Irish Millers
21, Arlington Street, GB-London SW1A 1RN
T: (0044207) 4 93 25 21 **Fax:** 49 33 67 85

Irland

iz f 1 757

Odlum Group Ltd.
Alexandra Road, IRL-Dublin 1
T: (0035318) 74 17 41 **Fax:** 74 18 66

Italien

iz f 1 758

Associazione degli Industriali Mugnai e Pasta d'Italia
Via dei Crociferi 44, I-00187 Rom
T: (00396) 6 78 54 09 **Fax:** 6 78 30 54

Luxemburg

iz f 1 759

Fédération des Meuniers Luxembourgeois
Postf. 1604, L-1016 Luxemburg
T: (00352) 42 45 11-1 **Fax:** 42 45 25
Präsident(in): Edmond Muller
Sekretär: Ralph Weis

Niederlande

iz f 1 760

Nederlandse Vereniging van Meelfabrikanten
Postbus 2743, NL-3000 CS Rotterdam
T: (003110) 2 65 05 80 **Fax:** 2 65 02 80

Österreich

iz f 1 761

Verband der Mühlenindustrie
Wirtschaftskammer Österreich
Postf. 144, A-1037 Wien
Zaunergasse 1-3, A-1037 Wien
T: (00431) 7 12 21 21 26 **Fax:** 7 12 12 08

Portugal

iz f 1 762

Associacao Portuguesa da Industria de Moagem (APIM)
3° Esq. Salas 57-59, P-4050-259 Porto
T: (0035122) 2 08 14 88 **Fax:** 3 39 40 89

Schweden

iz f 1 763

Svenska Kvarnföreningen
Swedish Flour Milling Association
Postf. 1 61 41, S-10323 Stockholm
T: (00468) 6 78 66 02 **Fax:** 6 78 66 02
E-Mail: alf.messing@bageri.se

Spanien

iz f 1 764

Asociacion de Fabricantes de Harina de Espana
C/Ayala 13, la Izqda, E-Madrid 1
T: (00341) 5 75 40 04 **Fax:** 5 76 29 44

• IZ F 1 765

Europäischer Verband industrieller Energieverbraucher (IFIEC Europe)
International Federation of Industrial Energy-Consumers
Fédération Européenne des Consommateurs Industriels d'Energie
Chaussée de Charleroi 119, B-1060 Brüssel
T: (00322) 5 42 06 87 **Fax:** 5 42 06 92
Internet: http://www.ifiec-europe.be
E-Mail: goffin@hscbel.be
Gründung: 1988
Président: Dr. M. Seeger
Président adjoint: K. Parlevliet
Secrétaire Général: R. Goffin
Mitglieder: 13 féd. nat.

• IZ F 1 766

International Coffee Organization
Berners Street 22, GB-London W1P 4DD
T: (0044207) 5 80 85 91 **Fax:** 5 80 61 29
Internet: http://www.ico.org
E-Mail: library@ico.org
Gründung: 1963
Executive Director: C. A. Lodder
Landes- und Fachverbände:
Membership consists of 62 coffee producing and consuming countries

• IZ F 1 767

Internationale Akademie für Bäder-, Sport- und Freizeitbauten e.V.
siehe T 3375

• IZ F 1 768

Internationale Chemiefaservereinigung (C.I.R.F.S.)
Comité International de la Rayonne et des Fibres Synthétiques
Avenue E. Van Nieuwenhuyse 4, B-1160 Brüssel
T: (00322) 6 76 74 55 **Fax:** 6 76 74 54

• IZ F 1 769

Internationale Europäische Vereinigung der Naturwerksteinindustrie (EURO-ROC)
European International Federation of Natural Stone Industries
Bremthaler Str. 43, 65207 Wiesbaden
T: (06127) 6 63 88 **Fax:** 6 19 57

Gründung: 1950
1er Vice-Président: Joad Saude (Président de l'Assimagra Lisbonne)
2nd Vice-Président: Georges Crassoulis (Greece)
Président: José Marin (Spanien)
Mitglieder: 17 associations
Mitarbeiter: 1

Mitgliedsorganisationen

Belgien

iz f 1 770

Union des carrières et scieries de marbres de Belgiue (UCSMB)
Raborive 2, B-4920 Aywaille

iz f 1 771

Federation Belge des Associations de Maitres Tailleurs de Pierres a.s.b.l.
rue des Fripiers, B-1000 Bruxelles

iz f 1 772

Federation Nationale des Maitres Marbriers de Belgique
Chaussee de Mons, 144, B-1070 Bruxelles
T: (00322) 5 23 20 51 **Fax:** 5 23 20 77
Président: G. Héris
Vice-Président: H. van der Lindon
J. P. St. Jean

Deutschland

iz f 1 773

Deutscher Naturwerkstein-Verband e.V. (DNV)
Sanderstr. 4, 97070 Würzburg

Finnland

iz f 1 774

The Finnish Stone Producer's Association
Kansakoulukatu 10, FIN-00100 Helsinki

Irland

iz f 1 775

Architectural & Monumental Stone Association
Construction House
Canal RD, IRL-Dublin 6
Secretary: Martin Lang

Frankreich

iz f 1 776

Fédération Française de la Pierre et du Marbre (FFPM)
3, rue Alfred Roll, F-75849 Paris Cedex 17

iz f 1 777

Fédération Française du Granit
3, rue Alfred Roll, F-75849 Paris Cedex 17

iz f 1 778

Fédération Nationale de la Marbrerie Funéraire Française
3, rue Alfred Roll, F-75849 Paris Cedex 17

Griechenland

iz f 1 779

Panhellenic Marble Association (PMA)
1 Eleon Str., GR-14564 N. Kifisia-Athens

iz f 1 780

Unione Generale degli Industriali Apuani del Marmo ed Affini (UGIMA)
Via Sette Luglio 16 bis, I-54033 Carrara (Massa)

Niederlande

iz f 1 781

ABN Algemene Nederlandse Bond van Natursteenbewerkendebedrijven
Postf. 216, NL-1440 AE Purmerend

Portugal

iz f 1 782

ASSIMAGRA
Rua Rodriguez Sampaio 100, 1° Dt, P-1100 Lisboa

Spanien

iz f 1 783

F.D.P. Federacion Española de la Piedra Natural
Alenza 13, 3 piso, E-28003 Madrid

Norwegen

iz f 1 784

Stenindustriens Landssammenslutning
Postf. 231, N-3251 Larvik

Großbritannien

iz f 1 785

Stone Federation
82, New Cavendish Street, GB-London W1M 8AD

iz f 1 786

National Association of Memorial Masons (NAMM)
Crown Buildings
27 A Albert Street Rugby, GB-Warwickshire CV 2 SG
T: (00441788) 54 22 64 **Fax:** 54 22 76
E-Mail: enquiries@namm.org.uk

• IZ F 1 787

Internationale Fruchtsaft-Union (IFU)
International Federation of Fruit Juice Producers
Fédération Internationale des Producteurs des Jus de Fruits
23, Bd des Capucines, F-75002 Paris
T: (00331) 47 42 82 80 **Fax:** 47 42 82 81
E-Mail: ifu.int.fed.fruit.juices@wanadoo.fr
Gründung: 1948
Verbandszeitschrift: Note d'Information, News Bulletin
Verlag: IFU
Mitglieder: 69
Mitarbeiter: 2

• IZ F 1 788

World Federation of Building Service Contractors (WFBSC)
10201 Lee Highway, Suite 225, USA-Fairfax VA 22030
T: (001703) 3 59 70 90 **Fax:** 3 52 04 93
President: Ron Farindon (Australien)
Executive Vice President: Carol A. Dean (USA)
Verbandszeitschrift: International Dimensions
Mitglieder: 15 nationale Mitgliedsorganisationen

• IZ F 1 789

Internationale Gemeinschaft der Gebäudereinigungsunternehmen (FIDEN)
International Association of Building Service Contractors
Fédération Internationale des Entreprises de Nettoyage
Prannerstr. 11/IV, 80333 München
T: (089) 21 99 98-0 **Fax:** 21 99 98-99
Gründung: 1956, seit 1987 e.V.
Präsident(in): Juan Bosco Arconada Lastras
Sekretär: Laurent Westermeyr
Verbandszeitschrift: FIDEN news
Mitglieder: 150

• IZ F 1 790

Global Crop Protection Federation (GCPF)
Avenue Louise 143, B-1050 Brüssel
T: (00322) 5 42 04 10 **Fax:** 5 42 04 19
Internet: http://www.gcpf.org
E-Mail: gcpf@pophost.eunet.be
Gründung: 1960
President: G. Prante
Director General: C. Verschueren
Leitung Presseabteilung: Kristen Sukalac
Mitglieder: 6
Mitarbeiter: 4

iz f 1 791

American Crop Protection Association (ACPA)
1156 Fift. Street, N.W., USA-20005 Washington
T: (001202) 2 96 15 85 **Fax:** 4 63 04 74
Internet: http://www.acpa.org
President: J.J. Vroom

iz f 1 792

European Crop Protection Association (ECPA)
Avenue E. Van Nieuwenhuyse 6, B-1160 Brüssel
T: (00322) 6 63 15 50 **Fax:** 6 63 15 60
Internet: http://www.ecpa.be
E-Mail: ecpa@ecpa.be
Director General: P. A. Urech

iz f 1 793

Asia-Pacific Crop Protection Association (APCPA)
Pahonyothin Road 555 1405, Rasa Tower Building, T-10900 Bangkok
T: (00662) 9 37 04 87-90 **Fax:** 9 37 04 91
Internet: http://www.apcpa.org
E-Mail: apcpa@loxinfo.co.th
Secretary General: W.W. Ellis

iz f 1 794

Africa/Middle-East Working Group (AMEWG)
Postf. 96 18 10 Sport City, CI-11196 Amman
T: (009626) 5 68 71 80 **Fax:** 5 67 18 78
E-Mail: rcamewg@firstnet.com.jo
Coordinator: Ali Mohd. Ali

iz f 1 795

Latin America Crop Protection Association (LACPA)
Postf. 94-2020, CR-1000 San José
T: (00506) 2 57 32 76 **Fax:** 2 33 50 78
Internet: http://www.lacpa.org
Coordinator: F. Fernández

iz f 1 796

Japan Crop Protection Association (JCPA)
Nihonbashi Club Bldg.
Nihonbashi-Muromachi 5-8, J-103 Tokio
T: (00813) 32 41 02 30 **Fax:** 32 41 31 49
Senior Managing Director: Takeshi Sasaki

• **IZ F 1 797**

Internationale Gerbervereinigung (ICT)
International Council of Tanners
Conseil International des Tanneurs
Leather Trade House
Kings Park Road, Moulton Park, GB-Northampton NN3 6JD
T: (00441604) 67 99 17 **Fax:** 67 99 98
Internet: http://www.tannerscouncilict.org
E-Mail: sec@tannerscouncilict.org
Gründung: 1926
President: Folkart Schweizer
Secretary: Paul Pearson
Mitglieder: 29

• **IZ F 1 798**

Internationale Kakao-Organisation (ICCO)
International Cocoa Organization
Organisation Internationale du Cacao
22 Berners Street, GB-London W1P 3DB
T: (0044207) 6 37 32 11 **Fax:** 6 31 01 14
TGR: WORLDCOCOA LONDON W1
Gründung: 1973
Executive Director: Edouard Kouamé
Leitung Presseabteilung: Sue Esplan
Verlag: ICCO, London
Mitglieder: 40 Länder + EU
Mitarbeiter: 22
Veröffentlichungen:
World Cocoa Directory
Cocoa Newsletter
Quarterly Bulletin of Cocoa Statistics
Annual Reports
The World Cocoa Market
Cocoa Consumption in the Russian Federation

• **IZ F 1 799**

Internationale Kautschuk-Vereinigung (IRA)
International Rubber Association
c/o Malaysian Rubber Board, Malaysian Rubber Exchange Unit
Postf. 1 01 50, MAL-50908 Kuala Lumpur
Jalan Ampang 260, MAL-50450 Kuala Lumpur
T: (00603) 4 56 70 33 **Fax:** 4 56 04 75
Gründung: 1971 (24. September)
Chairman: Abdul Rasip Latiff
Executive Secretary: Gong Suk Kin

• **IZ F 1 800**

Internationale Kommission der Landwirtschafts- und Ernährungs-Industrien (CIIA)
International Commission Food Industries (CIIA)
Commission Internationale des Industries Agricoles et Alimentaires (CIIA)
14-16, rue Claude Bernard, F-75005 Paris
T: (00331) 43 31 30 36 **Fax:** 43 31 32 02
Gründung: 1934
Leitung Presseabteilung: Guy Dardenne
Verbandszeitschrift: Industries Alimentaires et Agricoles
Verlag: AGP, 44 Rue du Louvre, F-75001 Paris

• **IZ F 1 801**

Internationale Konföderation der Verarbeiter von Papier und Pappe in Europa (CITPA)
International Confederation of Paper and Board Converters in Europe
Confédération Internationale des Transformateurs de Papier et Carton en Europe
Strubbergstr. 70, 60489 Frankfurt
T: (069) 78 50 40 **Fax:** 78 50 41
Gründung: 1961
Geschäftsführer(in): Dipl.-Volksw. Thomas Pfeiffer

Mitgliedsorganisationen

Belgien

iz f 1 802

Fédération des Industries Transformatrices de Papier et Carton (FETRA)
Ch. de Waterloo 715 bte 25, B-1180 Brüssel
T: (00322) 3 44 19 62 **Fax:** 3 44 86 61
Economy Policy: Jan Cardon
Social Policy: Joseph Moeris

Dänemark

iz f 1 803

Emballageindustrien KBA/PA Kartonnage-og Bölgepapindustriens Arbejdsgiverforening Papirvareindustriens Arbejdsgiverforening
Norre Voldgade 48 1, DK-1358 København K
T: (004533) 91 38 00 **Fax:** 91 96 01
Direktor(in): John Niklasson

Deutschland

iz f 1 804

Hauptverband der Papier, Pappe und Kunststoffe verarbeitenden Industrie (HPV) e.V.
Strubbergstr. 70, 60489 Frankfurt
T: (069) 97 82 81-0 **Fax:** 97 82 81-30
Internet: http://www.hpv-ev.org
E-Mail: info@hpv-ev.org
Direktor(in): RA Thomas Beck

Frankreich

iz f 1 805

Fédération des Syndicats de Fabricants d'Articles de Papeterie
71, av. Marceau, F-75116 Paris
T: (00331) 47 20 90 12 **Fax:** 49 52 05 88
Direktor(in): B. de Leymarie

Großbritannien

iz f 1 806

Corrugated Packaging Association
2 Saxon Court
2 Saxon Court, Freeschool Street, GB-Northampton NN1 1ST
T: (00441604) 6210 02 **Fax:** 6206 36
E-Mail: director@corrugated.org.uk
Direktor(in): Roman Rusocki
Director Social Policy: John W. Lane

Italien

iz f 1 807

Associazione Nazionale Italiana Industrie Grafiche, Cartotecniche e Trasformatrici
Piazza della Conciliazione 1, I-20123 Mailand
T: (00392) 4 98 10 51 **Fax:** 4 81 69 47
Internet: http://www.assografici.it
E-Mail: assografici@assografici.it
Direktor(in): Dr. Claudio Covini
Walter Facciotto

Niederlande

iz f 1 808

Vereniging van Nederlandse Fabrikanten van Kartonnagesen Flexible Verpakkingen (KARTOFLEX)
Laan Copes van Cattenburch 79, NL-2585 EW Den Haag
T: (003170) 312 39 12 **Fax:** 363 63 48
Direktor(in): Dr. Herman A. Voskamp

iz f 1 809

Vereniging Golfkarton
Postf. 732, NL-2130 AS Hoofddorp
Kruisweg 761, NL-2132 NE Hoofddorp
T: (003120) 6 54 30 60 **Fax:** 6 54 30 62
Direktor(in): A.M. Schrijver

Österreich

iz f 1 810

Fachverband der Papier und Pappe verarbeitenden Industrie
Association of the Austrian Paper and Board Converting Industry (PPV)
Postf. 131, A-1041 Wien
T: (00431) 5 05 53 82-0 **Fax:** 5 05 90 18
E-Mail: ppv@ppv.at
Präsident(in): KR Gustav Glöckler
Geschäftsführer(in): Mag. Rudolf Bergolth

Portugal

iz f 1 811

Associação Portuguesa das Industrias Graficas e Transformadoras do Papel (APIGTP)
Largo do Casal Vistoso 2-D Escritorio B, P-1900 Lissabon
T: (0035121) 8 49 10 20 **Fax:** 8 43 87 39
E-Mail: apigtp@mail.telepac.pt
Direktor(in): José Eduardo Carragosela

Schweden

iz f 1 812

Grafiska Företagens Förbund
Postf. 16383, S-10327 Stockholm
T: (00468) 7 62 68 00 **Fax:** 6 11 08 28
Internet: http://www.grafiska.se
E-Mail: sverker.erlandson@grafiska.se
Direktor(in): Dan Wennegren

iz f 1 813

Svenska Wellpappföreringen
Postf. 4 45, S-55116 Jönköping
T: (004636) 16 02 20 **Fax:** 12 71 13
Direktor(in): Peter Saarnak

Norwegen

iz f 1 814

Federation of Norwegian Process Industries (PIL)
Norwegian Pulp and Paper Association
Postf. 5487 Majorstua, N-0305 Oslo
Essendrops gate 3, N-0305 Oslo
T: (00472) 308 78 00 **Fax:** 308 78 99
Internet: http://www.pil.no
E-Mail: pil@pil.no
Direktor(in): Kjell Wickstrand

• **IZ F 1 815**

Internationale Pharmazeutische Föderation (FIP)
International Pharmaceutical Federation
Fédération Internationale Pharmaceutique
Postf. 8 42 00, NL-2508 AE 's-Gravenhage
T: (003170) 3 02 19 70 **Fax:** 3 02 19 99
Gründung: 1912
Executive Editor: Jacobine Grootens
Leitung Presseabteilung: Kevin Moody
Verbandszeitschrift: International Pharmacy Journal
Verlag: International Pharmaceutical Federation (FIP), P.O. Box 8 42 00, NL-2508 AE The Hague
Mitglieder: 4500 from around 90 countries, over 80 organisations which represent over 250000 pharmacists and pharmaceutical scientists around the world

• IZ F 1 816

Internationale Seiden-Vereinigung (AIS)
International Silk Association (ISA)
Association Internationale de la Soie (AIS)
34, Rue de la Charité, F-69002 Lyon
T: (0033478) 42 10 79 **Fax:** 37 56 72
E-Mail: isa-silk.ais-soie@wanadoo.fr
Gründung: 1950
Président: Michele Canepa (Italie)
Vice-Présidents: Anthony Gaddum (GB)
Olivier Fournier (France)
Paul Giger (Suisse)
Zhang Weiming (Chine)
Trésorier: Christian Morel Journel (France)
Verbandszeitschrift: LETTRE MENSUELLE
Redaktion: Ronald Currie, Secrétaire Général
Mitglieder: 450
Mitarbeiter: 2
Jahresetat: DM 0,4 Mio, € 0,2 Mio

• IZ F 1 817

Internationale Union der Bauzentren (UICB)
International Union of Building Centres
Union Internationale des Centres du Bâtiment
Postf. 1575, N-0118 Oslo
Haakon VIIs gt. 5, N-0118 Oslo
T: (0047) 231144-00, 231144-27 **Fax:** 22 83 42 33
Internet: http://www.uicb.org
E-Mail: sgb@byggfjeneste.no
Gründung: 1956
Secretary General: Kjell Kogstad (Ltg. Presseabt.)
Verbandszeitschrift: "BULLETIN" UICB und "NEWS-LETTER UICB"
Verlag: Postf. 15 75 Vika, N-0118 Oslo
Mitglieder: 60

• IZ F 1 818

Internationale Union der Vereinigungen der Unternehmungen für Heizungs-, Lüftungs- und Klima-Anlagen (GCI)
International Union of the Associations of Heating Ventilating and Air Conditioning Contractors
"Génie Climatique International"
Union Internationale des Associations d'Installateurs de Chauffage Ventilation et Conditionnement d'Air
41 Rue Brogniez, B-1070 Bruxelles
T: (00322) 5 20 73 00 **Fax:** 5 20 97 49
President: Mike Burgoyne
Secretaire: J. Vantieghem (Ltg. Presseabt.)
Mitglieder: 14

• IZ F 1 819

Internationale Verbindungsstelle der Stickerei-Gardinen und Spitzenindustrie (CELIBRIDE)
International Liaison Committee for Embroderies, Curtains and Laces
Comité de Liaison International des Broderies, Rideaux et Dentelles
Rudolfsplatz 12, A-1010 Wien
Präsident(in): Mathias Eisenhut (CH)
General Secretary: Wolfgang Zeyringer (A)

Europäische Sekretariate

Deutschland

iz f 1 820

Verband der Deutschen Heimtextilien-Industrie e.V.
Hans-Böckler-Str. 205, 42109 Wuppertal
T: (0202) 75 97-0 **Fax:** 75 97 97
E-Mail: info@heimtex.de
Kontaktperson: Dipl.rer.pol.techn. Peter Trepte

Frankreich

iz f 1 821

Fédération Française des Dentelles et Broderies
Rue de Clichy 24, F-75440 Paris
T: (00331) 42 80 63 23 **Fax:** 42 80 65 21
Kontaktperson: Mick Fouriscot

Italien

iz f 1 822

Federazione Italiana Industricali dei Tessili Vari
Via Quintino Sella 4, I-20121 Mailand
T: (00392) 86 46 50 11 **Fax:** 86 46 50 09
Kontaktperson: Carla Ginella

Österreich

iz f 1 823

Verband der Vorarlberger Stickerei Industrie
Postf. 169, A-6890 Lustenau
Pontenstr. 20, A-6890 Lustenau
T: (004355) 7 78 32 34 **Fax:** 7 78 91 11
Kontaktperson: Christof Walch

iz f 1 824

Fachverband der Textilindustrie Österreichs
Postf. 197, A-1013 Wien
Rudolfsplatz 12, A-1010 Wien
T: (00431) 5 33 37 26 30 **Fax:** 5 33 37 26 40
Internet: http://www.wk.or.at
E-Mail: schinzel@fvtextil.wk.or.at
Kontaktperson: Wolfgang Zeyringer

Schweiz

iz f 1 825

Industrieverband Textil
Postf. 48 38, CH-8022 Zürich
Beethovenstr. 20, CH-8022 Zürich
T: (00411) 2 01 57 55 **Fax:** 2 01 01 28
Kontaktperson: Dr. Alexander Hafner

iz f 1 826

V.S.S.E.
Waldmannstr. 6, CH-9014 Sankt Gallen
T: (004171) 27 67 67 **Fax:** 27 27 45
Kontaktperson: Tibor S. Pataky

Spanien

iz f 1 827

Sociedad Anonima Tejidos Industriales (S.A.T.I.)
Avda Tibidabo 17-19, E-08022 Barcelona
T: (00343) 4 02 05 00 **Fax:** 2 12 79 02
Kontaktperson: Santiago Fisas

iz f 1 828

Asociacion Nacional de Fabricantes de Tules, Blondas y encajes
Sant Pere Més. Alt. 1, E-08003 Barcelona
T: (00343) 2 68 43 20 **Fax:** 2 68 03 24
Kontaktperson: Clemente Parareda

• IZ F 1 829

Internationale Vereinigung der Druck-Industrie (INTERGRAF)
International Confederation for Printing and Allied Industries
Square Marie Louise 18, B 27, B-1040 Bruxelles
T: (00322) 2 30 86 46 **Fax:** 2 31 14 64
Gründung: 1984
Secretary General: Jean-Pierre Bouillot
Verbandszeitschrift: Newsletter
Redaktion: Jean-Pierre Bouillot
Mitglieder: 28
Mitarbeiter: 6
Jahresetat: DM 1,25 Mio, € 0,64 Mio

Mitgliedsorganisationen

Belgien

iz f 1 830

Febelgra
Rue Belliard 20 (bte 16), B-1040 Brüssel
T: (00322) 5 12 36 38 **Fax:** 5 13 56 76
Internet: http://www.febelgra.be
E-Mail: info@febelgra.be
Präsident(in): Alain Chauveheid
Geschäftsführer(in): Jos Rossie

Dänemark

iz f 1 831

Grafisk Arbeijdsgiverforening
Helgavej 26, DK-5100 Odense
T: (0045) 63 12 70 00 **Fax:** 63 12 70 80
Internet: http://www.ga.dk
E-Mail: ga@ga.dk
Präsident(in): Ole Steen Hansen
Geschäftsführer(in): Erik Kjaer Poulsen

Deutschland

iz f 1 832

Bundesverband Druck und Medien e.V. (bvdm)
Postf. 18 69, 65008 Wiesbaden
Biebricher Allee 79, 65187 Wiesbaden
T: (0611) 8 03-0, 8 03-115 **Fax:** 8 03-113
Internet: http://www.bvdm-online.de
E-Mail: info@bvdm-online.de
Präsident(in): Dipl.-Ing. Dipl.-Betriebsw. Alexander Schorsch
Geschäftsführer(in): RA Thomas Mayer
Dipl.-Volkswirt Peter Klemm

Finnland

iz f 1 833

Graafisen Teollisuuden Liitto
Postf. 3 48, FIN-00120 Helsinki 12
Lönnrotinkatu 11a, FIN-00120 Helsinki 12
T: (003589) 22 87 72 00 **Fax:** 60 35 27
E-Mail: matti.sutinen@ttliitot.fi
Präsident(in): Matti Packalen
Geschäftsführer(in): Matti Sutinen

Frankreich

iz f 1 834

Fédération Française de l'Imprimerie et de la Communication Graphique
Bld St. Marcel 68, F-75005 Paris
T: (00331) 44 08 64 46 **Fax:** 43 36 09 51
E-Mail: ficg@aol.com
Präsident(in): François Gutle
Geschäftsführer(in): Pascal Bovero

iz f 1 835

SICOGIF
Rue de Berri 8, F-75008 Paris
T: (00331) 53 53 96 96 **Fax:** 53 53 96 97
Internet: http://www.sicogif.com
E-Mail: info@sicogif.com
Präsident(in): Joël Cardinal
Geschäftsführer(in): Philippe Queinec

Griechenland

iz f 1 836

Hellenic Federation of Printing Industries
Radou Street 4
Attiki Square, GR-10446 Athen
T: (00331) 8 21 23 00 **Fax:** 8 25 00 66
Präsident(in): Stephan Karydakis
Geschäftsführer(in): Efthimios Matsoukis

Großbritannien

iz f 1 837

British Printing Industries Federation - BPIF
Bedford Row 11, GB-London WC1R 4DX
T: (0044207) 9 15 83 00 **Fax:** 4 05 77 84
Internet: http://www.bpif.org.uk
E-Mail: tmachin@bpif.org.uk
Präsident(in): Roy Bailie
Geschäftsführer(in): Tom Machin

iz f 1 838

Scottish Print Employers Federation
Palmerston Place 48, GB-Edingburgh EH12 5DE
T: (0044131) 2 20 43 53 **Fax:** 2 20 43 44
Internet: http://www.spef.org.uk
E-Mail: jraeburn@spef.org.uk
Präsident(in): Brian Purves
Geschäftsführer(in): Jim Raeburn

Irland

iz f 1 839

Irish Master Printers Association
Parkgate Street 33, IRL-Dublin 8
T: (003531) 6 79 36 79 **Fax:** 6 77 91 44
Präsident(in): Willie O'Hanlon
Geschäftsführer(in): Neville Galloway

iz f 1 840

Irish Printing Federation
Baggot Bridge House
Lower Baggot Street, IRL-Dublin 16
T: (003531) 6 60 10 11 **Fax:** 6 60 18 83
Präsident(in): Lorcan O'Hobain
Geschäftsführer(in): Eamon Carberry

Island

iz f 1 841

Samtök Idnadarins
Postf. 1450, IS-121 Reykjavik
Hallveigarstig 1, IS-121 Reykjavik
T: (00354) 5 11 55 55 **Fax:** 5 11 55 66
Internet: http://www.si.is
E-Mail: thorarinn@si.is
Präsident(in): Heraldur Sumarlidason
Geschäftsführer(in): Thorarinn Gunnarsson

Italien

iz f 1 842

Associazione Nazionale Italiana Industrie Grafiche, Cartotecniche e Trasformatrici
ASSOGRAFICI
Piazza della Conciliazione 1, I-20123 Mailand
T: (00392) 4 98 10 51 **Fax:** 4 81 69 47
Internet: http://www.assografici.it
E-Mail: assografici@assografici.it
Präsident(in): Alberto Gajani
Geschäftsführer(in): Claudio Covini

Kroatien

iz f 1 843

Hrvatska Udruga Poslodavaca
Praska 5/III, HR-10000 Zagreb
T: (003851) 42 42 84 **Fax:** 42 42 86
Internet: http://www.tel.hr/hup
E-Mail: hup@hup.tel.hr
Präsident(in): Branko Jazbec
Geschäftsführer(in): Zeljko Ivancevic

Luxemburg

iz f 1 844

Association des Maîtres Imprimeurs du Grand-Duché de Luxembourg (AMIL)
Postf. 16 04, L-1016 Luxemburg
T: (00352) 42 45 11 22 **Fax:** 45 47 04
Präsident(in): Jean-Paul Schmitz
Geschäftsführer(in): Ralph Weis

Niederlande

iz f 1 845

Koninklijk Verbond van Grafische Ondernemingen
Postf. 2 20, NL-1180 AE Amstelveen
Startbaan 10, NL-1180 AE Amstelveen
T: (003120) 5 43 56 78 **Fax:** 5 43 54 75
Internet: http://www.kvgo.nl
E-Mail: info@kvgo.nl
Präsident(in): Jan van Ginkel
Geschäftsführer(in): Hans van Schaijk
Fons Bakkes

Norwegen

iz f 1 846

Grafiske Bedrifter Landsforeningen
Tollbugaten 27, N-0157 Oslo
T: (0047) 22 47 88 70 **Fax:** 22 47 88 71
Internet: http://www.gbl.net
E-Mail: gbl@gbl.no
Präsident(in): Knut Dale
Geschäftsführer(in): Terje Overgard

Österreich

iz f 1 847

Verband Industrieller Buchbinder
Postf. 131, A-1041 Wien
Brucknerstr. 8, A-1040 Wien
T: (00431) 5 05 53 82 **Fax:** 5 05 90 18
Internet: http://www.ppv.at
E-Mail: ppv@ppv.at
Präsident(in): Peter Farthofer
Geschäftsführer(in): Rudolf Bergolth

iz f 1 848

Verband Druck und Medientechnik
Grünangergasse 4, A-1010 Wien
T: (00431) 5 12 66 09 **Fax:** 5 13 28 26 19
Internet: http://www.druckundmedientechnik.or.at
E-Mail: verb.druck.u.medientechnik@aon.at
Präsident(in): Michael Hochenegg
Geschäftsführer(in): Dr. Hans Inmann

Polen

iz f 1 849

Polska Izba Druku
Polish Chamber of Printing
ul. Miedziana 11 pok 217, PL-00-835 Warschau
T: (004822) 6 24 87 49 **Fax:** 6 20 80 70
Präsident(in): Adam Grzelak
Geschäftsführer(in): Zdzislaw Adamski

Portugal

iz f 1 850

Associação Portuguesa das Industrias Graficas e Transformadoras do Papel (APIGTP)
Largo do Casal Vistoso 2-D Escritorio B, P-1900 Lissabon
T: (0035121) 8 49 10 20 **Fax:** 8 43 87 39
E-Mail: apigtp@mail.telepac.pt
Präsident(in): Durvalino Ribeiro Neto
Geschäftsführer(in): José Eduardo Carragosela

Rumänien

iz f 1 851

Organizatia Patronala a Tipografiilor din România
Brezoianu Street 23-25 Sector 1, R-Bucharest
T: (00401) 3 15 17 01 **Fax:** 3 12 70 39
Präsident(in): Dipl. Eng. Niculae Vasilache

Schweden

iz f 1 852

Grafiska Företagens Förbund
Postf. 16383, S-10327 Stockholm
T: (00468) 7 62 68 00 **Fax:** 6 11 08 28
Internet: http://www.grafiska.se
E-Mail: sverker.erlandson@grafiska.se
Präsident(in): Björn Bjurman
Geschäftsführer(in): Sverker Erlandson

Schweiz

iz f 1 853

Schweizerischer Verband für visuelle Kommunikation (Viscom)
Alderstr. 40
Postfach, CH-8034 Zürich
T: (00411) 4 21 28 28 **Fax:** 4 21 28 29
Internet: http://www.viscom.ch
Präsident(in): Rolf Balsiger
Direktor(in): Hans-Ulrich Bigler
Verbandszeitschrift: print
Chefredakteur: Hans-Joachim Laue

iz f 1 854

VSD - Verband der Schweizer Druckindustrie
Schoßhaldenstr. 20 CP 252, CH-3000 Bern 32
T: (004131) 3 51 15 11 **Fax:** 3 52 37 38
Internet: http://www.druckindustrie.ch
E-Mail: office@vsd.ch
Präsident(in): Angelo Eberle
Geschäftsführer(in): Maurice Wicky

Slowakische Republik

iz f 1 855

Zväz Polygrafie na Slovensku
Nobelowa 18, SK-83102 Pressburg
T: (004217) 49 23 12 54 **Fax:** 49 23 12 17
Internet: http://www.printing-association.sk
Präsident(in): Ivan Kovacik
Geschäftsführer(in): Peter Blubla

Spanien

iz f 1 856

Federacion Empresarial de Industrias Graficas de España (FEIGRAF)
Calle Barquillo 11, 4, E-28004 Madrid
T: (003491) 5 22 72 49 **Fax:** 5 32 67 45
Internet: http://www.feigraf.es
E-Mail: feigraf@feigraf.es
Präsident(in): José-Antonio Gamarra Cabanas
Geschäftsführer(in): Enrique Cabezudo

Ungarn

iz f 1 857

Federation of the Hungarian Printers
Eötvös U. 12, H-1067 Budapest
T: (00361) 3 52-1788, 3 52-1778 **Fax:** 3 52-1791
E-Mail: fedprint@mail.matav.hu
Präsident(in): Laszlo Jaszkuti
Geschäftsführer(in): Akos Kelenyi

Korrespondierende Mitgliedsorganisationen

Australien

iz f 1 858

Printing Industries Association of Australia - PIAA
Lithgow Street 77
PO Box 58, AUS-NSW 2065 St. Leonards
T: (00612) 93 72 12 22 **Fax:** 93 72 12 88
Internet: http://printnet.com.au
E-Mail: philip@printnet.com.au
Präsident(in): Trevor Hone
Geschäftsführer(in): Phil Anderson

Brasilien

iz f 1 859

ABIGRAF-Associação Brasileira da Industria Grafica
Rua do Paraiso 533, BR-04103-000 Sao Paulo
T: (005511) 50 87 77 77 **Fax:** 50 87 77 33
Internet: http://www.abigraf.org.br
E-Mail: abigraf@abigraf.org.br
Präsident(in): Max Schrappe
Geschäftsführer(in): Adolpho Cyriaco

USA

iz f 1 860

Printing Industries of America (PIA)
100 Daingerfield Road, USA-Alexandria VA 22314-2888
T: (001703) 5 19 81 23 **Fax:** 5 48 32 27
Internet: http://www.printing.org
E-Mail: rroper@printing.org
Präsident(in): Jerry Williamson
Geschäftsführer(in): Ray Roper

Südafrika

iz f 1 861

Printing Industries Federation of South Africa
Printech Avenue Laser Park
PO Box 1084, ZA-2040 Honeydew
T: (002711) 7 94 38 10 **Fax:** 7 94 39 64
Internet: http://www.pifsa.org
E-Mail: pifsa@pifsa.org
Präsident(in): TP Kane
Geschäftsführer(in): Chris Sykes

• **IZ F 1 862**

Internationale Vereinigung für Abfallwirtschaft (I.S.W.A.)
International Solid Waste Association
Association Internationale pour les Résidus Solides
Overgaden Oven Vandet 48 E, DK-1415 Copenhagen K
T: (0045) 32 96 15 88 **Fax:** 32 96 15 84
Internet: http://www.iswa.org
E-Mail: iswa@inet.uni2.dk
Gründung: 1970
President: John Ferguson (OBE, United Kingdom)
Managing Director: Suzanne A. Veltzè
Verbandszeitschrift: Waste Management and Research, ISWA Times, ISWA Yearbook
Verlag: ISWA, Copenhagen K
Mitglieder: 1300
Mitarbeiter: 4

• **IZ F 1 863**

Internationale Vereinigung für Brückenbau und Hochbau (IVBH)
International Association for Bridge and Structural Engineering (IABSE)
Association Internationale des Ponts et Charpentes (AIPC)
ETH-Hönggerberg, CH-8093 Zürich
T: (00411) 6 33 26 47 **Fax:** 6 33 12 41
TGR: IVBH, CH-8093 Zürich
Internet: http://www.iabse.ethz.ch
E-Mail: secretariat@iabse.ethz.ch
Gründung: 1929
Geschäftsführender Direktor:
Alain Golay
Leitung Presseabteilung: Cathy Glünkin
Verbandszeitschrift: Structural Engineering International
Redaktion: Ian Leighton
Verlag: IVBH, ETH-Hönggerberg, CH-8093 Zürich
Mitglieder: 4300
Mitarbeiter: 7

iz f 1 864

Deutsche Gruppe der IVBH
c/o Deutscher Stahlbau-Verband
Sohnstr. 65, 40237 Düsseldorf
Internet: http://www.deutscherstahlbau.de
E-Mail: contact@deutscherstahlbau.de
Dipl.-Ing. Gerhard Buchmeier

iz f 1 865

Deutscher Beton- und Bautechnik-Verein E.V. (DBV)
Postf. 11 05 12, 10835 Berlin
Kurfürstenstr. 129, 10785 Berlin
T: (030) 23 60 96-0
Internet: http://betonverein.de
E-Mail: dbv.wiesbaden@t-online.de
Hauptgeschäftsführer(in): Dr.-Ing. Hans-Ulrich Litzner

• **IZ F 1 866**

Internationale Vereinigung für Margarine-Verbände (IFMA)
International Federation of Margarine Associations
Postf. 12, B-1150 Brüssel
Avenue de Tervuren 168, B-1150 Brüssel
T: (00322) 7 72 33 53 **Fax:** 7 71 47 53
President: B. H. C. Brinkers
Secrétaire Général: I. Herreman

• **IZ F 1 867**

Internationale Vereinigung für Meßtechnik (IMEKO)
International Measurement Confederation
Sekretariat
Postf. 457, H-1371 Budapest
T: (00361) 3 53 15 62 **Fax:** 3 53 15 62
E-Mail: imeko.ime@mtesz.hu
Gründung: 1958
President: Dr. Kozo Iizuka (KUBOTA Corporation, Tokyo)
Secretary General: Dr. Tamás Kemény
Executive Secretary: Karolina Havrilla
Verbandszeitschrift: IMEKO Bulletin and Measurement

• **IZ F 1 868**

Internationale Vereinigung für Schalentragwerke (IVS)
International Association for Shell and Spatial Structures
Association Internationale pour les Voiles Minces (en Béton) (AIVM)
Secretariat
Cedex Laboratorio Central de Estructuras y Materiales
Alfonso XII, no 3, E-28014 Madrid
T: (00391) 3 35 74 00 **Fax:** 3 35 74 22
Internet: http://www.cedex.es/iass
Gründung: 1959
Sekretariat: Eng. A. Madrid
Verbandszeitschrift: JOURNAL OF THE IASS former Bulletin of the IASS
Redaktion: IASS Secretariat
Verlag: CEDEX, Laboratorio Central, Alfonso XII, 3, 28014 Madrid (Spain)
Mitglieder: ca. 800

• **IZ F 1 869**

Internationale Vereinigung der Gasindustrie (UIIG)
International Gas Union (IGU)
Union Internationale de l'Industrie du Gaz
Postf. 19, NL-9700 MA Groningen
Concourslaan 17, NL-9700 MA Groningen
T: (003150) 5 21 29 99 **Fax:** 5 25 59 51
Internet: http://www.IGU.ORG
E-Mail: secr.igu@gasunie.nl
Gründung: 1931
President: C. Détourné
Vice-President: H. Urano (Japan)
Immediate Past President: H. Rasmusen (Denmark)
Secretary General: John F. Meeder (The Netherlands)
Mitglieder: 58

• **IZ F 1 870**

Internationale Vereinigung der Hersteller und Verarbeiter von selbstklebenden und heißsiegelfähigen Papieren und anderen Stoffen (FINAT)
International Federation of Manufacturers & Converters of Adhesives and thermo-plastic adhesives on Paper and other base-materials
Fédération Internationale des Fabricants et Transformateurs d'Adhesifs et Thermo-Collants sur Papiers et autres Supports
Laan Copes van Cattenburch 79, NL-2585 EW Den Haag
T: (003170) 3 12 39 10 **Fax:** 3 63 63 48
E-Mail: info@finat.com
Gründung: 1958
Vorsitzende(r): H. Stiefel (CH)
Gen. Secretary: Dr. J.H.M. Lejeune
Mitglieder: 430 Firmen

• **IZ F 1 871**

Internationale Vereinigung der industriellen Strahlenbelastung (AIII)
Association of International Industrial Irradiation
Association Internationale d'Irradiation Industrielle
Route de Paris 59, F-69260 Charbonnières-les-Bains
T: (0033478) 87 11 65 **Fax:** 87 88 31
Gründung: 1970
President: Pierre E. Vidal
Secretary General: N. Studer
Contact: Pierre E. Vidal
Mitglieder: 76

• **IZ F 1 872**

Internationale Vereinigung der Nationalen Verbände der Reifenspezialisten und Runderneuerer (BIPAVER)
International Federation of National Associations of Tyre Specialists and Retreaders
Elsinore House, Buckingham Street, GB-Aylesbury, Buckinghamshire HP20 2NQ
T: (0044870) 9 00 06 15 **Fax:** 9 00 06 10
E-Mail: bipaver@ntda.co.uk
Leitung Presseabteilung: Richard Edy
Verbandszeitschrift: Directory, news release
Mitglieder: 15 associations
Mitarbeiter: 7

• **IZ F 1 873**

Internationale Vereinigung der Seifen- und Waschmittel- und Pflegemittel-Industrie (A.I.S.E.)
International Association of the Soap Detergent and Mountenance Products Industry
Association Internationale de la Savonnerie, de la Détergence et des Produits d'Entretien
Siège & Secrétariat:
Square Marie-Louise 49, B-1000 Bruxelles
T: (00322) 2 30 83 71 **Fax:** 2 30 82 88
Präsident(in): Claude P. Mancel
Geschäftsführer(in): Prof. Hans Verbeek
Mitglieder: 31 (25 Länder)

• **IZ F 1 874**

Internationale Vereinigung der Spinnereiarbeiten (FIF)
Fédération Internationale de la Filterie
Entreprises et Cités
40, rue Eugène Jacquet, F-59708 Marcq en Baroeul Cedex
T: (0033320) 99 24 33 **Fax:** 65 06 38
Gründung: 1960
Secrétaire Général: Jacques Dufour

Mitgliedsorganisationen

Belgien

iz f 1 875

Belgian Sewing Thread
Oude Heirweg 129, B-8540 Deerlijk
T: (003256) 77 63 81 **Fax:** 77 57 34

Deutschland

iz f 1 876

Gesamtverband der deutschen Textilveredlungsindustrie TVI-Verband e.V.
Frankfurter Str. 10-14, 65760 Eschborn
T: (06196) 95 91-0 **Fax:** 95 91-25

Frankreich

iz f 1 877

Syndicat général de la filterie française
Entreprises et Cités
Rue Eugène Jacquet 40, F-59708 Marcq en Baroeul Cedex
T: (0033320) 99 24 33 **Fax:** 65 06 38

Großbritannien

iz f 1 878

UK Thread Manufacturers' Association
c/o Oxley Threads Ltd
Ashton Under Lyne Guide Hills, GB-Lancashire 0L7 0PJ
T: (0044161) 339 6400 **Fax:** 343 34 97

Italien

iz f 1 879

Associazione Cotoniera Italiana
Viale Sarca 223, I-20126 Mailand
T: (00392) 66 10 38 38 **Fax:** 66 10 38 63

Niederlande

iz f 1 880

BV Garenfabrick Bieze Stork & Co.
Postf. 22, NL-7440 AA Nijverdal
P. C. Stamstraat 19a, NL-7440 AA Nijverdal
T: (003154) 8 61 22 68 **Fax:** 8 61 79 05

Spanien

iz f 1 881

Asociación Profesional de Fabricantes de Hilos de Coser y para Labores
Gran Via de los Cortes Catalanes 670 4éme Planta, Desp 406, E-08010 Barcelona
T: (00343) 3 02 37 90

• **IZ F 1 882**

Internationale Vereinigung der Teilzeitarbeitsvermittler (CIETT)
International Confederation of Temporary Work Businesses
Confédération Internationale des Entreprises de Travail Temporaire
Avenue de Tervuren 142-144, B-1150 Brüssel
T: (00322) 735 82 30 **Fax:** 735 44 12
Internet: http://www.ciett.org
E-Mail: eva.casado@eppa.com
Gründung: 1967
President: Jean Claude Daoust

Secr. Gen.: Eva Casado Alarcón (Contact)
Mitglieder: 26+ 2 Associate Members
Mitarbeiter: 2

• **IZ F 1 883**

Internationale Vereinigung der Textilindustrie (ITMF)
International Textile Manufacturers Federation
Fédération Internationale des Industries Textiles
Postf., CH-8039 Zürich
Am Schanzengraben 29, CH-8039 Zürich
T: (00411) 2 01 70 80 **Fax:** 2 01 71 34
Président: Min-Sok Suh
Vice-Pres.: Herbert

• **IZ F 1 884**

Internationale Vereinigung der Unternehmen für elektrische Anlagen (AIE)
International Association of Electrical Contractors
Association Internationale des Entreprises d'Équipement Électrique
5, rue Hamelin, F-75116 Paris
T: (00331) 1 44 05 84 20 **Fax:** 1 44 05 84 05
E-Mail: aie@wanadoo.fr
Gründung: 1954
Präsident(in): M. Aage Kjærgaard
Generalsekretär(in): Denis Hannotin
Mitglieder: 19

Belgien

iz f 1 885

FEDELEC
Avenue Louise 140 Bte 5, B-1050 Brüssel
T: (00322) 6 27 01 80 **Fax:** 6 48 60 86
Präsident(in): Laurent Neyrinck
Direktor(in): Willy Pauwels
AIE relations: Evelyne Schellekens

Dänemark

iz f 1 886

ELFO - Elinstallatorernes Landsforening
Paul Bergsoes Vej. 6, DK-2600 Glostrup
T: (0045) 43 43 60 00 **Fax:** 43 43 21 03
Internet: http://www.elfo.dk
E-Mail: elfo@elfo.dk
Präsident(in): Leif Jensen
Direktor(in): Niels Jorgen Hansen
AIE relations: Aage Kjærgaard

Deutschland

iz f 1 887

Zentralverband der Deutschen Elektrohandwerke (ZVEH)
Postf. 90 03 70, 60443 Frankfurt
Lilienthalallee 4, 60487 Frankfurt
T: (069) 24 77 47-0 **Fax:** 24 77 47-19
Internet: http://www.zveh.de
E-Mail: zveh@zveh.de
Präsident(in): Karl Hagedorn
Generalsekretär(in): Dipl.-Kfm. Heinz-Werner Schult

Finnland

iz f 1 888

STUL - Suomen Sähkö- ja teleurakoitsijaliitto
Electrical contractors association of Finland
Postf. 55, FIN-02601 Espoo
Harakantie 18, FIN-02601 Espoo
T: (003589) 54 76 10 **Fax:** 54 76 14 00
Internet: http://www.stul.fi
E-Mail: stul@stul.fi
Präsident(in): Jarmo Salonen
Generalsekretär(in): Pekka Sallinen
AIE relations: Sinikka Hieta-Wilkman (T: (003589) 54 76 14 12, E-Mail: sinikka.hieta-wilkman@stul.fi)

Frankreich

iz f 1 889

SERCE
Rue Bayard 28, F-75008 Paris
T: (00331) 47 20 42 30 **Fax:** 47 23 53 49
E-Mail: serce@wanadoo.fr
Präsident(in): Jacques Gorlier
Direktor(in): Francis Bouquillon (Beziehungen zur AIE)

iz f 1 890

FFEE
Rue Hamelin 5, F-75116 Paris
T: (00331) 44 05 84 00 **Fax:** 44 05 84 05
Internet: http://www.fnee.fr
E-Mail: fnee@fnee.fr
Präsident(in): Guy Poullain
Direktor(in): Bernard Kramer
Contact: Christian de Barrin (Beziehungen zur AIE)

Griechenland

iz f 1 891

Panhellenic Federation of Electrical Contractors Association
Platea Elefterias 2, GR-10553 Athen
T: (00301) 3 24 84 55 **Fax:** 3 21 16 30
Präsident(in): Sotiropoulos
Direktor(in): Papachrysanthou

Großbritannien

iz f 1 892

SELECT
Bush House, Bush Estate, GB-Midlothian EH26 0SB
T: (0044131) 4 45 55 77 **Fax:** 4 45 55 48
Internet: http://www.select.org.uk
E-Mail: mailto:admin@select.org.uk
Präsident(in): H.S. McGown
Direktor(in): Michael Goodwin

iz f 1 893

The Electrical Contractors' Association (ECA)
Palace Court 34
ESCA House, GB-London W2 4HY
T: (0044207) 3 13 48 00 **Fax:** 2 21 73 44
Internet: http://www.eca.co.uk
E-Mail: electricalcontractors@eca.co.uk
Präsident(in): Alan Cussen
Direktor(in): David Pollock

Irland

iz f 1 894

ECA Ireland - Electrical Contractors' Association
Construction House, Canal Road, IRL-Dublin 6
T: (003531) 4 97 74 87 **Fax:** 4 96 69 53
E-Mail: ir@cif.ie
Präsident(in): Frank McCaffrey
Direktor(in): Terry McEvoy

Italien

iz f 1 895

ASSISTAL - Associazione Nazionale Costruttori di Impianti
Viale F. Restelli 3, I-20122 Mailand
T: (00392) 6 08 52 11 **Fax:** 60 65 99
Internet: http://web.tin.it/assistal
E-Mail: assistal@tin.it
Präsident(in): Renzo Greco
Direktor(in): Nicola Cianitto

Luxemburg

iz f 1 896

APEL - Association des Patrons Electriciens du Grand-Duché de Luxembourg
Postf. 16 04, L-1016 Luxemburg
2, circuit de la Foire internationale, L-1347 Luxemburg
T: (00352) 4 24 51 11 **Fax:** 42 45 25
Präsident(in): Guy Geffroy
Direktor(in): Jeannot Franck

Niederlande

iz f 1 897

UNETO / Unie van elektrotechnische ondernemers
Postf. 188, NL-2700 AD Zoetermeer
Bredewater 20, NL-2715 CA Zoetermeer
T: (003179) 3 25 06 50 **Fax:** 3 25 06 66
Internet: http://www.uneto.nl
E-Mail: uneto@pi.net
Präsident(in): P.J. de Bont
Direktor(in): Caspar Rosenbaum
AIE-Relations: Rob Bernsen

Norwegen

iz f 1 898

NELFO - Norges Elektro-Entreprenørforbund
Postf. 54 76, N-0305 Oslo
Essendropsgate 3, N-0368 Oslo
T: (0047) 23 08 77 00 **Fax:** 23 08 77 01
Internet: http://www.nelfo.no
E-Mail: iso@nelfo.no
Präsident(in): Tore Bergum
Direktor(in): Jostein Skree

Österreich

iz f 1 899

Bundesinnung der Elektro-Techniker Radio- und Video-Elektroniker
Postf. 352, A-1045 Wien
Wiedner Hauptstrasse 63, A-1045 Wien
T: (00431) 5 01 05-3254 **Fax:** 5 04 36 15
TX: 111871 BUKA
Internet: http://www.elektrotechniker.at
E-Mail: haustechnik@bigrii.wk.or.at
Präsident(in): Hans Bartosch
Direktor(in): Karl Drimal

Portugal

iz f 1 900

AECOPS - Associaçao de Empresas de Construçao e Obras Publicas
Rua Duque de Palmela, n° 20, P-1250 Lissabon
T: (003511) 3 11 02 00 **Fax:** 3 55 48 10
Internet: http://www.aecops.pt
E-Mail: aecops@mail.telepac.pt
Präsident(in): Rui Manuel Simoès Nogueira
Direktor(in): José J. Tomaz Gomes

Schweden

iz f 1 901

EIO - Elektriska Installatörsorganisationen
Postf. 17537, S-11891 Stockholm
Rosendlungsgatan 40, S-11891 Stockholm
T: (00468) 7 62 75 00 **Fax:** 6 68 86 17
Internet: http://www.eio.se
E-Mail: hans.enstrom@eio.se
Präsident(in): Gösta Allthin
Direktor(in): Hans Enström

Spanien

iz f 1 902

FENIE - Federacion Nacional de Industriales Electricistas de España
Principe de Vergara 74-6a, E-28006 Madrid
T: (003491) 4 11 32 17, 2 61 41 14
Fax: (00349) 15 64 68 07
Internet: http://www.fenie.es
E-Mail: fenie@fenie.es
Präsident(in): Serapio Calvo Miguel
Generalsekretär(in): Santos de Paz Alberquilla

• **IZ F 1 903**

Internationale Vereinigung der Wein- und Spirituosen Industrie (FIVS)
International Federation of Wines and Spirits
Fédération internationale des vins et spiritueux
Rue d'Anjou 20, F-75008 Paris
T: (00331) 42 68 82 48 **Fax:** 40 06 06 98
Internet: http://www.fivs.org
E-Mail: fivs.ass@wanadoo.fr
Gründung: 1951
Präsident(in): James P. Finkle (USA)
Mitglieder: 30 in 23 Ländern
Mitarbeiter: 1

• **IZ F 1 904**

Internationale Wollvereinigung (IWTO)
International Wool Textile Organization
Fédération Lainière Internationale (FLI)
63, Albert Drive, GB-London SW19 6LB
T: (0044208) 7 88 88 76 **Fax:** 7 88 51 71
Gründung: 1928
Verbandszeitschrift: International Wooltextile Overview
Verlag: I.W.T.O.
Mitglieder: 25

• IZ F 1 905

Internationale Zivilluftfahrt Organisation (ICAO)
International Civil Aviation Organization (ICAO)
Organisation de l'Aviation Civile Internationale (OACI)
Headquarters:
University Street 999, CDN-Montreal, Quebec H3C 5H7
T: (001514) 9 54-8219 **Fax:** 9 54-6077
Internet: http://www.icao.int
E-Mail: icaohq@icao.int
Leitung Presseabteilung: Denis Chagnon
Verbandszeitschrift: ICAO Journal
Redaktion: ICAO Headquarters
Mitglieder: 185 Contracting States
Mitarbeiter: 800

iz f 1 906

International Civil Aviation Organization European Office
3 bis, Villa Emile Bergerat, F-92522 Neuilly-sur-Seine Cedex
T: (0033546) 41 85 85 **Fax:** 41 85 00

• IZ F 1 907

Internationaler Abdichtungsverband (IWA)
International Waterproofing Association
Association Internationale de l'Etanchéité
Association House
Beardall Street 186, GB-Hucknall NG15 7JU
T: (0044115) 9 56 50 07 **Fax:** 9 63 34 44
Internet: http://www.iwa.co.uk
E-Mail: sally@bfrc.demon.co.uk
Gründung: 1968
President: René Huber
Chief Executive: Paul K. Newman
Mitarbeiter: 2

Mitgliedsverbände

Belgien

iz f 1 908

Association Belge des Entrepreneurs d'Etanchéité (ABEE)
Brusselsesteenweg, 333E, B-1785 Brussegem
T: (00322) 4 61 09 15 **Fax:** 4 61 09 12

iz f 1 909

Bitubel A.S.B.L.
c/o Performance Roofing Systems
Park Industriel, B-1360 Perwez
T: (00322) 3 34 87 00 **Fax:** 33 13 89
Francis Blake

Dänemark

iz f 1 910

Danske Tagpapfabrikanters Brancheforening
c/o Icopal a/s
Mileparken 28, DK-2730 Herlev
T: (0045) 44 88 55 00 **Fax:** 44 92 46 46
Anders Buchwald

Deutschland

iz f 1 911

DUD Geschäftsbereich Dach u. Dichtungsbahnen im IVK
Postf. 10 08 03, 64208 Darmstadt
Bleichstr. 26, 64283 Darmstadt
T: (06151) 2 11 80 **Fax:** 2 38 56
Internet: http://www.dud-flachdach.de
E-Mail: dud-Darmstadt@t-online.de
Geschäftsführer(in): Karin Arz

iz f 1 912

Hauptverband der Deutschen Bauindustrie e.V.
Bundesfachabteilung Bauwerksabdichtung
Kurfürstenstr. 129, 10785 Berlin
T: (030) 2 12 86-0 **Fax:** 2 12 86-240
Internet: http://www.bauindustrie.de
E-Mail: bauind@bauindustrie.de
Geschäftsführer(in): Dr.-Ing. Wolf-Michael Sack

iz f 1 913

vdd Industrieverband Bitumen-Dach- und Dichtungsbahnen e.V.
Karlstr. 21, 60329 Frankfurt
T: (069) 25 56-13 14-13 15 **Fax:** 25 56-16 02
Internet: http://www.vdd-bitumen.de
E-Mail: info@vdd-bitumen.de
Geschäftsführer(in): Dr.-Ing. Rainer Henseleit

iz f 1 914

Zentralverband des Deutschen Dachdeckerhandwerks - Fachverband Dach-, Wand- und Abdichtungstechnik e.V.
Postf. 51 10 67, 50946 Köln
Fritz-Reuter-Str. 1, 50968 Köln
T: (0221) 37 20 58 **Fax:** 38 43 36
Internet: http://www.dachdecker.de
E-Mail: zvdh@dachdecker.de
Präsident(in): Manfred Schröder
Hauptgeschäftsführer(in): Herbert Barton

Finnland

iz f 1 915

RTT-Finnish Association of Construction Product Industries
Bitumen Roofing Division
Etelaeranta 10
PO Box 11, FIN-00131 Helsinki
T: (003589) 17 28 41 **Fax:** 17 28 41
Internet: http://www.rttry.fi
E-Mail: rtt@rtt.ttliitot.fi
Managing Director: Ahti Kekonen (Katepal Oy, PO Box 33, 37501 Lempäälä, T.: (00385(0)3) 3 75 91 11, Fax: (00385(0)3) 3 75 09 74, E-Mail: ahti.kekonen@katepal.fi)

Frankreich

iz f 1 916

Chambre Syndicale Française de l'Échantéité (CSFE)
6-14 rue de la Perouse, F-75784 Paris Cedex 16
T: (00331) 40 70 94 57 **Fax:** 40 70 04 58
Erik Goger

Großbritannien

iz f 1 917

British Flat Roofing Council
Bagnall Road 177, GB-Basford, Nottingham NG6 8SJ
T: (0044115) 9 42 42 00 **Fax:** 9 42 44 88
Paul K. Newman

Italien

iz f 1 918

Federchimica Assochimica - Gruppo Produttori Membrane Bitume Polimero
Via Accademia, 33, I-20131 Mailand
T: (00392) 26 81 02 20 **Fax:** 26 81 03 49
Massimo Schieroni

Niederlande

iz f 1 919

BDA Keurings-en-Certificeringsinstituut BV
Postf. 739, NL-4200 AS Gorinchem
Avelingen West 35, NL-4200 AS Gorinchem
T: (00311830) 6 96 90 **Fax:** 6 08 66
Prof. Nico Hendriks

iz f 1 920

Venedak
Utrechtseweg 93a, NL-3702 AA Zeist
T: (00313404) 1 86 44 **Fax:** 1 51 28
Lodewÿk G. Niemöller

Norwegen

iz f 1 921

Norske Buggevareprodusenters Forening
P.B. 123 Blindern, N-0314 Oslo
T: (004722) 96 55 00 **Fax:** 46 55 23
Arne Skjell

Schweden

iz f 1 922

Sveriges Tatskikfabrikanters Forening
c/o Trelleborg Building Products
Division Mataki
Postf. 22, S-26321 Höganäs
Peter Suter

Schweiz

iz f 1 923

VERAS
c/o Vaparoid AG
Härdi 11a, CH-4657 Dulliken
T: (00416235) 39 62 **Fax:** 54 86
René Huber

Spanien

iz f 1 924

ANFI
Calle Francisco Giralte 2, E-28002 Madrid
T: (00341) 4 11 41 77 **Fax:** 5 61 56 26
Da. Nuria Lacaci Vazquez

• IZ F 1 925

Internationaler Aerosol-Verband (IAA)
International Aerosol Association
Association Internationale des Aérosols
Bahnhofstr. 37, CH-8023 Zürich
T: (00411) 2 11 52 55 **Fax:** 2 21 29 40
Gründung: 1957 (18. September)
Präsident(in): W. Mäder
Geschäftsführer(in): Dr. M. Wenner
Mitglieder: 30

• IZ F 1 926

Internationaler Beratender Baumwoll-Ausschuß (ICAC)
International Cotton Advisory Committee
Comité Consultatif International du Coton (CCIC)
K Street 1629, Suite 702, USA-Washington D.C. 20006
T: (001202) 4 63-66 60 **Fax:** 4 63-69 50
E-Mail: secretariat@icac.org
Gründung: 1939
Executive Director: Dr. Terry Townsend
Leitung Presseabteilung: Patricia Buignet
Verbandszeitschrift: COTTON: World Statistics, World Textile Demand, World Cotton Trade, The Outlook for Cotton Supply in 1998/99; The ICAC Recorder
Verlag: 1629 K Street NW, Suite 702, Washington DC 20006
Mitglieder: 45
Mitarbeiter: 10
Jahresetat: DM 1,9 Mio, € 0,97 Mio

• IZ F 1 927

Internationaler Bund Textil und Bekleidung (FITH)
International Federation of Textile and Clothing
Fédération Internationale Textile et Habillement
Rue de Trêves 33, B-1040 Brüssel
T: (00322) 2 85 47 33 **Fax:** 2 30 87 22
Gründung: 1897
Präsident(in): Jacques Jouret
Leitung Presseabteilung: Piet Nelissen

• IZ F 1 928

Internationaler Metall-Verband
International Association of Metals
Association internationale des métaux
Avenue De Brocqueville 12, B-1150 Brüssel
T: (00322) 7 55 63 11 **Fax:** 7 79 05 23
Kontaktperson: J. Spaas

• IZ F 1 929

Internationaler Ölmühlen-Verband (IASC)
International Association of Seed Crushers
Association Internationale des Fabricants d'Huile
Postf. 252, GB-Haywards Heath, West Sussex RH16 2YG
T: (00441444) 48 37 86 **Fax:** 48 40 68
President: R. M. Alias
Secretary General: K. J. Eldred

• IZ F 1 930

Internationaler Verband der Aromen-Industrie (IOFI)
International Organization of the Flavor Industrie
8, rue Charles-Humbert, CH-1205 Genève
T: (004122) 3 21 35 48 **Fax:** 7 81 18 60
Gründung: 1969
Secretary General: Dr. F. Grundschober
Mitglieder: 20 Landesverbände

• IZ F 1 931

Internationaler Verband der Backwaren-Industrie (AIBI)

International Association of the Bakery Industry
Association Internationale de la Boulangerie Industrielle (AIBI)
Generalsekretariat
In den Diken 33, 40472 Düsseldorf
T: (0211) 65 30 86 **Fax:** 65 30 88 od. (02226) 1 79 51
Internet: http://www.verbaende.com/aibi.htm
E-Mail: info@grossbaecker.com
Gründung: 1956
Präsident(in): Dr. Luigi Lazzaroni (c/o Società Industriale Panificazione (S.IN.PA.), Saronno S.P.A., Via Asiago 626, I-21047 Caronno Pertusella (VA), T: (00392) 96 45 01 33, Telefax: (00392) 9 65 50 75)
Vizepräsident(in): Kjell O. Hauge (c/o Bakehuset, Kneippen A/S Postboks 53, N-4033 Forus (Norway), T: (0047) 51 67 83 00, Fax: (0047) 51 67 71 86)
Generalsekretär(in): Helmut Martell

• IZ F 1 932

Internationaler Verband der Brotindustrie (AIBI)

Association Internationale de la Boulangerie Industrielle (AIBI)
Generalsekretariat:
In den Diken 33, 40472 Düsseldorf
T: (0211) 65 30 86 **Fax:** 65 30 88, (02226) 1 79 51
Internet: http://www.verbaende.com/aibi.htm
E-Mail: info@grossbaecker.com
Gründung: 1956
Generalsekretär(in): Helmut Martell

• IZ F 1 933

Internationaler Verband der Drahtindustrie (WAI)

Wire Association International
Association Internationale de l'Industrie du Fil de Fer
Boston Post Rd. 1570, USA-Guilford CT 06437
T: (001203) 4 53-2777 **Fax:** 4 53-83 84
Internet: http://www.wirenet.org
Gründung: 1930
President: Robert M. Shemenski
Executive Director: S. R. May
Verbandszeitschrift: Wire Journal International
Redaktion: Guilford, Ct. USA 06437
Mitglieder: 5000

• IZ F 1 934

Internationaler Verband für die Wärmebehandlung und Randschichttechnik (IFHT)

International Federation for Heat Treatment and Surface Engineering
Association Internationale de Traitement Thermique et de l'Ingénierie des Surfaces
Chequers/The Street, West Clandon, GB-Guildford GU4 7TG
T: (0044148) 322 24 24 **Fax:** 322 21 85
E-Mail: ifhtwood@aol.com
Gründung: 1971 (10. Oktober)
President: Z. Kolozsváry, Tg Mures (RO)
Past-Pres.: Prof. P. Mayr, Bremen (D)
Treasurer: Franz J. Steiner, Zürich (CH)
Secretary: Robert Wood (Chequers the Street, West Clandon, GB-Guildford GU4 7TG)
Mitglieder: 32 Mitgliedsorganisationen aus 25 Ländern

• IZ F 1 935

Internationaler Verband der Hersteller von Wellkisten (ICCA)

International Corrugated Case Association
Association Internationale des Fabricants de Caisses de Carton Ondulé
37, rue d'Amsterdam, F-75008 Paris
T: (00331) 53 20 66 80 **Fax:** 42 82 97 07
Internet: http://www.iccanet.org
Präsident(in): W. Howes (USA)
Secrétaire Général: B. Benson
Secrétaire (Europe): J.P. Lardillon

• IZ F 1 936

Internationaler Verband von Herstellern gummierter Papiere (FIPAGO)

International federation of manufacturers of gummed paper
Fédération Internationale des fabricants des papiers gommés
Postf. 732, NL-2130 AS Hoofddorp
Kruisweg 761, NL-2132 NE Hoofddorp
T: (003120) 6 54 30 66 **Fax:** 6 54 30 62
Internet: http://www.fipago.org
E-Mail: info@fipago.org
Délégué: Drs. A.M. Schryver

• IZ F 1 937

Internationaler Verband der Möbelstoff-Fabrikanten (CITA)

International Confederation of Manufacturers of Furnishing Fabrics
Confédération Internationale des Fabricants de Tissus d'Ameublement
Sekretariat:
Hans-Böckler-Str. 205, 42109 Wuppertal
T: (0202) 75 97-0 **Fax:** 75 97 97
Gründung: 1994 (3. November)
Präsident(in): Milo Pieters (Bekaert Textiles N.V., Waregem, Belgium)
Geschäftsführer(in): Dipl.rer.pol.techn. Peter Trepte
Mitglieder: 9 Verbände aus 9 Ländern

• IZ F 1 938

Internationaler Verband der Seeunternehmen (IMCA)

International Marine Contractors Association
Association Internationale des Entreprises Maritimes
Vauxhall Bridge Rd. Carlyle House 235, GB-London SW1 V1EJ
T: (0044207) 9 31 81 71 **Fax:** 9 31 89 35
Gründung: 1972
Chief Executive: Tony Read
Mitglieder: 150
Mitarbeiter: 5

• IZ F 1 939

Internationaler Verband der Verarbeiter von Chemiefaserfilament und Naturseidengarnen (AIUF-FASS)

International Association of Users of Synthetic and Artificial Filament Yarns and of Natural Silk
Association Internationale des Utilisateurs de Fils de Filaments Artificiels et Synthétiques et de Soie Naturelle
Poortakkerstraat 98, B-9051 Gent
T: (00329) 2 42 98 20 **Fax:** 2 42 98 29
E-Mail: info@gent.febeltex.be
Gründung: 1954
Präsident(in): Patric Tuytens (B)
Generalsekretär(in): Pierre Van Mol (B)
Mitglieder: 6 Nationale Fachverbände

Mitgliedsorganisationen

Belgien

iz f 1 940

FEBELTEX
Direction Économique
Poortakkerstraat 98, B-9051 Gent
T: (00329) 2 42 98 20 **Fax:** 2 42 98 29
E-Mail: pvm@gent.febeltex.be
Directeur Économique: Pierre Van Mol

Deutschland

iz f 1 941

Verband der Deutschen Seiden- und Samtindustrie
Von-Beckerath-Str. 11, 47799 Krefeld
T: (02151) 63 26 40 **Fax:** 63 26 20
Dipl.-Oec. Rudolf Cremer

Spanien

iz f 1 942

ANATSE
Alta de San Pedro 1, E-08003 Barcelona
T: (003493) 2 68 43 20 **Fax:** 2 68 03 24
Directeur: Clemente Parareda

Frankreich

iz f 1 943

UNITEX
55, Montée de Choulans, F-69323 Lyon
T: (00334) 72 56 49 49 **Fax:** 78 42 90 90
Claude Szternberg

Italien

iz f 1 944

Assoc. Serica Italiana
Via Odescalchi 17, I-22100 Como
T: (003931) 26 03 60 **Fax:** 30 06 78
Secrétaire: Guido Tettamanti

Schweiz

iz f 1 945

Textilverband Schweiz
Beethovenstr. 20, CH-8022 Zürich
T: (00411) 2 89 79 79 **Fax:** 2 89 79 80
Director: Alexander Hafner

• IZ F 1 946

Internationaler Verband der Wandbekleidungshersteller (IGI)

International Wallcovering Manufacturers Association
Groupement International des Fabricants de Revêtements Muraux
Avenue de Tervueren 402, B-1150 Bruxelles
T: (00322) 761 66 81 **Fax:** 761 66 79
E-Mail: IGI@intermar.be
Gründung: 1950
Vorsitzende(r): Jan Cloin (1999/2000)
Geschäftsführerin: Mary McCue
Mitglieder: 62 26 Assoziierte Mitglieder
Mitarbeiter: 2

• IZ F 1 947

Internationales Büro der Beton- und Fertigteilindustrie

International Bureau for Precast Concrete
Bureau International du Béton Manufacturé
207/209 Boulevard A. Reyers, B-1030 Bruxelles
T: (00322) 7 35 60 69 **Fax:** 7 34 77 95
Internet: http://www.bibm.org
E-Mail: info@bibm.org
Gründung: 1954
Präsident(in): G. Coskun (Türkei)
Generalsekretär(in): W. Simons
Mitglieder: 14

Mitgliedsorganisationen

Belgien

iz f 1 948

Fédération de l'industrie du béton (FeBe)
Bd. A. Reyers 207-209, B-1030 Bruxelles
T: (00322) 7 35 80 15 **Fax:** 7 34 77 95
Internet: http://www.febe.be
E-Mail: mail@febe.be
W. Simons

Dänemark

iz f 1 949

Dansk Beton Industriforening
Danish Concrete Industry Association
Nørre Voldgade 106
Postf. 2125, DK-1015 Kopenhagen
T: (004533) 74 77 47 **Fax:** 74 77 00
Kontaktperson: K. Almer (E-Mail: kan@danent.dk)

Deutschland

iz f 1 950

Bundesverband Deutsche Beton- und Fertigteilindustrie e.V. (BDB)
Schloßallee 10, 53179 Bonn
T: (0228) 9 54 56-0 **Fax:** 9 54 56-90
Internet: http://www.betoninfo.de
E-Mail: betoninfo@lg.elge.de
Präsident(in): Dipl.-Ing. Rolf Werle
Vizepräsidenten: Dipl.-Ing. Klaus Dürkop
Dipl.-Ing. Karl Kronimus
Sprecher der Geschäftsführung: Dipl.-Ing. Dieter Schwerm

Finnland

iz f 1 951

RTT-Finnish Association of Construction Product Industries
Concrete Industry Division
Etelaeranta 10
PO Box 11, FIN-00131 Helsinki
T: (003589) 17 28 41 **Fax:** 17 28 41
Internet: http://www.rttry.fi
E-Mail: rtt@rtt.ttliitot.fi
Arto Suikka (E-Mail: arto.suikka@rtt.ttliitot.fi)

Frankreich

iz f 1 952

FIB - Fédération française de l'industrie du béton
23, Rue de la Vanne, F-92126 Montrouge Cédex
T: (00331) 49 65 09 09 **Fax:** 49 65 08 61
E-Mail: fib@wanadoo.fr
Kontaktperson: J.P. Elguedj

Großbritannien

iz f 1 953

BPCF - British Precast Concrete Federation Ltd.
60, Charles Street, GB-Leicester LE1 1FB
T: (0044116) 2 53 61 61 **Fax:** 2 51 45 68
E-Mail: briprecast@aol.com
Kontaktperson: A. Tydeman

Israel

iz f 1 954

Federation of Precast Concrete Manufacturers in Israel
Postf. 9 87, IL-52002 Ramat-Gan
T: (009723) 6 74 56 19 **Fax:** 6 76 33 69
A. Sagi

Italien

iz f 1 955

Assobeton
Via G. Zanella 36, I-20133 Mailand
T: (00392) 70 10 01 68 **Fax:** 7 49 01 40
E-Mail: assobeton@galactica.it
Kontaktperson: R. Cestari

Niederlande

iz f 1 956

BFBN - Bond van Fabrikanten van Betonprodukten in Nederland
Postf. 194, NL-3440 AD Woerden
Zaagmolenlaan 20, NL-3440 AD Woerden
T: (0031348) 41 09 44 **Fax:** 41 98 15
E-Mail: bfbn@worldonline.nl
Kontaktperson: A. P. Pielkenrood

Norwegen

iz f 1 957

BLF - Betonindustriens Landsforening
Postf. 71 86, N-0303 Oslo
Majorstua, N-0303 Oslo
T: (0047) 23 08 75 00 **Fax:** 23 08 76 21
E-Mail: arne.skjelle@bnl.no
Kontaktperson: A. Skjelle

Österreich

iz f 1 958

VÖB - Verband Österreichischer Beton- und Fertigteilwerke
L. Hasnerstr. 36/1/4, A-4020 Linz
T: (0043732) 65 60 62 **Fax:** 66 66 83
E-Mail: office@voeb.co.at
Kontaktperson: Dr. G. Zieschank

Schweden

iz f 1 959

BR - Betongvaruindustrins Riksforbund
Postf. 14104, S-16114 Bromma
T: (00468) 56 41 02 30 **Fax:** 56 41 02 39
Internet: http://www.betongvaruind.a.se
U. Redtzer

Spanien

iz f 1 960

ANDECE - Associación Nacional de Prefabricados y Derivados del Cemento
Principe de Vergara 211-1°, E-28002 Madrid
T: (003491) 5 63 69 22 **Fax:** 5 64 59 45
E-Mail: andece@andece.es
Contact Person: J. M. de Eugenio Cid

Türkei

iz f 1 961

TPCA - Turkish Precast Concrete Association
Farabi Sokak 39/10, TR-06690 Kavaklidere Ankara
T: (0090312) 4 67 61 95 **Fax:** 4 67 62 95
E-Mail: prefab@ada.net.tr
Kontaktperson: B. Tokman

• IZ F 1 962

Internationales Daunen- und Federn-Bureau e.V.
International Down and Feather Bureau Inc.
Bureau International de Duvet et des Plumes
Röderweg 31, 63739 Aschaffenburg
T: (06021) 9 12 67 **Fax:** 9 69 22
Präsident(in): Gerard L. Hanauer (Seattle/USA)
Vizepräsident(in): Siegfried Böhler (Langenargen/D)
Zenichiro Kusada (Nagoya/Japan)

• IZ F 1 963

Internationales Komitee für Kaltwalzen (CIPF)
International Cold Rolling Committee
Comité International du Profilage à Froid
Robson Rhodes
Centre City Tower, 7 Hill Street, GB-Birmingham BS 4UU
T: (0044121) 6 97 60 00 **Fax:** 6 97 61 13
President: M. Bertrams
Administration: S. Battersby

• IZ F 1 964

Internationales Komittee für Bandstahlkaltwalzenstudie (CIELFFA)
International Committee for Studies on Cold Rolling of Steel Sheet
Comité International d'Étude du Laminage à Froid du Feuillard d'Acier
Kaiserswerther Str. 137, 40474 Düsseldorf
T: (0211) 4 78 06-0 **Fax:** 4 78 06-22
E-Mail: fvk-fvp@t-online.de

• IZ F 1 965

Internationales Zellglas-Komitee (CIPCEL)
Comité International de la Pellicule Cellulosique
Avenue E. Van Nieuwenhuyse, 4, B-1160 Bruxelles
T: (00322) 6 76 74 55 **Fax:** 6 76 74 54
Gründung: 1964
Président: W. Lowther
Secrétaire Général: D. Morris
Mitglieder: 7

• IZ F 1 966

Verband europäischer Textilveredler (CRIET)
The European Textile Finishers' Organisation
Organisation des ennoblisseurs de textiles
Postf. 5 18, NL-3900 AM Veenendaal
De Schutterij 16, NL-3900 AV Veenendaal
T: (0031318) 56 44 88 **Fax:** 56 44 87
President: M.L. Fox
Contact: C. Lodiers
Mitglieder: 12
Mitarbeiter: 5

Mitgliedsorganisationen

Belgien

iz f 1 967

Febeltex Textile Finishing Sector
rue Montoyer 24, B-1000 Brüssel
T: (00322) 2 87 08 25 **Fax:** 2 87 08 61
E-Mail: fq@febeltex.be
Contact: J.F. Quix

Dänemark

iz f 1 968

Federation of Danish Textile and Clothing Industries
Postf. 507, DK-7400 Herning
Bredgade 41, DK-7400 Herning
T: (004599) 27 72 00 **Fax:** (004597) 12 23 50
E-Mail: cka@textile.dk
Contact: Soren Holm Petersen

Deutschland

iz f 1 969

Gesamtverband der deutschen Textilveredlungsindustrie TVI-Verband e.V.
Frankfurter Str. 10-14, 65760 Eschborn
T: (06196) 95 91-0 **Fax:** 95 91-25
Contact: Dipl.-Ing. Hartmut E. Reetz

Frankreich

iz f 1 970

Fédération de L'Ennoblissement Textile
Rue de Neuilly 37, F-92113 Clichy
T: (0033247) 56 31 70 **Fax:** 30 27 09
Contact: J.F. Gibier

Griechenland

iz f 1 971

Panhellenic Association
Dodekanisou 22, GR-54626 Tessaloniki
T: (0030) 546 26 **Fax:** 556 746

Italien

iz f 1 972

Associazione Nobilitazione Tessile
Viale Sarca 223, I-20126 Mailand
T: (003902) 66 10 34 04 **Fax:** 66 10 34 44
Contact: M. Chezzi

Niederlande

iz f 1 973

Ver. van Loonveredelingsbedrijven voor de Textielindustrie
Ver. Nederlandse Eigen-Textieldrukkers
De Schutterij 16, NL-3900 AV Veenendaal
T: (0031318) 56 44 88 **Fax:** 56 44 87
Contact: C. Lodiers

Norwegen

iz f 1 974

TBL Teko
Postf. 70 72, N-0306 Oslo
Oscar Gate 20, N-0306 Oslo
T: (004722) 59 00 00 **Fax:** 59 00 06
Internet: http://www.tbl.no
E-Mail: es@tbl.no

Österreich

iz f 1 975

Fachverband der Textilindustrie Österreichs
Postf. 197, A-1013 Wien
Rudolfsplatz 12, A-1010 Wien
T: (00431) 5 33 37 26 53 **Fax:** 5 33 37 26 40
Contact: Dr. P. Schinzel

Schweiz

iz f 1 976

Schweizerischer Textilveredlungs- und Exportverband STVE
Waldmannstr. 6, CH-9014 Sankt Gallen
T: (004171) 2 77 67 67 **Fax:** 2 77 27 45
Contact: Dr. T. Pataky

Türkei

iz f 1 977

Textil Terbiye S. Dergeni
Yildiz Posta Cad. No. 8 D 39, TR-80700 Besiktas-Istanbul
T: (0090212) 274 38 89 **Fax:** 266 76 79

Großbritannien

iz f 1 978

The Knitting Industries' Federation Ltd.
Oxford Street 53, GB-Leicester LE1 6XY
T: (0044116) 2 54 16 08 **Fax:** 2 54 22 73
Contact: A. Carvell

iz f 1 979

Textile Finishers Association
Merrydale House
Randsdale Way, GB-Bradford BD4 6SD
T: (00441274) 652 207 **Fax:** 682 293
Contact: J.M. Lambert

• IZ F 1 980

Komitee der Baumwoll- und Verwandten Textilindustrien der E.U. (EUROCOTON)
Committee of the Cotton and allied Textile Industries of the E.U.
Comité des Industries du Coton et des Fibres connexes de l'U.E.
24, rue Montoyer, B-1000 Bruxelles
T: (00322) 230 32 39 **Fax:** 230 36 22
Gründung: 1960
Direction: Michèle Anselme
Président: A. Dubly (France)
Vice-Président: H.C. Sanders (RFA)
Mitglieder: 14
Mitarbeiter: 3
Jahresetat: DM 0,461 Mio, € 0,24 Mio

Mitgliedsorganisationen

Belgien

iz f 1 981

FEBELTEX
Direction Économique
Poortakkerstraat 98, B-9051 Gent
T: (00329) 2 42 98 20 **Fax:** 2 42 98 29
E-Mail: pvm@gent.febeltex.be

Dänemark

iz f 1 982

Textil - og Beklaedingsindustrien
Postf. 507, DK-7400 Herning
Bredgade 41, DK-7400 Herning

Deutschland

iz f 1 983

Industrieverband Garne + Gewebe e.V.
Postf. 54 29, 65729 Eschborn
Frankfurter Str. 10-14, 65760 Eschborn
T: (06196) 47 23-0 (FB Garne), 47 23-5 (FB Gewebe)
Fax: 47 23-40 (FB Garne), 47 23-70 (FB Gewebe)

Frankreich

iz f 1 984

Fédération Française de l'industrie Cotonnière
Rue de Neuilly, 37-39, F-92113 Clichy

Griechenland

iz f 1 985

Union des Industriels cotonniers de Grèce
Xenofontos, 5, GR-10557 Athens

Italien

iz f 1 986

Associazione Cotoniera Liniera e delle Fibre Affini (ACI)
Via le Sarca, 223, I-20126 Milano
T: (00392) 66 10 38 38 **Fax:** 66 10 41 89

Portugal

iz f 1 987

Associaçao Portuguesa de Texteis e Vestuario
Rua Gonçalvo Cristovao 96 1° e 2°, P-4000 Porto

Spanien

iz f 1 988

Asociacion Industrial Textil de Proceso Algodonero (AITPA)
Gran Via 670, E-Barcelona 08010

Assoziierte Mitglieder

Österreich

iz f 1 989

Vereinigung Textilindustrie (VTI)
Rudolfplatz 12, A-1013 Wien

Schweden

iz f 1 990

TEKO Industrierna
Postf. 55 10, S-11485 Stockholm
T: (00468) 7 62 66 62 **Fax:** 7 62 68 87
Internet: http://www.teko.se
E-Mail: sven.cele@vi.se

Spanien

iz f 1 991

Asociacion Nacional de empresarios des motadores de algodon (ANEDA)
Plaza de Cuba 5, E-Sevilla 41011

Griechenland

iz f 1 992

Panhellenic Union of Cotton Ginners and Exporters
Monastiriou Street 311, GR-54628 Thessaloniki

Türkei

iz f 1 993

Turkish Textile Employer's Association
Akaretler
Vişnezade Camii Meydani Efe Apt. 2/10, TR-80680 Besiktas-Istanbul

• IZ F 1 994

European Confederation of Associations of Manufacturers of Insulated Wires and Cables (EUROPACABLE)
c/o Cablebel
Diamant Building
Blvd. A. Reyers 80, B-1030 Brüssel
T: (00322) 7 02 61 25 **Fax:** 7 02 61 27
Internet: http://www.europacable.com
E-Mail: ecable@aol.com
Gründung: 1978
Secretary General: T. Neesen
Mitgliedsorganisationen: alle Kabelverbände der Europäischen Union

• IZ F 1 995

Koordinationsausschuß der Berufsverbände von Stromerzeugern in Europa (EUROPGEN)
European Generating Set Association c/o Gigrel
Comité de Coordination des Associations Professionnelles du Groupe Electrogène en Europe
c/o AMPS - Association of Manufacturers
Kirkby House, GB-Andover SP11 6JW
T: (00441264) 365 367 **Fax:** 362 304
E-Mail: technical@amps.org.uk
Gründung: 1989
Präsident(in): Robert Beebee
Generalsekretär(in): Robert A. Wheadon
Verbandszeitschrift: "Statistics"
Mitglieder: 4 national associations

Deutschland

iz f 1 996

Gemeinschaft Deutsche Stromerzeugungsaggregate (GDS)
c/o VDMA
Postf. 71 08 64, 60498 Frankfurt
Lyoner Str. 18, 60528 Frankfurt
T: (069) 66 03-1554 **Fax:** 66 03-1566
E-Mail: krieger_krm@vdma.org
Kontaktperson: Dipl.-Wirtsch.-Ing. Gerd Dieter Krieger

Frankreich

iz f 1 997

GIGREL
c/o GIMELEC
Rue Hamelin 11, F-75783 Paris Cedex
T: (00331) 45 05 71 37 **Fax:** 45 05 16 79
E-Mail: j-mmuraz@gimelec.fr
Kontaktperson: Jean-Max Muraz

Italien

iz f 1 998

COGREL
c/o ANIE
Via Gattamelata 34, I-20149 Mailand
T: (003902) 3 26 42 55 **Fax:** 3 26 42 12
E-Mail: cogrel@anie.it
Contact: Tommaso Genova

Großbritannien

iz f 1 999

AMPS
Postf. 17 14, GB-Andover
T: (00441264) 36 53 67 **Fax:** 36 23 04
E-Mail: mail@amps.org.uk
Contact: Robert Wheadon

• IZ F 2 000

MODEUROP
c/o SchuMo Ges. z. Förderung der Deutschen Schuhindustrie mbH
Postf. 10 07 61, 63007 Offenbach
Waldstr. 44, 63065 Offenbach
T: (069) 82 97 41-0 **Fax:** 81 28 10

• IZ F 2 001

Organisation der Hersteller von Zellstoffhaltigen Nahrungsmitteln (OFCA)
Organisation des Fabricants de Produits Cellulosiques Alimentaires
Postf. 5822, NL-2280 HV Rijswijk
T: (003170) 3 99 98 74 **Fax:** 3 90 27 15
Secretary General: Dr. E. Izeboud

• IZ F 2 002

Organisation of European Aluminium Refiners and Remelters (OEA)
Postf. 20 08 40, 40105 Düsseldorf
Am Bonneshof 5, 40474 Düsseldorf
T: (0211) 45 19 33 **Fax:** 43 10 09
Gründung: 1960 (21. Oktober)
Geschäftsführer(in): RA Günter Kirchner

• IZ F 2 003

Platin Gilde International
Feldbergstr. 59, 61440 Oberursel
Internet: http://www.Platin-Gilde.de
E-Mail: info@Platin-Gilde.de
Geschäftsführer(in): Roswitha Affemann (Im Heidegraben 27, 61440 Oberursel, T: (06171) 2 30 93, Telefax: (06171) 2 67 52)

• IZ F 2 004

Schiffsausrüster-Verband der EU-Länder (O.C.E.A.N.)
Organization of Shipsuppliers in EC-Countries
Organisation de la Communauté Europe1enne des Avitailleurs de Navires
Van Stolkweg 31, NL-2585 JN Den Haag
T: (003170) 358 91 37 **Fax:** 358 45 38
Gründung: 1976
Präsident(in): Jens Olsen
Generalsekretär(in): Laurens J.C. van der Ziel
Mitglieder: ca. 700 Mitgliedsfirmen

Mitgliedsorganisationen

Belgien

iz f 2 005

Koninklijke Belgische Beroepsvereniging der Scheepsbevoorraders
Royal Belgian Ship Suppliers Association
Oude Leeuwenrui 8-B/8, B-2000 Antwerpen 1
T: (00323) 2 31 08 80 **Fax:** 2 31 08 80
R. A. van Uffel

Dänemark

iz f 2 006

Dansk Skibshandler Forening
Danish Ship Suppliers Association
Dronningens Tvaergade 50, DK-1302 Kopenhagen
T: (0045) 33 13 12 62 **Fax:** 33 12 05 80
Kontaktperson: Jens Olsen

Deutschland

iz f 2 007

Verband Deutscher Schiffsausrüster e.V.
German Shipsupplier Association
Raboisen 101, 20095 Hamburg
T: (040) 32 40 82, 33 82 95 **Fax:** 32 45 30
TX: 211 366
Vorsitzende(r): Hennig Engels

Finnland

iz f 2 008

Finlands Skeppshandlareförening r.f.
Finnish Shipsupplier Association
Putkitie 3, FIN-00880 Helsinki
T: (003589) 75 89 91 **Fax:** 75 89 92 00
Kontaktperson: Matti Kokkola

Frankreich

iz f 2 009

Syndicat National des Approvisionneurs de Navires
French Ship Suppliers Association
Postf. 64, F-34201 Sète Cédex
Quai François Maillol 6 Bis, F-34201 Sète
T: (00334) 67 74 83 76 **Fax:** 67 74 83 76
Kontaktperson: Georges Garguilo

Griechenland

iz f 2 010

Greek ShipSuppliers Association
Akti Miaouli 81, Loumou Building, GR-18538 Piraeus
T: (00301) 4 51 74 28 **Fax:** 4 53 73 45
Kontaktperson: Evagelos Pagakis

Großbritannien

iz f 2 011

British Association of Ship Suppliers
c/o Huttons of Hull
Kingson House, Royal Edward Dock, Avonmouth, GB-Bristol BS 11 9HB
T: (0044117) 9 82 12 29 **Fax:** 9 82 22 14
Kontaktperson: R. Blake

Italien

iz f 2 012

Associazione Nazionale Provveditori Appaltatori Navali (A.N.P.A.N.)
Italian Shipsuppliers Association
Via Dusmet 131, I-95131 Catania
T: (003995) 31 02 03 **Fax:** 32 65 80
Kontaktperson: Raimondo Bonini

Niederlande

iz f 2 013

Nederlandse Vereniging van Scheepsleveranciers
Netherlands Association of Shipsuppliers
Postf. 54 90, NL-3008 AL Rotterdam
T: (003110) 2 83 67 00 **Fax:** 2 83 67 38
Kontaktperson: P.C. de Haas

Portugal

iz f 2 014

Associacão dos Shipchandlers de Portugal
Portuguese Shipsuppliers Association
Praca D. Luis I 2, P-1200 Lissabon
T: (003511) 3 21 09 00, 3 21 09 77 **Fax:** 3 42 56 72, 3 97 68 34
Kontaktperson: A.J. Santos Almeida

Schweden

iz f 2 015

Sveriges Skeppshandlareförbund
Swedish Shipsuppliers Association
Frigoscandia
Skandiahamnen, S-41834 Gothenburg
T: (004631) 53 40 10 **Fax:** 53 88 77
Kontaktperson: Stefan Ericson

Spanien

iz f 2 016

Associación Española de Suministradores Marítimos (AESMAR)
Spanish Ship Suppliers Association
Puerto de Malaga, Muelle 1, E-29016 Malaga
T: (003495) 2 21 78 90 **Fax:** 2 21 98 96
Kontaktperson: Pedro A. Martin Graciani

• IZ F 2 017

Spielzeugindustrie in Europa (TIE)
Toy Industries of Europe
Avenue de Tervueren 13A, B-1040 Brüssel
T: (00322) 7 32 70 40 **Fax:** 7 36 90 68
Internet: http://www.tietoy.org
E-Mail: tie@european-strategy.com
Gründung: 1990
Chairman: Alan Munn
Secretary General: Maurits Bruggink
Mitarbeiter: 5

Mitgliedsorganisationen

Deutschland

iz f 2 018

Deutscher Verband der Spielwaren-Industrie e.V. (DVSI)
Geschäftsstelle Nürnberg:
Guntherstr. 45b, 90461 Nürnberg
T: (0911) 9 49 68-0 **Fax:** 9 49 68-80
Geschäftsstelle Stuttgart
Heinestr. 169, 70597 Stuttgart
T: (0711) 9 76 58-0, Telefax: (0711) 9 76 58-30/31
Corinna Printzen

Frankreich

iz f 2 019

Association des Jouets de Marque (AJM)
c/o Information & Enterprise
rue Pasteur Wagner 7, F-75522 Paris Cedex 11
T: (00331) 56 03 12 12 **Fax:** 56 03 13 13
Claude Unger

iz f 2 020

Federation Française des Industries Jouet-Puericulture
rue La Fayette 103, F-75481 Paris Cedex 10
T: (00331) 40 16 25 70 **Fax:** 40 16 25 71
Daniel Aboaf

Großbritannien

iz f 2 021

British Toy & Hobby Association (BTHA)
Camberwell Road 80, GB-London SE5 0EG
T: (0044207) 7 01 72 71 **Fax:** 7 08 24 37
David Hawtin

Italien

iz f 2 022

Assogiocattoli
Assarredo Federlegno-Arredo
Foro Bonaparte 65, I-20121 Mailand
T: (003902) 80 60 41 **Fax:** (00392) 80 60 43 92
Giovanni Battista Orsi

Niederlande

iz f 2 023

Organisatie van nederlandse speelgoedleveranciers (ORNES)
Postf. 9 60 70, NL-1006 EB Amsterdam
T: (003120) 6 10 08 20 **Fax:** 6 19 22 15
Marie-Christine van Rijn

Schweden

iz f 2 024

Association of swedish suppliers of toys & hobby articles (LLH)
10329 Stockholm
T: (00468) 6 78 80 01 **Fax:** 6 79 96 65
Johan Leffler

Spanien

iz f 2 025

Asociación Española de Fabricantes de Juguetes
La Ballaora 1, E-03440 Ibi
T: (003496) 655 11 76 **Fax:** 655 0275
Salvador Miro

• IZ F 2 026

Ständiger Ausschuß der Glas-Industrien in der EG (CPIV)
Standing Committee of the EU Glass Industries
Comité Permanent des Industries du Verre de l'UE
89, Avenue Louise, B-1050 Bruxelles
T: (00322) 5 38 44 46 **Fax:** 5 37 84 69
Gründung: 1962
Präsident(in): N. Ullmann
Generalsekretär(in): F. Van Houte
Leitung Presseabteilung: Véronique Favry
Verbandszeitschrift: CPIV-Info - Mensuel
Redaktion: V. Favry
Mitglieder: 12 Verbände
Mitarbeiter: 2

Mitgliedsorganisationen

Europa

iz f 2 027

Association des Producteurs de Fibres de Verre Européens
Av. Louise 89, B-1050 Brüssel
T: (00322) 5 38 44 46 **Fax:** 5 37 84 69
Präsident(in): J.F. Santicoli
Generalsekretär(in): G. Maeyaert

iz f 2 028

Europäischer Behälterglasindustrieverband (FEVE)
European Container Glass Federation
Fédération Européenne du Verre d'Emballage
av. Louise 89, Bte 4, B-1050 Brüssel
T: (00322) 539 34 34 **Fax:** 539 37 52
Präsident(in): A. Vasconcelos
Generalsekretär(in): Andrew Somogyi

iz f 2 029

European Special Glas Association (E.S.G.A.)
c/o CPIV
89, Avenue Louise, B-1050 Brüssel
T: (00322) 5 38 44 46 **Fax:** 5 37 84 69

Gründung: 1999 (1. Januar)
Präsident(in): Dr. R. Schumacher
Generalsekretär(in): F. van Houte

iz f 2 030

European Domestic Glass
c/o CPIV
Avenue Louise 89, B-1050 Brüssel
T: (00322) 538 44 46 **Fax:** 537 84 69
Präsident(in): L. Paganelli
Generalsekretär(in): F. Van Houte

Belgien

iz f 2 031

Fédération de l'Industrie du Verre
Avenue Louise 89 B. 1, B-1050 Brüssel
T: (00322) 542 61 20 **Fax:** 542 61 21
Präsident(in): R. Buekenhout
Direktor(in): R. Deridder

iz f 2 032

Groupement Européen des Producteurs de Verre Plat
Av. Louise 89, B-1050 Brüssel
T: (00322) 5 38 43 77 **Fax:** 5 37 84 69
Präsident(in): L. Willame
Generalsekretär(in): E. Bullen

Deutschland

iz f 2 033

Bundesverband Glasindustrie und Mineralfaserindustrie e.V.
Postf. 10 17 53, 40008 Düsseldorf
Stresemannstr. 26, 40210 Düsseldorf
T: (0211) 1 68 94-0 **Fax:** 1 68 94-27
Gründung: 1953 (1.Januar)
Präsident(in): Klaus Peter Rambow
Geschäftsführer(in): Dipl.-Ökonom Friedrich Klopotek
Mitglieder: rd. 135 Unternehmen

Frankreich

iz f 2 034

Fédération des Chambres Syndicales de l'Industrie du Verre
3, rue de la Boétie, F-75008 Paris
T: (00331) 42 65 60 02 **Fax:** 42 66 23 88
Präsident(in): J. Demarty

iz f 2 035

Fédération des Cristalleries Verreries à la Main et Mixtes
32, rue de Paradis, F-75010 Paris
T: (00331) 47 70 26 42 **Fax:** 47 70 34 84
Präsident(in): I. Mouclier
Generalsekretär(in): I. L. Auziere

Großbritannien

iz f 2 036

British Glass Manufacturers Confederation
Northumberland Road, GB-Sheffield S10 2UA
T: (0044742) 68 62 01 **Fax:** 68 10 73
Präsident(in): A. Mair
DG: D. Thornton

iz f 2 037

Flat Glass Manufacturers Association
c/o Pilkington Glass Ltd.
Prescot Road, GB-St. Helens WA10 3TT
T: (0044744) 2 88 82 **Fax:** 69 26 60
Generalsekretär(in): R. Wilberforce

Irland

iz f 2 038

Irish Glass Federation
c/o Waterford Crystal Ltd.
T: (0035351) 7 33 11 **Fax:** 7 85 39
Kontaktperson: J. Kennedy

Italien

iz f 2 039

Associazione Nazionale degli Industriali del Vetro
Via L. Bissolati 76, I-00187 Rom
T: (00396) 4 87 11 30 **Fax:** 4 88 56 83
Präsident(in): F. Todisco
Direktor(in): C. Giordano

Niederlande

iz f 2 040

Vereniging van Nederlandse Glasfabrikanten
Postf. 46, NL-3100 AA Schiedam
T: (003110) 4 27 45 80 **Fax:** 4 26 23 21
Präsident(in): Havermans
Generalsekretär(in): Dr. R. de Block

Österreich

iz f 2 041

Fachverband der Glasindustrie
Postf. 328, A-1045 Wien
Wiedner Hauptstrasse 63, A-1045 Wien
T: (00431222) 5 01 05 34 28 **Fax:** 50 20 62 81
Präsident(in): R. Schraml
Direktor(in): A. Krissmanek

Spanien

iz f 2 042

Cristaleria Espanola SA
Delegacion Compania Saint Gobain E/P
Paseo de la Castellana 77, E-28046 Madrid
T: (00341) 3 97 20 61 **Fax:** 3 97 20 09
Kontaktperson: J. García-Bayón

Türkei

iz f 2 043

Turkiye Cam Sanayii Isverenleri Sendikasi
c/o Turkiye Sise Ve Cam Fabrikalari AS
Camhan
Barbaros Bulvari 125, TR-80706 Besiktas-Istanbul
T: (00901) 1 72 72 00 **Fax:** 1 67 04 18
Präsident(in): A. Caglayan
Sekr.: H. Ozman

● **IZ F 2 044**

Ständiger Internationaler Ausschuß der Essighersteller - Gemeinsamer Markt - (CPIV)
Comité Permanent International du Vinaigre Marché Commun
Reuterstr. 151, 53113 Bonn
T: (0228) 21 20 17 **Fax:** 22 94 60
Président: José M. Reis Silva (Portugal)
Secrétaire Général: Dr.jur. Hans-Joachim Mürau (D)

Mitgliedsorganisationen

Belgien

iz f 2 045

AFISPA - VIVED
Section Vinegar
Av. de Roodebeek 30, B-1030 Brüssel
T: (00322) 7 43 87 30 **Fax:** 7 36 81 75
E-Mail: afispa.vived@sia-dvi.be

Dänemark

iz f 2 046

Foreningen Eddikebryggere i Danmark de Jydske Eddikebryggerier A/S
Slaenfej 4, DK-8900 Randers
T: (004586) 42 48 33 **Fax:** 42 37 32

Deutschland

iz f 2 047

Verband der Essig- und der Senfindustrie e.V.
Reuterstr. 151, 53113 Bonn
T: (0228) 21 20 17 **Fax:** 22 94 60
Vorsitzende(r): Martin Kauffmann

Finnland

iz f 2 048

PRIMALCO Ltd., Polymers
Valta-akseli, FIN-05200 Rajamäki
T: (003589) 1 33 11 **Fax:** 1 33 13 22

Frankreich

iz f 2 049

Syndicat National des Fabricants de Vinaigres
8, Rue de l'Isly, F-75008 Paris
T: (00331) 53 42 33 80 **Fax:** (0033) 5 34 23 381

Großbritannien

iz f 2 050

The Vinegar Brewers' Federation
25 Castlereagh Street Suite 13, Castle House, GB-London W1H 5YR
T: (0044207) 72 30 83 **Fax:** 1724 50 55

Italien

iz f 2 051

Federazione Italiana Industriali Produttori, Esportatori ed Importatori di Vini, Acquaviti, Liquori, Sciroppi, Aceti ed Affini (FEDERVINI)
Via Mentana 2/b, I-00185 Rom
T: (00396) 4 94 16 30 **Fax:** 4 94 16 30

Niederlande

iz f 2 052

De Burg bv azijn
Spijsolie - Limonade
Marconistraat 26, NL-1704 RG Heerhugowaard
T: (003172) 5 71 79 44 **Fax:** 5 74 34 70

Österreich

iz f 2 053

Fachverband der Ernährungs- und Genußmittelindustrie Österreichs
Postf. 1 44, A-1037 Wien
Zaunergasse 1-3, A-1030 Wien
T: (00431) 7 12 52 48 **Fax:** 7 15 48 19

Portugal

iz f 2 054

Associação dos Comerciantes e Industriais de Bebidas Espirituosas e Vinhos (ACIBEV)
Largo do carmo 15-1°, P-1200 Lissabon
T: (003511) 3 46 23 18 **Fax:** 3 42 75 17
E-Mail: acibevmail@acibev.pt

Spanien

iz f 2 055

Asociación de Elaboradores y Envasadores de Vinagre
C/Mallorca 286 entl. ° 2a, E-08037 Barcelona
T: (003493) 20 72 516 **Fax:** 20 71 611

• IZ F 2 056

Ständiger Internationaler Ausschuß für Lebensmittelkonserven (CIPC)
International Permanent Committee on Canned Foods
Comité International Permanent de la Conserve
Secrétariat Général:
44 rue d'Alésia, F-75682 Paris Cedex 14
T: (00331) 53 91 44 44 **Fax:** 53 91 44 70
President: A. Bizac
Secrétaire Général: Yves Michelon

• IZ F 2 057

Ständiges Internationales Büro der Automobil-Hersteller (OICA)
International Organization of Motor Vehicle Manufacturers (OICA)
Organisation Internationale des Constructeurs d'Automobiles (OICA)
4, rue de Berri, F-75008 Paris
T: (00331) 43 59 00 13, 43 59 07 01 **Fax:** 45 63 84 41
Gründung: 1919
Président: Dr. di Camillo
Mitglieder: 40
Mitarbeiter: 6

• IZ F 2 058

Technischer Verband der europäischen Erdgaswirtschaft (MARCOGAZ)
Technical Association of the European Natural Gas Industry
4, Avenue Palmerston, B-1000 Brussels
T: (00322) 2 37 11 11 **Fax:** 2 30 44 80
TGR: FIGAZ
Secretary General: P. G. Claus (T: (00322) 2 37 11 26, Telefax: (00322) 2 30 62 91)

• IZ F 2 059

Union der Industrie- und Arbeitgeberverbände Europas (UNICE)
Union of Industrial and Employers' Confederations of Europe
Union des Confédérations de l'Industrie et des Employeurs d'Europe
Rue Joseph II, 40, Bte 4, B-1000 Bruxelles
T: (00322) 2 37 65 11 **Fax:** 2 31 14 45
E-Mail: main@unice.be
Gründung: 1958
Président: Georges Jacobs
Secrétaire Général: Dirk Hudig
Verbandszeitschrift: UNICE@NEWS
Redaktion: UNICE, Rue Joseph II, 40, B-1000 Bruxelles
Mitglieder: 35 Fédérations Nationales dans 27 pays d'Europe plus 4 associations obsevateurs
Mitarbeiter: 41

Mitgliedsorganisationen

Belgien

iz f 2 060

Fédération des Entreprises de Belgique (FEB)
Rue Ravenstein 4, B-1000 Brüssel
T: (00322) 5 15 08 11 **Fax:** 5 15 09 99
E-Mail: ja@vbo-feb.be

Bulgarien

iz f 2 061

Bulgarian Industrial Association (BIA)
16-20, Albin Str., BG-1000 Sofia
T: (003592) 9 80 03 03 **Fax:** 9 87 26 04
E-Mail: office@bia-bg.com

Dänemark

iz f 2 062

Confederation of Danish Employers (DA)
Postf. 386, DK-1790 Kobenhavn V
Vester Voldgade 113, DK-1790 Kobenhavn V
T: (0045) 33 38 90 00 **Fax:** 33 12 29 76
E-Mail: da@da.dk

iz f 2 063

Confederation of Danish Industries (DI)
H.C. Anderson Boulevard 18, DK-1787 Kobenhavn V
T: (0045) 33 77 33 77 **Fax:** 33 77 33 00
E-Mail: di-uni@di.dk

Deutschland

iz f 2 064

Bundesvereinigung der Deutschen Arbeitgeberverbände e.V. (BDA)
Haus der Deutschen Wirtschaft
Breite Str. 29, 10178 Berlin
T: (030) 20 33-0 **Fax:** 30 33-1055

iz f 2 065

Bundesverband der Deutschen Industrie e.V. (BDI)
Breite Str. 29, 10178 Berlin
T: (030) 20 28-0
E-Mail: b.dittmann@bdi-online.de

Estland

iz f 2 066

Estonian Confederation of Employers and Industry (ETTK)
6 Kiriku Str, EW-10130 Tallinn
T: (003722) 6 20 19 25 **Fax:** 6 20 19 35

Finnland

iz f 2 067

Confederation of Finnish Industry and Employers (TT)
Postf. 30, FIN-00131 Helsinki
Eteläranta 10, FIN-00130 Helsinki
T: (003589) 6 86 81 **Fax:** 68 68 24 03
E-Mail: firstname.name@tt.fi

iz f 2 068

Employers' Confederation of Service Industries in Finland (PT)
Eteläranta 10, FIN-00130 Helsinki
T: (003589) 17 28 31 **Fax:** 66 46 73
E-Mail: main@palvelutyonantajat.fi

Frankreich

iz f 2 069

Mouvement des Entreprises de France (MEDEF)
31, Avenue Pierre 1er de Serbie, F-75784 Paris Cedex 16
T: (00331) 40 69 44 44 **Fax:** 47 23 47 32
E-Mail: initialname@medef.fr

Griechenland

iz f 2 070

Fédération des Industries Grecques (FIG)
5, Rue Xénofontos, GR-10557 Athen
T: (00301) 3 23 73 25 **Fax:** 3 22 29 29
E-Mail: main@fgi.org.gr

Großbritannien

iz f 2 071

Confederation of British Industry (CBI)
Centre Point
103 New Oxford Street, GB-London WC1A 1DU
T: (0044207) 3 79 74 00 **Fax:** 2 40 15 78
E-Mail: jack.hyde@cbi.org.uk

Irland

iz f 2 072

Irish Business and Employers Confederation (IBEC)
Confederation House
84-86, Lower Baggot Street, IRL-Dublin 2
T: (003531) 6 60 10 11 **Fax:** 6 60 17 17
E-Mail: firstname.surname@ibec.ie

Island

iz f 2 073

Confederation of Icelandic Employers (SA)
Postf. 520, IS-121 Reykjavik
Gardastraeti 41, IS-121 Reykjavik
T: (00354) 5 11 50 00 **Fax:** 5 11 50 50
E-Mail: jonina.gissurardottir@sa.is

iz f 2 074

Federation of Icelandic Industries (FII)
Postf. 1450, IS-121 Reykjavik
Hallveigarstig 1, IS-121 Reykjavik
T: (00354) 5 11 55 55 **Fax:** 5 11 55 66
E-Mail: firstname.name@si.is

Italien

iz f 2 075

Confederazione Generale dell'Industria Italiana (CONFINDUSTRIA)
Viale dell'Astronomia 30, I-00144 Rom
T: (003906) 5 90 31 **Fax:** 5 91 96 15
E-Mail: initial.surname@confindustria.it

Kroatien

iz f 2 076

Croatian Employers' Association
Praska 5/III, HR-10000 Zagreb
T: (003851) 42 42 84 **Fax:** 4 92 02 25

Litauen

iz f 2 077,

Confederation of Lithuanian Industrialists LPK
A. Vienuolio Str. 8, LT-2600 Vilnius
T: (003702) 22 52 17 **Fax:** 22 52 09, 72 33 20
E-Mail: lpk@tdd.lt

Luxemburg

iz f 2 078

Fédération des Industriels Luxembourgeois (FEDIL)
31, boulevard Konrad Adenauer, L-1013 Luxemburg
T: (00352) 43 53 66 **Fax:** 43 23 28
E-Mail: fedil@fedil.lu

Malta

iz f 2 079

Malta Federation of Industry (MFOI)
Development House
St. Anne Street, GBY-Floriana, VLT 01-Malta
T: (00356) 23 44 28 **Fax:** 24 07 02
E-Mail: foi@maltanet.net

Niederlande

iz f 2 080

Vereniging VNO-NCW
Postf. 9 30 02, NL-2509 AA Den Haag
12, Bezuidenhoutseweg, NL-2509 AA Den Haag
T: (003170) 3 49 03 49 **Fax:** 3 49 03 00
E-Mail: initialsname@vno-ncw.nl

Norwegen

iz f 2 081

Confederation of Norwegian Business and Industry (NHO)
Postf. 5250, N-0303 Oslo
Middelthuns gate 27, N-0303 Oslo
T: (0047) 23 08 80 00 **Fax:** 23 08 80 01
E-Mail: firstname.name@nho.no

Österreich

iz f 2 082

Vereinigung der Österreichischen Industrie (VÖI)
Haus der Industrie
Postf. 61, A-1031 Wien
Schwarzenbergplatz 4, A-1031 Wien
T: (00431) 71 13 50 **Fax:** 7 11 35 25 07
E-Mail: initial.name@iv-net.at

Polen

iz f 2 083

Konfederacja Pracodawcow Polskich (KPP)
ul.Andyjska 8, PL-01493 Warschau
T: (004822) 6 85 99 77, 6 85 49 46 **Fax:** 6 85 99 77
E-Mail: kpp@conecta.com.pl

Portugal

iz f 2 084

Associacao Industrial Portuguesa (AIP)
Praca das Industrias, P-1399 Lissabon
T: (0035121) 3 60 10 00 **Fax:** 3 63 90 47
E-Mail: aip@aip.pt

iz f 2 085

Confederaçào da Indústria Portuguesa (CIP)
Ave. 5 de Outubro, 35-1°, P-1050 Lissabon
T: (0035121) 3 16 47 00 **Fax:** 3 54 50 94
E-Mail: ciplx@mail.telepac.pt

Republik San Marino

iz f 2 086

Associazione Nazionale dell'Industria Sammarinese (ANIS)
Via Gino Giacomini 39, RSM-47031 San Marino
T: (00378) 99 11 28 **Fax:** 99 28 32
E-Mail: anis@omniway.sm

Schweden

iz f 2 087

Swedish Employers' Confederation (SAF)
Postf. 16120, S-10330 Stockholm
Södra Blasieholmshamnen 4A, S-10330 Stockholm
T: (00468) 7 62 60 00 **Fax:** 7 62 62 90
E-Mail: firstname.name@saf.se

iz f 2 088

Federation of Swedish Industries
Postf. 5501, S-11485 Stockholm
Storgatan 19, S-11485 Stockholm
T: (00468) 7 83 80 00 **Fax:** 6 62 35 95

Schweiz

iz f 2 089

Union Suisse du Commerce et de l'Industrie (VORORT)
Postf. 10 72, CH-8032 Zürich
Hegibachstr. 47, CH-8032 Zürich
T: (00411) 3 89 93 00 **Fax:** 3 89 93 89
E-Mail: vorort@vorort.ch

iz f 2 090

Union patronale suisse (UPS)
Hegibachstr. 47, CH-8032 Zürich
T: (00411) 4 21 17 17 **Fax:** 4 21 17 18
E-Mail: verband@arbeitgeber.ch

Slowakische Republik

iz f 2 091

Federation of Employers' Associations of the Slovak Republic - AZZZ SR
Nobelova 18, SK-83102 Pressburg
T: (004217) 44 25 85 28 **Fax:** 44 25 85 30
E-Mail: imb@azzz.sk

Slowenien

iz f 2 092

Association of Employers of Slovenia-AES
Dimiceva 9, SLO-1000 Ljubljana
T: (0038661) 1 31 91 02, 1 25 01 22 **Fax:** 1 32 72 14, 21 95 36

Spanien

iz f 2 093

Confédération des Employeurs Espagnols (CEOE)
Diego de Leon 50, E-28006 Madrid
T: (003491) 5 66 34 00 **Fax:** 5 62 80 23
E-Mail: ceoe@ceoe.es

Tschechische Republik

iz f 2 094

Svaz Prumyslu a dopravy Ceské Republiky (SPCR)
Postf. 1007, CZ-11361 Praha 1
Mikulandská 7, CZ-11361 Praha 1
T: (004202) 24 91 56 79 **Fax:** 24 91 93 11
E-Mail: spcr@spcr.cz

Türkei

iz f 2 095

Turkish Confederation of Employer Associations (TISK)
Mesrutiyet Cad. n° 1/4, TR-06650 Kizilay-Ankara
T: (0090312) 4 25 27 85 **Fax:** 4 18 44 73

iz f 2 096

Turkish Industrialists' and Businessmen's Association (TÜSIAD)
Mesrutiyet Caddesi 74, TR-80050 Istanbul
T: (0090212) 2 49 11 02 **Fax:** 2 49 13 50
E-Mail: unice@tusiad.org

Ungarn

iz f 2 097

Confederation of Hungarian Employers' Organisations for International Cooperation-CEHIC
Nádor u. 13, H-1051 Budapest
T: (00361) 2 69 17 33, 2 69 17 62 **Fax:** 3 11 74 25
E-Mail: korompay@transelektro.hu

Zypern

iz f 2 098

Employers & Industrialists Federation Cyprus (OEB)
Charalambides Bldg. 4th Floor
Postf. 16 57, CY-1511 Nicosia
30, Grivas-Dhigenis Av., CY-Nicosia
T: (003572) 66 51 02 **Fax:** 66 94 59
E-Mail: oeb@dial.cylink.com.cy

• IZ F 2 099

Union der Kartoffelstärkefabriken der Europäischen Union (UFE)
Union of Potato Starch Factories of the European Union
Union des Féculeries de Pommes de Terre de l'Union Europeénne
Rue d'Arlon 82, B-1040 Brüssel
T: (00322) 2 82 46 77 **Fax:** 2 82 46 93
E-Mail: ufe.brussels@worldonline.be
Président: M. van Handenhoven
Secrétaire Général: C. L. Visser

• IZ F 2 100

Union der Verbände der Grießhersteller in der EU (SEMOULIERS)
Union of the Semolina Manufacturers' Associations in the EU
Union des Associations des Semouliers de l'Union Européenne
Via dei Crociferi 44, I-00187 Rom
T: (0396) 6 78 54 09 **Fax:** 6 78 30 54
Gründung: 1994
Président: Vincenzo Ferro
Secrétaire Général: Fabrizio Vitali (Contact)
Mitglieder: 10
Mitarbeiter: 3

• IZ F 2 101

Union der Vereinigungen von Teigwarenherstellern in der EU (UNAFPA)
Union of Organisations of Manufacturers of Pasta Products in the E.C.
Union des Associations de Fabricants de Pâtes Alimentaires de la C.E.
Via Po 102, I-00198 Rom
T: (00396) 8 54 32 91 **Fax:** 8 41 51 32
E-Mail: unipi@foodarea.it
Président: Pedro Antonio Espona
Secrétaire Général: Raffaello Ragaglini (Contact)
Mitglieder: 11
Mitarbeiter: 3

Belgien

iz f 2 102

Groupement des Fabricants de Pâtes Alimentaires
c/o Etabl. Joseph Soubry N.V.
Verbrandhofstraat 51, B-8800 Roeselare
T: (003251) 22 23 20 **Fax:** 22 90 72
Contact: Michel Soubry

Deutschland

iz f 2 103

Verband der Teigwarenhersteller und Hartweizenmühlen Deutschlands e.V.
Postf. 19 01 65, 53037 Bonn
An der Elisabethkirche 26, 53113 Bonn
T: (0228) 9 11 83-0 **Fax:** 9 11 83-20
E-Mail: verbaende.hees@t-online.de
Contact: Wolfgang Hees

Frankreich

iz f 2 104

Syndicat des Industriels Fabricants de Pâtes Alimentaires de France
Rue d'Artois 23, F-75008 Paris
T: (00331) 45 63 95 44 **Fax:** 45 63 37 66
Contact: Raymond Cauvet

Griechenland

iz f 2 105

Hellenic Association of Pasta Manufactures
69, Ethnikis Antistaseos, GR-15231 Chalandri
T: (00301) 6 71 11 77 **Fax:** 6 71 10 80
Kontaktperson: Vasso Papadimitriou

Großbritannien

iz f 2 106

British Pasta Products Association
Catherine Street 6, GB-London WC2B 5JJ
T: (0044207) 8 36 24 60 **Fax:** 8 36 05 80
Contact: Peter Barry

Italien

iz f 2 107

Unione Industriali Pastai Italiani
Via Po 102, I-00198 Rom
T: (003906) 8 54 32 91 **Fax:** 8 41 64 73
Contact: Raffaello Ragaglini

Luxemburg

iz f 2 108

Groupement des Fabricants de Pâtes Alimentaires
Postf. 13 04, L-1013 Luxemburg
T: (00352) 43 53 66 **Fax:** 43 23 28
Contact: Max Stoisa

Niederlande

iz f 2 109

Vereniging van de Nederlandse Deegwarenindustrie
Postf. 177, NL-2300 AD Leiden
T: (0031715) 22 42 20 **Fax:** 22 50 95
Contact: F. van de Wetering

Österreich

iz f 2 110

Verband der Teigwarenindustrie
Zaunergasse 1-3, A-1037 Wien

T: (00431) 7 12 21 21 **Fax:** 7 13 18 02
Kontaktperson: Manfred Klug

Portugal

iz f 2 111

Associacao Portuguesa da Industria de Moagem (APIM)
Praça D. Filipa De Lencastre, 22
3° Esq. Salas 57-59, P-4050-259 Porto
T: (0035122) 2 08 14 88 **Fax:** 3 39 40 89
Kontaktperson: José Amorim

Schweden

iz f 2 112

Kungsornen
Cerealia Pasta AB, S-15381 Jarna
T: (0046851) 97 87 00 **Fax:** 97 87 96
Contact: Catarina Ohlsson

Spanien

iz f 2 113

Asociación Española de Fabricantes de Pastas Alimenticias
Via Layelana 32,4, E-08003 Barcelona
T: (00343) 3 10 55 97 **Fax:** 3 10 55 97

iz f 2 114

Comercial Gallo S.A.
Muntaner 239, E-08021 Barcelona
T: (003434) 14 13 72 **Fax:** 14 52 45
Contact: José Morancho

• IZ F 2 115

Verband der Backmittel- und Backgrundstoffhersteller im E.W.R. (FEDIMA)
Federation of the Raw Materials and Improvers Industry for the Bakery and Confectionery Trades in the EEA
Fédération des Industries des Produits intermédiaires pour la Boulangerie et la Pâtisserie de l'EEE
1, rue Defacqz, B-1000 Bruxelles
T: (00322) 5 39 18 00 **Fax:** 5 39 15 75
E-Mail: fedima@caobisco.be
Secr. Gen.: A. Van Hecke

Mitgliedsorganisationen

Belgien

iz f 2 116

UNIFA
Nieuwdreef 101 (bus 8), B-2060 Merksem
T: (00323) 6 45 60 04 **Fax:** 6 45 55 18

Dänemark

iz f 2 117

UNIMA
Palsgaardvej 10, DK-7130 Juelsminde
T: (0045) 75 69 01 22 **Fax:** 75 69 04 62

Deutschland

iz f 2 118

Verband der Deutschen Backmittel- und Backgrundstoffhersteller e.V.
Markt 9, 53111 Bonn
T: (0228) 96 97 80 **Fax:** 9 69 78 99
Internet: http://www.backmittelverband.de
E-Mail: backmittelverband@t-online.de

Frankreich

iz f 2 119

SYFAB
118, av. Achille Peretti, F-92200 Neuilly-sur-Seine
T: (0033546) 40 78 30 **Fax:** 37 15 60

Griechenland

iz f 2 120

FEDIMA Hellas
Troon 19A Nea Sepolia, GR-12133 Athen
T: (00301) 57 502 20 **Fax:** 5 75 57 03

Großbritannien

iz f 2 121

ABIM
4a, Torphrehen Street, GB-Edinburgh EH3 8IQ
T: (0044131) 2 29 94 15 **Fax:** 2 29 94 07

Italien

iz f 2 122

Assitol
Piazza di Campitelli 3, I-00186 Rom
T: (00396) 69 94 00 58 **Fax:** 69 94 01 18
E-Mail: assitol@foodarea.it

Niederlande

iz f 2 123

NEBAFA
Postf. 177, NL-2300 AD Leiden
T: (003171) 22 42 20 **Fax:** 22 50 95

Portugal

iz f 2 124

Ancipa
Largo de S. Sebastiao da Pedreira 31, P-1000 Lissabon
T: (003511) 3 52 88 25 **Fax:** 3 15 46 65

Schweden

iz f 2 125

SBMF
Postf. 5501, S-11485 Stockholm
Stortgatan 19, S-11485 Stockholm
T: (00468) 7 83 80 00 **Fax:** 7 83 82 73

Spanien

iz f 2 126

Asprime
Mallorca, 286, Entlo 2, E-08037 Barcelona
T: (00343) 2 07 25 16 **Fax:** 2 07 16 11

• IZ F 2 127

Verband der Diätetischen Lebensmittelindustrie der EU (IDACE)
European Association of Dietary Food Industries
Association des Industries des Aliments Diététiques de l'Union Européenne
194, rue de Rivoli, F-75001 Paris
T: (00331) 53 45 87 87 **Fax:** 53 45 87 80
E-Mail: andree.bronner@wanadoo.fr
Gründung: 1959
Secrétaire: Dr. Andrée Bronner
Mitglieder: 14

Mitgliedsorganisationen

Belgien

iz f 2 128

ABSAED
30 av. de Roodebeek, B-1030 Brüssel
T: (00322) 7 43 87 30 **Fax:** 7 36 81 75
E-Mail: absaed@sia-dvi.be
Kontaktperson: Michel Coenen

Dänemark

iz f 2 129

SEDAN
Frederiks Alle 22, DK-8000 Århus C
T: (004587) 31 20 00 **Fax:** 31 20 01
E-Mail: sedan@mejeri.dk
Kontaktperson: Jorgen Hald Christensen

Deutschland

iz f 2 130

DIÄTVERBAND
Bundesverband der Hersteller von Lebensmitteln für besondere Ernährungszwecke e.V.
Godesberger Allee 142-148, 53175 Bonn
T: (0228) 3 08 51 10 **Fax:** 3 08 51 50
E-Mail: diaetverband@t-online.de
Kontaktperson: Michael Warburg

Frankreich

iz f 2 131

L'Alliance 7
194, rue de Rivoli, F-75001 Paris
T: (00331) 44 77 85 85 **Fax:** 42 61 95 34
E-Mail: jlallain@alliance7.com
Kontaktperson: Jean Loup Allain

Griechenland

iz f 2 132

SEPTE
c/o Nestlé
Rue Patro Klou 4, GR-15125 Maroussi
T: (00301) 6 88 41 11 **Fax:** 6 84 34 02
E-Mail: euclides.sakellarios@gro1.nestle.com
Kontaktperson: Euclides Sakellarios

Großbritannien

iz f 2 133

IDFA
6, Catherine Street, GB-London WC2B 5JJ
T: (0044207) 8 36 24 60 **Fax:** 8 36 05 80
E-Mail: sjacobs@fdf.org.uk
Kontaktperson: Sarah Jacobs

Irland

iz f 2 134

Irish Dairy Industries Association Limited (IDIA)
Confederation House
Lower Baggot Street 84-86, IRL-Dublin 2
T: (003531) 6 60 10 11 **Fax:** 6 38 15 74
E-Mail: pat.ivory@ibec.ie
Kontaktperson: Pat Ivory

Italien

iz f 2 135

Associazione Italiana Industriali Prodotti Alimentari (A.I.I.P.A.)
Corso di Porta Nuova 34, I-20121 Mailand
T: (003902) 65 41 84 **Fax:** 65 48 22, 5 12 97 71 (BXL)
E-Mail: aiipa.peron@foodarea.it
Kontaktperson: Valerio Bordoni

Niederlande

iz f 2 136

Vereniging van Nederlandse Fabrikanten van Kinderen Dieetvoedingsmiddelen (VNFKD)
Bankastraat 131B, NL-2585 EL Den Haag
T: (003170) 3 55 47 00 **Fax:** 3 58 46 79
E-Mail: vnfkd@vbz.nl
Kontaktperson: Jaap Kluifhooft

Österreich

iz f 2 137

Food Industries Assoc. of Austria
Zaunergasse 1-3, A-1030 Wien
T: (00431) 7 12 21 21 **Fax:** 7 12 12 08
E-Mail: m.klug@lebensmittel.wk.or.at
Kontaktperson: Manfred Klug

Portugal

iz f 2 138

Nutricia
Rua da Fraternidade Operaria, P-2795-491 Carnaxide

T: (003511) 4 25 96 00 Fax: 4 18 46 19
E-Mail: plebreiro@nutricia.pt
Kontaktperson: Paulo Lebreiro

Schweden

iz f 2 139

Livsmedelsindustrierna LI
Livsmedelsindustrierna (LI)
Postf. 5501, S-11485 Stockholm
Storgatan 19, S-11485 Stockholm
T: (00468) 7 83 82 69 **Fax:** 7 83 82 73
E-Mail: udg@li.se
Kontaktperson: Ulrika Ehrhardt

Spanien

iz f 2 140

Afepadi
Attico 4, Aragon 208-210, E-08011 Barcelona
T: (003493) 4 54 87 25 **Fax:** 4 51 31 55
E-Mail: afepadi@afepadi.com
Kontaktperson: Camil Rodino

iz f 2 141

ANDI
San Hermenegildo 28 2°B, E-28015 Madrid
T: (003491) 7 11 45 99 **Fax:** 5 18 09 99
E-Mail: andi@teleline.es
Kontaktperson: Felipe Albert

• IZ F 2 142

Verband der Europäischen Bauwirtschaft (FIEC)
European Construction Industry Federation
Fédération de l'Industrie Européenne de la Construction
Avenue Louise 66, B-1050 Brüssel
T: (00322) 5 14 55 35 **Fax:** 5 11 02 76
Internet: http://www.fiec.org
E-Mail: info@fiec.org
Gründung: 1905
President: Philippe Levaux (1998-2000)
Contact: RA Ulrich Paetzold
Mitglieder: 30 nationale Verbände
Mitarbeiter: 8

• IZ F 2 143

Verband der Europäischen Büromöbelindustrie (FEMB)
Fédération Européenne du Mobilier de Bureau
Sekretariat: FABRIMETAL
Diamant Building, Bd. A. Reyers 80, B-1030 Bruxelles
T: (00322) 7 06 79 61 **Fax:** 7 06 79 66
E-Mail: francois-xavier.belpaire@fabrimetal.be
President: Carl van Marcke (c/o FABRIMETAL)
Secretary: Francois-Xavier Belpaire (c/o FABRIMETAL)

Ländersekretariate

Belgien

iz f 2 144

Association Professionale du Mobilier de Bureau Industriel et Inst.
c/o FABRIMETAL
Diamant Building, bd. A. Reyers 80, B-1030 Bruxelles
T: (00322) 7 06 79 61 **Fax:** 7 06 79 66
Internet: http://www.fabrimetal.be
E-Mail: francois-xavier.belpaire@fabrimetal.be
Präsident(in): Carl van Marcke
Secr.: Francois-Xavier Belpaire

Dänemark

iz f 2 145

Foreningen Dansk Moebelindustri
Center Boulevard 5, DK-2300 Copenhagen S
T: (004531) 51 80 00 **Fax:** 51 83 32
Präsident(in): Nils Knudsen
Secr.: Keld Korsager

Deutschland

iz f 2 146

Verband der Büromöbelindustrie e.V.
Adelheidstr. 23, 65185 Wiesbaden
T: (0611) 90 02 80 **Fax:** 9 00 28 20
Internet: http://www.buero-forum.de
Vorsitzende(r): Ernst-Walter Krause
Geschäftsführer(in): Dipl.-Holzwirt Stephan Mieth

Finnland

iz f 2 147

Martela OY
Postf. 7, FIN-00381 Helsinki
Strombergintie 5, PL7, FIN-00381 Helsinki
T: (003580) 5 60 31 **Fax:** 5 65 36 95
Präsident(in): Matti T. Martela

Frankreich

iz f 2 148

UNIFA
GROUPEMENT SYMSO
Avenue Daumesnil 28, F-75012 Paris
T: (00331) 44 68 18 00 **Fax:** 44 68 18 01
Präsident(in): Jean Piétri
Secr.: Odile Duchenne

Großbritannien

iz f 2 149

OFFMA-Office Furniture and Filing Manufacturers Association
Russel Square House
10/12 Russel Square, GB-London WC1B 5AE
T: (0044207) 3 31 20 30 **Fax:** 3 31 20 40
Präsident(in): I. Bloohm

Italien

iz f 2 150

ASSUFFICIO
Foro Buonapparte 65, I-20121 Mailand
T: (00392) 80 60 41 **Fax:** 80 60 43 93
Präsident(in): Alberto Steila
Secr.: Laura Ponzoni

Niederlande

iz f 2 151

VSM-Vereniging Fabrikanten van Systeem Kantooren Bedrijfsmeubelen
Postf. 1 90, NL-2700 PB Zoetermeer
Boerhaavelaan 40, NL-2700 PB Zoetermeer
T: (003179) 3 53 11 00 **Fax:** 3 53 13 65
Präsident(in): J.C. de Mos
Secr.: Ingrid M.L. v. Maarshalkerweerd

Norwegen

iz f 2 152

MIL Møbel-og Innredningsprodusen-tenes Landsforening
Essendrops Gt. 6, Pb. 5391 Majorstua, N-0304 Oslo
T: (004722) 96 50 50 **Fax:** 60 75 11
Präsident(in): Torgeir Mjør Grimsrud
Secr.: Yrjar Garshol

• IZ F 2 153

Verband der Europäischen Eisenbahnindustrien (UNIFE)
Union of European Railways Industries
Union des Industries Ferroviaires Européennes
Avenue Louise 221, bt. 11, B-1050 Bruxelles
T: (00322) 6 26 12 60 **Fax:** 6 26 12 61
E-Mail: mail@unife.org
Gründung: 1992
President: Rolf Eckrodt
Generalsekretär(in): Drewin Nieuwenhuis
Leitung Presseabteilung: Corinne Dhainaut
Verbandszeitschrift: UNIFE Newsletter (ca. alle 3 Monate)
Verlag: UNIFE, Avenue Louise 221, bt. 11, B-1050 Bruxelles
Mitglieder: 100 und 11 nationale Verbände
Mitarbeiter: 7
Jahresetat: DM 1,5 Mio, € 0,77 Mio

• IZ F 2 154

Verband der Europäischen Elektrowerkzeug-Hersteller (EPTA)
European Power Tool Association
Association Européenne de l'Outillage Électrique
c/o ZVEI, Sekretariat:
60591 Frankfurt
Stresemannallee 19, 60596 Frankfurt
T: (069) 63 02-2 70 **Fax:** 63 02-306
E-Mail: werkzeuge@zvei.org
Gründung: 1984
Präsident(in): Dipl.-Ing. Hans Wolfgang Fein (Leuschnerstr. 41-47, 70176 Stuttgart)
Generalsekretär(in): Dipl.-Ing. Oskar Gebhardt (ZVEI)

Mitgliedsorganisationen

Deutschland

iz f 2 155

Fachverband Elektrowerkzeuge im ZVEI
60591 Frankfurt
Stresemannallee 19, 60596 Frankfurt
T: (069) 6 30 22 70 **Fax:** 6 30 23 06
E-Mail: werkzeuge@zvei.org

Frankreich

iz f 2 156

Syndicat de l'Industrie de l'Outillage (S.I.O.)
Postf. 72, F-92038 Paris La Défense
39/41, rue Louis Blanc, F-92038 Paris La Défense
T: (00331) 47 17 64 59 **Fax:** 47 17 64 55

Großbritannien

iz f 2 157

Portable Electric Tool Manufacturers' Association (PETMA)
1, Puddle Dock, GB-London EC4V 3PD
T: (0044207) 3 11 29 42 **Fax:** 3 11 29 13

Italien

iz f 2 158

Associazione Industrie Apparecchi Domestici (ANIE)
Via Gattamelata 34, I-20149 Mailand
T: (00392) 32 64-1 **Fax:** 32 64-212

Schweiz

iz f 2 159

SWISSMEM (ASM/VSM)
Sekretariat
Kirchenweg 4 Postfach, CH-8032 Zürich
T: (00411) 384 4 844 **Fax:** 384 4 848
Internet: http://www.swissmem.ch
E-Mail: info@swissmem.ch

• IZ F 2 160

Verband der europäischen Hersteller von Stahl für Verpackungen (APEAL)
Association of European Producers of Steel for Packaging
Association Professionnelle des Producteurs Européens d'Aciers pour Emballages
Avenue Louise 89, B-1050 Brüssel
T: (00322) 5 37 91 51 **Fax:** 5 37 86 49
Internet: http://www.apeal.org
E-Mail: info@apeal.be
Gründung: 1986
President: T. Sjursen
Director General: Ph. Wolper
Verbandszeitschrift: "APEAL News", 3-4 times a year in German, French, English and Spanish and other publications
Mitglieder: 7
Mitarbeiter: 7

• IZ F 2 161

Verband der europäischen Industrie für Nahrungsmittelzusätze und Nahrungsmittelenzyme (ELC)
Federation of European Food Additives and Food Enzymes Industries
Fédération Européenne de l'Industrie des additifs et enzymes alimentaires
Avenue des Gaulois 9, B-1040 Brüssel

T: (00322) 7 36 53 54 **Fax:** 7 32 34 27
President: Dr. Holger Mahlmann
Contact: Dionne Heijnen
Mitglieder: 18
Mitarbeiter: 2

Mitgliedsorganisationen

Belgien

iz f 2 162

Association of Microbial Food Enzyme Producers (AMFEP)
Avenue de Roodebeeklaan 30, B-1030 Brüssel
T: (00322) 7438730 **Fax:** 7 36 81 75
Contact: K. Abeels

iz f 2 163

Europäischer Verband der Chemischen Industrie (CEFIC)
European Chemical Industry Council
Conseil Européen de l'Industrie Chimique
Food Regulation Panel
Av. E. Van Nieuwenhuyse, 4 B 1, B-1160 Bruxelles
T: (00322) 6 76 72 11 **Fax:** 6 76 73 00
Internet: http://www.cefic.org
E-Mail: mail@cefic.be
Contact: A. Hadjiyianni

iz f 2 164

Vereinigung der europäischen Hersteller von Nahrungsmittelemulgatoren (EFEMA)
European Food Emulsifier Manufacturers' Association
Association des Fabricants Européens d'Emulsifiants Alimentaires
Avenue E. Van Nieuwenhuyse 4 B2, B-1160 Brüssel
T: (00322) 6 76 72 11 **Fax:** 6 76 73 01
Contact: A. Hadjiyianni

iz f 2 165

European Polyols Association (EPA)
Avenue des Gaulois 9, B-1040 Brüssel
T: (0322) 7 36 53 54 **Fax:** 7 32 34 27
Contact: Dionne Heijnen

iz f 2 166

Europäischer Stärke-Verband (E.S.A.)
European Starch Associations
Association Européenne de l'Amidon
Av. des Arts 43, B-1040 Brüssel
T: (00322) 2 89 67 60 **Fax:** 5 13 55 92
Contact: Iliana Axiotiades

iz f 2 167

Europäischer Verband der Hersteller technischer Karamellen (EUTECA)
European Technical Caramel Association
9 Avenue des Gaulois, B-1040 Bruxelles
T: (00322) 7 36 53 54 **Fax:** 7 32 34 27
E-Mail: euteca@ecco.be
Contact: Dionne Heijnen

iz f 2 168

Internationaler Süßstoff-Verband (ISA)
International Sweeteners Association
Ave du Four à Briques 1, B-1140 Brussels
T: (00322) 7 26 13 50 **Fax:** 7 26 13 30
Internet: http://www.isabru.org
E-Mail: a.corti@isabru.org
Contact: Corti

Dänemark

iz f 2 169

Association of Manufacturers of Animal-derived Food Enzymes (AMAFE)
c/o CSK Food Enrichment BV
Postf. 2 25, NL-8901 BA Leeuwarden
Contact: A. van Boven

iz f 2 170

Institut Européen des Industries de la Gomme de Caroube (INEC)
c/o Grindsled Products A/S
Edwin Rahrs Vej 38, DK-8220 Braband
T: (0045) 89 43 50 00 **Fax:** 86 25 10 77
Contact: Thestrup

Spanien

iz f 2 171

Asociación de Fabricantes y Comercializadores de Aditivos y Complementos Alimentarios (AFCA)
c/Viladomat 174,4a planta, E-08015 Barcelona
T: (00343) 934 54 84 05 **Fax:** 454 39 09
Contact: Xalabarder

Frankreich

iz f 2 172

Marinalg International (CLITAM)
85, bd Haussmann, F-75008 Paris
T: (00331) 42 65 41 58 **Fax:** 42 65 02 05
Contact: Pierre Kirsch

iz f 2 173

Ausschuß der Glutaminsäurehersteller in der EG (COFAG)
Comité des Fabricants d'Acide Glutamique de la Communauté Économique Européenne (COFAG)
Boulevard de Courcelles 153, F-75017 Paris 17
T: (00331) 47 66 98 63 **Fax:** 47 66 98 56
Contact: Dr. R. Yamaguchi

iz f 2 174

Syndicat National des Producteurs d'Additifs Alimentaires (SYNPA)
Boulevard de Latour Maubourg, 41 bis, F-75007 Paris
T: (00331) 40 62 25 80 **Fax:** 45 50 37 05
Contact: Ribault

Italien

iz f 2 175

Federchimica-Assochimica Gruppo Prodotti
Via Accademia 33, I-20131 Mailand
T: (00392) 26 81 01 **Fax:** 26 81 03 49
Contact: Dr. Filippini

Niederlande

iz f 2 176

Europäisches Institut der Pektinindustrie
European Pectin Producers' Association
Institut Européen des Industries de la Pectine (IEIP)
Postf. 1 51, GB-Hereford
T: (00441432) 83 05 29 **Fax:** 83 07 16
Vorsitzende(r): Dr. Colin D. May (Technical & Regulatory Working Group, P.O.Box 151, GB-Hereford HR4 0XW, T: (00441432) 83 05 29, Fax: 83 07 16)

iz f 2 177

Organisation des Fabricants de Produits Cellulosiques Alimentaires (OFCA)
Kerkweide 27, NL-2265 DM Leidschendam
T: (003170) 3 20 98 94 **Fax:** 3 20 37 59
Contact: Dr. E. Izeboud

Schweiz

iz f 2 178

Verband für natürliche Lebensmittelfarben
Natural Food Colours Association (NATCOL)
Association pour colorants naturels pour denrees alimentaires
VML 241/817, CH-4002 Basel
T: (004161) 6 88 30 27 **Fax:** 6 88 16 35
Contact: Dr. Ulrike Arlt

Großbritannien

iz f 2 179

Food Additives Ingredients Association (FAIA)
Whitchurch Close 10 Maidstone, GB-Kent ME16 8UR
T: (00441622) 68 21 19 **Fax:** 68 21 19
Contact: Ratcliffe

• **IZ F 2 180**

Europäischer Verband der Luft- und Raumfahrtindustrie (AECMA)
European Association of Aerospace Industries
Gulledelle 94, B-1200 Brüssel
T: (00322) 7 75 81 10 **Fax:** 7 75 81 11
Internet: http://www.aecma.org.
E-Mail: info@aecma.org
Präsident(in): John Rose (England)
Generalsekretär(in): Dr. Peter Fichtmüller
Mitgliedsverbände: Belgien: GEBECOMA, Belgian Aerospace Industries Association; Dänemark: FDAI, Foreningen for Dansk Aerospace Industri; Deutschland: BDLI, Bundesverband der Deutschen Luft- und Raumfahrtindustrie; Finnland: FAI, Finnish Aerospace Industries; Frankreich: GIFAS, Groupement des Industries Françaises Aéronautiques et Spatiales; Griechenland: HAIG, Hellenic Aerospace Industries Group; Grossbritannien: SBAC, Society of British Aerospace Companies; Irland: FAEI, Federation of Aerospace Enterprises in Ireland; Italien: AIAD, Associazione Industrie Aerospaziali e Difesa; Luxembourg: LAI, Luxembourg Aerospace Industries; Niederlande: NAI, Netherlands Aerospace Industries; Österreich: AAI, Austrian Aeronautics Industries; Portugal: ADAP, Associação do Desenvolvimento Aeronáutico de Portugal; Schweden: SAI, Swedish Aerospace Industries; Spanien: ATECMA, Agrupación Tecnica Española de Constructores de Material Aerospacial; Tschechien: AAM CR, Association of the Aviation Manufacturers of the Czech Republic.

AECMA represents the aerospace industry in Europe in all matters of common interest. Its objective is the promotion of the competitive development of the sector. Members of the Association are the national aerospace associations of all 15 member states of the European Union, the Czech Republic as well as the largest European aerospace companies forming the Council of AECMA.

• **IZ F 2 181**

Verband der europäischen Möbelindustrie (UEA)
European Furniture Manufacturers' Federation
Union Européenne de l'Ameublement
Chaussée de Haecht 35, B-1210 Brüssel
T: (00322) 2 18 18 89 **Fax:** 2 19 27 01
Internet: http://www.ueanet.com
E-Mail: secretariat@uea.be
Gründung: 1950
Vorsitzende(r): Jürgen Engels
Generalsekretär(in): Bart De Turck
Verbandszeitschrift: UEA Newsletter
Redaktion: Bart De Turck, Av. de Dixmude 8, B-1000 Brüssel
Mitglieder: 11
Mitarbeiter: 4

• **IZ F 2 191**

Verband der europäischen Photochemikalien-Industrie (EPI)
European Photographic Chemical Industry
L'Industrie Européenne des Produits Chimiques pour la Photographie
c/o CEFIC
Avenue E. Van Nieuwenhuyse 4/1, B-1160 Brüssel
T: (00322) 6 76 72-40 **Fax:** 6 76 73-92
Président: A. C. H. Van Peski
Secrétaire Général: Bent Jensen

• **IZ F 2 192**

Verband der Europäischen Porenbetonindustrie (E.A.A.C.A.)
European Autoclaved Aerated Concrete Association
Association Européenne des Fabricants de Béton Cellulaire
Dostojewskistr. 10, 65187 Wiesbaden
T: (0611) 98 50 44-0 **Fax:** 80 97 07
Vorsitzende(r): Bülent Demiren (Ytong/ Türkei)
Geschäftsführer(in): Dipl.-Ing. Reinhard Schramm
Mitglieder: 18 Porenbetonproduzenten aus 10 Ländern

• **IZ F 2 193**

Verband der europäischen Telekommunikations- und Elektronikindustrie (ECTEL)
The European Telecommunications and Professional Electronics Industry
L'Industrie des Télécommunications Européenne et de l'Electronique Professionnelle
Diamant Building
A. Reyerslaan 80 bld. A. Reyers, B-1030 Brüssel
T: (00322) 7 06 81 20, 7 06 79 92 **Fax:** 7 06 81 21
Internet: http://www.ectel.org
E-Mail: ib.gronvaldt@ectel.org
Gründung: 1986
Président: Lars Stalberg
Secrétaire Général: Ib Grønvaldt
Mitglieder: 13 (Nat. Assoc. Representing about 700 companies)
Mitarbeiter: 2

• IZ F 2 194

Verband der europäischen Textildienstleister

European textile services association
Association européenne des services textiles
rue Montoyer 24, B-1000 Brüssel
T: (00322) 2 82 09 90 **Fax:** 2 82 09 99
Internet: http://www.etsa-europe.org
E-Mail: etsa@etsa-europe.org
Vorsitzende(r): Carl-F. Bardusch
Generalsekretär: Robert Long

• IZ F 2 195

Verband europäischer Dichromatproduzenten (EDPA)

European Dichromate Producers Association
Association Européenne de Production de Dichromate
c/o CEFIC
Avenue E. Van Nieuwenhuyse 4/1, B-1160 Brüssel
T: (00322) 6 76 72-70 **Fax:** 6 76 73-92
Président: Bruzzone
Secrétaire Général: Bent Jensen

• IZ F 2 196

Verband europäischer Hersteller von Bäckereiausrüstung (EBEMA)

European Bakery Equipements Manufacturers Association
Association des Fabricants Européens d'Equipements pour Boulangeries
Rue St.-Lazare 13, F-75009 Paris
T: (00331) 42 80 44 41 **Fax:** 42 85 29 00
Gründung: 1988
President: Bob Baistley (T: (01) 55 07 82 22)
Secretary General: Jean-Paul Broutin (Contact)
Mitglieder: 200 Companies, 8 Associations Nationales
Mitarbeiter: 3

• IZ F 2 197

Verband europäischer Hersteller von brominierten flammfesten Industrieplatten (EBFRIP)

European Brominated Flame Retardant Industry Panel
Industrie Européenne des panneaux bromés réfractaires
c/o CEFIC
Avenue E. Van Nieuwenhuyse 4/1, B-1160 Brüssel
T: (00322) 6 76 72 11 **Fax:** 6 76 73 01
Président: K. Spenning
Secretary General: B. Jensen

• IZ F 2 198

Verband Europäischer Klebstoffindustrien e.V. (FEICA)

Association of European Adhesives Manufacturers
Fédération Européenne des Industries de Colles et Adhésifs
Postf. 23 01 69, 40087 Düsseldorf
Ivo-Beucker-Str. 43, 40237 Düsseldorf
T: (0211) 6 79 31-30 **Fax:** 6 79 31-88
Internet: http://www.feica.com
E-Mail: info@feica.com
Gründung: 1972 (15. November)
Präsident(in): Michael C. Ozier (GB)
Geschäftsführer(in): Dipl.-Kfm. Ansgar van Halteren
Permanent Secretary: Dipl.-Ing. Mats Hagwall

Mitgliedsorganisationen

Belgien

iz f 2 199

DETIC
Comité Professionnel Belcam
Sq. Marie-Louise 49, B-1000 Brüssel
T: (00322) 238 9866 **Fax:** 2308288
E-Mail: phalleux@fedichem.be
President: Roger Braem
Secretary: Paulette Halleux

Dänemark

iz f 2 200

Brancheforeningen for Lim og Fugemasser

Danish Adhesivs & Sealants Association
Norre Voldgade 48, DK-1358 København K
T: (004533) 15 92 22 **Fax:** 93 93 22
E-Mail: vibeke%lambeck@fdlf.dk
President: Preben Andersen
Secretary: Vibeke Plambeck

Deutschland

iz f 2 201

Industrieverband Klebstoffe e.V.
Postf. 23 01 69, 40087 Düsseldorf
Ivo-Beucker-Str. 43, 40237 Düsseldorf
T: (0211) 6 79 31-10 **Fax:** 6 79 31-88
Internet: http://www.klebstoffe.com
E-Mail: ansgar.v.halteren@klebstoffe.com
President: Dr. Jürgen Wegner
Secretary: Dipl.-Kfm. Ansgar van Halteren

Finnland

iz f 2 202

Kemianteollisuus ry (KT)

Chemical Industry Federation
Postf. 4, FIN-00131 Helsinki
Etelaeranta 10, FIN-00131 Helsinki
T: (003589) 17 28 43 17 **Fax:** 63 02 25
E-Mail: ville.kopra@kemia.ttliitot.fi, stina.kujala@kemia.ttliitot.fi
President: Erkki Solja
Secretary: Ville Kopra
Assistant: Stina Kujala

Frankreich

iz f 2 203

Syndicat Français des Colles et Adhésifs
Avenue Marceau 42, F-75008 Paris
T: (00331) 53 23 00 00 **Fax:** 47 20 90 30
Internet: http://www.fipec.org
E-Mail: direco@fipec.org
President: Thierry Kuter
Secretary: Jean-Noël Simonot

Großbritannien

iz f 2 204

British Adhesives & Sealants Association (BASA)
Fellowes Way 33, GB-Stevenage-Herts SG2 8BW
T: (00441438) 35 85 14 **Fax:** 74 25 65
Internet: http://www.basa.uk.com
E-Mail: dw@basa.uk.com
President: Gerald Digby
Secretary: David Williams

Italien

iz f 2 205

AVISA - Associazione Nazionale Vernici Inchiostri Sigillanti e Adesivi
Via Accademia 33, I-20131 Mailand
T: (00392) 2 68 10-257 **Fax:** 2 68 10-350
E-Mail: avisa@federchimica.it
President: Dr. Assuero Mancini
Secretary: Dr. Marco Surdi
Susy Tralongo

Niederlande

iz f 2 206

Vereniging Nederlandse Lijmindustrie
Postf. 418, NL-2260 AK Leidschendam
T: (003170) 3 17 72 43 **Fax:** 3 17 74 12
E-Mail: goudsmit@nrk.nl, baarslag@nrk.nl
President: Bert Hazewinkel
Secretary: Jaap W. Adrian
Frans Baarslag

Norwegen

iz f 2 207

MLF - Maling og Lakkfabrikkenes Forbund

Adhesive Group
Postf. 54 87, N-0305 Oslo
Stensberggt 27, N-131 Oslo
T: (0047) 23 08 78 00 **Fax:** 23 08 78 99
E-Mail: trygve@pil.no, marit@pil.no
Chairman: Mette Andresen
Secretary: Trygve Østmo
Assistant: Marit Wiik

Österreich

iz f 2 208

Vereinigung der österreichischen Klebstoffindustrie
c/o Henkel Austria GmbH
Erdbergstr. 29, A-1031 Wien
T: (00431) 7 11 04-510 **Fax:** 7 11 04-680
E-Mail: peter.ruiner@henkel.at
President: Mag. Peter Ruiner

Portugal

iz f 2 209

Associação da Indústria e Comércio de Colas e Similares
Av. Guerra Junqueiro 8, 2°-E, P-1000 Lissabon
T: (003511) 8 49 45 02 **Fax:** 8 49 45 02
E-Mail: aiccs@mail.telepac.pt
President: José Belmiro R. Ferreira
Secretary: A. M. Rodrigues Gonçalves
Samira Shamsudin

Schweden

iz f 2 210

Sveriges Limleverantörers Förening

Swedish Adhesives & Sealants Association
Gävlegatan 16, S-113 84 Stockholm
T: (00458) 52 22 44 00 **Fax:** 52 22 44 90
Internet: http://www.lim.se
E-Mail: hjan@ktf.se, chma@ktf.se
President: Göran Larsson
Secretary: Christina Mattsson

Schweiz

iz f 2 212

Fachverband Klebstoffindustrie Schweiz
Löwenstr. 42, CH-8001 Zürich
T: (00411) 2 21 36 55 **Fax:** 2 21 36 78
E-Mail: info@fks.ch
President: Dr. Martin Geistlich
Secretary: Dr. Andreas Coradi

Slowenien

iz f 2 211

Gospodarska Zbornica Slovenije Združenje Kemijske in Gumarske Industrije
Dimiceva 9, SLO-1504 Ljubljana
T: (0038661) 1 89 82 60 **Fax:** 1 89 82 00
E-Mail: janez.furlan@gzs.si
President: Marjan Mateta
Secretary: Janez Furlan

Spanien

iz f 2 213

Asociación Española de Fabricantes de Colas y Adhesivos (ASEFCA)
Gran Via. 630-4_Ho, E-08007 Barcelona
T: (00343) 412 01 67 **Fax:** 412 71 24
E-Mail: asefca@ea.ictnet.es
President: Rafael Castellvi Enrich
Secretary: Antonio Soler Amor

• IZ F 2 214

afecor

Verband Europäischer Kontrollgerätehersteller

European control manufacturers' association
Association des fabricants européens d'appareils de contrôle et de régulation
c/o DIN Deutsches Institut für Normung
Burggrafenstr. 6, 10787 Berlin
T: (030) 26 01-2351 **Fax:** 26 01-1231
Gründung: 1963
Präsident(in): Christa Brüggemann (Deutschland)
Generalsekretär: G.J. Vedder (Niederlande)
Technischer Sekretär: Uwe Rechentin (c/o DIN Deutsches Institut für Normung, Burggrafenstr. 6, 10787 Berlin, T: (030) 26 01-2351, Fax: 26 01-1231)
Der Verband hat 17 Mitglieder aus 7 Ländern

Deutschland

iz f 2 215

Verband der Hersteller von Bauelementen für wärmetechnische Anlagen e.V.
Postf. 51 09 60, 50945 Köln
Marienburger Str. 15, 50968 Köln
T: (0221) 3 76 48-30 **Fax:** 3 76 48-61
E-Mail: figawa@t-online.de

• **IZ F 2 216**

Verband Europäischer Kunststoffverarbeiter (EuPC)
European Plastics Converters
Confédération Européenne de la Plasturgie
Av. de Cortenbergh 66, B-1000 Bruxelles
T: (00322) 732 41 24 **Fax:** 732 42 18
Internet: http://www.eupc.org
E-Mail: eupc@skynet.be
Gründung: 1990
President: Victor Dierinckx (EuPC)
Vice-Präsident: Joachim Eckstein (c/o Infra Serv GmbH & Co. Hoechst KG, Ökologie & Produktsicherheit, Gebäude C 660, D-65926 Frankfurt a.M., T:(069) 3 05 71 48, Fax: (069) 3 05 62 67)
Vice-Präsident: Emmanuel Paturle (c/o Multibase, ZI du Guiers, BP 25, F-38380 St. Laurent-du-Pont, T: (00334) 76 89 49 35, Fax: 76 89 49 35)
Honorary President: Marcel de Botton (c/o LOGOPLASTE Lda, Rua Fialho de Almeida 1-2°, P- 1000 Lisboa, T: (003511) 3 87 44 40, Telefax: (003511) 3 87 24 78)
Aloys Michielsen (c/o Solvay, 33, Rue du Prince Albert, B-1050 Brüssel)
Members of the EuPC Steering Committee: Marcel de Botten
Alberto Schiavi (c/o CRESPI GIOVANNI SPA, Viale Pasubio 38, I-20025 Legnano, T: (0039) (0331) 44 62 24, Telefax: (0039) (0331) 50 70 78)
Victor Dierinckx
Joachim Eckstein
Kari Teppola (c/o FIPIF, Eteläranta 10, 7Th. floor, P.O. Box 4, FIN-00131 Helsinki, T: (00358) 9 17 28 41, Fax 9 63 25 25)
Emmanuel Paturle (c/o Multibase, ZI du Guiers, BP 25, F-38380 St. Laurent-du-Pont, T: (0033476) 89 49 35, Fax: (0033476) 89 49 35)
Neal Crowe (c/o Akerlund & Rausin, old Blakehouse, Wrington, UK-BS405LB Bristol, T:(004419) 34 86 22 64, Fax: 34 86 22 64)
Hans Vandendoel (c/o Sengewald Verpackungen, Kreisstr. 16, D-33790 Halle)
Ingemar Björklund (c/o KWH Pipe Ltdf, Naumansvägen 17, S-12938 Hägersten, T: (0046) 86 46 42 09)
Eva Greive (c/o Greive GmbH, Kirchstr. 4, 48308 Senden-Ottmarsbocholt)
Director: Alexandre Dangis (presse)
Verbandszeitschrift: EuPC faxnews (only for members) via e-mail and fax
Mitarbeiter: 7

Europa

iz f 2 217

European Plasticised PVC Film Manufacturers Association (EPFMA)
Bourgetlaan 40, B-1130 Brüssel
T: (00322) 7 08 44 46 **Fax:** 7 08 44 46

Nationale Mitgliedsverbände

Belgien

iz f 2 218

Fabriplast (Association des Transformateurs de Matières Plastiques (FECHIPLAST))
Diamant Building
A. Reyerslaan 80, B-1030 Brüssel
T: (00322) 7 06 79 60 **Fax:** 7 06 79 66

Dänemark

iz f 2 219

The Danish Plastic Federation (DPF)
Noerre Voldgade 48 3rd floor, DK-1358 København K
T: (004533) 13 30 22 **Fax:** 91 08 98
Internet: http://www.plastindustrien.dk
E-Mail: pd@plast.dk

Deutschland

iz f 2 220

Gesamtverband kunststoffverarbeitende Industrie e.V. (GKV)
Am Hauptbahnhof 12, 60329 Frankfurt
T: (069) 2 71 05-0 **Fax:** 23 27 99
Internet: http://www.gkv.de
E-Mail: gkv.de@t-online.de

iz f 2 221

Industrieverband Kunststoffbahnen (IVK)
Emil-von-Behring-Str. 4, 60439 Frankfurt
T: (069) 57 20 64 **Fax:** 95 80 82 25

Finnland

iz f 2 222

The Finnish Plastic Industry Federation (FIPIF)
Eteläranta 10, 7th floor, FIN-00131 Helsinki
T: (003589) 17 28 43 15 **Fax:** 17 11 64

Frankreich

iz f 2 223

PLASTURGIE
Fédération de la Plasturgie
rue de Prony, 65, F-75854 Paris Cedex 17
T: (00331) 44 01 16 16 **Fax:** 44 01 16 55

Großbritannien

iz f 2 224

British Plastics Federation (BPF)
Bath Place 6 Rivington Street, GB-London EC2A 3JE
T: (0044207) 4 57 50 00 **Fax:** 4 57 50 45
Internet: http://www.bpf.co.uk
E-Mail: plaw@bpf.co.uk, pplume@bpf.co.uk

Italien

iz f 2 225

Unione Nazionale Industrie Tranformatrici Materie Plastiche (UNIONPLAST)
Via Petitti 16, I-20149 Mailand
T: (003902) 3 02 31 71 **Fax:** 30 26 65 46

Österreich

iz f 2 226

Fachverband der Chemischen Industrie Österreichs (FCIO)
Wiedner Hauptstrasse 63, A-1045 Wien
T: (00431) 5 01 05 33 72 **Fax:** 50 20 62 80

iz f 2 227

Verband Kunststoff Recycling Österreich (V.K.R.Ö.)
c/o Baufeld-Austria GmbH
Margetinstr. 8c, A-1110 Wien
T: (00431) 76 92 02 10 **Fax:** 7 69 20 21 15

Portugal

iz f 2 228

Associacao Portuguesa da Industria de Plasticos (APIP)
Rua D'Estefania 32-2 Esq, P-1000 Lisboa 1
T: (0035121) 3 15 06 33 **Fax:** 314 77 60

Schweden

iz f 2 229

The Plastics and Chemicals Federation
Postf. 105, S-10122 Stockholm
T: (004684) 02 13 60 **Fax:** 11 45 26
Internet: http://www.plast-kemi.se/komposit/index.htm
E-Mail: thomas.bohlin@plast-kemi.se

Schweiz

iz f 2 230

Kunststoff-Verband Schweiz (KVS)
Schachenallee 29, CH-5000 Aarau
T: (004162) 8 23 08 63 **Fax:** 8 23 07 62

Spanien

iz f 2 231

Confederacion Espanola de Empresarios de Plasticos (FETEP)
Coslada 18, E-28028 Madrid
T: (003491) 3 56 50 59 **Fax:** 3 56 56 28

Ungarn

iz f 2 232

Association of the Hungarian Plastics Industry
Postf. 40, H-1406 Budapest 76
T: (00361) 3 43 58 83 **Fax:** 3 43 07 59

• **IZ F 2 233**

EuPET - European Association for unoriented Polyester Films
Avenue de Cortenbergh 66 B.P. 8, B-1000 Brüssel
T: (00322) 7 39 63 70 **Fax:** 7 32 41 43
Internet: http://www.eupc.org
President: Joachim Eckstein
Manager Legal Affairs: Dr. Barbara Breuer

• **IZ F 2 234**

Verband Europäischer Luftverkehrsgesellschaften (AEA)
Association of European Airlines
Avenue Louise 350, Bte. 4, B-1050 Bruxelles
T: (00322) 6 39 89 89 **Fax:** 6 39 89 99
Internet: http://www.aea.be
E-Mail: aea.secretariat@aea.be
Gründung: 1952
Vorsitzende(r): Xabier de Irala (Iberia)
Generalsekretär(in): Karl-Heinz Neumeister
Stellv. Gen.-Sekr.: Kees Veenstra
Mitglieder: 27
Mitarbeiter: 21

Slovenia

iz f 2 235

Adria Airways
Kuzmiceva 7, SLO-61001 Ljubljana
T: (0038661) 1 33 43 36 **Fax:** 32 33 56
Internet: http://www.adria.si
E-Mail: info@adria.si
President: Peter Grašek

Irland

iz f 2 236

Aer Lingus (EI)
Dublin Airport
Postf. 180, IRL-Dublin
T: (003531) 7 05 22 22 **Fax:** 7 05 38 32
Internet: http://www.aerlingus.ie
Acting Group Chief Executive: Larry Stanley

France

iz f 2 237

Air France (AF)
45, rue de Paris, F-95747 Roissy CDG Cedex
T: (00331) 41 56 78 00 **Fax:** 41 56 70 29
Internet: http://www.airfrance.fr
Chairman: Jean-Cyrill Spinetta

Malta

iz f 2 238

Air Malta Co. Ltd (KM)
Head Office
LQA01, MD-Luqa
T: (00356) 22 99 90 **Fax:** 67 32 41
Internet: http://www.airmalta.com
E-Mail: info@airmalta.com
Executive Chairman: Louis Grech

Italy

iz f 2 239

Alitalia
Linee Aeree Italiane Spa (AZ)
Viale Alessandro Marchetti 111, I-00148 Roma
T: (00396) 6 56 21
Internet: http://www.alitalia.it
Chairman: Fausto Cereti

Austria

iz f 2 240

Austrian Airlines
Österreichische Luftverkehrs AG (OS)
Postf. 50, A-1107 Wien
1, Fontanastrasse, A-1107 Wien
T: (00431) 17 66-0 **Fax:** 6 88 55 05
Internet: http://www.aua.com
President: Dr. Herbert Bammer
Mario Rehulka

Bulgaria

iz f 2 241

Balkan Bulgarian Airlines (LZ)
Sofia International Airport, BG-1540 Sofia
T: (003592) 98 44 81 **Fax:** 79 12 06
Internet: http://www.balkan.com
E-Mail: balkanair@balkanair.bg
President: Filip Moustakov
Barouh Chakarov

Great Britain

iz f 2 242

British Airways plc
Waterside
Postf. 356, GB-Harmondsworth UB7 0GB
T: (0044181) 7 59 55 11 **Fax:** 5 62 55 57
Internet: http://www.british-airways.com
Chief Executive: Robert Ayling

iz f 2 243

British Midland
Donington Hall
Castle Donington, GB-Derby DE7 2SB
T: (00441332) 85 40 00 **Fax:** 85 46 62
Internet: http://www.britishmidland.co.uk
Chairman: Sir Michael Bishop

Luxemburg

iz f 2 244

Luxair S.A. (LG)
Luxembourg Airport, L-2987 Luxembourg
T: (00352) 4 79 81 **Fax:** 47 98 40 40
Internet: http://www.luxair.lu
E-Mail: info@luxair.lu
President: Jean-Donat Calmes (CEO)

iz f 2 245

Cargolux International SA
Luxembourg Airport, L-2990 Luxemburg
T: (00352) 4 21 11 **Fax:** 43 54 46
Internet: http://www.cargolux.com
President: Heiner Wilkens (CEO)

Croatia

iz f 2 246

Croatia Airlines
Savska 41, HR-10000 Zagreb
T: (003851) 6 16 00 66 **Fax:** 6 17 68 45
Internet: http://www.ctn.tel.hr/ctn
E-Mail: ctnpr@ctn.tel.hr
President: Ivan Misetic (CEO)

Czech Republic

iz f 2 247

CSA - Czechoslovak Airlines
Head Office
Airport Ruzyné, CZ-160 08 Prague 6
T: (004202) 20 11 11 11 **Fax:** 3 16 27 74
Internet: http://www.csa.cz
E-Mail: info@uit.csa.cz
President: Miroslav Kula

Cyprus

iz f 2 248

Cyprus Airways (CY)
Engomi
Postf. 21903, CY-1514 Nicosia
21 Alkeou Street, CY-2404 Engomi
T: (003572) 66 30 54 **Fax:** 66 31 67
Internet: http://www.cyprusair.com
Chairman: Marris Loizides
Group Chief Executive: Demetris Pentezis

Finland

iz f 2 249

Finnair Oy (AY)
Postf. 15, FIN-01053 Helsinki
Tietotie 11 A, FIN-01053 Helsinki
T: (003589) 8 18 81 **Fax:** 8 18 44 01
Internet: http://www.finnair.fi
President: Keijo Suila

Spain

iz f 2 250

IBERIA
Lineas Aereas de España SA (IB)
130, Calle Velazquez, E-Madrid 28006
T: (003491) 5 87 87 87
Internet: http://www.iberia.com
E-Mail: infoib@iberia.com
Chairman: Xabier de Irala (CEO)

Iceland

iz f 2 251

ICELANDAIR
Flugleidir hf (FI)
101, Reykjavik
Reykjavik Airport, IS-Reykjavik
T: (00354) 5 05 03 00 **Fax:** 5 05 03 50
Internet: http://www.icelandair.is
E-Mail: info@icelandair.is
President: Sigurdur Helgason (President & CEO)

Yugoslavia

iz f 2 252

Jugoslav Airlines
Bulevar umetnosti 16, YU-11070 Novi Beograd
T: (0038111) 3 11 42 22 **Fax:** 3 11 28 53
Internet: http://www.jat.com
E-Mail: jatpr@jat.com
President: Zika Petrovic

Netherlands

iz f 2 253

Koninklijke Luchtvaart Maatschappij nv (KLM)
KLM Royal Dutch Airlines
Postf. 77 00, NL-1117 ZL Schiphol Airport
T: (003120) 6 49 91 23 **Fax:** 6 49 31 13
Internet: http://www.klm.nl
President: Leo M. van Wijk (CEO)

Germany

iz f 2 254

Deutsche Lufthansa Aktiengesellschaft
50664 Köln
Von-Gablenz-Str. 2-6, 50679 Köln
T: (0221) 8 26-0 **Fax:** 8 26-3818
TX: 8 873 531 lhx
TGR: Lufthansa Köln
T-Online *5 0000*
Internet: http://www.lufthansa.com
President: Jürgen Weber
Chief Operating Officer: Dr. F. Rausch

Hungary

iz f 2 255

MALEV Hungarian Airlines Plc (MA)
Roosevelt tér 2, H-1051 Budapest V.
T: (00361) 2 35 35 35 **Fax:** 2 66 26 85
Internet: http://www.malev.hu
E-Mail: malev@malev.hu
President: Dr. Ferenc Kovacs (Chief Executive Officer)

Greece

iz f 2 256

Olympic Airways SA (OA)
96-100, Syngrou Avenue, GR-Athen 11741
T: (00301) 9 26 91 11 **Fax:** 9 26 71 54
Internet: http://www.olympic-airways.gr
Chairman of the Board: George K. Zygoyiannis
Chief Executive Officer: Rod Lynch

Belgium

iz f 2 257

Sabena S.A.
Sabena House
Brussels National Airport, B-1930 Zaventem
T: (00322) 7 23 31 11 **Fax:** 7 23 83 99
Internet: http://www.sabena.com
E-Mail: communication@sabena.be
President: Paul Reutlinger (Chief Executive Officer)
Chief Operating Officer: Christophe Müller

Sweden

iz f 2 258

SAS - Scandinavian Airlines System (SK)
Frösundaviks Allé 1, S-16187 Stockholm
T: (00468) 7 97 00 00 **Fax:** 7 97 15 15
Internet: http://www.sas.se
President: Jan Stenberg (President & CEO)

Switzerland

iz f 2 259

Swissair Schweizerische Luftverkehrs AG
Zurich Airport, CH-8058 Zürich
T: (00411) 8 12 12 12 **Fax:** 8 10 80 46
Internet: http://www.swissair.com
Chairman of the Board: Philippe Brugisser
President: Jeffrey G. Katz (CEO)

Portugal

iz f 2 260

AIR PORTUGAL
Transportes Aereos Portugueses sa (TAP)
Postf. 50194, P-1704-801 Lisbon
T: (003511) 8 41 50 00 **Fax:** 8 41 50 95
Internet: http://www.tap.pt
Chairman: Norberto Pilar

Turkey

iz f 2 261

TURKISH AIRLINES
Türk Hava Yollari A.O. (TK)
Genel Müdürlük Binasi
Atatürk Havalimani, TR-34830 Istanbul
T: (0090212) 6 63 63 00 **Fax:** 6 63 47 44
Internet: http://www.turkishairlines.com.tr
President: Yusuf Bolayirli

● **IZ F 2 262**

Verband europäischer Schreib- und Zeichengeräte-Hersteller (EWIMA)
European Writing Instrument Manufacturer's Association
Spittlertorgraben 39, 90429 Nürnberg
T: (0911) 2 72 29-0 **Fax:** 2 72 29-11
Internet: http://www.ewima-isz.de
E-Mail: ewima.isz@t-online.de
Gründung: 1983
Vorsitzende(r): Walter Strasser (i.Fa. Brevillier-Urbau Schreibwarenfabrik GmbH, Günseldorfer Str. 3, A-2544 Leobersdorf)
Geschäftsführer(in): RA Manfred Meller

Mitglieder: 125
Mitgliedsländer: 15

Wahrung der allgemeinen, wirtschaftlichen, rechtlichen und sozialpolitischen Interessen auf Europa-Ebene.

• **IZ F 2 263**

Verband für Blei-Förderung (LDA International)
Lead Development Association International
Association pour le développement du Marché de Plomb
42 Weymouth Street, GB-London W1N 3LQ
T: (0044207) 4 99 84 22 **Fax:** 4 93 15 55
Internet: http://www.ldaint.org
E-Mail: enq@ldaint.org
Chairman: A. Breeze

• **IZ F 2 264**

Verband für Zink-Förderung (ZDA)
Zinc Development Association
Association pour le développement du Marché de Zinc
42 Weymouth Street, GB-London W1N 3LQ
T: (0044207) 4 99 66 36 **Fax:** 4 93 15 55

Finnland

iz f 2 265

Outokumpu Metals & Resources OY
Postf. 1 43, FIN-02201 Espoo

iz f 2 266

BUDEL Zink BV
Postf. 2135, NL-6020 Budel AC
Hoofdstraat 1 Budel-Dorplein, NL-6020 Budel AC

Norwegen

iz f 2 267

Norzink AS
Eitrheim, N-5751 Odda

Großbritannien

iz f 2 268

Britania Zinc Ltd
Kingsweston Lane, GB-Bristol BSii 8HT

iz f 2 269

Mount Isa Holding (UK) Ltd.
Watson House, Centre 3000, 20/20 Business Park St. Leonards Rd, Maidstone, GB-Kent MEI 6 OLS

iz f 2 270

Noranda Sales Corporation of Canada Ltd
Bedfordbury 20 Covent Garden, GB-London WC2N 4TP

Japan

iz f 2 271

Japan Lead Zinc Development Association
No. 3-6 Uchisaiwai-cho, J-Tokio 100
T: (00813) 35 91 08 12 **Fax:** 35 03 57 96

• **IZ F 2 272**

Verband der Getreidestärke-Hersteller der EG (AAC)
Association of Cereal Starch Manufacturers of the EU
Association des Amidonneries de Céréales de l'UE (A.A.C.)
Ave. des Arts 43, B-1040 Bruxelles
T: (00322) 289 67 60 **Fax:** 513 55 92
Gründung: 1988
Präsident(in): C. Pinnica
Secrétaire Général: Iliana Axiotiades
Mitglieder: 19
Mitarbeiter: 4

• **IZ F 2 273**

Verband der Glukosehersteller in der EU (AFG)
Association of the Glucose Producers in the EU
Association des Fabricants de Glucose de l'UE
Avenue des Arts 43, B-1040 Brüssel
T: (00322) 289 67 60 **Fax:** 513 55 92
Gründung: 1968
Secrétaire Général: Iliana Axiotiades
Contact: Anita Marievoet
Mitglieder: 4
Mitarbeiter: 4

• **IZ F 2 274**

Verband der Hersteller von Aktivkohle
Activated Carbon Producers Association
Association des Producteurs de Charbon Actif
c/o CEFIC
Avenue E. Van Nieuwenhuyse 4-1, B-1160 Brüssel
T: (0322) 6 76 72 12 **Fax:** 6 76 73 01
E-Mail: LLE@CEFIC.BE
Gründung: 1978
President: DL Rees
Secretary General: L. Le Dore
Mitglieder: 6

• **IZ F 2 275**

Verband der Hersteller von Aminoplastleimen
Aminoplast Glues Manufacturers Association
Association des Fabricants de Colles aminoplastes
c/o CEFIC-BIT
Avenue E. Van Nieuwenhuyse 4-2, B-1160 Brüssel
T: (00322) 6 76 72 95 **Fax:** 6 76 72 16
Gründung: 1975
President: Dugert
Secretary General: Carine Jeukenne
Mitglieder: 10

• **IZ F 2 276**

Verband der Hersteller von Biaxial verstreckter Polypropylene Folie (OPMA)
Oriented Polypropylene Film Manufacturers' Association
Association des Producteurs de Film de Polypropylène Orienté
AC-Treuhand Association Consultants
Postf. 10, CH-8027 Zürich
T: (00411) 2 02 17 33, 2 02 15 00 **Fax:** 2 02 15 51

• **IZ F 2 277**

Verband der Hersteller von Produkten aus gegärten Enzymen (AMFEP)
Avenue de Roodebeeklaan 30, B-1030 Brüssel
T: (00322) 7 43 87 30 **Fax:** 7 36 81 75
Gründung: 1977
Vorsitzende(r): H. Scheres (NL)
General Secretary: K. Abeels

• **IZ F 2 278**

Verband der Hersteller von sauerstoffangereicherten Lösungsmitteln (OSPA)
Oxygenated Solvents Producers Association
Association des producteurs de Solvants oxygénés
c/o CEFIC
Avenue E. Van Nieuwenhuyse 4/1, B-1160 Brüssel
E-Mail: pdk@cefic.be
Président: Dr. I. Dobson
Secrétaire Général: Pierre de Kettenis

• **IZ F 2 279**

Verband der Hersteller synthetischen amorphen Silizium (IV)-oxids (Silica) (ASASP)
Association of Synthetic Amorphous Silica Producers
Association des Producteurs de silicium amorphe
c/o CEFIC
Avenue E. Van Nieuwenhuyse 4-1, B-1160 Brüssel
T: (0322) 6 76 72 11 **Fax:** 6 76 73 01
E-Mail: pvd@cefic.be
Gründung: 1992
President: H. Wagner
Secretary General: P. van der Hoeven
Mitglieder: 9

• **IZ F 2 280**

Verband der Isoglucoseerzeuger der EU (API)
Association of Producers of Isoglucose of the EU
Association des Producteurs d'Isoglucose de l'UE
Avenue des Arts 43, B-1040 Bruxelles
T: (003202) 289 67 60 **Fax:** 513 55 92
Gründung: 1977
Président: J. Pellerin
Secrétaire Général: Iliana Axiotiades
Mitarbeiter: 4

• **IZ F 2 281**

Verband der japanischen Elektronik-Industrie (EIAJ)
Electronic Industries Association of Japan - European Office
Association des Industries Electroniques du Japon
Schadowstr. 41, 40212 Düsseldorf
T: (0211) 36 98 16/17 **Fax:** 35 48 47
Internet: http://www.eiaj.or.jp
E-Mail: hg.eiaj@kddnet.de
Gründung: 1973 (1. Oktober)
Präsident(in): E. Shoyama (EIAJ Tokyo, Tokyo Chamber of Commerce and Industry Bldg., 2-2, Marunouchi 3-chome, Chiyoda-ku, Tokyo 100, T: (00813) 32 13 58 61, Telefax: (00813) 32 13 58 63)
Hauptgeschäftsführer(in): Yaheita Yokoi
Verbandszeitschrift: Statistik "Facts & Figures", 1x jährlich; "EIAJ Review", 2x jährlich
Redaktion: Hauptbüro in Tokyo
Mitglieder: 600
Mitarbeiter: 3

EIAJ helps resolve trade issues, promotes technical standardization, sponsors meetings and exhibitions and promotes a wide range of industry-related publications. It is our hope that these efforts will enhance global communication through the exchange of opinions and information.

• **IZ F 2 282**

Internationaler Margarine-Verband der europäischen Länder (IMACE)
International Margarine Association of the Countries of Europe
Avenue de Tervuren 168 bte 12, B-1150 Brüssel
T: (00322) 772 33 53 **Fax:** 771 47 53
E-Mail: imace.ifma@pophost.eunet.be
Secretary General: I. Herreman

Mitgliedsorganisationen

Belgien

iz f 2 283

APIM - Association Professionelle de l'Industrie Margarinière
Avenue de Tervuren 168 bte. 12, B-1150 Brüssel
T: (00322) 7 71 45 38 **Fax:** 7 71 47 53
Kontaktperson: H. Zegers de Beyl

Dänemark

iz f 2 284

MIFU - Margarine Industri Foreningen
c/o advokat F. Madsen
Grønningen 17, DK-1270 København K
T: (0045) 33 15 50 50 **Fax:** 33 15 70 50
E-Mail: info@mifu.dk
Kontaktperson: F. Madsen

Deutschland

iz f 2 285

Verband der Deutschen Margarineindustrie e.V.
Adenauerallee 148, 53113 Bonn
T: (0228) 37 20 23 **Fax:** 37 20 25
E-Mail: margarineverband@t-online.de
Kontaktperson: Ass. jur. Gerhard Gnodtke

Finnland

iz f 2 286

Finnish Margarine Industries Association
Postf. 1 15, FIN-00241 Helsinki
Pasilankatu 2, FIN-00241 Helsinki
T: (003589) 14 88 74 16 **Fax:** 14 88 74 16
E-Mail: maija.peltola@elintarviketeollisuus.fi
Kontaktperson: M. Peltola

Frankreich

iz f 2 287

Chambre Syndicale de la Margarinerie
Av. Achille Peretti 118, F-92200 Neuilly-sur-Seine
T: (00331) 46 37 23 01 **Fax:** 46 37 15 60
Kontaktperson: Jean-Claude Barsacq

Griechenland

iz f 2 288

ELAIS Oleaginous Products
Neon Faliron
Postf. 122, GR-18531 Piräus
T: (00301) 4 89 62 16 **Fax:** 4 83 29 93
Kontaktperson: A. Gortzis

Großbritannien

iz f 2 289

MSA - Margarine & Spreads Association
6, Catherine Street, GB-London WC2B 5JJ
T: (0044207) 4 20 71 21 **Fax:** 3 79 57 35
E-Mail: msa@fooddrinkfed.demon.co.uk
Kontaktperson: Tim Mustin

Irland

iz f 2 290

Margarine Manufacturers Association of Ireland
Confederation House
84-86 Lower Baggot Street, IRL-Dublin 2
T: (003531) 6 60 10 11 **Fax:** 6 61 28 70
E-Mail: kathryn.raleigh@ibec.ie
Kontaktperson: Kathryn Raleigh

Italien

iz f 2 291

Assitol
Piazza di Campitelli 3, I-00186 Rom
T: (00396) 69 94 00 58 **Fax:** 69 94 01 18
E-Mail: assitol@foodarea.it
Kontaktperson: Dr. Giorgio Cilenti

Niederlande

iz f 2 292

Bond van Nederlandse Margarinefabrikanten
Bankastraat 131 Bus C, NL-2585 EL Den Haag
T: (003170) 3 52 50 74 **Fax:** 3 58 46 79
E-Mail: margarine.bond@wxs.nl
Kontaktperson: I. Tiesinga

Norwegen

iz f 2 293

Margarinindustriens Bransjeforening
Grev Wedels plass 9
P.O. Box 727 Sentrum, N-0105 Oslo
T: (0047) 22 93 65 00 **Fax:** 22 93 65 50
E-Mail: simonsen.musaeus@simonsen-musaus.no
Kontaktperson: A. Steen

Österreich

iz f 2 294

Fachverband der Nahrungs- und Genußmittel-Industrie Österreichs
Postf. 4A, A-1037 Wien
T: (00431) 7 12 21 21 **Fax:** 7 12 12 08
E-Mail: fiaa@lebensmittel.wk.or.at
Kontaktperson: Mag. A. Moser

Portugal

iz f 2 295

AIMGA - Associacao dos Industriais de Margarinas e Gorduras Alimentares
Av. Antonio José d'Almeida n° 7-2, P-1000 Lissabon
T: (003511) 7 95 15 50 **Fax:** 7 95 15 51
Kontaktperson: A. M. Couras

Spanien

iz f 2 296

A.E.F.M.A.
C/Castello 115 Suite 820, E-28006 Madrid
T: (00341) 5 61 61 71 **Fax:** 5 61 59 01
Kontaktperson: A. Martin

Schweden

iz f 2 297

Föreningen Svenska Margarintillverkare
Postf. 55 01, S-11485 Stockholm
T: (00468) 7 83 80 00 **Fax:** 7 83 82 73
Kontaktperson: J. Rosenstrøm

Schweiz

iz f 2 298

Zentralverband der Schweizerischen Fettindustrie
Elfenstr. 19, CH-3000 Bern
T: (004131) 3 52 11 88 **Fax:** 3 52 11 85
E-Mail: hodler@pingnet.ch
Kontaktperson: B. Hodler

Tschechische Republik

iz f 2 299

Czech Margarine Association
Snemovni 9, CZ-11800 Praha 1
T: (00422) 5 73 21 63 **Fax:** 57 32 14 13
E-Mail: csz@telecom.cz
Kontaktperson: M. Kleinova

iz f 2 300

The Turkish Margarine Association
Piskinler Sokak, Güçlu Insaat, D-Blok, Daire 5, TR-81120 Pazarbasi-Üsküdar / Istanbul
T: (0090216) 4 63 94 65 **Fax:** 4 93 94 87
E-Mail: taskin.tuglular@unilever.com
Kontaktperson: Taskin Tuglular

Ungarn

iz f 2 301

Association of Margarine Producers & Appliers
Dévai utca 26-28, H-1134 Budapest
T: (00361) 2 70 01 05 **Fax:** 2 70 01 19
Kontaktperson: Dr. E. Kurucz

• **IZ F 2 302**

Verband der Motorrad-Industrie in Europa (ACEM)
Motorcycle Industry in Europe
Association des Constructeurs Européens de Motocycles
Avenue de la Joyeuse Entrée 1, B-1040 Brüssel
T: (00322) 2 30 97 32 **Fax:** 2 30 16 83
Internet: http://www.acembike.org
E-Mail: f.galliano@acembike.org, r.sterckx@acembike.org, g.pizzio@acembike.org
Gründung: 1994
Präsident(in): Marco Frhr. von Maltzan
Leitung Presseabteilung: Federico Galliano
Mitglieder: 29
Mitarbeiter: 3
Jahresetat: DM 1,858 Mio, € 0,95 Mio

• **IZ F 2 303**

Verband der Produzenten von Waschmittelzeolith (ZEODET)
Association of Detergent Zeolite Producers
Association des Producteurs de Détergents à Zéolithe
c/o CEFIC
Avenue E. Van Nieuwenhuyse 4/1, B-1160 Brüssel
T: (00322) 6 76 72 11 **Fax:** 6 76 73 01
E-Mail: pvd@cefic.be
President: G. De Feo
Contact: P. van der Hoeven

• **IZ F 2 304**

Verband der Schokolade-, Dauerbackwaren- und Zuckerwarenindustrien der EU (CAOBISCO)
Association of the Chocolate-, Biscuit- and Confectionery Industries of the EU
Association des Industries de la Chocolaterie, Biscuiterie-Biscotterie et Confiserie de l'UE
1, rue Defacqz (B7), B-1000 Bruxelles
T: (00322) 5 39 18 00 **Fax:** 5 39 15 75
E-Mail: caobisco@caobisco.de
Gründung: 1959 (13. Mai)
Vorsitzende(r): F. Kasbergen
Direction: N.N.
Mitglieder: 18

Mitgliedsverbände

Belgien

iz f 2 305

CHOPRABISCO
30, av. de Roodebeek, B-1030 Brüssel
T: (00322) 7 43 87 30
Directeur: M. Goffings

Dänemark

iz f 2 306

Brancheforeningen af Kage. og Biscuitfabrikker i Danmark
c/o Dansk Industri, DK-1787 Kobenhavn V
T: (004533) 77 33 77 **Fax:** 77 33 00
Secretary: G. Hestehave

Deutschland

iz f 2 307

Bundesverband der Deutschen Süßwarenindustrie e.V. - BDSI
Schumannstr. 4-6, 53113 Bonn
T: (0228) 2 60 07-0 **Fax:** 2 60 07-89
Internet: http://www.bdsi.de
E-Mail: bdsi@bdsi.de
Hauptgeschäftsführer(in): Dr. Klaus Schütze

Spanien

iz f 2 308

Federacion Espanola de Asociaciones des Dulce (FEAD)
Mallorca, 286, Entlo 2, E-08037 Barcelona
T: (00343) 2 07 25 16
Secretary: Alfonso Bonmati

Finnland

iz f 2 309

Finnish Food and Drink Industries Federation
Postf. 1 15, FIN-00241 Helsinki
Pasilankatu 2, FIN-00241 Helsinki
T: (003589) 14 88 71 **Fax:** 14 88 72 01
Internet: http://www.etl.fi
E-Mail: jukka.ala-peijari@etl.fi, hillevi.latvalahti@et.ttiitot.fi
Secretary: Lea Lastikka

Frankreich

iz f 2 310

Les Syndicats de: Biscotterie, Biscuiterie, Chocolaterie et Confiserie (Membres de l'Alliance 7)
Adresse commune: Alliance 7
194, rue de Rivoli, F-75001 Paris
T: (003311) 44 77 85 85 **Fax:** 42 61 95 34
Directeur: Jean-Loup Allain

Griechenland

iz f 2 311

Hellenic Association of Chocolate Industries
Ethnikis Anistaseos 69, GR-15231 Chalandri
T: (00301) 6 71 11 77 **Fax:** 6 71 10 80
Secretary: Raptopoulou

Irland

iz f 2 312

Chocolate manufacturers' Association
c/o Cadbury Ireland Plc
Coolock, IRL-Dublin 5
T: (003531) 8 48 00 00 **Fax:** 8 47 29 05
Director: F. Deane

Italien

iz f 2 313

Associazione delle Industrie Dolciarie Italiane (A.I.D.I.)
Via Barnaba Oriani 92, I-00197 Rom
T: (00396) 80 91 071 **Fax:** 80 73 186
Direttore: Dr. Romano Chiavegatti

Niederlande

iz f 2 314

Vereniging voor de Bakkerij- en Zoetwarenindustrie (VBZ)
Bankastraat 131 B, NL-2585 El Den Haag

T: (003170) 3 55 47 00
Secretaris: J. M. C. van der Bruggen

Norwegen

iz f 2 315

The Norwegian Association of Chocolate Manufacturers
Postf. 57 42, N-0305 Oslo
T: (004722) 08 87 05 **Fax:** 08 87 20
Secretary: K. Oyna

Österreich

iz f 2 316

Fachverband der Nahrungs- und Genußmittel-Industrie Österreichs
Postf. 4A, A-1037 Wien
Zaunergasse 1-3, A-1037 Wien
T: (00431) 7 12 21 21 **Fax:** 7 12 12 08
E-Mail: fiaa@lebensmittel.wk.or.at
Secretary: Dr. Michael Blass

Portugal

iz f 2 317

Associacao dos Industriais de Chocolates e Confeitaria
Avenida la Republica 62F 6e, P-1000 Lissabon
T: (003511) 7 96 67 31 **Fax:** 7 93 85 76
Secretary: Miguel Barata Simoes

Großbritannien

iz f 2 318

The Biscuit, Cake, Chocolate and Confectionery Alliance
adress:
37-41 Bedford Row, GB-London WCI 4JH
T: (0044207) 4 04 91 11 **Fax:** 4 04 91 10
Director: John E. Newman

Schweden

iz f 2 319

CHOKOFA
Postf. Box 5501, S-11485 Stockholm
Stortgatan 19, S-11485 Stockholm
T: (00468) 7 83 80 00 **Fax:** 7 83 82 73
E-Mail: jrm@li.se
Secretary: G. Holmqvist

Schweiz

iz f 2 320

Chocosuisse/Biscofa
Münzgraben 6, CH-3000 Bern 7
T: (004131) 3 11 64 94 **Fax:** 3 12 26 55
Secretary: F. Schmid

Tschechische Republik

iz f 2 321

Cokoladovny a.s.
Modranska 27, CZ-14320 Prague 4
T: (004202) 4 02 37 57 **Fax:** 61 32 27 87
Secretary: Jaroslav Camplik

Ungarn

iz f 2 322

Association of Hungarian Confectionery Manufacturers
Kuny Domokos u. 13-15, H-1012 Budapest
T: (00361) 2 02 70 46 **Fax:** 1 55 50 57
Secretary: Dr. Mohos

• IZ F 2 323

Verband der Sorbithersteller in der EG (ASPEC)
Association of Sorbitol Producers within the EEC
Association des Producteurs de Sorbitol de la CEE
avenue des Gaulois 9, B-1040 Bruxelles
T: (00322) 7 36 53 54 **Fax:** 7 32 34 27
E-Mail: aspec@ecco.be
Gründung: 1977
Generalsekretär(in): Dionne Heijnen
Mitglieder: 5
Mitarbeiter: 1

• IZ F 2 324

Verbindungs-Ausschuß der Aufbauten- und Anhänger-Industrie (CLCCR)
Liaison Committee of the Body- and Trailer Building Industry
Comité de Liaison de la Construction de Carrosseries et de Remorques (CLCCR)
Westendstr. 61, 60325 Frankfurt
T: (069) 9 75 07-308 **Fax:** 9 75 07-261
Gründung: 1959
Präsident(in): A. Filippi (I)
Vizepräsident(in): H. Nooteboom (NL)
Generalsekretär(in): Dr. Markus Heibach (D, Westendstr. 61, 60325 Frankfurt, T: (069) 9 75 07-3 08, Tx: 411 293, Fax: (069) 9 75 07-2 61, E-Mail: HEIBACH@VDA.de)
Sekretär TC: A. R. McKenzie (UK)
Mitglieder: Nationale Verbände der Anhänger- und Aufbautenhersteller
Belgien, Bundesrepublik Deutschland, Frankreich, Großbritannien, Italien, Niederlande, Norwegen, Österreich, Portugal, Schweden, Spanien

Mitgliedsorganisationen

Belgien

iz f 2 325

FABRIMETAL
Diamant Building, Bd A. Reyers 80, B-1030 Brüssel
T: (00322) 7 06 79 95 **Fax:** 7 06 80 09
Internet: http://www.fabrimetal.be

Deutschland

iz f 2 326

Verband der Automobilindustrie e.V. (VDA)
Postf. 17 05 63, 60079 Frankfurt
Westendstr. 61, 60325 Frankfurt
T: (069) 9 75 07-0 **Fax:** 9 75 07-261
Internet: http://www.vda.de
Präsident(in): Dr. Bernd Gottschalk

Frankreich

iz f 2 327

Chambre Syndicale Nationale des Carrossiers et Constructeurs de Semi-Remorques et Conteneurs (CARCOSERCO)
35, rue des Renaudes, F-75017 Paris
T: (00331) 44 29 71 14 **Fax:** 42 67 48 21

Großbritannien

iz f 2 328

Society of Motor Manufacturers and Traders Ltd.
Forbes House
Halkin Street, GB-London SW1X 7DS
T: (0044207) 2 35 70 00 **Fax:** 2 35 71 12

Italien

iz f 2 329

Associazione Nazionale Fra Industrie Automobilistiche (ANFIA)
Corso Galileo Ferraris 61, I-10128 Torino
T: (003911) 5 54 65 11 **Fax:** 54 59 86
Internet: http://www.anfia.it
E-Mail: anfra@anfia.it

Niederlande

iz f 2 330

Nederlandse Vereniging "De Rijwiel- en Automobiel-Industrie" (RAI / Autovak)
Postf. 7 48 00, NL-1070 DM Amsterdam
Wielingenstraat 28, NL-1070 DM Amsterdam
T: (003120) 5 04 49 49 **Fax:** 6 46 38 57
Internet: http://www.autovak.nl
E-Mail: autovak@rai.nl

Norwegen

iz f 2 331

Pabygg og Karosserie (BPK)
Pb. 7072 Majorsfua, N-0306 Oslo

Österreich

iz f 2 332

Fachverband der Fahrzeugindustrie Österreichs (FFÖ)
Postf. 337, A-1045 Wien 4
Wiedner Hauptstrasse 63, A-1045 Wien 4
T: (00431) 5 01 05 48 01 **Fax:** 50 10 52 89
E-Mail: fahrzeuge@wk.or.at

Portugal

iz f 2 333

Associaçâo Nacional do Ramo Automóvel (ARAN)
R. Faria Guimarâes 631, P-4200 Porto

Schweden

iz f 2 334

VI Sveriges Verkstadsindustrier
Lastfordousgruppen Inom
Postf. 5510, S-11485 Stockholm
Storgatan 5, S-11485 Stockholm
T: (00468) 7 82 09 27 **Fax:** 7 82 09 80
Internet: http://www.vibab.se/smidesgruppen

Spanien

iz f 2 335

Asociacion Semirremolques, Cisternas y Vehiculos Analogos
ASFARES
Principe de Vergara 74, 5°, E-28006 Madrid
T: (003491) 5 62 55 90

• IZ F 2 336

Verbindungsausschuß der Hartfaser- und Tauwerkindustrie der E.W.G. (EUROCORD)
Liaison Committee of E.U. Twine Cordage & Netting Industries
Comité de Liaison des Industries de Corderie-Ficellerier de Fileís l'Union Européenne
47, rue de Monceau, F-75008 Paris
T: (00331) 53 75 10 04 **Fax:** 53 75 10 02
Président: P. Sijbmanda (NL)
Vice Président: O. Mammernes (Norwegen)
Treasurer: A. Antunes (Portugal)
Membre: C. Howard (Island)
Generalsekretär(in): Dr. Anne B. Jourdain (F)
Mitglieder: 30
Mitarbeiter: 3
Company Members: Italien, Belgien, Deutschland, Niederlande, Großbritannien, Irland, Dänemark, Griechenland, Österreich, Schweden, Finnland, Norwegen , Frankreich, Spanien, Portugal, Island

Nationale Assoziierte Mitglieder

Frankreich

iz f 2 337

Ficcorfil
26, rue de la fépiniére, F-75008 Paris
T: (00331) 42 93 00 76 **Fax:** 45 22 65 57

Portugal

iz f 2 338

Associaçao dos Industriais de Cordoaria e Redes (A.I.C.R.)
Rua da Paz 66 - 5A - 5/58, P-4050 Porto
T: (003512) 6 09 13 47 **Fax:** 6 00 21 68

• IZ F 2 339

Verband der Hersteller von Teilen und Zubehör für Zweiräder in den EU-Ländern (COLIPED)
Organisation of the European Two-Wheeler Parts' Industries
Comité de Liaison des Fabricants de Pièces et Equipements de Deux-Roues des pays de l'UE
Bld. de la Woluwe 46 Bte. 6, B-1200 Brüssel
T: (00322) 7 78 64 58 **Fax:** 7 62 81 71
E-Mail: greet.engelen@coliped.com
Präsident(in): Pietro Boselli (Vice President)
Secretary General: Greet Engelen
Mitglieder: 9 (Belgien, Dänemark, Deutschland, Finnland, Frankreich, Großbritannien, Italien, Niederlande, Portugal)

Mitgliedsorganisationen

Belgien

iz f 2 340
FEBIAC
Bld. de la Woluwe 46, B-1200 Brüssel
T: (00322) 7 78 64 00 **Fax:** 7 62 81 71
E-Mail: svc@febiac.be
Kontaktperson: Stijn Vancuyck

Dänemark

iz f 2 341
Marwi International
Kievitsbloem 26, NL-2631 TB Nootdorp
T: (003115) 3 10 55 62 **Fax:** 3 10 55 82
E-Mail: mvogt@marwi.nl
Kontaktperson: Martin Vogt

Deutschland

iz f 2 342
Fachverband Fahrrad- und Kraftradteile-Industrie e.V. (FTV)
Gothaer Str. 27, 40880 Ratingen
T: (02102) 44 20 44 **Fax:** 44 20 45
E-Mail: verband@ftv.de
Kontaktperson: Dr. Gerd Müller-van Ißem

iz f 2 343
Verband der Fahrrad- und Motorrad-Industrie e.V. (VFM)
Otto-Volger-Str. 19, 65843 Sulzbach
T: (06196) 50 77-0 **Fax:** 50 77-20
E-Mail: zweirad-vfm@t-online.de
Kontaktperson: Siegfried Neuberger

Finnland

iz f 2 344
FIMET Federation of Finnish Metal, Engineering and Electrotechnical Industries
Postf. 10, FIN-00131 Helsinki
Eteläranta 10, FIN-00130 Helsinki
T: (003589) 1 92 31 **Fax:** 62 44 62
Internet: http://www.met.fi
E-Mail: pirjo.tunturi@met.fi
Kontaktperson: Veijo Niemi

Frankreich

iz f 2 345
S.F.E.P.C.M.
Rue J.J. Rousseau 77-81, F-92150 Suresnes
T: (003314) 6 25 02 34 **Fax:** 6 99 06 20
E-Mail: gjacques@fiev.fr
Kontaktperson: G. Jacques (E-Mail: gjacques@fiev.fr)

Großbritannien

iz f 2 346
Bicycle Assoc. Great Britain
Starley House
Eaton Road, GB-Coventry CV1 2FH
T: (0044120) 355 38 38 **Fax:** 322 83 66
E-Mail: josie@bicycle-association.org.uk
Kontaktperson: Josie Carter

Italien

iz f 2 347
ANCMA Associazione Nazionale Ciclo, Motociclo, Accessori
Via Mauro Macchi 32, I-20124 Mailand
T: (0039266) 98 18 18 **Fax:** 98 20 72
E-Mail: boselli@ancma.it, nepentini@ancma.it
Kontaktperson: Pietro Boselli
Enea Nepentini

Niederlande

iz f 2 348
Nederlandse Vereniging "De Rijwiel- en Automobiel-Industrie" (RAI / Autovak)
Postf. 7 48 00, NL-1070 DM Amsterdam
Wielingenstraat 28, NL-1070 DM Amsterdam
T: (003120) 5 04 49 49 **Fax:** 5 04 49 98
E-Mail: g.stokreef@rai.nl
s.stock@rai.nl
Kontaktperson: Gerrit Jan Stokreef
Stef Stock

Portugal

iz f 2 349
ABIMOTA
Borralha, P-3750 Agueda
T: (00351) 34 62 37 97 **Fax:** 34 60 20 18
Kontaktperson: Angelino Ferreira

• IZ F 2 350

Europäischer Dachverband der Automobilzulieferindustrie "CLEPA"
European Association of Automotive Suppliers
Bvd Brand Whitlock 87 B.1, B-1200 Bruxelles
T: (00322) 7 43 91 30 **Fax:** 7 32 00 55
Internet: http://www.clepa.be
Gründung: 1959 (16. März)
Präsident(in): Trevor C. Bonner
Managing Director: Ralf Bergner
Treasurer: J. Pages
Technical Secretary: L. S. Ayral

Mitgliedsorganisationen

Belgien

iz f 2 351
FABRIMETAL
Diamant Building, Bd A. Reyers 80, B-1030 Brüssel
T: (00322) 7 06 79 95 **Fax:** 7 06 80 09
Internet: http://www.fabrimetal.be
Präsident(in): Philippe de Buck
Direktor(in): L. De Vocht

Dänemark

iz f 2 352
AUTIG
Components Group
Borgmester Jensens Allé 25CØsterfalled Torv, DK-2100 Copenhagen
T: (004535) 25 05 50 **Fax:** 25 05 66
Präsident(in): F. Hansen
Direktor(in): N. Selmer

Deutschland

iz f 2 353
Verband der Automobilindustrie e.V. (VDA)
Components Group
Postf. 17 05 63, 60079 Frankfurt
Westendstr. 61, 60325 Frankfurt
T: (069) 9 75 07-0 **Fax:** 9 75 07-261
Internet: http://www.vda.de
Präsident(in): Dr. Bernd Gottschalk
Geschäftsführer(in): Dr. Peter Thomson

Frankreich

iz f 2 354
FIEV
Rue J.J. Rousseau 77-81, F-92150 Suresnes
T: (0033) 1 46 25 02 34 **Fax:** 1 40 99 06 20
E-Mail: gjacques@fiev.fr
Präsident(in): A. Halna du Fretay

Großbritannien

iz f 2 355
SMMT
Components Group
Forbes House
Halkin Street, GB-London SW1X 7DS
T: (0044207) 2 35 70 00 **Fax:** 2 35 71 12
Head of Trade Sections: R. Davis
Präsident(in): Trevor C. Bonner

Italien

iz f 2 356
Association Italienne des Constructeurs d'Automobiles (ANFIA)
Corso Galileo Ferraris 61, I-10128 Turin
T: (003911) 5 54 65 11 **Fax:** 54 49 86
President: P. Fusaro
General Secretary: Aldo Malandra

Niederlande

iz f 2 357
Nederlandse Vereniging "De Rijwiel- en Automobiel-Industrie" (RAI / Autovak)
Components Group
Postf. 7 48 00, NL-1070 DM Amsterdam
Wielingenstraat 28, NL-1070 DM Amsterdam
T: (003120) 5 04 49 49 **Fax:** 6 46 38 57
Internet: http://www.autovak.nl
E-Mail: autovak@rai.nl
Direktor(in): Eric Rommerts

Portugal

iz f 2 358
AFIA
Rua do Crasto 190, P-4150 Porto
T: (003512) 6 17 26 68 **Fax:** 6 10 18 77
Präsident(in): Jose Alberto de Sousa Ribeiro
Generalsekretär(in): Barbara Soares

Schweden

iz f 2 359
Swedish Automotive Suppliers
Skeppsbro Platsen 1, S-41118 Göteborg
T: (004631) 7 11 89 01 **Fax:** 7 11 89 04
Präsident(in): L. Holmqvist
General Secretary: Svenåke Berglie

Spanien

iz f 2 360
Sernauto
Castello 120, E-28006 Madrid
T: (00341) 5 62 10 41 **Fax:** 5 61 84 37
Präsident(in): J. M. Pujol
Generalsekretär(in): M. Escudero

• IZ F 2 361

Verbindungsausschuß des Schiffbaus der EU (CESA)
Committee of EU Shipbuilders' Associations
Comité de Liaison de la Construction Navale de la UE
c/o Fabrimetal
Rue des Drapiers 21, B-1050 Bruxelles
T: (00322) 5 10 23 11 **Fax:** 5 10 23 01
Gründung: 1968

Vorsitzende(r): C. Antonini (Italy)
Generalsekretär(in): J.E. Pérez

Dänemark

iz f 2 362

Foreningen af Jernskibs- og Maskinbyggerier i Danmark
Store Kongensgade 128, DK-1264 København K.
T: (0045) 33 13 24 16 **Fax:** 33 11 10 96

Deutschland

iz f 2 363

Verband für Schiffbau und Meerestechnik e.V. (VSM)
An der Alster 1, 20099 Hamburg
T: (040) 28 01 52-0 **Fax:** 28 01 52-30
Internet: http://www.vsm.de
E-Mail: vsm.e.v.@t-online.de
Sprecher des Vorstandes und Hauptgeschäftsführer: Dr.-Ing. Werner Schöttelndreyer
Geschäftsführer(in): Dipl.-Kfm. Volkhard Meier
RA Dr. Mathias Münchau

Spanien

iz f 2 364

UNINAVE Union Espanola de Constructores Navales
Juan Hurtado de Mendoza, 13-70-9, E-28036 Madrid
T: (00341) 3 45 21 65 **Fax:** 3 59 93 36

Frankreich

iz f 2 365

Chambre Syndicale des Constructeurs de Navires
47, Rue de Monceau, F-75008 Paris
T: (00331) 45 61 99 11 **Fax:** 42 89 25 32

Griechenland

iz f 2 366

Association of Greek Shipbuilding and Shiprepairing Industries
Notara Street 140, GR-185 36 Piraeus
T: (00301) 4 18 21 64/5 **Fax:** 4 53 35 92

Italien

iz f 2 367

ASSONAVE
Via Sardegna 40, I-00187 Roma
T: (00396) 4 82 79 80 **Fax:** 6 75 12 37

Niederlande

iz f 2 368

Vereniging Nederlandse Scheepsbouw Industrie (VNSI)
Postf. 1 38, NL-2700 AC Zoetermeer
Boerhaavelaan 40, NL-2700 AC Zoetermeer
T: (003179) 3 53 11 65 **Fax:** 3 53 11 55
Internet: http://www.vnsi.nl
E-Mail: info@vnsi.nl

Portugal

iz f 2 369

AIM Associação das Indústrias Maritimas
Rua Jorge Alfonso 31-6°, P-1600 Lisboa
T: (003511) 7 93 31 97 **Fax:** 7 96 78 27

Großbritannien

iz f 2 370

Shipbuilders and Shiprepairers Association
33 Catherine Place, GB-London SW1E 6DY
T: (0044207) 8 28 09 33 **Fax:** 8 34 57 49

• IZ F 2 371

Verbindungs-Büro der europäischen Keramischen Industrie (CERAME-UNIE)
Bureau de Liaison des Industries Céramiques européennes
Rue des Colonies 18-21 bte. 17, B-1000 Brüssel
T: (00322) 5 11 30 12, 5 11 70 25 **Fax:** 5 11 51 74
Vorsitzende(r): L. G. von Boch (D)
Geschäftsführer(in): R. Chorus
Mitarbeiter: 4

Mitgliedsorganisationen

iz f 2 372

Vereinigung der europäischen Keramikfliesen-Hersteller (CET)
European Ceramic Tile Manufacturers Federation
Fédération européenne des producteurs de carreaux céramiques
Rue des Colonies 18-24 bte. 17, B-1000 Brüssel
T: (00322) 5 11 30 12, 5 11 70 25 **Fax:** 5 11 51 74

iz f 2 373

Europäische Vereinigung der Hersteller feuerfester Erzeugnisse (PRE)
European Refractories Producers Federation
Fédération Européenne des Fabricants de Produits Réfractaires
Rue des Colonies 18-24, B-1000 Brüssel
T: (00322) 5 11 30 12, 5 11 70 25 **Fax:** 5 11 51 74

iz f 2 374

Europäischer Verband der Porzellan- und Steingut-Industrie (Geschirr und Zierkeramik) (FEPF)
Common Market Committee of the European Federation of Porcelain and Earthenware Tableware and Ornamental Ware Industries
Fédération Européenne des Industries de Porcelaine et de Faience de table et d'ornementation
Rue des Colonies 18-24 bte. 17, B-1000 Brüssel
T: (00322) 5 11 30 12, 5 11 70 25 **Fax:** 5 11 51 74

iz f 2 375

Groupement des Producteurs de l'U.E. de Céramiques techniques pour applications électroniques, électriques, mécaniques et autres (GROUPISOL)
Rue des Colonies 18-24, B-1000 Brüssel
T: (00322) 5 11 30 12, 5 11 70 25 **Fax:** 5 11 41 74

iz f 2 376

Europäische Vereinigung der Steinzeugröhrenindustrie (FEUGRES)
European Federation for the Vitrified Clay Pipe Industry
Fédération Européenne des Fabricants de Tuyaux en Grès
Rue des Colonies 18-24, B-1000 Brüssel
T: (00322) 5 11 30 12, 5 11 70 25 **Fax:** 5 11 51 74

iz f 2 377

Europäische Vereinigung der Hersteller von Sanitärkeramik (FECS)
European Federation of Manufacturers of Sanitary Ceramics
Fédération Européenne des Fabricants de Céramiques Sanitaires
Avenue Victor Hugo 15, F-75116 Paris
T: (00331) 45 00 18 56 **Fax:** 45 00 47 56

iz f 2 378

Europäischer Verband der Dachziegel und Ziegelsteinindustrie (TBE)
Fédération Européenne des Fabricants de Tuiles et de Briques
Postf. 217, CH-8035 Zürich
Obstgartenstr. 28, CH-8035 Zürich
T: (00411) 3 61 96 50 **Fax:** 3 61 02 05
Internet: http://www.tbe-euro.com
E-Mail: office@tbe-euro.com

iz f 2 379

Association européenne des Producteurs d'Argiles (EuroARGILLA)
Postf. 20 16 49, 56016 Koblenz
T: (0261) 1 24 28 **Fax:** 1 51 79

iz f 2 380

Fédération européenne des producteurs d'abrasifs
Avenue Reille 20, F-75014 Paris
T: (00331) 45 81 25 90 **Fax:** 45 81 62 94

• IZ F 2 381

Verbindungs-Büro der Kautschuk-Industrie der EU (BLIC)
Liaison Office of the Rubber Industry of the EC
Bureau de Liaison des Industries du Caoutchouc de l'UE
2. Avenue des Arts, Bte 12, B-1210 Bruxelles
T: (00322) 2 18 49 40 **Fax:** 2 18 61 62
TGR: BLINCA
Gründung: 1959
Generalsekretär(in): Fazilet Cinaralp
Mitglieder: 12 (Niederlande, Belgien, Frankreich, Italien, Deutschland, Dänemark, Großbritannien, Portugal, Spanien, Luxemburg, Schweden, Finnland)

Mitgliedsorganisationen

Belgien

iz f 2 382

Association Belge de l'Industrie du Caoutchouc (ABIC/BVR)
Sq. Marie-Louise 49, B-1000 Brüssel
T: (00322) 2 38 97 78 **Fax:** 2 30 03 89
Direktor(in): D. de Hemptinne

Dänemark

iz f 2 383

Gummifabrikantforeningen
c/o Roulunds Fabriker
Hestehaven, DK-5260 Odense S
T: (0045) 66 11 55 15 **Fax:** 65 91 23 94
Kontaktperson: C. Andersen

Deutschland

iz f 2 384

Wirtschaftsverband der deutschen Kautschukindustrie e.V. (W.d.K.)
Postf. 90 03 60, 60443 Frankfurt
Zeppelinallee 69, 60487 Frankfurt
T: (069) 79 36-0 **Fax:** 79 36-150
Internet: http://www.wdk.de
E-Mail: info@wdk.de
Kontaktperson: Klaus Mocker

Finnland

iz f 2 385

Rubber Manufacturers' Association of Finland
Eteläranta 10, FIN-00130 Helsinki
T: (003589) 17 28 46 00 **Fax:** 66 65 61
Kontaktperson: T. Rantalaiho

Frankreich

iz f 2 386

Syndicat national du caoutchouc, des plastiques et des industries qui s' y rattachent
60, rue Auber, F-94440 Vitry-sur-Seine
T: (00331) 49 60 57 57 **Fax:** 45 21 03 50
Del. Gen: G. Bresson

Großbritannien

iz f 2 387

British Rubber Manufacturers' Association Ltd. (BRMA)
6, Bath Place, Rivington Street, GB-London EC2A 3JE
T: (0044207) 4 57 50 40 **Fax:** 9 72 90 08
Direktor(in): A.J. Dorken

Italien

iz f 2 388

Associazione Nazionale fra le Industrie della Gomma, Cavi, Elettrici ed Affini (Assogomma)
Via S. Vittore 36, I-20123 Milano
T: (00392) 46 60 20 **Fax:** 43 54 32
Direktor(in): Saltalamacchia

Luxemburg

iz f 2 389

Groupement des Industries du Caoutchouc du Grand Duche de Luxembourg (GICL)
Postf. 13 04, L-1013 Luxemburg
7, rue Alcide de Gasperi, L-1013 Luxemburg
T: (00352) 43 53 66 **Fax:** 43 23 28
Secrétaire Général: Nicolas Soisson

Niederlande

iz f 2 390

Nederlandse Vereniging van Rubber- en Kunststoffabrikanten
Postbus 418, NL-2260 AK Leidschendam
T: (003170) 3 17 72 43 **Fax:** 3 17 74 12
Direktor(in): J. Adrian

Portugal

iz f 2 391

Associacao Portuguesa dos Industriais de Borracha
Rc Dto, Senhora da Hora
Rua Eduardo Torres n° 1743, P-Matosinhos
T: (003512) 9 37 39 94 **Fax:** 9 37 39 94
Kontaktperson: Conceiçao Sousa

Spanien

iz f 2 392

Consorcio Nacional de Industriales del Caucho
Sagasta 13, E-Madrid 4
T: (00341) 4 45 84 12 **Fax:** 4 47 81 11
Direktor(in): B. Rubio

Schweden

iz f 2 393

Sveriges Gummiindustriförening
Postf. 5501, S-11485 Stockholm
T: (00468) 7 83 80 00 **Fax:** 6 63 63 23
Kontaktperson: G. Wergeman

• **IZ F 2 394**

Verband der Fahrradhersteller in der EU (COLIBI)
Liason Committee of European Bicycle Manufacturers
Comité de Liaison des Fabricants de Bicyclettes de la Communauté Européenne
Boulevard de la Woluwe 46 Bte. 6, B-1200 Brüssel
T: (00322) 7 78 64 58 **Fax:** 7 62 81 71
E-Mail: greet.engelen@copiled.com
President: N.N.
Vice-President: Eddi Ecclestone
Secretary General: Greet Engelen (Contact)
Mitglieder: 11 (Belgien, Dänemark, Deutschland, Finnland, Frankreich, Großbritannien, Italien, Niederlande, Österreich, Portugal, Spanien)
Mitarbeiter: 1

Mitgliedsorganisationen

Belgien

iz f 2 395

FABRIMETAL
Diamant Building, Bd A. Reyers 80, B-1030 Brüssel
T: (00322) 7 06 79 58 **Fax:** 7 06 79 66
E-Mail: annie.luchie@fabrimetal.be
Contact: Annie Luchie

Dänemark

iz f 2 396

Foreningen af Prod. i Cyklebranchen
Grønningen 17, DK-1270 København K
T: (0045) 33 15 50 50 **Fax:** 33 15 70 50
Contact: N.E. Kildemoes

Deutschland

iz f 2 397

Verband der Fahrrad- und Motorrad-Industrie e.V. (VFM)
Otto-Volger-Str. 19, 65843 Sulzbach
T: (06196) 50 77-0 **Fax:** 50 77-20
E-Mail: zweirad-vfm@t-online.de
Kontaktperson: Siegfried Neuberger

Finnland

iz f 2 398

FIMET Federation of Finnish Metal, Engineering and Electrotechnical Industries
Postf. 10, FIN-00131 Helsinki
Eteläranta 10, FIN-00130 Helsinki
T: (003589) 1 92 31 **Fax:** 62 44 62
Internet: http://www.met.fi
E-Mail: pirjo.tunturi@met.fi
Kontaktperson: Veijo Niemi

Frankreich

iz f 2 399

FIEV
Rue J.J. Rousseau 77-81, F-92150 Suresnes
T: (0033) 1 46 25 02 34 **Fax:** 1 40 99 06 20
E-Mail: gjacques@fiev.fr
Contact: Gérard Jacques

Großbritannien

iz f 2 400

Bicycle Assoc. Great Britain
Starley House
Eaton Road, GB-Coventry CV1 2FH
T: (0044120) 355 38 38 **Fax:** 322 83 66
E-Mail: josie@bicycle-association.org.uk
Kontaktperson: Josie Carter

Italien

iz f 2 401

ANCMA Associazione Nazionale Ciclo, Motociclo, Accessori
Via Mauro Macchi 32, I-20124 Mailand
T: (0039266) 98 18 18 **Fax:** 98 20 72
E-Mail: boselli@ancma.it, nepentini@ancma.it
Kontaktperson: Pietro Boselli
Enea Nepentini

Niederlande

iz f 2 402

Nederlandse Vereniging "De Rijwiel- en Automobiel-Industrie" (RAI / Autovak)
Postf. 7 48 00, NL-1070 DM Amsterdam
Wielingenstraat 28, NL-1070 DM Amsterdam
T: (003120) 5 04 49 49 **Fax:** 5 04 49 98
E-Mail: g.stokreef@rai.nl
s.stock.rai.nl
Kontaktperson: Gerrit Jan Stokreef
Stef Stock

Österreich

iz f 2 403

Fachverband der Fahrzeugindustrie Österreichs (FFÖ)
Postf. 337, A-1045 Wien 4
Wiedner Hauptstrasse 63, A-1045 Wien 4
T: (00431) 5 01 05 48 01 **Fax:** 50 10 52 89
E-Mail: fahrzeuge@wk.or.at
Kontaktperson: Mag. Walter Linszbauer

Portugal

iz f 2 404

ABIMOTA
Borralha, P-3750 Agueda
T: (00351) 34 62 37 97 **Fax:** 34 60 20 18
Kontaktperson: Angelino Ferreira

Spanien

iz f 2 405

S.E.E.B. (Sector Español Empresarial Bicicleta)
Arcacha 1, E-01006 Vitoria
T: (003445) 13 52 02 **Fax:** 13 93 21
Kontaktperson: Jose Antonio Gomez

• **IZ F 2 406**

Verbindungsstelle der europäischen Maschinenbau-, Metallverarbeitenden und Elektroindustrie (ORGALIME)
Liaison Group of the European Mechanical, Electrical, Electronic and Metalworking Industries
Generalsekretariat:
Boulevard A. Reyers 80, B-1030 Brüssel
T: (00322) 7 06 82 35 **Fax:** 7 06 82 50
TGR: ORGALIME BRUXELLES
E-Mail: secretariat@orgalime.be
Gründung: 1954
Leitung Presseabteilung: Patrick Knox-Peebles
Verbandszeitschrift: ORGALIME NEWS
Mitglieder: 25
Mitarbeiter: 10
Jahresetat: DM 2 Mio, € 1,02 Mio

Member Associations

Germany

iz f 2 407

VDMA Verband Deutscher Maschinen- und Anlagenbau e.V.
Postf. 71 08 64, 60498 Frankfurt
Lyoner Str. 18, 60528 Frankfurt
T: (069) 66 03-0 **Fax:** 66 03-1511
Internet: http://www.vdma.de
E-Mail: puoe@vdma.org
President: Michael Rogowski
President: Eberhard Reuther
Directeur: Dr. Martin Wansleben (Hauptgeschäftsführer)

iz f 2 408

WSU Wirtschaftsverband Stahlumformung e.V.
Postf. 40 09, 58040 Hagen
Goldene Pforte 1, 58093 Hagen
T: (02331) 95 88-0 **Fax:** 5 10 46
E-Mail: wsu@wsu.de
Président: Jürgen R. Thumann
Directeur: Dipl.-Phys. Hans-Dieter Oelkers (Hauptgeschäftsführer)

iz f 2 409

Zentralverband Elektrotechnik- und Elektronikindustrie (ZVEI) e.V.
Postf. 70 12 61, 60562 Frankfurt
Stresemannallee 19, 60596 Frankfurt
T: (069) 6 30 20 **Fax:** 6 30 23 17
Internet: http://www.zvei.de
E-Mail: zvei@zvei.org
Président: Dietmar Harting
Directeur: Franz-Josef Wissing (Hauptgeschäftsführer)
Directeur: Gotthard Graß (Geschäftsführer)
Norbert Knaup (Geschäftsführer)
Hugo Rüsch (Geschäftsführer)

iz f 2 410

EBM Wirtschaftsverband (Wirtschaftsverband Eisen, Blech und Metall verarbeitende Industrie)
Postf. 10 51 21, 40858 Ratingen
An der Pönt 48, 40885 Ratingen
T: (0202) 1 86-0 **Fax:** 1 86-169
Internet: http://www.ebm.de
E-Mail: info@ebm.de
Président: Günter Becker
Directeur: Ulrich Böshagen (Hauptgeschäftsführer)

Austria

iz f 2 411

Fachverband der Eisen- und Metallwarenindustrie Österreichs
Postf. 3 35, A-1045 Wien
Wiedner Hauptstr. 63, A-1045 Wien
T: (00431) 5 01 05 34 75 **Fax:** 5 05 09 28
Internet: http://www.fmwi.at
E-Mail: fmwi@fmwi.at
Président: Reinhard Jordan
Directeur: Wolfgang Locker (Hauptgeschäftsführer)

iz f 2 412

F.E.E.I.
Fachverband der Elektro- und Elektronikindustrie Österreichs
Austrian Electrical and Electronic Industries Association (FEEI)
Mariahilfer Str. 37-39, A-1060 Wien
T: (00431) 5 88 39 40 **Fax:** 5 86 69 71
Internet: http://www.wk.or.at/feei
E-Mail: bartoschka@feei.wk.or.at
President: Albert Hochleitner
Directeur: Dr. Heinz Raschka (Hauptgeschäftsführer)

Belgium

iz f 2 413

FABRIMETAL
Diamant Building
Diamant Building, Bd A. Reyers 80, B-1030 Brüssel
T: (00322) 7 06 79 95 **Fax:** 7 06 80 09
Internet: http://www.fabrimetal.be
Président: Julien De Wilde
Directeur: Philippe de Buck van Overstraeten (Administrateur-délégué)

Denmark

iz f 2 414

Confederation of Danish Industries (DI)
H.C. Anderson Boulevard 18, DK-1787 Kobenhavn V
T: (0045) 33 77 33 77 **Fax:** 33 77 33 00
E-Mail: di-uni@di.dk
President: Johan Schroder
Director General: Hans Skov Christensen

Spain

iz f 2 415

CONFEMETAL Confederacion Espanola de Organizaciones Empresariales del Metal
Principe de Vergara 74, E-28006 Madrid
T: (00341) 5 62 55 90 **Fax:** 5 62 84 77
Internet: http://www.confemetal.es
E-Mail: confemetal@confemetal.es
Président: Carlos Perez de Bricio Olaragia
Directeur: Andres Sanchez de Apellaniz

Finland

iz f 2 416

FIMET Federation of Finnish Metal, Engineering and Electrotechnical Industries
Postf. 10, FIN-00131 Helsinki
Eteläranta 10, FIN-00130 Helsinki
T: (003589) 1 92 31 **Fax:** 62 44 62
Internet: http://www.met.fi
E-Mail: pirjo.tunturi@met.fi
Président: Mikko Kivimäki
Directeur: Harri Malmberg (Managing Director)

iz f 2 417

SET Federation of Finnish Electrical and Electronics Industry
Postf. 10, FIN-00131 Helsinki
Eteläranta 10, FIN-00130 Helsinki
T: (003589) 1 92 31 **Fax:** 63 58 55
Internet: http://www.electroind.fi
Président: Matti Alahuhta
Directeur: Tapio Forsgrén (Managing Director)

France

iz f 2 418

F.I.M. Fédération des Industries Mécaniques
Maison de la Mécanique
39/41 rue Louis Blanc Cedex 72, F-92038 Paris La Défense Cedex 72, 92038 Paris la Défense
T: (00331) 47 17 60 00 **Fax:** 47 17 60 16
Internet: http://www.cetim.fr/cetim_e/qui/mecaniqu/qu_fimst.htm
E-Mail: fim@club-internet.fr
Président: Martine Clément
Directeur: Marc Baÿ (Directeur Général)

iz f 2 419

FIEEC Fédération des Industries Electriques, Electroniques et de Communication
Rue Hamelin 11, F-75783 Paris Cedex 16
T: (00331) 45 05 70 70 **Fax:** 45 53 03 93
Internet: http://www.fieec.fr
E-Mail: comm@fieec.fr
Président: Jean-Pierre Desgeorges
Directeur: Jean-Claude Karpelès (Délégué Général)

Great Britain

iz f 2 420

BEAMA Federation of British Electrotechnical and Allied Manufacturers' Associations Limited
Westminster Tower
3 Albert Embankment Westminster Tower, GB-London SE1 7SL
T: (0044207) 7 93 30 00 **Fax:** 7 93 30 03
President: Michael F. Barrett
Director: Alan Bullen

iz f 2 421

METCOM Mechanical & Metal Trade Confederation
Carlyle House
235/237 Vauxhall Bridge RD, GB-London SW1V 1EJ
T: (0044207) 2 33 70 11 **Fax:** 8 28 06 67
Internet: http://www.metcom.org.uk
E-Mail: ecampbell@metcom.org.uk
President: Stan E. Vaughan (Cjairman of the Management Committee)
Director: John Carruthers (Chief Executive)

Ireland

iz f 2 422

E.I.A. Engineering Industry Association
Confederation House
Lower Baggot Street 84-86, Confederation House, IRL-Dublin 2
T: (003531) 6 60 10 11 **Fax:** 6 60 17 17
President: Christy Hayes
Director: Hugh Duggan

Italy

iz f 2 423

ANIE Associazione Nazionale Industrie Elettrotecniche ed Elettroniche
Via Gattamelata 34, I-20149 Mailand
T: (00392) 3 26 42 42 **Fax:** 3 26 42 12
Internet: http://www.anie.it
E-Mail: asde.segreteria@anie.it
Gründung: 1945
President: Roberto Bertazzoni
Director: Luigi Meli

iz f 2 424

ANIMA - Federazione delle Associazioni Nazionali dell'Industria Meccanica varie ed affine
Federation of the Italian Mechanical and Engineering Industry Associations
Via L. Battistotti Sassi 11/B, I-20133 Mailand
T: (003902) 73 97-1 **Fax:** 73 97-316
Internet: http://www.anima-it.com
E-Mail: anima@anima-it.com
Président: Enrico M. Carle
Directeur: Enrico Malcovati

Luxembourg

iz f 2 425

GCFL - Groupement des Constructeurs et Fondeurs du Grand-Duché de Luxembourg
(Association of Luxembourg Manufacturers and Founder)
Postf. 1304, L-1013 Luxembourg
Rue Alcide de Gasperi 7, L-1013 Luxembourg
T: (00352) 43 53 66, 67,68 **Fax:** 43 23 28
E-Mail: fedil@fedil.lu
Président: Jean-Claude Schmitz
Directeur: Nicolas Soisson

Norway

iz f 2 426

T.B.L. Teknologibedriftenes Landsforening
Postf. 7072, N-0306 Oslo 3 Homansbyen
Oscars Gate 20, N-0306 Oslo 3 Homansbyen
T: (004722) 59 66 00 **Fax:** 59 66 69
Internet: http://www.tbl.no
E-Mail: tbl@tbl.no
Président: Olav Fossgard
Directeur: Karl Nysterud

The Netherlands

iz f 2 427

FME/CWM Vereniging van Ondernemingen in de Metaal-, Kunstof-, Elektronika- en Elektrotechnische Industrie en Aanverwante Sectoren
Postf. 190, NL-2700 AD Zoetermeer
Boerhaavelaan 40, NL-2700 AD Zoetermeer
T: (003179) 3 53 12 64 **Fax:** 3 53 13 65
Internet: http://www.fme.nl
E-Mail: holtram@fme.nl, jbu@fme.nl
President: Arie Kraaijeveld (Director General)
Director: Flip Ruitenberg (Member of the Managing Board)
Director: Paul van Roon

iz f 2 428

METAALUNIE Nederlandse Organisatie van Ondernemers in het Midden- en Kleinbedrijf in de Metaal
Postf. 26 00, NL-3430 GA Nieuwegein
Einsteinbaan 1, NL-3439 NJ Nieuwegein
T: (00313060) 5 33 44 **Fax:** 5 32 08
Internet: http://www.mkbnet.nl/sector/industrie/metaalunie
E-Mail: info@metaalunie.nl
President: Barbara Hovers-Lierop
Director: Harm Jan Keijer

Portugal

iz f 2 429

ANEMM Associação Nacional das Empresas Metalúrgicas e Metalomecânicas
Polo tecnologica de Lisboa, lote 13
Estrada do Paço do Lumiar, P-1600 Lisboa
T: (003511) 7 15 21 72 **Fax:** 7 15 04 03
Internet: http://www.anemm.pt
E-Mail: anemm@anemm.pt
Président: José de Oliveira Guia
Directeur: Joao Reis

iz f 2 430

FENAME Federação Nacional do Metal
Rua dos Platanos, 197, P-4100 Porto
T: (003512) 6 10 71 47 **Fax:** 6 10 74 73
Président: Mario Amorim Graca Moura
Directeur: Amaro Correia

Sweden

iz f 2 431

VI Sveriges Verkstadsindustrier
Postf. 5510, S-11485 Stockholm
Storgatan 5, S-11485 Stockholm
T: (00468) 7 82 09 27 **Fax:** 7 82 09 80
Internet: http://www.vibab.se/smidesgruppen
Président: Lennart Nilsson
Directeur: Heinrich Blauert (Managing Director)

Switzerland

iz f 2 432

Société Suisse des Constructeurs de Machines (VSM)
Verein Schweizerischer Maschinen-Industrieller
Kirchenweg 4, CH-8032 Zürich
T: (00411) 3 84 41 11 **Fax:** 3 84 42 42
Internet: http://www.vsm.ch
E-Mail: h.spuehler@swissmem.ch
Président: Edwin Somm
Directeur: Martin Erb

• IZ F 2 433

Verbindungsstelle der Fleischverwertungs-Industrie der EG (CLITRAVI)
Liaison Centre of the Meat Processing Industries of the EC
Centre de Liaison des Industries Transformatrices de Viandes de la Communauté Européenne
21, Bd. Baudouin - 7° Et., B-1000 Bruxelles
T: (00322) 22 03 51 41 **Fax:** 22 03 32 44
E-Mail: devries@mail.skypro.be
Gründung: 1958
Präsident(in): C.-H. Richard

Vice Président: E. van der Plump
Generalsekretär(in): Dirk Dobbelaere
Legislative Officer: C. Hiernaux
Mitglieder: 22
Mitarbeiter: 3

Mitgliedsorganisationen

Deutschland

iz f 2 434

Bundesverband der Deutschen Fleischwarenindustrie e.V.
Postf. 29 51, 53019 Bonn
Schedestr. 11, 53113 Bonn
T: (0228) 26 72 50 **Fax:** 2 67 25 55
E-Mail: bvdf@compuserve.com
Président: Fritz Köhne
Secrétaire Général: Dr. Gotthard Hilse

Belgien

iz f 2 435

Fédération Nationale des Fabricants de Produits et Conserves de Viandes (FENAVIAN)
rue Lombard, 57, B-1000 Bruxelles
T: (00322) 5 02 37 01 **Fax:** 5 02 37 28
E-Mail: vangoidsenhoven.fenavian@skynet.be
Président: F. Leroux
Secrétaire Général: K. Vangoidsenhoven

Dänemark

iz f 2 436

Danske Slagterier
Axelborg-Axeltorv 3, DK-1609 København V
T: (0045) 33 11 60 50 **Fax:** 33 11 68 14
Président: Bent Olesen
Secrétaire Général: Arne Moesgaard

Spanien

iz f 2 437

Associacion de Industrias de la Carne de Espagna (AICE)
General Rodrigo 6 Planta 12, E-28003 Madrid
T: (00341) 5 54 70 45 (46) (48) **Fax:** 5 54 78 49
Président: Blas Serrano Rodrigo
Secrétaire Général: A. Roncal Fernandez

iz f 2 438

Associacion Espagnola de Empresas de la Carne (CECARNE)
c/Infanta Mercedes nr. 13-4°, E-28020 Madrid
T: (00341) 5 71 68 55/56 **Fax:** 5 71 68 54
Président: Jaime Ahuir Ferris
Secrétaire Général: Fernando Pascual

Frankreich

iz f 2 439

Fédération française des Industries Charcutières (F.I.C.)
3, rue Anatole de la Forge, F-75017 Paris
T: (00331) 42 27 22 26 **Fax:** 46 22 26 01
Président: C.-H. Richard
Secrétaire Général: G. Le Tyrant

Griechenland

iz f 2 440

Greek Meat Processing Association (S.E.V.E.K.)
15 A, rue Xenophontos, GR-105 57 Athens
T: (00301) 3 25 32 37 **Fax:** 3 25 44 60
Président: D. Papagiannis
Vice-Président: B. Papayiannis
Secrétaire Général: A. Primendas

Irland

iz f 2 441

Irish Meat Processors Association
11, Merrion Square, IRL-Dublin 2
T: (003531) 61 04 22 **Fax:** 61 04 27
Président: I. Blake
Chief Executive: John Smith

Italien

iz f 2 442

Associazione Industriali Delle Carne - ASS.I.CA.
Milanofiori - Strada 4, Palazzo Q/8, I-20089 Rozzano
T: (00392) 57 51 02 57 **Fax:** 57 51 06 07
Président: G. Villani
Secrétaire Général: G. Gorreri

Luxemburg

iz f 2 443

Fédération Nationale des Fabricants et Distributeurs de Viande en Gros du Grand-Duché de Luxembourg
Grand Duché de Luxembourg
Postf. 3, L-5601 Mondorf-Les-Bains
T: (00352) 6 71 91/92/93 **Fax:** 66 12 23
Président: Nico Eischen (Sécrétaire)

Niederlande

iz f 2 444

Vereniging voor de Nederlandse Vleeswarenindustrie
Postf. 87936, NL-2508 DH Den Haag
Wagenaarweg 14, NL-2508 DH Den Haag
T: (003170) 3 52 44 41 **Fax:** 3 50 37 23
Président: J.C. Carsouw
Secrétaire Général: Ir. H. J. Heier

Portugal

iz f 2 445

Associacao Nacional dos Industriais de Carnes (ANIC)
av. Guerra Junquero 11, 1° D, P-1000 Lissabon
T: (003511) 8 40 02 98 **Fax:** 8 40 02 40
Président: Francisco Rasteiro
Secrétaire Général: Juvenal Giga

Großbritannien

iz f 2 446

British Meat Manufacturers' Association (B.M.M.A.)
19 Cornwall Terrace, GB-London NW1 4QP
T: (0044207) 9 35-79 80 **Fax:** 4 87 47 34
Président: L. David Walker (MBE TD)
Directeur: Philip J. Mobsby

Norwegen

iz f 2 447

Norwegian Meat Cooperative
Postf. 60, N-0513 Oslo 5
Refstadt, N-0513 Oslo 5
T: (004722) 09 21 00 **Fax:** 15 59 08
Managing director: Svein Skorstad
Director: K. Framstad

Österreich

iz f 2 448

Verband der Fleischwarenindustrie
Postf. 144, A-1037 Wien 3
Zaunergasse 1-3, A-1037 Wien 3
T: (00431) 7 12 21 21 **Fax:** 7 12 21 21 53
President: Ernest Pollak
Director: Dr. Reinhard Kainz

Schweden

iz f 2 449

Slakteriforbundet Scan A.B.
(Swedish Farmers' Meat Marketing Association)
Slakthusplan 4, S-121-86 Johanneshov
T: (00468) 7 25 80 00 **Fax:** 7 25 81 41
President: Lars Danell
Contact Person: Alf Nilsson

iz f 2 450

Kott Branschen
Postf. 5093, S-121-05 Johanneshov
Slakthusplan 3, S-121-05 Johanneshov
T: (00468) 6 59 00 05 **Fax:** 6 59 21 82, 6 00 17 59
President: Sven Wiberg
Managing Director: Åke Rutegård

Finnland

iz f 2 451

Finnish Meat Board
c/o Finnish Food and Drink Industries' Federation
Postf. 1 15, FIN-00241 Helsinki
T: (003580) 14 88 71 **Fax:** 14 88 72 01
Contact: Lea Lastikka

Associated Members

iz f 2 452

Kjøttbransjens Landsførbund
(Norwegian Independent Meat Association)
Postf. 6279, N-0603 Oslo 6
Etterstad, N-0603 Oslo 6
T: (00472) 57 00 11 **Fax:** 57 14 14
Président (industrial Committee):
Leif Malvin Knutsen
Directeur: Kare Bakke
Kontaktperson: Rolf A. Aass

Slowenien

iz f 2 453

Business Association for Food of Slovenia
Slovenska cesta 54, SLO-61109 Ljubljana
T: (00386) 6 11 32 43 40 **Fax:** 1 32 43 30
Direktor(in): Franc Muhič
Counsellor: Karel Bregar

● **IZ F 2 454**

Marinalg International (CLITAM)
85, bd Haussmann, F-75008 Paris
T: (00331) 42 65 41 58 **Fax:** 42 65 02 05
Gründung: 1973
Mitglieder: 12
Mitarbeiter: 1

● **IZ F 2 455**

Verein der Kunststofferzeugenden Industrie in Europa (APME)
Association of Plastics Manufacturers in Europe (APME)
Association des producteurs de matières plastiques en Europe
Av. E. Van Nieuwenhuyse 4, Box 3, B-1160 Bruxelles
T: (00322) 6 75 32 97 **Fax:** 6 75 39 35
Internet: http://www.apme.org
Gründung: 1976 (Januar)
Président: C.A. Linse
Director General: Nancy Russotto
Communications Director: C.R. Emerencia
Mitglieder: über 40 Firmen
Mitarbeiter: 25

● **IZ F 2 456**

CBMC - Die Europäischen Brauer
CBMC - The Brewers of Europe
CBMC - Les Brasseurs Européens
Chaussée de la Hulpe 181 bte 20, B-1170 Brüssel
T: (00322) 6 72 23 92 **Fax:** 6 60 94 02
Internet: http://www.cbmc.org
E-Mail: info@cbmc.org
Gründung: 1958
Generalsekretär(in): R. de Looz-Corswarem
Präsident(in): P. Bergqvist
Verbandszeitschrift: Statistik CBMC
Verlag: CBMC
Mitglieder: 17

Mitgliedsorganisationen

Belgien

iz f 2 457

Confédération des Brasseries de Belgique (C.B.B.)
Maison des Brasseurs
Grand' Place 10, B-1000 Brüssel
T: (00322) 5 11 49 87 **Fax:** 5 11 32 59
Internet: http://www.beerparadise.be
E-Mail: cbb@beerparadise.be

Präsident(in): Yannick Boes
Ad. Délégué: Michel Brichet

Dänemark

iz f 2 458

Bryggeriforeningen
Frederiksberggade 11, DK-1459 Kopenhagen K
T: (0045) 33 12 62 41 **Fax:** 33 14 25 13
Internet: http://www.bryggeriforeningen.dk
E-Mail: info@bryggeriforeningen.dk
Gründung: 1899 (6. 9.)
Präsident(in): Flemming Lindeløv
Direktor(in): Niels Hald

Deutschland

iz f 2 459

Deutscher Brauer-Bund e.V.
Postf. 20 04 52, 53134 Bonn
Annaberger Str. 28, 53175 Bonn
T: (0228) 9 59 06-0 **Fax:** 9 59 06-16
Internet: http://www.brauer-bund.de
E-Mail: info@brauer-bund.de
Gründung: 1871
Präsident(in): Dieter Ammer
Hauptgeschäftsführer(in): RA Peter Hahn
Mitglieder: 14 Verbände

Finnland

iz f 2 460

Panimoliitto (Finnish Federation of the Brewing Industry)
Postf. 115, FIN-00241 Helsinki
Pasilankatu 2, FIN-00241 Helsinki
T: (003589) 14 88 71 **Fax:** 14 88 72 01
E-Mail: info@panimoliitto.fi
Präsident(in): Jussi Länsiö
Direktor(in): Risto Saarinen

Frankreich

iz f 2 461

Association des Brasseurs de France
Boulevard Malesherbes 25, F-75008 Paris
T: (00331) 42 66 29 27 **Fax:** 42 66 52 79
Präsident(in): Pierre Tourrette
Generalsekretär(in): Louis Delalande

Griechenland

iz f 2 462

Greek Brewers' Association
Postf. 383, GR-10434 Athen
102, Kifissos Ave, GR-122 41 Egaleo
T: (00301) 538 49 11 **Fax:** 545 08 48
President: Minas Tanes
Secretary International: Dimitri Docopoulos

Großbritannien

iz f 2 463

Brewers and Licensed Retailers Association (BLRA)
42, Portman Square, GB-London W1H 0BB
T: (0044207) 4 86 48 31 **Fax:** 9 35 39 91
Internet: http://www.blra.co.uk
E-Mail: prmail@blra.co.uk
Chairman: Michael R. M. Foster
Chief Executive: Rob Hayward
Secretary General: Dr. David Long

Irland

iz f 2 464

Irish Brewer's Association
Confederation House
84-86, Lower Baggot Street, IRL-Dublin 2
T: (003531) 660 1011 **Fax:** 660 1717
Präsident(in): A. M. Prendergast
Direktor(in): Paddy Jordan

Italien

iz f 2 465

Associazione degli Industriali della Birra e del Malto
Viale di Val Fiorita 90, I-00144 Rom
T: (003906) 54 39 32 (1) **Fax:** 5 91 29 10
Internet: http://www.assobirra.it
E-Mail: birra.viva@assobirra.it
Präsident(in): Dr. Rodolfo Peroni
Direktor(in): Daniel Rossi

Luxemburg

iz f 2 466

Fédération des Brasseurs Luxembourgeois, A.S.B.L.
Postf. 13 04, L-1013 Luxembourg
Bld. Konrad Adenauer 31 1er étage, L-1115 Luxemburg
T: (00352) 43 53 66-1 **Fax:** 43 23 28
E-Mail: fed.brasseurs@fedil.lu
Präsident(in): Raymond Martin
Direktor(in): Lucien Jung

Niederlande

iz f 2 467

Centraal Brouwerij Kantoor (CBK)
Postf. 34 62, NL-1001 AG Amsterdam
Herengracht 282, NL-1016 BX Amsterdam
T: (003120) 6 25 22 51 **Fax:** 6 22 60 74
Internet: http://www.cbk.nl
E-Mail: info@cbk.nl
Präsident(in): Hans Wiegel
Direktor(in): H. E. Jonker Roelants

Österreich

iz f 2 468

Verband der Brauereien Österreichs
Zaunergasse 1-3, A-1030 Wien
T: (00431) 7 13 15 05 **Fax:** 7 13 39 46
Internet: http://bier.oesterreich.com
E-Mail: getraenke@lebensmittel.wk.or.at
Präsident(in): Dr. Karl Büche
Geschäftsführer(in): Leopold Wurstbauer-Heiss

Portugal

iz f 2 469

Associaçao da Indústria Cervejeira Portuguesa (AICP)
Courela de Anaia, P-2695-366 Sta. Iria Azoia
T: (0035121) 9 53 84 31 **Fax:** 9 53 84 32
E-Mail: asscerv@mail.telepac.pt
Präsident(in): José Manuel Soares Da Fonseca
Generalsekretär(in): Américo Martins

Schweden

iz f 2 470

Svenska Bryggareföreningen
Swedish Brewers's Association
(Swedish Brewer's Association)
Postf. 81 04, S-10420 Stockholm
Polhemsgatan 29, S-10420 Stockholm
T: (00468) 566 213 00 **Fax:** 566 213 10
Internet: http://www.swedbrewers.se
E-Mail: reception@swedbrewers.se
Gründung: 1885
Chairman: S. Wiking Sjöstrand
President: Peter Mattson

Spanien

iz f 2 471

Cerveceros de España
Almagro 24, 2° c/.Izda, E-28010 Madrid
T: (003491) 308 6770 **Fax:** 308 6661
Internet: http://www.cerveceros-es.com
E-Mail: info@cerveceros-es.com
Präsident(in): Demetrio Carceller
Generalsekretär(in): Jacobo Olalla-Marañon

Assoziierte Mitglieder

Norwegen

iz f 2 472

Norsk Bryggeri- og Mineralvannindustris Forening
Postf. 7087 Majorstua, N-0306 Oslo
Essendropsgate 6 - 2nd floor, N-0306 Oslo
T: (00472) 3 08 86 96 **Fax:** 2 60 30 04
Internet: http://www.nbmf.no
E-Mail: firmapost@nbmf.no
Gründung: 1901
Präsident(in): Bjorn Wiggen
Direktor: Per Undrum

Schweiz

iz f 2 473

Schweizerischer Bierbrauerverein
Société Suisse des Brasseurs
Postf. 6325, CH-8023 Zürich
Bahnhofplatz 9, CH-8023 Zürich
T: (00411) 2 21 26 28 **Fax:** 2 11 62 06
Internet: http://www.bier.ch
E-Mail: bierbrauerverein@spectraweb.ch
Präsident(in): Hans Ulf Leupin
Direktor: Konrad Studerus

● **IZ F 2 474**

Vereinigung der Erfrischungsgetränke-Verbände in der EG (UNESDA)
Union of EU Soft Drinks Associations
Union des Associations de Boissons Rafraichissantes des Pays de la C.E.
Bd. Saint Michel 79, B-1040 Brüssel
T: (00322) 7 35 37 49 **Fax:** 7 32 51 02
President: W. Brinkmann
Secretary General: A. Beaumont
Mitarbeiter: 4

Mitgliedsorganisationen

Belgien

iz f 2 475

FIEB
Av. Général de Gaulle 51 bte 5, B-1050 Brüssel
T: (00322) 6 49 12 86 **Fax:** 6 46 13 39

Dänemark

iz f 2 476

Danske Laeskedrik Fabrikanter
Frederiksberggade 11, DK-1459 Kopenhagen K
T: (004533) 12 62 41 **Fax:** 14 25 13

Deutschland

iz f 2 477

Bundesverband der Deutschen Erfrischungsgetränke-Industrie e.V. (BDE)
Königswinterer Str. 300, 53227 Bonn
T: (0228) 44 10 72, 44 27 13 **Fax:** 44 00 19
Internet: http://www.bde-online.de
E-Mail: mail@bde-online.de

iz f 2 478

Verband Deutscher Mineralbrunnen e.V. (VDM)
Kennedyallee 28, 53175 Bonn
T: (0228) 95 99 00 **Fax:** 37 34 53
Internet: http://www.heilwasser.com, http://www.mineralwasser.com
E-Mail: vdm.bonn@t-online.de

Frankreich

iz f 2 479

Fédération de l'Ind. et du Commerce des Eaux et des Boissons Non-Alcoolisées du G-D de Luxembourg
c/o Syndicat des Eaux de Sources
Rue de la Jarry 11, F-94300 Vincennes
T: (0033243) 65 51 18 **Fax:** 65 04 64

iz f 2 480
Syndicat National des Boissons Rafraîchissantes
Rue de la Trémoille 10, F-75008 Paris
T: (00331) 47 20 31 10 **Fax:** 47 20 27 62

Griechenland

iz f 2 481
Association of Greek Soft Drinks Industries (SEVA)
Ethnikis Antistaseos 69 & Eptanisou 2, GR-15231 Chalandri
T: (00301) 6 71 11 77 **Fax:** 6 71 10 80

Großbritannien

iz f 2 482
BSDA
Stukeley Street 20-22, GB-London WC2B 5LR
T: (0044207) 4 30 03 56 **Fax:** 8 31 60 14

Irland

iz f 2 483
The Soft Drinks Association Ltd.
Naas Rd. Business Park, Unit 19 A, IRL-Dublin 12
T: (003531) 4 60 08 11 **Fax:** 4 60 08 14

Italien

iz f 2 484
Italian Soft Drinks Association (ASSOBIBE)
Via dell'Architectura 8, I-00144 Rom
T: (00396) 5 91 88 91 **Fax:** 5 92 47 51

iz f 2 485
MINERACQUA
Via delle Tre Madonne 12, I-00197 Rom
T: (00396) 8 07 99 69 **Fax:** 8 07 99 46

Niederlande

iz f 2 486
Vereniging Nederlandse Frisdranken Industrie
Postf. 26155, NL-3002 ED Rotterdam
Heemraadssingel 167, NL-3002 ED Rotterdam
T: (003110) 4 77 40 33 **Fax:** 4 25 90 25

Portugal

iz f 2 487
ANIRSF
Rua de San José 93-1, P-1100 Lissabon
T: (003511) 3 46 37 22 **Fax:** 3 47 56 26

Spanien

iz f 2 488
ANFABRA
Av. Menendez Pelayo 81, E-28007 Madrid
T: (00341) 5 52 62 75 **Fax:** 5 51 97 91

• IZ F 2 489
Vereinigung der Ernährungsindustrie der EU (CIAA)
Confederation of the Food and Drink Industries of the EU
Confédération des Industries Agro-Alimentaires de l'UE
Avenue des Arts 43, B-1040 Brüssel
T: (00322) 5 14 11 11 **Fax:** 5 11 29 05
Internet: http://www.ciaa.be
E-Mail: ciaa@ciaa.be
Gründung: 1983
Président: A. Labergère (Best Foods)
Vice-Présidents: M. Vitale (EBS)
K. Hetzer (Mars GmbH)
R. George (Weetabix Ltd)
Délégué Général: R. Destin
Leitung Presseabteilung: Nathalie Lecocq
Mitgliedsverbände: 15
Mitarbeiter: 14

Nationale Verbände

Belgien

iz f 2 490
Fédération des Industries Agricoles et Alimentaires (FIA)
Av. de Cortenberg 172 Bte 7, B-1040 Brüssel
T: (00322) 7 43 08 20, 7 43 08 00 **Fax:** 7 33 94 26
DG: Paul Verhaeghe

Dänemark

iz f 2 491
DI-Confederation of Danish Industries
Dansk Industri
H.C. Andersens Boulevard 18, DK-1787 Kobenhavn V
T: (0045) 33 77 33 77 **Fax:** 33 77 33 00
Internet: http://www.di.dk
E-Mail: jn@di.dk

Deutschland

iz f 2 492
Bund für Lebensmittelrecht und Lebensmittelkunde e.V.
Godesberger Allee 142-148, 53175 Bonn
T: (0228) 81 99 30 **Fax:** 37 50 69
Internet: http://www.bll-online.de
E-Mail: bll@bll-online.de
Hauptgeschäftsführer(in): RA Prof. Dr. Matthias Horst

iz f 2 493
Bundesvereinigung der Deutschen Ernährungsindustrie e.V. (BVE)
Godesberger Allee 142-148, 53175 Bonn
T: (0228) 3 08 29-0 **Fax:** 3 08 29-99
E-Mail: bve@bve-online.de
Hauptgeschäftsführer(in): Dr. Matthias Horst

Finnland

iz f 2 494
Finnish Food and Drink Industries Federation
Postf. 1 15, FIN-00241 Helsinki
Pasilankatu 2, FIN-00241 Helsinki
T: (003589) 14 88 71 **Fax:** 14 88 72 01
Internet: http://www.etl.fi
E-Mail: jukka.ala-peijari@etl.fi, hillevi.latvalahti@et.ttliitot.fi
Deputy Director General: Pekka Hämäläinen

Frankreich

iz f 2 495
Association Nationale des Industries Alimentaires
155 Bd Hausmann, F-75008 Paris
T: (00331) 53 83 86 00 **Fax:** 45 61 96 64
Délégué Général: Benoît Mangenot

Griechenland

iz f 2 496
Federation of Hellenic Food Industries (SEVT)
Antistaseos 69, GR-15231 Chalandri
T: (00301) 6 71 11 77, 6 72 32 15, 6 72 49 08
Fax: 6 71 10 80
General Delegate Director: Vasso Papadimitriou

Großbritannien

iz f 2 497
Food and Drink Federation
6, Catherine Street, GB-London WC2B 5JJ
T: (0044207) 8 36 24 60 **Fax:** 8 36 05 80
Director European & Internat. Policy: Jonathan Peel

Irland

iz f 2 498
Food Drink and Tobacco Federation of Ireland
Confederation House
Lower Baggot Street 84-86, IRL-Dublin 2
T: (003531) 6 60 10 11 **Fax:** 6 60 17 17
Director General: K. Raleigh

Italien

iz f 2 499
Federazione Italiana dell'Industria Alimentara (FEDERALIMENTARE)
Viale dell'Astronomia 30, I-00144 Rom
T: (00396) 5 90 34 70 **Fax:** 5 90 34 49, 5 90 33 42
Direktor(in): Dr. Raffaela Maroncelli

Luxemburg

iz f 2 500
Fédération des Industries Agro-Alimentaires Luxembourgeoises
Postf. 1304, L-1013 Luxemburg
Rue Alcide de Gasperi 7, L-1013 Luxemburg
T: (00352) 43 53 66, 3 98 44 41 **Fax:** 43 23 28, 39 60 73
Président: E. Müller (Chambre de Commerce)

Niederlande

iz f 2 501
VAI-Nederlandse Voedingsmiddelen Industrie
Postf. 93093, NL-2509 AB Den Haag
Princess Beatrixlaan 5, NL-2509 AB Den Haag
T: (003170) 3 49 74 70, 3 49 74 71 **Fax:** 3 81 95 08
Secretaris: R. Diamant

Österreich

iz f 2 502
Fachverband der Nahrungs- und Genußmittel-Industrie Österreichs
Postf. 4A, A-1037 Wien
Zaunergasse 1-3, A-1037 Wien
T: (00431) 7 12 21 21 **Fax:** 7 12 12 08
E-Mail: fiaa@lebensmittel.wk.or.at
Geschäftsführer(in): Dr. Michael Blass

Portugal

iz f 2 503
Federação das Indústrias Portuguesas Agro-Alimentares (FIPA)
Av. Antonio José d'Almeida 7-2°, P-1000 Lissabon
T: (003511) 7 93 86 79 **Fax:** 7 93 85 37
E-Mail: fipa@mail.telepac.pt
Director General: Margarida Baleiras Couto

Schweden

iz f 2 504
Swedish Juice Association
Postf. 5501, S-11485 Stockholm
Storgatan 19, S-11485 Stockholm
T: (00468) 7 83 82 69 **Fax:** 7 83 82 73
E-Mail: udg@li.se
Director General: Jan Rosenström

Spanien

iz f 2 505
Federación Española de Industrias de la Alimentacion y Bebidas
Diego de Leon 44, E-28006 Madrid
T: (00341) 4 11 72 11 **Fax:** 4 11 73 44
Kontaktperson: Horacio Gonzalez Aleman

• IZ F 2 506
Vereinigung der Europäischen Faltschachtel-Industrie (ECMA)
European Carton Makers Association
Postf. 8 56 12, NL-2508 CH Den Haag
Laan Copes van Cattenburch 79, NL-2585 EW Den Haag
T: (003170) 3 12 39 11 **Fax:** 3 63 63 48
Vorsitzende(r): Piero Capodieci
Secretary: Dr. J.H.M. Lejeune (Laan Copes van Cattenburch 79, NL-2585 EW Den Haag Niederlande, T: (003170) 3 12 39 11)

• IZ F 2 507
Vereinigung der europäischen Gesenkschmiedeverbände (EUROFORGE)
Goldene Pforte 1, 58093 Hagen
T: (02331) 95 88 37 **Fax:** 95 87 37

E-Mail: ltutmann@ids.wsu.de
Generalsekretär(in): Dr. Theodor L. Tutmann
Mitglieder: 9

Mitgliedsorganisationen

Belgien

iz f 2 508

FABRIMETAL
Diamant Building, Bd A. Reyers 80, B-1030 Brüssel
T: (00322) 7 06 79 58 **Fax:** 7 06 79 66
Internet: http://www.fabrimetal.be
E-Mail: pierre.diederich@fabrimetal.be

Deutschland

iz f 2 509

Industrieverband Deutscher Schmieden e.V. (IDS)
Postf. 38 23, 58038 Hagen
Goldene Pforte 1, 58093 Hagen
T: (02331) 95 88-0 **Fax:** 5 10 46
Internet: http://www.ids.wsu.de
E-Mail: ids@ids.wsu.de

Frankreich

iz f 2 510

Syndicat National de l'Estampage et de la Forge (SNEF)
Cedex, F-92038 Paris La Défense
T: (00331) 47 17 64 17 **Fax:** 47 17 64 23
Internet: http://www.mecanic.org
E-Mail: forgesnef@wanadoo.fr

Großbritannien

iz f 2 511

National Metalforming Centre (CBM)
Birmingham Road, GB-West Bromwich B70 6PY
T: (0044121) 60 16 35-0 **Fax:** 6 01 63 73
E-Mail: nmarshall@britishmetalforming.com

Italien

iz f 2 512

Associazione Industriali del Canavese (UNISA)
Corso Nigra 2, I-10015 Ivrea
T: (0039125) 42 47 48 **Fax:** 42 43 89
Internet: http://www.unisa.org
E-Mail: unisa@unisa.org

Polen

iz f 2 513

Zwiazek Kuzni Polskich
Al. Mickiewicza 30, PL-30059 Kraków
T: (004812) 6 17 29 08 **Fax:** 6 33 84 21
E-Mail: szyndler@metal.agh.edu.pl

Sweden

iz f 2 514

VI Sveriges Verkstadsindustrier
Postf. 5510, S-11485 Stockholm
Storgatan 5, S-11485 Stockholm
T: (00468) 7 82 09 27 **Fax:** 7 82 09 80
Internet: http://www.vibab.se/smidesgruppen

Spanien

iz f 2 515

Sociedad de Industrias de Forja por Estampacion (SIFE)
General Concha 22-2, E-48010 Bilbao
T: (003494) 4 43 34 50 **Fax:** 4 43 34 54
E-Mail: sife@coiib.es

Tschechische Republik

iz f 2 516

SVAZ KOVAREN CR
Doudlebska 4, CZ-14000 Praha 4
T: (004202) 61 21 81 49 **Fax:** 61 21 81 49

• IZ F 2 517

Vereinigung der Europäischen Hersteller von Durchlauf-Gas-Wassererhitzern und -Badeöfen sowie -Umlauf Gas-Wassererhitzern (AFECI)
Association of European Manufacturers of Instantaneous gas water heaters and wall-hung boilers
Association des fabricants européens de chauffe-bains et chauffe-eau instantanés et de chaudières murales au gas
c/o Fabrimetal
Reyerslaan 80, B-1030 Brüssel
T: (00322) 7 06 79 62 **Fax:** 7 06 79 66
E-Mail: afeci@fabrimetal.be, felix.vaneyken@fabrimetal.be
Gründung: 1958
Pres. Technical Commission: Michael Jantzer (Bosch Junkers)
President: Claude Champour (Saunier Duval)
Secretary General: Felix van Eyken (c/o FABRIMETAL, Rue des Drapiers 21, B-1050 Bruxelles, T: (00322) 7 06 79 62, Telefax: (00322) 7 06 79 66, E-Mail: felix.vaneyken@fabrimetal.be)
Mitglieder: 14 active and 3 associated members
Jahresetat: DM 0,3325 Mio, € 0,17 Mio

• IZ F 2 518

Vereinigung der europäischen Hersteller von Nahrungsmittelemulgatoren (EFEMA)
European Food Emulsifier Manufacturers' Association
Association des Fabricants Européens d'Emulsifiants Alimentaires
Avenue E. Van Nieuwenhuyse 4 B2, B-1160 Brüssel
T: (00322) 6 76 72 11 **Fax:** 6 76 73 01
Gründung: 1973
President: Adams
Contact: D. Bennink

• IZ F 2 519

Vereinigung der Europäischen Hersteller von Reibbelägen (FEMFM)
Federation of European Manufacturers of Friction Materials
Fédération Européenne des Producteurs de Matières de Friction
c/o FIEV
Rue J.J. Rousseau 79, F-92158 Suresnes
T: (00331) 46 25 02 30 **Fax:** 46 97 00 80
E-Mail: vriverbd@netcologne.de
Sekretär: Dr. Günther Voßkötter (c/o VRI-Verband der Reibbelagindustrie e.V., Höhenberger Str. 30, D-51103 Köln, T: (0221) 87 10 57, Telefax: (0221) 87 82 38)
Mitglieder: 6 Nationale Verbände

• IZ F 2 520

Vereinigung der Europäischen Kalksandsteinindustrie (E.C.S.P.A.)
European Calcium Silicate Producers Association
Sekretariat: Bundesverband Kalksandsteinindustrie e.V.
Postf. 21 01 60, 30401 Hannover
Entenfangweg 15, 30419 Hannover
T: (0511) 2 79 54-0 **Fax:** 2 79 54 54
Internet: http://www.kalksandstein.de
E-Mail: info@kalksandstein.de
Vorsitzende(r): G. J. M. Dorresteijn (Niederlande)

Interessenvertretung der europäischen Kalksandsteinindustrie auf technischem und administrativem Gebiet.

• IZ F 2 521

Vereinigung der europäischen Keramikfliesen-Hersteller (CET)
European Ceramic Tile Manufacturers Federation
Fédération européenne des producteurs de carreaux céramiques
Rue des Colonies 18-24 bte. 17, B-1000 Brüssel
T: (00322) 5 11 30 12, 5 11 70 25 **Fax:** 5 11 51 74
Gründung: 1959
Président: E. Snijer, Netherlands
Secrétaire Général: R. Chorus
Mitarbeiter: 4

Mitgliedsorganisationen

Deutschland

iz f 2 522

Industrieverband Keramische Fliesen + Platten e.V.
Postf. 16 24, 95090 Selb
Schillerstr. 17, 95100 Selb
T: (09287) 8 08-0 **Fax:** 8 08-44

Frankreich

iz f 2 523

Chambre Syndicale du Carreau Céramique de France
Avenue Victor Hugo, 15, F-75116 Paris
T: (00331) 45 00 18 56 **Fax:** 45 00 47 56

Griechenland

iz f 2 524

Ceram Hellas
8, rue Marni, GR-10433 Athens
T: (00301) 8 22 14 65 **Fax:** 8 83 70 16

Italien

iz f 2 525

Asociazione Nazionale dei Produttori di Piastrelle de Ceramica + Refrattáti
Viale Monte Santo 40, I-41409 Sassuolo (Modena)
T: (0039536) 81 81 11 **Fax:** 80 79 35

Niederlande

iz f 2 526

Algemene Vereniging voor de Nederlandse Aardewerkindustrie
Postf. 473, NL-6800 AL Arnhem
T: (003126) 4 42 82 22 **Fax:** 4 45 45 39

Großbritannien

iz f 2 527

British Ceramic Tile Council
Federation House, GB-Stoke-on Trent ST4 2RT
T: (0044782) 74 71 47 **Fax:** 74 71 61

Spanien

iz f 2 528

Asociacion Española de Fabricantes de Azulejos, Pavimentas y Baldosas Ceramicos (ASCER)
Postf. 10 20, E-12080 Castellon
T: (003464) 72 72 00 **Fax:** 72 72 12

Portugal

iz f 2 529

Associaçao Portuguesa de Cerâmica (APC)
Rua Coronel Veiga Simão, P-3020-053 Coimbra
T: (0035139) 49 76 00 **Fax:** 49 76 01
E-Mail: apicer.info@ctcv.pt

• IZ F 2 530

Vereinigung der europäischen unabhängigen Stahlerzeuger (E.I.S.A.)
European Independent Steelworks Association
Association des Aciéries Européenne Indépendantes
Rue Belliard 205, B18, B-1040 Brüssel
T: (00322) 2 30 79 62 **Fax:** 2 30 01 36
Internet: http://www.eisa.org.
Gründung: 1981
President: H. Weitzmann
Director General: Maria Alois (Contact)
Mitglieder: 15
Mitarbeiter: 2

• IZ F 2 531

Vereinigung der Europäischen Verbände der Holzindustrie im Baubereich (FEMIB)
Federation of the European Building Joinery Associations
Fédération Européenne des Syndicats de Fabricants de Menuiseries Industrielles de Bâtiment
Bockenheimer Anlage 13, 60322 Frankfurt
T: (069) 95 50 54-13 **Fax:** 95 50 54-11
Internet: http://www.window.de
E-Mail: femib@window.de
Gründung: 1958 (Mai)
Präsident(in): Lars Åke Holmer (Modulsnickerier AB, Box 94, S-56422 Bankeryd, T:(004636) 37 80 70, Fax: 37 78 65, E-Mail: lars-ake.holmer@moddorr.se)
Vizepräsident(in): Mons Tore Lyssand (Lyssand Treindustri AS, Box 263, N-5201 Os, T: (004756) 30 33 00, Fax: (004756) 30 33 30, E-Mail: mons.tore@lyssand.com)
Miroslav Cas (Lesna Lip, Vorancev Trg 2, SL-2380 Slovenj Gradec, T: (00386(0)602) 57 00 82, Fax: 57 00 81, E-Mail: cas@interles.de)
Jaime Ribas (Norma, c/.Tavern, 40 1°, E-08021 Barcelona, T: (003493) 4 14 54 00, Fax: 4 14 42 45, E-Mail: jri-bas@in.norma_doors.com)
Generalsekretär(in): Dipl.-Kfm. Karl-Heinz Herbert (FEMIB, Bockenheimer Anlage 13, 60322 Frankfurt am Main, T: (069) 95 50 54-13, Telefax: (069) 95 50 54-11, E-Mail: femib@window.de)
Ehrenpräsidenten: Peter Albers (Ernst Günter Albers GmbH, Hindenburgstr. 26, D-25704 Meldorf, E-Mail: info@aldara.de)
Dr. N. Burgers (Het Dordtsche Huis, NL-4143 Leerdam)
Silvio Santambrogio (Tre-P Company, Via Foscolo, I-20034 Birone di Giussano/Milano, E-Mail: tre@trep-trepiu.com)
Mitglieder: 12 associations from 10 countries

Mitgliedsorganisationen

Dänemark

iz f 2 532

Treats Arbejdsgiverforening
Confederation of Danish Industries
c/o VEST-WOOD A/S
Danmarksvej 9, DK-9670 Logstor
T: (0045) 96 66-2200 **Fax:** 96 66-2222
E-Mail: ab@gw.vest-wood.dk
Kontaktperson: Asbjoern Berge

Deutschland

iz f 2 533

Verband der Deutschen Holzwerkstoffindustrie e.V. (VHI)
Ursulum 18, 35396 Gießen
T: (0641) 9 75 47-0 **Fax:** 9 75 47-99
E-Mail: vhi@eulink.net
Geschäftsführer(in): Dr. Udo Leukens

iz f 2 534

Verband der Fenster- und Fassadenhersteller e.V. (VFF)
Fachabt. Holzfenster
Bockenheimer Anlage 13, 60322 Frankfurt
T: (069) 95 50 54-13 **Fax:** 95 50 54-11
Internet: http://www.window.de
E-Mail: vff@window.de
Kontaktperson: Dipl.-Kfm. Karl Heinz Herbert

Finnland

iz f 2 535

RTT-Finnish Association of Construction Product Industries
Etelaeranta 10
PO Box 11, FIN-00131 Helsinki
T: (003589) 17 28 41 **Fax:** 17 28 41
Internet: http://www.rttry.fi
E-Mail: rtt@rtt.ttliitot.fi
Kontaktperson: Markku Leinos (E-Mail: markku.leinos@rtt.ttliitot.fi)

Italien

iz f 2 536

FEDERLEGNO-Milano
Foro Buonaparte 65, I-20121 Mailand
T: (00392) 80 60 41 **Fax:** 80 60 43 92
E-Mail: edilegno@federlegno.it
Kontaktperson: Donella Maiocchi

Niederlande

iz f 2 537

Nederlandse Bond Van Timmerfabrikanten (NBVT)
Postf. 24, NL-1400 AA Bussum
Nw. s'Gravelandseweg 16, NL-1400 AA Bussum
T: (00313569) 4 70 14 **Fax:** 4 49 10
E-Mail: j.douma@intrabouw.nl
Kontaktperson: A. W. M. Jacobs

iz f 2 538

Vereniging van Deurenfabrikanten
Adriaan Goekooplaan 5, NL-2502 LV Den Haag
T: (00317035) 4 69 34 **Fax:** 1 27 77
E-Mail: gnd@verbondgroothandel.nl
Kontaktperson: C. Hoevenaar

Norwegen

iz f 2 539

Norske Trevare-Fabrikkers Landsforbund
Essendropsgate 3, N-0368 Oslo
T: (0047) 23 08 80 00, 23 08 76 13 **Fax:** 22 69 02 33
E-Mail: tore.gran@bnl.no
Kontaktperson: Tore Gran

Schweden

iz f 2 540

Snickerifabrikernas Riksförbund (SNIRI)
Grevgatan 5, S-11453 Stockholm
T: (00468) 6 67 80 00 **Fax:** 6 60 93 94
E-Mail: hans@sniri.se
Kontaktperson: Hans Öqvist

Schweiz

iz f 2 541

Fachverband Fenster- und Fassadenbau (FFF)
Hauptstr. 68, CH-5330 Zurzach
T: (004156) 2 49 01 49 **Fax:** 2 49 01 47
E-Mail: bfh@swissonline.ch
Kontaktperson: O. Malz

Slowenien

iz f 2 542

Gospodarska Zbornica Slovenije (GZS)
c/o Chamber of Commerce and Industry of Slovenia
Dimiceva ul. 13, SLO-1504 Ljubljana
T: (0038661) 1 89 82 84 **Fax:** 1 89 81 00, 1 89 82 00
E-Mail: joze.korber@gzs.si
Kontaktperson: Dr. José Korber (E-Mail: joze.korber@gzs.si)

Spanien

iz f 2 543

Federación española de Industrias de la Madera (FEIM)
Calle Hileras n_Ho 17 1° puerta C, E-28013 Madrid
T: (003491) 5 47 89 43 **Fax:** 5 47 62 69
E-Mail: feim@wanadoo.es
President: J. Ribas
Kontaktperson: Beatriz Martin Sanz

• IZ F 2 544

Vereinigung Europäischer Akkumulatorenhersteller (EUROBAT)
Association of European Accumulator Manufacturers
Association de Fabricants Européens d'Accumulateurs
Secretariat: c/o ATAG Ernst & Young Ltd.
Postf. 5032, CH-3001 Bern
Belpstr. 23, CH-3001 Bern
T: (004131) 320-6843 **Fax:** 320-6161
Präsident(in): Giovanni Dolcetta (Italy)
Hauptgeschäftsführer(in): Hans Georg Herzberg (CH)

• IZ F 2 545

Vereinigung Europäischer Baustoffhersteller (CEPMC)
Council of European Producers of Materials for Construction
Conseil européen des producteurs de matériaux de construction
Gulledelle 98 box 7, B-1200 Brüssel
T: (00322) 7 75 84 91 **Fax:** 7 71 30 56
E-Mail: cepmc@pophost.eunet.be
Gründung: 1988
President: Fons Peeters
Secretary General: Philip Bennett
Verbandszeitschrift: Activities Report, Environmental Update
Mitglieder: 15
Mitarbeiter: 2 (mi-temps)

Mitglieder

Belgien

iz f 2 546

PMC/BMP-Producteurs Belges de Matériaux de Construction
Voltastraat 8, B-1050 Brüssel
T: (00322) 6 45 52 11 **Fax:** 6 40 06 70
E-Mail: febelcem@infoboard.be
President: F. Peeters
Delegue General: J.P. Latteur
General Secretary: Jean-Pierre Jacobs

Dänemark

iz f 2 547

DI-Confederation of Danish Industries
H.C. Andersens Boulevard 18, DK-1787 Kobenhavn V
T: (0045) 33 77 33 77 **Fax:** 33 77 33 00
Internet: http://www.di.dk
E-Mail: jn@di.dk
President: Thorkild Juul Jensen
Secretary General: Jens Norgaard

Deutschland

iz f 2 548

Bundesverband Baustoffe - Steine und Erden e.V.
Postf. 15 01 62, 60061 Frankfurt
Friedrich-Ebert-Anlage 38, 60325 Frankfurt
T: (069) 75 60 82-0 **Fax:** 75 60 82 12
Internet: http://www.baustoffindustrie.de
E-Mail: bvbaustoffe@aol.com
President: Dr. jur. Jürgen Lose
Director General: Dr. Wolfgang Mack

Finnland

iz f 2 549

RTT-Finnish Association of Construction Product Industries
Etelaeranta 10
PO Box 11, FIN-00131 Helsinki
T: (003589) 17 28 41 **Fax:** 17 28 41
Internet: http://www.rttry.fi
E-Mail: rtt@rtt.ttliitot.fi
President: Lauri Rattia
Managing Director: Raimo Taivalkoski

Frankreich

iz f 2 550

AIMCC-Association des Industries de Produits de Construction
Rue Alfred Roll 3, F-75017 Paris
T: (00331) 44 01 47 80 **Fax:** 44 01 47 44
E-Mail: aimcc@dial.oleane.com
President: Patrick Nodé-Langlois
Delegue General: Patrick Ponthier

Großbritannien

iz f 2 551

CPA - Construction Products Association
26 Store Street, GB-London WC1E 7 BT
T: (0044207) 3 23 37 70 **Fax:** 3 23 03 07
Internet: http://www.constprod.org.uk
E-Mail: adavies@constprod.org.uk

President: N.N.
Director General: Michael Ankers

Irland

iz f 2 552

BMF-Building Materials Federation
Lower Baggott Street 84-86, IRL-Dublin 2
T: (003531) 6 60 10 11 **Fax:** 6 60 17 17
E-Mail: paul.kelly@ibec.ie
President: Noel O'Donoghue
Director: Paul Kelly

Italien

iz f 2 553

F.IN.CO-Federation of Industries, products, systems and services for Construction
Viale Pasteur 8, I-Rom 00144
T: (00396) 36 30 81 50 **Fax:** 3 69 27 78
E-Mail: fpiermattei@pelagus.it

Niederlande

iz f 2 554

NVTB-Nederlands Vereniging Toelevering Bouw
Postf. 8 40 77, NL-2508 AB Den Haag
Scheveningseweg 50, NL-2517 KW Den Haag
T: (003170) 3 55 52 11 **Fax:** 3 55 19 49
Internet: http://www.nvtb.nl
E-Mail: nvtb@nvtb.nl
President: G. Westra
Director: Dr. Robert Wynands

Norwegen

iz f 2 555

NBF-Norwegian Association of Building Material Producers
Postboks 71 86 Majorstua, N-0307 Oslo 3
T: (0047) 23 08 75 00 **Fax:** 23 08 76 21
E-Mail: arne.skjelle@bnl.no
President: S. Larssen
Director General: Arne Skjelle

Österreich

iz f 2 556

SK-Fachverband der Stein- und Keramischen Industrie Österreichs
Postf. 329, A-1045 Wien
Wiedner Hauptstrasse 63, A-1045 Wien
T: (00431) 5 01 05 35 31 **Fax:** 5 05 65 40
Internet: http://www.wk.or.at/steinkeramik
E-Mail: steine@wkoesk.wk.or.at
President: Senator h.c. Ing. Leopold Helbich
Director: Dr. Carl Hennrich

Portugal

iz f 2 557

APCMC-Portuguese Trade Association of Building Materials
Pr. Francisco Sa Carneiro 219-3°, P-4200 Porto
T: (003512) 5 50 28 49 **Fax:** 5 50 48 41
Internet: http://www.apcmc.pt
E-Mail: jmatos@www.apcmc.pt
President: Dr. Jorge Greno
Director: Dr. José de Matos

Schweden

iz f 2 558

IB-Swedish Building Materials Producers Association
Postf. 55 01, S-11485 Stockholm
Sfeppargatan 37, S-11485 Stockholm
T: (00468) 7 83 84 20 **Fax:** 6 61 27 99
E-Mail: hans.ewander@byggmtr.ihb.se
President: Hakan Fernvik
Director: Hans Ewander

Schweiz

iz f 2 559

KSE-Konferenz Steine und Erden
Postf. 83 23, CH-3001 Bern 3001
Bubenbergplatz 9, CH-3011 Bern 3001
T: (004132) 6 26 37 **Fax:** 6 26 29
President: K. Baumgartner
Secretary General: M Weder

Spanien

iz f 2 560

CEPCO-Confederación Española de Asociaciones de Fabricantes de Construcción
Rios Rosas 46-1°B, E-28003 Madrid
T: (003491) 5 35 12 10 **Fax:** 5 35 12 08
E-Mail: cepco1@materialesconstruccion.com
President: Felix Rodriguez Massa
Secretary General: Pedro Mora Peris

• **IZ F 2 561**

Vereinigung Europäischer Gießereiverbände (CAEF)
Committee of Associations of European Foundries
Comité des Associations Européennes de Fonderie
Postf. 10 19 61, 40010 Düsseldorf
Sohnstr. 70, 40237 Düsseldorf
T: (0211) 6 87 12 15 **Fax:** 6 87 12 05
Internet: http://www.caef-eurofoundry.org
E-Mail: info@caef-eurofoundry.org
Gründung: 1953
Präsident(in): F. Delachaux (F)
Generalsekretär(in): Dr. Klaus Urbat
Mitglieder: 16 Länder, 19 Landesverbände

Behandlung aller Probleme, die für die Gießereiindustrie der europäischen Länder in wirtschaftlicher, technischer und sozialer Hinsicht von Interesse sind.

Belgien

iz f 2 562

FABRIMETAL
Foundries, Primary Metal Conversion & Plastics Conversion
Diamant Building, Bd A. Reyers 80, B-1030 Brüssel
T: (00322) 7 06 79 95 **Fax:** 7 06 80 09
Internet: http://www.fabrimetal.be

Dänemark

iz f 2 563

Danske Stoberies Brancheforening
c/o Dansk Industri
H.C. Andersens Boulevard 18, DK-1787 Kobenhavn V
T: (0045) 33 77 33 77 **Fax:** 33 77 33 20
Internet: http://www.di.dk
E-Mail: tr@di.dk

Deutschland

iz f 2 564

Deutscher Gießereiverband e.V. (DGV)
Postf. 10 19 61, 40010 Düsseldorf
Sohnstr. 70, 40237 Düsseldorf
T: (0211) 68 71-215 **Fax:** 68 71-205
Internet: http://www.dgv.de
E-Mail: info@dgv.de

iz f 2 565

Gesamtverband Deutscher Metallgießereien e.V. (GDM)
Postf. 10 54 63, 40045 Düsseldorf
Am Bonneshof 5, 40474 Düsseldorf
T: (0211) 47 96-1 52 **Fax:** 47 96-409/416
E-Mail: info.gdm@ne-metalnet.de

Spanien

iz f 2 566

Asociación Técnica Española de Fundición (ATEF)
Edificio CB - Oficina 415
Cristóbal Bordiú 35, E-28003 Madrid
T: (003491) 5 34 02 44 **Fax:** 5 34 59 13

Finnland

iz f 2 567

Federation of Finnish Metal, Engineering and Elctrotechnical Industries, MET
MET Finnish Foundry Group
Postf. 10, FIN-00131 Helsinki
Eteläranta 10, FIN-00130 Helsinki
T: (003589) 1 92 31 **Fax:** 62 44 62
Internet: http://www.met.fi
E-Mail: pentti.kangasmaa@met.fi

Frankreich

iz f 2 568

Syndicat Général des Fondeurs de France (SGFF)
Cedex, F-92038 Paris La Défense
Rue Louis Blanc 45, F-92038 Paris La Défense
T: (0033143) 34 76 30 **Fax:** 34 76 31
Internet: http://www.sgff.org
E-Mail: sgff@wanadoo.fr

Italien

iz f 2 569

Assofond
Via Copernico 54, I-20090 Trezzano
T: (003902) 48 40 09 67 **Fax:** 48 40 12 82
Internet: http://www.assofond.it
E-Mail: ponzini@assofond.it

Niederlande

iz f 2 570

Algemene Vereniging van Nederlandse Gieterijen (AVNEG)
Postf. 1 90, NL-2700 AD Zoetermeer
Boerhaavelaan 40, NL-2714 HX Zoetermeer
T: (003179) 353 12 52 **Fax:** 353 13 65
Internet: http://www.fme.nl/frames/branches/avneg.html
E-Mail: jke@fme.nl

iz f 2 571

METAALUNIE/MGB
Postf. 26 00, NL-3430 GA Nieuwegein
Einsteinbaan 1, NL-3439 NJ Nieuwegein
T: (00313060) 5 33 44 **Fax:** 5 32 08
Internet: http://www.mkbnet.nl/sector/industrie/metaalunie
E-Mail: info@metaalunie.nl

Norwegen

iz f 2 572

Støperienes Bransjeforening
c/o Teknologibedriftenes Landsforening (TBL)
Postf. 70 72 Majorstua, N-0306 Oslo
Oscargate 20, N-0306 Oslo
T: (004722) 59 00 00 **Fax:** 59 00 01
Internet: http://www.tbl.no
E-Mail: kr@tbl.no

Österreich

iz f 2 573

Fachverband der Giesserei-Industrie Österreichs
Postf. 339, A-1045 Wien
Wiedner Hauptstrasse 63, A-1045 Wien
T: (00431) 5 01 05-3463 **Fax:** 5 02 06-279
E-Mail: giesserei@wkoesk.wk.or.at

Polen

iz f 2 574

Odlewnicza Izba Gospodarcza
ul. Dukátow 8, PL-31-431 Kraków
T: (004812) 412 67 94 **Fax:** 411 42 11

Portugal

iz f 2 575

Associação Portuguesa de Fundição (APF)
Rua do Campo Alegre 672 2° Esq., P-4150 Porto
T: (003512) 6 09 06 75 **Fax:** 6 00 07 64
E-Mail: apf@esoterica.pt

Schweden

iz f 2 576

Svenska Gjuteriföreningen
Tullportsgatan 3 Box 2033, S-55002 Jönköping
T: (004636) 30 12 00 **Fax:** 16 68 66
E-Mail: info@gjuteriforeningen.se

Schweiz

iz f 2 577

Giesserei-Verband der Schweiz GVS
Postf. 71 90, CH-8023 Zürich
Konradstr. 9, CH-8005 Zürich
T: (00411) 2 71 90 90 **Fax:** 2 71 92 92
Internet: http://www.jgp.ch/gvs/
E-Mail: gerster@jgp.ch

Großbritannien

iz f 2 578

British Metal Casting Association (BMCA)
Bordesley Hall, The Holloway, Alvechurch, GB-Birmingham B48 7QB
T: (00441527) 58 52 22 **Fax:** 59 09 90
E-Mail: info@bmca.org

iz f 2 579

British Foundry Association (BFA)
6th Floor- The McLaren Building, 35 Dale End, GB-Birmingham B4 7LN
T: (0044121) 2 00 21 00 **Fax:** 2 00 13 06
E-Mail: jparker@metcom.org.uk

Ungarn

iz f 2 580

Magyar Önteszéti Szövetség
Postf. 200/19, H-1751 Budapest
Gyepsor u. 1, H-1211 Budapest
T: (00361) 420 48 12 **Fax:** 420 48 12
Internet: http://www.foundry.matav.hu
E-Mail: foundry@mail.matav.hu

• **IZ F 2 581**

Vereinigung Europäischer Hersteller von Alarmanlagen für Brand, Einbruch und Überfall (EURALARM)
Association of European Manufacturers of Fire and Intruder Alarm Systems
Association des Constructeurs Européens de Systèmes d'Alarme-Incendié et Vol
c/o Cerberus AG
T: (00411) 9 22 61 11 **Fax:** 9 22 64 50
Gründung: 1970
Präsident(in): Fred Shaw
Generalsekretär(in): Istvan Kulcsar

• **IZ F 2 582**

Vereinigung europäischer Sprengmittelhersteller (FEEM)
Federation of European Explosives Manufacturers
Fédération des Fabricants Européens d'Explosifs
c/o CEFIC
Avenue E. Van Nieuwenhuyse 4 Bte 1, B-1160 Brüssel
T: (00322) 6 76 72 11 **Fax:** 6 76 73 01
Président: John Higgins
Secrétaire Général: F.M. Murray
Contact: Ch. De Cooman

• **IZ F 2 583**

Vereinigung der Fischindustrie in der E.U. (AIPCEE)
Association des Industries du Poisson de l'U.E.
Avenue de Roodebeeklaan 30, B-1030 Brüssel
T: (00322) 7 43 87 30 **Fax:** 7 36 81 75
E-Mail: aipcee@sia-dvi.be
Gründung: 1973
Secretary General: M. Coenen (c/o S.I.A., Avenue de Roodebeeklaan 30, B-1030 Brussels, T: (00322) 7 43 87 30, Telefax: (00322) 7 36 81 75)
Mitarbeiter: 2

Mitgliedsorganisationen

Belgien

iz f 2 584

Beroepsvereniging der Visgroothandelaars van België
Vismijn, 44, B-8400 Oostende
T: (003259) 32 27 14 **Fax:** 33 08 67
Secretary: Roger Gekiere
Andre Gryson, Voorgitter

Dänemark

iz f 2 585

Danmarks Fiskeindustri - OG Eksportforening
H.C. Gads Vej 2, DK-9300 Sæby
T: (004598) 46 76 07 **Fax:** 46 76 07
E-Mail: hyldtoft@post8.tele.dk
H.C. Gads Vej 2, DK-9300 Saeby, T: (004598) 46 76 07, Fax: (004598) 46 76 07
Peder Hyldtoft
Bent Buch

Deutschland

iz f 2 586

Bundesverband der Deutschen Fischindustrie und des Fischgroßhandels e.V.
Große Elbstr. 133 II, 22767 Hamburg
T: (040) 38 18 11 **Fax:** 3 89 85 54
E-Mail: bvfisch@t-online.de
Geschäftsführer(in): Folkert Marr
Dr. Matthias Keller

Finnland

iz f 2 587

Finnish Food and Drink Industries Federation
Postf. 1 15, FIN-00241 Helsinki
Pasilankatu 2, FIN-00241 Helsinki
T: (003589) 14 88 71 **Fax:** 14 88 72 01
Internet: http://www.etl.fi
E-Mail: jukka.ala-peijari@etl.fi, hillevi.latvalahti@et.ttliitot.fi
Secretary General: Hillevi Latvalahti

iz f 2 588

The Association of Finnish Fish Retailers and Wholesalers
Häméentie 155 C50
Postf. 7, FIN-00561 Helsinki
T: (00359) 79 85 83 **Fax:** 79 87 79
E-Mail: kalakaupiasliitto.kiiskinen@kolumbus.fi
Executive Director: Asta Kiiskinen

Frankreich

iz f 2 589

Syndicat National des Fabricants de Produits Surgeles
18, Rue de la Pépinière, F-75008 Paris
T: (00331) 53 42 13 30 **Fax:** 53 42 13 32
E-Mail: jfc.snfps.sfig@ficur.com
Alain Delamort

iz f 2 590

France Glaces Findus
Rue Charles Tellier 2, F-60000 Beauvais
T: (00331) 44 89 86 53 **Fax:** 44 02 31 91
E-Mail: luc.de-franssu@fr.nestle.com
L. De Franssu

iz f 2 591

Directeur "Produits Animaux" FIAC - Produits de la Mer
Division Maritime
Rue d'Alésia, 44, F-75682 Paris Cedex 14
T: (00331) 53 91 44 59 **Fax:** 53 91 44 70
E-Mail: fiac@alesial.org
Directeur Produits Animaux: P. Commere

iz f 2 592

Gelmer Iceland Seafood
rue des Margats 207, F-62206 Boulogne-Sur-Mer Cedex
T: (00333) 21 87 87 00 **Fax:** 21 87 86 84
Betrand Picard

iz f 2 593

Syndikat National du Commerce Extérieur des Produits Congelés et Surgelés
18, Rue de la Pépiniére, F-75008 Paris
T: (00331) 53 04 33 48 **Fax:** 53 04 33 49
Secrétaire Général: Jean Lacombe

iz f 2 594

Union du Mareyage Francais
171, avenue Victor Hugo, F-75116 Paris
T: (0331) 47 27 19 06, 47 55 18 34 **Fax:** 45 53 49 63
Secrétaire Général: Bernard Steinitz

Irland

iz f 2 595

The Irish Fish Processors and Exporters Association (IFPEA)
25, Kincora Avenue - Clontarf, IRL-Dublin 3
T: (0035318) 33 78 82, 30 18 77 **Fax:** 34 68 88
Tom F. Geoghegan
Brendan Minehane (President, Eiranova Fisheries Ltd.)

Italien

iz f 2 596

A.N.C.I.T.
Corso di Porta Nuova, I-20121 Mailand
T: (00392) 6 55 19 38 **Fax:** 65 48 22
V. Bordoni

iz f 2 597

Société Trinity Alimentari Italiana
Via Luigi Einaudi 18-22, I-22072 Cermenate
T: (00393) 1 77 92 60 **Fax:** 1 77 93 10
E-Mail: sluoni@trinity.boltongroup.it
S. Luoni

Niederlande

iz f 2 598

Visfederatie
Postf. 72, NL-2280 AB Rijswijk
T: (003170) 3 36 96 00 (general calls), 3 36 96 40 (direct calls) **Fax:** 3 99 94 26
E-Mail: p-vis@p.vis.nl
J.C. Lipman

Portugal

iz f 2 599

Associacao Nacional dos Industriais de Conservas de Peixe
Postf. 2006, P-4450 Matosinhos
Rua Conde S Salvador 352-6° salas 26-29, P-4450 Matosinhos
T: (003512) 9 37 52 13 **Fax:** 9 37 58 05
Dr. Castro e Melo
Dr. Serafim Moutinho (Sec Gen)

Spanien

iz f 2 600

Associacion Nacional de Industrias de Elaboracion de Productos del Mar
Calle Alcala 76-2° Izq., E-28009 Madrid
T: (003491) 4 35 20 81, 4 35 21 79 **Fax:** 5 78 12 60
J. M. Allo

iz f 2 601

Asociacion Nacional de Fabricantes de Conservas de Pescados y Mariscos (ANFACO)
Marcosende-Lagoas (Campus Universitario de Vigo)
Postf. 258, E-36310 Vigo
Marcosende-Lagos, E-36310 Vigo
T: (0034986) 46 93 01 **Fax:** 46 92 69
E-Mail: jvieites@anfaco.cesga.es
Juan M. Vieites Baptista de Sousa

iz f 2 602

Associacion Espanola de Importadores Mayoristas de Alimento del Mar - Alimar
Calle Alcala 76 2° Izq., E-28009 Madrid
T: (003491) 435 20 81, 435 21 79 **Fax:** 578 12 60
R. Marin
J.A. Jimenez

Schweden

iz f 2 603

Fiskbranschens Riksförbund
Postf. Box 2099, S-45102 Uddevalla
T: (0046522) 3 93 69 **Fax:** 3 73 10
E-Mail: yngve.bjorkman@abbaseafood.se
Chairman: Yngve Björkman

Großbritannien

iz f 2 604

UK Association of Frozen Food Producers
1, Green Street Grosvenor Square, GB-London W1Y 3RG
T: (0044207) 6 29 06 55 **Fax:** 4 99 90 95
Kerina L. Cheesman

iz f 2 605

A.F.C.A.M.A.
South Esplanade West, GB-Aberdeen AB9 2FJ
T: (00441224) 89 77 44 **Fax:** 87 14 05
Managing Director: R.H. Milne (MBE)

• IZ F 2 606

Vereinigung der Verbände der Fischmehlhersteller in der Europäischen Gemeinschaft
Union of Associations of Fishmeal Manufacturers in the European Community
Union des associations des fabricants de farine de poisson de la CE
Adelgade 5, 2 sal, DK-1304 Kopenhagen
T: (0045) 33 14 58 00 **Fax:** 33 93 13 37
President: Helge Korsager
Vice Président: Fin Anderson
Secretary: Jannik Schougaard
Mitglieder: 5

• IZ F 2 607

Vereinigung der Gemüse- und Obsttrocknungsindustrie in der EG (AIFLD)
European Organisation of the Dehydrated Fruit and Vegetable Industries
Association des Industries des Fruits et Légumes Déshydratés de l'U.E.
Av. de Roodebeek 30, B-1030 Brüssel
T: (00322) 7 43 87 30 **Fax:** 7 36 81 75
E-Mail: siaD1@sia-dvi.be
Gründung: 1968
Président: H. Darbonne ((F), DAREGAL, Boulevard du Mar_1echal Joffre 6, F-91490 Milly-La-Foret, T: (00331) 64 98 29 00, Fax: (00331) 64 98 29 57)
Vice Président: O. Von Felten (EL O. Von Felten s. f. a. Strada Langhirano 243, I-43010 Gaiore (PR), T: (00390) 5 21 64-8221, Fax: 5 21 64 89 85)
Secrétaire Générale: Pascale Keppenne (B)

Espagne

iz f 2 608

AGRUCON
Calle Castello 115-820, E-28006 Madrid
T: (003491) 5 61 61 71, (00349) 5 61 59 94
Fax: (003491) 5 61 59 01
A. Martin

France

iz f 2 609

Syndicat National des Déshydrateurs des Produits alimentaires
rue d'Alésia 44, F-75682 Paris Cedex 14
T: (00331) 53 91 44 44 **Fax:** 53 91 44 70
Directeur: Yves Michelon

Pays-Bas

iz f 2 610

Vereniging van de Nederlandse Groenten- en Fruitverwerkende Industrie (VIGEF)
Postf. 1 77, NL-2300 AD Leiden
T: (003171) 5 22 42 20 **Fax:** 5 22 50 95
E-Mail: vigef@vsl.nl
Secrétaire Général: F. van de Wetering

Italie

iz f 2 611

Associazione Italiana Industriali Prodotti Alimentari (A.I.I.P.A.)
Gruppo: Alimenti Disidratati - Funghi Essiccati
Corso di Porta Nuova 34, I-20121 Mailand
T: (003902) 65 41 84 **Fax:** 65 48 22, 5 12 97 71 (BXL)
E-Mail: aiipa.peron@foodarea.it
Président: E. Allione
Secrétaire: Massimo Uguzzoni

• IZ F 2 612

Vereinigung der Hersteller von löslichem Kaffee der EG-Länder (AFCASOLE)
Association of Soluble Coffee Manufacturers of the European Community
Association des Fabricants de Café Soluble des Pays de la CE
18, Rue de la Pépinière, F-75008 Paris
T: (00331) 53 42 13 38 **Fax:** 53 42 13 39
E-Mail: b-dufrene@wanadoo.fr
Präsident(in): B. Carlisle
Secrétaire Général: Dr. Barbara Dufrene (F)

Mitgliedsorganisationen

Deutschland

iz f 2 613

BLK Soluble Coffee Association e.V.
Am Sandtorkai 2, 20457 Hamburg
T: (040) 75 30 40 **Fax:** 75 30 44 17
Kontaktperson: Winfried Tigges

Frankreich

iz f 2 614

Syndicat Français des Fabricants de Café Soluble
18, Rue de la Pépinière, F-75008 Paris
T: (00331) 53 42 13 38 **Fax:** 53 42 13 39
Präsident(in): L. Olofsson
Kontaktperson: Dr. Barbara Dufrene

Großbritannien

iz f 2 615

British Soluble Coffee Manufacturers Association
6, Catherine Street, GB-London WC2B 5JJ
T: (0044207) 8 36 24 60 **Fax:** 8 36 05 80
Kontaktperson: M. Costa

Italien

iz f 2 616

Associazione Italiana Industriali Prodotti Alimentari (A.I.I.P.A.)
Corso di Porta Nuova 34, I-20121 Mailand
T: (003902) 65 41 84 **Fax:** 65 48 22, 5 12 97 71 (BXL)
E-Mail: aiipa.peron@foodarea.it
Kontaktperson: V. Bordoni

Niederlande

iz f 2 617

Vereniging van Nederlandse Koffie Branders en Thee Pakkers
Postf. 90445, NL-1006 BK Amsterdam
Tourniairestraat 3, NL-1065 KK Amsterdam
T: (003120) 5 11 38 70 **Fax:** 5 11 38 10
E-Mail: vnkt@koffiethee.nl
Kontaktperson: C.G. Krietemeijer

Spanien

iz f 2 618

Asociación Española de Fabricantes de Cafe Soluble
c/o SEDA
P. Faustino Calvo s/n, Ap. de Correos 89, E-34005 Palencia
T: (0034979) 71 61 00 **Fax:** 71 61 14
Kontaktperson: J.A. Cruz

• IZ F 2 619

Vereinigung der Hersteller von Technischer Keramik in der E.G. für elektronische, elektrische, mechanische und andere Anwendungen (GROUPISOL)
Association of the EC Manufacturers of Technical Ceramics for electronic, electrical, mechanical and other applications
Groupement des Producteurs de la CE de Céramiques techniques pour applications électroniques, électriques, mécaniques et autres
18-24, rue des Colonies, B-1000 Bruxelles
T: (00322) 5 11 30 12, 5 11 70 25 **Fax:** 5 11 51 74
Mitarbeiter: 4

Mitgliedsorganisationen

Deutschland

iz f 2 620

Verband der Keramischen Industrie e.V.
Fachgruppe Technische Keramik
Postf. 16 24, 95090 Selb
Schillerstr. 17, 95100 Selb
T: (09287) 8 08-0 **Fax:** 7 04 92

Frankreich

iz f 2 621

Syndicat des Poudres, Fibres et Céramiques Techniques
Ave Victor Hugo 15, F-75116 Paris
T: (00331) 45 00 18 56 **Fax:** 45 00 47 56

Großbritannien

iz f 2 622

British Ceramic Gift- and Tableware Manufacturers' Federation
Federation House
Station Road, GB-Stoke-on-Trent ST4 2SA
T: (0044782) 74 46 31 **Fax:** 74 41 02

• IZ F 2 623

FIC Europe
Av. de Roodebeek 30, B-1030 Brüssel
T: (00322) 7 43 87 30 **Fax:** 7 36 81 75
E-Mail: fic.europe@sia-dvi.be
Gründung: 1960
Président: F. Sponza
Secrétaire Général: M. Coenen (Av. de Roodebeek, 30, B-1030 Brüssel)
Mitglieder: 10
Mitarbeiter: 2

Mitgliedsorganisationen

Belgien

iz f 2 624

AFISPA - VIVED
Av. de Roodebeek 30, B-1030 Brüssel
T: (00322) 7 43 87 30 **Fax:** 7 36 81 75
E-Mail: afispa.vived@sia-dvi.be
Kontaktperson: M. Coenen
P. de Sloovere

Deutschland

iz f 2 625

Verband der deutschen Sauerkonserven-Industrie e.V. (VdS)
Von-der-Heydt-Str. 9, 53177 Bonn
T: (0228) 35 40 26 **Fax:** 36 18 89
Kontaktperson: Dipl.-Kfm. Dieter Adenauer

iz f 2 626

Verband der Essig- und der Senfindustrie e.V.
Reuterstr. 151, 53113 Bonn
T: (0228) 21 20 17 **Fax:** 22 94 60
Kontaktperson: Dr. jur. Hans-Joachim Mürau
Kontaktperson: Dipl.-Volksw. G. Weber
Mitglieder: 52

iz f 2 627

Bundesverband der Deutschen Feinkostindustrie e.V.

Reuterstr. 151, 53113 Bonn
T: (0228) 21 20 17 **Fax:** 22 94 60
Kontaktperson: RA Dr. jur. Hans-Joachim Mürau
Dipl.-Volksw. Gerhard Weber
Mitglieder: 77

Frankreich

iz f 2 628

Fédération des Industries Condimentaires de France

Rue de l'Isly 8, F-75008 Paris
T: (00331) 53 42 33 80 **Fax:** 53 42 33 81
A. Ribeyron-Montmartin

Großbritannien

iz f 2 629

Food and Drink Federation

Pickles & Sauces Association
6, Catherine Street, GB-London WC2B 5JJ
T: (0044207) 8 36 24 60 **Fax:** 8 36 05 80
Kontaktperson: M. Clay (E-MAil: mclay@fdf.org.uk)

Italien

iz f 2 630

Associazione Italiana Industriali Prodotti Alimentari (A.I.I.P.A.)

Corso di Porta Nuova 34, I-20121 Mailand
T: (003902) 65 41 84 **Fax:** 65 48 22, 5 12 97 71 (BXL)
E-Mail: aiipa.peron@foodarea.it
Kontaktperson: Massimo Uguzzoni (E-Mail: aiipa.uguzzoni@foodarea.it)
Franca Peron (E-Mail: aiipa.peron@foodarea.it)

Niederlande

iz f 2 631

Vereniging van de Nederlandse Groenten- en Fruitverwerkende Industrie (VIGEF)

Sectie Tafelzuren
Postf. 1 77, NL-2300 AD Leiden
T: (003171) 5 22 42 20 **Fax:** 5 22 50 95
E-Mail: vigef@vsl.nl
Kontaktperson: F. van de Wetering

iz f 2 632

Nederlandse Vereniging van Sausfabrikanten

Bankastraat 131 - Bus C, NL-2585 EL Den Haag
T: (003170) 3 52 50 74 **Fax:** 3 58 46 79
Kontaktperson: I. Tiesinga (E-Mail: marga-rine.bond@wxs.nl)

Spanien

iz f 2 633

Asociacion Espanola de Fabricantes de Salsas y Condimentos Preparados

C/Mallorca, 286 entl° 2 a, E-08037 Barcelona
T: (003493) 2 07 25 16 **Fax:** 2 07 16 11
E-Mail: aroque@bonmacor.es
Kontaktperson: A. Roque
M. Puyuelo

• IZ F 2 634

Vereinigung der Industrie für Sauerkraut und ähnliche Erzeugnisse innerhalb der EU

Association de l'Industrie de la Choucroute et des Produits similaires de la C.E.
Von-der-Heydt-Str. 9, 53177 Bonn
T: (0228) 35 40 26 **Fax:** 36 18 89
Generalsekretär(in): Dipl.-Kfm. Dieter Adenauer

• IZ F 2 635

Vereinigung internationaler Erfrischungsgetränke-Verbände

Confederation of the international soft drinks association
Confédération internationale de boissons refraichissantes
Bd. Saint Michel 79, B-1040 Brüssel
T: (00322) 7 43 40 50 **Fax:** 7 32 51 02
Generalsekretär(in): A. Beaumont
Vizepräsident(in): F. Gantner

• IZ F 2 636

Vereinigung der Obst- und Fruchtweinindustrie der EU (AICV)

Association des Industries des Cidres et Vins de Fruits de l'U.E.
Av. de Roodebeek 30, B-1030 Brüssel
T: (00322) 7 43 87 30 **Fax:** 7 36 81 75

Mitgliedsorganisationen

Belgien

iz f 2 637

Association Belge du Cidre

c/o Cidre Stassen
Rue de Kan 7, B-4880 Aubel
T: (003287) 68 03 21 **Fax:** 68 61 39

Dänemark

iz f 2 638

V.S.O.D.
Vin og Spiritus Organisationen i Danmark

Børsen, DK-1217 Copenhagen
T: (004533) 95 05 06 **Fax:** 95 05 17
E-Mail: vsod@commerce.dk

Deutschland

iz f 2 639

Verband der deutschen Fruchtwein- und Fruchtschaumwein-Industrie e.V. (VdFw)

Mainzer Str. 253, 53179 Bonn
T: (0228) 34 07 29 **Fax:** 9 54 60-20

Finnland

iz f 2 640

Finnish Food and Drink Industries Federation

Postf. 1 15, FIN-00241 Helsinki
Pasilankatu 2, FIN-00241 Helsinki
T: (003589) 14 88 71 **Fax:** 14 88 72 01
Internet: http://www.etl.fi
E-Mail: jukka.ala-peijari@etl.fi, hillevi.latvalahti@et.ttliitot.fi

Frankreich

iz f 2 641

Syndicat National des Industries Cidricoles

44, rue d'Alésia, F-75014 Paris
T: (00331) 53 91 45 33 **Fax:** 42 79 01 28

Großbritannien

iz f 2 642

National Association of Cider Makers

Catherine Street 6, GB-London WC2B 5JJ
T: (0044207) 8 36 24 60 **Fax:** 8 36 05 80

Irland

iz f 2 643

Showerings (Ireland) Ltd

Annerville, IRL-Clonmel Co Tipperary
T: (0035352) 721 00 **Fax:** 722 56

Schweden

iz f 2 644

Kiviks Musteri AB

T: (004641) 47 19 00 **Fax:** 47 19 19

Spanien

iz f 2 645

Asociacion Espanola de Fabricantes Elaboradores de Sidra

Aviles N° 4-5, E-33207 Gijon (Asturias)
T: (00349) 85 34 77 42 **Fax:** 85 34 77 42

• IZ F 2 646

Vereinigung der Ölmühlenindustrie der EG (FEDIOL)

Fédération de l'Industrie de l'Huilerie de la C.E.
Avenue de Tervuren 168 (box 12), B-1150 Brüssel
T: (00322) 7 71 53 30 **Fax:** 7 71 38 17
E-Mail: fediol@fediol.be
Gründung: 1957
Präsident(in): P. Conway
Geschäftsführer(in): P. Cogels
Mitglieder: 13
Mitarbeiter: 6

Mitgliedsverbände bzw. -betriebe

Deutschland

iz f 2 647

Verband Deutscher Oelmühlen e.V.

Kronprinzenstr. 24, 53173 Bonn
T: (0228) 95 68 20 **Fax:** 9 56 82 23
TGR: oelvb d
E-Mail: info@oelmuehlen.de
Gründung: 1900
President: W.F. Thywissen
Vice-President: A. von Wissel
A. Mergell
Secrétaire Général: Petra Sprick

Belgien

iz f 2 648

FBVO - FBGH
Federatie van Belgische Fabrikanten van Vetten en Olien

168, av. de Tervuren, bte 12, B-1150 Brüssel
T: (00322) 7 71 53 30 **Fax:** 7 71 38 17
E-Mail: fbvo@fediol.be
President: E. Leys
Secrétaire Général: P. Cogels

Dänemark

iz f 2 649

ADOP - The Association of Danish Oil and Oilseed Processors

Postf. 50, DK-8100 Aarhus C
M.P. Bruunsgade 27, DK-8100 Aarhus C
T: (0045) 87 30 60 00 **Fax:** 87 30 60 25
E-Mail: adop.korning@aarhus.com
President: K. Ranum
Secrétaire Général: J. Korning

Spanien

iz f 2 650

FEMYR - Federación de Asociaciones Molturadores y Refinadores de Aceites Vegetales del Reino de España

Príncipe de Vergara, 80, E-28006 Madrid
T: (003491) 5 63 10 38, 4 11 35 98 **Fax:** 5 62 14 24
President: J.M. Garcia Marcos
Vice-President: R. Pont Amenós
Secrétaire Général: F. Pino Garcia

Finnland

iz f 2 651

Finnish Oil Millers' Association (FOMA)

Postf. 1 15, FIN-00241 Helsinki
Pasilankatu 2, FIN-00241 Helsinki
T: (00358) 9 14 88 72 40 **Fax:** 9 14 88 72 01

E-Mail: katja.kivimaki@etl.fi
President: A. Aapola
Vice-President: J. Kyo_5ttinen
Secrétaire Général: K. Kivimäkï

Frankreich

iz f 2 652

SGFHTF - Syndicat Général des Fabricants d'Huile et de Tourteaux de France

118, av. Achille Peretti, F-92200 Neuilly-sur-Seine
T: (033146) 37 22 06 **Fax:** (0033146) 37 15 60
E-Mail: huilerie@fncg.fr
President: H. Rieux
Vice-President: F. Loury
Secrétaire Général: Jean-Claude Barsacq

iz f 2 653

Fédération Nationale des Huileries Métropolitaines et Industries Dérivées (FEDHUIL)

12, avenue George V, F-75008 Paris
T: (00331) 40 69 48 98 **Fax:** 47 23 38 84
President: A. Brinon
Secrétaire Général: B. Jacov

Italien

iz f 2 654

Associazione Italiana dell'Industria Olearia (ASSITOL)

Piazza di Campitelli 3, I-00186 Rom
T: (00396) 69 94 00 58 **Fax:** 69 94 01 18
E-Mail: assitol@foodarea.it
President: D. Corno
Vice-President: P. Scibilia
L. Colavita
Secrétaire Général: Dott. Giorgio Cilenti

Niederlande

iz f 2 655

Vereniging van Nederlandse Fabrikanten van Eetbare Olien en Vetten (VERNOF)

Postf. 3095, NL-2280 GB Rijswijk
Ampèrelaan 4E, NL-2289 CD Rijswijk
T: (003170) 3 90 52 63 **Fax:** 3 19 13 29
E-Mail: secretariaat@vernof.nl
President: G. Kieviet
Vice-President: I. van der Wild
F.J.Th. Falke
Secrétaire Général: Drs. C. Meershoek

Österreich

iz f 2 656

Austrian Oil Crushers and Processors

Zaunergasse 1-3, A-1030 Wien
T: (0043) 17 12 21 21 **Fax:** 17 12 18 02
E-Mail: r.milewski@lebensmittel.wk.or.at
President: E. Hablé
Secrétaire Général: M. Blass

Portugal

iz f 2 657

AIREG - Associação dos Industriais Refinadores e Extractores de Girassol

Av. António José d'Almeida n° 7-2°, P-1000 Lissabon
T: (003511) 7 99 15 50 **Fax:** 7 99 15 51
E-Mail: fiode@mail.telepac.pt
President: A. Escaja Gonçalves
Vice-President: M. de Melo
L. Dias Simâo
Secrétaire Général: A. M. Couras

Großbritannien

iz f 2 658

SCOPA - Seed Crushers' and Oil Processors Federation

6, Catherine Street, GB-London WC2B 5JJ
T: (0044207) 8 36 24 60 **Fax:** 3 79 57 35
E-Mail: angela.bowden@fdf.org.uk
President: P. Monzani
Secrétaire Général: A.. Bowden

Schweden

iz f 2 659

Swedish Crushers and Refiners Association

c/o Karlshamns Sweden, S-37482 Karlshamm
T: (0046454) 8 20 00 **Fax:** 1 22 39
E-Mail: je@karlshamns.se
President: Hans Nilsson
Secrétaire Général: Jan Elmeklo

• IZ F 2 660

Vereinigung der Olivenölindustrie der EG (FEDOLIVE)

Fédération de l'Industrie de l'Huile d'Olive de la C.E.E.
Secretariat General
Piazza di Campitelli 3, I-00186 Rom
T: (00396) 69 94 00 58 **Fax:** 69 94 01 18
President: Ing. Mario Gasparini (Oleifici Mediterranei S.p.A., Viale XXV Aprile, 10, I-16123 Genua, T: (003910) 254 00 11, Fax: 254 11 22)
Secretary General: Dr. Giorgio Cilenti (Assitol, Piazza di Campitelli, 3, I-00186 Rom, T: (00396) 994 00 58, Fax: 994 01 18)
Rappresentante Permanente a Bruxelles: Orlando Rossi (Rue Vergate, 25, B-1040 Bruxelles, T: (00322) 734 74 85, Fax: 734 74 85)

Mitgliedsorganisationen

Frankreich

iz f 2 661

Fédéeration de l'Industrie et du Commerce des Huiles d'Olive de France (FEDICO)

68, bd Lazer, F-13010 Marseille
T: (0033491) 25 40 71 **Fax:** 25 51 34
Secrétaire Général: Jean-Claude Barsacq

Griechenland

iz f 2 662

Association Hellénique des Industries et Conditionneurs Exportateurs d'Huile d'Olive (SEVITEL)

Xenophontos, 15 A, GR-10557 Athens
T: (00301) 3 23 88 56 **Fax:** 3 24 64 08
Directeur: George Economou

Italien

iz f 2 663

Associazione Italiana dell'Industria Olearia (ASSITOL)

Piazza di Campitelli 3, I-00186 Rom
T: (00396) 69 94 00 58 **Fax:** 69 94 01 18
E-Mail: assitol@foodarea.it
Directeur General: Dr. Giorgio Cilenti

Spanien

iz f 2 664

Federation d'Associations Professionnelles d'Industries d'Huile d'Olive (FEDEROLIVA)

José Abascal, 40, E-28003 Madrid
T: (00341) 446 88 12, 446 88 16, 446 88 50 **Fax:** 593 19 18
Directeur: Juan Vicente Gomez Moya

Portugal

iz f 2 665

Casa do Azeite - Associação do Azeite de Portugal

Rua Castilho 69 Ric. esq, P-1200 Lisboa
T: (003511) 386 30 54, 386 33 63 **Fax:** 386 19 70
Secrétaire Général: Maria Oliveira

• IZ F 2 666

Europäische Organisation der Sägewerke (E.O.S.)

European Organisation of the Sawmill Industry
Organisation Européenne des Scieries
c/o SHIV
Mottastr. 9, CH-3000 Bern 6
T: (004131) 3 50 89 86, 3 50 89 89 **Fax:** 3 50 89 88
Gründung: 1958
Vorstand: Pierre Ferbus (Président de la Fédération Belge des Exploitants Forestiers FEDEMAR, Galerie du Centre/Bloc II, B-1000 Bruxelles, T: (00322) 2 23 14 77, Fax: 2 23 18 60)
Dominique Juillot (Président FNB, Fédération nationale du bois, Scieries Réunis du Chalonnais, F-71640 Givry)
Christian Lheureux (Secrétaire Général de la Fédération Belge des Exploitants Forestiers FEDEMAR, Galerie du Centre/Bloc II, B-1000 Bruxelles, T: (00322) 2 23 14 77, Fax: 2 23 18 60)
André Pirothon (Fédération Belge des Exploitants Forestiers FEDEMAR, Champ de Harre, B-6960 Harre, T: (003286) 43 32 43, Fax: 43 39 28)
François Ruchenne (Secrétaire Général de la Fédération Nationale des Scieries FNS, Rue Royale 163, B-1210 Bruxelles, T: (00322) 2 19 27 43, Fax: 2 19 51 39)
Josef Rettemeier (Präsident der Vereinigung Deutscher Sägewerksverbände e.V., T: (0049) 98 53 33 83 41, Fax: (0049)98 53 33 81 05)
Gerhard Heider (Direktor der Vereinigung Deutscher Sägewerksverbände e.V., Bahnstr. 4, 65205 Wiesbaden-Erbenheim, T: (0611) 97 70 60, Fax: 9 77 06 22)
Bo Borgström (Manager of The Finnish Forest Industries Federation, P.O. Box 316, S.F. 00130 Helsinki, T: (003589) 1 32 61, Fax: 654 724)
René Maechler (Vice-Président de l'O.E.S. Paul Maechler SA, Scierie, F-67620 Soufflenheim, T: (00333) 88 86 61 02, Fax: 88 86 77 57)
Pierre Verneret (Directeur de la Fédération Nationale du Bois FNB, 1 Place André Malraux, F-75001 Paris, T: (00331) 42 60 30 27, Fax: 42 60 58 94)
Mario Giacomuzzi (Président du Assolegno Federlegno-Arredo, Groupement de sciage résineux, Via Nazionale 95, I-38030 Ziano di Fiemme, T: (0039462) 57 11 96, Fax: 57 15 96)
Sebastiano Cerullo (Assolegno, Viale Sacra, 183, I-20126 Milano, T: (00392) 661 45 1, Fax: 661 45 491, e-mail: Assolegno@Federlegno.it)
Finn Johansen (Managing Director of The Norwegian Sawmill Industries Association, P.O. Box 112/Blindern, N-0314 Oslo 3, T: (0047) 22 95 00, Fax: 22 46 55 23)
Dr. Gerhard Altrichter (Direktor des Fachverbandes der Österreichischen Sägeindustrie, Uraniastr. 4, Postf. 1 56, A-1010 Wien, T: (00431) 7 12 04 74, Fax: 7 13 10 18)
Dipl.-Ing. Hans Michael Offner (Präsident des Fachverbandes der Österreichischen Sägeindustrie, Uraniastr. 4, Postf. 1 56, A-1010 Wien, T: (00431) 7 12 04 74, Fax: 7 13 10 18)
Emil Mosimann (Präsident der SHIV/E.O.S. Mosimann, Sägerei- und Hobelwerke Köniz, Muhlernstr. 73, CH-3098 Köniz, T: (004131) 9 71 02 03, Fax: 9 72 13 18)
Hansruedi Streiff (Direktor SHIV/E.O.S., SHIV, Schweizerischer Sägerei- und Holzindustrieverband, Mottastr. 9, CH-3000 Bern 6, T: (004131) 3 52 75 21, Fax: 3 52 27 70)
Mikael Westin (Managing Director of The Swedish Wood Exporters Association, Gustavslundsvägen 12, plan4, S-16751 Bromma, T: (00468) 25 85 54, Fax: 25 85 27)
Stellvertretende(r) Geschäftsführer(in): Monika Reinwand
Mitglieder: 10
Mitarbeiter: 1 Pers. zu 25 % + ehrenamtl. Tätigkeit Präs. + Sekretär
Jahresetat: DM 0,11 Mio, € 0,06 Mio

• IZ F 2 667

Vereinigung der Speiseeis-Industrie der Europäischen Gemeinschaft (EUROGLACES)

Association des Industries des Glaces Alimentaires de la CEE
Secrétariat général:
18, Rue de la Pépinière, F-75008 Paris
T: (00331) 53 42 13 38 **Fax:** 53 42 13 39
E-Mail: b-dufrene@wanadoo.fr
Präsident(in): D. Nicolaou (GR)
Secrétaire Général: Dr. Barbara Dufrene (F)

Mitgliedsorganisationen

Belgien

iz f 2 668

Groupement de l'Industrie des Crèmes Glacées

Av. de Roodebeek 30, B-1030 Brüssel
T: (00322) 7 43 87 44 **Fax:** 7 36 81 75
E-Mail: sia01@sia-dvi.be
Contact Person: M. Goffings

Dänemark

iz f 2 669

Iskremindustriens Sammenslutning

Vesterbrogade 2B,1, DK-1620 Kobenhaven V
T: (0045) 33 36 40 00 **Fax:** 33 36 40 01
Contact Person: J. Maltha Rasmussen

Deutschland

iz f 2 670

Bundesverband der Deutschen Süßwarenindustrie e.V. - BDSI
Schumannstr. 4-6, 53113 Bonn
T: (0228) 2 60 07-0 **Fax:** 2 60 07-89
Internet: http://www.bdsi.de
E-Mail: bdsi@bdsi.de
Contact Person: P. Scheibner

Frankreich

iz f 2 671

SFIG
Rue de la Pépinière 18, F-75008 Paris
T: (00331) 53 42 13 30 **Fax:** 53 42 13 32
Contact Person: Alain Delamort

Griechenland

iz f 2 672

Greek Ice Cream Manuf. Fed.
c/o Delta Dairy S.A.
3 Kerkyras Street, GR-117 78 Tavros
T: (00301) 3 49 40 00-5000 **Fax:** 3 49 40 40
Contact Person: D. Nicolaou

Großbritannien

iz f 2 673

Ice Cream Federation
1, Green Street Grosvenor Square, GB-London W1Y 3RG
T: (0044207) 6 29 06 55 **Fax:** 4 99 90 95
Contact Person: Kerina L. Cheesman

Irland

iz f 2 674

Irish Ice Cream Manuf. Fed.
c/o Van Den Bergh Foods
Whitehall Road Rathfarnham, IRL-Dublin 14
T: (003531) 2 98 43 44 **Fax:** 2 96 01 31
Contact Person: J. Norris

Italien

iz f 2 675

A.I.D.I.
Via Barnaba Oriani 92, I-00197 Rom
T: (003906) 8 07 57 35 **Fax:** 8 07 31 86
Contact Person: M. Piccialuti

Finnland

iz f 2 676

Finnish Ice Cream Manufacturers Fed.
Postf. 115, FIN-00241 Helsinki
T: (003589) 14 88 71 **Fax:** 14 88 72 01
Contact Person: Seppo Heiskanen

Luxemburg

iz f 2 677

Centrale Paysanne
17, Rue de Bettembourg, L-5810 Hesperange
T: (00352) 3 62 54 **Fax:** 40 03 75
Contact Person: R. Weydert

Niederlande

iz f 2 678

Nederlandse Vereniging van Consumptie Ijsfabrikanten
Postf. 1 65, NL-2700 AD Zoetermeer
Bleiswijkseweg 35, NL-2712 PB Zoetermeer
T: (003179) 3 43 03 21 **Fax:** 3 42 61 85
Sekr.: M.L.J. Bögemann

Österreich

iz f 2 679

Verband der TK-Speiseeisind. Österreichs
Postf. 144, A-1037 Wien
Zaunergasse 1-3, A-1037 Wien
T: (00431) 7 12 21 21 **Fax:** 7 13 18 02
Contact Person: M. Domschitz

Portugal

iz f 2 680

Iglo Ola Portugal
Largo Monterroio Mascarenhas 1, Apartado 1805, P-1018 Lissabon Codex
T: (003511) 3 88 91 31 **Fax:** 3 88 76 23
Contact Person: K. Rabbel

Schweden

iz f 2 681

Föreningen Svenska Glasstillverkare
Postf. 5501, S-11485 Stockholm
T: (00468) 7 83 80 00 **Fax:** 7 83 82 73
Contact Person: Jan Rosenström

Spanien

iz f 2 682

Aso. Española de Fabricantes de Helados
C/Mallorca 286 entl. 02A, E-Barcelona 37
T: (003493) 2 07 25 16 **Fax:** 2 07 16 11
Contact Person: D. Roig

• IZ F 2 683

Vereinigung der Verbände der Reismühlen der EG (UARCE)
Union of EC Rice Millers Associations
Union des Associations des Riziers de la C.E.
Ave. Livingstone 26 Bte 3, B-1000 Brüssel
T: (00322) 2 31 12 99 **Fax:** 23 06 58
Präsident(in): Cesare Preve
Generalsekretär(in): Douglas Herbison
Mitglieder: 9
Jahresetat: DM 0,2 Mio

Mitgliedsorganisationen

Belgien

iz f 2 684

Association des Rizeries Belges
Industrielaan 5, B-2250 Olen
T: (003214) 25 18 11 **Fax:** 25 18 02
Präsident(in): F. Beckx
Generalsekretär(in): J. Vercauteren

Deutschland

iz f 2 685

Getreidenährmittelverband
Bundesverband der Hersteller von Nährmitteln aus Getreide und Reis e.V.
Postf. 19 01 65, 53037 Bonn
An der Elisabethkirche 26, 53113 Bonn
T: (0228) 2 67 10-0 **Fax:** 2 67 10-20
E-Mail: verbaende.hees@t-online.de
Präsident(in): Rolf Eick
Generalsekretär(in): Dipl.-Volksw. Wolfgang Hees

Frankreich

iz f 2 686

Syndicat de la Rizerie Francaise
Bourse de Commerce
Rue de Viarmes 2, F-75040 Paris Cedex 01
T: (00331) 1 40 41 03 52 **Fax:** 1 40 41 03 12

Griechenland

iz f 2 687

Association of Greek Rice Millers
Postf. 56, GR-57009 Saloniki
Kalochori, GR-57009 Saloniki
T: (003031) 75 15 66 **Fax:** 75 11 65
Generalsekretär(in): M. Mistakidis

Großbritannien

iz f 2 688

British Rice Miller's Association
Coldharbour Lane, GB-Rainham RM13 9YQ
T: (00441708) 71 77 77 **Fax:** 71 77 00
Präsident(in): R. Samani

Italien

iz f 2 689

Associazione Industrie Risiere Italiane
Via Bergaudigo da Feltze 6, I-27100 Pavia
T: (0039384) 9 42 51 **Fax:** 9 21 93
Präsident(in): E. Scaramuzza
Generalsekretär(in): R. Carriere

Niederlande

iz f 2 690

Vereniging van Rijstpellers in Nederland
Bankastraat 131B, NL-2585 EL Den Haag
T: (003170) 3 55 47 00 **Fax:** 3 58 46 79
Präsident(in): P.H.J.M. Allart

Portugal

iz f 2 691

Associacao Nacional dos Industriais de Arroz
Avenida da Republica 60 5-Esq, P-1000 Lissabon
T: (003511) 7 81 58 40 **Fax:** 7 81 58 45
Präsident(in): E. Morgado
Generalsekretär(in): P. Silva

iz f 2 692

Federacion Nacional Industria Arrocera Espanola
Lagasca 88-4, E-28001 Madrid
T: (003491) 5 15 55 42 **Fax:** 4 31 42 60
Präsident(in): A. Hernandez Callejas

• IZ F 2 693

Weltverband der Arzneimittel-Hersteller (WSMI)
World Self-Medication Industry
Industrie Mondiale de l'Automédication Responsable
15, Sydney House Woodstock Road, Chiswick, GB-London W4 1DP
T: (0044208) 7 47 87 09 **Fax:** 7 47 87 11
Gründung: 1970
Generaldir.: Jerome A. Reinstein (PhD; 15 Sydney House, Woodstock Road, Chiswick, GB-London W4 1DP, T: (0044208) 7 47 87 09, Telefax: (0044208) 7 47 87 11)
Chairman: Akira Uehara (Japan)
Regionale Vizepräsidenten: Dr. Hubertus Cranz (Europa)
David Skinner (North America & Caribbean)
Dr. S.P. Yu (Asia/Pacific)
Edgardo Gezzi (Latin America)
Dr. Johannes Burges (Schatzmeister, Europa)

Mitgliedsorganisationen

Argentina

iz f 2 694

Cámara Argentina de Productores de Especialidades Medicinales de Venta Libre (CAPEMVeL)
Av Callao 1062 8° A y B., RA-1023 Buenos Aires
T: (00541) 8 13 56 81 **Fax:** 8 12 97 59
Executive Director: Ariel Pascielli

Australia

iz f 2 695

The Proprietary Medicines Association of Australia (PMAA)
Postf. 938, AUS-North Sydney NSW 2059
T: (0002) 99 22 51 11 **Fax:** 99 59 36 93
Executive Director: Juliet Seifert

Brazil

iz f 2 696

Associação Brasileira da Indústria de Produtos para Saúde (ABIPS)
Rua Helena, 309-9, Andar Conj 94, BR-04552-050 Sao Paulo
T: (005511) 8295811 **Fax:** 8669823
Executive Director: Sérgio Mokdisse

Canada

iz f 2 697

Nonprescription Drug Manufacturers Association of Canada (NDMAC)
1111 Prince of Wales Drive Suite 406, CDN-Ottawa, Ontario K2C 3T2
T: (001613) 722-4500 **Fax:** 722-6764
President: David Skinner

China

iz f 2 698

China Nonprescription Medicines Association (CNMA)
SPAC Building, A38 Beilishilu, CN-Beijing 100810
T: (00861) 831 3344/0412/1605 **Fax:** 831 5648
Executive Vice-President: Hu Sheng Yu

iz f 2 699

The Hong Kong Association of the Pharmaceutical Industry (HKAPI)
Room 2 10F Sincere Insurance Building
Room A13/F Trust Tower, Johnston Road Wanchai 68, HK-Hong Kong
T: (00852) 528 3061/2 **Fax:** 865 6283
Executive Director: Joy Ottway

Colombia

iz f 2 700

Cámara Industria Farmacéutica Asociación Nacional de Industriales
Carrera 13 No 26-45 Piso 6, CO-Santa Fe de Bogotà
T: (00571) 2 81 06 00 **Fax:** 2 81 31 88
Executive Director: Margarita Villate de Garcia

Europa

iz f 2 701

Europäischer Fachverband der Arzneimittel-Hersteller (AESGP)
Association of the European self. Medication Industry
Association Européenne des Spécialités Pharmaceutiques Grand Public
7 avenue de Tervuren, B-1040 Brüssel
T: (00322) 7 35 51 30 **Fax:** 7 35 52 22
Internet: http://www.aesgp.be
E-Mail: info@aesgp.be
Direktor(in): Dr. Hubertus Cranz

iz f 2 702

Central America (Guatemala, Honduras, El Salvador, Nicaragua, Costa Rica, Panama) (FEDEFARMA)
Avenida Reforma 7-62 Zona 9, Edificio Aristos Reforma Oficina 812, GCA-Guatemala CA 01009
T: (00502362) 93 84 **Fax:** 93 88
E-Mail: fedefarm@guate.net
Exel Director: Dr. Rodolfo Lambour

India

iz f 2 703

Family Health and Self-Care Association
c/o SmithKline Beecham Consumer Healthcare
Himalaya House, 5th Floor, 23 K.G. Marg, IND-New Delhi 110 001
T: (009111) 371 6134 **Fax:** 371 6136
Partha S. Mukherjee

Indonesia

iz f 2 704

Indonesian Pharmaceutical Association GP-Farmasi - Indonesia
C/o Germala Farma, Jalan Tanah Abang II/37, RI-Jakarta Pusat
T: (006221) 3857801 **Fax:** 3862103
Dr. W. Biantoro Wanadi

Israel

iz f 2 705

TELEM Israel Association of Non-Prescription Medicine
c/o Federation of Israeli Chambers of Commerce
Postf. 20027, IL-Tel Aviv 61200
T: (009723) 561 2444 **Fax:** 5619025
Präsident(in): Zeev Biber

Japan

iz f 2 706

The Proprietary Association of Japan (PAJ)
Kyodo Building 3F
13-4 Nihombashi-Kodemmacho Chuo-ku, J-Tokyo 103
T: (00813) 3667 9481 **Fax:** 3667 9483
Hiroshi Kumagai

Republic of Korea

iz f 2 707

Korea Pharmaceutical Manufacturers Association (KPMA)
990-2 Banbae-1 Dong Seocho-ku, KP-Seoul 137-061
T: (00822) 581 2101 **Fax:** 581 2106
President: Dr. Pil-Keun Chung

Malaysia

iz f 2 708

Pharmaceutical Association of Malaysia (PhAMA)
75-3 Medan Setia 1 Bukit Demansara, MAL-50490 Kuala Lumpur
T: (00603) 256 2493/2494 **Fax:** 255 2143
Executive Director: Normah Naim

Mauritius

iz f 2 709

Mauritius Pharmaceutical Manufacturing Company Ltd
c/o Sir Kailash Ramdanee
Postf. 685, MS-Bell Village Port Louis
T: (00230) 212 6831/5932/4053 **Fax:** 212 4155
Chairman: Sir Kailash Ramdanee KT (Managing Director)

Mexico

iz f 2 710

Asociación de Fabricantes de Medicamentos de Libre Acceso AC (AFAMELA)
Yautepec No. 12, Colonia Condesa, MEX-06140 México DF
T: (00525) 286 5297 **Fax:** 553 2909
Héctor Bolaños

New Zealand

iz f 2 711

Non-Prescripton Medicines Association of New Zealand Inc (NMA)
Postf. 6473, NZ-Auckland
Wellesley Street, NZ-Auckland
T: (00649) 2 99 83 27 **Fax:** 2 99 83 27
Executive Director: Tony Miller

Nigeria

iz f 2 712

Pharmaceutical Manufacturers Group of the Manufacturers Association of Nigeria (PMG-MAN)
5 Eleruwa Street off Adeniyi Jones Avenue, WAN-Ikeja Lagos
T: (002341) 4 97 23 88 **Fax:** 4 97 23 88
Executive Secretary: Valentine OE Ofili

Peru

iz f 2 713

Asociación Nacional de Laboratorios Farmacéuticos Peruanos (ALAFARPE)
Los Pelicanos 130, PE-Lima 27
T: (005114) 41 06 93, 41 07 65, 41 05 59 **Fax:** 41 17 45
Executive Director: Rafael Fernandez Stoll

Philippines

iz f 2 714

Pharmaceutical and Healthcare Association of the Philippines Inc (PHAP)
Unit 502 One Corporate Plaza, Condominium
845 Pasay Road, PI-Makati Metro Manila
T: (00632) 815 0325/816 7334/816 7373 **Fax:** 819 2702
Executive Vice-President: Leo P. Wassmer jr.

Singapore

iz f 2 715

Singapore Association of Pharmaceutical Industries (SAPI)
02-23A/14 Manhattan House
151 Chin Swee Road, SGP-Singapore 0315
T: (0065) 738 0966 **Fax:** 738 0977
Executive Secretary: Fok Tai Hung

South Africa

iz f 2 716

PMA - Non-Prescription Medicine Specialist Working Group
Postf. 1 21 23, ZA-1686 Gauteng
T: (002711) 8055100 **Fax:** 8055105
Legal Adviser: Johan Moorcroft

iz f 2 717

Self-Medication Association of South Africa (SMASA)
PO Box 55902, Arcadia 0007, ZA-Pretoria
T: (002712) 44 18 11 **Fax:** 3 41 76 11
Executive Director: André van Zyl

Taiwan

iz f 2 718

Pharmaceutical Marketing & Management Association (PMMA)
c/o Smith Kline Beecham Far East BV
8F-D, No. 156, Section 3, Min Sheng East Road, RC-Taipei
T: (008862) 271 700 74 **Fax:** 254 759 59
Responsible Person: Joyce Lee

Thailand

iz f 2 719

Pharmaceutical Producers Association (PPA)
8th Floor, Land and Tower Building
Room 408/51, 12th Floor, Phaholyothin Place Building Phaholyothin Road Samsennai, Phyathai, T-Bangkok 10400
T: (00662) 6172062 **Fax:** 6172066
Executive Director: Prof. Vanida Chitman

United States of America

iz f 2 720

Nonprescription Drug Manufacturers Association (NDMA)
1150 Connecticut Avenue NW, USA-Washington DC 20036
T: (001202) 429 9260 **Fax:** 223 6835
President: James D. Cope

Venezuela

iz f 2 721

Camara Venezolana de Fabricantes Distribuidores y Comercializadores de Medicamentos Sin Prescripcion Facultativa (CAMESIP)
Procter & Gamble de Venezuela CA
c/o Jet Cargo International
Postf. 020010, USA-Miami, FL
T: (001582) 2 06 65 18, 2 06 69 32 **Fax:** 2 06 61 95, 2 06 68 95
José Rafael Rivas

• IZ F 2 722

Weltverband der Lehrmittelfirmen (Worlddidac)
World Association of Publishers, Manufacturers and Distributors of Educational Materials
Association Mondiale des Éditeurs, Fabricants et Revendeurs de Matériels Didactiques
Postf. 8866, CH-3001 Bern
Bollwerk 21, CH-3001 Bern
T: (004131) 3 11 76 82 **Fax:** 3 12 17 44
Internet: http://www.worlddidac.org
E-Mail: info@worlddidac.org
Gründung: 1952
Präsident(in): David C. Macey (Great Britain)
Direktor(in): Beat Jost
Verbandszeitschrift: Forum
Redaktion: Worlddidac
Mitglieder: 300
Mitarbeiter: 5

• IZ F 2 723

Zentralverband der Europäischen Holzindustrie (CEI-BOIS)
European Confederation of Woodworking industries
Confédération européenne des industries du bois
Allée Hof-ter-Vleest 5 Bte. 4, B-1070 Brüssel
T: (00322) 5 56 25 85 **Fax:** 5 56 25 95
E-Mail: euro.wood.fed@skynet.de
Gründung: 1952
Präsident(in): B. Castellini
Generalsekretär(in): Dr. Guy Van Steertegem
Mitglieder: 22 Nationalverbände, 9 Branchenverbände, 4 assoziierte, 1 korrespondierendes
Mitarbeiter: 3

Europäische Verbände

iz f 2 724

Europäische Organisation der Sägewerke (E.O.S.)
European Organisation of the Sawmill Industry
Organisation Européenne des Scieries
c/o SHIV
Mottastr. 9, CH-3000 Bern 6
T: (004131) 3 50 89 86, 3 50 89 89 **Fax:** 3 50 89 88
Präsident(in): Emil Mosimann
Generalsekretär(in): Hans R. Streiff

iz f 2 725

Europäischer Verband der Bürsten- und Pinsel-Industrie (F.E.I.B.P.)
Fédération Européenne de l'Industrie de la Brosserie et de la Pinceauterie
Allée Hof-ter-Vleest 5 Boîte 4, B-1070 Brüssel
T: (00322) 556 25 88 **Fax:** 556 25 95
Präsident(in): C. Schabert

iz f 2 726

Föderation der Europäischen Parkett-Industrie (FEP)
European Federation of the Parquet Industry
Fédération Européenne de l'Industrie du Parquet
Allée Hof-ter-Vleest 5 Boite 4, B-1070 Brüssel
T: (00322) 556 25 87 **Fax:** 556 25 95
E-Mail: euro.wood.fed@skynet.be
Präsident(in): Dieter Betz (Bauwerk AG)

iz f 2 727

Europäischer Holzwerkstoffverband
European Panel Federation
Federation Europeenne des Panneaux a Base de Bois
Hof-ter-Vleestdreef 5 bus 5, B-1070 Brüssel
T: (00322) 5 56 25 89 **Fax:** 5 56 25 94
Präsident(in): F. Decock

iz f 2 728

Fédération Européenne de l'Industrie du Contreplaqué
Allée Hof-ter-Vleest 5 Bte. 4, B-1070 Brüssel
T: (00322) 5 56 25 84 **Fax:** 5 56 25 95
Präsident(in): F. Allin

iz f 2 729

Institut de l'Europe Occidentale pour l'Imprégnation du Bois
Hof-ter-Vleestdreef 5 bus 4, B-1070 Brüssel
T: (00322) 5 56 25 86 **Fax:** 5 56 25 95
Präsident(in): Tom Bruce-Jones

iz f 2 730

Vereinigung der Europäischen Verbände der Holzindustrie im Baubereich (FEMIB)
Federation of the European Building Joinery Associations
Fédération Européenne des Syndicats de Fabricants de Menuiseries Industrielles de Bâtiment
Bockenheimer Anlage 13, 60322 Frankfurt
T: (069) 95 50 54-13 **Fax:** 95 50 54-11
Internet: http://www.window.de
E-Mail: femib@window.de
Generalsekretär(in): K.H. Herbert

iz f 2 731

Europäische Föderation der Holzfaserplatten-Fabrikanten (FEROPA)
European Federation of Fibreboard Manufacturers
Fédération Européenne des Fabricants de Panneaux de Fibres
724, Trav. des Rougons, F-83510 Lorgues
T: (0033494) 73 75 99 **Fax:** 67 67 07
Präsident(in): J. Tisné

Belgien

iz f 2 732

Fédération belge des entreprises de la transformation du bois a.s.b.l. (FEBELHOUT VZW)
Hof-ter-Vleestdreef 5, B-1070 Brüssel
T: (00322) 556 25 55 **Fax:** 556 25 95
Präsident(in): G. Neyt

Dänemark

iz f 2 733

Association of the Danish Woodworking Industry
c/o Dansk Industri
T: (0045) 33 77 33 77 **Fax:** 33 77 34 10

Deutschland

iz f 2 734

Hauptverband der Deutschen Holz und Kunststoffe verarbeitenden Industrie und verwandter Industriezweige e.V. (HDH)
Postf. 13 80, 53583 Bad Honnef
Flutgraben 2, 53604 Bad Honnef
T: (02224) 93 77-0 **Fax:** 93 77-77
Internet: http://www.hdh-ev.de
E-Mail: info@hdh-ev.de
Präsident(in): Helmut Lübke

Finnland

iz f 2 735

Metsäteollisuus - Finnish Forest Industries Federation
Postf. 316, FIN-001310 Helsinki
Eteläesplanadi 2, FIN-00130 Helsinki
T: (003580) 1 32 61 **Fax:** 65 47 24
Managing Director: Matti Korhonen

Frankreich

iz f 2 736

Fédération Nationale du Bois
1, place André Malraux, F-75001 Paris
T: (00331) 42 60 30 27 **Fax:** 42 60 58 94
Präsident(in): Roger Lesbats

iz f 2 737

Union des Industries du Bois (UIB)
Rue de Naples 33, F-75008 Paris
T: (00331) 53 42 15 50 **Fax:** 53 42 15 51

Großbritannien

iz f 2 738

Timber Research & Development Association
Stocking Lane, Hughenden Valley High Wycombe, GB-Bukkinghamshire HP14 4ND
T: (00441494) 56 30 91 **Fax:** 56 54 87
Direktor(in): C. Gill

iz f 2 739

Wood Panel Industries Federation (WPIF)
28 Market Place, GB-Grantham Lincolnshire NG31 6LR
T: (00441476) 56 37 07 **Fax:** 57 93 14
Technischer Direktor: D. Duke-Evans

iz f 2 740

British Woodworking Federation (B.W.F.)
Leonard Street 56-64, GB-London EC 2A 4JK
T: (0044207) 6 08 50 50 **Fax:** 6 08 50 51

Italien

iz f 2 741

Federlegno-Arredo
Viale Sarca 183, I-20126 Milano
T: (00392) 80 60 41 **Fax:** 80 50 43 92
Präsident(in): R. Rodriquez

Lettland

iz f 2 742

Latvian Association of Woodprocessing Entrepreneurs & Exporters
Brivibas Street 91, LV-1001 Riga
T: (003712) 37 27 89 **Fax:** 27 45 57
Kontaktperson: C. Grikis

Litauen

iz f 2 743

Association of the Lithuanian Woodworking Industry
Linkmenu 28-36, LT-2600 Vilnius
T: (003702) 75 20 79 **Fax:** 75 20 79
Kontaktperson: A. Morkevicius

Niederlande

iz f 2 744

Centrum Hout
Postf. 1350, NL-1300 BJ Almere
T: (003136) 5 32 98 21 **Fax:** 5 32 95 71
Director: C. de Bruin

iz f 2 745

Nederlandse Bond Van Timmerfabrikanten (NBVT)
Postf. 24, NL-1400 AA Bussum
Nw. s'Gravelandseweg 16, NL-1400 AA Bussum
T: (00313569) 4 70 14 **Fax:** 4 49 10
E-Mail: j.douma@intrabouw.nl
Generalsekretär(in): T. Jacobs

Norwegen

iz f 2 746

Norwegian Sawmill Industries Association
Postf. 112, N-0314 Oslo-Blindern
T: (004722) 96 55 00 **Fax:** 46 55 23

Österreich

iz f 2 747

Fachverband der holzverarbeitenden Industrie Österreichs
Schwarzenbergplatz 4, A-1037 Wien
T: (00431) 7 12 26 01 **Fax:** 7 13 03 09
Präsident(in): Dr. E. Wiesner

Portugal

iz f 2 748

Associacao das Industrias de Madeiras e Mobiliario de Portugal
Rua Alvarez Cabral 281, P-4000 Porto Codex
T: (003512) 332 40 16, 332 40 41 **Fax:** 205 65 73
Präsident(in): Pedro Ferrreira De Sousa Ribeiro

Schweden

iz f 2 749

Träindustriförbundet TIF
Postf. 16006, S-10321 Stockholm
S Blasieholmskajen, S-10321 Stockholm
T: (00468) 7 62 72 00 **Fax:** 7 62 72 01
Präsident(in): H. Jarlsson

iz f 2 750

Svenska Trävaruexportföreningen
Gustavslundsvägen 12, plan 4, S-16751 Bromma
T: (00468) 25 85 00 **Fax:** 25 85 27
Director: Mikael Westin

Schweiz

iz f 2 751

Verband Schweizerischer Spanplattenfabrikanten
c/o Novoplan Keller AG
T: (004156) 40 81 11 **Fax:** 40 82 10
Präsident(in): H. Vogel

Slowakei

iz f 2 752

Ind Confed of Woodworking, Furniture and Pulp - Paper Industries of the Slovak Republic
Drienova 24, SK-82603 Pressburg
T: (00427) 23 22 50 **Fax:** 23 35 42
Präsident(in): M. Palkovic

Slowenien

iz f 2 753

Gospodarska Zbornica Slovenije (GZS)
Strokovno Zdruzenje Lesarstva
Dimiceva ul. 13, SLO-1504 Ljubljana
T: (0038661) 1 89 82 84 **Fax:** 1 89 81 00, 1 89 82 00
E-Mail: joze.korber@gzs.si
Kontaktperson: Dr. Joze Korber (E-Mail: korber@hq.gzs.sa)

Spanien

iz f 2 754

Confederatiòn Española de Empresarios de la Madera (CONFEMADERA)
Sagasta, 24 - 3th floor, E-28004 Madrid
T: (00341) 5 94 44 04 **Fax:** 5 94 44 64
President: P. Garcia Moya
Secretary General: F. Pons

Ungarn

iz f 2 755

Hungarian Federation of Forestry and Wood Industries FAGOSZ
Kuny D Str. 13-15, H-1012 Budapest
T: (00361) 3 55 65 39 **Fax:** 2 02 64 49
Internet: http://www.fagosz.hu
E-Mail: fagosz@dbassoc.hu
Generalsekretär(in): M. Möcsenyi

Korrespondierendes Mitglied

iz f 2 756

Nordic Timber Council AB
Drottning Kristinas Väg 71, S-11428 Stockholm
T: (00468) 4 40 85 60 **Fax:** 4 11 26 76

• IZ F 2 757

Zentralverband der Nationalen Vereinigungen der Gerber und Weißgerber in der E.U. (COTANCE)
Confederation of national associations of tanners and dressers of the EC
Confédération des Associations Nationales de Tanneurs et de Mégissiers de la CE
Rue Belliard 3, B-1040 Brüssel
T: (00322) 5 12 77 03 **Fax:** 5 12 91 57
Internet: http://www.euroleather.com
E-Mail: info@euroleather.com
President: Mauro Scarlato (Conceria Estpartenio, I-83011 Altavilla Irpina (AV), T: (00390825) 99 14 24, Fax: 99 41 70)
1. Vice-President: Dr. M.H.M. Hulshof (Hulshof Royal Dutch Tanneries, P.O.Box 4, NL-7130 AA Lichtenvoorde, T: (0031544) 37 15 44, Fax: 37 57 10)
2. Vice-President: Dr. Owen Paterson (British Leather Company, Hawthorne Tannery, Hawthorne Road, Merseyside, GB-Bootle L20 6JR, T: (0044151) 922 11 03, Fax: 933 35 72)
3. Vice-President: Josep Costa (CEC - Serpelsa Furs S.A., Poligono Industrial Malloles, P.O. Box 336, E-08500 Vic (Barcelona), T: (003493) 8 89 18 69, Fax: (003493) 8 89 09 96, E-Mail: serpelsa@cambrabcn.es)
Treasurer: Dr. Salvatore Mercogliano (UNIC, Via Brisa 3, I-20123 Milano, T: (003902) 86 10 26, Fax: 86 00 32, email: info@unic.it)
Deputy Treasurer: Paul Batigne (Ets Sabin SA, 9 avenue M. Pagnol, BP 35, F-81303 Graulhet Cedex, T: (0033563) 34 51 21, Fax: 34 25 69)
Secretary General: Gustavo Gonzalez-Quijano (COTANCE, 3 Rue Belliard, B-1040 Bruxelles, T: (00322) 512 77 03, Fax: 512 91 57, E-Mail: info@euroleather.com)
Mitglieder: 16
Mitarbeiter: 3

Mitgliedsorganisationen

Belgien

iz f 2 758

Union de la Tannerie et de la Mégisserie Belge (U.N.I.T.A.N.)
c/o Masure Dhalluin
Rue des Tanneurs 140, B-7730 Estaimbourg
T: (003269) 36 23 26 **Fax:** 36 23 10
E-Mail: masure@pophost.eunet.be
Président: B. Colle

Deutschland

iz f 2 759

Verband der Deutschen Lederindustrie e.V.
Fuchstanzstr. 61, 60489 Frankfurt
T: (069) 97 84 31 41 **Fax:** 78 80 00 09
Internet: http://www.vdl-web.de
E-Mail: info@vdl-web.de
Präsident(in): M. Räuchle
Generalsekretär(in): R. Schneider

Finnland

iz f 2 760

Suomen Nahkateollisuusliitto ry
Finnish Leather Industry Association
Postf. 11, FIN-00131 Helsinki
Etelaeranta 10 VII, FIN-00131 Helsinki
T: (003589) 172 42 50 **Fax:** 17 95 88
E-Mail: sari.vannela@ryhma.ttliitot.fi
Executive Director: Sari Vannela

Frankreich

iz f 2 761

Fédération Française de la Tannerie-Mégisserie
Syndicat de la Tannerie Française
Rue de Provence 122, F-75008 Paris
T: (00331) 45 22 96 45 **Fax:** 42 93 37 44
E-Mail: ppant@tee.gr
Président: Paul Batigne
Administration: U. Mandenoff
S. Ramière

Griechenland

iz f 2 762

Hellenic Tanners' Association
180 Piraeus, Lamias, GR-17778 Tavros
T: (00301) 346 23 35, 346 31 67 **Fax:** 346 14 34
President: Id Hadjidimitriou
Generalbevollmächtigter: P. J. Pantelaras

Großbritannien

iz f 2 763

British Leather Confederation
Leather Trade House
King Park Road, Moulton Park, GB-Northampton NN3 6JD
T: (00441604) 67 99 99 **Fax:** 67 99 98
E-Mail: info@blcleathertech.com
President: Dr. A. G. Marriott
Chief Executive: Dr. K. Alexander

Irland

iz f 2 764

Irish Leather Federation
Dudley's Mills Clonmel, IRL-Co. Tipperary
T: (0035352) 2 25 99 **Fax:** 2 28 92
President: P. Ronan
Secretary General: G. Morrissey

Italien

iz f 2 765

Unione Nazionale Industria Conciaria (U.N.I.C.)
Via Brisa 3, I-20123 Mailand
T: (003902) 80 10 26 **Fax:** 86 00 32, 72 0000 72
E-Mail: info@unic.it
President: M. Distefano
Director: Dr. Salvatore Mercogliano

Niederlande

iz f 2 766

Federatie van Nederlandse Lederfabrikanten
Postf. 9 01 54, NL-5000 LG Tilburg
Prof. Donderstraat 39, NL-5017 HH Tilburg
T: (003113) 594 47 78 **Fax:** 594 47 49
E-Mail: j.dellaert@vsam.spaendonck.nl
President: Dr. M.H.M. Hulshof
Secretary General: J.-J. H.M. Dellaert

Norwegen

iz f 2 767

Norske Garveriers Landsforeningen
c/o Borge Garverie as
T: (004756) 39 20 10 **Fax:** 39 23 12
President: O. Borg

Portugal

iz f 2 768

Associacao Portuguesa dos Industriais de Curtumes (A.P.I.C.)
Av. Fernao de Magalhaes 406-5, P-4300 Porto
T: (0035125) 37 41 15 **Fax:** 37 20 65
Presidente: Dr. L. Mota
Secretary General: E. Sousa Campos

Schweden

iz f 2 769

Svenska Garveriidkareforeningen
c/o Malungs Garveri AB
Postf. 157, S-78200 Malung
T: (0046325) 66 14 00 **Fax:** (0046280) 103 49
E-Mail: hborge@malgarv.se
Chairman: G. Truedson
Secretary General: Hilma Borge

Schweiz/Suisse

iz f 2 770

Verband Schweizerischer Gerbereien
c/o Eduard Gallusser AG
Auerstr. 11, CH-9442 Berneck
T: (004171) 7 44 17 22 **Fax:** 7 44 65 59
President: Eduard Gallusser

Slowenien

iz f 2 771

GZS-Chamber of Commerce and Industry of Slovenia

Dimiceva 13, SLO-1540 Liubliana
T: (0038661) 1898 297 **Fax:** 1898 100
E-Mail: franc.grasic@gzs.si
President: Viljem Glas
Director: Franc Grasic

Spanien

iz f 2 772

Consejo Español de Curtidores (C.E.C.)

Valencia 359, 3, E-08009 Barcelona
T: (003493) 4 59 33 96 **Fax:** 4 58 50 61
E-Mail: inform@leather-spain.com
President: F. Fontanellas
Secretary General: J. Ballbé

Ungarn

iz f 2 773

BCE-Association for Leather and Shoe Industry

Gisella u 24-26, H-1143 Budapest XIV
T: (00361) 2 21 93 27, 2 51 58 87 **Fax:** 2 21 93 26
E-Mail: bce@mail.matav.hu
Directeur: Arpád Várszgi

● IZ F 2 774

Zusammenschluß der Zigarettenhersteller der EU (CECCM)

Confederation of European Community Cigarette Manufacturers

Confédération des Producteurs de Cigarettes dans la Communauté Européenne

Avenue Louise 125, B-1050 Brüssel

T: (00322) 5 41 00 30 **Fax:** 5 41 00 45

Gründung: 1989
Président: Wilfried Dembach
Contact: Grace Lemass

Mitglieder: 8 Companies, 12 Nations

Mitarbeiter: 3

IZ G Handwerk

Zum Auffinden einer bestimmten Dienststelle oder Organisation dient das Suchwortverzeichnis eines Personennamens das Personenverzeichnis

Fachverbände des Handwerks

Fachverbände des Handwerks

• IZ G 1

Europäischer Verband des Friseur Handwerks
Confédération Européenne des Organisations Patronales de la Coiffure (c/c Europe)
Gooierserf 400, NL-1276 KT Huizen
T: (003135) 5 25 92 00 **Fax:** 5 26 37 86
E-Mail: ankonet@wxs.nl
Président: Piet Kalle
Executive Secretary: Robert Vos
Mitglieder: 16

iz g 2

Internationaler Friseurmeister-Verband
International Confederation of the Hairdressing Trade
Confédération Internationale de la Coiffure
Rue Notre-Dame des Victoires 17, F-75002 Paris
T: (00331) 42 61 53 24 **Fax:** 42 60 02 08

iz g 3

Fédération Nationale des Coiffeurs de Belgique (FNCB)
Av. A. Lacomblé 31, B-1030 Brüssel
T: (00322) 732 37 78 **Fax:** 732 75 93

iz g 4

Danmarks Frisörmesterforening
Vesterbrogade 64 1.TV, DK-Kopenhagen

iz g 5

Zentralverband des Deutschen Friseurhandwerks
Postf. 13 02 04, 50496 Köln
Weißenburgstr. 74, 50670 Köln
T: (0221) 97 30 37-0 **Fax:** 97 30 37-30
Internet: http://www.friseurhandwerk.de
E-Mail: info@friseurhandwerk.de

iz g 6

Fédération Syndicale des Coiffeurs
Rue Anafis 3, GR-112 56 Athen

iz g 7

CANAI Comitato Artistico Nazionale Acconiatori Italiani
c/o ARCALENI
Via dei Filosofi 25, I-06100 Perugia

iz g 8

Fédération des Patrons Coiffeurs du Grand-Duché de Luxemburg
Postf. 16 04, L-1016 Luxemburg
T: (00352) 42 45 11-1 **Fax:** 42 45 25
Präsident(in): Emile Goedert
Sekretär: Ralph Weis

iz g 9

Algemene Nederlandse Kappersorganisatie
Postf. 212, NL-1270 Huizen
T: (00335) 5 25 92 00 **Fax:** 5 26 37 86
Internet: http://www.anko.nl
E-Mail: ankonet@wxs.nl
President: Piet Kalle

iz g 10

Associaçao dos Cabeleireiros e Barbearias do Sul
rua dos Fanqueiros 135-2, P-1100 Lissabon

iz g 11

National Hairdressers Federation
Goldington Road 11, GB-Bedford MK40 3JY

• IZ G 12

Europäische Schlosservereinigung (ELF)
European Locksmith Federation
Fédération Européenne des Serruries
Mühlentorstr. 17, 49808 Lingen
T: (0591) 33 49 **Fax:** 34 99
Gründung: 1984 (8. September)
Präsident(in): Dipl.-Ing. Helmut Többel
Sekretär: Wolfgang Schäfer
Verbandszeitschrift: INSIGHT
Mitglieder: 11 national locksmith association, representing approximately 1000 locksmith companies

Mitgliedsorganisationen

Bulgarien

iz g 13

Associated Locksmiths of Bulgaria
14, George Washington Str, BG-1301 Sofia
T: (003592) 83 38 32 **Fax:** 980 27 34

Dänemark

iz g 14

Dansk Låsesmede Forening
Allégade 23 "Villaen", DK-2000 Frederiksberg
T: (004538) 34 89 07 **Fax:** 33 41 12

Deutschland

iz g 15

Fachverband Europäischer Sicherheits- und Schlüsselfachgeschäfte e.V. (INTERKEY I)
Mühlentorstr. 17, 49808 Lingen
T: (0591) 5 10 79 **Fax:** 5 36 17
Internet: http://www.interkey.de
E-Mail: interkey@t-online.de

Finnland

iz g 16

Finnish Security Contractors Association
Kruunucuorenkatu 11, FIN-00160 Helsinki
T: (003580) 6 94 70 44 **Fax:** 68 42 75 60

Großbritannien

iz g 17

Master Locksmiths Association
Units 4/5, The Business Park Woodford Halse Daventry, GB-Northands NN 11 3 PZ
T: (00441327) 26 22 55 **Fax:** 2 62 25 39

Irland

iz g 18

Associated Locksmiths of Ireland
Ashbrook House
Howt Rd. 415 Raheny, IRL-Dublin 5
T: (003531) 8 31 05 34 **Fax:** 8 31 87 66

Italien

iz g 19

Esperti Riferme Serrature Italia
Viale Umbria 2, I-20090 Fizzonasco di Pieve
T: (00392) 90 72 45 26 **Fax:** 90 72 55 58

Niederlande

iz g 20

Nederlands Sleutel- en Slotenspecialisten Gilde
Rijksstraatweg 369g, NL-2025 DB Haarlem
T: (003123) 5 38 11 45 **Fax:** 5 37 69 07

Norwegen

iz g 21

Norske Låsesmeder
Postf. 5 06, N-1522 Moss
T: (004769) 26 18 30 **Fax:** 26 12 45

Schweden

iz g 22

Sveriges Låssmedsmästares Riksförbund
Postf. 284, S-12725 Skärholmen
T: (00468) 7 40 59 55 **Fax:** 7 40 42 09

Spanien

iz g 23

Asociación de Profesionales de España en Cerrajería y Seguridad
La Vinya 21, E-08041 Barcelona
T: (003493) 4 36 85 33 **Fax:** (003443) 4 55 94 23

• IZ G 24

Europäische Schornsteinfegermeister-Föderation
European Federation of Chimney-Sweeps
- Generalsekretariat
Westerwaldstr. 6, 53757 Sankt Augustin
T: (02241) 34 07-0 **Fax:** 34 07-10
Präsident(in): Eugen Steichele
Generalsekretär(in): Bertold Steinebach

• IZ G 25

Europäische Union des Handwerks und der Klein- und Mittelbetriebe (UEAPME)
European Association of Craft, Small and Medium-Sized Enterprises
Union Européenne de l'Artisanat et des Petites et Moyennes Entreprises
Maison de l'Economie Européenne
4, Rue Jacques de Lalaing, B-1040 Bruxelles
T: (00322) 230-7599 **Fax:** 230-7861
Internet: http://www.wk.or.at/sme-web
E-Mail: ueapme@euronet.be
Präsident: Andrea Bonetti
Vizepräsident(in):
Dieter Philipp (Präsident des ZDH (D))
Kris Peeters (Prés. NCMV)
Petrus Thys (Président d'Honnaire NCMV (B))
Franz Bamberger (Wirtschaftskammer Österreich A)
Mario Secca (Vice-Président des AIP (P))
André Hurteau (Präsident der Handwerkskammer Charente Maritime, F)
Jean-Pierre Martin (Sea. Conféd. Adj. CAPEB)
Secrétaire Général: Hans-Werner Müller
Mitglieder: Nationale Spitzenorganisationen des Handwerks sowie der Klein- und Mittelbetriebe der EG-Mitgliedstaaten und der Beitrittskandidaten sowie europäische KMU-Fachverbände (insgesamt 9,2 Millionen Unternehmen)

Mitgliedsorganisationen

Belgien

iz g 26

Comité National Belge des Petites et Moyennes Entreprises
8, Rue de Spa, B-1000 Brüssel
T: (00322) 2 38 05 31 **Fax:** 2 38 07 94
President: Kris Peeters

iz g 27

Confédération nationale de Construction (cnc)
Rue du Lombard 34-42, B-1000 Brüssel
T: (00322) 5 45 56 00 **Fax:** 5 45 59 00
Sprecher: Jo Berghmans

iz g 28

Syndicat des Indépendants et des PME (SDI)
Avenue Albert I 183, B-1332 Genval
T: (00322) 6 52 26 92 **Fax:** 6 52 37 26
President: Daniel Cauwel
European Responsible: Thierry Guns
Sprecher: Marc Vojtassak

iz g 29

KAN
Hoogpoort 57, B-9000 Gent
T: (00329) 2 23 16 17 **Fax:** 2 33 25 69
President: Paul Verdomck

iz g 30

Union des Classes Moyennes (UCM)
Bd d'Atroy 42, B-4000 Lüttich
T: (00324) 2 21 65 50 **Fax:** 2 21 65 55
Secretary General: Pierre Colin

Dänemark

iz g 31

Håndvaerksrådet-Organisation for små og mellemstore virksamneder
Amaliegade 31, DK-1256 Copenhagen
T: (0045) 33 93 20 00 **Fax:** 33 32 01 74
President: Poul Ulsøe

Director: Lars Jørgen Nielsen
Chef d'Unité des Affaires Européennes: Peter Vesterdorf

Deutschland

iz g 32

Bundesverband der Selbständigen Deutscher Gewerbeverband e.V. (BDS/DGV)

Platz vor dem Neuen Tor 4, 10115 Berlin
T: (030) 28 04 91-0 **Fax:** 28 04 91-11
E-Mail: bds-dgv@t-online.de
President: Rolf Kurz
Bundesgeschäftsführer: Marc-Wilhelm Kohfink

iz g 33

Zentralverband des Deutschen Handwerks (ZDH)

Postf. 11 04 72, 10834 Berlin
Mohrenstr. 20/21, 10117 Berlin
T: (030) 2 06 19-0 **Fax:** 2 06 19-460
Internet: http://www.zdh.de
E-Mail: info@zdh.de
President: Dieter Philipp
Secretary General: Hanns-Eberhard Schleyer

Finnland

iz g 34

SY - The Federation of Finnish Enterprises

Postf. 999, FIN-00101 Helsinki
Kaisaniemenkatu 13, FIN-00101 Helsinki
T: (003589) 22 92 21 **Fax:** 22 92 29 80
Gründung: 1993
President: Risto Heikkilä
Managing Director: Risto Suominen

Frankreich

iz g 35

Assemblée Permanente des Chambres de Métiers

12, av. Marceau, F-75008 Paris
T: (00331) 44 43 10 00 **Fax:** 47 20 34 48
E-Mail: jce@club-internet.fr
President: Pierre Seassari
Secretary General: Jean-Yves Rossi

iz g 36

Union Professionelle de l'Artisanat

79 avenue de Villiers, F-75017 Paris
T: (00331) 47 63 31 31 **Fax:** 47 63 31 10
President: Jean Delmas
Secretary General: Pierre Burban

iz g 37

Confédération Générale des Petites et Moyennes Entreprises

10, terrasse Bellini, F-92806 Puteaux Cedex
T: (00331) 47 62 73 73 **Fax:** 47 73 08 86
President: Lucien Rebuffel
Secretary General: Dominique Barbey

Griechenland

iz g 38

Confédération Générale des Petites et Moyennes Entrepreneurs, Artisans et Commercants de Grèce

Artisans et Commerçants de Grèce
24, rue Kapodistriou, GR-10682 Athen
T: (00301) 3 81 66 00, 3 82 85 90 **Fax:** 3 82 07 35
E-Mail: gsevee@gsvee.ath.forthnet.gr
President: Georges Kanellopoulos
Secretary General: Georges Motsos

Großbritannien

iz g 39

Forum of Private Business

Drury Lane, Ruskin Chambers, GB-Knutsford, Cheshire WA16 6HA
T: (00441565) 63 44 67-8-9 **Fax:** 65 00 59
E-Mail: fpbusiness@aol.com
Chief Executive: Stan Mendham (OBE)
Head of Policy: Nick Goulding

Irland

iz g 40

Irish Small and Medium Enterprises Association

Kildare Street 32, IRL-Dublin 2
T: (003531) 6 62 27 55 **Fax:** 6 61 21 57
President: Shay Fitzmaurice
Director: Cieren McMahon

iz g 41

Small Firms Association

Confederation House
84/86 Lower Baggot St., IRL-Dublin 2
T: (003531) 6 60 10 11 **Fax:** 6 60 17 17
E-Mail: pat.delaney@ibec.ie
President: Lorraine Sweeney
Director: Pat Delaney

Italien

iz g 42

Confederazione Generale Italiana dell'Artigianato - CONFARTIGIANATO

Via S. Giovanni in Laterano 152, I-00184 Rom
T: (00396) 70 37 41 **Fax:** 70 45 21 88
President: Ivano Spalanzani
Secretary General: Francesco Giacomin

iz g 43

Confederazione Italiana della Piccola e Media Industria

Via della Colonna Antonina 52, I-00186 Rom
T: (00396) 6 99 15 30 **Fax:** 6 79 14 88
Président: Luciano Bolzoni
Directeur Général: Sandro Naccarelli

iz g 44

Confederazione Nazionale dell'Artigianato e delle Piccole e Medie Imprese

Via G. A. Guattani 13, I-00161 Rom
T: (00396) 44 18 82 44 **Fax:** 44 24 95 18
President: Gonario Nieddu
Secretary General: Gian Carlo Sangalli

Luxemburg

iz g 45

Chambres des Metiers du Grand Duché de Luxembourg

Circuit de la Foire Internat. 2, L-1016 Luxemburg
T: (00352) 42 67 67 **Fax:** 42 67 87
E-Mail: promotion@chambre-des-metiers.lu
President: Paul Reckinger
Direktor(in): Paul Ensch

iz g 46

Fédération des Artisans

Circuit de la Foire Internat. 2, L-1016 Luxemburg
T: (00352) 42 45 11 **Fax:** 42 45 25
Präsident: Norbert Geisen
Generalsekretär(in): Marcel Sauber

Niederlande

iz g 47

Koninklijke Vereniging MKB-Nederland (MKB Nederland)

Postf. 5096, NL-2600 GB Delft
Brassersplein 1, NL-2600 GB Delft
T: (0031152) 19 12 12 **Fax:** 19 14 14
Präsident: Hans de Boer
Generalbevollmächtigter: A.W.A.M. Broos

Österreich

iz g 48

Wirtschaftskammer Österreich

Bundesgremium des Außenhandels - Sektion Gewerbe
Postf. 3 50, A-1045 Wien
Wiedner Hauptstrasse 63, A-1045 Wien
T: (00431) 5 01 05-0 **Fax:** 5 01 05-250
Internet: http://www.wko.at
E-Mail: wkoe@wkoe.wk.or.at
President: Ing. Leopold Maderthaner
Secretary General: G. Stummvoll
Syndikus: Dr. Leitner

Portugal

iz g 49

Associacao Industrial Portuguesa (AIP)

Praca das Industrias, P-1399 Lissabon
T: (0035121) 3 60 10 00 **Fax:** 3 63 90 47
E-Mail: aip@aip.pt
President: Jorge Rocha de Matos
Secretary General: Rui Fereira Leite
Vice President: Mario Secca

Schweden

iz g 50

Federation of Private Enterprises (FÖRETAGARNAS RIKSORGANISATION)

10667 Stockholm
T: (00468) 4 06 17 00 **Fax:** 4 06 18 82
E-Mail: hpl@fr.se
President: Arne Johansson
Managing Director: Åke Fagelberg

Spanien

iz g 51

Confederacion Española de la Pequeña y Mediana Empresa

Diego de Leon 50-8°, E-28006 Madrid
T: (003491) 4 11 61 61 **Fax:** 5 64 52 69
E-Mail: cepyme@cepyme.es
President: Antonio Masa Godoy
Secretary General: Elias Aparicio Bravo

• IZ G 52

Europäische Union der Tapezierer, Dekorateure (Raumausstatter) und Sattler (EUTDS)

c/o Schweizerischer Verband der Innendekorateure, des Möbelfachhandels und der Sattler (S.V.I.M.S.A.)
Gurzelngasse 27, CH-4500 Solothurn
T: (004132) 6 23 86 70 **Fax:** 6 23 46 09
Gründung: 1955
Präsident(in): Urs Kern
Generalsekretär(in): Peter Platzer
Mitglieder: 7

• IZ G 53

Europäische Vereinigung für Bestattungsdienste (EFFS)

European Federation of Funeral Services
Federation Européenne de Services Funéraires
Ungargasse 41, A-1030 Wien
T: (00431) 7 17 37-6236 **Fax:** 7 10 58 96
E-Mail: office@effs.at
Gründung: 1994 (16. Dezember)
Präsident(in): Wolfgang H. Zocher (Deutschland)
Vizepräsident(in): Birgit Baltzer (Dänemark)
Hervé Racine (Frankreich)
Jordi Vallverdu (Spanien)
Schatzmeister: Dirk van Vuure (Niederlande)
Geschäftsführender Direktor: Peter Skyba (Österreich)
Verbandszeitschrift: periodisch erscheinender NEWSLETTER
Mitglieder: 68 (23 nationale Verbände + 45 Einzelmitglieder)
Mitarbeiter: 2 tageweise

• IZ G 54

Europäische Vereinigung für Schweißen, Zusammenfügen und Schneiden (EWF)

European Federation for Welding, Joining and Cutting
Fédération Européenne du Soudage, de l'Assemblage et du Coupage
EN 249 - Km 3 - Leião
Tagus Park, Apartado 119, P-2781 Oeiras Codex
T: (0035121) 4 21 13 51 **Fax:** 4 22 81 22
Internet: http://www.institutovirtual.pt/ewf
E-Mail: ewf@isq.pt
President: I Giulio Costa
Chief Executive: Dr. Luisa Quintino
Administrative Secretary: Olga Teixeira

Mitgliedsorganisationen

Belgien

iz g 55

Belgisch Instituut voor Lastechniek

Institut Belge de la Soudure
Sint-Pietersnieuwstraat 41b, B-9000 Gent
T: (003292) 64 32 38 **Fax:** 23 73 26

E-Mail: robert.venekens@soete043.rug.ac.be
Contact person: Robert Vennekens

Dänemark

iz g 56

FORCE Instituttet
Park Allé 345, DK-2605 Bröndby
T: (0045) 43 26 70 00 **Fax:** 43 26 70 11
Contact person: Birger Hansen (E-Mail: bh@FORCE.dk)

Deutschland

iz g 57

DVS - Deutscher Verband für Schweißen und verwandte Verfahren e.V.
Postf. 10 19 65, 40010 Düsseldorf
Aachener Str. 172, 40223 Düsseldorf
T: (0211) 15 91-0 **Fax:** 15 91-2 00
Internet: http://www.dvs-ev.de
E-Mail: dvs_hg@compuserve.com
Hauptgeschäftsführer(in): Prof. Dr.-Ing. Detlef von Hofe

Finnland

iz g 58

Suomen Hitsausteknillinen Yhdistys v.y.
The Welding Society of Finland
Makelankatu 36A-2 SF, FIN-00510 Helsinki
T: (003580) 7 73 21 99 **Fax:** 7 73 26 61
E-Mail: carl-gustaf.lindewald@met.fi
Contact person: Carl-Gustaf Lindewald

Frankreich

iz g 59

Institut de Soudure (IS)
ZI Paris Nord II
Postf. 5 03 62, F-95942 Roissy cdg Cedex
T: (00331) 49 90 36 02 **Fax:** 49 90 36 50/36
Internet: http://www.institutdesoudure.com
Contact persons: S. Viré (E-Mail: s.vire@institutdesoudure.com)
M. Rousseau (E-Mail: m.rousseau@institutdesoudure.com)

Irland

iz g 60

Enterprise Ireland
Glasnevin, IRL-Dublin 9
T: (003531) 8 08 25 39, 8 08 20 00 **Fax:** 8 08 20 46
Internet: http://www.enterprise-ireland.com
Contact person: Dr. Anthony Caroll (E-Mail: anthony.carroll@enterprise-ireland.com)

Island

iz g 61

IceTec - Technological Institute of Iceland
Keldnaholt, IS-112 Reykjavik
T: (00354) 5 70 71 00 **Fax:** 5 70 71 11
Contact person: Adalsteinn Arnbjörnsson (E-Mail: adelsteinn.ambjörnsson@iti.is)

Italien

iz g 62

Instituto Italiano della Saldatura
Lungo Bisagno Istria 15, I-Genova
T: (003910) 83 41-373 **Fax:** 83 41-370
Contact persons: Dr. Giulio Costa (E-Mail: costag@iis.it)
M. Scasso (E-Mail: scassom@iis.it)

Luxemburg

iz g 63

Commission Nationale de la Soudure
22, rue Henri Koch B.P. 371, L-4004 Esch-sur-Alzette
T: (00352) 5 58 98 72 00 **Fax:** 55 93 25
Ing. François Ortolani

Niederlande

iz g 64

NIL - Netherlands Institute of Welding
Krimkade 20, NL-2251 KA Voorschoten
T: (003171) 5 61 12 11 **Fax:** 5 61 14 26
Internet: http://www.nil.nl
E-Mail: info@nil.nl
Contact person: B. Boesmans

Norwegen

iz g 65

Norwegian Welding Society
Oscargt 20 N, N-0306 Oslo 3
T: (0047) 22 59 66 00 **Fax:** 22 59 67 33
Contact person: Christian Holthe (E-Mail: christian.holthe@nts.no)

Österreich

iz g 66

Schweisstechnische Zentralanstalt
Arsenal OBJ. 207, A-1030 Wien
T: (00431) 7 98 26 26-0 **Fax:** 7 98 26 26-28
E-Mail: sza@aon.at
Contact person: Dr. Klaus Wichart

Portugal

iz g 67

Instituto de Soldadura e Qualidade (ISQ)
Tagus Park - Cabanas - Leião
TagusPark Apartado 199, P-2781 Oeiras Codex
T: (0035121) 4 22 81 00 **Fax:** 4 22 81 25
Internet: http://www.isq.pt
E-Mail: isq@isq.pt
Dr. José F. Oliveira Santos

Schweden

iz g 68

Swedish Welding Commission
Postf. 5073, S-10242 Stockholm
T: (00468) 7 91 29 00 **Fax:** 6 79 94 04
Internet: http://www.svets.a.se
Contact person: Lars Johansson (E-Mail: l.johansson@svets.a.se)

Schweiz

iz g 69

Schweizerischer Verein für Schweisstechnik
St. Alban-Rheinweg 222, CH-4052 Basel
T: (004161) 3 17 84 84 **Fax:** 3 17 84 60
Contact person: Ulrich Hadrian (E-Mail: gl@svsxass.ch)

Spanien

iz g 70

CESOL- Asociación Española de Soldadura
C/San Bernardo 123, 4ª Planta E, E-28015 Madrid
T: (003491) 4 45 68 00 **Fax:** 4 44 31 74
Internet: http://www.cesol.es
Contact person: G. Hernandez (E-Mail: ghernadez@cesol.es)

• IZ G 71

Europäische Vereinigung der Furnier-Industrie
Fédération Européenne de l'Industrie du Placage
Am Waldrand 38, 31535 Neustadt
T: (05072) 13 92 **Fax:** 75 95

• IZ G 72

Europäische Vereinigung der Graveure und Flexografen (AEGRAFLEX)
European Association of Engravers and Flexographers
Association Européenne des Graveurs et des Flexographes
Postf. 18 69, 65008 Wiesbaden
Biebricher Allee 79, 65187 Wiesbaden
T: (0611) 80 31 15 **Fax:** 80 31 13
Gründung: 1966
Präsident(in): Leif Waage, Bergen
Vizepräsident(in): Daniel Lemeunier, Paris
Jan Madern, Vlaardingen
Axel Mosthaf, Frankfurt
Geschäftsführer(in): Dipl.-Ing. Hartmut Flothmann
Mitglieder: 300

Belgien

iz g 73

Féderatioon Nationale des Associations Professionelles de Maîtres Graveurs et de Flexographes de Belgique a.s.b.l.
Nationale Federatie der Beroepsverenigingen van Meester Graveurs en Flexographen von Belgie v.z.w.
Voorkempenlaan 15, B-2900 Schoten
T: (00323) 6 58 55 34 **Fax:** 6 58 03 07
Präsident(in): Leo van Ranst

Dänemark

iz g 74

Gravörlauget i Danmark
c/o Skandinavisk Gravor Industri
Postf. 48, DK-2860 Søborg
T: (004539) 69 66 22 **Fax:** 66 11 14

Deutschland

iz g 75

Bundesinnungsverband der Galvaniseure, Graveure und Metallbildner
Elisenstr. 5, 42651 Solingen
T: (0212) 20 80 10 **Fax:** 20 45 60
Internet: http://www.biv.org
E-Mail: mail@biv.org

iz g 76

Bundesverband Druck und Medien e.V. (bvdm)
Fachbereich Flexografie/Bundesinnung für das Flexografen-Handwerk
Postf. 18 69, 65008 Wiesbaden
Biebricher Allee 79, 65187 Wiesbaden
T: (0611) 8 03-0, 8 03-115 **Fax:** 8 03-113
Internet: http://www.bvdm-online.de
E-Mail: info@bvdm-online.de

Finnland

iz g 77

Kaivertajat r.y. - Gravörföreningen i Finland
c/o FINN MAREKA OY
Patokoskenkatu 10/PL 18, FIN-15701 Lahti
T: (003583) 7 35 49 31 **Fax:** 7 35 49 34
Präsident(in): Reino Vesterinen

Frankreich

iz g 78

Chambre Syndicale Nationale des Graveurs et Flexographes
Gravure - Tampons - Marquage - Signalisation
17 Rue Pastourelle, F-75003 Paris
T: (00331) 40 27 89 52 **Fax:** 40 27 89 58

iz g 79

Fédération Française de la Gravure
17 Rue Pastourelle, F-75003 Paris
T: (00331) 42 72 14 11 **Fax:** 42 72 54 19

Niederlande

iz g 80

Koninklijk Verbond van Grafische Ondernemingen
Sectie Rubberstempelfabricage
Postf. 2 20, NL-1180 AE Amstelveen
Startbaan 10, NL-1180 AE Amstelveen
T: (003120) 5 43 56 78 **Fax:** 5 43 54 75
Internet: http://www.kvgo.nl
E-Mail: info@kvgo.nl

iz g 81

Nederlandse Vereniging van Ondernemers in het Graveerbedrijf
Einsteinbaan 1, NL-3430 GA Niewegein
T: (003130) 6 05 33 44 **Fax:** 6 05 31 22

Norwegen

iz g 82

Norsk Gravörmester Forening
Gravörer, Skilt- og Stempelprodusenter
Postf. 123, Slåtthaug, N-5851 Bergen
Sanbrekketoppen 36, Midttun, N-5851 Bergen
T: (004755) 92 23 50 **Fax:** 92 23 60
Präsident(in): Leif Waage (c/o Protector Skilt AS)

Österreich

iz g 83

Wirtschaftskammer Österreich, Sektion Gewerbe und Handwerk, Bundesinnung Metall und Form
Postanschrift: Landesinnung Wien der Gürtler, Graveure, Metalldrücker und Flexografen
Rudolf-Sallinger-Platz 1, A-1030 Wien
T: (00431) 5 14 50 (Nebenstelle 2253, 2254) **Fax:** 7 14 72-71

Schweden

iz g 84

Sveriges Gravörmästareförening Stockholm
Sekreterare: Eva Milberg c/o Sta_Olstämplar i Sthlm AB
Skattega_Ordsvägen 109, S-16226 Vällingby
T: (00468) 38 40 80 **Fax:** 38 40 85

Schweiz

iz g 85

Schweizerischer Stempelfabrikanten-Verband
Union Suisse des fabricants de timbres
Werkstr. 2, CH-7001 Chur
T: (004181) 2 84 53 83 **Fax:** 2 84 85 35
Präsident(in): Thomas Oechslin (Stempel Oechslin)

iz g 86

Schweizerischer Verband der Graveure
Union Su_7isse des Graveurs
Obere Gasse 16, CH-7000 Chur
T: (004181) 2 52 35 71 **Fax:** 2 52 50 38
Sekretariat: Enrico Caparaaro

Großbritannien

iz g 87

The Rubber Stamp Manufacturers' Guild
6, Wimpole Street, GB-London W1M 8AS
T: (0044207) 6 37 76 92 **Fax:** 4 36 31 37

• IZ G 88

Europäischer Rat für Optometrie und Optik (ECOO)
European Council of Optometry and Optics
Conseil Europeen de l'Optométrie et de l'Optique
61 Southwark Street, GB-London SE1 OHL
T: (0044207) 9 28 92 69 **Fax:** 6 20 11 40
Präsident(in): Georgia Tolioù

Mitgliedsorganisationen

Belgien

iz g 89

Association Professionnelle des Opticiens de Belgique
Rue Capitaine Crespel 26, B-1050 Brüssel
Kontaktperson: P. Carlier

Dänemark

iz g 90

Danmarks Optikerforening
Kongevejs Centret 2, DK-2970 Hörsholm
Kontaktperson: Ole Larson

Deutschland

iz g 91

ZVA
Alexanderstr. 25a, 40210 Düsseldorf
Kontaktperson: RA Jochen Goerdt

Finnland

iz g 92

Suomen Silmaoptikkojen Liitto Ry
Mannerheimintie 76A, FIN-00250 Helsinki
Kontaktperson: B. Schwenson

Frankreich

iz g 93

Association des Optométristes de France
Boulevard Raspail 38, F-75008 Paris
Kontaktperson: J. L. Dubie

Griechenland

iz g 94

Scientific Ass of Greek Opticians Optometristss
Panespitimiou Street 25-9, GR-10564 Athen
Kontaktperson: N. Skoutaris

Großbritannien

iz g 95

JOCEU
British College of Optometrists
Knaresborough Place 10, GB-London SW5 0TG
Kontaktperson: P. Leigh

Irland

iz g 96

Association of Optometrists
Merrion Square 10 North, IRL-Dublin 2
Kontaktperson: K. Culliton

Italien

iz g 97

Federottica
Via Morgantini 24, I-20148 Mailand
Kontaktperson: G. Ricco

Luxemburg

iz g 98

Fédération des Patrons Opticiens et Optométristes du Grand-Duché de Luxembourg
Postf. 1604, L-1016 Luxemburg
T: (00352) 42 45 11-1 **Fax:** 42 45 25
Präsident(in): Jean-Jacques Nilles
Kontaktperson: R. Schmit

Niederlande

iz g 99

Algemene Nederlandse Vereniging Van Optometristen
Burg le Fevre de Montignylaan 58, NL-3055 NE Rotterdam
Kontaktperson: Kees Kortland

iz g 100

Nederlandse Unie van Optiekedrijven
Postf. 75650, NL-1070 AB Amsterdam
Kontaktperson: A. van Hoof

Norwegen

iz g 101

Norges Optikerforbund
Postf. 419, N-1301 Sandvika
Kontaktperson: I. Lewandowski

Österreich

iz g 102

Bundesinnung der Optiker
Postf. 352, A-1045 Wien
Wiedner Hauptstrasse 63, A-1045 Wien
Kontaktperson: K. Drimal

Polen

iz g 103

Zaklad Optometrii AM
ul. Przybyszewskiego 49, PL-60355 Poznan
Kontaktperson: Prof. Boleslaw Kedzia

Portugal

iz g 104

Uniao Profissional dos Opticos
Campo Grande 286-20-Dto, P-1700 Lissabon
Kontaktperson: H. Nascimento

Schweden

iz g 105

Swedish Optometric Association
Arstaangsvagen 1C, S-11743 Stockholm
Kontaktperson: Per Soderberg

Schweiz

iz g 106

Schweizerischer Optikerverband
Basler Str. 32, CH-4601 Olten
Kontaktperson: G. Eyb

Slowakei

iz g 107

OPTIK
Skultétyho 10, SK-95501 Topol'cany
Kontaktperson: Jozef Bozik

Druzby 29, SK-97401 Banská Bystrica
Kontaktperson: Tomás Barcaj

Slowenien

Celiska 4A, SLO-63250 Rogaska Slatina
Kontaktperson: Janez Gobec

Spanien

iz g 108

Colegio Nacional de Opticos Optometristas
Delegacion Regional de San Sebastian
Andia 2, E-San Sebastián
Kontaktperson: J. Castivia

Tschechische Republik

iz g 109

Palacky University
Sovobody 26, CZ-77146 Olomouc
Kontaktperson: Jan Perina

Vychodilova 10, CZ-61600 Brünn
Kontaktperson: Armando Tatar

iz g 110

Association of Czech Opticians & Optometrists
Prírodní 14, CZ-14200 Praha 411
Kontaktperson: Petr Táborsky

• IZ G 111

Europäischer Verband Selbständiger Zahntechniker (FEPPD)
Federation of European Dental Laboratory Owners
Fédération Européenne des Patrons Prothésistes Dentaires
c/o NCMV EURODESK
Rue des Deux Églises 29, B-1000 Brussel
T: (00322) 2 38 05 81 **Fax:** 2 30 93 54
Gründung: 1953
Präsident(in): Dr. Gerhard Hippmann (A)
Vizepräsident(in): Jürgen Schwichtenberg (D)
Nicola Pilla (I)
Schatzmeister: Jukka Wichmann (FIN)
Generalsekretär: David Smith (GB)
Mitglieder: 17

Mitgliedsorganisationen

Belgien

iz g 112

Nationale Confederatie der Tandtechnische Laboratoria van België (Delaco)
Confédération Nationale des Laboratoires dentaires de Belgique (DELACO)
Av. de la Charmille 20-25, B-1200 Brüssel
T: (00322) 7 63 20 47 **Fax:** 7 63 20 47

Dänemark

iz g 113

Danske Dental Laboratorier (DDL)
Vestergade 38, DK-7700 Thisted
T: (0045) 97 92 32 00 **Fax:** 97 91 11 59

Deutschland

iz g 114

Verband Deutscher Zahntechniker-Innungen - Bundesinnungsverband - (VDZI)
Max-Planck-Str. 25, 63303 Dreieich
T: (06103) 37 07-0 **Fax:** 37 07-33
Internet: http://www.vdzi.de
E-Mail: info@vdzi.de

Finnland

iz g 115

The Association of Finnish Dental Laboratories
Kaisaniemenkatu 13 A, FIN-00100 Helsinki
T: (003589) 2 29 44 **Fax:** 22 92 29 69

Großbritannien

iz g 116

The Dental Laboratories Association Ltd. (D.L.A.)
Arboretum Gate
North Sherwood Street 92-94, GB-Nottingham NG1 4EE
T: (0044115) 9 48 24 00 **Fax:** 8 48 27 77
E-Mail: Dental.Laboratories@Btinternet.com

Israel

iz g 117

The Israel Assoction of Dental Technicians
Trumpeldor Street 31, IL-63425 Tel Aviv
T: (0099723) 6 29 78 81 **Fax:** 6 29 78 81

Italien

iz g 118

Associazione Nazionale Titolari Laboratorio Odontotecnico (ANTLO)
Via Corfù 48, I-25124 Brescia
T: (003930) 2 42 71 16 **Fax:** 2 42 27 64

Irland

iz g 119

Dental Technicians Association
1 Glennville Drive Castleknock, JOR-Dublin 15
T: (00353) 8 21 39 86 **Fax:** 8 21 39 86

Kroatien

iz g 120

Lubno Protetski Labor
Gospovetska 30, HR-10000 Zagreb Hryatska
T: (003851) 3 75 02 04 **Fax:** 3 75 02 04

Luxemburg

iz g 121

Fédération des Laboratoires Dentaires du Grand-Duché de Luxembourg
Postf. 1604, L-1016 Luxemburg
T: (00352) 42 45 11-1 **Fax:** 42 45 25

Niederlande

iz g 122

Vereniging van Laboratoriumhoudende Tandtechnici (VLHT)
Udenhoutseweg 6, NL-5056 PE Berkel Enschot
T: (003113) 5 11 50 30 **Fax:** 5 11 37 05

Norwegen

iz g 123

Norges Tannteknikermesterforbund
Fred Olsensgatan 1, N-0152 Oslo
T: (004722) 41 27 40 **Fax:** 41 27 70
E-Mail: norgest@eunet.no

Österreich

iz g 124

Bundesinnung der Zahntechniker
Postf. 359, A-1045 Wien
Wiedner Hauptstrasse 63, A-1045 Wien
T: (00431) 5 01 05 32 62 **Fax:** 50 20 62 88
E-Mail: fvbigrx@wk.or.at

Portugal

iz g 125

Associação dos Industriais De protese
Rua Pascoal de Melo 83-1° Esq°, P-1000 Lissabon
T: (00356) 05 23 **Fax:** 3 15 18 56

Schweden

iz g 126

Dentallaboratoriernas Riksforening
Postf. 6060, S-16406 Kista
T: (004686) 92 35 90 **Fax:** 52 63 04

Schweiz

iz g 127

Association des Laboratoires de Prothèses Dentaires de Suisse (ALPDS)
Postf. 69 22, CH-3001 Bern
T: (004131) 3 02 23 22 **Fax:** 3 82 26 70

Ungarn

iz g 128

Orszagos Fogtechnikus Ipartestület
Söhaz U3, H-1056 Budapest
T: (00361) 3 18 15 35 **Fax:** 3 18 12 89

• IZ G 129

Europäischer Verband der Sicherheitsdienste (C.O.E.S.S.)
European Confederation of Security Services
Confédération Européenne des Services de Sécurité
Kolingasse 4, A-1190 Wien
T: (00431) 31 31 51 08 **Fax:** 3 17 73 04
Gründung: 1989 (26. Oktober)
Präsident(in): Dr. Stephan Landrock
Secretary: Claude Levy
Mitglieder: 15

Member Organisations

Austria

iz g 130

VSÖ
Group 4 Securitas AG
Kolingasse 4, A-1190 Wien
T: (00431) 31 31 51 08 **Fax:** 3 17 73 04

iz g 131

ÖBV
Wattgasse 20, A-1160 Wien
T: (00431) 46 11 57, 93 72 47 **Fax:** 45 43 23, 93 72 47 80
TGR: 93724780

Belgium

iz g 132

Europäische Vereinigung für Geldtransporte und -begleitung (E.S.T.A.)
European Security Transport Association
Association Européenne du Transport et Convoyage de Valeurs
Rue Mercelis 19, B-1050 Brüssel
T: (00322) 7 58 13 90 **Fax:** 7 59 43 70

iz g 133

Association des Entreprises de Gardienneage et Sécurité
Securis
Brucargo 744, B-1931 Zaventem
T: (00322) 7 52 35 01 **Fax:** 7 52 35 03

iz g 134

International Ligue des Sociétés de Surveillance
Group 4 Securitas International B V
Engerstaat 87, B-3071 Erps-Kwerps
T: (00322) 7 59 79 80 **Fax:** 7 59 43 70

Denmark

iz g 135

VABA
Rosenorns Alle 1, DK-Frederiksberg C
T: (0045) 35 37 47 11 **Fax:** 35 37 46 11

Great Britain

iz g 136

BSIA
Security House, Barbourne Road, GB-Worcester WR1 1RS
T: (00441905) 2 14 64 **Fax:** 61 36 25

France

iz g 137

UFISS
101-109 rue Jean Jaures, GR-92300 Levallois Perret
T: (00331) 45 55 92 92 **Fax:** 45 55 88 04

Finland

iz g 138

Poperty Maintenance and Management Association (KIPA)
Postf. 11, FIN-00131 Helsinki
Etelaeranta 10, FIN-00131 Helsinki
T: (003589) 17 28 31 **Fax:** 65 55 88

iz g 139

STV Securitas Oy
Elimaenkatu 30, FIN-00520 Helsinki
T: (003580) 7 75 21 **Fax:** 7 75 22 10

Ireland

iz g 140

Security Federation of Ireland
Avignon 1 Castleroy Co., IRL-Limerick
T: (0035361) 33 65 09 **Fax:** 33 53 73

Germany

iz g 141

Bundesverband Deutscher Wach- und Sicherheitsunternehmen Wirtschafts- und Arbeitgeberverband e. V. (BDWS)
Postf. 12 11, 61282 Bad Homburg
Norsk-Data-Str. 3, 61352 Bad Homburg
T: (06172) 94 80 50 **Fax:** 45 85 80
Internet: http://www.bdws.de
E-Mail: mail@bdws.de
Präsident(in): Rolf Wackerhagen, Kiel

Italy

iz g 142

ASSVIGILANZA
Corso Vercelli 42, I-20145 Milan
T: (00392) 76 02 06 65 **Fax:** 4 81 84 00

Netherlands

iz g 143

Europäischer Verband der Sicherheitsdienste (C.O.E.S.S.)
European Confederation of Security Services
Confédération Européenne des Services de Sécurité
Randon
Kolingasse 4, A-1190 Wien
T: (00431) 31 31 51 08 **Fax:** 3 17 73 04

Norway

iz g 144

SBS
Majorstua
Postf. 54 73, N-0305 Oslo
T: (0047) 22 96 11 30 **Fax:** 22 96 11 39

Spain

iz g 145

APROSER
Villanueva 2, E-28001 Madrid
T: (00341) 4 31 57 44 **Fax:** 5 78 00 10

Sweden

iz g 146

BFR
Surbrunn Sgatan 42, S-11348 Stockholm
T: (00468) 6 12 01 95 **Fax:** 6 12 01 96

iz g 147

Securitas AB
Postf. 1 23 07, S-10228 Stockholm
T: (00468) 6 57 70 00 **Fax:** 6 57 70 72

• IZ G 148

Fachverband Europäischer Sicherheits- und Schlüsselfachgeschäfte e.V. (INTERKEY I)
Mühlentorstr. 17, 49808 Lingen
T: (0591) 5 10 79 **Fax:** 5 36 17
Internet: http://www.interkey.de
E-Mail: interkey@t-online.de
Gründung: 1964 (29. Februar)
Vorsitzende(r): Wolfgang Werner (i. Fa. Sicherheitstechnik WERNER, Kantstr. 83, 10627 Berlin, T: (030) 3 23 40 50, Telefax: (030) 3 24 44 27)
Geschäftsführer(in): Wolfgang Schäfer
Mitglieder: 194 in der Bundesrepublik, Österreich, Schweiz, Dänemark, Norwegen, Türkei, Kanada, England, Niederlande, Luxemburg

• IZ G 149

Föderation Europäischer Reprografie-Verbände
Federation of European Reprography Associations
Féderation des Associations Européennes de Reprographie
Fürstenbergerstr. 151, 60322 Frankfurt
T: (069) 95 96 36-0 **Fax:** 95 96 36-11
Internet: http://www.reprography.com
E-Mail: info@reprography.com
Gründung: 1993
Geschäftsführer(in): Achim Carius
Vorsitzende(r): Jean-Marie Réquillart
Stellvertretende(r) Vorsitzende(r): Walter Höllhuber
Jimmie Holmberg
Mitglieder: 11 nationale Reprografie-Unternehmensverbände in Europa

• IZ G 150

Internationale Arbeitsgemeinschaft der Archiv-, Bibliotheks- und Graphikrestauratoren (IADA)
International Association of Book and Paper Conservators
c/o Niedersächsische Staats- und Unibibliothek
Papendiek 14, 37073 Göttingen
T: (0551) 39 52 02 **Fax:** 39 52 88
Internet: http://palimpsest.stanford.edu/iada
E-Mail: restaurierung@mail.sub.uni-goettingen.de
Gründung: 1957
Präsident(in): Mogens S. Koch (DK), Kopenhagen
Vizepräsident: Markus Klasz (A)
Geschäftsführer(in): Renate van Issem (D)
Schriftleiter: Manfred Anders (D)
Verbandszeitschrift: PapierRestaurierung - Mitteilungen der IADA
Redaktion: Wolfgang Jaworek, Liststr. 15, 70180 Stuttgart, Tel.: (0711) 60 90 21, Fax: (0711) 60 90 24, E-Mail: w.jaworek@fototext.s.shuttle.de
Verlag: Vorstand der IADA
Mitglieder: ca. 800

• IZ G 151

IFD

Internationale Föderation des Dachdeckerhandwerks e.V. (IFD)
International Federation for the Roofing Trade
Fédération Internationale du Métier de Couvreur
Postf. 51 10 67, 50946 Köln
Fritz-Reuter-Str. 1, 50968 Köln
T: (0221) 37 20 58 **Fax:** 38 43 36
Internet: http://www.dachdecker.de
E-Mail: zvdh@dachdecker.de
Gründung: 1952
Präsident(in): Oswald Schopf
Generalsekretär(in): Dipl.-Volksw. Klaus Jobke (BR Deutschland)
Leitung Presseabteilung: Thomas Schmitz
Verbandszeitschrift: Das Dachdeckerhandwerk-DDH
Verlag: Verlag Rudolf Müller, Stolbergerstr. 84, Köln
Mitglieder: 16 nationale Dachdeckerverbände und 5 Partnermitglieder
Mitarbeiter: 5

Interessenvertretung; Stellungnahme zu gemeinsamen Fragen. Erfahrungsaustausch in fachtechnischen, betriebswirtschaftlichen und berufsstandspolitischen Fragen; Austausch von Dokumentationen.

• IZ G 152

Internationale Föderation des Seilerhandwerks (I.F.C.)
Fédération Internationale de la Corderie
Generalsekretär
Grelckstr. 21a, 22529 Hamburg
T: (040) 2 11 03-1 11 **Fax:** 2 11 03-1 20
Präsident(in): Urs Meister (Postf. 1 80, CH-3415 Hasle-Rüegsau, T: (004134) 61 61 41, Telefax: (004134) 61 41 94)
Generalsekretär(in): Thomas Bruhn (Grelckstr. 21 a, 22529 Hamburg, T: (040) 2 11 03-1 11, Telefax: (040) 2 11 03-1 20)

• IZ G 153

Europäischer Rat für Optometrie und Optik (ECOO)
European Council of Optometry and Optics
Conseil européen de l'optome@trie et de l'optique
90, London Road, GB-London SE1 6LN
T: (0044207) 9 28 92 69 **Fax:** 6 20 11 40
Gründung: 1927
Executive Director: Anthony F. Di Stefano (OD, Executive Director WCO, 1200 West Godfrey Avenue, Fitch Hall, Philadelphia, PA 19141/USA, T: (215) 276-6220, Fax: (215) 276-6081, E-Mail: 6932932@MCIMAIL.COM)
President: Peter Stevenson (President WCO, Ground Floor, Mayfair House 44-52 The Terrace, Wellington 6001, New Zealand, T: (64-4) 4 72 40 10, Fax: (64-4) 4 99 37 54)
Secretary: Dorothy A. Leason
Verbandszeitschrift: INTEROPTICS
Verlag: Silverline Graphics
Mitglieder: 65 national optometric organisations in 50 countries

Regional Groups

European Council of Optometry & Optics
Bridge House, Blackfriars Rd, GB-London SE1 8NW
T: (0044207) 2 61 56 61
Secretary General: Ian Hunter

Asia/Pacific Council of Optometry - Affiliate Member
Secretary General: Dr. W. Bleything (Pacific University, College of Optometry, 2043 College Way, Forest Grove, Oregon 97116, USA)

Asociacion Latinoamericana de Optometria y Optica
President: Enrique Koch

Landesverbände:
Algerian Optometric Association
Australien: Australian Optometrical Association
Österreich: Bundesinnung der Optiker
Belgien: Association Professionnelle des Opticiens de Belgique
Belgium: College des Optometristen van Belgie *)
Canada: Canadian Association of Optometrists
China: China Optometric and Optical Association *)
Kolumbien: Federation Colombiana de Optometras Fedopto
Zypern: Cyprus Optometrists Association *)
Dänemark: Danmarks Optikerforening
Fiji: Fiji Optometric Association *)
Finnland: Suomen Silmäoptikkojen Liito r.y.
Frankreich: Union Nationale des Syndicats D'Opticiens de France; Association of French Optometrists *)
Bundesrepublik Deutschland: Wissenschaftliche Vereinigung für Augenoptik und Optometrie; Zentralverband der Augenoptiker; Vereinigung Deutscher Contactlinsen Spezialisten *)
Ecuador: Associacon de Opticas/Optometrictas del Ecuador*)
Ghana: Ghana Optical Association
Großbritannien: Association of Optometrists; British College of Optometrists; The Worshipful Company of Spectacle Makers
Niederlande: Nederlandse Unie van Opticiens; Algemene Nederlandse Vereniging van Optometristen
Hongkong: Hong Kong Optometric Association; Hong Kong Society of Professional Optometrists *)
Island: Optikerafelag Islands *)
Indien: Indian Optometrical Society; Indian Optometric Association;
Indonesia GAPOPIN
Irland: Association of Optometrists, Ireland
Israel: Israel Optometrists' & Opticians' Association; Israel Optometric Association
Italien: Associazione Italiana Ottici; Federottica
Jamaica: Jamaica Optometric Association *)
Japan: Japan Optometric Association; All Japan Optometric and Optical Association
Südkorea: Korean Optometric Association
Luxemburg: Fédération des Patrons Opticiens de Luxembourg
Neuseeland: New Zealand Association of Optometrists
Nigeria: The Nigerian Optometric Association
Norwegen: Norges Optikerforbund
Malaysia: Association of Malaysian Optometrists *); Malaysian Optical Association
Mexico: Colegio Nacional de Optometristas AC *)
Philippinen: Philippine Optometric Association
Portugal: Uniao Profissonal dos Opticos e Optometristas Portugueses *)
Saudi Arabien: College of Applied Medical Sciences, King Saud University *)
Schottland: Scottish Committee of Optometrists Singapur: Singapore Optometric Association
Südafrika: South African Optometric Association Spanien: Colegio Nacional de Opticos y Optometristes; Sóciedad Espanola de Optometria *)
Sri Lanka: Sri Lanka Optometric Association
Schweden: Sveriges Leg Optikers Riskförbund; Slovenian Optometric Association *); Sveriges Optikerføretugs Riksorganisation
Schweiz: Schweizerischer Berufsverband für Augenoptik und Optometrie; Schweizerischer Optikerverband
Trinidad + Tobago: Trinidad + Tobago Optometric Association*)
USA: American Optometric Association; National Optometric Association *); Association of Schools and Colleges of Optometry *)
National Board of Examiners in Optometry *)
American Academy of Optometry *)
Zimbabwe: Zimbabwe Optical Association *); The Association of European Schools of Optometry *)
Middle East Optometric Association *)
International Association of Contact Lens Educators *)
Association of Contact Lens Educators of South Africa *)
Colegio de Optometristas de Venezuela *)
Colegio Argentino de Opticos*)
*) - Associate Member

• **IZ G 154**

Internationale Organisation für Ladenbau (ISO)
International Shopfitting Organisation
Organisation Internationale pour l'Aménagement des Magasins
Gladbachstr. 80, CH-8044 Zürich
T: (00411) 2 67 81 00 **Fax:** 2 67 81 50
Internet: http://www.shopfitting.org, http://www.iso-shopfitting.com
E-Mail: petra.isenberg@vssm.ch
Gründung: 1959 (Mai)
Präsident(in): M. Edmonds (England)
Sekretärin: P. Isenberg (ISO Sekretariat, c/o VSSM, Gladbachstr. 80, CH-8044 Zürich)
Landesverbände: Großbritannien, Bundesrepublik Deutschland, Schweiz, Frankreich, Norwegen, USA, Holland, Dänemark, Neuseeland
Einzelmitglieder in Finnland, Italien, Österreich

• **IZ G 155**

Internationale Union für Spenglerei und Sanitärinstallation (UICP)
Union Internationale de la Couverture et Plomberie
Rue Brogniez 41, B-1070 Bruxelles
T: (00322) 5 23 92 40 **Fax:** 5 23 67 39
Gründung: 1947
President: Jacques de Meester
Sekretariat: Oliver Loebel
Dr. Max Meyer

Mitgliedsorganisationen

Belgien

iz g 156

Fédération Nationale des Associations de Patrons Installateurs Sanitaires et de Chauffage au Gaz, Plombiers Zingueurs et Ardoisiers-Couvreurs de Belgique (FBIC)
rue Brogniez 41, B-1070 Anderlecht
T: (00322) 523 92 40 **Fax:** 523 67 39

Dänemark

iz g 157

Dansk VVS-Installator Forening
Højnaesvej 75, DK-2610 Rødovre
T: (004536) 41 15 44 **Fax:** 72 02 44
E-Mail: info@dansk-vvs.dk

Deutschland

iz g 158

Zentralverband Sanitär Heizung Klima
Rathausallee 6, 53757 Sankt Augustin
T: (02241) 92 99-0 **Fax:** 2 13 51, 2 11 31 (Abt. Technik)
Internet: http://www.zentralverband-shk.de
E-Mail: info@zentralverband-shk.de

Frankreich

iz g 159

Union Nationale des Chambres Syndicales de Couverture et de Plomberie de France
9, rue La Pérouse, F-75734 Paris Cedex 16
T: (00331) 40 69 53 07 **Fax:** 47 20 44 70

Luxemburg

iz g 160

Fédérations Réunies des Patrons Installateurs Sanitaires et Installateurs de Chauffage et de Climatisation du Grand-Duché de Luxembourg
Kirchberg, L-1347 Luxembourg
T: (00352) 496212 **Fax:** 490416

iz g 161

Fédération des Patrons Ferblantiers et Calorifugeurs du Grand-Duché de Luxembourg
2 circuit de la Foire Internationale, L-1347 Luxembourg
T: (00352) 4 24 51 11 **Fax:** 42 45 25

Niederlande

iz g 162

Vereniging van Nederlandse Installatiebedrijven (V.N.I.)
Ierlandlaan 45, NL-2703 HH Zoetermeer
T: (003179) 21 44 02 **Fax:** 21 07 02
E-Mail: vni@wxs.nl

Österreich

iz g 163

Bundesinnung der Sanitär- und Heizungsinstallateure
Postf. 352, A-1045 Wien
Wiedner Hauptstr. 63, A-1045 Wien
T: (00431) 5 01 05 32 66 **Fax:** 5 04 36 15
Internet: http://www.wk.or.at/haustechnik
E-Mail: haustechnik@bigri.wk.or.at

Schottland

iz g 164

Scottish and Northern Ireland Plumbing Employer's Federation (SNIPEF)
2 Walker Street, GB-Edingurgh EH3 7LB
T: (0044131) 2 25 22 55 **Fax:** 2 26 76 38
E-Mail: info@snipef.orga

Schweiz

iz g 165

Schweizerischer Spenglermeister- und Installateur-Verband
Association Suisse des Maîtres Ferblantiers et Appareilleurs
Auf der Mauer 11, CH-8023 Zürich
T: (00411) 2 69 74 00 **Fax:** 2 69 74 99
Internet: http://www.ssiv.ch
E-Mail: info@ssiv.ch

Großbritannien

iz g 166

Association of Plumbing and Heating Contracters (APHC)
Ensigh House - Ensign Business Centre
Westwood Way, GB-Coventry CV48JA
T: (00441203) 47 06 26 **Fax:** 47 09 42

Spanien

iz g 167

Confederacion Nacional de Asociaciones Empresoniales de Fontaneria, Gas, Calefaccion, Climatizacion, Mantenimiento y Afines (CONAIF)
C/Antracita 7,2, E-28045 Madrid
T: (003491) 468 10 03 **Fax:** 468 07 12

• **IZ G 168**

Nationaler Unternehmerverband der Maler und Glaser sowie der Innenausbaufirmen (UNIEP)
National Federation of Peinters, Glaziers and Interior Finishing Companies
Union Nationale des Entrepreneurs de Peinture Viterie et Finitions
Generalsekretariat:
9, rue La Pérouse, F-75784 Paris Cedex 16
Präsident(in): Francois Foulon

• **IZ G 169**

Internationale Vereinigung der Motoreninstandsetzungsbetriebe (FIRM)
International Federation of Engine Reconditioners
Fédération Internationale des Réconstructeurs de Moteurs
c/o BOVAG
Postf. 1100, NL-3980 DC Bunnik
Kosterijland 15, NL-3981 AJ Bunnik
T: (00313405) 6 59 54 65 **Fax:** 6 56 78 35
Gründung: 1956
Direction du service de presse: M.E.R. Nieswaag-Alsbach
Leitung Presseabteilung: Anton W. Pluim
Mitglieder: 9
Mitarbeiter: 3

• **IZ G 170**

Internationale Vereinigung der Orthopädie-Mechaniker und Bandagisten (INTERBOR)
Union Internationale des Techniciens Bandagistes et Orthopédistes
67, Rue de Laeken, B-1853 Strombeek
T: (00322) 2 67 95 44 **Fax:** 2 67 91 07
Präsident(in): Jan Ebbink (Oerdijk, 71A, 7438 AH Schalkhaar, Nederland, T: (00315700) 3 02 34, Telefax: (00315700) 2 04 05)
Generalsekretär(in): Dipl.-Kfm. F. Schütte (c/o Bundesinnungsverband für Orthopädie-Technik, Reinoldistr. 7-9, D-4600 Dortmund 1, T: (0231) 57 93 21-22)

• **IZ G 171**

Internationale Vereinigung Schmuck, Silberwaren, Diamanten, Perlen und Steine (CIBJO)
International Confederation of Jewellery, Silverware, Diamonds, Pearls and Stones
Confédération Internationale de la Bijouterie, Joaillerie, Orfèvrerie des Diamants, Perles et Pierres
General Secretariat:
78A Luke Street, GB-London EC2A 4PY
T: (0044207) 6 13 42 43 **Fax:** 1 29 51 92
President: Jose Hess
Sécrétaire Général: Dr. Jack Ogden
Mitglieder: 20

• **IZ G 172**

Internationale Vereinigung der Stuck-, Putz- und Trockenbauunternehmen (U.I.E.P.)
Int. Union of Contractors of Plastering, Dry Lining, Stucco & Related Industries
Union Internationale des Entrepreneurs de Plâtrerie, staff, stuc et activités annexes
Avenue Kléber 33, F-75784 Paris Cedex 16
T: (00331) 40 69 52 14 **Fax:** 47 23 50 92
Gründung: 1988
President: Gerry Klapwyk
Secretary General: Hélène Muylaert (Contact)
Mitglieder: 11 Associations
Mitarbeiter: 1

Mitgliedsorganisationen

Belgien

iz g 173

UNEP
Galerie du Centre Bureau 220, B-1000 Brüssel
T: (00322) 2 23 06 47 **Fax:** 2 23 05 38
Roger Rapaille

Deutschland

iz g 174

Deutscher Stuckgewerbebund
Postf. 20 14 55, 53144 Bonn
T: (0228) 8 10 21 48 **Fax:** 8 10 21 21
Gert Wessner

Frankreich

iz g 175

UNEPPSS
Avenue Kléber 33, F-75784 Paris Cedex 16
Hélène Muylaert
Patrice Roca

Großbritannien

iz g 176

BEC-NFPDC
New Cavendish Str. 82, GB-London W1M 8AD
T: (0044207) 5 80 54 04 **Fax:** 6 36 59 84
Gerry Klapwyk

Irland

iz g 177

Irish Plastering Federation
Canal Road, IRL-Dublin 6
T: (003531) 4 97 74 87 **Fax:** 4 96 69 53
Peter McCabe

Italien

iz g 178

Anvides Lombarda
Via Menabrea 18, I-20159 Mailand
T: (00392) 41 87 37, -38 **Fax:** 48 30 05 65
Luigi Caimi
Jader Piovano

Niederlande

iz g 179

NAVAS
Stukadoorswerken
Klovenier 1, NL-3905 PN Veenendaal
T: (0031318) 52 72 90 **Fax:** 52 23 57
M.F.Th. Rohof

Österreich

iz g 180

Bundesinnung des Bauhilfsgewerbe
Wiedner Hauptstrasse 63, A-1045 Wien
T: (00431) 4 79 11 52 **Fax:** 4 79 81 97
Wilhelm Wilfinger

Schweden

iz g 181

PUTS & MUR AB
Kalkbruksgatan 9, S-41707 Göteborg
T: (004631) 50 00 20 **Fax:** 51 03 91
Bertil Tunbratt

Schweiz

iz g 182

SMGV
Postf. 72, CH-8304 Wallisellen
Grindelstr. 2, CH-8304 Wallisellen
T: (00411) 8 30 59 59 **Fax:** 8 30 11 76
Martin Stalder

Spanien

iz g 183

EPYSA
a/Alcala 95-4°, E-28009 Madrid
T: (00341) 4 31 90 40 **Fax:** 5 78 39 35
Juan Cabrera

• IZ G 184

Internationaler Metzgermeister-Verband (CIBC)
International Butchers' Confederation
Confédération Internationale de la Boucherie et de la Charcuterie
Generalsekretariat:
Rue Jacques de Lalaing 4, B-1040 Brüssel
T: (00322) 2 30 38 76 **Fax:** 2 30 34 51
E-Mail: info@cibc.be
Gründung: 1907
Präsident(in): Michel Meyer (Confédération Française de la Boucherie, Boucherie-Charmterie, Traiteurs), Paris
Vizepräsident(in): Eugen Nagel (DFV-Frankfurt)
José Folgado Alvarez (Cedecarne-Madrid)
Generalsekretär(in): Theo Wershoven (Deutscher Fleischer-Verband, Kennedyallee 53, 60596 Frankfurt, T: (004969) 6 33 02-0, Telefax: (004969) 6 33 02-150)
Leiterin: Kirsten Diessner (4, rue Jacques de Lalaing, B-1040 Brüssel, T: (00322) 2 30 38 76, Telefax: (00322) 2 30 34 51)
Mitglieder: 17

• IZ G 185

Internationaler Verband der Konditoren, Confiseure und Speiseeishersteller (UIPCG)
International Union of Confectioners, Pastrycooks and Ice-Cream-Makers
Union Internationale de la Pâtisserie, Confiserie, Glacerie
Kürschnerhof 2, 97070 Würzburg
T: (0931) 1 27 52 **Fax:** 1 26 36
Vorsitzende(r): Otto Kemmer
Generalsekretär(in): N. N.

• IZ G 186

Internationaler Verband der Orthopädie-Schuhtechniker (IVO)
Association International Orthopedic Footwear
Association Internationale des Podo-Orthesistes
Rue de la Paix 2, F-75002 Paris
T: (00331) 42 61 00 29 **Fax:** 42 61 19 55
Gründung: 1973
Präsident(in): Raymond Massaro (Rue de la Paix 2, F-75002 Paris, T: (00331) 42 61 00 29, Telefax: (00331) 42 61 19 55)
Mitglieder: 14 nationale Verbände mit 4000 Mitgliedern
Landesverbände: Belgien, Deutschland, Canada, Dänemark, Frankreich, Großbritannien, Luxemburg, Niederlande, Schweiz, Süd-Tirol, Israel, Australien, Norwegen, Österreich, Marokko

• IZ G 187

Ständiges Komitee der Europäischen Uhrmacherei (C.P.H.E.)
Permanent European Horological Committee
Comité Permanent de l'Horlogerie Européenne
c/o Fédération de l'industrie horlogère suisse
Rue d'Argent 6, CH-2501 Biel
T: (004132) 3 28 08 28 **Fax:** 3 28 08 80
Président: François Habersaat
Secr. Gen.: Jean-Daniel Pasche (Contact)
Mitglieder: 5

• IZ G 188

Vereinigung der Europäischen Musik Industrien (CAFIM)
Tennelbachstr. 25, 65193 Wiesbaden
T: (0611) 95 45 88-6 **Fax:** 95 45 88-5
E-Mail: baumbach@wiesbaden.netsurf.de
Präsident(in): Antonio Monzino jr.
Generalsekretär(in): Winfried Baumbach

• IZ G 189

Vereinigung des Europäischen Dental-Medizinischen Großhandels (ADDE)
Association of Dental Dealers in Europe
Association des Dépòts Dentaires Européens
Postf. 29, CH-3073 Gümligen
Moosstr. 2, CH-3073 Gümligen
T: (004131) 9 52 78 92 **Fax:** 9 52 76 83
E-Mail: uwanner@swissonline.ch
General secretary: Dr. Ulrich Wanner
Mitglieder: 19

Mitgliedsorganisationen

Belgien

iz g 190

Union Professionelle des Négociants en Fournitures Dentaires de Belgique (UNIFODENT)
c/o Denta B.v.
Industriepark "Blauwe Steen"
Heiveldekens 2, B-2550 Kontich
T: (00323) 4 50 93 20 **Fax:** 4 57 85 73
President: Frank Bruggeman
Secretary: Didier Putman

Bulgarien

iz g 191

Romy Neunzig
49, 6 September Str., BG-Sofia 1000
T: (003592) 2 80 33 03 **Fax:** 9 81 37 07
T. Kassev

Dänemark

iz g 192

Dentalbrancheforeningen
Boersen, DK-1217 Copenhagen
T: (0045) 33 95 05 01 **Fax:** 33 32 52 16
President: Lars Ellegaard
Secretary: Mette Herget

Deutschland

iz g 193

Bundes-Verband Dentalhandel e.V.
Salierring 44, 50677 Köln
T: (0221) 2 40 93 42 **Fax:** 2 40 86 70
President: Bernd Neubauer
Secretary: Winfried Toubartz

iz g 194

Ansell Medical
Stahlgruberring 3, 81829 München
T: (089) 4 51 18-0 **Fax:** 4 51 18-113
E-Mail: evernooij@ansell.comau
Eric Vernooij

Frankreich

iz g 195

UDAD
c/o COMIDENT
Rue Blanche 8, F-75009 Paris
T: (00331) 48 74 11 08 **Fax:** 42 85 20 32
President: Bernard Michaut
Exec.dir.: Jacques Mercier
Secretary: Jacques Blain

Griechenland

iz g 196

Greek Dental Business Association
Gambeta 4, GR-10678 Athen
T: (00301) 17 77 22 67 **Fax:** 17 78 02 27
President: Kallifetides Ioannis
Secretary: Lia Papazoglou

Großbritannien

iz g 197

The British Dental Trade Association (BDTA)
Merritt House
Mineral Lane, Chesham, GB-Buckinghamshire HP 5 NL, UK
T: (00441494) 78 28 73 **Fax:** 78 66 59
President: Brian Whitby
Executive Director: A.H. Reed

iz g 198

Prestige Dental
7, Oxford Place, Bradford, GB-West Yorkshire BD3 OEF
T: (004411274) 72 15 67 **Fax:** 30 42 37
E-Mail: info@prestige.dental.co.uk
Steven Blackhall

Irland

iz g 199

Irish Dental Trade Association
Postf. 59, IRL-Drogheda
T: (0035341) 9 83 82 10 **Fax:** 9 83 82 10
President: Roger Killiner
Secretary: Anne Flaherty

Italien

iz g 200

ANCAD
c/o PROMANCAD
Via Delle Regioni n.27, I-53100 Siena
T: (0039577) 59 61 34 **Fax:** 59 61 37
President: Magarini Elio
Secretary: Giuliano Vaselli

Niederlande

iz g 201

VGT
Marius Baverstraat 30, NL-1062 Amsterdam
T: (003120) 4 08 16 66 **Fax:** 4 08 24 10
President: J. Westerman
Secretary: Ed Kolsteeg

Norwegen

iz g 202

Norsk Dentalbransjeforening
Sönsterudvn 32, N-1412 Sofiemyr
T: (0047) 66 80 07 18 **Fax:** 66 80 02 23
President: Morten Huse

Österreich

iz g 203

Österreichischer Dentalverband
Eschenbachgasse 11, A-1010 Wien
T: (00431) 5 87 36 33 **Fax:** 5 87 01 92
President: Bernd Knopp

Rumänien

iz g 204

Associata R.I.A.I. ms.
c/o Dental Partners SRL
54, Dragos Voda St, sect. 2, R-Bukarest
T: (00402) 10 86 92 **Fax:** 10 57 88
President: Renata Ciamba

Schweiz

iz g 205

Assoc, Suisse du Commerce Dent.
Postf. 29, CH-3073 Gümligen Bern
Moosstr. 2, CH-3073 Gümligen Bern
T: (004131) 9 52 76 77 **Fax:** 9 52 76 83
President: Alex Engelberger
Secretary: Dr. Ulrich Wanner

Spanien

iz g 206

FENIN Dental Sector
Juan Bravo 10, 3e Planta, E-28006 Madrid
T: (003491) 5 75 98 00 **Fax:** 4 35 34 78
President: José Miguel Gomez
Secretary: Ramòn Pérez Bordó

Tschechische Republik

iz g 207

Ceská Asociace, Dentamed (CR) s.r.o.
Oldrichova 30, CZ-128 00 Prag
T: (00422) 6 92 66 03 **Fax:** 6 92 66 05
President: Pavel Smazik

IZ H Handel

Zum Auffinden einer bestimmten Dienststelle oder Organisation dient das Suchwortverzeichnis eines Personennamens das Personenverzeichnis

Spitzenverbände des Handels
Großhandel, Import, Export
Einzelhandel
Handelsvertreter, Makler, Auktionatoren

Spitzenverbände des Handels

• IZ H 1

Die europäische Repräsentation des Einzel-, Groß- und Außenhandels bei der Europäischen Union (EuroCommerce)
The European Retail, Wholesale and International Trade Representation to the EU
La représentation européene du commerce de détail, de gros et international auprès de l'UE
Generalsekretariat
Rue Froissart 123-133, B-1040 Brüssel
T: (00322) 2 30 58 74 **Fax:** 2 30 00 78
Internet: http://www.eurocommerce.be
E-Mail: lobby@eurocommerce.be
Gründung: 1993
Präsident(in): Igino Sogaro
Generalsekretär(in): Henrik H. Kröner
Verbandszeitschrift: Newsletter
Mitglieder: 83
Mitarbeiter: 14
Mitglieder: Nationale Dach- und Fachverbände des Einzelhandels, des Groß- und Außenhandels, des Filialvertriebs sowie europäische Fachverbände der EG-Mitgliedstaaten und Länder Zentraleuropas sowie Unternehmen des Handels der EFTA-Länder

Großhandel, Import, Export

• IZ H 2

Harmonisierungsamt für den Binnenmarkt (Marken, Muster und Modelle)
Office for Harmonization in the Internal Market (Trade Marks and Designs)
Office de l'harmonisation dans le marché intérieur (marques, dessins et modèles)
Avenida de Aguilera 20, E-03080 Alicante
T: (003496) 5 13 92-72 **Fax:** 5 13 91-73
Internet: http://www.oami.eu.int/
E-Mail: information@oami.eu.int
Gründung: 1996 (1. April)
Präsident(in): Jean-Claude Combaldieu
Vizepräsident(in): Alexander von Mühlendahl (Rechtsangelegenheiten)
Alberto Casado Cervin_6o (Technische und Verwaltungsangelegenheiten)
Leitung Presseabteilung: Christine Roy
Verbandszeitschrift: Official Journal of the OHIM, Community Trade Marks Bulletin, OAMI News
Verlag: OPOCE, Luxembourg
Mitarbeiter: ca. 500

• IZ H 3

Europäische Kaffee-Vereinigung
European Coffee Federation
Fédération Européenne du Café
Blvd. Baudouin 21, B-1000 Brüssel
T: (00322) 2 03 51 41 **Fax:** 2 03 32 44
E-Mail: devries@skypro.be
Kontaktperson: J.A.J.R. Vaessen

• IZ H 4

Ausschuß der Europäischen Wirtschaftsgemeinschaft für Handel und Industrie von Wein, aromatisiertem Wein, Perlwein, Dessertwein
Comité de la Communauté Economique Européenne des Industries et du Commerce des Vins, Vins Aromatisés, Vins Mousseux, Vins de liqueur
9, Rond-Point Schuman, Bte 4, B-1040 Bruxelles
T: (00322) 2 30 99 70 **Fax:** 2 30 43 23
E-Mail: cev@schumans.com
Präsident(in): George Sandemann (P)
Mitglieder: Deutschland, Frankreich, Griechenland, Italien, Luxemburg, Niederlande, Portugal, Spanien, Schweden, Schweiz

Mitgliedsorganisationen

Deutschland

iz h 5

Bundesvereinigung Wein und Spirituosen e.V.
Sonnenberger Str. 46, 65193 Wiesbaden
T: (049611) 52 10 33 **Fax:** 59 97 75

iz h 6

Verband Deutscher Weinexporteure
Heussallee 26, 53113 Bonn
T: (0228) 22 14 01 **Fax:** 26 16 83

iz h 7

Verband Deutscher Sektkellereien e.V.
Sonnenberger Str. 46, 65193 Wiesbaden
T: (049611) 52 10 33 **Fax:** 59 97 75

Frankreich

iz h 8

Fédération Française des Vins Spéciaux (FEVIS)
8, Rue de l'Isly, F-75008 Paris
T: (00331) 53 04 30 33 **Fax:** 53 04 30 36

iz h 9

Entreprises de Grands Vins de France (EGVF)
95, rue de Monceau, F-75008 Paris
T: (0331) 45 22 75 73 **Fax:** 45 22 94 16

Griechenland

iz h 10

Fédération Hellénique des Vins
Xenfontes, 1SA, GR-10557 Athen
T: (00301) 3 22 60 53 **Fax:** 3 23 79 43

Italien

iz h 11

Federazione Italiana Industriali Produttori, Esportatori ed Importatori di Vini (FEDERVINI)
Via Mentana 2/b, I-00185 Rom
T: (00396) 4 46 94 21 **Fax:** 4 94 15 66

iz h 12

Union Italiana Vini (UNIVINI)
Via San Vittore al Teatro, 3, I-20213 Milano
T: (0392) 72 22 28 **Fax:** 86 62 26

Luxemburg

iz h 13

Fédération Luxembourgeoise des Industries et du Négoce des Vins, Liqueurs et Spiritueux
c/o Caves Gales et Cie
Postf. 49, L-5501 Remich
T: (0352) 69 90 91 **Fax:** 69 94 34

Niederlande

iz h 14

Centrale Vereniging van Nederlandse Wijnhandelaren (CVNW)
Van Eeghenlaan 27, NL-1071 EN Amsterdam
T: (003120) 673 03 31 **Fax:** 664 54 66
E-Mail: cvnw@x54all.nl

Portugal

iz h 15

Associac_5ão das Emmesas doo Vinho do Porto (AEVP)
Rua Barào de Forrester, 412, P-4400 Villa Nova de Gaia
T: (003512) 23 74 55 20 **Fax:** 22223 70 54 00

Schweiz

iz h 16

Association Suisse des Vins et Spiritueux
Case Postale, CH-3000 Bern 7
T: (004131) 3 12 10 72 **Fax:** 3 11 45 08

Spanien

iz h 17

Federación Española del Vino (FEV)
calle Castello, 95-5°B, E-28006 Madrid
T: (03491) 5 776 27 26 **Fax:** (003491) 5 75 11 14

iz h 18

Asociación Española de Elaboradores y Distribuidores de Vermouth, Bitter Soda y Aperitivos Vinicos (ANEV)
Apaitads Correos 14, E-08100 Mollet del Vallés
T: (003493) 5 70 65 56 **Fax:** 5 93 98 55

Schweden

iz h 19

System Bolaget
The Swedish Alcohol Retailing Monopoly
Kungsträdgatsgatan 14, S-10384 Stockholm
T: (004687) 89 35 00 **Fax:** 89 35 02

• IZ H 20

Ausschuß des Hopfenhandels im Gemeinsamen Markt
Groupement du Négoce Houblonnier du Marché Commun
Postf. 11 08, 85261 Pfaffenhofen
Hauptplatz 14, 85276 Pfaffenhofen
T: (08441) 60 35 **Fax:** 80 53 80
E-Mail: Hopfenhandel@t-online.de
Vorsitzende(r): Peter Barth (Freiligrathstr. 7-9, 90482 Nürnberg)
Geschäftsführer(in): Josef Grauvogl ((D), Hauptplatz 14/I.. 85276 Pfaffenhofen)

• IZ H 21

Foreign Trade Association (FTA)
Avenue de Janvier 5, B-1200 Bruxelles
T: (00322) 7 62 05 51 **Fax:** 7 62 75 06
Gründung: 1977
Vorsitzende(r): Jacqueline Peltier (F)
Generaldelegierter: Dr. Jan Eggert (D)
Verbandszeitschrift: FTA - Report
Mitglieder: 14 nationale und internationale Verbände, 86 Mitgliedsfirmen (Warenhäuser und Versandhandel in Ländern der EU)
Mitarbeiter: 4

Deutschland

iz h 22

Zentrum des Europäischen Einzelhandels (CECODE)
Centre Européen du Commerce de Détail
Gothaer Allee 2, 50969 Köln
T: (0221) 9 36 55-7 70 **Fax:** 9 36 55-7 79

iz h 23

Internationale Vereinigung von Einkaufs- und Marketingverbänden (IVE)
International Association of Buying and Marketing-Groups
Association Internationale des Groupements d'Achat et de Marketing
Vorgebirgsstr. 43, 53119 Bonn
T: (0228) 9 85 84-0 **Fax:** 9 85 84-10

iz h 24

Aussenhandelsvereinigung des Deutschen Einzelhandels e.V. (AVE)
Mauritiussteinweg 1, 50676 Köln
T: (0221) 92 18 34-0 **Fax:** 92 18 34-6
TGR: AVE KOELN

Finnland

iz h 25

Association of Textile and Footwear Importers and Wholesalers
Postf. 1 50, FIN-00251 Helsinki
Mannerheimintie 76A, FIN-00250 Helsinki
T: (003580) 44 16 51 **Fax:** 49 61 42

Frankreich

iz h 26

Fédération Française des Entreprises des Gros Importation Exportation Chaussures, Jouets, Textiles (F.C.J.T.)
Rue Saint-Honoré 219, F-75001 Paris
T: (00331) 42 61 00 99 **Fax:** 42 61 01 09

iz h 27

Fédération Nationale des Grands Magasins et Magasins Populaires (FNGMMP)
Place d'lena 8, F-75783 Paris Cedex 16
T: (00331) 44 34 69 70 **Fax:** 44 34 69 74

iz h 28

Fédération des Entreprises de Vente á Distance
Postf. 43808, F-75366 Paris
60, Rue la Boétie, F-75008 Paris
T: (00331) 42 56 38 86 **Fax:** 45 63 91 95
E-Mail: bs12@calva.net

Niederlande

iz h 29

Vereniging van Grootwinkelbedrijven in Textiel (VGT)
Postf. 715, NL-2700 AS Zoetermeer
Engelandlaan 374, NL-2711 DZ Zoetermeer
T: (003179) 3 42 15 01 **Fax:** 3 42 46 48

iz h 30

Verenigung van In- en Verkoopcombinaties (VIV)
Postf. 2 62, NL-2260 AG Leidschendam
T: (003170) 3 01 01 94 **Fax:** 3 01 01 98

iz h 31

Raad Nederlandse Detailhandel
Postf. 715, NL-2700 AS Zoetermeer
Engelandlaan 374, NL-2711 DZ Zoetermeer
T: (003179) 42 15 01 **Fax:** 42 46 48

Italien

iz h 32

Associazione Nationale Importatori Giocattoli & Modellismo (A.N.I.G.)
Via M.F. Quintiliano 24, I-20138 Mailand
T: (00392) 50 22 54 **Fax:** 50 22 54

Großbritannien

iz h 33

British Importers Association Ltd. (BIA)
Suite 8, Castle House
Castlereagh Street 25, GB-London W1H 5YR
T: (0044207) 7 24-5900 **Fax:** 7 24-5055

iz h 34

British Retail Consortium
Grafton Street 5, GB-London W1X 3LB
T: (0044207) 6 47-1500 **Fax:** 6 47-1599

Schweiz

iz h 35

Verband der Schweizerischen Waren- und Kaufhäuser (VSWK)
Association des Grands Magasins Suisses (AGMS)
Marktgasse 50, CH-3000 Bern 7
T: (004131) 3 12 40 40 **Fax:** 3 12 40 41

Schweden

iz h 36

Textilimportörerna
Blasieholmsgatan 4a, S-10329 Stockholm
T: (00468) 762 76 10 **Fax:** 762 76 18

• **IZ H 37**

European Federation of Animal Proteins Importers and Traders (EFAPIT)
Postf. 202, NL-3000 AE Rotterdam
Heer Bokelweg 157b, NL-3032 AD Rotterdam
T: (003110) 4 67 31 88 **Fax:** 4 67 87 61
E-Mail: org@graan.com
Gründung: 1961
Präsident(in): Colin Nottage (Norsemeal Limited, Suite A1, City Cloisters, 188/196 Old Street, GB-London EC1V 9FR)
Secrétaire Général: M. S. Stegehuis
Mitglieder: 6

Mitgliedsorganisationen

Belgien

iz h 38

Grain and Cattle Food Import Export Trade Association
IMEXGRA
Borzestraat 29, B-2000 Antwerpen
T: (00323) 2 33 43 93 **Fax:** 2 33 34 60

Deutschland

iz h 39

Verein der Getreidehändler der Hamburger Börse e.V.
Börse, Kontor 24
Adolphsplatz 1, 20457 Hamburg
T: (040) 36 98 79-0 **Fax:** 36 98 79-20
Internet: http://www.vdg-ev.de
E-Mail: info@vdg-ev.de

iz h 40

A.F.I.P.A.
Postf. 2 75, F-62204 Boulogne sur Mer
T: (00333) 21 32 27 27 **Fax:** 21 32 28 28

Großbritannien

iz h 41

U.I.E.A.C. UK Importers & Exporters of Agricultural Commoditis
Gafta House
Chapel Place 6 Rivington Street, GB-London EC2A 3SH
T: (0044207) 8 14-9666 **Fax:** 8 14-8383
Internet: http://www.gafta.com
E-Mail: post@gafta.com

Italien

iz h 42

AIFA
c/o Unione Commerciale Lombarda SpA
Via Vittorio Emanuelle II°,, I-25121 Brescia
T: (003930) 2 38 11 03 **Fax:** 2 38 01 12

Niederlande

iz h 43

Koninklijke Vereniging Het Comité van Graanhandelaren
Postf. 202, NL-3000 AE Rotterdam
T: (003110) 4 67 31 88 **Fax:** 4 67 87 61
E-Mail: cvg@graan.com
Vorsitzende(r): R. Hoeffelman
Secretary: E.J. Davids

• **IZ H 44**

Europäische Föderation des Spielwaren-Gross- und Aussenhandels
European Federation of Toy Distributors
Sigmundstr. 220, 90431 Nürnberg
T: (0911) 6 55 63 59 **Fax:** 6 55 62 51
E-Mail: TTE@NRZ-GmbH.de
Präsident(in): D. Ivarsson (S)
Sekretariat: Dr. Stübler

• **IZ H 45**

Europäische Gemeinschaft der Bier-Großhandels-Verbände der EG-Länder (CEGROBB)
European Community of Association of the Beer an Beverage Wholesale for the EEC Countries
Communauté Européene des Associations du Commerce de Gros de Bière et autres Boissons des Pays-Membres de la C.E.E.
c/o Corsendonk bier
Steenweg opp Mol 118, B-2360 Oud-Turnhout
T: (00321) 4 45 33 11 **Fax:** 4 45 33 88
Präsident(in): Jozef Keersmaekers
Generalsekretär(in): Francoise Guillau
Dr. Alfonso de Barros-Queiroz

• **IZ H 46**

Europäische Gruppe der Wein- und Spirituosenimporteure
European Federation of Wine & Spirit Importers and Distributors
Van Eeghenlaan 27, NL-1071 EN Amsterdam
T: (003120) 6 73 03 31, 6 73 16 54 **Fax:** 6 64 54 66
E-Mail: CVNW@XS4ALL.NL
Gründung: 1973
President: F. Clottu (Scherer & Bühler AG, CH-6045 Meggen, T: (004141) 3 77 11 22, Telefax: (004141) 3 77 29 76)
Vice-President: Hans-Jürgen Hertzberg
Chris Searle
Direktor(in): R. J. B. Wallast Groenewoud (c/o European Federation of Wine & Spirit Importers and Distributors, Van Eeghenlaan 27, NL-1071 EN Amsterdam)
Mitglieder: 12
Mitarbeiter: 3 Vollzeitkräfte, 2 Teilzeitkräfte

Mitgliedsorganisationen

Belgien

iz h 47

Fédération Belge des Vins et Spiritueux (FBVS)
Rue de Livourne 13, B-1060 Brüssel
T: (00322) 5 37 00 51 **Fax:** 5 37 81 56
E-Mail: fbvs.bfwg@skynet.be

Dänemark

iz h 48

V.S.O.D.
Vin og Spiritus Organisationen i Danmark
Børsen, DK-1217 Copenhagen
T: (004533) 95 05 06 **Fax:** 95 05 17
E-Mail: vsod@commerce.dk

Deutschland

iz h 49

Bundesvereinigung Wein und Spirituosen e.V.
Sonnenberger Str. 46, 65193 Wiesbaden
T: (0611) 52 10 33 **Fax:** 59 97 75

Finnland

iz h 50

Primalco Ltd.
Valta-akseli, FIN-05200 Rajamáki
T: (0035889) 1 33 12 31 **Fax:** 1 33 13 22

Frankreich

iz h 51

Association Française des Éleveurs Enbouteilleurs et Distributeurs de Vins es Spiritueux (AFED)
20, rue d'Anjou, F-75008 Paris
T: (00331) 42 68 82 46 **Fax:** 40 06 06 98
E-Mail: afed.ass@wanadoo.fr

Großbritannien

iz h 52

Wine & Spirits Association of Great Britain & Northern Ireland
Five Kings House
1 Queenstreet Place, GB-London EC4R 1XX
T: (0044207) 2 48 53 77 **Fax:** 4 89 03 22
E-Mail: wsa@wsa.org.uk

Irland

iz h 53

The Wine & Spirit Association of Ireland
33, Clarinda Park West, Dun Laoghaire, IRL-Co. Dublin
T: (003531) 2 80 46 66 **Fax:** 2 80 75 66

Niederlande

iz h 54

Federatie Wijn/Importgedistilleerd
Van Eeghenlaan 27, NL-1071 EN Amsterdam

T: (003120) 6 73 03 31, 6 73 16 54 **Fax:** 6 64 54 66
E-Mail: cvnw@xs4all.nl

Norwegen

iz h 55

Arcus Produkter AS
Rodeløkka
Postf. 6764, N-0503 Oslo
T: (0047) 22 97 55 36 **Fax:** 22 64 39 15

Schweden

iz h 56

Sprit & Vin-Leverantörsföreningen
Blasieholmsgatan 4A, S-10329 Stockholm
T: (00468) 7 62 77 00 **Fax:** 7 62 76 27
E-Mail: svl@svenskhandel.se

Schweiz

iz h 57

ASVS
Amthausgasse 1, CH-3000 Bern 7
T: (004131) 3 11 45 08 **Fax:** 3 12 10 72

Ungarn

iz h 58

Szeszesital Importörök Egyesülete
Rétköz u. 5, H-118 Budapest
T: (00361) 2 46 42 87 **Fax:** 2 46 42 86

• **IZ H 59**

Europäische Konföderation des Handels mit Farben, Wand- und Bodenbelägen
European Confederation for Trade in Paint, Wall- and Floor Coverings
Confédération Européenne du négoce de la décoration, peintures, revêtements muraux et de sol
Memeler Str. 30, 42781 Haan
T: (02129) 5 57 09-0 **Fax:** 5 57 09-9
Präsident(in): Ing. Christian Seidler (A)
Kontaktperson: Dipl.-Ök. Hartmut Plümer

• **IZ H 60**

Europäische Nahrungsmittel-Großhandels-Vereinigung (EUFODA)
European Food Distributors Association
Postf. 40 01 54, 65708 Hofheim
Johannes-Gutenberg-Str. 12-14, 65719 Hofheim
T: (06122) 9 98-0 **Fax:** 9 98-166
Präsident(in): Hans Möller, Stockholm
Presseabteilung: Ute Meyer
angeschlossen sind die Einkaufskontore in den Ländern: Spanien, Schweden, Finnland, Bundesrepublik Deutschland, Österreich, Norwegen, Dänemark

• **IZ H 61**

Europäische Union des Handels mit Milcherzeugnissen (EUCOLAIT)
European Union of Dairy Trade
Union Européenne du Commerce des Produits Laitiers et Dérivés (EUCOLAIT)
Secrétariat:
Avenue Livingstone 26, B-1000 Bruxelles
T: (00322) 2 30 44 48 **Fax:** 2 30 40 44
E-Mail: dairy.trade@eucolait.be
Präsident(in): Philippe Dischamp
Generalsekretär(in): Annelie Gehring

• **IZ H 62**

Europäische Union des Großhandels mit Eiern, Eiprodukten, Geflügel und Wild (EUWEP/EEPTA)
European Union of Wholesale with Eggs, Egg-Products, Poultry and Game
Union Européenne du Commerce de Gros des Oeufs, Produits d'Oeufs, Volaille et Gibier
Second floor, 89 Charterhousse Street, GB-London ECIM 6 HR U.K.
Gründung: 1959
Kontaktperson: Mark Williams

• **IZ H 63**

Europäischer Verband des Wild- und Geflügel-Groß- und Außenhandels e.V.
Postf. 24 01 34, 53154 Bonn
Hochkreuzallee 72, 53175 Bonn
T: (0228) 9 59 60-0 **Fax:** 9 59 60-50
Internet: http://www.bv-ewg.org
E-Mail: epg@bv-ewg.org
Vorsitzende(r): Peter Biegi
Geschäftsführer(in): C. von der Crone
Mitglieder: 125

• **IZ H 64**

Vereinigung der internationalen Hopfenindustrie
International Hop Industry Cooperation IHIC
Hauptplatz 14, 85276 Pfaffenhofen
T: (08441) 60 35 **Fax:** 80 53 80
E-Mail: Hopfenhandel@t-online.de
Präsident(in): Thomas Raiser (Deutschland)
1. Vizepräs: Jaroslav Kares (Tschechische R.)
2. Vize-Präsident: Andrei Natek (Slowenien)
Sekretär: Josef Grauvogl ((RFA.), Hauptplatz 14/I, 85276 Pfaffenhofen/Ilm, T: (08441) 60 35, Telefax: (08441) 80 53 80, E-mail: hopfenhandel@t-online.de)
Schatzmeister: Josè Antonio Magadan (Spanien)

• **IZ H 65**

Europäische Union des Kartoffelhandels (EUROPATAT)
European Union of the Potato Trade
Union Européenne du Commerce des Pommes de Terre
Rue de Spa 8, B-1000 Brüssel
T: (00322) 2 38 06 20 **Fax:** 2 38 04 08, 2 30 93 54
E-Mail: europatat@kmonet.be
Gründung: 1952 (12. Januar)
Präsident(in): J.M. Loridan
Generalsekretär(in): R. Cools
Mitarbeiter: 2
Mitgliedsverbände: Die Nationalen Kartoffelgroßhandelsverbände in: Belgien, Schweiz, Deutschland, Dänemark, Spanien, Frankreich, Großbritannien, Italien, Irland, Niederlande, Luxemburg, Zypern, Österreich

Mitgliedsorganisationen

Belgien

iz h 66

Belgapom
Rue de Spa 8, B-1040 Brüssel
T: (00322) 2 38 06 20 **Fax:** 2 38 04 08
Kontaktperson: R. Cools

Dänemark

iz h 67

DANESPO AS
Ryttervangen 1, DK-7323 Give
T: (004575) 73 59 00 **Fax:** 73 59 01
Kontaktperson: F. Myllorup

Deutschland

iz h 68

Zentralverband des Deutschen Kartoffelhandels e.V.
Postf. 30 16 55, 53196 Bonn
T: (0228) 9 75 85-22 **Fax:** 9 75 85-30, 9 75 85-32
E-Mail: bv-agrar@t-online.de
Kontaktperson: Erich Lüpken

Frankreich

iz h 69

FEDEPOM
9 rue d'Athènes, F-75009 Paris
T: (00331) 40 82 18 50 **Fax:** 40 82 18 51
Kontaktperson: H. Pouzin

Großbritannien

iz h 70

British European Potato Association
Lanseer Road Orwell Business Centre, GB-Ipswich IP3 0DB
T: (00441473) 22 10 60 **Fax:** 22 10 999
Kontaktperson: D. Fradd

Irland

iz h 71

Irish Potato Federation
Anglesea Street 11-12, IRL-Dublin 2
T: (003531) 6 77 12 00 **Fax:** 6 77 12 84
Kontaktperson: J. Fitzgerald

Italien

iz h 72

Associazione Nazionale Esportatori-Importatori Ortofrutticoli e Agrumari ((ANEIOA))
Via Sabotino 46, I-00195 Rom
T: (00396) 37 51 51 47 **Fax:** 3 72 36 59
E-Mail: aneioarm@tin.it
Kontaktperson: C. Bianchi

Luxemburg

iz h 73

SYNPLANTS
Postf. 8, L-9701 Clervaux
Rue de Bastogne 4, L-9701 Clervaux
T: (00352) 9 11 67 **Fax:** 9 18 54
Kontaktperson: F. Meyers

Niederlande

iz h 74

Commissie internationale samenwerking voor de aardappelhandel
Postf. 8 41 02, NL-2508 AC Den Haag
T: (003170) 3 51 24 61 **Fax:** 3 54 42 90
Kontaktperson: J.C. Wolthuis

Norwegen

iz h 75

Norwegian Fruit & Veg. Wholesales
Postf. 1 57, N-05909 Oslo
T: (0047) 22 65 03 75 **Fax:** 22 63 19 24
Kontaktperson: O. Østebø

Portugal

iz h 76

ANAIEF
Rua Diogo Docouto 21-1°, P-1100 Lissabon
T: (003511) 18 14 05 21 **Fax:** 18 14 05 22
Kontaktperson: D. Galante

Schweiz

iz h 77

Swiss Patat
Postf. 2 28, CH-3186 Düdingen
T: (004126) 4 92 79 50 **Fax:** 4 92 79 53
Kontaktperson: K.O. Schaller

Spanien

iz h 78

FEPEX
C/Miguel Angel 13 4°a, E-28010 Madrid
T: (003491) 3 19 10 50 **Fax:** 3 10 38 12
E-Mail: angel@fepex.es
Kontaktperson: A. Rojo

Zypern

iz h 79

Cyprus Potato Marketing Board
Postf. 2029, CY-Nicosia
T: (003572) 44 31 06 **Fax:** 36 54 93
Kontaktperson: P. Stavrou

Österreich

iz h 80

Der Landesprodukthandel
Wiedner Hauptstr. 63, A-1045 Wien
T: (00431) 5 01 05 30 00 **Fax:** 50 20 62 90
Kontaktperson: Mag. D. Franta

Tschechische Republik

iz h 81

Ustrední Bramborárský Svaz
Dobrovskérro 2366, CZ-58003 Havlíckův Brod
T: (0042045) 12 63 14 **Fax:** 12 63 14
Kontaktperson: J. Novák

• IZ H 82

Europäische Union des Obst- und Gemüse-Groß- und Außenhandels (EUCOFEL)
European Union of the Fruit and Vegetable Wholesale, Import and Export Trade
Union Européenne du Commerce de Gros, d'Expédition, d'Importation et d'Exportation en Fruits et Légumes
Rue Jenneval 29, B-1000 Bruxelles
T: (00322) 7 36 15 84 **Fax:** 7 32 17 47
E-Mail: eucofel.fruittrade.org@skynet.be
Gründung: 1958
Président: Pierre Gilot
Délégué Général: Vincent Van Dijk
Mitglieder: 20 nationale Mitgliedsverbände, 17 assoziierte Mitglieder
Mitarbeiter: 3

• IZ H 83

Europäischer Verband des Chemiehandels (FECC)
European Association of Chemical Distributors
Fédération Européenne du Commerce Chimique
Chaussée de Wavre 1519, B-1160 Brüssel
T: (00322) 6 79 02 60 **Fax:** 6 72 73 55
Internet: http://www.fecc.org
E-Mail: msg@fecc.org
Gründung: 1954
Präsident(in): G. Bonetti
Dir. General: Dr. H. Out
Communication Manager: M. Seegmüller
Verbandszeitschrift: Fecc Newsletter
Mitglieder: 31
Mitarbeiter: 3

• IZ H 84

Europäische Vereinigung für den Stahlhandel
European Federation of Steel Stockholders
Fédération Européenne du Négoce d'Acier (FENA)
Boulevard de la Woluwe 46B-7, B-1200 Brüssel
T: (00322) 7 71 53 40 **Fax:** 7 72 19 77
President: Josef von Riederer
Contact: Francis van Remoortere
Mitglieder: 15
Mitarbeiter: 2

Mitgliedsorganisationen

Belgien

iz h 85

Groupement des Marchands de Fer de Belgique
Boulevard de la Woluwe 46B-7, B-1200 Brüssel
T: (00322) 7 71 53 40 **Fax:** 7 72 19 77

Dänemark

iz h 86

Stålforeningen / Foreningen af Danske Staalgrossister
Borsen, DK-1217 Copenhagen
T: (0045) 33 93 91 72 **Fax:** 33 93 91 73

Deutschland

iz h 87

BUNDESVERBAND DEUTSCHER STAHLHANDEL (BDS)
Max-Planck-Str. 1, 40237 Düsseldorf
T: (0211) 8 64 97-10 **Fax:** 8 64 97-22
Internet: http://www.stahlhandel.com
E-Mail: info-bds@stahlhandel.com

iz h 88

Edelstahlhandels-Vereinigung
Breite Str. 69, 40213 Düsseldorf
T: (0211) 82 93 83 **Fax:** 82 92 06

Spanien

iz h 89

Transid
Asociación Española de Transformatores de Productos Planos Siderurgicos
Principe de Vergara 74-6, E-28006 Madrid
T: (00341) 5 62 27 32 **Fax:** 4 11 38 67

iz h 90

Union de Almacenistas de Hierros de España (W.A.H.E.)
Principe de Vergara 74, E-28006 Madrid
T: (00341) 4 11 18 34 **Fax:** 4 11 18 34

Frankreich

iz h 91

Syndicat National du Commerce des Produits Sidérurgiques (S.N.C.P.S.)
Avenue Victor Hugo 65, F-75116 Paris
T: (00331) 45 00 72 50 **Fax:** 45 00 71 37

Griechenland

iz h 92

Greek Ass. Import-Export of Iron & Steel
100, Nato Av., GR-19300 Aspropirgos
T: (00301) 5 57 09 58 **Fax:** 5 57 52 12

Italien

iz h 93

Assofermet
Corso Venezia 47/-49, I-20121 Mailand
T: (00392) 6 00 88 07 **Fax:** 78 10 27
Internet: http://www.assofermet.it
E-Mail: marcemas@tin.it

Luxemburg

iz h 94

Groupement Luxembourgeois Negociants d'Aciers
Postf. 18, L-2010 Luxemburg
Grand-Rue 89-93, L-2010 Luxemburg
T: (00352) 40 17 01 **Fax:** 40 17 09

Niederlande

iz h 95

Staalfederatie Nederland
Postf. 3 04 47, NL-2500 CJ The Hague
T: (003170) 3 45 02 00 **Fax:** 3 63 66 81

Portugal

iz h 96

Associaçao Portuguesa dos Armazenistas e Importadores de Acos, Tubos e Metais (AÇOMEFER)
Rua Filipe Folque 67-5e, P-1000 Lissabon
T: (003511) 3 52 85 37 **Fax:** 3 56 03 71

Großbritannien

iz h 97

National Association of Steel Stockholders (N.A.S.S.)
Gateway House - High Street, GB-Birmingham B4 7SY
T: (0044121) 6 32 58 21 **Fax:** 6 43 66 45

Österreich

iz h 98

Fachvereinigung des Stahlhandels
Dorotheegasse 7, A-1010 Wien
T: (00431) 5 12 72 74 **Fax:** 5 12 72 74 22

Finnland

iz h 99

Assoc. of Finnish Technical Traders
Melkonkatu 24 B, FIN-00210 Helsinki
T: (00358) 95 84 03 11 **Fax:** 9 58 40 32 00

Schweden

iz h 100

Stal-Och Metallföreningen
c/o Lars Lindahl
Grevgatan 69, S-11459 Stockholm
T: (009468) 667 88 63 **Fax:** 667 88 63

• IZ H 101

Europäischer Verband der Tabakverarbeiter (FETRATAB)
Association of Tobacco Transformers in Europe
Fédération Européenne des Transformateurs de Tabac
Rue Fremicourt 23, F-75015 Paris
T: (00331) 45 66 86 43 **Fax:** 45 66 00 06
Gründung: 1994
Président: G. Cauzzi (Président de TAT Trestina, PG)
Vice-Président: N. Allamanis (Président ALLAMANIS International (GR))
G. Entrena Cuesta
Secrétaire Général: M. Ferat
Mitglieder: 15

• IZ H 102

Europäische Vereinigung des Handels mit Trockenfrüchten, Schalenobst, Konserven, Gewürzen, Honig und verwandten Waren (FRUCOM)
European Federation of the Trade in Dried Fruit, Edible Nuts, Preserved Food, Spices, Honey and Similar Foodstuffs
Fédération Européenne du Commerce en Fruits Secs, Conserves, Epices et Miel
Große Bäckerstr. 4 1. Stock, 20095 Hamburg
T: (040) 37 47 19-0 **Fax:** 37 47 19-16
Internet: http://www.waren-verein.de
E-Mail: wvhh@ad.com
Gründung: 1959
Präsident(in): Henry-Hartwig Masuhr
Geschäftsführer(in): Dr. Klaus Hanebuth
Repräsentantin in Brüssel: Hannelore Mill
Anschrift der Repräsentanz in Brüssel:
FRUCOM, c/o SACAR, 29, Rue Jenneval, B-1000 Bruxelles, T: (00322) 7 36 79 97, Tx: 24 395, Telefax: (00322) 7 32 67 66

Mitgliedsorganisationen

Belgien

iz h 103

Union Professionnelle Belge pour l'Importation de Denrées Alimentaires
Belgafood
60, rue Saint-Bernard, B-1060 Brüssel
T: (00322) 5 37 30 60 **Fax:** 5 39 40 26
E-Mail: belgafood@fedis.be

Dänemark

iz h 104

Danish Chamber of Commerce (D.C.C.)
Borsen (Royal Exchange), DK-1217 Copenhagen K
T: (0045) 33 95 05 00 **Fax:** 33 32 52 16, 33 91 12 03
E-Mail: handelskammeret@commerce.dk

Deutschland

iz h 105

Waren-Verein der Hamburger Börse e.V.
Große Bäckerstr. 4, 20095 Hamburg
T: (040) 37 47 19-0 **Fax:** 37 47 19-19
Internet: http://www.waren-verein.de
E-Mail: info@waren-verein.de

Finnland

iz h 106

The Finnish Food Marketing Association
Postf. 150, FIN-00251 Helsinki
Mannerheimvägen 76A, FIN-00251 Helsinki
T: (00358) 9 43 15 64 24 **Fax:** 9 43 15 64 25
E-Mail: ilkka.nieminen@pty.fi

Frankreich

iz h 107

Syndicat National des Commerces et Industries des Fruits Secs
16 Place Général de Gaulle, F-13231 Marseille Cedex 3
T: (0033491) 57 71 00 **Fax:** 54 86 03

Großbritannien

iz h 108

British Food Importers & Distributors Association (B.F.I.D.A.)
15 Primrose Court
49/50 Prince Albert Road, GB-London NW8 7LD
T: (0044207) 7 23 20 83 **Fax:** 7 22 74 88
E-Mail: wjanzer@aol.com

iz h 109

Combined Edible Nut Trade Association
62, Wilson Street, GB-London EC2A 2BU
T: (0044207) 7 82 00 07 **Fax:** 7 82 09 39
E-Mail: mishharris@yahoo.com

iz h 110

The National Dried Fruit Trade Association
49/50 Prince Albert Road, GB-London NW8 7LD
T: (0044207) 7 23 20 83 **Fax:** 7 22 74 88
E-Mail: wjanzer@aol.com

Italien

iz h 111

Associazione Nazionale Esportatori-Importatori Ortofrutticoli e Agrumari ((ANEIOA))
Via Sabotino 46, I-00195 Rom
T: (00396) 37 51 51 47 **Fax:** 3 72 36 59
E-Mail: aneioarm@tin.it

Niederlande

iz h 112

Nederlandse Vereniging voor de Handel in Gedroogde Zuidvruchten, Specerijen en Aanverwante Artikelen ((NZV))
Bezuidenhoutseweg 82, NL-2594 AX 's-Gravenhage
T: (003170) 3 83 30 11 **Fax:** 3 47 52 53

• IZ H 113

Europäische Vereinigung der Papierwarenfachgroßhandels und Bürobedarfs-Verbände (ESOTA)
European Stationery and Office products Trade Association
Association européenne des Grossistes Spécialisés en Papeterie et Matériel de Bureau
c/o ZPK
Postf. 1 34, CH-8030 Zürich
Bergstr. 110, CH-8030 Zürich
T: (00411) 266 99 26 **Fax:** 266 99 49
E-Mail: zpk@active.ch
Gründung: 1959
President: Jean-Pierre Dreyfus
Secretary: Ansgar Gmür
Martin Häberli

Mitgliedsorganisationen

Österreich

iz h 114

Bundesgremium des Papierhandels (BGP)
Postf. 440, A-1045 Wien
Wiedner Hauptstr. 63, A-1045 Wien
T: (00431) 5 01 05 33 20 **Fax:** 50 20 62 94
Bundesgremialvorsteher: Kommerzialrat Karl Gauster
Chairman: Dr. Oskar Rick

Belgien

iz h 115

Federation des Grossistes du papeterie belgique (FEGROPA)
Chaussée d'Athène 242, B-7850 Marcq
T: (00322) 23 97 02 25 **Fax:** 23 95 91 53
Gründung: 1980
President: Patrick Timmermans
Secretary: Justin Gesnot

Frankreich

iz h 116

Union de la filière papetière (UFIPA)
12, rue des Pyramides, F-75001 Paris
T: (00331) 42 60 40 30 **Fax:** 49 27 97 92
President: Roger Ortola
Secretary: Malika Yebbou

Deutschland

iz h 117

Großhandelsverband Schreib-, Papierwaren- und Bürobedarf e.V. (GVS)
Königstr. 10, 53113 Bonn
T: (0228) 9 49 18-10 **Fax:** 9 49 18-9
Secretary: Betriebswirt grad. Hans-Karl Gamerschlag

Niederlande

iz h 118

Office and Stationary Trade Association Netherlands (OSTON)
Postf. 2 98 22, NL-2502 LV Den Haag
Adriaan Goekooplaan 5, NL-2502 LV Den Haag
T: (003170) 3 54 30 91 **Fax:** 3 51 27 77
President: Piet Bieshaar
Secretary: Dr. Henry Kruiper

Italien

iz h 119

Filiera Cancelleria Italiana
Corso Venezia 51, I-20121 Mailand
T: (00392) 7 75 02 89 **Fax:** 7 75 04 62
President: Mario Poli
Secretary: Dr. Luigi d'Alò

Luxemburg

iz h 120

Confédération Luxembourgeoise du commerce (CLC)
c/o Muller & Wegener
Postf. 482, L-2014 Luxembourg
7 Alcide de Gasperi, L-1615 Luxemburg
T: (00352) 48 49 49 301 **Fax:** 48 49 49 202
President: F. Cerf-Muller

Norwegen

iz h 121

Papiergrossistenes Landsforening (P.G.L.)
Postf. 24 83, N-0202 Oslo
T: (004722) 54 17 00 **Fax:** 56 17 00
President: Carl Tybring-Gjedde
Secretary: Helge Aarseth

iz h 122

Norske Papierhandlers Landsforbund (NPL) (Norway)
Øvre Vollgate 15, N-0158 Oslo
T: (0047) 22 39 68 00 **Fax:** 22 39 68 10
E-Mail: e-mail@bokhandlerfor.no
Sekretär: Einar J. Einarsson

Spanien

iz h 123

Asociation nacionale de almacenistas de Papeleria objatos de escitorio (ANAPOE)
Marqués de Mudela 10, E-13600 Alcazar de San Juan
T: (0034926) 54 01 16, 54 60 29 **Fax:** 54 74 00
Secretary: Jose Mata Maderuelo

Schweiz

iz h 124

Lieferantenverband des Papeterie-, Büro- und Schreibwarenbedarfs (LVP)
Freigutstr. 27, CH-8090 Zürich
T: (00411) 201 38 40 **Fax:** 201 08 37
President: Charles Specker
Secretary: Kurt Wenk

Großbritannien

iz h 125

British Office Systems & Stationery Federation (BOSS Federation)
6 Wimpole Street, GB-London, W1M 8AS
T: (0044207) 6 37 76 92 **Fax:** 4 36 31 37
President: Peter Frost
Secretary: Keith W. Davies

• IZ H 126

Europäische Vieh- und Fleischhandels-Union (UECBV)
European Livestock and Meat Trading Union
Union Européenne du Commerce du Bétail et de la Viande
Siège social: Bourse de Commerce, Strasbourg
Sekretariat:
81 A, rue de la Loi, Boite 9, B-1040 Bruxelles
T: (00332) 2 30 46 03 **Fax:** 2 30 94 00
Internet: http://uecbv.eunet.be
E-Mail: uecbv@pophost.eunet.be
Gründung: 1952
Président: A. Anoro (Spanien)
Secrétaire gal: J.-L. Meriaux
Mitglieder: 25 (BRD, Dänemark, Estland, Österreich, Spanien, Frankreich, Holland, Polen, Portugal, Griechenland, Großbritannien, Irland, Italien, Belgien, Luxemburg, Norwegen, Schweden, Schweiz, Finnland, Ungarn, Slowenien, Tschechei, Serbien, Russland)
Europäischer Viehmärkteverband (Belgien, Holland, Frankreich, Großbritannien, Irland, Italien, Deutschland, Dänemark, Spanien und Nordirland)

• IZ H 127

Europäischer Ausschuß der Weinhandelsunternehmen
Comité Européen des Entreprises Vins
Rond-point Schuman 9, B-1040 Brüssel
T: (00322) 2 30 99 70 **Fax:** 2 30 43 23
Gründung: 1959
Président: Magin Raventos
Gérant principal: Marion Wolfers
Mitglieder: 18 organisations
Mitarbeiter: 3

• IZ H 128

Europäischer Handelsverband für chirurgischen Bedarf (ESTA)
European Surgical Trade Association
Association Européenne de Commerce avec les Fournitures pour la Chirurgie
Avda del Llano Castellano 43, E-28034 Madrid
T: (00341) 3 34 24 00 **Fax:** 3 34 24 94
Gründung: 1959
President: Robert W. Keily (PEI Ltd., Dublin, Ireland)
President-Elect: Fernando Seixas (Medicinália, S.A., Lisbon, Portugal)
Vice-President: Steinar Kristensen (as Apotekernes, Oslo, Norway)
Mitglieder: 18

• IZ H 129

Europäischer Holzhandelsverband (FEBO)
European Timber Trade Association
Fédération Européenne du Négoce de Bois
General Sekretariat:
Galerie du Centre, Bloc 1, 5_He étage
Rue de Fripiers 15-17, B-1000 Brüssel
T: (00322) 2 29 32 60 **Fax:** 2 29 32 64
Präsident(in): Christian Huart (B)
Generalsekretär(in): Pierre Steenberghen

Mitgliedsorganisationen

Belgien

iz h 130
Fédération Nationale des Négociants en Bois
Galerie du Centre, Bloc 1, 5_He étage
Rue des Fripiers 15-17, B-1000 Brüssel
T: (00322) 2 29 32 60 **Fax:** 2 29 32 64

Dänemark

iz h 131
Traelasthandelrunion (TUN)
Egebaekvej 98, DK-2850 Naerum
T: (0045) 45 80 78 77 **Fax:** 45 80 78 87

Deutschland

iz h 132
Gesamtverband Holzhandel (BD Holz-VDH) e.V.
Postf. 18 67, 65008 Wiesbaden
Rostocker Str. 16, 65191 Wiesbaden
T: (0611) 50 69-0 **Fax:** 50 69-69

Finnland

iz h 133
Suomen Puutavaria JA Rakennustarvikekauppiasyhdistys ry
Postf. 2 84, FIN-00171 Helsinki
Snellmaninkatu 13, FIN-00171 Helsinki
T: (003580) 9 13 24 58 **Fax:** 1 32 45 90

Frankreich

iz h 134
Fédération Française du Négoce de Bois d'Oeuvre et del Produits Derivés
18, Rue des Pyramides, F-75001 Paris
T: (00331) 44 55 35 11 **Fax:** 42 86 01 83

Luxemburg

iz h 135
Holzhandelsgruppe Luxemburg
Postf. 18 67, 65008 Wiesbaden
Rostocker Str. 16, 65191 Wiesbaden
T: (0611) 50 69-0 **Fax:** 50 69-69

Österreich

iz h 136
Verband Österreichischer Händler mit Holz und Holzwerkstoffen
Kastellogasse 1/15, A-3100 St. Pölten
T: (00432742) 25 62 31 **Fax:** 25 62 32

Schweiz

iz h 137
Schweizer Holzhandelszentrale
Schönenbachstr. 45, CH-4153 Reinach BL 1
T: (004161) 7 13 08 15 **Fax:** 7 13 08 16

Schweden

iz h 138
Byggmaterial Grossisterna
Postf. 5 31 22, S-40015 Göteborg
T: (004631) 18 55 65 **Fax:** 18 55 13

• IZ H 139

Europäischer Tabakwaren-Großhandels-Verband e.V. (ETV)
Stadtwaldgürtel 44, 50931 Köln
T: (0221) 40 07 00 **Fax:** 4 00 70 20
E-Mail: bdta@netcologne.de
Gründung: 1973 (2. Oktober)
Präsident(in): Paolo Campanella
Generalsekretär(in): Peter Lind

Mitgliedsorgansationen

Belgien

iz h 140
Fédération des Grossistes Spécialisés en Produit du Tabac
Rue Grenouillette 2G-1, B-1030 Brüssel
T: (00322) 2 42 20 80

Dänemark

iz h 141
Leverandørforeningen for Tobaks- og Konfekturevarer
c/o Daugaard & Sverensen A/S
Nyager 9, DK-2605 Bröndby

Deutschland

iz h 142
Bundesverband Deutscher Tabakwaren-Großhändler und Automatenaufsteller e.V. (BDTA)
Stadtwaldgürtel 44, 50931 Köln
T: (0221) 40 07 00 **Fax:** 4 00 70 20
E-Mail: bdta@netcologne.de

Frankreich

iz h 143
Société Nationale d'Exploitation Industrielle des Tabacs et Allumettes
53, Quai d'Orsay, F-75347 Paris Cedex 07
T: (00331) 45 56 61 50

Großbritannien

iz h 144
The Wholesale Confectionery & Tobacco Alliance Ltd.
19, Firwood Drive, GB-Camberley, Surrey GU15 3QD
T: (00441276) 67 00 74 **Fax:** 67 00 02

Irland

iz h 145
ICMOA Irish Cigarette Machine Operators Association
5 Oak Way, Green Park, IRL-Dublin 22
T: (003531) 4 59 44 60 **Fax:** 6 28-0196

Italien

iz h 146
Associazione Nazionale Gestori Magazzini Generi Monopoli di Stato
AGeMoS
Via della Cordonata 7, I-00187 Roma
T: (00396) 6 92 04 21

Niederlande

iz h 147
LBT-Nederland
Postf. 9 06 06, NL-2509 LP The Hague
Waasenaarseweg 80, NL-2509 LP The Hague
T: (003170) 3 28 66 41

• IZ H 148

Europäischer Verband für Werkzeugmaschinenhändler (EAMTM)
European Association of Machine Tool Merchants
L'Association Européenne des Marchands de Machines-Outils
Secretary-General
Hanswijkvaart 77, B-2800 Mechelen
T: (003215) 43 17 17 **Fax:** 43 32 54
Secretary General: Skenazi André
Man. of Publicity Department: Skenazi André
Verbandszeitschrift: EAMTM Membership Directory
Mitglieder: 340

• IZ H 149

Europäischer Verband der Händler für Hauselektronik (EFER)
European Federation of Electronics Retailers
Fédération Européenne des Commerçants en Electronique Domestique
Sterinstraat 14, B-1000 Brüssel
T: (00322) 2 38 07 14
Gründung: 1991
President: Willy van Hove
Vice President: Dieter Angenton
Contact: Dirk Rutten
Mitglieder: 13
Mitarbeiter: 1

Mitgliedsorganisationen

Belgien

iz h 150
UNILEC
Avenue Louise 140 bte 5, B-1050 Brüssel
T: (00322) 6 27 01 80 **Fax:** 6 48 60 86
Contact: Willy Pauwels

iz h 151
NELECTRA
Groupe Electro
Sterinstraat 14, B-1000 Brüssel
T: (00322) 2 38 07 14
Kontaktperson: Dirk Rutten (T: (0032-02) 2 30 29 79)

Deutschland

iz h 152
Bundesverband Technik des Einzelhandels e.V. (BVT)
im Hauptverband des Deutschen Einzelhandels
Postf. 25 03 63, 50519 Köln
Gothaer Allee 2, 50969 Köln
T: (0221) 9 36 55-822 **Fax:** 9 36 55-838
Kontaktperson: Willy Fischel

Spanien

iz h 153
Federacion Española de Commerciantes de Electrodomesticos (FECE)
c/Abtao 11-1C, E-28007 Madrid
T: (00341) 5 51 32 06 **Fax:** 5 01 22 40
Contact: Miguel Devesa

Finnland

iz h 154
Kodintekniikkaliitto R.Y.
Vuorimeihenkatu 21, FIN-00140 Helsinki 14
T: (003580) 17 42 33 **Fax:** 62 44 74
Contact: Teijo Talka

Frankreich

iz h 155
Fédération Nationale des Professionnels Indépendants de l'Electricité et de l'Electronique (FEDELEC)
Place Uranie 1, F-94344 Joinville Le Pont Cedex
T: (00331) 43 97 31 30 **Fax:** 43 97 32 79
Contact: Jean-Louis Ironde

iz h 156
Organisation Nationale des Spécialistes du Commerce Radio-Télé Equipement Ménager (OSCREM)
Terrasse Bellini 14, F-92807 Puteaux Cedex
T: (00331) 41 02 94 40 **Fax:** 47 78 13 82
Contact: Philippe de Foucault

Italien

iz h 157
Associazione Nazionale Commercianti Radio Televisione Elettrodomestici Dischi e Affini (ANCRA)
Corso A. Gramsci 34, I-55100 Pistoia
T: (0039573) 3 28 54 **Fax:** 36 45 90
Contact: Francesco Panerai

Niederlande

iz h 158
Unie van Elektrotechnische Ondernemers (UNETO)
Postf. 188, NL-2700 AD Zoetermeer
T: (003179) 3 25 06 50 **Fax:** 3 25 06 66
Contact: J. G. van de Kolk

Norwegen

iz h 159
Elektronik Forbundet (NCERA)
Etterstad - Karoline Kristiansensvej 1, N-06040 Oslo 6
T: (0047) 22 72 21 40 **Fax:** 22 72 21 21
Contact: Ove Magndal

Österreich

iz h 160
Bundesgremium des Radio- und Elektrohandels Wirtschaftskammer Österreich (BUKA)
Wiedner Hauptstrasse 63A, A-1045 Wien
T: (00431) 5 01 05 33 52 **Fax:** 50 20 62 92
Contact: Manfred Kandelhart

Schweden

iz h 161
Elektronikförbundet Svenska
Postf. 68 21, S-11386 Stockholm
T: (00468) 4 41 51 80 **Fax:** 4 41 51 91
Contact: Sture Lundin

Großbritannien

iz h 162
Radio, Electrical and Television Retailers' Association Ltd. (RETRA)
RETRA House
Ampthill Street St. John's Terrace 1, GB-Bedford MK42 9EY
T: (00441) 2 34 26 91 10 **Fax:** 2 34 26 96 09
Fred Round

• IZ H 163
Europäischer Verband des Naturdarmhandels
European Natural Sausage Casings Association (ENSCA)
Association Européenne des Industries et Commerces de Boyauderie
Gotenstr. 21, 20097 Hamburg
T: (040) 23 60 16-0 **Fax:** 23 60 16 10
E-Mail: ensca@wga-hh.de
Vorsitzende(r): Bengt Landquist (Kontrollhudar International, Postf. 174, S-24423 Kävlinge)
Geschäftsführer(in): Dr. Gisela Panzer

Mitgliedsorganisationen

Belgien

iz h 164
Union Professionnelle de la Boyauderie Belge
Walgoedstraat 2, B-9140 Temse
T: (00323) 7 11 12 24 **Fax:** 7 11 05 03

Dänemark

iz h 165
Tarmhandlerforeningen i Danmark
Flaesketorvet 41, DK-1711 Copenhagen
T: (0045) 33 26 66 00 **Fax:** 33 26 66 96
E-Mail: im@dat-schaub.kd

Deutschland

iz h 166
Zentralverband Naturdarm e.V.
Gotenstr. 21, 20097 Hamburg
T: (040) 23 60 16-0 **Fax:** 23 60 16 10
Internet: http://www.naturdarm.de
E-Mail: zvn@wga-hh.de

Frankreich

iz h 167
Chambre Syndicale de la Boyauderie Française
Le Moulin de Bas, F-27920 St Pierre de Bailleul
T: (00332) 32 52 87 82 **Fax:** 32 52 22 59

Großbritannien

iz h 168
Natural Sausage Casings Association
Postf. 233, GB-RH1 4Yu Redhill Surrey
T: (0044737) 64 40 16 **Fax:** 64 49 88

Italien

iz h 169
Associazione Italiana Industriali Prodotti Alimentari (A.I.I.P.A.)
Corso di Porta Nuova 34, I-20121 Mailand
T: (003902) 65 41 84 **Fax:** 65 48 22, 5 12 97 71 (BXL)
E-Mail: aiipa.peron@foodarea.it

Niederlande

iz h 170
Nederlandse Bond van Handelaren in en Bewerkers van Slachtproducten
Postf. 333, NL-7460 AH Rijssen
T: (0031548) 52 07 89 **Fax:** 52 18 34
E-Mail: teunisse-vanrossem@wks.nl

Österreich

iz h 171
Verband Österreichischer Naturdarmhändler
Meischlgasse 11, A-1233 Wien
T: (00431) 6 61 25 37 **Fax:** 66 12 59
E-Mail: oe.darmverband@teico.at

Portugal

iz h 172
Asso. Portuguesa dos Industrias de Tripas e Afins (ITA)
Avenue Guerra Junqueiro 11-1°, P-1000 Lisboa
T: (003511) 8 40 02 98 **Fax:** 8 40 02 40

Schweden

iz h 173
Svenska Tarmimportörers Förening
Postf. 174, S-24423 Kävlinge
T: (004646) 72 29 00 **Fax:** 73 21 38
E-Mail: casings@khi.se

Schweiz

iz h 174
Verband des Schweizerischen Darmhandels
c/o Roga S.A.
Postf. 50, CH-6862 Rancate
T: (004191) 6 40 55 30 **Fax:** 6 46 14 22
E-Mail: info@roga.ch

Spanien

iz h 175
Associacion Espanola de Tripa Natural
c/ General Afanaz
49 Ofic 5, E-28027 Madrid
T: (003491) 7 41 43 12 **Fax:** 3 20 05 87

Türkei

iz h 176
Turkish Natural Sausage Casing Association
c/o ENDA Consulting-Lao
Bagdat Cat. Dilman Apt. No. 167-9, TR-81030 Fenervolu-Kadiköy Istanbul
T: (00216) 3 45 83 82 **Fax:** 4 18 03 49

USA

iz h 177
International Natural Casings Association
10400 Connecticut Avenue Suite 507, USA-Kensington MD 20895
T: (001301) 9 62 84 00 **Fax:** 9 62 76 30
Internet: http://www.insca.org
E-Mail: insca@aol.com

• IZ H 178
Europäischer Viehmärkteverband (AEMB)
European Association of Livestock Markets (EALM)
Association Européenne des Marchés aux Bestiaux (AEMB)
Sitz Brüssel:
Sekretariat:
81a, rue de la Loi, bte. 9, B-1040 Bruxelles
T: (00322) 2 30 46 03 **Fax:** 2 30 94 00
Gründung: 1983
Präsident(in): Gilles Rousseau (FR)
Mitglieder: 8 (Belgien, Frankreich, Italien, Irland, UK, Niederlande, Dänemark, Spanien)

Mitgliedsorganisationen

Belgien

iz h 179
Association Nationale des Marchés aux Bestiaux de Belgique/Abattoirs et Marchés d'Anderlecht
Rue Ropsy Chaudron 24, B-1070 Brüssel
T: (00322) 5 21 54 19 **Fax:** 5 22 42 37
Président: Joris Tiebout

Dänemark

iz h 180
Samarbejde for Markedshandel (SamMark)
Granvaenget 10, DK-2980 Kokkedal
T: (004545) 86 29 10 **Fax:** 86 38 10
Präsident(in): Henrik Westergaard
Sekretär: Aage Winther Olesen

Frankreich

iz h 181
Fédération Nationale des Marchés organisés aux Enchères
Route de Giverville 6, F-27560 Lieurey
T: (00332) 32 57 98 77 **Fax:** 31 20 59 28
Président: Jean Verhaeghe

iz h 183
Fédération Française des Marchés de Bétail Vif
17 place des Vins de France, F-75012 Paris
T: (00331) 53 02 40 30 **Fax:** 43 47 29 71
Präsident(in): Gilles Rousseau
Sekretärin: Pascale Poiron

Großbritanninen

iz h 182
Livestock Auctioneers' Association (LAA)
Surveyor Court, Westwood Way, GB-Coventry CV4 8JE
T: (0044207) 3 34 38 32 **Fax:** 3 34 38 67
Président: Jim F. Watson
Secrétaire: John R.F. Martin

iz h 184

Institute of Auctioneers and Appraisers in Scotland
The Rural Centre, West Mains, Ingliston, GB-Midlotian EH28 8NZ
T: (0044131) 4 72 40 67 **Fax:** 4 72 40 67
President: John Neil
Hamish McCall
Secretary: William Blair

iz h 185

National Association of British Market Authorities (NABMA)
NABMA House
13 Moor Road, Orrell Post, GB-Wigan WN5 8ND
T: (00441942) 20 37 97 **Fax:** 20 58 85
President: M. Christian
Secrétaire: John Edwards

iz h 186

Northern Ireland Livestock Auctioneers' Association (NILAA)
c/o John Kyle Insurance
Henry Street 23, GB-Ballymena BT42 3AA, Co. Antrim
T: (00441266) 65 24 24 **Fax:** 4 76 10
Sekretär: Sean Kyle

Irland

iz h 187

Associated Livestock Marts / Irish Shows Association
Ellenborough House
Dublin Road (Co. Kildare), IRL-El-Naas
T: (0035345) 87 94 74 **Fax:** 87 40 82
Präsident(in): Gus Egan

iz h 188

Irish Co-operative Organisation Society Ltd (ICOS)
Merrion Square 84, IRL-Dublin 2
T: (003531) 6 76 47 83/6 76 47 86 **Fax:** 6 62 45 02
Président: Michael O'Dwyer
Secrétaire: Maurice Colbert

Italien

iz h 189

Associazione Italiana dei Mercati del Bestiame (AIMB)
Via Canaletto 88, I-41110 Modena
T: (003959) 31 54 15 **Fax:** 45 07 41
Président: Danilo Mor
Secrétaire: Guido Longhi

Niederlande

iz h 190

Groep Nederlandse Veemarkten Groenoordhallen
Willem de Zwijgerlaan 2, NL-2316 Leiden GB
T: (003171) 5 21 25 21 **Fax:** 5 22 45 06
Président: A.A.F.M. de Jong

Spanien

iz h 191

Asociacion Española de Mercados de Ganado (ASEMGA)
Mercado Nacional de Ganado Ctra. Nacional V - Km. 125, E-45600 Talavera de la Reina (Toledo)
T: (0034925) 82 66 63 **Fax:** 82 65 86
Präsident(in): Juan Carlos Vázquez Higueruela
Kontaktperson: Felipe Granados Lomas

• IZ H 192

Europäisches Verbindungskomitee für den Handel mit landwirtschaftlichen Nahrungsmitteln (CELCAA)
European Liaison Committee for the Trade in Agricultural Foodstuffs
Comité Européen de liaison des Commerces Agro-Alimentaires
9 Rond-Point Schuman, B-1040 Bruxelles
T: (00322) 2 30 99 70 **Fax:** 2 30 43 23
Gründung: 1979
Präsident(in): Michel Rougé (F)
Hauptgeschäftsführer(in): Marion Wolfers
Mitglieder: 17

iz h 193

Internationaler Metzgermeister-Verband (CIBC)
International Butchers' Confederation
Confédération Internationale de la Boucherie et de la Charcuterie
Generalsekretariat:
Rue Jacques de Lalaing 4, B-1040 Brüssel
T: (00322) 2 30 38 76 **Fax:** 2 30 34 51
E-Mail: info@cibc.be

iz h 194

Komitee des Getreide-, Futtermittel-, Ölsaaten, Olivenöl-, Ölen und Fetten und landwirtschaftlichen Betriebsmittelhandels in der E.U. (COCERAL)
Comité du Commerce des Céréales, Aliments de Bétail, Oléagineux, Huile d'Olive, Huiles et Graisses et Agrofournitures de l'UE
Square de Meeûs 18 BTE 1, B-1050 Brüssel
T: (00322) 502 08 08 **Fax:** 502 60 30
Internet: http://www.coceral.com
E-Mail: secretariat@coceral.com

iz h 195

C.I.M.O.
Confederation of Importers and Marketing Organizations in Europe of Fresh Fruit and Vegetables
272, avenue de Broqueville, bte 4, B-1200 Bruxelles
T: (00322) 77 71 58-0 **Fax:** 77 71 58-1

iz h 196

Europäische Union des Obst- und Gemüse-Groß- und Außenhandels (EUCOFEL)
European Union of the Fruit and Vegetable Wholesale, Import and Export Trade
Union Européenne du Commerce de Gros, d'Expédition, d'Importation et d'Exportation en Fruits et Légumes
Rue Jenneval 29, B-1000 Bruxelles
T: (00322) 7 36 15 84 **Fax:** 7 32 17 47
E-Mail: eucofel.fruittrade.org@skynet.be

iz h 197

Europäische Vereinigung des Handels mit Trockenfrüchten, Schalenobst, Konserven, Gewürzen, Honig und verwandten Waren (FRUCOM)
European Federation of the Trade in Dried Fruit, Edible Nuts, Preserved Food, Spices, Honey and Similar Foodstuffs
Fédération Européenne du Commerce en Fruits Secs, Conserves, Epices et Miel
Große Bäckerstr. 4 1. Stock, 20095 Hamburg
T: (040) 37 47 19-0 **Fax:** 37 47 19-16
Internet: http://www.waren-verein.de
E-Mail: wvhh@ad.com

iz h 198

Vereinigung der Zuckerhandels-Verbände für die EU-Länder (ASSUC)
Association des Organisations Professionnelles du Commerce du Sucre de l'U.E.
Rue Jenneval 29, B-1000 Bruxelles
T: (00322) 7 36 79 97 **Fax:** 7 32 67 66
E-Mail: sacar@/linkline.be

iz h 199

Europäische Union des Handels mit Milcherzeugnissen (EUCOLAIT)
European Union of Dairy Trade
Union Européenne du Commerce des Produits Laitiers et Dérivés (EUCOLAIT)
Avenue Livingstone 26, B-1000 Bruxelles
T: (00322) 2 30 44 48 **Fax:** 2 30 40 44
E-Mail: dairy.trade@eucolait.be
Gründung: 1959
Präsident(in): Jens Maijgaard (DK)
Geschäftsführer(in): Annelie Gehring

iz h 200

Europäische Union des Großhandels mit Eiern, Eiprodukten, Geflügel und Wild (EUWEP/EEPTA)
European Union of Wholesale with Eggs, Egg-Products, Poultry and Game
Union Européenne du Commerce de Gros des Oeufs, Produits d'Oeufs, Volaille et Gibier
Second floor, 89 Charterhousse Street, GB-London ECIM 6 HR U.K.
T: (0044171) 5 80 71 72 **Fax:** 5 80 70 82

iz h 201

Gibier Détail
Confédération des Détaillants en Volaille et Gibier des pays de la CEE
28, rue Melsens, B-1000 Brüssel
T: (512) 0374

iz h 202

F.I.P.A.
Fédération Nationale du Commerce Extérieur des Produits Alimentaires
BAT.8 - Parc Club du Golf, F-13856 Aix en Provence
T: (0033442) 24 24 42 **Fax:** 39 20 79

iz h 203

Vereinigung des "Internationalen Handels mit Blumenzwiebeln und Pflanzen" (CIBEP)
Association of the International Trade in Flowerbulbs and Plants
l'Association du "Commerce International de Bulbes à Fleurs et de Plantes"
Postf. 170, NL-2180 AD Hillegom
Weeresteinstraat 12, NL-2101 AD Hillegom
T: (0031252) 53 50 80 **Fax:** 53 50 88

iz h 204

Union Fleurs
Västergavan 9, S-24131 Eslöv
T: (0046413) 1 58 50 **Fax:** 6 06 66

iz h 205

F.E.U.P.F.
Fédération Européenne des Unions Professionnelles de Fleuristes
Jandfaar 18, NL-6718 LP Ede

iz h 206

EURO-TOQUES
Communauté Européenne des Cuisiniers
Kammakargatan 39, S-11181 Stockholm
T: (00468) 613-2816 **Fax:** 791-9116
Internet: http://www.euro-toques.org
E-Mail: info@euro-toques.org

iz h 207

Arbeitskomitee der Mälzereien in der EU (EUROMALT)
Working Committee of the Malting Industry of the E.U.
Comité de Travail des Malteries de l'U.E.
9, Avenue de Gaulois, B-1040 Bruxelles
T: (00322) 7 36 53 54 **Fax:** 7 32 34 27
E-Mail: euromalt@ecco.be

iz h 208

Féderation Européenne des Transformeteurs de Tabac (FETRATAB)
23, rue Frémicourt, F-75015 Paris
T: (00331) 45 66 86 43 **Fax:** 45 66 00 06

iz h 209

Europäische Vieh- und Fleischhandels-Union (UECBV)
European Livestock and Meat Trading Union
Union Européenne du Commerce du Bétail et de la Viande
81 A, rue de la Loi, Boite 9, B-1040 Bruxelles
T: (00332) 2 30 46 03 **Fax:** 2 30 94 00
Internet: http://uecbv.eunet.be
E-Mail: uecbv@pophost.eunet.be

• IZ H 210

Europäisches Verbindungskomitee der selbständigen Vertriebsgesellschaften für Automobilaustauschteile und -ausrüstung (CLEDIPA)
Comité de Liaison Européen de la Distribution Indépendante de Pièces de Rechange et Equipements pour Automobiles
Bld de la Woluwe 46 bte 12, B, B-1200 Brüssel
T: (00322) 7 78 62 00 **Fax:** 7 78 62 22
Gründung: 1982 (11. Mai)
Präsident(in): Antonio Esteves (P)
Generalsekretär(in): Sylvia Gotzen
Mitglieder: 14

Mitgliedsorganisationen

Belgien

iz h 211

Fédération du Matériel pour l'Automobile a.s.b.l. (FMA)
Bld de la Woluwe 46 bte 12, B-1200 Brüssel
T: (00322) 7 78 62 00 **Fax:** 7 78 62 22
Internet: http://www.federauto.be
E-Mail: mail@federauto.be
Präsident(in): Christian Beert
Generalsekretär(in): Luc Missante

Dänemark

iz h 212

Autobranchens Handels- & Industriforening i Danmark (AUTIG)
Borgmester Jensens Allé 25C, DK-2900 Kopenhagen
T: (004535) 25 05 50 **Fax:** 25 05 66
E-Mail: nsautig@post.uni.dk
Präsident(in): Bent Jensen
Generalsekretär(in): Nils Selmer

Deutschland

iz h 213

Gesamtverband Autoteile-Handel e.V. (GVA)
Gothaer Str. 17, 40880 Ratingen
T: (02102) 47 30 37 **Fax:** 47 56 63
Internet: http://www.gva.de
E-Mail: info@gva.de
Präsident(in): Edwart Hengstenberg
Geschäftsführer(in): Dipl.-Kfm. Hans Jürgen Wahlen

Finnland

iz h 214

The Association of Finnish Technical Traders (AOT)
The Automotive Importers and Distributiors Section
Särkiniementie 3, FIN-00210 Helsinki
T: (003589) 6 82 41 30 **Fax:** 68 24 13 10
Internet: http://www.tki.fi
E-Mail: aot@tki.fi
Präsident(in): Tapio Hakala
Generalsekretär(in): Klaus Katara

Frankreich

iz h 215

Fédération des Syndicats de la Distribution Automobile (FEDA)
10 rue Pergolèse, F-75782 Paris Cedex 16
T: (00331) 45 00 39 71 **Fax:** 45 00 93 60
Internet: http://www.feda.fr
E-Mail: infos@feda.fr
Präsident(in): Jean Maurus
Direktor(in): Patrick Joubert

Großbritannien

iz h 216

Automotive Distribution Federation (ADF)
68-70 Coleshill Road, GB-Hodge Hill Birmingham B36 8AB
T: (0044121) 7 84 35 35 **Fax:** 7 84 44 11
Internet: http://www.adf.org.uk
E-Mail: bspratt@adf.org.uk
Generalmanager: Brian Spratt

iz h 217

The Society of Motor Manufacturers and Traders Ltd. (SMMT)
Aftermarket Section
Forbes House, Halkin Street, GB-London SW1X 7DS
T: (0044207) 3 44 92 35 **Fax:** 3 44 16 76
Internet: http://www.smmt.co.uk
E-Mail: bdavis@smmt.co.uk
Head of Trade Sections: Robert Davis

Irland

iz h 218

The Society of the Irish Motor Industry (SIMI)
Wholesalers' Section
5 Upper Pembroke Street, IRL-Dublin 2
T: (003531) 6 76 16 90 **Fax:** 6 61 92 13
Internet: http://www.simi.ie
E-Mail: simi@iol.ie
Präsident(in): Greg Howard
Service Development Manager: Paul Redmond

Niederlande

iz h 219

Nederlandse Vereniging "De Rijwiel- en Automobiel-Industrie" (RAI / Autovak)
Postf. 7 48 00, NL-1070 DM Amsterdam
Wielingenstraat 28, NL-1070 DM Amsterdam
T: (003120) 5 04 49 49 **Fax:** 6 46 38 57
Internet: http://www.autovak.nl
E-Mail: autovak@rai.nl
Präsident(in): Group AUTOVAK Frans C. van Heck
Direktor(in): Eric Rommerts

Österreich

iz h 220

Verband der freien KFZ-Teile Fachhändler
Postf. 1 97, A-1232 Wien
Kolpingstr. 17, A-1232 Wien
T: (00431) 6 16 60 76 **Fax:** 6 16 60 76
Internet: http://www.vft.at
E-Mail: office@vft.at
Präsident(in): Bernhard Dworak
Generalsekretär(in): Kurt-Werner Houfek

iz h 221

Landesgremium Wien für den Grosshandel mit Kraftfahrzeug-Teilen und -Serviceeinrichtungen
Wirtschaftskammer Wien - Sektion Handel
Postf. 45, A-1041 Wien
T: (00431) 5 14 50 32 56, 5 14 50 32 57 **Fax:** 5 14 50 32 82
E-Mail: walter.goetz@wkw.at
Präsident(in): Bernhard Dworak
Direktor(in): Walter Götz

Portugal

iz h 222

Associaçao do Comércio Automovel de Portugal (ACAP)
Divisão do Comércio Independente de Paças e Acessórios
Rua da Palmeira 6, P-1294-123 Lissabon
T: (0035121) 3 21 64 00 **Fax:** 3 42 00 64
Internet: http://www.acap.pt
E-Mail: acap@mail.telepac.pt
Präsident(in): Dr. Antonio Esteves
Generalsekretär(in): Division of Independent Spare Parts: Dr. Maria Catarina Correia

Schweden

iz h 223

Sveriges Bildelsgrossisters Förening (SBF)
Blasieholmsgatan 4B, S-105 29 Stockholm
T: (00468) 762 77 00 **Fax:** 762 77 60
E-Mail: bo.svensson@sht.se
Präsident(in): Christer Liljenberg
Direktor(in): Bo Svensson

Spanien

iz h 224

Federacion Nacional de Distribuidores del Recambio Libre (ANCERA)
Principe de Vergara 74, 1°, E-28006 Madrid
T: (003491) 5 64 23 86, 5 64 23 87 **Fax:** 5 61 84 22
E-Mail: ancera@retemail.es
Präsident(in): D. Valentin Alonso Aymerich
Generalsekretär(in): D. Valentin Alonso Aymerich

iz h 225

Asociacion de Comerciantes e Importadores de Recambios y Accesorios para Vehiculos de Autolocomocion (CIRA)
c/ José Anselmo Clavé 2, 3°, E-08002 Barcelona
T: (00343) 3 18 67 83 **Fax:** 3 01 44 85
E-Mail: ciragremio@bch.navegalia.com
Präsident(in): Francisco Quintana
Sekretärin: Ma Rosa Calsina

• IZ H 226

Getreide- und Futtermittel-Handelsvereinigung (GAFTA)
The Grain and Feed Trade Association
GAFTA House
6 Chapel Place, Rivington Street, GB-London EC2A 3SH
T: (0044207) 8 14 96 66 **Fax:** 8 14 83 83
Internet: http://www.gafta.com
E-Mail: post@gafta.demon.co.uk
Leitung Presseabteilung: Robert Stein
Verbandszeitschrift: GAFTA-Newsletter
Mitglieder: 800

• IZ H 227

Internationale Vereinigung des Essenzöl- und Aromastoffhandels (IFEAT)
International Federation of Essential Oils and Aroma Trades
6 Catherine Street, GB-London WC2B 5JJ
T: (0044207) 8 36 24 60 **Fax:** 8 36 05 80
President: Richard Pisano
Chairman: Hugo Bovill
Executive Secretary: Juliz Hawkins
Verbandszeitschrift: IFEAT Newsletter
Mitglieder: 200
Mitarbeiter: 2

• IZ H 228

Internationale Vereinigung der Großhändler von Auto-Teilen und Zubehör (FIGIEFA)
International Federation of Automotive Aftermarket Distributors
Fédération Internationale des Grossistes, Importateurs & Exportateurs en Fournitures Automobiles
Bld de la Woluwe 46 bte 12, B-1200 Brüssel
T: (00322) 7 78 62 00 **Fax:** 7 78 62 22
Gründung: 1955
Präsident(in): Antonio Esteves
Generalsekretär(in): Sylvia Gotzen
Mitglieder: 27

Mitgliedsorganisationen

Belgien

iz h 229

Fédération du Matériel pour l'Automobile a.s.b.l. (FMA)
Bld de la Woluwe 46 bte 12, B-1200 Brüssel
T: (00322) 7 78 62 00 **Fax:** 7 78 62 22
Internet: http://www.federauto.be
E-Mail: mail@federauto.be
Präsident(in): Distributeurs de Pièces, Produits et Accessoires Automobiles: Christian Beert
Generalsekretär(in): Luc Missante

Dänemark

iz h 230

Autobranchens Handels- & Industriforening i Danmark (AUTIG)
Borgmester Jensens Allé 25C, DK-2900 Kopenhagen
T: (004535) 25 05 50 **Fax:** 25 05 66
E-Mail: nsautig@post.uni.dk
Präsident(in): Bent Jensen
Generalsekretär(in): Nils Selmer

Deutschland

iz h 231

Gesamtverband Autoteile-Handel e.V. (GVA)
Gothaer Str. 17, 40880 Ratingen
T: (02102) 47 30 37 **Fax:** 47 56 63
Internet: http://www.gva.de
E-Mail: info@gva.de
Präsident(in): Edwart Hengstenberg
Geschäftsführer(in): Dipl.-Kfm. Hans Jürgen Wahlen

Finnland

iz h 232

The Association of Finnish Technical Traders (AOT)
The Automotive Importers and Distributors Section
Särkiniementie 3, FIN-00210 Helsinki
T: (003589) 6 82 41 30 **Fax:** 68 24 13 10
Internet: http://www.tki.fi
E-Mail: aot@tki.fi
Präsident(in): Tapio Hakala
Generalsekretär(in): Klaus Katara

Frankreich

iz h 233

Fédération des Syndicats de la Distribution Automobile (FEDA)
10 rue Pergolèse, F-75782 Paris Cedex 16
T: (00331) 45 00 39 71 **Fax:** 45 00 93 60
Internet: http://www.feda.fr
E-Mail: infos@feda.fr
Präsident(in): Jean Maurus
Direktor(in): Patrick Joubert

Großbritannien

iz h 234

Automotive Distribution Federation (ADF)
68-70 Coleshill Road, GB-Hodge Hill Birmingham B36 8AB
T: (0044121) 7 84 35 35 **Fax:** 7 84 44 11
Internet: http://www.adf.org.uk
E-Mail: bspratt@adf.org.uk
Generalmanager: Brian Spratt

iz h 235

The Society of Motor Manufacturers and Traders Ltd. (SMMT)
Aftermarket Section
Forbes House, Halkin Street, GB-London SW1X 7DS
T: (0044207) 3 44 92 35 **Fax:** 3 44 16 76
Internet: http://www.smmt.co.uk
E-Mail: bdavis@smmt.co.uk
Head of Trade Sections: Robert Davis

Irland

iz h 236

The Society of the Irish Motor Industry (SIMI)
Wholesalers' Section
5 Upper Pembroke Street, IRL-Dublin 2
T: (003531) 6 76 16 90 **Fax:** 6 61 92 13
Internet: http://www.simi.ie
E-Mail: simi@iol.ie
Präsident(in): Greg Howard
Service Development Manager: Paul Redmond

Niederlande

iz h 237

Nederlandse Vereniging "De Rijwiel- en Automobiel-Industrie" (RAI / Autovak)
Postf. 7 48 00, NL-1070 DM Amsterdam
Wielingenstraat 28, NL-1070 DM Amsterdam
T: (003120) 5 04 49 49 **Fax:** 6 46 38 57
Internet: http://www.autovak.nl
E-Mail: autovak@rai.nl
Präsident(in): Group AUTOVAK Frans C. van Heck
Direktor(in): Eric Rommerts

Norwegen

iz h 238

Autobransjens Leverandorforening (ABL)
Stasjonsvn 59, N-1940 Bjoorkelangen
T: (0047) 63 85 55 60 **Fax:** 63 85 64 90
Präsident(in): Arne Bredesen
Direktor(in): Hroar Braathen

Österreich

iz h 239

Verband der freien KFZ-Teile Fachhändler
Postf. 1 97, A-1232 Wien
Kolpingstr. 17, A-1232 Wien
T: (00431) 6 16 60 76 **Fax:** 6 16 60 76
Internet: http://www.vft.at
E-Mail: office@vft.at
Präsident(in): Bernhard Dworak
Generalsekretär(in): Kurt-Werner Houfek

iz h 240

Landesgremium Wien für den Grosshandel mit Kraftfahrzeug-Teilen und -Serviceeinrichtungen
Wirtschaftskammer-Wien Sektion Handel
Postf. 45, A-1041 Wien
T: (00431) 5 14 50 32 56, 5 14 50 32 57 **Fax:** 5 14 50 32 82
E-Mail: walter.goetz@wkw.at
Präsident(in): Bernhard Dworak
Direktor(in): Walter Götz

Portugal

iz h 241

Associaçao do Comércio Automovel de Portugal (ACAP)
Divisão do Comércio Independente de Peças e Acessórios
Rua da Palmeira 6, P-1294-123 Lissabon
T: (0035121) 3 21 64 00 **Fax:** 3 42 00 64
Internet: http://www.acap.pt
E-Mail: acap@mail.telepac.pt
Präsident(in): Dr. Antonio Esteves
Generalsekretär(in): Division of Independent Spare Parts: Dr. Maria Catarina Correia

Schweden

iz h 242

Sveriges Bildelsgrossisters Förening (SBF)
Blasieholmsgatan 4B, S-105 29 Stockholm
T: (00468) 762 77 00 **Fax:** 762 77 60
E-Mail: bo.svensson@sht.se
Präsident(in): Christer Liljenberg
Direktor(in): Bo Svensson

Schweiz

iz h 243

Schweizerischer Verband der Grosshändler und Importeure der Motorfahrzeugzulieferbranche (SGM)
Hotelgasse 1, CH-3011 Bern
T: (004131) 3 11 38 70 **Fax:** 3 11 62 86
Internet: http://www.sgm.ch
E-Mail: info@sgm.ch
Präsident(in): Hans Peter Fritschi
Generalsekretär(in): Bernard Loosli

Spanien

iz h 244

Federacion Nacional de Distribuidores del Recambio Libre (ANCERA)
Principe de Vergara 74, 1°, E-28006 Madrid
T: (003491) 5 64 23 86, 5 64 23 87 **Fax:** 5 61 84 22
E-Mail: ancera@retemail.es
Präsident(in): D. Valentin Alonso Aymerich
Generalsekretär(in): D. Valentin Alonso Aymerich

iz h 245

Asociacion de Comerciantes e Importadores de Recambios y Accesorios para Vehiculos de Autolocomocion (CIRA)
c/ José Anselmo Clavé 2, 3°, E-08002 Barcelona
T: (00343) 3 18 67 83 **Fax:** 3 01 44 85
E-Mail: ciragremio@bch.navegalia.com
Präsident(in): Francisco Quintana
Sekretärin: Ma Rosa Calsina

Tschechische Republik

iz h 246

Sdružení importéru° součástí automobilu° servisní a garážové techniky -(SISA)
Doudlebská 2, CZ-140 00 Prag 4
T: (004202) 42 72 68 **Fax:** 42 72 68
Internet: http://www.czn.cz/sisa
E-Mail: sisa@czn.cz
Präsident(in): Ivan Paggio
Generalsekretär(in): Miroslav Bruzek

Ungarn

iz h 247

Magyar Autóalkatrész Importorök és Nagykereskedok Szövetsége (MAINSZ)
Angol u. 34, H-1149 Budapest
T: (00361) 3 83 55 82 **Fax:** 3 83 55 82
Präsident(in): Sándor Iharos

Assoziierte Mitglieder

Australien

iz h 248

Australian Automotive Aftermarket Association Ltd. (AAAA)
Suite 8, 622 Ferntree Gully Road, AUS-Mulgrave, Victoria 3170
T: (00613) 95 61 70 44 **Fax:** 95 61 70 66
Internet: http://www.aaaa.com.au
E-Mail: aaaa@vicnet.net.au

USA

iz h 249

Automotive Aftermarket industry Association (AAIA)
4600 East-West Highway, Suite 300, USA-Bethesda, Maryland 20814
T: (001301) 6 54 66 64 **Fax:** 6 54 32 99
Internet: http://www.aftermarket.org
E-Mail: aaia@aftermarket.org

iz h 250

Automotive Warehouse Distributors Association (AWDA)
9237 Ward Parkway, Suite 106, USA-Kansas City Missouri 64114
T: (001816) 5 23 86 93 **Fax:** 5 23 72 93
Internet: http://www.awda.org
E-Mail: chuck@asda.org
Administrative support services: siehe Adresse von MEMA

iz h 251

Motor & Equipment Manufacturers Association (MEMA)
Postf. 13966, USA-Research Triangle Park North Carolina 27709-3966
10 Laboratory Drive, USA-Research Triangle Park North Carolina 27709-3966
T: (001919) 5 49 48 00 **Fax:** 4 06 14 65
Internet: http://www.mema.org
E-Mail: info@mema.org

iz h 252

Specialty Equipment Market Association (SEMA)
Postf. 4910, USA-Diamond Bar California 91765-0910
Y575 South Valley Vista Drive, USA-Diamond Bar California 91765-0910
T: (001909) 3 96 02 89 **Fax:** 8 80 01 84
Internet: http://www.sema.org
E-Mail: chuckb@sema.org

iz h 253

NORTH AMERICAN AUTOMOTIVE PRODUCTS INDUSTRY - European Office
Av. Marcel Thiry 204, B-1200 Brüssel
T: (00322) 7 74 96 06 **Fax:** 7 74 96 90
E-Mail: naapieo@eyam.be

Kanada

iz h 254

Automotive Parts Manufacturers Association (APMA)
195 The WestMall, Suite 516, CDN-Toronto ON M9C 5K1
T: (001416) 6 20 42 20 **Fax:** 6 20 97 30
Internet: http://www.capma.com
E-Mail: apma@interware.net

iz h 255

Automotive Industries Association of Canada (AIA)
1272 Wellington Street, CDN-Ottawa Ontario K1Y 3A7
T: (001613) 7 28 58 21 **Fax:** 7 28 60 21
Internet: http://www.aiacanada.com
E-Mail: aia@aiacanada.com

Südafrika

iz h 256

National Motor Parts & Equipment Association (NMPEA)

Postf. 29 40, ZA-Randburg 2125
303 Surrey Avenue Ferndale Extension, ZA-Randburg 2194
T: (002711) 7 89 25 42 **Fax:** 7 89 45 25

• IZ H 257

Internationale Vereinigung der Häute-, Fell- und Lederhändler-Verbände

International Council of Hides, Skins & Leather Traders Associations
Douglas House
Douglas Road Melrose, GB-Roxburghshire TD6 9QT
T: (00441896) 82 22 33 **Fax:** 82 33 44
Gründung: 1929
President: Gunther H. Hackmann (South Africa)
Director General: Anthony D. Cox (Great Britain)
Mitglieder: 32

• IZ H 258

Internationale Vereinigung des Handels (AIDA)

International Association for the distributive trade
Association Internationale de la distribution
Rue Marianne 34, B-1180 Bruxelles
T: (00322) 3 45 99 23 **Fax:** 3 46 02 04
Gründung: 1950
Präsident(in): Claude Magnan
Generalsekretär(in): Léon F. Wegnez
Verbandszeitschrift: AIDA International Bulletin

• IZ H 259

Internationale Vereinigung des Sanitär- und Heizungs-Großhandels (VSHG)

Builders Merchants Federation
Fédération Internationale des Grossistes en Appareils Sanitaires et de Chauffage
Soho Square 15, GB-London W1V 6HL
T: (0044207) 4 39 17 53 **Fax:** 7 34 27 66
Gründung: 1908
Verbandszeitschrift: Year Book; List of Members
Mitglieder: 2700

• IZ H 260

Internationale Vereinigung der Stroh-, Futtermittel-, Torfindustrie, sowie Derivate (CIPF)

International Federation of Straw, Animal Feed, Peat and Derivates Industries
C.P. - CEE de la Confédération Internationale du Commerce et de l'Industrie des Pailles, Fourrages, Tourbes et Dérivés
Rue de Viarmes 2 Bur. 282, Bourse de Commerce, F-75040 Paris Cedex 01
T: (00331) 42 36 76 54 **Fax:** 42 36 44 93
Gründung: 1968
President: Anton Estermann
Conseiller Technique: Jacques Gauthier
Mitglieder: 6

• IZ H 261

Internationaler Pelzhandels-Verband

International Fur Trade Federation
Fédéeration Internationale du Commerce de la Fourrure
Postf. 318, GB-Walton KT12 2WH
T: (00441932) 23 28 66 **Fax:** 23 26 56
Internet: http://www.iftf.com
Gründung: 1949 (30. April)
Executive Director: Juliette Bailey
Mitglieder: 33
Mitarbeiter: 4

• IZ H 262

Internationaler Samenhandelsverband (FIS)

International Seed Trade Federation
Fédération Internationale du Commerce des Semences
Ch. du Reposoir 7, CH-1260 Nyon
T: (004122) 3 61 99 77, 3 61 99 14 **Fax:** 3 61 92 19
Internet: http://www.worldseed.org
E-Mail: fis@iprolink.ch
Gründung: 1924
Generalsekretär(in): Bernard Le Buanec
Mitglieder: in 61 Staaten

• IZ H 263

Internationaler Süßstoff-Verband (ISA)

International Sweeteners Association
Ave du Four à Briques 1, B-1140 Brussels
T: (00322) 7 26 13 50 **Fax:** 7 26 13 30
Internet: http://www.isabru.org
E-Mail: a.corti@isabru.org
Gründung: 1973
Hauptgeschäftsführer(in): Antonietta Corti
Leitung Presseabteilung: Kate Spencer
Redaktion: Antonietta Corti
Mitglieder: 28
Mitarbeiter: 4

• IZ H 264

Internationaler Verband des Blumen-Großhandels (UF)

International Association of Flowers Wholesalers
Union Internationale du Commerce de Gros en Fleurs
Jülicher Str. 32, 40477 Düsseldorf
T: (0211) 44 13 88 **Fax:** 48 26 47
Gründung: 1959 (19. September)
Präsident(in): Emil Steffek, Wien
Generalsekretär(in): RA Peter Moeller, Düsseldorf (D)

• IZ H 265

Internationales Büro für Kakao, Schokolade und Süßwaren (IOCCC)

International Office of Cocoa, Chocolate and Confectionery
Bureau International pour Cacao, Chocolat et Sucrerie
Rue Defacqz 1, B-1000 Brüssel
T: (00322) 5 39 18 00 **Fax:** 5 39 15 75
E-Mail: ioccc@caobisco.be
Vorsitzende(r): Tom Harrison (UK)
Secrétaire Général: Céline Anselme (F)

• IZ H 266

Kakaohandelsverband der E.U. (ECCTO)

European Community Cocoa Trade Organisation
Organisation de Commerce avec le Cacao dans l'Union Européenne
Cannon Bridge, GB-London EC4R 3XX
T: (0044207) 4 81 20 80 **Fax:** 6 80 95 40
President: I. J. Heijnis
Secr. Gen.: P. M. Sigley (Contact)
Mitglieder: 5 Member Associations
Mitarbeiter: 1

Mitgliedsorganisationen

Deutschland

iz h 267

Verein der am Rohkakaohandel beteiligten Firmen e.V.

Gotenstr. 21 II, 20097 Hamburg
T: (040) 23 60 16-0 **Fax:** 23 60 16-10, 23 60 16-40
E-Mail: contact@kakao.wga-hh.de

Frankreich

iz h 268

Federation Française du Commerce des Cacaos

Rue de Viarmes 2, F-75040 Paris Cedex 01
T: (00331) 42 33 15 00

Niederlande

iz h 269

Nederlandse Cacao Vereniging

Netherlands Cocoa Association
Havengebouw
De Ruyterkade 7, NL-1013 AA Amsterdam
T: (003120) 4 22 27 27 **Fax:** 4 22 27 26

Großbritannien

iz h 270

Cocoa Association of London Limited

Cannon Bridge, GB-London EC4R 3XX
T: (0044207) 3 79 28 84 **Fax:** 3 79 23 89
TX: 884 370

Österreich

iz h 271

Austrian Kakao Verein

Friedrich-Schmid-Platz 4, A-1082 Wien
T: (00431) 4 05 14 61

• IZ H 272

Komitee des Getreide-, Futtermittel-, Ölsaaten, Olivenöl-, Ölen und Fetten und landwirtschaftlichen Betriebsmittelhandels in der E.U. (COCERAL)

Comité du Commerce des Céréales, Aliments de Bétail, Oléagineux, Huile d'Olive, Huiles et Graisses et Agrofournitures de l'UE
Square de Meeûs 18 BTE 1, B-1050 Brüssel
T: (00322) 502 08 08 **Fax:** 502 60 30
Internet: http://www.coceral.com
E-Mail: secretariat@coceral.com
Präsident(in): Hermann Oder
Generalsekretär(in): Chantal Fauth

Mitgliedsorganisationen

Deutschland

iz h 273

Bundesverband der Agrargewerblichen Wirtschaft e.V. (BVA)

Postf. 30 16 55, 53196 Bonn
Beueler Bahnhofsplatz 18, 53225 Bonn
T: (0228) 9 75 85-0 **Fax:** 9 75 85-30, 9 75 85-32
E-Mail: bv-agrar@t-online.de
Président: Claus Bacmeister
Secrétaire Général: M.R. Künzel

iz h 274

Verein der Getreidehändler der Hamburger Börse e.V.

Börse, Kontor 24
Adolphsplatz 1, 20457 Hamburg
T: (040) 36 98 79-0 **Fax:** 36 98 79-20
Internet: http://www.vdg-ev.de
E-Mail: info@vdg-ev.de
Président: M.P. Cremer
Secrétaire Général: M. C. Buchholz

iz h 275

Deutscher Verband des Großhandels mit Ölen, Fetten und Ölrohstoffen e.V. (GROFOR)

Katharinenstr. 33, 20457 Hamburg
T: (040) 37 51 84 42 **Fax:** 37 51 84 43
President: Ralph Pöhner, Ahrensburg
Geschäftsführer(in): RA Peter Fedder
Mitglieder: 91

Österreich

iz h 276

Bundeskammer der gewerblichen Wirtschaft

Wiedner Hauptstrasse 63, A-1045 Wien
T: (00431) 5 01 05 30 00 **Fax:** 50 20 62 90
Président: Hermann Froschauer
Secrétaire Général: Dr. Hanners Mraz

Belgien

iz h 277

Chambre Syndicale pour le Commerce d'importation et d'exportation de graines, et aliments pour bétail (IMEXGRA)

Borzestraat 29, B-2000 Antwerpen
T: (00323) 2 33 43 93 **Fax:** 2 33 34 60
Président: M. Otte
Secrétaire Général: M. Meex

iz h 278

Syndicat National du Commerce des Céréales et Légumes Secs (SYNAGRA)

Résidence Lemonnier
Boulevard du Midi 57, B-1000 Brüssel
T: (00322) 5 12 15 50 **Fax:** 5 12 48 81
Président: M. Maertens
Secrétaire Général: M. Stasse

iz h 279

Union des Négociants grossistes en engrais chimiques (UNGREN)

Zuidstraat 8, B-8560 Wevelgem Industriezone
T: (003256) 43 25 41 **Fax:** 43 25 50
E-Mail: fernand.talpe@skynet.be
Président: J. Van Coppenolle
Secrétaire Général: F. Talpe

Dänemark

iz h 280

Danske Korn-Og Foderstof-Im-Og Eksportorers Faellesorganisation (DAKOFO)

Borsen, DK-1217 Copenhagen
T: (0045) 33 95 05 00 **Fax:** 33 91 33 20
E-Mail: DAKOFO@internet.dk
Président: Albert Beckenkamp
Secrétaire Général: S. Trunshoej

Spanien

iz h 281

Asociacion de comercio de cereales de espana (A.C.C.E.)

Doctor Fleming 56-3° dcha, E-28036 Madrid
T: (00341) 3 50 43 05 **Fax:** 3 45 50 09
Président: M.D. Pelayo Moreno
Secrétaire Général: Ricardo Garcia

iz h 282

Asociacion Espanola de comercio exterior de cereales (A.E.C.E.C.)

calle orense 85, Edificio lexington, E-28020 Madrid
T: (003491) 5 67 84 00 **Fax:** 5 71 42 44
E-Mail: aecec@arrakis.es
Président: A. Louro
Secrétaire Général: G. Lorenzo Zamorano

iz h 283

Asociacion nacional de Industriales Envasadores y Refinodores de Aceite Comestibles

Ayala 7-2° ISQ, E-28001 Madrid
T: (003491) 4 35 72 03 **Fax:** 57 83 60
E-Mail: anierac@anierac.com
Président: M. Herranz Fernandez
Secrétaire Général: M. Natera Muro

Finnland

iz h 284

Avena Nordic Grain Ltd.

Kansakoulukatu IB, FIN-00100 Helsinki
T: (003589) 34 88 42 72 **Fax:** 34 88 45 00
E-Mail: kaija
Managing Director: Kaija Viljanen

Frankreich

iz h 285

Syndicat national du commerce extérieur des céréales, graines, légumes secs, produits oléagineux et dérivés (SYNACOMEX)

33, rue du Louvre, F-75002 Paris
T: (00331) 53 00 95 30 **Fax:** 42 36 04 94
E-Mail: synacomex@wavadoo.fr
Président: Michel Rougé
Secrétaire Général: Ph. Baldet

iz h 286

Fédération du Négoce Agricole (FNA)

Bourse de Commerce 272, F-75040 Paris Cedex 01
T: (00331) 44 76 90 40 **Fax:** 44 76 90 31
Président: A. Lepicard
Directeur General: P. Neuviale

iz h 287

Fedico-Copexco la Maison de l'huile d'olive

118, Av. Achille Peretti, F-92200 Neuilly sur Seine
T: (00331) 46 37 22 06 **Fax:** 46 37 15 60
Président: B. Vercken
Secrétaire Général: I.C. Barsacq

Griechenland

iz h 288

Association Hellénique des commercants de céréales et d'aliments de bétail (SEEDYZ)

Rue Vissarionos 9, GR-10672 Athen
T: (00301) 3 64 11 06 **Fax:** 3 64 30 92
E-Mail: dimigr@hol.gr
Président: P. Della Tolla
Secrétaire Général: C. Sarantopoulos

iz h 289

ESVITE-Association grecque des artisans de normalisation d'huile d'olive

64, rue louise Riancour, GR-11523 Athen Ampelokipi
T: (00301) 6 92 40 86 **Fax:** 6 91 29 35
Président: M. Papaioanou
Secrétaire Général: P. Karantonis

Irland

iz h 290

Irish Grain and Feed Association (IGFA)

Herbert Street 18, IRL-Dublin 2
T: (003531) 6 76 06 80 **Fax:** 6 61 67 74
E-Mail: igfa@cereal.iol.ie
Président: O'Grady
Secrétaire Général: Seamus Funge

iz h 291

FARM Federation of agrochemical retail merchants

11, oaaklands Drive, Rathgan, IRL-Dublin 6
T: (003531) 4 97 01 47 **Fax:** 4 97 01 47
Président: B. Ahern
Secrétaire Général: M. Kennedy

Italien

iz h 292

COMPAG Federazioone nazionale commercianti e pradotti per l'agercoltura

Via S.Stefano 29, I-40125 Ologna
T: (003951) 26 77 96 **Fax:** 23 66 89
E-Mail: kaija.viljanen@avena.fi
Président: P. Ceserani

iz h 293

Associazione nationale cerealisti (ANACER)

Via Po 102, I-00198 Rom
T: (00396) 8 84 02 96, 85 65 54 **Fax:** 8 84 08 77
Président: P. Pagnan
Secrétaire Général: L. Fineschi

iz h 294

Fed. Nazionale del Commercio Oleario (FEDEROLIO)

Via delle Conce 20, I-00154 Rom
T: (00396) 5 75 42 01 **Fax:** 5 78 18 13
E-Mail: federoli@tin.it
Président: G. Forcella
Secrétaire Général: T. Forcella

Niederlande

iz h 295

Koninklijke Vereniging Het Comité van Graanhandelaren

Postf. 202, NL-3000 AE Rotterdam
T: (003110) 4 67 31 88 **Fax:** 4 67 87 61
E-Mail: cvg@graan.com
Président: R. Hoeffelman
Secrétaire Général: E.J. Davids

Niederlande

iz h 296

Netherlands Oils Fats and Oilseeds Trade Association (NOFOTA)

Postf. 1 90, NL-3000 AD Rotterdam
T: (003110) 4 04 21 11 **Fax:** 4 04 23 33
Président: R.A. Mac-Nack
Secrétaire Général: P. W. Van Baal

Portugal

iz h 297

A.C.I.C.O.

Rua Braamcamp 14-1 Andar Esquerdo, P-1200 Lissabon
T: (003511) 3 86 28 96, 3 86 22 09 **Fax:** 3 86 42 68
Président: J. Pais de Sousa
Secrétaire Général: J. Ascensao

Großbritannien

iz h 298

U.I.E.A.C. UK Importers & Exporters of Agricultural Commoditis

Gafta House
Chapel Place 6 Rivington Street, GB-London EC2A 3SH
T: (0044207) 8 14-9666 **Fax:** 8 14-8383
Internet: http://www.gafta.com
E-Mail: post@gafta.com
Secretary General: R. Warin

iz h 299

United Kingdom Agricultural Supply Trade Association Ltd. (UKASTA)

Whitehall Court, 3, GB-London SW1A 2EQ
T: (0044207) 9 30 38 11 **Fax:** 9 30 39 52
Internet: http://www.ukasta.org.uk
E-Mail: inquiries@ukasta.org.uk
Président: J.M. Harley
Secrétaire Général: J. Reed

Schweden

iz h 300

Föreningen Foder och Spannmål (FS)

Postf. 1133, S-11181 Stockholm
Barnhugsgatan 3, S-11181 Stockholm
T: (00468) 4 40 11 70 **Fax:** 24 95 30
E-Mail: erik.harman@sinf.se
Président: Bengt Rosén
Secrétaire Général: Erik Hartman

iz h 301

Svenska Lantmännen

Postf. Box 30192, S-10425 Stockholm
T: (00468) 6 57 44 39 **Fax:** 6 18 71 13
Président: D. Hakelius
Secrétaire Général: Peter Lundberg

UNISTOCK

iz h 302

Unistock

c/o Feport
Avenue Michel Ange 68, B-1040 Brüssel
T: (00322) 7 36 75 52 **Fax:** 7 32 31 49
President: Hans-Herbert Kathke
Secrétaire Général: Patrick Verhoeven

Assoziierte Mitglieder

Polen

iz h 303

Centrala Handlu Zagrainzcenzo "Rolimpex"

146, D Jerozolimkie Avenue, PL-02305 Warschau
T: (004822) 5 70 21 00 **Fax:** 5 70 20 99
Managing Director: R. Mlyniec
Secrétaire Général: A. Budzinski

Ungarn

iz h 304

Hungarian grain and feed association

Alkotmany u. 16 II/9, H-1054 Budapest
T: (00361) 2 69 57 16 **Fax:** 2 69 52 61
Président: Z. Lakatos
Secrétaire Général: George Makay

Schweiz

iz h 305

Association des Importateurs suisses de céréales
Weststr. 9, CH-3000 Bern
T: (004131) 3 51 65 65 **Fax:** 3 51 61 16
Président: P.-H. Tesdorpf
Secrétaire Général: B. Schauwecker

Tschechische Republik

iz h 306

Hydro Czech Republic s.r.o.
Postf. 643, CZ-11121 Prag
Dusni 10, CZ-11121 Prag
T: (00422) 24 81 06 50 **Fax:** 24 81 06 47
Président: R. Schumann
Secrétaire Général: M. Balhar

• IZ H 307

Internationaler Zusammenschluß des Hülsenfrucht-Handels und der Industrie (CICILS)
International Pulse Trade and Industry Confederation
Confédération Internationale du Commerce et des Industries des Légumes Secs
286, Bourse de Commerce, F-75040 Paris Cedex 01
T: (00331) 42 36 84 35 **Fax:** 42 36 44 93

• IZ H 308

Vereinigung der Europäischen Frischobst und Gemüseimporteure und Vertriebsorganisationen (CIMO)
European Fresh Produce Importers Association
Avenue de Broqueville 272 B4, B-1200 Brüssel
T: (00322) 7 77 15 80 **Fax:** 7 77 15 81
Gründung: 1972
President: Michel Jansen
Délégué Général: Philippe Binard (Contact)

• IZ H 309

Vereinigung für den Laubholzhandel in der E.U. (U.C.B.D.)
The European Hardwood Federation
L'Union pour le Commerce des Bois Durs dans l'U.E.
Rue des Fripiers 15-17 Galerie du Centre, B-1000 Brüssel
T: (00322) 2 19 43 73, 2 29 32 66 **Fax:** 2 29 32 67
E-Mail: info@boisimport.be
Président: Ad. Wesselink
Secrétaire Général: Guillaume Daelmans

Mitgliedsorganisationen

Belgien

iz h 310

Fédération Belge du Commerce d'Importation de Bois Asbl
Rue des Fripiers 15-17 Galerie du Centre, B-1000 Brüssel
T: (00322) 2 19 43 73, 2 29 32 66 **Fax:** 2 29 32 67
E-Mail: info@boisimport.be
Contact: G. Daelmans

Dänemark

iz h 312

Dansk Traeforening/Danish Timber Federation
Postf. 69, Lingby, DK-2800 Kobenhavn N
T: (0045) 87 54 00 **Fax:** 87 13 32
E-Mail: dktirnber@inet.uni2.dk
Contact: M. Bjorner

Deutschland

iz h 311

Gesamtverband Holzhandel (BD Holz-VDH) e.V.
Postf. 18 67, 65008 Wiesbaden
Rostocker Str. 16, 65191 Wiesbaden
T: (0611) 50 69-0 **Fax:** 50 69-69
Contact: P. Sauerwein (sauerwein@bdholz.de)

Frankreich

iz h 313

Fédération Française des Bois Tropicaux et Américains
Avenue de Saint-Mande 6, F-75012 Paris
T: (00331) 44 75 58 58 **Fax:** 44 75 54 00
E-Mail: ffbta-ffibn@wanadoo.fr
Contact: E. Boilley

Griechenland

iz h 314

Timber Importers Association of Greece
c/o Xylemboria Atene
14th, KLM Road Athens-Lamia, GR-14564 Kifissia
T: (00301) 8 07 40 02 **Fax:** 8 07 41 74
Contact: G. Papanastasiou

Großbritannien

iz h 315

Timber Trade Federation
Clareville House
Oxendon Street 26-27, GB-London SW1Y 4EL
T: (0044207) 8 39 18 91 **Fax:** 9 30 00 94
E-Mail: pcmartin@ttf.co.uk
Contact: P. Martin

Italien

iz h 316

Federazione Nazionale del Commercianti del Legno e del Sughero
Via Toscana 10, I-00187 Rom
T: (00396) 42 90 39 67 **Fax:** 42 01 22 36, 42 81 73 91
E-Mail: fedecoml@tin.it
Contact: A. Froncillo

Niederlande

iz h 317

Vereniging van Nederlandse Houtondernemingen
Postf. 1380, NL-1334 BK Almere-Buiten
Westeinde 6, NL-1334 BK Almere-Buiten
T: (003136) 5 32 10 20 **Fax:** 5 32 10 29
E-Mail: vvnh@wxs.nl
Contact: A. De Boer

Portugal

iz h 318

Madeiporto - Madeiras e Derivados SA
Via Jose Regio 256, P-4480 Vilar Do Pinheira
T: (03512) 92 28 78 70 **Fax:** 9 28 78 88
E-Mail: vicaima@mail.telepac.pt
Contact: Arlindo Da Costa Leite

Schweden

iz h 319

Svensk Traimportorforening
c/o AB Skanditra
Vastergatan 22, S-21121 Malmö
T: (004640) 7 17 25 **Fax:** 12 03 82
E-Mail: petra.anderson@skanditra.com
Contact: Gunnar Baath

Spanien

iz h 320

Asociacion Espanola de Importadores de Maderas
Flora 3-2, E-Madrid 13
T: (003491) 5 47 97 45 **Fax:** 5 47 39 80
E-Mail: aeim@flashnet.es
Contact: A. Romero

• IZ H 321

Vereinigung der Geflügelschlachtereien und des Geflügelimport- und Exporthandels der E.U.-Länder (a.v.e.c.)
Association of Poultry Processors and Poultry Import and Export Trade in the EU Countries
Association des Centres d'Abattage de Volailles et du Commerce d'Importation et d'Exportation de Volailles des Pays de l'Union Européenne
Trommesalen 5, 4th floor, DK-1614 Copenhagen V
T: (004533) 25 41 00 **Fax:** 25 35 52
E-Mail: avec@poultry.dk
Gründung: 1966 (5. Oktober)
President: M. Ribas (E), Montoblio (E)
Vice President: Ch. Doux (F)
M. G. Wagner (D)
Secretary General: T. Lysgaard (DK)

Mitgliedsorganisationen

Belgien

iz h 322

Vereniging van industriele Pluimveeslachterijen van Belgie V.I.P.-Belgie
Koningin Astrid Laan 57B-9, B-9100 Sint-Niklas
T: (00323) 7 76 86 07 **Fax:** 7 76 50 56
E-Mail: vip@velgonet.be
President: F. van den Steen
Secretary General: An Truyen

iz h 323

Nationaal Verbond van Pluimveeslachthuizen - N.V.P.
Rue de Spastraat 8, B-1000 Brussels
T: (00322) 2 38 06 34 **Fax:** 2 30 18 78, 2 30 93 54
E-Mail: coberen@kmonet.be
President: A. Meersman
Secretary General: J. van Bosch

Dänemark

iz h 324

Danish Poultrymeat Association
Trommesalen 5 4th, DK-1614 Copenhagen V
T: (004533) 25 41 00 **Fax:** 25 30 14
E-Mail: dsf@poultry.dk
President: P. Ramsløv
General Manager: Chr. Terkildsen

Deutschland

iz h 325

Bundesverband der Geflügelschlachtereien e.V.
Hinter Hoben 149, 53129 Bonn
T: (0228) 5 30 02 40 **Fax:** 5 30 02 77
E-Mail: Gefluegelwirtschaft@t-online.de
President: G. Wagner
Secretary General: Dr. Siegfried Hart

Finnland

iz h 326

Finnish Food and Drink Industries
Postf. 115, FIN-00241 Helsinki
T: (003589) 14 88 71 **Fax:** 14 88 72 01
E-Mail: lea.lastikka@et.ttliitot.si
Director: Lea Lastikka

Frankreich

iz h 327

Federation des Industries Avicoles (F.I.A.)
20, rue de l'Arcade, F-75008 Paris
T: (00331) 42 66 25 94 **Fax:** 42 66 26 55
President: J. Risse
Secretary General: G. le Pottier

Irland

iz h 328

Irish Poultry Processors Association
Ballard House, Clara Road, IRL-Tullamore Co Offaly
T: (00353) 50 64 60 28 **Fax:** 50 64 60 29
E-Mail: pcm@iol.ie
President: J. Carton
Director General: P. Mulvehill

Italien

iz h 329

Unione Nazionale dell'Avicoltura - U.N.A.
Via Vibio Mariano, 58, I-00189 Roma
T: (00396) 3 32 58 41 **Fax:** 33 25 24 27
E-Mail: una@iol.it
President: G. Sassi
Secretary General: R. Pasquarelli

Niederlande

iz h 330

Vereniging van de Nederlandse Pluimveeverwerkende Industrie - NEPLUVI
Zeisteroever 13, NL-3704 GB Zeist
T: (003130) 6 96 72 25 **Fax:** 6 96 79 80
E-Mail: nepluvi@het.net
President: Drs. J. J. Ramekers
Secretary General: C. Vermeeren

Österreich

iz h 331

Arbeitsgemeinschaft der Geflügelwirtschaft Österreichs (ALGÖ)
Dresdnerstr. 38-40, A-1200 Wien
T: (00431) 3 33 87 98 **Fax:** 3 33 87 98-25
E-Mail: algoe@netway.at
Chairman: KR Hermann Huber
Secretary General: D. Bibl

Portugal

iz h 332

FEPASA
Rua Elias Garcia 38, Venda Nova, P-2700 Amadora
T: (003511) 4 74 63 63 **Fax:** 4 74 62 38
President: A. Teixeira
Secretary General: M. Lima

Spanien

iz h 333

Asociación Nacional de Mataderos de Aves, Conejos y Salas de Despiece (A.M.A.C.O.)
c/Virgen de los Peligros n°8-1°A, E-28013 Madrid
T: (00349) 15 32 36 93 **Fax:** 15 22 58 89
President: A. Espugas
Director General: S. Aragall

iz h 334

Asociacion Nacional de Productores de Pollos (A.N.P.P.)
Diego de Leon 33, E-28006 Madrid
T: (003491) 5 62 42 93 **Fax:** 5 62 32 31
Director General: Angel Mártin Ruiz

Schweden

iz h 335

Svensk Fågel
Swedish Poultry Meat Association
Postf. 55633, S-10214 Stockholm
Sibyllegatan 17, S-10214 Stockholm
T: (00468) 6 67 17 20 **Fax:** 6 67 17 06
President: J. Kristensson
Managing Director: C. Littorin

Großbritannien

iz h 336

British Poultry Federation Ltd
Imperial House, 7th Floor, 15-19 Kingsway, GB-London WC2B 6UA
T: (0044207) 2 40 98 89 **Fax:** 2 40 77 57
E-Mail: bpmf@bpmf.co.uk
President: W. J. Williams
Chief Executive: P. Bradnock

• IZ H 337

Vereinigung des "Internationalen Handels mit Blumenzwiebeln und Pflanzen" (CIBEP)
Association of the International Trade in Flowerbulbs and Plants
l'Association du "Commerce International de Bulbes à Fleurs et de Plantes"
Postf. 170, NL-2180 AD Hillegom
Weeresteinstraat 12, NL-2101 AD Hillegom
T: (0031252) 53 50 80 **Fax:** 53 50 88

• IZ H 338

Vereinigung internationaler Handelshausverbände (CITHA)
Confederation of International Trading Houses Associations
Confédération des Associations Internationales de Maisons de Commerce
Postf. 2 98 22, NL-2502 LV Den Haag
Adriaan Goekooplaan 5, NL-2502 LV Den Haag
T: (003170) 3 54 68 11 **Fax:** 3 51 27 77
E-Mail: citha@verbondgroothandel.nl
President: A.H. Frei
Secretary General: L. Antonini

Mitgliedsorganisationen

Belgien

iz h 339

Belgische Vereniging van Internationale Traders (ABNEI)
Association Belge des Sociétés de Commerce International
Israëlietenstraat 7, B-2000 Antwerpen
T: (00323) 2 26 07 12 **Fax:** 2 31 99 69
Internet: http://www.obcebdbh.be
E-Mail: info@obcebdbh.be
President: A.H. Frei
Secretary general: G. Regniers

Deutschland

iz h 340

Bundesverband des Deutschen Groß- und Außenhandels (BGA)
Postf. 13 49, 53003 Bonn
Bonner Talweg 57, 53113 Bonn
T: (0228) 2 60 04-0 **Fax:** 2 60 04-55
President: Dr. M. Fuchs
Secretary general: Dr. P. Spary

iz h 341

Bundesverband des Deutschen Exporthandels e.V. (BDEx) (BDEx)
Gotenstr. 21, 20097 Hamburg
T: (040) 23 60 16 25 **Fax:** 23 60 16 10
Internet: http://www.bdexport.de
E-Mail: contact@bdexport.de
President: W. Putzier
Secretary general: H.J. Müller

Frankreich

iz h 342

Confédération Française du Commerce de Gros Interentreprises et du Commerce International (CGI)
18, Rue des Pyramides, F-75001 Paris
T: (00331) 44 55 35 00 **Fax:** 42 86 01 83
Internet: http://www.cg-cf.com
E-Mail: cgi@cgi-cf.com
President: G. Laporte
Executive Vice-President: D. Haber

Italien

iz h 343

Associazione Italiana Commercio Estero
47-49 Corso Venezia, I-20121 Mailand
T: (00392) 7 75 03 20-1 **Fax:** 7 75 03 29
Internet: http://www.unione-milano.it/aice
E-Mail: aice@unione.milano.it
President: C. Rotti
Secretary General: Dr. M. Bossi

Niederlande

iz h 344

Nederlands Verbond van de Groothandel
Adriaan Goekooplaan 5, NL-2517 JX Den Haag
T: (003170) 3 54 68 11 **Fax:** 3 51 27 77
Internet: http://www.verbondgroothandel.nl
E-Mail: nvg@verbondgroothandel.nl
President: P.M. Slagmulder
Secretary General: Dr. L. Antonini

Österreich

iz h 345

Verband Österreichischer Transit- und Aussenhandelsunternehmen
c/o Bank Austria Handelsbank AG
Operngasse 6, A-1010 Wien
T: (00431) 51 44 00 **Fax:** 5 12 66 02
E-Mail: helmuthbohunovsky@bankaustria.com
President: Dipl.-Kfm. Helmuth Bohunovsky
Secretary General: Irmgard Klopf

Rumänien

iz h 346

Association of Rumanian Import/Eport Traders
Str. Doamnei nr. 17-19 / sector 3, R-70416 Bukarest
T: (00401) 3 13 92 23, 3 11 11 41 **Fax:** 3 12 25 72
E-Mail: aneir-cpce@aneir-cpce.ro
Secretary General: Dr. Mihai Ionescu

Schweiz

iz h 347

Schweizerischer Verband der Internationalen Handelsfirmen
Swiss Association of International Trading Houses
Aeschenvorstadt 4, CH-4010 Basel
T: (004161) 2 72 72 00 **Fax:** 2 72 80 90
President: Dr. A.R. Hegner
Secretary General: Dr. M. Pfeifer

Türkei

iz h 348

Foreign Trade Association of Turkey (Turktrade)
Kore Sehitleri Caddesi, Arcil Apt. 37/4, TR-80300 Zincirlikuyu Istanbul
T: (0090212) 2 72 69 81, 2 72 69 91
Fax: (090212) 2 75 51 36
President: Hasan Bengü
Secretary General: Dr. Suleyman Gedik

Ungarn

iz h 349

Hungarian Foreign Trading Houses Association
Kuny Domonkos U. 13-15, H-1012 Budapest
T: (00361) 3 55 48 58 **Fax:** 3 55 82 19
President: J. Tóth
Secretary general: I. Aranyi

• IZ H 350

Vereinigung des Nadelschnittholz-Einfuhrhandels in der EU
Union for the Imported Softwood Trade of the EU
Union pour le commerce d'importation des sciages de conifères dans la UE
Rue des Fripiers 15-17, Galerie du Centre, Bloc I, B-1000 Brüssel
T: (00322) 2 19 43 73 **Fax:** 2 29 32 67
E-Mail: info@boisimport.be
Präsident(in): Franz van Hoorebeke
Generalsekretär(in): Guillaume Daelmans
Mitglieder: 9

• IZ H 351

Vereinigung der Zuckerhandels-Verbände für die EU-Länder (ASSUC)
Association des Organisations Professionnelles du Commerce du Sucre de l'U.E.
Rue Jenneval 29, B-1000 Bruxelles
T: (00322) 7 36 79 97 **Fax:** 7 32 67 66
E-Mail: sacar@/linkline.be
Gründung: 1959 (9. Dezember)
Secrétaire Général: Hannelore Mill (Ltg. Presseabt.)
Président: B. Metelmann (D)
Mitglieder: 10 nationale Verbände
Mitarbeiter: 2

Mitgliedsorganisationen

Belgien

iz h 352

Assoc. Prof. des Importateurs, Exportateurs, Négociants, Courtiers et Distributeurs de Sucre
Grate Steenweg 57, B-2600 Berchem
T: (003) 4480124 **Fax:** 34 48 04 74
E-Mail: ploomans@hottletsugar.be

Dänemark/Schweden

iz h 353

DANISCO Sugar
Langebrogade 1, DK-1001 Kopenhagen K
T: (0045) 32 66 20 00 **Fax:** 32 66 21 79

Deutschland

iz h 354

Verband des Deutschen Zuckerhandels e.V.
Raboisen 58, 20095 Hamburg
T: (040) 33 54 25 **Fax:** 32 00 32 66

Finnland

iz h 355

FINNSUGAR
T: (003589) 2 97-484 **Fax:** 2 97-4744
E-Mail: suokas@cultor.com

Frankreich

iz h 356

Syndicat Français du Commerce des Sucres
Bourse de Commerce
Rue de Longchamp 32, F-75118 Paris
T: (00331) 45 53 02 29 **Fax:** 47 27 82 50

Großbritannien

iz h 357

Sugar Traders' Association of the United Kingdom
24, Chiswell Street, GB-London EC1Y 4SG
T: (0044207) 9 72 66 31 **Fax:** 9 72 66 99
E-Mail: czarnikow@czarnikow.com

Irland

iz h 358

National Association of Sugar Traders of Ireland
Athy Road, IRL-Carlow
T: (00353503) 3 14 87 **Fax:** 4 30 87
E-Mail: ah@irishsugar.iol.ie

Italien

iz h 359

Sindacato Nazionale Grossisti, Droghe, Coloniali, Zucchero
Via Properzio 5, I-00193 Rom
T: (00396) 3 57 42 15 **Fax:** 68 89 04 76
E-Mail: federgrossisti@tin.it

Niederlande

iz h 360

Verbond van de Nederlandse Groothandel
Postf. 2 98 22, NL-2502 LV 's-Gravenhage
T: (003120) 5 90 69 11 **Fax:** 6 95 25 27
E-Mail: friso.devries@csmsuiker.com

Spanien

iz h 361

Sociedad General Azucarera
Montalban II, E-28014 Madrid
T: (00341) 5 21 10 42 **Fax:** 5 32 79 70
E-Mail: fernando.perezlope@ebro-agricolas.es

Einzelhandel

• **IZ H 362**

Conföderation der Europäischen Drogistenverbände (CED)
Confédération Européenne de la Droguerie
c/o Verband Deutscher Drogisten
Postf. 30 14 13, 50784 Köln
Vogelsanger Str. 165, 50823 Köln
T: (0221) 95 29 17-0 **Fax:** 95 29 17 20
Gründung: 1951
Präsident(in): Gerhard Fischler (Vizepräsident des Österreichischen Drogistenverbandes, A-1015 Wien, Krugerstr. 3, T: (00431) 5 12 62 29, Telefax: (00431) 5 12 68 08 75)
Vizepräsident(in): S.C.B. Douma (Winkelpassage de Korf 10, NL-2924 AH Krimpen aan den Ijssel, T: (00311805) 1 99 00, Fax: 1 80 55 19 99)
Andre de Munck (Präs. d. Belgischen Drogistenverbandes, Brusselsesteenweg 160, B-1500 Halle, T: (00322) 3 56 81 89)
Generalsekretär(in): Michael Bastian (c/o Verband Deutscher Drogisten, T: (0221) 95 29 17-0, Telefax: (0221) 95 29 17 20)

Mitgliedsorganisationen

Belgien

iz h 363

Union Professionelle de la Droguerie
Lakensestraat 119, B-1000 Bruxelles
T: (00322) 2 17 61 25
Président: Andre de Munck

Deutschland

iz h 364

Verband Deutscher Drogisten e.V. (VDD)
Postf. 30 14 13, 50784 Köln
Vogelsanger Str. 165, 50823 Köln
T: (0221) 95 29 17-0 **Fax:** 95 29 17-20
E-Mail: bfv-vdd@einzelhandel.de
Präsident(in): Harald Escher
Hauptgeschäftsführer(in): Michael Bastian

Niederlande

iz h 365

Koninklijke Nederlandse Drogisten Bond
Postf. 12 40, NL-3600 BE Maarssen
T: (0031346) 566 993 **Fax:** 565 426
Präsident(in): W.L. Kessler

Österreich

iz h 366

Österreichischer Drogistenverband
Krugerstr. 3, A-1015 Wien
T: (00431) 5 12 62 29 **Fax:** 5 12 68 08 75
Präsident(in): Günther Lindner

Polen

iz h 367

Stowarzyszenie Drogistów Polskich
ul. Podwale 3/13, PL-00952 Warzawa 40
T: (004822) 6 35 60 96
Präsident(in): N.N.

Spanien

iz h 368

Federation Nac. de Parfumistas y Drogueros
Paz, 13, E-28012 Madrid
T: (00341) 5 21 60 86 **Fax:** 5 32 70 89
Präsident(in): D. Javier Arango Menéndez

Tschechische Republik

iz h 369

SPOLEK DROGISTU_U ČESKÉ REPUBLIKY
c/o Drogimex
Zelivského 2, CZ-13000 Praha 10
T: (00422) 73 26 74 **Fax:** 67 31 26 01
Dr. Vladimir Gelbic

• **IZ H 370**

Europäische Buchhändlervereinigung (EBF)
European Booksellers Federation
Fédération Européenne des Libraires
Rue du Grand Hospice 34a, B-1000 Brüssel
T: (00322) 2 23 49 40 **Fax:** 2 23 49 41
Internet: http://www.ebf-eu.org
E-Mail: eurobooks@skynet.be
President: Doris Stockmann
Contact: Christiane Vuidar
Mitglieder: 20
Mitarbeiter: 2

• **IZ H 371**

Europäische Möbelhandels-Vereinigung (FENA)
Fédération Européenne du Négoce de l'Ameublement
Rue Saint-Lazare 59, F-75009 Paris
T: (00331) 42 85 87 55 **Fax:** 42 80 68 84

• **IZ H 372**

Europäische Vereinigung der Mittel- und Großunternehmen des Einzelhandels (F.E.M.G.E.D.)
European Federation of Medium-size and Major Retailers
Fédération Européenne des Moyennes et Grandes Entreprises de Distribution
Avenue Edouard Lacomblé 17, B-1040 Bruxelles
T: (00322) 7 34 32 89 **Fax:** 7 34 32 96
Gründung: 1959
Präsident(in): Prof. J. D. Hellwege
Generalsekretär(in): Claude Droulans (L)
Verbandszeitschrift: FEMGED - European Newsletter
Verlag: FEMGED
Mitglieder: 25
Mitarbeiter: 2
Jahresetat: DM 0,4 Mio, € 0,2 Mio

Mitgliedsorganisationen

Deutschland

iz h 373

Bundesarbeitsgemeinschaft der Mittel- und Großbetriebe des Einzelhandels e.V.
Friedrichstr. 60, 10117 Berlin
T: (030) 20 61 20-0 **Fax:** 20 61 20-88
Internet: http://www.bag.de
E-Mail: handelsverband@bag.de
Präsident(in): N. N.
Hauptgeschäftsführer(in): Prof. Dr. Johann D. Hellwege

Österreich

iz h 374

Handelsverband-Verband der Mittel- u. Großbetriebe des Einzelhandels
Alserstr. 45, A-1080 Wien
T: (00431) 42 74 61 **Fax:** 48 64 81
Kontaktperson: D. Mailath-Pokorny

Schweiz

iz h 375

Verband der Schweizerischen Waren- und Kaufhäuser (VSWK)
Association des Grands Magasins Suisses (AGMS)
Marktgasse 50, CH-3000 Bern 7
T: (004131) 3 12 40 40 **Fax:** 3 12 40 41
Kontaktperson: Dr. K. Hug (Präsident)
Barbara Regli (Geschäftsführerin)

• **IZ H 376**

Europäische Vereinigung des Parfümerie-Einzelhandels
Fédération Européenne des Parfumeurs Détaillants
Generalsekretariat
Postf. 10 02 25, 45602 Recklinghausen
An der Engelsburg 1, 45657 Recklinghausen
T: (02361) 92 48-0 **Fax:** 92 48 88
Gründung: 1961
Präsident(in): Reinhard Dieter Wolf

Direktor Werner Hariegel
Mitglieder: 10
Mitgliedsverbände in: Niederlande, Belgien, Frankreich, Spanien, Italien, Schweiz, Oesterreich, Deutschland, Norwegen

Mitgliedsorganisationen

Belgien

iz h 377

Confédération Belge des Parfumeurs Détaillants
Rue du Luxembourg 42, B-1000 Brüssel

Deutschland

iz h 378

Bundesverband Parfümerien e.V.
An der Engelsburg 1, 45657 Recklinghausen

Frankreich

iz h 379

Fédération Nationale des Parfumeurs Détaillants
14, Terrasse Bellini, F-92806 Puteaux Cedex

Italien

iz h 380

FENAPRO-Federazione Nazionale Profumeria
Corso Venezia 47-49, I-20121 Mailand

Niederlande

iz h 381

Bond van Detaillisten in de Parfumeriehandel
Postf. 765, NL-2270 AT Voorburg

Norwegen

iz h 382

HSH Mote & Fritid
Postf. 2900 Solli, N-0230 Oslo
Sj_ylyst plass 3, N-0277 Oslo
T: (0047) 23 00 15 15 **Fax:** 23 00 15 16
President: Paul F. Brekklund
Generalsekretär(in): Leif Olsen

Österreich

iz h 383

Bundesgremium des Parfumeriewarenhandels
Wiedner Hauptstr. 63, A-1040 Wien

Schweiz

iz h 384

Parfümerieverband Schweiz
Färberstraße 15, CH-8034 Zürich

Spanien

iz h 385

Asociacion Espanola de Detallistas de alta Perfumeria y Cosmetica (AEDALPECO)
Portolà 2t-6, E-08023 Barcelona

• IZ H 386

Europäische Vereinigung der Reformhausfachverbände (GEAMR)
Groupement Européen des Associations des Maisons de Réforme
Gotische Str. 15, 61440 Oberursel
T: (06172) 3 00 98 61 **Fax:** 3 00 98 62
Präsident(in): D. A. Schouw (Hilversum (NL))

Mitgliedsorganisationen

Belgien

iz h 387

NAREDI
Rue de la Sabloniére 7, B-1000 Brüssel
T: (00322) 2 18 67 60 **Fax:** 2 18 66 79

Dänemark

iz h 388

Danske Helskostforretningers Bransjeforbund - Helsam
Ronsdam 1, DK-6400 Sonderborg
T: (0045) 74 48 68 02 **Fax:** 74 48 69 02

Deutschland

iz h 389

Bundesfachverband Deutscher Reformhäuser e.V. (refo)
Gotische Str. 15, 61440 Oberursel
T: (06172) 30 09-861 **Fax:** 30 09-862

Großbritannien

iz h 395

National Association of Health Stores
Queens Road, GB-Nottingham
T: (0044602) 86 66 15

Finnland

iz h 390

The Health Product Retailer's Association in Finland
Mannernheimintie 76 B, FIN-00250 Helsinki
T: (003580) 44 92 16 **Fax:** 9 44 92 16

Frankreich

iz h 391

UNADIET
50, rue Pierre Brunier, F-69300 Cluire
T: (0033) 72 07 05 26

iz h 392

Fédération Nationale des Syndicats de Diétéique
14 terrasse Bellini, F-92807 Puteaux
T: (0033) 1 47 50 03 09 **Fax:** 1 47 17 08 75

Irland

iz h 393

Irish Association of Health Stores
Killeen Road, IRL-Dublin 10

Italien

iz h 394

@Dr. @Schär GmbH-Srl
Winkelau 5, I-39014 Burgstall
T: (0039473) 29 33 00 **Fax:** 3 75 95

Niederlande

iz h 396

Vereniging van Nederlandse Reformhuizen
Frankeneng 13, NL-6716 AA Ede (Gld)
T: (00318380) 3 05 39

Norwegen

iz h 397

Helsekostbransjens Detaljistforbund
Postf. 54 71, N-7002 Trondheim
T: (0047) 33 39 00 18 **Fax:** 33 39 00 18

Österreich

iz h 398

Vereinigung Österreichischer Reformhäuser
Bismarckstr. 14, A-4020 Linz
T: (0043732) 28 36 63

iz h 399

Österreichischer Drogistenverband
Krugerstr. 3, A-1015 Wien
T: (00431) 5 12 62 29 **Fax:** 5 12 68 08 75

Schweden

iz h 400

Reformkostbutikernas Riksforbund
Lars Herte Vigsgt. 5, N-4005 Stavanger
T: (0047) 51 52 88 76 **Fax:** 51 53 01 05

iz h 401

Hälsofackhandlarnas Riksförbund
Postf. 10 17, S-80134 Gävle
T: (004626) 51 80 15 **Fax:** 18 95 18

iz h 402

Sveriges Hälsokosthandlares Riksförbund
Postf. 1 41, S-24122 Eslöv
T: (0046413) 1 02 67 **Fax:** 1 02 67

Schweiz

iz h 403

biona - Verband Schweizer Reform- und Diätfachgeschäfte VSRD
Breitenrainplatz 36, CH-3000 Bern
T: (004131) 3 31 60 40 **Fax:** 3 31 36 06

• IZ H 404

Europäische Vereinigung des Spielwaren-Detailhandels
Dr. H. Stübler
Sigmundstr. 220, 90431 Nürnberg
T: (0911) 6 55 63 59 **Fax:** 6 55 62 51
E-Mail: TTE@NRZ-GmbH.de
Präsident: K. Müller (D)
Sekretariat: Dr. Helga Stübler (Sigmundstr. 220, 90431 Nürnberg, T: (0911) 6 55 6359)

• IZ H 405

Europäische Vereinigung der Spitzenverbände des Textileinzelhandels (AEDT)
European Association of national Organizations of textile retailers
Association Europeenne des organisations nationales des commercants detaillants en textile
Geschäftsführung:
123-133, rue Froissart, B-1040 Brüssel
T: (00322) 2 30 52 96 **Fax:** 2 30 25 69
Internet: http://www.aedt.org
E-Mail: info@aedt.org
President: Siegfried Uetz (Präsident Schweizerischer Textikdetaillisten-Verband, Sonnhaldenweg 13, CH-3506 Grosshöchstetten, T: (004131) 7 11 33 27, Fax: 7 11 33 26, E-Mail: heisiuetz%bluewin.ch)
Vice-President: A.H. van Arenthals-Kramer Freher (Spijkse Kweldijk, 126, NL-4211 CW Spijk, T: (0031183) 56 23 60, Fax: 56 73 11)
Mikael Sandström (Rich Sandströms ab, Postbox 4, S-59800 Vimmerby, Kvarngatan 2, S-59895 Vimmerby, T: (0046492) 120 34, Fax: 154 48)
Member of the board: Carlo Massoletti (Eurosport, C. SO Zanardelli 13, 25121 Brescia, T: (0039030) 4 82 66 + (0039035) 8 20 39 23, Fax: (0039030) 3 77 11 36)
Member of the board: Renaat Soenens (123-133, rue Froissart, B-1040 Brüssel, T: (00322) 230 52 96, Fax: 230 25 69)

Mitgliedsorganisationen

Belgien

iz h 406

Nationaal Verbond van Textiel- en Kledingdetaillisten (NAVETEX)
Association Nationale des Détaillants en Textile et Habillement (NAVETEX)
Spastraat 8, B-1000 Brüssel
T: (00322) 2 38 06 51 **Fax:** 2 30 64 44
Président: René van Genechten (Diesterstraat 6-8, B-3980

Tessenderlo, T: (003213) 66 20 89, Telefax: (003213) 66 79 75)
Secrétaire Général: Danny Huysmans

Dänemark

iz h 407

Dansk-Textil-Union

H.C. Andersens Boulevard 48, DK-1553 København V
T: (004533) 12 17 08 **Fax:** 93 17 08
President: Henrik Kaufmann
Secrétaire Général: Leif Bernth

Deutschland

iz h 408

Bundesverband des Deutschen Textileinzelhandels e.V. (BTE)

Postf. 29 02 63, 50524 Köln
T: (0221) 92 15 09-0 **Fax:** 92 15 09-10
Internet: http://www.bte.de
Präsident(in): Klaus Magnus (Modehaus Karl Magnus KG, Leinstr. 7, 31061 Alfeld, T: (05181) 8 45 80, Fax: 84 58 11)
Generalsekretär(in): Jürgen Dax

Finnland

iz h 409

Tekstiilikauppiaiden Liitto (TEKSI)

Mariankatu 26B-14, FIN-00170 Helsinki 17
T: (003589) 1 35 12 88 **Fax:** 1 35 13 84
President: Seppo A. Halme (Muotitalo Jokinen Oy, PL 39, SF-38201 Vammala, T: (003583) 5 11 24 17, Telefax: (003583) 5 11 24 18)
Secretary General: Yrjö Gorski (T: (003589) 68 44 73 00, Fax: 68 44 73 44, E-Mail: yrjo.gorski@muotikaupanliitto.fi)

Frankreich

iz h 410

Fédération Nationale de l'Habillement Nouveauté et Accessoires (F.N.H.)

46, Bd. de Magenta, F-75010 Paris
T: (00331) 42 02 17 69 **Fax:** 42 02 53 95
Secretary General: Nelly Servais

Großbritannien

iz h 411

British Shops & Stores Association (BSSA)

Middleton House
2 Main Road Middleton, Cheney, GB-Banbury OX17 2TN
T: (00441295) 71 22 77 **Fax:** 71 16 65
President: Jane Cox (2-6, Market Place Olney, GB-Buckinghamshire MK46 4EA, T: (00441234) 71 12 55, Fax: 24 11 13)
Secretary General: John Dean (T: (00441295) 71 22 77, Fax: 71 16 65, E-Mail: SayersAllan@compuserve.com)

Italien

iz h 412

Federazione Nazionale Dettaglianti Tessili Abbigliamento Arredamento (Federabbigliamento)

Corso Venezia 26, I-20121 Mailand
T: (00392) 76 01 52 12 **Fax:** 79 66 68
Président: Igino Sogaro (Via Marghera, 28, I-20149 Milano, T: (00392) 480 271 63, Fax: 480 052 80)
Secrétaire Général: Franco Tomelli

Luxemburg

iz h 413

Confédération Luxembourgeoise du commerce (CLC)

Postf. 482, L-2014 Luxembourg
7 Alcide de Gasperi, L-1615 Luxemburg
T: (00352) 48 49 49 301 **Fax:** 48 49 49 202
Président: Will Decker (Place du Marché, 5 à 7, L-6460 Echternach, T: (00352) 72 00 50, Fax: (00352) 72 88 36)
Sécrétaire Général: Thierry Nothum (T: (00352) 43 94 44, Fax: 43 94 50)

Niederlande

iz h 414

Vereniging van Ondernemers in de Modedetailhandel MITEX

Vondelstraat 172 GV, NL-1054 GV Amsterdam
T: (003120) 6 83 22 01 **Fax:** 6 16 29 21
President: A.H. van Arenthals-Kramer Freher (Spijkse Kweldijk, 126, NL-4211 CW Spijk, T: (0031183) 56 23 60, Fax: 56 73 11)
Secrétaire Général: Jan J. Meerman

Norwegen

iz h 415

HSH Mote & Fritid

Postf. 2900 Solli, N-0230 Oslo
Sj_ylyst plass 3, N-0277 Oslo
T: (0047) 23 00 15 15 **Fax:** 23 00 15 16
President: Paul F. Brekklund
Generalsekretär(in): Leif Olsen

Österreich

iz h 416

Bundesgremium des Textilhandels

Postf. 440, A-1045 Wien
Wiedner Hauptstr. 63, A-1040 Wien
T: (00431) 5 01 05 33 20 **Fax:** 50 20 62 94
Präsident(in): Wilhelm Stift (Rathausplatz 4, A-3430 Tulln, T: (004322) 72 68 00 00, Fax: (004322) 7 26 80 00 11)
Secrétaire Général: Dr. Oskar Rick

Schweden

iz h 417

STIL, Sko & Textilhandlarna

Blasieholmsgatan 4 A, 2 tr, S-10561 Stockholm
T: (00468) 762 76 10 **Fax:** 762 76 18
President: Mikael Sandström (Mich Sandström AB, Postbox 4, SE-59800 Vimmerby, Kvarngatan 2, S-59895 Vimmerby, T: (0046492) 1 20 34, Telefax: (0046492) 1 54 48)
Secrétaire Général: Åke Weyler

Schweiz

iz h 418

Schweizerischer Textildetaillisten-Verband Association Suisse des Détaillants en Textiles "STDV/ASDT"

Union Interprofessionnelle Patronale du Canton de Fribourg
Postf. 8 13, CH-1701 Fribourg
T: (004126) 3 50 33 00 **Fax:** 3 50 33 03
Präsident(in): Siegfried Uetz (Sonnhaldenweg 13, CH-Grosshöchstetten, T: (004131) 7 11 33 27, Fax: 7 11 33 26, E-Mail: heisiuetz@bluewin.ch)
Secrétaire Général: Armin Haymoz

Spanien

iz h 419

Gremi de Comerç Textil i Sastreria

Diputacio 290 pral., E-08009 Barcelona
T: (00343) 3 01 79 80 **Fax:** 3 01 87 20
Président: Juan Torrents
Secrétaire Général: Javier Coll Olalla

• IZ H 420

Europäische Vereinigung des Versandhandels (AEVPC)

European Mail Order Traders' Association (EMOTA)
Association Européenne de Vente par Correspondance (AEVPC)
Buro & Design Center
Heizel Esplanade box 47, B-1020 Brüssel
T: (00322) 4 77 17 99 **Fax:** 4 78 91 65
Internet: http://www.emota-aevpc.org
Präsident(in): Didier Lahache
Vice President: Michel Casters (Treasurer)
Generalsekretär(in): Dr. Aad Weening

Belgien

iz h 421

Association Belge du Marketing Direct

Esplanade du Heysel, bte 46, B-1020 Brüssel
T: (00322) 4 77 17 97 **Fax:** 4 79 06 79
E-Mail: info@bdma.be
Präsident(in): Michel Casters
Sekretär: Paul van Lil

Dänemark

iz h 422

Dansk Postordreforening

Ehlersvej 11, DK-2900 Hellerup
T: (0045) 45 35 43 40 07 **Fax:** 45 39 61 55 07
Internet: http://www.postordre.org
E-Mail: sekretariat@postordre.org
Präsident(in): Alice Sanco
Sekretär: Erik Ryge

Deutschland

iz h 423

Bundesverband des Deutschen Versandhandels e.V. (BVH)

Johann-Klotz-Str. 12, 60528 Frankfurt
T: (069) 67 50 47 **Fax:** 67 50 98
E-Mail: info@bvh-versandhandel.de
Präsident(in): Klaus Wirth
Sekretär: Thomas Steinmark

Finnland

iz h 425

Suomen Suoramarkkinointiliitto RY. (SSML)

Finnish Direct Marketing Association
Lönnrotinkatu 11a lll krs, FIN-00120 Helsinki
T: (003589) 22 87 74 01 **Fax:** 6 12 10 39
E-Mail: sakke@ssml-fdma.fi
Präsident(in): Jouko Kovero
Sekretär: Sakari Virtanen

Frankreich

iz h 426

Fédération des Entreprises de Vente á Distance

Postf. 43808, F-75366 Paris
60, Rue la Boétie, F-75008 Paris
T: (00331) 42 56 38 86 **Fax:** 45 63 91 95
E-Mail: bs12@calva.net
Präsident(in): Jean-Christian Fandeux
Sekretär: Bernard Siouffi

Großbritannien

iz h 4 26.10

The Mail Order Traders' Association of Great Britain

PR8 2NG, 40 Waterloo Road, GB-Birkdale Southport
Präsident(in): Jim Martin
Sekretär: Malcolm Landau

Irland

iz h 4 26.20

Irish Mail Order Association

7, 351. North Circular Road, IRL-Dublin
T: (003531) 8 30 43 04 **Fax:** 8 30 03 33
E-Mail: howjac@iol.ie
President: Ewan Byrne
Secretary: Howard Jacobs

Italien

iz h 427

Associazione Nazionale fra Aziende de Vendita per Corrispondenza e a Distanza (ANVED)

Via Melchiorre Gioia 70, I-20125 Mailand
T: (00392) 67 07 20 59 **Fax:** 67 07 43 70
E-Mail: anved@iol.it
Präsident(in): Paolo Lavino
Sekretär: Pier Attilio Rubini

Niederlande

iz h 428

Nederlandse Postorderbond

Weerdestein 96, NL-1083 GG Amsterdam

Präsident(in): Gerard Marsman
Sekretär: Maarten Reuderink

Norwegen

iz h 429

Norsk Postorderforening

Postf. 2475, N-0202 Oslo
T: (0047) 22 54 17 00 **Fax:** 22 56 17 00
Präsident(in): Eddy Hansen
Sekretär: Tore Kvarud

Österreich

iz h 430

Handelsverband

Alserstr. 45, A-1080 Wien
T: (00431) 4 06 22 36 **Fax:** 4 08 64 81
E-Mail: e-mail@handelsverband.at
Präsident(in): Paul Mailath Fokomy
Sekretär: Hildegard Fischer

Portugal

iz h 431

Associação Portuguesa de Marketing Directo (AMD)

E.N.117-1. No.91-Valejas, P-2795 Linda-a-Velha
T: (003511) 4 36 67 27 **Fax:** 4 36 78 45
E-Mail: directimedia@mail.telepac.pt
Präsident(in): Jorge d'Orey Pinheiro
Sekretär: João Novais de Paula

Slowakische Republik

iz h 4 31.10

Slovenske Zdruzenie

Kosloka 37, SK-82108 Pressburg
T: (004217) 55 56 00 05 **Fax:** 55 56 93 27
E-Mail: myalaskova@quelle.sk
President: Magda Valaskova

Spanien

iz h 4 31.20

Asociacion Española de Venta a Distancia

Avda Diagonal 437 5_U 1a, E-08036 Barcelona
T: (00343) 2 40 40 70 **Fax:** 2 01 29 88
E-Mail: fecemd@fecemd.org
Präsident(in): Miquel Angel Feiris
Sekretär: Elena Gomez

Schweden

iz h 432

Svenska Postorderföreningen

Stora Brogatan 12, S-50330 Borås
T: (004633) 13 17 70 **Fax:** 12 53 17
E-Mail: lennart.helgesson@postorder.se
Präsident(in): Gunnar Ryman
Sekretär: Lennart Helgesson

Schweiz

iz h 433

Verband des Schweizerischen Versandhandels

Brandenbergstr. 30, CH-8304 Wallisellen
T: (00411) 8 30 16 02 **Fax:** 8 30 16 08
E-Mail: info@vsv-versandhandel.ch
Präsident(in): H. Mark Meier

Tschechische Republik

iz h 4 33.10

Asociace Direkt Marketingu á Záselkového

3, Obchodu, CZ-13000 Prag
T: (004202) 20 19 81 00 **Fax:** 61 21 60 31
E-Mail: info@schober.cz
President: Petr Vana

Ungarn

iz h 4 33.15

Magyar Áruküldök Egyesülte

Fehéritögyar street 2, H-1037 Budapest
T: (00361) 4 57 37 04 **Fax:** 4 57 37 34
E-Mail: mac@mail.elender.hu
President: Attila Hegyi
Secretary: Erika Horvath

• IZ H 435

Europäischer Bund der Tabakwareneinzelhändler (CEDT)

European Confederation of Retail Tobacconists
Confédération Européenne des Détaillants en Tabac
Avenue Marcel Thiry 204, B-1200 Brüssel
T: (00322) 774 96 07 **Fax:** 774 96 90
E-Mail: CEDT@ey.be
Gründung: 1970
President: Remy Tritschler, France
Vice-President: Miguel Mas, Spain
Franco Ragni, Italy
Treasurer: Tony Verloet, Belgium
Secretary General: Harry Ottens, Netherlands
Contact: Poul Hansen
Mitglieder: 10
Mitarbeiter: 2

Mitgliedsorganisationen

Austria

iz h 436

Bundesgremium der Tabakverschleisser

Postf. 440, A-1045 Wien
Wiedner Hauptstrasse 63, A-1045 Wien
T: (00431) 5 01 01 33 44 **Fax:** 5 02 06 30 13
President: Peter Rudolf Trinkl

Belgium

iz h 437

VFPA/FWBDP

Ruggeveldlaan 524, B-2100 Deurne
T: (00323) 3 24 70 01 **Fax:** 3 25 65 05
Secretary-General: Tony Vervloet (CEDT Treassurer)

France

iz h 438

Confédération des Débitants de Tabac de France

Rue d'Amsterdam 75, F-75008 Paris
T: (00331) 53 21 10 00 **Fax:** 53 21 10 09
President: Rémy Tritschler (CEDT President)

Greece

iz h 439

ESKEE

c/o ESKEE
21 Eyalias & 1 Halepa, GR-151 25 Maroussi Athen
T: (00301) 2 93 10 30 **Fax:** 3 21 43 67
Chairman: Giorgos Lambris (Athens Retailers Association)
Spiros Tavoularis (Piraeus Retailers' Association)

Ireland

iz h 440

Irish Retail Newsagents Association

21 Priority Hall Stillorgan, IRL-Dublin
T: (003531) 2 88 78 17 **Fax:** 2 88 72 24
Chief Executive: Pat McKeown

Italy

iz h 441

Federazione Italiana Tabaccai (FIT)

p.zza Cola Di Rienzo 80/a, E-00193 Rom
T: (00396) 36 70 03 19 **Fax:** 3 21 62 86
Président: Franco Ragni (CEDT Vice-President)

The Netherlands

iz h 442

NSO

Postf. 7268, NL-2701 AG Zoetermeer
T: (003179) 3 42 61 91 **Fax:** 3 41 33 41
President: Harry Ottens (CEDT Secretary General)

San Marino

iz h 443

Unione Sammarinese Commercianti

Department Tabac
Via Piana 111, RSM-47031 San Marino
T: (00378) 99 28 92 **Fax:** 99 28 92
President: Giovanni Fabbri

Spain

iz h 444

Union de Asociaciones de Estanqueros de Espana

C/Argensola 2, 3°, E-28004 Madrid
T: (003491) 3 08 36 66 **Fax:** 3 08 37 13
President: Manuel Fernàndez Vicario
Miguel Mas (CEDT Vice-President)

Switzerland

iz h 445

Fédération Suisse des Négociants en Tabac, Journaux et Articles Divers (FSNTJ)

Postf. 33 60, CH-1002 Lausanne
T: (004121) 7 96 12 58 **Fax:** 7 96 12 35
President: Pierre-Alain Sauthier

• IZ H 446

Europäischer Direktvertriebsverband (FEDSA)

Federation of European Direct Selling Associations
Fédération Européenne de la Vente Directe
Avenue de Tervueren 14, B-1040 Brüssel
T: (00322) 7 36 10 14 **Fax:** 7 36 34 97
Internet: http://www.fedsa.be
E-Mail: fedsa@fedsa.be
Gründung: 1968
Präsident(in): A. Berglund
Geschäftsführer(in): Marie-Andrée Vander Elst
Mitglieder: 25
Mitarbeiter: 3

Belgien

iz h 447

Association pour la Vente Directe asbl

c/o FEDIS
31, avenue Franklin Roosevelt, B-1050 Brüssel
T: (00322) 6 27 01 30 **Fax:** 6 40 11 48
E-Mail: gabriellegeeroms@tupperware.com
Chairman: Bernard Lucas

Deutschland

iz h 448

Arbeitskreis "Gut beraten zu Hause gekauft" e.V.

Klugstr. 53, 80638 München
T: (089) 15 46 34 **Fax:** 1 57 66 84
Internet: http://www.ak-gutberaten.de
E-Mail: info@ak-gutberaten.de
Vorsitzende(r): Dr. Hans Adelmann
Geschäftsführer(in): Wolfgang Bohle

Dänemark

iz h 449

Direkte Salgs Föreningen (DSF)

c/o Tupperware Scandinavia A/S
Sejrogade 9, DK-2100 Copenhagen 0
T: (004539) 27 23 24 **Fax:** 27 26 64
E-Mail: dan-esch@post.tele.dk
Chairman: Soren E. Sorensen

Finnland

iz h 450

Suomen Suoramarkkinointiliitto RY. (SSML)
Finnish Direct Marketing Association
Direct Selling Section
Lönnrotinkatu 11a lll krs, FIN-00120 Helsinki
T: (003589) 22 87 74 01 **Fax:** 6 12 10 39
E-Mail: sakke@ssml-fdma.fi
Chairman: Johannes Linden
Managing Director: Sakari Virtanen

Frankreich

iz h 451

Syndicat de la Vente Directe (SVD)
8, Place d'léna, F-7583 Paris Cédex
T: (00331) 44 34 68 60 **Fax:** 47 55 17 83
E-Mail: svd@clubinternet.fr
Président: Henri-Michel Maire
Délégué Général: Philippe Dailey

Griechenland

iz h 452

Greek Union of Direct Selling Companies (SEADIP)
61b, Apostolou Pavlou Str., GR-11851 Athens Thissio
T: (00301) 3 42 15 79 **Fax:** 3 42 19 13
Chairman: Yannis Yannacopoulos
Secretary: Stavros Efremidis

Großbritannien

iz h 453

Direct Selling Association Ltd. (DSA)
29 Floral Street, GB-London WC 2 E 9 DP
T: (0044207) 4 97 12 34 **Fax:** 4 97 31 44
E-Mail: ukdsa@globalnet.co.uk
Chairwoman: Sandy Mountford
Director: Richard Berry

Irland

iz h 454

Direct Selling Association of Ireland (DSA)
Unit 9, Swords Business Park, IRL-Dublin Ireland
T: (003531) 8 90 43 28 **Fax:** 8 90 42 66
Internet: http://www.usernet.org/dsa-ireland
E-Mail: maria.brewer@avon.com
Chairman: Roger Brown
General Secretary: Peter Grala

Italien

iz h 455

Associazione Nazionale Vendite Dirette Servizio Consumatori (AVEDISCO)
Viale Andréa Doria, 8, I-20214 Milano
T: (00392) 6 70 27 44 **Fax:** 6 70 51 41
Internet: http://www.usernet.org/avedisco
E-Mail: avedisco@tin.it
President: Luigi Nadalini
Segretario Generale: Giorgio Giuliani

Luxemburg

iz h 456

Association pour la Vente Directe
avenue Roosevelt 31, B-1050 Brüssel
T: (00322) 6 27 01 30 **Fax:** 6 40 11 48
Chairman: Bernard Lucas

Kroatien

iz h 457

Hrvatska Gospodarska komora
Direct Selling Association of Croatia
c/o Gendar d.o.o.
Podolje 20, HR-10000 Zagreb
T: (003851) 3 76 84 47 **Fax:** 3 76 91 08
Secretary General: Marija Novak-Istok

Niederlande

iz h 458

Vereniging Direkte Verkoop (VDV)
Postf. 90154, NL-5000 LG Tilburg
T: (003113) 5 94 43 00 **Fax:** 5 94 47 47
E-Mail: vdv@wispa.nl
Vorsitzende(r): Bart van Dijk
Sekretaris: Godewinus van den Hurk

Norwegen

iz h 459

Direktesalgsforbundet (DF)
Direct Selling Association of Norway
c/o Oriflame Norge AS; Kalbakken
Solveien 68, N-1162 Oslo
T: (004767) 81 88 10 **Fax:** 81 88 11
E-Mail: malke@online.no
Chairman: Nils J. Moen

Österreich

iz h 460

Handelsverband Arbeitsgruppe Direktvertrieb
Alser Str. 45, A-1080 Wien
T: (00431) 4 06 22 36 **Fax:** 4 08 64 81
Vorsitzende(r): Dr. Michael Drabek
Geschäftsführer(in): Dr. Hildegard Fischer

Portugal

iz h 461

Associaçao de Empresas de Venda Directa (AVD)
c/o Avon Portugal
av. de 5 Outubro 10 1° sala 6, P-1000 Lissabon
T: (0035121) 3 16 51 00 **Fax:** 3 16 51 20
E-Mail: rui.rodrigues@avon.com
Chairman: Rui Rodrigues

Polen

iz h 462

Laszczuk & Partners
c/o Miroslaw Lubon
Pl.Bankowy 2, PL-00095 Warschau
T: (004822) 5 31 20 00 **Fax:** 5 31 20 01
E-Mail: pssb@mlp.com.pl
Chairman: Stuart Mactavish
Executive Director: Miroslaw Lubon

Rußland

iz h 463

Russian Association of Direct Selling Companies
c/o Avon Beauty Products
Ulansky per. 4, Building 1, RUS-Moskau 101000
T: (007097) 5 92 36 11 **Fax:** 5 92 36 41
Chairman: John Law
Secretary General: Tony Donnan

Schweden

iz h 464

Direkthandelsföretagens Förening (DF)
Kärleksgatan 2 a, S-21145 Malmö
T: (004640) 29 43 70 **Fax:** 29 43 82
Internet: http://www.direkthandeln.org
Chairman: Anders Berglund
Director: Hans-Henrik Ramel

Schweiz

iz h 465

Schweizerischer Verband der Direktverkaufsfirmen (VDF)
Association Suisse pour la Vente Directe
Association Suisse pour la Vente Directe
Postf. 3257, CH-4002 Basel
Elisabethenanlage 7, CH-4002 Basel
T: (004161) 2 71 19 19 **Fax:** 2 71 85 02
Internet: http://www.svdf.ch
E-Mail: info@hinderling.ch
Vorsitzende(r): Marcel Jüstich
Geschäftsführer(in): Dr. Hans Georg Hinderling

Slowakei

iz h 466

Slovakia DSA
c/o Avon Cosmetics
Prepostska 9, SK-81101 Bratislava
T: (00427) 5 33 57 85 **Fax:** 5 37 87 02
Delegate: Mariana Bradovkova

Slowenien

iz h 467

Prodaje Slovenije (SPDPS)
Aktiva Cosmetica
Dravska 10, SLO-10000 Ljubljana
T: (0038661) 1 68 81 15 **Fax:** 1 68 82 94
E-Mail: bostjan.erzen@anova.net
Chairman: Bostjan Erzen

Spanien

iz h 468

Asociación de Empresas de Venta Directa (AVD)
Calle Aragón 210, E-08011 Barcelona
T: (00343) 4 51 56 17 **Fax:** 4 51 59 42
Presidente: Antonio Mendez
Executive Director: Juan Turró

Tschechische Republik

iz h 469

Ceský národni svaz pr_7imého prodeje (CNSPP)
c/o AMWAY
Nad Kazankou 29/216, CZ-17000 Prag 7
T: (004202) 83 01 71 20 **Fax:** 8 54 21 00
E-Mail: janstransky@amway.com
Chairman: Jan Stransky

Türkei

iz h 470

Dogrudan Satis Dernegi (DSD)
Tunus caddesi 79/2, TR-06680 Kavaklidere Ankara
T: (0090312) 4 68 77 46 **Fax:** 4 68 78 97
E-Mail: erold@eczacibasi.com.tr
Chairman: Erol Dönmez

Ungarn

iz h 471

Közvetlen Értekesitok Szövetsége (KESZ)
c/o AB Lux
Erzsébet Királyné Utja 1/C, H-1146 Budapest
T: (00361) 3 44 49 51 **Fax:** 3 63 44 49 51
Secretary General: Eva Rajki
Chairman: Janos Koos

• IZ H 472

Europäischer Franchise-Verband (EFF)
European Franchising Federation
Fédération européenne de la franchise
Boulevard de l'Humanité 116/2, B-1070 Brüssel
T: (00322) 5 20 16 07 **Fax:** 5 20 17 35
Gründung: 1972
Secrétaire Général: Brian Smart
Chairman: Manfred Maus
Vice-Chairman: Pierre Jeanmart
Executive Director: Carine Thonon
Verbandszeitschrift: EFF Newsletter
Mitglieder: 17
Mitarbeiter: 1

• IZ H 473

Europäischer Verband des Kraftfahrzeuggewerbes (CECRA)
European Committee for Motor Trades and Repairs
Comité Européen du Commerce et de la Réparation Automobiles
bd de la Woluwe 46 (bte 17), B-1200 Bruxelles
T: (00322) 7 71 96 56 **Fax:** 7 72 65 67
Gründung: 1983
Vorsitzende(r): D. Evans (GB)
Generalsekretär(in): R. Soetaert ((B), Service de Presse)
Verbandszeitschrift: CECRA News
Redaktion: Bertelmanns
Mitglieder: 20 associations nationales + 10 amicales européennes
Mitarbeiter: 2

Mitgliedsorganisationen

Belgien

iz h 474

FEDERAUTO
Bd de la Woluwe 46, 10, B-1200 Bruxelles
T: (00322) 7 78 62 00 **Fax:** 7 78 62 22

Dänemark

iz h 475

Danmarks Automobilforhandler Forening (D.A.F.)
Alhambravej 5, DK-1826 Frederiksberg C.
T: (004533) 31 45 55 **Fax:** 31 30 75

Deutschland

iz h 476

Zentralverband Deutsches Kraftfahrzeuggewerbe (ZDK)
Franz-Lohe-Str. 21, 53129 Bonn
T: (0228) 91 27-0 **Fax:** 91 27-150
Internet: http://www.kfzgewerbe.de
E-Mail: zdk@kfzgewerbe.de

Frankreich

iz h 477

CNPA
Rue Rouget de Lisle 50, F-92158 Suresnes Cedex
T: (00331) 40 99 55 00 **Fax:** 47 28 44 15

Griechenland

iz h 478

OBEAMBE
Efxinou Pontou 186, GR-17123 Nea Smirni
T: (003019) 35 94 86 **Fax:** 34 19 05

Großbritannien

iz h 479

Retail Motor Industry (R.M.I.)
Great Portland Street 201, GB-London W1N 6AB
T: (0044207) 5 80 91 22 **Fax:** 5 80 63 76

Irland

iz h 480

The Society of the Irish Motor Industry (SIMI)
5 Upper Pembroke Street, IRL-Dublin 2
T: (003531) 6 76 16 90 **Fax:** 6 61 92 13
Internet: http://www.simi.ie
E-Mail: simi@iol.ie

Italien

iz h 481

Federazione Associazione Italiane Concessionari Produzione Automobilistica (FEDERAICPA)
Via Nomentana 248, I-00162 Roma
T: (00396) 86 32 51 49 **Fax:** 86 32 55 49

Luxemburg

iz h 482

Fédération des Garagistes du Grand-Duché de Luxembourg (Fegarlux)
Postf. 16 04, L-1016 Luxemburg
T: (00352) 42 45 11-1 **Fax:** 42 45 25
Präsident(in): Nic. Thommes
Sekretär: Ralph Weis

iz h 483

Adal
56, Rue Cessange, L-1320 Luxemburg
T: (00352) 29 83 84 **Fax:** 29 83 85

Niederlande

iz h 484

BOVAG
Kosterijland 15, NL-3981 AJ Bunnik
T: (003130) 6 59 52 11 **Fax:** 6 56 78 35

Österreich

iz h 485

Bundesgremium des Fahrzeughandels
Wiedner Hauptstr. 63, A-1045 Wien
T: (00431) 5 01 05 33 52 **Fax:** 50 20 62 92

Portugal

iz h 486

ACAP
Rua da Palmeira 6, P-1294 Lisabon Codex
T: (003521) 3 21 64 00 **Fax:** 3 42 00 64

iz h 487

ANECRA
Rua Almeida Brandao 2, P-1296 Lisboa
T: (003511) 3 97 90 14 **Fax:** 3 97 85 04

Schweiz

iz h 488

Autogewerbe-Verband der Schweiz
Postf. 5232, CH-3001 Bern
Mittelstr. 32, CH-3001 Bern
T: (004131) 3 02 08 88 **Fax:** 3 20 08 05

Spanien

iz h 489

GANVAM
Principe de Vergara 74-6, E-28006 Madrid
T: (003491) 4 11 37 45 **Fax:** 5 63 90 81

iz h 490

CETRAA
Plaza Dr Letamendi 37-6-3, E-08007 Barcelona
T: (003493) 4 51 66 67 **Fax:** 3 23 28 36

• IZ H 491

Internationale Buchhändler-Vereinigung (IBV)
International Booksellers Federation (IBF)
Fédération Internationale des Libraires (FIL)
Rue du Grand Hospice 34 A, B-1000 Brussels
T: (00322) 2 23 49 40 **Fax:** 2 23 49 41
Gründung: 1956
President: Yvonne Steinberger
Generalsekretär(in): Christiane Vuidar (Rue du Gd. Hospice 34 A, B-1000 Brussels)
Mitglieder: 20 nationale Buchhändlerverbände, ca. 117 fördernde Mitglieder (Buchhändler) und außerordentliche Mitglieder (Verleger und Grossbuchhändler)

• IZ H 492

Internationale Handelsorganisation für die Sportbootindustrie (ICOMIA)
International Council of Marine Industry Associations
Meadlake Place Thorpe Lea Road, GB-Egham Surrey TW20 8BF
T: (00441784) 47 33 77 **Fax:** 43 96 78
E-Mail: icomia@msn.com
Gründung: 1965
Secretary General: T.P.T. Donkin (Ltg. Presseabt.)
Verbandszeitschrift: Yearbook
Verlag: IBI, Link House, Dingwall Ave., Croydon CR9 2TA, GB
Mitglieder: 24 Plus 26 Internationale Mitglieds Firmen
Mitarbeiter: 5
Jahresetat: 4,8
Mitglieder sind die nationalen Verbände der EG, Skandinaviens, der USA und Canadas, der Schweiz, Japans und Australiens, South Africa

• IZ H 493

Internationale Kunsthändler-Vereinigung (C.I.N.O.A.)
International Confederation of Art Dealers
Confédération Internationale des Négociants en Oeuvres d'Art
Sécrétariat:
Chambre des Antiquaires de Belgique
Lainzer Str. 53, A-1131 Wien
T: (00431) 8 77 75 00-12 **Fax:** 8 77 75 00-12
Gründung: 1919
Leitung Presseabteilung: Beatrix Bourdon
Verbandszeitschrift: catalogue „Faire des Antiquaires de Belgique"
Verlag: Chambre des Antiquaires de Belgique
Mitglieder: 82
Afrique du Sud, Allemagne, Autriche, Belgique, Canada, Danemark, Etats-Unis, France, Grand-Bretagne, Hollande, Irlande, Italie, Nouvelle-Zélande, Portugal, Suisse, Tchechie, Espagne, La Suede

• IZ H 494

Internationale Liga der Antiquariats-Buchhändler
International League of Antiquarian Booksellers (ILAB)
Ligue Internationale de la Librairie Ancienne
400 Summit Avenue, CDN-Saint Paul, MN 55102
Fax: (00612) 2 90 06 46
E-Mail: RULON@ WINTERNET.COM
Gründung: 1997 (Januar)
President: Alain Nicolas (41, Quai des Grands Augustins, F-75006 Paris, Telefax: (00331) 43 26 06 11)
Treasurer: Poul Jan Poulsen (3 Kron-Prinsens-Gade, P.O. Box 2184, DK-1017 Copenhagen K. Denmark, Telefax: +45 33 93 70 07)
Secrétaire Général: Robert Rulon-Miller (400 Summit Ave, St. Paul MN 55102, Telefax: (00612) 2 90 06 46, E-Mail: Rulon@WINTERNET.COM)
Verbandszeitschrift: ILAB Newsletter
Redaktion: 400 Summit Ave., St. Paul MN 55102

• IZ H 495

Internationale Selbstbedienungs-Organisation (ISSO)
c/o EuroHandelsinstitut e.V.
Spichernstr. 55, 50672 Köln
T: (0221) 5 79 93-0 **Fax:** 5 79 93 45
Präsident(in): Dr. Bernd Hallier

• IZ H 496

Internationale Vereinigung der Hartwaren- und Haushaltsartikelverbände (IHA)
International Federation of Hardware and Housewares Associations
Bristol Road 225 Edgbaston, GB-Birmingham B5 7UB
T: (0044121) 4 46 66 88 **Fax:** 4 46 52 15
Internet: http://www.bhfgroup.demon.co.uk
E-Mail: iha@bhfgroup.demon.co.uk
Gründung: 1899
President: A. Trullas
Contact: Jonathan Swift
Leitung Presseabteilung: Patrick Leventon
Verbandszeitschrift: Documentation
Mitglieder: 20
Mitarbeiter: 2

Mitglieder

iz h 497

Hardware Federation of Australia Inc.
Postf. 1330, AUS-Penrith New South Wales 2751
T: (00612) 9634-1361 **Fax:** 9634-2893
Secretary: Yvonne Anderson

iz h 498

Canadian Retail Hardware Association (CRHA)
Argentia Road 2121 Suite 102, CDN-Mississauga L5N 2X4
T: (0019905) 821 3470 **Fax:** 821 8946
Executive Director: Bob Elliott

iz h 499

China National Hardware Association
10Fl. Xian Dai Mansion, Xiang Yang Road 218, CN-Shanghai 200031
T: (008621) 64 37 11 78 **Fax:** 64 37 19 82
E-Mail: sinoexpo@public.sta.net.cn
Vice-Director: Liang Wang Ming

iz h 500

Danmarks Isenkram Forening
Postf. 5 00, DK-1506 Copenhagen V

Vester Farimagsgade 19, DK-1506 Copenhagen V
T: (004533) 74 61 15 **Fax:** 74 61 80
Director: Soren Vestereng

iz h 501

Zentralverband Hartwarenhandel e.V. (ZHH)
Eichendorffstr. 3, 40474 Düsseldorf
T: (0211) 47 05 00 **Fax:** 4 70 50 39
Internet: http://www.zhh.de
E-Mail: zhh@hartwaren.de
Hauptgeschäftsführer(in): Dipl.-Btw. Gerd Scharping

iz h 502

Federacion Española de Asociaciones de Ferreteria (FEDAFE)
Calle Principe de Vergara 74, 1° dcha., E-28006 Madrid
T: (0034915) 61 03 30 **Fax:** 62 14 73
Secretary General: Miguel Rodriguez

iz h 503

Finnish Hardware Association
Mannerheimintie 76A, FIN-00250 Helsinki
T: (003589) 44 16 51 **Fax:** 44 16 74
E-Mail: kari.kulmala@rasi.pp.fi
Director: Kari Kulmala

iz h 504

Cofracom Confédération française des commerces pour l'industrie et l'habitat
Rue de Miromesnil 91, F-75008 Paris
T: (00331) 45 61 99 44 **Fax:** 42 25 77 52
Präsident(in): Olivier Blondet

iz h 505

Felag Byggingarefna- og Húsmunakaupmanna
Kringlan 7, IS-103 Reykjavik
T: (00354) 5 68 78 11 **Fax:** 5 68 55 69
Präsident(in): Leifur Isleifsson

iz h 506

Irish Hardware Association
Elmville
Upper Kilmacud Road Dundrum, IRL-Dublin 14
T: (003531) 2 98 06 69 **Fax:** 2 98 61 03
Director: J. Goulding

iz h 507

Assofermet
Corso Venezia 47/-49, I-20121 Mailand
T: (00392) 6 00 88 07 **Fax:** 78 10 27
Internet: http://www.assofermet.it
E-Mail: marcemas@tin.it
Contact: Dr. Eugenio Turchetti

iz h 508

Japan Diy Industry Association
1-85, Kajicho, Chiyodaku Shinkanda Bldg, J-Tokio 101-0044
T: (00813) 3256-4475 **Fax:** 3256-4457
Contact: Michiaki Yamamoto

iz h 509

Nederlandse Vereniging Van Handelaren Inlizerwaren
Postf. 2 98 22, NL-2502 LV Den Haag
Adrian Goekooplaan 5, NL-2502 LV Den Haag
T: (003170) 3 54 68 11 **Fax:** 3 51 27 77
E-Mail: nvvy@verbondgroothandel.nl
Contact: H. J. J. Kruiper

iz h 510

Jernvaregrossistenes Landsforening
St. Olavsgt. 11 ap. 113, N-4005 Stavanger
T: (0047) 51 53 33 66 **Fax:** 51 53 01 65
E-Mail: andrande@online.no
Contact: Andreas Andersen

iz h 511

Norges Jernwarehandleres Forbund
Postf. 193, N-0903 Oslo
Stanseveien 2, N-0903 Oslo
T: (0047) 22 25 03 00 **Fax:** 22 25 03 20
Contact: J. Nessheim

iz h 512

Verband Österreichischer Eisenwaren- und Küchengerätehändler
Em. Blasser's Nachfolger
Taborstr. 35, A-1020 Wien
T: (00431) 2 14 57 12 **Fax:** 2 14 57 63
Präsident(in): Komm. Rat.-Ing. Peter Hahn

iz h 513

Sveriges Jarnhandlareforbund
Postf. 2 41 46, S-10451 Stockholm
T: (00468) 6 63 51 40 **Fax:** 6 67 71 48
Internet: http://www.jarnhandlarna.se
E-Mail: info@jarnhandiarna.se
Contact: Roland Billme

iz h 514

Verband des Schweizerischen Eisenwaren- und Haushaltsartikelhandel (VSE)
Postf. 7 22, CH-8021 Zürich
Talstr. 66, CH-8021 Zürich
T: (00411) 2 24 20 80 **Fax:** 2 24 20 88
Internet: http://www.vse-online.ch
E-Mail: info@vse-online.ch
Contact: Christoph Rotermund

iz h 515

British Hardware Federation (BHF)
Bristol Road 225 Edgbaston, GB-Birmingham 5B 7UB
T: (0044121) 4 46 66 88 **Fax:** 4 46 52 15
Internet: http://www.bhfgroup.demon.co.uk
E-Mail: enqiries@bhfgroup.demon.co.uk
Managing Director: Jonathan Swift

iz h 516

National Retail Hardware Association
West 74th Street 5822, USA-Indianapolis, IN 46278
T: (001317) 2 90-0338 **Fax:** 3 28-4354
Internet: http://www.nrha.org
E-Mail: jhammond@nrha.org
Contact: John P. Hammond

• **IZ H 517**

Internationale Vereinigung der Händler und Reparaturbetriebe für Landwirtschaftliche Maschinen - CLIMMAR (CLIMMAR)
International Association of Dealers and Repair Companies for Agricultural Machinery - CLIMMAR
Centre de Liaison International des Marchands de Machines agricoles et Réparateurs - CLIMMAR
c/o H.A.G.
Ruhrallee 12, 45138 Essen
T: (0201) 8 96 24-0 **Fax:** 8 96 24-24
Präsident(in): Dipl.-Ing. Heinz-Jürgen Müller
Generalsekretär(in): RA Thomas Fleischmann

• **IZ H 518**

Internationale Warenhausvereinigung (IWV)
International Association of Department Stores (IADS)
Association Internationale de Grands Magasins (AIGM)
Rue de Rome 4, F-75008 Paris
T: (00331) 42 94 02 02 **Fax:** 42 94 02 04
Internet: http://www.iads.org
E-Mail: iads@iads.org
Gründung: 1928
Secrétaire Général: M. de Groot van Embden
Verbandszeitschrift: Retail News Letter
Verlag: IADS
Mitglieder: 18

• **IZ H 519**

Internationaler Verband des Kraftfahrzeuggewerbes (IOMTR)
International Organization for Motor Trades and Repairs
Organisation Internationale du Commerce et de la Réparation Automobiles
Kosterijland 15, NL-3981 AJ Bunnik
T: (003130) 6 59 53 01 **Fax:** 6 56 49 82
Internet: http://www.rdc.nl/iomtr
E-Mail: iomtr@rdc.nl
Gründung: 1947 (6. Juli)
Präsident(in): Roger Smith (GB)
Geschäftsführer(in): Henk W. G. van Dijk
Mitglieder: 37 Verbände in 25 Ländern

• **IZ H 520**

Verband des Geflügel- und Wildeinzelhandels in der EG (CDVGP)
Confédération des Detaillants en Volaille et Gibier des Pays de la CE
Av. L. Pasteur, 8, B-1780 Wemmel
T: (00322) 5 12 61 78 **Fax:** 5 12 03 74
Gründung: 1969
Président: Patrick van Gaever (B)
Secrétaire Général: Jan Willem de Jong
Vice-Président pour la Belgique: Malhaise
Vice-Président pour la France: Camprodon
Vice-Président pour l'Allemagne: Bernett
Vice-Président pour les Pays-Bas: Ruig
Vice-Président pour l'Autriche: Sima

• **IZ H 521**

Verbindungsausschuß der europäischen Einzelhandelsverbände (CLD)
Committee of Liaison for European Associations of Distribution and Trade
Comité de Liaison des Associations Européennes du Commerce de Détail
14, Ave. de Tervueren, B-1040 Bruxelles
T: (00322) 7 36 10 14 **Fax:** 7 36 34 97
Gründung: 1978
Präsident(in): N. N.
Generaldelegierter: Marie-Andrée Vander Elst
Mitglieder: 7 Verbände
Mitgliedsverbände: 8 europäische Einzelhandelsverbände (Kaufhäuser, Lebensmittelfilialbetriebe, Versandhandel, Einkaufsgenossenschaften, gewerbliche Einkaufsgruppen, Einzelhandelszentrum u. Aussenhandelsvereinigung, Direktvertrieb, Direkt Marketing)

iz h 522

Europäische Vereinigung des Versandhandels (AEVPC)
European Mail Order Traders' Association (EMOTA)
Association Européenne de Vente par Correspondance (AEVPC)
Buro & Design Center
Heizel Esplanade box 47, B-1020 Brüssel
T: (00322) 4 77 17 99 **Fax:** 4 78 91 65
Internet: http://www.emota-aevpc.org

iz h 523

Europäischer Direktmarketing Verband (FEDMA)
Federation of European Direct Marketing (FEDMA)
Fédération Européenne du Marketing Direct
Avenue de Tervuren 439, B-1150 Brüssel
T: (00322) 778 99 20 **Fax:** 778 99 24
E-Mail: info@fedma.org

iz h 524

Europäischer Direktvertriebsverband (FEDSA)
Federation of European Direct Selling Associations
Fédération Européenne de la Vente Directe
Avenue de Tervueren 14, B-1040 Brüssel
T: (00322) 7 36 10 14 **Fax:** 7 36 05 42

iz h 525

Foreign Trade Association
Avenue de Janvier 5, B-1200 Brüssel
T: (00322) 7 62 05 51 **Fax:** 7 32 75 06

Vertretung im Ausland

iz h 526

Union der Verbundgruppen von selbständigen Einzelhändlern Europas (UGAL)
Union des Groupements de Commerçants Détaillants Indépendants de l'Europe
3, Avenue des Gaulois, Bte 3, B-1040 Bruxelles
T: (00322) 7 32 46 60 **Fax:** 7 35 86 23

Deutschland

iz h 527

Zentrum des Europäischen Einzelhandels (CECODE)
Centre Européen du Commerce de Détail
Gothaer Allee 2, 50969 Köln
T: (0221) 9 36 55-7 70 **Fax:** 9 36 55-7 79

iz h 528

Internationale Vereinigung von Einkaufsverbänden
Lindenstr. 20, 50765 Köln
T: (0221) 21 94 56 **Fax:** 23 05 45

• **IZ H 529**

Zentrum des Europäischen Einzelhandels (CECODE)
Centre Européen du Commerce de Détail
Gothaer Allee 2, 50969 Köln
T: (0221) 9 36 55-7 70 **Fax:** 9 36 55-7 79
Präsident(in): Joseph Demesmacre, Brüssel/Belgien
Generalsekretär(in): Dipl.-Vw. Horst Krüger (D), Köln

Mitgliedsorganisationen

Belgien

iz h 530

Foreign Trade Association
Avenue de Janvier 5, B-1200 Brüssel
T: (00322) 7 62 05 51 **Fax:** 7 32 75 06

Deutschland

iz h 531

Association Européenne des Détaillants en Textile
An Lyskirchen 14, 50676 Köln
T: (0221) 92 15 09-0 **Fax:** 92 15 09-10

iz h 532

Groupement Européen des Associations des Maisons de Réforme
Gotische Str. 5, 61440 Oberursel
T: (06172) 30 09-861 **Fax:** 30 09-862

Frankreich

iz h 533

Fédération Internationale des Horlogers, Bijoutiers, Joailliers, Orfèvres Détaillants de la CE
63-65, Grandes Arcades, F-67000 Straßburg
T: (0033388) 32 45 89

Österreich

iz h 534

Confédération Européenne de la Droguerie
Krugerstr. 3, A-1010 Wien
T: (0043222) 52 62 29

Schweiz

iz h 535

Union Internationale des Détaillants Alimentaires
Postf. 2740, CH-3001 Bern
Falkenplatz 1, CH-3001 Bern
T: (004131) 23 76 46

Handelsvertreter, Makler, Auktionatoren

• **IZ H 536**

Europäische Schausteller-Union (ESU)
European Showmen's-Union
Union Foraine Européenne (UFE)
Generalsekretariat:
Rue Alcide de Gasperi 7, L-1615 Luxembourg Kirchberg
T: (00352) 43 94 44 **Fax:** 43 94 50
Gründung: 1954
Präsident(in): Harry Wollenschläger (Preußenallee 14, 14052 Berlin)
Stellv. Präsidenten: Kommerzialrat Heimo Medwed, Graz (Österreich)
Dr. Cesare Falchero (Italien)
Bertos Donks (Niederlande)
Kalle Justander (Finnland)
Stellv. Generalsekretär: Ing.
Marc Weydert (Ville de Luxembourg, Luxembourg)
Mitglieder: Einzelmitglieder: 70000 Schausteller, Circus- und Freizeitparkunternehmen
Mitarbeiter: 2
Büro: Lippestr. 59, 59368 Werne,
T: (02389) 32 74, Telefax: (02389) 53 50 33

• **IZ H 537**

Europäischer Maklerverband (CEI)
European Confederation of Estate Agents
Confédération Européenne de l'Immobilier
Sainctelettesquare 11-12, B-1000 Brüssel
T: (00322) 2 19 40 08 **Fax:** 2 17 88 41
Gründung: 1988
President: Liam O'Donnel (T: (003536) 78 56 85, Telefax: (003536) 76 28 90, E-Mail: lodonnell@ipav.ie)
Vice-President: Antonio Reina Martin
Chantal Coste
Sec. General: Ian Tonge (Honorary President)
Treasurer: André Groot
Public Relations to the European Commission: André Groot
Honorary President: Axel Bernd Stiller
Camillo Laurerxe
Mitglieder: 23000

Mitgliedsorganisationen

Deutschland

iz h 538

Verband Deutscher Makler für Grundbesitz, Hausverwaltung und Finanzierungen e.V. (VDM)
Saatwinkler Damm 42/Riedemannweg 57, 13627 Berlin
T: (030) 38 30 25 28 **Fax:** 38 30 25 29
Internet: http://www.vdm.de
E-Mail: kontakt@vdm.de
President: Robert P. Kuhlmann
CEI Ehrenpräsident: Axel Bernd Stiller

Frankreich

iz h 539

Union Nationale Indépendante des Transactionnaires Immobiliers (UNIT)
Rue de Stockholm 4, F-75008 Paris
T: (00331) 42 93 79 86 **Fax:** 42 93 79 90
President: Chantal Coste (CEI Rep.)

Großbritannien

iz h 540

The National Association of Estate Agents (NAEA)
Arbon House
21 Jury Street, GB-Warwick CV34 4EH
T: (0044926) 49 68 00 **Fax:** 40 09 53
E-Mail: naea@dial.pipex.com
President: John H. Smith
CEI Rep: Ian Tonge

iz h 541

Federation of Overseas Property Developers, Agents & Consultants (FOPDAC)
Postf. 3534, GB-London NW5 1DQ
T: (0044208) 7 44 23 62 **Fax:** 8 92 02 04
President: Steve Emmet

Irland

iz h 542

Institute of Professional Auctioneers and Valuers (IPAV)
Upper Fitzwilliam Street 39, IRL-Dublin 2
T: (003531) 6 78 56 85 **Fax:** 6 76 28 90
President: Tom Collins

Italien

iz h 543

Federazione Italiana Agenti Immobiliari Professionali (FIAIP)
Via Monte Zebio 30, I-00195 Rom
T: (06) 3 21 97 98, (0789) 9 25 50 **Fax:** (06) 3 22 36 18, (0789) 9 43 54
President: Luciano Passuti
CEI Rep: M. Facco

Niederlande

iz h 544

Vereniging Bemiddeling Onroerend Goed (V.B.O.)
Postf. 17330, NL-2502 CH Den Haag
1e Sweelinckstraat 25, NL-2517 GA Den Haag
T: (003170) 3 45 87 03 **Fax:** 3 10 65 11
President: Joél E. van der Reÿd
CEI Rep: André Groot

Österreich

iz h 545

ÖVI-Österreichischer Verband der Immobilientreuhänder
Mariahilfer Str. 196, A-1150 Wien
T: (00431) 8 93 24 47 **Fax:** 8 94 02 22
President: Ewald Gerersdorfer

Portugal

iz h 546

Associação dos Mediadores Imobiliários do Algarve (A.M.A.)
Rua Sotto Mayor N° 7-5 Frente, P-8000 Faro
T: (0035189) 80 69 72 **Fax:** 80 69 72
President: Abel Santos (CEI Rep.)

Spanien

iz h 547

Gestores Intermediarios en Promociones de Edificaciones (G.I.P.E.)
C/Larios 3 (Entrada por Moreno Monroy 2), E-29015 Malaga
T: (00345) 2 22 52 01 **Fax:** 2 22 52 41
President: Antonio Reina Martin (CEI Rep.)

• **IZ H 548**

Internationale Handelsvertreter-Vereinigung der Europäischen Gemeinschaft (CIRCCE)
Confédération Internationale de la Représentation Commerciale de la Communauté Européenne
Rue d'Hauteville 2, F-75010 Paris
T: (00331) 48 24 97 59 **Fax:** 45 23 19 48
Président: Jean Pierre Broggi

Mitgliedsorganisationen

Belgien

iz h 549

Fédération Belge des Représentants de Commerce
Dascottelei 99 Anvers, B-2100 Deurne
T: (00323) 3 21 32 82, 3 22 48 03 **Fax:** 3 21 27 71
Président: Ernest De Bodt

iz h 550

Union Professionnelle de la representation commerciale
Place Delcour 19, B-4020 Lüttich
T: (003241) 43 30 19, 41 21 31 **Fax:** 41 48 13
Président: Guy Lambert

Frankreich

iz h 551

Conseil National des Forces de Vente
Rue d'Hauteville 2, F-75010 Paris
T: (00331) 48 24 97 59 **Fax:** 45 23 19 48
Président: Jean Pierre Broggi

iz h 552

Fédération Syndicale Nationale de la Représentation Commerciale
Rue d'Hauteville 2, F-75010 Paris
Präsident(in): J.P. Broggi

Luxemburg

iz h 553

Representants de Commerce Luxembourgeois VRP-FEP-FIT et Cadres
24 Rue Emile Mayrisch, L-4470 Soleuvre
T: (00352) 59 26 48
Präsident(in): Albert Kuhn

Schweiz

iz h 554

Fédération des Agents Indépendants et Représentants (F.A.I.R.)
20, rue Camille Martin, CH-1203 Genf
T: (004122) 7 96 07 11 **Fax:** 7 97 35 30
Président: Michel Conus

Spanien

iz h 555

Confederacion Espanola de Representantes de Comercio (Confereco)
Avda. Alberto Aicocer 49, 1° Apto 104, E-28016 Madrid
T: (003491) 3 45 63 56 **Fax:** 3 45 63 56
Président: Andres Cresp Arias

• IZ H 556

Internationale Union der Handelsvertreter und Handelsmakler (IUCAB)
International Union of Commercial Agents and Brokers
Union Internationale des Agents Commerciaux et des Courtiers
De Lairessestraat 158, NL-1075 HM Amsterdam
T: (003120) 4 70 01 77 **Fax:** 6 71 09 74
Internet: http://www.iucab.nl
E-Mail: info@iucab.nl
Gründung: 1953 (21. September)
President: W. Hinderer
Secretary General: J. W. B. Baron van Till
Secr.: N. van Blaaderen
Verbandszeitschrift: IUCAB-Info
Mitglieder: 18
Mitarbeiter: 2

Mitgliedorganisationen

Belgien

iz h 557

Union Belge des Agents Commerciaux
Rue du Tournois 43, B-1190 Brüssel
T: (00322) 3 44 45 45 **Fax:** 3 43 02 43

Dänemark

iz h 558

Ass. of Commercial Agents of Denmark
Børsen, DK-1217 Kopenhagen
T: (0045) 33 95 05 00 **Fax:** 33 33 04 64

Deutschland

iz h 559

Centralvereinigung Deutscher Wirtschaftsverbände für Handelsvermittlung und Vertrieb (CDH)
Geleniusstr. 1 (CDH-Haus), 50931 Köln
T: (0221) 51 40 43 **Fax:** 52 57 67
Internet: http://www.cdh.de
E-Mail: cdh.centralvereinigung@t-online.de

Finnland

iz h 560

Finnish Foreign Trade Agents' Federation
Elimaenkatu 29, FIN-00510 Helsinki
T: (00358) 9 86 83 16 50 **Fax:** 9 86 83 16 51
E-Mail: fftaf@agenttiliitto.fi

Frankreich

iz h 561

Fédération Nationale des Agents Commerciaux et Mandataires
30, Avenue de l'Opera, F-75002 Paris
T: (00331) 44 94 05 00 **Fax:** 44 94 05 10
E-Mail: fnac@comagent.com

Griechenland

iz h 562

Athens Association of Commercial Agents
15, Voulis Street, GR-10563 Athen
T: (00301) 3 23 26 22 **Fax:** 3 23 83 78
E-Mail: alkiliad@acci.gr

iz h 563

Commercial Agents' Ass. of Northern Greece
54, Tsimiski Street, GR-54623 Saloniki
T: (003031) 27 77 98 **Fax:** 28 52 65

Großbritanien und Irland

iz h 564

The Manufacturers' Agents' Association
1, Somers Road, GB-Reigate Surrey RH 29 DU
T: (00441737) 24 10 25 **Fax:** 22 45 37

Italien

iz h 565

Federazione Nationale Ass. Agenti e Rappresentanti die Commercio
Corso Venezia 51, I-20121 Mailand
T: (00392) 7 75 02 77 **Fax:** 76 00 84 93

iz h 566

Unione Sindicati Agenti Rappresentanti di Commercio Italiani
Via Baldo degl Ubaldi 378, I-00167 Rom
T: (00336) 63 38 39 **Fax:** (0336) 63 38 12
Internet: http://www.usarci.it
E-Mail: info.agenti@usarci.it

Niederlande

iz h 567

Verbond van Nederlandse Tussenpersonen
Postf. 74773, NL-1070 BT Amsterdam
T: (003120) 3 01 63 01 **Fax:** 3 01 63 33
Internet: http://www.vnt.org
E-Mail: info@vnt.org

Norwegen

iz h 568

The Fed. of Norwegian Commercial Agents
Postf. 2896, Solli, N-0230 Oslo 2
T: (0047) 22 44 68 33 **Fax:** 22 43 44 28
E-Mail: rwaa@telepost.no

Österreich

iz h 569

Bundesgremium der selbstständigen Handelsvertreter und Vermittler
Postf. 4 40, A-1045 Wien
T: (00431) 5 01 05 33 22 **Fax:** 50 20 62 87
E-Mail: bggr6@wkoesk.wk.or.at

Schweden

iz h 570

The Swedish Association of Agents
Vasagatan 46, S-1118 Stockholm
T: (00468) 4 11 00 22 **Fax:** 4 11 00 23
Internet: http://www.agenturforetagen.se
E-Mail: mail@agenturforetagen.se

Schweiz

iz h 571

Verband Kaufmännischer Agenten der Schweiz
Postf. 6 56, CH-4010 Basel
T: (004161) 2 71 33 85 **Fax:** 2 28 90 39

Spanien

iz h 572

AESPAC
C/Goya 55-1°, E-28001 Madrid
T: (003491) 5 75 92 85 **Fax:** 57 00 84
E-Mail: aespac@cgac.es

USA

iz h 573

Manufacturers' Agents National Association
Postf. 3467, USA-92654 Laguna Hills
T: (001949) 8 59 40 40 **Fax:** 8 55 29 73
Internet: http://www.manaonline.org
E-Mail: mana@manaonline.org

• IZ H 574

Internationaler Verband der Immobilienberufe (FIABCI)
Fédération Internationale des Professions Immobilières
23, Avenue Bosquet, F-75007 Paris
T: (00331) 45 50 45 49 **Fax:** 45 50 42 00
Internet: http://www.fiabci.com
E-Mail: info@fiabci.net
Gründung: 1949
Weltpräsident: Laurence McCabe (2000-2001)
Tanaka Jun-Ichiro (1999-2000)
Generalsekretär(in): Bruno Crosby
Verbandszeitschrift: FIABCI-Press
Mitglieder: 4500
Mitarbeiter: 6

• IZ H 575

Vereinigung der nationalen Schiffsmakler- und -agenten-Verbände (FONASBA)
Federation of National Associations of Shipbrokers and Agents
Fédération des associations nationales des agents et courtiers maritimes de navires
c/o Institute of Chartered Shipbrokers
3, St.Helen's Place, GB-London EC3A 6EJ
T: (0044207) 6 28-5559 **Fax:** 5 88-7836
Internet: http://www.fonasba.com.
E-Mail: fonasba@ics.org.uk
General Manager: Jonathan C. Williams (MICS)

IZ I Banken und Börsen

Zum Auffinden einer bestimmten Dienststelle oder Organisation dient das Suchwortverzeichnis eines Personennamens das Personenverzeichnis

Spitzenverbände der Banken und Börsen
Sparkassen, Raiffeisen, Volksbanken, Kreditgenossenschaften
Bausparkassen, Hypothekenwesen
Finanzen
Kredit- und Exportversicherung
Wertpapier- und Warenbörsen

Spitzenverbände der Banken und Börsen

• IZ I 1

EURO Bankenvereinigung (EBV)
EURO Banking Association (EBA)
Association Bancaire pour l'EURO (ABE)
Rue de Galliéra 4, F-75116 Paris
T: (00331) 53 67 07 00 **Fax:** 53 67 07 07
Internet: http://www.ABE.ORG
Gründung: 1985
President: Olivier Mas
Secretary General: Gilbert Lichter
Leitung Presseabteilung: Daniel Szmukler
Mitglieder: 111+ 19 Assoziierte Mitglieder
Mitarbeiter: 23

• IZ I 2

Euro-Institut (EI)
Euro Institute
Institut de l'euro
Rue Président Carnot 8, F-69002 Lyon
T: (0033) 4 72 56 42 32 **Fax:** 4 72 41 84 91
Internet: http://www.euro-institut.org
E-Mail: euroinstitut@asi.fr
Gründung: 1992
President: Frans Andriessen
Direktor(in): Alain Malegarie
Contact: Ghislaine Galinet-Lucido
Mitarbeiter: 3

• IZ I 3

Europäische Bank für Wiederaufbau und Entwicklung (EBRD)
European Bank for Reconstruction and Development (EBRD)
Banque européenne pour la reconstruction et le développement (BERD)
1, Exchange Square, GB-London EC2A 2 JN
T: (0044207) 3 38-60 00 **Fax:** 3 38-61 00
Internet: http://www.ebrd.com
E-Mail: harrisob@ebrd.com
Präsident(in): Jean Lemierre
Generalsekretär(in): Antonio Maria Costa
Pressesprecherin: Barbara Clay
Mitglieder: 58 Mitgliedsstaaten plus European Commission und European Investment Bank

• IZ I 4

Europäischer Invesitionsfonds (EIF)
European Investment Fund (EIF)
Fonds européen d'investissement (FEI)
Avenue J.F. Kennedy 43, L-2968 Luxemburg
T: (00352) 42 66 88-1 **Fax:** 42 66 88-200
Internet: http://www.EIF.ORG
E-Mail: info@eif.org
Gründung: 1994 (Juni)

Finanzausschuß
Vorsitzende(r): Gerbrand G. Hop
David McGlue
Michel Berthezène

Sekretariat und Verwaltung
Generalsekretär: Christopher Sibson

Marketing
Direktor(in): Guido Prud'Homme
Presseabteilung: Pé Verhoeven

• IZ I 5

Europäische Zentralbank (EZB)
European Central Bank (ECB)
Postf. 16 03 19, 60066 Frankfurt
Kaiserstr. 29, 60311 Frankfurt
T: (069) 13 44-0 **Fax:** 13 44-6000
Internet: http://www.ecb.int
Präsident(in): Dr. Willem Frederik Duisenberg
Vizepräsident(in): Christian Noyer
Direktorium: Eugenio Domingo Solans
Sirkka Hämäläinen
Otmar Issing
Tommaso Padoa-Schioppa
Mitarbeiter: ca. 730 (31.12.99)

• IZ I 6

Europay International S.A. (EC)
Europay International S.A.
Chaussée de Tervuren 198 A, B-1410 Waterloo
T: (00322) 352 53 04 **Fax:** 352 57 32
Internet: http://www.europay.com
E-Mail: webmaster@europay.com
Gründung: 1992 (1. September)
Vors. d. Aufsichtsrates: Dr. Kurt Richolt
CEO: Louis-Noël Joly (Chief Executive Officer, Chaussée de Tervuren 198 A, B-1410 Waterloo, Belgium)
Leitung Presseabteilung: Richard T. Tischler

Verbindungsstellen

Ägypten

iz i 7

National Bank of Egypt
24, Sherif Pasha Street, ET-Kairo
T: (00202) 3 92 36 28

Albanien

iz i 8

Banque de l' Etat Albanais
1 Sheshi Skënderbej, AL-Tirana
T: (0035542) 24 35

Algerien

iz i 9

Crédit Populaire d'Algerie
2 Boulevard Colonel Amirouche, DZ-Alger
T: (00213) 2-61 13 34, 63 84 10-12 **Fax:** 2-64 40 41

Andorra

iz i 10

Agrupacio Andorrana eurocheque
Postf. 3, AND-Andorra la Vella
Avenue Meritxell 96, AND-Andorra la Vella
T: (003362) 7 38-2 06 11

Belgien

iz i 11

Europay Belgium
Avenue de Roodebeek, 89, B-1040 Bruxelles
T: (00322) 7 41 66 90

Bulgarien

iz i 12

BULBANK/Bulgarien Foreign Trade Bank/Ltd.
7, Sveta Nedelya Sq., BG-1000 Sofia
T: (003592) 84 91 **Fax:** 88 46 36

Dänemark

iz i 13

PBS
Postf. 500, DK-2750 Ballerup
Lautrupbjerg 10, DK-2750 Ballerup
T: (0045) 44-68 44 68

Deutschland

iz i 14

Bundesverband deutscher Banken e.V.
Postf. 04 03 07, 10062 Berlin
Burgstr. 28, 10178 Berlin
T: (030) 16 63-0 **Fax:** 16 63-1399
Internet: http://www.bankenverband.de

Großbritannien

iz i 15

APACS
Mercury House-Triton Court, 14 Finsbury Square, GB-London EC2A 1BR
T: (0044207) 6 28 70 80

Finnland

iz i 16

The Finnish Bankers' Association
Department of Banking Technology
Postf. 1009, FIN-00101 Helsinki
Museokatu 8A, FIN-00101 Helsinki
T: (003580) 4 05 61 20 **Fax:** 40 56 12 91

Frankreich

iz i 17

Groupement des Cartes Bancaires "CB"
29, rue de Lisbonne, F-75008 Paris
T: (00331) 44 21 35 35

Gibraltar

iz i 18

Barclays Bank plc.
Postf. 187, GBZ-Gibraltar
3 Queensway, Regal House, GBZ-Gibraltar

Griechenland

iz i 19

Association des Banques Helleniques
1, rue Massalias & Solonos, GR-10680 Athen
T: (00301) 3 64 61 21

Irland

iz i 20

Irish Banks'Standing Committee
Nassau House, Nassau Street, IRL-Dublin 2
T: (003531) 71 53 11

Island

iz i 21

Landsbanki Islands
Postf. 170, IS-101 Reykjavik
Austurstraeti 11, IS-101 Reykjavik
T: (003541) 5 60 60 00

Israel

iz i 22

Association of Banks in Israel
Banking Services Centre
12, Levontin Street, IL-Tel Aviv 6 10
T: (009723) 62 40 19, 62 43 32

Italien

iz i 23

Associazione Bancaria Italiana
Piazza del Gesù 49, I-00186 Rom
T: (00396) 6 76 73 86, 6 76 60 72 **Fax:** 6 76 74 57

Jugoslawien

iz i 24

The Association of Yugoslav Banks
Masarikova 5/IX, YU-11000 Beograd
T: (003811) 68 34 12

Libanon

iz i 25

Société Générale Libano Européenne de Banque
c/o Byblos Bank Belgium
47-49 avenue des Arts, B-1040 Bruxelles

Luxemburg

iz i 26

Communauté Luxembourgeoise eurocheque
14, Boulevard F.D. Roosevelt, L-2450 Luxemburg
T: (00352) 4 63 66 01

Malta

iz i 27

Mid-Med Bank Ltd.
Card Products Division
Postf. 25, GBY-Qormi
T: (00356) 44 62 71

Marokko

iz i 28

eurocheque Maroc
45, Bd d'Anfa, MA-Casablanca
T: (00212) 22 41 78

Niederlande

iz i 29

Stichting Bevordering Chequeverkeer
Postf. 9120, NL-1006 CB Amsterdam
T: (003120) 5 63 14 41

Norwegen

iz i 30

Europay Norge AS
Postf. 1466, N-0116 Oslo 1

Österreich

iz i 31

Europay Austria Zahlungsverkehrssysteme Ges.m.b.H
Hintere Zollamtsstr. 17, A-1030 Wien
T: (00431222) 7 17 01-0 **Fax:** 7 17 01-30

Polen

iz i 32

Bank Polska Kasa Opieke SA
Cards and Cheques Centre
Ul. Czestochowska 4 A, PL-02344 Warszawa

Portugal

iz i 33

Comunidade Portuguesa eurocheque
Rua de S. Nicolau 71-5_Ho-dt_Ho, P-1100 Lissabon
T: (003511) 3 42 86 84

Rumänien

iz i 34

Banca Română de Comert Exterior S.A.
22-24 Calea Victoriei, R-70012 Bukarest
T: (40) 1-6 14 91 90, 1-6 14 73 78 **Fax:** 1-6 14 15 98
SWIFT: BRCEROBU

iz i 35

Asociatia Romana a Bancilor
22-24 Calea Victoriei, R-70012 Bukarest
T: (40) 1-6 13 80 10 **Fax:** 1-6 14 15 98

Schweden

iz i 36

Svenska Bankforeningen
Postf. 7603, S-10394 Stockholm
Regeringsgatan 38, S-10394 Stockholm
T: (00468453) 44 00 **Fax:** 44 15

Schweiz

iz i 37

Schweizerische Bankiervereinigung
Postf. 4182, CH-4002 Basel
Aeschenplatz 7, CH-4002 Basel
T: (004161) 2 72 58 88

Spanien

iz i 38

Agrupacion Española eurocheque
Los Madrazo 28, E-28014 Madrid
T: (00341) 5 31 39 71, 5 31 62 89

Tschechische Republik

iz i 39

Statni Banka Ceskoslovenska
Ustredi-odbor 252, CZ-11003 Praha 1
T: (004202) 26 88 65, 26 75 31, 26 93 96

Tunesien

iz i 40

Société Tunisiènne de Banque
Rue de la Monnaie, TN-1002 Tunis
T: (002161) 35 01 43

Türkei

iz i 41

Banks' Association of Turkey
Mithatpasa Caddesi 12, TR-Ankara
T: (00904) 1 34 01 60

Russische Föderation

iz i 42

C.I.S. Bank for Foreign Economic Affairs of USSR
Retail Services Management Dep.
Kopievski Lane 3/5, RUS-Moskau 103009
T: (007095) 2 53 92 74

Ungarn

iz i 43

National Bank of Hungary
Szabadsag tér 8-9, H-1850 Budapest V
T: (00361) 112.24.42

Zypern

iz i 44

eurocheque Cyprus
c/o Bank of Cyprus
Postf. 4884, CY-Nicosia
Diagoras Avenue 4, Kermia House, CY-Nicosia
T: (003572) 36 51 88

• IZ I 45

IBF

International Bankers Forum e.V. (IBF)
International Bankers Forum e.V.
Forum International des Banquiers
Wiesenau 1, 60323 Frankfurt
T: (069) 97 17 61 80 **Fax:** 97 17 65 55
Internet: http://www.ibf-ev.de
E-Mail: info@ibf-ev.de
Gründung: 1986 (17. September)
Präsident: Dr. Nader Maleki
Vizepräsident: Dr. Hermann Reuter (Dresdner Bank AG, Jürgen-Ponto-Platz 1, 60301 Frankfurt, T: (069) 2 63 20 03)
Schatzmeister: Dr. Rupert Hengster (WestKA Westdeutsche Kapitalanlagegesellschaft mbH, Taunusanlage 3, 60329 Frankfurt am Main, T: (069) 25 79-321)
Mitglieder: 1000 ordentliche, 45 institutionelle
Mitarbeiter: 2

Förderung des internationalen Gedankenaustausches unter Führungskräften intern. Banken. Organisation intern. Branchenforen der Finanzindustrie.

• IZ I 46

Internationaler Währungsfonds (IWF)
International Monetary Fund
Fonds monétaire international
700, 19th Street NW, USA-Washington , D.C. 20431
T: (001202) 6 23-70 00 **Fax:** 6 23-46 61
TX: 64 111 IMF UW, 248 331 IMF UR
TGR: INTERFUND WASHINGTON DC
Internet: http://www.imf.org
E-Mail: communications@imf.org
Geschäftsführender Direktor: Horst Köhler
1. Stellv. geschäftsführender Direktor: Stanley Fischer
Stellv. geschf. Dir.: Shigemitsu Sugisaki
Eduardo Aninat
Leitung Presseabteilung: Graham Newman
Mitglieder: 182
Mitarbeiter: 2600

Sparkassen, Raiffeisen, Volksbanken, Kreditgenossenschaften

• IZ I 47

Europäische Sparkassenvereinigung (ESV)
European Savings Banks Group (ESBG)
Groupement Européen des Caisses d'Epargne (GECE)
Generalsekretariat:
11, Rue Marie-Thérèse, B-1000 Brüssel
T: (00322) 2 11 11 11 **Fax:** 2 11 11 99
Internet: http://www.savings-banks.com
E-Mail: firstname.surname@savings-banks.com
Gründung: 1963 (23. April)
Präsident(in): Charles Milhaud
Vors. der Geschäftsleitung: Ch. De Noose
Leitung Presseabteilung: Silvia Cambié
Verbandszeitschrift: Perspectives
Mitglieder: 24
Mitarbeiter: 36

• IZ I 48

Europäische Vereinigung der Genossenschaftsbanken
European Association of Co-operative Banks
Groupement Européen des Banques Coopératives
Rue de la Science 23-25, B-1040 Bruxelles
T: (00322) 2 30 11 24 **Fax:** 2 30 06 49
E-Mail: secretariat@ebc.org
Gründung: 1970
Mitglieder des Präsidiums
Generalsekretär(in): Johann-G. von Süsskind
Präsident(in): De heer Wim Meijer (Voorzitter Raad van Beheer, Rabobank Nederland (UC-0566), Postbus 17 100, NL-3500 HG Utrecht, T: (003130) 2 16 35 22, Telefax: (003130) 2 16 27 55)
Vizepräsident(in): Dipl.-Volksw. Wolfgang Grüger (Präsident, Bundesverband der Deutschen Volksbanken und Raiffeisenbanken - BVR, Postf. 12 04 40, 53046 Bonn, T: (0228) 50 92 11, Telefax: (0228) 50 92 75)
Etienne Pflimlin (Président, Confédération Nationale du Crédit Mutuel, 88-90, rue Cardinet, F-75017 Paris, T: (00331) 44 01 10 01, Telefax: (00331) 44 01 12 17)
Mitglieder: 42
Mitarbeiter: 7
Jahresetat: DM 2 Mio, € 1,02 Mio (1997)

Belgien

iz i 49

Credit Professionnel S.A.
Bld. de Waterloo 16, B-1000 Brüssel
T: (00322) 2 89 89 89 **Fax:** 2 89 89 90
Internet: http://www.bkcp.be
Président: Thierry Faut

Bulgarien

iz i 50

Central Co-operative Bank
103, G.S. Rakovsky Street, BG-1000 Sofia
T: (003592) 87 40 07 **Fax:** 80 42 57, 88 42 54
Georgi Georgiev (Executive Director)

Dänemark

iz i 51

Sammenslutningen Danske Andelskasser
Baneskellet 1, DK-8834 Hammershoj
T: (004587) 99 30 00 **Fax:** (004586) 45 00 14
Internet: http://www.sda.dk
Vagn T. Raun (Executive Secretary)

Deutschland

iz i 52

Bundesverband der Deutschen Volksbanken und Raiffeisenbanken e.V. (BVR)
Postf. 12 04 40, 53046 Bonn
Heussallee 5, 53113 Bonn
T: (0228) 5 09-0 **Fax:** 5 09-201
Internet: http://www.vrnet.de
Vorstand: Dipl.-Volksw. Dr. Christopher Pleister (Präsident), Bonn
RA Jochen Lehnhoff, Bonn
Dipl.-Kfm. Dr. Bernd Rodewald (T: (0228) 50 92 13, Telefax: (0228) 50 92 75), Bonn

iz i 53

DG BANK Deutsche Genossenschaftsbank Aktiengesellschaft
60265 Frankfurt
Platz der Republik, 60325 Frankfurt
T: (069) 74 47-01 **Fax:** 74 47-1685 (allg.)
T-Online *25566*
Internet: http://www.dgbank.de
E-Mail: dgbank@t-online.de
Vorstand: Dr. Berthold Eichwald

Finnland

iz i 54

OKOBANK
Postf. 308, FIN-00101 Helsinki
Teollisuuskatu 1, FIN-00101 Helsinki
T: (003589) 40 41 **Fax:** 4 04 37 03
Internet: http://www.osuuspankki.fi
Heikki Vitie (Executive Director)

Frankreich

iz i 55

Caisse Centrale de Crédit Coopératif
Parc de la Défense
Postf. 2 11, F-92002 Nanterre
33, rue des Trois-Fontanot, F-92002 Nanterre
T: (00331) 47 24 85 00 **Fax:** 47 24 86 42
Internet: http://www.bfcc.fr
Jean-Claude Detilleux (Président Directeur Général)

iz i 56

Chambre Syndicale des Banques Populaires
Le Ponant de Paris
Rue Leblanc 5, F-75015 Paris
T: (00331) 40 39 60 00 **Fax:** 40 39 60 01
Jacques Delmas-Marsalet (Président)
Bernard Vacarie (Directeur Général)

iz i 57

Caisse Centrale des Banque Populaires
115, rue Montmartre, F-75002 Paris
T: (00331) 40 39 30 00 **Fax:** 40 39 42 48
Internet: http://www.banquepopulaire.fr

iz i 58

Confédération Nationale du Crédit Mutuel
88-90, rue Cardinet, F-75017 Paris
T: (00331) 44 01 10 10 **Fax:** 44 01 12 30
Internet: http://www.creditmutuel.fr
Etienne Pflimlin (Président)

iz i 59

Fédération Nationale du Crédit Agricole
48, rue La Boétie, F-75008 Paris
T: (00331) 49 53 43 23 **Fax:** 49 53 44 81
Marc Bue (Président)
Jean-Yves Hocher (Directeur Général)
Jacques Stefani (Secrétaire Général, T: (00331) 49 53 43 23, Telefax: (00331) 49 53 44 81)

iz i 60

Caisse Nationale de Crédit Agricole
91-93, Boulevard Pasteur, F-75015 Paris
T: (00331) 43 53 43 23 **Fax:** 43 23 30 10
Internet: http://www.credit-agricole.fr

Griechenland

iz i 61

Association of Cooperative Banks of Greece
50, Skoufa Str Kolonaki, GR-10672 Athen
T: (00301) 36 36-311 **Fax:** 36 10-210
Evangelos Floratos (President)

Großbritannien

iz i 62

The Co-operative Bank p.l.c.
Postf. 1 01, GB-M60 4EP Manchester M60 4EP
1 Balloon Street, GB-Manchester M60 4EP
T: (0044161) 8 32 34 56 **Fax:** 8 29 44 75
Internet: http://www.cooperativebank.co.uk
Keith R. Girling (General Manager)

Irland

iz i 63

ACCBANK
Postf. 111, IRL-Dublin 2
Charlemont Place, IRL-Dublin 2
T: (003531) 4 18 40 00 **Fax:** 4 18 44 44
Internet: http://www.accbank.ie
John McCloskey (Chief Executive)

iz i 64

Irish League of Credit Unions
33-41 Lower Mount Street, IRL-Dublin 2
T: (003531) 6 14 67 00 **Fax:** 6 14 67 01
Frank Lynch (League President)

iz i 65

Irish Sea Fisheries Board
Postf. 12, IRL-Co Dublin
Crofton road,Dun Laoghaire, IRL-Co Dublin
T: (003531) 2 84 15 44 **Fax:** 2 84 11 23
Internet: http://www.bim.ie
Sean O'Donoghue (Fisheries Development Manager)

Italien

iz i 66

Feder. Italiana delle Banche di Cooperativo - Casse Rurali e Artigiane
Via Massimo d'Azeglio 33, I-00184 Rom
T: (00396) 48 29 54 51/455 **Fax:** 48 29 54 16
Internet: http://www.bcc.it
Alessandro Azzi (Presidente, T: (00396) 48 29 54 51, Telefax: (00396) 48 90 30 80)

iz i 67

Associazione Nazionale fra le Banche Popolari
Piazza Venezia 11, I-00187 Rom
T: (00396) 6 79 50 60 **Fax:** 6 79 55 58
Siro Lombardini (Presidente)

Luxemburg

iz i 68

Caisse Centrale Raiffeisen
Boulevard Royal 28, L-2449 Luxemburg
T: (00352) 46 21 51 **Fax:** 47 14 69
Internet: http://www.raiffeisen.lu
Alphonse Sinnes (Directeur)

Niederlande

iz i 69

Rabobank Nederland
(UC-G 566)
Postf. 17100, NL-3500 HG Utrecht 1
Croeselaan 18, NL-3500 HG Utrecht 1
T: (003130) 2 16 91 11 **Fax:** 2 16 26 72
Wim Meijer (Voorzitter Raad van Beheer)
T. H. M. Schijf (Directeur, Hoofd Directoraat Juridische en Fiscale Zaken, T: (003130) 2 16 32 38, Telefax: (003130) 2 16 19 85)

Österreich

iz i 70

Österreichischer Genossenschaftsverband (ÖGV)
(Schulze-Delitzsch)
Schottengasse 10, A-1010 Wien
T: (00431) 3 13 28-0 **Fax:** 3 13 28-58
Internet: http://www.volksbank.co.at/oegv
Verbandsanw. KR Dr. Hans Hofinger (Mitgl. d. Vorst.)

iz i 71

Fachverband der Kreditgenossenschaften nach dem System Raiffeisen
Am Stadtpark 9, A-1030 Wien
T: (00431) 7 17 07 12 41 **Fax:** 7 17 07 24 96
Internet: http://www.rzb.at
Komm.Rat Dr. Erwin Fischer (Generalsekretär)

Polen

iz i 72

Krajowy Zwiazek Bankow Spoldzielczych
KZBS
Ul. Swietokrzyska 20, PL-00049 Warschau
T: (004822) 8 26 32 11 **Fax:** 8 26 32 14
E. Laszkiewicz (Président)

Portugal

iz i 73

Caixa Central de Crédito Agricola Mutuo
Rua Castilho, 233 - 7°, P-1070 Lissabon
T: (003511) 3 80 99 00 **Fax:** 3 87 10 33
Diamantino da Silva Diogo (Presidente)

iz i 74

Federaçao Nacional das Caixas de Crédito Agricola Mutuo (FENACAM)
FENACAM
Rua Castilho, 233 - 7°, P-1070 Lissabon
T: (003511) 3 80 99 00 **Fax:** 3 87 12 46
J. V. de Jesus Carvalho Cardoso (Presidente de Direcçao)

Rumänien

iz i 75

The Co-operative Credit Bank
Postf. 6418, R-78223 Bukarest
13, Ioan Ghioca Street Sect 3, R-Bukarest
T: (00401) 3 11 29 68 **Fax:** 3 11 29 74
A. Dinulescu (General Manager)

Schweden

iz i 76

Landshypotek
SAH Bankl
Postf. 14092, S-10440 Stockholm
Strandvägen 1, 1st floor, S-10440 Stockholm
T: (00468) 6 67 05 40 **Fax:** 7 83 01 54
Internet: http://www.landshypotek.se
Christer Söderberg (Managing Director)

Spanien

iz i 77

Banco Cooperativo Español S.A.
Calle Virgen de los Peligros 6, E-28013 Madrid
T: (003491) 5 95 67 00 **Fax:** 5 95 68 00
Javier Petit Asumendi (Director General)

iz i 78

Unión Nacional de Cooperativas de Crédito
Calle Virgen de los Peligros 4- 4a planta, E-28013 Madrid
T: (003491) 5 95 67 85 **Fax:** 5 95 67 96
D. Angel Luis Martin Serrano (Secretario General)

Ungarn

iz i 79

National Federation of Saving Co-operatives
Szabadsag ter 14, H-1054 Budapest
T: (00361) 3 31 51 16 **Fax:** 3 32 61 52
Dr. Endre Kiss (Chairman of the Board)

Zypern

iz i 80

Co-operative Central Bank Ltd.
Postf. 5437, CY-1389 Nicosia
Gregoriou Afxentiou Str., CY-1389 Nicosia
T: (003572) 44 29 21 **Fax:** 36 02 61
Internet: http://www.coopbank.com.cy
Demitris P. Pitsillides (General Manager)

• IZ I 81

Europäischer Bund für Altersversorgung (EFRP)
European Federation for Retirement Provision
Rue Ducale 85 Hertogstraat, B-1000 Brüssel
T: (00322) 289 14 14 **Fax:** 289 14 15
E-Mail: efrp@efrp.org
Gründung: 1981
President: Drs. C. J. van Rees
Secretary General: Chris Verhaegen (Permanent Representative)
Mitglieder: 20 Lidstaten, 23 Associaties
Mitarbeiter: 3

• IZ I 82

Internationale Raiffeisen-Union (IRU)
Adenauerallee 127, 53113 Bonn
T: (0228) 1 06-3 64 **Fax:** 1 06-2 66
Teletex: 228 37 56
Internet: http://www.iru.de
E-Mail: iru@raiffeisen.de
Gründung: 1968
Präsident(in): Wim Meijer, Utrecht
Vizepräsident(in): Dr. Jörg Brixner, Bonn
Frans Florquin (zugleich Schatzmeister), Leuven
Dr. Christian Konrad, Wien
Etienne Pflimlin, Paris
Generalsekretär(in): Dr. Hans-Detlef Wülker, Bonn

• IZ I 83

Internationale Volksbankenvereinigung (CIBP)
International Confederation of Popular Banks
Confédération Internationale des Banques Populaires
5, Rue Leblanc, F-75511 Paris Cedex 15
T: (00331) 40 39 66 19 **Fax:** 40 39 60 60
Internet: http://www.cyber.banquepopulaire.fr
E-Mail: martine-connolly@csbp.banquepopulaire.fr
Gründung: 1950
Präsident: Giovanni De Censi (Istituto Centrale delle Banche Popolari Italiane)
Mitglieder: 25000000
Mitgliedsorganisationen: 10 aktive, 2 korrespondierende

• IZ I 84

Lokaler Kredit Europas (GEIE)
Local Credit of Europe
Crédit local d'Europe
Boulevard Pachéco 44 P 1/2, B-1000 Brüssel
T: (00322) 2 22 33 32 **Fax:** 2 22 33 49
Internet: http://www.arcana.be/cle.html
E-Mail: credit@mail.interpac.be
Gründung: 1990
Präsident(in): N. N.
Mitglieder: 7
Members: Crédit Communal (B); Crédit local de France (F); Banco de Credito local (E); CREDIOP (I); Caixa Geral de Depositos (P); Deutsche Girozentrale-Deutsche Kommunalbank (D); Bank Nederlandse Gemeenten (NL)

• IZ I 85

Weltweite Vereinigung der Kreditgenossenschaften (WOCCU)
World Council of Credit Unions, Inc.
Conseil Mondial des Coopératives d'Epargne et de Crédit
Postf. 2982, USA-Madison, WI 53701
5710 Mineral Point RD, USA-Madison, WI 53701-2982
T: (001608) 2 31-71 30 **Fax:** 2 38-80 20
TGR: WOCCU MSN
Internet: http://www.woccu.org
Gründung: 1971 (1.January)
Chief Executive Officer: Arthur Arnold
Verbandszeitschrift: Annual Report, Statistical Report, Credit Union World
Mitglieder: 81 national affiliates, 4 regional confederations
Mitarbeiter: 85

Bausparkassen, Hypothekenwesen

• IZ I 86

Europäische Bausparkassenvereinigung
European Federation of Building Societies
Fédération Européenne d'Epargne et de Crédit pour le Logement
Klingelhöferstr. 4, 10785 Berlin
T: (030) 59 00 91-913 **Fax:** 59 00 91-917
Internet: http://www.efbs.org
E-Mail: info@efbs.org
Gründung: 1962
Präsident(in): Heinz Wilderer (Jägerstr. 36, 70174 Stuttgart, T: (0711) 1 83 23 70, Telefax: (0711) 1 83 20 85)
Geschäftsf. Dir.: Andreas J. Zehnder (Europäische Bausparkassenvereinigung, Klingelhöfer Str. 4, 10785 Berlin, T: (030) 59 00 91-913, Telefax: (030) 59 00 91-917)
Verbandszeitschrift: EuBV-Mitteilungsblatt
Verlag: EFBS, Klingelhöfer Str. 4, 10785 Berlin
Mitglieder: 65

• IZ I 87

Europäischer Hypothekenverband
European Mortgage Federation
Fédération Hypothécaire Européenne
Secrétariat:
Av. de la Joyeuse Entrée 14, Bte. 2, B-1040 Brüssel
T: (00322) 2 85 40 30 **Fax:** 2 85 40 31
Internet: http://www.hypo.org
E-Mail: emfinfo@hypo.org
Gründung: 1967 (27. Oktober)
Präsident(in): P. O'Reilly

Mitgliedsorganisationen

Belgien

iz i 88

U.P.C.
Avenue de la Joyeuse Entrée, 12, bte 4, B-1040 Brüssel
T: (00322) 2 31 07 93 **Fax:** 2 30 45 47

Deutschland

iz i 89

Verband deutscher Hypothekenbanken e.V.
Postf. 12 06 40, 53048 Bonn
Holbeinstr. 17, 53175 Bonn
T: (0228) 9 59 02-0 **Fax:** 9 59 02-44
E-Mail: vdh@hypverband.de

iz i 90

Bundesverband Öffentlicher Banken Deutschlands e.V. (VÖB)
Postf. 11 02 72, 10832 Berlin
Lennestr. 17, 10785 Berlin
T: (030) 81 92-0 **Fax:** 81 92-222

iz i 91

Gesamtverband der Deutschen Versicherungswirtschaft e.V. (GDV)
Postf. 08 02 64, 10002 Berlin
Friedrichstr. 191, 10117 Berlin
T: (030) 20 20-5000 **Fax:** 20 20-6000
Internet: http://www.gdv.de

iz i 92

Verband deutscher Schiffsbanken
Domshof 17, 28195 Bremen
T: (0421) 36 09-0 **Fax:** 32 35 39
Mitglieder: 2

Österreich

iz i 93

Verband der Österreichischen Landes-Hypothekenbanken
Brucknerstr. 8, A-1043 Wien
T: (00431) 5 05 87 32-0 **Fax:** 5 05 87 32 20

iz i 94

Erste Bank der Österreichischen Sparkassen AG
Postf. 2 55, A-1011 Wien
Schubertring 5, A-1011 Wien
T: (00431) 7 11 94 83 50 **Fax:** 7 11 94 86 07

iz i 95

Bank Austria AG
Postf. 6 70 00, A-1011 Wien
T: (00431) 5 12 15 38 **Fax:** 5 12 15 38 30

iz i 96

Creditanstalt AG
Scholtenbastei 11, A-1010 Wien
T: (00431) 5 31 31-0 **Fax:** 53 13 14 39 91

Dänemark

iz i 97

Realkreditrådet
Zieglers Gaard
Nybrogade 12, DK-1203 Copenhagen K
T: (0045) 33 12 48 11 **Fax:** 33 32 90 17

Finnland

iz i 98

Suomen Hypoteekkiyhdistys
The Mortgage Society of Finland
Postf. 509, FIN-00101 Helsinki
T: (003580) 64 74 01 **Fax:** 64 74 43

iz i 99

Oko Mortgage Bang Ltd.
Malminkatu 30 (PL 930), FIN-00101 Helsinki
T: (003580) 40 41 **Fax:** 4 04 42 09

Frankreich

iz i 100

Crédit Foncier de France
Postf. 65, F-75050 Paris Cedex 01
Rue des Capucines 19, F-75001 Paris
T: (00331) 42 44 80 00 **Fax:** 42 44 99 96

iz i 101

Groupe Comptoir des Entrepreneurs - La Henin
Boulevard Vauban 35, F-78280 Guyancourt
T: (00331) 39 41 10 10 **Fax:** 39 41 10 60

iz i 102

Union de Crédit pour le Bâtiment
25, avenue Kléber, F-75791 Paris Cedex 16
T: (00331) 40 67 41 40 **Fax:** 40 67 44 85

iz i 103

Caisse Centrale du Crédit Immobilier de France
3 CIF, Avenue George V, 41, F-75008 Paris
T: (00331) 44 51 20 20 **Fax:** 44 51 28 03

iz i 104

Association Française des Etablissements de Crédit et des Entreprises d'Investissement
Rue Taitbout 36, F-75009 Paris
T: (003314) 8 24 34 34 **Fax:** 8 24 13 31

iz i 105

Caisse de Refinancement de lHabitat
Rue de la Boetie 35, F-75008 Paris
T: (00331) 42 89 49 40 **Fax:** 42 89 29 67

Großbritannien

iz i 106

Building Societies Association
Savile Row 3, GB-London W1X 1AF
T: (0044207) 4 37 06 55 **Fax:** 7 34 64 16

iz i 107

Council of Mortgage Lenders
Savile Row 3, GB-London W1X 1AF
T: (0044207) 4 37 06 55 **Fax:** 7 34 64 16

Griechenland

iz i 108

National Bank of Greece
Postf. 3667, GR-10210 Athen
Venizelou Avenue 40, GR-10210 Athen
T: (00301) 3 69 55 01-3 **Fax:** 3 63 12 64

Irland

iz i 109

Irish Mortgage and Savings Association
Heritage House
23 St. Stephen's Green, IRL-Dublin 2
T: (003531) 6 76 63 33 **Fax:** 6 61 86 22

Italien

iz i 110

Associazione Bancaria Italiana
Piazza del Gesù 49, I-00186 Rom
T: (00396) 6 76 71 **Fax:** 6 76 74 57

Luxemburg

iz i 111

Europäische Hypothekenbank
25 B, Boulevard Royal, L-2449 Luxembourg
T: (00352) 46 33 12-1 **Fax:** 46 33 12-300

Niederlande

iz i 112

Nederlandse Vereniging van Banken
Singel 236, NL-1016 AB Amsterdam
T: (003120) 5 50 28 88 **Fax:** 6 23 97 48

iz i 113

Bouwfonds Hypotheken BV
Postf. 15, NL-3870 DA Hoevelaken
T: (003134) 9 53 91 11 **Fax:** 9 53 95 85

Norwegen

iz i 114

Den Norske Bankforening
Postf. 14 89, N-0116 Oslo
T: (00472) 2 83 31 60 **Fax:** 2 83 07 51

Spanien

iz i 115

Argentaria - Casa Postal Y Banco Hipotecario
Paseo de Recoletos 12, E-28001 Madrid
T: (00341) 5 37 40 00 **Fax:** 5 37 44 44

iz i 116

Asociacion Hipotecaria Española
c/Maldonado 28-Bajo Deha., E-28006 Madrid
T: (00341) 5 77 55 89 **Fax:** 5 76 96 36

Portugal

iz i 117

Crédito Predial Português
Rua Augusta 237 - 6_Ho, P-1194 Lissabon Codex
T: (003511) 73 40 24 **Fax:** 32 12 13

iz i 118

Caixa Geral de Depósitos, SA
Av. Joąo XXI, 63, P-1117 Lissabon Codex
T: (003511) 7 90 50 00 **Fax:** 7 90 50 51

iz i 119

Banco Internacional de Crédito
Av. Fontes Pereira de Melo-apartado 1496, P-1013 Lissabon Codex
T: (003511) 3 11 55 55 **Fax:** 52 61 65

iz i 120

Caixa Economica Montepio Geral
Rue Aurea 219-241, P-1100 Lissabon
T: (003511) 3 47 55 52 **Fax:** 3 45 20 04

Schweden

iz i 121

The Swedish Council of Mortgage Lenders
c/o The Swedish Bankers' Association
Postf. 7603, S-10394 Stockholm
T: (00468) 4 53 44 40 **Fax:** 7 96 93 95

Assoziierte Mitglieder

Schweiz

iz i 122

Verband Schweizerischer Kantonalbanken
Union des Banques Cantonales Suisses
Postfach, CH-4002 Basel
Wallstr. 9, CH-4002 Basel
T: (004161) 2 71 66 66 **Fax:** 2 71 66 67

Ungarn

iz i 123

Caisse d'Epargne Nationale
V. Nádor u. 16, H-1876 Budapest
T: (00361) 1 32 47 14 **Fax:** 1 12 68 58

Slowenien

iz i 124

SKB Banka D.D.
ajdovscina 4, SLO-61000 Ljubljana
T: (003861) 1 31 52 54 **Fax:** 31 45 49

• **IZ I 125**

Internationaler Bausparkassen- und Hypothekenbanken-Verband (IUHF)
International Union of Housing Finance
Union Internationale des Sociétés d'Epargne et de Prêts Immobiliers
111 East Wacker Drive, USA-Chicago IL 60601
T: (001312) 9 46-8200 **Fax:** 9 46-8202
Gründung: 1938 (15. September)
Präsident(in): Alex J. Pollock
Generalsekretär(in): Donald Holton
Verbandszeitschrift: Housing Finance International
Redaktion: International Union for Housing Finance, IIIE. Wacker Dr. , Chicago, IL 60601-3704, USA
Mitglieder: 350 in weltweit 71 Ländern
Mitarbeiter: 2
Jahresetat: DM 0,32 Mio, € 0,16 Mio

Finanzen

• **IZ I 126**

Assoziation für die Europäische Währungsunion (AMUE)
Association for the Monetary Union of Europe
Association pour l'Union Monétaire de l'Europe
Rue de la Pépinière 26, F-75008 Paris
T: (00331) 44 70 60 30 **Fax:** 45 22 33 77
Internet: http://www.amue.org
E-Mail: info@amue.org
Gründung: 1987
President: Etienne Davignon
Secrétaire Général: Bertrand de Maigret
Direction du service de presse: Martha Cambas
Verbandszeitschrift: EMU for business
Mitglieder: 380
Mitarbeiter: 11

• **IZ I 127**

Europäische Investmentvereinigung (FEFSI)
European Federation of Investment Funds and Companies
Fédération Européenne des Fonds et Sociétés d'Investissement
Square de Meeûs 18, B-1050 Brüssel
T: (00322) 5 13 39 69 **Fax:** 5 13 26 43
E-Mail: info@fefsi.be
Gründung: 1974
Président: Alain Leclair
Vice Présidents: Kajsa Lindståhl
Rolf Passow
Secrétaire Général: Steffen Matthias (Dir. du service de presse)
Mitglieder: 20 europäische Länder
Mitarbeiter: 4

Belgien

iz i 128

Association Belge des Organismes de Placement Collectif (ABOPC) / Belgische Vereniging van de Instellingen voor Collectieve Belegging (BVICB)
avenue Marnixlaan 24/II+3, B-1000 Brüssel
T: (00322) 5 47 74 06, 5 47 74 09, 5 47 74 10
Fax: 5 47 74 11
Président: Stefan Duchateau
International Adviser: Marc Bayot
Secrétaire Général: Annemie Roppe

Dänemark

iz i 129

Investerings Forenings Rådet (IFR)
(The Federation of Danish Investment Associations)
Nyropsgade 21, DK-1780 Kopenhagen V
T: (004533) 32 29 81 **Fax:** 93 95 06
Internet: http://www.ifr.dk
E-Mail: info@ifr.dk
Président: Peter Hemme
International Representative: Carsten Mahler
Secrétaire Général: Peter Wendt

Deutschland

iz i 130

BVI Bundesverband Deutscher Investment-Gesellschaften e.V.
Postf. 10 04 37, 60004 Frankfurt
Eschenheimer Anlage 28, 60318 Frankfurt
T: (069) 15 40 90-0 **Fax:** 5 97 14 06
Internet: http://www.bvi.de
E-Mail: info@bvi.de
Sprecher d. Vorst.: Horst Zirener
Hauptgeschäftsführer(in): Dr. Manfred Laux
Geschäftsführer(in): Rüdiger Päsler

Finnland

iz i 131

Suomen Sijoitusrahastoyhdistys ry
(The Finnish Association of Mutual Funds)
Postf. 40, FIN-00131 Helsinki
Aleksanterinkatu 48a, 6th Floor, FIN-00171 Helsinki
T: (003589) 6 68 91 70 **Fax:** 65 65 23
Internet: http://www.apvy.fi
E-Mail: markku.savikko@apvy.fi
President: Matti Byman
Vice-President: Lauri Lundström
Managing Director: Markku Savikko

Frankreich

iz i 132

Association Française de la Gestion Financière (AFG-ASFFI)
31, rue de Miromesnil, F-75008 Paris
T: (00331) 44 94 94 00 **Fax:** 42 65 16 31
Internet: http://www.afg-asffi.com
E-Mail: documentation@afg-asffi.com
Président: Alain Leclair
Délégué Général: Pierre Bollon

Griechenland

iz i 133

Union of Greek Institutional Investors (UGII)
15, Homirou Street, GR-10672 Athens
T: (00301) 3 62 85 80 **Fax:** 3 61 69 68
Internet: http://www.ugii.gr
E-Mail: ugii@otenet.gr
Président: Alexios Pilavios
Direktor(in): Panayiotis Kavouropoulos

Großbritannien

iz i 134

Association of Unit Trusts and Investment Funds (AUTIF)
Kingsway 65, GB-London WC2B 6TD
T: (0044207) 8 31 08 98 **Fax:** 8 31 99 75
Internet: http://www.investmentfunds.org.uk
E-Mail: info@investmentfunds.org.uk
Chairman: Alan Ainsworth
Director Général: Philip J. Warland

Irland

iz i 135

Dublin Funds Industry Association (DFIA)
c/o Ulster Bank Markets Investment Services, Ulster Bank Group Centre
George's Quay, IRL-Dublin 2
T: (003531) 6 08 40 00 **Fax:** 6 08 43 99
Internet: http://www.dfia.ie
Chairman: Anthony Carey
Intern. Officer: John Fitzpatrick (E-Mail: John.Fitzpatrick@UlsterBank.com)

Italien

iz i 136

Associazione Italiana delle Società ed Enti di Gestione Mobiliare e Immobiliare (ASSOGESTIONI)

Rome Office:
Via in Lucina 17, I-00186 Rom
T: (003906) 6 89 31 72 **Fax:** 6 89 32 62
E-Mail: info.roma@assogestioni.it
Milan Office:
Via Andegari 18, I-20191 Mailand
T: (00392) 80 52-168, **Fax:** 80 52-483
E-Mail: info.milano@assogestioni.it
Président: Gustavo Visentini
Vice-Président: Gianluigi Costanzo (International Affairs)
Secrétaire Général: Guido Cammarano

Luxemburg

iz i 137

Association Luxembourgeoise des Fonds d'Investissement (A.L.F.I.)

5 Rue Aldringen, L-1118 Luxembourg
T: (00352) 22 30 26 **Fax:** 22 30 93
Internet: http://www.alfi.lu
E-Mail: info@alfi.lu
Président: Rafik Fischer
Vice-President: Patrick Zurstrassen (International Affaires)

Norwegen

iz i 138

Verdipapirfondenes Forening

(Norwegian Mutual Fund Association)
Karl Johansgt. 18C, N-0159 Oslo
T: (004722) 47 75 80 **Fax:** 42 95 40
E-Mail: vff@vff.no, anette.garshol@vff.no
Chairman: Arnfinn Kirkenes
Managing Director: Lasse Ruud

Österreich

iz i 139

Vereinigung Österreichischer Investmentgesellschaften (VÖIG)

Schubertring 9-11/2. Stock/Top 33, A-1010 Wien
T: (00431) 7 18 83 33 11 **Fax:** 7 18 83 33-8
Internet: http://www.voeig.co.at
E-Mail: voeig@voeig.co.at
Vorsitzende(r): Dr. Mathias Bauer (T: (00431) 7 17 07-1395, Fax: 7 17 07-1092)
Internationaler Repräsentant: Georg Festetics (T: (00431) 3 31 73 19 00, Fax: 3 31 73 19 10)

Polen

iz i 140

Stowarzyszenie Towarzystw Funduszy Inwestycyjnch w Polsce

(Association of Investment Fund Companies in Poland)
c/o Przymierze TFI s.a.
ul. Domaniewska 41, PL-02672 Warschau
T: (004822) 6 06 00 01 **Fax:** 6 06 00 19
E-Mail: e.filipowska@pekao-alliance.com.pl
President: Tomasz Bankowski

Portugal

iz i 141

Associação Portuguesa das Sociedades Gestoras de Patrimónios e de Fundos de Investimento (APFIN)

Edificio América
Rua Soeiro Pereira Gomes n° 5-7°, P-1600 Lissabon
T: (0035121) 7 99 48 40-41 **Fax:** 7 99 48 42-43
Internet: http://www.apfin.pt
E-Mail: apfin@mail.telepac.pt
Presidente: José Maia
Secretário-Geral: Marta Passanha

Schweden

iz i 142

Fondbolagens Forening

Postf. 5501, S-11485 Stockholm
Storgatan 19 - Industrihuset, S-11485 Stockholm
T: (00468) 7 83 84 48 **Fax:** 6 62 53 39
Internet: http://www.fondbolagen.se
E-Mail: fbf@fondbolagen.se
Président: Peter Engdahl
International Representative: Eva Broms
Managing Director: Pia Nilsson

Schweiz

iz i 143

Schweizerischer Anlagefondsverband

Swiss Fund Association (SFA)
Dufourstr. 49, CH-4002 Basel
T: (004161) 2 78 98 00 **Fax:** 2 78 98 08
E-Mail: office@sfa.ch
Präsident(in): Stefan Bichsel
Direktor(in): Max Baumann

Spanien

iz i 144

Asociacion de Instituciones de Inversion Colectiva (INVERCO)

Principe de Vergara, 43, 2a pl., E-28001 Madrid
T: (003491) 4 31 47 35 **Fax:** 5 78 14 69
Internet: http://www.inverco.es
E-Mail: inverco@tsai.es
President: Mariano Rabadan
Deputy Secretary General: José Manuel Pomaron

Tschechische Republik

iz i 145

Unie Investičních společností České republiky (UNIS ČR)

Union of Investment Companies of the Czech Republic
Gorazdova 10, CZ-12800 Praha
T: (004202) 24 91 91 14 **Fax:** 24 91 91 15
Internet: http://www.uniscr.cz
E-Mail: unie@uniscr.cz
Chairman: Jiri Brabec
Secretary General: Jana Fajtova

Ungarn

iz i 146

Befektetési Alapkezelok Magyarországi Szövetsége (BAMOSZ)

Association of the Fund Managing Companies in Hungary
c/o Europool Investment Fund Management Ltd.
Deák Ferenc u. 7-9, H-1052 Budapest
T: (00361) 2 66 92 09 **Fax:** 2 66 90 24
Internet: http://www.bamosz.hu
E-Mail: kinga.palffy@bamosz.datanet.hu
Président: Gyula Fatér

● **IZ I 147**

Europäische Vereinigung der Finanzvorstandsinstitute (EFFEI)

European Federation of Financial Executive Institutes
Fédération Européenne des Instituts d'Administrateurs Financiers
c/o ERC S.A.
Rue Philippe le Bon 20, B-1000 Brüssel
T: (00322) 2 30 22 23 **Fax:** 2 30 34 40
Internet: http://www.effei.org
E-Mail: secretariat@effei.org
Gründung: 1991
President: Georges Couvois (NSM - ABN-Amro Bank, Lille)
Vice-President: Carlo Locatelli (P&A sas, Mailand)
Treasurer: Mike Darbyshire
Executive Director: Andy Stern (ERC SA, Brüssel)
Mitglieder: Organisationen in 10 Ländern

● **IZ I 148**

Europäische Vereinigung der Verbände von Finanzierungsbanken (EUROFINAS)

European Federation of Finance House Associations
Fédération Européenne des Associations des Instituts de Crédit
267, avenue de Tervuren, B-1150 Bruxelles
T: (00322) 7 78 05 60 **Fax:** 7 78 05 79
E-Mail: eurofinas@skypro.be
Gründung: 1960
Mitglieder: 14
Mitarbeiter: 7

● **IZ I 149**

Europäischer Verband für Beteiligungskapital (EVCA)

European Venture Capital Association
Minervastraat 6, B-1930 Zaventem
T: (00322) 7 15 00 20 **Fax:** 7 25 07 04
Internet: http://www.evca.com
E-Mail: evca@evca.com
Gründung: 1983
Vorsitzende(r): Ari Tolppanen
Generalsekretär(in): Javier Echarri
Verbandszeitschrift: Europe Private Equity Update, Press Summary, EVCA Yearbook, EVCA Directory, Special Papers, EVCA white Paper
Mitglieder: 600
Mitarbeiter: 12

● **IZ I 150**

Internationale Finanz-Corporation (IFC)

International Finance Corporation
Société financière internationale (SFI)
Headquarters
2121 Pennsylvania Ave, USA-Washington, D.C. 20433
T: (001202) 4 73-93 31 **Fax:** 9 74-4384
Internet: http://www.ifc.org
Gründung: 1956
Leitung Presseabteilung: Mark Constantine (Manager Corporate Relations)
Verbandszeitschrift: IFC Annual Report
Mitglieder: 174 member countries
Mitarbeiter: 1818

Kredit- und Exportversicherung

● **IZ I 151**

Internationale Kreditversicherungs-Vereinigung (ICIA)

International Credit Insurance Association
Association Internationale des Assureurs-Crédit
2nd Floor, 1/2 Castle Lane, GB-London SWIE 6DR
T: (0044207) 2 33 88 80 **Fax:** 2 33 85 44
Internet: http://www.icia.ch
E-Mail: klaus.oppenheimer@icia.org.uk
Präsident(in): C.T.L. Leisewitz
Executive Director: Klaus Oppenheimer
Mitglieder: 43

● **IZ I 152**

Internationale Union der Spezialversicherer für Exportkredit- und Investmentversicherung (IUCII)

The International Union of Credit and Investment Insurers (The Berne Union)
Castle Lane 1-2, GB-London SW1E 6DR
T: (0044207) 2 33 82 28 **Fax:** 2 33 82 08
E-Mail: bu-sec@berneunion.org.uk
Secretary General: Anne van't Veer
Mitglieder: 48

Mitgliedsorganisationen

Argentinien

iz i 153

Compania Argentina de Seguros de Crédito a la Exportacion S.A. (CASC)

Corrientes 345 7th Floor, RA-1043 Buenos Aires
T: (0054114) 3 13 30 48 **Fax:** 3 13 29 19

Hoppenstedt

Australien

iz i 154

Export Finance & Insurance Corporation (EFIC)
Level 5, Export House
Postf. R 65, AUS-Sydney NSW 2000
Pitt Street 22, AUS-Sydney NSW 2000
T: (00612) 92 01 21 11 **Fax:** 92 01 22 94

Belgien

iz i 155

Office National du Ducroire (OND)
Square de Meeûs 40, B-1000 Brüssel
T: (00322) 5 09 42 11 **Fax:** 5 13 50 59

China

iz i 156

The People's Insurance Company (PLCC)
No. 69 Xuan Wu Men Dong He Yan Xuan Wu, CN-Peking
T: (008610) 63 03 46 75 **Fax:** 63 03 47 14

iz i 157

Hong Kong Export Credit Insurance Corporation (HKEC)
South Seas Centre, Tower 1, 2nd Floor
Moody Road 75 Tsimshatsui East, HK-Kowloon
T: (00852) 27 23 38 83 **Fax:** 27 22 62 77

Dänemark

iz i 158

Eksportkreditfonden (EKF)
Dahlerups Pakhus, Langelinie Allé 17, DK-2100 Kopenhagen
T: (004535) 46 61 00 **Fax:** 46 61 11

Deutschland

iz i 159

Hermes
Kreditversicherungs-Aktiengesellschaft
Friedensallee 254, 22763 Hamburg
T: (040) 88 34-0 (Hamburg) **Fax:** 88 34-9175
Internet: http://www.hermes-kredit.com

iz i 160

C&L TREUARBEIT DEUTSCHE REVISION Aktiengesellschaft Wirtschaftsprüfungsgesellschaft
22746 Hamburg
New-York-Ring 13, 22297 Hamburg
T: (040) 63 78-0 **Fax:** 63 78-1510

Finnland

iz i 161

Finnuera PLC
Vuorimiehenkatu 1, FIN-00130 Helsinki
T: (00358) 2 04 60 11 **Fax:** 2 04 60 72 20

Frankreich

iz i 162

Compagnie Française d'Assurance pour le Commerce Extérieur (COFACE)
Cours Michelet 12 La Défense 10, F-92800 Puteaux
T: (00331) 49 02 20 00 **Fax:** 49 06 09 88

iz i 163

Korea Export Insurance Corporation (KEIC-PARIS)
5 Avenue du Marechal Juin 92100 Boulogne Bilancourt, F-Paris
T: (00331) 46 99 18 93 **Fax:** 41 31 26 00

iz i 164

Export-Import Insurance Department Jetro - Paris (EID/MITI PARIS)
Centre d'Affaires de Louvre
Place du Palais Royal 2, F-75001 Paris
T: (00331) 42 61 58 79, 42 61 58 83 **Fax:** 42 61 50 49

Großbritannien

iz i 165

Export Credits Guarantee Department (ECGD)
2 Exchange Tower
Harbour Exchange Square, GB-London E14 9GS
T: (004420) 15 12 70 00 **Fax:** 15 12 76 49

iz i 166

Euler Trade Indemnity plc (ETI)
1 Canada Square, GB-London EI4 5DX
T: (0044207) 15 12 93 33 **Fax:** 15 12 91 86

Indien

iz i 167

Export Credit Guarantee Corporation of India Limited (ECGC)
10th Floor, Express Tower
Nariman Point, IND-Bombay 400021
T: (009122) 2 02 48 52 **Fax:** 2 04 52 53

Indonesien

iz i 168

Asuransi Ekspor Indonesia (ASEI)
Sarinah Building, 13th Floor
Jl. M.H. Thamrin No. 11, RI-Jakarta 10350
T: (006221) 3 90 35 35 **Fax:** 32 78 86, 32 36 62

Israel

iz i 169

The Israel Foreign Trade Risks Insurance Corporation Ltd (IFTRIC)
Petah Tikva Road 65, IL-Tel Aviv 61201
T: (009723) 5 63 17 77 **Fax:** 5 61 03 13

Italien

iz i 170

Sezione Speciale per l'Assicurazione del Credito all'Esportazione (SACE)
Postf. 253, I-00100 Rom
Piazza Poli 37, I-00100 Rom
T: (003906) 6 73 61 **Fax:** 6 78 98 35

iz i 171

Società Italiana Assicurazione Crediti S.p.A. (SIAC)
Postf. 11/253, I-00139 Rom
Via Raffaello Matarazzo 19, I-00139 Rom
T: (003906) 8 72 92-1 **Fax:** 87 29 22 18

Jamaika

iz i 172

National Export-Import Bank of Jamaica Limited (EXIM J)
Postf. 3, JA-Kingston
Duke Street 48, JA-Kingston
T: (001876) 9 22 96 90/9 **Fax:** 9 22 91 84

Japan

iz i 173

Export-Import Insurance Department International Trade Administration Bureau (EID/MITI)
Ministry of International Trade and Industry
Kasumigaseki 1-3-1, Chiyoda-ku, J-100 Tokio 100
T: (008133) 5 01 16 65 **Fax:** 5 08 26 24

Kanada

iz i 174

Export Development Corporation (EDC)
O'Connor Street 151, CDN-Ottawa K1A 1K3
T: (001613) 5 98 25 00 **Fax:** 2 37 26 90

Korea

iz i 175

Korea Export Insurance Corporation (KEIC)
Seorin-Dong 33 Chongro-Ku, KP-Seoul 110-752
T: (00822) 3 99 68 00 **Fax:** 3 99 65 77

Malaysia

iz i 176

Malaysia Export Credit Insurance Berhad (MECIB)
Level 17, Bangunan Bank Industri
Postf. 1 10 48, MAL-50734 Kuala Lumpur
No. 1016 Jalan Sultan Ismail, MAL-50250 Kuala Lumpur
T: (00603) 2 91 06 77 **Fax:** 2 91 03 53

Mexiko

iz i 177

Banco Nacional de Comercio Exterior S.N.C. (BANCOMEXT)
Camino A Santa Teresa 1679, 3a Planta
Colonia Jardines del Pedregal, MEX-01900 Mexico D.F.
T: (00525) 4 81 60 00 **Fax:** 4 81 61 57

Neuseeland

iz i 178

EXGO
Microsoft House
Postf. 5037, NZ-Wellington
Hunter Street 3-11, NZ-Wellington
T: (00644) 4 96 96 00 **Fax:** 4 96 96 70

Niederlande

iz i 179

Nederlandsche Credietverzekering Maatschappij N.V. (NCM)
Postf. 473, NL-1000 AL Amsterdam
Keizersgracht 271-285, NL-1016 ED Amsterdam
T: (003120) 5 53 91 11 **Fax:** 5 53 28 11

Norwegen

iz i 180

Garanti-Instituttet for Eksportkreditt (GIEK)
Postf. 1763 Vika, N-0122 Oslo
Dronning Mauds gt 15 IV, N-0250 Oslo
T: (0047) 22 83 70 70 **Fax:** 22 83 24 45

Österreich

iz i 181

Oesterreichische Kontrollbank Aktiengesellschaft (OeKB)
Abteilung Internationale Verbindungen
Postf. 70, A-1011 Wien
Am Hof 4, A-1011 Wien
T: (00431) 5 31 27-0 **Fax:** 5 31 27-693

Polen

iz i 182

Export Credit Insurance Corporation (KUKE)
ul. Widok 5/9, PL-00-023 Warschau
T: (004822) 8 27 35 35 **Fax:** 8 27 35 87

Portugal

iz i 183

Companhia de Seguro de Créditos, S.A. (COSEC)
Avenida da Republica 58, P-1069 Lissabon Cedex
T: (0035121) 7 91 37 00 **Fax:** 7 91 37 20

Schweden

iz i 184

Exportkreditnämnden (EKN)
Postf. 3064, S-10361 Stockholm
Kungsgatan 36, S-10561 Stockholm
T: (00468) 7 88 00 00 **Fax:** 4 11 81 49

Schweiz

iz i 185

Geschäftsstelle für die Exportrisikogarantie (ERG)
Postfach, CH-8032 Zürich
Kirchenweg 8, CH-8032 Zürich
T: (00411) 3 84 47 77 **Fax:** 3 84 47 87

Simbabwe

iz i 186

Credit Insurance Zimbabwe Limited (CREDSURE)
Postf. CY 1584, RSR-Harare
Second Street 69, RSR-Harare
T: (002634) 73 89 44-7, 70 61 01-4 **Fax:** 70 61 05

Singapur

iz i 187

ECICS Credit Insurance Ltd.
7 Temasek Boulevard U-01 Suntec Tower One, SGP-Singapur 038987
T: (0065) 3 37 47 79 **Fax:** 3 38 92 67

Slowenien

iz i 188

Slovene Export Corporation Inc. (SEC)
Josipine Turnograjske 6, SLO-6100 Ljubljana
T: (0038661) 2 00 75 00 **Fax:** 2 00 75 75

Spanien

iz i 189

Compania Espanola de Seguros de Credito a la Exportacion, S.A. (CESCE)
Velazquez 74, E-28001 Madrid
T: (003491) 4 23 48 00 **Fax:** 5 76 51 40 V

iz i 190

Compania Espanola de Seguros de Crédito y Caucion S.A. (CYC)
Paseo de la Castellana 4, E-28046 Madrid
T: (003491) 4 32 63 80 **Fax:** 4 32 65 11

Sri Lanka

iz i 191

Sri Lanka Export Credit Insurance Corporation (SLECIC)
Level 4, Export Guarantee House
No 42 Nawan Mawatha, CL-Colombo 2
T: (009474) 71 94 10-13 **Fax:** 71 94 00

Süd Afrika

iz i 192

Credit Guarantee Insurance Cooperation of Africa Limited
Credit Guarantee House
Postf. 125, ZA-Randburg 2125
Dover Street 31 Randburg 2194, ZA-Johannesburg
T: (002711) 8 89 70 00 **Fax:** 8 86 10 27, 8 86 57 15

Taiwan

iz i 193

Taipei Export-Import Bank of China (TEBC)
8th Floor, 3 Nanhai Road, RC-Taipei 100
T: (0088622) 3 21 05 11 **Fax:** 3 94 06 30

Tschechische Republik

iz i 194

Export Guarantee and Insurance Corporation
Vodickova 34, CZ-11000 Prag 1
T: (004202) 22 84 20 00/2010 **Fax:** 22 84 41 00

Türkei

iz i 195

Export Credit Bank of Turkey (TURK EXIMBANK)
Müdafaa Cad. 20
Bakanliklar 06100, TR-Ankara
T: (0090312) 4 17 13 00, 4 17 32 87, 4 25 65 02
Fax: 4 25 78 96, 4 25 75 47

Ungarn

iz i 196

Hungarian Export Credit Insurance Ltd.
Nagymezo u. 46-48, H-1065 Budapest
T: (00361) 3 74 92 00 **Fax:** 2 69 11 98

USA

iz i 197

Export-Import Bank of the United States (EXIM-BANK)
Vermont Avenue 811 N.W., USA-Washington D.C. 20571
T: (001202) 5 65 36 30 **Fax:** 5 65 36 84

iz i 198

Foreign Credit Insurance Association (FCIA)
Rector Street 40, USA-New York N.Y. 10006
T: (001212) 3 06 50 00 **Fax:** 5 13 47 04

iz i 199

Overseas Private Investment Corporation (OPIC)
New York Avenue N.W. 1100, USA-Washington D.C. 20527
T: (001202) 3 36 85 86 **Fax:** 4 08 51 42, 4 08 98 59

iz i 200

Multilateral Investment Guarantee Agency (MIGA)
12th Floor
H Street N.W., 1818, USA-Washington D.C. 20433
T: (001202) 4 73 61 68 **Fax:** 5 22 26 30

iz i 201

AIG Global Trade & Political Risk
70 Pine Street, USA-10270 New York
T: (001212) 7 70 70 43 **Fax:** 9 43 11 25

Zypern

iz i 202

Export Crédit Insurance Service (ECIS)
Ministry of Commerce & Industry
T: (003572) 86 71 00 **Fax:** 37 51 20

Wertpapier- und Warenbörsen

• **IZ I 203**

Europäische Warenbörse
European Commodities Exchange
Bourse de Commerce Européenne
Place Gutenberg 10, F-67081 Strasbourg Cedex
Bourse de Commerce Strasbourg
T: (0033388) 75 25 76 **Fax:** 75 25 79
Gründung: 1960
Président: Robert Scheffer, Strasbourg
Vice-Président: Enrico Ferrario, Milano
Secrétaire Général: Sonia Kleiss-Stark, Strasbourg

• **IZ I 204**

Internationale Vereinigung der Wertpapierbörsen (F.I.B.V.)
Fédération Internationale des Bourses de Valeurs
Boulevard de Courcelles 22, F-75017 Paris
T: (00331) 44 01 05 45 **Fax:** 47 54 94 22
Internet: http://www.fibv.com
E-Mail: secretariat@fibv.com
Gründung: 1961 (Oktober)
Président: Manuel Robleda (Chairman Mexico Stock Exchange)
Secrétaire Général: Gerrit H. de Marez Oyens
Leitung Presseabteilung: Lorenzo Gallai
Verbandszeitschrift: FOCUS
Mitglieder: 51 bourses membres et 47 bourses correspondantes
Mitarbeiter: 7

• **IZ I 205**

Verband der Europäischen Börsen
Federation of European Stock Exchanges
Fédération des Bourses Européennes
Rue du Lombard 41, B-1000 Bruxelles
T: (00322) 5 51 01 80 **Fax:** 5 12 49 05
Internet: http://www.fese.be
E-Mail: detry@fese.be
Gründung: 1974
Präsident(in): Jean-François Théodore (ParisBourse SBF SA, Rue Cambon 39-41, 75001 Paris)
Generalsekretär(in): Paul Arlman
Mitglieder: 18 Voll., 3 Assoz. M.
Mitarbeiter: 5
Mitgliedsorganisationen:
15 Börsen in den Mitgliedstaaten
15 Stock Exchanges in Member States
15 Bourses officielles des Etats membres
3 EFTA-Börsen aus folgenden Ländern: Island, Norwegen und Schweiz
3 Börsen aus: Polen, Slowenien, Ungarn (Assoz. M.)

Vollmitglieder

Belgien

iz i 206

BXS Brussels Exchanges
Societe de la Bourse de Valeurs Mobilieres de Bruxelles S.C.
Palais de la Bourse, B-1000 Brüssel
T: (00322) 5 09 12 11 **Fax:** 5 09 12 12
Internet: http://www.bxs.be
Board of Directors: André Dircks
Jean Peterbroek
Executive Committee: Olivier Lefebvre
Vincent Van Dessel (Member)

Dänemark

iz i 207

Copenhagen Stock Exchange Ltd.
Postf. 1040, DK-1007 Copenhagen K
Nikolaj Plads 6, DK-1007 Copenhagen K
T: (004533) 93 33 66 **Fax:** 12 86 13
Internet: http://www.xcse.dk
Chairman: Hans Ejvind Hansen
Präsident(in): Hans-Ole Jochumsen (Chief Executive)

Deutschland

iz i 208

Deutsche Börse Aktiengesellschaft
60284 Frankfurt
Börsenplatz 7-11, 60313 Frankfurt
T: (069) 21 01-0 **Fax:** 21 01-2001
Internet: http://www.exchange.de
Chairman: Dr. Rolf-E. Breuer
Chief Executive: Werner G. Seifert

Finnland

iz i 209

Helsinki Exchanges
Postf. 361, FIN-00131 Helsinki
Visiting Address: Fabianinkatu 14, FI-00100 Helsinki
T: (003589) 61 66 71 **Fax:** 61 66 73 66
Internet: http://www.hex.fi
President: Juhani Erma

Frankreich

iz i 210

Bourse de Paris
ParisBourse SBF S.A.
Rue Cambon 39-41, F-75001 Paris
T: (00331) 49 27 10 00 **Fax:** 49 27 14 33
Internet: http://www.parisboursesa.com
Président Directeur Général: Jean-François Théodore
Directeur Général Adjoint: Dominique Leblanc
Direktor(in): Paul-François Dubroeucq

Griechenland

iz i 211

Athens Stock Exchange
Sofokleous Street 10, GR-10559 Athen
T: (00301) 3 21 13 01 **Fax:** 3 21 39 38

Internet: http://www.ase.gr
Präsident(in): Spyros Kouniakis
Vizepräsident(in): Artemis Theodoridis
Chief Executive: Sokratis Lazaridis

Großbritannien

iz i 212

London Stock Exchange

Old Broad Street, GB-London EC2N 1HP
T: (0044207) 797 1000
Internet: http://www.londonstockexchange.com
Chairman: John Kemp-Welch
Secretary to the Board: Keith Robinson
Manager: Rhian Browning (Global Business Dev.)

Island

iz i 213

Iceland Stock Exchange

Engjateigur 3, IS-105 Reykjavik
T: (003541) 5 25 28 00 Fax: 5 25 28 88
Internet: http://www.vi.is
Chairman: Tryggvi Pálsson
President: Stefan Halldorsson

Irland

iz i 214

The Irish Stock Exchange

Anglesea Street 28, IRL-Dublin 2
T: (003531) 617 42 00 Fax: 671 90 29
Internet: http://www.ise.ie
Präsident(in): David Kingston (Chairman)
Chief Executive: Tom Healy

Italien

iz i 215

Borsa Italiana Spa/Italian Exchange

Piazza Affari 6, I-20123 Mailand
T: (003902) 72 42 61 Fax: 72 00 43 33
Internet: http://www.borsaitalia.it
Chairman: Stefano Preda
Chief Executive Officer: Massimo Capuano

Luxemburg

iz i 216

Bourse de Luxembourg

Postf. 165, L-2011 Luxemburg
Avenue de la Porte-Neuve 11, L-2207 Luxemburg
T: (00352) 4 77 93 61 Fax: 47 32 98
Internet: http://www.bourse.lu

Chairman: Remy Kremer (Board of Directors)
Chief Executive: Michel Maquil

Niederlande

iz i 217

AEX Amsterdam Exchanges

Postf. 19163, NL-1000 GD Amsterdam
Beursplein 5, NL-1012 JW Amsterdam
T: (003120) 550 44 44 Fax: 550 49 60
Internet: http://www.aex.nl
Präsident(in): George Möller (T: (003120) 5 50 40 00, Telefax: (003120) 5 50 49 59)

Norwegen

iz i 218

Oslo Stock Exchange

Postf. 460, N-0105 Oslo
Visiting address: Tollbugt 2, N-0152 Oslo
T: (004722) 34 17 00 Fax: 41 65 90
Internet: http://www.ose.no
Chairman: Ole Lund
President: Sven Arild Andersen

Österreich

iz i 219

Wiener Börse AG

Strauchgasse 1-3, A-1010 Wien
T: (00431) 531 65-0 Fax: 532 97 40
Internet: http://www.wbag.at
Chief Executive: Wolfram Littich (Member of the Executive Board)
Chief Executive: Erich Obersteiner (Member of the Executive Board)

Portugal

iz i 220

Bolsa de valores de Lisboa

Edificio da Bolsa
Rua Soeiro Pereira Gomes, P-1649 Lissabon
T: (0035121) 7 90 00 00 Fax: 7 95 20 22
Internet: http://www.bvl.pt
Managing Director: Alvaro Cordeiro Damaso

Schweden

iz i 221

OM Stockholm Exchange

Norrlandsgatan 31, S-10578 Stockholm
Visiting address: Källargränd 2, S-Stockholm
T: (00468) 4 05 60 00 Fax: 4 05 60 01
Internet: http://www.omgroup.com

President: Carl-Johan Högbom
Executive Vice President: Olof Neiglick

Schweiz

iz i 222

SWX Swiss Exchange

Selnaustr. 30, CH-8021 Zürich
T: (00411) 229 21 11 Fax: 229 22 33
Internet: http://www.swx.com
Vorsitzende(r): Dr. Jörg Fischer
Chairperson: Antoinette Hunziker-Ebneter
Delegate for Int. Affairs: Richard Meier

Spanien

iz i 223

Bolsa de Madrid

Sociedad Rectora de la Bolsa de Valores de Madrid S.A.
Plaza de la Lealtad 1, E-28014 Madrid
T: (003491) 5 89 26 00 Fax: 5 89 11 06/07
Internet: http://www.bolsamadrid.es
Chairman: Antonio Zoido
Deputy Chairman: Manuel Pizarro Moreno

Assoziierte Mitglieder

Polen

iz i 224

Warsaw Stock Exchange

Nowy Swiat 6/12, PL-00400 Warschau
T: (004822) 6 28 32 32 Fax: 6 28 74 84
Internet: http://www.wse.pl
President and Chief Executive: Wieslaw Rozlucki

Slowenien

iz i 225

Ljubljana Stock Exchange

Slovenska cesta 56, SLO-1000 Ljubljana
T: (0038661) 171 0212 Fax: 171 0213
Internet: http://www.ljse.si
President and Chief Executive: Drasko Veselinovic

Ungarn

iz i 226

Budapest Stock Exchange

Deak Ferenc Utca 5, H-1052 Budapest
T: (00361) 4 29 67 00 Fax: 4 29 68 00
Internet: http://www.bse.hu
Chairman: Andras Simor
President: Mária Dunavölgyi

IZ K Versicherungswesen

Zum Auffinden einer bestimmten Dienststelle oder Organisation dient das Suchwortverzeichnis eines Personennamens das Personenverzeichnis

Spitzenverbände des Versicherungswesens
Sozialversicherung
Privatversicherungen

Spitzenverbände des Versicherungswesens

• **IZ K 1**

Europäische Versicherungs-Vereinigung (CEA)
Comité Européen des Assurances
3 bis, rue de la Chaussée d'Antin, F-75009 Paris
T: (00331) 44 83 11 83 **Fax:** 47 70 03 75
Internet: http://www.cea.assur.org
Gründung: 1953
Präsident(in): Peter Eckert
Generalsekretär(in): Les Howell
Leitung Presseabteilung: Emmanuel Reinert
Verbandszeitschrift: "CEA INFO: Europa Aktuell" - 6 Ausgaben im Jahr, Fr/Eng/Deut/Italien
Mitglieder: 29 membres
Mitarbeiter: 31

Mitgliedsorganisationen

Belgien

iz k 2

Beroepsvereniging der Verzekeringsondernemingen (BVVO)
Union Professionnelle des Entreprises d'Assurances (UPEA)
Maison de l'Assurance
Square de Meeûs 29, B-1000 Brüssel
T: (00322) 5 47 56 11 **Fax:** 5 47 56 00, 5 47 56 01
Internet: http://www.upea.be, http://www.bvvo.be
E-Mail: pdg@upea.be

Dänemark

iz k 3

Forsikring & Pension (F&P)
Amaliegade 10, DK-1256 Kopenhagen K
T: (0045) 33 43 55 00 **Fax:** 33 43 55 01
Internet: http://www.forsikringenshus.dk
E-Mail: fp@forsikringenshus.dk

Deutschland

iz k 4

Gesamtverband der Deutschen Versicherungswirtschaft e.V. (GDV)
Postf. 08 02 64, 10002 Berlin
Friedrichstr. 191, 10117 Berlin
T: (004930) 20 20 50 00 **Fax:** 20 20 60 00
Internet: http://www.gdv.de
E-Mail: uschi.sam@ber.gdv.org

Finnland

iz k 5

Suomen Vakuutusyhtiöiden Keskusliitto
Bulevardi 28, Pl 214, FIN-00121 Helsinki
T: (003589) 680 401 **Fax:** 680 402 16
Internet: http://www.vakes.fi
E-Mail: aira.hanninen@vakes.fi

Frankreich

iz k 6

Fédération Française des Sociétés d'Assurances (FFSA)
26, boulevard Haussmann, F-75311 Paris Cedex 09
T: (00331) 42 47 90 00 **Fax:** 42 47 93 11, 42 47 93 85 (service international)
Internet: http://www.ffsa.fr
E-Mail: dufrin@ffsa.fr

Griechenland

iz k 7

Association des Compagnies d'Assurances-Grèce
Rue Xénophontos 10, GR-10557 Athen
T: (00301) 3 33 41 00 **Fax:** 3 33 41 47
Internet: http://www.eaee.gr
E-Mail: eaee@eaee.gr

Großbritannien

iz k 8

The British Insurers' International Committee (BIIC)
51, Gresham Street, GB-London EC2V 7HQ
T: (0044207) 2 16 76 30, 2 16 76 31 **Fax:** 6 96 89 97
Internet: http://www.abi.org.uk
E-Mail: jenny.frost@abi.org.uk

Irland

iz k 9

The Irish Insurance Federation (IIF)
Insurance House
Molesworth Street 39, IRL-Dublin 2
T: (003531) 676 18 20 **Fax:** 676 19 43
E-Mail: fed@iif.ie

Island

iz k 10

Samband Íslenskra Tryggingafélaga
Sudurlandsbraut 6, IS-108 Reykjavik
T: (00354) 5 68 16 12 **Fax:** 5 68 96 64
E-Mail: sit@itn.is

Italien

iz k 11

Associazione Nazionale fra le Imprese Assicuratrici (ANIA)
Via della Frezza 70, I-00186 Rom
T: (003906) 32 68 81 **Fax:** 3 22 71 35
TGR: Assicuro Roma
Internet: http://www.ania.it
E-Mail: estero@ania.it

iz k 12

Associazione Nazionale fra le Imprese Assicuratrici
Piazza S Babila 1, I-20122 Mailand
T: (003902) 7 76 41 **Fax:** 78 08 70
TGR: Assicuro Milano
Internet: http://www.ania.it
E-Mail: doc@ania.it

Luxemburg

iz k 13

Association des Compagnies d'Assurance du Grand Duché de Luxembourg (ACA)
3, rue Guido Oppenheim, L-2263 Luxemburg
T: (00352) 4 42 14 41 **Fax:** 44 02 89
E-Mail: aca@pt.lu

Malta

iz k 14

Malta Insurance Association
43A/2, St. Paul's Buildings West Street, GBY-Valetta VLT 12
T: (00356) 23 26 40, 24 06 09 **Fax:** 24 83 88
E-Mail: miamalta@global.net.mt

Niederlande

iz k 15

Verbond van Verzekeraars in Nederland (VVN)
Postf. 93450, NL-2509 AC Den Haag
Bordewijklaan 2, NL-2509 AL Den Haag
T: (003170) 333 85 00 **Fax:** 333 85 10, 333 86 70 (service Int.)
Internet: http://www.verzekeraars.org
E-Mail: archief@verzekeraars.org

Norwegen

iz k 16

Finansnaeringens Hovedorganisasjon (FNH)
Norwegian Financial Services Association
Postf. 2473 Solli, N-0202 Oslo
T: (0047) 23 28 42 00 **Fax:** 23 28 42 01
TGR: Forsikringsforbundet
Internet: http://www.fnh.no

Österreich

iz k 17

Verband der Versicherungsunternehmen Österreichs (VVO)
Schwarzenbergplatz 7, A-1031 Wien
T: (00431) 7 11 56-0 **Fax:** 7 11 56-270
TGR: Assekuranzkanzlei Wien
Internet: http://www.vvo.at
E-Mail: versver@ibm.net

Polen

iz k 18

Polska Izba Ubezpieczen (PIU)
Polish Chamber of Insurance
1 Defilad Sq., Palace of Culture - Congress Center - 16th floor, PL-00-901 Warschau
T: (004822) 6 56 79 56, 6 56 79 57 **Fax:** 6 56 67 90
Internet: http://www.piu.com.pl
E-Mail: office@piu.com.pl, president@piu.com.pl, director@piu.com.pl

Portugal

iz k 19

Associaçao Portuguesa de Seguradores
Avenida José Malhoa Lote 1674-5°, P-1099-021 Lissabon
T: (003511) 721 29 00, 726 19 99 **Fax:** 726 19 51
Internet: http://www.apseguradores.pt

Schweden

iz k 20

Sveriges Försäkringsförbund
Swedish Insurance Federation
Klara Norra Kyrkogata 33, S-11122 Stockholm
T: (00468) 7 83 9800 **Fax:** 7 83 9815
Internet: http://www.forsakringsforbundet.com
E-Mail: kansli@forsakringsforbundet.com

Schweiz

iz k 21

Schweizerischer Versicherungsverband
Association Suisse d'Assurances
Postf. 42 88, CH-8022 Zürich
C F Meyer Str. 14, CH-8002 Zürich
T: (00411) 2 08 28 28 **Fax:** 2 08 28 00
Internet: http://www.svv.ch
E-Mail: stefan.plozza@svv.ch

Spanien

iz k 22

Unión Española de Entidades Aseguradoras y Reaseguradoras (UNESPA)
Principe de Vergara 43, E-28001 Madrid
T: (003491) 4 31 20 63 **Fax:** 5 76 66 86
Internet: http://www.unespa.es
E-Mail: relaciones.internacionales@unespa.es

Tschechische Republik

iz k 23

Ceská asociace pojištoven (CAP)
Czech Insurance Association
Na Poríci 12, CZ-115 30 Prag 1
T: (004202) 24 87 56 11 **Fax:** 24 87 56 12
Internet: http://www.cap.cz
E-Mail: sekretariat@cap.cz

Türkei

iz k 24

Türkiye Sigorta ve Reasürans Sirketleri Birligi
Association of the Insurance and Reinsurance Companies of Turkey
Büyükdere Caddesi
195 Büyükdere Plaza 1-2 Floor, TR-80620 Levent-Istanbul
T: (0090212) 3 24 19 50 **Fax:** 3 25 61 08
Internet: http://www.tsrsb.org.tr
E-Mail: genel@tsrsb.org.tr

Ungarn

iz k 25

Magyar Biztositók Szövetsége (MABISZ)
Association of Hungarian Insurance Companies
Postf. 2 36, H-1364 Budapest
Deák Ferenc u. 10, H-1052 Budapest
T: (00361) 3 18 34 73, 3 18 61 55 **Fax:** 3 37 53 94
Internet: http://www.mabisz.hu
E-Mail: info@mabisz.hu

Zypern

iz k 26

Insurance Association of Cyprus
Postf. 2 20 30, CY-1516 Nicosia
23 Zenon Sozos Street, CY-1516 Nicosia
T: (003572) 76 39 13, 76 49 07 **Fax:** 76 10 07
Internet: http://www.iac.org.cy
E-Mail: cina@cytanet.com.cy

Assoziierte Mitglieder

Estland

iz k 27

Eesti Kindlustusseltside Liit
Estonian Insurance Association
Kiriku 6, EW-10130 Tallin
T: (00372) 6 20 19 03 **Fax:** 6 46 65 27
E-Mail: info@eksl.ee

Lettland

iz k 28

Latvijas Apdrošinataju Asociacija
Latvian Insurers Association
Aspazijas boulevard 24-403, LV-1050 Riga
T: (003717) 21 43 42 **Fax:** 24 32 86
E-Mail: lia@parks.lv

Litauen

iz k 29

Lietuvos draudiku asociacija
Association of Lithuanian Insurers
Vytenio g. 50, LT-2006 Vilnius
T: (003702) 31 03 84 **Fax:** 31 03 81

Slowakische Republik

iz k 30

Slovenská asociácia poistovni
Slovak Insurance Association
Postf. 51, SK-82009 Bratislava 29
Drieňová 34, SK-82009 Bratislava 29
T: (004217) 43 42 99 85 **Fax:** 43 42 99 84
Internet: http://www.isnet.sk
E-Mail: slaspo@isnet.sk

Slowenien

iz k 31

Slovensko Zavarovalno Zdruzenje (SZZ)
Slovenian Insurance Association
Postf. 2512, SLO-1001 Ljubljana
Železna cesta 14, SLO-1001 Ljubljana
T: (0038661) 137 70 98 **Fax:** 173 56 92
Internet: http://www.zav-zdruzenje.si
E-Mail: info@zav-zdruzenje.si

• IZ K 32

Information über das internationale Versicherungsgeschäft (PIA)
Presse Internationale des Assurances
Santa Engracia 151, E-28003 Madrid
T: (00341) 5 34 15 36 **Fax:** 5 35 29 55
Gründung: 1953
President: Roel Veldwijk (Veldwijk Communicatie Advies, Postbus, 31, NL-2990 AA Barendrecht, The Netherlands, T: (00311806) 1 29 91, Fax: 2 70 02)
Mitglieder: 17 countries

Members:
Actualidad Aseguradora (Spain)
Assicurazioni (Italy)
ASSINEWS (Italy)
Biztositasi Szemle (Hungary)
De Verzekeringswereld/Le Monde de L'Assurance (Belgium)
Die Versicherungsrundschau (Austria)
Boletim Informativo (Portugal)
Idiôtiké Asphalisis (Grece)
Insurance Research Letter (USA)
L'Argus (France)
Osiguranje (Croatia)
Poistné Rozhl'Ady (Slovak Rep.)
Pojistny Obzor (Czech Rep.)
Post Magazine (Great Britain)
Reactions (Great Britain)
Schweizerische Versicherungszeitschrift (Switzerland)
The Review (Great Britain)
Versicherungsrecht (Germany)
Versicherungswirtschaft (Germany)
Verzekerings Magazine VVP (The Netherlands)
Wiadomosci Ubezpieczeniowe-PZU (Poland)
La Tribune de l'assurance (France)
Asekuracja & Re (Poland)
Het Verzekeringsblad (The Netherlands)

• IZ K 33

Internationaler Versicherungsrat (IIC)
International Insurance Council
Conseil International d'Assurance
900 19th Street NW Ste. 250, USA-Washington D.C. 20006
T: (001202) 6 82-23 45 **Fax:** 6 82-41 87
Gründung: 1946 (6. Mai)
Präsident(in): Gordon Cloney
Vizepräsident(in): Brad Smith
Vorsitzende(r): Mahmoud Abdallah
Stellvertretende(r) Vorsitzende(r): Jan Jobe
Mitglieder: 87
Mitarbeiter: 6

• IZ K 34

Versicherungsschutz für internationalen Handel und Wirtschaft (I.N.I.)
International Network of Insurance
Joint Office
17, Rue du Pont Neuf, B-1000 Bruxelles
T: (00322) 2 20 96 22 **Fax:** 2 20 96 25
Gründung: 1979
Joint Office Manager: T.R.B. Stubbs
Leitung Presseabteilung: Marnix Meert
Mitglieder: in 60 Ländern

Sozialversicherung

• IZ K 35

Association Internationale de la Mutualité (AIM)
Sekretariat
Rue d'Arlon 50, B-1000 Brüssel
T: (00322) 2 34 57 00 **Fax:** 2 34 57 08
E-Mail: aim.secretariat@skynet.be
Gründung: 1950
Präsident(in): Michel Schmitz (L)
Direktor(in): Willy Palm (B)
Project Manager: Rita Kessler (B)
Alain Coheur (B)
Verbandszeitschrift: "Aims", vier mal jährlich in englisch, französisch, deutsch
Mitglieder: 43 Mitgliedsverbände aus 27 Ländern
Mitarbeiter: 4 im Sekretariat

• IZ K 36

Multinationale Versicherungsvermittlung Betriebliche Versorgungsanwartschaften (MIA)
Multinational Insurance Arrangement
Rights to pensions granted by employers
Agence Multinationale d'Assurances
Droits à la retraite des employés
c/o MIA Office Europe S.C.R.L.
Avenue Louis Dehoux 25 Box 3, B-1160 Brüssel
T: (00322) 6 63 06 80 **Fax:** 6 73 18 10
Internet: http://www.miaoffice.com
Président: Hans Kadiks (Nationale-Nederlanden)
Administrateurs: Sylvaine Flicourt-Garnier (AXA COURTAGE)
Frank Randall (Guardian)
Bernhard Schluep (Zurich Life)
Direktor(in): Anne Van Biesebroeck (MIA Office Europe S.C.R.L.)

• IZ K 37

Europäischer Genossenschaftlicher und Wechselseitiger Versicherungsverband (ACME)
Association of European Cooperative and Mutual Insurers
Association des Assureurs Coopératifs et Mutualistes Européens
Postf. 21, GB-WA14 4PD Altrincham
T: (0044161) 9 29 50 90 **Fax:** 9 29 40 01
Gründung: 1978
Président: Dr. Siegfried Sellitsch
Vice-Président: Jan Verheij
Directeur des activités: Birgitta Lindström
Sous-directeur: Faye Lageu
ACME-EU: Florence Kusters
Verbandszeitschrift: Rapport, Together
Mitglieder: 3
Mitarbeiter: 3
Jahresetat: DM 0,7 Mio, € 0,36 Mio

• IZ K 38

Internationale Vereinigung für Soziale Sicherheit (IVSS)
International Social Security Association (ISSA)
Association Internationale de la Sécurité Sociale (AISS)
Postf. 1, CH-1211 Genève 22
T: (004122) 7 99 66 17 **Fax:** 7 99 85 09
TGR: Interissa, Geneva
Internet: http://www.issa.int
E-Mail: issa@ilo.org
Gründung: 1927
President: Johan Verstraeten
Secretary General: Dalmer D. Hoskins
Mitglieder: 360 in 142 Ländern
Mitarbeiter: 50
Jahresetat: DM 9 Mio, € 4,6 Mio
Verbandszeitschriften: Internationale Revue für Soziale Sicherheit; African News Sheet; Social Security Documentation - African Series; CONTACTO; Documentacion de la Seguridad Social Americana; Estudios de la Seguridad Social; ISSA Asia and Pacific Link; Social Security Documentation - Asian and Pacific Series; Social Security Documentation - European Series; EDV-Bulletin; Trends in der sozialen Sicherheit; Bulletin Safety Worldwide
Verlag (für alle): ISSA Veröffentlichungen Intern. Vereinigung f. Soziale Sicherheit, Postf. 1, CH-1211 Genf 22 Verbandszeitschriften: Veröffentlichungen der IVSS Internationalen Sektionen: ISSA Prevention Series. Verlag: Sekretariate der einzelnen Sektionen.

Internationale IVSS-Sektionen für Arbeitsschutz

Sektion Erziehung und Ausbildung

iz k 39

Institut national de recherche et de sécurité (INRS)
Rue Olivier Noyer 30, F-75680 Paris Cedex 14
T: (00331) 40 44 31 19 **Fax:** 40 44 30 99

Sektion Information

iz k 40

PREVENT
Institut pour la prévention, la protection et le bien-être au travail
Rue Gachard 88 Boîte 4, B-1050 Brüssel
T: (00322) 6 43 44 51 **Fax:** 6 43 44 90
E-Mail: m.degreef@prevent.be

Sektion Bergbau

iz k 41

Bergbau-Berufsgenossenschaft
Postf. 10 04 29, 44704 Bochum
Hunscheidtstr. 18, 44789 Bochum
T: (0234) 3 16-0 **Fax:** 3 16-300
Internet: http://www.bergbau-bg.de
E-Mail: pr@bergbau-bg.de

Chemische Industrie

iz k 42

Berufsgenossenschaft der "Sektion Chemie"
BG Chemie-Haus
Postf. 10 14 80, 69004 Heidelberg
Kurfürsten-Anlage 62, 69115 Heidelberg
T: (06221) 5 23-0 **Fax:** 5 23-323
Internet: http://www.bgchemie.de
E-Mail: bguhemie@compuserve.com

Sektion Eisen- und Metallindustrie

iz k 43

Allgemeine Unfallversicherungsanstalt
Adalbert-Stifter-Str. 65, A-1200 Wien
T: (00431) 3 31 11-558 **Fax:** 3 31 11-469

Sektion Elektrizität-Gas-Fernwärme-Wasser

iz k 44

Berufsgenossenschaft der Feinmechanik und Elektrotechnik
50962 Köln
Postf. 51 05 80, 50941 Köln
Gustav-Heinemann-Ufer 130, 50968 Köln
T: (0221) 37 78-0 **Fax:** 37 78-134
Internet: http://www.bgfe.de
E-Mail: hv@bgfe.de

Sektion Bauwesen

iz k 45

Comité international de l'AISS bâtiment et travaux publics
Place de l'Argonne 17-19, F-75019 Paris
T: (00331) 40 05 38 02 **Fax:** 40 05 38 84
E-Mail: comaiss@infonie.fr
Gründung: 1968
Präsident(in): Jacques Toniser (Directeur Général CRAMIF, Direction Générale, 17/19, Avenue de Flandre, F-75019 Paris, T: (00331) 40 05 38 02, Fax: 40 05 38 84)
Vizepräsident(in): Dr. Joachim Berger (Hauptgeschäftsführer Bau-Berufsgenossenschaft, An der Festeburg 27-29, 60389 Frankfurt, T: (069) 47 05-801, Fax: 47 05-808)
Leen Akkers (General Manager Stichting Arbouw, La Guardiaweg 4, NL-1043 DG Amsterdam, T: (003120) 58 05-580, Fax: 58 05-555)
Carl Heyrman (Directeur du CNAC, Rue St-Jean 4, B-1000 Bruxelles, T: (00322) 557 05 02, Fax: 552 05 05)
Eng. civil L. M. Alves Diaz (Instituto Superior Génico de Civil-Secção de Estenturas e Construção, Av. Rovisco Pais, 1096 Lissabon Codex, Portugal, Tel.: (00351) 21 8 41 83 38, Fax: (00351) 21 8 41 83 40)
Generalsekretär: Gérard Reumeau (CRAMIF, Prévention, 17/19 Place de l'Argonne, F-75019 Paris, T: (00331) 40 05 38 02, Fax: 40 05 38 84)

Sektion Landwirtschaft

iz k 46

Bundesverband der landwirtschaftlichen Berufsgenossenschaften e.V.
34114 Kassel
Postf. 41 03 56, 34065 Kassel
Weißensteinstr. 72, 34131 Kassel
T: (0561) 93 59-401 **Fax:** 93 59-4 14

Sektion Maschinensicherheit

iz k 47

Berufsgenossenschaft Nahrungsmittel und Gaststätten
68136 Mannheim
Postf. 10 04 41, 68004 Mannheim
Dynamostr. 7-11, 68165 Mannheim
T: (0621) 44 56-2213 **Fax:** 44 56-2190
Internet: http://www.ivss.org
E-Mail: scholl@ivss.ma.uunet.de

Sektion Gesundheitswesen

iz k 48

Berufsgenossenschaft für Gesundheitsdienst und Wohlfahrtspflege
Postf. 76 02 24, 22052 Hamburg
Pappelallee 35-37, 22089 Hamburg
T: (040) 2 02 07-0 **Fax:** 2 02 07-525
Internet: http://www.bgw-online.de

• IZ K 49

Internationale Vereinigung der Versicherungsgesellschaften auf Gegenseitigkeit (AISAM)
International Association of Mutual Insurance Companies
Association Internationale des Sociétés d'Assurance Mutuelle
Rue la Boetie 114, F-75008 Paris
T: (00331) 42 25 59 37, 42 25 84 86 **Fax:** 42 56 04 49
Gründung: 1963
President: Emiel J. Aldeweireldt (Belgium)
Vice-President & Secretary General: Patrick Peugeot (France)
Vice-Presidents: Julio Castelo (Spain)
Remo Segnana (Italy)
Dr. Werner Görg (Germany)
Delegate General: Gérard Outters (France)
Leitung Presseabteilung: Marie-Hélène Kennedy
Verbandszeitschrift: Mutuality (yearly magazine), AISAM News (house magazine, 3/year)
Directory of Members
Mutual Insurance Worldwide (yearly statistics)
Mitglieder: 235
Jahresetat: 0,360 Mio Schweizer Franken

• IZ K 50

Internationaler Verband Genossenschaftlicher und Wechselseitiger Versicherungen (ICMIF)
International Co-operative and Mutual Insurance Federation
Fédération Internationale des Coopératives et Mutuelles d'Assurances
Postf. 21, GB-Altrincham, Cheshire WA14 4PD
Denzell House, Dunham Road, GB-Altrincham, Cheshire WA14 4QE
T: (0044161) 9 29 50 90 **Fax:** 9 29 51 63
Gründung: 1922
Board of Directors:
Board of Directors: Dimon McFerson (Chairman; Chairman & CEO, Nationwide Insurance, USA)
Alfredo Gonzalez Moledo (Gerente General, AACMS, Argentina)
Dr. Jürgen Förterer (Chairman, R + V Group, Germany)
Lakshmanan Meyyappan (Chief Executive Officer, MCIS, Malaysia)
Dr. Siegfried Sellitsch (General Direktor, Wiener Städtische, Austria)
David Hollas (Chief Manager, CIS, United Kingdom)
Terry Squire (President and Chief Executive Officer, The Cooperators, Canada)
Tore Andersson (Managing Director, Folksam, Sweden)
Hiroyuki Nishimura (Senior Managing Director, Zenkyoren, Tokyo, Japan)
Eu-Nam Son (Deputy Chairman & Senior Vice President, NACF, Seoul, Korea)
Dennis Deters (Seniorvicepresident, Co-Operators, Guelph., Ontario, Canada)
Jacques Forest (Chairman of Management Committee, PCV, Brussels, Belgium)
Giovani Consorte (Presidente, UNIPOL, Bologna, Italy)
Jean-Louis Bancel (Directeur Géneral)
Jean Simonet (Chairman, MACIF, Niort, France)
Chief Executive: Hans Dahlberg
Manager: Zahid Qureshi (Snr. VP Development & Communications)
Hideki Aoki (Snr VP Reinourance Asia)
Mike Hansford (VP Reinsurance Latin America & Caribbean)
Steve Crook (VP Reinsurance Europe & North America)
Mike Ashurst (Manager Reinsurance Africa)
Shaun Tarbuck (VP Finance & Membership)
Kevin Vogt (VP Intelligence Unit)
Verbandszeitschrift: ICMIF Network
Redaktion: ICMIF, P.O.Box 21, GB-Altrincham, Cheshire WA14 4PD
Mitglieder: 150 co-operative and mutual insurers in 64 countries
Mitarbeiter: 20
Jahresetat: DM 2 Mio, € 1,02 Mio

Regional Associations

iz k 51

Europäischer Genossenschaftlicher und Wechselseitiger Versicherungsverband (ACME)
Association of European Cooperative and Mutual Insurers
Association des Assureurs Coopératifs et Mutualistes Européens
Postf. 21, GB-WA14 4PD Altrincham
T: (0044161) 9 29 50 90 **Fax:** 9 29 40 01
Director of Activities: Birgitta Lindström

iz k 52

Americas Association of Cooperative/Mutual Insurance Societies (AAC/MIS)
One Nationwide Plaza, USA-Columbus, OH 43215-2220
T: (001614) 2 49 54 00 **Fax:** 2 49 30 90
Executive Secretary: W. E. Fitzpatrick

iz k 53

Asia and Oceania Association of ICMIF (AOA) International Affairs Division
General Affairs Department, Zenkyoren
7-9 Hirakawa-cho, 2 chome, Chiyoda-ku, J-Tokyo 102
T: (00813) 32 65-31 11 **Fax:** 32 63 50 95
Executive Secretary: K. Shioiri

Privatversicherung

• IZ K 54

Europäische Vereinigung für Risikomanagement (FERMA)
Federation of European Risk Management Associations
Fédération Européenne des Associations de Risk Management
Rue de la Presse 4, B-1000 Brüssel
T: (00322) 2 27 11 44 **Fax:** 2 27 11 48
E-Mail: ferma@skynet.be
Gründung: 1974
Président: M. Castelli (I)
Vice Président: T. van Santén (FR)
Trésorier: S. Marchand (BE)
Mitglieder: 1800 davon 9 Assoziierte Mitglieder
Mitarbeiter: 1

• IZ K 55

Europäischer Rat für Brandschutz- und Sicherungstechnik (EFSAC)
European Fire and Security Advisory Council
c/o VdS Schadenverhütung GmbH
Postf. 10 37 53, 50477 Köln
Amsterdamer Str. 174, 50735 Köln
T: (0221) 7 76 61 85 **Fax:** 7 76 61 50
E-Mail: vdskoeln.schuengel@t-online.de
Sekr: Hans Schüngel

• IZ K 56

Internationale Flugversicherungs-Union (IUAI)
International Union of Aviation Insurers
Union Internationale des Assureurs Aéronautiques
6, Lovat Lane, GB-London EC3R 8DT
T: (0044207) 6 26 53 14 **Fax:** 9 29 35 34
Gründung: 1934
General Secretary: David Gasson (6, Lovat Lane, GB-London EC3R 8DT (Großbritannien), T: (0044207) 6 26 53 14)
Mitglieder: 45
Mitarbeiter: 2

• IZ K 57

Internationale Vereinigung der Hagelversicherer (AIAG)
International Association of Hail Insurers
Association Internationale des Assureurs contre la Grêle
Seilergraben 61, CH-8023 Zürich
T: (00411) 2 51 71 72 **Fax:** 2 61 10 21
Gründung: 1951
Präsident(in): U. Braun, Zürich
Sekretär-Schatzmeister: Arnaud de Rincquesen, Paris
Mitglieder: 155

• IZ K 58

Internationaler Transport-Versicherungs-Verband (IUMI)
International Union of Marine Insurance
Union Internationale d'Assurances-Transports
Postf. 6333, CH-8023 Zürich
Löwenstr. 19, CH-8001 Zürich
T: (00411) 2 15 52 75 **Fax:** 2 12 20 72
Internet: http://www.iumi.com
E-Mail: mail@iumi.com
Gründung: 1874
Präsident(in): Georg Mehl (Deutschland)
Generalsekretär(in): Stefan Peller (Löwenstr. 19, P.O. Box 6333, CH-8023 Zürich, T: (00411) 2 15 52 75, Fax: (00411) 2 12 20 72)
Mitglieder: 52 Landesverbände

• IZ K 59

Internationaler Verband der Versicherungs- und Rückversicherungs-Vermittler (BIPAR)
Bureau International des Producteurs d'Assurances et de Réassurances
Sekretariat:
Avenue Albert-Elisabeth 40, B-1200 Bruxelles
T: (00322) 7 35 60 48 **Fax:** 7 32 14 18
Internet: http://www.bipar.org
E-Mail: BIPAR@skynet.be
Gründung: 1937
Präsident(in): Kurt Sedler

Direktor(in): Harald Krauss
Mitglieder: 44 nationale Verbände

Belgien

iz k 60

Federatie van Verzekeringsmakelaars
Tolstraat 9, B-2000 Antwerpen
T: (00323) 2 44 12 80 **Fax:** 2 16 97 45
Internet: http://www.fvv.be
E-Mail: fvv@pophost.eunet.be

iz k 61

Fédération des Professionnels d L'Assurance de Belgique (FEPRABEL)
Avenue Albert Elisabeth 40, B-1200 Brüssel
T: (00322) 7 43 25 60 **Fax:** 7 35 44 58
Internet: http://www.feprabel.be
E-Mail: info@feprabel.be

iz k 62

Union Professionnelle des Courtiers d'Assurance (UPCA)
c/o Aurel Coghe
Plantin en Moretuslei 295, B-2140 Antwerpen
T: (00323) 2 17 54 00 **Fax:** 2 71 06 84
E-Mail: ac@vk.vanbreda.be

Dänemark

iz k 63

Forsikringsmaeglerforeningen I Danmark
c/o Advokat Ditlev Wad
Koebmagergade 3, DK-1150 Copenhagen K
T: (0045) 33 12 25 50 **Fax:** 33 11 23 31
E-Mail: fmf@fmf.dk

iz k 64

Forsikringsmaeglernes Brancheforening
Postf. 119, DK-4050 Skibby
Bredvigvej 12, DK-4050 Skibby
T: (0045) 70 20 60 68 **Fax:** 47 52 49 56
E-Mail: mail.@f-b.dk

Deutschland

iz k 65

Bundesverband Deutscher Versicherungsmakler e.V. (BDVM)
Cremon 33, 20457 Hamburg
T: (040) 36 98 20-0 **Fax:** 36 98 20-22
Internet: http://www.bdvm.de
E-Mail: bdvm_e.v.@t-online.de

iz k 66

Bundesverband Deutscher Versicherungskaufleute e.V. (BVK)
Kekulestr. 12, 53115 Bonn
T: (0228) 2 28 05-0 **Fax:** 2 28 05-50
Internet: http://www.bvk.de
E-Mail: bvk@bvk.de

iz k 67

Bundesverband der Assekuranzführungskräfte e.V. (VGA)
- Arbeitgeberverband für das private Versicherungsvermittlungsgewerbe
- Verband der Assekuranzführungskräfte
Kaiser-Wilhelm-Ring 15, 50672 Köln
T: (0221) 9 52 12 80, 9 52 12 81 **Fax:** 9 52 12 82
Internet: http://www.vga-koeln.de
E-Mail: info@vga-koeln.de

iz k 68

Versicherungs-Makler-Verband e.V. (VMV)
Amalienburgstr. 32, 81247 München
T: (089) 89 16 16-02 **Fax:** 89 16 16 04
E-Mail: vmvev@t-online.de

Finnland

iz k 69

Finnish Insurance Broker Association
c/o Finib Oy
Vattuniemenkuja 4, FIN-00210 Helsinki
T: (003589) 2 78 21 80 **Fax:** 2 78 21 80

Frankreich

iz k 70

Fédération Française des Courtiers d'Assurances et de Réassurances (FCA)
Rue Saint-Lazare 91, F-75009 Paris
T: (00331) 48 74 19 12 **Fax:** 42 82 91 10
E-Mail: ffca@club-internet.fr

iz k 71

Fédération Nationale des Syndicats d'Agents Généraux d'Assurances (A.G.E.A.)
Rue Jouffroy d'Abbans 104, F-75847 Paris Cedex 17
T: (00331) 44 01 18 00 **Fax:** 46 22 76 29

iz k 72

Syndicat Français des Assureurs Conseils (S.F.A.C.)
Rue de la Grange Batelière 14, F-75009 Paris
T: (00331) 55 33 51 51 **Fax:** 48 00 93 01
E-Mail: info@sfac-assurance.fr

Griechenland

iz k 73

H.I.B.A. Hellenic Insurance Brokers Association
262, Sygrou ave & 2 Filaretou str., GR-17672 Athen
T: (00301) 9 56 76 07 **Fax:** 9 56 76 07

Großbritannien

iz k 74

British Insurance Investment Brokers' Association (BIBA)
BIIBA House
Bevis Marks 14, GB-London EC3A 7NT
T: (0044207) 6 23 90 43 **Fax:** 6 26 96 76
Internet: http://www.biiba.org.uk
E-Mail: enquiries@biiba.org.uk

iz k 75

Association of Independent Financial Advisers (AIFA)
Austin Friars House 2-6 Austin Friars, GB-London EC2N 2HD
T: (0044207) 6 28 12 87 **Fax:** 6 28 16 78
E-Mail: info@aifa.net

Irland

iz k 76

Irish Brokers Association (IBA)
Merrion Square 87, IRL-Dublin 2
T: (003531) 6 61 30 67, -0 69 **Fax:** 6 61 99 55
E-Mail: iba@iol.ie

Israel

iz k 77

Association of Insurance Brokers and Agents in Israel
18, Hamsger st., IL-61574 Tel Aviv
T: (009723) 6 39 66 76 **Fax:** 6 39 63 22
E-Mail: be_moshe@netvision.net.il

Italien

iz k 78

Associazione Italiana Brokers di Assicurazioni E Riassicurazioni (A.I.B.A.)
V.le Paridi n. 10, I-00197 Rom
T: (003906) 8 07 32 36 **Fax:** 80 66 55 39
Internet: http://www.aiba.it
E-Mail: aiba@pronet.it

iz k 79

Sindacato Nazionale Agenti di Assicurazione (S.N.A.)
Via Lanzone 2, I-20123 Mailand
T: (003902) 8 06 61 31 **Fax:** 86 78 78
Internet: http://www.agentisna.it
E-Mail: sna@comm2000.it

iz k 80

Unione Europea Assicuratori (UEA)
Via Gaetano Giardino 4, I-20123 Mailand
T: (003902) 87 53 15 **Fax:** 72 00 24 17
Internet: http://www.uea.it
E-Mail: ueaita@tin.it

Kanada

iz k 81

Chambre de L'Assurance de Dommages (ChAD)
Rue Sherbrooke Ouest 500, 7ème étage, CDN-Montreal H3A 3C6
T: (001514) 8 42 25 91 **Fax:** 8 42 31 38
E-Mail: info@chad.qc.ca

iz k 82

The Insurance Brokers Association of Canada
University Avenue 181, Suite 1902, CDN-Toronto, Ontario M5H 3M7
T: (001416) 3 67 18 31 **Fax:** 3 67 36 87
E-Mail: jbrown@sympatico.ca

Libanon

iz k 83

Lebanese Insurance Brokerage Syndicate (LIBS)
Postf. 5 08, LIB-Jounieh
T: (009619) 63 92 32 **Fax:** 63 92 33
E-Mail: aimsins@dm.net.lb

Luxemburg

iz k 84

Alupass-Association Luxembourgeoise des Mandataires Généraux Agents Généraux et Agents Professionnels d'Assurances (asbl)
Mme A. Wertheim
29 rue de Bragance, L-1255 Luxemburg
T: (00352) 25 33 55 **Fax:** 25 33 60
E-Mail: haufp@gms.lu

Malta

iz k 85

The Chairman
Association of Insurance Brokers (AIB)
c/o Mediterranean Building
Abata Rigord Street, GBY-Ta'xbiex
T: (0356) 22 19 44 **Fax:** 22 14 71
E-Mail: uib@link.net.mt

Niederlande

iz k 86

Nederlandse Bond van Assurantie-Bemiddelaars (NBvA)
Postf. 6152, NL-4000 HD Tiel
T: (0031344) 62 02 00 **Fax:** 61 79 28
Internet: http://www.nbva.nl
E-Mail: nbva@atriserv.nl

iz k 87

Nederlandse Vereniging von Makelaars in Assurantiën en Assurantieadviseurs (N.V.A.)
Postbox 235, NL-3800 AE Amersfoort
T: (003133) 4 64 34 64 **Fax:** 4 62 20 75
Internet: http://www.nva.nl
E-Mail: info@nva.nl

Niederländische Antillen

iz k 88

UNAC (Unie van Assurantiebemiddelaars Curacao)
Postf. 4540, NA-Willemstad, Curacao
T: (005999) 4 62 36 80, 4 62 34 77 **Fax:** 4 62 56 30
E-Mail: wiricur@hotmail.com

Norwegen

iz k 89

Norske Forsikringsmegleres Forening
c/o Skagerak
Rådhüsgt. 23, N-0158 Oslo
T: (0047) 22 00 74 74 **Fax:** 22 00 74 75
E-Mail: christian.mevatne@lindhstabell.no

Österreich

iz k 90

Bundesgremium der Versicherungsmakler und Versicherungsagenten
Wiedner Hauptstrasse 63, A-1045 Wien
T: (00431) 5 01 05/3312 **Fax:** 5 01 05/287
E-Mail: bggr6@wkoesk.wk.or.at

iz k 91

Verband Österreichischer Versicherungsmakler (VÖVM)
Eschenbachgasse 11, A-1010 Wien
T: (00431) 5 87 36 33/21 **Fax:** 5 87 01 92
Internet: http://www.vovm.at
E-Mail: verband.makler@apanet.at

Polen

iz k 92

Association of Polish Insurance and Reinsurance Brokers
ul.Szpitalna 1 apt. 55, PL-00-020 Warswa
T: (004822) 8 26 71 18 **Fax:** 8 26 71 18
E-Mail: polbrokers@polbrokers.or.pl

Portugal

iz k 93

Associacao Portuguesa dos Produtores Profissionais de Seguros (APROSE)
Rua Gonçalo Cristivão 116-1° Esq., P-4000 Porto
T: (003512) 2 00 30 00, 2 00 30 42 **Fax:** 32 25 19
E-Mail: aprose@aprose.pt

Tschechische Republik

iz k 94

Association of Czech Insurance Brokers
Kovo-Jankovcova 2, CZ-17088 Prag
T: (00422) 66 78 40 48 **Fax:** 66 78 40 49
E-Mail: acpm@volny.cz

Slowakische Republik

iz k 95

The Slovak Association of Insurance Brokers (SAMP)
Drienova 34, SK-82102 Bratislava
T: (004217) 43 42 16 48 **Fax:** 43 42 16 48
E-Mail: samp@inecnet.sk

Schweden

iz k 96

Swedish Insurance Brokers Association
Ulvsundavägen 181, S-16867 Bromma
T: (00468) 98 79 72 **Fax:** 98 50 08
E-Mail: info@sfm.se

Schweiz

iz k 97

Fédération Suisse des Agents Généraux d'Assurances (SVVG/PSAGA)
Postf. 72 32, CH-3001 Bern
Spitalgasse 9, CH-3001 Bern
T: (004131) 3 12 15 55 **Fax:** 3 11 00 94

iz k 98

Swiss Insurance Brokers Association (SIBA)
Dufourstr. 22, CH-8008 Zürich
T: (00411) 2 62 17 63 **Fax:** 2 62 56 71
E-Mail: info@siba.ch

Ukraine

iz k 99

Association of Professional Intermediaries of Ukraine (APIIU)
500 Office
Uritsky str. 45, UA-252035 Kiew
T: (0038044) 2 44 03 85 **Fax:** 2 44 03 85
E-Mail: lbn2000@stackman.com.ua

Spanien

iz k 100

Consejo General de Los Colegios de Mediadores de Seguros Titulados
D.J. José Henche Morillas
Nunez de Balboa 116- 3°, E-28006 Madrid
T: (003491) 4 11 19 63 **Fax:** 5 62 27 02
E-Mail: cgcmst@segurcity.net

iz k 101

Asociacion Nacional de Agentes y Corredores de Seguros Empresarios (ANACSE)
Nunez de Balboa 116- 3°, E-28006 Madrid
T: (003491) 5 61 15 29 **Fax:** 5 62 80 34

iz k 102

ADECOSE
c/Serrano 166, E-28002 Madrid
T: (003491) 5 61 16 00 **Fax:** 5 61 16 09
E-Mail: info@adecose.com

Ungarn

iz k 103

Associacion of Independent Insurance Brokers of Hungary (AIIBH)
6 Arboc street, H-1134 Budapest
T: (00361) 4 65 42 00 **Fax:** 4 65 42 80

• IZ K 104

Internationaler Versicherungs-Pool für Altersversorgung (IGP)
International Group Program
c/o John Hancock Int. Services S.A.
Avenue De Tervueren 270-272, B-1150 Brüssel
T: (00322) 7 72 74 34

IZ L Energiewirtschaft

Zum Auffinden einer bestimmten Dienststelle oder Organisation dient das Suchwortverzeichnis eines Personennamens das Personenverzeichnis

Elektrizität
Kernenergie
Erdgas und Erdöl, Kohle
Alternative Energie
Sonstige Organisationen der Energiewirtschaft

Elektrizität

• IZ L 1

Europäische Kernenergie-Gesellschaft
European Nuclear Society (ENS)
Postf. 5032, CH-3001 Bern
Belpstr. 23, CH-3001 Bern
T: (004131) 3 20 61 11 **Fax:** 3 20 68 45
Internet: http://www.euronuclear.org
E-Mail: ens@to.aey.ch
Gründung: 1975
President: Agneta Rising
Hauptgeschäftsführer(in): Dr. Konrad Hädener
Verbandszeitschrift: Nuclear Europe Worldscan (NEW)

Mitglieder

iz l 2
Belarus Nuclear Society
c/o IPEP, Sosny
T: (00375) 1 27 46 77 71 **Fax:** 1 72 46 70 55
E-Mail: grush@sosny.bas-net.by
Svetlana V. Vastchenko

iz l 3
Belgian Nuclear Society
c/o Ondraf/Niras
Postf. 25, B-1210 Brüssel
Avenue Ariane 4, B-1200 Brüssel
T: (00322) 7 74 05 38 **Fax:** 7 74 05 47
Werner Couwnbergh (E-Mail: w.couwenbergh@belgo)

iz l 4
British Nuclear Energy Society
Great George Street 1-7, GB-London SW1P 3AA
T: (0044207) 6 65 22 41 **Fax:** 7 99 13 25
Teletex: 935 637 iceas g
E-Mail: tillbrook_a@ice.org.uk
Andrew Tillbrook

iz l 5
Bulgarian Nuclear Society
Institut für Nuclear Research
Krasno selo 61 212 D, BG-1618 Sofia
T: (003592) 52 79 19 **Fax:** 52 79 19
Lilia Stoeva (stoeva@solo.bg)

iz l 7
Czech Nuclear Society
c/o Skoda Praha a.s. DT/RS
Temelin Division
T: (00420334) 42 17 60 **Fax:** 42 17 55
Jiri Fleischhans (E-Mail: jfleisch@temelp2.sodanet.cz)

iz l 6
Croatian Nuclear Society
Physics dept, faculty of electrical engineering, University of Zagreb
Postf. 1 48, HR-10000 Zagreb
T: (003851) 6 12 96 70 **Fax:** 6 12 96 05
Kosta Bojic

iz l 8
Danish Nuclear Society (DKS)
Vester Farimagsgade 29, DK-1780 Copenhagen
T: (004533) 15 65 65 **Fax:** 15 37 07
Benny Majborn

iz l 9
Föreningen Kärnteknik
(Swedish Nuclear Society)
ABB Atom
T: (004621) 34 72 35 **Fax:** 34 75 00
E-Mail: atomst2@ato.abb.se
Margareta Stigenberg

iz l 10
Hungarian Nuclear Society
Hungarian Atomic Energy Authority
Postf. 6 76, H-1539 Budapest
T: (0361) 1 56 55 66 ext. 2551 **Fax:** (00361) 1 55 15 91
Internet: http://www.kfki.hu/hnucsoc
E-Mail: hnucsoc@sunserv.kfki.hu
Zoltán Lengyel

iz l 11
Institution of Nuclear Engineers
The Secretary
Penerley Road 1, GB-London SE6 2LQ
T: (0044208) 6 98 15 00 **Fax:** 6 95 64 09

iz l 12
Kerntechnische Gesellschaft e.V. (KTG)
(German Nuclear Society)
Heussallee 10, 53113 Bonn
T: (0228) 50 72 59 **Fax:** 50 72 58
Internet: http://www.ktg.org
Peter Haug (Secretary General)

iz l 13
Netherlands Nuclear Society
c/o N. V. KEMA
Utrechtseweg 310, NL-6812 AR Arnhem
T: (003124) 3 23 20 61 **Fax:** (003126) 4 45 90 35
J. L. Matteman (c/o N. V. KEMA)

iz l 14
Nuclear Society of Russia
Kurchatov Square, RUS-123182 Moscow
T: (007095) 1 96 73 00 **Fax:** 1 96 20 73, 8 82 59 37

iz l 15
Nuclear Society of Slovenia
Društvo Jedrskih Strokovnjakov Slovenije
Postf. 1 00, SLO-1001 Ljubljana
Jamova 39, SLO-61111 Ljubljana
T: (0038661) 1 88 52 47 **Fax:** 1 61 23 35
Dr. Igor Jenčič (Jozef Stefan Institute)

iz l 16
Österreichische Kerntechnische Gesellschaft
Austrian Nuclear Society - Atominstitut
Stadionallee 2, A-1020 Wien
T: (00431) 58 88 01-14168 **Fax:** 15 88 01-14199
Walter Binner

iz l 17
Polish Nuclear Society
Ul. Dorodna 16, PL-03195 Warschau
Fax: (004822) 11 15 32
E-Mail: sekdyrn@orange.ichtj.waw.pl
Czeslaw Nycz (Institute of Nuclear Chemistry & Technology)

iz l 18
Romanian Nuclear Energy Professional Association (AREN)
Postf. 53, R-76900 Bucharest
33 Bdul Magheru, R-76900 Bucharest
T: (00401) 650 4565 **Fax:** 312 0800
Mihaela Stiopol

iz l 19
Schweizerische Gesellschaft der Kernfachleute
(Swiss Nuclear Society)
T: (004156) 3 10 27 33 **Fax:** (004153) 3 10 23 27
Martin Zimmermann (Paul Scherrer Institut)

iz l 20
Slovak Nuclear Society
Nuclear Power Plant Research Institute (VUJE)
Okruzná 5, SK-91864 Trnava
T: (00421) 80 55 99 11 76 **Fax:** 80 55 50 14 71
Stefan Andrasovský

iz l 21
Sociedad Nuclear Española
(Spanish Nuclear Society)
Campoamor 17, E-28004 Madrid
T: (003491) 3 08 63 18, 3 08 62 89 **Fax:** 3 08 63 44
Maria Teresa Dominguez

iz l 22
Società Nucleare Italiana
(Italian Nuclear Society)
Viale Risorgimento 2, I-40136 Bologna
T: (003951) 6 44 34 00 **Fax:** 6 44 34 11
Prof. Enrico Sobrero (Facoltà di Ingegneria)

iz l 23
Société Française d'Energie Nucléaire (SFEN)
(French Nuclear Society)
67, rue Blomet, F-75015 Paris
T: (00331) 53 58 32 10 **Fax:** 53 58 32 11
E-Mail: sfen@wanadoo.fr
Jacques Panossian (Délégué Général)

iz l 24
Suomen Atomiteknillinen Seura - Atomtekniska Sällskapet i Finnland r.y. (ATS)
(Finnish Nuclear Society)
c/o VTT Energy/Nuclear Energy
Postf. 16 04, FIN-02044 Espoo
T: (003589) 45 61 **Fax:** 4 56 50 00

iz l 25
Ukrainian Nuclear Society
Postf. 1 36, UA-27009 Odessa
T: (00380482) 60 41 60 **Fax:** 60 41 60
Dr. S. V. Barbashev

iz l 26
Yugoslav Nuclear Society
Postf. 522, YU-11001 Belgrad
T: (0038111) 45 47 96 **Fax:** 4 46 22 31
Miroslava Savkovic (Inst. od Nuc. Sciences)

iz l 27
Associazione Haliana Nucleare
Via Cernaia 49, I-00185 Rom
T: (003906) 49 19 25 **Fax:** 4 46 93 35
E-Mail: ain@iol.it
Ing. Ugo Spezia

• IZ L 28

E.V.V.E.

Europäische Vereinigung zur verbrauchsabhängigen Energiekostenabrechnung - EWIV (E.V.V.E.)
European Association for the Consumption-based Billing of Energy Costs
Association européenne pour le décompte des cou_4ts énergétiques sur la base de la consommation
Burgstr. 69, 53177 Bonn
T: (0228) 35 14 96 **Fax:** 35 83 71
E-Mail: info@evve.com, E.V.V.E.@t-online.de
Gründung: 1993
Präsident(in): Ben Wiegers (NL)
Vizepräsident(in): Alain Bignotti (F)
Geschäftsführer(in): Dipl.-Ing. Christian Sperber
Mitglieder: 19 Unternehmen in Europa
Mitarbeiter: 2

• IZ L 29

Internationale Konferenz für große Hochspannungsnetze (CIGRÉ)
International Conference on Large High-voltage Electric Systems
Conference Internationale des Grands Réseaux Electriques à haute tension
Rue d'Artois 21, F-75008 Paris
T: (00331) 53 89 12 90 **Fax:** 53 89 12 99
Internet: http://www.cigre.org
E-Mail: sales-meetings@cigre.org
Gründung: 1921
Verbandszeitschrift: ELECTRA
Verlag: CIGRE, 21 rue d'artois, F-75008 Paris
Mitglieder: 5000

• IZ L 30

Union der Elektrizitätswirtschaft (EURELECTRIC)
Union of the Electric Industry
Bd. de l'Imperatrice 66, B-1000 Brüssel
T: (00322) 515 1000 **Fax:** 515 1010
Internet: http://www.eurelectric.org
E-Mail: eurelectric@eurelectric.org, eurelectric@eurelectric.org
Gründung: 1999, 7. Dezember (Unipede: 1925, Eurelectric: 1990)
Präsident(in): Dr. Rolf Bierhoff (Vorstand der RWE Energie AG)
Vizepräsident(in): François Ailleret (Vize-Präsident von lectricit de France)
Generalsekretär: Paul Bulteel
Leitung Presseabteilung: Chris Boothby
Verbandszeitschrift: WATT's new
Verlag: EURELECTRIC
Mitglieder: 53
Mitarbeiter: 30
Jahresetat: DM 4 Mio

• IZ L 31

Union für die Koordinierung der Erzeugung und des Transportes elektrischer Energie (UCPTE)
Union pour la Coordination de la Production et du Transport de l'Electricité
Sekretariat
Chausseestr. 23, 10115 Berlin
T: (030) 5150-4151 **Fax:** 5150-4154
Internet: http://www.ucpte.org
E-Mail: info@ucte.org
Gründung: 1951
Präsident(in): J. Stotz (D)
Vizepräsident(in): F. Vandenberghe (B)

Kernenergie

• IZ L 32

Europäisches Atomforum (FORATOM)
Forum Atomique Européen
Rue Belliard 15-17, B-1040 Brüssel
T: (00322) 5 02 45 95 **Fax:** 5 02 39 02
Internet: http://www.foratom.org
E-Mail: foratom@skynet.be
Gründung: 1960
Präsident(in): Jean-Pierre Rougeau
Secretary General: Dr. Wolf-J. Schmidt-Küster
Mitglieder: 12
Mitarbeiter: 13

Mitgliedsorganisationen

Belgien

iz l 33

Belgium Nuclear Forum
Forum Nucléaire Belge
Avenue Ariane, 7, B-1200 Brüssel
T: (00322) 7 73 84 96 **Fax:** 7 73 98 20
E-Mail: belgatom@tractebel.be
President: Marcel Gaube
Secretary: Louise Van Akeleyn

Deutschland

iz l 34

Deutsches Atomforum e.V. (DAtF)
German Nuclear Forum
Heussallee 10, 53113 Bonn
T: (0228) 5 07-215 **Fax:** 5 07-219
Präsident(in): Dr. Otto Majewski
Generalbevollmächtigter: Dr. Peter Haug

Finnland

iz l 35

Finnish Nuclear Forum
c/o Finnish Energy Industries Federation, Finergy
Postf. 21, FIN-00131 Helsinki
Etelaeranta 10, FIN-00131 Helsinki
T: (003589) 68 61 61 **Fax:** 68 61 63 00
E-Mail: milja.walsh@finergy.fi
President: Heikki Kolehmainen
Vice-President: Heikki Raumolin
Secretary General: Milja Walsh

Frankreich

iz l 36

French Nuclear Forum
Forum Atomique Français (FAF)
67, rue Blomet, F-75015 Paris
T: (00331) 53 58 32 10 **Fax:** 53 58 32 11
E-Mail: panossian@wanadoo.fr
President: Daniel Chavardes
Secretary-General: Jacques Panossian

Großbritannien

iz l 37

British Nuclear Industry Forum (BNIF)
22 Buckingham Gate, GB-London SW1E 6LB
T: (0044207) 9 63 04 00 **Fax:** 9 31 06 46
Internet: http://www.bnif.com
E-Mail: info@bnif.co.uk
Chairman: Ray Hall
Trade and Industry Director: John R. Haddon
Communications and Public Affairs Director: Keith Parker

Italien

iz l 38

Associazione Italiana Nucleare (AIN)
Via Cernaia 49, I-00185 Rom
T: (00396) 49 19 25 **Fax:** 4 46 93 35
E-Mail: ricci@ain.it, synthesis@iol.it
President: Prof. Renato Angelo Ricci
Vice-Presidents: Prof. Maurizio Cumo
Ing. Paolo Fornaciari
Prof. Carlo Salvetti
Secretary General: Ing. Ugo Spezia

Niederlande

iz l 39

Nederlands Atoomforum
Postf. 25, NL-1755 ZG Petten
T: (0031224) 56 40 82 **Fax:** 56 39 12
E-Mail: versteegh@nrg-nl.com
President: Ger Küpers
Secretary General: A.M. Versteegh
Treasurer: G.A. de Boer

Österreich

iz l 40

Österreichisches Energieforum
Kampstr. 40, A-2346 Maria Enzersdorf
T: (00432236) 4 69 34 **Fax:** 4 61 94
President: Prof. Dr. C.A. Fleck
Secretary General: Dr. T. Dobner

Schweden

iz l 41

Swedish Atomic Forum SAFO
c/o Energiforum AB
Allhelgonavägen 25, S-61135 Nyköping
T: (0046115) 28 10 70 **Fax:** 28 10 71
E-Mail: cew@energiforum.se
Chairman: Stig Sandklef
Secretary and Press Contact: Carl-Erik Wikdahl

Schweiz

iz l 42

Schweizerische Vereinigung für Atomenergie (SVA)
Swiss Association for Atomic Energy
Association Suisse pour l'Énergie Atomique (ASPEA)
Postf. 50 32, CH-3001 Bern
Belpstr. 23, CH-3001 Bern
T: (004131) 3 20 65 25 **Fax:** 3 20 68 31
E-Mail: sva@to.aey.ch
President: Dr. Hans Jörg Huber (former MP)
Secretary General: Dr. Peter Hählen
Deputy Secretary General: Hansjörg Ruh

Spanien

iz l 43

Spanish Nuclear Forum
Forum Atómico Español
Boix y Morer 6, S-28003 Madrid
T: (003491) 5 53 63 03 **Fax:** 5 35 08 82
E-Mail: correo@foronuclear.org
President: Adolfo Garcia Rodriguez
Secretary General: Santiago San Antonio
Press Contact: Piluca Núñez Lopez

Tschechische Republik

iz l 44

Czech Nuclear Forum
České Jaderné Fórum (ČJF)
Hoffmannova 3, CZ-147 00 Prag 4 Podoli
T: (004202) 6 43 11 85 **Fax:** 6 43 11 85
E-Mail: office@nuclear.forum.cz
President: Dr. Jiri Beránek
Secretary General: Dr. Lena Pifflová

Ungarn

iz l 45

Hungarian Nuclear Forum
Angyal u 1-3, H-1094 Budapest
T: (00361) 2 15 99 74 **Fax:** 2 15 18 54
E-Mail: aforum@etv.hu
Executive President: Pál Zarandí
Secretary General: Dr. Laszlo Czibolya

• IZ L 46

Europäisches Gericht für Kernenergie
European Nuclear Energy Tribunal
Tribunal européen pour l'énergie nucléaire
c/o Agence de l'OCDE pour l'énergie nucléaire
12 bd. des Iles, F-92130 Issy-les-Moulineaux
T: (00331) 45 24 94 37 **Fax:** 45 24 99 88
Gründung: 1957 (20. Dezember)
Mitglieder: Belgien, Bundesrepublik Deutschland, Dänemark, Frankreich, Großbritannien, Irland, Italien, Luxemburg, Niederlande, Norwegen, Österreich, Portugal, Schweden, Schweiz, Spanien, Türkei

• IZ L 47

Weltverband der Kernkraftwerksbetreiber (WANO)
World Association of Nuclear Operators
Coordinating Centre
Kings Buildings, 16 Smith Square, GB-London SW1P 3JG
T: (0044207) 82 82-1 11
Gründung: 1989 (15. Mai)
Präsident(in): Allan Kupcis
Vorsitzende(r): Zack T. Pate
Direktor(in): Vince Madden

Regionalzentrum Paris

iz l 48

World Association of Nuclear Operators
Paris Centre
20, rue Quentin Bauchart, F-75008 Paris
T: (00331) 53 57 65 65
Vorsitzende(r): Willy De Roovere (Oel NPP)
Direktor(in): John Moares

Interface-Organisation zwischen WANO und den Betreibern deutscher Kernkraftwerke

iz l 49

World Association of Nuclear Operators
c/o VGB Technische Vereinigung der Großkraftwerksbetreiber e.V.
Postf. 10 39 32, 45039 Essen
Klinkestr. 27-31, 45136 Essen
T: (0201) 81 28-3 39 **Fax:** 25 32 17

Erdgas und Erdöl, Kohle

• IZ L 50

Europäische Union Unabhängiger Mineralölunternehmen (UPEI)
Union Pétrolière Européenne Indépendante
c/o Aussenhandelsverband für Mineralöl und Energie e.V.
Große Theaterstr. 1, 20354 Hamburg
T: (040) 34 08 58 **Fax:** 34 42 00
E-Mail: afm-verband.hamburg@t-online.de
Vorsitzende(r): Hellmuth Weisser
Generalsekretär(in): Bernd Schnittler

Belgien

iz l 51

Union Pétrolière Belge
157 rue de la Station, B-7700 Mouscron
T: (003256) 85 92 00 **Fax:** 56 85 92 30

Deutschland

iz l 52

AFM + E Aussenhandelsverband für Mineralöl und Energie e.V.
Große Theaterstr. 1, 20354 Hamburg
T: (040) 34 08 58 **Fax:** 34 42 00
E-Mail: afm-verband.hamburg@t-online.de

iz I 53

Bundesverband Freier Tankstellen und Unabhängiger Deutscher Mineralölhändler e.V. (bft)
Ippendorfer Allee 1d, 53127 Bonn
T: (0228) 91 02 90 **Fax:** 9 10 29 29
Internet: http://www.bft.de
E-Mail: bft-ev@netcologne.de

iz I 54

Bundesverband mittelständischer Mineralölunternehmen e.V.
Postf. 76 33 00, 22071 Hamburg
Buchtstr. 10, 22087 Hamburg
T: (040) 2 27 00 30 **Fax:** 22 70 03 38

Frankreich

iz I 55

Fédération Francaise des Pétroliers Indépendants
Rue de Laborde 10, F-75008 Paris
T: (00331) 43 87 00 01 **Fax:** 43 87 43 46

Italien

iz I 56

Federazione Nazionale Commercio Petroli
Largo Fiorentini 1, I-00186 Rom
T: (00396) 6 86 91 56 **Fax:** 6 86 18 62

Großbritannien

iz I 57

Association of United Kingdom Oil Independents (A.U.K.O.I.)
Meg Annesley
Cutlers Cottage, Carbrooke Lane, Shipdham, GB-Norfolk IP25 7RP
T: (00441362) 820 739 **Fax:** 820 124

Niederlande

iz I 58

NOVE Nederlandse Organisatie voor de Energiebranche
S-Gravendykwal 103, NL-3021 EH Rotterdam
T: (003110) 2 44 38 88 **Fax:** 2 44 38 83

Österreich

iz I 59

Mineralölverband i.Gr.
c/o Josef Ronacher
Fließerau, A-6500 Landeck
T: (00435442) 6 25 30 **Fax:** 64 64 63

Spanien

iz I 60

U.P.I. (Union de Petroleros Independientes)
Paseo de la Castellana, 166 - Esc. 1- 1°izda, E-28046 Madrid
T: (003491) 3 50 90 57 **Fax:** 3 50 91 14

• IZ L 61

Europäische Vereinigung der Erdgaswirtschaft (EUROGAS)
European Union of the Natural Gas Industry
Union Européenne de l'Industrie du Gaz Naturel
Av. Palmerston 4, B-1000 Brüssel
T: (00322) 2 37 11 11 **Fax:** 2 30 62 91
Secretary General: P. G. Claus

Mitgliedsorganisationen

Belgien

iz I 62

Fédération de l'Industrie du Gaz
Av. Palmerston 4, B-1000 Brüssel
T: (00322) 2 37 11 22 **Fax:** 2 30 44 80

Dänemark

iz I 63

Dansk Naturgas A/S
Agern Alle 24-26, DK-2970 Hörsholm
T: (0045) 45 17 10 22 **Fax:** 42 57 00 21

Deutschland

iz I 64

Bundesverband der deutschen Gas- und Wasserwirtschaft e.V. (BGW)
Postf. 14 01 54, 53056 Bonn
Josef-Wirmer-Str. 1, 53123 Bonn
T: (0228) 25 98-0 **Fax:** 25 98-1 20
Internet: http://www.bgw.de
E-Mail: info@bgw.de

Finnland

iz I 65

Finnish Natural Oy Association GASUM OY
Postf. 21, FIN-02151 Espoo 15
Keilaranta 6, FIN-02151 Espoo 15
T: (00358020) 4 50 54 74 **Fax:** 4 50 47 70

Frankreich

iz I 66

Gaz de France
Rue Philibert Delorme 23, F-75017 Paris
T: (00331) 47 54 20 20 **Fax:** 47 54 39 09

Großbritannien

iz I 67

BG plc
Brockham House
100 Thames Valley Park Drive, GB-Reading, RG6 1PT
T: (00441734) 29 32 79 **Fax:** 29 22 60

iz I 68

CENTRICA
Charter Court - so Windsor Road, GB-Slough, Bucks SL1 2HA
T: (00441753) 75 83 05 **Fax:** 75 83 30

Irland

iz I 69

Bord Gais Eireann
Inchera - Little Island
Postf. 51, IRL-Inchera
T: (0035321) 50 91 99 **Fax:** 35 34 87

Italien

iz I 70

SNAM
Largo Regio Parco 11, I-10152 Turin
T: (003911) 2 39 43 87 **Fax:** 2 39 50 72

Niederlande

iz I 71

Energiened
Utrechtseweg 310, NL-6812 AR Arnhem
T: (003126) 3 56 94 44 **Fax:** 4 45 13 47

iz I 72

Nederlandse Gasunie N.V.
Concourslaan 17, NL-9700 MA Groningen
T: (003150) 5 21 22 61 **Fax:** 5 21 19 43

Österreich

iz I 73

Fachverband der Gas- und Wärmeversorgungs-Unternehmungen
Schubertring 14, A-1010 Wien
T: (00431) 5 13 15 88-10 **Fax:** 5 13 15 88-25

Schweden

iz I 74

Svenska Gasforeningen
Sitz:
Eriksgatan 44, S-10029 Stockholm
T: (00468) 6 92 18 40 **Fax:** 6 54 46 15

Schweiz

iz I 75

Association Suisse de l'Industrie Gazière
Postf. 6 58, CH-8027 Zürich
Grütlistr. 44, CH-8027 Zürich
T: (00411) 2 88 31 31 **Fax:** 2 02 18 34

Spanien

iz I 76

Sedigas S.A.
Balmes 357, E-08006 Barcelona
T: (0034393) 4 17 28 04 **Fax:** 4 18 62 19

iz I 77

ENAGAS
Avenida de America 38, E-28028 Madrid
T: (00341) 5 89 31 70 **Fax:** 5 89 34 76

Slowakische Republik

iz I 78

Slovak Gas Industry (SPP)
Mlynshé nivy 44/e, SK-82511 Bratislava
T: (004217) 409 24 25 **Fax:** 409 25 28

Tschechische Republik

iz I 79

Ceska Plynárenská UNIE
Belgicka 26, CZ-12000 Prag 2
T: (00422) 627 01 39 **Fax:** 627 27 19

Ungarn

iz I 80

Association of Gas Distribution Company
Aslesttr u. 9-11, H-1075 Budapest
T: (00361) 342 11 93 **Fax:** 322 00 22

• IZ L 81

Europäischer Ausschuß für feste Brennstoffe (CECSO)
Avenue de Tervuren 168 Bte 11, B-1150 Brüssel
T: (00322) 7 71 99 74 **Fax:** 7 71 41 04

iz I 82

Wirtschaftsvereinigung Bergbau e.V.
Postf. 12 07 53, 10597 Berlin
Am Schillertheater 4, 10625 Berlin
T: (030) 31 51 82-0 **Fax:** 31 51 82-35
Internet: http://www.wv-bergbau.de
E-Mail: wvb.kegel@t-online.de, wvb.maessenhausen@t-online.de, wvb.johannes@t-online.de

iz I 84

Deutscher Braunkohlen-Industrie-Verein e.V.
Postf. 40 02 52, 50832 Köln
Max-Planck-Str. 37, 50858 Köln
T: (02234) 18 64-0 **Fax:** 18 64-18
Internet: http://www.braunkohle.de

iz I 83

Gesamtverband des deutschen Steinkohlenbergbaus
Postf. 10 36 63, 45036 Essen
Rellinghauser Str. 1-11, 45128 Essen
T: (0201) 1 77-08 **Fax:** 1 77-4288

iz I 85

Assocation of the Spanish hard coal and lignite producers (CARBUNION)
Paseo de la Castellana 166 Esc 1a, 10_Ho, E-28046 Madrid
T: (00341) 3 45 25 24 **Fax:** 3 59 05 57

iz I 86

Public Power Corporation (PPC)
Chalkokondilistr. 30, GR-10443 Athen
T: (00301) 5 23 45 20 **Fax:** 5 23 91 11

iz I 87

Scottish Coal
Glasgow Road 160 Corstorphine, GB-Edinburgh EH12 8LT
T: (0044131) 3 17 73 00 **Fax:** 3 17 71 97

• IZ L 88

Europäischer Verband der Flüssiggase (AEGPL)
European LPG Association
Association Européenne de Gaz de Pétrole Liquéfiés
6, Rue Galilée, F-75782 Paris
T: (00331) 47 23 52 74 **Fax:** 47 23 52 79
Président: Patrick Kilmartin
Contact: Henri Chapotot
Mitglieder: 41
Mitarbeiter: 6

• IZ L 89

Europäisches Komitee der europäischen Hersteller von Erdölmess- und Verteilanlagen (CECOD)
Committee of European Manufacturers of Petroleum Measuring and Distributing Equipment
Comité des Fabricants Européens d'Installation et de Distribution de Pétrole
c/o Syndicat de la Mesure
Maison de la Mécanique, F-92038 Paris La Défense
T: (00331) 43 34 76 80, 43 34 76 81 **Fax:** 43 34 76 82, 43 34 76 83
E-Mail: mesure@club-internet.fr
Président: Dr.-Ing. Franco Margani (LOGITRON Srl, Italie)
Vice-Président: Patrick Berthon (Schlumberger Technologies RPS, France)
Secrétaire Général: Michel Valitchek
Mitglieder: 33

• IZ L 90

The International Association of Oil & Gas Producers (OGP)
(formerly E & P Forum)
25/28 Old Burlington Street, GB-London W1X 1LB
T: (0044207) 292 06 00 **Fax:** 434 37 21
E-Mail: ogp@org.com
Gründung: 1974
Leitung Presseabteilung: David Young
Mitglieder: 60
Mitarbeiter: 13

• IZ L 91

Internationales Informationszentrum für Erdgas u. andere Kohlenwasserstoffgase (CEDIGAZ)
Centre International d'Information sur le Gaz Naturel et autres Hydrocarbures Gazeux Cedigaz
1, av. de Bois-Préau, F-92506 Rueil-Malmaison
T: (00331) 47 52 60 12 **Fax:** 47 52 70 14
Gründung: 1961
Präsident(in): Olivier Appert
Leitung Presseabteilung: Marie-Françoise Chabrelie
Verbandszeitschrift: Cedigaz News Report
Mitglieder: 190
Mitarbeiter: 4

• IZ L 92

Europäischer Verband der Petroleum-Industrie (Europia)
European Petroleum Industry Association
Association de l'Industrie Pétrolière Européenne (AIPE)
Place Madou 1 Madou Plaza, 25th Fl., B-1210 Brüssel
T: (00322) 2 26 19 11 **Fax:** 2 19 95 51
President: François Cornelis
Secr. Gen.: Hubert W. Knoche
Mitglieder: 29
Mitarbeiter: 12
Membership: Belgian Refining Corporation NV, BP Oil International Ltd., Cepsa, Conoco Ltd., DEA Mineraloel AG, EKO ABEE, Elf Aquitaine, ENI SpA, Exxon Company International, Gulf Oil (Great Britain) Ltd., Hellenic Aspropyrgos Refinery sa, Holborn European Marketing Co., ISAB SpA, Kuwait Petroleum International Ltd., Mobil Europe Inc., Motor Oil (Hellas)-Corinth Refineries sa, Neste Oy, Norsk Hydro a.s., OEMV AG, OK Petroleum AB, Petrofina, Petrogal, Phillips-Imperial Petroleum Ltd., Repsol, Saras SpA, Shell, Statoil, Tamoil Italia SpA, Texaco Services (Europe) Ltd., Total, Veba Oel AG, Wintershall AG

• IZ L 93

Welt-Erdöl-Kongress
World Petroleum Congress
Congrès Mondiaux du Pétrole
Fourth Floor, Suite 1
1 Duchess Street, GB-London W1N 3DE
T: (0044207) 6 37-4958 **Fax:** 6 73-4965
E-Mail: pierce@world-petroleum.org
Gründung: 1933
President: Ir. D. van der Meer
Director General: Dr. Pierce Riemer
Leitung Presseabteilung: Lamia El Houni
Verbandszeitschrift: WPC Newsletter, WPC Briefing; Congress Proceedings
Verlag: WPC
Mitglieder: 60
Mitarbeiter: 2-6

Alternative Energie

• IZ L 94

Europäische Sonnenenergie-Vereinigung e.V. (EUROSOLAR)
Kaiser-Friedrich-Str. 11, 53113 Bonn
T: (0228) 36 23 73 **Fax:** 36 12 79
Internet: http://www.eurosolar.org
E-Mail: inter“ffice@eurosolar.org
Präsident(in): Dr. Hermann Scheer (MdB), Bonn/Waiblingen
Geschäftsführerin: Irm Pontenagel
Verbandszeitschrift: "Solarzeitalter" (vierteljährlich)
Mitglieder: 25000

• IZ L 95

Europäische Union der Nationalen Vereinigungen der Wasserversorger (EUREAU)
European Union of National Associations of Water Suppliers and Waste Water Services
Union Européenne des Associations Nationales des Distributeurs d'Eau et de Services d'Assainissement
127 Rue Colonel Bourg, B-1140 Brüssel
T: (00322) 7 06 40 80 **Fax:** 7 06 40 81
E-Mail: eureau@skynet.be
Gründung: 1975 (21. März)
Präsident(in): F. Porta (Spanien)
Vizepräsident(in): P. Taylor (Großbritannien)
Geschäftsführer(in): F. Rillaerts (B-Brüssel)
Mitglieder: Die nationalen Wasserversorgungsvereinigungen folgender Länder (in der Reihenfolge der Präsidentschaft): Belgien, Frankreich, Luxemburg, Niederlande, Bundesrepublik Deutschland, Großbritannien, Italien, Dänemark, Irland, Spanien, Portugal, Ungarn, Griechenland, Finnland, Schweden, Norwegen, Schweiz, Polen, Rumänien, Zypern, Estland, Island, Bulgarien. Deutschland ist durch BGW und DVGW vertreten.

Mitgliedsorganisationen

Belgien

iz I 96

Fédération belge du secteur de lEau Belgische Federatie voor de Watersector (BELGAQUA)
Rue Colonel Bourg 127, B-1140 Brüssel
T: (00322) 7 06 40 90 **Fax:** 7 06 40 99
Internet: http://www.belgaqua.be
E-Mail: info@belgaqua.be

Dänemark

iz I 97

Danish Water Supply Association
Paludan-Müllers Vej 227, DK-8200 Arhus N
T: (0045) 86 16 75 00 **Fax:** 86 16 05 20
Internet: http://www.dvf.dk
E-Mail: dvf@dvf.dk

Deutschland

iz I 98

Bundesverband der deutschen Gas- und Wasserwirtschaft e.V. (BGW)
Postf. 14 01 54, 53056 Bonn
Josef-Wirmer-Str. 1, 53123 Bonn
T: (0228) 25 98-0 **Fax:** 25 98-1 20
Internet: http://www.bgw.de
E-Mail: info@bgw.de

iz I 99

DVGW Deutsche Vereinigung des Gas- und Wasserfaches e.V.
- Technisch-wissenschaftlicher Verein
Postf. 14 03 62, 53058 Bonn
Josef-Wirmer-Str. 1-3, 53123 Bonn
T: (0228) 91 88-5 **Fax:** 91 88-990
Internet: http://www.dvgw.de
E-Mail: dvgw@dvgw.de

Finnland

iz I 100

Vesi-Ja viemärilaitosyhdistys
Ratabartijankatu 2 A, FIN-00520 Helsinki
T: (003589) 8 68 90 10 **Fax:** 1 48 47 50
E-Mail: vvy@vvy.fi

Frankreich

iz I 101

Syndicat Professionel des Distributeurs d'Eau (SPDE)
avenue Foch 83, F-75116 Paris
T: (00331) 53 70 13 58 **Fax:** 53 70 13 40
E-Mail: spde@cybercable.fr

Griechenland

iz I 102

Hellenic Union of Municipal Enterprises for Water Supply and Sewage
Anthimou Gazi Street 3, GR-41222 Larissa
T: (003041) 25 82 61 **Fax:** 53 23 47

Großbritannien

iz I 103

Water UK
1 Queen Anne's Gate, GB-London SW1H 9BT
T: (0044207) 3 44 18 44 **Fax:** 3 44 18 66

Irland

iz I 104

County and City Managers' Association
Ushers Quay 35-37 Olaf House, IRL-Dublin 8
T: (00351) 71 84 00

Island

iz I 105

Federation of Icelandic Energy & Waterworks (SAMORKA)
Sudurlandsbraut 48, IS-108 Reykjavik
T: (00354) 5 88 44 30 **Fax:** 5 88 44 31
E-Mail: samorka@skima.is

Italien

iz I 106

Federazione Italiana delle Imprese dei Servizi Idrici, Energetici e varii (FEDERGASACQUA)
Federgasacqua
Via Cavour 179a, I-00184 Rom
T: (00396) 47 86 56 20 **Fax:** 47 86 56 05
E-Mail: acqua@federgasacqua.it

Luxemburg

iz I 107

Association Luxembourgeoise des Services d'Eau (ALUSEAU)
c/o SEBES
T: (00352) 83 95 91-1 **Fax:** 89 90 57

Niederlande

iz I 108

Vereniging van Exploitanten van Waterleidingbedrijven in Nederland (VEWIN)
Postf. 1019, NL-2280 Rijswijk AB
Sir Winston Churchill-laan 273, NL-2280 Rijswijk AB
T: (003170) 4 14 47 50 **Fax:** 4 14 44 20

iz I 109

Unie van Waterschappen
Postf. 80200, NL-2508 GE Den Haag
T: (003170) 3 51 97 51 **Fax:** 3 54 46 42

Norwegen

iz I 110

Norvar-Norsk Vann-Og Avlopsverkforening
Vangsvegen 143, N-2300 Hamar
T: (0047) 62 52 86 50 **Fax:** 62 53 40 06
E-Mail: firmapost@norvar.telemax.no

Österreich

iz I 111

Österreichische Vereinigung für das Gas- und Wasserfach (ÖVGW)
Schubertring 14, A-1010 Wien
T: (00431) 5 13 15 88-0 **Fax:** 5 13 15 88-25
Internet: http://www.fv-ovgw.or.at
E-Mail: info@fv-ovgw.or.at

Portugal

iz I 112

Associacao Portuguesa de Distribuicao e Drenagem de Aguas
Av. do Movimento das Forças Armadas 16, P-2710 Sintra
T: (0035121) 9 24 15 25 **Fax:** 9 24 15 34
E-Mail: a.agua@mail.telepac.pt

Schweden

iz I 113

Swedish Water and Waste Water Association (VAV)
T: (00468) 6 77 25 70 **Fax:** 6 77 25 75
E-Mail: vav@vav.se

Schweiz

iz I 114

Société Suisse de l'Industrie du Gaz et des Eaux (SSIGE-SVGW)
Postf. 6 58, CH-8027 Zürich
Grütlistr. 44, CH-8027 Zürich
T: (00411) 2 88 33 33 **Fax:** 2 02 16 33
E-Mail: svgw@iprolink.ch

Spanien

iz I 115

Asociacion Española de Abastecimiento de Agua y Saneamiento
Calle Orense n°4, 1° derecha A, E-28020 Madrid
T: (003491) 5 56 43 00 **Fax:** 5 56 89 98
Internet: http://www.servicom.es/aeas/aeas.htm
E-Mail: aeas@mad.servicom.es

Mitglieder mit Beobachterstatus

Bulgarien

iz I 116

Bulgarian Water Supply and Sewerage Association (BAWK)
3 Naroden Gueroy Street, BG-1618 Sofia
T: (003592) 55 70 76 **Fax:** 56 48 64
E-Mail: bawk@m.box.cit.bg

Estland

iz I 117

Estonian Water Works Association (EWWA)
Eesti Vee - Ettevotete Liit, Kadaka tee 5, EW-10621 Tallinn
T: (00372) 6 56 36 85 **Fax:** 6 56 30 91
E-Mail: evel@ewc.ee

Polen

iz I 118

Chamber of Commerce of Poland
85-073 Bydogoszcz, PL-ul. Sielanka 18
T: (004852) 28 78 28 **Fax:** 22 62 94

Rumänien

iz I 119

Romanian Water Services Committee
202A Splaiul Independentei, 9th floor, R-78123 Bukarest
T: (00401) 4 10 39 53 **Fax:** 4 10 38 72
E-Mail: cnpdar@fx.ro

Ungarn

iz I 120

Hungarian Professional Association of Water and Sewerage Companies
Postf. 201, H-1051 Budapest sas. u. 25
T: (00361) 1 31 83 82 **Fax:** 1 53 32 41

Zypern

iz I 121

Water Board of Nicosia
Postf. 1943, CY-1515 Nicosia
T: (003572) 42 22 91 **Fax:** 31 60 33
E-Mail: waterbrd@cytanet.com.cy

● **IZ L 122**

Internationale Gesellschaft für Solarenergie e.V. (ISES)
International Solar Energy Society
Villa Tannheim
Wiesentalstr. 50, 79115 Freiburg
T: (0761) 4 59 06-0 **Fax:** 4 59 06 99
Internet: http://www.ises.org
E-Mail: hq@ises.org
Gründung: 1954 (Dezember)
President: Dr. Cesare Silvi
Secretary: Dr. Donald W. Aitken
Executive Director: Burkhard Holder
Treasurer: Prof. Dr. Sakae Tanemura
Verbandszeitschrift: Solar Energy Journal (monthly)
Redaktion: Prof. Joachim Luther
Verlag: Elsevier Science, Inc., Oxford
Verbandszeitschrift: SunWorld (quarterly magazine)
Redaktion: Alison Patterson
Verlag: TFC Associates, UK
Mitglieder: ca. 4000
Mitarbeiter: 8

Förderung von Forschung und Anwendung auf dem Gebiet der erneuerbaren Energien weltweit.

iz I 123

Deutsche Gesellschaft für Sonnenenergie e.V. (DGS)
Deutsche Sektion der International Solar Energy Society (ISES)
Augustenstr. 79, 80333 München
T: (089) 52 40 71 **Fax:** 52 16 68
Präsident(in): Prof. Sigrid Jannsen

● **IZ L 124**

Internationale Wasserversorgungs-Vereinigung (IWSA)
International Water Services Association
Association Internationale des Services d'Eau (AISE)
1, Queen Anne's Gate, GB-London SW1H 9BT
T: (0044207) 9 57 45 67 **Fax:** 2 22 72 43
Administration: toby.Cray@iwsa.org.uk
Membership: hannah.clark@iwsa.org.uk
Publications: victoria.paredes@iwsa.org.uk
Directorate: elaine.robertson@iwsa.org.uk
Finance: ed.ratnam@iwsa.org.uk
Gründung: 1947
Präsident(in): Nicholas Hood
Executive Director: M. J. Slipper
Verbandszeitschrift: Journal of Water Supply Research + Technology-Aqua; Water Supply
Redaktion: IWSA, 1, Queen Anne's Gate, London SW1H 9BT
Verlag: Blackwell Science, Osney Mead, Oxford 0X2 0EL
Mitglieder: 800
Mitarbeiter: 5
Jahresetat: DM 1 Mio, € 0,51 Mio

● **IZ L 125**

Internationaler Verband für Fernheizung, Fernkühlung und Kraft-Wärme-Kopplung (Euroheat & Power, Unichal)
International Association for District Heating, District Cooling and CHP
Association Internationale pour le chauffage urbain, le refroidissement à distance et le couplage chaleur-force
Avenue de Tervuren 148 bte. 18, B-1150 Brüssel
T: (00322) 7 79 92 79 **Fax:** 7 63 34 21
Internet: http://www.euroheat.org
E-Mail: euroheat@euronet.be
Gründung: 1954
Präsident(in): David Lawrence (Sheffield Heat and Power Ltd., 2 Sheffield Science Park, Howard Street, Sheffield S1 2 LX (GB))
1. Vizepräs.: A. Wellenger (District Heating Enterprise, ul. Opata Hackiego 14, PL-81-213 Gdynia)
2. Vizepräs.: I. Pirvola (Helsinki Energy, Helsinki-Finnland)
Generalsekretär(in): Armand Colling
Mitglieder: ca. 191

Sonstige Organisationen der Energiewirtschaft

● **IZ L 126**

Euröpäischer Verband zur Förderung der Kraft Wärme Kopplung (Cogen Europe)
European Association for the Promotion of Cogeneration
Association Européenne de Promotion de la Cogénération
Rue Gulledelle 98, B-1200 Brüssel
T: (00322) 7 72 82 90 **Fax:** 7 72 50 44
E-Mail: info@cogen.org
Gründung: 1993
Président: Ton Van der Does
Direktor(in): Simon Minett
Leitung Presseabteilung: Erwan Cotard
Verbandszeitschrift: Cogen News
Verlag: Cogen Europe
Mitglieder: 200
Mitarbeiter: 5

● **IZ L 127**

Conférence Européenne des Négociants en Combustibles et Carburants
Temporary Secretariat:
Rue Leon Lepage 4, B-1000 Brüssel
T: (00322) 5 02 42 00 **Fax:** 5 02 54 46
E-Mail: info@brafco.be
Gründung: 1975
Secrétaire Général: E. J. Rowson
Mitglieder: 5

Mitglieder

iz I 128

Fédération Belge des Négociants en Combustibles - CIR
Rue Leon Lepage 4, B-1000 Brüssel
T: (00322) 5 02 42 00 **Fax:** 5 02 54 46
Internet: http://www.brafco.be
E-Mail: info@brafco.be

iz I 129

Gesamtverband des Deutschen Brennstoff- und Mineralölhandels e.V. Berlin (gdbm)
Französische Str. 15, 10117 Berlin
T: (030) 6 85 90 90, 6 85 21 59 **Fax:** 68 59 75 35
E-Mail: gdbm-berlin@t-online.de

iz I 130

Brance Nationale des Négociants en Produits pétroliers
50 Rue Rouget de Lisle, F-92158 Seresnes Cedex

iz I 131

Federation of Petroleum Suppliers
Ellesmere Chambers
2 Laters Court Princess St Knutsford, GB-Cheshire WA16 6BW

iz I 132

Nederlandse Organisatie van Olie- en Kolenhandelaren
Postf. 25078, NL-3001 HB Rotterdam
s' Gravendijkwal 103, NL-3001 HB Rotterdam

iz I 133

Union du Charbon et du Mazout S.à.r.l. Mart & Kinsch
Rue de l'Eau 3, L-4001 Esch-Sur-Alzette

• IZ L 134

Europäisches Institut für Transurane (ITU)
European Institute for Transuraniums (ITU)
Institut européen pour Transuranium (ITU)
Gemeinsame Forschungsstelle (GFS)
Centre Commun de Recherche (CCR)
Joint Research Centre (JRC)
Europäische Kommission
Postf. 23 40, 76011 Karlsruhe
T: (07247) 95 13 50 **Fax:** 95 15 91
Direktor: Dr. Roland Schenkel

• IZ L 135

Internationale Energie-Agentur (IEA)
International Energy Agency (IEA)
Agence Internationale de l'Énergie (AIE)
Rue de la Fédération 9, F-75739 Paris Cedex 15
T: (00331) 40 57 65 00 **Fax:** 40 57 65 59
E-Mail: info@iea.org
Gründung: 1974 (15. November)
Exekutivdirektor: Robert Priddle
Stellv. Exekutivdirektor: William Ramsay
Presseabteilung: Scott Sullivan
Mitglieder: 24 Staaten (Australien, Belgien, Dänemark, Deutschland, Finnland, Frankreich, Griechenland, Irland, Italien, Japan, Kanada, Luxemburg, Neuseeland, Niederlande, Norwegen, Österreich, Portugal, Schweden, Schweiz, Spanien, Türkei, Ungarn, Großbritannien, Vereinigte Staaten von Amerika)

• IZ L 136

Weltenergierat (WEC)
World Energy Council
Conseil Mondial de l'Energie
5th Floor - Regency House, 1-4 Warwick Street, GB-London W1R 6LE
T: (0044207) 7 34 59 96 **Fax:** 7 34 59 26
Internet: http://www.worldenergy.org
E-Mail: info@worldenergy.org
Gründung: 1924
Präsident(in): D. D. Jordan (USA)
Secretary-General: G.-W. Doucet
Verbandszeitschrift: Annual Report
Redaktion: WEC London HQ
Verlag: WEC
Mitglieder: 96 Mitgliedsländer
Mitarbeiter: 45
Next Congress. 18th Congress of the World Energy Council 2001 Buenos Aires, Argentina

IZ M Verkehrsgewerbe

Zum Auffinden einer bestimmten Dienststelle oder Organisation dient das Suchwortverzeichnis eines Personennamens das Personenverzeichnis

Schienenverkehr
Straßenverkehr
Schiffahrt
Luftverkehr
Sonstige Organisationen des Verkehrsgewerbes

Schienenverkehr

• IZ M 1

Europäische Gesellschaft für die Finanzierung von Eisenbahnmaterial (EUROFIMA)
European Company for the Financing of Railroad Rolling Stock
Société Européenne pour le Financement de Matériel Ferroviaire
Postf. 17 64, CH-4001 Basel 1
Rittergasse 20, CH-4001 Basel 1
T: (004161) 2 87 33 40 **Fax:** 2 87 32 40
Internet: http://www.eurofima.org
E-Mail: info@eurofima.org
Gründung: 1955 (20. Oktober)
Präsident d. Verwaltungsrates: Etienne Schouppe
Generaldirektor: André M. Bovet
Mitglieder: 22 Europäische Eisenbahnen

• IZ M 2

Europäisches Bahn Forum (FTE)
Forum Train Europe
Hochschulstr. 6, CH-3000 Bern 65
T: (0041512) 20 27 15 **Fax:** 20 23 02
E-Mail: peter.jp.jaeggy@sbb.ch
Gründung: 1923 (1. Januar)
Präsident(in): P. A. Urech
Mitglieder: 70

• IZ M 3

Europäische Vereinigung der Transportinstitute (ESTI)
European Society of Transport Institutes
Association Européenne d'Instituts de Transport
rue Archimède 5, box 11, B-1000 Brüssel
T: (00322) 2 30 05 14 **Fax:** 2 30 34 34
E-Mail: esti@euronet.be
Gründung: 1984
President: Tom Reid
Vice-Presidents: Prof. Drs. C. J. Ruijgrok (Past President)
J. A. Lasserre (Incoming President)
Prof. M. Savy (Vice-President for Research)
Secretary General: L. Hoste
Mitglieder: 50

• IZ M 4

Gemeinschaft der Europäischen Bahnen (GEB)
Community of European Railways (CER)
Communauté des Chemins de Fer Européens (CCFE)
Bd.de l'Impératrice 13 bt.11, B-1000 Brüssel
T: (00322) 5 25 90 70 **Fax:** 5 12 52 31
Internet: http://www.cer.be
E-Mail: information@cer.be
Gründung: 1988
Chairman: Rob den Besten (NS)
Vice-Chairman: Louis Gallois (SNCF)
Dr. Johannes Ludewig (DB AG)
Secretary General: Anna Ottavianell
Deputy Director General: Carl-Henrik Lundstrøm
Secretariat: Paul Beeckmans
Stéphane Desselas
Gaël du Bouëtiez
Patrick Jeanne
Maurice Howard
Ruddy Mathys
Jean-Claude Pirlot
Hana Rihorvsky
Verbandszeitschrift: GEB Bulletin
Redaktion: Communications
Mitglieder: 32

Mitgliedsorganisationen

Belgien

iz m 5

Railtrack PLC Europe (RT)
Rue Ducale 85-87, B-1000 Brüssel
T: (00322) 5 51 09-80 **Fax:** 5 51 09-89
Director General Europe: David Moss

iz m 6

Société Nationale des Chemins de Fer Belges (SNCB)
Rue de France 85, B-1060 Brüssel
T: (00322) 525 20 00 **Fax:** 521 24 79
Adminstrateur délégué: Etienne Schouppe

Dänemark

iz m 7

Danish National Railway Agency-Banestyrelsen (BS)
Sølvgade 40, DK-1349 København K
T: (004533) 7 65 00 05 **Fax:** 76 50 01
Chief Executive: Erik Elsborg

iz m 8

Danske Statsbaner (DSB)
Danish State Railways
Sølvgade 40, DK-1349 København K
T: (004533) 14 04 00 **Fax:** 14 04 40
Managing Director: Henrik Hassenkam

Deutschland

iz m 9

Deutsche Bahn Aktiengesellschaft
Stephenson Str. 1, 60326 Frankfurt
T: (069) 97 33-0 **Fax:** 97 33-61155
Internet: http://www.bahn.de
Vorsitzende(r) des Vorstandes: Hartmut Mehdorn

Estland

iz m 10

Aktsiaselts Eesti Raudtee
Pikk Tänav 36, EW-15073 Tallinn
T: (0372) 6 15 86 10 **Fax:** 6 15 87 10
CEO: Parbo Juchnewitsch

Finnland

iz m 11

Ratahallintokeskus (RHK)
Kaivokatu 6, FIN-00100 Helsinki
T: (003589) 58 40 51 11 **Fax:** 58 40 51 00
Chief Director: Ossi Niemimuukko

iz m 12

Finnish Railways - VR-Group Ltd. (VR)
Vilhonkatu 13, FIN-00100 Helsinki
T: (003589) 707 20 00 **Fax:** 707 37 00
President and CEO: Henri Kuitunen

Frankreich

iz m 13

Réseau Ferré de France (RFF)
Tour Pascal A, F-92045 Paris La Defense
T: (00331) 46 96 90 88 **Fax:** 46 96 90 75
Président du Conseil d'Administration: Claude Martinand

iz m 14

Société Nationale des Chemins de Fer Français (SNCF)
34 Rue du Commandant Mouchotte, F-75699 Paris Cedex 14
T: (00331) 53 25 60 01 **Fax:** 53 25 61 08
Président du Conseil d'Administration: Louis Gallois (Vice-Président de la CCFE)

Griechenland

iz m 15

Chemins de Fer Helleniques (CH)
Hellenic Railways Organisation
Organisme des Chemins de Fer Helléniques
rue Karolou 1, GR-10437 Athen
T: (00301) 529 78 61 **Fax:** 524 41 50
Managing Director: Ioannis Mourmouris

Großbritannien

iz m 16

Association of Train Operating Companies (ATOC)
3rd floor, The Podium
40 Bernard Street, GB-London WC 1N 1BY
T: (0044207) 904 30 12 **Fax:** 904 30 63
Director General: Ivor Warburton

Irland

iz m 17

Córas Iompair Éireann (CIE)
Heuston Station, IRL-Dublin 8
T: (003531) 703 20 04 **Fax:** 703 21 68
Group Chief Executive: Michael McDonnell

Italien

iz m 18

Ferrovie dello Stato S.p.A. (FS)
Piazza della Croce Rossa 1, I-00161 Rom
T: (00396) 854 12 70 **Fax:** 44 105 157
Amministratore Delegato: Giancarlo Cimoli

Luxemburg

iz m 19

Société Nationale des Chemins de Fer Luxembourgeois (CFL)
Place de la gare 9, L-1616 Luxemburg
T: (00352) 49 90 33 00 **Fax:** (00352352) 49 90 34 40
Administration-Directeur Général: René Streff

Niederlande

iz m 20

Nederlandse Spoorwegen (NS)
Moreelsepark 1, NL-3500 HA Utrecht
T: (003130) 235 45 00 **Fax:** 235 44 27
President of the Board: Rob den Besten (Chairman of the CER)

Norwegen

iz m 21

Jernbaneverket (Norwegian National Rail Administration) (JBV)
T: (004722) 45 52 00 **Fax:** 45 51 09
President and CEO: Osmund Ueland

iz m 22

Norwegian State Railways Ltd. (NSB BA)
T: (004723) 15 10 65 **Fax:** 15 32 00
President and CEO: Osmund Ueland

Österreich

iz m 23

Österreichische Bundesbahnen (ÖBB)
Elisabethstr. 9, A-1010 Wien
T: (00431) 58 00 33 000 **Fax:** 58 00 25 000
Generaldirektor: Dr. Helmut Draxler

Polen

iz m 24

Polskie Koleje Panstwowe
Chalubinskiego ul. 4, PL-00928 Warschau
T: (0048221) 6 24 45 33 **Fax:** 6 28 51 49
CEO: Jan Janik

Portugal

iz m 25

Caminhos de Ferro Portugueses, E.P. (CP)
Calçada do Duque 20, P-1294 Lisboa Codex
T: (003511) 346 31 82 **Fax:** 347 30 93
Président du Conseil d'Administration: Dr. António Crisóstomo Teixeira

iz m 26

Rede Ferroviária Nacional, E.P. (REFER)
Largo dos Caminhos de Ferro, P-1149 Lissabon Codex
T: (003511) 8 81 64 60 **Fax:** 8 81 64 68
Président du Conseil d'Administration: Dr. Manuel Frasquilho

Schweden

iz m 27

Banverket (BV)
T: (0046243) 44 54 00 **Fax:** 44 54 06, 450 09
Director General: Bo Bylund

iz m 28

Swedish State Railways (SJ)
Headquarters, S-10550 Stockholm
T: (00468) 7 62 30 03 **Fax:** 4 68 14 94 31
President and Director General: Daniel Johannesson

Schweiz

iz m 29

BLS Lötschbergbahn AG
Genfergasse 11, CH-3001 Bern
T: (004131) 3 27 27 27 **Fax:** 3 27 29 10
Direktor(in): Mathias Tromp

iz m 30

Chemins de Fer Fédéraux Suisses (CFF)
Hochschulstr. 6, CH-3030 Bern
T: (0041512) 20 22 00 **Fax:** 20 42 65
Président: Dr. Benedikt Weibel

Slowenien

iz m 31

Slovenske Zeleznice
Kolodvorska ul 11, SLO-1506 Ljubljana
T: (0038661) 2 91 40 00 **Fax:** 31 72 62
CEO: Igor Zasec

Spanien

iz m 32

Red Nacional de los Ferrocarriles Españoles (RENFE)
Final Avenida Pio XII, s/n, E-28036 Madrid
T: (003491) 733 91 62 **Fax:** 314 06 65
Président du Conseil d'Administration: Miguel Corsini Freese

Tschechische Republik

iz m 33

Ceske Drahy
Nabr. L. Svobody 12, CZ-11015 Prag 1
T: (004202) 232 53 00 **Fax:** 232 87 84
CEO: Dalibor Zeleny

Ungarn

iz m 34

Magyar Allamvasutak
Andrássy út 73-75, H-1062 Budapest
T: (00361) 2 24 58 12 **Fax:** 2 24 58 08
Màrton Kukely

iz m 35

Györ-Sopron-Ebenfurti Vasut Részvénytarsasag
Raab-Oedenburg-Ebenfurter Eisenbahn AG
Szilagyi Dezsö Tér 1, H-1011 Budapest
T: (00361) 224 58 12 **Fax:** 224 58 08
CEO: Dr. Janos Berenyi

• IZ M 36

Internationale Eisenbahn-Kongreß-Vereinigung (AICCF)
International Railway Congress Association
Association Internationale du Congrès des Chemins de Fer
Rue de France 85, B-1060 Brüssel
T: (00322) 5 20 78 31 **Fax:** 5 25 40 84
Gründung: 1885
Präsident(in): Etienne Schouppe (Administrateur-délégué, Nationalgesellschaft der Belgischen Eisenbahnen)
Generalsekretär(in): Ir. A. Martens (Administrateur - Directeur Général adjoint, Nationalgesellschaft der Belgischen Eisenbahnen)
Leitung Presseabteilung: Pierre Jacquemin
Verbandszeitschrift: Rail International - Schienen der Welt
Verlag: A.I.C.C.F., Bruxelles
Mitglieder: 124
Mitarbeiter: 7
Jahresetat: DM 0,9 Mio, € 0,46 Mio

• IZ M 37

UIP

Internationale Privatgüterwagen-Union (UIP)
International Union of Private Wagons
Union Internationale des Wagons Privés
Boulevard du Souverain 53/17, B-1160 Brüssel
T: (00322) 6 72 88 47 **Fax:** 6 72 81 14
Internet: http://www.uiprail.org
E-Mail: uip@unicall.be
Gründung: 1950
Präsident(in): Heinrich Sikora
Generalsekretär(in): Wolf D. Gehrmann

Vertretung der Mitgliederinteressen gegenüber staatlichen und nichtstaatlichen internationalen Organisationen.

Mitgliedsorganisationen

Belgien

iz m 38

LOMATFER - Union Professionnelle des Loueurs de Matériel de Chemin de Fer
Avenue Herrman Debroux 46, B-1160 Bruxelles
T: (00322) 6 63 75 76 **Fax:** 6 63 75 50
E-Mail: a.margerin@brambles-rail.com

Bulgarien

iz m 3 8.10

BPW - Balkan Private Wagons Association
c/o EASTRA Ltd.
105, Arsenalski Bulvd., BG-1421 Sofia
T: (003592) 9 63 13 30 **Fax:** 66 55 58
E-Mail: eastra@geobiz.bg

Deutschland

iz m 39

Vereinigung der Privatgüterwagen-Interessenten (VPI)
Hochallee 60, 20149 Hamburg
T: (040) 4 50 50 86 **Fax:** 4 50 50 90
E-Mail: vpihamburg@aol.com

Frankreich

iz m 40

AFWP Association Française des Wagons de Particuliers
18 Place des Reflets Tour Aurore, F-92975 Paris la Défense 2 Cedex
T: (00331) 47 78 65 30 **Fax:** 47 73 52 12
E-Mail: afwp@c-si.fr

Großbritannien

iz m 41

Private Wagon Federation (PWF)
Intl. Section
Westland Green Homelea, GB-Little Hadham Herts, 5GiL 2AG
T: (00441279) 84 34 87 **Fax:** 84 23 94
E-Mail: geoffp@homelea.demon.co.uk
Secretary General: Geoffrey G. Pratt Mcjt

Italien

iz m 42

ASSOCARRI Associazione Titolari Carri Ferroviari
Via Lanzone 29/31, I-20123 Mailand
T: (00392) 80 63 01 **Fax:** 86 45 53 01
E-Mail: l.rampinelli@brambles-europe.com

iz m 43

SUNFER Associazione Utenti Noleggiatori Titolari Di Carri Ferroviari Privati
c/o OTS
Foro Bonaparte 74, I-20121 Mailand
T: (00392) 72 56 63 11 **Fax:** 86 46 33 97
E-Mail: sunfer@iol.ir

Niederlande

iz m 44

NVPG Nederlandse Vereniging Particuliere Goederenwagons
Secretariat
Gors 11, NL-4741 TA Hoeven
T: (0031165) 50 35 54 **Fax:** 50 38 79
E-Mail: vdbpromo@worldonline.nl

Österreich

iz m 45

VPI
Verband der Privatgüterwagen-Interessenten Österreichs
Kunigundbergstr. 40, A-2380 Perchtoldsdorf
T: (00431) 8 65 66 85 **Fax:** 8 65 66 85 91
E-Mail: kesselwagen@kvg.at

Polen

iz m 46

IGTL Izba Gospodarza Transporter Ladowego
Ul. Twarda 30, PL-00831 Warschau
T: (004822) 6 97 91 16 **Fax:** 6 97 91 95
E-Mail: marketing@decyst.com.pl

Schweden

iz m 47

Svenska Privatvagenföreningen (SPF)
c/o Sveriges Industriförbund
Postf. 55 01, S-11485 Stockholm
Storgatan 19, S-11485 Stockholm
T: (00468) 7 83 80 13 **Fax:** 6 61 79 01
E-Mail: ingrid.heilborn@industriforbundnet.se

Schweiz

iz m 48

Verband Schweiz. Anschlußgeleise- und Privatgüterwagen-Besitzer (VAP)
Postf. Postfach, CH-8142 Zürich
T: (00411) 4 91 15 95 **Fax:** 4 91 28 80
E-Mail: furrer.vap@bluewin.ch

Slowakische Republik

iz m 49

ZVKV Združenie Vlastníkov a Prevádzkovatel_7ov Súkromných Kol_7ajových Vozidiel
Stúrovo Námestie 5, SK-91101 Trencin
T: (00421831) 44 21 02 **Fax:** 44 21 02
E-Mail: galko@zvkv.sk

Spanien

iz m 50

FAPROVE Fomento de Asociaciones de Propietarios y Operadores de Vagones de Espana
Alberto Alcocer 46, Atico A, E-280016 Madrid
T: (003491) 4 57 70 67 **Fax:** 4 58 80 29

Tschechische Republik

iz m 51

SPV Sdružení Majitelů a Provozovatelů Soukromých Železničních Vozů
Perucká 7, CZ-12144 Praha 2
T: (004202) 6 91 08 37 **Fax:** 6 91 08 37
E-Mail: spv@telecom.cz

• **IZ M 52**

Internationale Vereinigung der Anschlußgleise-Benützer -IVA- (AIEP)
International Association of Users of Private Sidings
Association Internationale des Usagers d'Embranchements Particuliers
Postf. 15, CH-8570 Weinfelden
T: (004171) 6 22 58 18 **Fax:** 6 22 58 14
Gründung: 1912 (20. März)
Präsident(in): Alfred Welter
Vizepräsident(in): Dr.jur. Karl Frohner (Präsident Verband für Anschlußbahnunternehmen (VABU), Wiedner Hauptstr. 63, A-1045 Wien)
Sekretär: Dr. iur. Frank Furrer (Suracherstr. 6, CH-8142 Uitikon (Zürich), T:(00411) 4 91 15 95, Telefax: (00411) 4 91 28 80, furrer.vap@bluewin.ch)

• **IZ M 53**

Internationaler Eisenbahnverband (UIC)
International Union of Railways
Union Internationale des Chemins de Fer
16, rue Jean Rey, F-75015 Paris
T: (00331) 44 49 20 20 **Fax:** 44 49 20 29
Internet: http://www.uic.asso.fr/
E-Mail: communication@uic.asso.fr
Gründung: 1922
Präsident(in): Miguel Corsini
Generaldirektor: Philippe Roumeguère
Presseabteilung: Paul Véron
Verbandszeitschrift: Panorama UIC; Rail International/ Schienen der Welt
Mitglieder: 150
Mitarbeiter: 120
In dem Fachverband UIC sind 150 Bahnen und Verkehrsunternehmen zusammengeschlossen. Seine Aufgaben sieht er in der technischen Harmonisierung und Interoperabilität des Eisenbahnssystems, der Durchführung von R+D-Aktivitäten, der Förderung gemeinsamer Vorhaben zur Entwicklung des internationalen Eisenbahnverkehrs und der Verbreitung von Information und Dokumentation.

• **IZ M 54**

Internationales Eisenbahntransportkomitee (CIT)
International Rail Transport Committee
Comité international des transports ferroviaires
Secrétariat
Hochschulstr. 6, CH-3000 Bern 65
T: (0041512) 20 28 06/29 63 **Fax:** 20 34 57
E-Mail: cit@sbb.ch
Gründung: 1902
Präsident(in): Dr. Benedikt Weibel
Geschäftsführer(in): Dr. Thomas Leimgruber
Verbandszeitschrift: CIT-INFOS
Redaktion: Secrétariat, Hochschulstr. 6, CH-3000 Berne 65
Mitglieder: 300
Mitarbeiter: 7

• **IZ M 55**

Übereinkommen über die gemeinschaftliche Benutzung von Güterwagen (EUROP)
European Railway Wagon Pool
Convention pour l'utilisation en commun de wagons marchandises (Convention EUROP)
c/o Société Nationale des Chemins de fer Belges, Section 81
Rue de France 85, B-1060 Brüssel
T: (00322) 525 4101 **Fax:** 525 4497
Gründung: 1953
Mitglieder: Denmark, Netherlands, Deutschland, Österreich, Switzerland, Italien, Frankreich, Luxemburg, Belgien

Straßenverkehr

• **IZ M 56**

Europäischer Auto- und Lastwagen-Vermietungs-Verband (ECATRA)
European Car and Truck Rental Association
Association européenne des entreprises de location de véhicules
Avenue de Tervuren 402, B-1150 Brüssel
T: (00322) 7 61 66 14 **Fax:** 7 77 05 05
Internet: http://www.ecatra.com
E-Mail: do@intermar.be
Gründung: 1964
Präsident(in): Frederick H. Aldous
Generalsekretär(in): Daniele Overath
Verbandszeitschrift: ECATRA News
Mitglieder: 18 Mitgliedsverbände

Angeschlossene nationale Mitgliedsverbände

Österreich

iz m 57

Fachverband für die Beförderungsgewerbe mit PKW
Wiedner Hauptstr. 69, A-1045 Wien
T: (00431) 5 01 05 31 70 **Fax:** 50 20 62 83

Belgien

iz m 58

Union Professionnelle Belge des Loueurs de Vehicules
Rue Colonel Bourg 107, B-1140 Bruxelles
T: (00322) 7 30 62 11 **Fax:** 7 30 63 22

Dänemark

iz m 59

Dansk Biludlejere
Postf. 376, DK-1503 Copenhagen
T: (0045) 39 90 50 28 **Fax:** 39 90 50 28

Frankreich

iz m 60

Transport et Logistique de France
30, rue Eugène Flachat, F-75017 Paris
T: (00331) 47 64 60 50 **Fax:** 47 63 79 33

Deutschland

iz m 61

Bundesverband der Autovermieter Deutschlands e.V. (BAV)
Grafenberger Allee 363, 40235 Düsseldorf
T: (0211) 6 90 00-0 **Fax:** 6 90 00-10
Gründung: 1954 (04. April)

Großbritannien

iz m 62

British Vehicle Rental and Leasing Association (BVRLA)
West Sussex PO19 IUU
River Lodge, Badminton Court, GB-Amersham, Bucks HP7 0DD
T: (001494) 43 47 47 **Fax:** 43 44 99

Griechenland

iz m 63

Greek Car Rental Companies Association
576A, Vouliagmenis Avenue, GR-16451 Athens
T: (00301) 9 94 28 50 **Fax:** 9 93 66 54

Niederlande

iz m 64

BOVAG/VNA
Car Rental Department
Postf. 1100, NL-3980 DC Bunnik
T: (003130) 6 59 54 13 **Fax:** 6 56 78 35

Italien

iz m 65

ANIASA
Associaziono Noleggiatori Italiani Autoveicoli Senza Autista
Cesare greno Viola 74 Pareo de Medici, I-00168 Rome
T: (00396) 65 68 51 **Fax:** 6 55 50 62

Luxemburg

iz m 66

Fédération Nationale des Loueurs de Véhicules
c/o Fédération des Artisans
Postf. 1604, L-1016 Luxembourg
T: (00352) 4 24 51 11 **Fax:** 42 45 25

Malta

iz m 67

RACA
Rent-A-Car Association
First Floor
Msida Court 61 Msida Sea Front, GBY-MSD 06 Msida
T: (00356) 22 29 12 **Fax:** 23 04 14

Norwegen

iz m 68

Norges Bilutleieforbund
Eugeniesgt. 23, N-0168 Oslo
T: (004722) 59 89 62 **Fax:** 56 75 75

Portugal

iz m 69

Associação dos Industriais de Aluguer de Automóveis Sem Condutor (ARAC)
Rua Dr. António Cândido, 8, P-1097 Lisboa Codex
T: (003511) 3 56 38 36 **Fax:** 3 56 37 37

Spanien

iz m 70

Federación Nacional Empresarial de Alquiler de Vehiculos con y sin Conductor
Rodriguez San Pedro, 2, E-28015 Madrid
T: (00341) 4 47 28 73 **Fax:** 4 47 65 52

iz m 71

Asociacion Espanola de Renting
Calenduфа 95, E-28109 Madrid
T: (003491) 6 50 99 61 **Fax:** 6 50 93 42

Schweden

iz m 72

Biluthyrningsbranschens Riksförbund
c/o RTS
Postf. 6007, S-10231 Stockholm
T: (00468) 21 87 20 **Fax:** 21 25 55

Schweiz

iz m 73

Autovermieter-Verband der Schweiz
Postf. 801, CH-8004 Zürich-Lochergut
T: (00411) 2 41 88 66 **Fax:** 2 42 46 64

• **IZ M 74**

Dachorganisation des internationalen Strassenkühlverkehrs
Transfrigoroute International
c/o ASTAG
Weissenbühlweg 3, CH-3007 Bern
T: (004131) 3 70 85 85, 3 70 85 42 (dir.) **Fax:** 3 70 85 89
E-Mail: transfrigo@bluewin.ch
Gründung: 1955 (28. März)
Ehrenpräs: Prof. Dr.oec. Gábor Mezei (Béla Király út 30/b, H-1125 Budapest, T: (00361) 3 02-41 70, Telefax: (00361) 2 74-42 77)
Eric Rapin (Case postale 315, CH-1530 Payerne, T: (004126) 6 60 10 12, 6 60 20 30 (privé), Telefax: (004126) 6 60 60 65)
Präsident(in): rag. Luciano Marani (c/o Marani Trasporti S.p.A., Via Assano, 1351, I-47023 Cesena (FO), T: (0039-0547) 30 25 33, Telefax: (0039-0547) 30 41 15)
Vizepräsident(in): Jean-Charles Fromage (Directeur Général Délégué, T.F.E., 81, Chemin de la Mouche, B.P. 54, F-69564 Saint Genis Laval Cédex, T: (003304) 72 39 71 00, Telefax: (003304) 78 50 78 92)
Walter-Dietrich Hautz (W. Herrmann & Co. GmbH, Moorfleeter Str. 42, 22113 Hamburg, T: (040) 7 33 67-0 (Zentrale), 7 33 67 (-100) (direkt), Telefax: (040) 7 33 67-129 (direkt))

Tomislav Ivanek (c/o Frito d.o.o., 10020 Zagreb, Trnsko 33D, T: (0035801) 6 55 25 55, 6 55 23 57, Fax: (0035801) 6 52 14 27)
Präsidentin FCI: Jacqueline de Rijk (c/o Jan de Rijk Logistics, Leemstraat 15, Postb. 1086, NL-4700 BB Roosendaal, T: (00310165) 57 25 72, Fax: (00310165) 57 25 75)
Präsident CCT: Peter Grosskopf (c/o FRIGOBLOCK, Grosskopf GmbH, Weidkamp 274, D-45356 Essen-Borbeck, Postf. 11 02 39, D-45332 Essen, T: (0201) 6 13 01-0, Telefax: (0201) 6 13 01-48)
Berater: Doct. André Gac (65, Boulevard Exelmans, F-75016 Paris, T: (00331) 47 43 13 93, Telefax: (00331) 47 43 13 93)
Generalsekretär(in): Hanspeter Tanner (TRANSFRIGOROUTE INTERNATIONAL, c/o ASTAG, Weissenbühlweg 3, CH-3007 Bern, T: (004131) 3 70 85 85 (Zentrale), (004131) 3 70 85 40 (direkt), Telefax: (004131) 3 70 85 89)
Rechnungsprüfer: Herbert Konrad (c/o FHS E. Frech-Hoch AG, Reuslistr. 29, CH-4450 Sissach, T: (0041061) 9 76 66 66, Fax: (0041061) 9 76 66 00)
Rechnungsprüfer: Pedro Conejero Gandia (Ass.; c/o Transportes Caudete, S.A., Carretera Estación s/n, E-02660 Caudete (Albacete), T: (0034096) 5 82 77 77, 5 82 72 47 (privé), Fax: (0034096) 5 82 62 69)
Verbandszeitschrift: frigoriscope
Redaktion: Generalsekretariat Transfrigoroute International, Bern
Verlag: Monsieur Bernard Giroud, TL, Les Rappes, CH-1921 Martigny, T: (0041-27) 722 34 34, Fax: (0041-27) 7 22 94 93
Mitglieder: rund 1700 Mitglieder weltweit

Aktive Mitglieder

Österreich

iz m 75

Transfrigoroute Österreich
Wiedner Hauptstr. 68, A-1040 Wien
T: (00431) 5 85 68 40 **Fax:** 5 85 68 22
Präsident(in): Komm. Rat Anton Müller (Müller Transporte GmbH, Palmerstr. 10, A-2351 Wiener Neudorf, T: (00432236) 6 45 10, Telefax: (00432236) 6 33 60)
Geschäftsführer(in): Mag. Rudolf Christian Bauer

Belgien

iz m 76

Transfrigoroute Belgique
c/o FEBETRA
Stapelhuisstraat 5A, B-1020 Brussel
Rue de l'Entrepôt 5 A, B-1020 Bruxelles
T: (00322) 4 25 68 00 **Fax:** 4 25 05 68
Internet: http://www.febetra.be
E-Mail: febetra@febetra.be
Président: M. Carlos Leenknecht (c/o TRANSFRIGOROUTE BELGIQUE)
Directeur: Philippe Degraef

Bulgarien

iz m 77

Transfrigoroute Bulgaria
c/o AEBTRI- Association des Entreprises de Transports Internationaux et des Routes
rue Iskarski Prolom 6, BG-1680 Sofia
T: (003592) 9 58 16 28, 9 58 14 75, 9 58 14 13
Fax: 9 58 12 59, 9 58 10 91
Directeur: Vassil Gueorguiev
Secretaire: Mariana Aplakova

Schweiz

iz m 78

Transfrigoroute Schweiz
c/o ASTAG
Weissenbühlweg 3, CH-3007 Bern
T: (004131) 3 70 85 85 **Fax:** 3 70 85 88
Internet: http://www.astag.ch
E-Mail: astag@astag.ch
Präsident(in): Rolf Thalmann (Thalmann Transporte AG, Sulgerstrasse 45, CH-9220 Bischofszell, T: (004171)4 24 24 60, Fax: (004171) 4 22 44 59)
Sekretär: Hanspeter Tanner

Zypern

iz m 79

Transfrigoroute Cyprus
c/o T.D.A. Transport Development Association Ltd.
Postf. 5390, CY-Nicosia
60, Tricoupi Street, CY-Nicosia
T: (003572) 75 57 96, 75 44 45 **Fax:** 76 85 60
E-Mail: tdacyiru@spidernet.com.cy
President: Andreas Papadopoulos (Arch. Michael 34, Katolakatamia, CY-Nicosia, T: (003572) 38 88 15, Telefax: (003572) 76 85 60)
Director: Stelios Savvides

Tschechische Republik

iz m 80

Transfrigoroute Czech Republic
c/o CESMAD Bohemia
Nad sokolovnou 117/1, CZ-14700 Praha 4-Podolí
T: (004202) 61 21 52 60 **Fax:** 61 21 52 70, 61 21 51 71
Präsident(in): Jan Vlnas (c/o CSAD Jihotrams, Pekárenská 77, CZ-37021 České Bude_7jovice, T: (038) 7 72 02 07, Fax: (038)7 72 02 01)
Secretary: Jana Fárová (T: (00422) 61 21 52 64)

Deutschland

iz m 81

Transfrigoroute Deutschland (TD) e.V.
Postf. 93 02 60, 60457 Frankfurt
Breitenbachstr. 1, 60487 Frankfurt
T: (069) 79 19-368 **Fax:** 79 19-328 Bürozeiten: 09.00-15.30
Vorstandsvorsitzende(r): Walter-Dietrich Hautz (W. Herrmann & Co. GmbH, Moorfleeter Str. 42, 22113 Hamburg, T: (040) 7 33 67-1 00, Telefax: (040) 7 33 67-1 29)
Geschäftsführer(in): Dipl.-Ing. Manfred Walter
Assistentin: Sylva Prohl (T: (069) 79 19-3 67)

Dänemark

iz m 82

Transfrigoroute Denmark
c/o ITD (International Transport Danmark)
Omfartsvejen 1, DK-6330 Padborg
T: (004574) 67 12 33 **Fax:** 67 43 17
Internet: http://www.idt.dk
E-Mail: idt@idt.dk
Präsident(in): Egon Sørensen
Director: Jens I. Petersen
Secretary: Lars Nielsen

Spanien

iz m 83

Transfrigoroute España
Lopez de Hoyos, 322 2ª planta, E-28043 Madrid
T: (003491) 7 44 47 42, 7 44 47 43 **Fax:** 4 15 29 56
E-Mail: astic@cetm.es
President: Manuel de la Concepcion Mulet (Transportes Internacionales El Marqueset S.A., Avda Carlos Gomis, 4, E-46740 Carcagente (Valencia), T: (00346) 2 46 71 80, Telefax: (00346) 2 46 13 23)
Director: Carlos Pascual Quirós
Secretary: Anabel Córcoles Cubero

Frankreich

iz m 84

Transfrigoroute France
18, rue de la Pépinière, F-75008 Paris
T: (00331) 53 04 33 40 **Fax:** 53 04 33 42
Président: Jean-Charles Fromage (T.F.E. Région Rhône-Alpes, 81, Chemin de la Mouche, B.P.N° 54, F-69564 Saint Genis Laval Cédex, T: (00334) 72 39 71 00, Telefax: (00334) 78 50 78 92)
Secrétaire Général: Joseph Busnel
Assistante: Michelle Masson

Finnland

iz m 85

Transfrigoroute Suomi-Finland ry.
Postf. 38, FIN-00401 Helsinki
Nuijamiestentie 7, FIN-00400 Helsinki
T: (003589) 47 89 99, 4 78 94 89 **Fax:** 58 81 491
President: Christer Eklund (Kuljetus Oy Eklund, Akkutie 20, FIN-00770 Helsinki, T: (003589) 38 94 366, Fax: 38 94 387)
Secretary: Siv Relander-Heinonen

Großbritannien

iz m 86

Transfrigoroute U.K. Ltd.
5 The Mail Ealing, GB-London W5 2PJ
T: (044208) 5 79 80 08 **Fax:** 5 67 82 60
E-Mail: m1mkting@aol.com
President: Tim Wilkins (Blakes Chilled Distribution Ltd. Unit 56, Washford Industrial Estate, Hemming Road, Redditch, Worcs B98 OEA, T: (01527) 51 24 27, Fax: (01527) 51 24 02)
Secretary: Liam Olliff
Assistant: Jane Brown

Griechenland

iz m 87

Transfrigoroute Hellas
c/o OFAE
351 Odos Patission, GR-11141 Athenes
T: (00301) 2 01 97 60-62 **Fax:** 2 28 43 68
President: Panagiotis Nikolaras (c/o Transfrigoroute Hellas, 1. Patission 351, 11141 Athens, Greece, T: (00301) 2 01 97 60-62, Telefax: (00301) 2 28 43 68)
Secretary General: Vassilios Papadakis
Secretary: Chrissi Giannelou

Ungarn

iz m 88

Transfrigoroute Hungary
Egressy út 77, H-1149 Budapest
T: (00361) 252-0688 **Fax:** 363-5226
E-Mail: papolczy@mail.mkfe.hu
President: István Badacsonyi
Secretary: Dr. Peter Papolczy

Kroatien

iz m 89

Transfrigoroute Croatia
c/o TRANSPORTKOMERC
Croatian Road Transport Association
Marticeva 8/1, HR-10000 Zagreb
T: (003851) 46 15-715, 46 14-959, -969, -971 **Fax:** 46 15-105
E-Mail: transportkomerc-giu@zg.tel.hr
President: Tomislav Ivanek
Secretary General: Zeljko Devcic

Italien

iz m 90

Transfrigoroute Italia
Via Alessandro Manzoni 16c, I-47023 Cesena
T: (00390547) 2 77 23 **Fax:** 2 82 97 Office hours: 08.30-12.30
E-Mail: transfrigoroute@tin.it
President: rag. Luciano Marani (Marani Trasporti s.p.a., Via Assano, 1351, I-47023 Cesena (Fo), T: (0039547) 30 25 33, Telefax: (0039547) 30 41 15)
Vice-Président: Giorgio Frigo
Director: Mario Mannino
Secretary: Giovanna Mannino

Luxemburg

iz m 91

Transfrigoroute Luxembourg
c/o Confédération du Commerce Luxembourgeois
Postf. 482, L-2014 Luxembourg
Rue Alcide de Gasperi 7, L-2014 Luxembourg
T: (00352) 43 94 44 **Fax:** 43 94 50
Secrétaire: Thierry Nothum

Marokko

iz m 92

Transfrigoroute Maroc
c/o ONT (Office national des transports)
Rue Al Fadila, Quartier industriel, MA-Rabat
T: (002127) 79 78 42 à 48 **Fax:** 79 78 50
E-Mail: ont-tir@mail.winner.net.ma
Président: Ahmed El Yousfi (c/o TRANSFRIGOROUTE MAROC)

Mazedonien

iz m 93

Transfrigoroute Macedonia
c/o "TRANSKOP" Bitola DOO PO
ul. Ivo Lola Ribar, b.b.P.fah 25, MK-97000 Bitola
T: (0038997) 31-960, 36-371 **Fax:** 31-960
Director General: dipl. traffic eng. Naum Simjanovski

Norwegen

iz m 94

Transfrigoroute Norge
c/o Norwegian Hauliers Association (NLF)
Postf. 4658, N-0506 Oslo
Thorvald Meyers gate 72, N-0506 Oslo
T: (004722) 03 32 00 **Fax:** 20 56 15
E-Mail: jan.ml@ah.telia.no
President: Jan B. Mejlaender-Larsen

Niederlande

iz m 95

Transfrigoroute Holland
Postf. 19365, NL-2500 CJ Den Haag
Spui 188, NL-2511 BW Den Haag
T: (003170) 3 75 17 14 **Fax:** 3 75 17 18
President: J.G.M. de Rijk (c/o Jan de Rijk Logistics, Leemstraat 15, Postbus 1086, NL-4700 BB Roosendaal, T: (0031) 1 65 57 25 72, Telefax: (0031) 1 65 57 25 75)
Secretary: Dr. Rob Enthoven
Deputy Secretaries: Cateleine Wijsen
H. E. Runia
Contact.: Anneke Janzen-Verhoek
Adviser: Fred Reijnders

Portugal

iz m 96

Transfrigoroute Portugal
c/o ANTRAM - Associação Nacional de Transportadores Públicos Rodoviários de Mercadorias
Postf. 1102-1003, P-1003 Lissabon Codex
Rua Dr. António Cândido 8-2°, P-1003 Lissabon Codex
T: (003511) 3 52 38 33, 3 52 38 34, 3 52 38 35, 3 52 38 49
Fax: 3 15 50 49 Office hours: 09.00-13.00/14.00-18.00
President: Osvaldo Pereira da Costa (c/o TRANSFRIGOROUTE PORTUGAL)
Director: Hilário Reis Duarte
Secretary: Carlos Cazenave

Polen

iz m 97

Transfrigoroute Poland
c/o Pekaes S.A.
Postf. 425, PL-00-950 Warszawa
ul. Siedmiogrodzka 1/3, PL-00-950 Warszawa
T: (004822) 6 32 22 51 **Fax:** 6 32 10 92
Internet: http://www.pekaes.com.pl
President: Albert Borowski
Managing Director: Piotr W. Krawiecki
Secretary: J. Zuber

Rumänien

iz m 98

Uniunea Nationala "Transfrigoroute" Romania
Soseaua Borsului Nr. 53, R-3700 Oradea
T: (004059) 31 60 75 **Fax:** 43 74 64
President: Ing. Florian Mihut
Contact: Victor Petrut (Secretary)

Slowenien

iz m 99

Transfrigoroute Slovenia
c/o Giz Intertransport p.o.
Tivolska 50, SLO-1000 Ljubljana
T: (0038661) 3 13-931 **Fax:** 3 18-967
E-Mail: giz@intertransport.si
President: Ivan Jeleric
Director: Ing. Milan Svetek (c/o TRANSFRIGOROUTE SLOVENIA)
Secretary: Lucka Medvesek

Slowakische Republik

iz m 100

Transfrigoroute Slovakia
c/o CESMAD Slovakia
Levická 1, SK-82640 Bratislava
T: (004217) 55 41 04 18 **Fax:** 55 41 04 56
President: Pavol Hudák
Director: Ing. Robert Domcek
Secretary: Radoslava Lukáčová

Korrespondenz-Mitglieder

Überseemitglieder

Brasilien

iz m 101

Rodoviário Michelon Ltda (TRANSFRIGOROUTE BRASIL)
Rua Carlos José Michelon, 293, BR-São Paulo - SP Brasil, CEP. 02166-010
T: (005511) 69 54-5111 **Fax:** 69 54-4628
Gründung: 1966
Responsable: Ladair Pedro Michelon (Director)
Marta Prado (Secretary)

Saudi Arabien

iz m 102

Saudi Land Transport Co. (MUBARRAD)
Postf. 7939, SA-11472 Riyadh
T: (009661) 4 77 50 64, 4 79 41 13 **Fax:** 4 79 25 86
Generalbevollmächtigter: Yousef Bakhsh

Korrespondenten

Argentinien

iz m 103

CATAC - Confederatión Argentina del Transporte Automotor de Cargas
Avenida Montes de Oca 2153/5, RA-1271 Buenos Aires
T: (00541) 3 01-2608 **Fax:** 3 01-1830
Gründung: 1954
Presidente: Ruben H. Agugliaro
Secretario Gral: Nestor Pardiñas
Secretario de prensa y propaganda: Modesto Méndez

Chile

iz m 104

Associación Gremial de Dueños Fleteros del Transporte Interurbano e Internacional de Chile (ATI)
Erasmo Escala 2346-2440, CL-Santiago de Chile
T: (00562) 9 02 15

USA

iz m 105

American Trucking Associations Inc. (ATA)
Mill Road 2200, USA-Alexandria VA 22314
T: (001703) 8 38-1996 **Fax:** 5 49-9570
Vice-President: Linda B. Darr (Office of International Affairs)

iz m 106

Hall's Fast Motor Freight, Inc.
Postf. 378, USA-South Plainfield, NJ 07080
501 Kentile Road, USA-South Plainfield, NJ 07080
T: (009087) 7 56-6242 **Fax:** 7 57-2667
President: William E. Jayne (III)

• IZ M 107

Verband der Möbelspediteure des Gemeinsamen Marktes (FEDEMAC)
Association of Furniture Transporters of the Common Market
Fédération des Déménageurs du Marché Commun
Schulstr. 53, 65795 Hattersheim
T: (06190) 98 98-11 **Fax:** 98 98-20
Präsident(in): Johan Wiersma
Stefan Ebeling
Verbandszeitschrift: FEDEMAC review

Mitgliedsorganisationen

Belgien

iz m 108

Chambre Belge des Entrepreneurs de Déménagements
Picardstraat 69 bus 4, B-1080 Brüssel
T: (00322) 428 63 45 **Fax:** 428 63 49
Kontaktperson: H. Bessemans

Dänemark

iz m 109

Dansk Möbeltransport Forening
Alhambravej 18, DK-1826 Frederiksberg C
T: (0045) 33 21 24 14 **Fax:** 33 23 01 05
Kontaktperson: Niels Justesen

Deutschland

iz m 110

Bundesverband Möbelspedition (AMÖ) e.V.
Schulstr. 53, 65795 Hattersheim
T: (06190) 98 98-13 **Fax:** 98 98 20
Kontaktperson: Wolfgang Kownatka

Frankreich

iz m 111

Chambre Syndicale du Déménagement
Avenue Jean Lolive 73-83, F-93100 Montreuil-sous-Bois Cedex
T: (00331) 49 88 61 40 **Fax:** 49 88 61 46
Kontaktperson: J. N. Canioni

Großbritannien

iz m 112

British Association of Removers
Churchill Court 3 Station Road 58, GB-North Harrow HA2 7SA
T: (0044208) 8 61 33 31 **Fax:** 8 61 33 32
Kontaktperson: Robert Syers

Irland

iz m 113

NAOMI
c/o Oman Overseas Movers
Merchants Yard
East Wall Road, IRL-Dublin 1
T: (003531) 836 5611 **Fax:** 836 6290
E-Mail: denis@oman.ie
Kontaktperson: D. Caulfield

Niederlande

iz m 114

SAVAM
c/o Transport Logistic Nederland
Postbus 3008, NL-2700 KS Zoetermeer
T: (003179) 36 36 211 **Fax:** 36 36 269
Kontaktperson: H. Kramer

Norwegen

iz m 115

Norges Forbund for Internasjonale Mobeltransporter
Postf. 5 50, N-1301 Sandvika
Eyvind Lyches Vei 21c, N-1301 Sandvika
T: (004767) 16 16 67 **Fax:** 16 16 68
Präsident(in): R. Lie

Österreich

iz m 116

Österreichischer Möbeltransportverband
Postf. 5 79, A-1011 Wien
Franz-Josef-Kai 5/2/11, A-1010 Wien
T: (00431) 5 12 35 38 **Fax:** 5 13 14 15
Präsident(in): Ernst Hillebrand

Portugal

iz m 117

L Rettenmayer Transitarios Lda
Centro Empresarial Sintra/Estoril
Fraccáo Q
Estrada de Albarraque Linho, P-2710 Sintra
T: (00351) 19 24 01 79 **Fax:** 19 24 01 70
Kontaktperson: T. Segundo

Schweden

iz m 118

Swedish Movers Federation
Jämtlandsgatan 125, S-16260 Vällingby
T: (00468) 87 85 10 **Fax:** 687 44 90
Kontaktperson: Gunnar Gudmundsson

Schweiz

iz m 119

ASTAG - G P des Déménageurs
Weißenbühlweg 3, CH-3007 Bern
T: (004131) 37 08 530 **Fax:** 37 08 589
Kontaktperson: Lorenz Thierstein

Spanien

iz m 120

Federacion Espanola de Empresas de Mudanzas
Lopez de Hoyos 322, E-28043 Madrid
T: (003491) 7 44 47 00 **Fax:** 4 15 54 58
Kontaktperson: J. Perez Villar

• IZ M 121

Internationale Straßentransportunion (IRU)
International Road Transport Union (I.R.U.)
Union Internationale des Transports Routiers
Centre International
3, rue de Varembé, CH-1202 Genève
T: (004122) 9 18 27 00 **Fax:** 9 18 27 41
Internet: http://www.iru.org
E-Mail: IRU@iru.org
Gründung: 1948 (23. März)
Präsident(in): David C. Green (GB)
Generalsekretär(in): Martin Marmy
Mitglieder: 156 nationale Verbände in 66 Ländern
Mitarbeiter: 125

• IZ M 122

Internationale Verkehrssicherheitsorganisation (PRI)
International Road Safety Organisation
La Prévention Routière Internationale
Estrada da Luz, 90 - 1° Andar, P-1600-160 Lissabon
T: (0035121) 3 51 37 40 **Fax:** 3 58 28 71
Internet: http://www.lapri.org
E-Mail: info@lapri.org, trigoso@mail.eunet.pt
Gründung: 1959
Vize-Präsidenten: J.-M. Trigoso
Vize-Präsidenten: Dr. Joop Goos
Verbandszeitschrift: Revue PRI
Mitglieder: 55 Mitglieder, 23 Assoziierte Mitglieder, 3 Individuale Mitglieder
Mitarbeiter: 1,5
Jahresetat: DM 0,9 Mio, € 0,46 Mio

• IZ M 123

Internationaler Straßenverband (IRF)
International Road Federation
Fédération Routière Internationale
Secretariat:
2 chemin de Blandonnet, CH-1214 Vernier
T: (004122) 3 06 02 60 **Fax:** 3 06 02 70
Internet: http://www.irfnet.org
E-Mail: info@irfnet.org
Gründung: 1948
Director General: W. Westerhuis (42, Chemin du Vieux-Bureau, CH-1217 Meyrin, T: (004122) 7 82 96 45)
Chairman: Ton Begemann (The Netherlands, Senior Vice-President, Philips Lighting B.V., Mathildelaan 1, Building EEA-2, PO Box 80020, NL-5600 JM Eindhoven, T: (003140) 2 75 67 16, Telefax: (003140) 2 75 52 57, E-Mail: ton.begemann@ehv.lighting.philips.com)
First Vice Chairman: Prof. Dr.-Ing. Hans-Josef Kayser (Germany, President, Deutsche Straßenliga Vereinigung zur Förderung des Straßen- und Verkehrswesens e.V., Herderstr. 56, D-53173 Bonn, T: (0228) 95 67 30, Telefax: (0228) 9 56 73 20)
Second Vice Chairman: Alistair W. Gilmour (United Kingdom, Head - Bitumen Marketing, Shell International Petroleum Company, OBMB, Shell Centre, London SE1 7NA, T: (0044171) 9 34 62 23, Telefax: (0044171) 9 34 67 57, E-Mail: alistair.a.gilmour@orc.simis.com)
Third Vice Chairman: Michael A. R. Bernhard (Switzerland, Traffic Safety Consultant TCM, 3M Europe SA, 3 chemin de Carvalho, CH-1009 Pully, T: (004121) 7 28 49 01, Telefax: (004121) 7 28 49 02)
Fourth Vice Chairman: Samir Allam (Egypt, Hassan Allam Sons, Yehia Zakaria Street, Industrial Zone, behind Sheraton Heliopolis, PO Box 1620, Cairo, T: (00202) 2 66 69 21, Telefax: (00202) 2 66 69 20)
Treasurer: Manfred Swarovski (Austria, Chairman, Swarco Holding GmbH, Blattenwaldweg 8, A-6112 Wattens, T: (00435224) 5 87 70, Telefax: (00435224) 5 60 70, E-Mail: 72130.451@compuserve.com, Internet: http://www.swarco.com)
Verbandszeitschrift: World Highways/Routes du Monde (8x pro Jahr)

iz m 124

International Road Federation
1010 Massachusetts Avenue, Suite 410, USA-Washington D.C. 20001
T: (001202) 3 71 55 44 **Fax:** 3 71 55 65
Chairman: Gary L. Godbersen
Director General: Gerald P. Shea
Deputy Director General: Wayne McDaniel
Director of Programs: Amy S. Englehart

• IZ M 125

Straßen Weltorganisation (AIPCR/PIARC)
World Road Association
Association mondiale de la Route
La Grande Arche
Paroi Nord, F-92055 La Defense cedex
T: (00331) 47 96 81 21 **Fax:** 49 00 02 02
Internet: http://www.piarc.org
E-Mail: piarc@wanadoo.fr
Gründung: 1909
Président: Hiroshi Mitani
Secrétaire Général: Jean-François Coste
Direction du service de presse: Patrice Retour
Verbandszeitschrift: Routes/Roads
Verlag: AIPCR/PIARC
Mitglieder: 2000
Mitarbeiter: 5

• IZ M 126

Verbindungsausschüsse der I.R.U. bei der EU (I.R.U.)
IRU Delegation to the EU
Délégation de l'I.R.U. auprès de l'Union Européenne
Avenue de Tervuren 32-34, b.37, B-1040 Brüssel
T: (00322) 7 43 25 80 **Fax:** 7 43 25 99
Internet: http://www.iru.org.
E-Mail: brussels@iru.org
Délégué Général Délégation de l'IRU à Bruxelles: Head of the IRU Delegation to the EU Maarten G. Labberton
Comité du Transport Professionnel Routier de Personnes Präsident: F. Pacifico (Direktor ANAC (I))
Head-Passenger Transport, IRU Delegation to the EU: Marc Billiet
Comité du Transport Professionnel Routier de Marchandises Präsident(in): K.J. Noordzy (Director TLN (NL))
Head-Goods Transport, IRU Delegation to the EU: Dr. W. Röckmann
Comité du Transport Routier pour Compte Propre Präsident(in): Didier Leandri (Direktor Landverkehr AUTF (F))
Head-Own Account Transport, IRU Delegation to the EU: W. Smolders

Mitgliedsorganisation

Österreich

iz m 127

Arbeitsgemeinschaft Internationaler Straßenverkehrsunternehmer Österreichs (AISÖ)
Postf. 175, A-1045 Wien
Wiedner Hauptstr. 68, A-1040 Wien
T: (00431) 5 85 68 40 **Fax:** 5 85 68 22
Internet: http://www.wk.or.at/fvgueter
E-Mail: office@dietransporteur.at

Belgien

iz m 128

Fédération Belge des Exploitants d'Autobus et d'Autocars (FBAA)
Dobbelenberg
avenue de la Métrologie 8 C.P., B-1130 Brüssel
T: (00322) 2 45 35 70 **Fax:** 2 45 20 50
Internet: http://www.fbaa.be
E-Mail: info@fbaa.be

iz m 129

Fédération Belge des Transporteurs (FEBETRA)
Rue de l'Entrepôt 5a, B-1020 Brüssel
T: (00322) 425 68 00 **Fax:** 425 05 68
Internet: http://www.febetra.be
E-Mail: febetra@febetra.be
Président: Alfred Evers
Directeur: Philippe Degraef

Deutschland

iz m 130

Bundesverband Deutscher Omnibusunternehmer (bdo) e.V.
Coburger Str. 1c, 53113 Bonn
T: (0228) 23 80 78 **Fax:** 23 39 22
Internet: http://www.bdo.org
E-Mail: omnibus@t-online.de

iz m 131

Bundesverband Güterkraftverkehr Logistik und Entsorgung (BGL) e.V.
Postf. 93 02 60, 60457 Frankfurt
Breitenbachstr. 1, 60487 Frankfurt
T: (069) 79 19-205 **Fax:** 79 19-265
Internet: http://www.bgl-ev.de
E-Mail: bglffm@aol.com

iz m 132

Arbeitsgemeinschaft zur Förderung und Entwicklung des internationalen Straßenverkehrs e.V. (AIST)
Selma-Lagerlöf-Str. 7, 13189 Berlin
T: (030) 9 25 34 02 **Fax:** 9 25 20 08
Internet: http://www.aist-ev.com
E-Mail: berlin@aist-ev.com

iz m 133

Bundesverband Werkverkehr und Verlader e.V. (BWV)
Postf. 16 01 08, 53060 Bonn
Lengsdorfer Hauptstr. 73, 53127 Bonn
T: (0228) 9 25 35-0 **Fax:** 9 25 35-45
Internet: http://www.bwv.de
E-Mail: bwv-bonn@t-online.de

Dänemark

iz m 134

Danske Busvognmænd (DB)
Danish Bus and Coach Owners'Association
Carit Etlars Vej 3, DK-1814 Frederiksberg C
T: (0045) 70 22 70 99 **Fax:** 70 22 10 99
Internet: http://www.db-dk.dk
E-Mail: db@db-dk.dk

iz m 135

DTL Danish Transport and Logistics Association
Gammeltorv 18 Vognmaendenes Hus, DK-1457 Copenhagen
T: (0045) 33 13 88 00 **Fax:** 33 32 57 02
Internet: http://www.dtl.dk
E-Mail: dv@dv-danke-vognmaend.dk

iz m 136

I.T.D. International Transport Denmark
Omfartsvejen 1, DK-6330 Padborg
T: (0045) 74 67 12 33 **Fax:** 74 67 43 17
Internet: http://www.itd.dk
E-Mail: fde@fde.dk

Spanien

iz m 137

Asociación del Transporte Internacional por Carretera (ASTIC)
Lopez de Hoyos, 322-2 planta, E-28043 Madrid
T: (00341) 7 44 47 42 **Fax:** 4 15 29 56
E-Mail: astic@facilnet.es

Frankreich

iz m 138

Association Française des Transporteurs Routiars Internationaux (AFTRI)
Rue de la Bienfaisance 48, F-75008 Paris
T: (00331) 53 53 02 40 **Fax:** 53 76 13 03
Internet: http://www.aftri.com
E-Mail: aftri@wanadoo.fr

iz m 139

Fédération Nationale des Transports de Voyageurs (FNTV)
106, rue d'Amsterdam, F-75009 Paris
T: (00331) 40 82 62 72 **Fax:** 40 82 62 73

iz m 140

Syndicat National des Entreprises de Tourisme (SNET)
Rue d'Amsterdam 106, F-75009 Paris
T: (00331) 53 25 13 45 **Fax:** 53 25 13 40

iz m 141

Fédération Nationale des Transports Routiers (FNTR)
Rue Ampère 6, F-75017 Paris
T: (00331) 44 29 04 29 **Fax:** 44 29 04 01
Internet: http://www.fntr.fr
E-Mail: fntr@fntr.fr

iz m 142

Association des Utilisateurs de Transport de Frêt (AUTF)
91, rue du Faubourg Saint Honoré, F-75008 Paris
T: (00331) 42 68 34 80 **Fax:** 40 06 94 40
E-Mail: autf@wanadoo.fr

Großbritannien

iz m 143

Confederation of Passenger Transport UK (CPT)
Imperial House, 15-19 Kingsway, GB-London WC2B 6UN
T: (0044207) 2 40 31 31 **Fax:** 2 40 65 65

iz m 144

Road Haulage Association Ltd. (RHA)
Monument Hill 35, Roadway House, GB-Weybridge, Surrey KT13 8RN
T: (00441932) 84 15 15 **Fax:** 85 45 26
Internet: http://www.rha.net
E-Mail: rhantl@dial.pipex.com

iz m 145

Freight Transport Association Ltd. (FTA)
St. John's Road Hermes House, GB-Tunbridge Wells, Kent TN4 9UZ
T: (00441892) 52 61 71 **Fax:** 53 49 89
E-Mail: jwykes@fta.co.uk

Griechenland

iz m 146

Fédération Hellénique des Transports Routiers Internationaux (OFAE)
351, rue Patission, GR-11144 Athenes
T: (00301) 201 97 60/61 **Fax:** 228 43 68

Irland

iz m 147

Irish Road Haulage Association (IRHA)
ICG Building Unit 12
Lower Leeson Street 40, IRL-Dublin 2
T: (003531) 6 61 85 49 **Fax:** 6 62 03 82
E-Mail: irha@indigo.ie

Italien

iz m 148

Associazione Nazionale Autoservizi in Concessione (ANAC)
Piazza dell'Esquilino 29, I-00185 Rom
T: (003906) 4 82 05 31 **Fax:** 4 82 12 04
E-Mail: anacmail@tin.it

iz m 149

Federazione Autotrasportatori Italiani (FAI)
Viale Bacchiglione 16, I-20139 Mailand
T: (003902) 5 39 35 39 **Fax:** 5 39 73 81

Luxemburg

iz m 150

Fédération Luxembourgeoise des Exploitants d'Autobus et d'Autocars (FLEAA)
Postf. 4 82, L-2014 Luxemburg
7 rue Alcide de Gasperi, L-1615 Luxemburg
T: (00352) 43 94 44 **Fax:** 43 94 50

iz m 151

Conféd. du Commerce Luxembourgeois Asbl Groupement des Entrepreneurs de Transport (CCL)
Postf. 4 82, L-2014 Luxemburg
7 rue Alcide de Gasperi, L-1615 Luxemburg
T: (00352) 43 94 44 **Fax:** 43 94 50

Niederlande

iz m 152

Koninklijk Nederlands Vervoer (KNV)
Postf. 1 93 65, NL-2500 CJ Den Haag
Spui 188, NL-2511 BW Den Haag
T: (003170) 375 17 51 **Fax:** 345 58 53
Internet: http://www.knv.nl
E-Mail: postbus@knv.nl

iz m 153

Stichting Nederlandse Nationale en Internationale Wegvervoer Organisatie (NIWO)
Postf. 30 04, NL-2280 Rijswijk Z.H.
Veraartlaan 10, NL-2280 MB Rijswijk Z.H.
T: (003170) 399 20 11 **Fax:** 390 94 19
E-Mail: v.soeur@niwo.nl

iz m 154

Transport en Logistiek Nederland (TLN)
Postf. 30 08, NL-2700 KS Zoetermeer
Plein van de Verenigde Naties 15, NL-2719 EG Zoetermeer
T: (003179) 363 61 11 **Fax:** 363 62 00
Internet: http://www.tln.nl
E-Mail: tln@wirehub.nl

iz m 155

Algemene Verladers- en Eigenvervoer Organisatie (EVO)
Postf. 3 50, NL-2700 AJ Zoetermeer
Kadelaan 6, wijk 25, NL-2700 AJ Zoetermeer
T: (003179) 346 73 46 **Fax:** 346 78 00
Internet: http://www.evo.nl
E-Mail: evodic@euronet.nl

Portugal

iz m 156

Associaçao Nacional de Transportadores Rodoviários de Pesados de Passageiros (ANTROP)
Rua do Campo Alegre 17-2°, Sala 5, P-4100 Porto
T: (003512) 6 00 21 04 **Fax:** 6 09 70 81

iz m 157

Associaçao Nacional de Transportadores Públicos Rodoviários de Mercadorias (ANTRAM)
Rua Dr. António Cândido 8, 2°, P-1003 Lissabon
T: (003511) 352 38 33 **Fax:** 315 50 49
Internet: http://www.antram.pt
E-Mail: antram@mail.telepac.pt

Schweden

iz m 158

Svenska Bussbranschens Riksförbund (BR)
Postf. 17548, S-11891 Stockholm
Swedenborgsgatan 2, S-11891 Stockholm
T: (00468) 462 06 50 **Fax:** 462 97 50
Internet: http://www.bussbranschen.se
E-Mail: bussbranschen@swipnet.se

iz m 159

Svenska Akeriförbundet (SA)
Postf. 5 04, S-18215 Danderyd
Vendevägen 90, S-18215 Danderyd
T: (00468) 753 54 00 **Fax:** 755 60 01
Internet: http://www.akeri.se
E-Mail: forbund@akeri.se

Finnland

iz m 160

Linja Autoliitto r.y. (LA)
Lauttasaarentie 8, FIN-00200 Helsinki
T: (003589) 6 92 20 88 **Fax:** 6 92 20 82
Internet: http://www.linja-autoliitto.fi

iz m 161

Suomen Kuorma-Autoliitto r.y. (SKAL)
Postf. 38, FIN-00401 Helsinki
Nuijamiestentie 7, FIN-00400 Helsinki
T: (003589) 47 89 99 **Fax:** 587 85 20
Internet: http://www.skal.fi

Schiffahrt

• IZ M 162

Europäische Gemeinschaft Verband der Schiffseigner (ECSA)
European Community Shipowners' Associations
Rue Ducale 45, B-1000 Bruxelles
T: (00322) 5 11 39 40 **Fax:** 5 11 80 92
E-Mail: mail@ecsa.be
Gründung: 1965
President: Knud Pontoppidan
Vice-President: Alfredo Pardo
Paolo Clerici
Secretary General: Alfons Guinier
Mitglieder: 17
Mitarbeiter: 6

Mitgliedsorganisationen

Österreich

iz m 163

Austrian Shipowners' Association
Kolimgasse 12, A-1090 Wien
T: (00431) 3 17 42 83-0 **Fax:** 3 17 41 54

Belgien

iz m 164

Union des Armateurs Belges
Brouwersvliet 33 Bus 9, B-2000 Antwerpen
T: (00323) 2 32 72 32, 2 32 10 52 **Fax:** 2 31 39 97
E-Mail: belgische.redersvereniging@brv.be

Dänemark

iz m 165

DANMARKS REDERIFORENING
Amaliegade 33, DK-1256 Copenhagen K
T: (004533) 11 40 88 **Fax:** 11 62 10

Frankreich

iz m 166

Comité Central des Armateurs de France
47, Rue de Monceau, F-75008 Paris
T: (003301) 53 89 52 52 **Fax:** 53 89 52 35

Deutschland

iz m 167

Verband Deutscher Reeder e.V. (VDR)
Esplanade 6, 20354 Hamburg
T: (040) 35 09 70 **Fax:** 35 09 72 11
Internet: http://www.reederverband.de
E-Mail: vdr@reederverband.de

Griechenland

iz m 168

UNION OF GREEK SHIPOWNERS
Akti Miaouli 85, GR-18538 Piraeus
T: (00301) 4 29 11 59 **Fax:** 4 29 11 66

Irland

iz m 169

IRISH CHAMBER OF SHIPPING
5 Clanwilliam Square, Grand Canal Quay, IRL-Dublin 2
T: (003531) 6 61 82 11 **Fax:** 6 61 82 70

Italien

iz m 170

CONFEDERAZIONE ITALIANA ARMATORI
Piazza S.S. Apostoli 66, I-00187 Rome
T: (003910) 6 99 12 61 **Fax:** 6 78 94 73

iz m 1 70.10

Fedarlinea
Via Nationale, 54, I-00184 Rom

Niederlande

iz m 173

Koninklijke Vereniging van Nederlandse Reders
Wijnhaven 65b, NL-3011 WJ Rotterdam
T: (003110) 4 14 60 01 **Fax:** 2 33 00 81

Luxemburg

iz m 172

Union des Armateurs Luxembourgois
rue Jan Englung 2, L-1466 Luxemburg
T: (00352) 42 25 13 **Fax:** 42 25 11

Spanien

iz m 174

ASSOCIACION DE NAVIEROS ESPANOLES
Dr. Fleming, 11-1°D, E-28016 Madrid
T: (003491) 4 58 00 40 **Fax:** 4 58 60 87

Großbritannien

iz m 175

THE CHAMBER OF SHIPPING
Carthusian Court
12n Carthusian Street, GB-London EC1M 6EB
T: (0044207) 4 17 84 00 **Fax:** 6 26 81 35

Finnland

iz m 176

Finnish Shipowners' Association
Postf. 1 55, FIN-00161 Helsinki 16
Satame Street 4, FIN-00161 Helsinki 16
T: (003589) 622 67 30 **Fax:** 66 92 51

iz m 177

Älands Redarförening r.f.
Hamngatan 8, FIN-22100 Mariehamn
T: (0035818) 1 34 30 **Fax:** 2 25 20

Norwegen

iz m 178

NORWEGIAN SHIPOWNERS' ASSOCIATION
Rädhusgaten 25, N-0116 Oslo 1
T: (004722) 22 40 15 00 **Fax:** 22 41 50 21

Schweden

iz m 179

SWEDISH SHIPOWNERS' ASSOCIATION
Postf. 3 30, S-40125 Göteborg
Södra Hamngatam 53, S-40125 Göteborg
T: (004631) 62 95 25 **Fax:** 15 23 13

Portugal

iz m 180

Associaçao de Armadores da Marinha de Comercio
Cais de Alcântara
Rocha de Conde D'obidos Edificios Da Gare Maritima 2°
Piso, Sala B, P-1350 Lissabon
T: (003511) 3 93 27 20 **Fax:** 3 93 27 29

• IZ M 181

Europäischer Nassbaggerverband (EuDA)
European Dredging Association
Association Européenne de Dragage
Rue de Praetere 2-4, B-1000 Brüssel
T: (00322) 646 81 83 **Fax:** 646 60 63
Président: J. Allaert
Secrétaire Général: F.J. Mink
Contact: A.C.F. de Meester
Mitglieder: 20
Mitarbeiter: 2

• IZ M 182

Internationale Binnenschiffahrts-Union (UINF)
International Union for Inland Navigation
Union Internationale de la Navigation Fluviale
Sitz: 19, rue de la Presse, B-1000 Bruxelles
Korrespondenz-Anschrift: M. Ruscher
7 quai du Général Koenig, F-67085 Strasbourg Cedex
Gründung: 1954
Korrespondenz-Anschrift M. Ruscher (Sekretär, 7 quai du Général Koenig, F-67085 Strasbourg Cedex, T:(0033) 3 88 36 28 44, Telefax: 3 88 37 04 82)

• IZ M 183

Europäische Fluß-See-Transport Union e.V., Berlin (ERSTU)
European River-Sea-Transport Union
Alt Stralau 55-58, 10245 Berlin
T: (030) 29 37 64 14 **Fax:** 29 37 62 01
Gründung: 1997 (24. Juni)
Präsident(in): Hans-Wilhelm Dünner
Vizepräsident(in): Vadim Berezin
Claus-Peter Brinner
Karel Horyna
Tim F. Ryan
Hannes Schmitt
Dr. Ronald Schrems
Arnold van Thull
Dr. Michael Turek
Generalsekretär(in): Dr. Heinz Rentner
Verbandszeitschrift: Monatsbulletin, quartalsw. Newsletter Bedyss
Redaktion: Sekretariat
Verlag: Eigenverlag
Mitglieder: 60 davon 10 Verbände aus 9 Ländern
Mitarbeiter: 3
Jahresetat: DM 0,15 Mio, € 0,08 Mio

• IZ M 184

Internationale Organisation für die Seeschiffahrt (IMO)
International Maritime Organization (IMO)
Organisation maritime internationale
4 Albert Embankment, GB-London SE1 7SR
T: (0044207) 7 35 76 11 **Fax:** 5 87 32 10
TGR: INTERMAR LONDON SE1
Internet: http://www.imo.org
E-Mail: info@imo.org
Gründung: 1959
Leitung Presseabteilung: Roger Kohn
Verbandszeitschrift: IMO News
Mitglieder: 157
Mitarbeiter: 300

• IZ M 185

Internationaler Reeder-Verband (ISF)
International Shipping Federation
Fédération internationale des armateurs
Carthusian Court
12 Carthusian St., GB-London EC1M 6EB
T: (0044207) 4 17 88 44 **Fax:** 4 17 88 77
Gründung: 1909
Präsident(in): Ian Kelly
Sekretär: David A. Dearsley
Verbandszeitschrift: Directory of International Shipregisters Ship Managers and Manning Agents
Redaktion: One Singer Street London, EC2A 4LQ
Verlag: Lloyd's of London Press (Lloyd's Shipmanager and Shiping News International)
Mitglieder: 30
Mitarbeiter: 5

• IZ M 186

Internationaler Verband für Schiffahrt
International Navigation Association
Association Internationale de Navigation
20, Bld. du Roi Albert II, B-1000 Bruxelles Graaf de Ferraris, 11e étage
T: (00322) 5 53 71 60 **Fax:** 5 53 71 55
Internet: http://www.pianc-aipcn.org
E-Mail: info@pianc-aipcn.org
Gründung: 1885
Président: E. Van Den Eede
Secrétaire Général: L. Van Schel
Verbandszeitschrift: PIANC Bulletin
Mitglieder: rd. 2500, Abteilung Deutschland: 120

iz m 187

Internationaler Verband für Schiffahrt Abteilung Deutschland
c/o Bundesministerium für Verkehr, Bau und Wohnungswesen
- Referat EW 23
53170 Bonn
T: (0228) 3 00-4230 **Fax:** 3 00-1478
E-Mail: ref-ew23@bmvbw.bund.de
Secretary: MinRat Hans-Peter Tzschucke (German Section of PIANC)

• IZ M 188

Internationaler Verband der Navigationsinstitute (IAIN)
International Association of Institutes of Navigation
Royal Institute of Navigation
Prins Hendrikkade 189, NL-1011 TD Amsterdam
Gründung: 1975
Leitung Presseabteilung: David M. Page (1 Oakwood Close, GB-Burgess Hill, West Sussex RH15 0HY, T: (00441444) 23 24 05)
Verbandszeitschrift: IAIN Newsletter
Mitglieder: 16 Mitgliedsinstitutionen weltweit

• IZ M 189

Internationales Seebüro (ICC)
ICC International Maritime Bureau
Maritime House 1 Linton Road, GB-Barking, Essex IG11 8HG
T: (0044208) 5 91 30 00 **Fax:** 5 94 28 33
Internet: http://www.icc-ccs.org
E-Mail: ccs@icc-ccs.org
Director: Pottengal Mukundan

• IZ M 190

Rat der Ostsee und der internationalen Seefahrt (BIMCO)
The Baltic and International Maritime Council
Bagsvaerdvej 161, DK-2880 Bagsvaerd
T: (0045) 44 36 68 00 **Fax:** 44 36 68 68
Internet: http://www.bimco.dk
E-Mail: mailbox@bimco.dk
Gründung: 1905
Président: Philippe Poirier d'Angé d'Orsay (France)
Secrétaire Général: Finn Frandsen
Manager of Publicity Department: Peter Rygaard Andersen
Press Department: Tina Pedersen
Verbandszeitschrift: Bimco Bulletin
Redaktion: BIMCO Publications
Verlag: Bimco, Bagsvaerdvej 161, DK-2880 Bagsvaerd, Denmark
Mitglieder: 2658
Mitarbeiter: 47

• IZ M 191

Vereinigung europäischer privater Hafenumschlagbetriebe (FEPORT)
Federation of European Private Port Operators
Fédération des Opérateurs Portuaires Privés
Avenue Michel Ange 68, B-1000 Brüssel
T: (00322) 7 36 75 52 **Fax:** 7 32 31 49
Gründung: 1993
Président: M. Dietrich
Secrétaire Général: Patrick Verhoeven (Contact)
Mitglieder: 11
Mitarbeiter: 2

Mitgliedsorganisationen

Belgien

iz m 192

Werkgeversbond der Belgische Havens
Brouwersvliet 33, B-2000 Antwerpen

Dänemark

iz m 193

Danish Stevedoring Association
Rosenorns Alle 1, DK-1970 Frederiksberg C

Deutschland

iz m 194

Zentralverband der deutschen Seehafenbetriebe e.V. (ZDS)
Am Sandtorkai 2, 20457 Hamburg
T: (040) 36 62 03/04 **Fax:** 36 63 77
E-Mail: zds_seehaefen@t-online.de

Spanien

iz m 195

Asociación Nacional de Empresas Estibadoras y Consignatarias de Buques
Serrano 76, E-28006 Madrid

Frankreich

iz m 196

Union Nationale des Industries de la Manutention dans les Ports Français
Avenue Marceau 76, F-75008 Paris

Portugal

iz m 197

Associaçao de Operadores do Porto de Lisboa
Edificio Bartolomeu Dias 1/20, E-1300 Lisboa

iz m 198

Associaçao dos Operadores Portuarios dos Portos do Douro E Leixoes
Rua Doutor Filipe Coelho 179/2, P-4450 Matosinhos

Großbritannien

iz m 199

United Kingdom Association of Private Terminal Operators
Waterfront Partnership
Grosvenor Gardens 9, GB-SW1W 0DH London

Niederlande

iz m 200

Scheepvaart Vereniging Zuid
Adriaan Volker Huis
Oost Maaslaan 71, NL-3006 AE Rotterdam

iz m 201

Scheepvaart Vereniging Noord
De Ruyter Kade 7, NL-1000 GK Amsterdam

Finnland

iz m 202

Federation of Finnish Master Stevedores
Postf. 268, FIN-00181 Helsinki

• IZ M 203

Zentralkommission für die Rheinschiffahrt (CCR)
Central Commission for the Navigation of the Rhine
Commission Centrale pour la Navigation du Rhin
Place de la République 2, F-67082 Straßburg Cedex
T: (0033388) 52 20 10 **Fax:** 32 10 72
TGR: Rhincencom Strasbourg
E-Mail: ccnr@ecr-zkn.org
Gründung: 1816 (5. August)
Präsident(in): Raymonde Foucart
Mitglieder: 5 Etats memebres: Belgien, Deutschland, Frankreich, Niederlande, Schweiz

Luftverkehr

• IZ M 204

Bundesverband der in Deutschland tätigen Luftverkehrsgesellschaften
Board of Airline Representatives in Germany e.V. (BARIG)
Union des Représentants de Lignes Aériennes en R.F.A.
Am Hauptbahnhof 16, 60329 Frankfurt
T: (069) 23 72 88 **Fax:** 23 06 66
Internet: http://www.barig.org
E-Mail: barigev@barig.org
Gründung: 1951
Vorsitzende(r): Jörgen Möllegaard
Generalsekretär(in): Martin Gaebges
Verbandszeitschrift: BARIG-Bulletin
Redaktion: BARIG e.V.
Verlag: Am Hauptbahnof 16, 60329 Frankfurt
Mitglieder: 105

Interessenvertretung aus- und inländischer Luftfahrtunternehmen in allen Fragen der zivilen Luftfahrt.

• IZ M 205

Europäische Organisation für Flugsicherung (EUROCONTROL)
European Organisation for the Safety of Air Navigation
Organisation européenne pour la sécurité de la navigation aérienne
Rue de la Fusée, 96, B-1130 Brüssel
T: (00322) 7 29 90 11 **Fax:** 7 29 90 44
Internet: http://www.eurocontrol.be
Gründung: 1960 (13. Dezember)
Generaldirektor: Yves Lambert
Presseabteilung: Atilla Parla (Direktor Generalsekretariat)
Verbandszeitschrift: Rapport annuel, Skyway Magazine
Redaktion: Atilla Parla, Direktor Generalsekretariat
Mitglieder: 28 Länder
Mitarbeiter: 2000
Jahresetat: DM 1060 Mio, € 541,97 Mio

• IZ M 206

Europäische Zivilluftfahrtkonferenz (ECAC)
European Civil Aviation Conference (ECAC)
Conférence européenne de l'aviation civile (CEAC)
3 bis villa Emile Bergerat, F-92522 Neuilly-sur-Seine
T: (00331) 46 41 85 44 **Fax:** 46 24 18 18, 47 38 13 67
Internet: http://www.ecac-ceac.org
E-Mail: ecac@compuserve.com
Gründung: 1955
Secrétaire exécutif de la CEAC: R. Benjamin
Leitung Presseabteilung: Angelika Kupka
Mitglieder: 38 Staaten
Mitarbeiter: 16

• IZ M 207

Europäischer Verband der Geschäftsluftfahrt
European Business Aviation Association
Association Européenne de l'Aviation d'Affaires
Brusselsesteenweg 2a, B-3080 Tervuren
T: (00322) 766-0070 **Fax:** 768-1325
E-Mail: ebaa@compuserve.com
Gründung: 1977
President: F.A. Chavatte
Chairman: Brian Humphries
Contact: F. M. François
Mitglieder: 200
Mitarbeiter: 5

• IZ M 208

Internationaler Luftverkehrs-Verband (IATA)
International Air Transport Association
Association du Transport Aérien International
IATA Centre
Postf. 1 13, CDN-Montreal, Quebec H4Z 1M1
Place Victoria 800, CDN-Montreal, Quebec H4Z 1M1
T: (001514) 674 0202
Internet: http://www.iata.org/
Director: William Gaillard (Public Relations, IATA Centre, Route de l'Aeroport 33, P.O. Box 416, CH-1215 Genf 15 (Airport))
Manager: Wanda Potrykus (Public Relations, IATA, 800 Place Victoria, P.O.Box 113, Montreal, Quebec, Canada H4Z 1M1, T: (001514) 674 0202, Internet: http://www.iata.org/)

• IZ M 209

Internationaler Rat der Flughäfen (ACI)
Airports Council International (ACI)
Postf. 16, CH-1215 Genf
Airport, Switzerland
T: (004122) 717-8585 **Fax:** 717-8888
Internet: http://www.airports.org
E-Mail: aci@uniplus.ch
Chairman: Dr. Ghanem Al Hajri
Director General: Jonathan Howe
Secretary General: Alexander Strahl

• IZ M 210

Verband der Fluglinien Europäischer Regionen (ERA)
European Regions Airline Association
Association des Compagnies d'Aviation des Regione d'Europe
The Baker Suite
Fairoaks Airport, GB-Chobham, Woking, Surrey, GU24 8HX
T: (00441276) 85 64 95 **Fax:** 85 70 38
Internet: http://www.eraa.org
E-Mail: info@eraa.org
Gründung: 1987
President: Jean-Paul Dubreuil
Director General: Mike A. Ambrose
Leitung Presseabteilung: Lesley Shepherd (Corporate Communications Manager)
Verbandszeitschrift: ERA-Yearbook
Verlag: PPS Publications, Publications House, 87-93 Bell Street, Reigate RH2 7AN
Mitglieder: 230
Mitarbeiter: 18

Sonstige Organisationen des Verkehrsgewerbes

• IZ M 211

Europäische Express-Organisation (EEO)
European Express Organisation
Syndicat Européen de l'Express
Avenue L. Gribaumont 1, B-1150 Brüssel
T: (00322) 7 72 15 23 **Fax:** 7 72 11 26
E-Mail: info@euroexpress.org
Gründung: 1989
Président: Jaap Mulders
Secrétaire Général: Anton van der Lande
Contact: Eric Merkel-Sobotta
Verbandszeitschrift: EXPRESS UPDATE
Mitglieder: 14
Mitarbeiter: 4
Jahresetat: DM 1,6 Mio, € 0,82 Mio

• IZ M 212

Europäische Logistik-Vereinigung (ELA)
European Logistics Association
Rue Archimède 5, Bte 11, B-1000 Brussels
T: (00322) 230 02 11 **Fax:** 230 81 23
Internet: http://www.elalog.org
E-Mail: ela@euronet.be
President: H.-C. Pfohl (Darmstadt University of Technology, Hochschulstr. 1, 64289 Darmstadt, T: (06151) 16 21 23, Fax: 16 65 03, E-mail: laine@bwl.tu-darmstadt.de, Internet: http://www.bwl.tu-darmstadt.de/bw12)
Vice-President: G. Rouse (SGL Bern)
Secretary: P.R.H. van der Meulen (Vereniging Logistiek Management, Parkstraat 6, NL-3016 BD Rotterdam, P.O. Box 23207, NL-3001 KE Rotterdam, T: (003110) 436 41 55, Fax: 436 46 25)
Treasurer: S.A. Mattson (Plan P.O. Box 553, SE-10131 Stockholm (Schweden) T: (0046) 8 24 12 90, Fax: 8 24 12 05)
Executive Officer: L. Hoste (ELA European H.Q. rue Archimède 5, box 11, B-1000 Brussels (Belgium) (00322) 2 30 02 11, Fax: 2 30 81 23, E-Mails: ela@euronet.be, l.hoste@euronet.be, ela@elalog.org, I-Net: www.elalog.org)
Verbandszeitschrift: Logistics Europe-ELA FOCUS
Redaktion: ELA secretariat
Mitglieder: 15000; 37 europäische Logistikverbände
Deutsche Mitglieder: BVL, BME, DGfL, VDI

• IZ M 213

Internationaler Verband für Öffentliches Verkehrswesen (UITP)
International Association of Public Transport
Union Internationale des Transports Publics
Ausschuß Europäische Union
Av. Herrmann Debroux 17, B-1160 Brüssel
T: (00322) 6 73 61 00 **Fax:** 6 63 66 23
E-Mail: uitp-euroteam@uitp.com
Chairman: Hugo van Wesemael (Director-General de Lijn)
Geschäftsführer(in): Klaus-J. Meyer
Presse: Roger Kesteloot
Verbandszeitschrift: EuroExpress, europäische Nachrichten über den öffentlichen Verkehr (jeweils in deutsch, englisch, französisch)
Mitglieder: 34
Mitarbeiter: 10

• **IZ M 214**

Europäischer Rat für Transportpflege (ETMC)

European Transport Maintenance Council
Central Office
Lorkenlaan 24, B-2950 Kapellen
T: (00323) 6 65 38 77 **Fax:** 6 05 11 58
Gründung: 1983
Direktion: Frans De Putter
General Secretary: Frank Theré
Verbandszeitschrift: ETMC Express
Verlag: F. Theré
Mitglieder: 7400
Mitarbeiter: 2
Jahresetat: Eur. 0,4 Mio

• **IZ M 215**

Europäische Vereinigung für Geldtransporte und -begleitung (E.S.T.A.)

European Security Transport Association
Association Européenne du Transport et Convoyage de Valeurs
Rue Mercelis 19, B-1050 Brüssel
T: (00322) 7 58 13 90 **Fax:** 7 59 43 70
President: R. Maddalone
Contact: J. Godefroimont
Mitglieder: 95
Mitarbeiter: 1

• **IZ M 216**

Europäisches Verbindungscomite des Speditions- und Lagereigewerbes im Gemeinsamen Markt (CLECAT)

European Liaison Committee of Common Market Freight Forwarders
Comité de Liaison Européen des Commissionnaires et Auxiliaires de Transports du Marché Commun
Postf. 10, B-1000 Brüssel
rue Montoyer 31 2nd floor, B-1000 Brüssel
T: (00322) 5 03 47 05 **Fax:** 5 03 47 52
E-Mail: clecat@euronet.be
Gründung: 1958
Président: Jean Chabrerie
Secrétaire Général: J.P.N. Van Os
Directeur: H. Baasch
Mitarbeiter: 3

• **IZ M 217**

Internationale Föderation der Internationalen Möbelspediteure (FIDI)

International Federation of International Furniture Removers
Fédération Internationale des Déménageurs Internationaux
Rue Picard 69 Bte 5, B-1080 Brüssel
T: (00322) 4 26 51 60 **Fax:** 4 26 55 23
Internet: http://www.fidi.com
E-Mail: fidi@fidi.com
Gründung: 1950
President: Cees Zeevenhooven
Junior Vice-President: Ernst Jörg
Senior Vice-President: Jorge Laporta
Vice President Délégué: Tom Ansley
Verbandszeitschrift: FIDI Focus
Mitglieder: 725
Mitarbeiter: 6
Jahresetat: DM 2,5 Mio, € 1,28 Mio

• **IZ M 218**

Internationale Föderation der Spediteurorganisationen (FIATA)

International Federation of Freight Forwarders Associations
Fédération Internationale des Associations de Transitaires et Assimilés
Postf. 8493, CH-8050 Zürich
Baumackerstr. 24, CH-8050 Zürich
T: (00411) 3 11 65 11 **Fax:** 3 11 90 44
Internet: http://www.fiata.com
E-Mail: info@fiata.com
Gründung: 1926 in Wien
Direktor(in): Marco A. Sangaletti
Sekretäre: S. Consoli
K. Ohl
P. Wüthrich
St. Härri
Präsident(in): Ch. Gillespie (Canada)
Past-President: A. Dahmani (Tunesien)
Secretary General: M. Oeschger (Schweiz)
Treasurer: S. J. Nagarvala (Indien)
Verbandszeitschrift: FIATA Review
Verlag: FIATA Sekretariat, Baumackerstr., 8050 Zürich
Mitglieder: 95 nationale Verbände; ca. 2500 assoziierte Mitglieder aus 150 Ländern
Mitarbeiter: 7
Jahresetat: DM 1,2 Mio, € 0,61 Mio
4 Beratungsgremien für juristische Fragen, Public relations, Berufsausbildung, Gefahrengut
3 Institute für Luftfracht, multimodalen Transport und Zoll + Handelserleichterungen

• **IZ M 219**

Internationaler Koordinationsverband für Frachtgut (ICHCA)

International Cargo Handling Co-ordination Association
Association Internationale pour la Coordination de la Manutention des Marchandises
(International Association fostering the increase of efficiency and economy in the handling and movement of goods from origin to destination in all modes amd phases of the transport chain)
71 Bondway, GB-London SW8 1SH
(International Secretariat)
T: (0044207) 7 93 10 22 **Fax:** 8 20 17 03
Gründung: 1952
President: Ken Hoggett
Chairman of Council: Ken Hoggett (Australia)
Chief Executive: Gerry Askham
Leitung Presseabteilung: Marion Mc Finlay
Verbandszeitschrift: Whos Who Incargo Handling, Buyers Guide, The World of Cargo Handling
Mitarbeiter: 8

• **IZ M 220**

Internationaler Verband für öffentliches Verkehrswesen (UITP)

International Union (Association) of Public Transport
Union Internationale des Transports Publics
Av. Herrmann-Debroux 17, B-1160 Bruxelles
T: (00322) 673 61 00 **Fax:** 660 10 72
Internet: http://www.uitp.com
E-Mail: administration@uitp.com
Gründung: 1885
Président: J.P. Bailly
Secrétaire Général: Hans Rat
Verbandszeitschrift: "Public Transport International"; "UITP-Express"; "EUROExpress"
Mitglieder: 2000
Mitarbeiter: 42

• **IZ M 221**

Internationales Container-Büro (BIC)

Bureau International des Containers
167 rue de Courcelles, F-75017 Paris
T: (00331) 47 66 03 90 **Fax:** 47 66 08 91
Gründung: 1933
Président: Christoph Seidelmann
Secrétaire Général: Jean Rey

• **IZ M 222**

Komitee der Nordseehafenspediteure (CNE)

Committee of North Sea Port Forwarding Agents
Comité des Commissionnaires de Transport des Ports de la Mer du Nord
Jordaenskaai 25 B 3, B-2000 Antwerpen
T: (00323) 233 67 86 **Fax:** 231 82 02
E-Mail: vea@vea-ceb.be
Secretary: Frank Boogaerts

Seaport forwarding agent organisations in: Hamburg, Bremen, Amsterdam, Rotterdam, Antwerpen, Gent, Dunkirk, Le Havre, Humberside

• **IZ M 223**

Verband europäischer Express-Speditionen (AEEC)

Association of European Express Carriers
Association Européene des Expéditeurs par Express
Avenue Louise 430, B-1050 Brüssel
T: (00322) 6 40 04 95 **Fax:** 6 40 50 74
Gründung: 1989
President: Roland Steisel
Contact: Russell Patten
Mitglieder: 8
Mitarbeiter: 2

IZ N Gastronomie und Fremdenverkehr

Zum Auffinden einer bestimmten Dienststelle oder Organisation dient das Suchwortverzeichnis eines Personennamens das Personenverzeichnis

Hotels, Restaurants und Hospize
Tourismus

Hotels, Restaurants und Hospize

• **IZ N 1**

Ausschuß des Hotel- und Gaststättengewerbes in der EG und dem EWR (HOTREC)
The Confederation of the National Associations of Hotels, Restaurants, Cafés and Similar Establishments in the European Union and European Economic Area
La Confédération des Associations Nationales de l'Hôtellerie, de la Restauration, des Cafés et Etablissements Similaires de l'Union Européenne et de l'Espace Economique Européen
Boulevard Anspach, 111 Bte 4, B-1000 Bruxelles
T: (00322) 5 13 63 23 **Fax:** 5 02 41 73
Gründung: 1982
Präsident(in): Niels Nuygaard (Denmark)
Vizepräsident(in): Giancarlo Picca (Italy)
General Sekretärin: M. Sequaris
Mitarbeiter: 4

Mitgliedsorganisationen

Deutschland

iz n 2

Deutscher Hotel- und Gaststättenverband e.V. (DEHOGA)
Am Weidendamm 1a, 10117 Berlin
T: (030) 7 26 25-0
President: Dr. Erich Kaub
Geschf. Präsidialmitgl.: RA Christian Ehlers

iz n 3

IHA-Hotelverband Deutschland e.V.
Postf. 20 04 55, 53134 Bonn
Kronprinzenstr. 37, 53173 Bonn
T: (0228) 36 50 40 **Fax:** 35 62 01
Internet: http://www.IHA-HOTELVERBAND.DE
E-Mail: IHAD@IHA-HOTELVERBAND.DE
President: Dieter Bauer
Chief Executive: Dipl.-Kfm. Bernd Geyer

iz n 4

HORECA Bruxelles
Bld. Anspach 111, Boîte 4, B-1000 Bruxelles
T: (00322) 5 13 64 84, 5 13 78 14 **Fax:** 5 13 89 54
Président: Eric Wielemans
Secrétaire Général: Luc De Bauw
Leitung Presseabteilung: Christian Delache

iz n 5

HORECA Wallonie
Chaussée de Charleroi 83, B-5000 Namur
T: (003281) 72 18 88 **Fax:** 73 76 89
Gründung: 1975
Président: H. Doumont
Secrétaire Général: Christian Delache (Direction du Service de presse)
Verbandszeitschrift: L'Horeca Officiel
Redaktion: Christian Delache
Verlag: 83, Chaussée de Charleroi, 5000 Namur
Mitglieder: 3000
Mitarbeiter: 7

Dänemark

iz n 6

HORESTA
Vodroffsvej 46, DK-1900 Frederiksberg C
T: (004535) 35 60 88 **Fax:** 35 93 76
E-Mail: horesta@horesta.dk
Gründung: 1884
President: Niels Nygaard
Deputy Managing Director: Jørgen Kønigshøfer
Verbandszeitschrift: Hotel- Restaurant- og Turisme
Verlag: Ajour
Mitglieder: Approx. 1800
Mitarbeiter: 60
Jahresetat: DM 7 Mio, € 3,58 Mio

Frankreich

iz n 7

Confédération Française des Hôteliers, Restaurateurs, Cafetiers, Discothèques (CFHRCD)
2 et 4 Rue Barye, F-75017 Paris
T: (00331) 47 66 70 00 **Fax:** 42 67 80 54
Gründung: 1971
Président: Henri Malliet (Direction du Servicer de presse)
Secrétaire Général: Jean-Michel Lavrilleux
Affaires Européennes: Martine Croharé
Verbandszeitschrift: T.L.N.
Redaktion: Martine Cromare
Verlag: SE Dotour, 4 rue Barye, 75017 Paris

iz n 8

Fédération Autonome Générale de l'Industrie Hôtelière Touristique (FAGIHT)
221 bis Avenue de Lyon, F-73000 Chambery
T: (0033479) 69 26 18 **Fax:** 62 68 33
Président: Jacques Jond
Délégué Général: Monique Bouniol

iz n 9

Fédération Nationale de l'Industrie Hôtelière (FNIH)
22 Rue d'Anjou, F-75008 Paris
T: (00331) 44 94 19 94 **Fax:** 42 65 16 21, 47 42 15 20
Président: André Daguin
Secrétaire Général: André Gausset
Communication: Constance Perrin de Nelle (Direction du Service de presse)
Verbandszeitschrift: "L'Industrie Hoteliere"
Redaktion: Elodie Jauffret
Verlag: FNiH, 22, rue d'Anjou, 75008 Paris
Mitglieder: 80000

iz n 10

Groupment National des Chaînes d'Hôtels
22 Rue d'Anjou, F-75008 Paris
T: (00331) 44 94 19 94 **Fax:** 42 65 16 21
Président: Jacques Bellin
Leitung Presseabteilung: Constance Perrin de Nelle
Mitglieder: 80000

iz n 11

Syndicat Français de l'Hôtellerie (SFH)
7, bd de la Madeleine, F-75001 Paris
T: (00331) 43 07 16 16 **Fax:** 43 07 16 17
Gründung: 1871
Président: Alain-Philippe Feutré
Délégué Général: Francine Amiguian
Mitglieder: 1321
Mitarbeiter: 9

iz n 12

Syndicat National des Restaurateurs Limonadiers et Hôteliers (SNRLH)
4 Rue Gramont, F-75002 Paris
T: (00331) 42 96 60 75 **Fax:** 42 86 80 28
Président: Pierre Gauthier
Président Section Hôtels: Gérard Dumontant (Telefax: (00331) 42 86 80 28)

Spanien

iz n 13

Federacion Espanola de Hoteles (FEH)
32 Calle Orense, E-28020 Madrid
T: (00341) 5 56 71 12 **Fax:** 5 56 73 61
President: José Maria Carbo
Secretary General: Carlos Diaz

iz n 14

Federacion Espanola de Restaurantes, Cafeterias y Bares (FER)
C/Camino de las Huertas 18, Pozuelo de Alarcón, E-28223 Madrid
T: (00341) 3 52 91 56 **Fax:** 3 52 90 26
President: Pedro Galindo
General Secretary: Jose Luis Guerra

iz n 15

Agrupacion Hotelera de las Zonas Turisticas de Espana (ZONTUR)
24 Calle Gremio Toneleros, E-07009 Palma de Mallorca
T: (003471) 43 04 83 **Fax:** 75 91 55
President: José Maria Rossell
Vice-President: Guillermo Braun
Secretary General: Pedro Pascual

Griechenland

iz n 16

Hellenic Chamber of Hotels
24 Stadiou Street, GR-10564 Athens
T: (00301) 3 23 35 01, 3 22 14 10 **Fax:** 3 22 54 49
President: Aristotelis Divanis
Director: Elizabeth Hadjinicolaou

iz n 17

Panhellenic Federation of Hoteliers
24 Stadiou Street, GR-10564 Athens
T: (00301) 3 23 35 01, 3 22 14 10 **Fax:** 3 22 54 49
President: Gerassimos Phokas

Irland

iz n 18

Irish Hotels Federation (IHF)
13 Northbrook Road, IRL-Dublin 6
T: (003531) 97 64 59 **Fax:** 97 46 13
Past-President: Willie Loughnane

iz n 19

Restaurants Association of Ireland (RAI)
11 Bridge Court, City-Gate
St. Augustine Street, IRL-Dublin 8
T: (003531) 6 77 99 01 **Fax:** 6 71 84 14
Gründung: 1971
President: Kay Caball
Vice-President: Patrick Guilbaud
Chief Executive: Henry O'Neill
Mitglieder: ca. 450

Italien

iz n 20

Federazione delle Associazioni Italiane Alberghi e Turismo (FEDERAL BERGHI)
1 Via Toscana, I-00187 Roma
T: (00396) 4 74 11 51 **Fax:** 4 87 11 97
Président: Amato Ramondetti
Secretary General: Alessandro Cianella

iz n 21

Federazione Italiana Pubblici Esercizi (FIPE)
2 Piazza G. G. Belli, I-00153 Roma
T: (00396) 5 88 10 12 **Fax:** 5 81 86 82
Président: Sergio Billé
Secrétaire Général: Edi Sommariva
Director: Rino Sportoletti

Luxemburg

iz n 22

Fédération Nationale des Hôteliers, Restaurateurs et Cafetiers du Grand-Duché du Luxembourg (HORESCA)
Chambre de Commerce
Postf. 2524, L-1025 Luxembourg
Rue Alcide de Kasperi 7, L-1025 Luxembourg
T: (00352) 42 13 55-1 **Fax:** 42 13 55-299
Président: Norbert Schmit
Secrétaire Général: Jean Schintgen

Niederlande

iz n 23

Koninklÿk Horeca Nederland
De Bleek 7, NL-3447 GV Woerden
T: (00313480) 6 68 66 **Fax:** 3 02 11
Président: Gérard van der Veen (Telefax: (00313480) 2 16 06)
International Affairs, Head Policy Department: Marinus Cordesius (T: (00313480) 6 68 24, Telefax: (00313480) 2 16 06)
Mitglieder: 13000

Portugal

iz n 24

Associaçao dos Hotéis de Portugal
57 Avenida Santos Dumont, 2° - Esq., P-1000 Lisboa
T: (003511) 7 93 11 41 **Fax:** 7 93 35 04
Président: Stefano Saviotti
Secretary General: Manuel Boteiho

Großbritannien

iz n 25

B.H.A. British Hospitality Association
Lincoln's Inn Fields 55-56, GB-London WC2A 3BH
T: (0044207) 4 04 77 44 **Fax:** 4 04 77 99
Chief Executive: Robin Lees

Finnland

iz n 26

Finnish Hotel and Restaurant Association
Merimiehenkatu, 29, FIN-00150 Helsinki
T: (003589) 62 20-2030 **Fax:** 62 20-2090
Managing Director: Juha Rydman
Consultative Manager: Pekka Ropponen

Schweden

iz n 27

Swedish Hotels and Restaurants Association
Postf. 1158, S-11181 Stockholm
Kammakarg, 39, S-11181 Stockholm
T: (00468) 23 12 90 **Fax:** 21 58 61
Managing Director: Peter Ander
Deputy Managing Director: Allan Nyrèn

Österreich

iz n 28

Fachverband Hotellerie
(Austrian Professional Hotel Association)
Postf. 342, A-1045 Wien
Wiedner Hauptstr. 63, A-1045 Wien
T: (00431) 50-105/3555 **Fax:** 5 02-06/2 74
President: Hans Melcher
Chief Executive: Dr. Michael Raffling

Beobachter

Österreich

iz n 29

Verband der Konzertlokalbesitzer und aller Veranstalter Österreichs (KLBV)
Dorotheergasse 7, A-1010 Wien
T: (00431) 5 12 29 18 **Fax:** 5 12 29 18 33
Chief Executive: Dr. Franz Josef Feichtenberger

Ungarn

iz n 30

Hotel Association of Hungary
Secretariat
Novotel Budapest
Kongresszusi Kozpont
Alkotas utca 63-67, H-1123 Budapest
T: (00361) 4 66 94 62 **Fax:** 3 22 38 54
Gründung: 1968 (30. März)
President: Dr. András Rubovszky
Gen. Secretary: Gabor Lombosi
Mitglieder: 351
Mitarbeiter: 3
Jahresetat: ca. DM 0,13 Mio, € 0,07 Mio

Norwegen

iz n 31

Norsk Hotell - og Restaurantforbund
Postf. 5465, N-0305 Oslo
T: (00472) 2 96 50 80 **Fax:** 2 56 96 20
Managing Director: Kjell B. Einarsen
Information Manager: Bjørn Ketilsson (Press Department)
Verbandszeitschrift: Hotell Restaurant & Reiseliv
Verlag: Ø. Slottsgt. 12, N-0157 Oslo, T: (00472) 2 41 71 18, Telefax: (00472) 2 42 30 36
Mitglieder: 700
Mitarbeiter: 16

Schweiz

iz n 32

Sociéte Suisse des Hôteliers
130 Monbijoustraße, CH-3001 Bern
T: (004131) 3 70 41 11 **Fax:** 3 70 44 44
Président: Alfred E. Urfer
Directeur Général: Heinz Probst
Vice-Directeur: Christian Hodler

iz n 33

GASTROSUISSE
Verband für Hotellerie & Restauration
Blumenfeldstr. 20, CH-8046 Zürich
T: (00411) 3 77 51 11 **Fax:** 3 71 89 09
Gründung: 1891
Président: Peter Staudenmann
Directeur: Dr. oec. F. Hew
Leitung Presseabteilung: Hans Keller
Verbandszeitschrift: Schweizer Gastronomie
Verlag: Blumenfeldstr. 20, CH-8046 Zürich
Mitglieder: 22500
Mitarbeiter: 63
Jahresetat: DM 20 Mio, € 10,23 Mio

• IZ N 34

European Waterpark Association e.V. (EWA)
Sitz: Karben/b. Ffm.
Geschäftsstelle:
Sauerbornstr. 26, 61184 Karben
T: (06039) 93 25 64 **Fax:** 93 25 54
Internet: http://www.freizeitbad.de
E-Mail: ewa@rhein-main.net
Gründung: 1989 (6. Dezember)
Präsident(in): Dr. Harald Frisch (blub Badeparadies, Berlin/Deutschland)
Vizepräsident(in): Dr. Göran Sundeby (Paradisbadet, Örnsköldsvik/Schweden)
Dr. Michael Quell (Die Therme Münster, Münster/Deutschland)
Geschäftsführer(in): Roman E. Schramm (Personal- & Unternehmensberatung Reinemer & Schramm, Karben/Deutschland)
Justitiarin: Sabine Schramm (Rechtsanwaltskanzlei Schramm, Karben/Deutschland)
Leitung Presseabteilung: Sabine Schöffel
Verbandszeitschrift: Amusement Technologie & Management
Redaktion: Petra Probst
Verlag: Junfermann Verlag, Imadstr. 40, 33102 Paderborn
Mitglieder: 120
Mitarbeiter: 2
Jahresetat: DM 0,25 Mio, € 0,13 Mio

• IZ N 35

European Vending Association (EVA)
Rue Belliard 15-17, B-1040 Bruxelles
T: (00322) 5 12 00 75 **Fax:** 5 02 23 42
Internet: http://www.eva.be
E-Mail: vending@eva.be
Gründung: 1974
Präsident(in): Pierre Pernet
Generalsekretärin: Catherine Piana
Mitglieder: 57
Mitarbeiter: 3

• IZ N 36

Internationale Hotelier-Vereinigung (IHV)
Tannenstr. 13, 40476 Düsseldorf
T: (0211) 51 88 86-0 **Fax:** 51 88 86-88
Gründung: 1869
Präsident(in): Rolf Falk
Vizepräsident(in): Manfred Gstettner
Max M. Uibeleisen
Geschäftsführer(in): Haakon Herbst
Verbandszeitschrift: Gastrotel
Redaktion: Hans J. Nikenich
Verlag: GW-Verlag, Zeughausstr. 28-38, 50667 Köln
Verbandszeitschrift: IHV-NEWS
Redaktion: IHV, Tannenstr. 13, 40476 Düsseldorf
Mitglieder: 200 inhabergeführte Privathotels

• IZ N 37

Internationale Vereinigung für Hotel & Restaurant (IH&RA)
International Hotel & Restaurant Association
251, rue du Faubourg Saint Martin, F-75010 Paris
T: (00331) 44 89 94 00 **Fax:** 40 36 73 30
Internet: http://www.ih-ra.com
E-Mail: infos@ih-ra.com
Gründung: 1946
Président: Osmane Aïdi
Secrétaire Général: Christiane Dhorne
Leitung Presseabteilung: Hazel Hamelin
Verbandszeitschrift: "HOTELS" The International Magazine of the Hotel and Restaurant Industry
Verlag: Don Lock, "Hotels" Cahners Publishing, 1350 East Touhy Ave. Des Plaines, Illinois 60018, USA
Redaktion und Info: Caroline Harreg
Mitglieder: 3000
Mitarbeiter: 18
Committee: Executive Committee - Finance - National Association Chief Executives Council

• IZ N 38

vch HOTELS Liebenswert - mit Tradition

Internationaler Verband Christlicher Hotels (VCH)
Association of Christian Hotels
Association Internationale des Hôtels Chrétiens
Hotel-Pension Mon-Désir, CH-6644 Orselina/Ticino
T: (004191) 7 43 48 42 **Fax:** 7 43 31 02
Internet: http://www.vch.ch
E-Mail: mondesir@cybernet.ch
Gründung: 1895
Präsident(in): Peter Salvisberg (Ltg. Presseabt., Hotel-Pension Mon-Désir, CH-6644 Orselina/Ticino, T: (004191) 7 43 48 42)
Verbandszeitschrift: Der Kurier
Redaktion: Werner Kathmeyer, Internet: http://www.vch.de, E-Mail: hotelinfo@vch.de
Verlag: c/o VCH-BRD, Steinbeisstr. 2, 74189 Weinsberg
Mitglieder: 250
Mitarbeiter: 11
Landesverbände: Schweiz, Bundesrepublik Deutschland, Dänemark, Schweden, Norwegen, Österreich, England, Finnland

VCH-Hotels sind in christlichem Geist geführte Häuser. Gastlichkeit mit Herz gehört zu unserer Tradition. Freundlichkeit, Ruhe, Entspannung ist unser Angebot.

Tourismus

• IZ N 39

Europäische Fremdenverkehrs-Kommission (ETC)
European Travel Commission (ETC)
Commission Européenne du Tourisme (CET)
Rue du Marché aux Herbes 61, B-1000 Brüssel
T: (00322) 504 03-03 **Fax:** 514 18 43
Gründung: 1948
Präsident(in): Hans Jakob Kruse
Geschäftsf. Direktor: Walter Leu
Mitglieder: 27 National Tourism Organizations
Jahresetat: DM 5,5 Mio, € 2,81 Mio

• IZ N 40

Europäische Gruppe für Reisen und Aktionstourismus (ETAG)
European travel & tourism action group
Group européen du voyage et du tourisme actif
Hartington Road 115, GB-London SW8 2HB
T: (0044207) 627 8633 **Fax:** 627 8287
E-Mail: hn23@dial.pipex.com
Gründung: 1981
Vorsitzende(r): Prof. Dr. Urbain Claeys
Stellvertretende(r) Vorsitzende(r): L.J. Lickorish
Sekretär: Bill Richards
Mitglieder: 18

• IZ N 42

Internationale Union der Touristik Manager (IUTM)
International Union of Tour Managers
Union Internationale des Organisateurs de Voyages
Wilhelm-Raabe-Str. 16A, 32105 Bad Salzuflen
T: (05222) 1 75 75
Gründung: 1967 (1. März) in Barcelona, 1975 (1. Januar) in der Bundesrepublik Deutschland
Präsident(in): Bruno C. Kuss (Managing Direktor)
Mitglieder: 200 im Ausland, 150 in der Bundesrepublik Deutschland

• IZ N 43

Alliance Internationale de Tourisme (AIT)
Postf. 1 11, CH-1215 Genf 15
Chemin de Blandonnet 2, CH-1214 Vernier
T: (004122) 5 44 45 00 **Fax:** 5 44 45 50
Internet: http://www.aitgva.ch
E-Mail: ait@aitgva.ch
Gründung: 1898
Präsident(in): Fernando Falco
Dir. gen: Peter Doggwiler
Mitglieder: 135 Verbände mit 100 Millionen Einzelmitgliedern
Mitarbeiter: 15

• IZ N 44

Vereinigung der Nationalen Verbände der Reisebüros und -Veranstalter (ECTAA)

Group of National Travel Agents' and Tour Operators' Association within the EU
Groupement des Unions Nationales des Agences et Organisateurs de Voyage de L'UE
Rue Dautzenberg 36-38B 6, B-1050 Brüssel
T: (00322) 6 44 34 50 **Fax:** 6 44 24 21
E-Mail: ectaa@skynet.be
Gründung: 1961
President: Sidney Perez
Secretary General: M. de Blust (Contact)
Mitglieder: 15
Mitarbeiter: 3

Mitgliedsorganisationen

Belgien

iz n 45

Fédération de l'Industrie du Tourisme (FIT)
avenue de la Métrologie 8, B-1130 Brüssel
T: (00322) 2 45 35 70 **Fax:** 2 45 20 50
E-Mail: piet.vintevogel@fbaa.be
Contact: Piet Vintevogel

Dänemark

iz n 46

Danmarks Reisebureau Forening (DRF)
Falkoner Alle 58B, DK-2000 Copenhagen F
T: (004535) 35 66 11 **Fax:** 35 88 59
E-Mail: drf@travelassoc.dk
Contact: Karin Aagesen

Deutschland

iz n 47

Deutscher Reisebüro und Reiseveranstalter Verband e.V. (DRV)
Mannheimer Str. 15, 60329 Frankfurt
T: (069) 27 39 07-0 **Fax:** 23 66 47
Internet: http://www.drv.de
E-Mail: info@drv.de
Contact: Gerd Hesselmann

Spanien

iz n 48

Asociación Catalana de Agencias de Viages (ACAV)
Avenida Roma 13-15 Entres 2A, E-08029 Barcelona
T: (00343) 3 21 97 29 **Fax:** 3 22 12 04
E-Mail: acav@intelred.es
Contact: Marian Muro Olle

iz n 49

Asociación Empresarial de Agencias de Viages Españolas (AEDAVE)
Plaza de Castilla 3 pl 3-9_HoA, E-28046 Madrid
T: (00341) 3 14 18 30 **Fax:** 3 22 18 77
E-Mail: aedave@aedave.es
Contact: Felix Arevalo

Frankreich

iz n 50

Syndicat National des Agents de Voyages (SNAV)
Rue Villaret de Joyeuse 6, F-75017 Paris
T: (00331) 44 09 36 99 **Fax:** 44 09 36 98
Contact: Jean-François Pezaire

Griechenland

iz n 51

Hellenic Association of Travel and Tourist Agents (HATTA)
Iossif Rogon Street 1, GR-11743 Athen
T: (00301) 9 23 11 98 **Fax:** 9 23 33 07
E-Mail: hatta@travelling.gr
Contact: Yiannis Evangelou

Irland

iz n 52

Irish Travel Agents Association (ITAA)
Heaton House-S William Street 32-34, IRL-Dublin 2
T: (003531) 6 79 40 89 **Fax:** 6 71 98 97
E-Mail: bendan.moran@itaa.ie
Contact: Brendan Moran

Italien

iz n 53

Federazione Italiana delle Associazioni imprese Viaggi e Turismo (FIAVET)
Via Ravenna 8, I-00161 Rom
T: (00396) 4 40 25 52 **Fax:** 4 40 22 05
E-Mail: fiavetnaz@tin.it
Contact: Alessio Costantini

Luxemburg

iz n 54

Groupement des Agences de Voyages Luxembourgeoises (GAVL)
Rue Alcide de Gasperi 7, L-1631 Luxemburg
T: (00352) 47 31 25 **Fax:** 49 23 67

Niederlande

iz n 55

Algemene Nederlandse Vereniging van Reisebureaus (ANVR)
Postf. 4 77, NL-2130 AK Hoofddorp
Jupiterstraat 234-236, NL-2132 Hoofddorp
T: (003123) 5 67 38 22 **Fax:** 5 62 20 80
E-Mail: anvr@PI.NET
Contact: P. T. Vanderkaaij

Portugal

iz n 56

Associaçao Portuguesa das Agencias de Viagens e Turismo (APAVT)
Rue du que de Palmela 21 dt, P-1200 Lissabon
T: (003511) 3 52 94 63 **Fax:** 52 50 80
Contact: Francisco Calheiros

Großbritannien

iz n 57

Association of British Travel Agents (ABTA)
Newman Street 68-71, GB-London W1P 4AH
T: (0044207) 3 07 19 12 **Fax:** 6 36 14 25
E-Mail: abta@dial.piper.com
Contact: Ian Reynolds

Österreich

iz n 58

Österreichischer Reisebüro- und Reiseveranstalterverband (ÖRV)
Kongreßzentrum Hofburg, Helden Platz, A-1014 Wien
T: (00431) 5 87 36 66-24 **Fax:** 5 87 55 71-249
E-Mail: cosmos@sca.co.at
Contact: Peter Hrabac

Finnland

iz n 59

Association of Finish Travel Agents (AFTA)
Vilhonkatu 4B, FIN-00100 Helsinki
T: (003589) 17 01 12 **Fax:** 17 03 31
E-Mail: smal@smal.fi
Contact: Hannu Hämäläinen

Schweden

iz n 60

Svenska Resebyråforening (SRF)
Postf. 13 75, S-11193 Stockholm
T: (00468) 20 80 00 **Fax:** 21 25 55
E-Mail: christina.wennmark@srf-nexbyraforeningen.se
Contact: Christina Wennmark

• IZ N 61

Welt Tourismus Organisation (WTO)

World Tourism Organization (WTO)
Organisation móndiale du tourisme (OMT)
Calle Capitán Haya, 42, E-28020 Madrid
T: (00341) 5 67 81 00 **Fax:** 5 71 37 33
Gründung: 1975 (27. September)
Secretary-General: Francesco Frangialli
Presseabt: Deborah Luhrman
Publications: Dirk Glaesser
Verbandszeitschrift: WTO NEWS
Mitglieder: 138
Mitarbeiter: 80

• IZ N 62

Welt-Vereinigung von Reisebüros (WATA)

World Association of Travel Agencies
Association Mondiale d'Agences de Voyages
14, rue Ferrier, CH-1202 Genève
T: (004122) 7 31 47 60 **Fax:** 7 32 81 61
Gründung: 1949
Secretary General: Marco Aqustoni
Administrative Manager: Christine Fournier
Verbandszeitschrift: WATA GAZETTE
Mitglieder: 250
Jahresetat: DM 1 Mio, € 0,51 Mio

• IZ N 63

Welt-Vereinigung der Reisebüro-Verbände (UFTAA)

Universal Federation of Travel Agents' Associations
1, Avenue des Castelans, Entrée, MC-98000 Monaco
T: (00377) 92 05 28 29 **Fax:** 92 05 29 87
Internet: http://www.uftaa.com
Gründung: 1966
Secretary General: Birger Bäckman
Verbandszeitschrift: Courier
Mitglieder: 1500 Individual Members, 104 Countries
Mitarbeiter: 4

IZ O Kultur und Kommunikation

Zum Auffinden einer bestimmten Dienststelle oder Organisation dient das Suchwortverzeichnis eines Personennamens das Personenverzeichnis

Theater, Musik
Filmwirtschaft
Rundfunk, Fernsehen
Presse- und Verlagswesen
Werbewirtschaft
Ausstellungen, Messen, Kongresse
Verschiedene Gewerbe

Theater, Musik

• IZ O 1

Europa Cantat - Europäische Föderation Junger Chöre e.V. (EFJC)

European Federation of Young Choirs (EFYC)
Fédération Européenne des Jeunes Chorales (FEJC)
c/o Bayerische Musikakademie
Kurfürstenstr. 19, 87616 Marktoberdorf
T: (08342) 96 18-26 **Fax:** 4 03 70
Internet: http://www.europacantat.org
E-Mail: info@europacantat.org
Gründung: 1963 als e.V.
Präsident(in): Noël Minet, Belgien
Vizepräsident(in): Philip Olsson, Schweden
Erwin List, Frankreich
Generalsekretär(in): N.N.
Executive Manager: Sonja Greiner
Verbandszeitschrift: Europa Cantat Magazine
Redaktion: Agnes Szalai
Mitglieder: 38 Organisationen, ca. 300 Chöre, ca. 300 Einzelpersonen
Mitarbeiter: 2 Vollzeitkräfte + mehrere Werksverträge

• IZ O 2

Internationale Föderation für Chormusik

International federation for choral music
Fédération internationale pour la musique chorale
c/o Thomas Rabbow
Gerhard-Rohlfs-Str. 13, 53173 Bonn
T: (0228) 20 91-160 **Fax:** 20 91-250
Gründung: 1982
Präsident(in): Eskil Hemberg, Schweden
Vizepräsident(in): Maria Guinand, Lateinamerika
Lupwishi Mbuyamba, Afrika
Thomas Rabbow, Europa
Yozo Satoh, Asien/Pazifik
Michael Anderson, Nordamerika
Generalsekretär(in): Jean-Claude Wilkens, Spanien
Verbandszeitschrift: International Choral Bulletin

• IZ O 3

Europäische Arbeitsgemeinschaft der Theaterbesucherorganisationen e.V. (EATO)

European Association of Theatreaudience Organisations
Föderativer Zusammenschluß von Kulturgemeinschaften
Geschäftsstelle:
Kufsteiner Str. 8, 10825 Berlin
T: (030) 8 54 60 85 **Fax:** 85 72 87 89
E-Mail: dkramarz@t-online.de
Gründung: 1995 (21. Oktober)
Leitung: Dr. Joachim Kramarz (Ltg. Presseabt.)
Mitglieder: 11
Mitarbeiter: 1
Jahresetat: DM 0,003075 Mio, € 0 Mio

EATO ist der Dachverband von Theaterbesucherorganisationen zur internationalen Förderung von Kultur und Bildung

• IZ O 4

Europäische Streichinstrumentenlehrer Gesellschaft

European String Teachers Association (ESTA)
Ave Rene Gobert 49, B-1180 Brüssel
T: (00322) 375 27 78 **Fax:** 375 27 78
E-Mail: 113250.2023@compuserve.com
Gründung: 1972
President: Prof. Siegfried Palm (Germany)
Vice President: Elspeth Iliff (Great Britain)
Secretaire: Solange Eggermont (Belgium)
Verbandszeitschrift: ESTA International Newsletter
Mitglieder: 5000

• IZ O 5

Europäische Union der Musikwettbewerbe für die Jugend (EMCY)

European Union of Music Competitions for Youth
c/o Jugend musiziert
Postf. 66 22 05, 81219 München
Trimburgstr. 2, 81249 München
T: (089) 87 10 02-50 **Fax:** 87 10 02-90
Gründung: 1970
Generalsekretär(in): Dr. Eckart Rohlfs
Präsident(in): Hans-Peter Pairott
Mitglieder: 22 nationale Organisationen, 12 internationale Organisationen

• IZ O 6

Europäische Union der Musiker

Union Européenne des Musiciens
Rue Sosthene-Weis 2, L-2722 Luxemburg
T: (00352) 46 25 36 34, 46 25 36 23 **Fax:** 47 14 40
E-Mail: direction@ugda.lu
Président: Henri Schumacher
Secrétariat Européen: Martine Sales

• IZ O 7

Europäische Konferenz der Veranstalter neuer Musik

European Conference of New Music Organizers
Union européenne des organisateurs de musique nouvelle
a.b.s. Fondation Gaudeamus
Swammerdamstraat 38, NL-1091 RV Amsterdam
Internet: http://www.ecpnm.com
E-Mail: info@ecpnm.com
Gründung: 1980
Präsident(in): H. Erdmann
Secrétaire Général: Henk Heuvelmans
Mitglieder: 80

• IZ O 8

Internationale Amateurtheater-Organisation (AITA/IATA)

International amateur theatre association
Association internationale du théatre amateur
Sekretariat
Vene 6, EW-10123 Tallin Estonia
T: (003726) 41 84 05 **Fax:** 41 84 06
Internet: http://www.aitaiata.org
E-Mail: aitaiata@online.ee
Gründung: 1952
Präsident(in): Jacques Lemaire
Geschäftsführer(in): Kaja Põld
Leitung Presseabteilung: N. N.
Verbandszeitschrift: Newsletter
Redaktion: AITA/IATA
Verlag: Vesterbrogade 175, DK-1800 Frederiksberg C
Mitglieder: 85 Länder
Mitarbeiter: 2
Jahresetat: DM 0,2 Mio, € 0,1 Mio

• IZ O 10

Internationale Gesellschaft für Musikerziehung (ISME)

International Society for Music-Education
ICRME, University of Reading
Bulmershe Court, GB-Reading RG6 1HY
T: (0044118) 9 31 88 46 **Fax:** 9 31 88 46
Internet: http://www.isme.org
E-Mail: e.smith@reading.ac.uk
Gründung: 1953
Honorary President: Sir Frank Callaway (Australia)
President: Einar Solbu (Norway)
PastPres: Ana Lucia Frega (Argentina)
Pres. elect: John Drummond (New Zealand)
General Secretary: Joan Therens (Canada)
Treasurer: Gary McPherson (Australia)
Verbandszeitschrift: International Journal of Music Education
Verlag: ISME, GB-Reading RG6 1HY
Mitglieder: 1500
Mitarbeiter: 1

• IZ O 11

Internationale Gesellschaft für Musiktheater und Architektur e.V. (ORPLID)

International Society for Musical Theatre and Architecture
Société Internationale pour Théâtres de Musique et Architecture
Hohenheimer Str. 84, 70184 Stuttgart
T: (0711) 6 40 93 57
Vorsitzende(r): Wilhelm Keitel
Stellvertretende(r) Vorsitzende(r): Matthias Thurow
Geschäftsführer(in): Beate Neidhart-Keitel

• IZ O 12

Internationale Vereinigung von Musik-Informations-Zentren

IAMIC - International Association of Music Information Centers
Secretary: mica - music information center austria
Stiftgasse 29, A-1070 Wien
T: (00431) 5 21 04-50 **Fax:** 5 21 04-99
Internet: http://www.iamic.ie
E-Mail: office@iamic.at

• IZ O 13

Internationale Vereinigung des Theaters für Kinder und Jugendliche (ASSITEJ)

Association Internationale du Théatre pour L'Enfance et la Jeunesse (ASSITEJ) - Sektion Bundesrepublik Deutschland e.V.
Schützenstr. 12, 60311 Frankfurt
T: (069) 29 15 38 **Fax:** 29 23 54
E-Mail: assitej@kjtz.f.shuttle.de
Gründung: 1966
Vorsitzende(r): Prof. Dr. Wolfgang Schneider
Geschäftsführer(in): Eckhard Mittelstädt
Verbandszeitschrift: Fundevogel mit der Beilage Grimm + Grips
Redaktion: Eckhard Mittelstädt
Verlag: dipa Verlag, Nassauer Str. 1-3, 60439 Frankfurt
Mitglieder: 320 (Institutionen und Einzelpersonen)
Mitarbeiter: 1

• IZ O 14

Internationaler Arbeitskreis für Musik e.V. (IAM)

International Association of Music and Education
Cercle International pour la musique
Postf. 41 02 36, 34064 Kassel
Heinrich-Schütz-Allee 33, 34131 Kassel
T: (0561) 9 35 17-0 **Fax:** 31 37 72
Gründung: 1968
Vorsitzende(r): Prof. Dr. Hans Jaskulsky (Univ. Bochum)
Stellvertretende(r) Vorsitzende(r): Manfred Harras (Basel)
Generalsekretär(in): Frank Ebel
Verbandszeitschrift: IAM-Journal
Redaktion: Frank Ebel
Mitarbeiter: 4
Jahresetat: DM 1,4 Mio, € 0,72 Mio

Musikfortbildung für Jugendliche und Erwachsene.

• IZ O 15

Internationaler Rat für Musik (CIM)

International Music Council
Conseil international de la musique
1 rue Miollis, F-75732 Paris Cedex 15
T: (00331) 45 68 25 50 **Fax:** 43 06 87 98
TGR: C.I.M. UNESCO PARIS
E-Mail: 106102.1471@compuserve.com
Gründung: 1949
Präsident(in): Frans de Ruiter (Niederlande)
Vizepräsident(in): Kifah Fakhouri (Jordanien)
Tania Siver (Uruguay)
Franz Müller-Heuser (D)
Generalsekretär(in): Guy Huot
Schatzmeister: Lars Grunth (Dänemark)
Verbandszeitschrift: RESONANCE

• IZ O 16

Internationaler Verband der Rhythmiklehrer (Dalcroze)

International Federation of Rhythmics
Fédération International des Enseignants de Rythmique (F.I.E.R.)
Terrassiére 44, CH-1207 Genf
T: (004122) 36 82 50
Internet: http://www.fier.com
E-Mail: RRing@t-online.de
Gründung: 1976
Präsident(in): Prof. Reinhard Ring
Vizepräsident(in): Iramar Rodrigues
Geschäftsführer(in): Walter Iten
Verbandszeitschrift: Le Rythme
Redaktion: Prof. R. Ring
Verlag: FIER, Genf und Laatzen
Mitglieder: 17 Länder, 3500 Mitgl.

• IZ O 17

Internationales Musikzentrum Wien

Speisinger Str. 121-127, A-1230 Wien
T: (00431) 8 89 03 15 **Fax:** 8 89 03 15-77
Internet: http://www.imz.at
E-Mail: office@imz.at
Präsident(in): Henk van der Meulen (NPS Television, Amsterdam)
Vizepräsident(in): Reiner Moritz (RM Associates, London)
Haide Tenner (ORF, Wien)
Hazel Wright (BBC Worldwide, London)
Schatzmeister: Bernd Hellthaler (EuroArts, Stuttgart)
Generalsekretär(in): Franz Patay

• IZ O 18

Zentrum Bundesrepublik Deutschland des Internationalen Theaterinstituts e.V. (ITI)

Federal Republic of Germany Centre of the ITI
Centre de la Republique Federale d'Allemagne de l'IIT
Postf. 41 11 28, 12121 Berlin
Schloßstr. 48, 12165 Berlin
T: (030) 7 91 17 77 **Fax:** 7 91 18 74
Internet: http://users.aol.com/itigermany
E-Mail: itigermany@aol.com

Gründung: 1955 (21. Mai)
Präsident(in): Generalintendant Dr. Manfred Beilharz
Geschäftsführer(in): Dr. Martin Roeder-Zerndt
Wiss. Mitarb., Ltg. Presseabt.: Dr. Thomas Engel
Verbandszeitschrift: impuls (deutsch), impulse (englisch)
Redaktion: Dr. Thomas Engel
Verlag: ITI, Schloßstr. 48, 12165 Berlin
Mitglieder: 143 pers. Mitglieder, 25 koop. Mitglieder
Mitarbeiter: 5

Filmwirtschaft

• IZ O 19

Ausschuß der Europäischen Filmindustrien (CICCE)
Comité des Industrues Cinématographiques des Communautés Européennes
5, rue du Cirque, F-75008 Paris
T: (00331) 53 89 01 30 **Fax:** 42 25 94 27
Gründung: 1979
Président: Gianni Massaro
Délégué-général: Yvon Thiec
Secrétaire Général: Pascal Rogard

• IZ O 20

Eurocinema - Verband der Hersteller (EUROCINEMA)
Eurocinema - Association of Producers
Eurocinema - Association de Producteurs de cinéma et de télévision
212 rue Stévin, B-1000 Brüssel
T: (00322) 7 32 58 30 **Fax:** 7 33 36 57
E-Mail: Eurocinema@infoboard.be
Gründung: 1991
Contact: Yvon Thiec (Gen. Delegate)
Mitarbeiter: 2

• IZ O 21

Europäische Vereinigung des Zeichentrickfilms (CARTOON)
European Association of Animation Film
Association Européenne du Film d'Animation
Boulevard Lambermont 418, B-1030 Brüssel
T: (00322) 2 45 12 00 **Fax:** 2 45 46 89
Internet: http://www.cartoon-media.be
E-Mail: cartoon@skynet.be
Gründung: 1988
President: B. Balser
Secretary General: M. Vandeweyer
Direktor(in): C. Jenart
Mitarbeiter: 10

• IZ O 22

Europäischer Verband der filmtechnischen Betriebe (FEITIS)
Fédération Européenne des Industries Techniques de l'Image et du son
36, Rue Washington, F-75008 Paris
T: (00331) 43 59 11 70 **Fax:** 43 59 11 40
Présidents d'Honneur: Jean-Georges Noel (France)
Achim Rozer (Allemagne)
Tomas Garcia-Arnalot (Espagne)
Michel Thevenet (France)
Président: David Carr
Vice-Présidents: Alain Coiffier (Spain)
Dr. Fritz Kempter (Germany)
Maurice Prost (France)
Trésorière: Monique Koudrine (France)
Délégué Général: Jean Fleurent-Didier (France)

Mitgliedsorganisationen

Belgien

iz o 23

Association Belge des Industries Techniques de l'Image et du Son (ABITIS)
Rue Verte 69, B-1210 Brüssel
T: (00322) 2 18 66 07 **Fax:** 2 17 55 72
Generalsekretär(in): D. Balachoff

Deutschland

iz o 24

Verband Technischer Betriebe für Film- und Fernsehen e.V. (VTFF)
Am Schillertheater 2, 10625 Berlin
T: (030) 7 42 40 35 **Fax:** 7 42 40 36
E-Mail: vtff@eurotape.de
Kontaktperson: C. Kühn
Dr. Thomas Geyer

Frankreich

iz o 25

Fédération Nationale des Industries Techniques du Cinéma et de l'Audiovisuel (FITCA)
Rue Washington 36, F-75008 Paris
T: (00331) 47 23 75 76 **Fax:** 47 23 70 47
Präsident(in): Bertrand Dormoy
Kontaktperson: Jean Fleurent-Didier

iz o 26

Fédération des Industries et Metiers du Multimedia (FIMM)
Rue de la Saussure 131, F-75017 Paris
T: (00331) 47 66 74 04 **Fax:** 42 67 65 09
Präsident(in): Maurice Prost
Vincent Lamy
Kontaktperson: Jean Pierre Lehr

Großbritannien

iz o 27

The Producers' Alliance for Cinema and Television
Gordon House
Greencoat Place, GB-London SW1P 1PH
T: (0044207) 2 33 60 00 **Fax:** 2 33 89 35
Kontaktperson: David Carr

Italien

iz o 28

Unione Nazionale Industrie Tecniche Cinematografiche
Viale Regina Margherita 286, I-00198 Rom
T: (00396) 44 23 14 80 **Fax:** 4 40 41 28
Kontaktperson: G. C. Salama
Präsident(in): Sandro Parenzo

Niederlande

iz o 29

Federation of Organizations in the Audiovisual Industry (AFN)
Mozartlaan 27, NL-1217 CM Hilversum
T: (003135) 23 73 95 **Fax:** 23 74 12
Kontaktperson: Peter Limburg

Spanien

iz o 30

Agrupacion de Industrias Tecnicas Españolas del Cine, Video y Multimedia
Velazquez 59 3° IZDA, E-28001 Madrid
T: (00341) 4 35 04 11 **Fax:** 4 35 57 61
Kontaktperson: Jose Luis Acha
Alain Coiffier

Schweiz

iz o 31

Association Suisse des Industries Techniques Cinematographiques (ASITIS)
Komsumestr. 16A, CH-3007 Bern
T: (004131) 3 82 44 33 **Fax:** 3 82 46 42
Kontaktperson: Yanick Ebinger
Philippe Probst

Ungarn

iz o 32

Magyar Film Laboratorium Vallalat
Budakeszi ut 51, H-1021 Budapest
T: (00361) 1 76 70 82 **Fax:** 1 76 39 68
Kontaktperson: Jeno Paizs

Portugal

iz o 33

Animatógrafo
Rua da Rosa 2522, P-1200 Lissabon
T: (003511) 3 47 45 93 **Fax:** 3 47 32 43
Kontaktperson: Antonio Da Cunha Telles

• IZ O 34

Internationale Gesellschaft für Medien in der Wissenschaft (IAMS)
International Association for Media in Science
1 place Aristide Briand, F-92195 Meudon Cedex
T: (00331) 45 07 51 98
Gründung: 1992
President: Annick Demeule
Leitung Presseabteilung: Murray Weston
Verbandszeitschrift: IAMS Newsletter
Mitglieder: 70
Mitarbeiter: 1

iz o 35

Permanent Office:
c/o BUFVC
77 Wells Street, GB-London W1P 3RE

• IZ O 36

Internationale Katholische Organisation für Film- und Audiovisuelle Medien (OCIC)
International Catholic Organization for Cinema and Audiovisual
Organisation Catholique Internationale du Cinéma et de l'Audiovisuel
Rue du Saphir 15, B-1030 Brüssel
T: (00322) 7 34 42 94 **Fax:** 7 34 32 07
Internet: http://www.ocic.org
E-Mail: ocicbru@compuserve.com
Gründung: 1928
President: Peter Malone
Secretary-General: Robert Molhant
Directeur du bureau: Daniel Van Espen
Leitung Presseabteilung: Guido Convents
Verbandszeitschrift: Cine & Media
Redaktionsleiter: Robert Molhant
Redaktionssekretär: Guido Convents
Verlag: OCIC, Rue du Saphir 15, 1030 Bruxelles
Mitglieder: 140
Mitarbeiter: 10

• IZ O 37

Internationale Vereinigung der Filmkunst- und Experimentiertheater (C.I.C.A.E.)
International Confederation of Art Cinemas
Confédération Internationale des Cinémas d'Art et d'Essai
13 rue Gabriel Fausé, F-75017 Paris
T: (00331) 56 33 13 20 **Fax:** 43 80 41 14
Gründung: 1955
Président: Pierre Todeschini
Verbandszeitschrift: Bulletin d'information de la C.I.C.A.E.
Redaktion: 13 rue Gabriel Fauré, F-75017 Paris
Mitglieder: 13

• IZ O 38

Internationale Vereinigung der Filmpresse und Filmnews (iNNA)
International Newsreel and News Film Association
Association Internationale de la Presse Filmée
Siège Social: Luxembourg
Secrétariat Général
Rue de Verrewinkel, 93, B-1180 Bruxelles
T: (00322) 3 75 44 89 **Fax:** 3 75 32 34
E-Mail: p.fannoy.@infoboard.b
Gründung: 1956
Secrétaire Général: Pierre Fannoy
Verbandszeitschrift: INNA Newsletter
Redaktion: C. Perez
Verlag: INNA Sarl G3, R. Verrewinkel, Bruxelles
Mitglieder: 44
Mitarbeiter: 3
Jahresetat: DM 0,06 Mio, € 0,03 Mio

• IZ O 39

Internationale Vereinigung der Filmproduzenten-Verbände (FIAPF)
International Federation of Film Producers Associations
Fédération Internationale des Associations de Producteurs de Films
Av. des Champs Elysées 33, F-75000 Paris 8e
T: (00331) 42 25 62 14 **Fax:** 42 56 16 52
Gründung: 1950
Président: Aurelio de Laurentiis
Directeur Général: André Chaubeau
Mitglieder: 29

• IZ O 40

Inforfilm International (INFORFILM INTERNATIONAL)

International Association of Informational Film & Video Distributors
Postf. 20 32 38, 20222 Hamburg
Bellealliancestr. 54, 20259 Hamburg
T: (040) 43 25 09 39 **Fax:** 43 50 09
Internet: http://www.inforfilm.com
E-Mail: inforfilm@inforfilm.com

Rundfunk, Fernsehen

• IZ O 41

Europäische Dienstleister (ETSA)

European Television Services Association
c/o Studio Hamburg Atelierbetriebs GmbH
22039 Hamburg
T: (040) 66 88-31 00 **Fax:** 66 88-31 03
E-Mail: orben@studio-hamburg.de
Chairman: Hans Orben

• IZ O 42

Europäische Organisation für einen unabhängigen Markt in der Bild- und Tontechnik (EURO AIM)

European Organisation for an Audiovisual Independent Market
Organisation Européenne pour un Marché de l'Audiovisuel Indépendant
18, Val Sainte Croix, L-1371 Luxemburg
T: (00352) 25 03 93 **Fax:** 25 03 94
Gründung: 1988
President: P. Poch
Contact: Nicolas Steil
Honorary President
Dieter Geissler (Cinevox, Bavariafilmplatz 7, 82025 Grünwald, T: (089) 6 41 80 00, Telefax: (089) 6 49 32 88)
Honorary Members
René Cleitman (Hachette Premiere, 10, rue de Marignan, F-75008 Paris, T: (00331) 42 25 19 70, Telefax: (00331) 42 56 00 81)
Danny Geys (Iblis Films, 3B 48, rue des Visitandines, 100 Bruxelles, T: (00322) 5 11 08 61, Telefax: (00322) 5 11 51 06)
Leo Pescarolo (Ellepi Film, Via Allessandro Poerio 114, I-00152 Rome, T: (00396) 5 87 96 364, Telefax: (00396) 5 81 24 07)
David Puttnam (Enigma Productions, GB-Iver Heath, Bucks SLO ONH, T: (0044171) 5 81 02 38, Telefax: (0044171) 5 84 17 99)
José Antonio Sainz de Vicuña (Impala, Manuel Montilla, 1, E-28016 Madrid, T: (00341) 3 45 71 15, Telefax: (00341) 3 50 30 33)
Mitglieder: 77
Mitarbeiter: 18

• IZ O 43

Europäische Radiovereinigung (AER)

Association of European Radios
Association Européenne des Radios
Avenue d'Auderghem 76, B-1040 Brüssel
T: (00322) 7 36 91 31 **Fax:** 7 32 89 90
Internet: http://www.aereurope.org
E-Mail: aer@aereurope.org
President: Paul Brown (UK)
Secretary General: Sergio Natucci (I)
Contact: Sergio Natucci (I)
Mitglieder: 9

Deutschland

iz o 44

Verband Privater Rundfunk und Telekommunikation e.V. (VPRT)

Burgstr. 69, 53177 Bonn
T: (0228) 9 34 50-0 **Fax:** 9 34 50-48
E-Mail: vprt@vprt.de
Contact: Thorsten Grothe

Spanien

iz o 45

Asociación Española de Radiodifusion Privada (AERC)

Villalar 1, E-28001 Madrid
T: (00341) 4 35 70 72 **Fax:** 4 35 61 96
Contact: A. Ruiz de Assin

Frankreich

iz o 46

Syndicat des Editeurs Radiophoniques Nationaux (SRN)

Rue Francois I 28, F-75008 Paris
T: (00331) 47 23 24 10 **Fax:** 47 23 24 15
Contact: Frédéric Schlesinger

iz o 47

Syndicat des Radios Généralistes Privées SRGP-RTL-Ediradio

Rue Bayard 22, F-75008 Paris
T: (00331) 40 70 40 70 **Fax:** 40 70 42 47
Contact: Anne Kacki

Portugal

iz o 48

Asociação Portuguesa de Radiodifusao - APR

Edificio Eurovisio Apartamento 602, P-3500 Viseu
T: (003512) 2 00 36 56 **Fax:** 2 00 36 57
Contact: Francisco Jose Oliveira

Großbritannien

iz o 49

Commercial Radio Companies Association (CRCA)

Shaftesbury Avenue 77, GB-London W1V 7AD
T: (0044207) 3 06 26 03 **Fax:** 4 70 00 62
Contact: Paul Brown

Griechenland

iz o 50

Athens Independent Radio Station Association

Kifisias Ave 64, GR-Athen
T: (00301) 6 89 61 11 **Fax:** 6 89 95 69
Contact: Eleni Kokalli

Italien

iz o 51

Radio Nazionali Associate (RNA)

Piazza del Gesu 47, I-00186 Rom
T: (00396) 6 79 36 15 **Fax:** 6 79 14 15
Contact: Sergio Natucci

Niederlande

iz o 52

Nederlands Vereniging voor Commerciele Radios (NVCR)

c/oSky Radio 100.7 FM
Naarderpoort 2, NL-1411 Naarden
T: (0031356) 99 10 07 **Fax:** 99 10 96
Contact: Martin Banga

Schweden

iz o 53

(RU) Radioutgivareföreningen

Postf. 1 63 80, S-10327 Stockholm
T: (00468) 7 62 68 16 **Fax:** 6 11 08 28
Contakt: Chrisser Ingeryd

• IZ O 54

Europäische Rundfunkunion (EBU-UER (Eurovision/Euroradio))

European Broadcasting Union
Union Européenne de Radio-Télévision
Sitz und Generalsekretariat:
Ancienne Route 17A, CH-1218 Grand-Saconnex
T: (004122) 7 17 21 11 **Fax:** 7 17 24 00
Internet: http://www.ebu.ch
E-Mail: ebu@ebu.ch
Präsident(in): Prof. Dr.h.c. Albert Scharf (Bayerischer Rundfunk, Rundfunkplatz 1, 80335 München)
Vizepräsident(in): Xavier Gouyou-Beauchamps (GRF, Frankreich)
Vizepräsident(in): Will Wyatt (BCC, United Kingdom)
Vizepräsident(in): Boris Bergant (RTVSLO, Slovenia)
Generalsekretär(in): Dr. Jean-Bernard Münch

• IZ O 55

Internationale Christliche Rundfunkgemeinschaft e.V. (ICR)

Radio Horeb
Im Wäldle 8, 87538 Balderschwang
T: (08328) 97 23 **Fax:** 3 57
E-Mail: Radio_Horeb@t-online.de
Gründung: 1986 (Januar)
Vorsitzende(r): Pfarrer Dr. Richard Kocher
Mitglieder: 30
Mitarbeiter: 12

Radio Neues Europa

Konviktstr. 1, 85049 Ingolstadt
T: (0841) 3 38 15 **Fax:** 3 38 86

• IZ O 56

Internationaler Verband für Fernsehwesen (ITVA)

International Television Association
Association Internationale de Télévision
N. O'Connor Rd. 6311, Suite 230, USA-Irving, TX 75039
T: (001972) 8 69-11 12 **Fax:** 8 69-29 80
Gründung: 1968
President: Donna Conner (Microsoft Producer, 11850 Lost Trail, USA-Conifer, CO 80433, T: (001303) 8 38-03 60)
Executive Director: Fred Wehrli (International Television Association (ITVA), 6311 N. O'Connor Rd., Suite 230, USA-Irving, TX 75039, T: (001972) 8 69-11 12, Telefax: (001972) 8 69-29 80)
Manager of Publicity Department: René Chapin
Verbandszeitschrift: ITVA News
Redaktion: 6311 N. O'Connor Rd., Suite 230, USA-Irving, TX 75039
Mitglieder: 9000
Mitarbeiter: 7
Jahresetat: DM 2,7 Mio, € 1,38 Mio

• IZ O 57

Europäisches Fernsehprogrammkontor (TELE-POOL)

Sonnenstr. 21, 80331 München
T: (089) 55 87 6-0 **Fax:** 5 58 76-188
E-Mail: telepool@telepool.de
Geschäftsführer(in): Horst Vetter

• IZ O 58

Vereinigung des europäischen kommerziellen Fernsehens (ACT)

Association of Commercial Television in Europe
Association des Télévisions Commerciales Européennes
Sq. Ambiorix 7, B-1000 Brüssel
T: (00322) 7 36 00 52 **Fax:** 7 35 41 72
Internet: http://www.acte.be
E-Mail: info@acte.be
Gründung: 1989
President: Jan Mojto
Contact: Catherine Husnot
Mitglieder: 20
Mitarbeiter: 5

Presse- und Verlagswesen

• IZ O 59

Europäische Presse-Bildagentur (epa)

European Pressphoto Agency
Gutleutstr. 110, 60327 Frankfurt
T: (069) 27 16 48 00 **Fax:** 27 16 48 09
Gründung: 1985 (1. Januar)
Vorsitzende(r): Walter Grolimund (c/o Keystone Press AG, Grubenstr. 45, CH-8045 Zürich)
Hauptgeschäftsführer(in): Cengiz Seren (Gutleutstr. 110, 60327 Frankfurt)
Mitglieder: 13

• IZ O 60

Europäische Zeitungsverleger-Vereinigung (ENPA)

European Newspaper Publishers' Association
Association Européenne des Editeurs de Journaux
Steenstraat 29/8, B-1000 Brüssel
T: (00322) 5 51 01 90 **Fax:** 5 51 01 99
Gründung: 1961
Président: Dr. Werner Schrotta
Director: Dietmar Wolff (Steenstraat 29/8, B-1000 Brüssel, T: (00322) 5 51 01 90, Telefax: (00322) 5 51 01 99)
Verbandszeitschrift: Revue Mensuelle
Redaktion: ENPA, Brüssel
Verlag: ENPA, Brüssel
Mitglieder: 18 (Associations Nationales de la Presse Quotidienne)
Mitarbeiter: 3
Jahresetat: DM 0,62 Mio, € 0,32 Mio

Mitgliedsorganisationen

Belgien

iz o 61
Association Belge des Editeurs de Journaux
Paepsem Business Park
Boulevard Paepsem 22 Bte 7, B-1070 Brüssel
T: (00322) 5 22 96 60 **Fax:** 5 22 60 04

Dänemark

iz o 62
Danske Dagblades Forening
Pressens Hus
Skindergade 7, DK-1159 Kopenhagen K
T: (0045) 33 12 21 15 **Fax:** 33 14 23 25

Deutschland

iz o 63
Bundesverband Deutscher Zeitungsverleger e.V. (BDZV)
Riemenschneiderstr. 10, 53175 Bonn
T: (0228) 8 10 04-0 **Fax:** 8 10 04-15
Internet: http://www.bdzv.de
E-Mail: bdzv@bdzv.de

Finnland

iz o 64
Sanomalehtien Liitto Tidningarnas Förbund
Postf. 415, FIN-00121 Helsinki
T: (003580) 22 87 73 05 **Fax:** 22 87 73 50

Frankreich

iz o 65
Syndicat de la Presse Parisienne
Rue La Fayette 13, F-75009 Paris
T: (00331) 53 20 90 60 **Fax:** 53 20 01 89

iz o 66
Syndicat de la Presse Quotidienne Régionale
Place des Etats Unis 17, F-75116 Paris
T: (00331) 40 73 80 23 **Fax:** 47 20 48 94

Griechenland

iz o 67
Athens Daily Newspaper Publishers Association
Mourouzi Street 14, GR-10674 Athen
T: (00301) 3 62 41 02 **Fax:** 7 29 19 89

Großbritannien

iz o 68
Newspaper Society
Bloomsbury House
Great Russell Street 74-77, GB-London WC1B 3DA
T: (0044207) 6 36 70 14 **Fax:** 5 80 19 72

Irland

iz o 69
National Newspapers of Ireland
Clyde Lodge
Clyde Lodge Road 15, IRL-Dublin 4
T: (003531) 6 68 90 99 **Fax:** 6 68 98 72

Italien

iz o 70
Federazione Italiana Editori Giornali
Via Piemonte 64, I-00187 Rom
T: (00396) 4 88 16 83 **Fax:** 4 87 11 09

Luxemburg

iz o 71
Association Luxembourgeoise des Editeurs de Journaux
Rue de Canal 44, L-4050 Esch-sur-Alzette
T: (00352) 54 71 31 **Fax:** 53 05 87

Niederlande

iz o 72
NDP
Atlasgebouw Azie
Hoogoorddreef 5, NL-1100 AP Amsterdam
T: (003120) 4 30 91 71 **Fax:** 4 30 91 99

Norwegen

iz o 73
Norske Avisers Landsforening
Tollbugaten 27, N-0157 Oslo
T: (0047) 22 86 12 00 **Fax:** 22 42 26 11

Österreich

iz o 74
Verband Österreichischer Zeitungen
Renngasse 12, A-1010 Wien
T: (0043222) 533 79 79-0 **Fax:** 533 79 79-22

Portugal

iz o 75
Associacao da Imprensa Diaria Portuguesa
Rua de Artilharia Um 92-2, P-1200 Lissabon
T: (003511) 3 85 75 84 **Fax:** 3 87 35 41

Schweden

iz o 76
The Swedish Newspaper Publishers' Association
Postf. 22500, S-10422 Stockholm
T: (00468) 6 92 46 00 **Fax:** 6 92 46 65

Schweiz

iz o 77
Verband Schweizer Presse
Baumackerstr. 42, CH-8050 Zürich
T: (00411) 3 18 64 64 **Fax:** 3 18 64 62

Spanien

iz o 78
Asociacion de Editores de Diarios Espanoles
Espronceda 32-6 A, E-28003 Madrid
T: (003491) 4 42 19 92 **Fax:** 4 42 86 21

• IZ O 79

Europäischer Adreßbuch und Datenbankverleger-Verband
European Association of Directory and Database Publishers Brussels
Association Européenne des Edituers d' Annuaires et de bases de domées
Avenue Louise 363, B-1050 Bruxelles
T: (00322) 6 46 30 60 **Fax:** 6 46 36 37
Internet: http://www.eadp.be
E-Mail: mailbox@eadp.be
Gründung: 1966
Präsident(in): Daniël Labbeke (ABC POUR LE COMMERCE ET L'INDUSTRIE SPRL, Sphere Business Park, Doornveld 1 B 28, B-1731 Asse (Zellik) Belgium)
Beratender Präs.: Dr. Henrique Cerqueira (INTERPROPO - SOC. DE PROPAGANDA INTERNACIONAL DE PRODUTOS PORTUGUESES, LDA. Rua Coronel Bento Roma, 28, P-1700 Lisbon, Portugal)
Vizepräsident(in): Pierre Carrigue (Directeur Général Adjoint Chargé Du Développement Oda, 7, Avenue de la Cristallerie, F-92317 Sevres Cedex, France)
Frank-Peter Oppenborn (SCHLÜTERSCHE GMBH & CO. KG VERLAG UND DRUCKEREI, Hans-Böckler-Allee 7, 30173 Hannover)
Leitung Presseabteilung: Anne Lerat
Verbandszeitschrift: Verzeichnis der Mitglieder des Verbandes mit den von ihnen verlegten Adreßbüchern
Liste des membres de l'association et des annuaires qu'ils publient Diffusion gratuite
List of members and directories they publish. Free of Charge
Mitglieder: 192
Mitarbeiter: 5
Jahresetat: DM 0,400 Mio, € 0,2 Mio

Untersuchung und Forschung auf dem Gebiet des Adressbuchwesens und die Verbreitung der daraus resultierenden Erkenntnisse, die berufliche Solidarität unter den Adressbuchverlegern auf allen Gebieten ihres Gewerbes zu schaffen, gemeinsame Richtlinien für einen lauteren Wettbewerb aufzustellen und auf dieser Grundlage unlauteren Geschäftsmethoden entgegenzutreten, die fachlichen Interessen der Adressbuchverleger zu vertreten, insbesondere auch gegenüber internationalen Instanzen, der Verband beschäftigt sich mit allen Fragen, welche das Adressbuchgewerbe angehen, insbesondere solchen, deren Lösung auf internationaler Ebene erstrebenswert und möglich ist.

• IZ O 80

Europäischer Verleger-Verband (F.E.E.)
Federation of European Publishers
Fédération des Editeurs Européens
Avenue de Tervuren 204, B-1150 Brüssel
T: (00322) 7 70 11 10 **Fax:** 7 71 20 71
E-Mail: fep.alemann@brutele.be
Gründung: 1967
Board of Directors
Président: Ulrico Hoepli (Casa Editrice Libraria Ulrico Hoepli, Via U. Hoepli, 5, I-20121 Milano, T: (003902) 86 48 71, Fax: (003902) 8 05 28 86)
Vice-Président: Antero Siljola (Werner-Söderström Publishers-WSOY, Bulevardi, 12, SF-00150 Helsinki, T: (003589) 6 16 82 00, Fax: (003589) 6 16 83 33, e-mail: as@wsoy.fi)
Trésorier: Jean Vandeveld (Ed. Bruylant, 67, Rue de la Régence, B-1000 Bruxelles, T: (00322) 5 12 98 42, Telefax: (00322) 5 11 94 77, E-Mail: bruylant@pophost.eunet.be)
Directeur: Mechthild von Alemann
Mitglieder: 17
Mitarbeiter: 3

iz o 81
Association des Editeurs Belges
Boulevard Lambermont 140, B-1030 Bruxelles
T: (00322) 2 41 65 80 **Fax:** 2 16 71 31
E-Mail: adeb@adeb.be
Directeur: Bernard Gérard
Président: Jean Vandeveld
Mitglieder: 107
Mitarbeiter: 2

iz o 82
Vlaamse Uitgerers Vereniging vzw
Publishers from Flanders
Hof ter Schrieck laan 17, B-2600 Berchem
T: (00323) 2 30 89 23 **Fax:** 2 81 22 40
E-Mail: jan.vanderheyden@skynet.be
Director: Jan Vanderheyden
President: Jos Rens

iz o 83
Den Danske Forlaggerforening
Koebmagergade, 11, DK-1150 Kobenhavn K
T: (0045) 33 15 66 88 **Fax:** 33 15 65 88
E-Mail: publassn@webpartner.dk
Director: Ib Tub Olsson
President: Erik Lindgren

iz o 84
Irish Publishers' Association
Irish Writers Centre
Temple Bar 43/44, IRL-Dublin 2
T: (003531) 670 73 93 **Fax:** 670 76 42
E-Mail: cle@iol.ie
Director: Orla Martin
President: John Murphy

iz o 85
Fed. Luxembourgeoise des Editeurs de Livres
Rue Alcide de Gasperi 7, L-1615 Luxembourg
T: (00352) 4 99 32 75 **Fax:** 48 58 76
E-Mail: promoculture@lbm.net
Conseiller: Roman Jeblick
President: Albert Daming

iz o 86

Publishers Association
1 Kingsway, GB-London WC2B 6XH
T: (0044207) 565 74 74 **Fax:** 836 45 43
E-Mail: ronnie.williams@publishers.org.uk
Director: Ronnie Williams
President: Harrison

iz o 87

Hellenic Federation of Publishers and Booksellers
Themistokleous St 73, GR-Athen 10683
T: (00301) 3 30 09 24 **Fax:** 3 30 16 17
E-Mail: poev@otenet.gr
Adviser: Elli Filippopoulou
Director: Dimitri Panteleskos

iz o 88

Börsenverein des Deutschen Buchhandels e.V.
Postf. 10 04 42, 60004 Frankfurt
Großer Hirschgraben 17-21, 60311 Frankfurt
T: (069) 13 06-0 **Fax:** 13 06-2 01
Internet: http://www.boersenverein.de
E-Mail: info@boev.de
Direktor(in): Friedhelm von Notz (T: (069) 13 06-325, Fax: (069) 13 06-399, e-mail: maurer@boev.de)
Präsident(in): Roland Ulmer
Dr. Harald (T: (069) 13 06-313, Fax: (069) 13 06-301, e-mail: pabst@boev.de)

iz o 89

Associazione Italiana Editori
Via delle Erbe, 2, I-20121 Milano
T: (003902) 86 46 30 91/92 **Fax:** 89 01 08 63
E-Mail: ivan.cecchini@aie.it
Director: Ivan Cecchini
President: Federico Motta

iz o 90

Dutch Publishers Association
Postf. 12040, NL-1100 AA Amsterdam
T: (003120) 4 30 91 50 **Fax:** 4 30 91 79
E-Mail: r.vrij@uitgeversverbond.nl
Director: Arie Fockema Andreae
Secretary: Robbert M. Vrij

iz o 91

Federacione de Gremios de Editores de Espana
Cea Bermudez 44 2° dcha, E-28003 Madrid
T: (003491) 534 51 95 50 91 05/03 **Fax:** 535 26 25
E-Mail: fgee@fge.es
President: Josep Lluis Monreal
General Secretary: Ana Molto

iz o 92

Associacao Portuguesa de Editores e Livreiros
Av. Estados Unidos da America 97-6 Esq, P-1700 Lisboa
T: (003511) 843 51 80 **Fax:** 848 93 77
E-Mail: everbo@mail.telepac.pt
President: Graça Didier
Ed. Verbo. Representative: Joao Miguel Guedes

iz o 93

Hauptverband des österreichischen Buchhandels
Grünangergasse 4, A-1010 Wien
T: (00431) 5 12 15 35 **Fax:** 5 12 84 82, 4 01 36 85
E-Mail: kralupper@hob.at
Präsident(in): Dr. Tony Hilscher
Direktor(in): Dr. Inge Kralupper

iz o 94

The Norwegian Book Publishers Association
Ovre Vollgt 15, N-0158 Oslo
T: (0047) 22 00 75 80 **Fax:** 22 33 38 30
E-Mail: dnf@forleggerforeningen.no
President: Sindre Guldvog
Managing Director: Kristin C. Slørdal

iz o 95

Finnish Book Publishers Association
Postf. 1 77, FIN-00121 Helsinki
Lönnrotinkatu 11A, FIN-00120 Helsinki
T: (003589) 22 87 72 58 **Fax:** 6 12 12 26
E-Mail: veikko.sonninen@skyry.pp.fi
President: Antero Siljola
Managing Director: Veikko Sonninen

iz o 96

Syndicat National de L'Edition
Bd. Saint Germain 115, F-75006 Paris
T: (00331) 44 41 40 50 **Fax:** 44 41 40 60
E-Mail: jsarzana@snedition.fr
President: Serge Eyrolles
Délégué Général: Jean Sarzana

iz o 97

Svenska Förläggareföreningen
97, Drottninggat AN SW-2 th, S-11360 Stockholm
T: (00468) 7 36 19 41 **Fax:** 7 36 19 44
E-Mail: kristina.ahlinder@forlagskansli.se
President: Lars Grahn
Director: Kristina Ahlinder

• IZ O 98

Föderation für Wirtschaftsinformationsdienste e.V. (FEBIS)
Federation of European Business Information Services
Fédération des Services d'Information Economique
c/o Verband der Vereine Creditreform e.V.
Postf. 10 15 53, 41415 Neuss
Hellersbergstr. 12, 41460 Neuss
T: (02131) 1 09-1 32
Gründung: 1973
Präsident(in): Edwin Zingg, Italien

• IZ O 99

Internationale Pressevereinigung für den Rennsport (IRPA)
International Racing Press Association
Postf. 206, CH-1211 Geneve 19
T: (004122) 7 88 82 06
Fax: 7 88 82 06
Präsident(in): Bernard Cahier (27, avenue des Grottes, F-74500 Evian-Les-Bains, T: (0033) 4 50 75 04 95, Telefax: (0033) 4 50 75 08 98 (priv. Adress))
Vizepräsident(in): Keith Botsford
Schatzmeister: Alain Walon

• IZ O 100

Internationale Vereinigung der Bild-Text-Verarbeitung (EUREPRO)
International Associaton for Prepress Industry
Association Internationale des Industries de Prepress
Schosshaldenstr. 20, CH-3000 Bern 32
T: (004131) 3 51 15 11 **Fax:** 3 52 37 38
Präsident(in): Dr. Jan-Hein Koningsveld (NL)
Sekr.: Dr. J. D. Martz

• IZ O 101

Internationale Vereinigung der Zeitungsausschnittbüros (FIBEP)
International Federation of Press Cutting Agencies
Fédération Internationale des Bureaux d'Extraits de Presse
Generalsekretariat:
Streulistr. 19, CH-8030 Zürich 7
T: (00411) 3 88 82 00 **Fax:** 3 88 82 01
E-Mail: fibep@swissline.ch
Generalsekretär(in): Dr. Dieter Henne
Mitglieder: 71 (in 33 Ländern)

• IZ O 102

Internationale Verleger-Union (IVU)
International Publishers Association
Union Internationale des Editeurs
Avenue de Miremont 3, CH-1206 Genève
T: (004122) 3 46 30 18 **Fax:** 3 47 57 17
Internet: http://www.ipa-uie.org
E-Mail: secretariat@ipa-uie.org
Gründung: 1896
Präsident(in): A. Gründ
Hauptgeschäftsführer(in): Benoit Müller
Mitglieder: 74

Landesverbände: Argentina, Austria, Belgium (2 x), Bolivia, Bosnien-Herzegowina, Brazil, Bulgaria, Canada (2 x), Chile, Colombia, Czech Republic, Denmark, Ecuador, Egypt, Estonia, Finland, France, Germany, Ghana, Great Britain, Greece, Hungary, Iceland, India, Indonesia, Ireland, Israel, Italy, Japan, Kenya, Korea, Latvia, Lithuania, Luxembourg, Malaysia, Mexico, Morocco, Netherlands, New Zealand, Nigeria, Norway, Peru, Philippines, Poland, Portugal, Russia, Singapore, Slovenia, South Africa, Spain, Sri Lanka, Sudan, Sweden, Switzerland (2 x), Tanzania, Thailand, Turkey, Uganda, USA, Uruguay, Venezuela, Yugoslavia, Zimbabwe

Fachverbände: International Association of Scientific, Technical & Medical Publishers, Music Section, International Association of Scholarly Publishers

Regionale Gruppen: Fédération des éditeurs europeens (F.E.E.), Grupo Interamericano de Editores (GIE), African Publishers Network (APNET)

• IZ O 103

Internationaler Verband der Filmkritik (FIPRESCI)
International Federation of Film Critics
Fédération Internationale de la Presse Cinématographique
Schleißheimer Str. 83, 80797 München
T: (089) 18 23 03 **Fax:** 18 47 66
Internet: http://www.fipresci.org
E-Mail: keder@fipresci.org
Generalsekretär(in): Klaus Eder

• IZ O 104

Internationaler Verband der Zeitschriftenpresse (FIPP)
International Federation of the Periodical Press
Fédération Internationale de la Presse Périodique
Queens House
Lincoln's Inn Fields 55-56, GB-London WC2A 3LJ
T: (0044207) 4 04 41 69 **Fax:** 4 04 41 70
Internet: http://www.fipp.com
E-Mail: info@fipp.com
Gründung: 1925
Chairmen: Thomaz Sonto Corréa (Brazil)
Abril Gronpo (Editorial Perfil)
Deputy Chairman: Alberto Guido Fontevecchia (EMAP Argentinien)
Treasurer: Chris Llwellyn
President & CO.O: Per R. Mortensen
General Manager: Helen Bland
Marketing und Information Executive: Gregory Stevenson
Verbandszeitschrift: Magazine World (4 times a year)
Mitglieder: 125
Mitarbeiter: 37 National Associations, 100 Publishing Companies

• IZ O 105

Internationales Presse-Institut (IPI)
International Press Institute
Institut International de la Presse (IIP)
Spiegelgasse 2/29, A-1010 Wien
T: (00431) 5 12 90 11 **Fax:** 5 12 90 14
Internet: http://www.freemedia.at
E-Mail: info@freemedia.at
Gründung: 1950 (Oktober)
Direktor(in): Johann P. Fritz
Leitung Presseabteilung: Barbara Trionfi
Verbandszeitschrift: IPI Report (quarterly), IPI World Press Freedom Review (annual)
Redaktion: Peter Goff
Verlag: Peter Goff, Spiegelgasse 2, A-1010 Wien
Mitglieder: 2000
Mitarbeiter: 9

• IZ O 106

Katholische Weltunion der Presse (UCIP)
International Catholic Union of the Press
Union Catholique Internationale de la Presse
Postf. 197, CH-1211 Genf 20
Rue de Vermont 37-39, CH-1211 Genf 20
T: (004122) 7 34 00 17, 7 34 74 16 **Fax:** 7 34 00 53
Internet: http://www.ucip.ch
E-Mail: helo@ucip.ch
Gründung: 1927
Präsident(in): Theresa Ee-Chooi (Malaysia)
Generalsekretär(in): Joseph Chittilappilly
Verbandszeitschrift: "UCIP-Information"
Redaktion: in Genf, Adresse wie oben
Mitarbeiter: 4 im Generalsekretariat

• IZ O 107

Union der Europäischen Wirtschafts- und Finanzpresse (U.P.E.F.E.)
European Economic and Finance Press Union
Union de la Presse Financière et Économique Européenne
Brussels Representative Office
Research Park, B-1731 Zellik
T: (00322) 4 67 56 11 **Fax:** 4 67 57 57

• IZ O 108

Weltorganisation der Zeitschriftenpresse (OMPP)
World Organisation of Periodical Press
Organisation Mondiale de la Presse Périodique
Avenue du Roi 191, B-1190 Brüssel
T: (00322) 5 39 03 69 **Fax:** 5 34 51 40
E-Mail: ompp@skynet.be
Gründung: 1960
Président: Roland Van Onsem
Secrétaire Général: René Boissin
Contact: Judith Laczko
Verbandszeitschrift: World Periodical Press News
Redaktion: M. Roland van Onsem
Mitarbeiter: 1

Werbewirtschaft

• **IZ O 109**
Europäische Allianz der Werbeselbstdisziplin (EASA)
European Advertising Standards Alliance
Alliance Européenne pour l'Ethique en Publicité
Rue de la Pépinière 10A, B-1000 Brüssel
T: (00322) 5 13 78 06 **Fax:** 5 13 28 61
Internet: http://www.easa-alliance.org
E-Mail: library@easa-alliance.org
Gründung: 1992
President: José-Domingo Gomez-Castallo
General Dir.: Dr. Oliver Gray (Contact)
Mitglieder: 27
Mitarbeiter: 5
Jahresetat: 15 Mio (BEF)

Mitgliedsorganisationen

Belgien

iz o 111
Jury d'Ethique Publicitaire (JEP)
Jury voor Eerlijke Praktijken Inzake Reclame (JEP)
Postf. 5, B-1050 Brüssel
Ave Louise/Louizalaan 120, B-1050 Brüssel
T: (00322) 5 02 70 70 **Fax:** 5 02 77 33
E-Mail: jep@optinet.be
Contact: Jean-Claude Dastot

Finnland

iz o 113
Liiketapalautakunta (LTL)
Postf. 10 00, FIN-00101 Helsinki
T: (003580) 9 69 69 69 **Fax:** 9 65 03 03
Internet: http://www.keskuskauppakamari.fi
E-Mail: keskuskauppakamari@wtc.fi
Contact: Paula Paloranta

Deutschland

iz o 1 13.10
Deutscher Werberat (DW)
Postf. 20 14 14, 53144 Bonn
Villichgasse 17, 53177 Bonn
T: (0228) 82 09 20 **Fax:** 35 75 83
E-Mail: zaw@zaw.de
Contact: Dr. Georg Wronka

iz o 1 13.20
Zentrale zur Bekämpfung unlauteren Wettbewerbs e.V. Frankfurt am Main
Postf. 25 55, 61295 Bad Homburg
Landgrafenstr. 24B, 61348 Bad Homburg
T: (06172) 12 15 30 **Fax:** 8 44 22
E-Mail: mail@wettbewerbszentrale.de
Contact: Dr. Reiner Münker

Frankreich

iz o 114
Bureau de Vérification de la Publicité (BVP)
11 rue Saint Florentin, F-75008 Paris
T: (00331) 40 15 15 40 **Fax:** 40 15 15 41/2
E-Mail: contact@bvp.org
Contact: Joseph Besnainou

Griechenland

iz o 1 14.10
Enossi Diafimistikon Etairion Ellados (EDEE)
Yperidou 7, GR-105 58 Athen
T: (00301) 3 24 62 15/6/8 **Fax:** 3 24 68 80
Internet: http://www.edee.gr.
E-Mail: admin@edee.gr
Contact: Maro Cambouris
Contact: Christiana Paschaliedes

Großbritannien

iz o 117
The Advertising Standards Authority Limited (ASA)
Brook House
Torrington Place 2, GB-London WC1E 7HW
T: (0044207) 5 80 55 55 **Fax:** 6 31 30 51
Internet: http://www.asa.org.uk
Contact: Christopher Graham

iz o 118
Broadcast Advertising Clearance Centre (BACC)
200 Gray's inn Road, GB-London WC1X 8HF
T: (0044207) 8 43 82 65 **Fax:** 8 43 81 54
Internet: http://www.bacc.org.uk
E-Mail: contact@bacc.org.uk
Contact: Uisdean Maclean

iz o 119
Independent Television Commission (ITC)
Foley Street 33, GB-London W1P 7LB
T: (0044207) 3 06 77 05 **Fax:** 3 06 77 17
Internet: http://www.itc.co.uk
E-Mail: publicaffairs@itc.co.uk
Kontaktperson: Mike Taylor

Irland

iz o 121
Advertising Standards Authority for Ireland (ASAI)
IPC House
35-39 Shelbourne Road, IRL-Dublin 4
T: (003531) 6 60 87 66 **Fax:** 66 08 11 13
Internet: http://www.asai.ie
E-Mail: info@asai.ie
Contact: Edward McCumiskey

Italien

iz o 122
Istituto dell' Autodisciplina Pubblicitaria (IAP)
Via Larga 15, I-20122 Mailand
T: (003902) 58 30 39 75/ 58 30 49 41 **Fax:** 58 30 37 17
Internet: http://www.iap.it
E-Mail: iapublit@iap.it
Contact: Dr. Vincenzo Guggino

Luxemburg

iz o 123
Commission Luxembourgeoise pour l'Ethique en Publicité (CLEP)
c/o Polygraphic S.A.
23, Val Fleuri, L-1526 Luxemburg
T: (00352) 25 18 81 **Fax:** 25 18 89
E-Mail: tkayser@polygraphic.lu
Contact: Roland Kayser

Niederlande

iz o 124
Stichting Reclame Code (SRC)
Postf. 1 23 52, NL-1100 AJ Amsterdam ZO
Paasheuvelweg 15, NL-1105 BE Amsterdam ZO
T: (003120) 6 96 00 19 **Fax:** 6 96 56 59
President: Prisca Ancion-Kors

Österreich

iz o 1 24.10
Österreichischer Werberat (ÖWR)
Wiedner Hauptstrasse 63, A-1045 Wien
T: (00431) 5 01 05 37 60 **Fax:** 50 20 62 85
Internet: http://www.werberat.or.at
E-Mail: werbung@wk.or.at
Contact: Bärbel Tasch

Portugal

iz o 125
Instituto Civil da Autodisciplina da Publicidade (ICAP)
Avenida da Republica 62F-6, P-1000 Lissabon
T: (003511) 7 96 67 31/ 7 96 96 92 **Fax:** 7 93 85 76
E-Mail: icap@apan.pt
Contact: Miguel Morais Vaz

Rußland

iz o 126
Reklamny Sovet Rossii (RSR)
4 Zubovsky Blvd., RUS-Moskau 119021
T: (007095) 2 01 45 50 **Fax:** 2 01 24 26
Internet: http://www.advertising.ru
E-Mail: rsr@alin.ru
Kontaktperson: Dr. Dmitry Badalov

Slowakische Republik

iz o 127
Rada Pre Reklamu (SRPR)
Grösslingova 45, SK-81109 Pressburg
T: (004217) 59 27 62 91 **Fax:** 59 27 63 11/62 71
E-Mail: rpr@nextra.sk
Contact: Daniela Perlakiova

Slowenien

iz o 128
Slovensko Oglaševalska Zbornica (SOZ)
7 Dunajska Cesta, SLO-1000 Ljubljana
T: (0038661) 1 39 60 50/55 **Fax:** 1 33 94 70
Internet: http://www.k2.net/soz/
E-Mail: info@soz.si
Contact: Andrej Zorz

Spanien

iz o 129
Asociacion de Autocontrol de la Publicidad (AAP)
P._Ho de Recoletos 18- esc. izqda. 6_Ho dcha, E-28001 Madrid
T: (003491) 5 76 66 01 **Fax:** 4 35 94 53
Internet: http://www.aap.es
E-Mail: autocontrol@aap.es
Contact: José Domingo Gomez-Castallo
Carmen Fernandez-Neira

Schweden

iz o 130
MarknadsEtiska Rådet (MER)
Postf. B ox 55 01, S-114 85 Stockholm
Størgatan 19, S-114 85 Stockholm
T: (00468) 7 83 80 20 **Fax:** 6 60 52 04
E-Mail: anders.stenlund@industiforbundet.se
Contact: Anders Stenlund

Tschechische Republik

iz o 1 30.10
Rada Pro Reklamu (CRPR)
Skretova 6/44, CZ-12059 Praha 2
T: (004202) 24 22 56 92 **Fax:** 24 23 05 90
Internet: http://www.rpr.cz
E-Mail: rpr@rpr.cz
Contact: Juraj Podkonicky

Türkei

iz o 1 30.20
Reklam Özdenetim Kurulu (RÖK)
Yildiz Çiçeği Sok. No. 19, TR-80630 Etiler
T: (0090212) 2 57 88 73 **Fax:** 2 57 88 70
E-Mail: rekder@superonline.com
Kontaktperson: Dr. Erdal Karamercan

Ungarn

iz o 1 30.30

Önszabályozó Reklám Testület (ÖRT)
Borbély u 5-7, H-1132 Budapest
T: (00361) 3 49 27 17 **Fax:** 2 39 98 66, 3 49 32 23
Contact: Ildikó Fazekas

Assoziierte Mitglieder

Dänemark

iz o 131

ReklameForum (RF)
c/o Dansk Annoncørforening
Læderstræde 32-34, DK-1201 Copenhagen
T: (004533) 14 43 46 **Fax:** 14 05 03
Internet: http://www.annoncoer.dk
E-Mail: daf@annoncoer.dk
Contact: Eva Tufte

Schweiz

iz o 132

Commission Suisse pour la Loyauté (CSL)
Postf. 46 75, CH-8022 Zürich
Kappelergasse 14, CH-8022 Zürich
T: (00411) 2 11 79 22 **Fax:** 2 11 80 18
E-Mail: info@lauterkeit.ch
Contact: Dr. Hanspeter Marti
Bernadette Viviani

Korrespondierende Mitglieder

Südafrika

iz o 135

Advertising Standards Authority of South Africa (ASASA)
Burnside Island
Willowview
Postf. 4 15 55, ZA-Craighall 2024
410 Jan Smuts Avenue, ZA-Craighall Park
T: (002711) 7 81 20 06 **Fax:** 7 81 16 16
E-Mail: asasa01@iafrica.com
Contact: Deline Beukes

Neuseeland

iz o 136

Advertising Standards Authority Inc.
Postf. 10-675, NZ-Wellington
Ground Floor, 79 Boulcott Street, NZ-Wellington
T: (00644) 4 72 78 52 **Fax:** 4 71 17 85
Internet: http://www.asa.co.nz
E-Mail: asa@asa.co.nz
Kontaktperson: Glen Wiggs

Vereinigte Staaten von Amerika

iz o 1 36.10

Advertising Review Council (ARC)
c/o Entertainment Software Rating Board (ESRB)
845 Third Ave., 14th Floor, USA-New York NY 10022
T: (001212) 7 59 07 00 **Fax:** 7 59 22 23
Internet: http://www.esrb.org
E-Mail: info@esrb.org
Contact: Arthur Pober

• IZ O 137

Europäischer Direktmarketing Verband (FEDMA)
Federation of European Direct Marketing (FEDMA)
Fédération Européenne du Marketing Direct
Avenue de Tervuren 439, B-1150 Brüssel
T: (00322) 778 99 20 **Fax:** 778 99 24
E-Mail: info@fedma.org
President: Carel R. Rog
Director General Business Development: Dirk Frans
Director General Public Affairs & Self-Regulation: Alastair Tempest

Mitgliedsorganisationen

Belgien

iz o 138

Belgian Direct Marketing Association (BDMA)
Heizel Esplanade Heysel B 46, B-1020 Brüssel
T: (00322) 4 77 17 97 **Fax:** 4 79 06 79
Internet: http://www.bdma.be
E-Mail: info@bdma.be
Director: Paul Van Lil

Deutschland

iz o 139

Deutscher Direktmarketing Verband e.V. (DDV)
Hasengartenstr. 14, 65189 Wiesbaden
T: (0611) 9 77 93-0 **Fax:** 9 77 93-99
Internet: http://www.ddv.de
E-Mail: info@ddv.de
Kontaktperson: Holger Albers

Finnland

iz o 140

Suomen Suoramarkkinointiliitto RY. (SSML)
Finnish Direct Marketing Association
Lönnrotinkatu 11a lll krs, FIN-00120 Helsinki
T: (003589) 22 87 74 01 **Fax:** 6 12 10 39
E-Mail: sakke@ssml-fdma.fi
Kontaktperson: Sakari Virtanen

Frankreich

iz o 141

Union Française du Marketing Direct (UFMD)
Rue de la Boetie 60, F-75008 Paris
T: (00331) 42 56 38 86 **Fax:** 45 63 91 95
Kontaktperson: Bernard Siouffi

Griechenland

iz o 142

Pan Mail
Posidonos Avenue 1-2, GR-17561 Athen
T: (00301) 9 85 01 03 **Fax:** 9 88 30 45
Kontaktperson: Panos Vatsis

Großbritannien

iz o 143

Direct Marketing Association (DMA-UK)
Haymarket House
Oxenden Street 1, GB-London SW1Y 4EE
T: (0044207) 3 21 25 25 **Fax:** 8 39 54 60
Kontaktperson: Colin Fricker

Irland

iz o 144

Irish Direct Marketing Association (IDMA)
Response House
Aungier Street Whitefriars, IRL-Dublin 2
T: (0035314) 78 45 09 **Fax:** 78 45 31
Kontaktperson: Alex Pigot

Niederlande

iz o 145

Nederlandse Associatie voor Direct Marketing, Distance Selling en Sales Promotion (DMSA)
Weerdestein 96, NL-1083 GG Amsterdam
T: (003120) 6 42 95 95 **Fax:** 6 44 01 99
Kontaktperson: Dr. Frits van Dorst

Österreich

iz o 146

Wirtschaftskammer Österreich
Fachverband Werbung
Postf. 3 50, A-1045 Wien
Wiedner Hauptstrasse 63, A-1045 Wien
T: (00431) 50 10 50 **Fax:** 50 20 62 75
Kontaktperson: Herbert Bachmaier

Portugal

iz o 147

Associação Portuguesa de Marketing Directo (AMD)
E.N.117-1. No.91-Valejas, P-2795 Linda-a-Velha
T: (003511) 4 36 67 27 **Fax:** 4 36 78 45
E-Mail: directimedia@mail.telepac.pt
Kontaktperson: Joao Novais de Paula

Schweden

iz o 148

Swedish Direct Marketing Association (SWEDMA)
Postf. 1 40 38, S-10440 Stockholm
Strandvagen 7B entré 3, S-10440 Stockholm
T: (00468) 6 61 39 10 **Fax:** 6 60 07 13
Kontaktperson: Tom Ekelund

Schweiz

iz o 149

Schweizerischer Verband für Direktmarketing (SVD)
Postfach, CH-8708 Männedorf
T: (00411923) 75 60 **Fax:** 67 80
Kontaktperson: Rudolf Waldburger

Spanien

iz o 150

Asociacion Española de Venta a Distancia
Avda Diagonal 437 5_U 1a, E-08036 Barcelona
T: (00343) 2 40 40 70 **Fax:** 2 01 29 88
E-Mail: fecemd@fecemd.org
Kontaktperson: Elena Gomez

• IZ O 151

Europäischer Dreierverband für Werbung (EAT)
European Advertising Tripartite
Tripartite Européenne de Publicité
Avenue de Tervuren 267, B-1150 Brüssel
T: (00322) 7 79 21 30 **Fax:** 7 72 89 80
Gründung: 1989
Chairman: John Hooper
Secretary General: Florence Ranson
Mitarbeiter: 3

• IZ O 152

Europäischer Verband für Fernsehwerbung (EGTA)
European Group of Television Advertising
International Association
Rue Wiertz 50, B-1050 Brüssel
T: (00322) 2 86 91 22 **Fax:** 2 86 91 24
Internet: http://www.egta.com
E-Mail: michel.gregoire@club.integral.be
Gründung: 1978
Chairman: Marc Lavédrine (France Espace)
Vice-Chairman: Pierre-Paul Vander Sande (RMB)
Colm Molloy (RTE)
Treasurer: Manuel Aguirre Hernandez (RTVE)
Secretary General: Michel Grégoire

Mitgliedsorganisationen

Belgien (Nord)

iz o 153

Vlaamse Audiovisuele Regie (VAR)
Tollaan 107B, Bus 3, B-1932 Sint-Stevens-Woluwe
T: (00322) 7 16 34 11 **Fax:** 7 25 39 77
Wim Frison

Belgien (Süd)

iz o 154

Régie Media Belge (RMB)
Rue Colonel Bourg 133, B-1140 Bruxelles
T: (00322) 7 30 45 09 **Fax:** 7 26 64 25
Pierre-Paul Vander Sande

Bosnien-Herzegowina

iz o 155

J.P. Radio and TV of Bosnia & Herzegovina
Marketing RTV BH Department
Bulevar Mese Selimovica 12, BA-71000 Sarajevo
T: (0038771) 46 40 57 **Fax:** 46 15 13
Azra Krajsek

Bulgarien

iz o 156

Bulgarian National Television
San Stefano Straße 29, BG-1504 Sofia
T: (003592) 44 63 29 **Fax:** 9 46 12 10
Ivan Pavlov

Deutschland

iz o 157

ZDF - Werbefernsehen
55100 Mainz
T: (06131) 70 40 22, 70 40 25 **Fax:** 70 25 18, 70 40 99
Wolfgang Köhler

iz o 158

ARD Werbung Werbefunk Saar
Postf. 10 33 51, 66033 Saarbrücken
T: (0681) 6 87 92 30 **Fax:** 6 87 92 25
Bernd Gilgen

Estland

iz o 159

ETV REKLAAMIGRUPP
Faehlmanni St. 12, EW-0100 Tallinn
T: (00372628) 41 33, 41 50 **Fax:** 41 56
Tiu Simm

Finnland

iz o 160

MTV Media Ltd
Ilmalantori 2, FIN-00240 Helsinki
T: (003589) 15 00 280 **Fax:** 146 17 55
Eero Aalto

Frankreich

iz o 161

TF 1 PUBLICITE
1, Quai du Point du Jour, F-92656 Boulogne Cedex
T: (00331) 41 41 33 27 **Fax:** 41 41 33 52
Jean-Bernard Ichac

iz o 162

EUROSPORT
Rue Gaston et René Caudron 3, F-92448 Issy-les-Moulineaux
T: (00331) 40 93 81 15 **Fax:** 40 93 83 47
Caroline Coblentz

iz o 163

France Espace
104, Avenue du Président Kennedy, F-75116 Paris
T: (00331) 40 50 50 00 **Fax:** 40 50 77 33
Marc Lavédrine

iz o 164

HAVAS INTERMEDIATION
Av. Charles de Gaulle 136, F-92523 Neuilly S/Seine
T: (00331) 46 40 22 20 **Fax:** 46 40 23 80
Jean-Pierre Vignolle

Frankreich

iz o 165

Canal + France
Quai André Citröen 85-89, F-75711 Paris Cedex 15
T: (00331) 40 58 86 42 **Fax:** 40 58 86 40
Alain Touzet

Großbritannien

iz o 166

ITV Network Centre
200 Gray's Inn Road, GB-London WC1X 8HF
T: (0044207) 8 43 80 85 **Fax:** 8 43 81 55
Sue Eustace
Ross Biggam

iz o 167

TSMS
Westworld, West Cate Hanger Lane, GB-London W51EH
T: (0044208) 4 79 44 12 **Fax:** 4 79 40 40
Tim Wootton

Irland

iz o 168

Radio Telefis Eireann (RTE)
Donnybrook, IRL-Dublin 4
T: (003531) 2 08 24 65 **Fax:** 2 08 30 97
Colm Molloy

Italien

iz o 169

SIPRA
Corso Sempione 73, I-20149 Mailand
T: (00392) 34 57 34 39 **Fax:** 34 57 33 78
Paolo Lutteri

Kroatien

iz o 170

Hrvatska Televizija
Prisavlje 3, HR-41000 Zagreb
T: (003851) 616 3366 **Fax:** 616 3791
Kruno Novak

Malta

iz o 171

Public Broadcasting Services (PBS)
St. Luke's Road 75, GBY-Mangia MSD 09
T: (00356) 24 90 60 **Fax:** 24 46 01
Louis Gatt

Niederlande

iz o 172

Stichting Ether Reclame STER
Postf. 344, NL-1200 AH Hilversum
T: (003135) 6 72 55 00 **Fax:** 6 23 61 62
Cees Vis

Norwegen

iz o 173

TV2
Karl Johans gate 14, N-0101 Oslo
T: (00472) 2 31 47 00 **Fax:** 2 31 48 01
Alex Line

Österreich

iz o 174

Österreichischer Rundfunk ORF
Würzburggasse 30, A-1136 Wien
T: (00431) 8 78 78 47 10 **Fax:** 8 78 78 37 14
Franz Prenner

Polen

iz o 175

Biuro Reklamy TVP
UL.Woloska 18, PL-02-672 Warszawa
T: (004822) 6 40 22 40 **Fax:** 6 40 22 00
Maria Gorecka

Portugal

iz o 176

Radiotelevisao Commercial RTC
Avenida Fontes de Melo 17-19, P-1000 Lisboa
T: (003511) 3 52 88 35 **Fax:** 3 55 70 76
Dr. Miguel Magalhäes

Rumänien

iz o 177

Televiziunea Romana
Str. Molière 2 Sector 1, R-Bukarest
T: (00401) 2 30 57 10 **Fax:** 2 30 03 81
Ovidiu Balaci

Schweden

iz o 178

TV 4 NORDISK TELEVISION AB
Tegeluddsvägen 3-5, S-11537 Stockholm
T: (00468) 4 59 45 75 **Fax:** 4 59 45 29
Henrik Wallén

Schweiz

iz o 179

Publisuisse SA
Giacomettistr. 3, CH-3000 Bern
T: (004131) 3 58 31 11 **Fax:** 3 58 31 00
Direktor(in): André Hofer
François Landgraf
Pascal Froidevaux

Slowakische Republik

iz o 180

STV Telexim
Mlynska Dolina, SK-84545 Bratislava
T: (004217) 654 28 400 **Fax:** 654 22 252
Elena Kosmanova

Slowenien

iz o 181

Marketing TV SLO
Kolodvorska 2-4, SLO-1550 Ljubljana
T: (0038661) 1 75 43 12 **Fax:** 1 75 43 13
Ivo Milovanovic

Spanien

iz o 182

RTVE
c/Joaquin Costa 43, E-28002 Madrid
T: (00341) 5 81 75 64 or 75 53 **Fax:** 5 81 75 56
Manuel Aguirre Hernandez

Tschechische Republik

iz o 183

Ceska Televize (CT)
Czech Television
Kavci Hory, CZ-14070 Praha 4
T: (004202) 61 13 47 32 **Fax:** 61 21 11 87
Stanislav Slavik

Ungarn

iz o 184

MTV Hungarian Television Corp.
Szabadsag ter 5-6, H-1054 Budapest
T: (00361) 3 73 51 38 **Fax:** 3 73 51 67
Miklos Gergely

iz o 185

MTM-SBS
Róna U. 174, H-1145 Budapest
T: (00361) 467 64 00 **Fax:** 220 59 22

• **IZ O 186**

Europäischer Verband der Werbeagenturen (EAAA)
European Association of Advertising Agencies
Association Européenne des Agence de Publicité
Rue Saint Quentin 5, B-1040 Brüssel
T: (00322) 2 80 16 03 **Fax:** 2 30 09 66
Gründung: 1969
President: Xavier Oliver
Dir. General: Stig G. Carlson
Contact: Shirley May
Annick Walgraef
Mitglieder: 25 National States, 19 Multinational
Mitarbeiter: 3

• **IZ O 187**

Filmreklame-Weltverband (SAWA)
Screen Advertising World Association Ltd.
Association Mondiale de la Publicité Cinématographique
Woolverstone House
61/62 Berners Street, GB-London W1P 3AE
T: (0044207) 6 36 61 22 **Fax:** 6 36 60 86
Gründung: 1963
President: Terry Savage
Secretary General: Rob Cooksey
Mitglieder: 45

• **IZ O 189**

Internationales Netz selbständiger Direct-Marketing-Agenturen (INTERDIRECT NETWORK)
International Network of Independent Direct Marketing Agencies
Réseau International des Agences Autonomes de Publicité Directe
Inter Direct Central
Amstelstein House
Postf. 55, NL-1190 AB Ouderkerk aan de Amstel
Burg. Stramanweg 63, NL-1191 CX Ouderkerk aan de Amstel
T: (003120) 4 96 54 65 **Fax:** 4 96 52 31
Internet: http://www.interdirectnetwork.com
E-Mail: interdir@euronet.nl
Gründung: 1988
Contact: Clive R. Payne
Mitglieder: 15
Mitarbeiter: 1

• **IZ O 190**

Internationales Werbe-Festival (IAF)
International Advertising Festival
27 Mortimer Street, GB-London WIN 7RJ
T: (0044207) 2 91 84 44 **Fax:** 2 91 84 00
Internet: http://www.canneslions.com
C.E.O. Romain Hatchuel
Mitarbeiter: 15

• **IZ O 191**

Weltverband der Werbungtreibenden (WFA)
World Federation of Advertisers
18-24, Rue des Colonies, Bte 6, B-1000 Brüssel
T: (00322) 5 02 57 40 **Fax:** 5 02 56 66
Internet: http://www.wfa.be
E-Mail: info@wfa.be
President: Hans Merkle (PaG, Germany)
Vizepräsident(in): Anthony Gortzig
Director General: Bernhard Adriaensens
EU Affairs: Stephan Loerke

Mitglieds-Vereinigungen

Argentinien

iz o 192

Camara Argentina de Anunciantes
624, Belgrano -3° Piso, RA-Buenos Aires
T: (00541) 3 31 88 52 **Fax:** 3 31 88 52
E-Mail: cam-anun@passnet.com.net
Gerente General: Osvaldo Croce

Australien

iz o 193

Australian Association of National Advertisers
99 Elizabeth Street, Suite 2, Level 5, AUS-NSW 2000 Sydney
T: (00612) 9221 8088 **Fax:** 9221 8077
E-Mail: sara.mortonstone@aana.com.au, leanne.miller@aana.com.au
General Manager: Sara Morton-Stone

Belgien

iz o 194

Union Belge des Annonceurs
18-24 Rue des Colonies, B-1000 Brüssel
T: (00322) 5 02 42 20 **Fax:** 5 02 42 69
E-Mail: bob.dpaepe@ubadv.be
Administrateur Directeur Général: Bob De Paepe

Brasilien

iz o 195

Asociacao Brasileira de Anunciantes
352 Avenida Paulista - 6° Andar - conj. 61-64, BR--CEP 01310 Sao Paulo
T: (005511) 2 83 45 88 **Fax:** 2 83 14 57
E-Mail: aba@netpoint.com.br, rafael-sampaio@ibm.net
Vice-Presidente Executivo: Rafael Sampaio

Chile

iz o 196

Asociacion Nacional de Avisadores
16894 Casilla Correo 9 Providencia, RCH-Santiago
T: (00562) 2 34 41 23 **Fax:** 2 31 84 53
E-Mail: anda@entelchile.net
President: Patricio Bellocio

China

iz o 197

China Enterprise Confederation
17 Zizhuyuan Nalu, Haidian District, CN-1000 44 Beijing
T: (008610) 687 25 437 **Fax:** 684 14 280
E-Mail: cema@public.bta.net.cn

Dänemark

iz o 198

Dansk Annoncorforening
32-34 Laederstraede, DK-1201 Kopenhagen K
T: (004533) 14 43 46 **Fax:** 14 05 03
E-Mail: daf@annoncoer.dk
Director: Bent Vindelin-Pedersen

Deutschland

iz o 199

OWM - Markenverband e.V.
Schöne Aussicht 59, 65193 Wiesbaden
T: (0611) 58 67 21, 58 67 24 **Fax:** 58 67 27
E-Mail: info@markenverband.de
Deputy General Manager: Dipl.-Volksw. Wolfgang Hainer

Finnland

iz o 200

Mainostajien Liitto
3 D Meritullinkatu, FIN-00170 Helsinki
T: (003589) 6860 8417 **Fax:** 6225411
Internet: http://www.mainostajat.fi
E-Mail: kristiina.suhonen@mainostajat.fi
Director: Kristiina Suhonen

Frankreich

iz o 201

Union des Annonceurs
53 Avenue Victor Hugo, F-75116 Paris
T: (00331) 45 00 79 10 **Fax:** 45 00 55 79
Internet: http://www.uda.fr
E-Mail: infos@uda.fr
Vice President: Gérard Noël

Griechenland

iz o 202

Greek Advertisers Association
17 Mouson Street, GR-115 24 Athen
T: (00301) 698 39 17 **Fax:** 698 41 29
E-Mail: sde@otonet.gr
Director: Katy Petropoulou

Grossbritannien

iz o 203

Incorporated Society of British Advertisers
44 Hertford Street, GB-W1Y 8AE London
T: (0044207) 499 75 02 **Fax:** 493 0824
Internet: http://www.isba.org.uk
E-Mail: johnh@isba.org.uk
Director General: John Hooper

Indien

iz o 204

The Indian Society of Advertisers
148 Mahatma Gandhi Road, Army & Navy Bldg. 3rd Floor, IND-400 001 Mumbai
T: (009122) 284 35 83 **Fax:** 204 21 16
E-Mail: isa@bom4.vsnl.net.in
Secretary General: S.N. Buknt

Indonesien

iz o 205

The Advertisers Association of Indonesia
16 Jl. Pulo Lentut, Kawasan Industri, Pulogadung, RI-Jakarta Timur
T: (006221) 460 02 45 **Fax:** 460 02 44
Chairman: Anak Agung

Irland

iz o 206

Association of Advertisers in Ireland
Rock House 2, Main Street, IRL-Blackrock Co. Dublin
T: (003531) 4505000 **Fax:** 4602643
Internet: http://www.aai.ie
E-Mail: assadvts@indigo.ie
Chief Executive: Aidan Burns

Island

iz o 207

Association of Icelandic Advertisers
28 Arzmuli, IS-108 Reykjavik
T: (00354) 580 25 00 **Fax:** 580 25 01
E-Mail: bergsveinn@lotto.is
President: Bergsveinn Sampsted

Israel

iz o 208

Advertisers Association of Israel
Postf. 20 440, IL-61207 Tel Aviv
T: (009723) 561 53 10 **Fax:** 561 52 81
E-Mail: igud@inter.net.il
Generalbevollmächtigter: Yair Feldmann

Italien

iz o 209

Utenti Pubblicita Associati
13 Via Larga, I-20122 Mailand
T: (003902) 58 30 37 41 **Fax:** 58 30 44 43
E-Mail: upaformazione@tin.it
Director General: Felice Lioy

Japan

iz o 210

Japan Advertisers Association Inc
8-12 4 Ginza Chuo-ku, Kochiwa Building, J-104 0061 Tokio
T: (00813) 35 62 58 26 **Fax:** 35 62 58 28
Internet: http://www.jaa.or.jp
E-Mail: jaa@jaa.or.jp
Senior Executive Director: Takao Ohno

Kanada

iz o 211

Association of Canadian Advertisers
175 Bloor Street East- Suite 307, South Tower, CDN-M4W 3R8 Toronto - Ontario
T: (001416) 964 38 05 **Fax:** 964 07 71
Internet: http://www.aca-online.com

E-Mail: rlund@aca-online.com
President und CEO: Ron Lund

Kolumbien

iz o 212

Asociacion Nacional de Anunciantes Colombia
98 N° 9-03-off 606, Apartado Aéro 90565, CO-8060 Santafe de Bogota, DC
T: (00571) 218 29 31 **Fax:** 218 22 94
Asistente Presidencia Ejecutiva: Olga Patricia Britto

Korea

iz o 213

Korean Advertisers Association
28-1 Yoido-Dong, Yeongdeungpo - gu, FKI Building 17th Fl, KP-150 756 Seoul
T: (00822) 782 83 90 **Fax:** 780 23 91
Internet: http://www.kaa.or.kr
E-Mail: unos@thrunet.com
Vice Chairman: Hong Oh-Sun

Libanon

iz o 214

Lebanese Association for Marketing & Advertising
Postf. 113-6382, LIB-Hamra
Maamari St, Lions Building, Apt 301, LIB-Hamra/Beirut
T: (009618) 206089 **Fax:** 540 211
Internet: http://www.chtaura.com
E-Mail: cmc@dm.net.lb
Director: Atef Iddriss

Marokko

iz o 215

Groupement des Annonceurs du Maroc
23 Rue Jean Jaures-Q. Gauthier, MA-20000 Casablanca
T: (002122) 26 98 39 **Fax:** 20 34 41
E-Mail: gam@marsnet.net.ma
Président: Abdellah Ichou

Neuseeland

iz o 216

Association of New Zealand Advertisers
Postf. 9348, NZ-Auckland Newmarket
Level 3, Quay Tower, 29 Customs Street, NZ-Auckland Newmarket
T: (00649) 300 59 32 **Fax:** 300 59 31
E-Mail: anza@anza.co.nz
Executive Director: Jeremy Irwin

Niederlande

iz o 217

BVA/Associatie Nederlandse Adverteerders
Postf. 75257, NL-1070 AG Amsterdam
T: (003120) 661 40 66 **Fax:** 661 40 56
E-Mail: bert.versteege@bva.nl
Director: Adelbert Versteege

Norwegen

iz o 218

Norske Annonsörers Forbund
7 övre Slottsgt., N-0157 Oslo
T: (004722) 41 31 90 **Fax:** 33 69 07
E-Mail: bjorn.hauge@anfo.no
Director: Bjorn Hauge

Pakistan

iz o 219

The Pakistan Advertisers Society
2nd Floor, Nelsons Chambers, I.I. Chundrigar Road, PAK-74200 Karachi
T: (009221) 263 45 56 **Fax:** 263 45 56
Executive Director: Ali Zubair

Paraguay

iz o 220

Camara de Anunciantes del Paraguay
380 Tte. Alfredo Nunez esq. El Dorado, PY-1164 Asuncion
T: (0059521) 20 83 78 **Fax:** 212 672
E-Mail: cap1@conexion.com.py
Director General: Anahir Aldao

Peru

iz o 221

Asociación Nacional de Anunciantes del Perú
126 Elias Aguirre, Of. 502, Miraflores, PE-18 Lima
T: (00511) 241 12 10 **Fax:** 444 00 91
E-Mail: anda@terra.com.pe
President: Adelberto Muller

Polen

iz o 222

Forum of Adverttisers - Pro Marka
4 ul. Trebacka pok. 453, PL-00-074 Warschau
T: (004822) 630 96 21 **Fax:** 826 13 99
E-Mail: marcin@promarka.com.pl

Portugal

iz o 223

Associaçao Portuguesa de Anunciantes
62 F 6° Ave. da Republica, P-1050 Lissabon -197
T: (003511) 796 96 92 **Fax:** 793 85 76
Internet: http://www.apan.pt
E-Mail: apan@apan.pt, barata.simoes@apan.pt
Secretary General: Manuel Barata Simöes

Rußland

iz o 224

Association of Russian Advertisers
414 Suite, Maly Kislovsky pereulok, RUS-103 104 Moskau
T: (007095) 202 77 68 **Fax:** 203 82 95
E-Mail: assadv@pol.ru
President: Boris Chkolnikov

Schweden

iz o 225

Annonsörföreningen
Postf. 1327, S-111 83 Stockholm
71C Drottninggatan, S-111 83 Stockholm
T: (00468) 235 100 **Fax:** 235 510
Internet: http://www.annons.se
E-Mail: info@annons.se, anders.ericson@annons.se
Managing Director: Bo Osten Johansson

Schweiz

iz o 226

Schweizer Werbe-Auftraggeber Verband
Postf. 61 26, CH-8023 Zürich
T: (00411) 363 18 38 **Fax:** 363 18 31
E-Mail: f.schwab@datacomm.ch
Managing Director: Fredi Schwab

Simbabwe

iz o 227

Association of Zimbabwe Advertisers
Postf. 1181, Causeway, RSR-Harare
T: (002634) 708571 **Fax:** 702185
E-Mail: joan@icon.co.zw
Vice-Chairman: Paul Webb

Slowenien

iz o 228

Slovensko Zdrudzenje Oglasevalcev
7 Dunajska Cesta, SLO-1000 Ljubljana
T: (0038661) 1 39 60 50 **Fax:** (0036161) 1 33 94 70
Internet: http://www.soz.si
E-Mail: info@soz.si
Contact: Andrej Zorz

Spanien

iz o 229

Asociacion Espanola de Anunciantes
121 Paseo de la Castellana, 8° C Esc. Izda, E-28 046 Madrid
T: (00341) 556 03 51 **Fax:** 597 04 83
E-Mail: aea@anunciantes.com
Director General: Juan Plana

Süd Afrika

iz o 230

Association of Marketers
Postf. 9 88 59, ZA-2152 Bryanston
Sloane Park, ZA-2152 Bryanston
T: (002711) 706 16 33, 706 16 38 **Fax:** 706 41 51
Internet: http://www.asom.co.za
E-Mail: asom@pixie.co.za
Executive Director: Derrick Dickens

Tschechische Republik

iz o 231

Czech Association for Branded Products (CSZV)-Section of Advertisers
9 Snemovni, CZ-118 00 Prag
T: (004202) 5732 13 63 **Fax:** 5732 14 13
E-Mail: cszv@telecom.cz
Executive Director: Jan Levora

Türkei

iz o 232

Turkish Advertisers' Association
193 Büyükdere Cad., TR-80 640 Levent/Istanbul
T: (0090212) 339 9000 **Fax:** 269 77 65
E-Mail: erdalk@eczacibasi.com.tr
Vice President: Dr. Erdal Karamercan

Uruguay

iz o 233

Camara de Anunciantes del Uruguay
2541 Pte Gral. oscar D. Gestido, U-11 300 Montevideo
T: (005982) 707 91 16 **Fax:** 707 72 75
E-Mail: anuncinates@gamanet.com.uy
President: Roberto Martinez Barone

USA

iz o 234

Association of National Advertisers Inc
708 Third Avenue, USA-NY 10017 New York
T: (001212) 697 59 50 **Fax:** 867 66 89 dir
Internet: http://www.ana.net
E-Mail: jsarsen@ana.net
President: John Sarsen jr.

Venezuela

iz o 235

Asociacion Nacional de Anunciantes Venezuela
Postf. Oficina B. Apartado 61762, YV-Avenida Santa Eduvigis - Caracas
Urbanizacion Santa Eduvigis 1ra., YV-Avenida Santa Eduvigis - Caracas
T: (00582) 286 17 32 **Fax:** 283 65 53
Internet: http://www.andaven.org
E-Mail: anda@telcel.net.ve
Directora Ejecutiva: Thais Hernandez

Ausstellungen, Messen, Kongresse

• **IZ O 236**

Europäische Vereinigung der Kongress-Städte (EFCT)
European Federation of Conference Towns
Fédération Européenne des Villes de Congres
Postf. 182, B-1040 Bruxelles
T: (00322) 7 32 69 54 **Fax:** 7 35 48 40
Gründung: 1964
President: Olivier Lepine
Secrétaire Général: Aline Legrand
Leitung Presseabteilung: Robin Anderson

Verbandszeitschrift: Inter-Europe, EFCT Newsletter - Directory, Destination Europe
Redaktion: Robin Anderson
Verlag: BP 1 82, B-1040 Bruxelles
Mitglieder: 100
Mitarbeiter: 3

• IZ O 237

Europäischer Verband der Veranstaltungs-Centren (EVVC)
European Association of Event Centers
Association Européenne des Centres de Manifestations
Messedamm 22, 14055 Berlin
T: (030) 30 38 58 00 **Fax:** 30 38 58 02
Internet: http://www.evvc.de
E-Mail: info@evvc.de
Gründung: 1955
Leiterin: Elisabeth Pietrek (Messedamm 22, 14055 Berlin, T: (030) 30 38 58 00, Telefax: (030) 30 38 58 02)
Vorstand: (Neuwahlen am 30. Mai 2000)
Präsident(in): Matthias Fuchs (Stadthalle Bielefeld, Postf. 10 26 86, 33526 Bielefeld, T: (0521) 9 63 60, Telefax: (0521) 6 49 33)
Vizepräsident(in): Karl-Joachim Kierey (Messe Berlin GmbH, Messedamm 22, 14055 Berlin, T: (030) 30 38-24 00, Telefax: (030) 30 38-22 02)
Finanzen: Volker Aurich (Bürgerhaus Bergischer Löwe, Postf. 20 01 09, 51431 Bergisch Gladbach, T: (02202) 3 40 51, Telefax: (02202) 4 16 27)
Öffentlichkeitsarbeit: Klaus Krumrey (Karlsruher Kongreß- und Ausstellungs-GmbH, Postf. 12 08, 76002 Karlsruhe, T: (0721) 37 20-0, Telefax: (0721) 37 20-2109)
Internationales: Rolf Neumann (St. Jakobshalle Basel, Brüglingerstr. 21, CH-4028 Basel, T: (004161) 31 78-2 22, Telefax: (004161) 31 78-2 82)

Dem Vorstand gehören ferner die Vorsitzenden der Arbeitsgruppen an:

Arbeitsgruppe I: Günther Philippi (Stadthalle Leonberg, Postf. 17 63, 71207 Leonberg, T: (07152) 97 55 12, Telefax: (07152) 97 55 97)
Arbeitsgruppe II: Günter Ihlenfeld (Pforzheim Kongress- und Marketing GmbH, Am Waisenhausplatz 1-3, 75172 Pforzheim, T: (07231) 1 45 45-0, Telefax: (07231) 1 45 45 45)
Arbeitsgruppe III: Claus Kleyboldt (Stadthalle Bremen Veranstaltungs mbH, Postf. 10 13 49, 28013 Bremen, T: (0421) 3 50 50, Telefax: (0421) 35 95-332)
Arbeitsgruppe IV Technik: Heinz-Werner Bleyl (Kultur + Kongress Zentrum Rosenheim, Kufsteiner Str. 4, 83022 Rosenheim, T: (08031) 3 65 90 01, Telefax: (08031) 3 65 90 00)
Leitung Presseabteilung: Lothar Meyer-Mertel ((congress centrum neue weimarhalle, UNESCO-Platz 1, 99423 Weimar, T: (03643) 81 02 02, Telefax: (03643) 81 02 22)
Mitglieder: 270 (31.01.2000)
Mitarbeiter: 2

Internationale Organisation der bedeutendsten Veranstaltungsstätten aus 9 europäischen Ländern. Durch jahrzehntelange Erfahrung der Mitglieder im Veranstaltungsgeschäft bündeln sich im EVVC technisches Fachwissen, betriebswirtschaftliche Erkenntnisse und funktionales Know-how.

• IZ O 238

Europäischer Verband der großen Ausstellungszentren (EMECA)
European Major Exhibition Centres Association
Association des Grands Parcs d'Expositions Européens
c/o Parc d'Expositions de Paris-Nord Villepinte
Postf. 6 00 04, F-95970 Roissy Charles de Gaulle Cedex
T: (00331) 48 63 30 94 **Fax:** 48 63 31 28
Internet: http://www.emeca.com
E-Mail: emeca@expoparisnord.com
Gründung: 1992 (30. Januar)
Präsident(in): Adolf Cabruja (General Manager, Fira de Barcelona)
Vizepräsident(in): Ruud Van Ingen (Managing Director, Royal Dutch Jaarbeurs Utrecht)
Vizepräsident(in): Michel F. Berroeta (General Manager, Paris expo)
Vizepräsident(in): John Cole (Corporate Development Director, Birmingham)
Mitglieder: 19
Mitarbeiter: 3

• IZ O 239

Internationale Vereinigung der Ausstellungsunternehmen (IFES)
International Federation of Exhibition Services
Steenweg op Ruisbroek 89, B-1600 Sint-Pieters-Leeuw
T: (00322) 3 77 76 65 **Fax:** 3 78 12 75
Gründung: 1985
Präsident(in): Paolo Plotni (Italy)
Vizepräsident(in): Leslie Zech (Austria)
Past President: Paul van der Heer (Holland)
Geschäftsführer(in): Hilde Steppe (Ltg. Presseabt.)
Verbandszeitschrift: Ifes-News
Mitglieder: 13 Länder: Frankreich, Bundesrepublik Deutschland, Niederlande, Belgien, Italien, Dänemark, USA, Spanien, Österreich, Tschech. Republik, Slovak Republik, Schweiz, Portugal
Mitarbeiter: 2

• IZ O 240

Internationaler Verband für Kongresse und Tagungen, Sektion Mitteleuropa (ICCA)
International Meetings Association
Association Internationale pour Congrès et Réunions, Section Europe Centrale
Central European Chapter
c/o Congress Center Düsseldorf GmbH
Stockumer Kirchstr. 61, 40474 Düsseldorf
T: (0211) 45 60 84 01 **Fax:** 45 60 87-8401
Internet: http://www.cce.de
E-Mail: gueckerth@cce.de
Vorsitzende(r): Hilmar Gückert

• IZ O 241

Der Verband der Internationalen Treffen (ICCA)
The International Meetings Association
L'Association de Réunions Internationales
Entrada 121, NL-1096 EB Amsterdam
T: (003120) 3981919 **Fax:** 6 99 07 81
Internet: http://www.icca.nl
E-Mail: icca@icca.nl
Gründung: 1963
Präsident(in): Tuula Lindberg (Managing Director Helsinki-Finland congress Bureau, Finland)
Executive Director: Tom Hulton, Amsterdam, The Netherlands
Verbandszeitschrift: International Meetings News
Redaktion: ICCA Executive Office
Mitglieder: 560 in 77 Ländern
Mitarbeiter: 15

• IZ O 242

Internationales Ausstellungs-Büro (BIE)
International Exhibitions Bureau
Bureau International des Expositions
56, avenue Victor Hugo, F-75783 Paris Cedex 16
T: (00331) 45 00 38 63 **Fax:** 45 00 96 15
E-Mail: bie@bie-paris.org
Gründung: 1928 (22. November)
Präsident(in): Gilles Noghes
Generalsekretär(in): Vicente Gonzalez Loscertales
Mitglieder: 87

• IZ O 243

Komitee der Organisatoren nationaler Beteiligungen an internationalen Wirtschaftsveranstaltungen (INTEREXPO)
Committee of Organizers of National Participations in International Economic Displays
Comité des Organisateurs de Participations Nationales aux Manifestations économiques Internationales
c/o N.C.H.-Netherlands Council for Trade Promotion
Postf. 10, NL-2501 CA Den Haag
Bezuidenhoutseweg 181, NL-2501 CA Den Haag
T: (003170) 344 15 21 **Fax:** 347 50 71
Jährlich wechselner Vorsitz je nach Tagungsort.
Generalsekretär(in): P.R.M. Smulders
Mitglieder: 24 Messedurchführungsgesellschaft aus 17 Ländern

• IZ O 244

Organisationskomitee für Internationale Automobil-, Fahrrad-, Motorrad- und Sportmessen (COSI-ACMS)
Comité d'Organisation des Salons Internationaux de l'Automobile, du Cycle, du Motocycle et des Sports
23-25, avenue Franklin Roosevelt, F-75008 Paris
T: (00331) 56 88 22 40 **Fax:** 42 56 50 80
Internet: http://www.moto-cycle.com
E-Mail: info@amcpromotion.com
Président: Pierre Peugeot
Commissaire Général: Thierry Hesse
Presse: Jean-Pierre Mercier

• IZ O 245

Union Internationaler Messen (UFI)
Union of International Fairs
Union des Foires Internationales
35 bis rue Jouffroy d'Abbans, F-75017 Paris
T: (00331) 42 67 99 12 **Fax:** 42 27 19 29
TGR: UNIFOIRES
Internet: http://www.ufinet.org
E-Mail: info@ufinet.org
Gründung: 1925
Präsident(in): Prof. Dr. Manfred Busche
Generalsekretär(in): Gerda Marquardt
Mitglieder: 172 und 30 assoziierte Mitglieder
Mitarbeiter: 8
Messen: 579 in 67 Ländern

Verschiedene Gewerbe

• IZ O 246

Europäischen Vereinigung der Fachverbände der Floristen (F.E.U.P.F.)
European Federation of Florists Associations
Fédération Européenne des Unions Professionelles de Fleuristes
Zandlaan 18, NL-6717 LP Ede
T: (0031318) 52 75 68 **Fax:** 54 22 66
Gründung: 1958
Präsident(in): Theo Duchatean
Vizepräsident(in): Werner Pöhland
Generalsekretär(in): Jean Pierre Bayard
Vorst.-Mitgl: Rolf Thorhang
Schatzmeister: Roland Davies
Exek.-Sekretär: Toine Zwitserlood
Mitglieder: 15
Mitarbeiter: 4
Jahresetat: SFR 0,08 Mio

• IZ O 247

Europäische Vereinigung der Verbände von Leasing-Gesellschaften (LEASEUROPE)
European Federation of Equipment Leasing Company Associations
Fédération Européenne des Associations des Etablissements de Crédit-bail
267, avenue de Tervuren, B-1150 Bruxelles
T: (00322) 7 78 05 60 **Fax:** 7 78 05 79
E-Mail: LEASEURO@skypro.BE
Gründung: 1972
Mitglieder: 28
Mitarbeiter: 8

• IZ O 248

European Parking Association (EPA)
Richartzstr. 10, 50667 Köln
T: (0221) 2 57 10 18 **Fax:** 2 57 10 19
Gründung: 1983
Präsident(in): Gilles d'Ambrières, Paris
Vizepräsident(in): Peter Rienäcker, Bremen
Ulf Kahl, Göteborg
Geschäftsführer(in): Gerhard Trost-Heutmekers
Beisitzer: Günther Janezic, Wien
Alfredo Morales, Barcelona
Verbandszeitschrift: Parking Trend International
Verlag: Richartzstr. 10, 50667 Köln
Mitglieder: 39

• IZ O 249

Zusammenschluß der Verbände europäischer Nationalsammlungen (FENCA)
Federation of European National Collection Associations
Fédération des Associations Européennes de Collection Nationale
Sekretariat:
Postf. 311, N-3201 Sandefjord
Thor Dahlsgt. 1/5, N-3201 Sandefjord
T: (0047) 33 46 95 60 **Fax:** 33 46 93 13
Gründung: 1993 (15. Januar)
Chairman: Kurt Obermaier
Direktor(in): Dr. Carsten D. Ohle
Secretary: Thor A. Andersen
Board Member: R. Jan Kossem

Mitgliedsorganisationen

iz o 250

Svenska Inkassoföreningen
The Swedish Debt Collectors Association
Postf. 14038, S-10440 Stockholm
T: (00468) 6 61 12 32 **Fax:** 6 62 76 12
Chairman: Tom Ekelund (Managing Director)

iz o 251

Inkassoverband Österreich
Pulvermühlstr. 19, A-4040 Linz
T: (0043732) 25 32 32 **Fax:** 25 32 32
Manfred Ratz

iz o 252

Verband Schweizerischer Inkassotreuhandinstitute
Zum Türmli (Watt/Zürich), CH-8105 Regensdorf
T: (00411) 8 40 45 42 **Fax:** 8 40 45 84
Hans Thoma

iz o 253

Bundesverband Deutscher Inkasso-Unternehmen e.V. (BDIU)
Geschäftsstelle:
Brennerstr. 76, 20099 Hamburg
T: (040) 28 08 26-0 **Fax:** 28 08 26-99
Internet: http://www.inkasso.de
E-Mail: bdiu@inkasso.de
Dr. Carsten D. Ohle

iz o 254

Nederlandse Vereniging van Incasso-Ondernemingen
Postf. 4255, NL-5004 JG Tilburg
T: (003113) 5 44 33 33 **Fax:** 5 44 43 73
Peter Schnellen

iz o 255

Norske Inkassobyråers Forening
Postf. 311, N-3201 Sandefjord
T: (0047) 33 46 95 60 **Fax:** 33 46 93 13
Thor A. Andersen

iz o 256

The Credit Services Association
56 Thorpe Road, GB-Norwich NR1 1RY
T: (00441603) 62 91 05 **Fax:** 62 91 05
Goldsmith

iz o 257

ANCR
c/o CGD Groupe
1 bis rue des Potiers, F-31068 Toulouse Cèdex
T: (0033561) 10 36 00 **Fax:** 10 36 36
Madeleine Gorrias

iz o 258

ASSIAREC
Via E.Q. Visconti 8, I-00193 Rom
T: (00396) 36 00 12 00 **Fax:** 36 00 12 13
Clemente Reale

iz o 259

The Hungarian Association of Debt Collecting and Credit Reporting Agencies
c/o Hotel Korona, World Trade Center Club
Kecskemèti u. 14, H-1053 Budapest
T: (00361) 1 38 24 16 **Fax:** 1 18 37 31
Àkos Radò

iz o 260

Belgische Vereniging van Inkasso-Ondernemingen vzw (BVI)
Association belge des sociétés de secawrement de uéances a3bl
Winninglaan 3, B-9140 Temse
T: (003203) 7 10 82 42 **Fax:** 7 10 82 57
President: C. Louis

iz o 261

The Spanish Association of Collection Entities
c/o Mr. Luis Bedon Terradez
Treym Consulting y Servicios a Empresas, S.L.
C/. Almirante 1-4, E-28004 Madrid
T: (00341) 5 22 19 38 **Fax:** 5 21 10 20

Potencial members:

iz o 262

Suomen Perimistoimistojen Liitto
c/o Contant OY
Postf. 20, FIN-20101 Turku
T: (0035821) 27 00 00 **Fax:** 2 70 02 00
Timo Mäki

iz o 263

Dansk Inkassobrancheforening
c/o Nordan AS (APS)
T: (0045) 43 43 18 28 **Fax:** 43 43 29 27
Winnie Carrasco

• IZ O 264

Internationale Kommission der Detektivverbände (I.K.D.)
Ottakringerstr. 128/20, A-1160 Wien
T: (00431) 4 85 45 71 **Fax:** 4 85 45 71 71
Internet: http://www.i-k-d.com
Gründung: 1964
Generalsekretär: Richard D. Jaques-Zurner, Hull/ England
stellv. Generalsekretär: Komm.-Rat Heinz Rambousek, Wien/Österreich
Schatzmeister: Markus Wegst, Zürich/Schweiz

iz o 265

Internationale Kommission der Detektivverbände (IKD)
Shadow House, Myton Street, GB-Hull HUI 2PS, England
T: (00441482) 22 44 88 **Fax:** 21 87 15

IZ P Genossenschaften

Zum Auffinden einer bestimmten Dienststelle oder Organisation dient das Suchwortverzeichnis eines Personennamens das Personenverzeichnis

Genossenschaftliche Spitzenverbände
Weitere genossenschaftliche Fachverbände

Genossenschaftliche Spitzenverbände

• **IZ P 1**

Internationale Spar-Centrale BV (I.S.C.)
Spar International
Rokin 101, NL-1012 KM Amsterdam
T: (003120) 6 26 67 49 **Fax:** 6 27 51 96
President: Hans Reisch (SPAR Österreichische Warenhandels-AG)
Chief Executive Officer: Dr. Gordon R. Campbell

• **IZ P 2**

Internationaler Genossenschaftsbund (IGB)
International Co-operative Alliance
Alliance coopérative internationale (ACI)
15 Route des Morillons, CH-1218 Grand-Saconnex, Geneva
T: (004122) 9 29 88 88 **Fax:** 7 98 41 22
TGR: Interallia Geneva
E-Mail: ica@coop.org
Gründung: 1895 (19. August)
Direktor(in): Bruce Thordarson
Leitung Presseabteilung: Mary Treacy
Verbandszeitschrift: ICA Magazine, Review of International Co-Operation
Mitglieder: 724904821
242 Organisationen in 93 Staaten

Regionalvertretungen:
-New Delhi (Indien)
-Nairobi (Kenya)
-Ougadougou, Burkina Faso
-San José (Costa Rica)
Project Office:
-Buenos Aires (Argentinien)

Weitere genossenschaftliche Fachverbände

• **IZ P 3**

Allgemeiner Ausschuß des Ländlichen Genossenschaftswesens der E.U. (COGECA)
General Committee of Agricultural Cooperation in the U.E.
Comité Général de la Coopération Agricole de l'Union Européenne
Rue de la Science 23-25, Bte 3, B-1040 Brüssel
T: (00322) 2 87 27 11 **Fax:** 2 87 27 00
Gründung: 1959 (24. September)
Président: Mario Campli (I)
1. Vice Président: Marcus H. Borgström (FIN)
2. Vice Président: David Evans (UK)
3. Vice Président: Knud J. Vest (DK)
Secrétaire général: Für das gemeinsame COPA/COGECA-Sekretariat: Risto Volanen (FIN)
Secrétaires généraux adjoints: Fernando Castillo Ortega (E)
Herbert Kellner (D)
Stef Swinnen (B)
Directeur de la Coordination et des Stratégies: Dominique Souchon (F)
Mitarbeiter: 50

Mitgliedsorganisationen

Belgien

iz p 4

AVEVE/BOERENBOND (BB)
Minderbroedersstraat 8, B-3000 Leuven
T: (0032) 16 24 20 02 **Fax:** 16 24 26 09
E-Mail: boerenbond@boerenbond.be
Président: Walter Vandepitte
Directeur Général: Alex Geets
Secrétaire Général: Urbain Avermaete

Dänemark

iz p 5

Danske Andelsselskaber
Axelborg Vesterbrogade 4a.2.sal, DK-1620 Kopenhagen V
T: (0045) 33 12 14 19 **Fax:** 33 12 61 48
E-Mail: andel@fedecoop.dk
Président: Bent Juul Sørensen
1. Vice Président: Knud Vest
2. Vice Président: Niels Skadhauge
Secrétaire général: Nils Andreasen
Représentant permanent à Bruxelles: Lars Hvidtfeldt Nielsen (Rue de la Science 23-25, bte 12, B-1040 Brüssel, T: (00322) 2 30 27 05, Fax: (00322) 2 30 01 43, E-Mail: lh@agridan.be)

Deutschland

iz p 6

Deutscher Raiffeisenverband e.V. (DRV)
53106 Bonn
Adenauerallee 127, 53113 Bonn
T: (0228) 1 06-0 **Fax:** 1 06-266
Internet: http://www.raiffeisen.de
E-Mail: info@drv.raiffeisen.de
Gründung: 1948
Président: Manfred Nüssel
Secrétaire Général: Dr. Rolf Meyer
Représentant permanent à Bruxelles: Thomas Memmert (Square Ambiorix 32, bte 35, B-1040 Brüssel T: (00322) 2 85 40 50, Fax: (00322) 2 85 40 59, E-Mail: dbv.drv.bxl@pophost.eunet.be)

Finnland

iz p 7

Finn Coop Pellervo
Postf. 77, FIN-00101 Helsinki
T: (003589) 4 76 75 01 **Fax:** 6 94 88 45
E-Mail: finncoop@pellervo.fi
Président: Matti Kavetvuo
Vice Président: Marcus H. Borgström
Directeur Général: Samuli Skurnik
Représentant permanent à Bruxelles: Pekka Pesonen (Rue de la Science 23-25, bte 19, B-1040 Brüssel, T: (00322) 2 85 48 10, Fax: (00322) 2 85 48 19, E-Mail: pekka.pesonen@mtk.be)

Frankreich

iz p 8

Confédération Française de la Coopération Agricole (C.F.C.A.)
49, avenue de la Grande Armée, F-75116 Paris
T: (00331) 44 17 57 00 **Fax:** 44 17 57 01
Président: Joseph Balle
Secrétaire Général: Philippe Mangin
Directeur Général: Catherine Lion
Représentant permanent à Bruxelles: Véronique Guerin (Rue de la Science 23-25, bte 17, B-1040 Brüssel, T: (00322) 2 31 19 52, Fax: (00322) 2 30 65 98, E-Mail: cfca.bxl@pophost.eunet.be)

Griechenland

iz p 9

Confédération panhellénique des Unions des Coopératives Agricoles (PASEGES)
Kiffisias 16, GR-11526 Athen
T: (00301) 7 77 57 89 **Fax:** 7 77 93 13
TX: 218343
Président: Nikos Liolios
Secrétaire Général: Fotios Litsos
Directeur général: Anastasia Alexandropoulou
Représentant permanent à Bruxelles: Ioannis Kolyvas (Rue de la Science 23-25, bte 14, B-1040 Brüssel, T: (00322) 2 30 66 85, Fax: (00322) 2 30 59 15, E-Mail: paseges@swing.be)

Großbritannien

iz p 10

Federation of Agricultural Cooperatives Ltd. (FAC)
164 Shaftesbury Avenue, GB-London WC2H 8HL
T: (0044207) 3 31 73 39 **Fax:** 3 31 73 72
Président: Poul Christensen
Directeur Général: David Evans
Représentant permanent à Bruxelles: Julie Smith (Rue de la Science 23-25, bte 5, B-1040 Brüssel, T: (00322) 2 85 05 80, Fax: (00322) 2 31 39 28, E-Mail: nfu.bxl@agriinfo.be)

Irland

iz p 11

Irish Cooperative Organisation Society Ltd. (I.C.O.S.)
The Plunket House, 84, Merrion Square, IRL-Dublin 2
T: (003531) 6 76 47 83 **Fax:** 6 62 45 02
Président: Dessie Boylan
Director Général: John Tyrrell
Représentant permanent à Bruxelles: Michael Quigley (Rue de la Science 23-25, bte 2, B-1040 Brüssel, T: (00322) 2 31 06 85, Fax: (00322) 2 31 06 98, E-Mail: icosbxl@pophost.eunet.be)

Italien

iz p 12

Federazione Nazionale delle Cooperative Agricole ed Agroalimentari (CONFCOOPERATIVE)
Via de Gigli d'Oro 21, I-00186 Rom
T: (00396) 6 89 34 14-5 **Fax:** 6 89 34 86
Président: Giovenale Gerbaudo
Directeur général: Fabiola di Loreto
Représentant permanent à Bruxelles: Enzo Pezzini (c/o CECOP, Rue Guillaume Tell 59 B, 1060 Brüssel, T: (00322) 5 43 10 43, Fax: 5 43 10 45, E-Mail: confcooperative@euronet.be)
Leonardo Pofferi (c/o CECOP, Rue Guillaume Tell 59 B, 1060 Brüssel, T: (00322) 5 43 10 43, Fax: 5 43 10 45, E-Mail: confcooperative@euronet.be)

iz p 13

Associazione Nazionale Cooperative Agricole (ANCA-LEGA)
Via A. Guattani 9, I-00161 Rom
T: (00396) 64 40 31 47 **Fax:** 6 84 43 94 22
E-Mail: anca.lega@farm.it
Président: Paolo Cattabiani
Vice Président: Mario Campli
Représentant permanent à Bruxelles: Lucia Fusco Legacoop (Rue Belliard 20, 1040 Brüssel, T: (00322) 5 14 38 49/50, Fax: 5 14 38 43, E-Mail: legacoop@euronet.be)

iz p 14

Associazione Generale Italiana Cooperative Agricole (AGCI)
Via Classicana 313, I-48100 Ravenna
T: (00390) 5 44 24 41 91 **Fax:** 60 54 46 30 99
Président: Giorgio Brunelli

Luxemburg

iz p 15

Centrale Paysanne Luxembourgeoise (C.P.L.)
Agrocenter
Postf. 48, L-7501 Mersch
T: (00352) 32 64 64 1 **Fax:** 32 64 64 405
Président: Carlo Raus
Directeur Général: Jos Ewert

Niederlande

iz p 16

Nationale Coo_5peratieve Raad voor Land- en Tuinbouw (N.C.R.)
Postf. 2 97 74, NL-2502 LT Den Haag
Prinsevinkenpark 19, NL-2585 HK Den Haag
T: (003170) 3 38 27 80 **Fax:** 3 54 66 43
E-Mail: ncr@xs4all.nl
Président: Harm Eiso Clevering
Directeur Général: Prof. Dr. Gert van Dijk

Österreich

iz p 17

Österreichischer Raiffeisenverband (ÖRV)
Postf. 3 00, A-1025 Wien
Friedrich-Wilhelm-Raiffeisenplatz 1, A-1025 Wien
T: (00431) 2 11 36 25 50 **Fax:** 2 11 36 25 59
Président: Christian Konrad
Secrétaire Général: Ferdinand Maier
Représentant permanent à Bruxelles: Johann Költringer (Rue Montoyer 14, B-1040 Brüssel, T: (00322) 5 49 06 78, Fax: (00322) 5 02 64 07, E-Mail: raiffbxl@arcadis.be)

Portugal

iz p 18

Confederation Nationale des Cooperatives Agricoles et du Credit Agricole du Portugal (CONFAGRI)
Rua Maria Andrade, 13, 4ème ét., P-1100 Lissabon
T: (003511) 8 11 80 00 **Fax:** 8 11 80 08
Président: Fernando da Silva Mendonca
Vice-Président: Diamantino da Silva Diogo
Secrétaire Général: F. Bernardino da Silva
Représentant permanent à Bruxelles: José Miranda Relvas (Rue du Bémel 105, B-1040 Brüssel, T: (00322) 7 62 64 56, Fax: (00322) 7 63 11 98, E-Mail: confagri@skynet.be)

Schweden

iz p 19

Federation of Swedish Farmers (LRF)
International Secretariat
Klara Östra Kyrkogatan 12, S-10533 Stockholm
T: (00468) 7 87 50 00 **Fax:** 7 87 54 37
E-Mail: info@lrf.se
Président: Hans Jonsson
Vice-Président: Olle Hakelius
Directeur Général: Leif Zetterberg
Représentant permanent à Bruxelles: Carl Utterström (Rue d'Arlon, 82, B-1040 Brüssel, T: (00322) 2 80 06 64, Fax: (00322) 2 80 06 08, E-Mail: ragnhild.broms@lrf.be)

Spanien

iz p 20

Confederacion de Cooperativas Agrarias de España (C.C.A.E.)
c/Agustin de Bethencourt, 17 - 4ª planta, E-28003 Madrid
T: (003491) 5 35 10 35 **Fax:** 5 54 00 47
E-Mail: ccaemad@redestb.es
Président: José M. Luqui
Directeur Général: Francisco Marin Garcia
Représentant permanent à Bruxelles: Eduardo Baamonde (Rue de La loi 83, bte4, 5è ét, B-1040 Brüssel, T: (00322) 2 80 05 54, 2 31 19 54, Fax: (00322) 2 30 94 97, E-Mail: baamonde@ccae.be)

Assoziierte Mitglieder

Frankreich

iz p 21

Confédération Nationale de la Mutualité, de la Coopération et du Crédit Agricole (C.N.M.C.C.A.)
129, Boulevard Saint-Germain, F-75279 Paris Cedex 06
T: (00331) 43 29 93 31 **Fax:** 43 25 15 16
Président: Joseph Balle
Directeur Général: Roland Combier
Directeur général Adjoint: Marc Bentolila

iz p 22

Confédération de la Coopération, de la Mutualité et du Crédit Maritimes (C.C.M.C.M.)
Rue du Rocher 24, F-75008 Paris
T: (00331) 53 42 47 90 **Fax:** 42 93 86 19
Président: Maurice Benoish
Secrétaire Général: Jean-Luc de Feuardent

Niederlande

iz p 23

Stichting van de Nederlandse Visserij
Postf. 72, NL-2280 AB Rijswijk
T: (003170) 3 36 96 00 **Fax:** 3 99 94 26
E-Mail: p-vis@pvis.nl
Président: Johann K. Nooitgedagt
Secrétaire général: Anton Leerling
Délégué général: Dick J. Langstraat

Spanien

iz p 24

Union Nacional de Cooperativas del Mar
c/o S. Cooperativa de Armadore de Pesca del Puerto de Vigo (A.R.V.I.)
Puerto Pesquero-Edif. de Vendadores, Of. 1 al 6, E-36202 Vigo
T: (003486) 43 38 44 **Fax:** 43 92 18
Président: Romiro Gordujuela Aguilar
Directeur: José Ramón Fuertes Gamundi

• IZ P 25

Europäisches Komitee der Arbeits- und Produktionsgenossenschaften (CECOP)
European Confederation of Workers' Co-operatives, Social Co-operatives and Participe Enterprises
Confédération Européenne des Coopératives de Production et de Travail Associé, des Coopératives Sociales et des Entreprises Participatives
Rue Guillaume Tell 59, B-1060 Brussels
T: (00322) 5 43 10 33 **Fax:** 5 43 10 37
E-Mail: cecop@cecop.org
Gründung: 1979 (September)
Vorsitzende(r): Felice Scalvini
Generalsekretär(in): Rainer Schlüter
Mitglieder: 35
Mitarbeiter: 3
Jahresetat: DM 0,6 Mio, € 0,31 Mio

Mitgliedsgesellschaften

Allemagne

iz p 26

vdp MitUnternehmerverband e.V.
Landesgeschäftsstelle Sachsen/Anhalt
Wasserstadt 16-18, 06844 Dessau
T: (0340) 2 20 24 24 **Fax:** 2 20 23 62

iz p 27

Berliner Verband der Arbeitsförderungs- und Beschäftigungsgesellschaften e.V. (BVAB)
Liebermannstr. 75, 13088 Berlin
T: (030) 4 61 24 24 **Fax:** 4 61 24 31

Danemark

iz p 28

DKF
Det Kooperative Faellesforbund
Reventlowsgade 14², DK-1651 Kopenhagen V
T: (004531) 31 22 62 **Fax:** 31 30 41
E-Mail: dkf@net.dialog.dk

Espagne

iz p 29

COCETA
Confederación Española de Cooperativas de Trabajo Asociado
Calle Vallehermoso 15-1_Ho, E-28015 Madrid
T: (003491) 4 46 97 50 **Fax:** 5 93 87 60
E-Mail: coceta@ribernet.es

iz p 30

CONFESAL
Confederaçión Empresarial de Sociedades Anónimas Laborales
Calle Valleermoso 15-1°, E-28015 Madrid
T: (003491) 4 44 09 70 **Fax:** 4 44 09 74

France

iz p 31

CGSCOP
Confédération Générale des Sociétés Coopératives Ouvrières de Production
Rue Jean Leclaire 37, F-75017 Paris
T: (00331) 44 85 47 00 **Fax:** 44 85 47 10
E-Mail: cgcom@scop.entreprise.tm.fr

Italie

iz p 32

AGCI
Associazione Generale Cooperative Italiane
Via Tirso 26, I-00198 Rom
T: (00396) 8 54 24 42 **Fax:** 8 84 82 58

iz p 33

CONFCOOPERATIVE
Confederazione Cooperative Italiane
Borgo Santo Spirito 78, I-00193 Rom
T: (00396) 680 003 69 **Fax:** 680 003 78
E-Mail: confcooperative@agora.stm.it

iz p 34

LEGA ANCPL
ASSOCIAZIONE DELLE COOPERATIVE DI PRODUZIONE E LAVORO
Piazzale di Porta Pia 121, I-00198 Rom
T: (00396) 44 29 17 17 **Fax:** 44 29 02 53

Pologne

iz p 35

National Auditing Union of Workers' Co-operatives
Route Zurawia 47, PL-00680 Warschau
T: (004822) 6 28 27 63 **Fax:** 6 30 06 27

Portugal

iz p 36

FENACERCI
Impasse E n° 2A, Quinta dos Inglesinhos, P-1600 Lissabon
T: (003511) 7 11 25 80 **Fax:** 7 11 25 81
E-Mail: fenacerci@mail.telepac.pt

Royaume-Uni

iz p 37

ICOM Ltd
Industrial Commo Ownership Movement
Vassalli House
20 Central Road, GB-Leeds LS1 6DE
T: (0044113) 246 17 37 **Fax:** 244 00 02
E-Mail: icom@icom.org.uk

Romåna

iz p 38

UCECOM
The Central Union of Handicraft Co-operatives from Romania
Calea Plevnei 46, R-Bucarest
T: (00401) 6 15 11 68 **Fax:** 3 12 07 74

Tchéquie

iz p 39

Union Tchèque des Coopératives de Production
Place St. Venceslas 21, CZ-11360 Praha 1
T: (004202) 26 35 19 **Fax:** 26 03 01
E-Mail: wiesner@scmvd.cz

Slovaquie

iz p 40

Union Slovaque des Coopératives de Production
Mliekárenská 10, SK-82492 Pressburg
T: (004217) 534 123 36 **Fax:** 534 124 12

Suede

iz p 41

Swedcoop
c/o Föreningen Kooperativ Utveckling
Andra Långgatan 29, S-41327 Göteborg
T: (004631) 85 94 84 **Fax:** 85 94 29
E-Mail: mattsson@kooperativkonsult.se

• IZ P 42

Internationale Vereinigung von Einkaufs- und Marketingverbänden (IVE)
International Association of Buying and Marketing-Groups
Association Internationale des Groupements d'Achat et de Marketing
Vorgebirgsstr. 43, 53119 Bonn
T: (0228) 9 85 84-0 **Fax:** 9 85 84-10
Gründung: 1951 in Amsterdam
Präsident(in): Drs. Jan Peter Karelse
Generalsekretär(in): Prof.Dr. Günter Olesch
Präsidialmitgl.: Dr. Ernstgünter Kiock (Musterring International, Postbus 84200, NL-2508 AE Den Haag)
M.P.J.A. Muijser (VIV, Postbus 54 51, NL-1007 AL Amsterdam)
Dr. R. Vandenabeele (HOBO/FAAM, Stationsstraat 34, B-1072 Groot-Bijgaarden)
Mitglieder: ca. 500

• IZ P 43

Union der Verbundgruppen von selbständigen Einzelhändlern Europas (UGAL)
Union des Groupements de Commerçants Détaillants Indépendants de l'Europe
3, Avenue des Gaulois, Bte 3, B-1040 Bruxelles
T: (00322) 7 32 46 60 **Fax:** 7 35 86 23
Gründung: 1963 (November)
Vorsitzende(r): P. Dettmann
Generalsekretär: Denis Labatut
Mitglieder: 15+ 3 assoziierte Mitglieder, + 2 Kooperationsverträge
Mitarbeiter: 2

Mitgliedsorganisationen

Organisationen aus EG-Ländern

iz p 44

ADEG
Postf. 50, A-1121 Wien
Gaudenzdorfer Gürtel 41-45, A-1121 Wien
Mitglied des Vorstandes: M.Mag. Wichtl

iz p 45

CODIS
Heemraadssingel 190, NL-3021 DM Rotterdam
Generaldirektor: A. H. van der Poll

iz p 46

CONAD
Via Michelino 59, I-40127 Bologna
Vice President: C. de Berardinis

iz p 47

CRAI
Via Lampedusa 11a, I-20141 Milano
Président: M. Fedeli

iz p 48

EDEKA DANEMARK
Marsallee 32, DK-8700 Horsens
Generaldirektor: P. Q. Sorensen

iz p 49

EDEKA ZENTRALE Aktiengesellschaft
New-York-Ring 6, 22297 Hamburg
T: (040) 63 77-0 **Fax:** 63 77-2231
TX: 2 193-0 ed d
TGR: Edekazentrale Hamburg
Internet: http://www.edeka.de
Vorsitzende(r) des Vorstandes: Bartholomäus Werberger

iz p 50

ICA
Vallgatan 7, S-17193 Solna
Vice President: P. Dettmann

iz p 51

KESKO Corporation
Postf. 135, FIN-00160 Helsinki
Satamakatu 3, FIN-00160 Helsinki
Generaldirektor: M. Honkala

iz p 52

SIGMA
Via Indipendenza 54, I-40121 Bologna
Direttore Generale: R. E. Magnanini

iz p 53

Sperwerverbond
Postf. 21, NL-3730 AA De Bilt
Utrechtseweg 340, NL-3730 AA De Bilt
Generaldirektor: K. L. van den Doel

iz p 54

SYSTEME U
Centrale Nationale
9-11 Rue Georges Enesco, F-94008 Creteil Cedex
Président: J.-C. Jaunait

iz p 55

UFCC
77, rue de Lourmel, F-75015 Paris
Delegue General: Ph. Antoine

iz p 56

VAC/LIMBURGIA
Slachthuiskaai 8, B-3500 Hasselt
Directeur Général: M. Habex

iz p 57

Zentralverband Gewerblicher Verbundgruppen e.V. (ZGV)
Vorgebirgsstr. 43, 53119 Bonn
stellv. Hauptgeschf.: Dr. G. Schulte

iz p 58

USEGO AG
Industriestr. 25, CH-8604 Volketswil
T: (01) 9 47 14 14
M. Meier

Assoziierte Mitglieder

iz p 59

ELOS
Avenida dos Combatentes 43, P-1600 Lissabon
Directeur General: M-T. Albuquerque

iz p 60

Österreichischer Genossenschaftsverband (ÖGV)
Schottengasse 10, A-1010 Wien
T: (00431) 3 13 28-0 **Fax:** 3 13 28-58
Internet: http://www.volksbank.co.at/oegv
Mitglied des Vorstandes: Dr. Hofinger

iz p 61

ANCD
Via Chiana 38, I-00198 Roma
Président: R. Dessi

Kooperationsverträge

iz p 62

SPAR INTERNATIONAL
Rokin 101, NL-1012 KM Amsterdam
Executive Director: M. J. G. Campbell

iz p 63

IFDE
(Independent Food Distributors of Europe)
Avenue des Gaulois, 3-Bte 3, B-1040 Brüssel
T: (00322) 7 32 46 60 **Fax:** 7 35 86 23
Präsident(in): R. Francioni
Generalsekretär(in): Dr. Peter Hampl

IZ Q Landwirtschaft und Umweltschutz

Zum Auffinden einer bestimmten Dienststelle oder Organisation dient das Suchwortverzeichnis eines Personennamens das Personenverzeichnis

Land- und Forstwirtschaft
Milchwirtschaft
Jagd und Fischerei
Natur- und Umweltschutz
Tier- und Pflanzenschutz

Land- und Forstwirtschaft

• IZ Q 1

Ausschuß der berufsständischen landwirtschaftlichen Organisationen der E.U. (COPA)
Committee of Agricultural Organisations in the E.U.
Comité des Organisations Professionnelles Agricoles de l'U.E.
Rue de la Science 23-25, bte 3, B-1040 Brüssel
T: (00322) 2 87 27 11 **Fax:** 2 87 27 00
E-Mail: mail@copa-cogeca.be
Gründung: 1958
Président: Noël Devisch (B)
Vice-Présidents: Heinz Christian Bär (D)
Jean-Paul Bastian (F)
Ben Gill (UK)
João Pedro Machado (P)
Secrétaire Général: Risto Volanen (SF)
Secrétaires Généraux Adjoints: Herbert Kellner (D)
Stef Swinnen (B)
Directeur Coordination et Stratégies: Dominique Souchon (F)
Mitglieder: 30
Mitarbeiter: 47
Jahresetat: DM 6,5 Mio, € 3,32 Mio

Mitgliedsorganisationen

Belgien

iz q 2

Alliance Agricole Belge
Rue de la Science 23, bte 7, B-1040 Brüssel
T: (00322) 2 30 72 95 **Fax:** 2 30 42 51
Président: Pierre Ska
Directeur Général: J. Havet
Secrétaire Général: E. de Paul de Barchifontaine

iz q 3

Boerenbond
Minderbroederstraat 8, B-3000 Leuven
T: (003216) 24 20 02 **Fax:** 24 20 07
Président: Noël Devisch
Secrétaire Général: Frans Hofkens

iz q 4

Agriculture Wallonie
Entente Syndicale (U.P.A.-U.D.E.F.)
Chaussée de Namur 47, B-5030 Gembloux
T: (003281) 60 00 60 **Fax:** 60 04 46
Président: Lambert Franc
Secrétaire Général: Jean-Pierre Champagne

Dänemark

iz q 5

Landbrugsraadet
Axelborg, Axeltorv 3, DK-1609 Kopenhagen V
T: (0045) 33 14 56 72 **Fax:** 33 14 95 74
E-Mail: landbrugsraadet@landbrug.dk
Président: Peter Gaemelke
Directeur: K. Bustrup
Représentant permanent à Bruxelles: Jacob Bagge Hansen (Rue de la Science 23-25, bte 12, B-1040 Bruxelles, T: (00322) 2 30 27 05, Tx: 24 280, Telefax: (00322) 2 30 01 43, E-Mail: lbh@agridan.be)

iz q 6

De Danske Landboforeninger
Axelborg, Vesterbrogade, 4 A, DK-1620 Kopenhagen V
T: (0045) 33 12 75 61 **Fax:** 33 32 76 62
Président: Peter Gaemelke
Directeur: C.A. Dahl

iz q 7

Danske Familielandbrug/Husmandsforeningerne
Vester Farimagsgade 6, 3 sal., DK-1606 Kopenhagen
T: (0045) 33 12 99 50
Président: Peder Thomsen
Directeur: Heidi Alsing

Deutschland

iz q 8

Deutscher Bauernverband e.V. (DBV)
Postf. 20 04 54, 53134 Bonn
T: (0228) 81 98-0 **Fax:** 81 98-205
Président: Gerd Sonnleitner
Secrétaire Général: Dr. Helmut Born
Représentant permanent à Bruxelles: M.W. Kampmann

Finnland

iz q 9

Maataloustuottajain Keskusliitto (MTK)
(Central Union of Agricultural Producers and forest Owners)
Postf. 510, FIN-00101 Helsinki
Simonkatu 6, FIN-00101 Helsinki
T: (003580) 13 11 51 **Fax:** 13 11 54 09, 4 25
E-Mail: jaana.kaokkola@mtk.fi
Président: Esa Härmälä
Secrétaire Général: Paavo Mäkinen
Représentant permanent à Bruxelles: Risto Artjoki (Rue de la Science 23-25, B-1040 Bruxelles, T: (00322) 2 85 48 10, Fax: (00322) 2 85 48 19)

iz q 10

Svenska Lantbruksproducenternas Centralförbund (SLC)
Fredriksgatan 61, FIN-00100 Helsinki
T: (003580) 6 94 05 33 **Fax:** 6 94 13 58
Président: Ole Rosendahl

Frankreich

iz q 11

Assemblee Permanente des Chambres D'Agriculture (APCA)
9, avenue Georges V, F-75008 Paris
T: (00331) 47 23 55 40 **Fax:** 47 23 84 97
Président: Jean-François Hervieu
Premier Vice-Président: Jean-Claude Sabin
Représentant permanent à Bruxelles: Sylvain Lhermilte (Rue de la Science 23-25, bte 17, B-1040 Bruxelles, T: (00322) 2 85 43 87, Fax: (00322) 2 85 43 83, E-Mail: sylvain.lhermilte@apca.chambagri.fr)

iz q 12

Confederation Nationale de la Mutualite, de la Cooperation et du Credit Agricole (CNMCCA)
129, Boulevard Saint-Germain, F-75006 Paris
T: (00331) 43 29 93 31, 43 54 13 58 **Fax:** 43 25 15 16
Président: Joseph Balle
Secrétaire Général: Maurice Droulin
Directeur: Roland Combier

iz q 13

Federation Nationale des Syndicats d'Exploitants Agricoles (FNSEA)
11, rue de la Baume, F-75008 Paris
T: (00331) 53 83 47 47 **Fax:** 53 83 48 48
E-Mail: fnsea@fnsea.fr
Président: Luc Guyau
Secrétaire Général: Dominique Chardon
Directeur général: Yves Salmon
Représentant permanent à Bruxelles: Claude Veron-Reville (Rue de la Science 23-25, bte 17, B-1040 Bruxelles, T: (00322) 2 85 43 80, Telefax: (00322) 2 85 43 81)

Griechenland

iz q 14

Confédération panhellénique des Unions des Coopératives Agricoles (PASEGES)
Kiffisias 16, GR-11526 Athen
T: (00301) 7 77 57 89 **Fax:** 7 77 93 13
TX: 218343
Président: Nikos Liolios
Secrétaire Général: Fotios Litsos
Représentant permanent à Bruxelles: Ioannis Kolyvas (Rue de la Science 23-25, bte 14, B-1040 Bruxelles, T: (00322) 2 30 66 85, Fax: (00322) 2 30 59 15, E-Mail: paxges@swing.be)

iz q 15

General Confederation of Greek Agrarian Associations (GESASE)
16, Kifissias Avenue 1st Floor, GR-11526 Athen
T: (00301) 7 71 17 11, 7 77 94 93 **Fax:** 7 77 93 13
Président: Christos Fakas
Secrétaire Général: Panayiotis Peveretos

Großbritannien

iz q 16

National Farmers' Union of England and Wales (NFU)
164 Shaftesbury Avenue, GB-London WC2H 8HL
T: (0044207) 3 31 73 97 **Fax:** 3 31 73 13
Président: Ben Gill
Director General: Richard Mac Donald
Représentant permanent à Bruxelles: Julie Smith (Rue de la Science 23-25, bte 5, B-1040 Bruxelles, T: (00322) 2 85 05 80, TX: 23 416, Telefax: (00322) 2 30 39 28, E-Mail: nfus.bxl@pophost.eunet.be)

iz q 17

National Farmers' Union of Scotland
Rural Centre - West Mains
Ingleston, Newbridge, GB-Midlothian EH28 8LT
T: (0044131) 4 72 40 00 **Fax:** 4 72 40 10
Président: Jim Walker
General Secretary: Ed Rainy Brown

iz q 18

Ulster Farmers' Union
475-477 Antrim Road, GB-Belfast BT15 3 DA
T: (00441232) 37 02 22 **Fax:** 37 07 39
Président: Will Taylor
Secrétaire Général: Alasdair MacLaughlin

Irland

iz q 19

Irish Farmers' Association
The Irish Farm Center, Bluebell-Naasroad, IRL-Dublin 12
T: (003531) 450 11 66 **Fax:** 455 10 43
Président: Tom Parlon
Secrétaire Général: Michael Berkery
Représentant permanent à Bruxelles: Michael Treacy (Rue de la Science 23-25, bte 2, B-1040 Bruxelles, T: (00322) 2 30 31 37, TX: 26 157, Telefax: (00322) 2 31 06 98, E-Mail: ifa.bruxels@pophost.eunet.be)

Italien

iz q 20

Confederazione Nazionale Coltivatori Diretti (COLDIRETTI)
Via XXIV Maggio 43, I-00187 Rom
T: (003906) 4 68 21 **Fax:** 4 68 22 67
Président: Paolo Bedoni
Sécretaire central: Franco Pasquali
Représentant permanent à Bruxelles: Maurizio Reale (Rue de la Science 23-25, bte 13, B-1040 Bruxelles, T: (00322) 2 30 98 93, TX: 20 364, Telefax: (00322) 2 31 14 78)

iz q 21

Confederazione Generale dell'Agricoltura Italiana (CONFAGRICOLTURA)
Corso Vittorio Emanuele 101, I-00186 Rom
T: (00396) 6 85 21 **Fax:** 68 30 85 78, 6 86 17 26
E-Mail: confagricoltura@mail.confagricoltura.it
Président: Augusto Bocchini
Directeur général: V. Bianco
Représentant permanent à Bruxelles: Sandro Mascia (Rue de la Science 23-25, bte 4, B-1040 Bruxelles, T: (00322) 2 30 67 32, TX: 24 291, Telefax: (00322) 2 30 92 87, E-Mail: confagricoltura@euronet.be)

iz q 22

Confederazione Italiana Degli Agricoltori
Via Mariano Fortuny 20, I-00196 Rom
T: (00396) 32 68 79 **Fax:** 3 20 47 61, 3 20 34 64
E-Mail: cia@cia.it
Président: On. Guiseppe Avolio
Responsable international: F. Serra Caracciolo
Représentant permanent à Bruxelles: Claudio Di Rollo (Rue Philippe Le Bon 46, B-1040 Bruxelles, T: (00322) 2 30 30 12, Telefax: (00322) 2 80 03 33, E-Mail: cia@infonie.be)

Luxemburg

iz q 23

Centrale Paysanne Luxembourgeoise (C.P.L.)
16, boulevard d´Avzanches, L-2980 Luxemburg
T: (00352) 48 81 61 **Fax:** 40 03 75
Président: Carlo Raus
Secrétaire Général: M. Haller

Niederlande

iz q 24

Land- en Tuinbouw Organisatie Nederland (LTO Nederland)
Postf. 2 97 73, NL-2502 LT Den Haag
T: (003170) 3 38 27 00 **Fax:** 3 38 28 10
E-Mail: ncr@xs4all.nl
Président: Gerard J. Doornbos
Directeur général: Ing. Dirk Duijzer
Responsable international: drs. Henk Letschert
Représentant permanent à Bruxelles: Drs. Berend Pastoor (Rue de la Science 23-25, bte 21, B-1040 Bruxelles, T: (00322) 2 30 75 00, Fax (00322) 2 30 67 49)
ir. Martin van Driel

Österreich

iz q 25

Präsidentenkonferenz der Landwirtschaftskammern Österreichs
Postf. 124, A-1014 Wien
Löwelstr. 12, A-1014 Wien
T: (00431) 53 44 10 **Fax:** 53 44 15 10
Président: Rudolf Schwarzböck
Secrétaire Général: Dipl.-Ing. August Astl
Représentant permanent à Bruxelles: Dipl.-Ing. Nikolaus Morawitz (Avenue de Cortenbergh 30, B-1040 Bruxelles, T: (00322) 2 85 46 70, Fax: 2 85 46 71, E-Mail: pkbrux@pklwk.at)

Portugal

iz q 26

Confederacao dos Agricoltures de Portugal (CAP)
Av. do Colégio Militar, Lote 1786, P-1500 Lissabon
T: (003511) 7 16 61 60 **Fax:** 7 16 61 22
Président: João Pedro Machado
Secrétaire Général: Luis Mira
Représentant permanent à Bruxelles: Paolo Osorio (Rue Ste. Gertrude 15, B-1040 Bruxelles, T: (00322) 7 36 85 28, Telefax: (00322) 7 32 30 54, E-Mail: cap.bxl@pophost.eunet.be)

Schweden

iz q 27

Lantbrukarnas Riksförbund (LRF)
Federation of Swedish Farmers
Klara Östra Kyrkogata 12, S-10533 Stockholm
T: (00468) 7 87 50 00 **Fax:** 78 75 43 77
Président: Hans Jonnson
Directeur Général: Leif Zetterberg
Représentant permanent à Bruxelles: Maria Larsson (Rue d'Arlon 84, B-1040 Bruxelles, T: (00322) 2 80 06 64, Telefax: (00322) 2 80 06 08)

Spanien

iz q 28

Asociacion Agraria-Jovenes Agricultores (A.S.A.J.A.)
c/. Agustin de Bethencourt 17 - 2ª planta, E-28003 Madrid
T: (003491) 5 33 67 64 **Fax:** 5 34 92 86
Président: Pedro M. Barato Triguero
Secrétaire Général: J. Sanchez Brunete
Représentant permanent à Bruxelles: José Fonseca (c/Confederación Española de Organisaciones i Empresariales, 52, Avenue de Tervueren, B-1040 Bruxelles, T: (00322) 7 36 60 80, 7 36 62 43, Telefax: (00322) 7 36 80 90, E-Mail: asaja-bruxlas@arcadis.be)

iz q 29

Coordinadora de Organizaciones de Agricultores y Ganaderos - INICIATIVA RURAL (COAG - I.R.)
Agustin de Bethencourt 17-5, E-28003 Madrid
T: (003491) 5 34 63 91 **Fax:** 5 34 65 37
E-Mail: coag.ma@cdrtcampas.es
Secrétaire Général: José Manuel de las Heras
Représentant permanent à Bruxelles: M. Miguel Garcia Navarro (51, rue d'Ohlon, bte 15, B-1040 Bruxelles, T: (00322) 2 80 04 84, Fax: (00322) 2 80 21 60, E-Mail: coagbx@euronet.be)

iz q 30

Union de Pequeños Agricultores (UPA)
c/ Agustin de Bethencourt 17, 3ª planta, E-28002 Madrid
T: (003491) 5 54 18 70, 5 54 21 47, 5 54 23 41, 5 89 72 13
Fax: 5 54 26 21
E-Mail: jmdelgado@upa.ugt.org
Secrétaire Général: Fernando Moraleda Quiles
Représentant permanent à Bruxelles: María Jesús Puentes Moyano-Hofmann (Rue de Grétry 11, bte 52, B-1000 Bruxelles, T: (00322) 2 19 18 27, E-Mail: upa.bruselas@online.be)

• IZ Q 31

Europäische Stiftung für Landschaftsgestaltung
European Foundation for Landscape Architecture
Fondation Européenne pour l'Architecture du Paysage
Avenue Brugmann 52, B-1190 Brüssel
T: (00322) 3 46 38 62 **Fax:** 3 46 98 76
Internet: http://www.efla.org
E-Mail: efla.feap@skynet.be
Gründung: 1989
President: Lars Nyberg
Secretary General: Karin Helms
Contact: Jeanine Colin
Mitglieder: 15

Mitgliedsorganisationen

Belgien

iz q 32

Association belge des architectes de jardins et des architectes paysagistes (ABAJP/BVTL)
Belgische vereniging van tuinarchitekten en landschapsarchitekten
Beukenlaan 49, B-1653 Dworp
T: (00322) 3 80 36 57 **Fax:** 3 80 36 57

Dänemark

iz q 33

Foreningen af Danske Landscabsarkitekter (DL)
Wesselgade 25 N, DK-2200 Kopenhagen
T: (0045) 35 34 68 33 **Fax:** 35 34 68 23
Internet: http://www.landskabsarkitekter.dk/
E-Mail: dl@landskabsarkitekter.dk

Deutschland

iz q 34

Bund Deutscher LandschaftsArchitekten e.V. (BDLA)
Köpenicker Str. 48/-49, 10179 Berlin
T: (030) 27 87 15-0 **Fax:** 27 87 15-55
Internet: http://www.bdla.de
E-Mail: info@bdla.de

Spanien

iz q 35

Instituto de Estudios de Jardineria y Arte Paisajista (IEJAP)
Calle Claudio Moyano 1, E-28014 Madrid
T: (003491) 20 03 48 **Fax:** 3 27 46 92
E-Mail: esm@expocenter.com

Frankreich

iz q 36

Fédération Française du Paysage (FFP)
4, rue Hardy R.P. n_Ho 914, F-78009 Versailles-Cedex
T: (00331) 30 21 47 45 **Fax:** 39 20 07 75
E-Mail: f.f.p.@wanadoo.fr

Griechenland

iz q 37

Panhellenic Association of Landscape Architects (PH.A.L.A.)
Rigilis Street 30, GR-10674 Athen
T: (00301) 7 22 42 81 **Fax:** 7 25 23 69

Irland

iz q 38

Irish Landscape Institute (ILI)
Merrion Square 6, IRL-Dublin 2
T: (003531) 6 62 74 09 **Fax:** 6 76 95 01

Italien

iz q 39

Associazione Italiana di Architettura del Paesaggio (AIAPP)
Via Olmetto 17, I-20123 Mailand
T: (00392) 200 0718 **Fax:** 72 02 11 79
Internet: http://www.aiapp.net

Luxemburg

iz q 40

Association Luxembourgeoise des Paysagistes (ALP)
Am Beierbierg 10, L-6973 Rameldange
T: (00352) 34 82 82 **Fax:** 34 68 17
E-Mail: johnweier@compuserve.com

Niederlande

iz q 41

Nederlandse Vereniging voor Tuin- en Landschapsarchitektuur (NVTL)
Oudebrugsteeg 11, NL-1012 JN Amsterdam
T: (003120) 4 27 55 90 **Fax:** 4 21 71 72
Internet: http://www.nvtl.nl/home.htm
E-Mail: secretariaat@nutl.nl

Portugal

iz q 42

Associaçao Portuguesa dos Arquitectos Paisagistas (APAP)
Rua do Século 79 r/e Esq., P-1200 Lissabon
T: (00351) 13 47 36 02 **Fax:** 13 43 11 54
E-Mail: apap@mail.telepac.pt

Großbritannien

iz q 43

The Landscape Institute (LI)
Barnard Mews 6/7, GB-London SW11 1QU
T: (0044207) 7 38 91 66 **Fax:** 7 38 91 34
Internet: http://www.l-i.org.uk/
E-Mail: mail@l-i.org.uk

Finnland

iz q 44

Suomen Maisema - Arkkitehtdit r.y. (M.A.R.K.)
Postf. 3 31, FIN-00121 Helsinki
Suomen Maisema, FIN-00121 SF Helsinki 12
T: (003589) 869 43 25 **Fax:** 8 69 40 16
E-Mail: anneli.wilska@hut.fi

Schweden

iz q 45

Landskapsarkitekternas Riksforbund (L.A.R.)
Wirwachs malmgard - Ansgarigatan, 5, S-11727 Stockholm
T: (00468) 6 68 46 70 **Fax:** 66 82 25
Internet: http://www.lar.se
E-Mail: webmaster@lar.se

Norwegen

iz q 46

Norske Landskapsarkitekters Forening (N.L.A.)
Kongens Gate 4, N-0153 Oslo
T: (004722) 42 58 50 **Fax:** 42 53 25
E-Mail: nla@c2i.net

• IZ Q 47

Europäische Vereinigung für Tierproduktion (EVT)
European Association for Animal Production (EAAP)
Fédération Européenne de Zootechnie (FEZ)
Via Nomentana 134, I-00161 Rom
T: (00396) 86 32 91 41 **Fax:** 86 32 92 63
Gründung: 1948
President: Dr. h.c. Philipp Fürst zu Solms-Lich
Secretary General: Dr. Jean Boyazoglu
Mitglieder: 37
Mitarbeiter: 3

• **IZ Q 48**

Europäische Vereinigung der Institutionen für die Neuordnung des ländlichen Raumes (AEIAR)
Association Européenne des Institutions d'Aménagement Rural
c/o Vlaamse Landmaatschappij
72, avenue de la Toison d'Or, B-1060 Bruxelles
T: (00322) 5 43 72 00 **Fax:** 5 43 73 99
Gründung: 1965
Secrétaire Général: Michel Dubois
Secrétaire: Marc Heyerick

Belgien

iz q 49
Vlaamse Landmaatschappij
Guldenvlieslaan 72, B-1060 Brüssel
T: (00322) 543 72 01 **Fax:** 543 73 99

iz q 50
Office Wallon du Development Rural
Rue Fleurie 2, B-6800 Libramont
T: (003261) 23 01 00 **Fax:** 23 01 01

Frankreich

iz q 51
FN SAFER
Rue Turin 3, F-75008 Paris
T: (00331) 44 69 86 00 **Fax:** 43 87 96 56

iz q 52
Terres D Europe
Rue de Turin 3, F-75008 Paris
T: (00331) 44 69 86 00 **Fax:** 43 87 96 56

Luxemburg

iz q 53
Office National du Remembrement
Bd de la Foire 32, L-2016 Luxemburg
T: (00352) 45 17 71 **Fax:** 45 43 31

Niederlande

iz q 54
Arcadis N.V.
Utrechtseweg 68, NL-6812 Arnhem
T: (0031263) 77 84 88 **Fax:** (0031264) 42 22 59

iz q 55
International Institute for Land Reclamation and Improvement
Lawickse Allee 11, NL-6700 AA Wageningen
T: (0031317) 49 01 44 **Fax:** 41 71 87

Italien

iz q 56
Cassa per la Formazione della Proprieta Contadina
Via Nizza 128, I-00198 Rom
T: (00396) 85 56 82 89 **Fax:** 85 56 83 10

Deutschland

iz q 57
Bundesverband der gemeinnützigen Landgesellschaften (BLG)
Meckenheimer Allee 128, 53115 Bonn
T: (0228) 63 33 14 **Fax:** 63 17 34
E-Mail: blg-bonn@t-online.de

iz q 58
Bayerische Landessiedlung GmbH
Widenmayerstr. 3, 80538 München
T: (089) 23 87-0 **Fax:** 2 91 38 55

iz q 59
Thüringer Landgesellschaft mbH
Weimarische Str. 29b, 99099 Erfurt
T: (0361) 4 41 31 25 **Fax:** 4 41 32 99

iz q 60
Landgesellschaft Mecklenburg-Vorpommern mbH
Lindenallee 2a, 19067 Leezen
T: (03866) 4 04-0 **Fax:** 4 04-490
Internet: http://www.lgmv.de
E-Mail: landgesellschaft@lgmv.de
Mitarbeiter: 230

iz q 61
Landgesellschaft Sachsen-Anhalt mbH - Gemeinnütziges Unternehmen für die Entwicklung des ländlichen Raumes
Große Diesdorfer Str. 56-57, 39110 Magdeburg
T: (0391) 7 33 39 16 **Fax:** 7 36 17 77

iz q 62
Niedersächsische Landgesellschaft mbH Gemeinnütziges Unternehmen für die Entwicklung des ländlichen Raumes
Arndtstr. 19, 30167 Hannover
T: (0511) 12 11-0 **Fax:** 12 11-214
Internet: http://www.nlg.de

iz q 63
Hessische Landgesellschaft mbH Staatliche Treuhandstelle für ländliche Bodenordnung
Wilhelmshöher Allee 157-159, 34121 Kassel
T: (0561) 30 85-0 **Fax:** 30 85-1 53

iz q 64
Sächsische Landsiedlung GmbH - SLS
Schützestr. 1, 01662 Meißen
T: (03521) 4 69 00 **Fax:** 46 90 13

iz q 65
Schleswig-Holsteinische Landgesellschaft mbH
Postf. 38 69, 24037 Kiel
Fabrikstr. 7, 24103 Kiel
T: (0431) 60 61 00 **Fax:** 60 62 50

iz q 66
Landsiedlung Baden-Württemberg Gesellschaft mit beschränkter Haftung
Postf. 10 29 61, 70025 Stuttgart
Weimarstr. 25, 70176 Stuttgart
T: (0711) 6 67 70 **Fax:** 6 15 37 33
E-Mail: landsiedlung.bw@t-online.de

Dänemark

iz q 67
Ministeriet for Fodevarer Landbrug og fiskeri
Allégarde 24, DK-6270 Tønder

• **IZ Q 68**

Europäischer Rat der Junglandwirte (CEJA)
Conseil Européen des Jeunes Agriculteurs
Generalsekretariat
23/25 Rue de la Science, Boite 11, B-1040 Bruxelles
T: (00322) 2 30 42 10 **Fax:** 2 80 18 05
Gründung: 1958
Président: Arnold Puech d'Alissac (France)
Vice-Président: Giovanni Nigliorati (Italia)
Hans Benno Wichert (Allemagne)
John Martin (GB)
Philippe Appeltans (Belgique)
Secretaire Général: Euros Jones (GB)
Verbandszeitschrift: CEJA News, Rapport d'activité annuel, brochure d'informations, press release
Mitglieder: 24 organisations members, 900.000 jeunes agriculteurs

• **IZ Q 69**

Europäischer Verband der Düngemittel-Hersteller (EFMA)
European fertilizer manufacturers association
Association européenne des producteurs d'engrais
Avenue E. Van Nieuwenhuyse 4, B-1160 Brüssel
T: (00322) 675 35 50 **Fax:** 675 39 61
Internet: http://www.efma.org
E-Mail: main@efma.be
Gründung: 1987 (Dezember)
Generaldirektor: Dr. Helmuth Aldinger
Verbandszeitschrift: The EFMA Bulletin
Verlag: Jackie Burton
Mitarbeiter: 8

• **IZ Q 70**

Europäischer Verband der Jugend im Gartenbau (CEJH)
European Community of Young Horticulturists
Communauté Européenne des Jeunes de l'Horticulture (CEJH)
Gießener Str. 47, 35305 Grünberg
T: (06401) 91 01 50 **Fax:** 91 01 76
Gründung: 1965
President: Frederik Leys (Belgium)
Mitglieder: Dänemark, Schweden, Norwegen, Finnland, Estland, Lettland, Deutschland, Österreich, Italien, Belgien, Luxemburg
Beobachter: Polen, Frankreich, Niederlande, Litauen, Ungarn, Schweiz
Mitarbeiter: 1
Jahresetat: 10000

• **IZ Q 71**

Gesellschaft für die Rückgewinnung und Kompostierung organischen Materialien, Internationale Gesellschaft (ORCA)
Organic Reclamation & Composting Association
Association pour la Récupération et le Compostage des Matériaux Organiques, Association Internationale
Avenue E. Mounier 83, Box 1, B-1200 Brüssel
T: (00322) 7 72 90 80 **Fax:** 7 72 68 35, 7 72 54 94
Gründung: 1992
Président: Peter Hindle
Managing Director: Dir. Bert Lemmes (Contact)
Mitarbeiter: 2

• **IZ Q 72**

Internationale Katholische Land- und Bauernjugendbewegung (MIJARC)
International Movement of Catholic Agricultural and Rural Youth
Mouvement International de la Jeunesse Agricole et Rurale Catholique
Rue J. Coosemans 53, B-1030 Brüssel
T: (00322) 7 34 92 11 **Fax:** 7 34 92 25
E-Mail: asbl.mijarc@tvd.be
Gründung: 1954 (10. Oktober)
Präsident(in): Daniel Locatin (Guadeloupe)
Generalsekretär(in): Paul Gabriel Faye (Senegal)
Verbandszeitschrift: MIJARC Nouvelles (englisch, französisch, spanisch)
Redaktion: World Team
Mitglieder: 2000000 Landjugendliche, 34 Vollmitgliedsbewegungen, 11 assoziierte Bewegungen

• **IZ Q 73**

Internationale Konferenz der Landwirtschaftskammern (WACA)
International Conference of the Chambers of Agriculture
Conférence Internationale des Chambres d'Agriculture
Godesberger Allee 142-148, 53175 Bonn
T: (0228) 3 08 01-0 **Fax:** 37 44 31
Gründung: 1979
Präsident(in): Karl Meise
Hauptgeschäftsführer(in): Verbandsdir. Dr. Ortwin Wagner
Mitglieder: 29 nationale Landwirtschaftskammer-Organisationen

• **IZ Q 74**

Internationale Vereinigung Biologischer Landbaubewegungen (IFOAM)
International Federation of Organic Agriculture Movements
Fédération Internationale des Mouvements d'Agriculture Biologique
Sekretariat:
c/o Ökozentrum Imsbach
T: (06853) 51 90 **Fax:** 3 01 10
Internet: http://www.ifoam.org
E-Mail: ifoam@t-online.de
Gründung: 1972
Bernward Geier
Verbandszeitschrift: Ökologie und Landbau
Redaktion: Stiftung ökol. Landbau, Wienstr. Süd 51, 67098 Bad Dürkheim
Mitglieder: 770 Verbände in 107 Ländern
Mitarbeiter: 6
Jahresetat: DM 1,8 Mio, € 0,92 Mio

• **IZ Q 75**

Internationale Vereinigung Europäischer Rübenanbauer (CIBE)
Confédération Internationale des Betteraviers Européens
29, rue du Général Foy, F-75008 Paris
T: (00331) 44 69 39 00 **Fax:** 42 93 28 93
E-Mail: cibeurop@easynet.fr
Präsident(in): Jan Kirsch

Generalsekretär(in): H. Chavanes
Mitglieder: 24 Verbände, die 19 Länder vertreten

Belgien

iz q 76

Confédération des Betteraviers Belges

Bd. Anspach 111 Bte 10, B-1000 Brüssel
T: (00322) 5 13 68 98 **Fax:** 5 12 19 88
Präsident(in): F. Bernard
Generalsekretär(in): J. F. Sneessens

Dänemark

iz q 77

Danske Sukkerroedyrkere

Landbrugsraadet
Axeltorv 3 1 sal, DK-1609 Kobenhavn V
T: (004533) 14 56 72 **Fax:** 14 56 55
Präsident(in): E. Thiesen
Sekr.: Klaus Sorensen

Deutschland

iz q 78

Arbeitsgemeinschaft Deutscher Rübenbauerverbände

Ernst-Reuter-Platz 3-5, 10587 Berlin
T: (030) 3 19 04-0 **Fax:** 9 19 04-485
E-Mail: n.heim@bauernverband.de, b.gossens@bauernverband.de
Vorsitzende(r): Jan Kirsch
Geschäftsführer(in): Dr. N. Heim

iz q 79

Dachverband Norddeutscher Zuckerrübenanbauer e.V.

Warmbüchenstr. 3, 30159 Hannover
T: (0511) 3 67 04 40 **Fax:** 3 67 04 11
Präsident(in): Friedrich Baxmann
Geschäftsführer(in): Heinrich-Hubertus Helmke

iz q 80

Rheinischer Rübenbauer-Verband e.V. (RRV)

Malteserstr. 3, 53115 Bonn
T: (0228) 65 25 34 **Fax:** 65 25 14
Präsident(in): Jan Kirsch
Sekr.: K. Haase

iz q 81

Verband Süddeutscher Zuckerrübenanbauer e.V.

Simon-Breu-Str. 52, 97074 Würzburg
T: (0931) 7 96 95-0 **Fax:** 7 96 95-20
Präsident(in): Hans-Georg Andreae
Sekr.: Dr. Henning Wiedenroth

Finnland

iz q 82

Central Union of Agricultural Producers (MTK)

Postf. 510, FIN-00101 Helsinki
PL 510 Simonkatu 6, FIN-00100 Helsinki
T: (003589) 13 11 51 **Fax:** 13 11 54 25
Präsident(in): Esa Härmälä
Generalsekretär(in): Paavo Mäkinen

Frankreich

iz q 83

Confédération Générale des Planteurs de Betteraves

43/45, rue de Naples, F-75008 Paris
T: (00331) 44 69 39 00 **Fax:** 42 93 42 37
Präsident(in): D. Ducroquet
Generaldirektor: A. Jeanroy

iz q 84

Fédération Nationale des Coopératives Agricoles et Sica de Transformation de la Betterave

Rue du Général Foy 29, F-75008 Paris
T: (00331) 44 69 41 28 **Fax:** 42 93 42 07
Präsident(in): J. Patenotre
Generaldirektor: Paul Credoz

Griechenland

iz q 85

General Confederation of Greek Agrarian Associations (GESASE)

16, Kifissias Avenue 1st Floor, GR-11526 Athen
T: (00301) 7 71 17 11, 7 77 94 93 **Fax:** 7 77 93 13
Präsident(in): Christos Fakas
Generalsekretär(in): Panayiotis Peveretos

iz q 86

Panhellenic Confederation of Agricultural Cooperative Organizations (PASEGES)

16, Kifissias Avenue, GR-11526 Athen
T: (00301) 7 77 57 89 **Fax:** 7 77 93 13
Präsident(in): Nikos Liolios
Generalsekretär(in): Anastasia Alexandro Poulou

Großbritannien

iz q 87

National Farmers' Union Sugar Beet Committee

Shaftesbury Avenue 164 Agriculture House, GB-London WC2H 8HL
T: (0044207) 3 31 72 36 **Fax:** 3 31 74 10
Präsident(in): M. E. Twidale
Sekr.: H. Kirkman

Irland

iz q 88

Irish Farmers' Association Sugar Beet and Vegetable Section

Irish Farm Centre
Naas Road Bluebell, IRL-Dublin 12
T: (003531) 4 50 10 67 **Fax:** 4 55 10 43
Präsident(in): W. French
Direktor(in): E. Farrell

Italien

iz q 89

Associazione Nazionale Bieticolotri

Via d'Azeglio 48, I-40123 Bologna
T: (003951) 6 44 14 11 **Fax:** 58 13 91
Präsident(in): Alberto Paolo Fiorini
Vizepräsident(in): Francesco Vitali
Generalsekretär(in): Carlo Biasco

Niederlande

iz q 90

Nederlandse Bieten Federatie

Augustalaan 5, NL-4615 HM Bergen op Zoom
T: (0031164) 23 60 86 **Fax:** 23 60 86
Präsident(in): A. Maarsingh
Generalsekretär(in): Hazen

iz q 91

Cooperatie COSUN U.A.

Postf. 3411, NL-4800 MG Breda
Zuilenstraat 100, NL-4800 MG Breda
T: (003176) 5 30 32 22 **Fax:** 5 30 33 00
Präsident(in): H. E. Clevering
Sekr: W.. Dijkstra

Österreich

iz q 92

Vereinigung der Österreichischen Rübenbauernorganisationen - VÖR - Rübenbauern Vertretungs- und Übernahmeges. m.b.H.

Lerchengasse 3-5, A-1080 Wien
T: (00431) 4 06 54 76 **Fax:** 4 06 54 75 40
Präsident(in): M. Weiss
Sekretär: Josef Pinkl

Polen

iz q 93

Krajowy Zwiazek Plantatorow Burakow Cukrowych w Polsce

ul. Kopernika 34, PL-00336 Warschau
T: (00482) 28 26 41 04 **Fax:** 28 26 41 04
Präsident(in): S. Barnaš
Generalsekretär(in): Kazimierz Kobza

Portugal

iz q 94

Associação Nacional de Produtores de Beterraba (ANPROBE)

Rua Santa Margarida 1a, P-2000 Santarem
T: (0035143) 32 75 02 **Fax:** 32 75 02
Präsident(in): Manuel Holstein Campilho
Vizepräsident(in): Maria Gabriela Cruz

Schweden

iz q 95

Sveriges Betodlares Centralförening

Postf. 75, S-23053 Alnarp
T: (004640) 46 40 45 **Fax:** 46 20 85
Präsident(in): O. von Arnold
Generalsekretär(in): Anika Atterwall

Schweiz

iz q 96

Schweizerischer Verband der Zuckerrübenpflanzer

T: (004132) 3 12 91 31 **Fax:** 3 12 91 30
Präsident(in): Werner Schwendimann
Generalsekretär(in): Robert Winkelmann

Slowakische Republik

iz q 97

Sväz Pestovatelov Cukrovej Repy Slovenska

OKR, Trnava, SK-91928 Bucany
T: (00421804) 96 42 91-4 **Fax:** 96 42 84
Präsident(in): Jan Rehora
Generalsekretär(in): Eva Tomkuljakovà

Spanien

iz q 98

Confederacion Nacional Española de Cultivadores de Remolacha y Caña Azucareras

San Bernardo 20-4°, E-28015 Madrid
T: (003491) 5 22 53 56 **Fax:** 5 21 00 90
Präsident(in): Vicente Jimenez Davila
Generalsekretär(in): Josê Miguel Herrero Ugarte

Tschechische Republik

iz q 99

Svaz Pestitelu Cukrovky Ceske Republiky

T: (00420326) 98 81 86 **Fax:** 98 81 86
Präsident(in): Jan Bartos_5
Generalsekretär(in): J. Krousky

Ungarn

iz q 100

Cukorrepa Termesztök Orszagos Szövetsege - CTOSZ

Akademia u. 1-3, H-1054 Budapest
T: (00361) 3 12 12 44 **Fax:** 3 12 12 44
Präsident(in): Gesa Szöke
Direktor(in): Istvan Gyenes

• IZ Q 101

Internationale Vereinigung der Produzenten von biologisch abbaubaren Produkten (IBPMA)

International Biodegradable Products Manufacturers Association
Avenue E. Mounier 83 Box 1, B-1200 Brüssel
T: (00322) 7 72 90 80 **Fax:** 7 72 68 35
Gründung: 1996
President: Jyrki Hakola
Executive Director: Bert Lemmes

• IZ Q 102

Internationaler Verband der Bienenzüchter-Vereinigungen (APIMONDIA)

International Federation of Beekeepers Associations
Fédération Internationale des Associations d'Apiculture
Corso Vittorio Emanuele 101, I-00186 Roma
T: (00396) 6 85 22 86, 50 91 41 04 **Fax:** 6 85 22 86

Internet: http://www.apiservices.com/apimondia/
E-Mail: Apimondia@Mclink.lt
Gründung: 1949
President: R. Borneck (rue du Creux, F-39340 Montbarrey, France)
Vice-President: A.S. Jørgensen (Møllevej, 15, DK-4140 Borup, Denmark)
General Secretary: Riccardo Jannoni-Sebastianini (Corso Vittorio Emanuele 101, I-00186 Roma, Italy)
Verbandszeitschrift: APIACTA
Redaktion: IITEA/APIMONDIA, Bul. Ficusului, 42-Sect. I, R-71544 Bukarest, Rumänien
Verlag: IITEA/APIMONDIA, Bul. Ficusului, 42-Sect. I, R-71544 Bukarest, Rumänien
Mitglieder: 48
Mitarbeiter: 3
Jahresetat: DM 0,144 Mio, € 0,07 Mio

• IZ Q 103

Internationaler Verband des Erwerbsgartenbaues (AIPH)
International Association of Horticultural Producers
Association Internationale des Producteurs de l'Horticulture
Postf. 2 80, NL-2700 AG Zoetermeer
Louis Pasteurlaan 6, NL-2719 EE Zoetermeer
T: (003179) 3 47 07 01 **Fax:** 3 47 04 04
E-Mail: e.clemens@tuinbouw.nl
Gründung: 1948
General Secretary: Drs. J. B. M. Rotteveel
Mitglieder: 25 Länder
Mitgliedsverbände: 34

• IZ Q 104

Internationaler Verband landwirtschaftlicher Erzeuger (IFAP)
International Federation of Agricultural Producers
Fédération Internationale des Producteurs Agricoles (FIPA)
Rue Saint-Lazare 60, F-75009 Paris
T: (00331) 45 26 05 53 **Fax:** 48 74 72 12
E-Mail: ifap@ifap.org
Gründung: 1946
Président: Gerard Doornbos (Holland)
Vice-Président: Jack Wilkinson (Canada)
Alejandro Delfino (Argentina)
Leonardo Montemayor (Philippins)
Past-Président: Graham Blight (Australia)
Trésorier: Noël Devisch (Belgium)
Secrétaire Général: David King
Mitglieder: 85 nationale Bauernverbände und landwirtschaftliche Genossenschaften in 60 Ländern

• IZ Q 105

Internationales Büro der Kleingärtnerverbände
International Office of Allotment and Leisure Garden Societies
Office International du Coin de Terre et des Jardins Familiaux A.S.B.L.
20, rue de Bragance, L-1255 Luxemburg
T: (00352) 45 32 31 **Fax:** 45 34 12
Internet: http://www.jardins-familiaux.org
E-Mail: office-international@jardins-familiaux.org
Gründung: 1926
Präsident(in): Werner Schäublin (CH)
Secrétaire Général: Malou Weirich (20 rue de Bragance, L-1255 Luxemburg)
Mitglieder: 3000000

Mitgliedsorganisationen

Deutschland

iz q 106

Bundesverband Deutscher Gartenfreunde e.V. (BDG)
Steinerstr. 52, 53225 Bonn
T: (0228) 47 30 36, 47 30 37 **Fax:** 47 63 79
Internet: http://www.kleingarten-bund.de
E-Mail: bdg@kleingarten-bund.de

Niederlande

iz q 107

Algemeen Verbond van Volkstuinders Verenigingen in Nederland
Kemphaanweg 1, NL-1358 AA Almere
T: (003136) 5 38 44 36 **Fax:** 5 38 44 37
E-Mail: avvn@euronet.nl

Schweiz

iz q 108

Schweizer Familiengärtner-Verband
St. Johannesstr. 2, CH-6300 Zug
T: (004141) 7 41 71 36 **Fax:** 7 41 71 33
E-Mail: seitzug@bluewin.ch
Erika Seitz

Österreich

iz q 109

Zentralverband der Kleingärtner, Siedler und Kleintierzüchter Oesterreichs
Getreidemarkt 11/10, A-1060 Wien
T: (00432221) 5 87 07 85 **Fax:** 5 87 07 85 30
E-Mail: zvwien@chello.at

Frankreich

iz q 110

Ligue Française du Coin de Terre et du Foyer
Federation Nationale des Jardins Familiaux
11, rue Desprez, F-75014 Paris
T: (00331) 45 40 40 45 **Fax:** 45 40 78 90
E-Mail: jardinfa@club-internet.fr

Belgien

iz q 111

Nationaal Verbond van Volkstuinen v.Z.W./Ligue Nationale des Coins de Terre et du Foyer
Jardins Populaires ASBL
c/o M.L. Van Belleghem
Oudburgweg 6, B-9830 St. Martens-Latem
T: (00329) 3 29 85 22 **Fax:** 3 29 85 22

Dänemark

iz q 112

Kolonihaveforbundet for Denmark
Frederikssundsvej 304 A, DK-2700 Brønshøj
T: (0045) 38 28 87 50 **Fax:** 38 28 83 50
Internet: http://www.kolonihave.dk
E-Mail: info@kolonihave.dk

Luxemburg

iz q 113

Ligue Luxembourgeoise du Coin de Terre et du Foyer
97, rue de Bonnevoie, L-1260 Luxembourg
T: (00352) 48 01 99 **Fax:** 40 97 98

Norwegen

iz q 114

Norsk Kolonihageforbund
Grønlandsleiret 23, N-0190 Oslo 1
T: (0047) 22 17 23 71 **Fax:** 22 17 33 71

Polen

iz q 115

Polski Zwiazek Dzialkowcow
Krajowa Rada
ul. Grzybowska 4, PL-00131 Warschau
T: (004822) 6 54 62 32 **Fax:** 6 20 61 12

Schweden

iz q 116

Svenska Förbundet för Koloniträdgårdar och Fritidsbyar
Åsögatan 149, S-11632 Stockholm
T: (00468) 7 43 00 90 **Fax:** 6 40 38 98
E-Mail: for@swipnet.se

Finnland

iz q 117

Suomen Siirtolapuutarhaliitto ry.
Pengerkatu 9B 39, FIN-00530 Helsinki
T: (003589) 76 31 55 **Fax:** 76 13 25
E-Mail: sspiry@sgic.fi

Großbritannien

iz q 118

National Society of Allotment and Leisure Gardeners Ltd.
O'Dell House
Hunters Road, GB-Corby, Northants NN17 5IE
T: (00441536) 26 65 76 **Fax:** 26 45 09
Internet: http://www.nsalg.demon.co.uk
E-Mail: natsoc@nsalg.demon.co.uk

Slowakische Republik

iz q 119

Slovenský Zväz Záhradkárov - Republikovy Výbor
Havličkova 34, SK-81702 Bratislava
T: (004217) 37 23 85 **Fax:** 37 10 41

Tschechische Republik

iz q 120

Český Zahrádkár_7ský Svaz
Rokycanova 15, CZ-13000 Praha 3
T: (004202) 22 78 27 10 **Fax:** 22 78 27 11
Internet: http://www.zahradkari.cz
E-Mail: zahradkari@vol.cz

• IZ Q 121

Komitee der Forstbaumschulen in der EU
Committee of Forest Nurseries in the EU
Comité des Pépinières Forestières de la UE
Sekretariat:
25 Kenton Drive, GB-Shrewsbury SY2 6TH
T: (00441743) 35 72 52 **Fax:** 36 58 09
President: Hubert Vanhulle (Cyriel Vanhulle-Wallyn BVBA, Aardappelstraat 9, B-8730 Beernem, T:(003250) 78 86 17, Telefax: (003250) 78 11 66)
Secretary: Andrew Gordon (25 Kenton Drive, GB-Shrewsbury, SY2 6TH, T: (00441743) 35 72 52, Telefax: (00441743) 36 58 09, E-Mail: a.gordon@dial.pipex.com)

• IZ Q 122

Saatgut-Komitee des Gemeinsamen Marktes (COSEMCO)
Comité des Semences du Marché Commun
Avenue Michel Ange 11, B-1000 Brüssel
T: (00322) 7 43 28 60 **Fax:** 7 43 28 69, 7 43 28 68
E-Mail: euroseeds@skynet.be, comasso@BDP-online.de
Kaufmannstr. 71-73, 53115 Bonn
T: (0228) 9 85 81 50, Fax: 9 85 81 59
Gründung: 1961
Président Général: Jean-Louis Duval (F)
Secrétaire Général: Joachim Winter
Mitglieder: 22

Deutschland

iz q 123

Bundesverband Deutscher Samenkaufleute und Pflanzenzüchter e.V. (BDSP)
Rheinallee 4a, 53173 Bonn
T: (0228) 36 44 23 **Fax:** 36 45 33
E-Mail: bdsp.bonn@t-online.de
Secr.: Rolf Münz

iz q 124

Bundesverband Deutscher Pflanzenzüchter e.V. (BDP)
Kaufmannstr. 71-73, 53115 Bonn
T: (0228) 9 85 81-10 **Fax:** 9 85 81-19
E-Mail: bdp@bdp-online.de
Secr.: Joachim Winter
Dr. Ferdinand Schmitz

Dänemark

iz q 125

Dansk Frøhandlerforening
Danish Seed Trade Association
Axeltorv 3, DK-1609 Kobenhavn V
T: (004533) 13 30 40 **Fax:** 14 56 55
E-Mail: lif@seedcouncil.dk
Secr.: O. Bech Bendesen

iz q 126

Foreningen af Danske Havefrogrossister
Danish Horticultural Seed Association (F.D.H.)
Axeltorv 3, DK-1609 Kopenhagen V
T: (004553) 13 30 40 **Fax:** 14 56 55
E-Mail: lif@seedcouncil.dk
Secr.: Ole Bech Bondesen

iz q 127

A.P.V.D.
Sammenslutningen af Danske Sortsejere af Korn
Borsen, DK-1217 Kobenhaven
T: (004533) 95 05 00 **Fax:** 91 33 20
Secr.: S. Trunshoj

Frankreich

iz q 128

Fédération Nationale des Professionnels des Semences Potageres et Florales (F.N.P.S.P.F.)
20, rue Bachaumont, F-75002 Paris Cedex
T: (00331) 40 13 03 14 **Fax:** 40 13 06 71
E-Mail: fnpsp@club.fr
Secr.: C. Hantz-Martinache

iz q 129

Federation Francaise des Semences Fourragers (F.F.S.F.)
288, Bourse de Commerce, F-75040 Paris Cedex 01
T: (00331) 42 33 54 85 **Fax:** 42 33 48 93
E-Mail: fedesem@wanadoo.fr
Secr.: J. P. Saleyron

iz q 130

Fédération Françaises des Semences de Céréales et de Betteraves
7, rue Coq Héron, F-75030 Paris Cedex 01
T: (00331) 44 76 88 20 **Fax:** 42 36 57 34
E-Mail: info@sicasov.com
Secr.: R. Petit-Pigeard

iz q 131

Association des Etablissements Producteurs et Obtenteurs de Semences de Plantes Oleagineuses et Proteagineuses (Federation A.M.S.O.L.)
20, rue Bachaumont, F-75002 Paris
T: (00331) 53 00 99 30 **Fax:** 53 40 74 10
E-Mail: amsol@amsol.asso.fr
Secr.: Jean-Loup Helle

iz q 132

SEPROMA Fédération Française de Maïs
Rue Bauchaumont 20, F-75005 Paris
T: (00331) 53 00 99 48 **Fax:** 53 40 74 15
E-Mail: seproma@club-internet.fr
Secr.: M. Marchand

Großbritannien

iz q 133

United Kingdom Agricultural Supply Trade Association Ltd. (UKASTA)
Whitehall Court, 3, GB-London SW1A 2EQ
T: (0044207) 9 30 38 11 **Fax:** 9 30 39 52
Internet: http://www.ukasta.org.uk
E-Mail: inquiries@ukasta.org.uk
Secr.: P. Rooke

Italien

iz q 134

Associazione Nationale Produttori ed Operatori Sementi e Costitutori Razze Vegetali (A.I.S.S.)
Piazza della Costituzione n.8 Palazzo Affari, I-40128 Bologna
T: (0039051) 50 38 81 **Fax:** 51 35 51 66
Secr.: M. Nardi

Niederlande

iz q 135

N.V.Z.P.
Postf. 909, NL-3700 AX Zeist
Driebergseweg 17, NL-3708 JA Zeist
T: (00313069) 3 31 35 **Fax:** 3 29 51
E-Mail: nvzp@nvzp.nl
Secr.: A. C. van Elsen

Belgien

iz q 136

Association Professionelle Belge des Createurs et Mandataires de Cultivars et Negociants en Semences (SEMZABEL)
Caritasstraat 2, B-9090 Melle
T: (003292) 72 29 32 **Fax:** 72 29 33
E-Mail: semzable@clo.fgov.be
Sec.: Kristiaan van Laecke

iz q 137

Algemeen Belgisch Vlasverbond (A.B.V.)
Oude Vestingstraat 15, B-8500 Kortrijk
T: (003256) 22 02 61 **Fax:** 22 79 30
Secr.: R. Daenekindt

Griechenland

iz q 138

Greek Seed Trade Association (E.E.P.E.S.)
Postf. 8278, GR-10010 Athenes
T: (00301) 5 24 13 27 **Fax:** 32 20 891
Secr.: N. Gouskos

iz q 139

Hellenic Certified Seed Association
Fleming Str. 15, GR-15123 Maiousi Athens
T: (00301) 68 00 741 **Fax:** 68 01 018
Secr.: L. Raftopoulou

Spanien

iz q 140

APROSE
Desangano 10-5°C, E-28004 Madrid
T: (003491) 5 21 55 17 **Fax:** 5 21 12 38
Secr.: Dr. R. Olalquiaga

Portugal

iz q 141

ANSEME
Av. Guerra Junqueiro, 8-2° Esq., P-1000 Lisbonne
T: (003511) 80 58 24 **Fax:** 80 58 24
Secr.: L. da Silva

Österreich

iz q 142

Vereinigung Österreichischer Saatgutkaufleute (VÖSK)
Postf. 440, A-1045 Wien
T: (0043150) 1 05 30 01 **Fax:** 20 62 90
Secr.: R. Franta

Schweden

iz q 143

Swedish Seed Trade Assocation, ec as
26881 Svalöv
T: (004641) 8 66 70 00 **Fax:** 8 66 71 05
Secr.: B. Jacobsson

• IZ Q 144

Union Europäischer Forstberufsverbände (UEF)
Union of European Foresters
Union Européenne des Forestiers
Office:
Square Marie-Louise 49, B-1040 Brüssel
T: (00322) 2 30 22 59 **Fax:** 2 31 18 43
Gründung: 1965
Präsident(in): Kees Mol (Holland)
Mitglieder: 24 Berufsverbände von Forstleuten in 19 europäischen Ländern

• IZ Q 145

Verband der europäischen Landwirtschaft (CEA)
European Confederation of Agriculture
Confédération Européenne de l'Agriculture
Rue de la Science, 23-25, B-1040 Bruxelles
T: (00322) 2 30 43 80 **Fax:** 2 30 46 77
E-Mail: cea@pophost.eunet.be
Gründung: 1948
Präsident(in): Hans Jonsson (Schweden)
Generalsekretär(in): Christophe Hémard, Brüssel (Belgien)
Verbandszeitschrift: Dialog
Redaktion: CEA
Verlag: CEA
Mitglieder: 400

• IZ Q 146

Verband der Futter-Saatgutfirmen der EG (AMUFOC)
Association of Fodder Seed Producer Houses in the E.C.
Association des Etablissements Multiplicateurs de Sémences Fourragères des CE
Avenue Michel Ange 11, B-1000 Bruxelles
T: (00322) 7432860 **Fax:** 7432868/69
Sitz Bonn: Kaufmannstr. 71-73, D-53115 Bonn, T: (0228) 9 85 81 50, Fax: 9 85 81 59
Gründung: 1967
Präsident(in): Dr. Gisbert Kley (Deutsche Saatveredelung, Weissenburger Straße 5, D-59557 Lippstadt (Deutschland))
Secrétaire Général: Joachim Winter
Mitglieder: 50

• IZ Q 147

Vereinigung der Pflanzenzüchter der Europäischen Wirtschaftsgemeinschaft (COMASSO)
Association des Obtenteurs de Variétés Végétales de la Communauté Economique Européenne
Kaufmannstr. 71-73, 53115 Bonn
T: (0228) 9 85 81-50 **Fax:** 9 85 81-59
E-Mail: COMASSO@BDP-online.de
Gründung: 1977
Präsident(in): Dr. Wilhelm Graf von der Schulenburg
Generalsekretär(in): Joachim Winter
Mitarbeiter: z.Zt. 3

Mitgliedsorganisationen

Belgien

iz q 148

Association Belge des Obtenteurs
c/o Station d'Amélioration des Plantes
Rue du Bordia 4, B-5800 Gembloux
T: (003281) 61 24 91 **Fax:** 61 58 63
Präsident(in): L. Matton
Sekretär: Luc Couvreur

Dänemark

iz q 149

Danish Association of Plant Breeders
c/o GPL International
Postf. 29, DK-5200 Odense V
T: (004533) 66 14 50 70 **Fax:** 66 14 50 84
Direktor(in): K. Hjortsholm
Sekr.: J. Selchau

Deutschland

iz q 150

Bundesverband Deutscher Pflanzenzüchter e.V. (BDP)
Kaufmannstr. 71-73, 53115 Bonn
T: (0228) 9 85 81-10 **Fax:** 9 85 81-19
E-Mail: bdp@bdp-online.de
Vorsitzende(r): Dr. Kartz von Kameke, Windeby
Sekr.: Dr. F. Schmitz
Joachim Winter

iz q 151

Bundesverband Deutscher Samenkaufleute und Pflanzenzüchter e.V. (BDSP)
Rheinallee 4a, 53173 Bonn
T: (0228) 36 44 23 **Fax:** 36 45 33
E-Mail: bdsp.bonn@t-online.de

Präsident(in): Horst Weigelt
Sekr.: R. Muenz

Frankreich

iz q 152

Société d'Intérêt Collectif Agricole des Sélectionneurs Obtenteurs de Variétés Végétales
Rue Coq Héron 7, F-75001 Paris
T: (00331) 44 76 88 20 **Fax:** 42 36 57 34
Internet: http://www.sicasov.com
Präsident(in): François Desprez
Generalmanager: R. Petit-Pigeard

Großbritannien

iz q 153

The British Society of Plant Breeders Ltd.
Woolpack Chambers
Market Street-Ely, GB-Cambridge CB7 4ND
T: (00441353) 66 42 11 **Fax:** 66 11 56
Präsident(in): A. Keeling
Sekr.: R. G. Turner

Irland

iz q 154

The Plant Office Ltd. (PRO)
Temple Hall
Temple Road, IRL-Co Dublin
T: (003531) 283 10 21 **Fax:** 399 94 83
Präsident(in): G. Griffith
Sekr.: P. O'Mara

Italien

iz q 155

Associazione Italiana Costitutori e Costitutori-Produttori di Varieta Vegetali
ASSOSEME
Via della Zecca 1, I-40121 Bologna
T: (0039051) 22 92 91 **Fax:** 26 14 49
Präsident(in): Dr. L. Samoggia
Sekr.: Dr. A. Stella

Niederlande

iz q 156

Nederlandse Vereniging voor Zaaizaad en Plantgoed
Postf. 9 09, NL-3700 AX Zeist
Driebergseweg 17, NL-3700 AX Zeist
T: (00313069) 3 31 35 **Fax:** 3 29 51
Präsident(in): B. Barenbrug
Sekr.: A. C. van Elsen

Österreich

iz q 157

Vereinigung Österreichischer Pflanzenzüchter
Wiener Str. 64, A-3100 St. Pölten
T: (00432742) 22 59-2000 **Fax:** (00432743) 22 59-2009
Präsident(in): Dir. Dipl.-Ing. Franz Daniel
Sekretär: Prof. Dipl.-Ing. W. Haupt

Schweden

iz q 158

Swedish Seed Trade Association
c/o Svalöf Weibull AB
T: (0046418) 66 70 00 **Fax:** 66 71 00
Präsident(in): P. Weibull
Sekretär: B. Jacobsson

Spanien

iz q 159

Asociacion Profesional de Empresarios Productores de Semillas Selectas
Desengano 10-5° C, E-28004 Madrid
T: (003491521) 55 17 **Fax:** 12 38
Präsident(in): J. Guisasola
Sekr.: Dr. R. Olalquiaga

• **IZ Q 160**

Welt-Landfrauen-Verband (ACWW)
Associated Country Women of the World
Union mondiale des femmes rurales (UMFR)
Vincent House, Vincent Square, GB-London SW1P 2NB
T: (0044207) 8 34 86 35 **Fax:** 2 33 62 05
Präsidentin: Hilda Stewart
Generalsekretärin: Anna Frost

Milchwirtschaft

• **IZ Q 161**

Internationaler Milchwirtschaftsverband (IMV)
International Dairy Federation (IDF)
Fédération Internationale de Laiterie (FIL)
Square Vergote 41, B-1030 Brüssel
T: (00322) 7 33 98 88 **Fax:** 7 33 04 13
Internet: http://www.fil-idf.org
E-Mail: info@fil-idf.org
Gründung: 1903
Président: J. Kozak (USA)
Mitglieder: 40 Länder
Mitarbeiter: 7
Jahresetat: DM 2 Mio, € 1,02 Mio

• **IZ Q 162**

Vereinigung der Schmelzkäseindustrie in der E.U. (ASSIFONTE)
Association de l'Industrie de la Fonte de Fromage de la U.E.
Adenauerallee 148, 53113 Bonn
T: (0228) 9 59 69-0 **Fax:** 37 15 35
Gründung: 1964
Vorsitzende(r): J.E.M. Ruys (NL)
Generalsekretär(in): Dipl.-Volksw. Eberhard Hetzner (D) (E-Mail: hetzner@milchindustrie.de)

Mitgliedsorganisationen

Belgien

iz q 163

Kraft Jacobs Suchard
T: (003281) 56 32 11 **Fax:** 56 34 00

Dänemark

iz q 164

Mejeriforeningen
Danish Dairy Board
Federiks Allé 22, DK-8000 Århus C
T: (0045) 87 31 20 00 **Fax:** 87 31 20 01

Deutschland

iz q 165

Milchindustrie-Verband e.V. (MIV)
Adenauerallee 148, 53113 Bonn
T: (0228) 9 59 69-0 **Fax:** 37 15 35
Internet: http://www.milchindustrie.de
E-Mail: info@milchindustrie.de

Frankreich

iz q 166

Chambre Syndicale Française des Industriels Fondeurs de Fromage (SYNDIFONTE)
Rue de Saint Petersbourg 34, F-75008 Paris Cedex 08
T: (00331) 49 70 72 93 **Fax:** 42 80 63 99

Irland

iz q 167

Irish Dairy Industries Association Limited (IDIA)
Confederation House
Lower Baggot Street 84-86, IRL-Dublin 2
T: (003531) 6 60 10 11 **Fax:** 6 38 15 74
E-Mail: pat.ivory@ibec.ie

Italien

iz q 168

Associazione Italiana Lattiero Casearia
Corso di Porta Romana 2, I-20122 Milano
T: (003902) 72 02 18 17 **Fax:** 72 02 18 38

Niederlande

iz q 169

Nederlandse Vereniging van Kaassmelters -NEDSMELT-
Postf. 1 65, NL-2700 AD Zoetermeer
T: (003179) 3 43 03 21 **Fax:** 3 42 61 85

Großbritannien

iz q 170

Dairy Industry Federation
Cornwall Terrace 19, GB-London NW1 4QP
T: (0044207) 4 86 72 44 **Fax:** 4 87 47 34

Spanien

iz q 171

Asociacion Nacional de Fabricantes de Quesos y Mantequilla
Ayala 10- 1.° Izqda, E-28001 Madrid
T: (003401) 5 76 21 00 **Fax:** 5 76 21 17

Österreich

iz q 172

Verband der Österreichischen Schmelzkäseindustrie
Postf. 22, A-6911 Lochau
T: (00435574) 49 73-0 **Fax:** 49 73-150
Obmann: Dir. Wolfgang Alge

Schweden

iz q 173

Swedish Dairies' Association
Mejerienna Service AB
Torsgatan 14, S-10546 Stockholm
T: (00468) 7 88 03 00 **Fax:** 7 88 03 30

Finnland

iz q 174

Finnish Dairy Association
Postf. 1 15, FIN-00241 Helsinki
Pasilarkatu 2, FIN-00241 Helsinki
T: (003589) 14 88 71 **Fax:** 14 88 72 01

Jagd und Fischerei

• **IZ Q 175**

Europäische Gesellschaft für Fischzucht im Meer (EAS)
European Aquaculture Society
Société Européenne d'Aquaculture
Slijkensesteenweg 4, B-8400 Oostende
T: (003259) 32 38 59 **Fax:** 32 10 05
Internet: http://www.easonline.org
E-Mail: eas@unicall.be
Gründung: 1976 (April)
President: Dr. Philippe Ferlin
Secr.: Dr. Gavin Burnell
Contact: Hilde Joncheere
Verbandszeitschrift: "Aquaculture Europe Magazine" 4 Times/Year; "Aquaculture International" 6 Times/Year
Mitglieder: 627 Individual + Companies
Mitarbeiter: 5

• **IZ Q 176**

Europäische Vereinigung der Forellenproduzenten (FEAP)
Federation of European Aquaculture Producers
Fédération Européenne des Associations Piscicoles
Rue Vivaldi 30, B-4100 Boncelles
T: (00324) 338 29 95 **Fax:** 337 98 46
Internet: http://www.feap.org/

E-Mail: Courtney@feap.org
Gründung: 1969
Président: Dr. Alessandro Perolo (c/o Agricenter, Viale de Lavoro, I-8-37135 Verona, T: (003945) 58 09 78, Fax: 58 27 41, E-Mail: alperolo@tin.it)
Vice Président: Tarald Siversten (Pir Senteret 5, N-7005 Trondheim, T: (004773) 87 09 50, Fax: 87 09 55, E-Mail: otto.gregussen@nho.no)
Vice Président: John Stephanis (1-3 Skra Str., GR-176 73 Kallithea, T: (00301) 953-1030, Fax: 9 53-1028, E-Mail: selonda@hol.gr)
Secrétaire Général: Courtney Hough (30 rue Vivaldi, B-4100 Boncelles, T: (003241) 338 29 95, Fax: 337 98 46, E-Mail: Courtney@feap.org, Internet: http://www.feap.org/)
Mitglieder: 23
Mitarbeiter: 2

• **IZ Q 177**

Nordwest Atlantik Fischerei Organisation (NAFO)
Northwest Atlantic Fisheries organization
Postf. 638, CDN-Dartmouth, Nova Scotia B2Y 3Y9
T: (001902) 4 68-5590 **Fax:** 4 68-5538
Internet: http://www.nafo.ca
E-Mail: nafo@fox.nstn.ca
Gründung: 1979 (1. Januar)
Presseabteilung: Dr. L.I. Chepel (Executive Secretary)
Mitglieder: 17 Contracting Parties
Mitarbeiter: 12

• **IZ Q 178**

Vereinigung von Erzeugergemeinschaften in der Europäischen Gemeinschaft (EAPO)
European Association of Fish Producers Organisations
Association Européenne des Organisations de Producteurs dans le Secteur de la Pêche
H. Baelskaai 25, B-8400 Oostende
T: (003259) 32 18 76 **Fax:** 32 28 40
Gründung: 1980
Vorsitzende(r): Maurice Benoish (Frankreich)
Generalsekretär(in): Luc Coibisier (Contact), Belgien
Mitglieder: 30

• **IZ Q 179**

Vereinigung der nationalen Verbände von Fischereiunternehmen in der E.U. (EUROPECHE)
Association des Organisations nationales d'Entreprises de Pêche de l' U.E.
Rue de la Science 23-25, Boîte 15, B-1040 Bruxelles
T: (00322) 2 30 48 48, 2 30 32 00 **Fax:** 2 30 26 80
E-Mail: europeche@free-way.net
Gründung: 1962
Président d'Honneur: Ervio Dobosz (Viale Timocle, 92, I-00124 Rome, T: (00396) 50 91 33 68, Fax: 85 35 29 92)
Président: Alain Parres (Rue des Mathurins, 59, F-75008 Paris, T: (00331) 42 66 32 60, Fax: (00331) 47 42 91 12)
Vice Présidents: Luigi Giannini (Via E. dei Cavalieri n°7, I-00198 Roma, T: (00396) 8 55 41 98, Fax: 85 35 29 92, E-Mail: direttore@federpesca.it)
José Ramón Fuertes Gamundi (ARVI - Puerto de Vigo, 36200 Vigo - España, T: (0034986) 43 38 44, Fax: 43 92 18)
Maria José Gonzales Martinez (C/Diego de León, 60-1°D, E-28004 Madrid, T: (003491) 3 09 20 20, Fax: 3 09 37 29, E-Mail: feabupes@teleline.esp)
Trésorier: Hugo Andersson (Amerikaskjulet - Uppgång G, SW-41463 Göteburg, T: (0046122) 2 01 55, Fax: 2 01 95)
Secrétaire Général: Guy Vernaeve (Rue de la Science 23/25, B-1040 Bruxelles, T: (00322) 2 30 48 48, (0477) 33 18 76, Fax: 2 30 26 80; E-Mail: guy.vernaeve@copa-cogeca.be)
Assistante: Francisca Martinez Toledo (Rue de la Science 23/25, B-1040 Bruxelles, T: (00322) 2 30 48 48, 2 30 32 00, Fax: 2 30 26 80, E-Mail: europeche@free-way.net)
Mitglieder: 14
Mitarbeiter: 2
Mitgliedsverbände in Belgien, der Bundesrepublik Deutschland, Frankreich, Italien, den Niederlanden, Dänemark, Irland, Großbritannien, Griechenland, Spanien, Schweden

Mitgliedsorganisationen

Belgien

iz q 180
Rederscentrale
H. Baelskaai 25, B-8400 Oostende
T: (003259) 32 35 03 **Fax:** 32 28 40
E-Mail: rederscentrale@unicall.be
Président: B. Schiltz
Directeur: Corbisier

Dänemark

iz q 181
Danmarks Fiskeriforening
Kongensgade 33, DK-6700 Esbjerg
T: (0045) 70 10 40 40 **Fax:** 75 45 19 28
E-Mail: nw@fiskeriforening.dk
Président: B. Rulle
Chief Executive: N. Wichmann

Deutschland

iz q 182
Deutscher Hochseefischerei-Verband e.V.
Venusberg 36, 20459 Hamburg
T: (040) 31 48 84 **Fax:** 3 19 44 49
Président: Klaus Hartmann
Directeur: Lothar Fischer
Mitglieder: 4

iz q 183
Deutscher Fischerei-Verband e.V.
Venusberg 36, 20459 Hamburg
T: (040) 31 48 84 **Fax:** 3 19 44 49
Président: Cartensen
Directeur: Fischer

Frankreich

iz q 184
Union des Armateurs à la Pêche de France
59, rue des Mathurins, F-75008 Paris
T: (00331) 42 66 32 60 **Fax:** 47 42 91 12
E-Mail: ghiglia.m@wanadoo.fr
Président: Patrick Soisson
Délégué Général: M. Dion

Griechenland

iz q 185
PASEGES
Kifissias Av. 16, GR-1152 Athen
T: (00301) 7 77 57 89 **Fax:** 7 77 93 13
E-Mail: pasegs@otonet.gr
Directeur Général: Kavadias
Secrétaire Général: Fotis Litsos
Papadopoulou (T: (0301) 7 78 84 56)

Großbritannien

iz q 186
National Federation of Fishermen's Organisations (NFFO)
Mardsen Road - Fish Docks, GB-Grimsby DN 31 3 SG
T: (00441472) 35 21 41 **Fax:** 24 24 86
E-Mail: natfedfish@easynet.co.uk
Président: Townsend
Chief Executive: B. Deas

iz q 187
Scottish Fishermen's Federation
14 Regent Quay, GB-Aberdeen AB11 5AE
T: (00441224) 57 55 33 **Fax:** 57 15 64
E-Mail: sff@btinternet.com
Président: A. Smith
Chief Executive: Hamish R. Morrison

Irland

iz q 188
Irish Fishermen's Organisation Ltd.
Cumberland House
Fenian Street, IRL-Dublin 2
T: (0035316) 61 24 00 **Fax:** 61 24 24
Président: J. V. Maddock
Secrétaire Général: F. Doyle

Italien

iz q 189
Federazione Nazionale delle Imprese di Pesca
Via Emilio de Cavalieri n°7, I-00198 Rom
T: (00396) 8 55 41 98, 8 54 11 25 **Fax:** 85 35 29 92
E-Mail: direttore@federpesca.it
Président: A. Bassi
Directeur Général: L. Giannini

Niederlande

iz q 190
Stichting van de Nederlandse Visserij
Postf. 72, NL-2280 AB Rijswijk
T: (003170) 3 36 96 00 **Fax:** 3 99 94 26
E-Mail: p-vis@pvis.nl
Président: Nooitgedagt
Dél. Général: Langstraat

Schweden

iz q 191
Sveriges Fiskares Riksförbund
Amerikaskjulet- UPPGANG G, S-41463 Göteburg
T: (004631) 12 45 90 **Fax:** 24 86 35
E-Mail: hugo.andersson@lio.se
Président: Johansson
Vice Président: Andersson

Spanien

iz q 192
Confederación Española Asociaciones Pesqueras (CEAPE)
C/Comandante Zorita n°12, E-28020 Madrid
T: (003491) 5 33 38 84, 5 34 54 84 **Fax:** 5 34 37 18
Président: Liria Franch
Secrétaire Général: Urruticoechea

iz q 193
Federación Española de Armadores de Buques de Pesca (FEABP)
C/Diego de León 60-1° D, E-28006 Madrid
T: (003491) 3 09 20 20 **Fax:** 3 09 37 29
E-Mail: feabupes@teleline.esp
Président: Suarez Villa
Secrétaire Général: Maria José Gonzalez Martínez

iz q 194
Federación Nacional de Cofradías de Pescadores
C/Barquillo, n° 7- 1° D, E-28004 Madrid
T: (003491) 5 31 98 01 **Fax:** 5 31 63 20
Président: Muñiz Guardado
Secrétaire Général: Gil De Bernabe

• **IZ Q 195**

Zusammenschluß der Jagdschutzverbände in der EU (FACE)
Federation of Fieldsports Associations of the EU
Fédération des Associations de Chasseurs de l'UE
Rue F. Pelletier 82, B-1030 Brüssel
T: (00322) 7 32 69 00 **Fax:** 7 32 70 72
Internet: http://www.face-europe.org
E-Mail: face.europe@infoboard.be
Gründung: 1977
President: P. Misselbrook
Secretary General: Y. Lecocq (Contact)
Mitglieder: 24
Mitarbeiter: 6

Mitglieder

iz q 196
Royal Saint-Hubert Club de Belgique (RSHCB)
Boulevard Lambermont 410, B-1030 Brüssel
T: (00322) 248 25 85 **Fax:** 248 25 95
E-Mail: st-hubert.club@euronet.be

iz q 197
Danmarks Jaegerforbund
Højnœsvej 56, DK-2610 Rødovre
Postf. 99, DK-2610 Rødovre
T: (0045) 36 72 42 00 **Fax:** 36 72 09 11
E-Mail: ht@jaegerne.dk

iz q 198

Deutscher Jagdschutz-Verband e.V. (DJV)
Vereinigung der deutschen Landesjagdverbände
Johannes-Henry-Str. 26, 53113 Bonn
T: (0228) 9 49 06-0 **Fax:** 9 49 06-30
E-Mail: q.nuy@jagdschutzverband.de

iz q 199

Federación Española de Caza (FEC)
C/Francos Rodríguez 70-2_Ho, E-28039 Madrid
T: (00341) 3 11 16 34 **Fax:** 4 50 66 08
E-Mail: fec@ran.es

iz q 200

Union Nationale des Fédérations Départementales des Chasseurs (UNFOC)
Rue d'Alésia 48, F-75014 Paris
T: (00331) 43 27 85 76 **Fax:** 43 21 36 97

iz q 201

Confédération de la Chasse en Grèce
Koraï 2, GR-10564 Athen
T: (00301) 3 23 12 71 **Fax:** 3 22 27 55

iz q 202

Federation of Hunting Organizations of Ireland
"Weston"
Spawell Road, IRL-Wexford
T: (0035353) 2 48 49 **Fax:** 2 48 49
E-Mail: nargc@iol.ie

iz q 203

Unione Nazionale Assoc. Venatorie Italiane (UNAVI)
Viale Tiziano 80, I-00196 Rom
T: (00396) 320 84 29 **Fax:** 320 27 35
E-Mail: unavi@tin.it

iz q 204

Fédération des Chasseurs Luxembourgeois
Postf. 60, L-2010 Luxemburg
T: (00352) 33 97 69 **Fax:** 95 78 69

iz q 205

Saint-Hubert Club du Grand-Duché de Luxembourg
Boulevard Pierre Dupong 22, L-1430 Luxemburg
T: (00352) 78 70 74 **Fax:** 72 00 95

iz q 206

Koninklijke Nederlandse Jagers Vereniging (KNJV)
Postf. 11 65, NL-3800 BD Amersfoort
T: (003133) 461 98 41 **Fax:** 465 13 55
E-Mail: knjv@wxs.nl

iz q 207

Fédération Portugaise des Chasseurs
Av. Marechal Gomes da Costa 15, P-1800 Lissabon
T: (003511) 2 84 32 55 20 **Fax:** 2 84 32 55 20

iz q 208

British Association for Shooting & Conservation (BASC)
Marford Mill
Rosset Wrexham, GB-Clwyd LL12 OHL
T: (00441244) 57 30 00 **Fax:** 57 30 01
E-Mail: jeffrey@basc.demon.co.uk

iz q 209

The Countryside Alliance
The Old Town Hall
Kennington Road 367, GB-London SE11 4PT
T: (0044207) 582 54 32 **Fax:** 793 84 84, 793 88 99
E-Mail: info@countryside-alliance.org

iz q 210

Zentralstelle Österreichischer Landesjagdverbände
Wickenburggasse 3/13, A-1080 Wien
T: (00431) 4 05 16 36 **Fax:** 4 05 16 36 28
E-Mail: jagd@noeljv.at

iz q 211

Fédération des Associations suisses de Chasseurs (FACH)
Via Ceresio 12, CH-6963 Pregassona
T: (004191) 803 36 11 **Fax:** 923 82 27

iz q 212

Orszagos Magyar Vadaszati Vedegylet
Medve u. 34-40.II.em, H-1027 Budapest 11
T: (00361) 155 06 97 **Fax:** 175 83 78

iz q 213

Ghaqda Kacc. Nassaba Konservazzjonisti
Postf. 26, GBY-Sliema
T: (00356) 31 04 48 **Fax:** 80 92 58

iz q 214

Polski Zwiazek Lowiecki
Nowy Swiat 35, PL-00-029 Warschau
T: (004822) 827 45 45 **Fax:** 826 33 22

iz q 215

Lovska Zveza Slovenije
Zupanciceva 9, SLO-61000 Ljubljana
T: (0038661) 21 49 50 **Fax:** 21 79 94
E-Mail: lzs-lj@siol.net

iz q 216

Slowakischer Jagdverband
Slovenského pol'ovníckeho zväzu
Stefanikova 10, SK-81105 Pressburg
T: (00427) 39 89 90 **Fax:** 39 22 96

iz q 217

Hunters' Central Organization
Postfach, FIN-01100 Östersundom
T: (003589) 8777 677 **Fax:** 8777 617

iz q 218

Svenska Jägareförbundet
Postf. 1, S-16321 Spånga
T: (00468) 7 95 33 00 **Fax:** 7 61 20 15
E-Mail: bo.lindevall@jagareforbunolet.se

iz q 219

Českomoravská Myslivecká Jednota
Jungmannova 25, CZ-11525 Prag 1
T: (004202) 24 23 23 49 **Fax:** 26 12 14

iz q 220

Estonian Hunters Society
Kuristiku 7, EW-12129 Tallin
T: (00372) 6 42 29 25 **Fax:** 6 42 65 67

iz q 221

Kroatischer Jagdverband
Hrvatski Lovacki Savez
Vladimira Nazora 63, H-10000 Zagreb
T: (003851) 43 33 10 **Fax:** 42 75 98

Natur- und Umweltschutz

• **IZ Q 222**

Arbeitsgemeinschaft Alpenländer (ARGE ALP)
Working Group of the Alpine Regions
Communauté de Travail des Regions Alpines
Landhaus, A-6010 Innsbruck
T: (0043512) 5 08 23 40 **Fax:** 5 08 23 45
Internet: http://www.argealp.org
E-Mail: f.staudigl@tirol.gv.at
Gründung: 1972 (12. Oktober)
Vorsitzende(r): Regierungsrätin lic.iur. Rita Roos-Niedermann (Davidstr. 35, CH-9001 St.Gallen, T: (004171) 2 29 31 11, Fax: (004171) 2 29 39 88)
Geschäftsführer(in): Dr. Fritz Staudigl (Landhaus, A-6010 Innsbruck, T: (0043512) 5 08 23 40, Fax: 5 08 23 45)
Leitung Presseabteilung: Hildegard Jutz
Mitglieder: 11

Landesverbände: Land Baden-Württemberg
Freistaat Bayern
Autonome Provinz Bozen-Südtirol
Kanton Graubünden
Region Lombardei
Land Salzburg
Kanton St. Gallen
Land Tirol
Autonome Provinz Trient
Land Vorarlberg
Kanton Tessin
Fachverbände:
Kommission I - Kultur und Gesellschaft
Kommission II - Umwelt, Raumordnung und Landwirtschaft
Kommission III - Wirtschaft und Arbeit
Kommission IV - Verkehr

• **IZ Q 223**

Arbeitsgemeinschaft Wasserwerke Bodensee-Rhein (AWBR)
c/o St. Galler Stadtwerke
St. Leonhard-Str. 15, CH-9001 St. Gallen
T: (004171) 2 24 55 42 **Fax:** 2 24 57 72
Gründung: 1968
Präsident(in): Dipl.-Ing. M. Gutzwiller (Direktor St. Galler Stadtwerke)
Vizepräsident(in): Prof. Dr. H. Mehlhorn (ZV Bodensee-Wasserversorgung, Stuttgart)
Hauptgeschäftsführer(in): B. Bieri (St. Galler Stadtwerke, E-Mail: benedikt.bieri@stadt.sg.ch)
Mitglieder: 72 Wasserwerke aus Deutschland, Frankreich, Österreich, Liechtenstein und Schweiz

• **IZ Q 224**

CIPRA-Deutschland e.V.
Internationale Alpenschutzkommission (CIPRA)
Waltherstr. 29, 80337 München
T: (089) 54 42 78-50 **Fax:** 54 42 78-99
Gründung: 1952 (5. Mai)
Präsident(in): Dieter Popp
Hauptgeschäftsführer(in): Andreas Güthler
Mitglieder: 16 Verbände (1.900.000 Mitglieder)

• **IZ Q 225**

EuropaBio
Avenue de l'Armée 6, B-1040 Brüssel
T: (00322) 7 35 03 13 **Fax:** 7 35 49 60
Internet: http://www.europa-bio.be
E-Mail: mail@europa-bio.be
Gründung: 1996 (27. September)
Präsident(in): Dr. P. Bamelis
Hauptgeschäftsführer(in): Anthony Arke (Secretary General)
Verbandszeitschrift: Euro Bio News
Mitglieder: 47 und 12 nationale Organisationen
Mitarbeiter: 8

• **IZ Q 226**

Europäischer Verband für Verkehr und Umwelt (T&E)
European Federation for Transport and Environment
Fédération Européenne pour le Transport et l'Environnement
Boulevard de Waterloo 34, B-1000 Brüssel
T: (00322) 502 9909 **Fax:** 502 9908
E-Mail: t+e@arcadis.be
Gründung: 1989
Director: Beatrice Schell
Verbandszeitschrift: T&E Bulletin
Mitglieder: 32

• **IZ Q 227**

Europäisches Umweltbüro (EEB)
European Environmental Bureau
Bureau Européen de l'Environnement
Boulevard de Waterloo 34, B-1000 Brüssel
T: (00322) 289 10 90 **Fax:** 289 10 99
Internet: http://www.eeb.org
E-Mail: info@eeb.org
Gründung: 1974
President: Lone Johnsen
Secretary General: John Hontelez
Press Department: Regina Schneider
Verbandszeitschrift: Metamorphosis
Mitglieder: 135
Mitarbeiter: 10, davon 5 Teilzeit

• **IZ Q 228**

Europäische Plastik Recycler (EuPR)
European plastics recyclers
Recupérateurs européens de matière plastique
Avenue de Cortenbergh 66, B-1000 Brüssel
T: (00322) 7 32 41 24 **Fax:** 7 32 42 18
E-Mail: eupr@skynet.be
Präsident(in): Bernard Merkx
Generalsekretär: Alexandre Dangis

• **IZ Q 229**

Greenpeace International
(Stichting Greenpeace Council)
Keizersgracht 176, NL-1016 DW Amsterdam
T: (003120) 5 23-6222 **Fax:** 5 23-6200
Internet: http://www.greenpeace.org
Gründung: 1971
Executive Director: Thilo Bode

• **IZ Q 230**

Internationales Institut für Umwelt und Entwicklung (IIED)
International Institute for Environment and Development
3 Endsleigh Street, GB-London WC1H ODD
T: (0044207) 3 88 21 17 **Fax:** 3 88 28 26
Gründung: 1971
Executive Director: Richard Sandbrook
Mitarbeiter: 55, davon 5 Teilzeit

• **IZ Q 231**

Internationales Meeres-Forum d. Ölgesellschaften (OCIMF)
Oil Companies International Marine Forum
27 Queen Anne's Gate, GB-London SW1H 9BU
T: (0044207) 654 1200 **Fax:** 654 1205
Internet: http://www.ocimf.com
E-Mail: enquiries@ocimf.com
Gründung: 1970 (April)
Chairman: R.L. Paniguian (Regional President for the Middle East BP Amoco International, London)
Director: J.W. Hughes
Verbandszeitschrift: Marine Publications Catalogue
Verlag: Witherby & Co. Ltd.
Mitglieder: 40
Mitarbeiter: 9

• **IZ Q 232**

Naturfreunde Internationale (NFI)
International Friends of Nature
Internationale des Amis de la Nature
Diefenbachgasse 36, A-1150 Wien
T: (00431) 8 92 38 77 **Fax:** 8 12 97 89
Internet: http://www.nfi.at
E-Mail: nfi@nfi.at
Gründung: 1895
Präsident(in): Herbert Brückner
Vizepräsident(in): Bruno K. Lampasiak
Michèle Davieau
Ed Smit
Heinz Kaupa
Ralph Siegenthaler
Hauptgeschäftsführer(in): Manfred Pils
Mitglieder: 600000
Mitarbeiter: 4
Jahresetat: DM 1 Mio, € 0,51 Mio

Mitgliedsorganisationen

Belgien-Flandern

iz q 233
ATB "De Natuurvrienden"
Provinciestraat 53, B-2018 Antwerpen
T: (00323) 27 00 28-0 **Fax:** 2 35 51 42
E-Mail: atb@natuurvrienden.be

Belgien-Wallonien

iz q 234
Union Francophone Les Amis de la Nature
42, rue de l'Abbaye, B-7800 Ath
T: (003268) 28 38 50

Dänemark

iz q 235
Landsforeningen Natur & Fritid Danmark
Odensegade 5 st th., DK-2100 Copenhagen
T: (0045) 3526 0120 **Fax:** 3526 4820
E-Mail: naturfri@post6.tele.dk

Deutschland

iz q 236
Die NaturFreunde Bundesgruppe Deutschland e.V.
Postf. 60 04 41, 70304 Stuttgart
Hedelfinger Str. 17-25, 70327 Stuttgart
T: (0711) 4 09 54-0 **Fax:** 4 09 54-4
E-Mail: naturfreunde-d@t-online.de

Großbritannien

iz q 237
Naturefriends - Great Britain
33 Knyvetts Green, GB-Ashwellthorpe, Norwich NR 16 1HA
T: (00441508) 4 14 57
E-Mail: nature@parkside.prestel.co.uk
John Hubbard

Finnland

iz q 238
Työväen Retkeilyliitto ry
Paasivuorenkatu 5A, FIN-00530 Helsinki
T: (003589) 76 73 52 **Fax:** 76 73 54
E-Mail: maija.koponen@trl.inet.fi

Frankreich

iz q 239
Les Amis de la Nature Fédération Française
Rue Championnet 197, F-75018 Paris
T: (00331) 46 27 53 56 **Fax:** 46 27 40 46

Niederlande

iz q 240
NIVON
Hilversumstraat 32, NL-1014 MB Amsterdam
T: (003120) 435 07 00 **Fax:** 637 65 33
E-Mail: nivon@nivon.nl

Italien

iz q 241
Gruppo Italiano Amici della Natura G.I.A.N.
Via Pascoli 14, I-57027 Cecina (LI)
T: (0039586) 68 02 13 **Fax:** 68 02 13

Luxemburg

iz q 242
Letzebuerger Naturfrenn a.s.b.l.
Rue J.P. Ries 6, L-6143 Junglinster
T: (00352) 7 86 53
Edouard Frisch

Mexiko

iz q 243
Piero G. Alberti Amistur A.C.
Postf. 61-094, MEX-Mexico PA 6 D.F
T: (00525) 5 64 89 67

Österreich

iz q 244
Naturfreunde Österreich
Bundesleitung
Viktoriagasse 6, A-1150 Wien
T: (00431) 8 92 35 34 **Fax:** 8 92 35 34 36
E-Mail: info@naturfreunde.at

Polen

iz q 245
PTTK
Senatorska 11, PL-00075 Warschau

Schweden

iz q 246
Naturvännernas Internationella Turistförening I Sverige
Säbyholmsskolan PL5, S-19791 Bro
T: (00468) 58 24 25 34 **Fax:** 58 24 26 93
E-Mail: manfred.scholze@telia.com
Kontaktperson: Manfred Scholze

Schweiz

iz q 247
Naturfreunde Schweiz
Zentralsekretariat
Pavillonweg 3, CH-3012 Bern
T: (004131) 3 06 67 67 **Fax:** 3 06 67 68

Senegal

iz q 248
Association Sénegalaise des Amis de la Nature
15 bis, Rue Jules Ferry, SN-BP 1810 Dakar
T: (00221) 21 39 75

Slowakei

iz q 249
Naturfreunde Slowakei
Junacka 6, SK-83280 Pressburg
T: (004217) 49249-224 **Fax:** 49249-569

Südtirol

iz q 250
Eigenlandesverband Südtirol "Die Naturfreunde"
Schillerstr. 8, I-30912 Meran
T: (0039473) 23 22 10

Tschechische Republik

iz q 251
Naturfreunde Tschechien
c/o Duha
Senovázné námesti 24, CZ-11647 Praha 1
T: (004202) 2 41 10 23 74 **Fax:** 2 41 10 23 75
E-Mail: prokes@duha.adam.cz

Ungarn

iz q 252
Magyar Természetbarát Szövetség
Bajcsy Zsilinszky út 31.II.3, H-1065 Budapest
T: (00361) 3 11 24 67 **Fax:** 3 53 19 30

USA

iz q 253
T.C. "The Nature Friends"
6127 Contra Costa Rd., USA-Oakland CA 94618
T: (001510) 5 47-1176
Kontaktperson: Susi Raub

NFJI

iz q 254
Naturfreundejugend Internationale (NFJI)
International Young Naturefriends (IYNF)
Internationale des Jeunes Amis de la Nature (IJAN)
Hamerstraat 19, B-1000 Brüssel
T: (00322) 217 62 82 **Fax:** 217 81 33
E-Mail: iynf@iynf.org

• **IZ Q 255**

Naturopa Zentrum (CN)
Centre Naturopa
Conseil de l'Europe
T: (0033388) 41 20 00 **Fax:** 41 27 15
Internet: http://www.nature.coe.int
E-Mail: centre.naturopa@coe.int
Gründung: 1967

• **IZ Q 256**

Internationale Union für die Erhaltung der Natur und der natürlichen Hilfsquellen (IUCN)
The World Conservation Union (IUCN)
Union mondiale pour la nature (UICN)
Rue Mauverney 28, CH-1196 Gland
T: (004122) 9 99 00 01 **Fax:** 9 99 00 02
Internet: http://www.iucn.org
E-Mail: mail@hq.iucn.org
Gründung: 1948
Präsident(in): Sra Yolanda N. Kakabadse
Directeur général: David McDowell

Verbandszeitschrift: World Conservation (English version), Planète Conservation (French version), Conservación Mundial (Spanish version)
Redaktion: N. Meith
Verlag: IUCN, 28 rue Mauverney, 1196 Gland, Switzerland
Mitglieder: 855 in 134 countries

• **IZ Q 257**

Zusammenschluß europäischer Ölgesellschaften für Umwelt-, Sicherheits- u. Gesundheitsschutz (CONCAWE)
The oil companies' european organization for environment, health and safety
Madouplein 1, B-1210 Brüssel
T: (00322) 220 31 11 **Fax:** 219 46 46
Internet: http://www.concawe.be
E-Mail: info@concawe.be
Gründung: 1963
Vorsitzende(r): Bart van Holk
Generalsekretär: Jochen Brandt
Mitglieder: 27
Mitarbeiter: 13

Tier- und Pflanzenschutz

• **IZ Q 258**

BirdLife International
Wellbrook Court, Girton Road, GB-Cambridge CB3 0NA
T: (00441223) 27 73 18 **Fax:** 27 72 00
Internet: http://www.birdlife.net
E-Mail: birdlife@birdlife.org.uk
Gründung: 1922
Vorsitzende(r): Dr. Gerard Bertrand
Hauptgeschäftsführer(in): Dr. Michael Rands
Leitung Presseabteilung: Dr. Richard Thomas
Verbandszeitschrift: World Birdwatch
Mitglieder: 2000000 in 100 Countries
Mitarbeiter: 37

• **IZ Q 259**

Pflanzenschutzorganisation für Europa und den Mittelmeerraum (EPPO)
European and Mediterranean Plant Protection Organization (EPPO)
Organisation Européenne et Méditerranéenne pour la Protection des Plantes (OEPP)
1, rue le Nôtre, F-75016 Paris
T: (00331) 45 20 77 94 **Fax:** 42 24 89 43
Internet: http://www.eppo.org.
E-Mail: hq@eppo.fr
Gründung: 1951
Verbandszeitschrift: Bulletin OEPP/EPPO Bulletin
Mitglieder: 42
Mitarbeiter: 12

• **IZ Q 260**

Politischer Arbeitskreis für Tierrechte in Europa e.V. (PAKT)
Political Association for Animal Rights in Europe
Initiative Politique Européene pour les Droits des Animaux
Sitz Bonn, Geschäftsstelle:
Bonhoefferstr. 7, 49170 Hagen
T: (05405) 85 05 **Fax:** 85 79
Gründung: 1990 (5. Mai)
Sprecher, 1. Vors: Studiendir. a.D. Wilfrid M. Jores, Hagen
2. Vorsitzende(r): Rechtsanwalt Wolfgang Schindler, München
3. Vors: Dipl.Pol. Edgar Guhde (Eduard-Schloemann-Str.33, 40237 Düsseldorf)
Mitglieder: 30

PAKT e.V. betreibt die rechtliche und politische Interessenvertretung aller Tiere gegenüber den nationalen und internationalen Gesetzgebungsorganen, nationalen und internationalen Verwaltungen sowie gegenüber den Organen der Justiz.

• **IZ Q 261**

Welttierschutz-Gesellschaft (WSPA)
World Society for the Protection of Animals
Société Mondiale pour la Protection des Animaux
2, Langley Lane, GB-London SW8 1TJ
T: (0044207) 7 93 05 40 **Fax:** 7 93 02 08
Internet: http://www.wspa.org.uk
E-Mail: wspa@wspa.org.uk
Gründung: 1981
Manager of Press Department: Jonathan Owen
Verbandszeitschrift: Animals International
Verlag: WSPA, 2 Langley Lane, London SW8 1TJ
Mitglieder: (Amendment) 200000 Worldwide
Mitarbeiter: 60
Jahresetat: DM 4 Mio, € 2,05 Mio

iz q 262

Welttierschutzgesellschaft Deutschland e.V. (WSPA)
Am Michaelshof 8-10, 53177 Bonn
T: (0228) 3 56 34 55 **Fax:** 8 56 34 54
Gründung: 1998
Geschäftsführer(in): Martin Riebe

IZ R Sozialpolitische Organisationen

Zum Auffinden einer bestimmten Dienststelle oder Organisation dient das Suchwortverzeichnis eines Personennamens das Personenverzeichnis

Arbeitgeberorganisationen
Arbeitnehmerorganisationen
Beamten-Organisationen

Arbeitgeberorganisationen

• **IZ R 1**

Europäische Mittelstands-Union (EMSU)
European Medium and Small Business Union
Union Européenne des Classes Moyennes
Dragatsanious 8, GR-10559 Athen
T: (00301) 8 01 18 10
Internet: http://mittelstandsservice.de/emsu
Gründung: 1979 (April)
Präsident(in): Basilios Tsiounis
Generalsekretär(in): Dieter Ibielski
Mitglieder: über 3000000 mit 19 Länder-Sektionen
Mitarbeiter: 3

Büro Brüssel:
Haus de Mittelstandes
35, rue Archimede
1040 Brüssel
T: (00322) 7 36, 86 34
Fax: (00322) 7 36 28 58

iz r 2
EMSU-Tchecoslovaquie
Revolucni 5, CZ-11001 Praha 1
T: (004202) 2 31 54 51 **Fax:** 2 31 66 30

iz r 3
Europaeisk Forbund for Sma og Mellemstroe Virksamheder
Nikolai Plads 26, DK-1067 Kopenhagen

iz r 4
Bundesverband Güterkraftverkehr Logistik und Entsorgung (BGL) e.V.
Haus des Straßenverkehrs
Postf. 93 02 60, 60457 Frankfurt
Breitenbachstr. 1, 60487 Frankfurt
T: (069) 79 19-205 **Fax:** 79 19-265
Internet: http://www.bgl-ev.de
E-Mail: bglffm@aol.com

iz r 5
Mittelstands- und Wirtschaftsvereinigung der CDU/CSU (MIT)
Mauerstr. 85, 10117 Berlin
T: (030) 2 20 78 90 **Fax:** 22 07 89 22
Internet: http://www.mit-der-cdu-csu.de

iz r 6
Union mittelständischer Unternehmen e.V. (UMU)
Bundesgeschäftsstelle
Edelsbergstr. 8, 80686 München
T: (089) 5 70 07-0 **Fax:** 5 70 07-2 60

iz r 7
Vereinigung Mittelständischer Unternehmer e.V. (VMU)
Bundessekretariat
Elisabethstr. 34, 80796 München
T: (089) 33 41 85 **Fax:** 33 31 86
Internet: http://www.mittelstand-vmu.de

iz r 8
Haus & Grund Deutschland
Zentralverband der Deutschen Haus-, Wohnungs- und Grundeigentümer e.V.
Cecilienallee 45, 40474 Düsseldorf
T: (0211) 478 17-0 **Fax:** 4 78 17-23
Internet: http://www.haus-und-grund.net
E-Mail: zv.@haus-und-grund.net

iz r 9
EMSU - Castilla y Leon
C/Doctrinos 18, E-47001 Valladolid

iz r 10
EMSU - Union Valenciana
P Negrito 1, E-46001 Valencia

iz r 11
Petita y Mitjana Empresa de Catalunya - P.I.M.E.C.
Calle Bruc, 72-74 6è, E-08009 Barcelona
T: (00343) 4 87 40 00 **Fax:** 4 87 65 20
E-Mail: pimec@cinet.fcr.es

iz r 12
Comité National Routier
8-10, Villa Bosquet, F-75007 Paris

iz r 13
Mouvement des Entreprises de Taille Humaine Indépendantes et de Croissance
Rue Saint Augustin 25, F-75002 Paris
T: (00331) 40 20 00 85 **Fax:** 42 61 68 58

iz r 14
EMSU Greece
8, Dragatsanioustreet, GR-10559 Athen

iz r 15
EMSU Magyar
c/o Ungarisches Demokratisches Forum
O Utca 8-10, H-1066 Budapest
Fax: (00361) 1 56 85 22

iz r 16
Confederazione Nazionale dell' Artigianato C.N.A.
via G.A. Guattani 13, I-00161 Rom
T: (00396) 44 18 81 **Fax:** 44 24 95 18
E-Mail: leomicro@mbox.vol.it

iz r 17
Sudtiroler Wirtschaftsring
Perathonerstr. 17, I-39100 Bozen

iz r 18
EMSU Luxembourg
28, rue Chemin Vert, L-3878 Schifflange
T: 54 82 56 **Fax:** 54 88 50

iz r 19
EMSU Nederland
Markestraat 4, NL-8331 DC Steenwijk ZH

iz r 20
Koninklijk Nederlands Ondernemersverbond
Postf. 379, NL-2289 BE Rijswijk ZH
Broekmolenweg 20, NL-2289 BE Rijswijk ZH
T: (003115) 60 01 91 **Fax:** 14 03 87

iz r 21
EMSU Office
Ul Trebacka 4, PL-00074 Warschau

iz r 22
Österreichischer Wirtschaftsbund
Mozartgasse 4, A-1040 Wien

iz r 23
Associacao Portuguesa das Classes Medias
Av. Ressano Garcia 20, P-1000 Lissabon

iz r 24
EMSU Portugal
Rua Correia la 277-3 Dto, P-4100 Porto
T: (003512) 9 96 45 85 **Fax:** 9 96 45 88

iz r 25
Turkish Foundation for Small and Medium Business
Ahmet Rasim Sokak 27, TR-06550 Cankja-Ankara

iz r 26
Small Business Bureau
32, Smith Square, GB-London SW1F 3HH

iz r 27
ETHIC-France
Domaine de mon voisin 33, F-91400 Gometz-la-Ville

iz r 28
EMSU-Sweden
Schönfelds Gränd 2, S-11127 Stockholm

• **IZ R 29**
Europäischer Bund der Kleinbetriebe (ESBA)
European Small Business Alliance
Union Européenne des Petites Entreprises
Rue Vautier n° 54, B-1050 Brüssel
T: (00322) 6 39 62 30 **Fax:** 7 87 40 66

Deutschland

iz r 30
Arbeitsgemeinschaft Mittelständischer Unternehmen e.V. (AMU)
Im Haus der Selbständigen
Schlüterstr. 4, 10625 Berlin
T: (030) 7 84 20 38-39, 31 86 81-3 **Fax:** 7 87 40 66
Präsident(in): Josef Stingl

iz r 31
BDS/DGV Landesverband Nordrhein-Westfalen e.V.
Schwanenwall 23, 44135 Dortmund
T: (0231) 52 71 84, 52 71 85, 52 71 86 **Fax:** 52 71 83
Präsident(in): Hans-Peter Murmann

iz r 32
Europäische Fluß-See-Transport Union e.V., Berlin (ERSTU)
European River-Sea-Transport Union
Alt Stralau 55-58, 10245 Berlin
T: (030) 29 37 64 14 **Fax:** 29 37 62 01

Frankreich

iz r 33
Patrons Independants
La Boetie 25, F-75008 Paris
T: (00331) 53 300 200 **Fax:** 53 300 222
E-Mail: alguyard@compuserve.com
Präsident(in): Philippe Courtin
European Responsible: Christian Foulon

Großbritannien

iz r 34
Federation of Small Business (FSB)
Catherine Place 2, GB-London SW1E 6HF
Präsident(in): Ian L. Handford
European Responsible: Brian A. Prime

Österreich

iz r 35
Freier Wirtschaftsverband Österreich (F.W.V.O.)
Wiedner Hauptstr. 57, A-1040 Wien
T: (00431) 5 01 21 **Fax:** 5 01 21 20
Internet: http://www.wirtschaftsverband.at
E-Mail: selbst@wirtschaftsverband.at
Präsident(in): René Alfons Haiden
European Responsible: Dr. Robert Schediwy

Schweden

iz r 36
Swedish Association of Free Entrepreneurs - S.A.F.E.
Postf. 3111, S-10362 Stockholm
T: (00468) 7 11 55 01 **Fax:** 7 11 82 90
Präsident(in): Leif Svensson
European Responsible: Gustaf Skulason

• **IZ R 37**

CEDI

Europaverband der Selbständigen (CEDI)
European Association of Independents
Confédération Européenne des Indépendants
Hauptgeschäftsstelle:
Oberbexbacher Str. 7, 66450 Bexbach
T: (06826) 14 70, 21 88 **Fax:** 5 09 04
Internet: http://www.bvd-cedi.de
E-Mail: info@bvd-cedi.de
Büro Berlin:
Carsten Lucht, Kaiser-Friedrich-Höfe, Kaiser-Friedrich-Str. 30, 10585 Berlin
Büro Brüssel: 11/12 Square Sainctelette, Stufe 7, B-1000 Brüssel
Mitglieder sind Selbständigenverbände in den einzelnen EU-Staaten; die CEDI vertritt 1,5 Mio Selbständige in der EU
Präsident(in): Karl Philippi
Past-Präsident: Karl Kunrath
Verbandszeitschrift: Gewerbe-Report (Zeitschrift für Selbständige)
Verlag: Oberbexbacher Str. 7, 66450 Bexbach

Mitgliedsverbände und Kontaktstellen der CEDI in der EU, Osteuropa und Übersee

Andorra

iz r 38

CEDI-Repräsentanz Andorra
Xalet Aguila, Auvinya, AND-Sant Julià de Lòria
T: (00376) 84 20 07 **Fax:** 84 29 37
Wirtschaftsberater: Hans H. Boldt, Xalet Aguila

Belgien

iz r 39

SYNDICAT NEUTRE POUR INDEPENDANTS a.s.b.l.
Square Sainctelette 11-12, Stufe 7, B-1000 Brüssel

Frankreich

iz r 40

Confédération Européenne des Indépendants de France
13, rue de Buci, F-75006 Paris

Georgien

iz r 41

CEDI-Repräsentanz Georgien
Vertretung in Deutschland:
Wiesengrund 17, 66822 Lebach
Kontaktperson: Dr. Wladimir Saridse
G. Lauran (Wiesengrund 17, 66822 Lebach)

Italien

iz r 42

Confesercenti
Via Farini 5, I-00185 Rom
T: (00396) 4 72 51 **Fax:** 4 88 21 56

Luxemburg

iz r 43

Steuerberater Edgar Bisenius
Bd. G.-D. Charlotte 9a, L-1330 Luxemburg

Niederlande

iz r 44

De Nederlandse Kermisbond (NKB)
Oudegracht 188, NL-1811 CP Alkmaar
T: (003172) 5 12 35 83, (00316) 54 74 15 00
Fax: (003172) 5 12 12 52
Internet: http://home.hetnet.nl/-nkb.nl
E-Mail: nkbalkmaar@hetnet.nl
Kontaktperson: Jan Boots

Österreich

iz r 45

EFA-Forum
Irenäusgasse 39, A-1210 Wien
T: (00431) 2 90 14 14 **Fax:** 2 90 18 00
Präsident(in): Wolfgang Göltl

Polen

iz r 46

JCH - Wirtschafts-Service
ul. Koszycka 4, PL-53-014 Wroclaw
T: (004871) 3 39 97 95 **Fax:** 3 39 82 59

Portugal

iz r 47

PME
Rua da Divisao 735-4405, P-735-4405 S. Felix da Marinha
Präsident(in): Pedro Fernandes

Rumänien

iz r 48

Consiliul National al Intreprinderilor private Mici si Mijlochii din Romania (CNIPMMR)
General Berthelot Str. No. 22, Sektor 1, R-Bukarest

Russland

iz r 49

CEDI-Repräsentanz Russland
Postf. 58 06, RUS-121309 Moskau
Seslawinskaja-Str. 12-2-45, RUS-121309 Moskau
T: (007095) 3 41 50 70, 3 41 51 00 **Fax:** 4 34-1148, Satelliten-Fax: 007 502 220 32 49
Kontaktperson: Dr. Wladimir Maslow

Spanien

iz r 50

Dr. oek. Horst Haarkötter Hartmann
Edificio Mercurio Torre 2 - 5. Aa, E-35100 Playa del Inglés/gran Canaria
T: (0034928) 76 15 09, 76 15 10 **Fax:** 76 89 76

Türkei

iz r 51

HTS Cevreteknik LTD
65/18 Sk. No 4 D2, TR-35350 F. Altay - Izmir
T: (0090232) 278 53 04 **Fax:** 278 53 04
Kontaktperson: Dipl.-Ing. Levent Mercan

Ungarn

iz r 52

CEDI-Repräsentanz Ungarn
Vadon U20, H-1112 Budapest
T: (00361) 1 86 06 53
Kontaktperson: Dr. Janos Szabo

USA

iz r 53

Heer Associates, Inc.
Heer Associates, Inc.
5329 Crown Avenue, USA-La Canada, CA 91011
Präsident(in): Dr. Ewald Heer

• IZ R 54

Internationale Christliche Unternehmervereinigung (UNIAPAC)
International Christian Union of Business Executives
Union Internationale Chrétienne des Dirigeants d'Entreprise
Place des Barricades, 2, B-1000 Brüssel
T: (00322) 2 18 31 14 **Fax:** 2 19 70 37
E-Mail: uniapac@skynet.be
Gründung: 1931
Board of Directors: President (until 3. quarter, 2000): Domingo Sugranyes (General Manager & Member of the Board CORPORACION MAPFRE, Paseo de Recoletos 25, E-28004 Madrid (Spain), T: (003491) 5 81 13 41, Fax: 5 81 11 13, E-Mail: dsugranyes@mapfre.com)
President (after 3. quarter, 2000): Dr. H. Onno Ruding (Vice Chairman & Director of CITIBANK, 399 Park Avenue, New York, New York 10043 (USA), T: (001212) 5 59 27 85, Fax: 5 59 40 23, E-Mail: onno.ruding@citicorp.com)
Vice-President, President of UNIAPAC Europe: Etienne Wibaux (Chairman of Subrenat Expansion, 91 rue de l'Epinette, F-59420 Mouvaux (France), T: (00333) 20 11 63 53, Fax: 20 24 34 44, E-Mail: management@subrenat.com)
Vice-President, President of UNIAPAC Latin America: Jan Wiegerinck (Chairman of Gelre Trabalho Temporario S.A., Rue 24 de Maío, 35-7 andar, CEP 01041-001 - Sao Paulo (Brazil), T: (005511) 2 22 43 11, Fax: 2 20 42 62, E-Mail: jwiegeri@amcham.com.br)
Treasurer: Luc Steyaert (General Manager of Besix N.V., Tegenover Gebouw 3, Luchthaven, B-1930 Zaventem (Belgien), T: (00322) 7 53 37 03, Fax: 7 53 37 05, E-Mail: tv.iac@belcom.be)
Carlos Alvarez Jimenez (Chairman of ASE (Acción Social Empresarial), Chairman of the Board CORPORACION MAPFRE, Ctra. de Pozuela de Alarcón a Majadahonda Km 3500, E-28220 Majadahonda (Madrid) (Spain), T: (003491) 6 26 55 01, Fax: 6 38 05 15)
Jean Brunet-Lecomte (Chairman of CFPC (Patrons et Dirigeants Chrétiens), Managing Director of B.L., Consultants, 74, rue Bonnel, F-69428 Lyon Cedex 03 (France), T & Fax: (00334) 72 84 45 84, E-Mail: bl.consultants@wanadoo.fr)
Roderick Chamberlain (Chairman of CABE (Christian Association of Business Executives), EVP & Chief Executive Europe, Habib Bank Ltd, Granite House, 97 Cannon Street, London EC 4N 5AD (United Kingdom), T: (0044171) 6 23 92 42, Fax: 2 83 43 48, E-Mail: rodµhamberlain@ibm.net)
Jorge Costa (General Manager of Christophersen S.A., c/o ACDE (Asociación Cristiana de Dirigentes de Empresa), José Enrique Rodo, 2074 Montevideo (Uruguay), T: (005982) 4 08 51 76, Fax: 4 01 21 13, E-Mail: uniapa-curu@uyweb.com.uy)
Michel Dussenne (President of ADIC (Association Chrétienne des Dirigeants et Cadres d'Entreprise), President of Belgacom, Bld. du Roi Albert II, 27, B-1030 Brussels (Belgium), T: (00322) 2 02 81 70, Fax: 2 03 55 72, E-Mail: michel.dussenne@belgacom.be)
R.F. Martin Ekwa bis Isal (S.J., General Secretary of CADICEC (Centre Chrétien d'Action pour les Dirigeants et Cadres d'Entreprise au Congo), 81, Avenue des 3Z, Zone de la Gombe, B.P. 3417, Kinshasa/Gombe (Congo), T: (0024388) 4 32 68, Fax: 4 53 06)
Cornelius Georg Fetsch (Honorary President of BKU (Bund Katholischer Unternehmer), Rahmer Str. 34, D-40489 Düsseldorf (Germany), T: (0203) 74 28 68, Fax: 74 70 13, E-Mail: cubfetsch@t-online.de)
Somsak Leeswadtrakul (Chairman of CBEG (Catholic Business Executives Group), Chairman & CEO of SSP Group, 258/21 SSP House, Rama 3 Road SOI 12, Bangkorlaem, Bangkok 10120 (Thailand), T: (00662) 2 91 33 78, Fax: 2 91 33 65, E-Mail: somsak@loxinfo.co.th)
José Ignacio Mariscal Torroella (Chief Executive Officer of Grupo Marhnos, S.A., Lafayette 40, Col. Anzures, CP-11590 México, D.F. (Mexico), T: (00525) 5 31 14 46/2 03 51 02, Fax: 5 31 25 51)
Francesco Merloni (Chairman of UCID Nazionale (Unione Cristiana Impreditori Dirigenti), Chairman of Merloni S.p.A., Via della Scrofa 64, I-00184 Rome (Italy), T: (003906) 6 87 55 05, Fax: 6 87 57 41, E-Mail: fmerlonir@getnet.it)
Alberto Augusto Perazzo (Chairman of ADCE (Assosiação de Dirigentes Cristãos de Empresa), President of Bull South America S.A., Rue Haddock Lobo, 347-13 andar, CEP 01414-001 - São Paulo - SP (Brazil), T: (005511) 31 56-3121, Fax: 31 56-3110, E-Mail: alberto.perazzo@bull-sam.com.br)
Bruno Carlos Pinto-Basto Bobone (Chairman of ACEGE Lisbon (Associaçao Cristã de Empresários e Gestores), Av. 24 de Julho, 1-D, P-1200 Lisbon (Portugal), T: (0035121) 3 23 04 02, Fax: 3 42 35 31, E-Mail: bruno.bobone@pintobasto.com)
Daniel Risopatron (Chairman of USEC-Chile (Unión Social de Empresarios Cristianos), Las Urbinas 53, Of. 104, Santiago (Chile), T: (00562) 2 33 29 43, Fax: 6 98 41 27, E-Mail: rpablo@entelchile.net)
Ing. Luis Riva (Vice-President of Managers S.A., Cordoba 1255-Piso 10°, (1055) Capital Federal (Argentina), T: (00541) 8 15 91 11/14, Fax: 8 15 91 15, E-Mail: riva_s@imp-sat1.com.ar)
Jacques Schraven (Chairman of Vereningning NCW, Bezuidenhoutseweg 12, Postbus 93002, NL-2509 AA The Hague (Netherlands), T: (003170) 3 49 03 49, Fax: 3 49 03 00, E-Mail: lmgijzendoorn@vno-new.nl)
Norbert van Broekhoven (President of VKW (Verband van Kristelijke Werkgevers en Kaderleden), President of UNIAPAC-Belgium, Avenue de Tervuren, 463, B-1160 Brussels (Belgium), T: (00322) 7 73 16 80, Fax: 7 73 16 00, E-Mail: monique.goossens@vkw.be)
Armin Villiger (VCU Board Member (Vereinigung Christlicher Unternehmer der Schweiz), Baanhalden, 28, CH-8307 Effretikon (Switzerland), T & Fax: (004152) 3 43 46 13, E-Mail: swisshand@aol.com)
Alberto Falck (Co-opted Member; Chairman of "FALCK S.p.A.", Vice-President UCID Italiana, Corso Venezia, 16, I-20121 Milano (Italy), T: (003902) 2 43 31, Fax: 2 42 88 30)
Philippe Ledouble (Co-opted Member; President of MCC (Mouvement des Cadres et Dirigeants Chrétiens), Responsable Mission Solidarité auprès de la SNCF, 115, Av. Paul Vaillant-Couturier, F-92300 Levallois-Perret (France), T & Fax: (0331) 47 31 03 65, E-Mail: ledouble@club-internet.fr)
Hans Hermann Reschke (Co-opted Member; Member of the Board of AEU (Arbeitsgemeinschaft Evangelischer Unternehmer), Director and Partner Bankhaus B. Metzler Seel. Sohn & Co., Große Gallusstr. 18, D-60311 Frankfurt (Germany), T: (069) 21 04 22, Fax: 28 14 29)
José Alfonso Lozano Irazábal (Co-opted Member; Vice-President of UNIPAC Latin America; Chairman of USEM (Confederación de Uniones Sociales de Empresarios de México, A.C.), Chairman of Coeficiente S.A. de C.V., Edgar Alan Poe 19, Polanco, 11560 México, D.F. (Mexico), T: (00525) 2 80 77 15, Fax: 2 80 74 65, E-Mail: lozano@mail.internet.com.mx)

Are taking part in the Board's meeting with a consultative status
Honorary President of UNIAPAC: Philippe de Weck (Les Rappes, CH-1753 Matran (Switzerland), T: (004126) 4 02 34 16, Fax: 4 01 02 18)
Past President: Michel Albert (Member of the Monetary Policy (MPC) of the Bank of France, 9, rue de Valois, F-75001 Paris (France), T: (00331) 42 92 55 00/42 92 44 55, Fax: 42 92 56 01, E-Mail: cpm@banque.france.fr)
Past President of UNIAPAC: Guy de Wouters (President of

the Compagnie Financière de la Trinité, Paris, 89, rue Taitbout, F-75009 Paris (France), T: (0331) 42 85 30 00, Fax: 42 85 23 67)
Past President of UNIAPAC: Ernst van den Biggelaar (Potgieterlaan, 7, NL-1401 AS Bussum (Netherlands), T: (003135) 6 91 20 56, Fax: 6 93 58 69)
General Secretary of UNIAPAC: Benoît Meessen (Place des Barricades, 2, B-1000 Brussels (Belgium), T: (00322) 2 18 31 14, Fax: 2 19 70 37, E-Mail: uniapac@skynet.be)
Spiritual Adviser of UNIAPAC: R.F. Rafael Braun (c/o ACDE-Argentina, Bolivar, 425, 1066 Buenos Aires (Argentina), T: (00541) 3 31 47 73 or 3 31 02 51, Fax: 3 31 13 95, E-Mail: rbraun@smt.edu.ar)
Spiritual Adviser of UNIAPAC: Pierre de Charentenay (S.J.; O.C.I.P.E., Rue de Trévires, 3, B-1040 Brussels (Belgium), T: (00322) 7 37 97 22, Fax: 7 37 97 29, E-Mail: pierrede-cha@compuserve.com)
Spiritual Adviser of UNIAPAC: Hermann E.J. Kalinna (Oberkirchenrat, Viktoriastr. 12, D-53173 Bonn (Germany), T & Fax: (0228) 36 61 27)
Mitglieder: 60000
Mitarbeiter: 4

Mitgliedsorganisationen

Argentinien

iz r 55

ACDE - UNIAPAC ARGENTINA
Federación de Asociaciones Cristianas de Dirigentes de Empresa
Bolívar, 425, RA-1066 Buenos Aires
T: (005411) 43 31 47 73, 43 31 05 51 **Fax:** 43 31 13 95
E-Mail: acdebsas@impsat1.com.ar
President: Ing. Arturo Pucheta
Secretary General: Lic. Alejandro Tonnelier
ACDE - BUENOS AIRES
President: Lic. Jorge Matheu
Secretary General: Lic. Alejandro Tonnelier

Australien

iz r 56

ITIM - Inter-Church Trade and Industry Mission
La Verna, 39 Sackville Street; Corrospondence: Locked Bag 21, AUS-Kew 3101
Director: Rev. Peter Marshall

Belgien

iz r 5 6.01

UNIAPAC-BELGIQUE
Avenue de Tervueren, 463, B-1160 Brüssel
T: (00322) 7 73 16 80 **Fax:** 7 73 16 00
E-Mail: monique.goossens@vkw.be
Chairman: Norbert Van Broekhoven
Vice-Chairman: Michel Dussenne
Secretary: Monique Vanderhagen-Goossens

iz r 5 6.02

ADIC - Association Chrétienne des Dirigeants et Cadres dEntreprise
Avenue Konrad Adenauer, 8, B-1200 Brüssel
T: (00322) 7 71 47 31 **Fax:** 7 72 46 33
Chairman: Michel Dussenne
Deputy Chairman: Jo Marichal

iz r 5 6.03

VKW - Verbond van Kristelijke Werkgevers en Kaderleden
Avenue de Tervueren, 463, B-1160 Brüssel
T: (00322) 7 73 16 80 **Fax:** 7 73 16 00
E-Mail: monique.goossens@vkw.be
Chairman: Norbert Van Broekhoven
General Secretary: Ivo Clerix

Bolivien

iz r 5 6.04

UNIAPAC-BOLIVIA
Av. Banzer 402 Km. 1 N., Casilla Postal 409, BOL-00591 Santa Cruz
T: (005913) 43 04 04 **Fax:** 43 04 09
E-Mail: semco@albatros.cnb.net
Chairman: Guillermo Roig Pacheco

Brasilien

iz r 5 6.05

ADCE - Associação de Dirigentes Cristãos de Empresa
Rua Santanésia 528 - 1° S/L, BR-05580-060 São Paulo
T: (005511) 2 12 82 92 **Fax:** 2 12 82 99
E-Mail: arnaldo.lages@bol.com.br
Chairman: Alberto Augusto Perazzo
Executive Producer: Arnaldo Lages

Chile

iz r 5 6.06

USEC - Unión Social de Empresarios Cristianos
Las Urbinas 53, Of., 104 Providencia, RCH-Santiago
T: (00562) 2 33 77 90 **Fax:** 2 33 29 43
E-Mail: rpablo@entelchile.net
Chairman: Daniel Risopatrón
Executive Director: Francisco Javier Guzmán González

Deutschland

iz r 5 6.07

Arbeitskreis Evangelischer Unternehmer in Deutschland e.V. (AEU)
Klauprechtstr. 2, 76137 Karlsruhe
T: (0721) 81 28 35 **Fax:** 82 60 23
Chairman: Dr. Heinz Reichmann
Director: Stephan Klinghardt

iz r 5 6.08

Bund Katholischer Unternehmer e.V. (BKU)
Georgstr. 18, 50676 Köln
T: (0221) 2 40 97 11 **Fax:** 2 40 97 14
Internet: http://www.bku.de
E-Mail: service@bku.de
Chairmen: Erich Gerard
Mechthild E. Löhr
Ernst Mommertz
General Secretary: Georg Fell

Ecuador

iz r 5 6.09

ANDE - Asociación Nacional de Empresarios
Avenida Amazonas 1429 y Colón, Edificio España, 6° piso, Of. 67, EC-1701-3489 Quito
T: (005932) 23 85 07, 55 08 79 **Fax:** 50 98 06
E-Mail: ande@uio.satnet.net
Chairman: Econ. Raul Daza Martinez
Executive Director: Lcdo. Patricio Rivadeneira V.

Frankreich

iz r 5 6.10

CFPC-Patrons et Dirigeants Chrétiens
24, rue Hamelin, F-75116 Paris
T: (00331) 45 53 09 01 **Fax:** 47 27 43 32
Internet: http://www.cfpc.org
E-Mail: gdesaintphalle@cfpc.org
Chairman: Jean Brunet-Lecomte
Honorary President: Etienne Wibaux
National Centre Executive: Guillaume de Saint-Phalle

iz r 5 6.11

MCC - Mouvement des Cadres et Dirigeants Chrétiens
18, rue de Varenne, F-75007 Paris
T: (00331) 42 22 18 56 **Fax:** 45 44 44 46
Internet: http://www.cef.fr/mcc/
E-Mail: mcc@cef.fr
Chairpersons: Christine Ledouble
Philippe Ledouble
General Secretary: Patrice Meheux

Großbritannien

iz r 5 6.12

CABE - Christian Association of Business Executives
24, Greencoat Place, GB-London SW1P 1BE
T: (0044207) 7 98 60 40 **Fax:** 7 98 60 44
E-Mail: ken.rushton@ibe.org.uk
Chairman: Roderick Chamberlain
Director: Kenneth Rushton

Italien

iz r 5 6.13

UCID - Unione Cristiana Imprenditori Dirigenti
Via Piemonte 39, I-00187 Rom
T: (00396) 4 87 34 44 **Fax:** 4 87 45 05
Internet: http://www.ucid.it
E-Mail: ucIditalia@mclink.it
Chairman: On. Ing. Francesco Merloni
Secretary: Guiseppe Accorinti

iz r 5 6.14

UCID-Gruppo Lombardo
15 A, Via Bigli, I-20121 Mailand
T: (00392) 76 02 00 49 **Fax:** 76 00 54 94
Chairman: Luigi Gavazzi
Secretaries: Giulio Barana
Renzo Bozzetti

Kolumbien

iz r 5 6.15

UNIAPAC DE COLOMBIA
Calle 104A N° 17-91 OFC 103, CO-Santafe de Bogotá D.C.
T: (00571) 2 14 93 59 **Fax:** 2 22 75 13
E-Mail: acarulla@openway.com.co
Chairman: Edgar Hosie
Executive Director: Clara Lopez G.

Kongo

iz r 5 6.16

CADICEC - Centre Chrétien dAction pour les Dirigeants et Cadres des Entreprises du Congo
81, avenue des 3 Z, Zone de la Gombe, RCB-B.P. 3417 Kinshasa /Gombe
T: (0024388) 4 32 68 **Fax:** 4 53 06
Chairman of the Board: J. Kazadi Nduba
General Secretary: S.J. R.F. Martin Ekwa bis Isal

Mexiko

iz r 5 6.17

CONFEDERACION USEM - Confederación de Uniones de Empresarios de México, A.C.
Euginea N° 13-402, Col. Nápoles, MEX-03810 Mexiko D.F.
T: (00525) 6 69 47 90, 6 68 17 70 **Fax:** 5 43 06 05
E-Mail: confedusem@compuserve.com.mx
Chairman: José Alfonso Lozano Irazábal
General Director: Lic. Gustavo Mendoza Avila

Niederlande

iz r 5 6.18

VERENIGING NCW
Postf. 9 30 02, NL-2509 AA Den Haag
12, Bezuidenhoutseweg, NL-2509 AA Den Haag
T: (003170) 3 49 03 49 **Fax:** 3 49 05 02
E-Mail: arutgersvdloeff@vno-ncw.nl
Chairman: Drs. Jacques Schraven
Secretary: Bram Ruttgers van der Loeff

Österreich

iz r 5 6.19

VCUÖ - Verband Christlicher Unternehmer Österreichs
Hoher Markt 4/36, A-1010 Wien
T: (0043222) 5 33 31 86 **Fax:** 5 35 43 40 33
Chairman: Dr. Johannes Giessrigl

Paraguay

iz r 5 6.20

ADEC - Asociación de Empresarios Cristianos
Antequera 611, Esq. Azara, 1er Piso, Of. 4, Casilla de Correo 2163, PY-Asunción
T: (0059521) 44 21 08 **Fax:** 44 54 90
E-Mail: adec@uninet.com.py
Chairman: Pascual Rubiani Yanho
Executive Secretary: Sara C. de Talavera

Peru

iz r 5 6.21

UCDE - Unión Cristiana de Dirigentes de Empresa
Postf. 28 99, PE-Lima 18
Avenida La Paz 1450 - Miraflores, PE-Lima 18
T: (00511) 3 44 07 21, 4 44 83 36 **Fax:** 4 44 82 62
E-Mail: jordi1@post.cosapidata.com.pe
Chairman: Jorge Feliu Llobet

Polen

iz r 5 6.22

PACE - Polskie Stowarzyszenie Chrzescijankich Przedsiebiorcow
(Polish Association of Christian Entrepreneurs)
30, Kopernika St., PL-31-501 Krakau
T: (004812) 4 29 38 07 **Fax:** 4 29 38 07
Chairman: Ireneusz Marczyk
Secretary: Malgorzata Cieslak

Portugal

iz r 5 6.23

ACEGE - Associação Cristão de Empresarios e Gestores
R. Padre Luis Aparicio, 9 - 6° F, P-1150-248 Lissabon
T: (0035121) 3 55 53 99 **Fax:** 3 53 51 57
E-Mail: fec@ip.pt
Chairman: João Alberto Pinto Basto
General Secretary: Jorge Libano Monteiro
Secretary: Mafalda Lacerda

Schweiz

iz r 5 6.24

VCU - Vereinigung Christlicher Unternehmer der Schweiz
Zentralsekretariat
Wallstr. 1, CH-4010 Basel
T: (004161) 2 95 50 80 **Fax:** 2 95 50 59
E-Mail: alexandra.duca@btg.ch
Chairman: Dr. Urs-Viktor Ineichen
General Secretary: Urs Baumann

Slowakische Republik

iz r 5 6.25

ACEAC-Slovakia - Association of Christian Entrepreneurs and Craftsmen of Slovakia
Vojtecha Spanyola, 11, SK-01001 Zilina
T: (0042189) 4 70 26 **Fax:** 4 70 26, 68 45 53
Chairman: JUDr. Frantisek Sulka
General Secretary: Ing. Jan Simo (Csc.)

Slowenien

iz r 5 6.26

ZKPS - Slovene Christian Union of Business Executives
Na Zalah 2, SLO-1000 Ljubljana
T: (0038661) 1 32 63 44 **Fax:** 1 32 63 44
E-Mail: zkps-uniapac@siol.net, drago.rudel@mf.uni-lj.si.
Chairman: Dr. Drago Rudel (El.Eng.)
Secretary: Mateja Macek

Spanien

iz r 5 6.27

ASE - Acción Social Empresarial
Calle José Marañón 3, E-28010 Madrid
T: (003491) 5 93 27 58 **Fax:** 5 93 28 21
E-Mail: ase@planalfa.es
Chairman: Carlos Alvarez Jimenez
General Secretary: Pedro Murga Ulibarri

Thailand

iz r 5 6.28

CBEG - Catholic Business Executives Group
Catholic Mission Building, Assumption Cathedral
57 Soi Oriental, Bangrak District, T-Bangkok 10500
T: (00662) 2 34 17 30, 2 37 73 15 **Fax:** 2 34 17 30
E-Mail: somsak@loxinfo.co.th
President: Kavi Ansvananda
General Secretary: Pholachart Kraiboon
Secretary: Mila C. Delos Santos

Uruguay

iz r 5 6.29

ACDE - Asociación Christiana de Dirigentes de Empresa
José Enrique Rodo, 2074, U-Montevideo
T: (005982) 4 08 51 76, 4 08 21 58 **Fax:** 4 01 21 13
Chairman: Ing. Omar Braga
Executive Director: Eduardo Shaw

Lateinamerika

iz r 5 6.30

UNIAPAC LATIN AMERICA
Rue 24 de Maio, 35 - 7 andar, BR-01041-001 Sao Paulo SP
T: (005511) 2 22 43 11 **Fax:** 22 16 75 92
E-Mail: jwiegeri@amcham.com.br
President: Jan Wiegerinck (Latin-American President of UNIAPAC, Gelre Trabalho Temporario S.A., Rue 24 de Maio, 35 - 7 andar, CEP 01041-001 - Sao Paulo SP, T: (005511) 2 22 43 11, Fax: 22 16 75 92, E-Mail: jwiegeri@amcham.com.br)
Vice-President: José Alfonso Lozano Irazábal (Latin-American Vice-President of UNIAPAC, Coeficiente S.A. de C.C., Edgar Alan Poe 19 Polanco, CP - 11560 Mexiko D.F., T: (00525) 2 80 77 15, Fax: 2 80 74 65, E-Mail: lozano@mail.internet.com.mx)
General Secretary: Jorge Sangiovanni (Latin-American General Secretary of UNIAPAC, c/o ACDE Uruguay, E-Mail: acdeur@adinet.com.uy)

• IZ R 57

Internationale Vereinigung von Unternehmerinnenverbänden (FCEM)
The World Association of Women Entrepreneurs
Les Femmes Chefs d'Entreprises Mondiales
FCEM Secretariat
Immeuble Yasmine, Appt. 1.1, Les Berges du Lac, TN-2045 Tunis
T: (002161) 86 23 99 **Fax:** 86 26 09
Internet: http://www.fcem.org
E-Mail: wpresd.fcem@planet.tn
World President: Leyla Khaïat (FCEM Secretariat, Immeuble Yasmine, Appt. 1.1, Les Berges du Lac, 2045 Tunis, T: (002161) 86 23 99, Fax: 86 26 09, E-Mail: wpresd.fcme@planet.tn)
Treasurer: Enée Van Assche (Werkhiuzenkaai 112-154, M 55/56, 1000 Brüssel, T: (00322) 2 42 66 00, Fax: 2 15 11 63)
General Secretary: Etta Carigniani (Via San Giovanni Bosco 5, 34144 Trieste, T: (00390) 40 76 16 20, Fax: 40 63 96 82, E-Mail: etta@ettacarignani.interware.it)

in Deutschland:

iz r 58

Verband deutscher Unternehmerinnen e.V. (VdU)
Breite Str. 29, 10178 Berlin
T: (030) 2 03 08 45-40, 2 03 08 45-41 **Fax:** 2 03 08 45-45
Internet: http://www.vdu.de
E-Mail: info@vdu.de
Präsident(in): Inge Sandstedt (Sandstedt GmbH & Co., SANCO FEINKOST GmbH, In den Freuen 106, 28719 Bremen, T: (0421) 6 44 17 64, Fax: 6 44 91 15)
Geschäftsführerin: Lisa Heermann (Lt. Presseabteilung)

• IZ R 59

Internationaler Arbeitgeber-Verband (OIE)
International Organization of Employers (IOE)
Organisation Internationale des Employeurs
26, Chemin de Joinville, CH-1216 Cointrin-Genève
T: (004122) 7 98 16 16 **Fax:** 7 98 88 62
TGR: Employers-Genève
Internet: http://www.ioe-emp.org
E-Mail: ioe@ioe-emp.org
Exekutiv Vizepräsident: Rolf Thüsing
Generalsekretär(in): Costas Kapartis

• IZ R 60

Internationaler Verband der Berufs- und Geschäftsfrauen (berufstätigen Frauen) (IFBPW)
International Federation of Business & Professional Women
Studio 16, Cloisters House, Cloisters Business Centre
8 Battersea Park Road, GB-London SW8 4BG
T: (0044207) 7 38-83 23 **Fax:** 6 22 85 28
Internet: http://www.bpwintl.com
E-Mail: bpwihq@es.com
Gründung: 1930
Leitung Presseabteilung: Dir. Tamara Martinez
Verbandszeitschrift: Widening Horizons, BPW News International (a monthly newsletter)
Redaktion: IFBPW
Mitglieder: 40000
Mitarbeiter: 3
Jahresetat: DM 1,25 Mio, € 0,64 Mio

• IZ R 61

WEM - The Employers' Organisation for the Metal Trades in Europe (WEM aisbl)
Organisation patronale de la transformation des métaux d'Europe occidentale
Organisation der Arbeitgeberverbände der europäischen Metallindustrie
Boulevard A. Reyers 80, B-1030 Brüssel
T: (00322) 7 06 84 65 **Fax:** 7 06 84 69
Internet: http://www.wem.org
E-Mail: secretariat@wem.org
Gründung: 1962 (seit 1999 aisbl nach belgischem Recht)
Präsident(in): Andrea Pininfarina (Präsident des Arbeitgeberverbandes der italienischen Metallindustrie)
Vorsitzende(r): Steuerungsausschuß: Harri Malmberg (Finnland)
Generalsekretär: RA Uwe Combüchen
Mitarbeiter: 3

Insbesondere Förderung des Informations- und Meinungsaustausches zwischen den Mitgliedern in allen sozialpolitschen Fragen, die die Interessen der Metallindustrie berühren.

Arbeitnehmerorganisationen

• IZ R 62

Direktoreninstitut - Zentrum für das europäische Festland (IOD)
Institute of Directors - Continental European Centre
Institut des Directeurs - Centre pour l'Europe Continentale
Huidevettersstraat 38, B-2000 Antwerpen
T: (00323) 205 36 10 **Fax:** 232 89 16
E-Mail: info@multimodal.be
President: Michael P. Ingham (CBE)

• IZ R 63

Europäische Föderation der Gewerkschaften des Agrarsektors (EFA)
38, Rue Fossé-aux-Loups, Boîte 8, B-1000 Bruxelles
T: (00322) 2 18 53 08 **Fax:** 2 19 99 26
Gründung: 1959

• IZ R 64

Europäische Föderation der Bau- und Holzarbeiter (E.F.B.H.)
Fédération Européenne des Travailleurs du Bâtiment et du Bois
Rue Royale 45, bte. 3, B-1000 Brüssel
T: (00322) 2 27 10 40 **Fax:** 2 19 82 28
E-Mail: efbh.fetbb@skynet.be
Gründung: 1958
Präsident(in): Ove Bengtsberg
Generalsekretär(in): Harrie Bijen
Mitarbeiter: 8
Jahresetat: DM 2,2 Mio, € 1,12 Mio
angeschlossene Verbände: 51 (in 18 Europäischen Ländern)

• IZ R 66

Europäische Organisation der Militärverbände (Dachorganisation der Berufsverbände von Soldaten) (EUROMIL)
European Organisation of Military Associations
Organisation Européenne des Associations des Militaires
Geschäftsstelle
Av. Général de Gaulle 33, B-1050 Brüssel
T: (00322) 6 26 06 83 **Fax:** 6 26 06 99
Sitz:
Südstr. 123, 53175 Bonn
T: (0228) 38 23-0, Telefax: (0228) 3 82 32 30
Vizepräsident: Bernhard Gertz
Präsident(in): Jens Rotbøll
Generalsekretär(in): Ulrich A. Hundt

• IZ R 67

Europäische Union der Unabhängigen Gewerkschaften (CESI)
European Confederation of Independent Trade Unions
Confédération Européenne des Syndicats Indépendants
Avenue de la Joyeuse Entrée 1-5 2. Etage, B-1040 Brüssel
T: (00322) 282 18 70 **Fax:** 282 18 71
E-Mail: cesi.bx@skynet.be

Gründung: 1990
Präsident(in): Aldo Urbini
Generalsekretärin: Ilse Schedl

• IZ R 68

Europäischer Verband der Lebens-, Genussmittel- und Gastgewerbegewerkschaften in der IUL (EAL-IUL)

European Federation of Food, Catering and Allied Workers' Unions within the IUF (ECF-IUF)
Fédération Européenne des Travailleurs de l'Alimentation, de l'Hôtellerie et des Branches Connexes dans l'Uita (SETA-UITA)
Rue Fossé-aux-Loups, 38, Boîte n_Ho 3, B-1000 Brüssel
T: (00322) 2 18 77 30 **Fax:** 2 18 30 18
E-Mail: ecf.iuf@ecf-iuf.org
Gründung: 1958 (4. Dezember)
Präsident(in): Paul Andela (NL)
Generalsekretär: Harald Wiedenhofer
Mitglieder: 1700000
Mitarbeiter: 8
Mitgliedsverbände: 97 Gewerkschaften der Nahrungsmittelindustrien, Getränkewirtschaft, Tabakwirtschaft, Hotel- und Gaststättengewerbe in 31 europäischen Ländern.

• IZ R 69

Europäischer Gewerkschaftsverband Textil, Bekleidung und Leder

European Trade Union Federation: Textiles, Clothing and Leather
Fédération Syndicale Européenne du Textile, de l'Habillement et du Cuir
8, Josef Stevens Straat, B-1000 Brüssel
T: (00322) 5 11 54 77 **Fax:** 5 11 81 54
E-Mail: fse.thc@skynet.be
Gründung: 1964
Präsident(in): Willi Arens (D)
Generalsekretär(in): Patrick Itschert (B)
Mitglieder: 1500000 der 52 Mitgl.-Organisationen in der EU, EFTA und Ost-Mitteleuropa
Mitarbeiter: 3

Mitgliedsorganisationen

Belgien

iz r 70
La Centrale Générale
Rue Haute, 26-28, B-1000 Brüssel
T: (00322) 5 49 05 49 **Fax:** 5 14 16 91

iz r 71
ABVV Textiel, Kleding, Diamant
Opvoedingstraat 143, B-9000 Gent
T: (00329) 242 86 86 **Fax:** 242 86 96

iz r 72
Christelijke Centrale der Textiel- en Kledingsbewerkers van België
Koning Albertlaan 27, B-9000 Gent
T: (00329) 222 57 01 **Fax:** 220 45 59

Bulgarien

iz r 73
FOSIL
1 Macedonia Sq. 1, BG-1040 Sofia
T: (003592) 87 70 16 **Fax:** 88 15 20

Bosnien-Herzegowina

iz r 74
STKOG BIH
O Bala Kulina bano no 1, BA-71000 Sarajevo
T: (0038771) 21 36 69 **Fax:** 21 36 69

Dänemark

iz r 75
Forbundet Trae - Industri-Byg
Mimersgade 35, DK-2200 Kopenhagen N
T: (0045) 35 31 95 99 **Fax:** 35 31 94 50

iz r 76
Specialarbejderforbundet i Danmark (SID)
Nyropsgade 30, DK-1790 Kopenhagen V
T: (0045) 33 14 21 40 **Fax:** 33 97 14 60

Deutschland

iz r 77
Industriegewerkschaft Bergbau, Chemie, Energie
Hauptvorstand
Königsworther Platz 6, 30167 Hannover
T: (0511) 7 63 10 **Fax:** 7 00 08 91
E-Mail: presse@igbce.de

iz r 78
Industriegewerkschaft Metall
- Vorstand
60519 Frankfurt
Lyoner Str. 32, 60528 Frankfurt
T: (069) 66 93 2595 **Fax:** 66 93 2028

Finnland

iz r 79
Textiili-ja Vaatetustyöväen Liitto r.y.
Postf. 87, FIN-33101 Tampere
T: (003583) 2 59 31 11 **Fax:** 2 59 33 43

iz r 80
Teknisten Liitto (TL)
Postf. 146, FIN-00131 Helsinki
Unioninkatu 8, FIN-00130 Helsinki
T: (003589) 172 731, 172 73265 **Fax:** 170 518

iz r 81
Kemian Liitto - Kemifacket Ry
Postf. 3 24, FIN-00531 Helsinki
T: (003589) 77 39 71 **Fax:** 753 80 40

iz r 82
STL
Pyhäjärvenkatu S B IV, FIN-33200 Tampere

Frankreich

iz r 83
Fédération Générale des Cuirs-Textile-Habillement FO
Passage Tenaille 7, F-75014 Paris
T: (00331) 40 52 83 00 **Fax:** 40 52 82 99

iz r 84
Fédération Nationale des Syndicats du Personnel d'Encadrement du Textile - CGC
Rue du Rocher 59-63, F-75008 Paris
T: (00331) 553 01 316 **Fax:** 553 01 317

iz r 85
Fédération CFTC des Syndicats du Textile, Cuir, Habillement
Rue Jacques Preiss 26, F-68100 Mulhouse
T: (0033389) 66 52 32 **Fax:** 42 58 01

iz r 86
Hacuitex- CFDT
avenue Simon Bolivar 47-49, F-75950 Paris
T: (0331) 42 02 50 20 **Fax:** 42 01 09 98

iz r 87
CGT - Textile, Habillement, Cuir
rue de Paris 263, F-93514 Montreuil Cedex
T: (00331) 48 18 82 98 **Fax:** 48 18 83 01

Griechenland

iz r 88
OEKIDE
37 Halkokondili, 5 Floor, GR-104 32 Athen
T: (00301) 5 22 03 06 **Fax:** 5 22 15 32

Großbritannien

iz r 89
GMB Clothing and Textiles Section
22-24 Worple Road, GB-London SW19 4DD
T: (0044208) 9 47 31 31 **Fax:** 9 44 65 52

iz r 90
Transport and General Workers' Union
Textile Group
National House, Sunbridge Road, GB-Bradford BD1 2QB
T: (00441274) 72 56 42 **Fax:** 37 02 82

iz r 91
National Union of Knitwear, Footwear and Apparel Trades (KFAT)
55 New Walk, GB-Leicester LE1 7EB
T: (0044116) 255 67 03 **Fax:** 254 44 06

Island

iz r 92
Landssamband Idnverkafolks
Skipholt 50c, IS-105 Reykjavik
T: (00354) 56 26 620 **Fax:** 56 20 629

Italien

iz r 93
Federazione Italiana Lavoratori Tessili Abbigliamento - CISL
Via Goito 39, I-00185 Rom
T: (00396) 4 47 01 26 **Fax:** 4 46 25 44

iz r 94
Unione Italiana Lavoratori Tessili Abbigliamento
Via del Viminale, I-00184 Rom
T: (00396) 4 87 40 19 **Fax:** 4 81 94 21

iz r 95
FILTEA-CGIL
Via Leopoldo Serra 31, I-00153 Rom
T: (00396) 5 80 30 89 **Fax:** 5 80 31 82

Kroatien

iz r 96
TOKG
Kresimirov trg 2/III, HR-4100 Zagreb
T: (003851) 46 55-131 **Fax:** 46 55-022

Lettland

iz r 97
Latvian Industrial Workers Trade Union
Bruninieku Str. 29-31, LV-Riga LV 1001
T: (003712) 27 21 85 **Fax:** 27 52 14

Malta

iz r 98
General Workers' Union
Workers' Memorial Building, GBY-Valletta
T: (00356) 24 43 00 Secr. Gen., 24 44 51, 24 44 53, 24 19 66, 24 19 67 **Fax:** 24 29 75
TGR: Unwor Valettamalta

Niederlande

iz r 99
FNV Bondgenoten
Postf. 92 08, NL-3506 GE Utrecht
T: (003130) 2 73 82 22 **Fax:** 2 73 86 90

iz r 100
CNV BedrijvenBond
Prins Bernardweg 69, NL-3991 De Houten
T: (003130) 6 34 83 48 **Fax:** 6 34 82 00
Internet: http://www.cnv.net

Norwegen

iz r 101
Fellesforbundet
Lilletorget 1, N-0184 Oslo
T: (0047) 23 06 31 00 **Fax:** 2306 31 01

Österreich

iz r 102
Gewerkschaft Textil, Bekleidung, Leder
Plösslgasse 15, A-1041 Wien
T: (00431) 50 14 64 09 **Fax:** 50 14 61 34 00

Portugal

iz r 103
Sindetex
Av. dos Aliados 9-6, P-4050 Porto
T: (003512) 208 28 83 **Fax:** 200 22 85

iz r 104
FESETE
Rua Clemente Meneres 47 1_Ho, P-4050 Porto
T: (003512) 208 78 50 **Fax:** 202 68 04

Schweden

iz r 105
Industrifacket
Postf. 114, S-11181 Stockholm
Olof Palmes Gata 11, S-11181 Stockholm
T: (00468) 7 86 85 00 **Fax:** 10 59 68

Schweiz

iz r 106
GBI
Postf. 8021, CH-8004 Zürich
T: (00411) 2 95 15 15 **Fax:** 2 95 17 99

iz r 107
SYNA
Bruchstr. 47, CH-6000 Luzern
T: (004141) 240 75 09 **Fax:** 240 82 32

iz r 108
SMUV
Postf. 272, CH-3000 Bern 15
T: (004131) 350 21 11 **Fax:** 350 22 55

Slowenien

iz r 109
Trade Union of the Slovenian Textile and Leather Processing Industry
Dalmatinova 4, SLO-1000 Ljubljana
T: (0038661) 3 00 08 40 **Fax:** 3 00 08 50

Spanien

iz r 110
FITEQA CC.OO
Plaza Cristina Martos 4-5e Planta, E-28015 Madrid
T: (003491) 5 40 92 40 **Fax:** 5 48 20 74

iz r 111
FIA-UGT
Avenida América 25 planta 5, E-28002 Madrid
T: (003491) 5 89 74 50 **Fax:** 5 89 74 53
Internet: http://www.rhconsulting.es/fiaugt
E-Mail: fiaugt@rhconsulting.es

iz r 112
ELA - IGEKO
Barrainkuz 13, E-48009 Bilbao
T: (0034944) 24 33 00 **Fax:** 24 17 30

Slowakische Republik

iz r 113
SOZ-TOK
Vajnorska 1, SK-81570 Bratislava
T: (004217) 55 42 33 89 **Fax:** 55 57 25 70

Tschechische Republik

iz r 114
OS-TOK
W. Churchilla 2, CZ-11359 Prag 3
T: (004202) 24 22 21 23 **Fax:** 22 72 13 72

Türkei

iz r 115
DISK-Tekstil
Ahmet Kutsi Tecer Cad. No 12 Kat. 5 Merter, TR-Istanbul
T: (0090212) 642 97 42 **Fax:** 504 48 87

iz r 116
DERI Is
Aksaray
Gençtürk Cad. Birlik Is Hani 17/3, TR-Istanbul
T: (0090212) 5 22 19 89 **Fax:** 5 28 62 07

iz r 117
Öz Iplik - Is
Bayraktar Ishani N° 2, TR-Diskapi
T: (0090312) 310 32 22 **Fax:** 310 99 70

Zypern

iz r 118
Cyprus Industrial Workers Federation
Postf. 25018, CY-Nicosia
T: (003572) 84 98 49 **Fax:** 84 98 50

Ungarn

iz r 119
TDSZ
Rippi-Ronai utca 2, H-1068 Budapest
T: (00361) 3 42 81 96 **Fax:** 3 42 81 69

iz r 120
RDSZ
Almassy ter 2, H-1077 Budapest
T: (00361) 3 42 37 02 **Fax:** 3 22 67 17

iz r 121
BDSZ
Bajza u 24, H-1062 Budapest
T: (00361) 3 22 92 83 **Fax:** 3 22 92 83

• IZ R 122
Europäischer Gewerkschaftsbund (EGB)
European Trade Union Confederation
Confédération Européenne des Syndicats (CES)
Blvd. Emile Jacqmain 155, B-1210 Brussels
T: (00322) 2 24 04 11 **Fax:** 2 24 04 54, 2 24 04 55
Internet: http://www.etuc.org
E-Mail: etuc@etuc.org
Gründung: 1973
Präsident(in): Fritz Verzetnitsch
Generalsekretär(in): Emilio Gabaglio
Leitung Presseabteilung: Wim Bergans
Mitglieder: 68 Mitgliedsorganisationen, 6 Beobachter
Mitarbeiter: 46

Mitgliedsorganisationen

Belgien

iz r 123
Confédération des Syndicats Chrétiens
Rue de la Loi 121, B-1040 Brüssel
T: (00322) 2 37 31 11 **Fax:** 2 37 33 00
Präsident(in): Willy Peirens

iz r 124
Fédération Générale du Travail de Belgique
Rue Haute 42, B-1000 Brüssel
T: (00322) 5 06 82 11 **Fax:** 5 13 47 21
Präsident(in): Mia De Vits

Bulgarien

iz r 125
CITUB
Place Macedonia 1, BG-1040 Sofia
T: (003592) 87 68 71, 87 27 55, 88 42 05 **Fax:** 87 62 26, 88 59 69
Präsident(in): Zelyazko Hristov

iz r 126
PODKREPA
Anghel Kanchev Str. 2, BG-1000 Sofia
T: (003592) 981 45 51 **Fax:** 981 29 28
Präsident(in): Dr. Konstantin Trentchev

Dänemark

iz r 127
Akademikernes al organisation (AC)
Norre Voldgade 29, DK-1358 København K
T: (0045) 33 12 85 40 **Fax:** 33 93 85 40
Präsident(in): Svend M. Christensen

iz r 128
FTF
Postf. 11 69, DK-1010 Copenhagen
Niels Hemmingsensgade 12, DK-1010 Copenhagen
T: (0045) 33 36 88 44 **Fax:** 33 36 88 80
Präsident(in): Anker Christoffersen

iz r 129
LO Danmark
Rosenörns Allé 12, DK-1634 Kobenhavn V
T: (0045) 31 35 35 41 **Fax:** 35 37 37 41
TGR: Fagforbund Copenhagen
Präsident(in): Hans Jensen

Deutschland

iz r 130
Deutsche Angestellten-Gewerkschaft (DAG)
Bundesvorstand
Postf. 30 12 30, 20305 Hamburg
Johannes-Brahms-Platz 1, 20355 Hamburg
T: (040) 3 49 15-01 **Fax:** 3 49 15-4 00
TX: (041) 211 642
Internet: http://www.dag.de
Vorsitzende(r): Roland Issen
Internationale Angelegenheiten: Klaus Römer (T: (040) 34 91 53 28, Fax: (040) 34 91 52 98)

iz r 131
DGB - Bundesvorstand
Hans-Böckler-Str. 39, 40476 Düsseldorf
T: (0211) 4 30 10 **Fax:** 4 30 14 71
Dept. international:
Tel.: (0211) 4 30 12 24, Telefax: (0211) 4 30 14 71, 4 30 13 24 (Presse), Telegr.: Degebevorstand Düsseldorf
Vorsitzende(r): Dieter Schulte

Finnland

iz r 132
AKAVA
Akavatlo Rautatieläisenkatu 6, FIN-00520 Helsinki
T: (003580) 14 18 22 **Fax:** 14 25 95
Präsident(in): Mikko Viitasalo

iz r 133
STTK
Postf. 2 48, FIN-00171 Helsinki
T: (003580) 13 15 21 **Fax:** 65 23 67
Präsident(in): Esa Swanljung

ITUH
Brussels Office
SAK/AKAVA/STTK
Bd. Emile Jacqmain 155, B-1210 Brüssel
T: (00322) 2 01 06 81 **Fax:** 2 03 11 37

iz r 134
SAK
Postf. 1 57, FIN-00531 Helsinki
Siltasaarenkatu 3A, FIN-00531 Helsinki
T: (003580) 7 72 11 **Fax:** 7 72 14 47
TGR: SAK/Helsinki
Präsident(in): Lauri Ihalainen

Frankreich

iz r 135
CFTC
13, rue des Ecluses St. Martin, F-75483 Paris Cedex 10

T: (00331) 44 52 49 00 **Fax:** 44 52 49 18
Präsident(in): Gerard Sauty
Generalsekretär(in): Jacques Voisin

iz r 136

Confédération Française Démocratique du Travail
Boulevard de la Villette 4, F-75955 Paris Cedex 19
T: (00331) 42 03 80 00 **Fax:** 42 03 81 44
Dept. international:
Tel.: (00331) 42 03 80 70, Telefax: (00331) 42 03 80 74
Generalsekretär(in): Nicole Notat

iz r 137

Confédération Générale du Travail - Force Ouvrière
Avenue du Maine 141, F-75680 Paris Cedex 14
T: (00331) 40 52 82 00 **Fax:** 40 52 82 02
Dept. international:
Tel.: (00331) 40 52 83 32, Telefax: (00331) 40 52 83 34
Generalsekretär(in): Marc Blondel

Délégation Permanente à Bruxelles - CGT-F.O.
av. des Gaulois 36, B-1040 Brüssel
T: (00322) 7 34 46 06 **Fax:** 7 33 05 33

Griechenland

iz r 138

ADEDY
Rue Psylla-Philellinon 2, GR-10537 Athen
T: (00301) 3 24 61 09, 3 24 46 77, 3 22 79 62
Fax: 3 24 61 65
TGR: Adedy Athènes
Präsident(in): Giannis Koutsoukos

iz r 139

GGCL
Rue du 28 Octobre 69, GR-Athen
T: (00301) 8 83 46 11 **Fax:** 8 20 21 86
TGR: Confédération travail Athènes
Präsident(in): Christos Protopapas

GSEE
Bureau de Bruxelles
Rue Stévin 218, B-1040 Brüssel
T: (00322) 7 35 96 76 **Fax:** 7 36 52 14
Kontaktperson: Georgios Dassis

Großbritannien

iz r 140

Trade Union Congres
Congress House
Great Russell Street, GB-London WC1B 3LS
T: (0044207) 6 36 40 30 **Fax:** 6 36 06 32
TGR: Tradunic London WC1
Generalsekretär(in): John Monks

Irland

iz r 141

Irish Congress of Trade Unions
Raglan Road 19 Ballsbridge, IRL-Dublin 4
T: (003531) 6 68 06 41 **Fax:** 6 60 90 27
Generalsekretär(in): Peter Cassells

Island

iz r 142

Bandalag Starfsmanna Rikis of Baeja
Grettisgötu 89, IS-Reykjavik 105
T: (00354) 5 62 66 88 **Fax:** 5 62 91 06
Präsident(in): Ögmundur Jonasson

iz r 143

ASI
Postf. 8720, IS-Reykjavik 108
Grensasvegur 16, IS-Reykjavik 108
T: (00354) 5 81 30 44 **Fax:** 5 68 00 93
Präsident(in): Benedikt Davidsson

Italien

iz r 144

Confederazione Generale Italiana del Lavoro
Corso d'Italia 25, I-00198 Rom
T: (00396) 8 47 61 **Fax:** 8 84 56 83
Generalsekretär: Sergio Cofferati
Dept. international:
Telefax: (00396) 8 44 09 37

CGIL-Bureau de Bruxelles
Av. de la Joyeuse Entrée 1, B-1040 Brüssel
T: (00322) 2 31 10 05 **Fax:** 2 30 61 65
Kontaktperson: Antonio Giacche

iz r 145

Confederazione Italiana Sindacati Lavoratori
Via Po 21, I-00198 Rom
T: (00396) 8 47 31 **Fax:** 8 41 37 82
Generalsekretär(in): Sergio D'Antoni
Dept. international:
Tel.: (00396) 8 54 04 54

iz r 146

Unione Italiana del Lavoro
Via Lucullo 6, I-00187 Rom
T: (00396) 4 75 31 **Fax:** 4 75 32 08
Generalsekretär(in): Pietro Larizza

UIL-Bureau de Bruxelles
Rue du Gouvernement Provisoire 34, B-1000 Brüssel
T: (00322) 2 17 88 38, 2 17 87 72 **Fax:** 2 19 98 34

Luxemburg

iz r 147

Confédération Générale du Travail du Luxembourg
Postf. 1 49, L-4002 Esch/Alzette
T: (00352) 54 05 45 **Fax:** 54 16 20
Präsident(in): John Castegnaro

iz r 148

Lëtzebuerger Chrëschtleche Gewerkschafts-Bond (LCGB)
Postf. 1208, L-1012 Luxembourg-Ville
T: (00352) 4 99 42 41 **Fax:** 49 94 24 49
Präsident(in): Robert Weber

Secrétariat européen CGT/LCGB
Postf. 1818, L-1018 Luxemburg

Malta

iz r 149

Confederation of Trade Unions CMTU
Postf. 467, GBY-Valletta
13/3 South Street, GBY-Valletta
T: (00356) 23 73 13, 23 08 47, 23 26 63 **Fax:** 25 01 46
TGR: Comtu
Präsident(in): Alfred Buhagiar

iz r 150

General Workers' Union
Workers' Memorial Building, GBY-Valletta
T: (00356) 24 43 00 **Fax:** 24 29 75
Generalsekretär(in): Angelo Fenech

Niederlande

iz r 151

Christelijk Nationaal Vakverbond
Postf. 24 75, NL-3500 GL Utrecht
Ravellaan 1, NL-3500 GL Utrecht
T: (003130) 91 39 11 **Fax:** 94 65 44
Generalsekretär(in): J. Brüning

iz r 152

Federatie Nederlandse Vakbeweging
Naritaweg 10, NL-1043 BX Amsterdam
T: (003120) 5 81 63 00 **Fax:** 6 84 45 41
Internet: http://www.fnv.nl
E-Mail: fnvvoorl@wxs.nl
Vorsitzende(r): Johann Stekelenburg

iz r 153

MHP
Randhoeve 223, NL-3995 GA Houten
T: (00313403) 7 47 92 **Fax:** (00313063) 7 88 29
Vorsitzende(r): Gerardus A.W. van Dalen

iz r 154

AVC
Laan van Meerdervoort 50, NL-2517 AM 's-Gravenhage
T: (003170) 3 56 15 43 **Fax:** 3 61 56 81
Vorsitzende(r): Kees Van der Hoek

Norwegen

iz r 155

LO-N
Youngs Gate 11, N-0181 Oslo
T: (004722) 03 10 50 **Fax:** 40 17 43
TGR: Fagsekretariat
Präsident(in): Yngve Hagensen
Dept. international:
Tel.: (004722) 03 16 35, Telefax: (004722) 03 11 00

ITUH
Brussels Office
Bd. Emile Jacqmain 155, B-1210 Brüssel
T: (00322) 2 01 18 10 **Fax:** 2 01 18 10

iz r 156

AF
Postf. 506, N-0105 Oslo
T: (004722) 82 33 00 **Fax:** 42 45 48
Präsident(in): Magne Songvoll

Österreich

iz r 157

Österreichischer Gewerkschaftsbund
Postf. 1 55, A-1011 Wien
Hohenstaufengasse 10-12, A-1010 Wien
T: (00431) 53 44 40, 53 44 43 49 (Dpt.Int.) **Fax:** 53 44 42 04
TGR: Gewebund Wien
Präsident(in): Fritz Verzetnitsch

ÖGB-Büro Brüssel
Av. de Cortenberg 30, B-1040 Brüssel
T: (00322) 2 30 74 63 **Fax:** 2 31 17 10
Kontaktperson: Mag. Bettina Agathonos-Mähr

Polen

iz r 158

NSZZ Solidarnosc
ul. Waly Piastowskie 24, PL-80-855 Danzig
T: (004858) 3 84 43 53, 38 42 32 **Fax:** 31 01 43
Präsident(in): Marian Krzaklewski

Portugal

iz r 159

Uniao Geral de Trabalhadores
Rua Buenos Aires 11, P-1200 Lissabon
T: (003511) 3 97 64 72, 3 97 65 05; 60 05 77 (Dpt. Int.)
Fax: 3 97 46 12
Generalsekretär: João Proenca

Délégation UGT-P
Rue Grétry 11 (Bte 21), B-1000 Brüssel
T: (00322) 2 17 14 83 **Fax:** 2 17 14 83

iz r 160

CGTP-IN
Rua Victor Cordon 1-3, P-1294 Lisboa Codex
T: (003511) 3 47 21 81 **Fax:** 3 47 21 89
Koordinator: Manuel Carvalho da Silva

CGTP-IN - Délégation de Bruxelles
Rue de la Brasserie 85, B-1050 Brüssel
T: (00322) 6 46 31 16 **Fax:** 6 46 24 01

Rumänien

iz r 161

CARTEL ALFA
Splaiul Independentei 202A cam. 321, Secteur 6, R-Bucharest
T: (00401) 6 37 42 28 **Fax:** 6 37 44 62
Präsident(in): Bogdan Illiu Hossu

iz r 162

CSdL
Via Napoleone Bonaparte 75, RSM-47031 San Marino
T: (00378) 99 23 33 **Fax:** 99 23 33
Generalsekretär(in): Giovanni Ghiotti

San Marino

iz r 163
CDLS
Via Napoleone Bonaparte 75, RSM-47031 San Marino
T: (00378) 99 21 78 **Fax:** 99 21 78
Generalsekretär(in): Marco Beccari

Schweden

iz r 164
LO-S
c/o International Dept
Barnhusgatan 18, S-10553 Stockholm
T: (00468) 7 96 25 00 **Fax:** 20 03 58, 7 96 28 00 (dpt. Int.)
TGR: Svelofack Stockholm
Präsident(in): Bertil Jonsson

iz r 165
Tjanstemannens Centralorganisation
Linnegatan 14, S-11494 Stockholm
T: (00468) 7 82 91 00 **Fax:** 6 63 75 20
TGR: Teceocent
Präsident(in): Inger Ohlsson

Brussels Office of the Swedish Trade Unions (LO/TCO)
Avenue de Tervuren 15, B-1210 Brüssel
T: (00322) 7 32 18 00 **Fax:** 7 32 21 15

iz r 166
CNG
Zentralsekretatiat
Hopfenweg 21, CH-3007 Bern
T: (004131) 3 70 21 11 **Fax:** 3 70 21 09
Präsident(in): Hugo Fasel

iz r 167
VSA
Badenerstr. 332, CH-8004 Zürich
T: (00411) 4 91 25 81 **Fax:** 4 01 06 25
Präsident(in): Hans-Rudolf Enggist

Slowakische Republik

iz r 168
KOZ SR
Odborárske nám. 3, SK-81570 Pressburg
T: (00427) 5 26 58 80 **Fax:** 21 33 03
Präsident(in): Alojz Englis

Spanien

iz r 169
UGT-E
Hortaleza 88, E-28004 Madrid
T: (00341) 5 89 76 94 **Fax:** 5 89 76 93
Generalsekretär(in): Candido Mendez

UGT-E - Bureau de Bruxelles
Rue Grétry 11 (Bte 52), B-1000 Brüssel
T: (00322) 2 18 38 09

iz r 170
Stv-Ela
Consulado 8-bajo, E-20080 San Sebastian
T: (003443) 46 16 88 **Fax:** 47 08 58
Präsident(in): José Miguel Leunda

iz r 171
ELA-STV
C/Barrainkua n° 15, E-48009 Bilbao
T: (003444) 24 33 00 **Fax:** 4 24 17 30

iz r 172
CC.OO
Fernandez de la Hoz 12, E-28010 Madrid
T: (00341) 3 19 17 50, 3 19 54 54 **Fax:** 3 10 48 04
Generalsekretär(in): Antonio Gutierrez Vegara

CC.OO - Bureau de Bruxelles
Rue Archimede 14, B-1040 Brüssel
T: (00322) 2 30 09 28 **Fax:** 2 80 00 58

Tschechische Republik

iz r 173
CMK OS
Nam. W. Churchilla, CZ-11359 Praha 3
T: (004202) 24 22 02 60 **Fax:** 24 22 61 63, 24 21 51 16
Präsident(in): Richard Falbr

Türkei

iz r 174
DISK-Tekstil
Ahmet Kutsi Tecer Cad. No 12 Kat. 5 Merter, TR-Istanbul
T: (0090212) 642 97 42 **Fax:** 504 48 87
Präsident(in): Önder Konuloglou

DISK-Bureau de Bruxelles
Galerie Ravenstein 3, B-1000 Brüssel
T: (00322) 5 11 55 01 **Fax:** 5 02 47 80
Yücel Top

iz r 175
TÜRK-IS
Bayindir Sokak 10 Yenisehir, TR-Ankara
T: (0090312) 4 33 31 25, 4 33 31 29 **Fax:** 4 33 68 09
TGR: Türkis
Präsident(in): Bayram Meral

iz r 176
TÜRK-SEN
Postf. 829, TR-Mersin 10
Sehit Mehmet 7-7A R. Hüsseyin, TR-Mersin 10
T: (0090392) 2 27 24 44, 2 27 26 02, 2 27 28 97
Fax: 2 28 78 31
Präsident(in): Önder Konuloglou

Ungarn

iz r 177
LIGA
Thököly út 156, H-1146 Budapest
T: (00361) 2 51 23 00 **Fax:** 2 51 22 88
Präsident(in): Agnes Hadhazy

iz r 178
MOSz
Tárogató u. 2-4, H-1021 Budapest
T: (00361) 2 75 14 45, 2 75 14 60, 2 75 14 80
Fax: 1 76 28 02
Präsident(in): Imre Palkovics

iz r 179
MSzOSz
Dózsa György út 84/b, H-1143 Budapest
T: (00361) 3 52 18 15, 3 22 50 33 **Fax:** 3 42 19 24
Präsident(in): László Sandor

Zypern

iz r 180
Synomospondia Ergaton Kypron
Alkaios Str. 23, CY-Engomi Nicosia
T: (00357) 2 44 11 42 **Fax:** 2 47 63 60
Generalsekretär(in): Michael Ioannou

• IZ R 181
Europäischer Metallgewerkschaftsbund (FEM)
European Metalworkers' Federation
Fédération Européenne des Métallurgistes
Rue Royale 45, bte. 2, B-1000 Bruxelles
T: (00322) 227 10 10 **Fax:** 217 59 63
Gründung: 1971
Präsident(in): Tony Janssen (Belge)
Secrétaire Général: Reinhard Kuhlmann (Allemagne)
Adjoint du Secrétaire Général: Bart Samyn
Mitglieder: 6000000
Mitarbeiter: 7

• IZ R 182
Europäischer Verband der Führungskräfte (CEC)
European Federation of Managerial Staff
Confédération Européenne des Cadres
Bureau Europeen
Avenue Carton de Wiart, 148, B-1090 Bruxelles
T: (00322) 4 20 10 51 **Fax:** 4 20 12 92
Internet: http://www.cec-managers.org
E-Mail: cec@optinet.be
Gründung: 1989
Président: Maurizio Angelo
Secrétaire Général: Claude Cambus
Dep. Secrétaire Général: Ludger Ramme
Leitung Presseabteilung: Alexe von Wurmb
Mitglieder: 1200000
Mitarbeiter: 3 (Brüssel)

Mitgliedsorganisationen

iz r 183
Confédération Francaise de l'Encadrement C.G.C. (CFE-CGC)
Rue du Rocher 59-63, F-7500O8 Paris
T: (00331) 44 55 77 77 **Fax:** 42 96 45 97
E-Mail: cambus@fecgc.fr

iz r 184
Confederazione Italiana Dirigenti di Azienda (CIDA)
Via Nazionale, 75, I-00184 Roma
T: (00396) 488 82 41 **Fax:** 487 39 94
E-Mail: dirigenti@tin.it

iz r 185
Ledernes Hovedorganisation (LH)
Vermlandsgade, 65, DK-2300 Kobenhavn S
T: (0045) 31 57 56 22 **Fax:** 32 83 32 92
E-Mail: lh@lederne.dk

iz r 186
Union der Leitenden Angestellten (ULA)
Kaiserdamm 31, 14057 Berlin
T: (030) 30 69 63-0 **Fax:** 30 69 63-13
Internet: http://www.ula.de
E-Mail: info@ula.de

iz r 187
Fédération des Employés Privés
Fédération Independante des Travailleurs et Cadres (FEP-FIT et Cadres)
Postf. 1382, L-1013 Luxemburg
Av. de la Faïencerie 16, L-1013 Luxemburg
T: (00352) 22 62 62 **Fax:** 22 62 66

iz r 188
Confederacion de Cuadros (CC)
Calle Vallehermoso 78, 2ª Planta, E-28015 Madrid
T: (00341) 5 34 38 62, 5 34 66 72 **Fax:** 5 34 05 14
E-Mail: confuadros@cotesa.es

iz r 189
Confédération Nationale des Cadres (CNC-NCK)
Avenue Carton de Wiart 148, B-1090 Brüssel
T: (00322) 4 20 43 34 **Fax:** 4 20 46 04
E-Mail: cnc.nck@optinet.be

iz r 191
LEDARNA
Postf. 12069, S-102 22 Stockholm 12
Sit Eriksgatan 26, S-102 22 Stockholm 12
T: (00468) 6 93 55 00 **Fax:** 6 93 55 60
E-Mail: anders.palm@ledarna.se

iz r 192
Lederne
Postf. 2523, N-0203 Oslo 2
Drammensveien 40, N-0203 Oslo 2
T: (0047) 2 22 55 66 10 **Fax:** 22 55 65 48
E-Mail: jobrekke@online.no
Präsident(in): Olav Brekke

iz r 193
Wirtschaftsforum für Führungskräfte (WdF)
Lothringerstr. 12, A-1031 Wien
T: (00431) 7 12 56 10 **Fax:** 7 11 35/29 12
E-Mail: wdf@voei.at

iz r 194
UNIONQUADRI
Sede Centrale
Via Gramsci 34, I-00197 Rom
T: (00396) 361 16 83 **Fax:** 3 22 55 58
E-Mail: unionquadri@unionquadri.it
Rossitto

iz r 195
Confederazione Unitaria dei Quadri
Via XX Settembre 58, I-10121 Torino
T: (003911) 561 77 06 **Fax:** 561 20 42
E-Mail: confquadri@tin.it
Capellaro

• **IZ R 196**

Europäischer Verband für Tourismus-Fachleute (EUTO)

European Union of Tourist Officers
Union Européenne des Cadres du Tourisme
Postf. 402, GB-Canterbury, Kent CT1 3GP
T: (00441227) 45 03 50 **Fax:** 45 03 50
E-Mail: burnett@euto.demon.co.uk
Gründung: 1975
President: Henk Schüller (c/o VVV Amstelland en de Meerlanden, Postbus 540, NL-1180 AM Amstelveen, T: (003120) 6 45 43 50, Telefax: (003120) 6 47 02 88)
Immediate Past President: Arild N Kristiansen (7 Les Chenes-Valcros, F-83250 La Londe Les Maures, E-Mail: arilno@online.no)
Vice-President: Paolo de Gavardo (c/o APT do Trieste, Via San Nicolò 20, I-34121 Trieste, T: (0039040) 679 6111, Fax: (0039040) 679 6299, E-Mail: info@triestetourism.it)
Secretary General: William Burnett (P.O. Box 402, GB-Canterbury, Kent CT1 3GP, T: (00441227) 45 03 50, Telefax: (00441227) 45 03 50, E-Mail: burnett@euto.demon.co.uk)
Treasurer: Richard Bifield (c/o Telford & Wrekin Council, Jordan House, Park Hall Way Telford, UK-TF3 4NN, T: (00441952) 23 77 49, Fax: (00441952) 23 77 46, E-Mail: tourism@wrekin.gov.uk)
Board Members: Sieghard Baier (c/o Vorarlberg Tourismus, Postfach 302, A-6901 Bregenz, T: (00435574) 4 25 25 0, Fax: 42 52 55, E-Mail: sieghard.baier@vbgtour.at)
Tuula Hatakka (Merikarhunkuja 8 A 40, Fin-02320 Espoo. T: (00358) 5 03 38 06 49, Fax: 98 13 71 63, E-Mail: tuula.hatakka@espoo.fi)
Günter Wagner (c/o Kur- Kongreß-und Touristik GmbH, Erkenbrechtallee 2, D-91438 Bad Windsheim, T: (00499841) 4 02 40, Fax: 4 02 99, E-Mail: tourismus@bad-windsheim.btl.de)
Verbandszeitschrift: EUTO Bulletin
Redaktion: Secretary General
Mitglieder: 2000

• **IZ R 197**

Europäischer Verband der Gewerkschaften des Verkehrspersonals (FEOST)

European Federation of Trade Unions of Transport Workers
Fédération Eur. des Organisations Syndicales du Personnel des Transports
Secrétariat Général:
Rue de Trèves 33, B-1040 Bruxelles
T: (00322) 285 47 35 **Fax:** 230 87 22
Président: Michel Bovy
Secrétaire Ex.: Freddy Pools

• **IZ R 198**

Europäischer Verband staatlicher Veterinärbeamter (EASVO)

European Association of State Veterinary Officers
Association Européenne des fonctionnaires vétérinaires
Residensgatan 36, S-46230 Vänersborg
T: (0046521) 6 60 99 **Fax:** 60 55 49
E-Mail: herbert.lundstrom@public.leissne
Präsident(in): Dr. Herbert Lundström
Mitglieder: 17 europäische Länder

• **IZ R 199**

Europäisches Gewerkschaftsinstitut (EGI)

European Trade Union Institute (ETUI)
Institut Syndical Européen (ISE)
Bd. du Roi Albert II, 5, B-1210 Brüssel
T: (00322) 2 24 04 70 **Fax:** 2 24 05 02
Gründung: 1978
Direktor(in): Reiner Hoffmann
Verbandszeitschrift: TRANSFER - European Review of Labour and Research
Verlag: Reiner Hoffman, ISE, Bd. du Roi Albert II, 5, B-1210 Bruxelles
Mitarbeiter: 25

• **IZ R 200**

Internationales Netzwerk von Frauen im Management (EWMD)

European Women's Management Development International Network
Réseau international de femmes dans le management
Sitz: c/o AMAZONE
10 rue du Méridien, B-1210 Brüssel
Sekretariat: c/o NCI
Avenue Louise 149, B-1050 Brüssel
T: (00322) 5 35 97 71 **Fax:** 5 35 74 99
Internet: http://ewmd.org
E-Mail: info@ewmd.org
Gründung: 1984 (1. März)
President: Marie-Thérèse Claes (Boulevard Brand, Whitlock 2, B-1040 Brüssel, T: (00322) 16 47 07 61, Fax: 27 39 38 03, E-Mail: marie-therese.claes@ewmd.org)
Claudia Schmitz (Danziger Str. 4, 61381 Friedrichsdorf, T: (06172) 76 35 94, Fax: (03250) 34 85 08, E-mail: claudia.schmitz@ewmd.org)
Treasurer: Barbara Legermann (Baliestraat 44, B-8000 Brügge, T: (00325) 34 94 66, Fax: 59 56 56 12, E-Mail: barbara_legermann@tui.be)
Director Membership: Anne Kaulich (Bruehlstr. 4, 72824 Wannweil, T: (07121) 58 07 13, Fax: 58 07 13, E-Mail: skaulich@aol.com)
Director Communication: Janka Klebe (Stettiner Str. 29, 70806 Kornwestheim, T: (07154) 18 15 50, Fax: 81 12 60 77, E-Mail: janka.klebe@t-online.de)
General Secretary: Dr. Angelika Poth-Mögele (Avenue des Anemones 13, B-1950 Kraainem, T: (00322) 7 25 52 31, Fax: 5 12 24 51, E-Mail: angelika.poth-moegele@ewmd.org)
Verbandszeitschrift: EWMD Newsletter
Redaktion: Tina Bettison, P.O. Box 5555 Newark, UK-Nottingham NG24 3BF, T: (00441636) 68 39 38, Fax: 68 01 85, E-mail: maverick.team@virgin.net
Mitglieder: über 1300 individuals, 55 institutionals
In 20 europäischen Ländern, USA, Australien und Kanada

• **IZ R 201**

Gewerkschaft Internationaler und Europäischer Beamten (S.F.I.E.)

International and European Officials' Association
Syndicat des Fonctionnaires Internationaux et Européens
Rue de la Loi 57, B-1049 Brüssel
T: (00322) 2 95 62 24 **Fax:** 2 96 43 27
André Scholtes
André Hecq

• **IZ R 202**

Interalliierte Reserveoffiziervereinigung (CIOR)

Confédération Interallié des Officiers de Réserve (CIOR)
c/o Verband der Reservisten der Deutschen Bundeswehr e.V.
Provinzialstr. 91, 53127 Bonn
T: (0228) 2 59 09-23 **Fax:** 2 59 09 77
Internet: http://www.vdrbw.de
E-Mail: abteilungI@vdrbw.de
Gründung: 1947
Verbandszeitschrift: Newsletter "CIOR INFO"
Mitglieder: ca. 800000
Mitgliedsverbände aus allen NATO-Ländern

• **IZ R 203**

Interalliierte Vereinigung der Sanitätsoffiziere der Reserve (CIOMR)

Confédération Interalliée des Officiers Médicaux de Réserve
c/o Deutsche Gesellschaft für Wehrmedizin und Wehrpharmazie e. V -VdSO-
Bundesgeschäftsstelle Bonn
Baumschulallee 25, 53115 Bonn
T: (0228) 63 24 20 **Fax:** 69 85 33

• **IZ R 204**

Internationale Union der Lebensmittel-, Landwirtschafts-, Hotel-, Restaurant-, Café- und Genussmittelarbeiter-Gewerkschaften (IUL)

Intern. Union of Food, Agricultural, Hotel, Restaurant, Catering, Tobacco and allied Workers Assoc. (IUF)
Union Intern. d. Travailleurs d. l'alimentation, d l'agricult. d. l'hôtellerie-rest., du tabac et d. branches-connexes (UITA)
Rampe du Pont-Rouge 8, CH-1213 Petit-Lancy
T: (004122) 7 93 22 33 **Fax:** 7 93 22 38
Internet: http://www.iuf.org
E-Mail: iuf@iuf.org
Gründung: 1920
Präsident(in): Frank Hurt (USA)
Kohki Takeshita (Japan)
Gary Nebeker
Franz-Josef Möllenberg (Deutschland)
Brian Revell (Ver. Königreich)
Jorma Kallio (Finnland)
Vesna Dejanovi_a (Kroatien)
Leif Håkansson (Schweden)
Generalsekretär(in): Ron Oswald
Leitung Presseabteilung: Peter Rossman
Verbandszeitschrift: IUL-Nachrichten
Redaktion: Ron Oswald
Verlag: IUL, CH-1213 Petit-Lancy
Mitglieder: 2600000 Mitglieder in 345 Mitgliedsverbänden in 120 Ländern
Mitarbeiter: 19

Regionale Vertretungen

Afrika

iz r 205

IUF Regional Secretariat for Africa
Woodland House, 1st Floor
Postf. 1 10 71, EAK-Nairobi
Moi Avenue, EAK-Nairobi
T: (002542) 31 22 96, 31 22 97 **Fax:** 31 22 98
E-Mail: iufafro@form-net.com
Regionalsekretär: N.N.

Asien/Pazifik

iz r 206

IUF Regional Secretariat for Asia and the Pacific
Labour Council Building
377-383 Sussex Street, room 5, 8th Floor, AUS-Sydney NSW 2000
T: (00612) 92 64 64 09 **Fax:** 92 61 85 39
Internet: http://www.peg.apc.org/_Ltiufasia/
E-Mail: iuf-asia@iuf.org
Regionalsekretär: Ma Wei Pin

iz r 207

IUF Japan Office
Sanei Building Annex 2F
17-11, 2-Chome, Kyobashi Chuo-ku, J-Tokyo 104
T: (00813) 52 50 03 75, 52 50 03 76 **Fax:** 52 50 03 74
E-Mail: iuf-jcc@iuf.org
Regionalsekretär: Tomoji Misato

iz r 208

IUF-Asia and Pacific, South Asia Education Office
8/4 Tilak Apartements, Maharashtra Society, Mithakali, IND-Ahmedabad 380 006
T: (009179) 6 44 40 47
E-Mail: iufsaeo@ad1.vsnl.net.in
Schulungskoordinatorin für Südasien: Meena Patel

Europa

iz r 209

Europäischer Verband der Lebens-, Genussmittel- und Gastgewerbegewerkschaften in der IUL (EAL-IUL)
European Federation of Food, Catering and Allied Workers' Unions within the IUF (ECF-IUF)
Fédération Européenne des Travailleurs de l'Alimentation, de l'Hôtellerie et des Branches Connexes dans l'Uita (SETA-UITA)
Rue Fossé-aux-Loups, 38, Boîte n_Ho 3, B-1000 Brüssel
T: (00322) 2 18 77 30 **Fax:** 2 18 30 18
E-Mail: ecf.iuf@ecf-iuf.org
Regionalsekretär: (für EGB: Generalsekretär) Harald Wiedenhofer

iz r 210

ICEM/IUF Education Projekt South-Eastern Europe
trg. Kralja Kresimira IV br. 2/II, HR-Zagreb
T: (003851) 4 55 66 31 **Fax:** 4 55 66 31
E-Mail: mato.lalic@zg.tel.hr
Koordinator: Mato Lalic

GUS

iz r 211

IUF CIS Office (Moscow)
Postf. 16, RUS-Moskau 129642
T: (00795) 9 38 86 17 **Fax:** 9 38 81 89
E-Mail: iufmoscow@glasnet.ru
Koordinator: der IUL für die GUS Kirill Buketov

Karibik

iz r 212

IUF Caribbean
c/o Barbados Workers Union
"Solidarity House"
Postf. 1 72, BDS-Bridgetown /Barbados
Harmony Hall, St. Michel, BDS-Bridgetown /Barbados
T: (001246) 4 26 34 92, 4 26 34 95 **Fax:** 4 36 64 96
E-Mail: bwu@caribsurf.com
Regionalsekretär: Richards LeVere

Lateinamerika

iz r 213

Secretaria Regional Latinoamericana UITA
c/ Wilson Ferreira
Aldunate 1229, Oficina 201, U-11100 Montevideo
T: (005982) 9 00 74 73, 9 02 10 48 **Fax:** 9 03 09 05
Internet: http://www.chasque.apc.org/uita/
E-Mail: uita@rel-uita.org
Regionalsekretär: Enildo Iglesias

Nordamerika

iz r 214

IUF North America
Suite 400, 1126 16th Street, NW, USA-Washington DC 20036
T: (001202) 9 55 55 22 **Fax:** 2 65 06 84
E-Mail: iufnaro@igc.apc.org
Regionalkoordinatorin: Susanne Lowen

Sub-Regionale Koordinationsausschüsse

Nordische Länder

iz r 2 14.10

Nordisk Union inden for Nearings-og Nydelsesmiddelindustrien (food)
c/o NNN
Arbeidersamfunnets pl. 1
Postf. 87 19, N-0028 Oslo
Youngstorget, N-0028 Oslo 1
T: (0047) 22 20 66 75 **Fax:** 22 36 47 84
E-Mail: firmapost.nnn@nnn.no
Präsident(in): Torbjoørn Dahl
Sekretär: Johnny Hagen
Kassierer: Aril Oliversen

iz r 2 14.20

Nordisk Union for Hotel-, Café-og Restaurantansatte (HRC)
c/o HRAF
Postf. 88 82, N-0028 Oslo
Storgata 32 - 5 etg., Youngstorget, N-0028 Oslo
T: (0047) 23 16 35 50 **Fax:** 23 16 35 51
Präsident(in): Solfrid Johansen
Sekretärin: Tilde S. Pedersen
Kassierer: Jens Hoel

Nationale Koordinationsausschüsse

Australien

iz r 2 14.30

IUF Australien Consulative Committee (IUF-ACC)
Locked Bag 9, AUS-Haymarket NSW 1240
T: (00612) 92 81 95 11 **Fax:** 92 81 44 80
Präsident(in): Greg Sword
Sekretär: Jeff Carr

Dänemark

iz r 2 14.40

Dansk Sammenslutning af Foødevare-, Drikkevare-og Serviceabejdere (FDS)
C.F. Richs Vej 103, 3, DK-2000 Frederiksberg
T: (0045) 31 86 18 85 **Fax:** 38 88 38 66
E-Mail: info@fds-iuf.dk
Präsident(in): Eigil Pedersen
Sekretär: Tage Bak

Japan

iz r 2 14.50

IUF Japan Coordinating Council (IUF-JCC)
Sanei Building Annex 2F
17-11, 2-Chome, Kyobashi, Chuo-ku, JA-Tokyo 104, Nippon
T: (00813) 52 50 03 75, 52 50 03 76 **Fax:** 52 50 03 74
E-Mail: iuf-jcc@iuf.org
Präsident(in): Makoto Takahashi
Generalsekretär(in): Tomoji Misato

Schweden

iz r 2 14.60

Svenska IUL-kommittén
c/o SLF
Postf. 11 04, S-111 81 Stockholm
Upplandsgatan 3, S-111 81 Stockholm
T: (00468) 7 96 29 70 **Fax:** 7 96 29 88
Koordinator: Leif Håkansson

Vereinigte Staaten von Amerika

iz r 2 14.70

Food & Allied Service Trades Department, AFL-CIO (FAST)
815 Sixteenth St. N.W., Suite 408, USA-Washington D.C. 20006
T: (001202) 7 37 72 00 **Fax:** 7 37 72 08
E-Mail: fast3@igc.org
Präsident(in): Jeff Fiedler

• **IZ R 215**

Internationale Berufskraftfahrer-Vereinigung (U.I.C.R.)
Union Internationale des Chauffeurs Routiers (U.I.C.R.)
La Chocolatière 26, CH-1026 Echandens
Gründung: 1968 (7. April)
Präsident(in): Ludwig Büchel
Generalsekretär(in): Rolf Lehmann
Mitglieder: ca. 1200000 in 22 Verbänden

• **IZ R 216**

Internationale Föderation von Chemie-, Energie-, Bergbau- und Fabrikarbeitergewerkschaften (ICEM)
International Federation of Chemical, Energy, Mine and General Workers' Unions
Fédération internationale des Syndicats de Travailleurs de la Chimie, de l'Energie, des Mines et des Industries diverses
109, Av. E. De Béco, B-1050 Bruxelles
T: (00322) 6 26 20 20 **Fax:** 6 48 43 16
Generalsekretär(in): Fred Higgs (109, Av. E. De Béco, B-1050 Bruxelles, T: (00322) 6 26 20 20, Telekopie-System: (00322) 6 48 43 16)
Informationsbeauftragter: Ian Graham
Verbandszeitschrift: ICEM INFO
Redaktion: Ian Graham
Mitglieder: 20000000

• **IZ R 217**

Internationale Musiker-Foederation (FIM)
International Federation of Musicians
Fédération Internationale des Musiciens
Rue Victor Massé 21 bis, F-75009 Paris
T: (00331) 45 26 31 23 **Fax:** 45 26 31 57
E-Mail: FIMparis@compuserve.com
Präsident(in): John Morton (79 Redhill Wood, New Ash Green, Dartford, Kent DA3 8 QP, United Kingdom)
Generalsekretär(in): Jean Vincent
Verbandszeitschrift: FIM Bulletin
Mitglieder: 50
Mitarbeiter: 3

• **IZ R 218**

Internationale Musiker-Föderation (IFM)
International Federation of Musicians
Fédération internationale des musiciens
Hauptsitz: ICEMK - International Committee of Entertainment & Media Unions
Rue Victor Massé 21, F-75009 Paris
T: (00331) 45 26 31 23 **Fax:** 45 26 31 57
Präsident(in): John Morton
Generalsekretär(in): Jean Vincent

• **IZ R 219**

Internationale Textil-, Bekleidungs- und Lederarbeiter-Vereinigung (ITBLAV)
International Textile, Garment and Leather Workers' Federation
Fédération internationale des Travailleurs du Textile de l'Habillement et du Cuir
8, rue Joseph Stevens, B-1000 Bruxelles
T: (00322) 5 12 26 06, 5 12 28 33 **Fax:** 5 11 09 04
President: P. Booth
Vice-Presidents: M. Aguir
E. Cabral
Werner Dick
R. Ferrari
D. Witteurongel
A. Lökken
J. Mazur
H. McGrath
H. Naik
A. Ntuli
A.M. Pedersen
M. Pedreira
J. Ramos
T. Takagi
J. Vassilev
General Secretary: Neil Kearney

• **IZ R 220**

Internationale Transportarbeiter-Föderation (ITF)
International Transport Workers' Federation
Fédération Internationale des Ouvriers du Transport
Borough Road 49-60, GB-London SE1 1DS
T: (0044207) 4 03 27 33 **Fax:** 3 57 78 71
Internet: http://www.itf.org.uk
E-Mail: mail@itf.org.uk
Gründung: 1896
President: Umraomal Purohit
General Secretary: David Cockroft
Verbandszeitschrift: ITF News (bi-monthly); Seafarers' Bulletin (annually); Transport International (quarterly)
Mitglieder: 4703648
Mitgliedsverbände: 500

• **IZ R 221**

Internationale Vereinigung der Agrar-Bibliothekare und -Dokumentalisten (IAALD)
International Association of Agricultural Information Specialists
Association Internationale de Bibliothécaires et Documentalistes
c/o CAB International
T: (00441491) 829 346 **Fax:** 833 508
President: Dr. Jan van der Burg (Boeslaan 55, NL-6703 ER Wageningen, T: (0031317) 42 28 20, Fax: (0031317) 42 28 20, e-mail: JvdBurg@user.Diva.nl)
Senior Vice President: Pamela Q.J. André (Director National Agricultural Library, USDA Room 200, 10301 Baltimore Blvd. Beltsville, MD 20705-2351 USA, T: (001301) 5 04 52 48, Fax: (001301)5 04 70 24, E-Mail: pandre@nal.usda.gov)
Junior Vice President: Dr. Qiaoqiao Zhang (c/o CAB INTERNATIONAL, Wallingford, Oxon OX10 8DE, UK, T: (00441491) 83 21 11, Fax: (00441491) 83 35 08, E-Mail: q.zhang@cabi.org)
Secretary-Treasurer:
Margot Bellamy (CAB Int., Wallingford, Oxon OX10 8DE, UK, T: (00441491) 82 93 46, Fax: (00441491) 83 35 08, e-mail: m.bellamy@cabi.org)

• **IZ R 222**

Internationale Vereinigung der Flugleiterverbände (IFATCA)
International Federation of Air Traffic Controllers' Associations
Fédération Internationale des Associations de Contrôleurs du Trafic Aérien
University Street 1255
Suite 408, CDN-Montreal H3B 3B6
T: (001514) 866 70 40 **Fax:** 866 7612
Internet: http://www.ifatca.org
E-Mail: office@ifatca.org
Gründung: 1961
President: Samuel Lampkin (47 Mora-Drive, Homeland Gardens Cunupia Trinidad + Tobago, T.+Fax: (001868) 6 65 38 17, E-Mail: samlampk@tstt.net.tt)
Publicity: Paul Robinson (P.O. Box 60-087, Titirangi, New Zealand, T: (00649) 817 6307, Fax: 8173573, E-Mail: paulrob@pl.net)
Verbandszeitschrift: THE CONTROLLER
Redaktion: 29 Heritage Lawn, Langshott, Horley, RH6 9XH, Großbritannien
Mitglieder: mehr als 40000 Mitglieder in über 100 Ländern

• **IZ R 223**

Internationale Vereinigung der Gewerkschaften der Bau-Holz- und Baumaterialienarbeiter (U.I.T.B.B.)
Trade Unions International of Workers of the Building, Wood and Building Materials Industries
Union Internationale des Syndicats des Travailleurs du Bâtiment, du Bois et des Matériaux de Construction (UITBB)
Postf. 281, FIN-00101 Helsinki
T: (003580) 6 93 11 30 **Fax:** 6 93 10 20

• **IZ R 224**

Internationale Vereinigung der Linien-Flugzeugführer-Verbände (IFALPA)
International Federation of Air Line Pilots' Associations
Fédération Internationale des Associations de Pilotes de Ligne
Interpilot House
Gogmore Lane, GB-Chertsey, Surrey KT16 9AP
T: (00441932) 57 17 11 **Fax:** 57 09 20

E-Mail: ADMIN@IFALPA.ORG
Gründung: 1948
President: Captain E.A. Murphy
Leitung Presseabteilung: Cathy Bill (C.A.)
Mitglieder: 94 Pilots Associations
Mitarbeiter: 77
Jahresetat: DM 3,4 Mio, € 1,74 Mio

• **IZ R 225**

Internationale Vereinigung der Sozialarbeiter (IFSW)
International Federation of Social Workers
Fédération Internationale des Assistants Sociaux
Postf. 68 75, CH-3001 Bern
Schwarztorstr. 20, CH-3001 Bern
T: (004131) 3 82 60 15 **Fax:** 3 13 82 60 17
Internet: http://www.ifsw.org
E-Mail: secr.gen@ifsw.org
Gründung: 1928
Executive Committee:
Honorary President: Andrew Mouravieff-Apostol (31, rue de l'Athénée, CH-1206 Geneva (Switzerland), T: (004122) 346 3688 (res), 347 1236 (off), Fax: 346 8657, E-Mail: aem.apostol@span.ch)
President: Elis Envall (Pionvägen 3, S-18330 Täby (Sweden), T: (00468) 7 68 04 14, Fax: 7 68 04 14, Cell.ph: 7 07 36 07 14, E-Mail: pres@ifsw.org)
Vice President Africa: Nigel Hall (SAfAIDS, P.Bag A509, Avondale, Harare (Zimbabwe), T: (002634) 33 61 93 (off), 74 15 58 (res), Fax: 33 61 95, E-Mail: vpafr@ifsw.org)
Vice President Asia & Pacific: Imelda Dodds (Autism Association of New South Wales, P.O.Box 361, Forestville, NSW 2087, Australia, T: (00612) 94 52 50 88 (off), Fax: 94 51 34 47 (off), T & Fax: (00612) 95 57 11 84 (res), E-Mail: vpapa@ifsw.org)
Vice President Europe: Herbert Paulischin (Holzstrasse 15, A-4020 Linz (Austria), T: (0043732) 77 07 17(7) (off), Fax: 7 70 71 79 (off), Cell.phone: (0043699) 10 77 10 77, E-Mail: vpeur@ifsw.org)
Vice Pres. Latin America & Caribbean: Juan Manuel Latorre Carvajal (Calle 84, N.24A-107, Diamante II, Bucaramanga, Columbia, T: (005776) 36 06 90, Fax: 33 38 86, E-Mail: vplac@ifsw.org)
Vice President North America: Josephine A.V. Allen (Cornell University, College of Human Ecology, Dep. of Policy Analysis and Management, 182 Martha van Rensselaer Hall, Ithaca, NY 14853-4401, USA, T: (001607) 2 55 19 73 (off), Fax: 2 55 40 71 (off), E-Mail: vpnam@ifsw.org)
Treasurer: Ng Shui Lai (Hong Kong Christian Service, 33, Granville Road, Kowloon, Hong Kong, T: (00852) 27 31 62 81 (off), 23 38 46 75 (res), Fax: 23 11 02 75, Cell.phone: 90 90 80 43, E-Mail: treas@ifsw.org)
Secretary General: Tom Johannesen (Postfach 68 75, Schwarztorstr. 20, CH-3001 Bern, Switzerland, T: (004131) 3 82 60 15, Fax: 3 13 82 60 17, E-Mail: secr.gen@ifsw.org)
Verbandszeitschrift: IFSW Newsletter, International Social Work
Mitglieder: 70 Landesverbände
Jahresetat: DM 0,42 Mio, € 0,21 Mio

• **IZ R 226**

Internationaler Bund der Bau- und Holzarbeiter (IBBH)
International Federation of Building and Woodworkers (IFBWW)
Fédération Internationale des Travailleurs du Bâtiment et du Bois (FITBB)
Postf. 14 12, CH-1227 Genf
54, route des Acacias, CH-1227 Genf
T: (004122) 8 27 37 77 **Fax:** 8 27 37 70
Gründung: 1891
President: Roel de Vries
General Secretary: Ulf Asp
Verbandszeitschrift: Bau und Holz Bulletin
Mitglieder: 12500000

• **IZ R 227**

Internationaler Bund Freier Gewerkschaften (IBFG)
International Confederation of Free Trade Unions (ICFTU)
Confédération Internationale des Syndicats Libres (CISL)
Confederacion Internacional de Organizaciones Sindicales Libres (CIOSL)
Bd. du Roi Albert II, 5, Bte 1, B-1210 Brüssel
T: (00322) 2 24 02 11 **Fax:** 2 01 58 15, 2 03 07 56
TGR: INTERCONFED, BRUXELLES
Internet: http://www.icftu.org
E-Mail: internetpo@icftu.org
Gründung: 1949
Secrétaire Général: Bill Jordan
Leitung Presseabteilung: Luc Demaret (Departement Presse et Publications)
Mitglieder: 125000000
Mitarbeiter: 70
Mitgliedsverbände: 215 angeschlossene Organisationen in 145 Ländern

• **IZ R 228**

Internationaler Bund der Gewerkschaften der Öffentlichen Dienste (INFEDOP)
International Federation of Employees in Public Service
Fédération Internationale du Personnel des Services Publics
33, rue de Trèves, B-1040 Bruxelles
T: (00322) 2 30 38 65 **Fax:** 2 31 14 72
Internet: http://www.eurofedop.org
E-Mail: info@infodop-eurofedop.com
Gründung: 1966
Leitung Presseabteilung: Bert van Caelenberg
Verbandszeitschrift: SERVUS
Redaktion: Bert van Caelenberg, Trierstraat 33, B-1040 Brussel (auch Verlag)
Mitglieder: 1240000
Mitarbeiter: 7

• **IZ R 229**

UNI - Union Network International
15, av. de Balexert, CH-1219 Châtelaine-Genf
T: (004122) 9 79 03 11 **Fax:** 7 96 53 21
Internet: http://www.union-network.org
E-Mail: contact@union-network.org
Gründung: 2000 (1. Januar)
Präsident(in): Kurt van Haaren (Deutschland)
Generalsekretär(in): Philip J. Jennings
Leitung Presseabteilung: Noel Howell
Verbandszeitschrift: UNI Info
Mitglieder: 15,5 Mio. in mehr als 900 Organisationen in 145 Ländern weltweit
Mitarbeiter: 80 weltweit
Jahresetat: DM 16 Mio, € 8,18 Mio

iz r 230

Union International Network Geschäftsstelle Brüssel
Rue Joseph II 3, B-1040 Brüssel
T: (00322) 2 30 74 55 **Fax:** 2 30 75 66
E-Mail: eurofiet@mail.interpac.be
Direktor(in): Bernadette Tesch-Ségol

• **IZ R 231**

Internationaler Fremdsprachenlehrer-Verband (FIPLV)
International Federation of Foreign-Language
Fédération Internationale des Professeurs de Langues Vivantes
Sekretariat:
Seestr. 247, CH-8038 Zürich
T: (00411) 4 85 52 51 **Fax:** 4 82 50 54
Gründung: 1931
President: Denis Cunningham (AUS)
Secretary: Judith Hamilton (GB)

• **IZ R 232**

Internationaler Gewerkschaftsausschuß der Arbeiter der audiovisuellen Industrie (ICEMU)
International Conference of Entertainment & Media Unions
Chris Pate c/o IGF
Rue des Fripiers, 17 Galerie du Centre, Bloc 2, B-1000 Brüssel
T: (00322) 2 23 02 20 **Fax:** 2 23 18 14
Sekr: Chris Pate

• **IZ R 233**

Internationaler Hebammenbund (ICM)
International Confederation of Midwives
Confédération internationale des sages-femmes
Eisenhowerlaan 138, NL-2517 KN Den Haag
T: (003170) 3 06 05 20 **Fax:** 3 55 56 51
E-Mail: intlmidwives@compuserve.com
Gründung: 1919
President: Maria Spernbauer (Österreichisches Hebammen Gremium, Wallensteinstr. 65, A-1200 Wien, Österreich)
Vorsitzende(r): Dr. Joyce E. Thompson (CNM DrPh, 2942 Valley View Drive, Doylestown, PA 18901-1796, United States of America)
Hauptgeschäftsführer(in): Petra Hoope-Bender (Eisenhowerlaan 138, NL-2517 KN Den Haag)
Verbandszeitschrift: 6 Times A Year Newsletter; International Midwifery; International Confederation of Midwives
Mitglieder: Vereinigungen der Hebammen in 80 Ländern
Mitarbeiter: 2

• **IZ R 234**

Internationaler Metallgewerkschaftsbund (IMB)
International Metalworkers' Federation (IMF)
Fédération Internationale des Organisations de Travailleurs de la Métallurgie (FIOM)
Postf. 5 36, CH-1227 Genf
54 bis, route des Acacias, CH-1227 Genève
T: (004122) 308 50 50 **Fax:** 308 50 55
Präsident(in): Klaus Zwickel
Presseabteilung: Len Powell

• **IZ R 235**

Internationaler Rat der Wissenschaftlichen Gesellschaften (ICSU)
International Council for Science (ICSU)
Conseil International pour la Science (CIUS)
Secrétariat:
51, Bd. de Montmorency, F-75016 Paris
T: (00331) 45 25 03 29 **Fax:** 42 88 94 31
Gründung: 1931
Verbandszeitschrift: Science International
Mitglieder: 120 Organisationen
Mitarbeiter: 9

Deutsche Vertretung:

iz r 236

Deutsche Forschungsgemeinschaft (DFG)
Kennedyallee 40, 53175 Bonn
T: (0228) 8 85-1 **Fax:** 8 85 27 77, 8 85 21 80 PR
Internet: http://www.dfg.de
Präsident(in): Prof. Dr. Ernst-Ludwig Winnacker

• **IZ R 237**

Internationaler Schauspielerverband (FIA)
International Federation of Actors
Fédération Internationale des Acteurs
Federación Internacional de Actores
FIA
Guild House
Upper St. Martin's Lane, GB-London WC2H 9EG
T: (0044207) 3 79 09 00 **Fax:** 3 79 82 60
Internet: http://www.fia-actors.com
E-Mail: office@fia-actors.com
Gründung: 1952
President: Tomas Bolme (Svenska Teaterförbundet (Sweden))
General Secretary: Katherine Sand
Verbandszeitschrift: FOCUS: Published in English, French, German & Spanish (quarterly newsletter in English, German, Spanish, French)
Redaktion: FIA
Verlag: FIA
Mitarbeiter: 2
Members: The International Federation of Actors (FIA) represents 92 Unions of performing Artists in 63 countries

• **IZ R 238**

Internationaler Verband der Gewerkschaften des Verkehrspersonals (I.F.T.U.T.W.)
International Federation of Trade Unions of Transport Workers
Fédération Internationale des Organisations Syndicales du Personnel des Transports (FIOST)
Trierstraat 33, B-1040 Brüssel
T: (00322) 2 85 47 35 **Fax:** 2 30 87 22
Internet: http://www.cmt-wcl.org
E-Mail: freddy.pools@cmt-wcl.org
President: Michel Bovy
Executive Secretary: Freddy Pools

• **IZ R 239**

Katholischer Weltbund für Krankenpflege (CICIAMS)
International Catholic Committee of Nurses and Medico-Social Assistants
Comité International Catholique des Infirmières et Assistantes Médico-Sociales
General Secretariate
Square Vergote 43, B-1030 Brüssel
T: (00322) 7 32 10 50 **Fax:** 7 34 84 60
Gründung: 1933
International President: R. Lai
General Secretary: A. Verlinde (Manager of Publicity Press Department)
Verbandszeitschrift: CICIAMS-NEWS, CICIAMS Nouvelles
Redaktion: A. Verlinde, General Secretary of CICIAMS, Vergote Square 43, B-1030 Bruxelles
Mitglieder: 500000
Mitarbeiter: 5 in the international Secretariat

• **IZ R 240**

Ständiger Ausschuß der Krankenschwestern/Krankenpfleger der EG
Standing Committee of Nurses of the EC
Comité Permanent des Infirmier(e)s de la CE
53, rue de la Concorde, B-1050 Brüssel
Gründung: 1971
Präsidentin: Christine Hancock (GB)

Mitgliedsorganisationen

Belgien

iz r 241

Fédération Nationale Neutre des Infirmier(e)s de Belgique
rue de la Source 18, B-1060 Bruxelles
T: (00322) 5 37 01 93

Dänemark

iz r 242

The Danish Nurses' Organization
Postf. 1084, DK-København K
T: (0045) 15 15 55

Deutschland

iz r 243

Deutscher Berufsverband für Pflegeberufe e.V. (DBfK)
Hauptstr. 392, 65760 Eschborn
T: (06173) 60 43 **Fax:** 60 44 99
Internet: http://www.dbfk.de
E-Mail: dbfk@dbfk.de

Spanien

iz r 244

Consejo General de Ayudantes Técnicos Sanitarios y Diplomados en Efermería
Buen Suceso, 6-2do, E-Madrid 8
T: (00341) 2 41 60 73

Frankreich

iz r 245

Association Nationale Française des Infirmières et Infirmiers Diplômés et Elèves (ANFIIDE)
Postf. 23 32, F-45023 Orleans Cedex
T: (0033561) 41 73 78

Griechenland

iz r 246

Hellenic National Graduate Nurses Association
Athens' Tower (C Building) II, Ia, GR-Athinai 610
T: (00301) 7 70 28 61

Irland

iz r 247

Irish Nurses Organization and National Council of Nurses of Ireland
11 Fitzwilliam Place, IRL-Dublin 2
T: (003531) 6 76 01 37 **Fax:** 6 61 04 66

Italien

iz r 248

Consociazione Nazionale delle Associazioni Infermiere-Infermieri ed altri Operatori
Sanitario-Sociali, Via Arno 62, I-00198 Roma
T: (00396) 8 84 06 54

Luxemburg

iz r 249

Association Nationale des Infirmier(e)s Luxembourgeois(es)
Postf. 1184, L-1011 Luxembourg

Niederlande

iz r 250

National Nurses Association
Nederlandse Maatschappij voor Verpleegkunde
Postf. 6001, NL-3503 PA Utrecht
Leidseweg 83, NL-3503 PA Utrecht

Portugal

iz r 251

Associação Portuguesa de Enfermeiros
Rua Duque de Palmela 27-40 D, P-1200 Lisboa
T: (53) 55 43

Großbritannien

iz r 252

Standing Committee of Nurses of the EU (PCN)
Rue de la Concorde 53, B-1050 Brussels
T: (00322) 5 12 74 19 **Fax:** 5 12 35 50
E-Mail: pcn@club.innet.be
Coordinator: Jyoti Bahadur

• IZ R 253

Union Europäischer Bankpersonalverbände (UEB)
Union of European associations of bank employees
Union européenne des associations du personnel de la banque
Postf. 8235, CH-3001 Bern
Monbijoustr. 61, CH-3001 Bern
T: (004131) 3 71 43 11 **Fax:** 3 71 98 74
Gründung: 1966
Präsident(in): Friedrich-W. Hütte
Hauptgeschäftsführer(in): Urs Tschumi
Mitglieder: 6 (Frankreich, Schweiz, Bundesrepublik Deutschland, Malta, Irland)

• IZ R 254

Verband Europäischer Filmregisseure (F.E.R.A.)
Federation of European Film Directors
Fédération Éuropéenne des Réalisateurs de l'Audiovisuel
Av. Everard 59, B-1190 Brüssel
T: (00322) 5 51 03 50 **Fax:** 5 51 03 55
Internet: http://www.fera-matin.org
E-Mail: secretariat@fera-matin.org
Président: Francesco Maselli
Senior Vice-Président: Gabriel Auer
Vice-President: Tanne Giese
Panos Papakyriakopoulos
Janos Rozsa
Secrétaire Général: Joao Correa
Adjointe au Président: Angela de Luisi

• IZ R 255

Verband der Personalvertretungen internationaler Angestellter (nicht-offizielle Uebersetzung) (FICSA)
Federation of International Civil Servants' Associations
Fédération des Associations de Fonctionnaires Internationaux
Vertretung der Interessen der Angestellten in den Organisationen der Vereinten Nationen (UNO)
Palais de Nations, CH-1211 Genf 10
T: (004122) 9 17 31 50 **Fax:** 9 17 06 60
Gründung: 1952
Acting President: Bernard Grandjean
General-Secretary: Alvaro J. da Silva Durao
Verbandszeitschrift: FICSA Quarterly
Redaktion: L. Ewart
Mitglieder: 26 Verbände (30000 Beamte)
Mitarbeiter: 6

• IZ R 256

Vereinigung Europäischer Unteroffiziere der Reserve (AESOR)
Association Européenne des Sous-Officiers de Réserve
c/o Verband der Reservisten der Deutschen Bundeswehr e.V.
Provinzialstr. 91, 53127 Bonn
T: (0228) 2 59 09 23 **Fax:** 2 59 09 77
Internet: http://www.vdrbw.de
E-Mail: abteilungI@vdrbw.de

• IZ R 257

Vereinigung Europäischer Verkaufs- und Marketingkräfte (AESA)
Association European Salesmanager and -Adviser
Postf. 12 06 04, 53048 Bonn
T: (02224) 94 03 13 **Fax:** 94 03 14
Gründung: 1990
Präsident(in): Präsidium:
Wolfgang M. Nitsche (D)
Vizepräsident(in): Heribert-Gaston Blondiau (B)
Präsidiumsmitglied(er): Bruce E. Rienstra (GB)
Mitglieder: 15 nationale Verbände (Vertretung von ca. 7,3 Mio Marketing-, Verkaufs- und Vertriebskräften im Außendienst)
Mitarbeiter: 5
Jahresetat: DM 2,25 Mio, € 1,15 Mio

• IZ R 258

Vereinigung der Techniker der Farb-, Lack-, Email- und Druckfarben-Industrien des europäischen Festlandes (FATIPEC)
Federation of Associations of Technicians in the Paint, Varnish, Enamels and Printing-Ink Industries of Continental Europe
Fédération d'Associations de Techniciens des Industries des Peintures, Vernis, Emaux et Encres d'Imprimerie de l'Europe Continentale
10, chemin de Bayssade, F-31620 Fronton
T: (00335) 61 82 22 87 **Fax:** 61 82 22 87
Gründung: 1950
Secrétaire Général: Francis Borel (10 Chemin de Bayssade, F-31620 Fronton, T./Fax: (00330561) 82 22 87)
Leitung Presseabteilung: Francis Borel (10 Chemin de Baysade)
Mitglieder: 4500 Mitglieder in 14 Ländern

• IZ R 259

Weltbewegung der Christlichen Arbeitnehmer (WBCA)
World Movement of Christian Workers (WMCW)
Mouvement Mondial des Travailleurs Chrétiens (MMTC)
Bd. du Jubilé 124, B-1080 Bruxelles
T: (00322) 4 21 58 40 **Fax:** 4 21 58 49
Internet: http://www.mmtc-wmcw-wbca.be
E-Mail: mmtc@skynet.be
Gründung: 1966
Generalsekretär(in): Norbert Klein
Verbandszeitschrift: INFOR (en cinq langues: allemand, anglais, français, espagnol et portugais)
Redaktion: Norbert Klein, Bd du Jubilé, 124, B-1080 Bruxelles
Mitglieder: 1500000, 47 Nationale Bewegungen

• IZ R 260

Weltföderation der Agrar- und Lebensmittelarbeiter (WFAFW)
World Federation of Agriculture and Food Workers (W.F.A.F.W.)
Fédération Mondiale des Travailleurs de l'Agriculture et de l'Alimentation (F.E.M.T.A.A.)
Rue de Trèves 33, B-1040 Bruxelles
T: (00322) 2 85 47 53, 2 85 47 00 **Fax:** 2 30 87 22
E-Mail: femtaa@cmt-wcl.org
Président: Adrian Cojocaru (Rumänien)
Secrétaire Général: Jose Gomez Cerda

• IZ R 261

Weltverband der Arbeitnehmer (WVA)
World Confederation of Labour (WCL)
Confédération Mondiale du Travail (CMT)
33, rue de Trèves, B-1040 Bruxelles
T: (00322) 2 85 47 00 **Fax:** 2 30 87 22
Internet: http://www.cmt-wcl.org
E-Mail: info@cmt-wcl.org
Gründung: 1920 (19. Juni)
Vorsitzende(r): F. Kikongi
Generalsekretär(in): W. Thys
Leitung Presseabteilung: André Linard
Verbandszeitschrift: Labor-Magazine (4x/AN)
Mitglieder: ca. 26000000
Mitarbeiter: 45

• IZ R 262

Weltverband Katholischer Erzieher (UMEC)
Union Mondiale des Enseignants Catholiques
Palazzo S. Calisto, I-00120 Cittàdel Vaticano
T: (00396) 69 88 72 86
Gründung: 1951
Verbandszeitschrift: Nouvelles UMEC
Redaktion: General Secretariat Rome
Mitglieder: 43 member associations

• IZ R 263

Weltverband der Lehrer (WVL)
World Confederation of Teachers
Confédération Syndicale Mondiale de l'Enseignement
Rue de Trèves 33, B-1040 Brüssel
T: (00322) 2 85 47 29 **Fax:** 2 30 87 22
Internet: http://www.wctcsme.org
E-Mail: wct@cmt-wcl.org
Gründung: 1963 Oktober
Mitglieder des Comité Confédéral:
Président: Louis Van Beneden
Secrétaire général: Gaston de la Haye
Vice-président: Mansourou Lala (Afrika)
Gerard Gunaratne (Asien)
Claudio Corries (Lateinamerika)

Helmut Skala (Euregion)
Schatzmeister: Cees Van Overbeek (Niederlande)
Mitglieder: Musa Shezi (Südafrika)
Mohamed Benjeloun (Marokko)
Razvan Bobulescu (Rumänien)
Leonid Sachkov (Ukraine)
Evert De Jong (Niederlande)
Gust Van Dongen (Belgien)
Vinayak Sirdesai (Indien)
Leitung Presseabteilung: Francisco Galvez
Verbandszeitschrift: WCT/CSME Info
Verlag: Secretariat CSME
Mitglieder: 65+ 11 Assoziierte
Mitarbeiter: 2
Mitgliedsverbände und assozierte Verbände in:
Afrika:
Südafrika, Bénin, Burkina Faso, Kongo, Elfenbeinküste, Gabun, Ghana, Guinea, Insel Maurizius, Liberia, Mali, Marokko, Namibia, Niger, Zentralafrikanische Republik, Demokratische Republik Kongo, Ruanda, Senegal, Sierra Leone, Tschad, Togo, Simbabwe

Lateinamerika:
Argentinien, Aruba, Bolivien, Brasilien, Chile, Columbien, Costa Rica, Curaçao, Ecuador, El Salvador, Honduras, Panama, Paraguay, Peru, Puerto Rico, Dominikanische Republik, Surinam, Uruguay, Venezuala
Asien:
Armenien, Bangladesh, Korea, Hong Kong, Indien, Indonesien, Kasachstan, Malaisia, Pakistan, Philippinen, Sri Lanka, Thailand
Europa:
Belgien, Bulgarien, Dänemark, Deutschland, Frankreich, Georgien, Kroatien, Litauen, Moldawien, Niederlande, Österreich, Polen, Portugal, Rumänien, Slowakei, Spanien, Tschechische Republik, Ukraine, Ungarn, Weißrußland,

Beamten-Organisationen

● **IZ R 264**

Europäische Föderation der Öffentlich Bediensteten (EUROFEDOP)

European Federation of Employees in Public Services
Fédération Européenne du Personnel des Services Publics
rue de Trèves 33, B-1040 Bruxelles
T: (00322) 2 30 38 65 **Fax:** 2 31 14 72
Internet: http://www.eurofedop.org
E-Mail: info@infedop-eurofedop.com
Gründung: 1966
Secr. Gen.: Bert van Caelenberg (Ltg. Presseabt.)
Verbandszeitschrift: SERVUS
Redaktion: Bert van Caelenberg
Verlag: B. van Caelenberg, Trierstraat 33, B-1040 Brussel
Mitglieder: 1500000
Mitarbeiter: 5

IZ S Freie Berufe und andere Berufsverbände

Zum Auffinden einer bestimmten Dienststelle oder Organisation dient das Suchwortverzeichnis eines Personennamens das Personenverzeichnis

Freie Berufe

Ärzte, Zahnärzte, Tierärzte, Apotheker, medizinische Hilfsberufe

Anwälte, Notare, Richter, Staatsanwälte, Rechtsbeistände

Wirtschaftsprüfer, Berater, Steuerberater, Buchprüfer u. a.

Landwirtschaft, Fischerei, Ernährung, Gartenbau, Landespflege

Architekten, Ingenieure, Chemiker, Designer, technische Sachverständige, Wissenschaftler u. a.

Bildende Künstler, Grafik-Designer, Schriftsteller, Komponisten, Kritiker, Journalisten, Dolmetscher, Übersetzer u. a.

Immobilienexperten und andere Berufsverbände

Freie Berufe

• **IZ S 1**

C.E.P.L.I.S.
Coudenberg 70, B-1000 Bruxelles
T: (00322) 5 11 44 39 **Fax:** 5 11 01 24
E-Mail: ceplis@ping.be
Gründung: 1974
Präsident(in): Adrien Bedossa
Generalsekretär(in): Estelle Mangold
Verbandszeitschrift: La lettre d'information du CEPLIS
Mitglieder: 14 monoprofessionnels, 12 interprofessionels
Mitarbeiter: 2

Mitglieder:
Die interprofessionellen Verbände der einzelnen Mitgliedsstaaten:
Bundeskomitee Freie Berufe Österreichs - BUKO (A); Union Nationale des Prof. Lib. et Intellectuelles de Belgique - UNPLIB (B); Federatie voor Vrije en Intellectuele Beroepen - FVIB (B); Union Suisse des Professions Libérales - USPL (CH), Bundesverband der Freien Berufe - BFB (D); Unión Profesional - UP (E); Union Nationale des Professions Libérales - UNAPL (F); Confederazione Sindacale Italiana Libere Professioni - CONSILP (I); Irish Inter-Professional Association - IIPA (IRL); Raad voor het Vrije Beroep - RVB (NL); Conselho Nacional de Profissões Liberais - CNPL (P); The UK Inter-Professional Group - UKIPG (UK)

Die monoprofessionellen Verbände auf europäischer Ebene:
Comité de Liaison des Dentistes de l'UE - CLDUE (B); Conférence des Notariats de l'UE - CNUE (B); European Condederation of Conservator-Restorers Organisations - ECCO (B); Fédération Internationale des Experts en Automobile - FIEA (B); European Council of Interior Architects - ECIA (B/F); Fédération Européenne des Ostéopathes - FEO (B/F); Groupement Pharmaceutique de l'UE - GPUE (B/L); European Communities Biologists Association - ECBA (D); Comité de Liaison des Géomètres Europe_ens - CLGE (D/F); Comité de Liaison des Podologues de l'UE - CLPUE (F); Chambre Nationale des Commissaires Priseurs - CNCP (F); Comité des Postulants européens - CPE (F); Fédération Internationale des Conseils en Propriété Industrielle - FICPI (UK)

Beobachter:
Chambre Nationale Commissairs Priseurs; Confédération des Associations Suisses des Professions Indépendantes

Mitgliedsorganisationen

Belgien

iz s 2

Europäischer Rat für private Krankenhäuser & Europäische Union der unabhängigen Krankenhäuser (CEHP/UEHP)
European Committee of Private Hospitals & European Union of Independent Hospitals (ECPH/UEHP)
Comité Européen de l'Hospitalisation Privée & Union Européenne de l'Hospitalisation Privée (CEHP/UEHP)
Avenue A. Solvay 5, B-1170 Brüssel
T: (0322) 6 60 35 50 **Fax:** 6 72 90 62
Kontaktperson: Henri Anrys

iz s 3

Comité de Liaison des Architectes Indépendants de la CE
Verschansingstraat 4e, B-9910 Mariakerke-Gent
T: (003292) 26 24 42 **Fax:** 27 92 37
Kontaktperson: D. Craet
M. van de Veer

iz s 4

Conseil Européen des Urbanistes
Av. E. Masoin 41, B-1090 Brüssel
T: (00322) 4 78 24 80 **Fax:** 4 25 54 44
Kontaktperson: A. Del Vaux
Kontaktperson: Marcel Lahousse

iz s 5

Conseil des Architectes d'Europe
rue Paul Emile Janson 29, B-1050 Brüssel
T: (00322) 5 43 11 40 **Fax:** 5 43 11 41
E-Mail: ace.cae@skynet.be
Generalsekretär(in): Alain Sagne

iz s 6

Conseil des Barreaux de la CE
Place des Barricades 13, B-1000 Brüssel
T: (00322) 2 23 09 79 **Fax:** 2 23 14 59
Kontaktperson: J. R. Thys

iz s 7

Conseil des Barreaux de la CE
Rue Washington 40, B-1050 Brüssel
T: (00322) 6 40 42 74 **Fax:** 6 47 79 41
Kontaktperson: Caroline Goemans

iz s 8

Dental Liaison Committee EEC
VII Olympiadelaan 14, B-2020 Antwerpen
T: (00323) 2 38 50 74 **Fax:** 2 38 50 74
Kontaktperson: Dirk Vandeputte

iz s 9

Federatie voor Vrije en Intellectuele Beroepen (FVIB)
Spastraat 8, B-1040 Brüssel
T: (00322) 2 38 05 31 **Fax:** 2 38 07 94
E-Mail: fvib@kmonet.be
Sekretärin: Katrien Penne

iz s 10

Fédération Int. des Experts en Automobile
Chaussée de Louvain 775, B-1140 Brüssel
T: (00322) 7 30 36 00 **Fax:** 7 30 36 00
Kontaktperson: A. Moeremans

iz s 11

Fédération Int. des Experts en Automobile
Chaussée de Ruisbroeck 25, B-1190 Brüssel
T: (00322) 3 76 52 39 **Fax:** 3 32 19 47
Kontaktperson: J. P. Carez

iz s 12

Fédération des Notaires de Belgique
Grand Place 11, B-7600 Peruwelz
T: (00322) 5 05 08 11 **Fax:** 5 14 14 48
Kontaktperson: P. Fr. Ghorain

iz s 13

Föderation der Tierärzte in Europa (FVE)
Federation of Veterinarians of Europe
Fédération des Vétérinaires de l'Europe
Rue Defacqz 1, B-1000 Brüssel
T: (00322) 5 38 29 63 **Fax:** 5 37 28 28
Internet: http://www.fve.org
E-Mail: info@fve.org
Kontaktperson: Miriam Ryan

iz s 14

Groupe Consultatif des Associations d'Actuaires des Pays des CE
Rue François Roffiaen 43 Bte 5, B-1050 Brüssel
T: (00322) 6 49 70 13 **Fax:** 6 40 76 68
Kontaktperson: André Frisque

iz s 15

Zusammenschluss der Apotheker der Europäischen Union
Pharmaceutical Group of the European Union
Groupement Pharmaceutique de l'Union Europeenne
Square Ambiorix 13, B-1000 Brüssel
T: (00322) 7 36 72 81 **Fax:** 7 36 02 06
Internet: http://www.pgeu.org
E-Mail: pharmacy@pgeu.org
Kontaktperson: Lisette Tiddens

iz s 16

Union Nationale des Professions Libérales et Intellectuelles de Belgique
Rue Paul Emil Janson 3A, B-1050 Brüssel
T: (00322) 5 37 26 60 **Fax:** 5 38 53 38
Kontaktperson: J. Rousseaux

Dänemark

iz s 17

Confédération Fiscale Européenne
Rue Newton, B-1040 Brüssel
T: (00322) 7 36 88 86 **Fax:** 7 36 29 64
Kontaktperson: Peter Poulsen

iz s 18

Liberale Erhvervs Raad
Noore Voldgade 29, DK-1358 København K
T: (004533) 12 85 40 **Fax:** 93 85 40
Kontaktperson: Peter Poulsen

Deutschland

iz s 19

Berufsverband Deutscher Psychologinnen und Psychologen e.V., Bonn (BDP)
Heilsbachstr. 22, 53123 Bonn
T: (0228) 9 87 31-0 **Fax:** 9 87 31-70
Kontaktperson: Gerd Pulverich

iz s 20

Bundesverband Deutscher Rechtsbeistände e.V. (BDR)
Rheinweg 24, 53113 Bonn
T: (0228) 92 39 91 20 **Fax:** 92 39 91 26
Präsident(in): Walter Heinze

iz s 21

Bundesverband der Freien Berufe (BFB)
Postf. 04 03 02, 10062 Berlin
Reinhardtstr. 34, 10117 Berlin
T: (030) 28 44 44-0 **Fax:** 28 44 44-40
Internet: http://www.freie-berufe.de
E-Mail: info-bfb@freie-berufe.de
Kontaktperson: Arno Metzler

iz s 22

Confédération Fiscale Européenne
Poppelsdorfer Allee 24, 53115 Bonn
T: (0228) 72 63 90 **Fax:** 7 26 39 52
Kontaktperson: Dr. H. Weiler

iz s 23

European Communities Biologists Association
Humboldtstr. 1, 81543 München
T: (089) 66 31 23 **Fax:** 6 51 56 44
Kontaktperson: A. Weber

iz s 24

Groupe Consultatif des Associations d'Actuaires des Pays des CE
Lindenallee 53b, 50968 Köln
T: (0221) 38 00 38 **Fax:** 37 88 89
Präsident(in): K. Heubeck

Frankreich

iz s 25

Chambre Nationale des Commissaires Priseurs
Rue Paufuque 19, F-69002 Lyon
T: (0033478) 42 01 34
Kontaktperson: G. Guillaumont

iz s 26

Comité de Liaison des Géomètres Européens
Rue Vidie 6, F-44000 Nantes
T: (003340) 74 48 20 **Fax:** 14 30 19
Kontaktperson: A. Bourcy

iz s 27

Comité de Liaison des Podologues de la CE
Rue Saint-Honoré 163, F-75001 Paris
T: (00331) 42 60 62 45 **Fax:** 42 61 04 40
Präsident(in): G. Noret

iz s 28

Fédération Nationale des Infirmières
Rue Godot de Mauroy 7, F-75009 Paris
T: (00331) 47 42 94 13
Kontaktperson: M. J. Ourth-Bresle

iz s 29

Fédération Vétérinaire Européenne
Rue Breguet 34, F-75011 Paris
T: (00331) 47 00 12 27 **Fax:** 47 00 09 25
Generalsekretär(in): Dr. Christian Rondeau

iz s 30

Union Mondiale des Professions Libérales
Rue Boissière 38, F-75116 Paris
T: (00331) 44 05 90 15 **Fax:** 44 05 90 17
Président: Luis Eduardo Gauterio Gallo (T: (005561) 223 1683, Fax: 223 1944), Brasilien
Délégué Général: Henry Salmon

iz s 31

Union Nationale des Associations de Proffessions Libérales

Rue le la Tour-Maubourg 46, F-75007 Paris
T: (00331) 44 11 31 50 **Fax:** 44 11 31 50
Generalsekretär(in): Guy Robert

iz s 32

Union Nationale des Syndicats Français d'Architectes

Bd. Raspail 26, F-75007 Paris
T: (00331) 45 35 26 82 **Fax:** 45 44 93 68
Kontaktperson: B. Oge

Großbritannien

iz s 33

Association of Optometrists

South Bank Technopark
London Road 90, GB-London SE1 6LN
T: (0044207) 2 61 96 61 **Fax:** 2 61 02 28
Kontaktperson: Ian Hunter

iz s 34

Institute of Actuaires

Beelslaan 22, NL-2012 PK Haarlem
T: (00441865) 79 41 44 **Fax:** 79 40 94
Kontaktperson: John Michael Henty (Secretary General)

iz s 35

Groupe Consultatif des Assocations d'Actuaires des Pays des communautés Européennes

Napier House, A Woreester Street, GB-Oxford OX1 2AW
T: (0044) 186 57 26 82 18 **Fax:** 186 57 26 82 33
President: Holger Dock
Secretary: John Henty

iz s 36

Institute of Education

University of London
20, Bedford Way, GB-London WC1H OAL
T: (0044207) 6 12 62 81 **Fax:** 6 12 63 04
Kontaktperson: I. Lunt

Irland

iz s 37

The Inter-Professional Group (UKIPG)

Merrion Square East 38, IRL-Dublin 2
T: (003531) 6 61 17 94 /5 **Fax:** 6 61 17 97
Präsident(in): D. Grehan

iz s 38

The Irish Auctioneers and Valuers Institute

Merrion Square East 38, IRL-Dublin 2
T: (003531) 6 61 17 94 /5 **Fax:** 6 61 17 97
Kontaktperson: J. Healy

Luxemburg

iz s 39

Conseil des Architectes d'Europe

rue Paul Emile Janson 29, B-1050 Brüssel
T: (00322) 543 11 40 **Fax:** 543 11 41
E-Mail: ace.cae@skynet.be
Secrétaire Général: Alain Sagne

Niederlande

iz s 40

Comité de Liaison des Architectes Indépendants

Keizersgracht, NL-1016 EE Amsterdam
T: (003120) 5 55 36 66 **Fax:** 5 55 36 99
Kontaktperson: M. D. van de Veer

iz s 41

European Federation of Professional Psychologists Association

c/o Psychology Tilburg University
T: (003113) 66 23 70 **Fax:** 66 23 70
Kontaktperson: Dr. Y. H. Poortinga

iz s 42

Raad voor het Vrije Beroep

c/o Van Doorne en Sjollema
Postf. 75265, NL-1007 AG Amsterdam
T: (003120) 78 91 23 **Fax:** 78 95 89

iz s 43

Raad voor het Vrije Beroep

Postf. 96827, NL-2509 JE 's-Gravenhage
t' Hoenstraat 5, NL-2509 JE 's-Gravenhage
T: (003170) 3 30 71 11 **Fax:** 3 45 32 26
Kontaktperson: Dr. J. Boehmer
Sekr.: Zethof

iz s 44

EFAA (European Federation of Accountant and Auditors for small and medium - sized Entreprise

Nieuwe Parklaan 25, NL-2508 The Hague
T: (003170) 3 38 36 00 **Fax:** 7 03 51 28 36
Kontaktperson: Peter L. Legerstee

iz s 45

ECIA (European Council of Interior Architects)

Herengracht 162, NL-1016 BP Amsterdam
T: (003120) 6 38 21 37 **Fax:** 6 38 21 38
Kontaktperson: Roeland van der Hidde (President)

iz s 46

FICPI (Fédération Internationale des Conseils en propriété industrielle)

Chancery Lane 53-64, GB-London WC12A ISD
T: (0044207) 4 05 49 16 **Fax:** 8 31 03 43
Kontaktperson: M.T.L. Johnson (President)

Österreich

iz s 47

Bundeskonferenz der Kammern der Freien Berufe Österreichs

Tuchlauben 15, A-1010 Wien
T: (00431) 5 33 22 86 **Fax:** 5 33 22 86 15
Generalsekretär(in): A. M. Sigmund

Portugal

iz s 48

Conselho National das Professoes Liberais

Av. Almirante Gago Cautinho 151, P-1700 Lissabon
T: (003511) 86 18 82 **Fax:** 86 24 03
Kontaktperson: M. E. Machado Macedo

iz s 49

Sebastiano Honorato

R. Rodrigo da Fonseca 149-3 Dto, P-1000 Lissabon
T: (003511) 65 76 33/34 **Fax:** 3 87 47 76

Schweiz

iz s 50

Fédération Européenne des Ecoles

Boulevard James Fazy 13, CH-1201 Genf
T: (004122) 7 41 18 00 **Fax:** 7 41 18 01
Generalsekretär(in): Maret

iz s 51

Union Suisse des Professions Libérales

c/o Fédération des Syndicats Patronaux
Postf. 446, CH-1211 Genf
T: (004122) 7 15 31 11 **Fax:** 7 31 36 42
Kontaktperson: S. Dubuis von der Weid

iz s 52

Schweizerischer Verband freier Berufe (SVFB)

Union suisse des professions libérales (USPL)
Schwarztorstr. 26, CH-3001 Bern
T: (004131) 3 82 15 41 **Fax:** 3 82 23 66
Kontaktperson: Beatrice Marti

Spanien

iz s 53

Fédération Européenne des Ecoles

Castillo de Alarcon 49 Urb, E-28692 Madrid
T: (00341) 8 15 10 36 **Fax:** 8 15 04 28
Präsident(in): O. Segovia

iz s 54

Union Profesional

Calle Argensola 16-1 Izq, E-28004 Madrid
T: (00341) 4 35 76 76 **Fax:** 5 77 73 84
Kontaktperson: G. Muzquiz

Ärzte, Zahnärzte, Tierärzte, Apotheker, medizinische Hilfsberufe

• **IZ S 55**

Aktion Zahnfreundlich International

Toothfriendly Sweets International
Fédération Sympadent Internationale
Bundesstr. 29, CH-4054 Basel
T: (004161) 2 73 77 07 **Fax:** 2 73 77 03
Gründung: 1990
Präsident(in): Prof. Dr. Bernhard Guggenheim
Vizepräsident(in): Prof. Dr. Klaus Bößmann
Direktor(in): Dr. Albert Bär
Mitglieder: 6

Mitgliedsorganisationen

Belgien

iz s 56

Tandvriendelijk

Secretariat
Dr. R. Verbruggen
St. Hubertuslaan 4A, B-3080 Brussels (Tervuren)
T: (00322) 3 05 04 36 **Fax:** 7 67 02 74

Frankreich

iz s 57

Sympadent France

Secretariat
Dr.P. Hescot
6, Rue Guillaume Tell, F-75015 Paris
T: (00331) 44 01 02 97 **Fax:** 44 01 02 99
President: Prof. Dr. M. Triller (Université de Paris V, Faculté de Chirurgie Dentaire, Rue Maurice Arnoux 1, F-92120 Montrouge)

Großbritannien

iz s 58

Toothfriendly (U.K.)

Secretariat
Mrs. D. Scarrott
64, Wimpole Street, GB-London W1M 8AL
T: (0044207) 9 35 08 75 **Fax:** 4 86 33 09
President: Dr. G.T. Craig (University of Sheffield, School of Clinical Dentistry, Dept. of Oral Pathology, GB-S10 2TA Claremont Crescent)

Japan

iz s 59

Toothfriendly Sweets Japan

Secretariat: Prof. T: Yamada
Seyrio-machi 4-1, J-Sendai 980-77
T: (008122) 717 82 94 **Fax:** 717 82 97
Präsident(in): Prof. T. Yamada (Tohoku University, Dept. of Oral Biochemistry, Seyrio-machi 4-1, J-Sendai 980)

Korea

iz s 60

Toothfriendly Sweets Korea
Secretariat
Prof. Shin Seung-Chul
c/o KDHA (Korean Dental Health Assoc.) Wha-Sin Bldg. 503
Bongre-Dong 1 GA 82, KP-Junggu Seoul
T: (00822) 753 71 24 **Fax:** 753 14 71
Präsident(in): Prof. Kim Ju-Whan (Korean Dental Health Assoc., Yang Jae Billa 102, 63-1 Yang Jae Dong, Seocho-ku, Seoul)

Schweiz

iz s 61

Aktion Zahnfreundlich Schweiz
Sekretariat
Plattenstr. 11, CH-8028 Zürich
T: (00411) 634 32 77 **Fax:** 634 43 10
Präsident(in): Prof. Dr. Bernhard Guggenheim (Zahnärztliches Institut Zürich, Plattenstr. 11, CH-8028 Zürich)

Türkei

iz s 62

Toothfriendly Sweets Turkey
Cumhuriyet Cad. Nisbet Sok. Kocaeli Apt. No. 2/6, TR-80230 Elmadag
T: (0090212) 240 82 84, Mobile: 0090 532 615 0656
Fax: 286 35 52
Secretariat: Selda Alemdar (DIS Dostu)

andere Länder

iz s 63

Toothfriendly Sweets Intl.
Secretariat
Dr. A. Bär
T: (004161) 2 73 77 07 **Fax:** 2 73 77 03
Präsident(in): Prof. Dr. Bernhard Guggenheim (Zahnärztliches Institut Zürich, Plattenstr. 11, CH-8028 Zürich)

• IZ S 64

Vereinigung der Apotheker der Pharmazeutischen Industrie in Europa (GPPIP-CEE)
European Industrial Pharmacist Group
Groupement des Pharmaciens de lIndustrie en Europe
Délégation aux Affaires Extérieures
Ellermannstraat 18, BO. 4, B-2060 Antwerpen
T: (00323) 2 13 15 28 **Fax:** 2 13 15 28
Gründung: 1960
Président: Jean-Pierre Paccioni
Mitglieder: ca. 7500

• IZ S 65

CIDESCO - Sektion Deutschland
Comite International D'esthetique et de Cosmetologie
Postf. 15 36, 58244 Ennepetal
Voerder Str. 61, 58256 Ennepetal
T: (02333) 7 66 97 **Fax:** 7 14 44
CIDESCO Secretariat:
Witikonerstr. 365, CH-8053 Zürich, T: (00411) 380 0075, Fax: (00411) 380 0105, email: secretariat@cidesco.com
Sektionspräsidentin: Brigitte Sterz siehe auch: Berufsverband der Fachkosmetiker (-innen) in Deutschland e. V. (BfD)

• IZ S 66

Europäische Konföderation der Spezialisten für Kinder- und Jugendmedizin (CESP)
Confederation of European Specialists in Paediatrics
Confédération Européenne des Spécialistes en Pédiatrie
Secretariat:
Avenue de la Couronne, 20, B-1050 Bruxelles
T: (00322) 6 49 21 47 **Fax:** 6 49 26 90
Präsident(in): Prof. Denis Gill (The Children's Hospital Temple Street, Dublin 1 Ireland, T: (00353) 8 74 17 51, Fax: (00353) 8 74 83 55)
Generalsekretär(in): Prof. José Ramet (AZ-VRIJE Universiteit, Laarbeeklaan 101, B-1090 Brussels, T: (00322) 4 77 51 72, Fax: (00322) 4 77 51 79)
Mitglieder: Staaten der E.U. und Schweiz, Norwegen
Delegierte: 34 aus 17 Nationen

Erfüllung der Römischen Verträge / Harmonisierung der Kinderärztlichen Tätigkeit und Aufgaben in der EG.

• IZ S 67

Europäische Union praktischer Tierärzte (UEVP)
European Union of Veterinary Practitioners
Union Européenne des Vétérinaires Praticiens
Den Danske Dyrlaegeforening
5 Riccarton Mains Road, GB-Midlothian EHI4 5NOQ
T: (0044131) 4 51 51 11 **Fax:** 4 51 54 55
E-Mail: frednind@aol.com
Präsident(in): Dr. Otto Brojorgensen

• IZ S 68

Europäische Union der Versicherungsmedizin und der sozialen Sicherung (UEMASS)
Union Européenne de Médecine d'Assurance et de Sécurité Sociales
Avenue de Broqueville 167 B 15, B-1200 Brüssel
Gründung: 1969
Generalsekretär(in): Dr. A. Michel Coulon (167, avenue de Broqueville B 15, B-1200 Bruxelles)

• IZ S 69

Europäische Vereinigung der Ärzteverbände der besonderen Therapierichtungen Brüssel (ECPM)
European Council of Doctors for Plurality in Medicine Brussels
Conseil Européen des Médecins pour le Pluralisme Thérapeutique Bruxelles
BD Saint-Michel 119/Sint Michielslaan 119, B-1040 Brussel
Büro
Ortenaustr. 10, 76199 Karlsruhe
T: (0721) 88 62 76/77 **Fax:** 88 62 78
Präsident(in): Dr. Robert Kempenich (F)
Co-Präsidenten: Dr. Wolfgang Schmitz-Harbauer (D)
Vorstandsmitglieder:
(Beisitzer/Vizepräsidenten)
Dr.med. Andreas Beck (CH)
Dr.med. Horst Becke (D)
Prof. (Ro) Dr.med. Werner Becker (D)
Dr.med. Mark Bottu (B)
Prof.Dr.med.rer.nat.habil. Hartmut Heine (D)
Dr. med. Beduja Himpel-Ommer (D)
Dr.med. Wolfgang Kühnen (A)
Dr.med. Harry Lamers (NL)
Dr.med. Georg Lück (D)
Dr.med. Antonio Marco-Chover (E)
Dr. med. Walburg Maric (D)
Dr. med. Montserrat Nougera (E)
Dr.med. Margriet Oussoren (NL)
Dr.med. Antonio Maria Pasciuto (I)
Dr.med. Eric Reymond (F)
Dr. med. Frederic Schmitt (F)
Dr. med. Ursula Schönhoff-Bauer (D)
Dr. med. Parviz Sedaghat (A)
Dr.med. Marie-Anne Stettbacher (CH)

• IZ S 70

Europäische Vereinigung der Allgemeinärzte (UEMO)
European Union of General Practitioners
Union Européenne des Médecins Omnipraticiens
Ordem dos Medicos
International Department
Piazza Cola di Rienzo 80/A, I-00192 Rom
President: Prof. Dr. J. Germano de Sousa

Mitgliedsorganisationen

Belgien

iz s 71

Fédération Belge des Chambres Syndicales de Médecins
Rue du Château 15, B-1420 Braine-l'Alleud
T: (00322) 3 84 39 30

Dänemark

iz s 72

Danish Medical Association
Trondhjemsgade 9, DK-2100 Copenhagen
T: (0045) 31 38 55 00 **Fax:** 31 42 66 78

Deutschland

iz s 73

Hartmannbund
Verband der Ärzte Deutschlands e.V.
Postf. 26 01 25, 53153 Bonn
Godesberger Allee 54, 53175 Bonn
T: (0228) 81 04-0 **Fax:** 81 04-1 55
Internet: http://www.hartmannbund.de
E-Mail: hb-info@hartmannbund.de

Finnland

iz s 74

Finnish Medical Association
Postf. 49, FIN-00501 Helsinki
T: (003580) 39 30 91

Frankreich

iz s 75

Confédération des Syndicats Médicaux Français
Domus Medica
60, bd de Latour-Maubourg, F-75340 Paris
T: (00331) 47 05 05 95

Griechenland

iz s 76

Association of Trainees and Trained General Practitioners
78, Fillaretou, GR-17672 Kallithea

Großbritannien

iz s 77

British Medical Association
BMA House
Tavistock Square, GB-London WC1H 9JP
T: (0044207) 3 87 44 99 **Fax:** 3 83 64 00

Irland

iz s 78

Irish Medical Organisation
Fitzwilliam Place 10, IRL-Dublin 2
T: (003531) 676 72 73 **Fax:** 661 27 58
E-Mail: imo@imo.ie

Italien

iz s 79

Federazione Nazionale degli Ordini dei Medici
Piazza Cola di Rienzo 80/A, I-00192 Rom
T: (003906) 36 20 31 **Fax:** 3 22 27 94
E-Mail: webmaster@fnomceo.it

Luxemburg

iz s 80

Association des Médecins et Médecins-Dentistes du GD-Lux
29, rue de Vianden, L-2680 Luxemburg
T: (00352) 44 40 33 **Fax:** 45 83 49

Niederlande

iz s 81

Landelijke Huisartsen Vereniging
Australielaan 16 A-B, NL-3526 AB Utrecht
T: (003130) 81 37 13

Portugal

iz s 82

Ordem dos Medicos
Av. Almirante Gago Coutinho 151, P-1700 Lissabon
T: (003511) 8 47 06 54 **Fax:** 8 47 04 67

Spanien

iz s 83

Consejo General de Colegios Oficiales de Medicos
Villanueva 11, E-28001 Madrid
T: (00341) 4 31 77 80 **Fax:** 5 76 43 88

● IZ S 84

Europäische Vereinigung der Fachärzte (UEMS)

European Union of Medical Specialists
Union Européenne des Médecins Spécialistes
Avenue de la Couronne, 20, B-1050 Bruxelles
T: (00322) 6 49 51 64 **Fax:** 6 40 37 30
Gründung: 1958 (20. Juli)
Président: Dr. L. Harvey (UK)
Secrétaire Général: Dr. R. Peiffer (Avenue Ed. Lacomblé, 14, B-1040 Bruxelles)
Mitglieder: 18 Landesverbände

2 Facharztvertreter je EG-Land

Mitgliedsorganisationen

Belgien

iz s 85
Groupement des Unions Professionnelles Belges de Médecins Spécialistes
Av. de la Couronne 20, B-1050 Brüssel
T: (00322) 6 49 21 47 **Fax:** 6 49 26 90

Dänemark

iz s 86
Danish Medical Association
Trondhjemsgade 9, DK-2100 Copenhagen
T: (0045) 31 38 55 00 **Fax:** 31 42 66 78

Deutschland

iz s 87
Gemeinschaft Fachärztlicher Berufsverbände (GFB)
Zermatter Str. 21-23, 28325 Bremen
T: (0421) 4 09 88 09 **Fax:** 42 97 40
E-Mail: dr.rueggeberg@t.online.de

Finnland

iz s 88
Suomen Laakariliitto
c/o Finnish Medical Association
Postf. 49, FIN-00501 Helsinki
T: (003580) 39 30 91 **Fax:** 3 93 07 94

Frankreich

iz s 89
Union Nationale des Médecins Spécialistes Confédérés
60, bd de Latour-Maubourg, F-75340 Paris
T: (00331) 44 18 62 24 **Fax:** 45 51 52 70

Griechenland

iz s 90
Pan Hellenic Medical Association
Ploutarchou 3, GR-10675 Athen
T: (00301) 7 25 86 60, 61, 62 **Fax:** 7 25 86 63

Großbritannien

iz s 91
British Medical Association
BMA House
Tavistock Square, GB-London WC1H 9JP
T: (0044207) 3 87 44 99 **Fax:** 3 83 64 00

Irland

iz s 92
The Irish Medical Organisation
Fitzwilliam Place 10, IRL-Dublin 2
T: (003531) 6 76 72 73 **Fax:** 6 61 27 58

Island

iz s 93
Icelandic Medical Association
Hilioasmara 8, IS-200 Kopavogur
T: (00354) 5 64 41 00 **Fax:** 5 64 41 06

Italien

iz s 94
Federazione Nazionale degli Ordini dei Medici
Piazza Cola di Rienzo 80/A, I-00192 Rom
T: (003906) 36 20 31 **Fax:** 3 22 27 94
E-Mail: webmaster@fnomceo.it

Luxemburg

iz s 95
Association des Médecins et Médecins-Dentistes du GD-Lux
29, rue de Vianden, L-2680 Luxemburg
T: (00352) 44 40 33 **Fax:** 45 83 49

Niederlande

iz s 96
Landelijke Specialisten Vereniging
Lomanlaan 103, NL-3502 LB Utrecht
T: (003130) 82 39 11 **Fax:** 82 33 75

Norwegen

iz s 97
Norwegian Medical Association
Postf. 11 52, N-0107 Oslo

Österreich

iz s 98
Austrian Medical Association
Foreign Affairs Office
Postf. 213, A-1011 Wien
Weihburggasse 10-12, A-1011 Wien
T: (00431) 51 50 12 53 **Fax:** 51 50 14 10

Portugal

iz s 99
Ordem dos Medicos
Av. Almirante Gago Coutinho 151, P-1700 Lissabon
T: (003511) 8 47 06 54 **Fax:** 8 47 04 67

Schweden

iz s 100
Swedish Medical Association
Postf. 5610, S-11486 Stockholm
T: (00468) 7 90 33 00 **Fax:** 20 57 18

Schweiz

iz s 101
Fédération des Médecins Suisses
Elfenstr. 18, CH-3000 Bern 16
T: (004131) 3 51 55 43 **Fax:** 3 51 55 77

Spanien

iz s 102
Consejo General de Colegios Oficiales de Medicos
Villanueva 11, E-28001 Madrid
T: (00341) 4 31 77 80 **Fax:** 5 76 43 88

Assoziierte Mitgliedsorganisationen

Croatie

iz s 103
Croatian Medical Association
Subiceva 9, HR-10000 Zagreb
T: (00385) 1 41 68 20 **Fax:** 1 41 68 20

Malta

iz s 104
The Medical Association of Malta
Wilga Street 1, GBY-Malta
T: (00356) 33 88 51 **Fax:** 23 56 38

Pologne

iz s 105
Polish National Chamber of Physicians
ul. Grojecka 65a, PL-00940 Warschau
T: (004822) 22 15 73 **Fax:** 6 58 17 01

Slowenien

iz s 106
Zdravniska Zbornica Sloveije
Dalmatinova 10, SLO-61000 Ljubljana
T: (0038661) 1 31 81 30 **Fax:** 1 31 52 26

Türkei

iz s 107
Turkish Medical Association
Türk Tabipleri Birligi
Mithatpasa Cad 62/15-18, TR-06420 Kizilay Yenisehir
T: (0090312) 4 18 31 56 **Fax:** 4 17 26 72

Ungarn

iz s 108
Fédération des Stés Médicales Hongroises Motesz
Rue Nador 36, H-1051 Budapest
T: (00361) 1 11 66 87, 1 12 38 07 **Fax:** 1 83 79 18

● IZ S 109

Europäische Vereinigung der Krankenhausapotheker (EVKA)

European Association of Hospital Pharmacists
Association Européenne des Pharmaciens des Hôpitaux
c/o Apotheke, Universitätsklinikum Benjamin-Franklin der FU Berlin
Hindenburgdamm 30, 12203 Berlin
T: (030) 84 45 20 50 **Fax:** 84 45 44 70
Past President: Dr. Jochen Kotwas (Apotheke, Universitätsklinikum Benjamin-Franklin der FU Berlin, Hindenburgdamm 30, 12200 Berlin)

● IZ S 110

Europäisches Verbindungskomitee der Osteopathen (CLEO)

European Liaison Committee of Osteopoths
Comité de Liaison Européen des Ostéopathes
Rue Hoche 1, F-93500 Pantin
T: (0033248) 45 91 36
President: John Barkworth (Great Britain)
Contact: F.-P. Berthenet (France)

● IZ S 111

Europäische Gesellschaft für Allgemeinmedizin

European Society of General Practice/Family Medicine (ESGP)
Société Européenne de Médecine Générale/Médecine de Famille
The Research Unit for General Practice, University of Aarhus
Vennelyst Boulevard 6, DK-8000 Århus C
T: (0045) 89 42-6020 **Fax:** 86 12 47 88
Gründung: 1995
President: Dr. Frede Olesen
Vice-Pres.: Dr. Vaclav Benes
Hon. Secretary: Dr. Philip Evans (The Guildhall Surgery, Lower Baxter Street, GB-Bury St. Edmunds, Suffolk IP33 1ET, T: (00441284) 70 16 01, Telefax: (00441284) 72 30 52)
Hon. Treasurer: Dr. Anna Källkvist
Verbandszeitschrift: The European Journal of General Practice

Verlag: MEDISELECT, P.O. Box 28091, 3828 ZH Hoogland, Netherlands
Mitglieder: 40000

• IZ S 112

Europäische Union der Veterinär-Hygieniker (UEVH)
European Union of Veterinary Hygienists
Union Européenne des Vétérinaires Hygienistes
R. Fernando Vaz lote 26-B, P-1750-108 Lissabon
T: (0035121) 7 54 11 10 **Fax:** 7 59 84 26
E-Mail: alicontrol@ip.pt
Präsident(in): Dr. Manuel Abreu Dias
Secretary General: Dr. Robert J. Huey (15 Drumanee Road, BELLAGHY Co., Londonderry, Northern Ireland, United Kingdom BT45 8LE, Tel.: (00442890) 52 41 14, Fax: (00442890) 52 50 12, E-Mail: Robert.Huey@dardni.gov.uk)
Verbandszeitschrift: Newsletter
Verlag: Dr. Niels Bjeergaard, Galgemosevej 1, DK-7500 Holstebro, Dänemark, T.: (0045) 97 42 64 50, Fax: (0045) 97 42 27 29

• IZ S 113

Föderation der Tierärzte in Europa (FVE)
Federation of Veterinarians of Europe
Fédération des Vétérinaires de l'Europe
Rue Defacqz 1, B-1000 Brüssel
T: (00322) 5 38 29 63 **Fax:** 5 37 28 28
Internet: http://www.fve.org
E-Mail: info@fve.org
Gründung: 1961 (19. Februar)
Präsident(in): Dr. K. Simon
Executive Director: Dr. P. Choraine
Vizepräsident(in): Dr. C. Mir
Dr. Jørgensen Bro
Dr. R. Zilli
Dr. A. Udo
Verbandszeitschrift: Newsletter
Redaktion: FVE
Mitglieder: 40 national associations
Mitarbeiter: 2

Belgien

iz s 1 14.10
Federation of European Veterinarians in Industry and Research (FEVIR)
c/o Pfizer Animal Health
Merwreusstraat 20, B-1930 Zaventem
T: (00322) 7 14 64 96 **Fax:** 7 14 62 60
Kontaktperson: Declan O'Rourke

iz s 1 14.20
Union Professionnelle Vétérinaire
Rue des Frérer Grisleins 11, B-1400 Nivelles
T: (003267) 21 21 11 **Fax:** 21 21 14
E-Mail: upv@arcadis.be
Kontaktperson: Alain Schonbrodt

iz s 1 14.25
Vlaamse Dierenartsen Vereniging
Industriepark West 75/28, B-9100 Sint-Niklaas
T: (00323) 7 80 17 93 **Fax:** 7 80 17 94
E-Mail: vdv.secretariaat@ping.be
Contact Person: Marc Janssens

Dänemark

iz s 1 14.26
Union of European Veterinary Hygienists
Galgemosevej 1, DK-7500 Holstebro
T: (004597) 42 64 50 **Fax:** 42 27 29
E-Mail: ddd@ddd.dk
Kontaktperson: Manuel Abreu Dias

iz s 1 14.27
Den Danske Dyrlaegeforening (DDD)
Rosenlundsallé 8, DK-2720 Vanlose
T: (0045) 38 71 01 56 **Fax:** 38 71 03 22
E-Mail: ddd@ddd.dk
Kontaktperson: Lars Holsaae

Deutschland

iz s 1 14.28
Bundestierärztekammer (BTK)
Oxfordstr. 10, 53111 Bonn
T: (0228) 7 25 46-0 **Fax:** 7 25 46 66
Internet: http://www.vetline.de/btk
E-Mail: btk.atf@t-online.de
Kontaktperson: Eberhardt Rösener

Estland

iz s 1 14.29
Eesti Loomaarstide Ühing
Kreutzwaldi 62, EW-2400 Tartu
T: (003727) 42 22 59, 42 10 68 **Fax:** 42 22 59
E-Mail: ely@ph.eau.ee
Kontaktperson: Madis Aidnik

Finnland

iz s 115
Suomen El.
Mäkelänkatu 2 C, FIN-00500 Helsinki
T: (003589) 77 45 48 10 **Fax:** (003599) 77 45 48 18
Kontaktperson: Paula Junnilainen

Frankreich

iz s 116
Syndicat National des Vétérinaires Français
10, pl. Léon Blum, F-75011 Paris
T: (00331) 44 93 30 11 **Fax:** 43 79 33 79
Kontaktperson: René Bailly

iz s 117
Ordre National des Vétérinaires
34 rue Bréguet, F-75011 Paris
T: (0331) 53 36 16 00 **Fax:** 53 36 16 01
E-Mail: cso.paris@veterinaire.fr
Kontaktperson: Christian Rondeau

Griechenland

iz s 1 17.01
Hellenic Veterinary Association
Chalkokondyli 15, GR-10432 Athen
T: (00301) 5 22 67 69 **Fax:** 5 22 67 69
E-Mail: helvetas@hellasnet.gr
Kontaktperson: Dimitris Trakas

Großbritannien

iz s 1 17.05
Royal College of Veterinary Surgeons (RCVS)
62-64 Horseferry Road, GB-London SW1P 2AF
T: (0044207) 2 22 20 01 **Fax:** 2 22 20 02
E-Mail: trust@rcvs.org.uk
Kontaktperson: Andrea Samuelson

iz s 1 17.06
British Veterinary Association (BVA)
7, Mansfield Street, GB-London W1M 0AT
T: (0044207) 6 36 65 41 **Fax:** 4 36 29 70
E-Mail: bvahq@bva.co.uk
Kontaktperson: Jim Baird

iz s 1 17.08
Europäische Union praktischer Tierärzte (UEVP)
European Union of Veterinary Practitioners
Union Européenne des Vétérinaires Praticiens
5 Riccarton Mains Road, GB-Midlothian EHI4 5NOQ
T: (0044131) 4 51 51 11 **Fax:** 4 51 54 55
E-Mail: frednind@aol.com
Contact Person: Fred Nind

Irland

iz s 1 17.09
Irish Veterinary Council
53, Lansdowne Road, Ballsbridge, IRL-Dublin 4
T: (003531) 6 68 44 02 **Fax:** 6 60 43 73
E-Mail: vetcouncilofire@tinet.ie
Kontaktperson: Michael Fenlon

iz s 1 17.10
Irish Veterinary Association
53, Lansdowne Road, Ballsbridge, IRL-Dublin 4
T: (003531) 6 68 52 63 **Fax:** 6 60 43 45
Kontaktperson: Sean O Laoide

iz s 1 17.11
Irish Veterinary Union
32 Kenilworth Square, IRL-Dublin 6
T: (003531) 4 97 11 60 **Fax:** 4 96 02 77
E-Mail: ivu@eircom.net
Kontaktperson: John Horan

Island

iz s 1 17.12
Dyralaknafélag Islands
Lágmúli 7, IS-108 Reykjavik
T: (003541) 68 95 45 **Fax:** 67 39 79
Kontaktperson: Eggert Gunnarsson

Italien

iz s 1 17.14
Federazione Nazionale degli Ordini dei Veterinari Italiani (FNOVI)
Via del Tritone 125, I-00187 Rom
T: (00396) 4 88 11 90 **Fax:** 4 74 43 32
Kontaktperson: Domenico D'Addario

Jugoslawien

iz s 1 17.15
Veterinary Chamber of Serbia & Montenegro (VKS)
Postf. 422, YU-Belgrad
Bul.JA 18, YU-Belgrad
T: (0038111) 68 45 97 **Fax:** 68 56 19
E-Mail: vks@vet.bg.ac.yu
Kontaktperson: Nebojsa Staljonic

Kroatien

iz s 1 17.16
Hravtska Veterinarska Komora
Planinska 2 a, HR-10000 Zagreb
T: (003851) 21 58 30 **Fax:** 21 58 30
E-Mail: hvk@zg.tel.hr
Kontaktperson: Aldo Kursar

iz s 1 17.17
Societas Veterinaria Croatica
Savska Cesta 143, HR-10000 Zagreb
T: (003851) 6 19 08 38 **Fax:** 6 19 08 41
Kontaktperson: Ivan Udovicic

Lettland

iz s 1 17.18
Latvijas Veterinaarstu biedriba (LVB)
Skolas iela 3, LV-Riga 1010
T: (003717) 28 87 47 **Fax:** 28 87 47
E-Mail: lvb@apollo.lv
Kontaktperson: Juris Tolpenikovs

iz s 1 17.19
Lithvos Veterinarijos Gydytoju Asociacija (LVGA)
Tilzés 18, LT-3022 Kaunas
T: (003707) 26 79 71 **Fax:** 26 79 71
E-Mail: lvga@mail.lva.lt
Kontaktperson: Petras Maciulskis

Luxemburg

iz s 1 17.20
Association des Médecins Vétérinaires de Grand-Duché de Luxemburg
15, Rue du Luxembourg, L-3392 Roedgen
T: (00352) 1 32 01 26 **Fax:** 1 37 89 78
Kontaktperson: Carlo Dahm

iz s 1 17.21
Veterinary Chamber of the Former Yugoslav Republic of Macedonia
Ul. Lazar Pop Trkov 5-7, MK-Skopje
T: (038991) 11 51 25 **Fax:** 11 46 19
Kontaktperson: Vlatko Ilieski

Niederlande

iz s 1 17.22

Koninklijke Nederlandse Maatschappij voor Diergeneeskunde (KNMvD)
Postf. 14031, NL-3508 SB Utrecht
Julianalaan 8-10, NL-3508 NT Utrecht
T: (003130) 2 51 01 11 **Fax:** 2 51 17 87
Kontaktperson: Tjeerd Jorna

Norwegen

iz s 1 17.23

Den Norske Veterinaerforening (DNV)
General Birchs gate 16, N-0454 Oslo 4
T: (0047) 22 59 16 50 **Fax:** 22 69 04 50
E-Mail: dnv@vetnett.no
Kontaktperson: Johan Aurstad

Österreich

iz s 1 17.24

Bundeskammer der Tierärzte Österreichs
Biberstr. 22, A-1010 Wien
T: (00431) 5 12 17 66 **Fax:** 5 12 14 70
E-Mail: bktier@ping.at
Kontaktperson: Josef Jäger

Polen

iz s 1 17.27

Polish National Veterinary Chamber
Al. Przyjaciol 1, PL-00950 Warschau
T: (004822) 6 22 09 55 **Fax:** 6 28 93 35
E-Mail: vetpol@vetpol.org.pl
Kontaktperson: Bartosz Winiecki

Portugal

iz s 1 17.28

Sindicato Nacional dos Medicos Veterinarios (SNMV)
Rua Victor Cordon No 30, 2oE, P-1200 Lisabon
T: (0035121) 3 43 06 61 **Fax:** (0335121) 3 46 59 29
E-Mail: snmv@mail.telepac.pt
Kontaktperson: Manuel Abreu Dias

iz s 1 17.29

Ordem dos Medicos Veterinarios
Rua Victor Cordon No 30, P-1200 Lisabon 20E
T: (0035121) 3 43 37 77 **Fax:** 3 42 54 00
E-Mail: mop69723@mail.telepac.pt
Kontaktperson: José Augusto Cardoso Resend

Rumänien

iz s 1 17.30

Asociatia Generala a Medicilor Veterinarin din Romania (AGMVR)
Spl.Independentej 105, R-76201 Bukarest sect. S
T: (00401) 4 11 28 83 **Fax:** 4 10 98 11
E-Mail: agmvr@digicom.ro
Kontaktperson: Horatiu Olaru

Schweden

iz s 1 17.31

Europäischer Verband staatlicher Veterinärbeamter (EASVO)
European Association of State Veterinary Officers
Association Européenne des fonctionnaires vétérinaires
Residensgatan 36, S-46230 Vänersborg
T: (0046521) 6 60 99 **Fax:** 60 55 49
E-Mail: herbert.lundstrom@public.leissne
Contact Person: Herbert Lundström
Mitglieder: 17 europäische Länder

iz s 1 17.32

Sveriges Veterinärförbund (SVF)
Postf. 12709, S-11294 Stockholm
Kungsholm Hamnplan 7, S-11294 Stockholm
T: (00468) 6 54 24 80 **Fax:** 6 51 70 82
E-Mail: office@svf.se
Kontaktperson: Erik Kjellgren

Schweiz

iz s 1 17.33

Gesellschaft Schweizerischer Tierärzte (GSTSVS)
Postf. 6324, CH-3001 Bern
Länggassstrasse 8, CH-3001 Bern
T: (004131) 3 07 35 35 **Fax:** 3 07 35 39
E-Mail: info@gstsvs.ch
Kontaktperson: Andrea Meisser

Slowakische Republik

iz s 1 17.34

Komora veterinárnych lekárov Slovenskej Republiky
Botanická 17, SK-84213 Pressburg
T: (004217) 65 42 33 85 **Fax:** 65 42 33 85
Kontaktperson: Marian Gajdos

Slowenien

iz s 1 17.35

Veterinarska Zbornica Slovenije
Lesta V Mestni Log 47, SLO-61000 Ljubljana
T: (0038661) 1 29 54 60 **Fax:** 33 23 03
Kontaktperson: Borut Zemljic

Spanien

iz s 1 17.36

Consejo General de Colegios Veterinarios de España
Villanueva 11-5a Planta, E-28001 Madrid
T: (00349) 15 76 73 30 **Fax:** 15 78 34 68
E-Mail: consejo@colvet.es
Kontaktperson: Francisco Orozco

Tschechische Republik

iz s 1 17.37

Komora veterinarrich lekaru Ceské Republiky
Palackéko 1-3, CZ-61242 Brno
T: (004205) 75 64 07 **Fax:** 75 64 07
E-Mail: vetkom@mbox.vol.cz
Kontaktperson: Karel Daniel

Ungarn

iz s 1 17.38

Magyar Állatorvosi Kamara (MAOK)
Lebel 43-47, H-1135 Budapest
T: (00361) 4 51 00 37 **Fax:** 4 51 00 36
E-Mail: maok@mail.matav.hu
Kontaktperson: Zsolt Pinter

iz s 1 18.10

Pancyprian Veterinary Association
Postf. 5284, CY-1308 Nicosia
T: (003572) 42 07 91 **Fax:** 49 66 25
Kontaktperson: Takis Koliandris

• IZ S 146

Internationale Föderation der Kosmetikerinnen (INFA)
International Federation of Aestheticians
Fédération Internationale de l'Esthétique-Cosmétique
Secrétariat général:
Avenue Louise 32, B-1050 Bruxelles
T: (0032) 56 55 57 89 **Fax:** 55 63 10
Internet: http://www.infa.org
E-Mail: salembier@unicall.be
Gründung: 1978
Mitglieder: 36 associations nationales

• IZ S 147

Internationale Föderation Psychoanalytischer Gesellschaften (IFPS)
International Federation of Psychoanalytic Societies
Association Internationale des Sociétés de Psychoanalyse
c/o Marja Lindqvist, FM
Puistokatu 9a, FIN-00140 Helsinki
T: (003589) 6 84 91 01 **Fax:** 6 84 95 31
Gründung: 1962
Secretary-General: Marja Lindqvist (FM)
Deputy Secretary-General: Arne Jemstedt (M.D., Schweden)
Executive Committee: José Durval de Albuquerque (M.D., Brazil)
Valerie Tate Angel (CSW, USA)
Prof. Dr. med. Michael Ermann, Germany
Sonia Gojman de Millan (Ph.D., Mexico)
Carola Mann (Ph.D.), USA
Guido Medri (M. D., Italy)
Javert Rodrigues (M.D.), Brazil
Verbandszeitschrift: International Forum of Psychoanalysis
Redaktion: Scandinavien University Press
Verlag: P.O. Box 32 55, 10365 Stockholm, Schweden
Mitglieder: Societies with about 2000 Members

• IZ S 148

Internationaler Ärztinnenbund (MWIA)
Medical Women's International Association
Herbert-Lewin-Str. 1, 50931 Köln
T: (0221) 40 04-5 58 **Fax:** 40 04-5 57
E-Mail: mwia@aol.com
Gründung: 1919 (25. Oktober)
President: Dr. Lila Stein Kroser (2855 Welsh Road, Philadelphia, PA 19152, U.S.A.)
Immediate Past President: Dr. Florence Manguyu (P.O.Box 41 307, Nairobi, Kenya)
President-Elect: Dr. Shelley Ross ((7555 Morley Drive), Burnaby, B.C. Canada V5E 3Y2)
Treasurer: Dr. Cajsa Rangnitt (Terrassvägen 2, 13141 Nacka, Sweden)
Secretary-General: Dr. Waltraud Diekhaus (MWIA Secretariat, Herbert-Lewin-Str. 1, 50931 Köln)
Mitglieder: über 20000
Mitgliedsverbände: in 43 Ländern, Einzelmitglieder in 31 Ländern
Mitarbeiter: 2

• IZ S 149

Internationaler Heilpraktiker-Verband (IFoH)
International Federation of Heilpraktiker e.V.
Max-Planck-Str. 47, 53340 Meckenheim
T: (02225) 94 55 36 **Fax:** 94 55 37
E-Mail: 02225945536-0001@t-online.de
Gründung: 1979
Präsident(in): Dipl.-Betriebsw. Klaus Schwarzbach (D)
Vizepräsident(in): Grethe Schmidt (DK)
Barbara Burbach (USA)
Alexander Willige (I)
Verbandszeitschrift: NATUR-HEILKUNDE Journal
Verlag: Max-Planck-Str. 47, 53340 Meckenheim, T: (02225) 94 55 36, Telefax: (02225) 94 55 37
Mitglieder: 23 Verbände weltweit
Mitarbeiter: 3

• IZ S 150

Internationaler Verband amtlicher olympischer Ärzte (IAOMO)
The International Association of Olympic Medical Officers
Association Internationale des Medecins Olympiques
Dr. Michael S. Irani
London Road, Ashford Hospital, GB-Ashford TW15 3AA
T: (00441784) 88 44 88 **Fax:** 88 42 40
Gründung: 1964
President: Dr. F.Y. Lee
Secretary General: Dr. Michael S. Irani
Mitglieder: 250

• IZ S 151

Orthoptistinnen der EG (OCE)
Orthoptists of the CE
Orthoptistes de la CE
Bierbeekstraat 14, B-3001 Leuven
T: (003216) 23 95 24 **Fax:** 29 18 09
Gründung: 1989
Präsident(in): Mirjam van Lammeren (Bierbeekstraat 14, B-3001 Leuven, T: (003216) 23 95 24, Fax: 29 18 09)
Secrétaire Général: Inger Hobolt-Holst
Mitglieder: 13

• IZ S 152

Ständiger Ausschuß der Europäischen Ärzte
Standing Committee of European Doctors
Comité Permanent des Médecins Européens
Avenue de Cortenbergh 66 B2, B-1000 Brüssel
T: (00322) 7 32 72 02 **Fax:** 7 32 73 44
Gründung: 1959
President: Markku Aarimaa (Finland)
Secretary General: Grethe Aasved
Mitglieder: 17
Mitarbeiter: 5

• **IZ S 153**

Ständiger Verbindungsausschuß der Krankengymnastiker der EG (CPLK)
Standing Liaison Committee of Physiotherapists of the E.U.
Comité Permanent de Liaison des Kinésithérapeutes de la U.E.
c/o WCPTE
119 Boulevard Louis Schmidt, B-1040 Brüssel
Gründung: 1979 (September)
President: Elisabeth Haase (Denmark)
General Secretary: Julia Botteley
Mitglieder: 15 Verbände
Associate members: 3
Observer members: 7

Mitgliedsorganisationen

Belgien

iz s 154
Association des Kinésithérapeutes de Belgique
H. Henneaulaan 69, B-1930 Zaventem
T: (00322) 7 25 27 64 **Fax:** 7 25 30 76

Dänemark

iz s 155
Danske Fysioterapeuter
Norre Voldgade 90, DK-1358 København K
T: (004533) 33 13 82 11 **Fax:** 33 93 82 14

Deutschland

iz s 156
Deutscher Verband für Physiotherapie - Zentralverband der Physiotherapeuten/Krankengymnasten (ZVK) e.V.
Postf. 21 02 80, 50528 Köln
Deutzer Freiheit 72-74, 50679 Köln
T: (0221) 98 10 27-0 **Fax:** 98 10 27-25
Internet: http://www.zvk.org
E-Mail: info@zvk.org

Finnland

iz s 157
Finnish Association of Physiotherapists
Asemamiehenkato 4, FIN-00520 Helsinki
T: (003580) 1 49 68 17 **Fax:** 1 48 30 54

Frankreich

iz s 158
Fédération Française des Masseurs, Kinésithérapeutes Rééducateurs
24, rue des Petits Hôtels, F-75010 Paris
T: (00331) 42 46 80 07 **Fax:** 48 24 11 98

Griechenland

iz s 159
Panhellenic Physical Therapy Association
12, Gilfordou Street, GR-10434 Athen
T: (00301) 8 21 39 05

Großbritannien

iz s 160
Chartered Society of Physiotherapy
14, Bedford Row, GB-London WC1R 4ER
T: (0044207) 2 42 19 41 **Fax:** 8 31 45 09

Irland

iz s 161
Irish Society of Chartered Physiotherapists
Royal College of Surgeons
Stephens Green, IRL-Dublin 2
T: (003531) 4 02 21 48 **Fax:** 4 02-2160
E-Mail: iscp@indigio.ie

Island

iz s 162
Felag Islenskra Sjukrapjalfara
Postf. 5023, IS-Reykjavik 125

Italien

iz s 163
Associazione Italiana Terapisti della Riabilitazione
Via Claterna 18, I-00183 Rome
T: (00396) 77 20 10 20 **Fax:** 77 20 10 20
Kontaktperson: R. Scordari

iz s 164
Physiotherapeuten Verband Fuerstentum Liechtenstein (PVFL)
T: (004175) 3 73 16 01 **Fax:** 3 73 24 01

Luxemburg

iz s 165
Association Luxembourgeoise des Kinésithérapeutes
Postf. 645, L-2916 Luxemburg
T: (00352) 44 39 56, 44 80 39
Kontaktperson: B. Negretti

Niederlande

iz s 166
Koninklijk Nederland Genootschap voor Fysiotherapie
Postf. 248, NL-2800 AE Amersfoort
T: (003133) 62 24 00 **Fax:** 61 64 62

Norwegen

iz s 167
Norske Fysioterapeuters Forbund
Postf. 70 09, N-0306 Oslo
T: (0047) 22 69 78 00 **Fax:** 22 56 58 25

Österreich

iz s 168
Verband der Diplomierten Physiotherapeuten Österreichs
Giebergasse 617, A-1090 Wien
T: (00431) 4 08 75 77 **Fax:** 4 02 88 30

Portugal

iz s 169
Associacao Portuguesa de Fisioterapeutas
Av. Alvarez Cabral 1A-2, P-1200 Lissabon
T: (003511) 65 86 56 **Fax:** 4 69 20 27

Schweden

iz s 170
Legitimerade Sjukgymnasters Riksförbund
Postf. 3196, S-10363 Stockholm
T: (00468) 6 96 97 30 **Fax:** 6 96 97 54

Spanien

iz s 171
Asociacion Espanola de Fisioterapeutas
Manuela Malasana 11/5 dcha, E-28004 Madrid
T: (00341) 5 94 28 10 **Fax:** 5 94 33 13

• **IZ S 172**

Verbindungsausschuß der Podologen der Europäischen Union (CLPUE)
Liaison Committee of Podologists of the european Union
Comité de Liaison des Podologues de l'Union Européenne
Siège: c/o F.N.P.
46, rue de Rome, F-75008 Paris
T: (00331) 40 08 03 15 **Fax:** 40 08 03 65
Gründung: 1969
Président: Serge Coimbra (45 Bd D'Anvers, F-67000 Strasbourg)
Mitglieder: 22600
Mitarbeiter: 1

Mitgliedsorganisationen

Belgien

iz s 173
Belgische Vereinigung der Podologen (BVP)
ABP - Association Belge des Podologues
443 avenue Louise, B-1150 Bruxelles
T: (00322) 6 47 12 57 **Fax:** 3 54 98 21
Président: Smekens

Dänemark

iz s 174
Landsforeningen af Statsautoriserede Fodterapeuter (LSF)
Bjelkes Allé 43, DK-2200 København N
T: (00451) 85 14 90 **Fax:** 31 85 71 35
Président: Bent R. Nielsen

Frankreich

iz s 175
Fédération Nationale des Podologues (FNP)
46, rue de Rome, F-75008 Paris
T: (00331) 40 08 03 15 **Fax:** 40 08 03 65
Président: Olie

Niederlande

iz s 176
Nederlandse Vereniging van Podotherapeuten (N.V.v.P.)
Postf. 3258, NL-5203 DG 's-Hertogenbosch
Président: Schreur

Großbritannien

iz s 177
Society of Chiropodists and Podiatrists
53, Welbeck Street, GB-London W1M 7HE
T: (0044207) 4 86 33 81
Président: Lorimer

Schweden

iz s 178
Sveriges Fotterapeuters Riksförbund (SFR)
Turebergs Torg Allfarvägen 31, S-19686 Sollentuna
T: (00468) 92 10 75 **Fax:** 96 42 22
Président: Bodil Hofvander

iz s 179
Svenska Fotvardsförbundets Kansli (SFF)
Stora Gungans Väg 12, S-12231 Enskede
T: (00468) 6 59 86 12 **Fax:** 6 59 86 12
Président: Margaretha Lindmann

Norwegen

iz s 180
Norske Fotterapeuters Forbund (NFF)
Lakkegata 3 9202 Grønland, N-0187 Oslo
T: (0047) 21 01 39 53 **Fax:** 21 01 36 60
Président: Ranveig Tvedt Breivik

Island

iz s 181
Félag Fótaadgerda Fraedinga (FFF)
Postf. 9200, IS-129 Reykjavik
T: (003541) 7 59 73 **Fax:** 61 10 99
Président: Greta Óskarsdóttir

Finnland

iz s 182

Suomen Jalkojenhoitajain Liitto R.Y. (SJHL)
Hämeentie 21 à 16, FIN-00500 Helsinki
T: (003580) 33 72 47 **Fax:** 33 19 05
Président: Marjut Mills

• **IZ S 183**

Weltorganisation der Zahnärzte (FDI)
Fédération Dentaire Internationale
Carlisle Street 7, GB-London W1V 5RG
T: (0044207) 9 35 78 52 **Fax:** 4 86 01 83
Gründung: 1900 (15. August)
President: Dr. Katsuo Tsurumaki (Japan)
Executive Director: Dr. P.A. Zillén (Schweden)
Mitglieder: 16000; 93 nationale Mitgliedsverbände, 21 angegliederte Mitgliedsverbände, 3 regionale Organisationen, 2 Sekretariate
Mitarbeiter: 18
Verbandszeitschriften:
FDI World, 7 Carlisle Street, London W1V 5RG
INTERNATIONAL DENTAL Journal,
Editor: Dr. Margaret Seward,
Verlag: FDI World Dental Press Ltd., 7 Carlisle St., GB-London W1V 5RG

• **IZ S 184**

Welt-Vereinigung der Gesellschaften für Anästesiologie
World Federation of Societies of Anaesthesiologists
Level 8, Imperial House, 15-19 Kingsway, GB-London WC2B 6TH
T: (0044207) 8 36 56 52 **Fax:** 8 36 56 16
E-Mail: wfsa@compuserve.com
Gründung: 1955 (9. September)
President: Prof. M. D. Vickers (Level 8, Imperial House, 15-19 Kingsway, London WC2B6TH, UK)
Secretary: Dr. A. E. E. Meursing (Level 8, Imperial House, 15-19 Kingsway, London, WC2B6TH, UK, E-Mail: aeemeursing@malausi.net)
Treasurer: Prof. Dr. M. Rosen (45 Hollybush Road, Cardiff CF2 6SZ, United Kingdom, T: (00442920) 75 38 93, Telefax: (00442920) 75 38 93, Mobile: (0044850) 83 22 25, E-Mail: mirosen@compuserve.com)
Executive Committee: Dr. T. C. K. Brown ((Chairman), Dept. of Anaesthesia, Royal Children's Hospital, Flemington Road Parkville, Melbourne, Victoria 3052, Australia, T: (00613) 93 45 52 30, Telefax: (00613) 93 45 60 03, E-Mail: Brownk@cryptic.rch.unimelb.edu.au)
Dr. J. R. Moyers ((Vice Chairman), University of Iowa, Coll. of Med., Iowa City Iowa 52240, USA, T: (001319) 3 56 74 66, Telefax: (001319) 3 56 29 40, E-Mail: john-moyers@yiowa.edu)
Dr. D. Attygalle (National Hospital, Colombo, Sri Lanka, T: (00941) 69 56 97, Telefax: (00941) 69 53 34, E-Mail: attygale@sti.lk)
Prof. A. Baraka (University Hospital of Beirut. P.O. Box 113-6044, Beirut 6044 Lebanon, T: (009611) 35 00 00, Telefax: (009611) 4 44 58 17, 4 87 19 95, E-Mail: abaraka@aub.edu.lb)
Dr. D. R. Bevan (The University of British Columbia, 910 West 10th Avenue, Room 3200, Vancouver British Columbia, Canada V5Z 4E3, T: (001604) 8 75 45 75, Telefax: (001604) 8 75 53 44, E-Mail: bevan@unixg.ubc.ca)
Prof. H. Breivik (Rigshospitalet, Dept. of Anesthesiology, Pilestredet 31, N-0027 Oslo, Norway, T: (004722) 86 71 11/71 12, Telefax: (004722) 36 03 55, E-Mail: harald.breivik@rh.uio.no)
Prof. J. M. Desmonts (Hôpital Bichat 46 Rue Henri-Huchard, 75877 Paris Cedex 18, France, T: (00331) 40 25 83 50, Telefax: (00331) 42 28 99 96)
Prof. G. Hempelmann (Justus Liebig University, Rudolf-Buchheim-Str. 7, 35385 Gießen, Germany, T: (0641) 9 94 44 00/01, Telefax: (0641) 9 94 44 09, E-Mail: gunter.hempelmann@chiru.med.uni-giessen.de)
Dr. M. Janescko (Teaching Hospital of Semmelweiss University, Kutvölgyi Street 4, H-1125 Budapest, Hungary, T: (00361) 1 55 11 22, Telefax: (00361) 1 55 79 75, E-Mail: janmar@kut.sote.hu)
Dr. P. J. Kelly (Miami Lommercial Center, 8307 NW 68th Street, P.O. Box 025743, Miami, FL33102-5743, USA, T: (00541) 3 04 10 81, 7 92 50 14, Telefax: (00541) 3 04 33 92, E-Mail: pjkelly@ciudad.com.ar)
Prof. Kwang-Woo Kim (S.N.U.H. 28 Yun Kun-Dong, Chong Ro-Ku Seoul, Korea 110-744, T: (00822) 7 60 24 64, 7 98 38 07 or 7 45-15 15, Telefax: (00822) 7 45 15 25)
Dr. J. R. Nociti (Hospital Santa Casa de Misericordia, P.O. Box 707, 14100-000 Ribeirao Preto-SP, Brazil, T: (005516) 6 35 90 01, Telefax: (005516) 6 35 15 00, E-Mail: carp@keynet.com.br)
Committee of Education: Dr. H. Perndt ((Chairman), Royal Hobart Hospital, G.P.O. Box 1061-1, Hobart 7001, Tasmania, Australia, T: (0061362) 38 83 08, Telefax: (0061362) 34 76 84)
Committee on Finance: Dr. Ju Hao Lee ((Chairman), Chang Gung Hospital, 123 Taipei Road Niaosong Hsian, Kaohsiung Hsien Taiwan, T: (00886) 77 31 71 23, Telefax: (00886) 77 31 87 62)
Committee on Statutes: Dr. M. Galindo ((Chairman), Inst. de los Seguros Socialos, Calle 29 No 36-38 PZ, Bogota, Colombia, T: (00571) 2 45 44 81/6 20 50 38, Telefax: (00571) 6 19 51 88, E-Mail: galindo@impsat.net.co)
Committee on Publications: Dr. R. Eltringham ((Chairman), Gloucester Royal Hospital, Western Road, Gloucester GL1 3NN, United Kingdom, T: (00441452) 52 85 55, Telefax: (00441452) 39 44 85, E-Mail: 106147.2366@compuserve.com)
Vice-Presidents: Dr. Bernard V. Wetchler (Chicago, USA)
Prof. Elena Damir (Moscow, Russia)
Dr. Martin Marx (Montevideo, Uruguay)
Prof. Kenjiro Mori (Kyoto, Japan)
Prof. Manuel V. Silao (Manila, Philippines)
Verbandszeitschrift: World Anaesthesia
Verlag: Level 8, Imperial House, 15-19 Kingsway, London WC2B6TH, UK
Mitglieder: 106 National Member Societies
Jahresetat: DM 1 Mio, € 0,51 Mio

• **IZ S 185**

Zahnärztlicher Verbindungs-Ausschuß zur EU (ZÄV) (CLDCE)
Dental Liaison Committee in the EU
Comité de Liaison des Praticiens de l'Art Dentaire des Pays de l'UE
Rue Newton 1, B-1000 Brüssel
T: (00322) 7 32-8415 **Fax:** 7 32-5407
Gründung: 1963
Präsident(in): Dr. Enrico Filippi
Vice-President: Dr. Edoardo Cavallé
Generalsekretär(in): Dipl.-Kffr. Christine Gersching
Mitglieder: 22
Mitarbeiter: 2

Belgien

iz s 186

Verbond der Vlaamse Tandartsen
Avenue de la Liberté 61, B-1081 Brüssel
T: (00322) 4 13 00 13 **Fax:** 4 14 87 27

iz s 187

Chambres Syndicales Dentaires Asbl
Rue Paul Devigne 7, B-1030 Brüssel
T: (00322) 4 28 37 24 **Fax:** 4 28 18 81
Boulevard Tirou, 25, Bt 9, B-6000 Charleroi, T: (00322) 71 31 05 42, Fax: 71 32 04 13

Dänemark

iz s 188

Dansk Tandlaegeforening
Amaliegade 17, DK-1256 Kopenhagen
T: (0045) 70 25 77 11 **Fax:** 70 25 16 37

Deutschland

iz s 189

Bundeszahnärztekammer Arbeitsgemeinschaft der Deutschen Zahnärztekammern e.V.
Postf. 41 01 68, 50861 Köln
Universitätsstr. 71-73, 50931 Köln
T: (0221) 40 01-0 **Fax:** 40 40 35

Finnland

iz s 190

Finnish Dental Association
Fabianinkatu 9 B, FIN-00130 Helsinki
T: (003589) 6 22 02 50 **Fax:** 6 22 30 50

Frankreich

iz s 191

CNSD Confédération Nationale des Syndicats Dentaires
22, Avenue de Villiers, F-75849 Paris
T: (00331) 56 79 20 20 **Fax:** 56 79 20 29

Griechenland

iz s 192

Hellenic Dental Association
38, Themistocles Street, GR-10678 Athen 142
T: (00301) 3 81 33 80 **Fax:** 3 83 43 85

Großbritannien

iz s 193

British Dental Association
64 Wimpole Street, GB-London W1M 8 AL
T: (0044207) 9 35 08 75 **Fax:** 4 87 52 32

Irland

iz s 194

Irish Dental Association
10 Richview Office Park Clonskeagh Road, IRL-Dublin 14
T: (003531) 2 83 04 99 **Fax:** 2 83 05 15

Italien

iz s 195

Associazione Nationale Dentisti Italiani (A.N.D.I.)
Via Savoia 78, I-00198 Rom
T: (003906) 8 54 05 35, 8 41 14 82 **Fax:** 8 41 41 33

iz s 196

Associazione Italiana Odontoiatri (A.I.O.)
Via San Lucifero 95, I-09100 Cagliari
T: (0039070) 65 44 20 **Fax:** 65 44 20
Dr. Stefano Oddini Carboni
Contact: Dr. I. Mayer (Via S. Francesco 4, I-34133 Trieste, T + Fax: (0039040) 37 04 56)

Luxemburg

iz s 197

Association des Médecins et Médecins-Dentistes du GD-Lux
29, rue de Vianden, L-2680 Luxemburg
T: (00352) 44 40 33 **Fax:** 45 83 49

Niederlande

iz s 198

Nederlandse Maatschappij tot Bevordering der Tandheelkunde (NMT)
Postf. 2000, NL-3430 CA Nieuwegein
Geelgors 1, NL-3430 CA Nieuwegein
T: (003130) 6 07 62 76 **Fax:** 6 04 89 94

Österreich

iz s 199

Österreichische Ärztekammer Bundeskurie Zahnärzte
Weihburggasse 10-12, A-1010 Wien
T: (00431) 5 12 51 26 **Fax:** 5 12 51 26 67

Portugal

iz s 200

Associacao Profissional dos Médicos Dentistas
Av. Dr. Antunes Guimarães 463, P-4100 Porto
T: (003512) 6 19 76 90 **Fax:** 6 19 76 99

Schweden

iz s 201

Swedish Dental Association
Postf. 58 43, S-10248 Stockholm
T: (00468) 6 66 15 00 **Fax:** 6 62 58 42

Spanien

iz s 202

Consejo General de Colegios de Odontólogos Y Estomatólogos de Espana
Calle Alcalá, 79-2, E-28009 Madrid
T: (003491) 4 26 44 10 **Fax:** 5 77 06 39

• **IZ S 203**

Zusammenschluss der Apotheker der Europäischen Union
Pharmaceutical Group of the European Union
Groupement Pharmaceutique de l'Union Europeenne
Square Ambiorix 13, B-1000 Brüssel
T: (00322) 7 36 72 81 **Fax:** 7 36 02 06
Internet: http://www.pgeu.org
E-Mail: pharmacy@pgeu.org
Secrétaire Général: Lisette Tiddens

Belgien

iz s 204

A.P.B.
Rue Archimède 11, B-1000 Brüssel
T: (00322) 2 85 42-00 **Fax:** 2 85 42-85
Internet: http://www.apb.be
E-Mail: info@mail.apb.be
Président: M. le Phn. Jan Denecker

Dänemark

iz s 205

Danmarks Apotekerforening
Postf. 21 81, DK-1017 Kopenhagen
Bredgade 54, DK-1017 Kopenhagen
T: (0045) 33 76 76 00 **Fax:** 33 76 76 99
Internet: http://www.apoteket.dk
E-Mail: apotekerforeningen@apotekerforeningen.dk
President: M. Paul Bundgaard

iz s 206

Association of Danish Pharmacists
Rygaards Allé 1, DK-2900 Hellerup
T: (0045) 39 46 36 00 **Fax:** 39 46 36 39
Internet: http://www.pharmaceut.dk
E-Mail: peter@pharmaceut.dk
Président: Gerd Askaa

Deutschland

iz s 207

ABDA - Bundesvereinigung Deutscher Apothekerverbände
Postf. 57 22, 65732 Eschborn
T: (06196) 92 80 **Fax:** 92 81 14
E-Mail: abda@abda.aponet.de
Président: Hans-Günter Friese

iz s 208

ABDA Büro Brüssel
Rue Newton 1, B-1000 Brüssel
T: (00322) 7 35 30 57 **Fax:** 7 35 02 68
E-Mail: abda-buero.bruessel@aponet.de
Leiterin: Dr. Susanne Hof

Finnland

iz s 209

The Association of Finnish Pharmacies
Pieni Roobertinkatu 14C, FIN-00120 Helsinki
T: (003589) 22 87 11 **Fax:** 64 71 67
Internet: http://www.apteekkariliitto.fi
E-Mail: reijo.purasamaa@salnet.fi
President: Reijo Purasmaa

Frankreich

iz s 210

Fédération des Syndicats Pharmaceutiques de France
Rue Ballu 13, F-75311 Paris Cedex 09
T: (00331) 44 53 19 25 **Fax:** 44 53 21 75
E-Mail: bureaunational@fspf.fr
Président: M. le Phn. B. B. Capdeville
Vice Président: M. le Phn. G. Lupus (GPUE 98, 8 Impasse de l'Eglise, F-54890 Vandelainville, T: (0033/3) 83 81 84 32)

iz s 211

Union Nationale des Pharmaciens de France
57, rue Spontini, F-75116 Paris
T: (00331) 53 65 61 71 **Fax:** 47 04 70 15
E-Mail: unpf@unpf.org
Président: P. Beras
Chef de Délégation: S. Caillier

iz s 212

Conseil Central de l'Ordre des Pharmaciens d'Officine
4, Avenue Ruysdaël, F-75379 Paris Cedex
T: (00331) 56 21 34 34 **Fax:** 56 21 34 99
E-Mail: smallet@ordre.pharmacien.fr
Président: M. le Phn. Christian Blaesi

Griechenland

iz s 213

Pharmaceutical Panhellenic Association
134 Piraeus & Agathimeroy, GR-11854 Athens
T: (00301) 3 41 03 72 **Fax:** 3 45 93 24
Président: M. Phn. D. Vagionas

Großbritannien

iz s 214

Royal Pharmaceutical Society of Great Britain
1, Lambeth High Street, GB-London SE1 7JN
T: (0044207) 7 35 91 41 **Fax:** 7 35 76 29
E-Mail: inquiries@rpsgb.org.uk
Président: Christine Glover
Chef de Délégation: W. Darling

iz s 215

National Pharmaceutical Association
Mallinson House
40-42, St. Peter's Street, GB-St. Albans-Herts AL1 3NP
T: (0044172) 7 83 21 61 **Fax:** 7 84 08 58
Internet: http://www.npa.co.uk
E-Mail: npa@cix.co.uk
Director: John D'Arcy

iz s 216

Pharmaceutical Society of Northern Ireland
73, University Street, GB-Belfast BT7 1HL
T: (00441232) 32 69 27 **Fax:** 43 99 19
Internet: http://www.dotpharmacy.com
E-Mail: djlawson.psni@dnet.co.uk
Président: T. A. Maguire

Irland

iz s 217

Irish Pharmaceutical Union
Butterfield House
Butterfield Avenue, IRL-Rathfarnham Dublin 14
T: (003531) 4 93 64 01 **Fax:** 4 93 64 07
E-Mail: ipu@iol.ie
Président: B. Quinn
Kontaktperson: O'Shea (Blackpool Bridge, Cork-Ireland, T: (0035321) 4 39 18 38, Fax: 4 30 23 04, E-Mail: aosp@eir-com.net)

iz s 218

Pharmaceutical Society of Ireland
Northumberland Road 37, IRL-Dublin 4
T: (003531) 6 60 05 51, 6 60 06 99 **Fax:** 6 68 14 61
Internet: http://www.pharmaceuticalsociety.ie/pharmsoc
E-Mail: pharmsoc@pharmaceutical.society.ie
Président: M. Durcan

Italien

iz s 219

Federazione Ordini Farmacisti Italiani (FOFI)
Via Palestro 75, I-00185 Rom
T: (00396) 4 45 03 61 **Fax:** 4 46 14 63
E-Mail: fofi@mbox.netway.it
Président: G. Leopardi
Alexandra Petroni (Secretary of M. Leopardi)

iz s 220

Federfarma
Via Emanuele Filiberto 190, I-00185 Rom
T: (00396) 70 38 01 **Fax:** 70 47 65 84, 70 47 65 87
Internet: http://www.federfarma.it
E-Mail: box@federfarma.it
Président: G. Siri

Luxemburg

iz s 221

Union des Pharmaciens Luxembourgeois
Postf. 49, L-4501 Differdange
T: (00352) 58 80 80 **Fax:** 58 35 71
E-Mail: unaphalu@pt.lu
Président: R. Philippart
Secrétariat: 12, Ceinture des Rosiers, L-2446 Luxembourg-Howald, F: (00352) 29 63 33, Fax: 29 63 32

Niederlande

iz s 222

KNMP
Postf. 3 04 60, NL-2500 GL Den Haag
Alexanderstraat 11, NL-2500 GL Den Haag
T: (003170) 3 73 73 73 **Fax:** 3 10 65 30
Internet: http://www.knmp.nl
E-Mail: ruizveld.de.winter@knmp.nl, hoofdbestuur@knmp.nl
Président: Martin L. A. Favié
Chef de Délégation: M. le Phn. L. Arts

Österreich

iz s 223

Österreichische Apothekerkammer
Postf. 87, A-1091 Wien
Spitalgasse 31, A-1090 Wien
T: (00431) 40 41 41 07 **Fax:** 4 08 84 40
E-Mail: info@apotheker.or.at
Président: Mag.pharm. Dr. Herbert Cabana

Portugal

iz s 224

Associacao Nacional das Farmacias
Rua Marechal Saldanha 1, P-1249-069 Lissabon
T: (0035121) 3 40 00 53 **Fax:** 3 40 07 59
E-Mail: anf@anf.pt
Président: João Cordeiro

iz s 225

Ordem dos Farmaceuticos
Rua da Sociedade Farmaceutica 18, P-1100 Lissabon
T: (0035121) 3 19 13 70 **Fax:** 3 19 13 99
E-Mail: dirnacional@ordemfarmaceuticons.pf
Président: João Silveira

Schweden

iz s 226

Apoteksbolaget
Apoteket AB
T: (00468) 4 66 11 41 **Fax:** 4 66 11 42, 4 66 13 10
Internet: http://www.apoteket.se
Chef de Délégation: Thony H. Björk

Spanien

iz s 227

Consejo General de Colegios Oficiales de Farmaceuticos Espana
Villanueva 11-6°, E-28001 Madrid
T: (003491) 4 31 25 60 **Fax:** 5 76 39 05
E-Mail: congral@recol.es
Président: M. le Phn. Capilla

Anwälte, Notare, Richter, Staatsanwälte, Rechtsbeistände

• **IZ S 228**

Europäischer Anwaltsverein
Union des Avocats Européens (UAE)
Grand Rue 31, L-2011 Luxemburg
Internet: http://www.uae.lu
Gründung: 1986
President: Christian E. Roth
Secrétaire Général: Francesco de Beaumont
Verbandszeitschrift: UAE Journal
Verlag: UAE, 31 Grand-Rue, Luxembourg

• IZ S 229

Internationaler Anwalts-Verband (IBA)

International Bar Association
Association Internationale du Barreau
Regent Street 271, GB-London W1R 7PA
T: (0044207) 6 29 12 06 **Fax:** 4 09 04 56
Internet: http://www.ibanet.org
E-Mail: moray.mclaren@int-bar.org
Gründung: 1947
Präsident(in): Dr. Klaus Böhlhoff
Executive Director: Paul Hoddinott (271 Regent Street, GB-London W1R 7PA (Großbritannien), T: (0044207) 6 29 12 06, Tx: 88 12 664 INBAR)
Leitung Presseabteilung: Moray McLaren
Verbandszeitschrift: International Business Lawyer; International Legal Practitioner; International Bar News; Journal of Energy & Natural Resources Law
Mitglieder: 18000
Mitgliedsverbände: 173

• IZ S 230

Internationale Union der Gerichtsvollzieher und Gerichtsbeamten (UIHJ)

International Association of judicial officers
Union Internationale des Huissiers de Justice et officiers judiciaires
44, Rue de Douai, F-75009 Paris
T: (00331) 48 74 86 91 **Fax:** 40 16 99 35
Präsident(in): Jacques Ismard (Frankreich)
Generalsekretär(in): René Duperray (Frankreich)

• IZ S 231

Internationale Vereinigung Junger Rechtsanwälte (AIJA)

International Association of Young Lawyers
Association Internationale des Jeunes Avocats
Secrétariat général:
Av. Louis Lepoutre 59/20, B-1050 Brüssel
T: (00322) 3 47 33 34 **Fax:** 3 47 55 22
Internet: http://www.aija.org
E-Mail: aija@pophost.eunet.be
President: Malcolm McNeil (5777 West Century Blvd, Suite 1475, USA-Los Angeles, CA 90045-7400, T: (001310) 2 16-0747, Fax: 2 16-5736, E-Mail: mmcneil007@aol.com)
Immediate Past President: Felix Ehrat (POB 2214, Riva Albertolli 1 (Palazzo Gargantini), CH-6901 Lugano, T: (004191)
913 44 10, Fax: 913 44 19, E-mail: lugano@baerkarrer.ch)
First Vice-President: Michelle Sindler (Seefeldstr. 19, CH-8024 Zürich, T: (00411) 2 61 51 50, Fax: 2 51 30 25, E-Mail: m.sindler@baerkarrer.ch)
Secretary General: Etienne Rocher (69, avenue Victor Hugo, F-75783 Paris Cedex 16, T: (00331) 45 01 93 50, Fax: 45 01 24 71, E-mail: lsdpfh@aol.com)
Treasurer: G.-Bernard Van Parys (rue Camille Lemonnier, 68, B-1050 Brüssel, T: (00322) 3 44 18 45, Fax: 3 47 21 23, E-mail: avocats@gregoire.be)
Deputy Treasurer: Maite Mascaro-Miralles (c/Madrazo 27, 30-2a, E-08006 Barcelona, T: (003493) 4 15 06 77, Fax: 4 15 13 31, E-Mail: dm-law@teleline.es, mascaro@iponet.es)

• IZ S 232

Internationaler Patentanwaltsverband (FICPI)

International Federation of Patent Attorneys
Fédération Internationale des Conseils en Propriété Industrielle
Holbeinstr. 36-38, CH-4003 Basel
T: (004161) 2 95 57 00 **Fax:** 2 71 52 68
Gründung: 1906
Präsident(in): John Orange
Verbandszeitschrift: Newsletter, Bulletin, Bücher
Mitglieder: ca. 3000
Mitgliedsverbände: 30

• IZ S 233

Rat der Anwaltschaften der Europäischen Gemeinschaft (CCBE)

Council of the Bars and Law Societies of the European Community
Conseil des Barreaux de la Communauté Européenne
Rue Washington 40, B-1050 Brüssel
T: (00322) 6 40 42 74 **Fax:** 6 47 79 41
E-Mail: ccbe@ccbe.org
Gründung: 1960
Secrétaire générale: Valerie Bauer
Verbandszeitschrift: Feuillet d'information
Verlag: CCBE
Mitglieder: 24 (18 membres à part entière et 8 membres observateurs)

• IZ S 234

Ständige Konferenz der Notariate der EU (CNUE)

Conférence Permanente des Notariats de Union Européenne
Coudenberg, 70, B-1000 Bruxelles
T: (00322) 5 13 95 29 **Fax:** 5 13 93 82
Gründung: 1976
Président: Notar Dr. Hans-Dieter Vaasen
Secrétaire Général: Clarisse Martin (Directeur de bureau, 70, Rue Coudenberg, B-1000 Bruxelles, T: (0322) 513 95 29, Fax: 513 93 82)
Mitglieder: 10
Mitarbeiter: 2

Mitgliedsorganisationen

Belgien

iz s 235

Fédération Royale des Notaires de Belgique
Rue de la Montagne 30-32, B-1000 Brüssel
T: (00322) 505 08 11 **Fax:** 505 08 59
E-Mail: deblock@fednot.be
Président: James Dupont

Deutschland

iz s 236

Bundesnotarkammer
Burgmauer 53, 50667 Köln
T: (0221) 25 68 23 **Fax:** 25 68 08
Internet: http://www.bnotk.de
E-Mail: bnotk@bnotk.de
Präsident(in): Notar Dr. Hans-Dieter Vaasen
Hauptgeschäftsführer(in): Notar a.D. Dr. Timm Starke

Frankreich

iz s 237

Conseil Supérieur du Notariat Français
31, Rue du Général Foy, F-75383 Paris -Cedex 08
T: (00331) 44 90 30 00 **Fax:** 44 90 30 30
E-Mail: international.csn@notaires.fr
Président: Alain Lambert

Spanien

iz s 238

Consejo General del Notariado
Paseo del General
Paseo del General Martinez Campos 46, 6°, E-28010 Madrid
T: (003491) 3 08 72 32 **Fax:** 3 08 70 53
E-Mail: internacional@notariado.org
Président: Juan Bolás Alfonso

Griechenland

iz s 239

Conseil National du Notariat Héllénique
4, rue G. Gennadiou, GR-10678 Athenes
T: (00301) 3 81 41 67 **Fax:** 3 81 22 49
E-Mail: syllogos@hol.gr
Président: Elias Kotsakis

Italien

iz s 240

Consiglio Nazionale del Notariato
Via Flaminia 160, I-00196 Roma
T: (00396) 3 21 58 66 **Fax:** 36 20 92 08
E-Mail: cnn.idaros@notariato.it
Président: Gennaro Mariconda

Luxemburg

iz s 241

Chambre des Notaires du Grand-Duché de Luxembourg
50, route d'Esch, L-1470 Luxembourg
T: (00352) 44 70 21 **Fax:** 45 51 40
E-Mail: notarie.delvaux@perceval.lu
Président: Jacques Delvaux

Niederlande

iz s 242

KNB-Koninklijke Notariële Beroeporgansatie
Spui 184, NL-2511 BW Den Haag
T: (003170) 3 30 71 11 **Fax:** 3 62 17 49
E-Mail: s.heyman@knb.nl
Président: Hans Tromp

Österreich

iz s 243

Österreichische Notariatskammer
Landesgerichtsstr. 20, A-1010 Wien
T: (00431) 4 02 45 09 **Fax:** 4 06 34 75
E-Mail: kammer@notar.or.at
Président: Georg Weissmann

Portugal

iz s 244

Direcção-Geral dos Registos e do Natariado-Ministerio da Justicia
Avenida 5 de Outubro 202 Apartado 14015, P-1064-062 Lissabon Codex
T: (0035121) 7 98 55 00 **Fax:** 7 95 13 53
Président: J. Seabra Lopes

iz s 245

Associação Portuguesa de Notários
Rua dos Sapateiros, 115 3°, P-1100 Lissabon
T: (0035121) 8 87 52 01 **Fax:** 8 86 88 29
E-Mail: apn2000@hotmail.com
Président: Zulmira da Natividade Martins Lino Da Silva

Wirtschaftsprüfer, Berater, Steuerberater, Buchprüfer u.a.

• IZ S 246

EUROPEAN CONSULTANTS UNIT®

Europäische Beratervereinigung (E.C.U.)

European Consultants Unit
European Association of Lawyers, Tax Advisors, Certified Accountants and Management Consultants e.V.
Postf. 17 17, 82307 Starnberg
Joseph-Jägerhuber-Str. 13, 82319 Starnberg
T: (08151) 1 59 90 **Fax:** 38 53
Internet: http://www.ECU-ONLINE.ORG
E-Mail: E.C.U.@WRITEME.com
Gründung: 1988 (Oktober)
Präsident(in): Prof. Dr. Dimitris Oekonomidis (RA)
Vizepräsident(in): Dipl.-Wirtsch.-Ing. Hatto Brenner (UB)
Prof. Dipl.-Kfm. Hermann Daniel (UB)
Dr. Roland Rehm (RB/StB)
Dr. Konrad Schwan (UB)
Michael Trixl (WP/TH)
Conseil de L'Academie: Dipl.-Oec. Manfred Batz
Internat. Ausschreibungen, E.C.U.-Auftragsstelle: Dipl.-Kfm. Hermann Daniel (UB)
Public Relations Office: Dipl.-Ing. Dr. Günter Horn
E.C.U.-Management GmbH/Marketing: Dipl.-Kfm. Mathias Weber
Verbandszeitschrift: Newsletter + Fax-News
Redaktion: Dr. R. Rehm
Mitglieder: 340 (Stand 15.1.97)
Mitarbeiter: 2
Jahresetat: DM 0,2 Mio, € 0,1 Mio
In Gründung: Kanada, Irland, Niederlande, Großbritannien, USA

iz s 247

E.C.U. Bosnien
Livanska 1/I, BA-71000 Sarajevo
T: (0038771) 67 65 27 **Fax:** 66 47 20
Präsident(in): Ph. D. Selim Durmic

Nationale Landesorganisationen

iz s 248

E.C.U. - Deutschland e.V.
Grolmanstr. 36, 10623 Berlin
T: (030) 36 80 10-43 **Fax:** 36 80 10-44
E-Mail: RH_management@t-online.de
Präsident(in): Dipl.-Vw. Rolf-Roger Hoeppner (UB)
Vizepräsidenten: RA/ Notar Diethard Schütze (MdB)
RA Klaus-Peter Hess
Dipl.-Oec. Manfred Batz
Dipl.-Kfm., Dipl.-Volksw. Frank Maikranz
Mitglieder: 153 (Stand 31.12.1998)

iz s 249

E.C.U. Frankreich
rue de la Croix Neuve 23, F-77850 Hericy
T: (003364) 23 66 28 **Fax:** 23 65 60
Präsident(in): Maquenhen

iz s 250

E.C.U. - Finnland
Mustamäentie 12, FIN-20320 Turku
T: (0035821) 2 54 75 48 **Fax:** 2 54 75 48
Präsident(in): Dipl.-Oec. Tor-Eric Schoultz

iz s 251

E.C.U. - Griechenland
Sinastr. 9, GR-Athens 10680
T: (00301) 3 61 00 43 **Fax:** 3 63 44 27
Präsident(in): Prof. Dr. Dimitris Oekonomidis (RA)

iz s 252

E.C.U. - Italien
Leonardo da Vinci Str. 1/E, I-39100 Bozen
T: (0039471) 97 77 08 **Fax:** 97 40 08
Präsident(In): Walter Seidner (StB)

iz s 253

E.C.U. - Österreich
Radetzkystr. 20/II, A-9020 Klagenfurt
T: (0043463) 51 36 00 **Fax:** 51 30 54
Präsident(in): Dipl.-Kfm. Hermann Daniel (UB)

iz s 254

E.C.U. - Polen
Ul. Skrzyneckiego 4a/27, PL-30403 Krakau
T: (004812) 66 07 90 **Fax:** 66 07 90
Mgr. Gregorczyk Zdzislaw

iz s 255

E.C.U. - Rumänien
Strada Schitu Magureanu, R-70626 Bukarest
T: (00401312) 74 54 **Fax:** 16 90
Joan-Christi Silvin

iz s 256

E.C.U. - Rußland
Pushkinskaga vl. 9, Blok 6, RUS-103009 Moskau
T: (007095) 2 07 77 28 **Fax:** 2 07 77 18
Präsident(in): Dr. Elena Orlova (RA)
Vizepräsident(in): Prof.Dr. Oleg Protsenco (UB)
Dr. Alexander Sawtschenko (RA)

iz s 257

E.C.U. - Schweden
Västra Hamngatan 12, S-41117 Göteborg
T: (004631) 17 00 45 **Fax:** 13 78 77
Präsident(in): Carl-Einar Mellander (RA)

iz s 258

E.C.U. Schweiz
Bahnhofstr. 25, CH-6300 Zug
T: (004141) 7 10 62 72 **Fax:** 7 10 62 06
Präsident(in): StB/WP Michael Trixl

iz s 259

E.C.U. - Spanien
Convento Santa Clara 103a, E-46002 Valencia
T: (00346) 3 52 38 09 **Fax:** 3 51 12 20
Präsident(in): Prof. Dr. Juan Hernández-Marti (RA)

iz s 260

E.C.U. - Slowakei
Halasova 1, SK-83103 Bratislava
T: (00427) 5 25 24 45 **Fax:** 5 25 03 68
Präsident(in): Prof. Dr. Vladimir Burcik (UB)

iz s 261

E.C.U. - Bulgarien
Compl. Tschaika, Bl. 7A, App. 27, BG-9010 Varna
T: (0035952) 82 70 47 **Fax:** 88 40 15
Präsident(in): Dr. Angel Mirtchev (STB, UB, WP)

iz s 262

E.C.U. - Ukraine
Prirechnaja Str. 13, UA-254213 Kiev
T: (0038044) 4 13 65 56 **Fax:** 4 13 65 56
Präsident(in): Dr.oec. Sergej S. Gasanov

iz s 263

E.C.U. - Ungarn
Andrassy Str. 113, H-1062 Budapest
T: (00361) 3 42 49 50 **Fax:** 3 42 43 23
Präsident(in): Dr. Katalin Szamosi (RA)

● **IZ S 264**

Europäische Vereinigung der Unternehmensberater-Verbände (FEACO)
European Federation of Management Consultancies Associations
Fédération Européenne des Associations de Conseils en Organisation
3/4/5 Avenue de Arts, B-1210 Brüssel
T: (00322) 2 50 06 50 **Fax:** 2 50 06 51
Internet: http://www.feaco.org
E-Mail: feaco@feaco.org
Gründung: 1960
Chairman: Gil Gidron
Else
Mitglieder: 23 european countries

Mitgliedsorganisationen

Belgien

iz s 265

Association Belge des Conseils en Gestion et Organisation (ASCOBEL)
Pl. des Chasseurs Ardennais 20, B-1030 Brüssel
T: (00322) 7 43 41 50 **Fax:** 7 42 17 85
Internet: http://www.ascobel.be
E-Mail: info@ascobel.be
Präsident(in): Roland van den Berghe
Kontaktperson: Jean-Marie van Houwe (Secretary General)

Bulgarien

iz s 2 65.10

Bulgarian Association of Management Consultants (BAMCO)
Macedonia Square, 17th floor, BG-Sofia 1040
T: (003592) 86 65 06 **Fax:** 29 86 12 79
E-Mail: bamco@delin.org
Präsident(in): Dimitar Hristov
Kontaktperson: Ekaterina Ignatova

Dänemark

iz s 2 66.10

Danish Management Board (DMB)
Granskoven 8, DK-2600 Glostrup
T: (0045) 43 96 80 11
E-Mail: gie@carlbro.dk
Präsident(in): Jannick Pedersen
Kontaktperson: Gitte Eiersholt

Deutschland

iz s 267

Bundesverband Deutscher Unternehmensberater BDU e.V.
Friedrich-Wilhelm-Str. 2, 53113 Bonn
T: (0228) 91 61-0 **Fax:** 91 61-26
Internet: http://www.bdu.de
E-Mail: info@bdu.de
Präsident(in): Dr. Helmut Schmitt
Generalsekretär(in): Christoph Weyrather

Finnland

iz s 268

Liikkeenjohdon Konsultit (LJK)
Eteläranta 10, FIN-00130 Helsinki
T: (003589) 6 22 44 42 **Fax:** 62 20 10 09
Internet: http://www.ljk.fi
E-Mail: ljk@ljk.fi
Präsident(in): Markku Silen
Kontaktperson: Jani Kekkonen (Secretary General)

Frankreich

iz s 269

SYNTEC MANAGEMENT
Chambre Syndicale des Sociétés de Conseil
Rue Léon Bonnat 3, F-75016 Paris
T: (00331) 44 30 49 20 **Fax:** 42 88 26 84
Internet: http://www.syntec-conseil.fr
Präsident(in): Serge Audouin
Kontaktperson: Brigitte David-Gardon (Secretary General)

Griechenland

iz s 270

Hellenic Association of Management Consulting Firms (SESMA)
Elikonos 13, GR-Chalandri GR - 152 34
T: (00301) 6 85 86 53 **Fax:** 6 84 07 84
E-Mail: sesma@hol.gr
Präsident(in): Lambis Dolkas
Kontaktperson: Napoleon Karantinos (Secretary General)

Großbritannien

iz s 271

Management Consultancies Association (MCA)
West Halkin Street 11, GB-London SW1X 8JL
T: (0044207) 2 35 38 97 **Fax:** 2 35 08 25
Internet: http://www.mca.org.uk
E-Mail: mca@mca.org.uk
Präsident(in): Michael Freedman
Kontaktperson: Bruce Petter (Executive Director)

Italien

iz s 272

ASSOCONSULT
Associazione delle Società di Consulenza Direzionale e Organizzativa
Piazza Velasca 6, I-20122 Mailand
T: (00392) 86 66 86 **Fax:** 89 01 27 50
Internet: http://www.assoconsult.org
E-Mail: assoconsult.mi@flashnet.it
Präsident(in): Federico Butera
Kontaktperson: Patrizia Marino (Secretary General)

Niederlande

iz s 273

Raad van Organisatie Adviesbureau (ROA)
Postf. 8 55 15, NL-2508 CE Den Haag
T: (003170) 3 13 13 11 **Fax:** 3 64 37 48
E-Mail: roa@bikker.nl
Präsident(in): Pim Zoeteweij
Kontaktperson: M. Melis (Secretary General)

Norwegen

iz s 274

NBF - Norges Bedriftsrådgiverforening
c/o Interforum Partners AS
Askerveien 61, N-1384 Asker
T: (0047) 66 98 99 90 **Fax:** 66 78 99 93
E-Mail: catom@online.no
Präsident(in): Cato Musaeus

Österreich

iz s 275

Fachverband Unternehmensberatung und Datenverarbeitung (FUD)
Wiedner Hauptstrasse 63, A-1045 Wien
T: (00431) 5 01 05 35 39 **Fax:** 50 20 62 85
Internet: http://www.wk.or.at/vbdv
E-Mail: office@wkvbdv.wk.or.at
Präsident(in): Hans-Jürgen Pollirer
Kontaktperson: Herbert Bachmaier (Secretary General)

Polen

iz s 276

Stowarzyszenie Doradcow Gospodarczych w Polsce (SDG)
ul. Piekna 31/37 m 30, PL-00677 Warschau
T: (004822) 6 29 07 92 **Fax:** 6 29 07 92
Präsident(in): Andrzej Wrebiak
Kontaktperson: Andrzej Glowacki (Secretary General)

Portugal

iz s 277

Associação Portuguesa de Projectistas e Consultores (APPC)
Avenida António Augusto de Aguiar 126, 7°, P-1050-020 Lissabon
T: (0035121) 3 58 07 85, 3 58 07 86 **Fax:** 3 15 04 13
E-Mail: appconsultores@mail.telepac.pt
Vizepräsident(in): Fernando Rolin
Kontaktperson: Manuela Lourenço (Secretary General)

Rumänien

iz s 278

Asociatia Consultantilor in Management din Romania (AMCOR)
str. Povernei 6-8, Cod 71124, R-74671 Bukarest
T: (00401) 3 12 68 91 **Fax:** 3 12 70 94
E-Mail: trend@bx.logicnet.ro
Präsident(in): Mihail Dumitrescu
Kontaktperson: Sorin Dragnea (Secretary General)

Rußland

iz s 279

Association of Consultants for Economics and Management (ACEM)
12 Petrovka, RUS-103756 Moskau
T: (007095) 9 28 26 16 **Fax:** 2 00 44 52
E-Mail: acem@online.ru
Präsident(in): Sergey Vasiliev
Kontaktperson: Alexander Posadsky (Executive Director)

Schweden

iz s 280

Sveriges Managementkonsulenter
Swedish Association of Management Consultants (SAMC)
Kungsgatan 48, S-11135 Stockholm
T: (00468) 20 83 30 **Fax:** 21 25 40
Internet: http://www.samc.se
Präsident(in): Anders Grufman (Contact)

Schweiz

iz s 281

Association Suisse des Conseils en Organisation et Gestion (ASCO)
Forchstr. 428 Postf. 923, CH-8702 Zollikon
T: (00411) 3 95 24 04 **Fax:** 3 95 24 05
Internet: http://www.asco.ch
E-Mail: office@asco.ch
Präsident(in): Dr. André Wohlgemuth
Kontaktperson: Marianne Senti (Secretary General)

Slowenien

iz s 282

Association of Management Consultants of Slovenia (AMCOS)
Dimiceva 13, SLO-1504 Ljubljana
T: (003861) 1 89 82 53 **Fax:** 1 89 82 00
Internet: http://www.gzs.si
E-Mail: albin.cernjac@gsz.si
Präsident(in): Janko Arah
Kontaktperson: Albin Cernjac (Secretary General)

Spanien

iz s 283

Asoc. Espanola de Empresa de Consultoria (AEC)
Orfila 5, Esc. 1, 4° C, E-28010 Madrid
T: (00341) 3 08 01 61 **Fax:** 3 08 23 27
Präsident(in): Gil Gidron
Kontaktperson: Eduardo Mendicutti (Secretary General)

Tschechische Republik

iz s 284

Association for Consulting to Business (APP)
Veletrzni 21, CZ-170 0 Prag 7
T: (004202) 87 90 43 **Fax:** 87 90 43
E-Mail: asocpor@mbox.vol.cz
Präsident(in): Miroslav Kobza
Kontaktperson: Ivo Ulrych (Executive Director)

Ungarn

iz s 285

Association of Management Consultants in Hungary (VTMSZ)
11 Szt. István Krt, H-1055 Budapest
T: (00361) 3 02 76 81 **Fax:** 3 02 76 81
E-Mail: hetyey@mail.externet.hu
Präsident(in): Jozsef Poor
Kontaktperson: Sándor Hetyey (Secretary General)

Zypern

iz s 286

Cyprus Association of Business Consultants
30, Grivias Dhigenis Ave P.O. Box 1657, CY-1511 Nicosia
T: (003572) 66 51 02 **Fax:** 66 94 59
E-Mail: oeb@dial.cylink.com.cy
Präsident(in): Chris Michaelides
Kontaktperson: George Phedonos (Secretary)

• IZ S 287

Europäischer Ausschuß der Betriebsberatungsdienste (CESCE)
European Committee for Consulting Services
Comité Européen des Services de Conseillers d'Entreprise
Kanselarystraat 19, B-1000 Brüssel
T: (00322) 2 27 63 93 **Fax:** 2 17 46 12
Internet: http://www.cesce.org
Gründung: 1972
Président: Jean-Claude Bachelot
Vice-Président: Gilbert Otten
Eva Karal
Secrétaire: Alfons de Clerck (Kon. Astridlaan 29, B-8200 Brugge, T: (003250) 40 69 22, Telefax: (003250) 39 31 41, E-Mail: fons.declerck@vizo.be)
Verbandszeitschrift: Newsletter
Redaktion: Alfons de Clerck
Mitglieder: 14 Institutions Européennes
Mitarbeiter: 1
Jahresetat: DM 0,05 Mio, € 0,03 Mio

• IZ S 288

Europäische Public Relations Vereinigung (CERP)
European Confederation of Public Relations
Confédération Européenne des Relations Publiques
Chaussée de Gand 443 bte 4, B-1080 Brüssel
T: (00322) 4 14 04 32 **Fax:** 4 14 96 05
Internet: http://www.cerp.org
Gründung: 1959
CERP-Vorstand
Président: Richard Linning (PRP Public Relations Partners SA, 5 Avenue R. Vandendriessche, B-1150 Bruxelles, T: (00322) 7 62 04 85, Fax: (00322) 7 71 19 59, e-mail: rlinning@prp.be)
Vice Président: Drs. Koenraad J.B. van Hasselt (General Manager Corporate Communications Division Canon Europa N.V., Bovenkerkerweg 59-61, NL-1185 XB Amstelveen, T: (003120) 5 45 85 07, Fax: (003120) 5 45 82 10, e-mail: hasseltkjbvan@cenv.canon.nl)
Vorstand: Francis Xavier Carty (35 Sandymount Avenue, Dublin 4, Ireland, T.: (003531) 2 69 28 03, Fax: (003531) 6 76 45 62, E-Mail: fxcarty@indigo.ie)
Vorstand: Sonja Kleijne (Padualaan 99 - P.O. Box 8611, NL -3503 Utrecht, Niederlande, T.: (003130) 2 91 34 12, Fax: (003130) 2 91 30 40, E-Mail: s.kleijne@scom.fcj.hvu.nl)
CERP PRO:
President: Drs. Koenraad J.B. van Hasselt (General Manager Corporate Communications Division Canon Europe N.V., Bovenkerkerweg 59-61, NL-1185 XB Amstelveen, T: (003120) 5 45 85 07, Fax: (003120) 5 45 82 10)
CERP Education:
President: Anne-Marie Cotton (Egon Hogeschool, St. Pieters Nieuwstraat 160, 9000 Gent, T: (00329) 3 62 27 88, Fax: 3 62 35 65, E-Mail: jos.willems@glo.be)
Verbandszeitschrift: CERP Newsletter
Redaktion: Chaussée de Gand 443 bte 4, 1080 Brüssel

Mitgliedsorganisationen

Belgien

iz s 289

Belgian Public Relations Centre (BPRC)
Chaussée de Gand 443 bte 4, B-1080 Brüssel
T: (00332) 4 14 04 32 **Fax:** 4 14 96 05
E-Mail: secretariat@bprc.be
President: Christophe Weerts (BMW BELGIUM, Industriepark "De Vliet", Lodderstraat 16, 2880 Bornem, T: (00323) 8 90 97 08, Fax: (00323) 8 90 98 98, e-mail: christophe.weerts@bmw.be)
General Secretary: Daniel De Marto
Council Delegate: Erwin De Weerdt (Rue Lambert Fortune 73, 1300 Wavre, T. (003210) 24 69 63, Fax: (003210) 24 69 64, e-mail: erwin.deweerdt@ping.be)

Bulgarien

iz s 290

Public Relations Society of Bulgaria (PRSB)
L.Q. Emil Markov Bl 231 app. 34, BG-1404 Sofia
T: (003592) 58 99 13 **Fax:** 58 99 13
President: Christo Christov (c/o PRSB)
Council Delegate: Andrej Nonchev (Z.K. Druzba, bl 184 ap. 34, BG-1000 Sofia)

Dänemark

iz s 291

Dansk Public Relations Forening (DPRF)
Boersen, DK-1217 Copenhagen K
T: (004533) 95 05 20 **Fax:** 32 52 16
President: Jan Horskjaer (Manager of Information, The Municipality of Copenhagen, The City Hall, DK-1599 Copenhagen V)
General Secretary, Council Delegate: Thorsten Pedersen (Pilestraede 48, P.O.Box 1174, DK-1010 Copenhagen K, T: (004533) 13 33 09, Fax: 32 33 90)

Deutschland

iz s 292

Deutsche Public Relations-Gesellschaft e.V. (DPRG)
Sankt Augustiner Str. 21, 53225 Bonn
T: (0228) 9 73 92 87 **Fax:** 9 73 92 89
Internet: http://www.dprg.de
E-Mail: dprg@newsaktuell.de, dprg-ev@t-online.de
President: Stephan Becker-Sonnenschein (RWE AG, Opernplatz 1, 45128 Essen, T.: (0201) 12-15528, Fax: (0201) 12-15361)
General Secretary: Rosemarie Büschel
Council Delegate: Thomas Achelis (Achelis & Partner GmbH, Öffentlichkeitsarbeit, Friedenspromenade 87, 81827 München, T: (089) 43 98 42-0, Telefax: (089) 4 30 72 84)

Finnland

iz s 293

Finnish Association of Organizational Communicators (STIL)
Meritullinkatu 13 C 64, FIN-00170 Helsinki
T: (003580) 1 35 77 75 **Fax:** 1 35 63 94
President: Pirjo Toivonen (c/o STIL)
General Secretary: Raimo Jyrkinen
Council Delegate: Leo Allo (c/o Vallmet Corporation, Panuntie 6, PO Box 27, SF-00621 Helsinki, T: (003580) 77 70 51, Telefax: (003580) 77 70 55 72)

Frankreich

iz s 294

Association Francaise des Relations Publiques (AFREP)
c/o AIVF
20, rue Bachaumont, F-75002 Paris
T: (00331) 40 13 94 95 **Fax:** 40 13 94 96
President: Marie France Bouilly (General Secretary, c/o AIVF, 20, rue Bachaumont, F-75002 Paris, T: (00331) 40 13 94 95, Telefax: (00331) 40 13 94 96)
Council Delegate: Patrick Alvarez (1 Rue Bleue, F-75009 Paris)

Griechenland

iz s 295

Hellenic Public Relations Association (HEPRA)
Skoufa 56, GR-10672 Athen
T: (00301) 3 61 34 79 **Fax:** 3 64 70 48
President: Iannis Lavetzis (c/o Antenna)
General Secretary: Maria Rigopoulou
Council Delegate: Iannis Lavetzis (c/o Antenna Communications Consultants, 13 Pindarou Street, GR-10673 Athens, T: (00301) 3 64 15 11, Telefax: (00301) 3 64 15 25, e-mail: antenna@otenet.gr)
Alternative Council Delegate: Andreas Gregoariades

Großbritannien

iz s 296

The Institute of Public Relations (IPR)
The Old Trading House
15, Northburgh St., GB-London EC1V 0PR
T: (0044207) 2 53 51 51 **Fax:** 4 90 05 88
President: Rosemary Brook (Public Relations Consultant, Brook Public Relations, 19 Old Court Place, Kensington, London W8 4PL, T: (0044207) 9 38 22 22, Telefax: (0044207) 7 95 64 92)
General Secretary: John Lavelle
Council Delegate: Douglas Smith (Parliamentary Monitoring Services, 19, Douglas Street, Westminster, London SW1P4PA, T: (0044207) 2 22 02 65, Telefax: (0044207) 9 76 81 76)

Irland

iz s 297

Public Relations Institute of Ireland (PRII)
78, Merrion Square, IRL-Dublin 2
T: (003531) 6 61 80 04 **Fax:** 6 76 45 62
President: Francis Xavier Carty (Council Delegate, Able Communications, 35 Sandymount Avenue, Dublin 4, T: (003531) 2 69 28 03, Telefax: (003531) 6 76 45 62 (c/o PRII))
Administrator: Fiona Robinson

Italien

iz s 298

Federazione Relazioni Pubbliche Italiana (FERPI)
Via Larga 13, I-20122 Milano
T: (00392) 58 31 24 55 **Fax:** 58 31 33 21
Internet: http://www.ferpi.it
President: Mauro Miccio (Editoriale Progetto, Via Prenestina 685, I-00155 Roma, T: (00396) 22 75 42 72, Telefax: (00396) 22 75 42 49)
General Secretary: Serenella Salgarelli Mortani
Council Delegate: Rosanna D'Antona (c/o Edelman - Gruppo D'Srl, Via Telesio 25, I-20145 Milan, T: (00392) 48 01 37 71, Telefax: (00392) 48 01 37 66)

Luxemburg

iz s 299

Cercle National des Relations Publiques (CENARP)
Postf. 609, L-2016 Luxemburg
President: Marc Schonckert (c/o ARBED S.A., L-2930 Luxemburg, T: (00352) 47 92-2363, Fax: 47 92-2658, E-Mail: marc.schonckert@corporate.arbed.lu)
General Secretary: Monique Feidt
Council Delegate: N.N.

Niederlande

iz s 300

Beroepsvereniging voor Communicatie
Koninginnegracht 22, NL-2514 AB Den Haag
T: (003170) 3 46 70 49 **Fax:** 3 61 58 96
President: Peter V. M. Vroom

Norwegen

iz s 301

The Norwegian Public Relations Association (NPRA)
Postf. 9/47 Groenland, N-0186 Oslo
T: (004722) 20 72 20 **Fax:** 20 72 22
President: Per Erik Bjorklund (c/o Oslo Energi AS, P.O. Box 2481 Solli, N-0202 Oslo, T: (004722) 43 59 89, Telefax: (004722) 56 32 32)
Council Delegate: Tom Guldenberg Johnsen (H&J Communications AS, Fridtjof Nansens Plass 7, VII, N-0160 Oslo, T: (004722) 41 99 90, Telefax: (004722) 41 99 91)

Österreich

iz s 302

Public Relations Verband Austria (PRVA)
Reisnerstr. 40, A-1030 Wien
T: (00431) 7 15 15 40 **Fax:** 7 15 15 35
President: Dipl.-Kfm. Milan Fruehbauer (Industriellenvereinigung, Schwarzenbergplatz 4, A-1030 Wien, T: (00431) 7 11 35-23 00, Telefax: (00431) 7 13 68 99)
General Secretary: Dr. Dorothea Menedetter
Secretary: Susanne Tausend
Council Delegate: Dr. Klaus Lojka (Austr. 7, A-2000 Stockerau, T: (00431) 6 54 15, Telefax: (00431) 4 02 06 07)

Portugal

iz s 303

Associaçao Portuguesa de Relaçoes Publicas (APREP)
Av. Casal Ribeiro 48-6° Esq., P-1000 Lissabon
T: (003511) 3 15 31 07
President: Joao Sena (Council Delegate, c/o Gabinete do Ministro da Administracao Interna, Praca de Comercio, P-1100 Lisboa, T: (003511) 3 46 45 21, Telefax: (003511) 3 46 80 31)
General Secretary: Castro Fernandes

Schweden

iz s 304

Swedish Public Relations Association (SPR)
Postf. 1 22 30, S-10226 Stockholm
Hantverkargatan 71, S-10226 Stockholm
T: (00468) 6 53 18 00 **Fax:** 6 51 10 88
President: Klas Råsäter (Vice President, Corporate Communication, SPP)
General Secretary and Managing Director: Margaretha Sjöberg (Council Delegate)

Schweiz

iz s 305

Schweizerische Public Relations Gesellschaft (SPRG)
c/o Bernische Treuhand AG
Postf. 54 24, CH-3001 Bern
Länggass-Str. 7, CH-3012 Bern
T: (004131) 3 00 55 00 **Fax:** 3 00 55 66
President: Hans-Ulrich Schaub (Seefeldstr. 84, Postfach, CH-8034 Zürich, T: (00411) 383 47 58, Fax: 383 47 58)
General Secretary: Urs Stebler
Council Delegate: Ruth Stadelmann Kohler (Credit Suisse, Media Relations, CCUM, Postf. 100, 8070 Zürich, T: (00411) 333 76 50, Fax: 333 60 72)

Slowenien

iz s 306

Public Relations Society of Slovenia (PRSS)
Postf. 49, SLO-61113 Ljubljana
Dunajska 107, SLO-61113 Ljubljana
T: (0038661) 37 23 02 **Fax:** 34 95 60
President: Brane Gruban (c/o PRISTOP Group (PRSS))
Council Delegate: Dejan Vercic (c/o PRISTOP Group (PRSS))

Spanien

iz s 307

Agrupacion Espanola des Relaciones Publicas (AERP)
Valencia 273 Entlo. Derecha, E-08009 Barcelona
T: (00343) 2 15 81 51 **Fax:** 2 15 68 36
President: Agustin de Uribe-Salazar (Gabinete Uribe S.A., Montaner 263 6°, E-08021 Barcelona, T: (00343) 2 00 95 20, Telefax: (00343) 2 02 34 17)
General Secretary: Imma Canongia
Council Delegate: Antonio Noguero (Universidad Autonoma des Barcelona - Edificio I, Cerdanyola Del Valles, E-08193 Bellaterra Barcelona)

Ungarn

iz s 308

Magyar Public Relations Szövetség
Hungarian Public Relations Association (HPRA)
Krisztina tér 1, H-1013 Budapest
T: (00361) 214-6496 **Fax:** 214-6496
Internet: http://www.mprsz.hu
E-Mail: mprsz@mail.matav.hu
President: Dr. György Pet (interPRotector PR Agency, Krisztina tér 1, H-1013 Budapest, T: (00361) 375-7057, Fax: 375-7057)
Council Delegate: Tamás Barát (Medipen Management Consulting Co., Zab u. 3, H-1033 Budapest, T/Fax: (00361) 387-0090)

Zypern

iz s 309

Cyprus Public Relations Professional Association (CPRPA)
Postf. 3955, CY-Nicosia
Postf. 3955, CY-1310 Nicosia
T: (003572) 44 41 57 **Fax:** 44 50 31
President: George Michaelides (Louis - PO Box 1301, Nicosia, T: (003572) 44 21 14, Telefax: (003572) 46 18 94)
General Secretary, Council Delegate: Mary Pygros (PO Box 5307, Nicosia, T: (003572) 44 41 57, Telefax: (003572) 44 50 31)

Korrespondierende Mitglieder

Russland

iz s 310

Russian Public Relations Associations (RPRA)
Vernadskgo prospect 76, RUS-117454 Moskau
T: (007095) 4 34 92 15 **Fax:** 4 34 93 81
President: Alexander Borisov (c/o Dep. of International Information, MGIMO - 76 Vernadskgo prospect, Moscow 117454, T: (007095) 4 34 92 15, Telefax: (007095) 4 34 93 81)
Council Delegate: Vladimir Ivanov (Azorskaya 25.1.14, Moscow 113452, T: (007095) 1 19 66 56)

Jugoslawien

iz s 311

Public Relations Society of Yugoslavia (PRSYU)
Svetozara Markovica 22/V, YU-11000 Belgrad
T: (0038111) 3 33 01 06 **Fax:** 33 51 51
President: Milenko Djuric (c/o PRSYU)

• IZ S 312

Europäischer Verband der Vereinigungen der Finanzanalysten (EFFAS)
European Federation of Financial Analysts Societies
Fédération Européenne des Associatins d' Analystes Financiers
Palais de la Bourse, Place de la Bourse, F-75002 Paris
T: (00331) 40 26 84 81 **Fax:** 40 26 84 82
Gründung: 1961
Président: David C. Damant (Sword Management Ltd. 45 Clarges Street, London WIY 7 Pj, T: (0044171) 535 40 00, Fax: (0044171) 535 40 40)
Mitglieder: 13000-15000

• IZ S 313

LIGA-Oeconomica
Europaverband Wirtschaftsberatender Berufe e.V.
Kurzes Geländ 7, 86156 Augsburg
T: (0821) 2 40 95 19 **Fax:** 2 40 95 50
Gründung: 1989
Präsident(in): Lothar Kühne (Stieglitzsteig 4, 16348 Groß Schönebeck)
Vizepräsident(in): RA Ulrich S. Müller
Leitung der Geschäftsstelle: RA Jörg Gaißmayer
Verbandszeitschrift: LO-Kurier
Redaktion: Ulrich S. Müller
Verlag: Eigenverlag
Mitglieder: 60
Mitarbeiter: 1

• IZ S 314

Vereinigung von europäischen Steuerberaterverbänden (CFE)

Confédération Fiscale Européenne (C.F.E.)
Confédération de Groupements de Conseils Fiscaux Européens
Sitz: 9 rue Richepanse, F-75008 Paris
Generalsekretariat:
Postf. 13 40, 53003 Bonn
Poppelsdorfer Allee 24, 53115 Bonn
T: (0228) 7 26 39-44, 7 26 39-0 **Fax:** 7 26 39-52
E-Mail: buka-cfe@t-online.de
Gründung: 1959
Präsident(in): Göran Kjellén, Göteborg
Generalsekretär(in): Dipl.-Vw. Dr. Heinrich Weiler, Bonn
Verbandszeitschrift: European Taxation
Redaktion: c/o International Bureau of Fiscal Documentation, P.O. Box 2 02 37, NL-1000 HE Amsterdam
Mitglieder: 27 Organisationen in 22 europäischen Ländern

Vertretung der Berufsinteressen der Steuerberater der EG gegenüber nicht-nationalen Institutionen; Mitwirkung an der Harmonisierung des Steuerwesens innerhalb der EG; Förderung der Zusammenarbeit der Steuerberater in Europa durch Kongresse u.a.

Mitgliedsorganisationen

Belgien

iz s 315
Institut Belge des Conseils Fiscaux
2, rue d'Assaut, B-1000 Brüssel
T: (00322) 2 10 13 42 **Fax:** 2 17 64 12

iz s 316
Instituut van Belastingconsulenten van Belgie
Stormstraat 2, B-1000 Brüssel
T: (00322) 2 10 13 42 **Fax:** 2 17 64 12

Dänemark

iz s 317
Foreningen af Skatteradgivere i Danmark
1 Aamarksvej, DK-2650 Hvidovre
T: (0045) 36 34 44 22 **Fax:** 34 44 44
E-Mail: frr@frr.dk

Deutschland

iz s 319
Bundessteuerberaterkammer
Postf. 13 40, 53003 Bonn
Poppelsdorfer Allee 24, 53115 Bonn
T: (0228) 7 26 39-0 **Fax:** 7 26 39-52
Internet: http://www.bstbk.de
E-Mail: BStBK-Bonn@t-online.de

iz s 320
Bundesverband der Steuerberater e.V.
Ludwigstr. 2, 50667 Köln
T: (0221) 9 25 36 37 **Fax:** 9 25 36 38
E-Mail: bv.steuerberater@t-online.de

iz s 321
Deutscher Steuerberaterverband e.V. (DStV)
Bertha-von-Suttner-Platz 6, 53111 Bonn
T: (0228) 9 85 94-0 **Fax:** 9 85 94 20
Internet: http://www.dstv.de
E-Mail: dstv.bonn@dstv.de

Finnland

iz s 322
Suomen verokonsulttien yhdistys SVKY
c/o HTM - tilintarkastajat ry
Kastelholmantie 2, FIN-00900 Helsinki
T: (003589) 47 67 93 02 **Fax:** 47 67 93 06

Frankreich

iz s 323
Institut des Avocats Conseils Fiscaux
9, rue Richepanse, F-75008 Paris
T: (00331) 42 60 10 18 **Fax:** 42 60 54 93

iz s 324
Union Professionnelle des Sociétés d'Avocats
2 bis, rue de Villiers, F-92300 Levallois
T: (00331) 46 39 46 46 **Fax:** 47 58 15 87

Griechenland

iz s 325
Hellenic Federation of Independent Professional Tax Consultants (P.O.F.E.E.)
Alexandras Ave. 54, GR-11473 Athen
T: (00301) 8 25 34 45 **Fax:** 8 25 34 46

Großbritannien

iz s 326
The Chartered Institute of Taxation
12, Upper Belgrave Street, GB-London SW 1X 8 BB
T: (0044207) 235-9381 **Fax:** 235-2562
Internet: http://www.tax.org.uk
E-Mail: post@ciot.org.uk

Irland

iz s 327
The Institute of Taxation in Ireland
19, Sandymount Avenue, IRL-Dublin 4
T: (003531) 6 68 82 22 **Fax:** 6 68 80 88
E-Mail: info@taxireland.ie

Italien

iz s 328
Associazione Nazionale Tributaristi Italiani
Via Daniele Manin, 35, I-20121 Mailand
T: (00392) 29 00 49 16 **Fax:** 6 57 27 46
E-Mail: anti@box.infomark

Luxemburg

iz s 329
Ordre des Experts Comptables Luxembourgeois (OECL)
Postf. 1362, L-1013 Luxembourg
Avenue de la Liberté 68, L-1013 Luxemburg
T: (00352) 29 13 33 **Fax:** 29 13 34
E-Mail: oecl@pt.lu

Niederlande

iz s 330
De Nederlandse Federatie van Belastingadviseurs
Nieuwe Parklaan 11, NL-2597 LA Den Haag
T: (003170) 3 52 20 61 **Fax:** 3 55 08 94
E-Mail: federatie@fb.nl

iz s 331
De Nederlandse Orde van Belastingadviseurs
Postf. 58067, NL-1040 HB Amsterdam
T: (003120) 6 18 16 11 **Fax:** 6 18 14 56
E-Mail: nob@nob.net

Österreich

iz s 332
Kammer der Wirtschaftstreuhänder
Stiege 1, 6. Obergeschoß, Top 2
Schönbrunnerstr. 222-228, A-1120 Wien
T: (00431) 8 11 73-0 **Fax:** 8 11 73-100
E-Mail: office@kwt.or.at

Schweden

iz s 333
Föreningen av Skatterådgivare i Sverige FSS
Postf. 5770, S-11487 Stockholm
T: (00468) 6 63 22 50 **Fax:** 6 63 02 48
E-Mail: info@revisorsamfundet.se

Schweiz

iz s 334
Treuhand-Kammer
Schweizerische Kammer der Wirtschaftsprüfer, Steuerexperten und Treuhandexperten
Postf. 8 92, CH-8025 Zürich
T: (00411) 2 67 75 75 **Fax:** 2 67 75 85
E-Mail: dienste@treuhand-kammer.ch

Slowenien

iz s 335
Drugtvo Davcnih Svetovalcev Slovenije (DDSS)
Dunajska 111, P.P. 32 52 111, SLO-1001 Ljubljana
T: (0038661) 134 48 97 **Fax:** 134 48 99

Spanien

iz s 336
Asociación Española de Asesores Fiscales
Calle de Montalbán, n° 3-6, E-28014 Madrid
T: (00341) 5 32 51 54 **Fax:** 5 32 37 94
E-Mail: aedafmadrid@mad.servicom.es

Tschechische Republik

iz s 337
Komora danových poradcu Ceské Republiky
Postf. 121, CZ-65721 Brno 2
Kancelár, CZ-65721 Brno 2
T: (004205) 42 22 00 11-12 **Fax:** 42 21 03 06
E-Mail: kdp@kdpcr.cz

Ungarn

iz s 3 37.10
Magyar Adótanácsadólc Országos Egyesülete
Csengery u. 53, H-1067 Budapest
T: (00361) 1 31-1756 **Fax:** 1 31-1756
E-Mail: adokamara@mail.matav.hu

Beobachter

Malta

iz s 338
Malta Institute of Taxation
Windsor Buildings
Zabbar Road 247/14, GBY-Fgura
T: (00356) 34 43 60 **Fax:** 34 39 58
E-Mail: pwmalta@europe.notes.pw.com

Polen

iz s 339
Stowarzyszenie Ekspertów Finansowych i Doradców Podatkowych (SEFiD)
ul. Wilcza 56 m 8, PL-00679 Warschau
T: (004822) 6 25 44 13 **Fax:** 6 25 44 13
E-Mail: sefid@bti.pl

Slowakische Republik

iz s 340
Slovenská Komora danových poradcov
Nám SNP 7, SK-97401 Banská Bystrica
T: (0042188) 41 24-393 **Fax:** 41 25-899
E-Mail: bratislava.skdp@skdp.sk

Spanien

iz s 341
Registro de Economistas de Asesores Fiscales (REAF)
Claudio Coelle 18, Principal 1, E-28001 Madrid
T: (003491) 577 27 27, 577 36 83, 577 36 85 **Fax:** 577 95 56

• **IZ S 342**

Vereinigung Europäischer Wirtschaftsprüfer
Federation of European Accountants
Fédération des Experts Comptables Européens
Rue de la Loi 83, B-1040 Brüssel
T: (00322) 2 85 40 85 **Fax:** 2 31 11 12
Internet: http://www.euro.fee.be
E-Mail: secretariat@fee.be
Gründung: 1987
Präsident(in): Hélène Bon
Verbandszeitschrift: FEE Highlights, FEE Euronews
Mitglieder: 400000
Mitarbeiter: 11

Mitgliedsorganisationen

Belgien

iz s 343
Institut des Réviseurs d'Entreprises (IRE)
Avenue Marnix 22, B-1000 Bruxelles
T: (00322) 5 12 51 36 **Fax:** 5 12 78 86
E-Mail: info@ibr-ire.be

iz s 344
Institut des Experts Comptables (IEC)
Rue de Livourne 41, B-1050 Bruxelles
T: (00322) 5 43 74 90 **Fax:** 5 43 74 91
E-Mail: a.lagrau@iec-idac.be

Deutschland

iz s 345
Institut der Wirtschaftsprüfer in Deutschland e.V. (IDW)
Postf. 32 05 80, 40420 Düsseldorf
Tersteegenstr. 14, 40474 Düsseldorf
T: (0211) 45 61-0 **Fax:** 4 54 10 97
Internet: http://www.idw.de
E-Mail: info@idw.de

Dänemark

iz s 346
Foreningen af Statsautoriserede Revisorer (FSR)
Kronprinsessegade 8, DK-1306 Kopenhagen K.
T: (0045) 33 93 91 91 **Fax:** 33 11 09 13
E-Mail: fsr@fsr.dk

Finnland

iz s 347
KHT - Yhdistys Foreningen CGR
Fredrikinkatu 61 A, FIN-00100 Helsinki 10
T: (003589) 6 94 22 55 **Fax:** 6 94 22 50
E-Mail: kht@kht.fi

Frankreich

iz s 348
Ordre des Experts Comptables (OEC)
Rue de Courcelles 153, F-75817 Paris Cedex 17
T: (00331) 44 15 60 00 **Fax:** 44 15 90 05
E-Mail: csoec@cs.experts-comptables.org

iz s 349
Institut Français des Experts Comptables (IFEC)
Rue du Faubourg St-Honoré 139, F-75008 Paris
T: (00331) 42 56 49 67 **Fax:** 42 25 52 61

iz s 350
Compagnie Nationale des Commissaires aux Comptes (CNCC)
Rue de l'Amiral de Coligny 6, F-75001 Paris
T: (00331) 44 77 82 82 **Fax:** 42 61 37 73
E-Mail: groupe.cncc@cncc.fr

Griechenland

iz s 351
Soma Orkoton Elegton (SOE)
Kapodistriou Street 28, GR-10682 Athenes
T: (00301) 3 83 05 11 **Fax:** 3 82 51 59
E-Mail: solaeoe@denet.gr

iz s 352
Association of Certified Accountants and Auditors of Greece (SELE)
330 Thisseos Avenue, GR-17675 Kallithea
T: (00301) 9 30 81 80 **Fax:** 9 30 81 82

Großbritannien

iz s 353
Institute of Chartered Accountants in England and Wales (ICAEW)
Chartered Accountants' Hall
Postf. 433, GB-London EC2P 2BJ
Moorgate Place, GB-London EC2P 2BJ
T: (0044207) 9 20 81 00 **Fax:** 3 74 20 60

iz s 354
Institute of Chartered Accountants of Scotland (ICAS)
27 Queen Street, GB-Edinburgh EH2 1LA
T: (0044131) 2 25 56 73 **Fax:** 2 25 38 13
E-Mail: icas@icas.org.uk

iz s 355
Association of Chartered Certified Accountants (ACCA)
29 Lincoln's Inn Fields, GB-London WC2A 3EE
T: (0044207) 2 42 68 55 **Fax:** 8 31 80 54

iz s 356
Chartered Institute of Management Accountants (CIMA)
63 Portland Place, GB-London W1N 4AB
T: (0044207) 6 37 23 11 **Fax:** 6 31 53 09

iz s 357
Chartered Institute of Public Finance and Accountancy (CIPFA)
3 Robert Street, GB-London WC2N 6BH
T: (0044207) 5 43 56 00 **Fax:** 5 43 57 00
E-Mail: ca@icai.ie

Irland

iz s 358
Institute of Chartered Accountants in Ireland (ICAI)
Pembroke Road 87-89, IRL-Dublin 4
T: (003531) 6 68 04 00 **Fax:** 6 68 08 42
E-Mail: ca@icai.ie

iz s 359
Institute of Certified Public Accountants in Ireland (ICPAI)
9 Ely Place, IRL-Dublin 2
T: (003531) 6 76 73 53 **Fax:** 6 61 23 67
E-Mail: cpa@iol.ie

Island

iz s 360
Félag Löggiltra Endurskodenda (FLE)
Sudurlandsbraut 6, IS-108 Reykjavik
T: (003545) 68 81 18 **Fax:** 68 81 39
E-Mail: fle@islandia.is

Israel

iz s 361
Institute of Certified Public Accountants in Israel (ICPA in Israel)
Postf. 29281, IL-Tel Aviv 61292
20 Scheffer Street, IL-Tel Aviv 61292
T: (009723) 5 16 11 14 **Fax:** 5 10 31 05
E-Mail: cpas@icpas.org.il

Italien

iz s 362
Consiglio Nazionale dei Dottori Commercialisti (CNDC)
Via Poli, 29, I-00187 Roma
T: (00396) 67 58 63 16 **Fax:** 67 58 63 48
E-Mail: jic-cndc-cnr@cndc.it

iz s 363
Consiglio Nazionale dei Ragionieri e Periti Commerciali (CNRPC)
Via Paisiello, 24, I-00198 Roma
T: (00396) 85 23 61 **Fax:** 85 23 63 55
E-Mail: webmaster@consrag.it

Luxemburg

iz s 364
Ordre des Experts Comptables Luxembourgeois (OECL)
Postf. 1362, L-1013 Luxembourg
Avenue de la Liberté 68, L-1013 Luxembourg
T: (00352) 29 13 33 **Fax:** 29 13 34
E-Mail: oecl@pt.lu

iz s 365
Institut des Réviseurs d'Entreprises (IRE)
Postf. 2056, L-1020 Luxembourg
Avenue de la Liberté 68, L-1930 Luxembourg
T: (00352) 29 11 39 **Fax:** 29 13 34
E-Mail: ire@pt.lu

Malta

iz s 366
The Malta Institute of Accountants
Accountancy House 14, Princess Elizabeth Street, GBY-Malta Ta´xbiex MSD 11
T: (00356) 32 39 91 **Fax:** 32 39 90
E-Mail: mia@dream.vol.net.mt

Monaco

iz s 367
Conseil de l'Ordre des Experts Comptables de Monaco (COECM)
c/o Mr. A. Garino
2, rue de la Lüjerneta, MC-98000 Monaco
T: (00377) 97 77 77 00 **Fax:** 97 77 77 01

Niederlande

iz s 368
Koninklijk Nederlands Instituut van Registeraccountants (NIVRA)
Postf. 79 84, NL-1008 AD Amsterdam
A.J. Ernststraat 55, NL-1083 GR Amsterdam
T: (003120) 3 01 03 01 **Fax:** 3 01 03 02
E-Mail: nivra@nivra.nl

Norwegen

iz s 369
Den Norske Revisorforening
Postf. 58 64, N-0354 Oslo
Pilestredet 75D, N-0354 Oslo
T: (0047) 23 96 52 00 **Fax:** 22 69 05 55
E-Mail: firmapost.dnr@revisornett.no

Österreich

iz s 370
Kammer der Wirtschaftstreuhänder
Schönbrunnerstr. 222-228, A-1120 Wien
T: (00431) 8 11 73-0 **Fax:** 8 11 73-100
E-Mail: office@kwt.or.at

iz s 371
Institut Österreichischer Wirtschaftsprüfer (IÖW)
Schönbrunner Str. 222-228/1/6/2, A-1120 Wien
T: (00431) 8 11 73 **Fax:** 81 17 31 00
E-Mail: iwp@kwt.or.at

Portugal

iz s 372
Câmara dos Revisores Oficiais de Contas (CROC)
rua do Salitre, n_Ho 51/53, P-1200 Lissabon
T: (003511) 3 53 60 77 **Fax:** 3 53 61 49
E-Mail: croc@cidadevirtual.pt

Rumänien

iz s 373

Corpul Expertilor Contabili si Contabililor Autorizati

The Chartered and Authorised Accountants Body of Romania
Bd. Mircea Vodă 35 bl. M27 sc. 1, et. 1, R-Bukarest
T: (00401) 3 12 68 89

Schweden

iz s 374

Foreningen Auktoriserade Revisorer (FAR)

Postf. 6417, S-113 82 Stockholm
Norrtullsgatan 6, S-113 82 Stockholm
T: (00468) 50 61 12 00 **Fax:** 34 14 61
E-Mail: sekr@far.se

Schweiz

iz s 375

Treuhand-Kammer

Postf. 8 92, CH-8025 Zürich
T: (00411) 2 67 75 75 **Fax:** 2 67 75 85
E-Mail: dienste@treuhand-kammer.ch

Slowenien

iz s 376

Slovenski Institut za Revizijo

The Slovenian Institute of Auditors
Dunajska cesta 106/II, SLO-1000 Ljubljana
T: (0038661) 1 68 55 54 **Fax:** 1 68 63 32
E-Mail: barbara@rsi.si

Spanien

iz s 377

Instituto de Auditores-Censores Jurados de Cuentas de España (IACJCE)

General Arrando 9, E-28010 Madrid
T: (00341) 4 46 03 54 **Fax:** 4 47 11 62
E-Mail: auditoria@iacjce.es

Tschechische Republik

iz s 378

Komora Auditoru Ceske Republiky

Chamber of Auditors Czech Republic
Opletalova 55/57, PF 772, CZ-11184 Prag
T: (004202) 24 21 26 70 **Fax:** 24 21 19 05
E-Mail: kacr@ms.anet.cz

Ungarn

iz s 379

Magyar Konyvvizgaloi Kamara
Chamber of Hungarian Auditors

Roosevelt tér 7-8, H-1370 Budapest V
T: (00361) 3 12 46 51 **Fax:** 3 12 32 36
E-Mail: mkk@mail.matav.hu

Zypern

iz s 380

Institute of Certified Public Accountants of Cyprus (ICPA of Cyprus)

Hawaii Nicosia Tower
Postf. 4935, CY-Nicosia
41 Therm. Dervis Street, 5th Floor 503/504, CY-Nicosia
T: (003572) 76 98 66 **Fax:** 76 63 60

Landwirtschaft, Fischerei, Ernährung, Gartenbau, Landespflege

• **IZ S 381**

Europäische Union der Spitzenköche (EUROTOQUES)

European Union of Cooks
Union Européenne des Cuisiniers
Administrative Office
Postf. 11 58, S-11181 Stockholm
T: (00468) 6 13 28 16 **Fax:** 7 97 91 16
Internet: http://www.euro-toques.org
E-Mail: info@euro-toques.org
Siege Social:
Grand Hotel Mercure "Royal Crown Brussels", Rue Royale 250, B-1210 Brussels
Gründung: 1986
Founder President: Pierre Romeyer
European President: Gualtiero Marchesi
Verbandszeitschrift: EUROTOQUES Bulletin
Redaktion: Mme Mary Doolan
Mitglieder: 3500

National Offices

Belgien

iz s 382

Euro Toques

Rest. Bruneau
Avenue Broustin 73-75, B-1083 Ganshoren
T: (00322) 4 27 47 44 **Fax:** 4 25 97 26
President: Jean-Pierre Bruneau

Deutschland

iz s 383

Eurotoques-Deutschland

Organisations-Office für Geschmackssensibilisierung & Euro-Toques Pressestelle c/o Schassbergers Kur- und Sporthotel
Winnender Str. 10, 73667 Ebnisee
T: (07184) 29 21 02 **Fax:** 9 10 53, 29 21 38
Internet: http://home.t-online.de/home/Eurotoques_Deutschland
E-Mail: Eurotoques_Office@t-online.de
Präsident(in): Ernst Ulrich Schassberger
Vizepräsident(in): Heinz Winkler
Günter Scherrer
Heiner Finkbeiner

Finnland

iz s 384

Euro-Toques

Yleisradio
Postf. 77, FIN-00024 Helsinki
T: (003580) 9 14 80 58 65 **Fax:** 9 14 80 47 16
E-Mail: p.parssinen@pekkores.com
President: Alf Gustafsson
Hocus Pocus

Frankreich

iz s 385

Euro-Toques

14 bis Rue Daru, F-75008 Paris
T: (00331) 47 64 50 70 **Fax:** 47 64 15 61
President: Henri Charvet (Au Comte De Gascogne, 89 Avenue Jean Baptiste Clement, 92100 Boulogne)

Griechenland

iz s 386

Euro-Toques

c/o N.J.V. Athens Plaza Hotel
Proxenou Koromila 13, GR-54623 Saloniki
T: (003031) 28 59 91 **Fax:** 22 44 77
President: Nikos Sarantos

Großbritannien

iz s 387

Euro-Toques

Eurostar
Sherwood
Canterbury Road, GB-Charing, Kent, TN27 OE4
E-Mail: mwba@compuserve.com
Commissioner General: Annie Schwab
President: Antony Worrall-Thompson

Irland

iz s 388

Euro-Toques Irish Branch

11 Bridge Court, City Gate, IRL-Dublin 8
T: (003531) 6 77 99 95 **Fax:** 6 71 84 14
E-Mail: info@restaurantassociation.ie
President: John Howard (Le Coq Hardi, 35 Pembroke Road, Ballsbridge, Dublin 4)
Administrator: Henry O'Neill

Italien

iz s 389

Euro-Toques

Ristorante Gualtiero Marchesi
Via Udine 1, I-25030 Brescia
T: (0039030) 34 74 56 **Fax:** 34 74 56
President: Gualtiero Marchesi

Luxemburg

iz s 390

Euro-Toques

Restaurant La Ramaudiere
Postf. 19 73, L-1019 Luxemburg
T: (00352) 34 05 71 **Fax:** 34 02 17
President: Daniel Rameau

Niederlande

iz s 391

Euro-Toques
Holland

Rest. Het Bosch
Jollenpad 10, NL-1081 Amsterdam
T: (003120) 6 44 58 00 **Fax:** 6 44 19 64
President: Constant Fonk De Heer
Rosmolen De Oude (Duinsteeg 1, 1621 ER Hoorn)
Administrator: Ferry Van Houten

Portugal

iz s 392

Euro-Toques

Avenida Marquer De Tomar 9-3, P-1050 Lissabon
T: (003511) 13 57 10 51 **Fax:** 13 57 11 39
Commissioner General: Michel Da Costa

San Marino

iz s 393

Euro-Toques

Restaurant Righi La Taverna
Piazza della Liberta 10, RSM-47031 San Marino
T: (00378) 99 11 96 **Fax:** 99 05 97
Commissioner General: Giovanni Righi

Schweden

iz s 394

Euro-Toques

Steiner Öster Rest AB
Blasieholmsg. 4 A, S-11148 Stockholm
T: (00468) 6 79 99 57 **Fax:** 6 79 99 58
Commissioner General: Erik Florén

Spanien

iz s 395

Euro-Toques

C/ Azpeitia, 9-2 A, E-20010 San Sebastian - Donostia
T: (0034943) 45 52 55/66 **Fax:** 47 15 59

E-Mail: vegana@geocities.com
President: Juan Maria Arzak (Rest. Arzak, Alto de Miracruz 21, 20015 San Sebastian Gipuzkoa)
Administrator: Joaquin Martinez

Schweiz

iz s 396

Euro-Toques Switzerland

Logis-du-Pont Restaurant
Place dela Navigation 2, CH-1006 Lausanne
T: (004121) 6 13 10 00 **Fax:** 6 13 10 05
President: Gérard Morisset

• **IZ S 397**

Europäische Föderation der Diätassistentenverbände (EFAD)

European Federation of the Associations of Dietitians
Fédération Européenne des Associations de Diététiciens
Neuhaus 22, 40883 Ratingen
E-Mail: RenateFrenz@t-online.de
Präsident(in): Renate Frenz
Mitglieder: 23 representing, more than 21100 Dietitians in Europe

• **IZ S 398**

Europäischer Verband der Lohnunternehmer (CEETTAR)

European Organization of Agricultural Contractors
Confédération Européenne des Entrepreneurs de Travaux Techniques Agricoles et Ruraux
Sekretariat:
Postf. 1156, NL-3600 BD Maarssen
T: (00313465) 6 88 64 **Fax:** 7 29 58
Gründung: 1961 (31. Mai)
Geschäftsf. Ausschuß:
Präs. u. Vors: Robert Sabathie (Frankreich)
Geschäftsführer(in): Jan Maris (Niederlande)
Mitglieder: 8
Jährliches Budget: 10500 ECU
Mitgliedsländer:
Belgien, Deutschland, Dänemark, England, Frankreich, Irland, Niederlande, Portugal, Spanien, Italien

Nationale Organisationen

Belgien

iz s 399

N.C.L. Nationale Centrale Landbouwservice

Spastraat 8, B-1040 Brussel
T: (00322) 2 38 05 11 **Fax:** 2 30 93 54
President: Louis Vanhoudt
General Secretary: Marc Speeckaert

Dänemark

iz s 400

L.D.M. Landsforeningen Danske Maskinstationer

Jens Gro_yns Vej 2, Vinding, DK-7100 Vejle
T: (004575) 85 83 55 **Fax:** 85 73 35
President: Niels Madsen
General Secretary: Tag Lund Christensen

Deutschland

iz s 401

Bundesverband Lohnunternehmen (BLU) e.V.

Knochenhauerstr. 2a, 30890 Barsinghausen
T: (05105) 5 21 38 20 **Fax:** 5 21 38 11
E-Mail: schmid@blu-verband.de
Chairman: Konrad Schindehütte
Manager: Alfred Schmid

Großbritannien

iz s 402

N.A.A.C. National Association of Agricultural Contractors

Huts Corner, Tilford Road, Hinhead, GB-Surrey, GU26 6SF
T: (0044142) 8 60 53 60 **Fax:** 8 60 65 31
Chairman: Richard Hartley
Office Manager: Sally Tickner

Frankreich

iz s 403

Fédération Nationale des Entrepreneurs de Travaux Agricoles Ruraux et Forestiers (F.N.E.T.A.R.F.)

8, Villa d'Alésia, F-75014 Paris
T: (00331) 45 39 44 80 **Fax:** 45 41 28 85
President: Robert Sabathie
General Secretary: Christian de Corbiac

Irland

iz s 404

I.A.A.C. Irish Association of Agricultural Contractors

137, Lower Georges Street, Dun Laoghaire, IRL-Co. Dublin
T: (00353) 2 80 91 82 **Fax:** 2 80 91 82
President: Irvin Rothwell
General Secretary: Tom Murphy

Italien

iz s 405

U.N.I.M.A. Unione Nazionale Impresse Di Meccanizzazione Agricola

Via Savoia 82, I-00198 Rom
President: Giuseppe Torchio
General Secretary: Danilo Pirola

Niederlande

iz s 406

CUMELA Nederland Culturtechnische werken in Grondverzet, Meststoffendistributie en Loonwerken in de Agrarische sector in Nederland

Postf. 1156, NL-3600 BD Maarssen
T: (0031346) 56 88 64 **Fax:** 57 29 58
President: Dick van der Flier
General Secretary: Jan Maris

Portugal

iz s 407

A.N.E.F.A. Associação National de Empreitieros Florestais e Agricolas

Estrada de Benfica, 552 - 3° Dto, P-1500 Lisboa
T: (003511) 70 01 66 **Fax:** 7 16 23 18
President: António Pina Vieira do Vale
General Secretary: Rodrigo Corrêa de Sá

Spanien

iz s 408

A.E.R.Z.A. Association d'Entrepreneurs Collecteurs de Zaragoza

Paseo del Muro 28 Dplo., E-50060 Ejea de los Caballeros
President: M. Benavente

iz s 409

Associacao Atonoma d'Empresaris de Maquinaria Agricola Especial per a Servais

Avgda. Tortosa 2 Mercolleida, E-25005 Lleida
President: V. Voltas
General Secretary: B. René

• **IZ S 410**

ELCA
EUROPEAN LANDSCAPE CONTRACTORS ASSOCIATION

Gemeinschaft des europäischen Garten-, Landschafts- und Sportplatzbaues (ELCA)

European Landscape Contractors Association
Union Européenne des Entrepreneurs du Paysage
Alexander-von-Humboldt-Str. 4, 53604 Bad Honnef
T: (02224) 77 07-20 **Fax:** 77 07 77
Internet: http://www.eu-landscapers.org
E-Mail: elca@galabau.de
Gründung: 1963
Präsident(in): E. P. van Ginkel (Castor 64, NL-3900 AA Veenendaal, T: (0031318) 51 29 92, Telefax: (0031318) 51 29 92)
Vizepräsident(in): Werner Küsters (St.-Antonius-Str. 1 a, 41470 Neuss, T: (02137) 95 33-0, Fax: (02137) 95 33 30)
Carl Misseghers (7, rue de la Boissière, F-76170 La Frenaye, T: (0033235) 38 06 80, Fax: (0033235) 84 06 83)
Erik Krogstrup (Thomsens Anlaegsgartneri A/S, Hjortevej 1, Skalborg, DK-Aalborg SV, T: (004596) 34 15 50, Fax: 34 15 59)
Geschäftsführer(in): Dr. Hermann Kurth
Mitglieder: 12

Interessenvertretung des europäischen Garten-, Landschafts- und Sportplatzbaues - Förderung des gegenseitigen Informations- und Erfahrungsaustausches - Förderung der Nachwuchsbildung und des Austausches junger qualifizierter Landschaftsgärtner.

Mitgliedsorganisationen

Österreich

iz s 411

Bundesinnung der Gärtner Berufsgruppe Gartengestalter

Wiedner Hauptstr. 63, A-1045 Wien
T: (00431) 5 01 05-3311 **Fax:** 5 01 05-245
E-Mail: bigrl@wkoesk.wk.or.at
President: Ing. Gerold Hauser (Erlaaer Str. 97, A-1233 Wien, T: (00431) 6 67 61 48, Fax: 6 67 06 83)
Secretary: Mag. Erich Jancik
Verbandsorgan: Gärtner-Kurier

Belgien

iz s 412

Association des Entrepreneurs de Jardins de Belgique (AEJB)

Zuidstationstraat 18, B-9000 Gent
T: (003292) 23 73 75 **Fax:** 25 73 36
Internet: http://www.users.skynet.be/sky82549/
E-Mail: garden.contractors@skynet.be
Präsident(in): Edwin van Cauwelaert (Steenweg naar Pepingen 250, B-1600 Sint-Pieters-Leeuw, T: (00322) 3 56 29 82, Fax: 3 60 33 46)
Secretary: Léon Trivier
Roland Rosseel

Dänemark

iz s 413

Landsforeningen Danske Anlaegsgartnermestre (LDA)

Sankt Knudsvej 25, DK-1903 Frederiksberg C.
T: (004533) 86 08 60 **Fax:** 86 08 50
Internet: http://www.lda.dk
E-Mail: www.lda@lda.dk
President: Lars Aarup (Dragsmöllevej 24, Lille Skovvang, DK-4534 Hoerve, T: (00455) 9 65 66 39, Fax: 65 74 94, E-Mail: info@lars-aarup.dk, Internet: http://www.lars-aarup.dk)
Secretary: Stephan Falsner
Verbandszeitschrift: Grønt Miljø (trade magazine), LDA-NYT (for the members only)
Verlag: Grønt Miljø
Mitglieder: 195
Mitarbeiter: 8
Jahresetat: DM 1,5 Mio, € 0,77 Mio

Finnland

iz s 414

Viheraluerakentajat r.y.

c/o Puutarhaliitto
Viljatie 4c, FIN-00700 Helsinki
T: (003580) 35 41 66 **Fax:** 3 45 38 19
Président: Olavi Järvenpää (Viherrengas Oy, Pikkukiventie 6, Fin-90630 Oulu, T: (00358)88 83 02 00, Fax: 88 83 02 20, E-Mail: olavi.jarvenpaa@viherrengas.fi)

Deutschland

iz s 415

Bundesverband Garten-, Landschafts- und Sportplatzbau e.V. (BGL)

Haus der Landschaft
Alexander-von-Humboldt-Str. 4, 53604 Bad Honnef
T: (02224) 77 07-0 **Fax:** 77 07-77
Internet: http://www.galabau.de

E-Mail: bgl@galabau.de
Gründung: 1964
President: Werner Küsters (St.-Antonius-Str. 1 a, 41470 Neuss, T: (02137) 95 33-0, Fax: 95 33 30)
Hauptgeschäftsführer: Dr. Hermann Kurth
Verbandszeitschrift: "Landschaft Bauen & Gestalten"
Verbandsorgan: BGL-Verbandsorgan
Mitglieder: 14 Landesverbände, in denen rd. 3000 Betriebe organisiert sind
Mitarbeiter: 32

Italien

iz s 416

Associazione Italiana Costruttori Del Verde ASSOVERDE
c/o FEDERLOMBARDA
Via XXV Aprile 19a, I-40011 Anzola Dell'Emilia BO
T: (0039051) 73 18 17 **Fax:** 73 23 56
President: Franco Gaslini
Secretary: Sandro Ceccoli

Niederlande

iz s 417

Vereniging van Hoveniers en Groenvoorzieners (VHG)
Postf. 85, NL-3980 CB Bunnik
John F. Kennedylaan 99, NL-3980 CB Bunnik
T: (003130) 6 59 56 50 **Fax:** 6 59 56 55
Internet: http://www.vhg.org
E-Mail: info@vhg.org
President: E. P. van Ginkel (Castor 64, NL-3902 SJ Veenendaal, T:(0031318) 51 29 92, Fax: 51 29 92)
Secretary: Ing. C. Oostlander
Mitglieder: 1100
Verbandsorgan: Tuin- en Landschap

Norwegen

iz s 418

Norsk Anleggsgartnermesterlag (NAML)
Essendropsgt. 6, N-00305 Oslo
T: (004722) 96 11 50 **Fax:** 56 97 70
President: Steinar Tranby (Tranby A/S, Boks 273, N-1324 Lysaker)
Secretary: Knut Geir Bjartland

Schweden

iz s 419

Sveriges Trädgårdsanläggningsförbund (STAF)
Postf. 351, S-20314 Malmö
Gustav Adolfs Torg 8A, S-20314 Malmö
T: (004640) 7 56 20 **Fax:** 23 79 04
Internet: http://www.staf.se
E-Mail: info@staf.se
President: Rolf Östinge (Luggudevägen 2, S-23254 A_Okarp, T:(004640) 43 44 46, Fax: 43 79 15)
General Secretary: Lennart Wahlstedt
Verbandsorgan: Utemiljö

Schweiz

iz s 420

Verband Schweizerischer Gärtnermeister (VSG)
Forchstr. 287, CH-8029 Zürich
T: (00411) 3 88 53 00 **Fax:** 3 88 53 40
President: Antoine Berger (Friedensgasse 3, CH-8002 Zürich, T: (00411) 7 16 18 18, Fax: 7 16 18 28)
Secretary: H. Wyler
Verbandsorgan: G'plus

Frankreich

iz s 421

Union Nationale des Entrepreneurs du Paysage (UNEP)
10, Rue Saint-Marc, F-75002 Paris
T: (00331) 42 33 18 82 **Fax:** 42 33 56 86
President: Jean Millet (Route des Chênes, F-73420 Drumettaz Clarafond, T. (003379) 61 51 42, Fax: 35 34 71)
Secretary: François Pichon

Außerordentliches Mitglied

iz s 422

The Israel Landscape & Gardening Association
Aba Achimeir Str. 22, IL-Petach Tikva 49370
T: (009723) 9 08 02 35 **Fax:** 9 08 02 34
E-Mail: info@gardening.org.il
President: Benjamin Nol ("Rov-Noy" Ltd., Landscaping company, Moshav Kidron 70795, P.O. Box 75, Israel, (009728) 8 59 11 12, Fax: 8 59 15 22)
Direktor: Israel Drory

● IZ S 423

Internationale Agrarwirtschaftler-Vereinigung (IAAE)
International Association of Agricultural Economics
Association Internationale des Economistes Agronomiques
c/o Dr. W. J. Armbruster, Farm Foundation
1211 West 22nd Street, Suite 216, USA-Oak Brook, IL 60523
T: (001630) 5 71-93 93 **Fax:** 5 71-95 80
E-Mail: IAAE@FARMFOUNDATION.ORG
Gründung: 1929
President: Douglas D. Hedley (Policy Branch: Agriculture and Agri-Food Canada, Sir John Carling Bldg., Ottawa Ont. K1A OC5, Canada, T: (001613) 759-7369, Telefax: (001613) 759-7237, e-mail:hedleyd@em.agr.ca)
Past President: Robert L. Thompson (Rural Development Department, The World Bank, 1818 H St. NW, Rm. MC5 113, Washington, DC 20433, USA, T: (001202) 458 7067, Fax: (001202) 522 3307, e-mail: rthompson2@worldbank.org)
President-Elect: Joachim von Braun (North/South Center for Development Research, University of Bonn, Walter-Flex-Str. 3, 53113 Bonn, T: (0228) 73-18 00, Fax: (0228) 73-50 97, e-mail: jvonbraun@uni-bonn.de)
Secretary-Treasurer: Dr. Walter J. Armbruster (Farm Foundation, 1211 W. 22nd Street, Suite 216, Oak Brook, Il 60523-2197, USA, T: (001708) 5 71-93 93, Telefax: (001708) 5 71-95 80, e-mail:iaae@farmfoundation.org)
Vice-President-Program: Prabhu L. Pingali (CIMMYT, Apdo Postal 6-641, Lisboa 27, 06600 Mexico, DF, Mexico, T: (00525) 8 04-75 30, Fax: (0525) 8 04-75 58/9, e-mail: p.pingali@cgiar.org)
Verbandszeitschrift: Journal of Agricultural Economies
Verlag: ELSEVIER Science Publishers B.V., P.O. Box 330, 100 AH Amsterdam, The Netherlands
Mitglieder: 2100

● IZ S 424

Internationaler Oenologenverband (UIO)
International Union of Oenologists
Union Internationale des Oenologues
c/o O.I.V.
Route de l'eglise 59, CH-1956 St. Pierre de Clages
T: (004127) 306 39 21 **Fax:** 306 78 49
Gründung: 1965 (24. April)
Präsident(in): Pietro Pittaro
Generalsekretär(in): Mike Favre
Mitglieder: 5000
Landesverbände: Bundesrepublik Deutschland, Frankreich, Spanien, Italien, Griechenland, Portugal, Großbritannien, Canada, Peru, Bolivien, Schweiz

Architekten, Ingenieure, Chemiker, Designer, technische Sachverständige, Wissenschaftler u.a.

● IZ S 425

EUDIX Eurobund der Ingenieure & Experten e.V.
Ingenieure und Experten helfen Gleichgesinnten
Postf. 30 07 62, 51336 Leverkusen
Burscheider Str. 8, 51381 Leverkusen
T: (02171) 73 40 03 **Fax:** 73 40 04
Vorstand und Geschäftsführung
Mitglied im Europäischen Beirat:
Dr. Peter Wintzer
Dipl.-Kfm. Dr. Wolfgang Golcher
geschäftsführender Präsident: Dipl.-Ing. Karl Heinz Reinecke
1. Vice-Präsident:
Ing.P.Eur.(en) Dipl.-Ing. Reinhard W. Ganske
2. Vice-Präsident: Dipl.Kfm. Dr. Wolfgang Golcher
3. Vice-Präsident: Ingenieur (grad.) Georg Zins
Schatzmeister: Dirk Platen
Kommission mit den beigeordneten Experten
Ingenieur (grad.) Georg Zins
Dipl.-Ing. Hubertus W. Weckmann
Dipl.-Ing. Karl Heinz Reinecke
Mitglieder: ca. 20
Mitgliederbetreuung: Consultingwirtschaft per Informationsbeschaffung, Akquisation u. Auftragsvergabe in Industrie, Handel u. Finanzen; Antragsprüfung u. Bearbeitung für Projekt-Wagniskapital, Sektion Incorporated für gemeinnützige Projekt-Aufgaben, Hilfsgütertransporte in Konfliktländern u. Entwicklungshilfe.

● IZ S 426

Europäische Schiffer-Organisation (ESO)
European Skippers Organization
Association européenne des bateliers
Bischoffsheimlaan 36, B-1000 Brüssel
T: (00322) 2 17 22 08 **Fax:** 2 17 22 08
Gründung: 1975
Präsident(in): L. C. van de Vel (34 Isabella Brantstraat,, 2018 Antwerpen)
M. Dourlent (Frankreich)
J. de Vries (Niederlande)
Mitglieder: ca. 10000

Internationale Verbände

Belgien

iz s 427

"Ons Recht" - "Notre Droit"
Straßburgdok 3, B-2030 Antwerpen

iz s 428

Vereniging Belgische Reders
Lathysusplein 12, B-2900 Schoten
Vorsitzende(r): A. Bauwens

iz s 429

Bond van Eigenschippers
Komvest 40, B-8000 Brugge
T: (003250) 47 07 20 **Fax:** 33 53 37

Deutschland

iz s 430

Bundesverband der Selbständigen Abteilung Binnenschiffahrt e.V.
August-Bier-Str. 18, 53129 Bonn
T: (0228) 74 63 77 **Fax:** 74 65 69
Vorsitzende(r): J. Schlieter

Frankreich

iz s 431

Chambre Nationale de la Batellerie Artisanale
45-47 Bd. Vincent Auriol, F-75013 Paris
Vorsitzende(r): R. Walbrecq

Niederlande

iz s 432

Onafnakelijke Nederlandse Schippersvakbond
Vasteland 12e, NL-3011 BL Rotterdam

iz s 433

Algemeene Schippers Vereeniging
Leeuwenstraat 13, NL-3011 AL Rotterdam

iz s 434

C.B.O.B.
Vasteland 12c, B-3011 BL Rotterdam
T: (003110) 2 06 06 02 **Fax:** 2 13 41 71
E-Mail: cbob@dbenr.nl

iz s 435

Ryn en Yssel
Boomstraat 2q, NL-3311 Rotterdam
Vorsitzende(r): Joh. A. Groeneveld

● IZ S 436

Europäische Vereinigung der Bau- und Gebäudesachverständigen (AEEBC)
Association of European Building Surveyors
Association d'Experts Européens du Bâtiment et de la Construction
Great George Street 12, GB-London SW1P 3AD
T: (0044207) 334 38 77 **Fax:** 334 38 44
Internet: http://www.rics.org.uk
E-Mail: lmarcouly@rics.org.uk
Gründung: 1992
President: Rob de Krildt
Secretary General: Peter Fall

Contact: Laurence Marcouly
Mitglieder: 20
Mitarbeiter: 1

• IZ S 437

Europäische Vereinigung für technische Beratung (EFCA)

European Federation of Engineering Consultancy Associations

Avenue des Arts 3/4/5, B-1210 Brüssel
T: (00322) 2 09 07 70 **Fax:** 2 09 07 71
Internet: http://www.efcanet.org
E-Mail: efca@efca.arc.be
Gründung: 1992 (22. Mai)
Président: José Rayagra
Vice-Président: Owe Swanson
Verbandszeitschrift: EFCA EURO NEWS
Verlag: EFCA Secretariat
Mitglieder: 23
Mitarbeiter: 4

Mitgliedsorganisationen

Belgien

iz s 438

Orde van Raadgevende Ingenieurs en engineeringbureaus (ORI)

Ordre des Ingénieurs-Conseils et des Bureaux d'ingénierie

Rue de Genève 6-8, B-1140 Brüssel
T: (00322) 7 06 05 70 **Fax:** 7 06 05 79
E-Mail: ori@skynet.be

Dänemark

iz s 439

Danish International Consultants Organisation (DICO)

Postf. 26 04, DK-1018 Kopenhagen K
Kristianiagade 8, DK-1018 Kopenhagen K
T: (004535) 25 37 37 **Fax:** 25 37 38
Internet: http://www.diconet.dk
E-Mail: dico@diconet.dk

iz s 440

Foreningen af Rådgivende Ingeniører (FRI)

Postf. 26 04, DK-1018 Kopenhagen K
Kristianiagade 8, DK-1018 Kopenhagen K
T: (004535) 25 37 37 **Fax:** 25 37 38
Internet: http://www.frinet.dk
E-Mail: fri@fridk.dk

Deutschland

iz s 441

Bundesvereinigung Consultingwirtschaft (BCW)

c/o VBI
Budapester Str. 31, 10787 Berlin
T: (030) 2 60 62-0 **Fax:** 2 60 62-100
Internet: http://www.vbi.de
E-Mail: vbi@vbi.de

iz s 442

Verband Beratender Ingenieure e.V. (VBI)

Budapester Str. 31, 10787 Berlin
T: (030) 2 60 62-0 **Fax:** 2 60 62-100
Internet: http://www.vbi.de
E-Mail: vbi@vbi.de

iz s 443

INGEWA Ingenieurverband Wasser- und Abfallwirtschaft e.V.

Walramstr. 9, 53175 Bonn
T: (0228) 37 30 97 **Fax:** 37 30 90
Internet: http://www.ingewa.de
E-Mail: info@ingewa.de

iz s 444

Verband Unabhängig Beratender Ingenieurfirmen e.V. (VUBI)

Wallstr. 23/24, 10179 Berlin
T: (030) 27 87 32-0 **Fax:** 27 87 32-20
Internet: http://www.vubi.com
E-Mail: info@vubi.com

iz s 445

Bund Deutscher Baumeister, Architekten und Ingenieure e.V. (BDB)

Willdenowstr. 6, 12203 Berlin
T: (030) 84 18 97-0 **Fax:** 84 18 97-22
Internet: http://www.baumeister-online.de
E-Mail: info@baumeister-online.de

Finnland

iz s 446

Finnish Association of Consulting Engineers (SKOL)

Pohjantie 12 A, FIN-02100 Espoo
T: (003589) 46 01 22 **Fax:** 46 76 42
Internet: http://www.skolry.fi
E-Mail: skolry@skolry.fi

Frankreich

iz s 447

Chambre des Ingénieurs-Conseils de France (CICF)

3, rue Léon Bonnat, F-75016 Paris
T: (00331) 44 30 49 30 **Fax:** 40 50 92 80
Internet: http://www.cicf.fr
E-Mail: cicf@cicf.fr

iz s 448

SYNTEC-Ingénierie - Chambre Syndicale des Sociétés d'Etudes Techniques et d'Ingénierie

3, rue Léon Bonnat, F-75016 Paris
T: (00331) 44 30 49 60 **Fax:** 45 24 23 54
Internet: http://www.syntec.ingeniere.fr
E-Mail: syntec.ingeniere@wanadoo.fr

Griechenland

iz s 449

Hellenic Association of Consulting Firms (HELLASCO)

2 Macedonon Street, GR-115 21 Athen
T: (00301) 6 45 22 32 **Fax:** 6 44 46 85
Internet: http://www.segm.gr
E-Mail: segm@tee.gr

Großbritannien

iz s 450

Association of Consulting Engineers (ACE)

Alliance House
12 Caxton Street, GB-London SW1H 0QL
T: (0044207) 2 22 65 57 **Fax:** 2 22 07 50
Internet: http://www.acenet.co.uk
E-Mail: consult@acenet.co.uk

Irland

iz s 451

Association of Consulting Engineers of Ireland (ACEI)

51 Northumberland Road, Ballsbridge, IRL-Dublin 4
T: (003531) 6 60 03 74 **Fax:** 6 68 25 95
Internet: http://www.acei.ie
E-Mail: info@acei.ie

Italien

iz s 452

Associazione delle Organizzazioni di Ingegneria e di Consulenza Tecnico Economica (OICE)

Via Adda 55, I-00198 Rom
T: (00396) 8 55 87 97 **Fax:** 8 54 16 85
Internet: http://www.oice.it
E-Mail: info@oice.it

Luxemburg

iz s 453

Ordre des Architectes et de Ingénieurs-Conseils (OAI)

Postf. 50 40, L-1050 Luxemburg
rue Jean Engling 8, L-1466 Luxemburg
T: (00352) 42 24 06 **Fax:** 42 24 07
E-Mail: oai@pt.lu

Niederlande

iz s 454

Organisatie van Nederlandse Raadgevende Ingenieursbureaus (ONRI)

Postf. 3 04 42, NL-2500 GK Den Haag
Koningskade 30, NL-2500 Den Haag
T: (003170) 3 63 07 56 **Fax:** 3 60 06 61
Internet: http://www.onri.nl
E-Mail: onri@onri.nl

Norwegen

iz s 455

Rådgivende Ingeniørers Forening (RIF)

Pilestredet 56, N-0167 Oslo 1
T: (00472) 2 56 40 60 **Fax:** 2 56 42 40
Internet: http://www.rif.no
E-Mail: rif@rif.no

Österreich

iz s 456

Bundeskammer der Architekten und Ingenieurkonsulenten

BS-Ing - Bundessektion Ingenieurkonsulenten
Karlsgasse 9/2, A-1040 Wien
T: (00431) 5 05 58 07 **Fax:** 5 05 32 11
Internet: http://www.arching.at
E-Mail: office@arching.at

iz s 457

Fachverband Technische Büros - Ingenieurbüros (FTBI)

Wiedner Hauptstr. 63, A-1040 Wien
T: (00431) 5 01 05 32 48 **Fax:** 5 02 06 288
E-Mail: ftbi@wkoesk.wk.or.at

Polen

iz s 458

Stowarzyszenie Inzynierów Doradców I Rzeczoznawców (SIDIR)

ul. Erazma Ciolka 16/422, PL-01402 Warschau
T: (004822) 36 02 41 ext 354 **Fax:** 37 92 73
E-Mail: hydrowar@pol.pl

Portugal

iz s 459

Associação Portuguesa de Projectistas e Consultores (APPC)

Avenida António Augusto de Aguiar 126, 7°, P-1050-020 Lissabon
T: (0035121) 3 58 07 85, 3 58 07 86 **Fax:** 3 15 04 13
E-Mail: appconsultores@mail.telepac.pt

Schweden

iz s 460

AI - Företagen

Postf. 1 61 05, S-103 22 Stockholm
Blasieholmsgatan 5, S-103 22 Stockholm
T: (00468) 7 62 67 00 **Fax:** 7 62 67 10
Internet: http://www.ai-foretagen.se
E-Mail: ai%ai-foretagen.se

Schweiz

iz s 461

Schweizerische Vereinigung Beratender Ingenieure (USIC)

Union Suisse des Ingénieurs-Conseils

c/o Markus Kamber & Partner
Postf. 69 22, CH-3001 Bern
Schwarztorstr. 26, CH-3001 Bern
T: (004131) 382 23 22 **Fax:** 382 26 70
Internet: http://www.usic-engineers.ch
E-Mail: office@kamberpartner.ch

Slowenien

iz s 462

National Association of Consulting Engineers of Slovenia (NACES)
Dimiceva 13, SLO-1504 Ljubljana
T: (0038661) 1 89 82 55 **Fax:** 1 89 82 00
E-Mail: zle@hq.gzs.si

Spanien

iz s 463

Asociación Española de Consultores en Ingeniería (ASINCE)
Arturo Soria, 191 4° D, E-28043 Madrid
T: (003491) 5 10 07 26 **Fax:** 4 16 81 92
Internet: http://www.asince.org
E-Mail: asince@asince.org

iz s 464

TECNIBERIA CIVIL - Asociación Española de Empresas Consultoras de Ingeniería Civil
c/Serrano 23-5°, E-28001 Madrid
T: (003491) 4 31 37 60 **Fax:** 5 75 54 99
Internet: http://www.tecniberia.es
E-Mail: civil@tecniberia.es

Tschechische Republik

iz s 465

Czech Association of Consulting Engineers (CACE)
K Ryšánce 16, CZ-14754 Prag 4
T: (004202) 42 67 66 **Fax:** 42 49 95
E-Mail: pgppraha@login.cz

Ungarn

iz s 466

Association of Hungarian Consulting Engineers and Architects (AHCEA)
IPARTERV S.C. (TMSz)
Türr István u. 9, 2nd floor, room 205, H-1052 Budapest
T: (00361) 3 18 08 67, 3 18 69 00 (Zentrale IPARTERV)
Fax: 3 18 08 67
E-Mail: tmsz@tmsz.org

• **IZ S 467**

Europäischer Rat der Stadtplaner (ECTP)
European Council of Town Planners
Conseil européen des Urbanistes
26 Portland Place, GB-London W1N 4BE
T: (0044207) 6 36 91 07 **Fax:** 3 23 15 82
E-Mail: online@rtpi.org.uk
Gründung: 1985
President: Robin Thompson
Vice-Presidents: Frank D'hondt
Charles Lambert
Robin Thompson
Ciarán Tracey
Jan Vogelij
Redaktion: ECTP, London
Mitglieder: ca. 20000 (in 20 member organisations - 13 EU members, 7 corresponding members)
Jahresetat: DM 0,066 Mio, € 0,03 Mio

Mitgliedsorganisationen

Belgien

iz s 468

Chambre des Urbanistes de Belgique
rue Dautzenberg 43 (REZ), B-1050 Brüssel
T: (00322) 6 48 67 70 **Fax:** 6 40 47 23
President: Peter Pillen
Delegates: Mireille Delvaux
Marcel Lahousse

iz s 469

Vlaamse Vereniging voor Ruinte en Planning (VKP)
Aarlenstraat 53 bus 4, B-1040 Brüssel
T: (00322) 2 33 31 39 **Fax:** 2 33 31 52
President: Guy Vloebergh
Delegates: Frank D'hondt
Guy Quackelbeen

Dänemark

iz s 470

Foreningen af Byplanlaeggere
Peder Skrams Gade 2B, DK-1054 Kopenhagen
T: (0045) 31 20 84 88
President: Tine Utzon-Frank
Delegates: Flemming Thornaes
Henrik W. Jensen

Deutschland

iz s 471

Vereinigung für Stadt-, Regional- und Landesplanung e.V. (SRL)
Köpenicker Str. 48-49, 10179 Berlin
T: (030) 30 86 20 60 **Fax:** 30 86 20 62
President: Dr.-Ing. Jörg Forßmann
Delegates: Marta Doehler
Herbert Zimmermann

Frankreich

iz s 472

Société Française des Urbanistes
39 rue Pernety, F-75014 Paris
T: (00331) 45 39 69 53 **Fax:** 45 41 02 27
President: Charles Lambert (Delegate)
Delegate: Dominique Lancrenon

Griechenland

iz s 473

Greek Planners Association
Sarantapihou 15-17, GR-11471 Athen
President: Costas Gartsos
Delegate: Athena Wallace Baibas
Moskos Dianantopoulos

Großbritannien

iz s 474

Royal Town Planning Institute
26 Portland Place, GB-London W1N 4BE
T: (0044207) 6 36 91 07 **Fax:** 3 23 15 82
President: Kevin Murray
Delegates: Robin Thompson
Robert Upton
Colin McGill

Irland

iz s 475

Irish Planning Institute
8 Merrion Square, IRL-Dublin 2
T: (003531) 6 62 88 07 **Fax:** 6 61 09 48
President: Philip Jones
Delegates: Ciarán Tracey
Tony Manahan

Italien

iz s 476

Associazione Nazionale degli Urbanisti
via Camuffo 57, I-30172 Mestre (VE)
President: Daniele Rallo
Delegates: Rosario Leonardi
Virna Bussadori

iz s 477

Istituto Nazionale di Urbanistica
Via S. Caterina da Siena 46, I-00186 Rom
President: Stefano Stanghellini
Delegate: Gianfranco Pagliettini
Delegate: Franco Mighiorini

Niederlande

iz s 478

Beroepsvereninging van Stedebouwkundigen en Planologen (BNSP)
Beurs van Berlage, Oudebrugsteeg 11/2, NL-1012 JN Amsterdam
T: (003120) 4 27 34 27 **Fax:** 4 21 71 72
President: Joost Schrijnen
Delegate: Jan Vogelis
Otto Smits

Portugal

iz s 479

Associação de Urbanistas Portuguesas
IST-Pavilhão de Civil, Piso 1, Sala 1°41, Avenida Rovisco Pais, P-1096 Lissabon Codex
T: (003511) 8 47 21 68 **Fax:** 8 40 98 84
President: Manuel Costa Lobo
Delegates: Paulo Correia
Ana Queiroz do Vale

Spanien

iz s 480

Asociación Española de Técnicos Urbanistas
Paseo Teruel 14, E-50004 Zaragoza
President: Maria Pilar Sancho Marco
Delegates: Alvaro Gomez-Ferrer Bayo
Emilio Ordeig Fos

• **IZ S 481**

Europäischer Rat der Ingenieure des Bauwesens (ECCE)
European Council of Civil Engineers
Conseil Européen des Ingénieurs en génie civil
Great George Street 1 Westminster, GB-London SW1P 3AA
T: (0044207) 222 722 **Fax:** (0044171) 222 7500, 233 1806
Internet: http://www.eccenet.org
E-Mail: maxwell_d@ice.org.uk
Gründung: 1985
President: Prof. Antonio Adão da Fonseca
Secretary General: John Whitwell
Contact: Diana Maxwell
Mitarbeiter: 2

Representationen

Dänemark

iz s 482

Ingeniorforening i Danmark
IDA BYG
Kalvedbod Brygge, DK-1780 København V
T: (0045) 33 18 48 48 **Fax:** 33 18 48 87
Internet: http://www.ida.dk
Kurt Eriksen

Deutschland

iz s 483

Deutsche Sektion des European Council of Civil Engineers e.V. - ECCE
Edelsbergstr. 8, 80686 München
T: (089) 5 70 07-0 **Fax:** 57 00 72 60
E-Mail: verband@t-online.de
Präsident(in): Dr.-Ing. Carl August Günther
Vizepräsident(in): Dipl.-Ing. Stefan Ritzer
Hauptgeschäftsführer(in): VM VERBANDS-MANAGEMENT GMBH (Edelsbergstr. 8, 80686 München)

Finnland

iz s 484

Association of Finnish Civil Engineers
Suomen Rakennusinsinöörien Liitto RIL r.i.y.
Meritullinkatu 16A, FIN-00170 Helsinki
T: (003589) 684 0780 **Fax:** 1 35 76 70
Internet: http://www.ril.fi
E-Mail: ril@ril.fi, yrjo.matikainen@ril.fi
Managing Director: Yrjö Matikainen

Frankreich

iz s 485

Conseil National des Ingénieurs et Scientifiques de France (CNISF)
Rue Lamennais 7, F-75008 Paris
T: (00331) 44 13 66 71, 44 13 66 88 **Fax:** 42 89 82 50
E-Mail: cnisf.allard.paul@wanadoo.fr
President: Jean-Claude Parriaud (Civil Engineering Commission)

iz s 486

Anciens Elèves de l'Ecole Nationale des Ponts et Chaussées
c/o Soler Ingénierie
Avenue de l'Amiral Lemonnier 30, F-78160 Marly le Roi
Francois-Gírard Baron

iz s 487

Laboratoire des Ponts et Chaussées
58 bd Lefebvre, F-75732 Paris Cedex 15
T: (00331) 40 43 50 00 **Fax:** 40 43 54 98
Georges Pilot

Griechenland

iz s 488

The Association of Civil Engineers of Greece
Kallirois Street 89, GR-11745 Athen
T: (00301) 9 23 81 70 **Fax:** 9 23 59 59
T. Voudiklaris (Vice-Pres. ECCE)
Dimitri Papayannides
Evangelos Makrycostas
Vassilis Economopoulos

Großbritannien

iz s 489

Institution of Civil Engineers
Great George Street 1-7, GB-London SW18 3AA
T: (0044207) 2 22 11 22 **Fax:** 2 22 15 00
David Green

Irland

iz s 490

Institution of Engineers of Ireland
Clyde Road 22 Ballsbridge, IRL-Dublin 4
T: (003531) 6 68 43 41 **Fax:** 6 68 55 08
Internet: http://www.iei.ie
E-Mail: iei@iol.ie
Pierce Pigott

Italien

iz s 491

Consiglio Nazionale Degli Ingegneri
Via IV Novembre 114, I-00187 Rom
T: (00396) 6 79 66 50 **Fax:** 69 92 21 67
Internet: http://poseidon.selfin.net/cni/
E-Mail: cniesteri@selfin.net
President: Sergio Polese

Portugal

iz s 492

Ordem dos Engenheiros
Colégio de Engenharia Civil
Av. A. Augusto de Aguiar 3-D, P-1050 Lissabon Codex
T: (003511) 3 13 26 00 **Fax:** 3 52 46 32
E-Mail: ordeng@mail.telepac.pt
Antonio Adão da Fonseca
Carlos Matias Ramos

Rumänien

iz s 493

UAICR - Romanian Union of Civil Engineers Associations
c/o Technical University of Civil Engineering of Bucharest
B-dul Lacul Tei 124, R-72302 Bucharest
T: (00401) 2 42-1161, 2 42-1200 **Fax:** 2 42-0866
E-Mail: manoliu@utcb.ro
Prof. I. Manoliu

Slowenien

iz s 494

Zveva Drustev Gradbenich Inzenirjev in Tehnikov Slovenije (ZDGITS)
Karlovska 3, SLO-1000 Ljubljana
T: (0038661) 221 587 **Fax:** 221 587
Gorazd Humar

Spanien

iz s 495

Colegio de Ingenieros de Caminos, Canales y Puertos
Almagro 42, E-28010 Madrid
T: (003491) 3 08 20 24, 3 08 20 23 **Fax:** 3 08 39 32
Carmen de Andres Conde

Tschechische Republik

iz s 496

Cesky svaz stwebnich inzenyru
Sekretariat: Ceskeho Vyboru
Legerova 52, CZ-12000 Prag 2
T: (00422) 24 91 28 12 **Fax:** 24 91 28 12
Jirí Plička

Türkei

iz s 497

Turkish Chamber of Civil Engineers
Selanik Caddesi No: 19/1, 06650 Yenisehir, TR-Ankara
T: (0090312) 419 3882, 2 85 31 02 **Fax:** 417 0632
E-Mail: ansal@sariyer.ec.edu.tr
Ecce Representative: Prof. Atilla Ansal

Zypern

iz s 498

Cyprus Association of Civil Engineers
Postf. 33 34, CY-1306 Nicosia
T: (003572) 374 027 **Fax:** 374 933
Dr. Nicos Stylianou

● **IZ S 499**

Europäischer Seelotsenverband (EMPA)
European Maritime Pilots Association
Association Européenne des Pilotes en Mer
St. Aldegondiskaai 38-42, B-2000 Antwerpen
T: (00323) 2 25 03 81 **Fax:** 2 25 03 81
President: G.A. Topp
Secr. Gen.: A. Gools (Contact)
Mitglieder: 17 Nationale Organisationen

● **IZ S 500**

Europäischer Verband Nationaler Ingenieurvereinigungen (FEANI)
European Federation of National Engineering Associations
Fédération Européenne d'Associations Nationales d'Ingénieurs
Rue de Beau Site 21, B-1000 Brüssel
Gründung: 1951
Verbandszeitschrift: FEANI News
Verlag: z. Zt. FEANI
Mitglieder: 27 nationale Ingenieurvereinigungen in Europa
Mitarbeiter: 4

Nationale Organisationen

Belgien

iz s 501

Comité National Belge de la FEANI
c/o F.A.B.I.
Rue Hobbema 2, B-1000 Brüssel
T: (00322) 7 34 75 10 **Fax:** 7 34 53 15
E-Mail: fed.ass.iss.fabi@skynet.be
Secrétaire Général: Ir. François Grépain

Dänemark

iz s 502

Danish National Committee of FEANI
Ingeniorforeningen i Denmark, IDA
Kalv_1ebod Brygge 31.33, DK-1780 Kopenhagen
T: (0045) 33 18 48 48 **Fax:** 33 18 48 99
E-Mail: nbe@ida.dk
Secrétaire Général: Niels Beltoft

Deutschland

iz s 503

Deutscher Verband technisch-wissenschaftlicher Vereine (DVT)
Postf. 10 11 39, 40002 Düsseldorf
Graf-Recke-Str. 84, 40239 Düsseldorf
T: (0211) 62 14-499 **Fax:** 62 14-172
E-Mail: dvt@vdi.de
Generalsekretär(in): Dr. J. Debelius

Estland

iz s 504

Estonian Association of Engineers
IP-Terasto Esti OÜ
26 b Pirita tee, EW-10127 Tallin
T: (00372627) 48 82 **Fax:** 48 81
E-Mail: riho.o@online.ee
Président: Riho Oras

Finnland

iz s 505

Finnish National Committee for FEANI
c/o The Finnish Association of Graduate Engineers TEK
Ratavartijankatu 2, FIN-00520 Helsinki
T: (003589) 22 91 22 54 **Fax:** 22 91 29 11
E-Mail: matti.hirvikallio@tek.fi
Secrétaire Général: Matti Hirvikallio

Frankreich

iz s 506

Conseil National des Ingénieurs et Scientifiques de France (CNISF)
Rue Lamennais 7, F-75008 Paris
T: (00331) 44 13 66 71, 44 13 66 88 **Fax:** 42 89 82 50
E-Mail: cnisf.allard.paul@wanadoo.fr
Secrétaire Général: Paul Allard

Griechenland

iz s 507

Hellenic National Committee for FEANI
c/o Technical Chamber of Greece
European Community Affairs Office
Rue Karageorgi Servias 4, GR-10248 Athen
T: (0031) 3 22 03 19 **Fax:** 3 22 03 19
E-Mail: tcgeudep@tee.gr
Secrétaire Général: Christos Sinanis

Großbritannien

iz s 508

The British National Committee for International Affairs (BNCIEA)
The Engineering Council
Maltravers Street 10-16, GB-London WC2R 3ER
T: (0044207) 240 78 91 **Fax:** 379 55 86
E-Mail: aramsey@engc.org.uk
Secrétaire Général: A. Ramsey

Irland

iz s 509

The Institution of Engineers of Ireland
Clyde Road 22- Ballsbridge, IRL-Dublin 4
T: (003531) 6 68 43 41 **Fax:** 6 68 55 08
E-Mail: iei@iol.ie
Secrétaire Général: P. Purcell

Island

iz s 510

Association of Chartered Engineers in Iceland
FEANI National Committee
Engjateigur 9, IS-105 Reykjavik
T: (003541) 68 85 11 **Fax:** 68 97 03
Secrétaire Général: Logi Krist Jansson

Italien

iz s 511

Consiglio Nazionale Degli Ingegneri
Via IV Novembre 114, I-00187 Rom
T: (00396) 6 79 66 50 **Fax:** 69 92 21 67
Internet: http://poseidon.selfin.net/cni/
E-Mail: cniesteri@selfin.net
Secrétaire Général: A. Dusman

Luxemburg

iz s 512

Comité National Luxembourgeois de la FEANI
Association Luxembourgeoise des Ingénieurs et techniciens
Boulevard Grande Duchesse Charlotte 4, L-1330 Luxemburg
T: (00352) 45 13 54 **Fax:** 45 09 32
Secrétaire Général: Claude Geimer

Malta

iz s 513

Chamber of Professional Engineers
Federation of Professional Bodies
Alamein Road, GBY-St. Andrews STJ 14
T: (00356) 37 60 95 **Fax:** 38 25 09
Joe Sammut

Niederlande

iz s 514

Netherlands National FEANI Committee
c/o Klvl
Postf. 30424, NL-2500 GK Den Haag
T: (0031703) 91 99 00 **Fax:** 91 98 40
E-Mail: kivi@kivi.nl
Secrétaire Général: ir. J. N. P. Haarsma

Norwegen

iz s 515

The Norwegian National Committee of FEANI
c/o NITO
Postf. 9100, N-0133 Oslo-Groønland
T: (0047) 22 05 35 67 **Fax:** 22 17 24 80
E-Mail: abn@nito.no
Secrétaire Général: Anthon B. Nilsen

Österreich

iz s 516

Österreichisches Nationalkomitee der FEANI
c/o OIAV
Eschenbachgasse 9, A-1010 Wien
T: (00431) 5 87 35 36 **Fax:** 58 73 53 65
Internet: http://www.oiav.at/
E-Mail: office@oiav.at
Generalsekretär(in): Georg Widtmann

Polen

iz s 517

The Polish Federation of Engineering Associations (PFEA)
Foreign Dept.
UP-Czackiego 3/5-Skr Loczt. 903, PL-00950 Warschau
T: (004822) 8 27 16 86 **Fax:** 8 27 29 49
E-Mail: kawa@medianet.com.pl
Secrétaire Général: K.C. Wawrzyniak

Portugal

iz s 518

Ordem dos Engenheiros
Av. A. Augusto de Aguiar 3-D, P-1050 Lissabon Codex
T: (003511) 3 13 26 00 **Fax:** 3 52 46 32
E-Mail: ordeng@mail.telepac.pt
Secrétaire Général: Joao Vaz Lopes

Rumänien

iz s 519

Association Generale des Ingenieurs de Roumanie - A.G.I.R.
Calea Victoriei nr. 118, R-70179 Bucarest
T: (00401) 6 59 23 95 **Fax:** 3 12 55 31
Internet: http://www.transdata.ro/agir
E-Mail: agir@starnets.ro
Secrétaire Général: Ing. Luminita Scurei

Schweden

iz s 520

Swedish National Committee for FEANI
c/o Sveriges Civilingenjörsförbund
Postf. 1419, S-11184 Stockholm
T: (00468) 6 13 80 00 **Fax:** 7 96 71 02
Secrétaire Général: January Martin

Schweiz

iz s 521

Schweizer Nationalkomitee der FEANI
Comité National Suisse de la FEANI
Oberhofstr. 10, CH-8353 Elgg
T: (004152) 3 64 22 55 **Fax:** 3 64 22 55
Secrétaire: Santiago Schuppisser (Arch. Eur. Ing.)

Slowakische Republik

iz s 522

Association of Slovak Scientific and Technological Societies (ZSVTS)
Kocel'ova ul. 15, SK-81594 Pressburg
T: (00427) 5 26 29 94 **Fax:** 5 26 29 91
Secrétaire Général: Dipl.-Ing. L. Simočič

Slowenien

iz s 523

Zveza Drustev Inzenirjev in Technokov Maribor
Slovenian National Committee for FEANI
Sekretariat FEANI - ZDIT Maribor
Vetrinjska 16, SLO-2000 Maribor
T: (0038662) 21 79 21 **Fax:** 22 76 92
E-Mail: ivanlesnik@guest.arnes.si
Ivan Lesnik (Vice-Pres. NCSI FEANI)

Spanien

iz s 524

Comite Nacional Espanol de la FEANI
General Arrando 38, E-28010 Madrid
T: (003491) 3 08 46 52 **Fax:** 3 10 33 80
Secrétaire Général: Jose Javier Medina Munoz

Tschechische Republik

iz s 525

FEANI National Committee
c/o Czech Technical University of Praha CSVTS
1, Novotného Lávka 5, CZ-11668 Prag
T: (004202) 24 35 74 82 **Fax:** 29 31 00
E-Mail: hanus@fsik.cvut.cz
Secrétaire Général: Ing. Daniel Hanus (CSc.)

Ungarn

iz s 526

Hungarian National Committee for FEANI
Technical University of Budapest
Institute of Continuing Egineering Education
Múegyetern rkp. 9 T. ép, H-1521 Budapest
T: (00361) 4 63 22 51 **Fax:** 4 63 22 50
E-Mail: sarkozi@mti.bml.hu
Secrétaire Général: Zsuzsanna Sarkozi Zagoni

Zypern

iz s 527

Cyprus National Feani Commitee (CPEA and CEAA)
Postf. 28772, CY-2082 Strovolos Lefcosia
12 Kimonos Street, Apt 102, CY-2082 Strovolos Lefcosia
T: (003572) 31 45 56 **Fax:** 49 20 32
Secrétaire Général: Ing. Charis Galazis

• IZ S 528

Internationale Gesellschaft für Kunststofftechnik e.V. (SPE Zentral-Europa)
Society of Plastics Engineers
Association des Ingénieurs pour les Plastiques
Sitz des Vereins:
Postf. 53 63, 30053 Hannover
Lister Meile 17, 30161 Hannover
T: (0511) 34 17 65 **Fax:** 3 40 14 66
Gründung: 1986 (27. Juni)
Präsident(in): Dr.-Ing. Klaus-Dieter Johnke (Volkswagen AG, Wolfsburg)
Vizepräsident(in): Rudolf F. Zelenka (HB-Plastic GesmbH, Wienerstr. 29, A-2100 Korneuburg)
Dr.-Ing. Herbert Patzschke (Kunststoff-Zentrum in Leipzig, Erich-Zeigner-Allee 44, 04229 Leipzig)
Dipl.-Ing. Jörg R. Six (TRW-United Carr GmbH, Am Pulverhäuschen 7, 67677 Enkenbach-Alsenborn)
Schatzmeister: Klaus Eue (NORD/LB, Hannover)
Schriftführer(in): Ing. Bernhard Peters (MIXACO, Dr. Herfeld GmbH & Co. KG, Niederheide Nr. 2, 58809 Neuenrade)
Vertr. b. Dachverband: Dr.med.dent. H.-Joachim Hofschulte (Vahrenheider Markt 4, 30179 Hannover)
Mitglieder: 500

• IZ S 529

Internationale Gesellschaft für Markscheidewesen (ISM)
International Society for Mine Surveying
RWTH Aachen
Institut für Markscheidewesen
Wüllnerstr. 2, 52062 Aachen
T: (0241) 80-5687 **Fax:** 88 88-150
E-Mail: preusse@cip.ifm.rwth-aachen.de
Gründung: 1968
Deutsche Mitglieder des ISM-Präsidiums: Univ. Prof. Dr.-Ing. Axel Preuße (Direktor des Instituts für Markscheidewesen (RWTH Aachen))
Dr.-Ing. Hans Jürgen Palm (Unternehmensberater)
Mitglieder: 35 Länder

• IZ S 530

Internationale Vereinigung Beratender Ingenieure (FIDIC)
International Federation of Consulting Engineers
Fédération Internationale des Ingénieurs-Conseils
Postf. 86, CH-1000 Lausanne 12
Avenue du Temple 13c, CH-1012 Lausanne 12
T: (004121) 6 54 44 11 **Fax:** 6 53 54 32
Internet: http://www.fidic.org
E-Mail: fidic@pobox.com,fidic.pub@pobox.com
Gründung: 1913
Managing Director: Marshall Gysi
Administration Director: Peter Boswell
Publications Manager: Peter van der Togt
Assistant to Publications Manager: Véronique Lietti
Accountant: Annie Jabaudon
Secretary: Lydie Roulet
Verbandszeitschrift: ICE (Independent Consulting Engineer)
Mitglieder: 65
Mitarbeiter: 5

Mitgliedsorganisationen

Argentina

iz s 531

Camara Argentina de Consultores
Cerrito 1250, Piso 1, RA-1010 Buenos Aires

T: (00541) 8 11 41 33, 49 61, 05 70, 36 30 **Fax:** 8 12-0475
Jorge F.J. Solari (Secretary CAC)
Máximo Fioravantti (President CAC)

Australia

iz s 532

The Association of Consulting Engineers Australia
Postf. 1002, AUS-North Sydney, NSW 2060
75 Miller Street, AUS-North Sydney, NSW 2060
T: (00612) 99 22 47 11 **Fax:** 99 57 24 84
Internet: http://www.acea.aust.com
E-Mail: acea@acea.aust.com
Grahame D. Campbell (President ACEA)

Austria

iz s 533

VBIÖ - Verband Beratender Ingenieure Österreichs
c/o Bundessektion Ingenieurkonsulenten
Karlsgasse 9/2, A-1040 Wien
T: (00431) 5 05 58 07 **Fax:** 5 05 32 11
Edith Kotschwar (Secretary VBIÖ)
Erich Hackl (President VBIÖ)

Bangladesh

iz s 534

Bangladesh Association of Consulting Engineers
137, Jahanara Garden, Green Road, BD-Dhaka 1205
T: (008802) 31 74 52 **Fax:** 81 31 10
Jujibur Rahman Khan (Honorary General Secretary BACE)
S.M. Shaheedullah (President BACE)

Belgium

iz s 535

Ordre des Ingénieurs-Conseils et des Bureaux d'Ingénierie A.S.B.L.
Orde van de Raadgevende Ingenieurs en van de Engineeringbureaus V.Z.W.
Avenue Legrand 80, B-1050 Brussels
T: (00322) 6 48 10 55 **Fax:** 6 46 05 41
E-Mail: ORI@Skynet.be
P. Carlier (Secretary General ORI)
Michel Weiler (President ORI)

Botswana

iz s 536

Association of Consulting Engineers Botswana (ACEB)
Postf. 50 23 54, RB-Gaborone
T: (00267) 35 25 57 **Fax:** 35 30 09
E.P. Mitchell (Hon. Secretary ACEB)
K. Kgoboko (Chairman ACEB)

Canada

iz s 537

Association of Consulting Engineers of Canada
Association des Ingénieurs-Conseils du Canada
130 Albert Street, Suite 616, CDN-Ottawa, Ontario K1P 5G4
T: (001613) 2 36-05 69 **Fax:** 2 36-61 93
Internet: http://www.acec.ca
E-Mail: exec@acec.ca
Timothy Page (President and Chief Operating Officer ACEC)
Philippe Lefebvre (Chairman ACEC (Elected))

China

iz s 538

China National Association of Engineering Consultants
11 Floor, Sichuan Mansion, No 1 Fuchengmen Wai St., CN-Peking 100037
T: (00861) 0 68 36 48 43 **Fax:** 0 68 36 48 43
Liu Guodong (Executive Vice Chairman and Secretary)
Jin Xiying (Chairman CNAEC)

Croatia

iz s 539

Croatian Association of Consulting Engineers
c/o Koprojekt
Postf. 422, HR-41000 Zagreb
Gunduliceva 23, HR-41000 Zagreb
T: (0038541) 4 85 41 30, 4 85 41 36 **Fax:** 4 85 41 37
Dr. Petar Dukan (President CACE)

Czech Republic

iz s 540

Czech Association of Consulting Engineers (CACE)
K Ryšánce 16, CZ-14754 Prag 4
T: (004202) 42 67 66 **Fax:** 42 49 95
E-Mail: pgppraha@login.cz
Vladimír Vesely (President CACE)

Denmark

iz s 541

Foreningen af Raadgivende Ingeniører
Postf. 2214, DK-1018 Copenhagen K
Kristianiagade 8, DK-2100 Copenhagen
T: (0045) 35 25 37 37 **Fax:** 35 25 37 38
E-Mail: fridk@fridk.dk
John Cederberg (Executive Director F.R.I.)
Allan Christensen (President F.R.I.)

Egypt

iz s 542

The Egyptian Society of Consulting Engineers
7, Lebanon Street, Mohandesseen, Giza, ET-Cairo
T: (00202) 3 46 10 62 **Fax:** 3 46 10 62
Prof. Dr.-Ing. Gamal Nassar (Secretary General ESCONE)
Prof. Dr. Ahmad Moharram Ahmad (President ESCONE)

Estonia

iz s 543

Estonian Association of Architectural and Consulting Engineering Companies
Rävala Pst. 8, EW-0001 Tallinn
T: (003722) 42 58 69 **Fax:** 42 58 69
E-Mail: epbl@online.ee
Peeter Kokk (Managing Director EAACEC)
Andres Saar (Chairman EAACEC)

Finland

iz s 544

Finnish Association of Consulting Engineers (SKOL)
Pohjantie 12 A, FIN-02100 Espoo
T: (003589) 46 01 22 **Fax:** 46 76 42
Internet: http://www.skolry.fi
E-Mail: skolry@skolry.fi
Timo Myllys (Managing Director SKOL)
Matti Ollila (President SKOL)

France

iz s 545

Chambre des Ingénieurs-Conseils de France (CICF)
chez CICF, à l'att. de C. Raymond
Maison de l'Ingénierie
3, rue Léon Bonnat, F-75016 Paris
T: (00331) 44 30 49 30 **Fax:** 40 50 92 80
Internet: http://www.cicf.fr
E-Mail: cicf@cicf.fr
Xavier Roiret (Director CICF)
Michel Faudou (President CICF)

Germany

iz s 546

Bundesvereinigung Consultingwirtschaft (BCW)
c/o Verband Beratender Ingenieure VBI
Budapester Str. 31, 10787 Berlin
T: (030) 2 60 62-0 **Fax:** 2 60 62-100
Internet: http://www.vbi.de
E-Mail: vbi@vbi.de
Dipl.-Ing. Klaus Rollenhagen
Acting Managing Director: Dipl.-Ing. Martin Assmann (Acting President BCW)

Greece

iz s 547

Hellenic Association of Consulting Firms (HELLASCO)
2 Macedonon Street, GR-115 21 Athen
T: (00301) 6 45 22 32 **Fax:** 6 44 46 85
Internet: http://www.segm.gr
E-Mail: segm@tee.gr
Panos Panagopoulos (General Secretary HELLASCO)
Gr. Drettas (President HELLASCO)

Guinea

iz s 548

Ordre National des Ingénieurs du Bâtiment et des Travaux Publics de Guinée
Postf. 258, GN-Conakry
Faya Koundouno (Secretary General ONIBAT)
Kerfalla Toure (President ONIBAT)

Hong Kong

iz s 549

The Association of Consulting Engineers of Hong Kong
c/o Ir Tim Ingram, Hon. Secretary
34/F Citicorp Centre, 18 Whitfield Road, Causeway Bay, HK-Hong Kong
T: (00852) 25 03 66 88 **Fax:** 28 07 15 77
Dr. Amadou Gueye (Secretary General ONIBAT)
Dr. Chérif Diallo (President ONIBAT)

Hungary

iz s 550

Association of Hungarian Consulting Engineers and Architects (AHCEA)
Türr István u. 9, 2nd floor, room 205, H-1052 Budapest
T: (00361) 3 18 08 67, 3 18 69 00 (Zentrale IPARTERV)
Fax: 3 18 08 67
E-Mail: tmsz@tmsz.org
Éhn József (President AHCE)

Iceland

iz s 551

Félag Rádgjafarverkfrœdinga
Postf. 8153, IS-105 Reykjavik
Engjateigi 9, IS-105 Reykjavik
T: (003545) 53 42 00 **Fax:** 5 68 97 03
Internet: http://www.vso.is/frv
E-Mail: frv@vso.is
Magnús Baldursson (Managing Director FRV)
Thorbergur Karlsson (President FRV)

India

iz s 552

Consulting Engineers Association of India
India Habitat Centre
East Court, Zone 4, 2nd Fl., Core 4B
Lodi Road, IND-110003 New Delhi
T: (009111) 4 60 10 68 **Fax:** 4 64 28 31
Internet: http://www.ceaindia.org
E-Mail: cengr@del2.vsnl.net.in
R. K. Abrol (Director ACE (India))

Indonesia

iz s 553

National Association of Indonesian Engineering Consultants INKINDO-TEKNIK
Jalan Bendungan Hilir Raya 29, RI-Jakarta 10210
T: (006221) 5 73 34 74, 5 73 85 77-78 **Fax:** 5 73 34 74
Irawan B. Kusumo (Secretary INKINDO-TEKNIK)
Ary Mochtar Pedju (Coord. Chairman INKINDO-TEKNIK)

Iran

iz s 554

Iranian Society of Consulting Engineers
155 Park Ave (K. Islamboli), IR-Tehran
T: (009821) 8 79 78 87 **Fax:** 8 77 36 86
Reza M. Safavian (Chairman ISCE)

Ireland

iz s 555

Cumman Innealtóiri Comhairle na h-Éireann
Association of Consulting Engineers of Ireland
51 Northumberland Road, Ballsbridge, IRL-Dublin 2
T: (003531) 6 60 03 74 **Fax:** 6 68 25 95
Anne Potter (Executive Director ACEI)
Malachy Walsh (President ACEI)

Israel

iz s 556

The Israel Organization of Consulting Engineers
Postf. 63 85, IL-Tel Aviv 61063
T: (009723) 5 23 62 89 **Fax:** 5 22 30 41
Internet: http://www.aaa.org.il
E-Mail: ioce@netvision.net.il
Yaacov Talmudi (Secretary General IOCE)
Arie Shilo (Chairman IOCE)

Italy

iz s 557

Sindacato Nazionale Ingegneri Liberi Professionisti Italiani
Corso Venezia 16, I-20121 Mailand
T: (00392) 76 02 22 85 **Fax:** 79 42 27
Dr.-Ing. Renos A. Michaelides (Int. Secretary General SNILPI)
Dr.-Ing. Donato Bosco (President SNILPI)

Japan

iz s 558

Association of Japanese Consulting Engineers (AJCE)
3-16-4 Ueno, Taito-ku, J-Tokyo 110
T: (00813) 38 39 84 71 **Fax:** 38 39 84 72
Goro Fujie (Secretary General AJCE)
Dr. Kazunari Matsunaga (President AJCE)

Kenya

iz s 559

The Association of Consulting Engineers of Kenya
The Professional Centre, St. John's Gate
Postf. 72643, EAK-Nairobi
Parliament Road, EAK-Nairobi
Fax: (002542) 33 61 46, 33 54 38
G. Macodawa (Honorary Secretay ACEK)
D. G. Njagi (Chairman ACEK)

Korea

iz s 560

Korean Council of Consulting Engineers
Engineering Association Hall 6, 7th Fl., 474-14, Pangbaedong Seocho-gu, KP-Seoul
T: (00822) 5 23 75 46-7 **Fax:** 5 23 48 94-5
Jin-Ik Choung (Vice-Chairman KCCE)
Baik June Sung (Chairman KCCE)

Luxembourg

iz s 561

Ordre des Architectes et des Ingénieurs-Conseils, Section des Ingénieurs-Conseils
Rue Jean Engling, 8, L-1466 Luxembourg
T: (00352) 42 24 06 **Fax:** 42 24 07
E-Mail: oai@pt.lu
Pierre Hurt (Managing Director OAIC-Sect. IC)
Florent Schroeder (President OAIC-Sect. IC)

Malaysia

iz s 562

Association of Consulting Engineers Malaysia
63-2 & 65-2, Medan Setia 1, Damansara Heights, MAL-50490 Kuala Lumpur
T: (00603) 2 55 00 31, 2 55 00 79, 2 55 01 58
Fax: 2 55 34 99
E-Mail: sec@acem.po.my
Wong Shu Leong (Honorary Secretary ACEM)
Tang Kam Kok (President ACEM)

Mexico

iz s 563

Cámara Nacional de Empresas de Consultoría
Torre World Trade Center, C.D. de Mexico
Av. de la Naciones No 1, Piso 18-35, oficina 34, 35 & 36, Col. Napoles, MEX-CP 03810 México, D.F.
T: (00525) 4 88 05 22-26 **Fax:** 4 88 05 27
Internet: http://www.internet.com.mx/cnec
E-Mail: cnec95@email.internet.com.mx
Lic. Alejandro Sánchez Quiroz (Gen. Manager CNEC)
Luis Salzar Zuñiga (President CNEC)

Morocco

iz s 564

Fédération Marocaine du Conseil et de l'Ingénierie
Postf. 1340, MA-Rabat
Hay Riad, MA-Rabat
T: (002127) 71 11 20 **Fax:** 71 10 87
E-Mail: CID@Winner.Net.MA
Moncef Ziani (Secretary General AMCI)
Rachid Balafrej (President AMCI)

Namibia

iz s 565

The Association of Consulting Engineers of Namibia
Postf. 31435, NA-9000 Windhoek
T: (0026461) 22 75 47 **Fax:** 22 57 04
Joe Calleja (President ACEN)

iz s 566

Society of Consultiing Architectural and Engineering Firms, Nepal (SCAEF)
Postf. 15 13, NP-Kathmandu
T: (009771) 24 45 83, 24 46 32 **Fax:** 24 45 83
E-Mail: acnepal@wlink.com.np
Rajesh Thapa (General Secretary SCAEF)
Bal Sundar Malla (President SCAEF)

Netherlands

iz s 567

Organisatie van Nederlandse Raadgevende Ingenieursbureaus (ONRI)
Postf. 3 04 42, NL-2500 GK Den Haag
Koningskade 30, NL-2500 Den Haag
T: (003170) 3 63 07 56 **Fax:** 3 60 06 61
Internet: http://www.onri.nl
E-Mail: onri@onri.nl
Eugene J.C. Hillen (Managing Director ONRI)
Pieter van Rangelrooij (President ONRI)

Netherlands Antilles

iz s 568

Sociedat di Arkitekto i Ingeniero Antiano
c/o Grabowsky & Poort International NV
Postf. 48 89, NA-Curaçao
T: (005999) 37 32 81, 37 22 32 **Fax:** 37 31 73, 36 97 45
Th. Vleeshouwers (Secretary SAIA)
Ronny O. Lobo (Chairman SAIA)

New Zealand

iz s 569

The Association of Consulting Engineers New Zealand (Inc)
Postf. 10247, NZ-Wellington
Level 7, 108 The Terrace, NZ-Wellington
T: (00644) 47 21-2 02 **Fax:** 47 33-8 14
Internet: http://www.acenz.org.nz
E-Mail: service@acenz.org.nz
Enrico V. M. Vink (Executive Director ACENZ)
Jon J. Lorentz (President ACENZ)

Nigeria

iz s 570

Association of Consulting Engineers Nigeria
Postf. 2751, WAN-Lagos
T: (002341) 86 01 13, 86 19 03
E-Mail: kunle.ogunbayo@home.metrong.com
Ibikunle S. Ogunbayo (Secretary ACEN)
Ibikunle A.A. Okunoren (President ACEN)

Norway

iz s 571

Rådgivende Ingeniørers Forening (RIF)
Pilestredet 56, N-0167 Oslo 1
T: (00472) 2 56 40 60 **Fax:** 2 56 42 40
Internet: http://www.rif.no
E-Mail: rif@rif.no
Tom Rellsve (Managing Director RIF)
Harald Strand (President RIF)

Pakistan

iz s 572

Association of Consulting Engineers (Pakistan)
Institution of Engineers Building
4th Fl., Shahrah-e-Faisal, PAK-Karachi
T: (009221) 4 54 22 90-4 **Fax:** 4 54 52 55
Siddiq Essa (Honorary Secretary ACEP)
Zaheer Mirza (President ACEP)

Peru

iz s 573

Asociación Peruana de Consultoría (APC)
Pasaje Los Pinos No. 156, Of. B-1, Miraflores, PE-Lima 18
T: (005114) 46 27 10 **Fax:** 46 27 10
Hugo Cuzcano Vera (Secretary APC)
Jorge Peñaranda Castañeda (President APC)

Philippines

iz s 574

Council of Engineering Consultants of the Philippines
2nd Fl., Manila Mem. Park Bldg.
2nd Fl. AWIA Building, Corner of Sinag and Libertad Streets, PI-1550 Mandaluyong City , Metro Manila
T: (00632) 5 32 13 02 **Fax:** 5 33 35 08
E-Mail: aablaza@info.com.ph
Mary Ann V. Bisagas (Administrative officer CECOPHIL)
Alexander Ablaza (President CECOPHIL)

Poland

iz s 575

Stowarzyszenie Inzynierów Doradców i Rzeczoznawców, SIDIR
ul. Erazma Ciolka 16/422, PL-01402 Warszawa
T: (004822) 36 02 41, ext. 3 54 **Fax:** 37 92 73
Andrzej Michalowski (Secretary SIDIR)
Adam Heine (President SIDIR)

Portugal

iz s 576

Associação Portuguesa de Projectistas e Consultores (APPC)
Avenida António Augusto de Aguiar 126, 7°, P-1050-020 Lissabon
T: (0035121) 3 58 07 85, 3 58 07 86 **Fax:** 3 15 04 13
E-Mail: appconsultores@mail.telepac.pt
Manuela Lourenço (Assistant APPC)
Artur Ravara (President APPC)

Singapore

iz s 577

Association of Consulting Engineers Singapore
Anson Centre
51 Anson Road 2-65, SGP-Singapore 079904
T: (0065) 3 24 26 82 **Fax:** 3 24 25 81
Tham Poh Kuan (Honorary Secretary ACES)
Kog Yue Choong (President ACES)

Slovenia

iz s 578

National Association of Consulting Engineers of Slovenia
Slovenska 58, SLO-61000 Ljubljana
T: (0038661) 31 72 87 **Fax:** 31 25 69
Franc Zle (Secretary NACES)
Vekoslav Korosec (President NACES)

South Africa

iz s 579

The South African Association of Consulting Engineers
Die Suid-Afrikaanse Vereniging van Raadgewende Ingenieurs
Postf. 1644, ZA-Randburg 2125
T: (002711) 7 87 59 44 **Fax:** 7 89 52 64
Internet: http://www.saace.co.za
E-Mail: saace@iafrica.com
Graham Pirie (Executive Director SAACE)
J.F.S. Strydom (President SAACE)

Spain

iz s 580

Asociación Española de Consultores en Ingeniería (ASINCE)
Arturo Soria, 191 4° D, E-28043 Madrid
T: (003491) 5 10 07 26 **Fax:** 4 16 81 92
Internet: http://www.asince.org
E-Mail: asince@asince.org
Luis del Pozo Vindel (Secretary General ASINCE)
José Luis Manzanares Japón (President ASINCE)

Sri Lanka

iz s 581

The Association of Consulting Engineers Colombo, Sri Lanka
415, Bauddhaloka Mawatha, CL-Colombo 7
T: (00941) 68 71 43 **Fax:** 68 72 88
E-Mail: engcons@sri.lanka.net
W. M. S. C. Piyadasa (Honorary Secretary ACESL)
T. G. Perera (Honorary President ACESL)

Suriname

iz s 582

Orde van Raadgevende Ingenieurs in Suriname
Postf. 1864, SME-Paramaribo
van Roosmalenstraat 30, SME-Paramaribo
T: (00597) 47 22 75, 40 09 84 **Fax:** 47 44 08
E-Mail: socsunnc@sr.net
George D. Soerjoesing (Secretary ORIS)
Marcel A. Meyer (President ORIS)

Sweden

iz s 583

Swedish Federation of Architects and Consulting Engineers
Postf. 7394, S-103 91 Stockholm
Norrlandsgatan 11, S-103 91 Stockholm
T: (00468) 23 23 00 **Fax:** 20 49 13
E-Mail: ai@ark-ing.se
Mårten Lindström (Managing Director AI)
Lars Hansson (President AI)

Switzerland

iz s 584

Schweizerische Vereinigung Beratender Ingenieure (USIC)
Union Suisse des Ingénieurs-Conseils
Association Suisse des Ingenieurs-Conseils (ASIC)
Postf. 69 22, CH-3001 Bern
Schwarztorstr. 26, CH-3001 Bern
T: (004131) 382 23 22 **Fax:** 382 26 70
Internet: http://www.usic-engineers.ch
E-Mail: office@kamberpartner.ch
Markus Kamber (Secretary ASIC)
Carlo Galmasini (President USIC)

Tanzania

iz s 585

The Association of Consulting Engineers Tanzania
Postf. 63, EAT-Dar Es Salaam
T: (0025551) 11 44 14, 11 47 02, 3 85 12, 3 85 06
Fax: 11 66 01, 3 55 63, 11 28 20, 11 30 34
E-Mail: interconsult@raha.com
A. C. Andrew (Secretary ACET)
M. W. Niju (Chairman ACET)

Thailand

iz s 586

The Consulting Engineers Association of Thailand
SPC Building, 1 Sol Chanemchan, Sukhumvit 55, T-Bangkok 10110
T: (00662) 3 81 72 23 **Fax:** 3 81 08 57
Anan Soontornsiri (Secretary Gen. CEAT)
Somchai Achavanuntakul (President CEAT)

Tunisia

iz s 587

Association Nationale des Bureaux d'Etudes et des Ingénieurs Conseils
chez M. Radhi Meddeb, Prés. ANBEIC
28, Avenue Habib Bourguiba, TN-1001 Tunis
T: (002161) 84 11 20, 84 13 86 **Fax:** 79 60 31
Walid Bel Hadj Amor (President ANBEIC)

Turkey

iz s 588

Association of Turkish Consulting Engineers and Architects
Ahmet Rasim Sokak 35/-2, TR-06550 Çankaya/Ankara
T: (0090312) 4 40 89 70-71 **Fax:** 4 40 89 72
Kivanç Eryavuz (Directory Secretary ATCEA)
Fatma Çölasan (President ATCEA)

Uganda

iz s 589

Uganda Association of Consulting Engineers
Postf. 3007, EAU-Kampala
T: (0025641) 23 13 05, 23 12 82 **Fax:** 23 28 36, 23 33 16
P.M. Batumbya (Secretary General UACE)
J.B. Walusimbi (Chairman UACE)

United Kingdom

iz s 590

Association of Consulting Engineers (ACE)
Alliance House
12 Caxton Street, GB-London SW1H 0QL
T: (0044207) 2 22 65 57 **Fax:** 2 22 07 50
Internet: http://www.acenet.co.uk
E-Mail: consult@acenet.co.uk
Hugh Woodrow (Chief Executive and Secretary ACE)
Ray Cousins (Chairman ACE)

United States of America

iz s 591

American Consulting Engineers Council
1015 Fifteenth Street NW, USA-Washington, DC 20005
T: (001202) 3 47-74 74 **Fax:** 8 98-00 68
Internet: http://www.acec.org
E-Mail: hmessner@acec.org
Howard M. Messner (Executive Vice-President ACEC)
James R. Thomas (President ACEC)
Donald R. Trim (FIDIC Delegate)
Henry L. Michel (Chairman Intern. Affairs Com.)

Venezuela

iz s 592

Camara Venezolana de Empresas Consultoras
Edf. Majestic, Piso 3, Ofc. 32, Av. Litertador, YV-Caracas
T: (00582) 7 62 23 83 **Fax:** 7 62 26 58
E-Mail: cavecon@true.net
Delia Castro Casas (Executive Director CAVECON)
Alberto Held Fuentes (President CAVECON)

iz s 593

Vietnam Engineering Consultant Association
No. 37 Le Dai Hanh St., Hai Ba Trung Dis., VN-Hanoi City
T: (00844) 8 21 80 93 **Fax:** 9 76 21 53
Nguyen Canh Chat (General Secretary VECAS)
Nguyen Tan Van (Chairman VECAS)

Zambia

iz s 594

The Association of Consulting Engineers of Zambia
Postf. 30866, Z-Lusaka
T: (002601) 27 24 55 **Fax:** 27 48 37
Dinesh J. Bhatt (Honorary Secretary ACEZ)
Levy Zulu (Chairman ACEZ)

Zimbabwe

iz s 595

Zimbabwe Association of Consulting Engineers
Postf. 3337, RSR-Harare
T: (002634) 8 61 481
E-Mail: zace@hall.icon.co.zw
Janet M. Hall (Secretary ZACE)
Stuart D.M. Perry (President ZACE)

• IZ S 596

Internationale Vereinigung der Vermessungsingenieure (FIG)
International Federation of Surveyors
Fédération Internationale des Géomètres
FIG Office:
Lindevangs-Allé 4, DK-2000 Frederiksberg
T: (0045) 38 86 10 81 **Fax:** 38 86 02 52
E-Mail: fig@ddl.org
Gründung: 1878
Director: Markku Villikka
Secretary General: Christian Andreasen
Verbandszeitschrift: FIG Bulletin, FIG Annual Review, publications, Congress proceedings
Mitglieder: 76 Mitgliedsverbände in 66 Ländern

• IZ S 597

Internationaler Akademikerinnen-Bund (IFUW)
International Federation of University Women (IFUW)
Fédération Internationale des Femmes Diplômées des Universités (FIFDU)
Rue de l'Ancien-Port 8, CH-1201 Genf
T: (004122) 7 31 23 80 **Fax:** 7 38 04 40
Internet: http://www.ifuw.org
E-Mail: ifuw@ifuw.org
Gründung: 1919
Präsidentin: Dr. Linda Souter (Canada)
Generalsekretärin: Murielle Joye
Mitglieder: 180000, 66 Mitgliedsverbände

• IZ S 598

Internationaler Architekten-Verband (UIA)
International Union of Architects
Union Internationale des Architectes
51, rue Raynouard, F-75016 Paris
T: (00331) 45 24 36 88 **Fax:** 45 24 02 78
Internet: http://www.uia-architectes.org
E-Mail: uia@uia-architectes.org
Gründung: 1948
President (1999-2002): Vassilis Sgoutas
Secretary General (1999-2002): Jean-Claude Riguet
Direction du service de presse: Catherine Hayward
Verbandszeitschrift: UIA Information Newsletter
Redaktion: Catherine Hayward (Rédacteur en chef)
Mitglieder: 91 Sections Nationales (101 pays membres)
Mitarbeiter: 7

• **IZ S 599**

Internationaler Rat der Gemeinschaft für industrielle Formgebung und -gestaltung (ICSID)
International Council of Societies of Industrial Design
Erottajankatu 11 A 18, FIN-00130 Helsinki
T: (003589) 60 76 11 **Fax:** 60 78 75
Internet: http://www.icsid.org
E-Mail: icsidsec@icsid.org
Gründung: 1957
President: Augusto Morelle
President-Elect: Peter Butenschøn
Secretary General: Kaarina Pohto
Verbandszeitschrift: ICSIDnews
Mitglieder: 151
Mitarbeiter: 3

• **IZ S 600**

Internationaler Verband weiblicher Architekten (UIFA)
International Union of Women-Architects
Union Internationale des Femmes Architectes
14, rue Dumont d'Urville, F-75116 Paris
T: (00331) 47 20 88 82 **Fax:** 47 23 38 64
Gründung: 1963
Président: S. d'Herbez de la Tour (- Architecte -)
Mitglieder: 1800

• **IZ S 601**

Luftfahrt-Ingenieure International (AEI)
Aircraft Engineers International
Postf. 6 49, NL-2132 MJ Hoofddorp
Hoofdweg Oostzijde 616, NL-2132 MJ Hoofddorp
T: (00312355) 6 31 64 **Fax:** (00312356) 2 04 16
Internet: http://www.airengineers.org
E-Mail: airengineers@cs.com, fredbruggeman@cs.com
Gründung: 1972
Präsident(in): A. Georgiades (ASSISEKA)
Vizepräsident(in): J. Miettinnen (ITA)
Secretary General: F.G.H. Bruggeman (De UNIE)
Public Relations Chairman: D. Golubovic (YAEA)
Mitglieder: 39 affiliated organisations with over 38000 licensed Engineers as members

• **IZ S 602**

Union Europäischer Eisenbahn-Ingenieur-Verbände (UEEIV)
Union of European Railway Engineer Associations
Union des Associations Européennes des Ingénieurs Ferroviaires
Kaiserstr. 61, 60329 Frankfurt
T: (069) 25 93 29 **Fax:** 25 92 20
E-Mail: ueeiv@t-online.de
Gründung: 1990 (10. Mai)
Präsident(in): Ing. Claude Boutté
Vizepräsident(in): Civ.Eng. Pat Jennings
Ober-Ing. Heinrich Salzmann
mgr.ing. Jerzy Zalewski
Dipl.-Ing. Wolfgang Seehafer
Office Manager: Ursula Weber
Verbandszeitschrift: UEEIV Report
Mitglieder: 23 Verbände 34 fördernde Mitglieder
Mitarbeiter: 2 Mitarbeiter
Jahresetat: DM 0,1 Mio, € 0,05 Mio
Landesverbände: 32 in Albanien, Belgien, Bulgarien, Deutschland, Frankreich, Griechenland, Großbritannien, Italien, Irland, Kroatien, Litauen, Niederlande, Österreich, Polen, Rumänien, Schweden, Schweiz, Slowakei, Tschechien, Ungarn.

Mitgliedsorganisationen

Albanien

iz s 603
Verband der Eisenbahn-Ingenieure Albaniens (SIH)
Drejtoria Perghitheshme Hukurudhave
Rruga Skenderbeg, AL-Durres
T: (0035552) 22 286 **Fax:** 22 037
Ing. J. Tati

Belgien

iz s 604
Union Royale Professionnelle des Ingénieurs Civils de la SNCB asbl
Koningin Maria Hendrikaplein 2, B-9000 Gent
T: (00329) 2 41 21 07
Ir Pierre Bogaert

Bulgarien

iz s 605
Nationale Vereinigung der Bahnanlagen-Ingenieure
GSRTE bei Transproekt
Rakovski Str. 112, BG-1080 Sofia
T: (003592) 88 85 55 **Fax:** 88 41 48
Dipl.-Ing. Luka Kolarov

iz s 606
Wissenschaftlich Technischer Verband für Verkehrswesen
Rakowskistrasse 108, BG-1000 Sofia
T: (003592) 8 43 31 90
Dr.-Ing. S. Kotov

Deutschland

iz s 607
Verband Deutscher Eisenbahn-Ingenieure E.V. (VDEI)
Kaiserstr. 61, 60329 Frankfurt
T: (069) 23 61 71 **Fax:** 23 12 19
Dipl.-Ing. Gregor Janssen

Frankreich

iz s 608
Association Ferroviaire Française des Ingénieurs et Cadres (AFFI)
Rue Bixio 12, F-75007 Paris
T: (00331) 39 76 91 94
Jean-Henri Lemoussu

Griechenland

iz s 609
Verband Griechischer Ingenieure des Eisenbahnwesens (SEMS)
c/o Polydata AG
Loukianou Str. 6, GR-10675 Athen
T: (00301) 7 29 07 08 **Fax:** 7 24 20 40
Dipl.-Ing. N. Steinhauer

Großbritannien

iz s 610
Permanent Way Institution (PWI)
Reginald Road 4 Wombwell, Barnsley, GB-South Yorkshire S 73 OHP
T: (00441226) 75 26 05 **Fax:** 75 42 87
Eng. Civ. Brain J. Garvey

Irland

iz s 611
Permanent Way Institution (PWI)
Civil Engineers' Dep., Irish Rail
North Wall Quey 50-60, IRL-Dublin 1
T: (003531) 7 03 42 22 **Fax:** 8 74 16 95
E. Fox

Italien

iz s 612
Collegio Ingegneri Ferroviari Italiani
Via Giolitti 34, I-00185 Rom
T: (00396) 4 88 21 29 **Fax:** 4 74 29 87
Dr.-Ing. Emilio Maestrini

Kroatien

iz s 613
Klub ITHZ der Kroat. Bahnen
Klub Inzenjera I Tenicara Hrvatskih Zeljeznica
Postf. 971, HR-41000 Zagreb
Antuna Mihanovica 12, HR-41000 Zagreb
T: (003851) 45 77 709
Dr. Stjepan Bozičevič

Litauen

iz s 614
Verband der Eisenbahningenieure von Litauen (LGIS)
Mindaugo 12-14, LT-2604 Vilnius
T: (003702) 62 44 65 **Fax:** 61 83 23
Dipl.-Ing. Vytautas Stasys Trumpa

Niederlande

iz s 615
Weg en Werken Vereniging
NS Verkeersleiding
Postf. 3 36, NL-8000 AH Zwolle
T: (003138) 497 4875 **Fax:** 497 4556
Drs. J.A.M. van Heugstum

Österreich

iz s 616
Österreichischer Verkehrswissenschaftliche Gesellschaft (OVG)
Postf. 489, A-1010 Wien
T: (00431) 5 12 69 98
Prof. Dr. P. Faller

iz s 617
Verband der Eisenbahn-Akademiker (VdEA)
Postf. 73, A-1103 Wien
T: (0043316) 9 84 83 60 **Fax:** 9 84 85 96
Prof. Dipl.-Ing. Zajic

Polen

iz s 618
Gesellschaft der Ingenieure und Techniker für Verkehrswesen (SITK)
ul. Czacklego 3-5, PL-004032 Warschau
T: (004822) 8 27 02 59 **Fax:** 8 27 02 58
Dr.-Ing. W. Starowicz

Rumänien

iz s 619
Vereinigung der Rumänischen Eisenbahn Ingenieure (A.I.F.R.)
Postf. 55-32, R-78223 Bukarest
T: (00401) 6 38 55 00, 6 17 54 78 **Fax:** 3 12 31 45
Dipl.-Ing. Doru Adrian Stanescu

Schweden

iz s 620
Nordiska Järnvägsmannasällskapet (NJ)
c/o SJ Hauptverwaltung
T: (00468) 7 62 40 09 **Fax:** 7 62 40 05
Ing. S. Barstrom

Schweiz

iz s 621
Verband der Ingenieure und Architekten der Schweizerbahnen
Hochschulstr. 6, CH-3030 Bern
T: (0041512) 24 22 38
Präsident(in): Werner Zeder

iz s 622
Verband der Ingenieure und Architekten der Schweizerbahnen (VIA)
Postf. 8609, CH-3030 Bern
T: (0041512) 24 29 01 **Fax:** 24 30 70
Ing. ETS Jean-Paul Michel

Slowakische Republik

iz s 623
Verband der Eisenbahn-Ingenieure der Slowakei (EIVS)
GR ZSR - Abt. Strategie
Klemensova 8, SK-81361 Bratislava

T: (004217) 32 5242 **Fax:** 548 7118
Dipl.-Ing. Peter Havrila

Tschechische Republik

iz s 624

CSVTS-Spolecnost dopravy
Novomého Lávka 5, CZ-11668 Praha 1
T: (004202) 21 08 2336 **Fax:** 21 08 2329
Dr.-Ing. K. Korinková

iz s 625

Verband der Transportingenieure der Tschechischen Republik
Hybernská 5, CZ-11000 Praha 1
T: (004202) 230 32 185 **Fax:** 248 12 437
Dipl.-Ing. Roshslav Konicek

Ungarn

iz s 626

Ungarischer Verkehrswissenschaftlicher Verein
Közlekedestudomanyi Egyesület
Kossuth Lajos ter 6-8, H-1055 Budapest
T: (00361) 153 20 05, 153 05 62 **Fax:** 153 20 05
Prof. Dr. S. Gyurkovics

• IZ S 627

Verbindungsausschuß für Europäische Vermessungsexperten (CLGE)
The council of european geodetic surveyors
Comité de liaison des geométrès européens
c/o Secretary General BEV
Bürgerstr. 34, A-6010 Innsbruck
T: (0043512) 58 89 48 60 **Fax:** 58 84 11 61
Internet: http://www.europa.eu.int/comm/dg15/fr/people/qualif/clgefr.htm, http://www.ps.ucl.ac.uk/clge
E-Mail: gerda.schennach@bev.gv.at
Gründung: 1972
President: Paddy Prendergast (Ireland)
Vice President: Klaus Rürup (Germany)
Secretary General: Gerda Schennach (Austria)
Mitglieder: 19 associations

Mitgliedsorganisationen

Belgien

iz s 628

Union Belge des Géomètres-Experts Immobiliers
Rue du Nord 76, B-1000 Brüssel
T: (00322) 219 6281 **Fax:** 219 6281
E-Mail: ubg_bul@compuserve.com
President: Tanguy della Faille

Dänemark

iz s 629

Den Danske Landinspektørforening
Lindevangs-Allé 4, DK-2000 Frederiksberg
T: (0045) 3886 1070 **Fax:** 3886 0252
Internet: http://www.ddl.org, http://www.plf.dk
E-Mail: ddl@ddl.org
President: Jens Bruun Andersen

Deutschland

iz s 630

Bund der Öffentlich bestellten Vermessungsingenieure e.V. (BDVI)
Lindenstr. 14, 50674 Köln
T: (0221) 92 18 39-300 **Fax:** 92 18 39-399
Internet: http://www.bdvi.de
E-Mail: bdvi@gebig.com
President: Dipl.-Ing. Volkmar Teetzmann (Oher Weg 2 a, 21509 Glinde)

Finnland

iz s 631

The Finnish Association of Geodetic and Land Surveyors MIL, (Suomen Maanmittausinsinöörien Liitto ry MIL)
Maanmittansinsinoorlen Liitto ry
Kellosita 10, FIN-00520 Helsinki
T: (003589) 148 1900 **Fax:** 148 3580
Internet: http://www.maanmittari.fi
E-Mail: mil@maanmittari.fi, marjut.kusela@pp.kolumbus.fi
President: Mikko Uimonen

Frankreich

iz s 632

Ordre des Géomètres-Experts
Avenue Hoche 40, F-75008 Paris
T: (00331) 53 83 88 00 **Fax:** 45 61 14 07
E-Mail: ordre.geometres-experts@wanadoo.fr
President: Jean-Louis Marty

Griechenland

iz s 633

Technical Chamber of Greece
4, Karageorghi Servias, GR-10562 Athen
T: (00301) 32 54 591 **Fax:** 32 21 772
E-Mail: tcgeudep@tee.gr

iz s 634

Hellenic Association of Rural and Surveying Engineers
Arachovis Str. 61, GR-10681 Athen
T: (00301) 330 10 45, 330 10 89 **Fax:** 330 09 72
E-Mail: psdam@tec.gr

Großbritannien

iz s 635

The Royal Institution of Chartered Surveyors
12, Great George Street, Parliament Square, GB-London SW1P 3AD
T: (0044207) 222 7000, 334 3856 **Fax:** 334 3712
E-Mail: rics@rics.org.uk
President: Richard Lay

Ireland

iz s 636

Irish Institution of Surveyors
c/o ERA-Maptec Ltd
36 Dame Street, IRL-Dublin 2
T: (003531) 402 38 38 **Fax:** 402 39 99
President: Muiris de Buitleir

Italien

iz s 637

Consiglio Nazionale Geometri
Via Barberini 68, I-00187 Rom
T: (00396) 4 82 40 18 **Fax:** 4 81 40 26, 4 74 68 27
President: Francesco Leonardi

Luxemburg

iz s 638

Ordre Luxembourgeois des Géomètres du Grand-Duché
Postf. 651, L-2016 Luxembourg
T: (00352) 47 96 26 57 **Fax:** 47 46 61 56
President: Jean van den Bulcke

Niederlande

iz s 639

Nederlandse Vereniging voor Geodesie
Goudmos 9, NL-2661 MA Bergschenhoek
T: (003110) 242 6579 **Fax:** 452 8892
E-Mail: wtenkate@worldaccess.nl
President: Jos C. Anneveld (LL.M)

iz s 640

Vereniging van Nederlandse Bedijven in de Geodesie
Association of the Netherland s Companies in Geodetic Surveying
c/o Oranjewoud B.V.
Postf. 1 00 44, NL-1301 AA Almere
T: (003136) 5 39 64 79 **Fax:** 5 39 65 86

Norwegen

iz s 641

Norwegian Association of Chartered Surveyors
c/o FIG Norway
Parkveien 7, N-1430 Ås
T: (0047) 64 94 83 71 **Fax:** 64 94 27 21
Manager: Gunnar Balle

Österreich

iz s 642

Bundeskammer der Architekten und Ingenieurkonsulenten
Bundesfachgruppe Vermessungswesen
Karlsgasse 9/2, A-1040 Wien
T: (00431) 5 05 58 07 **Fax:** 5 05 32 11
Internet: http://www.arching.at
E-Mail: office@arching.at
President: Dipl.-Ing. Hans Polly

Portugal

iz s 643

Associacao Nacional de Topografos
Rua Alfredo Pereira 209, P-4560 Penafiel
T: (00351) 93 62 42 00 24, 55 21 26 12 **Fax:** 55 71 22 57
Internet: http://www.terravista.pt/AguaAlto/1112/
E-Mail: mop16024@mail.telepac.pt
President: José Augusto F. Veiga Ferraz

Schweden

iz s 644

Swedish Association of Chartered Surveyors (Sveriges Lantmätareförening)
Swedish Association of Chartered Surveyors
Postf. 53 24, S-10247 Stockholm
T: (00468) 667 9590 **Fax:** 667 9705
Internet: http://www.slf.net
E-Mail: kansli@slf.net
President: Tommy Österberg

Schweiz

iz s 645

Société Suisse des Mensurations et Améliorations Foncières (SSMAF)
Postf. 7 32, CH-4501 Solothurn
T: (004132) 6 24 65 03 **Fax:** 6 24 65 08
Internet: http://www.svvk.ch
E-Mail: info@svvk.ch
President: René Sonney

Slowakische Republik

iz s 646

Technical University of Košice
Department of Geodesy and Geophysics
Park Komenského 19, SK-04384 Kosice
T: (00421) 9 56 33 27 47 **Fax:** 9 65 33 66 18
E-Mail: sedlak@ccsun.tuke.sk
Dr. Vladimir Sedlàk (Technical University of Kosice)

Spanien

iz s 647

Colegio Oficial de Ingenieros Técnicos en Topografia
Av. Reina Victoria 66 2 C, E-28003 Madrid
T: (00341) 5 53 89 65 **Fax:** 5 33 46 32
E-Mail: coit-cop@arrakis.es
President: Angel Rivero

Tschechische Republik

iz s 648

Chamber of Surveying in co-operation with the Czech Union of Surveyors and Cartographers and with the Czech Office of Surveying and Cadastre
c/o President Jan Fafejta
Novotného lávka 5, CZ-11668 Praha 1 1
T: (004202) 21 08 23 74 **Fax:** 21 08 23 74
E-Mail: geodeti@csvts.cz
President: Jan Fafejta

• IZ S 649

Verbindungskomitee der Vereinigungen graduierter Ingenieure bei der EU (C.L.A.I.U.)
Liaison Committee of the Associations of University Graduate Engineers of the European Union
Comité de Liaison des Associations d'Ingénieurs Universitaires de l'Union Européenne
c/o F.A.B.I.
Rue Hobbema 2, B-1000 Brüssel
T: (00322) 5 12 57 17 **Fax:** 5 12 89 49
E-Mail: fed.ass.vis.fabi@skynet.be
Gründung: 1988
President: J.P. Wapener
Contact: Lic.jur. Ann Van Eycken
Mitglieder: 8

• IZ S 650

Vereinigung der Fernmeldeingenieure der Europäischen Gemeinschaft (F.I.T.C.E.)
Federation of the Telecommunications Engineers of the European Community
Fédération des Ingénieurs des Télécommunications de la Communauté Européenne
Tour TBR, 13 Floor, Room 131
Bd. Emile Jacqmain 166, B-1000 Bruxelles
T: (00322) 202 77 05 **Fax:** 202 79 66
Gründung: 1962
Präsident(in): Guntram Kraus (Deutsche Telekom, Postfach 200016, D-80324 München, Arnulfstr. 60, T: (004989) 55 00-55 50, Fax: 55 00-55 59)
Secretary General: Geneviève Bolle (BELGACOM, Tour TBR, 13 Floor, Boulevard Emile Jacqmain 166, B-1000 Bruxelles, T: (00322) 202 77 05, Fax: 202 79 66)
Treasurer: Pierre Henin (BELGACOM Towers, U-Tower, 23 Floor, Boulevard Emile Jacqmain 177, B-1000 Bruxelles, T: (00322) 202 83 71, Fax: 203 34 07)
Leitung Presseabteilung: Tapash Ray (FITCE UK, Postal Point 230, Fleet Building, 40 Shoe Lane, GB-London EC4V 3DD, T: (0044171) 353 4205, Fax: 353 4206)
Verbandszeitschrift: FITCE FORUM
Verlag: F.I.T.C.E., Tour TBR, 13 Floor, Room 131, Boulevard Emile Jacqmain 166, B-1000 Bruxelles
Mitglieder: 5000

• IZ S 651

Weltföderation der Wissenschaftler (WFW)
World Federation of Scientific Workers (WFSW)
Fédération Mondiale des Travailleurs Scientifiques (FMTS)
Postf. 404, F-93514 Montreuil Cedex
T: (00331) 4818 8175 **Fax:** 4818 8003
E-Mail: fmts@wanadoo.fr
Gründung: 1946
Verbandszeitschrift: Scientific World

Bildende Künstler, Grafik-Designer, Schriftsteller, Komponisten, Kritiker, Journalisten, Dolmetscher, Übersetzer u.a.

• IZ S 652

Büro der Europäischen Designer-Verbände (BEDA)
The Bureau of European Designers Associations (BEDA)
Bureau des Associations de Désigners Européens
Secretariat:
Postf. 91526, NL-2509 EC Den Haag
T: (00316) 54 62 37 81 **Fax:** (003170) 3 83 14 66
Internet: http://www.beda.org
E-Mail: beda@bart.nl
Gründung: 1969
President: Severin Filek
Vice-President: Francisco Carrera
Executive-Officer: Hélène Engelkamp
Honorary Treasurer: Dag Holmgren
Honorary Secretary: Peter Kercher
Mitglieder: 18
Mitarbeiter: 1

Mitgliedsorganisationen

Belgien

iz s 653

Union des Designers en Belgique (UDB)
Drève-Hof-ter-Vleest 5 (box 6), B-1070 Brüssel
T: (00322) 5 23 52 04 **Fax:** 5 56 25 76
Internet: http://www.udb.org
E-Mail: astral@skynet.be

Dänemark

iz s 654

Foreningen Danske Designere (MDD)
The Association of Danish Designers
Vestergade 11, DK-1456 København K
T: (004533) 13 72 30 **Fax:** 32 61 08
Internet: http://www.danske-designere.dk
E-Mail: mdd@danske-designere.dk

Deutschland

iz s 655

Bund Deutscher Grafik-Designer e.V. (BDG)
Flurstr. 30, 22549 Hamburg
T: (040) 83 29 30 43 **Fax:** 83 29 30 42
Internet: http://www.bdg-deutschland.de
E-Mail: info@bdg-deutschland.de

iz s 656

Verband Deutscher Industrie-Designer e.V. (VDID)
Businesspark
Gelsenkirchener Str. 181, 45309 Essen

Finnland

iz s 657

Grafia Ry
Uudenmaankatu 11 B 9, FIN-00120 Helsinki
T: (003589) 60 19 41 **Fax:** 60 11 40
E-Mail: grafia@grafia.fi

iz s 658

The Finnish Association of Designers Ornarno
Yrjönkatu 11 E, FIN-00120 Helsinki
T: (003589) 60 75 00 **Fax:** 60 74 88
Internet: http://www.finnishdesign.fi

Großbritannien

iz s 659

Chartered Society of Designers (CSD)
Saffron Hill 32-38, GB-London EC1N 8FH
T: (0044207) 8 31 97 77 **Fax:** 8 31 62 77
Internet: http://www.csd.org.uk
E-Mail: csd@csd.org.uk

Irland

iz s 660

Institute of Designers in Ireland (IDI)
Merrion Square 8, IRL-Dublin 2
T: (003531) 2 84 14 77 **Fax:** 4 96 28 06

Italien

iz s 661

Associazione per il Disegno Industriale (ADI)
Via Bramante 29, I-20154 Mailand
T: (00392) 33 10 01 64 **Fax:** 33 10 08 78
Internet: http://www.essai.it/adi
E-Mail: adi@essai.it

iz s 662

Associazione Italiana Progettisti in Architettura d'Interni (AIPI)
Via C. Borgazzi 4, I-20122 Mailand
T: (00392) 58 31 02 43 **Fax:** 58 31 24 85
E-Mail: aipi.archinterni@iol.it

iz s 663

Associazione Italiana Progettazione per la Communicazione Visiva (AIAP)
Via Col di Lana 12, I-20136 Mailand
T: (00392) 58 10 72 07 **Fax:** 58 11 50 16
E-Mail: aiap@planet.it

Niederlande

iz s 664

Beroepsorganisatie Nederlands Ontwerpers (BNO)
Weesperstraat 5, NL-1018 DN Amsterdam
T: (003120) 6 24 47 48 **Fax:** 6 27 85 85
Internet: http://www.bno.nl
E-Mail: bno@bno.nl

Österreich

iz s 665

Design Austria (DA)
Kandlgasse 16, A-1070 Wien
T: (00431) 5 24 49 49-0 **Fax:** 5 24 49 49-4
E-Mail: info@designaustria.at

Schweden

iz s 666

Föreningen Svenska Industridesigner (SID)
Postf. 5501, S-11485 Stockholm
T: (00468) 7 83 83 42 **Fax:** 6 61 20 35
E-Mail: sid@svid.se

Spanien

iz s 667

Asociación de Diseñadores Profesionales (ADP)
C/Johan Sebastian Bach 28, E-08021 Barcelona
T: (00343) 2 41 16 10 **Fax:** 2 41 16 11
Internet: http://www.adp-barcelona.com
E-Mail: adp@mail.cinet.es

iz s 668

Agrupació de Disseny Industrial del Foment de les Arts Decoratives (ADI FAD)
C/Brusi 45, E-08006 Barcelona
T: (003493) 2 09 11 55 **Fax:** 2 01 10 30
E-Mail: adifad@adi-fad.ictnet.es

iz s 669

Asociación Española de Profesionales del Diseño (AEPD)
Rafael Calvo 28, E-28010 Madrid
T: (003491) 3 19 55 89 **Fax:** (00341) 3 10 30 65

iz s 670

Asociación de Diseñadores de la Comunidad Valenciana (ADCV)
C/San Vicente 35, 4, A, E-46002 Valencia 2
T: (003496) 3 51 00 28 **Fax:** 3 94 08 42

• IZ S 671

Europäische Autorenvereinigung Die Kogge, e.V., Sitz Minden (EADK)
European Authors' Association "Die Kogge"
Association Européenne des auteurs "Die Kogge"
c/o Kulturamt
Postf. 30 80, 32387 Minden
T: (0571) 8 94 14 **Fax:** 8 96 80
Gründung: 1924, Neugründung 1953 (verboten 1933-45)
Geschäftsführer(in): Friedrich-Wilhelm Steffen (Kulturamt Stadt Minden)
Verbandszeitschrift: Kogge-Brief
Mitglieder: ca. 170
Jahresetat: DM 0,024 Mio, € 0,01 Mio

• IZ S 672

Europäische Sportpresse-Vereinigung (UEPS)
European Sports Press Union
Union Européenne de la Presse Sportive
113 Tudor Way Rickmansworth Herts, GB-London WD3 2HT
T: (00441923) 77 07 99 **Fax:** 77 07 99
Gründung: 1977 (Milano Marittima, Italien)
President: Leif Nilsson
Vice-Pres: Evgen Bergant (Glavarjeva 17, SLO-61000 Ljubljana, Slovenia, T: (003861) 31 82 55 + 31 83 62, 34 15 03 (priv.), TX: 31 255)
Secretary General: Morley Myers (113 Tudor Way, Rickmansworth Herts, GB-London WD3 2HT, T: (00441923) 77 07 99, Telefax: (00441923) 77 07 99)
Members: José Carlos Freitas (Expresso: 3157406, Telefax: 3 15 74 07, C.N.I.D.: 3428736, 4972953 (priv.))
Leif Nilsson (Ungonvägen 9, S-760 10 Bergshamra T: (0046176) 6 05 47 (priv.), (00468) 7 38 30 00, Telefax: (00468) 6 56 97 91)
Yiannis Theodorakopoulos (3, Asklipiou Str., GR-106 79 Athens, T: (00301) 3 63 47 19, Telefax: (00301) 3 63 57 77)
Nils-Göran Wallen (Mannerheimvägen 18, FIN-00100 Helsinki, T: (003580) 1 25 33 27, 60 77 43 (priv.), TX: 124 402)
Verbandszeitschrift: Media Sport
Redaktion: Media & Sport, Gianni Merlo, Via Dante, 12, I-27029 Vigevano (PV), T: (0039381) 69 06 36, Telefax: (0039381) 69 06 38
Verlag: European Sports Press Union/UEPS
Mitglieder: 10000
45 Landesverbände in Europa

• **IZ S 673**

Internationale Journalisten-Föderation (IJF)

International Federation of Journalists (IFJ)
Fédération Internationale des Journalistes (FIJ)
Rue Royale, 266, B-1210 Bruxelles
T: (00322) 223 22 65 **Fax:** 219 29 76
Internet: http://www.ifj.org
E-Mail: ifj@pophost.eunet.be
Gründung: 1952
Präsident(in): Chris Warren
Generalsekretär(in): Aidan White
Mitglieder: 450000 in 100 Ländern

• **IZ S 674**

Internationale Übersetzer-Vereinigung (FIT)

International Federation of Translators
Fédération Internationale des Traducteurs
2021, avenue Union, bureau 1108, CDN-Montréal (Québec) H3A 259
T: (001514) 845-0413 **Fax:** 745-9903
Internet: http://www.fit-ift.org
E-Mail: secretariat@fit-ift.org
Gründung: 1953
Präsident(in): Adolfo Gentile (Australien)
Generalsekretär(in): Peter Krawutschke
Verbandszeitschrift: Translatio-Nouvelles de la FIT- FIT Newsletter + BABEL
Redaktion: René Haeseryn, Heiveldstraat 245, B-9040 St-Amandsberg, T u. Fax: (00329) 2 22 39 71
Mitglieder: 74 ordentliche, 25 assoziierte

• **IZ S 675**

Internationale Vereinigung der Audiovisuellen Autoren (A.I.D.A.A.)

International Association of Audiovisual Writers and Directors
Association Internationale des Auteurs de l'Audiovisuel
Rue du Prince Royal 87, B-1050 Brüssel
T: (00322) 5 51 03 50 **Fax:** 5 51 03 55
Internet: http://www.aidaa.org
E-Mail: secretariat@aidaa.org
Président: Jacques Deray
Vice-Présidents: Manuel Gutierrez Aragon
Massimo Sani
Roberts Pennant
Secrétaire Général: Joao Correa

• **IZ S 676**

Internationaler Verband der Konferenzübersetzer (AITC)

International Association of Conference Translators
Association internationale des traducteurs de conférence
Route des Morillons 15, CH-1218 Grand Saconnex
T: (004122) 7 91 06 66 **Fax:** 7 88 56 44
E-Mail: aitc@atge.auto.mail.com

• **IZ S 677**

Internationale Vereinigung der Philatelie-Journalisten (AIJP)

International Association of Philatelic Journalists
Association Internationale des Journalistes Philatéliques
c/o Fritz Baeker
Am Osterberg 19, 29386 Hankensbüttel
T: (05832) 24 22
Gründung: 1962 (20. August)
Generalsekretär(in): Fritz E. Baeker (Am Osterberg 19, 29386 Hankensbüttel, T: (05832) 24 22)
Mitglieder: über 400

• **IZ S 678**

Internationale Vereinigung der Reisejournalisten und -schriftsteller (FIJET)

World Federation of Travel Journalists and Writers
Fédération Internationale des Journalistes et Ecrivains du Tourisme
Secrétariat
Zavelstraat 62, B-3071 Kortenberg
T: (00322) 7 59 62 18 **Fax:** 7 59 49 40
Gründung: 1954
Membres du Bureau Executif
Président: Tijani Haddad (Chairman OMJET & ATJET, Tunisian association; Affiliation: Gazette Touristique - Hebdo Touristique, 2 rue du Jeune Foyer, 1004 El Menzah, TN-Tunis, Tunesien, T: (002161) 78 63 18, Telefax: (002161) 79 48 91)
Secretary General: Rene Van Hoof (Chairman BFTP, Belgian Feder Tourist Press; Affiliation: Officiele Horeca, Gastro Horeca, Local radio, Semaine d'Anvers, Zavelstraat 62, B-3071 Kortenberg, Belgien, T: (00322) 7 59 62 18, Telefax: (00322) 7 59 49 40)
1st Vice President: Juan Barrera Salamanca (Secretary General APPTUR; Affiliation: Atlapa News, Apartado 8168 Zona 8, PA-Panama City, Panama, Telefax: (00507) 64 64 03)
Vice President America: Concepcion Schiaffino (President AMPRETUR MEXICO; Affiliation: El Universal, Schiller 138 PH Colonia Polanco, MEX-Mexico DF, Mexico, T: (00525) 2 50 85 55, Telefax: (00525) 5 21 52 40)
Vice President Eurasia: Anna Plenzler (President Polish FIJET Club; Affiliation: Gtosu Wielskopolskiego, Ul Grunwasldzka 19, P-60.959 Poznan, Polen, T: (004861) 65 96 32, Telefax: (004861) 47 30 73)
Vice President Europe: Miguel Martinez Monge (Board member FEPET; Affiliation: SPIC, Correo de Viajes y Turismo, Santa Rita 1, 2° A, E-03500 Benidorm, Spanien, T: (00346) 5 85 05 71, Telefax: (00346) 5 85 05 71)
Vice President Mediterrannee: Pericles Lytras (President Greek travel journalist association; Affiliation: Touristiki Agora, Augi, 11 Fidiou street, GR-163.41 Athens, Griechenland, T: (00301) 9 95 34 80, Telefax: (00301) 9 93 58 75)
Leitung Presseabteilung: Rene Van Hoof

Board of Directors
Algeria: Larbi Timizar (President Algerian Association, Affiliation: El Moudjahid, Cite Concorde, DZ-Bir Moudries, Alger, Algerien, T: (00213) 73 70 30)
Austria: Fred Turnheim (President OJC, Österreichischer Journalisten Club, Affiliation: ORF, Austrian Radio and Television, Gablengasse 7, Penthouse, A-1150 Wien, Österreich, T: (00432) 9 82 85 55, Telefax: (00432) 98 28 50)
Belgium: Guido Andries (Past President BFTP, Belgian Federation Tourist press, Affiliation: Gastro Horeca revue, Holstraat 75, B-1770 Liedekerke, Belgien, T: (003253) 66 88 91, Telefax: (003253) 67 34 73)
Bolivia: Ignacio Orella Vargas (President Bolivian association, Affiliation: Cartel, Tourist magazine, Casilla Postal 87 58, BOL-La Paz, Bolivien, T: (005912) 37 73 69, Telefax: (005912) 36 16 44)
Bulgaria: Plamen Starev (Secretary ABUJET Bulgarian writers association, Affiliation: Radio Sofia, 4. N.Kofardgiev str, BG-1606 Sofia, Bulgarien, T: (003592) 52 69 43, Telefax: (003592) 80 03 06)
Colombia: Antonio Vargas (President Colombian travel writers association, Job title: journalist, Affiliation: Radio Bogota, Calle 20 / 8-73 piso 2, CO-Pereira, Kolumbien)
Costa Rica: Beltran Meza (Apartado 85 03, CR-1000 San Jose, Costa Rica)
Croatia: Drago Ferencic (President Croatian association, Affiliation: Hotel Magazin, Jordanovac A, HRV-41000 Zagreb, Kroatien, T: (0038541) 21 78 17, Telefax: (0038541) 21 78 17)
C-Tour: Ditmar Hauer (President C-Tour, Affiliation: Neues Deutschland, Greifswalderstr. 150, 10409 Berlin, T: (030) 4 23 60 11)
Cuba: Carmen Carinas Lemus (Circulo de Periodistas de Turismo, Affiliation: Sol de Cuba, Calle 23 N° 452 Apartado 6646, La Habana, Kuba, T: (00537) 32 35 16, Telefax: (00537) 33 34 22)
Cyprus: Skevi Tselepou (Board member Cypriot Association, Affiliation: Action Publications, P.O.Box 46 76, CY-Nicosia, Zypern, T: (003572) 44 41 04, Telefax: (003572) 46 74 43)
Czechie: Miroslav Navara (President Club FIJET Czech republic, Affiliation: Travel info, Pod Stanici 19, CZ-102 00 Praha 10, Tschechische Republik, T: (00422) 75 80 37, Telefax: (00422) 2 31 64 49)
Egypt: Salah Attia (President Egyptian association, Affiliation: Egyptian travel and tourism magazine, 137 Misr and Sudan street, Hadayek el Kobba, ET-Cairo, Ägypten, T: (00202) 2 82 72 27, Telefax: (00202) 2 82 72 37)
France: Pierre Pons (President AFJET, Affiliation: La depêche du Midi, 4 rue Jean Jaures, F-09300 Lavelanet, Frankreich, T: (0033) 61 01 28 94)
Germany: Joachim Fischer (President ITMJ, Affiliation: TIAG Breslauer Str. 2, 97762 Hammelburg, T: (06664) 8 91 64, Telefax: (06664) 8 91 98)
Greece: Dimitris Loukas (Affiliation: Touristiki Zoi, 2 Rue Nikis, GR-10563 Athens, Griechenland, T: (00301) 3 23 15 62, Telefax: (00301) 7 66 22 95)
Great Britain: Chris Hawskworth (President BITE, British association, Affiliation: BBC Radio, Old Mill Pound, Sunny Bank Road, GB-Meltham near Huddersfield, West Yorkshire HD7 3LL, T: (0044484) 85 07 97)
Hungary: Zoltan Miklody (Affiliation: TURISM Petofi S.U.G., H-9783 Egyhazasradoc, Ungarn, T: (003694) 42 04 78, Telefax: (003694) 42 04 78)
Israel: Eytan Shabi (Chairman Touristwriters section Tel Aviv, Affiliation: Radio Tel Aviv & Israel, Skolov House, 4 Kaplan Street, IL-Tel Aviv, Israel, T: (009723) 6 95 61 41, Telefax: (009723) 6 95 14 38)
Italy: Antonio Bonelli (President Cist Italian association, Affiliation: International tourist press, Viale Tito Livio, 166, I-00136 Roma, Italien, T: (00396) 3 45 16 70, Telefax: (00396) 3 42 09 78)
Lebanon: George Kahy (President ALJET, Affiliation: L'orient-le-Jour and La Revue du Liban, Farah Centre c/o ALJET, PO Box 113.5066, RL-Beyrouth, Libanon, T: (00961) 34 92 50, Telefax: (00961) 30 22 50, 34 93 95)
Mexico: Raul Iriarte (Cataluna 19, T: (00525) 5 98 20 51)
Morocco: Ahmed Zeghari (President Travel Journalist association, Affiliation: La Vie Tourist Africaine, 142 Bld Mohammed V, MA-Casablanca, Marokko, T: (002122) 27 53 19)
Monaco: Peggy Butet (President Travel Writers Monte Carlo, Affiliation: Le Trocadero, Le Chateau d'Azur, 44 Bld d'Italie, MC-98000 Monaco, Monaco, T: (003393) 92 16 08 39, Telefax: (003393) 93 21 91 24)
Panama: Luis A. Pimentel E. (President APPTUR, Affiliation: Panamenian television, Apartado 8786 Zona 5, PA-Panama city, Panama, T: (00507) 23 79 24, Telefax: (00507) 64 39 50)
Peru: Jose Vicente Nisizaka Mejia (President Prensatur, Affiliation: Ejectutivo & Turismo Mondial, Jr T. Cardenas 369 (12 Av P.Thouars), PE-Santa Beatriz - Lima 1, Peru, T: (005114) 71 47 49, Telefax: (005114) 72 07 90)
Poland: Alicjia Kostecka (Secretary General Polish FIIJET Club, Affiliation: Tygodnik Lodewy, OS 1000 Lecia 72/76, PL-61.255 Poznan, Polen, T: (004861) 76 05 65, Telefax: (004861) 52 61 08)
Portugal: Salvador Alves Dias (President Portuguese Association, Affiliation: radio Lisboa, owner magazines, Rua do Quelas 10, P-1200 Lisboa, Portugal, T: (003511) 60 25 94)
Rumania: Constantin Priescu (Cale Victoriei 63-81, Scara AI, APT 6, Bucarest, T: (00401) 3 12 70 47, Telefax: (00401) 3 12 10 47)
Russia: Svetlana Kalnik (President Russian FIJET Club Journalist, Affiliation: The Independant, Pyatnitskaya Street 25, RUS-113326 Moscou, Russische Föderation, T: (007095) 2 33 60 51)
Slovenia: Cveta Potocnik (Secretary General, Affiliation: Radio Slovenija, Vilharjeva 37, SLO-61000 Ljubljana, Slovenien, T: (0038661) 32 94 34, Telefax: (0038661) 1 32 72 76)
Spain: Gabriel Garcia Brera (Gran Via 68, 4° E-28013 Madrid, T: (00341) 5 59 83 90, Telefax: (00341) 5 42 22 65)
Sweden: Susanne Hushagen (Chairman Swedish Association, Affiliation: TUR Goteborg, Morningblattern, Linnegatan 8 4 TR, S-41304 Goteborg, Schweden, T: (004631) 24 28 94, Telefax: (004631) 12 93 43)
Tunisia: Hedi Zaheg (Secretary General ATJET, Affiliation: Radio Tunisia, 2 rue du Jeune Foyer, TN-1004 El Menzah Tunis, Tunesien, T: (002161) 78 83 18, Telefax: (002161) 79 48 91)
Turkey: Nikat Boytüzun (Tourism Review, Cunfuriyet Codesi, n° 257/3°, TR-80280 Istanbul, T: (0090212) 2 31 14 20, Telefax: (0090212) 2 30 36 97)
United States: Don Bonhaus (One Ballinswood Road, USA-Atlantic Highlands NJ 07716, USA, T: (001908) 2 91 28 40, Telefax: (001908) 2 91 92 72)
Account Controllers: Iskra Koynova (Hahgahan Str. 71 D, BG-Sofia, Bulgarien, T: (003592) 79 61 69)
François Roux (9 rue Borie, F-St Etienne, T: (0033) 77 74 33 29)
Councellors:
Past Vice President: Emile Alexandrov Hegedus (Secretary General Bulgarian association, Affiliation: Nouvelles de Sofia, Nezabravka 1/III, BG-Sofia 1113, Bulgarien, T: (003592) 75 56 63, Telefax: (003592) 88 30 47)
Verbandszeitschrift: Vue Touristique
Redaktion: Secretaire General
Mitglieder: 1600
Technical Organ
Centre International FIJET/ International FIJET Center K.Martelstraat 54, B-1040 Brussel, Director: G.Andries, Holstraat 75, B-1770 Liedekerke, T: (003253) 66 88 91, Telefax: (003253) 67 34 73

• **IZ S 679**

Internationaler Kunstkritikerverband (AICA)

Association Internationale des Critiques d'Art
Sektion der Bundesrepublik Deutschland
Maternusstr. 29, 50678 Köln
T: (0221) 31 46 41 **Fax:** 31 53 37
Gründung: 1951
Präsident(in): Walter Vitt, Köln
Vizepräsident(in): Prof. Klaus Honnef, Bonn
Andreas Hüneke, Potsdam
Generalsekretärin: Dr. Sabine Schütz, Köln
Mitglieder: 155

• **IZ S 680**

Internationaler Rat der Vereinigung des graphischen Gewerbes (ICOGRADA)

International Council of Graphic Design Associations
Conseil International d'Associations de Design Graphiques
Postf. 398, GB-London W11 4UG
T: (0044207) 6 03 84 94 **Fax:** 3 71 60 40
E-Mail: 106065.2235@compuserve.com
Gründung: 1963 (27. April)
President: Guy-A. Schockart (October 1999-2001)
Secretary General: Mary V. Mullin
Verbandszeitschrift: MESSAGE BOARD (Published Quaterly); ICOGRADA FAXNEWS (Published monthly)
Redaktion: PO Box 398, GB-London W11 4UG
Mitglieder: 56 Verbände in 38 Ländern

• **IZ S 681**

Internationaler Verband der Reiseleiter (IATM)

International Association of Tour Managers
Association Internationale des Responsables de Voyages
397, Walworth Road, GB-London SE17 2AW
T: (0044207) 7 03 91 54 **Fax:** 7 03 03 58
Internet: http://www.iatm.co.uk.
E-Mail: iatm@iatm.co.uk
Gründung: 1961
Präsident(in): Ingrid Rückwarth

Vorsitzende(r): Joppy Wissink
Hauptgeschäftsführer(in): Ronald Julian
Verbandszeitschrift: IATM Newsletter
Redaktion: IATM
Verlag: 397 Walworth Rd., London SE17 2AW
Mitglieder: 1500
Mitarbeiter: 3

• IZ S 682

Vereinigung der Journalisten der Luft- und Raumfahrt (A.J.P.A.E.)

Association des Journalistes Professionnels de l'Aéronautique et de l'Espace
Geschäftsstelle/Office:
6, Rue Galilée, F-75116 Paris
T: (00331) 40 70 91 31 permanence mardi et jeudi de 14^3_H0 à 17^3_H0 **Fax:** 40 70 05 74
E-Mail: agpae@worldnet.fr
Gründung: 1949
Président: Pierre Sparaco (Aviation Week)
Vice-Président: Pierre Julien (RTL)
Christian Sotty (R.F.I.)
Secrétaire Général: Thierry Vigoureux (Le Figaro)
Secrétaire Général Adjoint: Bruno Lancesseur (Aeronautique Business)
Trésorier: Yann Cochennec (Air et Cosmos)
Trésorièr Adjointe: Christian Lardier (Air et cosmos)
Membre du Comité: Marie-Hélène Poingt (La Vie du Rail et des Transports)
Laurent Maillard (AFP)
Jacqueline Couvert du Crest (Pilote de Ligne)
Tania d'Aubrydolles (Armées d'Aujourd'hui)
Valerie Lion (Les Echos)
Christian Sotty (RFI)
Mitglieder: 250

Immobilienexperten und andere Berufsverbände

• IZ S 683

Arbeitsgemeinschaft der Europäischen Anerkannten Sachverständigen (AEXEA)

Association of European Recognized Experts
Association des Experts Européens Agréés
28, rue du Château, F-77000 Melun
T: (00331) 64 37 01 16 **Fax:** 64 37 42 22
Gründung: 1990
Präsident(in): Ing. Bernard Robert (Sté ALAC ETOILE, 3 rue du Colonel Moll, F-75017 Paris, T: (00331) 53 81 77 00, Fax: 53 81 77 03)
Vizepräsident(in): Ing. Christian Bellon de Chassy (42 rue des Rosiers, F-75004 Paris, T: (00331) 42 77 17 46, Fax: 42 46 10 30)
Ing. Jean-Paul Baert (13, rue Jean Nicot, BP 209-07, F-75327 Paris Cedex 07, T u. Fax: (00331) 45 56 03 39)
Heiner Schneider (Völklinger Str. 37, D-66333 Völklingen, T: (06898) 4 10 09, Fax: 45 54)
Robert Trofleau (5 rue des Louveries, F-28210 Faverolles, T: (00332) 37 51 47 37, Fax: 37 38 21 07)
Kämmerer: Ing. Michel Brun (46 avenue de Genève, F-95190 Goussainville, T: (00331) 44 35 71 02, Fax: 42 89 05 97)
Generalsekretär(in): Hauptgeschäftsstelle: Dr. René Tollemer (83 rue de Bourrassol, F-31300 Toulouse, T: (00335) 61 42 33 91, Fax: 62 21 00 29)
Mitglieder: 4000

• IZ S 684

Bund Europäischer Farbberater (BEF)

European Association of Colour Consultants
Association Européenne des Conseillers de Couleur
Augustinerstr. 32, 55116 Mainz
T: (06131) 67 25 18 **Fax:** 67 87 38
1. Vorsitzende(r): Prof. Gerhard Meerwein (Augustinerstr. 32, 55116 Mainz, T: (06131) 67 25 18, Telefax: (06131) 67 87 38)
2. Vorsitzende(r): Dr. Bettina Rodeck-Madsen (Kaiser-Friedrich-Ring 1, 65185 Wiesbaden, T: (0611) 9 49 03 73, Telefax: (0611) 9 49 06 83)
Geschäftsführer(in): Dipl.-Farbberater Carl A. Ceppi (IACC/BEF, St. Jodernstr. 47, CH-3930 Visp, T: (004128) 46 54 14, Telefax: (004128) 46 66 14)

• IZ S 685

Europäische Gesellschaft für Schriftpsychologie und Schriftexpertise e.V. (EGS)

European Society of Handwriting Psychology (ESHP)
Société Européenne de Graphologie (SEG)
Zentralsekretariat:
Postf. 88, CH-8041 Zürich
Klebestr. 6, CH-8041 Zürich
T: (00411) 4 81 62 18 **Fax:** 4 81 62 88
Internet: http://www.graphologie-europa.com
E-Mail: egs_sekretariat@web.de
Gründung: 1968 (25. Mai)
Präsident(in): Rudolf Känzig (dipl. Psychologe (CH)), Zürich
Vizepräsident(in): Maresi de Monchy, Rhoon (NL)
Verbandszeitschrift: EGS Bulletin
Redaktion: Zentralsekretariat
Mitglieder: ca. 600, 9 europäische Landesverbände

• IZ S 686

Europäische Gruppe der Bewerter von Anlagevermögen (TEGOVOFA)

The European Group of Valuers of fixed Assets
Groupe Européen des estimateurs des biens investis
Great George Street 12 Parliament Square, GB-London SW1P 3AD
T: (0044207) 334 37 28 **Fax:** 334 38 44
President: Peter Champness
General Secretary: Rebekah Lowe
Mitglieder: 10
Mitarbeiter: 1

• IZ S 687

Europäische Vereinigung der Architekten (CAE)

Conseil des Architectes d'Europe
rue Paul Emile Janson 29, B-1050 Bruxelles
T: (00322) 5 43 11 40 **Fax:** 5 43 11 41
Internet: http://www.ace-cae.org
E-Mail: ace-cae@skynet.de
Gründung: 1990
Président: Eoin ÒCoFaigh (IRL)
Secrétaire Général: Alain Sagne
Mitglieder: 29
Mitarbeiter: 4

• IZ S 688

Europäische Vereinigung von Bilanzaufstellern und Prüfern für kleine und mittlere Unternehmen (EFAA)

European Federation of Accountants and Auditors for SME's
Rue Newton 1, B-1000 Brüssel
T: (00322) 7 36 88 86 **Fax:** 7 36 29 64
E-Mail: efaa@arcadis.be
Président: Philippe Arraou
Secrétaire Général: Peter Poulsen

• IZ S 689

Europäische Vereinigung der Immobilienmakler

European Property Agents Group (EPAG)
Groupement Européen des Agents Immobiliers
Avenue de Tervueren 36 bte 2, B-1040 Brüssel
T: (00322) 735 49 90 **Fax:** 735 99 88
Internet: http://www.cepi.be
E-Mail: epag@cepi.be
Gründung: 1991
President: Yves Boussard
Secretary General: Hans-Eberhard Langemaack
Contact: Frédéric Seutin
Verbandszeitschrift: Cepi Info
Mitglieder: 16
Mitarbeiter: 1

• IZ S 690

Europäischer Immobilienrat (CEPI)

European Real Estate Council
Conseil Européen des Professions Immobilières
Avenue de Tervueren 36 bte 2, B-1040 Brüssel
T: (00322) 735 49 90 **Fax:** 735 99 88
Internet: http://www.cepi.be
E-Mail: cepi@cepi.be
Gründung: 1990
President: Frans A. I. Burgering
Secretary General: Hans-E. Langemaack
Contact: Frédéric Seutin
Verbandszeitschrift: Cepi Info
Mitarbeiter: 1

• IZ S 691

Europäischer Rat der Wehrpflichtigen-Organisationen (ECCO)

European Council of Conscripts Organisations
Conseil Européen des Organisations de Conscrits
Postf. 23 84, NL-3500 GJ Utrecht
T: (003130) 2 44 34 25 **Fax:** 2 42 21 95
Internet: http://www.xs4all.nl/-ecco/
E-Mail: ecco@xs4all.nl
Gründung: 1979 (März)
President: Jonas Thörnblom
Secretary General: Marc Hulst
Verbandszeitschrift: ECCO-Echo
Mitglieder: 11
Mitarbeiter: 1
Jahresetat: DM 0,07 Mio, € 0,04 Mio (1996)

Mitgliedsorganisationen

Finnland

iz s 692
Suomen Varusmiesliitto (VML)
Postf. 13 03, FIN-00101 Helsinki
T: (003580) 1 49 61 33 **Fax:** 1 48 12 02
E-Mail: info@varusmiesliitto.fi

Georgien

iz s 693
Association for the Rrotection of Rights of Conscripts in Georgia
Gldani, 6th Micro distr. bld. 1, app.63, GE-380120 Tbilisi
Fax: (0099532) 00 10 27

Italien

iz s 694
Alba
c/o Massimo Bongiorno
Via Giambellino 115, I-20147 Mailand
T: (00392) 4 23 25 51 **Fax:** 4 22 39 52

Niederlande

iz s 695
Stichting Erfgoed VVDM
Postf. 85746, NL-2508 CK Den Haag

Österreich

iz s 696
Vereinigung Demokratischer Soldaten Österreichs (VDSÖ)
Postf. 7, A-7143 Apetlon

Portugal

iz s 697
CASMO - Associacao de Juventude
Rua Pascoal de Melo 70-1 (Sala 12), P-1000 Lissabon
T: (003511) 1 52 70 04

Schweden

iz s 698
Värnpliktsrådet
Löjtnantsg. 21 bv, S-10786 Stockholm
T: (00468) 7 88 84 82 **Fax:** 7 88 84 39

Slowakische Republik

iz s 699
Zvaz Vojenske Mladeze (ZVM)
VLA
MR Stefanika, SK-04001 Kosice
Fax: (00422) 6 33 51 92
Leitung Presseabteilung: Oula Järvinen

Spanien

iz s 700

Oficina del Defensor del Soldado (ODS)
C/Marqués de Urquijo 24 1E, E-28008 Madrid
T: (00341) 5 59 96 31, 5 59 52 05 **Fax:** 5 47 59 96
E-Mail: adc@mail.ddnet.es

Tschechische Republik

iz s 701

Sdruzeni Vojaku a Mladeze (SVM)
Kafkova 8, CZ-16000 Praha 6
T: (00422) 24 32 14 11
E-Mail: svm@telecom.cz

Ungarn

iz s 702

Representative Union of Border Guard Conscripts (RUBGC/Hörseke)
c/o Krisztian Martin
Safrany ut. 52, H-1116 Budapest
T: (00361) 1 18 89 84 **Fax:** 2 06 64 87
E-Mail: koci@mail.matav.hu

• IZ S 703

Europäischer Verband der Vermögensverwalter
European Confederation of Property Managers
Confédération Européenne des Administrateurs de biens (CEAB)
Avenue de Tervueren 36 bte 2, B-1040 Brüssel
T: (00322) 735 49 90 **Fax:** 735 99 88
Internet: http://www.cepi.be
E-Mail: ceab@cepi.be
Gründung: 1989
President: Frans A. I. Burgering
Secretary General: Jean-Luc Cabay
Contact: Frédéric Seutin
Verbandszeitschrift: Cepi Info
Mitglieder: 17
Mitarbeiter: 1

• IZ S 704

Europäischer Verein für schulische und berufliche Orientierung, Beratung und Information (EURO-Orientation)
European association for orientation, vocational guidance and educational & professional information
Association europééne pour l'orientation, la guidance et l'information scolaires et professionelles
Kortrijksestraat 343, B-8870 Izegem
T: (003251) 30 13 62 **Fax:** 30 13 62
Gründung: 1990
Président: Gerard Wulleman (B)
Secretaire: Robert I. Stokes (Gloucestershire (U.K.))
Vice-Présidents: Jacques Giust (F)
Immaculada Martinez (SP)
Barbara Grabinska (POL)
Gérant principal: Gerard Wulleman (Inspecteur PMS (B))
Verbandszeitschrift: EO-News
Mitglieder: 20 associations nat. dans l'Europe

• IZ S 705

Internationale Experten Union (Inter-Expert)
International Association of Experts
Union Internationale d'Experts
Avenue André Malraux 11, F-57000 Metz
T: (0033387) 63 83 87 **Fax:** 63 84 29
Internet: http://www.inter-expert.com.
Gründung: 1971
President: Friedrich Köstler
Secretary General: Jean-Pierre Gielen (Contact)
Mitglieder: 300
Mitarbeiter: 1

• IZ S 706

Internationale Sachverständigenorganisation (ORDINEX)
International Union of Experts
Organisation International des Experts
19, bd. de Sebastopol, F-75001 Paris
T: (00331) 40 28 06 06 **Fax:** 40 28 03 13
Internet: http://www.ordinex.net
E-Mail: contact@ordinex.net
Gründung: 1961
Vorsitzende(r): Ali Elkaïbi (Tunisie, président Général)
Generalsekretär: Pierre Royer (France)
Mitglieder: 600 individual members and professional members associations

Mitgliedsorganisationen

Frankreich

iz s 707

Chambre Nationale des Experts-Conseils Financiers (C.N.C.F.)
44, av. du Pdt Kennedy B.P. 110, F-75763 Paris Cedex 16
Président: Roger-Henri Chipot

iz s 708

Compagnie Nationale des Experts en Mode, Couture, Textile et Habillement
8, rue Montesquieu, F-75001 Paris
T: (00331) 42 96 21 01 **Fax:** 42 61 79 29
Président: Lucien David Langman

iz s 709

Compagnie Nationale des Biologistes et Analystes Experts
Laboratoire de Pharmacocinétique et Toxicologie
Centre Hospitalier du Havre
Postf. 24, F-76083 Le Havre Cedex
T: (0033232) 73 32 18 **Fax:** 73 32 38
Président: Dr. J.P. Goulle

iz s 710

Compagnie d'Expertise en Antiquites et Objets d'Art (C.E.A.)
34, Passage Jouffroy, F-75009 Paris
T: (00331) 47 70 89 65 **Fax:** 48 00 08 24
Président: Michel DIstria

iz s 711

Groupement des Graphologues Conseils de France (G.G.C.F.)
80, av. Charles de Gaulle, F-92200 Neuilly-sur-Seine
T: (0033) 47 47 91 51 **Fax:** 46 40 77 02
Président: Françoise Elefteriou

• IZ S 712

Internationale Vereinigung der Automobilsachverständigen (FIEA)
Fédération Internationale des Experts en Automobiles
Gentsstraat 162, B-9406 Ninove
T: (00322) 7 30 36 85 **Fax:** 7 30 36 27
Gründung: 1954
Präsident(in): Jan Wajand (Ul Brygadzistow 133 H, 43-309 Bielsko Biala (Polen))
Vizepräsident(in): Folkart Berger (c/o DEKRA, Schulze-Delitzsch-Str. 49, 70565 Stuttgart)
Generalsekretär(in): J. L. Rollier
Mitglieder: 8000
Mitarbeiter: 1

Mitgliedsorganisationen

Belgien

iz s 713

Union Professionnelle des Experts en Automobile (UPEX)
Maison de l'Automobile, bd de la Woluwe 46, B-1200 Bruxelles
T: (00322) 7 35 60 96

iz s 714

Groupement Bureau d'Experts (GBE)
av. des Loisirs 9, B-1140 Bruxelles
T: (00322) 7 35 36 03

Deutschland

iz s 715

Bundesverband der freiberuflichen und unabhängigen Sachverständigen für das Kraftfahrzeugwesen e.V. (BVSK)
Lindenstr. 76, 10969 Berlin
T: (030) 25 37 85-0 **Fax:** 25 37 85-10
Internet: http://www.BVSK.de
E-Mail: BVSK-Berlin@t-online.de
Präsident(in): Dipl.-Ing. Wolfgang Küssner
Geschäftsführer(in): RA Elmar Fuchs

Spanien

iz s 716

Asociación Profesional de Peritos Tasadores de Seguros (APPTS)
c/Champoamor 13-1° dcha, E-Madrid 4
T: (00341) 4 10 17 54

Frankreich

iz s 717

Chambre Syndicale Nationale des Experts en Automobiles de France (CSNE AF)
48, rue Raymond Losserand, F-75014 Paris
T: (00331) 43 20 86 50

Italien

iz s 718

Associazione Italiana Consulenti (AICIS)
Via Vetere 5, I-20123 Milano
T: (00392) 8 32 35 87

Niederlande

iz s 719

Nederlands Instituut van Automobiel en Verkeersdeskundigen (NIAV)
Postf. 10041, NL-Utrecht

Polen

iz s 720

Polski Zwiazek Motorowy Organizacja Rzeczoznawcow (PZM)
55-57, rue Marszalkowska, PL-Warszawa
T: (21) 99 63

Schweiz

iz s 721

Association Suisse des Experts en Automobiles Indépendants (ASEAI)
Postf. 1400, CH-8036 Zürich

Großbritannien

iz s 722

Institute of Automotive Engineer Assessors (IAEA)
Mansell House, 22 Bore Street, GB-WS13 6 LP Lichfield Staffs
T: (01543) 25 13 46

Jugoslawien

iz s 723

Udruzenje Sudskih Vjestaka (USV)
Krunoslav Franjkovic, Vlaska ulica 89, HR-41000 Zagreb
T: (003841) 44 28 19

• IZ S 724

Union des Finanzpersonals in Europa (UFE)
Union of the Finance-Personnel in Europe
Union du Personnel des Finances en Europe
Trierer Str. 8, 54456 Tawern
T: (06501) 1 74 20 **Fax:** 1 89 84
Gründung: 1963 (22. Mai)
Präsident(in): Richard Müller
Mitglieder: 420000
Mitgliedsverbände:
Steuer- und Zollgewerkschaften aus: Belgien, Bundesrepublik Deutschland, Dänemark, Finnland, Frankreich, Großbritannien, Irland, Island, Italien, Luxemburg, Niederlande, Norwegen, Österreich, Schweden, Schweiz

• IZ S 725

Europäischer Fachverband für Dauerhafte Schminkmethoden (EFDS)
Tal 16, 80331 München
T: (089) 24 20 90 20 **Fax:** 24 20 90 14
Gründung: 1993 (September)
Vorsitzende(r): Walter Wollenberg

Stellvertretende(r) Vorsitzende(r): Waltraud Kuffner
Verbandszeitschrift: Euro News
Verlag: EFDS, München

IZ T Technisch-wissenschaftliche Vereinigungen

Zum Auffinden einer bestimmten Dienststelle oder Organisation dient das Suchwortverzeichnis eines Personennamens das Personenverzeichnis

Forschungsvereinigungen

Technisch-wissenschaftliche Vereinigungen

Technische Überwachungsvereine, Materialprüfung, Vermessung, Normung

Wirtschafts- und Sozialwissenschaft, Marketing- und Meinungsforschung

Bank- und Versicherungswissenschaften

Ernährungs-, land- und forstwissenschaftliche Vereinigungen, Institute, Umweltforschung

Medizin, Gesundheitswesen, Veterinärmedizin

Rechtswissenschaften

Internationale Beziehungen, Europäische Fragen

Kommunikation, Druck- und Zeitungswissenschaften

Berufliche Aus- und Weiterbildung

Forschungsvereinigungen

• IZ T 1

Ausschuß für Raumforschung (COSPAR)
Committee on Space Research
Comité mondial pour la Recherche Spatiale
51 bd. de Montmorency, F-75016 Paris
T: (00331) 45 25 06 79 **Fax:** 40 50 98 27
Internet: http://www.cospar.itodys.jussieu.fr
E-Mail: cospar@paris7.jussieu.fr
Gründung: 1958
President: Prof. Dr. Gerhard Haerendel
Executive Director: Prof. S. Grzedzielski
Verbandszeitschrift: COSPAR Information Bulletin, Advances in Space Research, COSPAR Colloquia Series, COSPAR Directory of Organization & Associates
Publisher: Elsevier Science
Mitglieder: 52 (40 National Scientific Institutions, 12 International Scientific Unions)
Member Institutions. Around 4.000 Individual Associates.
Mitarbeiter: 4
Editor: Dr. R. Harrison (Information Bulletin only), Rutherford Appleton Laboratories, Chilton Didcot, Oxon OXII OQX, U.K.

• IZ T 2

EG-Ausschuß für Chemie (EurChem)
European Communities Chemistry Council
c/o Royal Society of Chemistry
Burlington House, Piccadilly, GB-London W1V 0BN
T: (0044207) 4 37 86 56 **Fax:** 4 37 88 83
Internet: http://chemistry.rsc.org/rsc/eccc.htm
E-Mail: mcewane@rsc.org
Gründung: 1973
Vorsitzende(r): Prof. F. Alderweireldt (University of Antwerp, Department of Chemistry, Groenenborgerlaan 171, B-2020 Antwerpen)
Generalsekretär(in): E. K. McEwan (Burlington House, Piccadilly, London W1V 0BN, T: (0044207) 437 8656, Fax: 437 8883, E-mail: McEwanE@rsc.org, World Wide Web: http://www.chemsoc.org/gateway/european.htm)

Mitgliedsorganisationen

Belgien

iz t 3

Société Royale de Chimie
ULB Campus Plaine
Postf. 206/4, B-1050 Brüssel
Boulevard du Triomphe, B-1050 Brüssel
T: (00322) 6 50 52 08 **Fax:** 6 50 51 84

iz t 4

Koninklijke Vlaamse Chemische Vereniging
Groot Begijnhof, B-3000 Leuven
T: (003216) 29 32 14 **Fax:** 22 68 92

iz t 5

Fabechim-Vebevechem
Avenue Ed. de Thibault 51 Bte 19, B-1040 Brüssel
T: (00322) 7 36 31 80 **Fax:** 7 35 56 81

Dänemark

iz t 6

Danish Chemical Society
Universitetsparken 5, DK-2100 København
T: (004535) 32 02 87 **Fax:** (004533) 32 02 99

iz t 7

Kemiingeniørgruppen
Vester Farimagsgade 29, DK-1780 København V
T: (004533) 15 65 65 **Fax:** 93 71 71

Deutschland

iz t 8

Gesellschaft Deutscher Chemiker e.V.
Postf. 90 04 40, 60444 Frankfurt
Varrentrappstr. 40-42, 60486 Frankfurt
T: (069) 79 17-1 **Fax:** 79 17-322
Internet: http://www.gdch.de
E-Mail: gdch@gdch.de

iz t 9

Verband angestellter Akademiker und Leitender Angestellter der chemischen Industrie e.V. (VAA)
Postf. 10 12 10, 50452 Köln
T: (0221) 16 00 10 **Fax:** 16 00 16
Internet: http://www.vaa.de
E-Mail: info@vaa.de

iz t 10

DECHEMA Gesellschaft für Chemische Technik und Biotechnologie e.V.
Postf. 15 01 04, 60061 Frankfurt
Theodor-Heuss-Allee 25, 60486 Frankfurt
T: (069) 75 64-0 **Fax:** 75 64-201
Internet: http://www.dechema.de
E-Mail: info@dechema.de

Spanien

iz t 11

Real Sociedad Española de Química
Universidad Complutense, E-28040 Madrid
T: (00341) 3 94 43 61 **Fax:** 5 43 38 79

iz t 12

Asociacion Nacional de Quimicos de Espana (ANQUE)
Consejo General de Colegios Oficiales de Quimicos de Espana
c/o Lagasca 85, E-28006 Madrid
T: (00341) 4 31 07 03 **Fax:** 5 76 52 79

Finnland

iz t 13

Association of finnish chemical societies
Hietaniemenkatu 2, FIN-00100 Helsinki
T: (003589) 4 54 20 40 **Fax:** 40 87 80

Frankreich

iz t 14

Société Française de Chimie
Rue Saint-Jacques 250, F-75005 Paris
T: (00331) 40 46 71 60 **Fax:** 40 46 71 61

Griechenland

iz t 15

Association of Greek Chemists
Kaningos Street 27, GR-10682 Athen
T: (00301) 3 62 15 24, 3 62 11 51 **Fax:** 3 63 35 97

Irland

iz t 16

Institute of Chemistry of Ireland
c/o Royal Dublin Society
Bailsbridge, IRL-Dublin 4
T: (0039332) 78 99 84 **Fax:** 78 99 63
Internet: http://www.iol.ie/_Ltinstchem
E-Mail: instchem@iol.ie

Italien

iz t 17

Societa Chimica Italiana
Via Liegi 48, I-00198 Roma
T: (00396) 8 54 96 91 **Fax:** 8 54 87 34

iz t 18

Consiglio Nazionale dei Chimici
Via Sicilia 57, I-00187 Roma
T: (00396) 42 82 40 76 **Fax:** 42 82 36 22

Luxembourg

iz t 19

Association des Chimistes Luxembourgeois (ACHIL)
Postf. 8 31, L-2018 Luxemburg
T: (00352) 44 76 41 **Fax:** 4 66 64 43 55
Gründung: 1981

Niederlande

iz t 20

Koninklijke Nederlandse Chemische Vereniging
Postf. 90613, NL-2596 HV Den Haag
Burnierstraat 1, NL-2596 HV Den Haag
T: (003170) 3 46 94 06 **Fax:** 3 61 51 97

Norwegen

iz t 21

Norwegian Chemical Society
Norsk Kjemisk Selskap
Postf. 1107, N-0317 Oslo-Blindern
T: (004722) 85 55 31 **Fax:** 85 54 41

Portugal

iz t 22

Sociedade Portuguesa de Química
Av. da República 37-4°, P-1000 Lisboa
T: (003511) 7 93 46 37 **Fax:** 7 95 23 49

Großbritannien

iz t 23

The Royal Society of Chemistry
Burlington House, Piccadilly, GB-London W1V 0BN
T: (0044207) 4 37 86 56 **Fax:** 4 37 88 83

Schweden

iz t 24

Swedish Chemical Society
Svenska Kemistsamfundet
Wallingatan 24 3tr, S-11124 Stockholm
T: (00468) 4 11 52 60, 4 11 52 80 **Fax:** 10 66 78

Österreich

iz t 25

Gesellschaft Österreichischer Chemiker
Nibelungengasse 11/6, A-1010 Wien
T: (00431) 5 87 39 80 **Fax:** 5 87 89 66

Slowenien

iz t 26

Slovenian Chemical Society
Postf. 30, SLO-61115 Ljubljana
Hajorihova 19, SLO-61115 Ljubljana
T: (0038661) 1 76 02 00 **Fax:** 1 25 92 44

Spanien

iz t 27

Consejo General de Colegios Oficiales de Quimicos de Espana
Lagasca 85, E-28006 Madrid
T: (00341) 4 31 07 03 **Fax:** 5 76 52 79

Schweiz

iz t 28

New Swiss Chemical Society
c/o Ciba
Postf. 2 55 01, CH-4002 Basel
T: (004161) 696 6796 **Fax:** 696 6985

• IZ T 29

Europäische Föderation Biotechnologie (EFB)
European Federation of Biotechnology
Fédération Européenne de la Biotechnologie
c/o DECHEMA
Postf. 15 01 04, 60061 Frankfurt
T: (069) 75 64-163 **Fax:** 75 64-2 01
Internet: http://www.dechema.de/efb.htm
Gründung: 1978 (25. September)
Sekretär: des Büros Frankfurt: Prof. Dr.rer.nat. Gerhard Kreysa
Mitglieder: 81 Mitgliedsvereine und 5 korrespondierende Mitgliedsvereine

Förderung der europäischen Zusammenarbeit zwischen den Vereinigungen im Interesse der allg. Entwicklung der Biotechnologie als einem interdisziplinären Wissenschaftsgebiet und im Interesse ihrer Anwendungen auf industrielle Prozesse.

• IZ T 30

Europäische Föderation für Chemie-Ingenieur-Wesen

European Federation of Chemical Engineering
Fédération Européenne du Génie Chimique
c/o DECHEMA e.V.
Postf. 15 01 04, 60061 Frankfurt
Theodor-Heuss-Allee 25, 60486 Frankfurt
T: (069) 75 64-0 oder 75 64-209 **Fax:** 75 64-2 01
Internet: http://www.dechema.de
Gründung: 1953

Für Deutschland zuständig: Generalsekretariat, Büro Frankfurt:
Sekretär des Büros in Frankfurt: Prof. Dr.rer.nat. Gerhard Kreysa
Verbandszeitschrift: EFCE Newsletter (in Englisch)

Angeschlossen sind 41 technisch-wissenschaftliche Vereine aus 26 europäischen Ländern als Mitglieder und 13 Vereine aus 12 außereuropäischen Ländern als korrespondierende Gesellschaften

Zusammenarbeit zwischen gemeinnützigen technisch-wissenschaftlichen Institutionen in Europa, um die wissenschaftlichen Grundlagen der Chemischen Technik zu fördern.

• IZ T 31

Europäische Organisation für astronomische Forschung in der südlichen Hemisphäre (ESO)

European Southern Observatory
Organisation Européenne pour des Recherches Astronomiques dans l'Hémisphère Austral
Karl-Schwarzschild-Str. 2, 85748 Garching
T: (089) 3 20 06-0
TGR: EURASTRO Garching bei München
Gründung: 1962 (5. Oktober)
Generaldirektor: Dr. C. Cesarsky
Leitung Presseabteilung: Dr. Richard M. West
Mitgliedsstaaten: 8

• IZ T 32

Europäische Physikalische Gesellschaft

European Physical Society
Main Secretariat
34 rue Marc Seguin, F-68060 Mulhouse
T: (0033389) 32 94 40 **Fax:** 32 94 49
E-Mail: entrytod.lee@univ-mulhouse.fr
Secretary General: D. Lee
Verbandszeitschrift: Europhysics News
Verlag: EDP Sciences, Paris

Förderung der Physik in Europa und angrenzenden Ländern; Organisation von Konferenzen durch Fachausschüsse; Koordinierung von Konferenzen und Publikationen; Beratungsgremien für angewandte Physik, Erziehung und Beziehungen zur Gesellschaft; Internationaler Austausch von Studenten.

• IZ T 33

Europäische Weltraumorganisation (ESA)

European Space Agency
Agence Spatiale européenne
8-10 rue Mario Nikis, F-75738 Paris Cedex 15
T: (00331) 53 69-7654 **Fax:** 53 69-7560, 53 69-7561, 53 69-7562
Internet: http://www.esa.int
Gründung: 1975
Generaldirektor: Antonio Rodotá
Verbandszeitschrift: Esa Bulletin
Verlag: ESA Publication Division, Keplerlaan, NL-2200 AZ Noordwijk
Mitglieder: 15
Mitarbeiter: 1664 (November 99)
Jahresetat: DM 5278 Mio, € 2698,6 Mio

Objectives
The European Space Agency, set up on 31 May 1975, groups in a single body the complete range of European space activities previously conducted by ESRO and ELDO in their respective fields of satellite development and launcher construction. Under the terms of its Convention, ESA's task is to provide for and promote, for exclusively peaceful purposes cooperation among European States in space research and technology.

Member States
Austria, Belgium, Denmark, Finland, France, Germany, Ireland, Italy, Norway, Netherlands, Portugal, Spain, Sweden, Switzerland and the United Kingdom.
Canada is a Cooperating State
Establishments
ESA has a total staff of 1664 located at Headquarters in Paris and at its various technical Establishments:
ESTEC (European Space Research and Technology Centre) at Noordwijk (Netherlands) is the principal technical establishment of the Agency.
It is responsible for the project management of ESA (Satellite) Programmes in the Scientific, Communications, Earth Oberservation and Space Transportation fields. In addition, the Centre's specialised staff carry out studies for future satellite programmes, execute a space science programme, and are responsible for the programmation and management of a European Space Technology Research Programme.
A wide range of testing installations and laboratory facilities ensures the verification of satellites from individual components to full system level. New facilities such as the Large Space Simulator are amongst the largest of their kind in the world.
ESOC (European Space Operations Centre) at Darmstadt (FRG) is in charge of all satellite operations and the corresponding ground facilities and communications networks. The ESOC-controlled network includes a central control centre in Darmstadt and telemetry, tracking and control facilities at ground stations around the world. At present ESOC is controlling and operating several different spacecraft, both scientific and pre-operational and operational applications satellites (meteorological, remote sensing and telecommunications)
ESRIN (European Space Research Institute), located at Frascati, near Rome, is responsible for the handling and exploitation of Satellite Earth observation data.
EAC (European Astronauts Centre), located at Cologne, is the home base of the European astronauts and coordinates their training at the various specialised facilities.
Objectifs
L'Agence spatiale européenne, créée le 31 mai 1975, regroupe dans un seul organisme la gamme complète des activités spatiales européennes assurées antérieurement par l'ESRO pour la réalisation de satellites et l'ELDO pour la construction de lanceurs. Aux termes de sa Convention, l'Agence a pour mission d'assurer et de développer, d_2 des fins exclusivement pacifiques la coopération entre Etats européens dans les domaines de la recherche et de la technologie spatiales.

Etats membres
Allemagne, Autriche, Belgique, Danemark, Espagne, Finlande, France, Irlande, Italie, Norvège, Pays-Bas, Portugal, Royaume-Uni, Suède, Suisse.
Le Canada bénéficie d'un statut d'Etat coopérant.
L'effectif total de l'Agence est d'environ 1664 personnes réparties entre le Siège à Paris et les différents Etablissements techniques de l'ESA:
Etablissements
L'ESTEC (Centre européen de Recherche et de Technologie spatiales), à Noordwijk (Pays-Bas), est le principal établissement technique de l'Agence. Il est chargé de la gestion des programmes (satellites) de l'ESA dans le domaine scientifique dans celui des télécommunications, de l'observation de la Terre et du transport spatial. En outre, le personnel spécialisé du Centre effectue des études portant sur des programmes de satellites futurs, réalise un programme de science spatiale, et est également responsable de la planification et de la gestion d'un programme européen de recherche dans le domaine de la technologie spatiale.
Une grande veriété d'installations d'essais et de laboratoires assurent sur place la vérification des satellites, du plus petit composant au système tout entier. De nouvelles installations, qui comptent parmi les plus grandes du monde - tel le grand simulateur spatial - ont été construit à l'ESTEC.
L'ESOC (Centre européen d'Opérations spatiales) est responsable de toutes les opérations de satellites ainsi que des installations sol et des réseaux de communications correspondants. Le réseau dépendant de l'ESOC comporte un centre principal de contrôle situé à Darmstadt et des installations de télémesure, de poursuite et de télécommande implantées dans des stations sol dans le monde entier.
L'ESOC contrôle et exploite plusieurs satellites différents: des satellites scientifiques ainsi que des satellites d'applications préopérationnels et opérationnels (météorologie télédétection et télécommunications).
L'ESRIN (Le Centre européen de documentation), situé à Frascati (Près de Rome), est responsable du traitement et de l'exploitation de données des satellites d'observation de la Terre.
L'EAC (Centre des Astronautes Européens), situé à Cologue, est la base des astronautes européens et responsable de la coordination de leur entrainement dans des installations spécialisées.

Zielsetzung
Die Europäische Weltraumorganisation, die am 31. Mai 1975 durch den Zusammenschluß von ESRO und ELDO gegründet wurde, hat die Aufgabe, die Zusammenarbeit europäischer Staaten zu ausschließlich friedlichen Zwecken auf dem Gebiet der Weltraumforschung und Weltraumtechnologie sicherzustellen und zu entwickeln.

Mitgliedstaaten
Belgien, Dänemark, Deutschland, Finnland, Frankreich, Irland, Italien, Niederlande, Norwegen, Österreich, Portugal, Schweden, Schweiz, Spanien, Vereinigtes Königreich.
Mit Kanada besteht ein Kooperationsvertrag.

Niederlassungen:
Die ESA beschäftigt 1664 Personen, die am Sitz der Organisation in Paris und in folgenden technischen Niederlassungen tätig sind:
Das ESTEC (Europäisches Zentrum für Weltraumforschung und -technologie) in Noordwijk (Niederlande), ist die größte technische Niederlassung der Organisation. Es nimmt bei den Programmen, auf dem Gebiet der Weltraumforschung, Nachrichtenübertragung, Erdbeobachtung und der Raumtransportsysteme die Projektleitung wahr. Das Zentrum ist außerdem mit Studien für künftige Vorhaben und mit einem Weltraumforschungsprogramm befaßt und für die Planung und Leitung eines europäischen Programms für raumfahrttechnologische Forschung zuständig. Es verfügt über eine breite Skala von Prüf- und Laboreinrichtungen, in denen die Satelliten vom Einzelteil bis zum kompletten System erprobt werden können. Neue Testanlagen wie der grosse Weltraum-Simulator, die zu den grössten ihrer Art zählen, sind bei ESTEC aufgebaut worden.
Das ESOC (Europäisches Weltraum-Operationszentrum) ist für den Betrieb der Satelliten und die dazu notwendigen Bodenanlagen verantwortlich. Neben dem Hauptkontrollzentrum in Darmstadt besitzt es ein weltweites Bodenstationsnetz mit Telemetrie-, Bahnverfolgungs- und Telekommandoeinrichtungen. Es betreibt mehrere Satelliten, die entweder der Forschung oder voroperationellen und operationellen Anwendungen (Meteorologie, Fernerkundung und Nachrichtenübertragung) dienen.
Das ESRIN (Europäisches Weltraum-Informationszentrum), die Niederlassung der ESA in Frascati bei Rom, ist für die Verarbeitung und Nutzung von Daten der Erdbeachtungssatelliten verantwortlich.
Das EAC (Europäisches Astronautenzentrum) in Köln beherbergt die europäischen Astronauten und koordiniert deren Training in verschiedenen spezialisierten Einrichtungen.

• IZ T 34

Europäische Wissenschaftsstiftung (ESF)

European Science Foundation
1 Quai Lezay Marnesia, F-67080 Strasbourg Cedex
T: (0033388) 76 71 00 **Fax:** 37 05 32
Internet: http://www.esf.org
Gründung: 1974 (18. November)
Board
Präsident(in): Dr. Reinder van Duinen (NL)
Vizepräsident(in): Prof. Gustav Björkstrand (FI)
Prof. Max Kaase (DE)
Generalsekretär(in): Prof. E. Banda
Secretary: V. M. Schauinger-Horne
Leitung Presseabteilung: Jens Degett
Verbandszeitschrift: ESF Communications
Redaktion: Jens Degett, ESF
Mitglieder: 67 Forschungsräte, Einrichtungen der Forschungsförderung und wissenschaftliche Akademien aus 23 europäischen Ländern
Mitarbeiter: 45
Deutsche Mitglieder:
Deutsche Forschungsgemeinschaft (DFG);
Max-Planck-Gesellschaft (MPG);
Union der deutschen Akademien der Wissenschaften;
Hermann von Helmholtz-Gemeinschaft Deutscher Forschungszentren (HGF)

Mitgliedsorganisationen

Österreich

iz t 35

Fonds zur Förderung der Wissenschaftlichen Forschung in Österreich

Austrian Science Research Fund
Weyringergasse 35, A-1040 Wien

iz t 36

Österreichische Akademie der Wissenschaften

Austrian Academy of Sciences
Dr. Ignaz-Seipel-Platz 2, A-1010 Wien

Belgien

iz t 37

Fonds National de la Recherche Scientifique (FNRS)
National Fund for Scientific Research
5, rue d'Egmont, B-1000 Bruxelles

iz t 38

Fonds voor Wetenschappelijk Onderzoek-Vlaanderen
Egmontstraat 5, B-1000 Brüssel

Tschechische Republik

iz t 39

Akademie ve_7d České republiky
Academy of Science of the Czech Republic
Narodni 3, CZ-11720 Prague 1

iz t 40

Grantová agentura České republiky
Grant Agency of the Czech Republic
Postf. 10 81, CZ-11142 Prague 1
Narodni 3, CZ-11720 Prague 1

Dänemark

iz t 41

Det Kongelige Danske Videnskabernes Selskab
Royal Danish Academy of Sciences and Letters
H. C. Andersens Boulevard 35, DK-1553 København V

iz t 42

Statens Humanistiske Forskningsråd
Danish Research Council for the Humanities
Forskningsrådene
Bredgade 43, DK-1260 København V

iz t 43

Statens Jordbrugs-og Veterinaervidenskabelige Forskningsråd
Danish Agricultural and Veterinary Research Council
Forskningsrådene
Bredgade 43, DK-1260 Copenhagen K

iz t 44

Statens Sundhedsvidenskabelige Forskningsråd
Danish Medical Research Council
Forskningsrådene
Bredgade 43, DK-1260 Copenhagen K

iz t 45

Statens Naturvidenkabelige Forskningsråd
Danish Natural Science Research Council
Forskningsrådene
Bredgade 43, DK-1260 Copenhagen K

iz t 46

Statens Samfundsvidenskabelige Forskningsråd
Danish Social Science Research Council
Forskningsrådene
Bredgade 43, DK-1260 Copenhagen K

iz t 47

Statens Teknisk-Videnskabelige Forskningsråd
Danish Technical Research Council
Forskningsrådene
Bredgade 43, DK-1260 Copenhagen K

Finnland

iz t 48

Suomen Akatemia/Finlands Akademi
Academy of Finland
Postf. 99, FIN-00501 Helsinki
Vilhonvuorenkatu 6, FIN-00501 Helsinki

iz t 49

Suomen Tiedeakatemiain Valtuuskunta/Delegationen för Vetenskapsakademierna i Finland
Delegation of the Finnish Academies of Science and Letters
Mariankatu 5, FIN-00170 Helsinki

Frankreich

iz t 50

Centre National de la Recherche Scientifique (CNRS)
National Centre for Scientific Research
3, rue Michel-Ange, F-75794 Paris Cedex 16

iz t 51

Institut National de la Santé et de la Recherche Médicale (INSERM)
National Institute for Health and Medical Research
101, rue de Tolbiac, F-75654 Paris Cedex 13

iz t 52

Commissariat à l'Energie Atomique (CEA) Direction des Sciences de la Matière
Centre d'Etudes Nucléaires de Saclay
Orme des Merisiers, F-91191 Gif-sur-Yvette Cedex

iz t 53

Institut Français de Recherche pour l'Exploitation de la Mer (IFREMER)
French Sea Research Institute
Technopolis 40
155 rue Jean-Jacques Rousseau, F-92138 Issy-les-Moulineaux Cedex

Deutschland

iz t 54

Deutsche Forschungsgemeinschaft (DFG)
Kennedyallee 40, 53175 Bonn
T: (0228) 8 85-1 **Fax:** 8 85 27 77, 8 85 21 80 PR
Internet: http://www.dfg.de

iz t 55

Union der deutschen Akademien der Wissenschaften e.V.
Geschwister-Scholl-Str. 2, 55131 Mainz
T: (06131) 57 37 35 od. 57 89 46 **Fax:** 5 13 16
Internet: http://www.akademienunion.de
E-Mail: uaw@mail.uni-mainz.de

iz t 56

Max-Planck-Gesellschaft zur Förderung der Wissenschaften e.V.
Generalverwaltung:
Postf. 10 10 62, 80084 München
Hofgartenstr. 8, 80539 München
T: (089) 21 08-0 **Fax:** 21 08-1111

iz t 57

Hermann von Helmholtz - Gemeinschaft Deutscher Forschungszentren (HGF)
Postf. 201448, 53144 Bonn
Ahrstr. 45, 53175 Bonn

Estland

iz t 58

Eesti Teaduste Akadeemia
Estonian Academy of Sciences
Kohtu 6, EW-10130 Tallin

iz t 59

Eesti Teadusfond
Estonian Science Foundation
Kohtu 6, EW-10130 Tallin

Griechenland

iz t 60

National Hellenic Research Foundation (NHRF)
48 Vassileos Constantinou Avenue, GR-11635 Athens

Ungarn

iz t 61

Hungarian Academy of Sciences
Magyar Tudományos Akadémia
Roosevelt ter. 9, H-1051 Budapest

iz t 62

Hungarian Scientific Research Fund (OTKA)
Konyves Kalman Krt. 48-52, H-1087 Budapest

Irland

iz t 63

Health Research Board
73 Lower Baggot Street, IRL-Dublin 2

iz t 64

Enterprise Ireland
Glasnevin, IRL-Dublin 9
T: (003531) 8 08 25 39, 8 08 20 00 **Fax:** 8 08 20 46
Internet: http://www.enterprise-ireland.com

iz t 65

Royal Irish Academy
19 Dawson Street, IRL-Dublin 2

Island

iz t 66

The Research Council of Iceland
Rannsóknarráđ Islands
Laugavegi 13, IS-101 Reykjavik

Italien

iz t 67

Consiglio Nazionale delle Ricerche (CNR)
National Research Council
Piazzale Aldo Moro 7, I-00100 Roma

iz t 68

Istituto Nationale per la Fisica della Materia (INFM)
Corso Perrone 24, I-16152 Genova

iz t 69

Istituto Nazionale di Fisica Nucleare (INFN)
Piazza del Caprettari 70, I-00186 Rom

Niederlande

iz t 70

Koninklijke Nederlandse Akademie van Wetenschappen
Royal Netherlands Academy of Arts and Sciences
Het Trippenhuis
Postf. 19121, NL-1000 GC Amsterdam
Kloveniersburgwal 27, NL-1000 GC Amsterdam

iz t 71

Nederlandse organisatie voor wetenschappelijk onderzoek (NWO)
Netherlands organization for scientific research (NWO)
Postf. 93138, NL-2509 AC 's-Gravenhage
Laan van Nieuw Oost Indië 131, NL-2509 AC 's-Gravenhage

Norwegen

iz t 72

Det Norske Videnskaps-akademi
Norwegian Academy of Science and Letters
Drammensveien 78, N-Oslo 2

iz t 73

Norges Forskningsråd
The Research Council of Norway
Postf. 2700, N-0131 Oslo
Stensberggata 26, N-0131 Oslo

Polen

iz t 74

Polska Akademia Nauk
Polish Academy of Sciences
Palace of Culture and Science, PL-00-901 Warsaw

Portugal

iz t 75

Academia das Ciências de Lisboa
Lisbon Academy of Sciences
Rua da Academia das Ciências, 19, P-1200 Lisboa

iz t 76

Fundacao para a Ciencia e a Tecnologica (FCT)
Foundation for Science and Technology
Avenida Dom Carlos I 126, P-1200 Lissabon

iz t 77

Instituto de Cooperação Cientifica e Tecnológica Internacional
Institute for International Scientific and Technological Cooperation
Avenida Dom Carlos I, 126, P-1200 Lisboa

Spanien

iz t 78

Consejo Superior de Investigaciones Científicas (CSIC)
Council for Scientific Research
Calle Serrano 117, E-28006 Madrid

iz t 79

Oficina de Ciencia y Tecnología
Comisión Interministerial de Ciencia Y Tecnología
Interministerial Commission for Science and Technology
c/Rosario Pino 14-16 pl. 18ª, E-28020 Madrid

Schweden

iz t 80

Forskningrådsnämnden
Council for Planning and Coordination of Research
Postf. 7101, S-10387 Stockholm

iz t 81

Humanistisk-Samhällsvetenskapliga Forskningsrådet (HSFR)
Swedish Council for Research in the Humanities and Social Sciences
Postf. 7120, S-10387 Stockholm

iz t 82

Kungliga Vetenskapsakademien
The Royal Swedish Academy of Sciences
Box 50005, S-10405 Stockholm

iz t 83

Kungliga Vitterhets, Historie och Antikvitets Akademien
Royal Academy of Letters, History and Antiquities
Postf. 5622, S-11486 Stockholm

iz t 84

Medicinska Forskningsrådet (MFR)
Medical Research Council
Postf. 7151, S-10388 Stockholm

iz t 85

Naturvetenskapliga forskningsrådet (NFR)
Swedish Natural Science Research Council
Postf. 7142, S-10387 Stockholm

iz t 86

Skogs- och Jordbrukets Forskningsråd
Swedish Council for Forestry and Agricultural Research
Postf. 6488, S-11382 Stockholm

iz t 87

Socialvetenskapliga Forskningsrådet
Swedish Council for Social Research
Postf. 2220, S-10315 Stockholm

iz t 88

Teknikvetenskapliga Forskningsrådet (TFR)
Postf. 7136, S-10387 Stockholm

Schweiz

iz t 89

Schweizerischer Nationalfonds zur Förderung der wissenschaftlichen Forschung (NF)
Swiss National Science Foundation
Wildhainweg 20, CH-3001 Bern

iz t 90

Konferenz der Schweizerischen wissenschaftlichen Akademien (CASS)
Conference of the Swiss Scientific Academies
Postf. 25 35, CH-3001 Bern
Hirschengraben 11, CH-3001 Bern

Türkei

iz t 91

The Scientific and Technical Research Council of Turkey (TÜBITAK)
Atatürk Bulvari, 221 Kavaklidere, TR-06100 Ankara

Großbritannien

iz t 92

Biotechnology and Biological Sciences Research Council (BBSRC)
Polaris House
North Star Avenue, GB-Swindon SN2 1UH

iz t 93

The British Academy
10 Carltow House Terrace, GB-London SW1 SAH

iz t 94

Economic and Social Research Council (ESRC)
Polaris House, North Star Avenue, GB-Swindon SN2 1UJ

iz t 95

Medical Research Council (MRC)
20 Park Crescent, GB-London W1N 4AL

iz t 96

Natural Environment Research Council (NERC)
Polaris House
North Star Avenue, GB-Swindon SN2 1EU

iz t 97

The Royal Society
Carlton House Terrace 6, GB-London SW1Y 5AG

iz t 98

Engineering and Physical Sciences Research Council (EPSRC)
Polaris House
North Star Avenue, GB-Swindon SN2 1ET

iz t 99

Particle Physics and Astronomy Research Council (PPARC)
Polaris House
North Star Avenue, GB-Swindon SN2 1SZ

Slowenien

iz t 100

Slovenian Academy of Sciences and Arts
Novi trg. 3, SLO-61000 Ljubljana

iz t 101

Slovenian Science Foundation
Stefanova 15, SLO-61000 Ljubljana

• **IZ T 102**

Europäisches Laboratorium für Molekularbiologie (EMBL)
European Laboratory for Molecular Biology
Laboratoire Européen de Biologie Moléculaire
Postf. 10 22 09, 69012 Heidelberg
Meyerhofstr. 1, 69117 Heidelberg
T: (06221) 38 70 **Fax:** 3 87-3 06
Teletex: 461 613 (embl d)
Gründung: 1974
Generaldirektor: Prof. Dr. Fotis Kafatos
Vorsitzender des Rates: Prof. P. Gruss (MPI f. Biophysical Chemistry Dept. Mol. Cellbiology, Am Fassberg, 37077 Göttingen)
Stellvertretende(r) Vorsitzende(r): Dr. G. Björk (Dept. of Microbiology University of UMEA, S-90187 Umea, Sweden)
Prof. C. Martinez (A. Autonomous Univ. National Centre of Biotechnology Dept. of Immunology and Oncology, 28049 Madrid)
Geschäftsführer(in): Barton Dodd (Admin.)
Ltg. Personalabt. u. Infrastruktur: Peter Wenzel-Constabel
Mitglieder: 16 Mitgliedsländer
Mitarbeiter: 900
Jahresetat: DM 114 Mio, € 58,29 Mio
Österreich, Dänemark, Frankreich, Israel, Italien, Niederlande, Vereinigtes Königreich, Schweden, Schweiz, Griechenland, Finnland, Bundesrepublik Deutschland, Norwegen, Spanien, Belgien, Portugal

Grundlagenforschung in der Molekularbiologie mit den folgenden Programmen: Zellbiologie und Zellbiophysik, Entwicklungsbiologie, Biologische Strukturen und Biocomputing, Genexpression, Biochemische Instrumentation und Außenstellen in Hamburg (D), Grenoble (F), Hinxton (GB), Mouse Biology Programme Monterotondo (I)

• **IZ T 103**

Europäisches Laboratorium für Teilchenphysik (CERN)
European Laboratory for Particle Physics
Laboratoire européen de physique des particules
T: (004122) 7 67 61 11 **Fax:** 7 67 65 55
Internet: http://www.cern.ch/
Gründung: 1954
Präsident(in): H.C. Eschelbacher, Deutschland
Vors. d. Wissenschaftsausschusses: G. Kalmas, Großbritannien
Vors. d. Finanzausschusses: F.D. Bello, Portugal
Generaldirektor: Prof. L. Maiani, Italien
Presseabteilung: Neil Calder (T: (004122) 7 67 41 01)
Verbandszeitschrift: CERN COURIER
Redaktion: Gordon Fraser
Verlag: CERN, CH-1211 Genf 23
Mitglieder: 20 Staaten
Mitgliedsländer: Belgien, Bulgarien, Dänemark, Deutschland, Finnland, Frankreich, Griechenland, Großbritannien, Italien, Niederlande, Norwegen, Österreich, Polen, Portugal, Schweden, Schweiz, Slowakien, Spanien, Tschechien, Ungarn

• **IZ T 104**

esa

Europäisches Operationszentrum für Weltraumforschung (ESA/ESOC)
European Space Operations Centre
Robert-Bosch-Str. 5, 64293 Darmstadt
T: (06151) 90-0 **Fax:** 90-495
TGR: ESOC Darmstadt
Internet: http://www.esoc.esa.de
Gründung: 1967
Leitung: David Dale
Leitung Presseabteilung: Jocelyne Landeau-Constantin

Das Europäische Operationszentrum für Weltraumforschung ESOC in Darmstadt ist eine Niederlassung der Europäischen Weltraumorganisation ESA mit Sitz in Paris und ist für den Betrieb von Satelliten der ESA und anderer Organisationen verantwortlich.

• **IZ T 105**

European Network of Freshwater Research Organizations (EurAqua)
Avenida do Brasil 101, P-1700-066 Lissabon
T: (00351) 2 18 44 34 35 **Fax:** 2 18 44 30 16
Internet: http://www.euraqua.org
E-Mail: jrocha@lnec.pt
Chairman: Manuel Marcos Rita (LNEC)
Secretary: João Rocha

• **IZ T 106**

Föderation Europäischer Chemischer Gesellschaften (FECS)
Federation of European Chemical Societies
Fédération des Sociétés Chimiques Européennes
Sekretariate: Ms. Evelyn K. McEwan
Royal Society of Chemistry
Burlington House, Piccadilly, GB-London W1V 0BN
T: (0044207) 4 37 86 56 **Fax:** 4 37 88 83
I. Antal (Hungarian Chemical Society, H-1027 Budapest II, Fo

u 68, T: (00361) 2 01 68 83, Fax: (00361) 2 01 80 56)
President: Dr. R. Battaglia (Migros Scientific Services, P.O. Box, CH-8031 Zürich, T: (00411) 2 77 31 40)
Honorary President: Dr.rer.nat. Wolfgang Fritsche (HON FRSC FICI, Ober den Birken 13, 65779 Kelkheim, T: (06174) 6 20 33, Fax: (06174) 6 20 33)

Mitgliedsorganisationen

Belgien

iz t 107

Koninklijke Vlaamse Chemische Vereniging
Groot Begignhof 6, B-3000 Leuven
T: (003291) 223 33 73 **Fax:** 223 34 55

iz t 108

Société Royale de Chimie
ULB Camplus Plaine
Postf. 206/4, B-1050 Brüssel
Boulevard du Triomphe, B-1050 Brüssel
T: (00322) 6 50 52 08 **Fax:** 6 50 51 84

Bulgarien

iz t 109

Bulgarian Chemical Association
Faculty of Chemistry
University of Sofia
J. Bourchier, Bd 1, BG-1126 Sofia
T: (003592) 62 561

iz t 110

Union of Chemists in Bulgaria
Postf. 431, BG-1000 Sofia
Rakovski Street 108, BG-1000 Sofia
T: (003592) 87 58 12 **Fax:** 87 93 60

Dänemark

iz t 111

Danish Chemical Society
Universitetsparken 5, DK-2100 København
T: (004535) 32 02 87 **Fax:** (004533) 32 02 99

Deutschland

iz t 112

Deutsche Bunsen-Gesellschaft für Physikalische Chemie e.V.
Varrentrappstr. 40-42, 60486 Frankfurt
T: (069) 79 17-201 **Fax:** 79 17-450
Internet: http://www.bunsen.de
E-Mail: H.Behret@bunsen.de

iz t 113

Deutsche Gesellschaft für Klinische Chemie
Marienhospital Gelsenkirchen Zentral.
Thiemstr. 111, 03048 Cottbus
T: (0335) 46-2480, 42 28 **Fax:** (0355) 46-2003, 21 00

iz t 114

Gesellschaft Deutscher Chemiker e.V.
Postf. 90 04 40, 60444 Frankfurt
Varrentrappstr. 40-42, 60486 Frankfurt
T: (069) 79 17-1 **Fax:** 79 17-322
Internet: http://www.gdch.de
E-Mail: gdch@gdch.de

Estland

iz t 115

Estonian Chemical Society
Tonismagi 7, EW-200106 Tallin
T: (00372) 253 6452 **Fax:** 253 6371

Finnland

iz t 116

Association of Finnish Chemical Societies
Hietaniemenkatu 2, FIN-00100 Helsinki
T: (003580) 40 80 22 **Fax:** 40 87 80

Frankreich

iz t 117

Groupe pour l'Avancement des Sciences Analytiques
Boulevard Malesherbes 88, F-75008 Paris
T: (00331) 45 55 92 36 **Fax:** 45 55 92 49

iz t 118

Société Française de Chimie
Rue Saint-Jacques 250, F-75005 Paris
T: (00331) 40 46 71 60 **Fax:** 40 46 71 61

Griechenland

iz t 119

Association of Greek Chemists
Kaningos Street 27, GR-10682 Athen
T: (00301) 3 62 15 24, 3 62 11 51 **Fax:** 3 63 35 97

Großbritannien

iz t 120

Royal Society of Chemistry
Burlington House
Piccadilly, GB-London W1V 0BN
T: (0044207) 4 37 86 56 **Fax:** 4 37 88 83

Irland

iz t 121

Institute of Chemistry of Ireland
c/o Royal Dublin Society
Science Section
Ballsbridge, IRL-Dublin 4
T: (0039332) 78 99 84 **Fax:** 78 99 63
Internet: http://www.iol.ie/_Ltinstchem
E-Mail: instchem@iol.ie

Israel

iz t 122

The Israel Chemical Society
c/o The Israel Academy of Sciences
A. Einstein Square, IL-Jerusalem
T: (009723) 613 3340 **Fax:** 613 3341

Italien

iz t 123

Italian Chemical Society
Viale Liegi 48c, I-00198 Rom
T: (00396) 854 96 91, 855 39 68 **Fax:** 854 87 34

Kroatien

iz t 124

Croatian Chemical Society
Marulleev trg 19/11, HR-41001 Zagreb
T: (003841) 44 65 28 **Fax:** 44 65 28

Lettland

iz t 125

Latvian Chemical Society
Aizkraukles St 21, LV-Riga 1006
T: (00371) 8 82 81 14 **Fax:** 2 55 32 33

Luxemburg

iz t 126

Association des Chimistes Luxembourgeois (ACHIL)
Postf. 8 31, L-2018 Luxemburg
T: (00352) 44 76 41 **Fax:** 4 66 64 43 55

Niederlande

iz t 127

Royal Netherlands Chemical Society
Postf. 90613, NL-2506 LP Den Haag
Burnierstraat 1, NL-2506 LP Den Haag
T: (003170) 3 46 94 06 **Fax:** 3 61 51 97

Norwegen

iz t 128

Norwegian Chemical Society
Norsk Kjemisk Selskap
Postf. 1107, N-0317 Oslo-Blindern
T: (004722) 85 55 31 **Fax:** 85 54 41

Österreich

iz t 129

Gesellschaft Österreichischer Chemiker
Nibelungengasse 11/6, A-1010 Wien
T: (00431) 5 87 39 80 **Fax:** 5 87 89 66

iz t 130

Österreichische Gesellschaft für Analytische Chemie in der Göch
Technische Universität Wien
Institut für Analytische Chemie
Getreidemarkt 9, A-1060 Wien
T: (00431) 5 88 01, 4840 **Fax:** 5 86 78 13

Polen

iz t 131

Polish Chemical Society
Freta 16, PL-00227 Warschau
T: (004822) 31 13 04 **Fax:** 6 35 85 56

Portugal

iz t 132

Sociedade Portuguesa de Química
Av. da República 37-4°, P-1000 Lisboa
T: (003511) 7 93 46 37 **Fax:** 7 95 23 49

iz t 133

Portuguese Electrochemical Society
Departimento Quimica
Universidade de Coimbra, P-3000 Coimbra

Rumänien

iz t 134

Romanian Chemical Society
c/o The Romanian Academy
Calea Victoriei nr. 125, R-71102 Bucharesti
T: (00405) 50 76 80, 50 71 75

iz t 135

Romanian Society of Analytical Chemistry
Bulevardul Republicii 13, R-70346 Bucharesti

Russland

iz t 136

Mendeleev Chemical Society
Krivokolennijper 12, RUS-Moskau
T: (00795) 295 72 85

Schweden

iz t 137

Swedish Chemical Society
Svenska Kemistsamfundet
Wallingatan 24 3tr, S-11124 Stockholm
T: (00468) 4 11 52 60, 4 11 52 80 **Fax:** 10 66 78

Schweiz

iz t 138

Swiss Committee for Chemistry
Institute of Inorganic Chemistry
University of Fribourg
T: (004137) 82 64 74, 82 64 22

iz t 139

New Swiss Chemical Society
c/o Ciba
Postf. 2 55 01, CH-4002 Basel
T: (004161) 696 6796 **Fax:** 696 6985

Slowakische Republik

iz t 140

Slovak Chemical Society
Radlinskeho 9, SK-81237 Pressburg
T: (00427) 49 52 05

Slowenien

iz t 141

Slovenian Chemical Society
c/o National Institute of Chemistry
Postf. 30, SLO-61115 Ljubljana
Hajorihova 19, SLO-61115 Ljubljana
T: (0038661) 1 76 02 00 **Fax:** 1 25 92 44

Spanien

iz t 142

Real Sociedad Española de Química
Facultade de Quimica
Universidad Complutense, E-28040 Madrid
T: (00341) 3 94 43 61, 3 94 43 59 **Fax:** 5 43 38 79

iz t 143

Spanish Society for Analytical Chemists
Departamento De Quimica Analitica
Universidad De Salamanca, E-37008 Salamanca
T: (003423) 32 21 49 39

Tschechische Republik

iz t 144

Czech Chemical Society
Pelleova ul 24, CZ-16000 Prag 6
T: (00422) 32 92 65, 31 14 657 **Fax:** 79 24 564

Türkei

iz t 145

Chemical Society of Turkey
Uzay Apartimani 53 D 8 Posta Kutusu 829, TR-Istanbul

Ukraine

iz t 146

Ukrainian Chemical Society
Dimitrova 9a, UA-252005 Kiev
T: (0038044) 2 27 45 91, 2 27 24 16 **Fax:** 5 43 51 52

Ungarn

iz t 147

Hungarian Chemical Society
Fo u. 68, H-1027 Budapest 11
T: (00361) 2 01 68 83 **Fax:** 2 01 80 56

Zypern

iz t 148

The Pancyprian Union of Chemists
Postf. 83 61, CY-2093 Nicosia
T: (003572) 36 72 40 **Fax:** 36 70 73

• IZ T 149

Forschungs- und Dokumentations-Zentrum für das Sprachenproblem (wörtlich) (CED)

Centre for Research and Documentation on the Language Problem
Nieuwe Binnenweg 176, NL-3015 BJ Rotterdam
T: (003110) 4 36 10 44 **Fax:** 4 36 17 51
Geschäftsführer(in): Osmo Buller
Vorsitzende(r): M. Fettes (Ottawa)
Dr. Detlev Blanke (Berlin)
Dr. Probal Dasgupta (Hyderabad)
K. Schubert (Flensburg)
Prof. Humphrey Tonkin (West Hartford)
Verbandszeitschrift: Language Problems & Language Planning
Verlag: John Benjamins, Publishing Company, P.O. Box 75577, 1070 AN Amsterdam

• IZ T 150

Gruppe für Luftfahrt-Forschung und -Technologie in Europa (GARTEUR)

Group for Aeronautical Research and Technology in Europe
Groupe pour la recherche et la technologie aéronautique en Europe
c/o ONERA
(GARTEUR-Secretariat)
Avenue de la Division Leclerc 29
B.P. 72, F-92322 Châtillon Cedex
T: (00331) 46 73 37 35 **Fax:** 46 73 41 68
E-Mail: emaire@onera.fr
Gründung: 1973; 1981 Memorandum of Understanding/ Regierungsvereinbarung zwischen Deutschland, Frankreich, Großbritannien, Niederlande, Schweden und (seit 1996) Spanien
Chairman of the Council: IGA G. Bretécher (DGA/ DSA/ SPAe, 26, Bd. Victor, F-00460 Armées, Tel.: (0033(0)1) 45 52 42 43, Fax: (0033(0)1) 45 52 51 46)
Chairperson of the Executive Committee: Dr. D. Nouailhas (ONERA, International Affairs Directorate, BP 72, Avenue de la Division Leclerc, 92322 Chatillon Cedex, Frankreich, Tel.: (0033(0)1) 46 73 46 56, Fax: (0033(0)1) 46 73 41 68, E-Mail: dominique.nouailhas@onera.fr)
Secretary: Eric Maire (ONERA (Office National d'Études et de Recherche Aérospatiales), Direction pour les Affaires Internationales)
Mitglieder: ca. 400 direkte Mitwirkende im Leitungs- und F & E-Bereich aus 7 europäischen Ländern

An den gemeinschaftlichen F&E-Vorhaben im Bereich Luftfahrt sind beteiligt:
Ministerien, Behörden, Forschungsanstalten, Industriefirmen, Hochschulen aus den GARTEUR-Mitgliedsländern sowie weiteren europäischen Ländern.

• IZ T 151

Internationale Arbeitsgemeinschaft der Papierhistoriker (IPH)

International Association of Paper Historians
Association Internationale des Historiens du Papier
Wehrdaer Str. 135, 35041 Marburg
T: (06421) 8 17 58
Gründung: 1962
Präsident(in): Dr. Albert Elen, Leiden/NL
Sekretär: Ludwig Ritterpusch (Wehrdaer Str. 135, 35041 Marburg, T. u. Fax: (06421) 8 17 58)
Verbandszeitschrift: "IPH - Papiergeschichte International", "Jahrbuch"
Verlag: Selbstverlag
Mitglieder: ca. 300

• IZ T 152

Internationale Assoziation der Hydrogeologen (IAH)

International Association of Hydrogeologists
Association Internationale des Hydrogéologues
Postf. 9, GB-Kenilworth CV8 1JG
Internet: http://www.iah.org
E-Mail: iah@iah.org
President: Prof. Michael Knight
Secretary General: Dr. Andrew Skinner
Treasurer: Dr. Wilhelm Struckmeier
Mitglieder: 3500 members in 120 countries; 28 National Committees, 12 Commissions

• IZ T 153

Internationale Astronautische Vereinigung (IAF)

International Astronautical Federation
Fédération Internationale d'Astronautique
3-5, Rue Mario Nikis, F-75015 Paris
T: (00331) 45 67 42 60 **Fax:** 42 73 21 20
Internet: http://www.iafastro.com
E-Mail: iaf@wanadoo.fr
Gründung: 1951
Executive Director: Claude Gourdet
Verbandszeitschrift: IAF Newsletter
Mitglieder: 136
Mitarbeiter: 3

• IZ T 154

Internationale Föderation Religions-Soziologischer Forschungsinstitute (FERES)

International Federation of Institutes for Socio-Religious Research
Fédération Internationale des Instituts de Recherches socio-religieuses
Place Montesquieu 1/13, B-1348 Louvain-la-Neuve
T: (003210) 47 42 39 **Fax:** 47 42 67
E-Mail: gendebien@anso.ucl.ac.be
Gründung: 1955
Verbandszeitschrift: Publication: SOCIAL COMPASS - International; Journal of Sociology of Religion - Quarterly (English and Frensh)
Mitglieder: 28

• IZ T 155

Internationale Forschungsgesellschaft für Kinder- und Jugendliteratur (IRSCL)

International Research Society for Children's Literature
Société Internationale de Recherche en Littérature d'Enfance et de Jeunesse
Geschäftsstelle:
Division of Undergraduate Studies, San Diego State University
T: (001619) 594-1261 **Fax:** 594-7934
Gründung: 1970
President: John Stephens (School of English, Linguistics and Media, Macquarie University, New South Wales 2109, Australia, T: (00612) 9850 8748, Fax: 9850 8240, E-mail: jstephen@pip.elm.mq.edu.au)
Vice-President: Winfred Kaminski (Weberstr. 75, 60318 Frankfurt, T: (0221) 82 75-33 48, Fax: 82 75-33 49, E-mail: Kaminski@em.uni-frankfurt.de)
Secretary: Rosemary Johnston (Faculty of Education, University of Technology, Sydney, Kuring-gai campus, Eaton Rd., Lindfield N.S.W. 2070, Australia, T: (00612) 9514-5402, Fax: 9514-5556, E-mail: rosemary.ross.johnston@uts.edu.au)
Mitglieder: 300

• IZ T 156

Internationale Geographische Union (IGU)

International Geographical Union
Union Géographique Internationale
Geographische Institute der Universität Bonn
Meckenheimer Allee 166, 53115 Bonn
T: (0228) 73 92 87 **Fax:** 73 92 72
Internet: http://www.igu-net.org
E-Mail: secretariat@igu.bn.uunet.de
Gründung: 1922
Generalsekretär(in): Prof. E. Ehlers (Geographische Institute der Universität Bonn, Meckenheimer Allee 166, 53115 Bonn)
Verbandszeitschrift: IGU Bulletin
Redaktion: Prof. E. Ehlers
Mitglieder: 83 Staaten (Nationalkomitees)

• IZ T 157

Internationale Gesellschaft für Wissensorganisation e.V. (ISKO)

International Society for Knowledge Organization
Generalsekretariat:
Universiteit van Amsterdam
Oude Turfmarkt 147, NL-1012 GC. Amsterdam
E-Mail: isko@hum.uva.nl
Gründung: 1989 (22. Juli)
Executive Board: Prof. Hanne Albrechtsen (2. Stellv. Präs. Copenhagen)
Dr. Robert Fugmann (1. Stellv. Präs.), Idstein
Dr. Ingetraut Dahlberg (President, Indeks Verlag, Frankfurt)
Dr. Hellmut Löckenhoff (Schatzmeister, Backnang)
Dr. Pavla Stancikova, Bratislava/Slovakische Rep.
Dr. Gerhard Riesthuis, Amsterdam/Niederlande
Prof. Dr. Nancy Williamson, Toronto/Canada
Dr. Winfried Schmitz-Esser, Hamburg
Verbandszeitschrift: Knowledge Organization
Mitglieder: ca. 500
Jahresetat: ca. DM 0,01 Mio, € 0,01 Mio

• IZ T 158

Internationale Kommission für Optik (ICO)

International Commission for Optics (ICO)
Commission Internationale d'Optique (CIO)
c/o Institut d'Optique, C.N.R.S.
ICO Secretary General:
Postf. 147, F-91403 Orsay Cedex
T: (00331) 69 35 87 41 **Fax:** 69 35 87 00
E-Mail: pierre.chavel@iota.u-psud.fr
Gründung: 1947 (Juni)

Verbandszeitschrift: ICO Newsletter
Verlag: P. Chavel, BP 147, F-91403 Orsay Cedex
Mitglieder: 45
Jahresetat: DM 0,1 Mio, € 0,05 Mio

• **IZ T 159**

Internationale Mathematische Vereinigung (IMU)
International Mathematical Union
Union Mathématique Internationale
Secretariat: c/o IMPA
Estrada Dona Castorina, 100, Jardim Botanico, BR-22460 Rio de Janeiro-RJ
T: (005521) 5 29 52 70, 5 11 17 49 **Fax:** 5 12 41 12, 5 12 41 15
Internet: http://www.mathunion.org
E-Mail: imu@impra.br
Gründung: 1951
Executive Committee (1999 - 2002):
President: Jacob Palis (IMPA-Estrada Dona Castorina, 110, Jardim Botanico, Rio de Janeiro, RJ 22460-320, Brazil, T: (005521) 5 11 17 49 or 2 94 94 47, (005521) 5 37 32 72 or 5 37 30 98 (priv.), Telefax: (005521) 5 12 41 12 or 5 12 41 15)
Vice-President: Simon K. Donaldson (Dept. of Mathematics, Huxley Building, Imperial College, 180 Queen's Gate, London SW7 2BZ, UK, Fax: (0044(0)171) 5 94 85 17, E-Mail: s.donaldson@ic.ac.uk)
Shigefumi Mori (RIMS - Kyoto Univ., Kyoto, 606, Japan, T: (008175) 7 53 72 27, Telefax: (008175) 7 53 72 72, E-Mail: mori@kurims.kyoto-u.ac.jp)
Secretary: Phillip A. Griffith (Inst. for Advanced Study, IAS, Olden Lane, Princeton, NJ 08540, US, Fax: (001(0)609) 6 83 76 05, E-Mail: imu@ias.edu)
Members: Vladimir Igorevitch Arnold (Steklov Math. Institute, 8, Gubkina Street, 117966-Moskau, Russia, T: (007095) 135 1490, Telefax: (007095) 135 0555, E-Mail: arnold@genesis.mi.ras.ru)
Jean-Michel Bismut (Département de Mathématique, Université Paris-Sud, 91405 Orsay, Frankreich, Fax: (0033(0)1) 69 15 63 48, E-Mail: bismut@topo.math.u-sud.fr)
Bjorn Engquist (KTH - Dep. of Math., The Royal Inst. of Technology, S-10044 Stockholm, Sweden, Telefax: (00468) 24 77 84, E-Mail: enquist@nada.kth.se)
Prof. Dr. Martin Grötschel (Konrad-Zuse-Zentrum für Informationstechnik Berlin, Takustr. 7, 14195 Berlin, Deutschland, Tel.: (30) 8 41 85-210, Fax: (030) 8 41 85-269, E-Mail: groetschel@zib.de)
Madabasi S. Raghunathan (School of Mathematics, Tata Institute of Fundamental Research, Homi Bhabha Road, Colaba, Bombay 400 005, Fax: (0091(0)22) 2 18 86 54, E-Mail: msr@math.tifr.res.in)
Mitglieder: aus 60 Ländern

• **IZ T 160**

Internationale Quartärvereinigung (INQUA)
International Union for Quaternary Research
Union Internationale pour l'Etude du Quaternaire
c/o Agricultural University of Norway
Department of Soil and Water Sciences
Postf. 50 28, N-1432 Aas
T: (004764) 94 82 52 **Fax:** 94 74 85
Internet: http://inqua.nlh.no
E-Mail: sylvi.haldorsen@ijvf.nlh.no
Gründung: 1928
President: Prof. Nicholas J. Shackleton (University of Cambridge, Godwin Laboratory, New Museums Site, Pembroke Street, Cambridge CB2 3SA, UK, T.: (00441223) 33 48 76, Fax: (00441223) 33 48 71, E-Mail: njs5@cam.ac.uk)
Secretary: Prof. Sylvi Haldorsen (Agricultural University of Norway, Department of Soil and Water Sciensces, Section of Geology and Water, P.O.Box 5028, N-1432 AAS, Norway, T: (0047) 64 94 82 52, Fax: 64 94 74 85, E-Mail: sylvi.haldorsen@ijvf.nlh.no)
Treasurer: Dr. Allan R. Chivas (School of Geosciences, University of Wollongong, Wollongong NSW 2522, Australia, T.: (00612) 42 21 32 63, Fax: (00612) 42 21 42 50, E-MAil: allanµhivas@uow.edu.au)
Verbandszeitschrift: Quaternary International
Redaktion: Elsevier, Oxford, UK
Mitglieder: ca. 600
Jahresetat: DM 0,09 Mio, € 0,05 Mio

• **IZ T 161**

Internationale Union für Kristallographie (IUCr)
International Union of Crystallography
Union Internationale de Cristallographie
2 Abbey Square, GB-Chester CH1 2HU
T: (00441244) 34 54 31 **Fax:** 34 48 43
Gründung: 1948
President: Prof. H. Schenk (Lab. for Crystallography University of Amsterdam, Nienwe Achtergracht 166, 1018 WV NL-Amsterdam, T: (003120) 525 7035, Fax: 525 6940)
Vice-President: Prof. M. Tanaka
Past President: Prof. E.N. Baker (New Zealand)
General Secretary and Treasurer: Prof. S. Larsen (Center for Crystallographic Studies, Dep. of Chemistry, Univ. of Copenhagen, Universitetsparken 5, DK-2100 Copenhagen, Denmark, T: (0045) 35 32 02 82, Telefax: (0045) 35 32 02 99)
Executive Secretary: M. H. Dacombe (International Union of Crystallography, 2 Abbey Square, Chester CH1 2HU, England, T: (00441244) 34 54 31, Telefax: (00441244) 34 48 43)
Nationalkomitees für Kristallographie in den einzelnen Ländern

• **IZ T 162**

Internationale Union für reine und angewandte Biophysik (IUPAB)
International Union for Pure and Applied Biophysics
Union Internationale de Biophysique Pure et Appliquée
Secretary General: c/o Department of Biochemistry & Molecular Biology The University of Leeds
T: (0044113) 2 33 30 23 **Fax:** 2 33 31 67
Internet: http://iupab.leeds.ac.uk/iupab/
E-Mail: a.c.t.north@leeds.ac.uk
Gründung: 1961
Secretary General: Prof. A.C.T. North (Department of Biochemistry & Molecular Biology, The University of Leeds)
Verbandszeitschrift: Quarterly Review of Biophysics
Redaktion: Cambridge University Press
Mitglieder: 50 Länder

• **IZ T 163**

Internationale Union für Reine und Angewandte Chemie (IUPAC)
International Union of Pure and Applied Chemistry
Union Internationale de Chimie Pure et Appliquée
Secretariat
Postf. 1 37 57, USA-North Carolina 27709-3757
104 T W Alexander Drive, USA-North Carolina 27709-3757
Gründung: 1919
Executive Director: Dr. J. W. Jost
President: Dr. A. Hayes (UK)
Past President: Prof. J. Jortner (Israel)
Vice President: Prof. P.S. Steyn (South Africa)
Secretary General: Dr. E.D. Becker (USA)
Treasurer: Dr. C.F. Buxtorf (Switzerland)
Verbandszeitschrift: Pure + Applied Chemistry Internatioal
Mitglieder: 45

Deutsche Vertretung: Deutscher Zentralausschuß für Chemie Geschäftsführung: Gesellschaft Deutscher Chemiker, Carl-Bosch-Haus, Varrentrappstr. 40-42, 60486 Frankfurt, Postf. 90 04 40, 60444 Frankfurt, T: (069) 7 91 73 23, Telefax: (069) 7 91 73 22

• **IZ T 164**

Internationale Union für reine und angewandte Physik (IUPAP)
International Union of Pure and Applied Physics
Union Internationale de Physique Pure et Appliquée
CEA Saclay, F-91191 Gif-Sur-Yvette
T: (00331) 6908-8418 **Fax:** 6908-7636
Secretary-General: R. Turlay

Deutsche Vertretung

iz t 165

Deutsches Nationales Komitee für IUPAP
Hauptstr. 5, 53604 Bad Honnef
T: (02224) 92 32-0 **Fax:** 92 32-50
Sekretär: Dr. Volker Häselbarth

• **IZ T 166**

Internationale Union für Theoretische und Angewandte Mechanik (IUTAM)
International Union of Theoretical and Applied Mechanics
Union Internationale de Mécanique Théorique et Appliquée (IUTAM)
University College Dublin, Belfield, IRL-Dublin 4
T: (003531) 706 8370 **Fax:** 706 1172
Internet: http://www.iutam.org
Gründung: 1947
President: Prof. Werner Schiehlen (University of Stuttgart, 70550 Stuttgart)
Secretary-General: Prof. Michael A. Hayes (Mathematical Physics Dept., University College Dublin, Belfield, Dublin 4, Ireland)
Treasurer: Prof. L. Ben Freund (Brown University, Providence, RI 02912, USA)
Verbandszeitschrift: IUTAM-Annual Report
Mitglieder: 49 Länder

• **IZ T 167**

Internationale Union der Geologischen Wissenschaften (IUGS)
International Union of Geological Sciences
Union Internationale des Sciences Géologiques
IUGS Secretariat: c/o Geological Survey of Norway
T: (0047) 73904040 **Fax:** 73 50 22 30
Internet: http://www.iugs.org
Gründung: 1961
President: Dr. Robin Brett (U.S. Geological Survey, 917 National Center, Reston, VA 20192, T: (001703) 6 48-61 64, Telefax: (001703) 6 48-42 27, E-Mail: rbrett@usgs.gov)
Secretary General: Prof. Attilio C. Boriani (Dip. di Scienze della Terra, Univ. degli Studi di Milano, Via Botticalli 23, I-20133 Milano, Italy, T: (003902) 23 69 83 10, Fax: (003902) 70 63 86 81, E-mail: attilio.boriani@unimi.it)
Treasurer: Dr. Johan Zdenek (BRGM - Direction Scientifique, PB 6009, F-45060 Orleans Cedex 2, France, T: (003302) 64 35 05, Fax: (003302) 64 39 90, E-mail: iugs@brgm.fr)
Verbandszeitschrift: "EPISODES"
Redaktion: Hongfei Hou, Managing Editor, P.O.Box 8 23, 26 Raiwanzhuang Rd., Beijing 100037 China, T: (008610) 68 32 08 27, Fax: (008610) 68 32 89 28, E-mail: episodes@public.east.en.net
Mitglieder: National Committees in ca. 114 Countries

• **IZ T 168**

Internationale Union der Gesellschaften für Mikrobiologie (IUMS)
International Union of Microbiological Societies
Institut de Biologie Moléculaire et Cellulaire du CNRS
15 Rue Descartes, F-Strasbourg
T: (0033388) 41 70 22 **Fax:** 61 06 80
E-Mail: vanregen@ibmc.u-strasbg.fr
Secretary-General: Dr. M. H. V. van Regenmortel
Mitglieder: 110 national Societies from 65 Countries

• **IZ T 169**

Internationale Vereinigung für Geodäsie und Geophysik (IUGG)
International Union of Geodesy and Geophysics
c/o University of Colorado
CIRES
Campus Box 216, USA-Boulder CO 80309-0216
T: (001303) 4 97 51 47 **Fax:** 4 97 36 45
Internet: http://www.iugg.org
E-Mail: jjoselyn@cires.colorado.edu
Gründung: 1919
Secrétaire Général: Dr. JoAnn Joselyn
Verbandszeitschrift: Yearbook
Redaktion: Dr. JoAnn Joselyn, University of Colorado
Mitglieder: 75 Länder
Mitarbeiter: 2
Jahresetat: ca. DM 2 Mio, € 1,02 Mio

• **IZ T 170**

Europäische Dachorganisation für Geographische Information (EUROGI)
European Umbrella Organisation for Geographic Information (EUROGI)
Jean-Monnetpark 1, NL-7336 BA Apeldoorn
T: (003155) 5 28 57 46 **Fax:** 3 55 73 62
Internet: http://www.eurogi.org
E-Mail: eurogi@euronet.nl
Gründung: 1994 (November)
President: Ian Masser
Vice-President: Antonio Fernandez Perez de Talens (AM/FM-Italia, Pisa)
Treasurer: Gábor Remetey-Fülöpp (HUNAGI, Budapest)
Secretary General: Anton Wolfkamp (EUROGI, Apeldoorn)
Mitglieder: 19

Belgien

iz t 171

Co-ordination committee for digital geographical information
c/o Institut Géographique National
Abbaye de la Cambre 13, B-1000 Brüssel
T: (00322) 6 29 82 19 **Fax:** 6 29 82 12
President: J. De Smet

Dänemark

iz t 1 71.10

DAiSI - Danish Academy of Spatial Information
Lindevangs Allé 4, DK-2000 Frederiksberg
T: (0045) 38 86 10 75 **Fax:** 38 86 02 52
Internet: http://www.daisi.dk
E-Mail: daisi@ddl.org
President: Technical Director Carl Steen Berggreen
Secretary General: Joergen Springborg

Deutschland

iz t 172

Deutscher Dachverband für Geoinformation (DDGI)
Telegrafenberg A 3, 14473 Potsdam
T: (0331) 2 88-1681 **Fax:** 2 88-1703
Präsident(in): Dr. rer. nat. Joachim Wächter (GeoForschungsZentrum Potsdam, Telegrafenberg A3, T.: (0331) 2 88 16 80, Fax: (0331) 2 88 17 03, E-Mail: wae@gfz-potsdam.de)
Geschäftsführer(in): Dipl.-Ing. Martin Knabenschuh (Landesvermessungsamt Nordrhein-Westfalen, E-Mail_: knabenschuh@lverma.nrw.de)

Finnland

iz t 173

Progis Ry
c/o National Land Survey aof Finland
Geographic Information Centre
Postf. 84, FIN-00521 Helsinki
T: (0035820) 5 41 54 45 **Fax:** 5 41 54 54
Internet: http://www.progis.fi
E-Mail: progis@nls.fi
President: Juha Saarentaus
Secretary General: Pasi Pekkinen

Frankreich

iz t 174

Association Française pour l'Information Géographique (AFIGÉO)
07 SP 136 bis, Rue Grenelle, F-75700 Paris
T: (00331) 43 98 83 12 **Fax:** 43 98 85 66
President: Jean Berthier
Secretary General: Jean Claude Lummaux

Griechenland

iz t 175

National Documentation Center (ndc)
48, Vass Konstantiou ave, GR-Athen 11635
T: (00301) 7 24 21 72 **Fax:** 7 24 68 24
President: Prof. Nicos Polydorides
Secretary General: E. Bouboukas

Großbritannien

iz t 176

Association for Geographic Information (AGI)
12 Great George Street, Parliament Square, GB-London SW1P 3AD
T: (0044207) 3 34 37 46 **Fax:** 3 34 37 91
Internet: http://www.agi.org.uk
E-Mail: info@agi.org.uk
President: Lord Chorley
Chairman: Vanessa Lawrence

Irland

iz t 177

Irish Organisation for Geographic Information (IRLOGI)
Museum Building Trinity College, IRL-Dublin 2
T: (003531) 6 08 25 44 **Fax:** 6 77 30 72
Internet: http://www.irlogi.ie
E-Mail: info@irlogi.ie
President: Muiris de Butléir
Secretary General: Ron Cox

Italien

iz t 1 77.10

AM/FM Italia
v. le America, 11, I-00144 Rom
T: (00396) 54 22 04 49 **Fax:** 54 22 93 85
Internet: http://www.amfm.it
E-Mail: info@amfm.it
President: Ing. Carlo Cannafoglia
Secretary General: Claudio Bertola

Luxemburg

iz t 178

Group de Travail Interministériel SIG (GTIM-SIG)
c/o Administration du Cadastre et de la Topographie
Postf. 17 61, L-1017 Luxemburg
Avenue Gaston Diderich 54, L-1017 Luxemburg
T: (00352) 44 90 12 72 **Fax:** 44 90 12 88
President: André Majerus
Secretary General: Romain Heinen

Niederlande

iz t 179

Netherlands Council for Geograhic Information (RAVI)
Postf. 5 08, NL-3800 AM Amersfoort
T: (003133) 4 60 41 00 **Fax:** 4 65 64 57
Internet: http://www.ravi.nl
E-Mail: scretariaat@ravi.nl
President: G. C. van Wijnbergen
Secretary General: B. C. Kok

Norwegen

iz t 180

Organisasjon for geografisk informasjon (GeoForum)
Storgaten 13, N-3500 Hønefoss
T: (004732) 12 31 66 **Fax:** 12 06 16
E-Mail: nktf@nktf.no
President: Ivar Maalen-Johansen
Secretary General: Roger Gustavson

Polen

iz t 181

National Land Information System Users Association (GISPOL)
ul. Godebskiego 25, PL-02-910 Warschau
T: (004822) 6 42 31 89
Internet: http://www.gispol.org.pl
E-Mail: gispol@gispol.org.pl
President: Edward Mecha
Secretary General: Stanislawa Sucherowa

Portugal

iz t 182

Centro Nacional de Informaçao Geográfica (CNIG)
Tagus Park, Núcleo Central, 301, P-2780 Oeiras
T: (003511) 3 86 00 11 **Fax:** 3 86 28 77
Internet: http://www.cnig.pt
E-Mail: cnig@cnig.pt
President: Rui Gonçalves Henriques

Schweden

iz t 183

The Swedish Development Council for Land Information (ULI)
801 82 Gävle
T: (004626) 61 10 50 **Fax:** 61 32 77
Internet: http://www.uli.se
E-Mail: uli@uli.se
President: Björn Risby
Secretary General: Lars Hansen

Schweiz

iz t 184

Swiss Organization for Geo-Information (SOGI)
c/o AKM
Postf. 6, CH-4005 Basel
T: (004161) 6 91 51 11 **Fax:** 6 91 81 89
Internet: http://www.sogi.ch
E-Mail: info@akm.ch
President: Alessandro Carosio
Secretary General: Heinz Lindenmann

Spanien

iz t 185

Asociatión Española de Sistemas de Información Geográfica (AESIG)
Cardenal Silíceo 37 B1, E-28002 Madrid
T: (003491) 4 13 66 87 **Fax:** 4 16 13 32
President: Jordi Guimet Pereña
Secretary General: José Mª Tejero de la Cuesta

Ungarn

iz t 186

Hungarian Association for Geo-Information (HUNAGI)
Postf. 1, H-1860 Budapest
T: (00361) 3 01 40 52 **Fax:** 3 01 46 91
Internet: http://www.fomi.hu/hunagi
President: Miklós Havass
Secretary General: Gábor Remetey-Fülöpp

• IZ T 187

Internationale Vereinigung für Hydrologie (IAHS)
International Association of Hydrological Sciences
Association Internationale des Sciences Hydrologiques
Wilfrid Laurier University, Dep. of Geography
Waterloo, CDN-Ontario N21 3C5
T: (001519) 8 84 19 70, ext. 2387 **Fax:** 8 46 09 68, 7 35 13 42
Internet: http://www.wlu.ca/wwwiahs/index.html
E-Mail: 44iahs@mach1.wlu.ca
Generalsekretär(in): Dr. Gordon J. Young
Leitung Presseabteilung: Penny Kisby
Verbandszeitschrift: IAHS Proceedings and Reports, IAHS Special Publications, Bimonthly: Hydrological Science Journal
Redaktion: IAHS-Press
Mitglieder: 2000
Mitarbeiter: 3 Editorial Staff Members

• IZ T 188

Internationale Vereinigung für Limnologie (SIL)
Department of Biological Siences, The University of Alabama
T: (001205) 3 48-1793 **Fax:** 3 48-1403
E-Mail: rwetzel@biology.as.ua.edu
Gründung: 1922
General Secretary: Prof. Robert G. Wetzel (Department of Biological Sciences, The University of Alabama, Tuscaloosa, Alabama 35487-0206)
Mitglieder: ca. 3500

• IZ T 189

Internationale Vereinigung für Politische Wissenschaften (IPSA/AISP)
International Political Science Association (IPSA)
Association Internationale de Science Politique (AISP)
Department of Politics, University College Dublin
Belfield, IRL-Dublin 4
T: (003531) 7 06-81 82 **Fax:** 7 06-11 71
Internet: http://www.ucd.ie/_Ltipsa/index.html
E-Mail: ipsa@ucd.ie
Gründung: 1949
President: Theodore J. Lowi (USA)
Past President: Jean Leca (France)
1st Vice-President: Kim Dalchoong (Republic of Korea)
Vice-Presidents: Renato R. Boschi (Brazil)
Krzysztof Palecki (Poland)
Helen Shestopal (Russia)
Ursula Vogel (UK)
Other Members
Executive Committee:
Carlos R. Alba (Spain)
Mauro Calise (Italy)
Gideon Doron (Israel)
L. Adele Jinadu (Africa)
Max Kaase (Germany)
Ikuo Kabashima (Japan)
Guy Lachapelle (Canada)
Paula McClain (USA)
Yves Schemeil (France)

Gunnar Sjöblom (Denmark)
Jan Škaloud (Czech Republic)
International Political Science Abstracts: Serge Hurtig
International Political Science Review: Nazli Choucri
International Political Science Review: Jean Laponce
Advances in Political Science International Series: Asher Arian
Programme Committee, XVIIIth World Congress: William M. Lafferty
Secretary General: John Coakley
Administrator: Margaret Brindley
Verbandszeitschrift: International Political Science Abstracts
Redaktion: Serge Hurtig
Verlag: IPSA
Verbandszeitschrift: International Political Science Review
Redaktion: Nazli Choucri, Jean Laponce
Verlag: Sage, London
Verbandszeitschrift: Participation
Redaktion: IPSA Secretariat
Verlag: IPSA Secretariat
Mitglieder: 1300 Individual, 100 Institutional, 41 Collective
Mitarbeiter: 1

• IZ T 190

Internationaler Verband für Arbeitswissenschaft (IEA)

International Ergonomics Association
Association Internationale d'Ergonomie
Netherlands Railways SE ARBO/Ergonomics
Sparks Street 330 Tower C, CDN-Ottawa ON K1A 0NS
T: (001613) 998-2268 **Fax:** 998-4831
Internet: http://ergonomics-iea.org
Gründung: 1959
President: Ian Noy
Secretary-General: Prof. Waldemar Karwowski
Schatzmeister: Kazutaka Kogi
Verbandszeitschrift: ERGONOMICS
Verlag: Taylor & Francis, 4 John St., London WC1N 2ET

Federated Societies

iz t 191
All-Ukrainian Ergonomics Association
Department of Ergonomics
National Research Institute for Design
Postf. 3, UA-252054 Kiev
T: (0038044) 2 16-1354 **Fax:** 2 16-4817
Dr. Alexander Burov

iz t 192
Associación Española de Ergonomía
Salustiano Olózaga 5, E-28001 Madrid
T: (003491) 4 31-7721, 89 **Fax:** 5 76-2228
Dr. José Luis Mercado Segoviano

iz t 193
Belgian Ergonomics Society
UCL Unité Hygiène et Phys. Trav.
Clos Chapelle aux Champs 3038, B-1200 Brüssel
T: (00322) 76-43229 **Fax:** 76-43954
Prof. Jacques Malchaire

iz t 194
Brazilian Ergonomics Associations (ABERGO)
UERJ State University of Rio de Janeiro, Department of Product Design
Rua Evaristo da Veiga, 95, BR-20031-040 Lapa, Rio de Janeiro RJ
T: (005521) 2 86-9907 **Fax:** 2 46 50 77
Administration Director: Anamaria de Moraes (UERJ State of University of Rio de Janeiro, Department of Product Design, Rua Evaristo da Veiga 95, BR-20031-040 Lapa, Rio de Janeiro, Brazil, T: (005521) 2 86 99 07, Telefax: (005521) 2 46 50 77)

iz t 195
Chinese Ergonomics Society
Shanghai Bureau of Higher Education
200031, 202 South Shanxi Road, CN-Shanghai
T: (008621) 62 56 30 10 **Fax:** 62 55 00 26
Deputy Director: Prof. Runbai Wei (Shanghai Bureau of Higher Education, 202 South Shanxi Road, RC-Shanghai 200031, T: (008621) 62 56 30 10, Telefax: (008621) 62 55 00 26)

iz t 196
Croatian Ergonomics Society
Salajeva 3, HR-41000 Zagreb
T: (0038541) 62 01 99 **Fax:** 62 00 37
D. Maslić Seršić

iz t 197
Czech Ergonomics Society
c/o Agricultural University-VSZ SUCHDOL
T: (004202) 32 36 40 Ext. 3 18
Assoc. Prof. Ing. Ludmila Rímsová (Agricultural University - VSZ SUCHDOL, CZ-16021 Praha 6, T: (00422) 32 36 40 Ext. 3 18)

iz t 198
The Ergonomics Society
Devonshire House
Devonshire Square, GB-Loughborough LE11 3DW
T: (00441509) 23 49 04 **Fax:** 23 49 04
Julia Scriven

iz t 199
Ergonomics Society of Australia
Canberra Business Centre
Bradfield Street (cnr melba), AUS-Downer ACT 2602
T: (00616) 2 42-1951 **Fax:** 2 41-2554
E-Mail: esa@interact.netau
Christine Stone

iz t 200
Ergonomics Society of the Federal Republic of Yugoslavia
ESFRY Secretariat
Lola Corp.
Bulevar Revolucije 84, YU-11000 Belgrad
T: (003811) 4 57-390 **Fax:** 4 57-390

iz t 201
Ergonomics Society of Korea
Secretariat, Dept. of Industrial Engineering
Dong-A University
840 Hadan-dong 270 Saha-ku
T: (008251) 2 91-8468 **Fax:** 2 00-7697

iz t 202
Ergonomics Society of South Africa
Department of Human Kinetics and Ergonomics
Rhodos University
Postf. 94, ZA-Grahamstown
T: (0027461) 31 84 71 **Fax:** 2 50 49
Prof. Pat Scott

iz t 203
Ergonomics Society of Taiwan
Department of Industrial Design
Chang Gung College of Medicine & Technology
Kwei-Shan, RC-Taoyuan 333
T: (0088633) 28 30 16 **Fax:** 28 30 31
Rungtai Lin

iz t 204
Gesellschaft für Arbeitswissenschaft e.V.
Ardeystr. 67, 44139 Dortmund
T: (0231) 12 42 43 **Fax:** 7 21 21 54
Internet: http://www.gfa-online.de
E-Mail: gfa@arb-phys.uni-dortmund.de
Gründung: 1953 (16. Oktober)
Geschäftsführendes Vorstandsmitglied: Prof. Dr. Andreas Seeber
Verbandszeitschrift: Zeitschrift für Arbeitswissenschaft
Verlag: Dr. Otto Schmidt KG, Köln, Unter den Ulmen 96-98, 50968 Köln

iz t 205
Hellenic Ergonomics Society
Ergonomia Ltd.
3th Septembriou, 77, GR-10434 Athens
T: (00301) 8 22 88 88 **Fax:** 8 22 88 88
Ilias Banoutsos

iz t 206
Association of Canadian Ergonomists (ACE)
Mississauga Road 6519B, CDN-Mississauga L5N 1A6
T: (001416) 5 67-7193 **Fax:** 5 67-7191
Executive Manager: Peter Fletcher (ACE, Mississauge Road 6519B, CA-Mississauga, Ontario L5N 1A6, T: (001416) 5 67-7193, Telefax: (001416) 5 67-7191)

iz t 207
Human Factors & Ergonomics Society
Postf. 1369, USA-Santa Monica, CA 90406
T: (001310) 3 94-1811 **Fax:** 3 94-2410
Executive Direktor: Lynn Strother

iz t 208
Hungarian Ergonomics Society
Tótfalusi K.M. st. 24, H-1201 Budapest
T: (00361) 1 31 81-37 **Fax:** 1 18 79 98
Krisztina Lakatos

iz t 209
Indian Ergonomics Society
Secretariat
Mohan Bagan Lane 11A, IND-Calcutta 70004

iz t 210
Irish Ergonomics Society
City Engineers
Limerick Corporation
T: (0035361) 41 57 79 **Fax:** 41 83 45
M. McNamara

iz t 211
Israeli Ergonomics Society
Technion-Israel Institute of Technology, Faculty of Ind. Engineering & Management
T: (009724) 29 44 34, 29 44 51 **Fax:** 23 51 94
Dr. Issacher Gilad (Phd., Technion-Israel Institute of Technology Faculty of. Ind. Engineering & Management, IL-Technion City, IL-Haifa 32000, T: (009724) 29 44 34, 29 44 51, Telefax: (009724) 23 51 94)

iz t 212
Japan Ergonomics Research Society
Nihon University School of Medicine, Department of Hygiene 30-1, Ohyaguchi Kamimachi, Itabashi-ku, J-Tokyo 173
T: (00813) 39 74-35 59 **Fax:** 39 74-91 31
Prof. Kazuyoshi Yajima (Nihon University School of Medicine, Department of Hygiene, 30-1, Ohyaguchi Kamimachi, Itabashi-ku, J-Tokyo 173, T: (00813) 39 74-35 59, Telefax: (00813) 39 74-91 31)

iz t 213
Nederlandse Vereniging Voor Ergonomie
Secretariat Dutch Ergonomics Society
W.G. Plein 564, NL-1054 SJ Amsterdam
T: (003120) 6 18 09 30 **Fax:** 6 85 37 16

iz t 214
New Zealand Ergonomics Society
Postf. 8 02, NZ-Palmerston North
Secretary: Richard Parker (LIRO, P.O. Box 147, NZ-Rotorua, T: (00647) 348 7168, Fax: 346 2886)

iz t 215
Nordic Ergonomics Society
Håg a/s
Postf. 5055, N-0301 Oslo 3
T: (0047) 22 46 96 16 **Fax:** 22 69 02 75
Kirsti Vandraas

iz t 216
Österreichische Arbeitsgemeinschaft für Ergonomie
c/o Institut für Arbeits- und Betriebswissenschaften der TU-Wien
Theresianumgasse 27, A-1040 Wien
T: (00431) 6 58-315 **Fax:** 5 04-7146
Dr. Andreas Weiss (c/o Institut für Arbeits- und Betriebswissenschaften der TU-Wien, Theresianumgasse 27, A-1040 Wien)

iz t 217
Polish Ergonomics Society
c/o National Labour Inspectorate
Krucza Street 38/42, PL-00-512 Warsaw
T: (00482) 6 61-9394 **Fax:** 6 25-4770
Dr. Halina Cwirko (M.D., National Labour Inspectorate, Krucza Street 38/42, PL-00-512 Warsaw, T: (00482) 21 10-11 ext. 5 46, Telefax: (00482) 6 28-41 13)

iz t 218
Portuguese Association of Ergonomics (APERGO)
Graca Gomes Pereira
Estrada da Costa, P-1499 Lisboa Codex
T: (003511) 4 19 67 77 **Fax:** 4 15 12 48

iz t 219
Russian Ergonomics Association
Voinovastr. 9, ap. 1, RUS-191187 St. Petersburg
T: (007812) 2 34 89 60 **Fax:** 3 14 33 60
Dr. Andrey Redman

iz t 220

Slovak Ergonomics Association
c/o Faculty of Material Science & Technology
STU Paulinska St. 16, SK-917 24 Trnava
T: (0042805) 2 26 36 **Fax:** 2 77 31
Doc.Ing. Jozef Sablik (CSc.)

iz t 221

Societa Italiana di Ergonomia
Via S. Barnaba 8, I-20122 Mailand
T: (00392) 57 99-2613
Dr. Ricardo Della Valle

iz t 222

Société d'Ergonomie de Langue Française (SELF)
ERGODIN
rue d'Ophem 64, B-1000 Brüssel
T: (00322) 2 17-7363 **Fax:** 2 18-1667
Dina Notte

iz t 223

South-East Asian Ergonomics Society
School of Housing, Building & Planning
Universiti Sains Malaysia
Minden 11800, MAL-Penang
T: (00604) 6 57-7888 ext. 3972 **Fax:** 6 57-1526
Assoc.Prof.Dr. Guat-Lin
Evelyn Tan

Affiliated Societies

iz t 224

Human Ergology Society
c/o Institute for Science of Labor
2-8-14 Sugao, Miyamae-ku, J-Kawasaki, Kanagawa 213
T: (008144) 9 77-21 21
Kazuhiro Sakai (Institute for Science of Labor, 2-8-14 Sugao, Miyamae-ku, J-Kawasaki, Kanagawa 213, T: (008144) 9 77-21 21)

iz t 225

European Society of Dental Ergonomics
17, Avenue d'Argenteuil, F-92600 Asnieres sur Seine
T: (0033147) 93 02 72 **Fax:** (0033140) 86 95 45
Dr. S. Bogopolsky

Sustaining Member

iz t 226

Bureau of the Hungarian Council of Industrial Design & Ergonomics (IFETI)
Martinelli Tér 8, H-Budapest V
T: (00361) 11-2489 **Fax:** 22-4233
Dr. József Hegedüs

• **IZ T 227**

International Association for Hydraulic Research (IAHR)
Association Internationale de Recherches Hydrauliques (AIRH)
Postf. 177, NL-2600 MH Delft
Rotterdamseweg 185, NL-2600 MH Delft
T: (003115) 2 85 85 85 **Fax:** 2 85 85 82
Internet: http://www.iahr.nl
E-Mail: marjorie.keuning@iahr.nl
Gründung: 1935
Präsident(in): o.Prof.Dr. H. Kobus (Germany)
Executive Direktor: Dr. C. George
Verbandszeitschrift: Journal of Hydraulic Research, IAHR Bulletin
Verlag: IAHR Secretariat, P.O. Box 177, 2600 MH Delft, the Netherlands
Mitglieder: 2225 (Einzelmitglieder)
körperschaftliche Mitglieder: 220
Mitarbeiter: 5

• **IZ T 228**

Internationaler Verband für Paläontologie (IPA)
International Palaeontological Association
Association Internationale de la Paléontologie
Paleontologisk Museum
University of Oslo
Sars Gate 1, N-0562 Oslo 5
T: (004722) 85 16 68 **Fax:** 85 18 10
E-Mail: d.l.bruton@toyen.uio.no
Member: International Union of Geological Sciences (IUGS)
President: J.A. Talent (School of Earth Sciences, Macquarie University, 2109 Australia)
Secretary-General: Prof. D.L. Bruton (Paleontologisk Museum, University of Oslo, Sars Gate 1, N-0562 Oslo 5)
Treasurer: Prof. R. Kaesler (Paleontological Institute, Univ. of Kansas, 121 Lindley Hall, USA-Lawrence, Kansas 66045, 2911)

• **IZ T 229**

Internationales Büro für Audiophonologie (BIAP)
Bureau International d'Audiophonologie (BIAP)
Boude des chevreuils 30, B-6500 Beaumont
T: (003271) 58 75 93 **Fax:** 58 75 93
Gründung: 1964
Président: Dr. Yves Dejean
Vice Présidents: Herbert Bonsel
Vice Présidents: Salvador Santiago
Secrétaire Général: Albert Roussel
Secrétaire Général adjoint: Frank Kuphal
Trésorier: G. Madeira (B)

• **IZ T 230**

Internationales Forschungszentrum für Konjunkturumfragen (CIRET)
Centre for International Research on Economic Tendency Surveys
c/o Ifo-Institut für Wirtschaftsforschung
Poschingerstr. 5, 81679 München
T: (089) 92 24-1426/7 **Fax:** 92 24-1235
Gründung: 1960
Präsident(in): Prof. Dr.oec.publ. Karl Heinrich Oppenländer
Öffentlichkeitsarbeit: Annette G. Köhler
Mitarbeiter: 5
Publikationen: Ciret Studien, Ciret Information Letter
Verlag: ifo Institut für Wirtschaftsforschung, Poschingerstr. 5, 81679 München

• **IZ T 231**

Internationales Statistisches Institut (ISI)
International Statistical Institute (ISI)
Institut International de Statistique (IIS)
Postf. 950, NL-2270 AZ Voorburg
428, Prinses Beatrixlaan, NL-2270 AZ Voorburg
T: (003170) 3 37 57 37 **Fax:** 3 86 00 25
Internet: http://www.cbs.nl/isi
E-Mail: isi@cbs.nl
Gründung: 1885
President: J.-L. Bodin (France)
President-Elect: D. Trewin (Australia)
Vice-Presidents: D. Tim Holt (U.K.)
R. Gnanadasikan (I)
N. Reid (Canada)
Director and Secretary-Treasurer:
M.P.R. Van den Broecke
Leitung Presseabteilung: Daniel Berze
Mitglieder: 2000
Mitarbeiter: 10

• **IZ T 232**

Zusammenarbeit der Westeuropäischen metrologischen Staatsinstitute (EUROMET)
c/o Physikalisch-Technische Bundesanstalt
Postf. 33 45, 38023 Braunschweig
Bundesallee 100, 38116 Braunschweig
T: (0531) 5 92-10 09, -10 00 **Fax:** 5 92 92 92
Internet: http://www.ptb.de/
E-Mail: presse@ptb.de
Gründung: 1887
Präsident(in): Prof. Dr. Ernst O. Göbel
Delegierter Deutschlands: Prof. Dr. Ernst O. Göbel (Braunschweig, T: (0531) 5 92-10 00)
Leitung Presseabteilung: Dr. Dr. Jens Simon
Mitarbeiter: 1650
Jahresetat: DM 234,7 Mio, € 120 Mio

Technisch-wissenschaftliche Vereinigungen

• **IZ T 233**

Arbeitsgemeinschaft der wissenschaftlichen Institute des Handwerks in den EG-Ländern
Communauté de Travail des Instituts Scientifiques de l'Artisanat dans les Pays de la CEE
Institut für Handwerkswirtschaft
Forschungsinstitut im Deutschen Handwerksinstitut
Max-Joseph-Str. 4, 80333 München
T: (089) 59 36 71, 59 41 32 **Fax:** 55 34 53
Leitung: Prof. Dr. H.-U. Küpper

• **IZ T 234**

EURATOM-Versorgungsagentur
EURATOM Supply Agency
Agence d'Approvisionnement d'EURATOM
Büro: Rond-point-Schuman 3, B-1040 Bruxelles
Rue de la Loi 200, B-1049 Brüssel
T: (00322) 29-91111 (Zentrale)
TX: 21 877 COMEU B
Gründung: 1958
Generaldirektor: Michael Goppel
Kontaktperson: Verträge und Studien in Verbindung von Kernenergie: Jean-Claude Blanquart
Natururan: A. Bouquet
Besondere spaltbare Stoffe: J. Mota
Allgemeine Angelegenheiten, Sekretariat des Beirats: David Ennals
Assistent des Generaldirektors: D. Monasse

Beirat der Versorgungsagentur:
Vorsitzende(r): S. Sandklef (Vattenfall Fuel, Schweden)
Stellvertretende(r) Vorsitzende(r): L.F. Durret (Cogema, Frankreich)
C. Gimeno (Ständige Vertretung Spanien)

Arbeitsgruppe:
Vorsitzende(r): M. Travis (RTZ - Minserve, Großbritannien)
Stellvertretende(r) Vorsitzende(r): G. Pauluis (Synatom, Belgien)
J. Huber (Bayernwerk, Deutschland)

• **IZ T 235**

Europäische Föderation Korrosion
European Federation of Corrosion
Fédération Européenne de la Corrosion
c/o DECHEMA
Postf. 15 01 04, 60061 Frankfurt
Theodor-Heuss-Allee 25, 60486 Frankfurt
T: (069) 75 64-2 09 **Fax:** 75 64-2 01
Internet: http://www.dechema.de
Gründung: 1955
Generalsekretariat Büro Frankfurt: Prof. Dr.rer.nat. Gerhard Kreysa
Verbandszeitschrift: EFC Newsletter (in Englisch)
Mitglieder: 30 Mitgliedsvereine und 7 Vereine als assoziierte Mitglieder aus Europa

Zusammenarbeit zwischen gemeinnützigen technisch-wissenschaftlichen Institutionen in Europa, um die wissenschaftlichen Grundlagen und die Anwendungstechnik der Korrosion und des Korrosionsschutzes zu fördern.

• **IZ T 236**

Europäische Vereinigung der Forschungs- und Technologie-Organisationen (EARTO)
European Association of Research and Technology Organisations
Association européenne des Organisations de Recherche et de Technologie
Av. des Arts 53, B-1000 Brüssel
T: (003202) 5 02 86 98 **Fax:** 5 02 86 93
Internet: http://www.earto.org
E-Mail: info@earto.org
Präsident(in): Prof. Dr. Markku Mannerkosi, Finnland
Generalsekretär: Dr. Giovanni Caprioglio

• **IZ T 237**

Europäische Zusammenarbeit im gesetzlichen Meßwesen (WELMEC)
European cooperation in legal metrology
Coopération Européenne en Métrologie Légale
c/o National Weights and Measures Laboratory
Stanton Avenue, GB-Teddington, Middlesex TW 11 0JZ
T: (0044208) 9 43 72 63 **Fax:** 9 43 72 70
Internet: http://www.welmec.org
E-Mail: welmec@nwml.dti.gov.uk
Gründung: 1990 (Juni)
Mitglieder: 18 member countries, 10 ass. member countries

• **IZ T 238**

Verband der europäischen Raumfahrt-Industrie (EUROSPACE)
Rue Hamelin 16, F-75116 Paris
T: (00331) 47 55 83 00 **Fax:** 47 55 63 30
Internet: http://www.eurospace.org
E-Mail: eurospac@micronet.fr, letterbox@eurospace.org
Gründung: 1961 (September)
Präsident(in): Ivan Öfverholm
Generalsekretär(in): Alain Gaubert
Studiendirektor: Marcel Toussaint
Presse- und Öffentlichkeitsarbeit: Rosy Plet
Mitglieder: 53 in 13 europäischen Ländern

• **IZ T 239**

Europäische Organisation für Molekularbiologie (EMBO)
European Molecular Biology Organization
Organisation européenne de biologie moléculaire
Postf. 10 22 40, 69012 Heidelberg
T: (06221) 38 30 31 **Fax:** 38 48 79
E-Mail: EMBO@EMBL-Heidelberg.de
Gründung: 1964
Vorsitzende(r): Prof. W. Neupert

Stellvertretende(r) Vorsitzende(r): L. Grivell
Hauptgeschäftsführer(in): Prof. F. Gannon
Verbandszeitschrift: EMBO Journal
Verlag: Oxford University Press (IRL), POBI, GB-Oxford OX8 1JJ
Mitglieder: 950
Mitarbeiter: 8

• IZ T 240

European Meteorological Society e.V. (EMS)
Carl-Heinrich-Becker-Weg 6-10, 12165 Berlin
T: (030) 83 87 12 05, 79 70 83 28 **Fax:** 7 91 90 02
Internet: http://www.met.fu-berlin.de/ems
E-Mail: ems-sec@bibo.met.fu-berlin.de
Gründung: 1999 (16. September)
President: René Morin (SMF, Frankreich)
Vice-President and Treasurer: Stanley Cornford (RMS, Großbritannien)
Vice-President: Fritz Neuwirth (ÖGM, Österreich)
Vice-President: Jon Wieringa (NVBM, Niederlande)
Executive Secretary: Arne Spekat (DMG)

• IZ T 241

Europäische Organisation für die Nutzung von Wettersatelliten (EUMETSAT)
European Organisation for the Exploitation of Meteorological Satellites
Organisation Européenne pour l' Exploitation de Satellites Météorologiques
Am Kavalleriesand 31, 64295 Darmstadt
T: (06151) 8 07-7 **Fax:** 8 07-555
Internet: http://www.eumetsat.de
E-Mail: ops@eumetsat.de
Gründung: 1986 (19. Juni)
Direktor(in): Dr. Tillmann Mohr
Technischer Direktor: Alain Ratier
Vors. d. EUMETSAT-Rats: Dr. H. Malcorps
Verwaltungsdirektor: B. Mc Williams
Leitung Presseabteilung: Michael Phillips
Mitglieder: 17 europäische Staaten (Belgien, Dänemark, Finnland, Frankreich, Deutschland, Irland, Griechenland, Italien, Niederlande, Norwegen, Österreich, Portugal, Schweden, Schweiz, Slovakei, Türkei, Ungarn, Vereinigtes Königreich, Spanien) und 3 Kooperation-Staaten (Polen, Slovakei, Ungarn)
Mitarbeiter: ca. 140
Jahresetat: ECU 260 Mio (1999)

• IZ T 242

Europäische Vereinigung für den Transfer von Technologien, Innovation und industrieller Information (TII)
European Association for the Transfer of Technologies, Innovation and Industrial Information
Association européenne pour le Transfert des Technologies, de l'Innovation et de l'Information industrielle
3, rue des Capucins, L-1313 Luxembourg
T: (00352) 46 30 35 **Fax:** 46 21 85
Internet: http://www.tii.org/
E-Mail: tii@tcp.ip.lu
Gründung: 1984
Präsident(in): Enrico Astarita (Minerva Service Srl, Via Colle S. Agata, 11, I-04024 Gaeta LT, T: (0039771) 47 08 54, Fax: (0039771) 47 08 54)
Generalsekretär(in): Christine Robinson (T II asb Luxembourg, 3, rue des Capucins, L-1313 Luxembourg, T: (00352) 46 30 35, Fax: (00352) 46 21 85; T II Brussels Office, 107 Rue Frédéric Pelletier, B-1030 Bruxelles, T: (00322) 7 36 89 48, Fax: (00322) 7 36 89 48)
Vorstand: Jacques Evrard (Belgien)
Frank Knudsen (Dänemark)
Peter Heydebreck (Deutschland)
Reijo Itkonen (Finnland)
Pierre Michel (Frankreich)
Ioannis Karabassis (Griechenland)
Gordon Ollivere (Großbritannien)
Colette Henry (Irland)
Gilles Schlesser (Luxemburg)
Peter van der Sijde (Niederlande)
Ferdinand Hager (Österreich)
Raul Caires (Portugal)
Patric Eriksson (Schweden)
Angel Guardia (Spanien)
Verbandszeitschrift: FOCUS
Redaktion: Christine Robinson
Verlag: TII, Luxembourg
Mitglieder: 300
Mitarbeiter: 3

Mitgliedsorganisationen

Belgien

iz t 243
Technopol Brussel/Bruxelles
4. Rue Gabrielle Petit, Boîte 12, B-1080 Bruxelles
T: (00322) 4 22 00 20 **Fax:** 4 22 00 43
Kontakt: Jacques Evrard

Dänemark

iz t 244
Danish Innovation Centre
Postf. 1 41, DK-2630 Taastrup
Gregersensvej, DK-2630 Taastrup
T: (004543) 50 48 50 **Fax:** 50 48 88
Frank Knudsen

Deutschland

iz t 245
inno AG
Postf. 33 66, 76019 Karlsruhe
Karlstr. 45b, 76133 Karlsruhe
T: (0721) 9 13 45-0 **Fax:** 9 13 45-99
Gründung: 1991
Kontakt: Dr. Peter Heydebreck

Finnland

iz t 246
Finn-Medi Research
Lenkkeilijänkatu 6, FIN-33520 Tampere
T: (003583) 2 47 40 23 **Fax:** 2 47 40 29
Kontakt: Reijo Itkonen

Frankreich

iz t 247
CCI de Lyon - Innovexpert
20 rue de la Bourse, F-69289 Lyon Cedex 2
T: (00334) 72 40 57 23 **Fax:** 72 40 59 65
Kontakt: Pierre Michel

Griechenland

iz t 248
Patras Science Park
Postf. 11 05, GR-26110 Patras
T: (003061) 99 40 46 **Fax:** 99 41 06
Kontakt: Ioannis Karabassis

Großbritannien

iz t 249
RTC North Ltd
1 Hylton Park, Wessington Way, GB-Sunderland SR5 3HD
T: (0044191) 5 16 44 00 **Fax:** 5 16 44 01
Kontakt: Gordon Ollivere

Irland

iz t 250
Dundalk Institute of Technology
Dept. of Business Studies
Co Louth, IRL-Dundalk
T: (0035342) 9 37 02 25 **Fax:** 9 33 09 44
Kontakt: Colette Henry

Luxemburg

iz t 251
Luxinnovation
Blvd. Konrad Adenauer, L-2981 Luxemburg
T: (00352) 43 62 61-1 **Fax:** 43 23 28
Kontakt: Gilles Schlesser

Niederlande

iz t 252
University of Twente
Liaison Group
Postf. 2 17, NL-7500 AE Enschede
T: (003153) 4 89 46 99 **Fax:** 4 89 33 60
Kontakt: Peter van der Sijde

Österreich

iz t 253
Salzburg Agentur
Schillerstr. 30, A-5020 Salzburg
T: (0043662) 45 13 27 **Fax:** 45 13 27 11
Kontakt: Ferdinand Hager

Portugal

iz t 254
CEIM - BIC Madeira
Medeira Tecnopolo, P-9000-390 Funchal Madeira
T: (0035191) 72 30 00 **Fax:** 72 00 30
Kontakt: Raul Caires

Schweden

iz t 255
Gothia Science Park
Kanikegränd 1, box 331, S-54127 Skövde
T: (0046500) 42 70 70 **Fax:** 42 70 42
Kontakt: Patrice Eriksson

Spanien

iz t 256
ICT - Institut Catala de Tecnologia
Pl. Ramon Berenguer 1 pral, E-08002 Barcelona
T: (00343) 3 15 16 13 **Fax:** 3 19 60 42
Kontakt: Angel Guardia

• IZ T 257

Europäische Vereinigung für das Management der Industrieforschung (EIRMA)
European Industrial Research Management Association
Association Européenne pour l'Administration de la Recherche Industrielle
34, rue de Bassano, F-75008 Paris
T: (00331) 53 23 83 10 **Fax:** 47 20 05 30
Internet: http://www.eirma.asso.fr
Gründung: 1966
Honorary President: Prof. Dr. H.G.B. Casimir
Président: G. Haemers (Bekaert)
Secrétaire Général: B. A. Watkinson
Verbandszeitschrift: Newsletters
Redaktion: Working Group reports
Mitglieder: 170
Mitarbeiter: 6

• IZ T 258

Europäische Vereinigung der Vertragsprüfungs-Organisationen (EACRO)
European Association of Contract Research Organizations
Avenue des Arts, 53, B-1000 Bruxelles
T: (00322) 5 02 86 98 **Fax:** 5 02 86 93
Gründung: 1999
President: Jan Dekker (President TNO - The Netherlands)
Vice-President: Prof. Theo Gumpelmayer (President ACR - Austria)
Treasurer: Prof. Geoff Callow (Chief Scientist, MIRA - UK)
Secretary General: Dr. Giovanni Caprioglio
Mitglieder: 64
Mitarbeiter: 1
Jahresetat: DM 1 Mio, € 0,51 Mio

• IZ T 259

Europäischer Rat für Forschung und Entwicklung auf dem PKW-Sektor (EUCAR)
European Council for Automotive Research & Development
Conseil Européen de la Recherche et du Développement de l'Automobile
Rue du Noyer 211, B-1000 Brüssel
T: (00322) 7 38 73 53 **Fax:** 7 38 73 12
Gründung: 1994
Secrétaire Général: Dr. André Rault
Mitglieder: 10
Mitarbeiter: 3

• IZ T 260

Europäischer Verband für Produktivitätsförderung

European Federation of Productivity Services
Kyrkogatan 1a, S-64530 Strängnäs
T: (0046152) 2 15 20 **Fax:** 2 15 53
E-Mail: ekstyr@algonet.se
Gründung: 1961 (16. Juni)
President: Harry Downes
Executive Secretary: Ingemar Eriksson
Mitglieder: 12 + 1 korrespondierendes

• IZ T 261

Europäischer Verband für Wiedergewinnung und Recycling (ERRA)

European Recovery & Recycling Association
Association Européenne de Récupération et de Recyclage
Avenue E. Mounier 83, B-1200 Brüssel
T: (00322) 7 72 52 52 **Fax:** 7 72 54 19
Gründung: 1989
Président: N. Bjorkman
Contact: Jacques Fonteyne
Mitglieder: 16
Mitarbeiter: 2

• IZ T 262

Europäisches Komitee für Tauchtechnologie (EDTC)

European Diving Technology Committee
Comité Européen pour la Technologie de plongée
c/o Stolt Offshore
Verven 4
P.O. Box 740, N-4004 Stavanger
Internet: http://www.edtc.org
President: Olav Hauso
Secretary: Ole Christian Andersen
Mitglieder: 50

• IZ T 263

Europäisches Technisches Fluor Komitee (CTEF)

European Technical Fluor Committee
Comité Technique Européen du Fluor
c/o CEFIC
Avenue E. Van Nieuwenhuyse 4/1, B-1160 Brüssel
T: (00322) 6 767240 **Fax:** 6 76 7392
Président: C. Mullis
Secrétaire Général: Bent Jensen

• IZ T 264

Ifra

Washingtonplatz 1, 64287 Darmstadt
T: (06151) 7 33-6 **Fax:** 7 33-800
Internet: http://www.ifra.com
E-Mail: editor@ifra.com, ads@ifra.com
Gründung: 1961 (18. Mai)
President: Murdoch MacLennan (Associated Newspapers, London, GB)
Vice-President: Hans-Dieter Baumgart (Rheinische Post, Düsseldorf)
Treasurer: Gary L. Watson (Gannett, Washington DC, USA)
Ian Ashcroft (The Manchester Evening News, Manchester, GB)
Peter Baert (Concentra Holding, Hasselt, B)
Jean-Claude Brognaux (SPPP, Rueil-Malmaison, F)
Mario Ciancio Sanfilippo (La Sicilia, Catania, I)
Xavier Ellie (Le Progrè, Chassieu, F)
Jesús Fernandez-Miranda y Lozana (Prensa Española, Madrid, E)
Ivar Green-Paulsen (De Berlingske Dagblade, Copenhagen, DK)
Kåre Gustafsson (Svenska Dagbladet, Stockholm, S)
Seppo Kievari (Sanoma Corporation, Helsinki, FIN)
Wilhelm O. Kok (De Telegraaf, Amsterdam, NL)
Frank Meik (Frankfurt/Main, D)
Azizi Meor Ngah (Utusan Melayu (Malaysia) Berhad, Kuala Lumpur, MAL)
Olav Martin Mugaas (Aftenposten, Oslo, N)
Narasimhan Murali (The Hindu, Chennai, IND)
Roger Parkinson (The Globe and Mail, Toronto, CDN)
Eugen A. Russ (Vorarlberger Medienhaus, Schwarzach, A)
Marco E. de Stoppani (Neue Zürcher Zeitung, Zürich, CH)
Oc Chairman: Åke Halvdanson (Kvällstidningen Expressen, Stockholm, S)
Managing Director: Günther W. Böttcher (Ifra, Darmstadt)
Verwaltung: Elvira Ihrig
Leitung Presseabteilung: Heike Appel
Verbandszeitschrift: Zeitungstechnik (dt., engl, franz.)
Redaktion: Michael Spinner-Just (dt.), Dean Roper (engl.), Valérie Arnould (franz.), Chef-Red.: Klaus von Prümmer
Mitglieder: 1750
Mitarbeiter: 65
Jahresetat: DM 15 Mio, € 7,67 Mio

Internationale Forschung und Beratung auf dem Gebiet der Zeitungstechnik. Seminare, Symposien und eine jährliche Expo.

• IZ T 265

Internationale Bodenkundliche Union (IBU)

International Union of Soil Sciences
Union Internationale de la Science du Sol
Generalsekretariat:
Institut für Bodenforschung, Universität für Bodenkultur
Gregor Mendel-Str. 33, A-1180 Wien
T: (00431) 4 78 91 07 **Fax:** 4 78 91 10
E-Mail: iuss@edv1boku.ac.at
Gründung: 1924
President: Dr. Sompong Theerawong (Soil and Fertilizer Society of Thailand, Dpt. of Soil Sciende, Kasetsart University, Chatuchak, Bangkok 10900, Thailand)
Generalsekretär(in): Prof. Dr. W. E. H. Blum (Institut für Bodenforschung, Universität für Bodenkultur, Gregor-Mendel-Str. 33, A-1180 Wien)
Verbandszeitschrift: Mitteilungsblatt der Int. Bodenkundlichen Union
Verlag: IBU, Institut für Bodenforschung, Universität für Bodenkultur, Gregor-Mendel-Str. 33, A-1180 Wien
Mitglieder: 45000

• IZ T 266

Internationale Elektrotechnische Kommission (IEC)

International Electrotechnical Commission
Commission Electrotechnique Internationale (CEI)
Postf. 131, CH-1211 Genève
3, rue de Varembé, CH-1202 Genève
T: (004122) 9 19 02 11 **Fax:** 9 19 03 00
Internet: http://www.iec.ch
E-Mail: info@iec.ch
General Secretary: A. Amit
President: M. Fünfschilling

• IZ T 267

Internationaler Verband für Robotertechnik (IFR)

International Federation of Robotics
Fédération internationale de robotique
Postf. 55 10, S-11485 Stockholm
Storgatan 5, S-11485 Stockholm
T: (00468) 782 08 00 **Fax:** 660 33 78
Internet: http://www.ifr.org
E-Mail: ifr@vi.se
Gründung: 1987
Vorsitzende(r): Mike Wilson (Meta Technology Ltd.), Großbritannien
Stellvertretende(r) Vorsitzende(r): Jean-Luc Burquier (Stäubli S.A.), France
Sekretär: Bjorn Weichbrodt, Schweden
Verbandszeitschrift: IFR Newsletter, World Industrial Robots
Redaktion: IFR Secretariat
Mitglieder: 64
Mitarbeiter: 2

• IZ T 268

Internationale Forschungsgruppe für Tiefziehen (IDDRG)

International Deep Drawing Research Group
Groupement International des Recherches sur l'Emboutissage
Treskewes Farm House, St. Keverne, GB-Helston, Cornwall TR12 6NT
T: (00441326) 28 01 60 **Fax:** 28 09 98
Gründung: 1958
Secretary-General: Roger Pearce (Treskewes Farm House, St. Keverne, Helston, Cornwall TR12 6NT (Großbritannien), T: (00441326) 28 01 60, Telefax: (00441326) 28 09 98)
Mitglieder: 25 Länder
Jahresetat: 100 Sterling

• IZ T 269

Internationale Gemeinschaft für Forschung und Prüfung auf dem Gebiet der Textilökologie (Öko-Tex)

International Association for Research and Testing in the Field of Textile Ecology
Association Internationale de Recherche et d'Essai dans le domaine de l'Ecologie des Textiles
c/o TESTEX Schweizer Textilprüfinstitut
Postf. 5 85, CH-8027 Zürich
Gotthardstr. 61, CH-8027 Zürich
T: (00411) 2 06 42 42 **Fax:** 2 06 42 30
Internet: http://www.oeko-tex.com
E-Mail: info@oeko-tex.com
Gründung: 1992
Sekr: Raimar Freitag
Mitglieder: 14 Institute
Jahresetat: ca. DM 0,3 Mio, € 0,15 Mio

Mitglieder

iz t 270

Österreichisches Textilforschungsinstitut
Postf. 1 17, A-1050 Wien
Spengergasse 20, A-1050 Wien
T: (00431) 5 44 25 43-0 **Fax:** 5 44 25 43-10
E-Mail: office@oeti.at

iz t 271

Schweizer Textilprüfinstitut TESTEX
Postf. 5 85, CH-8027 Zürich
Gotthardstr. 61, CH-8027 Zürich
T: (00411) 2 06 42 42 **Fax:** 2 06 42 30
Internet: http://www.testex.com
E-Mail: zuerich@testex.com

iz t 272

TESTEX Swiss Textile-Testing Ltd.
3/F, Unit 313A, Mirror Tower
61 Mody Road Tsimshatsui East, Kowloon, CN-Hongkong
T: (00852) 23 68 17 18 **Fax:** 23 69 55 27
Internet: http://www.testex.com
E-Mail: hongkong@testex.com

iz t 273

TESTEX Swiss Textile-Testing (Ltd.)
Rm 1008, 10th Floor (S)
Zhong Yi Building
No. 2, Lane 1040
Caoyang Road, CN-Shanghai 200 063
T: (008621) 62 85 17 45 **Fax:** 62 45 71 49
E-Mail: shanghai@testex.com

iz t 274

IFP
Institutet för Fiber- och Polymerteknologi
Postf. 1 04, S-43122 Mölndal
Argongatan 30, S-43122 Mölndal
T: (004631) 7 06 63 00 **Fax:** 7 06 63 63
Internet: http://www.ifp.se
E-Mail: info@ifp.se

iz t 275

CITEVE
Centro Tecnológico das Indústrias Têxtil
Quinta da Maia, P-4760 Vila Nova de Famalicão
T: (0035152) 30 03 00 **Fax:** 37 67 48, (035152) 7 65 69
Internet: http://www.portugaltextil.com/instituicoes/citev
E-Mail: citeve@mail.telepac.pt

iz t 276

BTTG, British Textile Technology Group
Shirley House
856 Wilmslow Road, Didsbury, GB-Manchester M2O 2RB
T: (0044161) 4 45 81 41 **Fax:** 4 34 99 57
Internet: http://www.bttg.co.uk
E-Mail: oeko-tex@bttg.co.uk

iz t 277

Forschungsinstitut Hohenstein
Schloß Hohenstein, 74357 Bönnigheim
T: (07143) 27 10 **Fax:** 2 71 51
Internet: http://www.hohenstein.de
E-Mail: info@hohenstein.de

iz t 278

Hohenstein Ekoteks Tekstil Analiz ve Kontrol Hizmetleri Ltd. Sti
Mahmut Sevket Pasa Mah. Kurucay Cad. Eren Sok. No. 5, TR-Okmeydani
T: (0090212) 238 01 40 **Fax:** 238 01 41
E-Mail: enviro@superonline.com

iz t 2 78.10

Hohenstein Institutes
Textile Testin Services
9016 Oak Branch Drive, USA-Apex NC 27502
T: (001919) 3 63 50 62 **Fax:** 3 87 83 26
E-Mail: usa@hohenstein.org

iz t 279

Deutsche Zertifizierungsstelle Öko-Tex

Zertifizierungsstelle für Deutschland der Internationalen Gemeinschaft für Forschung und Prüfung auf dem Gebiet der Textilökologie
Frankfurter Str. 10-14, 65760 Eschborn
T: (06196) 9 66-230 **Fax:** 9 66-226
Presse- und Öffentlichkeitsarbeit: Dipl.-Journalistin Petra Knecht (T: (07143) 2 71-720, Fax: 2 71-721)

iz t 280

Institut Textile de France ITF-Lyon

Postf. 60, F-69132 Ecully Cédex
Avenue Guy de Collongue, F-69132 Ecully Cédex
T: (0033) 4 72 86 16 00 **Fax:** 4 78 43 39 66
Internet: http://www.textile.fr
E-Mail: itf-lyon@worldnet.fr

iz t 281

Centexbel

Technologiepark 7, B-9052 Zwijnaarde
T: (00329) 2 20 41 51 **Fax:** 2 20 49 55
E-Mail: gent@centexbel.be

iz t 282

DTI Beklaedning og Textil

Postf. 1 41, DK-2630 Taastrup
Gregersensvej, DK-2630 Taastrup
T: (0045) 43 50 42 80 **Fax:** 43 50 72 45
Internet: http://www.dti.dk
E-Mail: textile@teknologisk.dk

iz t 283

AITEX, Instituto Tecnológico Textil

Plaza Emilio Sala 1, E-03801 Alcoy
T: (003496) 5 54 22 00 **Fax:** 5 54 34 94
Internet: http://www.aitex.es
E-Mail: aitex@globalnet.es

iz t 284

Centro Tessile Cotoniero e Abbigliamento S.p.A.

P.za Sant'Anna 2, I-21052 Busto Arsizio VA
T: (00390331) 69 67 11 **Fax:** 68 00 56
E-Mail: sez.oeko@centrocot.it

Assoziiertes Mitglied

iz t 285

Innovatext

Postf. 6, H-1103 Budapest X
Gyömrői út 86, 1475 Bp., H-1103 Budapest X
T: (00361) 2 60 18 09 **Fax:** 2 61 52 60
E-Mail: innova@mail.datanet.hu

• IZ T 286

Europäisches Textilnetzwerk für Technologietransfer

TEXTRANET - The European Textile Network for Technology Transfer
Le Réseau Textile Européen du Transfer Technologique
c/o Institut Textile de France
14, rue des Reculettes, F-75013 Paris
T: (00331) 44 08 19 00 **Fax:** 44 08 19 39
E-Mail: robertbiquet@compuserve.com
Gründung: 1992
Kontaktperson: Robert Biguet

• IZ T 287

Internationale Gemeinschaft für Holztechnologie-Transfer e.V. (COMBOIS)

Im Hager Feld 30 (Hüpenhof), 41749 Viersen
T: (02162) 6 72 44 **Fax:** 8 00 35
E-Mail: phkuehnhenrich@t-online.de
Gründung: 1967
Präsident(in): Josef Rosa (Geschäftsführender Gesellschafter der Firma Romac N.V., Vosseschijnstraat 20, B-2030 Antwerpen)
Beauftragter des Präsidiums: Paul H. Kühnhenrich (Paul-H. Kühnhenrich, Ingenieurbüro)
Verbandszeitschrift: COMBOIS
Mitglieder: ca. 15 in Europa und Übersee
Mitarbeiter: 4/2

• IZ T 288

Internationale Gesellschaft für Erd- und Geotechnik (ISSMGE)

International Society for Soil Mechanics and Geotechnical Engineering
Société Internationale de Mécanique des Sols et de la Géotechnique
c/o City University
Northampton Square, GB-London EC1V 0HB
T: (0044207) 4 77-8154 **Fax:** 4 77-8832
Secretary General: Prof. R.N. Taylor (Geotechnical Engineering Research Centre, City University, Northampton Square, London EC1V 0HB, T: (0044207) 4 77 81 54, Fax: 4 77 88 32)

• IZ T 289

Internationale Gesellschaft für Photogrammetrie und Fernerkundung (ISPRS)

International Society for Photogrammetry and Remote Sensing
Société Internationale de Photogrammétrie et Télédétection
School of Geomatic Engineering
The University of NSW, AUS-Sydney 2052 NSW
T: (00612) 93 85 41 97 **Fax:** 93 13 74 93
E-Mail: J.Trinder@UNSW.EDU.AU
Gründung: 1910 (4. Juli)
President: Lawrence Fritz (USA)
Secretary General: Prof. J.C. Trinder (Australia)
Verbandszeitschrift: ISPRS Journal of Photogrammetry & Remote Sensing
Redaktion: Dr. E. Baltsavias, Federal Technical University of Switzerland, Zürich
Verlag: Elsevier Science Publishers Journals Dept., P.O. Box 211, NL-1000 AE Amsterdam
Mitglieder: 100 countries

• IZ T 290

Internationale Gesellschaft für Warenwissenschaften und Technologie (IGWT)

International Society of Commodity Science and Technology
Société Internationale des Sciences de Marchandises et de la Technologie
Augasse 2-6, A-1090 Wien
T: (00431) 3 13 36/4806 **Fax:** 3 13 36/706
Gründung: 1976 (8. Oktober)
Präsident(in): Prof. Dr. Jacek Koziol
Vizepräsident(in): Prof. Dr. Gerhard Vogel
Generalsekretär(in): Prof. Dr. Dietlind Hanrieder
Vizegeneralsekretär: Prof. Dr. Waclaw Adamczyk
Leitung Presseabteilung: Dr. Eva Waginger
Verbandszeitschrift: FORUM WARE
Redaktion: Dr. Reinhard Löbbert
Nationale Gesellschaften: Österreich, Bundesrepublik Deutschland, Italien, Japan, Belgien, Polen, Schweiz, Korea, Rußland, China, Litauen

Förderung der Warenkunde in Schule und Erwachsenenbildung (Konsumentenerziehung). Förderung des Technologieverständnisses.

• IZ T 291

Internationale Kautschuk-Studien-Gruppe (IRSG)

International Rubber Study Group
Groupe International d'Etudes du Caoutchouc
109/115 Wembley Hill Road, GB-Wembley HA9 8DA
T: (004420) 8903-7727 **Fax:** 8903-2848
Internet: http://www.rubberstudy.com
E-Mail: irsg@compuserve.com
Gründung: 1944
Leitung Presseabteilung: V. K. Gardiner
Verbandszeitschrift: Rubber Statistical Bulletin, International Rubber Digest, Rubber Statistics Yearbook, Rubber Economics Yearbook, Outlook for Elastomers, Key Rubber Indicators, Directory of Rubber Organizations, Rubber Industry Atlas, World Rubber Statistics Historic Handbook 1900-1960, World Rubber Statictics Handbook Volume 5, 1975-1995.
Verlag: International Rubber Study Group, GB
Mitglieder: 19
Mitarbeiter: 9

• IZ T 292

Internationale Kommission für Glas (ICG)

International Commission on Glass
Commission Internationale du Verre
c/o Stazione Sperimentale del Vetro
Via Briati 10, I-30141 Venezia-Murano
T: (003941) 73 94 22 **Fax:** 73 94 20
E-Mail: spevetro@ve.nettuno.it
Secretary: Dr. F. Nicoletti
President: Prof. D. Pye (Dean New York State College of Ceramics, Alfred University, 2, Pine Street, Alfred, NY 14802-1296)

• IZ T 293

Internationale Kommission für Kohlenpetrologie (ICCP)

International Committee for Coal and Organic Petrology
Rua Eça de Queiróz, 682/402, BR-90670-020 RS Porto Alegre
T: (005551) 3 30-33 80 **Fax:** 3 30-33 80
Gründung: 1953
President: Prof. Dr. Manuel J. Lemos de Sousa (Departamento de Geologia, Faculdade de Ciências, Praça de Gomes Teixeira, 4050 Porto/Portugal)
Vice President: Prof. Dr. Barbara K. Kwiecinska (Academy of Mining and Metallurgy Institute of Geology & Mineral Deposits, Al. Mickiewicza 30, PL-30-549 Cracow/Poland)
General Secretary: Prof. Dr. Zuleika Carretta Corrêa da Silva (Rua Eça de Queiróz, 682/402, 90670-020 Porto Alegre, Brazil, T: (005551) 3 30 33 80, Telefax: (005551) 3 30 33 80, E-Mail: ZULEIKA@IF.UFRGS.BR)
Editor: Prof. Dr. Monika Wolf (Mergelskull 29, 47802 Krefeld/ Germany)
Verbandszeitschrift: ICCP News
Redaktion: Prof. Dr. Monika Wolf
Mitglieder: 260

• IZ T 294

Internationale Kommission für Pflanzenschutzmittel - Analysenmethoden (CIPAC)

Collaborative International Pesticides Analytical Council Limited
Commission Internationale des Méthodes d'Analyse des Pesticides (CIMAP)
't Gotink 7, NL-7261 VE Ruurlo
T: (0031573) 45 28 51 **Fax:** 45 28 51
Internet: http://www.cipac.org/
Gründung: 1957
Chairman: Dr. F. Sánchez Rasero (Estación Experimental del Zaidín (CSIC), Profesor Albareda, 1, Apartado 419, E-18008 Granada, Spanien, T: (0034958) 12 10 11, Telefax: (0034958) 12 96 00)
Secretary: Drs. A. Martijn ('t Gotink 7, NL-7261 VE Ruurlo, Netherlands)
Assistant Secretary: Dr. W. Dobrat (Biologische Bundesanstalt für Land- und Forstwirtschaft, Messeweg 11/12, 38104 Braunschweig, T: (0531) 2 99 35 02, Telefax: (0531) 2 99 30 04)
Committee of Management: Dr. F. Sánchez Rasero (Spain)
Drs. A. Martijn (Netherlands)
M. J. P. Harrington (England)
W. R. Bontoyan (USA)
B. Declercq (France)
Dr. W. Dobrat (Germany)
D. J. Hamilton (Australia)
A. R. C. Hill (UK)
M. Galoux (Belgium)

Mitgliedsländer:
Ägypten, Australien, Belgien, China, Cyprus., Tschechien, Dänemark, Frankreich, Bundesrepublik Deutschland, Finnland, Griechenland, Großbritannien, Indien, Irland, Japan, Malaysien, Niederlande, Polen, Portugal, Südafrika, Spanien, Schweden, Schweiz, Vereinigten Staaten von Amerika, Slowakei, Slowenien, Thailand, Ungarn

• IZ T 295

Internationale Union der Selbständigen Laboratorien (UILI)

Union Internationale des Laboratoires Indépendants
Postf. 86, GB-Teddington Middlesex TW 11 OLU
T: (004420) 89 43 55 24 **Fax:** 89 43 97 12
Internet: http://www.uili.org
E-Mail: jlw@uili.org
Gründung: 1960
Président: Ronald L. Harris
Vice-Presidents: Dr. M. Fernández Alonso
Dr. E. Soers
Secrétaire Général: G. G. McIntee
Tresorier Honoraire: Dr. U. P. Nehring
Conseil de Direction: Dr. K. J. Albutt
M. Dorado González
Dr. L.H.A. Scholtis
David H. Stanger
Leitung Presseabteilung: Dr. J. L. Wilson
Verbandszeitschrift: Register of Members
Mitglieder: 900
Mitglieder:
Argentinien, Belgien, Brasilien, Kanada, Chile, Deutschland, Dänemark, Irland, Spanien, Frankreich, Grossbritannien, Griechenland, Indien, Malaysien, Norwegen, Niederlande, Saudi-Arabien, Schweden, Singapur, Vereinigte Staaten von Amerika, Südafrika, Türkei

• **IZ T 296**

Internationale Vereinigung der Bibliotheken Technischer Universitäten (IATUL)
International Association of Technological University Libraries
Association Internationale des Bibliotheques d'Universités Polytechniques
c/o Library, Heriot-Watt University
Riccarton, GB-Edinburgh EH14 4AS
T: (00441313) 4 49 51 11 **Fax:** 4 51 31 64
Gründung: 1955
President: Dr. Nancy Fjällbrant (Chalmers University of Technology, Library, 41296 Gothenburg/Sweden, T: (004631) 7 72 37 54, TX: 2369 chalbib s, Telefax: (004631) 16 84 94, e-mail: nancyf@lib.chalmers.se , Internet: http://www.lib.chalmers.se)
Secretary: Michael Breaks (Library Heriot-Watt University, GB-Riccarton, Edinburgh EH14 4AS, T: (004431) 4 49 51 11, Telefax: (004431) 4 51 31 64)
Mitglieder: 202

• **IZ T 297**

iapri

Internationale Vereinigung der Forschungsinstitute für Verpackung (IAPRI)
International Association of Packaging Research Institutes
Emiel Verséstraat 24, B-1070 Brussels
T: (00322) 5 21 27 09 **Fax:** 5 21 27 09
Gründung: 1971
President: Anders Sörås (Director, PACKFORSK - Swedish Packaging Research Institute, Kista (Schweden))
Sec.Gen.: Prof. Dr. Frans Lox (Emiel Verséstraat 24, B-1070 Brussels, T: (00322) 5 21 27 09, Fax: (00322) 5 21 27 09)
Verbandszeitschrift: IAPRI-Handbook; IAPRI-Newsletter
Redaktion: Secretariat of IAPRI
Verlag: Secretariat of IAPRI, Em. Versestr. 24, B-1070 Brussels
Mitglieder: 45

IAPRI is a non profit organization, founded in 1971 to promote research on testing and the evaluation of packagings and to stimulate the exchanges of information, knowledge and practice among its member institutes.

• **IZ T 298**

Internationale Vereinigung für Mathematik und Computerrechnungen (IMACS)
International Association for Mathematics and Computers in Simulation
Université Libre de Bruxelles, Nucleaire Metrologie CP 165/84
50, av. F.D. Roosevelt, B-1050 Brüssel CP 165/84
T: (00322) 6 50 20 85 **Fax:** 6 50 45 34
E-Mail: rbeauwen@ulb.ac.be
Gründung: 1956
Secrétaire Général: Prof. Robert Beauwens
Verbandszeitschrift: MATCOM, APNUM, J. COMP AC
Redaktion: R. Vichnevetsky, Dept. of Computer Science, Rutgers Univ. USA
Verlag: ELSEVIER, P.O. Box 103, 1000 AC Amsterdam, Holland
Mitarbeiter: 2
Jahresetat: DM 0,054 Mio, € 0,03 Mio

• **IZ T 299**

Internationale Vereinigung Wissenschaftlicher Zentren (IASP)
International Association of Science Parks
World Headquarters
Parque Tecnológico de Andalucia Sede Social
c/Maria Curie, s.n., E-29590 Campanillas, Málaga
T: (003495) 261 91 97 **Fax:** 261 91 98
Internet: http://www.iaspworld.org
E-Mail: iasp@iaspworld.org
Gründung: 1984 (Juli)
Director General: Luis Sanz (IASP Headquarters, Málaga, Spain)
International President: Peter Why (T.P. Western Austr.)
International Vice-President: Klaus Plate (Technologiepark Heidelberg GmbH, Germany)
President European Division: Pedro Ventura (Madeira Tecnopolo, Portugal)
President Asia-Pacific Division: Carrick Martin (Macquarie University, Australia)
President Latin-American Division: Luis Bermudez (Anprotec, Brazil)
President North-American Division: Pierre Belanger (Laval Technopole, Canada)
Verbandszeitschrift: IASP Books
Mitglieder: 185 members, representing over 40.000 companies and Research Institutions in 47 countries
Mitarbeiter: 5

• **IZ T 300**

Internationaler Rat für Kautschuk-Forschung und -Entwicklung (IRRDB)
International Rubber Research and Development Board
Conseil International de la Recherche et du Développement sur le Caoutchouc
Chapel Building, GB-Hertford SG13 8NP
T: (00441992) 58 49 66 **Fax:** 50 42 67
Internet: http://www.irrdb.org
E-Mail: irrdb@aol.com
Gründung: 1937
Secretary: Kevin P. Jones
Verbandszeitschrift: NEWSLETTER
Mitglieder: 15
Mitarbeiter: 3
Jahresetat: DM 0,35 Mio, € 0,18 Mio

• **IZ T 301**

Internationaler Rat für Luftfahrtwissenschaften (ICAS)
International Council of the Aeronautical Sciences
Conseil Intérnational des Sciences Aéronautiques
Route de Verneuil 66 B.P. 3002, F-78133 Les Mureaux Cedex
T: (00331) 3492 34 23 **Fax:** 3492 36 15
Gründung: 1957
President: Dr. J.P. Marec (France)
Executive Secretary: Clément Dousset (France)

• **IZ T 302**

Internationaler Rat für wissenschaftliche und technische Information (ICSTI)
The International Council for Scientific and Technical Information
Conseil International pour l'Information Scientifique et Technique
51, boulevard Montmorency, F-75016 Paris
T: (00331) 45 25 65 92 **Fax:** 42 15 12 62
Internet: http://www.icsti.org
E-Mail: icsti@dial.oleane.com
Gründung: June 1984 as the successor to ICSU AB created in 1952
President: David Russon (British Library, Boston Spa, Wetherby (West Yorks.) LS 23 7BQ, UK)
Vice President: Ben Fouché (University of Stellenbosch, P.B.X1, Matieland, Stellenbosch 7602, South Africa)
General Secretary: Marie Wallin (Royal Institute of Technology Library, Valhallavägen 81, S-10044 Stockholm)
Treasurer: Kurt Molholm (DTIC, 8725 John J. Kingman Rd, STE 0944, Ff Belvoir, VA 22060-6218, USA)
Executive Secretary: Marthe Orfus (ICSTI, 51, boulevard Montmorency, F-75016 Paris)
Mitglieder: 49

• **IZ T 303**

Internationaler Verband für Meß- und Automatisierungstechnik (IFAC)
International Federation of Automatic Control
Fédération Internationale pour l'Automatique
IFAC Secretariat
Schlossplatz 12, A-2361 Laxenburg
T: (00432236) 7 14 47 **Fax:** 7 28 59
Internet: http://www.ifac-control.org
E-Mail: secr@ifac.co.at
Gründung: 1957
President: Prof. Yong Zai Lu
Verbandszeitschrift: Newsletter
Redaktion: Dr. G. Hencsey
Mitglieder: 50

• **IZ T 304**

Internationales Eisen- und Stahl Institut (IISI)
International Iron and Steel Institute
Rue Col. Bourg, 120, B-1140 Bruxelles
T: (00322) 7 02 89 00 **Fax:** 7 02 88 99
Internet: http://www.worldsteel.org
E-Mail: steel@iisi.be
Gründung: 1967
Secretary General: Ian Christmas
Leitung Presseabteilung: John Catt

• **IZ T 305**

Internationales Institut für Schweißtechnik (IIW)
International Institute of Welding
Institut International de la Soudure (IIS)
ZI Paris Nord II
Postf. 5 03 62, F-95942 Roissy cdg Cedex
T: (00331) 49 90 36 08 **Fax:** 49 90 36 80
E-Mail: iiw@msn.com
Gründung: 1948
Chief Executive: Michel Bramat
Verbandszeitschrift: Welding in the World
Verlag: Elsevier Science Ltd., Oxford, UK
Mitglieder: 39 Countries
Jahresetat: DM 0,7 Mio, € 0,36 Mio

• **IZ T 306**

Internationales Kali-Institut
International Potash Institute
Institut International de la Potasse
Postf. 1609, CH-4001 Basel
T: (004161) 2 61 29 22-24 **Fax:** 2 61 29 25
Internet: http://www.ipipotash.org
E-Mail: ipi@iprolink.ch
Gründung: 1952
Direktion: Dr. A. Krauss
Verbandszeitschrift: International Fertilizer Correspondent (ifc)
Verlag: Internat. Potash Inst., P.O. Box 16 09, CH-4001 Basel

• **IZ T 307**

Internationales Komitee Gießereitechnischer Vereinigungen (CIATF)
International Committee of Foundry Technical Associations
Comité International des Associations Techniques de Fonderie (CIATF)
Postf. 7190, CH-8023 Zürich
Konradstr. 9, CH-8023 Zürich
T: (00411) 2 71 90 90 **Fax:** 2 71 92 92
E-Mail: gerster@jgp.ch
Generalsekretär(in): Dr. Jürg Gerster

• **IZ T 308**

Internationales Reis-Forschungs-Institut (IRRI)
International Rice Research Institute (IRRI)
Institut International de Recherches sur le Riz
Los Banos, Laguna, Philippinen
Postf. 31 27, PI-1271 Makati City
T: (00632) 845 0563 **Fax:** 891 1292, 761 2406
Internet: http://www.cgiar.org/irri
E-Mail: postmaster@irri.cgiar.org
Gründung: 1960
Dir. General: Dr. Ronald Cantell (IRRI Los Banos Philippines)
Leitung Presseabteilung: Duncan Macintosh (Head, Public Awareness)
Verbandszeitschrift: Program report (yearly); International Rice Research Notes (quarterly); Rice Literature Update (quarterly); IRRI Hotline (6xyear); Annual Report (Yearly)
Redaktion: IRRI, MCPO Box 3127, 1271 Makati City, Philippines
Mitglieder: 12 Regional offices
Mitarbeiter: 4
Jahresetat: DM 74,2 Mio, € 37,94 Mio

• **IZ T 309**

Internationales Technisches Komitee für vorbeugenden Brandschutz und Feuerlöschwesen (CTIF)
International Technical Committee for the Prevention and Extionction of Fire
Comité Technique Internationale de Prevention et d'Extinction du Feu
Sitz: 27, Rue de Dunkerque, F-75010 Paris
Generalsekretariat:
Postf. 351, F-68006 Colmar
Hotel du Departement, 7, Rue Bruat, F-68006 Colmar
T: (0033389) 22 68 86 **Fax:** 41 28 19
Gründung: 1900 (August)
Président: Dir. Gunnar Haurum (Statens Brandinspektion, Kongevejen 207, DK-2830 Virum)
Secrétaire Général: Colonel François Maurer (Hôtel du Département, 7, Rue Bruat, B.P. 351, F-68006 Colmar-Cedex)
Ordentl. Mitglieder: 40 Nationen
angeschl. Mitglieder: 16

• **IZ T 310**

Städteverband für Recycling
Association of Cities for Recycling
Association des Villes pour le Recyclage
Rue Gulledelle 100, B-1200 Brüssel
T: (00322) 7 75 77 01 **Fax:** 7 75 76 35
E-Mail: acr@ibgebim.be
Gründung: 1994
President: Jean-Pierre Hannequart
Contact: Christopher Allen
Verbandszeitschrift: ACR Newsletter
Redaktion: Francis Radermaker
Mitglieder: 60
Mitarbeiter: 2

• **IZ T 311**

Technische Organisation der Europäischen Reifen- und Felgenhersteller (E.T.R.T.O.)

The European Tyre and Rim Technical Organisation
Organisation Technique Européenne du Pneu et de la Jante
32 Av. Brugmann, Bte 2, B-1060 Bruxelles
T: (00322) 3 44 40 59 **Fax:** 3 44 12 34
Gründung: 1964 (Oktober)
Vorsitzende(r): E. Petraschek
Generalsekretär(in): L. Chession (B)
Mitglieder: 160

• **IZ T 312**

The Textile Institute

International Headquarters
10, Blackfriars Street, GB-Manchester, M3 5DR
T: (0044161) 8 34 84 57 **Fax:** 8 35 30 87
Internet: http://www.texi.org
E-Mail: tiihq@textileinst.org.uk
Gründung: 1910
Director General: Themessey
Leitung Presseabteilung: Katharine Stephenson
Verbandszeitschrift: Journal of the Textile Institute, Textile Progress, Textiles
Mitarbeiter: 30

• **IZ T 313**

Union Internationaler Technischer Vereine (UATI)

International Union of Technical Associations and Organizations (UATI)
Union Internationale des Associations et Organismes Techniques (UATI)
UATI, 1, rue Miollis, F-75732 Paris Cedex 15
T: (00331) 45 68 27 70 **Fax:** 43 06 29 27
Internet: http://www.unesco.org/uati
E-Mail: uati@unesco.org
Gründung: 1951 (2. März)
Président: Fauve (France)
Premier Vice-Président: Tchogovadze (Georgie)
Vice-Président: Ohnaka (Japan)
Bramat (France)
Kruuse (Danemark)
Administrateurs: Bresson (France)
De Luca (Italie)
Dewerdt (France)
Jeux (France)
Mesny (France)
Retour (France)
Schissler (France)
Turowski (Pologne)
Vander Sloten (Suisse)
Secrétaire Général: Charles Van Begin (Belgique)
Secrétaire Général délégué: Noël Murati (France)
Directeur Exécutif: Didier Glatigny (France)
Verbandszeitschrift: "Convergence"
Redaktion: Monique Asquiedge, Jean Réaubourg (France)
Mitglieder: 25
Mitarbeiter: 3

• **IZ T 314**

Internationale Union für Elektrizitätsanwendungen (UIE)

Internationale Union for Electricity Applications
Union Internationale pour les Applications de l'Electricité
Espace ELEC-CNIT
place de la Defense 2, F-92053 Paris
T: (00331) 41 26 56 48 **Fax:** 41 26 56 49
Internet: http://www.uie.org
E-Mail: uie@uie.org
Gründung: 1953
Präsident(in): Ronnie Belmans
Delegue General: Roland Wolf
Generalsekretär(in): G. Vanderschueren, Belgien
Mitglieder: 20
Mitarbeiter: 1

• **IZ T 315**

Vereinigung der astronomischen und geophysikalischen Dienststellen (FAGS)

Federation of Astronomical and Geophysical Services
Fédération des Services Astronomiques et Géophysiques
c/o National Survey and Cadastre
Rentemestervej 8, DK-2400 Kopenhagen
T: (0045) 35 87 52 83 **Fax:** 35 87 50 57
Internet: http://www.kms.dk/fags/
E-Mail: fags@kms.dk
Secretary: Dr. Niels Andersen

• **IZ T 316**

Weltbergbau-Kongress (WMC)

World Mining Congress
Congrès Minier Mondial
c/o WUG
Poniatowskiego 31, PL-40-956 Kattowitz
T: (004832) 2 51 53 77 **Fax:** 2 51 48 84
Internet: http://www.wmc.org.pl
E-Mail: wmc.wug@it.com.pl
Gründung: 1958
Chairman: Ing. E. Ciszak (WUG)
First Vice-Chairman: M. West (Mining Journal Limited, 60 Worship Street, GB-London EC2A 2HD, Telefax: (0044171) 2 16 60 50, E-Mail: michael.west@mining-journal.com)
Vice-Chairman: Prof. G. B. Fettweis (Montanuniversität Leoben, Gasteigergasse 5, A-8700 Leoben, Telefax: (00433842) 4 02-5 30, E-Mail: bergbau@unileoben.ac.at)
Dr. Y. N. Malyshev (Union of Coal Manufactures of Russia, Novyi Arbat, 15, RUS-Moskwa, 121910, Tel.: (00795) 2 02 00 70, Fax: (007095) 2 02 98 41)
Prof. Fan Weitang (Ministry of Coal Industry, 21 Heping Beijive, RC-Beijing 1000713, Tel.: (008610) 64 21 39 49, Fax: (008610) 64 23 58 38, E-Mail: SACI@public.east.cn.net)
Prof. R. Mañana (Aitemin (Presidente), Alenza 1, E-28003 Madrid, Tel.: (003491) 4 42 49 55, Fax: (003491) 4 41 78 56, E-Mail: presidencia@aitemin.es)
Prof. A. K. Ghose (Flat No 2B, 102, Regent Estate, IND-700092 Calcutta, Telefax: (009133) 2 15 58 67/2 23 83 45, E-Mail: ghose@satyam.net.in)
Dr. E. Shekarchi (9802 De Paul Dr., Bethesda, US-20817 Md, Tel.: (001302) 5 30 85 24, Fax: (001301) 8 69 69 72, E-Mail: shekarchi@juno.com)
Secretary General: Dr. Slawomir Brodziński (WUG)
Mitglieder: 177 aus 48 Ländern
Mitarbeiter: 3

• **IZ T 317**

Welt-Verband der industriellen und gewerblichen Forschungs-Organisationen (WAITRO)

World Association of Industrial and Technological Research Organizations
Danish Technological Institute
Postf. 141, DK-2630 Taastrup
T: (0045) 43 50 43 50 **Fax:** 43 50 72 50
Internet: http://waitro.dti.dk
E-Mail: waitro@dti.dk
Gründung: 1970
President: Ömer Kaymakçalan (Marmara Research Centre, Turkey)
Secretary-General: Kristian Olesen
Deputy Secretary-General: Moses Mengu (Ltg. Presseabt.)
Leitung Presseabteilung: Erik Toft Hansen
Verbandszeitschrift: WAITRO NEWS
Verlag: WAITRO
Mitglieder: 180 in 75 countries

• **IZ T 318**

Westeuropäisches Institut für Holzimprägnierung (WEI-IEO)

Western-European Institute for Wood Preservation
Institut de l'Europe Occidentale pour l'Imprégnation du Bois
Allée Hof-ter-Vleest 5 Boîte 4, B-1070 Brüssel
T: (00322) 556 85 86 **Fax:** 556 25 95
E-Mail: euro.wood.fed@skynet.be
Gründung: 1951
President: Tom Bruce-Jones
Secretary General: Filip De Jaeger
Mitglieder: ca. 120
Mitarbeiter: 3

• **IZ T 319**

Wissenschaftliche Kontinentale Glastechnische Vereinigung (USCV)

Continental Union for the Scientific Study of Glass
Union Scientifique Continentale du Verre
Sekretariat:
10, bd. Defontaine, B-6000 Charleroi
T: (003271) 27 29 11 **Fax:** 33 44 80
E-Mail: Inv@charline.be
Président: J.P. Houdaer
Secretary Treasurer: Dr. P. Eloy
Belgian delegate: J.-P. Delande
Holland delegate: Dr. H. Veenvliet
French delegate: Dr. M. H. Chopinet
Italian delegate: F. Geotti Bianchini

Technische Überwachungsvereine, Materialprüfung, Vermessung, Normung

• **IZ T 320**

EUROLAB aisbl
Europäische Vereinigung nationaler Verbände von Mess-, Prüf- und Analyselaboratorien

European Federation of National Associations of Measurement, Testing and Analytical Laboratories
Féderation Européenne des Associations Nationales des Laboratoires de Mesure, de Contrôle et d'Analyse
Technical Secretariat
Bundesanstalt für Materialforschung und -prüfung (BAM)
Unter den Eichen 87, 12205 Berlin
T: (030) 81 04 37 62 **Fax:** 81 04 46 28
Internet: http://www.eurolab.org
E-Mail: eurolab@bam.de
Gründung: 1990
President: Prof. Dr.-Ing. Dr.h.c. Horst Czichos (President, Bundesanstalt für Materialforschung u. -prüfung (BAM), Germany)
Vice-President: Prof. Jarl Forsten (Deputy Director General, Technical Research Center of Finland (VTT) Finland)
Treasurer: Prof. Dr. F. Eggimann (President, Swiss Federal Laboratories for Materials Testing and Research (EMPA), Switzerland)
Dr. L. Thione (Executive Vice President, Association of Independent Testing Laboratories and Certification Bodies (ALPI), Italy)
Dr. P. Miro (Director General, Laboratori General d'Assaigs I Investigacions (LGAI), Spain)
Dr. R. Worswick (The Government Chemist, Laboratory of the Government Chemist (LGC), United Kingdom)
L. Beernaert (President SGS, Group Belgie, Belgium)
Dr. J. Vesely (President Czecholab, Czech Republic)
Ingrid Lux (EUROLAB Secretariat)
Verbandszeitschrift: "Eurolab Newsletter" (3 times a year, in English)
Mitglieder: ca. 2000
Mitarbeiter: 2-3

• **IZ T 321**

Europäische Konformitätsbewertungs-Organisation (EOTC)

European Organisation for Conformity Assessment
Organisation Européenne pour lÉvaluation de la conformité
Rue d'Egmont 15, B-1000 Brüssel
T: (00322) 5 02 41 41 **Fax:** 5 02 42 39
Internet: http://www.eotc.be
E-Mail: helpdesk@eotc.be
Gründung: 1990
Président: Dipl.-Ing. Ingfried B. Becker
Secrétaire Général: Gordon Gaddes
Direction du service de presse: Carlos Correia
Verbandszeitschrift: EOTC News
Verlag: Mr. Correia, EOTC, rue dEgmont 15, B-1000 Brüssel, Belgien
Mitglieder: 34
Mitarbeiter: 2,5

Belgium

iz t 322

National Accreditation and Certification Council
c/o Ministry of Economic Affairs
boulevard E. Jacqmain 154 North Gate III, B-1000 Brüssel
T: (00322) 2 06-4674 **Fax:** 2 06-5744
Contact: Ir J De Windt

Denmark

iz t 323

Danish EOTC Committee Secretariat
c/o Danish Agency for Trade and Industry, Ministry of Business & Industry
Tagensvej 137, DK-2200 Kobenhaven K
T: (004535) 86 86 86 **Fax:** 86 86 87
E-Mail: mette.holst@efs.dk
Contact: M. Holst

Finland

iz t 324

SFS Consultative Committee for Testing and Certification
Postf. 1 16, FIN-00241 Helsinki
T: (003589) 1 49-9331 **Fax:** 14 99-3323

E-Mail: ep@sfs.fi
Contact: E. Parviainen

Germany

iz t 325

Deutscher Rat für Konformitätsbewertung im DIN (DIN KonRat)

German Council for Conformity Assessment in DIN
Burggrafenstr. 6, 10787 Berlin
T: (030) 26 01-2613 **Fax:** 26 01-1143
E-Mail: neun@gl.din.de
Contact: Dipl.-Ing. J. Neun

Greece

iz t 326

ELOT / National Certification Council

Acharnon Street 313, GR-11145 Athen
T: (00301) 2 23-4966 **Fax:** 2 28-3034
Contact: M. Pitsika

Ireland

iz t 327

The Irisch Conformity Assessment Committee

Glasnevin, IRL-Dublin 9
T: (003531) 8 07-3905 **Fax:** 8 07-3838
E-Mail: cunninghamb@nsai.ie
Contact: B. Cunningham

Netherlands

iz t 328

RvA - Raad voor Accreditatie

Dutch Council for Accreditation
Office Adress: Radboudkwartier 223
Postf. 2768, NL-3500 GT Utrecht
T: (003130) 23-94500 **Fax:** 23-94539
E-Mail: harry.gundlach@rva.nl
Contact: Dr. H.C.W. Gundlach

Portugal

iz t 329

National Council for Quality

Rua C, Av. dos Tres Vales, P-2825 Monte da Caparica
T: (003511) 2 94-8103 **Fax:** 2 94-8110
Internet: http://www.ipq.pt
Contact: F. Barroca

Spain

iz t 330

CECC-Spanish Committee for Conformity Assessment

Serrano, 240, 7th Floor, E-28016 Madrid
T: (00341) 4 57-3289 **Fax:** 4 58-6280
Contact: A. Muñoz Muñoz

Sweden

iz t 331

SEOTC

c/o SIS
Postf. 64 55, S-11382 Stockholm
T: (00468) 6 10-3023 **Fax:** (004680468) 30-1068
E-Mail: leif.lundberg@sis.se
Contact: Leif Lundberg

Switzerland

iz t 332

Swiss Committee for Testing and Certification

Comité Suisse pour les Essais et la Certification
SAPUZ Secretariat, c/o SNV - Swiss Association for Standardisation
Mühlebachstr. 54, CH-8008 Zürich
T: (00411) 2 54 54 54 **Fax:** 2 54 54 74
Internet: http://www.snv.ch
E-Mail: christian.schenk@snv.ch
Contact: C. Schenk

● **IZ T 333**

Europäische Organisation für Qualität

European Organisation for Quality
Organisation Européenne pour la Qualité
3, rue de Luxemburg, B-1000 Brüssel
T: (00322) 5 01 07 35 **Fax:** 5 01 07 36
Internet: http://www.eoq.org
President: Sean Conlan (Irland)
Past President: O. Neumayer (Austria)
Mitglieder: 31
Mitarbeiter: 3

Mitgliedsorganisationen

Austria

iz t 334

Austrian Association for Quality (ÖVQ)

Gonzagagasse 1 4. Stock/Top 24, A-1010 Wien
T: (004315) 33 30 52 **Fax:** 33 30 55
Internet: http://www.oevq.co.at/oevq
E-Mail: office@oevq.co.at
Gründung: 1979
President: Dr. R. Tuppa
Executive Secretary: V. Seitschek (EOQ Representative)
Mitglieder: 40 Individual, 370 Corporate

Belgium

iz t 335

Belgian Centre for Quality Management (CBQ-BCK)

Filip Williotstraat 9, B-2600 Berchem
T: (00323) 2 80 47 00 **Fax:** 2 80 47 19
Gründung: 1973
President: C.M. Horrez
Executive Secretary: Bart Vanbriel
EOQ Representative: A. Geirnaert
Mitglieder: 1900 Corporate

Bulgaria

iz t 336

Committee for Standardization and Metrology

21, 6th September Street, BG-1000 Sofia
T: (003592) 85 91 **Fax:** 80 14 02
E-Mail: csm@techno-link.com
Gründung: 1962
President: M. Tzokov
Executive Secretary: N.G. Stoytcheva

Croatia

iz t 337

Croatian Society for Quality (CSQ)

Elektrokontakt d.d.
Radnicka cesta b.b., HR-10000 Zagreb
T: (003851) 2 33 08 66 **Fax:** 22 08 47
Internet: http://www.ptfos.hr/quality.htm
E-Mail: hdk@public.srce.hr
Gründung: 1993
President: Z. Durašević
Executive Secretary: R. Mihelčić
Mitglieder: 218 Individual, 51 Corporate

Czech Republic

iz t 338

Czech Society for Quality (CSJ)

Novotného lávka 5, CZ-11668 Praha 1
T: (0042022) 1 08 22 69 **Fax:** 1 08 22 29
Internet: http://www.vol.cz/csqpraha
E-Mail: csqpraha@mbox.vol.cz
Gründung: 1990
President: V. Votápek
Executive Secretary: P. Ryšánek
EOQ Representative: J. Hnátek
Mitglieder: 1227 Individual, 7 Corporate

Denmark

iz t 339

Danish Society for Quality (DFK)

Postf. 32, DK-2630 Taastrup
T: (004543) 50 41 60 **Fax:** 50 41 69
Internet: http://www.dfk.dk
E-Mail: niels.kristian.madsen@dti.dk
Gründung: 1960
President: P. Drachmann
Executive Secretary: E. Madsen
EOQ Representative: Dr. O. Hartz
Mitglieder: 939 Individual, 735 Corporate

Estonia

iz t 340

Estonian Association for Quality

T. Tammaru, Quality Engineering Chair
Ehitajate tee 5, EW-0026 Tallinn
T: (00372) 62 03 205 **Fax:** 62 02 020
Gründung: 1991
President: S. Ratso
Executive Secretary: A. Tihkan
Mitglieder: 81 Individual, 21 Corporate

Finland

iz t 341

Finnish Society for Quality (SLY)

Mannerheimintie 160, FIN-00300 Helsinki
T: (003580) 4 36 10 11 **Fax:** 4 36 10 77
Gründung: 1966
President: J. Horelli
Executive Secretary: R. Lintula
EOQ Representative: V. Lehtomäki
Mitglieder: 2100 Individual, 220 Corporate

France

iz t 342

French Quality Movement (MFQ)

41 rue des Trois Fontanot, F-92024 Nanterre Cedex
T: (00331) 01 55 17 47 70 **Fax:** 01 55 17 47 71
Internet: http://www.mfq.asso.fr
E-Mail: mfq@wanadoo.fr
Gründung: 1956
President: B. de Gastines
Executive Secretary: A. Leretour
EOQ Representative: B. Jouslin de Noray
Mitglieder: 1000 Individual, 2000 Corporate

Germany

iz t 343

Deutsche Gesellschaft für Qualität e.V. (DGQ)

German Society for Quality
Postf. 50 07 63, 60395 Frankfurt
August-Schanz-Str. 21A, 60433 Frankfurt
T: (069) 9 54 24-0 **Fax:** 9 54 24-1 33
Internet: http://www.dgq.de
E-Mail: info@dgq.de
Gründung: 1952 (Oktober)
President: Dr. Friedrich Clever
Mitglieder: 8200 (Stand 1.1.99)
Mitarbeiter: 61
Jahresetat: DM 23 Mio, € 11,76 Mio

Greece

iz t 344

Hellenic Management Association

200 Ionias Ave. & Iakovaton St, GR-11144 Athen
T: (0030121) 12 00 09 **Fax:** 1 20 20 21
Internet: http://www.eede.gr/english
President: N. Ebeoglou
Executive Secretary: P. Seitanidis

Hungary

iz t 345

Hungarian National Committee for EOQ (HNC)

Postf. 3 93, H-1537 Budapest
T: (0036) 13 56 50 82 **Fax:** 12 74 10 05
E-Mail: eoq@mtesz.hu
Gründung: 1972
President: Prof. P.J. Molnár
Executive Secretary: Dr. F. Boross
Mitglieder: 1500 Individual, 500 Corporate

Iceland

iz t 346

Icelandic Association for Quality (GSFI)

Postf. 54 92, IS-125 Reykjavik
T: (003545) 88 66 66 **Fax:** 68 65 64

Internet: http://www.skima.is/gsfi
E-Mail: gsfi@vsi.is
Gründung: 1986
President: G. Högnadóttir
Executive Secretary: A. Einarsdóttir
EOQ Representative: D. Lúdviksson
Mitglieder: 188 Individual, 282 Corporate

Ireland

iz t 347

Excellence Ireland
Merrion Hall, Strand Road, Sandymount, IRL-Dublin 4
T: (003531) 2 69 52 55 **Fax:** 2 69 58 20
Internet: http://www.failte.com/iqa
Gründung: 1969
President: P.A. O'Neill
Executive Secretary: S. Conlan (EOQ Representative)
Mitglieder: 2200 Individual

Italy

iz t 348

Italian Association for Quality (AICQ)
Via Cornalia 19, I-20124 Mailand
T: (00392) 66 71 24 84 **Fax:** 66 71 25 10
Internet: http://www.aicq.it
E-Mail: aicqna@iol.it
Gründung: 1955
President: T. Conti
Executive Secretary: A. Carnevale
EOQ Representative: R. Dell'Anna
Mitglieder: 1400 Individual, 600 Corporate

iz t 349

Latvian Society for Quality
Valdemara Street 35, LV-1010 Riga
T: (003717) 32 00 00 **Fax:** 82 00 94
E-Mail: igesv@cs.rtu.lv
President: Dr. habil.sc.Ing. N. Salenieks
Executive Secretary: A. Aizpurietis

Macedonia

iz t 350

Macedonian Organization for Quality and Standardization (MOQS)
Dimitrie Cuposki 13, MK-91000 Skopje
T: (003899) 1 11 80 88 **Fax:** 1 11 82 10
Gründung: 1971
President: S. Slavkova
Executive Secretary: R. Minaneva
EOQ Representative: B. Jovanoska
Mitglieder: 60 Individual, 55 Corporate

The Netherlands

iz t 351

KDI- (Dutch Foundation for Quality)
Postf. 8 40 31, NL-3009 CA Rotterdam
T: (003110) 4 55 47 00 **Fax:** 4 55 88 57
Internet: http://www.kwaliteitsdienst.nl
E-Mail: KDI@kwaliteitsdienst.nl
Gründung: 1953
President: H. Cortel
Executive Secretary: Dr. P.C.M. Breed
Mitglieder: 350 Corporate

Norway

iz t 352

Norwegian Society for Quality and Leadership (NFK)
Postf. 370, N-0212 Oslo
Gründung: 1960
President: A. Sundelin
Executive Secretary: R. Barry-Berg
EOQ Representative: Prof. A. Aune
Mitglieder: 1910 Individual, 1010 Corporate

Poland

iz t 353

Polish Centre for Testing and Certification (PCBC)
ul. Klobucka 23A, PL-02699 Warschau
T: (004822) 47 07 42, 43 05 96 **Fax:** 47 22 42
E-Mail: pcbc@perytnet.pl
Gründung: 1958
President: W. Henrykowski
Executive Secretary: J. Tkaczyk

Portugal

iz t 354

Portuguese Association for Quality (APQ)
Pr. Félix Correia 2, P-2720 Amadora
T: (003511) 4 96 80 07/87, 4962064/6 **Fax:** 4 95 84 49, 49 54 404
Internet: http://www.apq.pt
Gründung: 1969
President: António de Almeida
Executive Secretary: I. Oliveira
EOQ Representative: António de Almeida (jr.)
Mitglieder: 1487 Individual, 928 Corporate

Romania

iz t 355

Romanian Association for Quality (ARC)
Str. Iani Buzoiani nr. 1, Sect. 1, R-78223 Bukarest
T: (0040) 16 65 53 04 **Fax:** 13 12 69 45
Internet: http://www.rnc.ro
E-Mail: arc@sunu.tnc.ro
Gründung: 1990
President: C. Pârvan
Executive Secretary: A. Cordasevschi
EOQ Representative: T. Teodoru
Mitglieder: 15 Individual, 265 Corporate

Russia

iz t 356

Committe of the Russian Federation for Standardization, Metrology and Certification
(GOSSTANDART of Russia)
9, Leninsky Prospect, RUS-117049 Moskau
T: (007095) 2 36 40 44 **Fax:** 23 76 032
Gründung: 1925
President: Prof. Dr. G.P. Voronin
Executive Secretary: N. N.
EOQ Representative: Prof. Dr. S.N. Riabov
Mitglieder: 320 Individual

Slovakia

iz t 357

Slovak Society for Quality (SSA)
Postf. 35, SK-01008 Zilina
Dolné Rudiny 3, SK-01008 Zilina
T: (004289) 7 63 26 32 **Fax:** 7 63 26 32
E-Mail: ssk@za.sknet.sk
Gründung: 1990
President: I. Chovan
Executive Secretary: J. Cajchan
EOQ Representative: P. Kovac_3ik
Mitglieder: 92 Individual, 128 Corporate

Slovenia

iz t 358

Slovenian Quality Association (SQA)
Dunajska 106/VII, SLO-61000 Ljubljana
T: (003866) 11 68 24 68 **Fax:** 1 34 47 88
Gründung: 1991
President: J. Cuk
Executive Secretary: D. Zargi
Mitglieder: 420 Individual

Spain

iz t 359

Spanish Association for Quality (AECC)
Velazquez 24, 5° DCHA, E-28001 Madrid
T: (003415) 75 27 50 **Fax:** 76 52 58
E-Mail: aec@asoc-esp-caidad.es
Gründung: 1961
President: M. Blanco
Executive Secretary: S. Olivas
EOQ Representative: A. Rodriguez de Viguri
Mitglieder: 2885 Individual, 1073Corporate

Sweden

iz t 360

Swedish Association for Quality (SFK)
Postf. 55 01, S-11485 Stockholm
T: (0046) 87 83 01 71 **Fax:** 86 61 19 67
Internet: http://www.sfkvalitet.se/index.htm
E-Mail: sfk.kansli@sfkvalitet.se
Gründung: 1952
President: P.O. Idfelt
Executive Secretary: B. Winnsjö
EOQ Representative: U. Andersson
Mitglieder: 3000 Individual, 160 Corporate

Switzerland

iz t 361

Swiss Association for the Promotion of Quality (SAQ)
Hauptstr. 33, CH-4603 Olten
T: (004162) 2 05 45 45 **Fax:** 2 05 45 55
Internet: http://www.magnet.ch/saq
E-Mail: hrgygax@saq.ch
Gründung: 1965
President: H.J. Meier
Executive Secretary: Dr. H.R. Gygax (EOQ Representative)
Mitglieder: 30 Individual, 1820 Corporate

Turkey

iz t 362

Turkish Standards Institution (TSE)
Necatibey Cad. No. 112, TR-06100 Bakanliklar-Ankara
T: (009031) 24 17 83 30 **Fax:** 24 25 43 99
Internet: http://www.tse.org.tr
E-Mail: didb@tse.org.tr
Gründung: 1954
President: M.Y. Ariyörük (EOQ Representative)
Executive Secretary: R. Aksoy
Mitglieder: 1701 Individual, 3661 Corporate

Ukraine

iz t 363

Ukrainian Association for Quality
Academician Glushkov Avenue 40, UA-252022 Kyiv
T: (0038044) 2 66 35 10 **Fax:** 2 66 35 10
E-Mail: uquality@public.ua.net
President: P. Ya. Kalyta
Executive Secretary: A. Trofimenko

United Kingdom

iz t 364

The Institute of Quality Assurance (IQA)
61 Southwark Street, GB-London SE1 1SB
T: (0044207) 4 01 72 27 **Fax:** 4 01 27 25
E-Mail: dcampbell@iqamail.demon.co.uk
Gründung: 1919
President: J. McHugh (CBE FEng)
Executive Secretary: D.G. Campbell (EOQ Representative)
Mitglieder: 13000 Individual, 450 Corporate

● **IZ T 365**

Europäische Organisation für Technische Zulassungen (EOTA)
European Organisation for Technical Approvals
Organisation Européenne pour l'Agrément Technique
Rue du Trône 12, B-1000 Brüssel
T: (00322) 5 02 69 00 **Fax:** 5 02 38 14
Gründung: 1991
President: Dipl.-Ing. Dr. Rainer Mikulits
Secretary General: Paul Caluwaerts (Contact)
Verbandszeitschrift: EOTA News
Mitglieder: 29
Mitarbeiter: 2

Belgien

iz t 366

Directie Goedkeuring en Voorschriften (DGV)
Direction Agrément et Spécifications (DAS)
Westraat 155 Rue de la Loi, B-1040 Brüssel
T: (00322) 2 87 31 54 **Fax:** 2 87 31 51
Kontaktperson: M. Franssens

Dänemark

iz t 367

ETA-Danmark A/S
Postf. 54, DK-2970 Hörsholm
Venlighedsvej 6, DK-2970 Hörsholm
T: (004545) 76 20 20 **Fax:** 76 33 20
Kontaktperson: C. Skjernov

Deutschland

iz t 368

Deutsches Institut für Bautechnik (DIBt)
Anstalt des öffentlichen Rechts
Kolonnenstr. 30 L, 10829 Berlin
T: (030) 7 87 30-0 **Fax:** 7 87 30-320
Internet: http://www.dibt.de
E-Mail: dibt@dibt.de
Gründung: 1968
Kontaktperson: Prof. Dr.-Ing. Horst Bossenmayer

Finnland

iz t 369

Valtion Teknillinen Tutkimuskeskus (VTT)
Postf. 18 00, FIN-02044 Espoo
T: (003589) 4 56 68 00 **Fax:** 4 56 70 31
Kontaktperson: E. Leppävuori

Frankreich

iz t 370

Centre Scientifique et Technique du Bâtiment (CSTB)
4, Avenue du Recteur Poincaré, F-75782 Paris
T: (00331) 40 50 28 28 **Fax:** 45 25 61 51
Kontaktperson: R. Slama

iz t 371

Service d'Etudes Techniques des Routes et Autoroutes (SETRA)
46, Avenue A. Briand, F-92225 Bagneux
T: (00331) 46 11 33 84 **Fax:** 11 36 50
Kontaktperson: A. Bourrel

Griechenland

iz t 372

Hellenic Organization for Standardization (ELOT)
Acharnon Street 313, GR-11145 Athen
T: (00301) 2 12 01 00 **Fax:** 12 28 31 35
Internet: http://www.elot.gr
E-Mail: elot@elot.gr
Kontaktperson: D. Agapalidis

Großbritannien

iz t 373

British Board of Agrément (BBA)
Postf. 1 95, GB-Garston Watford WD2 7NG
Bucknalls Lane, GB-Garston Watford WD2 7NG
T: (00441) 9 23 66 53 00 **Fax:** 9 23 66 53 01
Kontaktperson: P. Hewlett

iz t 374

Wimlas Ltd.
St. Peter's House
68 Highstreet Buckinghamshire, GB-Iver SLO 9NG
T: (00441753) 73 77 64 **Fax:** 79 23 21
Kontaktperson: P.D. Johnson

Irland

iz t 375

Irish Agrément Board (AIB)
National Standards Authority of Ireland
NSAI, Glasnevin, IRL-Dublin 9
T: (003531) 8 37 01 01 **Fax:** 8 07 38 42
Kontaktperson: W. Crowe

Island

iz t 376

The Icelandic Building Research Institute (IBRI)
RB- Keldnaholt, IS-112 Reykjavik
T: (00354) 5 70 73 00 **Fax:** 5 70 73 11
Kontaktperson: H. Olafsson

Italien

iz t 377

Servizio Tecnico Centrale della Presidenza del Consiglio Superiore
Via Nomentana 2, I-00161 Rom
T: (003906) 44 26 73 96 **Fax:** 44 26 73 83

iz t 378

Centro Studi Esperienze Antincendi dell Corpo Nazionale dei Vigili del Fuoco (CSEA)
Piazza Scilla 2, I-00178 Rom
T: (003906) 7 18 89 96 **Fax:** 7 18 77 19
Kontaktperson: F. Mazzini

iz t 379

Istituto Centrale per L'Industrializzazione e la Tecnologia Edilizia (ICITE)
Via Lombardia 49, I-20098 San Guiliano Milanese
T: (003902) 9 80 61 **Fax:** 98 28 00 88
Kontaktperson: W. Espostt

Luxemburg

iz t 380

Laboratoire des Ponts et Chaussées
23, rue du Chemin de Fer., F-8057 Bertrange
T: (00352) 3 10 50 21 **Fax:** 31 73 11
Kontaktperson: G. Scharfe

Niederlande

iz t 381

Stichting Bouwkwaliteit (SBK)
Cobbenhage
Treubstraat 1, NL-2288 EG Rijswijk
T: (003170) 3 99 84 67 **Fax:** 3 90 29 47
Kontaktperson: C. M. I. Richter

iz t 382

BDA Intron
Postf. 2 70, NL-4190 CG Geldermalsen
Ryksstraatweg 21, NL-4190 Geldermalsen
Kontaktperson: R. Woonink

iz t 383

Stichting Keuringsbureau Hout
Postf. 50, NL-1270 AB Huizen
Huizermaatweg 29, NL-1270 AB Huizen
T: (003135) 5 26 87 37 **Fax:** 5 26 83 81
Kontaktperson: R. Wigboldus

iz t 384

BV Kwaliteitsverklaringen Bouw
Postf. 18 36, NL-3000 BV Rotterdam
Veerhaven 7, NL-3000 BV Rotterdam
T: (003110) 4 36 22 00 **Fax:** 4 36 39 55
Kontaktperson: H.C. van Den Berg

iz t 385

Certificatie - Instelling Stichting BMC
Postf. 1 50, NL-2800 AD Gouda
Büchnerweg 3, NL-2800 AD Gouda
T: (0031182) 53 23 00 **Fax:** 57 02 16
Kontaktperson: C. Souwerbren

iz t 386

IKOB, Stichting Institut voor Keuring en Onderzoek van Bouwmaterialen
Postf. 2 05, NL-3770 AE Barneveld
Ambachtsweg 10, NL-3770 AE Barneveld
T: (00313420) 1 36 43 **Fax:** 9 31 36
Kontaktperson: C.M. de Dreu

iz t 387

Stichting Kwaliteitscentrum Gevelelementen (SKG)
Postf. 2 12, NL-3454 ZL De Meern
Veldzicht 30b, NL-3454 ZL De Meern
T: (003130) 6 62 16 33 **Fax:** 6 62 16 77
Kontaktperson: F.A. Zandstra

iz t 388

KIWA N.V. Certificatie en Keuringen
Postf. 70, NL-2280 AB Rijswijk
Sir Winston Churchillaan 273, NL-2280 AB Rijswijk
T: (003170) 3 95 35 35 **Fax:** 3 95 34 20
Kontaktperson: Kag Moow

Norwegen

iz t 389

Norwegian Building Research Institute (BI/Byggforsk)
Postf. 1 23, N-0314 Oslo-Blindern
T: (004722) 96 55 00 **Fax:** 69 94 38
Kontaktperson: A. Hallquist

Österreich

iz t 390

Österreichisches Institut für Bautechnik (OIB)
Schenkenstr. 4, A-1010 Wien
T: (00431) 5 33 65 50 **Fax:** 5 33 64 23
Kontaktperson: Dipl.-Ing. Dr. Rainer Mikulits

Portugal

iz t 391

Laboratorio Nacional de Engenharia Civil (LNEC)
Avenida do Brasil 101, P-1799 Lissabon
T: (00351) 2 18 47 38 30 **Fax:** 2 18 44 30 28
Kontaktperson: J.A.V. de Paiva

Schweden

iz t 392

SITAC AB
Postf. 5 53, S-37123 Karlskrona
T: (0046455) 33 63 00 **Fax:** 2 06 88
Kontaktperson: P. Bengtsson

Spanien

iz t 393

Instituto de Ciencias de la Construccion Eduardo Torroja (IETcc)
Serrano Galvache S/N, E-28033 Madrid
T: (003491) 3 02 04 40 **Fax:** 3 02 07 00
Kontaktperson: C. Andrade

iz t 394

Instituto de Tecnologia de Construccion de Cataluna (ITEC)
Wellington 19, E-08018 Barcelona
T: (003493) 3 09 34 04 **Fax:** 3 09 29 62
Kontaktperson: A.M. Checa

• IZ T 395

Europäische Stiftung für Qualitätsmanagement (EFQM)
European Foundation for Quality Management
Fondation Européenne de Management par la Qualité
Avenue des Pléiades 15, B-1200 Brüssel
T: (00322) 7 75 35 11 **Fax:** 7 75 35 35
Internet: http://www.efqm.org
E-Mail: info@efqm.org
Gründung: 1988
Président: John Roberts (Ceo of The Post Office (UK))
Secrétaire Général: Alain de Dommartin
Public Relations: Anny K. Schiltz
Verbandszeitschrift: Quality Link
Mitglieder: 770
Mitarbeiter: 35

• IZ T 396

Europäische Vereinigung der Überwachungs-, Prüf- und Präventivorganisationen (CEOC)
European Confederation of Control, Inspection & Prevention Organisations
Confédération européenne des organismes de contrôle, d'inspection et de prévention
Rue du Commerce 20-22, B-1000 Brüssel
T: (00322) 511 50 65 **Fax:** 502 50 47
Internet: http://www.ceoc.com

E-Mail: ceoc@skynet.be, voelzow@ceoc.com
Gründung: 1961
Generalsekretär: Michael Völzow
Verbandszeitschrift: CEOC Bulletin
Redaktion: CEOC
Mitglieder: 27
Mitarbeiter: 2

Belgien

iz t 397
AIB-Vinçotte
Avenue André Drouart 29, B-1160 Brüssel
T: (00322) 6 74 57 11 **Fax:** 6 74 59 59

iz t 398
Apragaz
Rue des Quatre-Vents 11, B-1080 Brüssel
T: (00322) 4 10 44 40 **Fax:** 4 10 91 84

Dänemark

iz t 399
Arbejdstilsynet - Direktoratet
Landskronagade 33-35, DK-2100 Copenhagen
T: (004539) 15 20 00 **Fax:** 15 25 60

iz t 400
FORCE Instituttet
Park Allé 345, DK-2605 Bröndby
T: (0045) 43 26 70 00 **Fax:** 43 26 70 11

Deutschland

iz t 401
Verband der Technischen Überwachungs-Vereine e.V. (VdTÜV)
Postf. 10 38 34, 45038 Essen
Kurfürstenstr. 56, 45138 Essen
T: (0201) 89 87-0 **Fax:** 89 87-120
Internet: http://www.vdtuev.de
E-Mail: vdtuev.essen@t-online.de

iz t 402
DEKRA Automobil AG
Technische Überwachung und Sicherheit
Handwerkstr. 15, 70565 Stuttgart
T: (0711) 78 61 24 24 **Fax:** 78 61 20 92

Finnland

iz t 403
Inspecta Oy
Postf. 44, FIN-00811 Helsinki
T: (00358) 10 52 16 11 **Fax:** 10 52 16 211

Frankreich

iz t 404
COPREC
Rue Rennequin 34, F-75017 Paris
T: (00331) 40 54 64 74 **Fax:** 46 22 06 55

iz t 405
Groupement des Apave (Gapave)
Rue de Vaugirard 191, F-75015 Paris
T: (00331) 45 66 99 44 **Fax:** 47 73 35 38

iz t 406
Institut de Soudure (IS)
ZI Paris Nord II
Postf. 5 03 62, F-95942 Roissy cdg Cedex
T: (00331) 49 90 36 02 **Fax:** 49 90 36 50/36
Internet: http://www.institutdesoudure.com

Großbritannien

iz t 407
Lloyd's Register Industrial Division
Lloyd's Register House, 29 Wellesley Road, GB-Croydon CR0 2AJ
T: (0044208) 6 81 40 40 **Fax:** 6 81 48 52

iz t 408
Safety Assessment Federation - SAFed
Nutmeg House
Gainsford Street 60 Butlers Wharf, GB-London SE1 2NY
T: (0044207) 4 03 09 87 **Fax:** 2 34 03 32

Italien

iz t 409
Istituto Superiore per la Prevenzione e la Sicurezza del Lavoro (ISPESL)
Via Urbana 167, I-00184 Rom
T: (00396) 4 88 48 26 **Fax:** 4 74 18 31

Luxemburg

iz t 410
Luxcontrol
Postf. 350, L-4004 Luxemburg
Avenue des Terres Rouges (Esch/Alzette), L-4004 Luxemburg
T: (00352) 5 47 05 11 **Fax:** 54 04 48

Niederlande

iz t 411
Stoomwezen B.V. / Röntgen Technische Dienst B.V.
Postf. 769, NL-3000 AT Rotterdam
T: (003110) 2 01 42 00 **Fax:** 4 12 74 90

Österreich

iz t 412
Technischer Überwachungs-Verein Österreich
Krugerstr. 16, A-1015 Wien
T: (00431) 51 40 72 50 **Fax:** 51 40 72 40

Polen

iz t 413
Urzad Dozoru Technicznego (UDT)
Ul. Szczesliwicka 34, PL-Warschau 30
T: (004822) 22 65 89 **Fax:** 22 72 09

Portugal

iz t 414
Direccao-Geral de Energia (DGE)
Avenida 5 de Outubro 87, P-1000 Lissabon Codex
T: (003511) 7 93 95 20 **Fax:** 7 93 95 40

Rumänien

iz t 415
ISCIR
Frumoasa Street 26, Sector 1, R-78116 Bucarest
T: (00401) 315 10 15 **Fax:** 312 28 96

Schweden

iz t 416
SAQ Kontroll AB
Postf. 49306, S-10029 Stockholm
Alstromersgatan 12, S-10029 Stockholm
T: (00468) 6 17 40 00 **Fax:** 6 50 86 58

Schweiz

iz t 417
Association Suisse d'Inspection Technique (ASIT) Schweizerischer Verein für Technische Inspektionen (SVTI)
Richtistr. 15, CH-8304 Wallisellen
T: (00411) 877 61 05 **Fax:** 877 62 14

Slowakische Republik

iz t 418
Technicka Inspekcia (TI)
Mileticova 5, SK-82108 Bratislava

Slowenien

iz t 419
Slovenian Institute of Quality and Metrology (SIQ)
Trzaska Cesta 2, SLO-1000 Ljubljana
T: (0038661) 17 78-100 **Fax:** 17 78-444

Spanien

iz t 420
Asistencia Tecnica Industrial Sociedad Anonima Española (ATISAE)
San Telmo 28, E-28016 Madrid 16
T: (00341) 3 59 65 61 **Fax:** 3 59 56 46

iz t 421
ECA
Avenida Tibidabo 30, E-08022 Barcelona
T: (00343) 53 03 30 **Fax:** 53 03 25

Tschechische Republik

iz t 422
Institut Technické Inspekce (ITI)
Ve Smeckách 29, CZ-11000 Praha 1
T: (004202) 222 11 501 **Fax:** 222 10 471

Ungarn

iz t 423
Technical Safety Inspectorate - MBF
Attila Út. 99, H-1012 Budapest
T: (00361) 356 98 02 **Fax:** 375 88 02

● **IZ T 424**
Europäischer technischer Verband für Schutzbeschichtungen (ETAPC)
European Technical Association for Protective Coatings
Association Technique Européenne des Revêtements de Protection
Korenstraat 6-8, B-2170 Antwerpen
T: (00323) 646 33 73 **Fax:** 645 49 05
Gründung: 1972
Président: E. Van Hoydonck
Secrétaire Général: K. Mertes (Ltg. Presseabt.)
N. D'Hondt
Mitglieder: 150
Mitarbeiter: 2

● **IZ T 425**
Europäischer Verband für Längenmeßtechnik (ELMA)
European Association for Length Measuring Instruments and Machines
Postf. Po st f., F-92038 Paris La Défense
Rue Louis Blanc 39/41, F-92400 Courbevoie
T: (00331) 47 17 63 91 **Fax:** 47 17 63 93
Präsident(in): Michel Denis (Sagem, Paris)
Geschäftsführer(in): Desjonqueres (c/o Fachgemeinschaft Präzisionswerkzeuge (DPV) im VDMA)

Mitgliedsorganisationen

Deutschland

iz t 426
Fachgemeinschaft Präzisionswerkzeuge im VDMA
Postf. 71 08 64, 60498 Frankfurt
Lyoner Str. 18, 60528 Frankfurt
T: (069) 66 03-1251 **Fax:** 66 03-1816
Geschäftsführer(in): Dr. Wolfgang Sengebusch

Frankreich

iz t 427
Association Française de la Mécanique de Haute Précision (AFMHP)
Maison de la Mécanique
Rue Louis Blanc 39-41, F-92400 Courbevoie
T: (00331) 47 17 63 91 **Fax:** 47 17 63 93
Geschäftsführer(in): Laurence Cherillat

Großbritannien

iz t 428

The Gauge and Tool Makers' Association (GTMA)
3, Forge House, Summerleys Rd, GB-Princes Risborough HP27 9DT
T: (00441844) 27 42 22 **Fax:** 27 42 27
Geschäftsführer(in): Steve Eyles

• IZ T 429

Europäisches Komitee für elektrotechnische Normung (CENELEC)
European Committee for electrotechnical Standardization
Comité Européen de normalisation Electrotechnique
35, Rue de Stassart, B-1050 Brüssel
T: (00322) 5 19 68 71 **Fax:** 5 19 69 19
E-Mail: general@cenelec.be
Gründung: 1973
Verbandszeitschrift: Electrotechnical Standards Europe
Redaktion: CENELEC
Verlag: CENELEC, 35, Rue de Stassart, B-1050 Bruxelles
Mitglieder: 30
Mitarbeiter: 37

Mitgliedsorganisationen

Belgien

iz t 430

Comité Electrotechnique Belge (CEB)
9, avenue Fr. Van Kalken, B-1070 Brüssel
T: (00322) 5 56 01 10 **Fax:** 5 56 01 20
Internet: http://www.ceb.arc.be
E-Mail: centraloffice@ceb.arc.be

Dänemark

iz t 431

Dansk Standard (DS)
Electrotechnical Sector
Kollegievej 6, DK-2920 Charlottenlund
T: (004539) 96 61 01 **Fax:** 96 61 02
TGR: danskstandard
Internet: http://www.ds.dk
E-Mail: dansk.standard@ds.dk

Deutschland

iz t 432

Deutsche Elektrotechnische Kommission im DIN und VDE (DKE)
DKE
Stresemannallee 15, 60596 Frankfurt
T: (069) 63 08-0 **Fax:** 6 31 29 25
Internet: http://www.dke.de
E-Mail: dke@vde.com

Finnland

iz t 433

Finnish Electrotechnical Standards Association (SESKO)
SESKO
Postf. 134, FIN-00211 Helsinki
Särkiniementie 3, FIN-00211 Helsinki
T: (003589) 696 391 **Fax:** 677 059
Internet: http://www.sesko.fi
E-Mail: finc@sesko.fi

Frankreich

iz t 434

Union Technique de l'Electricité (UTE)
avenue du Général Leclerc 33, F-92262 Fontenay-aux-Roses Cedwx
T: (00331) 40 93 62 00 **Fax:** 40 93 44 08

Griechenland

iz t 435

Hellenic Organization for Standardization (ELOT)
ELOT
Acharnon Street 313, GR-11145 Athen
T: (00301) 2 12 01 00 **Fax:** 12 28 31 35
Internet: http://www.elot.gr
E-Mail: elot@elot.gr

Großbritannien

iz t 436

British Electrotechnical Committee (BEC)
British Standards Institution (BSI)
389 Chiswick High Road, GB-London W4 4AL
T: (0044208) 9 96 90 00 **Fax:** 996 74 60

Irland

iz t 437

Electro-Technical Council of Ireland (ETCI)
Parnell Avenue Harold's Cross, IRL-Dublin 12
T: (003531) 4 54 58 19, 4 54 58 20 **Fax:** 4 54 58 21

Island

iz t 438

Icelandic Council for Standardization (STRI)
Technological Institute of Iceland
Holtagardar, IS-104 Reykjavik
T: (00354) 5 20 71 50 **Fax:** 5 20 71 71
TGR: imsi
Internet: http://www.stri.is
E-Mail: stri@stri.is

Italien

iz t 439

Comitato Elettrotecnico Italiano (CEI)
Viale Monza 259, I-20126 Mailand
T: (003902) 25 77 31 **Fax:** 25 77 32 10
Internet: http://www.ceiuni.it
E-Mail: cei@ceiuni.it

Luxemburg

iz t 440

Service de l'Energie de l'Etat (SEE)
Département Normalisation
Postf. 10, L-2010 Luxemburg
T: (00352) 4 69 74 61 **Fax:** 46 97 46 39
Internet: http://www.etat.lu/SEE
E-Mail: see.normalisation@eg.etat.lu

Niederlande

iz t 441

Nederlands Elektrotechnisch Comité (NEC)
Postf. 5059, NL-2600 GB Delft
Kalfjeslaan 2, NL-2600 GB Delft
T: (003115) 2 69 03 90 **Fax:** 2 69 01 90
Internet: http://www.nni.nl

Norwegen

iz t 442

Norsk Elektroteknisk Komite (NEK)
Postf. 280, N-0212 Oslo 2
Harbitzalléen 2A Skoyen, N-0212 Oslo 2
T: (0047) 22 52 69 50 **Fax:** 22 52 69 61
Internet: http://www.standard.no
E-Mail: firmapost@nek.telemax.no

Österreich

iz t 443

Österreichisches Elektrotechnisches Komitee (ÖEK) beim Österreichischen Verband für Elektrotechnik (ÖVE)
Österreichisches Elektrotechnisches Komitee
Eschenbachgasse 9, A-1010 Wien
T: (00431) 5 87 63 73 **Fax:** 5 86 74 08

Portugal

iz t 444

National Council for Quality
Rua C, Av. dos Tres Vales, P-2825 Monte da Caparica
T: (003511) 2 94-8103 **Fax:** 2 94-8110
Internet: http://www.ipq.pt

Schweden

iz t 445

Svenska Elektriska Kommissionen (SEK)
Postf. 1284, S-16429 Kista-Stockholm
Kistagangen 19, S-16429 Kista-Stockholm
T: (00468) 4 44 14 00 **Fax:** 4 44 14 30
Internet: http://www.sekom.se
E-Mail: sen@sekom.se

Schweiz

iz t 446

Swiss Electrotechnical Committee (CES)
Luppmenstr. 1, CH-8320 Fehraltorf
T: (00411) 9 56 11 80 **Fax:** 9 56 11 90
Internet: http://www.sev.ch
E-Mail: ces@sev.ch

Spanien

iz t 447

Asociación Española de Normalización y Certificación (AENOR)
c/Génova 6, E-28004 Madrid
T: (003491) 4 32 60 00 **Fax:** 3 10 45 96
Internet: http://www.aenor.es
E-Mail: norm.cliec@aenor.es

Tschechische Republik

iz t 448

Cesky Normalizagni Institut (CSNI)
Biskupsky dvûr 5, CZ-11002 Praha 1
T: (004202) 21 80 21 00 **Fax:** 21 80 23 11

• IZ T 449

Europäisches Komitee für Normung (CEN)
European Committee for Standardization
Comité Européen de Normalisation
Central Secretariat
rue de Stassart, 36, B-1050 Bruxelles
T: (00322) 5 50-0811 **Fax:** 5 50-0819
Internet: http://www.cenorm.be
E-Mail: infodesk@cenorm.be
Gründung: 1961
Generalsekretär(in): Georg Hongler
Verbandszeitschrift: CEN Newsletter CEN/CENELEC/ETSI Bulletin
Mitglieder: 19
Mitarbeiter: 115
Jahresetat: EUR 28 Mio

Mitgliedsorganisationen

Belgien

iz t 450

Institut Belge de Normalisation/Belgisch Instituut voor Normalisatie (IBN/BIN)
Avenue de la Brabançonne 29, B-1040 Brüssel
T: (00322) 7 38 01 11 **Fax:** 7 33 42 64
TGR: benor
Internet: http://www.cenorm.be/IBNpage.htm
Directeur General: P.M. Croon

Dänemark

iz t 451

Dansk Standard (DS)
Kollegievej 6, DK-2920 Charlottenlund
T: (004539) 96 61 01 **Fax:** 96 61 02
TGR: danskstandard
Internet: http://www.ds.dk
E-Mail: dansk.standard@ds.dk
Direktor(in): J.E. Holmblad

Deutschland

iz t 452

DIN Deutsches Institut für Normung e.V.
10772 Berlin

Burggrafenstr. 6, 10787 Berlin
T: (030) 26 01-0 **Fax:** 26 01-1231
TGR: deutschnormen berlin
Internet: http://www.din.de
E-Mail: X.400:c=DE; ADMD=D400; PRMD=DIN; S=POST-MASTER, RFC-822:POSTMASTER@DIN.DE
Direktor(in): Dr.-Ing. Torsten Bahke

Finnland

iz t 453

Suomen Standardisoimisliitto r.y. (SFS)
Postf. 1 16, FIN-00241 Helsinki
T: (003589) 1 49 93 31 **Fax:** 1 46 49 25
TGR: finnstandard
Internet: http://www.sfs.fi
E-Mail: sfs@sfs.fi
Managing Dir.: K. Kaartama

Frankreich

iz t 454

Association Française de Normalisation (AFNOR)
Tour Europe, F-92049 Paris La Défense
T: (00331) 42 91 55 55 **Fax:** 42 91 56 56
TGR: afnor courbevoie
Teletex: 933-142915611=afnor
Internet: http://www.afnor.fr
Gen. Dir.: B. Vaucelle

Griechenland

iz t 455

Hellenic Organization for Standardization (ELOT)
Acharnon Street 313, GR-11145 Athen
T: (00301) 2 12 01 00 **Fax:** 12 28 31 35
Internet: http://www.elot.gr
E-Mail: elot@elot.gr
Managing Director: Dr. P. Theofanopoulos

Großbritannien

iz t 456

British Standards Institution (BSI)
Chiswick High Road 389, GB-London W4 4AL
T: (0044208) 9 96 90 00 **Fax:** 9 96 74 00
Internet: http://www.bsi.org.uk
E-Mail: info@bsi.org.uk
Kontaktperson: D. Lazenby

Irland

iz t 457

The Irisch Conformity Assessment Committee
Glasnevin, IRL-Dublin 9
T: (003531) 8 07-3905 **Fax:** 8 07-3838
E-Mail: cunninghamb@nsai.ie
Direktor(in): E. Paterson

Island

iz t 458

Icelandic Council for Standardization (STRI)
Holtagardar, IS-104 Reykjavik
T: (00354) 5 20 71 50 **Fax:** 5 20 71 71
TGR: imsi
Internet: http://www.stri.is
E-Mail: stri@stri.is
Kontaktperson: G Rögnvaldardottir

Italien

iz t 459

Ente Nazionale Italiano di Unificazione (UNI)
Via Battistotti Sassi 11b, I-20133 Mailand
T: (00392) 70 02 41 **Fax:** 70 10 61 06
TGR: unificazione
Internet: http://www.unicei.it
Vizepräsident(in): P. Morelli

Luxemburg

iz t 460

Service de l'Energie de l'Etat (SEE)
Département Normalisation
Postf. 10, L-2010 Luxemburg
T: (00352) 4 69 74 61 **Fax:** 46 97 46 39
Internet: http://www.etat.lu/SEE
E-Mail: see.normalisation@eg.etat.lu
Vizepräsident(in): J.P. Hoffmann

Niederlande

iz t 461

Nederlands Normalisatie-Instituut (NNI)
Postf. 5059, NL-2600 GB Delft
Kalfjeslaan 2, NL-2600 GB Delft
T: (003115) 2 69 03 90 **Fax:** 2 69 01 90
TGR: normalisatie delft
Internet: http://www.nni.nl
E-Mail: (firstname.lastname)@nni.nl
Managing Dir.: Dr. C. de Visser

Norwegen

iz t 462

Standardiseringsforbund (NSF)
P.O. Box 353, N-0212 Oslo
T: (004722) 04 92 00 **Fax:** 04 92 11
Internet: http://www.standard.no/
E-Mail: info@standard.no
Kontaktperson: I. Jachwitz

Österreich

iz t 463

Österreichisches Normungsinstitut (ON)
Postf. 130, A-1021 Wien
Heinestr. 38, A-1021 Wien
T: (00431) 2 13 00 **Fax:** 21 30 06 50
X.400: s=post,o=snv,p=snv,a=400net,c=ch
Internet: http://www.on-norm.at
E-Mail: emmi.demant@on-norm.at
Managing Dir.: G. Hartmann

Portugal

iz t 464

National Council for Quality
Rua C, Av. dos Tres Vales, P-2825 Monte da Caparica
T: (003511) 2 94-8103 **Fax:** 2 94-8110
Internet: http://www.ipq.pt
Präsident(in): C. Dos Santos

Schweden

iz t 465

Standardiseringen i Sverige (SIS)
Postf. 6455, S-11382 Stockholm
St Eriksgatan 115, S-11382 Stockholm
T: (00468) 6 10 30 00 **Fax:** 30 77 57
Internet: http://www.sis.se
E-Mail: info@sis.se
Managing Dir.: S. Lundin

Schweiz

iz t 466

Schweizerische Normen-Vereinigung (SNV)
Mühlebachstr. 54, CH-8008 Zürich
T: (00411) 2 54 54 54 **Fax:** 2 54 54 75
Teletex: 228-47 935 131=snv
X.400: c=ch,a=arcom,p=snv,o=snv,s=post
Internet: http://www.snv.ch
E-Mail: info@snv.ch
Direktor(in): Dr. H.C. Zürrer

Spanien

iz t 467

Asociación Española de Normalización y Certificación (AENOR)
c/Génova 6, E-28004 Madrid
T: (003491) 4 32 60 00 **Fax:** 3 10 45 96
Internet: http://www.aenor.es
E-Mail: norm.cliec@aenor.es
Dir. Gen. Adj.: R. Naz Pajares

Tschechische Republik

iz t 468

Czech Office for Standards, Metrology and Testing
Biskupsky dvúr 5, CZ-11347 Prag
T: (004202) 2 32 44 30 **Fax:** 2 32 43 73
Internet: http://www.csni.cz
E-Mail: csni@login.cz
Kontaktperson: O. Kunc

• IZ T 469

Verband europäischer Materialgesellschaften (FEMS)
Federation of European Materials Societies
Fédération des Associations Européenne de Matériaux
c/o Deutsche Gesellschaft für Materialkunde
Hamburger Allee 26, 60486 Frankfurt
T: (069) 79 17-750 **Fax:** 79 17-733
Gründung: 1987 (Jan.)
President: Prof. Donato Firrao (Politecnico di Torino, Corso Duca degli Abruzzi 24, 10129 Torino, T: (0039011) 5 64 79 77, Fax: 5 64 79 79)
Vice President: Alan Morrell (B.Sc.C.Eng., Acorm Group, Shipley, GB-Yorkshire BD 17 5DZ, T: (0044) 1274-599 289, Fax: 1274-599-289)
Past President: Dr. Paul Costa (ONERA, Direction Scientifique des Matériaux, B.P. 72, F-92322 Châtillon Cedex, T: (00331) 46 73 45 00, Fax: (00331) 46 73 41 42)
Secretary: Dr. Peter Paul Schepp (DGM, Hamburger Allee 26, 60486 Frankfurt, T: (069) 7 91 77 51, Fax: (069) 7 91 77 33)
Leitung Presseabteilung: Dr. Peter Gregory
Verbandszeitschrift: Euromaterials
Verlag: Wiley-VCH, Postf. 10 11 62, 69451 Weinheim
Mitglieder: 22 Gesellschaften mit zus. 25.000 Mitgliedern

Mitgliedsorganisationen

Benelux

iz t 470

Benelux Métallurgie
c/o ULB, Service Métallurgie Physique
Postf. 1 65, B-1050 Brüssel
Av. F. Roosevelt 50, B-1050 Brüssel
T: (00322) 6 50 27 23 **Fax:** 6 50 27 86
President: Dr. L. Segers
Secretary: J. Decerf

Dänemark

iz t 471

Danish Metallurgical Society
Building 201
The Technical University of Denmark
T: (0045) 35 86 86 64 **Fax:** 35 86 86 36
President: Dr. Povi Brøndsted
Secretary: Niels Langvad

Deutschland

iz t 472

Deutsche Gesellschaft für Materialkunde e.V. (DGM)
Hamburger Allee 26, 60486 Frankfurt
T: (069) 7 91 77 50 **Fax:** 7 91 77 33
Internet: http://www.dgm.de
E-Mail: dgm@dgm.de
President: Dr. Jürgen Heraeus
Managing Director: Dr. Peter Paul Schepp

iz t 473

Deutscher Verband für Materialforschung und -prüfung e.V. (DVM)
Unter den Eichen 87, 12205 Berlin
T: (030) 8 11 30 66 **Fax:** 8 11 93 59
Internet: http://www.dvm-berlin.de
E-Mail: office@dvm-berlin.de
Präsident(in): Dipl.-Ing. Helmut Naundorf
Direktor(in): Ingrid Maslinski

Estland

iz t 474

Estonian Material Science Society (EMSS)
Ehitajate 5, EW-0026 Tallinn
T: (003722) 47 44 41 **Fax:** 47 44 41
E-Mail: enn@edu.ttu.ee
Chairman: Prof. Enn Mellikov

Frankreich

iz t 475

Societé Française de Métallurgie et de Matériaux (SF2M)
Les Fontenelles
1, Rue de Craiova, F-92024 Nanterre Cedex
T: (00331) 41 02 03 90 **Fax:** 41 02 03 88
E-Mail: sfmm@wanadoo.fr
President: Gérad Beck
Secretary: Yves Franchot

Griechenland

iz t 476

Hellenic Society for the Science and Technology of Condensed Matter
c/oNCSR "Demokritos"
Aghia Paraskevi Attiki, GR-14310 Athen
T: (0030651) 4 53 96 **Fax:** 4 53 96
President: Prof. P. Eythymiou
Secretary: Dr. H. Gamari-Seale

Großbritannien

iz t 477

The Institute of Materials (IoM)
1 Carlton House Terrace, GB-London SW1Y 5DB
T: (0044207) 4 51 73 67 **Fax:** 8 39 17 02
President: Dr. E. B. Farmer
Secretary: Dr. Bernard Rickinson

Italien

iz t 478

Associazione Italiana di Metallurgia (AIM)
Piazzale Rodolfo Morandi 2, I-20121 Mailand
T: (00392) 76 02 11 32 **Fax:** 76 02 05 51
E-Mail: aim@fast.mi.it
President: Ing. Luigi Iperti
Secretary: Dr. Piero Bufalini

Lettland

iz t 479

Latvian Materials Research Society (LMRS)
Azenes 14, LV-1048 Riga
T: (00371) 70 89-284 **Fax:** 70 89-121
E-Mail: recensk@acad.latnet.lv
President: Prof. Karlis Rocens
Janis (Foreign Affairs)

Niederlande

iz t 480

Bond voor Materialenkennis (BvM)
Postf. 3 90, NL-3330 AJ Zwijndrecht
Paralelweg 54, NL-3330 AJ Zwijndrecht
T: (003178) 6 19 26 55 **Fax:** 6 19 57 35
E-Mail: bvm@wordonline.nl
President: Ing. H. J. Van der Torren
Secretary: Dr. S. H. van der Brink

Norwegen

iz t 481

Norsk Metallurgisk Selskap (NMS)
c/o Polyteknisk Forening
Rosenkrantzgt. 7, N-0159 Oslo
T: (0047) 73 59 30 68 **Fax:** 73 59 70 43
President: Carl Ludvig Kjelsen
Secretary: Jostein H. Søvik

Polen

iz t 482

Polskie Towarzystwo Materiaznawsze
ul. Krasinskiego 8 Zarzad Glaony, PL-40019 Kattowitz
T: (004832) 2 56 31 97 **Fax:** 2 56 31 97
President: Prof. Jerzy W. Wyrzykowski
Secretary: Dr. Andrzej Dytkowicz

Portugal

iz t 483

Sociedade Portuguesa de Materiais (SPM)
IST - Pavilhao de Mestraos
Av. Rovisco Pais, P-1096 Lissabon
T: (003511) 8 41 77 46 **Fax:** 8 47 40 45
E-Mail: ifspm@lemac.ist.utl.pt
President: Prof. Luciano Faria
Secretary: Prof. Fernanda Margarido

Schweden

iz t 484

Svenska Föreningen för Materialteknik (SFMT)
c/o Jernkontorei
Postf. 17 21, S-11187 Stockholm
T: (00468) 7 90 83 08 **Fax:** 20 76 81
President: Prof. John _UAgren
Secretary: Henrik Larsson

Schweiz

iz t 485

Schweizerischer Verband für die Materialtechnik (SVMT)
Bachtelenweg 8, CH-3254 Messen
T: (004131) 7 65 59 60 **Fax:** 7 65 59 61
President: Prof. Heinrich Hofmann
Secretary: Catherine Escher

Slowakische Republik

iz t 486

Society for New Materials and Technologies in Slovakia (SNMTS)
c/o Slovak Technical University, Dept. of Materials & Technologies
Pionierska 15, SK-83102 Preßburg
T: (004217) 44 45 50 86 **Fax:** 44 45 50 91
President: Dr. Kostka
Secretary: Ing. Stefan Emmer

Slowenien

iz t 487

Slovensko druntvo za materiale (SDM)
Lepi pot 11, SLO-1000 Ljubljana
T: (0038661) 1 25 11 61 **Fax:** 21 37 80
President: Prof. Franc Vodopivec
Secretary: Dr. Matjaz Torkar

Spanien

iz t 488

Sociedad Española de Materiales (SEMAT)
A. G. del Amo 8, E-28040 Madrid
T: (003491) 553 8900 **Fax:** 534 7425
E-Mail: avazquez@fresno.csic.ac
President: José Manuel Martinez-Duart
Secretary: Prof. Alfonso J. Vázquez-Vaamonde

Tschechische Republik

iz t 489

Czech Society for New Materials and Technologies (CSNMT)
c/o ITC-VÚK
Novotného lávka 5, CZ-11668 Praha 1
T: (004202) 21 08 22 75 **Fax:** 21 08 22 76
President: Dr. Karel Sperlink
Secretary: Dr. Frantisek Hronek
Tasilo Prnka (Kventá 441, CR-76321 Slavioln, T: (00420) 63 67 13 81, Fax: (00420) 69 22 38 00)

iz t 490

Metal Science Society of the Czech Republic (MSS)
Institute of Physics of Materials ASCR
Zizkova 22, CZ-61662 Brünn
T: (004205) 7 26 84 17 **Fax:** 41 21 23 01
E-Mail: vrestal@chemi.muni.cz
President: Prof. Dr. Vladimir Cihal
Secretary: Prof. Jan Vrestal

Ungarn

iz t 491

Országos Magyar Bányászati és Kohászati Egyesület (OMBKE)
Fö u. 68, H-1027 Budapest 11
T: (00361) 1 18 29 00 **Fax:** 1 17 27 43
President: Dr. Pál Tardy
General Secretary: Csada Kiss

• IZ T 492

Internationale Kommission für röntgenologische Einheiten und Maße (ICRU)
International Commission on Radiation Units and Measurements
Commission Internationale des Unités et des Mesures Radiologiques
7910 Woodmont Av. Suite 800, USA-Bethesda, MD 20814
T: (001301) 6 57-26 52 **Fax:** 9 07-87 68
E-Mail: ICRU@ICRU.ORG
Gründung: 1925
Chairman: Prof. André Wambersie (B)
Vice Chairman: Prof. Paul M. Delvea (USA)
Secretary: R. S. Caswell (USA)
Executive Secretary: W. R. Ney
Managing Editor of the ICRU News: H. G. Ebert
Verbandszeitschrift: ICRU Report; ICRU News
Redaktion: Bethesda, MD
Mitglieder: 14
Mitarbeiter: 2

• IZ T 493

Internationale Organisation für Normung (ISO)
International Organization for Standardization
Organisation internationale de normalisation
Postf. 56, CH-1211 Genéve 20
1, rue de Varembé, CH-1211 Genéve 20
T: (004122) 7 49 01 11 **Fax:** 7 33 34 30
Internet: http://www.iso.ch
E-Mail: central@iso.ch
Gründung: 1947
President: Elias Giacomo (Italien)
Vice-President (policy): Akira Aoki (Japan)
Vice-President (technical management): Ross Wraight (Australien)
Treasurer: Pierre Amsler (Schweiz)
Secretary General: Lawrence D. Eicher
Verbandszeitschrift: ISO Bulletin, ISO 9000 News, ISO 14000, ISO Catalogue
Verlag: ISO, 1, rue de Varembé, P.O. Box 56, CH-1211 Genève 20
Mitglieder: in 132 Ländern

• IZ T 494

Internationale Vereinigung der Überwachungsagenturen (IFIA)
International Federation of Inspection Agencies Ltd.
Fédération Internationale des Agences d'Inspection
Great Tower Street 22-23, GB-London EC3R 5HE
T: (0044207) 2 83-1001 **Fax:** 6 26-4416
Internet: http://www.ifia-federation.org
E-Mail: Webmaster@ifia-federation.org
Gründung: 1982
President: R. Nelson
Director General: Michel Barruel
Secretary: Anthony S. Holmes
Mitglieder: 135 all company members

• IZ T 495

Internationaler Ausschuß für Standardisierung im Rechnungswesen (IASC)
International Accounting Standards Committee
Compagnie Internationale pour la Standardisation de la Comptabilité
166 Fleet Street, GB-London EC4A 2DY
T: (0044207) 3 53-05 65 **Fax:** 3 53-05 62
Internet: http://www.iasc.org.uk
E-Mail: iasc@iasc.org.uk
Gründung: 1973 (Juni)
Chairman: Stig Enevoldsen
Vice Chairman: Patricia McConnell
Tom Jones
Secretary-General: Bryan Carsberg

Publications Director: Gillian Bertol
Verbandszeitschrift: IASC INSIGHT (4 per year), IASC UPDATE (3 per year), Bound Volume of International Accounting Standards (annual), News from SIC
Redaktion: 166 Fleet Street, GB-London EC4A 2DY
Verlag: International Accounting Standards Commitee
Mitglieder: 104 Countries, 143 Accounting Bodies
Mitarbeiter: 17

• IZ T 496

European co-operation for Accreditation (EA)
c/o COFRAC
37, Rue de Lyon, F-75012 Paris
T: (00331) 44 68 82 25 **Fax:** 44 68 82 21
Internet: http://www.european-accreditation.org
E-Mail: martine.simon@cofrac.fr
Gründung: 1997
Chairman: Daniel Pierre (COFRAC)
Deputy Chairman: Thomas Facklam (DAR)
Secretary: Martine Simon (COFRAC)
Mitglieder: 24 Länder

Wirtschafts- und Sozialwissenschaft, Marketing- und Meinungsforschung

• IZ T 497

ESOMAR

Europäische Gesellschaft für Meinungs- und Marketingforschung (ESOMAR)
European Society for Opinion and Marketing Research
Association Européenne pour les études d'opinion et de marketing
Vondelstraat 172, NL-1054 GV Amsterdam
T: (003120) 6 64 21 41 **Fax:** 6 64 29 22
Internet: http://www.esomar.nl
E-Mail: email@esomar.nl
Gründung: 1948
Präsident(in): Daniel Leconte (FR), Portugal
Vizepräsident(in): John Kelly (UK)
Director General: Juergen Schwoerer
Leitung Presseabteilung: Kathy Joe
Verbandszeitschrift: Marketing and Research Today; Research World (monthly)
Redaktion: ESOMAR
Mitglieder: 4000 in 100 Ländern
Mitarbeiter: 20
Jahresetat: ca. DM 8 Mio, € 4,09 Mio

ESOMAR'S mission ist to promote the use of Opinion and Market Research for improving decision making in business and society worldwide. Founded in 1948, ESOMAR unites 4000 members in 100 countries, both users and providers of opinion and marketing research. Members can also be found in advertising and media agencies, universities and business schools, as well as in public authorities and institutions. The society facilitates the exchange of experiences between suppliers and users of research in order to optimize the integration of research results into decision making process

• IZ T 498

Europäische Marketing Konföderation (EMC)
European Marketing Confederation
20 Place des Chasseurs Ardennais, B-1030 Brüssel
T: (00322) 7 42 17 80 **Fax:** 7 42 17 85
Internet: http://www.emc.be
E-Mail: infodesk@emc.be
Gründung: 1993
Präsident(in): Bo Sandqvist (SCA Packaging Excelsiorlaan 79-B1930 Brussels)
Vizepräsident(in): Louis Delcart (Belgien)
Ken Tatham (France)
Nikos Panoussopoulos (Greece)
Geschäftsführer(in): Jean-Marie van Houwe
Leitung Presseabteilung: Julia Ridsdale-Saw
Mitglieder: 350000
Mitarbeiter: 3

Mitglieder

Belgien

iz t 499

The Marketing Foundation
Research Park Zellik
De Haak 1, B-1731 Zellik
T: (00322) 4 67 59 59 **Fax:** 4 67 59 56
Internet: http://www.stichtingmarketing.be
E-Mail: stichtingmarketing@skypro.be
Officials: Mark Michils (President)
Louis Delcart (EMC Vice-President)
Marc Logman (Education)

Finnland

iz t 501

SML Suomen Markkinointiliitto
Finnish Marketing Federation
Fabianinkatu 4B, FIN-00130 Helsinki
T: (003589) 65 15 00 **Fax:** 17 94 98
Internet: http://www.mark.fi
E-Mail: kari.hamalainen@mark.fin
Officials: Kari Hämäläinen
Leena Saksa (Communications)

Frankreich

iz t 502

DCF Les Dirigeants Commerciaux de France
1 Villa Georges Sand, F-75016 Paris
T: (00331) 45 25 11 44 **Fax:** 40 50 15 56
Internet: http://www.dcf-fr.com
E-Mail: fede@dcf-fr.com
Officials: Gerard Audu (President)
Elisabeth Desperbasque (D.G.)
Ken Thatam (EMC Vice-Pres.)
Marie-Ange Carroy (Secretariat)
Francis Petel (Education, e-mail: fpetel@magic.fr)

Griechenland

iz t 503

H.I.M. Hellenic Institute of Marketing
200 Ionias Avenue & Iakovaton 61, GR-11144 K. Patisia
T: (00301) 2 11 20 00-9 **Fax:** 2 11 20 20
Officials: Nikos Panoussopoulos (President & EMC Vice-President)
Peter Malliaris (Education)
Maria-Christina Griva (International Relations)

Großbritannien

iz t 504

C.I.M. Chartered Institute of Marketing
Moor Hall Cookham, GB-Maidenhead, Berkshire SL6 9QH
T: (00441628) 42 75 00 **Fax:** 42 74 99
Internet: http://www.cim.co.uk
Officials: Laurie Wood (Chairman)
John Edmund (EMC Vice-President)
John Stubbs (D-G)
David Sagar (Education)
Chris Lenton (Commercial Director)

Irland

iz t 505

The Marketing Institute
South County Business Park
Leopardstown, IRL-Dublin 18
T: (003531) 2 95 23 55 **Fax:** 2 95 24 53
Internet: http://www.mii.ie
E-Mail: mii@iol.ie
Officials: Fergal Quinn (President)
Barbara Patton (Chairman)
John Casey (Cheif Executive)
Catherine Kilbride (Education)

Niederlande

iz t 506

NIMA
Netherlands Institute of Marketing
Asserring 188, NL-1187 KL Amsterdam
T: (003120) 5 03 93 00 **Fax:** 5 03 93 90
Internet: http://www.nima.nl
E-Mail: info@nima.nl
Officials: Ge van Schaik (President)
Sannie Wijland (M.D.)

Schweden

iz t 508

Sveriges Marknadsförbund
Sveavägen 17, 5 tr, S-11157 Stockholm
T: (00468) 21 58 63 **Fax:** 21 58 19
Internet: http://www.svemarknad.se
E-Mail: kansli@svemarknad.se
Officials: Rune Borg (Chairman)
Marianne Reuterskiöld
Bo Sandqvist (EMC President)

Spanien

iz t 509

Federacion Española de Marketing
Pincess 1
Torre de Madrid
Planta 6 Oficina 16, E-28008 Madrid
T: (003491) 5 48 49 15 **Fax:** 5 42 37 88
E-Mail: tcm@infornet.es
Officials: Fermin Guerra (President)

Tschechische Republik

iz t 510

C.I.M.A. Czech Institute of Marketing
Letenska 17, CZ-11 800 Prag 1
T: (004202) 57 32 03 71 **Fax:** 53 20 45
Internet: http://www.cima.cz
E-Mail: cima@iol.cz
Officials: Zdenek Kozak
Vladimir Nyvlt

• IZ T 511

Europäische Stiftung für Managemententwicklung (EFMD)
European Foundation for Management Development
Rue Gachard 88, B-1050 Bruxelles
T: (00322) 6 48 03 85 **Fax:** 6 46 07 68
Gründung: 1971
Präsident(in): G. van Schaik
Generaldirektor: Eric Gornuel
Verbandszeitschrift: FORUM
Redaktion: M. Plompen, EFMD
Mitglieder: Mehr als 600 Firmen, Management-Schulen, Management-Fortbildungszentren, Consultants und Einzelpersonen
Mitarbeiter: 18
Jahresetat: DM 3,5 Mio, € 1,79 Mio

• IZ T 512

Europäisches interuniversitäres Institut für soziale Massnahmen (IEIAS)
Inter-University European Institute on Social Welfare (IEISW)
Institut européen interuniversitaire de l'action sociale
rue du Débarcadère 179, B-6001 Marcinelle
T: (003271) 44 72 11 **Fax:** 47 11 04
Gründung: 1970
Président: J. Gillain
Directeur Général: Serge Mayence
Secrétaire Général: P. Rozen

• IZ T 513

Europäisches Zentrum für Arbeit und Gesellschaft (EZAG)
Hauptsitz
Hoogbrugstraat 43, NL-6221 CP Maastricht
Postanschrift:
Postf. 3073, NL-6202 NB Maastricht
T: (003143) 3 21 67 24 **Fax:** 3 25 57 12
E-Mail: general@ecws.nl
Gründung: 1979
President: Prof. Drs. A. van der Staay
Generalbevollmächtigter: D. Wijgaerts
Verbandszeitschrift: ECWS News
Mitarbeiter: 25

iz t 514

Brüsseler Büro
ECWS-Training
European Centre for Work and Society
Keltenlaan 20, B-1040 Brüssel
T: (00322) 7 42 36 20 **Fax:** 7 42 36 24

• IZ T 515

Gallup International Association (GI)
25 Coborn Road, GB-London E3 2DA
T: (0044208) 9 83 45 09 **Fax:** 9 83 41 05

Gründung: 1947
Präsident(in): Leila Lotti (Finland)
Vorsitzende(r): Meril James (Secretary General)
Mitglieder: 45 Markt- und Meinungsforschungsinstitute in aller Welt
Mitarbeiter: 2

• IZ T 516
Gesellschaft für internationale Marktstudien (EUROPANEL)
IHA International Research Center / EUROPANEL
IHA Institut pour l'Analyse des Marchés SA
Postf. 472, CH-1000 Lausanne 9
Place Chauderon 18, CH-1000 Lausanne 9
T: (004121) 3 10 42 42 **Fax:** 3 10 41 42
E-Mail: 3104372pfaff@ihagfm.ch, 3104382elsmark@ihagfm.ch
Gründung: 1966
Leitung Presseabteilung: Rolf-Peter Pfaff
Mitarbeiter: 3

• IZ T 517
Internationale Forschungsgemeinschaft für Einkommen und Wohlstand (IARIW)
International Association for Research in Income and Wealth
Dept. of Economics, Room 700, New York University
269 Mercer Street, USA-New York, NY 10014
T: (001212) 9 24-43 86 **Fax:** 3 66-50 67
Internet: http://www.econ.nyu.edu/dept/iariw
E-Mail: iariw@econ.nyu.edu
Gründung: 1947
Council:
Edith Archambault (Paris, France)
Ann Chadeau (OECD, Paris, France)
Anne Harrison (Chairperson, OECD, Paris, France)
John Kendrick (George Washington University, Washington, DC, USA)
Barabara Kondrat (Cetral Statistical Office, Warsaw, Poland)
Steven Jan Keuning (Statistics Netherlands, Voorburg, Netherlands)
Kishori Lal (Statistics Canada, Ottawa, Canada)
Angus Maddison (University of Gronigen, Netherland)
Lars Osberg (Dalhousie University, Halifax, N.S., Canada)
Utz-Peter Reich (Fachhochschule Rheinland-Pfalz, Mainz, Germany)
Timothy M. Smeeding (Syracuse University, Syracuse, NY, USA)
György Sandor (National Bank of Hungary, Budapest)
Liv Hobbelstad
Michael Ward (World Bank, Washington, DC, USA)
Executive Secretary: Jane Z. Forman (New York, NY (USA))
Verbandszeitschrift: Review of Income and Wealth
Mitglieder: 450

• IZ T 518
International Union for the Scientific Study of Population (IUSSP)
Union Internationale pour l'Étude Scientifique de la Population
Rue des Augustins 34, B-4000 Lüttich
T: (00324) 2 22 40 80 **Fax:** 2 22 38 47
Internet: http://www.iussp.org
E-Mail: iussp@iussp.org
Gründung: 1928
President: José Alberto de Carvalho (Brasilien)
Vice-President: Jacques Vallin (Frankreich)
Director: Jane E. Verrall

• IZ T 519
Europäische Gesellschaft für Bevölkerungswissenschaft (EAPS)
European Association for population studies
Association européenne pour l'étude de la population
Postf. 1 16 76, NL-2502 AR Den Haag
Lange Houtstraat 19, NL-2502 AR Den Haag
T: (003170) 3 56 52 00 **Fax:** 3 64 71 87
E-Mail: eaps@nidi.nl
Gründung: 1983
Verbandszeitschrift: EAPS Newsletter
Mitglieder: 550

• IZ T 520
Internationale Vereinigung für das Studium der Versicherungswirtschaft (AIEEA)
International Association for the Study of Insurance Economics
Genfer Vereinigung/ The Geneva Association
18, Chemin Rieu, CH-1208 Genève
T: (004122) 3 47 09 38 **Fax:** 3 47 20 78
Internet: http://www.genevaassociation.org
E-Mail: geneva.association@vtx.ch
Gründung: 1973
Präsident(in): Walter Kielholz, Zürich
HGeschF u. Generalsekretär: Dr. Orio Giarini, Genf
Verbandszeitschrift: The Geneva Papers
Verlag: Blackwell, UK
Mitglieder: 80
Mitarbeiter: 8

• IZ T 521
Internationaler Ausschuß für sozialwissenschaftliche Dokumentation (ICSSD)
International Committee for Social Science Information and Documentation (ICSSD)
Comité International pour l'Information et la Documentation en Sciences Sociales
c/o CLACSO
Callao 875 3rd, RA-1023 Buenos Aires
T: (005411) 48 14-2301 **Fax:** 48 12-8459
Internet: http://www.unesco.org/most/icssd.htm
E-Mail: saugy@clacso.edu.ar
Gründung: 1950
2. Vorsitzende(r): Krishna G. Tyagi
Leitung Presseabteilung: Catalina Saugy
Verbandszeitschrift: ICSSD Newsletter
Redaktion: K. G. Tyagi, E. Seusing
Mitglieder: 25
Mitarbeiter: 1

• IZ T 522
Internationaler Rat für Sozialwissenschaften (ISSC)
International Social Science Council (ISSC)
Conseil International des Sciences Sociales (CISS)
Unesco - 1, rue Miollis, F-75732 Paris Cedex 15
T: (00331) 45 68-2558, 45 68-2559 **Fax:** 45 66-7603
E-Mail: issclak@unesco.org
Gründung: 1952
Président: Kurt Pawlik (Germany)
Secrétaire Général: Leszek A. Kosiński (Canada)
Verbandszeitschrift: ISSC Bulletin (published in UNESCO International Social Science Journal)
Redaktion: ISSC Secretariat
Mitglieder: 14 Member associations, 17 Associate members, 17 Member organisations
Mitarbeiter: 3

• IZ T 523
Internationaler soziologischer Verband (ISA)
International Sociological Association (ISA)
Association Internationale de Sociologie (AIS)
c/o Faculty Political Sciences and Sociology
University Complutense, E-28223 Madrid
T: (003491) 3527650 **Fax:** 3524945
Internet: http://www.ucm.es/info/isa
E-Mail: isa@sis.ucm.es
Gründung: 1949
President: Alberto Martinelli (Italy)
Leitung Presseabteilung: Izabela Barlinska (Executive Secretary)
Verbandszeitschrift: ISA Bulletin, International Sociology, Current Sociology
Redaktion: Madrid, USA, Canada
Verlag: SAGE, 6 Bonhille, London (UK)
Mitglieder: 3000
Mitarbeiter: 3
Jahresetat: 200.000 US-Dollar

• IZ T 524
Internationaler Verband der Wirtschaftswissenschaften (IEA)
International Economic Association (IEA)
Association Internationale des Sciences Economiques (AISE)
23, rue Campagne Première, F-75014 Paris
T: (00331) 43 27 91 44 **Fax:** 42 79 92 16
Internet: http://www.iea-world.org
E-Mail: iea.aise@aol
Gründung: 1950
Secrétaire Général: Prof. Jean-Paul Fitoussi
Mitglieder: 60
Mitarbeiter: 1

• IZ T 525
Internationales Forschungs- und Informationszentrum für öffentliche Wirtschaft und Gemeinwirtschaft (I.F.I.G.)
International Centre for Research and Information on the Public and Cooperative Economy
Centre International de Recherches et d'Information sur l'Economie publique, sociale et cooperative
c/o Université de Liège
Sart Tilman Bât. B. 33 (bte 6), B-4000 Liège
T: (00324) 3 66 27 46 **Fax:** 3 66 29 58
Gründung: 1947
Direction: Prof. Dr. Bernard Thiry (Université de Liège)
Sektionen: Deutschland, Österreich, Belgien, Italien, Frankreich, Argentinien, Portugal, Spanien, Japan, Slowenien, Kanada, Schweden, Türkei
Leitung Presseabteilung: Prof. Dr. Bernard Thiry
Presseabteilung: Barbara Sak

Deutsche Sektion: Gesellschaft für öffentliche Wirtschaft e.V., Sponholzstr. 11, 12159 Berlin
Verbandszeitschrift: Annals of Public and Cooperative Economics
Redaktion: CIRIEC
Verlag: Blackwell Publishers Ltd, 108 Cowley Road, Oxford, OX4 1JF, United Kingdom
Mitglieder: 13 nation. Sektionen
Mitarbeiter: 6

• IZ T 526
Internationales Institut für öffentliche Finanzen
International Institute of Public Finance
Institut International de Finances Publiques e. V.
Generalsekretariat:
Universität des Saarlandes
Im Stadtwald Geb. 9.1, 66123 Saarbrücken
T: (0681) 3 02 36 53 **Fax:** 3 02 43 69
Internet: http://www.wiwi.uni-sb.de/iipf
E-Mail: iipf@rz.uni-sb.de
Gründung: 1937
Mitglieder: 980
Mitarbeiter: 1

• IZ T 527
Internationales Management-Institut (IMD)
Institut de Management International
International Institute for Management Development
Postf. 915, CH-1001 Lausanne
Chemin de Bellerive 23, CH-1007 Lausanne
T: (004121) 6 18 03 42 **Fax:** 6 18 07 15
Gründung: 1946
Leitung Presseabteilung: Jean-Pierre Salzmann
Hauptgeschäftsführer(in): Prof. Peter Lorange
Mitglieder: 120 multinationale Industriefirmen in 30 Ländern
Mitarbeiter: 170

• IZ T 528
Internationales Zentrum für Interdisziplinäre Zyklenforschung (ICICR)
International Center for Interdisciplinary Cycle Research e. V.
Centre International de la Recherche Interdisciplinaire de Cycles
Postf. 64 03 48, 60357 Frankfurt
Gründung: 1977
Managing Director: R. Bartsch

• IZ T 529
Ökonometrische Gesellschaft
The Econometric Society
Société d'Econométrie
c/o Department of Economics, Northwestern University
T: (001847) 491-3615 **Fax:** 4 91-5427
Officers:
President: Prof. Elhanan Helpman (Department of Economics. Littauer Center 230, Harvard University, Cambridge, MA 02138, T: (001617) 495-4690, Fax: (001617) 495-7730, E-Mail: ehelpman@harvard.edu)
President: Eitan Berglas (School of Economics, Tel Aviv University, Ramat Aviv 69978, Tel Aviv, Israel, T: (009723) 6 41 01 94, Fax: (009723) 6 42 80 74, E-Mail: helpman@econ.tau.ac.il)
First Vice-President: Prof. Avinash Dixit (Department of Economics, Princeton University, Princeton, NJ 08544-1021, T: (001609) 258-4013, Fax: (001609) 258-6419, E-Mail: dixitak@princeton.edu)
Second Vice-President: Prof. Guy Laroque (INSEE-Department des Etudes et Synthèses Economiques, 15, bd Gabriel Peri, B.P. 100-G001, F-92244 Malakoff Cedex, T: (00331) 41 17 60 82, Fax: (00331) 41 17 60 43, E-Mail: laroque@ensae.fr)
Past President: Prof. Robert B. Wilson (Graduate School of Business, Stanford University, Stanford, CA 94305-5015, T: (001650) 723-8620, Fax: (001650) 725-7979, E-Mail: rwilson@stanford.edu)
Secretary: Prof. Julie P. Gordon (The Econometric Society, Department of Economics, Northwestern University, Evanston, IL 60208-2600, T: (001847) 491-3615, Fax: (001847) 491-5427, E-Mail: jpg@nwu.edu)
Treasurer: Prof. Robert J. Gordon (Department of Economics, Northwestern University, Evanston, IL 60208-2600, T: (001847) 491-3616, Fax: (001847) 491-5427, E-Mail: rjg@nwu.edu)

• IZ T 530
Vereinigung Europäischer Konjunktur-Institute (AIECE)
Association d'Instituts Européens de Conjuncture Economique
Institut de Recherches Economiques et Sociales, IRES
Place Montesquieu 3, B-1348 Louvain-La-Neuve

T: (003210) 47 34 26 **Fax:** 47 39 45
Internet: http://www.econ.ucl.ac.be/CONJ/AIECE.fr.htm
E-Mail: olbrechts@ires.ucl.ac.be
Président: P. Vartia (ETLA-The Research Institute of the Finnish Economy, Helsinki)
Comité de Direction: P. Andersen (DEC-The Danish Economic Council, Kobenhavn)
J.M. Boussemart (Rexecode, Paris)
Cagiano (ISCO-Istituto Nazionale per la Studio della Congiuntura, ROma)
P. Kestens (DULBEA-Départment dEconomie Appliquée de lUniversité Libre de Bruxelles, Bruxelles)
N. Presern (SKEP, Ljubljana)
J. Volz (DIW-Deutsches Institut für Wirtschaftsforschung, Berlin)
Secrétaire administratif: Paul Olbrechts (Institut de Recherches Economiques et Sociales-IRES, Louvain-la-Neuve (Belgique))
Mitglieder: 40 in 18 Staaten

Mitgliedsorganisationen

Belgien

iz t 531

Département d'Economie Appliquée de l'Université Libre de Bruxelles - DULBEA
Postf. 140, B-1050 Bruxelles
Avenue F. D. Roosevelt 50, B-1050 Bruxelles
T: (00322) 6 50 41 25, 6 50 41 26 **Fax:** 6 50 38 25
Internet: http://www.ulb.ac.be
E-Mail: cdebaill@ulb.ac.be, cbinotto@ulb.ac.be
Comité de Direction: P. Kestens
C. Debaille
C. Binotto

iz t 532

Institut de Recherches Economiques et sociales, IRES
Collège L. H. Dupriez
Place Montesquieu 3, B-1348 Louvain-la-Neuve
T: (003210) 47 34 26 **Fax:** 47 39 45
Internet: http://www.econ.ucl.ac.be/eas/eas.html, http://www.econ.ucl.ac.be/conj/conj.html
E-Mail: bodart@ires.ucl.ac.be, olbrechts@ires.ucl.ac.be, durre@ires.ucl.ac.be
V. Bodart
Paul Olbrechts
A. Durré

Deutschland

iz t 533

Deutsches Institut für Wirtschaftsforschung (DIW)
14191 Berlin
Königin-Luise-Str. 5, 14195 Berlin
T: (030) 8 97 89-0 **Fax:** 8 97 89-200
Internet: http://www.diw-berlin.de
E-Mail: jvolz@diw-berlin.de
J. Volz
Mitarbeiter: ca. 200
Jahresetat: ca. DM 31 Mio, € 15,85 Mio

iz t 534

Rheinisch-Westfälisches Institut für Wirtschaftsforschung (RWI)
Hohenzollernstr. 1-3, 45128 Essen
T: (0201) 81 49-0 **Fax:** 81 49-2 00
Internet: http://www.rwi-essen.de
E-Mail: doehrn@rwi-essen.de
E. Herwegh
R. Doehrn

iz t 535

Hamburgisches Welt-Wirtschafts-Archiv (HWWA)
Hamburg Institute of International Economics
20347 Hamburg
Neuer Jungfernstieg 21, 20354 Hamburg
T: (040) 4 28 34-0 **Fax:** 4 28 34-451
Internet: http://www.hwwa.uni-hamburg.de
E-Mail: weinert@hwwa.uni-hamburg.de
Gründung: 1908
Dr. G. Weinert
E. Wohlers

iz t 536

Institut für Weltwirtschaft an der Universität Kiel (IfW)
24100 Kiel
Düsternbrooker Weg 120, 24105 Kiel
T: (0431) 8 81 42 64 **Fax:** 8 58 53
J. Scheide
J.-V. Schrader

iz t 537

IFO-INSTITUT für Wirtschaftsforschung e.V.
Postf. 86 04 60, 81631 München
Poschingerstr. 5, 81679 München
T: (089) 92 24-0 **Fax:** 98 53 69
Internet: http://www.ifo.de
E-Mail: kuntze@ifo.de
Gründung: 1949

Dänemark

iz t 538

Danish Economic Council, DEC
Adelgade 13, DK-1304 Kobenhavn K
T: (004533) 13 51 28 **Fax:** 32 90 29
Internet: http://www.dors.dk
E-Mail: pa@dors.dk, jsm@dors.dk
Comité de Direction: P. Andersen
J. Smidt

Finnland

iz t 539

The Research Institute of the Finnish Economy (ETLA)
Lönnrotinkatu 4 B, FIN-00120 Helsinki 12
T: (003589) 60 99 00 **Fax:** 60 17 53
Internet: http://www.etla.fi
E-Mail: paavo.suni@etla.fi, pentti.vartia@etla.fi
President: P. Vartia (Comité de direction)
P. Suni

Frankreich

iz t 540

Bureau d'Information et de Prévisions Economiques (BIPE)
Atrium
6 Place Abel Gance, F-92652 Boulogne
T: (00331) 46 94 45 22 **Fax:** 46 94 45 99
Internet: http://www.bipe.fr
E-Mail: martin.foeth@bipe.fr, christian.deperthuis@bipe.fr
C. de Perthuis
M. Foeth

iz t 541

Centre d'Observation Economique de la Chambre de Commerce et d'Industrie de Paris
27 Avenue de Friedland, F-75382 Paris Cedex 08
T: (00331) 55 65 70 77 **Fax:** 55 65 70 74
Internet: http://www.coe.ccip.fr
E-Mail: ahenriot@ccip.fr
Ch. de Boissieu
J. L. Biacabe
A. Henriot

iz t 542

Institut National de la Statistique et des Etudes Economiques (INSEE) - Département de la conjoncture
15 Boulevard Gabriel Peri, F-92244 Malakoff Cedex
T: (00331) 41 17 60 54 **Fax:** 41 17 36 10
Internet: http://www.insee.fr
E-Mail: michel.devilliers@insee.fr, guillaume.ribault@insee.fr
Devilliers
R. Lescure

iz t 543

Fondation Nationale des Sciences Politiques Service d'Etude de l'Activité Economique (SEAE)
4 Rue Michelet, F-75006 Paris
T: (00331) 40 46 72 60 **Fax:** 44 07 07 50
Internet: http://www.sciences-po.fr
E-Mail: jean-claude.casanova@seae.sciences-po.fr, vespe@club-internet.fr
Casanova
J.P. Vesperini

iz t 544

Observatoire Français de Conjonctures Economiques (O.F.C.E.)
69 Quai d'Orsay, F-75340 Paris Cedex 07
T: (00331) 44 18 54 00 **Fax:** 45 56 06 15
Internet: http://www.ofce.sciences-po.fr
E-Mail: sigogne@ofce.sciences-po.fr, catherine.mathieu@ofce.sciences-po.fr
P. Sigogne
Prof. Jean-Paul Fitoussi

iz t 545

REXECODE
29, Avenue Hoche, F-75008 Paris
T: (00331) 53 89 10 89 **Fax:** 45 63 86 79
E-Mail: rexecode@calva.net, boussemart@rexecode.asso.fr
Didier Boussemart

iz t 546

Institut d'Economie Publique IDEP
Centre de La Vieille Charité
La Vieille Charité, 2 Rue de la Charité, F-13002 Marseille
T: (00334) 91 14 07 70, 90 74 40 **Fax:** 91 90 02 27
E-Mail: idep@ehess.cnrs-mrs.fr
B. Morel
L. A. Gerard-Varet

Griechenland

iz t 547

Center of Planning and Economic Research
22 Hippokratous Street, GR-106 80 Athens
T: (00301) 3 62 59 19, 3 63 01 30 **Fax:** 3 63 01 22
Internet: http://www.kepe.gr
E-Mail: stbalf@kepe.gr
S. Balfoussias
Athanasiou

Großbritannien

iz t 548

Centre for Economic Forecasting
London Business School
Sussex Place, Regent's Park, GB-London NW1 4SA
T: (0044207) 2 62 50 50 **Fax:** 72-4 60 69
Internet: http://www.lbs.ac.uk/cef/
E-Mail: bhenry@lbs.ac.uk, abarr@lbs.ac.uk
B. Henry
A. Barr

iz t 549

The National Institute of Economic and Social Research (NIESR)
2 Dean Trench Street, Smith Square, GB-London SW1P 3HE
T: (0044207) 2 22 76 65 **Fax:** 2 22 14 35
Internet: http://www.niesr.ac.uk
E-Mail: rbarrell@niesr.ac.uk, dw@niesr.ac.uk
R. J. Barrell
M. Weale

Irland

iz t 550

Economic and Social Research Institute (ESRI)
4 Burlington Road, IRL-Dublin 4
T: (003531) 6 67 15 25 **Fax:** 6 68 62 31
Internet: http://www.esri.ie
E-Mail: jfzmsc@esri.ie
John Fitzgerald
Terry Baker
David Duffy

Italien

iz t 551

Association Prometeia
Via Marconi 43, I-40122 Bologna
T: (0039051) 6 48 09 11 **Fax:** 22 07 53
Internet: http://www.prometeia.it
E-Mail: gujab@prometeia.it
G. Bacchilega
A. Tantazzi
P. Onofri

iz t 552

Istituto per la Ricerca Sociale (IRS)
Via XX Settembre 24, I-20123 Milano
T: (003902) 46 76 41 **Fax:** 46 76 42, 46 76 27
E-Mail: fdenovellis@hsn.it
P. Saraceno

iz t 553

Istituto di Studi E Analisi Economica ISAE
Piazza dell'Indipendenza, 4, I-00185 Roma
T: (003906) 44 48 21 **Fax:** 44 48 22 19

E-Mail: m.cagiano@isnae.it
Comité de direction: M. Cagiano
M.G.P. Oneto

iz t 554

Centro Studi CONFINDUSTRIA
Viale dell'Astronomia 30 EUR, I-00144 Roma
T: (003906) 5 90 36 43, 5 90 32 38 **Fax:** 5 91 83 48
Internet: http://www.confindustria.it
E-Mail: s.denardis@confindustria.it
I. Cipolletta
S. de Nardis
G. P. Galli

Jugoslawien (Serbien + Montenegro)

iz t 555

Foreign Trade Research Institute
Postf. 943, YU-11000 Beograd
Mose Pijade 8/III, YU-11000 Beograd
T: (0038111) 323 53 91 **Fax:** 323 53 06
E-Mail: radovank@eunet.yu
Radovan Kovacevic

iz t 556

Marketing Research Institute
Postf. 247, YU-11000 Beograd
Mose Pijade 8/I, YU-11000 Beograd
T: (0038111) 33 51 97 **Fax:** 33 53 01
E-Mail: izit@beotel.yu
Stosic

Niederlande

iz t 557

Centraal Planbureau
Postf. 80510, NL-2508 GM The Hague
Van Stolkweg 14, NL-2585 JR 's-Gravenhage
T: (003170) 3 38 33 80 **Fax:** 3 38 33 50
Internet: http://www.cpb.nl
E-Mail: hulsman@cpb.nl, kranendonk@cpb.nl
W. Hulsman
H.C. Kranendonk

Norwegen

iz t 558

Statistics Norway
Postf. 8131, N-0033 Oslo
T: (0047) 22 86 45 00 **Fax:** 22 11 12 38
Internet: http://www.ssb.no
E-Mail: isw@ssb.no
Macroeconomic Division: Ingvild S. Wold

Österreich

iz t 559

Österreichisches Institut für Wirtschaftsforschung (WiFO)
Postf. 91, A-1103 Wien
T: (00431) 7 98 26 01 **Fax:** 7 98 93 86
Internet: http://www.wifo.ac.at
E-Mail: breuss@wifo.ac.at, marterb@wifo.ac.at
F. Breuss
M. Marterbauer

Polen

iz t 560

Foreign Trade Research Institute - IKC HZ
ul. Frascati 2, PL-00483 Warszawa
T: (004822) 8 26 89 08, 6 29 79 79 **Fax:** 8 26 55 62, 6 28 17 77
Internet: http://www.ikchz.warszawa.pl
E-Mail: koniunkt@atos.warman.com.pl
K. Marczewski
J. Chojna

Schweden

iz t 561

Industriförbundet
Office address: Storgatan 19
Mail adress:
Postf. 5501, S-11485 Stockholm
T: (00468) 7 83 80 49 **Fax:** 6 62 35 95
Internet: http://www.industriforbundet.se
E-Mail: ola.virin@industriforbundet.se
O. Virin

Schweiz

iz t 562

Konjunkturforschungsstelle an der Eidgenössischen Technischen Hochschule (ETH)
Weinbergstr. 35, CH-8092 Zürich
T: (00411) 6 32 42 39, 6 32 51 57 **Fax:** 6 32 12 18
Internet: http://www.kof.ethz.ch
E-Mail: schmidbauer@kof.reok.ethz.ch
F. Schmidbauer

Slowenien

iz t 563

SKEP
Economic Outlook and Policy Services
Chamber of Commerce and Industry of Slovenia
Dimiceva 13, SLO-1504 Ljubljana
T: (0038661) 1 89 81 68 **Fax:** 1 89 81 00
E-Mail: nina.presern@gzs.si, skep@gzs.si
N. Presern
Sisko Debeljak

Spanien

iz t 564

Subdirección General de Previsión y Coyuntura Dirección General de Política Económica y Defensa de la Competencia
Ministerio de Economía y Hacienda
Alcale, 9 - 1a planta, E-28071 Madrid
T: (003491) 595 88 71 **Fax:** 595 88 53
Internet: http://www.meh.es
E-Mail: alberto.olano@dgpedc.meh.es
A. Olano

Tschechische Republik

iz t 565

Center of Conjunctural Studies and Forecasting, Prague
Taussigova 1155, CZ-18200 Praha 8
T: (004202) 8 58 46 40 **Fax:** 8 58 46 40
E-Mail: sereg@nb.vse.cz
Dr. J. Sereghyova

Ungarn

iz t 566

Economic Research Company (GKI Co)
Postf. 78, H-1364 Budapest 1364
Semmelwels u. 9, H-1052 Budapest 1364
T: (00361) 3 18 18 68 **Fax:** 3 18 40 23
Internet: http://www.gki.hu
E-Mail: semm@gki.hu, gerl@gki.hu
A. Vertes
G. Papanek
L. Akar

iz t 567

Institute for Economic and Market Research and Informatics KOPINT-DATORG
Csokonai u. 3, H-Budapest 1081
T: (00361) 303 95 78 **Fax:** 303 95 88
E-Mail: koves@mail.datanet.hu
A. Köves
G. Oblath

• IZ T 568

"Collegium Aussenwirtschaft"
c/o Volker von Sengbusch & Partner
Deutsch-Ordens-Schloss
Postf. 2 06, 91543 Dinkelsbühl
Föhrenberggasse 30, 91550 Dinkelsbühl
T: (09851) 55 32 93, 55 30 73 **Fax:** 55 32 94, 55 32 74
E-Mail: conseng@gmx.de
Gründung: 1991 (15. Juni)
Vorsitzende(r): Dipl. oec. Prof. Volker von Sengbusch (MBA; Professor für Aussenwirtschaft)
Mitglieder: (31.12.1999) 260 weltweit
Jahresetat: für 2000 ca. DM 0,240 Mio, € 0,12 Mio

Bank- und Versicherungswissenschaften

• IZ T 569

Beratungsgruppe der Versicherungsmathematikerverbände der EG (GCAAPCE)
Groupe Consultatif des Associations d'Actuaires des Pays des Communautés Européennes
4 Worcester Street, GB-Oxford OX1 2AW
T: (00441865) 268 233 **Fax:** 268 218
E-Mail: groopecor@actuaries.org.uk
Gründung: 1978
Chairman: Holger Dock
Vice-Chairman: Manuel Peraita
Peter Clark
Sekretär: John Michael Henty (GB)

Mitgliedsorganisationen

Belgien

iz t 570

Association Royale des Actuaires Belges Koninklijke Vereniging van Belgische Aktuarissen
Wolvengrachtstraat 48, B-1000 Bruxelles
Rue du Fossé-aux-Loups 48, B-1000 Bruxelles

Dänemark

iz t 571

Den danske Aktuarforening
c/o DIP
Slotsholmsgade 1, DK-1216 Copenhagen K

Deutschland

iz t 572

Deutsche Aktuarvereinigung (DAV) e.V.
Unter Sachsenhausen 33, 50667 Köln
T: (0221) 9 12 55 40 **Fax:** 91 25 54 44

Frankreich

iz t 573

Association des Actuaires Diplômes de l'Institut de Science Financière et d'Assurances
59, rue de la Boetie, F-75008 Paris
T: (00331) 45 63 61 35 **Fax:** 45 6 36 61 35

iz t 574

Institut des Actuaires Français
59 rue de la Boetie, F-75008 Paris
T: (00331) 45 63 61 35 **Fax:** 45 63 61 35

Griechenland

iz t 575

Association of Greek Actuaries
c/o Nationale Nederlanden Insurance Co.
198 Syngroll Av., GR-17671 Athens

Irland

iz t 576

Society of Actuaries in Ireland
5 Wilton Place, IRL-Dublin 2
T: (003531) 6 61 24 22 **Fax:** 6 62 24 89

Italien

iz t 577

Istituto Italiano degli Attuari
Via del Corea 3, I-00186 Roma
T: (06) 3 22 60 51 **Fax:** 3 22 60 56

iz t 578

Ordine Nazionale degli Attuari
Via del Corea 3, I-00186 Roma
T: (006322) 60 51

Luxembourg

iz t 579

Association Luxembourgeoise de Actuaires
125, Route d'Esch, L-1471 Luxembourg
T: (0049) 9 20 21 86 **Fax:** 49 53 35

Niederlande

iz t 580

Actuarieel Genootschap
Postf. 5 40, NL-3440 AM Woerden
T: (00348) 43 96 41 **Fax:** 43 05 55
Internet: http://www.ag-ai.nl
E-Mail: actgen@ag-ai.nl

Großbritannien

iz t 581

The Institute of Actuaries
Staple Inn Hall, High Holborn, GB-London WC1V 7QJ
T: (0044207) 632 21 00 **Fax:** 632 21 11
Internet: http://www.actuaries.org.uk
E-Mail: institute@actuaries.org.uk
Gründung: 1848
Präsident(in): Paul N. Thornton (MA FIA (Jul 1998-Jun 2000))
Secretary-General: Gregor B. L. Campbell (Civil Eng)
Chief Education Executive: Dr. Elisabeth Goodwin (MSc PhD FRIN FSS FIMA)
Leitung Presseabteilung: Barbara Beebee
Verbandszeitschrift: British Actuali Journal
Mitarbeiter: 81

iz t 582

The Faculty of Actuaries
Maclaurin House
18 Dublin Street, GB-Edinburgh EH1 3PP
T: (0044131) 24 01-300 **Fax:** 24 01-313
Internet: http://www.actuaries.org.uk

Spanien

iz t 583

Instituto de Actuarios Espan_3oles
Victor Andrés Belaunde 36, E-28016 Madrid
T: (001457) 86 96 **Fax:** 14 07

Portugal

iz t 584

Instituto dos Actuarios Portugueses
Alameda D. Afonso Henriques 72 - r/c Esq., P-1000 Lisbon
T: (001846) 38 82 **Fax:** 38 82

Ernährungs-, land- und forstwissenschaftliche Vereinigungen, Institute, Umweltforschung

• IZ T 585

Verband für Emissionsregelung mit Katalysator (AECC)

Association for Emissions Control by Catalyst
Association pour le contrôle des émissions avec catalyseurs
Avenue de Tervueren 100, B-1040 Brüssel
T: (00322) 7 43 24 90 **Fax:** 7 43 24 99
Gründung: 1985
Executive Director: Robert A. Searles (Ltg. Presseabt.)
Verbandszeitschrift: AECC Newsletter
Redaktion: Robert A. Searles
Mitglieder: 9
Mitarbeiter: 3

• IZ T 586

Europäische Akademie für Ernährungswissenschaften (EANS)

European Academy of Nutritional Sciences
Biochemisches Institut
Vesalgasse 1, CH-4051 Basel
T: (004161) 2 67 35 61 **Fax:** 2 67 35 66
Gründung: 1961/1993
President: Prof. Paul Walter (Biochemisches Institut, Universität Basel, Vesalgasse 1, CH-4051 Basel, T: (004161) 2 67 35 61, Telefax: (004161) 2 67 35 66)
Secretary: Dr. O. Korver (Unilever Research, Olivier von Noortlaan 120, NL-3133 AT Vlaardingen, T: (003110) 4 60 69 33, Telefax: (003110) 4 60 53 83)
Mitglieder: 250

• IZ T 587

Europäische Gesellschaft für Kartoffelforschung (EAPR)

European Association for Potato Research
Association Européenne pour la Recherche sur la Pomme de terre
Postf. 20, NL-6700 AA Wageningen
Fax: (0031317) 48 45 75
Internet: http://www.agro.wau.nl/eapr/index.htm
Gründung: 1957
President: Prof. Dr. G. Wenzel
Verbandszeitschrift: Potato Research
Redaktion: EAPR
Verlag: P.O. Box 20, 6700 AA Wageningen, Netherlands
Mitglieder: 750

• IZ T 588

Europäische Gesellschaft für Züchtungsforschung (EUCARPIA)

European Association for Research on Plant Breeding
Association Européenne pour l'Amélioration des Plantes
Secretariat:
Postf. 315, NL-6700 AH Wageningen
Gründung: 1956 (2. Juli)
President: Dr. G.R. Mackay
Leiterin Presseabt.: Dr.Ir. M. J. de Jeu (Secretary General)
Verbandszeitschrift: Eucarpia Bulletin
Redaktion: Eucarpia Secretariat
Verlag: P.O. Box 3 15, NL-6700 AH Wageningen
Mitglieder: 12 sections, ca. 1100 members

• IZ T 589

Europäische Vereinigung für Wasserwirtschaft (EWA)

European Water Association
Association Européenne pour la Maîtrise de l'eau
Theodor-Heuss-Allee 17, 53773 Hennef
T: (02242) 8 72-0 **Fax:** 8 72-1 35
Internet: http://www.ewaonline.de
E-Mail: ewa@atv.de
Gründung: 1981 (22. Juni)
Präsident(in): Claus Hagebro (DK)
Generalsekretär(in): Dr.-Ing. Sigurd van Riesen
Verbandszeitschrift: EUROPEAN WATER MANAGEMENT
Verlag: CIWEM, Lavenham, Suffolk CO 10 9RN (UK)
Mitglieder: ca. 50000 in 28 Mitgliedsverbänden

Mitgliedsorganisationen

Belgien

iz t 590

Comité Belge de l'IAWQ
Postf. 6, B-1060 Brüssel
T: (00322) 5 37 43 02 **Fax:** 5 39 21 42

Bulgarien

iz t 591

Bulgarian National Association on Water Quality (BNAWQ)
Maria Louiza Blvd 22, BG-1000 Sofia
T: (003592) 9 80 35 47 **Fax:** 9 80 35 47

Dänemark

iz t 592

The Society of Danish Engineers
Vester Farimagsgade 29, DK-1780 København V
T: (0045) 33 15 65 65 **Fax:** 33 93 71 71

Deutschland

iz t 593

ATV-DVWK Deutsche Vereinigung für Wasserwirtschaft, Abwasser und Abfall e.V.
Postf. 11 65, 53758 Hennef
Theodor-Heuss-Allee 17, 53773 Hennef
T: (02242) 8 72-0 **Fax:** 8 72-1 35
Internet: http://www.atv.de

Estland

iz t 594

Estonian Water Association
Järvevana tee 5, EW-0001 Tallinn
T: (00372) 6 20 25 00 **Fax:** 6 20 25 07

Finnland

iz t 595

Vesiyhdistys r.y.
Water Association Finland
Postf. 7 21, FIN-00101 Helsinki
T: (003589) 13 14 11 **Fax:** 66 32 87

Frankreich

iz t 596

Association Générale des Hygiénistes et Techniciens Municipaux (AGHTM)
Postf. 3916, F-75761 Paris Cedex 16
Avenue Foch 83, F-75761 Paris Cedex 16
T: (00331) 53 70 13 50 **Fax:** 53 70 13 40

Griechenland

iz t 597

The Hellenic Institute of Environment (EIPA)
Trapezountos Str. 25, GR-18121 Koritallos
T: (00301) 561 55 65 **Fax:** 561 55 65

Großbritannien

iz t 598

The Chartered Institution of Water and Environmental Management (CIWEM)
John Street 15, GB-London WC1N 2EB
T: (0044207) 8 31 31 10 **Fax:** 4 05 49 67

Italien

iz t 599

Associazione Nazionale di Ingegneria Sanitaria (ANDIS)
EWPCA Italian Section
Via Andrea Palladio 26, I-20135 Mailand
T: (00392) 58 30 15 01 **Fax:** 58 30 15 50

Jugoslawien

iz t 600

Yugoslav Society on Water Pollotron Control (YuSWPC)
Kneza Milosa St. 9, YU-11000 Belgrad
T: (00381) 11 34 16 56 **Fax:** 11 34 16 56

Kroatien

iz t 601

Croatian Water Pollution Control Society
Ulica Grada Vukovara 220, HR-10000 Zagreb
T: (00385) 16 11 05 22 **Fax:** 16 15 17 94

Lettland

iz t 602

Latvian Water and Wasle Water Works Society (LWSA)
Riharda Vagnera iela III, LV-1050 Riga
T: (00371) 4 82 17 89 **Fax:** 7 89 48 06

Litauen

iz t 6 02.10

Clean Water Association (VSA)
Sausmedziy skg. 3, LT-3014 Lithuania
T: (003707) 37 00 13 **Fax:** 37 00 13

Luxemburg

iz t 603

Association Luxembourgeoise des Services d'Eau (ALUSEAU)
S.E.B.E.S.
T: (00352) 89 59 11 **Fax:** 89 90 57

Niederlande

iz t 604

Netherlands Association for Water Management (NVA)
Postf. 70, NL-2280 AB Rijswijk
Sir Winston Churchill-laan 273, NL-2288 EA Rijswijk
T: (003170) 4 14 47 50 **Fax:** 4 14 44 20
Internet: http://www.nva.net

Norwegen

iz t 605

Norwegian Water Association (NWA)
Bjerkelundveien 9, N-1342 Jar
T: (0047) 22 18 51 00 **Fax:** 22 18 52 00

Österreich

iz t 606

Österreichischer Wasser- und Abfallwirtschaftsverband (ÖWAV)
Marc Aurel-Str. 5, A-1010 Wien
T: (00431) 5 35 57 20 **Fax:** 5 35 40 64

Polen

iz t 607

Polish National Committee of the IAWQ
Ul Podlesna 61, PL-01673 Warschau
T: (004822) 34 02 75 **Fax:** 34 02 75

Portugal

iz t 608

Associacao Portuguesa para Estudos de Saneamento Basico (APESB)
c/d Laboratorio Nacional de Engenharia Civil
Av. do Brasil 101, P-1799 Lissabon Cedex
T: (003511) 8 48 21 31 **Fax:** 8 47 86 14

Russland

iz t 609

RosNIIVKH
Mira Str. 23, RUS-620049 Ekatarinburg
T: (007343) 2 44 32 72 **Fax:** 2 44 27 15

Schweden

iz t 610

Swedish Water and Waste Water Association (VAV)
T: (00468) 6 77 25 70 **Fax:** 6 77 25 75
E-Mail: vav@vav.se

Schweiz

iz t 611

Verband Schweizer Abwasser- und Gewässerschutzfachleute (VSA)
Strassburgstr. 10, CH-8026 Zürich
T: (00411) 2 41 25 85 **Fax:** 2 41 61 29

Spanien

iz t 612

Asociacion Española de Abastecimiento de Agua y Saneamiento
Calle Orense n°4, 1° derecha A, E-28020 Madrid
T: (003491) 5 56 43 00 **Fax:** 5 56 89 98
Internet: http://www.servicom.es/aeas/aeas.htm
E-Mail: aeas@mad.servicom.es

Slowenien

iz t 613

Slovenian Water Pollution Control Association
Postf. 3 43, SLO-1001 Ljubljana
T: (0038661) 1 76 02 00 **Fax:** 1 25 92 44

Slowakei

iz t 614

Association of Water Management Employers in Slovakia
Povodie Hrona s.p.
Partizánska cesta 69, SK-97498 Banská Bystrica
T: (004288) 4 28 84 **Fax:** 74 64 44

Tschechische Republik

iz t 615

Association of Wastewater Treatment Experts (AWWTE)
Poznanská 3, CZ-61600 Brünn
T: (00425) 75 00 42 **Fax:** 5 75 00 42

Ungarn

iz t 616

Hungarian Waste Water Association
Müegyetem rkp 3, H-1111 Budapest
T: (00361) 3 55 42 25 **Fax:** 4 63 37 53

• IZ T 617

Europäische Vereinigung der Nahrungsmittelwissenschaft und -Technologie (EFFOST)
European Federation of Food Science and Technology
Fédération Européenne de la Science, Technologie et Génie Alimentaire
c/o ATO-DLO
Postf. 17, NL-6700 AA Wageningen
T: (0031317) 47 50 00 **Fax:** 47 53 47
Internet: http://www.ato.dlo.nl/effost
E-Mail: effost@ato.dlo.nl
Gründung: 1985
Contact: Daniella Stijnen
Mitglieder: 20 Countries
Mitarbeiter: 2

• IZ T 618

Europäisches Netz der Organisationen für Umweltforschung (ENERO)
European Network of Environmental Research Organisations
Réseau Européen des Organisations de Recherche en Environnement
Rue de Rocroy 9, F-75010 Paris
T: (00331) 55 07 95 00 **Fax:** 55 07 95 01
Gründung: 1992
Président: Hans Kroath
Secrétaire Général: Pierre-Yves Saint (Contact)
Mitglieder: 15 Members

Mitgliedsorganisationen

Austria

iz t 619

Forschungszentrum Seibersdorf
T: (00432254) 7 80 36 51 **Fax:** 7 36 53
Contact: Hans Kroath

iz t 620

ISSEP
Rue du Chéra 200, B-4000 Lüttich 1
T: (003242) 52 71 50 **Fax:** 52 46 65
Contact: J.C. Maquinay

Denmark

iz t 621

RISO
Postf. 49, DK-4000 Roskilde
T: (0045) 46 77 41 01 **Fax:** 46 77 41 09
Contact: J. Duijm

France

iz t 622

INERIS
Postf. 2, F-60550 Verneuil en Haltte
Parc Technologique, F-60550 Verneuil en Halatte
T: (0033344) 55 68 27 **Fax:** 55 61 75
Contact: Eric Vindimian

Germany

iz t 623

Forschungszentrum Karlsruhe GmbH
Postf. 36 40, 76021 Karlsruhe
Hermann-von-Helmholtz-Platz 1, 76344 Eggenstein-Leopoldshafen
T: (07247) 82 2703 **Fax:** 82 3949
Internet: http://www.fzk.de
E-Mail: info@fzk.de
Contact: Dr. F. Arendt

Associate Member "Group"

iz t 624

AEA Technology
National Environmental Technology Centre
Culham-Abingdom, GB-Oxfordshire OX 14 3DB
T: (00441235) 46 31 12 **Fax:** 46 30 01
Contact: N. Hurford

Greece

iz t 625

NCSR Demokritos
INT-RP/EREL ATTIKIS
Postf. 60228, GR-15310 Aghia
T: (00301) 6 52 50 04 **Fax:** 6 53 34 31
Contact: J. Bartzis

Italy

iz t 626

ENEA
Via Anguillarese 301, I-00060 S.M. di Galeria (Roma)
T: (003906) 30 48 39 50 **Fax:** 30 48 30 55
Contact: Dr. Mauro Basili

iz t 627

Centre de Recherche Communautaire (Sponsor) - Institut de l'Environnement
TP 290, I-21020 Ispra VA
T: (00390332) 78 99 81 **Fax:** 78 92 22
Contact: J.M. Jimenez

Netherland

iz t 628

Division of Environmental and Energy Research, Studycenter for Environmental Research (TNO)
Postf. 3 42, NL-7300 AH Apeldoorn
Laan van Westenenk 501, NL-7300 AH Apeldoorn
T: (003155) 5 49 34 93 **Fax:** 5 41 98 37
Contact: B. Don

Norway

iz t 629

Norsk institutt for luftforskning (NILU)
Norwegian Institute for Air Research
Postf. 100, N-2007 Kjeller
Instituttveien 18, N-2007 Kjeller
T: (0047) 63 89 80 55 **Fax:** 63 89 80 50
Contact: P. Berg

Poland

iz t 630

GIG

Plac Gwarkow 1, PL-40166 Kattowitz
T: (004832) 58 30 02 **Fax:** 59 65 33
Contact: Dr. Filipek

Spain

iz t 631

CIEMAT

Avenida Complutense 22, E-28040 Madrid
T: (0034) 913 466 705 **Fax:** 913 466 005
Contact: F. Recreo-Jimenez

Sweden

iz t 632

Institutet för Vatten- och Luftvårdsforskning (IVL)

Postf. 2 10 60, S-10031 Stockholm
Hälsingegatan 43, S-10031 Stockholm
T: (00468) 7 29 15 00 **Fax:** 31 85 16
Contact: Lars Zetterberg

• **IZ T 633**

Europäisches Zentrum für mittelfristige Wettervorhersage (EZMW)

European Centre for Medium-Range Weather Forecasts (ECMWF)
Centre européen pour les prévisions météorologiques à moyen terme (CEPMMT)
Shinfield Park, Reading, GB-Berkshire RG2 9AX
T: (0044118) 9 49 91 01 **Fax:** 9 86 94 50
Internet: http://www.ecmwf.int/
E-Mail: dra@ecmwf.int
Gründung: 1973 (11. Oktober)
Direktor(in): David Burridge
Stellv. Dir: Anthony Hollingsworth
Mitglieder: 18 Mitgliedsstaaten
Mitarbeiter: ca. 140

• **IZ T 634**

Intern. Vereinigung für Bienenforschung (IBRA)

International Bee Research Association
Association Internationale de Recherche Apicole
18 North Road, GB-Cardiff CFIO 3DT
T: (00442920) 37 24 09 **Fax:** 66 55 22
Internet: http://www.cf.ac.uk/ibra/index.html
E-Mail: ibra@cardiff.ac.uk
Gründung: 1949
President: Dr. Hachiro Shimanuki (USA)
Council: Chairman C. OToole (UK)
Director: Richard Jones
Leitung Presseabteilung: Pamela Munn
Verbandszeitschrift: Bee World, Journal of Apicultural Research, Apicultural Abstracts
Redaktion: 18 North Rd., GB-Cardiff CFIO 3DT
Mitglieder: ca. 900
Mitarbeiter: 4

• **IZ T 635**

Internationale Gesellschaft für Getreidewissenschaft und -technologie (ICC)

International Association for Cereal Science and Technology
Association Internationale des Sciences et Technologies Céréalières
Postf. 77, A-2320 Schwechat
Wiener Str. 22 a, A-2320 Schwechat
T: (00431) 707 72 02 **Fax:** 707 72 04
Internet: http://www.icc.or.at/icc/
E-Mail: gen.sec@icc.or.at
Präsident(in): R. Cracknell (Australien)
Generalsekretär(in): Dr. Dipl.-Ing. H. Glattes (Österreich)

• **IZ T 636**

Internationale Kommission für Agrartechnik (C.I.G.R.)

International Commission of Agricultural Engineering
Commission Internationale du Génie Rural
General Secretariat:
Institut für Landtechnik Universität Bonn
Nußallee 5, 53115 Bonn
T: (0228) 73 25 97 **Fax:** 73 96 44
E-Mail: cigr@uni-bonn.de
Gründung: 1930
President: Prof. Bill Stout (1521 Frost Drive, College Station, Texas TX 77845 USA, T: (001409) 8 47 93 06, Fax: 8 45 39 32, E-Mail: stout@tamu.edu)
Leitung Presseabteilung: Prof. Dr. P. Schulze Lammers
Verbandszeitschrift: CIGR Newsletter (engl.) Bulletin de la CIGR (franz.)
Verlag: Prof. Dr. Peter Schulze Lammers, CIGR, Institut für Landtechnik, Universität Bonn, Nussallee 5, 53115 Bonn, T: (0228) 73 23 89
Mitglieder: ca. 3500 aus 40 Ländern der ganzen Welt
Mitarbeiter: 1

• **IZ T 637**

Internationale Kommission für Zuckertechnologie (CITS)

International Commission of Sugar Technology
Commission Internationale Technique de Sucrerie
Marktbreiter Str. 74, 97199 Ochsenfurt
T: (09331) 9 14 50 **Fax:** 9 14 62
Gründung: 1949
President Comité Administratif: Léon Sué (Raffinerie Tirlemontoise S.A., Aandorenstraat, 1, B-3300 Tienen, T:(003216) 80 12 11/07, Telefax: (003216) 82 10 67)
Président du Comité Scientifique: Dr. ir. Jan Maarten de Bruijn (CSM Suiker bv, Centraal laboratorium, Postbus 32 48, NL-4800 DE Breda, T: (0031076) 52 30 604, Fax: 52 11 851)
Secrétaire Général: Dr. Henk van Malland (Südzucker AG, Marktbreiter Str. 74, 97199 Ochsenfurt, T: (09331) 9 14 50, Fax: 9 14 62)

• **IZ T 638**

Internationale Union der Ernährungswissenschaften (IUNS)

International Union of Nutritional Sciences
Union Internationale des Sciences de la Nutrition
Secretary General c/o Dept of Human Nutrition Wageningen Agricultural University
Postf. 8129, NL-6700 EV Wageningen
T: (0031317) 48 25 89 **Fax:** 48 33 42
Internet: http://www.monash.edu.au/IUNS
E-Mail: RIEKIE.JANSSEN@SECRETARIAAT.VOED.WAU.NL
Secretary General: Prof. J. G. A. J. Hautvast (c/o Dept of Human Nutrition Wageningen Agricultural University, P.O. Box 8129, NL-6700 EV Wageningen (Niederlande), T: (0031317) 48 25 89, Tx: 45 015, Telefax: (0031317) 48 33 42)
Verbandszeitschrift: Directory, Annual Report, Newsletter

• **IZ T 639**

Internationale Vereinigung für Gewässerschutz und -kontrolle (IWA)

International Water Association
Alliance House
12 Caxton Street, GB-London SW1H 0QS
T: (0044207) 6 54-5500 **Fax:** 6 54-5555
Internet: http://www.iawq.org.uk
E-Mail: water@iwahq.org.uk
Gründung: 1965
President: P. E. Odendaal (South Africa)
V. Bath (South Africa)
Executive Director: Anthony Milburn (UK)
Manager of Publicity Department: Amanda White
Verbandszeitschrift: Water 21,
Water research,
Water science and Technology
Year Book
Scientific and technical Reports
Technical Group Newsletters
Water supply
Aqua
Mitglieder: 7000
Mitarbeiter: 14
Jahresetat: DM 2,5 Mio, € 1,28 Mio

• **IZ T 640**

Internationale Vereinigung für Saatgutprüfung (ISTA)

International Seed Testing Association
Association Internationale d'Essais de Semences
Secretariat
Postf. 412, CH-8046 Zürich
T: (00411) 3 77 60-00 **Fax:** 3 77 60-01
Internet: http://www.seedtest.org
E-Mail: istach@iprolink.ch
Gründung: 1924
Secretariat: Reckenholz (P.O. Box 412, CH-8046 Zürich)
Verbandszeitschrift: ISTA News Bulletin; Wissenschaftl. Journal: Seed Science and Technology
Redaktion: ISTA Secretariat
Mitglieder: 148 offizielle Saatgutprüfstellen und 198 persönliche Mitglieder in 72 verschiedenen Ländern
Mitarbeiter: 6

• **IZ T 641**

Internationaler Rat für Meeresforschung (ICES/ CIEM)

International Council for the Exploration of the Sea
Conseil International pour l'Exploration de la Mer
Palaegade 2-4, DK-1261 Copenhagen K
T: (0045) 33 15 42 25 **Fax:** 33 93 42 15
E-Mail: ices.info@ices.dk
Gründung: 1902
General Secretary: Prof. C. C. E. Hopkins
Verbandszeitschrift: ICES Journal of Marine Science, ICES Marine Science Symposia, ICES Cooperative Research Report series, ICES Techniques in Marine Environmental Sciences, ICES Identification Leaflets for Plankton/Diseases and Parasites of Fish and Shellfish
Mitglieder: 19 member countries
Mitarbeiter: ca. 35

• **IZ T 642**

Internationaler Verband forstlicher Forschungsanstalten (IUFRO)

International Union of Forestry Research Organizations
Union Internationale des Instituts de Recherches Forestières
Sekretariat:
Seckendorff-Gudent-Weg 8, A-1131 Wien
T: (00431) 8 77 01 51 **Fax:** 8 77 93 55
Internet: http://iufro.boku.ac.at/
E-Mail: IUFRO@FORVIE.AC.AT.
Gründung: 1892
Präsident(in): Dr. Jeffery Burley (Department of Plant Sciences, University of Oxford, South Parks Road, Oxford OX1 3RB, UK)
Sekretär: Dipl.-Ing. Heinrich Schmutzenhofer
Verbandszeitschrift: IUFRO News
Verlag: Eigenverlag
Mitglieder: 720 in 116 Ländern, 15 000 Wissenschaftler
Mitarbeiter: 10

• **IZ T 643**

Internationaler Verband der Pflanzenzüchter für den Schutz von Pflanzenzüchtungen (ASSINSEL)

International Association of Plant Breeders for the Protection of Plant Varieties
Association Internationale des Sélectionneurs pour la Protection des Obtentions Végétales
Ch. du Reposoir 7, CH-1260 Nyon
T: (004122) 3 61 99 77, 3 61 99 14 **Fax:** 3 61 92 19
Internet: http://www.worldseed.org
E-Mail: ass@iprolink.ch
Gründung: 1938
Generalsekretär(in): Bernard Le Buanec
Mitglieder: in 27 Staaten

• **IZ T 644**

Internationale Gesellschaft für Gartenbauwissenschaft (ISHS)

International Society of Horticultural Sciences
K. Mercierlaan 92, B-3001 Leuven
T: (003216) 22 94 27 **Fax:** 22 94 50
Internet: http://www.ishs.org
E-Mail: info@ishs.org
Gründung: 1959
Chairman: Dr. C. D. Brickell (The Camber, The Street, Pullborough, West Sussex RH20 2HE, United Kingdom, Tel.: (0044) 17 98 81 31 70, Fax: (0044) 17 98 81 53 50, E-Mail: brickell.camber@btinternet.com)
Vice-Chairman: Dr. J. Possingham (31 Thornber Street, Unley Park, SA 5061, Australien, Tel./Fax: (0061) 8 82 72 34 06, E-Mail: possinham@esc.net.au)
Treasurer: Dr. R. H. Zimmerman (507 Leighton Ave., Silver Spring, MD 20901-4825, USA, Tel.: (001) 30 15 87 89 07, Fax: (001) 30 15 87 89 07, E-Mail: rzh1415@starpower.net)
Secretary: Prof. Dr. Uygun Aksoy (Ege University, Faculty of Agriculture, Departement of Horticulture, 35100 Bornova-Izmir, Türkei, Tel.: (0090) 23 23 88 01 10, Fax: (0090) 23 23 88 18 64, E-Mail: aksoy@ziraat.ege.edu.tr)
Executive Director: Jozef Van Asche
Mitglieder: mehr als 3800 Personen in über 100 Ländern sowie 270 Organisationen und 54 Mitgliedsländern

• **IZ T 645**

Internationales Institut für Rübenforschung (IIRB)

International Institute for Beet Research
Institut International de Recherches Betteravières
Avenue de Tervuren 195, B-1150 Brüssel
T: (00322) 7 37 70 92 **Fax:** 7 37 70 99
E-Mail: mail@iirb.org
Gründung: 1932
Präsident des Verwaltungsrates: C. Sperlingsson
Vorsitzender d. Wissenschaftl. Beratungsausschusses: J.A. Esteban Baselga
Geschäftsf. Gen.-Sekretär: Dr. R. Beckers (Ltg. Presseabt. T: (00322) 7 37 70 93)
Mitglieder: 600
Mitarbeiter: 3
Jahresetat: ca. DM 0,55 Mio, € 0,28 Mio

• **IZ T 646**

Internationales Komitee für Leistungsprüfungen in der Tierproduktion (ICAR)

International Committee for Animal Recording
Comité International pour le Contrôle des Performances en Élevage
Via Nomentana 134, I-00161 Rom
T: (00396) 86 32 91 41 **Fax:** 86 32 92 63
Internet: http://www.icar.org
E-Mail: zoorec@rmnet.it
Gründung: 1952
President: Dr. J. Crettenand
Secretary General: Dr. Jean Boyazoglu
Mitglieder: 36
Mitarbeiter: 3

• **IZ T 647**

Verbindungs-Zentrale für wissenschaftliche Tabak-Forschung (CORESTA)

Cooperation Center for Scientific Research relative to Tobacco
Centre de Coopération pour les Recherches Scientifiques relatives au Tabac
53, Quai d'Orsay, F-75347 Paris, Cedex 07
T: (00331) 45 56 60 19 **Fax:** 45 56 62 30
Gründung: 1956
Président du Conseil d'Administration: Manuel Bourlas
Vice-Président du Conseil: Leslie Cousins
Secrétaire Général: François Jacob
Président de la Commission Scientifique: Maria Elmano Rocha
Vice-Présidents de la Commission Scientifique: René Delon
Mitglieder: 193

• **IZ T 648**

Europäisches Netzwerk der Technik für Landwirtschaft und Umwelt (ENGAGE)

European Network of Engineering for Agriculture and Environment
c/o Bundesforschungsanstalt für Landwirtschaft (FAL)
Institut für Biosystemtechnik
Bundesallee 50, 38116 Braunschweig
T: (0531) 5 96-309, 5 96-466 **Fax:** 596-369
E-Mail: axel.munack@fal.de, gerhard.jahns@fal.de
Chairman: Prof. Dr.-Ing Axel Munack
Secretariat: Dr.-Ing. Gerhard Jahns

Verbundene Organisationen

Belgien

iz t 649
Katholieke Universiteit Leuven
Dept. of Agricultural Engineering and Economics
Kardinaal Mercierlaan 92, B-3001 Heverlee
T: (003216) 32 14 45 **Fax:** 32 19 94
Internet: http://www.agr.kuleuven.ac.be/aee/aeehomee.htm
E-Mail: josse.debaerdemaeker@agr.kuleuven.ac.be
Prof. J. De Baerdemaeker

iz t 650
CLO - DVL
Department Mechanisation, Labour, Buildings, Animal Welfare and Environmental Protection
Van Gansberghelaan 115, B-9820 Merelbeke
T: (00329) 2 52 18 21 **Fax:** 2 52 42 34
E-Mail: dvl@clo.fgov.be
Prof. Dr. Ir. J. M. A. Daelemans

Dänemark

iz t 651
Danish Institute of Agricultural Sciences
Department of Agricultural Engineering
Research Centre Bygholm
Postf. 5 36, DK-8700 Horsens
Schüttesvej 17, DK-8700 Horsens
T: (004576) 29 60 21 **Fax:** 29 61 00
Internet: http://www.agrsci.dk
E-Mail: dae.bygholm@agrsci.dk, SvendMartin.Nielsen@agrsci.dk
Dr. S.M. Nielsen

Deutschland

iz t 652
Institut für Agrartechnik (440)
c/o Lehrstuhl Grundlagen der Landtechnik
Universität Hohenheim
Garbenstr. 9, 70599 Stuttgart
T: (0711) 4 59 32 00 **Fax:** 4 59 25 19
E-Mail: kutzbach@uni-hohenheim.de
Prof. Dr.-Ing. H. D. Kutzbach

iz t 653
Institut für Biosystemtechnik
c/o Bundesforschungsanstalt für Landwirtschaft
Bundesallee 50, 38116 Braunschweig
T: (0531) 59 63 09 **Fax:** 59 63 69
Internet: http://www.fal.de
E-Mail: axel.munack@fal.de
Prof. Dr.-Ing. Axel Munack

Finnland

iz t 654
Agricultural Research Centre of Finland
Agricultural Engineering Research
MTT/Vakola
Vakolantie 55, FIN-03400 Vihti
Internet: http://www.mtt.fi
E-Mail: markus.pyykkonen@mtt.fi
Prof. M. Pyykkönen

Frankreich

iz t 655
CEMAGREF
Agricultural Equipment and Food Process Engineering Department
Parc de Tourvoie, BP 44, F-92163 Antony Cedex
T: (00331) 40 96 61 24 **Fax:** 40 96 61 34
E-Mail: patrick.lavarde@cemagref.fr, philippe.marchal@cemagref.fr
Dr. P. Lavarde
Dr. Ph. Marchal

Griechenland

iz t 656
Department of Agricultural Engineering
Agricultural University of Athens
Iera Odos 75, GR-Athen 118
T: (00301) 5 29 40 36 **Fax:** 5 29 40 39
Internet: http://www.aua.gr/ns
E-Mail: ns@auadec.aua.gr, n.sigrimis@computer.org
Prof. N. Sigrimis

Großbritannien

iz t 657
Silsoe Research Institute
Wrest Park Silsoe, GB-Bedford MK 45 4HS
T: (0044525) 86 00 00 **Fax:** 86 01 56
E-Mail: brian.legg@bbsrc.ac.uk
Prof. B. J. Legg

Irland

iz t 658
Head of Agricultural Engineering
Oak Park Research Centre
T: (00353503) 3 14 25 **Fax:** 4 24 23
E-Mail: brice@oakpark.teagasc.ie
B. Rice

Island

iz t 659
Landbrugets Forskningsanstalt
Hvanneyri, IS-311 Borganes
T: (003543) 7 01 23 **Fax:** 7 01 30
E-Mail: gretar@rala.is
Dr. G. Einarsson

Italien

iz t 660
Institute of Agricultural Engineering
c/o University of Milano
via Celoria 2, I-20133 Mailand
T: (003902) 23 69 14 24 **Fax:** 23 69 14 99
E-Mail: luigi.bodria@unimi.it
Prof. Dr.-Ing. L. Bodria

Niederlande

iz t 661
Instituut voor Mechanisatie, Arbeid en Gebouwen (IMAG)
Mansholtlaan 12, NL-6700 AA Wageningen
T: (00313174) 7 63 46 **Fax:** 2 56 70
E-Mail: a.a.jongebreur@imag.dlo.nl
Ir. A. A. Jongebreur

Norwegen

iz t 662
Institutt for Tekniske Fag
Norges landbrukshogskole
Postf. 50 65, N-1432 Aas
T: (004764) 94 87 00 **Fax:** 94 88 10
E-Mail: egil.berge@itf.nlh.no
Prof. Dr. E. Berge

iz t 663
Agricultural University of Norway
Dept. of Agricultural Engineering
Postf. 50 65, N-1432 Aas
T: (004764) 94 86 95 **Fax:** 94 88 10
Internet: http://www.nlh.no
E-Mail: odd.skjelhaugen@itf.nlh.no
O.J. Skjelhaugen

Österreich

iz t 664
Bundesanstalt für Landtechnik
Rottenhauserstr. 1, A-3250 Wieselburg
T: (00437416) 5 21 75-10 **Fax:** 5 21 75-45
Internet: http://www.blt.bmlf.gv.at
E-Mail: direktion@blt.bmlf.gv.at
Dr. J. Schrottmaier

Portugal

iz t 665
Instituto Superior de Agronomia
Tapada da Ajuda, P-1399 Lissabon
T: (003511) 3 63 81 61 **Fax:** 3 63 50 31
Prof. D'Argent Albuquerque

Schweden

iz t 666
Jordbrukstekniska Institutet
Postf. 70 33, S-75007 Uppsala
T: (004618) 30 33 20 **Fax:** 30 09 56
Internet: http://www.jti.slu.se
E-Mail: bjorn.sundell@jti.slu.se
Director: Dr. B. E. G. Sundell

Schweiz

iz t 667
Eidgenössische Forschungsanstalt für Agrarwirtschaft und Landtechnik
8356 Tänikon
T: (004152) 62 31 31 **Fax:** 61 11 90
E-Mail: walter.meier@fat.admin.ch
Prof. Dr. W. Meier

Spanien

iz t 668
Instituto Valenciano de Investigaciones Agrarias
Apartado, oficial 46113
(Valencia), E-46133 Montada

T: (00346) 1 39 10 03 **Fax:** 1 39 02 40
E-Mail: florentino.juste@ivia.es
Prof. F. Juste Pérez

iz t 669

Escuela Tecnica Superior de Ingenieros Agronomos
Departamento de Ingenieria Rural
Universidad Politecnica de Madrid
28040 Madrid
T: (003491) 3 36 58 55 **Fax:** 3 36 58 45
E-Mail: mruiz@iru.etsia.upm.es
Prof. M. Ruiz Altisent

• **IZ T 670**

Weltvereinigung für Geflügelwissenschaften (WPSA)
World's Poultry Science Association
Association Universelle d'aviculture Scientifique (AVI)
Centre for Applied Poultry Research
Het Spelderholt, PB 31, NL-7360 AA Beekbergen
T: (003155) 5 06 65 34 **Fax:** 5 06 48 58
Gründung: 1920
President: Anuradha Desai (Venkateshwara House, S. No. 114/A/2, Pune-Sinhagad Road, Pune-411 030, India)
Secretary: Dr. Ir. P. C. M. Simons (Centre for Applied Poultry Research, "Het Spelderholt", PB 31, 7360 AA Beekbergen, T: (003155) 5 06 65 34, Telefax: (003155) 5 06 48 58, The Netherlands)
Treasurer: Dr. Francine Bradley (Avian Sciences, Univ. of California, Davis, CA 95616-8532, USA)
Journal Editor: C. M. Hann (Little Orchard, Back Lane, Westbury-sub-Mendip, Wells, Somerset BA5 1HZ, England)
Verbandszeitschrift: WPS-Journal (4 Hefte im Jahr)
Redaktion: C. M. Hann, Little Orchard, Backlane, Westbury-sub-Mendip, Wells, Sommerset BA5 1HZ (England)
Mitglieder: ca. 6000

iz t 671

Deutsche Vereinigung für Geflügelwissenschaft e.V.
(Deutsche Gruppe der World's Poultry Science Association WPSA)
c/o Bayer AG, GB Tiergesundheit
Gründung: 1952
Sekretärin: Dr. Sabine Schüller
Verbandszeitschrift: Archiv für Geflügelkunde (6 Hefte im Jahr)
Redaktion: Priv. Doz. Dr. M. Grashorn, Universität Hohenheim, 70593 Stuttgart
Mitglieder: 350

Medizin, Gesundheitswesen, Veterinärmedizin

• **IZ T 672**

Ständiger Ausschuß der Krankenhäuser der Europäischen Union (HOPE)
Standing Committee of the Hospitals of the European Union
Comité Permanent des Hôpitaux de l'Union Européenne
Kapucijnenvoer 35, B-3000 Leuven
T: (003216) 33 69 02 **Fax:** 33 69 06
Internet: http://www.hope.be
E-Mail: info@hope.be
Gründung: 1966
President: Jorma Back (SF)
Vice-President: Gérard Vincent (F)
Secretary General: Prof. Kris Schutyser (B)
Mitglieder: 15 Membres, 5 Membres Observateurs
Mitarbeiter: 7

Vollmitglieder

Belgien

iz t 673

Association des Etablissements Publics de Soins - Vereniging van Openbare Verzorgingsinstellingen
Rue des Guildes 9-11, B-1040 Brüssel
T: (00322) 2 30 03 65 **Fax:** 2 30 66 94

iz t 674

Association Belge des Hôpitaux - Belgische Vereniging der Ziekenhuizen
route de Lennik 808, B-1070 Brüssel
T: (00322) 5 55 36 34 **Fax:** 5 55 47 28
Internet: http://www.abhbvz.org
E-Mail: abh_bvz@yahoo.com

Belgische Federatie van Caritas Ziekenhuizen - Fédération Belge des Hôpitaux de Caritas

iz t 675

Fédération des Institutions Hospitalières de Wallonie
Chaussée de Marche 604, B-5101 Erpent
T: (003281) 32 76 60 **Fax:** 32 76 76
E-Mail: FIH-W@openweb.be

iz t 676

Verbond der Verzorgingsinstellingen, vzw
Guimardstraat 1, B-1040 Brüssel
T: (00322) 5 11 80 08 **Fax:** 5 13 52 69
Internet: http://www.vvi.be
E-Mail: post@vvi.be

Dänemark

Amtsrådsforeningen i Danmark og Hovenstadens Sygehusfaelleskab

iz t 677

Amtsrådsforeningen i Danmark
Postf. 2593, DK-2100 Kopenhagen
Dampfærgevej 22, DK-2100 Kopenhagen Ø
T: (004535) 29 81 00 **Fax:** 29 83 00
Internet: http://www.arf.dk
E-Mail: arf@arf.dk

iz t 678

Hovenstadens Sygehusfælleskab
Bredgade 34, opg. A.1. sal, DK-Kopenhagen K
T: (004533) 48 37 55 **Fax:** 48 38 79

Deutschland

iz t 679

Deutsche Krankenhausgesellschaft (DKG)
Tersteegenstr. 9, 40474 Düsseldorf
T: (0211) 4 54 73-0 **Fax:** 4 54 73 61
Internet: http://www.dkgev.de
E-Mail: dkg.mail@dkgev.de
Leitung Presseabteilung: Georg Westphal

Finnland

iz t 680

Suomen Kuntaliitto
Association of Finnish Local and Regional Authorities
Toinen linja 14, FIN-00530 Helsinki
T: (003589) 77 11 **Fax:** 7 71 22 91
Internet: http://www.kuntaliitto.fi
E-Mail: jorma.back@kuntaliitto.fi

Frankreich

iz t 681

Fédération Hospitalière de France
33, avenue d'Italie, F-75013 Paris
T: (00331) 44 06 84 44 **Fax:** 44 06 84 45
Internet: http://www.fhf.fr
E-Mail: fhf@fhf.fr

iz t 682

Fédération des Etablissements Hospitaliers et d'Assistance Privés à but non lucratif
10 rue de la Rosière, F-75015 Paris
T: (00331) 45 78 65 59 **Fax:** 45 79 40 91
Internet: http://www.fehap.fr
E-Mail: info@fehap.fr

Griechenland

iz t 683

Upourgeio Ugeias kai Pronoias
Ministry of Health and Welfare
Aristotelous Street 17, GR-10187 Athen
T: (00301) 5 24 90 11 **Fax:** 5 23 31 10
E-Mail: yyp2@compulink.gr

Großbritannien

iz t 684

United Kingdom National Health Service
Department of Health, Richmond House
79 Whitehall, GB-London SW1A 2NS
T: (0044207) 2 10 30 00 **Fax:** 2 10 55 23
Internet: http://www.nhsconfed.net
E-Mail: mbwehap@doh.gov.uk

Irland

iz t 685

Department of Health and Children
Hawkins House, Hawkins Street, IRL-Dublin 2
T: (003531) 6 71 47 11 **Fax:** 6 71 19 47
Internet: http://www.doh.ie
E-Mail: queries@health.irlgov.ie

Italien

iz t 686

Ministero della Sanità
Ministry of Health
Piazzale dell'Industria, 20, I-00144 Rom
T: (00396) 59 94 22 56 **Fax:** 59 94 22 67
Internet: http://www.sanita.interbusiness.it
E-Mail: relgab.sanita@interbusiness.it

Luxemburg

iz t 687

Entente des Hôpitaux Luxembourgeois
13-15, rue Jean-Pierre Sauvage, L-2514 Kirchberg
T: (00352) 42 41 42 **Fax:** 42 55 50
Internet: http://www.ehl.org
E-Mail: info@ehl.org

Niederlande

iz t 688

Nederlandse Vereniging van Ziekenhuizen
Postf. 96 96, NL-3506 GR Utrecht
Oudlaan 4, NL-3515 GA Utrecht
T: (003130) 2 73 99 11 **Fax:** 2 73 94 38
Internet: http://www.ziekenhuis.nl
E-Mail: nvz@icns

Österreich

iz t 689

Bundesministerium soziale Sicherheit und Generationen
Sektion VII
Stubenring 1, A-1010 Wien
T: (00431) 7 11 72 **Fax:** 7 15 81 18
Internet: http://www.bmags.gv.at
E-Mail: ulrike.richter@bmg.gv.at

Portugal

iz t 690

Direcção-Geral da Saúde
Alameda D. Alfonso Henriques 45, P-1056 Lissabon Codex
T: (003511) 8 47 56 77 **Fax:** 8 47 64 55

Schweden

iz t 691

Landstingsförbundet
Federation of County Councils
Postf. 70491, S-10726 Stockholm
Hornsgatan 20, S-10727 Stockholm
T: (00468) 7 02 43 00 **Fax:** 7 02 45 90
Internet: http://www.lf.se
E-Mail: landstingsforbundet@lf.se

Spanien

iz t 692

Instituto Nacional de la Salud
C/Alcalá 56, E-28014 Madrid
T: (003491) 3 38 00 57 **Fax:** 3 38 00 55

Internet: http://www.msc.es
E-Mail: insaludhope@insalud.es

Mitglieder mit Beobachterstatus

Bulgarien

iz t 693

Association of Bulgarian Hospitals
47 Veliko Hristovstreet, Floor 1, ap. 2, BG-9000 Varna
E-Mail: abb@mbox.digsys.bg

Malta

iz t 694

Health Division
Palazzo Castellania
15 Merchantstreet, GBY-Valletta VLT 03
T: (00356) 24 51 04 **Fax:** 24 28 84

Rumänien

iz t 695

Romanian Hospital Association
Bd. Constantin Brandoveanu 20, R-75544 Bukarest
T: (00401) 3 30 74 99 **Fax:** 3 12 39 40
E-Mail: olteanu@kappa.ro

Schweiz

iz t 696

H+ Swiss Hospital Association
Rain 32, CH-5001 Aarau
T: (004162) 8 24 12 22 **Fax:** 8 22 33 35
Internet: http://www.hplus.ch
E-Mail: geschaeftsstelle@hplus.ch

Zypern

iz t 697

Ministry of Health
Department of medical and public health services
11, Byron Avenue, CY-Nicosia
T: (003572) 30 31 66 **Fax:** 36 79 02
E-Mail: zocpil@cytanet.com.cy

• IZ T 698

Europäische Akademie für Allergologie und Klinische Immunologie
European Academy of Allergology and Clinical Immunology
Académie Européenne d'Allergologie et d'Immunologie Clinique
c/o EAACI Executive Office
Postf. 2 41 40, S-10451 Stockholm
T: (00468) 4 59 66 23 **Fax:** 6 63 38 15
Internet: http://www.eaaci.org
E-Mail: executive.office@eaaci.org
Gründung: 1957
President: Prof. Sergio Bonini (EAACI Office, Via Ugo de Carolis 59, I-00136 Rome, T: (003906) 35 34 68 40, Fax: 35 40 30 17)
Secretary General: Dr. Anthony Frew (University Medicine (810), Southampton General Hospital, Tremona Road, 5016 6YD Southampton, T: (00441703) 79 40 69, Fax: 79 84 92)
Treasurer: Prof. Brunello Wüthrich (Allergy Unit, Dept. of Dermatology, University Hospital, Gloriastr. 31, CH-8091 Zürich, T: (00411) 2 55 30 78, Fax: 2 55 44 31)
Executive Manager: Catharina Öström
Verbandszeitschrift: ALLERGY
Redaktion: S.G.O. Johansson, Munksgaard, DK-Kopenhagen
Mitglieder: 2500

• IZ T 699

Europäische Hippokrates Gesellschaft e.V. (EHG)
Verein zur Förderung der Ganzheitsmedizin
Oberstr. 171, 56154 Boppard
T: (06742) 25 98 **Fax:** 27 95
Internet: http://www.neurodermitis.net
E-Mail: Bvneuro@aol.com
Gründung: 1994 (8. Oktober) in Boppard
Präsidium:
Präsident(in): Jürgen Pfeifer
Schatzmeister: Hans-Josef Ensel
Schriftführer(in): Adelheid Hölz

• IZ T 700

Europäische Vereinigung für Medizinische Physik (EFOMP)
European Federation of Organisations for Medical Physics
South Cleveland Hospital
Regional Medical Physics. Dept.
Marton Road, GB-Middlesbrough TS4 3BW
T: (00441642) 85 47 78 **Fax:** 82 35 74
E-Mail: efomp@ipern.org.uk
Gründung: 1980
President: Prof. Dr. Fridtjof Nüsslin (Radiologische Universitätsklinik Abt. Medizinische Physik, Hoppe-Seyler-Str. 3, D-72076 Tübingen, T: (07071) 29 21 76, Telefax: (07071) 29 59 20), Tübingen (Deutschland)
Past President: Dr. Karl-Arne Jessen, Århus (Dänemark)
Secretary General: Prof. John K. Haywood (South Cleveland Hospital, Middlesbrough TS4 3BW, Vereinigtes Königreich, T: (00441642) 85 47 78, Telefax: 82 35 74, E-Mail: efomp@ipemb.org.uk)
Verbandszeitschrift: EMP-News
Verlag: Eigenverlag
Mitglieder: 26 nationale Gesellschaften

Mitgliedsorganisationen

Algerien

iz t 701

Algerian Association of Medical Physicists
Service d'Endocrinologie
Unite de Medicine Nucleaire, Hospital de Bologhine, DZ-Alger
Präsident(in): Dr. Mohammed S. Bourouba

Österreich

iz t 702

Institut für Biomedizinische Technik und Physik Univ. Wien
AKH-4L
Währinger Gürtel 18-20, A-1090 Wien
T: (00431) 4 04 00 19 88 **Fax:** 4 04 00 39 88
Präsident(in): Dr. R. Nowotny

Belgien

iz t 703

Société Belge des Physiciens des Hôpitaux
Cliniques Universitaires St. Luc Radiotherapy Department
Avenue Hippocrate 10, B-1200 Brüssel
Präsident(in): Dr. Stephane Vynckier

Bulgarien

iz t 704

Medical University
Dept. of Physics and Biophysics
Zdrave No. 2, BG-1431 Sofia
T: (003592) 5 16 61 ext. 447
Präsident(in): Ass.Prof. Dr. V. Todorov

Kroatien

iz t 705

Faculty of Electrical Engineering
University of Zagreb
Avenija Vukovar 39, HR-10000 Zagreb
T: (003851) 6 12 99 31 **Fax:** 6 12 96 52
Präsident(in): Prof. Dr. Ante Santic

Zypern

iz t 706

Cyprus Association of Medical Physics and Bio-Medical Engineering
University of Cyprus, Dept. of Computer Science
Kallipoleos 75, CY-Nicosia
T: (003572) 30 50 30 **Fax:** 49 49 53
Präsident(in): Dr. Constantinos S. Pattichis

Dänemark

iz t 707

Danish Society for Medical Physics
Radiofysisk Laboratorium, Aalborg Sygehus Syd
Hobrovej 18-22, DK-9100 Aalborg
Präsident(in): Dr. Carl Jesper

Estland

iz t 708

Estonian Society for Biomedical Engineering and Medical Physics
Biomedical Engineering Centre, Tallinn Technical University
Ehitajate tee 5, EW-0026 Tallinn
Präsident(in): Prof. Hiie Hinrikus

Finnland

iz t 709

Finnish Association of Physicists in Medicine
Department of Oncology, Turku University Central Hospital
Turku University Central Hospital, FIN-00520 Helsinki
T: (0035821) 61 18 08 **Fax:** 61 28 09
Präsident(in): Jarmo Kulmala

Frankreich

iz t 710

Société Française des Physiciens d'Hôpital
Centre Georges-Francois Leclerc, Service de Radiophysique
Rue Professeur Marion 1, F-21034 Dijon Cedex
Präsident(in): Dr. Suzanne Naudy

Deutschland

iz t 711

Deutsche Gesellschaft für Medizinische Physik e.V. (DGMP)
Postf. 10 10 20, 50450 Köln
Kreuzgasse 2-4, 50667 Köln
T: (0221) 9 25 48-253 **Fax:** 9 25 48-282
Präsident(in): Prof. Dr. Jürgen Richter

Griechenland

iz t 712

Greek Association of Medical Physicists (GAMP)
Athens University Medical School, Dept. of Pathophysiology
Goudi, GR-11527 Athen
T: (00301) 7 77 10 95
Präsident(in): Dr. P. Dimitriou

Ungarn

iz t 713

Hungarian Association of Medical Physics
Uzsoki Hospital
Uzsoki U 29, H-1145 Budapest
T: (00361) 2 51 21 68 **Fax:** 2 51 54 88 or 40 69
Präsident(in): Prof. Dr. Pál Zaránd

Irland

iz t 714

Association of Physical Scientists in Medicine
Medical Physics Dept., Regional Hospital
Regional Hospital, IRL-Wilton/Cork
T: (0035321) 54 64 00 ext. 493 **Fax:** 54 33 07
Präsident(in): Graham Manson

Israel

iz t 715

Israel Society for Medical Physics
Soroka Medical Centre, IL-Beer Sheba 84101
Präsident(in): Sergio Faermann

Italien

iz t 716

Associazione Italiana di Fisica Biomedica (AIFB)
Lab. Fisica Medica, C.R.S. Instituto Regina Elena
Via delle Messi d'Oro 156, I-00158 Rom
T: (00396) 4 98 55 35 **Fax:** 4 18 04 73
Präsident(in): Dr. Marcello Benassi

Yugoslawien

iz t 717

Yugoslav Society for Bioengineering and Medical Physics
Nuclear Medicine VMA
Crnotravska, YU-11000 Belgrad
Präsident(in): Rajko Spaic

Lettland

iz t 718

Latvian Medical Engineering and Physics Society
Electrotechnical Institute, Riga Technical University
Kalku str. 1, LV-1658 Riga
Präsident(in): Prof. Yuri Dekhtyar

Norwegen

iz t 719

Norwegian Society of Medical Physics (NFMF)
Kreftavdelingen, Regionsykehuset i Trondheim
T: (0047) 7 99 78 25 **Fax:** 7 99 78 21
Präsident(in): Ivar Yrke

Polen

iz t 720

Polish Society of Medical Physics (PSMP)
Institute of Precision and Biomedical Engineering, Warsaw University of Te
Chodkiewicza 8, PL-027525 Warschau
T: (00482) 49 99 36 **Fax:** 49 99 36
Präsident(in): Prof.Dr.hab.inz. Grzegorz Pawlicki

Portugal

iz t 721

Portugese Association of Physicists in Medicine
Instituto Portugues Oncologia, Dept. de Radiotherapia, Servico de Fisica
Rua Prof. Lima Basto, P-1093 Lisboa Codex
Fax: (003511) 7 26 15 29
Präsident(in): Dr. J. Gomes da Silva

Rumänien

iz t 722

Romanian Medical Physicists Association (RMPA)
Oncology Institute Bucharest
Soseaua Fundeni No. 252, R-72435 Bucharest 11
T: (00401) 2 40 30 40, 1494, 1464 **Fax:** 2 40 61 60
Präsident(in): Dr. Gheorge Matache

Russland

iz t 723

Department of Medical Physics Cancer Research Centre (Oncological Scientific Centre)
Kashirskoye sh. 24, RUS-115478 Moscow
T: (007095) 3 24 10 44 **Fax:** 3 24 10 44
Präsident(in): Dr. V. A. Kostylev

Slowenien

iz t 724

Slovenian Biophysical Society
Institute of Oncology, Dept. of Radiophysics
Zaloska 2, SLO-1000 Ljubljana
Präsident(in): Dipl.-Ing. B. Casar

Spanien

iz t 725

Sociedad Española de Física Médica
Proteccion Radiologica, Hospital de San Juan de Alicante
Ctra. Nac. 332 Alicante-Val., E-03550 San Juan
Präsident(in): Dr. Bartolome Ballester Moll

Schweden

iz t 726

Swedish Hospital Physicists Association
Radiofysikhuset, Sahlgrenska University Hospital
Präsident(in): Dr. Lars Gunnar Mønsson

Schweiz

iz t 727

Schweizerische Gesellschaft für Strahlenbiologie und Medizinische Physik
Service de Radiotherapie, Hospital Cantonal
Rue de Chasseral 20, CH-2300 La Chaux-de-Fonds
T: (004139) 27 21 57 **Fax:** 27 21 69
Präsident(in): PD Dr. Jean-Francois Germond

Niederlande

iz t 728

Nederlandse vereniging voor klinische fysika (NVKF)
Academisch Ziekenhuis Utrecht, afd. Radiotherapie
Postf. 85500, NL-3508 GA Utrecht
Heidelberglaan 100, NL-3508 GA Utrecht
T: (003130) 2 50 72 09 **Fax:** 2 50 12 26
Präsident(in): Ir. H. J. van Kleffens

Türkei

iz t 729

Medical Physics Association
I.Ü. Oncology Enstitüsü, Tibbi Radyofizik Bilim Dali
T: (0090212) 5 31 31 00-231 **Fax:** 5 34 80 78
Präsident(in): Ass.Prof.Dr. Seyfettin Kuter

Ukraine

iz t 730

Ukrainian Association of Medical Physics
Scientific Research Centre VIDHUK
61-B Volodymyrska str., UA-252033 Kiev 33
T: (007044) 2 27 11 26 **Fax:** 2 27 44 82
Präsident(in): Prof. Sergei P. Sit'ko

Großbritannien

iz t 731

Institute of Physics and Engineering in Medicine
Dept. of Biomedical Physics & Bioeng., University of Aberdeen
Foresterhill, GB-Aberdeen AB9 2ZD
Präsident(in): Prof. P.F. Sharp
General Secretary: Robert W. Neilson

• IZ T 732

Europäischer Dachverband für künstlerische Therapien
Von-Esmarch-Str. 111, 48149 Münster
T: (0251) 86 15 00 **Fax:** 86 64 88
Internet: http://www.muenster.de/_Ltbkmt
E-Mail: prof.hoermann@uni-muenster.de
Gründung: 1986
Präsident(in): Prof. Dr. Dr.med. Dipl.-Psych. Georg Hörmann (Universität Bamberg)
Vizepräsident(in): Prof. Dr. Hermann Rauhe (Präsident der Hochschule für Musik und Theater, Hamburg)
Vorsitzende(r): Prof. Dr. Dipl.-Psych. Walter Zifreund (Universität Tübingen)
Geschäftsführer(in): Prof. Dr. Dipl.-Psych. Walter Schurian (Universität Münster)
Verbandszeitschrift: Musik-, Tanz- und Kunsttherapie
Redaktion: Prof. Dr. Dr. Karl Hörmann
Verlag: Verlag für Angewandte Psychologie Dr. Hogrefe, Postf. 32 51, 37085 Göttingen
Mitglieder: ca. 1000
Mitarbeiter: 5

• IZ T 733

Europäischer Rat für private Krankenhäuser & Europäische Union der unabhängigen Krankenhäuser (CEHP/UEHP)
European Committee of Private Hospitals & European Union of Independent Hospitals (ECPH/UEHP)
Comité Européen de l'Hospitalisation Privée & Union Européenne de l'Hospitalisation Privée (CEHP/UEHP)
Avenue A. Solvay 5, B-1170 Brüssel
T: (00322) 6 72 13 50, (00396) 3 21 56 53 **Fax:** 6 72 90 62
Internet: http://www.uehp.org
E-Mail: uehp@skynet.be
Gründung: 1991
President: Dr. Andre Wynen
Secretary General: Alberta Sciacchi
Contact: Henri Anrys
Mitglieder: 13
Mitarbeiter: 1

Mitgliedsorganisationen

Belgium

iz t 734

Fédération des Hôpitaux Privés de Belgique
Avenue A. Solvay 5, B-1170 Brüssel
T: (00322) 6 72 13 50 **Fax:** 6 72 90 62
President: Albert Bogaerts

Spain

iz t 735

Federación Nacional Clinicas Provadas
Estebanez Calderon 5-5° esq., E-28020 Madrid
T: (00341) 5 70 29 56 **Fax:** 5 70 31 92
President: Dr. Bartolome

France

iz t 736

Fédération Française Intersyndicale des Etablissements d'Hospitalisation Privée
Rue de Monceau 81, F-75008 Paris
T: (00331) 53 83 77 57 **Fax:** 43 59 91 80
President: Dr. Max Ponseille

iz t 737

Union Hospitalière Privée
17 bis Bd Pasteur, F-75015 Paris
T: (00331) 44 38 52 52 **Fax:** 44 38 52 50
Délégué Général: Coulomb

Greece

iz t 738

Diamet Hospital 31 Moscou & Athens Medical Center SA
Distomou Street 5-7, GR-15125 Maroussi
T: (00301) 6 86 24 01 **Fax:** 6 89 85 55
Contact: Apostolopoulos

iz t 739

Enassis Synkronon Genikon Klinikon Athenon
Avenue Reine Sophie 102, GR-Athen
T: (00301) 7 77 51 11 **Fax:** 7 77 43 04
Contact: Dr. Alazraki

Ireland

iz t 740

Irish Independent Hospital Association
41 Fitzwilliam Place, IRL-Dublin 2
T: (00353) 16 76 85 50 **Fax:** 16 76 85 54
Contact: Michael Heavey

Italy

iz t 741

Associazione Ospedalita Privata
Via Lucrezio, Caro 67, I-00192 Rom
T: (00396) 3 21 56 53 **Fax:** 3 21 57 03
Contact: Sciachi (President)

Austria

iz t 742

Verband der Privatkrankenanstalten Österreichs
c/o Evangelischer Krankenhausverein
Hans-Sachs-Gasse 10-12, A-1180 Wien
T: (00431) 40 42 25 01 **Fax:** 40 42 25 10
President: Fehrer
Contact: Fehrer

Switzerland

iz t 743

Association Suisse des Cliniques Privées
Postf. 29, CH-3073 Gümligen
Moostr. 2, CH-3073 Gümligen
T: (004131) 952 61 33 **Fax:** 952 76 23
Contact: Wanner (United Kingdom)

iz t 744

Independent Healthcare Association
Little Russell Street 22, GB-London WC1
T: (0044207) 4 30 05 37 **Fax:** 2 42 26 81
Contact: B. Hassell

iz t 745

BuPA
Bloomsbury Way 15-19, GB-London WC1A 2BA
T: (0044207) 656 20 00, 656 23 69 **Fax:** 656 27 19, 656 27 29

• IZ T 746

Europäischer Verband für Generika (EGA)
European Generic Medicines Association
Association Européenne des médicaments génériques
Postf. 193, B-1040 Brüssel
T: (00322) 7 36 84 11 **Fax:** 7 36 74 38
Gründung: 1991
Président: Klaus Lichtenberger
Directeur: Greg Perry

• IZ T 747

Europäischer Verband für Gesundheitsinformationen und -Büchereien (AEIBS)
European Association for Health Information and Libraries (EAHIL)
Association Européenne pour l'Information et les Bibliothèques de Santé (AEIBS)
Secretariat
c/o ICP-NTI
Postf. 2 32 13, NL-1100 DS Amsterdam
T: (003120) 5 66 20 95 **Fax:** 6 96 32 28
Internet: http://www.eahil.org
E-Mail: eahil@amc.uva.nl
Gründung: 1987
President: Manuela Colombi
Contact: Karen Beijer (Secretary at ICP-NTI)
Contact: Suzanne Bakker (EAHIL Supervisor, e-mail: sbakker@nki.nl)
Verbandszeitschrift: Newsletter to European Health Librarians
Mitglieder: 480

• IZ T 748

Europäischer Verband der Tierheilkunde (FEDESA)
European Federation of Animal Health
Fédération Européenne de la Santé Animale
Rue Defacqz 1 B8, B-1000 Brüssel
T: (00322) 5 43 75 60 **Fax:** 5 37 00 49
Internet: http://www.fedesa.be
E-Mail: fedesa@fedesa.be
Gründung: 1987
President: Dr. Ghislain Follet
Secretary General: Dr. Johan VanHemelrijck (Contact)
Mitglieder: 15 sociétés, 14 associations nationales, 4 affiliés
Mitarbeiter: 10

Mitgliedsorganisationen

Belgien

iz t 749

AGIM
Sq. Marie-Louise 49, B-1000 Brüssel
T: (00322) 2 38 99 72 **Fax:** 2 31 11 64
Internet: http://www.agim-avgi.be
E-Mail: louis.loontjens@agim-avgi.be
Louis Loontjens

Dänemark

iz t 750

VIF
Strodamvej 50A, DK-2100 Copenhagen
T: (0045) 39 27 09 25 **Fax:** 39 27 09 18
Internet: http://www.vif.dk
E-Mail: hpk@vif.dk
Henriette Pagh Jensen

Deutschland

iz t 751

BfT Bundesverband für Tiergesundheit e.V.
Aennchenplatz 6, 53173 Bonn
T: (0228) 31 82 96 **Fax:** 31 82 98
Internet: http://www.bft-online.de
E-Mail: bft-animalhealth@t-online.de
Dr. Martin Schneidereit

Frankreich

iz t 752

SIMV
Blvd Hausmann 109, F-75008 Paris
T: (00331) 53 30 04 00 **Fax:** 53 30 06 05
Internet: http://www.simv.org
E-Mail: simv@wanadoo.fr
Secrétaire Général: Jean-Louis Hunault

Großbritannien

iz t 753

NOAH
Gladbeck Way 3 Crossfield Chambers, GB-Enfield EN2 7HF
T: (0044208) 3 67 31 31 **Fax:** 3 63 11 55
Internet: http://www.noah.demon.co.uk
E-Mail: r.cook@noah.co.uk
Roger Cook

Irland

iz t 754

Animal and Plant Health Association (APHA)
7 Whitefriars, Aungier Street, IRL-Dublin 2
T: (003531) 4 75 18 82 **Fax:** 4 75 18 84
E-Mail: apha@iol.ie
Director: Declan O'Brien

Italien

iz t 755

AISA
Associazione Industrie Salute Animale
Via Accademia, 33, I-20131 Milano
T: (003902) 26 81 02 19 **Fax:** 26 81 04 05
E-Mail: aisa@pn.itnet.it
Leonardo Vingiani

Niederlande

iz t 756

FIDIN
Postf. 1 23, NL-3851 AC Ermelo
T: (00313415) 5 17 03 **Fax:** 5 18 81
E-Mail: brabers@wxl.nl
Maritza van Assen

Portugal

iz t 757

Associaçao Portuguesa da Indústria Framaceutica-APIFARMA
Rua Pêro da Covilha, 22, P-1400 Lissabon
T: (003511) 3 01 82 64/83/8321/06/17 **Fax:** 3 01 85 53/87 85
E-Mail: apifarma.board@mail.telepac.pt
Isabel Saraiva Cristiano

Schweden

iz t 759

LIF
Postf. 17608, S-11892 Stockholm
T: (00468) 4 62 37 62 **Fax:** 4 62 02 92
Internet: http://www.lif.se
E-Mail: kasja.savstrom@lif.se
Kasja Sävström

iz t 7 59.10

Havepharm
63 Agion Dimitriou Street, GR-17455 Alimos Athen
Stamatis Barbatiotis

Schweiz

iz t 760

Schweizerische Gesellschaft für Chemische Industrie (SGCI/SSIC)
Postf. 328, CH-8035 Zürich
Nordstr. 15, CH-8035 Zürich
T: (00411) 3 68 17 11 **Fax:** 3 68 17 70
E-Mail: dieter.grauer@sgci.ch
Dieter Grauer

Spanien

iz t 761

VETERINDUSTRIA
Fernan Flor 8-1° A, E-28014 Madrid
T: (003491) 3 69 21 34 **Fax:** 3 69 39 67
Internet: http://www.veter.com
E-Mail: sdeandres@veter.com
Santiago De Andrés Juarez

• IZ T 761

Europäischer Verbindungsausschuß für Zahnhygiene (ELCDHyg)
Comité de Liaison Européenne pour l'Hygiène dentaire
Sauchiehall Street 378, GB-Glasgow G2 3J2
T: (0044141) 2 11 97 71 **Fax:** (00441294) 4 26 26 53
Gründung: 1979
Contact: E. A. Gray

Mitgliedsorganisationen

Dänemark

iz t 762

Dansk Tanplejerforening
Norre Vildgade 90, DK-1358 København K
T: (004533) 13 82 11 **Fax:** 93 82 14
Contact: L. Andersen

Schweiz

iz t 763

SDHV
Oberstadt 11, CH-6204 Sempach-Stadt
T: (0041462) 70 65 **Fax:** 70 61

Italien

iz t 764

AIDI
Via Celentano 16, I-70121 Bari
T: (003980) 5 56 15 02 **Fax:** 5 24 73 49

Niederlande

iz t 765

NVM
c/o BA Dallinga
GF Kennedylaan 101, NL-3981 GB Bunnik
T: (00313405) 7 10 13

Großbritannien

iz t 766

British Dental Hygienists Association
13 The Ridge, GB-Yatton, Avon, BS19 4DQ
T: (00441934) 87 63 89
Contact: A. Craddock

Deutschland

iz t 767

DDHV

Grotenkamp 22, 48268 Greven
T: (02571) 5 56 87 **Fax:** 5 56 87

Schweden

iz t 768

Sveriges Tandhygienistforening

c/o SRAT
Postf. 38401, S-10064 Stockholm
T: (00468) 7 20 02 00 **Fax:** 7 20 00 90
Contact: Anitha Wijkström

Norwegen

iz t 769

Norsk Tannpleierforening

Postf. 9202, N-0134 Oslo
T: (0047220) 5 36 64 **Fax:** 5 36 60

Spanien

iz t 770

HIDES

c/Lerida N30 Escalera C 10, E-46009 Valencia
T: (00346) 3 47 06 70

Finnland

iz t 771

The Finnish Federation of Dental Hygienists

Mannerheimintie 134 A 8, FIN-00270 Helsinki
T: (003580) 17 90 02 **Fax:** 62 64 24

• IZ T 772

Europäisches Ökologie- und Toxicologiezentrum der Chemie (ECETOC)

European Center for Ecotoxicology and Toxicology of Chemicals
Centre Européen d'Ecotoxicologie et de Toxicologie des Produits Chimiques
Av. E. Van Niewenhuyse, 4 Bte 6, B-1160 Brussels
T: (00322) 6 75 36 00 **Fax:** 6 75 36 25
Internet: http://www.ecetoc.org
E-Mail: info@ecetoc.org
Gründung: 1978
President: J. J. Van de Berg (Solvay)
Secretary General: Dr. F. M. Carpanini
Mitglieder: 52 full members
Mitarbeiter: 8
Jahresetat: DM 2,5 Mio, € 1,28 Mio
Verbandszeitschrift, Monographs, Technical Reports, Joint Assessments of Commodity Chemicals
Redaktion: ECETOC

• IZ T 773

Internationale Föderation der Rotkreuz- und Rothalbmondgesellschaften (LICROSS)

International Federation of Red Cross and Red Crescent Societies
Fédération internationale des Sociétés de la Croix-Rouge et du Croissant-Rouge
Postf. 372, CH-1211 Genève 19
Chemin des Crêts 17, Petit-Saconnex, CH-1211 Genève 19
T: (004122) 7 30 42 22 **Fax:** 7 33 03 95
TGR: LICROSS-Genéve
Gründung: 1919 (5. Mai)
Präsident(in): Astrid Heiberg
Generalsekretär(in): George Weber
Mitglieder: 175

• IZ T 774

Internationale Gesellschaft der Chirurgie, Orthopädie und der Unfallchirurgie (SICOT)

Société Internationale de Chirurgie Orthopédique et de Traumatologie
40, rue Washington, Bte 9, B-1050 Bruxelles
T: (00322) 648 68 23 **Fax:** 649 86 01
E-Mail: hq@sicot.org
Gründung: 1929
Verbandszeitschrift: INTERNATIONAL ORTHOPAEDICS
Verlag: Springer Verlag, Postf. 10 52 80, 69042 Heidelberg
Mitglieder: 3000
Mitarbeiter: 2

• IZ T 775

WeltHerzVerband

Postf. 117, CH-1211 Geneva 12
34, rue de l'Athénée, CH-1211 Geneva 12
T: (004122) 3 47 67 55 **Fax:** 3 47 10 28
Internet: http://www.worldHeart.org
E-Mail: admin@worldheart.org
Gründung: 1978
Executive Board
President: T.-F. Tse (MD, Hong Kong)
Vice-President: P.D. Murphy (Ireland)
President Elect: M.F.C. Maranhão (MD, Brazil)
Vice-President Elect: J.B. Napier (New Zealand)
Past President: A. Bayés de Luna (MD, Spain)
Past Vice-President: R.R.J. Lauzon (Canada)
Secretary: J.G. Papp (MD, Hungary)
Treasurer: M. Hunn (United States)
Chairman, Scientific Advisory Board: J. Chalmers (MD, Australia)
Chairman, Foundations' Advisory Board: J.H. Moller (MD, United States)
Continental Representatives Asia-Pacific:
S. Karim (MD, Indonesia)
Continental Representatives Europe:
L. Rydén (MD, Sweden)
J.C. van Deth (The Netherlands)
Continental Representatives Interamerica:
M. Garcia-Palmieri (MD, Puerto Rico)
R. Esper (MD, Argentina)
Executive Director: M.B. de Figueiredo
Verbandszeitschrift: Heartbeat, CVD Prevention Journal
Redaktion: c/o Central Offical (only for members)
Mitglieder: in 88 Ländern
Mitarbeiter: 2

• IZ T 776

Internationale Gesellschaft für Gruppenpsychotherapie (IAGP)

International Association of Group Psychotherapy
Association Internationale de Psychotherapie de Groupe
11 Heath Mansions, The Mount, GB-London NW3 6SN
T: (0044207) 4 35 20 53 **Fax:** 4 31 48 92
Gründung: 1954
President: Dr. Earl Hopper (11 Heath Mansions, The Mount, London NW3 6SN, England)
Past President: Alberto C. Serrano (M.D., USA)
President-Elect: Roberto de Inocencio (M.D., Spain)
Secretary: Christer Sandahl (Ph.D., Gamla Brogatan 36-38, 11120 Stockholm, Sweden, T: (00468) 24 21 00, Fax: (00468) 24 08 90)
Treasurer: Sabar Rustomjee (FRANZCP, 44 Cummins Road, East Brighton, Vic 3187, Australia, T: (00613) 95 57 74 21, Fax: (00613) 95 57 93 73)
Verbandszeitschrift: FORUM
Redaktion: 3666 McTavish St. Montreal, Quebec, Canada
Mitglieder: ca. 800

• IZ T 777

Internationale Gesellschaft für Musik in der Medizin e.V.

c/o Sportkrankenhaus Hellersen
Paulmannshöher Str. 17, 58515 Lüdenscheid
T: (02351) 9 45 22 60 **Fax:** 36 30 35
Gründung: 1982
Vorsitzende(r): Dr. Roland Droh
Hauptgeschäftsführer(in): Dr. Ralph Spintge
Verbandszeitschrift: INTERNATIONAL JOURNAL OF ARTS MEDICINE
Redaktion: Dr. Rosalie Pratt, Ph. D.
Verlag: MMB Inc., Saint Louis, MO 63103-1019 USA
Mitarbeiter: 2

• IZ T 778

Internationale Gesellschaft für Thymologie und Immuntherapie e.V. (IGTI)

International Society for Thymology and Immunotherapy
Am Stadtpark 18, 38667 Bad Harzburg
T: (05322) 65 20, 96 05 13 **Fax:** 30 17
E-Mail: biofactor@telda.net
Gründung: 1975 (1. Dezember)
Präsident(in): Dr. med. M. C. Pesic (38667 Bad Harzburg)
Schatzmeister: Hildegarde Rieger (Am Stadtpark 18, 38667 Bad Harzburg)
Leitung Presseabteilung: Dr. Nicola Spiggelkötter
Hildegarde Rieger
Verbandszeitschrift: INTERNATIONAL Journal of Thymology
Redaktion: B. Blonka-Fajfrowska; M.C. Pesic

• IZ T 779

Internationale Olympische Vereinigung für sportmedizinische Forschung (AIORMS)

International Olympic Association for Sports Medical Research
Association Olympique Internationale pour la Recherche Médico-Sportive c/o CIO
Château de Vidy, CH-1007 Lausanne
T: (004121) 6 21 61 11 **Fax:** 6 21 62 16
Gründung: 1982
President: H.E.Mr. Juan Antonio Samaranch
Pres. of the Working Group: Prince Alexandre De Mérode

• IZ T 780

Internationale Union für Gesundheitserziehung (UIPES)

International Union for Health Promotion and Education
Union Internationale de Promotion de la Santé et d'Education pour la Santé
Immeuble le Berry
2, Rue Auguste Comte, F-92170 Vanves
T: (00331) 46 45 00 59 **Fax:** 46 45 00 45
E-Mail: iuhpemcl@worldnet.fr
Gründung: 1951
President: Spencer Hagard
Vice-Presidents: H. Arroyo (without portfolio)
J. P. Deschamps (Coordination, Administration & Membership)
M. Mittelmark (without portfolio)
D. Nutbeam (Scientific and Technical Development)
B. Roussille (Organization of the World Conference)
A. Taub (Promotion & Communication)
P. Trowell (Finance and Fund Raising)
Regional Vice-Presidents: A. Eguchi (Northern Part of Western Pacific)
F. Fiori (North America)
D. Piette (Europe)
M. Wise (South West Pacific)
Honorary President: R. Senault
Executive Director: M. C. Lamarre
Director of Programmes: A. W. Bunde-Birouste
Verbandszeitschrift: Promotion & Education/Revue internationale de Promotion de la Santé et d'Education pour la Santé
Mitglieder: 2000
Mitarbeiter: 4

• IZ T 781

Internationale Union der Psychologischen Wissenschaft (IUPsyS)

International Union of Psychological Science
Union Internationale de Psychologie Scientifique
School of Psychology, University of Ottawa
Postf. 450, CDN-K1N 6N5 Ottawa
Jean-Jacques Lussier 145, CDN-K1N 6N5 Ottawa
Fax: (001613) 5 62-5169
Internet: http://www.iupsys.org
Secretary General: Prof. Pierre L.-J. Ritchie (School of Psychology, University of Ottawa, 145 Jean-Jacques Lussier, P.O. Box 450, Station A, Ottawa ON K1N 6N5 Canada, Telefax: (00613) 5 62-51 69)
President: Prof. Géry d'Ydewalle (Department of Psychology, University of Leuven, B-3000 Leuven, Telefax: (003216) 32 60 99)
Mitglieder: 63 nationale wissenschaftliche Fachgesellschaften für Psychologie

Member of the International Council of Scientific Unions and of the International Social Science Council
Services: Publishes International Journal of Psychology (Quarterly), Quadrennial Congresses: Stockholm-2000; Beijing-2004

• IZ T 782

Internationale Vereinigung für Gerontologie (IAG)

International Association of Gerontology
Association Internationale de Gerontologie
Centre for Ageing Studies, Flinders University of South Australia
Laffer Drive, Science Park, Bedford Park, AUS-South Australia 5042
T: (00618) 82 01 75 52 **Fax:** 82 01 75 51
E-Mail: iag@flinders.edu.au
Gründung: 1950
President: Prof. Gary Andrews (Australia)
Secretary General: Prof. Mary Luszcz (Australia)
Verbandszeitschrift: Newsletter
Redaktion: IAG. Headquarter
Verlag: IAG. Executive Committee
Mitglieder: 60 national societies
Jahresetat: 10 000 US-Dollar
Mitarbeiter: 3

• IZ T 783

International Federation of Clinical Chemistry and Laboratory Medicine (IFCC)

Geschäftsstelle:
Centre du Médicament
Université Henri Poincaré Nancy 1
30, rue Lionnois, F-54000 Nancy
T: (00333) 83 35 26 16 **Fax:** 83 32 13 22
Internet: http://www.ifcc.org
E-Mail: gerard.siest@ifcc.u-nancy.fr, chantal.thirion@ifcc.u-nancy.org
Gründung: 1952
President: Prof. Mathias M. Müller (Institute of Laboratory Diagnostics, Kaiser Franz Josef Hospital, Kundrastr. 3, A-1100 Vienna, Austria, T: (00431) 6 01 91 33 01, Fax: 6 01 91 33 09, E-Mail: mathias.mueller@kfj.magwien.gv.at)
Vice-President: Dr. Carl A. Burtis (Health Division, Oak Ridge National Laboratory, P.O. Box 20 08, Oak Ridge, TN 37831-6220, USA, T: (001865) 5 76 29 17, Fax: 5 76 53 81, E-Mail: cxb@ornl.gov)
Past President: Prof. Matthew J. McQueen (Department of Laboratory Medicine, Hamilton Health Sciences Corporation, 237 Barton Street East Hamilton, Ontario L8L 2X2, Canada, T: (001905) 5 27 02 71, Fax: 5 77 80 28, E-Mail: mcquemat@hhsc.ca)
Secretary: Dr. Renze Bais (Express Laboratory, PaLMS, Royal North Shore Hospital, Pacific Highway, St. Leonards, Sydney, Australia 2065, T: (00612) 99 26 74 64, Fax: 99 26 60 69, E-Mail: rbais@me.usyd.edu.au)
Treasurer: Prof. Paolo Mocarelli (University Department of Laboratory Medicine, Hospital of Desio, Via Benefattori, 2, 20033 Desio-Milano, Italy, T: (0039362) 38 32 96/255, Fax: 38 34 64, E-Mail: mocarelli@uds.unimib.it)
Corporate Representative: Prof. Wieland Hölzel (Roche Diagnostics GmbH, Bahnhofstr. 9-15, 82327 Tutzing, Germany, T: (008158) 22 42 31, Fax: 22 45 83, E-Mail: wieland.hoelzel@roche.com)
Members: Prof. Christopher Wklam (Department of Chemical Pathology, The Chinese University of Hong Kong, Prince of Wales Hospital, Shatin, Hong-Kong, T: (00852) 26 32 23 32, Fax: 26 36 50 90, E-Mail: waikeilam@cuhk.edu.hk)
Dr. Ghassan Shannan (Military Medical Service, P.O. Box 3 11 47, Damascus, Syria, T: (0096311) 2 77 38 37, Fax: 6 61 57 35, E-Mail: gshannan@cyberia.net.lb)
Dr. Rosa Sierra-Amor (Children's Hospital CRC Ch3rd, 3333 Burnet Avenue, Cincinnati, Ohio 45229, USA, T: (001513) 6 36 74 58, Fax: 6 36 46 95, E-Mail: sierra0@chmcc.org)
Verbandszeitschrift: Journal of the International Federation of Clinical Chemistry
Verlag: Intenational Scientific Communications, PO Box 42, Shelton, CT 06484, USA
Mitglieder: ca. 27000
Mitarbeiter: 1
Jahresetat: DM 0,437 Mio, € 0,22 Mio (CHF 126,703)
Landesverbände: Albania, Algeria, Argentina, Australia, Austria, Belgium, Brazil, Bulgaria, Canada, Chile, China (Taipei), Colombia, Croatia, Cuba, Czech, Denmark, Ecuador, Egypt, Federal Republic of Germany, Guatemala, Finland, France, Hong Kong, Hungary, Iceland, India, Indonesia, Iran, Ireland, Israel, Italy, Ivory Coast, Japan, Kenya, Korea (Republic), Kuwait, Latvia, Luxembourg, Mexico, Morocco, Netherlands New Zealand, Nigeria, Norway, Peru, Poland, Portugal, Singapore, Slovenia, South Africa, Spain, Sweden, Switzerland, Syrian Arab Republic, Thailand, Tunisia, United Kingdom, United States of America, Venezuela, Slovakia, Socialist Republic of Vietnam, Yugoslavia (Serbia/Montenegro)

• IZ T 7 84.10

Mediterraner Club für Brandkatastrophen

Mediterranean Club for Burns and Fire Disasters-WHO Collaborating Centre
Club Méditerranéen pour les Brûlures et Catastrophes d'Incendies-Centre Collaborateur OMS
c/o Prof. M. Masellis, Divisione di Chirurgia Plastica e Centro Ustioni
Ospedale Civico, via C.Lazzaro, I-90127 Palermo
T: (0039091) 6 66 36 31 **Fax:** 59 64 04
E-Mail: mbcpa@cres.it
Président: Prof. S. William Gunn (MD, MS, FRCSC, Switzerland)
Secréaire Général: Prof. Michele Masellis (MD, Italy)
Treasurer: Dr. G. Sferraza-Papa, Palermo
Verbandsschrift: Annals of Burns and Fire Disasters
Redaktion: M. Masellis, S.W.Gunn

• IZ T 7 84.20

Internationaler Verband für Humanmedizin - Brock Chisholm

International Association for Humanitarian Medicine - Brock Chisholm
Association Internationale pour la Médecine Humanitaire - Brock Chisholm
c/o Prof. S.W.A. Gunn
La Panetie_re, CH-1279 Bogis-Bossey
T: (004122) 7 76 21 61 **Fax:** 7 76 64 17
Gründung: 1984 (Incorporating the Brock Chisholm Memorial Trust)
Président: Prof. S. William Gunn (MD, MS, FRCSC, Switzerland)
Secréraire Général: Prof. Michele Masellis (MD, Italy)
Verbandszeitschrift: The Humanitrian Page-Annals of Burns and Fire Disasters
Administrative Office Divisione di Chirurgia Plastica e Centro Ustioni, Ospedale Cicico-Benfratelli, via c. Lazzaro, 90127 Palermo, Italy, Fax: (0039091) 59 64 04, E-Mail: mbcpa@cres.it

• IZ T 784

Weltverband für Katastrophen- und Notfallmedizin

World Association for Disaster and Emergency Medicine
Association Mondiale pour la Médecine de catastrophe et d'urgence
c/o Prof. S.W.A. Gunn, MD, MS, FRCSC,
President Emeritus
600 Highland Avenue, USA-Madison WI 53792-6733
Fax: (001608) 2 65 30 37
Gründung: 1976
Président: Prof. Steven L. Rottman (MD, FACEP Los Angeles)
Secrétaire Général: Prof. W. Dick (MD, PhD (Mainz))
Treasurer: Dr. K-A. Norberg, Stockholm
Administrative Office: N. N. (Emergency Medical Services, E5/615, Clinical Science Center, 600 Highland Avenue, Madison, WI, 53792-6733, USA, Fax: (001608) 265-3037)
Verbandszeitschrift: Annual Newsletter, Prehospital and Disaster Medicine, Global Disaster Reports
Redaktion: M. Birnbaum, MD (Madison)

• IZ T 785

Internationale Vereinigung der Privatkrankenanstalten (UIHP)

Union Internationale de l'Hopitalisation Privée
81, Rue de Monceau, F-75008 Paris
T: (00331) 45 63 22 08 **Fax:** 43 59 91 80
Gründung: 1936
Leitung Presseabteilung: Engel Francois
Verbandszeitschrift: Hospitalisation Privée
Mitglieder: 1100
Mitarbeiter: 14
Jahresetat: EUR 6 Mio

• IZ T 786

Internationaler Rat für Gesundheit und Leibeserziehung (ICHPER.SD)

International Council for Health, Physical Education, Recreation, Sport and Dance
Association Drive 1900, USA-Reston VA 20191
T: (001703) 4 76-34 62 **Fax:** 4 76-95 27
E-Mail: ichper@aahperd.org
Gründung: 1958
Secretary General: Dr. Dong Ja Yang
Verbandszeitschrift: Journal of the International Council for Health, Physical Education, Recreation, Sport and Dance

• IZ T 787

Internationaler Riechstoffverband (IFRA)

International Fragrance Association
8, rue Charles Humbert, CH-1205 Genève
T: (004122) 3 21 35 48 **Fax:** 7 81 18 60
Gründung: 1973
Secretary General: Dr. F. Grundschober
Mitglieder: 14

• IZ T 788

Internationales Grünes Kreuz (IGC)

International Green Cross
Croix Verte Internationale
Pettenkoferstr. 8a, 80336 München
T: (089) 51 60-3675 **Fax:** 5 50 37 36
Gründung: 1970
Vorsitzende(r): Prof. Dr.med. H. Spiess
Vizepräsident(in): Prof. Dr.med. Urs B. Schaad (Römergasse 8, CH-4005 Basel, T: (0041) 6 16 91-26 26, Fax: (0041) 6 16 91-26 40)
Generalsekretär(in): Prof. Dr.med. K. Stehr (Loschgestr. 15, 91054 Erlangen, T:(09131) 85 31 11/12, Fax: (09131) 85 31 13)

• IZ T 789

Internationales Komitee vom Roten Kreuz (IKRK)

International Committee of the Red Cross (ICRC)
Comité International de la Croix-Rouge (CICR)
19, Av. de la Paix, CH-1202 Genève
T: (004122) 7 34 60 01 **Fax:** 7 33 20 57
Gründung: 1863
Präsident(in): Dr. Jakob Kellenberger
Vizepräsident(in): Anne Petitpierre
Prof. Dr. Jacques Forster
Verbandszeitschrift: Revue internationale de la Croix-Rouge
Redaktion: Dr. Hans-Peter Gasser
Verlag: CICR, 19, avenue de la Paix, 1202 Genève
Mitglieder: 22
Mitarbeiter: 10000

• IZ T 790

Nationaler Sicherheits-Rat

International Safety Council
Spring Lake Drive 1121, USA-Itasca IL 60143
T: (001630) 7 75-20 56 **Fax:** 2 85-07 97
Gründung: 1995 (31. Januar)
Director of Publicity Department: Charles A. Hurley
International: Darlene Anderson
Verbandszeitschrift: Safety + Health
Verlag: ITASCA IL USA, 1121 Spring Lake Drive, Itasca IL 60143 USA
Mitglieder: 18000
Mitarbeiter: 300
Jahresetat: DM 44 Mio, € 22,5 Mio

• IZ T 791

Sektion für Mundkrankheiten und Mund, Kiefer und Gesichtschirurgie (UEMS)

Section of Stomatology and Oral and Maxillofacial Surgery
Section de Stomatologie et Chirurgie Orale Maxillo-Faciale
20, Avenue de la Couronne, B-1050 Bruxelles
T: (00322) 6 49 51 64
Président: Dr. Peter Leopard (North Staffordshire Hospital, Stoke-on-Trent ST4 7PA)
Secrétaire Général: Dr. B. Kovacs (Av. du Parc 132, B-1190 Bruxelles, T: (00322) 5 34 88 88, Fax: (00322) 5 37 13 46)

• IZ T 792

Verband der Europäischen Sozialen Apotheken (VESA)

European Union of the Social Pharmacies (E.U.S.P.)
Union Européenne des Pharmacies Sociales
Route de Lennik 900, B-1070 Bruxelles
T: (00322) 5 29 92 40 **Fax:** 5 20 29 92
E-Mail: mhμornely@multipharma.be
Gründung: 1960
Präsident(in): William Janssens (GROUPE MULTIPHARMA S.C., Route de Lennik 900, B-1070 Bruxelles, T: (00322) 5 29 92 01, Telefax: (00322) 5 20 29 92)
Ehrenpräs: M. Becquevort (Rue Victor Allard 176, B-1180 Bruxelles, T: (00322) 3 76 67 53)
Secrétaire Général: Marc-Henry Cornely (OPHACO, Route de Lennik 900, B-1070 Bruxelles, T: (00322) 5 29 92 41, Telefax: (00322) 5 20 29 92)
Verbandszeitschrift: FLASH
Redaktion: Marc-Henry Cornely
Mitglieder: 6 societies (2500 pharmacies)
Mitarbeiter: ca. 10000
Jahresetat: DM 0,120 Mio, € 0,06 Mio

Mitgliedsorganisationen

Belgien

iz t 793

OPHACO - Office des Pharmacies Cooperatives de Belgique

Route de Lennik 900, B-1070 Bruxelles
T: (00322) 5 29 92 41 **Fax:** 5 20 29 92
Präsident(in): F. Deprins (Antwerpsesteenweg 263, B-2800 Mechelen, T: (003215) 21 94 35, Telefax: (003215) 21 07 47)
Generalsekretär(in): Marc-Henry Cornely
W. Heuchon (Avenue de l'Araucaria 143 - Bte 5, B-1020 Bruxelles, T: (00322) 2 68 16 56)
P. Philippot (ECONOMIE POPULAIRE DE CINEY (E.P.C.), Rue des Champs 30, B-5590 Ciney, T: (003283) 23 12 11, Telefax: (003283) 23 13 50)

iz t 794

Pharmacies Populaires la Sauvegarde

Avenue de la Résistance 284, B-4630 Micheroux-Soumagne
T: (003241) 77 10 06 **Fax:** 77 40 16

iz t 795

Les Pharmacies du Peuple

Rue de la Boverie 379, F-4100 Seraing

iz t 796

VOORUIT / COOPFARMA / FARMACOOP

Tichelrei 1, B-9000 Gent
T: (003291) 23 30 60 **Fax:** 27 91 24

iz t 797

De Voorzorg Hasselt

Walenstraat 77, B-3500 Hasselt
T: (003211) 21 11 92 **Fax:** 24 24 74

iz t 798

De Voorzorg Mechelen
Schijfstraat 51, B-2800 Mechelen
T: (003215) 21 13 35 **Fax:** 21 12 87

iz t 799

Pharmacies Populaires Liegeoises
Avenue Georges Truffaut 44, B-4020 Lüttich
T: (003241) 45 88 11 **Fax:** 62 46 67

iz t 800

Pharmacies Populaires de Verviers
Rue de Mangombroux 161-173, B-4800 Verviers
T: (003287) 33 31 41 **Fax:** 31 39 43

Frankreich

iz t 801

Union Nationale des Organisations Mutualistes Pharmaceutiques d'Optique, d'Orthopedie et d'Audioprothese (U.N.O.M.P.)
255, rue de Vaugirard, F-75719 Paris Cedex 15
T: (00331) 40 43 30 30 **Fax:** 40 43 36 83
P. Jeanson (255, rue de Vaugirard, F-75719 Paris Cedex 15, T: (00331) 40 43 31 71, Telefax: (00331) 40 43 36 83)
M. Marquet (MUTUALITE DE LA HAUTE-VIENNE, 39, avenue Garibaldi - BP 257, F-87007 Limoges Cedex, T: (00335) 55 33 96 30, Telefax: (00335) 55 79 32 49)
D. Havis (MATMUT, F-76030 Rouen Cedex, T: (00332) 35 03 62 62/35 03 62 00, Telefax: (00332) 35 73 89 61)

Niederlande

iz t 815

Nederlandse Vereniging van Sociale Apotheken (N.V.S.A.)
Stationsplein 9, NL-2801 AK Gouda
T: (0031182) 58 28 00 **Fax:** 58 28 28
A.J. Kelder

iz t 802

Ziekenfonds Azivo
Postf. 13731, NL-2501 BP 's-Gravenhage
T: (003170) 3 91 88 88 **Fax:** 3 91 35 69
R. Offers

iz t 816

Azivo Apotheek
Boomsluiterskade 299, NL-2511 VJ 's-Gravenhage
T: (003170) 3 85 01 03 **Fax:** 3 85 41 05
G.A.W. de Vries

iz t 803

Algemeen Ziekenfonds de Volharding (AZIVO)
Postf. 13731, NL-2501 Den Haag
T: (003170) 3 91 88 88 **Fax:** 3 91 35 69

iz t 804

Stichting Apothekers in Loondienst (SAL)
Vest 268, NL-2801 TZ Gouda
T: (003118) 2 08 28 00 **Fax:** 2 08 28 28

Portugal

iz t 805

Uniao das Mutualidades Portuguesas
Rua Domingos Sequeira, 72, 2° Esq., P-1300 Lisboa
T: (003511) 3 47 55 52 **Fax:** 3 46 20 04

iz t 806

Uniao das Misericordias Portuguesas
Rua Forte de Santa Apolonia, Lote 4, P-1900 Lisboa
T: (003511) 8 12 31 78, 8 13 50 59 **Fax:** 8 12 13 24

Schweiz

iz t 807

Verband Schweizerischer Genossenschafts-Apotheken (V.G.A.)
Federation Suisse des Pharmacies Cooperatives
Postfach, CH-8026 Zürich
T: (00411) 2 42 64 44 **Fax:** 2 42 64 45
J. Schriber (Postfach, CH-8026 Zürich, T: (00411) 2 42 64 44, Telefax: (00411) 2 42 64 45)
D. Torrent (PHARMACIES POPULAIRES DE GENEVE, Rue Ant.-Carteret 42, Case postale 2665 - Cornavin, CH-1211 Geneve 2, T: (004122) 9 18 09 00/7 33 78 04, Telefax: (004122) 9 18 09 10)
R. von Gunten (Zentralstr. 45, CH-2502 Bienne, T: (004132) 3 29 39 69, Telefax: (004132) 3 23 40 87)

Großbritannien

iz t 808

National Co-operative Chemists Limited (N.C.C.)
Brook House, Oldham Road, Middleton, GB-Manchester M24 1HF
T: (0044161) 6 54 44 88 **Fax:** 6 54 44 99
R. Carrington (Brook House, Oldham Road, Middleton, UK-Manchester M24 1HF, T: (0044161) 6 54 44 88, Telefax: (0044161) 6 54 44 99, 6 54 66 88 (Personal))
R. Whyborn (Brook House, Oldham Road, Middleton, UK-Manchester M24 1HF, T: (0044161) 6 54 44 88, Telefax: (0044161) 6 54 44 99)

iz t 809

Co-Operative Wholesale Society Ltd.
Postf. 53, GB-Manchester M60 4ES
T: (004461) 8 34 12 12 **Fax:** 8 32 52 83

• **IZ T 810**

Weltbund für Psychische Hygiene (WFMH)
World Federation for Mental Health
Prince Street 1021, USA-Alexandria VA 22314
T: (001703) 8 38-75 43 U.S.A. **Fax:** 6 84-5968 U.S.A., 519-7648
TGR: Mensante
E-Mail: wfmh@erols.com
Gründung: 1948
Präsident(in): Marten de Vries
European Regional Vice President: Pirkko Lahti
European Regional Council: Josee Van Remoortel (Boulevard Clovis 7, B-1040 Brüssel)
Verbandszeitschrift: Newsletter
Redaktion: WFMH, c/o Sheppard Pratt Hospital, P.O. Box 6815, Baltimore MD 21285
Mitglieder: 3000
Mitarbeiter: 4

• **IZ T 811**

Weltrat für Sportwissenschaft und Leibes-/Körpererziehung (ICSSPE)
International Council of Sport Science and Physical Education
Conseil International pour l'Education Physique et la Science du Sport
Am Kleinen Wannsee 6a, 14109 Berlin
T: (030) 8 05-00360 **Fax:** 8 05-6386
Internet: http://www.icsspe.org
E-Mail: icsspe@icsspe.org
Gründung: 1958
Präsident(in): Prof. Dr. Gudrun Doll-Tepper
Generalsekretär(in): Christophe Maillet
Mitglieder: 200 Organisationen

• **IZ T 812**

Welt-Tierärztegesellschaft
World Veterinary Association
Association Mondiale Vétérinaire
Secretariat:
Rosenlunds Allé 8, DK-2720 Vanløse
T: (0045) 38 71 01 56 **Fax:** 38 71 03 22
E-Mail: wva@ddd.dk
Gründung: 1863
President: Dr. Jim Edwards (5 Kakariki Grove, Waikanae, 6454, New Zealand, T: (00644) 4 71 41 38 (work), T & Fax: (00644) 2 93 49 77 (home), E-Mail: edwardsj@maf.govt.nz (work), edwards.j.&.p@xtra.co.nz (home))
Vice-Presidents: Dr. Herbert Schneider (Veterinary Association of Namibia, P.O. Box 2 96, Windhowk, Namibia, T: (0026461) 22 89 09, Fax: 26 33 20, E-Mail: agri-vet@iafrica.com.na)
Dr. Faouzi Kechrid (Conseil National de l'Ordre des Médecins Vétérinaires de Tunisie, B.P. n° 267, Cité Mahrajéne 1082, Tunis, Tunisia, T & Fax: (002161) 56 50 09 (Council), T: 38 09 90 (work), Fax: 38 02 10 (work), T & Fax: (002161) 76 75 74 (home), E-Mail: conord.vet@planet.tn)
Executive Secretary: Dr. Lars Holsaae
Councillors: Africa: Dr. I.G. Kahiu (Kenya)
Prof. Morkel Terblanche (South Africa)
America (North): Dr. Peter Fretz (Canada)
Prof. Leon Russel (USA)
America (Latin): Prof. Dr. Josélio de Andrade Moura (Brazil)
Dr. J. D. Espinosa (Panama)
East Asia and Oceania: Dr. Shigeru Matsuyama (Japan)
Dr. Garth McGilvray (Australia)
Europe (Eastern): Dr. Karel Daniel (Czech Republic)
Dr. Horatiu Olaru (Romania)
Europe (Western): Dr. Marc Janssens (Belgium)
Dr. Stanislav Knez (Slovenija)
Dr. Olga Sabatakou (Greece)
Dr. Per Thorup (Denmark)
Associate Members: Dr. P. Moisson (Mulhouse, France)
R. Prichard (Québec, Canada)
Prof. Dr. Paul Teufel (Berlin, Germany)
Prof. Peter J. Timoney (Lexington, Kentucky, USA)
Mitglieder: 74 Landesmitglieder, 20 Korrespondierende Mitglieder (Welt-Gesellschaften von tierärztlichen Spezialisten), 5 Affiliierte Mitglieder (Handelsunternehmen), 17 Ehrenmitglieder

• **IZ T 813**

Welt-Verband für Krankengymnastik (WCPT)
World Confederation for Physical Therapy
46-48 Grosvenor Gardens, GB-London SWIW OEB
T: (0044207) 3 28 54 48, 8 81 92 34 **Fax:** 6 24 75 79
Gründung: 1951
Secretary General: B. Myers
Verbandszeitschrift: WCPT News
Verlag: WCPT, 4A Abbots Place, London NW6 4NP
Mitglieder: 67 organisations
Mitarbeiter: 2

• **IZ T 814**

Welt-Vereinigung der Gesellschaft für Pathologie und für Laboratoriumsmedizin (WASP)
World Association of Societies of Pathology (Anatomic and Clinical)
WASP Administrative Office
c/o Japan Clinical Pathology Foundation for Int. Exchange, Sakura-Sugamo Building 7 F
Sugamo 2-11-1, Toshima-Ku, J-Tokyo 170-0002
T: (00813) 39 49-6168 **Fax:** 39 49-6168
Internet: http://www.waspalm.org
Gründung: 1947 (November)
President: Dr. Utz P. Merten (Deutschland)
President Elect: Prof. Mikio Mori (Japan)
Secretary General: Prof. Kenneth D. McClatchey (USA)
Treasurer: Dr. George C. Hoffman
Executive Director: Prof. Ikonosuke Sakurabayashi
Verbandszeitschrift: WASP News bulletin
Mitglieder: 57 national Societies

Rechtswissenschaften

• **IZ T 817**

Europäische Gesellschaft für Gesetzgebung (EAL)
European Association of Legislation
c/o Universität Hamburg
Schlüterstr. 28, 20146 Hamburg
T: (040) 4 28 38-30 23, 4 28 38 45 55
Gründung: 1991 (13. Dezember)
Vorsitzende(r): Prof. Dr. Ulrich Karpen (Universität Hamburg, Seminar für öffentliches Recht und Staatslehre, Schlüterstr. 28, 20146 Hamburg)
Mitglieder: 23 korporative und 120 natürliche Mitglieder

• **IZ T 818**

Europäische Rechtsakademie Trier (ERA)
Academy of European Law Trier
Académie de Droit Européen de Trèves
Metzer Allee 4, 54295 Trier
T: (0651) 9 37 37-0 **Fax:** 9 37 37 90
Internet: http://www.era.int
Gründung: 1992 (22. Juni)
Präs. des Stiftungsrats: Jacques Santer
Vors. des Stiftungsvorstands: Ana Palacio
Akademiedirektor: Dr. Wolfgang Heusel
Leitung Presseabteilung: Romain Gaasch
Mitarbeiter: 34
Jahresetat: DM 4 Mio, € 2,05 Mio

• **IZ T 819**

Europäischer Verband für das Recht auf Nahrung (AEDA)
European Food Law Association
Association Européenne pour le Droit de l'Alimentation
c/o Coutrelis & Associés
Rue de la Loi 235, B-1040 Brüssel
T: (00322) 2 30 48 45 **Fax:** 2 30 82 06
Gründung: 1973
Président: D. Gorny
Contact: Nicole Coutrelis (Secrétaire Général)
Mitglieder: ca. 200

• **IZ T 820**

Institut für Europäisches Medienrecht (EMR)
Hohenzollernstr. 13, 66117 Saarbrücken
T: (0681) 5 11 87 **Fax:** 5 17 91

Internet: http://www.emr-sb.de
E-Mail: emr@emr-sb.de
Gründung: 1990
Direktor(in): Prof. Dr. Dieter Dörr
Stellvertretender Direktor: Reinhold Kopp
Geschäftsführer(in): Wolfgang Cloß

• IZ T 821

Institut für Internationales Recht (IDI)

Institute of International Law
Institut de Droit International
c/o Institut Universitaire de Hautes Études Internationales
Postf. 36, CH-1211 Genève 21
132, rue de Lausanne, CH-1211 Genève 21
T: (004122) 7760646, 7 31 17 30 (Secr.) **Fax:** 7 38 43 06
E-Mail: gerardi@hei.unige.ch/
Gründung: 1873
Secrétaire Général: Christian Dominicé
Mitglieder: 132

• IZ T 822

Internationale Föderation für Europarecht (FIDE)

International Federation for European Law
Fédération Internationale Pour le Droit Européen
c/o Wissenschaftliche Gesellschaft für Europarecht
Universität Heidelberg
Friedrich-Ebert-Platz 2, 69117 Heidelberg
T: (06221) 54-7595 **Fax:** 54-7655
E-Mail: p.mueller-graff@urz.uni-heidelberg.de
Prof. Dr. Peter-Christian Müller-Graff

Mitgliedsorganisationen

Belgien

iz t 823

Association Belge pour le Droit Européen
c/o Université de Liège - Faculté de Droit
Bd. du Rectorat 7 Bâtiment B 31, B-4000 Lüttich

iz t 824

Belgische Vereniging voor Europees Recht
Bd. Brand Whilclock 30, B-1200 Brüssel

Dänemark

iz t 825

Dansk Forening for Europaret
c/o attorney-at-law Charlotte Friis Bach, Dragsted & Helmer Nielsen Law Firm
Rådhuspladsen 4, DK-1550 Copenhagen V
T: (0045) 33 31 18 94 40

Deutschland

iz t 826

Wissenschaftliche Gesellschaft für Europarecht
Fachgruppe für Europarecht der Gesellschaft für Rechtsvergleichung
Universität Heidelberg
Friedrich-Ebert-Platz 2, 69117 Heidelberg
T: (06221) 54-7595 **Fax:** 54-7655

Finnland

iz t 827

Finnish Association for European Law
c/o Nordic Law Offices
Mihonhatu 2D, FIN-00100 Helsinki

Frankreich

iz t 828

Association des Juristes Européens
198, av. Victor Hugo, F-75116 Paris
T: (00331) 45 04 61 73 **Fax:** 45 04 41 43

Griechenland

iz t 829

Association Hellénique pour le Droit Européen
Centre de Droit Economique Européen International
Postf. 14, GR-55102 Kalamaria
T: (003031) 47 34 03

Großbritannien

iz t 830

United Kingdom Association for European Law
King's College
Strand, GB-London WC2R 2LS
T: (0044207) 7 22 97 46

Irland

iz t 831

Irish Society for European Law
c/o Office of the Group Law Agent,
Allied Irish Banks, p.l.c.
Bankcentre
Ballsbridge, IRL-Dublin 4
T: (003531) 6 60 03 11 **Fax:** 6 68 96 77
Chairman: Bryan Sheridan (AIB Group, Bankcentre, Ballsbridge, IRL-Dublin 4)

Italien

iz t 832

Associazione Italiana dei Giuristi Europei
Via N. Tartaglia 5, I-00197 Rom
T: (00396) 8 08 15 56

Luxemburg

iz t 833

Association Luxembourgeoise des Juristes Européens
Rue du Fort Niedergrünewald, L-2925 Luxemburg
T: (00352) 43 03-3520 **Fax:** 43 03-2100

Niederlande

iz t 834

Nederlandse Vereniging voor Europees Recht
Weena 666 Gebouw Plaza, NL-3000 AD Rotterdam
T: (003110) 3 96 02 97 **Fax:** 4 04 23 33

Norwegen

iz t 835

Association Norvégienne pour le Droit Européen
c/o Hjort, Eriksrud & Co.
Akersgaten 20, N-0158 Oslo
T: (00472) 42 71 66 **Fax:** 41 24 36

Österreich

iz t 836

Österreichische Gesellschaft für Europarecht
Universitätstr. 2, A-1090 Wien

Portugal

iz t 837

Associacao Portuguesa de Direito Europeo
Rua Castilho 63-6, P-1000 Lissabon
T: (003511) 3 86 33 21 **Fax:** 3 86 23 75

Schweden

iz t 838

Swedish Association for European Law
Swedish Institute of Foreign Law
Postf. 5513, S-11485 Stockholm
T: (00468) 7 83 83 13

Schweiz

iz t 839

Fédération de l'Industrie horlogère suisse FH
Rue d'Argent 6, CH-2501 Biel-Bienne
T: (004132) 28 08 28 **Fax:** 28 08 80
Sekretär: Max Hool

Spanien

iz t 840

Asociacion Espanola para el Estudio del Derecho Europeo
Departamento de Derecho Internacional Publico
Facultad de Derecho Uni. Complutense de Madrid, E-28003 Madrid

Zypern

iz t 841

Cypriot Association for European Law
c/o X. Xenopoulos
2 Limassol Ave., CY-Nicosia
Acting President: Christos Josephides

• IZ T 842

Internationale Gesellschaft für Urheberrecht e.V. (INTERGU)

Sitz Berlin
Geschäftsstelle:
Rosenheimer Str. 11, 81667 München
T: (089) 4 80 03-00 **Fax:** 4 80 03-9 69
Geschäftsführender Vorstand:
Prof. Dr. Reinhold Kreile (Vorsitzer)
Jack Black
Prof. Dr. Gerhard Frotz
Dr. Frank Schubert (Schatzmeister)
Ehrenpräs.: Prof. Dr. jur.h.c. Erich Schulze
Generalsekretär(in): Dr. Martin Vogel
Mitglieder: 397

• IZ T 843

Internationale Juristen-Kommission (IJK)

International Commission of Jurists (ICJ)
Commission Internationale de Juristes (CIJ)
Postf. 2 16, CH-1219 Genf
avenue de Châtelaine 81a, CH-1219 Genf
T: (004122) 9 79 38 00 **Fax:** 9 79 38 01
Gründung: 1952
Generalsekretär(in): Adama Dieng
Leitung Presseabteilung: Nicolas Bovay
Verbandszeitschrift: ICJ Review, ICJ Newsletter, Sonderberichte (in Englisch und/oder Französisch und/oder Spanisch)
Mitglieder: satzungsgemäß bis zu 45 Juristen (gewählt)
Mitarbeiter: 14
Nationale Sektionen und angeschlossene Organisationen: 80

iz t 844

Deutsche Sektion der Internationalen Juristen-Kommission e.V.
Nowackanlage 15, 76137 Karlsruhe
T: (0721) 38 86 99 **Fax:** 35 82 63

• IZ T 845

Internationale Seerecht Kommission (CMI)

International Maritime Committee
Comité Maritime International (CMI)
Markgravestraat 9, B-2000 Antwerpen
T: (00323) 2 27 35 26 **Fax:** 2 27 35 28
E-Mail: admini@CMI.IMC-ORG
President: Patrick Griggs
Verbandszeitschrift: CMI NEWSLETTER
Redaktion: CMI Secretariat, Antwerpen
Verlag: Scandinavian University Press, Holländergatan 20, S-10365 Sweden, T: (00468) 4 40 80 41, Fax: (00468) 4 40 80 50
Mitglieder: 54

Deutsche Landesgruppe:

iz t 846

Deutscher Verein für Internationales Seerecht e.V.
Esplanade 6 IV, 20354 Hamburg
T: (040) 3 50 97-0 **Fax:** 3 50 97-2 11
Mitglieder: 293

• IZ T 847

Internationale Vereinigung für Versicherungsrecht (AIDA)

International Association for Insurance Law
Association Internationale de Droit des Assurances
c/o Barlow Lyde & Gilbert, Beaufort House
15 St. Botolph Street, GB-London EC3A 7NJ
T: (0044207) 2 47-22 77 **Fax:** 7 82-85 00
Gründung: 1960
President: M. Rosenmejer (Plesner & Lunoe, 34 Esplanaden, DK-1263 Copenhagen K, Denmark)
Vice-President: Prof. Agostino Gambino (Via delle Tre Madonne 16, I-00197 Roma, Italy)

M. Gill (Phillips Fox, 255, Elizabeth Street, AUS-Sydney, NSW 2000, Australia)
Dr. Emilio H. Bullo (Bullo Tassi Estebenet Lipera + Asoc., Carlos Pellegrini 1069, Piso 10, 1009 Buenos Aires, Argentina)
Secretary General: Colin V. Croly (Barlow Lyde & Gilbert)
Assistant Secretary General: Michael Mendelowitz (Barlow Lyde & Gilbert)
Mitglieder: 53 national sections

• IZ T 848

Internationale Vereinigung juristischer Bibliotheken (IALL)

International Association of Law Libraries
Association Internationale des Bibliothèques Juridiques
Postf. 5709, USA-Washington, D.C. 20016-1309
T: (001202) 7 07-9866 **Fax:** 7 07-1820
Internet: http://www.iall.org
Gründung: 1959
President: Officers: Larry B. Wenger (University of Virginia, Law Library, 580 Massie Road, Charlottesville, VA 22903 1789 USA, Telefax: (001801) 804-924- 33 84, Fax: 804-924-72 39, E-Mail: lbw@virginia.edu)
Second Vice President: Holger Knudsen (Max-Planck-Institut fuer ausländisches und internationales Privatrecht, Mittelweg 187, 20148 Hamburg, T: 040-1 90 02 26, Fax: 1 90 02 88, E-Mail: knudsen@mpipriv-hh.mpg.de)
Secretary: Marie-Louise H. Bernal (Law Library of Congress, Office of the Law Librarian, LM 240 101 Independence Avenue, S.E., Washington, DC 20540-3000, USA, T: (001202) 202-707- 98 66, Fax: 202-707-18 20, E-Mail: mber@loc.gov)
Treasurer: Gloria F. Chao (Rutgers University School of Law Library, 217N. 5th Street, Camden, NJ 08102, USA, T: (001801) 609-225-64 57, Fax: 609-225-64 88, E-Mail: chao@camden.rutgers.edu)
Members of the Board of Directors: Joan A. Brathwaite (University of the West Indies, Faculty of Law Library, Cave Hill Campus, Bridgetown, Barbados, W.I., T: (001809) 246-417- 42 49, Fax: 246-424-13 18, E-Mail: lawlib@carib-surf.com)
Richard A. Danner (Duke University School of Law, Box 90361, Durham, NC 27708-0361, USA, T: (001202) 919-613-71 15, Fax: 919-613-72 37, E-Mail: danner@law.duke.edu)
Jacqueline Elliott (High Court of Australia Library, P.O.BoxE435, Kingston, A.C.T., Australia 2604, T. (006102) 62 70 69 22, Fax: 62 73 21 10, E-Mail: jelliott@hcourt.gov.au)
Britt S.M. Kjolstad (United Nations Library, Palais des Nations B. 148, 8-14 Avenue de la Paix, CH-1211 Geneva 10, T: (004122) 917 30 65, Fax: 917 01 57, E-Mail: bkjolstad@unog.ch)
Ann Morrison (Dalhousie Law School, 60 61 University Avenue, Halifax, Nova Scotia, Canada B3 H 4H9, T: (00902) 494 2640, Fax: 494 66 69, E-Mail: morriso6@is.dal.ca)
Harald Mueller (Max-Planck-Institut für ausländisches öffentliches Recht und Voelkerrecht, Im Neuernheimer Feld 535, 69120 Heidelberg, T: 06221) 48 22 19, Fax: 48 22 88, E-Mail: harald.mueller@mpiv-hd.mpg.de)
Lisbeth Rasmussen (University of Copenhagen, Law Students' Libbrary at the Faculty of Law, Studienstraede 34, DK-1455 Copenhagen, T: (0045) 35 32 33 03, Fax: 35 32 33 13, E-Mail: lisbeth.rasmussen@jur.ku.dk)
Jules Winterton (University of London, Institute of Advanced Legal Studies, 17 Russell Square, London WCIB 5DR, T: (0044171) 6 37 17 31, Fax: 5 80 96 13, E-Mail: julesw@sas.ac.uk)
Verbandszeitschrift: International Journal of Legal Information
Mitglieder: 600

• IZ T 849

Internationale Vereinigung von Versicherungsjuristen (AIDA)

Association Internationale de Droit des Assurances
Deutsche Landesgruppe:
c/o Dt. Verein für Versicherungswissenschaft e.V.
Johannisberger Str. 31, 14197 Berlin
T: (030) 8 21 20 31 **Fax:** 8 22 28 75
Vorsitzende(r): Prof. Dr.jur. Ulrich Hübner, Köln

• IZ T 850

Internationales Institut für die Vereinheitlichung des Privatrechts (UNIDROIT)

International Institute for the Unification of Private Law
Institut International pour l'Unification du Droit Privé
28, Via Panisperna, I-00184 Rom
T: (00396) 69 62 11 **Fax:** 69 94 13 94
Internet: http://www.unidroit.org
E-Mail: unidroit.rome@unidroit.org
Gründung: 1926
President: Berardino Libonati
Secretary General: Prof. Dr. Herbert Kronke
Verbandszeitschrift: UNIFORM LAW REVIEW
Mitglieder: 58 Governments

• IZ T 851

Transeuropäischer Verband von Rechtsanwaltskanzleien (TELFA)

Trans European Law Firms Association
Association Transeuropéenne pour Etudes d'Avocats
Rue du Monastere/Munsterstr.10, B-1000 Brüssel
T: (00322) 7 35 02 06 **Fax:** 7 35 37 13
Gründung: 1990
Président: Andrew Baker
Contact: Giancarlo Agace
Mitglieder: 19
Mitarbeiter: 1

Internationale Beziehungen, Europäische Fragen

• IZ T 852

Europäische Rektorenkonferenz (CRE)

10 rue du Conseil Général, CH-1211 Genf 4
T: (004122) 3 29 22 51 **Fax:** 3 29 28 21
Internet: http://www.unige.ch/cre
E-Mail: cre@uni2a.unige.ch
President: Kenneth Edwards (Universität Leicester)
Vice-President: Paolo Blasi (Universität Florenz)
Lucy Smith (Universität Oslo)
Treasurer: Hélène Lamicq (Universität Paris XII)
Board Members: Alberto Amaral (Universität Porto)
Michael Daxner (Universität Oldenburg)
Janina Jozwiak (Warsaw School of Economics)
André Oosterlinck (Katholische Universität Leuven)
Ludvik Toplak (Universität Maribor)
Secretary General: Andris Barblan

• IZ T 853

Akademie Europa Forschungs- und Weiterbildungseinrichtung der CESI

Academie Europe
Centre for Research and Training of the CESI
Academie Europe
Centre de Formation et de Recherche auprès de la CESI
Avenue de la Joyeuse Entrée 1-5, B-1040 Brüssel
T: (00322) 2 82 18 60 **Fax:** 7 33 43 72
E-Mail: cesi.akad.eur@skynet.be
Gründung: 1990
President: Ilse Schedl (Contact)
Leitung Presseabteilung: Guy Lemoine

Mitgliedsorganisationen

Belgium

iz t 854

Centrale Générale des Syndicats Libéraux de Belgique
Point Caré Laan 72-74, B-1070 Brüssel
T: (00322) 5 58 51 50 **Fax:** 5 58 51 51
Contact: B. Noël

iz t 855

Fédération de la Fonction Publique Européenne
Av. d'Auderghem 15, B-1040 Brüssel
T: (00322) 2 30 84 83 **Fax:** 2 30 69 05
Contact: Loek Rijnoudt

Luxembourg

iz t 856

Confédération Internationale des Fonctionnaires
Rue Arthur Knaff 8, L-1862 Luxemburg
T: (00352) 43 47 45 **Fax:** 33 28 21
Contact: Pierre Trausch

Czech Republic

iz t 857

Svaz Ceskych Lekaru
Katerinska 32, CZ-12108 Praha 2
T: (004202) 29 56 34, 6 85 51 78 **Fax:** 29 68 72
Contact: Dr. Pavel Horak

iz t 858

DBB-Beamtenbund und Tarifunion
Peter-Hensen-Str. 5-7, 53175 Bonn
T: (0228) 8 11-101 **Fax:** 8 11-171, 8 11-108
Internet: http://www.dbb.de
E-Mail: post@dbb.de
Contact: Erhard Geyer

Spain

iz t 860

Confederación de Sindicatos Independientes y Sindical de Funcionarios
C/Fernando El Santo 172°, E-28010 Madrid
T: (00341) 3 19 75 15 **Fax:** 3 10 15 53
Contact: Domingo Fernandez Veiguela

iz t 861

Federación Asociaciónes Sindicales de Grandes Almacenes
C/Almagro 4 1°, E-28010 Madrid
T: (00341) 3 10 45 81, 3 19 17 78 **Fax:** 3 19 55 68
Contact: Valentin Vellisco

Italy

iz t 862

Confederazione Italiana Sindicati Autonomi Lavoratori
Via Giulio Cesare 21, I-00192 Rom
T: (00396) 3 21 25 24 **Fax:** 3 21 25 21
Contact: Guiseppe Carbone

• IZ T 863

Alcide de Gasperi-Institut für europäische Studien (ISE)

Institute of European Studies Alcide de Gasperi
Institut d'études européennes Alcide de Gasperi
Via Poli 29, I-00187 Roma
T: (00396) 6 78 42 62 **Fax:** 6 79 41 01
Gründung: 1952
Präsident(in): Giuseppe Schiavone
Dir. (Ricerca): Umberto Leanza
Sekr.: Cesare Selva
Verbandszeitschrift: Annali/ISE

• IZ T 864

Centre for European Policy Studies (CEPS)

Place du Congrès 1, B-1000 Brüssel
T: (00322) 2 29 39 11 **Fax:** 2 19 41 51
Gründung: 1983
Direktor(in): Peter Ludlow
Kontaktperson: Dominic Gilmore
Verbandszeitschrift: CEPS News (Newsletter)
Mitglieder: 90 Corporate Members; 140 Public Organisations, 20 Private Service Organisations, 60 Individuals
Mitarbeiter: 40

• IZ T 865

Europäischer Rat für Lateinamerika-Forschung (CEISAL)

European Council for Research in Social Sciences on Latin America
Conseil Européen de Recherche en Sciences Sociales sur l' Amérique Latine
c/o Université de Toulouse-le-Mirail - Prof. Dr. Romain Gaignard
5, Allées Antonio Machado, F-31058 Toulouse Cédex
T: (0033) 61 50 49 99 **Fax:** 61 50 43 50
Gründung: 1971
Presidente Honorario: Prof. Dr. Hanns-Albert Steger (Spardorfer Str. 55, 91054 Erlangen, T: (09131) 2 66 62, Telefax: (09131) 2 96 60)
Presidente: Prof. Dr. Romain Gaignard (Université de Toulouse-le-Mirail, 5, Allées Antonio Machado, F-31058 Toulouse Cedex, T: (0033) 5 61 50 49 99, Telefax: (0033) 61 50 43 50)
Vice-Presidente: Prof. Dr. Andrzej Dembicz (CESLA - Centro de Estudios Latinoamericanos, Universidad de Varsovia, ul. Zurawia 4, P-00-503 Varsovia, T: (00482) 6 25-30-98, Telefax: (00482) 6 25-31-70)
Tesorero: Prof. Dr. Claude Bataillon (GRAL-CNRS, Maison de la Recherche, Université de Toulouse-le-Mirail, 5, Allées Antonio Machado, F-31058 Toulouse, T: (0033) 61 50 36 14 o 44 16, Telefax: (0033) 61 50 49 25)
Communication: Marie Christine Lacoste (GRAL-CNRS, Maison de la Recherche, Université de Toulouse-le-Mirail, 5 Allées Antonio Machado, F-31058 Toulouse Cedex, T: (0033) 61 50 43 08, Telefax: (0033) 61 50 49 25)
Mitglieder: 30 Institute, 30 Forscher
Sede Juridica: c/o Instituto Austríaco para América Latina

(Österreichisches Lateinamerika-Institut), Schlickgasse 1, A-1090 Wien, T: (00431) 3 10 74 66, Telefax: (00431) 3 10 74 68 21

• IZ T 866

Europäisches Bildungsinstitut e.V. (CIFE)
Centre international de formation européenne
Hauptverwaltung: 10, Avenue des Fleurs, F-06000 Nice, T: (0033) 4 93 97 93 97, Fax: (0033) 4 93 97 93 98
Gesellschaftssitz: Maison de l'Europe
35-37 rue des Francs-Bourgeois, F-75004 Paris
Internet: http://www.cife.org
E-Mail: cife@webstore.fr
Gründung: 1954
Präsident(in): Michel Albert
Generaldirektor: Ferdinand Graf Kinsky
Leitung Presseabteilung: Arnaud Marc-Lipiansky
Verbandszeitschrift: L'Europe en formation
Redaktion: Departement Presses d'Europe
Verlag: CIFE, 10 avenue des Fleurs, F-06000 Nice
Mitglieder: 112
Mitarbeiter: 20

Europäisches Studium und Bildungsarbeit, gestützt auf Forschung, Lehre und eigene Publikationen. Gegenstand sind die Zielsetzung und praktischen Probleme des europäischen Zusammenschlusses, insbesondere die Rolle und Aufgabe Europas in der heutigen Welt sowie die grundlegenden gesellschaftspolitischen Fragen europäischer Dimension. In Forschung und Bildung werden Modelle für die künftigen politischen, wirtschaftlichen, gesellschaftlichen und kulturellen Strukturen Europas erarbeitet. Im Mittelpunkt steht der Föderalismus als Orientierungsmodell.

• IZ T 867

Europäisches Institut für internationales Hochschulstudium Nizza (IEHEI)
Nice Sophia-Antipolis Institut Européen des Hautes Etudes Internationales-Berlin-Rom
Geschäftsführung:
10, Avenue des Fleurs, F-06000 Nice
T: (0033493) 97 93 70 **Fax:** 93 97 93 71
Internet: http://www.cife.org
E-Mail: iehei@wanadoo.fr, cife@webstore.fr
Gründung: 1966
Leitung: Claude Nigoul
Presseabteilung: Mlle Valérie Charpentier
Mitglieder: 100
Mitarbeiter: 10/12

• IZ T 868

Europäisches Institut für öffentliche Verwaltung (EIPA)
European Institute of Public Administration
Institut européen d'Administration publique
Postf. 1229, NL-6201 BE Maastricht
O.L. Vrouweplein 22, NL-6201 BE Maastricht
T: (003143) 32 96-222 **Fax:** 32 96-296
Internet: http://www.eipa.nl
E-Mail: m.simons@eipa-nl.com
Gründung: 1981
Leitung Presseabteilung: Veerle Deckmyn
Verbandszeitschrift: EIPASCOPE (3 x year), Head, Information, Documentation, Publications-Services
Redaktion: EIPA-Publication Services
Verlag: EIPA, Maastricht
Mitglieder: 48 Staff, 30 Faculty

Mitgliedsorganisationen

Belgien

iz t 869

Bureau de Représentation de l'Institut Européen
Rue d'Egmont 11, B-1050 Brüssel
T: (00322) 502 10 06
E-Mail: alain.guggenbuhl@euronet.be
Kontaktperson: Alain Guggenbuhl

iz t 870

Centre Européen de la Magistrature et des Professions juridiques
European Centre for Judges and Lawyers
Circuit de la Foire Internationale 2, L-1347 Luxembourg-Kirchberg
T: (00352) 42 62 30-1 **Fax:** 42 62 37
E-Mail: eipa@eipa.net
Directeur: Garielle Vonfelt

iz t 871

European Centre for the Regions (EIPA-ECR)
Avenida Pearson 28, E-08034 Barcelona
T: (00349) 34 02 40 59 **Fax:** 34 02 40 63
E-Mail: eipa@eipa-ecr.com
Directeur: Eduardo Sanchez Monjo
Kontaktperson: Raymond Pelzer (e-mail: r.pelzer@eipa-ecr.com)

• IZ T 872

OIER
DONAUEUROPÄISCHES INSTITUT

OIER - Donaueuropäisches Institut, Organisation für Internationale Wirtschaftsbeziehungen
Konsultativstatus beim Wirtschafts- und Sozialrat der Vereinten Nationen und beim Europarat

Präsidium und Generalsekretariat:
Am Stadtpark 9, A-1030 Wien
T: (00431) 7 17 07-3344 **Fax:** 7 17 07-3802
E-Mail: Johannes.Schuster@rzb-wien.raiffeisen.at
Gründung: 1947
Präsident(in): Christoph Leitl (Landeshauptmannstellvertreter von Oberösterreich)
Vizepräsident(in): Generaldirektor Konsul Komm. Rat Dr. Ludwig Scharinger
Vizepräsident(in): Dipl.-Kfm. Gerhard Randa
Vizepräsident(in): Prof. Dr.h.c. Günther A. Granser
Vizepräsident(in): Botschafter Dr. Helmut Liedermann
Generalsekretär: Johannes Peter Schuster (Am Stadtpark 9, 1030 Wien)

Kontaktpflege vor allem im mittel- und osteuropäischen Wirtschaftsraum.

• IZ T 873

Institut für Europäisch-Lateinamerikanische Beziehungen (IRELA)
Institute for European-Latin American Relations
Instituto de Relaciones Europeo-Latinoamericanas
C/Serrano 187-189, E-28006 Madrid
T: (003491) 5 61 72 00 **Fax:** 5 62 64 99
Internet: http://www.irela.org
E-Mail: info@irela.org
Gründung: 1984 (Oktober)
President: Rolf Linkohr
Vice President: Roberta Lajous
Generalbevollmächtigter: Wolf Grabendorff (Founding Director)
Mitarbeiter: 25

• IZ T 874

Internationaler Rat für Mittel- und Osteuropastudien (ICCEES)
International Council for Central and East European Studies
Conseil International d'Etudes sur l'Europe centrale et orientale
International Studies Programme, York University, Glendon College
Bayview Avenue 2275, CDN-Toronto, Ontario M4N 3M6
T: (001416) 4 87-6704 **Fax:** 4 87-6851
E-Mail: GL250114@VENUS.YORKU.CA
Gründung: 1974
President: Prof. Ferdinand J. M. Feldbrugge (Faculty of Law, Rijksuniversiteit Leiden, Hugo de Grootstraat, NL-2311 XK Leiden)
Vice Presidents: Prof. Hiroshi Kimura (International Research Center for Japanese Studies, 3-2 Oeyama-cho, Goryo, Nishikyo-ku, Kyoto 610-11, Japan)
Prof. Dr. Georg Brunner (Institut für Ostrecht der Universität zu Köln, Klosterstr. 79 d, 50931 Köln)
Secretary: Prof. Stanislav J. Kirschbaum (International Studies Programme, York University, Glendon College, 2275 Bayview Avenue, CDN-Toronto, Ontario, Canada M4N 3M6)
Members: Dr. Dorothy Atkinson (Stanford University, USA)
Prof. John D. Elsworth (University of Manchester, UK)
Valdemar Melanko (Institute for Russian and East European Studies, Finland)
Prof. Andrzej Drawicz (Instytut Slawistyki Warsaw, Poland)
International Information Centre: Director: Prof. Leslie Holmes (Department of Political Science, The University of Melbourne, Parkville, Victoria 3052, Australia)
Verbandszeitschrift: International Newsletter
Redaktion: Prof. Leslie Holmes, Department of Political Science, The University of Melbourne, Parkville, Victoria 3052, Australia
Mitglieder: 6000
Mitarbeiter: 10

• IZ T 875

Internationales Institut für Verwaltungswissenschaften (IISA)
International Institute of Administrative Sciences (IIAS)
Institut International des Sciences Administratives (IISA)
Rue Defacqz 1, Bte 11, B-1000 Bruxelles
T: (00322) 5 38 91 65 **Fax:** 5 37 97 02
Internet: http://www.iiasiisa.be
E-Mail: iias@iiasiisa.be
Gründung: 1930
President: Ignacio Pichardo Pagaza (Ambassado of Mexico in the Netherlands)
Generaldirektor: Giancarlo Vilella (Italy)
Deutsche Sektion: Präsident: Christoph Hauschild (Bundesministerium des Innern, Graurheindorfer Str. 198, 53117 Bonn)
Verbandszeitschrift: Revue Internationale des Sciences administratives/International Review of Administrative Sciences
Redaktion: Mme. C. Humblet
Mitglieder: 46 Etats Membres, 55 Sections Nationales, 9 OIG et 50 membres Collectifs
Mitarbeiter: 12

• IZ T 876

Internationale Vereinigung der Beamten (C.I.F.)
Confédération internationale des Fonctionnaires
Generalsekretariat
59-63 rue du Rocher, F-75002 Paris
T: (00331) 40 85 08 98 **Fax:** 47 98 27 77
Président: Pierre Trausch ((CGFP), Luxemburg)
Ilse Schedl ((DBB), Deutschland)
Urs Balsiger ((ACC/VKB), Schweiz)
Secrétaire Général: Christian Chapuis ((U.F.C.F.P.-CGC), Frankreich)

• IZ T 877

Sozialwissenschaftlicher Studienkreis für Internationale Probleme e.V. (SSIP)
Society for the Study of International Problems
Centre d'Etudes des Sciences Sociales pour les Problèmes Internationaux
Geschäftsführung
c/o 1. Vorsitzender Dr. Armin Triebel
Deidesheimer Str. 3, 14197 Berlin
T: (030) 8 22 83 79 **Fax:** 85 00 22 07
E-Mail: atriebel@zedat.fu-berlin.de
Gründung: 1960 (28. Januar)
1. Vorsitzende(r): Dr. Armin Triebel (Deidesheimer Str. 3, 14197 Berlin, E-Mail: atriebel@zedat.fu-berlin.de)
2. Vorsitzende(r): Joachim Mangold (Römerstr. 60, 53111 Bonn, E-Mail: 1169-361@onlinehome.de)
Geschäftsführer(in): Gudrun Zöllner (Deidesheimer Str. 3, 14197 Berlin)
Leitung Presseabteilung: Dr. Dieter Danckwortt
Dr. Armin Triebel
Verbandszeitschrift: SSIP-Mitteilungen
Redaktion: Dr. Armin Triebel
Mitglieder: 166

• IZ T 878

Stiftung Europa Centrum (SEC)
Europa Centrum Fondation
Fondation Europa Centrum
Riouwstraat 137, NL-2585 HP Den Haag
T: (003170) 3 50 86 20 **Fax:** 3 58 76 06
Präsident(in): Drs. J. G. Hoogduin
Direktor(in): Drs. M. Scheurkogel (Ltg. Presseabteilung)
Mitarbeiter: 3
Jahresetat: DM 0,2 Mio, € 0,1 Mio

Kommunikation, Druck- und Zeitungswissenschaften

• IZ T 879

Deutschsprachige Flexodruck-Fachgruppe e.V. (DFTA)
Verbunden mit F.T.A. Inc. (Flexographic Technical Association) USA und EFTA (UK) Ltd. (European Flexographic Technical Association, United Kingdom Group)
Nobelstr. 5B, 70569 Stuttgart
T: (0711) 6 79 60-0 **Fax:** 6 79 60-20

Internet: http://www.dfta-tz.de
E-Mail: dfta@dfta-tz.de
Gründung: 1979 (27. September)
Vorsitzende(r): Senator Wolfgang Kurz (i. Verwaltungsgesellschaft Kurz GbR, Hindenburgstrasse 3, 91555 Feuchtwangen T: (09852) 61 48 70, Fax: 61 48 72)
Geschäftsführer(in): Dipl.-Volksw. Runald Probst
Verbandszeitschrift: Flexoprint
Redaktion: Keppler Verlag
Verlag: Keppler Verlag
Mitglieder: 370 (Stand 31.12.96)

• IZ T 880

Europäische Organisation des Fernmeldewesen über Satellit (EUTELSAT)
European Telecommunications Satellite Organization
Organisation Européenne de Télécommunications par Satellite
Tour Maine-Montparnasse
70, rue Balard, F-75502 Paris Cedex 15
T: (00331) 53 98 47 47 **Fax:** 53 98 37 00
Gründung: 1977
Director Administration and Finance: David G. Hardman
Director General: Giuliano Berretta
Director Operations Department: Jesus Domingo Laborda
Technical Director: Andreas Langemeyer
Head of Press Department: Vanessa O'Connor
Verbandszeitschrift: EUTELSAT News, EUTELSAT Infos
Verlag: EUTELSAT
Mitglieder: 45 European States
Mitarbeiter: 230

• IZ T 881

Europäischer Verband für elektronische Nachrichten (EEMA)
The European Forum for Advanced Business Communications
Association Européenne pour Messages Electroniques
Secretariat:
EEMA Executive Office
Alexander House, GB-Inkberrow Worcs WR7 4DT
T: (00441386) 79 30 28 **Fax:** 79 32 68
Gründung: 1987
Executive Director: Roger Dean (Alexander House, Inkberrow, Worcs, WR7 4DT, United Kingdom, T: (0044/386) 79 30 28, Telefax: (0044/386) 79 32 68, E-Mail: info@eema·org)
Leitung Presseabteilung: Catherina Rolinson
Verbandszeitschrift: EEMA Briefing
Mitglieder: 300
Mitarbeiter: 10

• IZ T 882

Europäischer Verband für Kabelverbreitung (APEC)
Association of Private European Cable Communications Operators
Boulevard Anspach 1, bte 25, B-1000 Brüssel
T: (00322) 2 23 25 91 **Fax:** 2 23 06 96
Gründung: 1955
Président: M. De Sutter
Secrétaire Général: Richard Woollam
Mitglieder: 24
Mitarbeiter: 6
Jahresetat: DM 0,7 Mio, € 0,36 Mio

• IZ T 883

Europäisches Medieninstitut e.V.
European Institute for the Media
Institut Européen de la Communication
Zollhof 2a, 40221 Düsseldorf
T: (0211) 9 01 04-0 **Fax:** 9 01 04-56
Internet: http://www.eim.de
E-Mail: Info@eim.de
Gründung: 1983
Präsident(in): Joan Majó i Cruzate, Barcelona
Generaldir.: Prof. Dr. Jo Groebel
Forschungsleiter: Runar Woldt
Mitarbeiter: ca. 40
Publikationen: Bulletin (vierteljährlich)
Media Monographs, Mediafacts, Working Papers (unregelmäßig), Europäisches Medieninstitut, Kaistr. 13, 40221 Düsseldorf

Das Europäische Medieninstitut führt Forschungsprojekte und Veranstaltungen zur Rolle und Entwicklung der Kommunikationsmedien (Presse, Rundfunk/TV, Neue Medien) in Europa durch.

• IZ T 884

Internationale Organisation für Telekommunikation per Satellit (INTELSAT)
International Telecommunications Satellite Organization
Organisation internationale des télécommunications par satellites
International Drive NW 3400, USA-Washington DC 20008
T: (001202) 9 44-6800 **Fax:** 9 44-7890
Gründung: 1964 (20.August)
Generaldirektor: Conny Kullman
Director: Tony Trujillo (Corporate/Communications)
VP Len Dooley (External affairs)
Mitglieder: 143
Mitarbeiter: 650

• IZ T 885

Internationale Fernmelde-Union (ITU)
International Telecommunication Union (ITU)
Union internationale des télécommunications (UIT)
Headquarters:
Place des Nations, CH-1211 Genève 20
T: (4122) 7 30 51 11 **Fax:** 7 33 72 56
Gründung: 1865 (17. Mai)
Generalsekretär(in): Yoshio Utsumi (Japan)
Leitung Presseabteilung: Francine Lambert
Verbandszeitschrift: ITU News
Redaktion: Patricia Lusweti, Editor-im-Chief
Mitglieder: 189 Member countries
Mitarbeiter: 756 of 88 nationalities

• IZ T 886

Internationale Filmarchiv-Vereinigung (FIAF)
International Federation of Film Archives
Fédération Internationale des Archives du Film
Rue Defacqz, 1, B-1000 Brüssel
T: (00322) 5 38 30 65 **Fax:** 5 34 47 74
Internet: http://www.cinema.ucla.edu/FIAF/fiaf.html
E-Mail: info@fiafnet.org
Gründung: 1938
President: Ivan Trujillo (Mexico)
Secrétaire Général: Roger Smither (London)
Senior Administrator: Christian Dimitriu
Verbandszeitschrift: Journal of Film Preservation
Redaktion: R. Daudelin, FIAF Secrétariat
Mitglieder: 125
Mitarbeiter: 4

• IZ T 887

Internationale Satelliten-Mobilfunk-Organisation (Inmarsat)
International Mobile Satellite Organization
Organisation Internationale de télécommunications mobiles par satellites
99 City Road, GB-London EC1Y 1AX
T: (0044207) 7 28 10 00 **Fax:** 7 28 10 44
Internet: http://www.inmarsat.org
Gründung: 1982 (1. Februar)
Manager of Media Relations: Elizabeth Hess
Verbandszeitschrift: Via Inmarsat
Mitarbeiter: 400 Permanent Staff

• IZ T 888

Internationale Telekommunikation in der Luftfahrt (SITA)
Société Internationale de Télécommunications Aéronautiques
Le Galion
Rue Paul Lafargue 18, F-92904 Paris La Défense Cedex
T: (00331) 46 41 17 00 **Fax:** 46 41 12 76
Gründung: 1949
Board Secretary: M. Thwaites
Vice-Pres. Information and Communication: G. Strigari
Director General: J. Watson
Vice-President Marketing: R. Azoulai
Leitung Presseabteilung: Edouard Graham
Verbandszeitschrift: SITAFORUM
Redaktion: Information & Communication Division
Verlag: Rue Paul Lafargue 18, F-92904 Paris-La Défense Cedex
Mitglieder: 4320
Mitarbeiter: 600

• IZ T 889

Internationale Föderation für Informationsverarbeitung (IFIP)
International Federation for Information Processing
Fédération Internationale pour le Traitement de l'Information
IFIP Secretariat
Hofstr. 3, A-2361 Laxenburg
T: (00432236) 7 36 16 **Fax:** 73 61 69
Internet: http://www.ifip.or.at/
E-Mail: ifip@ifip.or.at
Executive Director: Plamen Nedkov

• IZ T 890

Internationale Vereinigung für Kommunikationsforschung (IAMCR/AIERI)
International Association for Media and Communication Research
Association Internationale des Etudes et Recherches sur l'Information et la Communication (AIERI)
President of IAMCR: School of International Service
4400 Massachusetts Ave., NW, USA-Washington, DC 20016-8071
T: (001202) 885 1628 **Fax:** 885 2494
E-Mail: mowlana@american.edu
Gründung: 1957
President: Prof. Hamid Mowlana (U.S.A.)
Secretary General: Prof. Naren Chitty (Australia)
Deputy Secretary General: Prof. Ole Prehn (Denmark)
Treasurer: Prof. Gertrude J. Robinson (Canada)
Vice-President: Dr. Elizabeth Fox (USA)
Dr. Olga Linné (United Kingdom)
Prof. John Sinclair (Australia)
Prof. Michael Palmer (France)
Prof. Carmen Gómez Mont (Mexico)
Verbandszeitschrift: IAMCR Newsletter, Monographs, Book Series
Mitglieder: 2200 (individuals and institutions)

• IZ T 891

Federation of European Industrial Editors Association (FEIEA)
c/o BACB
42 Borough High Street, GB-London SW1 1XW
T: (0044207) 3 78 71 39 **Fax:** 3 78 71 40
Internet: http://www.feiea.org.uk
E-Mail: secgen@feiea.org.uk

• IZ T 892

Internationale Vereinigung der Musikbibliotheken, Musikarchive und Musikdokumentationszentren (IVMB) - Gruppe Bundesrepublik Deutschland e.V.
International Association of Music Libraries, Archives and Documentation Centres (IAML)
Association Internationale des Bibliothèques, Archives et Centres de Documentation Musicaux (AIBM)
c/o Staatsbibliothek zu Berlin, Generaldirektion
10102 Berlin
T: (030) 2 66-0
Gründung: 1951 (in Paris)
Präsident(in): Prof. Dr. Wolfgang Krueger (c/o Hochschule für Bibliotheks- und Informationswesen, Wolframstr. 32, 70191 Stuttgart, T: (0711) 2 57 06-13, Fax: (0711) 2 57 06-47, email: krueger@hbi-stuttgart.de)
Vizepräsident(in): Stefan Domes (c/o Städtische Bibliotheken, Musikbibliothek, Freiberger Str. 33, 01067 Dresden, T: (0351) 86 48-2 50, Fax: (0351) 86 48-1 02, email: flemming@bibo-dresden.de)
Sekretär: Dr. Joachim Jaenecke (c/o Staatsbibliothek zu Berlin, Generaldirektion, Unter den Linden 8, 10117 Berlin, T: (030) 2 66-16 73, Telefax: (030) 2 66-17 51, email: generaldir@sbb.spk-berlin.de)
Schatzmeisterin: Petra Wagenknecht (c/o Hochschule der Künste, Hochschulbibliothek, Fasanenstr. 1 B, Reuchlingstr. 10-11, 10552 Berlin, T: (030) 3 49 58 68, Telefax: (030) 3 45 92 74, email: wagenkne@mail.hdk-berlin.de)
Verbandszeitschrift: Fontes Artis Musicae
Redaktion: Susan T. Sommer, New York
Verlag: A-R-Editions, 801 Deming Way, Medison WI 53717, USA
Mitglieder: 235 (national), ca. 2000 (international)

• IZ T 893

Internationaler Archivrat (ICA)
International Council on Archives
Conseil International des Archives
60, rue des Francs-Bourgeois, F-75003 Paris
T: (00331) 40 27 63 06 **Fax:** 42 72 20 65
Internet: http://www.ica.org
E-Mail: ica@ica.org
Gründung: 1948
Präsident(in): M. Wang Gang (China)
Verbandszeitschrift: Bulletin du Conseil international des Archives/ICA Bulletin, Janus, Archivum
Redaktion: Secrétariat du CIA, 60 rue des Francs-Bourgeois, F-75003 Paris (Editeur)
Mitglieder: 1594
Mitarbeiter: 4

• IZ T 894

Internationaler Rat für Forschung und Innovation in Bau und Konstruktion
International Council for Research and Innovation in Building and Construction
CIB General Secretariat:
Postf. 1837, NL-3000 BV Rotterdam
Kruisplein 25g, NL-3014 DB Rotterdam

T: (003110) 4 11 02 40 **Fax:** 4 33 43 72
Internet: http://www.cibworld.nl
E-Mail: secretariat@cibworld.nl
Gründung: 1953
Mitglieder: 500 Institute und Betriebe in 100 Ländern
Mitarbeiter: 6

• IZ T 895

Internationaler Verband der bibliothekarischen Vereine und Institutionen (IFLA)
International Federation of Library Associations and Institutions
Fédération Internationale des Associations de Bibliothécaires et des Bibliothèques
Postal address:
Postf. 95312, NL-2509 CH Den Haag
T: (003170) 3 14 08 84 **Fax:** 3 83 48 27
Internet: http://www.ifla.org
E-Mail: ifla@ifla.org
Royal Library (Königliche Bibliothek), Prins Willem-Alexanderhof 5, NL-Den Haag (Niederlande)
Gründung: 1927
President: Christine Deschamps, France
Generalsekretär(in): Ross Shimmon
Leitung Presseabteilung: Josche Neven
Verbandszeitschrift: IFLA Journal
Redaktion: IFLA HQ
Verlag: K.G. Saur Verlag, Postf. 70 16 20, 81316 München (Germany)
Mitglieder: 1573 in 143 Ländern
Mitarbeiter: 9; 6 Full Time, 3 Part Time
Jahresetat: DM 1,4 Mio, € 0,72 Mio

• IZ T 896

Internationaler Verband für Information und Dokumentation (FID)
International Federation for Information and Documentation
Fédération Internationale d'Information et de Documentation
Postf. 90402, NL-2509 LK Den Haag
Prins Willem-Alexanderhof 5, NL-2509 LK Den Haag
T: (003170) 3 14 06 71 **Fax:** 3 14 06 67
Internet: http://www.fid.nl
E-Mail: fid@fid.nl
Gründung: 1895
President: Martha B. Stone
Direktor(in): Stephen Parker
Verbandszeitschrift: FID Review
Mitglieder: 56 National Members; 5 International Members; 350 Institutional and Personal Members

• IZ T 897

Stiftung Europäische Archive (FAE)
European Archives Foundation
Fondation Archives Européennes
Sitz:
2, rue Jean-Daniel Colladon, CH-1204 Genève
Internet: http://www.unige.ch/ieug/, http://www.snl.ch./repertoi/adrge/faeuro.htm (Zustand der Archivalien)
E-Mail: jilek@uni2a.unige.ch
Archiv und Sekretariat: Uni Mail
40, boulevard du Pont d'Arve
CH-1211 Genève 4
T: (004122) 7 05 82 94, Fax: 7 05 82 98
Gründung: 1984 (10. Juli)
Präsident(in): Dr. Gérard F. Bauer (ancien ministre du Suisse)
Direktor(in): Prof. Dr. Antoine Fleury (Université de Genève)

• IZ T 898

Vereinigung der öffentlichen europäischen Postdienstbetreiber (PostEurop)
Association of European Public Postal Operators
Association des Opérateurs Postaux Publics Européens
Rue de la Fusée 100, B-1030 Brüssel
T: (00322) 7 24 72 80 **Fax:** 7 26 30 08
Internet: http://www.posteurop.org
E-Mail: posteurop@posteurop.org
Gründung: 1992 (September)
President: Jack Dempsey (Ireland)
Manager of the Secretariat: Jir_í Buriánek
Assistant Manager: Johannes Martin Pouw
Communications Assistant: Jeffrey McMaster
Clerical Assistants: Birgit Reifgerste
Aleksandra Chirowska
Verbandszeitschrift: Customer Newsletter, Member Information Bulletin
Mitglieder: 42
Mitarbeiter: 5

Österreich

iz t 899
Post & Telekom Austria A.G.
General Directorate
Postgasse 8, A-1011 Wien
T: (00431) 5 15 51 11 01 **Fax:** 5 12 09 29
Head of Int. & Legal Affairs Department: Petra Burianek

Bulgarien

iz t 900
Entreprises "Les Postes Bulgares" - S.R.L.
rue Arso Pandourski 1, BG-1700 Sofia
T: (003592) 88 35 45 **Fax:** 9 62 50 50
Directeur Général: Ventzeslav Krastev

Zypern

Department of Postal Services
T: (003572) 80 57 11
Head of International Relations: Vassos Vassiliou

Tschechische Republik

iz t 901
Ceska Posta, State Enterprise
Olsanska 9, CZ-22599 Prag 3
T: (00422) 6 91 92 40 **Fax:** 67 19 64 31
Act. Deputy Dir. General Intern. Relations: Petr Angelis

Dänemark

iz t 902
Post Denmark
Headquarters
Tietgensgade 37, DK-1566 Kopenhagen V
T: (0045) 33 75 40 07 **Fax:** 33 75 40 04
Contact: Troels Thomsen (Head of GeN. Management Secr. & Intern. Relations)

Estland

iz t 903
Estonian Post
Narva mnt 1, EW-10001 Tallinn
T: (003726) 25 72 00 **Fax:** 31 20 09
Director General: Tarmo-Jaan Tõeleid

Finnland

iz t 904
Finland Post Ltd - International Mail
Postf. 102, FIN-00011 Posti
T: (00358204) 51 49 90 **Fax:** 51 49 94
Director International Mail: Jörn Allardt

Deutschland

iz t 905
Deutsche Post AG
53105 Bonn
Heinrich-von-Stephan-Str. 1, 53175 Bonn
Geschäftsbereich 12
T: (0228) 1 82-0 **Fax:** 1 82-7099
TX: 8 85 650 gdp d
Internet: http://www.deutschepost.de
Manager of the Intern. Relations Dept.: Herbert-Michael Zapf

Großbritannien

iz t 906
Royal Mail International
49, Featherstone Street, GB-London EC1Y 8SY
T: (0044207) 3 20 41 44 **Fax:** 3 20 42 55
Tim Walsh (T: (0044207) 320 41 44, Fax: 320 42 55)

Channel Islands/Guernsey

iz t 907
Postal Headquarters
General Directorate
T: (00441481) 72 62 41 **Fax:** 71 20 82
Director: Paul Veron

Channel Islands/Isle of Man

iz t 908
Isle of Man Post Office
Head Quarters General Direct
Circular Road, GB-Douglas IM1 1AA
T: (00441624) 68 61 00 **Fax:** 68 61 06
Director: William Collister

Channel Islands/Jersey

iz t 909
Jersey Post Postal Headquarters
General Direction, Postal Headquarters
Jersey, GB-St. Helier
T: (00441534) 61 66 16 **Fax:** 87 36 90
Chief Executive: John Pinel

Island

iz t 910
Iceland Telecom Ltd.
Postal Division
Postf. 270, IS-150 Reykjavik
T: (00354) 5 80 10 05 **Fax:** 5 80 10 09
International Relations Executive: Kristin Björg Kristjánsdóttir

Irland

iz t 911
AN POST
General Post Office
O'Connell Street, IRL-Dublin 1
T: (003531) 7 05 72 99 **Fax:** 7 05 74 47
General Manager: Colm Farrelly (Manager International Affairs, T: (003531) 705 83 65, Fax: (003531) 705 76 30)

Slowakische Republik

iz t 912
The Slovak Post
Nám SNP 35, SLO-81000 Bratislava 1
T: (004217) 54 43 51 80 **Fax:** 54 43 51 80
Director of International Postal Affairs: Ján Kollár

Litauen

iz t 913
State Enterprise "Lithuanian Post"
Vivulskio g.23, LT-2600 Vilnius
T: (003702) 33 75 75 **Fax:** 26 32 04
Dept. Head of Intern. Bureau: Regina Vesuniene (Head of International Mail and Accounts, T: (003702) 23 10 87, Fax: (003702) 26 32 04)

iz t 914
Latvia Post
21 Brivibas Boulevard, LV-Riga PDP 1000
T: (00371) 7 01 87 00 **Fax:** 7 01 87 54
Director General: Aivars Droiskis

Malta

iz t 915
MALTAPOST
Qormi Road 305, GBY-Marsa
T: (00356) 22 05 97 **Fax:** 23 76 97
Postmaster General: Henry Gauci (Manager International Accounts, T: (00356) 22 62 23, Fax: (00356) 22 27 11)

Norwegen

iz t 916

Norway Post International
Sentrum
Postf. 1181, N-107 Oslo
T: (0047) 23 14 80 21 **Fax:** 22 42 66 87
Director: John Hurlen

Polen

iz t 917

Polish Post
Pl. Malachowskiego 2, PL-00 940 Warschau
T: (004822) 6 56 55 95 **Fax:** 8 26 61 56
General Directorate: Malgorzata Ptasinska

Portugal

iz t 918

CTT Correios de Portugal - International Affairs
Rua de S. José 10, 2°, P-1150 Lissabon
T: (0035121) 3 22 74 58 **Fax:** 3 22 79 94
Head of International Affairs: Duarte Ivo Cruz

Ukraine

iz t 919

Ukrainian Post Office Association "Ukrpochta"
22 Kreshchatik St, UA-252001 Kiev
T: (0038044) 2 26 25 59 **Fax:** 2 28 79 69
General Dir.: V. Mukhin

Albanien

iz t 920

Albanian Postal Enterprise
Reshit Collaku Str., AL-Tiranë
T: (0035542) 2 32 43 **Fax:** 3 21 33
General Dir.: Aleksandra Çollaku

Slowenien

iz t 921

Pošta Slovenije, d.o.o.
Sektor za Posto
Postf. 500, SLO-2001 Maribor
Deputy Manager of Postal Service Dept.: Matjaz Andric
Head of Int. Postal Affairs: Marjan Osvald

Schweden

iz t 922

Sweden Post Ltd., International Division
T: (00468) 7 81 16 76 **Fax:** 21 96 11
Director: Sture Wallander (T: (00468) 7 81 15 67, Fax: 21 96 11)

Niederlande

iz t 923

PTT Post International
Postf. 1992, NL-2130 GC Hoofddorp
T: (00312356) 7 51 01 **Fax:** 2 53 84
Director Operations & International Relations: Simone Bos (T: (00312356) 7 51 01, Telefax: (00312356) 2 53 84)

Griechenland

iz t 924

Postes Helléniques (ELTA)
Direction Générale
Apellou 1, GR-101 99 Athina
T: (00301) 3 24 00 80 **Fax:** 3 22 79 16
Chef de la Div. d. Relations Intern.: Georges Goumas

Ungarn

iz t 925

La Poste Hongroise, S.A.
Direction générale
Krisztina krt 6-8, H-1540 Budapest
T: (00361) 4 87 17 52 **Fax:** 4 87 18 35
Directeur Rel. Int.: Iván Budai

Belgien

iz t 926

La Poste
Service des affaires internationales
Centre Monnaie, B-1000 Brüssel
T: (00322) 2 26 26 63 **Fax:** 2 26 21 38
Administrateur Director: Willy Van Kerckhove

Kroatien

iz t 927

HPT - Croatian Post & Telecommunications s.p.o.
Jurisiceva 13, HR-10001 Zagreb
T: (003851) 43 44 34 **Fax:** 42 90 00
Manager of Directorate of Posts: Bozidar Sever

Spanien

iz t 928

Organismo Autónomo Correos Y Telégrafos
Calle Aduana 29-31, E-28070 Madrid
T: (00341) 5 96 30 35 **Fax:** 5 96 35 61
Jefe del Area Asuntos Internacionales: Julio de Frutos

Frankreich

iz t 929

La Poste
Direction des Affaires Européennes et Internationales
Case Postale A801, F-92777 Boulogne Billancourt Cedex
T: (00331) 41 41 79 35 **Fax:** 41 41 79 42
Direktor(in): Edouard Dayan

Rumänien

iz t 930

Régie Autonome Poste Roumaine
Bd Libertati 14, R-70106 Bucuresti
T: (00401) 4 00 30 60 **Fax:** 6 37 64 55
Chef du Service: Mircea Hartopeann (Director International Cooperation, T: (00401) 4 00 13 68, Fax: (00401) 4 11 42 75)

San Marino

iz t 931

Direction générale des Postes et Télécom
Contrada Omerelli, RSM-San Marino
T: (00378) 05 49 88 25 57 **Fax:** 05 49 99 27 60
Assist. Dir. Général des Postes et Télékom: Serse Faetanini

Türkei

iz t 932

Direction Générale des PTT
T: (0090312) 3 09 54 00 **Fax:** 3 09 54 08
Président des Relations Internationales: Necdet Akkus (Présidence du Département des Relations Internationales)

Italien

iz t 933

Poste Italiane
Coordination des Activités Internationales
Viale Europa 190, I-00144 Rom
T: (00396) 59 58 73 46 **Fax:** 5 94 26 63
Dirigeant: Francesca Coratella

Liechtenstein

iz t 934

Gouvernement de la Principauté
Lichtensteinische Post AG
Postf. 12 55, FL-9490 Vaduz
T: (00423) 2 32 62 62 **Fax:** 2 32 22 11
Amt für Briefmarkengestaltung: Herbert Rüdisser (Geschäftsleitung)

Luxemburg

Postes et Télécommunications
T: (00352) 47 65 42 14 **Fax:** 46 57 23
Chef de la section Réglementation Postale: Jean-Marie Schanck

Monaco

iz t 935

Direction Générale des Postes et Télécommunications
Boulevard de Suisse 16, MC-98030 Monaco Cedex
T: (00377) 93 15 88 22 **Fax:** 93 15 87 98
Ministre plénipotentiaire: S.E. Jean Pastorelli

Russland

iz t 936

Services Postaux de la Fédération de Russie
Bureau de Poste Internationale
37, Varchavskoyé chaussée, RUS-113105 Moskau
T: (007095) 1 14 45 84 **Fax:** 2 30 27 19
Directeur Général de la Poste Int.: Valentina A. Savina

Schweiz

iz t 937

Direction Générale des PTT
Département de la Poste
Schanzenstr. 5, CH-3030 Bern
T: (004131) 3 38 25 51 **Fax:** 3 38 69 24
Chef des Relations Commerciales et Marketing: Paul Epiney

Bosnien-Herzegowina

iz t 938

Public Enterprise PTT Bosnia and Herzegovina
Ferhadija 17/-1, BA-71000 Sarajevo
Director of the Int. Affairs Division: Mehmed Spaho (T: (0038771) 21 36 08, Fax: 21 36 10)

Moldawien

iz t 939

State Enterprise Posta Moldovei
134, Stefan cel Mare Av., MD-277012 Or. Chisinau
T: (003732) 24 36 60 **Fax:** 22 42 90
General Dir.: Ilie Castravet

Ehemalige Republik Jugoslawien Mazedonien

iz t 940

L'Entreprise Publique du Trafic des PTT Makedonija - Skopje
Rue Orce Kikolov bb, MK-91000 Skopje
T: (0038991) 22 71 29 **Fax:** 12 02 12
Directeur du secteur postal: Nikola Setlov

• IZ T 941

Verband europäischer Betreiber von öffentlichen Fernmeldenetzen (ETNO)
European Public Telecommunications Network Operators Association
Association des opérateurs européens de réseaux de télécommunications
Boulevard Bischoffsheim 33, B-1000 Brüssel
T: (00322) 2 19 32 42 **Fax:** 2 19 64 12
Director: N.N.
Exec. Manager, Operations: J.-L. Debecker
External Relations Manager: N. Gibbs

Berufliche Aus- und Weiterbildung

• IZ T 942

Aktion in Europa für Bildung, Erfindung und Innovation (AEI)
Action in Europe for Education, Invention and Innovation
Association Européenne pour l'Education, l'Invention et l'Innovation
Rue du Champ de Mars 27 Espace Entreprises, F-57200 Sarreguemines

T: (0033387) 98 75 75 **Fax:** 98 27 27
Gründung: 1991
Président: Dipl.-Ing. Georges Herrmann
Vice Pres. and Secr. Général: Dipl.-Ing. Joachim Bader, Stuttgart
Mitglieder: 6 Federations, 6 Correspondents
Mitarbeiter: 2

• IZ T 943

Bildungsinternationale

Education International
Internationale de l'Education
5, Bd. du Roi Albert II (8), B-1210 Brüssel
T: (00322) 2 24 06 11 **Fax:** 2 24 06 06
Internet: http://www.ei-ie.org
E-Mail: educint@ei-ie.org
Gründung: 1993 (26. Januar)
President: Mary Hatwood Futrell (USA)
General Secretary: Fred Van Leeuwen (Niederlande)
Vice-Presidents: Georgina Baiden (Ghana National Association of Teachers (GNAT), P.O. BOX 209, Accra (Ghana), T: (0023321) 226 286, Fax: 224 917)
Sharan Burrow (Australian Education Union (AEU), P.O. Box 11 58, City Road, South Melbourne Vic 3205 (Australien), T: (00613) 92 54 18 00, Fax: 92 54 18 05, E-mail: sharan@edunions.labor.net.au)
Sandra Feldman (United Federation of Teachers, AFT 555 New Jersey Ave. N.W. Washington D.C. 20001, United States of America, T: (001202) 8 79 44 40, Fax: (001202) 8 79 45 45, E-mail: sfeldman@aft.org)
Charlie Lennon (Association of Secondary Teachers, Ireland, ASTI, ASTI House, Winetavern Street Dublin 8, Ireland, T. (003531) 6 71 95 15, Fax: (003531) 6 71 90 39, E-mail: gansec@asti.iol.ie)
Verbandszeitschrift: The EI Monthly Monitor; The Education International Quarterly Magazine (beide in Englisch, Französisch und Spanisch)
Mitglieder: 294 nationale Gewerkschaftsorganisationen in 152 Ländern, die 23 Mill. Lehrer und Erzieher vertreten
Mitarbeiter: 30

• IZ T 944

Europäische Stiftung für Berufsbildung (ETF)

European Training Foundation
Fondation européenne pour la formation
Viale Settimio Severo 65 Villa Gualino, I-10133 Turin
T: (0039011) 630 22 22 **Fax:** 630 22 00
Internet: http://www.etf.eu.int
E-Mail: info@etf.eu.int
Gründung: 1990 (Mai)
Direktor(in): Peter G. M. de Rooij
Stellv. Dir.: Ulrich Hillenkamp
Livio Pescia

• IZ T 945

Europäischer Austauschdienst e.V. (EAD)

European Exchange Service
Service d'echange européen
Mainzer Landstr. 90, 60327 Frankfurt
T: (069) 74 61 54 **Fax:** 74 67 72
Gründung: 1952
Vorsitzende(r): H. U. Korenke
Stellvertretende(r) Vorsitzende(r): Hans Martin
Mitglieder: 30
Angeschlossen: Arbeitskreis der privaten Institutionen für internationale Begegnung und Bildungsarbeit c/o Rh.-Westf. Ausl.-Ges., Postf. 7 22, Dortmund

• IZ T 946

Europäischer Rat der nationalen Vereinigungen nichtstaatlicher Schulen (ECNAIS)

The European Council of National Associations of Independent Schools
Conseil Européen d'Associations Nationales des Ecoles Indépendantes
Deutsche Kontaktadresse:
Bundesverband Deutscher Privatschulen - Bildungseinrichtungen in freier Trägerschaft
Darmstädter Landstr. 85A, 60598 Frankfurt
T: (069) 60 91 89-0 **Fax:** 60 91 89-10
Gründung: 1988 (8. April)
Chairman: Martin Rogers (c/o The Farmington Institute for Christian Studies, Manchester College, Mansfield Road, Oxford OXI 3 TD, United Kingdom)
Hauptgeschäftsführer(in): K. P. Ahlmann Olesen (FGF, Japanvej 36, DK-4200 Slagelse, T: (0045) 53 53 18 45, Telefax: (0045) 53 53 25 88)
Mitglieder: 20 Landesorganisationen

• IZ T 947

Europäischer Verband Beruflicher Bildungsträger e.V. (EVBB)

Generalsekretariat:
Postf. 10 03 17, 32503 Bad Oeynhausen
Bismarckstr. 8, 32545 Bad Oeynhausen
T: (05731) 1 57-0 **Fax:** 1 57-1 01
Gründung: 1992
Präsident(in): Dr. Adalbert Kitsche, Düsseldorf
Generalsekr.: Dipl.-Betriebsw. Ernst W. Stothfang, Bad Oeynhausen
Mitarbeiter: über 20000 in den Mitgliedsorganisationen

• IZ T 948

Europäischer Verband für die Ausbildung der Kinder von Berufsreisenden (EFECOT)

European Federation for the Education of the Children of Occupational Travellers
Fédération Européenne pour l'Education des Enfants de Parents non-résidents
Grensstraat 6, B-1210 Brüssel
T: (00322) 2 27 40 60 **Fax:** 2 27 40 69
Gründung: 1988
Président: Raf de Zutter
Direktor(in): Ludo Knaepkens
Secrétaire Général: Eddy De Backer
Contact: Griet Provoost
Verbandszeitschrift: Newsline Magazine
Verlag: EFECOT, Brüssel
Mitglieder: 25
Mitarbeiter: 8

• IZ T 949

Europäischer Verband für Erwachsenenbildung (E.A.E.A.)

European Association for the Education of Adults
Association Européenne pour l'Éducation des Adultes
Main Office:
Sigi Gruber
General Secretary
Rue J. Stevens 8, B-1000 Brüssel
T: (0322) 5 13-5205 **Fax:** 5 13-5734
Internet: http://www.eaea.org
E-Mail: sigi.gruber@eaea.org
Information and Documentation Office:
Johanni Larjanko
Uudenmankatu 17b 28, FIN-00120 Helsinki
T: (003589) 64 65 02, Fax: 64 65 04
E-Mail: eaea@eaea.org
Gründung: 1953
President: Paolo Federighi (Assoc. Italiana di Educazione degli Adulti, Via Fillungo, 152, I-55100 Lucca, Italien, T: (0039583) 49 60 00, Fax: (0039583) 49 60 00, E-Mail: federighi@cesit1,unif.it, Università degli Studi de Firenze, T: (003955) 28 06 20, Fax: (003955) 2 38 20 98)
General Secretary: Sigi Gruber (Rue J. Stevens 8, BE-1000 Brüssel, T: (00322) 5 13-5205, Fax: 5 13-5734, E-Mail: sigi.gruber@eaea.org)
Members: Rosa Maria Falgàs i Casanovas (Federación de Asociaciones de Educación de Adultos (FAEA), Apartado de Correos 213, E-17080 Girona, Spanien, T: (00343) 2 78 02 94 ext. 3114, Fax: 2 78 01 74, E-Mail: rmfa@redestb.es)
Vida A. Mahorcic Spolar (Andragogical Association of Slowenia, Smartomsla 134a, Ljubiliana 61000, Slowenien, T: (0038661) 44 64 82, 1 84 25 60, Fax: 44 58 81, E-Mail: Vida.Mahorcic.Spolar@acs-saec.si)
Talvi Märja (Association of Estonian Adult Education "ANDREAS", Lasnamäe 50, EE-0010 Tallinn, Estland, T: (003722) 21 17 89, (003726) 38 01 80, Telefax: (003726) 38 01 80, E-Mail:andreas@uninet.ee)
Kerstin Mustel (Svenska Fölkhöskolans Lärarförbund, Box 2087, S-17102 Solna, Schweden, T: (00468) 28 58 74, Fax: 28 20 34, E-Mail: kerstin.mustel@sfhl.se)
John Ryan (Aontas 22, Earlsfort Terrace, Dublin 2, Irland, T: (003531) 4 75 41 21, 4 75 41 22, Fax: 4 78 00 84, E-Mail: aontas@iol.ie)
Michael Samlowski (IZZ/DVV, Obere Wilhelm Str. 32, 53225 Bonn, T: (0228) 97 56 90, Fax: 9 75 69 55, E-Mail: izz-dvv-bonn@geod.geonet.de)
Klitos Symeonides (Cyprus Adult Education Association, P.O. Box 4019, CY-Nicosia, Zypern, T: (003572) 30 28 75, 48 49 60 (home), Fax: (003572) 36 53 22)
Janos Sz. Tòth (Hungarian Folk High School Society, Corvin ter 8, 1011 Budapest, Ungarn, T: (00361) 2 01 90 96, Fax: 2 01 49 28, E-Mail: mnthfhss@mail.matav.hu)
Jorma Turunen (L'Association pour l'Education des Travailleurs (TSL), Paasivuorenkatu, 5 B, 00530 Helsinki, Finnland, T: (003589) 47 62 86 20, Fax: (0035840) 5 53 95 60, E-Mail: jourma.turunen@tsl.fi)
Verbandszeitschrift: EAEA Newsletter
Redaktion: EAEA Information and Documentation Office, Johanni Larjanko, Uudenmankatu 17b 28, FIN-00120 Helsinki, E-Mail: eaea@eaea.org
Mitglieder: 108 (Organisations)
Mitarbeiter: 2

• IZ T 950

Europäischer Verband der Optometrieschulen- und Lehranstalten (AEUSCO)

European Association of Schools and Colleges of Optometry
Association Européenne des Ecoles d'Optométrie
134, Route de Chartres, F-91440 Bures sur Yvette
T: (00331) 64 86 12 13 **Fax:** 69 28 49 99
Internet: http://www.ubi.pt/-aeusco
E-Mail: ico.direction@wanadoo.fr
Gründung: 1979 (November)
Executive Committee
President: Gloria Rico Arnaiz de las Revillas (Universidad Complutense, Madrid/Spain)
Vice-President: Hilmar Bussacker (Ecole Supérieure d'Optique, Olten/Switzerland)
Treasurer: Louis Moschetti (Lycée Victor Bérard Morez, France)
General Secretary: Jean-Paul Roosen (ICO, Bures-sur-Yvette, France)
Kjell Inge Daae (Buskerud College, Kongsberg/Norway)
Brigitte Denis (IORT, Bruxelles/Belgium)
Donaat Vandenhende (IRIS HOGESCHOOL, Bruxelles/Belgium)
Paulo Torrão Fiadeiro (Universidat da Beira Interior, Covilhã, Portugal)
Honorary Members: Don Pedro Jimenez Landi Martinez (Hon. Director of the Escuela de Optica Universidad Complutense, Madrid/Spain)
Josep Ribe-Pons (Director Escuela Universitaria de Optica Terrassa, Barcelona/Spain)
Gérad-Norbert Roosen (Hon. President ICO, Bures-sur-Yvette/France)
Norman Edward Wallis (Executive Director NBEO, Maryland/USA)
Committees: Future Actions and Finance Committee: President Gloria Rico (Universidad Complutense, Madrid/Spain)
Secretary Jean-Paul Roosen (ICO, Bures-sur-Yvette/France)
Communication Committee: President Brigitte Denis (IORT, Bruxelles/Belgium)
Educators Training Committee: President Kjell Inge Daae (Buskerud College, Kongsberg/Norway)
Secretary Georges Benoliel (ESOP, Paris/France)
Inter-School Relations Committee: President Bruno Francois (Ecole Fizeau, Fougères/France)
Secretary Karina Weintraub (ICO, Bures-sur-Yvette/France)
Verbandszeitschrift: "Newsletter"

• IZ T 951

Europäisches Hochschulinstitut (EHI)

European University Institute
Institut Universitaire Européen
Postf. 2330, I-50100 Florenz Ferrovia
Via dei Roccettini 9, I-50016 San Domenico di Fiesole
T: (003955) 46 85-1 **Fax:** 59 98 87
Internet: http://www.iue.it
Gründung: 1972 (14. April) Unterzeichnung d. Übereinkommens d.d. Mitgliedsstaaten d. EG zur Gründung eines EHI
Präsident(in): Patrick Masterson
Generalsekretär(in): Antonio Zanardi Landi
Mitglieder: 40 Vollzeitprofessoren, ca. 300 Doktoranden, 30 Fellows

• IZ T 952

Europäisches Institut für Bildung und Sozialpolitik (IEEPS)

European Institute of Education and Social Policy
Institut Européen d'Education et de Politique Sociale
c/o Université de Paris IX-Dauphine
pl. du Maréchal de Lattre de Tassigny, F-75116 Paris
T: (00331) 44 05 40 01 **Fax:** 44 05 45 26
E-Mail: ieeps@dauphine.fr
Gründung: 1974
Präsident(in): Ladislav Cerych
Direktor(in): Jean-Pierre Jallade
Leitung Presseabteilung: François-Xavier Chevrier
Verbandszeitschrift: European Journal of Education
Mitarbeiter: 10
Jahresetat: DM 2 Mio, € 1,02 Mio

• IZ T 953

Europäisches Institut für Managementlehre und -forschung (EIASM)

European Institute for Advanced Studies in Management
Institut Européen de Recherches et d'Etudes Superieures en Management
Rue d'Egmont 13, B-1000 Bruxelles
T: (00322) 5 11 91 16 **Fax:** 5 12 19 29
Gründung: 1971
Präsident(in): Prof. Dr. Anthony Hopwood
Institutsdirektor: Gerry Van Dyck
Verbandszeitschrift: Newsletter
Redaktion: Gerry van Dyck
Verlag: EIASM, 13, rue d'Egmont, B-1000 Brussels
Mitarbeiter: 8

• IZ T 954

Europäisches Institut für postgraduale Bildung an der Technischen Universität Dresden e.V. (EIPOS)

European Institute for Post-Graduate Education
Institut européen de formation post-universitaire
Goetheallee 24, 01309 Dresden
T: (0351) 4 40 72 10 **Fax:** 4 40 72 20

Internet: http://www.eipos.de
E-Mail: eipos@t-online.de
Gründung: 1990 (1. September)
Präsident(in): Prof. Dr.rer.nat.habil. Dr.-Ing.E.h. Günther Landgraf
Vizepräsident(in): Prof.Dr.paed.habil. Günter Lehmann
Prof.Dr.-Ing.habil. Günter Binger
Prof.Dipl.-Ing.Dr. Adolf Melezinek
Prof.Dipl.-Ing. Martin Mittag
Leitung Presseabteilung: Dr. Peter Schoenball
Verbandszeitschrift: Schriftenreihe zur wissenschaftlichen Weiterbildung
Redaktion: EIPOS-Sekretariat
Verlag: Eigenverlag
Mitglieder: 57
Mitarbeiter: 14

• IZ T 955

Europäisches Zentrum für die Bildung im Versicherungswesen (CEZ)
European Centre for Insurance Education and Training
Centre Européen pour la Formation dans l'Assurance
Kirchlistr. 2, CH-9010 St. Gallen
T: (004171) 2 43 40 43 **Fax:** 2 43 40 40
Internet: http://www.ivwhsg.ch
E-Mail: ivwhsg@notes.unisg.ch
Präsident(in): Prof. Dr. Matthias Haller
Geschäftsführer(in): Prof. Dr. Walter Ackermann

• IZ T 956

Europäisches Zentrum zur Förderung der Ausbildung und Fortbildung in der Landwirtschaft und im ländlichen Raum (CEPFAR)
European Training and Development Center for Farming and Rural Life
Centre Européen pour la Promotion et la Formation en Milieu Agricole et Rural
23/25, rue de la Science, Boîte 10, B-1040 Bruxelles
T: (00322) 2 30 32 63 **Fax:** 2 31 18 45
E-Mail: cepfar@agriinfo.be
Gründung: 1972
Präsident(in): Marco Gaasch
Secrétaire Général: Julio Martins-Cruz
Mitglieder: 3 Europäische Organisationen und ihre nationalen Organe.

Mitgliedsorganisationen

Belgien

iz t 957

Europäischer Rat der Junglandwirte (CEJA)
Conseil Européen des Jeunes Agriculteurs
23/25 Rue de la Science, Boite 11, B-1040 Bruxelles
T: (00322) 2 30 42 10 **Fax:** 2 80 18 05

iz t 958

Allgemeiner Ausschuß des Ländlichen Genossenschaftswesens der E.U. (COGECA)
General Committee of Agricultural Cooperation in the U.E.
Comité Général de la Coopération Agricole de l'Union Européenne
Rue de la Science 23-25, Bte 3, B-1040 Brüssel
T: (00322) 2 87 27 11 **Fax:** 2 87 27 00

iz t 959

Ausschuß der berufsständischen landwirtschaftlichen Organisationen der E.U. (COPA)
Committee of Agricultural Organisations in the E.U.
Comité des Organisations Professionnelles Agricoles de l'U.E.
Rue de la Science 23-25, bte 3, B-1040 Brüssel
T: (00322) 2 87 27 11 **Fax:** 2 87 27 00
E-Mail: mail@copa-cogeca.be

• IZ T 960

Internationale Gesellschaft für kaufmännisches Bildungswesen (SIEC)
International Society of Business Education (ISBE)
Société Internationale pour l'Enseignement Commercial
3550 Anderson Street, USA-Madison WI 53704-2599
T: (00608) 8 37-75 18 **Fax:** 8 34-13 01
E-Mail: gkantin@madison.tec.wi.us
Gründung: 1901
International President: Michaela Feuerstein (Linden Strasse 10, 81545 München, T: (089) 2 33-32895, Fax: 2 33-32897, E-Mail: michaela.feuerstein@sch-f1.musin.de)
International Vice Presidents: Gianfranco Benati (Via A. da Messina 24, I-20146 Milan, T: (03902) 4 04 22 98, Fax: 4 04 22 98, E-mail: gfbenati@tin.it)
Janet Elliott (40 Temple Fortune Lane, GB-London NW11 7UE, T: (0044208) 4 55 21 91, Fax: 455 19 82, E-Mail: janet-elliott@tfl.sonnet.co.uk)
Leif Haar (Odense Business College, Nonnebakken 9, DK-5000 Odense C, T: (0045) 66 11 57 47, Fax: 91 60 47, E-Mail: leha@tietgen.dk)
Paula Kinnunen (Helsinki Business Polytechnic, Rautatieläisenkatu 1, FIN-00520 Helsinki, T: (035809) 14 89 03 22, Fax: 14 89 04 57, E-Mail: paula.kinnunen@helia.fi)
Dr. Hans Weber (Schulhausstrasse 74, CH-8704 Herrliberg, T: (0411) 9 15 26 00, E-Mail: hans_weber@swissonline.ch)
Dr. Dorothy Wiese (Elgin Community College, 45W895 Middleton Road, Hampshire, IL 60140, T: (01847) 6 83 35 15, Fax: 6 83 18 10, E-Mail: wiesed@mcs.com)
General Secretary: G.L. Kantin
Verbandszeitschrift: International Review for Business Education
Redaktion: 3550 Anderson Street, Madison, WI 53704-2599 USA
Mitglieder: 2100
Landesverbände: 20
Mitarbeiter: 1

• IZ T 961

Internationale Vereinigung für den Studentenaustausch zum Erwerb technischer Erfahrungen (IAESTE)
International Association for the Exchange of Students for Technical Experience
Association Internationale pour l'Echange d'Etudiants en vue de l'Acquisition d'une Expérience Technique
Swords, Co. Dublin
Postf. 61 04, IRL-Dublin
T: (003531) 840 20 55 **Fax:** 840 20 55
E-Mail: jimreidgsiaeste@eircom.net
Gründung: 1948
Generalsekretär(in): James E. Reid
Mitglieder: 65 pays membres

• IZ T 962

Internationale Vereinigung für Schul- und Berufsberatung (AIOSP)
International Association for Educational and Vocational Guidance
Association Internationale d'Orientation Scolaire et Professionnelle
c/o Kent Careers Services
2_Hn^d Floor, 35 Earl Street, GB-Maidstone Kent ME14 1LG
T: (00441249) 46 06 59 **Fax:** 46 06 59
Gründung: 1951
Präsidium:
Präsident(in): Dr. Bernhard Jenschke (Landesarbeitsamt Berlin-Brandenburg, Friedrichstr. 34, 10969 Berlin, Deutschland)
Vizepräsident(in): Dr. Bryan Hiebert (Dept. of Educational Psychology, University of Calgary, 2500 University Dr. NW, Calgary, Alberta, Canada)
Dr. Peter Plant (Danmarks Laererhöjskole, Emdrupvej 101, DK-2400 Kobenhavn NV, Dänemark)
Prof. Dr. Elvira Repetto Talavera (Cátedra de Orientación, Facultad de Educación, UNED, C/ Senda del Rey, s/n, 28040 Madrid, Spanien)
Generalsekretär(in): Linda Taylor ((General Manager), Kent Careers Services, 2. Floor, 35 Earl Str. 2nd Floor, Maidstone, Kent ME14 1LG, England)
Schatzmeisterin: Lyn Barham (The Mount, Chippenham, Wilts SN15 2AQ, England)
Weitere aktive Mitglieder des Exekutiv-Ausschusses:
Prof. Diana Aisenson (Argentinien)
Prof. Dr. Raoul Van Esbroeck (Belgien)
Jean-Luc Brun (Frankreich)
Prof. Naoki Tsukuda (Japan)
Lester Oakes (Neu Seeland)
Dr. Saša Niklanovic (Slowenien)
Dr. Mark L. Savickas (USA)
Stellvertretende Mitglieder des Exekutiv-Ausschusses:
Prof. Silvia Gelvan de Veinsten (Argentinien)
Jacques Giust (Frankreich)
Deirdre Teeling (Irland)
Dr. Riekie Motz (Niederlande)
Dr. Elba Ramos Lopez (Peru)
Dr. José Antonio Rodríguez Docavo (Spanien)
Dr. L. Sunny Hansen (USA)
Verbandszeitschrift: International Journal for Educational and Vocational Guidance
Redaktion: Prof. Dr. Paoul Van Esbroeck, CöOrdinator, Onder Wijsbegeleidiing Vrije Pleinlaain 2, 1050 Brussels
Mitglieder: 60 Länder aus allen Kontinenten

• IZ T 963

Internationale Vereinigung des klassischen Studiums (FIEC)
Fédération Internationale des Associations d'Etudes Classiques
Chemin Aux-Folies 6, CH-1293 Bellevue
T: (004122) 7 74 26 56 **Fax:** 7 74 27 34
Gründung: 1948
Generalsekretär(in): Prof. Paschoud
Mitglieder: 78 Vereinigungen

• IZ T 964

AIESEC

Die Internationale Studentenorganisation
Dt. Komitee der AIESEC e.V. (AIESEC)
Postf. 30 03 31, 50773 Köln
Subbelrather Str. 247, 50825 Köln
T: (0221) 55 10 56 **Fax:** 5 50 76 76
Internet: http://www.de.aiesec.org
E-Mail: nc@de.aiesec.org
Gründung: 1948
Vorsitzende(r) des Vorstandes: Michael Ruppel
Vorstand: Ilona Dorn
Rolf Giesbert
Patricia Taterra
Michael Zinkand
Alexandra v.Winnigen
Mitglieder: ca. 57 Komitees (Deutschland), ca. 800 Komitees weltweit
Mitarbeiter: ca. 2000 (Deutschland), ca. 50 000 weltweit

• IZ T 965

Nationale Studentenvereinigungen in Europa (ESIB)
The National Unions of Students in Europe
Unions nationales des Etudiant(e)s en Europe
Liechtensteinstr. 13, A-1090 Wien
T: (00431) 3 10 88 80 48 **Fax:** 3 10 88 80 36
E-Mail: ESIB@OEH.AC.AT
Gründung: 1982
Chairperson: Antti Pentikainen
Direktor(in): Manja Klemenčič
Info/Publikationen: Andreas Wagner
Verbandszeitschrift: European Student Link
Redaktion: ESIB
Mitglieder: 35 Mitgliederorg. in 29 Ländern (in Europa)
Mitarbeiter: 2
Jahresetat: DM 0,25 Mio, € 0,13 Mio

• IZ T 966

Council on International Educational Exchange e.V. (CIEE)
Oranienburger Str. 13-14, 10178 Berlin
T: (030) 28 48 59-0 **Fax:** 28 09 61 80
Internet: http://www.council.de
E-Mail: infogermany@ciee.org
Gründung: 1984
Vorsitzende(r): Dr. Stevan Trooboff
Geschäftsführer(in): Dr. Kurt Gamerschlag
Leitung Presseabteilung: Christiane Hinrichs
Mitglieder: ca. 360 Universitäten, Colleges, Bildungs- und Jugendorganisationen
Mitarbeiter: 25 in der BRD, weltweit ca. 800

Mutterorganisation

iz t 967

Council on International Educational Exchange (CIEE) -seit 1947 -
205 East 42nd Street, USA-New York, NY 10017
T: (001212) 8 22 26 00

• IZ T 968

Verein europäischer Luft- und Raumfahrtstudenten (EUROAVIA)
European association of aerospace students
Union européenne des étudiants dans l'aéronautique et l'aérospace
Kluyverweg 1, NL-2629 HS Delft
T: (003115) 2 78-5215, 2 78-5366 **Fax:** 2 78-1243
Gründung: 1959 (16. März)
Präsident(in): Guido Koecser
Sprecher: Jeroen Schooners
Verbandszeitschrift: Euroavia News
Redaktion: Euroavia Delft
Verlag: De Swart, Kluyvenweg 1, NL-2629 HS Delft
Mitglieder: 1000
Jahresetat: DM 0,180 Mio, € 0,09 Mio

Euroavia Repräsentationen:
Deutschland: Aachen, Berlin, Stuttgart, Braunschweig, München, Dresden
Israel: Haifa
Italien: Mailand, Neapel
Belgien: Leuven, Liège
Großbritannien: Southhampton
Niederlande: Delft, Haarlem
Frankreich: Toulouse, Paris
Schweden: Stockholm
Finnland: Helsinki

Polen: Warschau
Österreich: Wien
Rumänien: Bucarest

• IZ T 969

Vereinigung der Europäischen Studentenschaft (AEGEE-Europe)

Association of Students in Europe
Association des Etats Généraux des Etudiants de l'Europe
Postf. 72, B-1040 Brüssel
T: (00322) 7 36 64 66 **Fax:** 7 36 73 54
Internet: http://www.aegee.org
E-Mail: info@aegee.org
Gründung: 1985
Président: Hélène Berard
Secrétaire Général: Stevan Vuković
Leitung Presseabteilung: Dan Luca
Verbandszeitschrift: One Europe Magazine, Key to Europe, AEGEE GAZETTE
Mitglieder: 20000

• IZ T 970

Vereinigung für Lehrerbildung in Europa (ATEE)

Association for Teacher Education in Europe
Association pour la Formation des Enseignants en Europe
Rue de la Concorde 60, B-1050 Brüssel
T: (00322) 5 12 74 05, 5 12 84 25 **Fax:** 5 12 84 25
E-Mail: atee@euronet.be
Gründung: 1976
President: Kieran R. Bykne
Secretary General: Mara Garofalo
Verbandszeitschrift: Atee News/EJTE
Redaktion: Mara Garofalo, Maurice Whitehead
Verlag: Carfax Publishing, PO BOX 25, Abingdon, Oxfordshire, OX14 3UE United Kingdom
Mitglieder: 600
Mitarbeiter: 1
Jahresetat: EUR 0,099 Mio

• IZ T 971

Vereinigung der Internationalen Schulen

International Schools Association
Association des Ecoles Internationales
Postf. 20, CH-1211 Genf 20
T: (004122) 733 67 17 **Fax:** 734 70 82
Gründung: 1951 (November)

• IZ T 972

Vereinigung der Schulen für das öffentliche Gesundheitswesen im Europäischen Bereich (ASPHER)

Association of Schools of Public Health in the European Region
Permanent Secretariat
14, rue du Val d'Osne, F-94415 Saint-Maurice Cedex
T: (00331) 43 96 64 59 **Fax:** 43 96 64 63
Internet: http://www.ensp.fr/aspher
E-Mail: jacquesa.bury@aspher.ensp.fr, aspher@aspher.ensp.fr (secretariat)
Gründung: 1968
Direction: Pr Jacques A. Bury
Permanent Secretary: C. Morris
Verbandszeitschrift: ASPHER Monthly Letter
Mitglieder: 58
Mitarbeiter: 4

• IZ T 973

Weltverband christlicher Studenten - Europäisches Büro (WSCF)

World Student Christian Federation - Europe Office
Fédération Mondiale des Etudiants Chrétiens - Bureau Européen
Prins Hendriklaan 37, NL-1075 BA Amsterdam
T: (003120) 6 75 49 21 **Fax:** 6 75 57 36
E-Mail: wscf-europe@xs4all.nl
Gründung: 1895
Secretary General: F.A. Havinga
Mitglieder: 100
Mitarbeiter: 2

IZ U Interessengemeinschaften und sonstige Zentralstellen und Organisationen

Zum Auffinden einer bestimmten Dienststelle oder Organisation dient das Suchwortverzeichnis eines Personennamens das Personenverzeichnis

Beratungs- und Informationsstellen, Wirtschaftsfördernde Gesellschaften
Bau-, Wohnungs- und Siedlungswesen
Schutzverbände
Heimatvertriebene, Kriegsgeschädigte
Verbraucherorganisationen
Familien, Frauen, Jugend und Senioren
Wohlfahrtsverbände
Entwicklungshilfe
Politisch-Ideologische, Philosophische und Religiöse Verbände
Sport-, Freizeit- und Hobbyverbände
Kulturverbände und sonstige Einrichtungen

Beratungs- und Informationsstellen, Wirtschaftsfördernde Gesellschaften

• IZ U 1

Europäische Liga für wirtschaftliche Zusammenarbeit (LECE)
European League for Economic Cooperation (ELEC)
Ligue Européenne de Coopération Economique (LECE)
Rue de Ligne 11, B-1000 Brüssel
T: (00322) 2 19 82 50 **Fax:** 2 19 06 63
E-Mail: elec@honet.be
Gründung: 1946
International President: Ferdinand Chaffart ((Belgium), Banker)
International Secretary-General: Pierre Bakeeff
Mitarbeiter: 1

• IZ U 2

Europäische Vereinigung der nationalen Produktivitätszentralen (AECNP/EANPC)
European Association of National Productivity Centres
Association Européenne des Centres Nationaux de Productivité
rue de la Concorde 60, B-1050 Brüssel
T: (00322) 5 11 71 00 **Fax:** 5 11 02 97
Gründung: 1966
Vorsitzende(r): Peter Rehnström (Finnland)
Generalsekretär(in): Anthony C. Hubert (Ltg. Presse, (GB))
Verbandszeitschrift: "epi"
Mitglieder: 17
Mitarbeiter: 2
Jahresetat: DM 0,29 Mio, € 0,15 Mio

Mitgliedsorganisationen

Belgien

iz u 3
Institut National de Recherche sur les Conditions de Travail (INRCT/NOVA)
rue de la Concorde 60, B-1050 Brüssel
T: (00322) 5 11 81 55 **Fax:** 5 11 24 01
E-Mail: nova-inrct@skynet.be
Administrateur: Général ad interim Dr. Sim Moors

Dänemark

iz u 4
Erhvervsfremme Styrelsen-Industriministeriet
Langelinie Alleé 17, DK-2100 Kopenhagen Ø
T: (0045) 35 46 60 00 **Fax:** 35 46 60 01
E-Mail: jd@efs.dk
Kontaktperson: Jens Dinesen (T: (0045) 35 46 63 64, Fax: (0045) 35 46 63 01)

Deutschland

iz u 5
RKW - Rationalisierungs- und Innovationszentrum der Deutschen Wirtschaft e.V.
Postf. 58 67, 65733 Eschborn
Düsseldorfer Str. 40, 65760 Eschborn
T: (06196) 4 95-272 **Fax:** 4 95-391
Internet: http://www.rkw.de
E-Mail: asw@rkw.de
Dr. Herbert Müller (Geschäftsführer)
Dr. Klaus Dieckhoff

Finnland

iz u 6
The Finnish Work Environment Fund
Yrjönkatu 30, FIN-00100 Helsinki
T: (003589) 68 03-3311 **Fax:** 68 03-3315
E-Mail: peter.rehnstrom@tsr.fi
Managing Director: , President EANPC Peter Rehnström

Frankreich

iz u 7
Agence Nationale pour l'Amélioration des Conditions de Travail (ANACT)
4 Quai des Etrois, F-69 005 Lyon
T: (00334) 72 56 13 13 **Fax:** 72 56 13 13
E-Mail: h.rouilleault@anact.fr, j.bertin@anact.fr
Henri Rouilleault (Directeur Général)
Jérôme Bertin

Griechenland

iz u 7 .10
Manpower Employment Organisation (O.A.E.D.)
125 Tatoiou Ave, GR-14564 Nea Kifissia
T: (00301) 62 05-444 **Fax:** 62 05-458
Kontaktperson: Dimitri Kodonas

Irland

iz u 8
IPC
42-47 Lower Mount Street, IRL-Dublin 2
T: (003531) 6 62 32 33 **Fax:** 6 62 33 00
E-Mail: ipc@ipc.ie
Tom McGuinness (Chief Executive)
Norbert Gallagher (International Director)

Luxemburg

iz u 9
Office Luxembourgeois pour l'Accroissement de la Productivité (O.L.A.P.)
Rue A. Lumière 18, L-1950 Luxemburg
T: (00352) 48 98 48 **Fax:** 40 39 72
E-Mail: form.continue@olap.lu
Antoine Hengen (Secrétaire Général)

Niederlande

iz u 10
TNO Work and Employment
Postf. 7 18, NL-2130 AS Hoofddorp
Polarisavenue 151, NL-2130 AS Hoofddorp
T: (003123) 5 54 99 34 **Fax:** 5 54 93 00
Internet: http://www.arbeid.tno.nl
E-Mail: f.pot@arbeid.tno.nl
Prof. Dr. Frank Pot (Director)
Fietje Vaas (Manager Organisational Innovation)

Österreich

iz u 11
Wirtschaftsförderungsinstitut der Bundeswirtschaftskammer (WIFI)
Wiedner Hauptstr. 63, A-1045 Wien
T: (00431) 5 01 05 30 23 **Fax:** 50 20 62 53
E-Mail: schweizo@wk.wifi.at, elsikm@wk.wifi.at
Kontaktperson: Otto Schweizer
Monika Elsik

Zypern

iz u 12
Cyprus Productivity Centre (CPC)
Ministry of Labour and Social Insurance
Postf. 5 36, CY-Nicosia
Kallipoleos Avenue, CY-Nicosia
T: (003572) 80 61 00 **Fax:** 37 68 72
E-Mail: kepaky@cytanet.com.cy
Director: Theodoros Ioannou

Korrespondierendes Mitglied

Italien

iz u 13
Fondazione Giacomo Rumor
Centro Produttività Veneto
Via Enrico Fermi, 134 (1° piano), I-36100 Vicenza
T: (0039444) 99 47 00 **Fax:** 99 47 10
E-Mail: info@cpv.org
Dr. Antonio Girardi (Director)
Patrizia Bernardini

Assoziierte Mitglieder

Russland

iz u 15
All Russia Work Protection and Productivity Center
All-Russia Productivity Center
4 Parkovaya str., 29, RUS-105043 Moskau
T: (007095) 3 67 13 09 **Fax:** 1 64 93 64
E-Mail: rusilocis@glas.apc.org
Dr. Vladimir N. Shlykov (Director)
Victor V. Kardashevsky (First Deputy)

Slowakische Republik

iz u 1 5.10
Slovak Productivity Center
Moyzesova 20, CH-010 26 Žilina
T: (0042189) 5 13 27 00 Mobile: 421 903 522151
Fax: 5 25 35 41
E-Mail: gregor@fstroj.utc.sk
Director: Prof. Milan Gregor

Südafrika

iz u 16
National Productivity Institute
Postf. 39 71, ZA-0001 Pretoria
T: (002712) 3 41 14 70 **Fax:** 44 18 66
E-Mail: dladlay@npi.co.za, graaffj@npi.co.za
Dr. Yvonne Dladla (Chief Executive Director)
Jacob Graaff (General Manager)

Ukraine

iz u 17
Productivity Centre
Donetsk region
Rumyantsseva Street 4, UA-343904 Kramatorsk
T: (003806264) 6 53 39 **Fax:** 6 94 16
E-Mail: centre@npc.dntel.donetsk.ua
Victor Eremenko (Director General)
Sergiy Luchaninov

Ungarn

iz u 18
Hungarian Productivity Center
Rokolya u. 1-13, H-1131 Budapest
T: (00361) 3 29 12 10, 3 29 76 33 **Fax:** 3 40 23 16
E-Mail: soos.laszlo@mail.datanet.hu
Laszlo Soos (Interim Managing Director)

• IZ U 19

Europäisches Geschäftsethik-Netzwerk (EBEN)
The European Business Ethics Network
Secretariat:
c/o Universiteit Nyenrode, the Netherlands Business School
Straatweg 25, NL-3621 BG Breukelen
T: (0031346) 29 12 90 **Fax:** 29 12 96
Internet: http://www.eben.org
E-Mail: eben@nijenrode.nl
Gründung: 1987 (November)
Chairman: Dr. Heidi von Weltzien Høivik
Verbandszeitschrift: EBEN Newsletter
Mitglieder: ca. 725 (worldwide)
Mitarbeiter: 4 (executive committee)

• IZ U 20

Rat der Gemeinden und Regionen Europas (RGRE)
Council of Municipalities and Regions in Europe
Conseil des Communes et Regions d'Europe
Lindenallee 13-17, 50968 Köln
T: (0221) 37 71-311 **Fax:** 37 71-150
Gründung: 1955
Präsident(in): Dr. Heinrich Hoffschulte
Generalsekretär(in): Jochen Dieckmann
Verbandszeitschrift: Europa Kommunal
Mitglieder: 900 Mitgliedskommunen, 55 Kreise, 50 Kommunalverbände

• IZ U 21

Forum Mittel- und Osteuropa für Friseur- und Kosmetikwirtschaft (FRIS KOS - MOE)
c/o Volker von Sengbusch & Partner GmbH
Postf. 2 06, 91543 Dinkelsbühl
Föhrenberggasse 30, 91550 Dinkelsbühl
T: (09851) 55 32 93, 55 30 73 **Fax:** 55 32 94, 55 30 74
E-Mail: conseng@.gmx.de

Gründung: 1995
Koordination: Ilze Sture (Lettland)
(Freie Sachverständige für Betriebs- und Marktwirtschaft der Friseur-, Kosmetik- und Wellnessbetriebe)
Mitglieder: (1999) 36 Deutschland
57 Mittel- und Osteuropa
Koordinationsstelle: SENAT SIA, Lacplese 27, LV 1050 Riga, Lettland, T/Fax: (00371) 7 284 022

Bau-, Wohnungs- und Siedlungswesen

• **IZ U 22**

Europäische Union der Freien Wohnungsunternehmen (U.E.P.C.)
European Union of Developers and House Builders
Union Européenne des Promoteurs-Constructeurs
Siège:
43 rue de la Violette, B-1000 Bruxelles
T: (00322) 5 11 25 26 **Fax:** (00329) 2 21 68 91
Internet: http://www.uepc.org
E-Mail: uepc@unicall.be
Gründung: 1958 (17. November)
Président: A. Senol
Directeur: L. Wille

Belgien

iz u 23
Union Professionnelle du Secteur Immobilier (U.P.S.I.)
43 rue de la Violette, B-1000 Bruxelles
T: (00322) 5 11 47 90 **Fax:** (00329) 2 21 68 91
E-Mail: upsi-bvs@unicall.be

Deutschland

iz u 24
Bundesverband Freier Wohnungsunternehmen e.V. (BFW)
Kurfürstendamm 57, 10707 Berlin
T: (030) 3 27 81-0 **Fax:** 3 27 81-298, 3 27 81-299
Internet: http://www.bfw-bund.de
E-Mail: office@bfw-bund.de

Spanien

iz u 25
Asociacion de Promotores Constructores de España (A.P.C.E.)
Diego de León 50, E-28006 Madrid
T: (003491) 5 62 40 33 **Fax:** 5 62 40 35
E-Mail: mmarti@apce.es

Frankreich

iz u 26
Fédération Nationale des Promoteurs Constructeurs (F.N.P.C.)
106 rue de l'Université, F-75007 Paris
T: (00331) 47 05 44 36 **Fax:** 47 53 92 73
E-Mail: fnpc2@wanadoo.fr

Griechenland

iz u 27
Greek Federation of Constructors & Building Enterprises (E.O.K.O.E.)
11 Silistrias Street ANO ILISIA (T.K. 157.71), GR-Athen
T: (00301) 7 70 37 40 **Fax:** 9 93 36 12

Irland

iz u 28
Irish Home Builders Association (I.H.B.A.)
Federation House
Canal Road, IRL-Dublin 6
T: (003531) 4 97 74 87 **Fax:** 4 96 69 53
Internet: http://www.cif.ie
E-Mail: ihba@cif.ie

Italien

iz u 29
Associazione Nazionale Costruttori Edili (A.N.C.E.)
Via Guattani 16-18, I-00161 Rom
T: (003906) 8 48 81 **Fax:** 44 23 28 32
Internet: http://www.ance.it
E-Mail: info@ance.it

Niederlande

iz u 30
Stichting Woningborg
Postf. 8 05, NL-2800 AV Gouda
T: (0031182) 58 00 04 **Fax:** 51 02 45
Internet: http://www.sedberg.no
E-Mail: post@sedberg.no

Norwegen

iz u 31
Staatsaut. Eiendomsmegler
Markensgt. 4 B, N-4601 Kristiansand S
T: (0047381) 7 89 00 **Fax:** 7 89 10

Österreich

iz u 32
Vereinigung Österreichischer Bauträger (VÖB)
Währinger Str. 18, A-1090 Wien
T: (00431) 3 15 41 21 **Fax:** 3 17 44 43
E-Mail: seg@immostart.co.at

Portugal

iz u 33
Associação dos Industriais da Construção de Edificios (A.I.C.E.)
Av. Ressano Garcia 13, r/c., P-1070 Lisboa
T: (003511) 3 81 55 00 **Fax:** 3 81 55 09
E-Mail: aiceass@mail.telepac.pt

Türkei

iz u 34
Turkish Contractors Association (T.C.A.)
Ahmet Mithat Efendi Sokak 21, Çankaya, TR-06550 Ankara
T: (0090312) 4 39 17 12 **Fax:** 4 40 02 53
Internet: http://www.tca-uic.org
E-Mail: mailbox@tca-uic.org.tr

Vereinigtes Königreich

iz u 35
The House-Builders Federation (H.B.F.)
56-64 Leonard Street, GB-London EC2A 4JX
T: (0044207) 6 08 51 00 **Fax:** 6 08 51 01
Internet: http://www.hbf.co.uk
E-Mail: staff@hbf.co.uk

• **IZ U 36**

Internationale Vereinigung „Stadtentwicklung und Handel" (URBANICOM)
International Association "Town-Planning and Distribution"
Association Internationale "Urbanisme et Commerce"
Internationale Vereniging "Stedebouw en Handel"
rue Marianne, 34, B-1180 Bruxelles
T: (00322) 3 45 99 23 **Fax:** 3 46 02 04
Generalsekretär(in): Léon F. Wegneg
Deutsche Sektion: Unter Sachsenhausen 10-26, 50667 Köln, T: (0221) 1 64 06 11
Vorsitzende(r): Dipl.-Kfm. Dr. Heinz Hermanns

• **IZ U 37**

Internationaler Verband für Wohnungswesen, Städtebau und Raumordnung (IVWSR)
International Federation for Housing and Planning
Fédération Internationale pour l'Habitation, l'Urbanisme et l'Aménagement des Territoires (FIHUAT)
43, Wassenaarseweg, NL-2596 CG Den Haag
T: (003170) 3 24 45 57 **Fax:** 3 28 20 85
Internet: http://www.ifhp.org
E-Mail: IFHP.nl@inter.nl.net
Gründung: 1913
Präsident(in): Dr.-Ing. Irene Wiese-von Ofen (Deutschland)
Generalsekretär(in): Elsbeth E. van Hylckama Vlieg
Verbandszeitschrift: IFHP Newsletter
Mitglieder: 800
Mitarbeiter: 6

• **IZ U 38**

Verband Europäischer Selbstbau-Partner e.V. (VES)
Rosenrotstr. 24, 53797 Lohmar
T: (02241) 38 01 06 **Fax:** 38 01 06
Internet: http://www.selbstbauverband.de
E-Mail: ves@selbstbauverband.de
Vorsitzende(r): Klaus Herre (Geschäftsführer d. Instituts für D.I.Y. - Marketing GmbH, Waldhausstr. 46, 51069 Köln, T: (0221) 68 010 11, Fax: (0221) 6 80 47 78)
Stellvertretende(r) Vorsitzende(r): Felix Keitel (Geschäftsführer der Firma ÖKO-domo Haus- und Bausysteme, Baubetreuungs-GmbH, Am Kugelfang 1, 76829 Landau, T: (06341) 9 80-0, Fax: (06341) 98 02 00)
Hans-Dieter Crome (Geschäftsführer der Fa. Variodomo Dipl.-Ing. Crome GmbH & Co. KG, An der Grenzpappel 41, 28207 Bremen,, T: (0421) 4 35 25-14, Fax: (0421) 45 90 60)
Vorstand: Dipl.-Ing. Dietmar Haucke (Marketingleiter der Unternehmensgruppe KLB, KLB-Haus-Bausatz GmbH, Hofgründchen 63, 56564 Neuwied, T: (02631) 98 80 50, Fax: (02631) 98 80 89)
Ludwig Böhm (Geschf. d. Fa. HBR-Selbstbausysteme GmbH, Ernst-Abbé-Str. 19, 72770 Reutlingen, T: (07121) 57 88 37, Fax: (07121) 57 88 57)
Dipl.-Oec. Michael Knäpple (Geschäftsführer Emil Steidle GmbH, Krauchenwiesstr. 8, 72488 Sigmaringen, T: (07571) 7 10, Fax: 7 11 16)
Walter Weigand (Kaufm. Leiter d. Fa. HEAT Wärmesysteme GmbH, Eisenbahnstr. 36, 73235 Weilheim, T: (07023) 9 49 80, Fax: 94 98 30)
Mitglieder: 115

Schutzverbände

• **IZ U 39**

Arbeitsgemeinschaft der Europäischen Aktionärsvereinigungen (G.A.E.)
European Shareholders' Group
Groupement des Actionnaires Européens
Rarschotsesteenweg 79, B-3300 Tienen
T: (003216) 82 40 96 **Fax:** 82 02 24
Direktor(in): Hans Sevenants

• **IZ U 40**

Europäische Gemeinschaftsvereinigung für Markenartikeln (ECTA)
European Communities trade Mark Association
Association communautaire du droit des marques
ECTA Secretariat
Bisschoppenhoflaan 286 Box 5, B-2100 Deurne -Antwerpen
T: (00323) 326 47 23 **Fax:** 326 76 13
Internet: http://www.ecta.org
E-Mail: ecta@ecta.org
Sitz: 8th Floor Aldwych House, 81 Aldwych GB-London WC2B 4HN
T: (0044171) 242 24 44
Gründung: 1980
President: Luis-Alfonso Durán
First Vice-President: Maryse Philbert
Second Vice-President: Kaj Henriksen
Secretary General: Robert Freitag
Executive Secretary: Claude Sautory
Treasurer General: Norman MacLachlan
Chairmen: Luis H. de Larramendi (Anti-Counterfelting)
Matthieu van Kaam (Industrial Designs and Models)
Dietrich Ohlgart (Law)
João Pereira da Cruz (OHIM Link Sub-Committee)
David Minto (Membership and Disciplinary)
Keith Havelock (Professional Affairs)
Leo Kooy (Publications)
Mitglieder: 15 European Union member countries, 61 countries outside the European Union
Mitarbeiter: 3

• **IZ U 41**

Europäische Vereinigung für Straßensicherheit (ERSF)
European Road Safety Federation
Fédération Européenne de la Sécurité Routière
Rue d'Arlon 50, B-1000 Brüssel
T: (00322) 282 08 27, 282 08 28 **Fax:** 282 08 29
E-Mail: a.boucheron@pophost.eunet.be
Gründung: 1993
Präsident(in): Christian Gérondeau
Vizepräsident(in): Wim Smolders
Joop Goos
Generalsekretär: Frank Van Oss
Leitung Presseabteilung: Agnes Boucheron

Verbandszeitschrift: European Road Safety News
Mitglieder: 13
Mitarbeiter: 3

• IZ U 42

Europäischer Markenverband (AIM)
European Brands Association
Association des industries de marque
9 Avenue des Gaulois, B-1040 Brüssel
T: (00322) 7 36 03 05 **Fax:** 7 34 67 02
E-Mail: brand@aim.be
Gründung: 1967
Präsident(in): Paolo Barilla
Director General: A. Galaski
Mitglieder: National associations of branded product manufacturers; Österreich, Schweiz, Deutschland, Dänemark, Spanien, Frankreich, Italien, Niederlande, Schweden, Norwegen, Großbritannien, Griechenland, Belgien/Luxemburg, Tschechische Republik, Portugal, Polen, Ungarn, Slovakia, Ireland and individual Manufacturers of branded products active on a European scale

Mitgliedsorganisationen

Belgien/Luxembourg

iz u 43
BABM - Belgilux Association of Branded Products Manufacturers
Rue F. Bossaert 53, B-1030 Brüssel
T: (00322) 7 36 58 10 **Fax:** 7 36 12 76
E-Mail: babm@tornado.be

Dänemark

iz u 44
Dansk Dagligvareleverandør Forening
Kronprinsessegade 34 II, DK-1306 Kobenhaven
T: (004533) 13 92 92 **Fax:** 91 13 75

Deutschland

iz u 45
OWM - Markenverband e.V.
Schöne Aussicht 59, 65193 Wiesbaden
T: (0611) 58 67 21, 58 67 24 **Fax:** 58 67 27
E-Mail: info@markenverband.de

Frankreich

iz u 46
Verbindungs- und Studien-Institut der Verbrauchsgüter-Industrien (ILEC)
Institut de Liaisons et d'Etudes des Industries de Consommation
Avenue Victor Hugo 71, F-75116 Paris
T: (00331) 4 50 00 03 37 **Fax:** 45 00 89 13
E-Mail: ilec@wanadoo.fr

Griechenland

iz u 47
Greek Association of Branded Products Manufacturers
40 Kiffissias Avenue, GR-11523 Athen
T: (00301) 7 48 55 01 **Fax:** 7 79 18 75

Großbritannien

iz u 48
British Brands Group
8 Henrietta Place, GB-London WIM 9AG
T: (00447020) 93 42 50 **Fax:** 93 42 52
E-Mail: bbg@brands.prestel.co.uk

Italien

iz u 49
Centromarca
Via Serbelloni 5, I-20122 Mailand
T: (00392) 76 01 35 87 **Fax:** 76 00 10 30

Irland

iz u 50
Food Drink and Tobacco Federation of Ireland
Confederation House
Lower Baggot Street 84-86, IRL-Dublin 2
T: (003531) 6 60 10 11 **Fax:** 6 61 28 70

Niederlande

iz u 51
Stichting Merkartikel
Postf. 90445, NL-1066 BK Amsterdam
Tourniairestraat 3, NL-1006 BK Amsterdam
T: (003120) 5 11 38 50 **Fax:** 5 11 38 10

Norwegen

iz u 52
Dagligvare Leverandorenes Forening
Grensen 9, N-0159 Oslo
T: (004722) 41 49 40 **Fax:** 41 49 41

Österreich

iz u 53
Markenartikelverband
Am Heumarkt 12, A-1030 Wien
T: (00431) 7 13 32 88 **Fax:** 7 13 83 28
E-Mail: iv.vienna@wien.voei.ada.at

Polen

iz u 54
PRO-MARKA
4 ul. Trebacka pok. 453, PL-00-074 Warschau
T: (004822) 630 96 21 **Fax:** 826 13 99
E-Mail: marcin@promarka.com.pl

Portugal

iz u 55
Centromarca
Avenue de Republica 62F, 6°, P-1000 Lissabon
T: (003511) 7 96 96 92 **Fax:** 7 93 85 76
E-Mail: centromarca@centromarca.pt

Schweden

iz u 56
Dagligvaruleverantörers Forbund
Postf. 66 20, S-11384 Stockholm
T: (00468) 52 22 43 00 **Fax:** 52 22 43 90
E-Mail: info@dlf.se

Schweiz

iz u 57
Promarca
Postfach, CH-3000 Bern
T: (004131) 3 12 55 65 **Fax:** 3 12 34 44
E-Mail: promarca@blvewin.ch

Slowakische Republik

iz u 58
Slovak Association for Branded Products (SZZV)
Havlickova 34, SK-81702 Bratislava
T: (00421) 7 37 77 62

Spanien

iz u 59
Promarca
Prof Waskman 10-4° IZQ, E-28036 Madrid
T: (00341) 4 57 78 05 **Fax:** 4 57 71 66

Tschechische Republik

iz u 60
CSZV - Czech Association for Branded Products
Snemovni 9, CZ-11000 Praha 1 Mala Str.
T: (004202) 57 32 13 63 **Fax:** 57 32 19 13

Ungarn

iz u 61
Hungarian Association of Branded Products Manufacturers
Postf. 4 72, H-1538 Budapest
T: (00361) 213 8778 **Fax:** 213 8778

• IZ U 62

Europäisches Büro für Sprachminderheiten (EBSM)
European Bureau for Lesser Used Languages (EBLUL)
Le bureau européen pour les langues moins répandues (BELMR)
49 Sint-Jooststraat, B-1210 Brüssel
Information Centre: 49 Sint-Jooststraat, B-1210 Brüssel, T: (00322) 2 18 25 90, Telefax: (00322) 2 18 19 74, E-Mail: pub00341@innet.be
T: (00322) 2 18 25 90 **Fax:** 2 21 1974
Internet: http://www.eblul.org
E-Mail: eblul@eblul.org
Dublin Office: European Bureau for Lesser Used Languages (EBLUL), 10 Sr. Haiste Iocht, Baile Átha Cliath 2, T: (003531) 6 61 22 05, Fax: 6 76 68 40, E-Mail: eblul@indigo.ie
Gründung: 1982
Secretary General: Tom Moring
Mitglieder: 13 Member State Committees
Mitarbeiter: 7

• IZ U 63

Europol
Postf. 9 08 50, NL-2509 LW Den Haag
Raamweg 47, NL-2596 Den Haag
T: (003170) 3 02 53 02 **Fax:** 3 45 58 96
Gründung: 1999 (01. Juli)
Direktor: Jürgen Storbeck
Stellvertretende Direktoren: Willy Bruggemann
Georges Rauchs
Emanuele Marotta
David Lawrence Valls-Russell
Gilles Leclair
Kontaktperson: Evangelos Stergioulis
Rainer Wenning
Brigitte Knöll
Verbandszeitschrift: Jährliche Publikationen: Annual Report, Organised Crime Report.
Mitarbeiter: 210

• IZ U 64

Internationale Gewerbe-Union (IGU)
International Association of crafts and small and medium-sized enterprises (IACME)
Union Internationale de l'Artisanat et des Petites et Moyennes Entreprises
c/o Centre patronal
Postfach, CH-1001 Lausanne
Av. Agassiz 2, CH-1001 Lausanne
T: (004121) 3 19 71 11 **Fax:** 3 19 79 10
Gründung: 1947
Präsident(in): Mario Secca
Generalsekretär(in): Jacques Desgraz
Mitglieder: ca. 6000000

• IZ U 65

Internationale Mieter Allianz
International Union of Tenants
Postf. 7514, S-10392 Stockholm
T: (00468) 7 91 02-00, 7 91 02-25 **Fax:** 20 88 46, 20 43 44
Internet: http://www.iut.nu
E-Mail: magnus.hammar@hyresgasterna.se
Gründung: 1955
Präsident(in): Jan Dannemann
General Secretary: Magnus Hammar
Leitung Presseabteilung: Ulla Hildén (E-mail: ulla.hilden@hyresgasterna.se)
Mitglieder: 41 member organisations in 35 countries
Mitarbeiter: 3
Jahresetat: DM 1 Mio, € 0,51 Mio

Mitgliedsorganisationen

Australien

iz u 6 5.10

Tenants Union of Queensland
28 Robertson St., AUS-Fortitude Valley
T: (00617) 57 14 11 **Fax:** 57 11 35
Internet: http://www.powerup.com.au
E-Mail: fenung@powerup.com.au

Belgien

iz u 66

Syndicat des Locataires
Square Albert Ier, 32, B-1070 Anderlecht
T: (00322) 5 22 98-69 **Fax:** 5 24 18-196

Benin

iz u 6 6.10

Association Solitarité Defense Droits de Locataires
021, BP 0004 Gbégemey, DY-Cotonou
Fax: 31 38 07

Dänemark

iz u 67

Lejernes Landsorganisation
Reventlovsgade 14, 34 tr, DK-1651 København
T: (0045) 33 86 09 10 **Fax:** 33 86 09 20

iz u 6 7.10

Greenland Union of Tenants
Salliartag 6 C-102, DK-3912 Maniitsog

Deutschland

iz u 68

Deutscher Mieterbund e.V. (DMB)
Postf. 41 02 69, 50862 Köln
Aachener Str. 313, 50931 Köln
T: (0221) 9 40 77 42 **Fax:** 9 40 77 22
Internet: http://www.mieterbund.de
E-Mail: info@mieterbund.de
Gründung: 1900

Estland

iz u 69

Estonian Union of Tenants
Tartu Üürnike Ühing
Postimaja pk. 184, EW-2400 Tartu
T: (003727) 43 31-54 **Fax:** 43 31-54
E-Mail: tonu.kauba@riigikogu.ee

Finnland

iz u 70

Vuokralaisten Keskusliitto
Mannerheimentie 118 A 1, FIN-00270 Helsinki
T: (00358) 4 77 13 01 **Fax:** 4 77 13 87
Internet: http://www.voukralaistenkeskusliitto.fi
E-Mail: anne.viita@voukralaistenkeskusliitto.fi

Frankreich

iz u 71

Confédération Nationale du Logement
Postf. 119, F-93104 Montreuil Cedex
8, rue Mériel, F-93104 Montreuil Cedex
T: (0033248) 57 04 64 **Fax:** 57 73 30
Internet: http://www.multimania.com/cnl.59

Griechenland

iz u 72

Pannellinios Syllogos Prostasias Enikiaston
Menadrou 66, GR-Athina

Großbritannien

iz u 73

Tenants and Residents Organisations of England (TAROE)
41/42 Estate Buildings Railway Street, GB-Huddersfield West Yorkshire HD1 1JY
T: (00441984) 22 34 66 **Fax:** 22 34 78
E-Mail: gen@kftra.demon.co.uk

iz u 74

TPAS Head Office
Brunswick House, Broad Street, GB-Salford M6 5BZ
T: (0044161) 745 79 03 **Fax:** 745 92 59
Internet: http://www.tpas.org.uk
E-Mail: info@tpas.org.uk

iz u 75

Welsh Tenants' Federation Ltd
Cathedral Road 1 Room 217, Transport House, GB-Cardiff CF1 9SD
T: (00441222) 64 51 68 **Fax:** 34 26 27
E-Mail: enquiries@tpascymru.co.uk

Indien

iz u 76

Indian Federation of Tenants Council
6th floor, room no 8
23 A, Netaji Subhas Road, IND-Calcutta 700 001
T: (009133) 2 20 85 67 **Fax:** 2 48 29 73

Irland

iz u 77

Irish National Association of Tenants Organisation
Meath Place 35, IRL-Dublin 8
T: (003531) 454 38 42 **Fax:** 454 38 42

Italien

iz u 78

SUNIA-Sindicato Unitario Nazionale Inquilini e Assegnatari
Via Cioberli 54, I-00185 Rom
T: (003906) 4 46 68 71 **Fax:** 4 46 69 30
Internet: http://www.sunia.it
E-Mail: sunia@sunia.it

Kanada

iz u 80

Federation of Metro Tenants Association
344 Bloor Street West, Suite 403, CDN-Toronto, Ontario M5S 3A7
T: (001416) 9 21 94 94 **Fax:** 9 21 41 77
Internet: http://www.ourtoronto.on.ca

iz u 8 0.10

United Tenants of Ontario
489 College St. Suite 606, CDN-Toronto Ontario M6G 1A5
T: (001416) 9 27 83 63 **Fax:** 9 21 41 77

Kenia

iz u 82

United National Tenants Organisation of Kenya (UNTOR)
Postf. 7 37 74, EAK-Nairobi
T: (002542) 33 01 01 **Fax:** 22 84 07

Kroatien

iz u 83

Savez Udruzenja Stanara Hrvatske
Trg Bana Josipa Jelacica 15, HR-4100 Zagreb
T: (003851) 4 81 79 83 **Fax:** 4 81 79 83
E-Mail: smahac@yahoo.com

Lettland

iz u 84

Latvian Union of Tennis
c/o A. Linina
Vedjziranrw 24-5, LV-1056 Riga
Fax: (003717) 99 44 73

Neuseeland

iz u 85

Manawatu Tenants' Union
Postf. 2060, NZ-Palmerston North
T: (00646) 57 74 35 **Fax:** 3 50 56 98

Niederlande

iz u 86

Nederlandse Woonbond
Nieuwe Achtergracht 17, NL-1018 Amsterdam
T: (003120) 5 51 77-00 **Fax:** 5 51 77-99
Internet: http://www.woonbond.nl
E-Mail: info@woonbond.nl

Norwegen

iz u 87

Norges Leieboerforbund
Torggatan 33, N-0183 Oslo
T: (0047) 22 20 70 00 **Fax:** 22 20 00 28, 22 17 62 02

Österreich

iz u 88

Mietervereinigung Österreichs
Reichratsstr. 15, A-1010 Wien
T: (00431) 4 01 85 18 **Fax:** 4 01 85 33
Internet: http://www.mietervereinigung.at
E-Mail: mietervereinigung@netway.at

Polen

iz u 89

Polskie Zrzeszenie Lokatorów
Postf. 117, PL-Krakow
31-535 Kraków ul. Blachnicklego 7 A, PL-Krakow
T: (004812) 21 40 79 **Fax:** 4 21 40 79

Portugal

iz u 90

Associacao dos Insuilinos Lisbonenses (All)
Apartado 22517, P-1147-501 Lisboa Codex
T: (0035121) 8 85 13 94 **Fax:** 8 85 13 24

Rumänien

iz u 91

Uniunea Nationala a Asociatiilorde Locatari din Romania
Postf. 198, R-Bucharrest
Piate Walter Maxacineanu 1 Intraren 2, Parter Cam. 16, R-Bukarest Sechr 1
T: (00401) 3 10 03 62 **Fax:** 3 10 03 62

Schottland

iz u 92

Scottish Tenants Organisation
69 Buchanan St, GB-Glasgow Scotland G1 3HL
T: (0044141) 419-9100 **Fax:** 419-9100

Schweden

iz u 93

Hyresgästernas Riksförbund
Postf. 7514, S-10392 Stockholm
T: (00468) 7 91 02 25 **Fax:** 20 88 46
Internet: http://www.hyresgasterna.se
E-Mail: info@hyresgasterna.se

Schweiz

iz u 94

Schweizerischer Mieterinnen- und Mieterverband
Postf. 484, CH-8026 Zürich
T: (00411) 24 09 37 **Fax:** 24 09 68
Internet: http://www.mieterverband.ch
E-Mail: mieterverband@buewin.ch

Tansania

iz u 97

Tanzania Tenant Association
Head Office
Postf. 1 45 69, EAT-Daressalaam
T: (0025551) 17 16 40 **Fax:** 17 13 92

Tschechische Republik

iz u 98

Sdruzeni na Nájemniku CR (SON)
W. Churcilla 2, CZ-11359 Praha 3
T: (00422) 24 46 33 43 **Fax:** 24 46 33 44
E-Mail: soncr@atlas.c2

Uganda

iz u 99

Uganda National Tenants Association
Postf. 77 63, EAU-Kampala
T: (0025641) 25 51 58 **Fax:** 34 55 97

Ungarn

iz u 100

Lakasbérlok és Lakók Eqyeslute
Mr. Batta Pal
Postf. 125, H-1525 Budapest
T: (00361) 3 20 31 95 **Fax:** (0361) 3 20 32 45
E-Mail: labe.hu@freemail.c3.hu

• IZ U 102

Internationale Vereinigung der Auflagenkontrolleinrichtungen
International Federation of Audit Bureaux of Circulations (IFABC)
c/o Audit Bureau of Circulations (ABC)
10th Floor, 98 Arthur Street, AUS-NSW 2060 North Sydney
T: (00612) 99 54 98 01 **Fax:** 99 56 82 20
Gründung: 1963
Secretary General: Gloria Jarman (Australien)
Past Secretary General: Uwe Albrecht (Deutschland)
Mitglieder: 33 in 29 countries in the world

• IZ U 103

Internationale Vereinigung für gewerblichen Rechtsschutz (IVfgR)
International Association for the Protection of Industrial Property (IAPIP)
Association Internationale pour la Protection de la Propriété Industrielle
Bleicherweg 58, CH-8027 Zürich
T: (00411) 2 04 12 60 **Fax:** 2 04 12 61
Internet: http://www.aippi.org
E-Mail: general_secretariat@aippi.org
Gründung: 1897 (8. Mai)
President: Rayn J. Desmond (Patent Attorney, Davies Collinson Cave, 1 Little Collins Street, Melbourne VIC 3000, Australia, T: (00613) 92 54 27 77, Fax: 92 54 27 70, E-Mail: drayn@davies.com.au)
Executive President: J. Michael Dowling (Arthur Robinson & Hedderwicks, Level 27-34, 530 Collins Street, GPO Box 1776Q, Melbourne VIC 3001, Australia, T: (00613) 96 14 10 11, 96 13 87 00, Telefax: (00613) 96 14 46 61, E-Mail: jmd@arh.com.au)
Executive Vice President: Dr. Gerd F. Kunze (Of Counsel, Walder Wyss & Partners, Zürich, Cremiéres, CH-1605 Chexbres, Switzerland, T: (004121) 9 46 23 63, Fax: 9 46 24 84, E-Mail: Kunze@bluewin.ch)
Secretary General: Vincenzo M. Perdazzini (Isler & Pedrazzini, Gotthardstr. 53, P.O. Box 6940, CH-8023 Zurich, Switzerland, Office: T: (00411) 2 83 47 00, Fax: 2 83 47 47, E-Mail: isler.pedrazzino@spectraweb.ch, General Secretariat: T: (00411) 2 04 12 60, Fax: 2 04 12 61, E-Mail: general_secretariat@aippi.org)
Secretary to the General Secretariat: Ruth Vogt (T: (00411) 2 04 12 60)
Mitglieder: 7800, 65 Landes- und Regionalgruppen

• IZ U 104

Internationale Vereinigung für Urheberrechts-Organisationen (IFRRO)
International Federation of Reproduction Rights Organisations
Rue du Prince Royal 87, B-1050 Brüssel
T: (00322) 551 08 99 **Fax:** 551 08 895
Gründung: 1984
Präsident(in): N.N.
Vizepräsident(in): Daniel Geruak
Secretary General: Olav Stokkmo
Mitglieder: 88 Organisationen

• IZ U 105

Zentrum der europäischen Immobilieneigentümer (CPIE)
Centre des propriétaires immobiliers européens
Secrétariat Général
Galerie du centre Bloc II 6ème étage, B-1000 Bruxelles
T: (0032) 75 32 18 65 **Fax:** 64 21 23 85
Siège Social: 274, Bvd. Saint Germain, 75007 Paris 7e, T: (00331) 7 05 87 61, 7 05 87 62
Gründung: 1998
Leitung: Jean-Yves Quevy
Mitglieder: 10000000

• IZ U 106

Internationaler Suchdienst (ISD)
International Tracing Service (ITS)
Service international de recherches (SIR)
Große Allee 5-9, 34454 Bad Arolsen
T: (05691) 60 37
Direktor(in): Charles-Claude Biedermann

• IZ U 107

Internationales Büro für mechanische Vervielfältigungsrechte (BIEM)
International Bureau for Mechanical Reproduction
Bureau International des Sociétés gérant les Droits d'Enregistrement et de Reproduction Mécanique (BIEM)
56, avenue Kléber, F-75116 Paris
T: (00331) 44 05 37 47 **Fax:** 47 55 11 53
Président: Prof. Dr. Reinhold Kreile (Vorstand d. Gesellschaft f. musikalische Aufführungs- und mechanische Vervielfältigungsrechte (GEMA), München)
Secrétaire Général: Ronald Mooij

Heimatvertriebene, Kriegsgeschädigte

• IZ U 108

Internationale Flüchtlingshilfe e.V. (IAR)
International Assistance to Refugees
Assistance Internationale aux Refugiés
Andreaestr. 1, 30159 Hannover
T: (0511) 32 38 34
Gründung: 1970 (22. Juli)
Vorstand: Honorarkonsul Kurt Uihlein
Schatzmeister: Dr. Lienhard Böhmecke

• IZ U 109

Internationaler Verband der ehemaligen Kriegsgefangenen (CIAPG)
International Federation of Prisoners of War
Confédération Internationale des Anciens Prisonniers de Guerre
46, Rue Copernic, F-75782 Paris Cedex 16
T: (00331) 01 53 64 20 00 **Fax:** 01 53 64 20 20
Gründung: 1945
Président: Werner Kiessling
Mitglieder: 1200000

• IZ U 110

Weltverband für Ehemalige Kriegsteilnehmer (WVF)
World Veterans Federation
Fédération mondiale des anciens combattants
17, rue Nicolo, F-75116 Paris
T: (00331) 40 72 61 00 **Fax:** 40 72 80 58
E-Mail: 101727,1446@Compuserve.Com
Gründung: 1950 (27. November)
Président d'Honneur: W.Ch.J.M. van Lanschot (Netherlands)
President: Serge Wourgaft (France)
Secretary General: Marek Hagmajer (Poland)
Treasurer General: Abdul Hamid Ibrahim (Malaysia)
Vice-Presidents: Stanley Alten (United States)
Mohamed Benjelloun (Morocco)
Vladimir Govorov (Russia)
June Stone (Australia)
Chairman of the Council: Jan F.H. Loos (Netherlands)
Verbandszeitschrift: Liaison; La FMAC en Bref, Le Chemin du Retour
Redaktion: FMAC, 17 rue Nicolo, 75116 Paris
Mitglieder: 150 Associations dans 78 pays
Mitarbeiter: 7

Verbraucherorganisationen

• IZ U 111

Europäische Gemeinschaft der Verbrauchergenossenschaften (EUROCOOP)
European Community of Consumer Cooperatives
Communauté Européenne des Coopératives de Consommateurs
rue Archimède 17-bte 2, B-1000 Brüssel
T: (00322) 2 85 00 70 **Fax:** 2 31 07 57
Internet: http://www.eurocoop.org
E-Mail: info@eurocoop.org
Gründung: 1957
Verbandszeitschrift: Euroflash
Mitglieder: 12 full members and 4 associate members
Mitarbeiter: 5

Mitglieder

iz u 112

A.N.C.C. (Associazione Nazionale delle Cooperative di Consumo)
Via Panaro 14, I-00199 Rom
T: (00396) 8 61 01 71 **Fax:** 86 32 00 33

iz u 113

HISPACOOP (Confederacion Española de Cooperativas de Consumidores y Usuarios)
Via Laetana 593-1a, E-08003 Barcelona
T: (003439) 317 25 21 **Fax:** 317 25 21

iz u 114

CO-OPERATIVE UNION LTD
Holyoake House
Hanover Street, GB-Manchester M60 0AS
T: (0044161) 8 32 43 00 **Fax:** 8 34 80 96

iz u 115

F D B (Faellesforeningen for Danmarks Brugsforeninger)
Roskildevej 65, DK-2620 Albertslund
T: (0045) 43 86 43 86 **Fax:** 43 86 46 66

iz u 116

Fédération Nationale des Cheminots - Entente des COOP luxembourgeoises
Rue Bonnevoie 63, L-1260 Luxembourg
T: (00352) 48 70 44 **Fax:** 48 85 25

iz u 117

Fédération Nationale des Coopératives de Consommateurs (F.N.C.C.)
Tour Mattei
Rue de Bercy 207, F-75012 Paris
T: (00331) 43 45 45 42 **Fax:** 43 42 44 08

iz u 118

FENACOOP (Federaçao Nacional das Cooperativas de Consumo)
Rua da Guiné, 8 R/o,Dto., P-1100 Lissabon
T: (003511) 8 14 69 69 **Fax:** 8 14 69 90

iz u 119

UNION OF KONSUM
Ueikou str. 117-119, GR-Athens Galasti T.K. 111-46
T: (00301) 2 13 94 29 **Fax:** 21 39 43 01

iz u 120

COOP '82' U.A.
Velperweg 157, NL-6824 MB Arnhem
T: (003126) 3 84 39 00 **Fax:** 3 84 39 99

iz u 121

FEBECOOP Asbl
Fédération Belge des Coopératives
Rue Haute 28, B-1000 Brüssel
T: (00322) 5 00 52 11 **Fax:** 5 14 54 43

iz u 122

K F (Kooperative Förbundet)
Postf. 15200, S-10465 Stockholm 15
T: (00468) 7 43 10 00 **Fax:** 6 42 75 61

iz u 123

FCCA (Finnish Consumer Cooperative Association)
Postf. 171, FIN-00511 Helsinki
T: (003589) 1 88 22 27 **Fax:** 1 88 22 28

iz u 124

Slovak Union of Consumer Cooperatives
Bajkalska 25, SK-82718 Bratislava
T: (00427) 3 59 93 33 **Fax:** 49 59 83

iz u 125

Union of Czech and Moravian Consumer Cooperatives
Tesnov 5, CZ-11101 Praha 1
T: (004217) 57 29 93 33 **Fax:** 53 41 41 32

iz u 126

C.C.U. (Central Cooperative Union)
Rakovsky Street 99, BG-1000 Sofia
T: (003592) 87 51 25 **Fax:** 9 81 73 66

iz u 127

COOP HUNGARY (National Federation of Consumer Cooperative Societies)
Szabadsag Ter 14, H-1054 Budapest
T: (003613) 31 05 82 **Fax:** 11 36 47

• IZ U 128

Europäischer Verband für Verbraucherschutz (ECOSA)
European Consumer Safety Association
Association européenne pour la sécurité des consommateurs
Postf. 75169, NL-1070 AD Amsterdam
T: (003120) 5 11 45-00 **Fax:** 5 11 45-10
Gründung: 1984
President: Mike Drewry (c/o P.O. Box 7 51 69, NL-1070 AD Amsterdam)
General Secretary: Dr. W.H.J. Rogmans (NL)
Verbandszeitschrift: International Journal of Consumer Safety
Mitglieder: 68
Jahresetat: DM 1 Mio, € 0,51 Mio

• IZ U 129

Europäischer Verbraucherverband (BEUC)
Bureau Européen des Unions de Consommateurs
36 Avenue de Tervueren bte 4, B-1040 Brüssel
T: (00322) 7 43 15 90 **Fax:** 7 35 74 55
Gründung: 1962
President: Anne-Lore Köhne
Mitglieder: 24 member organizations in 21 countries, 2 corresponding members, 4 Associates (Switzerland, Slovenien, Polen, Hungary)
Mitarbeiter: 15

Mitgliedsorganisationen

Belgien

iz u 130

Test-Achats (TA)
13 rue de Hollande, B-1060 Brüssel
T: (00322) 5 42 32 11 **Fax:** 5 42 33 67
E-Mail: pressta@euronet.be
Kontaktperson: Serge Maucq

Dänemark

iz u 131

Forbrugerrådet (FR)
Postf. 21 88, DK-1017 Kopenhagen
Fiolstræde 17, DK-1017 Kopenhagen
T: (0045) 77 41 77 41 **Fax:** 77 41 77 42
E-Mail: fbr@fbr.dk, loj@fbr.dk
Kontaktperson: Benedicte Federspiel

Deutschland

iz u 132

Arbeitsgemeinschaft der Verbraucherverbände e.V. (AgV)
Heilsbachstr. 20, 53123 Bonn
T: (0228) 64 89-0 **Fax:** 64 42 58
Internet: http://www.agv.de
E-Mail: alk@agv.de
Kontaktperson: Anne-Lore Köhne

Finnland

iz u 133

Kuluttajat-Konsumenterna ry (KK)
Postf. 5, FIN-00531 Helsinki
Kasöörinkatu 3B, FIN-00520 Helsinki
T: (003589) 87 75 01 20 **Fax:** 87 75 01 20
E-Mail: kkry@kuluttajat-konsumenterna.fi
Kontaktperson: Eila Salomaa

iz u 134

Suomen Kuluttajaliitto (SK)
Mannerheimintie 15A, FIN-00260 Helsinki
T: (003589) 4 54 22 10 **Fax:** 45 42 21 20
E-Mail: suomen@kuluttajaliitto.fi
Kontaktperson: Sinikka Turunen

Frankreich

iz u 135

UFC - Que Choisir
11, rue Guénot, F-75011 Paris
T: (00331) 43 48 55 48 **Fax:** 43 48 44 35
E-Mail: webmaster@quechoisir.com
Kontaktperson: Marie-José Nicoli

iz u 136

Confédération de la Consommation du Logement et du Cadre Vie (CLCV)
13, rue Niepce, F-75014 Paris
T: (00331) 56 54 32 10 **Fax:** 43 20 72 02
E-Mail: clcv@hol.fr
Kontaktperson: Reine-Claude Mader

iz u 137

Organisation Générale des Consommateurs (OR.GE.CO.)
16 avenue du Chateau, F-94300 Vincennes
T: (00331) 49 57 93 00 **Fax:** 49 57 92 99
E-Mail: orgeco@wanadoo.fr
Kontaktperson: Claude Courty

Griechenland

iz u 138

Association for the Quality of Life (E.K.PI.ZO)
Valtetsiou Street 43-45, GR-10681 Athen
T: (00301) 3 30 06 73 **Fax:** 3 30 05 91
E-Mail: ekpizo@ath.forthnet.gr
Kontaktperson: Helen Goulielmou

iz u 1 38.10

KEPKA - Consumers Protection Center
54 Tsimiski, GR-54623 Thessaloniki
T: (003031) 26 94 49 **Fax:** 24 22 11
E-Mail: consumers@kepka.gr
Kontaktperson: Ioannis Sidiropoulos

Großbritannien

iz u 140

Consumers' Association (CA)
2, Marylebone Road, GB-London NW1 4DF
T: (0044207) 8 30 60 00 **Fax:** 8 30 63 49
E-Mail: mccombies@which.co.uk
Kontaktperson: Sally McCombie

iz u 141

National Consumer Council (NCC)
20, Grosvenor Gardens, GB-London SW1 0DH
T: (0044207) 7 30 34 69 **Fax:** 7 30 01 91
E-Mail: abr@ncc.org.uk
Kontaktperson: Anna Bradley

iz u 142

Gruppe Verbraucher in Europa (CEG)
Consumers in Europe Group (CEg)
Groupe des consommateurs en Europe
20, Grosvenor Gardens, GB-London SW1W ODH
T: (0044207) 8 81 30 21 **Fax:** 7 30 85 40
Internet: http://www.ceg.co.uk
E-Mail: ceg@consumer-ceg.demon.co.uk
Kontaktperson: Stephen Crampton

Irland

iz u 143

Consumers' Association of Ireland (CAI)
45, Upper Mount Street, IRL-Dublin 2
T: (003531) 6 61 20 90 **Fax:** 6 61 24 64
E-Mail: dermott.jewell@consumerassociation.ie
Kontaktperson: Jewell Dermott

Island

iz u 144

Neytendasamtökin (NS)
Postf. 81 60, IS-Reykjavik
Sidumúla 13, IS-Reykjavik
T: (00354) 5 45 12 00 **Fax:** 5 45 12 12
E-Mail: ns@ns.is
Kontaktperson: Jóhannes Gunnarsson

Italien

iz u 145

Comitato Consumatori Altroconsumo (CCA)
Via Valassina 22, I-20159 Mailand
T: (003902) 66 89 01 **Fax:** 66 89 02 88
E-Mail: cca@altroconsumo.it
Kontaktperson: Paolo Martinello

Luxemburg

iz u 146

Union Luxembourgeoise des Consommateurs (ULC)
55 rue des Bruyères, L-1274 Howald
T: (00352) 4 96 02 21 **Fax:** 49 49 57
E-Mail: ulcegc@mailsvr.pt.lu
Kontaktperson: Alexander Kieffer
Aloyse Schmitz

Niederlande

iz u 147

Consumentenbond (CB)
Enthovenplein 1, NL-2521 CV Den Haag
T: (003170) 4 45 45 45 **Fax:** 4 45 45 90
E-Mail: klantenservice@consumentenbond.nl
Direktor(in): Felix Cohen

Norwegen

iz u 148

Forbrukerrådet (FR)
Postf. 81 04, N-0032 Oslo
Dep Strandveien 6, N-0032 Oslo
T: (0047) 67 59 96 00 **Fax:** 67 58 36 06
E-Mail: fr-pol@forbrukerradet.no
Kontaktperson: Finn Aas

Österreich

iz u 149

Verein für Konsumenten-information (VKI)
Postf. 4 40, A-1061 Wien
Mariahilfer Str. 81, A-1060 Wien
T: (00431) 58 87 70 **Fax:** 5 88 77 73
E-Mail: hspitalsky@vki.or.at
Kontaktperson: Dipl.-Ing. Hannes Spitalsky

Polen

iz u 150

FK - Polish Consumer Federation
Plac Powstancow W-WY 1/3, PL-00-030 Warschau
T: (004822) 8 27 11 73 **Fax:** 8 27 90 59

E-Mail: biuro@federacja-konsumentow.org.pl
Kontaktperson: Malgorzata Niepokulczycka

Portugal

iz u 151

Associação Portuguesa para a Defesa do Consumidor (DECO)
Av Defensores Chaves, 22-1°D, P-1049 Lissabon
T: (003511) 3 57 39 08 **Fax:** 3 57 78 51
E-Mail: deco.deac@ip.pt
Kontaktperson: Manuel Ataíde Ferreira

Schweden

iz u 152

Sveriges Konsumentråd (SK)
Barnhusgatan 22,3 tr., S-11123 Stockholm
T: (00468) 4 06 08 60 **Fax:** 4 06 02 60
E-Mail: konsumentraadet@mbox300.swipnet.se
Kontaktperson: Marie Sälmark

Schweiz

iz u 153

Fédération Romande des Consommateurs (FRC)
Postf. 2820, CH-1002 Lausanne
Rue de Genève 7, CH-1004 Lausanne
T: (004121) 3 12 80 06 **Fax:** 3 12 80 04
E-Mail: admin@frc.ch
Kontaktperson: Aleksandra Favrod

Slowenien

iz u 154

Zveza Potrošnikov Slovenije (ZPS)
Frankopanska 5, SLO-1000 Ljubljana
T: (003866) 1 17 40 40 **Fax:** 11 33 33 71
E-Mail: breda.kutin@guest.arnes.si
Kontaktperson: Breda Kutin

Spanien

iz u 155

Confederacion Estatal de Consumidores y Usuarios (CECU)
Cava Baja 30 Escalera Secundaria, E-28005 Madrid
T: (003491) 3 64 02 76 **Fax:** 3 66 90 00
E-Mail: cecu@mail.ddnet.es
Kontaktperson: Maria Rodriguez

iz u 156

Organizacion de Consumidores y Usuarios (OCU)
Milán 38, E-28043 Madrid
T: (003491) 3 00 00 45 **Fax:** 3 88 73 72
E-Mail: ccu.ocu@consumo-inc.es
Kontaktperson: J. del Real Martin
Carlos Sanchez Reyes

Ungarn

iz u 157

National Association for Consumer Pretection in Hungary (NACPH)
Balaton ut 27 I em, H-1055 Budapest
T: (00361) 3 11 70 30 **Fax:** 3 31 73 86
E-Mail: ofebp@mail.matav.hu
Kontaktperson: István Garai

Korrespondierende Mitglieder

Deutschland

iz u 158

Stiftung Warentest
Lützowplatz 11-13, 10785 Berlin
T: (030) 2 63 11 **Fax:** 26 31 24 28
Internet: http://www.stiftung-warentest.de
E-Mail: h.willnat@stiftung-warentest.de
Kontaktperson: Heinz Willnat

Finnland

iz u 159

Kuluttajavirasto
Postf. 5, FIN-00531 Helsinki
T: (003589) 77 26 75 57 **Fax:** 77 26 75 57
E-Mail: pirkko.varpasuo@kuluttajavirasto.fi
Kontaktperson: Pirkko Varpasuo

• **IZ U 160**

Gruppe Verbraucher in Europa (CEG)
Consumers in Europe Group (CEg)
Groupe des consommateurs en Europe
20, Grosvenor Gardens, GB-London SW1W ODH
T: (0044207) 8 81 30 21 **Fax:** 7 30 85 40
Internet: http://www.ceg.co.uk
E-Mail: ceg@consumer-ceg.demon.co.uk
Gründung: 1978
Chairman: S. Knox
Contact: Stephen Crampton
Mitglieder: 34
Mitarbeiter: 4

Familien, Frauen, Jugend und Senioren

• **IZ U 161**

Bund der Familienorganisationen der Europäischen Union (COFACE)
Confédération des Organisations Familiales de l'Union Européenne
17, Rue de Londres, B-1050 Bruxelles
T: (00322) 5 11 41 79 **Fax:** 5 14 47 73
E-Mail: coface@butele.be.
Gründung: 1979
Vorsitzende(r): Lucien Bouis
Leitung Presseabteilung: William Lay
Verbandszeitschrift: COFACE-CONTACT
Mitglieder: 75
Mitarbeiter: 7

• **IZ U 162**

Europäische Elternvereinigung (EPA)
European Parents' Association
Association Européenne des Parents d'Elèves
1a, rue du Champ de Mars, B-1050 Brussels
T: (00322) 5 14 05 99 **Fax:** 5 14 47 67
Internet: http://www.epa-parents.org
E-Mail: infos@epa.be
Gründung: 1985
Président: Dominique Bariller (France)
Vice-Président: Britt Solheim (Norway)
Victor Guillen-Preckler (Spain)
Secretary General: Dorothea Goll-Schloss (Germany)
Tresorier: Milena Saiani (Italy)
Verbandszeitschrift: EPA Info
Mitglieder: 49
Mitarbeiter: 3

• **IZ U 163**

Europäische Föderation der aktiven Hausfrauen (FEFAF)
Fédération Européenne des Femmes Actives au Foyer
Avenue Père Damien 76, B-1150 Bruxelles
T: (003202) 7 70 73 27 **Fax:** 7 79 23 34
Gründung: 1983
Président: Isabel Avila
Vice-Président: Brigitte Le Gouïs
Secrétaire Général: Marielle Helleputte
Mitglieder: 19 Associations
Mitarbeiter: 2
Jahresetat: DM 0,02 Mio, € 0,01 Mio

• **IZ U 164**

Europäische Frauenlobby (EFL)
European Women's Lobby (EWL)
Lobby Européen des Femmes (LEF)
Rue Hydraulique 18, B-1210 Brüssel
T: (00322) 217 90 20 **Fax:** 219 84 51
Internet: http://www.womenlobby.org
E-Mail: ewl@womenlobby.org
Gründung: 1990
Präsidentin: Denise Fuchs
Contact: Cécile Greboval
Mitglieder: 2500 Associations (Women)
Mitarbeiter: 7

• **IZ U 165**

Europäische Frauen-Union (EFU)
European Union of Women (EUW)
Union Européenne Féminine (UEF)
Pittakou & Periandrou Street 2, GR-10558 Athen
T: (00301) 3 31 48 47 **Fax:** 3 31 48 17
E-Mail: fpetralia@parliament.gv
Gründung: 1953
Präsidentin: Fanny Pali-Petralia (M.P.)
Mitglieder: in 19 Ländern

• **IZ U 166**

Socialist International Women (SIW)
Socialist International Women
Internationale socialiste des femmes
Maritime House
Old Town, Clapham, GB-London SW4 0JW
T: (0044207) 627 4449 **Fax:** 720 4448, 498 1293
E-Mail: socintwomen@gn.apc.org
Präsident(in): Renau McDolors (Spain)
Chairman: Marlène Haas (Secretary General), Niederlande
Mitglieder: 131
Mitgliedsorganisationen: 125

• **IZ U 167**

Europäische Organisation für die Eingliederung und Unterbringung der Jugend (OEIL)
European Organisation for the Integration and Housing of joung people
Organisation Européenne de l'Insertion et de Logement pour les Jeunes
12, ave. du Général de Gaulle, F-94307 Vincennes Cedex
T: (00331) 41 74 81 00 **Fax:** 43 74 04 29
Gründung: 1955
Président: Maric Chistine Foin
Mitglieder: 400
Mitarbeiter: 38

• **IZ U 168**

Europäische Vereinigung der Jugendclubs (ECYC)
European Confederation of Youth Clubs Organisations
Confédération Européenne des Organisations des Centres de Jeunes
Ørnevej 45, DK-2400 NV Kobenhagen
T: (004538) 10 80 38 **Fax:** 10 46 55
Gründung: 1976
President: John Bateman
Secretary General: Iram Ahmed
Mitglieder: 18
Mitarbeiter: 3

• **IZ U 169**

Europäische Guttempler Jugend Föderation (EGTYF)
European Good Templar Youth Federation
Fédération Européenne des Jeunes Bons Templiers
Vasatorget 1, S-70354 Örebro
T: (004619) 14 08 64 **Fax:** 14 08 64
E-Mail: egtyf@iogt.se
Gründung: 1990 (Previous Int. Good Templar Youth Fed., Founded 1962)
President: A_Osa Hagelstedt (Sweden)
Vice President: Borgny Hatlestad (Norway)
Treasurer: Anci Gunnarsson (Sweden)
Mitglieder: App. 75000
Mitarbeiter: 1

• **IZ U 170**

Europäischer Verband der Jugenddienst-Organisationen (EFYSO)
European Federation of Youth Service Organisations
Fédération Européenne des Associations au Service de la Jeunesse
rue Récamier 3, F-75341 Paris Cedex 07
T: (00331) 43 58 97 97 **Fax:** 43 58 97 88
Gründung: 1993
President: Conny Reuter
Executive Director: Eduard Schüssler
Secretary General: Heintz Hartl
Mitglieder: 12

Mitgliedsorganisationen

iz u 171

Internationaler Bund - IB
Freier Träger der Jugend-, Sozial- und Bildungsarbeit e.V.
Postf. 60 04 60, 60334 Frankfurt
Burgstr. 106, 60389 Frankfurt
T: (069) 9 45 45-0 **Fax:** 9 45 45-280
Internet: http://www.internationaler-bund.de

E-Mail: refoeff-zgf@internationaler-bund.de
Horst Dreimann (E-Mail: horst.dreimann@internationaler-bund.de)

iz u 172

Ligue Française de l'Enseignement et de l'Education Permanente (LFEEP)
rue Récamier 3, F-75341 Paris Cedex 07
T: (00331) 43 58 97 97 **Fax:** 43 58 97 88
Philippe Campinchi

iz u 173

National Association of Boys' Clubs Clubs for Young People
Kennington Lane 369, GB-London SE11 5QY
T: (0044207) 7 93 07 87 **Fax:** 8 20 98 15
Euan Eddie

iz u 174

National Youth Federation (NYF)
Lower Dominic Street 20, IRL-Dublin 1
T: (0035318) 72 99 33 **Fax:** 72 41 83
E-Mail: nyf@IOL.ie
John Dunne

iz u 175

Österreichische Jugendarbeiterbewegung (ÖJAB)
Mittelgasse 16, A-1060 Wien
T: (00431) 5 97 97 35 **Fax:** 5 97 06 89 89
Eduard Schüssler

iz u 176

Associace Stredoskolskych Klubu (ASK)
Moravské nam. 2, CZ-65855 Brünn
T: (004205) 42 21 00 30 **Fax:** 42 21 00 30
Lothar Indruch

iz u 177

Latvian Progress Union (LYPU)
Elisabetes Str. 45/47, LV-1010 Riga
T: (003712) 33 15 13, 32 39 36 **Fax:** 32 11 57
Andris Ameriks

iz u 178

Institut National de la Jeunesse et de l'Education Populaire (INJEP)
Parc Val Flory
Postf. 35, F-78160 Marly le Roi
rue Paul Leplat, F-78160 Marly le Roi
T: (0033239) 17 27 55 **Fax:** 17 27 60
Bernard Abrignani

iz u 179

Kossuth Klub
Muzeum u. 7, H-1088 Budapest VIII
T: (00361) 1 38 31 66 **Fax:** 1 18 01 51
Victor Lugosi

iz u 180

Youth Information Bureau
J. Basanaviciaus g. 30-13, LT-2009 Vilnius
T: (003702) 23 09 80 **Fax:** 26 21 31
Rasa Mastauskaite

iz u 181

Association Nationale des Echanges entre Jeunes (ANEJ)
Postf. 68, DZ-35000 Boumerdes
T: (002132) 39 51 39 **Fax:** 81 63 63
Ali Sahel

iz u 182

Den Sociale Udriklingsfond (SUF)
Vester Alé 24,3, DK-8000 Århus C
T: (0045) 86 19 28 50 **Fax:** 86 19 90 81

• IZ U 183

Frauen Europas
Women of Europe
Association Femmes d'Europe (A.I.S.B.L.)
Avenue de Beaulieu 1, B-1160 Brüssel
T: (00322) 6 60 56 96 **Fax:** 6 75 48 19
Gründung: 1976
President: Jantien Brinkhorst

• IZ U 184

International Lesbian and Gay Youth Organisation (IGLYO)
Postf. 542, NL-1000 AM Amsterdam
T: (003120) 6 18 81 72 **Fax:** 6 18 81 72
Gründung: 1986
Press Department: Marijn Van Dam
Verbandszeitschrift: Speak out

• IZ U 185

Internationale Christliche Arbeiterjugend (IYCW)
International Young Christian Workers
Jeunesse ouvrière chrétienne internationale
Avenue Georges Rodenbach 4, B-1030 Brüssel
T: (00322) 2 42-1811 **Fax:** 2 42-4800
Internet: http://www.jociycw.net
E-Mail: international.secretariat@jociycw.net
Gründung: 1957
Président: Helio Antonio Alves
Secrétaire Général: Gertraud Langwiesner
Trésorier: Joe Magri
Verbandszeitschrift: Bulletin, Info
Mitglieder: 48 Nationen
Mitarbeiter: 9

Regionale Sekretariate

Afrika

iz u 186

YCW Panafrican Secretariat
Postf. 46528, EAK-Nairobi
T: (002542) 53 70 78 **Fax:** 53 70 78
E-Mail: panafycw@insightkenya.com

Amerika

iz u 187

JOC America
Apartado Postal 17-21, EC-1200 Quito
T: (005932) 50 16 55 **Fax:** 50 16 57
E-Mail: joca@impsat.net.ec

Asien & Pazifik

iz u 188

Regional Secretariat ASPAC
n° 6 District 1, Pui Man Street, HK-Kowloon
T: (00852) 23 39 09 39 **Fax:** 23 39 09 39
E-Mail: ycwaspac@hk.super.net

Europa

iz u 189

JOC Européenne
Rue Vanderstichelen 21, B-1080 Brüssel
T: (00322) 4 26 21 49 **Fax:** 4 26 41 72
E-Mail: 100517.2134@compuserve.com

• IZ U 190

Naturfreundejugend Internationale (NFJI)
International Young Naturefriends (IYNF)
Internationale des Jeunes Amis de la Nature (IJAN)
Hamerstraat 19, B-1000 Brüssel
T: (00322) 217 62 82 **Fax:** 217 81 33
E-Mail: iynf@iynf.org
Gründung: 1895
President: Kasia Dyniak
Secretary General: Rosa Gallego
Mitglieder: 27
Mitarbeiter: 2

• IZ U 191

Internationale Katholische Studentenjugend - Internationale katholische Studentenbewegung - Europäische Koordination (JECI/MIEC)
International Young Catholic Students - International Movement of Catholic Students - European Coordination
Jeunesse Etudiante Catholique Internationale
Mouvement Internationale des Etudiants Catholique - Coordination Européenne
Rue de Rennes 171, F-75006 Paris
T: (00331) 45 48 14 72 **Fax:** 42 84 04 53
Leitung Presseabteilung: Anita Wenger
Verbandszeitschrift: Info Rapid - 4 Times/Year
Mitglieder: 35
Mitarbeiter: 3

• IZ U 192

Internationale Organisation für Senioren (FIAPA)
International Federation of Associations of the Elderly
Fédération Internationale des Associations de Personnes Agées
24 rue d'Anjou, F-75008 Paris
T: (00331) 44 56 84 50, 44 56 84 31 **Fax:** 44 56 85 35
Gründung: 1980
Président: Giuseppe Bertoldi
Delegue General: Albert Magarian
Verbandszeitschrift: FIAPA INFOS
Mitglieder: ca. 124000000 in 52 Ländern

• IZ U 193

Internationale Union der Familienorganisationen (UIOF)
International Union of Family Organisations
Union Internationale des Organismes Familiaux
World Family Organization
Headquarters:
28, Place Saint-Georges, F-75009 Paris
T: (00331) 48 78 07 59 **Fax:** 42 82 95 24
E-Mail: wfo@ibm.net
Presidency Office:
Rua Mauricio Caillet, 265, Sala 1, Agua Verde, Curitiba, Paranà/Brazil, T/Fax: (005541) 3 42-5358, e-mail: uiofal@mps.com.br
Gründung: 1947
President: Dr. Deisi Noeli Weber Kusztra
Honorary President: Philippe Garigue
Verbandszeitschrift: L'UIOF établit un rapport annuel sur ses activités. Les régionsent les bulletins
Mitglieder: 305

• IZ U 194

Internationale Union der Sozialistischen Jugend (IUSY)
International Union of Socialist Youth
Unión Internacional de la Juventud Socialista
Neustiftgasse 3/13, A-1070 Wien
T: (00431) 5 23 12 67, 5 23 12 82 **Fax:** 5 23 12 67-9
Internet: http://www.iusy.org
E-Mail: iusy@iusy.org
Gründung: 1907
President: Umberto Gentiloni
Secretary General: Lisa Pelling
Secretariat: Silvia Hruška
Rodolfo Losada Chaveli
Verbandszeitschrift: IUSY us in Action
Mitglieder: 134 Organizations (104 Full members, 24 observers, 6 Consultative memb. in all continents)
Mitarbeiter: 3

• IZ U 195

Internationaler Christlicher Jugendaustausch (AEIJC)
International Christian Youth Exchange in Europe (ICYE)
Association pour les Echanges Internationaux des Jeunesses Chrétiennes (en Europe)
Naamsesteenweg 164, B-3001 Leuven
T: (003216) 23 37 62 **Fax:** 23 39 25
Gründung: 1977
President: Marja Riitta Rautaparta
Secretary General: Jan Bal
Contact: Hans Langouche
Mitglieder: 15 national member organisations
Mitarbeiter: 2

Mitgliedsorganisationen

Österreich

iz u 196

ICYE Austria
c/o Ev. Jugendwerk
Liechtensteinstr. 20, A-1090 Wien
T: (00431) 3 19 51 28 **Fax:** 3 17 92 67 16
Contact: Marcus Vrecer

Belgien

iz u 197

VIA-IJU-ICYE Belgium
Draakstraat 37, B-2018 Antwerpen
T: (00323) 2 35 92 21 **Fax:** 2 35 29 73
Contact: Inge de Fre'

Dänemark

iz u 198

Dansk ICYE
Postf. 612, DK-8100 Århus C
Sonderport 7, DK-8100 Århus C
T: (0045) 86 11 60 33 **Fax:** 86 11 69 86
Contact: Dorte M. Hansen

Finnland

iz u 199

ICYE-Finland
Lönnrotinkatu 18C, FIN-00120 Helsinki
T: (003580) 6 94 96 38 **Fax:** 6 85 33 16
website: http://www.kaapeli.fi/-icyefin/
Contact: Anni Koskela

Deutschland

iz u 200

ICYE-Germany
Kiefernstr. 45, 42283 Wuppertal
T: (0202) 50 10 81 **Fax:** 50 65 63
Contact: Christiane Jenner

Island

iz u 201

ICYE Iceland
Postf. 1310, IS-121 Reykjavik
T: (00354) 5 61 46 17 **Fax:** 5 61 46 17
Contact: Alla Birgisdottir

Italien

iz u 202

ICYE Italia
via Luigi Ronzoni 91, I-00151 Rom
T: (00396) 5 37 03 32 **Fax:** 58 20 14 42
Contact: Ramon Magi

Norwegen

iz u 203

ICYE Norway
Postf. 233, N-1341 Bekkestua
T: (0047) 67 12 14 56 **Fax:** 67 53 29 81
Contact: Kjell Knudsen

Polen

iz u 204

ICYE Poland
ul. Boremlowska 48, PL-04-347 Warschau
T: (00482) 6 10 40 86 **Fax:** 6 10 42 36
Contact: Agnieszka Sawczuk

Portugal

iz u 205

ICYE Portugal
Rua Rosa Damasceno 10 3_Ho, P-1900 Lissabon
T: (003511) 8 15 46 88 **Fax:** 8 15 46 88
E-Mail: APAJ2MW@MAIL.TELEPAC.PT

Spanien

iz u 206

Actividades Educativas Culturales
Caballero de Gracia 24 4° dcha, E-28013 Madrid
T: (00341) 5 23 20 54 **Fax:** 5 21 95 52
Contact: Antonio Rodriguez

Schweiz

iz u 207

ICYE Switzerland
Postf. 473, CH-3000 Bern
T: (004131) 3 71 77 80 **Fax:** 3 71 40 78
Contact: Christine Heller

Frankreich

iz u 208

ICYE France
Jeunesse et Reconstruction
rue de Trévise 10, F-75009 Paris
T: (00331) 47 70 15 88 **Fax:** 48 00 92 18
Contact: Delphine Langlois

Schweden

iz u 209

ICYE Schweden
c/o Sørensson
Jägareg. 11A, S-41701 Göteborg
T: (004631) 23 27 91 **Fax:** 23 27 91
Contact: Catherina Fjelkner

Großbritannien

iz u 210

ICYE United Kingdom
Argyll House
All Saints' Passage 1A, GB-London SW18 1EP
T: (0044208) 8 77 93 93 **Fax:** 8 74 88 27
Contact: Simon Marlow

iz u 211

International Christian Youth Exchange (ICYE)
Große Hamburger Str. 30, 10115 Berlin
T: (030) 28 39 05 50 **Fax:** 28 39 05 52
Contact: Sabine Beppler

• IZ U 212

Internationaler Rat der Frauen (ICW)
International Council of Women
Conseil International des Femmes
13, rue Caumartin, F-75009 Paris
T: (00331) 47 42 19 40 **Fax:** 42 66 26 23
E-Mail: icw-cif@wanadoo.fr
Gründung: 1888
Président: Pnina Herzog (Israel)
Immediate Past President: Kuraisin Sumhadi (Indonesia)
Vice-Présidents: Senel Aksu (Turkey)
Joan Belcher (UK)
Alison Roxburgh (NZ)
Doreen Kissick (Canada)
Eleanor Sumner (Australia)
Secrétaire Générale: Marie-Christine Lafargue
Mitglieder: 78 Conseils Nationaux de Femmes affiliés
Mitarbeiter: 3

Association régionale

iz u 213

Centre Européen du CIF (CECIF)
Boulevard du Triomphelog, bte 2, B-1160 Brüssel
Présidente: Lily Boeykens

iz u 214

Conseil Régional des Amériques (CRA)
11 Ingraham Lane, USA-Hempstead NY 11550
Présidente: Vera Rivers

• IZ U 215

Internationaler Verband Katholischer Mädchensozialarbeit (ACISJF/IN VIA)
International Catholic Society for Girls
Association Catholique Internationale de Services pour la Jeunesse Féminine
37-39, rue de Vermont, CH-1211 Genève 20 CIC
T: (004122) 7 34 96 85 **Fax:** 7 33 67 49
Gründung: 1897 (19. August)
Vorsitzende: Marie-Claire de Boisdeffre
Geschäftsführerin: Claudine Rodier
Verbandszeitschrift: Bulletin Contacts (Français), Bulletin Contactos (Espagnol)
Mitarbeiter: 1

• IZ U 216

Internationales Studenten Austausch Programm (ISEP)
International student exchange program
Programme international pour échange d'étudiants
1601 Connecticut Ave. NW, 501, USA-Washington, D.C. 20009-1035
T: (001202) 667-8027 **Fax:** 667-7801
Internet: http://www.isep.org
E-Mail: info@isep.org
Gründung: 1979
Präsident(in): Mary Anne Grant (Executive Director)
Direktor(in): Nana Rinehart (Associate)
Leitung Presseabteilung: Barbara Wanasek
Mitglieder: 230 Universitäten und Colleges weltweit
Mitarbeiter: 15

• IZ U 217

Jugend für Austausch und Verständigung (YEU)
Youth for exchange and understanding
Yeunesse pour échanges et compréhension
Kirchfeldstr. 85, 40215 Düsseldorf
T: (0211) 33 39 46 **Fax:** 33 41 74
E-Mail: yeu_headoffice@t-online.de
Kontaktperson: Claudia Gawrich

• IZ U 218

Jugend und Umwelt Europa (YEE)
Youth and Environment Europe
Kubatova 1/32, CZ-10200 Praha 10
T: (004202) 71 75 06 43 **Fax:** 71 75 05 48
Internet: http://www.ecn.cz/yee
E-Mail: yee@ecn.cz
Gründung: 1983
Chairman: Soren Meinert
Verbandszeitschrift: Y&E, Newsleter, Camplist
Redaktion: YEE office
Mitglieder: over 50 member organizations, ca. 2 000 000 members
Mitarbeiter: 1
Jahresetat: DM 0,09 Mio, € 0,05 Mio

• IZ U 219

Europäisches Jugendforum
European Youth Forum
Forum Européen De la Jeunesse
Rue Joseph II 120, B-1000 Brüssel
T: (00322) 2 30 64 90 **Fax:** 2 30 21 23
Internet: http://www.youthforum.org
E-Mail: youthforum@youthforum.org
Gründung: 1978
President: Pau Solanilla
Secretary General: Tobias Flessenkemper
Verbandszeitschrift: Annual Report; Directory of Youth Organisations; Youth Opinion
Mitarbeiter: 17

Belgien

iz u 220

Vlaams Platform voor International Jongerenwerk
Plate-forme flamande pour le travail international de jeunesse de la communaté flamande de Belgique
Grétrystraat 26, B-1000 Brüssel
T: (00322) 2 09 07 20 **Fax:** 2 09 07 49
E-Mail: vpij@ping.be
President: An Jo Jacobs
Secretary General: Ingrid Danckaerts

iz u 221

Committee for International Youth Relations of the Frenchspeaking Community of Belgium
Comité pour les Relations internationales de Jeunesse de la Communauté française de Belgique
Boulevard Léopold II 44, B-1080 Brüssel
T: (00322) 4 13 29 29 **Fax:** 4 13 29 31
E-Mail: crij@cfwb.be
President: Jean-Michel Lavaux
Secretary General: Victor Neira (International secretary)

Dänemark

iz u 2 21.01

Dansk Ungdoms Faellesrad
Danish Youth Council
Conseil national des organisations de jeunesse danoises
Scherfigsvej 5, DK-2100 Copenhagen 0
T: (004539) 29 88 88 **Fax:** 29 83 82
Internet: http://www.duf.dk
E-Mail: duf@duf.dk
President: Katrine Hermansen
Secretary General: Anders Landekarl

Deutschland

iz u 2 21.02

Deutsches Nationalkomitee für internationale Jugendarbeit (DNK)
German National Committee for International Youth Work
Comité national allemand pour le travail international de jeunesse
c/o DBJR
Haager Weg 44, 53127 Bonn
T: (0228) 9 10 21-16 **Fax:** 9 10 21-22
Internet: http://www.dbjr.de
E-Mail: info@dbjr.de

President: Frank Schauff
Secretary General: Ronald Berthelmann

Finland

iz u 2 21.03

Suomen Nuorisoyhteistyö Allianssi Finlands Ungdomsamarbete Allians

Finnish Youth Co-operation Allianssi
Olympiastadion Eteläkaarre, FIN-00250 Helsinki
T: (003589) 34 82 43 16 **Fax:** 49 12 90
Internet: http://www.alli.fi
E-Mail: info@alli.fi
President: Teemu Japisson
Secretary General: Jukka Tahvanainen

Frankreich

iz u 2 21.04

Comité pour les Relations Nationales et Internationales des Associations de Jeunesse det d'Education Populaire

Rue Martel 15, F-75010 Paris
T: (00331) 47 70 71 31 **Fax:** 47 70 30 01
E-Mail: cnajep@club-internet.fr
President: Jean-Claude Dumoulin

Griechenland

iz u 2 21.05

National Council of Hellenic Youth Organisations

National Council of Hellenic Youth Organisations
Conseil national des organisations de jeunesse helléniques
Acharnonstr. 417, GR-11143 Athen
T: (00301) 2 51 27 42 **Fax:** 2 58 51 33
Internet: http://www.esyn.org
E-Mail: secretariat@esyn.gr
President: Christos Kourousis

Großbritannien

iz u 222

British Youth Council

White Lion Street 65-69, GB-London NI 9PP
T: (0044207) 2 78 05 82 **Fax:** 2 78 05 83
Internet: http://www.byc.org.uk
E-Mail: samantha.peters@byc.org.uk
President: David James
Secretary General: Samantha Peters (Executive Director)

Irland

iz u 2 22.01

National Youth Council of Ireland

Conseil national de la Jeunesse d'Irlande
Montague Street 3, IRL-Dublin 2
T: (003531) 4 78 41 22 **Fax:** 4 78 39 74
Internet: http://www.nyci.ie
E-Mail: info@nyci.ie
President: James Doorley
Secretary General: Peter Byrne

Luxemburg

iz u 2 22.02

Conférence générale de la Jeunesse luxembourgeoise

Rue Philippe II 21, L-2340 Luxemburg
T: (00352) 40 60 90 **Fax:** 22 57 10
E-Mail: cgjl@pt.lu
Del. Exec.: Fabio Secci
President: José Pereira
Secretary General: Frank Bauler

Lettland

iz u 2 22.03

Latvijas Jaunatnes Padome

Youth Council of Latvia
Conseil de la Jeunesse de Lettonie
Audeju iela 5, LV-1050 Riga
T: (03717) 22 03 50 **Fax:** 22 47 85
E-Mail: dace@jzk.appollo.lv
President: Romans Mezeckis
Secretary General: Gunta Kelle

Litauen

iz u 2 22.04

Lietuvos Jaunimo Organizaciju Taryba/Litauisches Jugendring

Council of Lithuanian Youth Organisations
Conseil des organisations de jeunesse lituaniennes
Vokieciu g. 28/ 17/-29, LT-2001 Vilnius
T: (03702) 79 10 14 **Fax:** 79 10 14
Internet: http://www.baltic.lt/lijot
E-Mail: lijot@post.5ci.lt
President: Aleksandras Valentas
Secretary General: Mindaugas Kiznis

Malta

iz u 2 23.01

Kunsill Nazzjonali taz-Zghazagh

St Francis Ravelin, GBY-VLT15 Floriana
T: (00356) 23 43 05 **Fax:** 24 53 76
E-Mail: knz_malta@yahoo.com
President: Lorraine Napier
Secretary General: Claudette Azzopardi

Niederlande

iz u 224

Nederlands Comité voor Multilateraal Jongerenwerk

Dutch Committee for Multilateral Youth Work
Comité néerlandais pour le travail multilatéral de la Jeunesse
Prinsengracht 770-11, NL-1017 JX Amsterdam
T: (003120) 6 38 39 18 **Fax:** 6 38 60 94
Internet: http://www.vereniging31.nl
E-Mail: kantoor@vereniging31.nl
President: Alexander Auerbach
Secretary General: Annelieke Mens

Norwegen

iz u 2 24.01

Landsradet for Norges barne- og ungdomsorganisasjoner/Der Norwegische Jugendrat/Consejo de la Juventud de Noruega

Norwegian Youth Council
Conseil national des organisations de jeunesse norvégiennes
Nedre Vollgate 5, N-0158 Oslo
T: (04723) 31 06 00 **Fax:** 31 06 01
Internet: http://www.lnu.no
E-Mail: lnu@lnu.no
President: Lars Birger Salvesen
Secretary General: Tirne Skei Grande

Österreich

iz u 2 24.02

Österreichischer Bundesjugendring

Austrian Federal Youth Council
Conseil fédéral de la jeunesse autrichienne
Praterstr. 70/13, A-1020 Wien
T: (00431) 2 14 44 99-0 **Fax:** 2 14 44 99-10
E-Mail: oebjr@oebjr.at
President: S. Maderner
R. Feichter
R. Pichler
F. Meinhard
Secretary General: Martina Fürpass

Portugal

iz u 2 24.03

Conselho nacional de Juventude

Portuguese National Youth Council
Conseil national de la Jeunesse du Prtugal
R. Forno Do Tijolo No. 73 2° Dto, P-1100 Lissabon
T: (0035121) 8 14 45 90 **Fax:** 8 14 45 99
E-Mail: cnj@mail.telepac.pt
President: Pedro Renqhuina Dias
Secretary General: Ana Caritas

Schweden

iz u 2 24.04

Landsradet för Sveriges Ungdomssorganisationer

National Council of Swedish Youth Organisations
Conseil national des organisations de jeunesse suédoises
Kungsgatan 74, S-11122 Stockholm
T: (00468) 4 40 86 70 **Fax:** 20 35 30
E-Mail: info@lsu.se
President: Marlen Berggren
Secretary General: Henrik Gustavsson

Schweiz

iz u 2 24.05

Federazione svizzera della Associazioni giovanuli/ Federaziu

Postgasse 21, CH-3011 Bern
T: (004131) 3 26 29 29 **Fax:** 3 26 29 30
Internet: http://www.sajv.ch
E-Mail: sajv@sajv.ch
President: Claudio Burkhard
Secretary General: Andrea Isali
Key Rennenkampff

Slowakische Republik

iz u 225

Rada mladeze Slovenska

Youth Council of Slovakia
Conseil de la Jeunesse de Slovaquie
Prazska 11, SK-81636 Bratislava
T: (00421) 7 39 81 08 **Fax:** 7 39 33 01
E-Mail: rms@changenet.sk
President: Rastislav Dikant
Secretary General: Maria Knapcikova

Slowenien

iz u 2 25.01

National Youth Council of Slovenia

Linhartova 13, SLO-61000 Ljubljana
T: (0038661) 3 06 39 87 **Fax:** 1 33 85 07
E-Mail: mss@mail.ljudmila.org
President: Alenka Zibert
Secretary General: Dominik Lavric

Spanien

iz u 2 25.02

Consell Nacional de la Joventut de Catalunya

National Youth Council of Catalonia
Conseil national de la Jeunesse catalane
Diagonal 430 Primer Pis, E-08037 Barcelona
T: (003493) 4 16 16 85 **Fax:** 4 15 21 86
E-Mail: cnjc-int@catalonia.net
President: Eduard Vallory I Subirá
Secretary General: David Pérez I Martin (Director)

iz u 229

Consejo de la Juventud de España

Spanish Youth Council
Conseil de la Jeunesse d'Espagne
c/Montera 24-6° planta, E-28013 Madrid
T: (003491) 7 01 04 20 **Fax:** 7 01 04 40
Internet: http://www.cje.org
E-Mail: info@cje.org
President: Julio del Valle de Iscar
Secretary General: Gregorio Martinez Garrido

Ungarn

iz u 2 29.01

Hungarian Coordination Bureau for International Youth Work

Hungarian Coordination Bureau for International Youth Work
Bureau de Coordination du travail international de jeunesse hongrois
Amerikai Ut 96, H-1145 Budapest
T: (0361) 2 52 32 75 **Fax:** 2 51 86 74
Internet: http://www.euro26.org
E-Mail: kub%mail.mgx.hu
President: Enne Vanderschaf
Secretary General: Birgit Vigverberg

• IZ U 238

Europäischer Dachverband studentischer Unternehmensberatungen (JADE)

European Confederation of Junior Enterprises
Rue Ulens 82, B-1080 Brüssel
T: (00322) 420 17 52 **Fax:** 420 17 51
Internet: http://www.jadenet.org
E-Mail: jade1@skynet.be
Gründung: 1990
President: Rogier Kalkhoven
Treasurer: Illenia Furlanis
General Secretary: Joachim Ritzer
Mitglieder: 30000

• IZ U 239

Ökumenischer Jugendrat in Europa (EYCE)

Ecumenical Youth Council in Europe
Conseil oecuménique de la Jeunesse en Europe
Rue du Champ de Mars 5, B-1050 Brüssel
T: (00322) 5 10 61 87 **Fax:** 5 10 61 72
Internet: http://www.eyce.org
E-Mail: generalsecretary@eyce.org
Gründung: 1968
President: Ioana Ivacenco
Secretary General: Torsten Moritz (Contact)
Verbandszeitschrift: Circular Letter, Euro update (6 x Jahr)
Mitglieder: 25 Mitglieder in 23 europ. Ländern, Kontakte in 18 weiteren Ländern
Mitarbeiter: 1

• IZ U 240

Ökumenisches Forum Christlicher Frauen in Europa (FOFCE)

Ecumenical Forum of European Christian Women
Forum Oecuménique de Femmes Chrétiennes d'Europe
Rue Joseph II 174, B-1040 Brüssel
T: (00322) 2 30 57 97 **Fax:** 2 31 14 13
E-Mail: forum.oecumenique@skynet.be
Gründung: 1982
Co-President: Catherine Gyarmathy
Inge Schintlmeister
Katarina Zorbas-Karkala
Mitglieder: 30 Countries with Member Organizations
Mitarbeiter: 1 Part-Time

• IZ U 241

Soroptimist International (SI)

87, Glisson Road, GB-Cambridge, CBI 2HG
T: (00441223) 31 18 33 **Fax:** 46 79 51
Internet: http://www.sorop.org
E-Mail: sorophq@dial.pipex.com.
Gründung: 1921 (Oktober)
President: Jane Zimmerman
Executive Officer: Janet Bilton
Leitung Presseabteilung: Betty Loughhead-Turland
Verbandszeitschrift: The International Soroptimist and World Span
Redaktion: Betty Loughhead-Turland, 87, Glisson Road, GB-Cambridge CB1 2HG
Mitglieder: 95000
Mitarbeiter: 3

iz u 242

Soroptimist International of the Americas Inc.

Two Penn Center Plaza, Suite 1000, USA-Philadelphia, PA 19102-1883
T: (001215) 5 57 93 00 **Fax:** 5 68 52 00
E-Mail: siahq@soroptimist.org
Executive Director: Leigh Wintz

iz u 243

Soroptimist International of Europe

Route de Florissant 72, CH-1206 Geneva
T: (004122) 3 46 08 80 **Fax:** 7 89 04 43
E-Mail: sie@bluewin.ch
Executive Officer: Marie-Irene Paleologue

iz u 244

Soroptimist International of Great Britain & Ireland

Wellington Road South 127, GB-Stockport SK 1 3TS
T: (0044161) 4 80 76 86 **Fax:** 4 77 61 52
E-Mail: hg@soroptimistgbi-prestel.co.uk
Executive Officer: Kay Heward

iz u 245

Soroptimist International of the South West Pacific

Postf. 1439, AUS-Sydney 2001
T: (00612) 92-350439 **Fax:** 92-312135
E-Mail: siswphq@ozemail.com.au
Administrative Officer: Marilyn Black

• IZ U 246

Weltgemeinschaft orthodoxer Jugendlicher (SYNDESMOS)

World Fellowship of Orthodox Youth
Organisation Mondiale des Jeunes orthodoxes
Postf. 22, PL-15950 Bialystok
T: (004885) 53 48 84 **Fax:** 54 37 47
Gründung: 1953
President: Dr. Dimitri Oikonomou
Secretary General: Vladimir Misijuk (Contact)
Mitglieder: 120
Mitarbeiter: 3

• IZ U 247

Welt-Organisation der Mütter aller Nationen (W.O.M.A.N.)

World Organisation for Mothers of all Nations
Organisation mondiale des Mères de toutes les nations
Deutscher Frauenverband e.V.
Raabestr. 6, 26386 Wilhelmshaven
T: (04421) 6 06 33
Gründung: 1948 (Deutschland)
Vorsitzende(r): Ingrid Kaluza
Stellvertretende(r) Vorsitzende(r): Marion Retterath
Mitglieder: ca. 800

• IZ U 248

Weltorganisation des Pfadfinderbewegung - Das europäische Pfadfinderbüro (OMMS/BES)

World Organisation of the Scout Movement - The European Scout Office
Organisation Mondiale du Mouvement Scout - Bureau Européen de Scoutisme
Avenue de la Porte de Hal 39, B-1060 Brüssel
T: (00322) 534-3315 **Fax:** 706-5267
Internet: http://www.scout.org/europe
E-Mail: eurobureau@euro.scout.org
Rue Henri-Christiné 5, CH-1205 Geneva, T: (0041) 7 05 11 00, Fax: (0041) 7 05 11 09
Regional Director: Dominique Bénard
Mitglieder: ca. 250 associations
Mitarbeiter: 7

• IZ U 249

Welt-Union der Katholischen Frauen-Organisationen (UMOFC)

World Union of Catholic Women's Organizations
Union Mondiale des Organisations Féminines Catholiques
18, rue Notre-Dame-des-Champs, F-75006 Paris
T: (00331) 45 44 27 65 **Fax:** 42 84 04 80
Internet: http://www.wxs.nl/-wuc.wo/
E-Mail: wucwoparis@compuserve.com
Gründung: 1910 (26. August)
Président-Général: Maria Eugenia Diaz de Pfennich
Secrétaire-Générale: Gillian Badcock
Verbandszeitschrift: NEWSLETTER
Verlag: Mrs. M. L. van Wijk-van-de Ven, Burg. S'Jacoblaan 63, 1401 BP Bussum, Pays Bas
Mitglieder: 90 Organisationen

• IZ U 250

Weltverband der Pfadfinderinnen - Region Europa (AMGE-Europe)

World Association of Girl Guides and Girl Scouts - Europe Region (WAGGGS-Europe)
Association Mondiale des Guides et des Eclaireuses - Région Europe (AMGE-Europe)
Avenue de la Porte de Hal 38, B-1060 Brüssel
T: (00322) 5 41 08 80 **Fax:** 5 41 08 99
Internet: http://www.wagggseurope.org/uk.html
Président: Marianne Karstensen (Exec)
Contact: Geneviève Blondel-Trigallez

• IZ U 251

Europäische Allianz der christlichen Vereine junger Männer (CVJM) (EAY)

European Alliance of YMCAs
Alliance Européenne des Associations Chrétiens de Jeunes Hommes
Na porici 12, CZ-11530 Praha 1
T: (00422) 24 87 20 20 **Fax:** 24 87 20 25
E-Mail: eay@eay.org

• IZ U 252

Youth for Understanding - Europäischer Bildungsaustausch (YFU)

Youth for Understanding - European Educational Exchanges
Les jeunes pour la compréhension des peuples - Echange éducatif européen
Regastraat 47/4, B-3000 Leuven
T: (003216) 29 08 55 **Fax:** 29 06 97
Gründung: 1985
President: Silja Pajukka
Contact: Maria Swinnen
Mitglieder: 119
Mitarbeiter: 2

Wohlfahrtsverbände

• IZ U 253

CARITAS EUROPA

Rue de Pascale 4, B-1040 Brüssel
T: (00322) 2 80 02 80 **Fax:** 2 30 16 58
E-Mail: postmaster@caritas-europa.be
Gründung: 1971
Président: Denis Viénet
Secrétaire Général: Hermann Icking
Contact: Miriam Purdue
Mitglieder: ca. 48
Mitarbeiter: 9

• IZ U 254

Europäische Konföderation der Laryngektomierten (CEL)

European Confederation of the Laryngectomees
Confédération Européenne des Laryngectomisés
Fresiahof 5, NL-1688 WG Nibbixwoud
T: (0033229) 57 24 13 **Fax:** 57 43 67
E-Mail: cel.mpk@hetnet.nl
Gründung: 1965 (14. Juni)
Präsident(in): Marianne Peereboom (Fresiahof 5, NL-1688 WG Nibbixwoud, T: (0031229) 572413, Fax: 574367)
Generalsekretär(in): Walter Gils (9 Rue Kosselt, L-8292 Meispelt, T: (00352) 309808, Fax: 307612)
Mitglieder: rd. 45000
Jahresetat: DM 0,050 Mio, € 0,03 Mio

• IZ U 255

Europäische Behindertenaktion (AEH)

European action of the Disabled
Action Européenne des Handicapés
Sitz Luxemburg
Generalsekretariat
Wurzerstr. 4a, 53175 Bonn
T: (0228) 8 20 93-0 **Fax:** 8 20 93-46
Gründung: 1979 (18. Mai)
Präsident(in): Walter Hirrlinger (Arbeitsminister a.D., Wiflingshauser Str. 129, 73732 Esslingen, T: (0711) 37 97 57)
Vizepräsident(in): Lieke Zaeyen-Kuyken (ANGO, Niederlande)
Generalsekretär(in): Ulrich Laschet (Wurzerstr. 4a, 53175 Bonn)
Europa-Ref.: Manfred Mörs (Wurzerstr. 4a, 53175 Bonn)
Die AEH ist eine Dachorganisation von 19 Mitgliedsverbänden aus den Staaten der Europäischen Gemeinschaft

Die AEH setzt sich dafür ein, daß behinderte Menschen in den Staaten der EU ein selbstbestimmtes Leben führen können, im Mobilitätsbereich Chancengleichheit mit Nichtbehinderten realisiert wird und angemessene Bedingungen im Erwerbsleben geschaffen werden.

• IZ U 256

Europäische Allianz der Verbände für Muskelkrankheiten (EAMDA)

European Alliance of Neuromuscular Disorders Associations
Union européenne des associations pour les maladies musculaires
7-11 Prescott Place, GB-London SW4 6BS
T: (0044207) 7 20 80 55 **Fax:** 4 98 89 63
E-Mail: mail@eamda.sonnet.co.uk
Verbandszeitschrift: EAMDA Newsletter
Redaktion u. Verlag: EAMDA

• IZ U 258

Europäische Narkolepsie Vereinigung

European Narcolepsy Association
Association Européenne de Narcolepsie
Sekretariat
Postf. 11 07, 42755 Haan
T: (02129) 5 37 23 **Fax:** 3 29 45
Gründung: 1997 (26. Juni)
Präsident(in): Günter Baus (Deutschland)
Vizepräsident(in): Dr. Javier Mejuto (Spanien)
Sekretär: Don Pincham (Großbritannien)
Finanzen: Dr. Egil Hesla (Norwegen)
Sonstige: Fin Schalck (Dänemark)
Tuulikki Ramsay (Finnland)
Deloche (Frankreich)
Direktor: Ben van Veen (Niederlande)
Leitung Presseabteilung: K. Günter Baus
Verbandszeitschrift: Behinderten-Verband, Allgem. Interessenvertretung, Gesundheitspolitische Patienten-Vertretung

Mitglieder: ca. 10000
Mitarbeiter: 8 (ehrenamtl.)
Jahresetat: ca. DM 0,01 Mio, € 0,01 Mio (noch im Aufbau)
Eingetragen: NL-Krimpen/Rotterdam

• IZ U 259

Europäische Rheumaliga (EULAR)

European League against Rheumatism
Ligue Européenne Contre le Rhumatisme
Witikonerstr. 15, CH-8032 Zürich
T: (00411) 3 83 96 90 **Fax:** 3 83 98 10
Internet: http://www.eular.org
E-Mail: eular@bluewin.ch
Gründung: 1947
Exekutiv-Sekretär: Fred K. Wyss
Verbandszeitschrift: Rheumatologie in Europa (vierteljährlich)
Verlag: Eular Verlag, Postfach, CH-4012 Basel
Mitglieder: ca. 9500
Mitarbeiter: 2
Mitgliedsverbände: Alle nationalen Gesellschaften Europas plus Libanon und Israel

• IZ U 260

Europäische Stomavereinigung (EOA)

European Ostomy Association
Association Europeenne des Stomisés
c/o Deutsche ILCO
Postf. 12 65, 85312 Freising
T: (08161) 93 43 01, 93 43 02 **Fax:** 93 43 04
Gründung: 1990 (2. Juni)
Präsident(in): Heinz Wolff (c/o Deutsche ILCO)
Mitglieder: 36 Nationale Verbände

• IZ U 261

Europäische Vereinigung gegen die schädlichen Auswirkungen des Luftverkehrs

European Union against Aircraft Nuisance
Union Européenne contre la Nuisance des Avions
Postf. 418, CH-1214 Vernier
T: (0033450) 41 19 05 **Fax:** 42 72 95
Gründung: 1968 (28. Januar)
Präsident(in): A. Looten (Postf. 4 18, CH-1214 Vernier)
Stellv. Vorsitzende: Prof. Dr.-Ing. E.h. Kurt Oeser, Mörfelden
P. Staub, Zürich
Hauptgeschäftsführer(in): Dr. H. Wittekind (C.P. 418, CH-1214 Vernier)
Die EUROPÄISCHE VEREINIGUNG gegen die schädlichen Auswirkungen des Luftverkehrs ist der Dachverband der Landesverbände in 6 europäischen Staaten:
Bundesrepublik Deutschland, Frankreich, Schweiz, Österreich, Niederlande, England, Spanien

Landesverbände:
Bundesvereinigung gegen Fluglärm e. V., Mörfelden
Union Française contre les Nuisances des Avions, Wissous
SVESAL Schweizerische Vereinigung gegen die schädlichen Auswirkungen des Luftverkehrs
Österreichische Vereinigung gegen die schädlichen Auswirkungen des Luftverkehrs, Salzburg
Stichting tegen Geluidshinder door Vliegtuigen, Amsterdam
Federation of Heathrow Anti-Noise Groups (FHANG), Heathrow

• IZ U 262

Internationale Europäische Bewegung

International European Movement
Mouvement Européen International
Pl. du Luxembourg 1, B-1050 Brüssel
T: (00322) 5 08 30 88 **Fax:** 5 12 66 73
E-Mail: secretariat@europeanmovement.skynet.be
Gründung: 1948
President: José J. Gil-Robles
Secretary General: Pier Virgilio Dastoli
Contact: Bénédicte de Jamblinne
Mitglieder: 30 conseils nationaux, 20 organisations membres
Mitarbeiter: 3

• IZ U 263

Internationale Gesellschaft für die Rehabilitation der Behinderten

Rehabilitation International (RI)
25 East 21st St., USA-New York, N.Y. 10010
T: (001212) 420-1500 **Fax:** 505-0871
Internet: http://www.rehab-international.org
E-Mail: rehabinti@aol.com
President: Dr. Arthur O'Reilly
General Secretary: Dave Henderson

• IZ U 264

Internationale Kommission für Alkoholismusvorsorge (ICPA)

International Commission for the Prevention of Alcoholism and Drug Dependency
Commission Internationale de Prévention contre l'Alcoolisme
Old Columbia Pike 12501, USA-Silver Spring MD 20904
T: (001301) 6 80-6719 **Fax:** 6 80-6707
E-Mail: 74617.2242@Compuserve.com
Gründung: 1952
Executive Director: Thomas R. Neslund
Honorary President and Special Consultant: Ernest H.J. Steed
Vizepräsident(in): Bert Beach
Valeri Surrell
Carlos Cagliotti
Nevenka Cop
Lothar Schmidt
Executive Secretary: Abdul Al-Awadhi
Treasurers: Charles D. Watson (USA)
Elwin B. David (USA)
Leitung Presseabteilung: Gary Swanson
Verbandszeitschrift: Reporter, ALERT, Dispatch
Mitglieder: 6000 Commission Members
US-Dollar 25.000
Mitarbeiter: 1

• IZ U 265

Internationale Liga von Vereinigungen für Menschen mit geistiger Behinderung (ILSMH)

International League of Societies for Persons with Mental Handicap
Ligue Internationale des Associations pour les Personnes Handicapées Mentales
Inclusion International
Chaussée d'Ixelles 29, B-1050 Bruxelles
T: (00322) 5 02 77 34 **Fax:** 5 02 28 46
E-Mail: incluit@skynet.be
Gründung: 1960
President: Executive Council Dr. Walter Eigner (Lebenshilfe Wien, Schönbrunnerstr. 179, A-1120 Wien, Austria, T: (00431) 81 22-6 35 10, Telefax: (00431) 81 22-6 35 30)
President-elect: Gerard Don Wills (P.O. Box 85 15, Symonds Street, Auckland, New Zealand, T: (00373) 28 40, Fax: (00373) 28 46)
First Vice-President: Kadiatou Sanogho (c/o AMALDEME, B.P. 181, Bamako, Mali, T: (00223) 2 26-1 82, Telefax: (00223) 2 26-1 82, 2 22-7 55)
Second Vice-President: Flavio José Arns (Fed. Nac. das APAEs, SDS-Ed. Venancio IV - Cobertura, 70393-900 - Brasilia/DF, Brazil, T: (00224) 99 22, Fax: (00223) 58 99)
Third Vice-President: Dr. Moussa Charaffeddine (UNAPIEI, B.P. 113/5389, Beit Almuhandess - Cola Roundabout, Beirut, Lebanon, E-Mail: moussaj@cyberia.net.lb, T: (003) 61 25 81, Fax: (001) 86 65 19)
Secretary General: Klaus Lachwitz (Bundesvereinigung Lebenshilfe für geistig Behinderte, Postf. 70 11 63, 35020 Marburg, T: (0421) 49 11 59, Telefax: (06421) 49 12 13)
Treasurer: John O'Gorman (Moore Abbey, Monasterevan, Co. Kildare, Ireland, T: (0035345) 25-3 27, Telefax: (0035345) 25-2 51)
Members: Dr. Paulette Berthiaume (2084 Pellèas, Laval, P. Quebec, Canada H7A 3S9, T: (00665) 70 77, Fax: 661-5701)
Christina Braun (Acacias 50, Monteclaro, Madrid, 28223 Spain, T: (00715) 42 33, Fax: (00352) 55 89)
Yair Gilboa (AKIM Israel, 69 Pinchas Rosen (Herzlyia) Road, 69410 Tel Aviv, Israel, T: 6 49 22 22, Fax: 6 47 00 55)
Lis Hammild (Torvegade 5, DK-9670 Løgstør, Denmark, T: (00673) 8 55, Fax: (00674) 1 55)
Alan Hill (68, Westfield Avenue, Sanderstead, South Croydon, CR2 9JW, England, T: (00407) 11 24, Fax: (00657) 84 14)
Françoise Jan (18, rue Stéphane Leduc, F-44300 Nantes, T: (004059) 29 44, Fax: (004059) 29 44)
Maria del Carmen Malbran (Calle 59 - N° 364, 1900 La Plata, Argentina, E-Mail: evillar@netverk.com.ar, T: (00257) 5 28, Fax: (00257) 5 28)
Robert Martin (POB 41 55, Wellington, New Zealand, T: (00472) 22 47, Fax: (00472) 04 29)
Anne Kamota Puta (ZACLD, P.O. Box 3 33 72, Lusaka, Zambia, T: 23 92 15, Fax: 6 12 30)
Shaheen Rasul (SCEMRB, NIMR Bhaban, 4A Eskaton Garden, Dhaka 1000, Bangladesh, T: 40 52 62, Fax: 83 94 38)
Administrative Director: Paule J. Renoir (ILSMH, Galeries de la Toison d'Or, 29 Chaussée d'Ixelles 393/32, 1050 Brussels, Belgium, T: (00322) 5 02-77 34, Telefax: (00322) 5 02-28 46)
Verbandszeitschrift: INCLUSION
Redaktion: Alan Hill
Verlag: ILSMH, Galeries de la Toison d'Or, 29 Chaussée d'Ixelles, 393/32, B-1050 Brussels (Belgium)
Mitglieder: 173
Mitarbeiter: 8

• IZ U 266

Internationale Stomavereinigung (IOA)

International Ostomy Association
Association Internationale des Stomisés
IOA Contact Office c/o British Colostomy Association
Station Road 15, GB-Reading Berks RG1 1LG
T: (0044118) 939 1537 **Fax:** 956 9095
Gründung: 1975 (26. April)
Präsident(in): Brenda Flanagar
Verbandszeitschrift: OSTOMY INTERNATIONAL
Mitglieder: 64 nationale Verbände

• IZ U 267

Internationale Union zur Bekämpfung von Tuberkulose und Lungenkrankheiten (UICTMR/IUATLD)

International Union against Tuberculosis and Lung Disease (IUATLD)
Union Internationale Contre la Tuberculose et les Maladies Respiratoires (UICTMR)
68 boulevard Saint-Michel, F-75006 Paris
T: (00331) 44 32 03 60 **Fax:** 43 29 90 87
Internet: http://www.iuatld.org
E-Mail: union@iuatld.org
Gründung: 1920
President: Dr. K. Bjartveit
Executive Director: Dr. N. Billo
Public Relations: Sophie Aumonier
Verbandszeitschrift: International Journal of Tuberculosis and Lung Disease, Newsletter, Tuberculosis Guide, Asthma Guide, ARI Guide, Tobacco Guide
Redaktion: Clare Pierard, IUATLD
Mitglieder: 3500
Mitarbeiter: 15
Publications: Newsletter, Tuberculosis Guide, Asthma Guide, ARI Guide, Tobacco Guide

• IZ U 268

Internationale Vereinigung gegen den Lärm (AICB)

International Association against Noise
Association Internationale contre le bruit
Hirschenplatz 7, CH-6004 Luzern
T: (004141) 4 10 30 13 **Fax:** 4 10 90 93
Gründung: 1957
Generalsekretär(in): RA Dr. iur. Willy Aecherli (Ltg. Presseabt.; Hirschenplatz 7, CH-6004 Luzern)
Mitglieder: 5
Mitarbeiter: 1

Ihr Zweck ist auf internationaler Ebene die Lärmbekämpfung zu fördern; die Zusammenarbeit und den Erfahrungsaustausch zu pflegen; überstaatliche Maßnahmen vorzubereiten.

• IZ U 269

Internationale Vereinigung des Gewaltlosensportes (AICVS)

International Association for Non Violent Sport (ANVS)
Association Internationale pour un Sport sans Violence (AICVS)
Stade Louis II
7, avenue des Castelans, MC-98000 Monaco
T: (00377) 92 05 40 80 **Fax:** 93 30 36 49
Gründung: 1978
President: Jacques Ferran (contact)
Mitglieder: 40

• IZ U 270

Internationale Vereinigung der Schwerhörigen (IFHOH)

International Federation of the Hard of Hearing People
Fédération internationale des malentendants
IFHOH Head-office:
Postf. 13, GB-WD5 0RQ Abbots Langley, Herfordshire
T: (00441923) 26 45 84 **Fax:** 26 16 35
E-Mail: 106057.3654@compuserve.com
Gründung: 1977 (15. April)
President: Rocky Stone (USA)
Vice President: Dr. Claus Harmsen (Deutschland)
General Secretary: Christopher Shaw (England)
Treasurer: Kalle Tervaskari (Finnland)
Verbandszeitschrift: IFHOH Journal
Mitglieder: 48 Organisationen (in aller Welt)

iz u 271

IFHOH-Europe

The European Region of the International Federation of Hard of Hearing People

Office:
Wergelandsgt. 1c, N-2800 Gjovik
T: (0047) 61 17 48 80
E-Mail: lillian.vicanek@c2i.net
President: Christina Wahrolin, Schweden
Vice-President: Werner Bütikofer, Schweiz

General Secretary: Lillian Vicanek (Norway)
Treasurer: Marcel Bobeldijk, Niederlande
Board Member: Cliff Docherty (England)

• **IZ U 272**

Internationale Union gegen Krebs (UICC)
International Union against Cancer
Union internationale contre le cancer
Rue du Conseil-Général 3, CH-1205 Genf
T: (004122) 8 09 18 11 **Fax:** 8 09 18 10
E-Mail: info@uicc.org
Gründung: 1933
Präsident(in): Nigel Grey (bis 9/98)
Präsident(in): Israel Robinson (ab 9/98)
Generalsekretär(in): Archie J. Turnbull
Mitglieder: 291 in weltweit 89 Staaten

• **IZ U 273**

Internationaler Diabetes-Bund (IDF)
International Diabetes Federation
Fédération Internationale du Diabète
1 Rue Defacqz, B-1000 Brüssel
T: (00322) 5 38 55 11 **Fax:** 5 38 51 14
Internet: http://www.idf.org
E-Mail: idf@idf.org
Gründung: 1950
President: Maria L. de Alva
President-Elect: K.G.M.M. Alberti
Vice-Presidents: Bjønar Allgot
Prof. Morsi Arab
Prof. Michael Berger
Prof. Francois Bonnici
Prof. Antonio Roberto Chacra
Prof. Donald Chisholm
Leena Etu-Seppälä
Prof. Philip Home
Prof. Thomas Johnson
Henry Rivera
Prof. Maximino Ruiz
Prof. Jay Skyler
Verbandszeitschrift: IDF Bulletin; Diabetes Voice, The Bulletin of the International Diabetes Federation
Redaktion: Verlag Krichheim + Co GmbH, Postf. 25 24, 55015 Mainz, Kaiserstr. 41, 55116 Mainz, T: (06131) 9 60-7 00, Telefax: (06131) 9 60-70 70
Verlag: Communications Dept., 1 Rue Defacqz, B-1000 Brussels
Mitglieder: 156 Associations
Mitarbeiter: 7

• **IZ U 274**

Internationaler Verband körperbehinderter Menschen (FIMITIC)
International Federation of Persons with Physical Disability
Fédération internationale des personnes handicapées physiques
c/o Sozialverband Deutschland e.V.
Beethovenallee 56-58, 53173 Bonn
T: (0228) 95 64-1 30 **Fax:** 95 64-132
E-Mail: fimitic@t-online.de
Gründung: 1953 (4. Oktober), Namur, Belgien
Präsident(in): Marcel Royez (Frankreich)
Vizepräsident(in): Friedrich-Wilhelm Herkelmann (Deutschland)
Boo Fogelberg, Schweden
Generalsekretärin: Marija Stiglic, Bonn
Mitglieder: 5000000
Mitgliedsverbände in folgenden Ländern: Albanien, Belarus, Belgien, Bulgarien, Dänemark, Deutschland, Estland, Finnland, Frankreich, Fürstentum Liechtenstein, Griechenland, Island, Italien, Kroatien, Lettland, Litauen, Marokko, Mazedonien, Niederlande, Norwegen, Österreich, Polen, Portugal, Rumänien, Schweden, Schweiz, Slowakei, Slowenien, Tschechische Republik, Ungarn

• **IZ U 275**

Internationaler Verband für Autismus in Europa (IAAE)
International Association Autism-Europe
Association Internationale Autisme-Europe
Ave. E. Van Becelaere 26B, Bte 21, B-1170 Bruxelles
T: (00322) 6 75 75 05 **Fax:** 6 75 72 70
Internet: http://www.autismeurope.arc.be
E-Mail: autisme.europe@arcadis.be
Gründung: 1983 (23. Januar) Statuts établis dans le cadre de la loi belge de 1919 sur les associations internationales, publiés au Moniteur Belge 9.02.84
Präsident(in): Gilbert Huyberechts (20, Rue Jean Bertels, L-12330 Luxembourg, Gd.Duche de Luxembourg, T: (00352) 44 18 86)
Vice-President: Pat Matthews (29, Kincora Grove, Clontarf, IRL-Dublin 3, T: (00353) 1 74 27 83)
Isabel Cottinelli Telmo (Largo Frei Heitor Pinto 3-1 Esq., P-1700 Lisboa, T: (00351) 18 48 62 37)
Direction: Anne-Sophie Parent
Mitglieder: 70 Associations Nationales ou Regionales de Parents de Personnes Autistes dans 27 Pays + des Membres Individuels
Landesverbände: Allemagne - Rép. Féd.-, Belgique, Danemark, Espagne, France, Irlande, Italie, Luxembourg, Norvège, Pays-Bas, Royaume-Uni, Suède, Suisse, Finlande, Bulgarie, Croatie, Grèce, Hongrie, Islande, Pologne, Portugal, Russie

• **IZ U 276**

Internationales Fair-Play-Komitee (C.I.F.P.)
International Committee for Fair Play
Comité International pour le Fair-Play
Maison du Sport Français
1 avenue Pierre de Coubertin, F-75013 Paris
T: (00331) 40 78 02 05 **Fax:** 40 78 29 51
Gründung: 1964
Secrétaire Général: Alain Gelès

• **IZ U 277**

SOLIDAR
Rue du Commerce 22, B-1000 Brüssel
T: (00322) 500 10 20 **Fax:** 500 10 30
Gründung: 1995 (Nov.)
Präsident(in): Dr.jur. Manfred Ragati
Vorsitzende(r): Giampiero Alhadeff
Mitglieder: 27
Mitarbeiter: 5

• **IZ U 278**

Weltbund der Hämophilie (WFH)
World Federation of Hemophilia
Fédération Mondiale de lhémophile
1425 René-Levesque West, Suite 1010, CDN-Montréal Québec H3G IT7
T: (001514) 8 75-7944 **Fax:** 8 75-8916
Internet: http://www.wfh.org
E-Mail: wfh@wfh.org
Gründung: 1963
Executive & Council
President: Brian O'Mahony
Vice President-Treasurer: Kenneth E. Poyser
Vice President Medical: Carol Kasper (M.D.)
Executive Director: Line Robillard
Founder: Frank Schnabel
Mitglieder: 88 Länder

Entwicklungshilfe

• **IZ U 279**

Europäische Solidarität auf eine gleichmäßige Beteiligung des Volkes (EUROSTEP)
European Solidarity Towards Equal Participation of People
Solidarité Européenne pour une Egale Participation des Peuples
Rue Stévin 115, B-1000 Brüssel
T: (00322) 2 31 16 59 **Fax:** 2 30 37 80
Internet: http://www.oneworld.org/eurostep/
E-Mail: admin@eurostep.org
Gründung: 1991
Président: Bjørn Førde
Director: Simon Stocker
Mitglieder: 22
Mitarbeiter: 4,5

Mitglieder

iz u 280

National Centrum voor Ontwikkelingssamenwerking (NCOS)
Vlasfabriekstraat 11, B-1060 Brüssel
T: (00322) 536-1111 **Fax:** 536-1910
E-Mail: ncos@ncos.ngonet.be
Contact: Jozef De Witte

iz u 281

IBIS
Norrebrogade 68B, DK-2200 Kopenhagen K
T: (004531) 35 87 88 **Fax:** 35 06 96
E-Mail: ibis@ibis.dk
Contact: Vagn Berthelsen

iz u 282

Mellemfolkeligt Samvirke
Borgergade 10-14, DK-1300 Kopenhagen
T: (004533) 32 62 44 **Fax:** 15 62 43
E-Mail: ms@ms-dan.dk
Contact: Bjørn Førde

iz u 283

Deutsche Welthungerhilfe e.V.
Postf. 12 05 09, 53047 Bonn
Adenauerallee 134, 53113 Bonn
T: (0228) 22 88-0 **Fax:** 22 07 10
Internet: http://www.welthungerhilfe.de
E-Mail: presse@welthungerhilfe.de
Contact: Volker Hausmann

iz u 284

terre des hommes Deutschland e.V. Hilfe für Kinder in Not
Postf. 41 26, 49031 Osnabrück
Ruppenkampstr. 11a, 49084 Osnabrück
T: (0541) 71 01-0 **Fax:** 70 72 33
Internet: http://www.tdh.de
E-Mail: terre@t-online.de
Contact: Peter Mucke

iz u 285

INTERMON
Roger de Llúria 15, E-08010 Barcelona
T: (003493) 482 07 00 **Fax:** 482 07 07
E-Mail: intermón@intermón.org
Contact: Ignasi Carreras

iz u 286

KEPA
Frederikinkatu 11c, S-00100 Helsinki
T: (003589) 584 233 **Fax:** 584 23 200
E-Mail: kepa@kepa.fi
Contact: Folke Sundmann

iz u 287

Frères des Hommes
Rue du Savoie 9, F-75006 Paris
T: (00331) 55 42 62 62 **Fax:** 43 29 99 77
E-Mail: fdh.fr.secperm@globenet.org
Contact: Robert Fallay

iz u 288

Terre des Hommes
4, Rue Franklin, F-93200 Saint Denis
T: (00331) 48 09 09 76 **Fax:** 48 09 15 75
E-Mail: tdhf@globenet.org
Contact: Alain Lejeune

iz u 289

HELINAS
Meandrou Str. 7, GR-11528 Athen
T: (00301) 72 34 456 **Fax:** 72 17 455
E-Mail: hel@mail.hol.gr
Contact: Tassos Hatzimikes

iz u 290

CONCERN
Lower Camden Street 52-55, IRL-Dublin 2
T: (003531) 4 75 41 62 **Fax:** 4 75 73 62
E-Mail: concernd@iol.ie
Contact: Howard Dalzell

iz u 291

Oxfam Ireland
9 Burgh Quay, IRL-Dublin 2
T: (003531) 6 72 76 62 **Fax:** 6 72 76 80
E-Mail: oxireland@oxfam.ie
Contact: Brian Scott

iz u 292

MANI TESE 76
Piazza Gambara 7/9, I-20146 Mailand
T: (00392) 4 07 51 65 **Fax:** 4 04 68 90
E-Mail: manitese@manitese.it
Contact: Sabina Siniscalchi

iz u 293

MOVIMONDO
Piazza Albania 10, I-00153 Rom
T: (003906) 573 00 33 0 **Fax:** 574 48 69
E-Mail: molisv.movimondo@star.flashnet.it
Contact: Guiseppe Crippa

iz u 294

HIVOS
Raamweg 16, NL-2596 HL Den Haag
T: (003170) 376 55 00 **Fax:** 362 46 00
E-Mail: hivos@hivos.nl
Contact: Jaap Dijkstra

iz u 295

Novib
P.O. Box 30919, NL-2500 GX Den Haag
T: (003170) 3 42 16 21 **Fax:** 3 61 44 61
E-Mail: info@novib.nl
Contact: Greetje Lubbi

iz u 296

Norwegian People's Aid (NPA)
Postf. 88 44, N-0028 Oslo
T: (004722) 03 77 00 **Fax:** 20 08 70
E-Mail: npaid@npaid.no
Contact: Halle Jørn Hanssen

iz u 297

Forum Syd
Postf. 1 54 07, S-10465 Stockholm
T: (00468) 50 63 70 00 **Fax:** 50 63 70 99
E-Mail: forum_syd@forumsyd.se
Contact: Svante Sandberg

iz u 298

Actionaid
Hamlyn House, Archway, GB-London N19 5PG
T: (0044207) 281 41 01 **Fax:** 272 08 99
E-Mail: mail@actionaid.org.uk
Contact: Salil Shetty

iz u 299

OIKOS
Rua Santiago 9, P-1100 Lissabon
T: (0035121) 8 82 36 30 **Fax:** 8 82 36 38
E-Mail: oikos.sec@oikos.pt
Contact: Luis De França

iz u 300

Swiss Coalition of Development Organisations
Postf. 67 35, CH-3001 Bern
T: (004131) 381 17 11 **Fax:** 381 17 18
E-Mail: mail@swisscoalition.ch
Contact: Peter Niggli

iz u 301

Oxfam-UKI
Banbury Road 274, GB-Oxford OX2 7DZ
T: (00441865) 311 311 **Fax:** 312 600
E-Mail: oxfam@oxfam.org.uk
Contact: David Bryer

• IZ U 302

Europäischer Verband der Entwicklungsagenturen (EURADA)
European Association of Development Agencies
Association Européenne des Agences de Développement
Av. des Arts 12, bte. 7, B-1210 Brüssel
T: (00322) 2 18 43 13 **Fax:** 2 18 45 83
E-Mail: christian.saublens@eurada.org
Gründung: 1991
Président: F. Gaskell
Contact: C. Saublens
Mitglieder: 150
Mitarbeiter: 4

• IZ U 303

Europäisches Zentrum für den Freiwilligen (CEV)
European Volunteer Centre (EVC)
Centre Européen du Volontariat
Rue de l'Industrie 42b 10, B-1040 Brüssel
T: (00322) 5 11 75 01 **Fax:** 5 14 59 89
E-Mail: cev@pophost.eunet.de
L'équipe de coordination centrale: Liz Burns
Raf De Zutter

• IZ U 304

Internationale Arbeitsgemeinschaft für Entwicklung und Solidarität (CIDSE)
International Cooperation for Development and Solidarity
Coopération Internationale pour le Développement et la Solidarité
Secrétariat général:
Rue Stévin 16, B-1000 Bruxelles
T: (00322) 2 30 77 22 **Fax:** 2 30 70 82
Gründung: 1967
Verbandszeitschrift: CIDSE Advocacy Newsletter
Redaktion: Jef Felix
Verlag: Jef Felix, Rue Stevin 16, 1000 Bruxelles
Mitglieder: 16
Mitarbeiter: 11
Jahresetat: DM 1,5 Mio, € 0,77 Mio

• IZ U 305

Jugend für Entwicklung und Zusammenarbeit (YDC)
Youth for Development and Cooperation
Jeunes pour le Developpement et Cooperation
Delflandplein 24a, NL-1062 HR Amsterdam
T: (003120) 6 14 25 10 **Fax:** 6 17 55 45
E-Mail: ydc@xs4all.nl
Gründung: 1947
Secretary General: Elena Mendez
Contact: Roger Johanson
Verbandszeitschrift: FLASH
Mitglieder: 55
Mitarbeiter: 3
Jahresetat: DM 1 Mio, € 0,51 Mio

• IZ U 306

Comité de liaison des organisations non gouvernementales de développement auprès de l'Union européenne (CLONG)
Liaison Committee of Non Governmental Development Organisations to the European Union
Square Ambiorix 10, B-1000 Brüssel
T: (00322) 7 43 87 60 **Fax:** 7 32 19 34
Internet: http://www.oneworld.org/liaison
E-Mail: sec@clong.be
Gründung: 1976
President: Mike Aaronson
Contact: James Mackie (Secretary General)
Leitung Presseabteilung: Sam Biesemans
Verbandszeitschrift: Liaison Info
Mitglieder: 900 (15 plates-formes européennes)
Mitarbeiter: 25

Politisch-Ideologische, Philosophische und Religiöse Verbände

• IZ U 307

Die Kommission Kirche und Gesellschaft der Konferenz europäischer Kirchen (KEK)
Church and Society Commission of the Conference of European Churches
Commission Eglise et Société de la Conférence des Eglises européennes
Rue Joseph II 174, B-1000 Brüssel
T: (00322) 2 30 17 32 **Fax:** 2 31 14 13
E-Mail: eeccs@skypro.be
Gründung: 1999
Secretary General: Keith Jenkins

• IZ U 308

Die Grünen im Europäischen Parlament
The Greens/European Free Alliance
Les Verts/Alliance Libre européennee
Secrétariat général
Rue Wiertz, B-1047 Brüssel
T: (00322) 2 84 30 45, 2 84 22 74 **Fax:** 2 30 78 37
Président: Madga Alvoet
Undine Bloch von Blottnitz
Co-Présidents: Heidi Hautala
Paul Lannoye
Vice-Présidents: Danielle Auroi
Joost Lagendijk
Trésorier: Heidi Rühle
Secrétaire Général: Rue Wiertz
Juan Claudio Behrend (Paraskevi (Vula) Tsetsi Schlyter)
Secrétaire général adjoint: Fergusson Neil

• IZ U 309

Europäische Kommunal- und Regionalpolitische Vereinigung (EKRPV)
European Association of Local and Regional Politics
Association Européenne des Élus locaux et régionaux (AEELR)
Sekretariat:
Rue Z. Bernard 67, L-4031 Esch-sur-Alzette
T: (00352) 54 20 40 **Fax:** 54 11 80
Generalsekretär(in): Wolfgang Steinbauer (Maria-Theresien-Strasse 18, A-6020 Innsbruck, T: (043512) 53 60-155, Fax: 53 60-115)

• IZ U 310

Europäische Union der Jüdischen Studenten (EUJS)
European Union of Jewish Students
Union Européenne des Etudiants Juifs
Av. Antoine Depage 3, B-1000 Brüssel
T: (00322) 6 47 72 79 **Fax:** 6 48 24 31
Internet: http://www.eujs.org
E-Mail: eujsoffice@compuserve.com
Président: Laure Amoyer
Executive Director: Daphna Stern
Mitglieder: 170000 from all Europe

• IZ U 311

Jugend der Europäischen Volkspartei
Youth of the Europeans People's Party
Rue Belliard 97-113, B-1047 Brüssel
T: (00322) 2 84-3673 **Fax:** 2 84-9769
Gründung: 1947
President: Michael Hahn (Adresse JU: Inselstr. 1b, 10179 Berlin, T: (030) 27 87 87-10, Fax: 27 87 87-20, E-Mail: mhahn@junge-union.de, I-Net: //www.junge-union.de, Privat: Prenzlauer Allee 188, 10405 Berlin, Fax: (030) 44 73 95 49, E-Mail: m_hahn@gmx.net)
First Vice-President: Belén Ureña (Privat: Castellana 167, 28004 Madrid, T: (003491) 3 19 20 27 d., Fax: 3 08 68 74 (Nuevas Genraciones), E-Mail: bufontecha%recoletos.es)
Secretary General: Rutger-Jan Hebben (Privat: Witte Singel 69, 2311 BM Leiden, T: (003120) 6 74 15 03 d., Fax: (003171) 5 12 79 87 p., E-Mail: hebben@gironet.nl)
Deputy Secretary General: Eva Mitsopoulou (Privat: Ag. Glykerias Str. 39, 11147 Galatsi, Postfach 20, Larnaka, Zypern, T: (00301) 8 61 31 24 p., Fax: 7 29 28 58 p.)
Vice-President: Alina Bita (Privat: Sos. Mihai Bravu, Nr. 110, Bl. D2, Sc. B, Et. 8, Apt. 56, Sect.2 Bucuresti, Fax: (0040) 13 10 10 53, E-Mail: alina@pmb.ro, alina@main.pmb.ro)
Niklas Claesson (Moderaterna, Box 1243,, S-11182 Stockholm, T: (00468) 6 76 80 98, Fax: (004670) 6 19 25 96, E-Mail: niklas.claesson@moderat.se)
Yannick Georges (rue du Tonnelier 3, 5360 Hamois, Avenue Besme 81, 1190 Forest, T: (00322) 2 38 01 90 d., Fax: 2 38 01 30 d., (0032495) 77 51 26 p., E-Mail: georges@psc.be)
Sidonia Jedrzejewska (Adresse Warschau: ul. Gabinska 30/24, 01-703 Warszawa-Zoliborz, Polen, T: (004822) 6 33 61 98, Fax: (004861) 8 53 35 34, E-Mail: sidonia.jedrzejewska@ceu.edu.pl)
Jyrki Katainen (Privat: Veturitie 3C18, 00240 Helsinki, dienstl.: Eduskunta, 00120 Helsinki, T: (003589) 43 21 d., E-Mail: jyrki.katainen@eduskunta.fi)
Martin Ledolter (ÖVP: Lichtenfelsgasse 7, 1010 Wien, T: (00431) 4 01 26 61 , E-Mail: martin.ledolter@bp.oevp.at)
Jose Eduardo Martins (T: (003511) 3 95 22 33 JSD, 3 03 10 40 d., Fax: 3 97 83 97 JSD, E-Mail: jeduardomartins@hotmail.com)
Stephen Mc Cullen (33 Texas Lane, Malahide, Co. Dublin, Fax: (003531) 6 62 50 46, E-Mail: smccullen@transaer.ie)
Aidas F. Palubinskas (Hough, Vilcins, Seppala & Palubinskas (Klaipeda), Sernu kaimas, Rimku pastas, Klaipedos rajonas, LT-5860 Lithuania, T: (003706) 47 65 07 d., Fax: 25 44 00, 47 65 07 d., E-Mail: aidas@earthling.net)
Verbandszeitschrift: Dossier-JDCE/Lettre d'Info - EYCD File/News Letter
Redaktion: Bureau de press
Verlag: Rue Dr. Elie Lambotte, 10, B-1030 Bruxelles
Mitglieder: 1000000
39 Memberorganisations in 25 European countries, 5 observers in 6 European countries

Mitgliedsorganisationen

iz u 312

Junge Union Deutschlands
Inselstr. 1b, 10179 Berlin
T: (030) 27 87 87-0 **Fax:** 27 87 87-20
Internet: http://www.junge-union.de
E-Mail: ju@junge-union.de
Mitglieder: 140000 (12/99)
Mitarbeiter: 9

iz u 313

Giovani del Centro Cristiano Democratico (Giovani CCD)
Via due Macelli 66, I-00187 Rom
T: (00396) 6 97 91 00 **Fax:** 6 79 15 86
E-Mail: infoccd@ccd.it

iz u 314

Giovani Unione Democratici per l'Europa (Giovani U.D.euR.)
Largo Arenula 34, I-00186 Rom
T: (00396) 6 87 25 93, 68 42 41 **Fax:** 6 87 25 93
E-Mail: admin@epica.it

iz u 315

Giovani Popolari Italiani (GPI)
Partito Popolare Italiano
Pza del Gesú Dipartimento Esteri, I-00186 Rom
T: (00396) 6 79 19 17 **Fax:** 6 79 23 04
E-Mail: bindi@datacomm.iue.it

iz u 316

Junge Österreichische Volkspartei (Junge ÖVP)
Lichtenfelsgasse 7, A-1010 Wien

T: (00431) 4 06 57 58, 40 12 66 10 **Fax:** 4 06 57 20
Internet: http://www.oevp.or.at/oevp/jvp
E-Mail: jvp_bund@oevp.or.at

iz u 317

Christen Democratisch Jongeren Appél (CDJA)
Postf. 3 04 53, NL-2500 GL Den Haag
T: (003170) 3 42 48 50 **Fax:** 4 27 55 89
Internet: http://www.cdja.nl
E-Mail: bestuur@cdja.nl, secretariaat@cdja.nl

iz u 318

Junge Christlichdemokratische Volkspartei der Schweiz (JDV/JCVP)
c/o Dominic Müller
Oerlikonstr. 5, CH-8057 Zürich
T: (004178) 6 00 84 04 **Fax:** (00411) 3 63 07 43
E-Mail: jcvp@swissinfo.ch, dominic.mueller@datacomm.ch
Mitglieder: 10000

iz u 319

Young Fine Gael (YFG)
51 Upper Mount Street, IRL-Dublin 2
T: (00351) 6 19 84 44 **Fax:** 6 62 46 59
Internet: http://www.finegael.ie
E-Mail: joanne@finegael.com

iz u 320

Kristelig Folkepartis Ungdom (KrFU)
Postf. 4 78, N-0105 Oslo
T: (0047) 23 10 28 80 **Fax:** 23 10 28 10
Internet: http://www.krfu.no
E-Mail: krfu@krf.no

iz u 321

Unge Høyres Landsforbund (UHL)
Postf. 13 52, N-0113 Oslo
Stortingsgatan 20, N-0161 Oslo
T: (0047) 22 82 90 90, 22 82 91 91 **Fax:** 22 82 90 92
Internet: http://www.unge.hoyre.no
E-Mail: unge@hoyre.no

iz u 322

Christelijke Volkspartij Jongeren (CVPJo)
Wetstraat 89, B-1040 Brussel
T: (00322) 2 38 38 90 **Fax:** 2 30 33 01
Internet: http://www.cvp-jo.be
E-Mail: info@cvp-jo.be

iz u 323

Jeunes du Parti Social Chrétien (JPSC)
rue des Deux Eglises 41, B-1000 Brüssel
T: (00322) 2 38 01 48, 2 38 01 86 **Fax:** 2 38 01 29, 2 38 01 96
Internet: http://www.ping.be/jeunes.psc
E-Mail: jeunes.psc@ping.be

iz u 324

Unio de Joves UDC (UJDCC)
Gran De Gràcia 229 Pral.-1a, E-08012 Bacelona
T: (003493) 2 18 71 72, 2 37 04 84 **Fax:** 2 18 71 72
E-Mail: udjtgn@tinet.fut.es

iz u 325

Euzko Gaztedi (EGI)
Ibañez de Bilbao 16 Apdo 5195, E-48001 Bilbao
T: (00344) 4 35 94 00 **Fax:** 4 35 94 12
Internet: http://www.egi.es
E-Mail: egibbb@eaj-pnv.com

iz u 326

Chreschtlech-Sozial Jugend (CSJ)
Postf. 826, L-2018 Luxembourg
T: (00352) 2 55 73 11 **Fax:** 47 27 16
Internet: http://www.csj.lu
E-Mail: csj@csj.lu

iz u 327

Moviment Zghazagh Tal-Partit Nazzjonalista (MZPN)
Dar Centrali P.N.
Triq Herbert Ganado, RM-HMR 08 Hamrun
T: (00356) 24 36 41 **Fax:** 24 36 40, 66 16 75
E-Mail: cus701@hotmail.com, mzpn@hotmail.com

iz u 328

Kristdemokratiska Ungdomsförbundet (KDU)
Postf. 4 51, S-10129 Stockholm
T: (00468) 7 23 25 30 **Fax:** 7 23 25 35
Internet: http://www.kdu.se
E-Mail: international@kdu.se

iz u 329

Moderata Ungdomsforebundet (MUF)
Postf. 12 43, S-11182 Stockholm
Schönfeldts grând 2-6, S-11182 Stockholm
T: (00468) 6 76 81 50 **Fax:** 20 34 49
Internet: http://www.muf.se/
E-Mail: info@muf.se

iz u 330

Giovani Democratico Cristiani (GDC)
via Scalette 6, I-47031 San Marino
T: (00378) 99 11 93 **Fax:** 99 26 94
Internet: http://www.inthenet.sm/pdcs
E-Mail: pdcs@omniway.sm

iz u 331

Mlodzi Chrzescijanscy Demokraci (MChD)
Postf. 1 36, PL-00959 Warschau
T: (004881) 5 32 86 52, (004822) 6 51 92 60
Fax: (004881) 5 32 86 52

iz u 332

Krestanskodemokraticka Mladez Slovenska (KDMS)
Zabotova 2, SK-81105 Bratislava
T: (004217) 39 72 94 **Fax:** 52 49 72 94
Internet: http://www.kdh.sk/kdms.html
E-Mail: kdms@kdh.sk

iz u 333

Partidul National Taranesc Crestin Democrat-Organizatia de Tineret (PNTCD-T)
Bulevardul Carol 1 No 34 Sector 2, R-70468 Bucarest
T: (00401) 6 14 72 31 **Fax:** 2 30 24 21

iz u 334

Mladi Krscanski Demokrati (MKD)
Beethovnova 4, SLO-1000 Ljubljiana
T: (0038661) 1 26 21 79, 1 26 32 33 **Fax:** 1 26 25 78
E-Mail: mkd@sio.net

iz u 335

Nuevas Generaciones del Partido Popular (NN.GG.)
C/Génova 13, E-28004 Madrid
T: (00341) 5 57 73 00, 5 57 73 01 **Fax:** 3 08 68 74, 3 08 70 17
Internet: http://www.pp.es/nngg
E-Mail: nngg@pp.es

iz u 336

Organossis Neon Neas Dimokratias (ONNED)
2-4 Nikitara str., GR-10678 Athens
T: (00301) 3 84 58 90, 3 81 72 27 **Fax:** 3 84 22 10
E-Mail: pdrosos@abcfactors.gr

iz u 337

Saqartvelos Akhalgazrdobis Qristianul-Democratiuli Asoziatzia (SAQDA)
M. Kostava str. 63, GE-380071 Tbilisi
T: (0099532) 33 58 40, 36 38 28 **Fax:** 92 32 82, (009532) 33 58 40
E-Mail: eurogeorgia@hotmail.com

iz u 338

Young National Democrat (YND)
21, Rustaveli Avenue, GE-380008 Tbilissi
T: (0099532) 98 31 87 **Fax:** 92 12 67
E-Mail: yndgeorgia@hotmail.com

iz u 339

Ifjúsági Demokrata Fórum (IDF)
Bem József tér 3, H-1027 Budapest
T: (00361) 2 12 46 01, 1 31 01 76 **Fax:** 2 91 61 96
Internet: http://www.sziliciumvolgy.com/mirror/idf/
E-Mail: idf10@freemail.hu, richterrichard@mailexcite.com

iz u 340

Res Publica
Postf. 35 69, EW-0090 Tallinn
T: (003726) 31 65 74 **Fax:** 31 65 75
Internet: http://www.ngonet.ee/respublica
E-Mail: respublica@ngonet.ee

iz u 341

Jaunieji Krikscionys Demokratai (JKD)
Pylimo 36/2, LT-2001 Vilnius
T: (003702) 22 15 21 **Fax:** 22 73 87
E-Mail: jdk.lt@usa.net

iz u 342

Latvijas Kristigo Demokratu Jaunatnes Savieniba (LKDJS)
Evarts Anosovs
Launkalnes street 6-1, LV-1039 Riga
T: (00371) 7 21 08 59 **Fax:** 7 08 71 00
E-Mail: kdjs@parks.lv

iz u 343

Forum Rinor i Partia Demokratika (FR-PD)
Selia e Tartisë Demokratike
Rruga Punétoré e Rilindjes, AL-Tirana
T: (0035542) 4 79 62, 4 79 46 **Fax:** 2 84 63, 2 35 25
Internet: http://www.albania.co.uk/dp
E-Mail: dpa@albania.co.uk

iz u 344

Mladez Sajuz na Demokraticeska Partija (MSDP)
8 Dondukov St., BG-1000 Sofia
T: (003592) 9 81 36 47, 9 80 23 37 **Fax:** 9 81 36 47, 9 81 37 11
E-Mail: m.nesheva@minedu.govrn.bh, kalin.hinov@balkanpharma.com

iz u 345

Stowarzyszenie Mlodzi Demokraci (MD)
ul.Marszalkowska 77/79 Vlp., PL-00683 Warschau
T: (004822) 8 27 50 47 **Fax:** 8 27 78 51

iz u 346

Juventude Social Democratico (JSD)
R. Buenos Aires 28-1, P-1200 Lissabon
T: (003511) 3 96 87 08 **Fax:** 3 97 83 97
E-Mail: jsd.nacional@mailtelepac.pt

iz u 347

Christian Democratic Youth Union of Russia (SkhDM)
SKhDM, Russia
Gilyarouskiy street 6, RUS-Moscow
T: (00795) 2 98 48 07 **Fax:** 2 92 39 32
E-Mail: evn@ortu.ru

iz u 348

Christian Democratic Youth of Ukraine (CDYU)
Postf. 15, UA-252014 Kiew 14
Jimiryazevska St. 2, UA-252014 Kiew 14
T: (0038044) 2 27 11 36 **Fax:** 2 27 11 36
E-Mail: cdy@sovamua.com

iz u 349

Christian Democratic Youth Union of Ukraine
2-A prov. Chekistiv, apt. 48, UA-252024 Kiew
T: (003844) 2 53 46 24 **Fax:** 2 53 46 24, 2 53 85 78
E-Mail: cdyuu@cdpu.kiev.ua

iz u 350

Mladez Hrvatske demokratske zajednice (MHDZ)
Trg hrvatskih velikana 4, HR-10000 Zagreb
T: (003851) 4 55 30 00 **Fax:** 4 55 28 52
Internet: http://www.mhdz.hr
E-Mail: mladez@mhdz.hr

iz u 351

Neolaia Dimokratikou Synagermoy (NE.DI.SY)
Homer Avenue 20 Apt. 601, CY-1097 Nicosia
T: (003572) 68 00 22, 68 01 02 **Fax:** 66 36 34
E-Mail: s.michaelides@spidernet.com.cy

iz u 352

Kristelig Folkepartis Ungdom (KFU)
Allégade 24B, DK-2000 Frederiksberg
T: (0045) 33 27 78 00 **Fax:** 33 21 31 16
Internet: http://www.kfu.dk
E-Mail: kfu@kfu.dk

iz u 353

Kokoomuksen Nuorten Liitto (KNL)
Kansakoulukuja 3, FIN-00100 Helsinki
T: (003589) 6 93 82 63 **Fax:** 6 94 37 02
Internet: http://www.kokoomus.fi/knl/mainweb.html
E-Mail: jukka.tahvanainen@kokoosmus.fi

iz u 354

Suomen Kristillisen Liiton Nuoret (SKLN)
Mannerheimintie 40d, FIN-00100 Helsinki
T: (003589) 34 88 22 27 **Fax:** 34 88 22 28
Internet: http://www.skl.fi
E-Mail: skln@skl.fi

• **IZ U 355**

Europäisches Komitee für katholischen Unterricht und Erziehung (CEEC)
European Comittee for Catholic Education
Comité Européen pour l'Enseignement Catholique
Avenue Marnix 19A bte, 6, B-1000 Brüssel
T: (00322) 5 11 47 74 **Fax:** 5 13 86 94
E-Mail: ceec@skynet.be
Gründung: 1974
President: Armand Beauduin
Secretary General: Etienne Verhack
Contact: Myriam Badart
Mitglieder: 21 effectifs + 2 associés
Mitarbeiter: 2

• **IZ U 356**

EPP-ED

Fraktion der Europäischen Volkspartei (Christdemokraten) und Europäische Demokraten des Europäischen Parlaments
Generalsekretariat
Rue Wiertz, B-1047 Brüssel
T: (00322) 2 84 21 11 **Fax:** 2 30 97 93 (Presse)
Internet: http://www.europarl.eu.int/ppe
Gründung: 1953 (23. Juni)
Vorsitzende(r): Hans-Gert Pöttering
Stellvertretende(r) Vorsitzende(r): Carmen Fraga
James Elles
Françoise Grossetête
Fracesco Fiori
Ilkka Suominen
Wim van Velzen
Generalsekretär(in): Klaus Welle
Schatzmeister: Othmar Karas
Mitglieder: 233
Mitarbeiter: ca. 150

iz u 357

Geschäftsstelle der CDU/CSU-Gruppe in der EVP/ED-Fraktion des Europäischen Parlaments
Deutscher Bundestag, IHZ Zi. 325
11011 Berlin
T: (030) 20 96 13 25 **Fax:** 20 96 13 30

iz u 358

Geschäftsstelle der CDU/CSU-Gruppe in der EVP/ED-Fraktion des Europäischen Parlaments
Rue Wiertz ASP 15 E 205, B-1047 Brüssel
T: (00322) 2 84 28 77 **Fax:** 2 84 93 61

• **IZ U 359**

Fraktion der Sozialdemokratischen Partei Europas
Europäisches Parlament
Rue Belliard 97-113, B-1047 Bruxelles
T: (00322) 2 84 30 94 **Fax:** 2 30 66 64
Gründung: 1953 (23. Juni)
Président: Pauline Green (UK)
Secrétaire Général: Joan Cornet Prat (E)
Leitung Presseabteilung: Tony Robinson
Peter Reichert
Mitglieder: 218 Mitglieder des Europ. Parlaments

• **IZ U 360**

Internationale Falken Bewegung - Sozialistische Erziehungsinternationale (IFM-SEI)
International Falcon Movement - Socialist Education International
Mouvement International des Faucons - Internationale de l'Education Socialiste
Rue Quinaux 3, B-1030 Brüssel
T: (00322) 2 15 79 27 **Fax:** 2 45 00 83
E-Mail: ifm.sei@infonie.be
Gründung: 1928
President: Jessie Sörensen
Secretary General: Odette Lambert
Contact: Ingrid Decock
Verbandszeitschrift: IFM-SET Bulletin, IFM-SET Flash Info
Redaktion: Anglais + Espaguol
Mitglieder: 64
Mitarbeiter: 4

• **IZ U 361**

Internationale humanistische und ethische Union (IHEU)
International Humanist and Ethical Union
Union Internationale Humaniste et Laique
Theobalds Road 1, GB-London WC1X8 SP
T: (0044207) 8 31 48 17 **Fax:** 4 04 86 41
Internet: http://www.iheu.org
Gründung: 1952 (August)
President: Levi Fragell (Norway)
Leitung Presseabteilung: Babu Gogineni
Verbandszeitschrift: International Humanist News
Verlag: 47 Theobalds Road, London WC1X 8SP
Mitglieder: 83 Organisations, from 37 countries

• **IZ U 362**

Internationale Liberale (Liberale Weltunion)
Liberal International (World Liberal Union)
1 Whitehall Place, GB-London SW1A 2HD
T: (0044207) 8 39 59 05 **Fax:** 9 25 26 85
Internet: http://www.worldlib.org
E-Mail: li@worldlib.org
Gründung: 1947
President: Annemie Neyts
Past President: Frits Bolkestein
Secretary General: Jan Weijers
Verbandszeitschrift: London Aerogramme
Mitglieder: 82 parties in 54 countries and territories
Mitarbeiter: 4

• **IZ U 363**

Internationale Politikberatung (IPB)
Kaesenstr. 15, 50677 Köln
T: (0221) 31 53 56 **Fax:** 9 32 15 08
Gründung: 1994 (1. Januar)
Vorsitzende(r): Dr. James G. Bennett
Dr. Matthias Brenzinger
Mitarbeiter: 5
Jahresetat: DM 0,6 Mio, € 0,31 Mio

Unterstützung von Entwicklungs- und Transformationsländern bei der Formulierung und Umsetzung von Wirtschafts-, Sozial- und Kulturpolitiken.

• **IZ U 364**

Internationale Vereinigung der liberalen und radikalen Jugend (IFLRY)
International Federation of Liberal and Radical Youth
Fédération Internationale des Jeunesses Libérales et Radicales
Postf. 781, B-1000 Brüssel
Rue du Midi 37, B-1000 Brüssel
T: (00322) 5 12 44 57 **Fax:** 5 02 41 22
Gründung: 1947
Président: Jonas Renz
Secrétaire Général: Rolf Schmid
Mitglieder: 71
Mitarbeiter: 2

• **IZ U 365**

Jugendaktion für den Frieden (Christliche Bewegung für den Frieden) (AJP/MCP)
Youth Action for Peace
Action Jeunesse pour la Paix
Avenue du Parc Royal 3, B-1020 Brüssel
T: (00322) 478 94 10 **Fax:** 478 94 32
Internet: http://www.yap.org
E-Mail: yapis@xs4all.be
President: Roel Forceville
Secretary International: Helmut Warmenhoven
Mitarbeiter: 2

• **IZ U 366**

Junge Europäische Föderalisten (JEF)
Young European Federalists
Jeunesse Européenne Fédéraliste
Place du Luxembourg 1, B-1040 Brüssel
T: (00322) 5 12 00 53 **Fax:** 5 12 66 73
E-Mail: jef.europe@euronet.be
Gründung: 1949/1972
President: Philip Savelkoul
Secretary General: Laura Davis
Mitglieder: 17000
Mitarbeiter: 1

• **IZ U 367**

Föderalistische Union Europäischer Volksgruppen (FUEV)
Federal Union of European Nationalities (FUEN)
Union Fédéraliste des Communautés Ethniques Européennes (UFCE)
Schiffbrücke 41, 24939 Flensburg
T: (0461) 1 28 55 **Fax:** 18 07 09
Internet: http://www.fuen.org
E-Mail: info@fuen.org
Gründung: 1949 (19./20. November)
Präsident(in): Romedi Arquint (CH)
Vizepräsident(in): Hans Heinrich Hansen (DK)
Vorsitzende(r): Pierre Le Moine
Stellvertretende(r) Vorsitzende(r): Dr. L. Elle (D)
B. Hosp (J)
Hauptgeschäftsführer(in): Armin Nickelsen
Geschäftsführer(in): Frank Nickelsen (Ltg. Presseabt.)
Verbandszeitschrift: FUEV-Aktuell
Redaktion: Frank Nickelsen
Verlag: Schiffbrücke 41, 24939 Flensburg
Mitglieder: 102 Mitgliedsorganisationen
Mitarbeiter: 2 hauptamtl., 7 ehrenamtl.
Jahresetat: DM 0,4 Mio, € 0,2 Mio

• **IZ U 368**

Ökumenische Vereinigung für Kirche und Gesellschaft (AOES)
Ecumenical Association for Church and Society
Association Oecuménique pour Eglise et Société
Rue Joseph II 174, B-1000 Brüssel
T: (00322) 2 30 17 32 **Fax:** 2 31 14 13
E-Mail: eeccs@skypro.be
Contact: Alastair Hulbert

• **IZ U 369**

Die Europäische Liberale, Demokratische und Reform Partei (ELDR)
European Liberal, Democrat and Reform Party
Parti Européen des Libéraux, Démocrates et Réformateurs
Generalsekretariat: Parlement européen
Rue Wiertz, B-1047 Brüssel
T: (00322) 2 84 31 69 **Fax:** 2 31 19 07
Internet: http://www.eurolib.org/eldrparty
E-Mail: eldrparty@europarl.eu.INT
Gründung: 1976
Vorsitzende(r): Uffe Ellemann-Jensen
Stellvertretende(r) Vorsitzende(r): Giorgio Le Malfa
Werner Hoyer
Kristina Ojuland
John Alderdice
Schatzmeister: Jules Maaten (MEP)
Honorar Präsident: Willy De Clercq
Generalsekretär: N.N.
Leitung Presseabteilung: Sabine Dechamps
Verbandszeitschrift: Newsletter ELDR
Redaktion: Lex Corijn
Verlag: ELDR Partei, Rue Wiertz, B-1047 Bruxelles
Mitglieder: 25 Mitgliederparteien und 13 Affilierte
Mitarbeiter: 4
Jahresetat: FB 13 million

• **IZ U 370**

Union Europäischer Föderalisten (UEF)
Union of European Federalists
Union des Fédéralistes Européens
Place de Luxembourg 1, B-1050 Bruxelles
T: (00322) 5 12 10 12 **Fax:** 5 12 66 73
Internet: http://www.eurplace.org/orga/uef
E-Mail: uef.european.federalists@skynet.be
Gründung: 1946
Président: Jo Leinen (D)
Vice-président: Caterina Chizzola (I)
John Parry (GB)
Secrétaire Général: Bruno Boissière (F)
Verbandszeitschrift: UEFlash
Mitglieder: ca. 20000
Mitarbeiter: 2
Jahresetat: ca. DM 0,35 Mio, € 0,18 Mio

• **IZ U 371**

Union der Sozialdemokratischen Kommunal- und Regionalpolitiker Europas
Union of Socialist Local and Regional Representatives in Europe
Union des Elus Locaux et Régionaux Socialistes d'Europe
c/o Local Government House
Smith Square, GB-London SW1P 3HZ
T: (0044207) 664-3301 **Fax:** 664-3202
Präsident(in): Martine Buron (Maire de Chateaubriant)
Vizepräsident(in): Norbert Burger (MdL, Oberbürgermeister a.D.)
José Conde Rodrigues (Bürgermeister von Cartaxo)
Fabio Pellegrini (Generalsekretär der AICCRE)
Schatzmeister: Wolfgang Peterl (Bürgermeister von Korneuburg)
Generalsekretär(in): Steve Bullock (Head of Labour Group, Local Government Association)

• **IZ U 372**

Weltbund für religiöse Freiheit (IARF)
International Association for Religious Freedom
Association Internationale pour la Liberté Religieuse
2 Market Street, GB-Oxford OX1 3EF
T: (00441865) 20 27 44 **Fax:** 20 27 46
Internet: http://www.iarf-religiousfreedom.net
E-Mail: iarf@interfaith-center.org
Gründung: 1900
Präsident(in): Elmert van Herwijnen (Niederlande)
Vizepräsident(in): Ellen Campbell (Canada)
Hauptgeschäftsführer(in): Andrew C. Clark
Verbandszeitschrift: IARF WORLD
Mitglieder: 300
Mitarbeiter: 5

Sport-, Freizeit- und Hobbyverbände

• **IZ U 373**

Allgemeiner Verband der Internationalen Sportvereinigungen (AGFIS)
General Association of International Sports Federations
Association Générale des Fédérations Internationales de Sports
Boulevard du Jardin Exotique 4 Villa le Mas, MC-98000 Monaco
T: (00377) 97 97 65 10 **Fax:** 93 25 28 73
Internet: http://www.worldsport.com
E-Mail: gaisf@worldsport.com
Président: Dr. Un Yong Kim
Secrétaire Général: Don Porter
Contact: Jean-Claude Schupp
Mitglieder: 89

• **IZ U 374**

Internationale Vereinigung Sport- und Freizeiteinrichtungen e.V. (IAKS)
International Association for Sports and Leisure Facilities
Association internationale équipements de sport et de loisirs
Carl-Diem-Weg 3, 50933 Köln
T: (0221) 4 91 29 91 **Fax:** 4 97 12 80
Internet: http://www.sports-facilities.worldsport.com
E-Mail: IAKS-@t-online.de
Gründung: 1965
Präsident(in): RA und Notar Dr. Stephan J. Holthoff-Pförtner (Zweigertstr. 21, 45130 Essen)
Vizepräsident(in): Prof. Dr. Takazumi Fukuoka (1-9-9-301 Sendagaya, J-151-0051 Tokyo, Shibuya-ku)
Geschäftsführer(in): Roswitha Thibes
Generalsekretär(in): Prof. Frieder Roskam
Verbandszeitschrift: sportstättenbau und bäderanlagen
Redaktion: Prof. Frieder Roskam
Verlag: sb 67 verlags gmbh, Blériotstr. 6, 50827 Köln
Mitglieder: 970
Mitarbeiter: 5 hauptamtl., 60 ehrenamtl.
Jahresetat: DM 1 Mio, € 0,51 Mio
Sammlung, Auswertung und Weitervermittlung aller Informationen über Planung, Bau, Ausstattung, Erhaltung, Betrieb, Renovation, Management von Erholungs-, Spiel- und Sportanlagen.

• **IZ U 375**

Das Europäische Olympische Komitee (E.O.C.)
The European Olympic Committees
Les Comités Olympiques Europeens
Pallazina CONI "Villino Giulio Onesti"
Via della Pallacanestro 19, I-00194 Rom
T: (00396) 36 85 78 28 **Fax:** 36 85 76 66
Internet: http://www.eurolympic.org
E-Mail: secretariat@eurolympic.org
Gründung: 1968
President: Jacques Rogge
Secretary General: Mario Pescante
Verbandszeitschrift: Sport Europe
Mitglieder: 48 National Olympic Committees

• **IZ U 376**

International Amateur Athletic Federation (IAAF)
Internationaler Leichtathletikverband
rue Princesse Florestine 17 B.P. 359, MC-98007 Monaco Cedex
T: (00377) 93 10 88 88 **Fax:** 93 15 95 15
Internet: http://www.iaaf.org
E-Mail: headquarters@iaaf.org
Acting President: Lamine Diack
General Secretary: István Gyulai

• **IZ U 377**

Der Internationale Tischtennis-Bund (ITTF)
The International Table Tennis Federation
La Fédération Internationale de Tennis de Table
London Road 53, GB-St. Leonards-on-Sea, East Sussex TN37 6AY
T: (00441424) 72 14 14 **Fax:** 43 18 71
Internet: http://www.ittf.com
E-Mail: hq@ittf.cablenet.co.uk
Gründung: 1926
President: Sharara Adham (CEO)
Deputy President: Pierre Albertini
Administation Director: Eve Williams
Mitglieder: 183
Mitarbeiter: 8

• **IZ U 378**

Europäische Gesellschaft für Freizeit in Deutschland e.V. (ELRA-D)
European Society for Leisure in Germany
Société Européenne des Loisirs en Allemagne
Postf. 29 02 40, 47262 Duisburg
Präsident(in): Prof. Dr. Walter Tokarski
Vizepräsident(in): Wilhelm Walter Giesecke (Postf. 29 02 40, 47262 Duisburg)
Prof. Dr. Hartmut Lüilthe
Schatzmeister: Dipl.-Finanzwirt Wolfgang Tatschke
Sekretärin: Dipl.-Sportl. Karen Maria Petry

• **IZ U 379**

Europäischer Verband der Formelfahrer (EFDA)
European Formula Drivers Association
Association Européenne des Pilotes de Formule
Rue Jean Jaurès 2, L-1836 Luxemburg
T: (00352) 44 64 64 **Fax:** 45 56 83
Gründung: 1979
President: Daniel Partel
Secr. Gen.: Russell Nehmer (Contact)
Mitglieder: 12
Mitarbeiter: 4

• **IZ U 380**

Europäischer Zentralverband für Volleyball
European Volleyball Confederation a.s.b.l.
Confédération Européenne de Volleyball a.s.b.l.
Boulevard Joseph II 26, L-1840 Luxemburg
T: (00352) 2 54 64 61 **Fax:** 25 46 46 40
Internet: http://www.cev.lu
E-Mail: webmaster@cev.lu
Gründung: 1972
Président: Dr. Rolf Andresen
Vice-Président: André Meyer
Leitung Presseabteilung: Xavier Thein
Verbandszeitschrift: CEV Newsletter
Mitglieder: 54
Mitarbeiter: 7

• **IZ U 381**

Karate-Weltbund (FMK)
Karate World Federation
Fédération Mondiale de Karaté
Rue de la Tombe Issoire 122, F-75014 Paris
T: (00331) 43 95 42 00 **Fax:** 45 43 89 84
Gründung: 1960
Président: Antonio Espinos
Vice-Président: William Millerson
General Secretary: George Yerolimpos

• **IZ U 382**

Internationale Baseballvereinigung (IBAF)
International Baseball Federation
Postf. 131, CH-1000 Lausanne 5
Avenue Mon-Repos 24, CH-1005 Lausanne 5
T: (004121) 318 82 40 **Fax:** 318 82 41
Internet: http://www.baseball.ch
E-Mail: ibaf@baseball.ch, press.ibaf@baseball.ch
Gründung: 1938
President: Aldo Notari
Secretary General: John C. Ostermeyer
Contact: Miquel Ortín (Directeur Exécutif)
Mitglieder: 109
Mitarbeiter: 5

• **IZ U 383**

Internationale Bob- und Schlitten-Vereinigung (FIBT)
International Bobsleigh and Tobogganing Federation
Fédération Internationale de Bobsleigh et de Tobogganing
Via Piranesi 44B, I-20137 Mailand
T: (00392) 7 57 33 19 **Fax:** 7 38 06 24
Gründung: 1923
Président: Robert H. Storey
Secrétaire Général: Ermanno Gardella (Contact)
Mitglieder: 48
Mitarbeiter: 1

• **IZ U 384**

Internationale Kanu Föderation (ICF)
International Canoe Federation
Fédération Internationale de Canoë
Dózsa György út 1-3, H-1143 Budapest
T: (0361) 363 4832 **Fax:** 221-4130
Internet: http://www.datanet.hu/icf_hq
E-Mail: icf_hq_budapest@mail.datanet.hu
Gründung: 1924
President: Ulrich Feldhoff
Secretary General: Otto Bonn (Contact)
Mitglieder: 107

• **IZ U 385**

Internationale Olympische Akademie (IOA)
International Olympic Academy (IOA)
Académie Internationale Olympique (AIO)
52, Dimitrios Vikelas Avenue, GR-15233 Halandri
T: (00301) 68 78-809, 68 78-810, (0301) 68 78-811, (00301) 68 78-813 **Fax:** (00301) 68 78-840
Gründung: 1961
President: Nikos Filaretos
Mitglieder: 12
Mitarbeiter: 30

• **IZ U 386**

Internationale Softball-Vereinigung (ISF)
International Softball Federation
Fédération internationale de softball
1900 S. Park Road, USA-Plant City 7l. 33566-8113
T: (001813) 7 07 72 04 **Fax:** 7 07 72 09
E-Mail: isfsoftball@ci.plant-city.fl.us
Gründung: 1965
Président: Don Porter
Secrétaire Général: Andrew S. Loechner jr.
Director: Tamara Malikoff
Verbandszeitschrift: World Softball
Mitglieder: 118

• **IZ U 387**

Internationale Tonjägerföderation (FICS)
International Federation of Sound Hunters
Fédération Internationale des Chasseurs de Sons
Horackova 1212, CZ-14000 Praha 4
T: (004202) 3 01 11 08 **Fax:** 3 01 11 08
Gründung: 1956 (21. Oktober) in Paris
Ehrenmitgl.: Douglas Brown (Esq.)
Dr. Jan Mees
Cees G. Nijsen
Dr. Miroslav Šte_7pánek
Fritz Aebi
Paul Robert
Präsident(in): Milan Haering (Horackova 1212, CR-14000 Praha 4, T: (004202) 3 01 11 08, Telefax: (004202) 3 01 11 08)
Vizepräsident(in): Helena Nováková (Pisecká 2, CS-13000 Praha-Vinohrady, T: (P) (004202) 73 21 23, Telefax: (B) (004202) 24 22 21 63)
Generalsekretär(in): Helmut Weber (Riedernrain 264, CH-3027 Bern, T: (P) (004131) 9 91 62 40, (B) 9 50 34 00, Telefax: (B) 9 50 34 40)
Kassierer: Harry Rudtke (Neisserstr. 5, P.O. Box 51 02 41, D-90216 Nürnberg, T: (P) (0911) 80 32 21, Telefax: (0911) 8 93 84 24)
Delegierter für Diaporama und Video: Ekkehard Neumann (Gantenhals 28, 44229 Dortmund, T: (P) (0231) 7 92 33 93)
Public Relations: Ph. Dr. Jozef Vasváry (Blumentálska 24, SK-81107 Bratislava, T: (P) (004217) 5 26 15 79, (B) 3 81 41 29, (B) 59 21 41 29, (B) 59 21 42 18, (P) 55 57 15 79, Telefax: (B) (004217) 32 65 01)
Direktorium: Walter Weiss (Vorsitzender Österreichischer Tonjägerverband, Klosterneuburgerstr. 53-55/15, A-1200 Wien, T: (00431) 3 32 25 37)
Paul Janssens (Rue Auguste Lacroix 26, B-7060 Soignies, T + Fax: (P) (003267) 33 00 12)
Helmut Weber (Zentralpräsident STV, Riedernrain 264, CH-3027 Bern, T: (P) (004131) 9 91 62 40, (B) (004131) 9 50 34 00, Telefax: (B) 9 50 34 40)
Helena Nováková (Sekretärin Český Fonoklub, Pisecká 2, CS-13000 Praha-Vinohrady, T: (P) (004202) 73 21 23)
Harry Rudtke (Ring der Tonband- und Videofreunde e.V., Box 51 02 41, D-90216 Nürnberg, T: (0911) 80 32 21, Telefax: (0911) 8 93 84 24)
Dominique Calace de Ferluc (1 ET 3, Av. de la Porte Brancion, F-75015 Paris, T: (P) (00331) 96 80 71 25 71)
John Willett (Chairman FBTRC, Circle House, 14, Waveney Close, Bicester, GB-Oxon OX6 8GP, T/Telefax: (P) (00441869) 24 00 51, T: (Mobil) (0044831) 57 53 65, T: (B) (00441628) 85 08 11, Telefax: (B) 85 09 58)
Marco Rovara (Segretario Associazione Italiana Fonoamatori, Via Malan 56, I-10062 Luserna San Giovanni (To), T: (0039121) 90 13 02, Telefax: (0039121) 90 13 02)
Dr. Jan Mees (Vorsitzender NVG, Weteringlaan 7, NL-2243

GJ Wassenaar, T: (00317051) 7 94 38, Telefax: (00317051) 7 94 38)
Ph Dr. Jana Bila-Mees (Vorsitzende SKAV, Weteringlaan 7, NL-2243 GJ Wassenaar, T: (00317051) 7 94 38, Telefax: (00317051) 7 94 38)
Mitglieder: 10 Verbände in 10 europ. Ländern

Mitgliedsverbände

iz u 388

Österreichischer Tonjägerverband

Klosterneuburgerstr. 53-55/15, A-1200 Wien
T: (00431) 3 32 25 37
Walter Weiss

iz u 389

Chasseurs de Sons, Enregistrements sonores et applications audiovisuelles Bruxelles

Av. des Ortolans 103, B-1170 Brüssel

iz u 390

Schweiz. Tonjägerverband

Riedernrain 264, CH-3027 Bern
T: (004131) 9 91 62 40 **Fax:** 9 50 34 40
Zentralpräsident: Helmut Weber

iz u 391

Chasseurs de Sons et d'images

Avenue Fraisse 14, CH-1006 Lausanne
T: (0041421) 40 12 37
Président: Fernand Kenel

iz u 392

Cesky Fonoklub

Pisecka 2, CZ-13000 Praha-Vinohrady
Fax: (004202) 24 22 21 63
ATTN: Miskova

iz u 393

Ring der Tonband- und Videofreunde e.V. (RdT)

Johann-Sebastian-Bach-Str. 33, 88400 Biberach
T: (07351) 7 33 54 **Fax:** 1 77 07
E-Mail: RuetterPH@aol.com
Vorsitzende(r): Paul-Heinz Rütterswörden
Mitglieder: ca. 300

iz u 394

Fédération Française de Chasseurs de Sons

Rue Castagnary 114, F-75015 Paris
T: (00331) 48 42 35 94
Paul Robert

iz u 395

Federation of British Tape Recordists

Hawthorne Road 26, GB-Stapleford CB2 5DU
T: (00441268) 41 93 43 **Fax:** 41 71 63
Hon. Secretary: Jim Purcell

iz u 396

Associazione Italiana Fonoamatori

Via Malan 56, I-10062 Luserna San Giovanni (TO)
T: (0039121) 90 13 62 **Fax:** 90 13 62
Marco Rovara

iz u 397

Nederlandse Vereniging voor Geluid- en Beeldregistratie (NVG)

Graaf Janstraat 239, NL-2713 CM Zoetermeer
T: (003179) 3 16 60 27
Jan H. Hageman

iz u 398

Slovenský Klub Audiovízie

Národne osvetove centrum
SNP 12, SK-81234 Bratislava
T: (004217) 59 21 41 29 **Fax:** 59 21 42 18

● **IZ U 399**

Internationale Union der Kleinmotorenschiffsnavigation (UIM)

International Union of Motorship
Union Internationale Motonautique
c/o Régine Vandekerckhove
Stade Louis II - Entrée H, MC-98000 Monaco
T: (00377) 92 05 25 22 **Fax:** 92 05 25 23
Gründung: 1922
Président: Ralf Fröhling
Secrétaire Général: Régine Vandekerckhove
Mitglieder: 61 affiliated countries over the 5 continents
Mitarbeiter: 3 fully employed, 150 active commission members

● **IZ U 400**

Internationale Union des modernen Fünfkampfes (UIPM HQ)

International Union of Modern Pentathlon
Union Internationale de Pentathlon Moderne et Biathlon
13 Avenue des Castellans Stade Louis II, MC-98000 Monaco
Internet: http://www.pentathlon.org
E-Mail: pentathlon@monaco.org
Président: Klaus Schormann (GER)
Secrétaire Général: Eivind Bo Sørensen (DEN)

● **IZ U 401**

Internationale Vereinigung des Amateurrugbys (FIRA)

International Amateur Rugby Federation
Fédération Internationale de Rugby Amateur
Rue de Liège 9, F-75009 Paris
T: (00331) 53 21 15 15 **Fax:** 45 26 19 19
Président: Jean-Claude Baqué
Secrétaire Général: Jean-Louis Barthes

● **IZ U 402**

Internationale Vereinigung des Automobils (FIA)

Fédération Internationale de l'Automobile
Place de la Concorde 8, F-75008 Paris
T: (00331) 43 12 44 55 **Fax:** 43 12 44 66
Internet: http://www.fia.com
Gründung: 1904 (20. Juni)
President: Max Mosley
General Secretary: David Ward
Mitglieder: 157 Automobilclubs

● **IZ U 403**

Internationale Vereinigung des Ballspielens (FIPV)

International Federation of Pelota Vasca
Fédération Internationale de Pelote Basque
Palacio de Urdanibia-Apt. Correos 468, E-20300 Irun
T: (003443) 61 00 06, 61 00 36 **Fax:** 61 00 44
Internet: http://www.worldsport.com
E-Mail: fipv@facilnet.es
Gründung: 1929
President: Enrique Gaytan de Ayala
Secretary General: César Gonzalez de Heredia
Contact: José Iraundegui
Mitglieder: 22
Mitarbeiter: 3

● **IZ U 404**

Internationale Vereinigung des Bogenschießens (FITA)

International Archery Federation
Fédération Internationale de Tir à L'Arc
Avenue de Cour 135, CH-1007 Lausanne
T: (004121) 6 14 30 50 **Fax:** 6 14 30 55
Internet: http://www.archery.org
E-Mail: fita@worldcom.ch
Gründung: 1931
President: James L. Easton
Secretary General: Giuseppe Cinnirella
Mitglieder: 124

● **IZ U 405**

Internationale Vereinigung für Blindensport (IBSA)

International Blind Sports Association
Association Internationale de Sport pour Aveugles
c/o Féd. Franc. Handisport
Calle Quevedo 1, E-28014 Madrid
T: (003491) 589 45 33 **Fax:** 589 45 37
Internet: http://www.ibsa.es
E-Mail: ibsa@ibsa.es
Président: Enrique Sanz
Secrétaire Général: Michel Berthèzéne

● **IZ U 406**

Internationale Federation für Wasserlebensrettung (ILS)

International Life Saving Federation
Fédération Internationale de sauvetage Aquatique
Gemeenteplein 26, B-3010 Leuven
T: (003216) 35 35 00 **Fax:** 35 01 02
E-Mail: ils.hq@pandora.be
Gründung: 1910 (renamed 1993)
President: Derrick Whitting
Secr. Gen.: Dr. Harald Vervaecke (PhD)
Mitglieder: 131 Countries (33.000.000 members)
Mitarbeiter: 3

● **IZ U 407**

Internationale Vereinigung für Leibeserziehung (FIEP)

International Federation of Physical Education
Fédération Internationale d'Education Physique
Caixa Postal 837, CEP 85.857-970 Foz do Iguacu, BR-Parana
T: (005545) 525-1272 **Fax:** 525-1272
Internet: http://www.fiepbrasil.org
E-Mail: fiep.brasil@foznet.com.br
Gründung: 1923
President: Prof. Dr. Manoel Gomes Tubino (Rua Souza Lima 185, Apto 402, Copacabana, Rio De Janeiro, T: (0055)2 15 21 98 33, E-Mail: mtubino@openlik.com.br)
Secr. Gen.: Ghislaine Ouvrard
Mitglieder: 123 Countries

● **IZ U 408**

Internationale Vereinigung der Luft- und Raumfahrt (FAI)

International Aeronautical Federation
Fédération Aéronautique Internationale
Avenue Mon-Repos 24, CH-1005 Lausanne
T: (004121) 3 45 10 70 **Fax:** 3 45 10 77
E-Mail: sec@fai.org
Gründung: 1905
Président: Eilif Ness
Secrétaire Général: Max Bishop
Leitung Presseabteilung: Jocelyne Rebillard
Verbandszeitschrift: Air Sports International
Redaktion: Atul Dev, New Delhi
Mitglieder: 96
Mitarbeiter: 6

● **IZ U 409**

Internationale Vereinigung der Netzballverbände (IFNA)

International Federation of Netball Associations
Fédération Internationale des Associations de balles de filets
Birmingham Sports Centre
Balsall Heath Road 201, GB-Highgate, Birmingham B12 9DL
T: (0044121) 4 46 44 51 **Fax:** 4 46 58 57
E-Mail: ifna@btinternet.com
Gründung: 1960
President: Sheryl Dawson
Executive Officer: Anne Steele
Verbandszeitschrift: IFNA News
Mitglieder: 45

● **IZ U 410**

Internationale Vereinigung der olympischen Philatelisten (FIPO)

International Olympic Philately Federation
Fédération Internationale de Philatélie Olympique
Villa du Centenaire - Av. de l'Elysee 28, CH-1006 Lausanne
T: (004121) 6 21 63 88/89 **Fax:** 6 21 63 94
Président: S.E. Juan Antonio Samaranch
Secrétaire Général: Maurizio Tecardi
Contact: Manfred Bergman

● **IZ U 411**

Internationale Vereinigung des Roller-Skatings (FIRS)

International Roller Skating Federation
Fédération Internationale de Roller-Skating
Rambla Catalunya 121, piso 6 puerta 7, E-08008 Barcelona
T: (003493) 2 37 70 55, 2 37 98 85 **Fax:** 2 37 27 33
Internet: http://www.firs.org/
E-Mail: firs@idgrup.ibernet.com
Gründung: 1924
Président: Isidro Oliveras
Secrétaire Général: Dr. Roberto Marotta
Mitglieder: 81

● **IZ U 412**

Internationale Vereinigung des Universitätssportes (FISU)

International University Sports Federation
Fédération Internationale du Sport Universitaire
Avenue Franklin Roosevelt 56, B-1050 Brüssel
T: (00322) 6 40 68 73 **Fax:** 6 40 18 05
Internet: http://www.ulb.ac.be/assoc/fisu
E-Mail: fisuhq@ulb.ac.be
Gründung: 1949
President: Dr. Primo Nebiolo
Secretary General: Roch Campana (Contact)
Verbandszeitschrift: FISU MAGAZINE
Verlag: FISU, Avenue Franklin Roosevelt 56, B-1050 Bruxelles
Mitglieder: 127

• IZ U 413

Internationale Wasserski-Vereinigung (IWSF)

International Water Ski Federation
Fédération internationale de ski nautique
La Ferme de Saint-Sernin
Rue du Mont Vallier 10, F-31320 Pechbusque
T: (0033) 5 61 75 75 45 **Fax:** 5 61 73 19 22
Gründung: 1946
Président: Andrès Botero (P.O. Box 2038, Medellin, Columbia, T: (00574) 2 77 97 83, Fax: 2 81 77 88)
Secrétaire Général: Prof. Chantal Amade-Escot
Verbandszeitschrift: IWSF News
Verlag: Andres Botero, P.O. Box 20 38, Medellín (Columbien)

• IZ U 414

Internationaler Amateur-Box-Verband

International Amateur Boxing Association
Association Internationale de Boxe Amateur
Postf. 7 63 43, USA-Georgia
T: (0077045) 58 83 50 **Fax:** 46 467
Gründung: 1946
Präsident(in): Prof. Anwar Chowdhry (35 Sunnyside Apts., Seafield Road, G.P.O. Box 799, Karachi 1, Pakistan, T: (009221) 5 68 36 46, Fax: (009221) 5 68 25 05, TX: (082) 512 52 90 AIBA PK)
Generalsekretär(in): Loring Baker (USA)

• IZ U 415

Internationaler Arbeitssportverband (CSIT)

International Labour Sports Confederation
Confédération Sportive Internationale du Travail
Sekretariat
Paasivuorenkatu 4-6 A, FIN-00530 Helsinki
T: (003589) 7 70 61 **Fax:** 7 70 62 34
Internet: http://www.asn.or.at/csit
E-Mail: csit@tul.fi
Gründung: 1913
Mitglieder: 20000000
Mitarbeiter: 1

Mitglieds-Vereinigungen

Ägypten

iz u 416

Egyptian Compagnies Sports Federation (ECSF)
Secrétariat Général
Rue El Sherifain 9, ET-Le Caire
T: (002039) 2 15 68 **Fax:** 3 18 42
TX: 6 180 SEK CY

Algerien

iz u 417

Federation Algerienne Sport et Travail (FAST)
Postf. N 2 29, DZ-Alger
Maison du Peuple, Place de ler mai, DZ-Alger
T: (002132) 66 82 80 **Fax:** 65 75 88
TX: 65 080 FAST-D.Z.

Angola

iz u 418

Union Nationale des Travailleurs Angolais (UNTA)
Postf. 28, AO-Luanda
Avenida Rainha Ginga 23, AO-Luanda
T: (002442) 33 46 70 **Fax:** 39 35 90
TX: 4072 CIAM AN

Belgien

iz u 419

Centrale des Federations Francophones du Sport Travailliste de Belgique (CFFSTB)
Boulevard de l'Empereur 13, B-1000 Brüssel
T: (00322) 5 12 24 27 **Fax:** 5 12 24 27

iz u 420

Vlaamse Arbeidersport Centrale (VASC)
Boomgaardstraat 22 Bus 13, B-2600 Berchem
T: (00323) 2 86 07 17 **Fax:** 2 86 07 34

Brasilien

iz u 421

Servico Social da Industria (SESI)
Ed. Roberto Simonsen 10 andar, SBN Quadra 01, Bloco C, BR-70040-903 Brasilia DF
T: (005561) 3 17 92 03 **Fax:** 3 17 92 94
Internet: http://www.cni.org.br
E-Mail: rcampos@sesi.org.br

Bulgarien

iz u 422

Bulgarian Worker's Sport Federation (FSTB)
Macedonia Sq. 1, BG-Sofia
T: (003592) 87 41 42 **Fax:** 87 41 42

Dänemark

iz u 423

Dansk Abejder Indraetsforbund (DAI)
Idraettens Hus, DK-2605 Brondby
T: (0045) 43 26 23 82 **Fax:** 43 26 23 86
Internet: http://www.dai-sport.dk
E-Mail: thomsen@dai-sport.dk

Deutschland

iz u 424

Solidaritätsjugend Deutschlands (SoliJ)
c/o Uwe Lambinus
Postf. 13 32, 97822 Marktheidenfeld
T: (09391) 26 23 **Fax:** 26 23

Estland

iz u 425

Estonian Sports Association Kalev (KALEV)
41 Pärnu Rd., EW-0001 Tallinn
T: (003726) 44 57 06 **Fax:** 44 29 87

Finnland

iz u 426

Finnish Worker's Sports Federation (TUL)
Paasivuorenkatu 4-6 A, FIN-00530 Helsinki
T: (003589) 7 70 61 **Fax:** 7 70 62 34
Internet: http://www.tul.fi
E-Mail: tul@tul.fi

Frankreich

iz u 427

Federation Française du Sport Travailliste (FFST)
51 Boulevard de Valmy, F-59650 Villeneuve D'Asco
T: (00333) 20 91 09 06 **Fax:** 20 91 09 07
E-Mail: cl.tabet@infonie.fr

iz u 428

Federation Sportive et Gymnique du Travail (FSGT)
Rue de Scandicci 14, F-93508 Pantin Cedex
T: (00331) 49 42 23 19 **Fax:** 49 42 23 60
E-Mail: fsgt@wanadoo.fr

Irland

iz u 429

Athletic Association of Ireland (AAI)
Claremont Stadium Commons Road, IRL-Navan Co. Meath
T: (0035346) 2 36 38 **Fax:** 2 99 66

Israel

iz u 430

Hapoel Sport Association (HAPOEL)
8, Haarbaa Street, IL-61739 Tel Aviv
T: (009723) 5 61 33 22 **Fax:** 5 61 05 68

Italien

iz u 431

Associazione Centri Sportivi Italiani (ACSI)
Via Montecatini 5, I-00186 Rom
T: (003903) 66 99 04 98 **Fax:** 6 79 46 32
Internet: http://www.acsi.it
E-Mail: acsi@pn.itnet.it

iz u 432

Associazione Italia Cultura Sport (AICS)
Via Giulio Cesare 78, I-00192 Rom
T: (00396) 37 51 36 34 **Fax:** 37 51 36 64
Internet: http://www.aics.it
E-Mail: dn@aics.it

iz u 433

Unione Italiana Sport Popolare (UISP)
Largo Nino Franchellucci 73, I-00155 Rom
T: (00396) 43 98 43 06, 43 98 41 **Fax:** 43 98 43 20
Internet: http://www.uisp.it
E-Mail: uisp@uisp.it

Lettland

iz u 434

Latvian Trade Sport Association (LTSA)
Valnu street 32, LV-1050 Riga
T: (003712) 7 22 62 15 **Fax:** 7 21 24 07

Litauen

iz u 435

Lithuanian Sports Society "ZALGIRIS"
Seimyniskiu 23/2, LT-Vilnius
T: (003702) 75 05 35 **Fax:** 75 33 34

Marokko

iz u 436

Fédération Travailliste Marocaine des Sports (FTMS)
232 Avenue des FAR, MA-13464 Casa Principal Casablanca
T: (002122) 29 91 32 **Fax:** 29 91 32
TX: 27 825 M UMATRA

Mexiko

iz u 437

Instituto del Deporte de los Trabajadores (INDET)
Av. Ricardo Flores Magon 44, 4 Piso Col. Guerrero, MEX-Mexico, D.F. 06300
T: (00525) 5 97 06 00, 5 83 87 66 **Fax:** 5 83 87 66

Niederlande

iz u 438

Nederland Culturele Sportbond (NCS)
Meeuwenlaan 41, NL-1021 HS Amsterdam
T: (003120) 6 36 30 61 **Fax:** 6 36 34 66
Internet: http://www.sport4all.nl
E-Mail: ncs@sport4all.nl

Österreich

iz u 439

Arbeitsgemeinschaft für Sport und Körperkultur in Österreich (ASKÖ)
Steinergasse 12, A-1233 Wien
T: (00431) 8 69 32 45 **Fax:** 8 69 32 45 28
Internet: http://www.askoe.or.at
E-Mail: mm@askoe.or.at

Palästina

iz u 440

Palestinian Popular Sports Federation
Hebreon, West Bank P.O. Box 635, IL-Palestine via Israel
T: (009727) 82 92 22 **Fax:** 9 92 04 57

Portugal

iz u 441

Instituto Nacional para Approveitamento dos Tempos Livres dos Trabalhadores (INATEL)
Calcada de Santana 180, P-1100 Lissabon
T: (003511) 8 85 22 75 **Fax:** 8 85 15 61
Internet: http://www.inatel.pt
E-Mail: desporto@inatel.pt

Russland

iz u 442

The Sport Society of Trade Unions "ROSSIYA"
Vorontsovskaya Street 6 bolck 1, RUS-Moskau 1109004
T: (007095) 9 11 73 37 **Fax:** 9 11 74 36

iz u 443

La Cofédération des Associations Sportives de la Russie (SYNDICATSPORT)
Solianka 14/2, RUS-109240 Moskau
T: (007095) 9 28 52 07 **Fax:** 2 00 32 24
TX: 411 052 VDFSO SU

Schweiz

iz u 444

Schweizerischer Arbeiter-, Turn- und Sportverband (SATUS)
Postf. 78 64, CH-3001 Bern
Schlösslistr. 15, CH-3001 Bern
T: (004131) 3 81 86 86 **Fax:** 3 81 87 80
E-Mail: satus@blue.win.ch

Senegal

iz u 445

Federation Senegalaise Des Sports Travaillistes (FSST)
Postf. 28 03, SN-21722 Dakar
Stade Demba Diop, SN-Dakar
T: (00221) 8 24 08 48 **Fax:** 8 24 58 55

Spanien

iz u 446

Asociacion Espanola de Deporte Para Todos (AEDPT)
Rio de Monelos 2-1 D, E-15006 La Coruña
T: (0034981) 13 83 83 **Fax:** 13 83 84

Tunesien

iz u 447

Organisation Nationale Sport - Culture et Travail (ONSCT)
Postf. 7 82, TN-1002 Tunis
58, Avenue de la Liberté, TN-1002 Tunis
T: (002161) 84 27 20 **Fax:** 84 55 81

Zypern

iz u 4 47.10

Pancyprian Worker's Sport Club of Cyprus (PASEK)
Postf. 2 50 18, CY-1306 Nicosia
11, Stroulus Ave., CY-2018 Stroulus
T: (003572) 84 98 49 **Fax:** 84 98 50

Mitglied mit Beobachterstatus

Bulgarien

iz u 4 47.20

Bulgarian Workers Sport Union (BWSU)
Vassil Levski Stadium
Evlogi Georgiev Blvd. 38, BG-1142 Sofia
T: (003592) 9 81 66 83 **Fax:** 9 86 57 17

• **IZ U 448**

Internationaler Badminton-Bund
International Badminton Federation
Fédération Internationale de Badminton
Manor Park Place
Rutherford Way, GB-Cheltenham, Gloucestershire GL51 9TU
T: (00441242) 23 49 04 **Fax:** 22 10 30
Internet: http://www.intbadfed.org, http://www.worldbadminton.net
E-Mail: info@intbadfed.org
Gründung: 1934
President: Lu Shengrong
Contact: Neil Cameron
Andrew Ryan (Director of Marketing & Development)
Verbandszeitschrift: World Badminton
Mitglieder: 144
Mitarbeiter: 14

• **IZ U 449**

Internationaler Basketball-Verband e.V. (FIBA)
International Basketball Federation
Fédération Internationale de Basketball
Postf. 70 06 07, 81306 München
Boschetsrieder Str. 67, 81379 München
T: (089) 74 81 58-0 **Fax:** 74 81 58-33
TGR: BASKETBALL MÜNCHEN
Internet: http://www.fiba.com
E-Mail: secretariat@office.fiba.com
Gründung: 1932 (18. Juni)
Président: Abdoulaye Seye Moreau
Generalsekretär(in): Borislav Stankovic
Leitung Presseabteilung: Florian Wanninger
Mitglieder: 208 Nationale Verbände

• **IZ U 450**

Internationaler Body-Builder-Verband (IFBB)
International federation of body builders
Fédération internationale de bodybuilding
2875 Bates Road, CDN-Montreal Que. H3S 1B7
T: (001514) 7 31 37 83 **Fax:** 7 31 90 26 oder 7 31 70 82
Internet: http://www.ifbb.com
E-Mail: ifbb@weider.ca
Gründung: 1946 (Januar)
Président: Ben Weider
Secrétaire Général: Eric Weider (T: (001514) 7 31 37 83, Fax: 7 31 70 82)
Executive Assistant: Rafael Santonja (Marques de Lema 13, E-28003 Madrid, T: (003491) 5 36-00 18, Fax: 5 33-47 67)
Verbandszeitschrift: Flex, Muscle and Fitness including other special IFBB Reports
Mitglieder: 170 Länder
Mitarbeiter: 4

• **IZ U 451**

Internationaler Bund für Orientierungslauf (IOF)
International Orienteering Federation
Fédération Internationale d'Orientation
Radiokatu 20, FIN-00093 Slu
T: (003589) 34 81-3112 **Fax:** 34 81-3113
E-Mail: iof@orienteering.org
Président: Sue Harvey
Secrétaire Général: Barbro Rönnberg
Mitglieder: 56

• **IZ U 452**

Internationaler Eishockey Verband (IIHF)
International Ice Hockey Federation
Parkring 11, CH-8002 Zürich
T: (00411) 2 89 86 00 **Fax:** 2 89 86 20 (General Secretary), 2 89 86 22 (PR, Info, Sport, In-Line)
Internet: http://www.iihf.com
E-Mail: iihf@iihf.com
Gründung: 1908
Präsident(in): Dr. René Fasel
Secrétaire Général: Jan-Ake Edvinsson
Contact: Kimmo Leinonen (PR-Direktor)
Mitglieder: 59
Mitarbeiter: 15

• **IZ U 453**

Internationaler Eislauf-Verband (ISU)
International Skating Union
Union Internationale de Patinage
Chemin de Primerose 2, CH-1007 Lausanne
T: (004121) 612 66 66 **Fax:** 612 66 77
Internet: http://www.isu.org/
E-Mail: info@isu.ch
Gründung: 1892
Président: Ottavio Cinquanta
Secrétaire Général: Alfred Schmid
Mitglieder: 71 Member Federations, 2 Clubs

• **IZ U 454**

Internationaler Fechtverband (FIE)
International Fencing Federation
Fédération Internationale d'Escrime
Postf. 1 28, CH-1000 Lausanne
Ave. Mon-Repos 24, CH-1000 Lausanne
T: (004121) 3 20 31-15 **Fax:** 3 20 31-16
Gründung: 1913
Président: René Roch
Secrétaire Général: Mario Favia
Verbandszeitschrift: Escrime Internationale
Mitglieder: 99

• **IZ U 455**

Internationaler Fußball-Verband (FIFA)
International Federation of Association Football
Fédération internationale de football association
Postf. 85, CH-8030 Zürich
Hitzigweg 11, CH-8030 Zürich
T: (00411) 3 84 95 95 **Fax:** 3 84 96 96
Internet: http://www.fifa.com
Gründung: 1904
President: Joseph S. Blatter
Vice Presidents: Julio H. Gordona (Argentinia)
David H. Will (Scotland)
Lennart Johannsson (Sweden)
Issa Hayatou (Camerun)
Dr. Antonio Matarese (Italy)
Mong-Joon Chung (South-Korea)
Jack A. Warner (Trinidad and Tobago)
General Secretary: Michael Zen-Ruffinen (Suisse)
Leitung Presseabteilung: Keith Cooper
Verbandszeitschrift: FIFA NEWS/MAGAZIN
Mitglieder: 203
Mitarbeiter: 60

• **IZ U 456**

Internationaler Gewichtheber-Bund (IWF)
International Weightlifting Federation
Hold u. 1, H-1054 Budapest
T: (00361) 3 53 05 30 **Fax:** 3 53 01 99, 3 12 70 12
Gründung: 1905
President: Gottfried Schödl
Secretary General: Dr. Tamás Ajan
Mitglieder: 167

• **IZ U 457**

Internationaler Hockeyverband (FIH)
International Hockey Federation
Fédération Internationale de Hockey
Avenue des Arts 1B 5, B-1210 Brüssel
T: (00322) 2 19 45 37 **Fax:** 2 19 27 61, 2 17 01 09
Internet: http://www.FIHockey.org
E-Mail: fih@fihockey.org
Gründung: 1924
Président: Juan Angel Calzado de Castro ((Spain), Avenida Diagonal 622, 4a planta, Barcelona 08021, T: (003493) 2 41 97 50, 2 41 97 53 (Off), Telefax: 2 02 32 37)
Vice-Présidents: Mansoor H. Atif (Pakistan), c/o Manzil Investment, 5B Golden Stars Road, Mount Pleasent, Harare - Zimbabwe, T: (002634) 30 11 47 (Off.), 30 19 24 (Home), Telefax: (002634) 30 11 47 (Off.), 79 49 06 (Off.)
His Royal Highness Sultan Azlan Shah ((Malaysia), Istana Kinta, IPOH, Perak Darul Ridzuan, Telefax: (00605) 2 55 61 66)
Peter Cohen ((Australia), 3rd Floor, 608 St. Kilda Road, Melbourne, Vic. 3004, T: (00613) 95 21 22 44 (Off.), 95 00 91 92 (Home), Telefax: (00613) 95 21 22 53)
Rosa de Massa ((Argentina), Coronel Diaz 2241-1° piso, Buenos Aires 1425, T: (00541) 3 26 11 96 (Off), 3 26 97 79 (Off.), 8 22 15 49 (Home), Telefax: (00541) 3 26 99 55)
Anita Manning ((Ireland), "Waltonmere", Cross Douglas Road, Cork, T: (0035321) 29 53 17, Telefax: (0035321) 29 17 22)
Antonio von Ondarza (Venezuela), Apartado 61.810, Chacao, Caracas 1060, T: (00582) 9 75 03 22/9 76 48 80 (Off.), 9 76 56 25/9 75 03 39 (Home), Telefax: (00582) 9 76 65 39, 9 76 57 68, (001305) 9 33 08 17 (Miami - USA)
Secrétaire Général: Els Van Breda Vriesman (Contact, (Netherlands), Vogelkerslaan 4, 5263 HA Vught, T: (003173) 6 56 06 18 (Home), Telefax: (003173) 6 56 70 89 (Home))
Ex. Direct: Hans Bertels
Trésorier: Robert Lycke (Belgium)

Direction du service de presse: Mary Catherine Coyle
Verbandszeitschrift: World Hockey Magazine
Mitglieder: 120
Mitarbeiter: 10

• **IZ U 458**

Internationaler Jiu-Jitsu-Bund (IJJF)
International Ju-Jitsu Federation
Fédération Internationale de Ju-Jitsu
c/o Nippon Sport
Vesterbrogade 173, DK-1800 Frederiksberg C
T: (0045) 33 23 13 13 **Fax:** 33 24 01 13
Gründung: 1977
President: Dr. Rinaldo Orlandi
Secretary General: Frank Furst
Mitglieder: 800000
Mitarbeiter: 2

• **IZ U 459**

Internationaler Korbballbund (IKF)
International Korfball Federation
Fédération Internationale de korf-ball
Postf. 1000, NL-3980 DA Bunnik
T: (003130) 6 56 63 54 **Fax:** 6 57 04 68
E-Mail: ikf-office@kss.nl
Gründung: 1933
President: Bob De Die
Secr. Gen.: Jan C. Fransoo
Mitglieder: 34

• **IZ U 460**

Internationaler Verband für Kraftdreikampf (IPF)
International Powerlifting Federation
Fédération Internationale de la Force
c/o Heiner Köberich
Amselweg 3, 64572 Büttelborn
T: (06152) 91 03 06 **Fax:** (06151) 91 03 07
Internet: http://www.ipf.com
E-Mail: heiner@ipf.com
President: Norbert Wallauch (Österreich)
Secretary General: Heiner Köberich

• **IZ U 461**

Internationaler Pferdesport-Verband (FEI)
Fédération Equestre Internationale
Postf. 157, CH-1000 Lausanne 5
Ave. Mon-Repos 24, CH-1000 Lausanne 5
T: (004121) 3 10 47 47 **Fax:** 3 10 47 60
Internet: http://www.horsesport.org
Gründung: 1921 (21. Mai) in Lausanne
Président: S.A.R. la Princesse Doña Pilar de Borbón
Secrétaire Général: Prof. Bo Helander
Leitung Presseabteilung: Muriel Faienza
Verbandszeitschrift: FEI Bulletin
Redaktion: FEI
Verlag: Avenue Mon-Repos 24, CH-1000 Lausanne 5
Mitglieder: 125
Mitarbeiter: 26
Jahresetat: DM 8 Mio, € 4,09 Mio

• **IZ U 462**

Internationaler Racquetball-Verband (IRF)
International racquetball federation
Fédération internationale de raquetball
Heulweg 10, NL-2641 KR Pijnacker
T: (003115) 369 76 43 **Fax:** 369 77 45
E-Mail: info@h-vd-heijden-import.nl
Président: Han van der Heijden

• **IZ U 463**

Internationaler Rat für Militärsport (CISM)
International Military Sports Council
Conseil International du Sport Militaire
Rue Jacques Jordaens 26, B-1000 Brüssel
T: (00322) 6 47 68 52 **Fax:** 6 47 53 87
Gründung: 1948
Président: Colonel Dott. Gianni Gola
Secrétaire Général: Colonel Bernard Hurst
Verbandszeitschrift: Sport International
Verlag: Mous Même
Mitglieder: 122 nations
Mitarbeiter: 14

• **IZ U 464**

Internationaler Regatta-Bund (ISAF)
International Sailing Federation
Union Internationale de Course de Bâteaux à Voile
Ariadne House
Town Quay, GB-Southampton, Hampshire SO14 2AQ
T: (00441703) 63 51 11 **Fax:** 63 57 89
E-Mail: SAIL@isaf.co.uk
Gründung: 1907
President: Paul Henderson
Secrétaire Général: Arve Sundheim
Leitung Presseabteilung: Luissa Smith
Mitglieder: 119
Mitarbeiter: 12

• **IZ U 465**

Internationaler Rennrodelverband
International Luge Federation
Fédération Internationale de Luge de Course (F.I.L.)
Rathausplatz 9, 83471 Berchtesgaden
T: (08652) 6 69 60 **Fax:** 6 69 69
Internet: http://www.fil-luge.org
E-Mail: office@fil.luge.org
Gründung: 1957
Präsident(in): Josef Fendt
Vizepräsident(in): Claire DelNegro
Einars Fogelis (Technik)
Werner Kropsch (Naturbahn)
Jan Steler (Int. Aufgaben)
Executive Director: Hartmut Kardaetz
Generalsekretär(in): Svein Romstad
Mitglieder: 44
Mitarbeiter: 4

• **IZ U 466**

Internationaler Ringerverband (FILA)
International Federation of Associated Wrestling Styles
Fédération Internationale des Luttes Associees
Av. Juste-Olivier 17, CH-1006 Lausanne
T: (004121) 3 12 84 26 **Fax:** 3 23 60 73
Internet: http://www.fila-wrestling.org
E-Mail: filalausanne@bluwin.ch
Gründung: 1912
Président: Milan Ercegan
Secrétaire Général: Michel Dusson
Mitglieder: 141

• **IZ U 467**

Internationaler Ruderverband (FISA)
International Rowing Federation
Fédération Internationale des Sociétés d'Aviron
Postf. 18, CH-1000 Lausanne 3
Avenue de Cour 135, CH-1000 Lausanne 3
Internet: http://www.fisa.org
E-Mail: info@fisa.org
Gründung: 1892
President: Denis Oswald
Secretary General: Matt Smith
Mitglieder: 106

• **IZ U 468**

Internationaler Amateur-Schwimm-Verband (FINA)
International Amateur Swimming Federation
Fédération Internationale de Natation Amateur
Avenue de Beaumont 9, CH-1012 Lausanne
T: (004121) 3 10 47 10 **Fax:** 3 12 66 10
Internet: http://www.fina.org
Gründung: 1908 (19. Juli)
President: Mustapha Larfaoui (Algerien)
Honorary Secretary: Gunnar Werner (Schweden)
Honorary Treasurer: Dr. Julio Maglione (Uruguay)
Director: Cornel Marculescu
Verbandszeitschrift: FINA News
Redaktion: Jean-Louis Meuret, Gunnar Werner, Cornel Marculescu
Verlag: "GRAPHSTYLE", Rue Valentin, CH-Lausanne
Mitglieder: 165
Mitarbeiter: 5

• **IZ U 469**

Internationaler Ski-Verband (FIS)
International Ski Federation
Fédération Internationale de Ski
Blochstr. 2, CH-3653 Oberhofen
T: (004133) 2 44 61 61 **Fax:** 2 43 53 53
Gründung: 1924
Präsident(in): Gian Franco Kasper
Direktor(in): Sarah Lewis
Marketing: Christian Knauth
Mitglieder: 98 Mitgliedsnationen

• **IZ U 470**

Internationaler Sport- und Freizeitbund der Hirngelähmten (CP-ISRA)
Cerebral Palsy International Sports and Recreation Association
Association Internationale de Sport et de Récréation pour Paralyses Cérébraux
Postf. 16, NL-6666 ZG Heteren
T: (003126) 4 72 25 93 **Fax:** 4 72 39 14
E-Mail: CPISRA@freemail.nl
Gründung: 1979
President: Colin Rains
Secretary General: Margret Kellner
Contact: T. Rombouts
Mitglieder: 60
Mitarbeiter: 0,5

• **IZ U 471**

Internationaler Sportverband für Geistesbehinderte (INAS-FMH)
International Sports Federation for Persons with Mental Handicap
Fédération Internationale de Sports pour Handicapés Mentaux
Munnikenpark 9, NL-2351 CL Leiderdorp
T: (003171) 5 89 22 93 **Fax:** 5 89 58 82
Gründung: 1985
President: Fernando Martin Vicente
Honorary President: Bernard Atha
Secretary General: Jos Mulder
Mitglieder: 72 Member Nations

• **IZ U 472**

Internationaler Rollstuhl Sportverband (ISMWSF)
International Wheelchair Sports Federation
Fédération Sportive Internationale en Fauteuil roulant
Stoke Mandeville
Olympic Village
Guttmann Road, GB-Aylesbury, Bucks HP21 9PP
T: (00441296) 43 61 79 **Fax:** 43 64 84
E-Mail: ismwsf1@aol.com
Gründung: 1960
President: Bob McCullough
Secr. Gen.: Maura Strange (Contact)
Mitglieder: 76 Associations
Mitarbeiter: 2

• **IZ U 473**

Internationaler Surf-Verband (I.S.A.)
International Surfing Association
Association internationale de surfing
World Headquarters
Suite 145
5580 La Jolla Boulevard, USA-La Jolla CA 92037
T: (001619) 55 15-292 **Fax:** 55 15-290
E-Mail: surf@isasurf.org
Gründung: 1976 (Hawaii)
President: Fernando Aguerre
Vice-President: Jacques Hele
Alan Atkins
Robin de Kock
Marcos Conde
Executive Director: Cadu Villela (Press Department)
Operations Manager: Pierre Camoin
Verbandszeitschrift: ISA Newsletter (Quaterly), ISA Guide (Yearly), ISA Highlights (Monthly)
Redaktion: ISA World Headquaters
Mitglieder: 45
Mitarbeiter: 4

• **IZ U 474**

Internationaler TanzSport-Verband (IDSF)
International Dance Sport Federation
Im Hungerbüel 22, CH-8614 Bertschikon
T: (00411) 9 35 19 73 **Fax:** 9 36 19 73
Internet: http://www.idsf.net
Gründung: 1935
Präsident(in): Rudolf Baumann
Secretary General: Rudi Hubert
Treasurer: Lukas Hinder
Mitglieder: 76

• **IZ U 475**

Internationaler Tauzieh-Verband
Tug of War International Federation
Association internationale de la traction à la corde
c/o J.A.P. Koren
De Lepelaar 8, NL-2751 CW Moerkapelle
T: (003179) 5 93 61 64 **Fax:** 5 93 61 63

• **IZ U 476**

Internationaler Tennis Verband (ITF)
International Tennis Federation (ITF)
Fédération Internationale de Tennis (FIT)
Bank Lane Roehampton, GB-London SW15 5XZ
T: (0044208) 8 78 64 64 **Fax:** 8 78 77 99
Internet: http://www.itftennis.com
E-Mail: reception@itftennis.com.
Gründung: 1913
President: Francesco Riccibitti
General Manager: Juan Margets
Mitglieder: 200
Mitarbeiter: 80

• **IZ U 478**

Internationaler Verband der Alpinistenvereine (UIAA)
International Mountaineering and Climbing Federation
Union Internationale des Associations d'Alpinisme
Postfach, CH-3000 Bern 23
Monbijoustr. 61, CH-3000 Bern 23
T: (004131) 370 18 28 **Fax:** 370 18 38
Internet: http://www.mountaineering.org
E-Mail: UIAA@compuserve.com
Gründung: 1932
Präsident(in): Ian McNaught-Davis (80, Abingdon Road, Kensington, GB-London W8 6QT, T: (0044171) 937 65 59 (home), Fax: 937 76 64 (home), e-mail: MACDAVIS@compuserve.com)
Vizepräsident(in): Dr. Fritz März (Hörnerweg 7, 87527 Ofterschwang, T: (08321) 8 73 25, Fax: 2 22 37)
Generalsekretär(in): Robbert Leopold (Jan Willem Frisohof 29, NL-2517 LA Den Haag, T: (003170) 351 24 68 (home), Fax: 358 92 02 (home), e-mail: robleopold@compuserve.com)
Schatzmeister: Hanspeter Gammeter (UBS AG, Bahnhofstr. 20, CH-3800 Interlaken, T: (004133) 8 26 35 30, Fax: 826 3566, E-mail: hanspeter.gammeter@ubs.com)
Administrative Director: Julia M. Spörri (Pfahlbauerweg 31, CH-3286 Muntelier, T: (004126) 670 35 65 (home), e-mail: the.spoerris@bluewin.ch)
Mitglieder: 83

• **IZ U 479**

Europäische Wandervereinigung (EWV)
European Ramblers Association (ERA)
Fédération Européenne de la Randonnée Pédestre (FERP)
Generalsekretariat:
Wilhelmshöher Allee 157-159, 34121 Kassel
T: (0561) 9 38 73-0 **Fax:** 9 38 73-10
Internet: http://www.era-ewv-ferp.org
Gründung: 1969
Präsident(in): Jan Havelka (CZ)
Vizepräsident(in): Karl Schneider (D)
Geschäftsführer(in): Walter Sittig
Verbandszeitschrift: wandern und tourismus

• **IZ U 480**

Internationaler Verband für Camping und Caravaning (FICC)
International Camping and Caravanning Association
Fédération Internationale de Camping et de Caravanning
Rue d'Arenberg 44/34, B-1000 Brüssel
T: (00322) 5 13 87 82 **Fax:** 5 13 87 83
Gründung: 1933
Président: Lars Dahlberg
Contact: Silvia Brohl
Mitglieder: 2000000
Mitarbeiter: 2

• **IZ U 481**

Internationaler Turnerbund (FIG)
International Gymnastics Federation
Fédération Internationale de Gymnastique
Postf. 359, CH-2740 Moutier 1
Rue des Oeuches 10, CH-2740 Moutier 1
T: (004132) 4 94 64 10 **Fax:** 4 94 64 19
E-Mail: fig.gymnastics@worldsport.org
Gründung: 1881
President: Bruno Grandi (ITA)
Vice-Presidents: Siegfried Fischer (BRA)
Hans-Jürgen Zacharias (GER)
Nicolae Vieru (ROM)
Members: Slava Corn (CAN)
Koji Takizawa (JPN)
Jamile "Jay" Ashmore (USA)
Rosa Guillamet Gonzales de Aguero (ESP)
Dr. Michel Leglise (FRA)
Ivan Weber (SUI)
Jian Zhang (CHN)
President MTC/CTM: Hardy Fink (CAN)
President WTC/CTF: Jackie Fie (USA)
President RSG-TC/CT-GRS: Egle Abruzzini (ITA)
President GG-TC/CT-GG/CT-TRA/CT-ACRO: Margareth Sikkens Ahlquist (SWE)
President UEG: Klaus Lotz (GER)
President UASG: Tarao Tokuda
President UPAG: William Torres (CUB)
President UAFG: Mohamed Yamani (ALG)
Mitglieder: 125

• **IZ U 482**

Internationaler Verband der musikalischen Jugend (FIJM)
Jeunesses Musicales International
c/o Palais des Beaux Arts
10, rue Royale, B-1000 Brüssel
T: (00322) 5 13 97 74 **Fax:** 5 14 47 55
Internet: http://www.jmi.net
E-Mail: mail@jmi.net
Gründung: 1945
President: Pierre A. Goulet
Secrétaire Général: Dag Franzen
Contact: Irina Bussoli
Mitglieder: 40 member sections and 20 observers all over the World
Mitarbeiter: 4 full time - 3 part time

• **IZ U 483**

Weltverband für internationale Musikwettbewerbe
World Federation of International Music Competitions
Fédération Mondiale des Concours Internationaux de Musique (FMCIM)
104 rue de Carouge, CH-1205 Geneva
T: (004122) 3 21 36 20 **Fax:** 7 81 14 18
Internet: http://www.fmcim.org, http://www.wfimc.org
E-Mail: fmcim@iprolink.ch
Gründung: 1957
Präsident(in): Renate Ronnefeld
Secrétaire Général: Jacques Haldenwang
Treasurer: Philippe Languin
Executive Secretary: Lottie Chalut
Mitarbeiter: 109

• **IZ U 484**

Internationale Vereinigung für Schlittenhunde-Sport (IFSS)
International Federation of Sleddog Sports
Fédération internationale de sport des traîneau
Secretary General:
Prospect House
Charlton Kilmersdon, GB-Bath BA3 5TN
T: (00441761) 43 46 54 **Fax:** 43 65 99
Internet: http://www.sleddog.worldsport.com
E-Mail: secretary.ifss@ukonline.co.uk
Président: Tim White (881 Country Road 14, Grand Marais, MN 55604 USA, Tel/Fax: (001) 218 387 2712, Email: 201-9889@mcimail.com)
Vice Président: Johan Baumann (Gamlevn 38, N-3030 Drammen, Norway, T: (0047) 3288 50 66 (p), Fax: (0047) 6715 4747 (o), Email: mtdnorge@online.no)
Chairman: Robert I. Levorsen (IFSS Olympic Committee, 1763 Indian Valley Road, USA-Novato CA 94947, T: (001415) 8 97 83 87, Fax: 8 92 58 44, Email: bobmush@aol.com)
Press Department: Maureen Nicholls (Secretary General IFSS)
Verbandszeitschrift: The Gazette

• **IZ U 485**

Internationaler Verband für Sportakrobatik (IFSA)
International Federation of Sports Acrobatics
Fédération internationale des sports acorbatiques
Vassil Levski Blvd. 75, BG-1040 Sofia
T: (003592) 86 54 83 **Fax:** 9 80 09 13
Gründung: 1973
President: Stoil Sotirov (Bulgarien)
Vice-President: Kurt Becker (Deutschland)
Mitglieder: 57
Mitarbeiter: 1

Members
Algeria, Republic of Armenia, Australia, Austria, Republica Azerbaidjan, Republic of Belarus, Belgium, Bulgaria, Costa Rica, Czech Republic, Cuba, Canada, Fermany, Great Britain, Denmark, Equator, France, Finland, Greece, Rep. Georgia, The Netherlands, Hong Kong, Hungary, Iran, Israel, Italy, India, Ireland, Rep. of Kazakhstan, Japan, Kirgistan, DRP of Korea, Korea, Latvia, Lithuania, Mexico, Republic of Moldova, Poland, People's Republic of China, Portugal, Romania, russia, Slovak Republic, Spain, Singapore, Switzerland, South Africa, Repübulic Tadjik, Thailand, Trinidad and Tobago, Turkey, Turkmenistan, Ukarine, USA, Rep. of Uzbekistan, Venezuela, Yugoslavia

• **IZ U 486**

Internationaler Volleyball-Verband (FIVB)
International Volleyball Association
Fédération Internationale de Volleyball
Avenue de la Gare 12, CH-1001 Lausanne
T: (004121) 3 20 89 32 **Fax:** 3 20 88 65
Gründung: 1947
Président: Rubén Acosta Hernandez
Mitglieder: 213

• **IZ U 487**

Internationales Komite für Gehörlosensport (CISS)
International Sports Committee for the Deaf
Comité International des Sports des Sourds
Orchard Grove Road 16117, USA-North Potomac, Maryland 20878
Gründung: 1924
President: John M. Lovett
Leitung Presseabteilung: Donalda K. Ammons
Verbandszeitschrift: CISS Bulletin
Mitglieder: 73 nations

• **IZ U 488**

Internationales Komitee der Mittelmeerspiele (CIJM)
International Comitee of Mediterranean Games
Comité International des Jeux Méditerranéens
52, Avenue Dimitrios Vikelas, GR-15233 Athen Halandri
T: (00301) 6 87 88 82 **Fax:** 6 87 87 20
Gründung: 1951
Président: Claude Collard
Secrétaire Général: Nikos Filaretos
Mitglieder: 40
Mitarbeiter: 2

• **IZ U 489**

Internationales Olympisches Komitee (IOC)
International Olympic Committee
Comité International Olympique
Château de Vidy, CH-1007 Lausanne
T: (004121) 6 21 61 11 **Fax:** 6 21 62 16
Gründung: 1894
President: Juan Antonio Samaranch
Director General: François Carrard
Secretary General: Françoise Zweifel

• **IZ U 490**

Internationales Paralympisches Komitee (IPC)
International Paralympic Committee
Adenauerallee 212-214, 53113 Bonn
T: (0228) 2 09 72 00 **Fax:** 2 09 72 09
Internet: http://www.paralympic.org
E-Mail: info@paralympic.org
Gründung: 1989
President: Dr. Robert D. Steadward
Secretary General: Miguel Sagarra
Geschäftsführer(in): RA Thomas Reinecke
Verbandszeitschrift: „The Paralympian" 4 x pro Jahr
Mitglieder: 161
Mitarbeiter: 13

• **IZ U 491**

Internationales Pierre de Coubertin Komitee (IPCC)
International Pierre de Coubertin Committee (IPCC)
Comité International Pierre de Coubertin (CIPC)
Avenue Verdeil 1, CH-1005 Lausanne
T: (004121) 3 12 12 83 **Fax:** 3 23 76 50
Gründung: 1975
President: Conrado Durantez
Secretary General: Ada Wild (Contact)
Mitglieder: 180

• **IZ U 492**

Komitee für die Entwicklung des Sportes (vom Europarat) (CDDS)
Committee for the Development of Sport (of the Council of Europe)
Comité pour le Développement du Sport (du Conseil de l'Europe)
T: (0033388) 41 33 07 **Fax:** 41 27 55
E-Mail: suzanne.little@coe.int
Gründung: 1949
Secrétaire Général: Daniel Tarschys
Contact: George Walker
Leitung Presseabteilung: Jack Hanning
Mitglieder: 47
Mitarbeiter: ca. 1800

• **IZ U 493**

International Masters Games Association (IMGA)
Brondby Stadion 20, DK-2605 Bröndby
T: (0045) 43 26 26 26 **Fax:** 43 26 26 28
Gründung: 1995 (25. Oktober)
Präsident(in): Kai Holm
Generalsekretär(in): Børge Kaas-Andersen
Mitarbeiter: 1

• **IZ U 494**

Philokartisten Union Europas e.V.
Seidelbastweg 122a, 12357 Berlin
T: (030) 99 40 02 38 **Fax:** 99 49 81 20
Gründung: 1961
Geschäftsführer(in): Stefan Janik (Presse und PR)
Verbandszeitschrift: AKSB = Ansichtskartensammlerbrief
Mitglieder: über 1000
Jahresetat: ca. DM 0,05 Mio, € 0,03 Mio

• **IZ U 495**

Trimm & Fitness International - Bund Sport für alle (TAFISA)
Trim & Fitness International - Sport for all Association
Association Internationale de Sport pour tous - Trim and Fitness
Route de Leognan, F-33140 Villenave
T: (0033556) 69 38 28 **Fax:** 50 02 33
Gründung: 1990
President: Dr. Jürgen Palm
Secretary General: Joel Raynaud
Mitglieder: 129

• **IZ U 496**

Verband der Internationalen Olympischen Sommerspielvereinigungen (ASOIF)
Association of Summer Olympic International Federations
Association des Fédérations Internationales Olympiques D'éTé
Via Bocca di Leone 78, I-00187 Rom
T: (00396) 6 79 86 00 **Fax:** 6 79 86 30
Gründung: 1983
President: Dr. Primo Nebiolo
Secr. Gen.: Robert Fasulo
Mitglieder: 28

• **IZ U 497**

Verband der von der IOC anerkannten internationalen Sportvereine (ARISF)
Association of the IOC Recognized International Sports Federations
Association des Fédérations Sportives Internationales Reconnues par l'IOC
Heulweg 10, NL-2641 KR Pijnacker
T: (003115) 36 97 643 **Fax:** 36 97 745
E-Mail: h.heijden.import@club.tip.nl
President: Ron Froehlich (P.O. Box 531208, USA-Birmingham, AL35253, T: (001205) 879 1977, Fax: 871 1239, E-Mail: toolsports@worldnet.All net)
Secr. Gen.: Han van der Heijden (Heulweg 10, NL-2641 KR Pijnaker, T: (003115) 36 97 643, Fax: 36 97 745, E-mail: h.heijden.import@club.tip.nl)

• **IZ U 498**

Vereinigung der Sammler olympischer Andenken (ACOM)
Association of Collectors of Olympic Memorabilia
Association des Collectionneurs de Souvenirs Olympiques
Villa du Centenaire
Av. de l'Elysee 28, CH-1006 Lausanne
T: (004121) 6 21 63 88 **Fax:** 6 21 63 94
President: S.E. Juan Antonio Samaranch
Contact: Manfred Bergman

• **IZ U 499**

Welt-Squash-Verband (WSF)
World Squash Federation
Fédération Squash Mondiale
6 Havelock Road, GB-Hastings, East Sussex TN34 IBP
T: (00441424) 42 92 45 **Fax:** 42 92 50
E-Mail: squash@wsf.cablenet.co.uk
Gründung: 1957
President: Susie Simcock
Secretary General: Edward J. Wallbutton
Mitglieder: 115
Mitarbeiter: 3

• **IZ U 500**

Weltverband für Curling
World Curling Federation
Fédération Mondiale de Curling
Great King Street 81, GB-Edingburgh EH3 6RN
T: (0044131) 5 56 48 84 **Fax:** 5 56 94 00
E-Mail: wcf@dial.pipex.com
Gründung: 1966
President: Günther Hummelt (c/o Waltham Group, Rosenhaimersrasse 143A, 81671 München, T: (089) 41 67-2 17, Fax: (089) 41 67-2 27, e-mail: grummelt@waltham.group.de)
Vice President: Roy Sinclair (1 Admiralty Cottage, Almondbank, Perthshire, PH1 3NP, Scotland, T/Fax: (00441738) 58 31 33)
Director of Finance: Robert L. Whitehead (4019 S. Via Del PICAMEDEROS, Green Valley, Arizona 85614, USA, T: (001520) 648-7359, Fax: (001520) 648-3767, e-mail: rwhite@cybertrails.com)
Secr. Gen.: Mike Thomson (Contact, e-mail: wcf@dial.pipex.com)
Mitglieder: 36
Mitarbeiter: 4

• **IZ U 501**

Weltverband für Unterwasseraktivitäten
World Underwater Federation
Confédération Mondiale d'Activités Subaquatiques (C.M.A.S.)
Viale Tiziano 74, I-00196 Rom
T: (00396) 36 85 84 80 **Fax:** 36 85 84 90
Gründung: 1959
President: Achille Ferrero
Secretary General: Pierre Dernier
Mitglieder: 96
Mitarbeiter: 8

Kulturverbände und sonstige Einrichtungen

• **IZ U 502**

Aktionsservice Bürger in Europa (ECAS)
Euro Citizen Action Service
Euro Citoyen Action ServiceEuro Citoyen Action Service
53, rue de la Concorde, B-1050 Brüssel
T: (00322) 5 48 04 90 **Fax:** 5 48 04 99
Internet: http://www.ecas.org
E-Mail: info@ecas.org
Gründung: 1990
Président: Michael Brophy
Director: Tony Venables
Leitung Presseabteilung: Isabelle Dambrun
Verbandszeitschrift: The European Citizen Newsflash, Guide to EU Funding for NGOS
Mitglieder: 200
Mitarbeiter: 4

• **IZ U 503**

ALAI Deutsche Landesgruppe (ALAI)
Association Littéraire et Artistique Internationale
Deutsche Landesgruppe
Geschäftsstelle: (beim Max-Planck-Institut)
Marstallplatz 1, 80539 München
T: (089) 2 42 46-434 **Fax:** 2 42 46-501
Präsidium:
Präsident(in): Prof. Dr. Dr.h.c. Adolf Dietz, München
Vizepräsident(in): Prof. Dr. Ulrich Loewenheim
Prof. Dr. Thomas Dreier
Schatzmeister: Dr. Arthur L. Sellier, München
Delegierte zum Executivkommitée des Intern. Verbandes in Paris:
Prof. Dr. Thomas Dreier
Prof. Dr. Dr.h.c. Adolf Dietz
Prof.Dr. Ulrich Loewenheim (Frankfurt (Main))

• **IZ U 504**

Amerikanischer-Europäischer Gemeinschaftsverband (A.E.C.A.)
American-European Community Association
Association de Communautel Américain-Europeen
Avenue de Messidor 208, box 1, B-1180 Brüssel
T: (00322) 3 44 59 49 **Fax:** 3 44 53 43
Gründung: 1980
Chairman: Baron Groothaert
Georges de Veirman (CEO)

• **IZ U 505**

Association of Career Management Consulting Firms Europe (AOCFE)
Av. de Tervueren 402, B-1150 Brüssel
T: (00322) 761 66 76 **Fax:** 761 66 79
Internet: http://www.aocfi.org
Gründung: 1994
President: Bridget Litchfield
Executive Director: Jean-Léopold Schuybroek
Mitglieder: 35 Companies + National Branches

• **IZ U 506**

Arbeitsgemeinschaft Europäischer Grenzregionen (AGEG)
Association of European Border Regions (AEBR)
Association des régions frontalières européennes (ARFE)
c/o EUREGIO
Enscheder Str. 362, 48599 Gronau
T: (02562) 7 02 22, 7 02 32 **Fax:** 7 02 59
E-Mail: b.zander@aebr-ageg.de
Gründung: 1971
Präsident(in): Joan Vallvé i Ribera
Generalsekretär(in): Dipl.-Volksw. Jens Gabbe
Mitglieder: 75 Regionen

• **IZ U 507**

Esperanto-Weltbund (UEA)
Universal Esperanto Association
Association universelle d'espéranto
Nieuwe Binnenweg 176, NL-3015 BJ Rotterdam
T: (003110) 4 36 10 44 **Fax:** 4 36 17 51
TGR: ESPERANTO ROTTERDAM
E-Mail: uea@internl.net
Gründung: 1908 (28. April)
Präsident(in): Kep Enderby (Australia)
Vizepräsident(in): Renato Corsetti (Italy)
Hauptgeschäftsführer(in): Osmo Buller
Verbandszeitschrift: Esperanto
Redaktion: c/o UEA
Mitglieder: 20119 (1997)
Nationale Verbände: in 60 Ländern
Fachverbände: 45

• **IZ U 508**

Europa Nostra / International Castles Institute (IBI)
Sitz:
35 Lange Voorhout, NL-2514 EC Den Haag
T: (003170) 3 02 40 50 **Fax:** 3 61 78 65
E-Mail: office@europanostra.org
Gründung: 1963
Präsident(in): S.K.H. Prinz Henrik von Dänemark
Daniel (ehrenamtlich)
Generalsekretär(in): Antonio Marchini Camia (ehrenamtlich)
Leitung Presseabteilung: Armelle Desmarchelier
Verbandszeitschrift: Europa Nostra Review, Newsletter, Awards Brochure, Europa Nostra Bulletin
Mitglieder: ca. 400 Verbände und 1.000 Einzelmitglieder überall in Europa
Mitarbeiter: 6 hauptamtliche
Präs.: S.K.H. Prinz Henrik von Dänemark

• **IZ U 509**

Europäische Akademie Otzenhausen e.V. (EAO)
European Academy Otzenhausen
Académie Européenne d'Otzenhausen
Europahausstr., 66620 Nonnweiler
T: (06873) 6 62-0 **Fax:** 6 62-150
E-Mail: europ.akademie.otzenhausen@t-online.de, eao.vw@t-online.de
Gründung: 1954 (22. Mai)
Vorsitzende(r) des Vorstandes: Arno Krause
Stellvertretende(r) Vorsitzende(r): Doris Pack (MdEP)
Leitung Presseabteilung: Richard Stock
Mitglieder: 32
Mitarbeiter: 70
Jahresetat: DM 6 Mio, € 3,07 Mio

Institut für Grundfragen der europäischen Einigung, politischen Bildung und der deutsch-französischen Zusammenarbeit.

• **IZ U 510**

Europäische Graphische Föderation
European Graphical Federation
Fédération Graphique Européenne
Galerie du Centre, Bloc 2
Rue des Fripiers 17, B-1000 Brüssel
T: (00322) 2 23 02 20 **Fax:** 2 23 18 14
E-Mail: 100723.405@compuserve.com
Präsident(in): Tom Durbing (DK)
Generalsekretär(in): Christopher Pate
Mitglieder: 33 nationale Gewerkschaften in 19 europ. Ländern

• **IZ U 511**

Europäische Kulturstiftung (ECF)
European Cultural Foundation
Fondation européenne de la culture
Jan van Goyenkade 5, NL-1075 HN Amsterdam
T: (003120) 6 76 02 22 **Fax:** 6 75 22 31
Internet: http://www.eurocult.org
E-Mail: eurocult@eurocult.org
Gründung: 1954
President: Her Royal Highness Princess Margriet of the Netherlands
Vice-President: Dr. Miriam Hederman O'Brien
Dr. G.J. Leibbrandt
Secretary General: Dr. Rüdiger Stephan
Director of Programmes: O. Chonal
Verbandszeitschrift: Newsletter, Annual Report, Grants Report

Mitgliedsorganisationen

Belgien

iz u 512

Comité belge de la Fondation européenne de la culture et du Fonds Culturel du conseil de l'Europe
13, av. Alfred Solvay, B-1170 Brüssel
T: (00322) 6 60 39 48 **Fax:** 6 60 39 48
President: Dr. J. R. Vanden Bloock

Bulgarien

iz u 513

Bulgarian National Committee
c/o Balkan Media
Cyril i Metodi 72, BG-1202 Sofia
T: (00359) 29 83 19 70 **Fax:** 29 83 19 70
President: Dr. Rossen Milev

Deutschland

iz u 514

Deutsches Komitee für kulturelle Zusammenarbeit in Europa e.V.
c/o Dr. Marta Baerlecken
Rheinallee 117a, 40545 Düsseldorf
T: (0211) 57 46 30 **Fax:** 57 46 30
Präsident(in): Dr. Olaf Schwencke
Geschf. Vorstandsmitglied: Dr. Marta Baerlecken

Estland

iz u 515

Estonian National Committee of the European Cultural Foundation
Uus Street 18, EW-0001 Tallinn
T: (00372) 6 41 12 63 **Fax:** 6 41 12 68
Correspondent: Jaan Tamm

Finnland

iz u 516

Euroopan Kulttuurisäätio Suomen Osasto, Europas Finlands Sektion (Kulturfond)
Postf. 1 84, FIN-00101 Helsinki
T: (003589) 4 54 71 77 **Fax:** 45 41 15 10
Secretary: T. Kärkkäinnen

Frankreich

iz u 517

Comité Français de la FEC
c/o Transeuropéennes
116, rue du Bac, F-75007 Paris
T: (00331) 45 44 47 33 **Fax:** 45 48 72 41
Correspondent: G. Glasson Deschaumes

Griechenland

iz u 518

Greek National Committee of the ECF
Valtou Street 7, GR-11526 Athen
T: (00301) 8 94 03 61 **Fax:** 8 94 79 09
Secretary: L. Giokas

Großbritannien

iz u 519

European Cultural Foundation, U.K. Committee
11 Oakhill Avenue, GB-London NW3 7RD
T: (0044207) 7 94 59 55
Chairman of the Committee and of the Trustees: J. Pinder
Director: G. Denton

Irland

iz u 520

Irish National Committee of the European Cultural Foundation
32 Nassau St., IRL-Dublin 2
T: (003531) 6 62 55 80 **Fax:** 6 62 55 81
Chairman: Dr. M. Hederman O'Brien
Director: J. O'Donnell

Island

iz u 521

Icelandic National Committee of the European Cultural Foundation
University of Iceland, Faculty of Law, Háskóli Islands
Lagadeild, IS-101 Reykjavik
T: (00354) 5 25 43 86 **Fax:** 5 25 43 88
Correspondent: Prof. Gunnar G. Schram

Italien

iz u 522

Fondazione Europea della Cultura Comitato Italiano
Via E.Q. Visconti 20, I-00193 Rom
T: (00396) 3 20 87 32 **Fax:** 3 20 86 28
President: S. Ristuccia
Assistant: S. Addota

Niederlande

iz u 523

Stichting Nationaal Comité Nederland voor de Europese Culturele Samenwerking
Jan van Goyenkade 5, NL-1075 HN Amsterdam
T: (003120) 6 76 02 22 **Fax:** 6 75 22 31
Chairman: Dr. G. J. Leibbrandt

Norwegen

iz u 524

Norwegian National Committee of the European Cultural Foundation
Postf. 367, N-0212 Oslo 2
T: (0047) 23 09 32 51
Chairman: Dr. E. Alnaes

Österreich

iz u 525

Austrian National Committee of the European Cultural Foundation
c/o Institut für die Wissenschaften vom Menschen
Spittelauer Lände 3, A-1090 Wien
T: (00431) 31 35 80 **Fax:** 3 13 58 30
President: Prof. Dr. H. Tuppy
Secretary: Dr. C. Klinger

Polen

iz u 526

Polish National Committee of the European Cultural Foundation
Rynek Glówny 25, PL-31-008 Krakau
T: (004812) 4 21 79 18 **Fax:** 4 21 85 71
President: Prof. J. Wózniakowski

Portugal

iz u 527

Fundação Europeia da Cultura
Comissão Portuguesa c/o SEDES
Rua Duque de Palmela 2-4 A, P-1200 Lissabon
T: (003511354) 38 30 **Fax:** 38 30
President: F. L. de Albuquerque Veloso
Correspondent: G. Oliveira Martins

Schweden

iz u 528

Svenska Nationalkommitén för Kulturellt Samarbete i Europa
Postf. 16050, S-103 21 Stockholm
T: (00468) 10 49 02
Executive Secretary: Dr. M. Setterwall-Wranne

Schweiz

iz u 529

Swiss National Committee of the European Cultural Foundation
c/o Centre Européen de la Culture
Villa Moynier, 122, rue de Lausanne, CH-1202 Genf
T: (004122) 7 32 28 03 **Fax:** 7 38 40 12
President: Prof. C. Gasteyger
Secretary General: Dr. J.-F. Bourquin

Slowakische Republik

iz u 530

Slovak National Committee of the European Cultural Foundation
c/o Public International
Grösslingova 45, SK-81109 Bratislava
T: (004217) 59 27 63 01 **Fax:** 59 27 62 60
President: Zusana Mistrikova

Spanien

iz u 531

Fundación Europea de la Cultura
Comite Nacional Espanol
Universidad de Castilla-La Mancha
Fac. de Ciencias Economics y Empresariales
Avenida de Espana 5/n, E-02071 Albaceta
T: (00349) 67 22 86 50 38 **Fax:** 67 50 52 88
Correspondent: E. Viana Remis

Tschechische Republik

iz u 532

Czech National Committee of the ECF
Pocernicka 369/57, CZ-10800 Prag 10
Correspondent: Jan Hrabina

Ungarn

iz u 533

Hungarian National Committee of the European Cultural Foundation
c/o Technical University of Budapest
Nemetvolgyi 73/b, H-1124 Budapest
T: (00361) 3 75 48 37
President: Dr. Z. Fergé
Chairman: Eva Karadi

Zypern

iz u 534

Cypriot National Committee of the European Cultural Foundation
c/o Municipal Arts Centre
Postf. 10 15, CY-1500 Nicosia
T: (003572) 43 25 77 **Fax:** 43 25 31
President: Dr. Dimitris Michaelides
Secretary General: Yiannis Toumazis

• IZ U 535

Europäische Sachverständigenkammer für Kunstwerke
European Chamber of Experts for Works of Art
Chambre Européenne des Experts-Conseil en Oeuvres d'Art
Secretariat Administratif
44, avenue de New-York, F-75116 Paris
T: (00331) 47 20 15 32 **Fax:** 47 20 68 23
Gründung: 1986
Président: Danielle Ghanassia
Vice-Président: Robert Bellet
Secrétaire Général: Bertrand Henry
Trésorier Général: Michel Jeuillard
Trésorier Adjoint: Marie-Claire Cotinaud
Mitglieder: 56

• IZ U 536

Europäische Staatsbürger-Akademie e.V. (ESTA)
European Citizens' Academy
Académie Européenne des Citoyens
Zentralverwaltung:
Adenauerallee 59, 46399 Bocholt
T: (02871) 3 43-0 **Fax:** 3 43-1 01
E-Mail: esta-edu@t-online.de
Gründung: 1961 (19. Januar)

Vorsitzende(r) des Vorstandes: Magdalene Hoff (MdEP), Hagen
Geschf. Vorstandsmitglied: Gerhard Eickhorn
Mitglieder: 35

Fachverbände

iz u 537
Arbeitskreis Deutscher Bildungsstätten e.V. (AdB)
Haager Weg 44, 53127 Bonn
T: (0228) 9 10 28-0 **Fax:** 29 90 30
Gründung: 1959
Mitglieder: 119
Mitarbeiter: 9

iz u 538
Europäische Bewegung Deutschland
Bundesallee 22, 10717 Berlin
T: (030) 8 84 12-245 **Fax:** 8 84 12-247
E-Mail: europaeische.bewegung@debitel.net

iz u 539
Internationale Föderation der Europahäuser (FIME)
International Federation of Europe Houses
Fédération Internationale des Maisons de l'Europe
Generalsekretariat:
Pestelstr. 2, 66119 Saarbrücken
T: (0681) 9 54 52 22 **Fax:** 9 54 52 50
Internet: http://www.fime.org
E-Mail: fime-gs@t-online.de

• IZ U 540
Europäische Vereinigung für die Erschließung von Grauer Literatur (SIGLE)
European Association for Grey Literature Exploitation
Association Européenne pour l'Exploitation de la littérature grise
Sekretariat:
Postf. 90407, NL-2509 LK Den Haag
T: (003170) 3 14 02 81 **Fax:** 3 14 04 93
Gründung: 1985 (4. Dezember)
Präsident(in): Dr. David Wood (British Library - Document Supply Centre (BL-DSC), Boston Spa, GB-Wetherby LS23 7BQ, T: (00441937) 54 60 32, Telefax: (00441937) 54 63 65)
Executive Director: Dr. R. H. A. Wessels (P.O. Box 9 04 07, NL-2509 LK Den Haag, T: (003170) 3 14 02 81, Telefax: (003170) 3 14 04 93, E-mail: Wessels@KONbib.NL, Internet: http://www.konbib.nl/sigle)
Mitglieder: 15 Mitgliedsstaaten

Fachverbände, Organe, Ausschüsse:
EAGLE - Vollversammlung
EAGLE - Fachkomitee
EAGLE - Executive Board

Mitgliedsorganisationen

Belgien

iz u 541
UCL/BSE
Centre de documentation
Place Cardinal Mercin, B-1348 Louvain-la-Neuve
T: (003210) 47 42 92 **Fax:** 47 42 96

Tschechische Republik

iz u 542
Czech Academy of Sciences
Main Library
Národni tr. 3, CZ-115.22 Prague 1
T: (004202) 21 66 34 80 **Fax:** 24 22 92 24

Frankreich

iz u 543
INIST
2 allée du Parc de Brabois, F-54514 Vandoeuvre-Les-Nancy
T: (003383) 50 46 64 **Fax:** 50 46 46

Deutschland

iz u 544
Fachinformationszentrum Karlsruhe, Gesellschaft für wissenschaftlich-technische Information mbH
Postf. 24 65, 76012 Karlsruhe
Hermann-von-Helmholtz-Platz 1, 76344 Eggenstein-Leopoldshafen
T: (07247) 8 08-555 **Fax:** 8 08-131
Internet: http://www.fiz-karlsruhe.de
E-Mail: hlpdeskk@fiz-karlsruhe.de

iz u 545
Universitätsbibliothek Hannover und TIB (UB/TIB)
Postf. 60 80, 30060 Hannover
Welfengarten 1B, 30167 Hannover
T: (0511) 7 62-3414, 7 62-3415, 7 62-2268 **Fax:** 71 59 36

Ungarn

iz u 546
Technical University Budapest
Central Library
Budafoki út 4, H-1111 Budapest
T: (00361) 1 66 40 11 **Fax:** 1 81 27 53

Italien

iz u 547
Consiglio Nazionale delle Ricerche
Biblioteca Centrale
Piazzale Aldo Moro 7, I-00100 Roma

Lettland

iz u 548
Latvian Academic Libery
Rupniscibsstr. 10, LV-1235 Riga
T: (003717) 32 38 87 **Fax:** 32 14 21

Luxemburg

iz u 549
Bibliothéque Nationale
Boulevard Roosevelt 37, L-2450 Luxembourg
T: (00352) 22 62 55 **Fax:** 47 56 72

Niederlande

iz u 550
Koninklijke Bibliotheek
Postf. 90407, NL-2509 LK Den Haag
T: (003170) 3 14 04 51 **Fax:** 3 14 04 50

Großbritannien

iz u 551
The British Library Document Supply Centre
Boston Spa, Wetherby, GB-West Yorkshire LS23 7BQ
T: (00441937) 54 60 44 **Fax:** 54 64 53

Spanien

iz u 552
CINDOC
Joaquin Costa, 22, E-28002 Madrid
T: (003491) 5 64 24 93 **Fax:** 5 64 26 44

Portugal

iz u 553
Centro de fanccimento Documentacao Cientifica e Tecnologie
Avenida Gama Pinto 2, P-1699 Lissabon Codex
T: (003511) 7 97 28 86 **Fax:** 7 96 56 22

Slowakische Republik

iz u 554
Slovak Technical Library
Nam. Slobody 19, SK-81223 Bratislava
T: (00427) 5 22 12 01 **Fax:** 5 33 12 01

Dänemark

iz u 555
The Royal Library
Danish Department
Postf. 21 49, DK-1016 Copenhagen

Russland

iz u 556
VNTIC
Smolnaya Str. 14, RUS-125493 Moscow

• IZ U 557
Europäische Vereinigung für interkulturelles Lernen (EFIL)
European Federation for Intercultural Learning
Rue des Colonies 18-24, B-1000 Brüssel
T: (00322) 5 14 52 50 **Fax:** 5 14 29 29
Internet: http://www.afs.org/efil
E-Mail: info@efil.be
Gründung: 1971
Président: Patrick Worms
Secrétaire Général: Elisabeth Hardt
Office Manager: Nele Hiers (Contact)
Verbandszeitschrift: Latest Edition
Mitglieder: 17 Vollmitglieder, 1 assoziiertes Mitglied, 5 Partner Organisationen
Mitarbeiter: 3

Mitglieder

Belgien

iz u 558
AFS Belgium (Flanders)
AFS-VZW Interkulturele Programma's
Brand Whitlocklaan 132, B-1200 Brüssel
T: (00322) 7 35 85 25 **Fax:** 7 35 29 63
Contact: Anne Mees (E-Mail: anne.mees@afs.org)

iz u 559
AFS Belgium (French)
AFS Programmes Interculturels
Boulevard Brand Whitlock 132, B-1200 Brüssel
T: (00322) 7 43 85 40 **Fax:** 7 32 87 28
Contact: Anne Sokal (E-Mail: anne.sokal@afs.org)

Dänemark

iz u 560
INTERKULTUR DENMARK
Nordre Fasanvej 111, DK-2000 Frederiksberg
T: (0045) 38 34 33 00 **Fax:** 38 34 66 00
Contact: Morten Thomsen (E-Mail: morten.thomsen@afs.org)

Deutschland

iz u 561
AFS Interkulturelle Begegnungen e.V.
Postf. 50 01 42, 22701 Hamburg
Friedensallee 48, 22765 Hamburg
T: (040) 39 92 22-0 **Fax:** 39 92 22-99
Internet: http://www.afs.de
E-Mail: germany@afs.org
Geschäftsführer(in): Mick Petersmann

Finnland

iz u 562
AFS Finland
Postf. 47, FIN-00131 Helsinki
T: (003589) 66 66 44 **Fax:** 66 66 21
Contact: Marjatta Erlund (E-Mail: jatta.erlund@afs.org)

Frankreich

iz u 563

AFS Vivre Sans Frontière (France)
Rue du Commandant Jean Duhail, F-94120 Fontenay-sous-Bois
T: (00331) 45 14 03 10 **Fax:** 48 73 38 32
Contact: Didier Ozanne (didier.ozanne@afs.org)

Großbritannien

iz u 564

AFS UK
Leeming House
Vicar Lane, GB-Leeds LS2 7JF
T: (0044113) 2 42 61 36 **Fax:** 2 43 06 31
Contact: Neil Shaw (neil.shaw@afs.org)

Irland

iz u 565

Interculture Ireland
Lower Camden Street 10A, IRL-Dublin 2
T: (003531) 4 78 20 46 **Fax:** 4 78 06 14
E-Mail: kerry.lawless@afs.org
Contact: Kerry Lawless (National Director)

Italien

iz u 566

Intercultura Italy
Via Gracco del Secco 100, I-53034 Colle Val d´Elsa
T: (00390577) 90 00 11 **Fax:** 92 09 48
Contact:
Dr. Roberto Ruffino (E-Mail: rruffino@intercultura.it)

Lettland

iz u 567

AFS Latvia
c/o Ministry of Education, Culture and Science
Valnu Street 2, LV-1098 Riga
T: (00371) 7 22 53 70 **Fax:** 7 82 14 21
Contact: Maija Voina (E-Mail: maija.voina@afs.org)

Niederlande

iz u 568

AFS Netherlands
AFS Interculturele Programma's
Marnixkade 65A, NL-1015 XW Amsterdam
T: (003120) 6 26 94 81 **Fax:** 6 25 22 48
Contact: Leo de Kam (E-Mail: leo.dekam@afs.org)

Norwegen

iz u 569

AFS Norway
Akersgaten 18, N-0158 Oslo
T: (0047) 22 40 11 00 **Fax:** 22 40 11 50
Contact: Knut Jostein Berglyd (E-Mail: knut-jostein.berglyd@afs.org)

Österreich

iz u 570

AFS Österreich
Austauschprogramme für Interkulturelles Lernen
Maria Theresienstr. 9, A-1090 Wien
T: (00431) 31 92 52 00 **Fax:** 3 19 25 31 32
E-Mail: office@afs.at
Contact: Johanna Nemeth

Portugal

iz u 571

Intercultura Portugal
Rua Joaquim Antonio de Aguiar, 43 Cave Esq, P-1070 Lisabon
T: (0035121) 3 84 57 50 **Fax:** 3 84 57 59
Contact: Teresa Fragoso (E-Mail: teresa.fragoso@afs.org)

Russland

iz u 572

Intercultura Russia
National Intercultura Foundation
Bolhaya Kommunisticheskaya Str. 30, Building 1, RUS-109004 Moskau
T: (007095) 9 12 04 48 **Fax:** 9 12 73 49
E-Mail: olga.duganova@afs.org
Contact: Sergey Suyetin

Schweden

iz u 573

AFS Interkulturell Utbildning (Sweden)
Postf. 4 51 87, S-104 30 Stockholm
T: (00468) 4 06 00 00 **Fax:** 4 06 00 04
E-Mail: info.sweden@afs.org

Schweiz

iz u 574

AFS Switzerland
AFS Interkulturelle Programme
Löwenstr. 16, CH-8001 Zürich
T: (00411) 2 11 60 41 **Fax:** 2 12 20 12
Contact: Christine Leimgruber (
E-Mail: christine.leimgruber@afs.org)

Slowakische Republik

iz u 575

AFS Slovakia
Ventúrska 4, SK-81101 Bratislava
T: (004217) 54 43 54 83 **Fax:** 5 33 54 83
Contact: Igor Kováč (igor.kovac@afs.org)

Spanien

iz u 576

Intercultura Spain
C/Infantas 40 2_Ho Dcha., E-28004 Madrid
T: (0034191) 5 23 45 95 **Fax:** 5 23 55 30
Contact: Jaime Martinez-Esparza (
E-Mail: jaime.martinez-esparza@afs.org)

Tschechische Republik

iz u 5 76.10

AFS Czech Republic
Zlatnická 7, CZ-11000 Prag 1
T: (004202) 2 32 40 06 **Fax:** 2 32 40 06
Contact: Vladimír Sedláček (E-Mail: vladimir.sedlacek@afs.org)

Türkei

iz u 5 76.20

AFS Turkey
AFS Türk Kültür Vakfi
Valikonagi Cad.
Konak Apt. 67/-4, TR-Nisantasi
T: (0090212) 2 46 23 28 **Fax:** 2 32 45 39
Contact: Meral Alguadis (E-Mail: meral.alguadis@afs.org)

Tunesien

iz u 5 76.30

AFS Tunisia Intercultural Programs
Avenue de la Liberté 61, TN-1002 Tunis
T: (002161) 83 10 06 **Fax:** 83 56 42
Contact: Moncef Moalla

Ungarn

iz u 5 76.40

AFS Hungary
Alkotas u. 37.,1./6., H-1123 Budapest
T: (00361) 212 18 21 **Fax:** 212 18 22
Contact: Anett Miklos (E-Mail: anett.miklos@afs.org)

• IZ U 577

Europäischer Kulturverband (E.C.A. - Lux)
European Cultural Association (ASBL)
Association Culturelle Européenne
c/o Events & Catering s.c.
Route D'ATH 320, B-7050 Jurbise (MONS)
Gründung: 1991/1995
Président: Olivier Lebbink (Ltg. Presseabt.)
Secrétaire Général: Philippe Bourguignon
Mitarbeiter: 4

• IZ U 578

Europäisches Aktionskomitee Freier Verbände (CEDAG)
European Council for Voluntary Organisations
Comité Européen des Associations d'Intérêt Général
c/o FONDA
Rue de Varenne 18, F-757007 Paris
T: (00331) 45 49 06 58 **Fax:** 42 84 04 84
E-Mail: cedag.europe@wanadoo.fr
Gründung: 1989
President: Anne David
Secretary General: Stefania Mancini
Verbandszeitschrift: CEDAG Euro-Letter
Mitglieder: 38
Mitarbeiter: 1

• IZ U 579

Internationale Vereinigung für Weltspiele
International World Games Association
Association Internationale des Jeux Moindiaux
De Lepelaar 8, NL-2751 CW Moerkapelle
T: (003179) 5 93 61 64 **Fax:** 5 93 61 63

• IZ U 580

International Toy Libraries Association
Internationaler Spieliotheken/Ludotheken-Verband
Via del Proconsolo 15, I-50122 Florenz
T: (003955) 28 46 21 **Fax:** 28 46 21
E-Mail: cidlfi@ats.it
Gründung: 1993 (7. Oktober)
President: Freda Kim
Vice President: Jean-Pierre Cornelissen
Leitung Presseabteilung: Giorgio Bartolucci
Verbandszeitschrift: Newsletter
Redaktion: ITLA, Florenz

• IZ U 581

Europäisches Zentrum für staatsbürgerliche Gesinnung
Civic European Center
Centre Européen du Civisme
Avenue Franklin Roosevelt 17-CP 108-, B-1050 Brüssel
T: (00322) 6 50 35 99 **Fax:** 6 50 35 99
Gründung: 1990
Président: Guy Haarscher
Secrétaire Général: Monique Lambert

• IZ U 582

Europäisches Zentrum für Stiftungen (EFC)
European Foundation Centre
51 rue de la Concorde, B-1050 Brüssel
T: (00322) 5 12 89 38 **Fax:** 5 12 32 65
Internet: http://www.efc.be
E-Mail: efc@efc.be
Gründung: 1989
Gouverning Council:
Chairman: Carlos A. Monjardino
Vice Chairs: Françis Charhon
Luc Tayart de Borms
Direktor(in): John Richardson
Treasurer: Hans Hillenius
Verbandszeitschrift: EFC Executive Newsline, EFC Partners Europe, EFC Bookshelf, EFC Alerts, EFC Communiqués, EFC Annual General Meeting Reports, EFC Annual Reports, European Grants Index, Environmental Funding in Europe, Cultural Funding in Europe
Mitglieder: 150

• IZ U 583

Europäisches Zentrum für Traditionelle- und Regionalkultur (ECTARC)
European Centre for Traditional and Regional Cultures
Centre Européen des Cultures Traditionnelles et Régionales
Parade Street - Llangollen, GB-Denbighshire LL20 8RB
T: (00441978) 86 15 14 **Fax:** 86 18 04
E-Mail: ectarc@aol.com
Gründung: 1982
President: Miguel Strubell i Trueta
Contact: Alan Kilday (Director)
Mitarbeiter: 18

• IZ U 584

Europa-Kontakt
Verein zur Förderung der europäischen Integration e.V.

Europe Contact
Association for the Promotion of the European Integration
Europe-Contact
Association pour la Promotion de l'Intégration Européenne
Informationsbüro Bonn
Breite Str. 29, 10178 Berlin
T: (030) 2 03 08-4060 **Fax:** 2 03 08-4061

• IZ U 585

Europaverband der Schausteller (EDS)

European Confederation of Showmen
Confédération Européenne des Forains (CDF)
Generalsekretariat:
Adenauerallee 48, 53113 Bonn
T: (0228) 22 40 26 **Fax:** 22 19 36
E-Mail: bsm.bonn@t-online.de
Gründung: 1994 (8. Dezember)
Präsident(in): Walter Weitmann
Vizepräsident(in): Jean Dubois
Leonard Keulemans
Ginetto Puglie
Bérengère De Bruyne
Generalsekretär(in): Dipl.-Kfm. Heinz Bachmann (Ltg. Presseabt.)
Verbandszeitschrift: Der Komet
Verlag: Der Komet, Molkenbrunner Str. 10, 66954 Pirmasens
Mitglieder: 5 Verbände
Mitarbeiter: 4

iz u 586

Europaverband der Schausteller

Büro Brüssel
c/o Europaverband der Selbständigen - CEDI
Square Sainctelette 11/12, B-1000 Brüssel

Mitglieder:

iz u 587

Association des Forains Francais (AMAG)

5 Ter Avenue de l'Urss, F-31400 Toulouse
T: (003361) 53 44 48 **Fax:** 53 16 95
Präsident(in): Jean Dubois

iz u 588

Associazione Nazionale Spettacoli Viaggianti Ed Affini (ANSVA)

Via Farine 5, I-00185 Rom
T: (00396) 47 25 **Fax:** 4 74 68 86
Präsident(in): Ginetto Puglie
Sekr: N. N.

iz u 589

De Nederlandse Kermisbond (NKB)

Oudegracht 188, NL-1811 CP Alkmaar
T: (003172) 5 12 35 83, (00316) 54 74 15 00
Fax: (003172) 5 12 12 52
Internet: http://home.hetnet.nl/-nkb.nl
E-Mail: nkbalkmaar@hetnet.nl
Präsident(in): Leonard Keulemans
Sekr: Jan Boots

iz u 590

Wettelijk Erkende Vereniging
Vrij Nationaal Syndikaat der Foorreizigers

Syndicat National Libre des Forains
Courtensstraat 38, B-8791 Beveren-Leie
T: (003256) 70 47 34 **Fax:** 70 47 34
Präsident(in): Guido Herman
Sekr: Martine Vandorpe

iz u 591

Bundesverband Deutscher Schausteller und Marktkaufleute e.V. (BSM)

vorher: HAGD
Adenauerallee 48, 53113 Bonn
T: (0228) 22 40 26 **Fax:** 22 19 36
Internet: http://www.bsm-lsm.de
E-Mail: bsm.bonn@t-online.de
Präsident(in): Walter Weitmann
Hauptgeschäftsführer(in): Dipl.-Kfm. Heinz Bachmann

• IZ U 592

Gesellschaft der Europäischen Akademien e.V. (GEA)

Society of European Academies
Sociétés des Académies Européennes
Geschäftsstelle
Bonner Talweg 42, 53113 Bonn
T: (0228) 94 93 01-0 **Fax:** 94 93 01-29
E-Mail: oesketzler@aol.com
Gründung: 1974 (26. März)
Vorsitzende(r): Dipl.-Pol. Michael Jörger (Leiter der Europäischen Akademie Bayern)
Stellvertretende(r) Vorsitzende(r): Hanna Christhard Eichhorst
Andreas Handy
Mitglieder: 18

• IZ U 593

International federation of air traffic safety electronic associations (IFATSEA)

75/79 York Road, GB-London SE1 7 AQ
T: (0044207) 9 02 66 00 **Fax:** 9 02 66 67
President: Gary Myers
Verbandszeitschrift: NAVAIRE

• IZ U 594

Internationale Föderation der Europahäuser (FIME)

International Federation of Europe Houses
Fédération Internationale des Maisons de l'Europe
Pestelstr. 2, 66119 Saarbrücken
T: (0681) 9 54 52 22 **Fax:** 9 54 52 50
Internet: http://www.fime.org
E-Mail: fime-gs@t-online.de
Gründung: 1962 (28./29. September)
Präsident(in): Arno Krause
Generalsekretär(in): Roswitha Jungfleisch
Mitglieder: 119 in 26 Ländern

Europapolitische Jugend- und Erwachsenenbildung und Informationsarbeit.

Mitgliedsorganisationen

Albanien

iz u 602

House of Europe of Sarandë

c/o Town Hall
c/o Town Hall, AL-Sarandë
T: (00355) 3 82 02 01 70 Tirana **Fax:** 4 26 19 31
Kontaktperson: Revecca Vasili
Kontaktperson: Ilia Vasili

Belgien

iz u 6 02.10

Académie Européenne de Bruxelles

Rue Guillaume Tell, B-1060 Brüssel
T: (00322) 5 43 10 32 **Fax:** 5 43 10 37
E-Mail: forum@cecop.org
Kontaktperson: Philippe Joachim

iz u 603

Centre Européen Louis Delobbe

Rue St. Eloi 45 Province de Namur, B-5670 Olloy-sur-Viroin
T: (003260) 39 94 54, 39 08 85 **Fax:** 39 09 92, 39 98 58
Kontaktperson: Jean-Pol Colin

iz u 604

Maison de l'Europe Trois Frontières

Eurégio Meuse/Rhin
Albertstr. 39, B-4720 La Calamine
T: (003287) 65 34 51 **Fax:** 65 79 14
E-Mail: eu.info@skynet.be, forum@cecop.org
Kontaktperson: Philippe Joachim

Bosnien-Herzegowina

iz u 605

Sarajevo - Kuca Evrope

Gabelina 16, BA-71000 Sarajevo
T: (0071) 20 79 48 **Fax:** 20 79 48
E-Mail: ibrosa@bih.net.ba
Kontaktperson: Ibrahim Spahic

Dänemark

iz u 6 05.10

EuropaCenter Danmark

IUC-Europe
Postf. 150, DK-5700 Svendborg
Vilhelmskildevej 1,2, DK-5700 Svendborg
T: (004562) 21 68 92 **Fax:** 20 28 92
E-Mail: iuc@iuc-europe.dk

Deutschland

iz u 614

Auslandsgesellschaft Nordrhein-Westfalen e.V.

Postf. 10 33 34, 44033 Dortmund
Steinstr. 48, 44147 Dortmund
T: (0231) 8 38 00-0 **Fax:** 8 38 00-55
E-Mail: sowa@auslandsgesellschaft.org
Kontaktperson: Peter Sowa

iz u 615

Europa-Haus Görlitz

Europäisches Bildungs- und Informationszentrum Görlitz e.V.
Untermarkt 9, 02826 Görlitz
T: (03581) 40 14 64 **Fax:** 40 14 66
E-Mail: europa-haus-goerlitz@t-online.de
Kontaktperson: Eva-Maria Reitz

iz u 616

Europa-Haus Land Brandenburg e.V.

Wichertstr. 14, 10439 Berlin
T: (030) 44 65 03 81 **Fax:** 4 46 38 93
E-Mail: europahaus-brandenburg@t-online.de
Kontaktperson: Dr. Horst Grützke

iz u 617

Europa-Haus Leipzig e.V.

Katharinenstr. 11, 04109 Leipzig
T: (0341) 1 29 04 00 **Fax:** 9 60 14 90
E-Mail: europa@rzaix530.rz.uni-leipzig.de
Kontaktperson: Dr. Maria Peter

iz u 618

Europa-Haus Marienberg (EHM)

Öffentliche Stiftung bürgerl. Rechts
Postf. 12 04, 56464 Bad Marienberg
Europastr. 1, 56470 Bad Marienberg
T: (02661) 6 40-0, 6 40-438 **Fax:** 6 40-1 00
E-Mail: ehm@europa-haus-marienberg.de
Kontaktperson: Detlev Otto

iz u 619

Europäische Akademie Arnstadt e.V.

Karolinenstr. 1, 99310 Arnstadt
T: (03628) 7 98 04 **Fax:** 6 00-567
Internet: http://www.mbc.de/eaa
E-Mail: eaa@mbc.de
Kontaktperson: Hans Joachim Schaaf

iz u 620

Europäische Akademie Bayern e.V.

Hirtenstr. 16, 80335 München
T: (089) 54 91 41-0, 54 91 41-15 **Fax:** 54 91 41-9
E-Mail: t.heckeberg@europaeische-akademie.de, h.hoffmann@europäische-akademie.de
Kontaktperson: Thomas Heckeberg

iz u 621

Europäische Akademie Berlin e.V.

Bismarckallee 46-48, 14193 Berlin
T: (030) 89 59 51-0 **Fax:** 8 26 64 10
E-Mail: sch@eaue.de
Kontaktperson: Dr. Barbara Munske

iz u 622

Europäische Akademie Hessen e.V.

Luisenplatz 2, 64283 Darmstadt
T: (06151) 12 56 54 **Fax:** 12 43 97
E-Mail: europakademiehessen@rpda.hessen.de
Kontaktperson: Bruno P. Bengel

iz u 623

Europäische Akademie Otzenhausen e.V. (EAO)
European Academy Otzenhausen
Académie Européenne d'Otzenhausen
Europahausstr., 66620 Nonnweiler
T: (06873) 6 62-0 **Fax:** 6 62-150
E-Mail: europ.akademie.otzenhausen@t-online.de, eao.vw@t-online.de
Postanschrift:
Geschäftsstelle
Pestelstr. 2, 66119 Saarbrücken
T: (0681) 9 54 52-0, Fax: 9 54 52-50
E-Mail: fime-gs@t-online.de
Kontaktperson: Arno Krause

iz u 624

Europäische Akademie Schleswig-Holstein e.V.
Bundesstr., 24988 Sankelmark
T: (04630) 55-0 **Fax:** 5 51 99
E-Mail: info@eash.de
Kontaktperson: Dr. Rainer Pelka

iz u 625

Europäische Bildungs- und Aktionsgemeinschaft e.V. (EBAG)
Bonner Talweg 42, 53113 Bonn
T: (0228) 94 93 01-0 **Fax:** 94 93 01-29
E-Mail: ebaghsch@aol.com
Kontaktperson: Helmut Schöneseiffen

iz u 6 25.10

Europäische Heimvolkshochschule Helenenau e.V.
T: (03338) 33 39, 39 17-0 **Fax:** 39 17-17
Kontaktperson: Dr. Jürgen Prang

Europäische Staatsbürger-Akademie e.V.
GF: Dir. G. Eickhorn
bestehend aus folg. Bildungseinr.:

iz u 626

Europa-Institut Bocholt
Adenauerallee 59, 46399 Bocholt
T: (02871) 3 43-0 **Fax:** 3 43-101
E-Mail: esta-edu@t-online.de
Kontaktperson: Ragnar Leunig

iz u 627

Europa-Institut Bad Oeynhausen
Westkorso 18, 32545 Bad Oeynhausen
T: (05731) 2 70 66-67 **Fax:** 2 14 01
E-Mail: esta-oeynhausen@t-online.de
Kontaktperson: Volkert Bünz

iz u 628

Europa-Institut Berlin
Mariannenplatz 26, 10997 Berlin
T: (030) 6 17 79 04-0 **Fax:** 6 17 79 04-101
E-Mail: esta-berlin@t-online.de
Kontaktperson: Harry Golm

iz u 629

Europäische Staatsbürger-Akademie Brandenburg e.V.
Joachimsthaler Str. 20, 16244 Altenhof
T: (033363) 64 09 **Fax:** 64 09
E-Mail: esta-brandenburg@t-online.de
Kontaktperson: Harry Golm

iz u 630

Europäische Staatsbürger-Akademie Thüringen e.V.
Ortsstr. 29-31, 98744 Cursdorf
T: (036705) 6 10 99 **Fax:** 6 26 30
E-Mail: esta-thueringen@t-online.de
Kontaktperson: Michael Rammner

iz u 631

Europahaus Aurich
Deutsch-Niederl. Heimvolkshochschule
Von-Jhering-Str. 35, 26603 Aurich
T: (04941) 95 27-0, 95 27 15 **Fax:** 95 27 27
E-Mail: Europahaus@emsnet.de
Kontaktperson: Heinz-Wilhelm Schnieders

iz u 632

Europa Zentrum Baden-Württemberg
Institut und Akademie für Europafragen in Baden-Württemberg e.V.
Nadlerstr. 4, 70173 Stuttgart
T: (0711) 2 34 93 67 **Fax:** 2 34 93 68
E-Mail: europa.bw@t-online.de
Kontaktperson: Sabine Bliestle

iz u 633

Europa-Zentrum Meißen e.V.
Postf. 10 04 28, 01654 Meißen
T: (03521) 45 22 09, 45 22 74 **Fax:** 45 22 95
E-Mail: europazentrummeissen@t-online.de
Kontaktperson: Dr. Ines Kunitzsch

iz u 634

Europa Zentrum Rostock e.V.
Gerhart-Hauptmann-Str. 19, 18055 Rostock
T: (0381) 3 70 14 **Fax:** 3 12 22
Kontaktperson: Bernhard Haeske

iz u 635

Gesamteuropäisches Studienwerk e.V.
Südfeldstr. 4, 32602 Vlotho
T: (05733) 91 38-0 **Fax:** 1 88 04
E-Mail: gesw@kube-vlotho.de
Kontaktperson: Dr. Michael Walter

Gustav-Stresemann-Institut e.V.
bestehend aus folgenden Bildungseinrichtungen:

iz u 636

Gustav-Stresemann-Institut e.V. (GSI)
Langer Grabenweg 68, 53175 Bonn
T: (0228) 81 07-0 **Fax:** 81 07-198 (Verwaltung)
Internet: http://www.gsi-bonn.de
E-Mail: info@gsi-bonn.de
Kontaktperson: Frank Morawietz

iz u 637

Europäische Akademie Bad Bevensen
Klosterweg 4, 29549 Bad Bevensen
T: (05821) 9 55-0 **Fax:** 9 55-299
Kontaktperson: Frank S. Rüdiger (M.A.)

iz u 638

Fridtjof-Nansen-Akademie für politische Bildung
Postf. 16 33, 55209 Ingelheim
Wilhelm-Leuschner-Str. 61, 55218 Ingelheim
T: (06132) 7 90 03 16 **Fax:** 7 90 03 22
E-Mail: wbz.ingelheim@t-online.de
Kontaktperson: Dr. Peter Becker

iz u 639

Informations- und Bildungszentrum Schloß Gimborn e.V.
Schloßstr. 10, 51709 Marienheide
T: (02264) 60 91 **Fax:** 37 13
E-Mail: ibz.gimborn@t-online.de
Kontaktperson: Klaus-Ulrich Nieder

iz u 640

Internationales Haus Sonnenberg
Clausthaler Str. 11, 37444 St. Andreasberg
T: (05582) 9 44-0, Fax: 9 44-100
Postanschrift:
Internationaler Arbeitskreis Sonnenberg e.V.
Gesellschaft z. Förderung intern. Zusammenarbeit
Bankplatz 8, 38100 Braunschweig
T: (0531) 2 43 64-0 **Fax:** 2 43 64-50
E-Mail: sonnenberg@tu-clausthal.de
Kontaktperson: Adrian Greenwood

iz u 6 40.10

International Sonnenberg Association
Postf. 26 54, 38016 Braunschweig
T: (0531) 2 43 64-0 **Fax:** 2 43 64 50
E-Mail: sonnenberg@tu-clausthal-de
Kontaktperson: Fritz Eitel

iz u 641

Internationales Forum Burg Liebenzell
Postf. 12 28, 75375 Bad Liebenzell
T: (07052) 92 45-0 **Fax:** 92 45-18
Kontaktperson: Peter Witte

Finnland

iz u 6 41.10

Tampere Europe Academy
Hallilantie 24, FIN-33820 Tampere
T: (003583) 2 65 01 67 **Fax:** 2 66 03 44
E-Mail: ahlmalu@info2.info.tampere.fi
Kontaktperson: Marju Luoma

Frankreich

iz u 648

Académie Européenne du Nord de l'Europe
Postf. 2001, F-59011 Lille cedex
T: (0033320) 52 72 07 **Fax:** 52 25 01
E-Mail: dzielinski@wanadoo.fr, kstempien@nordnet.fr
Kontaktperson: Daniel Zielinski

iz u 649

Institut Robert Schuman pour l'Europe (I.R.S.E.)
3, avenue des Sources, F-84000 Avignon
T: (0033490) 14 71 54 **Fax:** 14 71 55
Kontaktperson: Père Maurice Rieutord

iz u 650

Maison de l'Europe & Musée Robert Schuman
Rue Robert Schuman 8, F-57160 Scy-Chazelles
T: (0033387) 60 10 15 **Fax:** 60 14 71
E-Mail: richard.stock@wanadoo.fr
Kontaktperson: Richard Stock

iz u 651

Maison de l'Europe d'Avignon et de Vaucluse
6 boulevard Saint-Michel, F-84000 Avignon
T: (0033490) 16 35 00 **Fax:** 16 35 01
E-Mail: cyrille.perez@europe-avignon.com, maison.europe@europe-avignon.com
Kontaktperson: Cyrille Perez

iz u 653

Maison de l'Europe Dunkerque et Flandre Littorale
1 rue des Remparts, F-59140 Dünkirchen
T: (0033328) 21 00 16 **Fax:** 21 00 16
Kontaktperson: Nathalie Legros

iz u 654

Maison de l'Europe de la Grande Thiérache
Rue Saint-Louis 2, F-59610 Fourmies
T: (0033327) 60 50 28, 57 95 31 **Fax:** 60 50 30
E-Mail: eurothierache@wanadoo.fr
Kontaktperson: Stéphane Libert

iz u 655

Maison de lEurope de Montpellier
Rue Léon Blum 275, F-34000 Montpellier
T: (0033467) 15 07 56 **Fax:** 15 07 37
E-Mail: europelr@club-internet.fr
Kontaktperson: Gérard Rousset

iz u 656

Maison de l'Europe de Nîmes et sa région
Place du Château 1, F-30000 Nîmes
T: (0033466) 21 77 50 **Fax:** 21 87 99
E-Mail: europenimes@yahoo.fr
Kontaktperson: Henri Banus

iz u 657

Maison de lEurope de Paris
Rue de Francs-Bourgeois 35-37 Hotel de Coulanges, F-75004 Paris
T: (00331) 44 61 85 85 **Fax:** 44 61 85 95
Kontaktperson: Olivier Passelecq

iz u 658

Maison de l'Europe de Toulouse
Place Saint-Sernin 21, F-31000 Toulouse
T: (0033561) 12 34 34 **Fax:** 13 70 22
E-Mail: europe.toulouse@hol.fr
Kontaktperson: Geneviève Saint-Hubert

iz u 659

Maison de l'Europe de Tours Centre Val de Loire
66 Bd Béranger, F-37000 Tours
T: (0033247) 20 05 55 **Fax:** 05 24 27 (z.Hd. H. Vialles)
Kontaktperson: Hélène Vialles

iz u 660

Maison de l'Europe en Limousin
Avenue Georges Dumas 51, F-87000 Limoges
T: (0033555) 32 47 63 **Fax:** 32 47 63
E-Mail: maison.europe.limoges@wanadoo.fr
Kontaktperson: Jacques Taurisson

iz u 661
Maison Douaisienne de l'Europe
Quai Foch 175, F-59500 Douai
T: (0033327) 88 82 13 **Fax:** 96 37 99
E-Mail: maisoneuropedouai@nordnet.fr
Kontaktperson: Patrice Barrier

Griechenland

iz u 665
La Maison de l'Europe d'Athènes
Rue Stadiou 28, GR-10564 Athen
T: (0031) 9 23 29 82, 3 31 33 77
Fax: (00301) 3 31 33 77 (z.Hd. Herrn Stamelos)
Kontaktperson: Basile Petropoulos

iz u 666
La Maison de l'Europe de Patras
Rue Karolou 93, GR-26223 Patras
T: (003061) 65 27 79, 43 24 94,
(00301) 6 91 50 25 (F. Bavarezou, Athen),
6 42 01 62 (J. Micros, Athen) **Fax:** (00301) 3 63 08 65,
6 49 49 01, 8 23 79 01, 6 46 27 54
E-Mail: europehouse@matrix.kapatel.gr
Kontaktperson: Jannis Micros

iz u 667
La Maison de l'Europe de Pirée & des Iles
Ave Vassileos Pavlou 6, GR-18534 Pireas
T: (00301) 4 13 57 22, 4 17 03 91 **Fax:** 4 12 22 10
Kontaktperson: Georgette Kotzia-Vyzantiou

iz u 668
La Maison de l'Europe de Saloniki
Miaouli 23, GR-54642 Thessaloniki
T: (003031) 83 34 13 **Fax:** 22 18 97
Kontaktperson: Nikos Konstas

iz u 669
Europe House Byron
Themistokleous Street 3, GR-10677 Athen
T: (00301) 3 64 47 04, 3 80 40 05 **Fax:** 3 63 57 48
E-Mail: nvardalas@yahoo.com
Kontaktperson: Stavros Vardalas

Großbritannien

iz u 6 69.10
Centre for Europe London
21, Holme Chase St. George's Avenue Weybridge, GB-Surrey KT13 OBZ
T: (00441932) 84 67 54 **Fax:** 84 67 54
E-Mail: cfe@lineone.net
Kontaktperson: Roger Kercher

iz u 6 69.20
Forward in Europe
Middleshaw Hall
Old Hutton, Nr Kendal, GB-Cumbria LA8 0LZ
T: (00441539) 72 80 55 **Fax:** 72 80 55
E-Mail: eurash@aol.com
Kontaktperson: Stephen Hinchliffe

iz u 6 69.30
SCIENTIA
Annandale
Linksfield Street, GB-Leven KY8 4HX
T: (00441333) 42 26 44 **Fax:** 42 26 44
E-Mail: amoore@fife.ac.uk
Kontaktperson: Malcolm Houston

Ungarn

iz u 670
Europa-Akademie Budapest
Keleti Károly u. 28/b. II. 1., H-1024 Budapest
T: (00361) 3 16 73 46 **Fax:** 3 16 73 46
E-Mail: europaakademia@mail.datanet.hu
Kontaktperson: Tibor Pál

Kroatien

iz u 671
Europe House Zagreb
Jurišiceva 1/I, HR-10000 Zagreb
T: (003581) 48 13-414, 48 13-960 **Fax:** 48 13-419, 48 13-956
E-Mail: europe-house-zg@zg.tel.hr
Kontaktperson: Ljubomir Cucic

iz u 672
Europski Dom Dubrovnik
Frana Supila 6, HR-20000 Dubrovnik
T: (0038520) 48 86 21 **Fax:** 48 86 21
E-Mail: europski-dom-dubrovnik@du.tel.hr
Kontaktperson: Adriana Kremenjas-Danicic

Italien

iz u 673
Accademia Europeista del Friuli-Venezia Giulia
Postf. 45, I-34170 Gorizia
Via Diaz 8/D, I-34170 Gorizia
T: (00390481) 53 64 29 **Fax:** 53 70 36
E-Mail: accademia@mail.seta.it
Kontaktperson: Dott. Pio Baissero

iz u 674
Associazione Italia-Francia per l'Europa "Charles Jeffroy"
Via Ginesio 33 bis, I-04010 Bassiano
T: (00390773) 35 54 25 **Fax:** 35 54 25
Kontaktperson: Prof. Mattia Pacilli

iz u 675
Casa d'Europa di Puglia "Aldo Moro"
Hotel Villaggio - Cala Corvino
Viale Aldo Moro 4, I-70043 Monopoli
T: (0039080) 80 29 22 **Fax:** 80 20 78
E-Mail: info@calacorvino.it
Kontaktperson: Avv. Antonio Muolo

iz u 676
Casa d'Europa "Altiero Spinelli" di Trapani
Via Virgilio 26, I-91100 Trapani
T: (00390923) 55 17 45, 2 39 00 **Fax:** 55 83 40
Kontaktperson: Dott. Rodolfo Gargano

iz u 677
Casa d'Europa di Caltagirone
via SS Salvatore 12, I-95041 Caltagirone
T: (00390933) 5 43 03 **Fax:** 5 43 03
Kontaktperson: Dr. Angelo Meraviglia

iz u 678
Casa dEurope di Enna
Via Roma 93, I-94100 Enna
T: (00390935) 2 25 99, 2 44 65 **Fax:** 50 22 61
E-Mail: micsabat@tin.it
Kontaktperson: Dott. Michele Sabatino

iz u 679
Casa d'Europa di Gallarate
Via Marsala 36/B, I-21013 Gallarate
T: (00390331) 78 90 57 **Fax:** 78 63 29, 78 09 90, 20 59 26
Kontaktperson: Dr. Salvatore Pignatelli

iz u 680
Casa d'Europa di Palermo
Via Emerico Amari 162, I-90139 Palermo
T: (0039091) 58 44 32 **Fax:** 58 44 32
E-Mail: caseuropa@caseuropa.org
Kontaktperson: Dott. Giovanni Guarino

iz u 682
Casa d'Europa di Treviglio
Vl. Merisio 14 c/o ITC. Oberdan, I-24047 Treviglio
T: (00390363) 4 83 16, 41 90 62 **Fax:** 30 31 65, 30 18 39
Presidente: Albano Cagnin

iz u 683
Casa d'Europa di Trieste
Via Roma 15, I-34100 Trieste
T: (0039040) 76 18 81 **Fax:** 76 18 81
E-Mail: sifumis@tin.it
Kontaktperson: Silva Fumis

iz u 684
Casa d Europa Federico II
Via Cupa della Torretta, 8, I-80070 Neapol
T: (0039081) 8 68 77 53 **Fax:** 20 47 75
Kontaktperson: Dr. Giovanni Migliaccio

iz u 685
Casa dEuropa "Mario Zagari"
Via Cuostile 2, I-04024 Gaeta
T: (00390771) 74 06 07 **Fax:** 74 06 07
Kontaktperson: Dr. Alessandra Pedagna-Leccese

iz u 686
Centro Einstein di Studi Internazionali (C.E.S.I.)
Via Schina 26, I-10144 Torino
T: (00390911) 4 73 28 43 **Fax:** 4 73 28 43
E-Mail: grua@de.unito.it
Kontaktperson: Prof. Claudio Grua

iz u 687
Centro di Studi sul Federalismo Mario Albertini
Via Porta Pertusi 6, I-27100 Pavia
T: (00390382) 30 47 33 **Fax:** 30 37 84
Kontaktperson: Prof. Carlo Guglielmetti

iz u 688
Istituto di Studi Mezzogiorno d'Europa (ISME) - Casa d'Europa
Via delle Rane 32, I-09134 Cagliari
T: (0039070) 49 99 92 **Fax:** 40 20 91, 4 20 46
E-Mail: vaela@tiscalinet.it
Kontaktperson: Amalia Bene

Luxemburg

iz u 689
Institut d'Europe Luxembourg
Centre d'information et de formation européenne
Rue du Parc 31, Château de Munsbach, L-5374 Munsbach
T: (00352) 35 96 91, 35 98 96, 35 63 53 **Fax:** 35 96 92
Kontaktperson: Alain Tandel

Malta

iz u 690
AZAD Academy for the development of a democratic environment
Casa Pereira
224 Triq ir-Repubblika, GBY-Valletta
T: (00356) 24 75 15, 23 48 84 **Fax:** 22 04 96
Kontaktperson: Richard Muscat

Österreich

iz u 6 90.10
Europäische Akademie Wien
Laxenburger Str. 5-3/7, A-1100 Wien
T: (00431) 3 15 78 69 **Fax:** 3 15 78 68 20
E-Mail: ea.wendl@chello.at
Kontaktperson: Dr. Erich Wendl

iz u 6 90.15
Europahaus Burgenland
Domplatz 12, A-7000 Eisenstadt
T: (00432682) 7 56 50 **Fax:** 7 56 51
E-Mail: europahaus@magnet.at
Kontaktperson: Mag. Johann Göttel

iz u 6 90.20
Europahaus Graz
Zinzendorfgasse 1, A-8010 Graz
T: (0043316) 38 48 38 **Fax:** 38 48 38-14
E-Mail: europa@asn-graz.ac.at
Kontaktperson: Willibald Richter

iz u 6 90.25
Europahaus Klagenfurt
Reitschulgasse 4, A-9020 Klagenfurt
T: (0043463) 51 17 41 **Fax:** 51 17 41
E-Mail: europahaus.klu@qmx.at
Kontaktperson: Mathilde Sabitzer

iz u 6 90.30
Europahaus Linz
Postf. 3 84, A-4010 Linz
T: (0043732) 77 55 48 **Fax:** 77 55 48
E-Mail: franz.kremaier@ooe.gv.at,
c.kremaier@mail.asn-linz.ac.at
Kontaktperson: Dr. Franz Kremaier

iz u 6 90.35
Karl Brunner Europahaus Neumarkt
Jahnweg 5, A-8330 Feldbach

T: (00433152) 24 97 **Fax:** 24 97-4
E-Mail: die.europäer@europajugend.at
Kontaktperson: Max Wratschgo

iz u 6 90.40

Salzburger Bildungswerk - Institut für Europa
Imbergstr. 2/III, A-5020 Salzburg
T: (0043662) 87 26 91-21 **Fax:** 87 26 91-25
E-Mail: w.forthofer@sbw.salzburg.at
Kontaktperson: Dr. Wolfgang Forthofer

iz u 6 90.45

Schloß Hofen - Wissenschafts- und Weiterbildungszentrum
am Bodensee, Hoferstr. 26, A-6911 Lochau
T: (00435574) 49 30-0 **Fax:** 49 30-22
E-Mail: info@schlosshofen.at
Kontaktperson: Gabriele Böheim

Portugal

iz u 693

ALPOR - Casa da Europa da Lisboa
Tv. D. Vasco 40 1.E, P-1300 Lissabon Codex
T: (003511) 3 01 78 07 **Fax:** 3 63 91 12
E-Mail: hm@teleweb.pt
Kontaktperson: Hélder Martins

iz u 694

Casa da Europa do Ribatejo
Edf. Museu Distrital
Rua Passos Manuel r/c, P-2000-118 Santarem
T: (00351243) 39 12 93 **Fax:** 39 12 92
E-Mail: ceribatejo@mail.telepac.pt
Kontaktperson: Pedro Canavarro

iz u 695

CERNE - Casa da Europa da Madeira
Rua Latino Coelho n° 57-3°, P-9050 Funchal Madeira
T: (0035191) 23 55 45 **Fax:** 23 53 82
E-Mail: cerne.madeira@mail.telepac.pt
Kontaktperson: João Henrique de Nóbrega Gonçalves

Polen

iz u 696

Akademia Europejska na Slasku Opole
ul. Grota Roweckiego 6d-8, PL-45256 Opole
T: (004877) 4 55 52 96 **Fax:** 4 55 52 96
E-Mail: akadeuro@polo.po.opole.pl
Kontaktperson: Jerzy Kaczmarek

iz u 697

Dom Europejske Ustroń-Cieszyn
Ul. Agrestowa 1, PL-43450 Ustrón
T: (0048338) 54 26 36
E-Mail: fime-deu@ka.onet.pl
Kontaktperson: Dr. Joachim Liszka

iz u 698

Komitet Europejski w Walbrzychu
Rynek 9, PL-58300 Walbrzych
T: (004874) 8 42 58 74 **Fax:** 8 42 46 13, 8 42 58 74
Kontaktperson: Jacek Szerer

Rumänien

iz u 6 98.10

Eurolink - The House of Europe Foundation
18, Sapte Drumuri Str., bl.PM 40A, sc.B, ap.49 District 3, R-Bukarest
T: (00401) 3 24 80 78 **Fax:** 2 30 77 11
E-Mail: eurolink@fx.ro
Kontaktperson: Sever Avram

Rußland

iz u 699

Europe House Moscow
Vozdvizhenska Str. 16, RUS-103885 Moskau
T: (007095) 2 90 12 92, 2 90 15 09 **Fax:** 2 90 61 81, 2 00 12 09
E-Mail: rciscc@gov.ru
Kontaktperson: Alexej Lounkov

iz u 700

Europe House St. Petersburg
Emb. r. Fontanka 78, n° 205, RUS-St. Petersburg
T: (0070812) 1 13 34 26 **Fax:** 3 14 89 45, 5 28 10 08
E-Mail: spb251@spb.sitek.net
Kontaktperson: Prof. Nina Litvinova

Schweden

iz u 701

Europahuset Sandviken
Postf. 144, S-81122 Sandviken
Hyttgatan 23, S-81122 Sandviken
T: (004626) 27 67 00 **Fax:** 27 67 01
E-Mail: ala@europahuset.se
Kontaktperson: Laila Nordfors

Schweiz

iz u 7 01.10

Centre Européen de la Culture
Maison de lEurope
Rue de Lausanne 120b, CH-1202 Genf
T: (004122) 7 32 28 03 **Fax:** 7 38 40 12
E-Mail: cecge@vtx.ch
Kontaktperson: Laurence Arnaud

iz u 7 01.20

Europa-Institut Schweiz
Rütistr. 1, CH-8044 Gockhausen-Zürich
T: (00411) 8 21 10 50 **Fax:** 8 22 00 29
Kontaktperson: Dr. Erich Schmid

iz u 7 01.30

Maison de l'Europe Transalpine
c/o BERSY
Rue de Pierre fleurs 15, CH-1958 Uvrier
T: (004127) 2 03 73 30 **Fax:** 2 03 73 32
E-Mail: jprausis@swissonline.ch
Kontaktperson: Jean-Pierre Rausis

iz u 7 01.40

Maison de l
Europe Transjurassienne
Rue de lHôtel-de-Ville 4, F-2002 Neuchatel
T: (004132) 9 14 20 94 (Chr. Sester), 7 21 30 71 (L. Sester)
E-Mail: christian.sester@lettres.unine.ch, laurent.sester@hotmail.com

Slowenien

iz u 702

Evropska Hiša Maribor
Gospejna ulica 10, SLO-2000 Maribor
T: (0038662) 21 58 51 **Fax:** 22 75 58
E-Mail: eu.hisa@uni-mb.si
Kontaktperson: Barbara Kobale

iz u 703

Evropska Hiša Nova Gorica
Erjavcev 4, p.p. 267, SLO-5000 Nova Gorica
T: (0038665) 2 52 19, 2 84 89 **Fax:** 2 40 44, 2 27 56
E-Mail: stobos.boris@siol.net
Kontaktperson: Boris Savle

Spanien

iz u 7 03.10

Casa de Europa de la Comunidad Valenciana
Padre Espla, 39-2° D, E-03013 Alicante
T: (0034965) 18 95 18 **Fax:** 18 95 18
Kontaktperson: Juan Cantó Rubio

iz u 7 03.20

Casa de Europa de Madrid
Gran Via, 43.3°, E-28013 Madrid
T: (003491) 2 41 32 05 **Fax:** 2 48 08 69 (über Movimento Europeo)
Kontaktperson: Raúl Herrero

iz u 7 03.30

Casa de Europa de Marbella
Avda. Ricardo Soriano 65-2ª planta, E-29600 Marbella
T: (0034952) 77 58 12, 77 58 35 **Fax:** 82 99 32
E-Mail: bocanegra@marbella.net
Kontaktperson: Ricardo Sánchez Bocanegra

iz u 7 03.40

Casa de Europa en Cáceres
Apartado Correos 834, E-10080 Cáceres
T: (0034927) 23 10 77 **Fax:** 31 12 96
E-Mail: ce-caceres@olemail.com
Kontaktperson: Juan Manuel Lodo Uriac

iz u 7 03.50

Casa de Europa en Cantabria
Gral. Dávila, 89-planta 1a, E-39006 Santander
T: (0034942) 24 12 80 **Fax:** 24 12 80
E-Mail: casaeuropa@mundiva.es
Kontaktperson: Venancio Diego Alonso

Tschechische Republik

iz u 7 03.60

Association for the European Home
Postf. 56, CZ-11001 Praha 1
T: (004202) 24 22 32 79 **Fax:** 24 22 28 82
Kontaktperson: Dr. Alexander Ort

iz u 7 03.70

Europäische Akademie Jihlava
Masarykovo nám. 51, CZ-58601 Jihlava
T: (004266) 7 30 48 70 **Fax:** 7 31 05 85
Kontaktperson: Dipl.-Ing. Tomáš Sedlák

Zypern

iz u 7 03.80

Maison de l'Europe de Chypre
Postanschrift:
Michalakopoulou 200, GR-11527 Athen
T: (00301) 7 77 86 68 **Fax:** 7 77 86 68
Kontaktperson: Helen Nomicou
Evagoras Avenue 40 Flat 12, 4th floor, CY-Nicosia
T: (003572) 46 45 84, E-Mail: euhouse@istos.com, Dr. Michael Pissas

iz u 7 03.90

Cyprus Europe House Zenon
Kroisou 9 Strovolos, CY-2028 Nicosia
T: (003572) 49 20 19 **Fax:** 49 20 19
E-Mail: loizos@logos.cy.net
Kontaktperson: Luisa Koshis

• IZ U 704

Internationale Föderation für Informationsverarbeitung (INTERSTENO)
International Federation of Information-Processing
Fédération Internationale pour la traitement de l'information
Postf. 12 02 69, 53044 Bonn
T: (0228) 25 15 09 **Fax:** 25 15 09
Gründung: 1953
Generalsekretär(in): Dr. Karl Gutzler (Merler Allee 97, 53125 Bonn)
Mitglieder: Mitgliedsverbände: 25 Landesgruppen

Internationaler Erfahrungsaustausch über Fragen der Informationsverarbeitung; Veranstaltung von internationalen Kongressen.

• IZ U 705

Internationale Heinrich-Schütz-Gesellschaft e.V. (ISG)
Heinrich-Schütz-Allee 35, 34131 Kassel
T: (0561) 31 05-0 **Fax:** 31 05-2 40
Gründung: 1930
Präsident(in): KMD Prof. Dr. Wolfgang Herbst (Kleinschmidtstr. 52, 69115 Heidelberg)
Vizepräsident(in): Dr. Dietrich Berke (Am Galgenköppel 9, 34289 Zierenberg)
Vorstand: Professor Dr. Walter Werbeck (Möringstr. 15, 37671 Höxter)
Cornelis van Zwol (Utrechtseweg 44, NL-3818 EM Amersfoort)
Geschäftsführer(in): Sieglinde Fröhlich
Verbandszeitschrift: Acta Sagittariana
Redaktion: Sieglinde Fröhlich
Mitglieder: 1000

• **IZ U 706**

Internationale Vegetarier Union (IVU)
International Vegetarian Union
Postf. 38130, E-28080 Madrid
T: (00341) 3 31 99 60 **Fax:** 3 32 14 16
Internet: http://www.ivu.org
E-Mail: secretary@ivu.org
Gründung: 1908
President: Howard Lyman (U.S.A.)
Vice-Pres: Maxwell G. Lee (U.K.)
HonGeneral Secretary: Francisco Martin (Spain)
Assistant General Secretary: Hiren Kara (India)
Verbandszeitschrift: IVU News
Mitglieder: 200 societies worldwide with memberships from 50 to 20000

• **IZ U 707**

Internationale Vereinigung für das Hundewesen (FCI)
Fédération Cynologique Internationale
Place Albert 1er 13, B-6530 Thuin
T: (003271) 59 12 38 **Fax:** 59 22 29
Gründung: 1911
Secrétaire Général: Y. De Clercq
Mitglieder: 69+ 9 Partenaires sous Contrat
Mitarbeiter: 10

• **IZ U 708**

Internationaler Bund der Überwachungsgesellschaften (LISS)
International Federation of Security Services
Ligue Internationale des Sociétés de Surveillance
c/o Securitas AG
Alpenstr. 20, CH-3052 Zollikofen
T: (004131) 9 10 12 18 **Fax:** 9 11 63 34
Internet: http://www.security-ligue.org
E-Mail: liga@securitas.ch
Gründung: 1934
Chairman: Thomas Berglund
Secretary General: Hans Winzenried
Mitglieder: 41

• **IZ U 709**

Internationaler Verband für Arbeiterbildung (IFWEA-IVA-FIAET)
International Federation of Workers' Education Associations
Fédération Internationale des Associations pour l'Education des Travailleurs
Postf. 8703, N-0028 Oslo
T: (0047) 23 06 12 88 **Fax:** 23 06 12 70
Internet: http://www.ifwea.org
E-Mail: jmehlum@online.no
Gründung: 1947
President: Dan Gallin (Geneva, Switzerland)
Secretary-General: Jan Mehlum (Oslo, Norway)
Vice-Presidents: João Proença (Portugal)
Robert Lochrie (United Kingdom)
Aaron Barnea (Israel)
Károly György (Hungary)
Executive Members: Jean-Claude Parrot (Canada)
Aslak Leesland (Norway)
Kathini Maloba-Caines (Kenya)
Orlando Quesada (Philippines)
José A. Marcos Sánchez (Peru)
Rudolf Helfrich (Germany)
Jorma Turunen (Finland)
Sahra Ryklief (South Africa)
Ulric Sealy (Barbados)
Editors: Alana Dave
Verbandszeitschrift: "Workers Education"
Redaktion: Sekretariat IVA
Mitglieder: 93 Mitgliedsverbände
Mitarbeiter: 2
Jahresetat: DM 0,4 Mio, € 0,2 Mio

• **IZ U 710**

Internationaler Verband der Photographischen Kunst (FIAP)
International Federation of Photographic Art
Fédération Internationale de l'Art Photographique
Generalsekretariat
_'t Grachtje Over 128, NL-1625 PN Hoorn
T: (0031229) 27 11 03 **Fax:** 27 11 06
Gründung: 1950
Président: Emile Wanderscheid
Vice-Présidents: Jacques Denis (Belgique)
Joan Burgues (Andorre)
Secrétaire Général: Jan Jansen (Ltg. Presseabteilung)
Verbandszeitschrift: Informations + règlements
Mitglieder: 48 countries
Jahresetat: DM 0,06 Mio

• **IZ U 711**

Internationales Kuratorium für das Jugendbuch (IBBY)
International Board on Books for Young People
Postfach, CH-4003 Basel
Nonnenweg 12, CH-4003 Basel
T: (004161) 2 72 29 17 **Fax:** 2 72 27 57
Internet: http://www.ibby.org
E-Mail: ibby@eye.ch
Gründung: 1953
Präsident(in): Tayo Shima (6-2-2, Kitashinagawa, Shinagawa-ku Tokyo 141, Japan)
Sekretariat: Leena Maissen (IBBY, Postfach, Nonnenweg 12, CH-4003 Basel)
Verbandszeitschrift: Bookbird: a Journal of International Children's Literature
Verlag: Bezugsadresse: Bookbird, P.O. Box 807, Highland Park, IL 60035-0807, USA, T/Fax: (001847) 432-4038
Mitglieder: 64 Ländersektionen
Mitarbeiter: 2
Jahresetat: DM 0,2 Mio, € 0,1 Mio

• **IZ U 712**

Junge Unternehmer für Europa (YES)
Young Entrepreneurs for Europe
Jeunes Entrepreneurs pour l'Europe
Av. de la Joyeuse Entrée 1, B-1040 Brüssel
T: (00322) 219 12 25 **Fax:** 219 32 15
Gründung: 1988
Vorsitzende(r): Emma Marcegaglia
Generalsekretär(in): Marc Pezzini
Mitglieder: 12
Mitarbeiter: 1

• **IZ U 713**

Mensa International (MI)
Mensa International Ltd.
Mensa International
15 the Ivories
Northampton Street 6-8, GB-London N1 2HY
T: (0044207) 2 26-68 91 **Fax:** 2 26-70 59
Gründung: 1946 (1. Oktober)
Präsident(in): Victor Serebriakoff, London
Vorsitzende(r): Udo Schultz, Kiel (Germany)
Hauptgeschäftsführer(in): Ed Vincent, London
Mitglieder: ca. 110000

Tochterorganisationen in z. Z. 25 Staaten, Mitglieder in weiteren ca. 50 Staaten sind direkte Mitglieder bei Mensa International Ltd.
Landesverbände: Bundesrepublik Deutschland: Mensa in Deutschland e.V., Münzstr. 6, 51063 Köln (Geschäftsstelle)
Fachverbände: Es gibt weltweit über 300 "Special Interest Groups" innerhalb von Mensa

• **IZ U 714**

Paneuropa-Union Deutschland e.V.
Paneuropean Union Germany
Union Paneuropéenne Allemagne
Karlstr. 57, 80333 München
T: (089) 55 46 83 **Fax:** 59 47 68
Internet: http://www.paneuropa.org
E-Mail: 08954829826-0001@t-online.de
Gründung: 1923
Verbandszeitschrift: PANEUROPA DEUTSCHLAND, Paneuropa Intern

Landesverbände in:
Baden-Württemberg, Bayern, Berlin/Brandenburg, Hessen, Mecklenburg-Vorpommern, Niedersachsen/Bremen, Nordrhein-Westfalen, Rheinland-Pfalz, Saarland, Sachsen, Sachsen-Anhalt, Schleswig-Holstein/Hamburg, Thüringen

Einigung Europas, Völkerverständigung durch Schaffung eines christlich-freiheitlichen Gesamteuropa.

• **IZ U 715**

Richard Wagner Verband International (RWVI)
International Richard Wagner Society
Cercle International Richard Wagner
Sonnhalde 123, 79104 Freiburg
T: (0761) 5 37 56 **Fax:** 5 37 56
Gründung: 1909, international 1991
Präsident(in): Josef Lienhart
Verbandszeitschrift: Wagner weltweit
Redaktion: Richard Wagner Verband International, Sonnhalde 123, 79104 Freiburg (auch Verlag)
Mitglieder: ca. 29000
Ortsverbände: 118 von Tokio bis Toronto

• **IZ U 716**

Society for Creativity e.V. (SfC)
Société Internationale de la Créativité
Gesellschaft für Kreativität e.V.
Beethovenstr. 24, 65779 Kelkheim
T: (06195) 32 66 **Fax:** 32 66
Gründung: 1976
Präsident(in): N. N.
Stellv. Vorsitzende: Margarete Bruns (65779 Kelkheim)

• **IZ U 717**

Ständige Europäische Konferenz für Straffälligen- und Bewährungshilfe (CEP)
Permanent European Conference on Probation and Aftercare
Conférence Permanente Europeenne de la Probation
Secretariat
Postf. 82 15, NL-3503 RE Utrecht
T: (003130) 2 32 49 00 **Fax:** 2 32 49 50
Internet: http://www.cep-probation.org
Gründung: 1981
President: Martin N. Tansey, Dublin
Vice-President: Erich Marks, Köln
Ted van der Valk, Utrecht
Secretary General: Jürgen Mutz, Ravensburg
Verbandszeitschrift: CEP-BULLETIN
Mitglieder: 10 Justizministerien, 16 nationale Organisationen aus 18 europäischen Ländern, Einzelpersonen aus 10 europäischen Ländern

• **IZ U 718**

Union der Internationalen Verbände (UAI)
Union of International Associations
Union des Associations Internationales (UAI)
38-40, rue Washington, B-1050 Bruxelles
T: (00322) 6 40 18 08 **Fax:** 6 43 61 99
Internet: http://www.uia.org/
E-Mail: uia@uia.be
Gründung: 1910
Président: A-M Boutin
Secrétaire Général: Jacques Raeymaeckers
Verbandszeitschrift: Transnational Associations/Associations Transnationales
Verlag: UAI
Mitarbeiter: 18
Jahresetat: DM 1,350 Mio, € 0,69 Mio

• **IZ U 719**

Verband für innovative Zusammenarbeit in Europa (AICE)
Association for Innovative Cooperation in Europe
Association de Coopération Innovative en Europe
Rue de la Concorde 51, B-1050 Brüssel
T: (00322) 5 12 89 38 **Fax:** 5 12 48 83
Gründung: 1977
President: Rüdiger Stephan
Managing Director: Raymond Georis
Mitglieder: 14
Mitarbeiter: 1

• **IZ U 720**

Verband der in Belgien niedergelassenen Internationalen Vereinigungen (FAIB)
Federation of International Associations Established in Belgium
Fédération des Associations Internationales Etablies en Belgique
rue Washington 40, B-1050 Bruxelles
T: (00322) 6 40 16 65 **Fax:** 6 46 05 25
E-Mail: faib@uia.be
Secrétaire Général: G. de Coninck

• **IZ U 721**

Vereinigung der halbamtlichen und privaten in Genf ansässigen internationalen Institutionen (FIIG)
Federation of Semi-Official and Private International Institutions Established in Geneva
Fédération des Institutions Internationales Semi-Officielles et Privées Etablies à Genève
Postf. 20, CH-1211 Genf 20
T: (004122) 733.6717
Gründung: 1929
Präsident(in): Cyril Ritchie

• **IZ U 722**

Versammlung der Regionen Europas (VRE)
Assembly of European Regions (AER)
Assemblée des Régions d'Europe (ARE)
Place des Halles 20, F-67054 Strasbourg Cedex
T: (0033388) 22 07 07 **Fax:** 75 67 19
Internet: http://www.are-regions-europe.org
E-Mail: infopresse@are-regions-europe.org
Gründung: 1985
President: Luc Van den Brande
Generalsekretär(in): Hans De Belder
Leitung Presseabteilung: Barbara Thauront
Francine Huhardeaux
Mitglieder: 300 Regionen in Europa
Mitarbeiter: 17

• IZ U 723

Weltverband für Esperantonachwuchs (TEJO)

World Organisation of Young Esperantists
Organisation Mondiale des Jeunes Espérantistes
Nieuwe Binnenweg 176, NL-3015 BJ Rotterdam
T: (003110) 4 36 10 44 **Fax:** 4 36 17 51
Gründung: 1938
Président: Jozef Truong
Secrétaire Général: Jeroen Balkenende, Niederlande
Mitglieder: 3800 individuals; 37 national affiliates
Mitarbeiter: 1

• IZ U 724

Zentralverwaltung des Umweltschutzes unter künstlerischen Aspekten (CAAED)

Central Administration of Artistic Environment Defence
Kirchstr. 25 OT Bodenburg, 31162 Bad Salzdetfurth
T: (05060) 26 49 **Fax:** 25 75

Gründung: 1970
Leitung: Hans-Oiseau Kalkmann

Verbandszeitschrift: "THE NEW BLIND MAN"

Redaktion: H. Pasternack

Verlag: G. Giesecke, Bad Salzdetfurth (Vertrieb über C.A.o.A.E.D.)

IZ V Supra-nationale Organisationen

Zum Auffinden einer bestimmten Dienststelle oder Organisation dient das Suchwortverzeichnis eines Personennamens das Personenverzeichnis

Vereinte Nationen

• IZ V 1

Vereinte Nationen (UN)
United Nations
Organisation des Nations Unies (ONU)
United Nations Plaza, USA-New York NY 10017
T: (001212) 9 63 12 34 **Fax:** (01212) 9 63 48 79
Internet: http://www.un.org
Gründung: 1947
Generalsekretär(in): Kofi Annan (VN)
Stellvertrende(r) Generalsekretär(in): Louise Fréchette
Leitung Presseabteilung: Kensaku Hogen
Mitglieder: 188 Staaten

Vereinte Nationen, Regionalausschüsse

• IZ V 2

UNO-Wirtschaftskommission für Afrika (UNECA)
United Nations Economic Commission for Africa (ECA)
Commission économique des Nations Unies pour l'Afrique (CEA)
Headquarters: Africa Hall, United Nations Economic Commission for Africa
Postf. 3001, ET-Addis Abeba
Africa Hall, ET-Addis Abeba
T: (002511) 51 72 00, 51 12 31 **Fax:** 51 44 16, (001212) 9 63 49 57 (N.Y.)
Gründung: 1958
Executive Secretary: K. Y. Amoako
Secretariat Officers:
Deputy Executive Secretary: Lalla Ben Barka
Special Assistant to the Executive Secretary and Secretary to the Commission: M. Ehui
Regional Cooperation and Integration Division: Yousif Suliman (Officer-in-Charge)
Secretary to the Commission: N. N.
Human Resource and Systems Management Division: Samba Jack
Human Resources and Systems Management Division: Kurt Johnsson
Conference and General Services Division: (Officer-In-Charge) Kurt Johnsson
African Centre for Women: Josephine Ouedraogo
Development Management Division: James Nxumalo
Conference and General Services Division: Doreen Bongoy-Mawalla
Development Information Systems Division: Karima Bounemra Ben Soltane
Food Security and Sustainable Development Division: Paulina Makinwa-Adebusoye
Economic and Social Policy Division: Ali Abdel Gader Ali
Verbandszeitschrift: Annual Report of the Economic Commission for Africa, Economic and Social Survey, Africa index, African Statistical Yearbook, African Women Report, Compendium of Intra-African and Related Foreign Trade Statistics, Demographic Handbook for Africa, People First, Statistical Newsletter, Survey of Economic and Social Conditions in Africa
Redaktion: ECA
Verlag: ECA
Mitglieder: 50 Mitgliedsstaaten
Mitarbeiter: 740
Jahresetat: DM 91,988 Mio, € 47,03 Mio

Multinational Programming and Operational Centres (MULPOCs)

Marokko

iz v 3

North Africa Subregional Development Centre
Postf. 3 16, MA-Tangier
T: (002129) 32 23 46-47 **Fax:** 34 03 57
E-Mail: srdc@cybermania.net.ma
S. Jugussur

Niger

iz v 4

West Africa Subregional Development Centre
Postf. 744, NIG-Niamey
T: (00227) 72 29 61, 72 27 88 **Fax:** 72 28 94
TX: 5407
E-Mail: ecainf@un.org
H. G. Soumah

Sambia

iz v 5

Southern Africa Subregional Development Centre
Postf. 3 06 47, Z-10101 Lusaka
T: (002601) 23 10 62, 22 85 03 **Fax:** 23 69 49
E-Mail: uneca@zamnet.zm
Acting-Director: Robert M. Okello

Ruanda

iz v 6

East Africa Sub Regional Development Centre
Postf. 46 54, RWA-Kigali
T: (00250) 8 65 49, 50151 **Fax:** 8 65 46
E-Mail: easrdc@rwandatell.rwandal.com
Mbaye Diouf

Kamerun

iz v 7

Central Africa Sub Regional Development Centre
Postf. 836, RFC-Yaoundé
T: (00237) 23 14 61, 23 56 22 **Fax:** 23 31 85
TX: 8 441 KN
Internet: http://www.un.cm/cdsrac/textes/default.htm
E-Mail: casrdc@camnet.cm
Director: Addo Iro

• IZ V 8

Wirtschafts- und Sozialkommission für Asien und den Pazifischen Raum (ESCAP)
Economic and Social Commission for Asia and the Pacific (ESCAP)
Commission économique et sociale pour l'Asie et le Pacifique (CESAP)
United Nations Building
Rajadamnern Avenue, T-Bangkok 10200
T: (00662) 2 88-1234 **Fax:** 2 88-1000
TGR: ESCAP, Bangkok
Internet: http://www.unescap.org
E-Mail: webmaster@unescap.org
Mitglieder: 51 Länder
Members:
Afghanistan, Armenia, Australia, Azerbaijan, Bangladesh, Bhutan, Brunei Darussalam, Cambodia, China, Democratic People's Republic of Korea, Fiji, France, India, Indonesia, Iran, Islamic Republic of Iran, Japan, Kazakhstan, Kiribati, Kyrgyzstan, Lao People's Democratic Republic, Malaysia, Maldives, Marshall Islands, Micronesia (Federated States of), Mongolia, Myanmar, Nauru, Nepal, Netherlands, New Zealand, Pakistan, Palau, Papua New Guinea, Philippines, Republic of Korea, Russian Federation, Samoa, Singapore, Solomon Islands, Sri Lanka, Tajikistan, Thailand, Tonga, Turkey, Turkmenistan, Tuvalu, United Kingdom of Great Britain and Northern Island, United States of America, Uzbekistan, Vanuatu, Viet Nam
Associate Members:
American Samoa, Cook Islands, French Polynesia, Guam, Hong Kong, China, Macau, New Caledonia, Niue, Northern Mariana Islands

• IZ V 9

Wirtschaftskommission für Lateinamerika und die Karibik (ECLAC)
ECLAC Economic Commission for Latin America and the Carribbean
CEPAL Commission économique pour l'Amérique Latine et les Caraïbes
Edificio Naciones Unidas
Avda. Dag Hammarskjöld, RCH-Santiago de Chile
T: (00562) 2 10 20 00 **Fax:** 2 08 02 52
TGR: UNATIONS, SANTIAGO, CHILE
E-Mail: Biblioteca@eclac.cl

• IZ V 10

Wirtschaftskommission für Westasien (ESCWA)
Economic and Social Commission for Western Asia (ESCWA)
Commission Economique et Sociale pour l'Asie Occidentale (CESAEO)
Riad el-Solh Square P.O.B. 11-8575, LIB-Beirut
T: (009611) 981 301, 981 401 **Fax:** (00911) 981 510
Internet: http://www.escwa.org.lb
E-Mail: unescwa@escwa.org.lb
Gründung: 1973 (9. August)
Executive Secretary: Hazem El-Beblawi
Leitung Presseabteilung: Nejib Friji
Verbandszeitschrift: Various Technical & Sectoral Publk. on economic & social issues
Redaktion: ESCWA, AMMAN
Mitglieder: 13 Member Countries
Mitarbeiter: 350

• IZ V 11

Wirtschaftskommission der Vereinten Nationen für Europa (ECE)
United Nations Economic Commission for Europe (UN/ECE)
Commission économique pour l'Europe (CEE/ONU) des Nations Unies
Palais des Nations, CH-1211 Genève 10
T: (004122) 9 17 44 44 **Fax:** 9 17 05 05
TGR: ECE UNATIONS Genf
Internet: http://www.unece.org
E-Mail: info.ece@unece.org
Gründung: 1947
Exekutivsekretär: Yves Berthelot
Leitung Presseabteilung: Jean Michel Jakobowicz
Mitglieder: 55 Länder
Mitarbeiter: 200
Periodische Informationsschrift: ECE Highlights

Behörden und Ämter der Vereinten Nationen

• IZ V 12

Vereinte Nationen
Der Hohe Flüchtlingskommissar der Vereinten Nationen
Amt des Vertreters in der Bundesrepublik Deutschland (UNHCR)
United Nations High Commissioner for Refugees
Nations Unies, Haut Commissariat pour les Réfugiés
Case Postale 2500, CH-1211 Genève 2 Dépôt
T: (004122) 7 39 81 11, **Fax:** (004122) 7 39 73 77, **E-Mail:** unhcr@unhcr.ch, **Internet:** www.unhcr.ch
Wallstr. 9-13, 10179 Berlin
T: (030) 2 02 20 20 **Fax:** 20 22 02 20
Internet: http://www.unhcr.de
E-Mail: gfrbe@unhcr.ch
Gründung: 1951 Vertretung in Bonn, seit 11/98 in Berlin; seit 1953 Zweigstelle in Zirndorf/Nürnberg (ab 11/96)
Leitung Presseabteilung: Stefan Telöken
Verbandszeitschrift: Flüchtlinge
Redaktion: Stefan Telöken
Mitarbeiter: 4 in Nürnberg, 17 in Berlin

iz v 13

Vereinte Nationen
Der Hohe Flüchtlingskommissar der Vereinten Nationen
Zweigstelle Nürnberg
Frankenstr. 210, 90461 Nürnberg
T: (0911) 44 21 00 **Fax:** 44 21 80
E-Mail: gfrnu@unhcr.ch

• IZ V 14

Ernährungs- und Landwirtschaftsorganisation der Vereinten Nationen (FAO)
Food and Agriculture Organization of the United Nations
Organisation des Nations Unies pour l'alimentation et l'agriculture (FAO)
Viale delle Terme di Caracalla, I-00100 Rom
T: (003906) 5 70 51 **Fax:** 57 05 31 52 (GR. II/III)
TGR: FOODAGRI ROME
Internet: http://www.fao.org
E-Mail: FAO-HQ@fao.org
Deutscher Dienst: T: (003906) 57 05 31 05
Gründung: 1945
Officer-in-charge Media Branch: Christina Engfeldt
Generaldirektor: Jacques Diouf
Verbandszeitschrift: The State of Food and Agriculture; Yearbooks
Mitglieder: 180 Länder, 1 organis. Mitglied (EC)
Mitarbeiter: 4200

• IZ V 15

Haager Konferenz für internationales Privatrecht
Conférence de La Haye de droit international privé
Bureau Permanent:
Scheveningseweg 6, NL-2517 KT Den Haag
T: (003170) 3 63 33 03 **Fax:** 3 60 48 67
Internet: http://www.hcch.net
E-Mail: secretariat@hcch.net
Generalsekretär(in): J.H.A. van Loon

• IZ V 16

Hilfswerk der Vereinten Nationen für Palästinaflüchtlinge im Nahen Osten (UNRWA)
United Nations Relief and Works Agency for Palestine Refugees in the Near East
Office de secours et de travaux des Nations Unies pour les réfugiés de Palestine dans le Proche Orient
Postal Adress: POBox 700, Vienna International Centre, A-1400 Vienna
Postf. 14 01 57, JOR-Amman
T: (009727) 677 73 33 **Fax:** 677 7555
Gründung: 1949 (Dezember)
Commissioner-General: Peter Hansen
Verbandszeitschrift: Annual Report
Mitarbeiter: 24700

• IZ V 17

Internationale Arbeitsorganisation (IAO)
International Labour Organisation (ILO)
Organisation internationale du Travail (OIT)
4 route des Morillons, CH-1211 Genève 22
T: (004122) 7 99 61 11 **Fax:** 7 98 86 85
Gründung: 1919
Generaldirektor: Juan Somavia
Leitung Presseabteilung: Michel Barton
Verbandszeitschrift: Die Welt der Arbeit
Redaktion: Dr. H. von Rohland
Verlag: Atar S.A., Genf
Mitarbeiter: 2000
Mitgliedsstaaten: 174

iz v 18

Vertretung der Internationalen Arbeitsorganisation in Deutschland
Hohenzollernstr. 21, 53173 Bonn
T: (0228) 36 23 22, 36 39 88 **Fax:** 35 21 86
Teletex: 2 283 726 Eilobonn
E-Mail: bonn@ilo.org
Direktor(in): Dr. Ernst Kreuzaler

iz v 19

ILO-Büro Brüssel
Bureau de liaison de l'OIT avec les Communautés Européennes et les pays du Benelux
Rue A. Smekens 40, B-1040 Brüssel
T: (00322) 7 36 59 42

• IZ V 20

Internationale Atomenergie Agentur (IAEA)
International Atomic Energy Agency (IAEA)
Agence internationale de l'energie atomique (AIEA)
Postf. 100, A-1400 Wien
Wagramerstr. 5, A-1400 Wien
T: (00431) 2 60 00 **Fax:** 2 60 07
Internet: http://www.iaea.or.at/worldatom
E-Mail: official.mail@iaea.org
Gründung: 1957 (29. Juli)
Leitung Presseabteilung: David Kyd
Verbandszeitschrift: International Atomic Energy Agency Bulletin
Redaktion: Lothar Wedekind
Mitglieder: 130 Mitgliedsstaaten
Mitarbeiter: 2300
Jahresetat: US-Dollar DM 220 Mio, € 112,48 Mio

• IZ V 21

Internationale Bank für Wiederaufbau und Entwicklung - Weltbank (IBRD)
International Bank for Reconstruction and Development (IBRD) - World Bank
Banque Internationale pour le reconstruction et le développement (BIRD)
1818 H Street, NW, USA-Washington, D. C. 20433
T: (001202) 4 77-12 34 **Fax:** 4 77-63 91
TGR: INTBAFRAD WASHINGTONDC
President: James D. Wolfensohn

iz v 22

The World Bank European Office
66, avenue d'léna, F-75116 Paris
T: (00331) 40 69 30 18 **Fax:** 47 23 74 36
Internet: http://www.worldbank.org/
Vice Président: Jean-Francois Rischard

iz v 23

The World Bank Tokyo Office
Kokusai Building
1-1, Marunouchi 3-chome, Chiyoda-ku, J-Tokio 100
T: (00813) 2 14-50 01

• IZ V 24

Internationaler Seegerichtshof
International Tribunal for the Law of the Sea
Tribunal International du Droit de la Mer
Wexstr. 4, 20355 Hamburg
T: (040) 3 56 07-0 **Fax:** 3 56 07-245
E-Mail: itlos@itlos.hamburg.de
Gründung: 1996 (18. Oktober)
Präsident(in): P. Chandrasekhara Rao
Vizepräsident(in): L. Dolliver M. Nelson
Kanzler: Gritakumar E. Chitty
Vizekanzler: Philippe Gautier
Pressearbeit: Robert H. van Dijk
Verbandszeitschrift: Press Releases - Annual Report to the Meeting of States Parties - Yearbook
Mitarbeiter: 30

• IZ V 25

Kinderhilfswerk der Vereinten Nationen (UNICEF)
United Nations Children's Fund
Fonds des Nations Unies pour l'enfance
UNICEF House, 3 UN Plaza, USA-New York, NY 10017
T: (001212) 3 26-7000 **Fax:** 8 88-7465, 8 88-7454
TGR: UNICEF
Internet: http://www.unicef.org
E-Mail: netmaster@unicef.org
President: Anwarul Chowdhury (Bangladesh)
Executive Director: Carol Bellamy

wichtigste UNICEF Büros

iz v 26

UNICEF Regional Office for Europe
Palais des Nations, CH-1211 Geneva 10
T: (004122) 9 09 51 11 **Fax:** 9 09 59 00
TGR: UNICEF GENEVA (SWITZERLAND)

iz v 27

UNICEF Regional Office for Central and Eastern Europe, Commonwealth of Independent States and the Baltics
Palais des Nations, CH-1211 Geneva
T: (004122) 9 09 51 11 **Fax:** 9 09 59 09

• IZ V 28

Konferenz der Vereinten Nationen für Handel und Entwicklung (UNCTAD)
United Nations Conference on Trade and Development
Conférence des Nations Unies sur le commerce et le développement (CNUCED)
Palais des Nations, CH-1211 Genf 10
T: (004122) 9 07 12 34 **Fax:** 9 07 00 57
Internet: http://www.unctad.org
E-Mail: webmaster@unctad.org

• IZ V 29

Koordinierungs-Ausschuß für den Internationalen Freiwilligen-Dienst (CCIVS)
Coordinating Committee for International Voluntary Service
Comité de Coordination du Service Volontaire International
UNESCO - 1, rue Miollis, F-75015 Paris Cedex 15
T: (00331) 45 68 49 36 **Fax:** 42 73 05 21
Internet: http://www.unesco.org/ccivs
E-Mail: ccivs@unesco.org
Gründung: 1948
Direktor(in): Dr. Simona Costanzo
Verbandszeitschrift: CCIVS News
Mitarbeiter: 3
Jahresetat: DM 0,3 Mio, € 0,15 Mio
Mitgliedsorganisationen: 140

iz v 30

Aktionsgemeinschaft Dienst für den Frieden e.V. (AGDF)
Blücherstr. 14, 53115 Bonn
T: (0228) 2 49 99-0 **Fax:** 2 49 99-20
Internet: http://www.friedensdienst.de
E-Mail: agdf@friedensdienst.de

iz v 31

Christlicher Friedensdienst e.V. (CFD)
Rendeler Str. 9-11, 60385 Frankfurt
T: (069) 45 90 72 **Fax:** 46 12 13
Internet: http://ourworld.compuserve.com/homepages/christlicherfriedensdienst
E-Mail: christlicherfriedensdienst@compuserve.com

iz v 32

Internationale Jugendgemeinschaftsdienste (IJGD)
Glogauer Str. 21, 10999 Berlin
T: (030) 6 11 10 91 **Fax:** 6 11 10 94
E-Mail: ijgdbln@aol.com

iz v 33

Nothelfergemeinschaft der Freunde (NdF)
Postf. 10 15 10, 52315 Düren
T: (02421) 7 65 69 **Fax:** 7 64 68
E-Mail: ndf-dn@t-online.de

iz v 34

Internationale Begegnung u. Gemeinschaftsdienste (IBG)
Schlosserstr. 28, 70180 Stuttgart
T: (0711) 6 49 11 28 **Fax:** 6 40 98 67
E-Mail: igb-workcamps@t-online.de

iz v 35

St. Martins Orden
Neue Wiese 32, 32760 Detmold
T: (05231) 82 83

iz v 36

Vereinigung junger Freiwilliger e.V. (VJF)
Hans-Otto-Str. 7, 10407 Berlin
T: (030) 42 85 06 03 **Fax:** 42 85 06 04

iz v 37

International Christian Youth Exchange (ICYE)
Große Hamburger Str. 30, 10115 Berlin
T: (030) 28 39 05 50 **Fax:** 28 39 05 52

iz v 38

Service Civil International Deutscher Zweig e.V.
Blücherstr. 14, 53115 Bonn
T: (0228) 21 20 86, 21 20 87 **Fax:** 26 42 34
Internet: http://www.sci-d.de
E-Mail: sci-d@sci-d.de

iz v 39

Aktion Sühnezeichen Friedensdienste e.V. (ASF)
Auguststr. 80, 10117 Berlin
T: (030) 28 39 51 84 **Fax:** 28 39 51 35
Internet: http://www.asf-ev.de
E-Mail: asf@asf-ev.de

• IZ V 40

Organisation der Vereinten Nationen für Bildung, Wissenschaft, Kultur und Kommunikation (UNESCO)
United Nations Educational, Scientific and Cultural Organization
Organisation des Nations Unies pour l'éducation, la science et la culture
UNESCO House
Place de Fontenoy 7, F-75352 Paris 07 SP
T: (00331) 45 68 10 00 **Fax:** 45 67 16 90
TGR: UNESCO PARIS
Gründung: 1946
Koichiro
Verbandszeitschrift: Sources UNESCO und THE UNESCO-COURIER
Verlag: Sources UNESCO, Unesco-OPI, UNESCO HOUSE, Place de Fontenoy 7, F-75352 Paris 07 SP
THE UNESCO COURIER, 1, rue Miollis, F-75732 Paris Cédex 15
Mitglieder: 186
Mitarbeiter: 2500

iz v 41

Deutsche UNESCO-Kommission e.V.
Colmantstr. 15, 53115 Bonn
T: (0228) 6 04 97-0 **Fax:** 6 04 97-30

• IZ V 42

Organisation der Vereinten Nationen für industrielle Entwicklung (UNIDO)
UN Industrial Development Organization
Organisation des NU pour le Developpement Industriel
Vienna International Centre
Postf. 3 00, A-1400 Wien
T: (00431) 2 60 26 **Fax:** 2 69 26 69
Internet: http://www.unido.org
Gründung: 1966
General Dir.: Carlos Alfredo Magariños

• IZ V 43

Umweltprogramm der Vereinten Nationen (UNEP)

United Nations Environment Programme (UNEP)
Programme des Nations Unies pour l'environnement (PNUE)
Postf. 30552, EAK-Nairobi
T: (002542) 62 12 34 **Fax:** 22 68 86, 62 26 24, 62 26 15
TGR: UNITERRA NAIROBI
E-Mail: cpiinfo@unep.org
Gründung: 1972
Executiv Director: Klaus Töpfer
Leitung Presseabteilung: Tore Brevik
Verbandszeitschrift: Our planet
Redaktion: UNEP Nairobi
Verlag: UNEP
Mitarbeiter: 612 with approx., 297 Professionals

• IZ V 44

Weltgesundheitsorganisation (WHO)

World Health Organization
Organisation mondiale de la Santé (OMS)
Av. Appia 20, CH-1211 Genf 27
T: (004122) 791 21 11 **Fax:** 791 23 00
Internet: http://www.who.ch
E-Mail: info@who.ch
Gründung: 1948
Generaldirektorin: Dr. Gro Harlem Brundtland
Mitglieder: 190 Etats Membres
Mitarbeiter: 4500

• IZ V 45

Wirtschafts- und Sozialrat der Vereinten Nationen

Economic and Social Council of the United Nations

Conseil économique et social des NU

United Nations Bldg., Room 5-2950 C, USA-New York N.Y. 10017

T: (001212) 9 63-4640 **Fax:** (0014212) 9 63-5935

• IZ V 46

Weltorganisation für geistiges Eigentum (WIPO/OMPI)

World Intellectual Property Organization (WIPO)

Organisation Mondiale de la Propriété Intellectuelle (OMPI)

34, Chemin des Colombettes (Place des Nations), CH-1211 Genève 20

T: (004122) 3 38 91 11 **Fax:** 7 33 54 28
Directeur général: Dr. Kamil Idris
Vice-Directeur général: François Curchod

Mitglieder: 166 Mitgliedsstaaten

• IZ V 47

Zwischenstaatlicher Ausschuß für Urheberrecht (IGC)

Intergovernmental Committee of the Universel Copyright Convention
Comité Intergouvernemental du Droit d'Auteur
c/o UNESCO
1 Rue Miollis, F-75732 Paris Cedex 15
T: (00331) 45 68 10 00, 45 68 47 07 **Fax:** 45 68 55 89
Chairman: Mayer Gabay, Israel
Verbandszeitschrift: Bulletin du Droit d'Auteur
Verlag: UNESCO, 7 place de Fontenoy, 75700 Paris

Internationaler Gerichtshof

• IZ V 48

Internationaler Gerichtshof (ICJ)

International Court of Justice
Cour internationale de Justice (CIJ)
Peace Palace
Carnegieplein 2 Peace Palace, NL-2517 KJ Den Haag
T: (003170) 3 02 23 23 **Fax:** 3 64 99 28
Internet: http://www.icj-cij.org
E-Mail: information@icj-cij.org, mail@icj-cij.org
Gründung: 1945
Präsident(in): Gilbert Guillaume
Vizepräsident(in): Jiuyong Shi
Registrator: Philippe Couvreur

IZ W Internationale Organisationen

Zum Auffinden einer bestimmten Dienststelle oder Organisation dient das Suchwortverzeichnis eines Personennamens das Personenverzeichnis

Sonstige internationale und interregionale staatliche Zusammenschlüsse
Sonstige internationale und interregionale Ämter und Behörden

Sonstige internationale und interregionale staatliche Zusammenschlüsse

• IZ W 1

Asia-Pazifische Fischerei Kommission (APFIC)
Asia-Pacific Fishery Commission
Commission Asia-Pacifique des Pêches
FAO Regional Office:
Maliwan Mansion, Phra Atit Road, T-Bangkok 10200
T: (00662) 2 81 78 44 **Fax:** 2 80-04 45
E-Mail: fao-rap@fao.org
Gründung: 1948
Presseabteilung: Veravat Hongskul (E-Mail: veravat.hongskul@fao.org)
Mitglieder: 20

• IZ W 2

Europäische Freihandelsassoziation (EFTA)
European Free Trade Association (EFTA)
Association Européenne de Libre-Échange (AELE)
9-11, rue de Varembé, CH-1211 Genève 20
T: (004122) 7 49 11 11 **Fax:** 7 33 92 91, 7 40 14 37
Internet: http://www.efta.int
Gründung: 1960
Generalsekretär(in): Kjartan Jóhannsson
Mitgliedsländer: Island, Norwegen, Schweiz, Liechtenstein

• IZ W 3

Oberstes Hauptquartier der Alliierten Streitkräfte in Europa (SHAPE)
Supreme Headquarters Allied Powers Europe
Grand Quartier Général des Puissances Alliées en Europe
Postf. ., B-7010 Shape
T: (003265) 44 71 11 Mons-Belgien
E-Mail: shapepio@sce.nato.int
Oberster Befehlshaber Saceur: Gen. Wesley K. Clark (US Army)

• IZ W 4

OECD Agentur der Atomenergie (OCDE)
Organisation for Economic Co-operation and Development
Organisation de Coopération et de Développement Économiques
Le Seine St Germain 12, bld des Iles, F-92130 Issy les Moulineaux
T: (00331) 45 24 82 00 **Fax:** 45 24 11 10
Internet: http://www.nea.fr
E-Mail: nea@nea.fr
Gründung: 1958
Director-General: Luis Enrique Echavarri
Mitglieder: 27 Member governments (Europe + US, Canada, Japan, Australia, Republic of Korea, Mexico)

• IZ W 5

Organisation für afrikanische Einheit - Kommission für Wissenschaft, Technik und Forschung (OAU/STRC)
Organization of African Unity, Scientific, Technical and Research Commission
Organisation de l'Unite Africaine - Commission Scientifique, Technique et de la Recherche
26/28 Marina, WAN-Lagos
T: (002341) 2 63 34 30, 2 63 32 89, 2 63 33 59, 2 63 37 52
Fax: 2 63 60 93
TGR: TECNAFRICA Lagos
Teletex: 22 199 TECOAU NG
E-Mail: oaustrcl@rcl.nig.com
Gründung: 1965
Executive Secretary: Dr. R. N. Mshana (a.i.)
Asst. Exec. Secretary: Dr. M. Ndoye
Verbandszeitschrift: African Soils (in English), Sols Africains (in France)
African Pharmacopoeia (in Englisch), Pharmacopee Africaine (in France), Research into African Medicinal Plants Newsletter
Verlag: OAU/STRC, Lagos
Mitglieder: 53 Mitgliedsstaaten
Mitarbeiter: 37

• IZ W 6

Organisation für wirtschaftliche Zusammenarbeit und Entwicklung (OECD)
Organisation for Economic Co-operation and Development (OECD)
Organisation de Coopération et de Développement Economiques (OCDE)
2, rue André Pascal, F-75775 Paris Cedex 16
T: (00331) 45 24 82 00 **Fax:** 45 24 85 00
TGR: DEVELOPECONOMIE
Internet: http://www.oecd.org/
Gründung: 1960, Konvention vom 14. Dezember, in Kraft getreten 1961 (30. September)
Generalsekretär(in): Donald Johnston
Stellv. Generalsekr.: Thorvald Moe
Herwig Schlögl
Seiichikando
Sally Shelton-Colby

Mitgliedsländer (29):
in Europa: Belgien, Dänemark, Deutschland (BR), Finnland, Frankreich, Griechenland, Großbritannien, Irland, Island, Italien, Luxemburg, Niederlande, Norwegen, Österreich, Polen, Portugal, Schweden, Schweiz, Spanien, Tschech. Republik, Türkei, Ungarn
in Nordamerika: Kanada, Mexiko, U.S.A.
im pazifischen Raum: Australien, Japan, Korea, Neuseeland

iz w 7

OECD Berlin Centre
Albrechtstr. 9/10, 3. OG, 10117 Berlin
T: (030) 2 88 83 53 **Fax:** 28 88 35 45
Internet: http://www.oecd.org/deutschland
E-Mail: berlin.contact@oecd.org
Leiter: Dr. Dieter Menke

• IZ W 8

Organisation des Nordatlantikpaktes (NATO)
North Atlantic Treaty Organisation (NATO)
Organisation du Traité de l'Atlantique Nord (OTAN)
T: (00322) 7 07 41 11 **Fax:** 7 07 41 17
Internet: http://www.nato.int
Gründung: 1949
Secretary General: George Robertson
Leitung: General Joseph W. Ralston (Oberbefehlshaber Europa)
Leitung Presseabteilung: Peter Daniel
Verbandszeitschrift: Revue de l'OTAN Information
Verlag: OTAN, 1110 Bruxelles
Mitglieder: 19 Länder

• IZ W 9

Westeuropäische Union (WEU)
Western European Union (WEU)
Union de l'Europe Occidentale (UEO)
Secretariat General - Secrétariat Général - Generalsekretariat
4 Rue de la Régence, B-1000 Bruxelles
T: (00322) 5 00 44 11 **Fax:** 5 11 35 19
Internet: http://www.weu.int
E-Mail: ueo.presse@skynet.be
Gründung: 1955
Secretary-General: Dr. Javier Solana
Deputy Secretary-General: Dr. Roland Wegener (Germany)
Press and Information Officer: Myriam Sochacki
President: Klaus Buehler (Germany)
Clerk: Colin Cameron (Royaume-Uni)
Verbandszeitschrift: Weu Press Review
Mitglieder: 28 Länder

iz w 10

Assembly of W.E.U.
Assemblée de l
U.E.O.
Avenue du Président Wilson, F-75775 Paris Cedex 16
T: (00331) 47 23 54 32 **Fax:** 47 20 81 78

• IZ W 11

Wirtschafts-Union zwischen Belgien, den Niederlanden und Luxemburg (BENELUX)
Union Economique BENELUX
Secrétariat Général:
39, rue de la Régence, B-1000 Bruxelles
T: (00322) 5 19 38 11 **Fax:** 5 13 42 06

Generalsekretariat der Benelux-Wirtschaftsunion:
Generalsekretär: Drs. B. M. J. Hennekam (NL)
Beigeordnete Generalsekretäre: Marie-Rose Berna (L)
E. Baldewijns (B)

Sonstige internationale und interregionale Ämter und Behörden

• IZ W 12

Allgemeines Zoll- und Handelsabkommen/Welt Handelsorganisation (GATT/WTO)
General Agreement on Tariffs and Trade/World Trade Organization
Accord général sur les tarifs douaniers et le commerce
Centre William Rappard
154, rue de Lausanne, CH-1211 Genève 21
T: (004122) 7 39 51 11 **Fax:** 7 31 42 06
Gründung: 1947 (GATT); 1.1.1995 (WTO)
Director-General: Mike Moore
Leitung Presseabteilung: Keith Rockwell
Mitglieder: 135 Länder
Mitarbeiter: 500

• IZ W 13

Bank für Internationalen Zahlungsausgleich (BIZ)
Bank for International Settlements (BIS)
Banque des Règlements Internationaux (BRI)
Centralbahnplatz 2, CH-4002 Basel
T: (004161) 280 80 80 **Fax:** 280 91 00
TGR: Interbank Basel
Internet: http://www.bis.org
Gründung: 1930
Chairman of the Board of Directors and President of the Bank: Urban Bäckström (Stockholm)
Vice-Chairman: Lord Kingsdown (London)
Generalbevollmächtigter: Andrew D. Crockett
Mitglieder: 47 Zentralbanken
Mitarbeiter: 500 aus 35 Ländern
BIS Representatative Office for Asia and the Pacific: 8th Floor, Citibank Tower, 3 Garden Road, Central, Hong Kong SAR of the People's Rep. of China, T: (852) 28 78 71 00, Fax: (852) 28 78 71 23, Chief Representative: George Pickering

• IZ W 14

Internationale Hydrographische Organisation (IHO)
International Hydrographic Organization
Organisation Hydrographique Internationale
c/o International Hydrographic Bureau
4 Quai Antoine-1er B.P. 445, MC-98011 Monaco Cedex
T: (00377) 93 10 81 00 **Fax:** 93 10 81 40
Internet: http://www.iho.shom.fr
E-Mail: info@ihb.mc
Gründung: 1921
Président: Rear Admiral Giuseppe Angrisano, USA
Direktor(in): Rear Admiral Neil Guy (Südafrika)
Commodore John Leech (Australien)
Verbandszeitschrift: International Hydrographic Bulletin; International Hydrographic Review
Mitglieder: 68

Member States:
Algeria, Argentina, Australia, Bahrain, Belgium, Brazil, Canada, Chile, China, Colombia, Croatia, Cuba, Cyprus, Democratic People's Republic of Korea, Denmark, Dominican Republic, Ecuador, Egypt, Estonia, Fiji, Finland, France, Germany, Greece, Guatemala, Iceland, India, Indonesia, Iran, Italy Japan, Malaysia, Monaco, Morocco, Mozambique, Netherlands, New Zealand, Nigeria, Norway, Oman, Pakistan, Papua New Guinea, Peru, Philippines, Poland, Portugal, Republic of Korea, Republic of South Africa, Russian Federation, Singapore, Spain, Sri Lanka, Suriname, Sweden, Syrian Arab Republic, Thailand, Trinidad and Tobago, Tonga, Tunisia, Turkey, Ukraine, United Arab Emirates, United Kingdom of Great Britain & Northern Ireland, United States of America, Uruguay, Venezuela, Yugoslavia, Zaire

• IZ W 15

Internationale Organisation für gesetzliches Meßwesen (OIML)
International Organization of Legal Metrology
Organisation Internationale de Métrologie Légale
11, rue Turgot, F-75009 Paris
T: (00331) 48 78 12 82, 42 85 27 11 **Fax:** 42 82 17 27
Internet: http://www.oiml.org
E-Mail: biml@oiml.org
Präsident(in): G.J. Faber (Netherlands)
Direktor(in): Bernard Athané (BIML)

• IZ W 16

Internationale Organisation für Migration (IOM)
International Organization for Migration (IOM)
Organisation Internationale pour les Migrations (OIM)
Headquarters:
17, route des Morillons, Geneva
Postf. 71, CH-1211 Geneva 19
T: (004122) 7 17 91 11 **Fax:** 7 98 61 50
E-Mail: Telex@geneva.iom.int
Gründung: 1951
Director General: Brunson McKinley
Leitung Presseabteilung: Jean-Philippe Chauzy
Verbandszeitschrift: IOM News (E/F/S)
Redaktion: IOM
Verlag: eigen
Mitglieder: 67
Mitarbeiter: 1200
Jahresetat: 450

iz w 17

Verbindungsstelle bei der Regierung der Bundesrepublik Deutschland
Postf. 20 14 62, 53144 Bonn
Koblenzer Str. 99, 53177 Bonn
T: (0228) 82 09 40

• IZ W 18

Internationale Seidenbau-Kommission (CSI)

International Sericultural Commission (ISC)
Commission Séricicole Internationale
25 quai Jean Jacques Rousseau, F-69350 La Mulatière
T: (0033478) 50 41 98 **Fax:** 86 09 57
Gründung: 1967
Secrétaire Général: Dr. G. Chavancy
Verbandszeitschrift: SERICOLOGIA
Redaktion: Secrétariat
Verlag: Commission Sericicole Internationale, 25 quai Jean Jacques Rousseau, F-69350 La Mulatiere
Mitglieder: 12 Etats-members, 100 membres associés
Mitarbeiter: 1 salarié, 1 bénevole

• IZ W 19

Internationale Walfang-Kommission (IWC)

International Whaling Commission
The Red House
Stadion Road 135 Impington, GB-Cambridge CB4 4NP
T: (00441223) 23 39 71 **Fax:** 23 28 76
Internet: http://ourworld.compuserve.com/homepages/iwcoffice.org
E-Mail: iwc@iwcoffice.org
Chairman: Michael Canny (Ireland)
Vice-Chairman: Prof. Bo Fernholm (Sweden)
Secretary: Dr. Ray Gambell
Mitglieder: 40 Member Governments
Mitarbeiter: 15

• IZ W 20

Internationaler Gemeinde-Verband (IULA)

International Union of Local Authorities
Union Internationale des Villes et Pouvoirs Locaux
Postf. 90646, NL-2509 LP The Hague
Laan Copes van Cattenburch 60A, NL-2585 GC The Hague
T: (003170) 3 06 60 66 **Fax:** 3 50 04 96
Internet: http://www.iula.org
E-Mail: iula@iula-hq.nl
Gründung: 1913
Präsident(in): Max Ng_2andwe
Generalsekretär(in): Jacques Jobin
Leitung Presseabteilung: Astrid van der Veer
Redaktion: Astrid van der Veer
Mitglieder: over 420 members in 110 countries
Mitarbeiter: 7
Associated Organisations:
The International City/County Management Association (ICMA)
The International Council for Local Environmental Initiatives (ICLEI)
The International Daughter Companies Network (IDCN) of IULA
The IULA Municipal Insurance Group (MIG)
Towns and Development (T&D)
The IULA Office for Research and Training
The World Academy for Local Government and Democracy (WALD)
The World Union of Wholesale Markets (WUWM)

Regional Sections

Latin America

iz w 21

IULA-CELCADEL
Postf. 1701, EC-Quito
Agustin Guerrero 219 y Pacifico Chiriboga, EC-Quito
T: (005932) 46 93 65 **Fax:** 43 52 05
Secrétaire Général: Jaime Torres Lara

Africa

iz w 22

IULA Africa Section
Postf. 6852, RSR-Harare
108 Central Avenue, RSR-Harare
T: (002634) 72 62 89 **Fax:** 72 62 89
Secrétaire Général: Charles Katiza

Eastern Mediterranean & Middle East Section

iz w 23

IULA-EMME
Sultanahmet
Yerebatan Cad. 2, TR-Istanbul
T: (0090212) 5 11 10 10, 5 19 00 58 **Fax:** 5 19 00 60
Secrétaire Général: Selahattin Yildirim

Asia & Pacific Section

iz w 24

IULA-ASPAC
Postf. 1286, RI-14350 Jakarta Utara
T: (006221) 6 40 84 49 **Fax:** 6 40 84 46
Secretary General: Endi Rukmo

North America

iz w 25

IULA North America
c/o National League of Cities
Pennsylvania Avenue 1301, USA-Washington DC 20004
T: (001202) 6 26 30 00 **Fax:** 6 26 30 43
E-Mail: borut@nlc.org
Secretary General: Don Borut

Europe

iz w 26

IULA-CEMR
Rue de Castiglione 14, F-75001 Paris
T: (00331) 44 50 59 59 **Fax:** 44 50 59 60
E-Mail: cemr@ccee.org
Secrétaire Général: Elisabeth Gateau

iz w 27

IULA-CEMR
Brussels Office
Rue d'Arlon 22-24, B-1040 Brüssel
T: (00322) 5 11 74 77 **Fax:** 5 11 09 49

Central America

iz w 29

IULA-Central America
4ª Avenida „A" 21-45 Zona 14, GCA-Guatemala
T: (00502) 3 68 33 73, 3 68 26 45 **Fax:** 3 37 35 30
E-Mail: femica@intelnet.net.gt

• IZ W 30

Internationaler Sonder-Ausschuß für Störungen im Rundfunkverkehr (CISPR)

International Special Committee on Radio Interference
Comité International Spécial des Perturbations Radioélectriques
British Standards Institution
389 Chiswick High Road, GB-London W4 4AL
T: (0044208) 9 96-90 00
Chairman: P.J. Kerry
Secretary: C. J. Beckley
Assistant Secretary: J. B. Childs

• IZ W 31

Internationaler Tee-Ausschuß

International Tea Committee LTD
Comité International du Thé
Sir John Lyon House
5 High Timber Street, GB-London EC4V 3NH
T: (0044207) 2 48 46 72 **Fax:** 3 29 69 55
Internet: http://www.intteacomm.co.uk
E-Mail: inteacom@globalnet.co.uk
Gründung: 1933
Chairman: M.J. Bunston
Consultant/Secretary: Peter Abel (MBE)
Statistician: Manuja Peiris
Verbandszeitschrift: Annual Bulletin of Statistics, Monthly Statistical Summary, World Tea Statistics 1910-1990
Mitglieder: 16 Tea producing and consuming governments/associations
Mitarbeiter: 3

• IZ W 32

Internationaler Weizen-Rat (IGC)

International Grains Council
Conseil international des céréales
1 Canada Square, Canary Wharf, GB-London E14 5AE
T: (0044207) 513-1122 **Fax:** 513-0630
Gründung: 1949
IGC
Chairman: Arturo A. Ortiz (Minister Counsellor (Agriculture) Argentine Embassy at the EU, Brussels)
Vice-Chairman: M.D. Asthana (Secretary, Department of Food and Civil Supplies, Ministry of Food and Consumer Affairs, New Delhi)
Food Aid Committee
Chairman: S.E. Moussis (Acting Head of Unit, DGVI, European Commission, Brüssel)
Vice-Chairman: S. Poohkay (Deputy Director, Food Aid Centre, Canadian International Development Agency (CIDA))
Executive Director: G. Denis
Publications: Grain Market Report (monthly), World Grain Statistics (annual), Report for the Fiscal Year (annual), Wheat and Coarse Grains Shipments (annual), Food Aid Shipments (annual)

• IZ W 33

Internationales Büro für Maß und Gewicht (BIPM)

International Bureau of Weights and Measures
Bureau International des Poids et Mesures
Pavillon de Breteuil, F-Sèvres Cedex
T: (00331) 45 07 70 70 **Fax:** 45 34 20 21
Internet: http://www.bipm.fr
E-Mail: info@bipm.fr
Gründung: 1875
Directeur: T. J. Quinn
Verbandszeitschrift: Metrologia
Redaktion: BIPM
Mitglieder: 48 Staaten

• IZ W 34

Internationales Institut für Kältetechnik (IIF-IIR)

International Institute of Refrigeration (IIR)
Institut International du Froid (IIF)
177, boulevard Malesherbes, F-75017 Paris
T: (00331) 42 27 32 35 **Fax:** 47 63 17 98
Internet: http://www.iifiir.org
E-Mail: iifiir@ibm.net
Gründung: 1908
Direktor(in): François Billiard
Verbandszeitschrift: Bulletin de l'IIF, IIR Bulletin
Revue Internationale du Froid; International Journal of Refrigeration
Mitglieder: 57 Mitgliedsstaaten, 1500 assoziierte Mitglieder oder Mitglieder der Kommission
Mitarbeiter: 13
Jahresetat: DM 2 Mio, € 1,02 Mio

• IZ W 35

Internationales Wein-Amt (OIV)

International Vine & Wine Office
Office International de la Vigne et du Vin (O.I.V.)
18, rue d'Aguesseau, F-75008 Paris
T: (00331) 44 94 80 80 **Fax:** 42 66 90 63
E-Mail: 101675.2013@compuserve.com
Gründung: 1924
Leitung Presseabteilung: Georges Dutruc-Rosset
Verbandszeitschrift: Bulletin de l'o.i.v., et Lettre de l'o.i.v.
Mitglieder: 45 Etats membres

• IZ W 36

Interparlamentarische Union (IPU)

Inter-Parliamentary Union (IPU)
Union interparlementaire (UIP)
Place du Petit-Saconnex, CH-1211 Genève 19
T: (004122) 9 19 41 50 **Fax:** 7 33 31 41, 9194160
Internet: http://www.ipu.org
E-Mail: postbox@mail.ipu.ch
Gründung: 1889
Council President: Dr. Najma Akbarali Heptulla (India)
Secretary General: Anders B. Johnsson (Sweden)
Leitung Presseabteilung: Luisa Ballin
Verbandszeitschrift: The Inter-Parliamentary Bulletin (biannually)
Summary Records of Inter-Parliamentary Conferences (biannually)
Chronicle of Parliamentary Elections (annually)
World Directory of Parliaments (annually)
List of books and articles catalogued (annually)
Study on Free and Fair Elections, International Law and Practice by Prof. Guy S. Goodwin-Gill
Presiding Officers of National Parliamentary Assemblies by Mr. Georges Bergougnous
Democracy: its principles and achievement
The Parliamentary Mandate
Participation of Women in Political Life
Politics: Womens Insight
Mitglieder: Nationale interparlamentarische Gruppen in den Parlamenten von 139 Staaten
Mitarbeiter: 33

• IZ W 37

Organisation Erdölexportierender Länder (OPEC)

Organization of the Petroleum Exporting Countries
Organisation des pays exportateurs de pétrole
Obere Donaustr. 93, A-1020 Wien
T: (00431) 2 11 12-0 **Fax:** 2 14 98 27
TGR: opecountries
Internet: http://www.opec.org
E-Mail: prid@opec.org
Gründung: 1960 (14. September)
Generalsekretär(in): Dr. Rilwanu Lukman (Nigeria)
Mitglieder: 11 (Algerien, Indonesien, die Islamische Republik Iran, Irak, Kuweit, die Sozialistische Libysche Arabische Volksjamahiriya, Nigeria, Katar, Saudi Arabien, die Vereinigten Arabischen Emirate, Venezuela)

• IZ W 39

Welt-Föderation der Gesellschaften für die Vereinten Nationen (FMANU/WFUNA)

World Federation of United Nations Associations (WFUNA)
Fédération Mondiale des Associations pour les Nations Unies (FMANU)
Palais des Nations, CH-1211 Genève 10
T: (004122) 7 33 07 30 **Fax:** 7 33 48 38
TGR: WORFEDUNA Genève
Gründung: 1946
Secretary-General: Paul Ignatieff
Mitglieder: 80 (Nov. 1995)

• IZ W 40

Weltorganisation für Meteorologie (WMO)

World Meteorological Organization
Organisation météorologique mondiale (OMM)
7 bis, avenue de la Paix, CP 2300, CH-1211 Genève 2
T: (004122) 7 30 81 11 **Fax:** 7 30 81 81
Internet: http://www.wmo.ch
E-Mail: ipa@gateway.wmo.ch
Secretary General: Godwin O. P. Obasi

• IZ W 41

Weltpostverein (UPU)

Universal Postal Union
Union postale universelle (UPU)
Weltpoststr. 4, CH-3000 Bern 15
T: (004131) 3 50 31 11 **Fax:** 3 50 31 10
TGR: UPU
T-Online ✻91 2761 UPU CH✻
Internet: http://www.upu.int
E-Mail: info@upu.int
Gründung: 1874 (9. Oktober)
Directeur général: T. E. Leavey (USA)
Leitung Presseabteilung: Chefredakteur Luiz L. F. Pinheiro
Verbandszeitschrift: Union Postale
Redaktion: Chefredakteur Luiz L. F. Pinheiro
Mitglieder: 189
Mitarbeiter: 165
Sonderorganisation der Vereinten Nationen

• IZ W 42

Zwischenstaatliche Organisation für den internationalen Eisenbahnverkehr (OTIF)

Organisation intergouvernementale pour les transports internationaux ferroviaires
Zentralamt
Gryphenhübeliweg 30, CH-3006 Bern
T: (004131) 3 59 10 10 **Fax:** 3 59 10 11
TGR: OTIF Bern
Gründung: 1893/1985
Vors. d. Verwaltungsrates: Dipl.-Ing. H.-R. Isliker (CH)
Leitung Presseabteilung: Iris Petra Gries
Verbandszeitschrift: Zeitschrift für den internationalen Eisenbahnverkehr
Verlag: Eigenverlag
Mitarbeiter: 13
Jahresetat: sFr. 3 Mio.

Generalsekretariat der internationalen Organisation von 39 Staaten (Europa, Naher Osten, Nordafrika). Zweck: Einheitliches Transport- und Haftungsrecht für die internationale Beförderung auf Bahnen (und bahnverbindenden Kraftfahrzeug-und Schiffahrtslinien). Grundlage: Übereinkommen über den internationalen Eisenbahnverkehr (COTIF) vom 9. Mai 1980.

Personen-Verzeichnis

Die nach den Personennamen stehenden Buchstaben und Kennziffern verweisen auf die jeweiligen Verbände, die im Hauptteil nach Gruppen (A Bundes-Behörden bis IZ Internationale Zusammenschlüsse) und aufsteigenden Zahlen veröffentlicht sind.

A

Fortsetzung nächste Spalte

Fortsetzung nächste Spalte

B

Fortsetzung nächste Seite

Fortsetzung nächste Spalte

Fortsetzung nächste Spalte

Beckett, Margaret → IZ B 9
Beckley, C. J. → IZ W 30
Beckmann, Fr.-W. Dr. → O 595
— Gerhard, Dr. → Q 14
— Heino A.P., Dr. → c 554
— Heinz → o 49
— Jens-Heinrich, Dipl.-Vw. → f 239, f 244, IZ F 1 728
— Josef → h 710
— Josef Albert → F 1, f 50, F 991
— Klaus → E 154
— Lukas → A 41
— Peter, Dr. → T 3 702
— Rainer → S 565
— Rolf, Dipl.-Volksw. → T 2 469
— Rondo → S 1 552
— Uwe-Jörg → S 1 599
— Wilfried, Dr. → S 296
Beckord, Jochen Dr. → E 149
— Michael → T 3 672
Becks, Helmut Dipl.-Phys. → E 185, t 354, T 1 172, T 1 718
— T., Dr.-Ing. → T 1 171
Beckstein, Günther Dr. → b 17, o 619
Beckus, Peter → U 196
Beckwith, V.W. → t 99
Beckx, F. → iz f 2 684
Becquet, Mark → iz a 13
Becquevort, M. → IZ T 792
Becsky, Stefan → U 1 373
Bedani, R. → iz f 1 072
Beddies, Peter Dr. → k 174, k 193
Bedelian, Haro → iz f 346
Bedholm, Bruno → n 209
Bednarz, Klaus → E 602
Bedoni, Paolo → iz q 20
Bedossa, Adrien → IZ S 1
Beebee, Barbara → iz t 581
— Robert → IZ F 1 995
Beeckman, Jean → IZ F 1 149
Beeckmans, Paul → IZ M 4
Beecroft, Barry → IZ F 1 064
Beeftink, Ellen → o 432
Beeg, Jngrid R. → r 247
Beek, Hans-Dieter → T 462
Beekmann, K. R. → S 1 597
Beelitz, Karin → Q 451
Beemelmans, Hubert Dr. → E 736
Beer, Helmut → r 337
— Manuela → N 176
— Michael → m 39
— Theo, Dipl.-Volksw. → D 192, E 173
— Wolfgang, Dr. → S 761
Beerbaum, Horst → q 41
Beereboom, Henk → iz a 52
Beerfeltz, Hans-Jürgen → U 2 132
Beermann, Johannes Dr. → B 208
— Karl Johannes, Dr. → B 81, b 84
— Wilhelm → F 122, T 895
— Wilhelm Hans → F 142
Beers, Mathias → l 27, p 22, p 37
Beert, Christian → iz h 211, iz h 229
Beese, Ute → r 491
Beetz, Richard Dipl.-Ing. → T 1 813
Beez, Elfriede → N 192
— Theo → k 159
Begemann, Heiner → f 1 073
— Ton → IZ M 123
— Walter, Dr. → T 1 844
Beger, Gabriele → t 949
Begitt, Kurt Dr. → T 978
Behler, Gabriele → b 124
Behles, Christian Dr. → A 26
Behlmer, Gert Hinnerk → b 74
Behm, Olaf → U 1 472
— Wolfgang, Dr. → S 1 541
Behmer, Hans-Werner → E 216
Behncke, Jörg → g 464, h 635
Behne, Klaus-Ernst Dr. → T 520
Behnel → A 37
Behning, Walter Dipl.-Kfm. → e 88, E 98, f 819, T 1 145
Behnisch, Klaus → F 496, f 552, k 91, K 330, r 12
Behnke, Eberhard Dr. → r 556, S 1 083
— Gerd → O 403
— Ulrike → Q 656
Behnsen, Gerhard Dr. → s 369
Behr, August W. Prof. Dr.rer.nat. → T 394
— Eberhard → U 394
— Eckhard → E 109
— Friedrich → S 1 599
— Hans-Christoph, Dr. → Q 300
— Walter → h 176
Behrend, Eberhard → T 1 382
— Juan Claudio → IZ U 308
— Manfred → s 1 357
— Peter → f 863
— Reinhard → Q 401
Behrends, Ehrhard Prof. Dr. → T 1 822
— Wilhelm, Dipl.-Kfm. → E 117
Behrendt, Dipl.-Ing. → b 521
— Erich, Dr. → S 1 131
— F., Dr. → t 1 492
— Hans → e 485
— Norbert, Dipl.-Volksw. → g 380, g 714
Behrens, Brigitte → Q 336
— Ernst H. → E 254
— Fritz, Dr. → A 40, b 120, u 1 062
— Heinrich, Dipl.-Ing., Dipl.-Wirtsch.-Ing. → E 117
— Heinz H. → O 581
— Henry → u 1 400
— Hermann, Prof. Dr. → Q 443, T 2 500
— J., Dr. → Q 449
— Jörg-Holger → u 2 269
— K. → t 2 365
— Michael → O 516
— Peter, Prof. Dr. → T 731
— Uwe → H 690
— William F. → c 559
Behrenwaldt, Udo → l 90
Behret, H. Dr. → T 977
Behringer, Armin → E 16
— Heinz → k 80
— Klaus → s 1 264
Behrmann, Hermann → R 945
Behrsing, Wolfgang → t 4 035
Beibst, Gabriele Prof. Dr. sc. oec. → T 542
Beichel, Klaus Dr. → f 227
Beicken, Wolfgang Dipl.-Ing. → S 1 016
Beiderwieden, Thieß → c 1 078
Beier, Alfred → U 3 017
— D., Dr. → S 319
— Dietrich, Dr. → U 2 393
— Gerhard → T 3 589
— Gisela → U 1 277
— Hermann Hans-Heinrich → c 473
— Michael → S 803
— Udo, Prof. Dr. → T 1 792
— Wilfried → o 7
Beier-Xanke, Norbert Dipl.-Ing. → s 830
Beigel, Herbert → S 799
Beijer, G. J. → c 345
— Karen → IZ T 747
Beil, Justus → k 114, k 135, k 267, k 358
Beilharz, Manfred Dr. → IZ O 18
Beilken, Berend → g 433
Beilschmidt, Rolf → U 2 393
Beilstein, Frank → E 177
Beimann, Wilfried → T 899
Beimdiek → A 32
Beimfohr, Uwe → n 17
Beimler, Josef Dipl.-Volksw. → E 62
Bein, Judith Dr. → k 77
Beine, Christina Dr. → E 80
Beinhofer, Paul Dr. → B 231
Beirle, Konrad → B 773
Beischall, Eduard → R 796
Beischer, Julius Dr. → S 296, s 305
Beisel, Marc → U 169
— Marc, Dipl.-Wirtsch.-Ing. → U 173
Beisenbusch, Klaus → q 210
Beisenkötter, Theodor Dipl.-Ing. → F 88
Beisert, Peter → U 839
Graf Beissel von Gymnich, Franz-Josef → T 3 623
Beitz, Berthold Prof. Dr. h.c. mult. → E 602, T 739
Beiwinkel, Franz-Josef → r 640
Bekele, Veronika → s 1 431
Bekke, Han J.A. → iz f 425
Belanger, Pierre → IZ T 299
Belau, Ingrid → N 188
Belcher, Joan → IZ U 212
Beleites, Eckhart → U 839, U 841
— Eggert, Prof. Dr.med. → s 38
Beleke, Norbert → O 454
Belger, Bernd → E 72
Belina, Peter Dipl.-Geogr. → s 1 499
Bell, Hermann Dr. → c 370
— Karin, Dr.med. → T 3 308
Bellamy, Carol → IZ V 25
— Margot → IZ R 221
Bellersheim, Horst → E 177
Bellet, Robert → IZ U 535
Bellgardt, Helmut Dipl.-Ing. → U 639
Bellillo, Katia → iz b 126
Bellin, Jacques → iz n 10
Bellinger, Dieter Dr. → l 76
Bellingham, M. → iz f 448
Bellinghausen, Gert Dipl.-Ing. → f 903, F 907
Bellmann, Ulrich Dr.-Ing. → T 1 172
Bellmer, H.-G. Dr. → IZ F 1 000
— Horst, Prof. Dipl.-Ing. → s 928
— Horst-Gevert, Dr. → Q 154, Q 158
Bello, F.D. → IZ T 103
Bellocio, Patricio → iz o 196
Bellon de Chassy, Christian → IZ S 683
Bellwinkel, Kai → f 255, f 258, g 297, H 233, U 534
Belmans, Ronnie → IZ T 314
Belmiro R. Ferreira, José → iz f 2 209
von Below, Wedig → u 1 978
Belpaire, Francois-Xavier → IZ F 972, iz f 316, IZ F 2 143, iz f 2 144
Beltoft, Niels → iz s 502
Beltran, D. Jimenez → IZ A 199
Beltz Peralta, Hernán → C 912
Belz, Günther → u 821
— Sabine → u 2 862
Ben Barka, Lalla → IZ V 2
Ben Fradj, Abderrazak → c 1 297
Bena-Dietrich, Edith → U 2 393
Benad, Günther Dipl.-Volksw. → O 568
Bénard, Dominique → IZ U 248
Benassi, Marcello Dr. → iz t 716
Benati, Gianfranco → IZ T 960
Benavente, M. → iz s 408
Benavides G., Ariel → C 645
Bénazeth, Claude → t 2 370
Benazzo, G.B. → iz f 622
Benclowitz, Joachim → o 16
Bencze, Karin → s 530
Benda, Ernst Prof. Dr. → O 370, U 2 941
Bender, Anke Dr. → T 4 087
— Christiane, Prof. Dr. → t 2 285
— Dieter → u 2 383
— Diethelm → S 784
— Gerald → r 788
— Gerd, Dr.-Ing. → t 934
— Heinrich G. → E 43
— Helmut → U 1 371
— Ignaz → T 686
— Martin → t 3 000
— Rainer, Prof. Dr. → T 630
— Roland → G 202
Bendesen, O. Bech → iz q 125
Bendig, Detlef → u 2 363
— Kristel → U 2 097
— Manuel → u 2 364
— Nicole → t 177
Bendisch, Roger → l 91
Bendixen, Peter Dr. → u 1 837
Bendkowski, Halina → U 1 576
Bene, Amalia → iz u 688
Benecke, Bernhard J. → c 731
Benedicto, D.P. Serrat → iz f 754
Benedikt, Hans Prof. DSc. Dipl.-Ing. → T 396
Benedix, Volker Dr.-Ing. → S 800
— Werner → R 500
Bénéfice, Sylvie → IZ A 194
Beneke, Sabine → s 99
Benes, Gerardus Herman Willem → c 347
— Vaclav, Dr. → IZ S 111
Benett-Sturies, Anne → q 524
Bengard, Günter → U 594
Bengel, Bruno P. → iz u 622
Benger, Raimo → f 141, F 963, F 965, U 649
Bengoa Crespo, A. → iz f 1 075
Bengsch, Lutz Dr. → U 2 393
Bengsohn, Jochen Dr. → T 654
Bengtsberg, Ove → IZ R 64
Bengtsch, Lutz Dr. → U 2 393
Bengtsson, Bengt → iz f 310
— P. → iz t 392
Bengü, Hasan → iz h 348
Benigni, Monika → T 2 689
Bening, Wilfried → H 283
Benjamin, R. → IZ M 206
Benjelloun, Mohamed → IZ U 110
Benjeloun, Mohamed → IZ R 263
Benkendorf, Volker → F 65
Benkert, Hannelore → R 570
Benkler, Manfred Dr. → K 324
Benneker, Heinrich Dipl.-Volksw. → f 854
Benner, Heinz Friedrich → T 3 718
— M. → T 386
— Winfried → U 1 023
Benner-Baer, Marie-Luise → T 3 709
Bennerscheidt, Willi → q 25
Bennett, James G. Dr. → IZ U 363
— Philip → IZ F 1, IZ F 2 545
Bennewitz, Jürgen → T 3 425
Benning, Rainer Dipl.-Ing. → f 126
— Wilhelm, Univ. Prof. Dr.-Ing. → t 1 732
Benninghoven, Harald → q 25, q 47
Bennink, D. → IZ F 954, IZ F 2 518
Benöhr, Gertraude → U 3 006
Benoish, Maurice → iz p 22, IZ Q 178
Benoit, Hubert → IZ F 383
Benoliel, Georges → IZ T 950
Benos, Stavros → iz b 97
Benrath, Gerd → R 33
Bensaid, Fayçal → e 560
Bensch, Reiner → T 698, T 1 773
Benscheidt, Dieter → k 207, k 227
Benschop, Dick Drs. → iz b 171
Bense, W. Dipl.-Ing. → T 2 243
Benson, B. → IZ F 1 935
Bente, Martin Dr. → O 449
Bentegeau, Yves → iz f 1 437
Bentele, Karlheinz Dr. → l 68
— Martin → q 263
Benthaus, Rainer → T 3 644
Fürst zu Bentheim und Steinfurt, S. D. Christian → E 568
Benthin, Dr. → N 140, U 291
Benthues, Wilm → h 132
Bentin, Lothar → t 4 031
Bentlage, Jürgen → l 77
Bentolila, Marc → iz p 21
Bentrup, Hans-Hermann Dr. → b 44, T 2 497
Bentz, Norbert → k 91
Bentzien, Wolfgang → s 1 467
Benz, Arthur Prof. Dr. → T 2 110
— Axel → k 149
— Claus → s 504
— Eberhard, Dr. → E 28
— Klaus-W., Prof. Dr. → T 486
— Peter → d 9, D 64, d 225, T 2 133, U 225
— Rolf → U 554
— Volker, Dr. → T 1 776
— Winfried, Dr. → T 1
Benza, D. → iz f 235
Benzinger, Franz-Josef → R 663
— J.-P., Prof. Dr. → t 1 410
Beppler, Sabine → iz u 211
Beránek, Jiri Dr. → iz l 44
— Milan, Dr. → c 1 271
Berard, Hélène → IZ T 969
de Berardinis, C. → iz p 46
Beras, P. → iz s 211
Berberich, Dieter → r 765
— Peter → U 477
Berchem, Theodor Prof. Dr. → T 709, T 3 692
Berchtold, Willi → f 36, F 352, F 512
Berck, Helmut Dr. → l 69
Bercker, Edmund Dr. → E 149
— Klaus → f 763, r 29
Berckmüller, Reinhard Dipl.-Ing. (FH) → f 333, f 344
— Reinhard, Dipl.-Wirtschafts-Ing. (FH) → f 347
Berdux, Walther → E 105
Berekoven, L. Prof. Dr. → T 2 070
von Berenberg-Consbruch, Joachim → R 33
Berenbroek, Lambert W.A. → U 1 171
Berendes, Elmar → s 503, s 546
Berentelg, Hermann → F 979
Berentzen, Hans Dr. → E 131
— Jan B., Dr. → U 2 083
— Luitpold, Dipl.-Ing. → f 453
Berenyi, Janos Dr. → iz m 35
Bereska, Marianne → s 486
Berezin, Vadim → IZ M 183
Berg, Arne → u 431
— D. E., Prof. Dr. → T 1 373
von Berg, Detlof Dr. → C 299
— Dietrich → c 679
— Franz-Josef → d 213
— Friedhelm → R 620
— Fritz, Dr. → E 171, F 238, f 242
van den Berg, Hans → F 1 088
— Hans Henning → E 402
— H.C. → iz t 384
— Heike → u 2 173
— Henriette → b 186
— Jürgen → B 236
— Kay Uwe → R 554
— Klaus, Prof. Dr. → O 291
— Manfred → K 53, T 3 674
— Mathias → O 444
— P. → iz t 629
— Peter, Dr. → S 263
— W., Dr. jur. → T 3 365
vom Berg, Wolfgang Dr. → IZ F 655
Berg-Winters, Albert → U 373
Bergans, Wim → IZ R 122
Bergant, Boris → IZ O 54
— Evgen → IZ S 672
Berge, Asbjoern → iz f 2 532
Bergeest, Volker Dr. → K 55
Bergemann, A. Bela Dipl.-Geogr. → S 1 474, s 1 504
— Ernst, Dipl.-Volksw. → f 525
Bergen, V. Prof. Dr. → T 2 609
Berger, Dr. → A 16
— Alf-Jörg → N 117
— Anita → h 449
— Antoine → iz s 420
— C., Prof. Dr.-Ing. → t 1 917
— Christoph → u 2 761
— Dietmar → P 7, P 38
— Eduard → u 2 253

Fortsetzung nächste Seite

Berger (Fortsetzung)
— Folkart → IZ S 712
— Gerhard → h 584
— Gundolf → G 490
— Hans → I 21
— Hans Wilhelm → c 737
— Hartwig, Dr. → T 820
— Helmut → U 195
— Herbert → r 402
— Joachim, Dr. → iz k 45
— Joachim, Dr. jur. → k 216
— Klaus → I 66
— Manfred, Dipl.-Kfm. → t 2 304
— Michael, Prof. → IZ U 273
— Rainer, Doz. Dr. → S 954
— Roland → t 2 364
— Volker → A 24
Berger-Vogel, Wolfgang Dr. → S 782
Berges, Bernd → I 112
— Gerhard → r 762
Bergfeld, Jost Dr. → s 9
Berggreen, Carl Steen → iz t 1 71.10
Berggren, Marlen → iz u 2 24.04
Berghaus, Dr. → A 16
van den Berghe, Roland → iz s 265
Berghmans, Jo → iz g 27
Berghoff, Dagmar → Q 643
Bergholz, Lothar Dr. → S 271
Berglar, Christoph Dr. → U 2 545
Berglas, Eitan → IZ T 529
Bergler, Friedrich Prof. Dr. → T 541
Berglie, Svenåke → iz f 2 359
Berglund, A. → IZ H 446
— Anders → iz h 464
— Børre → n 247
— Thomas → IZ U 708
Berglyd, Knut Jostein → iz u 569
Bergman, Manfred → IZ U 410, IZ U 498
Bergmann, Bernd Dr.-Ing. → U 582
— Christine, Dr. → A 24, E 646
— Eckart, Dr. → u 2 590
— Ernst-August → r 754
— Frank, Dr. → T 2 740
— G., Prof. Dr. → t 1 586
— Günter → S 1 212, S 1 306
— Gunter, Dr. → T 860
— Herbert, Dr. → Q 539
— Holger → U 2 935
— J., Dr. → T 3 425
— J., Prof. Dr. → t 1 931
— J., Prof. Dr.-Ing. → T 2 012
— Joachim, Univ.-Prof. Dr.-Ing. → T 1 906
— Joachim W., Prof. Dr.-Ing. → T 1 288
— Jochen, Dr. → e 229, e 230
— Joseph, Dipl.-Kfm. → P 4
— Jürgen → g 486
— Karl-Heinz → T 3 613
— K.-Chr., Prof. Dr. → T 2 416
— Manfred, Dr.-Ing. → t 1 186
— Margit → U 198
— Martin, Dipl.-Ing. → u 517
— Michael → o 656, T 3 415
— Peter → u 1 332
— Susanne → H 277
Bergmann-Krauss, Barbara → S 255
Bergner, Hans Peter → A 24
— Ludwig, Dr. → K 314
— Martin → P 56
— Ralf → IZ F 2 350
— Thomas, Dipl.-Ing. → f 295
Bergold, Ralph Dr. → T 3 864
Bergolth, M.R. → iz f 758
— Rudolf → iz f 551, iz f 1 810, iz f 1 847
Bergomi, Francesco → iz f 828
Bergqvist, P. → IZ F 2 456
Bergsdorf, Wolfgang Dr. habil. → T 467
Bergstraeßer, Volker → T 3 780
Bergum, Tore → iz f 1 898
Berheide, Bernd → S 742
— Wolfgang → T 3 674
Beriot, N. → iz f 75
Berkau-Hein, Brigitte → U 254
Berke, Dietrich Dr. → IZ U 705
Berkefeld → A 28
Berkel, Mathias → F 495
Berker, Peter Prof. Dr. → T 561
Berkery, Michael → iz q 19
Berkling, Ruth → c 200
Berkner, Wolfgang Prof. Dr. Dr. → t 4 010
Berkowsky, Hartmut → u 1 713
Berlaimont → IZ F 972
Berlekamp, Ansgar → U 1 376
Berlemann, Heinz-Dieter Dipl.-Kfm. → g 599
Berlin, Henning → U 2 598
— Ulrich → T 432
Berliner, M. Dr. → T 2 470
Berling, Theo → s 499, s 540
Bermudez, Luis → IZ T 299
Berna, Marie-Rose → IZ W 11

Bernadotte, Sonja → T 2 547
Bernal, Marie-Louise H. → IZ T 848
Bernard, F. → iz q 76
— J. → iz f 446
— Wolfdieter, Dr. med. → T 3 236
Bernardi, Hans-Ludwig Dipl.-Ing. → f 82, g 191, r 47
Bernardinelli, Massimo → c 865
Bernbruch, Hans Wilhelm → t 3 733
Bernd, Herman-Uwe → o 357
Berndl, Ernst H. Dipl.-Ing. → f 656
Berndt, Dieter Prof. → T 1 137
— Hartmut, Dr. → q 518
— Holger, Dr. → h 658, I 60
— Inge, Dr. → U 2 393
— Jürgen D., Dr. → u 766
— Kay M. → K 55
— Rolf → T 744, T 789
— Ronald, Dipl.-Ing. → S 944, S 974
Bernecker, Viktor → K 334
Berner, Anita → h 562
— Manfred → T 728, u 1 780
— Walter → O 368
Berners, Kurt → f 539, F 540
Bernet, Georg → E 60
Bernett → IZ H 520
Bernhard → b 496
— Christine → Q 201
— Helmut → g 370
— Michael A. R. → IZ M 123
— Otmar, Dr. → Q 97, q 98
— Rudi → u 2 407
Bernhardi, Manfred → h 371
Bernhardt, Dr. → A 12
— Dörte → T 1 114
— Iris → U 186
— Ute → T 1 366
— Wolfgang → h 75
Bernhardt-Müller, Sigrid → u 1 800
Bernhart, Joachim → S 682
Berniard, Pierre-Antoine → c 756
Bernicot, Jean-François → IZ A 227
Berning, Klaus Otto Dr. → E 155
Berninger, Matthias → U 2 572
Berninghausen, Carl → F 576
Berns, Manfred → E 149
Bernsen, Rob → iz f 1 897
Bernstein, Rainer Dr. → O 717
Bernt, Hans Peter → F 542
Bernth, Leif → iz h 407
Berntsen, Georg → f 629, f 658, f 665
Berntßen, Hartmut Dipl.-Verw.-Betriebsw. → R 553
von Bernuth, Fritz → O 452
— Hans-Dietrich → u 1 979
Berodt, Jürgen → c 46
Berrada, Abdelali → iz f 423
Berrang, Bernhard → H 276
Berretta, Giuliano → IZ T 880
Berroeta, Michel F. → IZ O 238
Berron, Patrick Olivier → E 447
Berry, Richard → iz h 453
Bersani, Pierluigi → iz b 140
Bert, Friedrich Dr. → B 600
Bertazzoni, Roberto → iz f 2 423
Bertelmann, L. → F 364
Bertels, Hans → IZ U 457
Berten, Oliver → D 65
Bertermann, Marc-Mario → U 389
Bertges, Klaus → I 93
Berthelmann, Ronald → iz u 2 21.02, U 1 427
Berthelot, Yves → IZ V 11
Berthelsen, Vagn → iz u 281
Berthet, Deline → IZ S 110
Berthèzéne, Michel → IZ U 405
Berthiaume, Paulette Dr. → IZ U 265
Berthier, Jean → iz t 174
Berthold, Martin → U 1 813
— Norbert, Prof. Dr.rer.pol. → T 2 098, T 2 356
Berthon, Patrick → IZ L 89
Bertig, Helmut → d 220
Bertling, Gertrud → u 452
Bertol, Gillian → IZ T 495
Bertola, Claudio → iz t 1 77.10
Bertoldi, Giuseppe → IZ U 192
Berton, J.-P. → iz f 868
Bertram, Christoph Dr. → T 803
— Curt → U 437
— Gabriele, Dipl.-Psych. → T 2 338
— Gerhard → E 214, m 99, M 199
— Hans-Bodo, Dr. → C 52
— Hans-Jürgen → Q 671
— Hermann, Dr.-Ing. → e 86, E 91, U 116
— Horst → Q 348, T 822
— Karin → U 2 393
— Klaus → g 192
— Michael → b 107

Fortsetzung nächste Spalte

Bertram (Fortsetzung)
— Winfried, Dr.med. → s 74
— Wolfgang → s 354
Bertrams, Christoph → u 2 795
— Hans-Jürgen → O 239
— M. → IZ F 1 963
— Michael, Dr. → B 802, B 847
Bertrand, Gerard Dr. → IZ Q 258
— Ute → Q 567
Bertsch, Detlev → t 904
— Dieter W. → H 694
— Frank → A 24
— Jürgen → T 4 058
Bertzbach, Martin → B 645
Berweger, Winfried Dipl.-Volksw. → E 216
Berz-List, Dr. → q 321
Berze, Daniel → IZ T 231
Besch, Bernd → g 443
Besching, Alexander → T 3 915
Beseler, Hans-Friedrich → iz a 29
Besemer, Karl Heinz Dipl.-Ing. (FH) → s 844
Besenfelder, Günter → R 866, r 925
Besnainou, Joseph → iz o 114
Beß, Jürgen Dr. → E 727
Besse, Karl → O 635, o 643
Bessemans, H. → iz m 108
Besser, Hans Rolf Dozent Dipl.-Wirtsch. Dipl.-Ing. → T 856
— Hans Walter → u 816
Besserer, Heinrich → E 114
Bessey, Lore → o 662
Bessler, Walther M. → c 1 209
Best, Berthold Dipl.-Ing. → t 1 207
— Carl-Maria → s 653
— Dieter, Dipl.-Psych. → S 164
— Heike → B 716
— Heinrich, Prof. Dr. → T 2 251, t 2 286
— Peter, Dipl.-Kfm. → H 723, h 727
Beste, Hermann → u 2 249
den Besten, Rob → IZ M 4, iz m 20
Besters, Christoph Dipl.-Volksw. → S 275
Betge, Peter Prof. Dr. → t 3 984
Bethge, Horst → u 2 172
— Ulrich, Dr. → s 374
Bethke, Andrea → t 2 800
— Andreas → T 3 101
— Jürgen, Dipl.-Kfm. → G 221
— Ulrich → m 7
von Bethmann-Hollweg, Christoph → u 2 539
Betke, Ulrich → e 538
Betos, Vicente C. → E 317
Betscher, Hermann → T 1 268
Bette, Klaus Dr.jur. → H 50
Bettels, Dirk Dipl.-Kfm. → E 118
Bettendorf, Ernst Theophil Dip.-Kfm. → E 126
Bettermann, Erik → A 40, b 56, B 206, T 3 862
— Erik, Staatsrat → A 40
— Lutz → E 105
Bettin, Sabine → E 72
Betz, Anton → u 2 465
— Dieter → IZ F 1 727, iz f 2 726
— Joachim, Dr. → r 555
— Wolfgang, Dr. → u 1 787
Betzen, Sigrid → R 543
Betzner, Gertrude → c 1 087
Beu, Hermannjosef Dipl.-Ing. → S 797
Beucher, Friedhelm Julius → A 36, O 586
Beuchke, Karl Prof. Dr. → T 698
Beucker, Helmut F.J. → o 132
Beuermann, Dieter → O 339, T 797
— Dieter E. → E 65
de Beukelaer, Emile → iz f 1 429
Beukes, Deline → iz o 135
Beuks, Emmy → N 36
Beulig, Jörg → e 205
Beurotte, Jean-Jack → IZ A 227
Beus, Hans-Bernhard Dr. → A 10
Beuscher, Hermann → H 77
— Kurt → E 19
von Beust, Ole → U 2 045
Beutel, Jens → D 102, U 3 006
— Martin, Dr. → T 3 415
— Walter → E 259
Beutelmann, Josef → T 3 671
Beutgen, Monika Dr. → F 435, H 11, H 256, H 290, IZ F 1 260, iz f 1 141
Beuth, Klaus-Peter → Q 660
Beutler, Wolfgang → U 2 928
Bevan, D. R. Dr. → IZ S 184
Bewernitz, Jutta → s 348
Bewersdorf, Jörg Dr. → B 752
Beye, Claus-Jürgen Dipl.-Math. → k 380, K 385
Beyen, Katharina Dr. → T 3 364
Beyer, Arno Dr. → O 303
— Axel → Q 650
— Bernd → H 223

Fortsetzung nächste Spalte

Beyer (Fortsetzung)
— Birgit → N 175
— Christina → G 476
— Detlef, Dr. → s 309
— Eckhard → u 2 533
— Eckhard, Prof. Dr.-Ing. habil. → t 228
— Erwin, Dipl.-Ing. (FH) → Q 127, s 893
— Götz → m 5, r 486, r 518
— Hans Hermann, Dipl.-Kfm. → G 115
— Hans-Joachim, Dr. → H 621
— Hans-Joachim, Prof. Dr. → t 2 073
— Herbert → C 385
— Jürgen, Prof. Dr. → t 3 218
— Klaus, Dipl.-Ing. → T 2 469, T 2 483
— Lothar, Prof. Dr.med. → T 2 711
— Manfred → g 356
— Michael, Dr. → T 896
— Ralf → t 3 000
— Rüdiger, Dr. → E 185
— Torsten → o 33
— Ulrich, Dipl.-Ing. → s 990
— Wolfgang → F 1 020
Beyerl, Erhard Dipl.-Ing. → s 909, s 961
Beyersdorf, Rolf-Dieter → E 146
Beyersdorff, Dietrich → T 2 695
— Günter, Prof. → T 946
Beyerstedt, Hans-Günther → g 696
von Beyme, Jörg Dipl.-Ing. → q 89
Beyreuther, Konrad Prof. Dr.Dr.h.c. → T 1 791
Bezdek, Jaroslav → iz f 633
Bezold, Wilhelm Dr. → c 642
Bezzenberger, Gerold Dr. → U 699
Bi-Lev, Yohanan → E 284
Bialas, Rolf Prof. Dr.med. → k 233, K 393
Bianchi, C. → iz h 72
— Ernesto → iz a 6
Bianchini, F. Geotti → IZ T 319
Bianco, Enzo → iz b 132
— V. → iz q 21
Bias, Dr. → T 1 960
Biasco, Carlo → iz q 89
Biaudet, Eva → iz b 69
Biber, Alfons → iz f 16
— Zeev → iz f 2 705
Bibinger, Dieter Dipl.-Ing. → R 32
Bibl, D. → iz h 331
Bicher, Norbert → A 67
Bichi, Alberto → IZ F 1 711
Bichler, Jacob → U 1 760
Bichsel, Stefan → iz i 143
Bick, Dr. → A 22
— Wolfgang, Dr. → B 317
Bickel, Gernot W. H. → u 720
— Heribert, Prof. Dr. → t 4 005
— Matthias, Dr. → s 437
— R. R. → T 3 790
Bickelmann-Follmar, Jörg → g 645
Bickenbach, Jörg → b 122
Bicking, Heinz → g 296
Bie-Johansen, Atle W. → iz f 544
Biebach, Peter Dipl.-Ing. → B 363, B 427
Bieback, Karl-Jürgen Prof. Dr. → T 514
Biebel, Siegfried → r 493
Biebelmann, Ulrike → T 745
Biedendorf, Ulrich Dr. → e 166
Biedenkopf, Ingrid → t 3 002, T 3 140
— Kurt, Prof. Dr. → A 40
— Kurt H., Prof. Dr. → A 40, B 154, t 2 165, U 2 045
Biederbick, Klaus-Günther → A 22
Biedermann, Dr. → A 34
— Bernhard, Dr. → T 3 595
— Bodo, Prof. Dr. → T 555
— Charles-Claude → IZ U 106
— Detlev → A 4, A 185
— Elfriede → S 912
— Heinz-Jürgen → r 487
— Horst → IZ F 1 371
— Jost → U 1 323
Biege, Ralf → E 112
Bieger, Renate → E 63
— Roland → F 825, F 833
Biegi, Peter → IZ H 63
Biehahn, Claudia → T 3 414
Biehal, Manfred Bankdir. Dr. → I 26
Biehl, Dieter Prof.Dr. → T 2 498
Biehler, Axel → Q 487
Biehn, Erika → u 1 207
Biek, Manfred → f 257
Biel, Carsten → C 10
— Jörn, Dipl.-Volksw. Dr. → E 219
Bielagk, Werner Dr. → U 2 393
Bielefeld → Q 330
— Hartmut → R 1, R 186
— Volker, Dipl.-Volksw. → T 3 438
Bielefeldt, Gerd → U 735
Bieler, Dr. → A 18
von Bieler, Hans Jörg → iz a 176
— Harald C. → i 53, T 2 706

Fortsetzung nächste Spalte

Fortsetzung nächste Spalte

Fortsetzung nächste Seite

Bolewski, Norbert → T 1 839
Bolhöfer, Jobst Dr. → I 118
Bolivogui, Lamine → C 807
Bolkestein, Frits → IZ A 1, IZ U 362
Boll, Bernhard → o 463
— Georg → E 131
— Karl-Heinz → r 861
Bolle, Eckart → R 427
— Frank → c 277
— Gabriele → N 140
— Geneviève → IZ S 650
Boller, Herbert → n 21
Bollhöfer, Herbert → h 580
— Klaus-Dieter, Dipl.-Ing. → R 81
Bollier, Ernst → U 1 855, u 1 859
Bollin, Jörg → U 2 972
Bollin-Flade, Dagmar Dipl.-Ing. → E 91
Bollinger, Rolf Dr. → IZ F 339, iz f 342
Bollmann, Dieter → s 144
— Georg → U 914
— Harry → h 525
Bollon, Pierre → iz i 132
Bolme, Tomas → IZ R 237
Bolstorff, Christian Dr. → S 258
— Utz-Dieter → H 308
Bolte, Thomas → F 1 011
Bolten, Hans → G 140, g 148
Boltizar, P. → iz f 237
Bolwin, Rolf → O 11
Bolz, Armin Prof. Dr. → T 2 753
— Hermann, Dr. → Q 539
— Rüder, Dr. → u 2 903
— Ulrich → U 1 512
Bolzenius, Theodor → U 2 323
Bolzmann, Hans Dipl.-Ing. → d 143
Bolzoni, Luciano → iz g 43
Bomhoff, Heinrich → n 19
Bomm, Werner → G 116, g 521
Bommas-Collée, Doris → M 235
Bommelmann, Annegret → D 93
Bommer, Hans Dipl.-Kfm. → F 605, U 614
Bomnüter, Ulrich → Q 424
Bon, Hélène → IZ S 342
Bona, Thomas → f 241, F 835
Bonacker, Heinz W. → c 1 301
Bonath, S.-Th. → T 1 828
Bonauer, Norbert Dipl.-Kfm. → s 149
Bonaventura, Karl → Q 343
Bondesen, Ole Bech → iz q 126
Boneberger, J. → T 2 484
Bonekamp, Berthold → R 1
— Berthold, Dipl.-Kfm. → f 128, F 143
— Berthold, Dr.-Ing. Dr.-Ing. E.h. → F 122
Bonelli, Antonio → IZ S 678
Bonert, Kurt → g 636
Bonetti, Andrea → IZ G 25
— G. → IZ H 83
Bong, Uwe Prof. Dr. → T 489
Bongard, Manfred → T 1 393
Bongert, Dieter → L 59
— Jürgen, Dipl.-Kfm. → H 258
Bonhaus, Don → IZ S 678
Bonhoeffer, Tobias Dr. → t 139
Bonini, Raimondo → iz f 2 012
— Sergio, Prof. → IZ T 698
Bonitz, Wolf → h 698
Bonjean, Heinz Werner Dipl.-Volksw. → G 510
Bonk, Hans → h 602
Bonmati, Alfonso → iz f 2 308
Bonn, Edgar → G 781
— Otto → IZ U 384
Bonnaire, Roman → s 1 407
Bonnemann-Böhner, Adelheid Prof. → U 1 252
Bonner, Trevor C. → IZ F 2 350, iz f 2 355
Bonnermann, Arnd → H 226
Bonnet, Bernd → H 315
— C. → iz f 459
de Bonneville, Roland → f 306
Bonnici, Francois Prof. → IZ U 273
Bonnin, C. → IZ F 298
Bonorden, Volker Dr. → r 298
Bonse-Geuking, Wilhelm Dipl.-Ing. → c 1 334, T 378
Bonsel, Herbert → IZ T 229
de Bont, P.J. → iz f 1 897
Bontoyan, W. R. → IZ T 294
Bonz, Manfred → M 1, m 4
Bonzek, Wolfgang Dipl.-Verw.Wirt → A 334
Boockhoff, R. → B 709
Boogaerts, Frank → IZ M 222
Boogen-Heudorf, Horst José → c 449
Boomgaarden, Hiltrud → u 1 235
Boomgarden → A 8
Boos, Karl → G 788
Booth, P. → IZ R 219
Boothby, Chris → IZ L 30
Boothroyd, Betty → IZ B 9
Boots, Jan → iz r 44, iz u 589
van Booven, Heinz → r 358
Bopp, Karl Prof. P. Dr. → T 401
Bopp-Simon, Annelie → U 266
Boppel, Werner Dr. → A 30
Boravan, P. → iz f 1 062
de Borbón, Enrique → U 1 842
Borbonus, Theo → R 1 041
von Borch, Peter → S 1 105
— Peter, Dr. → S 1 099, S 1 106
Borchard, Karl Dr. → C 585
— Klaus, Prof.Dr.-Ing. → Q 128, T 390, T 428
Borchardt, Barbara → U 1 606
— Eugen → O 324
— Jörg → q 548
Borcherding, Günther → s 370
Borchers, Henning Dr. Dr. → S 264
— Klaus → g 147
— Wilfried, Dipl.-Ing. → s 1 030
Borchert, Dieter → f 548
— Hartmut, Dr. → d 47
— Horst → s 37
— Joachim → U 2 545
— Jochen → U 2 045
— Wilhelm → H 695
— Wolfgang → o 16
von Borczyskowski, Christian Prof. Dr. → T 438
Bordemann, Heinz-Gerd Prof. Dr. → U 2 675
Bordon, Willer → iz b 147
Bordoni, V. → iz f 2 616
— Valerio → iz f 2 135
Borek, Leonhard Abdullah → U 2 389
Borel, Francis → IZ R 258
Borell, Rolf Dipl.-Volksw. → u 890
Borer-Fielding, Thomas Dr. → C 1 189
Borg, O. → iz f 2 767
— Richard → u 2 346
— Rune → iz t 508
Borg Cardona, A. → iz e 40
Borge, Hilma → iz f 2 769
Borgelt, Hans-Henning → O 233
— Rainer, Dr. → O 593
Borghi, Gianni Dr. → IZ F 55
Borgmann, B. Dipl.-Psych. → t 2 363
— Daniel → T 3 594
— Franz-Josef → g 492, g 502, H 136, h 143
— Hans Günter, Dipl.rer.pol. → E 168
— Horst, Dr.-Ing. → t 1 727
— Maria, Dr. → S 742
Borgner, Harald → O 403
Borgström, Bo → IZ F 2 666
— Marcus H. → IZ P 3, iz p 7
Borgward, Monica → g 479
Boriani, Attilio C. Prof. → IZ T 167
Borisov, Alexander → iz s 310
Bork, Torsten K. → R 211
— Udo Karl → m 218
— Ulrich → N 150
Borkenhagen, Frederik → u 2 489
— Günter → h 598
Borkenstein, Dr. → A 28
Borkowski, Heidrun → U 2 002
Bormann, Dieter Dipl.-Ing. → s 832
Bormeister, Joachim Dr. → Q 510
Born, Hans-Jürgen → t 2 870
— Helmut, Dr. → iz q 8, Q 1, Q 15, q 34, Q 70
— Jörg, Dr. → T 3 192
— Jürgen, Dr. rer.pol. → T 372
— Martin → O 324
Borneck, R. → IZ Q 102
Bornecke, Jürgen Dr. → iz f 535, O 634, T 2 100
Bornemann, Birgit → T 2 603
— Jörg-Michael → u 1 705
— P., RA Dr. → Q 318, q 320
— Rüdiger → g 431
— Thomas → T 3 828
Bornes, Gregor → T 2 456
Bornholdt, W. Prof. Dr. → t 1 690
Bornholt, Tim-Rainer → D 201
Borniquel, José Luis → IZ F 1
Bornitz, Ulrich Dr. → U 2 577
Bornkessel, Werner Prof. Dr.-Ing. → T 542
Bornschein, Manfred → O 324
v. Bornstaedt, Falk Dr. → T 1 347
Boross, F. Dr. → iz t 345
Borowski, Albert → iz m 97
Borrell, A. → iz f 834
von Borries, Reimer Prof. → S 618
Borringo, Dipl.-Ing. → B 382
Borris, Christian Dr. iur. → S 1 596
Borrmann, Brigitte → s 98
— Stefan → o 462
Borst-Eilers, E. Dr. → iz b 181
von Borstel, Friederike → u 1 262
Borstel, Gunnar Prof. Dr. → T 634
— Rainer → T 3 917
— Rainer, Dipl.-Bw. → s 664
von Borstell, Anna → S 60
— Henning → D 95
Bort, Ulrich Prof. → T 655
Bortenlänger, Christine Dr. → I 95
Borttscheller, Ralf H. → E 732
Borut, Don → iz w 25
Bos, Gustaaf → IZ F 326
— Simone → iz t 923
— Werner, Dr. → K 315
Bosbach, Wolfgang → A 53
Bosch, Günter Dipl.-Volksw. → e 34
— Hansjörg, Dipl.-Ing.,Dipl.-Wirtsch.-Ing. → t 270
— Hartmut → b 97
van Bosch, J. → iz h 323
— K., Prof. Dr. → t 38
— Martina → S 564
— Petronilla → E 691
— Roland → T 627
— Wolfgang, Dipl.-Ing. → U 3 024
Boschi, Renato R. → IZ T 189
Boschke, Wolfram L. Dipl.-Volksw. → K 63, k 71, S 226
von Bose, Henry → u 1 800
Bose, Michael → R 196
Boselli, Luigi → iz a 184
— Pietro → F 500, IZ F 2 339, iz f 2 347, iz f 2 401
Boss, Hedi → T 3 411
— Helga → T 1 852
— Willy, Dr. → e 516
— Wolfgang → s 68
van den Bossche, Luc → iz b 36
Boßdorf, Hagen → U 2 393
Bosse, Dipl.-Ing. → A 22
— Andrea → T 2 714
— Gerd → q 518
— Lars → E 203
— Manfred → U 3 036
— Martina → F 238, f 249
— Ursula, Dr. → T 535
Bossen, Harro → T 2 714, t 2 720
— Walter → h 354
Bossenmayer, Horst Prof. Dr.-Ing. → iz t 368, T 1 392, T 1 779
Bossi, G. → iz f 451
— M., Dr. → iz h 343
— Rolf → O 403
Boßmann, Gabriele → k 448
Boßung-Amzar, Moiken Dr.agr. Dipl.-Oec.troph. → T 672
Bostel, Wulf → T 2 504
Boswell, Peter → IZ S 530
Bot, B. R. → IZ C 10
Boteiho, Manuel → iz n 24
Botero, Andrès → IZ U 413
— Guillermo Sanint → c 279
Both, Hans-Jürgen → g 400
von Bothmer, Henrik → U 1 547
Botschalzki, Walter → r 16
Botschatzki, Walter → f 16, R 1
— Walter, Dipl.-Ing. → r 120
Botsford, Keith → IZ O 99
Botteley, Julia → IZ S 153
de Botten, Marcel → IZ F 2 216
Botterbusch, Reinhart → A 30
Bottermann, Bernhard → T 805
— Jochen → I 79
— Peter, Prof. Dr. → T 2 659
— Peter, Prof. Dr. med. → T 3 216
Bottke, Wilfried Prof. Dr. → T 397
Bottlinger, Erich → O 492
de Botton, Marcel → IZ F 1 351, IZ F 2 216
Botts, Michael → U 129
Bouboukas, E. → iz t 175
Boucard, Philippe → n 205
Boucheron, Agnes → IZ U 41
Boucke, Dr. → T 1 324
Boucsein, Hildegard Dr. → B 203
Boudgoust, Peter → O 324
du Bouëtiez, Gaël → IZ M 4
Bouffier, Volker → b 86
Bouillon, Erhard → T 757
Bouillot, Jean-Pierre → IZ F 1 829
Bouilly, Marie France → iz s 294
Bouis, Lucien → IZ U 161
Boulanger, Katharina → R 585
Bouniol, Monique → iz n 8
Bouquet, A. → IZ T 234
Bouquillon, Francis → iz f 1 889
Bourauel, Stephan → O 398, o 456
Bourcy, A. → iz s 26
Bourdon, Beatrix → IZ H 493
— Gerhard → R 222
Bourguignon, Philippe → IZ U 577
— Roswitha → B 37, b 38
Bourlas, Manuel → IZ T 647
Bourlos-May, Jannis Dipl.-Kfm. → E 465
Bourouba, Mohammed S. Dr. → iz t 701
Bourquin, J.-F. Dr. → iz u 529
Bourrel, A. → iz t 371
Bourrienne-Bautista → IZ F 521
Bouß, Alfred → G 97
Boussard, Yves → IZ S 689
Bousseau, Pierre → IZ F 55
Boussemart, J.M. → IZ T 530
Boutard, Norbert → iz f 1 447
Boutet, Patrick → n 222
Boutin, A-M → IZ U 718
Boutté, Claude Ing. → IZ S 602
Bouveret, Andreas M. Dr.rer.pol. → T 2 250
Bovay, Nicolas → IZ T 843
Bovelett, Heinrich → U 1 028
van Boven, A. → iz f 2 169
Bovero, Pascal → iz f 1 834
Bovet, André M. → IZ M 1
Bovill, Hugo → IZ H 227
Bovy, Michel → IZ R 197, IZ R 238
— Vincent → iz e 4
Bowden, A.. → iz f 2 658
Bowinkelmann, Josef → U 2 393
Boxberger, Ekkehardt → c 455
Boxler, Petra Dr. → U 1 180
van Boxtel, R.H.L.M. → iz b 170
Boyazoglu, Jean Dr. → IZ Q 47, IZ T 646
Boye, Wolfram G. → T 2 691
Boylan, Dessie → iz p 11
Boysen, Margret → T 1 236
— Rolf → F 65
— Thede → U 2 731
— Uwe → T 3 101
Boytüzun, Nikat → IZ S 678
Bozik, Jozef → iz g 107
Boztepe, Fuat → c 1 287
Bozzano, Jean-Jacques → c 132
Bozzetti, Renzo → iz r 5 6.14
Braackmann, Dirk → T 2 646
van den Braak, Willem → IZ A 198
Braas, Jürgen → f 895
Braasch, Joachim → M 154
— Manfred → q 413
Braathen, Hroar → iz h 238
Brabec, Jiri → iz i 145
Brabner, Bernhard Dipl.-Ing. → B 411
Brach, Marcel → I 67
Brachat, Arthur → g 492, H 136
Bracke, Dieter → s 1 405
Bracker, Reimer → s 16
Brackmann, Arno → H 690
— Hans-Jürgen → T 2 075, T 3 742
Bradley, Anna → iz u 141
— Francine, Dr. → IZ T 670
Bradnock, P. → iz h 336
Bradovkova, Mariana → iz h 466
Bradshaw, A. M. Prof. Dr. → t 114, t 150
Brähler, Elmar Prof. Dr. → T 3 271
Braem, Peter → s 370
— Roger → iz f 2 199
Braemer → u 1 625
— Rolf Dieter → s 493, s 537
— Susanne → h 443, h 568
Brämisch, Michael → h 798
Braeß, Ulrich → U 2 773
Bräuer, Günter Prof. Dr. → t 217, t 223
Bräuker, Gabriele Dipl.-Betriebsw. → S 1 192
— Marcus A. → S 1 192
— Rudolf A., Prof. hc. Dr. hc. → S 1 192
Bräunche, Karl-Heinz → E 90
Bräunicke, Sabine → E 422
Bräuninger, Helmut → H 696, h 699
Bräunlein, Gerhard → r 92
Bräutigam, Hans Otto Dr. → E 602
— Lothar → U 26
— Peter → G 650
Braga, Omar Ing. → iz r 5 6.29
Bragard-Klaus, Claudia → A 330
Brah, Ingrun → T 1 362
Braham, J. → IZ F 1 364
Braig, Horst-Dieter → H 484
Brake, Jörg → h 385
Brakhane, Wolfgang → h 348, h 383, h 402, h 416, h 424, h 442, h 458, h 491, h 509, h 544, h 563
Brakutt, Andrea → s 457, t 2 770
Bramat → IZ T 313
— Michel → IZ T 305
Brameier, Ulrich → r 1 012
Bramigk, Detlef → U 19
Branco, Duarte → E 380
— Duarte, Dipl.-Volksw. → E 649
Brand → A 87
— Albrecht → H 87
— Heiner → U 2 393
— Heinrich, Dr. → T 2 483
— Helmut, Dr. → B 607
— Jürgen, Dr. → B 668

Fortsetzung nächste Seite

Fortsetzung nächste Spalte

Brittnacher, Günter Dipl.-Handelslehrer → T 3 792
Britto, Olga Patricia → iz o 212
Brix, Peter → U 1 579
Brixner, Jörg Dr. → IZ I 82
— Ulrich, Dr. → I 27, p 22, p 37
Bro, Jørgensen Dr. → IZ S 113
Broch, Thomas Dr. → U 1 692
Brochier, Paul → f 73, r 38
von Brochowski, G. → iz a 87
Brock, Dietmar Prof. Dr. → t 2 266
— Lothar, Prof. Dr. → U 2 601
— Stephan, Dr. jur. → f 928
— Ulrich → K 37
— Wolf-Dieter → h 506, h 522
— Wolf Dieter → h 540
Graf Brockdorff, Thilo Dr. → e 507
Brocke, Hartmut → T 755
— Wulf Rüdiger → u 2 050
Brocker, Ulrich Dr. → r 2, r 107
Brockhoff, Arne Dr. → f 130
— Klaus, Prof. Dr. → T 692
Brockholz, Otto → u 1 348
Brockmann, Anna Dorothea Prof. Dr. → T 635
— Anneliese → B 569
— Leo → r 490
— Volker → G 98
Brockmeier, Martina Dr. → t 2 167, T 2 489
— Thomas, Dr. → e 209
Brockmeyer, Hans Joachim → T 3 507
Brockstedt, Jochen → O 23, o 24
Brod, Hans-Georg Dr. → T 2 505
Brodach, Marianna → iz f 145
Brodehl, Johannes Prof.Dr.med. → T 2 689
Brodersen, Klaus-Uwe Dipl.-Ing. → f 598
— Norbert → F 708
Brodhage, Eberhard → E 571
Brodowski-Stetter, M. → T 3 211
Brodschelm, Heino → m 73
Brodtmann, Thilo K. Dipl.-Kfm. → f 655, f 680
Brodziński, Slawomir DR. → IZ T 316
Bröckelmann-Simon, Martin Dr. → U 2 024
Bröcker, Richard Dr. → H 250
Brödel, Christfried Prof. Dr. Dr.h.c. → T 452, U 2 285
Broeders, Gerard → IZ F 968
Brödl, Klaus → B 660
Brödner, Ute → t 198
Bröhl, Helmut → U 135
Brökelmann, Jost Prof. Dr. med. → H 691
Bröker, Alfons Dipl.-Ing. → D 182
— Franz-Josef → n 5
van Broekhoven, Norbert → IZ R 54
Broekhuis, J.W. → IZ F 438, iz f 452
Broekmans, André Prof. → IZ A 194
Brömmling, Ulrich F. → T 719, T 724
Brönner, Manfred → u 2 896
Brösse, Ulrich Prof. Dr. → t 3 992
Broggi, Jean Pierre → IZ H 548, iz h 551
— J.P. → iz h 552
Broglie, Max → S 136
Brognaux, Jean-Claude → IZ T 264
Brohl, Silvia → IZ U 480
Broja, Dipl.-Ing. → b 526
Brojorgensen, Otto Dr. → IZ S 67
Brok, Elmar → U 2 978
Brokamp, Jörg → U 2 393
— Ludwig, Dr. → S 288
Brokmeier, Ernst → C 34
Brolén, Erik → c 417
Broman, Väinö H. → c 125
Bromkamp, Joachim Dr. → c 778
Bromley, A. → IZ F 254
Bromm, Burkhart Prof. Dr. → T 3 299
Broms, Eva → iz i 142
Bronder, Dietmar J. → T 2 080
Bronner, Andrée Dr. → IZ F 2 127
Bronny, Horst Dr. → e 562
Brononer, Wolfgang → n 65
Brons, Bernhard Dr. → E 117
Brook, Charles → iz a 94
— Rosemary → iz s 296
Broos, A.W.A.M. → iz g 47
Brophy, Michael → IZ U 502
Brorsson, Göran → iz f 184
Brosch, Helfried → g 715
— Peter → R 663
— Renate → O 72
— Wolfgang → c 768
Brosche, Manfred Dr. → e 48
— Ruth → U 2 393
Brosda, Gabriele → u 1 237
Brose, Dieter Dr.-Ing. → S 955
— Michael → U 2 764
Brosey, Dieter → N 129
Brosi, Walter → A 125, t 2 256
Brosig, Arne Dr. → T 2 740
Brosius, Dieter Dr. → T 3 641, T 3 661

Fortsetzung nächste Spalte

Brosius (Fortsetzung)
— Hans-Bernd, Prof. Dr. → T 3 602
— René → u 2 153
Bross, Dagmar Dipl.-Vw. → E 24
— Michael → F 198
Brotzmann, Hans → T 3 085
Broudré-Gröger → A 8
— Joachim → C 7
Brouër, Dirk → B 37, b 38, B 204
Broutin, Jean-Paul → IZ F 2 196
Brouwer, Paulus → iz a 20
Brovia, Gianni Dr. → IZ F 491
Broweleit, Rita → E 129
Brown, David Rex → c 339
— Douglas → IZ U 387
— Ed Rainy → iz q 17
— Gordon → iz b 120
— I.S. → iz f 1 586
— Jane → iz m 86
— Nick → iz b 107
— Paul → IZ O 43, iz o 49
— Roger → iz h 454
— Simon → iz f 1 569
— T. C. K., Dr. → IZ S 184
Browning, Rhian → iz i 212
Brozek, Günther → u 1 716
Brozik, Karl Dr. → U 1 013
Bruce-Jones, Tom → IZ T 318, iz f 2 729
Bruch, Bernhard → s 112
— Karl-Peter → a 78
— Reinhard, Dr. → f 309
Bruchhausen, Thomas → O 361
Brucker, Achim Peer Dr. → f 791
— Otwin → d 34
Brucker-Maschke, Sigrid → S 564
Bruckert, Andreas → t 2 389
— Emil, Dr. → t 2 389
Brucklacher, Dieter Dr. → E 14, f 627
Bruckmayer, Kuno → G 590
Bruckner, W. Dr. → iz f 842
Brucksch, Roland → u 1 402
Bruder, Leopold Dr. → c 230
— Markus → h 120
Brücher, Lothar → F 118
Brück, Heinz Dr. → Q 642
— Robert → t 3 077
— Stefan, Dr. → T 699
Brückers, Rainer → u 1 121, U 1 658
Brückmann, Heinrich Dr. → b 832
Brückner, Andreas → g 334
— Ernst, Dr. → f 23, F 1 087
— Herbert → IZ Q 232
— J.A. → E 566
— Katrin → T 1 852
— Klaus, Dr. → B 692
— P., Dr.-Ing. → t 1 711
— Volkmar, Prof. Dr.sc.nat. → T 572
Brüderle, Rainer → A 55, U 2 132, u 2 143
Brüdigam, Günther Dipl.-Phys. → t 1 255
Brüggemann, Christa → IZ F 2 214
— Dieter, Prof. Dr.-Ing. → t 1 631
— Eckhard, Dr. → S 207
— Günter → g 346
— Hans-Peter → m 219
— Horst → U 1 019
— Jürgen, Dr. → T 1 867, T 1 876
— Jürgen, Dr.jur. → R 31
— Rose Marie → Q 574
Brüggen, Joachim → c 1 092
Brügger, Andreas Dr. → H 53
Brüggmann, Winfried → H 150
Brügmann-Eberhardt, Lotte → S 1 289
Brühan, Wolf → U 1 419
Brühl, Thomas Dipl.-Ing. → F 1 022
— Volker → T 882
Brümmer, Karl H. → f 132
Bruener, F.-H. → iz a 30
Brünger, Karl-Heinz → G 93
Brüning, J. → iz r 151
— J., Prof. Dr. → T 1 822
— K.H. → M 268
Brüninghaus, Beate → F 303
— Gerhard, Dr.-Ing. → f 849, F 866
Brünjes, Bernhard → U 1 575
— Iris → T 2 079
Brünn, Harald Dr. med. → T 3 353
Brünner, Thea Dr. → u 1 141
Brüsehaber, Gudrun → N 130
Brüssel, Marion → s 88
Bruewer, Klaus W. → I 45
Bruggeman, F.G.H. → IZ S 601
— Frank → iz g 190
Bruggemann, Willy → IZ U 63
van der Bruggen, J. M. C. → iz f 2 314
Brugger, Harald → F 474, iz f 1 432
— Heidrun → E 45, e 55
— Winfried, Prof. Dr. → S 618
Bruggink, Maurits → IZ F 2 017
Brugisser, Philippe → iz f 2 259

Bruha, Thomas Prof. Dr. → T 731
Bruhn, Christian → S 1 170, S 1 311
— Dieter → m 120
— Manfred → T 3 674
— Thomas → IZ G 152
Bruhns, Günter → u 1 943
de Bruijn, Jan Maarten Dr. ir. → IZ T 637
de Bruin, C. → iz f 2 744
Bruker, M. O. Dr. med. → T 2 670
Brumberg, Eberhard → f 718
Brumen, Leon Dr. → c 1 220
Brumm, Hans-Peter Dipl.-Ing. → t 1 894
Brumme, Volkmar → t 2 855
Brummermann, Hans → c 1 318
Brun, Jean-Luc → IZ T 962
— Michel → IZ S 683
Bruncken, Wolfgang Dipl.-Kfm. → T 785
Brundtland, Gro Harlem Dr. → IZ V 44
Brune, Kay Prof. Dr.med. → T 3 234
Bruneau, Jean-Pierre → iz s 382
Brunel, Philipe → E 458
Brunelli, Giorgio → iz p 14
Brunemund, Hans → E 144
Brunet-Lecomte, Jean → IZ R 54, iz r 5 6.10
Brunk, Michael → s 1 090
Brunke, Dieter → M 249
— Volker → u 497
Brunmayr, Hans → IZ A 232
Brunn, Hubertus Chem.-Dir. Prof. Dr. → B 599
Brunnbauer, Alfred Dr. → E 62
— Josef → Q 190
Brunner, Alfred Dipl.-Ing. → T 716
— Anne → t 1 928, T 1 960
— G., Dr. → iz f 1 715
— Georg, Prof. Dr. → E 709, IZ T 874
— Georg O. → U 586
— Gottfried → k 231
— Hannes, Prof. → T 556
— Herwig, Prof. Dr. techn. → t 234
— Manfred, Dr. → F 214
— Max → N 101
— Peter → o 429
Brunnett, Brigitte → T 2 236
Bruno, Patrick Prof. Dr. → t 137
Bruns, Christian → b 57
— Gisela → S 1 334
— Harro → K 383
— Heike → s 403
— Heiko → I 42
— Heiko, Dr. → I 25
— Holger → b 54
— Ingeborg → U 1 217
— Karl-Ingo → I 38, I 78
— Manfred → U 1 576
— Margarete → IZ U 716
— Michael → E 129
— Stefan → H 2, H 19
— Tissy → O 529
— Werner, Dr. → A 6
Brunsmeier, Klaus → q 381
Brunswig, Wolfgang Dipl.-Volksw. → E 144
Brunt, A. G. Ing. → iz f 369
Brusis, Ilse → b 123, T 2 208
Brusniak, Friedhelm Dr. → U 2 924
Bruton, D.L. Prof. → IZ T 228
Brutzer, Rainer → S 709
De Bruyne, Bérengère → IZ U 585
Bruzek, Miroslav → iz h 246
Bruzzone → IZ F 2 195
Brychcy, Michael → K 306
Bryer, David → iz u 301
Brøndsted, Povi Dr. → iz t 471
Brzusczak, Robert → IZ F 1 078
Bub, Wolf-Rüdiger Dr. → S 1 509
Bubb, H. Prof. Dr. → T 2 081
Bubel, Geneviève → E 456
— Ulrich, Dipl.-Kfm. → U 222
Bubenzer, Peter → C 514, c 546
Bubori, Wolfgang → u 2 173
Bucchini, François → iz a 115
Buch, Wolfgang → c 461
Buchan, Bernd Prof. Dr. → U 120
Buchard, Gerd-Dieter Dr. → T 3 346
Buchberger, Dietmar Dr. → F 1 025
— Hubert, Prof. → T 480
— Ingeborg → U 1 876
— Josef → K 271
Bucher, G. Prof. Dr. → t 1 502
— H., Dipl.-Ing. → f 878
— Helmut → h 810
— Manfred → F 541, F 542
— Pius → c 1 196
Buchetmann, Franz → u 2 802
Buchheister, Konrad → N 34
Buchheit, Bernd → A 20
Buchholtz, Thomas Dipl.-oec. → F 1 016
Buchholz, Axel → O 322

Fortsetzung nächste Spalte

Buchholz (Fortsetzung)
— Birgit → R 949
— Christian → U 3 005
— Christof → H 247, I 141
— Cristof → h 68
— Fred → M 38, m 42
— Friedrich, Prof. Dr. → A 132
— Gerhard → E 65
— Günther E., Dr. → S 295
— Hans-Gerd, Dipl.phys. → B 451
— H. J., Prof. Dr. → T 1 124
— M. C. → iz h 274
— Rainer → U 3 001
— Reinhard → C 581
— Ulrich → t 2 362
— Wolfgang → F 714, U 529
von Buchka, Hans-Joachim → T 447
Buchkremer, Hermann-Josef Prof. Dipl.-Phys. → T 391
Buchleitner, Karl Dr.med. → T 2 746, T 2 754
Buchmann, Franz Dr. → u 994
— Friedrich → g 329, U 209
— Gilbert → u 793
— Ilka → Q 453
— Johannes, Dr.med. → T 2 711
— Siegfried, Dipl.-Ing. → e 652
— Ulrich → e 641
Buchmeier, Gerhard Dipl.-Ing. → F 874
Buchner, Werner Prof. Dr. → T 3 712
Buchow, Wolfgang Staatssekretär Dr. → b 118
Buchroithner, Hellmut Dipl.-Volksw. → T 2 066
Buchrucker, Hasso → C 503
Buchstab, Günter Dr. → t 763
Buchting, Andreas J. Dr. → t 329
Buchwald, Albrecht Dipl.-Kfm. → E 60
— Katja, Dr. → S 564
— Ursula → Q 581
von Buchwald, Werner Dipl.-Ökonom → E 138
von Buchwaldt, Wolf Dipl.-Landw. → K 138, Q 38
Buck, Dorothea → T 2 917
— Elmar, Prof. Dr. → T 3 607
— Herbert, Dr. → T 477
— J., Dr. → T 2 484
— M., Dr. → T 2 017
de Buck, Philippe → iz f 2 351
de Buck van Overstraeten, Philippe → iz f 2 413
Buckel, Klaus → g 255
Buckenberger, T. → T 386
Buckenham, A. H. Dr. → iz f 605
Buckner, John → c 776
Budai, Iván → iz t 925
Budak, Klaus → U 907
Budczies, Elisabeth → s 400
Budde, Andreas Dr. → u 2 085, u 2 089
— Hans-Jürgen, Dipl.-Kfm. Dipl.-Ing. Dr. → L 32
— Willi → K 140, k 148
Buddenbaum, Gerhard → F 699, f 702
— G. R. → c 1 054
Buddenberg, Hellmuth Dr. → E 271
Bude, Roland → U 1 025
Budelmann, H. Prof. Dr.-Ing. → t 1 914
Buder, Heinz → O 634
Budich, Georg → U 751
Budnick, Manfred Dr. → q 50
Budzinski, A. → iz h 303
— Christel, Dr. → T 1 319
Büch, Martin-Peter Dr. → A 277, U 2 393
Büche, Karl Dr. → iz f 2 468
Büchel, Gudrun → B 669
— Ludwig → IZ R 215
Büchele, Herwig Prof. Dr. → O 403
Büchen, Erich → c 460
Bücher, Dietmar → U 427
Büchler, Andreas → o 722
Büchner, Bernward → S 565
— Georg, Dr. → T 2 430
— Wolfgang, Dr. → T 879
Büchting, Johanne → U 1 767
Bück, Wolfgang → U 2 393
Bücker, Josef → G 437, g 453
— Michael → h 528
Bücking, Hans-Albert → Q 301
Bueckle, Günther → U 744
Büdicker, Klaus Dr.-Ing. → t 1 176
Bühl, H. Dr. → t 1 702
Bühler, Heinz Dr. → U 1 989, U 3 032
— Herbert, Dipl.-Kfm. → G 352
— Jörg → f 104, r 58
— Klaus → IZ W 9
— Leonhard → I 128
— Wolfgang → iz f 175
— Wolfgang, Dr. → c 1 058, T 3 672
Bühren, Astrid Dr.med. → S 59
Bührens, Peter Dr. → s 304

Fortsetzung nächste Spalte

C

Fortsetzung nächste Seite

D

Fortsetzung nächste Seite

Dieckmann (Fortsetzung)
— Heinrich-Dietrich, Dr. → C 201
— Jochen → b 121, IZ U 20
— Rudolf, Dr. → b 61, B 277
— Thomas → F 694
— Wilhelm → R 624
Dieckmann-Großhundorf, Günter → U 2 525
Dieckmann von Laar, Günther A. → O 702
Diedenhofen, Axel → f 895, F 964, u 512
Diederich, Claus-Jürgen → H 764, H 766
— H., Prof. Dr. → t 2 181
— Mathilde → b 170
— Nils, Prof. Dr. → T 2 251, t 2 252
— Pierre → IZ F 1 680
Diederichs, Bernd A. → o 619
— Claus Jürgen, Prof. Dr.-Ing. → S 975
— Manfred, Dipl.-Kfm. Dr. → E 173
Diedrich, K. Prof. Dr. med. → T 3 239
Diedrich-Fuhs, Helen → T 3 697
Diefenbach, Friedrich Wilhelm → f 551
— Udo → G 253
— Verena, Dr.jur. → s 35
Diefenbacher, Holger → T 2 018
Diefenthal, Gert → f 111
Dieffenbacher, Heinrich → f 276
Diegelmann, Klaus → M 275
Dieguez, Anamaria → C 803
Do Prado Dieguez, Ney → c 657
Diehl, Egbert → E 235
— Günter → B 338
— Herbert, Dr. → A 30
— Heribert H. → o 673
— Hildebrand → D 130
— Horst → S 1 576
— Jürgen, Dipl.-Ing. → F 1 049, f 1 073
— Klaus, Dipl.-Volksw. → F 615, f 617, f 618, f 619, o 621
— Roland, Dr. → t 182
— Susanne → T 965
— Torsten → o 33
— Ulrike → S 732
— Volker, Prof. Dr.med. → T 3 240, T 3 249
— Werner → H 413, I 45
Dieing, Werner → t 2 367
Diek, Rolf → T 3 691
Dieke, Gerold → B 235
Diekelmann, Gerhard → S 1 285
van Dieken, Christel → u 2 714
Diekers-Paproth, Rita Dipl.-Kommunikationswirtin → U 1 567
Diekhaus, Waltraud Dr. → IZ S 148
Diekmann, Heike Dr. → T 3 138
— Wilhelm, Dr. → s 1 560
Diekmeyer, Jürgen → Q 152
Diekstall, Hubert Dr. → K 60
Diel, Armin → Q 296
Dieler, Wolfgang → u 2 407
Dielewicz, Olaf Cord → d 17, I 71
Diem, Albrecht → h 488
— Alfred → N 57
von Diemar, Othmar → f 240
Diemer, Annekathrin → s 11
Dienenthal, Jörg → D 193
Diener, Dieter → f 72, g 163, r 37
— Klaus, Dipl.-Ing. → f 958, F 1 079
— Peter → I 123
Dieng, Adama → IZ T 843
Diening, Mark → D 123, U 296
Dieninghoff, Paul → k 146
Dienst, Rolf-Gunter Prof. → T 623
Dienstbach, I. Dr. → T 2 472
Dienstl, Erika → T 828, U 2 393, u 2 435
Diepenbrock, W. Prof. Dr. → T 2 637
Diepgen, Eberhard → B 26, b 32, D 54, U 2 045, u 2 047
Dierbach, Doris → S 563
Diercks, Willy Dr. → u 957
Dierdorf, Bernhard → r 755
Dierichs, Karl-Hugo → S 1 392
Dierinckx, Victor → IZ F 1 096, IZ F 2 216
Dierker, Herbert Dr. → U 2 393
— Werner → O 581
von Dierkes, Peter Dr. → d 139
v. Dierkes, Peter Dr. → D 191, T 2 332
Dierks, Andreas → U 1 581
— Peter, Dr. → S 265
Diersch, Ute → U 1 239, u 1 248
Dierschke, Hartmut Prof. Dr. → T 2 558
— Wolfgang, Dipl.-Phys. → B 425
Diescher, Reinhard → g 277
Diessner, Kirsten → IZ G 184
Dietel, Helfried → G 490
— Klaus-Günter, Dr. → N 90, T 1 359
Dieter, Gerhard Dr. med. → s 158
Dieterich → B 702
— Gerhart, Dipl.-Ing. → T 1 776
Dieterle, Eugen → Q 396
Dieth, Helmut → H 237
Dietl, Markus → u 2 158
Dietrich, Ewald → U 2 001
— Franz, Dipl.-Kfm. → t 1 573
— Friedhelm → k 152
— Georg → E 12
— Gisela → Q 643
— Hartmut, Dr. → T 824
— Heinz → q 560
— Jean Louis → E 449, U 24
— Jürgen → iz f 156, Q 554, q 565
— Jürgen, Dr. → Q 295
— Karl, Prof. → s 1 322
— Lars → U 1 448
— M. → IZ M 191
— Manfred → Q 7
— Peter → M 215, m 216
— Ralf, Dr. → U 392
— Thorsten → T 3 594
— Uwe → U 316
Dietsch, Ulrich Dr. → E 575
Dietsche, Chris Dipl.-Pol. → U 1 160
— Götz → m 8
Dietz, Adolf Prof. Dr. Dr.h.c. → IZ U 503
— Heinrich, Dr. Dr. → B 286
— Henry → h 341
— Peter, Prof. Dr. → T 439
— Werner → s 308
— Wolfgang → b 201, e 528
Dietze, Prof. Dr. → T 1 833
— Rudolf F., Dr. → T 647
Dietzel, Birgit → b 191
— Fred, Dr. → B 422
— Wilhelm → b 92, I 47
Dietzen, Armin → f 900, f 933, f 955, f 988, f 1 075, h 182, h 709, t 1 980
— Jo → B 221
Dietzfelbinger, Stefan Dr. → e 167
Dietzold, Lutz → t 1 756
Dietzsch, M. → Q 334
— Michael, Dr. → f 152
— Ulrich, Dr. → U 109, U 110
Diez Marijuan, A. → iz f 454, iz f 478
Diezmann, Udo Dipl.-Ing. → e 212
Digby, Gerald → iz f 2 204
Digel, Hans → E 25
— Helmut, Prof. Dr. → u 2 448, U 2 495
van Dijk, Gert Prof. Dr. → iz p 16
— Henk W. G. → IZ H 519
— Robert H. → IZ V 24
Dijkstra, Jaap → iz u 294
— W.. → iz q 91
Dikant, Rastislav → iz u 225
Dikmen, Sinasi → U 2 734
Dilanas, Athanasios → c 165
Dill, C.-M. Dr. → T 3 951
— Gudrun → S 103, s 110
Dillenberg, Rainer → t 2 808, t 2 908, u 1 601
Diller, Ansgar Dr. → O 415
— H., Prof. Dr. → T 2 211
— Karl → A 14
Dillmann, Claudia → O 178
— Horst → q 143
— Ulrich, Dr. → t 2 943
Dilschmann, Axel → k 158
Dilßner, Harry → d 227
Dimanski, Hans-Michael Dr. → g 418
Dimitriou, P. Dr. → iz t 712
Dimitriu, Christian → IZ T 886
Dimitrov, Manol → n 204
Dinesen, Jens → iz u 4
Dingens, Peter → C 1
Dinger, Hubert Dipl.-Volksw. → E 131, N 144
Dingermann, Theodor Prof. Dr. rer.nat. → T 1 329
Dingethal, Fritz Johann Dr. → t 1 974
Dingler, Horst → B 799
Dingwort-Nusseck, Julia Dr. → T 724
Dini, Lamberto → iz b 131
Dinius, G. Prof. Dr.-Ing. → t 1 466
Dinkel, Hans-Paul → G 454, g 455
Dinkelmeyer, Reinhard Dr. → u 2 843
Dinkloh, Sebastian → T 2 032
Dinnendahl, Volker Prof. Dr. → S 383
Dinse, Jürgen → B 316
— O. → g 434
Dinter, Helmut → h 622
Dion, M. → iz q 184
de Dios, Lala → IZ F 1 679
Diouf, Jacques → IZ V 14
von Dippel, Dietmar → H 8, H 9, R 78
Dippel, H. Dipl.-Vw. → T 3 813
Dircks, André → iz i 206
Dirks, Bernd → g 737
— Hartmut → s 1 369
— Heinz-Martin → U 220
Dirscherl, Klaus Prof. Dr. → T 640
Dirschka, Joachim → G 82
Dischamp, Philippe → IZ H 61
Dischinger, Karlhubert → E 12
— Rolf → m 21
Disselhoff, R. Dr.-Ing. → T 1 812
Disson, Gregor → f 175, r 73
Distefano, M. → iz f 2 765
Distel → T 3 708
Distelrath, Gerd → e 179
Distl, O. Prof. Dr. → T 3 428
Distler, Klaus Dipl.-Ing. → T 3 837
DIstria, Michel → iz s 710
Ditscheid, Hans Bernd → G 157
Ditt, Egon → u 2 458
Dittler, Klaus → b 29
Dittmann → u 1 614
— Gerd → g 257
— Heinrich → u 801
— Manfred → u 2 120
— Marlen → t 1 758
— Matthias → U 1 606
— Rüdiger → r 737
— Siegward → u 2 385
— U., Prof. → t 1 589
Dittmar, G. Prof. Dr. → t 1 400
— Harald → F 217, iz f 939
— Horst → E 232
— Joachim, Dipl.-Ing. → f 59
— Rolf, Dr. → E 410
Dittmer, Jens → g 125
— Klaus → g 605
— Maritha → d 15, d 45, N 172
Dittner, Jürgen → N 58
Dittrich, Dr. → T 1 162
— Andrea, Dr. → T 2 506
— Claus → g 265
— Claus, Dr. → T 1 161
— Detlef → g 321
— G., Dr. → t 324
— Gerhard → I 127
— Hilde → u 1 247
— Holger → N 175
— Johannes → N 171
— Jürgen → u 1 786
— Klaus → k 80
— Klaus-Steffen, Dr. → T 1 799
— P., Prof. Dr.-Ing. → t 1 518
— Rolf → U 795
— Siegfried, Dipl.-Ing. → s 1 122
— Wolfgang, Dr. → R 570
Divanis, Aristotelis → iz n 16
Diwell, Margret → B 818, S 564
Diwinski, Manfred → N 179
Dix, Alexander Dr. → B 347
— Oliver → U 965
Dix-Kuessner, Brigitte → u 2 992
Dixit, Avinash Prof. → IZ T 529
Djafari, Nasser → t 2 866
Djuric, Milenko → iz s 311
Dlhopolcek, J. → iz f 127
Dlouhy, Walter Dr. → N 181
Dmoch, Walter Dr. → T 3 306
Dobbeck, Otto D. → U 758
Dobbelaere, Dirk → IZ F 867, IZ F 1 280, IZ F 2 433
Dobbelstein, Niels-Georg Dr. → M 82
Dobbermann, Ingrid → G 240, U 584
Dobberthien, Marliese Dr. → u 1 145
Dobbitsch, P. → T 2 521
Dobbratz, Klaus-Joachim → s 1 410
Dobelmann, Klaus → T 2 034
Doberenz, Wolfgang → t 2 807
Dobler, Fritz → O 63
Dobner, T. Dr. → iz I 40
Dobosz, Ervio → IZ Q 179
Dobrat, W. Dr. → IZ T 294
Dobson, I. Dr. → IZ F 2 278
— Keith → E 469
Docherty, Cliff → iz u 271
Dock, Holger → iz s 35, IZ T 569
Dockhorn, W. → B 732
Dockter, Gerd Prof. Dr. med. → T 3 138
Docopoulos, Dimitri → iz f 2 462
Dodd, Barton → IZ T 102
Dodds, Imelda → IZ R 225
Döbereiner, Manfred → e 64
Döbrich, Peter → T 385
Doege, Eckart Prof. Dr.-Ing. → T 1 807, t 1 911, t 1 912
— Heimo-Jürgen → k 102, k 123, k 255, k 346
— Wolfgang → t 2 800
Döhle, Berend Dipl.-Ing. → t 1 728
Doehler, Christian → e 500
— Heinz, Bau.-Ing. agr. → s 839
— Jens → B 450
— Marta → iz s 471
— Marta, Dr.-Ing. → S 1 121
— Olaf, Dipl.-Ing. → S 800
— Udo → c 61
Döhne, Andreas → T 2 815
Döhr, Gerhard → i 56
Doehring, Carl → T 2 096, T 2 097
— Karl-Josef → s 1 353
— Rolf-Karl, Dipl.-Kfm. → f 756
Döhrn, Roland → t 2 170
Doeksen, G. J. → c 346
van den Doel, K. L. → iz p 53
Dölcher, Dietmar Dr. → U 557
Dölitzsch, Burckhard → e 519
Döll, Edgar → t 2 942
— Heinz → o 428
Döllekes, Hans-Peter Dr. → R 212
Dölling, Claus → f 397
Döllinger, Walter Dr. → A 30
Doellken, Julia → u 2 155
Döllner, Josef → E 574
Dönitz, Hans → O 55
Dönmez, Erol → iz h 470
— Mehmet → c 1 286
Dönnhoff, Helmut → Q 296
Döpel, Gerhard → t 4 036
Doepelheuer, Frank → n 24
Döpfer, Reinhard E. → H 314
Doepgen, Christian → O 517
Doepke, Gregor → K 205
Doepner, Gerd M. → E 304
Döpp, Hansjörg Dr. jur. → r 10, r 115
— Siegmar, Prof. Dr. → T 3 630
Döppenschmitt, Silvia → r 652
Dörfelt, H. Dr. → T 2 521
Dörffler, Wolfgang → t 3 977
Dörfler, Peter → U 395
— Reinhard, Dr. → E 39, E 45, E 235
Dörflinger, Rolf → r 867
Dörge, Jürgen → K 324
Dörhage, Walter Dr. → t 169
Dörholt, Norbert → T 2 790
Dörig, Walter Dr. → U 2 132
Döring, A. → IZ F 1 373
— Beate, Dipl.-Ing. → S 874
— Diether, Prof. Dr. → T 2 092, T 3 679
— Günther → H 280
— Martin → t 872
— Ulrike → U 1 227
— Uwe → a 61, b 182
— Walter, Dr. → A 40, b 10, n 63, u 2 133
— Winfried, Dipl.-Ing. → F 201
Dörlitz, Alfred → f 920
Dörner, Otto → F 1 023
Dörper-Link, Rita → k 437
Dörr, Bettina Dr. oec. troph. → T 3 233
— Dieter, Prof. Dr. → IZ T 820
— H. W., Prof. Dr. med. → T 2 690
— Ingo → k 74
— Joachim W. → u 796
— Karl Werner, Dipl.-Ing. → U 571
— Michael → R 914
— Paul → S 76
— Werner → T 557
— Wilfried → P 63
Dörrenbächer, Christoph → T 2 225
— Heike, Dr. → E 572
Dörrenberg, Ekkehard Dipl.-Kfm. → U 323
Dörrhöfer-Tucholski, Heide → b 130, B 212, T 3 862
Dörrie, Klaus Dipl.-Sozialw. → U 1 037, U 1 639
Dötenbier, Gunther → g 227
Doetsch, Michael → t 930
Dötter, Alfons → K 47
Döttling, Dieter → F 873
Doetz, Jürgen → O 412
Doggwiler, Peter → IZ N 43
Doherr, D. Prof. Dr. → T 1 126, t 1 583
Doherty, Patrick J. M. → c 172
Dohm, Josef → E 547
— P., Prof. Dr. → t 1 594
— Peter-Jochen, Dipl.-Volksw. → e 221, e 222
Dohmen, A. Dr. → T 2 752
Dohmes, Johannes → C 588
— M. Johannes, Dr. → IZ B 234
Dohms, Joachim → E 37
— Udo → G 98
Dohn, Hanno Dr. → U 2 525, u 2 534
Dohna, Ilse → U 1 811
Gräfin zu Dohna-Lauck, Uta Dr. → T 437
Dohr, Walter → g 148
Dohrmann, Bernd → N 281
Doko, Blaz → n 224
Doktor, Norbert → T 590
Dolcetta, Giovanni → IZ F 2 544
Dold, Edelbert Dipl.-Ing. (FH), Betriebswirt (VWA) Dr. → E 177
— Klaus → R 283
Doldi, Hans → N 276
Doldinger, Dorothea Dr.med. → T 2 671
Dolezych, Udo Dipl.-Kfm. → E 146
Dolfen, Toni Dipl.-Ing. → f 903, F 907
Dolkas, Lambis → iz s 270
Doll, Bernd → d 3
— Herbert → O 591

— Klaus → B 579
Dunkelmann, Dieter → N 130
Dunker, Klaus Prof. → K 298
Dunnzlaff → A 32
Duperray, René → IZ S 230
Dupin, D. → iz f 446, iz f 460
Dupont, James → iz s 235
— W. → iz f 700
— Werner, Dr. → F 689
Duppel → A 8
Dupré, Frank Dipl.-Kfm. → g 189
Duquesne, Antoine → iz b 24
Durán, Luis-Alfonso → IZ U 40
Durant, Isabelle → iz b 34
Durante, Raffaele Dr. → E 285
Durantez, Conrado → IZ U 491
Duranti, Gianfranco → c 226
Durašević, Z. → iz t 337
Durbing, Tom → IZ U 510
Durcan, M. → iz s 218
Durchholz, Heinrich → k 403
Durdel, Arnold → q 517
Durmann, Christian Dipl.-Kfm. → M 146
Durmic, Selim → iz s 247
Durner, Heinz → R 745, r 923
Durnwalder, Josef → E 106
Durret, L.F. → IZ T 234
Durris, P. → iz f 506
Durst, Rainer → O 720
Durukan, Irene → u 1 200
Durval de Albuquerque, José → IZ S 147
Dury, Walter → B 764
Duschner, Josef → T 394
Dusman, A. → iz s 511
Dussenne, Michel → IZ R 54, iz r 5 6.01, iz r 5 6.02
Dusson, Michel → IZ U 466
Dutiné, Gottfried H. → M 13
Dutruc-Rosset, Georges → IZ W 35
Dutschke, Dieter Dipl.-Ing. → B 269
Duttenhofer, Edgar Dipl.-Kfm. → E 63
Duursema, Eiko Jan → iz f 20
Duval, Jean-Louis → IZ Q 122
— O. → IZ F 671
Duvergé, François → iz e 10
Dworak, Bernhard → iz h 220, iz h 221, iz h 239, iz h 240
Dworek, Günter → U 1 576
Dyba, Johannes Dr.Dr. → u 2 300
Dyckerhoff-Koriller, Kristina → U 2 525
d'Ydewalle, Géry Prof. → IZ T 781
Dyllick-Brenzinger, Helmut W. Dipl.rer.pol. → c 977
Dyniak, Kasia → IZ U 190
Dytkowicz, Andrzej Dr. → iz t 482
Dziallas, Joachim W. Dipl.-Ing. → f 771
Dziellak, Dieter → u 958
Dzienian-Barta, Martina Dipl.-Ing. agr. → t 868
Dzionara, Andreas → E 36
Dzulko, Stephan → U 1 945
Dzwonnek, Manfred → O 450

E

Earl, Roger → iz f 18
East, Michael G. → c 187
Easton, James L. → IZ U 404
Ebach, Frank Dr. med. → s 134
Ebbert, Birgit Dr. → U 1 532
Ebbinghaus, Thomas Dipl.-Kfm. → S 1 544
Ebbink, Jan → IZ G 170
Ebbrecht, Günter Prof.Dr. → s 768
— Peter → r 327
Ebel, Frank → IZ O 14
— Rudolf → s 1 462
Ebel-Waldmann, Markus W. Dr. → s 1 559
Ebeling, Holger → U 841
— Klaus → g 196
— Rolf → U 2 393
— Udo → k 408, k 417
Ebeoglou, N. → iz t 344
Eberenz, Theo → A 116
Eberhard, Marianne → S 1 340, S 1 341
— Max → h 806
— Petra → s 447, t 2 760
Eberhardt, Albert Dipl.-Kfm. → G 118
— Hans, Dr. → T 2 035
— Ilona → U 1 690
— Kjell → r 699
— Klaus → F 1 010
— Richard → M 129
— Stefanie → r 662
— Walfried → u 2 356
Eberl, Peter Dipl.-Kfm. → E 42
Eberle → A 22

Fortsetzung nächste Spalte

Eberle (Fortsetzung)
— Angelo → iz f 1 854, T 2 066
— Carl-Eugen, Prof. Dr. → O 339
— Dietrich → B 402
— Franz → G 104
— Gerhard, Dr. → R 913
— Harald → R 590, r 593
— Hermann → U 81
— Susanne → s 602
— Werner, Dipl.-Ing. → T 2 020
— Wilhelm, Dipl.-Ing. → h 55
Eberlein, Bernhard → U 723
— Helmut, Dr.-Ing. → e 505
— Michael, Dr.med. → T 2 667
Ebers, Hans-Joachim Dipl.-Ing. → U 157
Eberspächer, Jörg Prof. Dr.-Ing. → t 1 002, T 1 042
Eberstein, Karsten Dr. → F 477
Ebert, Achim Dipl.-Kfm. → T 752, T 2 693
— Bernd, Dr. → T 576
— Doris → u 1 264
— Elke → U 1 513
— Gert, Kaufm. → E 96
— H. → T 2 521
— H. G. → IZ T 492
— Johannes → u 2 906
— Otto → E 214
— Reinhard → T 2 789
— Sigune → r 742
— Thomas, Dr. → A 20
— Volkmar, Dipl.-Ing. → T 2 412
Eberts, P. Gerhard → O 475
Eberwein, Bernd Dr. → F 218
Ebinger, Yanick → iz o 31
Ebisch, Frank → b 109
Eble, Heinz → t 2 805
— Thomas → U 299
Ebling, Iris Dr. → A 356
Ebner, Axel → f 225
— Johannes, Dipl.-Ing. → T 1 722
Ebnet, Otto Dr. → B 94
Ebstein, Katja → O 403
Ecclestone, Eddi → IZ F 2 394
Echarri, Javier → IZ I 149
Echavarri, Luis Enrique → IZ W 4
Echensperger, Heimo → N 281
Echeruo, Emeka Patrick → C 1 068
Echterhoff, Uwe Dipl.-Ing. → t 213
— Wilfried, Prof. Dr.rer.nat. → T 3 583
Echtermeyer, Klaus → T 882
Echternach, Horst Dr. Dr. → T 3 863
Eck, Andreas → I 131
— Bernadette → r 253
— Heinz → U 2 569
— Rudolf → E 149
— Wolf-Dieter, Dipl.-Ing. → u 905
— Wolfgang → E 62, S 683
Eckardt, Dieter → T 828
— Malte → h 705
— Peter, Dr. → A 36
Eckart, Otto → c 806
Eckart-Bäcker, Ursula Prof. Dr. → O 143
Eckel, Heyo Prof. Dr. med. → s 31
— Ingrid → D 132
Eckelmann, Gerd Dr.-Ing. → E 107
— Wolf, Dr. → Q 338
Eckenbach, Bernd → S 728
Eckenberger, Dipl.-Ing. → B 374
— Klaus, Dipl.-Ing. → B 365
Ecker, Martin Egon → f 256
— Sabine Marie → s 487
Eckermann, Eckart → K 1
Eckern, Ulrich Prof. Dr. → T 397
Eckernkamp, Kurt Dr. → E 63
Eckersberg, Günter → g 620
Eckert, Albert → T 743
— Franz → r 787
— Friedrich → h 468
— Gerhard H., Dipl.-Ing. → L 55
— Günter → g 702
— Hansjörg → n 64
— Klaus, Dr. → E 149
— Peter → IZ K 1
— Peter, Prof. Dr. → T 3 300
— Reinhard → U 1 699
— Roland → b 5
— Werner → O 324
— Wolfgang, Dr. med. → s 147
Eckes, Matthias → E 98
Eckes-Chantré, Harald → F 468, iz f 1 431
Eckhardt → A 28
— Dr. → A 14
— Anja, Dr. → B 332
— Frank → T 3 914
— Hans-Peter, Dipl.-oec. → g 567
— Josef, Dr. → U 2 772
Eckhoff, Johann Prof. Dr. → T 2 159
— Rudolf → U 2 393
Eckinger, Ludwig Dr. → R 798

Eckl, Klaus → R 663
Eckle, Barbara → U 2 393
Ecklebe, Dietrich → u 2 593
Eckler, Paul → C 652
Eckrodt, Rolf → c 663, IZ F 2 153, M 13
Eckstein, D. Prof. Dr. → A 134
— Dieter, Dipl.-Ing. Dr. → F 623
— Hans-Dieter → T 751
Eckstein jr., Heinrich Dipl.-Kfm. → O 717
— Joachim → IZ F 2 216, IZ F 2 233, U 543
— Josef, Prof. Dr. → T 646
— R., Prof. Dr. → T 3 345
— Rudolf → b 836
— Werner E., Prof. Dr. → T 3 592
— Wilfried → u 2 886
— Wolfram, Dr. → O 716
Economopoulos, J.S. → iz f 392
Economou, George → iz f 2 662
Eddington, Barry → n 218
Edel, Reinhard → U 318
Edelbauer, Josef → q 49
Edelmann, Ch. Prof. Dr.rer.nat. → t 1 561
— Günter, Dipl.-Kfm. → f 536
Edelmann-Mohr, Christiane → N 81
Eden, Haro Dr. → E 22
Edener, Birgit Dipl.-Volksw. → e 81
Edenhofer, Bernd Dr. → T 1 156
Eder, Franz Xaver Dr.h.c. → u 2 312
— Friedbert, Dipl.-Volksw. → E 40
— Fritz → E 40
— Klaus → IZ O 103
— Rainer, Dipl.-Ing. → f 74, r 39
Ederer, Adolf → C 239
Ederle, Hans-Ulrich → f 828
Ederleh, Jürgen Dr. → t 2 282
van Edig, Helmut → C 9
Edinger, Engelbert Dipl.-Ing. → iz f 21
— Peter → S 730
Edler, Claudia → R 669
Edler von der Planitz, Bernhard → c 531
Edlinger, Peter → i 57
Edmonds, M. → IZ G 154
Edmund, John → iz t 504
Edvinsson, Jan-Ake → IZ U 452
Edward, D. A. O. → IZ A 224
Edward Alan, Burner → c 800
Edwards, Jim Dr. → IZ T 812
— John → iz h 185
— Kenneth → IZ T 852
Edy, Richard → IZ F 1 872
Ee-Chooi, Theresa → IZ O 106
van Eeden, Christian → M 14
Eekhoff, Johann Prof. Dr. → t 2 179, T 3 532, u 827
Efremidis, Stavros → iz h 452
Egan, Gus → iz h 187
Egardt, Peter → iz e 24
Ege, Werner → R 663
Egeler, Roderich → A 230
Egelhof, Ludwig → T 1 857
Egelkraut, Herbert → b 475
Egener, Ludwig → F 381
Egenolf, Hans-Andreas Dr. → O 383
Egenter, Peter → E 66, E 72
Eger, Hans-Peter → u 503
Egerland, Klaus → f 554
Egert, Friedrich → u 2 745
Egerter, Wolfgang → U 2 735
Egg, Rudolf Prof. Dr. → T 2 341
Eggen, Peter → u 892
Eggendorfer, G. Dr. → F 503
Egger, Saskia → T 757
Eggerer, Reiner → U 1 759
Eggermont, Solange → IZ O 4
Eggers, Ernst → b 138
— Heinz → T 1 359
— Helmut, Prof. Dr. → E 690
— Horst → G 32
— Philipp → G 783
— Ulrike → U 2 019
Eggert, Conny Dipl.-Ing. → u 501
— Jan, Dipl.-Volksw. → U 673, U 1 992
— Jan, Dr. → IZ H 21
— Lars → K 306
— Rolf, Prof. Dr. → A 40, A 185, b 99
— Rolf-Michael → s 516
— Ulrich, Dipl.-Kfm. → h 316
Eggertsson, Asgeir → E 480
Eggimann, F. Prof. Dr. → IZ T 320, t 1 930
Eggler, Bernd → U 1 885
Eggs, Helmut → I 42, I 44
Egli, Kurt → IZ F 686, iz f 275, iz f 324
Egner, Dieter → u 2 715
Egtved, Bernd Dipl.-Volksw. → g 230, g 231
Eguchi, A. → IZ T 780
Ehing, Konrad → k 141
Ehinger, Bernd → g 277
Ehl, Armin Dipl.-Kfm. → U 1 181

Fortsetzung nächste Spalte

Ehl (Fortsetzung)
— Bernhard, Dipl.-Ing. (FH) → E 177, u 516
— Helmut → K 295
Ehle, Sigrid → s 93
Ehlen, Elke Dipl.-Kfm. → e 97
— Helmut → Q 3, q 231
Ehlers → A 14
— Christian → iz n 2, N 1, O 115
— E., Prof. → IZ T 156
— Peter, Dr. → A 321
Ehlert, Gerhard → g 661
— Kai → S 1 225
— Ulrike, Dr. → T 3 188
Ehmann, Wolfgang → E 258
Ehmcke, Torsten Prof. Dr. → B 633
Ehmke, Adelheid Dr. → T 684
— Holger → A 259
Ehnert, R. Doz. Dr.-Ing. habil. → t 1 427
Ehni, Reinhard W. Dr. → C 216
Ehrat, Felix → IZ S 231
Ehrbar, Herbert → u 2 438
Ehrecke, Fritz → r 356
von Ehren, Lorenz → q 107
Ehrenberg, Christoph → T 634
— Hermann-Josef, Dipl.-Ing. → s 869
Ehrenboger, Hans → E 149
Ehrenhöfler, Eduard → c 369
Ehresmann, Dieter → h 698
Ehret, Arno → u 2 440
— Jürgen → G 639, g 641
Ehrhardt, Bernd Dr. → t 3 887
— Christiane, Dipl.-Ing. → S 999
— Dieter → e 123
— Irina, Dr. → A 30
— Jan, Dr. → O 58
— Susanne → u 787
— Ulrika → iz f 2 139
— Werner → H 223
— Wilhelm → E 207
Ehrhardt-Rösser, Holger → T 3 401
Ehrich, Uwe → O 403
Ehricht, Thomas → s 1 317
Ehricke, H.-H. Prof. Dr. → t 1 626
Ehrig, Dr. → A 14
Ehrle, Michael Dr. → t 947
Ehrler, Ludwig Prof. → T 506
Ehrlich → B 417
— Irmgard → T 3 122
— Klaus → g 471, h 642
— Wolfhard → u 1 984
Ehrly, Ludwig → s 23
Ehrmann, Beate → o 153
Ehrnsperger → A 16
— Franz, Dr. → E 62
Ehrt, Ulrich → g 285
Ehses, Albrecht → h 218
Ehui, M. → IZ V 2
Ehwald, E. Dr. → T 921
Eibach, R. Dr. → q 206
Eibauer, Alois → F 448
Eiberle, Hans → s 1 403
Eibl, Josef Prof. Dr.-Ing. Dr.-Ing. E.h. → t 1 922
Eibl-Eibesfeldt, Irenäus Prof. Dr. → O 403
Eibner, Wolfgang Prof. Dr. → r 982
Eich, Albert Dipl.-Ing. → S 952
— Peter → q 27
— Rolf-Achim, Dr. → f 733, r 70, r 157
Eichbauer, Fritz → G 159, g 169, g 170
Eichberger, Gabriele → T 3 851
von Eichborn, Wolfram → F 360
Eichel, Hans → A 14, I 37, u 2 190
von Eichel, Jürgen → F 609
Eichele, Gregor Prof. Dr. → t 109
— Herbert, Prof. Dr. → T 625
Eichelmann, Jürgen → k 382
Eichen, Jochen → M 13
— Michael → m 17, m 64, M 147
Eichenberg, Dieter → Q 202
Eichendorf, Walter Dr. → K 205
Eichenhofer, Eberhard Prof. Dr. → T 3 523
Eichenlaub, Helmut → N 124
Eicher, Hermann Dr. → O 324
— Lawrence D. → IZ T 493
Eichert, Christof Dr. → T 946
— Jack → S 1 235, s 1 236
Eichhorn → g 607, g 609, g 621
— Cornelia → A 317
— Georg → t 3 975
— Klaus-Joachim → T 2 236
— Lothar → B 320
— Maria → O 403, U 2 131
— Peter, Prof.Dr. → T 2 131, T 3 957
— Rainer → D 135
— Sabine → E 397
— Ulrich → E 214
Eichin, R. → T 2 551
Eichinger, Hubert → c 183
— Peter → S 296

Fortsetzung nächste Spalte

Fortsetzung nächste Spalte

Fortsetzung nächste Spalte

Fortsetzung nächste Seite

Fortsetzung nächste Spalte

Fortsetzung nächste Spalte

Fortsetzung nächste Seite

Gabriel (Fortsetzung)
— Dieter → U 361
— Enno → g 425
— Gerhard, Dipl.-Ing. → l 43
— Hans-Jürgen → S 1 188
— Karl, Prof. Dr. Dr. → t 2 314
— Matthias → A 185, b 171, U 382
— Otto, Prof. Dr. → A 137
— Sigmar → A 40, B 104
— Torsten → T 2 645
Gabriels, Jaak → iz b 33
Gabrielsson, Arne → iz f 83
Gabrysch, Gunter → U 2 571
Gac, André → IZ M 74
Gaddes, Gordon → IZ T 321
Gaddum, Anthony → IZ F 1 816
Gade, N. → iz f 1 140
Gadis, Karl → c 784
Gadomski, Franz Dr.med. → s 34
Gaebe, Wolf Prof. Dr. → t 1 661
Gaebel, W. Prof. Dr. → T 3 213
— W., Prof. Dr.med. → T 3 304
Gaebges, Martin → IZ M 204, M 269
Gäde, Carola → U 1 541
Gaedertz, Alfred-Carl → U 680
Gaedtke, Wolfgang → r 881
Gaemelke, Peter → iz q 5, iz q 6
Gänger, Ulf → l 16
Gänsler, Reinhard Dipl.-Journalist → E 232
Gärtner, Adolf Dr.-Ing. → T 1 369
— Andreas → t 2 675
— Dirk → i 58
— Gerd-Walter → f 780
— Judith → T 946
— Karl-Heinz, Dr. → u 2 779
— Klaus → b 177
— Matthias → a 65
— Norbert → T 394
— U., Prof. Dr.-Ing. → t 1 475
— Udo, Dipl.-Met. → A 318
— Waldemar → O 647
Gäthje, Harald → h 759
Gätjen, Klaus Dr. → o 5
van Gaever, Patrick → IZ H 520
Gago, José Mariano Prof. Dr. → iz b 208
Gahrau, Jürgen Michael → U 402
Gahsche, Helmut → d 205
Gaignard, Romain Prof. Dr. → IZ T 865
Gaillard, Marie-Odile → IZ F 219
— William → IZ M 208
Gaisbauer, R. Gustav → U 2 927
— Roswitha → U 2 927
Gaiser, G. Dr.-Ing. → t 1 600
— Hans → U 962
— Volker → g 168
Gaissmaier, Helmut → H 655
Gaißmayer, Jörg → IZ S 313, S 694
Gajani, Alberto → iz f 842
Gajdos, Marian → iz s 1 17.34
Gajowski, Uwe → s 1 357
Galante, D. → iz h 76
— Gabriele → IZ F 1 594
Galaski, A. → IZ U 42, IZ F 1 750
Galazis, Charis → iz s 527
Galda, M. → U 338
Galea, Joseph → n 216
de Galhau, Odile Villeroy → c 765
Galicz-Ostrowska, Wanda → c 1 147
Galimberti, M. → iz f 246
Galindo, Enrique Alberto Thayer → C 1 109
— M., Dr. → IZ S 184
— Pedro → iz n 14
Galinet-Lucido, Ghislaine → IZ l 2
Gall → A 364
— Maximilian-Rudolf → U 1 171
Galla, Günther → g 758
Gallach, Christine → IZ A 232
Gallai, Lorenzo → IZ l 204
Galland, Cornelia → S 173
— Heidi → S 1 473
Gallas, Dr. → A 34
— Viktor → G 44
Galle, Ellen → t 2 991
Gallego, Rosa → IZ U 190
Gallenkamp, Hans-Georg → E 131
— Hans-Michael → F 1
Gallert, Horst → N 167, N 171
— Wulf → a 65
Gallet, M. → iz f 1 716
Galliano, Federico → IZ F 2 302
Gallikowski, Claudia Dr. → U 2 393
Gallin, Dan → IZ U 709
Gallina, Roberto → iz f 876
Gallist, Rudolf → F 359
Gallner, Inken → S 578
Gallois, Louis → IZ M 4, iz m 14
Galloway, Neville → iz f 1 839
Gallrein, Günther → E 149
Gallus, Bertram → o 432, O 525
Gallusser, Eduard → iz f 2 770
Galonska, Horst Dipl.-Ing. → f 329, iz f 240
— Jürgen, Dr. → T 3 791
Galoux, M. → IZ T 294
Galvez, Francisco → IZ R 263
Gamari-Seale, H. Dr. → iz t 476
Gamarra Cabanas, José-Antonio → iz f 1 856
Gambell, Ray Dr. → IZ W 19
Gambino, Agostino Prof. → IZ T 847
Gamerschlag, Hans-Karl → H 98, iz h 117
— Kurt, Dr. → IZ T 966
Gamm, Hannelore → s 539
Gamma, R. → iz f 604
Gammeter, Hanspeter → IZ U 478
Ganal, Michael Dr. → F 499
Gándara, Gabriela → c 1 015
Gangloff, Maria → a 64
Gannon, F. Prof. → IZ T 239
Ganns, Harald → C 470
Gans, Bernd Dr. → N 279
— Oskar, Prof.Dr. → T 2 487
— Thomas → f 106, f 153, f 235, F 495, f 764, f 1 000, r 60, t 3 768
Gansauge, Claudia → r 659
Gansel, Norbert → D 93
Ganser-Maisel, Ingrid → U 1 574
Ganske, Nikolaus → H 223
— Reinhard W., Dipl.-Ing. → IZ S 425
Ganslmayer, Anton Dr. → E 45
Gante, Friedhelm Dipl.-Volksw. → g 262
Ganten, Detlev Prof. Dr.med. → T 251
Gantenberg, Detlev R. → o 617
Ganter, Klaus → u 509
— Leonhard → T 3 915
Gantner, F. → IZ F 2 635
— Norbert, Dipl.-Psych. → T 2 338
Gantzer, Peter Prof. Dr. → S 623
Ganz, Rolf-Dieter → O 322
— Sabine → g 707
Ganzleben, Karl-Heinz → E 72
Garai, István → iz u 157
Garba, Abdou → C 1 063
Garbade, Dorothee → q 20
Garbe, Reinhard Dipl.-Volksw. → S 687
Garbe-Emden, Joachim → T 3 439
Garbini, Robert → iz f 636
Garbrecht, Prof. Dr. → F 873
— Günter → f 786
— Th., Prof. Dr.-Ing. → t 1 596
García-Bayón, J. → iz f 2 042
García Carrrido, Manuel → E 334
García Seminario, Luis Silva Santisteban Dr. → C 1 124
Garcia, A. → IZ F 609
Mallitz de Garcia, Elke → c 328
— Ricardo → iz h 281
Garcia-Arnalot, Tomas → IZ O 22
Garcia Marcos, J.M. → iz f 2 650
Garcia Moya, P. → iz f 2 754
Garcia Navarro, M. Miguel → iz q 29
Garcia-Palmieri, M. → IZ T 775
Garcia Romero, Teresita → c 914
García-Valdecasas y Fernández, Rafael → iz a 225
García Velázquez, Antonio → iz a 80
Garczynski, J. → iz f 105
Gard, Robert → F 574
Gardeik, Hans Otto Dr.-Ing. → R 169
Gardella, Ermanno → IZ U 383
Gardemann, Joachim Prof. Dr.med. → T 3 794
Gardiner, V. K. → IZ T 291
Gareis, Albrecht → u 2 748
— Josef, Dr. → r 1 008
Gargano, Rodolfo Dott. → iz u 676
Garguilo, Georges → iz f 2 009
Garigue, Philippe → IZ U 193
Garlichs, Dietrich Dr. → E 745
Garling, Holger Dr. → s 304
Garlipp, Birgit → t 2 907, u 1 600
Garnatz, Eberhard → E 235, R 569
Garncarz, Joseph Dr. → T 3 607
Garncarz-Buchleitner, Ursula → T 2 754
Garofalo, Mara → IZ T 970
Garrido, Gregorio Martinez → iz u 229
Garshol, Yrjar → iz f 2 152
Garske, Peter → u 2 757
Garstka, Hansjürgen Prof. Dr. → B 346
Garth, Joachim → S 262
Gartiser, Isa → h 421
Gartner, Hans-Herbert Dr. → c 1 093
Gartsos, Costas → iz s 473
Gartz, Hubert → R 470
Gartzke, Martin → O 303
Gas, Bruno Dr. → K 1
Gasana, Eugene-Richard → C 1 156
Gasanov, Sergej S. Dr.oec. → iz s 262
Gaschler, Karlheinz Dipl.-Volksw. → g 447, g 744
Gasde, Georg → t 2 846
Gasiecki, Joachim Prof. Dr. → u 2 986
Gaskell, F. → IZ U 302
Gaslini, Franco → iz s 416
Gaspar, Claudia → t 2 186
Gasparini, Mario → IZ F 2 660
H.B. von Gass, Jörg → S 1 376
Gaßdorf, Dagmar Dr. → E 154
Gasse, Detlef → S 598
Gassen, Beate → T 3 699
— Hans-Dieter → B 246
— H. G., Prof.Dr. → T 2 454
Gassenmeier, Heijo → h 576
Gasser, Heribert → IZ F 686
— P. → IZ F 479
— Stefan → B 689
Gassert, Herbert Dr.-Ing. → T 3 361
Gaßmann, Bernd → U 357
— Helmut, Dr. → f 658
— Jürgen, Dr. → T 3 955
— Pia → S 1 530, u 1 126, U 1 364
— Uwe, Dr. → f 11, r 11, r 87, T 3 758
Gaßner, Alfred → t 2 991
— Peter, Dr. → c 730
Gasson, David → IZ K 56
Gast, Dagmar Dipl.-Ing. → U 1 178
— Manfred → R 189
— Reiner, Prof. Dr.-Ing. → t 1 928, T 1 960
— Rudolf → t 3 068
Gasteyger, C. Prof. → iz u 529
de Gastines, B. → iz t 342
Gastpar, M. Prof. Dr.med. → T 3 304
Gatchalian, Elaine G. → E 317
Gateau, Elisabeth → iz w 26
Gately, B. → iz f 1 587
Gather, Hans-Herbert Dr. → U 813
Gathof, Heribert → Q 121
Gattermann, Dieter Dipl.-Kfm. → s 10, s 667
Gatti, Helmut → U 81
Gattig, Ekkehard Dr.phil. → T 2 780
Gattineau, Petër → E 444, U 2 393
Gattmann, Heinz-Ewald → u 2 362
Gatzke, Harald → E 214
Gatzmaga, Ditmar → T 765, T 2 095
Gatzweiler, Hans-Peter Dr. → A 2 89.10
Gaube, Marcel → iz l 33
Gaubert, Alain → IZ T 238
Gauch, Peter → s 1 437
— Sigfrid, Dr. → S 1 271
— Theo → k 4
Gauci, Henry → iz t 915
Gauck, Joachim → A 223
Gaudig, Gerhard → S 634
Gaudillère, Jean-Louis → E 460
Gaudlitz, Otto Dr. → S 337
Gauer-Süß, Gertraud → H 281
Gauf, Dieter → M 129
Gauger, Thomas → r 408
Gaugler, Eduard Prof.Dr.Dres.h.c. → T 2 087
Gaul, Hans-Peter → S 1 390
— L., Prof. Dr.-Ing. → T 1 823
— Wolfgang → E 462
Gause, Lüder → o 640, o 646
Gauselmann, Paul → iz f 535, O 634
Gausset, André → iz n 9
Gauster, Karl → iz h 114
Gauterio Gallo, Luis Eduardo → iz s 30
Gauthier, Jacques → IZ H 260
— Pierre → iz n 12
Gautier, Philippe → IZ V 24
Gavanier, Jean-Michel → IZ A 227
de Gavardo, Paolo → IZ R 196
Gavars, Voldemars → iz e 30
Gavazzi, Luigi → iz r 5 6.14
Gawin, Dr. → U 338
— Wolfgang, Dr. → U 84
Gawrich, Claudia → IZ U 217
Gayer, Hans-Martin → e 35
— Oliver → g 552
Gayssot, Jean-Claude → iz b 75
Gaytan de Ayala, Enrique → IZ U 403
Gazzo, Yves → iz a 143
Gebauer, Helmut → O 450
— Manfred → h 420
— Peter → E 203, m 98, m 198
— Reinhard → f 1 072
Gebbers, Peter → g 471, h 642
Gebel, Thomas → O 324
Gebert, Hermann → r 293
— Lutz, Dr. → s 358
Gebetsroithner, Judith → IZ C 11
Gebhardt, Christian Dr. → E 95
— Gerd → T 3 894
— Hans, Prof. Dr. → T 1 257
— Hartmut → K 291, K 304
— Karl-Heinz, Dr.med. → T 2 746, T 3 407

Fortsetzung nächste Spalte

Gebhardt (Fortsetzung)
— Oskar, Dipl.-Ing. → f 321, f 322, f 327, IZ F 2 154
— Rico → u 2 179
— Ulrich, Dipl.-Ing. → t 2 010
Gebhardt-Euler, Manfred → g 587
Gebhart, Rainer Dir. → T 3 956
Gebler, Herbert Dr. → s 351
Gebrande, Martin → O 369
Gebuhr, Klaus Dr. → S 176, s 179
Gedack, Reinhard → O 239
Gedamke, Jürgen Dipl.-Volksw. → n 17
Gedeon, Wilhelm Dipl.-Ing. → e 676
Gedik, Suleyman Dr. → iz h 348
Gediz, Ayla Dipl.oec.troph. → E 706
Geenen, Heinz Dr. → f 905, F 913
Geerdes, Alfons → P 7, P 41
Geerds, Fokko Walter → c 743
Geerißen, Werner Dipl.-Verwaltungsw. → U 340
Geers, Volker J. Dr. → T 736
Geets, Alex → iz p 4
Geffken, Detlef Prof. Dr. → t 1 793
Geffroy, Guy → iz f 1 896
Gege, Maximilian Dr. → Q 641, Q 643
Gegenbauer, Werner → c 963, E 2, E 65, T 3 746
Gegenwart, Martin Dr. → E 105
Geggus, Roland → u 2 424
Geginat, Volker Dr. → A 36
Gehl, Armin → b 146
— Irmentraud → r 1 038
Gehle → T 2 811
Gehlen → A 32
— Gerd → O 324
— Heinz → E 137
— Walter, Prof. Dr. med. → t 2 999
Gehler, Matthias → O 359
Gehlhar, Matthias Dipl.-Betriebsw. → R 534
Gehlsen, Jan → T 524
Gehm, Monika → U 207
Gehnen, Ernst Hermann → E 149
Gehrcke, Wolfgang → A 60
Gehrenkemper, Kirsten Dr. → T 1 119
Gehrer, Elisabeth Dr. → iz b 188
Gehri, K. Dr. → iz f 210
Gehricke, Klaus-Peter → U 1 081
Gehrig, Harald → c 404
— Paul, Dipl.-Betriebsw. → U 328
Gehring, Annelie → IZ H 61, iz h 199, IZ F 1 169
— Hans-Günter, Dr.rer.pol. → E 154
— Hubert, Dr. → u 2 052
— Walter, Dr. → o 623
— Werner → q 26
Gehrke, Anette → E 80, H 600
— Axel, Prof. Dr.med. → T 3 298
— Dieter → U 2 502, u 2 504
— Wilhelm, Dipl.-Volksw. → u 497
Gehrling, Volker Dipl.-Phys. → T 3 666
Gehrmann, Gisela → U 1 353
— Gottfried, Dipl.-Ing. → S 995
— Wolf D. → IZ M 37
Gehron, Werner → m 20, m 167
Gehrung, R. Dipl.-Ing. (FH) → t 1 649
Geibel, Christoph → u 2 553
— Karl → s 1 344
Geicke, Horst F. → E 254
Geier, Jürgen → k 142
Geierhos, Alfred → u 2 428
Geiger, Andreas Prof. Dr. → T 590
— Anke → u 1 286
— Françoise → U 1 988
— Hansjörg, Dr. → A 12
— Helmut → t 2 990
— Helmut, Dr.h.c. → T 2 693
— Jürgen → E 254
— Klaus → O 85
— Klaus, Prof. Dr. med. → T 3 204
— Klaus M. → S 732
— Peter → F 925
Geil, Henner Dipl.-Volksw. → e 102
Geilhausen, Horst Dr. → Q 573
Geiling, Ralf E. → Q 484
Geilsdörfer, R. Prof. Dipl.-Ing. → t 1 472, t 1 572, T 3 705
Geimer, Claude → iz s 512
Geirnaert, A. → iz t 335
Geis, Claus → U 1 171
— Manfred → u 2 207
— Peter, Dr.Ing. → S 941
Geischer, Alexander Dipl.-Kfm. → h 754
Geise, Julius → b 98
Geisel, Elisabeth → U 1 183
— Rainer → N 121
— Theo, Prof. Dr. → t 161
Geiselhart, Utz → h 539
Geisen, Norbert → iz g 46
Geisendorf, Hartmut Dipl.-Ing. → t 353

Fortsetzung nächste Spalte

Gimelli, P. → iz f 1 719
Gimeno, C. → IZ T 234
Gimm, Dagmar → T 3 140
Gimpel-Henning, Stephan Dipl.-Br.-Ing. → t 936
Gindorf, Rolf → T 3 166
Ginella, Carla → iz f 1 822
Ginelli, C. Dr. → iz f 840
Gingrich, Lothar Dipl.-Ing. Dipl.-Des. → Q 602
Giniger, A.A. Dr. → iz f 215
van Ginkel, E. P. → IZ S 410, iz s 417
— Jan → iz f 1 845
Ginzkey, Bernd Dr.-Ing. → B 379
Giokas, L. → iz u 518
Giordano, C. → iz f 2 039
Gipser, Michael → g 383
Giraudy, Jean-Louis → iz a 45
Girlich, Peter → u 2 592
Girnau, Marcus Dr. → H 419
Girnt, Klaus Dieter → S 729
Girod de l'Ain, Bertrand → E 457
Giroud, Charles Dr. → S 737
Girsig, Achim → N 127
Girst, Dietmar → i 10
Gisbert, E. → iz f 1 629
Gisch, Heribert Dr. → d 213
van Gisteren, Roland Dr. → I 67
Giszas, Heinz Prof. Dr. → b 78
— Heinz, Prof. Dr.-Ing. → T 1 151
Gitonas, Kostas → IZ B 86
Gitter, Heidrun Dr. med. → s 64
Giuffrida, Manlio → c 868
Giuliani, Giorgio → iz h 455
Giust, Jacques → IZ S 704, IZ T 962
Giwer, Hiltraud → u 1 269
von Gizycki, Rainald Dr. → T 3 010
Gjellerup, Pia → iz b 54
Gladden, Sally Ann → E 716
Gladis, Günter → U 1 353
Gladitsch, Gerhard → o 608
Gläbe, Rüdiger Dr. → E 546
Glaeseker, Heiko Dipl.-Kfm. → E 131
Gläser, Alexander → c 720, H 303
— Fritz, Dr. → L 39
— Irmtrud → R 563
— Peter M. → s 529
Glaesmer, Janny → T 645
Glässel, Hermann → E 36
Glaesser, Dirk → IZ N 61
Glässgen, Heinz → O 321
Glässing-Deiss, Sibylle → M 247
Glage, Liselotte Prof. Dr. phil. → T 524
Glagow, Hella → T 2 360, t 2 380
Glahn, Harald → b 140
Glanegger, Peter Dr. → B 623
Glante, Norbert → u 2 982
Glas, Uschi → O 403
— Viljem → iz f 2 771
Glaser, Albrecht → r 299
— Gerhard → E 260, q 17
— Gerhard, Prof. Dr.-Ing. → U 683
— Hans-Georg → e 423
— Hartmut → T 891
— Helmut → U 2 502, u 2 509
— Jörg, Dipl.-Kfm. → P 8
— Karl-Heinz → g 401
— Kristian → u 2 172
— Michael → T 4 038
— R., Dr. → iz f 1 290
— Wolfgang, Dr. → G 2
Glaser-Gallion, Gottfried → k 8, k 12
Glasner, Jörn → E 203
Glass, George → c 608
Glatigny, Didier → IZ T 313
Glatt, H. P. → F 1 034
Glattes, Gerhard → E 547
— H., Dr. Dipl.-Ing. → IZ T 635
Glattfelder, Gustl → S 1 343
Glatz, Andreas → Q 633
— Rainer → f 687
Glatzel, Friedrich Josef Dr.-Ing. → I 8
— Kristine → Q 619
— Thomas → H 36
Glauber, Reinhardt → N 90
Glauch, Eva-Maria → E 194
Glavany, Jean → iz b 82
Glawe, Harry → d 209
Glees, Stefanie Dipl.-Kfm. → T 1 347
von Gleichen, Christoph → S 741
Gleicke, Iris → A 40, A 67
Gleisner, Roland → i 84
Gleitze, Jörg-Michael Dipl.-Volkswirt → o 615
— W. → T 3 365
— Wilfried → K 328
Glembek, Dieter F. → T 3 085
Glenk, Christoph Dr. → E 60
Glenne, Tore → iz f 34
Glenz, Corinna → T 537
Glesius, Ralf → u 2 077

Glienke, Andreas → I 94
Glier, Siegfried → T 3 705
Glimm, Klaus-Peter → r 654
— Stefan, Dipl.-Volksw. → F 699, f 704, f 705
Glimpel, Doris → k 151
Glinde, Holger → F 223, U 22
von Glisczynski, Götz → G 31
Glisovic, Lothar → u 2 443
Glitz, Dietmar → b 102
Globke, Bernd → G 253
Glocker, Jörg → T 1 285
Glockmann, Karin → Q 134
Glodek, Bernd → E 80
Glöckler, Gustav → iz f 1 810
Glöckner, Diana → r 321
— Dietmar → S 729
— Michael → O 321
— Uwe → s 545
Gloede, Ernst Dr. → U 39
Glogauer, Werner Prof. Dr. → O 403
Glogowski, Gerhard → u 2 198
Glombitza, Michael → s 603
Gloria, Hans Günther Dr.-Ing. → f 129
Glos, Michael → A 40, A 53, A 54
Glover, Christine → iz s 214
Glowacki, Andrzej → iz s 276
Glowalla, Karl-Heinz → E 37
— Peter → s 1 454
Gloy, Wolfgang Dr. → U 727
Glück, Bernfried → S 1 067
— Horst, Dr. → a 68
— Johann → S 256
Glünkin, Cathy → IZ F 1 863
Glunz, Clemens → k 236
Glutsch → u 1 635
Gmeiner, Rolf-Dieter → H 579
Gmür, A. → iz f 123
— Ansgar → IZ F 550, IZ H 113, iz f 553
Gnadler, Rolf Prof. Dr.-Ing. → T 379
Gnamm, Peter → I 62
Gnan, Franz → n 41
Gnanadasikan, R. → IZ T 231
Gnauck, Jürgen → B 188
Gnodtke, Gerhard → F 422, iz f 2 285
Gobec, Janez → iz g 107
Goch, Walter → u 879
Gocht, Ulrich → c 386
— Werner, Prof.Dr.Dr. → T 3 616
Gockel, Geert → U 2 525, u 2 526, u 2 534
Gockel-Huntemann, T.A. → H 96
Gockeln, Werner Dipl.-Vw. → m 35
Godbersen, Gary L. → iz m 124
Godefroimont, J. → IZ M 215
Godehardt, Monika → r 583
Godehart, Prof. → R 968
Godescheit, Werner → g 345
Godschalk, Bettina → A 20
Godtmann, Hans-Dieter Dr. → O 284
Godulla, Matthias → r 766
Göbel, Albert Dipl.-Kfm. → k 242
— Bernd → n 64
— Birgit → U 3 000
— Burckhard → g 726
— Ernst O., Prof. Dr. → A 342, IZ T 232, T 817
— Guntram → s 1 605
— Hans Hilmar, Prof. Dr. → T 3 284
— Hartmut → S 1 603
— Hartmut, Prof. Dr. → T 3 276
— Hella → n 245
— Irene → G 43
— Johannes → f 233
— Josef → q 78
— Jürgen W., Dr. → T 879
— Klaus → F 94
— Thomas → H 81
— Uwe Matthias → T 3 812
— Wolfgang → B 392
Göbel de Mendez, Anke → E 713
Goebels, Karl-Heinz → U 1 394
— Manfred → R 554, r 557
Göck, Wolfgang J. → F 1 080
Göcke, Edit → T 3 340
— Reinhard → f 320
Göckel, Helmut Dr. → c 254
Gödde-Baumanns, Beate Dr. → E 444
Göde, Bernd Dr. → T 882
— Edda → t 4 029
Goedecke, Andreas → E 149
— Manfred, Dr. → E 194
— Manfred, Dr.-Ing.habil. → U 178, U 180
Gödecker-Geenen, Norbert → U 1 763
Gödel, Petra → u 1 128
Goedert, Emile → iz g 8
— Erhard → M 249
Goedhart, Mario → U 151
— Mario Peter → e 150
Gögelein, Volker → g 153
Gögge, Wolfhard Dipl.-Ing. → B 529

Goehler, Adrienne → T 513
— Martin, Dipl.-Kfm. → f 419
— Wolfgang → b 51
Göhmann, Ilse → S 780
Göhner, P. Prof. Dr.-Ing. → T 1 364
Göhring, Wolfram → c 927
Göhringer, Hans K. Dr. → E 24
Goehrmann, Klaus E. Prof. Dr. Dr.h.c. → c 1 129, E 118, o 612, S 740
— Klaus E., Prof. Dr. Dr. Konsul → E 2
Göke, Christian Dr. → o 603
Göktürk, Safak → c 1 283
Goeldel, Hans → b 828
Goeldner, Jürgen → F 360
Goelling, Sibylle Dipl.-Ing. → S 964
Göllner, Heinrich → o 657
Göllner de Mejía, Christine → E 314, e 368
Göltl, Wolfgang → iz r 45
Gölz, Heide Dr. → A 24
Goemans, Caroline → iz s 7
— Y. → IZ F 639
Gömmel, Rainer Prof.Dr. → T 2 349
Gönner, Ivo → D 129
— Tanja → U 2 045
Goepel, Heide → K 302
— Peter, Dipl.-Ing. → f 292
— W., Prof. Dr. → t 1 668
Göpfert, Andreas Prof. → O 101
Göpfrich, Peter Dr. → E 236, E 300, E 312
Göppel, Helmut Dr. → B 660
— Josef → Q 135
Görde, Werner Dipl.-Ing. → IZ F 1 349
Goerdeler, Dr. → A 32
Gördes, Gerhard → F 122
Goerdt, Joachim → G 128
— Jochen → iz g 91
Goerens, Charles → iz b 150, iz b 156
Goeres, Joachim → A 6
Görg, Axel Dr. → B 818
— Horst, Dr.-Ing. → S 1 056
— Jürgen → k 100, k 121, k 344, Q 170
— Sibylle → s 399
— Werner → T 3 951
— Werner, Dr. → IZ K 49
Goergen, Hans Walter → A 338
— Peter → A 20
— Volker, Dipl.-Ing. → f 865, T 1 393, U 641
Goerger, Volker Dipl.-Ing. → T 1 886
Görgl, Rudolf → F 273
Goericke, Dietmar Dipl.-Ing. → t 320
— Karin → E 72
Göring, Armin → Q 299
Göring-Eckardt, Katrin → A 41
Görisch, Ernst Walter → d 42
— Gisela → r 632
Goerke, Manfred → s 523
Goerlich, Prof. → T 770
— Joachim G. → s 1 277
— Manfred → iz f 585
— Ute → u 1 216
— Wolfgang, Dr. → U 427
Goerlitz, Rolf → f 814, F 822
— Werner, Dipl.-Ing. → S 1 015
Görnandt, Ulrich → U 552
Görner, Martin → Q 405
— Regina, Dr. → A 40, b 149, U 2 045
Görres, Birgit → T 2 916
— R. Hans-Dieter → S 692
Goersch, Hans-Joachim → S 425
Görtemaker, Gerd → U 1 968
Görtitz, Irene → T 754
Görtz, Ludwig → H 315, H 322
Görwitz, Wolfgang Michael → h 346
Goeschel, Albrecht Prof. → T 2 337
— Michael → U 4
Gösel, Peter → U 2 393, u 2 412
Göser, Peter → F 788
Göske, Eckhard Dr. → e 169
Gössel, Annemarie → U 1 260
Gössinger, Lothar → q 512
Goessler, Ralf → Q 300
Gössling, Christhard Prof. → T 411
Gößner, Dieter → E 60
Göthling, Ernst → I 135
Goette, Eckart E. Dr. → c 537
— Rose, Dr. → b 139
— Siegfried, Dr. med. → S 206
— Thomas-Christoph → T 2 694
— Tilman, Dr. → s 528
— Wilhelm → K 311
Göttel, Johann → iz u 6 90.15
Göttelmann, Wolfgang Dr. → C 390
Goetting, Ekkehard → E 254, E 255, E 258, E 350
Göttlicher, Erich → U 299
— Rudi → U 561
Göttner, Jens Holger Dr. → b 172
Göttsch, Edeltraud → U 1 168

Fortsetzung nächste Spalte

Göttsch (Fortsetzung)
— Reimer → k 242
— Silke, Prof. Dr. → T 1 113
Götz → b 467
— Dieter, Dipl.-Kfm. → S 1 078
— Elisabeth, Dipl.-Psych. → U 1 693
— Gunter, Dipl.-Kfm. → T 864
— Hans → q 17
— Hans-Werner, Prof. Dr. → T 2 206
— Heinz-Werner, Dipl.-Kfm. → u 440
— Karl-Heinz → T 2 499, U 1 376
— Klaus-Dieter → u 2 052
— Konrad, Prof. Dr. → T 543
— Kornelius → S 1 536
— Peter → D 201, U 2 045
— Thomas → t 226
— Volkmar, Prof. Dr. → T 3 528, t 3 979
— Walter → iz h 221, iz h 240
— Werner → I 133
— Wolfgang, Dr. → T 3 009
von Goetze, Dr. → A 8
Götze, Frank → q 522
— Heribert → f 850
— Stephan → S 736
Goetzger, Friedemann → u 1 778
Götzinger, Hermann Dipl.-Vw. → E 193
Goetzke, Bernd Prof. → s 1 162
Götzl, Klaus → N 104
— Stephan → f 3, r 109, T 3 744
— Stephan, Dipl.-Kfm. → r 3
Götzrath, Bernd → g 385
Goffaux, Francine → iz a 20
Goffin, R. → IZ F 1 765
— Robert → IZ F 1 065
Goffings, M. → iz f 2 305, iz f 2 668
Goga, Marita → B 37
Gogineni, Babu → IZ U 361
Gogolin, Ingrid Prof. Dr. → T 2 421
— Manfred → T 2 422, T 3 696
Gohde, Gisela → u 1 288
— Jürgen → u 1 130, U 1 768, u 2 275
Gohla, Werner → F 194
Gohling, Horst Dipl.-Ök. → h 627
Gohlisch, Dieter Dr. → e 428
Gohmert, Werner → B 330
Gojman de Millan, Sonia → IZ S 147
Gojowy, Detlef Dr. → s 1 298
Gola, Gianni Dr. → IZ U 463
— Peter, Prof. → U 676
Golay,
Alain → IZ F 1 863
Golbs, Andreas Dr. → R 217
Golcher, Wolfgang Dipl.-Kfm. Dr. → IZ S 425
Gold-Beckmann, Elke → T 2 674
Goldammer, J. Frank → f 247
Goldbach, Heiner Prof. Dr. → T 2 570
Goldberg, Holger → m 46
— Norman → U 1 533
— Werner → O 417
Golde, Sabine → S 1 186
Goldenbaum, Dietrich Prof. → T 592
Goldgrabe, Richard → f 347
Goldmann, Margarethe → U 2 728
— Shraga F., Prof. Dr. → T 3 247
Goldschmidt, Dietrich Prof.Dr. → T 2 240
— Eckart → B 561
— Ulrich → r 556
Goldsmith, Alick → iz f 346
Goldstein, Rubin Prof. Dr. → S 749
Golembiewski, Dieter Prof. Dr.-Ing. → f 876
Golenia, Eberhard → Q 481
Golgert, Lothar → c 809
Goll, Dietmar Dr. → T 1
— Gerhard → T 3 653
— J., Prof. Dr.rer.nat. → t 1 447
— Roland, Dr. → u 2 797
— Ulrich, Dr. → b 8
Goll-Schloss, Dorothea → IZ U 162
Golla, Joachim Dr. → A 24
Gollan, Thomas Dr. → T 2 555
Goller, Hans-Jürgen → S 742
— Jost, Prof. → T 581
Gollert, Klaus Dr. → k 172, k 191
Gollhofer, A. Prof. Dr. → t 1 629
Golm, Harry → iz u 628, iz u 629
Golombek, Klaus Dipl.-Pol. → O 390, T 2 111
Golowenko, Pavel → c 628
Golter, Friedrich Prof. Dr. → q 17
Golubovic, D. → IZ S 601
Golz, Carmen → S 742
— Frank → s 715
Gombai, Károly → E 710
Gomendio, P. → IZ F 455, iz f 476
Gomes, José J. Tomaz → iz f 1 900
— José Tomaz → iz f 352
Gomez, A. → t 1 641
— Antonia → IZ F 1 735
— Elena → iz o 150, iz h 4 31.20

Fortsetzung nächste Seite

Gomez (Fortsetzung)
— Jose Antonio → iz f 2 405
— José Miguel → iz g 206
— M. → iz f 1 521
Gomez Aviles-Casco, F. → iz e 26
Gomez-Castallo, José-Domingo → IZ O 109
— José Domingo → iz o 129
Gomez Cerda, Jose → IZ R 260
Gomez-Ferrer Bayo, Alvaro → iz s 480
Gómez Mont, Carmen Prof. → IZ T 890
Gomez Moya, Juan Vicente → iz f 2 664
Gomez-Reino, Santiago → iz a 25
Gomolka, Alfred Prof. Dr. → N 142, Q 449
Gompelmann, Gerhard → Q 61
Gonçalves, A. Escaja → iz f 2 657
Gonçalves Henriques, Rui → iz t 182
Gondert, Johannes → h 297
Gondesen, Helge Dr. → T 746
Gonnermann, Adolf → K 29
Gonzales, Ophelia A. → c 1 135
— Ulrike → T 2 109
Gonzales Martinez, Maria José → IZ Q 179
González, José Luis → Q 399
Gonzalez Aleman, Horacio → iz f 2 505
Gonzalez de Heredia, César → IZ U 403
Gonzalez-Hervada, F. → iz f 211
Gonzalez Loscertales, Vicente → IZ O 242
Gonzalez Martínez, Maria José → iz q 193
Gonzalez Moledo, Alfredo → IZ K 50
Gonzalez-Quijano, Gustavo → IZ F 2 757
Gonzalez-Schmitz, Irmela → c 447
Good, Andrew → c 179
Goodwin, Elisabeth Dr. → iz t 581
— Michael → iz f 1 892
Gools, A. → IZ S 499
Goos, Joop → IZ U 41
— Joop, Dr. → IZ M 122
Goose, Dieter Dr. → I 11
Goossens, Manfred → E 22
Goost, Fritz Dr. → f 20, F 96
Gopalan, Thittai R. → e 277
Goppel, Christoph Dr. → T 3 891
— Michael → iz a 10, IZ T 234
— Thomas, Dr. → U 2 130
Gorbach, Rudolf P. → U 3 011
Gordon, Andrew → IZ Q 121
— Julie P., Prof. → IZ T 529
— Robert J., Prof. → IZ T 529
Gordona, Julio H. → IZ U 455
Gordujuela Aguilar, Romiro → iz p 24
Gorgas, Michael Dr. → Q 505
Gorges, Frank → B 37
Gorholt, Martin → b 45
Gorlier, Jacques → iz f 1 889
Gornuel, Eric → IZ T 511
Gorny, D. → IZ T 819
— Dietrich → T 2 504
Gorreri, G. → iz f 2 442
Gorski, Dietmar Dr. → S 295
— Ralf → f 520
— Yrjö → iz h 409
Gortzig, Anthony → IZ O 191
Gortzis, A. → iz f 2 288
Gosch, Carla → B 730
Goschler, Bodo → E 235
Goschmann, Klaus Dipl.-Volksw. → S 1 416
Gosejacob, Karl Dr. → f 687
Gosejacob-Rolf, Hille → r 516, R 646
Gosewisch, Michael → e 535
Goslich, Klaus → u 2 596
Gossmann, Rainer → E 149, u 2 432
Goßner, Alfred Dr. → K 61
Gostomzyk, Johannes Prof. Dr.med. → T 3 317
Gothe, Christiane Dr. agr. → Q 570
— Christine → u 1 268
— Florian → S 1 611
— Kerstin, Dipl.-Ing. → S 1 121
Gotlewski, Walter → h 603
Gotsche, Hans-Dieter → K 295
Gotschika, Michael → q 146
Gotta, Gerhard → F 714
— Ulrich → g 571
von Gottberg, Joachim → U 1 176
— Wilhelm → U 965
Gottfried, Horst → A 133
— Klaus → G 387
— Michaela → K 166, K 185
Gottgetreu, Sabine → T 3 607
Gotthard, Katriena → t 2 898, u 1 591
Gotthardt, FRank → u 2 072
— Jürgen → c 1 253
— Manfred → S 76
Gottheit, Klaudia → K 282
Gotthold, Albert → R 530, U 1 358
Gottlieb, Gunther Prof. Dr. → T 397
— Herbert → C 1 008
Gottschalk, Bernd → M 13

Fortsetzung nächste Spalte

Gottschalk (Fortsetzung)
— Bernd, Dr. → f 17, iz f 2 326, iz f 2 353
— Bernd, Prof. Dr. → F 67
— Gert, Dipl.-Ing.-Oec. → m 11
— Hans Wolfgang → g 468, h 639
— Reinhard → B 703
Gottschall, Axel → s 1 247
Gottschling, Karl-Heinz → g 332
— Klaus, Dipl.-Ing. (FH) → E 682
Gottsleben, Marcus → T 2 109
Gottsmann, Martin → g 415, g 521
Gottstein, Eva → r 1 008
Gotz, Josef → U 540
Gotzen, K. → iz f 1 516
— Klaus → F 270
— R., Prof. Dr. → S 253
— Sylvia → IZ H 210, IZ H 228
Gotzian, Ernst → N 138
Gough, John B. → E 238
Goulding, J. → iz h 506
— Nick → iz g 39
Goulet, Pierre A. → IZ U 482
Goulielmou, Helen → iz u 138
Goulle, J.P. Dr. → iz s 709
Goumas, Georges → iz t 924
Gourdet, Claude → IZ T 153
Gouskos, N. → iz q 138
Gouyou-Beauchamps, Xavier → IZ O 54
Govorov, Vladimir → IZ U 110
Goworr, Norbert Dr. → A 339
Goydke, Jürgen Prof. → B 851
Goyens, Hervé → c 636
Gozzi, L. → IZ F 298
Graap, Bernd → H 255
— Rüdiger → H 133, U 620
Grabarek, Volker Dr. med. → T 3 353
Grabbe, Karl H. → c 1 280
Grabendorff, Wolf → IZ T 873
Grabinska, Barbara → IZ S 704
Grabitzki → u 1 635
Grabkowsky, Georg → u 1 633
Grabmeister, Ingo → H 504
Grabow, Volker → U 2 393
Grabowski, Hans Dipl.-Betriebsw., Dipl.-Forstw. → U 601, U 636
— Klaus H., Dr. → T 682
— Reinhard, Dr.-Ing. → T 3 777
Grabski, Reinhard Prof. Dr.rer.nat.habil. → U 845
Grabski-Kieron, Ulrike Prof. Dr. → T 2 597
Graciani, Pedro A. Martin → iz f 2 016
Gradl, Norbert → k 111, k 132, k 264, k 355
Gradner → Q 295
Gräbedünkel, Ludwig → u 2 412
Gräbener, Klaus Dipl.-Verw.-wiss. → E 171
Gräber, Gisela → r 473
Gräbner, Günter → o 40
Graef, Harald → B 808
— Monika → s 778
Gräfe, Andreas → s 1 505
— Günter → t 3 070
Graefe zu Baringdorf, Friedrich Wilhelm → Q 63
Graeff, Erhard → U 987
Graen, Michael → Q 602
Gräsel, Georg → I 45
— Georg, Dr. → I 19
Gräßle, Hermann → M 277
Grätz, K. Reinhold → U 1 766
— Michael, Prof. Dr. → T 527
— Reinhard → O 325
— Thomas → M 38
— Wolfgang → S 1 193
von Graevenitz, Gerhart Prof. Dr. phil. → t 45, T 568
— Hanno → c 170
— Hans-Jörg → q 54
Graf, Christian → E 80
— Dittmar, Dr. → t 908
— Friedrich → U 3 023
— Gerd → u 2 420
— Gerhard, Prof. Dr. → t 4 001, u 900
— Hans-Udo, Dr. → t 906
— Hans-Wolff → T 2 115
— Karin → s 343
— Klaus P. → E 189
— Stefan → b 25
Graf-Baumann, Toni Prof. Dr. → T 3 274
Graf von Pfeil, Bolko → h 769
Graf-Winkler, Annette → u 1 189
Grafe, Ernst-Dieter Dipl.-Vw. → s 641
— Joachim → H 232
— Philippe → iz f 1 429
Grafelmann, Martin Dipl.-Kfm. → F 966, F 967
Graff, Andreas → a 64, u 2 179
— Theo → L 31
— Winfried-Illo → U 2 023
Graffweg, Ulrike → O 693, o 698

Grage, Thomas Dipl.-Ing. → t 284
Graham, Christopher → iz o 117
— Edouard → IZ T 888
— Ian → IZ R 216
— John D. → S 1 590
Grahl, Birgit Dr. → S 1 119
Grahn, Lars → iz o 97
Graichen, Hans-Georg Dr. → c 991
Grainhado Vale, Manuel Dr. → c 1 150
Grala, Peter → iz h 454
Gramatke, Wolf-D. → IZ F 220, T 3 894
Grambow, Rüdiger → O 113
Gramer, Michael Dr. → s 347
Gramke, Jürgen Prof. Dr. → c 959
Gramkow, Angelika → a 63, u 2 174
Gramlich, Gerd → U 1 170
Gramm-Wauschkuhn, Rita → D 161
Grammatik, R.-C. → O 454
Grampp, Günther Prof. → Q 475
— Wilfried → E 63, e 64
Grams, Susanne → O 370
Gramsch, Christian → O 291
Gran, Tore → iz f 2 539
Granados Lomas, Felipe → iz h 191
Granat, Jan → c 1 146
Grande, Tirne Skei → iz u 2 24.01
Grandi, Bruno → IZ U 481
— Otto, Prof. Dr. → T 531
Grandinarova, Tanja → c 670
Grandjean, Bernard → IZ R 255
— Volker → M 187
Grandke, Gerhard → D 112
Grandmontagne, Eric → o 622
— Heinz → o 622
— Mechtild → o 622
Granel, Gertrud → iz f 1 248
Graner, Klaus Dr. → b 810
Granier, Jochen → H 607
Granqvist, S. → iz f 198
Granser, Günther A. Prof. Dr.h.c. → IZ T 872
Grant, Mary Anne → IZ U 216
Grantner, Sigrid → u 1 199
Granz, Johannes Dipl.-Ing. → f 282
Grape, Carolin → T 2 326
Graschberger, Christoph → f 150
Grašek, Peter → iz f 2 235
Graser, Lutz Dipl.-Volksw. → H 309
Grasic, Franc → iz f 434, iz f 2 771
Graß, Gotthard → iz f 2 409
— Gotthard, Dipl.-Wirtsch.-Ing. → F 313
— Roger → IZ A 224
Grass-Talbot, Carlita → c 631
Grasse, Wolfgang → h 743
Grasser, Karl-Heinz Mag. → iz b 184
Grassin, J. → iz f 114
Grasskamp, Walter Prof. Dr. → T 606
Graßl, Hartmut Prof. Dr. → t 134
— Heinrich W. → S 1 599
Graßmann, E. Prof. Dr. → T 2 640
— Peter → U 599
— Peter H., Dr.-Ing. → F 502
Gratz, Horst → H 628, h 636
Grau, Dieter → r 274
— Nino, Prof. Dr. → T 1 273
— W. → Q 398
Graubohm, Herbert Dr. → T 3 742
Graue, Jörn Dr. → s 367
Grauel, Holger → U 1 161
— Michael → b 18
Grauer, D. Dr. → iz f 1 290
Grauerholz, Ute → u 2 811
Grauert, Götz → H 606
Graul, Elisabeth → s 1 302
— Jürgen → u 817
Graulich, Manfred → U 373
Graumann, D. Dr. → u 2 338
— Ulrich → T 882
Graup, Friedrich-Carl → f 14
Graupe, Klaus Dipl.-Wirtsch.-Ing. → G 566, g 570
Graupner, Jochen Dipl.-Ing. → T 2 618
Grautegein, Uwe Dipl.-Betriebsw. → g 463, h 634
Grauvogl, Josef → H 261, IZ H 20, IZ H 64
de Grave, F. Mr. → iz b 175
Grave, Franz → U 2 014
— Rolf, Dr.-Ing. → S 1 121
Freiherr von Gravenreuth, Marian → q 264
Gravert, Otto → q 82
Graw, Otto → h 617
Grawe, Klaus Prof. Dr. → T 2 782
Gray, C. J. → iz f 620
— E. A. → IZ T 761
— Oliver, Dr. → IZ O 109
Grebe, Annelie → u 2 745
— Uwe → g 394
— Werner, Prof. Dr. → U 2 998
— Wolfgang → s 536
Grebin, Hans-Jürgen → u 1 329

Greboval, Cécile → IZ U 164
Grech, Louis → iz f 2 238
Greco, Renzo → iz f 1 895
Green, David C. → IZ M 121
— Pauline → IZ U 359
Green-Paulsen, Ivar → IZ T 264
Greenwood, Adrian → iz u 640
Greese, Jürgen → u 513
Grefe, Harald Dipl.-Volksw. → E 140
Grefen, Klaus Prof. Dr.-Ing. → T 249, T 1 172, T 1 346
Greger, R. Prof. Dr. → T 3 280
Gregersen, Marquard Dr. → Q 12
Gregg, Günter → T 2 576
Gregoariades, Andreas → iz s 295
Grégoire, Michel → IZ O 152
Gregor, Erika → O 261
— Milan, Prof. → iz u 1 5.10
— Ulrich → O 181, O 182, O 261
Gregorg, Anja → O 581
Gregorič, Fedor → c 1 217
Gregorius, H.-R. Prof.Dr. → T 2 612
— Willi → k 91
Gregory, Peter Dr. → IZ T 469
Grehan, D. → iz s 37
Grehn, Klaus Dr. → U 1 606
Greif, Dr. → D 190
— Bodo → T 1 074
— Gerhard, Dr. → Q 62, Q 573
— Josef → R 785, r 789
— Moniko, Prof. Dr.-Ing. → T 1 172
— Theodor J. → E 160, I 137
Greifelt, Werner Dr. → b 113
de Greiff, Dieter → T 3 353
Greiffenberg, Horst Dr. → A 228
Greig, C. G. Dr. → iz f 507
Greilich, Peter → M 279
Greim, Peter → F 384, F 385
Greimel, Peter Dr. → T 3 698
Grein, Kornelia → IZ A 194
— Norbert → M 129
Greineder, Dietmar → C 297
Greiner, Edith → U 1 222
— Friedemann, Dr. → s 779
— Klaus → K 307
— Kurt → r 279
— Manfred → h 101
— Peter S. → S 843
— Sonja → IZ O 1
— Thomas → T 2 974
Greipl, Erich Prof. Dr. → E 45, H 2, H 315
Greis, Fritz → S 1 324
Greiser, Dietmar Dr.jur. → f 226
Greisler, Peter → K 1, K 3
Greissing, Hans Dr. → T 3 433
Greissl, Ludwig-Alexander → c 1 037
Greive, Eva → F 593, IZ F 2 216
— Mechthild → T 3 187
Grella, Rafael → T 984
Gremp, Günther → O 269
Grenacher, Heinz → K 284
Greno, Jorge Dr. → iz f 2 557
Grenz, Brigitte → T 3 720
— Franz-Georg, Dr. → E 38
Grenzmann, Christoph Dr. → T 96
Grépain, François Ir. → iz s 501
Greser, Gertrud → E 675
Greshake, Brunhilde Prof. Dr. → U 1 697
Greß, Franz Prof. Dr. → E 718
— Karin, Dipl.-Volkswirtin, Dr.rer.pol. → I 38
Gressner, A. Prof. Dr. → T 3 257
Grethen, Henri → iz b 154, iz b 165
Grether, Susanne → T 2 859
Gretschmann, Klaus Prof. Dr. → A 4
Gretter, Dietmar → q 540
Gretzinger, Axel Dr. → u 898
Greule, R. Prof. Dr.-Ing. → t 1 506
Greulich, Michael Prof. Dr. med. → T 3 300
Greve, Franz-Joseph → E 165
— Georg, Dr. → K 339
— Helmut Paul, Dr. → c 1 310
— Karl → K 288
— Klaus, Prof. Dr. → S 1 474
— Rolf → u 834
— Rolf, Dr. → T 2 221
Greven, Michael Th. Prof. Dr. → T 2 110
Grewe-König → T 579
Grewer, Hermann → E 168, M 15, m 29, M 183, m 184
Grewing, Michael Prof. Dr. → t 174
Grey, Dieter Dr. → T 1 048
— Nigel → IZ U 272
Gribomont, Marc-Olivier → IZ A 223
Griebel, Matthias → u 956, U 2 699
Griebler, W.-D. Dr. → t 330
— Wolf-Dieter, Dr. → E 149, T 1 830
Griefahn, Monika → O 403
Grieger, Thomas → D 120
— Wolfgang → c 105

Fortsetzung nächste Spalte

Fortsetzung nächste Seite

Günther (Fortsetzung)
— Doris → Q 583
— Eckardt, Dipl.-Kfm. → U 88
— Gunda → u 2 445
— Hans-Jürgen → f 897
— Hans-R. → t 2 382
— Hans-Ulrich, Dr. → E 131
— Herbert, Dr. → Q 358
— Hubertus P. E. → c 567
— Joachim → b 34
— Karl-Heinz, Dipl.-Ing. → S 952
— K. D., Prof. Dr. → T 2 565
— Matthias, Prof. Dr. → T 578
— Oliver, Prof. Dr. → t 3 968
— Peter → G 100, u 2 693
— Siegfried, Dipl.-Ing. → R 913
— U., Dr.-Ing. → t 1 436
— Ulrike, Dr. → S 1 573
Güntheroth, Nele Dr. → U 2 960
Günzel, Klaus Dipl.-Kfm. → E 146, U 138
— Klaus, Dr. → T 754
— Rolf → b 542
— Thomas → u 1 440
Günzler, Rolf Dipl.-Ing. → G 102
Gueorguiev, Vassil → iz m 77
Guercke, Fritz → A 313
Guerin, Véronique → iz p 8
Gürke, Dr. → U 400
Guerra, Fermin → iz t 509
— Jose Luis → iz n 14
Guerrato, Lucio → iz a 127
Guerrini, Antonio → iz f 1 315
Gürth, Detlef → r 266
Güse, Klaus → T 433
Güth, Horst → g 264
Güther → A 12
Güthler, Andreas → IZ Q 224
— Wolfram → Q 135
Guetschow, Bernd C. → c 534
Güttler, Rainer → T 4 082
Guggemoos, Brigitte Dipl.-Volksw. → O 717
Guggenbichler, Siegfried → E 376
Guggenbuhl, Alain → iz t 869
Guggenheim, Bernhard Prof. Dr. → IZ S 55, iz s 61, iz s 63
Guggino, Vincenzo Dr. → iz o 122
Guglielmetti, Carlo Prof. → iz u 687
Guhde, Edgar Dipl.Pol. → IZ Q 260
Guhl, Manfred → g 464, h 635
— Norbert → H 10, R 200
Guhr, Dr. → T 2 037
— U., Dr. → t 313
Guibé, Jacques → iz f 1 439
Guignard, Jacques → IZ F 278
Guigou, Elisabeth → iz b 72
Guilbaud, Patrick → iz n 19
Guillamet Gonzales de Aguero, Rosa → IZ U 481
Guillau, Francoise → IZ H 45
Guillaume, Gilbert → IZ V 48
Guillaumont, G. → iz s 25
Guillemot, Éric → IZ F 13, iz f 17
Guillen, L. → iz f 404
Guillen-Preckler, Victor → IZ U 162
Guillou, Jean-Pierre → iz f 596
Guimet Pereña, Jordi → iz t 185
Guinand, Maria → IZ O 2
Guinier, Alfons → IZ M 162
Guion, Philippe → IZ F 86
Guiot, Francis → iz f 344
Guisasola, J. → iz q 159
Gula, Hans-Ulrich → g 688
Gulde, Christoph → s 362
Guldenberg Johnsen, Tom → iz s 301
Guldner, Franz-Josef Dipl.-Ing. → f 1 075
Guldvog, Sindre → iz o 94
van Gulijk, Wolfgang → S 427
Gulmann, C. → IZ A 224
Gumbel, Gerhard Dr. → E 24
Gumlich, Hans Eckart Prof. Dr.-Ing. → u 1 242
Gummer, Peter → B 746
Gump, Hans Dr. → O 703
Gumpelmayer, Theo Prof. → IZ T 258
Gumprecht, Christian → U 206
— Detlef, Dr. → T 1 833
— G., Dipl.-Ing. → s 1 006
— Gabriele, Dr. → u 1 836
Gumrich, Ernst-Eggert → F 715, F 823
Gunaratne, Gerard → IZ R 263
Gundelach, Herlind Dr. → b 92, Q 474
— Renée → O 225
Gunder, Manfred → s 422
Gundermann, Knut-Olaf Prof. Dr. → B 616
Gundlach, Christian → S 742
— H.C.W., Dr. → iz t 328
Gundling, Alexander → E 41
Gundrum, Andreas → U 984

Fortsetzung nächste Spalte

Gundrum (Fortsetzung)
— J., Prof. Dr.-Ing. → t 1 511
— Uwe → T 435
Gunkel, Claus Dr.rer.nat. → t 1 182
Gunn, S. William Prof. → IZ T 7 84.10, IZ T 7 84.20
Gunnarsson, Anci → IZ U 169
— Eggert → iz s 1 17.12
— Jóhannes → iz u 144
— Thorarinn → iz f 621, iz f 1 841
Guns, Thierry → iz g 28
Guntau, Burkhard → B 851
Guntermann, Ernst → f 134, F 146
Guntlin, Robert → F 689
Gurk, Wolfgang → U 390
Gurthet, L. → iz f 381
Guse, Gert-Wolfhart Dr. → q 520, Q 645
Gusenbauer, Dieter → S 1 446
Gushurst, Egon → P 7, P 21
Guski, Arnold W. → D 191
— R., Dr. → T 1 254
Gusner, Reinhard → K 305
Guß, Heinz-Jürgen Dipl.-Volksw. → E 154
Gusseck, Dr. → A 12
Gust, Holger → T 546
Gustafsson, Alf → iz s 384
— Käre → IZ T 264
— Knut, Dr. → b 70
Gustavson, Roger → iz t 180
Gustavsson, Henrik → iz u 2 24.04
Gustke, Marc-André → S 1 184
Gutberlet, Ingmar Dr. → T 3 188
— Stephen → E 37
— Wolfgang → E 95
Gutenberger, Hans-Jürgen → I 11
Gutermann, Wolfgang Dr. → S 274
Gutfleisch, Ralf Dipl.-Geogr. → s 1 500
Gutgesell, Manfred Dr. → U 2 996
Guth, Michaela Dr. med. → k 67
— Wilfried, Dr. → T 4 058
Gutheil, Jörn-Erik → U 940
Guthmann, Axel → I 80
Gutierrez Aragon, Manuel → IZ S 675
Gutierrez Vegara, Antonio → iz r 172
Gutjahr, Ilse → T 2 670
Gutjahr-Löser, Peter → T 578
Gutle, François → iz f 1 834
Gutmacher, Eleonore → n 277
Gutmann, Dr. → A 8
— Gertrud → s 429
— Manfred, Dipl.-Volksw. → U 3 026
Gutsch, Dorothea → E 91
Gutsche, Vokmar Dr. → a 144
Gutschick, Dieter → U 1 689
Gutschmidt, Harry → k 245
Gutschow, Dörte → u 1 526
Gutting, Werner → g 597
Guttmann, Peter → u 2 484
— Robert → O 290
Gutwald, Carl-Maria → T 3 601
Gutwasser, Uwe → U 1 567
Gutzeit, Martin → A 224
Gutzen, Volker → U 1 535
Gutzler, Karl Dr. → IZ U 704, s 1 589
Gutzmer, Manfred → D 56
— Werner → q 31
Gutzwiller, M. Dipl.-Ing. → IZ Q 223
Guy, Neil → IZ W 14
Guyau, Luc → iz q 13
Guzmán González, Francisco Javier → iz r 5 6.06
Gwinner, Eberhard Prof. Dr. → t 142
Gwyer, George → iz a 72
Gyarmathy, Catherine → IZ U 240
Gyenes, Istvan → iz q 100
Gygax, H.R. Dr. → iz t 361
György, Károly → IZ U 709
Györy, L. → iz f 511
Gyóry, Lászlo → iz f 1 450
Gypser, Jürgen → T 3 587
Gørrissen, Helge → c 362
Gysi, Gregor Dr. → A 60
— Marshall → IZ S 530
Gyulai, István → IZ U 376
Gzuk, R. Dr.rer.pol. → T 1 861

H

Haack, Alfred Prof. Dr.-Ing. → T 1 723
— Dieter, Dr. → U 477, U 2 675
— Karl Hermann → A 20, A 124
— Peter → s 534
— Sabine → A 4
— Wolfgang, Dipl.-Ing. → S 794
— Wulf, Dr. → d 40, D 184, K 289
Haack-Schmahl, Heidemarie → S 508
Haacke, Hassan → U 2 389

Haag → b 463
— Erich → h 193
— G., Prof. Dr. → T 3 275
— G., Prof. Dr.rer.nat. → t 1 630
— Gunter, Prof. Dr.med. Dipl.-Psych. → T 3 190
— Thomas, Dr. → Q 126
— Willy, Dipl.-Wirtsch. → g 756
Haagen, Helmut Dipl.-Chem.Dr. → T 1 252
Haahtela, Otso Dr.-Ing. → E 422, e 429
Haak, Rüdiger → h 456
— Volker, Dr. → C 289
Haake, Günter → U 1 879
— Karin → g 323
Haake-Wiese, Elke → t 3 004
Haaker, Wolfgang → O 626
Haakonsen, Bent → C 703
Haakshost, Eduard L. → E 254
de Haan, Gerhard Prof.Dr. → Q 650
— Margret → U 1 223
Haar, Leif → IZ T 960
van Haaren, Kurt → IZ R 229, R 309, R 451
von Haaren, Marion → T 3 605
Haarmann, Wilhelm Dr. → S 734, T 3 502
Haarscher, Guy → IZ U 581
Haarsma, J. N. P. → iz s 514
Haas, E. Dr. → H 302
— Eckart, Dr. → O 412
— Erwin → f 99, f 113, f 997, r 53, U 36
— Franz Josef → S 566, S 567, T 2 235
— Hans-Dieter, Uni.-Prof. Dr. → T 2 216
— Hans-Peter → R 1 006, r 1 007
— Heinrich → s 1 463
— Hubert, Dipl.-Verw.-wirt. → S 1 436
— Marius, Dr. → C 334
— Marlène → IZ U 166
— N., Prof. Dr. → T 3 347
de Haas, P.C. → iz f 2 013
— Peter → O 586
— Pieter, Dr. → T 3 863
— Roland, Dipl.-Ing. (FH) → f 901
— Rudolf, Prof. Dr. → E 670
— Sabine → t 2 396
— Ulrich, Prof. Dr. → U 2 393
— Walter → r 316
— Willi → U 695
— Wolfgang, Dipl.-Volksw. → o 523
Haas-Rickertsen, Thomas → H 2
Haasch, Günther Dr. → e 506
— Torsten → E 109
Haase, Prof. Dr.-Ing. → t 1 932
— Clemens-Peter → u 2 807
— Elisabeth → IZ S 153
— Hans-Peter → IZ F 1 310
— Helmut → g 337
— Henning, Prof. Dr. → S 1 528
— Herwig, Prof. Dr. → T 404
— Joachim → c 1 261
— Jürgen, Dipl.-Ing. → t 1 975, t 1 986
— K. → iz q 80
— Kai → u 2 530
— Klaus, Dipl.-Landw. Dr. → q 219, Q 223, q 226
— Marion → u 2 888
— Martin → U 1 691, u 2 366
— Martin, Dr. → T 3 668
— Martina → t 2 797
— Ralf, Dr. oec. habil → T 3 550
— Steffen → U 1 444
— Ulrich, Dr. → A 30
— Wolfgang, Dr. → E 207
— Wolfgang, Dr.oec. → F 122, f 138, R 287
Haasis, Heinrich → I 73
Haaske, Detlef → E 106
Haass, Elmar → M 13
— Gerhard → T 373
— Roland → G 97
— Wolf-Dieter, Prof. Dipl.-Ing. → T 464
Haavik jun., Sigurd → c 358
Habbe, Rainer Dipl.-Kfm. → f 734, r 158
Habbel, Franz-Reinhard → D 33
— Paul → E 138
Habeck, Roland → g 500, h 141
Habedank, Günther → U 1 886
Habel, Andreas → h 295
Haber, Bernhard Prof. Dr.-Ing. → T 424
— D. → iz h 342
— Günter, Dr. → U 427
— Wolfgang, Prof.Dr.Dr.h.c. → Q 128
Haberbeck, Manfred → U 268
Haberer, Johanna → u 2 237
Haberhauer, Norbert → T 3 406
Haberkorn → u 1 635
— Johann → g 706
— Martin → q 525
Haberl, Friedrich Karl Eugen → c 1 136
— Fritz → H 628
— Horst Gerhard, Prof. → T 658

Haberland, Detlef Dr. → S 1 220
— Dietrich, Dipl.-Ing. → U 99
— Heike, Dipl.-Päd. → R 950
Haberlandt, K. Prof. Dr. → t 1 500
Habermann → A 2
— Christoph → A 2
— Martin → B 331
Habermeyer, Willy Dr. → H 683
Habersaat, François → IZ G 187
Habersack, Oskar → g 210
Haberstock, W. Dr. → T 2 597
Haberstroh, Edmund Prof. Dr.-Ing. → T 1 819
Habex, M. → iz p 56
Habick, Margrit → T 2 714, t 2 731
Habig, Gutmann Dr. → f 646, f 650, f 663, IZ F 1 594, IZ F 1 601, T 1 156
— Karl-Heinz, Prof. Dr.-Ing. → A 341, T 1 172, T 1 764
Habig-Meier, Ursula → s 644
Hablé, E. → iz f 2 656
Habs, Michael Prof. Dr. → f 203
Hach, Friedrich Dr. → s 213
Hachenberg, Manfred → M 154
Hachtkemper, Christoph → T 614
Hack, Christoph Dr.-jur. → t 1 892
— Gerhard, Prof. Dr. → T 621
Hackel, Wolfgang → b 46
Hackenberg, Heide → S 1 233
— Lutz → S 1 233
— Werner, Dr.-Ing. → E 154
Hacker, Klaus-Dieter → G 100
— Paul → g 712
— Uwe → E 72
Hackert, Klaus → G 5, G 6, G 66
Hackländer, Karl → g 456
Hackler, Dieter → A 24, A 157
— Erhard → T 3 023
Hackmann, Gunther H. → IZ H 257
— Wilfried, Dr. → B 562
Hacks, Heinz-Jürgen → E 154, I 126
Haddad, Tijani → IZ S 678
Hadding, Ulrich Prof. Dr. med. → T 3 364
Haddon, John R. → iz I 37
de Hadeln, Moritz → O 181
Hader, Wolf-Jürgen Dipl.-Ing. → B 458
Haderer, Hans Dipl.-Ing. → S 950
Hadhazy, Agnes → iz r 177
Hadjidimitriou, Id → iz f 2 762
Hadjinicolaou, Elizabeth → iz n 16
Hadjiyianni, A. → iz f 2 163, iz f 2 164
Hadrian, Ulrich → iz g 69
Hadrys, Helmut Dr.-Ing. → T 994
Häber, Frank → P 61
Haeberle, Erwin J. Prof. Dr. Dr. → T 3 166
— Heinz, Prof.Dr. → Q 644
— Siegfried, Prof. Dr. → T 2 619
Häberli → iz f 759
— Martin → IZ F 550, IZ H 113, iz f 553
Häckel, Hartmut → b 160
— Helmut, Dr. → O 373
— Michael → c 1 114
Häcker, Gotthard → c 1 346
Hädener, Konrad Dr. → IZ L 1
Häder, Ute → u 1 403
Hädicke, A. Dr. → U 2 638
Hädrich, Hermann Werner → c 65
Häfele, Franz Dipl.-Kfm. → H 225
Haeffner, Alexander → H 223
— Anton → u 2 394
— Eckhard, Dr.-Ing. → L 26
Häfke, Udo Dr.-Ing. → U 188
Häfner, Dr. → A 22
— Bernd W. → U 3 020
von Haeften, Ursula → g 477
Häge, Kurt Prof. Dr.-Ing. → F 122
Hägele, Jürgen → I 46
— Rudolf, Dr. → E 41
Hägerbäumer, Hermann → U 1 897
Haegert, Helmut → E 328
Hägglöf, Wiola → c 420
Hägglund, B. → iz f 122
Hähle, Bernd Dr. → G 391, T 1 153
— Fritz, Dr. → O 403, U 2 045, u 2 060
Hählen, Peter Dr. → iz I 42
Hähn, Peter → g 608
Hähnlein, Jörg → s 642
Häkämies, Kari → iz b 64
Haekel, Dr. → S 1 056
Hämäläinen, Hannu → iz n 59
— Kari → iz t 501
— Pekka → iz f 2 494
— Sirkka → IZ I 5
Haemers, G. → IZ T 257
Hämmerle, Gerlinde → B 223
Hämmerlein, Hans Prof. Dr. → T 3 532, U 427
Hämmerling, Klaus-Peter Prof. Dipl.-Ing. → T 464
Haenchen, Peter → O 587
Händel, Heribert Dr. jur. → U 2 010, U 2 011

Fortsetzung nächste Spalte

Fortsetzung nächste Seite

Fortsetzung nächste Spalte

Fortsetzung nächste Seite

Herbison, Douglas → IZ F 2 683
Herbolzheimer, Peter → O 121
Herborn, Heidi → U 1 222
Herbrik, Richard Prof. Dr. → T 544
Herbst, Dr. → T 1 162
— Bruno → S 1 591
— Dietrich → C 1 174, E 287, E 489
— Ernst, Dr. → t 3 734
— Gerhard → r 406
— Haakon → IZ N 36
— Hilmar, Dr. med. → s 197
— Manfred, Dr. → T 3 364
— Michael → M 1 37.10
— Reimer, Dr. → k 366
— Thorsten → u 2 162
— Ute → R 626
— Wolfgang, Prof. Dr. → IZ U 705
Herbstritt, Norbert Dipl.-Volksw. → P 51
Herczeg-Köthy, Maria → E 711
Herdan, Thorsten → f 653, f 675
Herden, Carl-Heinrich → H 310, U 2 006
Herdlein, Hans → S 1 209, S 1 210
Herdzin, Karl-Heinz → g 151
Herfkens, Eveline Mr. → iz b 171
Herfs, John → O 704, s 81
Hergarten, Wolfgang Dr. → T 258
Herget, J. Dr. → t 1 541
— Mette → iz g 192
— Michael, Dr. → s 307
Hergett, Philipp → c 214
Hergl, Ben → o 28
— Walter → U 629
— Wolfgang, Dipl.-Ing. (FH) → T 1 146
Herholz, Sabine → S 1 253, S 1 274
Hering, Ekbert Prof. Dr. Dr. → T 393
— Gerald → H 276
— Klaus → F 1, f 8, R 1, r 8
— Kurt Georg, Dr. → S 229
Herion, Claude Dipl.-Volksw., Dipl.-Ing. (FH) → R 199
— Lieselotte → s 665
Héris, G. → iz f 1 772
Héritier, Adrienne Prof. Dr. → t 156
Herkel, Eberhard → u 1 854
Herkelmann, Friedrich-Wilhelm → IZ U 274
Herkert-Möldner, Barbara → u 1 184
Herkommer, Wilfried B. → u 2 528
Herl, Alexandra → E 258
Herlan, Thomas Dr.-Ing. → F 846, t 343
Herlt-Wolff, Claudia Dr. → U 1 993
Herman, Guido → iz u 590
Hermani, Ulrich P. → T 741
— Ulrich P., Dipl.-Volksw. → f 627
Hermann, Bernd Dipl.-Ing. → u 497
— Bernhard → O 324
— Franz → S 742
— Friedrich R. → iz f 101
— Gerhard → u 1 146
— Hans-Hendrik, Dr.-Ing. → U 2 944
— Jutta → s 456, t 2 769
— K.-J. → t 294
— Winfried → A 36
— Wolf-Dieter → q 550
— Wolfgang → G 67
— Wulf → E 223
Hermanns, Fritz → E 547
— Harry, Prof. Dr. → T 642
— Heinz, Dipl.-Kfm. Dr. → IZ U 36
— Marc, Dr. → s 542
— Rita → b 33
Hermans, J. → IZ F 69
— L., Drs. → iz b 173
Hermansen, Finn Dyrby → iz f 937
— Katrine → iz u 2 21.01
Hermel, Waldemar Prof. Dr. rer. nat. habil → t 218
— Wolf-Rainer → T 3 672
Hermelingmeier, Dr. → A 18
Hermer, Asnate → u 2 342
Hermes, Claus → O 628
— Ralf → k 164
Hermet, Gérard dr. → t 2 374
Hermle, Reinhard Dr. → U 1 993
Hermsen, Jean → O 271
— Willi → M 248
Hernandez, G. → iz g 70
— Juan Lao → iz f 548
— Manuel → iz f 549
— Thais → iz o 235
Hernandez Callejas, A. → iz f 2 692
Hernández-Marti, Juan Prof. Dr. → iz s 259
Hernaut, Kruno Dr.-Ing. → T 1 172
Hero, Jürgen → E 44
Herok, Erich → u 2 124
Herold, Alfred → U 965, u 972, u 995
— Claus-Dieter → S 1 470
— Hans Joachim → S 1 470

Fortsetzung nächste Spalte

Herold (Fortsetzung)
— Thomas, Dipl.-Volksw. → E 140, e 141, I 110
— W. → t 2 844
Herold-Lange, Heidi → s 429
Herold-Witzel, Ellen → O 191
Herpel, Dietrich → A 149
Herpertz, U. Dr.med. → T 2 658
Herr, Volkmar → e 82
Herra Rodriguez, Rafael Ángel Prof.Dr. → C 692
Herranz Fernandez, M. → iz h 283
Herre, Klaus → IZ U 38
Herreman, I. → IZ F 1 866, IZ F 2 282
Herrenbrück, Walter → u 2 254
Herrero, Raúl → iz u 7 03.20
Herrero Ugarte, Josê Miguel → iz q 98
Herresthal, Albert → U 2 570
Herret, Rainer Dr. → E 303
Herrlich, Michael Dr.-Ing. → T 2 644, T 3 785
Herrmann, Anni → U 2 768
— Bärbel → h 572
— Bodo J., Dr. → L 20
— Dieter, Dr. → T 858
— Dietmar → N 93
— Eberhard → O 393
— Ekkehard → R 534
— Elke → O 322
— Frank → g 286
— Friedrich R. → E 28, F 1 019
— Georges, Dipl.-Ing. → IZ T 942
— Gerald → Q 173
— Gerald A. → Q 191
— Gottfried → O 82
— Günter → E 691
— Hans-Georg → i 5
— Harald → A 2 89.10
— Harald, Prof. Dr. → T 2 444
— Hartmut, Dipl.-Ing. → S 974
— Heinz-Joachim → O 202
— Horst, Dipl.-Ing. → S 950
— Klaus → u 2 749
— Klaus, Dr. → Q 302, T 2 552
— Lutz → o 17
— Martin → S 1 107
— Michael → k 68, r 761
— Otto → t 2 857
— Peter → T 1 172
— R., Prof. Dr. → T 2 494
— Reinhold → T 1 356
— Renate, Dipl.-Hdl. → E 45
— Roland → C 291
— Th., Prof. Dr. → S 229
— Thomas, Prof. Dr. → T 3 310
— V. → S 1 539
— Wolfgang → g 505, g 580, h 146
— Wolfgang A., Prof. Dr.rer.nat.Dres.h.c. → T 745
— Wolfgang A., Prof. Dr.rer.nat. Dr.h.c.mult. → T 613
Herrmanns, Heinrich → U 1 224, u 2 258
Herrndorf, Dorothee → U 1 573
Herrnfeld, Hans-Holger Dr. → E 729
Herrtwich, Rolf-Guido Dr. → E 730
Herschelmann, Bodo Dr.-Ing. → U 122
Hertel, Bernhard Dr. → t 172
— Günther → c 1 274
— Herwig, Dr. → F 606
— Matthias → u 2 180
— P., Prof. Dr. → T 3 347
Herter → b 500
— E., Prof. Dipl.-Ing. → t 1 646
Herting, Andreas Dr. → E 185
— Cornelia → T 719
Hertle, Lothar Prof. Dr.med. → T 3 348
Hertlein, Hansmartin P. Dr.-Ing. → t 1 387
— Jürgen → T 3 781
Hertling, Cornelius Dipl.-Ing. → S 790
— Heinz → h 546
Hertrich, Prof. Dr. → t 1 441
— Helmut → f 55
Hertweck, Günter → B 769
Hertwig, Peter → u 2 365
Hertz, Thomas Dr. → E 65, E 235
— Ulrike → Q 236
Hertz-Eichenrode, Albrecht → I 91
Hertzberg, Hans-Jürgen → H 220, IZ H 46
Hertzfeldt, Eva → A 185
Hervieu, Jean-François → iz q 11
Herweck, Rudolf → A 24
Herweg, Eberhard → T 2 063
Herwig, Friedhelm → M 81
— H., Prof. Dr.-Ing. → t 1 424
— Rudolf, Dipl.-Volksw. → G 7, G 8, G 108, G 109
van Herwijnen, Elmert → IZ U 372
Herz, Dieter → U 2 519
— Hanns-Peter → t 2 992
— Josef, Prof. Dr. Dr. h.c. → T 491

Herzau, Harry → U 2 519
Herzberg, Hans Georg → IZ F 2 544
— Rainer → M 249
Herzer, Andreas → h 465
Herzig, Horst → g 722
Herzinger, Hans → u 2 753
— Silvia → s 149
Herzog, Alexander Prof. Dr. → s 325
— Bertram, Dr. → t 202
— Christiane → t 2 735, T 3 144
— H., Prof. Dr. → T 2 529
— Hans-Jürgen → G 43
— Jürgen, Dr. → T 710
— Peter → B 793, S 279
— Pnina → IZ U 212
— Roman, Prof. Dr. → T 2 111
— Sven, Dr. → T 2 612
— Werner, Dr. → t 1 103
— Wolfgang → g 727
Hes, F. E. → iz f 602
Hesch, R.-D. Prof. Dr.med. → t 1 539
— Susanne → O 57
Hesla, Egil Dr. → IZ U 258
von Hesler, Friedrich-Wilhelm Dr. → u 1 703
Hespeler, Ulrike → s 23
Hespers, Winfried → f 520, f 526
Hesping, Claudia → T 3 693
Heß, Prof. → T 3 707
— Christoph → q 229
— Dieter, Dr. → B 834
— Elizabeth → IZ T 887
— Eva-Maria, Dr. → t 2 392
— Frank, Prof. → T 667
— Gerhard → f 73, r 38
— Gerold, Dipl.-Volksw. → G 789
— Hans → g 167
— Hans, Dipl.-Ing. → f 177
— Hans-Jürgen → H 645
— Jose → IZ G 171
— Jürgen, Dr. → T 486
— Klaus A. → E 566
— Klaus-Peter, Ra → iz s 248
— Marga → U 1 015
— Martin, Dr. → k 370
— P., Prof. Dr.rer.nat. → t 1 489
— Rainer, Dr. jur. → S 139
— Volker, Dr.med. → T 3 268
— W., Prof. Dr. → T 3 593
Hesse → u 1 628, u 1 629
— Albrecht, Dr. → O 278
— Beate → A 24
— H., Dipl.-Ing. → T 2 022
— Hannes, Dr. → F 623, U 753
— Helga → m 23, m 172
— Kurt, Dr. → E 60
— Marlies → S 1 361
— Peter J. → c 848
— Robert → E 118
— Thierry → IZ O 244
— Uwe → IZ A 232
— Werner → U 375, U 397
— Wilhelm, Dipl.-Ing. → F 262
— Willy → G 29
— Wolfgang → A 24, g 150, S 1 075
Hessel, Bettina Dipl.oec.troph. → F 371
— Rainer → T 3 533
Hesselbach, Jürgen Prof. Dr.-Ing. → t 1 178
Hesselmann, Gerd → iz n 47, N 276
von Hessen, Moritz → T 1 808
Hessenauer, Wolfgang → u 876
Hesske, Frank → iz a 117
Heßland, F. Dr. → q 221, q 224
Hesslinger, S. Prof. Dr.-Ing. → t 1 578
Hestehave, G. → iz f 72, iz f 441, iz f 2 306
Hetke, Erhard Dipl.-Ing. → f 955, f 988
Hetsch, Jörg → E 359
Hett, Hans-Jürgen Dr. → U 337, U 367
Hettche, Hermann Prof. Dr. → T 533
Hettenbach, Fritz → E 11
Hetterich, Volker → P 34
Hettich, Hugo Dipl.-Kfm. → R 280
— Peter → T 1 045
— Rolf → f 531
Hettinger, Jürgen → i 7
— Ulrich → R 537
Hettmer, O. Dipl.-Kfm. (T.O.) → t 1 704
Hettrich, Albert → b 146
Hetyey, Sándor → iz s 285
Hetz, Hartmut → K 279, K 280
Hetzel, Eckhard → M 14
Hetzer, K. → IZ F 2 489
Hetzner, Eberhard Dipl.-Volksw. → IZ Q 162, Q 322
Heubach, Günter → Q 476
Heubaum, Horst Dr. → C 504
Heubeck, K. → iz s 24
— Klaus, Prof. Dr. → K 385
Heubel, Eleonore → U 1 016
Heuberger, Anton Prof. Dr. → t 191

— Wolfgang → s 467
Heubisch, Wolfgang Dr. → S 257
Heubl, Walter → c 676
Heublein, Max → h 166
Heuboth, Peter Dipl.-Vw. → U 146
Heubuch, Maria → Q 63
Heuck, Dr. → B 398
Heuer, Kerstin → T 1 236
— Klaus, Dr. → T 3 501
— Michaela → e 630
Heuft, Gereon Prof. Dr. med. → T 3 308
Heukäufer, Norbert → r 1 030
Heuke, Joachim → f 734, r 158
Heukeroth, Uwe Dr. → U 98
Heuking, Werner → s 371
Heumann, Lucas Dr. → f 555, f 568, f 570, f 573
— Peter → e 533
Heunisch, Michael Dr.-Ing. → s 983
— Wolfgang, Dipl.-Ing. → f 525
Heusch-Lahl, Renate → D 122
Heusel, Volkmar → K 329
— Wolfgang, Dr. → IZ T 818
Heuser, Eckhard Dipl.-Ing. agr. → Q 322, Q 328
— Edith, Dipl.-Ing. → s 880
— Hans-U. → s 1 350
— Joachim, Dr. → t 2 400
— Karl-Ludwig → h 126
— M. P., Prof. Dr. → T 3 263
Heuss, Beat → c 1 192
Heußen, Eduard → B 26
Heuvelmans, Henk → IZ O 7
Heuver, H. → iz f 1 382
Heuwing, Magdalena Dr. → S 60
Hevemeyer, Petra → S 786
Hew, F. Dr. oec. → iz n 33
Heward, Kay → iz u 244
Hewel, Brigitte Prof. Dr. → T 2 248
Hewig, Dirk Dr. → U 2 922
Hewlett, P. → iz t 373
Hexemer, Hans-Peter → b 142
Hey, Otto → f 466
— Wolfgang → U 334
Heyd, Alexander → Q 507
— Irmgard → O 589
— Ulli → S 1 187
Meyer auf der Heyde, Achim → T 4 088
Heyde, Peter → E 99
von Heydebreck, Hans Georg Dr. → E 734
Heydebreck, Peter → IZ T 242, iz t 245
— Tessen, Dr. → R 1, R 33
Heyden, Helmut Dr. → A 20
von Heyden, Wedig → A 30
— Wolfgang → T 2 756
Heye, Horst-Dieter → B 713
— Uwe-Karsten → A 6
Heyer, Frido → H 233, U 534
— Gerhard → H 115
— Horst → B 667
— Jürgen, Dr. → b 174
— Jutta → H 610, H 611
— Thorsten → S 1 471
Heyerick, Marc → IZ Q 48
Heyken, Eberhard Dr. → C 502
von Heyl, Friedrich Dr. → H 694
Heyl, Karin → T 746
— Ludwig C., Dr. → q 53, Q 59
Heymann, Barbara → A 154
— Thomas → T 879
Heymans, J. → iz f 440, IZ F 1 556
Heymer, Guido → C 338
Heyn, Hartmut Dr. → T 2 033
— Horst → T 373
— Klaus → U 2 964
— Thomas → S 1 323
— Wolfgang, Dipl.-Forstw. → q 275
Heyne, Christa → s 397
— Jürgen → G 12, G 13, G 96
— Kristin → A 40, A 41
— Lothar, Prof. Dipl.-Ing. → F 274
— Wolfram → T 3 744, T 3 745
Heynen, Dr. → A 18
Heynold, Christian → iz a 38
Heyrman, Carl → iz k 45
Heyser, Sylvia Dr. → s 14
van Heyst → A 22
Heyworth, Frank → T 799
Hibben, Fritz → g 248
Hicke, Martin Dr.med. → T 3 852
Hickel, R. Prof. Dr. → T 3 191
Hickmann, Achim → U 1 870
Hickstein, Dieter → f 326
van der Hidde, Roeland → iz s 45
Hieb, Norbert → U 538
Hieber, Günther → U 795
— Uwe → T 2 483
Hiebert, Bryan Dr. → IZ T 962
Hieckmann, Klaus Dr. → E 214

—Joachim, Dr. → E 376
Hölzlein, Manfred → d 154
Hömme, Frank Dipl.-Geogr. → s 1 502
Hönemann, Wolfgang Dr. → R 167
Hoenen, Rolf-Peter → E 43, K 1, K 23
Hönes, Hannegret → Q 453
Höng, Franz → R 666
Hönig, Myriam → t 87
Hönn, Günther Prof. Dr.jur. → T 662
—Wolfgang → E 235
Hönnighausen, Lothar Prof.Dr. → E 547
Hönninger, Ina → Q 644
Höper, Friedhelm → u 803
—Gerhard → k 232
Höpfl, Reinhard Prof. Dr. → T 445
Hoepfner, Friedrich Georg Dr. → T 2 483
—Ulrich, Dr. Dipl.-Chem. → Q 612
Höpken, Heinrich → S 919
Höpker, Wolf Dr.med. → s 17
Hoepli, Ulrico → IZ O 80
Höpner, Hans-Erich → r 300
Höppner, Klaus Dr. → Q 539
—Michael, Dipl.-Volksw. → E 91, e 93
—Reinhard, Dr. → A 40, B 164
—Rolf-Roger, Dipl.-Vw. → iz s 248
Höptner, N. Prof. Dr.-Ing. → t 1 590
—Norbert, Prof. Dr.-Ing. → T 641
Hörauf, Harold → l 103
Hörbelt, Franz-Josef → P 51
Höring, Dieter → g 780
Hörl, Eduard → h 624
—Henner, Dr. → H 645, T 1 961
—W. H., Prof. Dr. med. Dr. rer. nat. → T 3 280
Hörmann, Axel Dipl.-Kfm. → t 179
—Georg, Prof. Dr. Dr.med. Dipl.-Psych. → IZ T 732
—Günter, Dr. → u 1 145
—Joachim, Dipl.-Betriebsw. → u 597
—Karl, Prof. Dr. Dr. → U 2 769
—Karlheinz → m 66
—Thomas → U 623, U 651
Hörner, Bernd → H 186, h 193
—Dieter → N 162
—Fritz → S 230
—Volker → s 775
Hoernes, Stephan Prof. Dr. → T 1 308
Hörning, Karl H. Prof. Dr. → t 2 253
—Mathias, Dipl.-oec. → m 69, m 165
—Mathias, Dipl.-Ökonom → m 53, m 166
Hörnlein, Siegfried Dr. → g 420
Hörpel, Norbert → T 618
Hörrmann, Joachim Dipl.-Betriebsw. → F 92, g 164, S 1 535, U 530
—Siegfried → u 1 337
Hoersch, Eberhard → U 1 533
—Elisabeth → U 1 172
Hörschgen, H. Prof. Dr. → t 1 650
Hörster, Franz → g 186, g 187, g 188, g 269
—Gerhard → O 385
—Joachim → A 40, U 2 571
Hörtelmann, Horst J. → c 1 116
Hörter, Fritz → O 88
—Michael → u 1 063
Hörtig, W. Dr. → B 546
Hörtler, Otto → u 1 004
Hörtreiter → u 1 628
—Frank → U 1 877
von Hoesch, Hans Leo → U 1 875
Hoesch, Heidegert → u 2 786
Höschele, Peter Dr. → u 2 823
Hösel, Gerhard → g 465, h 636
Höss, Hans-Peter → G 639
—Quirin → l 74
von Hoessle → A 8
Höthker, Stefan Dr. med. → t 2 997
Hötker, Hermann Dr. → Q 506
Höttler, Rainer Dr. → U 2 498
Hötzel, Hans-Joachim Prof. Dr. → T 3 437
Hövelbernd, Erhard Dipl.-Volksw. → E 117
Hövelmann, Lothar Dr. → T 2 508
van der Hoeven, P. → IZ F 1 465, IZ F 1 694, IZ F 2 279, IZ F 2 303
van den Hoeven, Pieter → IZ F 479
Hoevenaar, C. → iz f 2 538
—C. A. → IZ F 326
Höver, Ekkehard → u 1 786
Hof, H. Prof. Dr. → T 3 278
—Kerstin → U 2 934
—Susanne, Dr. → iz s 208
Hofacker, Werner Prof. Dr.-Ing. → T 429
Hofäcker, W. Dr. → T 2 535
von Hofe, Detlef Prof. Dr.-Ing. → iz g 57, T 1 369, t 1 943
vom Hofe, Mark → Q 382, Q 611
von Hofen, Florian → S 1 335
Hofer, André → iz o 179
—Ch. → K 2

Fortsetzung nächste Spalte

Hofer (Fortsetzung)
—Daniela → Q 481
—Franz-Joachim → s 496
—Fritz → T 3 716
—Michael T. → o 603
—Peter → h 751
—Urs → iz f 587
Hoferichter, Horst → U 963, U 965
Hoff, Dieter Dr. → O 325
—Magdalene → IZ U 536, T 2 208, U 2 600
—Marlies → s 818
von Hoff, Siegfried Dr. → H 2, H 21, h 49
Hoffacker, Wolfgang Dr. → H 628
Hofferberth, Ina → s 362
Hoffman, George C. Dr. → IZ T 814
Hoffmann → g 555, u 1 638
—Alfred, Dr. → S 508
—Andreas → s 149
—Barbara → T 2 109
—Bernhard → T 2 636
—Christian → e 538
—Christine → U 332
—D., Prof. Dr. → T 2 536
—Dieter → r 765
—E. → IZ F 578
—E., Dipl.-Ing. → T 386
—Eberhard → f 710
—Eberhard, Dipl.-Betriebsw. → F 223
—Elisabeth, Dr. → T 431
—Ellen → T 3 863
—Gabriele → K 1
—Gerd → e 619, r 734
—Gerlinde → Q 357
—Günter → U 763
—Günther → o 655
—Günther H. → c 560
—H., Dipl.-Ing. (FH) → t 1 691
—Hajo → D 2, D 123, D 218, U 296, u 1 834
—Hans → k 210
—Hans A. → U 533
—Hans-Detlef, Dr. → U 1 396
—Hans-Josef, Dipl.-Kfm. → u 901
—Harald, Prof. Dr.rer.nat. → T 597
—Hartmut, Dr. → U 1 323
—Hartmut, Prof. → T 666
—Heinz → g 276, g 433, g 626, g 659
—Heinz-Ulrich → L 60, L 61
—Helmut → E 67, S 728
—Helmut, Dr. → E 743
—Herbert → N 151, U 77, U 98
—Hermann, Prof.Dr.Dr.med. → S 168
—Hilmar, Prof. → S 1 215
—Hilmar, Prof. Dr.h.c. → T 819
—Hilmar, Prof.Dr.h.c.mult. → U 2 773
—Horst → k 222
—Horst, Dr. → E 146
—Jörg → k 148
—J.P. → iz t 460
—Jürgen → r 780, U 561
—Jürgen, Prof. → T 667
—Karl-Friedrich, Dr. → T 1 282
—Karl-Heinz → T 780
—Kathrin → D 125
—Klaus → O 54, O 573, O 592
—Klaus, Dipl.-Ing. → U 237
—Klaus-Dieter → t 2 953
—M. → U 2 021
—Manfred → E 305
—Matthias → F 593, f 594
—Michaela → T 2 772
—Peter, Dipl.-Betriebsw. → m 7
—Rainer, Dr. → T 1 849
—Reiner, Dr. → IZ R 199
—Reinhard → u 1 709
—Reinhard, Prof. Dr. → B 48
—Roland → u 2 260
—Roland J., Dr. → u 1 010
—Romana → q 58, R 95
—Ulrich, Dipl.-Ing. → f 129
—Ulrich, Dr. → m 121, M 206
—Volker, Prof. Dr. → T 2 523
—Walter, Prof. Dr. → T 662
—Wolfgang → U 918, u 923
—Wolfram → E 402
Hoffmann-Bayer, Michael → U 1 896
Hoffmann-Goldmayer, Achim Dr.med. → s 159
Hoffmann-Müller, Eva → E 459
Hoffmann-Riem, Ulrike → B 333
—Wolfgang, Prof. Dr. → T 1 837, t 2 281
Hoffmeister, Jürgen → O 717
—Ulrich, Dr. → E 109
Hoffmeyer, Dieter Dr. med. → s 72
Hoffmüller, Joachim → S 797
Hoffschulte, Heinrich Dr. → IZ U 20, u 2 988
Hoffstädt, Angelika → N 144
Hoffstetter, Helmuth → T 579
Hofinger, Dr. → iz p 60
Hofius, Prof. Dr. → A 305

Hofkens, Frans → iz q 3
Hofland, E. → c 1 043
Hofman Laursen, Niels → iz e 5
Hofmann, Dr. → A 32
—Albrecht W., Prof. Dr. → t 106
—Andreas → g 331
—Birgit → Q 339
—D., Prof. Dr.-Ing. → t 1 516
—Elfriede → u 979
—Frank → Q 662
—Friedrich-Wilhelm, Dr. → c 749
—Fritz, Dr. → T 2 208
—Gerd Guido, Dr. med. → S 136
—Hanns, Dr. → h 467, T 3 854, U 545
—Hans → q 104
—Heinrich, Prof. → iz t 485
—Heinz → M 226
—Hermann → U 2 130
—Jan Eric → U 1 452
—Klaus → s 347
—Manfred, Dr. → E 185
—Mischa → R 597
—N., Dr. → t 1 671
—Norbert → N 126
—Olaf, Dr. → g 169, g 170
—Rafael → D 105
—Rainer, Prof. Dr. Dr. → T 3 517
—Regina → s 1 588
—Reiner, Dr. → T 2 618
—Roland → r 391
—Rolf → E 171, H 2, u 1 700
—Samy → c 759
—Sigrid → S 1 077
—Thomas, Dr. rer.nat. habil → T 2 457
—Ulrike → g 609
—Werner, Prof. Dr. → t 123
—Wilfried → S 410, s 419
Hofmann-Göttig, Joachim Dr. → b 139
Hofmann-v. Kap-herr, S. Prof. Dr. → T 3 254
Hofmann-Weiß, Claudia → U 1 448
Hofmeier, Rolf Dr. → t 2 198
Hofmeister, K.D. → f 602
Hofner, Lothar → B 301
Hofrichter, Hartmut Prof. Dr. → T 545
Hofschlaeger, Stephanie → U 1 451
Hofschulte, Benno → U 2 703
—H.-Joachim, Dr.med.dent. → IZ S 528
Hofsommer, Hans-Jürgen Dr. → T 2 504
Hofstätter, Andrea Dipl.-Ing. → Q 451
Hofstede, Manfred → s 665, s 670
Hofstetter, Rolf Dr. → C 38
Hofvander, Bodil → iz s 178
Hogeforster, Jürgen Dr. → G 11, G 59, T 1 047
Hogen, Kensaku → IZ V 1
Hoggett, Ken → IZ M 219
Hogrefe → A 22
Monforts von Hohe, Clemens-August → E 165
Hoheisel, Karl-Heinz → G 111
—W., Prof. Dr.-Ing. → t 1 529
Hohendorf, Ulrich → R 514
von Hohenhau, Rolf → u 892
Hohenleitner, Isolde → U 811
Fürst zu Hohenlohe-Bartenstein, Ferdinand → u 1 725
Prinz zu Hohenlohe-Oehringen, Kraft-Alexander → e 633
Hohenstein, Helmut Dr. → T 1 780
Hohenwarter, Rainer Dipl.-Kfm. → f 950, f 982, t 1 996, t 2 005
Prinz von Hohenzollern, Johann Georg Dr. → T 751
Hohl, Hermann → Q 277
Hohlmeier, Monika → b 19, T 734, t 2 991, U 2 130
Hohloch, Gerhard Prof. Dr. → T 3 448
—Winfried, Dipl.-Kfm. → T 2 203
Hohmann, Beate → E 72
—Dietrich → d 222
—Eckart → B 318
—Elmar → F 787
—H.S. → IZ F 1 350
Hohmuth, Egbert-Ulf → U 1 868
von Hohnhorst, Martin → b 150
Hohrath, Frank C. → n 22
Hoidn, Barbara Dipl.-Ing. → U 1 178
Hoikkala, V. → IZ F 859
Hoischen, Engelbert → s 420
Holatka, Sonja → T 249
Holbach, Hans → T 602
Holbein, R. Prof. Dr.-Ing. → t 1 401
Holder, Burkhard → IZ L 122
—P., Dipl.-Phys. → T 1 245
Holderbaum, Klaus → C 488
Holderried, Hansjörg → E 44, F 238, f 241
—Siegbert, Dipl.-Ing. → S 964
Holdmann, Jochen → b 21
Hole, Günter Prof. Dr. med. → T 2 786

Holemanns, Christoph → T 1 971, t 1 979
Holik, Wiltrud → C 4
Holinski-Wegerich, Karin Dr. → t 2 901, u 1 594
van Holk, Bart → IZ Q 257
Holl, Edeltraud → m 48
—Heinz-Eberhard → N 144
—Helmut, Dr. → b 105, B 210
—Norbert-Heinrich, Dr. → C 303
—Peter, Dipl.-Betriebsw. (FH) → B 266
—Thomas, Dr. → s 487
—Uwe → E 389, E 547
Holländer, Andreas Dr. → t 215
Holland, Gerhard Dr. → c 952
—Helga → s 82
—Ingo, Dr. → e 169
Holland-Letz, Klaus Dr.rer.nat. → T 1 293, T 2 027
Hollas, David → IZ K 50
Holler, Wolfgang → e 537
Holley, Wolfgang Dr.-Ing. → t 236
Hollinger, Christoph Dr. → S 316
—Roswitha → B 339, q 521
Hollingsworth, Anthony → IZ T 633
Hollmann, Helmut → F 1 015
—Herbert → Q 650
—Jörg → d 216
—Otto-Kurt → F 119
—Wildor, Prof. Dr. med.h.c. → T 3 318
Hollrotter, Rosemarie → S 999
Holls, Robert → iz f 180
Hollunder, Gerda → O 290
Hollweg, Klaus → c 1 178
Holm, Gisela → t 3 125
—Kai → IZ U 493
—P., Dipl.-Ing. → t 345
—Peter, Dipl.-Ing. → t 3 575
—Peter H., Dipl.-Ing. → E 126
Holmberg, Jimmie → IZ G 149
Holmblad, J.E. → iz t 451
Holme, Ernst Dipl.-Ing. → E 41
Holmer, Lars Åke → IZ F 2 531
Holmes, Anthony S. → IZ T 494
—Frances → IZ F 578
—Kenneth C., Prof. Dr. → t 132
—Leslie, Prof. → IZ T 874
Holmgren, Dag → IZ S 652
Holmqvist, G. → iz f 2 319
—L. → iz f 2 359
Holsaae, Lars → iz s 1 14.27
—Lars, Dr. → IZ T 812
Holst, Klaus Ewald Dr. → c 1 072
—M. → iz t 323
Holstein, Christian → g 197, k 215
—Sabine → U 541
—Stefan → u 2 511
Holstein Campilho, Manuel → iz q 94
Holt, D. Tim → IZ T 231
—Elizabeth → iz a 61
Holtappels, Klaus → h 103
Holter, Helmut → b 96, u 2 174
gr. Holthaus, Günter → u 1 720
Holthaus, Walter → U 37
Holthausen, Hans-Jochen → F 369
—Hubert → T 4 015
Holthe, Christian → iz g 65
Holthoff-Pförtner, Stephan J. Dr. → IZ U 374, U 2 500
Holthusen, Kurt → H 196, h 197
Holtkamp, Fredrick → B 298
—Hans-Rudolf → U 333
—Marion → E 439
Holtmann, Claus → O 590
—Claus-Friedrich → l 67
—Wilhelm → E 146
Holtmannspötter, Heinrich Dipl.-Soz. → U 1 813
Holtmeyer, Günther Dr.rer.nat. → t 349
Holton, Donald → IZ l 125
Holtschmidt, Ralf Dr. → k 210, k 225
—Walther, Dipl.-Ing. → s 1 046
Holtschneider, Rainer Dr. → b 169
Holtz, Axel Dr. → s 7
—Heino → T 2 975
—Kay → R 663
—Uwe, Prof. Dr. → U 1 991
Holtz-Bacha, Christina Prof. Dr. → T 3 618
Holuscha, Hanne → N 126
Holz, Achim → b 541
—Helmut K. → c 849
—Wolfgang → U 245
—Wolfgang, Dr.med. → s 187
Holzapfel, Ernst-Albert → F 837, f 1 000
von Holzapfel, Hans-Edgar → P 7
—J., Dipl.-Ing. → t 316
—Jürgen → F 604
—Winfried, Dr. → T 2 330
Holzbaur, U. Prof. Dr. → t 1 395
Holze, Dietrich Dr.-Ing. → l 45

Fortsetzung nächste Spalte

Jacob-Wiemann, Eva → s 406
Jacobi, Alfred → g 765
— Hans Joachim → c 1 061
— Helmut → f 972
— Klaus, Dipl.-Kfm. → F 976
— Michael → O 403
— Peter → U 2 737, u 2 741
— Peter, Dr. → k 372, U 4
— Reinhold, Dr. → T 3 833, u 2 289, U 2 320, U 2 321
— Rolf → h 568
Jacobmeyer, Lothar → IZ F 313
Jacobs, Alexandra → U 2 696
— An Jo → iz u 220
— A. W. M. → iz f 2 537
— Bernhard, Dipl.-Soz. Wiss. → S 1 017
— Britta, Dipl.-Päd. → T 2 651
— Francis G. → IZ A 224
— Georges → IZ F 2 059
— Hans-Henning → E 216
— Howard → iz h 4 26.20
— Jean-Pierre → iz f 2 546
— Marie-Josée → iz b 157, iz b 162
— Sarah → iz f 2 133
— T. → iz f 2 745
— Wilfried → k 89
— Wolfgang → S 696
Jacobsen, Frank → K 281
— Hans-Jörg, Prof. Dr. → T 901
— Niels → iz f 1 697
— Propst Viggo → E 417
— Uwe-Jens → s 415
— Wolfgang → O 180
Jacobson, Asa áDul → c 101
Jacobsson, B. → iz q 143, iz q 158
Jacoby, Hans-Joachim → u 769
— Peter → A 40, b 144
Jacov, B. → iz f 2 653
Jacquemin, Pierre → IZ M 36
Jacques, G. → iz f 2 345
— Gérard → iz f 2 399
— Pierre → iz f 154
Jacquier, B. → iz f 1 704
Jacubowsky, Kurt → g 707
Jaeck, Horst-Joachim Prof. Dr. → T 539
Jäckel, Günther Dipl.-oec. → H 621
— Jens → T 4 061
— Joachim → H 536
— Ralf → T 3 644, t 3 652
— Roger → k 167, k 186
Jäcker, Andreas Dr. → F 1 025
Jäckle, Ernst A. Dipl.-Betriebsw. → h 344, h 420
— Ernst A., Dipl.-Betriebswirt → H 318
— Herbert, Prof. Dr. → t 107
— Thomas, Dr. → s 67
Jägeler, H. → E 720
Jägemann, Hans Dr. → U 2 393
Jäger, Alfred Prof. Dr. → T 420
— Bettina → s 160
— Christine → q 610
— Cl. → M 214
— Claus → u 2 137
— Dirk, Dipl.-Kfm. → I 64
— E., Prof. Dr.rer.nat. → t 1 688, IZ T 318
— Fritz, Dipl.-Kfm. → E 146
— German → E 691
— Gottfried, Prof. → T 1 331
— Hans, Dr. → K 1
— Hans-Jürgen, Prof. Dr. → T 923
— Helmut → F 844
— Herbert → H 17
— Hubert → g 345
— Josef → iz s 1 17.24
— Kerstin, Dr. med. → s 189
— Knut → U 525
— Marc → iz a 225
— Marianne → T 2 124
— Michael → R 123
— Reinhold → U 398, u 500
— Rudolf → g 463, H 628, h 634
— Tilo, Dr. → F 593
— U., Prof. Dr. → t 1 501
— W., Prof. Dr. → T 2 017
— Walter, Prof. Dr. → S 1 059
— Wilfried, Dipl.-Kfm., Dipl.-Ing. → T 2 030
— Willi, Prof. Dr. → T 859
— Wolfgang → q 23, q 41, r 492, R 500
— Wolfgang, Prof. Dr. Dr.h.c. → T 486
Jägering, Marlies → U 1 758
Jägers, Volker Dipl.-Ing. → e 431
de Jaegher, Jean → IZ F 411
Jägle, Karl → e 51
Jaehne, Günter Dr. → E 410
— Hans-Joachim, Dr. → f 328
Jähner, Ute Dr. → E 207
Jähnig, Bernhart Dr. → U 2 577
Jähning, Janna → E 665
Jähnke, Burkhard Dr. → A 346
Jaekel, August → c 1 241
— Burkhard → Q 607, q 609
— Dieter → g 666
— Hans Karl, Dr. → T 2 648
— Matthias → K 332
Jämsä, H. → iz f 1 224
Jaenecke, Joachim Dr. → IZ T 892
Jänicke, Karl-Ludwig → S 714
— Martin, Prof. Dr. → T 2 107
Jänisch, Günther → U 2 525
Jänschke, Hans-Josef → G 103
Järvenpää, Olavi → iz s 414
Järventausta, Marja Prof. Dr. → E 443
Järvinen, Oula → iz s 699
Jaeschke, Burkhardt Dr. → R 817
— Eberhard, Prof. Dr. → t 169
— Meinhard → k 228
— Reinhard → o 50
Jaffke, Susanne → U 1 011
Jagdt, Reinhard L. → c 662
Jagemann, Hans-Ulrich → g 395
Jagenlauf, Arnulf Dr. → r 108
Jagenow, Angela → u 1 212
Jagla, Beate → T 2 918
Jagoda, Bernhard → K 361
Jagodzinski, Wolfgang Prof. Dr. → t 2 294, t 2 300, T 2 331
v. Jagow, Arnold → G 83
von Jagow, Peter → C 274
Jagsch, Karl Dipl.-Ing. → s 934
— Rudolf → B 370
Jagst, Peter → R 701
van der Jagt, J. J. → iz f 627
Jahn, Andreas → D 69
— Arnold → F 380
— Axel, Dr.-Ing. → T 864
— Beatrice, Dr. → f 341
— Bernd-Uwe, Dr. → T 1 236
— Detlef → T 684
— Friedrich-Adolf, Dr. → U 813
— Gerd → g 541
— Hajo → o 331
— Hans-Peter → O 324
— Jochen → s 437
— Just, Dipl.-Ing. (FH) → f 772
— Karin, Dr. → t 303
— Klaus → F 692
— Klaus, Dipl.-Braum. → t 928
— Margitta → r 456
— Rainer → H 259
— Rainer, Dipl.-Ing. (FH) → t 1 109
— Rainer H. → E 291
— Ralf, Dr. → E 63
— Rudolf → g 135
Jahn-Zöhrens, Ursula → s 86
Jahncke, Friedrich → U 2 525
Jahnen, Andrea Dr. → S 1 573
Jahner, Rolf Dipl.-Ing. → s 827
Jahnke, Hans-Peter → U 931
— Klaus, Prof. Dr. → T 3 241
Jahns, Gerhard Dr.-Ing. → IZ T 648
Jahr, Torsten → U 1 452
Jahreiß, Hans Dr. → T 1 712
Jaintsch, Gudrun → S 970
Jaissle, Jürgen → O 264
Jaitner, Siegfried → s 158
Jakhelln, Carl Johan → c 366
Jakob, Bernd Dr. → U 198
— Carl → h 594
— Christine, Dr. → T 3 011
— G. E., Prof. Dipl.-Vw. → t 1 509
— Karl Friedrich → F 142
— Karl Friedrich, Dr. → E 149
— Karl Friedrich, Dr.rer.nat. → F 122, f 125
Jakobi, Ingolf → G 301
— Peter, Dr. → u 1 311
Jakobiak, Günter → k 247
Jakobitz, Volker Dipl.-Kfm. → E 62, H 315, H 319
Jakobowicz, Jean Michel → IZ V 11
Jakobs, Franz → Q 259
— Helmut → T 1 350
— Jann → D 117
— Rainer, Dr.-Ing. → T 1 235
Jakobson, Hans-Peter → U 2 955
Jakoby, Manfred → B 324
— Richard, Prof. Dr. → T 757
Jakovac, V. → iz f 722
Jakubiak, Michael → U 1 843
Jakubowski, Klaus → S 622
Jakwerth, Erwin C. Dipl.-Ing. → S 576
Jaldeland, Jan → c 426
Jallade, Jean-Pierre → IZ T 952
de Jamblinne, Bénédicte → IZ U 262
James, Brian → IZ F 610
— David → iz u 222
— Meril → IZ T 515
— Terrence → IZ A 227
Jamieson, Ian → iz f 1 460
Jammers, Heinz Dipl.-Betriebsw. → E 149
Jamshed, Jamrad Dr. → c 599
Jan, Françoise → IZ U 265
Janatuinen, Aila → iz f 302
Jancik, Erich → iz s 411
Jandečka, M. → iz f 1 388
Jander, André → r 751
Janeczek, Renate → u 1 153
Janert, Wolf-Rüdiger Dr. → r 557
Janescko, M. Dr. → IZ S 184
Janetzki, Heinz → U 124
Janezic, Günther → IZ O 248
Jani, Lutz Prof. Dr. med. → T 3 289
Janicki → A 28
Janik, Hans-Joachim Dipl.-Päd. → T 3 580
— Jan → iz m 24
— Stefan → IZ U 494
Janisch, Günther Dipl.-Ing. → B 426
Janiurek, Ingeburg → g 496, h 138
Jank, Dagmar Prof. Dr. → T 642
Janka, Hans-Uwe Prof. Dr. → t 3 228
Janke, Jens Dipl.-Ing. → F 689
Janknecht, Hans Dr. → B 776
Jann, Peter → IZ A 224
Jannoni-Sebastianini, Riccardo → IZ Q 102
Jannsen, Karl-Heinz → G 301, g 315, k 164
— Sigrid, Prof. → iz l 123
— Sigrid, Prof. Dr. → T 1 380
Janocha, Peter Dr. → e 531
Janowski, Hans Norbert → O 478, u 2 276
Janschek, Klaus H. Dipl.-Kfm. → c 1 098
Jansen, Andre → M 255
— Bernd → T 3 953
— Christoph → F 264
— H.-D., Dr.-Ing. → T 2 465
— Herbert → h 708
— Herbert, Dr.-Ing. → T 1 158
— Holger → T 3 559, u 1 136
— Jan → IZ U 710
— Jens-Uwe → H 435
— Jürgen → B 736
— Michel → IZ H 308
— Monika → T 416
— Rainer → N 276, T 2 549
— Reinhard → O 20, o 21, o 52
— Rolf, Prof. Dr. → t 356
— Rolf, Prof. Dr.-Ing. → U 2 944
— Thomas → E 457
— Werner → c 423
Jansen-Tang, Doris Dr. → A 24
Jansing, Harry Dr. → s 1 558
— Jürgen → H 230
Janson, Peter → G 789
— Walter → O 324
— Wendelin, Dr. → S 337
Janssen, Albert Prof. Dr. → B 336
— Antje, Dipl.-Ing. → s 1 122
— Arnold → S 741
— Bernd, Dipl.-Kfm. → s 639
— Bernhard → k 84
— Dieter → s 513
— Enno, Dr. → T 2 641
— F., Prof. Dr. → T 2 355
— Folker → U 2 386
— Friedrich, Dr. → T 2 098
— Georg → Q 63, s 1 092
— Gerd → T 2 618
— Gregor, Dipl.-Ing. → s 890, S 966
— Harro → u 2 137
— Heinz-Josef → U 1 698
— Horst Werner → M 212
— Jann-Peter → A 36
— Oswald → u 2 589
— Paul L., Prof. Dr. med. → T 3 308
— Sabina, Dipl.-Vw. → E 160
— Tony → IZ R 181
— Wilhelm, Prof. Dr. → T 3 658
Janssens, Marc → iz s 1 14.25
— Marc, Dr. → IZ T 812
— Paul → IZ U 387
— William → IZ T 792
Jansson, Lasse → iz f 157
— Logi Krist → iz s 510
Jantschik, Manfred → f 603
Jantzen, Karl-Heinz → T 3 589
— Olaf → U 1 469
— Reinhold → c 208
Jantzer, Michael → IZ F 2 517
Janus, Horst Dr. → T 2 624
Jany, Peter Prof. Dr.-Ing. → T 700
Janz, Ilse → A 67
— Karsten → K 302
— Ute → u 2 382
Janzen, Dietrich Dipl.-Volksw. → e 224
— Wolf-Rüdiger → E 219
Janzen-Jolly, Marie-France → K 37
Janzen-Verhoek, Anneke → iz m 95
Janzer, Hartmut → K 336
Japisson, Teemu → iz u 2 21.03
Jaquemod, Gerd → h 106
Jaques-Zurner, Richard D. → IZ O 264
Jarchow, Gerd → iz a 129
— Rainer → T 2 648
Jarefors, Bengt G. → iz f 146
Jarillo, Raquel → T 3 681
Jarke, Matthias Prof. Dr. → T 1 361
Jarlsson, H. → iz f 2 749
Jarman, Gloria → IZ U 102
Jarmatz, Heinz Dr. → S 207, s 216
Jarosch, Herbert → T 689
Jaroschka, Walter Prof. Dr. → u 1 008
Jarren, Otfried Prof. Dr. → T 1 837, t 2 281
Jarry, Bruno → IZ F 86
Jarzembowski, Georg Dr. → u 2 984
Jaschek, Christamaria → T 3 516
Jaschinski, Siegfried Dr. → c 1 019, E 235, I 12
Jaschke, Dieter Prof. Dr. → T 1 123
Jaschkowski, Frank → s 357
Jašić, Zoran Prof. Dr. → C 928
v. Jasienicki, Erast → s 1 204
Jaskulke, Gerhard Dr. → f 315
Jaskulsky, Hans Prof. Dr. → IZ O 14
Jasper, Claudia Dipl.-Rom. → S 634
— Gotthard, Prof. Dr.phil. → T 468
— Ute, Dipl.-Kffr. → T 3 941
— Uwe Jens, Dr. jur. → E 28
Jaspers, Hans F. → r 1 028
Jaspersen, Karsten Dr. → f 338
Jaspert, Dieter → S 1 362
— Günter → T 2 893, U 1 586
— Herbert → U 437
Jass-Teichmann, Marietta Dr. → f 733, r 157
Jassogne, C. → IZ F 1 350, IZ F 1 364, IZ F 1 543, IZ F 1 691
Jaster, K. Prof. Dr. → T 2 488
Jaszkuti, Laszlo → iz f 1 857
Jauch, Erhard Dr. → T 805
— K.-W., Prof. Dr. → T 3 232
— Rolf, Dr. → s 547
Jaudzims, Arno Prof. Dr. → T 464
Jauer, Joachim → o 342
Jaufmann, Walter → k 154
Jauker, Fritz Prof. → Q 442
Jaumann, Michael Peter Dr.med. → s 135
Jaunait, J.-C. → iz p 54
Jaworek, Gabriela S. Dr. → E 319
Jaxtheimer, Wilhelm Dipl.-Kfm. → f 594
Jayhonn, Amanullah → C 598
Jayne, William E. → iz m 106
Jaynes, N. B. → iz f 1 144
Jazbec, Branko → iz f 1 843
Jeanmart, Pierre → IZ H 472
Jeanne, Patrick → IZ M 4
Jeanroy, A. → iz q 83
Jeblick, Roman → iz o 85
Jedan, Dirk → U 366
zu Jeddeloh, Werner → T 1 853
Jedrzejewska, Sidonia → IZ U 311
Jędrzejewski, Jerzy → c 1 145
Jehle, Barbara → E 346
— Erika → U 1 812
Jehmlich, Rainer → R 927
Jehn, H. Dr.rer.nat. → T 1 803
Jehring, Klaus Dipl.-Volksw. → T 1 810
— Stephan → g 633
von Jeinsen, Ulrich Dr. → c 1 017
Jekewitz, Dr. → A 12
Jeleric, Ivan → iz m 99
Jelitto, Frank → U 1 467
Jellonnek, Burkhard Dr. → A 271
Jelved, Marianne → iz b 38
Jemstedt, Arne → IZ S 147
Jena, Wolfram → b 158
Jenart, C. → IZ O 21
Jenckel, Horst Dipl.-Volksw. → E 219
Jendrasik, Klaus-Peter → g 144
Jendritza, Georg → Q 101
Jendritzky, Gerd Prof. Dr. → A 320
Jendrzey, Joachim → r 458
Jene, Lothar Dr. → O 373
Jenisch, Ronald → H 396
— Wolfgang → T 3 780
Jenke, Hans-Stephan Prof. Dr. → A 137
— Manfred → T 3 606
Jenkel, Rolf Dipl.-Volksw. → E 80
Jenkins, Keith → IZ U 307
Jenne, Jürgen → E 223
— Lothar-Joachim → H 95
Jenner, Christiane → iz u 200
Jennerjahn, Marten → U 1 515
Jennes, Monika Dr.rer.nat. → t 1 777
Jennings, D. → IZ F 656
— Pat → IZ S 602
— Philip J. → IZ R 229
Jens, W. → T 3 416
Jenschke, Bernhard Dr. → IZ T 962
— Bernward, Dr. → U 20

K

— Wolfgang F. → I 82
Karstens, Ties Dr. rer. nat → T 1 813
Karstensen, Marianne → IZ U 250
Karten, Walter Prof. Dr. → T 2 446
Karthäuser, Marcel → t 2 957, T 3 085
— Peter → R 151
Karthe, Wolfgang Prof.Dr. → t 195
Kartheuser, Gert → n 243
Kartmann, Dipl.-Ing. → T 1 960
Karwel, Anneliese → T 3 241
Karwowski, Waldemar Prof. → IZ T 190
Karydakis, Stephan → iz f 1 836
Kasbergen, F. → IZ F 2 304
Kasch, Gunter → T 2 826
Kascha, Lothar → K 301
Kaschade, Hans-J. Prof. → T 674
Kasel, Jörg → o 607
— Werner → r 775
Kaselitz, Mara → n 227
Kaselow, Dieter → s 1 517
Kaspar, Wilhelm Dr. → S 278
Kasper, Carol → IZ U 278
— Georg → O 450
— Gian Franco → IZ U 469
— Jürgen → N 34
— Walter, Dr. → u 2 314
Kasperbauer, Reiner → k 155
Kaspereit, Sabine → A 40, A 67
Kaspers, Rüdiger Dr. → r 27
Kasperzik, Ulrich → U 851
Kasprzyk, Klaus → A 142
Kass, Rüdiger Dr. → A 10
Kassar, Adnan → IZ E 1
Kassatzoglou, A. → iz f 227
Kasselmann, Horst Dr. → T 4 038
Kassenbrock, Gabriele → T 966
Kassimatis, G.N. → iz e 12
Kassinga, Kossi Kamanwé → E 691
Kassner, Kerstin → B 335
Kast, Verena Prof. Dr. phil. → T 2 786
— Werner → O 725
Kasten, Dieter Dr.-Ing. → F 919, t 305, U 520
— Günter → k 93
— Hella → S 1 275
— Hermann → I 66
— Jürgen, Dr. → O 233
Kastenbauer, Joseph Dr. Dr. → S 257
Kastermans, M.W.J. → iz f 452
Kastin, Dieter Dipl.-Kfm. Dr.rer.pol. → h 415, T 3 946
Kastner, Christian → f 99, f 997, r 53
— Lothar → M 147
— Norbert → U 338
— Susanne → A 67
Kastrup, Dieter Dr. → c 524, C 583
— Jens → G 205, g 214
Kastura-Koch, Birgit Dr. → u 1 702
Katainen, Jyrki → IZ U 311
Katara, Klaus → iz h 214, iz h 232
Katenkamp, Horst W. Dipl.-Ing. → e 608
Kath, Joachim → R 282
Kath-Drengenberg, Erika → E 219
Kathke, Hans-Herbert → iz h 302
Kathmann, Hans Dipl.-Ing. → g 175
Kathmeyer, Werner → N 32
Kathol, Günter → Q 539
— Paul → u 1 702
Kathrein, Anton Prof. Dr. → E 45, F 1, f 343
Katiza, Charles → iz w 22
Katori, Yoshinori → c 884
Katschke, Andreas → G 83
Katt, Katharina → U 1 283
— Klaus → R 62
Kattenbeck, Dieter → r 685
Katz, Jeffrey G. → iz f 2 259
— Joachim → s 587
Katzenbach, Alfred → T 3 803
Katzensteiner, F. Dipl.-Volksw. → t 307, T 1 237
Katzer, Dietmar → r 483
— Josef → g 343
Katzsch, R. M. Prof. → t 1 456
Kaub, Erich Dr. → iz n 2, N 1, N 56, O 115
Kauch, Michael Dipl.-Volksw. → R 199
Kauczor, Karl-Heinz → S 970
Kauder, Volker → u 2 046
Kaufeld, Prof. Dr.-Ing. → t 1 536
— M., Prof. Dr. → t 1 678
— Michael, Prof. Dr. → U 81
Kauffmann, Dieter Dipl.-Kfm. → U 711
— Martin → F 382, iz f 2 047
— Roland → O 480
Kauffold, Peter Prof. Dr. → b 101
Kaufhold, Gabriele → t 2 873
— Hansjürgen, Dipl.-Ing. → T 388
— Norbert → k 83
Kaufmann, Beat → F 1 026
— Christoph, Dipl.-Ing. → S 1 121
Fortsetzung nächste Spalte

Kaufmann (Fortsetzung)
— Ekkehard, Prof. Dr.Dr. → O 403
— Hans-Adolf → O 469
— Hans-Bernd → n 45
— Henrik → iz h 407
— Karl-Friedrich → q 31
— Klaus-Peter → s 1 459
— Konstanze → T 1 852
— O., Prof. Dr. → T 2 560
— P., Prof. Dr. Dipl.-Math. → t 1 415
— Sylvia-Yvonne, Dr. → U 2 166
— Wilhelm → R 544
Kaufmann-Bühler, Werner Dr. → C 589
Kaulbach, Barbara Dr. → u 2 891
— Detlef → A 188
Kaulich, Anne → IZ R 200
— Gerd → E 106
Kaune, P. Dr.rer.nat. → T 3 246
Kaup, Peter Prof. Dipl.-Ing. → S 789
Kaupa, Heinz → IZ Q 232
Kaus, Angelika Dr. → b 20
Kausch, Joachim Merten → C 45
Kaußen, Reinhold J. → f 595
Kautsch → u 1 635
Kautz, Michael Landrat → t 4 028
Kautzmann, Theo → N 162
Kavadias → iz q 185
Kavetvuo, Matti → iz p 7
Kavouropoulos, Panayiotis → iz i 133
Kawaja, Reginald L. → C 466
Kawlath, Arnold Dr. → F 1
Kay, Ariane Dipl.-Volksw. → K 37
— Hans-Joachim, Dr. jur. → u 491
Kaymakçalan, Ömer → IZ T 317
Kayser, Georg Dr. → T 3 953
— Gunter → t 2 166
— Gunter, Dr. → T 2 352
— Hans-Josef, Prof. Dr.-Ing. → IZ M 123
— Hans Josef, Prof. Dr.-Ing. → T 3 571
— Jörg → K 324
— Roland → iz o 123
— Siegfried, Dipl.-Volksw. → e 128
— Uwe, Dr. → O 716
Kayser-Eichberg, Jobst Dr. → F 165
Kaysser, Wolfgang Dr.-Ing. → u 509
Kazadi Nduba, J. → iz r 5 6.16
Kazmeier, Karl-Heinz → U 142
Keane, Susan → iz f 421
Kearney, Neil → IZ R 219
Kechrid, Faouzi Dr. → IZ T 812
Keck, Elmar Prof. Dr.Dr.med. → T 3 290
— Hans-Peter → t 2 799
— Jörn → iz a 21
— Ulrich, Dr. → s 305
Keddi, Barbara Dipl.-Soz. → t 2 312
Kedenburg, Fred → m 244
Kedzia, Boleslaw Prof. → iz g 103
Keeling, A. → iz q 153
Keenaghan, Kieran → iz f 624
Keerl, Kurt → O 409
Keersmaekers, Jozef → IZ H 45
Kees, Manfred → K 331
Kegel, Gunther Dr. → f 329
— Karl-Ernst → E 235, f 21, F 122
— Peter → k 421
— Rainer, Dipl.-Ing. → t 351
— Reiner, Dipl.-Ing. → F 1 078
— Wilhelm, Prof. Dr. → T 1 826
Kegelmann, Gerald Prof. → O 90
Keggenhoff, Manuela → O 258
Kegler, Frank → u 2 490
— Rolando, Dr. → c 16
Keguewe, Sogoyou K. → C 1 259
Kehl, Axel Dipl.-Volksw. → T 3 799
— Joachim → o 610
— Peter → E 69, u 2 163
— Rainer → f 323
Kehlenbach, Frank → IZ F 339
— Jochen → B 321
Kehm, Wolfgang → A 24, A 156
Kehr, Jutta Dipl.-Ing. → s 886
— Walter → O 339
Kehrbach, Antje → s 90
Kehrer, Bernd Dr. → T 3 803
Kehrl, Hans-Rudolf → f 77, r 42
Kehrstephan, Anna Dorita → U 2 737, u 2 743
— Reiner → u 2 741
Keidel → A 28
— Helmut, Dr. → S 527, s 528
— Marianne → g 749
— Thomas → f 630
Keijer, Harm Jan → iz f 2 428
Keil, André → s 1 411
— Christoph, Dr. → K 50
— Dietmar → h 376
— Franz → s 644
— Hilger → B 647
Fortsetzung nächste Spalte

Keil (Fortsetzung)
— Jürgen → u 2 809, u 2 910
— Siegfried, Prof. Dr. Dr. → U 1 225
Keil-Slawik, Reinhard Prof. Dr. → T 1 366
Keilbart, Walter → E 61
Keilen, Wilfried → U 2 502, u 2 507
Keilholz, Hans-Jürgen → C 499
Keily, Robert W. → IZ H 128
Keim, Christian → I 116
Keim-Meermann, Bärbel → S 476
Keimel-Metz, Ingrid Maria → u 2 832
Keinath, Walter → u 2 752
Keinemann, Gustav Dipl.-Ing. → T 3 374, T 3 375, T 3 376, T 3 377
Keita, Mouhamadou → C 1 197
Keitel, Felix → IZ U 38
— Horst → G 121
— Reinhild, Dipl.-Handelslehrerin → U 711
— Wilhelm → IZ O 11
Keith, Michael → f 377
von Keitz, Beate Dr. → t 2 385
— Wolfgang, Prof. Dr. → T 676
Kekkonen, Jani → iz s 268
Kekonen, Ahti → iz f 1 915
Kelch, Wolfgang Dipl.-Kfm. → f 657
Kelenyi, Akos → iz f 1 857
Keler, Sigrid → b 98
Kell, Torsten → Q 445
Kelle, Gunta → iz u 2 22.03
Kellenberger, Jakob Dr. → IZ T 789
Keller, A. Dipl.-Kfm. → t 1 413
— Andreas → T 772, T 2 109
— Bernhard, Dr. → T 3 756
— Elmo → H 91
— Frank-Thomas, Dr. → n 44
— Franz → E 691
— Georg → Q 396
— Gerhard → r 129, r 434
— Gerrit → H 766
— Gregor → r 550
— Hans → iz n 33
— Hans Joachim → u 1 129, U 2 496
— Hans Jürg → f 831
— Hans-Ulrich, Prof. Dr. → T 1 281
— Heribert → h 355
— Hermann Stefan → S 361, s 372
— Horst, Dipl.-Ing. → U 172
— Ingrid → U 40
— Johann Konrad → b 173
— Klaus-Dieter → h 567
— Matthias → S 1 338
— Matthias, Dr. → F 385, iz f 2 586
— Norbert → E 19
— Otto → S 692
— P. → IZ F 1 170
— Peter → R 540
— Rolf, Prof. Dr. → B 770
— Ulrich → E 744
Keller-Drobek, Gudrun → g 209
Kellermann, Claudia Dipl.-Ing. (FH) → g 583
— Karl → u 2 462
— Karl-Heinz → s 456, t 2 769
Kellermeier, Jürgen Dr. → o 277, O 303
Kellerwessel, Paul → H 379
Kelling, Norbert → R 211
Kellinghusen, Jens → c 877
Kellings, Monika → O 20
Kellner, Andreas → R 282
— Ehrhard, Dr. → s 211
— Herbert → IZ P 3, IZ Q 1
— Margret → IZ U 470
Kelly, Anthony → iz f 1 251
— Ian → IZ M 185
— John → IZ T 497
— M. E. → iz f 201
— Paul → iz f 2 552
— P. J., Dr. → IZ S 184
Kelm-Kläger, Ronald → F 68
Kelter, Rosemarie → O 322, O 403
Kelterborn, Ulf → f 597
Kelting, Wolfgang → h 552
Kemény, Tamás Dr. → IZ F 1 867
Kemker, Dieter → g 254
Kemmann, Ute → s 2, s 658
Kemme, Hans-Martin Dr. → u 2 873
Kemmer, Otto → G 437, IZ G 185
Kemmerling, Ralf Kaspar → h 31
Kemmet, Claus Dr. → f 6, F 504, T 3 749, T 4 088
Kemminer, Karlheinz Dipl.-Kfm. → D 190, f 243, iz f 27, t 337, T 2 023, U 631
Kemp, Günter → s 1 607
Kemp-Welch, John → iz i 212
Kempa, Klaus-Volker → n 72
Kempe, Marga → t 3 734
— Renate → t 914
Kempen, Otto Ernst Prof. Dr. → R 409, T 3 679
van Kempen, Simon → c 1 027

— Yvonne, Dr. → U 2 045
Kempenich, Inge → O 151
— Robert, Dr. → IZ S 69
Kemper, Dr. → A 12
— Bernard → f 27, R 198
— Bernd → f 20, F 96, F 621, R 51
— Bernd, Dr. → A 24
— Gerd-Heinrich, Dr. → B 806
— Heinrich → h 192
— Karl-Heinz → U 2 519
— Kurt, Dipl.-Betriebsw. → E 149
— Peter → O 631
Kempermann, Lothar → H 209
Kempf → A 22
— Dieter, Dipl.-Kfm. → S 685
— H., Dr.-Ing. → t 1 613
— Herwig, Dr. → u 2 852
Kempfer, Gerlinde Dr. → r 242
Kempff, Andreas Dipl.-Volksw. → E 10
Kempgen, H. → T 2 022
Kempkens, Ernst → R 601
Kempkes, Hans Peter Dr. → T 3 799
Kempowski, Walter → O 403
Kempter, Fritz Dr. → IZ O 22
— Manfred → H 186, h 193
Gräfin Kendeffy, Eva Alexandra → C 103
Kendelbacher, Joachim F. → U 1 658
Kendler, Arved → A 259
Kendziora, Peter → b 306
Kendziur, Dietmar Dr. → F 478
Kenel, Fernand → iz u 391
Kennedy, Frank → iz f 346
— J. → iz f 2 038
— M. → iz h 291
— Marie-Hélène → IZ K 49
Kennerknecht, Ingo Prof. Dr. med. → T 3 243
Kenneweg, Hartmut Prof. Dr. → q 513
Kentmann, Konrad Dr. → I 16
Kentner, Bernd → T 2 024
— Michael, Prof. Dr. → T 877
— Ulrich → F 194
Kentzler, Otto Dipl.-Ing. → G 44
Kepenne, Pascale → iz f 1 246
Keppelhoff-Wiechert, Hedwig → O 403
Keppenne, Pascale → IZ F 438, IZ F 455, iz f 440, IZ F 2 607
Kepplinger, Hans Mathias Prof. Dr. → T 3 618
Keppner, Robert → T 2 891
Kerak, Wolfgang → U 2 573
Kerbach, Ralf Prof. → T 451
Kerber, Axel → u 2 536
— Dieter, Dr. → A 99
— Martin → Q 340
Kerbus, Roswitha Dr. → S 742
Kercher, Peter → IZ S 652
— Roger → iz u 6 69.10
Kerim, Srgjan Dr. → C 1 011
Kerk, Dieter → g 322
Kerkhoff, Alois-Bernhard Dr. → f 749, t 328
— Hans Jürgen → f 305
Kerkmann, Uwe → E 539
van de Kerkow, Dominique → E 450
Kerlen, Horst W. Dipl.-Ing. → f 653
Kern, Dr. → A 16
— Bernd → Q 297
— Dieter → c 372
— Georg → H 470
— Gerhard → S 442
— Günter → u 1 835
— Hans F., Prof., Dipl.-Math. → t 1 099
— Hanspeter → k 220, r 323
— Heinrich → T 538
— Heinz → I 41
— Horst, Prof. Dr. → T 500
— Jan → U 2 393
— Mechthild → U 694
— Otto → H 696
— Tyll Dietrich, Dipl.-Volksw. Dr. jur. → I 104
— Urs → IZ G 52
— Wilhelm-Dieter, Dipl.-Ing. → F 962
Kern-Bechtold, Margret → R 535
Kern-Nelle, Manfred Dr. → E 65
Kerner, Hans-Jürgen Prof. Dr. → T 796
— Hans Jürgen, Prof. Dr. → T 3 449
— J. G., Dipl.-Ing. → t 1 675
— Jürgen G. → T 2 024
— Lorenz → E 711
Kerry, P.J. → IZ W 30
Kerscher, Gerhard → h 699
Kersjes, Franz → F 237, r 351
— Jürgen → t 2 384
Gräfin Kerssenbrock, Dagmar → O 303
Kerstan, Dieter → U 2 678
Kersten, Charles → E 404
— Dieter → K 309
— Jons, Prof. Dr. → t 3 976
— Klaus Ulrich, Dr. → A 214
— Rainer, Dipl.-Volksw. → u 904
Kerstin, Renate → D 188

Klaubert, Birgit → B 343
Klauck, Ulrich Prof. Dr. → T 393
Klauer, Rolf → U 758
Klaukien, Olaf → u 2 076
Klaus, Brigitte → U 155
—Cornelia → T 676
—Erich → O 700
—Helmuth → q 517
—Oliver Christoph → g 524
—Peter, Dr. → l 37
Klausch, Peter → U 1 543
Klausing, Michael Prof. Dr.rer.pol. → T 716
Klauß, Jochen → u 2 359, u 2 360
—Michael → s 365
Klebe, Giselher Prof. → S 1 308
—Janka → IZ R 200
Klebingat, Klaus-Jürgen Prof.Dr.med. → T 3 348
Klecker, Peter M. Dr. → S 1 474
Klee → A 337
—Günther → t 2 188
—Jan-Uwe → Q 179
—Manfred → t 2 692
—Rainer, Prof. Dr. → T 901
Kleefisch, Marcus Dipl.-Volksw. → E 192
Kleeman, Gary → E 726
Kleemann, Andreas → R 211
—Axel, Prof. Dr. → F 178
—Dieter → l 36
Kleemann-Strehlow, Karin → S 1 289
Kleen, Tebbe Harms Dr. → o 13
Kleer, Christoph Dipl.-Betriebsw. → h 554
Klees, Hans Dr. → s 489
Kleespies, Franz Josef → G 106
Kleffel, Konstantin Dipl.-Ing. → S 793
—Werner → g 734
van Kleffens, H. J. → iz t 728
Klehn, Uwe → g 267
Klehr, Beate → T 673
Kleiber, Fritz → g 583
Kleier, Ulrich F. Dr. → E 149
Kleijne, Sonja → IZ S 288
Kleim, Uwe G.F. Dipl.-Ing. (FH) → T 1 090
Kleimann, Hans-Jürgen → k 103, k 124, k 256, k 347, q 26
Klein → b 527, u 1 629
—A., Prof. Dr. → T 2 340
—Albert, Prof. Dr. Dr. h.c. → T 449
—Alexander → T 790
—Alfred → T 645
—Andreas → r 295, S 508
—Arnulf → s 353
—A. W., Prof. → T 3 952
—Benedikta → U 1 222
—Carmen → T 3 631
—Christopher, Dr. → O 324
—Dieter → O 324, q 76
—Dietrich, Dipl.-Ing. → T 3 839
—Elke → T 558
—Ernst-Joachim → r 182
—F., Prof. Dr. → t 1 396
—Frank → g 710
—Fritz Michael, Dipl.-Ing. Betriebsw. → T 924
—Gabriele, Dr. → O 60
—Gerd → k 413, T 828, U 2 393
—Gisela → s 402
—Günter → u 719
—Gunther → n 236
—Hans-B., Dr. → g 404
—Hans-Dieter, Dr. → S 732
—Hans-Georg → s 1 355
—Hansjörg → U 2 575
—Hans-Jürgen → B 381, h 605
—Heijo, Prof. Dr. → U 3 015
—Heinz-Walter → u 2 692
—Hemjö → T 828
—Horst → S 570
—Hubert, Dr. → E 24
—Ilona K., Dr. → G 159
—Irma → t 2 837
—J., Prof. Dr.rer.nat. → T 941
—Jan, Prof. Dr. → t 104
—Jochen, Dr. → E 89
—Klaus → l 70
—Klaus, Dr. → u 901
—Lutz → D 198
—Marie-Luise, Prof. Dr. → U 2 393
—Markward → u 715
—Martin → T 3 422
—Michael → q 271
—Norbert → IZ R 259, t 2 806
—Oliver → O 581
—Peter → E 72
—Richard R., Dr. → R 198
—Rita → U 437
—Rudi → g 579
—Rudolf → l 37
—Thomas, Prof. Dr. → t 2 285

Fortsetzung nächste Spalte

Klein (Fortsetzung)
—Uwe → U 858, U 1 585
—Uwe, Dipl.-Volksw. → H 520
—Viktor → q 52
—Volker → E 493
—Werner → u 2 749
—Werner, Prof. Dr. → t 242
—Wilh. Martin → U 343
—Wolfgang → a 71, s 1 580
—Wolfgang, Dr. → h 658, l 60
—Wolfram → E 78, h 42
Klein-Langner, Waltraud → e 505
—Wolfgang → e 505
Kleinau, Hans-Joachim Dr. → B 558
Kleinbauer, Gerhard → S 729
—Günther, Dipl.-Kfm. → l 70
Kleine, Arnold → h 624
—Erich → IZ F 326
—Michael → U 2 016, U 2 024
—Werner → T 2 139
Kleinemas, Peter → H 362
Kleiner, Adolf → h 395
—Hartmann, Dr. → f 4, O 323, r 4, r 110, T 3 746
—Helga → u 2 128
—Werner → S 292
Kleinert, Ulfrid Prof. → T 450
—Ursula → T 2 789
Kleinertz, Everhard Dr. → T 3 658
Kleinfeld, Klaus Dipl.-Ing. → s 903
Kleinfeldt, Carsten Dipl.-Ing. → t 1 730
Kleinhenz, Gerhard Prof. Dr. → K 373, t 2 187, t 2 317
Kleinherbers, Klaus Dr.rer.nat. → T 1 867, T 1 876
Kleinherne, Herbert Dipl.-Berging. → K 205
Kleinheyer, Gerd Prof. Dr. → t 3 992
—Norbert, Dr. → l 65
Kleininger, Niculae → c 1 161
—Pál → n 273
Kleinmann, Eberhard Dipl.-Ing. → T 3 714
Kleinova, M. → iz f 2 299
Kleinschmidt, Georg Prof. Dr. → T 256
—Waldemar → d 6, d 36, D 63
Kleinschneider, Heiner Dr. → U 322
Kleinschnittger, Ulrike → S 690
Kleinsteuber, F. Dr. → E 280
Kleinwächter, Roswitha → O 1
Kleiss-Stark, Sonia → IZ l 203
Kleist, Horst → m 110, M 152, m 217
—Ingo → Q 162
—Peter → e 432
Klemann, Hartmut Dipl.-Volksw. → k 66
Klemenčič, Manja → IZ T 965
Klemens, Uwe → r 386
Klementz, Paul → k 211, k 235
Klemenz, Heino → o 137
Klemm, Bernd → H 66
—Dagmar → u 1 410
—Eckehart, Dipl.-Ing. → f 737
—Günther, Dr. → E 80
—Hans-Heinrich → H 600
—Michael → t 2 733
—Peter, Dipl.-Volksw. → f 24
—Peter, Dipl.-Volkswirt → F 224, iz f 1 832
—Peter, Dr. → T 1 296
Klemmer, Paul Prof. Dr. → D 165, T 2 159, t 2 170
Klempin, Ulrich → u 885
Klempnow, Karl-Heinz → O 448
Klemusch, Malte → T 877
Klene, Bernd → T 4 070
Klenk, Fritz → U 561
—Hans-Dieter → c 1 112
—Hans-Dieter, Prof. Dr.med. → T 3 352
—Jürgen → r 877
—Klaus → h 26
—Martin → F 790
Klenke, Klaus Staatssekretär Dr. → B 117
—Martin → c 62
—Wolfgang, Dr. → S 282
Klenner, Helmut Dr. → e 661
—Josef → u 2 419
—Josef, Dipl.-Ing. → Q 588
—Karsten → A 287
Klenz, Gebhard Dr. → A 224
Klepp, Volker Dr. → A 20
Klepper, Dieter → l 70
—Gernot, Prof. → t 2 175
Klepsch, Egon A. Dr. → T 3 503
Kler, Adolf Dr. → F 435
Klering, Franz → h 127
Klesen, Yolanda Dr. → U 3 007
Klett, Carlo → u 1 433
—E., Prof. → t 1 416
—Hans-Jürgen → F 370
—Michael → c 1 188
—Roland → E 29
Klewer, Michael → h 647
Klewitz, Martin Dr. → U 1 887
Kley, Gisbert Dr. → F 178, IZ Q 146
—Manfred → g 216, g 451, g 716
—Max Dietrich → l 142
Kleyboldt, Claas → E 160
Kleylein, Christl → g 655
Kliem, Klaus Dr. → q 33, Q 671, T 2 645
Klieme, Rolf-Burkhard Dr. → u 2 781
Klier, Vera → T 2 109
Kliesch, Christel E. → U 1 533
—Sebastian → u 1 720
Kliesow, Dr. → A 8
Klietz, Uwe → g 506, h 147
Kliewer, Werner → u 2 437
Klimach, Klaus → g 771
Klimeczek, Wolfgang → r 778
Klimitz, Jan → c 773
Klimke → A 28
—Ruth → U 2 525
Klimmt, Reinhard → A 28, t 958, u 2 208
Kling, Andreas → s 1 408
—Günter → P 34
—Karl, Prof. Dipl.- Ing. → S 940, S 943
Klingauf, Fred Prof. Dr. → A 142, a 143
Klingberg, Walter → o 672
Klingbiel, Peter → u 2 424
Klinge, Günther → T 1 272
—Ludwig → h 791
Klingebiel, Karl-Heinz → T 2 875
Klingel, Norbert Dr. → U 810
Klingelhöller, Harald Prof. → S 1 183
Klingemann, Detlef → B 369
Klingen, Heino Dr. → E 193
Klingenstein, Dipl.-Päd. → t 1 536
Klingenthal, Ferdinand → E 140
Klinger → A 8
—C., Dr. → iz u 525
—G. → iz f 840
—Heinz, Dr. → T 3 744, T 3 745
—Theodor → R 563, s 1 348
—Ursula → U 2 393
Klingert, Georg Dipl.-Kfm. → N 159
Klinghardt, Jürgen → S 575
—Stephan → iz r 5 6.07, R 250
Klingl, Josef → N 96
Klingler, Joachim Dr. → H 314
—Norbert, Dr. → C 587
—Walter, Dr. → O 324, O 415
Klingner, Karl Heinz → E 556, e 564
Klingsporn, Johannes → O 171
—Margot → s 1 232
Klingvall, Maj-Inger → iz b 210
Klink, Dieter Dr. → u 2 983
—Rainer → U 541
Klinke, Peter → B 661, B 680
Klinkhammer, Gritt Maria → U 18
—Hans → f 812, G 392
—Manfred, Dipl.-Kfm. → P 52
Klinkicht de Tamariz, Eva → c 109
Klinsman, U. → IZ F 973
Klippel, K. F. Prof. Dr. → T 2 695
Klisa, Thomas → g 283
Klischan, Thomas Dr. → f 8, r 8, r 112
Klischke, Ralf → q 141
Klitz, Walter → T 744
Klitzke, Klaus → U 726
Klitzsch, Wolfgang Dr.rer.pol. → s 32
Kliver, Helmut → k 106, k 127, k 259, k 350
Klocke, Fritz Prof. Dr.-Ing. → t 222
—Wilhelm, Dipl.-Ing. → S 1 078
Klockner, Clemens Prof. → T 390
—Clemens, Prof. Dr.h.c. → T 703
Klockow, Bernhard Dipl.-Ing. → B 401
Kloczko, Marek → iz e 32
Klodt, Henning Prof. Dr. → t 2 175
Klöber, Marie Christine → S 1 522
Klöcker, Willi → H 538
Klöckner → A 8
Klöckner-Scherfeld, Martina E. → n 210
Klönne, Karl-Heinz → T 1 318
—Werner, Dr. → F 147
Klöpel, Peter Dr. med. → T 3 295
Klöppel, Rita → u 1 413
Klöpping, Till-Torsten → S 1 282
Klöss, Cornelia → u 1 300
Klötzer, Anne-Katrin → G 98
—Gottfried → m 135
Klötzl, Karl-Heinz → f 801
Klöver, Bernd → T 705
Klomann, Udo R. → F 1 025
—Uwe → r 1 018
Kloninger, Hendrik → u 2 889
Klonnek, Karsten → h 270
Klonska, Dietmar Dipl.-Ing. → f 904
Kloos, Hans Dipl.-Ing. → U 82
—R., Dr. → A 18
Klopf, Irmgard → iz h 345
Klopfer, Heinz Prof. Dr.-Ing. → S 1 105
Klopotek, Friedrich Dipl.-Ökonom → f 32, F 530, f 534, f 535, f 536, iz f 2 033
Klose → A 314
—Andreas → q 199
—Gerd, Dipl.-Ing. → T 2 591
—Hans Jürgen, Dr.med.dent. → T 2 673
—Hans-Ulrich → A 36
—Hans-Ulrich, Dr. → B 337
—H.-D. → Q 454
—Horst-Dieter → Q 454
—Jürgen → r 310
Kloß, Dieter Dr. → S 278
—Edelgard → f 749
—Hans → O 634
Kloster, Marita Dipl.-Kfm. → H 24
Klosterkamp, Heinrich → T 2 241
Klosterkemper, Horst → o 605
Klostermann, Bernd → O 393
—J., Dr. → T 1 131
—Josef, Prof. Dr. → T 1 128
—Peter → f 898
—Tim → T 3 828
Klostermeyer, Henning Prof. Dr. → T 2 480
—Horst, Dipl.-Ing. → F 979
von Klot-Trautvetter, Petra → r 236
Kloth, Anne C. → s 514
Klotz, Christian → E 45, h 363
—Erhard, Dr. → d 3
—Erich → g 499
—Heinrich → f 586, f 899, f 930, f 953, f 973, t 1 978, u 516
—Marie-Louise, Prof. Dr. → T 1 843
—Peter → S 1 335
Klotzbücher, K. Prof. Dr. → t 1 695
Klotzke, Georg → r 582
Klotzsche, Melanie Dipl.-Geogr. → s 1 504
Kloubert, Bruno → T 2 067
Klüber, Wolfram Dr. → P 62
Klügge, Gerhard → f 703, F 716, f 717, f 718, F 722, F 723, U 659
Klümpen, Gerd → H 33
Klüßendorf, Ingolf Dr. → G 783
Klueting, Edeltraud Dr. → u 960
Kluft, Markus → G 29
Klug, Annelies-Ilona → A 26
—Bernd → m 21, m 48, M 138
—Ekkehard, Dr. → u 1 067
—Hans-Peter, Dipl.-Psych. → U 1 417
—Helmut, Dipl.-Volksw. → E 117
—M. → iz f 1 383
—Manfred → iz f 2 110, iz f 2 137
—Rudi → N 58
Kluge, Dieter → E 227
—Dietrich → S 1 592
—Fritz → B 788
—Gesine → T 1 783
v. Kluge, Hubertus → t 3 000
—R., Doz. Dr.-Ing. → t 1 560
—Thomas → U 286
Kluge Haberkorn, Christine → G 476
Klugge, Gerhard → G 388
Kluifhooft, Jaap → iz f 2 136
Klump, Else → r 651
Klumpp, Dieter Dr. → T 794
—Elisabeth → T 2 668
—Hans-Jürgen → l 20
—Kurt → E 25
—Thomas, Dipl.-Ing. → s 809
—Werner, Dr. → u 2 144
Klusendick, Marina → t 2 368
Kluth, Axel → g 224
—Theda → O 421
Klutke, Helmar Dipl.-Volksw. → G 784
Klutzny, Hans-Jürgen Dipl.-Ing. → s 871
Kluwe, Rainer H. Prof. Dr. → T 2 782
Klyscz, Thomas Dr.med. → T 2 657
Knaack, Hartmut → m 51, m 67, m 175, m 176, T 3 948
—Klaus, Dr.-Ing. → t 1 193
Knab, Annelie → S 951
—Jürgen, Dipl.-Ing. → t 1 729
—Marianne → Q 201
—Stefan → U 1 466
Knabe, Claus-Peter Dipl.-Volksw. → U 297
Knabenschuh, Martin Dipl.-Ing. → iz t 172, T 372
Knaepkens, Ludo → IZ T 948
Knäpple, Michael → IZ U 38
Knäsel, Karola → E 72
Knake-Werner, Heidi Dr. → A 36, A 60
Knapcikova, Maria → iz u 225
Knapp, Hedy → u 1 144
—Martin → E 269
—Otto Dietrich, Dipl.-Vw. → E 60
—Thomas → S 1 612
—Ursula → O 531
—Wolfgang, Prof. Dr. → d 14, d 44, K 301, r 304
—Wolfram, Prof. Dr. → T 522

Fortsetzung nächste Spalte

Fortsetzung nächste Spalte

Fortsetzung nächste Seite

Fortsetzung nächste Spalte

Fortsetzung nächste Spalte

Fortsetzung nächste Spalte

Fortsetzung nächste Seite

Fortsetzung nächste Spalte

Fortsetzung nächste Spalte

Fortsetzung nächste Seite

Kühne (Fortsetzung)
— Gabriel, Dr. → A 4
— Helmut → E 214
— Joachim → k 115, k 136, k 268, k 359
— K. Michael → S 1 225, s 1 227
— Lothar → IZ S 313, S 694
— Ludwig → u 2 544
— M., Prof. Dipl.-Ing. → t 1 460, t 1 463
— Max → c 434
— Michael → e 47, f 892
— Siegfried → U 308
Kühnel, Kay → u 2 157
— Klaus-Detlef → Q 487
— Wolfgang, Dr. → f 635, f 672, f 674, F 691, IZ F 208
— Wolfgang, Prof. Dr.med. Dr.h.c. → T 3 205
Kühner, Harald Dipl.-Landw. → T 1 261
— Jochen, Dr.-Ing. → E 146
— Nora → s 1 223
Kühnhenrich, Paul H. → IZ T 287
Kühnl, Michael → t 2 393
— Peter, Prof. Dr. → T 3 345
— Reinhard, Prof. Dr. → T 2 109
Kühnle, Hermann Prof. Dr.-Ing. → t 197
Kühr, Kurt → T 544
— Stefan → U 1 535
Külow, Kathrin → S 1 418
Kümmel, Wolfram → g 166
Kümmell, Renate → S 1 507
Kuen, Friedrich Dipl.-Kfm. → c 1 099
Kündgen, Werner → U 2 497
von Kuenheim, Eberhard Dr.-Ing. E.h. → H 308
Künne, Marga → s 649
Künnecke, Otto → g 574
Künnemann, Ingo → U 286, u 287
Künnemeyer, K.-O. → IZ F 298
Künz, Bernd → T 3 913
Kuenzel, Jens Dipl.-Kfm. → g 288
— Joachim → H 667
— M.R. → iz h 273
— Rainer, Prof. Dr. → T 634
— Rainer, Prof. Dr.rer.pol. → T 390
— Robert → h 69
— Robert, Dipl.-Ing. agr. → H 37, H 66, h 71, h 73, H 656, h 657, h 660, h 662, h 664
Künzler, Ingrid Dr. → K 321
Künzli, Thérèse → E 671
Küper, Norbert → S 974
— Ute → f 1 042
Küpers, Ger → iz l 39
Küpferle, Dieter → g 319
Küpke, Ulrich Dr. → Q 643
Küpper, Hans-Dieter → E 16
— Heide → U 1 214
— H.-U., Prof. Dr. → IZ T 233, t 2 233
Küppers, Brigitte Dipl.-Biol., Dr.rer.nat. → T 1 849
— Georg → E 149
— Hubert → R 725
— Kurt → E 149
— Walter, Dipl.-Kfm. → F 441
Kürbisch, Fritz → IZ F 208
Kürn, Peter → E 2, E 44
Kürner, Thomas → s 652
Kürpick, Heinrich Prof. Dr. → T 2 082
Kürschner, Jürgen → E 109
Kürsten, Ralf → O 589
Kürtz, Hans Joachim → s 1 358
Kürzinger, Karl Dipl.-Volksw. → E 45
Kues, Hermann Dr. → A 40
Küsel, Ottmar C. → f 582
Kuessner, Hinrich → B 335, u 1 935
— Wolfgang, Dipl.-Ing. → iz s 715, S 1 101, T 2 875
Küster, Jutta Dr. → T 2 742
— Susanne → U 1 416
— Ulrich → h 593
— Uwe, Dr. → A 40, A 67
Küstermann, F.-D. Prof. Dr.-Ing. → t 1 405
Küsters, Werner → IZ S 410, iz s 415, Q 137, R 269
— Werner, Prof. Dr. → F 178
Küstler, Ulrike → u 2 167
Küter, Eckhard Dr. → S 526
Küthe, Erich Dr. → T 3 850
Kütük, Nurdan → U 94
Kützemeier, Thomas Dipl.-Ing.agr. → Q 304
Kufferath-Kassner, Stephan Dr. → f 851
— Stephan A., Dr. → E 137
Kuffner, Walter → H 229
— Waltraud → IZ S 725
Kugelmeier, Michael → S 1 609
Kugelstadt, Rolf → s 664, T 3 917
Kugler, Lieselotte Dr. → U 2 946
— Martin → G 242
— Robert, Dr.-techn. → t 1 175
Kuhbier, Heinrich → T 1 376
Kuhl, Wolf-Eberhard → b 163

Kuhlemann, Erika → g 712
Kuhlen, R. Prof. Dr. → t 1 541, T 1 800
Kuhlgatz, Wilhelm Dipl.-Ing. → F 189, T 1 142
Kuhlmann, F. Prof. Dr. Dr.h.c. → T 2 502
— Friedrich, Prof. Dr. Dr.h.c. → Q 3
— Friedrich W. → e 354
— Herbert → T 3 803
— Paul, Dr. → q 22
— Ralph-Heiner, Dr. → F 215
— Reinhard → IZ R 181
— Robert P. → H 744, iz h 538
— Sabina → T 730
— Wolfgang → H 621, Q 402
Kuhls, Clemens → s 641
Kuhn → A 22
— Albert → iz h 553
— Axel, Univ.-Prof. Dr.-Ing. → t 205
— Berthold → U 1 372
— Erwin → P 49
— Helga → U 1 119
— Helmut → O 35, o 36
— Hermann → B 332
— Michael, Dr. → l 99
— Peter → H 172
— R., Prof. Dr. → t 1 598
— Reiner → U 2 521
— Werner → a 58, T 727
— Wilhelm → k 90
— Wolfgang, Dr. → E 735
— Wolfgang, Dr. jur. → c 724
Kuhna, Karl Heinz Dr. → C 161
Kuhne, Ingeborg → E 207
Kuhnert, Dieter → G 336, g 350
— Gerd → k 93
— Hartwig → A 329
— Jan → T 2 222
Kuhnhen, Claudia Dr. → r 824
Kuhnke, Günter Dr. → s 369
Kuhnt, Dietmar Dr. jur. → E 154, F 1
Kuhr, Hans-Achim Dr. → t 198
— Manfred → m 217
Kuhrmeier, Bernd → q 24
Kuhrt, Jürgen → u 2 740
— Rolf, Prof. → T 574
Kuhse, Dieter → M 253
Kuil, Carsten → u 2 074
Kujala, Jaakko → iz f 343
— Stina → iz f 2 202
Kujas, Detlef Dipl.-Ing. → U 579
Kujat → A 22
Kuklau, Christlieb G. → e 612
Kuklinski, Rudolf → h 775
Kula, Miroslav → iz f 2 247
Kulbergs, Viktors → iz e 30
Kulcsar, Ernst → U 1 535
— Istvan → IZ F 2 581
Kuldschun, Ingrid Dipl.-Ing. → S 790
Kulenkampff, Christoph → U 2 013
Kulik, Hans-Jürgen → R 893, r 912
Kulke, Elmar Prof. Dr. → T 413
Kull, H. Prof. Dr.-Ing. → t 1 448
— Volker → k 71
Kulla, Prof. Dr. → R 968
Kulle, Ingo → s 1 444
— Volker → K 320
Kullman, Conny → IZ T 884
Kullmann, Ulrich Dr. → T 893
Kullo, A. → iz f 707
Kulmala, Jarmo → iz t 709
— Kari → iz h 503
Kulozik, Ulrich Prof. Dr. → T 2 480
Kulpe, R. → t 1 632
— Waldemar → u 1 063
Kulpok, Alexander → s 1 346
— Michael → T 3 594
Kume, Kunisada → C 879
Kuminek, Martin → s 355
Kumlehn, Rainer → r 338
Kummer, Beate Dr. → h 296, h 300
— Dietmar G., Prof. Dr. h.c. → T 3 409
— Gerhard, Dr. → E 146
— Hans Klaus, Dipl.-Ing. → S 1 121
— Hubert → R 354
— Matthias → s 1 249
— Peter → g 334
— Roland, Dipl.-Ing. → s 840
— Willi → r 776
Kummetat, Jürgen → T 2 245
Kumwong, Suwat → n 267
Kun, Vincent → c 40
Kuna, Walter Dr. → T 2 330
Kunas → A 14
Kunath, Bernhard Prof. Dr.med.habil. → t 3 002
— Gerhard, Dr. → T 2 793
— Manfred → F 692
Kunc, O. → iz t 468
Kunczik, Michael Prof. Dr. → T 3 618
Kundke, Jürgen → A 193

Kundt, Wolfgang → H 397
Kuner, Peter → U 1 762
Kunert, Ernst-Dieter → D 104
— Heinz, Dr. phil. → T 3 577, T 3 579
— Horst → U 962
— Jir_7i → E 341
Kunikata, Toshio → c 880
Kunisch, Rolf Dr. → F 504
Kunitzsch, Ines Dr. → iz u 633
Kunkel, Klaus Dipl.-Volksw. → f 777, f 778, r 163
— Klaus, Dr.-Ing. → S 976, T 1 969
— Sigurd, Dipl.-Kfm. → m 241
Kunkle, Gary M. → E 7 33.10
Kunold, Ingo Prof. Dr. → T 447
von Kunow → A 8
Kunow, Jürgen Prof. Dr. → U 2 969
Kunrath, Karl → IZ R 37, U 763
Kunsch, Rolf → M 38, m 57
Kunst, H.-G. → F 1 009
— Ludwig, Dr. → e 520
Kunstmann, Bernd Prof. → T 412
— Jürgen → s 1 248
Kunth, Bernd Dr. → c 1 024, E 455
— Werner, Prof. Dr. habil → T 4 053
Kuntz, Bernhard → S 267, S 290
— Stefan → O 23
— W., Prof. Dr.-Ing. → t 1 459, t 1 461
Kuntze, Werner Prof. → s 899
Kuntzsch, Heinz R. → t 2 361
Kunz, Dr. → u 1 616
— Albrecht, Dipl.-Ing. Dr. → t 940
— Andreas, Dipl.-Ing. → E 98
— André F. → h 447, h 488, h 559
— Ernst → T 4 080
— Ernst, Dipl.-Volksw. → T 648
— Gerhard → C 307
— Gerhard, Dr.rer.nat. → B 551, t 1 936
— Hans-Detlev → T 3 084
— Johann, Prof. → t 1 927
— Monika, Dipl.-Ing. → s 1 123
Kunze → A 337
— Andreas, Dr. → h 163
— Detlef, Prof. Dr. med. → s 62
— Dieter → s 650, t 2 433
— Frank → r 331
— Friedrich R. → T 3 378, T 3 382
— Georg → k 206, k 236, k 239
— Gerd F., Dr. → IZ U 103
— Gerhard, Dipl.-Ing. → F 88
— Hans-Dieter, Prof. Dr.-Ing. → t 213
— Heinrich, Prof. Dr. → T 2 776
— Herbert → U 2 393
— Jürgen, Prof.Dr. → T 408
— Karlheinz → t 3 069
— Martin → t 2 960
— Michael → H 670
— Wilhelm K. → l 129
Kunzi, Hugo → U 795
Kunzmann, Wolfgang → t 4 019
Kupas, Malte → B 331
Kupcis, Allan → IZ L 47
Kupetz, Andrej → T 1 072
Kupfahl, Wolfgang → B 313
Kupfer → u 2 060
Kupferschmid, Peter → A 24
Kuphal, Frank → IZ T 229
Kupka, Angelika → IZ M 206
Kupke, Reinhard → U 2 013
— Wolfgang → T 507
Kuppe, Gerlinde Dr.rer.nat.habil. → A 40, b 166
— Rainer → IZ F 55
Kupper, Wolfgang → T 695
Kupsch, Bernhard Dipl.-Kfm. → E 63
v. Kupsch, Hans-Karl Dr. → O 424
Kurbjuhn, Albrecht → N 130
Kurdziel, Markus → A 41
Kurek-Bender, Ines → U 1 214
Kuri, Christoph → S 1 075, s 1 226
— Rolf, Dipl.Ing. → g 161
Kurosaki, Isamu → c 245
Kurowsky, Siegfried → f 894
Kurras, Hannelore → U 1 582
Kurrle, Hans → G 533, g 534
Kursar, Aldo → iz s 1 17.16
Kurt, Florian → s 1 491
Kurtenbach, Hatto → O 239
— Thomas → T 819
Kurth, Hermann Dr. → IZ S 410, iz s 415, Q 133, Q 137
— Matthias → A 3 44.10
— Peter → b 29
— Reinhard, Prof. Dr.med. → A 192
— Undine → u 2 042
Kurtze, Karola → S 1 609
— Wolfgang → E 219
Kurucz, E. Dr. → iz f 2 301
Kurz, Josef Dipl.-Ing. → T 1 857

— Josef, Prof. → U 561
— Martin → s 779
— Peter, Dr. → S 255
— Rainer → T 1 362
— Rolf → iz g 32, U 795, u 796
— Wolfgang → IZ T 879
— Wolfgang, Dr. → A 192
— Wolfgang C.-O. → T 920
Kurzbuch, Claudia → U 2
Kurze, U. J. Dr.-Ing. → T 1 256
— Ulrich J., Dr.-Ing. → T 1 172
Kurzeck, Matthias → u 2 555
Kurzhals, Hans-Albert Prof. Dr.-Ing. → T 436
Kurzwart, Robert → U 2 977
Kusada, Zenichiro → IZ F 1 962
Kusber, Wilfried → B 297
Kusche, Katrin → Q 467
— Ludger → t 2 895, u 1 588
Kuschfeldt, Gisela → T 2 015
— Joachim → T 2 015
Kuschinsky, Wolfgang Prof. Dr.med. → T 3 388
Kuschke, Wolfram → B 244
Kuss, Adolf → t 3 079
— Bruno C. → IZ N 42
von Kusserow, Ulrich → T 3 841
Kussin, Christiane → U 2 925
Kussmann, Michael → T 1 172
Kuter, Seyfettin Prof.Dr. → iz t 729
— Thierry → iz f 2 203
Kuth, Robert → o 15
Kuthe-Behrens, Barbara → R 602
Kutin, Breda → iz u 154
— Helmut → U 1 565
Kutschke, Rainer → Q 584
Kutter, Adrian → O 217
— Michael → u 1 243
Kutteroff, Albrecht → O 368
Kuttner, Günter → r 347
Kuttruff, Peter Dr. → S 276
Kutz, Günter → T 2 446
— Karl-Heinz, Dr. → T 653
Kutz-Bauer, Helga Dr. → A 265
Kutzer, Eckhard → T 729
Kutzli, Arnold → O 63
Kutzner, Gerhard Dr. → A 6
de Kuyper, R.P.M. → iz f 510, iz f 1 455
Kuypers, Robert → u 2 532
Kuznik, Christian → U 985
Kvarud, Tore → iz h 429
Kwaschik, Johannes → d 10, D 33, d 39, D 125
Kwasnitschka, Karl Dr. → Q 539
Kwauka, Gerd-Georg Dr.-Ing. → T 2 034
Kwiecinska, Barbara K. Prof. Dr. → IZ T 293
Kwijas, Rainer Dipl.-Ing. → U 2 943
von Kyaw, Dietrich Dr. → C 591
Kyd, David → IZ V 20
Kyewski, Antje → e 622
Kyle, Sean → iz h 186
Kønigshøfer, Jørgen → iz n 6
Kyo_5ttinen, J. → iz f 2 651
Kypke, Ulrich Dr. → Q 643
Kyriacopoulos, Paris → iz e 12
Kyrieleis, Helmut Prof. Dr. phil. Dr.h.c. → A 104
Kyu-il, NA → E 553

L

La Grotta, Luigi → U 2 732
La Pergola, Antonio Mario → IZ A 224
Laabs, Hartmut → Q 655
— Joochen → S 1 271
v. Laack, Dr. → T 3 341
Laack, Christian Dr. → R 126
Laackmann, Peter → K 292
Laag, Franz Stefan → s 434
van Laak, Erich → H 537
Laar, Friederike → u 1 236
Laaser, Barbara Dr. → T 496
— Erich → S 1 394
Labahn, Rüdiger → T 586
Labatut, Denis → IZ P 43
Labbeke, Daniël → IZ O 79
Labberton, Maarten G. → IZ M 126
Labergère, A. → IZ F 2 489
Labidi, Abdallah → c 1 298
— Mohamed → n 217
Labisch, Alfons Prof. Dr. Dr.med. Dr.phil. → T 3 367
Labonde, Heiner Dipl.-Psych. → e 426
Labonte, Peter → K 300
Labonté-Roset, Christine Prof. Dr. → T 403
Laborda, Jesus Domingo → IZ T 880
Laborde, Jacques → E 460
Labowsky, Hans-Joachim Dr. → t 1 263

Lemmel, Carl-Magnus → iz a 21
Lemmer, Jürgen Dr. → U 2 393
Lemmermann, Inge → u 2 196
Lemmermeier, Doris Dr. → E 646
Lemmert, Wolfgang → T 462
Lemmes, Bert → IZ Q 71, IZ Q 101
Lemoine, Christian → iz f 1 562, iz f 1 654
— Guy → IZ T 853
Lemor, Ulf → K 1
de Lemos da Costa, Jorge → iz f 430
de Lemos de Castro Caldas, Júlio Dr. → iz b 195
Lemos de Sousa, Manuel J. Prof. Dr. → IZ T 293
Lempke, Hans-Werner → R 725
Lemppenau, Joachim Dr. → T 3 671
Lemppenau-Krüger, Angela → B 650
Lemus, Carmen Carinas → IZ S 678
Lenaerts, Koenraad → iz a 225
Lenarduzzi, Domenico → iz a 7
Lencer, Gunter Dipl.-Ing. → S 1 017, s 1 032
Lench, Robert H. → IZ F 1 513
Lenders, Joachim → r 770
— W., Prof. Dr. → T 3 593
Lenemann, Philipp → g 746
von Lengerken, G. Prof. Dr. → T 2 562
Lengert, Walter → A 376
Lengger, Susanne → N 103
Lengyel, Stefan Prof. → S 1 071
Lenhart, Andreas → T 1 327
Leni, Alessandra Dr.-Ing. → IZ F 684
Lenk, Claudia Dipl.-Ing. → S 1 121
— Hans-Jürgen → g 351
— Harald, Dr.med. → T 3 344
— Horst → E 25
— Ingrid → s 671
— Jörg, Dr.-Ing. → h 625
— Sabine, Dr. → O 179
— Sybille → S 427
— Werner → S 682
Lenke, Udo Dr. → S 256
Lennartz, Bernd Dr.habil. → T 2 591
— Michael → S 296
— Stephan → T 3 859
Lennertz, Heinz-Eckhard Dr. → f 532, f 533
— Otto, Dipl.-Ing. → s 986
Lennings, Manfred Dipl.-Ing. Dr.-Ing. Dr.-Ing. E.h. → F 1, R 1, T 2 072, t 2 177, t 2 293
Lennon, Charlie → IZ T 943
Lensch, Birgit → B 371
— Dieter → k 94
Lensdorf, Benno → E 149
Lenski, Sophie-Charlotte → u 2 152
Lenssen, Jürgen Dr. → U 2 318
Lentner, Wilhelm → u 1 938
Lenton, Chris → iz t 504
Lentz, Bettina → E 650
— Rüdiger → o 288
Lentzen-Deis, Wolfgang Prof. Dr. → T 685
Lentzner, Eckhard → s 716
Lenz, Aloys → t 953
— Bernd, Dipl.-Betriebsw. (FH) → U 325
— Erika → Q 164
— Ernst → I 19, I 45
— Ernst, Dipl.-Kfm. → E 193
— Franz-Christian, Dr. → B 554
— Franz Christian, Dr. → s 323
— Joachim → O 284
— Karl-Heinz, Dr.-Ing. → A 304
— Martin, Dr. → A 24
— Renate → U 1 877
— Thomas → d 18, d 49
— Ursula → U 1 334
— Vera Bettina, Dipl.-Ing. → S 874
— Wolfgang → g 710
Lenze, Bernd → G 7, G 8, G 88, T 2 227
Lenzen, Klaus → s 1 584
De Leo, Sigrid → IZ F 529
León, Jorge → n 249
Leonardi, Francesco → iz s 637
— Rosario → iz s 476
Leonhäuser, Ingrid-Ute Prof. Dr. → T 2 467
Leonhard, Elke Dr. → A 36, A 39, U 2 572
— Lothar S. → O 547
Leonhardt, Annette → h 786
— Dieter → u 794
— Frank → C 910, M 207, M 212
— Hans-Werner → T 1 377
— Jochen, Dr. → R 282
Leonhart, Michael → k 80
Leopard, Peter Dr. → IZ T 791
Leopardi, G. → iz s 219
Leopold, Bolko → i 9
— Heinrich Otto → d 207
— Robbert → IZ U 478
Leopoldt, Swaantje → T 1 837
Lepenies, Siegfried Dr.-Ing. → s 936
— Wolf, Prof. Dr. → T 254
Lepicard, A. → iz h 286
Lepine, Olivier → IZ O 236
Lepoivre, Marc → IZ A 232
Leppävuori, E. → iz t 369
Lepper → A 22
— Heinz → R 620
— Horst → m 134
Leppig, Ursula Dr. → T 1 374
Leptien, Hans → A 36
Lerat, Anne → IZ O 79
Lerch, Günter → T 2 068
— Peter → U 3 022
Lerche, Lothar → e 169
Graf von Lerchenfeld, Philipp → u 1 724
Lerchenmüller, Michael Prof. Dr. → T 627
Lerchner, Gotthard Prof. Dr. → T 860
Leretour, A. → iz t 342
Leroudier, J.P. → iz f 506
Leroux, F. → iz f 2 435
Lersch, Edgar Dr. → O 415
— Willy → E 62
Freiherr von Lersner, Heinrich Prof. Dr. → U 2 577
Lertes, E. Prof. Dr. → T 2 085
Lesaar, Bernhard F. → U 1 171
Lesbats, Roger → iz f 2 736
Lesch, Harald → P 41
— Hermann → g 416
Lescher, Jürgen → T 3 702
Leschke, Matthias → T 3 085
Lesener, Hans → T 615
Leske, Heiko → S 742
Leskien, Hermann Dr. → T 946
Lessenthin, Martin → R 502, U 1 164
— Regina → S 1 388
Lesser, Joachim Dr. → I 31
Leßner, Jürgen Dipl.-Volksw. → I 47
Leßwing, Günter Dipl.-Ing. → B 460
Letsch, Karin → H 332, h 360, h 411, h 432, h 450, h 461, h 500, h 518, h 535, h 557
Letschert, Henk drs. → iz q 24
Letsios, Dimitrios → c 785
Lett, Roland → E 456
Letta, Enrico → iz b 142
Lettenthaler, Werner → D 146
Lettgen, Wilhelm → G 600
Lettmann, Reinhard Dr. → u 2 309
Lettner, Horst Dipl.-Ing. → f 680
Letzelter, Manfred → s 1 354
Leu, Walter → IZ N 39
— Wolfgang → U 931
Leube, Meike → T 2 244
Leuchtenberger, Rolf → H 628, h 633, U 748
Leuchter, Ruth → S 1 193
Leuchtgens, Heinz Dr.med. → S 167
Leuchtmann, Ulrich → T 2 124
von Leuckart → A 32
Freiherr von Leuckart, Hans Dietrich → F 976
Leuckel, Jens → S 949
Leuer, Hans Prof. Dr. → t 3 997
Leufen, Frithjof → E 748
Leukens, Udo Dr. → f 564, iz f 304, iz f 2 533, U 635
Leukers, Hans → I 14, I 96
Leukert, Bernd Dr. → T 3 890
Leunda, José Miguel → iz r 170
Leune, Jost → T 3 411, U 1 896
Leunig, Ragnar → iz u 626
Leuning, Ulrich → H 305, iz f 1 129
Leuninger, Helen Prof. Dr. → t 2 966, T 3 163
Leupelt, Hans-Jochen Dr. jur. → m 30, m 120, m 203, m 204
— Maren → Q 174
Leupin, Hans Ulf → iz f 2 473
Leupold, Günter Dipl.-Päd. → T 3 938
Leuschner, Albrecht Dr. → f 332
— Jochen → T 3 894
— Martin → u 2 067
— Sigrid → u 1 146
Leußler, Günter → E 463
Leut, Ulrike Dipl.-oec. → E 40
Leuthäuser, Klaus-Dieter Dr. habil. → t 243
Leutholf, Antje → B 315
Leutner, Bernhard → U 1 082
Graf Leutrum von Ertingen, Karl Magnus Dipl.-Landw. → q 233
Leuzinger, D. → T 3 675
Levaux, Philippe → IZ F 2 142
Leveling, Hans → d 210
Leven, Franz-Josef Dr. → I 142
Leventon, Patrick → IZ H 496
Lever, Paul → C 793
LeVere, Richards → iz r 212
Levermann, Frank → D 145
Levi, Ricardo → iz a 5
Levien, Frank → T 788
Levinson, Stephen C. Prof. Dr. → t 153
Levit, Chaim → u 2 346
Levora, Jan → iz o 231
Levorsen, Robert I. → IZ U 484
Levy, Claude → IZ G 129
— Philippe → E 671
Lewalter → C 584
Lewandowski, Georg → d 38, D 92
— I. → iz g 101
— Jürgen → S 1 386
— Marion → T 2 479
— Pawel → n 250
Lewandrowski, Peter Dr. → D 63
Lewe, Sieglinde → u 1 296
Leweling → Q 482
Lewentz, Roger → u 2 204
Lewerenz, Wolf-Dieter → B 818
Lewerich, Bernhard → T 3 313
Lewering, Dagmar → K 332
Lewis, Andrew D.F. → c 171
— Sarah → IZ U 469
Lewy, Horst Dr.-Ing. → t 1 189
Lex, Peter Dr. → T 718, T 724
Lexow, Jürgen Dr.-Ing. → A 341, t 1 907
Ley, Hans → B 339
— Nikolaus → B 818
— Wolfgang → U 35
Leyendecker, Ludwig Dr. → S 618
— Manfred → u 827, u 830
Leyhausen, Wilfried → R 866, r 925
Leykauf, Willy → u 432
Leymann → A 22
de Leymarie, B. → iz f 1 805
— Bernard → iz f 557
Leys, E. → iz f 2 648
— Frederik → IZ Q 70
Lezius, Michael Dipl.-Kfm. → T 749, U 2 975
Lhafi, Abdeladim → C 1 001
Lhermilte, Sylvain → iz q 11
Lheureux, Christian → IZ F 2 666
L'Hiver, Lothar → o 687
Lhota, Adalbert → c 1 088, U 1 070, u 2 415
Li, Jakov → u 2 351
Libert, Stéphane → iz u 654
Libonati, Berardino → IZ T 850
Libor, Ullrich → u 2 439
Libowitzky, Hans → B 322
Libuda, Sabine → r 792
Liche → A 22
Licht, Klaus-Dieter → I 36
Lichtel, Rudolf → U 1 020
Lichtenau, L. G. Prof. Dr.-Ing. → t 1 651
Lichtenberg, Karl-Heinz → U 1 536
— Werner → b 108
Lichtenberger, Klaus → IZ T 746
Lichtenheld, Rolf → f 208
Lichtenthäler, Paul-Gerhard → S 794
Lichter, Gilbert → IZ I 1
Lichtnack, Bruno → F 966, F 967
Lichtner, Burkhard Dipl.-Ing. → t 2 006
Lichy, Johanna → b 12
Lickfeld, Karl Prof. → Q 476
Lickorish, L.J. → IZ N 40
Lickteig, Klaus E. Dipl.-Kfm. → f 641, f 645
Lidonnici, Fernando → iz f 1 538
Lie, R. → iz m 115
Lieb, Manfred Prof. Dr. → T 3 512
— Wolfgang, Dr. → b 124
Liebau, Karl → S 387
Liebaug, Silvia → B 359
Liebel, Franz → t 2 368
— Theo → R 587
Lieber, Winfried Prof. Dr. → T 630
Lieberei, Reinhard Prof. Dr. → T 923
Lieberherr, Ruedi → iz f 951
Lieberknecht, Christine → B 221, B 343
Liebermeister, Hermann Prof. Dr. → T 2 659
Lieberoth-Leder, Hans-Jörg → S 571
Liebert, Dieter → B 796
— F., Prof. Dr. → T 2 565
Lieberwirth, Otto → U 604
Liebetrau, Alfred → E 37
Liebhardt, Michael Dipl.-Kfm. → IZ F 1 692
Liebhart, Manfred → F 220, iz f 938
Liebig, Wolfgang → h 168
Liebig-Stöckigt, Elisabeth → T 884
Liebing, Werner → H 113
Liebisch, Peggi → U 1 198
Liebl, Heimo → u 1 778
Liebler, Norbert G. Dipl.Wi.Ing. → f 880
Liebmann, Werner → f 241
Liebold, Friedwolf → T 3 790
Liebsch, Helfried → b 96
Liebscher, Wolfgang → H 645
— Wolfram → T 1 901
Liechti, Hans R. → IZ F 24
von der Lieck, Johannes → a 302
Lieder, Silke → u 2 171
— Thorsten → u 2 171
Liedermann, Helmut Dr. → IZ T 872
Liedl, Elisabeth → u 2 741
— Florian, Dr. → s 872
Liedtke, Axel Ralf → Q 133
— Ulrike, Dr. → O 129
Liegl, Alexander Dr. → c 1 026
— Gerald, Dipl.-Ing. → T 1 903
Liekmeier, Norbert Dipl.-Kfm. → I 42
Liekweg, D. Prof. Dipl.-Ing. → t 1 402, t 1 403
Lielje, Hartmut → k 70, k 75
Lienemann, Marie-Noëlle → IZ A 188
von Lienen, Ursula → s 1 202
Lienenkämper, Ralf → c 1 208
Lienhart, Josef → IZ U 715
Lienke, Lutz → u 2 711
Liepe, Hans-Hermann Dr. → S 285
Liepelt, Volker → b 35
Liersch, Wolfgang Dr.-Ing. → B 305
Liesberg, Hansheinrich → E 112
Liesenfeld, Bodo → M 154
Liesenfeld, Doris → I 47
Liesenhoff, Hans Dr. → A 335
Lieser, Erika Dr. → A 36
— Heinrich → E 310
Liesering, H. D. Dr. → O 546
Lieske, Manfred → K 295
Liesner, Willy H. → T 2 115
Liess, E. → T 1 312
Liessel, Werner → T 991
Lieth, Edgar → U 162
Lietti, Véronique → IZ S 530
Lietzau, Wolfgang → T 3 842
Lietze, Klaus → g 754
Lieven, Wilhelm → Q 10, q 219, q 226
Lieverse, G.J.J. → iz f 1 720
Liikanen, Erkki → IZ A 1
van Lil, Paul → iz h 421, iz o 138
Lilie, Barbara Dr. → s 545
Lilienthal, Stefan → N 59
Lilja, Bert → iz f 353
Liljeberg, Holger Dr. → S 736
Liljenberg, Christer → iz h 223, iz h 242
Lill, Christina → U 1 324
Lima, M. → iz h 332
Limbach, Editha → T 725
— Jutta, Prof. Dr. → A 345
— R. Dieter → H 728
— Rolf → I 12
Limbeck, Hartmut → r 419
Limberg, Alfred → O 370
— K., Prof. Dipl.-Ing. → t 1 587
— Klaus, Prof. → T 641
Limburg, Peter → iz o 29
Limkersdörfer, Michael → B 104
Limmer, Joseph → U 2 518
Lin, J.-H. → n 266
Linack, Klaus → f 308, H 264
Linard, André → IZ R 261
Linck, Joachim Dr. → B 343
Lincke, Gusti → u 2 985
Linckelmann, Wolfgang Dr. → A 24
Lind → B 634
— Lone → iz f 763
— Peter → H 100, h 101, h 102, h 103, h 104, h 105, h 106, h 107, IZ H 139
Lindahl, Matti J. → f 741
— T. → iz f 1 231
Lindberg, Per Folke → c 424
— Tuula → IZ O 241
Linde, Anders → IZ F 654
— Erdmann → o 333
— Jürgen, Dr. → N 56, N 62, n 66
— Klaus → g 528
— Ulf → iz f 547
— Volker, Dipl.-Volksw. → E 126
von Lindeiner, Andreas Dr. → Q 504
von Lindelner-Wildau, Klaus Dr. → T 2 091
Lindeløv, Flemming → iz f 2 458
Lindeman, Frederik → iz f 562
Lindemann, Clemens → U 1 639
— Dierk, Dr. jur. → M 207
— Frank → U 1 581
— Jörg → f 814, F 821, F 822, I 107
— Norbert → T 3 415
— Udo, Prof. Dr.-Ing. → T 1 172
Lindemans, Agnés → iz a 18
Lindemuth, H. Dipl.-Ing. → I 47
Linden, Johannes → iz h 450
— Jürgen, Dr. → D 51
— Manfred → g 347
— Stefan → E 189
— Suvi → iz b 63
— Ursula → u 835
Lindenau, Bernd → r 453
— Gerd → s 605
— Hans A. → m 208
— Joachim W. → h 777
Lindenbaum, Walter → r 1 033
Lindenberg, Johann C. → U 522
— Johann C., Dr. → E 235
— Werner, Dipl.-Ing. → s 894
Lindenbergh, Dirk → IZ F 530

Fortsetzung nächste Seite

M

Fortsetzung nächste Seite

Fortsetzung nächste Spalte

Fortsetzung nächste Spalte

Fortsetzung nächste Spalte

Fortsetzung nächste Spalte

Fortsetzung nächste Seite

Moser (Fortsetzung)
— Karl-Heinz → Q 216
— Klaus, Dipl.-Volksw. → E 14
— Marianne → s 493, s 537
— Peter → E 334, e 335
— Wolfgang, Dipl.-Volksw. → E 106
— Wolfgang, Dr. → c 528
Moses, Oliver → u 1 428
Mosiek-Urbahn, Marlies → A 40, b 93, I 47
Mosimann, Emil → IZ F 2 666, iz f 2 724
Mosler, Heinrich → G 91
Mosley, Max → IZ U 402
Mosner, Peter → h 622
Moßandl, Siegfried → E 61
— Siegfried, Dipl.-Ing. → t 1 974
Mossler, Claus Peter Prof. Dr. → P 4, P 30, R 104
Most, Edgar → i 54
— Peter → Q 295
Mosthaf, Axel → IZ G 72
Mota, J. → IZ T 234
— L., Dr. → iz f 2 768
Motschmann, Elisabeth → b 51
— Jens → O 403
Motsos, Georges → iz g 38
Mott, S. → IZ F 639
Motta, Federico → iz o 89
de la Motte, Hans Dr. → A 367, t 2 995
de la Motte-Haber, Helga Prof. Dr. → T 3 890
Motz, Heribert Dr.-Ing. → F 916, U 582
— Riekie, Dr. → IZ T 962
— W., Prof. Dr.med → T 3 246
Mouclier, I. → iz f 2 035
Moulon, Isabelle → IZ A 194
Mountford, Sandy → iz h 453
de Andrade Moura, Josélio Prof. Dr. → IZ T 812
Moura, José Luis → iz f 772
— L. → iz f 167
de Moura Ramos, Rui Manuel Gens → iz a 225
Mouravieff-Apostol, Andrew → IZ R 225
Mourmouris, Ioannis → iz m 15
Moussis, S.E. → IZ W 32
Moustakov, Filip → iz f 2 241
Moutarlier, Valère → iz a 34
Mowlana, Hamid Prof. → IZ T 890
Moyers, J. R. Dr. → IZ S 184
Mraz, Hanners Dr. → iz h 276
Mreschar, Renate I. Dr. → O 438
Mrohs, Angelika → T 2 462
Mrozek, Fedor E. → R 664
Mruczek, Günther → g 465
Mshana, R. N. Dr. → IZ W 5
Muamba, Muepu → E 372
Mubarak, Mahmoud → C 592
Mucha, Rainer → A 134
Muche → b 513
— Joachim, Dr. → T 3 257
Mucke, Peter → iz u 284, U 1 180
Muder, Winfried Dr. → B 37
Mudra, Wolfgang → k 176, k 195
— Wolfgang, Dipl.-Volksw. → T 2 118
Müchler, Günter Dr. → O 290
Mück, Herbert Dr. → k 226
Mücke, Gottfried Dipl.-Ing. → C 989, n 269
— Hans → K 288
— Hubert, Dr. → R 968, s 899
Mückler, Jörg → u 1 056
Müffelmann, Herbert Dr. → B 819
Mügge, Bernhard Dr. → Q 238
Müggenburg, Hartwig → H 276
Mühe-Martin, Marlene → B 143
Mühl, Dr. → A 16
Mühl-Jäckel, Margarete Dr. → S 618
Mühlbach, Hans-Peter Prof. Dr. → t 907
— Peter → r 699, r 744
Mühlbauer, W. Prof. Dr.-Ing. → t 1 628
Mühlbeck, Manuel → H 670
Mühlberg, Andreas Dipl.-Betriebsw. → H 22, h 45
Mühlbrandt, Prof. Dipl.-Ing. → t 1 591
Mühle, Peter → u 1 001
Mühleck, Bernd Dipl.-Verw. (FH) → g 722
— Bernd M., Dipl.-Verw. (FH) → g 293
Mühlen → A 37
von zur Mühlen, Birgit → T 181
— Martin → U 81
— Rainer A. H. → S 996
Mühlenberg, Friedrich Prof.Dr. → t 2 198
— Thomas → u 1 441
von Mühlendahl, Alexander → IZ H 2
Mühlfried, Robert H. Dipl.-Kfm. → G 122, g 123, g 124, g 126
Mühlhäusler, Jörg Dipl.-Ing. → S 952
Mühlhaus, Birgit → u 2 876
Mühlhausen, Hans-Peter → h 528
Mühling, J. Prof. Dr. Dr. → T 3 277
Mühlinghaus, Rainer Dipl.-Ing. → s 865

Mühring, Gerhard → U 759
de Mûelenaere, Robert → iz f 340
Mülhaupt, Bernd → t 2 169
— R., Prof. Dr. → T 1 796
Müllegger, Ulrich → D 52
Müllejans, Peter → E 547
Müllenbach, Gerd → b 145
— Gerhard → u 1 940
— Ralf → f 451, U 668
Müllendorff, Richard Dr. → T 895
Mülleneisen, Berthold A. → S 391
Müller → A 34
— Dipl.-Ing.-agr. Dr. → q 90
— Dr. → A 34
— A., Dr. → A 340, T 1 162
— A., Dr. Dipl.-Phys. → t 1 457
— Adolf → N 91
— Alexander, Dr. → C 1 263
— Alfred → b 24
— Alfred, Dipl.-Ing. → k 214
— Andreas, Dipl.-Ing. → G 402
— Anton → iz m 75
— Arnt, Dr. → t 1 953
— Beat → iz f 1 592
— Benoit → IZ O 102
— Bernd → T 882
— Bernd, Dipl.-Volksw. → G 318, o 616
— Bernd Joachim, Dr. → t 1 893
— Bernhard, Univ.-Prof. Dr.rer.nat. Dr.rer.hort.habil → T 2 581
— Birgit → D 117
— Christian → A 36, S 887
— Christine → g 428
— Christophe → iz f 2 257
— Claudius, Dr. → T 2 655
— Dierk, Dr. → E 361
— Dieter → G 87, g 414
— Dieter, Dipl.-Kfm. → s 638, s 662
— Dieter K. → T 2 407
— Dietrich → u 2 355
— Doris → T 1 157
— Dorothea → r 480
— Dorothee → q 415
— E. → iz f 2 500
— Eckard → U 1 393
— Eckart, Prof. Dr.-Ing. → T 1 905
— Ekkehard, Dr. → o 19
— Elke G. → O 650
— Erhard → t 3 082
— Erich, Dr. → h 213, H 655
— Erich-Lüdger → o 585
— Erwin, Dr. → c 804, T 2 121
— Eugen, Dipl.-Volksw. → T 2 092
— Frank → E 576, S 1 599, T 898
— Frank, Dipl.-Volksw. → E 410
— Frank-Michael, Dr. → T 1 747
— Friedmar → s 1 565
— Fritz → k 85
— G., Prof. Dr. → t 1 706
— Gerd → D 93
— Gerd, Dipl.-Kfm. → L 59
— Gerd, Prof. Dr. → t 224, T 4 053
— Gerd, Prof. Dr. E.h. → t 216
— Gerd, Prof. Dr.rer.nat. → T 1 143
— Gerd Jürgen, Prof. Dr. → T 475
— Gerhard → g 775, U 854, U 2 735
— Gerhard, Prof. Dr. → T 856
— Gerold → T 677
— Gertrud → F 1 014
— Gisbert → q 77
— Gisela → A 197
— Gosbert → u 1 927
— Gottfried, Dr. → u 1 068
— H., Prof. Dr.-Ing. habil. → T 1 048
— Hans → g 411, q 18
— Hans-Georg → H 84
— Hans-Joachim → R 215
— Hans-Jürgen → k 163
— Hans-Jürgen, Dipl.-Volksw. → H 40, h 43
— Hans-Peter → m 18, M 151
— Hans-Peter, Dipl.-Ing. → S 956
— Hans R. → N 30
— Hans-Rudolf → F 515
— Hans-Werner → IZ G 25
— Hans-Willi → H 684
— Harald → IZ T 848
— Harald, Prof. Dr. → U 2 601
— Hedwig, Dr. → T 3 607
— Heike → u 2 919
— Heiko → H 582
— Heino → T 1 966
— Heinz → d 226
— Heinz-Egon → r 687
— Heinz-Jürgen, Dipl.-Ing. → G 491, g 493, g 501, h 142, IZ H 517
— Helmut → e 614, K 300
— Helmut, Dr. → A 188
— Helmuth R., Dipl.-Psych. → T 2 418

Fortsetzung nächste Spalte

Müller (Fortsetzung)
— Henning → U 751
— Herbert → a 69
— Herbert, Dr. → T 2 045
— Herbert, Dr.-Ing. → r 112
— Herbert R., Dr. → U 2 525
— Hildegard → U 2 045, U 2 064
— H.J. → iz h 341
— Horst, Dr. → A 259
— Horst-Lothar, Dr. → s 378
— H. S., Prof. Dr.-Ing. → t 1 922
— Hugo → r 446
— Ingrid → U 1 357
— J., Dr. → F 364
— Joachim → g 445, U 2 976
— Joachim, Dr. → a 146
— Jochen → n 4
— Jörg → E 24
— Jörg, Dipl.-Ing. → s 1 048
— Josef → d 202
— Jürgen → m 79, T 1 062
— Jürgen, Prof. Dr. → T 666
— Jutta → A 36, h 499, h 571
— Jutta, Dipl.-Ing.-Ökonom → h 451
— K. → IZ H 404
— K., Dipl.-Ing. → L 78
— Karl → E 37
— Karl-Ernst, Dr. → S 575
— Karl-Heinz → g 222
— Karl Heinz → T 561
— Karl-Rainer → R 546
— Kerstin → A 40, A 41
— Klaus → A 40, A 41, b 186, D 88, Q 602
— Klaus, Dr. → t 2 514
— Klaus-Rüdiger → T 2 663
— Klaus Walter → O 202
— Kurt → B 329
— Lothar → H 25, k 83, N 100
— Luise → U 2 976
— M. → A 16
— Manfred → A 175, U 1 535, u 2 313, u 2 454
— Marianne → T 716
— Marie-Luise → R 618
— Marita, Dr. → T 441
— Markus → U 1 868
— Martin → S 970, u 1 529
— Martina, Prof. Dr.-Ing. → T 1 090
— Mathias M., Prof. → IZ T 783
— Matthias → D 112, E 263, e 364, I 72
— Matthias, Dr. → s 300
— Meinrad → T 1 157
— Michael → A 40, A 67, N 58, O 403, Q 357, S 1 235, s 1 245, U 2 393
— Michael, Dipl.-Betriebswirt → E 104
— N., Dr. → T 3 213
— Niels D. → B 800
— Norbert, Dr. → E 60
— Otto W., Dr. → S 266
— P.A., Prof. Dr. → T 3 287
— Patrick → U 1 576
— Paulus, Dipl.-Ing. Dipl.-Kfm. (FH) → S 974
— Peter → A 40, B 143, g 422, h 193, r 608, U 2 045, u 2 059
— Peter, Dr. → u 2 822
— R. A. E., Prof. Dr. → T 2 495
— Rainer → g 524
— Rainer, Dr.rer.nat. → m 5
— Ralf → r 66
— Ralf Peter → F 444, H 220
— Reinhard → M 84, m 202
— Reinhold → u 2 477
— Renate → K 306, R 531, u 1 138
— Richard → IZ S 724
— R. Klaus, Prof. Dr. → U 2 393
— Roland, Dr. → U 367
— Rolf → K 285, u 2 478
— Rolf, Dr. → U 2 393, u 2 403
— Rolf, Prof. → r 978
— Rolf D. → k 81
— Rollf Dieter, Dipl.-Ing. → c 901
— Rudolf → d 44, u 2 301
— Sandra, Dipl.-Betrw. (BA) → U 169
— Siegfried, Dr.-Ing. → t 1 199
— Silke → u 2 049
— Stefan, Dipl.-Kfm.Ing. (grad.) → f 655
— Stefan C., Prof. Dr. → T 591
— Stephan, Dipl.-Ing. → S 950
— Sven-David → T 2 451, T 3 233
— Sylvia → u 2 169
— Theo, Prof. Dr. → Q 392
— Thomas, Dipl.-Phys. Dipl.-Wirtsch.-Ing. → t 1 453
— Udo → L 56
— Udo, Prof. → B 278
— Ulrich → b 13, f 773
— Ulrich S. → IZ S 313, S 694
— Ulrike, Dr. → t 2 802

Fortsetzung nächste Spalte

Müller (Fortsetzung)
— Ursula → O 93, S 1 189, U 1 275
— Ute → t 2 948
— Volker, Dr. → f 9, r 9
— Volker, Dr. phil. → U 2 370
— Volkmar, Dipl.-Ing. → S 940
— Volkmar, Dipl.-Ing.(FH) → S 941
— W., Dipl.-Ing. → t 1 689
— Werner → N 31
— Werner, Dr. → A 16
— Wilfried → g 312
— Wilhelm → u 1 437, U 1 822
— Willi → t 2 848
— Winfried → u 2 684
— Winfried, Dipl.-Ing. → U 3 017
— Wolf-Dieter → E 478
— Wolfgang → F 492, q 113, t 2 312, T 3 200
— Wolfgang, Dr. → s 1 208, T 3 794
— Wolfgang H. → s 1 295
— Wolfgang H., Dr.-Ing. → S 975
— Wolfram, Dipl.-Vw. → S 760
Müller-Baron, Ingo → T 2 789
Müller-Bertram, Helga → D 132
Müller-Biebel, Uwe → g 482
Müller-Böling, Detlef Prof.Dr. → T 2 403
Müller-Donges, Rainer Dipl.-Ing. → E 89, F 874, iz f 362
Müller-Freienfels, Andrea Dr. → s 488
Müller-Glaser, K. Prof. Dr.-Ing. → T 1 365
Müller-Graff, Peter-Christian Prof. Dr. → T 2 244, T 3 520
Müller-Greven, Helmut → T 1 074
— I. → T 1 074
Müller-Hagedorn, Lothar Prof. Dr. → t 2 178
Müller-Heidelberg, Till Dr. → U 1 871
Müller-Hellmann, Adolf Prof.Dr.-Ing. → F 845, M 1
Müller-Heuser, Franz → IZ O 15
— Franz, Prof. Dr. → O 83, U 2 771
Müller-Hirtz, Helmut Dipl.-Volksw. → E 185
Müller-van Ißem, Gerd Dr. → f 252, F 515, F 516, iz f 2 342
Müller-Kaldenberg, Rieke → O 324
Müller-Kaulen, Brigitte Dr.med.vet. → T 2 657
Müller-Kemler, P. → iz f 496
Müller-Kinet, Hartmut Dr. → b 89
Müller-Klepper, Petra → b 93
Müller-Lantzsch, Nikolaus Prof. Dr. → T 3 352
Müller-Leiendecker, Klaus → c 913
Müller-Leonhardt, D. → G 390
Müller-Litz, Walter Dr.rer.nat. → T 1 847
Müller-Lotter, Karl-Friedrich → T 3 744, T 3 745
Müller-Neuhof, Klaus Dr. → T 1 740
Müller-Oerlinghausen, Bruno Prof. Dr.med. → S 75
Müller-Oltay, Ulrich → R 195
Müller-Röske, Detlef → G 113, g 426, g 662
Müller-Rostin, Wolf Dr. → T 3 501
Müller-Ruckwitt, Erwin → T 3 864
Müller-Rückert, Gabriele Dr. → U 1 812
Müller-Ruhnau, Jörn → T 513
Müller Schmied, Martin → r 1 039
Müller-Schorp, Hansi → S 1 543
Müller-Schwefe, Gerhard Dr. med. → T 3 357, T 3 358
Müller-Siebers, Karl Prof. Dr. → T 521
Müller-Stein, Jörg Dr. → R 188
Müller-Steinhagen, H. Prof. Dr.-Ing. → T 380
Müller-Storz, H. Prof. Dr.-Ing. → t 1 580
Müller-Syring, Rolf Dr. → U 332
Müller-Thomkins, Gerd → U 34
Müller von Blumencron, Herbert Dr. → r 193
Müller-Windisch, Manuela Dr. → t 45
Müllerleile, Christoph Dr. → U 1 878
Münch, Albrecht → u 2 738
— Eugen → E 63
— Helmut → g 153, g 154
— Jean-Bernard, Dr. → IZ O 54
— Kurt → g 645
— Thomas → g 614
Münchau, Mathias Dr. → f 46, F 806
— Mathias, RA Dr. → iz f 2 363
Münchbach, Werner Dr. → B 744
Münchberg, Hans-Helmut → N 1 85.10
Müncheberg, Hans → s 1 256
Frhr. von Münchhausen, M.-Werner → i 55
Mündemann, Friedhelm Prof. Dr. → r 972
— Friedhelm, Prof. Dr.rer.nat. → T 429
Münden, Rainer → u 1 307
Münder, Johannes Prof. Dr. → U 1 564
— Johann-Georg, Dipl.-Ing. → H 307
Münk, Dieter Dipl.-Wirt.-Ing. → t 1 184
Münker, Dieter Dr. → E 41
— Reiner, Dr. → iz o 1 13.20, U 746
Münstedt, H. Prof. Dr. → T 1 310
Münster, Hans P. Dipl.-Volksw. → H 89, H 90, iz f 260

Fortsetzung nächste Seite

Münster (Fortsetzung)
— Hubertus → K 37
— Nikolaus → D 72, O 498
Münstermann, Walter → T 3 644
Müntefering, Franz → U 2 183, u 2 199
Müntze, Thomas → U 857
Münz, Albert → K 249, S 919, S 922
— R. → iz q 151
— Rolf → iz q 123, Q 209
— U. V., Dipl.-Ing. (FH) → T 1 766
Münzberg, Peter Dr. → t 2 807
Münzel, Manfred → E 395
Münzer → A 22
— Christoph, Dr. → S 787
Münzhuber, Georg → T 1 125
Münzner, Horst Prof. Dr.-Ing. e.h. → E 114
Mürau, Hans-Joachim Dr.jur. → F 382, F 383, F 409, F 410, F 487, IZ F 1 736, IZ F 2 044, iz f 2 626, iz f 2 627
— H.J. → iz f 494
— H.-J., Dr. → iz f 60, iz f 456
Muermann, Bettina → T 2 462
— Hanns-Erwin, Dipl.-Kfm. → F 221, F 475
Müsch, Jürgen → I 19
Müsken, Joachim → T 1 377
Müssenich, Josef → U 1 037
Mütschele, Thomas Dr. → S 575
Muff, Claudia → t 2 367
Mugaas, Olav Martin → IZ T 264
Mugele, Klaus → q 17
Mugler, Klaus → a 292
Muhič, Franc → iz f 2 453
Muhl, Peter → f 764
— Werner → g 429
Muhle, George C. → K 53
Muijser, M.P.J.A. → IZ P 42
Mukhin, V. → iz t 919
Mukundan, Pottengal → IZ M 189
Mulder, Jos → IZ U 471
Mulders, Jaap → IZ M 211
Mull, Rolf Prof. Dr.-Ing. → T 2 590
Muller, Adelberto → iz o 221
— André → IZ F 315
— Edmond → iz f 1 759
— Jean-Paul → S 427
Mullin, Mary V. → IZ S 680
Mullis, C. → IZ T 263
Mullooly, Brian → IZ B 12
Mulot, Gernot → U 2 017
Multhaup, Hans-Theo → S 1 609
— Roland, Prof. Dr. → U 762
Mulvehill, P. → iz h 328
Mume, Jürgen Dipl.-Ing. → R 723
Mumm, Carsten → q 32
Munack, Axel Prof. Dr.-Ing. → IZ T 648
Munch, J. C. Prof. Dr. → T 1 748
de Munck, Andre → IZ H 362, iz h 363
Mund, Heidrun → H 259
— Hermann, Dipl.-Volksw. → T 1 899
Munde, Annedore → S 742
Munder, I. Prof. Dr. → t 1 691
Mundlos, Heidemarie → U 1 573
Mundolf, Sabine → U 1 225
Mundt, Hans-Werner Dr. → U 4
— Hans Werner, Dr. → U 1 995
— Jürgen → c 456
— Robert → U 362
— Siegfried → f 682
— Siegfried H. → f 630
Mundzeck, Heike → O 373
Munhofen, Werner → K 329
Munhowen, M. → iz f 1 454
Muñiz Guardado → iz q 194
Munkes, Hermann J. Dipl.-Volksw. → E 193
Munkwitz, Claus → G 101
Munn, Alan → IZ F 2 017
— Pamela → IZ T 634
Muñoz, A. Muñoz → iz t 330
Munsch, Norbert → N 276
— Willi → q 51, Q 60
Munske, Barbara Dr. → iz u 621
Munte, Michael Dipl.-Ing. → f 79, r 44
Munter, Karl-Heinz Dr.med. → S 75
Munz, Rudi → S 1 364
— Thomas → H 764
Muolo, Antonio → iz u 675
Mura, S. Dr.-Ing. → iz f 366
Murali, Narasimhan → IZ T 264
Muranyi, Istvan → iz f 213
Murati, Noël → IZ T 313
Muraz, Jean-Max → iz f 1 997
Murga Ulibarri, Pedro → iz r 5 6.27
Murjahn, Waldemar → O 479
Murken, Axel H. Prof. Dr. → T 3 405
Murko, Matthias Dipl.-Sozialw. → U 2 939
Murmann, Dieter Dr. → U 2 045
— Dieter, Dr.-Ing. → c 832, E 219, E 311, U 2 083

Fortsetzung nächste Spalte

Murmann (Fortsetzung)
— Hans-Peter → H 670, iz r 31, U 795, u 804
— Klaus, Dr. → K 57, R 1, t 3 004
Muro Olle, Marian → iz n 48
Murphy, B. → iz f 76
— E.A. → IZ R 224
— John → iz o 84
— M.J. → iz f 1 452
— Paul → iz b 121
— P.D. → IZ T 775
— Tom → iz s 404
Murr, Hans → Q 36
— J., Dr. → T 1 325, t 1 326
Murray, F.M. → IZ F 2 582
— Kevin → iz s 474
— Martin → iz f 945
Murrenhoff, Hubertus Prof. Dr.-Ing. → t 1 212
Musaeus, Cato → iz s 274
Musahl, Hans-Peter Dr.rer.nat. → T 1 378
Musall, Peter → U 1 255
— Peter, Prof. → t 4 009
Muscat, Richard → iz u 690
Musch, Andreas → r 678
Muschallik, Thomas Dr. → S 273
Muscheid, Dietmar → K 300, r 421
Muschner, Burkhard Dr. → B 207
Mushardt, Ute → N 61
Musicco, Lorenzo → iz f 541
Musil, Stefan Dipl.-Ing. → s 815
Mußdorf, Torsten → F 1 029, U 535, U 536
Mussinghoff, Heinrich Dr. → u 2 291
Musso, Giovanni Prof. → E 491
Mustel, Kerstin → IZ T 949
Mustin, Tim → iz f 2 289
Mustonen, Irmeli → iz f 504, iz f 1 436
Muth, Hans-Jürgen → I 42, I 44
— Hermann → S 1 129
— Michael → S 741
— Monika → s 428
— Reinhard, Dr. → Q 277, Q 299
— Ulrich → T 1 229
Muthesius, Thomas Dr. jur. → M 1
Mutke, Uller → F 379
Mutschler, Wolfram → u 438
Mutter, Gerhard → O 547
Mutti, M. → IZ F 455, iz f 472
Muttke, Uller → F 371
Mutz, Jürgen → IZ U 717, T 796
Mutzl, Alfred → Q 576
Muxfeldt, Ellen → U 1 805
— Hannelore → U 1 571
Muylaert, Hélène → IZ G 172
Muzquiz, G. → iz s 54
Mwene Mushanga, Tibamanya Dr. → C 1 300
Myers, B. → IZ T 813
— Gary → IZ U 593
— Morley → IZ S 672
Myhre, Tom → iz f 948
Myllorup, F. → iz h 67
Mønsson, Lars Gunnar Dr. → iz t 726
Mønsted, Peter → c 98
Mysegaes, Wilfried → k 83

N

Naassan, Alexis → E 300
Naber, Conrad Dipl.-Ökon., Dipl.-Ing. → E 132
Naberžnik, Alfonz → C 1 216
Nabuda, Werner → q 94
Naccarelli, Sandro → iz g 43
Nachama, Andreas Dr. → u 2 333
Nachbauer, Klaus Dipl.-Kfm. → G 352, g 363
Nachtigäller, Christoph → T 2 794
Nachtigal, Gert → K 62, K 78
Naci Koru, Ali → c 1 289
Nacke, Wolfgang → o 655
Nadalini, Luigi → iz h 455
Nadjmabadi, Shahnaz Dr. → T 1 115
Nadler, Andreas Dr. → T 3 434
Nadolny, Fred → k 88
Nadorf, Andreas → q 151
Nägeli, Otto E. Eidgen. Dipl.-Bankfachmann → I 98
Näkel, Werner → Q 296
Naendrup, Prof. Dr. → T 3 524
— Gerhard → q 519
— Peter-Hubert, Prof. Dr. → t 3 993, t 3 995
— Peter Hubert, Prof. Dr. → t 3 996, t 3 998, t 3 999
Naether, Volkbert Dr. → u 2 859
Nätscher, Ludwig Dr. → s 1 555
Nagarvala, S. J. → IZ M 218
Nage, Peter → E 193
Nagel, Alfred → R 666
— Andrea → N 131

Fortsetzung nächste Spalte

Nagel (Fortsetzung)
— Bernd → S 230
— Eugen → G 301, g 302, IZ G 184
— Friedrich → iz a 109
— Götz → k 225
— Hans Jörg → U 2 518
— Hans-Jürgen → u 2 840
— Hilke → Q 298
— Jens, Dipl.-Volksw. → H 40
— Karl → k 171, k 190
— Kurt, Prof. Dr.rer.pol. → T 2 250
— Martin → G 368, g 379
— Paul → S 693
— Ralf → b 171
— Robert → Q 152
Nagele, Wolfgang → U 1 017
Nagelschmidt, Detlef → h 555
Nagler, Georg Prof. Dr. → T 536
Naglia, Luigi → IZ F 13, iz f 19
Naglschmid, Friedrich Dr. → u 2 466
Nahm, Bernd-Günther → O 190
Nahrstedt, Wolfgang Prof. Dr. → U 2 702
Naik, H. → IZ R 219
Naim, Normah → iz f 2 708
Nakano, Tomoo → c 244
Nakath, Dr. → A 22
Nakielski, Hans Dipl.-Volksw. → T 824
Nakonz, Christian → C 159
Namavicius, Zenonas Dr. → C 956
Namuth, Peter → r 192
Nanke, Dirk-Michael → s 560
Nanz, Helmut Dipl.-Kfm. → c 826
Naoki Lins, Mark → R 948
Napier, J.B. → IZ T 775
— Lorraine → iz u 2 23.01
Napierala, Sigrid Dipl.-Ing. (FH) → t 1 110
Napp, Herbert → D 109
Naqvi, Amir → iz a 75, iz a 155
Nardi, M. → iz q 134
— Tito, Dr.jur. → IZ F 684
Nareyke, Norbert → u 454, u 455
Narisada, Katsuhiko → n 238
Narjes, Karl-Heinz Dr. → T 2 244
Nascimento, H. → iz g 104
Nasemann, Thomas → u 2 193
Naser, Siegfried Dr. → d 21
Nasri, Hani → c 1 249
Naß, Rudolf → I 76
Nassauer, Gerd → F 187
— Hartmut → U 2 045
Nastasi, Mirjam Prof. Dr. → T 490
Natek, Andrei → IZ H 64
Natelberg → b 515
Natera Muro, M. → iz h 283
Natucci, Sergio → IZ O 43, iz o 51
Natus, Wolfgang → E 2, E 176, E 192
Natusch, Dieter Dr. → S 291
Nau, Hans → U 1 763
Nauck, Bernhard Prof. Dr. → t 2 266
— Gunnar, Prof. → T 453
Naudy, Suzanne Dr. → iz t 710
Nauert, Frank → H 282
Nauheimer, Anton → M 235
— Frank → u 2 206
Naujokat, Dirk → m 22
— Dirk, Dipl.-Volksw. → m 66, M 155, m 156, m 160, M 163
— Gerhard → O 403
Naujoks, Jürgen → R 590, r 596
Naumann, Armin Dipl.-Ing. agr. → K 25
— Bettina → H 695
— Britta, Prof. → T 819
— Clas M., Prof. Dr. → T 2 622
— Eckart, Dipl.-Ing. → t 1 174
— Frank, Dipl.-Phys. → f 860
— Gunter, Dr. → U 181
— Hartmut → k 95
— Heinz → S 912, T 745
— Heinz-Peter → H 762
— Joachim → d 209
— Karl Peter → T 3 559
— Karl-Peter → u 1 136
— Kathrin → D 101
— Klaus-Peter, WP/StB Prof. Dr. → S 633
— Mathias, Dipl.-Kfm. → H 119
— Michael, Dr. → A 4
Naumer, Hans Dipl.-Volksw. → q 53, Q 59
Naundorf, Helmut Dipl.-Ing. → iz t 473
— Klaus-Dieter → U 197
— Stephan → S 742
Naunin, Dietrich Prof. Dr.-Ing. → M 82
Nauschütt, Jürgen Prof. Dr. → U 812
Nauwelaerts, Gerard → IZ F 1 464
— Gerard J. → IZ F 1 367
Navara, Herbert → O 591
— Miroslav → IZ S 678
Navarro Gonzalez, Alberto → iz a 24, IZ A 232
Navarro Portera, Miguel Ángel → IZ C 14

Nawaz Khan, Rab → c 1 105
Nawrath, Dr. → A 14
— Barbara → K 279, K 280
Nawrazala, Dieter → H 436
Nawroth, Alexandra → K 275, K 276
Nax, Wilfried → T 538
Naz Pajares, R. → iz t 467
Ndoye, M. Dr. → IZ W 5
Nebe, Monika Dipl.-Soz. → T 3 740
Nebeker, Gary → IZ R 204
Nebel, Jürgen Prof. Dr. → T 547
— Klaus Günter, Dipl.-Ing. → s 1 031
— Werner → K 53
Nebelung, Waltraud → u 1 306
Nebiolo, Primo Dr. → IZ U 412, IZ U 496
Necker, Tyll Dr.h.c. → F 1, T 97
Neckermann, A. → O 704
— Werner → U 932
Nedden, Burckhard → B 352
Nedelcu, Jon N. → S 1 547
Nedele, Manfred → u 2 979
Nedeß, Christian Prof. Dr.-Ing. → T 515, t 1 226, T 3 825
Nedkov, Plamen → IZ T 889
Neeb, Gustav-Adolf → M 187
— Hansjörg, Dr. → A 24
— Thomas → H 284
de Neef, Karel → IZ A 194
Neefe, Götz Dipl.-Kfm. → h 29
Nees, Albin Dr. → b 162
Neese, Hans-Joachim → A 24
Neesen, T. → IZ F 1 994
Neetz, Norbert → O 480
Neffgen, Bernd Dipl.-Geograph → E 165
Negre i Villavecchia, Antoni → IZ E 3
Negretti, B. → iz s 165
Neher, Bernd → k 450
— Peter → s 1 000
Nehm, Kay → A 348
Nehmer, Russell → IZ U 379
Nehnen, Josef → U 2 393
Nehrhoff, Uwe Dipl.-Kfm. → G 72
Nehring, U. P. Dr. → IZ T 295
— Ute → T 1 852
Neidhardt, Astrid → U 395
— Friedhelm, Prof. Dr. → t 2 260
Neidhart, Volker Dr. → Q 338
Neidhart-Keitel, Beate → IZ O 11
Neidlinger, Edith Dipl.-Volksw. → E 189
— Toni → N 92
Neifer, Bernd → h 105
— Hans → B 456
Neiglick, Olof → iz i 221
Neil, Fergusson → IZ U 308
— John → iz h 184
Neilson, Robert W. → iz t 731
Neinhaus, Antje Dipl.-Ök. → E 193
— Tillmann, Dipl.-Kfm. → E 143
Neipp, Gerhard Prof. Dr.-Ing. E.h. → F 1
— Günter → U 561
Neira, Victor → iz u 221
Neiser, Inge Dipl.-Psych. → S 1 527
Neises, Mechthild Dr. Dr. med. → T 3 306
Neißer, Horst Dr. → T 1 799
— Joachim → D 67
Neitzel, Bettina → s 1 358
— Werner → r 107
Neitzer, Günter → S 712
Neizert, Berthold Dr. → t 175
Nekola, Manfred Dr. → F 178, T 2 462
Nekouvi, Kurosh → s 1 428
Neligan, David M. → IZ A 232
Nelissen, Piet → IZ F 1 927
Nelius, Klaus → k 224
Nelke, Astrid → S 742
— Gerd → c 1 262
Nell, Martin Prof. Dr. → T 3 950
— Thomas → o 334
Nelles, Ursula Prof. Dr. → S 564
— Wilfried → u 1 985
Nellesen, Bernd → f 372
Nellessen, Bernhard → O 324
Nelson, Audrey → E 468
— L. Dolliver M. → IZ V 24
— R. → IZ T 494
— Ursula → T 792
Nemec, Dieter → E 492
Nemeth, Johanna → iz u 570
Nemitz, Barbara Dr.med. → T 3 853
— Carmen → S 103
Nendel, W. Dr.-Ing. → t 1 619
Nentwich, Vera → S 21
Nepentini, Enea → iz f 2 347, iz f 2 401
Nerbe, Wulf → f 116
Nerger, Anke → e 695
— Hanns Peter → n 65
— Hans → u 806
Nerlich, Günter Karl Willi → c 831
— Hans → T 1 799

van Nes Ziegler, John → E 692
Neseker, Herbert → T 771
Neskovic, Wolfgang → S 578
Neslund, Thomas R. → IZ U 264
Ness, Eilif → IZ U 408
— Klaus → u 2 187
— Wolfgang, Dipl.-Ing. → U 888
Nesselhauf, Roland → h 698
Graf von Nesselrode, Dietrich → q 269
Nessheim, J. → iz h 511
Neßlang, Norbert Dipl.-Volksw. → E 104
Neßler, Roland → r 692
Nest, Nerio → iz b 138
Nestle, Siegfried → T 1 744
Nestler, Ingolf → s 471
Nestroy, H.-N. → C 335
Neswadba, R. Dipl.-Volksw. → U 262
Netelenbos, T. → iz b 177
Neteler, Peter → g 412
Netlitz, Ernst Friedrich → F 273
Neto, Amaral → iz f 475
Netsch, Friedrich → F 1 036
Nettelbeck, Joachim Dr. → T 254
Nettersheim → A 12
Nettlau, Eveline → U 403
Nettmann, Hans-Konrad Dr. → T 1 376
Netzel, Werner → l 63
Netzer, Hans → r 304
von Netzer, Jörg → F 1 005
Neu, Michael → f 398
— Nicolas-Paul, Dipl.-Ing. → E 149
— Werner, Dr. → T 3 599
Neubäumer, Renate Prof. Dr. → T 3 679
Neubauer, Dr. → A 18
— Bernd → H 234, iz g 193
— Erika, Dr. → U 1 334
— Frank → u 895
— Franz → U 988
— Gerd → B 260
— Jost, Dr. → B 821
— Martin, Dr. → A 24
— Michael, Dr. → R 600
— Werner, Dr. → f 649, T 377
Neuber, Friedel Dr. h.c. → l 78, T 573
Neuberger, Jochen → u 2 815
— Oswald, Prof. Dr. → T 3 935
— Robert → O 387
— Siegfried → iz f 2 343, iz f 2 397
Neubert → A 8
— Angelika → e 201
— Günter → s 1 320
— Hannspeter, Dr. → T 2 086
— Jürgen, Dr. rer. nat. habil. → B 379
— Wolfgang, Dipl.-Ing. → f 522
Neubrand, Jürgen → S 338
Neubüser, Bernd Dr.-Ing. → s 931
— Manuela → s 89
Neudecker, Martin Dipl.-Kfm. → E 177
Neudenberger, Petra → E 137
Neudert, Christiane → a 66
Neuendorf, Manuel → S 1 311
Neuenfeldt, Henrike → s 1 504
Neuenfels, Benedict → R 600
Neuerburg,
Joachim Dipl.-Oec. Dipl.-Ing. → t 1 226, T 3 825
— Michael, Dipl.-Volksw. → E 24
te Neues, Jan Dipl.-Ing. → T 1 146
Neufang, Detlef → M 83
— Rüdiger, Dr. → u 2 536
Neufert, Klaus → u 1 784
Neuffer, Hans Dipl.-Ing. → L 33
Neugebauer, Rainer Prof. Dr. med. → T 2 743
— Reimund, Prof. Dr.-Ing. habil. → t 225
— Roland, Dipl.-Geograph → E 114
— Werner → r 399
Neuhäuser, Gerd → s 609
— Karl, Dr. → U 710
— Rosel → u 1 404
Neuhalfen, Walter → f 735, r 154
Neuhann, Florian → S 1 213
Neuhardt, Birgit → E 185
— Peter → r 180
Neuhaus, Annette → S 1 067
— Carl-Friedrich → T 460
— Egbert → E 138
— Friedrich, Dr. → F 265, F 847, f 855, f 857
— Fritz → U 2 763
— Günter → F 261, f 879, U 592, U 618, U 623, U 651, U 653
— Horst, Dr. → T 3 231
— Jürgen, Dr. → i 59
— Karl-Joachim → D 136, T 2 044
— Peter → k 227
— Ralf → t 205
Neuhaus-Wever, Klaus → U 23
Neuhauser, Walter Dr. → T 2 407
Neuhöfer,
Manfred → U 437

Neujahr, Kerstin → E 72
Neukirch, Joachim Dr. → C 192
Neukirchen, Vera → U 2 946
— Werner → m 25
Neukirchinger, Hans → S 475
Neumaier, Horst → H 504
Neumann → U 291
— Prof. Dr. → T 3 524
— Bernd → K 319, U 2 045, u 2 049
— Christiane → T 257, t 2 260
— Christine → O 257
— Claudia → O 382
— Dieter → B 774, f 236
— Dörte → u 2 991
— Georg → T 3 698
— Günter → E 45, e 54
— Guido → N 158
— Hanka → F 1 032
— Hannes, Prof. Dr. → T 499
— Herbert → k 79
— Holger, Dr.-Ing. → u 833
— Jannes → M 255
— Jens, Dr. → E 126
— Jürgen, Dipl.-Volksw. → T 692
— Karl-Heinz → O 720
— Klaus, Prof. Dr. → T 4 083
— Lothar F., Prof. Dr. → T 2 118, t 2 298, T 4 062
— Manfred, Prof. Dr. → A 152
— Manfred J. M., Prof.Dr. → T 2 348
— Michael, Dr. → B 732
— Moritz → u 2 337
— P., Dr. → IZ F 1 611
— Peter → r 753
— Peter, Prof. Dr. → t 108
— Pirjo-Liisa → E 422
— R. → B 709
— R., Dr. → T 3 242
— Rolf H. → M 249
— Siegfried → T 635
— Ulrich → h 32, T 503
— Uwe → E 202, N 108
— Uwe Jens, Dipl.-Kfm. → U 358
— Volker → O 437
— Walter O. → u 2 741
— Werner, Dr. → T 2 653
— Wolfgang → F 1 032, k 247
— Wolfgang, Dipl.-Ökon. → T 2 079
— Wolfgang, Dr. → T 3 571
Neumann-Schniedewind, Volker Dr. → c 968
Neumann-Wedekindt, Jochen Dr. jur. → S 272
Neumayer, B. Dipl.-Math. → t 1 660
— O. → IZ T 333
Neumeier, John → Q 643
— Kurt, Prof. → T 544
Neumeister, Karl-Heinz → IZ F 2 234
— Rudolf → c 891
Neumerkel, Klaus Dipl.-Phys. → B 461
Neumeyer, Martin → B 14
Neun, J. Dipl.-Ing. → iz t 325
— Jürgen, Dipl.-Ing. → t 1 949
Neunast, Armin Dipl.-Ing. → F 90, f 899, f 905, F 913, t 1 988, t 1 999, t 2 008, u 516, U 575
Neundörfer, Konrad Dr. → H 39
Neuner, Peter → T 453
Neuner-Duttenhofer, Bernd → S 1 380
Neuneyer, Ulrike → O 201
Neupel, Christian J. → s 29
— Joachim → l 40
Neupert, Anita Dr.-Ing. → t 1 092
— W., Prof. → IZ T 239
Neuschaefer, Adolf → g 444
Neuscheler, Kurt → g 495, h 137, H 655
Neusigl, Hans → K 184
Neusinger, Heinz → B 749
Neusüß, Dr. → A 28
— Claudia, Dr. → T 743
Neuviale, P. → iz h 286
Neuwerth → A 18
Neuwirth, Fritz → IZ T 240
— Gertrud → B 766
— Nicolas H. → h 267
Neveling, Ulrich → T 3 598
Neven, Josche → IZ T 895
— Klaus, Dipl.-Ing. → A 322
— Peter, Dr. → O 599
Neven DuMont, Alfred → E 160
Never, Almuth → R 668
Neverla, Irene Prof. Dr. → O 410
Nevermann, Knut Dr. → T 943
— Sylvia → s 451, t 2 764
Newby, Ann → c 173
Newe, Berndt → r 865
Newinger, Norbert → k 448
Newman, Graham → IZ l 46
— John E. → iz f 2 318
— Paul K. → IZ F 1 907

Newrzella, Manfred → f 161, F 164
Ney, Andreas → Q 387
— Dieter → T 3 863
— W. R. → IZ T 492
Neyer, Wilhelm → g 495, h 137, H 655
Neyrinck, Laurent → iz f 1 885
Neyses, Heidi → T 686
Neyt, G. → iz f 2 732
Neyts, Annemie → IZ U 362
Ngah, Azizi Meor → IZ T 264
Ng_2andwe, Max → IZ W 20
Ngwe, U Tun → C 1 032
Nibbeling-Wrießnig → A 8
Nibel, Theo A. → h 698
Niblaeus, Kerstin → IZ A 232
Nič, M. Generaldir. Dr.-Ing. → t 1 951
Nicanor, Manolo S. → E 317
Nichelmann, Rainer → U 1 965
Nicholls, Maureen → IZ U 484
Nichtweiss, Lisette → D 64
Nick, Gernot Dr.med. → s 146, s 218
— Willy → H 601, h 604
Nickel, Franz Dr. → T 3 683
— Helmut → U 2 393
— Joachim → g 527
— Karl-Georg → f 227
— Roland, Dipl. f. Wirtsch. → T 492
— Stefan → T 708, T 1 356
— Volker → O 541
— Wolfgang → B 400
Nickels, Christa → A 26
Nickelsen, Armin → IZ U 367
— Frank → IZ U 367
Nickenig, Rudolf Dr. → H 221, Q 277
Niclas, Manfred Dr. → P 7
Nicola, Loredana → iz f 32, iz f 1 538
Nicolai, Thomas Dr. → T 3 024
Nicolaisen, Dirk → E 216
Nicolaou, D. → IZ F 2 667, iz f 2 672
Nicolas, Alain → IZ H 494
— Alrich, Dr. → C 813
Nicolaus, Uta → N 162
Nicolaysen, Gert Prof. Dr. → S 620, T 731
Nicole → O 403
Nicoletti, F. Dr. → IZ T 292
Nicoli, Marie-José → iz u 135
Niebe, Heinz H. → h 334
Niebel, Ingrid → S 77
Niebergall, Ralf Prof. → S 801
Niebuhr, G. → E 308
— K., Dipl.-Volksw. → T 2 474, T 2 475
— Wolfgang → k 82
Nieddu, Gonario → iz g 44
Nieder, Babette Dr. → U 1 538
— Helmut, Dr. → Q 62, r 558, S 1 553
— Klaus-Ulrich → iz u 639
Niederbremer, Günter → d 206
Niederdräing, Hans → H 196, h 200
Niederdrenk, Klaus Prof. Dr.rer.nat. → T 614
Niederehe, Wilhelm Dipl.-Ing. → f 903, F 907
Niederfranke, Annette Dr. → A 24
Niedergöker, Wilhelm Dipl.-Kfm. → o 615
Niederländer, Marianne → T 3 720, t 3 732
Niederland, Bernd Dr. → U 1 323
Niedermark, Wolfgang → E 387, E 390, E 392
Niedermeyer, Dr. → t 1 959
Niederschelp, Heinz-Jochen → h 719
Niederschlag, Heribert Prof. Dr.theol. → T 691
Niederste-Ostholt, Michael → U 2 599
Niediek, Ernst-Adolf Dr. → t 260, T 387
Niedner, Christa → t 2 909, u 1 602
Niedobitek, Matthias Dr. → T 384
Niedzwetzki, Werner → u 774
Niegel, Lorenz → E 379
— Sabine → R 519
Niehaus, Manfred → s 1 319
Niehaves, Heinrich → d 211
Niehoff, Gerd Dr. → b 831
— Jörg, Dr. → t 1 232
— Thomas F., Dipl.-Soz. → E 140
Niehues, Hermann Dr. → R 198
Niehuis, Edith Dr. → A 24
Niehus, Frank-Michael → g 767
Niehuus, Günter → S 759
— Kirsten → O 189
Niejahr, Horstdieter Dr. → S 460
Niekelsen, Jytte → E 417
Niekisch, Manfred Dr. → Q 357
Nielsen, Bent R. → iz s 174
— Jorgen K. → iz f 268
— Lars → iz m 82
— Lars Jørgen → iz g 31
— Niels → iz f 615
— Poul → IZ A 1
— R. → iz f 441
— Thomas → s 1 488
— Torben Østergaard → c 96

Nielsky, Klaus → d 48
Niemand, Klaus → g 701
Niemann, Harald → F 214, H 232
— Harry, Dr. → R 568
— Heidrun, Dr. habil. → T 1 745
— Heino → H 628, h 635
— Heinz G. → M 224
— Henner → q 511
— Jörg → k 175, k 194
— John H. → h 773
— Michael → E 493
— Wolfgang → F 808
Niemax, Kay Prof. Dr. → T 1 390
Niemczyk, Heinz → D 145
Niemela_5, Ilkka → iz f 1 561
Niemelä, Juha → IZ F 109
— Matti → E 441
Niemeyer, Wilhelm → H 250, Q 15, q 24
Niemi, Pekka Juhani → c 121
— V. → iz f 225
— Veijo → iz f 2 344, iz f 2 398
Niemimuukko, Ossi → iz m 11
Niemöller, Hans → S 963
Nienaber, Rolf H. Dipl.-Kfm. → E 154
Nienhaus, Franz → E 37
— Karl-Heinz, Dipl.-Volksw. → U 476
— Volker, Prof. Dr. → T 425
Nienhoff, Hermann-J. Dr. → T 2 459
Nienstedt, Corinna Dipl.-Pol. → E 80
— Heinz-Werner, Dr. → O 539, t 1 225
Niephagen, Rainer Dr. → u 2 758
Niepokulczycka, Malgorzata → iz u 150
Niere, Peter Dipl.-Kfm. → E 91
Nierlich, Gerald → l 45
Nierobisch, Bernd → M 248
Nieschke, Heinz-Dieter → L 18, q 19
Niese, Holger Dr. → U 2 393
Niesel, Lydia → T 3 410
Niesen, Bernd → R 852
Nieß, Anna → F 1 023, T 1 857
— P. S., Prof. Dr.-Ing. → t 1 640
Nießen, Christof → u 2 719
— Knut, Dipl.-Ing. → N 190
— Peter → c 276
Niessner, Reinhard Prof. Dr. → T 1 863
Niestroy, Hubert Dipl.-Ing. → R 913
Nieswaag-Alsbach, M.E.R. → IZ G 169
Niethammer, Frank Dr. → E 2, E 85, E 91
— Hellmut → c 677
Niethard, Fritz Uwe Prof. Dr. med. → T 3 289
Nietner, Manfred Prof. Dr.-Ing. → T 576
van Nieuwenhoven, J. → IZ B 16
Nieuwenhuis, Drewin → IZ F 2 153
van Nieuwland, Herwig Dr. → B 801
Nievelstein, Petra → U 1 763
Niewodniczanska, Marie Luise Prof. → Q 618
Niewöhner, Annette → A 24
Niggemann, Elisabeth Dr. → T 943
— Sieghart → k 183, k 202
Niggestich, Kajo Dr. → u 2 842
Niggli, Peter → iz u 300
Nigliorati, Giovanni → IZ Q 68
Nigoul, Claude → IZ T 867
Niinistö, Sauli → IZ B 58, iz b 60
Nijsen, Cees G. → IZ U 387
Niklanovic, Saša Dr. → IZ T 962
Niklasson, John → iz f 555, iz f 1 803
Nikles, Bruno W. Prof. Dr. → U 1 546
Nikolajewitsch Smirnow, Wassilij → c 1 169
Nikolaou, Kalliopi → IZ A 227
Nikolaras, Panagiotis → iz m 87
Nikolaus, Helmut F. Dipl.-Ing. → s 1 009
— Ralph, Dr. → S 291
Nikolay, A. → A 16
Nikrandt, Wolfgang → H 610
Nikui, Manfred → u 816
Nilges, Anne → A 41
Nilius, Klaus → T 555
Nill, Axel Dipl.-Betriebsw. → K 53
— Bernd → E 41
Nilles, Jean-Jacques → iz g 98
Nilsen, Anthon B. → iz s 515
Nilsson, Alf → iz f 2 449
— Hans → iz f 2 659
— Leif → IZ S 672
— Lennart → iz f 2 431
— Pia → iz i 142
— Ragnar, Dipl.-Wirtsch.-Ing. → S 782
— Torsten, Dr. → T 2 461
Nimsch, Hubertus Dipl.-Ing. → T 2 549
Nimz, Reinhard → u 2 442
Nind, Fred → iz s 1 17.08
Ninnig, Gerd → U 2 674
Ninow, Claudia → R 1 006
Niopek, Wolfgang Dr. → E 24
Niotis, Grigoris → iz b 96
Nipah, George Robert → C 775
Nipp-Diersch, Ingrid → e 656
Nippa, J. Dr.-Ing. → T 1 171

O

Fortsetzung nächste Spalte

Fortsetzung nächste Spalte

Paust, Dieter → h 637
Pautz, Dietmar Dipl.-Phys. → I 2
Pautzke, Klaus → f 76, r 41
Pauw, Reinhard Dr. → T 3 421
Pauwels, Willy → iz h 150, iz f 1 885
Pauwelyn, Koenraad → iz f 14
Pavel, Klaus Peter → c 659
Pawel, Thomas E. → c 563
Pawelczyk, Udo → U 218
Pawelka, Rudi → U 985
Pawellek, Hans Dipl.-Volksw. → E 154
Pawlick, Fritz → T 3 698
Pawlicki, Grzegorz Prof.Dr.hab.inz. → iz t 720
Pawlik, Kurt → IZ T 522
Pawlitzki, Hartmut → U 90
Pawlowski, Ludwig Dipl.-Ing. → T 1 746
Payenberg, Dieter Dipl.-Kfm., Dipl.-Vw. → e 166
Payer, Hans-D. Dr. → T 1 748
— Hans G., Dr.tech. → t 1 944
— Peter, Dr. → E 644
Payne, Clive R. → IZ O 189
Payrhuber, Albert Dipl.-Volksw. → g 577
Payton, S. N. → iz f 395
Pearce, Roger → IZ T 268
Pearson, Paul → IZ F 1 797
— R. → IZ F 788
Pecaro Scanio, Alfonso → iz b 139
Pech, Uta → k 151
Pechatschek, Karl → u 2 783
Pecher, Doris → U 2 393
Peckert, Felix → H 695
Pedagna-Leccese, Alessandra Dr. → iz u 685
Pedersen, A.M. → IZ R 219
— Bo → IZ F 1 280
— Dorthe → iz f 1 247
— Eigil → iz r 2 14.40
— H. S. → IZ F 639
— Jannick → iz s 2 66.10
— Thorsten → iz s 291
— Tilde S. → iz r 2 14.20
— Tina → IZ M 190
Pedreira, M. → IZ R 219
Peege, Friedrich-Karl Dr. → I 69
Peel, Jonathan → iz f 2 497
Peereboom, Marianne → IZ U 254
Peeters, F. → iz f 2 546
— Fons → IZ F 2 545
— Kris → IZ G 25, iz g 26
Peetz, Hannelore → N 175
Peffekoven, Rolf Prof. Dr. → T 2 069
Peffermann, Thomas → u 1 710
Pegler, Wolfgang → T 779
Peglow, Dieter → U 747
— Olaf → U 747
Pehle, Rüdiger Dipl.-Betriebsw. → O 717
Peiffer, R. Dr. → IZ S 84
— Yves → iz f 552
Peil, Horst → K 53, r 560
Peilnsteiner, Jan → H 164
Pein, Joachim → Q 216
Peine, Franz Josef → U 1 171
— Hans-Peter → U 907
— Sibylle → T 1 348
Peinelt, Jürgen Dipl.-Ing. → B 271
— Klaus → t 2 401
Peiner, Wolfgang Dr. → K 1, K 23
Peiniger, Anke → S 784
— Hans-Werner → T 1 789
Peintinger, Markus Dr. → q 608
Peirens, Willy → iz r 123
Peiris, Manuja → IZ W 31
Peiß, Franz-Karl → U 2 525
Peitscher, Stefan → s 491
Peitz → A 8
— Siegfried, Dipl.-Ing. → f 291
Pekkinen, Pasi → iz t 173
Pelayo Moreno, M.D. → iz h 281
Pelczar, Ulrike → u 2 365
Pelegrin, Emiliano Alonso → iz e 27
Peleman, Guido → iz e 4
Peleš, Tomislav Dipl.-Ing. → T 1 070
Pelka, Nikolaus → E 729
— Rainer, Dr. → iz u 624
Pelke, Birgitte → u 1 838
Pellegata, F. → iz f 1 626
Pellegrini, Fabio → IZ U 371
Pellengahr, Hubertus → H 315, T 3 612
Pellens, Bernhard Prof. Dr. → T 2 098
Peller, Stefan → IZ K 58
Pellerin, J. → IZ F 2 280
Pellin, Ingrid → S 85
Pelling, Lisa → IZ U 194
Pellnitz, Karsten → T 2 645
Pelmer, Andreas → g 362
Peltier, Jacqueline → IZ H 21
Peltola, M. → iz f 2 286
Pelz, Lothar Prof. Dr. → T 3 255
Pelzer, Heinz → E 149

— Marei → u 1 518
— Raymond → iz t 871
Penanhoat, N. → iz f 445
Pencereci, Turgut → I 75
Penk, Anja → B 238
Penka, Wolfgang → H 670
Pennacchioni, Renzo → c 866
Pennant, Roberts → IZ S 675
Penndorf, Klaus Dr.med. → s 156
Penne, Katrien → iz s 9
Penner, Eberhard → L 82
— Willfried, Dr. → A 37
Penning, Chr. → IZ F 1 280
Penno, Wolfgang → k 158
di Pentan, Michele → iz f 348
Pentelow, B. → IZ F 639
Pentezis, Demetris → iz f 2 248
Penth, Uwe Dipl.-Ing. → f 125
Pentikainen, Antti → IZ T 965
Pentti, Heikki → iz f 343
Pentzlin, Klaus Dipl.-Ing. → Q 87, q 88
Penzlin, Heinz Prof. Dr. → T 860
Peper, Frido → Q 238
Pepper, Karl H. → c 842
— Renate → O 378, u 2 205
Peraita, Manuel → IZ T 569
Perazzo, Alberto Augusto → IZ R 54, iz r 5 6.05
Perdazzini, Vincenzo M. → IZ U 103
Perdelwitz, D. Dipl.-Volkswirt Dr. → I 44
Pereira, C. → iz f 718
— José → iz u 2 22.02
Pereira da Costa, Osvaldo → iz m 96
Pereira da Cruz, João → IZ U 40
Peretti, Michel → iz a 63
Perez, Cyrille → iz u 651
— J.E. → IZ F 2 361
— Sidney → IZ N 44
Pérez Bordó, Ramòn → iz g 206
Pérez Bravo, José Francisco → c 459
Perez Diez, I.. → IZ F 438
Pérez I Martin, David → iz u 2 25.02
Peréz Lope, Fernando → IZ F 493, iz f 503
Perez Porras, Emilio → iz a 165
Pérez Vidal, Jaime → iz a 11
Perez Villar, J. → iz m 120
Pergande, Eckhard → H 66
Perho, Maija → iz b 69
Perille, Jean-Michel → iz a 142
Perina, Jan → iz g 109
Perlakiova, Daniela → iz o 127
Perlick, Wolfram → s 1 205
Perlot, Enzo Dr. → C 859
Permutti, Bruno Dr. → c 238
Pernar, Rudolf → S 1 435
Perndt, H. Dr. → IZ S 184
Pernet, Pierre → IZ N 35
Pernsteiner, Rainer → U 32
Perolo, Alessandro Dr. → IZ Q 176
Peron, Franca → iz f 1 146, iz f 1 745, iz f 2 630
Peroni, Carlo → IZ F 1 514, iz f 1 519
— Rodolfo, Dr. → iz f 2 465
Perramon, I. → iz f 844
Perrier → IZ F 455
Perrin, Claude → iz f 158
Perrin de Nelle, Constance → iz n 9, iz n 10
Perry, Greg → IZ T 746
Persch, Karl-Heinz → h 554
— Ulrike → k 428
Perschau, Hartmut → b 49
Persson, Göran → IZ B 209
— Swen → iz f 1 723
Perthen, Helmuth → o 557, o 579
Pescante, Mario → IZ U 375
Pesch, Hans-Jürgen Prof. Dr. → Q 634
— Lothar, Dipl.-Ing. → U 508
Peschel, Wolfgang → U 1 427
Peschel-Gutzeit, Lore Maria Dr. → A 40, b 67, b 73
Peschen, Friedrich Dipl.-Kfm. → f 102, f 112, r 56
Pescher, Michael Dr. → F 962, F 963
Peschke, H. Prof. Dr. → T 2 530
— Michael → G 437
Peschkes, Dagobert → k 110, k 131, k 263, k 354
Pesci-Bourel, Andrés G. → C 613
Pescia, Livio → IZ T 944
Pesic, M. C. Dr. med. → IZ T 778
Pesonen, Pekka → iz p 7
Pestke, Axel Dr. → S 656, s 657
Pet, György Dr. → iz s 308
Peteghem, Kris Van → iz f 1 274
Petel, Francis → iz t 502
Peter → u 1 625
— Brigitte → Q 404

Fortsetzung nächste Spalte

Peter (Fortsetzung)
— Charles E. → IZ F 1 621
— G., Prof. Dr. → t 1 505
— Gerd, Dr. → t 2 268
— Gerhard → T 865
— Gerhard, Dipl.-Volksw. → P 8
— Günther → Q 404
— Hans → t 1 973
— Hans-Detlef → U 1 224
— Hans Jürgen → F 542
— Hans-Karl → U 396
— Klaus → u 2 401
— Klaus, Dr. → A 152
— Maria, Dr. → iz u 617
— Michael → g 759
— Rainer → E 19
— Thomas, Dipl.-Ing. (FH) → g 77
Peter Davis, Esther → Q 643
Peter-Röcher, Heidi Dr. → T 2 655
Peterbroek, Jean → iz i 206
Peterl, Wolfgang → IZ U 371
Petermann, Hans → E 91, I 108, I 123
— Martina → T 574
Peters → A 8
— Dr. → A 14
— Aribert, Dr. → L 31
— Bernhard → IZ S 528
— Dirk → k 206, k 236
— Erich → u 1 827
— Frank → iz f 579
— Georg, Prof. Dr. med. → T 3 244
— Gerd, Dipl.-Pol. → K 373
— Gudrun → u 1 310
— Hartmut → F 1 006
— Helmut → Q 136
— Horst, Dipl.-Ing. → S 971
— Jens, Dipl.-Ing. → L 77
— Joachim → g 642, R 282
— Joachim, Dr. rer. pol. → E 129
— Jürgen → M 214, R 393
— Jürgen, Dipl.-Kfm. → E 99
— Katharina → O 69
— Michael, Dr. → o 608
— N., Prof. Dr. → T 1 375
— Olaf H., Prof. Dr.-Ing. → T 3 581
— Ralph Jürgen, Dr. → t 1 224, t 1 230
— Reinhardt → N 1 85.10
— Rolf, Dr. → t 1 262
— Rudolf → g 413
— Samantha → iz u 222
— Sandra → G 30
— Siegwart, Dr. → T 3 355
— Ulf → K 27
— Ursula, Prof. Dr. → T 2
— Wolfgang → f 80, r 45
Peters-Messer, Jakob → r 30
Peters-Rohse, Gisela → U 2 767
Petersen, Brita Dr. → S 260
— Christian → S 741
— Erik → S 2 54.20
— Gerd Wilhelm → E 348
— Günther → R 545
— Hans-Joachim → u 1 057
— Jan → c 799
— Jens → u 443
— Jens, Dipl.-Volksw. → E 126
— Jens I. → iz m 82
— Karl → S 1 109
— Nicolai → u 2 803
— Silke → N 184
— Soren Holm → iz f 837, iz f 1 968
— Torsten → U 2 547
— Uwe → k 224
— Volker, Dr. → P 59
Petersilie, Frank → g 137
Petersmann, Hans → C 342
— Mick → iz u 561, U 2 730
Peterson, Klaus-Dieter → M 207
— Tobias → q 141
Petit, E. Dr.-Ing. → B 517
Petit-Laurent, Philippe → iz a 23
Petit-Pigeard, R. → iz q 130, iz q 152
Petitfrère, M.P. → IZ F 1 024
Petitpierre, Anne → IZ T 789
— Guy → iz a 100
Petrăs, D. → iz f 148
— Dusan → IZ F 128
Petraschek, E. → IZ T 311
Petri, Eleonore → u 2 449
— Helmut, Ing.(grad.) → T 1 172
— Karlheinz → h 709
— Wilfried → g 328
Petrick, Klaus Dr. → T 2 021
Petrikis, S.R. → iz e 31
Petropoulos, Basile → iz u 665
Petropoulou, Katy → iz o 202
Petrosson, Anne → s 767
Petrovic, Zika → iz f 2 252
Petrowas, Anastassios Dr. → c 790

Petrusek, Roman → U 490
Petrut, Victor → iz m 98
Petry, Detlev → A 335
— Hans-Theo → E 556
— Ilse → A 24
— Karen Maria, Dipl.-Sportl. → IZ U 378
— Karl → O 115
— Norbert → U 2 393
— Rolf, Dr.-Ing. → T 896
— Thomas → g 714
Petschke, Matthias → iz a 29
Pett, Alexander Dr. → f 315, f 317, f 334
Petter, Bruce → iz s 271
Pettinger, Josef Dr. → U 1 964
Pettman, Simon → IZ F 935
Petz, Siegfried Dipl.-Ing. → B 415
Petzet, Michael Prof. Dr. → U 686
Petzina, Dietmar Prof. Dr. → T 425
Petzold, Claudia Dipl.-Ing. → s 870
— Franz → T 3 674
— Hans → m 79, m 118, M 192, m 197
— Martin → s 110
— Uwe → H 10, R 200
Petzoldt, Jürgen Prof. Dr. → T 1 144
— Martin, Prof. Dr. habil. → U 2 922
Peugeot, Patrick → IZ K 49
— Pierre → IZ O 244
Peuker, Dieter → U 1 325
Peuker-Kiefl, Renate → S 915
Peukert, Reinhard Prof. Dr. → t 2 832
Peveretos, Panayiotis → iz q 15, iz q 85
Peycke, Joachim → F 468
Pezaire, Jean-François → iz n 50
Pezold, Karl-Hans → U 2 393
Pezzi, M. → iz f 509
Pezzini, Enzo → iz p 12
— Marc → IZ U 712
Pfadenhauer, J. Prof. Dr. → Q 455
Pfadt, Franz → T 592
Pfäfflin, Friedrich Dr. h.c. → S 1 214, S 1 217
Pfaff, Hans-Joachim → B 204
— Jürgen, Dipl.-Ing. → s 861
— Karlheinz → u 2 192
— Martin, Prof. Dr. → S 1 542, t 2 321
— Rolf-Peter → IZ T 516
Pfaffenberger, Wolfgang Prof. Dr. → D 147, T 1 055
Pfahler, Hans → f 603
Pfander, Gerhard → G 66
Pfanger, Hermann → Q 227
Pfannenberg, Andreas → R 276
Pfannkuchen, Siegfried Dr. → T 2 601
Pfarr, Heide Prof. Dr. → T 765, T 2 095, t 2 169
Pfaue, Jürgen → Q 102
Pfaus, Manfred → S 941
Pfeffer, Bernhard Dipl.-Ing. → g 567
— Ernst, Prof.Dr. → T 2 564
— Friedrich → I 90
— Georg, Prof. Dr. → T 2 655
— Gerhard A. → O 581
— Heinrich, Dipl.-Ing. → S 804, s 814
— Helmut, Dr. → S 261
— Josef → T 1 394
— Martin, Prof.Dr. → O 143
— Rolf, Dipl.-Ing. → f 57
— Rupert, Dr. → I 39, I 78
— Thomas → k 421
Pfeifer, Dietmar Prof. Dr. → T 2 446
— Hans → I 28, u 2 761
— Hans-Wolfgang → s 8
— Hartmut → s 543
— Jürgen → IZ T 699, T 2 741
— M., Dr. → iz h 347
— W. → iz f 204
Pfeiffer, Bärbel Dr. → s 375
— B. Ed., Prof. Dr. → E 376
— Brigitte, Dipl. oec. → S 740
— Claudia → u 1 154
— Doris, Dr. → T 2 092
— Eva, Dipl.-Jur. → T 1 784
— Friedhard → k 107, k 128, k 260, k 351
— Hannsgörg → f 227
— Joachim, Dr. → U 306
— Markus → T 2 413
— Michael → E 390, H 171
— Michael, Dipl.-Volksw. → E 2
— Otto → T 3 530
— Peter → T 2 714
— Peter, Dipl.-Kfm. → M 249
— Rudolf → M 127
— Thomas, Dipl.-Volksw. → f 779, IZ F 1 801, U 564
— Thomas, Dr. → B 636, B 850
— Ursula → U 1 406
— Waldemar → g 755
— Werner, Dipl.-Bw. (FH) → E 63
Pfeil, Detlef → g 407

Fortsetzung nächste Seite

Pfeil (Fortsetzung)
— Hannelore → R 885, U 1 465
— Hans-Jürgen → f 954
— Hans-Richard, Dr. → T 876
— Hermann Hubert → H 696
Pfeil-Kammerer, Christa Dr. → S 618
Diaz de Pfennich, Maria Eugenia → IZ U 249
Pfennig, Gerhard → U 738
Pferdekemper, Peter → u 900
Pfetsch, Helga → s 1 269
Pfeuffer, Eberhard Dr. → Q 505
— Hermann Ulrich → T 3 121
Pfister, Alfons Dr. → T 2 743
— Ernst → a 56, O 63
— Hans, Dr. → s 1 555
— Peter → E 671
Pfisterer, Dieter → I 21
— Dieter, Dipl.-Kfm. → E 219
Pfitzer, Helmut → Q 392
Pflaumer, Gerd Dr. → A 6
Pfleger, Heidi Dipl.-Ing. Oek. → f 765
Pfleghar, Maria → r 428
Pfleiderer, Kurt → M 272
Pfletschinger, Wolfgang → H 228
Pfliegel, Michael Dipl.-Betriebsw. → g 255
Pfliegensdörfer, Dieter Dr. → E 110
Pflimlin, Etienne → IZ I 48
Pflüger, Ernst Otto → c 69
— Friedbert, Dr. → A 36, U 2 045
— Thomas → IZ B 234
Pflughoefft, H.-D. → u 718
Pföhler, Wolfgang → D 185
Pförtner, Michael Dr. → E 19
Pfohl, H.-C. → IZ M 212
Pfotenhauer, Jürgen Prof. Dr. → T 1 720
Pfoth, Ralf → E 109
Pfrang, Wolfgang → h 212
Pfrengle, Rolf Dipl.-Finw. → T 1 798
Pfreundschuh, G. Dr. → t 1 488
— Gerhard, Dr. → O 403
Pfrötzschner, Elvira → h 573
Pfüller, Matthias Prof. Dr. phil. → T 604
— Thomas → U 2 393
Pfuhl, C. → IZ F 609
Pfundstein, Andrea → S 21
Phedonos, George → iz s 286
Pheiffer, Annette → Q 387
Phelan, M. → IZ F 775
Philbert, Maryse → IZ U 40
Philipp, Dieter → G 1, G 2, G 4, G 24, IZ G 25, iz g 33, R 1
— Edeltraud → N 83
— Hugo → S 916
— Stefan → U 1 817
Philippart, R. → iz s 221
Philippe, Alain → iz f 1 439
Philippi, Claus Dipl.-Psych. → s 739
— Hans → h 433
— Karl → IZ R 37, U 763
— Lothar, Dipl.-Volksw. → E 192
Philipps, Bruno Dipl.-Hdl. → I 66
— Peter → T 3 831
Philippsen, Gerd Dr. → E 185
Philippsen-Neu, Elke Dr. → F 194
Philipsen, Barbara → g 216
Phillips, Michael → IZ T 241
— Phil → iz f 1 297
Phokas, Gerassimos → iz n 17
Piálek, Jaroslav → R 202
Piana, Catherine → IZ N 35
Piaskowski, Friedrich → I 29
Piatyszek, Karin → r 650
Picard, Ernst → K 78
Picca, Giancarlo → IZ N 1
Piccard, Jaques Dr. → T 1 272
Piccialuti, M. → iz f 2 675
Picco, R. Dr. → iz f 508
— Renato, Dr. → IZ F 1 466
Pichardo Pagaza, Ignacio → IZ T 875
Pichler, R. → iz u 2 24.02
Pichon, François → iz s 421
Picht, Robert Prof. Dr. → E 453
— Thomas → K 294
Pick, Clemens → L 63
— Eckhart, Prof. Dr. → A 12
— Hartmut, Dr. → F 362
— Klaus-Dieter → g 278
— Peter, Dr. → K 62
Picken, Udo → H 601, h 605
Picker, Günther Prof. Dr. → i 50
Pickert, A. PD Dr. med. Dr. rer. nat. → S 137
Pickhard, Karl Dipl.-Ing. → Q 476
Picot, Arnold Prof. Dr. → T 2 114
— Arnold, Prof. Dr.Dr.h.c. → T 3 666
Pidde → a 83
Piech, Ferdinand Dipl.-Ing. Dr.h.c. → F 1
Piechullek → b 518
Pieck, Johannes Dr.iur. → S 342, S 360, S 361
Piedmont, Claus → T 2 538
Piekarski, Claus Prof. Dr.med. → S 232
Piekarz, Cathleen → E 469
Piel, Monika → O 325
— Winfried → T 594
Pielemeier, Martin → h 482
Pielenz, Hanns A. → T 1 853
Pielkenrood, A. P. → iz f 1 956
Pieloth, Volker Dipl.-Ing. → s 706
Pien, P. → iz f 719
Pienkny, Dieter → r 312
Piens, Karine → iz f 531
Pientka, Werner → H 601, O 591
Piepenbrock, Hartwig → T 2 136
Piepenbrock-Führer, Ellinore → g 341
Pieper, Dr. → A 16
— Alfons → B 651
— Bernd → Q 488
— Bruno → g 629
— Christoph, Dipl.-Volksw. → e 169
— Cornelia → A 55, U 2 132, u 2 146
— Gerd, Dipl.-Kfm. → E 2, E 143
— Harald → U 2 393
— Kathrin, Dipl.-Ing. → T 1 172
— Markus, Dr. → E 131
— Michael → E 149, e 151
— Rolf-Andreas → T 3 410
— Sven → T 693
— Theodor, Dr.jur. → M 182
— Vera → H 362
— Wieland → T 880
— Wieland, Dipl.-Volksw. → E 168
Piepke, Joachim Prof. Dr. → T 665
Pieplow, Haiko Dr. → U 1 766
von Pierer, Heinrich Dr. → E 390, F 1
Pierini, Fabiana → IZ F 761
— Marc → iz a 162
Pieroth, Elmar → E 602, U 95
— Elmar, Dipl.-Volksw. → R 252
Pierre, Daniel → IZ T 496
Piessen, Philippe → iz f 581
Pieters, Milo → IZ F 1 937
Pieterse, W. → iz f 1 228
Pietrek, Elisabeth → IZ O 237
Piétri, Jean → iz f 2 148
Pietruska, Franz → O 447
Pietrusky, Marion → s 482
Pietsch, Prof. Dr. → S 1 033
— Andreas → U 1 467
— Dieter, Dipl.-Volksw. → I 70
— Dieter, Dr. → E 168
— Heinz → U 2 763
— Steffen → R 948
— Volker, Dr. → n 71
Pietschmann, B. P. Prof. Dr. → t 1 642
Piette, D. → IZ T 780
— Josly → IZ A 230
Pietz, Hans-Wilhelm Dr. → s 766
— Petra-Edith → u 1 309
Pietzsch, Frank-Michael Dr. → b 195, t 4 036
— Rainer → T 1 146
— Roswitha → s 73
Piezonka, Winfried → T 882
Pifflová, Lena Dr. → iz I 44
Pigg, B.J. → IZ F 1 122
Pignataro, Francesco → c 227
Pignatelli, Salvatore Dr. → iz u 679
Pigot, Alex → iz o 144
Pilar, Norberto → iz f 2 260
Pilar de Borbón, Doña → IZ U 461
Pilavios, Alexios → iz i 133
Pilegaard, Asgar → iz a 153
Pilgrimowski, Bodo Dipl.-Bauing. → g 174
Pilhofer, Hans-Werner → f 950
Pilick, Eckhart Dr. → u 2 382
Pilla, Nicola → IZ G 111
Pillen, Peter → iz s 468
Pilling, Eckart → g 766
Pilnitz, Karin → O 130
Pils, Manfred → IZ Q 232
Pilters, Michaela → S 1 379
Piltz, Hartmut → b 536
Pilz, Detlef Dipl. oec. → s 15, s 668
— J., Prof. Dr. → t 1 534
— Peter, Dipl.oec. → iz f 498, iz f 1 433
— Peter, Dipl.-Ökonom → F 445, F 449, f 454, U 668
— Reiner → U 1 574
Pimentel E., Luis A. → IZ S 678
Pin, Ma Wei → iz r 206
— Joaquim Augusto, Dr. → iz b 201
Pincham, Don → IZ U 258
Pinchon, Jean → iz f 1 438
Pinder, J. → iz u 519
Pinel, John → iz t 909
Pingali, Prabhu L. → IZ S 423
Pingel, Klaus-Albert → a 301
Pinger, Siegbert → r 117
Pinheiro, Luiz L. F. → IZ W 41
Pininfarina, Andrea → IZ R 61
Pink, Gudrun → n 22
Pinkl, Josef → iz q 92
Pinkwart, Wolfgang Dr. → T 1 125
Pinne, Jürgen → S 656, s 657
Pinnekamp, Carl → H 133
Pinnica, C. → IZ F 2 272
Pino Garcia, F. → iz f 2 650
Pinte, J. → iz f 222, iz f 1 557
Pinter, Zsolt → iz s 1 17.38
Pinto Basto, João Alberto → iz r 5 6.23
Pinto-Basto Bobone, Bruno Carlos → IZ R 54
Piontek → U 1 448
— Harald, Dipl.-Ing. → S 1 120
Piontkowski, Ursula Prof. Dr. → T 2 782
Piorkowsky, Michael-Burkhard Prof. Dr. → T 2 603
Piosek, Elisabeth Dipl.-Lw. → Q 584
Piotrowsky, Manfred → E 207
Piqué i Camps, Josep → iz b 222
Pirao, Jose Carlos → iz a 31
Pires, A. → iz f 1 722
Piris, Jean-Claude → IZ A 232
Pirl, Ewald → E 207
— Hartmut → N 112
Pirlot, Jean-Claude → IZ M 4
Pirola, Danilo → iz s 405
Piromya, Kasit → C 1 254
Piron, E. → iz f 1 282
Pirothon, André → IZ F 2 666
Pirrung, Bernd Dr. → u 2 793
— Jörg → iz a 225
Pirsch, Peter Prof. Dr.-Ing. → T 524
Pirvola, I. → IZ L 125
Pisano, Richard → IZ H 227
Pischinger, Franz Prof. Dr. Dr. e.h. → E 137
Pischtschan, Ute → o 235
Pissulla, Petra Dipl.-Vw. → T 841
Pistauer, Stefan → iz e 22
Pistohl, Ingeborg → T 3 719
Pistorius, Harald → s 1 406
Pistorius-Lorenzen, Sigrid → T 2 129
Piter, Hans Dipl.-Ing. → S 994
Pitkänen, E. → iz f 1 285
Pitlinski, Jürgen Dr. → S 736
Pitsch, Rolf → T 427, T 819, T 968
Pitschel, Albrecht → f 163
Pitschnau, Dorothea → T 2 989
Pitsika, M. → iz t 326
Pittaro, Pietro → IZ S 424
Pittel → u 1 628
Pittermann, Dörthe Dr. → S 339
Pitzer, Friedemann Dr.jur. → E 106
— Jürgen → I 18, S 742
Piverka, Walter → E 697
Piwowarsky, Ekkehard Prof. Dipl.-Ing. → T 3 834
Pizarro Moreno, Manuel → iz i 223
Place, John → IZ F 1 239
Plachetka, Gerd → Q 342
Pläcking, Jochen → O 547, O 581
Pläsken, Andreas → D 58
Plaetrich, Irmhild → R 887
Plage, Heinz → r 306
Plagemann, Hans Dr.-Ing. → T 4 053
Plagge, Heinz → H 583
Plamadeala, Radu → C 1 020
Plambeck, Helmut Dr. → S 619
— Vibeke → iz f 2 200
Plamböck, Wilfried → O 469
Plan, Siegfried → k 152
Plana, Juan → iz o 229
Planck, Dieter Prof. Dr. → T 3 632, U 684, U 2 969
— Heinrich, Prof. Dr.-Ing. → T 1 850
Planeda, Arthur → T 3 594
Planès, Brigitte → c 141
von der Planitz → A 8
Plank, Hans-Peter Dipl.-Ing. → s 1 044
Planner, Günter → K 273, K 274
Plant, Peter Dr. → IZ T 962
Plantikow, Anita Dr.rer → R 227
Plaschke, J. Prof. Dr. Dr. → t 1 494
Plass, Dietrich → Q 483
Plaßmann, Jochen Dr. → r 76
Plaszczek, Klaus → U 984
Plate, Joachim Dipl.-Ing. → F 514, U 646
— Klaus → IZ T 299
— Klaus, Dr. → U 73
— Tatjana → M 279
Platen, Dirk → IZ S 425
— Hans-Josef, Dr.-Ing. → T 1 724
Plath, Günter → f 255, g 297, H 233, U 534
— Hartwig, Dipl.-Volksw. → E 80
— Peter, Prof.Dr.med. → T 2 842
Platon, B. → iz f 463
Plattenteich, Adalbert W. → U 149
Plattner, Wally → u 433
Platz, Albert Direktor Dr. jur. → k 209, k 228
— Horst → E 91, H 696, h 702
— Klaus, Dr. → c 54
Platz-Cesena, Helga → u 1 184
Platz-Waury, Elke Prof. Dr. → R 834
Platzeck, Matthias → D 117
Platzek, Rainer Dipl.-Ök. → f 124, F 144, T 899
Platzer, Helmut Dr. → k 80
— Michael, Dr. jur. → s 344
— Peter → IZ G 52
Platzhoff, A. Prof. Dr. → T 1 048
Plaue, Axel → a 76
Plehwe, Dieter → T 2 109
— Kerstin → S 741
Pleil, Thomas Dr. → T 463
Plein, Josef → k 92
Pleines, Jochen Dr. → E 556, e 563
Pleister, Christopher Dipl.-Volksw. → iz i 52
— Christopher, Dipl.-Volksw. Dr. → I 74
— Christopher, Dipl.-Vw. Dr. → P 5
— Christopher, Dr. → P 4, P 7
Pleitgen, Fritz → O 325
Pleitz, Anne Christel → u 1 188
Plemper, Thomas → K 296, k 297, K 299
Plenikowski, Martin → K 303
Plenker, Peter → f 648
Plenzler, Anna → IZ S 678
Plesse, Helga → u 2 759
Plessmann, Gregor → U 2 499
— Ralph → f 567
Plet, Rosy → IZ T 238
Pletschacher, Peter → S 1 381
Plette, R. Dipl.-Soz. → t 2 363
Gräfin von Plettenberg, Gertrud → T 3 709
Graf Plettenberg, Hubertus → U 1 990
Plettner, Rolf → i 51
Pletzani, D. → iz f 305
Pleuger, Antje → U 1 566
— Gunter, Dr. → A 8
Pleuss, Jürgen → h 354
Plewa, Siegfried → o 45
Pleyer, Peter Prof. Dr.phil. → O 192
Plicka, Reinhard → r 879
Pließ, Elmar → r 581
Plinke, Wulff Prof. Dr. → R 983
Plischek, Andreas → t 2 871
Plitz, Volker Dr. → S 296
Ploch, Wolfgang → IZ A 232
van der Ploeg, F. Dr. → iz b 173
Plöger, Ingo → E 245, E 246
— Irmela → E 743
— Klaus → d 233
Ploenes, Hajo → f 112
Plößl, Alois Dr. → E 62
— Josef, Dipl.-Holzw. → H 81
von Ploetz, Hans-Friedrich DR. → C 169
Plog, Jobst → O 303, T 757
Plogmaker, Jörg C. → U 1 374
Plogmann, Friedhelm Dr. → I 18
— Volker, Dipl.-Ing. → T 1 903
Ploog, Hans Jürgen → I 38
— Rainer → h 124
— Sybille → U 1 025
Ploß, Günter → k 181, k 200
Plotni, Paolo → IZ O 239
Plovier, J.P. → iz f 838
Plücker, Helmut → B 631
Plümer, Hartmut Dipl.-Ök. → H 80, IZ H 59
von Plüskow, Friedrich → o 336
— Rüdiger → b 184
Pluge, Wolf Dr. → L 39
Pluim, Anton W. → IZ G 169
Plum, Helmut → T 2 714
— Karl-Heinz → q 111
— Otto, Dipl.-Kfm. → f 102, r 25, r 56
Plump, Dirk Dr. → E 78
van der Plump, E. → IZ F 2 433
Pluschke, Peter Dr. → B 550
Pluta, Hans-Jürgen → Q 5
Pobbig, Karin → s 1 430
Pobel, Hildegund → u 991
Pobell, Frank Prof. Dr. → T 257, T 1 242
Pober, Arthur → iz o 1 36.10
Poças, Paulo → c 1 153
Poch, P. → IZ O 42
Pocha, Andreas → R 104
Pochert, Thomas → G 650
Pocus, Hocus → iz s 384
Podestà, Guido → IZ A 188
Podkonicky, Juraj → iz o 1 30.10
Podlacha, Frank → t 2 907, u 1 600
Podszun, Christoph → s 491
Podzun, Hans-Jürgen → E 177, T 4 065
— Martin, Dr. med. → s 131
Poech, Dieter Dipl.-Kfm. → F 183
Pöhl, Hans-Heinrich → c 741
— Klaus-Dieter → k 221
Pöhland, Werner → IZ O 246, o 659
Pöhle, Klaus → U 2 393

Pöhlein, Heinrich → O 578, O 594
Pöhler, Stephan → t 2 958
Pöhlmann, Ernst Jürgen Dr. → C 253
Pöhner, Ralph → H 231, iz h 275
Pöker, Arno → D 122
van de Poel, M. W. → iz f 439
Poelke, Gisela → u 1 273
Pöllmann, Jürgen → S 732
Frhr. von Pölnitz-Egloffstein, W. Dr. → T 724
Pöppinghaus, Alfons → S 460
Pöpsel, Gregor → q 194
Pörhö, Matti Johannes → c 120
Pörschmann, Frank → U 240
— Thorsten → S 695
Pörtner, Nina → G 720
Poeschel, Jürgen Dr. → D 113
Pöschl, Wolfgang → S 789
Poese, Thomas → E 602
Pöss, Ondrej Dr.rer.nat. → E 675, e 677
Pößl, Florian → u 2 467
Pößnecker, Rosemarie → U 2 002
Poetsch, Klaus Dipl.-Volksw. → H 322, h 349, h 457, h 566, H 600, H 687
Pötschke, Elke → T 2 714, t 2 721
— J., Prof. Dr. → t 1 957
— Jacqueline → R 519
Pöttering, Hans-Gert → IZ U 356
— Hans-Gert, Prof. Dr. → U 2 045, U 2 600
Pöttinger sen., H. → iz f 232
Pötz, Bruno → f 602, U 550
Pötzl, Horst → u 1 438
Poetzsch, Albrecht → U 917
Pofferi, Leonardo → iz p 12
Poggemann, Robert → U 95
Pogoda, Ulrich → s 1 315
Pohl → u 1 628
— Birgit → l 35
— Friedrich, Dipl.-Kfm. → T 3 700
— Günter → d 234
— Hans, Prof.Dr. → T 2 423
— Hans Jürgen, Dipl.-Volksw. → E 96
— Hans-Peter → Q 7, s 1 557
— Karl-Heinz, Dipl.-Wirt.-Ing. → U 1 48.10
— Kay-Thomas → s 482, S 563
— L., Dipl.-Ing. → T 2 416
— Martha, Dr. → t 2 168
— Oskar → m 221
— Reinfried, Dr. → K 46
— Richard → O 387
— Rolf → r 468
— Rüdiger, Prof. Dr. → T 2 159, t 2 172, T 2 190
— Stephanie → U 1 760
— Walfried, Dr. → S 1 194
— Witta → O 403
— Wolfgang → O 324, t 2 897, u 1 590
— Wolf Jürgen, Dipl.-Ing. → U 135
Pohle, Albrecht → T 3 840
— Alexander → R 270
— Gerd, Dipl.-Ing. → O 291
— Horst → s 1 413
— Konrad → q 33
Pohlen, E. Dr. → T 1 066, U 553
Pohlenz, Angelika → iz e 2
Pohlheim, Edelgard Dr. → t 905
Pohlig, Horst → K 34
Pohlmann → A 368
— Eva-Maria → F 449, iz f 498
— Jan Mark, Dr. → Q 125
— Sigrid → u 1 136
— Theo → h 192
Pohto, Kaarina → IZ S 599
Poingt, Marie-Hélène → IZ S 682
Point, Bruno → iz f 870
Poirier d'Angé d'Orsay, Philippe → IZ M 190
Poiron, Pascale → iz h 183
Pokolm, Klaus-Peter Dipl.-Verw. → U 1 841
Polat, Duray → c 1 293
Põld, Kaja → IZ O 8
Poldrack, Horst Dr. habil. → T 3 777
Polenz, Ruprecht → E 394, U 2 045
Polese, Sergio → iz s 491
Polfer, Lydie → iz b 150, iz b 159
Poli, Mario → iz h 119
Politi, C. → IZ F 438
van der Poll, A. H. → iz p 45
Poll, Arnold → U 1 181
Pollak, Ernest → iz f 2 448
— Stefan, Prof. Dr. Dr.h.c. → T 486
Pollehn, Armin → S 742
— Joachim, Dipl.-Ing.agr. → F 215
Polleschner, Roland → u 1 065
Pollhammer, Peter → l 82
Pollirer, Hans-Jürgen → iz s 275
Pollmann, Franz-Josef → U 1 995
— Klaus Erich, Prof. Dr. → T 591
— Lutz → g 182, g 183, g 184, g 185
— Michael → b 77
Pollnow, Jürgen Dipl.-Kfm. → f 779
Pollock, Alex J. → IZ l 125
— David → iz f 1 893
Pollok, Joachim → U 2 698
Pollow, Rainer → h 390
Polly, Hans → iz s 642
Polmann, Erwin Dipl.-Ing. → T 1 325
Polte, Wilhelm Dr. → D 101
— Willi, Dr. → d 16, d 46
Polten, Michael → S 1 335
Polter, Dirk Meints Dr. jur. → T 181
Polvi, E. → iz f 225
Polydorides, Nicos Prof. → iz t 175
Polz, Daniel Dr. phil. → a 113
Polzehl, Jürgen Dipl.-Ing. → U 107, U 401
Pomaron, José Manuel → iz i 144
Pombo, Javier → iz f 1 536
Pommée, Karl → E 67
Pommerening, Dieter → T 2 817
Pomplitz, Hans-Jürgen → O 552
von Ponaet, Andrea → U 1 583
Poncelet, Christian → IZ B 6
Pongratz, H. Dipl.-Ing. Dr. med → T 2 709
Ponocny, Christian → R 427
Ponomarenko, Anatolij Dr. → C 1 304
Pons, F. → iz f 2 754
— Jean-François → iz a 22
— J. M. → IZ F 1 122
— Pierre → IZ S 678
Ponseille, Max Dr. → iz t 736
Pont Amenós, R. → iz f 2 650
Ponte, Uta → c 237
Pontenagel, Irm → IZ L 94
Ponthier, Patrick → iz f 2 550
Pontoppidan, Knud → IZ M 162
Ponzelet, Rolf → S 1 575
Ponzellini, Massimo → IZ A 231
Ponzoni, Laura → iz f 2 150
Pooch, Klaus-Michael → T 3 644
Poohkay, S. → IZ W 32
Pook, Sigrid → H 536, H 683
Poole, B. → IZ F 698
— Bernard → iz f 704
Pools, Freddy → IZ R 197, IZ R 238
Poor, Jozsef → iz s 285
Poortinga, Y. H. Dr. → iz s 41
Poos, Hartmut → G 31
Popien, Ralf Dipl.-Geogr. Dr. → s 1 496
Popitz, Heinrich Prof. Dr. → t 2 273
Poplutz, Willibald Dipl.-Kfm. → h 316
Popović, Michael F.R. Dr. med. → s 29
Popp, Dr. → A 32
— Andreas → G 318, g 320
— Barbara → s 408
— Dieter → IZ Q 224
— Michael A., Dr. → R 222
— Raimund → q 117
— Sabine → T 2 824
Poppe, Gerd → A 8
— Gerhard → T 3 839
— Gero F., Dipl.-Betrw. → T 2 040
Poppek, Jürgen Dipl.-Verwaltungsw. → E 155
Poppelbaum, Wolfgang → K 283, T 2 446
Poppen, Udo Dipl.-Volksw. → E 223
Poppendieck, H.-H. Dr. → Q 348
Poppinga, Elke → s 100
— Jan Dirk, Dipl.-Geogr. → s 1 475
Poppitz, Peter Dipl.-Ing. → s 831
Poprawe, Reinhart Prof. Dr. rer. nat. → t 221
Poranen, T. → iz f 113
Porep, Hans-Georg Dr. → T 1 048
Porsch, Peter Prof. Dr. → a 64, u 2 179
Porsche, Siegfried Dr. → E 576
Porschen, Dieter Dr.rer.pol. → E 165
Porschenrieder, Manfred → u 513
Porschke, Alexander → b 77
Port, Hans-Bernhard Dipl.-Ing. → t 1 894
Porta, F. → IZ L 95
Porter, Don → IZ U 373, IZ U 386
— James R. → c 28
Portune, Günther → b 159
Portz → A 22
— Evelin, Dr.jur. → S 794
— Frank Edgar → b 90
— Willi → u 2 109
Posada Moreno, Jesús María → iz b 231
Posadsky, Alexander → iz s 279
Posch, Dieter → b 91, l 47
Poschen, Ursula → U 537
Poser, Burkhart E. → E 422
Posorski, Jutta → F 194
Poß, Joachim → A 40, A 67, u 2 201
Posselt, Bernd → U 988
— Johann-Wolfgang → i 32
Possingham, J. Dr. → IZ T 644
Possmann, Günther → U 710
— Helmut → O 150, O 178
Post, Alfred Prof. Dr. → A 140
— Gloria → T 252

Fortsetzung nächste Spalte

Post (Fortsetzung)
— Peter → S 1 193
— Torsten → r 368
— Ulrich → E 748
Postelt, Ilse-Maria → E 478
Postina, Thomas → F 202
Postleb, Peter Dipl.-Ing. → s 1 046
Postman, Neil Prof. Dr. → O 403
Pota, Laszlo Dipl.-Psych. → S 1 527
Poth, Hans → D 51
Poth-Mögele, Angelika Dr. → IZ R 200
Pothet, Jean-Paul → IZ F 953
Potocki, André → iz a 225
Potocnik, Cveta → IZ S 678
Potrykus, Wanda → IZ M 208
Potschka, Georg → U 2 013
— Volker, Dr. → F 88, T 250, t 261
Pott, Andreas → IZ A 194
— Elisabeth, Dr.med. → A 195
— Karl Heinrich → U 2 679
— Martin, Dr. → B 287
— Rainer → G 584, g 588, Q 390
Potthast, Heinrich → Q 581
— Ulrich, Dipl.-Ing. → T 1 886
— V., Dr. → T 2 631
Potthoff, Peter Dr. med. → s 150
— Renate → u 2 142
— Volker → l 99
le Pottier, G. → iz h 327
Pottinger, Peter Prof. Dr. → T 595
Pottschmidt, Günter Prof. → B 797, B 843
Poulkaris, Marion → U 2 393
Poullain, Guy → iz f 1 890
Poulsen, Erik Kjaer → iz f 1 831
— Peter → iz s 17, iz s 18, IZ S 688
— Poul Jan → IZ H 494
Pouplier, Marcel → u 2 713
Pouw, Johannes Martin → IZ T 898
Pouzin, H. → iz h 69
Powell, Len → IZ R 234
Poxleitner, Josef Dipl.-Ing. → S 943
Poyser, Kenneth E. → IZ U 278
Poznanski, Daniel → O 258, O 565
Praast, Gundolf → H 2, H 94
Prado, Marta → iz m 101
Praefcke, Michael → s 506
Präfke, Kay-Uwe → f 528
Praël, Christoph Dr. → l 12, r 88
Prändl, Bruno → T 3 840
Prager, Armin → h 746
— Lutz, Dipl.-Ing. → T 1 715
Pragnell, M. → IZ F 592
Prahl, Hans-Werner Prof. Dr. → U 2 701
Prahm, Günter Gerhard → E 117
Prahst, Joachim Dipl.-Kfm. → P 40
Pralle, Tobias → u 2 556
Prang, Ernst-Günther → S 1 615
— Jürgen, Dr. → iz u 6 25.10
Prang-Andersen, Finn → c 93
Prangenberg, Wolfgang → D 167
Prante, G. → IZ F 1 790
— Gerhard, Dr. → F 178, Q 62
Prantner, Gert → E 670
Prasch, Elmar Dr. → U 87
— Gerhard, Dr. → A 338
Pratje, Jürgen Dr.Dr. → u 904
Pratt Mcjt, Geoffrey G. → iz m 41
Pratz, Friedrich A. → S 1 375
Praxmayer, Claudia → F 1 025
Prayon, Hans → c 59, e 249
Prebeck, Franz Dipl.-Ing. (FH) → G 94
Prechelt, Klaus Dr. → h 603
Precht, Manfred Prof. Dr. → T 2 460
Prechtl, Andreas Dr. → f 154
— Manfred, Dr. → c 1 062
Preda, Stefano → iz i 215
Preetz, Michael → S 1 611
Prehn, Hans-Jürgen Dr. → B 559
— Ole, Prof. → IZ T 890
Preis, Franz-Jürgen → E 2
— Thomas → s 371
Preising, Andreas → U 161
— Wulf, Dr. → U 2 393
Preisinger, Johannes Dr. → C 50, c 241
Preiss, A. Prof. Dr. → t 38
— Joachim J. → U 1 867
— Nicola → u 2 712
— Renate → U 538
Preiss-Kelch, Susanne → t 2 995
Preißinger, Eugen → U 672
Preißler, Holger Prof. Dr. → T 578
Preker, Walter → D 73
Prellwitz, Wolf Hartmut Dr. → F 1, f 2
Prem, Horst → U 2 370
— Klaus P. → T 397
Prendergast, A. M. → iz f 2 464
— Paddy → IZ S 627
Prentice, Colin Prof. Dr. → t 103
Presas, Teresa → iz f 177
Presber, Peter Dr. → E 244
— Wolfgang, Prof. Dr. → T 413
Prescott, John → iz b 111
Presenzini, Anna → E 490
Presern, N. → IZ T 530
Presl, Hans → e 694
Presselt, N. Prof. Dr. → T 3 342
Presser, Jürgen → R 252, r 264
Prestin, Rainer → k 215
Presto, Hans-Christian → h 588, h 590, h 597
Preston, Jeremy → IZ F 1 245
Preto da Silva, José António → n 251
Pretschner, D.P. Prof. Dr. → S 380
Pretzsch, Cornelia Dipl.-Ing. → E 202
— Hans, Prof. Dr. → T 2 606
— Roland, Dipl.-Jur. → E 202
Preuschoff, Klaus-Jürgen Dr. → T 3 747
— Susanne → E 389, E 547
Preuschoft, Signe Dr. → T 2 742
Preuß, Andreas Dipl.-Kaufm. → l 98
— Axel, Dr. → B 573
— Dieter, Dr. → T 454
— Egon, Dr. → e 212
— Gernot → f 9, K 324, r 9
— Hans Joachim, Dipl.-Kfm. → g 308, g 314
— Hermann → g 560
— H.-J. → T 1 320
— Karl-Heinz → T 830
— Klaus-Jürgen, Dr. → k 13
— Ulrich → i 4
— Wolfgang → H 51, H 86, U 2 768
Preuße, Axel Univ. Prof. Dr.-Ing. → IZ S 529
Preußinger, Hans-Heinrich → B 299
Preußner, Alfred → G 318, g 335
Preve, Cesare → IZ F 2 683
Prewo, Wilfried Dr. → E 113, E 118, E 235
Prey, Dieter → T 2 756
Pri-Gal, Ya'acov → c 222
Pribilla, Peter → R 1
Pribnow, Ulrich → c 77
Price, John → IZ F 1 728
Prichard, R. → IZ T 812
Priddle, Robert → IZ L 135
Pridöhl, Eckhard Dr. → t 230
Priebe, Ilona → N 36
Priebs, Axel Dr. → s 1 480
Priefler, Andreas Dr.med. → S 1 384
Priescu, Constantin → IZ S 678
Priesner, Günter → O 114
Priesnitz, Walter Dr. → T 780
Prießnitz, Horst → U 522
Priestley, Julian → iz a 189
Prietzsch, Hermann → t 2 719
Prigge, Jürgen R. → q 139
Priggen, Reiner → u 2 038
Prignitz, Jan → r 758
Prill, Susanne → M 1 37.10
— Wolfgang → b 66, b 72
Priller, Regine Dr. → t 2 993
— Sebastian, Dr. → E 41
Primavesi, Ute → b 89
Prime, Brian A. → iz r 34
Primendas, A. → iz f 2 440
Printzen, Corinna → F 836
Prinz, Dieter → u 2 752
— Georg → U 1 019
— Helmuth → o 660
— Karl → C 306
— Norbert → S 970
— Wolfgang, Prof. Dr. → t 154
Prinzen, Joachim → c 454
Prinzinger, R. Prof. Dr. → Q 508
Prinzler, Hans Helmut → O 180, O 421
Priss, Oliver → U 1 470
Pritschow, Günter Prof. Dr.-Ing. → T 683
Pritzkoleit, Friedrich → d 228
Pritzl, Karl-Heinz → f 150
Pritzsche, Frank → h 455
Privat, Constantin Dr. → s 495
Proba, Martin Dipl.-Kfm. → E 89
Probst, Heinz → iz n 32
— H.-J. → E 254
— Klaus, Dipl.-Ing. → s 1 043
— Philippe → iz o 31
— Runald, Dipl.-Volksw. → IZ T 879
— Simone → A 34
— Ulrich, Dr. → o 618
— Walter → u 2 406
Procek, Beate → Q 366
Prochaska, Karl-Horst Prof. Dr. → R 202
Prochnow, Michael → U 1 467
— Wiebke → u 1 521
Prodi, Romano → IZ A 1
Pröbsting, Karl Dr. → b 127
Prödel, Dieter → m 116
— Ulrich → U 548
Pröhl → B 726
Pröller, Albert → G 301
Proença, João → IZ U 709, iz r 159

Reichmann, Heinz Dr. → iz r 5 6.07
— Heinz, Prof. Dr. → R 250
— Thomas, Prof. Dr. → T 2 353
Reichmuth, Christoph Dr. → a 143
— Gerd → g 494
Reichstein, Bernd → O 551
— Volker → H 628
Reichwald, Ralf Prof. Dr. Dr.h.c. → T 1 172, t 3 958
Reicke, Sigrid Dr. med. → U 1 564
Reid, James E. → IZ T 961
— John, Dr. → iz b 117
— N. → IZ T 231
— Tom → IZ M 3
Reidenbach, Erich → o 682
Reif, Adelbert → T 790
— Jürgen, Dipl.-Phys. → B 368
Reifel, Klaus → S 972
Reifenberg, Alfred → E 149
— Wolfgang, Dr. → U 1 373, u 2 482
Reifenhäuser, Uwe Dipl.-Ing., Dipl.-Wirt.-Ing. → T 4 065
Reiff, Eberhard → E 28
— Eberhard, Dr.-Ing. → E 149
— Gudrun → O 581
— Herbert → u 2 738
Reifgerste, Birgit → IZ T 898
Reifig, Jürgen → iz f 1 222, T 250, t 261
Reifner, Udo Prof. Dr. → U 757
Reigl, Otto Dr. → I 63
Reihlen, Helmut Prof. Dr.-Ing. → T 2 021
Reijnders, Fred → iz m 95
Reil, Emma Margarete → T 3 140
Reiland, Wolfgang Dipl.-Ing. (FH) → t 1 215
Reilemann, Helmut → N 145
Reiling jun., Bernhard → h 295
Reiling, Norman → U 2 696
Reim, Dagmar → O 303
— Erich → u 1 824
— Grita → s 777
— Hartmut → B 633
— Werner → h 467
Reimann, Aribert → t 2 872
— Axel, Dr. → K 312
— Gerald → n 51
— Gerd, Dr. → T 2 749
— Günter → s 639
— Manfred → H 208
— Norbert, Dr. → R 567
— Rainer → U 1 253
— Ulrike → T 660
Reime, Roland → K 286
Reimen, Marcel → IZ A 196
Reimerink, Gerard → iz f 584
Reimers, Dirk → b 71
— F., Dr. → T 1 374
— Gerhard, Dr. → R 817
— Josef → O 1
— Peter, Dipl.-Volkswirt → P 19
— Rolf → u 1 057
— Sönke → N 136
— Stephan, Dr. → u 2 234
— Ulrich, Prof. Dr.-Ing. → T 1 839
— Walter, Prof. Dr. → T 555
Reimert, R. Prof. Dr.-Ing. → T 1 804
Reimherr, Dr. → Q 295
Reiml, Hans-Joachim → G 53
Rein, Dirk Dr. → T 1 296
— Udo → s 66
Reina Martin, Antonio → IZ H 537, iz h 547
Reinartz, Burkhard → U 2 549
— Hannah → H 520
Reinarz, Michel → O 581
Reinauer, Hans Prof. Dr.med. → t 1 954, T 3 200, T 3 338
Reinbold, Klaus-Jürgen → U 2 322
Reincke, Horst Dipl.-Ing. → s 836
— Wilhelm → U 2 519
Reinders, Wolfgang → g 519
Reindl, Walter Dr. → K 27
Reineck, H. → S 137
Reinecke, Dieter → o 659
— Karl Heinz, Dipl.-Ing. → IZ S 425
— Thomas → IZ U 490
Reinefeld, Arnd Dr.rer.nat. → T 1 769
Reineke, Andreas → T 1 318
— Wolfgang → O 581, S 746, U 1 164
Reinel, Helmut Dr. → N 93
Reinelt, Joachim → u 2 295
Reinemann, Rolf → U 2 114, u 2 122
Reiner, August Prof. Dr. → T 3 834
— Gerhard, Dipl.-Sozialw. → f 736, r 156
— Thomas → T 1 137
Reiners, Andreas Dr. → f 391, h 176, u 429
— Heinrich, Dr. → C 478
— Klaus → S 688
von Reinersdorff, Wolfgang Dr. → O 387
Reinert, Adrian Dr. Dipl.-Sozialw. → T 818

Fortsetzung nächste Spalte

Reinert (Fortsetzung)
— Bernd → T 3 860
— Emmanuel → IZ K 1
— Horst → E 457
— Jürgen → T 3 707
Reingen, Klaus → F 478, F 486
Reingruber, Hannes → E 60
Reinhard, Christoph Dr. → B 548
— Dieter, Dipl.-Volksw. → S 625
— Elisabeth → S 577
— Michael → S 551
— Sigurd, Dipl.-Ing. → B 539
Reinhardt, Brigitte → E 194
— Charima → A 6
— Erich R., Prof. Dr. Ing. → IZ F 1 066
— Erika → U 2 114, u 2 115
— Frank → r 305
— H.-J., Dipl.-Betriebsw. → E 91
— Holger → S 1 534
— H.-W., Univ.-Prof. Dr.-Ing. → t 1 920, T 1 970
— Lothar → E 37
— Matthias → S 695
— Michael → T 4 087
— Reiner → E 60
— Uwe, Dr. → b 115, u 878
— Wolfgang A., Dr. Dr. → U 1 161
Reinhart, Petra → O 119
Reinheimer, Karl-Heinz → U 427
Reinhold, Arno → u 993
— Dieter, Prof. Dr. med.habil. → N 38, n 48
— Friedemann → u 2 174
— Friedrich, Dr. → B 570
— I., Dipl.-Lehrerin → t 1 470
— Peter, Dr.-Ing. → T 714
Reinholz, Dieter Dr. → d 32
Reiniger, Wolfgang Dr. → D 71
Reining, Robert Dr. med. → T 3 357, T 3 358
Reinke, A. Dr. Dr. → T 3 362
— Wilfried, Prof. Dr. → T 667
Reinking, Jürgen → U 404
Reinknecht, Gottfried Dr. → T 2 193
Reinl, Werner Dipl.-Ing. → f 247
Reinoso, C. → iz f 124
Reinsch, Marion → N 112
Reinschild, Kurt W. → T 3 579, U 1 101
Reinstein, Jerome A. → IZ F 2 693
Reinstorf, Peter → u 2 531
Reintke, Christina → e 206
Reinwand, Monika → IZ F 2 666
Reipert, Ulrich → U 456
Reis, Joao → iz f 2 429
Reis Silva, José M. → IZ F 2 044
Reisbeck, Franz Dipl.-Volksw. → o 618
Reisch, Erwin Fidelis → o 523
— Hans → IZ P 1
— Ludwig, Prof. Dr. → T 3 643
— Peter → e 52
— S. → T 1 325
Reischauer, Karin Dr. → U 170
Reischauer-Kirchner, Erika → b 136
Reischl, Hans → H 315
— Hans, Dipl.-Kfm. → P 4, P 8
Reischmann, Jost Prof. Dr. → T 4 081
Reise, Karsten Dr. → A 132
Reisen, Wolfgang Dipl.-Ing. → d 144
Reisener, Bernd → u 2 061
Reiser, Bernd Dipl.-Ing. → g 364
Reiss, Gerhard → h 755
— Günter, Dr. → O 324
— Hans-Christoph, Prof. Dr. → O 631
— Horst → U 841
— R., Prof. Dr.-Ing. → t 1 593
Reiß-Jung, Vera → b 140
Reisse, Hartmut → N 125
Reissenberger, Michael → O 324
Reissert, Bernd Prof.Dr. → T 406
Reißig, Robby → s 1 570
Reißmann, Uwe Dipl. Soz. Päd. (FH), Betriebsw. → T 624
Reissner, Helmut Dr. → H 235
— Hilmar → r 299
Reitemeier, Dirk → b 42
Reiter, Josef Prof. Dr.phil. → T 593
— Peter O. → T 1 061
— Robert → u 789
— Udo, Prof. Dr. → O 290, O 302
— Werner → u 1 633
Reith, Gerold → u 2 455
Reither, B. → T 3 292
Reitis, Dirk Dipl.-Ing. → L 58
Reitmeir, Franz → g 338
Reitter, Elmar Dipl.-Ing. → L 52
Reittinger, Wolfgang J. Dr. → S 731
Reitz, Brigitta → U 1 582
— Eva-Maria → iz u 615
— Kurt-Jürgen → D 193
— Oliver, Dipl.-Geogr. → s 1 485, s 1 501
— Sonja, Dr.med. → T 2 687

Reitzel, Michael → d 229
Reitzig, Hans-Jürgen Dipl.-Volksw. → E 149, T 2 135
Rektorik, Ralf → u 1 441
Relander-Heinonen, Siv → iz m 85
Remaklus, Hermann M. → I 29
Rembges, Wolfgang Dr. → f 521
Remé, Thomas M. Dr. → T 3 500
Remer, Wolfgang → u 2 404
Remes, Friedrich W. Dr. → F 216, g 199
Remetey-Fülöpp, Gábor → IZ T 170, iz t 186
Remkes, J. W. → iz b 176
Remlein, Johann → B 493
Remm, H. → T 2 470
Remmel, Friedhelm → U 849
— Manfred, Dipl.-Wirtsch.-Ing. → S 782
Remmers, Walter → u 1 721
Remmerssen, Peter → O 537
van Remoortere, Francis → IZ H 84
Rempe, Franz → T 3 644
Rempel, Gerhard → u 2 362
— Wolfgang F. → E 185
Rempke, Volker → r 882
Remsperger, Hermann Prof. Dr. → I 1, T 2 114
Remy, Alfred → h 30
Renard, Jochen Dipl.-Volksw. → E 155, F 690
— Jochen, Dipl.-Volkswirt → U 355
Renatus, Gabriele → S 1 526
Rendenbach, Hanns → F 612
Rendle, Bernd → G 47
Rendlen, Michael → F 409, T 2 602
Rendler-Bernhardt, Volker → s 763
René, B. → iz s 409
Renelt, Michael → iz f 1 657
Renfert, Cornelius Dr. → c 753
Renger, Annemarie Dr. → T 2 111, U 1 822
Renka, Michael → c 597
Renken, Karl-Heinz → u 947
Renken-Röhrs, Gabriele → S 618
Renn, Herbert → n 53, T 2 215
— Stefan → u 1 788
Rennebaum, Horst → H 783, h 785
Renneberg → A 34
— Wolfgang → T 1 244
Rennefeld, Dirk-Jens → O 323
Rennenberg, Heinz Prof. Dr. → T 2 605
Rennenkampff, Key → iz u 2 24.05
Renner, Andreas → d 202, U 2 045
— Erich, Univ.-Prof. Dr. phil. habil. → T 466
— G., Dr. → T 1 806
— Maria → s 492
— Rolf, Dr. → T 3 216
— Thomas, Dr. → s 548
— Ulrich → O 92
Renninger, Ernst → e 87
Renoir, Paule J. → IZ U 265
Rens, Jos → iz o 82
Renschler, Melanie Dipl.-Kff. → F 187
Rentel, Dirk → s 1 558
Rentner, Heinz Dr. → IZ M 183
— Simone → B 664, B 700
Rentrop, Gert-Heinz Dipl.-Kfm. → f 748
Rentsch, Christian Dr. → U 182
— Harald → d 17, d 48
Rentschler, Lothar → O 551
Rentzsch, Frank → Q 15, q 30
Renvert, Peter Prof. Dr.-Ing. → r 977
Renz, Eberhardt → u 2 262
— Jonas → IZ U 364
— Klaus, Dr. → k 230
Renze, Christian → U 762
Repansek, Janez → n 258
Repetto Talavera, Elvira Prof. Dr. → IZ T 962
Repgen, Konrad Prof. Dr. → U 3 004
Repnik, Friedhelm → b 12
— Hans-Peter → A 40, A 53, U 2 045
Repo, Timo → c 744
Repp, Gerhard → G 70, g 376
— Ludwig → g 381
— Roland → E 89
Reppas, Dimitrios → iz b 90
Reppelmund, Hildegard → I 114
Repplinger, Paul H. → E 193, H 315, H 329
Réquillart, Jean-Marie → IZ G 149
Resch, Franz Prof. → T 2 688
— Jürgen → Q 357, Q 607
— Karl-Heinz → k 169, k 188
— Karl-Ludwig, Prof. Dr.med. → T 2 214
— Thomas → g 679
Reschke, Hans Hermann → E 235, IZ R 54
— Karl → E 109
Resemann, Bernhard → s 61
Reske, Rüdiger → U 226
Ress, Stefan → E 107
— Wolfgang → R 123, R 160, r 193
Ressos, Alexander → S 618
Restani, Renzo → iz f 872
Rethage, Bernd → O 651

Retour → IZ T 313
— Patrice → IZ M 125
Rettemeier, Josef → IZ F 2 666
Rettenmaier, Hermann Dr. → T 3 588
Rettenmeier, Josef Dr. → f 34, F 790
Retterath, Marion → IZ U 247
Rettich, Günther → k 92
Rettig → A 28
— Günter → u 1 403
— Guido, Dr.-Ing. → T 1 867, T 1 876
— Karl-Heinz → g 497, h 139
— Rolf, Prof. Dr. → t 3 988
Reuderink, Maarten → iz h 428
Reuff, H. E. Dr. → O 546
Reul, Herbert → u 2 057
Reumann, Peter → K 184
Reumeau, Gérard → iz k 45
Reusch, Jürgen → F 613, H 79
— Peter Michael → T 391
— Werner → E 118
Reuschel, Heinz W. Dipl.-Ing. → F 238
Reuschlein, Christa → E 476
Reuß, Johannes Dr. Dr. → G 109
— Sabine → U 2 393
Reuter, Alfons → u 1 066
— Conny → IZ U 170
— Diana, Dr. → T 3 957
— Étienne → iz a 101
— Gert-Dietrich → f 935, f 957, f 990, t 1 982, t 2 002, t 2 011
— Hans-M. → f 1 074
— Hans-Reinhard, Dr.-Ing. → s 1 003
— Hermann, Dr. → IZ I 45
— Jürgen → R 161, T 2 893, U 1 586
— Konrad, Dr. → A 40
— Kurt, Dr. → T 3 603
— Peter → g 275
— Peter, Dipl.-Ing. → S 999, s 1 005
— Uwe, Dr. med. → t 2 683
— Uwe H. → T 3 671
— Uwe Hans, Dir. → T 3 956
— Wolfgang → T 3 682
Reuterskiöld, Marianne → iz t 508
Reuther, Eberhard → F 1, f 41, F 623, iz f 2 407
— Hans J., Dr.jur. → E 24
— Paul, Dr. → T 2 740
Reutlinger, Paul → iz f 2 257
Reutner, Friedrich Prof. Dr. → E 24
Reutter, Anja → E 207
Revel, Claude → iz f 344
Revell, Brian → IZ R 204
Revenga, Alicia → iz f 355
Revilla, C. Hernandez → IZ F 954
Revis, J.A.F.M. → c 1 047
Graf von Rex, Caspar → T 412
Rex, Erhard → B 791
Rex-Strater, Regina Dipl.-Betriebsw. → T 740
Rexin, Manfred Dr. → O 370
Rexing, Eva-Maria → L 80
Rexroth, Günther Dr. → u 2 135
Rey, Jean → IZ M 221
Rey Salgado, Juan Carlos → iz a 141
van der Reyd, Joél E. → iz h 544
Reyels, Dr. → A 8
Reymann, Wolfgang → t 2 402
Reynders, Didier → iz b 26
— Robert → IZ A 227
Reynolds, Ian → iz n 57
Reysen, Heiko → O 124
Rhein, Axel → T 2 072, t 2 177
von Rheinbaben, F. Dr. → T 3 261
Rheindorf, Horst Joachim Prof. Dr.med. → S 1 273
Rheinheimer, Stefan → u 1 833
Rheinländer, Achim → U 2 963
Rhode, Wolfgang → k 235
Rhodes, G. → IZ F 298
Rhomberg, Walter Heinz → c 371
Rhys, Martin → o 157
Riabov, S.N. Prof. Dr. → iz t 356
Ribas, J. → iz f 2 543
— Jaime → IZ F 2 531
— M. → IZ H 321
Ribault → iz f 2 174
— J. → iz f 1 286
Ribe-Pons, Josep → IZ T 950
Ribeiro Neto, Durvalino → iz f 1 850
Ribera d'Alcala, Ricardo → IZ A 188
Ribeyron-Montmartin, A. → iz f 461, iz f 1 142
Ribitzki, Dieter → B 445
Ricci, Renato Angelo Prof. → iz I 38
Riccibitti, Francesco → IZ U 476
Ricciolino, Carmine → iz f 583
Ricco, G. → iz g 97
Richard, Alain → iz b 74
— C.-H. → IZ F 2 433, iz f 2 439
— Jörg → u 1 437
— Winfried → o 9

Fortsetzung nächste Seite

Robinson (Fortsetzung)
— Emerson Barney → c 550
— Fiona → iz s 297
— Gertrude J., Prof. → IZ T 890
— Israel → IZ U 272
— Keith → iz i 212
— Paul → IZ R 222
— Tony → IZ U 359
Robl, Karl Prof. Dr. → G 158, G 159, T 2 015
Robleda, Manuel → IZ I 204
Robra, Bernt-Peter Prof. Dr.med. → T 3 317
Robutu, Radu → n 252
Rocca, Gianfranco → iz a 22
Rocens, Karlis Prof. → iz t 479
Roch, René → IZ U 454
Rocha, João → IZ T 105
— Julio → iz f 546
— Maria Elmano → IZ T 647
Rocha de Matos, Jorge → iz g 49
Rochel, Walter → iz a 154
Rochels, Rainer Prof. Dr.med. → T 3 314
Rocher, Etienne → IZ S 231
Rochlus, Alfred → U 170
Rochow, Frank Dipl.-Ing. → T 1 250
Rock, Frieder → Q 389
Rocke, Burghard Dr. → r 307
von Rockenthien, Renate Dipl.-Volksw. → E 126
Rockmann, Heiko → g 442
Rockwell, Keith → IZ W 12
Roclore, J.-M. → IZ F 69
Rodatz, Walter Prof. Dr.-Ing. → T 1 723
Roddewig, Bernd Dipl.-Volksw. → e 122
— Wolfgang → c 67
Rode, Christian Dipl.-Volksw., Dipl.-Kfm. → f 351
— Friedrich → q 24
— Gerhard → t 2 997, u 1 345
— Klaus → s 719
— Manfred → E 109
— P., Dipl.-Ing. → U 6
— Reinhard → Q 323
Rodeck-Madsen, Bettina Dr. → IZ S 684
Rodekirchen, Dirk Friedrich Dr. → U 1 171
Rodenberg, Volker → U 579
Rodenstock, Randolf → R 1
— Randolf, Dipl.-Phys. → F 1, f 30, F 502, r 109
Roder, Charlotte → T 2 817
— Marina → g 217
Roderburg, Katharina → O 629
Rodesch, Jean → iz f 1 452
Rodewald, Bernd Dipl.-Kfm. Dr. → I 74, iz i 52, P 5
Rodier, Claudine → IZ U 215
Rodino, Camil → iz f 952, iz f 2 140
Rodotá, Antonio → IZ T 33
Rodríguez-crespo, Francisco → iz f 556
Rodríguez Iglesias, Gil Carlos → IZ A 224
Rodrian, Hans-Werner → S 1 391
Rodrigo, Blas Serrano → iz f 2 437
Rodrigues, Eduardo Luis Barreto Ferro Dr. → iz b 205
— Iramar → IZ O 16
— Javert → IZ S 147
— José Conde → IZ U 371
— Nelson → e 658
— Rui → iz h 461
Rodrigues Gonçalves, A. M. → iz f 2 209
Rodriguez, Adolfo Garcia → iz I 43
— Ana-Llanos → E 336
— Antonio → iz u 206
— Maria → iz u 155
— Miguel → iz h 502
Rodriguez de Viguri, A. → iz t 359
Rodríguez Docavo, José Antonio Dr. → IZ T 962
Rodríguez Maroto, Cándido → iz a 114
Rodriquez, R. → iz f 2 741
Rodt, H. Prof. Dr. med. → S 137
Rodwell, Jonathan → iz a 166
Roe Iversen, Bjarne → iz f 259, iz f 1 128
Röbbecke → U 253
Röbbelen, Ulrich → o 524
Roecke, Kurt Dr. → g 649
Röcker, Winfried → u 2 450
Roeckl, Kurt Dr. → G 7, G 108, G 292, g 294, g 300, g 338, g 371, g 423, g 683
— Kurt, Dr.jur. → g 723
Rödder, Gerd → H 274
Roedel, Astrid → r 1 026
Roeder, A. Prof. Dr. → T 2 604
— Bernd → K 55
— Berndt → o 460, o 465
— Christa → u 1 266
— Hans-Jürgen → o 486
— Hermann → T 3 682
— Margarete → s 1 276

Fortsetzung nächste Spalte

Roeder (Fortsetzung)
— Martin → E 232
— Michaela → U 1 444
— Mirko → s 511
— Petra → s 498
Roeder-Zerndt, Martin Dr. → IZ O 18
Röders, Eckhart Dipl.-Ing. → F 722
— Hinrich, Dipl.-Ing. → G 529
Rödig, Prof. Dr. → Q 216
— Guido, Dr. → P 8
Rödiger → a 306
— Horst → T 1 380
— Klaus Jürgen → g 441
— Wolfgang, Dr. → t 917
Rödl, Bernd Dr. → E 60
— Helmut, Dipl.-Kfm. Dr. jur. → H 36
— Thomas → T 717
Rödler, Elgar → t 38, T 682
Roefs, G.J.M. → IZ F 894
Röger, Heidi → T 3 101
Rögge, Karin → g 1 .10
— Monika → T 471
Röglin, Hartmut Dipl.-Ing. → t 2 058
Rögner, Stephan → S 1 337
Rögner-Francke, René → B 330
Rögnvaldardottir, G → iz t 458
Röh, Jens Dr. → s 535
Röhl, Prof. Dr. → T 3 524
— Dietmar, Dr. → s 1 490
— Henning → o 277, O 302
— Johannes → r 760
— Wilhelm, Dr.Dr. → t 2 195
Röhle, Eberhard → g 131
Röhler, Marina → O 261
Röhling, Dr. → A 16
— Eike, Dr. → A 185
Röhlinger, Peter Dr. habil. → D 2, D 89
Roehm, Ulrich → O 68, S 1 342
— Werner → f 758
— Wolfgang, Dr. → O 471, O 473
Röhnert, Wulf → O 480
Röhr, Christian J. → e 355
— Johannes → m 102, m 186
— Kersten → t 2 902, u 1 595
— Rainer → G 318
Röhrbein, Waldemar Dr. → u 952
Röhreich, Jürgen → r 377
Röhricht, Dr. → A 346
Röhrig, Elvira → u 1 240
— Heinrich W. → R 852
— Horst A. → O 393
— Peter → A 6
— Thomas, Dr. med. → T 2 674
— Werner J. → O 379
— Wilfried, Dipl.-Volksw. → g 275
Röhring, Hans-Helmut Dipl.-Politologe → Q 400
Röhrl, Gerhard Prof. → T 607, T 745
— W. L., Dipl.-Ing. → I 46
Röhrs → A 22
— Hans Joachim → Q 397
Röhrs-Günther, Pamela → I 47
Röker, Klaus-D. Dr. → T 1 867, T 1 876
Röll, Thomas A. → M 164
Rölli, Lukas → T 3 717
Röllke, Gerd → Q 207
Römer, Christof Dr. → T 832
— Detlef, Dr. → Q 300
— Helga → S 315
— Horst → U 2 519
— Joachim → S 742
— Johann Wilhelm → U 1 820
— Karl → U 2 001
— Karlheinz → R 617
— Klaus → iz r 130
— Michael → q 562
— Michael, Dr. → f 171, R 218
— Werner → g 662
— Wolfgang → t 2 951
Römhild, Angelika → K 37
— Inge-Susann, Prof. → T 587
Röminger-Czako, Ritva → E 422
Rönck, Rüdiger Dr. → E 679
Rönick, Burkhard Dipl.-Geogr. → s 1 494
Rönnberg, Barbro → IZ U 451
— Karl, Dr. → iz f 342
Rönnicke, H. Dipl.-Ing. (FH) → t 1 708
Rönninger, Max → K 303
Rönsch, Barbara → L 62
Röper, Helmut → g 612
— Mareike → S 1 418
Roepke, Alexander → iz a 147
— Karin → a 72, d 223
— Till → E 91
Rörig, Johannes-Wilhelm → A 24
Roes, Kirsten → R 725
Rösch, Anton → f 547, G 601, k 235

Fortsetzung nächste Spalte

Rösch (Fortsetzung)
— Joachim → Q 157
— Michael → s 15
Röscheisen, Helmut → Q 357
Röschert, Karlheinz → s 481
Roese, Dietrich → g 420
Rösel, Heinz → U 1 336, u 1 344
— Henning → A 288
Rösemann, Reinhold → T 1 296
Rösener, Eberhardt → iz s 1 14.28, S 319
Röser, Rudolf → E 96
Röskau → A 14
— Benedikt → O 233
Röskes, Klaus Peter → k 229
— Klaus-Peter → M 15, m 19, m 178
Rösler, E. Prof. Dr. → U 2 638
— Gerhard, Dr. → T 1 250
— Peter → E 44, E 734
Roesmann, Hans-Jörg → U 159
— Manfred → E 259
Rösner, Helmut Dr. → T 2 191
Röss, Dieter Prof. Dr. → T 786
Rössel, Arne Dipl.-Volksw. → E 80
Rössle, Prof. Dr. → T 3 707
— Gottfried, Dipl.-Ing. → L 24, T 1 149
Rössler, Gordon → h 163
— Iris → u 2 739
— Kerstin, Dipl.-Jur. → S 953
— Matthias → T 2 345
— Matthias, Dr. → b 159
— Volker → O 598
Röstel, Gunda → U 2 028
Röth, Jürgen → Q 207
Rötharmel, Hubert → F 805
Röthemeier, Karlheinz → o 464
Röther, Hans-Peter Dr. → d 23
— Winfried → h 356, h 429, h 444
Röthig, Harald Dr. → U 339
Röttele, Bruno → h 559
Rötten, Ralf → T 2 918
Rötting, Fritz → E 137
— Marlis → E 254
Röttsches, Wolfgang → S 442
Rötzel, Helmut → A 1 91.40
Rövekamp, Waltraud → S 551
Roever, Otto Dr. → c 27
Roever jr., Hans → c 452
Röwenstrunk, Horst → h 273
Roewer, Heinz-Lubbo → U 1 584
Rözel, Konstantin → U 2 764
Roffeni, Vittorio Dr. → iz f 398
Rog, Carel R. → IZ O 137
Rogalla, Jörg → T 1 318
Rogard, Pascal → IZ O 19
Rogatty, Wolfgang Dipl.-Ing. → T 3 787
Rogée, Edeltraud → r 390
Rogel, Erich Prof. → U 1 48.10
Rogers, Brian → iz f 871
— Martin → IZ T 946
Roget, Jean-Marc → iz f 1 448
Rogge → A 346
— Heiner → M 105
— Heiner, Dipl.-Volksw. → E 149
— Jacques → IZ U 375
Rogge-Meißner, Monika → s 1 439
Roggemann, Gerhard → E 235
— Jürgen → E 78
Roggenhofer, Johannes Dr. → T 4 085
Rogmans, W.H.J. Dr. → IZ U 128
Rogowski, Michael → iz f 2 407
— Michael, Dr. → F 1
Rohan, Albert Dr. → iz b 183
Rohardt, Michael Dipl.-Ing. → S 1 017, s 1 025
Rohde, Bernd Dr.-Ing. → S 999, s 1 011
— Dietrich, Dr.med. → S 170
— Hans-Otto → G 92
— Hans-Ulrich, Dr. → E 41
— Hartwig → E 98
— Heinz-Dieter → g 249, g 558
— Hubert, Prof. Dr. → E 459
— Jürgen → u 2 201
— Mathias → I 69
— Norbert → M 63, m 201
— Wolfgang → O 625
Rohder, Klaus → N 94
Rohe, Karl Prof. Dr. Dr. h.c. → T 471
— Michael → T 880
Rohkamm, Eckhard Dr. → E 392
Rohland, Peter → U 477
Rohleder, Bernhard Dr. → f 36, F 352, f 651, f 668, f 669, f 671, f 673, f 684, f 685, IZ F 1 153
Rohlfs, Eckart Dr. → IZ O 5
Rohloff, Adalbert Dipl.-Volksw. → O 268, O 532
— Ronald → G 784
Rohm, Horst Dipl.-Wirtsch. → f 138, R 287

Fortsetzung nächste Spalte

Rohm (Fortsetzung)
— Julius, Dr. → E 36
— Martin → T 3 673
Rohmer, Hans Jürgen → E 60
Rohn, Jürgen → H 164
Rohner, Christof Dr. → U 3 018
Rohnstock, Katrin → T 3 168
von Rohr, Alard Dr. → b 36
Rohr, Hans-Jürgen → Q 578
— Jürgen → F 1 048
Rohrbach, Günter Prof. Dr. → R 597
— Jürgen, Dipl.-Ing. agr. → T 2 568
Rohrbacher, Christian → M 84
Rohrberg, Karl → r 184
Rohrer, Franz → H 728
Rohrmoser, Günter Prof. Dr. → O 403
Rohrseitz, Gert → E 60, f 706
Rohrwasser, Hermann Dipl.-Kfm. → I 62
Rohwedder, Joachim → E 38
— Klaus, Dipl.-Ing. → E 80
Rohwer, Bernd Dr. → b 183
— Markus → A 24
Rohwohl, Jürgen → r 675
Roig, D. → iz f 2 682
Roig Pacheco, Guillermo → iz r 5 6.04
van Roje, Ullrich → f 797
Rojo, A. → iz h 78
Rokasi, Anton → iz f 433
Rolf, Erwin → R 663
Rolin, Fernando → iz s 277
Rolinski, Susanne Dr. → u 2 555
Rolinson, Catherina → IZ T 881
Roll → u 1 330
Rolle, Dr. → A 14
— Eberhardt, Dr. → A 185
Rollenhagen, Klaus Dipl.-Ing. → S 923
Roller, Carsten Dr. → T 901
— Helmut, Dipl.-Ing. → F 54
Rollett, Gerald → f 893
Rolli, Rudolf → U 2 764
Rollier, J. L. → IZ S 712
Rollmann, Dietrich → T 372
— Dietrich W. → S 696
— Hans, Prof. Dipl.-Des. → S 787, S 799
Rollmann-Borretty, Barbara Dr. → U 2 318
Roloff, Achim → s 1 515
— Andreas, Prof. Dr. → T 2 611
Rologis, Vassilis → iz e 44
Rolvering, Heinrich → iz a 189
Romain, Lothar Prof. → T 410, T 1 147
Romann, Gernot → O 303
Romanowski, Gerd Dr. → F 178
von Romatowski, Arnd → t 2 391
Rombach, Dieter Prof. Dr. → t 211
— Michael, Dr. → O 324
Romberg, Gabriele → n 203
Rombouts, T. → IZ U 470
Romero, A. → iz h 320
Rometsch, Sieghardt Dr. → E 235
Romeyer, Pierre → IZ S 381
Rommeiß, Roul → S 294
Rommel, Dietrich → h 130
— Helga E. → T 2 479
— Karl-Friedrich, Dr. med. → S 294
Rommerskirchen, Jörg → A 185
Rommerts, Eric → iz h 219, iz h 237, iz f 2 357
Rompcik, Horst → p 9
Rompe, Klaus Prof. Dr.-Ing. → T 3 583
Rompf, Andreas → h 787
Romstad, Svein → IZ U 465
Ronan, P. → iz f 2 764
Rondeau, Christian → iz s 117
— Christian, Dr. → iz s 29
Rong, Martin Dipl.-Ing. → U 635
Ronge, Volker Prof. Dr.rer.pol. → T 712
Ronji, Ankica → N 194
Ronnebaum, Hermann → U 224
Ronneberger, Uwe → s 649
Ronneburger, Uwe → u 957
Ronnefeld, Renate → IZ U 483, O 122
Ronning, Gerd Prof. Dr. → t 2 188
Ronsöhr, Heinrich-Wilhelm → U 2 045, u 2 054
Ronz, Rodolfo → E 253
de Rooij, Peter G. M. → IZ T 944
van Rooij, Theo → iz f 947
Rooke, P. → iz q 133
Roolf, Hans-Benno Dipl.-Phys. → U 120
van Roon, Paul → iz f 2 427
Roos, Alexander Prof. Dr. → T 676
— E., Prof. Dr.-Ing. habil. → t 1 921
— Herbert, Dr. → s 368
— Klaus → S 551, s 558
— Werner, Dr.-Ing. → I 13
Roos-Niedermann, Rita → IZ Q 222
Roosen, Gérad-Norbert → IZ T 950
— Jean-Paul → IZ T 950
Roots, Ivar Prof. Dr. → T 3 260

Fortsetzung nächste Spalte

Fortsetzung nächste Spalte

Fortsetzung nächste Spalte

Fortsetzung nächste Spalte

— Heinz → q 563
— Jürgen, Dir. Ass. Dr.jur. → k 218
— Karl, Dr. → q 151
— Klaus, Dipl.-Ing. → G 532
— W. → U 1 450
— Wolfram → T 1 903
Schürmann-Arends, Barbara → S 1 386
Schüssel, Wolfgang Dr. → IZ B 182
Schüßler, Berthold → o 138
— Eduard → IZ U 170
— Hartmut → T 1 356
— Heinz A., Dipl.-Ing. → F 69, R 34
— Heinz August, Dipl.-Ing. → E 137
— Jörn, Dipl.-Volksw. → E 80
— Norbert, Dipl.-Ing. → t 1 216
Schütt, Dipl.-Volksw. → g 635
— Broder → c 197
— Dieter, Prof. Dr. → E 730
— Falk, Dipl.-Volksw. → g 762
— Hugo → g 419, K 333
— Hugo, Dipl.-Volksw. → G 120, g 507, g 573, g 582, h 148
— Wolfgang → E 72
Schütte → B 714
— Andreas, Dr. → T 2 645
— Bernhard → F 448
— Christoph-Hubert → T 946
— F., Dipl.-Kfm. → G 602, IZ G 170
— Götz → s 351
— Heinrich → r 455
— Heinz → K 61
— Jochen → U 2 393
— Jörg, Prof. Dr. → t 199
— Martha, Dr. → t 2 679
— Reiner, Dr. → H 782
Schüttel, Gotthard → u 1 775
Schüttler, Gertrud → u 2 742
Schütz, Anton → U 1 334
— Dieter → B 323
— Giso → A 227
— Günter → g 311
von Schütz, Heide → q 418
— Irmentraud → S 1 433
— Kurt → G 454
— Matthias → H 655
— Sabine, Dr. → IZ S 679
— Walter → k 104, k 125, k 257, k 348
— Walter, Dr. → F 190
— Wolfgang, Dr. → U 964
— Wolfgang, Dr.habil. → T 2 591
Schütze, Diethard RA/ Notar → iz s 248
— Gundolf, Dr. → u 2 904
— Klaus, Dr. → iz f 2 307
— Manfred → E 80
— Sebastian → u 2 068
Schützler, Peter → S 1 599
Schuff, Claus-Jürgen → K 54
Schuffelhauer, Götz → E 445
Schuffner, Florian → E 2, E 298, E 390
Schuh, Gerhard Dr. → E 149, M 245
— Wolfgang, Dr. → q 270
Schuhbauer, Josef → f 603
Schuhmacher, Norbert → B 217
— Peter, Dipl.-Kfm. → H 263
Schuhmann, R. Dr.-Ing. → T 1 320
— Richard → U 2 573
— Walter, Dr. → U 906
Schuhr, Frank → b 829
Schuk, Hans-Joachim → r 464
Schukai, Olaf → u 2 151
Schukalla, Kajo → U 1 988
Schuldt, Anke → E 67
Schulenberg, Franz Dr.-Ing. → E 143
Schulenburg, Michael Dr. → f 174
Graf von der Schulenburg, Wilhelm Dr. → IZ Q 147
Schuler, Elmar → B 639
— Gerhard → U 2 975
— Gerhard, Dr. → T 749
— Heinz J. → u 897
— Peter → B 338, S 290
— Peter, Dipl.-Ing. → S 1 102
— Thomas, Dr. → U 2 946
Schulien, S. Prof. → T 2 085
Schulin, Bertram Prof. Dr.jur. → T 2 790
Schull, Wolfgang → t 3 115
Schullan, Robert → f 636
Schulle, W. → T 1 241
Schuller, Alexander Prof. Dr. → O 403
— Uwe, Dipl.-Ing.agr. → u 2 465
Schulna, Harald → O 598
Schulschenk, Axel Dipl.-Ing. → S 874
Schult, Gert → q 234
— Heinz-Werner, Dipl.-Kfm. → G 271, iz f 1 887, T 3 786
Schulte → A 22, B 651
— Alfred → U 2 369
— Astrid, Dipl.-Ök. → E 149

Fortsetzung nächste Spalte

Schulte (Fortsetzung)
— Bernt, Dr. → b 51
— Christoph → f 856
— Dieter → A 185, iz r 131, R 309, s 531, T 765, T 2 095
— Esther → T 757
— G., Dr. → iz p 57
— Gerd → F 508
— Gerhard → k 142
— Günther, Dr. → P 8
— Hans, Prof. Dr. → T 1 172
— Hans Joachim → u 829
— Harald → R 664
— Helmut, Dipl. rer.pol.techn. → t 350
— Hilde → T 3 122
— Katja → U 1 171
— Klaus → K 328
— Maria → q 90
— Markus, Dr. → S 266
— Otto → K 27
— Peter, Prof. Dr. → T 496
— Reinhard → k 433
— Reinhold → K 3
— Thorolf → R 705
— Volker → T 578
— Werner → r 460
— Wilhelm → G 623, g 627
— Wilm, Dr. → h 530
— Wolfgang, Dr. → D 99
Schulte-Beckhausen, Thomas Dr. → U 680
Schulte-Hillen, Gerd → T 757
— Irene → T 757
Schulte-Hülsmann, Ludger → U 2 393, u 2 447
Schulte-Löbbert, Franz-Josef Dr. → s 352
Schulte-Sasse, Hermann Dr. → A 26
Schulte Strathaus, Dirk → O 473
— Stefanie → O 183
Schulte-Uebbing, Karl-Friedrich Dipl.-Oec. → e 169
Schulte-Wissermann, Eberhard Dr. → D 94
Schulte-Zurhausen, Manfred Prof. Dr.-Ing. → T 391
Schulten, Karl-Heinz → O 668
— Marie-Luise, Prof.Dr. → O 143
— Rudolf, Dr. → T 2 332
Schultes, Herbert H. → S 1 069
— Stefan, Dr. → D 121
Schultetus, Wolfgang Dipl.-Ing. → T 2 082
Schultheis, Stefan-Karl Dr. → u 2 482
Schultheiß, Bodo Dr. rer. pol. → T 1 359
— Dieter, Dipl.-Ing. → F 970, f 974
— Eberhard, Dr. → t 1 336
— Georg Friedrich, Prof. Dr.-Ing. → U 20
— Hannetraud → c 998, T 2 236, U 3 006
Schultheuer, Renate → T 2 929
Schultz, Brigitte → S 598
— Ellen → u 884
— Gert → r 300
— Heinrich → E 418
— Henning → r 301
— Michael → H 653
— Tilman, Dr. → f 1 062
— Udo → IZ U 713
— Willi → m 77
— Wolfgang, Dipl.-Ing. → s 1 020
Schultz-Gerstein, Hans-Georg Dr.jur. → T 517
Schultz-Tornau, Joachim → e 523
Schultze, Hanspeter → S 296
— Harald, Prof. Dr. → T 3 635
— Monika → s 1 511
— Wilhelm → m 218
Schulz → u 1 621
— Andrea → s 143
— Carl-Heinz → H 333
— Christine, Dr. med. → s 133
— Dieter, Prof. Dr. → T 578
— Dietmar → b 116
— Dietrich, Dr. → c 1 185
— Eckhard → S 1 308
— Ekkehard, Dr.-Ing. → IZ F 955
— Ekkehard, Prof. Dr. → T 3 419
— Ekkehard, Prof. Dr.-Ing. → E 149
— Erhard → q 408, Q 661
— Erika → u 1 234
— Ewald → g 300
— Fred → D 120
— Gerhard → r 265
— H., Dr. → T 2 506
— Harald, Dr.-Ing. → T 1 780
— Hartmut → T 771
— Heinz, Dr. → T 2 556
— Helga → U 1 258
— Helmut → e 50
— Hermann → S 1 215
— Horst → O 649
— Jörg → D 61
— Jürgen → h 425, h 439, H 600, T 2 974

Fortsetzung nächste Spalte

Schulz (Fortsetzung)
— Jürgen, Dipl.-Ing. → s 832
— Katrin → S 634
— Klaus → K 322
— Lothar → U 695
— Manfred → O 720, t 2 937, u 1 718
— Marianna → c 1 333
— Meike → s 1 206
— Michael → F 926, f 931, U 1 945
— Norbert, Prof. → T 2 250
— Otto Egon → C 572
— Peter → c 1 081
— Regina → a 64
— Reinhard, Dipl.-Volksw. → E 146
— Reinhold, Dipl.-Kfm. → h 345
— Roger → o 638
— Roland, Dipl.-Volksw. → E 126
— Roland, Dr. → c 1 179
— Rolf, Dr. → s 304
— Rüdiger, Dipl.-Ing. → u 501
— Thomas → B 343, r 113
— Udo, Dir. Dr. → k 234
— Ursula → r 264
— Walter, Prof. Dr. → t 2 176
— Winfried, Prof. Dr. → T 3 665
— Wolfgang → U 1 843, u 1 853
— Wolfgang, Dr. → T 1 837
— Wolfgang E., Dipl.-Ing. → E 41
Schulz aus dem Kahmen, Margrit → S 1 189
Schulz-Dornburg, Julia → T 738
Schulz-Dusenschön, Bernd → s 157
Schulz-Freywald, Giesbert Dr. → S 262
Schulz-Knappe, Carlos Dr. → T 3 442
Schulz-Nieswandt, Frank Prof. Dr. → T 2 092
Schulz-Schottler, Johannes-M. → u 1 982
Schulz-Streeck, Wolfram → u 2 991
Schulz-Strelow, Monika → B 258
Schulze, Alexander → k 112, k 133, k 265, k 356
— Andreas → u 2 031
— Dieter → c 325
— Egon → S 1 508
— Erich, Prof. Dr. jur.h.c. → IZ T 842
— Frank → A 211, u 2 212
— Fritz, Dr. → c 943
— Hans-Erich → g 314
— Hans-Joachim → r 352
— Hans Siegfried, Dipl.-Ing. → f 519
— Harald, Dr. → t 2 995
— Hartmut, Dr. → r 1 013
— Heinrich → H 82
— Heinz → R 702
— H.-J. → A 92
— Jan, Prof. Dr.med. → s 35
— Jens-Thilo → B 239
— Jürgen → g 634, t 3 884
— Karin → g 209
— Karsten, Dr. → Q 539
— Klaus G. → Q 504
— Manfred, Prof. Dr.-Ing. habil. → T 716
— Martin → o 327, T 3 605
— Peter → n 45
— Rainer → g 668
— Ralf → g 774
— Rudolf → u 2 751
— Ulf → s 483
— Ullrich D. → O 634
— Volker, Dr. → O 455
— Winfried, Prof. Dr. → T 1
— Wolfgang → A 277, u 2 556
— Wolfgang G. → S 1 286
Schulze-Anné, Christian → B 638
Schulze-Bergmann, Karen Dr. → T 2 036
Schulze-Borges, Bernd Dr. → U 889, u 898
Schulze Forsthövel, Ulrich → u 2 493
Schulze-Grönda, Petra → s 485, s 532
Schulze-Hennings, K. Dr. → T 2 416
Schulze-Kölln, Margret → u 1 303
Schulze Lammers, P. Prof. Dr. → IZ T 636
Schulze Schwicking, Petra → E 24
Schulze-Weslarn → A 18
— K.-W. → T 2 600, U 910
Schulze-Wilk, Detlef Dr. → S 255
Schum, Rainer Dipl.-Kfm. Dr. → E 63
Schumacher, Dr. → A 8
— Adolf, Dipl.-Ing. → iz f 1 535
— Bernd → c 1 009
— Bertold → u 2 580
— Carl-Ludwig → g 180
— Carl-Ludwig, Dipl.-Ing. → g 179
— Dirk, Dipl.-Ing. → u 495
— Friedrich → Q 238
— Gerd → S 228
— Günter → U 2 393
— H., Prof. Dr.-Ing. → t 1 677
— Hans, Prof. Dr. jur. → h 127
— Hans Günter → Q 611
— Henri → IZ O 6

Fortsetzung nächste Spalte

Schumacher (Fortsetzung)
— Henry J. → E 317
— Horst → s 32
— Ingrid → T 2 971
— Johannes → U 389
— Klaus → u 2 194
— M., Prof. Dr. → T 3 285
— Martin → O 303, Q 346, U 2 773
— R., Dr. → iz f 2 029
— Ralph → o 352
— Reiner → g 626
— Renate, Dr. → T 1 308
— S. → U 2 567
— W., Prof. → T 2 616
— W., Prof. Dr. → T 1 371
— Walter → B 129
Schumacher de la Cuesta, Anne → n 265
Schumann, Anton → F 407
— Bernd → M 130, m 132
— Bertram, Dipl.-Ing. → u 519
— Christian A., Prof. Dr.-Ing.habil. → t 1 190
— Christian-Andreas, Prof. Dr.-Ing.habil. → T 716
— Detlev → f 985
— Dieter → g 455
— Eva-Maria → U 1 020
— Franz-Josef → d 28
— Fritz, Dr. → Q 202, T 2 636
— Gernot → O 382
— Hans-Günter → g 266
— Louise → s 407
— R. → iz h 306
— Thomas → O 537
Schunack, Hans-Joachim → Q 456
Schunck, Hermann Dr. → A 30
— Stefan, Dipl.-Volksw. → E 95
Schunk, Klaus → O 411
— Manuela → u 1 311
Schupp, Günter Dipl.-Ing. → U 3 016
— Jean-Claude → IZ U 373
— Renate → U 3 016
Schuppe, Matthias Dr. → b 169
Schuppisser, Santiago → iz s 521
Schur, Fritz Dr. → T 3 783, T 3 784
— Heike → F 423
— Norbert → M 278
— Raimund, Dipl.-Kfm. WP/StB Dr. → P 42
Schurawitzki, Werner Prof. Dr. → T 476
Schurian, Walter Prof. Dr. Dipl.-Psych. → IZ T 732
Schurich, Bernd Prof. Dr. → r 979
Schurig, Christian → O 381
Schurk, Hans-Eberhard Prof. → T 396
Schurr, Horst → g 459, h 629, k 154
— M. O. → t 1 669
Schurwanz, Hans-Otto → k 147
Schuschke, Giselher Prof. Dr.med. → q 444, t 1 255
Schuseil, Dr. → A 16
Schusser, Walter Dr. → T 2 334, T 3 744, T 3 745
Schuster, Dr. → A 34
— Andreas → r 436
— Bernd → I 22
— Bettina → S 742
— C., Prof. Dr.-Ing. → t 1 568
— Christoph M., Dr. → t 113
— Franz → A 185, b 193
— Günter → E 298
— Hannes → U 987
— Heinz, Prof. Dr.-Ing.habil. → B 379
— Hildegard → d 203
— Horst, Dipl.-Volksw. → E 155
— Johannes Peter → IZ T 872
— Klaus, Dipl.-Wirtsch.-Ing. → t 357, T 1 739
— Klaus-Peter → m 25
— Klaus Peter → m 96
— Michael, Dr. → T 548
— Peter-Klaus, Prof. Dr. → S 1 195
— Reinhold → K 316
— Robert H., Prof. Dr. → T 1 238
— Rudolf, Dr. → U 1 334
— S. → T 2 416
— Sebastian → N 31
— Susanne → A 24
— Walter → T 2 971
— Werner → O 547
— Werner Albert → I 33
— Wolfgang → g 546
— Wolfgang, Dr. → D 128
Schuth, Johann → s 1 279
Schutyser, Kris Prof. → IZ T 672
Schutz, Bernard Frederick Prof. Dr. → t 118
Schuurman, Klaus Volker → E 337
Schuy, Barbara → U 1 416
Schuybroek, Jean-Léopold → IZ U 505
Schwaab, Birger Dipl.-Kfm. → E 189
Schwaar, Ingrid → R 927
Schwaarz, Axel Dr.med. → T 2 781

Schwab, Andreas Dr. → t 2 964
— Annie → iz s 387
— Bernhard, Dr. → b 22
— Claus-Dieter → u 1 983
— C. W. → h 707
— Dieter, Dipl.-Kfm. → E 91
— Fredi → iz o 226
— Hans → u 1 436
— Klaus R. → E 551
— Thomas, Dipl.-Betriebsw. → T 989
— Werner → S 1 547
Schwabe, Hans-Dieter Dipl.-Ing. → E 99, U 118
— Michael, Dr. → U 1 353
Schwaben, Winfried → s 1 464
Schwaderer, Gabriel → T 798
Schwaeb, Ulrich Dipl.-Betriebsw. → T 3 838
Schwädt, Ulrich → E 63, e 64
Schwägerl, Hans → U 3 021
— Max → b 485
Schwärzer, Elisabeth → s 497
Schwaetzer, Irmgard Dr. → A 55
Schwager, Dieter Dipl.-Ing. → E 40
— Ute → s 434
Schwaiger, Erich → R 536
— Heinz Johann, Dipl.-Betriebsw. → T 833, T 1 968
— Norbert → IZ A 232
Schwake, Wolfgang → U 133
Schwalb, Helmut Prof. → T 488
Schwalbach, Reinhold → h 725
Schwalbe, Diana → T 1 284
— W., Prof. Dr.-Ing. → t 1 404
Schwalen, Wolfgang → g 134
Schwall-Düren, Angelica Dr. → A 67
Schwalm, Jörg Dr. → B 789
Schwamberger, Jörg → g 761
Schwamborn-Kolibius, Hans → T 3 655
Schwampe, Herbert Dr. → U 887
Schwan → B 694
— Gesine, Prof. Dr. → T 484, T 2 110
— Heiner, Prof. Dr. → T 1 284
— Klaus → n 7
— Konrad, Dr. → IZ S 246
— Rudolf → U 1 171
Schwandner, Ernst-Ludwig Dr.-Ing. → A 104
— Gerd, Dr. → T 1 348
Schwandt, Ernst-Albrecht → A 353
— Hans-Michael → c 26
Schwanebeck, Wolfgang Prof. Dr.-Ing. → T 436
Schwanecke, Hans-Hermann → U 21
Schwanhold, Ernst → b 122
Schwanitz, Rolf → A 4
Schwank, Bernhard → U 2 393
— Günter → f 39, F 593, f 595, T 2 045
Schwappach, Jürgen Dr. → G 96
Schwark, Wolfgang Prof. Dr. → T 489
Schwarmann, Hermann → I 105
Schwartges, Matthias → K 296
Schwarting, Gunnar Dr. → d 13, d 43
— Uwe, Dr. → H 78
Schwartz, Bodo → O 200, O 271
— Eduard → E 227
— Julian → U 1 445
Schwartze, Eberhard → u 1 068
— Peter → F 1 021
Schwartzenberg, Roger-Gérard → iz b 7 3.10
Schwarz → T 1 960
— Carsten → U 1 398
— Carstens → U 2 045
— Claudia → N 164
— Dieter → u 980
— Dietlind → n 253
— Eberhard, Dr. → f 11, r 11
— Eberhard, Dr.rer.nat. → t 1 892
— Friedrich Nikolaus → c 854
— Gerd Viktor, Dipl.-Ing. → U 169, U 171
— Günter → e 32, T 411
— Günther, Dipl.-Ing. Dipl.-Volksw. → T 1 906
— Hans-Egon → E 149
— Hansjürgen → B 635
— Harti, Dr. → T 2 140
— Heiner → R 708
— Heinz → O 173
— Horst → E 96
— Jürgen, Dr.-Ing. → f 51, L 19, T 1 041
— Karlheinz → U 1 322
— Katrin, Dipl.-Chem. → t 218
— Manfred → c 569
— Matthias, Prof. Dr. oec. → T 716
— Michael, Dr. → T 530
— Michael, Prof. Dr. → T 430
— P., Prof. Dr.-Ing. → t 1 624
— Paul Otto → f 392
— Peter → U 2 393
— Peter, Prof. Dr. → S 737
— Rainer → t 2 402

Fortsetzung nächste Spalte

Schwarz (Fortsetzung)
— Ralf → r 26
— Richard → c 1 094
— Rudolf → g 604
— Rüdiger → k 208
— Stefan → K 51
— Ullrich, Dr. → S 793
— Volker, Dr.h.c. → o 425
— Walter → k 80, u 2 468
— Wolf, Prof. Dr. → c 626
— Wolfgang, Dr. → g 405
— Wolfgang F., Prof. Dr. → T 578
Schwarz-Kaske, Reiner Dr. → T 3 603
Schwarz-Schilling, Christian Dr. → A 36, E 388
Schwarz-Schütte, Patrick → F 219
— Rolf, Dr. h.c. → E 152
Schwarzbach, Christine → u 1 274
— Klaus → u 1 129
— Klaus, Dipl.-Betriebsw. → E 731, IZ S 149, U 2 496
Schwarzböck, Rudolf → iz q 25
Schwarze, Birgit → U 2 497
— Detlef, Dipl.-Ing. (FH) → S 995
— Renate → d 231
Schwarzenau, Michael Dr. → s 39
Schwarzenberg, Bodo → A 316
Schwarzenberger, Rolf → R 211
Schwarzenböck, Martin → U 210
Schwarzer → A 14
— Alice → T 800
— Helga → u 2 174
— Jutta → G 67
— Reinhard, Dr. → A 6
— Wolfgang → T 3 673
Schwarzfischer, Alois → S 780
Schwarzhoff, Regine → U 1 573
Schwarzkopf, Birgit Dipl.-Ing. → s 882
— Wolfgang → u 2 788
Schwarzmann, Franz Josef → I 39
Schwebel, Horst Prof.Dr. → u 2 282
Schwebke, Frank Dr. → S 1 382
— Hans-Jürgen → U 1 539
Schweckendiek, Elek → U 1 766
Schweda, Joachim → N 282
Schwedes, Erika → s 1 594
— Ulrich, Prof. Dr. → t 3 225
Schwedler, Jürgen Dipl.-Kfm. → g 567
Schweer, Thomas → U 18
Schwegmann, Alfons → k 241
Schweickart, Klaus → T 95
— Nikolaus → U 2 083
Schweickhardt, Dieter → U 2 675
Schweiger, A. Dr. → T 2 125
— Ellen → G 102
— Gunter, Prof. Dr . → T 539
— P., Dr. → T 2 531
Schweigler, Berthold → U 675, u 925
Schweikart, Hans → s 29
— Meinrad → k 266
Schweiker, Peter Dipl.-Ing. (FH) → E 16
— Theo Rudolf → E 547
Schweikhardt, Jörg Dr. → T 1 903
Schweim, Harald G. Prof. Dr. → T 3 198
Schweimler, Helmut W. → c 902
Schweinsberg, Hans-Jürgen → D 92
Schweitzer, Bernd → h 643
— Carl-Christoph, Prof. Dr. → U 2 675
— Claus-Peter → g 232
— Harald → d 229
— Jürgen → U 1 469
— Marcell, Prof. Dr. → t 3 963
— Michael, Prof. Dr. → T 640
— Walter, Prof. Dr. → T 640
Schweitzer-Nacken, Katt → G 592
Schweizer, Christoph → F 692
— Folkart → IZ F 1 797
— Fritz → T 1 136
— G., Prof. Dr.-Ing. → t 1 519
— Otto → iz u 11
— Romana → T 1 852
— Urs, Prof.Dr. → T 2 348
— Wolfram → O 516
Schwemer-Scheddin, Yvonne → U 3 011
Schwemin, Karin → k 84
Schwencke, Olaf Dr. → iz u 514, U 2 932
Schwendel, Volker Dipl.-Ing. → F 274
Schwendemann, G. Prof. Dr.med. → t 2 994
— Martina → Q 389
Schwendimann, A. Dr. → iz f 354
— Werner → iz q 96
Schwendtner, Alfred Dipl.-Ing. → s 898
Schwengber, Siegrid → E 171
Schwenk, Walter Dr.-Ing. → S 1 017
Schwenkglenks, Peter → D 146, u 1 630
Schwenkmezger, Peter Prof. Dr. → T 686
Schwennesen, Thomas → T 3 083
Schwenson, B. → iz g 92
Schweppe, Dr. → A 8

Schwerdtfeger, Michael → T 1 742
Schwerdtner, Hans E. → U 141
Schwerger, Horst → T 3 010
Graf v. Schwerin, Wilhelm → U 1 977
Schwerm, Dieter Dipl.-Ing. → F 890, f 902, iz f 1 950
Schwermann, Joachim Dr. → B 567
Schwertfeger, Sabine → u 1 211
Schwertl, Ursula Dipl.-Ing. → s 862
Schwesinger, Hartmut Dr. → U 346
Schwetje, Gerhard → k 253
Schwichtenberg, Jürgen → IZ G 111
Schwickert, Jürgen → g 272
Schwiedel, Peter-Klaus Dr. → O 111
Schwiefert, Horst → R 663
Schwieger, Bodo → u 2 552
Schwier, Samone Dipl.-Betriebsw. → N 184
Schwierczinski, Rainer → R 706
— Ulrich, Dipl.-Ing. → A 317
Schwieren, Gerd → G 128
Schwiering, Kerstin → u 1 271
Schwietert, Bernd → q 546
Schwiezer, Jürgen Dr. → F 178
Schwimmer, Walter → IZ B 234
Schwind → b 471
— Hans-Dieter → M 147
— Hans-Dieter, Prof. Dr. → T 796
— Joachim → k 378
Schwindling, Robert Dipl.-Ing. → B 535
Schwindt, Klaus → T 370
Schwing, Ewald → E 149
— Gerhard, Dipl.-Kfm. → E 143
Schwingenheuer, Winfried → U 2 322
Schwinger, Ludwig Prof. Dr. → T 529
Schwinghammer, Helmut Dr. → d 4
Schwinn, Bernd → U 1 514
— Karl H., Dr.-Ing. → S 947
Schwinne, Dr. → A 18
Schwipper, Elisabeth Dr.Dr. → S 171
Schwirkus, Dr. → A 22
Schwörbel, Silke → B 265
Schwoerer, Juergen → IZ T 497
— Rita → T 3 101
Schwope, Ingo Dipl.-Pol. → R 470
Schyrbock, Harald → O 397
Sciacchi, Alberta → IZ T 733
Sciachi → iz t 741
Scibilia, P. → iz f 2 654
Sciuto, Salvatore → c 872
Scognamiglio, Giuseppe → iz a 12
Scordari, R. → iz s 163
Scott, Brian → iz u 291
— Jon → c 899
— P. S. → iz f 115
Scurei, Luminita → iz s 519
Sczepansky, Gert → K 302
Sdrenka, Heinz H. → s 677
Seabra Lopes, J. → iz s 244
Sealy, Ulric → IZ U 709
Searle, Chris → IZ H 46
Searles, Robert A. → IZ T 585
Seassari, Pierre → iz g 35
Sebaï, Jutta → T 3 789
Sebald-Ganzmann, Ingrid → E 91
Sebastian, Günther Prof. Dr. → T 3 287
Sebastián de Erice, José-Pedro → C 1 222
Sebkova, Jana Dipl.-Ing. → c 1 272
Secca, Mario → IZ G 25, IZ U 64, iz g 49
Secci, Fabio → iz u 2 22.02
Seckendorf, Ute → U 2 935
von Seckendorff, Ilona → g 477
Freiherr von Seckendorff, Jochen → I 46
Seckler, Karlheinz → U 1 036
Sedemund-Treiber, Antje → A 280
Sedgwick, Peter → IZ A 231
Sedláček, Vladimír → iz u 5 76.10
Sedlák, Tomáš Dipl.-Ing. → iz u 7 03.70
Sedlarik, Christian → g 646
Sedler, Kurt → IZ K 59
Sedlmayr, Erwin Prof. Dr. → t 888
Seeba, Ewald Dr. → A 4
Seebach, Jochen → S 1 533
Seebacher, C. Prof. Dr. → T 3 278
Seebaß, Gottfried Prof. Dr. → T 858, T 859
Seebauer, Felix → s 1 281
— Martin, Dipl.-Ing. → s 863
— Wolfgang → F 118
Seeber, Andreas Prof. Dr. → iz t 204
— Barbara → t 3 127
Seeberg, Harald → T 4 082
Seebohm, Frederic → U 1 176
Seedorf, Rolf Dipl.-Ing. → u 819
Seefeldt, Jürgen → T 946, t 957
Seeger, Claudia → U 1 356
— Hans-Joachim → Q 603
— Jörg, Dr. → S 296, s 311
— Jürgen-Michael → q 276
— M., Dr. → IZ F 1 765

Fortsetzung nächste Spalte

Seeger (Fortsetzung)
— Siegbert F., Prof. Dr. → B 630
— Volker, Dipl.-Volksw. → E 216
— Werner, Prof. Dr. → T 3 251
Seeger-Glaser, Sabine → I 132
Seegers, Dr. → A 18
Seegmüller, M. → IZ H 83
Seeh, Hansjörg → D 73
Seehafer, Gerd → h 561
— Klaus → S 1 288
— Wolfgang, Dipl.-Ing. → IZ S 602
Seehase, Karl Dipl.-Ing. → s 984
Seehausen, Karl-R. Dipl.-Ing. → u 949
Seehawer, Ulrich → m 22, m 156, m 162
Seehofer, Horst → A 53, A 54, U 2 130
Seehusen, Elisabeth → r 661
Seekamp, Brigitte → g 323
Seel, B. Prof. Dr. → t 38
— Barbara, Prof. Dr. → T 2 603
— Christian → b 147
— Wolfgang → T 2 663
Seele, Hans-Jürgen → Q 155, R 85, r 86
Seelenmeyer, Ole → O 116, O 403
Seeler, Hans-Joachim Dr. → T 730
Seelhorst, Rose-Marie → t 2 834
Seelig, Horst Dr. → A 376
Seeling, Erck-Rüdiger → h 637
— Roland, Dipl.-Vw. → E 235
Seelmann, Kurt Dipl.-Ing. (FH) → G 32
Seelmann-Eggebert, Dietrich Dipl.-Ing. (Univ.) → t 1 191
— Rolf → E 470
Seemann, Hans Robert → H 66, h 72
— Heinrich, Dr. → C 206
— Horst → h 772
Seeringer, Winfried Dr. → E 118
Seesing, Kurt → R 917
Seffel, Jörn → r 430
Seffen, Achim Dipl.-Kfm. → T 2 092
Sefrin, Peter Prof. Dr.med. → s 194, S 1 383, T 3 363
Segelken, Hans-Helmut → R 617
Segergren, Ingemar → iz a 31
Segers, L. Dr. → iz t 470
Seggewiß, Michael → U 219
Segler, Jochen → R 185
Segnana, Remo → IZ K 49
Segovia, O. → iz s 53
Segundo, T. → iz m 117
Segura, J. → iz f 407
Seher, Gerald → f 85, r 50
— Gernot, Dr. → S 293
Sehling, Hans Prof. Dr. → U 965
— Matthias → k 168, k 187
Sehr, Rüdiger Dipl.-Chem. → B 432
Sehrbrock, Ingrid → R 309
Sehring, Rudolf → f 930
Sehrt, Dieter → T 897
Seibel, Michaela → O 194
— Wilhelm → F 238
Seibel jr., Wilhelm → f 244
— Wolfgang → R 891
— Wolfgang, Prof. Dr. → T 2 110
Seibert, Gerda → R 703
— Günther, Dr. → C 442
— Marianne → t 2 993
— Otmar, Prof. Dr. → T 2 498
— Reinhold → O 495
Seiberth, Klaus-Peter → s 541
Seibold, Josef → u 1 723
Seibt, Bernd Dipl.-Ing. → f 317
— Ferdinand, Prof. Dr. → u 1 009
— Peter → F 541, f 813
— Siegfried, Dr. → S 742
Seidel → u 1 629
— A., Dipl.-Volksw. → S 1 103
— Dr. → A 37, R 214
— Bernd → E 72
— Bernhard, Dr. → T 2 200
— Christian, Prof. Dr. → c 1 080
— Günter → f 339, U 887
— Harald, Dr. → A 36
— H. J., Prof. Dr.med. → T 3 943
— Horst → T 2 080
— Jürgen, Dipl.-Ing. → T 1 769
— Klaus, Prof. Dr.-Ing. → T 553
— Manfred → g 213, u 2 535
— Norbert, Prof.Dr. → O 325
— Raimund, Prof. Dr. → T 662
— Regina → r 231
— Siegfried → g 606, g 610
— Thomas → D 235, s 778
— Udo → S 742
— Ulrich, Dipl.-Volksw. → L 28
— Werner → E 672
— Wolfram → q 19
Seidel-Kalmutzki, Karin → d 221
Seidelmann, Christoph → IZ M 221

Fortsetzung nächste Seite

Sommerlade, Bernd Dipl.-Ing. → F 961
Sommerlatt, Rudolf Dr. → E 203
Sommermann, Karl-Peter Univ.-Prof. Dr. → T 384
Sommermeier, Franz → q 171
Sommerschuh, Dietrich Dr. → U 1 812
— Ria → N 110
Somogyi, Andrew → IZ F 999, iz f 2 028
Somr, Zdenzk → iz e 37
Son, Eu-Nam → IZ K 50
Sonderkötter, Friedrich → A 119
Sondermann, Dieter Prof.Dr. → T 2 348
— Karl-Heinz → g 731
Sonderwald, Werner → H 471
Sondhauß, Klaus Dipl.-Ökonom → F 429, iz f 70, Q 121
Songvoll, Magne → iz r 156
Sonn, Ralf → U 2 393
Sonnabend, Michael → T 719
Sonneberger, Jeanny → O 290
Sonnek, Wolfgang Dipl.-Ing., Dipl.-Jur. → E 107
Sonnen, Bernd-Rüdeger Prof. Dr. → S 580
Sonnenberg, Barbara → I 72
— Heiko → h 381
— Sabine → q 523
Sonnenberger, Rolf → r 872
Sonney, René → iz s 645
Sonnier, Heinrich → h 799
Sonninen, Veikko → iz o 95
Sonnleitner, Gerd → H 311, I 38, iz q 8, P 7, P 59, Q 1, Q 15, q 18, R 1
Sonntag, Dieter → H 621
— E., Dr.-Ing. → t 1 693
— Edith → R 949
— Gerd, Dr. → B 835
— Jürgen → T 3 601
Sonntag-Wolgast, Cornelie → A 10
Sonto Corréa, Thomaz → IZ O 104
Soost, Harrald → U 535
Soraya, Sima → u 2 168
Soremsky, Heinz → U 935
Sorensen, Bärbel Dr.rer.pol. → T 422
— Egon → iz m 82
— Klaus → iz q 77
— P. Q. → iz p 48
— Soren E. → iz h 449
Sorg, Bernhard → n 76
— Helmut, Dipl.-Kfm. → E 95
— Herbert → f 1 002
— Hermann → U 2 764
— Manfred → u 2 261
Sorgatz, Holger Dipl.-Sozw. → T 3 204
Sorge, Christian Dipl.-Geogr. → s 1 497
— Martyn → U 2 678
— Sarah → u 2 035
— Wilfried → O 412
Sorger, Eckhard → U 395
Sormunen, Juhani → iz a 44
Sorn, Manfred → O 324
Sors, Rüdiger Dr.rer.pol. → E 114
Sosalla, Werner → O 379
Soßna, Winfried → u 2 136
Sossong, Michael → B 323
Soth, Andrea → Q 403
— Heinz → u 2 123
Sothmann, Ludwig → Q 504
Sotiropoulos → iz f 1 891
Sotirov, Stoil → IZ U 485
Sotrop, Hans Wilhelm → S 1 132
— Hans-Wilhelm → U 738
Sotty, Christian → IZ S 682
Soubestre, Philippe → iz a 28
Soubry, Michel → iz f 2 102
Souchon, Dominique → IZ P 3, IZ Q 1
— Johanna → U 887
Soumakis, Stavros → iz b 98
Sousa, Conceiçao → iz f 2 391
de Sousa, J. Germano Prof. Dr. → IZ S 70
Sousa Campos, E. → iz f 2 768
de Sousa-Duarte, H. → iz f 1 230
de Sousa Ribeiro, Jose Alberto → iz f 2 358
Souter, Linda Dr. → IZ S 597
Souwerbren, C. → iz t 385
Sowa, Peter → iz u 614
— Wolfgang, Dipl.-Ing. → s 1 049
Sowka, Hans-Harald → r 155
Soyka, D. Prof. Dr. → T 3 316
Spaas, J. → IZ F 384, IZ F 1 928
Späte, Margarete → A 36
Spaetgens, Alfred → s 161
Spaeth, Andreas Dr. → S 1 474
— Friedrich → E 154, F 1, f 136, L 39
— Georg → U 1 578
— Gino, Dipl.-Br.-Ing. → T 2 483
— Günter → c 1 312
— Günther → H 35
— Karin → o 17

Fortsetzung nächste Spalte

Spaeth (Fortsetzung)
— Lothar, Dr.h.c. → c 1 077, E 227
— Michael, Dr.med. → s 144
— Ursula → t 2 990
Spahic, Ibrahim → iz u 605
— Sidik → c 651
Spahn, Bodo → H 19, h 48
Spaho, Mehmed → iz t 938
Spahr, Erich → iz f 1 706
Spaic, Rajko → iz t 717
Spalanzani, Ivano → iz g 42
Spallek, Oswald → k 6, k 7
Spang, Anne Dr. → t 113
Spangenberg, Christa → U 1 541
— Manfred → U 2 393
Spanger, Hans-Joachim Dr. → U 2 601
Spanner, Reiner → E 227
Spanuth, Hans-Günter Dipl.-Vw. → s 156
Sparaco, Pierre → IZ S 682
Sparenberg, Ingo → T 2 714
Spark, Ursula → R 621
Sparr, Jürgen Dr. → S 620
Sparschuh, Detlef → q 83
— Rita → E 203
Sparwasser → A 8
Spary, P. Dr. → iz h 340
— Peter, Dipl.-Volksw. Dr. → H 1
— Peter, Dr. → E 235, E 390, E 709, H 2, h 4
Spatz, Wilhelm → q 147
Spautz, Jean → IZ B 14
Specht, Didier → u 2 428
— Fritz → T 602
— Hans → c 1 071
— Hans-Georg → D 106
von Specht, Hellmut Prof. Dr.rer.nat → T 736
— Hermann, Dr. → h 650
— Klaus-Dieter → g 377
— Otto → U 1 814
— Reinhold → k 238, k 241
— Walther, Prof. Dr. → U 1 768
— Werner → q 72
— Wilfried → s 1 347
Specht-Kittler, Thomas Dr. → U 1 813
Speck, Klaus → h 548
Specker, Charles → iz h 124
Speckert, Peter → u 2 395
Speeckaert, Marc → iz s 399
Speed, John → IZ A 227
Speeleveld, Theo → IZ F 698
Speer, Christian Dipl.-Ing. → U 3 003
— Rainer → B 37
Speidel, Alfred Dr. → T 2 826
— Volker, Prof. Dr. → T 3 592
Speier, Manfred → T 876
Speiser, Robert → f 135
Spekat, Arne → IZ T 240
Spellmeyer, Walter → U 2 026
Spelsberg, Peter → F 263
Spelthahn, Dieter Dr. → U 2 014
Spencer, Kate → IZ H 263
Spener, Friedrich Prof. Dr. → T 1 068
Spengel, Floretin Prof. Dr. → T 3 208
Spengemann, Peter → s 1 505
Spengler, Erich → H 100
— Gregor, Dipl.-Volksw. → IZ F 492, IZ F 670
— Torsten → g 281
— Ulrich, Dipl.-Geogr. → E 99
Spenkuch, Rolf Dipl.-Ing. → U 3 026
Spenning, K. → IZ F 2 197
Sperber, Christian Dipl.-Ing. → F 1 065, IZ L 28
— Jürgen → D 59, U 222
Sperlich, Jürgen → E 203
Sperling, Dieter Prof. Dr.-Ing. habil. → T 716
— Edwin → E 207
— Hanna → u 2 335
— Hans-Jürgen, Prof. → T 552
— Ronald → P 61, P 62
Sperlingsson, C. → IZ T 645
Sperlink, Karel Dr. → iz t 489
Spermann, Jürgen → G 788
Spernbauer, Maria → IZ R 233
Sperner, Walter → A 231
Sperr, Bernhard → E 45
— Claus, Dipl.-Geogr. → S 1 121
Speth, Jörg-E. → s 39
Spethmann, Dieter Prof. Dr.jur. Dr.-Ing. E.h. → E 455, T 2 098
— Jochen → H 256
Spettmann, Theo Dr. → R 1, r 194
v. Speyart, Hieronyma Dipl.-Phys. → U 1 360
Spezia, Ugo → iz I 38
Spichale, Klaus Dr. → q 514
Spicher, Ulrich Prof. Dr.-Ing. → T 3 937
Spiegel, Dr. → A 8
— Burkard → k 231
— David Brian → E 731
Frhr. v. Spiegel, Hanns Ulrich Dr.jur. → O 241

Fortsetzung nächste Spalte

Frhr. v. Spiegel (Fortsetzung)
— Paul → U 2 332, u 2 336
— Petra → u 1 206
Spiegelstein → IZ F 1 077
Spiekermann, Hubertus Prof. Dr. Dr. → G 787
— Josef, Dr. → I 72
Spielberg-Schweinitz, Anne Dipl.-Inform. → t 222
Spielhoff, Lothar → B 276
Spielmann, Fritz → O 227
— Klaus → f 746, F 1 006
Spielvogel, Damian Dipl.-Ing. → U 985
— Siegfried → u 1 701
Spiertz, P. Dipl.-Betriebsw. → T 853
Spies, Hans-Friedrich Dr.med. → s 145
— Uta → O 376
Spiesecke, Hartmut Dr. → b 51
Spiess, Dieter Dr. → c 674
— H., Prof. Dr.med. → IZ T 788
— Hans Wolfgang, Prof. Dr. → t 151
— Walter → r 690
— Wolfgang → E 72
Spiessl, Irene → N 102
Spieth, Frank → k 95, r 321
— H. → F 1 064
Spiewak, Martin → O 516
Spiewok, Georg → T 884
Spiggelkötter, Nicola Dr. → IZ T 778
Spilker, Eva Isabel → S 508
Spiller, Bernhard Dipl.-Kfm. → u 496
— Dietmar → S 1 188
— Jörg-Otto → A 40
Spillmann, Jürg Dipl.-Math. → I 98
Spindeldreier, Uwe → B 188
Spindler, Eugen → T 790
— Gerald, Prof. Dr. → T 879
— Gerhard → c 265
— Ralf → q 544
— Susanne → U 295
Spinetta, Jean-Cyrill → iz f 2 237
Spinrath, Norbert → R 309, R 432
Spintge, Ralph Dr. → IZ T 777
Spital, Hermann Josef Dr. → u 2 316, U 2 320
Spitalsky, Hannes Dipl.-Ing. → iz u 149
Spiteri, W. C. → C 993
Spitthöver, Bernhard Dipl.-Ing. → s 933
Spitz, Norbert Dr. → u 2 854
Spitze, Werner-Wolfgang Dipl.-Ing. → g 176, U 602
Spitzer, Gabriele → o 326
— Hans-Hermann → u 2 745
— K.-H. → Q 398
— Ulrich → g 452
— Ulrich, Dipl.-Volksw. → E 215, E 216
Spitzner, Hans → b 22
— Joachim, Dr.-Ing. → F 912
Splinter, Egon → G 318, g 333
Splittgerber, Karin → u 1 327
Spoden, Petra → u 1 208
Spöhrer, Erwin → B 423
Spoerer, Edgar Dr. rer. nat. → T 3 577, T 3 699
Spoerhase-Eisel, Inge → A 40
— Ingeborg → b 147
Spörri, Julia M. → IZ U 478
Spohn, Cornelia Dipl.-Pädagogin → U 1 416
— Hanns-Helmuth → U 845
— Ulrich, Dr. → c 55
— Walter H. → T 1 744
Spohr, Dietburg → O 72
Sponer, Wolf-Dieter Dr. → R 289
Sponholz, Günther Dipl.-Ing. → f 896, u 513
Sponza, F. → IZ F 2 623
Sporbert, Reinhard Prof. Dr.-Ing. habil. → T 604
Sporleder, Klaus-Peter Dipl.-Ing. → s 900
Sportoletti, Rino → iz n 21
Spradau → u 1 626
— H. → iz f 496
Sprandel, Wolfgang → k 240
Spranger, Carl-Dieter → A 36
Spratt, Brian → iz h 216, iz h 234
Sprekels, Wolfgang Dr. → S 255, S 261
Sprengeler, Hans-Thomas Dr. med. → T 3 308
Sprengelmeier, Meinolf E. Dr. → R 123, R 160
Sprenker, Hugo → h 729
Spribille, Ingeborg Prof. → T 676
Sprick, Petra → F 425, iz f 2 647
Sprick-Schütte, Peter Dipl.-Kfm. → f 767
Springborg, Joergen → iz t 1 71.10
Springborn, Helmut → K 184
— Roland → u 1 793
— Wolfgang → U 1 166
Springe, Gerd Dr. → F 699
Springensguth, Jost → R 221
Springer, Björn → U 1 473
— Herbert → K 54

Sprinzl, Robert → U 1 517
Spro, Eugenio → c 861
Sprockamp, Bernhard Dipl.-Volksw. → f 768, f 773, iz f 753
Sprondel, W. M. Prof. Dr. → t 2 325
Sprotte, Christian → k 224
Sprungala, Hiltrud → u 430
Spühler, Hanspeter → iz f 233, iz f 1 540
Spurzem, Anne → t 3 882
Squire, Terry → IZ K 50
Srb, Hermann → U 400
Srubar, Ilja Prof. Dr. → t 2 271
St. Jean, J. P. → iz f 1 772
Staab, D. → IZ F 1 365
— Günter, Dipl.-Kfm. → E 91
— Josef, Dr. h.c. → Q 202
Staak, Michael Prof. Dr.med. → T 3 553
Staake, Erich → M 237
van der Staay, A. Prof. Drs. → IZ T 513
Stabel-Franz, Martina → b 149
Stabenow, Kerstin → k 431
— Klaus → g 397
— Sigurd → k 144
Stabernack, Gustav Dipl.-Ing. → f 765
Stabreit, Immo Dr. → T 3 504
Staby, Ludger W. → E 235
Stachelhaus, Achim → r 333
Stachetzki, Detlef → H 251
Stacke, Theodor → f 645
von Stackelberg, Hans H. Dr. → T 2 669
Stadelhofer, Jürgen W. Dr.rer.nat. → F 142
Stadelmaier, Martin → B 214
Stadelmann, Bärbel Dr.-Ing. habil. → u 519
— O., Prof. Dr. med. → T 3 231
Stadelmann Kohler, Ruth → iz s 305
Stadermann, Rudolf → A 375
Stadié, Rolf Dir. → K 339
Stadle, Jens-Peter → s 1 569
Stadler, Dieter → T 3 302
— Fridolin → E 40
— Gisela Gabriele → e 97
— Ilona → b 102
— Peter J. W., Prof. Dr. → F 178
— W. → iz f 1 520
Stadtländer, Ewald Dipl.-Ing. → f 278
Stäblein, Siegfried → O 56
Stächele, Willi → A 40, b 2, b 3, B 199
Staeck, Nicola Dr. → T 2 110
Stäcker, Claus M.H. → F 504
— Gerd → E 132
Städing, Claus → H 225
Städtler, Katharina Dr. → u 1 241
Staehelin, Martin Prof. Dr. → T 3 889
Stähle, Manfred → Q 325, Q 329
Staehr, Christian → S 1 383
Staemmler, Bernd → t 4 033
— Thomas, Prof. → S 1 534
Stänner, Franz → b 165
Stättmayer, Peter → T 1 279
Stahl, Hans-Peter → H 6
— H.-W., Prof. Dr. → t 1 601
— Jochen, Dipl.-Volksw. → s 359
— Matthias, Dipl.-Volksw. → T 2 251
— Peter → T 484
— Rolf → U 724
Stahlberger, Gerald → u 2 357
Stahlkopf, Helma → S 138
Stahlmann, Marga → u 1 233
Stahlschmidt, Dirk Dr. → f 335, f 340, U 69
Stahmann, Dieter Dipl.-Volksw. → E 149
— Marina → u 1 432
Stahr, Karl Prof. Dr. → t 2 546, T 2 594
Stahrenberg, Peter Dipl.-Ing. → S 796
Staiblin, Gerdi → b 11
Staisch, Axel Dipl.-Ing. → s 707
Stalberg, Lars → IZ F 2 193
Stalbold, Walter → S 686
Stalfort, Gisbert Dr. → S 622
Staljonic, Nebojsa → iz s 1 17.15
Staller, Peter → E 37
Stallforth, Harald Dr. → t 296
Stallmann, Gert → R 600
Stalp, Doris Dr. → T 3 412
Stamer, Joachim-Heinrich Dr. → I 11
— Jörg → k 9
— Jutta → u 1 187
— Wilfried → M 281
Stamm → A 28
— Barbara → A 40, b 24, U 2 130
— Karl-Heinz, Dr. → O 290
— Randolf → u 2 060
— Sybille → r 345
— Ute → A 368
Stammen, Klaus Dr. → E 144
Stammler, Dieter Dr. → O 290
Stammnitz, Christa → s 1 238
Stammwitz, Gerhard → g 520
— Wilfried → u 807
Stampehl, Hans Joachim → O 226

Fortsetzung nächste Spalte

Fortsetzung nächste Spalte

U

V

Fortsetzung nächste Seite

Volkert (Fortsetzung)
— Bernd, Dipl.-Volksw. → T 2 239
— Jürgen, Dr. → t 2 188
Volkhardt, Rolf Dipl.-Ing. → f 63
Volkholz, M. Dr. → T 1 806
Volkmann, Bodo Prof. Dr. → U 1 372
— Peter → E 110
— Peter H. → s 190
— Rolf → H 158, h 160
Volkmar-Clark, Claudia → u 2 785
Volkmer → S 1 537
Volks, Wilhelm → U 1 994
Vollbracht, Ernst → S 783
Vollenbröker, Klaus Dipl.-Ing. → E 168
Vollers, Claus Dr. → C 286
Vollert, Hans-Christian Dr. → q 362
— K.-Peter → H 397
— Peter → h 404
Vollhardt, Jürgen Dr. → s 528
Vollherbst, Franz-Josef Dr. → T 3 688
Volling, Wolfgang → T 534
Vollmann, Axel → f 775
— Kerstin → u 1 210
— Peter → f 243
Vollmar, Hans-Georg Prof. Dr.-Ing. → S 791
— Heiner → B 441
Vollmer, Antje Dr. → A 36, A 41
— Friedrich, Dr. → S 277
— Karl-Heinz, Prof. Dr. → I 27, p 22, p 37
— Stephan → T 1 347
Vollmer-Verheyen, Hans Günther → R 160
Vollnhals, Clemens Dr. → T 2 345
Vollrath, Hans-Joachim Dr. → s 528
— L., Dr.-Ing. → T 1 249, T 1 764
— Ludwig, Dr.-Ing. → T 1 172
— Sven → A 36
— Wolfgang, Dr. → T 1 319
Vollstedt, Josef → T 3 691
Volmer, Christina → U 3 018
— Ludger, Dr. → A 8
— Ralf → F 486
Volpert, Michael Dipl.-Ing. → S 1 121
Volquartz, Angelika → U 2 045
Voltas, V. → iz s 409
Voltz, Gabriele → s 7
Volz, Gisela Dr. → m 75, M 144, T 3 949
— Günther, Dipl.-Ing.(FH) → S 941
— J. → IZ T 530
— Ludwig, Dr. → A 20
— Malte → T 891
— Rainer A. → U 176
— Ute → u 1 407
Kromer von Baerle, Ulrich → O 627
Von Felten, O. → IZ F 2 607
Von Holstein, Henrik → IZ A 224, f 973
von Schlieffen, Gabriele → O 201
Vondenbusch, B. Prof. Dr.-Ing. → t 1 434
Vondran, Ruprecht Dr. → E 235, E 539, F 1, f 10
Vondung, Peter → f 318
Vonessen, Dr. → A 16
Vonfelt, Garielle → iz t 870
Vonkeman, B. → iz f 33
— Bert → iz f 1 564
Vonnahme, Peter → S 578
Vonscheidt, Wolfgang Dr. → I 92, R 102, R 104
Voorhamme, Bernd → H 470
Voorspoels, Patrick Ing. → E 404
Voos, Rudolf Dipl.-Wirtsch.-Ing. → U 602
von Vopelius, Dirk → E 60
Vorberg, Uwe → u 2 176
Vorderwülbecke, Ulrich Dr. → F 219
Vorher, Wilhelm Dr. → f 754
Vorholz, Reiner Dipl.-Ing. → M 270
Vorlop, Bernhard → h 789
Vornweg, Hans-Michael → e 169
Voronin, G.P. Prof. Dr. → iz t 356
Vorpahl, Klaus → O 436
Vorpeil, Konrad → R 96
Vorrath, Ernst → A 291
— Maria → T 2 975
Vorster, Friedrich Prof. Dr. → T 3 701
Vorwallner, Renate → u 1 260
Vorwerk, Mirco A. → S 1 472
Vorwig, Franz → g 599
Vos, Robert → IZ G 1
Voscherau, Eggert → E 235
— Henning, Dr. → e 510
Vosen, Hans-Dieter → S 1 609
Voshage, Stephan → T 3 828
Voskamp, H. A. Dr. → IZ F 731
— Herman, Dr. → iz f 264
— Herman A., Dr. → iz f 1 808
Voß, A. Prof. Dr.-Ing. → L 28
— Anne → u 2 044
— Everhard A. → A 36
— Friedrich → I 43

Fortsetzung nächste Spalte

Voß (Fortsetzung)
— Friedrich, Dr. → I 37
— Günter → h 31
— Hans-Ulrich → B 292
von Voss, Hubertus Univ. Prof. Dr.med. Dr.h.c. → T 2 774
— Karin → T 1 852
— Karl-Uwe, Dr. → t 1 979, T 1 984, t 1 989, t 2 000, t 2 009
— K.-Dieter → K 140
— Ludwig → G 242
— Peter → u 2 174
— Peter, Prof. → O 275, O 324
— Rainer → S 569
— Rüdiger → U 2 083
— Wolfgang → o 646
— Wolfgang, Dr. → b 157
Voss-Fels, Peter → Q 124
Voß-Gundlach, Christiane → A 20
Voßbein, Reinhard Prof. Dr. → U 676
Vossebürger, Albert → s 495
Vosseler, Klaus → K 96, K 117, K 249, K 340, q 25
Vosselmann, Wilhelm → u 926
Voßhoff, Andrea → r 256
Voßkötter, Günther Dr. → F 302, IZ F 2 519
Vossmann, Heinz Dipl.-Volksw. → E 132
Voßmerbäumer, H. Prof. Dr. → T 848
Voßschulte, Alfred Dr. Dr.h.c. → E 146
Vosteen, Jens → g 621
Voswinckel, Jochen → T 3 860
— Ulrich → T 718
— Ulrich, Dipl.-Volksw. → T 724, T 781
Voswinkel, Manfred → B 807
Votápek, V. → iz t 338
Voth, Klaus → U 223
Vothknecht, Ewald → g 138
Vowles, J. → iz f 228
Voynet, Dominique → iz b 83
Vratislavsky, Harald Dipl.-Ing. → u 511
Vrecer, Marcus → iz u 196
Vreden, Norbert → B 566
Vreedevoort, Raymond → F 194
Vrestal, Jan Prof. → iz t 490
Vrettos, Konstantinos → iz b 87
de Vries, G. M. Drs. → iz b 170
— J. → IZ S 426
— J. M., Drs. → iz b 177
— K., Mr. → iz b 180
— K. G. → iz b 170
— Marten → IZ T 810
— Roel → IZ R 226
— Rolf → T 1 047
Vrij, Robbert M. → iz o 90
von der Vring, Thomas Prof. Dr. → O 321
Vroom, J.J. → iz f 1 791
— Peter V. M. → iz s 300
Vuidar, Christiane → IZ H 370, IZ H 491
Vuković, Stevan → IZ T 969
van Vuure, Dirk → IZ G 53
Vygen, Dr. → A 34
Vynckier, Stephane Dr. → iz t 703

W

Waage, Leif → IZ G 72, iz g 82
de Waardt, M. → iz f 1 627, iz f 1 647
Waas, Joseph Dipl.-Ing. → B 442
Waasner, Christian Dipl.-Wirtsch.-Ing. (FH) → E 42
Wabbel, Dietmar → T 555
— Hans W. → O 358
Waberseck, Dieter → K 310
Wache, Jürgen → h 177
— P. → t 1 575
— S. → M 282
Wachholz → B 729
— Christoph, Dipl.-Ing. → U 846
Wachi, Goro → c 242
Wachlin, Klaus Dietrich → U 1 239
Wachnitz, Renate Elisabeth → c 13
Wachter, Anton → E 41
— Bernd → t 2 395
— Jürgen → h 613
— Peter → Q 8
— Ralf → s 721
Wachtmeister, Märta → c 422
Wack, Gerhard → b 144
— Karl-Heinz → t 2 803
— Siegfried → e 615
Wacker, Fritz → T 733
— Lothar → R 543
— Wilfried, Dipl.-Kfm. → I 12
— Willibald → O 635, o 644
Wackerbeck, Lothar → I 42
Wackerhagen, Björn → r 183
— Rolf → iz g 141, R 171

Wackermann, Peter → u 2 446
Wackernagel, Ernst → U 1 011
Wacket, Peter → I 82
Wackwitz, Stephan Dr. → u 2 880
Wadenbach, Peter → g 546
Wadephul, Johann Dr. → u 2 062
Wadle, Elmar Prof. Dr. → B 849
Wächter, Gerhard → U 844
— Joachim, Dr. rer. nat. → iz t 172, T 372
— Klaus → I 61
— Matthias → g 757
Wächtershäuser, Manfred Dr. → I 27, P 7, p 22, p 37
Wähnert, Sibylle → O 110
Wälde, Martin → u 2 865
Wärnersson, Ingegerd → iz b 211
Wäsche, Manfred Dr. → e 74
Wätzmann, Kurt → u 2 479
Waga, Jürgen → U 3 025
Wagelaar, Rainer Prof. → t 1 610
Wagemakers, E.G. → iz f 1 720
Wagener, Gerhard → F 121
Wagener-Pollmann → u 1 638
Wagenfeld, Wolfgang → u 1 790
Wagenknecht, Petra → IZ T 892
— Tilman → m 76
Waginger, Eva Dr. → IZ T 290
Ritter von Wagner, Adolf Dr. → C 11
Wagner, Albert → u 2 408
— Andreas → IZ T 965
— Andreas, Dr. → O 324, S 271
— Axel → B 666, U 1 027
— Benno N. J. → U 2 024
— Bernd → U 2 728
— Birgitt → b 92
— Brigitte → s 529
— Carlo → iz b 163, iz b 164
— Christean, Dr. → A 40, b 88, d 208
— Christian → T 2 330
— Daniel → u 1 778
— Dieter → Q 367, U 1 468
— Dieter, Prof. Dr. → t 3 971
— Elmar, Prof. Dr. → t 207
— Eugen → A 40, b 70
— Franz → u 1 726
— Franz, Prof. Dr. → T 637
— Friedhelm → p 47
— Friedrich-Wilhelm → s 364
— Friedrich Wilhelm → T 865
— G. → H 241, iz h 325
— Gerd → s 654
— Gerhard, Prof. Dr. → S 618
— Gert, Prof. Dr. → T 2 092
— Gottfried → g 313
— Günter → IZ R 196, R 622
— Günter, Dr. → O 146, S 792, S 946
— H. → IZ F 1 372, IZ F 2 279
— Hanns-Peter → t 325
— Hans → L 30
— Hans, Dr. → K 270, K 275
— Hans Georg, Dip.-Ing. → s 888
— Hans Georg, Dipl.-Ing. → S 843
— Hans-Georg, Dipl.-Ing. → s 855
— Hans Jürgen → t 2 903, u 1 596
— Heinrich → h 107
— Heinrich, Dipl.-Ing. → f 71, g 160, r 36
— Helga → U 3 024
— Hellmut, Prof. Dr. → T 1 349
— Helmut, Prof. → T 451
— Herbert, Dr. → D 2, d 15, d 45
— Hermann-Josef, Prof. Dr.-Ing. → T 1 055, T 1 172
— Herrmann-Josef, Prof. Dr.-Ing. → T 1 043
— H.-J., Prof. Dr.med. → T 3 553
— Ingrid, Dr. → T 1 745
— Joachim, Dipl.-Kfm. → T 2 130
— Jörg → b 138
— Johannes, Dipl.-Volksw. Dipl.-Ing. → E 91
— Josef → g 786
— Jutta → b 56, B 818
— Kathrin → O 383
— Klaus → U 763, U 1 547
— Klaus-Peter → B 680
— Klaus-R., Dr. → s 534
— Leo, Dr. → E 550
— Marita → S 459
— Martin, Dipl.-Kfm. → S 713
— Maurice → IZ F 1 210
— Mayke, Dr. phil. → a 105
— M. G. → IZ H 321
— M. H., Prof. Dr. → T 1 310
— Michael → T 370
— Ortwin, Dr. → IZ Q 73, Q 4
— Paul → U 2 393
— Rainer → H 186
— Ralf → S 286, T 2 714, U 1 156
— Reinhold → A 185
— Roland → Q 169

Fortsetzung nächste Spalte

Wagner (Fortsetzung)
— Rolf → IZ F 1 367
— Rolf, Dr.oec. Ing. → T 1 751
— Ruth → b 90, u 2 139
— Sabine → s 507
— Stefan, Dr. → r 763
— Thomas, Dr.-Ing. → T 1 086
— Ulrich, Dipl. oec. → G 30
— Ulrich, Prof. Dr.-Ing. → T 1 054
— Ursula → f 888
— Velten → U 1 810
— Wiegand → T 3 863
— Wilfried, Prof. Dr. Dr. → T 3 355
— Willy H. → k 177, k 196
— Wolfgang, Dr. → E 2, E 42
— Wolfgang, Dr.rer.nat. → f 141, F 965
— Wolfgang M. → r 858
Wagner-Wieduwilt, Klaus → i 54
Wagnerberger, Fritz → u 2 463, U 2 495
Wahl, Adalbert Dr. → S 625
— Andreas → Q 97
— Karin → s 343
— Katina → T 4 061
— Klaus → Q 295
— Kornelia → H 610
— Otto, Prof. P. Dr. → T 401
— Stefanie → t 2 165
— Stephan → T 2 018
Wahlen, Achim Dr. med. → s 148
— Hans Jürgen, Dipl.-Kfm. → F 726, H 24, iz h 213, iz h 231
Wahler, Andreas → O 148
von Wahlert, Christiane → O 150
Wahlich, Alfons → s 1 469, T 3 580
Wahlig, Helmut Dipl.-Ing. → L 50
Wahlstedt, Lennart → iz s 419
Wahnsiedler, Fred → H 53
Wahren, Karl Heinz → S 1 311
Wahrolin, Christina → iz u 271
Wahser, Richard → t 2 692
Waibel, Harald → k 402
Waibel jun., Reinhard → t 1 978
Wainstock, Marcel → u 2 346
Wais, Edgar Dr. → d 20
Wajand, Jan → IZ S 712
Wakabayashi, Akira → c 883
van der Wal, H. → IZ F 639
Walbrecq, R. → iz s 431
Walbröl, Hans-Peter Dipl.-oec.-troph. → S 1 539
— Werner → E 352
Walch, Christof → iz f 1 823
— Heinrich, Dipl.-Kfm. → F 593, f 595
— Max → e 49
Walchshöfer, Herbert → N 99, U 3 035
von Walcke-Wulffen, Dirk → I 45
Wald, Axel → k 143
— Theodor → q 561
Graf von Waldburg-Zeil, Alois → T 2 204
Graf Waldburg-Zeil, Joseph Dr. → k 64
Waldburger, Rudolf → iz o 149
vorm Walde, Rüdiger Dipl.-Betriebsw. → m 10
Waldecker, Gerd Georg Dr. → E 24
Freiherr von Waldenfels, Georg Dr. → u 2 470
Graf von Walderdorff, Emanuel → u 1 715
— Philipp → E 2, T 3 689
Waldmann, Kai K. → S 1 609
— K.-H., Prof. Dr. → T 3 432
— Norbert → O 324
— Thomas, Dipl.-Wirtsch.-Ing. → f 662, f 666, f 1 623, T 1 844
Waldraff, Tilmann → u 2 834
Walenta, Albert H. Prof.Dr.rer.nat. → T 671
Walentowski, Swen → S 508
Walenzik, Johannes → m 36
Walgenbach, Willi → H 538, h 551
Walgraef, Annick → IZ O 186
Walia, Susanne → T 3 011
Walid Hezbor, Mohamed → C 1 248
Walischewski, Egon Dr.med. → s 146
Walke, Marion → S 443
Walker, George → IZ U 492
— Heinz, Ing. grad. → T 1 159
— Jim → iz q 17
— Lawrence A. → e 357
— L. David → iz f 2 446
Walker of Worcester → E 270
Walkó, Miklós Dr. → N 194, n 272
Wall, A.J. → iz f 396
de Wall, Meindert → k 432
— R. D. → IZ F 1 630
— Stephen → IZ C 15
Walla, Wolfgang → f 1 030
Wallace Baibas, Athena → iz s 473
Wallander, Sture → iz t 922
Wallast Groenewoud, R. J. B. → IZ H 46
Wallau, Theodor → C 220
Wallauch, Norbert → IZ U 460
Wallbutton, Edward J. → IZ U 499

Fortsetzung nächste Spalte

Fortsetzung nächste Spalte

Fortsetzung nächste Seite

Fortsetzung nächste Spalte

Fortsetzung nächste Spalte

Wiedmeier, Carl → c 1 065
Wiedmer → g 220
Wiedrich, Rene → r 1 019
Wiefel, Bruno → T 1 271
Wiefelspütz, Dieter → A 40
— Fritz, Dipl.-Ing. → U 3 016
Wiegand, Bernd → B 665
— Cornelia → U 561
— Elly → t 3 129
— Erich → T 2 360
— Günther, Dr. → O 535
— Jürgen → T 2 407
— Marion → t 2 162
— Reinhard, Dipl.-Ing. → f 333
Wiegand-Nehab, Ute → U 2 549
Wiegandt, Stefan → D 199
Wiegel, Hans → iz f 2 467
— Kurt → N 116
Wiegels, Henning Dr.med. → s 125
— Jan → T 753
Wiegeraadt, W. → iz f 1 382
Wiegerinck, Jan → IZ R 54, iz r 5 6.30
Wiegers, Ben → IZ L 28
Wieghardt, Karl Prof. Dr. → t 160
Wiegleb, Hans-J. → g 398
Wiegmann, Gudrun → A 375
— Theo → U 3 003
Wiegreffe, Wilhelm Dr. → O 290
Wiek, Anke → r 243
Wieland, Beate Dr. → T 639
— Bettina → h 714
— Karla → T 799
— Ralf → u 2 186
— Rudolf, Dipl.-Ing. → T 1 832
Wiele, Björn → u 1 433
Wielebinski, Richard Prof. Dr. → t 156
Wielemans, Eric → iz n 4
Wielen, Roland Prof. Dr. → T 1 284
Wielpütz, Rainer Dipl.-Ing. Dipl.-Kfm. → t 1 887
Wiemer, Anke → s 92
— Karl Peter, Dr. → Q 618, u 953
— Wolfgang → A 36
Wiemeyer, Prof. Dr. → T 3 524
Wienand, Peter Dr. → C 272
Wiencke, Gert → E 418
Wienecke, Wilhelm-Reinhard Dr. → r 826
Wieneke, Frank → U 2 393
— Gerd, Dipl.-Volksw. → G 48
— Herbert, Dr. → S 740
— Herbert, Dr.rer.pol. → u 715
Wieneke-Tautaoui, Burghilde Prof. Dr.-Ing. → T 1 172
Wiener, Bernd Dr.rer.nat. → B 404
— Eberhard → s 725
Wiengarten, Heinz-Dieter → A 327
Wienholt, Eberhard → H 247
Wienholtz, Ekkehard Dr. → A 40
Wienholz, Margrit Dr. → u 1 259
Wienstein, Richard → K 60
Wierig → A 16
Wiering, Frauke → U 254
Wieringa, Jon → IZ T 240
Wierk, Heiner → g 493
— Heinrich → g 507
Wiersma, Johan → IZ M 107
Wiertz, Rue → IZ U 308
Wierz, Rainer → s 500
Wiese, Adalbert → H 258
— Dieter → S 1 066
— Dorothy, Dr. → IZ T 960
— Hans-Ulrich, Dr.rer.pol. → T 181
— Heino → u 2 197
— Jochen → f 762
— Jürgen, Prof. Dr. → r 975
— Manfred → N 33
— Michael, Dipl.-Kfm. → f 420
— Thomas → f 1 072
Wiese-von Ofen, Irene Dr.-Ing. → IZ U 37
Wiesehöfer, Philipp Dr. → T 3 944
Wiesehügel, Klaus → R 309, R 322
Wiesemann, Wolfgang → t 4 026
Wiesen, Hans → u 2 751
Wiesenbach, Hans-Jürgen → u 1 781
Wiesend, Ingrid → T 2 623
— Peter, Dr. → T 2 623
Wiesenhütter, Axel Dr. → E 2, E 185
Wiesgen-Pich, Angelika Dipl.-Vw. → F 468
Wiesheu, Otto Dr. → A 40, b 22, N 56
Wieske, Martin → O 471, O 473
Wieskötter, Willi → E 168
Wiesmaier, Georg → r 363
Wiesmann, Gerd → U 322
— H.-P., Dr. → T 998
— Sieglinde → T 4 081
Wiesner, E. Dr. → iz f 2 747
— Irina → U 1 988
— Reinhard W. → h 64
— Siegfried, Dr. → B 666
Wiesner-Balcke, Waltraud Dr. → r 820
Wiesniewski → u 1 625
Wießler, M. Prof. Dr. → t 1 486
Wiessner, Reinhard Dr. → A 24
— Waltraut → t 2 938
Wietbrock, Karsten Dipl.-Volksw. → E 144
von Wietersheim, Almuth → T 3 122
— Anton → E 566
Wiethaup, Ulrich → T 2 075
Wiethold, Franziska → R 378
Wietler, Haidrun Dr. → r 228
Wigboldus, R. → iz t 383
Wigge, Bärbel → U 661
— Georg → t 2 730
Wiggen, Bjorn → iz f 2 472
Wiggenhagen, Manfred Dr.-Ing. → T 1 330
— Wilhelm → U 140
Wiggering, Prof. Dr. → A 287
— Hubert, Dir. Prof. Dr. → S 1 108
Wiggers, Ingo → e 559
Wiggert, Gerda → t 2 994
Wiggin, Charles E. → c 557
Wiggins, John → IZ A 227
Wiggs, Glen → iz o 136
Wiik, Marit → iz f 2 207
Wijgaerts, D. → IZ T 513
van Wijk, Leo M. → iz f 2 253
— T. → IZ F 1 662
Wijkström, Anitha → iz t 768
Wijland, Sannie → iz t 506
Wijn, Annemieke → H 84
van Wijnbergen, G. C. → iz t 179
van Wijngaarden, M. → IZ F 1 000
Wijsen, Cateleine → iz m 95
Wikdahl, Carl-Erik → iz l 41
Wiklander, Lars → iz f 353
Wiktor, Günter → O 598
Wiktorin, Anne → h 737
Wilberforce, R. → iz f 2 037
Wilbert, Prof. Dr. → T 637
— Hans-Peter, Dr. → U 11, U 527, U 542
— H.-P., Dr. → T 1 073
— Karl-Jürgen → G 71
— Peter → T 602
— Peter, Dr. → S 1 235
Wilbois, Klaus Dr. → Q 173
Wilbricht, Hans-Gert Dipl.-Ing. → S 791
Wilcke, Gerhard → B 450
— Michael → f 848, f 851
Wilcken, Gerd → T 3 857
— Rosemarie, Dr. → D 2
Wild, Ada → IZ U 491
— Christoph, Dr. → o 426, t 970
van der Wild, I. → iz f 2 655
— Robert → u 1 005
— Thomas, Dipl.-Kfm. → e 181
— Werner → r 379
Wilde, Axel → O 589
— Bärbel S. → O 479
— Christopher → u 2 361
— Franz-Josef, Dr. → S 296
— Michael → D 98
Wildenhain, Günther Prof. Dr. → T 653
— Günther, Prof. Dr. rer.nat.habil. → T 3 803
Wildenhaus, Werner → F 1 004
Wilder, Norbert → U 372
Wilderer, Heinz → IZ I 86
Wildfeuer, Helene → R 886
Wildförster, Horst → f 248
Wildgrube, Klaus Dr. → T 3 271
Wildhagen, Harald → f 156, L 29, U 743
Wildner, Raimund Dr. → t 2 186
Wilem, Christian → iz f 1 440
Wilfert, H. H. → u 2 354
— Ingeborg, Univ.-Prof. Dr.-Ing. → t 1 094
— Lena → O 236
Wilfling, Gerd A. → s 723
Wilhelm, Albert → T 3 915
— Alexander, Dipl.-Ing. → I 70
— Bernd → F 426
— Catharina → S 742
— Edgar, Dipl.-Ing. (FH) → T 1 293, T 2 027
— Hans-Otto → O 403
— Helmut, Dr. → B 845
— Hubert → u 2 437
— Klaus → o 354
— Klaus-Dieter → h 61
— Lothar → u 2 364
— Michael, Prof. Dr. → T 3 245
— Siegfried → U 1 899
— Ulrich → B 14
Wilhelmi, Jürgen → G 91
Wilhelms, Henry → r 257
Wilisch, Wolf-Christian Dr. → E 60
Wilk, Christian → h 584
— Edgar, Dipl.-Volksw. → s 647
— Herbert, Dipl.-Kfm. → t 108
Wilke → A 37

Fortsetzung nächste Spalte

Wilke (Fortsetzung)
— Andrea → B 845
— Annemarie → u 2 746
— B.-M., Prof. Dr. Dr. → T 2 567
— Burkhard → T 2 342
— Erich → U 2 959
— Hans → o 615
— Heinz Joachim → F 694
Wilke, Jürgen → I 47
— Jürgen, Prof. Dr. → T 3 618
— Kai, Dr. → f 855
— Karl Heinrich → G 652, H 14, R 18, R 19, R 20, R 83, R 149, R 161
— Karlheinz → q 82
— Lore → E 678
— Lothar, Dr. → s 215
— Lothar, Dr.med. → s 147
— Manfred, Dipl.-Ing. → F 261, f 879
— Martin → U 3 031
— Otto → Q 442
— Rainer-Eckhard → f 393
— Thorsten, Dipl.-Volksw. → e 142
— Werner, Dr. → t 1 223, T 1 738
Wilke-Budde, Brigitte → U 1 821
Wilken, Bernd → R 617
— Bernd A. → i 52
— Dirk → b 829
— R., Dr. rer. nat. → T 1 325
— Thomas → U 2 393
— Walter → U 1 548
Wilken-Dapper, Stephanie → T 2 860
Wilkening, Bernd → r 301
— Carl Ludwig, Dr. → c 1 182
— C.L. → iz f 495
Wilkens, Georg → g 430
— Heiner → iz f 2 245
— Heinz-Joachim → E 126
— Jean-Claude → IZ O 2
— Jochen, Dr. → f 172, f 207, r 71
— Klaus → U 2 603
— Klaus, Dr. → u 2 447
— Ursula → T 2 603
Wilkes, Annette → S 742
— D. → IZ F 42
Wilkesmann, Elke → t 2 383
Wilkins, Tim → iz m 86
Wilkinson, Endymion → iz a 83
— Ian → iz a 183
— Jack → IZ Q 104
Will → A 28
— David H. → IZ U 455
— Hartmut → T 1 380
— Rainer, Dr. → k 80, K 314
— Rainer, Dr.jur. → r 3
Will-Brinkmann, Monika → s 637
Willaert, Roland → O 274
Willame, L. → iz f 2 032
— Luc → IZ F 1 509
Willamowski, Gerd Dr. → D 145
Willax, Hans → f 108
Wille, Hans-Rolf Dr. → K 305
— Karola, Dr. → O 302
— L. → IZ U 22
— Martin, Dr. → A 18
— Peter C., Prof. Dr. → T 1 133
— Rolf → k 160
— Volker, Dr. → S 616
Wille-Kuhn, Johanna → u 2 177
Willecke, Hans-Werner → g 611, g 615
Willeke, Bernward → r 509
— Rolf, Dipl.-Kfm. → H 305, iz f 1 129, R 124
— Waltraud → s 774
Willems, Horst → S 173
Willemsen, Karl-Ludwig → F 384
Willen, Gert → U 1 814
— Jutta → t 2 992
Willer, Dr. → A 18
Willers, Benno Dr. → H 185
— Hans Georg, Prof. Dr. → E 149
— Wolfgang → K 293
Willhalm, Martin → f 467
Willhardt, Rolf → T 457
Williams, Allan G. → c 340
— Bernard → IZ F 640
— David → iz f 2 204
— Eve → IZ U 377
— John → IZ F 1 268
— Jonathan C. → IZ H 575
— Mark → IZ H 62
— Ronnie → iz o 86
— W. J. → iz h 336
Williamson, Jerry → iz f 1 860
— Nancy, Prof. Dr. → IZ T 157
— Neville → o 483
Willich, Günter → r 112
— Martin, Dr. → E 80, E 135
Willich-Michaelis, Klaus → I 47
Willig, Peter → S 685
Willige, A. Prof. Dr.-Ing. → t 1 545
— Alexander → IZ S 149
Willige-Witte, Nina → s 104
Willikens, Ben Prof. → T 606
Willim, Bernhard → U 147
Williman, Reto → iz f 613
Willmann → A 22
— Wolfgang, Dr. → E 155, e 156
Willmerding, G. Prof. Dr.-Ing. → t 1 681
— Hans-Hermann, Dipl.-Kfm. → g 668
Willmes, Fritz-Josef Dr. → S 255, S 314
Willms → g 611, g 614
— Hanskarl → R 198
Willnat, Heinz → iz u 158
— Reinhold → F 924
Willoweit, Dietmar Prof. Dr. → T 371
Willweber, Gertraud → U 1 541
Wilmanns, Johst Dr. → c 129
Wilmers, Dr. → A 22
Wilmerstadt, Rainer → A 20
Wilms, Christian → S 389
— Dorothee, Dr. → A 38
— Ernst Helmut, Dipl.-Volksw. Dr. → E 171
— Hans-Joachim → R 322
— Hans-Werner → I 90
Wilms-Kegel, Heike → N 39
Wilms-Posen, Peter → g 767
Wilp, Sabine Dr. → G 65
Wilser, Detlef → E 19
Wilske, Hermann Dr. → r 1 024
Wilski, Eberhard → g 556
Wilsky, Hans-Jörg Dr. → s 142
Wilson, Barry → iz a 189
— J. L., Dr. → IZ T 295
— John → iz f 420
— Mike → IZ T 267
— Robert B., Prof. → IZ T 529
— Thomas L., Dr. → t 176
— William A. → iz f 179
Wilton, Wouter → iz a 184
Wimmen, Regina → T 3 632
Wimmenauer, Jochen Dr.med. → s 33
Wimmer, Frank Prof. Dr. → t 2 186, T 3 677
— Hans-Dieter → r 438
— Hans Wolfgang, Dipl.-Ing. → T 1 867, T 1 876
— Johann → F 66
— Josef, Dipl.-Ing. → U 88
— Ruprecht, Prof. Dr. → T 463
— Sabine → S 741
— Thomas, Dr. → U 2 942
— Toni → t 3
— Wilhelm, Prof. Dr. → O 278
Winand, Jochen → U 359
Winberg, Margareta → iz b 217
Winchenbach, Klaus → S 597
Winckel, Klaus → g 399
Winckler, Bernd → u 1 146
Wind, Gerhard → S 1 324
— Stefan, Dr. → s 345
Windbergs, Monika → q 35
Windeck, Klaus → G 95
Windecker, Wilfried → U 2 673
Windel, Prof. → T 3 704
Windelschmidt, Thomas Dipl.-Phys. → U 762
Windfuhr, Michael → T 1 114
— Wolfgang → f 206
Windgätter, Karl-Heinz → m 29, m 184
Windhagen, Klaus → f 44, F 730, f 738, f 743, f 744, iz f 112
Windisch, Dieter Dr. → a 293
— Rupert, Prof. Dr. → t 4 014
Windler, Annedore → u 1 263
— Gerhard → Q 326
Windmöller, Rolf Dr.-Ing. → f 51, L 19, T 1 001
Windorfer, Adolf Prof. Dr.med. → B 606
Windthorst, Hubertus → K 274
Wingen, Max Prof. Dr. → T 2 092
Wingenfeld, Dieter → IZ F 1 428
Winger, Brigitte → t 4 028
Winicker, Jens → t 2 376
— Martina → t 2 376
Winiecki, Bartosz → iz s 1 17.27
Winje, Dietmar Prof. Dr. → L 1, T 1 057
Winkel, Prof. Dr. → R 968
— Gerd, Dipl.-Ökonom → K 384
— Harald, Prof. Dr. → T 3 653
Winkelgrund, Reinhard Dr. → f 311, f 312, T 996, U 5
Winkelmann, Jürgen → q 118
— Martina → E 98
— Rainer → t 2 728
— Robert → iz q 96
— Ulrike → N 61
— W., Dr. → S 1 061
Winkelmeier, Wilhelm → U 1 966
Winkels, Klaus → F 191, F 192
— Richard → u 2 406
Winkes-Glüsenkamp, Karin → K 298

Fortsetzung nächste Seite

Fortsetzung nächste Spalte

Fortsetzung nächste Spalte

Sie brauchen noch andere Informationen?

Wie ein Puzzle ergänzen sich die einzelnen Hoppenstedt-Handbücher sowie die elektronischen Medien von Hoppenstedt zu einem umfassenden und fundierten Informationspool. Wenn Sie in diesem Handbuch trotz seiner Informationsvielfalt nicht alles finden, was Sie gerne wissen möchten, nutzen Sie die ergänzenden Angebote aus unserem Verlagsprogramm. Ein Beispiel stellen wir Ihnen hier kurz vor.

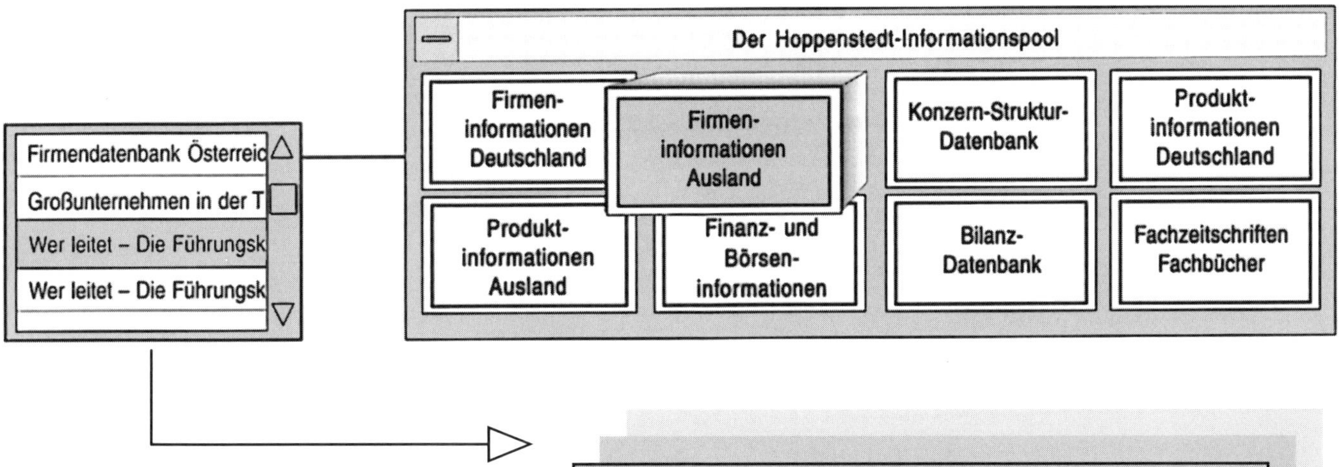

Firmeninformationen Ausland

CD Wer leitet – Die Führungskräfte der österreichischen Wirtschaft:

- ❑ 50.000 Top- und Middlemanager aus den 12.000 größten österreichischen Unternehmen
- ❑ Führungskräfte, die in Österreich Verantwortung tragen
- ❑ mit: Namen, Position, Funktion, Firmenanschrift und Telefon
- ❑ erscheint jährlich neu im Juni als CD

Fordern Sie unter Fax 06151/380-360 oder telefonisch unter 06151/380-0 weitere Informationen oder ein Angebot an.